D1641751

Münchener Kommentar
Europäisches und Deutsches Wettbewerbsrecht (Kartellrecht)

Beihilfen- und Vergaberecht

Münchener Kommentar zum Europäischen und Deutschen Wettbewerbsrecht (Kartellrecht)

Herausgegeben von

Dr. Frank Montag, LL.M.

Rechtsanwalt in Brüssel

Dr. Dr. Dr. h. c. Franz Jürgen Säcker

Professor an der Freien Universität Berlin

Band 3
Beihilfen- und Vergaberecht

Verlag C. H. Beck München 2011

Zitiervorschlag

MünchKommBeihVgR/*Bearbeiter* Art./§ … RdNr. …

Verlag C. H. Beck im Internet:
beck.de

ISBN 978 3 406 55914 3

© 2011 Verlag C. H. Beck oHG
Wilhelmstraße 9, 80801 München
Satz und Druck: Druckerei C. H. Beck, Nördlingen
(Adresse wie Verlag)

Gedruckt auf säurefreiem, alterungsbeständigem Papier
(hergestellt aus chlorfrei gebleichtem Zellstoff)

Vorwort

Der dritte Band des Münchener Kommentars zum deutschen und europäischen Wettbewerbsrecht behandelt das Beihilfen- und das Vergaberecht. Beide Rechtsgebiete stellen keine in sich abgeschlossenen, von eigener Teleologie bestimmten autonomen Territorien dar, sondern sind Bestandteil des europäischen Wettbewerbsrechts und müssen als Teil dieses Ganzen ausgelegt werden. Ohne wirksames Beihilfen- und Vergaberecht, das transparente, diskriminierungsfreie staatliche Auftragsvergabe sichert und einzelstaatliche Begünstigungen von Unternehmen EU-weit gültigen marktwirtschaftlichen Prinzipien unterwirft, ist ein System unverfälschten Wettbewerbs in der Europäischen Union nicht herzustellen und nicht aufrechtzuerhalten. Beihilfen- und Vergaberecht finden daher ihr wirtschaftspolitisches Fundament in den Wettbewerbsvorschriften der europäischen Verträge, nicht in haushaltspolitischen Erwägungen über sparsames Wirtschaften der öffentlichen Hand. Die in der Einleitung enthaltenen wirtschaftspolitischen Darlegungen zeigen den Zusammenhang von Wettbewerbs- und Beihilfenpolitik deutlich auf. Der vorliegende Band ist bestrebt, die auf die Sicherung der Freiheit des Wettbewerbs gerichtete Zielsetzung des Beihilfen- und Vergaberechts auch in den Einzelerläuterungen sichtbar zu machen.

Das *Beihilfenrecht* hat namentlich durch die Finanzkrise des Jahres 2009 eine tiefgreifende Fortentwicklung sowohl in materiellrechtlicher als auch in verfahrensrechtlicher Hinsicht erfahren. Aus den in diesem Band enthaltenen Einzelerläuterungen aus der Feder erfahrener Praktiker, die unmittelbar an wichtigen Beihilfeverfahren beteiligt waren, lässt sich am besten die ungebrochene Dynamik dieses sektorspezifisch geprägten Rechtsgebiets ablesen.

Vor besonders schwierige Fragen stellen dabei – nicht zuletzt aufgrund der Altmark-Trans-Rechtsprechung des Europäischen Gerichtshofs – die Ausgleichszahlungen an Unternehmen, die universelle Dienstleistungen erbringen, an denen ein Allgemeininteresse besteht. Diese Fragen sind erstmals in einem Großkommentar in einer artikelbezogenen Erläuterung der von der Europäischen Kommission am 28. 11. 2005 im Rahmen des sog. Monti-Pakets erlassenen „Gruppenfreistellungsentscheidung für Beihilfen an mit der Erbringung von Dienstleistungen im allgemeinen wirtschaftlichen Interesse betraute Unternehmen" behandelt, mit der eine auf Art. 106 Abs. 3 AEUV gestützte sektorübergreifende Legalausnahme von der Notifizierungspflicht für Beihilfen geschaffen worden ist. Diese Kommentierung wird ergänzt durch eine detaillierte Auseinandersetzung mit dem Gemeinschaftsrahmen für staatliche Beihilfen zum Ausgleich für die Erbringung öffentlicher Dienstleistungen. Mit diesem gibt die Kommission besondere Leitlinien für die Anwendung des Art. 106 Abs. 2 AEUV auf Beihilfen vor, die weder nach der Legalausnahme noch nach den Kriterien der Altmark-Trans-Rechtsprechung vom generellen Verbot des Art. 107 Abs. 1 AEUV befreit sind.

Das *Vergaberecht* ist durch die Reform des Jahres 2009 in vielen Bereichen grundlegend umgestaltet worden. Zahlreiche Rechtsfragen sind noch nicht geklärt. Die Erläuterungen vermitteln den Lesern eine umfassende, zuverlässige und praxisorientierte Darstellung in Auseinandersetzung mit der aktuellen Rechtsprechung. Wie auch in den ersten beiden Bänden ist der Kommentar um eine rechtsdogmatische Durchdringung des Stoffs bemüht, die in klaren Lösungshinweisen für die Praxis endet.

Der Band gibt die Entwicklung von Gesetzgebung und Rechtsprechung bis zum Sommer, teilweise bis Ende 2010 wieder. Allen Autorinnen und Autoren gilt unser herzlicher Dank für die Mitwirkung in einer Zeit, in der gerade die Praktiker, die an dem Band mitgewirkt haben, durch aktuelle Fälle des Beihilfen- und Vergaberechts überbeschäftigt waren. Manche Verzögerungen hatten hier ihren eigentlichen Grund. Unser besonderer Dank gilt Frau Susanne Wende und Herrn Carsten König, wissenschaftliche Mitarbeiter des Instituts für deutsches und europäisches Wirtschafts-, Wettbewerbs- und Regulierungsrecht, die die Last der organisatorischen Betreuung des Bandes mit Umsicht und Tatkraft gemeistert haben. Frau Magdalena Sobon danken wir für die Anfertigung des eingehenden Sachregisters zu diesem Band. Der Beihilfeteil des Kommentars wird wegen des großen Interesses an dieser Materie auch in Ländern außerhalb Deutschlands in der zweiten Jahreshälfte 2011 in englischer Sprache erscheinen.

Berlin, Brüssel, im Januar 2011   Die Herausgeber

Bearbeiterinnen und Bearbeiter des dritten Bandes

Christoph Arhold
Rechtsanwalt in Brüssel und Berlin

Johann Brück
Rechtsanwalt in Meerbusch

Charlotte Dupuis
Europäische Kommission, Generaldirektion Wettbewerb, Brüssel

Dr. Ulrich Ehricke LL.M. M.A.
Richter am OLG Düsseldorf
Professor an der Universität zu Köln

Dr. Jochen Eichler
Rechtsanwalt in Berlin

Dr. Marc Gabriel LL. M.
Rechtsanwalt in Berlin

Dr. Justus Haucap
Professor an der Universität Düsseldorf

Dr. Franz Josef Hölzl
Rechtsanwalt in Berlin

Dr. Florian Huerkamp MJur
Wissenschaftlicher Mitarbeiter an der Universität Bonn

Dr. Thomas Jaeger LL.M.
Max-Planck-Institut für Geistiges Eigentum, Wettbewerbs- und Steuerrecht in München

Wolfgang Jaeger
Vorsitzender Richter am OLG Düsseldorf a. D.

Dr. Thomas Jestaedt LL.M.
Rechtsanwalt in Brüssel

Dr. Ulrich Karpenstein
Rechtsanwalt in Berlin und Brüssel

Dr. Jürgen Keßler
Professor an der Hochschule für Technik und Wirtschaft in Berlin
Honorarprofessor an der TU Berlin und der Kuban Universität Krasnodar
(Russische Föderation)

Bernhard Klein
Bayerische Landesvertretung, Brüssel

Michael Knoblich
Ministerialrat im Sächsischen Staatsministerium für Wirtschaft, Arbeit und Verkehr in Dresden

Dr. Thomas Köster LL.M.
Europäische Kommission, Generaldirektion Wettbewerb, Brüssel

Bearbeiter

Dr. Viktor Kreuschitz
Europäische Kommission, Juristischer Dienst, Brüssel

Dr. Jürgen Kühling, LL.M.
Professor an der Universität Regensburg

Dr. Max Lienemeyer LL.M.
Europäische Kommission, Generaldirektion Wettbewerb, Brüssel

Dr. Fridhelm Marx
Ministerialdirigent a. D., Rechtsanwalt in Alfter

Michael Niejahr
Europäische Kommission, Generaldirektion Landwirtschaft und
ländliche Entwicklung, Brüssel

Nina Niejahr LL.M.
Rechtsanwältin in Brüssel

Marian Niestedt M.E.S.
Rechtsanwalt in Hamburg

Dr. Marco Núñez Müller LL.M.
Rechtsanwalt in Hamburg und Brüssel

Soultana Paschalidou LL.M.
Europäische Kommission,
Generaldirektion Wettbewerb, Brüssel

Gerda Reider
Leitende Regierungsdirektorin, Bezirksregierung Düsseldorf

Dr. Andreas Rosenfeld
Rechtsanwalt in Brüssel

Dr. Birgit Rumersdorfer LL.M.
Stellvertretender Vorstand des Instituts für Völkerrecht und Internationale Beziehungen
an der Johannes Kepler Universität Linz

Dr. Dr. Dr. h. c. Franz Jürgen Säcker
Professor an der Freien Universität Berlin

Tibor Scharf
Europäische Kommission, Juristischer Dienst, Brüssel

Dr. Michael Schütte
Rechtsanwalt in Brüssel

Dr. Andreas Schwab LL.M.
Mitglied des Europäischen Parlaments, Brüssel
Rechtsanwalt in Berlin

Dr. Ulrich Schwalbe
Professor an der Universität Hohenheim

Dr. Ulrich Soltész LL.M.
Rechtsanwalt in Brüssel

Dr. Bettina Tugendreich
Rechtsanwältin in Berlin

Bearbeiter

Dr. Susanne Wende LL.M.
Rechtsanwältin in München

Philipp Werner LL.M.
Rechtsanwalt in Brüssel

Reinhard Wilke
Richter am Oberverwaltungsgericht Schleswig
Stellvertretender Vorsitzender des Vergabesenats am Oberlandesgericht Schleswig

Dr. Jörg Witting
Rechtsanwalt in Düsseldorf

Dr. Maik Wolf
Wissenschaftlicher Mitarbeiter an der Freien Universität Berlin

Franziska Zibold
Rechtsanwältin in Brüssel

Volker Zuleger
Regierungsdirektor im Sächsischen Staatsministerium
für Wirtschaft, Arbeit und Verkehr in Dresden

Im Einzelnen haben bearbeitet

Teil 1. Einleitung

Teil 2. Beihilfenrecht

A. Art. 107 AEUV

B. Allgemeine Gruppenfreistellungsverordnung (AGVO) – Verordnung 800/2008 der Kommission zur Erklärung der Vereinbarkeit bestimmter Gruppen von Beihilfen mit dem Gemeinsamen Markt

C. Rettungs- und Umstrukturierungsbeihilfen

D. Finanzielle Transfers und Transaktionen

E. Steuerliche Maßnahmen

F. Regeln für die Beurteilung staatlicher Beihilfen in bestimmten Sektoren

Bearbeiter

Inhaltsübersicht

Inhaltsverzeichnis

Inhaltsverzeichnis

Inhaltsverzeichnis

Inhaltsverzeichnis

Inhaltsverzeichnis

Teil 3. Vergaberecht

Vierter Teil. Vergabe öffentlicher Aufträge

Erster Abschnitt. Vergabeverfahren

Abschnitt 1. Allgemeine Bestimmungen

Abschnitt 2. Vorbereitung des Vergabeverfahrens

Abschnitt 3. Bekanntmachungen und Fristen

Inhaltsverzeichnis

Inhaltsverzeichnis

Verzeichnis der Abkürzungen
und der abgekürzt zitierten Literatur

aA	anderer Ansicht
aaO	am angegebenen Ort
abgedr.	abgedruckt
Abh.	Abhandlung
Abk.	Abkommen
abl.	ablehnend
ABl.	Amtsblatt der Europäischen Union (bis 31. 12. 2002 Amtsblatt der Europäischen Gemeinschaften)
ABl. BNetzA	Amtsblatt der Bundesnetzagentur
ABl. EGKS	Amtsblatt der Europäischen Gemeinschaft für Kohle und Stahl
Abs.	Absatz
Abschn.	Abschnitt
Abt.	Abteilung
abw.	abweichend
AcP	Archiv für die civilistische Praxis
AdR	Ausschuss der Regionen
aE	am Ende
AERP	Europäische Agentur für Forschung und Entwicklung
AEUV	Vertrag über die Arbeitsweise der Europäischen Union (ABl. 2008 Nr. C 115/47)
aF	alte(r) Fassung
AFDI	Annuaire Français de Droit International
AfP	Archiv für Presserecht (Jahr und Seite)
AG	Aktiengesellschaft; Die Aktiengesellschaft (Zeitschrift; Jahr und Seite)
AGB	Allgemeine Geschäftsbedingungen
AgrarR	Agrarrecht (Zeitschrift)
AGVO	Verordnung(EG) Nr. 800/2008 der Kommission vom 6. 8. 2008 (Allgemeine Gruppenfreistellungsverordnung, ABl. EG Nr. L 214/3 vom 9. 8. 2008)
AHK	Alliierte Hohe Kommission
AJCL	American Journal of Comparative Law (Zeitschrift)
AktG	Aktiengesetz vom 6. 9. 1965 (BGBl. I 1089), zuletzt geändert durch Artikel 74 des Gesetzes vom 17. 12. 2008 (BGBl. I 2586)
allg.	allgemein
Alt.	Alternative
aM	andere(r) Meinung
AmstV	Amsterdamer Vertrag
Amtl. Begr.	Amtliche Begründung
ÄndG	Änderungsgesetz
Anh.	Anhang
Anl.	Anlage
Anm.	Anmerkung
Ann. eur.	Annuaire européen (=EuYB)
AO	Abgabenordnung
AöR	Archiv des öffentlichen Rechts (Zeitschrift)
ARE	Arbeitsgemeinschaft Regionaler Energieversorgungsunternehmen
arg.	argumentum
Art.	Artikel
AStV	Ausschuss der Ständigen Vertreter
AT	Allgemeiner Teil
Aufl.	Auflage
ausf.	ausführlich
AustVO	Ausführungsverordnung

Abkürzungen

AWD .... Außenwirtschaftsdienst des Betriebs-Beraters (Zeitschrift), ab 1975: Recht der Internationalen Wirtschaft

AWG .... Außenwirtschaftsgesetz idF. der Bekanntmachung vom 27. 5. 2009 (BGBl. I S. 1150), zuletzt geändert durch die Verordnung vom 17. 12. 2009 (BAnz. 2009, 4573)

AWR .... Archiv für Wettbewerbsrecht (Zeitschrift)

AWVO .... Außenwirtschaftsverordnung

Ax/Schneider/Nette .... Ax/Schneider/Nette, Handbuch Vergaberecht, 2002

Az. .... Aktenzeichen

AZO .... Allgemeine Zollordnung

B .... Bundes-

BAFA .... Bundesamt für Wirtschaft und Ausfuhrkontrolle

BAG .... Bundesarbeitsgericht

Bankenmitt. .... Mitteilung über die Anwendung der Vorschriften für staatliche Beihilfen auf Maßnahmen zur Stützung von Finanzinstituten im Kontext der derzeitigen globalen Finanzkrise (ABl. EU 2008 Nr. C 270/8)

BAnz. .... Bundesanzeiger

Bartosch .... Bartosch, EU-Beihilfenrecht, 2009

Baumbach/Hefermehl
WZG .... Baumbach/Hefermehl, Warenzeichenrecht, 12. Aufl. 1985

BauR .... Zeitschrift für das gesamte öffentliche und private Baurecht (Jahr und Seite)

BaWü .... Baden-Württemberg

BayObLG .... Bayerisches Oberstes Landesgericht

BayVBl .... Bayerische Verwaltungsblätter

BB .... Der Betriebs-Berater (Zeitschrift)

BBauG .... Bundesbaugesetz

Bd., Bde. .... Band, Bände

BDI .... Bundesverband der Deutschen Industrie

Bearb., bearb. .... Bearbeiter; bearbeitet

Bechtold .... Bechtold, Kartellgesetz, Gesetz gegen Wettbewerbsbeschränkungen, Kommentar, 6. Aufl. 2010

Bechtold/Bosch/Brinker/
Hirsbrunner .... Bechtold/Bosch/Brinker/Hirsbrunner, EG-Kartellrecht, 2. Aufl. 2009

BeckOKVwVfG/
Bearbeiter .... Bader/Ronellenfitsch (Hrsg.), Beck'scher Onlinekommentar zum VwVfG

BeckTKG-Komm/
Bearbeiter .... Geppert/Piepenbrock/Schütz/Schuster (Hrsg.), Beck'scher TKG-Kommentar, 3. Aufl. 2006

BeckVOB-Komm/
Bearbeiter .... Motzke/Pietzcker/Prieß (Hrsg.), Beck'scher VOB-Kommentar, Teil A, 2001

Begr. .... Begründung

Bek. .... Bekanntmachung

Bekanntmachung
  „Durchsetzung" .... Bekanntmachung der Kommission über die Durchsetzung des Beihilfenrechts durch die einzelstaatlichen Gerichte (ABl. EU Nr. C 85/1 vom 9. 4. 2009)

Bekanntmachung „Post" ... Bekanntmachung der Kommission über die Anwendung der Wettbewerbsregeln auf den Postsektor und über die Beurteilung bestimmter staatlicher Maßnahmen betreffend Postdienste (ABl. EG Nr. C 39/2 vom 6. 2. 1998)

Bekanntmachung
  „Rückforderung" .... Bekanntmachung der Kommission über Rechtswidrige und mit dem Gemeinsamen Markt unvereinbare staatliche Beihilfen: Gewährleistung der Umsetzung von Rückforderungsentscheidungen der Kommission in den Mitgliedstaaten, (ABl. EU Nr. C 272/4 vom 15. 11. 2007)

Bekl.	Beklagte(r)
Bellamy/Child	Bellamy/Child, European Community Law of Competition, 2008
Benelux-Staaten	Belgien, Niederlande, Luxemburg
BerlKommEnR/*Bearbeiter*	Säcker (Hrsg.), Berliner Kommentar zum Energierecht, 2. Aufl. 2010
BerlKommTKG/*Bearbeiter*	Säcker (Hrsg.), Berliner Kommentar zum TKG, 2. Aufl. 2009
bes.	besonders
Beschl.	Beschluss
bestr.	bestritten
Beteiligungsmitteilung	Mitteilung der Kommission über Kapitalzuführungen durch den Staat, Bulletin EG 9–1984, abgedruckt in: Wettbewerbsrecht der Europäischen Gemeinschaften, Band IIA, 133
betr.	betreffend
Bez.	Bezeichnung
BGB	Bürgerliches Gesetzbuch idF der Bekanntmachung vom 2. 1. 2002 (BGBl. I S. 42, 2909; 2003 I S. 738), zuletzt geändert durch Artikel 1 des Gesetzes vom 24. 7. 2010 (BGBl. I S. 977)
BGBl.	Bundesgesetzblatt
BGH	Bundesgerichtshof
BGHZ	Entscheidungen des Bundesgerichtshofs in Zivilsachen
BGW	Bundesverband der deutschen Gas- und Wasserwirtschaft
BIP	Bruttoinlandsprodukt
BKartA	Bundeskartellamt
BKR	Richtlinie des Rates über die Koordinierung der Verfahren zur Vergabe öffentlicher Bauaufträge (93/37/EWG)
Bl.	Blatt
BMJ	Bundesminister(ium) der Justiz
BMWi/BMWA	Bundesministerium für Wirtschaft und Technologie/ ~ und Arbeit
BNetzA	Bundesnetzagentur für Elektrizität, Gas, Telekommunikation, Post und Eisenbahnen
Boesen	Boesen, Kommentar zum Vergaberecht, 2. Aufl. 2002
br.	britisch
BRat	Bundesrat
BRD	Bundesrepublik Deutschland
BR-Drucks.	Drucksachen des Deutschen Bundesrates
BReg	Bundesregierung
BR-Prot.	Protokolle des Deutschen Bundesrates
BSG	Bundessozialgericht
Bsp.	Beispiel
Bspr.	Besprechung
bspw.	beispielsweise
BT	Bundestag
BT-Drucks.	Drucksache des Deutschen Bundestages
BT-Prot.	Protokolle des Deutschen Bundestages
Buchholz	Buchholz (Hrsg.), Sammel- und Nachschlagewerk der Rechtsprechung des Bundesverwaltungsgerichts
Buchst.	Buchstabe
Bull.	Bulletin der Europäischen Gemeinschaften
BVerfG	Bundesverfassungsgericht
BVerfGE	Entscheidungen des Bundesverfassungsgerichts
BVerwG	Bundesverwaltungsgericht
BVerwGE	Entscheidungen des Bundesverwaltungsgerichts
BYIL	British Yearbook of International Law
Byok/Jaeger/Bearbeiter	Byok/Jaeger, Kommentar zum Vergaberecht, 2. Aufl. 2005
bzgl.	bezüglich
bzw.	beziehungsweise
ca.	circa
Calliess/Ruffert/Bearbeiter	Calliess/Ruffert (Hrsg.), Kommentar zum EU-/EG-Vertrag, 3. Aufl. 2007

Abkürzungen

CC	Code Civil
cic.	culpa in contrahendo
CMLR	Common Market Law Reports (Zeitschrift)
CMLRev.	Common Market Law Review (Zeitschrift)
Competition Policy Newsletter	Competition Policy Newsletter (Zeitschrift)
CPA	Classification of Products According to Activities (Statistische Güterklassifikation in Verbindung mit den Wirtschaftszweigen in der Europäischen Wirtschaftsgemeinschaft)
CPC	Central Product Classification (Zentrale Güterklassifikation der Vereinten Nationen)
CPN	Competition Policy Newsletter
CPV	Common Procurement Vocabulary (Gemeinsames Vokabular für öffentliche Aufträge)
dass.	dasselbe
Daub/Eberstein/Bearbeiter	Daub/Eberstein, Kommentar zur VOL/A, 2000
Dauses/Bearbeiter	Dauses (Hrsg.), Handbuch des EU-Wirtschaftsrechts, Stand: Juni 2010
DAWI	Dienstleistung(en) im allgemeinen wirtschaftlichen Interesse
DAWI-GFE	Entscheidung der Kommission vom 28. 11. 2005 über staatliche Beihilfen, die bestimmten mit der Erbringung von Dienstleistungen von allgemeinen wirtschaftlichen Interesse betraute Unternehmen als Ausgleich gewährt werden (ABl. 2005 Nr. C 312/67)
DB	Der Betrieb (Zeitschrift)
ders.	derselbe
dh.	das heißt
dies.	dieselbe(n)
diff.	differenzierend
DIHT	Deutscher Industrie- und Handelstag
DIN	Deutsche Industrienorm
DiskE	Diskussionsentwurf
Diss.	Dissertation (Universitätsort)
dJ.	des Jahres
DKR	Richtlinie des Rates über die Koordinierung der Verfahren zur Vergabe öffentlicher Dienstleistungsaufträge (92/50/EWG)
Dok.	Dokument
DÖV	Die öffentliche Verwaltung (Zeitschrift)
Dreher/Stockmann	Dreher/Stockmann, Kartellvergaberecht, 2008
DRiZ	Deutsche Richterzeitung
Drucks.	Drucksache
DRZ	Deutsche Rechtszeitschrift
DStZ	Deutsche Steuerzeitung
DVA	Deutscher Verdingungsausschuss für Bauleistungen
DVAL	Deutscher Verdingungsausschuss für Leistungen ausgenommen Bauleistungen
DVBl.	Deutsches Verwaltungsblatt (Zeitschrift)
DVG	Deutsche Verbundgesellschaft
DVO	Durchführungsverordnung
DW	Der Wettbewerb (Zeitschrift)
DZWir	Deutsche Zeitschrift für Wirtschaftsrecht
E	Entwurf
EAG	Europäische Atomgemeinschaft
EAGV	Vertrag zur Gründung der Europäischen Atomgemeinschaft
ebd.	Ebenda
Ebenroth/Boujong/Joost	Ebenroth/Boujong/Joost, HGB, Kommentar, 2. Aufl. 2009
ECLR	European Competition Law Review (Zeitschrift)
EC State Aid Law	EC State Aid Law: Liber Amicorum in Honour Francisco Santaolla Gadea, 2008

EEA	Einheitliche Europäische Akte
EEG	Erneuerbare Energien Gesetz vom 25. 10. 2008 (BGBl. I S. 2074), zuletzt geändert durch das Gesetz vom 11. 8. 2010 (BGBl. I S. 1170)
EFTA	European Free Trade Association
EG	Vertrag zur Gründung der Europäischen Gemeinschaften
EGKS	Europäische Gemeinschaft für Kohle und Stahl
EGKS V	Vertrag über die Gründung der Europäischen Gemeinschaft für Kohle und Stahl vom 18. 4. 1951 (BGBl. 1952 II S. 445)
EGMR	Europäischer Gerichtshof für Menschenrechte
EGV	Vertrag zur Gründung der Europäischen Gemeinschaft vom 25. 3. 1957 (BGBl. II S. 766) idF des Vertrages über die Europäische Union vom 7. 2. 1992 (BGBl. II S. 1253/1256) zuletzt geändert durch den Amsterdamer Vertrag vom 2. 10. 1997 (BGBl. II S. 387)
Ehlers/Wolffgang/Schröder/ Bearbeiter	Ehlers/Wolffgang/Schröder (Hrsg.), Subventionen im WTO- und EG-Recht, 2007
Einf.	Einführung
Einl.	Einleitung
einstw.	einstweilig
EJIL	European Journal of International Law
EKMR	Europäische Kommission für Menschenrechte
EL	Ergänzungslieferung
ELJ	European Law Journal (Zeitschrift)
ELRev	European Law Review (Zeitschrift)
Emmerich	Emmerich, Kartellrecht, 11. Aufl. 2008
EMRK	Europäische Konvention für Menschenrechte
endg.	endgültig
Entsch.	Entscheidung
entspr.	entsprechend
Entw.	Entwurf
EnWG	Gesetz über die Elektrizitäts- und Gasversorgung (Energiewirtschaftsgesetz) vom 7. 7. 2005 (BGBl. I S. 1970, ber. 3621), zuletzt geändert durch Artikel 2 des Gesetzes vom 21. 8. 2009 (BGBl. I S. 2870)
EP	Europäisches Parlament
EPL	European Public Law
Erichsen/Ehlers/Bearbeiter	Erichsen/Ehlers, Allgemeines Verwaltungsrecht, 14. Aufl. 2010
Erl.	Erläuterung
Erman/Bearbeiter	Erman, BGB, Kommentar, 12. Aufl. 2008
EStAL	European State Aid Law Quarterly (Zeitschrift)
EStG	Einkommensteuergesetz
etc.	et cetera
EU	Europäische Union
EuG	Europäisches Gericht Erster Instanz
EuGH	Gerichtshof der Europäischen Gemeinschaften
EuGHE	Entscheidungen des Gerichtshofes der Europäischen Gemeinschaften
EuGHMR	Europäischer Gerichtshof für Menschenrechte
EUK	Europa kompakt (Zeitschrift)
EU-Komm.	Europäische Kommission
EuR	Europarecht (Zeitschrift)
EUR	Euro
Euratom	Europäische Atomgemeinschaft
EUV	Vertrag über die Europäische Union (ABl. 2008 Nr. C 115/15)
EuVR	Europäisches Vergaberecht (Zeitschrift), ab 2001: Zeitschrift für das gesamte Vergaberecht
EuYB	European Yearbook
EuZW	Europäische Zeitschrift für Wirtschaftsrecht
e. V.	eingetragener Verein
evtl.	eventuell
EVU	Elektrizitätsversorgungsunternehmen

EW	Elektrizitätswirtschaft (Zeitschrift)
EWG	Europäische Wirtschaftsgemeinschaft
EWGV	Vertrag zur Gründung der Europäischen Wirtschaftsgemeinschaft vom 25. 3. 1957 (BGBl. II S. 753)
EWiR	Entscheidungen zum Wirtschaftsrecht (Zeitschrift)
EWR	Europäischer Wirtschaftsraum
EWS	Europäisches Wirtschafts- und Steuerrecht (Zeitschrift)
Eyermann/Bearbeiter	Eyermann, VwGO, Kommentar, 13. Aufl. 2010
EZB	Europäische Zentralbank
EzEG-VergabeR	Entscheidungssammlung zum Europäischen Vergaberecht (Herausgeber: Fischer/Noch)
f.	folgende
FAO	Ernährungs- und Landwirtschaftsorganisation der Vereinten Nationen
FAZ	Frankfurter Allgemeine Zeitung
ff.	folgende
FGO	Finanzgerichtshof
FIW	Forschungsinstitut für Wirtschaftsverfassung und Wettbewerb e. V., Köln
FIW-Schriftenreihe	Schriftenreihe des Forschungsinstituts für Wirtschaftsverfassung und Wettbewerb e. V., Köln
FK/*Bearbeiter*	Frankfurter Kommentar zum Kartellrecht, hrsg. von Helmut Glassen, Loseblatt seit 1958, Stand: Juli 2010
Fn.	Fußnote
franz.	französisch
Frenz	Handbuch Europarecht, Bd. 3: Beihilfe- und Vergaberecht, 2007
FS	Festschrift
G	Gesetz
GAP	Gemeinsame Agrarpolitik
GASP	Gemeinsame Außen- und Sicherheitspolitik
GATS	General Agreement on Trade in Services (Allgemeines Übereinkommen über den Handel mit Dienstleistungen)
GATT	Allgemeines Zoll- und Handelsabkommen
GBl.	Gesetzblatt
GbR	Gesellschaft bürgerlichen Rechts
GD	Generaldirektion
Geiger/Khan/Kotzur	Geiger/Khan/Kotzur, EUV/AEUV, 5. Aufl. 2010
gem.	gemäß
GemHVO	Gemeindehaushaltsverordnung
GemS	Gemeinsamer Senat
Gemeinschaftsrahmen „F&E&I-Beihilfen"	Mitteilung der Kommission – Gemeinschaftsrahmen für staatliche Beihilfen für Forschung, Entwicklung und Innovation (ABl. EU Nr. C 323/1 vom 30. 12. 2006)
GesR	Zeitschrift für Arztrecht, Krankenhausrecht, Apotheken- und Arzneimittelrecht
GewA	Gewerbearchiv (Zeitschrift)
GewO	Gewerbeordnung idF der Bekanntmachung vom 22. 2. 1999 (BGBl. I 202), zuletzt geändert durch Artikel 4 Absatz 14 des Gesetzes vom 29. 7. 2009 (BGBl. I S. 2258)
GFE-DAWI	Entscheidung der Kommission vom 28. 11. 2005 über die Anwendung von Artikel 86 Absatz 2 EG-Vertrag auf staatliche Beihilfen, die bestimmten mit der Erbringung von Dienstleistungen von allgemeinem wirtschaftlichem Interesse betrauten Unternehmen als Ausgleich gewährt werden (ABl. EU Nr. L 312/67 vom 29. 11. 2005)
GG	Grundgesetz für die Bundesrepublik Deutschland vom 23. 5. 1949 (BGBl. I 1), zuletzt geändert durch das Gesetz vom 21. 7. 2010 (BGBl. I S. 944)

ggf.	gegebenenfalls
ggü.	gegenüber
GK/*Bearbeiter*	Gemeinschaftskommentar, Müller-Henneberg/Hootz (Herausgeber), Gesetz gegen Wettbewerbsbeschränkungen und Europäisches Kartellrecht, 5. Aufl. 1999 ff.
GKG	Gerichtskostengesetz vom 5. 5. 2004 (BGBl. I S. 718), zuletzt geändert durch Artikel 12 des Gesetzes vom 30. 7. 2009 (BGBl. I S. 2479)
GmbHG	Gesetz betreffend die Gesellschaften mit beschränkter Haftung vom 20. 5. 1892, zuletzt geändert durch Artikel 5 des Gesetzes vom 31. 7. 2009 (BGBl. I S. 2509)
GMBl.	Gemeinsames Ministerialblatt
GmS-OGB	Gemeinsamer Senat der obersten Gerichtshöfe des Bundes
GO	Geschäftsordnung
Göhler	Göhler, Gesetz über Ordnungswidrigkeiten, 15. Aufl. 2009
GP	Gesetzgebungsperiode
GPA	Agreement on Government Procurement
GPC	Government Procurement Code
Grabitz/Hilf/Bearbeiter	Grabitz/Hilf, Das Recht der Europäischen Union, Loseblatt
Graf-Schlicker/Bearbeiter	Graf-Schlicker (Hrsg.), InsO, Kommentar, 2. Aufl. 2010
grdl.	grundlegend
grds.	grundsätzlich
von der Groeben/Thiesing/ *Ehlermann/ Bearbeiter*	von der Groeben/Thiesing/Ehlermann (Hrsg.), Kommentar zum EU-/ EG-Vertrag, I und II: 6. Aufl. 2003 f., III bis V: 5. Aufl. 1997 (Nachfolgewerk: Schröter/Jakob/Mederer/Bearbeiter)
Gruber	Gruber, Europäisches Vergaberecht, 2005
GrS	Großer Senat
Grünbuch Partnerschaften	Grünbuch zu öffentlich-privaten Partnerschaften und den gemeinschaftlichen Rechtsvorschriften für öffentliche Aufträge und Konzessionen, vom 30. 4. 2004, KOM (2004) 327 endgültig
Grünbuch Verteidigungs- güter	Grünbuch Beschaffung von Verteidigungsgütern vom 23. 9. 2004, KOM(2004)608 endgültig
GRUR	Gewerblicher Rechtsschutz und Urheberrecht (Zeitschrift)
GU	Gemeinschaftsunternehmen
GVBl.	Gesetz- und Verordnungsblatt
GVO	Gruppenfreistellungsverordnung
GWB	Gesetz gegen Wettbewerbsbeschränkungen idF der Bekanntmachung vom 15. 7. 2005 (BGBl. I S. 2114), zuletzt geändert durch Artikel 13 Absatz 21 des Gesetzes vom 25. 5. 2009 (BGBl. I S. 1102)
GYIL	German Yearbook of International Law
Hailbronner/Klein/ *Magiera/Müller-Graff/* *Bearbeiter*	Hailbronner/Klein/Magiera/Müller-Graff, Handkommentar zum Vertrag über die Europäische Union (EUV/EGV), Loseblatt seit 1991, Stand: 1998 (Erscheinen eingestellt mit EL 7)
Halbbd.	Halbband
Hancher/Ottervanger/Slot......	Hancher/Ottervanger/Slot, EC State Aids, 3. Aufl. 2006
Haratsch/Koenig/Pechstein	Haratsch/Koenig/Pechstein, Europarecht, 7. Aufl. 2010
Hdb.	Handbuch
HdbStR III/*Bearbeiter*	Isensee/Kirchhof (Hrsg.), Handbuch des Staatsrecht der Bundesrepublik Deutschland, Band 3, Demokratie – Bundesorgane, 3. Aufl. 2005
Heidenhain/Bearbeiter	Heidenhain (Hrsg.), Handbuch des Europäischen Beihilfenrechts, 2003
Heidenhain/Bearbeiter European State Aid Law	Heidenhain (Hrsg.), European State Aid Law, 2010
Heiermann/Riedl/Rusam/ *Bearbeiter*	Heiermann/Riedl/Rusam, Handkommentar zur VOB, Teile A und B, 11. Auflage 2008

JuS	Juristische Schulung (Zeitschrift)
JW	Juristische Wochenschrift (Zeitschrift)
JZ	Juristenzeitung (Zeitschrift)

Kap.	Kapitel
KartR	Kartellrecht
KG	Kammergericht (Berlin)
KGaA	Kommanditgesellschaft auf Aktien
Kl.	Kläger
KMU	Kleine und mittlere Unternehmen
Knack/Bearbeiter	Knack, VwVfG, Kommentar, 9. Aufl. 2009
Köhler/Bornkamm/ Bearbeiter	Köhler/Bornkamm, Wettbewerbsrecht, Kommentar, 28. Aufl. 2010
Koenig/Kühling/Ritter	Koenig/Kühling/Ritter, EG-Beihilfenrecht, 2. Aufl. 2005
Koenig/Roth/Schön/ Bearbeiter	Koenig/Roth/Schön (Hrsg.), Aktuelle Fragen des EG-Beihilfenrechts, 2001
Koller/Roth/Morck	Koller/Roth/Morck, Handelsgesetzbuch – HGB, Kommentar, 6. Aufl. 2007
KOM DOK	Kommissionsdokument
Kom.	Kommission
Komm.	Kommentar
KompendiumVgR/ Bearbeiter	Müller-Wrede (Hrsg.), Kompendium des Vergaberechts, 2008
Kopp/Ramsauer	Kopp/Ramsauer, VwVfG Kommentar, 11. Aufl. 2010
Kopp/Schenke	Kopp/Schenke, VwGO Kommentar, 16. Aufl. 2009
KostRMoG	Kostenrechtsmodernisierungsgesetz
krit.	kritisch
KritJ	Kritische Justiz (Zeitschrift)
KS	EGKS-Vertrag in der nach dem 1. 5. 1999 geltenden Fassung
KSZE	Konferenz über Sicherheit und Zusammenarbeit in Europa
Kulartz/Kus/Portz/ Bearbeiter	Kulartz/Kus/Portz, Kommentar zum GWB-Vergaberecht, 2. Aufl. 2009
Kulartz/Marx/Portz/Prieß/ Bearbeiter	Kulartz/Marx/Portz/Prieß, Kommentar zur VOL/A, 2007

L	Landes-
LAG	Landesarbeitsgericht
Langen/Bunte/Bearbeiter	Langen/Bunte, Kommentar zum deutschen und europäischen Kartellrecht, 11. Aufl. 2010 (Bd. 1: Deutsches Kartellrecht; Bd. 2: Europäisches Kartellrecht)
Leinemann	Leinemann, Die Vergabe öffentlicher Aufträge, 4. Aufl. 2007
Leitfaden Verfahren	Europäischer Leitfaden für bewährte Verfahren (Code of Best Practice) zur Erleichterung des Zugangs kleiner und mittlerer Unternehmen (KMU) zu öffentlichen Aufträgen, SEC(2008) 2193 vom 25. 6. 2008
Leitlinien „Breitbandausbau"	Leitlinien der Gemeinschaft für die Anwendung der Vorschriften über staatliche Beihilfen im Zusammenhang mit dem schnellen Breitbandausbau, ABl. 2009 Nr. C 235/7
Leitlinien „Risikokapitalbeihilfen"	Leitlinien der Gemeinschaft für staatliche Beihilfen zur Förderung von Risikokapitalinvestitionen in kleine und mittlere Unternehmen (ABl. EU Nr. C 194/2 vom 18. 8. 2006)
Leitlinien „Umstrukturierung"	Mitteilung der Kommission – Leitlinien der Gemeinschaft für staatliche Beihilfen zur Rettung und Umstrukturierung von Unternehmen in Schwierigkeiten (ABl. EU Nr. C 244/2 vom 1. 10. 2004)

Lenz, EG-Handbuch	Lenz, EG-Handbuch, Recht im Binnenmarkt, 2. Aufl. 1994
Lenz/Borchardt/Bearbeiter	Lenz/Borchardt (Hrsg.), EU- und EG-Vertrag, Kommentar, 5. Aufl. 2010
Lfg.	Lieferung
LG	Landgericht (mit Ortsnamen)
LHO	Landeshaushaltsordnung
LIEI	Legal Issues of Economic Integration (Zeitschrift)
Lit.	Literatur
lit.	Buchstabe
LKartB	Landeskartellbehörde/n
LKR	Richtlinie des Rates zur Koordinierung der Verfahren zur Vergabe öffentlicher Lieferaufträge (93/36/EWG)
LKV	Landes- und Kommunalrecht (Zeitschrift)
LM	Nachschlagewerk des Bundesberichtshofs, herausgegeben von Linden- maier, Möhring u. a.
Losebl.	Loseblattausgabe
Loewenheim/Bearbeiter	Loewenheim/Meessen/Riesenkampff (Hrsg.), Kartellrecht, 2. Aufl. 2009
LPG	Landespressegesetz
Lübbig/Martin-Ehlers	Lübbig/Martin-Ehlers, Beihilfenrecht in der EU, 2009
LS	Leitsatz
lt.	laut
Maunz/Dürig/Bearbeiter	Maunz/Dürig (Hrsg.), Grundgesetz, Loseblatt-Kommentar, 58. Lfg. 4/2010
Maurer	Maurer, Allgemeines Verwaltungsrecht, 17. Aufl. 2009
maW	mit anderen Worten
Mayer/Bearbeiter	Mayer (Hrsg.), Kommentar zu EU- und EG-Vertrag, Loseblatt, 63. Lfg.
MBl.	Ministerialblatt
MDR	Monatsschrift für Deutsches Recht (Zeitschrift)
mE	meines Erachtens
Mederer/Pesaresi/van Hoof ..	Mederer/Pesaresi/van Hoof (Hrsg.), EU Competition Law, Volume IV 2-Book-Set: State Aid
Mestmäcker/Schweitzer	Mestmäcker/Schweitzer, Europäisches Wettbewerbsrecht, 2. Aufl. 2004
MinBl.	Ministerialblatt
Mio.	Million(en)
Mitt.	Mitteilung(en)
Mitt. „Analysemethode" ...	Mitteilung der Kommission über die Methode für die Analyse staatlicher Beihilfen in Verbindung mit verlorenen Kosten, abrufbar unter http://ec. europa.eu/competition/state_aid/legislation/stranded_costs_de.pdf
Mitt. „Auslegungsfragen Artikel 296"	Mitteilung zu Auslegungsfragen bezüglich der Anwendung des Artikels 296 des Vertrags zur Gründung der Europäischen Gemeinschaft (EGV) auf die Beschaffung von Verteidigungsgütern (KOM (2006) 779 end- gültig vom 7. 12. 2006)
Mitt. „Auslegungsfragen IÖPP"	Mitteilung der Kommission zu Auslegungsfragen in Bezug auf die An- wendung der gemeinschaftlichen Rechtsvorschriften für öffentliche Aufträge und Konzessionen auf institutionalisierte Öffentlich Private Partnerschaften (IÖPP) (ABl. EU Nr. C 91/04 vom 12. 4. 2008)
Mitt. „Auslegung Konzessionen"	Mitteilung der Kommission zu Auslegungsfragen im Bereich Konzes- sionen im Gemeinschaftsrecht (ABl. Nr. C 121 v. 29. 4. 2000)
Mitt. „Auslegung Vergaberecht"	Mitteilung der Kommission über die Auslegung des gemeinschaftlichen Vergaberechts und die Möglichkeiten zur Berücksichtigung sozialer Belange bei der Vergabe öffentlicher Aufträge (KOM (2001) 566 end- gültig vom 15. 10. 2001)

Mitt. „Filmwirtschaft" .... Mitteilung der Kommission vom 26. September 2001 zu bestimmten Rechtsfragen im Zusammenhang mit Kinofilmen und anderen audiovisuellen Werken (ABl. 2002 Nr. C 43/6), zuletzt bis 31. 12. 2012 verlängert durch Mitteilung der Kommission über die Kriterien zur Beurteilung der Vereinbarkeit staatlicher Beihilfen in der Mitteilung zur Filmwirtschaft (ABl. 2009 Nr. C 31/1)

Mitt. „Flughäfen" .... Mitteilung der Kommission Gemeinschaftliche Leitlinien für die Finanzierung von Flughäfen und die Gewährung staatlicher Anlaufbeihilfen für Luftfahrtunternehmen auf Regionalflughäfen (ABl. Nr. C 312/1 vom 9. 12. 2005)

Mitt. „Geltungsdauer Schiffbau" .... Mitteilung der Kommission betreffend die Verlängerung der Geltungsdauer der Rahmenbestimmungen über staatliche Beihilfen an den Schiffbau (ABl. EU Nr. C 260/7 vom 28. 10. 2006)

Mitt. „Gemeinschaftsrahmen Beihilfen" .... Mitteilung der Kommission — Vorübergehender Gemeinschaftsrahmen für staatliche Beihilfen zur Erleichterung des Zugangs zu Finanzierungsmitteln in der gegenwärtigen Finanz- und Wirtschaftskrise (ABl. EU Nr. C 16/1 vom 22. 1. 2009)

Mitt. „Impaired Asset" ...... siehe Impaired Asset Mitt.

Mitt. „Konzessionen" .... Mitteilung der Kommission zu Auslegungsfragen im Bereich Konzessionen im Gemeinschaftsrecht (ABl. EG Nr. C 121/2 vom 29. 4. 2000)

Mitt. „Rekapitalisierung" .. siehe Rekapitalisierungsmitt.

Mitt. „Schiffsbau" .... Rahmenbestimmungen über staatliche Beihilfen für den Schiffsbau (ABl. EU Nr. C 317 vom 30. 12. 2005)

Mitt. „Seilbahn" .... Mitteilung der Kommission an die übrigen Mitgliedstaaten und anderen Beteiligten zur staatlichen Beihilfe N 376/01 – „Beihilfenregelung zugunsten von Seilbahnen" – Genehmigung staatlicher Beihilfen gemäß den Artikeln 87 und 88 EG-Vertrag (ABl. EU Nr. C 172 vom 18. 7. 2002)

Mitt. „Umstrukturierung" siehe Umstrukturierungs Mitt.

Mitt. „Unterschwellenvergabe" .... Mitteilung der Kommission zu Auslegungsfragen in Bezug auf das Gemeinschaftsrecht, das für die Vergabe öffentlicher Aufträge gilt, die nicht oder nur teilweise unter die Vergaberichtlinien fallen (ABl. EU Nr. C 179/2 vom 1. 8. 2006)

Mitt. „Verlängerung Schiffbau" .... Mitteilung der Kommission betreffend die Verlängerung der Geltungsdauer der Rahmenbestimmungen für Beihilfen an den Schiffbau (Abl. EU Nr. C 173/3 vom 8. 7. 2008)

MJ .... Maastricht Journal of European and Comparative Law (Zeitschrift)

MK .... Monopolkommission

Möschel .... Möschel, Recht der Wettbewerbsbeschränkungen, 1983

Mrd. .... Milliarde

MSR-2002 .... Multisekoraler Regionalbeihilferahmen 2002

Müller/Giessler/Scholz .... Müller/Giessler/Scholz, Wirtschaftskommentar: Kommentar zum Gesetz gegen Wettbewerbsbeschränkungen (Kartellgesetz), 4. Aufl. 1981

Müller-Wrede, GWB .... Müller/Wrede, GWB-Vergaberecht, 2009

Müller-Wrede/Bearbeiter, VOF .... Müller-Wrede, Kommentar zur VOF, 3. Aufl. 2008

Müller-Wrede/Bearbeiter, VOL/A........................ Müller-Wrede, Verdingungsordnung für Leistungen – VOL/A, Kommentar, 2. Aufl. 2007

MünchHdbGesR/ *Bearbeiter* .... Münchener Handbuch des Gesellschaftsrechts, I bis IV, 4. Aufl. 1991 ff.; I bis V, 3. Aufl. 2006 ff.

MünchKommAktG/ *Bearbeiter* .... Münchener Kommentar zum Aktiengesetz, herausgegeben von Goette/Habersack, 3. Aufl. 2008 ff.

Abkürzungen

MünchKommBGB/ *Bearbeiter*	Münchener Kommentar zum Bürgerlichen Gesetzbuch, herausgegeben von Rixecker/Säcker, 5. Aufl. 2006 ff.
MünchKommHGB/ *Bearbeiter*	Münchener Kommentar zum Handelsgesetzbuch, herausgegeben von K. Schmidt, 2. Aufl. 2006 ff.
MünchKommZPO/ *Bearbeiter*	Münchener Kommentar zur Zivilprozessordnung mit Gerichtsverfassungsgesetz und Nebengesetzen, herausgegeben von Wenzel/Dauscher 3 Bde., 3. Aufl. 2007 f.
MuR	Medien und Recht (Zeitschrift)
Musielak	Musielak, ZPO, Kommentar, 7. Aufl. 2009
mwN	mit weiteren Nachweisen
MWSt.	Mehrwertsteuer
mWv.	mit Wirkung von
N&R	Netzwirtschaften und Recht (Zeitschrift)
Nachw.	Nachweis
NdsRpfl.	Niedersächsische Rechtspflege (Zeitschrift)
nF	neue Fassung
NGO	Non-governmental Organization(s)
Niebuhr/Kulartz/Kus/Portz	Niebuhr/Kulartz/Kus/Portz, Kommentar zum Vergaberecht, 2000
NIMEXE	Warenverzeichnis für die Statistik des Außenhandels der Gemeinschaft und des Handels zwischen ihren Mitgliedstaaten
NJW	Neue Juristische Wochenschrift (Zeitschrift)
NJW-RR	NJW-Rechtsprechungs-Report, Zivilrecht (Zeitschrift)
NJW-WettbR	NJW-Entscheidungsdienst Wettbewerbsrecht (Zeitschrift)
Noch	Noch, Vergaberecht kompakt: Verfahrensablauf und Entscheidungspraxis, 4. Aufl. 2008
NpV	Nachprüfungsverordnung
Nr.	Nummer(n)
NRW	Nordrhein-Westfalen
NVersZ	Neue Zeitschrift für Versicherungsrecht
NVwZ	Neue Zeitschrift für Verwaltungsrecht
NVwZ-RR	NVwZ-Rechtsprechungs-Report (Zeitschrift)
NZA	Neue Zeitung für Arbeits- und Sozialrecht
NZBau	Neue Zeitschrift für Bau- und Vergaberecht
NZS	Neue Zeitschrift für Sozialrecht
o.	oben
oä.	oder ähnlich
ObG	Obergericht
OECD Journal of Competition Law and Policy	OECD Journal of Competition Law and Policy (Zeitschrift)
og.	oben genannt
OGH	Oberster Gerichtshof (Österreich)
OHG	Offene Handelsgesellschaft
OLG	Oberlandesgericht
OLG-Rp.	OLG-Report (Zeitschrift)
OLGZ	Rechtsprechung der Oberlandesgerichte in Zivilsachen (Amtliche Entscheidungssammlung)
Oppermann/Nettesheim	Oppermann/Nettesheim Europarecht, 4. Aufl. 2009
ORDO	ORDO, Jahrbuch für die Ordnung von Wirtschaft und Gesellschaft (zitiert nach Band und Seite, Jahreszahl in eckigen Klammern)
OVG	Oberverwaltungsgericht
OWiG	Gesetz über Ordnungswidrigkeiten idF der Bekanntmachung vom 19. 2. 1987 (BGBl. I S. 602), zuletzt geändert durch Artikel 2 des Gesetzes vom 29. 7. 2009 (BGBl. I S. 2353)

Palandt/Bearbeiter	Palandt, Bürgerliches Gesetzbuch, 69. Aufl. 2010
PPLR	Public Procurement Law Review (Zeitschrift)
Posser/Wolff/Bearbeiter	Posser/Wolff (Hrsg.), VwGO, 2008
Prieß	Prieß, Handbuch des europäischen Vergaberechts, 3. Aufl. 2005
Prieß/Niestedt	Prieß/Niestedt, Rechtsschutz im Vergabeverfahren, 2006
PrOVG	Preußisches Oberverwaltungsgericht
Quigley	Quigley (Hrsg.), European State aid law and policy, 2009
RA	Rechtsausschuss
RabelsZ	Zeitschrift für ausländisches und internationales Privatrecht, begründet von Rabel
RAE	Revue des affaires européennes
Rahmenbest. Schiffbau	Rahmenbestimmungen für Beihilfen an den Schiffbau (2003/C 317/06)
RdE	Recht der Energiewirtschaft, Recht der Elektrizitätswirtschaft (Zeitschrift)
RdL	Recht der Landwirtschaft
RdNr.	Randnummer(n)
Recht	Das Recht (Zeitschrift)
Reidt/Stickler/Glahs/ Bearbeiter	Reidt/Stickler/Glahs, Vergaberecht, Kommentar, 2. Aufl. 2003
RefE	Referentenentwurf
RegBegr.	Regierungsbegründung
RegE	Regierungsentwurf
RegLL 1998	Regionalleitlinien 1998
Rekapitalisierungsmitt.	Die Mitteilung der Kommission – Die Rekapitalisierung von Finanzinstituten in der derzeitigen Finanzkrise: Beschränkung der Hilfe auf das erforderliche Minimum und Vorkehrungen gegen unverhältnismäßige Wettbewerbsverzerrungen (ABl. EU 2009 Nr. C 10/2)
ReSp.	rechte Spalte
Rundfunkmitteilung 2001	Mitteilung der Kommission über die Anwendung der Vorschriften über staatliche Beihilfen auf den öffentlich-rechtlichen Rundfunk (ABl. 2001 C 320/5)
Rundfunkmitteilung 2009	Mitteilung der Kommission über die Anwendung der Vorschriften über staatliche Beihilfen auf den öffentlichen Rundfunk (ABl. EU 2009 C 257/1)
Rev. crit. dr. internat. Privé	Revue critique de droit international privé (Zeitschrift)
Rev. MC	Revue de Marché Commun (Zeitschrift)
RG	Reichsgericht
RGRK	Das Bürgerliche Gesetzbuch, Kommentar, herausgegeben von Mitgliedern des Bundesgerichtshofes, 12. Aufl. 1974 ff.
RGZ	Amtliche Sammlung von Entscheidungen des Reichsgerichts in Zivilsachen
RIE	Revista de instituciones europeos (Zeitschrift)
Risikoaktivamitt.	siehe Mitt. „Impaired Asset"
Rittner	Rittner/Kulka, Wettbewerbs- und Kartellrecht, 8. Aufl. 2010
Rittner/Dreher	Rittner/Dreher, Europäisches und deutsches Wirtschaftsrecht, 3. Aufl. 2008
Riv. dir. int.	Rivista di diritto internazionale
RIW	Recht der internationalen Wirtschaft (Zeitschrift)
RL	Richtlinie(n)
RMC	Revue du Marché commun (Zeitschrift)
Rs.	Rechtssache
rskr.	rechtskräftig
Rspr.	Rechtsprechung
RTD eur	Revue trimestrielle de droit européen (Zeitschrift)
RTW	Recht-Technik-Wirtschaft, Jahrbuch (zitiert nach Bd., Jahreszahl, Seite)
RuW	Recht und Wirtschaft (Zeitschrift)
RWP	Rechts- und Wirtschaftspraxis (Zeitschrift)

Abkürzungen

S.	Seite; Satz
s.	siehe
SaBl.	Sammelblatt für Rechtsvorschriften des Bundes und der Länder
Sanchez Rydelski/Bearbeiter	Sanchez Rydelski, The EC State Aid Regime, 2006
Sandrock	Sandrock, Grundbegriffe des Gesetzes gegen Wettbewerbsbeschränkungen, 1968
Scheurle/Mayen/Bearbeiter	Scheurle/Mayen (Hrsg.), TKG-Kommentar, 2. Aufl. 2008
Schimansky/Bunte/ Lwowski/Bearbeiter	Schimansky/Bunte/Lwowski (Hrsg.), Bankrechts-Handbuch, 3. Aufl. 2007
K. Schmidt	Karsten Schmidt, Gesellschaftsrecht, 4. Aufl 2002
I. Schmidt	Ingo Schmidt, Wettbewerbspolitik und Kartellrecht, 8. Aufl. 2005
Schoch/Schmidt-Aßmann/ Pietzner/Bearbeiter	Schoch/Schmidt-Aßmann/Pietzner, VwGO, Kommentar, 19. Aufl. 2010
Schröter/Jakob/Mederer/ Bearbeiter	Schröter/Jakob/Mederer (Hrsg.), Kommentar zum Europäischen Wettbewerbsrecht, 2003 (Nachfolgewerk zu von der Groeben/ Thiesing/Ehlermann)
Schwarze/Bearbeiter	Schwarze (Hrsg.), EU-Kommentar, 2. Aufl. 2009
schweiz.	schweizerisch
SeuffA	Seufferts Archiv für Entscheidungen der obersten Gerichte in den deutschen Staaten (Zeitschrift, zitiert nach Band u. Nr.; 1. 1847–98. 1944)
SKR	Richtlinie 2004/17/EG des Europäischen Parlaments und des Rates vom 31. März 2004 zur Koordinierung der Zuschlagserteilung durch Auftraggeber im Bereich der Wasser-, Energie- und Verkehrsversorgung sowie der Postdienste (ABl. EU Nr. L 134/1 vom 30. 4. 2004)
Slg.	Amtliche Sammlung der Entscheidungen des Europäischen Gerichtshofes
Sodan/Ziekow/Bearbeiter	Sodan/Ziekow (Hrsg.), VwGO-Großkommentar, 3. Aufl. 2010
Soergel/Bearbeiter	Bürgerliches Gesetzbuch mit Einführungsgesetz und Nebengesetzen, begründet v. Soergel, neu herausgegeben von W. Siebert/J. F. Baur, 13. Aufl. 1999 ff.
sog.	so genannt
Sp.	Spalte
SpStr.	Spiegelstrich
st. Rspr.	ständige Rechtsprechung
St.Anz	Staatsanzeiger
Staudinger/Bearbeiter	Kommentar zum Bürgerlichen Gesetzbuch, begründet v. Staudinger
StGB	Strafgesetzbuch
StPO	Strafprozeßordnung idF vom 7. 4. 1987 (BGBl. I S. 1074, ber. S. 1319), zuletzt geändert durch Artikel 3 des Gesetzes vom 30. 7. 2009 (BGBl. I S. 2437)
stPrax	ständige Praxis
str.	streitig, strittig
Streinz EuR	Streinz, Europarecht, 9. Aufl. 2010
Streinz/Bearbeiter	Streinz (Hrsg.), EUV/EGV, 2003
SÜWR	Sektorenüberwachungsrichtlinie, Richtlinie 92/13/EWG
teilw.	teilweise
TKG	Telekommunikationsgesetz vom 22. 6. 2004 (BGBl. I S. 1190), zuletzt geändert durch Artikel 2 des Gesetzes vom 17. 2. 2010 (BGBl. I S. 78)
Trepte	Trepte, Public Procurement in the EU, 2007
Turiaux	Turiaux, Umweltinformationsgesetz (UIG), Kommentar 1995
Tz.	Textziffer
u.	und
ua.	unter anderem; und andere
uÄ.	und ähnliche(s)

XXXVIII

UAbs.	Unterabsatz
Übk.	Übereinkommen
umstr.	umstritten
Umstrukturierungsmitt.	Mitteilung der Kommission über die Wiederherstellung der Rentabilität und die Bewertung von Umstrukturierungsmaßnahmen im Finanzsektor der derzeitigen Krise gemäß den Beihilfevorschriften (ABl. EU 2009 Nr. C 195/9)
UNCITRAL	United Nations Commission on International Trade Law
UNCTAD	United Nations Conference on Trade and Development
unstr.	unstreitig
unveröff.	unveröffentlicht
UPR	Umwelt- und Planungsrecht (Zeitschrift)
Urt.	Urteil
U. S.	United States Supreme Court Reports
UStG	Umsatzsteuergesetz idF der Bekanntmachung vom 21. 2. 2005 (BGBl. I S. 386), zuletzt geändert durch Artikel 2 Absatz 5 des Gesetzes vom 3. 8. 2010 (BGBl. I S. 1112)
uU	unter Umständen
Util. Law. Rev.	Utilities Law Review (Zeitschrift)
UWG	Gesetz gegen den unlauteren Wettbewerb
ÜWR	Überwachungsrichtlinie, Richtlinie 89/665/EWG
v.	vom; von
VA	Verwaltungsakt
Var.	Variante
VBlBW	Verwaltungsblätter für Baden-Württemberg
verb.	verbunden
Verf.	Verfassung
Verfg.	Verfügung
VerfO	Verfahrensordnung
Verg	Vergabesache(n)
VergabeK	Vergabekammer
VergabeR	Vergaberecht (Zeitschrift)
Veröff.	Veröffentlichung
VersR	Versicherungsrecht
Verw.	Verwaltung
VerwA	Verwaltungsarchiv (Zeitschrift)
VerwGH	Verwaltungsgerichtshof
VerwRspr.	Verwaltungsrechtsprechung in Deutschland (zitiert nach Band u. Seite)
Vesterdorf/Nielsen	Vesterdorf/Nielsen, State Aid Law of the European Union, 2008
VG	Verwaltungsgericht
VgE	Vergaberechtliche Entscheidungssammlung (Herausgeber: Boesen)
VGH	Verwaltungsgerichtshof
vgl.	vergleiche
VgRÄG	Vergaberechtsänderungsgesetz
VgV	Vergabeverordnung idF der Bekanntmachung vom 11. 2. 2003 (BGBl. I S. 169), zuletzt geändert durch Artikel 1 der Verordnung vom 7. 6. 2010 (BGBl. I S. 724)
VIZ	Zeitschrift für Vermögens- und Investitionsrecht
VK	Vergabekammer
VKR	Richtlinie 2004/18/EG des Europäischen Parlaments und des Rates vom 31. 3. 2004 über die Koordinierung der Verfahren zur Vergabe öffentlicher Bauaufträge, Lieferaufträge und Dienstleistungsaufträge (ABl. EU Nr. L 134/114 vom 30. 4. 2004)
VKU	Verband kommunaler Unternehmen e. V.
VO	Verordnung
VO PÖA	Verordnung über Preise bei öffentlichen Aufträgen idF vom 21. 11. 1953 (BAnz Nr. 244), zuletzt geändert die Achte Zuständigkeitsanpassungsverordnung vom 25. 11. 2003 (BGBl. I S. 2304, 2340)

Abkürzungen

VOB	Verdingungsordnung für Bauleistungen
VOB/A	Verdingungsordnung für Bauleistungen Teil A idF der Bekanntmachung v. 15. 10. 2009 (BAnz. Nr. 155 a, S. 3549)
VOBl.	Verordnungsblatt
VOF	Verdingungsordnung für freiberufliche Leistungen idF der Bekanntmachung v. 18. 11. 2009 (BAnz. Nr. 185 a)
VOL/A	Verdingungsordnung für Leistungen ausgenommen Bauleistungen Teil A idF der Bekanntmachung vom 20. 11. 2009 (BAnz. Nr. 196 a)
von der Groeben / Schwarze / Bearbeiter	von der Groeben/Schwarze (Hrsg.), Kommentar zum Vertrag über die Europäische Union und zur Gründung der Europäischen Gemeinschaft, 6. Aufl. 2003 ff.
Vorb.	Vorbemerkung
VU	Versorgungsunternehmen
VÜA	Vergabeüberwachungsausschuss
VuR	Verbraucher und Recht (Zeitschrift)
VVDStRL	Veröffentlichungen der Vereinigung der deutschen Staatsrechtslehrer
VVG	Gesetz über den Versicherungsvertrag vom 23. 11. 2007 (BGBl. I S. 2631), zuletzt geändert durch Artikel 6 des Gesetzes vom 14. 4. 2010 (BGBl. I S. 410)
VwGO	Verwaltungsgerichtsordnung idF vom 19. 3. 1991 (BGBl. I S. 686), zuletzt geändert durch Artikel 3 des Gesetzes vom 21. 8. 2009 (BGBl. I S. 2870)
VwKostG	Verwaltungskostengesetz vom 23. 6. 1970 (BGBl. I S. 821), zuletzt geändert durch Art. 3 G zur Änd. haftungsrechtl. Vorschriften des AtomG und zur Änd. sonstiger Rechtsvorschriften vom 29. 8. 2008 (BGBl. I S. 1793)
VwVfG	Verwaltungsverfahrensgesetz idF der Bekanntmachung vom 23. 1. 2003 (BGBl. I S. 102), zuletzt geändert durch Artikel 2 Absatz 1 des Gesetzes vom 14. 8. 2009 (BGBl. I S. 2827)
VwVG	Verwaltungs-Vollstreckungsgesetz vom 27. 4. 1953 (BGBl. I S. 157), zuletzt geändert durch Artikel 4 Absatz 1 des Gesetzes vom 29. 7. 2009 (BGBl. I S. 2258)
VwZG	Verwaltungszustellungsgesetz idF. Der Bekanntmachung vom 12. 8. 2005 (BGBl. I S. 2354), zuletzt geändert durch Artikel 9 a des Gesetzes vom 11. 12. 2008 (BGBl. I S. 2418)
WB	Wettbewerbsbericht
Weyand	Weyand, Vergaberecht: Praxiskommentar zu GWB, VgV, VOB/A, VOL/A, VOF, 3. Aufl. 2009
WiB	Wirtschaftsrechtliche Beratung (Zeitschrift)
Wiedemann / Bearbeiter	Wiedemann (Hrsg.), Handbuch des Kartellrechts, 2. Aufl. 2008
Willenbruch / Bischoff / Bearbeiter	Willenbruch/Bischoff (Hrsg.), Kompaktkommentar Vergaberecht, 2008
WIR	Wirtschaftsrecht (Zeitschrift)
WiStG	Wirtschaftsstrafgesetz vom 3. 6. 1975 (BGBl. I S. 1313), zuletzt geändert durch § 20 Abs. 2 FleischG vom 9. 4. 2008 (BGBl. I S. 714)
Wistra	Zeitschrift für Wirtschaft, Steuer, Strafrecht (Jahr und Seite)
WM	Wertpapiermitteilungen, Zeitschrift für Wirtschaft und Bankrecht
World Competition	World Competition (Zeitschrift)
WPg	Die Wirtschaftsprüfung (Zeitschrift)
WRP	Wettbewerb in Recht und Praxis (Zeitschrift)
WRV	Weimarer Reichsverfassung vom 11. 8. 1919 (RGBl. S. 1383)
WSA	Wirtschafts- und Sozialausschuss
WTO	World Trade Organisation (Welthandelsorganisation)
WuB	Wirtschafts- und Bankrecht (Zeitschrift)
WuW	Wirtschaft und Wettbewerb (Zeitschrift)
WuW/E	Wirtschaft und Wettbewerb – Entscheidungssammlung

WuW/E BGH .... Wirtschaft und Wettbewerb – Entscheidungen des Bundesgerichtshofs
WuW/E BKartA .... Wirtschaft und Wettbewerb – Entscheidungen des Bundeskartellamtes
WuW/E DE-R .... Wirtschaft und Wettbewerb – Entscheidungssammlung – Deutschland Rechtsprechung
WuW/E DE-V .... Wirtschaft und Wettbewerb – Entscheidungssammlung – Deutschland Verwaltung
WuW/E EU-R .... Wirtschaft und Wettbewerb – Entscheidungssammlung – Europäische Union Rechtsprechung
WuW/E EU-V .... Wirtschaft und Wettbewerb – Entscheidungssammlung – Europäische Union Verwaltung
WuW/E OLG .... Wirtschaft und Wettbewerb – Entscheidungen der Oberlandesgerichte
WuW/E Verg .... Wirtschaft und Wettbewerb – Entscheidungssammlung – Vergabe und Verwaltung

YEL .... Yearbook of European Law (Zeitschrift)

zB .... zum Beispiel
ZBB .... Zeitschrift für Bankrecht und Bankwirtschaft
ZEuP .... Zeitschrift für Europäisches Privatrecht
ZfBR .... Zeitschrift für deutsches und internationales Bau- und Vergaberecht
ZfE .... Zeitschrift für Energiewirtschaft
ZfK .... Zeitung für Kommunale Wirtschaft
ZGR .... Zeitschrift für Unternehmens- und Gesellschaftsrecht
ZgS .... Zeitschrift für die gesamte Staatswissenschaft
ZHR .... Zeitschrift für das gesamte Handelsrecht und Wirtschaftsrecht
Ziff. .... Ziffer(n)
ZIP .... Zeitschrift für Wirtschaftsrecht
ZK .... Zollkodex
ZK-DVO .... Durchführungsverordnung zum Zollkodex
ZNER .... Zeitschrift für neues Energierecht
ZögU .... Zeitschrift für öffentliche und gemeinwirtschaftliche Unternehmen
Zöller/Bearbeiter .... Zöller, ZPO, Kommentar, 28. Aufl. 2010
ZPO .... Zivilprozessordnung idF der Bekanntmachung vom 5. 12. 2005 (BGBl. I S. 3202; 2006 I S. 431; 2007 I S. 1781), zuletzt geändert durch Artikel 3 des Gesetzes vom 24. 9. 2009 (BGBl. I S. 3145)
ZRP .... Zeitschrift für Rechtspolitik
zT .... zum Teil
zust. .... zustimmend
zutr. .... zutreffend
ZVgR .... Zeitschrift für deutsches und internationales Vergaberecht
ZWeR .... Zeitschrift für Wettbewerbsrecht
zzgl. .... zuzüglich

Teil 1. Einleitung

Übersicht

A. Grundlagen des Beihilfen- und Vergaberechts in der EU

Schrifttum: *Benedict*, Sekundärzwecke im Vergabeverfahren, 2000; *Beutinger*, Das Submissionswesen, 1915; *Bultmann*, Beihilfenrecht und Vergaberecht, 2004; *Ehlers*, Beihilfebestimmungen und ihr Verhältnis zum freien Warenverkehr, Anm. zu EuGH, Urt. v. 20. März 1990; *Elbel*, Das Recht der öffentlichen Aufträge auf dem Prüfstand des europäischen Rechts, DÖV 1999, 235, 238; *Forsthoff*, Der Staat als Auftraggeber, 1963; *Gandenberger*, Die Ausschreibung – Organisierte Konkurrenz um öffentliche Aufträge, 1961; *Heller*, Das Submissionswesen in Deutschland, 1907; *Huber*, Das Submissionswesen, 1885; *Kühling/Huerkamp*, Ausschreibungsverzicht und Europäische Grundfreiheiten – Das Vergaberecht in der (Wirtschafts-)Krise, NVwZ 2009, 557 ff.; *Langer*, Öffentliches Auftragswesen im internationalen Vergleich, ZfBR 1980, 267; *Lipka*, Beihilfenrechtliche Anforderungen an Vergabeverfahren, 2005; *Martini*, Der Markt als Instrument hoheitlicher Verteilungslenkung, 2008; *Müller*, Staatliche Preislenkung bei öffentlichen Aufträgen, 1970; *Neßler*, Das neue Auftragsvergaberecht – ein Beispiel für die Europäisierung des deutschen Rechts, EWS 1999, 89; *Noelle*, Absteigerungen auf Internet-Marktplätzen und Vergaberecht, NZBau 2002, 197, 198; *Ries*, Bauverträge im Römischen Recht, Diss. 1989; *Rittner*, Rechtsgrundlage und Rechtsgrundsätze des öffentlichen Auftragswesens, 1988; *Rittner*, Öffentliches Auftragswesen und marktwirtschaftliche Ordnung, FS Benisch, 1989; *Säcker*, Regulierungsrecht als komplexes Rechtsgebiet im Spannungsfeld zwischen öffentlicher und privater Rechtsdurchsetzung, in: Tagungsband „Aktuelle Probleme des Eisenbahnrechts XIV", 2009; *Schmitz*, Das Recht der öffentlichen Aufträge im gemeinsamen Markt, 1972; *Schubert*, Zur Entstehung der VOB (Teile A und B) von 1926, FS für Hermann Korbion, 1986; *Triantafyllou*, Europäisierungsprobleme des Verwaltungsprivatrechts am Beispiel des öffentlichen Auftragsrechts, NVwZ 1994, 943, 944; *Wenger*, Das Recht der öffentlichen Aufträge, 1977.

I. Zielsetzung des Beihilfen- und Vergaberechts – gemeinsame Grundlagen

1   Beihilfen- und Vergaberecht stehen aus der Sicht des EU-Rechts im Dienst der Herstellung und dauerhaften Gewährleistung eines einheitlichen europäischen Binnenmarktes. Sowohl das Beihilfenrecht als auch das Vergaberecht haben ihre teleologische Grundlage in den EU-Grundfreiheiten.[1] Die Verhinderung der staatlichen Gewährung ungerechtfertigter Wettbewerbsvorteile an einzelne Unternehmen ist unverzichtbar für das Funktionieren eines unverfälschten Wettbewerbs in der EU. Öffentliche Unternehmen unterliegen als Marktteilnehmer in besonderer Weise diesem Ziel, da die staatlichen Möglichkeiten zur direkten und indirekten Einflussnahme auf den Wettbewerbsprozess zugunsten nationaler Unternehmen durch Einsatz von Finanzhilfen und sonstigen Vergünstigungen besonders vielfältig sind und ein großes Gefahrenpotential für einen unverfälschten Wettbewerb in der EU darstellen. Daher sind öffentliche Unternehmen grundsätzlich an die Beihilferegeln des AEUV gebunden.

---

[1] RL 2004/18, ABl. 2004 L 134/114, Tz. 2; *Von der Groeben/Schwarze/Mederer* Vorbem. Art. 87 bis 89 EG, RdNr. 10; *Immenga/Mestmäcker/Dreher* Vor §§ 97 ff., RdNr. 27; *Weyand* RdNr. 22; *Willenbruch/Bischoff/Frenz*, EU-Primärrecht, RdNr. 3.

Die sekundärrechtlichen Vergabevorschriften dienen in besonderer Weise dazu, auch die öf- **2** fentliche Hand und die ihr zuzurechnenden Wirtschaftseinheiten als Auftraggeber auf die Prinzipien einer offenen Marktwirtschaft mit unverfälschtem Wettbewerb zu verpflichten, in der staatliche Unternehmen sich den gleichen Effizienzkriterien stellen müssen wie private, um Aufträge zu erhalten.

Aus der Verankerung des Beihilfenrechts in den Grundfreiheiten des AEUV ergibt sich folge- **3** richtig, dass Beihilfenrecht und Grundfreiheiten nebeneinander anwendbar sind, wobei das Beihilfenrecht keine Diskriminierung von EU-Ausländern voraussetzt.[2] Die Gewährung ungerechtfertigter Wettbewerbsvorteile an einzelne Unternehmen ist zugleich eine potentielle Beeinträchtigung der Grundfreiheiten anderer Unternehmen.

Auch die Grundsätze des Vergaberechts wurzeln in den Grundfreiheiten, wobei die sekun- **4** därrechtlichen Vergabevorschriften als die die Grundfreiheiten konkretisierenden und ausführenden Spezialregelungen eine unmittelbare Anwendung der Grundfreiheiten zum Zweck des Verbots einer durch eine Vergabe eingetretenen Behinderung ausschließen.[3] Insoweit besteht eine Parallele zu Art. 101 Abs. 3 AEUV. Auch hier ist, wenn die Freistellungsvoraussetzungen einer Gruppenfreistellungsverordnung vorliegen, eine Untersagung mit der Begründung ausgeschlossen, dass die Voraussetzungen für eine Freistellung nach Art. 101 Abs. 3 AEUV **nicht** vorlägen.[4]

Aus der systematischen Stellung der Beihilfe- und der Wettbewerbsvorschriften im AEUV **5** folgt, dass sich die Art. 107 ff. AEUV und die Art. 101 ff. AEUV gegenseitig ausschließen. Nur da, wo die Art. 107 ff. AEUV mangels staatlicher Zurechenbarkeit der eingeräumten Wettbewerbsvorteile nicht eingreifen, gelangen die Art. 101 ff. AEUV zur vollen Anwendung, namentlich Art. 102 AEUV.[5]

Anders ist es im Verhältnis von Wettbewerbsrecht und Vergaberecht. Soweit die wirtschaftli- **6** che Tätigkeit des Staates dem funktionalen Unternehmensbegriff der Art. 101 ff. AEUV unterfällt, unterfällt auch das vergaberelevante Verhalten der öffentlichen Hand, was häufig übersehen oder verkannt wird, den Wettbewerbsvorschriften.[6] Daraus ergibt sich, dass der Staat zugleich ein Unternehmen i. S. der Art. 101 ff. und 107 ff. AEUV sein kann und damit sowohl öffentlicher Auftraggeber als auch Beihilfenempfänger. Bei langfristiger Auftragsvergabe im Bereich von universellen gemeinwohlverpflichteten Dienstleistungen oder bei der Einräumung von Konzessionen sind daher auch die Art. 101 ff. AEUV zu beachten. Diese verbieten überlange marktabschottende Vertragslaufzeiten,[7] sofern nicht ausnahmsweise die Voraussetzungen des Art. 106 Abs. 1 oder 2 AEUV vorliegen.

Im Verhältnis von Beihilfen- und Vergaberecht gilt, dass beide Normengruppen grundsätzlich **7** nebeneinander anwendbar sind,[8] auch wenn in der Praxis – aufgrund unterschiedlicher Zuständigkeiten in der Kommission (Beihilfenrecht domiziliert in der Generaldirektion Wettbewerb, das Vergaberecht in der Generaldirektion Binnenmarkt) – in aller Regel das Verhalten der öffentlichen Hand nur unter dem Aspekt des Vergabe- bzw. des Beihilfenrechts geprüft wird. Zutreffend hat die Kommission im Bericht über die Wettbewerbspolitik 1999 unter Berufung auf ihre Entscheidung vom 31. 12. 1993 (Staatliche Beihilfe C 24/96 – Sécuripost) festgestellt, dass „auch die Bedingungen, unter denen staatliche Unternehmen Dienstleistungsaufträge an auf dem Markt operierende abhängige Unternehmen vergeben, eine staatliche Beihilfe darstellen" können (Bericht über die Wettbewerbspolitik 1999, SEK (2000) 720 endg., Tz 233). Die Beachtung der Vergabevorschriften allein schließt daher die Beurteilung der öffentlichen Auftragsvergabe als Beihilfe nicht per se aus, zumal wenn der Gegenstand der Auftragsvergabe beihilfe-

---

[2] Vgl. EuGH, Urt. v. 20. 3. 1990, Slg. 1990, I-889, RdNr. 19 – Du Pont de Nemours; EuGH, Urt. v. 19. 9. 1990, Slg. 2000, I-6857 – Deutschland/Kommission; EuGH, Urt. v. 15. 6. 1993, Slg. 1993, I-3203, RdNr. 41 – *Matra;* vgl. dazu *Mestmäcker/Schweitzer* § 42 RdNr. 23; *Benedict* 262 ff.; *Byok/Jaeger/Hailbronner* § 97 RdNr. 184; a. A. (Verdrängung der Grundfreiheiten durch Beihilfenrecht) *Calliess/Ruffert/Cremer* Art. 87 EG RdNr. 64; *Ehlers* JZ 1992, 198, 200; *Lipka* 186.

[3] Im Anwendungsbereich der speziellen Vergaberichtlinien erübrigt sich ohnehin ein unmittelbarer Rückgriff auf das „Primärvergaberecht", dazu *Kühling/Huerkamp* NVwZ 2009, 557 ff.

[4] Siehe oben, Band I, Art. 81 EG RdNr. 663 f.

[5] *Von der Groeben/Schwarze/Jakob* Vorbem. zu Art. 81 bis 89 EG RdNr. 62 ff.; *Immenga/Mestmäcker/Ehricke,* EG-WettbR, Art. 87 EG RdNr. 1.

[6] Siehe oben, Band 1, Einl. RdNr. 1616 ff.

[7] Kom., Energy Sector Inquiry, SEC(2006) 1724, 13; Kom., Ent. v. 27. 3. 2000, COMP/37.542 – Gas Natural + Endesa; Kom., Ent. v. 11. 10. 2007, COMP/B-1/37 966 – Distrigaz.

[8] Siehe unten RdNr. 207 ff.; *Willenbruch/Bischof/Frenz,* EU-Primärrecht, RdNr. 41 ff.

rechtliche Bedeutung hat oder Spill-Over-Effekte auf Drittmärkten eintreten. Bei Durchführung eines den gesetzlichen Vorschriften entsprechenden Vergabeverfahrens ist aber die Zahlung eines angemessenen, marktgerechten Preises zu vermuten, so dass ein zusätzliches beihilfenrechtliches Prüfungsverfahren aus diesem Grund in aller Regel entbehrlich sein dürfte. Ein genereller Ausschluss einer das Vergaberecht ergänzenden beihilfenrechtlichen Prüfung durch die EU-Kommission ist aber nicht gerechtfertigt, zumal das Rechtsschutzsystem des Vergaberechts nicht in allen Fällen hinreichenden Schutz vor versteckter Begünstigung bietet. In beiden Gebieten finden aber inhaltlich die gleichen Beurteilungsmaßstäbe Anwendung, die dem Ziel des AEUV verpflichtet sind, ein System unverfälschten Wettbewerbs zu sichern. Die VO 1370/2008 ist beredter Ausdruck der einheitlichen Zielsetzung von Beihilfen- und Vergaberecht, die auf Diskriminierungsfreiheit, Transparenz und offene Marktwirtschaft mit unverfälschtem Wettbewerb gerichtet sind.

II. Systematische Einordnung des Vergaberechts

8   Das Vergaberecht ist, wie unter I. herausgearbeitet, ebenso wie das Beihilfenrecht ein wettbewerbspolitisch notwendiges Supplementärinstitut zu den Art. 101 ff. AEUV.[9] Das vom AEUV gewollte System unverfälschten Wettbewerbs bliebe unvollständig, wenn nicht auch die staatliche Auftragsvergabe – zumindest da, wo der Staat als monopolistischer Nachfrager auftritt – in effektiver Form dem Wettbewerb geöffnet würde. Dies ist umso notwendiger, wenn der Staat als Nachfrager von Produkten und Dienstleistungen für eigene öffentliche Zwecke nicht als Unternehmen betrachtet wird.[10]

9   Die Kommission hat in ihrer Unterschwellen-Mitteilung vom 23. Juni 2006[11] in einer näheren Erläuterung zu den Vorschriften und Grundsätzen des AEUV über die Vergabe öffentlicher Aufträge zutreffend festgestellt, dass auch bei Aufträgen, die von den Vergabe-Richtlinien wegen Nichterreichung der Schwellen ausgenommen sind, die Vorschriften und Grundsätze des AEUV, insbesondere die Grundfreiheiten und das Diskriminierungsverbot einzuhalten sind. Die Klage der Bundesrepublik Deutschland gegen die Kommission wegen Nichtigerklärung der Mitteilung vom 23. Juni 2006 zu Auslegungsfragen in Bezug auf das Gemeinschaftsrecht, das für die Vergabe öffentlicher Aufträge gilt, die nicht oder nur teilweise unter die Vergaberichtlinien fallen, ist deshalb nicht nur formal, weil die Bekanntmachung keinen anfechtbaren verbindlichen Rechtsakt darstellt, sondern auch materiell nicht überzeugend. Gerade das von der Kommission in ihrer Bekanntmachung herausgestellte Transparenzgebot ist ein wesentlicher Bestandteil der Sicherung einer diskriminierungsfreien Vergabe. Es ist daher ein Element des Diskriminierungsverbots.[12] § 30 HGrG schreibt deshalb auch für Unterschwellen-Vergaben vor, dass dem Abschluss von Verträgen über Lieferungen und Leistungen eine öffentliche Ausschreibung vorangehen muss, sofern nicht die Natur des Geschäfts oder besondere Umstände eine Ausnahme rechtfertigen. Ebenso sehen die Vergabevorschriften in den Verdingungsordnungen (§ 8 Nr. 1 VOB/A und § 7 Abs. 1 VOL/A) vor, dass inländische und ausländische Bieter gleich zu behandeln sind und der Wettbewerb nicht auf Bewerber beschränkt werden darf, die in bestimmten Bezirken oder Orten ansässig sind.

III. Historische Entwicklung

10   **1. Entwicklung vor 1949.** Der Staat hat grundsätzlich drei Möglichkeiten, die sachlichen und persönlichen Mittel zu beschaffen, die er zur Erfüllung seiner Aufgaben braucht: Die Bedarfsdeckung durch eigene Mittel, die zwangsweise Beschaffung durch Hoheitsakt und die Beschaffung durch Vertrag auf den allgemeinen Märkten. In den meisten Ländern hat sich die letzte Möglichkeit als die gängige herausgebildet.[13] Die zwangsweise Beschaffung kommt wegen des Grundrechtsschutzes allenfalls als subsidiäre Beschaffungsform in Betracht.[14]

11   Schon im antiken Griechenland und in der römischen Republik gab es eine Art Vergaberecht. Insbesondere umfangreiche Bauvorhaben des Staates wurden in einem speziellen Aus-

---

[9] Vgl. hierzu *Bultmann* 311, 321–325.

[10] Vgl. hierzu EuG, T-319/99, Slg. 2003, II-357, RdNr. 37 – FENIN, bestätigt durch EuGH, C-205/03 P, Slg. 2006, I-6295; außerdem oben, Band 1, Einl. RdNr. 1627.

[11] Mitt. „Unterschwellenvergabe", ABl. 2006 C 179/2, Ziffer 1.1.

[12] Vgl. dazu *Säcker* 159, 164.

[13] *Langer* ZfBR 1980, 267, 268.

[14] *Rittner/Dreher* § 4 RdNr. 5; *Rittner,* 99, 101.

schreibungsverfahren an private Unternehmer vergeben.[15] Dabei ähnelte das Vergabeverfahren einer öffentlichen, mündlichen Auktion (oder eher einer „Absteigerung"), bei welcher derjenige Unternehmer den Zuschlag erhielt, der das geringste Gebot abgab.[16] Das Verfahren begann mit der Bekanntgabe des Versteigerungstermins. Gleichzeitig wurde die sogenannte lex locationis erlassen, die eine Beschreibung des Bauvorhabens und der dafür erforderlichen Arbeiten sowie Regelungen über Abnahme und Bezahlung des Bauwerks enthielt.[17]

In Deutschland entwickelten sich die ersten Ansätze zu einem Vergaberecht Ende des 17. Jahr- **12** hunderts in Form der Lizitation. In Anlehnung an das in Frankreich und den Niederlanden bereits im Spätmittelalter bestehende Vergaberecht wurden auch hier umfangreiche Bauvorhaben und Materiallieferungen an das mindestbietende Unternehmen vergeben.[18] Durch die mündliche Durchführung des Verfahrens wurden jedoch zum Teil unüberlegte, unrealistisch niedrige und damit im Ergebnis verlustbringende Angebote abgegeben.[19] Daher wurde Mitte des 19. Jahrhunderts das Ausschreibungsverfahren mit schriftlicher Angebotsabgabe, das Submissionsverfahren, eingeführt.[20] Der Staat konnte sich von dem durch Zuschlag zustande gekommenen Vertrag innerhalb einer vorgegebenen Frist lösen, wenn ein besseres Gebot vorgelegt wurde.[21]

Mit der Industrialisierung erreichten die öffentlichen Investitionen durch den notwendigen **13** Ausbau eines staatlichen Eisenbahnnetzes und das Entstehen kommunaler Versorgungseinrichtungen ein bisher nicht gekanntes Ausmaß.[22] Um 1830 wurde auf Drängen der Wirtschaft und des Gewerbes ein Vergabeverfahren eingeführt, das dem Niedrigstbietenden ohne Rücksicht auf Qualität des angebotenen Produkts den Zuschlag bescherte. Der Vorteil dieses Verfahrens lag im Ausschluss jeglicher Willkür bei der öffentlichen Auftragsvergabe. Es führte jedoch zu einer Unausgewogenheit zwischen den Rechten der Behörde und den Pflichten des Auftragnehmers sowie zu einem spürbaren Qualitätsverlust.[23] Da letzteres auch zu tragischen Unfällen führte, zum Beispiel durch schadhafte Bahndämme, wurde vielfach Kritik an dem Verfahren geübt. Es sollte in wirtschaftspolitischer Hinsicht ein gesunder Wettbewerb wieder hergestellt werden, der die Existenz mittelständischer Gewerbe- und Handwerksbetriebe, eine Gestaltung des Vergabeverfahrens auf der Grundlage von Gleichberechtigung und Gegenseitigkeit sowie ein arbeitnehmerfreundliches Verhalten der Unternehmer sichert.[24]

Diese drei Kritikpunkte wurden weitestgehend in den „Allgemeinen Bestimmungen, betreff- **14** fend die Vergebung von Leistungen und Lieferungen" des preußischen Arbeitsministeriums von 1885 aufgegriffen und erfüllt. Der reine Preiswettbewerb des Submissionsverfahrens wurde dahingehend eingeschränkt, dass nicht mehr nur das niedrigste Angebot den Zuschlag erhalten sollte, sondern auch ein „in jeder Hinsicht annehmbares Gebot" ausgewählt werden konnte.[25] Nunmehr mussten auch Zuverlässigkeit und Leistungsfähigkeit bei der Auswahl des Angebots berücksichtigt werden.[26] Angesichts der Zersplitterung der öffentlichen Auftragsvergabe im Deutschen Reich wurde aber die Einführung einheitlicher Grundsätze und entsprechender gesetzlicher Sonderregelungen für notwendig erachtet.[27] Zu einer solchen einheitlichen Ordnung kam es aber zunächst nicht, weil die bereits begonnenen Gesetzgebungsarbeiten – ein Gesetzentwurf[28] lag bereits dem Reichstag vor – nach dem Ausbruch des Ersten Weltkrieges 1914 eingestellt wurden.[29]

In der Weimarer Republik wurde nicht an die vorigen Arbeiten angeknüpft, sondern auf der **15** gesetzlichen Grundlage des § 46 Abs. 2 Reichshaushaltsordnung[30] ein Reichsverdingungsausschuss eingesetzt. Dieser erhielt 1921 vom Reichstag den Auftrag, einheitliche Vergabevor-

---

[15] *Ries* 53.
[16] *Martini* 273.
[17] *Ries,* 55; *Byok/Jaeger/Rudolf* Einführung RdNr. 3.
[18] *Byok/Jaeger/Rudolf* Einführung RdNr. 5; *Schubert,* FS Korbion, 389, 391.
[19] *Heller* 18.
[20] *Rittner* 30; *Noelle* NZBau 2002, 197, 198; *Müller* 26; *Gandenberger* 22 mwN.
[21] *Martini* 273.
[22] *Wenger* 19; *Heller* 20, 21.
[23] *Byok/Jaeger/Rudolf* Einführung RdNr. 6; *Müller* 26; *Schubert,* FS Korbion, 389, 393.
[24] *Byok/Jaeger/Rudolf* Einführung RdNr. 8.
[25] *Byok/Jaeger/Rudolf* Einführung RdNr. 8.
[26] *Müller* 26.
[27] So zB. *Huber* 121.
[28] Vgl. den Entwurf eines „Reichsgesetzes für das Verdingungswesen", abgedruckt in *Beutinger* 213.
[29] *Byok/Jaeger/Rudolf* Einführung RdNr. 8.
[30] RGBl. 1923 II S. 17, 22.

schriften auszuarbeiten.[31] Der Ausschuss setzte sich aus Vertretern aller beteiligten Kreise zusammen, insbesondere der zuständigen Reichsminister, der Länderregierungen, der Kommunal-, Industrie-, Handwerks- und Handelsverbände sowie der Gewerkschaften. Federführend war der Reichsfinanzminister.[32] 1926 verabschiedete der Reichsverdingungsausschuss eine „Verdingungsordnung für Bauleistungen" (VOB/A). Für die übrigen Bereiche der Auftragsvergabe folgte 1933 die inhaltlich daran angelehnte „Verdingungsordnung für Leistungen – ausgenommen Bauleistungen" (VOL/A).[33] Diese Verdingungsordnungen enthielten, so wie auch heute noch, unter anderem Regelungen über den Geltungsbereich der Verdingungsordnung, Arten und Formen der Vergabe, Vorschriften für die Vergabe, Ausschreibung, Angebote und den Zuschlag. Parallel wurde jeweils auch ein Teil B der Verdingungsordnungen entwickelt, in dem eine Art von Allgemeinen Geschäftsbedingungen für solche Verträge geregelt war, die nach den Vorschriften der Teile A der Verdingungsordnungen vergeben wurden.[34]

16   Während der Zeit des Nationalsozialismus wendete die Regierung immer schärfere Mittel der Wirtschaftslenkung an. Die Verdingungsordnungen blieben unverändert, allerdings wurden sie durch den 1936 verhängten allgemein eingeführten Preisstopp[35] faktisch außer Kraft gesetzt. Hiernach war „jede Preiserhöhung für Güter und Leistungen jeder Art [...]" bei Androhung von Geld- und Gefängnisstrafe verboten. Damit wurde der Preiswettbewerb jedenfalls auf Nachfrageseite ausgeschaltet. Für öffentliche Aufträge wurde der Preis nunmehr aufgrund von Selbstkosten ermittelt.[36]

17   **2. Entwicklung des Vergaberechts in der Bundesrepublik Deutschland.** Nach dem Ende des Zweiten Weltkriegs leitete das „Gesetz über die Leitsätze für die Bewirtschaftung und Preispolitik" vom 24. Juni 1948[37] zu einer prinzipiell neuen, von marktwirtschaftlichen Grundsätzen getragenen Wirtschaftspolitik über. Die Möglichkeit, öffentliche Aufträge nach dem Selbstkostenprinzip zu vergeben, wurde aber erst 1953 in eine marktwirtschaftliche Regelung umgestaltet.[38]

18   Zu den Verdingungsordnungen, die noch heute das Kernstück des Vergaberechts in Deutschland bilden, kamen gesetzliche Regelungen hinzu. In Haushaltsgesetzen[39] und Fachgesetzen (zB. Postverwaltungsgesetz,[40] Zonenrandförderungsgesetz[41]) wurden einzelne Regelungen, die besondere Vergabeverfahren betreffen, aufgenommen. Es entstand also ein ebenenübergreifendes Vergaberegime.[42] Gesetzliche Grundlage bilden bis heute das Haushaltsgrundsätzegesetz, die Haushaltsordnungen des Bundes und der Länder sowie die landesrechtlichen Gemeindehaushaltsverordnungen. § 30 HGrG schreibt vor, dass dem Abschluss von Verträgen über Lieferungen und Leistungen eine öffentliche Ausschreibung vorausgehen muss, sofern nicht die Natur des Geschäfts oder besondere Umstände eine Ausnahme rechtfertigen. Rechtsverordnungen des Bundes[43] und der Länder regeln, auf welche Arten der öffentlichen Aufträge die Verdingungsordnungen anzuwenden sind.

19   Die wissenschaftliche Diskussion im Vergaberecht war bis in die 1970er Jahre hinein geprägt von dem Verständnis, dass der Staat, wenn er sich privatrechtlicher Handlungsformen bedient, zwar den Bindungen des öffentlichen Rechts unterliege, aber die Grundrechte keine Anwendung fänden.[44] Darüber hinaus wurde die öffentliche Auftragsvergabe, da sie hauptsächlich auf Erlassen, Empfehlungen und Weisungen beruhte, als innerdienstliche Angelegenheit aufgefasst. Dadurch war sie jeglicher gerichtlichen Kontrolle entzogen.[45] Obwohl in den 1970er Jahren die Grund-

---

[31] Reichstagsprotokoll, 79. Sitzung, S. 2754; vgl. hierzu ausführlich *Wenger* 40.
[32] *Rittner* 31.
[33] *Schmitz* 28.
[34] *Schmitz* 29.
[35] Preisstoppverordnung vom 26. November 1936, RGBl. I S. 955.
[36] Richtlinien für die Preisbildung bei öffentlichen Aufträgen (RÖP) von 1936; Verordnung über die Preisermittlung auf Grund von Selbstkosten bei Leistungen für öffentliche Auftraggeber (VPÖ) von 1938; Verordnung über Preise bei öffentlichen Aufträgen von 1954.
[37] WiGBl. 1948, 59.
[38] Ua. durch die VO PR Nr. 30/53 v. 21. 11. 1953, BAnz Nr. 244 vom 18.12.1953.
[39] Insb. Haushaltsgrundsätzegesetz v. 19. 8. 1969, BGBl. I S. 1273.
[40] Postverwaltungsgesetz v. 24. Juli 1953, BGBl. I S. 676.
[41] Zonenrandförderungsgesetz v. 5. 8. 1971, BGBl. I 1971, 1237.
[42] *Rittner/Dreher* § 30 RdNr. 3; *Neßler* EWS 1999, 89; *Byok/Jaeger/Rudolf* Einführung RdNr. 12.
[43] Insb. Vergabeverordnung des Bundes v. 22. 2. 1994, BGBl. 1994 S. 321.
[44] *Forsthoff* 13.
[45] BGHZ 116, 149; *Forsthoff* 25.

rechtsbindung der Verwaltung auch auf die fiskalischen Handlungsformen ausgeweitet wurde, insbesondere durch Anwendung der Art. 1 Abs. 3 und Art. 3 GG, blieb in der Rechtsprechung die Überzeugung, dass die Vergabevorschriften keine subjektiven Rechte der Bieter auf Einhaltung derselben begründeten.[46] Dem lag die Annahme zu Grunde, das Vergaberecht sei Gegenstand der öffentlichen Haushaltswirtschaft, deren Ziel die sparsame und wirtschaftliche Verwendung von Steuermitteln, nicht aber die Begründung subjektiver Rechte sei.[47] Dadurch war es unterlegenen Bietern grundsätzlich nicht möglich, gegen die Zuschlagserteilung an einen Konkurrenten Rechtsschutz zu suchen. Da durch den Zuschlag ein zivilrechtlich bindender Vertrag zustande kommt, waren die Konkurrenten vielmehr auf Schadensersatzansprüche verwiesen.[48]

3. Der Einfluss der Europäischen Integration. Wenn auch alle europäischen Staaten das **20** Phänomen des privatrechtlich handelnden Staates (und genauer der Bedarfsdeckung des Staates) kennen, so beginnt doch die Schwierigkeit schon mit der mangelnden einheitlichen Begriffsbildung. Spricht man im deutschen Raum zumeist von „Öffentlichem Auftragswesen", einem eher schwammigen Begriff, so heißt es im Französischen „marchés public" und im Englischen „public contracts", in letzter Zeit vermehrt auch „public procurement".[49] Den letztgenannten Sprachen ist also die Markt- und Wettbewerbsbezogenheit des Vergabevorgangs schon eher immanent als der deutschen Begrifflichkeit. Eine generelle Legaldefinition gibt es nicht.

In den Römischen Verträgen von 1957 fand das Vergaberecht keinen Eingang. Erst mit der **21** Einheitlichen Europäischen Akte von 1987[50] wurde die „Öffnung des einzelstaatlichen öffentlichen Auftragswesens" im Zusammenhang mit dem Politikbereich der Forschung und technologischen Entwicklung als Ziel in den heutigen Art. 179 AEUV aufgenommen. Der EuGH[51] leitete aus den Grundfreiheiten und dem allgemeinen Diskriminierungsverbot des Art. 18 AEUV den Grundsatz her, dass der Staat bei der Vergabe seiner Aufträge ein Verfahren anwenden müsse, das allen potentiellen Anbietern gleichberechtigt die Möglichkeit gebe, von der Ausschreibung und den gewünschten Voraussetzungen und Einzelheiten der Durchführung des Auftrags zu erfahren (Transparenzgrundsatz).[52] Darüber hinaus müsse zur Verwirklichung des Ziels des einheitlichen Binnenmarktes auch jegliche Diskriminierung (aufgrund der Staatsangehörigkeit) bei der Auswahl des Anbieters, der den Zuschlag erhält, ausgeschlossen werden (Diskriminierungsverbot).[53] Dazu eigne sich nur ein Verfahren, das von Wettbewerblichkeit geprägt ist (Wettbewerbsgrundsatz).[54] Da sich herausstellte, dass die Liberalisierung allein den Unternehmen nicht auch faktisch den vollen Zugang zu den öffentlichen Aufträgen in anderen Mitgliedstaaten gewährte, wurden bereits 1971 die ersten Richtlinien zur Koordinierung der Verfahrens zur Vergabe öffentlicher Bauaufträge vom Rat erlassen.[55] Sie sollten ein höheres Maß an Rechtsangleichung bewirken. 1976 folgte eine entsprechende Richtlinie zur Koordinierung im Hinblick auf Lieferaufträge.[56] In den 1990er Jahren wurde die Regelungsdichte auf europäischer Ebene durch die Richtlinie betreffend die Vergabe öffentlicher Dienstleistungsaufträge und die Sektorenrichtlinie vergrößert.[57] Diese Richtlinien definieren den Begriff des öffentlichen Auftraggebers und enthalten Vorschriften für die einzelnen Abschnitte des Vergabeverfahrens. Allerdings gelten sie erst ab einem bestimmten Schwellenwert.

Für das deutsche Vergaberecht völlig neu war die Einführung von subjektiven Rechten der **22** Bieter. Diese folgen aus dem drittschützenden Charakter der Richtlinien und der zugrunde

---

[46] Zuletzt VGH Mannheim NVwZ-RR 1999, 264.

[47] BGH NJW 1980, 180.

[48] BGHZ 116, 149; 120, 281.

[49] *Dausses/Seidel* H. IV.1; *Langer* ZfBR 1980, 267, 268.

[50] Einheitliche Europäische Akte, Art. 24, ABl. 1987 L 169/10.

[51] Vgl. die Grundsatzurteile EuGH, 31/87, Slg. 1988, 4655 – Beentjes; 45/87, Slg. 1988, 4929 – Kom./Irland.

[52] EuGH, 31/87, Slg. 1988, 4655 RdNr. 21, 34 – Beentjes; 45/87, Slg. 1988, 4929 – Kom./Irland.

[53] EuGH, 31/87, Slg. 1988, 4655 RdNr. 20, 30 – Beentjes.

[54] EuGH, 31/87, Slg. 1988, 4655 RdNr. 21 – Beentjes.

[55] RL 71/305 über die Koordinierung der Verfahrens öffentlicher Bauaufträge, ABl. 1971 L 185/5; vgl. hierzu Vor §§ 97 ff. GwB RdNr. 1.

[56] RL 77/62 über die Koordinierung der Verfahrens öffentlicher Lieferaufträge, ABl. 1977 L 13/1.

[57] RL 92/50 zur Koordination der Verfahren zur Vergabe öffentlicher Dienstleistungsaufträge, ABl. 1992 L 209/1; RL 90/531 über die Auftragsvergabe durch Auftraggeber im Bereich der Wasser-, Energie- und Verkehrsversorgungsunternehmen sowie im Telekommunikationssektor, ABl. 1990 L 297/1 (diese Richtlinie dehnt den subjektiven Anwendungsbereich einiger Vergabevorschriften auf bestimmte private Auftraggeber aus).

liegenden Grundfreiheiten.[58] Zur Durchsetzung der subjektiven Rechte der unterlegenen Bieter erließ der Rat zwei Rechtsmittelrichtlinien.[59] Der deutsche Gesetzgeber setzte die Rechtsmittelrichtlinien 1993 durch das Zweite Gesetz zur Änderung des Haushaltsgrundsätzegesetzes um.[60] Mit dieser sogenannten „haushaltsrechtlichen Lösung"[61] wurde das bisherige Verständnis aufrecht erhalten, wonach das Vergaberecht primär dem Gebot der Sparsamkeit und Wirtschaftlichkeit staatlichen Handelns dient. Die neuen Vergabebestimmungen wurden als §§ 57 a–c in das Haushaltsgrundsätzegesetz eingefügt. Dabei wurde zwar ein Nachprüfungsverfahren mit der Einrichtung von Vergabeprüfstellen bei den Rechtsaufsichtsbehörden und von Vergabeüberwachungsausschüssen als zweite Instanz beim Bundeskartellamt und einigen Landesbehörden geschaffen, es sollten jedoch ausdrücklich keine einklagbaren subjektiven Rechte der potentiellen Auftragnehmer entstehen. Der EuGH machte jedoch in seiner Rechtsprechung deutlich, dass eine Umsetzung in nationales Recht nur dann den Richtlinien genüge, wenn die Bieter ihre aus den Richtlinien entspringenden Rechte vor den nationalen Gerichten geltend machen könnten.[62] In Konsequenz dieser Rechtsprechung mahnte die Kommission die Bundesrepublik Deutschland wegen mangelnder Umsetzung der Richtlinien ab.[63] In Folge dieser Kritik der Kommission erließ der deutsche Gesetzgeber das Vergaberechtsänderungsgesetz (VgRÄG),[64] das am 1. Januar 1999 in Kraft trat und die für die Umsetzung der Richtlinien notwendigen Elemente des Vergaberechts als §§ 97 bis 129 in das GWB integrierte. Hierin sind seitdem für die Vergabe von Aufträgen oberhalb der EG-Schwellenwerte Definitionen sowie materielle Grundsätze des Vergabeverfahrens geregelt, darüber hinaus ein zweiinstanzlicher Rechtsschutz über Vergabekammern und Oberlandesgerichte. Dieser neue Ansatz zur Umsetzung der europäischen Richtlinien wird als kartellrechtliche Lösung bezeichnet. Für Aufträge unterhalb der Schwellenwerte blieb es bei der bisherigen haushaltsrechtlichen Lösung, so dass das deutsche Vergaberecht nunmehr zweigeteilt ist.

23   Im Gegensatz zu den bisher kostenfreien Verfahren vor den Vergabeprüfstellen und Vergabeüberwachungsausschüssen sind die nunmehr vorgesehenen Verfahren vor den Vergabekammern und Oberlandesgerichten kostenpflichtig.

24   Die Bundesregierung stellte 2003 zusammenfassend fest, dass sich die Abkehr von der haushaltsrechtlichen Lösung und die Änderungen des VgRÄG bewährt hätten. Die Ziele seien überwiegend erreicht, insbesondere der neu eingeführte Rechtsschutz habe sich grundsätzlich bewährt.[65] Allerdings wurde Kritik an der Unübersichtlichkeit und Komplexität der materiellen Vergabevorschriften geübt, insbesondere von Seiten mittelständischer Unternehmen. Diese beiden Schwachstellen der Regelungen führten zu Verfahrensfehlern und erhöhten sowohl den Aufwand, sich an solchen Vergabeverfahren zu beteiligen, als auch den Aufwand, einen Auftrag auszuschreiben.[66] Daher trat nach jahrelangen Reformbemühungen am 24. 4. 2009 das Gesetz zur Modernisierung des Vergaberechts[67] in Kraft. Das Gesetz sieht die Vereinfachung der Verfahrensvorschriften in den entsprechenden Verdingungsordnungen vor. Einige Vorschriften aus der Vergabeverordnung werden in das GWB aufgenommen, so zB die Zuständigkeit der Vergabekammern und die Vorschriften über Sektorenauftraggeber.[68] Für die Auftragsvergabe in den

---

[58] *Elbel* DÖV 1999, 235, 238; *Triantafyllou* NVwZ 1994, 943, 944.

[59] RL 89/665 zur Koordinierung der Rechts- und Verwaltungsvorschriften für die Anwendung der Nachprüfungsverfahren im Rahmen der Vergabe öffentlicher Liefer- und Bauaufträge (Rechtsmittelrichtlinie), ABl. 1989 L 395/33 und RL 92/13 zur Koordinierung der Rechts- und Verwaltungsvorschriften für die Anwendung der Gemeinschaftsvorschriften über die Auftragsvergabe durch Auftraggeber im Bereich der Wasser-, Energie- und Verkehrsversorgung sowie im Telekommunikationssektor (Rechtsmittelrichtlinie betreffend die Sektoren), ABl. 1992 L 76/14.

[60] Zweites Gesetz zur Änderung des Haushaltsgrundsätzegesetzes v. 26. 11. 1993, BGBl. I S. 1928.

[61] *Noch* RdNr. 14.

[62] EuGH, C-433/93, Slg. 1995, I-2303 RdNr. 24 – Kommission/Deutschland.

[63] Kom., Mahnschreiben v. 31. 10. 1995, abgedr. in ZIP 1995, 1940; vgl. hierzu ausführlich *Byok/Jaeger/Rudolf*, Einführung RdNr. 28, Fn. 79.

[64] Gesetz zur Änderung der Rechtsgrundlagen für die Vergabe öffentlicher Aufträge (Vergaberechtsänderungsgesetz VgRÄG), BGBl. 1998 I S. 2512.

[65] Begründung zum Gesetz zur Modernisierung des Vergaberechts, 16. Wahlperiode, BT-Drucks. 16/10 117, 13.

[66] Begründung zum Gesetz zur Modernisierung des Vergaberechts, 16. Wahlperiode, BT-Drucks. 16/10 117, 13.

[67] Gesetz zur Modernisierung des Vergaberechts, BGBl. 2009 I, S. 790.

[68] Begründung zum Gesetz zur Modernisierung des Vergaberechts, 16. Wahlperiode, BT-Drucks. 16/10 117, 14.

Sektorenbereichen wurde mit der Sektorenverordnung (BGBl. I S. 3110) eine neue Regelung geschaffen, die der Richtlinie 2004/17/EG[69] entspricht.[70] Daneben werden mit dem Modernisierungsgesetz auch die EG-Vergaberichtlinie 2004/18/EG[71] sowie die neue Rechtmittelrichtlinie 2007/66/EG[72] umgesetzt. Ausdrücklich soll auch nach Inkrafttreten dieses Gesetzes der Rechtsschutz nicht auf Aufträge unterhalb der EG-Schwellenwerte ausgedehnt werden, so dass die Zweiteilung des Vergaberechts mit all ihren wettbewerbsrechtlichen Problemen erhalten bleibt.[73]

---

[69] RL 2004/17 zur Koordinierung der Zuschlagserteilung durch Auftraggeber im Bereich der Wasser-, Energie- und Verkehrsversorgung sowie der Postdienste, ABl. 2004 L 134/1.

[70] Begründung zum Gesetz zur Modernisierung des Vergaberechts, 16. Wahlperiode, BT-Drucks. 16/10117, 14.

[71] RL 2004/18 über die Koordinierung der Verfahren zur Vergabe öffentlicher Bauaufträge, Lieferaufträge und Dienstleistungsaufträge, ABl. 2004 L 134/114.

[72] RL 2007/66 zur Änderung der RL 89/665 und 92/13 im Hinblick auf die Verbesserung der Wirksamkeit der Nachprüfungsverfahren bezüglich der Vergabe öffentlicher Aufträge, ABl. 2007 L 335/31.

[73] Begründung zum Gesetz zur Modernisierung des Vergaberechts, 16. Wahlperiode, BT-Drucks. 16/10117, 13.

B. Ökonomische Grundlagen der Beihilfenkontrolle

Schrifttum: *Akerlof,* The Market for ‚Lemons‘: Quality Uncertainty and the Market Mechanism, Quarterly Journal of Economics 84 (1970), 488; *Aoki,* Toward a Comparativ Institutional Analysis, 2001; *Barros/Cabral,* Merger Policy in Open Economies, European Economic Review 38 (1994), 1041; *Baumol/Baumol,* Book Review: The Economics of the Performing Arts C. D. Throsby, G. A. Withers, Journal of Political Economy 89 (1981), 425; *Biggar,* Competition Policy in Subsidies and State Aid (2001), OECD Best Practice Roundtables in Competition Policy No. 36; *Bletschacher/Klodt,* Strategische Handels- und Industriepolitik: Theoretische Grundlagen, Branchenanalyse und wettbewerbspolitische Implikationen, 1992; *Brander/Spencer,* Export Subsidies and International Market Share Rivalry, Journal of International Economics 18 (1985), 83; *Brennan/Buchanan,* The Power to Tax, 1980; *Browning,* A Neglected Welfare Cost of Monopoly – and Most Other Product Market Distortions, Journal of Public Economics 66 (1997), 127; *Coase,* The problem of social cost, The Journal of Law and Economics, Vol. 3 (October 1960); *d'Aspremont/Gabszewicz/Thisse,* On Hotelling's Stability in Competition, Econometrica 17 (1979), 1145; *Dewenter/Haucap,* Ökonomische Auswirkungen von öffentlich-rechtlichen Online-Angeboten: Marktauswirkungen innerhalb von Drei-Stufen-Tests, 2009; *Edwards/Keen,* Tax Competition and Leviathan, European Economic Review 40 (1996), 113; *Ehlermann,* Ökonomische Aspekte des Subsidiaritätsprinzips: Harmonisierung vs. Wettbewerb der Systeme, Integration 18 (1995), 11; *Evans/Schmalensee,* Some Economic Aspects of Antitrust Analysis in Dynamically Competitive Industries, NBER 2001, Working Paper No. W8268; *Evans/Schmalensee,* Markets with Two-sided Platforms, Issues in Competition Law and Policy (ABA Section of Antitrust Law) 2008, 667; *Fingleton/Ruane/Ryan,* Market Definition and State Aid Control, European Economy 3 (1999), 65; *Friederiszick/Röller/Verouden,* European State Aid Control: An Economic Framework, in: Buccirossi, Handbook of Antitrust Economics, 2008, 625; *Fritsch/Wein/Ewers,* Marktversagen und Wirtschaftspolitik, 2007; *Froeb/Werden,* The Reverse Cellophane Fallacy in Market Delineation, Review of Industrial Organization 7 (1992), 241; *Gröteke,* Europäische Beihilfenkontrolle und Standortwettbewerb: Eine ökonomische Analyse, 2007; *Gröteke/Heine,* Beihilfenkontrolle und Standortwettbewerb: „Institutionelle Rigiditäten" als Rechtfertigung für die Vergabe einer Beihilfe, WuW 2003, 257; *Gual,* Reducing State Aid in the European Union, in: Neven/Röller, The Political Economy of Industrial Policy in Europe and the Member States, 2000, 11; *Helpman/Krugman,* Trade Policy and Market Structure, 1989; *Haucap,* The More Economic Approach to State Aid Control: A New Institutional Economics Perspective, in: Schmidtchen/Albert/Voigt, The More Economic Approach to European Competition Law, 2007, 345; *Haucap,* Daseinsvorsorge zwischen Beihilfenkontrolle und globalem Wettbewerb, Wirtschaftsdienst 87 (2007), 712; *Haucap/Hartwich,* Fördert oder behindert die Beihilfenkontrolle der Europäischen Union den (System-)Wettbewerb?, in: Schäfer, Wirtschaftspolitik im Systemwettbewerb, 2006, 93; *Haucap/Müller/Wey,* How to Reduce Conflicts over International Antitrust?, in: Voigt/Albert/Schmidtchen, International Conflict Resolution: Conferences on New Political Economy 23 (2005), 307; *Heine,* Kompetitiver Föderalismus auch für das öffentliche Gute „Recht"?, Vierteljahreshefte zur Wirtschaftsforschung 72 (2003), 472; *Hotelling,* Stability in Competition, Economic Journal 39 (1929), 41; *Kerber,* Zum Problem einer Wettbewerbsordnung für den Systemwettbewerb, Jahrbuch für Neue Politische Ökonomie 17, 199; *Knieps,* Wettbewerbsökonomie: Regulierungstheorie, Industrieökonomie, Wettbewerbspolitik, 2001; *Lancaster/Lipsey,* The General Theory of Second Best, Review of Economic Studies 24 (1956), 11; *Meiklejohn,* Introduction and Synopsis, European Economy 3, 7 (1999); *Meiklejohn,* The Economics of State Aid, European Economy Sonderband „State Aid and the Single Market", 1999, 25; *Möschel,* Der „more economic approach in der Beihilfenkontrolle – Überlegungen aus juristischer Perspektive, in: Oberender, Der „more economic approach" Beihilfenkontrolle, 2008, 39; *Motta,* Competition Policy: Theory and Practice, 2004; *Mueller,* Public Subsidies for Private Firms in a Federalist Democracy, in: Galeotti/Salmon/Wintrobe, Competition and Structure: The Political Economy of Collective Decisions, 2000, 339; *Munk,* Introduction to CGE-Based Policy Analysis, Discussion Paper, University of Copenhagen, Department of Economics, 2003; *Musgrave,* The Theory of Public Finance: a Study in Political Economy, 1959; *Neumann,* Wettbewerbspolitik: Geschichte, Theorie und Praxis, 2000; *Neven/Röller,* The Allocation of Jurisdiction in International Antitrust, European Economic Review 44 (2000), 845; *Nitsche/Heidhues,* Study on Methods to Analyse the Impact of State Aid on Competition, Final Report ECFIN/E/2004/004, 2005; *Ofcom,* BBC New On-Demand Proposals, Market Impact Assessment, 2006; *Parry/Oates,* Policy Analysis in a Second Best World, Discussion Paper Nr. 98–48, 1998; *Pigou,* The Economics of Welfare, 1920; *Salanié,* Microeconomics of Market Failures, 2000; *Schmidt/Schmidt,* Europäische Wettbewerbspolitik und Beihilfenkontrolle, 2006; *Schwalbe,* Welfare Effects of Financing State Aid, New Developments in European State Aid Law 2006; *Schwalbe,* Der „more economic approach" in der Beihilfenkontrolle, in: Oberender, Der „more economic approach" Beihilfenkontrolle, 2008, 11; *Schwalbe,* Das Effizienzkonzept der Wirtschaftstheorie, in: Fleischer/Zimmer, Effizienz als Regelungsziel im Handels- und Wirtschaftsrecht, 2008, 43; *Schwalbe/Zimmer,* Kartellrecht und Ökonomie, 2006; *Shoven/Whaley* Applying General Equilibrium, 1992; *Simon,* Recent Developments in State Aid Policy in: European Economy Reports and Studies, 1999, Nr. 3, 46; *Sinn, H.-W.,* Das Selektionsprinzip und der Systemwettbewerb, in: Oberhauser, Fiskalföderalismus in Europa, 1997, 11; *Sinn, S,* The Taming of Leviathan: Competition among Governments, Constitutional Political Economy 3 (1992), 177; *Sühnel,* Der „Private Investor Test" im Beihilfenrecht, EWS 2007, 115;

Haucap/Schwalbe

Teece/Coleman, The Meaning of Monopoly: Antitrust Analysis in High Technology Industries, Antitrust Bulletin 52 (1998), 801; *Vanhalewyn,* Trends and Patterns in State Aids, in: State Aid and the Single Market, 1999, 32; *Wössner,* Die Deutschlandklausel im EG-Beihilfenrecht, 2001.

I. Ökonomische Begründung für eine Beihilfenkontrolle

Gegenstand der Wettbewerbspolitik sind in aller Regel *private* Beschränkungen des Wettbe- **25** werbs, dh. es geht um mögliche Beschränkungen des Wettbewerbs durch Unternehmen zB. durch den Missbrauch von Marktmacht, durch Kartelle und kollusives Verhalten sowie horizontale und vertikale Unternehmenszusammenschlüsse.[1] Ein spezifisches Charakteristikum der **europäischen Wettbewerbspolitik** ist die sog. Beihilfenkontrolle nach Art. 107 AEUV. Sie betrifft mögliche **Verzerrungen des Wettbewerbs durch** *staatliche* **Subventionen** an private oder auch öffentliche Unternehmen, die ihrerseits im aktiven oder potenziellen Wettbewerb mit anderen Unternehmen stehen.[2] Art. 107 Abs. 1 AEUV spricht ein **generelles Verbot von Beihilfen** aus, jedoch werden in Art. 107 Abs. 3 AEUV **Ausnahmetatbestände** definiert, die eine Beihilfe unter bestimmten Bedingungen zulassen.

1. Definition von Beihilfen. Der Begriff der Beihilfe ist nicht ökonomischer, sondern ju- **26** ristischer Natur. Von der Kommission und der europäischen Rechtsprechung wurden aus Art. 107 Abs. 1 AEUV **vier Kriterien** entwickelt, die kumulativ erfüllt sein müssen, damit aus juristischer Sicht vom Vorliegen einer Beihilfe gesprochen werden kann.

a) Staatliche Mittel. Bei einer Beihilfe muss es sich um einen **Transfer staatlicher Mittel** **27** handeln. Dabei ist es unerheblich, ob es sich um einen direkten monetären Transfer oder eine indirekte Zuweisung staatlicher Mittel handelt. Das bedeutet, dass der Transfer staatlicher Mittel auch in dem Sinne erfolgen kann, dass der Staat auf Einnahmen verzichtet wie es bspw. bei einer Steuersenkung oder bei einem Verzicht auf bestimmte Gebühren der Fall wäre. Dies könnte als indirekter Transfer interpretiert werden, der für den Staat mit Opportunitätskosten verbunden ist.

b) Ökonomischer Vorteil. Durch die staatliche Maßnahme muss dem Empfänger ein **28** **wirtschaftlicher Vorteil** entstehen, den er nicht im Zuge eines „normalen" Geschäftes erlangen würde. Dies schließt somit Fälle aus, in denen der Staat bspw. nach erfolgter Ausschreibung einen Auftrag an einen Anbieter vergibt, solange die Leistung des Anbieters durch den Staat angemessen und nicht übermäßig vergütet wird.[3]

c) Selektivität. Der staatliche Transfer muss selektiv erfolgen, also einige Unternehmen **29** mehr begünstigen als andere. Dieses Kriterium schließt grundsätzliche oder generelle Maßnahmen des Staates aus, die Unternehmen allgemein begünstigen. Eine selektive Maßnahme wäre zB. die Änderung von Abschreibungsmodalitäten für nur ein Unternehmen; eine generelle Maßnahme hingegen könnte der von einer Regierung veranlasste Ausbau der Infrastruktur einer Region sein, der die Attraktivität eines Standorts für Investitionen erhöht und somit nach der Ansiedlung von Unternehmen Arbeitsplätze entstehen lassen soll.[4]

d) Auswirkungen auf Wettbewerb und Handel. Der Wettbewerb und der Handel zwi- **30** schen zwei oder mehr Mitgliedstaaten müssen durch die Vergabe der staatlichen Mittel beeinträchtigt werden. Dabei genügt es für die Erfüllung dieses Kriteriums, wenn gezeigt werden kann, dass das begünstigte Unternehmen sich in einem Markt befindet, in dem auch Unternehmen aus anderen Mitgliedstaaten aktiv sind. Als Mindestvolumen einer Beihilfe, ab dem eine Beeinflussung des Handels vermutet werden kann, werden nach der neuen De-Minimis-Verordnung 200 000 € angesehen. Beträge unterhalb dieser Grenze fallen unter die sog. De-Minimis-Regel[5] und unterliegen nicht dem grundsätzlichen Beihilfenverbot.

2. Ausnahmetatbestände vom generellen Beihilfenverbot. Gemäß Art. 107 Abs. 1 **31** AEUV werden sämtliche Beihilfen, welche die vier oben genannten Kriterien erfüllen, als mit dem gemeinsamen Markt unvereinbar angesehen. Jedoch führt dies nicht zu einem vollständigen Verbot von Beihilfen, da Art. 107 Abs. 3 AEUV Ausnahmetatbestände auflistet, die das grundsätzliche Beihilfenverbot durchbrechen. Zusätzlich ermächtigt Art. 108 Abs. 2 AEUV den

---

[1] Vgl. *Neumann* 28 ff.; *Knieps* 6; *Motta* 11.

[2] Vgl. zB. *Mueller* 339; *Biggar* 7; *Koenig/Kühling/Ritter* 19.

[3] Vgl. Kom., Bekanntmachung über die zur Beurteilung unrechtmäßiger staatlicher Beihilfen anzuwendenden Regeln, ABl. 2002 C 119.

[4] Vgl. *Gröteke* 24.

[5] Vgl. VO 69/2001 über die Anwendung der Art. 87 und 88 EG-Vertrag auf De-Minimis-Beihilfen, ABl. 2001 L 10/30.

Europäischen Rat, auf Antrag eines Mitgliedstaates Beihilfen der Art nach zu bestimmen, die mit dem AEUV vereinbar sind. In der Praxis hat die Kommission **drei verschiedene Ausnahmekategorien** entwickelt, die das generelle Beihilfenverbot aufheben und dabei teilweise die Ausnahmetatbestände des Art. 107 AEUV aufgreifen. Diese Ausnahmekategorien bestehen in den sog. **regionalen, horizontalen und sektoralen Beihilfen.** Daneben existieren weitere Kategorien, welche die Vergabe einer Beihilfe als mit europäischem Recht vereinbar deklarieren. Dabei handelt es sich um (a) Beihilfen mit sozialem Charakter (Art. 107 Abs. 2 lit. a AEUV), (b) Beihilfen für die Linderung der von Naturkatastrophen verursachten Schäden (Art. 107 Abs. 2 lit. b AEUV), (c) Beihilfen für die Förderung von Projekten von europäischem Interesse (Art. 107 Abs. 3 lit. b AEUV) und (d) Beihilfen für die Bewahrung kulturellen Erbes (Art. 107 Abs. 3 lit. d AEUV).

32   Zusätzlich enthält Art. 107 Abs. 2 lit. c AEUV die sog. **„Deutschlandklausel",** eine explizite Erlaubnis für Beihilfen, die vor der Wiedervereinigung 1990 für die Linderung der negativen Folgen gedacht waren, die westdeutschen Regionen aus der Teilung Deutschlands entstanden sind. Seit der Wiedervereinigung Deutschlands 1990 ist somit zumindest fraglich, inwieweit diese negativen Folgen der deutschen Teilung heute noch Beihilfen in den alten Bundesländern rechtfertigen können.[6] Da die Deutschlandklausel in der Praxis zudem kaum Anwendung zur Rechtfertigung von Beihilfen gefunden hat,[7] werden diese sowie die zuvor aufgelisteten Ausnahmetatbestände im Weiteren nicht näher erläutert, und die folgenden Ausführungen beschränken sich auf die quantitativ bedeutsameren regionalen, horizontalen und sektoralen Beihilfen.

33   **a) Regionale Beihilfen.** In Art. 107 Abs. 3 lit. a und c AEUV werden staatliche Transfers vom Beihilfenverbot ausgenommen, die die Förderung von Gebieten unterstützen sollen, in denen das Einkommen außergewöhnlich niedrig ist oder eine erhebliche Unterbeschäftigung herrscht (Art. 107 Abs. 3 lit. a AEUV) bzw. die Wirtschaftszweige oder –gebiete unterstützen sollen, soweit diese Unterstützung nicht die Handelsbedingungen in einem solchen Maße beeinflusst, dass dies dem gemeinsamen Interesse entgegen läuft (Art. 107 Abs. 3 lit. c AEUV).

34   Der erste Teil der erlaubten regionalen Beihilfen bezieht sich auf Gebiete, die verglichen mit dem EU-Durchschnitt in ökonomischer Hinsicht benachteiligt sind. Daher werden bei der Überprüfung, ob Beihilfen gemäß Art. 107 Abs. 3 lit. a AEUV gerechtfertigt sein können, europäische Durchschnittswerte wie Arbeitslosenquoten oder Pro-Kopf-Bruttoinlandsprodukt als Benchmark von der EU-Kommission herangezogen. Der zweite Teil der erlaubten Regionalbeihilfen zielt dagegen auf Regionen ab, die im Vergleich mit dem Durchschnitt des jeweiligen Mitgliedsstaates als benachteiligt angesehen werden. Somit ist es den Mitgliedstaaten selbst überlassen, Anträge bei der Kommission einzureichen, um eine Erlaubnis für eine geplante Beihilfenvergabe zu erhalten.

35   **b) Horizontale Regelungen.** Nach Ansicht der Kommission gibt es grundsätzliche ökonomische Problemkonstellationen, die zusätzlich zu den bereits genannten Ausnahmetatbeständen des Art. 107 Abs. 3 AEUV die Vergabe von Beihilfen rechtfertigen können. Dazu wurden von der Kommission sog. „horizontale Regelungen" ausgearbeitet. Ihre Bezeichnung erhalten die horizontalen Regelungen dadurch, dass ihre Wirkung nicht auf einen bestimmten Wirtschaftszweig beschränkt ist, sondern es sich um generelle Beihilfen handelt, die grundsätzlich jedem Unternehmen in jedem Sektor gewährt werden können, wenn es die notwendigen Kriterien erfüllt.[8]

36   Folgende Beihilfekategorien fallen unter den Begriff der horizontalen Regelungen: **Beihilfen für kleine und mittlere Unternehmen,**[9] **Beihilfen für Forschung und Entwicklung,**[10] **Beihilfen für Umweltschutz,**[11] **Beihilfen für die Rettung und Umstrukturierung von Unternehmen,**[12] **Beihilfen für Beschäftigung**[13] sowie **Ausbildungsbeihilfen.**[14]

---

[6] Vgl. dazu detailliert *Wössner* 1.

[7] Vgl. *Wössner* 114.

[8] Ausgenommen hiervon sind die Sektoren Landwirtschaft, Fischerei, Transport, Kohle und Stahl, die als „sensible" Sektoren angesehen werden, für die eigene Regelungen bestehen, vgl. dazu *Simon* 49.

[9] Vgl. Kom., Leitlinien der Gemeinschaft für staatliche Beihilfen zur Förderung von Risikokapitalinvestitionen in kleine und mittlere Unternehmen, ABl. 2006 C 194/2.

[10] Vgl. Kom., Gemeinschaftsrahmen für staatliche Beihilfen für Forschung, Entwicklung und Innovation, ABl. 2006 C 323/1.

[11] Vgl. Kom., Leitlinien der Gemeinschaft für staatliche Umweltschutzbeihilfen, ABl. 2008 C 82/1.

[12] Vgl. Kom., Leitlinien der Gemeinschaft für staatliche Beihilfen zur Rettung und Umstrukturierung von Unternehmen in Schwierigkeiten ABl. 2004 C 244/2.

[13] Vgl. Kom., Leitlinien für Beschäftigungsbeihilfen, ABl. 1995 C 334.

[14] Vgl. Kom., Mitteilung der Kommission über Kriterien für die Bewertung der Vereinbarkeit einzeln anzumeldender Ausbildungsbeihilfen mit dem Gemeinsamen Markt, ABl. 2009 C 188/1.

c) Sektorale Regeln. Die EU-Kommission hat bestimmte Wirtschaftssektoren wie den **37** **Kohlebergbau, die Fischerei, die Landwirtschaft** und verschiedene weitere Industriezweige ausgemacht, die aufgrund langjähriger ökonomischer Probleme als „sensibel" gelten und bei denen daher die Vergabe von Beihilfen ebenfalls nicht unter das generelle Beihilfenverbot fällt. Die für diese Sektoren geltenden Regeln sind insgesamt sehr heterogen; zusätzlich unterliegen die Bereiche, die eine gesonderte Behandlung bzgl. der Beihilfen erfahren, einem raschen Wandel.[15] Daher wird an dieser Stelle nicht weiter auf sektorale Regeln eingegangen.

Grundsätzlich ist zu der gerade vorgestellten Beihilfenklassifizierung anzumerken, dass sie ein **38** großes Willkürpotenzial bietet:[16] So ist zB. der Fall vorstellbar, dass eine Beihilfe, die durch die Politik als reine Standortförderung motiviert ist, als Umweltbeihilfe kaschiert wird, um somit dem Beihilfenverbot zu entgehen. Andere Fälle, in denen angebliche Fortbildungsbeihilfen dazu gedacht sind, ein Unternehmen vor dem wirtschaftlichen Aus zu retten, sind ebenfalls denkbar. Die Ergebnisse dieser „weichen" Abgrenzung der Ausnahmetatbestände sind schwerwiegend und können darin bestehen, dass Beihilfen über den Weg eines Ausnahmetatbestandes genehmigt werden, der inhaltlich nicht als hauptsächlich anzusehen ist. Der eigentliche Tatbestand hätte unter Umständen zu einem Verbot der Beihilfe geführt, und man könnte quasi von einem „Fehler zweiter Art" sprechen.

3. Anreize zur Beihilfenvergabe und Logik einer supranationalen Beihilfenkontrolle. **39** Auf oligopolistisch strukturierten Märkten, auf denen Produkte international gehandelt werden, können staatliche Entscheidungsträger dem Anreiz erliegen, durch eine gezielte Politik **Nationale Champions** zu fördern.[17] Die zugrundeliegende Idee ist, dass mit Hilfe einer strategischen Handels-, Steuer- oder Wettbewerbspolitik gezielt nationale Unternehmen gefördert werden können, die dann auf internationalen Märkten Marktmacht ausüben können und so die nationale Produzentenrente auf Kosten ausländischer Produzenten und ggf. auch der international verstreuten Nachfrager steigern.[18] Es geht hier also um eine klassische „Beggar-Thy-Neighbour"-Politik, wie sie auch von Exportkartellen bekannt ist. Die Problematik bzw. Ineffizienz einer solchen Politik ist zwar hinlänglich bekannt – ebenso bekannt ist jedoch auch, dass sich die politischen Entscheidungsträger ggf. in einem **Gefangenendilemma** befinden und es daher zu Ergebnissen kommt, die nicht im gemeinsamen Interesse der Beteiligten liegen.[19] Während die politischen Entscheidungsträger zwar wissen, dass sich alle kollektiv besser stellen würden, wenn es nicht zu **Subventionswettläufen** käme, unterliegt jeder einzelne doch dem Anreiz, „seinen" heimischen Unternehmen einen Vorteil zu verschaffen, um so Arbeitsplätze und ggf. auch Steuereinnahmen zu sichern. Die Lösung dieses Dilemmas kann dann in einer vertraglich oder gesetzlich abgesicherten Kooperation wie etwa einer supranationalen Beihilfenkontrolle liegen.

So wie also die Delegation von Kompetenzen im Bereich der Handelspolitik durch das **40** GATT bzw. an die WTO als eine sinnvolle Maßnahme zur gezielten Selbstbindung interpretiert werden kann, um ein Gefangenendilemma zu überwinden, so mag auch die Implementierung einer supranationalen Beihilfenkontrolle durch die EU prima facie als **Akt der rationalen Selbstbindung** angesehen werden, um sich aus einer Dilemma-Situation zu befreien, in der Nationalstaaten durch die Vergabe von Beihilfen strategische Wettbewerbspolitik bzw. eben auch strategische Handelspolitik betreiben. Die Beihilfenkontrolle dient dann primär dazu, ruinöse Subventionswettrennen (sog. Rattenrennen)[20] zu unterbinden.

4. Zweckmäßige Ausrichtung der Beihilfenkontrolle. Der gerade angeführten Inter- **41** pretation folgend, sollte eine Beihilfenkontrolle demnach so gestaltet sein, dass Subventionen nur dann zulässig sind, wenn ein klassisches **Marktversagen** vorliegt, dh. Beihilfen sollten nur dann genehmigungsfähig sein, wenn sie sich an Marktversagenstatbeständen orientieren.[21] De

---

[15] Eine genauere Übersicht über die einzelnen Ausgestaltungen der Förderprogramme nebst Verweisen auf die Amtsblätter findet sich bei *Simon* 55 ff.

[16] Vgl. *Vanhalewyn* 36.

[17] Vgl. zB. *Monopolkommission,* Hauptgutachten 2002/2003, 9.

[18] Zur Idee der strategischen Handelspolitik vgl. *Brander/Spencer* 84–85; *Helpman/Krugman* 27 ff.; *Bletschacher/Klodt* 9 ff.; zur strategischen Wettbewerbspolitik vgl. *Barros/Cabral* 1043 ff.; *Neven/Röller* 847 sowie *Haucap/Müller/Wey* 7.

[19] Das Gefangenendilemma kennzeichnet eine Situation, in der individuell rationales Verhalten der einzelnen Gruppenmitglieder zu einem für die Gruppe insgesamt schlechten Ergebnis führt.

[20] Als Rattenrennen werden Wettbewerbsprozesse bezeichnet, in denen steigenden Aufwendungen keine entsprechenden insgesamt zu erwartenden Mehrerlöse gegenüber stehen und die somit durch eine Ressourcenverschwendung gekennzeichnet sind.

[21] Vgl. dazu *Meiklejohn* 25.

facto hatten die bisher in Art. 107 Abs. 3 AEUV angelegten Ausnahmebereiche allerdings wenig mit Marktversagen zu tun, wenn man einmal von einigen horizontalen Beihilfen im Bereich Umwelt sowie Forschung und Entwicklung (F&E) absieht. Vielmehr handelte es sich größtenteils um verteilungspolitisch motivierte Ausnahmetatbestände. Bei der Umsetzung des ‚**more economic approach‘ in der Beihilfenkontrolle** erfolgt nun genau diese stärkere Ausrichtung am ökonomischen Kriterium des Marktversagens, das im Rahmen einer verfeinerten ökonomischen Betrachtungsweise, wie sie im **Aktionsplan Staatliche Beihilfen (ASB)** angelegt ist, eine zentrale Rolle spielt.

42   Eine an Marktversagenstatbeständen ausgerichtete Beihilfenkontrolle kann als eine Art „Wettbewerbsordnung für den mitgliedstaatlichen Systemwettbewerb verstanden werden, in dessen Verlauf eine stetige Verbesserung der von Mitgliedstaaten angebotenen Steuer-Leistungspakete stattfindet".[22, 23] Dabei vertritt z B. *Heine*[24] die Auffassung, dass die Beihilfenkontrolle der EU den interjurisdiktionellen Wettbewerb sogar verschärft, sodass sie – sofern der Standortwettbewerb tatsächlich effizienzsteigernd ist – zumindest prinzipiell, wenn auch nicht in ihrer real existierenden Form, zu begrüßen wäre.

II. Motive für die Vergabe von Beihilfen

43   **1. Klassische Marktversagensgründe: Staatliche Beihilfen als Instrument zur Korrektur von Marktversagen.** Aus der ökonomischen Theorie ist spätestens seit Pigou[25] bekannt, dass Beihilfen prinzipiell dazu beitragen können, ein sog. Marktversagen zu lindern. In der Wirtschaftswissenschaft bezeichnet der Begriff des Marktversagens, anders als der landläufige Sprachgebrauch insbesondere im politischen Bereich suggerieren mag, ein relativ eng umgrenztes Feld von ineffizienten Marktergebnissen. Aus neoklassischer Sicht liegt ein Marktversagen vor, wenn der Markt im freien Spiel der Kräfte keine effizienten Ergebnisse liefert. Kein Marktversagen besteht hingegen, wenn Märkte effiziente Ergebnisse liefern, diese aber politisch nicht gewünscht sind. So sind die flächendeckende Versorgung mit breitbandigem Internet, hochwertige, werktäglich flächendeckend erbrachte Postdienstleistungen, ein möglichst umfangreicher öffentlicher Personennahverkehr (ÖPNV) durch Bus und Bahn oder ein politisch korrektes Medienangebot in Funk, Fernsehen und Internet zwar unter Umständen politisch gewünscht, oftmals aber volkswirtschaftlich nicht effizient. Dass der Markt nicht die politisch gewünschten Ergebnisse hervorbringt, wird in der ökonomischen Theorie jedoch nicht als Marktversagen bezeichnet.

44   Der Effizienzbegriff, der für die Feststellung von Marktversagen essentiell ist, wird in der ökonomischen Literatur oftmals in produktive (zT. auch produktionsorganisatorische oder technische) Effizienz, allokative und dynamische Effizienz unterteilt. *Produktive Effizienz* beinhaltet, dass ein gegebenes Leistungsbündel effizient erstellt wird, dh. zu den minimal möglichen Kosten. Produktive Ineffizienz meint somit, dass Ressourcen in der Produktion nicht effizient eingesetzt werden, sodass zu ineffizient hohen Kosten produziert wird. Mit *allokativer Effizienz* ist gemeint, dass all diejenigen Nutzer einen Dienst in Anspruch nehmen oder ein Produkt konsumieren, deren Wertschätzung für diesen Dienst oder dieses Produkt höher ist als die zusätzlichen Kosten seiner Leistungserstellung. Es geht im Prinzip darum, dass knappe und kostbare Mittel so verwendet werden, dass sie einer Gesellschaft insgesamt den größtmöglichen Nutzen stiften. In der einfachsten Modellwelt der neoklassischen ökonomischen Lehrbuchtheorie ist dies der Fall, wenn der Preis für eine Leistung gleich den Grenzkosten der Erstellung ist. Während die Begriffe der produktiven und der allokativen Effizienz in aller Regel in einem statischen Kontext benutzt werden, zielt die sog. *dynamische Effizienz* nicht auf einen bestimmten Zeitpunkt ab, sondern auf einen Zeitraum. Hier spielen also **Innovationen und Investitionen** eine wichtige Rolle, denn es geht um die Maximierung der gesellschaftlichen Wohlfahrt im Zeitverlauf. Wichtig ist daher nicht, dass die Wohlfahrt zu jedem einzelnen Zeitpunkt maximal ist, sondern dass sie im gesamten relevanten Zeitraum maximiert wird. Dynamische Ineffizienz ist somit das Ergebnis mangelhafter Investitions- und Innovationsanreize.[26] Wenn auf einem Markt die produktive, allokative oder dynamische Effizienz nicht erreicht wird, dann spricht man in der ökonomischen Literatur von einem **Marktversagen**.

---

[22] Vgl. *Gröteke/Heine* 258.
[23] Vgl. dazu auch *Kerber* 200.
[24] Vgl. *Heine* 476.
[25] Vgl. *Pigou* 129 ff. sowie *Fritsch/Wein/Ewers* 122.
[26] Zum Effizienzbegriff in der Wirtschaftswissenschaft vgl. *Schwalbe,* More Economic Approach, 16.

Als klassische Ursachen für ein Marktversagen sind in der wirtschaftswissenschaftlichen Litera- 45
tur die folgenden fünf Tatbestände identifiziert worden: (1) **Externe Effekte** (synonym: Externalitäten), (2) **öffentliche Güter,** (3) **unvollständiger Wettbewerb** und als Extremfall unvollständigen Wettbewerbs das natürliche Monopol, (4) **asymmetrische Informationsverteilung**
sowie (5) **Anpassungs- bzw. Koordinationsmängel.** In diesen Fällen kann ein staatliches
Eingreifen in den Markt ökonomische Verbesserungen bewirken. In der institutionenökonomi-
schen Literatur gibt es jedoch spätestens seit *Coase* (1960) eine Debatte, welcher Vergleichsmaßstab heranzuziehen ist, um die Effizienz eines Zustandes zu beurteilen und somit auch, um festzustellen, ob in einer Situation Marktversagen vorliegt oder nicht. Die **Frage des relevanten
Vergleichsmaßstabs** wurde zwar schon von *Coase* (1937) aufgeworfen und insbesondere in
seinem Beitrag zur Theorie sozialer Kosten[27] thematisiert. Später hat *Demsetz* (1969) in seinem
Beitrag über Information und Effizienz dieses Problem besonders plakativ illustriert, indem er
das Schlagwort vom „**Nirwana-Ansatz**" prägte. Der Kernpunkt der Kritik an der von Pigou
entwickelten Theorie des Marktversagens als Begründung staatlicher Eingriffe besteht darin, dass
zu leicht eine unvollkommene Realität mit einem theoretischen Idealbild verglichen wird, ohne
jedoch zu fragen und zu analysieren, ob dieses theoretische Idealbild überhaupt erreicht werden kann, oder ob es sich nicht um ein unerreichbares Wunschbild, ein Nirwana, handelt.
Allein aus der Tatsache, dass die Realität nicht mit der Idealvorstellung der Theorie übereinstimmt, lässt sich somit kein Marktversagen ableiten. Zu fragen ist vielmehr, ob durch einen
staatlichen Eingriff in der Realität eine tatsächliche Verbesserung, also weniger ineffiziente Ergebnisse erzielt werden können. Dabei ist unbedingt zu berücksichtigen, dass ein staatliches
Eingreifen in den Marktprozess selbst Ineffizienzen hervorrufen kann, die im Extremfall zu
einem so genannten Staats- oder Politikversagen führen. Zu den Ursachen eines Staatsversagens
bei der Vergabe von Beihilfen können insbesondere Informationsdefizite, politische Fehlanreize,
fehlerhafte Analysen und Prognosen sowie Entscheidungs- und Wirkungsverzögerungen beim
Mitteleinsatz gehören.

Vor diesem Hintergrund sollte im Vorfeld einer Beihilfenvergabe eine Prüfung im Sinne ei- 46
nes **komparativ-institutionenökonomischen Ansatzes** durchgeführt werden, in der das
etwaige Marktversagen mit dem drohenden Staatsversagen abgewogen wird. Schließlich ist eine
Beihilfenvergabe nicht bereits dann ökonomisch gerechtfertigt, wenn ein Markt nicht das gleiche Ergebnis wie das theoretische Ideal hervorbringt, sondern nur wenn sich die Beihilfe zur
Korrektur dieses Marktversagens in besonderem Maße eignet. Im Folgenden werden die fünf
angesprochenen Marktversagenstatbestände genauer erläutert.

a) Externe Effekte. Positive und negative externe Effekte beschreiben eine Situation, bei 47
der von der Aktivität (zB. Produktion oder Konsum) eines Wirtschaftssubjektes Wirkungen auf
den Nutzen (Erhöhung bzw. Beeinträchtigung) oder den Gewinn bzw. die Produktionsmög-
lichkeiten anderer Wirtschaftssubjekte ausgehen, ohne dass diese Wirkungen im marktlichen
Preissystem berücksichtigt werden.[28] Es handelt sich bei externen Effekten also um die **Schädigung oder auch Begünstigung von eigentlich unbeteiligten Dritten.** Externe Effekte sind
eine direkte **Folge unzureichend definierter bzw. definierbarer und durchsetzbarer
Verfügungsrechte,** so dass keine Kompensation für die erfolgte Schädigung oder Begünstigung erfolgt. Negative externe Effekte sind am besten aus der Umweltpolitik bekannt. So können zB. schädliche Emissionen, die bei einem Produktionsprozess entstehen, bei Anwohnern
Gesundheitsschäden verursachen oder bei anderen Unternehmen den kostspieligen Einbau von
Filteranlagen erforderlich machen. Falls die Betroffenen einer Umweltverschmutzung keine
durchsetzungsfähigen Eigentumsrechte an dem Gut Umwelt haben, wird es ihnen nicht gelingen, den Verursacher an der Schadstoffemission zu hindern bzw. ihm die Kosten für die Umweltverschmutzung (externe Kosten) anzulasten. Diese fehlende Einbeziehung der externen
Kosten in den marktlichen Preismechanismus (fehlende Internalisierung) hat eine übermäßige
Umweltverschmutzung zur Folge. Ein Beispiel für entsprechende negative externe Effekte stellen CO_2-Emissionen dar, die etwa im Rahmen der Stromproduktion (insbesondere bei Kohle-
und Gaskraftwerken) anfallen, solange es nicht durch Steuern oder handelbare Zertifikate zu
einer Internalisierung der externen Effekte kommt.

Das Auftreten positiver externer Effekte wird ua. im Bereich der Grundlagenforschung ver- 48
mutet. Auch die Grundlagenforschung ist dadurch gekennzeichnet, dass Dritte nicht von der

---

[27] Vgl. *Coase* 22.
[28] Da diese Effekte außerhalb der freiwilligen Marktbeziehungen auftreten, werden sie als externe Effekte
bezeichnet.

Nutzung der gewonnenen Erkenntnisse ausgeschlossen werden können, da keine durchsetzungsfähigen Eigentumsrechte wie die Möglichkeit der Patentierung existieren. Aufgrund der fehlenden Ausschlussmöglichkeit kann es bei der Nutzung des Gutes zum Auftreten von Trittbrettfahrern kommen, die ihre wahre Zahlungsbereitschaft für das betrachtete Gut nicht offenbaren und sich nicht freiwillig an der Finanzierung beteiligen.

49   Die fehlende Zuordnung der Eigentumsrechte führt sowohl im Falle negativer als auch positiver externer Effekte dazu, dass der **Preismechanismus allein nicht für effiziente Marktergebnisse sorgen kann.** So würde bei einer reinen Marktlösung mehr als die volkswirtschaftlich effiziente Menge an CO_2-Emissionen produziert und weniger als der volkswirtschaftlich effiziente Umfang an Grundlagenforschung betrieben. Ein staatlicher Eingriff muss im Fall gravierender externer Effekte darauf abzielen, die Divergenz zwischen einzelwirtschaftlich berücksichtigten und tatsächlich für die Gesamtgesellschaft anfallenden Kosten und Erträgen durch Maßnahmen zur Internalisierung der externen Effekte zu beseitigen.

50   Prinzipiell kann eine Beihilfe, die zB. in Form einer Investitionsprämie für die Reduktion von Umweltbelastungen gewährt wird, zur Internalisierung negativer externer Effekte beitragen. Eine ähnliche Wirkung können Beihilfen im Bereich der Grundlagenforschung haben. Jedoch bleibt zu beachten, dass der externe Effekt zunächst als gravierend identifiziert und in Form von externen Kosten quantifiziert werden sollte.[29] Dabei ist die Bewertung des externen Effektes durch das subjektive Empfinden und den Informationsstand des Entscheidungsträgers beeinflusst. Zusätzlich ist der Betrachtungszeitraum für das Ausmaß des externen Effektes bzw. die Höhe der externen Kosten relevant. Schließlich ist zu untersuchen, ob das wirtschaftspolitische Instrument der Beihilfe zur Internalisierung der externen Effekte besonders geeignet ist, oder ob nicht andere, überlegene wirtschaftspolitische Instrumente zur Verfügung stehen. Ähnlich wie bei Steuern lässt sich die Gütermenge im sozialen Optimum nur näherungsweise bzw. in einem langwierigen Trial-and-Error-Verfahren erreichen.

51   **b) Öffentliche Güter.** Ein Gut, das zugleich durch eine **„Nichtrivalität im Konsum"** und eine **fehlende Anwendbarkeit des Ausschlussprinzips** gekennzeichnet ist, stellt ein sog. reines öffentliches Gut dar. Das Vorliegen einer Nichtrivalität im Konsum hat bei einem bereits vorhandenen Gut zur Folge, dass ein zusätzlicher Nachfrager des gleichen Gutes keine weiteren Kosten der Bereitstellung verursacht, dh. die Grenzkosten eines zusätzlichen Nutzers sind null. Vereinzelt wird in der ökonomischen Literatur bereits die Nichtrivalität im Konsum allein als hinreichende Bedingung für das Vorliegen eines öffentlichen Gutes angesehen, dessen **private Bereitstellung ohne staatlichen Eingriff zu einem Marktversagen führt.**[30] Bei einer effizienten Preissetzung, bei der der Preis den Grenzkosten entspricht, wäre die Konsequenz, dass ein Anbieter (bei linearer Preissetzung, dh. bei einfachen Stückpreisen) für das betrachtete Gut kein Entgelt verlangen könnte. In diesem Fall würde das entsprechende Gut gar nicht erst bereitgestellt.[31] Wird das Gut jedoch zu einem positiven Preis angeboten, so werden Nutzer ausgeschlossen, obwohl sie keine weiteren Kosten verursachen, so dass eine allokative Ineffizienz resultiert.

52   Allein das Abweichen vom Idealzustand vollständiger Konkurrenz, deren strikte Voraussetzungen in der Realität ohnehin nur höchst selten anzutreffen sind, ist jedoch keine hinreichende Bedingung für ein Marktversagen in einem wirtschaftspolitisch relevanten Sinne, so dass ein staatliches Eingreifen ökonomisch nicht allein durch das Vorliegen einer Nichtrivalität gerechtfertigt werden kann. Wenn es möglich ist, potenzielle Nachfrager von der Nutzung des Gutes auszuschließen, kann ein Anbieter die einmal anfallenden Bereitstellungskosten bei der

---

[29] Streng genommen lässt sich nämlich kaum eine ökonomische Aktivität vorstellen, bei der keinerlei positive oder negative Externalitäten auftreten (Ubiquität externer Effekte). Irgendein Individuum wird oft durch die Handlungen eines anderen positiv oder negativ tangiert, ohne dass dies über den Preismechanismus abgegolten würde oder es sofort zu Kompensationszahlungen käme. Man denke zB. an den Straßenverkehr. Würde der Staat versuchen, sämtliche Externalitäten zu internalisieren, käme dies einem umfassenden Interventionismus gleich, der die private Wirtschaftsaktivität vielfach lähmen würde.

[30] Typische Güter, die durch Nichtrivalität im Konsum gekennzeichnet sind, sind virtuelle Güter wie Software und Informationsinhalte im Internet.

[31] Dies gilt insbesondere vor dem Hintergrund, dass einem Anbieter für die Bereitstellung eines Gutes in der Regel erhebliche Kosten entstehen. So verursacht etwa die Bereitstellung von Software, die ebenfalls durch Nichtrivalität im Konsum gekennzeichnet ist, hohe einmalige Forschungs- und Entwicklungskosten (Fixkosten). Die Kosten der Vervielfältigung, dh. die Grenzkosten, sind jedoch vernachlässigbar gering. Durch einen effizienten Preis in Höhe der Grenzkosten, dh. nahe Null, könnten jedoch die Fixkosten der Bereitstellung nicht gedeckt werden.

Preissetzung berücksichtigen, ohne dass dies generell zu einem ineffizienten Angebot führen müsste.[32]

In der ökonomischen Literatur wird daher überwiegend nur dann von einem **öffentlichen**   **53** **Gut in Reinform** und einem hierdurch induzierten Marktversagen gesprochen, wenn zusätzlich aufgrund unzureichend definierter bzw. definierbarer Verfügungsrechte ein Ausschluss zahlungsunwilliger Nachfrager faktisch nicht möglich ist. Beispiele für reine öffentliche Güter sind die innere und äußere Sicherheit oder die Durchsetzung von Recht (wie zB. Kartellrecht). Von den Vorteilen der inneren und äußeren Sicherheit oder der Kartellrechtsdurchsetzung kann faktisch niemand ausgeschlossen werden. Aus der Nicht-Ausschließbarkeit resultiert typischerweise ein Trittbrettfahrerverhalten: Da auch zahlungsunwillige Individuen nicht von der Nutzung dieser öffentlichen Güter ausgeschlossen werden können, wird ein reines öffentliches Gut ohne staatlichen Eingriff nicht bzw. zumindest nicht in effizientem Umfang bereit gestellt.

Die Bereitstellung eines öffentlichen Gutes muss jedoch nicht zwingend durch die öffentliche   **54** Hand selbst erfolgen. Sie kann auch durch private Unternehmen vorgenommen werden, sofern diese durch öffentliche Zuschüsse ihre Kosten decken können und mit der Bereitstellung öffentlich beauftragt werden. Eine derartige Bezuschussung kann eine Beihilfe im Sinne des Art. 107 Abs. 1 AEUV darstellen. Falls jedoch eine ordnungsgemäße temporäre Ausschreibung der privaten Bereitstellung des öffentlichen Gutes erfolgt und das Unternehmen mit den geringsten Kosten der Bereitstellung den Zuschlag erhält, wird der in diesem Zusammenhang gewährte öffentliche Zuschuss von den Europäischen Gerichten nicht als Beihilfe qualifiziert.

c) Größenvorteile im Bereich der relevanten Nachfrage. Angebots- oder nachfrageseitige   **55** Größenvorteile im Bereich der relevanten Marktnachfrage (**„economies of scale"**) können dazu führen, dass auf einem Markt „natürlicherweise" unvollständiger Wettbewerb herrscht. Im Extremfall kann es sich bei einem Markt um ein **natürliches Monopol** handeln, es sind jedoch auch **natürliche Oligopole** in der Literatur bekannt. Im Fall des natürlichen Monopols stellt ein einziger Anbieter die am Markt nachgefragte Menge am kostengünstigsten her. Angebotsseitige Größenvorteile sind zB. im Netzbereich bei zahlreichen Netzindustrien (Telekommunikation, Kabel-TV, Bahn, Gas, Strom, etc.) anzutreffen.

Nachfrageseitige Größenvorteile entstehen zB. bei Vorliegen signifikanter **positiver Netz-**   **56** **werkeffekte.** Ein positiver Netzwerkeffekt bezeichnet das Phänomen, dass ein neuer Nachfrager des gleichen Gutes den Nutzen der aktuellen Nachfrager erhöht. So mehrt ein neuer Nachfrager einer Anwendungssoftware den Nutzen der anderen Anwender, weil er einen zusätzlichen potenziellen Austauschpartner (zB. für Texte, Dokumente oder Informationen) darstellt. Der sich hieraus ergebende Wunsch, an einem möglichst großen Netzwerk zu partizipieren, kann im Extremfall zur Monopolisierung des gesamten Marktes durch einen Anbieter führen.[33] Ein bekanntes Beispiel für ein nachfrageseitig induziertes (Quasi-)Monopol stellt die Anwendungssoftware Microsoft Office dar. Darüber hinaus können auch indirekte Netzeffekte, wie sie für sogenannte zweiseitige Märkte charakteristisch sind, zu einer starken Angebotskonzentration führen.[34]

In der Regel bedingen natürliche Monopole oder Größenvorteile nicht die Notwendigkeit   **57** staatlicher Beihilfen. In vielen Fällen erfordern sie sogar eine staatliche Preisaufsicht, um Nachfrager vor einer Ausbeutung und potenzielle Wettbewerber auf vor- und nachgelagerten Märkten vor einer Behinderung zu schützen. Diese Fälle treten dann ein, wenn der monopolistische Anbieter durch hohe Marktzutrittsschranken vor potenziellen Konkurrenten geschützt ist und so seinen Preis dauerhaft, dh. auch in späteren Marktphasen, über das wettbewerbliche Niveau

---

[32] Ein derartiges Vorgehen ist auf diversen Märkten für virtuelle Güter zu beobachten, deren Bereitstellung nicht durch ein Marktversagen gekennzeichnet ist. Darüber hinaus wird das Abschöpfungspreissystem („skimming pricing") in frühen Marktphasen nicht selten von Innovatoren angewendet, um so eine schnelle Amortisation der Forschungs- und Entwicklungskosten zu gewährleisten. Auch können mehrteilige Tarife oder „Flatrates" zu einer effizienten Nutzung führen.

[33] Dieser Fall tritt dann ein, wenn bei mehreren inkompatiblen proprietären Technologien, eine dieser Technologien eine sog. kritische Masse an Nachfragern erreicht hat. Aufgrund des dann einsetzenden positiven Rückkopplungseffektes wird diese Technologie nach dem Erreichen der kritischen Masse die gesamte Marktnachfrage auf sich ziehen („winner takes all/winner takes most"). Diese Form des nachfrageseitig induzierten Wettbewerbes um die dominante Marktstellung ist insbesondere auf Märkten für virtuelle Netzwerkgüter zu beobachten, da hier keine angebotsseitigen Restriktionen vorliegen. So ist es zB. einem Anbieter von Software nahezu in jeder beliebigen Geschwindigkeit möglich, sein Angebot auf Nachfrageänderungen anzupassen (sog. „instant scalability"),

[34] Vgl. dazu *Evans/Schmalensee* 678.

anheben kann. Im Bereich der breitbandigen Internetversorgung soll hingegen auch eine staatliche Subventionierung zweiter Anbieter im Markt zulässig sein, um eine Vermachtung lokaler Märkte aufgrund von Größenvorteilen zu verhindern.[35]

58   **d) Informationsprobleme.** Informationsprobleme sind zum einen relevant, weil das Gut Information selbst oftmals Charakteristika eines öffentlichen Gutes aufweist. Es ist einerseits teilweise schwierig, zahlungsunwillige Nutzer auszuschließen, andererseits verursachen zusätzliche Nutzer oftmals in der Tat Grenzkosten in Höhe von Null, dh. es besteht bei vielen Informationsprodukten Nichtrivalität im Konsum. Somit ist die Problematik ähnlich wie bei öffentlichen Gütern. Zum anderen sind Informationsprobleme relevant, wenn Informationsbeschaffungskosten asymmetrisch zwischen Marktseiten verteilt sind. Asymmetrische Informationen liegen vor, wenn von den relevanten Akteuren am Markt eine Seite besser informiert ist oder sich einfacher (kostengünstiger) informieren kann als die andere Seite. Die asymmetrische Verteilung von Informationen kann Probleme moralischen Risikos[36] und der Negativauslese[37] hervorrufen.

59   Asymmetrische Informationen liegen zB. in aller Regel auf Kreditmärkten vor. Die Anbieter von Krediten haben keine volle Kenntnis über das exakte Ausfallrisiko des jeweiligen Kreditnachfragers. Folglich werden sie ihren Kreditzins (den Preis des Kredites) am geschätzten durchschnittlichen Ausfallrisiko ausrichten. Nachfrager mit einem geringen individuellen Ausfallrisiko (sog. gute Risiken) werden diesen Preis als zu hoch ansehen und sich gegen die Kreditaufnahme entscheiden. Nachfrager mit überdurchschnittlichen Risiken (sog. schlechte Risiken) profitieren hingegen von der für sie vergleichsweise günstigen Preisgestaltung. Die systematische Verdrängung der guten durch die schlechten Risiken (negative Auslese) kann im Extremfall zu einem Marktversagen führen, da nutzenstiftende Transaktionen ausbleiben.

60   Insbesondere bei der **Kapitalbeschaffung für kleine und mittlere Unternehmen** wird vermutet, dass bedeutende Informationsasymmetrien vorliegen, die ein Marktversagen bedingen können. Sowohl für Risikokapitalmärkte als auch für die private Kreditvergabe von Banken wird davon ausgegangen, dass Anbieter des Kapitals das Ausfallrisiko von Krediten an diese Unternehmensgruppe systematisch überschätzen und so den Preis für die Kapitalbeschaffung zu hoch ansetzen.[38] Als Folge wird kleineren und mittleren Unternehmen die Kapitalbeschaffung im Vergleich zu größeren Unternehmen erschwert, so dass sie erhebliche Wettbewerbsnachteile erleiden können.

61   Mit dem Ziel diese Wettbewerbsnachteile zu kompensieren, gewährt die öffentliche Hand kleinen und mittleren Unternehmen häufig Kredite zu vergünstigten Konditionen. Aufgrund der selektiven Begünstigung haben diese Kredite einen Beihilfencharakter. Deshalb sollte im Vorfeld eines staatlichen Eingriffs zB. durch eine günstige Kreditgewährung stets geprüft werden, ob sich nicht auf dem Markt selbst Schutzmechanismen herausbilden, die ein Marktversagen verhindern können. Mögliche Schutzmechanismen stellen dabei ein wirkungsvolles „Screening" oder „Signalling" dar, durch das die Gefahren von moralischem Risiko und negativer Auslese vermindert werden. Eine genaue Prüfung ist auch vor dem Hintergrund angezeigt, dass Informationsasymmetrien an Kapitalmärkten nicht notwendigerweise zu einer zu geringen Kreditvergabe führen, da sich auch ineffizient hohe Kredite als Folge einer asymmetrischen Informationsverteilung nachweisen lassen. In diesem Fall würde eine staatliche Kreditvergabe zusätzliche Effizienzverluste herbeiführen.

62   **e) Anpassungsmängel.** Als Anpassungsmängel werden Situationen verstanden, in denen ein Marktgleichgewicht aufgrund ungünstiger Angebots- und Nachfragekonstellationen nicht existiert oder ein neues Gleichgewicht nicht oder nicht in der gewünschten Geschwindigkeit – insbesondere infolge von Flexibilitätsmängeln der Marktakteure – zustande kommt. Ein Bei-

---

[35] Kom., Leitlinien der Gemeinschaft für die Anwendung der Vorschriften über staatliche Beihilfen im Zusammenhang mit dem schnellen Breitbandausbau, ABl. 2009 C 235.

[36] Moralisches Risiko liegt vor, wenn eine Marktseite über die Möglichkeit verfügt, wesentliche transaktionsrelevante Sachverhalte nach Vertragsschluss (ex post) und unbemerkt (aufgrund der Informationsasymmetrie) zu Lasten der anderen Marktseite zu verändern.

[37] Das klassische Beispiel für negative Auslese, die durch Informationsasymmetrien zu Lasten der Nachfrager hervorgerufen wird, stellt der Markt für Gebrauchtwagen dar. Vgl. hierzu *Akerlof* 490–491.

[38] Eine Ursache liegt darin, dass potenzielle Investoren vor vergleichsweise größeren Problemen stehen, einen Zugang zu verlässlichen Informationen über die Geschäftsaussichten von kleinen und mittleren Unternehmen zu erhalten als dies bei Großunternehmen der Fall ist. Vgl. Kom., Leitlinien der Gemeinschaft für staatliche Beihilfen zur Förderung von Risikokapitalinvestitionen in kleine und mittlere Unternehmen, ABl. 2006 C 194/2.

spiel für **Flexibilitätsmängel** stellt die **ruinöse Konkurrenz** dar, die durch die falsche Reihenfolge des Marktaustritts von Anbietern hervorgerufen wird (zB. in den Bereichen Binnenschifffahrt und Landwirtschaft).

In der EU und den Mitgliedstaaten werden Beihilfen häufig als Instrument der **sektoralen** 63 **Strukturpolitik** eingesetzt. Diese hat zum Ziel, entweder den Strukturwandel zu beschleunigen oder aber die sich aus dem Strukturwandel vom landwirtschaftlichen (primären) und warenproduzierenden (sekundären) Sektor hin zum Dienstleistungssektor (tertiären Sektor) ergebenden Probleme sozialverträglich abzumildern. Die Notwendigkeit einer sektoralen Strukturpolitik wird in den zuvor skizzierten Flexibilitätsmängeln gesehen.

Ökonomisch lassen sich als wirtschaftspolitisches Instrument der sektoralen Strukturpolitik 64 unter bestimmten Voraussetzungen allenfalls **Anpassungsbeihilfen** (bzw. **Umstrukturierungsbeihilfen** im europäischen Recht) rechtfertigen. Anpassungsbeihilfen werden Unternehmen mit dem Ziel gewährt, den Anpassungsprozess an die gegebenen wirtschaftlichen Verhältnisse zu vereinfachen. So wurden nach der Wiedervereinigung insbesondere landwirtschaftliche Produktionsgenossenschaften in den neuen Bundesländern mit Anpassungsbeihilfen gefördert. Durch die Beihilfen, die zB. für die Anschaffung von modernen landwirtschaftlichen Geräten gewährt wurden, sollte eine schnellere Anpassung der ostdeutschen Agrarwirtschaft an die marktwirtschaftlichen Bedingungen ermöglicht werden.

Prinzipiell ist eine Anpassungsbeihilfe als Hilfe zur Selbsthilfe gedacht. Sie sollte nur so lange 65 ausgezahlt werden, bis eine notwendige Anpassung an geänderte strukturelle Rahmenbedingungen vollzogen ist. Jedoch war es in der Vergangenheit häufig zu beobachten, dass eine ursprünglich als kurzfristige Maßnahme gedachte Beihilfe aufgrund des politischen Drucks zu einer dauerhaften Begünstigung eines bestimmten Wirtschaftszweiges bzw. bestimmter Unternehmen wurde. Hierdurch blieben alte Strukturen erhalten und die ursprüngliche Intention – eine Beschleunigung der Anpassungsprozesse – konterkariert. Eine dauerhafte Begünstigung stellt jedoch kein ursachenadäquates Instrument zur Beseitigung des fraglichen – durch Anpassungsmängel hervorgerufenen – Marktversagens dar. Vielmehr werden durch dauerhafte Begünstigungen, die den Charakter von Erhaltungssubventionen annehmen, andere wirtschaftspolitische Zwecke verfolgt.

2. Politisch bestimmte Gründe. a) Regional-, verteilungs-, beschäftigungs- und in- 66 **dustriepolitische Zwecke.** Erhaltungssubventionen, im europäischen Recht auch Rettungsbeihilfen genannt, werden als strukturpolitisches Instrument eingesetzt, um wirtschaftliche, kulturelle und landeskulturelle Strukturen zu bewahren. Sie werden dabei zB. in Form einer Ausgleichszulage in den Bereichen Landwirtschaft und Bergbau gewährt. Durch den Einsatz von Erhaltungsbeihilfen soll das Einkommen der Beschäftigten in dem vom **Strukturwandel** betroffenen Sektor (zB. Steinkohlebergbau) auf einem bestimmten, sozial gewünschten Niveau (verteilungspolitische Zielsetzung) gehalten und eine übermäßige Arbeitslosigkeit in den betroffenen Regionen vermieden werden (beschäftigungspolitische Zielsetzung). Eine bekannte Form der Erhaltungssubventionen stellten auch die Preisstützungskäufe in der EU dar.[39]

Generell sind Beihilfen als strukturpolitisches Instrument, sowohl in Form einer Anpassungs- 67 als auch in Form einer Erhaltungsbeihilfe, aufgrund ihrer fehlenden Zielgenauigkeit und der durch sie hervorgerufenen negativen Nebeneffekte kritisch zu sehen. Insbesondere Erhaltungsbeihilfen setzen falsche Preissignale auf den Produktmärkten und führen so zu Wettbewerbsverzerrungen zugunsten der subventionierten Industrie. Darüber hinaus haben die hieraus resultierenden falschen Einkommenssignale zur Folge, dass Arbeitnehmer in den nicht mehr zukunftsträchtigen Arbeitsverhältnissen verbleiben. Hierdurch wird der notwendige strukturelle Anpassungsprozess behindert, was weitere volkswirtschaftliche Effizienzverluste nach sich zieht. Andere Instrumente wie die Subjektförderung der Arbeitnehmer sind zur Erreichung beschäftigungs- und verteilungspolitischer Ziele besser geeignet. Durch eine gezielte Förderung der Arbeitnehmer in Altindustrien – zB. in Form von Weiterbildungs- und Umschulungsmaßnahmen

---

[39] Diese fanden insbesondere auf dem Agrarmarkt Anwendung, um bei gleichzeitiger Festlegung eines Mindestpreises ein bestimmtes Einkommen der Branche zu garantieren. Der Mindestpreis wurde dabei über dem markträumenden Gleichgewichtspreis angesetzt. Das hierdurch hervorgerufene überschüssige Angebot, das die Anbieter zu dem gegebenen Mindestpreis nicht am Markt absetzen konnten, wurde von den staatlichen Entscheidungsträgern zu dem zuvor festgelegten Interventionspreis aufgekauft und – sofern möglich – als Vorrat gelagert. Diese Lagerung führte zu den bekannten „Butter- und Schweinebergen". Alternativ lässt sich die Preisstützung auch durch eine Beihilfenzahlung erreichen, die an eine Kapazitätsbeschränkung gekoppelt ist (zB. Stilllegungsprämien).

– ließen sich die Ziele ohne die negativen Nebenwirkungen effizienter und nachhaltig erreichen.

68   Der Fokus der Regionalpolitik liegt auf der Verteilung des Produktionspotenzials und auf der infrastrukturellen Entwicklung der Räume innerhalb einer Volkswirtschaft. Das Ziel regionalpolitischer Maßnahmen ist die Schaffung gleichwertiger Lebensverhältnisse in einer Region. Vor diesem Hintergrund werden in strukturschwachen Gebieten, die durch eine hohe Arbeitslosigkeit gekennzeichnet sind, ua. Ansiedlungsbeihilfen gewährt, um Unternehmen aus zukunftsträchtigen Branchen zu attrahieren und so die Arbeitsnachfrage zu erhöhen. Zusätzlich erhoffen sich die politischen Entscheidungsträger mit der Ansiedlung von Unternehmen auch weitere positive Auswirkungen wie Agglomerationsvorteile.[40] Regionalpolitisch motivierte Beihilfen sind jedoch mit einem erheblichen Prognoserisiko belastet und können daher die beabsichtigte Wirkung verfehlen.

69   Auf nationaler Ebene war in den vergangenen Jahren eine gezielte Förderung von Großunternehmen, ua. durch selektive Steuervergünstigungen, zu beobachten. Die Intention der staatlichen Entscheidungsträger lag, neben anderen Erwägungen, vor allem darin, durch die Förderung dieser nationalen Champions ihre internationale Wettbewerbsfähigkeit zu stärken. Nach der Theorie der sog. strategischen Außenhandelspolitik kann eine aktive Industriepolitik bei Vorliegen erheblicher Größen- und Verbundvorteile dazu führen, dass das jeweilige inländische Unternehmen im Ausland mittel- bis langfristig Gewinne erzielt, die der eigenen Wirtschaft zugute kommen.[41]

70   Die meisten Ökonomen stehen einer solchen Förderung „nationaler Champions" aus mehreren Gründen sehr kritisch gegenüber.[42] Sie bezweifeln, dass eine Subventionierung der eigenen Industrie dem Beihilfen gewährenden Staat Vorteile verschafft, da der Nutzen, der durch die (eventuell) im Ausland aufgrund der Förderung erzielbaren Gewinne entsteht, die Kosten der Vermachtung der Märkte für das Inland in aller Regel übersteigt.[43] Selbst die Anhänger der Theorie der strategischen Außenhandelspolitik gehen davon aus, dass in Konstellationen, in denen sämtliche Staaten Beihilfen gewähren, sich im Ergebnis alle schlechter stellen (Gefangenendilemma) und es zu ineffizienten Beihilfenwettläufen kommt (Rattenrennen).

71   **b) Meritorische Güter und Daseinsvorsorge.** In vielen Fällen werden Beihilfen auch gewährt, um die Bereitstellung einer gesellschaftlich angeblich gewünschten Menge an Gütern zu gewährleisten. Für Güter, die prinzipiell im Marktmechanismus bereitgestellt werden, bei denen diese Bereitstellung jedoch in einem von politischen Entscheidungsträgern als zu gering erachteten Umfang erfolgt, wurde in der finanzwissenschaftlichen Literatur der Begriff meritorische Güter geprägt.[44] Das Kernargument der Meritorik liegt darin, dass Individuen selbst entweder nicht wissen, was gut für sie ist (zB. bestimmte Fernsehprogramme oder Lebensmittel), und diese Güter bzw. Dienste deshalb nicht am Markt nachgefragt werden (so das traditionelle Konzept der Meritorik) oder aber, dass Individuen zwar wissen, was gut für sie ist, dies aber trotzdem nicht am Markt nachfragen, weil sie anderen Versuchungen erliegen (das neuere Konzept der Meritorik). Weiter wird angenommen, dass andere Individuen hingegen sehr wohl wissen, welche Güter und Dienste gut für die Allgemeinheit sind und deshalb verstärkt konsumiert werden sollten. Anhand dieser Expertise sollte dann entschieden werden, welche Angebote den „unwissenden" Individuen vergünstigt angeboten werden sollten, damit diese zu ihrem eigenen Wohl mehr davon konsumieren. Als klassisches Beispiel für meritorische Güter wird in der Literatur die Schulmilch angeführt.

72   Es ist vermutlich nicht schwer zu verstehen, warum diese Theorie in der stark individualistisch geprägten ökonomischen Theorie als weitgehend diskreditiert gilt. So schreiben zB. *Baumol/Baumol* (1981, 426 f.) im Kontext der staatlichen Kunstförderung: „The term merit good merely becomes a formal designation for the unadorned value judgement that the arts are good for society and therefore deserve financial support … the merit good approach is not really

---

[40] Beihilfen im Rahmen der Regionalpolitik können einen Wettbewerb unterschiedlicher Jurisdiktionen „um die Ansiedlung privater Unternehmen" hervorrufen, der in dynamischer Hinsicht zu Effizienzgewinnen führen kann. So ist es denkbar, dass sich von mehreren Leistungspaketen das effizienteste Leistungspaket durchsetzt – somit die Region, die der Unternehmensansiedlung den höchsten Wert beimisst. Auf diesen Punkt wird unten gesondert eingegangen.

[41] Vgl. *Brander/Spencer* 90.

[42] Vgl. *Monopolkommission,* Hauptgutachten 2002/2003, S. 75 Tz. 1 ff.

[43] Vgl. *Monopolkommission,* Hauptgutachten 2002/2003, S. 78 Tz. 16.

[44] Vgl. *Musgrave* 13–17.

a justification for support – it merely invents a bit of terminology to designate the desire to do so." In der Ökonomie führt das Konzept daher ein Schattendasein, im Grunde wird es primär als pseudowissenschaftliche Begründung für eigene Überzeugungen, vor allem von Interessengruppen, benutzt.

Das Prinzip meritorischer Güter ist somit als ökonomisches Konzept von seinem Grundansatz her problematisch. Zunächst ergibt sich das Problem, welches Gut als förderungswürdig zu klassifizieren ist (Identifikationsproblem). Dabei kommt es generell zu einer staatlichen Einmischung in individuelle Präferenzen der Bürger, wobei staatliche Entscheidungsträger auch den Grad der Einmischung (die zu konsumierende Menge) normativ festlegen müssen. Dies birgt ein **erhebliches Fehler- und Konfliktpotenzial,** da die Entscheidung eines Kollektivs – bzw. der von einem Kollektiv mit der Regierung beauftragten Politiker – über die des Individuums gestellt wird.[45] Zusätzlich besteht auf Seiten der staatlichen Entscheidungsträger ein Informationsdefizit darüber, wie die Nachfrager auf die veränderten Preise reagieren. Deshalb wird sich die politisch gewünschte Menge des meritorischen Gutes allenfalls durch ein aufwendiges Trial-and-Error-Verfahren erreichen lassen. Vor diesem Hintergrund erscheint es mehr als fraglich, weite Bereiche staatlicher Politik, etwa die Gesundheits- und Altersvorsorge, mit dem Argument der Meritorik zu rechtfertigen. Letztlich handelt es sich hierbei stets um ein **Werturteil,** das bei der Abwägung zwischen individuellen und kollektiv gesetzten Präferenzen unvermeidlich ist. 73

Für staatliche Beihilfen, die mit dem **fraglichen Argument der Meritorik** gerechtfertigt 74 werden, sind auch alternative Begründungen denkbar. Unter der Annahme, dass der moderne Sozialstaat einen Menschen selbst dann unterstützt, wenn dieser sich in einer selbstverschuldeten Notlage befindet, lassen sich bestimmte Versicherungspflichten auch als Mittel zur Verhinderung eines Trittbrettfahrerverhaltens interpretieren.[46] So wäre denkbar, dass Arbeitnehmer keine Rücklagen für das Alter bilden, wenn sie davon ausgehen, dass sie nach dem Ausscheiden aus dem Arbeitsleben staatliche Transferzahlungen erhalten. Im skizzierten Fall wird ein mögliches Trittbrettfahrerverhalten durch die obligatorische Altersversicherung unterbunden. Auch für die Kranken- und die Pflegeversicherung ließen sich vergleichbare Argumentationen anführen.

Im Zusammenhang mit förderungswürdigen Gütern wird auch der verwaltungsrechtliche 75 Begriff der **Daseinsvorsorge** zur Begründung einer Beihilfenvergabe verwendet. Unter Daseinsvorsorge werden alle staatlichen Maßnahmen subsumiert, die die „Grundversorgung" der Bevölkerung sicherstellen sollen. Ein typischer Bereich der Daseinsvorsorge stellt die Erbringung von **Personennahverkehrsdienstleistungen** dar. Im Gegensatz zu den Vertretern der Meritorik wird diese Bereitstellung nicht damit begründet, dass es aufgrund eines fehlerhaften Einschätzens des individuellen Nutzens zu einer ineffizienten Versorgung mit dem jeweiligen Gut komme. Vielmehr gehe es darum, dass der Markt das jeweilige Gut der **öffentlichen Daseinsvorsorge** nicht im politisch gewünschten Umfang bereitstellt. Dabei müsse der politisch gewünschte Umfang nicht dem ökonomisch effizienten Umfang der Leistungserstellung entsprechen.[47] Hiermit einhergehende ökonomische Effizienzverluste werden also bewusst zugunsten anderer politischer Ziele in Kauf genommen. Die Verfolgung dieser anderen Ziele kann in einer Demokratie durchaus als ein legitimes Vorgehen angesehen werden. Jedoch sollte aus ökonomischer Sicht bei der Bereitstellung des politisch gewünschten Umfangs von Leistungen der öffentlichen Daseinsvorsorge darauf geachtet werden, dass diese zu den geringstmöglichen volkswirtschaftlichen Kosten erfolgt, um unnötige Wettbewerbsverzerrungen und damit einhergehende Ineffizienzen zu vermeiden.

Eine effiziente Bereitstellung von Gütern der öffentlichen Daseinsvorsorge kann durch **wett-** 76 **bewerbskonforme Ausschreibungsverfahren** erreicht werden. Diese müssen dabei so gestaltet werden, dass das Unternehmen den Zuschlag erhält, das das entsprechende Gut in gewünschter Qualität und Umfang zu den geringsten Kosten bereitstellt. Der Teil der Kosten, der nicht im marktlichen Prozess gedeckt ist, kann durch staatliche Zuschüsse kompensiert werden. Diese Zuschüsse werden – wie bereits bei der privaten Bereitstellung öffentlicher Güter erörtert – im EU-Recht nicht als Beihilfe im Sinne von Art. 107 Abs. 1 AEUV qualifiziert, sofern sie innerhalb eines ordnungsgemäß durchgeführten temporären Ausschreibungsverfahrens vergeben werden.

---

[45] Unbestritten ist eine solche Argumentation lediglich in einigen wenigen Ausnahmefällen, in denen tatsächlich die Entscheidungskompetenz eines einzelnen Menschen als nicht gegeben angesehen werden kann (zB. Kinder bis zu einem bestimmten Alter).

[46] Dieses Trittbrettfahrerverhalten kommt dadurch zustande, dass der Ausschluss bedürftiger Personen vom staatlichen Transfersystem nicht gewollt ist. Insofern käme es einem negativen externen Effekt gleich.

[47] Vgl. *Haucap* Wirtschaftsdienst 2007, 712, 714.

77   **3. Politökonomische Gründe.** Die obigen Ausführungen machen deutlich, dass Beihilfen in den Marktmechanismus eingreifen und erhebliche Wettbewerbsverzerrungen zur Folge haben können. In diesem Zusammenhang verursachen Beihilfen volkswirtschaftliche Kosten. Da sie aus Steuermitteln gezahlt werden, stellen sie zunächst einen Einkommensentzug dar, der in selektiver Form an privilegierte Industriezweige bzw. Unternehmen ausgeschüttet wird. Zusätzlich entstehen durch die Vergabe von Beihilfen Bürokratiekosten sowie Transaktionskosten auf Seiten der Unternehmen (zB. für Beihilfenberatung, Antragstellung und Berichtspflichten). Insbesondere der Schutz einer stagnierenden Branche durch eine Erhaltungsbeihilfe entzieht einer Volkswirtschaft weitere Mittel. Darüber hinaus rufen Beihilfen unerwünschte Nebeneffekte zB. in Form von Preisverzerrungen hervor, die weitere staatliche Unterstützungszahlungen zur Folge haben können.

78   Trotz dieser bekannten Nachteile von Beihilfen ist in der politischen Realität zu beobachten, dass Beihilfen selbst dann gewährt werden, wenn sich andere Instrumente zur Erreichung bestimmter wettbewerblicher bzw. nicht-wettbewerblicher Zwecke aus ökonomischer Sicht besser eignen. So weisen einmalige subjektbezogene direkte Transfers (zB. Einmalzahlung an die Beschäftigten im Bergbau) aus Sicht der Wirtschaftstheorie ein günstigeres Kosten-Nutzen-Verhältnis auf. Die ineffiziente Vergabe von Beihilfen ist auch darauf zurückzuführen, dass **Beihilfen im politischen Prozess** vergeben werden. Dabei verfolgen die verantwortlichen Akteure bei politischen Entscheidungen auch eigene Interessen. Bei Beihilfen ist die Gefahr eines eigennützigen Verhaltens der politischen Entscheidungsträger, das auf die persönliche Wiederwahl bzw. den Wahlerfolg der jeweiligen Partei gerichtet ist, besonders hoch. So kann durch kurzfristig angelegte populistische Maßnahmen der (falsche) Eindruck vermittelt werden, dass in einer Region infolge der Beihilfe Arbeitsplätze dauerhaft erhalten bzw. geschaffen werden. Eine Beihilfe, die als großer fühlbarer Betrag einer kleinen Gruppe (zB. einem Unternehmen) gewährt wird, ist deutlich spürbar. Die große Gruppe der Steuerzahler finanziert diese Beihilfe hingegen durch vergleichsweise kleine, individuelle, kaum spürbare Beträge. Während die geringe Spürbarkeit auf Seiten der Steuerzahler dazu führt, dass diese nicht aktiv werden, handeln die betroffenen Unternehmer und Arbeitnehmer zumeist öffentlichkeitswirksam und können damit zum Wahlerfolg eines Politikers bzw. einer Partei beitragen.

III. Beihilfenkontrolle als Bestandteil der Wettbewerbspolitik

79   **1. Beihilfenkontrolle im System der Wettbewerbspolitik.** Die Beihilfenkontrolle ist neben dem Kartellverbot und der Missbrauchsaufsicht schon seit den Römischen Verträgen zentraler Bestandteil der europäischen Wettbewerbspolitik, während der wichtige Bereich der Fusionskontrolle erst deutlich später hinzukam. Die rechtlich kodifizierte Wettbewerbspolitik umfasst somit neben der Beihilfenkontrolle die klassischen Bereiche des Kartellverbots, der Fusionskontrolle sowie die Missbrauchsaufsicht. Zwischen der Beihilfenkontrolle und den anderen Bereichen bestehen jedoch erhebliche konzeptionelle Unterschiede, die die Beihilfenkontrolle von den drei anderen unterscheidet und trennt. Das Kartellverbot, die Missbrauchsaufsicht und die Fusionskontrolle beziehen sich jeweils auf das Verhalten von Unternehmen. Sie sollen verhindern, dass Unternehmen durch Absprachen oder Vereinbarungen den Wettbewerb beschränken, eine marktmächtige Position missbräuchlich verwenden und dass durch externes Unternehmenswachstum Marktmacht entsteht oder bestehende Marktmacht verstärkt wird – es geht also immer um das Verhalten von Unternehmen.

80   Bei der Beihilfenkontrolle verhält es sich anders: Mit ihrer Einführung sollte vor allem verhindert werden, dass Mitgliedstaaten der Europäischen Gemeinschaft die Wettbewerbsregeln durch staatliche Maßnahmen umgehen, indem sie sich gegenüber anderen durch eine Förderung der einheimischen Industrie Vorteile verschaffen.[48] Dies macht bereits einen wesentlichen Unterschied zwischen der Beihilfenkontrolle einerseits und den anderen Bereichen der Wettbewerbspolitik andererseits deutlich: So sind in der Beihilfenkontrolle die **Adressaten der Wettbewerbspolitik** nicht die Unternehmen, sondern die **Mitgliedstaaten der Europäischen Gemeinschaft.** Die Beihilfenkontrolle regelt also den Wettbewerb zwischen Mitgliedstaaten, da in diesem Bereich die eigentlichen Verursacher möglicher Wettbewerbsverzerrungen nicht Unternehmen, sondern staatliche Hoheitsträger sind. Unternehmen sind für die Beihilfenkontrolle lediglich insoweit von Bedeutung, als dass sie als Empfänger von den Beihilfen profitieren oder einen Wettbewerbsnachteil gegenüber den Beihilfe empfangenden Unternehmen

---

[48] Vgl. *Möschel* 40.

erleiden. Man könnte sagen, dass die Mitgliedstaaten durch Beihilfen mittels der Unternehmen in Wettbewerb treten.

Ein weiterer zentraler Unterschied zwischen der Beihilfenkontrolle und den anderen Berei- 81 chen der Wettbewerbspolitik besteht darin, dass letztere zumindest aus ökonomischer Sicht vor allem auf die Effizienz der durch ein Marktsystem bei wirksamem Wettbewerb hervorgebrachten Ergebnisse abstellen. Wie oben (RdNr. 43–78) dargelegt wurde, können Märkte jedoch, wenn ein Marktversagen vorliegt, zB. aufgrund externer Effekte oder asymmetrischer Information, Ergebnisse hervorbringen, die nicht effizient sind.[49] Insbesondere um Ineffizienzen, die durch ein Marktversagen hervorgerufen werden, zu verringern oder zu beseitigen, können, wie der „Aktionsplan Staatliche Beihilfen" betont, Beihilfemaßnahmen eingesetzt werden.[50] Aber selbst wenn keinerlei Marktversagen vorliegt, auf den Märkten wirksamer Wettbewerb herrscht und die Marktergebnisse effizient sind, können sie unter Verteilungs- oder Gerechtigkeitsgesichtspunkten unbefriedigend sein. Normative Aspekte wie Gerechtigkeit, Gleichheit oder Fairness werden vom Effizienzkonzept bewusst ausgeblendet, um zwischen deskriptiven und normativen Aussagen klar zu trennen.[51] So könnte zB. die Verteilung der Lebensverhältnisse in verschiedenen Regionen eines Landes oder in verschiedenen Mitgliedstaaten der Europäischen Gemeinschaft aus normativen Gründen, wie zB. der Kohäsion, nicht tolerierbar sein. Diese normativen und im Grunde außerökonomischen Aspekte sind jedoch neben den Effizienzaspekten des Marktversagens in der Beihilfenkontrolle ebenfalls von zentraler Bedeutung.

In den Voraussetzungen des Art. 107 Abs. 3 AEUV werden auch **normative Gründe für** 82 **eine Beihilfenvergabe** genannt wie zB. die Angleichung der Lebensverhältnisse. Dieses politische Ziel der Europäischen Gemeinschaft bezieht sich zum einen auf die wirtschaftliche Situation in verschiedenen Mitgliedstaaten als auch auf Unterschiede in der Lebenshaltung zwischen Regionen innerhalb eines einzelnen Mitgliedstaates.[52] So wäre es möglich, durch Regionalbeihilfen die Lebenshaltung in einzelnen Regionen zu fördern, um auf diese Weise den Zusammenhalt der Europäischen Gemeinschaft zu verbessern. Aber nicht nur ähnliche Lebensverhältnisse in einem statischen Sinne werden als politisches Ziel der Beihilfenpolitik genannt, sondern auch die Entwicklung, dh. der dynamische Prozess der Änderung der Lebensverhältnisse soll sich innerhalb der Europäischen Gemeinschaft auf einem möglichst einheitlichen Niveau vollziehen.[53] Dies könnte durch regional unterschiedliche Wachstumsbeihilfen gewährleistet werden. Schließlich wird die Beihilfenvergabe noch dazu eingesetzt, soziale Unterschiede zwischen verschiedenen Bevölkerungsgruppen zu reduzieren. Bei diesen Fragen handelt es sich letztlich um Fragen der **Verteilungsgerechtigkeit,** die mit der Wirtschaftstheorie allein nicht zu beantworten sind. Bei der Beurteilung der Verteilungswirkungen staatlicher Beihilfen müssen daher die normativen Grundlagen, auf denen diese Beurteilung basiert, deutlich gemacht werden. Die Tatsache, dass in der Beihilfenkontrolle zusätzlich zu den Effizienzaspekten, wie sie beim Kartellverbot, der Fusionskontrolle und der Missbrauchsaufsicht im Vordergrund stehen, auch normative Erwägungen eine zentrale Rolle spielen, unterscheidet die Beihilfenkontrolle von diesen Bereichen der Wettbewerbspolitik.

Ein weiterer zentraler Unterschied zwischen der Beihilfe und den anderen Bereichen der 83 Wettbewerbspolitik besteht darin, dass es sich bei **Beihilfen um staatliche Transfers** handelt, die von den Steuerzahlern an Unternehmen fließen. Bei einer ökonomischen Analyse der Auswirkungen von Beihilfen ist daher neben den Wirkungen der Beihilfenzahlung auf der Ausgabenseite immer auch die Finanzierungsseite zu berücksichtigen, dh. die sogenannten ‚Schattenkosten der Besteuerung'.[54] Hier ist zu untersuchen, welche allokativen Verzerrungen durch die Steuerfinanzierung der Beihilfen verursacht werden bzw. welcher anderen Verwendung diese Steuereinnahmen hätten zugeführt werden können.

Die Wirtschaftswissenschaft hat sich mit der Beihilfenkontrolle intensiver erst in den letzten 84 Jahren befasst, was daran liegen dürfte, dass dieses Gebiet im Vergleich zu den anderen Bereichen der Wettbewerbspolitik deutlich komplexer ist.[55] Für eine fundierte ökonomische Analyse

---

[49] Zu den wirtschaftstheoretischen Grundlagen des Marktversagens vgl. *Salanié* 7 sowie RdNr. 43 ff.

[50] Zum Aktionsplan Staatliche Beihilfen vgl. RdNr. 91 ff.

[51] Vgl. *Schwalbe* 12.

[52] Vgl. *Haucap/Hartwich* 98 ff.

[53] Ibid.

[54] Zu den Schattenkosten der Besteuerung im Zusammenhang mit der Beihilfenkontrolle vgl. *Schwalbe, Welfare Effects,* 53 und die dort angegebene Literatur.

[55] Eine aktuelle Übersicht über die ökonomische Literatur zu Beihilfen findet sich bei *Friederiszick/Röller/Verouden* 631 ff.

der Beihilfenkontrolle sind drei Bereiche der Wirtschaftstheorie heranzuziehen: Die Industrie-
ökonomik, um die Auswirkungen von Beihilfen auf den Wettbewerb zu beurteilen, die Mikro-
ökonomik zur Beurteilung von Marktversagen, die Finanzwissenschaft, da es sich bei Beihilfen
um steuerfinanzierte Transfers handelt, und die Außenwirtschaft, da der Wettbewerb und der
Handel zwischen Ländern betroffen ist. Auch Kenntnisse der Raumwirtschaftlehre, der ökonomischen Geographie bzw. der Regionalökonomik sind für eine ökonomische Analyse der Wirkungen von Beihilfen hilfreich. Eine weitere Schwierigkeit ergibt sich daraus, dass mit Beihilfen
sowohl Effizienz- als auch Verteilungsziele verfolgt werden, so dass gleichzeitig positive und
normative Aspekte zu berücksichtigen sind.

85   Insgesamt lässt sich feststellen, dass es sich bei der Beihilfenvergabe um einen **steuerfinan-
zierten Wettbewerb zwischen staatlichen Hoheitsträgern** handelt, mit dem – mittels
Zahlungen an Unternehmen – in erheblichem Ausmaß normative Ziele verfolgt werden. Aufgrund dieser signifikanten Unterschiede zwischen dem durch die Vergabe von Beihilfen stattfindenden Wettbewerb zwischen staatlichen Hoheitsträgern und dem Wettbewerb zwischen
Unternehmen ist es fraglich, ob die Beihilfenkontrolle in das übliche System der Wettbewerbspolitik eingefügt werden sollte, oder ob diese europäische Besonderheit nicht besser in einem
anderen institutionellen Rahmen als dem der Wettbewerbspolitik aufgehoben wäre.[56]

86   **2. Alternative Ausgestaltungen der Beihilfenkontrolle.** Da die Beihilfenkontrolle sich
aus den genannten Gründen nicht bruchlos in das übrige System der europäischen Wettbewerbspolitik eingliedert, wäre zu erwägen, die Beihilfenkontrolle aus dem bisherigen System der
europäischen Wettbewerbspolitik auszugliedern. Diese Frage wird im Rahmen des ‚more economic approach' in der Beihilfenkontrolle in der Regel nicht gestellt, sondern es wird zumeist
innerhalb des gegebenen institutionellen Rahmens argumentiert.[57] Aus ökonomischer Perspektive ist bei einer verfeinerten ökonomischen Betrachtungsweise der Beihilfenkontrolle die Analyse im Prinzip auch auf die **institutionelle Ausgestaltung der Beihilfenkontrolle** auszudehnen. Im Rahmen einer komparativ-institutionellen Analyse ist die Frage zu stellen, welche
Institution am besten geeignet ist, die Beihilfenkontrolle in effizienter Weise durchzuführen.[58]
Denkbar wäre zB. eine rein nationale Beihilfenkontrolle ohne jegliche übergeordnete Kontrollinstanz. Die Ergebnisse, mit denen bei einer solchen Ausgestaltung der Beihilfenkontrolle zu
rechnen ist, können mit dem Status quo, dh. der Beihilfenkontrolle durch die EU-Kommission,
verglichen werden bzw. mit den Resultaten, die sich zB. bei einer Kontrolle der Beihilfenvergabe durch eine andere supranationale Institution als der Generaldirektion Wettbewerb einstellen würden.

87   Wie oben (RdNr. 25–42) dargelegt wurde, gibt es eine Reihe von Gründen, die die einzelnen Mitgliedstaaten veranlassen können, Beihilfen in einem ineffizient hohen Maße zu vergeben. Dies würde darauf hindeuten, dass eine **rein nationale Kontrolle der Beihilfenvergabe
zu keinem wünschenswerten Ergebnis** führen würde, sondern dass mit exzessiven Beihilfen zu rechnen wäre. Allerdings wäre zu berücksichtigen, dass zwischen den Mitgliedstaaten
ein interjurisdiktioneller Wettbewerb, ein so genannter Systemwettbewerb, stattfinden würde.
Wenn dieser Wettbewerb sich in effizienter Weise vollzieht, dann könnte dieser bereits ausreichend sein, die Regierungen der Mitgliedstaaten hinsichtlich der Beihilfenvergabe zu diszipli-
nieren und so die Effizienz zu erhöhen.[59] Allerdings ist nicht sichergestellt, dass dies tatsächlich
gilt – in vielen Fällen wird man davon ausgehen müssen, dass der **interjurisdiktionelle Wettbewerb** zu einem ineffizienten Ergebnis führt. Wenn die Jurisdiktionen mittels Steuern konkurrieren, dann könnte dieser Wettbewerb zu einem ‚race to the bottom' führen und das Angebot an öffentlichen Gütern könnte ineffizient gering sein.[60] Unabhängig davon, welches
Ergebnis sich bei unbeschränktem Systemwettbewerb einstellen würde, ist – auch aufgrund des
Subsidiaritätsprinzips – dieses Ergebnis als Maßstab zum Vergleich mit einer zentralen Beihilfenkontrolle im Rahmen einer vergleichenden institutionellen Analyse zu ermitteln.

88   Wenn man den Status quo betrachtet, dh. eine Kontrolle der Beihilfenvergabe durch die EU-
Kommission als zentraler Institution, dann ist die Frage zu stellen, ob diese Institution die für
diese Aufgabe am besten geeignete ist. Wie bereits dargestellt, treten im Rahmen der Beihilfen-

---

[56] „State aid control is fundamentally different from the analysis of other competition issues", *Fingleton/
Ruane/Ryan* 65.
[57] Eine Ausnahme ist *Haucap,* More Economic Approach, 348.
[58] Eine Einführung in die vergleichende Institutionenanalyse aus spieltheoretischer Sicht gibt *Aoki* 4.
[59] Vgl. hierzu *Brennan/Buchanan* 185; *Edwards/Keen* 115; *Sinn* 187.
[60] *Sinn* 23.

kontrolle zahlreiche Fragen und Probleme auf, die außerhalb der üblicherweise in der klassischen Wettbewerbspolitik betrachteten Konzepte liegen, in denen die Generaldirektion Wettbewerb fraglos eine große Kompetenz besitzt. In der traditionellen Wettbewerbspolitik geht es vor allem um den Wettbewerb zwischen Unternehmen auf Märkten für Güter und Dienstleistungen mit den damit verbundenen Fragen der Wirkungen von Unternehmenszusammenschlüssen, dem Verhindern oder Zerschlagen von Kartellen sowie der Frage der Missbräuchlichkeit bestimmter Geschäftspraktiken marktbeherrschender Unternehmen. In der Beihilfenkontrolle hat die EU-Kommission jedoch Fragen nach Marktversagenstatbeständen, nach der Beurteilung der Effizienz von Staatsausgaben sowie der Wirksamkeit des interjurisdiktionellen Wettbewerbs zu beantworten. Eine Expertise in diesen Bereichen gehört jedoch nicht zu den Kernkompetenzen einer Wettbewerbsbehörde.[61]

Es wäre daher, zumindest als Gedankenexperiment, zu erwägen, die zentrale Beihilfenkont- **89** rolle einer Institution zu überantworten, in der die spezifischen, für die Beurteilung von Beihilfen notwendigen Kompetenzen aus den verschiedenen hierzu erforderlichen Bereichen der Rechts- und Wirtschaftswissenschaften, wie zB. der Finanzwissenschaft und der Außenwirtschaftslehre, vereint sind. Dabei könnte diese, einem ‚Europäischen Rechnungshof' entsprechende, Institution eng mit der Generaldirektion Wettbewerb zusammenarbeiten, insbesondere, wenn die Auswirkungen auf den Wettbewerb zu beurteilen sind. Weiterhin wäre denkbar, auf nationaler Ebene die Beihilfenkontrolle durch eine unabhängige nationale Instanz zu komplementieren, die eng mit der supranationalen Instanz, dh. der Europäischen Kommission zusammenarbeitet.[62] Durch eine solche Struktur könnte zum einen ein gewisser Systemwettbewerb zwischen verschiedenen Mitgliedstaaten zumindest bei Beihilfen ohne signifikante grenzüberschreitende Wirkungen gewährleistet werden, zum anderen wäre durch die supranationale Institution sichergestellt, dass keine Beihilfen vergeben werden, die dazu führen, dass es zu Wettbewerbsverfälschungen und Beeinträchtigungen des zwischenstaatlichen Handels kommt.

IV. Der „More Economic Approach" in der Beihilfenkontrolle

Wie in den anderen Bereichen der Wettbewerbspolitik sind in den letzten Jahren auch in der **90** Beihilfenkontrolle verstärkt ökonomische Ansätze und Methoden herangezogen worden. Hier liegen die zentralen Ziele des „more economic approach" vor allem in geringeren und zielgerichteter eingesetzten Beihilfen. Bei der Vergabe von Beihilfen soll ein verfeinerter ökonomischer Ansatz verfolgt werden und das Vergabeverfahren soll effizienter gestaltet werden. Weiterhin soll die Rechtsanwendung sowie ihre Vorhersagbarkeit verbessert werden und die Transparenz des Verfahrens soll erhöht werden.

1. Der Aktionsplan Staatliche Beihilfen. Der Aktionsplan staatliche Beihilfen (ASB) **91** wurde von der Europäischen Kommission im Jahre 2005 angenommen.[63] Es handelt sich dabei um ein Konsultationspapier, in dem die Ziele einer Reform der Beihilfenkontrolle niedergelegt sind. Er enthält eine „roadmap", die angibt, welche Reformschritte in den Jahren von 2005 bis 2009 unternommen werden sollten.

a) Weniger und besser ausgerichtete staatliche Beihilfen. In Übereinstimmung mit der **92** Lissabon-Strategie sieht der ASB zum einen ein reduziertes Beihilfenniveau und zum anderen eine besser ausgerichtete Vergabe von Beihilfen vor. Dabei sollen die in der Lissabon-Strategie verankerten Ziele wie Forschung, Entwicklung und Innovation, die Investition in Humankapital und Unternehmensgründungen im Vordergrund stehen. Um das Beihilfeniveau zu verringern, sollen alle Beihilfen, die keine Maßnahmen von gemeinsamen europäischem Interesse fördern, auf ein Minimum beschränkt werden. Um eine gezieltere Beihilfenvergabe sicherzustellen, dh. nur Beihilfen ohne oder mit möglichst geringen wettbewerbsverfälschenden Wirkungen zu vergeben, sollten sie in erster Linie zur **Korrektur von Marktversagenstatbeständen** eingesetzt werden. Weiterhin sind Beihilfen weniger als sektorale Hilfen zu gewähren, die nur einzelnen Wirtschaftszweigen zugutekommen, sondern sollten einen **horizontalen, dh. sektorübergreifenden Charakter** haben. Die aus ökonomischer Sicht besonders problematischen Rettungs- und Restrukturierungsbeihilfen sind möglichst zu vermeiden. Auf diese

---

[61] Vgl. *Haucap*, More Economic Approach, 353.

[62] Dies entspricht auch der im Aktionsplan staatliche Beihilfen erhobenen Forderung nach einer geteilten Verantwortung zwischen Kommission und Mitgliedstaaten. Vgl. auch unten, RdNr. 91 ff.

[63] Kom., Aktionsplan staatliche Beihilfen. Weniger und besser ausgerichtete staatliche Beihilfen – Roadmap zur Reform des Beihilferechts, KOM(2005) 107 endg.

Weise können Wettbewerbsverfälschungen zwischen den Mitgliedstaaten deutlich reduziert werden. Zwar kann die EU-Kommission das Niveau der Beihilfen nicht selbst beeinflussen, da dies durch die Fiskalpolitiken der Mitgliedstaaten bestimmt ist, aber eine Politik besser ausgerichteter Beihilfen kann einen wichtigen Beitrag zur Senkung des Beihilfenniveaus in der Europäischen Gemeinschaft leisten.

93   **b) Effizientere Verfahren, gezieltere Rechtsanwendung und bessere Berechenbarkeit, größere Transparenz.** Im Zuge der Reform der Beihilfenkontrolle wurde für die Beurteilung von Beihilfen eine Dreigliederung vorgeschlagen, auf deren unterer Ebene eine reformierte De-Minimis-Verordnung steht.[64] Weiterhin wurde eine allgemeine Gruppenfreistellungsverordnung verabschiedet, die eine große Anzahl verschiedener Beihilfen abdeckt.[65] Beide Regelungen zusammen sorgen dafür, dass die Effizienz des Vergabeverfahrens erhöht, die Transparenz verbessert und die Rechtssicherheit vergrößert wird. Die mit dem effizienteren Verfahren einhergehende Arbeitsentlastung der Generaldirektion Wettbewerb ermöglicht eine Konzentration auf die problematischen Fälle, dh. Beihilfen von erheblichem Ausmaß, die nicht durch die Gruppenfreistellungsverordnung abgedeckt sind. Dies trägt zu einer präziseren Beurteilung der Problemfälle bei. Für eine gezieltere Rechtsanwendung ist dabei eine Überprüfung der Durchführung der Kommissionsentscheidungen durch die Mitgliedstaaten und vor allem eine verbesserte Kontrolle der Rückführung zu Unrecht gewährter Beihilfen erforderlich. Hierzu plant die Kommission, die allgemeinen Grundsätze, den Inhalt und die Bedeutung der Beihilfenkontrolle besser zu vermitteln und gegebenenfalls Vertragsverletzungsverfahren einzuleiten. Eine weitere Gruppenfreistellungsverordnung, die im Zuge der Reform des Beihilfenrechts verabschiedet wurde, betrifft Regionalbeihilfen.[66] Neben den Gruppenfreistellungsverordnungen hat die Europäische Kommission noch eine Reihe von Leitlinien erlassen, die Regionalbeihilfen,[67] Risikokapital[68] und den Umweltschutz[69] betreffen. Weiterhin noch zu erwähnen ist der Gemeinschaftsrahmen Forschung, Entwicklung und Innovation,[70] durch den deutlich wird, wie der „more economic approach" im Zuge der Reform des Beihilfenrechts umgesetzt wird.

94   **c) Geteilte Verantwortung zwischen Kommission und Mitgliedstaaten.** Da die Anwendung der von der Kommission erlassenen Regelungen weitgehend auf der Ebene der Mitgliedstaaten erfolgt, ist dort eine verbesserte Umsetzung der Beihilfenpolitik, größere Effizienz und größere Transparenz erforderlich. So können sorgfältigere Anmeldungen, zB. die Überprüfung der Freistellungsvoraussetzungen, die Verfahrensdauer deutlich verkürzen. In diesem Zusammenhang erwägt die Kommission, „Leitlinien für bewährte Praktiken" herauszugeben. Darüber könnten unabhängige Behörden in den einzelnen Mitgliedstaaten die Kommission bei der Rechtsanwendung, zB. bei der Überprüfung der Durchführung von Kommissionsentscheidungen oder der Rückführung zu Unrecht gewährter Beihilfen unterstützen. Solche Behörden waren bereits in den neuen Mitgliedstaaten während der Beitrittsverhandlungen für die Überprüfung der Beihilfenvergabe zuständig.

95   **d) Stärker ökonomisch ausgerichtete Betrachtungsweise.** Insbesondere soll bei der Vergabe von Beihilfen ein stärker an ökonomischen Kriterien orientierter Ansatz verfolgt werden, wobei nach dem ASB Beihilfen in erster Linie dazu dienen sollen, mögliche Marktversagenstatbestände zu korrigieren. Wenn Märkte keine effizienten Ergebnisse hervorbringen, dann, so wird argumentiert, könnte eine staatliche Beihilfe dazu beitragen, dieses Marktversagen zu korrigieren. Wenn Firmen aus Wohlfahrtsgesichtspunkten fehlerhafte Entscheidungen treffen, dann könnten Beihilfen dazu beitragen, den Unternehmen Anreize zu geben, bessere Entscheidungen zu treffen. Im ASB wird eine Reihe von Marktversagenstatbeständen angeführt, die durch Beihilfen korrigiert werden könnten. Hierzu gehören externe Effekte, öffentliche

---

[64] VO 69/2001 über die Anwendung der Art. 87 und 88 auf „De-minimis"-Beihilfen", in ABl. 2006 L 379/5; Vgl. hierzu auch RdNr. 172.

[65] VO 800/2008 (Allgemeine Gruppenfreistellungsverordnung), ABl. 2008 L 214/3. Vgl. hierzu auch RdNr. 176.

[66] VO 1628/2006 (Gruppenfreistellungsverordnung für regionale Investitionsbeihilfen), ABl. 2006 L 302/29; vgl. hierzu auch RdNr. 184.

[67] Kom., Leitlinien für staatliche Beihilfen mit regionaler Zielsetzung, ABl. 2006 C 54/13.

[68] Kom., Leitlinien der Gemeinschaft für staatliche Beihilfen zur Förderung von Risikokapitalinvestitionen in kleine und mittlere Unternehmen, ABl. 2006 C 194/2.

[69] Kom., Leitlinien der Gemeinschaft für staatliche Umweltschutzbeihilfen, ABl. 2008 C 82/1.

[70] Kom., Gemeinschaftsrahmen für staatliche Beihilfen für Forschung, Entwicklung und Innovation, ABl. 2006 C 323/1.

Güter, Informationsprobleme, Koordinationsprobleme sowie Marktmacht.[71] Allerdings haben Beihilfen in aller Regel auch erhebliche wettbewerbsverfälschende Auswirkungen, die die Wohlfahrt erheblich reduzieren können und die möglichen positiven Wirkungen einer Beihilfe zunichte machen können.

Die Beurteilung, ob und inwieweit eine Beihilfe den Wettbewerb verfälscht oder zu verfäl- **96** schen droht und insoweit eine Beeinträchtigung des zwischenstaatlichen Handels herbeiführt, erfordert eine Abschätzung der ökonomischen Auswirkungen einer Beihilfenmaßnahme. Hierbei ist zu beachten, dass unterschiedliche Arten von Beihilfen, abhängig von der jeweiligen konkreten Situation, zu gleichen oder ähnlichen Ergebnissen führen können. Umgekehrt können mit in Höhe und Art gleichen Beihilfen unterschiedliche wettbewerbliche Auswirkungen verknüpft sein, wenn sich die Rahmenbedingungen, unter denen die Beihilfen vergeben werden, signifikant unterscheiden. Anders ausgedrückt: Die gleiche Form einer Beihilfe kann in unterschiedlichen Situationen verschiedene Auswirkungen und unterschiedliche Formen einer Beihilfe können das gleiche Ergebnis hervorrufen. Ein analytischer Ansatz, der sich allein an der Form einer Beihilfe orientiert, wird daher in aller Regel in vielen Fällen zu nicht sachgemäßen Ergebnissen führen. Es wäre daher, wie auch in den anderen Bereichen des Europäischen Wettbewerbsrechts, aus ökonomischer Sicht sinnvoll, von einem allein an der Form, die eine bestimmte Beihilfe annimmt, orientierten Ansatz (**form-based approach**) zu einem Ansatz überzugehen, der sich an der Wirkung einer Beihilfenmaßnahme orientiert (**effects-based approach**). Durch den ASB sowie die bisher durchgeführten Umsetzungsmaßnahmen wurde ein solcher Übergang in die Wege geleitet. Dabei wurde der angestrebte wirkungsbasierte Ansatz in der Beihilfenkontrolle mit Hilfe eines dreistufigen Tests, dem so genannten Abwägungstest (balancing test), konkretisiert. Es ist jedoch festzuhalten, dass dieser Übergang noch nicht in vollständig befriedigender Weise vollzogen wurde. Dies gilt insbesondere für die ökonomische Analyse auf der Tatbestandsebene, dh. bei der Frage, ob es sich bei der Zahlung überhaupt um eine mit dem Gemeinsamen Markt unvereinbare Beihilfe handelt.

2. Der Abwägungstest (Balancing Test). Die Überprüfung, ob eine Beihilfe entsprechend **97** dem ASB gerechtfertigt ist, soll anhand eines dreistufigen Testverfahrens durchgeführt werden, dem so genannten „balancing Test".[72] Mit Hilfe dieses Tests sollen die positiven und negativen Auswirkungen einer Beihilfe gegeneinander abgewogen werden. Der Abwägungstest konkretisiert die Voraussetzungen für die Ermessensentscheidung, für die der EU-Kommission aufgrund der sehr weiten Formulierung der Rechtfertigungsgründe des Artikels 107 Abs. 3 AEUV ein großer Spielraum eingeräumt wird.

a) Positive Wirkungen von Beihilfen (Stufe 1 und 2 des Tests). In der **ersten Stufe** **98** **des Tests** wird untersucht, ob durch die Beihilfe ein Marktversagen korrigiert wird, ob ein Ziel von gemeinsamem europäischem Interesse oder ein anderes Ziel, zB. regionaler oder sozialer Art, verfolgt wird. Liegt ein Marktversagen vor, dann führt Wettbewerb nicht zu einem allokativ effizienten Marktergebnis. Aber auch wenn die resultierende Allokation im ökonomischen Sinne effizient ist, kann das Marktergebnis aus politischen oder sozialen Gründen unerwünscht sein. Wenn die notwendige Bedingung eines Marktversagens oder eines normativen Ziels erfüllt ist, dann wird in der **zweiten Stufe des Abwägungstests** untersucht, ob eine Beihilfenmaßnahme das **besten geeignete Instrument** ist, das gegebene Ziel zu erreichen. Es ist daher die Frage zu stellen, inwiefern das jeweilige Marktversagen spezifisch und wirksam durch die Beihilfe beseitigt werden kann. Denn auch wenn ein Marktversagen vorliegt, bedeutet dies nicht automatisch, dass die Situation durch einen staatlichen Eingriff verbessert wird. Vielmehr besteht die Gefahr, dass Beihilfen aufgrund staatlicher Fehleinschätzung die gewünschte Wirkung verfehlen und die Wettbewerbssituation nachteilig verändern. Es sollte daher auch überprüft werden, ob gegebenenfalls mehrere Marktversagenstatbestände vorliegen und sich die Wettbewerbssituation – falls nur ein Marktversagen durch eine Beihilfe gezielt bekämpft wird – durch den staatlichen Eingriff voraussichtlich verschlechtert.[73] Es könnte auch der Fall vorliegen, dass andere wirtschaftspolitische Maßnahmen und Instrumente zur Verfügung stehen, die besser geeignet sind, das in Rede stehende Problem zu lösen. So könnten verteilungspolitische Ziele zB. auch durch eine Änderung der nationalen Steuerpolitik erreicht werden, die eher geeignet ist, das gewünschte Ziel zu erreichen, so dass auf eine Zahlung von Beihilfen verzichtet werden kann.

---

[71] Vgl. hierzu RdNr. 46 ff.
[72] Vgl. hierzu *Friederiszick/Röller/Verouden* 38 ff.
[73] Man spricht in diesem Zusammenhang von einem „second-best-Problem", vgl. hierzu RdNr. 149 ff.

99   Weiterhin ist zu untersuchen, ob die Beihilfe einen **Anreizeffekt** bewirkt, dh. das Verhalten der von der Beihilfe unmittelbar oder mittelbar betroffenen Unternehmen in der gewünschten Weise ändert. Wird durch die Beihilfe keine Verhaltensänderung des begünstigten Unternehmens bewirkt, entsteht kein zusätzlicher volkswirtschaftlicher Nutzen, sondern es werden von den Konsumenten aufgebrachte Steuermittel verschwendet.[74] Bei der Analyse ist dabei immer die Wohlfahrt aller direkt oder indirekt von einer Beihilfe Betroffenen zu berücksichtigen. Hierzu gehören nicht nur die Empfänger der Beihilfe selbst sowie aktuelle oder potentielle Wettbewerber des Beihilfeempfängers, sondern auch Unternehmen auf vor- oder nachgelagerten Ebenen der Wertschöpfungskette können von der Beihilfe betroffen sein. Schließlich sind auch die Konsumenten zu berücksichtigen. Da die Beihilfe sowohl die Beschränkungen als auch die Anreize verändert, unter denen ein Unternehmen operiert, ist davon auszugehen, dass sich das Verhalten des Unternehmens, zB. hinsichtlich der angebotenen Menge, des Marktzu- bzw. -austritts oder hinsichtlich seiner Forschungs-, Entwicklungs- und Innovationsaktivitäten ändert. Dies wiederum könnte Änderungen im Verhalten von Wettbewerbern oder anderen Betroffenen bewirken. Hierbei sind insbesondere grenzüberschreitende Effekte zu berücksichtigen, wobei die Auswirkungen auf Beschäftigung und Inputmärkte von besonderer Bedeutung sind. Schließlich ist auch immer die Frage nach dem Kontrafaktischen zu stellen, d.h., wie würde sich das Unternehmen verhalten, wenn es keine Beihilfe bekäme? Weiterhin ist zu überprüfen, ob die **Beihilfe verhältnismäßig** ist, dh., ob das gleiche Ziel nicht mit geringerem Mitteleinsatz erreicht werden könnte.

100   Die Überprüfung, ob die Bedingungen der ersten und zweiten Stufe erfüllt sind, stellt sich in der Praxis aus mehreren Gründen als schwierig dar, weil in aller Regel die Quantifizierung eines Marktversagens, dh. Abschätzung des Wohlfahrtsverlustes, der durch das Marktversagen hervorgerufen wird, problematisch ist. Dies ist vor allem dann der Fall, wenn mehrere Arten des Marktversagens (Informations- und Koordinationsprobleme) gleichzeitig vorliegen. Wenn dieses Problem jedoch nicht gelöst wird, dann lässt sich auch die Frage der Verhältnismäßigkeit einer Beihilfe nicht beurteilen, denn nur wenn das Ausmaß des Marktversagens bekannt ist, lässt sich der Beihilfebetrag ermitteln, der für die Beseitigung des Marktversagens höchstens eingesetzt werden sollte. Bei der Frage, ob die Beihilfe das am besten geeignete Instrument zur Korrektur des Marktversagens darstellt, ist im Prinzip eine Vielzahl alternativer wirtschaftspolitischer Maßnahmen im weitesten Sinne zu prüfen und mit der Beihilfemaßnahme zu vergleichen, was einen erheblichen Aufwand bedeutet.

101   **b) Negative Wirkungen der Beihilfe und Abwägung (Stufe 3 des Tests).** Wenn die geplante Beihilfe die beiden ersten Stufen des Tests passiert hat, werden in der **dritten Stufe des Tests** die möglichen wettbewerbsverfälschenden und handelsverzerrenden Auswirkungen einer Beihilfe festgestellt und es findet die eigentliche **Abwägung zwischen den negativen und den positiven Wirkungen der Beihilfe** statt. Nur wenn die positiven Wirkungen überwiegen, sollte die Beihilfe gewährt werden. Bei einer solchen Abwägung ist in einem ersten Schritt der relevante Wohlfahrtsstandard deutlich zu machen und der relevante Markt ist abzugrenzen. Schließlich sind die möglichen wettbewerbsverfälschenden Wirkungen einer Beihilfe zu ermitteln. Dabei können die verzerrenden Wirkungen daran gemessen werden, wer die Begünstigten sind und welche Auflagen mit der Beihilfe verbunden sind; welche Merkmale der Markt und die Begünstigten aufweisen und schließlich, wie groß die Beihilfe ist und um welches Beihilfeinstrument es sich handelt. Diese Punkte werden im Folgenden dargelegt.

102   Bei der Beurteilung der Auswirkungen von Beihilfen ist zwischen den ökonomischen Zielen, dh. der Beseitigung bzw. Korrektur von Marktversagenstatbeständen einerseits und den normativen Zielen, wie zB. dem Ausgleich regionaler Differenzen in der Lebensqualität, zu unterscheiden. Während bei den ökonomischen Zielen eine an einem Effizienzkriterium orientierte Abwägung zwischen den wohlfahrtserhöhenden und wohlfahrtsreduzierenden Auswirkungen einer Beihilfe vorgenommen werden kann, ist es aus ökonomischer Sicht bei den normativen Zielen lediglich möglich, zu beurteilen, ob durch eine Beihilfe das normativ gesetzte Ziel, zB. die Angleichung der Lebensverhältnisse in verschiedenen Regionen, in effizienter Weise, dh. mit den geringsten wettbewerbsverfälschenden Wirkungen erreicht werden kann oder ob hierzu andere, besser geeignete Instrumente zur Verfügung stehen. Das normative Ziel selbst ent-

---

[74] Hier könnte eingewandt werden, dass die Befugnisse der EU-Kommission innerhalb der Beihilfenkontrolle sich auf den Schutz des grenzüberschreitenden Wettbewerbs beschränken. Das Kriterium des Anreizeffekts sollte entgegen dem Verordnungsentwurf der EU-Kommission auch nicht Eingang in eine einheitliche, unmittelbar anwendbare Gruppenfreistellungsverordnung finden.

zieht sich einer ökonomischen Analyse und die mit dem Erreichen dieses Ziels möglicherweise verbundenen wettbewerbsverfälschenden und wohlfahrtsmindernden Konsequenzen sind hinzunehmen. Die Wirtschaftstheorie kann lediglich feststellen, ob Beihilfen das beste und geeignetste Instrument sind, die gesetzten Ziele zu erreichen, oder ob diese Ziele nicht mittels anderer Instrumente auf effizientere Weise erreicht werden können. Im Folgenden werden vor allem die Fälle betrachtet, in denen eine Beihilfe zum Erreichen eines ökonomischen Ziels eingesetzt wird, in denen eine Beihilfe also dazu dienen soll, die Effizienz bzw. die Wohlfahrt innerhalb eines Marktes oder einer Volkswirtschaft zu steigern, indem ein Marktversagen korrigiert wird.

Bei der Beurteilung staatlicher Beihilfen aus ökonomischer Sicht stellt sich daher die grund- **103** sätzliche Frage, welcher **Wohlfahrtsstandard** als Kriterium herangezogen werden soll, wobei hier lediglich die Effizienzziele von Beihilfen betrachtet werden können. In der bisherigen Praxis der Beihilfenvergabe war das Kriterium, mit dem die wettbewerbsverfälschende Wirkung einer Beihilfe abzuschätzen versucht wurde, die Auswirkung auf die Wettbewerber des bzw. der begünstigten Unternehmen hat (**effect-on-rival Standard**). Dieses Konzept ist eng verbunden mit der Vorstellung gleicher Wettbewerbsbedingungen, dh. eines „level playing field". Nach diesem Kriterium ist eine Beihilfenmaßnahme immer dann wettbewerbsverfälschend, wenn sie die relative Marktposition der Unternehmen verändert. Dies ist jedoch in aller Regel der Effekt einer Beihilfenmaßnahme, so dass man nach diesem Kriterium zu dem Schluss käme, jegliche Beihilfe ist wettbewerbsverfälschend und daher unzulässig.[75] Bei Verwendung dieses Kriteriums bestünde keine Möglichkeit mehr, durch eine Beihilfe ein Marktversagen zu korrigieren und die Wohlfahrt zu erhöhen. Darüber hinaus entspricht dieses Konzept auch nicht dem wirkungsbasierten Ansatz, da es nicht auf die Auswirkungen einer Beihilfe auf Märkte, den Wettbewerb und die Konsumenten abstellt, sondern in erster Linie die Produzentenrente der Wettbewerber des bzw. der Begünstigten berücksichtigt. Aus ökonomischer Sicht ist es jedoch nicht sinnvoll, sich ausschließlich auf die Auswirkungen von Beihilfen auf Wettbewerber zu beschränken, denn in aller Regel betreffen die wettbewerbsverfälschenden Wirkungen von Beihilfen nicht nur die Wettbewerber des begünstigten Unternehmens, sondern vor allem auch die Konsumenten. Das Beurteilungskriterium der Produzentenrente der Wettbewerber greift zu kurz, da die allokative Effizienz durch die volkswirtschaftliche Rente bestimmt ist, der Summe aus Produzenten- und Konsumentenrente. Zwar könnte man argumentieren, dass in langfristiger Betrachtung die negative Wirkung einer Beihilfe auf die Wettbewerber des begünstigten Unternehmens sich auch auf die Konsumenten negativ auswirkt, aber aus ökonomischer Sicht ist eine direkte Berücksichtigung der Auswirkungen auf die Konsumenten vorzugswürdig.

In den anderen Bereichen der europäischen Wettbewerbspolitik hat sich inzwischen der **104** **Konsumentenwohlfahrtsstandard** als Beurteilungskriterium durchgesetzt. Würde man dieses Kriterium auch in der Beihilfenkontrolle anwenden, so würden ausschließlich die Auswirkungen einer Beihilfe auf die Endverbraucher betrachtet werden. Hierzu könnte die kurzfristige Preisentwicklung, die infolge der Beihilfe auf den relevanten Produktmärkten aus Konsumentensicht eintritt, als Beurteilungskriterium herangezogen werden. Dies ist aus ökonomischer Sicht jedoch ebenso problematisch wie die bisherige Beschränkung auf die Auswirkungen auf die Wettbewerber. Werden nur die Auswirkungen einer Beihilfe auf die Konsumenten auf den jeweiligen Produktmärkten betrachtet, die Auswirkungen auf die Unternehmen, sowohl die durch die Beihilfe begünstigten als auch deren Wettbewerber, jedoch nicht berücksichtigt, so könnte eine Beihilfe an ein Unternehmen dessen Grenzkosten senken und kurzfristig zu niedrigeren Preisen und damit zu einer höheren Konsumentenwohlfahrt führen.[76]

Allerdings können Beihilfen in der mittleren oder langen Frist auch Wettbewerbsbeschrän- **105** kungen, zB. in Form höherer Marktzutrittsschranken, zur Folge haben. Begünstigte Unternehmen könnten ihre Marktanteile zu Lasten ihrer Wettbewerber vergrößern, selbst wenn diese effizienter sind. Diese negativen Auswirkungen könnten erfasst werden, wenn man die Änderung der Produzentenrente berücksichtigen würde. Hinzu kommt, dass Beihilfen auch die Anreize und das Verhalten von Marktteilnehmern auf der vor- oder nachgelagerten Marktstufe beeinflussen können, was bei einer ökonomischen Analyse der Beihilfenwirkungen ebenfalls zu berücksichtigen wäre. Beihilfen verringern den Kostendruck, dem die geförderten Unternehmen ausgesetzt sind, und können eine ‚Beihilfenmentalität' zur Folge haben, was zu produktiven Ineffizienzen führen kann. Wenn ein Unternehmen damit rechnen kann, staatliche Beihil-

---

[75] Vgl. *Friederiszick/Röller/Verouden* 646.
[76] Monopolkommission, Hauptgutachten 2006/2007, S. 385 RdNr. 1086.

fen zu erhalten, wenn es in Schieflage gerät, dann sinken die Anreize, effizient zu produzieren, Investitionen durchzuführen oder Forschung und Entwicklung zu betreiben. Dies könnte zum einen zu produktiven Ineffizienzen führen, indem nicht mit den minimalen Kosten produziert wird und zum anderen erhebliche dynamische Ineffizienzen zur Folge haben. Werden Beihilfen nicht nur einmalig sondern wiederholt vergeben, kann dies zu einer dauerhaften Verzerrung der Relativpreise und zu erheblichen allokativen Ineffizienzen führen.[77] Eine Beschränkung auf die Konsumentenwohlfahrt, wie sie in den anderen Bereichen der Wettbewerbspolitik üblich ist, erscheint daher bei der Beurteilung der Wirkungen von Beihilfen problematisch.[78]

106 Aus diesen Gründen sollte bei der Beurteilung der Auswirkungen von Beihilfen ein allgemeineres Kriterium herangezogen werden als der übliche Konsumentenwohlfahrtsstandard. Ein nahe liegendes Kriterium wäre der **Gesamtwohlfahrtsstandard,** bei dem die Konsumenten- und die Produzentenrente auf dem entsprechenden Markt und auch auf den vor- und nachgelagerten Marktstufen herangezogen wird. Hierdurch könnten alle unmittelbaren Wirkungen einer Beihilfe auf die betroffenen Marktteilnehmer, dh. Konsumenten und Produzenten, erfasst werden. Allerdings greift aus ökonomischer Sicht auch der Gesamtwohlfahrtsstandard bei der Beurteilung der Auswirkung von Beihilfen zu kurz: Da es sich bei Beihilfen um ein Transferschema, dh. um eine Umverteilungsmaßnahme handelt, würde selbst bei Verwendung des Gesamtwohlfahrtsstandards die Finanzierungsseite der Beihilfen nur unzureichend berücksichtigt. Da die Steuererhebung zu Ausweichreaktionen der Betroffenen führt, entstehen auf der Finanzierungsseite allokative Verzerrungen, die ebenfalls in Betracht gezogen werden müssten. Ansonsten würden Beihilfemaßnahmen generell zu positiv beurteilt. Es wäre daher sinnvoll, wie vom damaligen Chefökonomen der Generaldirektion Wettbewerb vorgeschlagen, bei der Beurteilung der Auswirkungen von Beihilfen auch die Interessen der Steuerzahler zu berücksichtigen.[79]

107 Der ASB enthält selbst keine Aussagen über den zu verwendenden Wohlfahrtsstandard, allerdings finden sich Hinweise auf die Opportunitätskosten der Besteuerung.[80] Im Gemeinschaftsrahmen für staatliche Beihilfen für Forschung, Entwicklung und Innovation (FuEuI) wird darauf hingewiesen, dass im Rahmen der Beihilfenkontrolle der Gesamtwohlfahrtsstandard herangezogen werden soll, dh. dass sowohl Konsumenten- als auch Produzentenrente zu berücksichtigen sind.[81] Eine von der Kommission in Auftrag gegebene Untersuchung über die zur ökonomischen Beurteilung von Beihilfen anzuwendenden Methoden plädiert ebenfalls dafür, einen „social welfare standard" zu verwenden.[82]

108 Spätestens an dieser Stelle des Tests ist es aus ökonomischer Sicht erforderlich, den sachlich und räumlich relevanten Markt abzugrenzen. Ohne eine **Abgrenzung des relevanten Marktes** ist eine ökonomisch korrekte Abschätzung der wettbewerblichen Wirkungen von Beihilfen nicht möglich. Im Prinzip kann, analog zur Fusionskontrolle, der gleiche konzeptionelle Rahmen verwendet werden, dh. der hypothetische Monopolistentest bzw. SSNIP-Test.[83] Allerdings sind im Rahmen der Beihilfenkontrolle einige methodische Modifikationen des Konzeptes notwendig. Diese resultieren vor allem daraus, dass die Wirkungen von Beihilfen sich über verschiedene Märkte und Volkswirtschaften ausbreiten können. Um diese Effekte und Wirkungen zu ermitteln, ist es erforderlich, die Wirkungen von Beihilfen auf die Unternehmen und die Märkte nachzuverfolgen. Dies ist ein wesentlicher Unterschied zur Marktabgrenzung bei zB. einer Fusion.[84] Hierzu wird vorgeschlagen, den Markt vor allem mit Hilfe der Nachfragesubstitution abzugrenzen und die Angebotssubstitution erst nach der Abgrenzung zu berücksichtigen. Als Grund wird angeführt, dass es bei Fragen der Beihilfenkontrolle auch um die Erfassung der durch

---

[77] Ibid. S. 385 RdNr. 1087.

[78] Im Rahmen einer sehr langfristigen Betrachtung würde man bei einer Beschränkung auf die Konsumentenwohlfahrt die negativen Wirkungen auf den Wettbewerb erfassen, denn letztlich werden sich etwaige Wettbewerbsverzerrungen aufgrund von Beihilfen zB. in Form höherer Preise oder eines schlechteren Angebots auswirken.

[79] Vgl. *Friederiszick/Röller/Verouden* 647.

[80] Kom., Aktionsplan staatliche Beihilfen. Weniger und besser ausgerichtete staatliche Beihilfen – Roadmap zur Reform des Beihilferechts, KOM(2005), 107 endg. RdNr. 8.

[81] Vgl. Kom., Gemeinschaftsrahmen für staatliche Beihilfen für Forschung, Entwicklung und Innovation, ABl. 2006 C 323/1, Tz. 1.1.1 Fn. 3.

[82] *Nitsche/Heidhues* 5 ff.

[83] Zum hypothetischen Monopolistentest vgl. *Schwalbe/Zimmer* 69 ff.

[84] „With antitrust policy, the market is delineated to see whether the market mechanism will ensure competition. With state aid control, the definition of the market is required to trace the effects of aid across markets", *Fingleton/Ruane/Ryan* 83.

eine Beihilfe bewirkten Verteilung von Gewinnen und Verlusten geht, so dass eine separate Erfassung der Wirkungen auf Konsumenten und Produzenten sinnvoll erscheint.[85] Dabei sind alle Märkte zu berücksichtigen, auf denen der Begünstigte aktiv ist oder kurzfristig aktiv werden könnte.

Allerdings kann im Rahmen der Vergabe von Beihilfen ein weiteres Problem auftreten, das **109** dem bekannten Phänomen der „Cellophane fallacy" analog ist. Schon seit langem ist bekannt, dass es bei der Abgrenzung des sachlich relevanten Marktes, insbesondere im Falle missbräuchlich überhöhter Preise, leicht zu Fehlschlüssen kommen kann. Aufgrund der überhöhten Preise kommen für Konsumenten Produkte als Substitute in Frage, die bei wettbewerblichen Preisen nicht in Betracht kämen. Dies hat zur Folge, dass insbesondere in Fällen von Preismissbrauch die Gefahr besteht, den relevanten Markt zu weit abzugrenzen.[86] Eine ökonomisch richtige Abgrenzung des sachlich relevanten Marktes muss daher von den wettbewerbsanalogen Preisen ausgehen, die in der Praxis jedoch häufig nicht leicht zu ermitteln sind. Werden jedoch durch Beihilfezahlungen die Preise von Produkten und Dienstleistungen, wie zB. der Gebührenfinanzierung der öffentlich-rechtlichen Online-Angebote, künstlich auf ein Niveau unterhalb des wettbewerbsanalogen Preises gehalten, dann ist in einem solchen Fall mit einer **Umkehrung der Cellophane fallacy** zu rechnen. Durch die künstlich niedrig gehaltenen Preise sind Konsumenten nicht bereit, Produkte als Alternativen in Betracht zu ziehen, die sie bei einem höheren, wettbewerbsanalogen Preis sehr wohl als attraktive Substitute nachgefragt hätten.[87] In diesem Fall besteht also die Gefahr, den sachlich relevanten Markt zu eng abzugrenzen, da wesentliche Substitute aus der Betrachtung ausgeblendet werden. Zwar ist jedoch, schon aus konzeptionellen Gründen, aus ökonomischer Sicht auch in einem solchen Fall der hypothetische Monopolistentest zur Abgrenzung des relevanten Marktes heranzuziehen, da dieser Ansatz auf die relevanten wettbewerblichen Beschränkungen abstellt. Allerdings könnte, insbesondere wenn aufgrund fehlender Vergleichsmärkte oder bei neuartigen Produkten und Dienstleistungen keine belastbare Abschätzung des wettbewerbsanalogen Preises möglich oder sinnvoll ist, ein integrativer Ansatz Verwendung finden, wie er zB. von Ofcom, der englischen Wettbewerbs- und Regulierungsbehörde für Kommunikationsdienstleistungen, herangezogen wird. Dieser Ansatz basiert auf den Eigenschaften einer neuen Dienstleistung und dem Vergleich mit bereits angebotenen Serviceleistungen. Um abzuschätzen, welche Entwicklungen sich je nach Szenario mit bzw. ohne den neuen Service ergeben würden, sind Befragungen von Konsumenten, anderen kommerziellen Anbietern sowie Anbietern auf vorgelagerten Märkten geeignete Instrumente, um das Prognoserisiko möglichst gering zu halten.[88]

Aufgrund der grenzüberschreitenden Wirkungen von Beihilfen ist bei der Marktabgrenzung **110** ein größeres Gewicht auf die Ermittlung des räumlich relevanten Marktes zu legen. Ebenso sollte die Rolle des potenziellen Wettbewerbs bereits bei der Abgrenzung des relevanten Marktes berücksichtigt werden und nicht erst, wie in den anderen Bereichen der Wettbewerbspolitik, bei der Beurteilung der Wettbewerbssituation auf dem Markt. Eine Beihilfe könnte gerade dazu führen, dass es zu potenziellem Wettbewerb kommt. Dies wiederum könnte im Zusammenhang mit der Schaffung eines gemeinsamen Marktes von Bedeutung sein.[89]

Die negativen Auswirkungen, die Beihilfen auf den Wettbewerb haben können, lassen sich in **111** vier Kategorien gliedern, die die produktive, allokative und die dynamische Effizienz betreffen.[90] So könnte die **produktive Effizienz** auf einem Markt beeinträchtigt werden, wenn ein ineffizientes Unternehmen oder ein ineffizienter Wirtschaftssektor eine Beihilfe erhält und auf diese Weise künstlich am Leben erhalten wird. Die Beihilfe führt in einem solchen Fall dazu, dass der Output nicht mit minimalen Kosten hergestellt wird, bzw. führt dazu, dass nicht der von den Nachfragern gewünschte Output, hergestellt wird. In beiden Fällen resultiert ein unter Umständen erheblicher Wohlfahrtsverlust, der insbesondere die Konsumenten trifft.

Negative Auswirkungen von Beihilfen auf die **allokative Effizienz** können zum einen in **112** Form einer Schaffung oder Verstärkung von Marktmacht bzw. einer marktbeherrschenden Stel-

---

[85] *Fingleton/Ruane/Ryan* 83 ff.
[86] Zur Cellophane fallacy vgl. zB. *Kerber/Schwalbe* S. 304 RdNr. 1164 ff.
[87] Man könnte hier von einer „reverse Cellophane fallacy" sprechen. Vgl. hierzu im Zusammenhang mit der Bereitstellung von Internetangeboten öffentlich-rechtlicher Rundfunksender *Dewenter/Haucap* 26. Allgemein zum Problem einer „reverse Cellophane fallacy" vgl. *Froeb/Werden* 241; *Schwalbe/Zimmer* 91.
[88] Vgl. *Qfcom* 7.
[89] Ibid.
[90] Zu diesen Effizienzkonzepten vgl. *Schwalbe/Zimmer* 3 ff.

lung auftreten. So kann ein Unternehmen oder eine Gruppe von Unternehmen durch eine Beihilfezahlung einen so erheblichen Wettbewerbsvorteil gegenüber seinen Mitbewerbern erlangen, dass der Marktanteil bzw. die Marktmacht des begünstigten Unternehmens so zunimmt, dass es in der Lage ist, die Preise für seine Produkte und seine Gewinne signifikant zu erhöhen. Diese zusätzlichen Gewinne könnten unter anderem dazu eingesetzt werden, die Position des Unternehmens auf anderen Märkten zu verstärken. Das begünstigte Unternehmen könnte darüber hinaus seine Position durch die Errichtung von Marktzutrittsschranken absichern oder könnte in die Lage versetzt werden, durch missbräuchliche Praktiken, wie zB. Kampfpreise, Mitbewerber vom Markt zu verdrängen.

113   Staatliche Beihilfen, zB. in Form von Ansiedlungsbeihilfen, können auch dazu beitragen, die Standortentscheidungen von Unternehmen und damit die **räumliche Allokation wirtschaftlicher Aktivitäten** zu beeinflussen. Dies wiederum hat Konsequenzen für den zwischenstaatlichen Handel, indem die Güterströme zwischen den Mitgliedsstaaten verändert werden.[91]

114   Schließlich sind noch die wichtigen Wirkungen von Beihilfen auf die **dynamische Effizienz** zu nennen, die insbesondere durch Änderungen der dynamischen Anreize, zB. in Hinblick auf Investitionen verringert werden kann. Bei Beihilfen für Forschung, Entwicklung und Innovation sind Szenarien denkbar, in denen Beihilfen dazu führen, dass ineffizient viel in F&E investiert wird.[92] Vor allem die Wirkungen auf die dynamische Effizienz sind aus ökonomischer Sicht bedeutsam, da sie einen entscheidenden Einfluss auf die Wirtschaftsentwicklung der Gemeinschaft insgesamt haben können.

115   Als Kriterien, um die negativen Wirkungen einer Beihilfe auf den Wettbewerb abzuschätzen, können die **Charakteristika des relevanten Marktes**[93] herangezogen werden, die Art und das Ausmaß der Beihilfe und schließlich das Verfahren, mit dem die Beihilfe vergeben wird.[94] Ist der relevante Markt in sachlicher und räumlicher Hinsicht abgegrenzt worden, dann können die Marktanteile des bzw. der begünstigten Unternehmen und seiner Wettbewerber festgestellt werden. Verfügt das begünstigte Unternehmen bereits über einen großen Marktanteil, dann könnte dies ein Indiz für bestehende Marktmacht sein. Ähnliches gilt auch bei einer ausgeprägten Asymmetrie der Marktanteile. Wird diese Asymmetrie durch eine Beihilfe noch verstärkt, dh. nimmt der Marktanteil des begünstigten Unternehmens relativ zu denen seiner Wettbewerber zu, ist eher mit einer Wettbewerbsverfälschung zu rechnen. Bei differenzierten Produkten sind jedoch die Marktanteile weniger aussagekräftig, da es hier eher auf die Enge der Substitutionsbeziehungen zwischen den Produkten ankommt. Auch die Konzentration ist ein wichtiges Kriterium, da in einem bereits hoch konzentrierten Markt eher mit wettbewerblichen Problemen zu rechnen ist. Das Vorhandensein von Marktzutrittsschranken ist ebenfalls ein Indiz dafür, dass durch eine Beihilfe Wettbewerbsverfälschungen bewirkt werden. Ist der betroffene Markt durch erhebliche Überkapazitäten, geringe Innovationstätigkeit und einen nicht nur vorübergehenden Nachfragerückgang gekennzeichnet, liegt die Vermutung nahe, dass durch eine Beihilfe lediglich ineffiziente Strukturen verfestigt werden. Auch die Auswirkungen auf vor- und nachgelagerte Märkte sind von Bedeutung. Steigt durch die Beihilfe zB. der Preis für einen wichtigen Input, kann dies negative Auswirkungen auf andere Mitgliedstaaten haben. Weitere wichtige Charakteristika beziehen sich auf die Art des Produktes und seine Verbreitung. Handelt es sich bei dem Empfänger der Beihilfe um ein Unternehmen, das bereits in mehreren Mitgliedsstaaten tätig ist, dann ist eher damit zu rechnen, dass durch eine Beihilfe die Handelsströme zwischen den Mitgliedstaaten oder die Standortentscheidungen von Unternehmen beeinflusst werden.

116   Die Art und das **Ausmaß der Beihilfe** erlauben ebenfalls einen Rückschluss auf die wettbewerblichen Wirkungen. Ein allgemeiner Zusammenhang zwischen der Höhe der Beihilfe und dem Ausmaß der induzierten Wettbewerbsverfälschung lässt sich jedoch nicht herleiten. Die Höhe der Beihilfe ist immer auch im Verhältnis zur Größe des Marktes zu beurteilen. Eine geringe Beihilfe in einem kleinen Markt kann dort zu erheblichen Wettbewerbsverzerrungen führen, während auch eine große Beihilfe in einem hinreichend großen Markt keine spürbaren

---

[91] Diese Effekte können auch wohlfahrtserhöhend sein, wenn die Unternehmen ohne Beihilfe eine ineffiziente Standortwahl treffen würden. Vgl. hierzu RdNr. 153 ff. und RdNr. 184 ff.

[92] So könnte zB. durch eine Beihilfe ein Patentrennen ausgelöst werden, in dem die Unternehmen mehr als die gesellschaftlich optimale Investition tätigen.

[93] Eine detaillierte Übersicht über die relevanten Marktcharakteristika findet sich in *Nitsche/Heidhues* 12.

[94] Zu den Kriterien zur Abschätzung der wettbewerbsverfälschenden Auswirkungen von Beihilfen vgl. *Friederiszick/Röller/Verouden* 654 ff.

Auswirkungen auf den Wettbewerb hat. Sicherlich gilt jedoch bei gegebener Größe des Marktes, dass eine höhere Beihilfe eher zu einer Wettbewerbsverfälschung führt als eine geringe. Neben der Höhe der Beihilfe ist auch ihre Intensität zu berücksichtigen, wobei tendenziell eine höhere Beihilfenintensität auch für eine größere Wettbewerbsverfälschung spricht. Weiterhin ist zu beachten, ob die Beihilfe einmalig oder wiederholt vergeben wird. Insbesondere bei wiederholter Vergabe von Beihilfen besteht die Gefahr, dass Unternehmen eine Beihilfenmentalität entwickeln, unter der die produktive Effizienz leiden kann. Was die **Art der Beihilfe** betrifft, so sind die Wirkungen von Beihilfen auf den normalen Betriebsablauf in der Regel andere als zB. die von Investitionsbeihilfen. Wenn durch eine Beihilfe die variablen Herstellungskosten eines Unternehmens subventioniert werden, dann hat dies in der Regel einen unmittelbaren Effekt auf die Preise und damit auf die Wettbewerber und die Konsumenten. Bei einer Investitionsbeihilfe erfolgt keine unmittelbare Wirkung, aber es können langfristige Effekte in Form von Marktzu- oder -austritten erfolgen oder Standortentscheidungen von Unternehmen werden beeinflusst. Auch wird es in der Regel einen Unterschied machen, ob Beihilfen in Form von direkten Zahlungen getätigt werden oder in Form von Steuernachlässen oder Bürgschaften. Tendenziell werden direkte Zahlungen einen stärkeren Effekt auf den Wettbewerb haben als indirekte Leistungen.

Hinsichtlich der **Vergabe von Beihilfen** sind insbesondere der Grad der Selektivität einer 117 Maßnahme und die Transparenz des Verfahrens von Bedeutung. Ebenso ist zu berücksichtigen, ob es sich um eine Ad-hoc Beihilfe oder um eine Beihilferegelung handelt. Je geringer der **Grad der Selektivität** einer Beihilfe, desto geringer werden in der Regel die wettbewerbsverfälschenden Wirkungen sein. Wenn alle Unternehmen innerhalb einer bestimmten Region oder ab einer bestimmten Größe eine Beihilfe erhalten, wird dies in aller Regel den Wettbewerb weniger verzerren als bei einem hohen Selektivitätsgrad, dh., wenn nur ein Unternehmen oder eine kleine Gruppe von Unternehmen die Beihilfe erhält. Ebenso ist ein **nicht diskriminierendes, offenes und transparentes Vergabeverfahren** eher als unproblematisch einzuschätzen, da ein solches Verfahren nur schwer dazu eingesetzt werden kann, industriepolitische Vorstellungen, wie zB. die Schaffung nationaler Champions, durchzusetzen. Man wird auch davon ausgehen können, dass **Beihilferegelungen** zu geringeren Wettbewerbsverfälschungen führen als **Ad-hoc Beihilfen.** Allerdings können auch Beihilferegelungen negative Auswirkungen zeitigen, wenn nur eine kleine Gruppe von Unternehmen in einer spezifischen Industrie als Beihilfeempfänger in Frage kommt, die Beihilfeintensität hoch ist und auch marktmächtige Unternehmen im Rahmen der Beihilferegelung eine Beihilfe erhalten können. In diesen Fällen kann auch eine Beihilferegelung zur Entstehung und Verstärkung von Marktmacht führen oder die räumliche Allokation wirtschaftlicher Aktivitäten beeinträchtigen.

Ein **Effizienzeinwand**, wie er zB. in der Kontrolle horizontaler und nichthorizontaler Zu- 118 sammenschlüsse vorgebracht werden kann, ist im Bereich der Beihilfenkontrolle nicht möglich, da hier die Verursacher möglicher Wettbewerbsbeschränkungen nicht Unternehmen, sondern staatliche Hoheitsträger sind. Allerdings kann das Kriterium des Marktversagens, das die zentrale ökonomische Rechtfertigung für die Vergabe staatlicher Beihilfen darstellt,[95] als eine Art Effizienzeinwand aufgefasst werden, da ein Marktversagen immer dann vorliegt, wenn der Markt aufgrund derartiger Friktionen kein effizientes Ergebnis hervorbringt. Da die Beweislast für das Vorliegen eines Marktversagens bei den Mitgliedstaaten liegt und dieser Beweis sich nicht leicht führen lässt, ist davon auszugehen, dass der „more economic approach" im Beihilferecht tendenziell zu einer kritischeren Beurteilung von Beihilfen und einer restriktiveren Beihilfenkontrolle führen wird.[96]

Die Frage, welche Auswirkungen eine Beihilfe auf den Wettbewerb bzw. auf den zwischen- 119 staatlichen Handel hat, kann im Prinzip auf zwei unterschiedlichen Ebenen gestellt werden. So stellt sich diese Frage zum einen bei der Untersuchung, ob es sich bei einer Zahlung überhaupt um eine Beihilfe handelt, dh. auf der **Tatbestandsebene.** Zum anderen stellt sich die Frage nach den wettbewerblichen Auswirkungen einer Beihilfe im Rahmen des Abwägungstests, insbesondere in der dritten Stufe des Tests, in der untersucht wird, ob eine Beihilfenzahlung in einem konkreten Fall gerechtfertigt ist, der **Rechtfertigungsebene.** Aus wirtschaftswissenschaftlicher Sicht wäre es sinnvoll, eine ökonomische Analyse der Wirkungen einer staatlichen Zahlung bzw. einer Beihilfe auf beiden Ebenen durchzuführen. Bei einer Beschränkung der ökonomischen Analyse auf die Rechtfertigungsebene besteht die Gefahr, dass staatliche Zahlun-

---

[95] Vgl. RdNr. 43 ff.
[96] Vgl. Monopolkommission, Hauptgutachten 2006/2007, S. 388 RdNr. 109.

gen getätigt werden, da sie mangels unzureichender Analyse auf der Tatbestandsebene nicht als Beihilfen klassifiziert wurden, bzw. nicht getätigt werden, da sie fälschlicherweise als Beihilfen eingestuft wurden, aber den Abwägungstest nicht passiert haben. Im folgenden Abschnitt werden die Möglichkeiten einer ökonomischen Analyse auf der Tatbestands- sowie auf der Rechtfertigungsebene näher beschrieben.

120   **3. Ökonomischer Ansatz auf Tatbestandsebene.** Aus der üblichen Abgrenzung des Beihilfenbegriffs ergibt sich, dass eine Beihilfe nur dann mit dem gemeinsamen Markt unvereinbar ist, wenn infolge der Übertragung staatlicher Mittel eine Begünstigungswirkung eintritt und diese Begünstigung bestimmte Produktionszweige oder Unternehmen selektiv betrifft. Dies ist jedoch nur eine notwendige, aber nicht hinreichende Bedingung für die Unvereinbarkeit einer Beihilfe mit dem Gemeinsamen Markt. Zusätzlich ist erforderlich, dass die Beihilfe den Wettbewerb verfälscht oder zu verfälschen droht und insoweit den Handel zwischen den Mitgliedsstaaten beeinträchtigt.[97] Die genannten Kriterien der selektiven Begünstigung, der Wettbewerbsverfälschung sowie der Handelsbeeinträchtigung können als Ansatzpunkte einer ökonomischen Analyse dienen. Allerdings ist im Zuge der Reform des Beihilfenrechts eine ökonomische Analyse auf der Tatbestandsebene (Art. 107 Abs. 1 AEUV), dh. der Frage nach der Unvereinbarkeit einer Beihilfe mit dem Gemeinsamen Markt, weder im ABS noch in den bisher ergangenen Umsetzungen vorgesehen. Vielmehr soll es – bis auf weiteres – bei der kursorischen Prüfung bleiben, die sogar hinter den Maßstäben des traditionellen Strukturansatzes (form-based approach) zurückbleibt. Dies könnte dazu führen, dass hier eine unter Umständen problematische Lücke vorliegt.

121   Erst wenn festgestellt wurde, dass es sich bei einer Übertragung staatlicher Mittel um eine mit dem Gemeinsamen Markt unvereinbare Beihilfe handelt, wird in einem zweiten Schritt, auf der Ebene der Rechtfertigung (Art. 107 Abs. 3 AEUV), mit dem Abwägungstest eine ökonomische Analyse der Frage durchgeführt, ob die wettbewerbsverfälschenden bzw. handelsbeeinträchtigenden Wirkungen durch die positiven Effekte der Korrektur eines Marktversagens, des Erreichens eines Zieles von gemeinsamem europäischen Interesse oder des Kohäsionsziels mehr als ausgeglichen werden, dh. ob eine Beihilfe ausnahmsweise genehmigt werden kann. Eine weitgehende Beschränkung der ökonomischen Analyse auf die Rechtfertigungsebene ist jedoch problematisch, da das europäische Beihilfenverbot nur dann eingreift und ein Einschreiten der EU-Kommission als Kontrollinstanz rechtfertigt, wenn eine drohende Verfälschung des Wettbewerbs im Binnenmarkt zuvor festgestellt worden ist (Art. 3 Abs. 1 Buchst. b AEUV).

122   Im Rahmen des Beihilfeverbots des Art. 107 Abs. 1 AEUV wird eine vertiefte ökonomische Analyse bislang lediglich beim Merkmal der „Begünstigung" mit dem **„private investor test"** durchgeführt. Mit Hilfe dieses Tests wird überprüft, „... ob ein privater Investor von vergleichbarer Größe wie die Einrichtungen des öffentlichen Sektors unter den gleichen Umständen hätte veranlasst werden können, Kapitalhilfen dieses Umfangs zu gewähren."[98] Wenn dies der Fall ist, dann läge keine Begünstigung vor, da das Unternehmen sich Kapital zu den gleichen Bedingungen am Kapitalmarkt hätte beschaffen können.[99]

123   Anders als das Merkmal der Begünstigung wird das Kriterium der Wettbewerbsverfälschung in der Regel keiner differenzierten ökonomischen Analyse unterzogen. Es wird lediglich eine pauschale sektorspezifische Untersuchung durchgeführt, die deutlich hinter den Maßstäben zurückbleibt, die im europäischen Wettbewerbsrecht noch vor der Einführung einer verfeinerten ökonomischen Betrachtungsweise angewendet wurden. So wird auf eine genaue Abgrenzung des relevanten Marktes, die im Rahmen der Beihilfenkontrolle in modifizierter Form durchgeführt werden müsste, verzichtet.[100] Auch eine „Spürbarkeit" der Wettbewerbsverfälschung wird in der Beihilfenkontrolle – anders als bei der kartellrechtlichen Bestimmung des Artikels 101 AEUV – nicht als ungeschriebenes Merkmal verlangt. Diese Praxis der EU-Kommission wurde in der Vergangenheit von den europäischen Gerichten gedeckt. Die Anforderungen, die die Rechtsprechung an die ökonomische Beweisführung der EU-Kommission im Beihilfenrecht stellt, weicht somit grundlegend von den Regeln ab, die sie insoweit innerhalb der kartellrechtlichen Verbotsbestimmungen – Art. 101, 102 AEUV sowie Art. 2 Abs. 3 FKVO – aufgestellt hat.

124   Auch für den Nachweis einer Beeinträchtigung des grenzüberschreitenden Wettbewerbs und Handels innerhalb des Beihilfentatbestands (Art. 107 Abs. 1 AEUV) muss die EU-Kommission

---

[97] *Schmidt/Schmidt* 226.
[98] EuGH, C-482/99, Slg. 2002, I-4397, RdNr. 70 – Stardust Marine.
[99] Allgemein zum „private investor Test" vgl. *Sühnel* 115 ff.
[100] Zur Abgrenzung des relevanten Marktes im Rahmen der Beihilfenkontrolle vgl. RdNr. 108 ff.

demnach auch künftig weder den Ansprüchen des wirkungsorientierten Ansatzes (effects-based approach) Rechnung tragen, den sie im kartellrechtlichen Bereich anwendet, noch die Anforderungen erfüllen, die im Kartellrecht traditionell nach dem strukturorientierten Ansatz (formbased approach) maßgeblich waren.

Aus ökonomischer Sicht erscheint es daher sinnvoll, auch auf der Tatbestandsebene (Art. 107 **125** Abs. 1 AEUV) sowohl in Bezug auf eine mögliche Wettbewerbsverfälschung sowie auf eine Beeinträchtigung des zwischenstaatlichen Handels eine verfeinerte wirtschaftswissenschaftliche Betrachtungsweise vorzunehmen, wie das auch in den anderen Bereichen der europäischen Wettbewerbspolitik, der Fusionskontrolle und der Missbrauchsaufsicht, inzwischen zum Standard gehört. Hier wäre, nach einer für die Beihilfenkontrolle entsprechend angepassten Marktabgrenzung die objektive Eignung einer Beihilfe zu einer spürbaren Wettbewerbsverfälschung zu prüfen. Diese Vorgehensweise wäre mit einer Beschränkung des Anwendungsbereichs der von der EU-Kommission durchgeführten Beihilfenaufsicht verbunden und müsste durch die Einführung einer komplementären Beihilfenkontrolle auf nationaler Ebene und durch private Klagebefugnisse flankiert werden.

Bei einer ökonomischen Analyse einer möglichen **Wettbewerbsverfälschung** auf Tatbe- **126** standsebene wäre in einem ersten Schritt, ganz analog zur Fusionskontrolle bzw. der Missbrauchsaufsicht, auch in der Beihilfenkontrolle die **Abgrenzung des sachlich und räumlich relevanten Marktes** erforderlich, um die Marktposition des begünstigten Unternehmens festzustellen, wobei die entsprechenden Modifikationen zu berücksichtigen sind. Dies setzt jedoch voraus, dass das individuell begünstigte Unternehmen und das geförderte Projekt bereits feststehen. Wenn dies der Fall ist, so kann ausgehend von der sachlichen und räumlichen Abgrenzung des relevanten Marktes ermittelt werden, ob durch eine Beihilfe eine spürbare Verfälschung des Wettbewerbs bewirkt wird oder eine solche Wettbewerbsverfälschung droht. Hierfür ist es aus ökonomischer Sicht sinnvoll, nach Abgrenzung des relevanten Marktes, die Marktanteile, den entsprechenden Konzentrationsgrad sowie den Herfindahl-Hirschman-Index (HHI) als Indikatoren zur Identifizierung einer Wettbewerbsverfälschung heranzuziehen. In Anlehnung an die Werte, die die EU-Kommission in ihren Leitlinien zur Bewertung horizontaler Zusammenschlüsse genannt hat, könnten als Orientierungsmaßstab eine Marktanteilsschwelle von 25 Prozent und ein HHI von 1000 zugrunde gelegt werden.[101]

Je höher die **Marktkonzentration,** desto wahrscheinlicher ist es, dass der Wettbewerb durch **127** eine Beihilfe an etablierte Unternehmen verfälscht wird, da in einem engen Oligopol eine erhebliche strategische Interdependenz zwischen den Marktteilnehmern besteht. In diesem Fall lässt sich das Vorliegen einer tatbestandlichen Wettbewerbsverfälschung vermuten. Zugleich sind hier die Anreize in der Politik, wettbewerbsverfälschende Beihilfen zu gewähren, besonders hoch. Wird eine Beihilfe einem etablierten marktmächtigen oder marktstarken Unternehmen gewährt, so besteht die Gefahr, dass dieses Unternehmen seine Position gegenüber den Mitbewerbern weiter ausbauen und auf diese Weise seine bestehende Marktmacht vergrößern kann. Weiterhin ist, wie bereits im Zusammenhang mit dem Abwägungstest dargelegt, zu berücksichtigen, dass eine Beihilfe für ein marktstarkes Unternehmen die Durchführung bestimmter Verdrängungspraktiken, wie zB. die Verwendung von Kampfpreisen, erleichtern kann. Schließlich ist zu bedenken, dass eine Beihilfe durch die Errichtung oder Erhöhung von Marktzutrittsschranken den Markteintritt potenzieller Wettbewerber verhindern oder erschweren kann.

Als weiteres Kriterium bei der Analyse einer möglichen Wettbewerbsverfälschung auf Tatbe- **128** standsebene könnte auch der **Grad der Selektivität** der jeweiligen Beihilfenmaßnahme herangezogen werden. Falls die betreffende Beihilfe einen ausgeprägt selektiven Charakter aufweist und nur ein oder sehr wenige Unternehmen betrifft, so ist tendenziell eher von einer Wettbewerbsverfälschung auszugehen. Ist die Selektivität einer Beihilfe hingegen gering, weil zB. alle Unternehmen einer bestimmten Größe oder innerhalb einer bestimmten Region begünstigt werden sollen, so wären die durch die Beihilfenmaßnahme drohenden Wettbewerbsverfälschungen näher zu untersuchen. Wenn derartige Wettbewerbsverfälschungen auch bei geringer Selektivität zu erwarten sind, dann wäre die Beihilfe auf Tatbestandsebene nicht mit dem Gemeinsamen Markt vereinbar, könnte aber gegebenenfalls auf der Rechtfertigungsebene ausnahmsweise genehmigt werden.

Allerdings werden durch das Beihilfenverbot des Art. 107 Abs. 1 AEUV jedoch nicht nur Bei- **129** hilfen an bestimmte Unternehmen oder für bestimmte Projekte erfasst, sondern auch so genannte

---

[101] Vgl. Kom., Leitlinien zur Bewertung horizontaler Zusammenschlüsse gemäß der Ratsverordnung über die Kontrolle von Unternehmenszusammenschlüssen, ABl. 2004 C 3/5 RdNr. 19.

allgemeine Beihilfenregelungen. So ist bei Beihilfenmaßnahmen mit horizontaler Zielsetzung häufig nicht festgelegt, welche Unternehmen aus welchen Branchen begünstigt und welche Märkte konkret betroffen sind. In diesem Fall kann eine Abgrenzung des relevanten Marktes in sachlicher und räumlicher Hinsicht nicht vorgenommen werden. Die Prüfung sollte sich daher auf die Frage beschränken, ob die staatliche Maßnahme geeignet ist, einen spürbaren Eingriff in das Marktgeschehen und den Wettbewerbsprozess im EU-Binnenmarkt zu bewirken.

130   Dabei erscheint es sachgerecht, bei bestimmten Beihilfen von vornherein das Vorliegen einer spürbaren Wettbewerbsverfälschung zu vermuten. Da jedoch das Merkmal der Begünstigung (Selektivität) des Art. 107 Abs. 1 AEUV sehr weit ausgelegt wird, lässt sich eine pauschale Vermutung nicht in allen Konstellationen rechtfertigen. So werden auch Maßnahmen als Beihilfen qualifiziert, die allen Unternehmen einer Region oder einer bestimmten Größe zugutekommen. Entsprechendes gilt für Maßnahmen, die horizontal ausgestaltet sind und Unternehmen aus ganz unterschiedlichen Branchen begünstigen.

131   Im Allgemeinen ist davon auszugehen, dass **Rettungsbeihilfen für Unternehmen, die sich in Schwierigkeiten befinden,** in aller Regel zu einer Wettbewerbsverfälschung führen. So ist die Ursache der Schwierigkeiten in vielen Fällen auf eine produktive Ineffizienz des Unternehmens zurückzuführen, das durch die Rettungsbeihilfe zulasten effizienter Mitbewerber künstlich am Leben erhalten wird. Daher ist hier die Gefahr einer ineffizienten und wettbewerbsverfälschenden Beihilfe als besonders hoch anzusehen. Entsprechendes gilt bei Beihilfen zugunsten von Sektoren, in denen erhebliche Überkapazitäten bestehen **(Umstrukturierungsbeihilfen).** In beiden Fällen besteht eine beachtliche Gefahr, dass durch solche Beihilfen ineffiziente Marktstrukturen erhalten und verfestigt werden. In diesen Fällen könnte im Rahmen des Abwägungstests auf der Ebene der Rechtfertigung genauer untersucht werden, ob die Beihilfe ausnahmsweise infolge eines Marktversagens, wie zB. aufgrund von Anpassungsmängeln oder aus normativen Gründen zulässig ist. Letzteres könnte dann der Fall sein, wenn soziale Gründe, wie zB. der Verlust einer großen Zahl von Arbeitsplätzen in einer Region mit ohnehin geringem Lebensstandard, die Vergabe einer solchen Beihilfe ausnahmsweise rechtfertigen.

132   Es liegt daher nahe, bei allen übrigen Beihilfenformen einen **Spürbarkeitstest** innerhalb des Art. 107 Abs. 1 AEUV durchzuführen. Hierbei könnten Elemente des sogenannten „**significant impact test**" (SIT) verwendet werden, dessen Einführung die EU-Kommission im Jahr 2003 geplant hatte, um sich künftig besser auf die problematischen Wettbewerbsverfälschungen konzentrieren zu können. Der SIT der EU-Kommission ist aufgrund des Widerstands der Mitgliedstaaten nicht eingeführt worden, da sie sich insbesondere nicht auf die darin vorgesehene Positivliste einigen konnten. In dieser Liste wurden bestimmte, vorher festgelegte Branchen aufgeführt, bei denen spürbare grenzüberschreitende Auswirkungen als unwahrscheinlich gelten sollten. Allerdings ist eine derartige Positivliste ein sehr inflexibles Instrument und es besteht die Gefahr, dass relevante Sachverhalte in dieser Liste nicht erfasst sind. Es könnte sich hingegen als sinnvoll erweisen, bestimmte Elemente des SIT bei einer ökonomischen Analyse auf Tatbestandsebene zu verwenden. Dabei könnten die Elemente der Selektivität, der Beihilfenhöhe, der Beihilfenintensität sowie die Art des Vergabeverfahrens Berücksichtigung finden.

133   So wäre tendenziell die Spürbarkeit einer Wettbewerbsverfälschung geringer zu veranschlagen, wenn die Beihilfe nicht von vornherein auf ein bestimmtes Unternehmen oder einen bestimmten Sektor beschränkt ist. Dies gilt auch dann, wenn die Beihilfen, die ein einzelnes Unternehmen innerhalb eines Zeitraums von drei Jahren erhält, den Betrag von 1 Mio. Euro nicht überschreiten. Ebenfalls von einer geringen Spürbarkeit ist auszugehen, wenn die Beihilfe tätigkeitsbezogen vergeben wird und die Beihilfenintensität, dh. der Anteil der Förderung an den Gesamtausgaben des jeweiligen Projekts, nicht mehr als 30 Prozent beträgt. Schließlich sind bei Individualbeihilfen transparente Ausschreibungsverfahren zu verwenden und bei allgemeinen Beihilferegelungen muss die Zuwendung allen Unternehmen zugänglich sein, die bestimmte Kriterien erfüllen.

134   Sollte keiner der skizzierten Vermutungstatbestände zu einem eindeutigen Ergebnis führen, so ist die Frage, ob die jeweilige Maßnahme spürbare grenzüberschreitende Wettbewerbsbeschränkungen hervorruft, im Rahmen einer genaueren Prüfung zu klären. Dabei sind mehrere Faktoren zu berücksichtigen, die sowohl die Beihilfe und ihre Vergabe (Beihilfenkriterien) als auch die relevanten Märkte, die prognostizierbaren Auswirkungen auf den Wettbewerb und die Marktstellung des begünstigten Unternehmens (Marktkriterien) betreffen. Als Beihilfenkriterien sind die Höhe der Beihilfe, ihre Größe im Verhältnis zu den Kosten der geförderten Tätigkeit (Beihilfenintensität) und die Art ihrer Vergabe zu berücksichtigen. Hierbei ist relevant, ob die Beihilfe lediglich einmalig oder wiederholt gewährt wird und ob ein offenes und transparentes

Vergabeverfahren stattgefunden hat. Daneben sind als Marktkriterien das Bestehen von Überkapazitäten, der Marktanteil des begünstigten Unternehmens, die Marktkonzentration, der Marktanteilsabstand zum nächsten Wettbewerber, die Höhe der Markteintrittsbarrieren (erhebliche versunkene Kosten), der Grad seiner vertikalen Verbundenheit, das Maß an Produktdifferenzierung sowie die infolge der Beihilfe zu erwartende Preisentwicklung zu berücksichtigen.

In Bezug auf das Merkmal der **zwischenstaatlichen Handelsbeeinträchtigung** sollte – **135** analog zum Kartellrecht – die „Spürbarkeit" als ungeschriebene Voraussetzung verlangt werden, um zu vermeiden, dass sich der Anwendungsbereich des Art. 107 Abs. 1 AEUV auch auf Sachverhalte von geringer zwischenstaatlicher Bedeutung mit lediglich lokalem Schwerpunkt erstreckt. Dies erscheint sachgerecht, da die Beihilfenkontrolle ebenso wie das Kartellrecht auf den Schutz des Wettbewerbs im Binnenmarkt (Art. 3 Abs. 1 Buchstabe b AEUV) ausgerichtet ist. Lediglich eine begründete Gefahr negativer grenzüberschreitender Auswirkungen vermag somit eine Kontrolle und ein Verbot von Beihilfen auf europäischer Ebene auszulösen.

Zu berücksichtigen ist, dass die europäischen Gerichte für die Auslegung des Beihilfenver- **136** botstatbestands und des darin enthaltenen Merkmals der Wettbewerbsverfälschung letztverbindlich zuständig sind und traditionell sehr geringe Anforderungen an das Vorliegen dieses Kriteriums gestellt haben. Dieses Problem ließe sich durch eine gesetzliche Klarstellung lösen. Es ist jedoch auch denkbar, dass bereits eine veränderte Rechtsanwendungspraxis ausreicht und die europäischen Gerichte ihre traditionelle Rechtsprechung aufgeben. Als Indiz hierfür kann die Entscheidung Le Levant des EuG vom 22. Februar 2006 gelten, in der das Gericht die EU-Kommission ausdrücklich dafür rügte, dass diese in der angefochtenen Negativentscheidung keine nähere Prüfung des Merkmals der Wettbewerbsverfälschung vorgenommen hatte.[102]

Sofern künftig die dargestellten höheren Anforderungen an das Vorliegen der Wettbewerbs- **137** verfälschung ihre Gültigkeit erlangen, könnte eingewandt werden, dass dies für die Mitgliedstaaten die Beurteilung der Frage erschweren könnte, ob eine Maßnahme nach Art. 108 Abs. 3 AEUV anmeldepflichtig ist oder nicht. Dem ließe sich dadurch begegnen, dass im Rahmen des Art. 108 Abs. 3 AEUV die niedrigen Nachweisanforderungen beibehalten werden und nur der EU-Kommission bei Art. 107 Abs. 1 AEUV eine erhöhte Darlegungspflicht auferlegt wird.

4. Ökonomischer Ansatz auf Rechtfertigungsebene. Während bislang auf der Tatbe- **138** standsebene eine nähere ökonomische Analyse einschließlich einer Abgrenzung des relevanten Marktes und einer Untersuchung der Wettbewerbsbedingungen, sowie der Auswirkungen einer Beihilfe auf den Wettbewerb und den zwischenstaatlichen Handel im Grunde nicht erfolgt, ist eine solche Untersuchung im Zuge der Vereinbarkeitsprüfung nach Art. 107 Abs. 3 AEUV auf der Ebene der Rechtfertigung insbesondere im Rahmen des Abwägungstests vorgesehen. Hier sollen künftig komplexe ökonomische Analysen durchgeführt werden, die bisher noch nicht eingesetzt wurden. Dies gilt sowohl für das Kriterium des Anreizeffektes im Rahmen der 2. als auch bei der Abwägung der positiven und negativen Wirkungen einer Beihilfe im Rahmen der 3. Stufe des Abwägungstests. Ein solches Vorgehen könnte sich jedoch als problematisch erweisen, da es in vielen Fällen zu dieser Prüfung gar nicht erst kommen wird. Dies könnte zB. dann der Fall sein, wenn eine Beihilfenmaßnahme bereits die erste oder zweite Stufe des Abwägungstests nicht passiert – weil die Beihilfe zB. kein Marktversagen beseitigt oder aber hierfür nicht geeignet und erforderlich ist. In diesem Fall wird der Abwägungstest bereits vor der ökonomischen Analyse der wettbewerblichen Auswirkungen einer Beihilfenmaßnahme abgebrochen. Es sind daher auch künftig Fälle denkbar, in denen die EU-Kommission eine Beihilfenmaßnahme untersagt, ohne dass ihre wettbewerbsverfälschende Wirkung im EU-Binnenmarkt untersucht worden wäre. Dies erscheint problematisch, da die EU-Kommission nach dem Schutzzweck der Art. 107 ff. AEUV überhaupt nur dann zur Ausübung der Beihilfenkontrolle legitimiert ist, wenn der Wettbewerb im europäischen Binnenmarkt durch die Beihilfe beeinträchtigt wird.

Es wäre daher, wie bereits oben (RdNr. 97–119) dargelegt, auch aus ökonomischer Sicht zu **139** erwägen, ob bereits auf der Tatbestandsebene bei der Prüfung einer Wettbewerbsverfälschung untersucht werden sollte, ob ein Marktversagen vorliegt und ob eine Beihilfe das geeignete und erforderliche Mittel zur Korrektur dieses Marktversagens darstellt. Wenn dies der Fall ist, dann wird die Wettbewerbssituation im Ergebnis regelmäßig nicht verschlechtert, sondern es ist mit einer Verbesserung der wettbewerblichen Rahmenbedingungen zu rechnen. In vielen Fällen, in denen ein – vermeintliches – Marktversagen beseitigt werden soll, droht jedoch ein Staatsversagen aufgrund von Fehlprognosen mit der Folge, dass die bestehende Wettbewerbssituation ver-

---

[102] EuG, T 34/02, Slg. 2006, II-267, RdNr. 127 – Le Levant/Kommission.

schlechtert wird (Second-best Problem).[103] Aufgrund der hierdurch drohenden überoptimalen staatlichen Eingriffsintensität erscheint es sachgerecht, die Beweislast für das Vorliegen eines spezifischen Marktversagens den Mitgliedstaaten aufzuerlegen und daher – wie von der EU-Kommission praktiziert – das Vorliegen des Marktversagens erst auf der Rechtfertigungsebene näher zu untersuchen. Das Vorliegen des Merkmals der Wettbewerbsverfälschung auf Tatbestandsebene wäre demnach zu bejahen, wenn die Beihilfe geeignet ist, spürbar in den grenzüberschreitenden Wettbewerbsprozess einzugreifen und das Verhalten der Marktteilnehmer und ihre Investitionsentscheidungen in eine erheblich andere Richtung zu lenken. Dem Marktversagenskriterium kommt demnach auf Rechtfertigungsebene eine vergleichbare Funktion zu wie dem Effizienzeinwand innerhalb des europäischen Kartellverbots (Art. 101 Abs. 3 AEUV).

140   **5. Ökonomische Probleme bei der Beurteilung der Wirkung von Beihilfen.** Es wurde bereits oben (RdNr. 79–89) darauf hingewiesen, dass zwischen der Beihilfenkontrolle und den anderen Bereichen der Wettbewerbspolitik gravierende Unterschiede vorliegen, die zu Problemen führen können, die sich in den anderen Bereichen der Wettbewerbspolitik nicht oder nicht in einem vergleichbaren Ausmaß finden. Es handelt sich dabei erstens um das Finanzierungsproblem und zweitens um das so genannte ,second best' Problem. Hinzu kommen noch einige Schwierigkeiten, die mit dem durch Beihilfen induzierten Standortwettbewerb und der allgemeinen Wirtschaftspolitik zusammenhängen.

141   **a) Finanzierung von Beihilfen.** Bei staatlichen Beihilfen handelt es sich um einen Transfer, bei dem einer Gruppe von Wirtschaftssubjekten, den Steuerzahlern, durch die Erhebung einer Steuer Einkommen entzogen wird und dieses Geld einer anderen Gruppe, zB. den begünstigten Unternehmen oder Regionen, zugeteilt wird. Dieser Unterschied zwischen der Vergabe von Beihilfen und der Fusionskontrolle und auch der Missbrauchsaufsicht führt zu einer Reihe zusätzlicher Schwierigkeiten in der Beurteilung der Wohlfahrtsaspekte staatlicher Beihilfen, die in den anderen Bereichen der Wettbewerbspolitik nicht auftreten.

142   Wenn Beihilfen durch Steuern finanziert werden, dann wird sich durch die Erhebung dieser Steuern in der Regel das Verhalten der Wirtschaftssubjekte verändern, da sie andere Entscheidungen treffen als wenn diese Steuern nicht erhoben würden. Daraus resultieren im Allgemeinen Ineffizienzen und damit auch Wohlfahrtsverluste. Diese Wohlfahrtsverluste werden in der Literatur als **„Schattenkosten der Besteuerung"** bezeichnet. Wie einige neuere Untersuchungen gezeigt haben, können diese Wohlfahrtsverluste recht erheblich sein.[104] Zwar wird eine solche Steuer bei jedem einzelnen Steuerzahler nur einen geringen Effekt auslösen, aber insgesamt können Änderungen im Faktorangebot resultieren, die zu Wohlfahrtsverlusten führen, die weit über bisherige Schätzungen hinausgehen.

143   Daher sind im Rahmen einer wohlfahrtstheoretischen Beurteilung staatlicher Beihilfen zwei Seiten zu berücksichtigen: die **Einnahmen- und die Ausgabenseite.**[105] Dies wird in der wirtschaftswissenschaftlichen Literatur zur Beihilfenkontrolle auch weithin akzeptiert. So wurde beispielsweise konstatiert: „Last but not least, it must be borne in mind that the government's expenditure in implementing the policy has to be financed and this is likely to lead to some loss of efficiency in other parts of the economy."[106] Die Effekte der Steuerfinanzierung von Beihilfen sollten daher bei der Beurteilung berücksichtigt werden: „As a result we propose that the opportunity costs of funding, that is, both the direct cost of the subsidy and the deadweight loss due to distortionary taxes, need to be included in the standard of state aid."[107] Hierzu wird der folgende Vorschlag gemacht: „Governments should undertake efforts to measure the shadow costs of using funds for State aid and require a level of benefits of State aid that is above the identified costs."[108] Auch im ASB wird die Einnahmeseite erwähnt: „Letztlich sind es die Steuerzahler, die die staatlichen Beihilfen finanzieren müssen, die ihrerseits Alternativkosten verursachen. Die Vergabe öffentlicher Mittel an Unternehmen bedeutet, dass öffentliche Mittel aus anderen Politikbereichen abgezogen werden."[109]

---

[103] Vgl. hierzu RdNr. 149 ff.

[104] Vgl. zB. *Parry/Oates* 3; *Browning* 129–144.

[105] Zum Problem der Berücksichtigung der Finanzierungsseite von Beihilfen vgl. *Schwalbe,* Welfare Effects of Financing State Aid, 53–54.

[106] *Meiklejohn* 9.

[107] *Friederiszick/Röller/Verouden* 645.

[108] *Nitsche/Heidhues* 13.

[109] Kom., Aktionsplan Staatliche Beihilfen. Weniger und besser ausgerichtete staatliche Beihilfen - Roadmap zur Reform des Beihilferechts, KOM(2005) 107 endg. RdNr. 8.

Allerdings beschränken sich die Autoren zumeist auf die Erwähnung dieser Probleme. Zwar **144** werden einige **empirische Schätzungen der Finanzierungskosten staatlicher Beihilfen** angeführt, aber ansonsten werden diese Kosten bei der Wohlfahrtsanalyse weitgehend ignoriert. Hinzu kommt, dass die vorliegenden Schätzungen der Schattenkosten der Besteuerung nicht direkt auf das Problem staatlicher Beihilfen in der europäischen Union übertragen werden können, da die zugrunde liegenden Daten in einem Modellrahmen gewonnen wurden, der für die Beurteilung der Gesamteffekte staatlicher Beihilfen nicht geeignet ist.[110] Die zugrunde liegenden Daten stammen aus anderen Ländern (e.g. USA, Neuseeland, Australien) mit anderen institutionellen Rahmenbedingungen.

Wenn man jedoch die Wohlfahrtsverluste aufgrund der Finanzierung staatlicher Beihilfen **145** durch Steuern systematisch unterschätzt oder gar ignoriert, dann läuft man Gefahr, die **positiven Effekte staatlicher Beihilfen auf die Wohlfahrt zu überschätzen** und bei der Vergabe von Beihilfen zu großzügig zu verfahren. Um also zu einer ökonomisch sinnvollen Abschätzung der Wohlfahrtseffekte von Beihilfen zu kommen, ist auf die Finanzierungsseite das gleiche Gewicht zu legen wie auf die Ausgabenseite. Leider ist dies bislang nicht der Fall. So konstatieren *Heidhues/Nitsche* in ihrem ausführlichen Gutachten: „While theoretically and empirically very relevant, there is little explicit use of the shadow costs in theoretical models and practical appraisal in the context of State aid control."[111]

Es wäre daher zu erwägen, auch diese Schattenkosten der Besteuerung bei der Beurteilung der **146** Wirkungen von Beihilfen stärker zu berücksichtigen. Hierzu könnten Verfahren herangezogen werden, die bei der Untersuchung von Steuerwirkungen schon häufig verwendet wurden und die es erlauben, eine Abschätzung der Wirkungen staatlicher Einnahmen und Ausgaben vorzunehmen. Es handelt sich dabei um so genannte „berechenbare allgemeine Gleichgewichtsmodelle" (computable general equilibrium (CGE) Modell).[112] Diese quantitativen Modelle erlauben es, die Größenordnung der Auswirkungen wirtschaftspolitischer Maßnahmen abzuschätzen. Außerdem wird in diesen Modellen nicht nur ein einzelner Markt betrachtet, sondern es wird ein quantitatives Modell einer gesamten Volkswirtschaft (oder auch mehrerer durch Handel miteinander verbundener Volkswirtschaften wie zB. der Europäischen Gemeinschaft) konstruiert.

Mit Hilfe eines CGE-Modells können im Prinzip, ganz analog zu den Simulationsmodellen **147** in der Fusionskontrolle, die gesamten Auswirkungen einer staatlichen Beihilfe, dh. sowohl auf die Unternehmen, die Konsumenten und die Steuerzahler abgeschätzt werden: „This provides an ideal framework for appraising the effects of policy changes on resource allocation and for assessing who gains and who loses."[113] Aufgrund der Tatsache, dass es sich bei staatlichen Beihilfen um Transfers handelt, sind hierzu einfache partialanalytische Modelle, wie sie bei der Simulation von Fusionen eingesetzt werden, nicht ausreichend. Würde man sich bei der Ermittlung der Wohlfahrtswirkungen einer staatlichen Beihilfe nur darauf beschränken, die Ausgabenseite der beiden Szenarien „mit Beihilfe" und „ohne Beihilfe" zu betrachten, käme man in der Regel zu einer falschen Einschätzung der Wohlfahrtseffekte. Eine Situation mit einer Beihilfe müsste dann verglichen werden mit einer Situation ohne Beihilfe, in der der entsprechende Betrag für andere Zwecke verwendet wird. Dabei könnte es sich um eine andere Beihilfe handeln, aber auch um Ausgaben für Infrastruktur oder Bildung. Schließlich wäre auch eine Steuersenkung oder eine Verringerung des staatlichen Budgetdefizits zu betrachten. Eine einfache Partialanalyse ist hierfür nicht ausreichend, selbst wenn man die Schattenkosten der Besteuerung bei den Überlegungen berücksichtigt, denn auch die Rückkopplungseffekte steuerfinanzierter staatlicher Beihilfen sind zu beachten. Genau dies gilt es aber auch bei Fragen der Wohlfahrtswirkungen staatlicher Beihilfen abzuschätzen.

Natürlich wäre es wenig hilfreich, zu versuchen, für jede einzelne Beihilfe ein eigenständiges **148** Modell zu entwickeln, denn der hierzu erforderliche Aufwand wäre erheblich. Allerdings könnten solche Ansätze dazu herangezogen werden, um die im Abwägungstest vorgesehene Obergrenze der Beihilfenhöhe festzulegen, ab der eine detaillierte Untersuchung der Kommission einsetzt. CGE-Modelle erlauben eine bessere Einschätzung der Wohlfahrtskosten der Finanzie-

---

[110] Die angeführten Schätzungen stammen aus partialanalytischen Modellen, dh. solchen Modellen, die sich mit der Analyse eines einzelnen Marktes befassen. Hier jedoch wäre ein Ansatz vorzuziehen, der alle Märkte berücksichtigt. Vgl. *Parry/Oates* 9.

[111] *Nitsche/Heidhues* 70.

[112] Für eine Einführung in diese Thematik vgl. das ältere aber dennoch instruktive Buch von *Shoven/Whalley* 37; oder die neuere Einführung von *Munk*.

[113] *Shoven/Walley* 1.

rung staatlicher Beihilfen im Vergleich zu einer simplen, projektbezogenen Kosten-Nutzen Analyse, die in der Regel die Finanzierungskosten unterschätzt. Es ist zu vermuten, dass in Ansehung der Wohlfahrtsverluste aufgrund der Finanzierung der Beihilfen durch verzerrende Steuern diese Grenze niedriger ist als bisher vermutet.

149   **b) Second-Best Probleme.** Neben den genannten Schwierigkeiten einer ökonomischen Analyse von Beihilfen stellt sich insbesondere in der Beihilfenkontrolle ein weiteres konzeptionelles Problem, das in den meisten der bisher vorgelegten wirtschaftstheoretischen Studien bestenfalls in Fußnoten erwähnt wird, obwohl es die Vergabe von Beihilfen insgesamt problematisch erscheinen lässt. Diese Probleme werden in der Wirtschaftstheorie als ‚second-best' Probleme bezeichnet auf die die Theorie des „Zweitbesten" (second-best theory) aufmerksam gemacht hat. Diese geht zurück auf einen Aufsatz von *Lipsey* und *Lancaster* zur Theorie des allgemeinen Gleichgewichts.[114] Dort untersuchen sie Volkswirtschaften, in denen, zB. aufgrund von externen Effekten oder anderweitigen Restriktionen, nicht alle Bedingungen für ein Pareto-Optimum erfüllt sind, sondern zumindest eine nicht gilt. In diesem Fall ist es aus wohlfahrtstheoretischer Sicht nicht sinnvoll, zu versuchen, alle übrigen Bedingungen für ein Pareto-Optimum zu gewährleisten, sondern es könnte eine höhere Wohlfahrt erreicht werden, wenn auch eine oder mehrere andere Bedingungen nicht mehr sichergestellt sind. Anders ausgedrückt: Bei Vorliegen mehrerer allokativer Verzerrungen führt die Beseitigung einer Verzerrung in der Regel nicht zu einer Pareto-Verbesserung.

150   Wenn also aufgrund eines externen Effektes die Optimalitätsbedingungen für ein Wettbewerbsgleichgewicht nicht erfüllt sind und gleichzeitig, zB. aufgrund asymmetrischer Information, ebenfalls eine allokative Verzerrung vorliegt, könnte die **Beseitigung der ineffizienten Allokation aufgrund des externen Effekts zu einer Wohlfahrtssenkung** führen, wenn der externe Effekt gleichsam als Gegengewicht zur Ineffizienz gewirkt hat, die durch die asymmetrische Information hervorgerufen wurde. Durch seine Beseitigung bzw. Reduzierung wird dieses Gegengewicht verringert und dadurch die Wohlfahrt reduziert. Die Beseitigung eines Marktversagens durch eine Beihilfe bedeutet daher nicht notwendigerweise, dass sich dadurch die Wohlfahrt erhöht. Der Versuch, durch eine Beihilfe eine bessere, effizientere Allokation herbeizuführen und eine größere Wohlfahrt zu erreichen, kann das genaue Gegenteil bewirken.

151   Diese Tatsache ist in der Wirtschaftstheorie schon seit langem bekannt und wird in der ökonomischen Literatur zur Beihilfenkontrolle bisweilen erwähnt. So schreibt zB. *Gual* (2000): „... government intervention to achieve the social optimum is subject to the usual caveats of second-best analysis. If other distortions are present in the economy, there is no guarantee that social welfare is increased ...".[115] Allerdings beschränkt sich die Diskussion des second-best Problems auf seine Erwähnung. Der Grund liegt vor allem darin, dass für eine fundierte Analyse des Problems nicht nur eine Betrachtung desjenigen Marktes erforderlich ist, auf dem ein Marktversagen vorliegt, sondern gleichzeitig eine Analyse aller anderen Märkte in der Volkswirtschaft bzw. sogar aller Märkte des integrierten Marktes vorgenommen werden muss. Dies ist jedoch aufgrund der großen Komplexität des Problems einerseits und der erheblichen Datenverfügbarkeits- und Messbarkeitsprobleme andererseits nicht lösbar.

152   Nur wenn das durch eine Beihilfe beseitigte oder reduzierte Marktversagen ein vergleichsweise geringes Ausmaß hat, wäre davon auszugehen, dass die second-best Probleme vernachlässigbar sind, denn dann werden sie keine starke ausgleichende Wirkung hinsichtlich etwaiger Unvollkommenheiten auf anderen Märkten haben. Dies bedeutet jedoch gleichzeitig, dass eine Beihilfe keine bedeutenden wohlfahrtserhöhenden Wirkungen aufweisen wird, denn die Beseitigung einer geringen Marktunvollkommenheit hat in der Regel auch nur geringe wohlfahrtserhöhende Effekte. Daher stellt sich also das folgende Problem: Wenn durch eine Beihilfe ein signifikantes Marktversagen beseitigt oder stark reduziert wird, dann ist damit zu rechnen, dass auch erhebliche second-best Probleme vorliegen. Wenn dies jedoch nicht der Fall ist, dann werden Beihilfen im Allgemeinen auch keine großen Wohlfahrtserhöhungen bewirken können. Wie dieses Problem in der praktischen Anwendung gelöst werden kann, ist unklar. Vermutlich wird man unterstellen müssen, dass second-best Probleme nicht vorliegen oder von untergeordneter Bedeutung sind.

153   **c) Auswirkungen auf den Standortwettbewerb und die Wirtschaftspolitik.** Ein weiteres Problem neben der Finanzierung von Beihilfen und der second-best Problematik sind un-

---

[114] *Lancaster/Lipsey* 11.
[115] *Gual* 15.

erwünschte Auswirkungen einer zentralen Beihilfenkontrolle auf den Standortwettbewerb zwischen Mitgliedstaaten und Regionen, sowie allgemein auf die Wirtschaftspolitik der einzelnen Mitgliedstaaten. Wenn man davon ausgeht, dass nicht nur der Wettbewerb zwischen Unternehmen, sondern auch der Systemwettbewerb zwischen den Mitgliedstaaten und Regionen positive Auswirkungen hat, stellt sich die Frage, ob es aus ökonomischer Sicht sinnvoll ist, durch die Übertragung der Beihilfenaufsicht an die EU-Kommission den Mitgliedstaaten und Regionen die Vergabe von (Ansiedlungs-)Beihilfen als Wettbewerbsparameter weitgehend zu entziehen. Aus der ökonomischen Theorie ist bereits seit langem bekannt, dass die freie Standortwahl von Unternehmen, vor allem in Märkten mit unvollständigem Wettbewerb, in aller Regel nicht zu einer effizienten räumlichen Verteilung der Unternehmen führt.[116] Die Vergabe entsprechender Ansiedlungsbeihilfen könne dazu beitragen, dass Unternehmen bzw. Investoren bessere, dh. effiziente Standortentscheidungen treffen.

Die neue politische Ökonomie zeigt, dass politische Entscheidungsträger in aller Regel ein gro- **154**
ßes Interesse daran haben, dass sich Unternehmen in ihren Jurisdiktionen ansiedeln. Dadurch werden Arbeitsplätze geschaffen, die Steuerbasis wird vergrößert und die Wiederwahlchancen der Entscheidungsträger werden erhöht. Auf der Nachfrageseite suchen mobile Unternehmen möglichst günstige Standortbedingungen, unter denen mit geringen Kosten produziert werden kann und die hergestellten Güter und Dienstleistungen leicht abgesetzt werden können. **Ansiedlungsbeihilfen** sind daher ein wirksames Instrument, die positiven externen Effekte einer solchen Ansiedlung, insbesondere in Form von Agglomerationsvorteilen, die eine Unternehmensansiedlung in einer bestimmten Region auslösen, zu berücksichtigen und zu internalisieren. Je nachdem, welche Charakteristika das ansiedlungswillige Unternehmen und die betreffende Region aufweisen, können diese positiven Externalitäten unterschiedlich groß sein. Aus ökonomischer Sicht ist es daher effizient, dass politische Entscheidungsträger die Möglichkeit haben, eine Preisdifferenzierung durch Beihilfen in Form unterschiedlich großer Rabatte auf Steuerzahlungen, durchzuführen. Im Standortwettbewerb kann sich dann der Mitgliedstaat bzw. die Region durchsetzen, für die die Unternehmensansiedlung den größten Wohlfahrtsgewinn verspricht.[117]

Weiterhin ist zu berücksichtigen, dass Unternehmen im Falle einer Ansiedlung häufig lang- **155**
fristige **standortspezifische Investitionen** tätigen müssen, wie zB. bei Infrastrukturanbietern im Energie-, Transport- oder Telekommunikationsbereich. Diese standortspezifischen Investitionen sind als versunkene Kosten zu betrachten. In diesen Fällen besteht die Gefahr, dass der betreffende Hoheitsträger nach getätigter standortspezifischer Investition die Rahmenbedingungen für das Unternehmen – etwa in Form nachträglicher Steuererhöhungen oder anderer regulierender Eingriffe – nachteilig verändert. Es handelt sich hier um ein so genanntes **hold-up-Problem**. Das Unternehmen, das ein solches Verhalten seitens des Hoheitsträgers antizipiert, wird sich daher entweder nicht ansiedeln oder eine geringere als die effiziente Menge an standortspezifischen Investitionen durchführen. Eine Ansiedlungsbeihilfe kann daher als Instrument zur Absicherung spezifischer Investitionen gegen spätere Verschlechterung und Ausbeutung durch den jeweiligen Hoheitsträger aufgefasst werden. Sie kann auf diese Weise zu effizienten standortspezifischen Investitionen beitragen.

Allerdings kann ein hold-up-Problem auch auf Seiten des begünstigten Unternehmens vor- **156**
liegen. Dies könnte zB. dann der Fall sein, wenn es ein mit zunehmender Größe wachsendes Drohpotenzial dahingehend aufbauen kann, aus der Region abzuwandern und dadurch die Zahl der Arbeitsplätze in der Region signifikant zu verringern. Welche der beiden Seiten über ein höheres Drohpotenzial verfügt, hängt in erster Linie von der Spezifität/Irreversibilität der getätigten Investitionen ab. Ein Unternehmen, das erheblich in standortspezifische Einrichtungen investiert hat (zB. in Infrastrukturen), kann nur in sehr begrenztem Umfang glaubwürdig mit einer Abwanderung drohen.

Weiterhin stellt sich die Frage, warum die Vergabe von Ansiedlungsbeihilfen, bei der es sich **157**
nur um einen aus einer Vielzahl möglicher Parameter im Standortwettbewerb handelt, einer **Aufsicht durch die EU-Kommission** unterworfen sein sollte. Der Standortwettbewerb wird durch die Beihilfenaufsicht der EU nur auf andere Parameter der Wirtschafts- und Industriepolitik – wie den Ausbau von physischer Infrastruktur, die kostenlose oder subventionierte Ausbildung von Arbeitskräften, baurechtliche Vorschriften etc. – verlagert.

---

[116] Vgl. zB. *Hotelling* 47–48 und *d'Aspremont/Gabszewicz/Thisse* 1149. Man spricht in diesem Zusammenhang vom Prinzip der minimalen bzw. maximalen Differenzierung, dh. bei freier Standortwahl werden sich die Unternehmen entweder zu dicht bei einander oder zu weit voneinander entfernt ansiedeln.

[117] Zur Bedeutung von Beihilfen im Standortwettbewerb vgl. *Haucap/Hartwich* 114 ff.

158   Diese extreme Form des Systemwettbewerbs, wonach (Ansiedlungs-)Beihilfen einen zulässigen Wettbewerbsparameter der Standorte bilden und keiner vorgelagerten Kontrolle unterliegen, wäre in der Praxis allerdings nur dann voll funktionsfähig, wenn die Beihilfen auch vollständig von dem Mitgliedstaat bzw. der Region finanziert werden, die die Beihilfe gewährt (fiskalische Äquivalenz).[118] Weiterhin darf eine Region bei finanziellen Schwierigkeiten keinen Ausgleich durch einen anderen Hoheitsträger erhalten, dh. die Budgetrestriktion der Region muss „hart" sein. Andernfalls besteht zum einen die Gefahr, dass die Kosten, die mit der Ansiedlung eines Unternehmens verbunden sind, auf andere Hoheitsträger überwälzt würden und zum anderen könnte eine Region zu hohe Beihilfen vergeben, so dass Unternehmen aufgrund dieser überhöhten Ansiedlungsbeihilfen ineffiziente Standortentscheidungen treffen.

159   Das Prinzip der fiskalischen Äquivalenz ist allerdings kaum zu realisieren. Unklar ist schon, auf welcher Ebene es zB. in Deutschland verwirklicht werden soll: In der einzelnen Gemeinde, in Teilen eines Bundeslandes, in einem Bundesland insgesamt, in mehreren Bundesländern (zB. in Norddeutschland) oder im gesamten Bundesgebiet. Angenommen, das einzelne Bundesland wäre die maßgebliche Bezugsgröße, so wäre das Problem damit nicht gelöst, denn Quersubventionierungen innerhalb eines Bundeslandes wären unproblematisch, während Quersubventionierungen zwischen Bundesländern unzulässig wären. Im Standortwettbewerb müsste dann jedes Bundesland selbst die steuerliche Belastung festlegen und über Zuwendungen an Investoren entscheiden.[119] Ein derartiger freier Beihilfenwettbewerb der Bundesländer wäre jedoch mit der Finanzverfassung des Grundgesetzes nicht vereinbar: Soweit Steuern gemäß Art. 106 GG als gemeinsame Steuern auch den Ländern zustehen – und dies gilt mit Einkommen-, Körperschaft- und Umsatzsteuer für den größten Teil des Steueraufkommens – hat der Bund gleichwohl die (konkurrierende) Gesetzgebungszuständigkeit mit der Folge einer einheitlichen Besteuerung, die gerade nicht nach dem Sitzland des Steuerpflichtigen entscheidet. Auch der zwingend vorgeschriebene Länderfinanzausgleich gemäß Art. 107 Abs. 2 GG steht der Verwirklichung der fiskalischen Äquivalenz entgegen. Die Politik ist auch in der EU zur Redistribution zwischen den Regionen verpflichtet. Die am stärksten benachteiligten Gebiete werden gemäß Art. 174 ff. AEUV im Interesse des wirtschaftlichen und sozialen Zusammenhalts der Union gefördert. Hier finden verteilungspolitisch motivierte Zahlungsströme in erheblicher Größenordnung (häufig in Form von EU-Subventionen) statt.

160   Darüber hinaus besteht bei der Vergabe von Ansiedlungsbeihilfen die **Gefahr von Fehlprognosen,** dh. die erwarteten positiven Auswirkungen unterscheiden sich von den tatsächlichen. Während eine Unterschätzung der positiven Auswirkungen eher als unproblematisch einzuschätzen sein dürfte, könnte sich ein Ausbleiben oder ein unerwartet geringes Ausmaß an erhofften positiven Auswirkungen als problematisch erweisen. Zwar ließe sich dieses Prognoserisiko theoretisch dadurch verringern, dass bei einem Ausbleiben der vermuteten positiven Auswirkungen für die Region eine Rückzahlung der gewährten Beihilfen erfolgt. Die Konkretisierung und Umsetzung einer solchen Rückzahlungsverpflichtung ist jedoch nur möglich, soweit sie Garantien zum Gegenstand hat, die im eigenen Verantwortungsbereich des Beihilfenempfängers liegen, wie etwa die Zusage, eine bestimmte Anzahl von Arbeitsplätzen zu schaffen. Sie kann dagegen nicht die externen tatsächlichen Auswirkungen einbeziehen, die die jeweilige Neuansiedlung in der Region insgesamt hervorruft, da diese nur schwer quantifizierbar und nicht exakt prognostizierbar ist. Ineffizient hohe Ansiedlungsbeihilfen können auch daraus resultieren, dass die politischen Entscheidungsträger bei der Beihilfenvergabe eigennützig (zB. im Hinblick auf eine bevorstehende Wahl) handeln und infolgedessen kurzfristig angelegte populistische Maßnahmen ergreifen und Partikularinteressen fördern.

161   Weil das Prinzip der fiskalischen Äquivalenz unter den gegebenen gesetzlichen Rahmenbedingungen nicht hinreichend verwirklicht werden kann und die mit Prognoseproblemen belastete Vergabe von Beihilfen grenzüberschreitende Wettbewerbsverzerrungen auf Güter- und Dienstleistungsmärkten auslösen kann, scheint es aus ökonomischer Sicht gegenwärtig nicht sinnvoll, die Kontrolle über Ansiedlungsbeihilfen aufzugeben. Zu berücksichtigen ist dabei auch, dass das Beihilfenverbot des Art. 107 Abs. 1 AEUV nicht absolut gilt, sondern den Mitgliedstaaten eine Gewährung von Ansiedlungsbeihilfen im bestehenden System nicht von vornherein verwehrt ist. Allerdings könnte es sich aus ökonomischer Sicht als vorteilhaft und effizienzsteigernd erweisen, die positiven Auswirkungen, die ein Standortwettbewerb für Neuansiedlungen von Unternehmen bewirkt, stärker als bisher zu berücksichtigen.

---

[118] Monopolkommission, Hauptgutachten 2006/2007, S. 351 RdNr. 942.
[119] Ibid.

Wettbewerbsverfälschungen zwischen Mitgliedstaaten können nicht nur durch selektiv wir- **162** kende Beihilfen wie zB. Ansiedlungsbeihilfen, sondern auch durch **allgemeine wirtschaftspolitische Maßnahmen** hervorgerufen werden. In der Literatur findet sich daher der Vorschlag, diese Wettbewerbsverfälschungen der EU durch eine vollständige Harmonisierung der wirtschaftspolitischen Regeln, insbesondere der nationalen Regulierungen (Arbeitsmarktpolitik, Umwelt- und Produktstandards, Gesellschaftsrecht), der Unternehmenssteuern und der Staatsausgaben, zu beseitigen. Ein Verbot staatlicher Beihilfen auf europäischer Ebene sei nicht ausreichend, vielmehr sei darüber hinausgehend die umfängliche Durchsetzung eines „level playing field" anzustreben. Dies könne dazu beitragen, nationalstaatlich verursachte, künstliche Wettbewerbsverfälschungen zu beseitigen, und es den Unternehmen ermöglichen, die Kostenvorteile der Produktion bestmöglich auszunutzen und die Wohlfahrt im europäischen Binnenmarkt zu maximieren.[120]

Eine Rechtsangleichung kann in Teilbereichen ein sinnvolles Instrument darstellen, etwa **163** wenn hierdurch die Transaktionskosten bei Sachverhalten mit grenzüberschreitendem Bezug erheblich verringert werden. Eine flächendeckende Harmonisierung innerhalb der EU ist problematisch, da andernfalls jeglicher Systemwettbewerb zwischen den Mitgliedstaaten und den Regionen in der EU ausgeschlossen würde und der Umstand unberücksichtigt bliebe, dass in den Mitgliedstaaten unterschiedliche Gewohnheiten und Präferenzen in Bezug auf die Ausgestaltung der wirtschaftspolitischen Rahmenbedingungen vorhanden sind. Im Rahmen des Systemwettbewerbs stehen Institutionen im Wettbewerb um leistungs- und wertschöpfungsstarke mobile Faktoren wie Unternehmen, Finanzkapital und mobile Arbeitskräfte.[121] Die wirtschaftspolitischen Parameter, die den Staaten und Regionen zur Verfügung stehen, um mobile Faktoren anzuziehen bzw. deren Abwanderung zu verhindern, setzen sich aus öffentlichen Leistungen wie Infrastruktur, Lohnniveau, Ausbildungs- und Technologiestand sowie Produktregulierung einerseits und den zur Finanzierung erhobenen Steuern und Abgaben andererseits zusammen. Systemwettbewerb kann dazu beitragen, die tatsächlichen Präferenzen der Nachfrager, also der Entscheidungsträger über mobile Faktoren, im Hinblick auf das staatlich angebotene Steuer-Leistungs-Paket aufzudecken.

Darüber hinaus eröffnet der Systemwettbewerb – unabhängig von der Mobilität der Fak- **164** toren – die Möglichkeit, verschiedene Konzepte zur Lösung gesellschaftspolitischer Probleme im Wege eines Ideenwettbewerbs zu erproben und miteinander zu vergleichen. Im Sinne eines Entdeckungsverfahrens bestehen für die politischen Akteure im Systemwettbewerb Anreize, attraktive institutionelle Regelungen zu entwickeln und überflüssige Regulierungen und bürokratische Hürden abzubauen.[122] Von der Konkurrenz anderer Hoheitsträger kann ein heilsamer Reformdruck ausgehen. Eine vollständige Harmonisierung der wirtschaftspolitischen Rahmenbedingungen innerhalb der EU, wie sie bisweilen gefordert wird, ist daher aus ökonomischer Sicht abzulehnen, da sie den interjurisdiktionellen Wettbewerb ausschalten würde.

6. Einzelfallanalysen vs. Per-se-Regeln. Die Frage, ob aus ökonomischer Sicht bei der **165** Beihilfenvergabe eine Einzelfallanalyse durchgeführt werden sollte oder ob eine per-se-Regelung vorzugswürdig erscheint, ist eng mit der Frage nach einem wirkungsbasierten Ansatz (effectsbased approach) in der Beihilfenkontrolle im Vergleich zu einer an der Form der Beihilfen orientierten Herangehensweise (form-based approach) verknüpft. Wie bereits oben (RdNr. 95 ff.) dargelegt wurde, können unterschiedliche Arten von Beihilfen die gleiche Wirkung, gleiche Beihilfen jedoch, abhängig von der spezifischen Situation, unterschiedliche Wirkungen zeitigen. Aufgrund dieser Tatsache wäre aus ökonomischer Sicht ein Ansatz zu bevorzugen, der sich am konkreten Einzelfall orientiert. Allerdings ist zu berücksichtigen, dass eine Überprüfung jeder einzelnen Beihilfe hinsichtlich ihrer Auswirkungen mit immensen Kosten verbunden wäre. Ein vollständiger Verzicht auf per-se Regelungen und Vermutungstatbestände in der europäischen Beihilfenkontrolle ist daher nicht sinnvoll. Vorzugswürdig erscheint eine geeignete **Kombination aus per-se Regelungen einerseits und Einzelfallanalysen andererseits**, wobei als diejenigen Beihilfen von einer Einzelfallanalyse auszunehmen sind, bei denen in aller Regel nicht mit signifikanten negativen Wirkungen gerechnet werden muss.

Diese Kombination ist durch den ASB und die damit verbundenen Umsetzungsmaßnahmen **166** in sinnvoller Weise erreicht worden, so dass sich eine dreigliedrige Struktur der Beihilfenkon-

---

[120] Vgl. Monopolkommission, Hauptgutachten 2006/2007, S. 349 RdNr. 937.
[121] Vgl. Monopolkommission, Sondergutachten 27, 1998, S. 16 ff.
[122] Zum Systemwettbewerb als Entdeckungsverfahren vgl. Monopolkommission, Sondergutachten 27, 1998, S. 18 ff.

trolle ergibt. Für Beihilfen von geringer Höhe gilt die erweiterte De-Minimis-Verordnung, die klare und einfach zu handhabende Regeln enthält. Gemäß der De-Minimis-Verordnung sind alle Beihilfen unterhalb von 200 000 Euro innerhalb von 3 Jahren freigestellt.[123] Neben der De-minimis-Verordnung sind eine Reihe von Gruppenfreistellungsverordnungen (GVO) (zB. eine allgemeine GVO und eine GVO für Regionalbeihilfen) erlassen worden, die bestimmte Gruppen von Beihilfen freistellt.[124] Dabei ist aus ökonomischer Sicht anzumerken, dass es bei einigen der freigestellten Beihilfen (zB. für Frauen als Unternehmerinnen) weniger um eine Verbesserung der Effizienz als vielmehr um normative Ziele geht, die nicht notwendig zu einer Effizienzerhöhung durch das Beseitigen eines Marktversagens führen.

167   Falls eine Maßnahme weder die Voraussetzungen der De-Minimis-Verordnung noch einer der Gruppenfreistellungsverordnungen erfüllt, unterliegt sie der Anmeldepflicht des Art. 108 Abs. 3 Satz 1 AEUV und wird durch die EU-Kommission geprüft. Hierbei sind **zwei verschiedene Verfahrensarten** vorgesehen: einerseits ein schnelleres Verfahren, bei dem auch gesetzliche Vermutungen verwendet werden, sowie andererseits ein eingehendes Prüfverfahren für problematische Fälle und Großprojekte, bei dem eine genaue ökonomische Analyse unter Verwendung des oben dargestellten Abwägungstests durchgeführt wird. Bei letzteren handelt es sich in aller Regel um Beihilfen von erheblicher Höhe, die nicht unter die üblichen in den GVOs erfassten Kategorien subsumiert werden können. Gerade diese Beihilfen haben zum einen das Potential, signifikante Marktversagenstatbestände zu korrigieren, bergen aber aufgrund ihres Ausmaßes auch die Gefahr erheblicher Wettbewerbsverfälschungen, so dass eine detaillierte ökonomische Analyse erforderlich ist. Wie erste Anwendungsfälle im Bereich des neuen FuEuI-Rahmens belegen, beinhaltet dies eine Untersuchung, die erheblich komplexer und aufwendiger ist, als die bislang auf Vereinbarkeitsebene vorgenommene Prüfung.

168   Wie oben (RdNr. 97 ff., 120 ff.) dargestellt wurde, wendet die EU-Kommission den „more economic approach" bislang nur auf der Rechtfertigungsebene (Art. 107 Abs. 3 AEUV), nicht aber auf der Tatbestandsebene (Art. 107 Abs. 1 AEUV) an. Daher trägt nicht die EU-Kommission, sondern der jeweilige Mitgliedstaat die Beweislast. Sofern ein eingehendes Prüfverfahren durchgeführt wird, müssen die beweispflichtigen Mitgliedstaaten – und im Hintergrund die begünstigten Unternehmen – einen erheblichen Aufwand betreiben, um die EU-Kommission von der Vereinbarkeit der Beihilfe zu überzeugen, und zahlreichen Informationspflichten nachkommen. Dies stellt einen der wesentlichen Unterschiede zum Kartellrecht dar, bei dem der „more economic approach" zu einer Verschärfung der Nachweispflichten für die EU-Kommission geführt hat.

V. Konkrete Umsetzung des ASB – Beispiele

169   Im Zuge der Umsetzung des ASB hat die europäische Kommission in den letzten Jahren eine Reihe von Gruppenfreistellungsverordnungen, Leitlinien und Mitteilungen erlassen. Die **Gruppenfreistellungsverordnungen** (GVO) stellen unmittelbar anwendbares Recht dar und ihre korrekte Anwendung kann – etwa auf Betreiben eines Konkurrenten des begünstigten Empfängers – vor den nationalen Gerichten überprüft werden. Hier ist vor allem die allgemeine Gruppenfreistellungsverordnung aus dem Jahr 2008 anzuführen, die die bisherigen GVOs durch eine einheitliche allgemeine GVO vereinfacht, konsolidiert und um weitere Bereiche ergänzt.[125] Weiterhin zu nennen sind die Gruppenfreistellungen für Regionalbeihilfen und für Beihilfen, die eine bestimmte Obergrenze nicht überschreiten (De-Minimis).[126] Diese GVOs tragen sicherlich dazu bei, das angestrebte Ziel der Vereinfachung des Vergabeverfahrens zu erreichen,[127]

---

[123] Einschränkend ist anzumerken, dass die De-Minimis Verordnung lediglich transparente Beihilfen betrifft. Vgl. hierzu RdNr. 172.

[124] Vgl. zur AGVO unten RdNr. 176 ff. und zur GVO für Regionalbeihilfen RdNr. 184 ff.

[125] VO 800/2008 der Kommission zur Erklärung der Vereinbarkeit bestimmter Gruppen von Beihilfen mit dem Gemeinsamen Markt in Anwendung der Art. 87 und 88 EG-Vertrag (allgemeine Gruppenfreistellungsverordnung), ABl. 2008 L 214/3.

[126] VO 1628/2006 Gruppenfreistellungsverordnung für regionale Investitionsbeihilfen, ABl. 2006 L 302/29; VO 1998/2006 über die Anwendung der Art. 87 und 88 auf „De-minimis"-Beihilfen, ABl. 2006 L 379/5.

[127] Ob jedoch durch die allgemeine Gruppenfreistellungsverordnung die Transparenz des Verfahrens erhöht wird, ist fraglich, denn die Kommission musste bereits mehrere erläuternde Dokumente zu dieser Freistellungsverordnung publizieren: eine Zusammenfassung des 45seitigen Dokumentes sowie eine spezielle Zusammenfassung für die Bürger der EU siehe VO 800/2008 der Kommission zur Erklärung der Vereinbarkeit bestimmter Gruppen von Beihilfen mit dem Gemeinsamen Markt in Anwendung der Art. 87 und

denn die Mitgliedstaaten sind nicht mehr verpflichtet, Beihilfen, die unter diese Verordnungen fallen und die darin festgelegten Voraussetzungen erfüllen, bei der Kommission anzumelden und vor Gewährung der Beihilfen die Genehmigung der Kommission abzuwarten. Sie können ihre Beihilfenmaßnahmen vielmehr sofort umsetzen.

Neben den Gruppenfreistellungsverordnungen hat die Kommission eine Reihe von **Leit-** 170 **linien** erlassen, die zB. die Regionalbeihilfen betreffen, die Bereitstellung von Risikokapital und den Umweltschutz. Darüber hinaus sind von der Kommission noch mehrere Mitteilungen und Gemeinschaftsrahmen, zB. über Dienstleistungen von allgemeinem Interesse oder Forschung, Entwicklung und Innovation vorgelegt worden.[128] Zudem hat die Generaldirektion Wettbewerb eine interne Reorganisation vorgenommen und die Mitglieder der früheren Beihilfenabteilung wurden in die für verschiedene Sektoren zuständigen Abteilungen eingegliedert.

Insgesamt gesehen zeigt sich, dass die Kommission in den vergangenen Jahren die im ASB 171 vorgesehenen Reformen in großem Umfang in Angriff genommen und weitgehend durchgeführt hat. Die neuen Gruppenfreistellungsverordnungen, die Mitteilungen und Gemeinschaftsrahmen sind insgesamt geeignet, den Vergabeprozess zu vereinfachen, ihn transparenter zu machen und die Vorhersagbarkeit von Beihilfentscheidungen zu vergrößern. Im Folgenden werden exemplarisch vier Maßnahmen diskutiert, die die Kommission im Zuge der Reform des Beihilfenrechts erlassen hat: Die Erweiterung der De-Minimis-Verordnung, die allgemeine Gruppenfreistellungsverordnung, die Gruppenfreistellungsverordnung für Regionalbeihilfen sowie der Gemeinschaftsrahmen für Forschung, Entwicklung und Innovation.

1. Erweiterung der De-Minimis Verordnung. Durch die neue De-Minimis-Verordnung 172 wurde die bestehende Obergrenze für Beihilfen von einem Betrag von 100 000 Euro innerhalb von drei Jahren verdoppelt, dh. 200 000 Euro innerhalb von drei Jahren unterfallen nun der De-Minimis-Verordnung. Kreditsicherheiten werden in einer Höhe von bis zu 1,5 Mio. Euro zugelassen. Die Verordnung gilt jedoch nur für „transparente" Beihilfen, dh. Beihilfen, deren Bruttosubstitutionsäquivalent genau berechnet werden kann und bei denen keine Risikobewertung vorgenommen werden muss. Dabei ist das Bruttosubstitutionsäquivalent der Barwert einer wirtschaftlichen Förderung ohne Berücksichtigung etwaiger Steuern auf die Förderungsmittel. So erfüllen zB. Zuschüsse, Zinszuschüsse oder begrenzte Steuerbefreiungen diese Bedingung, nicht jedoch Kaptalzuführungen der öffentlichen Hand. Dies hat zur Folge, dass zB. kommunale Projekte, die in einer Public-Private-Partnership durchgeführt werden, nicht der De-Minimis-Verordnung unterfallen und nach Art. 108 Abs. 3 Satz 1 AEUV angemeldet werden müssen, so dass in der Regel hohe Transaktionskosten entstehen. Die Beschränkung der De-Minimis-Verordnung auf transparente Beihilfen führt jedoch zu einer größeren Rechtssicherheit, da die Regeln der Verordnung eindeutig und einfach zu handhaben sind. Darüber hinaus werden durch die Verordnung auf Seiten der Kommission erhebliche Kosteneinsparungen realisiert, da eine große Anzahl von Fällen ohne nennenswerten Verwaltungsaufwand abgewickelt werden kann.

Allerdings wurden aus ökonomischer Sicht eine Reihe von **Einwänden gegen die De-** 173 **Minimis-Verordnung** vorgebracht. So stehe hinter der Verordnung die implizite Annahme, dass eine geringe Beihilfe in der Regel auch nur geringe Wettbewerbsverzerrungen zur Folge hat. Dies müsse jedoch, zB. bei kleinen Märkten mit wenigen Firmen, nicht der Fall sein. Hier könnte bereits eine Beihilfe, die unter die De-Minimis-Verordnung fällt, eine Wettbewerbsverfälschung zur Folge haben. Zwar könnte die in jedem einzelnen Fall nur eine geringe Bedeutung haben, würden aber viele derartige Beihilfen vergeben, können auch die Wirkungen erheblich sein.[129] Ein ähnliches Argument kann auch im Zusammenhang mit der Beeinträchtigung des zwischenstaatlichen Handels vorgebracht werden. Allerdings hat sich in der Vergangenheit gezeigt, dass diese Effekte nicht aufgetreten sind oder nur ein so geringes Ausmaß hatten, dass die Vorteile aufgrund der Verfahrensvereinfachung, der Transparenz und der Einsparung an Bürokratiekosten deutlich überwogen.

Aus ökonomischer Sicht ist es sinnvoll, **Beihilfen mit geringem Ausmaß freizustellen.** 174 Allerdings ist anzumerken, dass ungeachtet dessen noch Verbesserungspotential besteht. So ist es

---

88 EG-Vertrag (allgemeine Gruppenfreistellungsverordnung); sowie Kom., Allgemeine Gruppenfreistellungsverordnung Bürgerinfo abzurufen unter: http://ec.europa.eu/competition/state_aid/legislation/gber_citizen_summary_de.pdf.

[128] Kom., Gemeinschaftsrahmen für staatliche Beihilfen für Forschung, Entwicklung und Innovation, ABl. 2006 C 323/1; sowie Kom., Gemeinschaftsrahmen für staatliche Beihilfen, die als Ausgleich für die Erbringung öffentlicher Dienstleistungen gewährt werden, ABl. 2005 C 297/4.

[129] Vgl. *Nitsche/Heidhues* 113 ff.

fraglich, ob ein pauschal für alle Branchen und Industriezweige gleichermaßen geltender Betrag zu wünschenswerten Ergebnissen führt. So wird bei dieser Regelung die Größe des Marktes, der Position des Begünstigten und der wettbewerblichen Situation auf dem Markt unberücksichtigt gelassen. Wenn Beihilfen in erster Linie dazu eingesetzt werden sollen, um ein Marktversagen zu beseitigen, dann mögen in einigen Märkten die in der De-Minimis-Verordnung vorgesehenen Beträge hierzu ausreichen. In anderen Märkten bzw. Industrien wären hierzu jedoch höhere Beträge als 200 000 Euro erforderlich und die Beträge, die der De-Minimis-Verordnung entsprechen, würden wirkungslos verpuffen. In kleinen Märkten wiederum könnte auch eine Beihilfe von geringem Ausmaß wettbewerbsverfälschende Wirkungen entfalten.

175   Aus ökonomischer Sicht wäre es daher sinnvoll, in der De-Minimis Verordnung keinen für alle gleichen Pauschalbetrag vorzusehen, sondern die Beträge abhängig zu machen von der Größe des Marktes (gemessen zB. am Gesamtumsatz), der Marktstellung des Begünstigten (gemessen am Marktanteil) sowie der Beihilfeintensität (der Anteil der Beihilfe an den Gesamtausgaben eines Projektes). Dies könnte durch entsprechend **gestaffelte Pauschalbeträge** gewährleistet werden.[130] So könnte für ein Unternehmen mit einem großen Marktanteil an einem insgesamt kleinen Markt ein geringerer Pauschalbetrag vorgesehen sein als bei geringerem Marktanteil und/oder einem größeren Markt. Hierbei könnte bei Beihilfen, die oberhalb eines Schwellenwertes (zB. von 1 Million) liegen, der Kommission ein Aufgreifermessen zugestanden werden. Unterhalb könnte die (widerlegbare) Vermutung gelten, dass durch die Beihilfe keine spürbare Wettbewerbsverzerrung verursacht wird, wobei diese Vermutung bei tätigkeitsbezogenen, in einem transparenten Verfahren vergebenen Beihilfen von geringer Intensität (zB. kleiner als 30%) gelten sollte.[131] Die konkrete Wettbewerbssituation bei der De-Minimis-Verordnung regelmäßig zu berücksichtigen wäre einerseits zwar wünschenswert, würde andererseits aber wiederum einen höheren Aufwand seitens der Rechtsanwender und der Behörde bedeuten und zu Rechtsunsicherheit führen. Weiterhin wäre zu erwägen, auch das Transparenzkriterium etwas weniger stringent zu fassen, damit auch Public-Private-Partnerships gefördert werden können.

176   **2. Allgemeine Gruppenfreistellungsverordnung.** Die im Jahr 2008 erlassene allgemeine Gruppenfreistellungsverordnung fasst die fünf vorher bestehenden Gruppenfreistellungsverordnungen für Beihilfen an kleine und mittlere Unternehmen (KMU), Forschungs- und Entwicklungsbeihilfen für KMU, Beschäftigungs-, Ausbildungs- und Regionalbeihilfen zusammen. Weiterhin wurden in der allgemeinen GVO eine Reihe zusätzlicher Beihilfegruppen wie Umweltschutz-, Risikokapital- sowie Forschungs- und Entwicklungsbeihilfen für Großunternehmen, aufgenommen.

177   Insgesamt werden in dieser recht komplexen Gruppenfreistellungsverordnung neun verschiedene Beihilfengruppen mit **26 verschiedenen Kategorien von Beihilfen** aufgeführt, die keiner speziellen Prüfung mehr bedürfen. Beispielsweise sind, unter bestimmten allgemeinen Voraussetzungen, Beihilfen für behinderte oder benachteiligte Arbeitnehmer, für Frauen als Unternehmerinnen oder Beihilfen für das Ausleihen hochqualifizierten Personals von einer detaillierten Überprüfung freigestellt. Die allgemeine GVO gilt, wie die De-Minimis-Verordnung, ebenfalls nur für transparente Beihilfen.

178   Bei den Beihilfekategorien, die von einer gesonderten Prüfung freigestellt sind, handelt es sich zum einen um solche, die im Prinzip geeignet sind, ein Marktversagen zu korrigieren, wie zB. Umweltschutzbeihilfen (externe Effekte), Risikokapitalbeihilfen und andere KMU-Beihilfen (Informationsprobleme), Ausbildungsbeihilfen (hold-up Problem). Andere Gruppen betreffen hingegen soziale bzw. normative Zielsetzungen (Frauen als Unternehmerinnen, Regionalbeihilfen, Beihilfen für behinderte bzw. benachteiligte Arbeitnehmer).

179   Für die verschiedenen Beihilfegruppen werden in der Verordnung die **Schwellenwerte des Bruttosubventionsäquivalents** für die Anmeldung einer Reihe von Einzelbeihilfen angeführt, die zwischen 2 Millionen (zB. für kleine und mittlere Unternehmen zur Teilnahme an Messen oder für die Inanspruchnahme von Beratungsleistungen) und 20 Millionen (Vorhaben, die überwiegend der Grundlagenforschung dienen) liegen.

180   In Übereinstimmung mit dem Abwägungstest müssen die Beihilfen einen Anreizeffekt haben, dh. müssen geeignet sein, das Verhalten des Unternehmens zu ändern. So wäre ein Anreizeffekt nicht gegeben, wenn das Unternehmen das Projekt auch ohne jegliche Beihilfe durchgeführt hätte. Bei kleinen und mittleren Unternehmen wird davon ausgegangen, dass ein solcher An-

---

[130] Vgl. hierzu auch Monopolkommission, Hauptgutachten 2006/2007, S. 379 RdNr. 1060.
[131] Monopolkommission, Hauptgutachten 2006/2007, S. 379 RdNr. 1061.

reizeffekt immer dann besteht, wenn ein Antrag auf Beihilfe gestellt wird, bevor mit dem Projekt begonnen wurde. Bei Großunternehmen hingegen werden höhere Anforderungen gestellt. So muss der Mitgliedstaat prüfen (Art. 8 Abs. 3 allgemeine GVO), ob der Empfänger die Durchführbarkeit des Projektes ex ante anhand quantitativer und qualitativer Indikatoren jeweils für die Fälle mit und ohne Beihilfe analysiert hat. Von einem Anreizeffekt bei einem Großunternehmen ist auszugehen, wenn der Umfang oder die Reichweite des Projektes signifikant vergrößert, der Gesamtbetrag der aufgewendeten Mittel signifikant erhöht oder der Abschluss des Projektes signifikant beschleunigt wird.

Für die einzelnen Beihilfekategorien sind in der allgemeinen GVO die **maximal zulässigen** **181** **Beihilfenintensitäten sowie die beihilfenfähigen Kosten** festgelegt. Die Höhe der zulässigen Beihilfenintensität, dh. der Anteil, zu dem sich der Mitgliedstaat an den (anerkannten) Gesamtkosten des Projekts beteiligen darf, ist ein Indiz dafür, wie erheblich einerseits das Risiko einer Wettbewerbsverfälschung einer bestimmten Art von Beihilfe und ihr voraussichtlicher Nutzen für die Allgemeinheit andererseits von der Kommission eingeschätzt wird. Je geringer die zulässige Beihilfenintensität, desto erheblicher sind die befürchteten Wettbewerbsverzerrungen. Durch die Festlegung der Beihilfenintensität wird so eine indirekte – wenn auch pauschale und grobe – Abwägung der positiven und negativen Folgen einer Beihilfe vorgenommen. So beträgt zB. die zulässige Beihilfeintensität für Forschungs- und Entwicklungsvorhaben in der Grundlagenforschung 100%, in der industriellen Forschung jedoch nur 50%. Dieser Unterschied macht deutlich, dass bei der Grundlagenforschung eher davon auszugehen ist, dass der Markt diese Forschung nicht in einem effizienten Ausmaß bereitstellt. Dies liegt vor allem daran, dass dort in der Regel keine unmittelbaren monetären Erträge realisiert werden können, anders als im Bereich der industriellen Forschung. Bei allgemeinen Ausbildungsmaßnahmen, bei denen übertragbare Qualifikationen erworben werden, ist eine Beihilfenintensität von 65% zulässig, während für spezifische Ausbildungsmaßnahmen, die in erster Linie dem ausbildenden Unternehmen zugute kommen, nur eine Beihilfenintensität von 35% erlaubt ist. Falls eine Beihilfenmaßnahme die in der Verordnung genannten Voraussetzungen erfüllt und die jeweilige gruppenspezifische Beihilfenintensität nicht überschreitet, soll ihre Vereinbarkeit mit dem Gemeinsamen Markt vermutet werden.

Aus ökonomischer Sicht ist es positiv zu bewerten, dass die bisherigen Gruppenfreistellungs- **182** verordnungen im Beihilfenbereich zur **Verbesserung der Transparenz und Rechtssicherheit** in einer einzigen Verordnung zusammengefasst wurden. Gruppenfreistellungsverordnungen können einen wichtigen Beitrag zur Verfahrensvereinfachung leisten. Diesen Zweck können sie jedoch nur erfüllen, wenn die Freistellungsvoraussetzungen klar formuliert sind und ihre Umsetzung so unkompliziert wie möglich ist. Der im Verordnungsentwurf vorgesehene positive Nachweis des Anreizeffekts bei Beihilfen an Großunternehmen setzt dagegen ein kosten- und zeitintensives Verfahren voraus.

Zwar werden Großunternehmen im Vorfeld der Beantragung einer Beihilfe regelmäßig einen **183** „Business Plan" aufstellen, in dem sie bereits eine eingehende (kontrafaktische) Analyse durchgeführt haben. Allerdings führt jedoch die nähere Überprüfung der Analyse durch die mitgliedstaatlichen Behörden zu einem erheblichen bürokratischen Mehraufwand und erscheint wenig effizient, da die Kontrolle der Beihilfen gewährenden Stelle überantwortet wird. Es ist daher aus ökonomischer Sicht zum einen fraglich, ob die Vereinfachung des Verfahrens durch die Gruppenfreistellungsverordnung nicht durch den zusätzlichen bürokratischen Aufwand der Überprüfung einer Anreizwirkung von Beihilfen für Großunternehmen konterkariert wird. Zum anderen steht dahin, ob der zusätzliche Nutzen aus der Überprüfung des Anreizeffektes und der Vermeidung der Vergabe von Beihilfen ohne Anreizwirkungen größer ist als die zusätzlichen Kosten der Überprüfung. Dies gilt vor allem deshalb, weil die Unternehmen über einen Informationsvorsprung gegenüber den Behörden verfügen.

3. Regionalbeihilfen. Bereits im Dezember 2005 hat die EU-Kommission neue Leitlinien **184** für Regionalbeihilfen angenommen, welche für die Jahre 2007 bis 2013 gelten. Die Leitlinien enthalten die Regeln für die Genehmigung von staatlichen Beihilfen, dh. es ist in den Leitlinien festgelegt, welche Regionen für Regional-Beihilfen in Frage kommen und wie hoch die Beihilfen höchstens sein dürfen. Nach Aussage der für den Wettbewerb zuständigen Kommissarin Neelie Kroes folgen diese neuen Leitlinien ebenfalls „der Ausrichtung des Aktionsplans Staatliche Beihilfen auf weniger und gezieltere Beihilfen".[132]

---

[132] Kom., Aktionsplan staatliche Beihilfen. Weniger und besser ausgerichtete staatliche Beihilfen – Roadmap zur Reform des Beihilferechts, KOM(2005), 107 endg.

185   Um die neuen Leitlinien für Regionalbeihilfen beurteilen zu können, ist es notwendig nach den Zielen von Regionalbeihilfen zu fragen. Worum also geht es bei Regionalbeihilfen? In Art. 107 Abs. 3 lit. a und c AEUV werden staatliche Transfers vom Beihilfenverbot ausgenommen, die die Förderung von Gebieten unterstützen sollen, „in denen die Lebenshaltung außergewöhnlich niedrig ist oder eine erhebliche Unterbeschäftigung herrscht" (Art. 107 Abs. 3 lit. a AEUV) bzw. die bestimmte Wirtschaftszweige oder -gebiete unterstützen sollen, soweit diese Unterstützung nicht die Handelsbedingungen in einem solchen Maße beeinflusst, dass dies dem gemeinsamen Interesse entgegen läuft (Art. 107 Abs. 3 lit. c AEUV).

186   Der erste Teil der erlaubten regionalen Beihilfen bezieht sich auf solche Gebiete, die verglichen mit dem EU-Durchschnitt **in ökonomischer Hinsicht benachteiligt** sind. Daher werden von der EU-Kommission bei der Überprüfung, ob Beihilfen gemäß Art. 107 Abs. 3 lit. a AEUV mit den Zielen der EU vereinbar sein können, Kriterien wie das **Pro-Kopf-Bruttoinlandsprodukt und/oder Arbeitslosenquoten** im Vergleich zum Durchschnitt der EU-Mitgliedstaaten für die Kompatibilität herangezogen. Der zweite Teil der erlaubten Regionalbeihilfen zielt dagegen auf Regionen ab, die im Vergleich mit dem Durchschnitt des jeweiligen Mitgliedsstaates als benachteiligt angesehen werden. Somit ist es den Mitgliedstaaten selbst überlassen, Anträge bei der Kommission einzureichen, um eine Erlaubnis für eine geplante Beihilfenvergabe zu erhalten.

187   Gemäß den Leitlinien für staatliche Beihilfen mit regionaler Zielsetzung 2007–2013 ist es das Ziel der regionalen Beihilfen, „die Entwicklung der besonders benachteiligten Gebiete durch Förderung der Investitionen und Arbeitsplätze zu unterstützen".[133] Dabei geht es, den Leitlinien zufolge, insbesondere um „die Förderung der Ansiedlung neuer Betriebe in benachteiligten Gebieten" mit dem Ziel einer Erweiterung und Diversifizierung der dortigen Wirtschaftstätigkeit. Zudem sollen die einzelstaatlichen Regionalbeihilfen gemäß den Richtlinien Abhilfe für Probleme benachteiligter Gebiete schaffen und so „den wirtschaftlichen, sozialen und territorialen Zusammenhalt der Mitgliedstaaten und der Europäischen Union insgesamt" fördern.

188   Die neuen Leitlinien für Beihilfen mit regionaler Zielsetzung gelten für sämtliche Wirtschaftszweige mit Ausnahme von Fischerei, Landwirtschaft (wohl aber für die nahrungsmittelverarbeitende Industrie), Kohle und Stahl, Verkehr, Schiffbau und die Kunstfaserindustrie. Für diese Sektoren gelten Sonderbestimmungen, die über die allgemeinen Leitlinien für Regionalbeihilfen hinausgehen. Davon abgesehen handelt es sich bei den neuen Leitlinien um eine multisektorale Beihilferegelung, die im Gegensatz zu früheren Regelungen nun auch für die Automobilindustrie und die nahrungsmittelverarbeitende Industrie gilt.

189   Ganz konkret beinhalten die Leitlinien neue Kriterien zur Festlegung der Fördergebiete. Danach soll, gestützt auf die Schlussfolgerungen mehrerer Europäischer Räte, die Gesamthöhe der Beihilfen verringert werden. So lebten nach den bis 2006 geltenden Leitlinien 52,2% der EU-25-Bevölkerung in Fördergebieten, und zwar 34,2% der EU-25-Bevölkerung in Regionen, die im Vergleich zum Durchschnitt der EU-25 als benachteiligt gelten und gemäß Art. 107 Abs. 3 lit. a AEUV gefördert werden können und für die höchsten Fördersätze (40–50%) in Frage kommen und weitere 18% in weniger benachteiligten Gebieten, die gemäß Art. Abs. 3 lit. c AEUV förderfähig sind und für die niedrigeren Beihilfesätze von 10–20% vorgesehen sind. Nach den neuen Leitlinien beträgt der für Regionalbeihilfen in Betracht kommende Bevölkerungsanteil nur noch 43,1% der EU-25-Gesamtbevölkerung.[134]

190   Regionen mit einem Pro-Kopf-BIP von weniger als 75% des EU-25-Durchschnitts (somit benachteiligte Regionen) kommen für Beihilfehöchstsätze gemäß Art. 107 Abs. 3 lit. a AEUV, sowie in sehr eingeschränktem Maße auch für Betriebsbeihilfen in Frage, die die variablen Kosten von Unternehmen reduzieren sollen. In diesen Gebieten leben 27,7% der EU-25-Bevölkerung. In Anbetracht der großen Wohlstandsunterschiede dieser Regionen – zwischen 32,2% und 74,9% des Gemeinschaftsdurchschnitts – werden sie nach der Höhe ihres BIPs im Verhältnis zum EU-25-Durchschnitt in drei Kategorien unterteilt.

191   Zudem fallen Gebiete in äußerster Randlage unabhängig von ihrem relativen BIP unter Art. 107 Abs. 3 lit. a AEUV. Des Weiteren erhalten „vom statistischen Effekt betroffene Regionen", deren BIP weniger als 75% des EU-15-BIP, aber mehr als 75% des EU-25-BIP ausmacht, einen Übergangsstatus und kommen für die niedrigsten Beihilfesätze gemäß Art. 107 Abs. 3 lit. a AEUV in Betracht, wobei Großunternehmen bis zum 31. 12. 2010 einen Beihilfe-

---

[133] Vgl. Kom., Leitlinien für staatliche Beihilfen mit regionaler Zielsetzung 2007–2013, ABl. 2006 C 54/8.
[134] Dies schließt ein Sicherheitsnetz ein, dem zufolge je Mitgliedstaat nicht mehr als 50% der Bevölkerung aus der Förderung herausfallen dürfen.

satz von 30% beanspruchen können. Die Lage dieser Gebiete wird 2010 überprüft. Sollte sich ihre Lage dann verschlechtert haben, kommen sie weiterhin für die Förderung gemäß Art. 107 Abs. 3 lit. a AEUV in Frage. Andernfalls fallen sie ab 1. 1. 2011 unter Art. 107 Absatz 3 lit. c AEUV mit einem Beihilfesatz von 20%.[135]

Regionen mit einem Pro-Kopf-BIP von über 75% des EU-25-Durchschnitts können die **192** Mitgliedstaaten gemäß Art. 107 Abs. 3 lit. c AEUV mit geringeren Regionalbeihilfesätzen (zwischen 10 und 15%) fördern, wenn sie sie entsprechend einer nationalen Regionalentwicklungspolitik als Fördergebiete definiert haben und eine Bevölkerungshöchstgrenze sowie bestimmte Mindestbedingungen zur Verhinderung des Missbrauchs eingehalten werden.

Die neuen Leitlinien enthalten im Vergleich zu den bis Ende 2006 geltenden Regeln noch **193** eine Reihe weiterer Änderungen, die der Klärung und Vereinfachung dienen. Insbesondere wurden erstmals die Regeln für große Investitionsvorhaben (über 50 Mio. EUR) in die Leitlinien für Regionalbeihilfen aufgenommen. Alles in allem zeigt sich, dass Regionalbeihilfen vor allem das Ziel eines regionalen Ausgleichs verfolgen und somit primär verteilungspolitisch motiviert sind. Anders ausgedrückt geht es bei Regionalbeihilfen primär um so genannte außerökonomische Ziele, also um einen regionalen Ausgleich und damit letztlich um Gerechtigkeitserwägungen und verteilungspolitische Ziele. Welches Ziel genau mit der *Kontrolle* dieser regionalen Beihilfen verfolgt werden soll, ist nicht völlig klar. Zum einen sollen wohl die schwerwiegendsten Wettbewerbs- und Handelsverzerrungen vermieden werden. Zum anderen betont die Europäische Kommission jedoch eben nicht nur, dass eine Konzentration auf „weniger verzerrende, gezieltere Beihilfen" erfolgen soll, sondern auch, dass die Beihilfenkontrolle dazu beitragen soll, dass „öffentliche Gelder tatsächlich zum Nutzen der EU-Bürger verwendet werden".[136] Des Weiteren wird die Kontrolle von Regionalbeihilfen damit begründet, dass ein **Subventionswettlauf** vermieden werden soll, welcher zu einer **ineffizienten Verwendung öffentlicher Mittel** führen würde.[137] Hier geht es also allenfalls indirekt um die Beeinträchtigung des Wettbewerbs auf betroffenen Märkten; im Zentrum dieser Argumentation steht die Effizienz der öffentlichen Mittelverwendung.

Wenn also das Ziel tatsächlich weniger darin liegt, Wettbewerbsverzerrungen zu vermeiden, **194** sondern durch die Kontrolle von Ansiedlungsbeihilfen primär die **Verschwendung öffentlicher Mittel** unterbunden und die Effizienz ihrer Verwendung sichergestellt werden soll, dann ergibt sich der unbefriedigende Befund, dass es nach den Richtlinien vor allem den ärmsten Regionen weiter gestattet wird, ihre Ressourcen zu verschwenden und ineffizient einzusetzen. Des Weiteren stellt sich bei einer solchen Zielsetzung die Frage nach der Legitimation einer *europäischen* Beihilfenkontrolle. Genau dies ist von der Bundesregierung in ihrer Stellungnahme zum Aktionsplan Staatliche Beihilfen angemerkt worden,[138] und auch *Möschel* verweist darauf, dass die Europäische Union keine Kompetenz für die allgemeine Wirtschafts- oder Finanzpolitik der Mitgliedstaaten besitzt.[139] Ungeachtet dessen mag eine Übertragung von Kontroll-Kompetenzen oder eines Veto-Rechtes auf eine supranationale Ebene ökonomisch sinnvoll sein, um ineffiziente Subventionswettläufe und eine strategisch motivierte Subventionsvergabe zu verhindern. In diesem Fall wäre die Beihilfenkontrolle aber auf solche Bereiche zu beschränken, in denen tatsächlich *strategische* **Subventionen** eine Rolle spielen. Dies kann eigentlich nur bei handelbaren Produkten der Fall sein, bei denen es auch eine entsprechende *spürbare* Binnenmarktwirkung geben sollte.

Insgesamt zeigt sich, dass der **„more economic approach" im Fall von Regionalbeihil-** **195** **fen völlig anders aussieht** als bei anderen horizontalen Beihilfen. Während bei ASB und bei der Reform anderer horizontaler Beihilfen die Möglichkeit, Marktversagen zu kurieren, eine zentrale Rolle bei der Rechtfertigung (im Sinne einer Effizienzverteidigung) von Beihilfen spielt, ist das bei Regionalbeihilfen nicht der Fall. Dies liegt daran, dass mit Hilfe von Regionalbeihilfen primär Verteilungsziele verfolgt werden, Marktversagen im engeren Sinne spielt hier keine Rolle. Anders ausgedrückt lässt sich auch sagen, dass es bei anderen horizontalen Beihilfen wirklich um „weniger verzerrende, gezieltere Beihilfen" geht, bei Regionalbeihilfen aber nur

---

[135] Übergangsbestimmungen sind bis 2010 vorgesehen für die Gebiete, die die größten Einschnitte bei den Beihilfesätzen hinnehmen müssen und bis 2008 für Gebiete, die nach den neuen Leitlinien ihren Anspruch auf Förderung verlieren.

[136] Vgl. Kom., Bericht über die Wettbewerbspolitik 2005, 129.

[137] Vgl. *Haucap,* More Economic Approach, 350.

[138] Vgl. ibid.

[139] Vgl. *Möschel* 40.

um „weniger Beihilfen". Aus Sicht von liberalen Ökonomen ist auch dies sehr wünschenswert – doch bleibt hier dringend die Frage einer effizienten Kompetenzverteilung zwischen EU und Mitgliedstaaten zu diskutieren.[140]

196 **4. Gemeinschaftsrahmen Forschung, Entwicklung und Innovation.** Der Gemeinschaftsrahmen für Forschung, Entwicklung und Innovation (FuEuI) vom 22. November 2006 gilt für Beihilfen für Forschungs-, Entwicklungs- und Innovationsprojekte, die nicht bereits durch die De-Minimis-Verordnung oder durch eine Gruppenfreistellungsverordnung von der Anmeldepflicht nach Art. 108 Abs. 3 Satz 1 AEUV befreit sind. Als Ziel von FuEuI-Beihilfen wird die **wirtschaftliche Effizienz** angeführt. Unter Bezugnahme auf den ASB und den Abwägungstest werden verschiedene, mit Forschung, Entwicklung und Innovationen verbundene Marktversagenstatbestände angeführt, die durch entsprechende Beihilfen korrigiert werden können. Hierzu gehören positive Externalitäten wie Wissens-Spillovers, Probleme öffentlicher Güter, wie sie in der Grundlagenforschung auftreten können, sowie Informations- und Koordinationsprobleme.

197 Der Gemeinschaftsrahmen FuEuI definiert verschiedene Beihilfenkategorien, wie zB. Beihilfen für Vorhaben aus dem Bereich Forschung und Entwicklung, wobei zwischen verschiedenen Forschungskategorien wie Grundlagenforschung, industrieller und experimenteller Forschung differenziert wird, für technische Durchführbarkeitsstudien, für junge, innovative Unternehmen oder für Innovationskerne. Für diese verschiedenen Kategorien werden die zulässigen Beihilfeintensitäten angegeben, wobei diese umso höher sein darf, je marktferner die geförderte Tätigkeit ist. So beträgt die zulässige Beihilfeintensität 100 Prozent bei der Grundlagenforschung, 50 Prozent bei der industriellen Forschung und 25 Prozent bei der experimentellen Forschung. Dahinter steht die Annahme, dass mit Wettbewerbsverzerrungen auf Produktmärkten umso eher zu rechnen ist, desto stärker die geplante Investition auf die Entwicklung neuer oder veränderter Produkte oder Verfahren angelegt ist.

198 Abhängig von der Art und der Höhe der Beihilfe sind im FuEuI-Gemeinschaftsrahmen zwei unterschiedliche Prüfverfahren vorgesehen: Ein vereinfachtes und schnelles, das sich auch an gesetzlichen Vermutungen orientiert, sowie ein aufwendigeres Prüfverfahren, das auf dem dreistufigen Abwägungstest basiert. Das vereinfachte Verfahren findet Anwendung, wenn die Beihilfe bestimmte Obergrenzen, die je nach Art der Beihilfe und geförderter Tätigkeit differieren, nicht überschreitet. Werden diese Obergrenzen jedoch überschritten, dann findet eine eingehende Prüfung der Beihilfenmaßnahme statt, wobei im FuEuI-Gemeinschaftsrahmen besondere Vorgaben für die Überprüfung des Anreizeffektes einer Beihilfe vorgesehen sind. So muss bei bestimmten Beihilfen – insbesondere bei Projektbeihilfen für Großunternehmen, Projektbeihilfen für KMU über 7,5 Mio. Euro, Beihilfen für Prozess- und Organisationsinnovation im Dienstleistungssektor und Beihilfen für Innovationskerne – die Anreizwirkung der Beihilfe von den anmeldenden Mitgliedstaaten konkret nachgewiesen werden. In entsprechenden Fällen müssen die Mitgliedstaaten unabhängig davon, ob darüber hinaus auch die für die konkrete Tätigkeit genannte Obergrenze überschritten ist, der EU-Kommission eine ex-ante-Bewertung der gesteigerten FuEuI-Tätigkeit vorlegen, die auf einem Vergleich der Situation ohne Beihilfe mit der Situation nach Beihilfengewährung basiert. Mögliche Indikatoren für die Anreizwirkung sind dabei die Erhöhung des Projektumfangs, der Projektreichweite, die Beschleunigung des Verfahrens sowie die Aufstockung der Gesamtaufwendungen für FuEuI.

199 Sofern die jeweilige Beihilfemaßnahme die Kriterien des Kapitels 5 erfüllt, den für die geförderte Tätigkeit vorgesehenen Schwellenwert des Kapitels 7 nicht überschreitet und der Anreizeffekt entsprechend dem in Kapitel 6 beschriebenen Verfahren nachgewiesen wird, erfolgt keine weitere Prüfung. Vielmehr wird unterstellt, dass die dreistufige Abwägungsprüfung zu einem positiven Ergebnis führen würde. Da die EU-Kommission insoweit auf Schwellenwerte und nicht etwa auf Marktanteile abstellt, kommt dieser Vermutungstatbestand unabhängig von der Größe des Marktes und der Marktstellung des Begünstigten zum Tragen.

200 Sofern die für die jeweilige Tätigkeit geltende Obergrenze überschritten ist, wird die Beihilfemaßnahme dem dreistufigen Abwägungstest unterzogen. Dabei muss der Mitgliedstaat in Stufe 1 nachweisen, dass ein berechtigtes gemeinsames Interesse an der Beihilfemaßnahme besteht. Als Rechtfertigung für eine Beihilfemaßnahme kommt nur die angestrebte Beseitigung eines Marktversagens in Betracht. Dabei handelt es sich zB. um Wissens-Spillover, unvollständige und asymmetrische Information sowie mangelnde Koordinierung und Netzbildung – soziale oder

---

[140] Vgl. *Haucap*, More Economic Approach, 354 sowie *Möschel* 47.

verteilungspolitische Ziele sind im Anwendungsbereich des FuEuI-Rahmens hingegen nicht berücksichtigt. Dabei muss der jeweilige Mitgliedstaat das spezifische Marktversagen im konkreten Fall nachweisen.

Ist diese Bedingung erfüllt, wird in Stufe 2 des Abwägungstests überprüft, ob die **Beihilfe** **201** **geeignet und verhältnismäßig** ist, um das Marktversagen zu korrigieren und ob ein **Anreiz-** **effekt** besteht. Eine Maßnahme gilt bereits dann als geeignetes Instrument, wenn der betreffende Mitgliedstaat im Rahmen einer Folgenabschätzung andere Maßnahmen erwogen hat und (nachvollziehbar) zu der Feststellung gelangt ist, dass die Gewährung einer selektiv wirkenden Beihilfe Vorteile mit sich bringt. In diesem Zusammenhang gesteht die EU-Kommission den Mitgliedstaaten somit einen Einschätzungsspielraum zu. Für die Prüfung der Verhältnismäßigkeit muss der Mitgliedstaat konkret darlegen, inwiefern ein offenes Auswahlverfahren stattgefunden hat und ob die Beihilfe den erforderlichen Mindestbetrag nicht überschreitet. Für den Nachweis des Anreizeffektes hingegen ist ein positiver Nachweis zu erbringen, der eine komplexe und aufwendige Analyse voraussetzt. Die Ermittlung des Anreizeffekts bildet „den wichtigste(n) Bestandteil bei der Analyse einer staatlichen FuEuI-Beihilfe".[141]

Hat die Beihilfemaßnahme die beiden ersten Stufen des Tests passiert, wird in Stufe 3 die ei- **202** gentliche Abwägung zwischen den positiven Wirkungen aufgrund der Beseitigung oder Reduzierung eines Marktversagens und den durch die Beihilfemaßnahme möglicherweise induzierten Wettbewerbsverfälschungen und Handelsverzerrungen vorgenommen. Voraussetzung für eine fundierte ökonomische Analyse eventueller wettbewerbsverfälschender Wirkungen von FuEuI-Beihilfen ist die korrekte Abgrenzung des sachlich und räumlich relevanten Marktes, die jedoch insbesondere in dynamischen Industrien recht problematisch ist, da sich die Konturen des Marktes aufgrund technischer Entwicklungen nicht in jedem Fall deutlich abzeichnen.[142]

Im Prinzip können FuEuI-Beihilfen **mehrere Arten wettbewerbsverfälschender Wir-** **203** **kungen** entfalten, die sich in statische und dynamische Wirkungen gliedern lassen. So kann eine FuEuI-Beihilfe die **Marktmacht eines oder mehrerer Unternehmen begründen** **oder verstärken,** wobei als Indikatoren hierfür die Höhe der Marktzutrittsschranken, eventuell vorhandene Nachfragemacht sowie der Auswahlprozess herangezogen werden sollen. Dabei ist davon auszugehen, dass bei Marktanteilen der begünstigten Unternehmen von weniger als 25% sowie einem HHI von unter 2000, keine Probleme hinsichtlich der Marktmacht auftreten werden. Eine weitere negative Auswirkung einer FuEuI-Beihilfe könnte die **Aufrechterhaltung** **ineffizienter Marktstrukturen** sein. Ein solcher Fall könnte dann vorliegen, wenn auf dem Markt erhebliche Überschusskapazitäten vorhanden sind, der Markt schrumpft oder es sich um einen besonders sensiblen Sektor handelt.

Die wichtigste negative Auswirkung, die eine FuEuI-Beihilfe bewirken kann, besteht in der **204** **Verringerung der dynamischen Innovationsanreize** für die Wettbewerber durch eine verstärkte Präsenz des begünstigten Unternehmens auf den Produktmärkten, dh. es könnte ein Verdrängungseffekt eintreten. Dem gegenüber stehen jedoch mögliche Wissens-Spillover vom begünstigten Unternehmen auf die Wettbewerber, die wiederum positive Wirkungen auf die dynamische Entwicklung des betroffenen Marktes haben können. Als Indikatoren für diese Auswirkung können bezüglich der Beihilfe die Höhe des Beihilfenbetrages, die Art der Beihilfe und ihre Marktnähe und die Vergabeart verwendet werden. Ökonomische Indikatoren sind mögliche Marktaustrittsschranken, Wettbewerbsanreize für einen zukünftigen Markt, der Grad der Produktdifferenzierung sowie die Intensität des Wettbewerbs.

Die FuEuI-Gemeinschaftsrahmen vorgenommene Typisierung möglicher negativer Wett- **205** bewerbsverfälschungen und die transparente Darlegung der Beurteilungskriterien sind aus wirtschaftswissenschaftlicher Perspektive positiv zu bewerten, da hierdurch die Transparenz und die ökonomischen Grundlagen der Beihilfenentscheidungen im FuEuI-Bereich im Vergleich zur früheren Praxis deutlich erhöht werden. Wie bereits oben, RdNr. 120ff. ausgeführt wurde, ist auch hier kritisch anzumerken, dass die Wettbewerbssituation nicht bereits auf Tatbestandsebene, sondern lediglich auf Rechtfertigungsebene im Rahmen der 3. Stufe des Abwägungstests analysiert wird. Vielmehr sollte das Vorliegen einer grenzüberschreitenden Wettbewerbsverfälschung bereits im Vorfeld auf Tatbestandsebene ökonomisch fundiert festgestellt worden sein, bevor im Rahmen des Abwägungstests die Geeignetheit und Erforderlichkeit einer Beihilfen-

---

[141] Kom., Gemeinschaftsrahmen für staatliche Beihilfen für Forschung, Entwicklung und Innovation, ABl. 2006 C 323/1, 21Tz. 7.3.3.
[142] Zum Problem der Abgrenzung des relevanten Marktes in dynamischen Industrien vgl. *Evans/Schmalensee* 14 oder *Teece/Coleman* 804.

maßnahme im Hinblick auf das mit ihr verfolgte ökonomische oder verteilungspolitische Ziel untersucht wird.

206   Die zentrale Stellung, die dem **Anreizeffekt** und damit den möglichen dynamischen Wettbewerbsverfälschungen eingeräumt wird, ist **aus ökonomischer Sicht insofern gerechtfertigt,** als durch Forschungs-, Innovations- und Entwicklungsinvestitionen in erster Linie die dynamische Entwicklung der Wirtschaft beeinflusst wird, wobei den dynamischen Anreizwirkungen eine besondere Bedeutung zukommt. In vielen Fällen liegen im Bereich der Forschung und Entwicklung positive externe Effekte durch Wissens-Spillovers vor, so dass ohne eine entsprechende Förderung die Forschung und Innovation im Vergleich zum sozialen Optimum zu gering ist. Wenn eine Beihilfe jedoch keine Verhaltensänderung in Bezug auf das geförderte Projekt bewirkt, bedeutet dies, dass das begünstigte Unternehmen ohne die Beihilfe keine anderen Preis- oder Mengenentscheidungen auf den betrachteten Märkten getroffen hätte, dh. das Niveau an Forschung und Entwicklung würde auf dem ineffizient niedrigen Niveau verharren. Aus diesem Grund ist die **Betonung des Anreizeffektes im Rahmen der FuEuI-Beihilfen berechtigt.** Tritt ein Anreizeffekt nicht ein, d.h., ändert sich das Verhalten im Vergleich zu einer Situation ohne Beihilfe nicht, dann bleibt zum einen das vorhandene Marktversagen bestehen und zum anderen kann das begünstigte Unternehmen die ihm zur Verfügung gestellten Beträge möglicherweise auf benachbarten Märkten einsetzen, um dort einen Wettbewerbsvorsprung zu erzielen. Umstritten ist allerdings, ob das Fehlen einer Verhaltensänderung ein besonders geeigneter Indikator für eine Wettbewerbsverfälschung ist.[143]

---

[143] Vgl. Monopolkommission, Hauptgutachten 2006/2007, S. 259.

C. Schnittstellen zwischen Beihilfen- und Vergaberecht

Schrifttum: *Bartosch,* Vergabefremde Kriterien und Art. 87 I EG: Sitzt das öffentliche Beschaffungswesen in Europa auf einem beihilferechtlichen Pulverfass?, EuZW 2001, 229; *Bauer,* Das Bietverfahren im EG-Beihilfenrecht bei der übertragenden Sanierung rechtswidrig begünstigter Unternehmen, EuZW 2001, 748; *Benedict,* Sekundärzwecke im Vergabeverfahren, 2000; *Berger,* Die Ausschreibungspflicht bei der Veräußerung von Unternehmensanteilen durch kommunale Körperschaften, ZfBR 2002, 134; *Borchardt,* Die Rückforderung zu Unrecht gewährter staatlicher Beihilfen beim Verkauf von Vermögenswerten des Beihilfenempfängers durch den Insolvenzverwalter, ZIP 2001, 1301; *Bungenberg,* Schnittstellen von Vergabeverfahren und Beihilfenaufsicht, in: Forum Vergabe 2010, 91; *Bultmann,* Beihilfenrecht und Vergaberecht, Habil. Berlin 2004; *Czerny,* Die beihilfenrechtliche Beurteilung der staatlichen Finanzierung von Dienstleistungen im allgemeinen wirtschaftlichen Interesse, 2009; *Dippel/Zeiss,* Vergabefremde Aspekte – Rechtsschutz im Vergabenachprüfungsverfahren wegen Verstoßes gegen das EG-Beihilfenrecht, NZBau 2002, 376; *Dörr,* Infrastrukturförderung (nur) nach Ausschreibung?, NZBau 2005, 617; *v. Donat,* IÖPP zwischen Vergaberecht und EU-Beihilfenrecht, EuZW 2010, 812; *Dreher,* Das Verhältnis von Kartellvergabe- und Zuwendungsrecht, Ausschreibungsfreiheit oder Ausschreibungspflicht bei zuwendungsmitfinanzierten Inhouse-Vergaben, NZBau 2008, 93 und 154; *Ehricke,* Anforderungen an den Insolvenzverwalter bei der Veräußerung des Unternehmens aus einer beihilfeninfizierten Masse zum Schutz des Erwerbers vor Rückforderungsansprüchen, ZInsO 2005, 516; *ders.,* Die Rückforderung gemeinschaftsrechtswidriger Beihilfen in der Insolvenz des Beihilfenempfängers, ZIP 2000, 1656; *ders.,* Grundprobleme staatlicher Beihilfen an ein Unternehmen in der Krise im EG-Recht, WM Sonderbeilage 3/2001, 3; *ders.,* Einflüsse der Dienstleistungsrichtlinie auf das Insolvenzrecht, NZI 2010 (im Erscheinen); *ders./Blask,* Auswirkungen des EG-Beihilfenrechts auf die Tätigkeit des Insolvenzverwalters, ZInsO 2002, 693; *Eilmansberger,* Überlegungen zum Zusammenspiel von Vergaberecht und Beihilferecht, WuW 2004, 384; *Fischer,* Vergabefremde Zwecke im öffentlichen Auftragswesen: Zulässigkeit nach Europäischem Gemeinschaftsrecht, EuZW 2004, 492; *ders.,* Die neue Verfahrensordnung zur Überwachung staatlicher Beihilfen nach Art. 93 (jetzt Art. 88) EGV, LSK 1999, 1426; *Frenz,* Allgemeine Grundsätze des Vergaberechts – Das EuGH-Urteil ANAV/Comune di Bari, EWS 2006, 347; *ders.,* Soziale Vergabekriterien, NZBau 2007, 17; *Fritze/Heithecker,* Insolvenzplansanierung und EU-Beihilfenrecht, EuZW 2010, 817; *Herrmann,* Der gemeinschaftsrechtliche Begriff der Beihilfe, ZEuS 2004, 415; *Huerkamp,* Gleichbehandlung und Transparenz als gemeinschaftsrechtliche Prinzipien der staatlichen Auftragsvergabe, 2010; *Jasper,* Das Vergaberechtsänderungsgesetz, DB 1998, 2151; *ders./Seidel,* Neue Dissonanzen beim Verkauf kommunaler Grundstücke, NZBau 2008, 427; *Jennert,* Vergabefremde Kriterien – keine Beihilfen, sondern gemeinwirtschaftliche Pflichten, NZBau 2003, 417; *ders.,* Finanzierung und Wettbewerb in der Daseinsvorsorge nach Altmark Trans, NVwZ 2004, 425; *Kiewitt,* Rückforderung staatlicher Beihilfen nach dem Europäischen Gemeinschaftsrecht bei Insolvenz oder Veräußerung des Empfängerunternehmens, Diss. Würzburg 2004; *Knipper,* Tariftreueerklärungen im öffentlichen Auftragswesen, WuW 1999, 677; *Koenig,* Die beihilfenrechtliche Rückforderung als Insolvenzauslöser, BB 2000, 573; *ders.,* Funktionen des Bietverfahrens im EG-Beihilfenrecht, EuZW 2001, 741; *ders./Kühling,* Infrastrukturförderung im Ausschreibungsverfahren, DVBl. 2003, 289; *ders./Kühling,* Diskriminierungsfreiheit, Transparenz und Wettbewerbsoffenheit des Ausschreibungsverfahrens – Konvergenz von EG-Beihilfenrecht und Vergaberecht, NVwZ 2003, 779; *ders./Kühling,* „Totgesagte Vorschriften leben länger" – Bedeutung und Auslegung der Ausnahmeklausel des Art. 86 Abs. 2 EG, ZHR 166 (2002), 656; *Kühling,* Künftige vergaberechtliche Anforderungen an kommunale Immobiliengeschäfte, NVwZ 2010, 1257; *ders./Pfromm,* Die Förderlogik des EG-beihilfenrechtlichen Ausschreibungsverfahrens bei PPP-Daseinsvorsorge-Infrastrukturen, NZBau 2004, 375; *ders./Hentschel,* Beihilfenempfänger als Bieter im Vergabeverfahren, NZBau 2006, 289; *ders./Hentschel,* Die Auswahl des Insolvenzverwalters – nationale und EG-vergaberechtliche Vorgaben, ZIP 2005, 1937; *Hertwig,* Öffentliche Unternehmen und Einrichtungen im europäischen Beihilfe- und Vergaberecht, VergabeR 2008, 589; *Kaelble,* Vergabeentscheidung und Verfahrensgerechtigkeit, 2008; *Köhler/Steindorff,* Öffentlicher Auftrag, Subvention und unlauterer Wettbewerb, NJW 1995, 1705; *Kreße,* Gemeinwirtschaftliche Dienste im europäischen Beihilferecht, Diss. Köln 2006; *Langmaack,* Unternehmensverkauf und Beihilfenrückforderung: die Umsetzung von Rückforderungsentscheidungen im Zwei- und Mehrpersonenverhältnis in der Krise und Insolvenz des Empfängers, Diss. Bremen 2003; *Lindner,* Die EG-Verfahrensverordnung zur gemeinschaftsrechtlichen Beihilfekontrolle – Auf dem Weg zu einem allgemeinen Europäischen Verwaltungsrecht, BayVBl. 2002, 193; *Lipka,* Beihilferechtliche Anforderungen an Vergabeverfahren, Diss. Berlin 2004; *Lübbig,* Anmerkung zu EuG, Urteil vom 28. 1. 1999 – Rs. T-14/96 (Bretagne Angleterre Irlande [BAI]/Kommission), EuZW 1999, 671; *Ludwigs,* Die Verordnung (EG) Nr. 659/1999 und die neuere Rechtsprechung der Gemeinschaftsgerichte zum Beihilfeverfahrensrecht, Jura 2006, 41; *Mairose,* Die Behandlung gemeinschaftswidriger Beihilfen im deutschen Insolvenzverfahren, Diss. Düsseldorf 2005; *Martin-Ehlers,* Die Unzulässigkeit vergabefremder Kriterien, WuW 1999, 685; *Meyer,* Die Einbeziehung politischer Zielsetzungen in das Vergabeverfahren, 2002; *Pauka,* Das Vergaberecht und die Staatsbeihilfen, Vergabe Navigator 5/2009, 7; *Pechstein,* Anmerkungen zu BGH, Urteil vom 4. 4. 2003, EuZW 2003, 447; *Prieß,* Handbuch des europäischen Vergaberechts, 3. Aufl. 2005; *Pünder,* Die Vergabe öffentlicher Aufträge unter den Vorgaben des europäischen Beihilferechts, NZBau 2003, 530; *Ritter,* EG-Beihilfenrückforderung von Dritten: der Adressat der Beihilfenrückforderung nach Vermögensübertragungen vom Beihilfen(erst-)empfänger auf einen anderen

Rechtsträger, Diss. Bonn 2003; *Rittner,* Die „sozialen Belange" i. S. der EG-Kommission und das inländische Vergaberecht, EuZW 1999, 677; *Rust,* Die sozialen Kriterien im Vergaberecht – eine Duplik auf Rittner, EuZW 1999, 677, EuZW 2000, 205; *Seidel,* Anmerkung zu EuGH, Urteil vom 26. 9. 2000 – Rs. C-225/98 (Kommission der EG/Französische Republik), EuZW 2000, 762; *Soltész/Bielesz,* Privatisierungen im Lichte des Europäischen Beihilferechts – Von der Kommission gerne gesehen – aber nicht um jeden Preis, EuZW 2004, 391; *Theobald/Kafka,* Vergabe von Verkehrsverträgen im Rahmen des SPNV, NVBau 2002, 603; *Tietjen,* Die Europäische Beihilfekontrolle im Vergaberecht und bei der Privatisierung, 2004; *Walzel,* Bindungswirkungen ungeregelter Vollzugsinstrumente der EG-Kommission, Diss. Köln 2007; *Zeitz,* Der Begriff der Beihilfe im Sinne des Artikels 87 Abs. 1 EG, Diss. Berlin 2004; *Ziekow,* Vergabefremde Zwecke und Europarecht, NZBau 2001, 72.

I. Vorbemerkung

207   Die Vorschriften des EU-Beihilfenrechts und die Regelungen des Vergaberechts haben auf den ersten Blick scheinbar nur geringe Überschneidungsbereiche. Das **Beihilfenrecht** bezweckt mit der Verbotsregelung des Art. 107 AEUV[1] den Schutz des Wettbewerbs vor staatlicher Intervention in Form von Zuwendungen geldwerter Art. Es gehört systematisch zu den **Wettbewerbsregeln des EU-Rechts,** welche gemäß Art. 3 Abs. 3 AEUV das Ziel verfolgen, ein System zu schaffen, das den Wettbewerb im Binnenmarkt vor Verfälschungen schützt.[2] Beihilfen sind grundsätzlich für den Wettbewerb schädlich, weil sie einzelnen Unternehmen aufgrund staatlicher Privilegierung einen Vorteil verschaffen, der nicht im Rahmen des unternehmerischen Wirtschaftens herausgearbeitet wurde. Damit aber beeinträchtigen sie die Wettbewerbsgleichheit der Unternehmen.[3] Gleichzeitig verhindern sie eine effiziente Allokation der Ressourcen.[4] Die Anpassung an sich ändernde Wettbewerbsverhältnisse wird verhindert bzw. verzögert. Anderseits sind Beihilfen ein wichtiges Element staatlicher Steuerung wirtschaftlicher Abläufe, die auch dazu dienen, im Falle von Wettbewerbsversagen eine entsprechende Wirtschaftslenkung vorzunehmen.[5] Die Beihilfenvorschriften versuchen insoweit einen Ausgleich durch die Aufnahme von Ausnahmen vom allgemeinen Beihilfenverbot des Art. 107 Abs. 1 AEUV – etwa Art. 107 Abs. 2 und 3 und 106 Abs. 2 AEUV, der freilich keine Ausnahme i. e. Sinne darstellt, sondern tatbestandsausschließend wirkt, – zu erreichen. Damit stellt sich auch der Vertrag über die Arbeitsweise der Europäischen Union als nicht völlig beihilfenfeindlich dar. Das **Vergaberecht** auf der anderen Seite dient der Sicherung des Wettbewerbs im Rahmen der Beschaffungsvorgänge der öffentlichen Hand. Anknüpfungspunkte auf europäischer Ebene sind dabei die Grundfreiheiten des AEUV.[6] Bei der Vergabe öffentlicher Aufträge soll die Wettbewerbsgleichheit der Unternehmen durch Vorgaben für das Vergabeverfahren sichergestellt werden.[7] Es geht also zunächst nicht um die Frage, ob ein Unternehmen einen unberechtigten Vorteil erlangt, sondern um **die Eröffnung eines Zugangs zu öffentlichen Aufträgen bei Wahrung der Chancengleichheit.**[8]

208   Bei genauerem Blick werden allerdings eine Reihe von Gemeinsamkeiten deutlich. Beide Regelungsregimes wenden sich an den Staat im Rahmen seiner wirtschaftlichen Tätigkeiten. Ihre Aufgabe dabei ist es, „den freien Warenverkehr unter den Mitgliedstaaten unter normalen Wettbewerbsbedingungen sicherzustellen."[9] Sie dienen somit vor allem der **Sicherung des**

---

[1] Art. 107 AEUV legt ein generelles Verbot von staatlichen Beihilfen fest, das aber nicht absolut gilt, s. EuGH, C-78/76, Slg. 1977, 595, RdNr. 8 – Steinlike und Weinlig; *Immenga/Mestmäcker/Ehricke,* EG-WettbR, Art. 87 Abs. 1 EG RdNr. 4; *Grabitz/Hilf/v. Wallenberg* Art. 87 EG RdNr. 3; *Streinz/Koenig/Kühling* Art. 87 EG RdNr. 4.

[2] *Immenga/Mestmäcker/Ehricke,* EG-WettbR, Art. 87 Abs. 1 EG RdNr. 1; *Calliess/Ruffert/Cremer* Art. 87 EG RdNr. 1; Lenz/Borchardt/*Kreuschitz/Rawlinson* Art. 87 EG RdNr. 2; KompendiumVgR/*Kaelble* Kap. 32 RdNr. 3.

[3] *Immenga/Mestmäcker/Ehricke,* EG-WettbR, Art. 87 Abs. 1 EG RdNr. 2; Streinz/*Koenig/Kühling* Art. 88 EG RdNr. 1; *Frenz* RdNr. 3.

[4] *Immenga/Mestmäcker/Ehricke,* EG-WettbR, Art. 87 Abs. 1 EG RdNr. 2; *Koenig/Kühling/Ritter* Art. 87 EG RdNr. 2.

[5] *Immenga/Mestmäcker/Ehricke,* EG-WettbR, Art. 87 Abs. 1 EG RdNr. 3; *von der Groeben/Schwarze/Mederer* Art. 87 EG RdNr. 3.

[6] RL 2004/18, ABl. 2004 L 134/114, Tz. 2; *Frenz* RdNr. 1699; *Bultmann* 66.

[7] EuGH, C-399/98, Slg. 2001, I-5409, RdNr. 75 – Ordine degli Architetti ua.; EuGH, C-285/99, Slg. 2001, I-9233, RdNr. 35 – Impresa Lombardini ua.; *Frenz* RdNr. 1700.

[8] *Frenz* RdNr. 1701; *Köhler/Steindorff* NJW 1995, 1705, 1708.

[9] EuGH, C-21/88, Slg. 1990, I-889, RdNr. 20 – Du Pont de Nemours; EuGH, C-103/84, Slg. 1986, I-1759, RdNr. 19 – Kommission/Italien.

Wettbewerbs auf dem Binnenarkt,[10] indem die Wettbewerbsgleichheit der Unternehmer gewährleistet wird. In den letzten Jahren führte dies zu einer immer stärkeren Verzahnung von Beihilfen- und Vergaberecht, ohne dass es sich dabei aber um zwei vollständig korrelierende Rechtsmaterien handeln würde. Vielmehr lässt sich von einer **Zielkongruenz** sprechen. Dies inpliziert aber nicht, dass die Funktionsweise von Beihilfen- und Vergaberecht ebenfalls kongruent sind.[10a] Teilweise beruht diese Erkenntnis auch auf der Praxis der Unionsorgane. So hat etwa die Kommission die Wirkung von offenen, transparenten und diskriminierungsfreien Vergabeverfahren für die Frage der Beihilfeneigenschaft einer Maßnahme erkannt.[11] Das Bewusstsein, dass sich diese beiden Regelungsbereiche **gegenseitig beeinflussen,** nimmt gerade in Rechtspraxis und juristischer Literatur immer mehr zu. So wurde in letzter Zeit zB. die Frage vergabefremder Kriterien und deren Einordnung als Beihilfe zugunsten des Unternehmens, das den Zuschlag erhalten hat, besonders diskutiert.[12] Auch der Veräußerung von beihilfenbegünstigten Unternehmen oder Unternehmensteilen ist in der Literatur vermehrt Beachtung geschenkt worden.[13] Für die Grundlagen des Vergaberechts ist die Beschäftigung mit dem Beihilfenrecht unablässlich. Beide Rechtsgebiete sind **zwei Seiten einer Medaille,** weil durch unterschiedliche Instrumente der Staat versuchen kann, bestimmte Unternehmen im Wettbewerb mit anderen zu bevorzugen und damit in erheblichem Maße steuernd in den Markt eingreifen kann. Im Folgenden soll daher dargelegt werden, welche Schnittstellen sich im Einzelnen zwischen Vergabe- und Beihilfenrecht ergeben, wobei zunächst die Frage der Beeinflussung des Beihilfenrechts durch das Vergaberecht dargestellt wird, bevor der Frage nachgegangen werden soll, welche Anforderungen das Beihilfenrecht an das Vergabeverfahren stellt.

II. Einfluss des Vergaberechts auf das Beihilfenrecht

Art. 107 Abs. 1 AEUV schreibt unter bestimmten, eher weit definierten Voraussetzungen ein **209** Verbot staatlicher Beihilfen zugunsten einzelner Unternehmen oder bestimmter Produktionszweige fest. Tatbestandlich setzt die Norm eine staatliche oder aus staatlichen Mitteln gewährte **Begünstigung** zugunsten einzelner Unternehmen oder bestimmter Produktionszweige voraus, die den Wettbewerb auf dem Gemeinsamen Markt zu verfälschen drohen und geeignet sind, den innergemeinschaftlichen Handel zu beeinträchtigen.

Das **Einfallstor des Vergaberechts in das Beihilfenrecht** stellt dabei die Frage des Vorlie- **210** gens einer Begünstigung dar. Dem Unternehmen wird eine Begünstigung gewährt, wenn es einen geldwerten Vorteil ohne angemessene, marktgerechte Gegenleistung erhält.[14] Hebel für die Anwendung der Vergaberegeln ist dabei die Bestimmung einer angemessenen, marktgerechten Gegenleistung für die staatliche Zuwendung. Ganz allgemein gesprochen dient die Durchführung eines Ausschreibungs- oder Bietverfahrens der Sicherstellung einer angemessenen und insbesondere einer marktgerechten Gegenleistung.[15] Nach den **Grundsätzen des Vergaberechts** soll das wirtschaftlich günstigste Angebot den Zuschlag erhalten. Das Angebot selbst beruht auf der Kalku-

---

[10] Vgl. *Koenig/Kühling* NVwZ 2003, 779, 780; *Frenz* RdNr. 1700.

[10a] Beispielhaft sei auf das weite, funktionale Verständnis „Finanzierung durch den Staat" im Vergaberecht hingewiesen, um einen möglichst weiten Anwendungsbereich des Begriffes „öffentlicher Auftraggeber" zu eröffnen (EuGH v. 13. 12. 2007, Rs C-337/06 – GEWA) im Gegensatz zu einem engen Verständnis des Begriffes „aus staatlichen Mitteln" im Zusammenhang mit den Voraussetzungen für das Vorliegen einer Beihilfe (*Immenga/Mestmäcker/Ehricke*, Art. 87 Abs. 1 EUV RdNr. 61 ff.).

[11] XXIII. Bericht über die Wettbewerbspolitik 1993, KOM (1994) 161, RdNr. 403; Mitteilung der Kommission betreffend Elemente staatlicher Beihilfen bei Verkäufen von Bauten oder Grundstücken durch die öffentliche Hand vom 10. 7. 1997 (im Folgenden *Grundstücksmitteilung*), ABl. 1997 C 209/3, Teil II.1.; s. a. Gemeinschaftsrahmen für Forschungs- und Entwicklungsbeihilfen, ABl. 1996 C 45/5, Ziff. 2.5. (S. 8); Leitlinien für staatliche Beihilfen im Seeverkehr, ABl. 1997 C 205/5, S. 13; aus der Rechtsprechung etwa EuGH, C-390/98, Slg. 2001, I-6117, RdNr. 48 – H.J. Banks & Co.

[12] Siehe etwa *Tietjen*, Die Europäische Beihilfenkontrolle im Vergaberecht und bei der Privatisierung, 2003, passim; *Bartosch* EuZW 2001, 229; *Jennert* NZBau 2003, 417; *Frenz* RdNr. 310; *Lipka*, 141.

[13] *Koenig* EuZW 2001, 741; *Bauer* EuZW 2001, 748; *Koenig/Kühling* NVwZ 2003, 779; *Soltész/Bielesz* EuZW 2004, 391; *Fritze/Heithecker* EuZW 2010, 817 ff.

[14] *Immenga/Mestmäcker/Ehricke,* EG-WettbR, Art. 87 Abs. 1 EG RdNr. 42; *Calliess/Ruffert/Cremer* Art. 87 EG RdNr. 7; *Geiger* Art. 87 EG RdNr. 9; *Koenig/Kühling/Ritter* Art. 87 EG RdNr. 67; *Frenz* RdNr. 174; *Herrmann* ZEuS 2004, 415, 428; KompendiumVgR/*Kaelble* Kap. 32 RdNr. 13; *Streinz/Koenig/Kühling* Art. 87 EG RdNr. 27.

[15] KompendiumVgR/*Kaelble* Kap. 32 RdNr. 15; zur Bedeutung der Gegenleistung *Kühling* NVwZ 2010, 1257, 1258 f.; vgl. auch EuGH, C-451/08 NZBau 2010, 321 – H. Müller.

lation des Bieters unter Berücksichtigung der Einzelheiten der geforderten Leistung, so dass von einer Angemessenheit zwischen staatlicher Zuwendung und unternehmerischer Gegenleistung ausgegangen werden kann. Darüber hinaus dient die Durchführung eines Vergabeverfahrens insbesondere bei nicht marktüblichen Leistungen zur **Eröffnung eines Nachfragemarktes.**[16] Erst dadurch kann überhaupt Marktgerechtigkeit erreicht werden. Die Durchführung von objektivierten Bietverfahren trägt nach Ansicht der Kommission deshalb die **Vermutung der Angemessenheit der Gegenleistung** in sich.[17]

211   **Ausschreibungsverfahren** sind damit ein probates Mittel der Mitgliedstaaten, die Beihilfeneigenschaft einer Maßnahme auszuschließen und eine Notifizierung nach Art. 108 Abs. 3 Satz 1 AEUV zu vermeiden. Dieser generelle Ansatz der Kommission ist vom EuGH auch im Rahmen seiner AltmarkTrans-Rechtsprechung[18] aufgegriffen worden, wobei er sich dort nur mit einem Teilaspekt befassen musste, der in Kombination mit anderen Kriterien im Rahmen des Kostenausgleichs für gemeinwirtschaftliche Verpflichtungen das Vorliegen einer Begünstigung ausschließen kann.[18a]

212   **1. Vergabeverfahren zur Gewährleistung einer marktgerechten Gegenleistung.** Um eine angemessene, marktgerechte Gegenleistung der Unternehmen sicherzustellen, verlangt die Kommission die Durchführung eines **diskriminierungsfreien, transparenten und wettbewerbsoffenen Bietverfahrens.**[19] Auch wenn sich diese Kriterien nicht völlig mit den allgemeinen Grundsätzen des Vergaberechts, nämlich dem Gleichbehandlungsgrundsatz, dem Transparenzgebot und dem Wettbewerbsgrundsatz und deren konkreter Ausgestaltung,[20] decken, so ist doch offensichtlich, dass die Kommission deutliche Anleihen aus dem Vergaberecht gemacht hat.[21] Von daher besteht in wesentlichen Teilen Übereinstimmung zwischen vergaberechtlichen Grundsätzen und beihilfenrechtlichen Anforderungen an das Bietverfahren.[22] Teilweise folgen aus der Praxis sowie den Mitteilungen der Kommission jedoch **differierende Ausgestaltungen** des Bietverfahrens in Bezug auf das Beihilfenrecht gegenüber dem üblichen Vergabeverfahren, wobei im Einzelfall strengere Anforderungen gestellt,[23] teilweise aber auch zugunsten der Mitgliedstaaten Lockerungen vorgenommen werden.[24] Unabhängig von den einzelnen, in der Praxis der Kommission zum Beihilfenrecht entwickelten Anforderungen stellt aber die Durchführung eines dem Vergaberechtsregime entsprechenden Verfahrens aufgrund der damit verbundenen Eröffnung des Nachfragewettbewerbs die Angemessenheit (**Marktgerechtigkeit**) der Gegenleistung sicher.[25] Die Durchführung eines Biet- oder Vergabeverfahrens im Rahmen des Beihilfeverfahrens führt jedoch keineswegs dazu, dass etwa der sachliche Anwendungsbereich des Vergaberechts (insb. der Rechtsschutz) eröffnet würde.[26] Die normativen Regelungen des Vergaberechts dürfen auch nicht analog angewendet werden. Es findet nämlich weder eine direkte noch eine mittelbare Anwendung des Vergaberechts im Beihilfenverfahren statt, sondern es werden allgemeine marktordnungsrechtliche Prinzipien angewendet, die ihren Niederschlag (auch und vor allem) im Vergaberecht finden.

---

[16] *Calliess/Ruffert/Cremer* Art. 87 EG RdNr. 11; *Frenz* RdNr. 268; sa. *Koenig/Kühling* DVBl. 2003, 289, 293.

[17] Grundstücksmitteilung, ABl. 1997 C 209/3, Teil II.1.; sa. Gemeinschaftsrahmen für Forschungs- und Entwicklungsbeihilfen, ABl. 1996 C 45/5, Ziff. 2.5. (S. 8); Leitlinien für staatliche Beihilfen im Seeverkehr, ABl. 1997 C 205/5, S. 13; vgl. EuGH, C-451/08, NZBau 2010, 321 – H. Müller.

[18] EuGH, C-280/00, Slg. 2003, I-7747, RdNr. 87 – Altmark Trans; nachfolgend EuGH, C-34/01, Slg. 2003, I-14243, RdNr. 31 ff. – Enirisorse.

[18a] Vgl. dazu ausführlich *Czerny* passim; *Kaelble* 121 ff.; *Meyer* 156 ff.

[19] Etwa Grundstücksmitteilung, ABl. 1997 C 209/3, Teil II.1; s. a. EuGH, C-390/98, Slg. 2001, I-6117, RdNr. 48 – H.J. Banks & Co; *Koenig/Kühling* NVwZ 2003, 779; *Calliess/Ruffert/Cremer* Art. 87 EG RdNr. 11; *Immenga/Mestmäcker/Ehricke*, EG-WettbR, Art. 87 Abs. 1 EG RdNr. 47; zu den unterschiedlichen Begrifflichkeiten in der Praxis der Kommission siehe *Koenig/Kühling* DVBl. 2003, 289, 290–291.

[20] So etwa EuGH, C-324/98, Slg. 2000, I-10745, RdNr. 60 ff. – Teleaustria Verlags GmbH ua.; GA Stix-Hackl, Schlussanträge zu C-231/03, Slg. 2005, I-7287, RdNr. 85 ff. – Consorzio Aziende Metano.

[21] Vgl. auch Kom., N 264/2002, RdNr. 86–87 – London Underground PPP.

[22] Zur Konvergenz von EG-Beihilferecht und Vergaberecht insbesondere *Koenig/Kühling* NVwZ 2003, 779, 780; *Tietjen* 213; sa. *Immenga/Mestmäcker/Ehricke*, EG-WettbR, Art. 87 Abs. 1 EG RdNr. 47; *Frenz* RdNr. 272; *Zeitz* 35.

[23] Etwa zur Bedingungsfreiheit Kom., ABl. 1992 L 171/54, S. 59 – HYTASA.

[24] So zur Wettbewerbsoffenheit und Transparenz Kom., ABl. 1997 L 25/26, Punkt 7.2.5. – Head Tyrolia Mares; Kom., ABl. 2000 L 272/29, RdNr. 45 – TASQ.

[25] *Koenig/Kühling* DVBl. 2003, 289, 299; *Koenig/Kühling* NVwZ 2003, 779, 786; *Koenig/Pfromm* NZBau 2004, 375, 378; *Zeitz* 156.

[26] BGH ZfBR 2008, 506.

Grundsätzlich lassen sich die **drei Kriterien** kurz wie folgt definieren:[27] **Das Ausschrei- 213 bungsverfahren** ist wettbewerbsoffen, wenn der Zugang für alle konkurrierenden Unternehmen zum Verfahren innerhalb einer angemessenen Frist gewährleistet ist. Dies dient der Herstellung eines Marktes, gewährleistet aber auch, dass der Auftraggeber aus einer Vielzahl von Angeboten den Zuschlag erteilen und ressourcenschonend agieren kann. Erforderlich hierfür ist ein angemessener Grad an **Öffentlichkeit und Publizität.** Zur Sicherstellung der Transparenz ist erforderlich, dass die Vergabe in einer der Bedeutung der Maßnahme entsprechenden Weise bekannt gegeben wird und die Zuschlagkriterien vorweg hinreichend präzise definiert werden, so dass die Entscheidung durch Dritte nachvollziehbar wird. **Diskriminierungsfreiheit** zu guter Letzt bedeutet, dass kein Bewerber ohne sachlichen Grund benachteiligt werden darf. Dabei lassen sich die drei Kriterien letztlich nicht getrennt voneinander betrachten, sondern bedingen einander. So dient die Sicherstellung der Transparenz des Verfahrens etwa auch dem Ausschluss von Diskriminierungen.[28]

a) Verkauf von Grundstücken durch die öffentliche Hand. Beihilfen im Rahmen der **214** Veräußerung von Grundstücken und Bauten können insbesondere dadurch gewährt werden, dass sie **unter dem tatsächlichen Marktwert verkauft werden.**[29] In der Grundstücksmitteilung spricht die Kommission allgemein davon, dass keine solche Beihilfe im Sinne von Art. 107 Abs. 1 AEUV vorliege, wenn ein hinreichend publiziertes, allgemeines und bedingungsfreies Bietverfahren durchgeführt wird, an dessen Ende das Grundstück an den meistbietenden oder den einzigen Bieter veräußert wird. Der dabei erzielte Preis sei der Markwert, so dass sonstige frühere Bewertungen des Grundstücks oder Gebäudes unerheblich seien.[30]

Die drei Kriterien werden in der Mitteilung teilweise noch **näher definiert.**[31] Das Ange- **215** bot sei **hinreichend publiziert,** wenn es über einen längeren Zeitraum mehrfach in der nationalen Presse, Immobilienanzeigern oder sonstigen geeigneten Veröffentlichungen und durch Makler, die für eine große Anzahl potenzieller Käufer tätig sind, bekannt gemacht wurde.[32] Ein längerer Zeitraum erfordere dabei eine Bekanntmachung über mindestens zwei Monate hinweg. Können die Objekte wegen ihres Wertes oder sonstiger Eigenheiten auf das Interesse europäischer bzw. internationaler Investoren stoßen, so soll der Verkauf in international beachteten Publikationen bekannt gemacht und europaweit tätige Makler eingeschaltet werden.

Bedingungsfreiheit setze voraus, dass grundsätzlich jeder Käufer tätigkeitsunabhängig das **216** Gebäude oder Grundstück erwerben und für seine wirtschaftlichen Zwecke nutzen könne. Einschränkungen seien nur aus Gründen des Nachbar- und Umweltschutzes, zur Vermeidung rein spekulativer Gebote oder aus raumordnungsrechtlichen Erwägungen möglich.[33] Besondere Verkaufsbedingungen sind nur dann zulässig, wenn alle potenziellen Erwerber in der Lage wären, diese Verpflichtung zu erfüllen, unabhängig von ihrer wirtschaftlichen Tätigkeit, bzw. ob sie eine wirtschaftliche Tätigkeit ausüben oder nicht.[34] Im Ergebnis soll damit verhindert werden, dass das Verfahren auf bestimmte einzelne Anbieter zugeschnitten wird.[35]

Wichtig ist, dass die Mitteilung **ausschließlich für den Verkauf von Grundstücken oder 217 Bauten** gilt. Eine Anwendung auf Mietverträge oder andere ähnliche Konstellationen wird ausdrücklich ausgeschlossen.[36] Wegen der Vergleichbarkeit der Interessenlage wird man diese Kriterien jedoch auch auf andere Konstellationen übertragen können.[37] Sie stellen nach der Konzeption der Kommission wohl allgemeine Grundsätze dar, denen sie auch in anderen mög-

---

[27] *Immenga/Mestmäcker/Ehricke,* EG-WettbR, Art. 87 EG Abs. 1 RdNr. 47; sa. *Bauer* EuZW 2001, 748, 751–752.

[28] Vgl. EuGH, C-448/01, Slg. 2003, I-14527, RdNr. 49 u. 56 – EVN ua.

[29] Kom., ABl. 2000 L 318/62; Kom., Abl. 2002 L /1; *Koenig* EuZW 2001, 741, 742; *Bauer* EuZW 2001, 748, 749; *Frenz* RdNr. 269; *Tietjen* 34; *Calliess/Ruffert/Cremer* Art. 87 EG RdNr. 28; *von der Groeben/Schwarze/Mederer/van Ysendyck* Art. 87 EG RdNr. 22; *Jasper/Seidel* NZBau 2008, 427, 429; *Kühling* NVwZ 2010, 1257, 1258 ff.

[30] Grundstücksmitteilung, ABl. 1997 C 209/3, Teil II.1.

[31] Vgl. zu den einzelnen Kriterien auch KompendiumVgR/*Kaelble* Kap. 32 RdNr. 17–27.

[32] Grundstücksmitteilung, ABl. 1997 C 209/3, Teil II.1.a.

[33] Grundstücksmitteilung, ABl. 1997 C 209/3, Teil II.1.b.

[34] Grundstücksmitteilung, ABl. 1997 C 209/3, Teil II.1.c.; anders noch Kom., ABl. 1992 L 171/54, S. 59 – HYTASA; dazu EuGH, C-278/92 u. a., Slg. 1994, I-4103, RdNr. 27 ff. – Spanien/Kommission.

[35] *Frenz* RdNr. 274.

[36] Grundstücksmitteilung, ABl. 1997 C 209/3, Teil I.

[37] *Koenig* EuZW 2001, 741, 743; *Frenz* RdNr. 270, *Zeitz* 72–73.

lichen Beihilfenkonstellationen Beachtung schenkt.[38] Allerdings wurde oben bereits festgestellt, dass die in der Mitteilung aufgestellten Voraussetzungen teilweise enger formuliert sind als die Bedingungen, die sich aus dem Vergaberecht selbst an ein dem Gleichbehandlungs- und Wettbewerbsgrundsatz sowie dem Transparenzgebot unterworfenes Verfahren ergeben. Folgt man daher der Ansicht, dass die Durchführung eines diesen Voraussetzungen entsprechenden Vergabeverfahrens jedenfalls die Beihilfeneigenschaft ausschließt,[39] so kann auch auf diese Möglichkeit zurückgegriffen werden. Für eine Übertragung der Kriterien der Grundstücksmitteilung bliebe dann nur ein geringes Bedürfnis.

218   **b) Veräußerung von Unternehmen.** Eine der Veräußerung von Grundstücken ähnliche Problematik kann sich beim **Verkauf von in staatlicher Hand befindlichen Unternehmen** ergeben, weil es auch hier bezüglich der Frage, ob eine Begünstigung vorliegt, darauf ankommt, ob ein Unternehmen zu einem marktgerechten Preis veräußert wird. Die wirtschaftliche Bewertung von Unternehmen ist aber schon im Grundsatz nicht frei von Schwierigkeiten, weil sich dabei verschiedene Ansätze und Methoden nutzen lassen und der Wert des Gesamtgebildes oftmals anders zu bemessen ist als die Summe der Einzelteile. Im Rahmen von **Privatisierungen** kommt es zudem häufig zu einer Verknüpfung mit verschiedenartigen Verkaufsbedingungen, die sich ebenfalls auf den Verkaufspreis niederschlagen können und die Bestimmung des angemessenen Wertes zusätzlich erschweren.[40]

219   Die Kommission hat die Kriterien zur Beurteilung solcher Maßnahmen zunächst im XXIII. Wettbewerbsbericht festgehalten.[41] In der Praxis hat sie darüber hinausgehend aber auch auf die Grundstücksmitteilung Bezug genommen,[42] welche auch innerhalb der Literatur herangezogen wird.[43] Nach dem XXIII. Wettbewerbsbericht ist zunächst die **Marktüblichkeit des Verkaufspreises** gewährleistet, wenn die Anteile über den **börslichen Handel** veräußert werden.[44] Dies gilt insbesondere, wenn Unternehmen, die noch nicht börsennotiert sind, durch einen Börsengang privatisiert werden. Handelt es sich dagegen bereits um ein börsennotiertes Unternehmen, dürfte es auch genügen, wenn solche Anteile zum aktuellen Kurs außerhalb des Börsenhandels veräußert werden.[45]

220   Ein **Marktpreis** lässt sich aber auch in dieser Konstellation immer durch die Durchführung eines offenen, transparenten und bedingungsfreien Bietverfahrens sicherstellen, an dessen Ende der Meistbietende bzw. der einzige Bieter den Zuschlag erhält. Voraussetzung für einen Ausschreibungswettbewerb ist dabei die Einbeziehung aller potenziellen Bieter. Diese müssen ausreichend Gelegenheit erhalten, das Unternehmen auf Grundlage hinreichender Informationen zu bewerten.[46] Der Verkauf muss **in genügender Weise publiziert werden,** wobei die Kommission im Einzelfall einer nur nationalen Ausschreibung kritisch gegenübersteht.[47] So wurde etwa beanstandet, dass der öffentliche Verkäufer potenzielle Investoren direkt angesprochen hatte, ohne den Verkauf zu publizieren.[48] Um ein ordnungsgemäßes Verfahren, das auch bei einer Prüfung der Kommission Bestand haben wird, durchzuführen, sollte daher in landesweiten Publikationen der Verkauf bekannt gemacht werden. Besteht die Möglichkeit, dass auch europäische Unternehmen oder Investoren Interesse an den Anteilen haben könnten, muss die Veräußerung in einem **europaweiten Publikationsorgan** veröffentlicht werden. Damit sind Transparenz und Diskriminierungsfreiheit die wesentlichen Merkmale des Verfahrens.[49] Dar-

---

[38] Kom., ABl. 1999 L 292/1, S. 11 f. – DEMESA; Kom., ABl. 2000 L 265/15, RdNr. 85 f. – Centrale del Latte di Roma; Aufforderung zur Abgabe einer Stellungnahme gemäß Art. 88 Abs. 2 EG (C-13/99), ABl. 1999 C 280/8, RdNr. 5.2., S. 10 – Landesentwicklungsgesellschaft Thüringen.

[39] Vgl. *Koenig/Kühling* DVBl. 2003, 289, 298; *Koenig/Pfromm* NZBau 2004, 375, 378.

[40] Aus der Praxis etwa Kom., ABl. 2000 L 265/15, RdNr. 81 ff. – Centrale del Latte di Roma.

[41] XXIII. Bericht über die Wettbewerbspolitik 1993, KOM (1994) 161, RdNr. 403.

[42] Kom., ABl. 2000 L 265/15, RdNr. 85 f. – Centrale del Latte di Roma.

[43] *Koenig* EuZW 2001, 741, 743; *Bauer* EuZW 2001, 748, 749.

[44] XXIII. Bericht über die Wettbewerbspolitik 1993, KOM (1994) 161, RdNr. 403; Kom., ABl. 1998 L 88/53, S. 57 – Lloyd Triestino di Navigazione ua.

[45] *Frenz* RdNr. 290; *Zeitz* 149; sa. Kom., ABl. 1998 L 316/25, S. 28 f. – HIBEG.

[46] XXIII. Bericht über die Wettbewerbspolitik 1993, KOM (1994) 161, RdNr. 403; Kom., ABl. 1998 L 88/53, S. 57 – Lloyd Triestino di Navigazione ua.; Kom., ABl. 1999 L 103/19, S. 24 f. – Société de Banque Occidentale.

[47] Kom., ABl. 2000 L 265/15, RdNr. 82 – Centrale del Latte di Roma.

[48] Kom., ABl. 2000 L 206/6, RdNr. 66 f. – Stardust Marine; sa. Kom., ABl. 1999 L 103/19, S. 25 – Société de Banque Occidentale.

[49] *Frenz* RdNr. 293.

über hinaus muss die Ausschreibung bedingungsfrei sein. Bedingungsfreiheit bedeutete zunächst, dass keine weiteren Bedingungen an den Erwerb gestellt werden durften.[50] Entsprechend der Vorgaben der Grundstücksmitteilung geht die Kommission aber mittlerweile davon aus, dass damit Gemeinwohlverpflichtungen ausgeschlossen sind, die nicht jeder potenzielle Bieter erfüllen kann.[51] Damit wird auch hier die **Diskriminierungsfreiheit innerhalb spezieller Verkaufsbedingungen** zum entscheidenden Maßstab.[52] Eine strengere Bedingungsfreiheit scheint auch nicht erforderlich, weil entsprechende Verpflichtungen in der Regel in das Gebot einkalkuliert werden, so dass letztlich wiederum ein angemessener Preis bei der Veräußerung erzielt wird.[53] Lediglich solche Bedingungen sind ausgeschlossen, die mittelbar zu einer Begünstigung dritter Unternehmen führen würden.[54] Eine **öffentliche Ausschreibung, die den Grundsätzen des Vergabeverfahrens folgt,** ist dagegen nicht unbedingt erforderlich.[55] Entschließt sich die öffentliche Hand zur Durchführung eines Vergabeverfahrens, so sind damit die beihilfenrechtlichen Anforderungen gewahrt.

In Bezug auf die Durchführung eines Ausschreibungswettbewerbs wird problematisiert, ob **221** der Verkauf eines Unternehmens überhaupt „**vergaberechtsfähig**" ist.[56] In Konstellationen, in denen nicht sämtliche Anteile in einem Verfahren veräußert werden, entstehen nämlich gemischt-wirtschaftliche Unternehmen. Bei solchen komme es aber erheblich auf eine effektive und vertrauensvolle Zusammenarbeit der verschiedenen Gesellschafter an. Dieses persönliche Vertrauensverhältnis lasse sich aber nur schwer in ein Vergabeverfahren integrieren. Werde dagegen in mehreren Tranchen privatisiert, so führe dies eventuell zu „**Zwangsgemeinschaften**". Insoweit sei hier darauf hingewiesen, dass es zunächst nur um den Ausschluss des Vorliegens einer Begünstigung geht, dh. eine rein beihilfenrechtliche Betrachtung geboten ist. Ob sich solche Aspekte im Rahmen eines Vergabeverfahrens berücksichtigen lassen oder ob dies für den Fortbestand und die Führung des Unternehmens mit Schwierigkeiten verbunden ist, ist mithin für die beihilfenrechtliche Beurteilung irrelevant. Solche praktischen Schwierigkeiten sind auch dann möglich, wenn ein Anteilsinhaber seine Anteile an einen unbekannten oder konkurrierenden Unternehmer veräußert. Zudem besteht keinerlei Verpflichtung zur Durchführung eines Ausschreibungswettbewerbs.[57] Vielmehr bestehen verschiedene Möglichkeiten, das Vorliegen einer Begünstigung auszuschließen.[58] Der Kritik kann damit nicht gefolgt werden.

c) Veräußerung im Rahmen eines Insolvenzverfahrens über das Vermögen eines **222** **Beihilfenempfängers.** Erhebliche Schwierigkeiten unterschiedlicher Art entstehen dann, wenn ein Insolvenzverfahren über das Vermögen einer Gesellschaft eröffnet worden ist, die eine EU-rechtswidrige Beihilfe erhalten hat. Die EU-Kommission und der EuGH haben bestimmte Anforderungen entwickelt, die der Insolvenzverwalter bei der Veräußerung des Unternehmens oder Unternehmensteile oder von Anteilen aus der „**beihilfeninfizierten**" Masse berücksichtigen muss, damit nicht der Erwerber seinerseits als Rückforderungsschuldner für die EU-rechtswidrige Beihilfe in Betracht kommt.[59] Die Kommission hatte in extensiver Auslegung der

---

[50] Kom., ABl. 1992 L 171/54, S. 59 – HYTASA; Kom., ABl. 1997 L 25/26, Punkt 7.2.6. – Head Tyrolia Mares; Kom., ABl. 1998 L 88/53, S. 57 – Lloyd Triestino di Navigazione ua.; Kom., ABl. 1999 L 292/27, RdNr. 87 – Gröditzer Stahlwerke ua.

[51] Diese Tendenz leitet *Frenz* RdNr. 294, aus Kom., ABl. 2000 L 265/15, RdNr. 85 f. – Centrale del Latte di Roma, her; deutlich auch Kom., ABl. 2001 L 301/37 RdNr. 12 ff., 30 ff. – SKET; in diese Richtung auch Kom., ABl. 1999 L 103/19, S. 25 – Société de Banque Occidentale; Kom., ABl. 2000 L 272/29, RdNr. 44 – TASQ; sa. *Koenig/Kühling* NVwZ 2003, 779, 781 f.; aA. *Tietjen* 194–195.

[52] *Soltész/Bielesz* EuZW 2004, 391, 394; *Frenz* RdNr. 294.

[53] Vgl. *Koenig/Kühling* NVwZ 2003, 779, 782; KompendiumVgR/*Kaelble* Kap. 32 RdNr. 25; aA. *Soltész/ Bielesz* EuZW 2004, 391, 394, die darin eine Begünstigung des veräußerten Unternehmens erblicken.

[54] *Koenig/Kühling* NVwZ 2003, 779, 782; s. a. Kom., ABl. 2000/L 265/15, RdNr. 82 – Centrale del Latte di Roma.

[55] Kom., ABl. 1997 L 25/26, Punkt 7.2.5. – Head Tyrolia Mares; *Zeitz* 150; *Berger* ZfBR 2002, 134, 137–138; Nachweise aus der Praxis der Kommission bei *Soltész/Bielesz* EuZW 2004, 391, 393–394.

[56] *Frenz* RdNr. 291.

[57] Kom., ABl. 2000 L 265/15, RdNr. 88 – Centrale del Latte di Roma; Kom., ABl. 2003 L 227/12, RdNr. 89 f. – Kahla Porzellan; so auch *Soltész/Bielesz* EuZW 2004, 391, 392; *Frenz* RdNr. 292.

[58] Siehe Kom., ABl. 2000 L 265/15, RdNr. 88 f. – Centrale del Latte di Roma; Kom., ABl. 2000 L 206/6, RdNr. 62 f. – Stardust Marine.

[59] Monographisch dazu ua. *Langmaack,* Unternehmensverkauf und Beihilfenrückforderung, 2005; *Kiewitt,* Rückforderung staatlicher Beihilfen nach dem Europäischen Gemeinschaftsrecht bei Insolvenz oder Veräußerung des Empfängerunternehmens, 2004; *Ritter,* EG-Beihilfenrückforderung von Dritten, 2004; *Ehricke* WM Sonderbeilage 3/2001; vgl. jüngst *Fritze/Heithecker* EuZW 2010, 817.

Beihilfenvorschriften versucht, auch den Erwerber als Rückforderungsschuldner neben dem ursprünglichen Beihilfenempfänger in Anspruch zu nehmen und dafür eine Reihe von Kriterien entwickelt, bei deren Vorliegen ein Umgehungstatbestand zu bejahen sei.[60] Wenn auch der grundsätzliche Ansatz nicht verworfen wurde, so wurde die Praxis der Kommission jedoch durch eine **Reihe von Entscheidungen der Unionsgerichte** eingeschränkt.[61] Wesentliches Kriterium ist auch hier, dass der Erwerber als **Gegenleistung einen Marktpreis** zahlt.[62] Um den Erwerber vor einer Erweiterung der Rückforderung auf ihn selbst zu schützen, kann auf ein offenes, transparentes und bedingungsfreies Bietverfahren zurückgegriffen werden. Dann nämlich stellt der gezahlte Kaufpreis den Marktwert der Unternehmensteile dar, so dass eine Begünstigung des Erwerbers nicht mehr besteht.[63] Dabei kommt als **vergaberechtsähnliches Verfahren** neben einem offenen Ausschreibungswettbewerb auch ein Verhandlungsverfahren in Betracht, soweit diesem ein entsprechender Teilnahmewettbewerb vorangegangen ist.[64] Daneben kann ein Bietverfahren nach den bereits oben skizzierten Grundsätzen durchgeführt werden.[65] Zwingend erforderlich ist die Durchführung eines Bietverfahrens aber nicht, da der Nachweis auch auf anderem Wege geführt werden kann.[66] Möglich scheint etwa ein Sachverständigengutachten zur Bestimmung eines angemessenen Kaufpreises (Marktpreises).[67]

223   Welche Kriterien für eine Veräußerung zum Marktpreis herangezogen werden müssen, ist zum Teil problematisch. Die Kommission verfolgt insoweit einen **abstrakten Ansatz,** wonach derjenige Preis der Marktpreis ist, der im konkreten Einzelfall erzielt wird, wenn durch ein bestimmtes Verfahren ein Nachfragemarkt eröffnet worden ist. Zentraler Aspekt ist deshalb, dass das beihilfenbelastete Vermögen (Unternehmen) in einem offenen und von Wettbewerb gekennzeichneten Bietverfahren veräußert werden muss.[68] Die notwendigen Bedingungen, die an ein solches Verfahren geknüpft werden, sind **bislang nicht pauschal definiert worden.** Unter Zugrundelegung der Entscheidungen des EuGH in den Sachen *Banks* und *SMI*[69] lässt sich aber feststellen, dass das Ausschreibungsverfahren zur Ermittlung eines Marktpreises bei der Veräußerung eines Unternehmens aus der Insolvenzmasse des Beihilfenempfängers jedenfalls dann den notwendigen Anforderungen genügt, wenn das **Verfahren offen gestaltet und geeignet ist, einen Nachfragewettbewerb zu initiieren.** Die Praxis der Kommission zeigt, dass die Anforderungen an das erforderliche Bietverfahren jedenfalls dann erfüllt sind, wenn die in Anlehnung an die Mitteilung der Kommission zur Veräußerung von Gebäuden und Grundstücken durch die öffentliche Hand beschriebenen Anforderungen erfüllt sind.[70] Danach wird das notwendige Verfahren als bedingungsloses, offenes und transparentes Verfahren konkretisiert. Bedingungslos ist das Ausschreibungsverfahren, wenn dadurch gewährleistet ist, dass die Vermögensbestandteile für jeden Kaufinteressenten – unabhängig von seiner Branchenzugehörigkeit – erworben werden können. Ein **offenes Ausschreibungsverfahren** liegt vor, wenn die Veräußerungsabsicht veröffentlicht wird, wobei die Ausschreibung in einem Maße zu erfolgen hat, dass Interessenten in verkehrsüblicher Weise davon Kenntnis erlangen können. Zudem muss dem ernsthaften Kaufinteressenten grundsätzlich eine hinreichende Frist eingeräumt wer-

---

[60] Zu dieser Problematik in der Beihilfenrückforderung allgemein *Immenga/Mestmäcker/Ehricke,* EG-WettbR, Nach Art. 88 RdNr. 151 ff. mwN.

[61] EuGH C-328/99 u. C-399/00, Slg. 2003, I-4035, RdNr. 77 – Seleco; EuG, T-324/00, Slg. 2005, II-4309, RdNr. 97 ff. – CDA Albrechts; EuGH, C-277/00, Slg. 2004, I-3925 – SMI.

[62] EuGH C-328/99 u. C-399/00, Slg. 2003, I-4035, RdNr. 77 – Seleco.

[63] EuGH, C-390/98, Slg. 2001, I-6117, RdNr. 77 – H.J. Banks & Co; EuGH, C-277/00, Slg. 2004, I-3925, RdNr. 86 – Deutschland/Kommission; EuG, T-318/00, Slg. 2005, II-4179, RdNr. 330 f. – Freistaat Thüringen; EuG, T-324/00, Slg. 2005, II-4309, RdNr. 97 ff. – CDA Albrechts; *Koenig* EuZW 2001, 741, 743; *Tietjen* 205–206.

[64] *Koenig* EuZW 2001, 741, 746; kritisch zur praktischen Durchführbarkeit solcher Verfahren *Bauer* EuZW 2001, 748, 751.

[65] S. oben RdNr. 212 ff.

[66] EuG, T-324/00, Slg. 2005, II-4309, RdNr. 110 – CDA Albrechts; EuG, T-318/00, Slg. 2005, II-4179, RdNr. 342 – Freistaat Thüringen; aA. wohl *Koenig* EuZW 2001, 741, 743; dagegen zurecht *Bauer* EuZW 2001, 748, 749–750.

[67] Zuletzt EuGH, C-214/07, Slg. 2008, I-8357, RdNr. 60 – Kommission/Frankreich.

[68] EuGH, C-390/98, Slg. 2001, I-6117, RdNr. 77 – Banks; vgl. auch EuGH, C-74/00, Slg. 2002, I-7869, RdNr. 180 f. – Falck; ebenso auch Generalanwalt *Tizzano,* Schlussanträge zu EuGH, Rs. C-277/00 – SMI, RdNr. 103.

[69] EuGH, EuZW 2004, 370 – SMI; EuGHE 2001, I-6117 – Banks.

[70] Mitteilung der Kommission betreffend Elemente staatlicher Beihilfen bei Verkäufen von Bauten und Grundstücken durch die öffentliche Hand, ABl. 1997, C 209/3; dazu *Heidenhain/Quardt* § 54 RdNr. 35.

den, sich von dem Veräußerungsgegenstand ein genaues Bild machen zu können. Die Anforderungen an die Transparenz in einem Bietverfahren gehen grundsätzlich dahin, dass die Zuschlagskriterien vor Abgabe des Angebots bekannt gegeben oder zumindest ersichtlich sind.[71]

Besondere Bedeutung kommt damit also der **Transparenz des Verfahrens** zu.[72] Die Ausschreibung muss zunächst hinreichend publiziert werden, damit alle potenziellen Bieter von der Durchführung des Verfahrens in Kenntnis gesetzt werden. Soweit für das zu veräußernde Unternehmen ein übernationaler Markt besteht, ist eine europaweite Bekanntmachung, etwa im Amtsblatt der EU oder mehreren internationalen Zeitungen, geboten.[73] Daneben müssen insbesondere die Zuschlagskriterien definiert und publiziert werden.[74] Es muss eine ausreichende Frist für die Prüfung des Unternehmens und zur Abgabe eines Angebots eingeräumt werden. Eine **Vorauswahl der Bieter** verbietet sich dabei aus Gründen der Gleichbehandlung ebenso wie eine Differenzierung hinsichtlich der Zurverfügungstellung von Informationen.[75] Schwierigkeiten können entstehen, wenn sich sog. Insider am Verfahren beteiligen, die über weitergehende Informationen und damit über einen Wettbewerbsvorteil gegenüber anderen Bietern verfügen.[76] Die daraus eventuell entstehenden Vorteile sind aber durch ein möglichst transparentes Verfahren und eine umfassende Informationsgewährung durchaus auszugleichen. Insoweit kommt etwa eine **frühzeitige due diligence-Prüfung** in Betracht. Daher kann ein Ausschluss nur dann in Betracht kommen, wenn ein hinreichend qualifizierter Informationsvorsprung besteht, der im Bietverfahren nicht mehr durch geeignete Maßnahmen ausgeglichen werden kann.[77] Nur dann besteht nämlich kein ausreichender Wettbewerb im Rahmen des Bietverfahrens zur Veräußerung des Unternehmens. **224**

Ist ein Ausschreibungsverfahren zur Veräußerung des Unternehmens aus der Masse durch den **225** **Insolvenzverwalter** durchgeführt worden, sind die formalen Anforderungen der EU-Kommission an die „Veräußerung über den Markt" erfüllt. Es ist damit ein Nachfragemarkt geschaffen worden, so dass der Preis, den ein privater Investor im Rahmen dieses Verfahrens (also bei den derart geschaffenen „normalen Wettbewerbsbedingungen") zu zahlen bereit ist, das Angebot darstellt, das vom Insolvenzverwalter gewählt werden muss, damit die Veräußerung ohne Beihilfenbelastung erfolgen kann. In diesem Zusammenhang ist es allerdings fraglich, welche Auswahlkriterien der Insolvenzverwalter heranzuziehen hat, um den vergabeverfahrensähnlichen Anforderungen zu genügen. Unproblematisch ist, dass **„Scherzgebote"** oder Gebote von irrealen „Traumpreisen", die möglicherweise im Rahmen des Ausschreibungsprozesses abgegeben worden sind, denen es aber entweder an der Ernstlichkeit oder aber an der wirtschaftlichen Umsetzbarkeit fehlt, nicht in die Betrachtung miteinbezogen werden müssen. Es kommt nämlich nur darauf an, diejenigen Gebote zum Erwerb in Betracht zu ziehen, die **aus Sicht des Insolvenzverwalters eine hinreichende Sicherheit für das Zustandekommen** der Transaktion gewährleisten. Der betragsmäßig höchste Preis spielt daher nur insoweit eine Rolle, als er auch tatsächlich einbringlich ist. Zwar hat dies weder der EuGH noch die Kommission in der jeweiligen Entscheidungspraxis ausdrücklich entschieden, doch ergibt sich der Ausschluss von Scherz- und „Traumpreisen" bereits daraus, dass ansonsten der mit dem Ausschreibungsvorgang verfolgte Zweck von vornherein leer laufen würde.[78]

Scheitert das Bietverfahren in dem Sinne, dass sich kein ernsthafter Kaufinteressent meldet, **226** so stellt sich die Frage, ob der Insolvenzverwalter verpflichtet ist, ein weiteres Ausschreibungsverfahren durchzuführen oder ob er dann auch auf andere Weise versuchen kann, einen Erwerber zu gewinnen, um den **Anforderungen an eine „rückforderungsresistente" Veräußerung** des beihilfenbelasteten Unternehmens aus der Masse zu genügen. Die gleiche Frage stellt sich auch, wenn der im Rahmen des Ausschreibungsverfahrens ausgewählte Erwerber seinen Verpflichtungen nicht nachkommt, obwohl er vertraglich dazu verpflichtet ist. Nach deutschem Insolvenzrecht ist der Insolvenzverwalter vor dem Hintergrund, für die Masse die bestmögliche Verwertung zu erreichen, verpflichtet, weitere Verkaufsversuche zu unternehmen bzw. – im zweiten Fall – den Käufer auf Erfüllung zu verklagen und – vor dem Hintergrund

---

[71] Vgl. *Ehricke* ZIP 2001, 489, 494; *Heidenhain/Quardt* § 54 RdNr. 38 ff.
[72] Vgl. dazu etwa *Ehricke* ZInsO 2005, 516, 519 ff.
[73] *Bauer* EuZW 2001, 748, 755.
[74] *Koenig* EuZW 2001, 741, 746; nach *Bauer* EuZW 2001, 748, 755 genügt die Bekanntmachung von Basisdaten.
[75] *Koenig* EuZW 2001, 741, 746.
[76] Dazu *Bauer* EuZW 2001, 748, 753 f.
[77] *Bauer* EuZW 2001, 748, 754.
[78] S. *Ehricke* ZInsO 2005, 516, 519.

der zeitlichen Perspektive eines Prozesses – ebenfalls zu versuchen, einen neuen Erwerber für das Unternehmen aus der Insolvenzmasse zu finden.[79] Die Praxis der Kommission und des EuGH sind zur Frage der **Notwendigkeit einer „Zweitausschreibung"** unergiebig, weil es – soweit ersichtlich – noch in keinem Verfahren darauf ankam, ob die Veräußerung über den Markt nach der gescheiterten ordnungsgemäßen Erstausschreibung nur dann vorliegt, wenn der Erwerber in einem zweiten Ausschreibungsverfahren gefunden wurde. Zur Beantwortung dieser Fragen lassen sich aber die allgemeinen Grundsätze heranziehen: Aus der Praxis der Kommission und des EuGH lässt sich ableiten, dass im Grundsatz bei jedem Veräußerungsversuch eines beihilfenbelasteten Unternehmens aus der Insolvenzmasse der Marktpreis erzielt werden muss.[80] Gleichzeitig folgt aus dem Sinn und Zweck, den sowohl die Kommission als auch der EuGH dem Ausschreibungsverfahren in Beihilfesachen zumisst, dass eine „Zweitausschreibung" keinesfalls in jedem Fall notwendig ist. Denn das Ausschreibungsverfahren ist **keine *tatbestandliche Voraussetzung* im Beihilfenrecht,** sondern wird als *Hilfsmittel* herangezogen, um einen Marktpreis zu gerieren, der wiederum als Indiz dafür wirkt, dass der Erwerber keinen Vorteil durch den Erwerb eines beihilfenbelasteten Unternehmens erhalten hat, der ihn dann als Adressat der Beihilfenrückforderung in Betracht kommen lässt.[81] Wenn aber ein Marktpreis für das betreffende Objekt nicht ermittelt werden konnte, weil das erste (ordnungsgemäße) Ausschreibungsverfahren zu keinem Erfolg geführt hat, besteht die praxisnahe Vermutung, dass in einem engeren zeitlichen Zusammenhang mit der fehlgeschlagenen Veräußerung sich der Nachfragemarkt für das gleiche Objekt zu gleichen Verkaufsumständen, wie er durch eine Ausschreibung erreicht wird, nicht wesentlich ändert, dass also durch ein zweites Ausschreibungsverfahren keine Vergrößerung des Kreises ernsthafter Anbieter zu erwarten ist und daher ein derartiges zweites Verfahren aufgrund vermuteter Erfolglosigkeit ausbleiben darf. Vor dem Hintergrund der wesentlichen Funktion der Ausschreibung, einen Nachfragemarkt zu schaffen, um einen Marktpreis für ein bestimmtes Objekt zu ermitteln, wird eine **„Zweitausschreibung" regelmäßig vielmehr nur dann erforderlich sein,** wenn eine derart lange zeitliche Spanne verstrichen ist, dass davon auszugehen ist, dass mit einer Ausschreibung neue Interessenten am Erwerb erreicht werden können. Nach einer erfolglosen ordnungsgemäßen Erstausschreibung darf sich der Insolvenzverwalter in unmittelbarer zeitlicher Nähe daher anderer Möglichkeiten bedienen, weitere Bieter in den durch das Ausschreibungsverfahren eröffneten Markt hineinzuziehen, um das betreffende Objekt zu veräußern. Dazu gehört vornehmlich das unmittelbare Ansprechen potenzieller Kaufinteressenten, die sich nicht auf die Ausschreibung beworben haben. Durch die zeitliche Nähe zur durchgeführten Ausschreibung entsteht damit nämlich der Effekt, dass die angesprochenen Bieter gleichsam nachträglich in den bereits durch die Ausschreibung grundsätzlich eröffneten Markt einbezogen werden. Werden vom Insolvenzverwalter insoweit sogar mehrere potenzielle Käufer angesprochen, die daraufhin Gebote abgeben, so ist damit der Sache nach ebenfalls Gewähr dafür getragen, dass keine Voraussetzungen dafür gegeben sind, dass durch die Veräußerung des beihilfenbelasteten Unternehmens die Rückführung der Beihilfe im Ergebnis unterlaufen wird. Wenn sich in dem neuerlichen Veräußerungsversuch sogar der Bieter, der im ersten – ordnungsgemäß durchgeführten – Ausschreibungsverfahren den Zuschlag erhalten hat, mit einem Angebot einschaltet, das wesentlich unter dem Angebot liegt, das er zuerst gemacht hat und welches bei ihm nicht durchsetzbar ist, so zeigt dies zum einen, dass mit dem im zweiten Veräußerungsversuch gewählten Verfahren die tatsächlichen oder angeblichen Interessenten erreicht worden sind und daher auf den von der Kommission und dem EuGH geforderten und durch die erste Ausschreibung eröffneten Markt neue Anbieter einbezogen werden konnten. Zum anderen zeigt das Verhalten des Bieters aus dem ursprünglichen Ausschreibungsverfahren, dass der in der ersten Runde vorgeblich erzielte Preis nicht der Marktpreis im Sinne der *Bank*-Rechtsprechung des EuGH gewesen sein konnte, weil tatsächlich nicht einmal derjenige, der sich dazu vertraglich verpflichtet hat, bereit ist, diesen Preis zu zahlen, sondern erneut – und zwar wesentlich tiefer – bietet. Derartige Umstände belegen, dass der Insolvenzverwalter mit dem Versuch, durch ein **direktes Ansprechen weitere Kandidaten** in den

---

[79] Zur Verwertung der Masse nach pflichtgemäßem Ermessen, soweit keine anderweitigen Vorgaben bestehen, s. MünchKommInsO/*Görg* § 159 RdNr. 6.

[80] Vgl. Heidenhain/*Quardt* § 54 RdNr. 17 ff. zu den Verwertungsalternativen des Insolvenzverwalters; zur Marktgerechtigkeit des Kaufpreises; *dies.*, aaO., RdNr. 30 f., 34 f.; siehe auch *Ritter* 210, welcher auf eine marktangemessene Veräußerung hinweist, damit der Insolvenzverwalter die Beihilfe nicht auf den Erwerber überträgt.

[81] *Ehricke* ZInsO 2005, 516, 520.

durch die Ausschreibung eröffneten Markt zu ziehen, um den wirklichen höchsten Preis, den ein privater Investor für den betreffenden Gegenstand zu zahlen bereit ist, zu ermitteln und damit seinen beihilfenrechtlichen Pflichten nachzukommen, ordnungsgemäß gehandelt hat.

Stehen dem Insolvenzverwalter beim Verkauf des Unternehmens aus der Insolvenzmasse –   **227** sei es im ordentlichen Ausschreibungsverfahren oder sei es durch die persönliche Einbeziehung weiterer potenzieller Bieter in den eröffneten Markt – **mehrere Interessenten gegenüber,** so stellt sich die Frage, ob er bestimmte Vorgaben bei der *Auswahl* des Erwerbers beachten muss. Auch wenn es dazu bislang noch keine unmittelbare Praxis der Kommission oder des EuGH in Beihilfensachen gibt, muss davon ausgegangen werden, dass dieser Aspekt – vor dem Hintergrund des Umgehungsschutzes der wirksamen Rückforderung EG-rechtswidriger Beihilfen – beihilfenrechtlich nicht ganz unwesentlich bei der Beurteilung ist, ob der Kaufpreis über den Markt gebildet worden ist – und damit der Erwerber nicht in den Adressatenkreis einer Beihilfenrückforderung gelangt. Denn die **Simulierung eines Marktes** durch ein Ausschreibungsverfahren mit der Bildung eines Marktpreises könnte nämlich auch dadurch **unterlaufen werden,** dass im Zusammenhang mit der Auswahl des Erwerbers Kriterien herangezogen werden, die dem Ziel der Veräußerung des Gegenstandes aus der Masse zum Marktpreis zuwiderlaufen. Die Auswahl von mehreren geeigneten Bietern hat auch bei der Veräußerung von „beihilfeninfizierten" Vermögensgegenständen aus der Masse des Beihilfenempfängers an der Eignung des Bieters anzusetzen. Die Eignung stellt den dem Zuschlag vorgeschalteten Filter dar, wonach nur diejenigen den Zuschlag bekommen können, die zunächst eine „Eignungsprüfung" bestanden haben. Die **Prüfung der Eignung** ist ein wertender Vorgang, in den zahlreiche Einzelumstände einfließen können und der grundsätzlich nur einer eingeschränkten Überprüfbarkeit unterworfen ist.[82] Als zentrales Merkmal der Eignung spielen **Fachkunde, Leistungsfähigkeit** und **Zuverlässigkeit** eine große Rolle.[83] Leistungsfähig ist, wer über die entsprechenden Mittel verfügt, die vertraglichen Pflichten fachlich einwandfrei und fristgerecht ausführen zu können. Unzuverlässigkeit des Bieters liegt dagegen zB. vor, wenn er seinen gesetzlichen Verpflichtungen bereits einmal nicht nachgekommen ist und aufgrund der nicht einwandfreien Erfüllung früherer Verträge eine ordnungsgemäße Abwicklung des Vertrages nicht erwarten lässt.[84] Die Prüfung der Zuverlässigkeit erfolgt dabei im Wesentlichen auf der Grundlage einer Analyse des in der Vergangenheit liegenden Geschäftsgebarens des Bieters.[85] Die Überprüfung der Eignung des Bieters gibt dem Insolvenzverwalter die Möglichkeit, diejenigen Angebote zu eliminieren, deren Einbringlichkeit vor dem Hintergrund der speziellen Eignungskriterien, insbesondere früherer Vertragstreue und der Leistungsfähigkeit, ernsthaft in Frage steht.[86]

Während es im Vergaberecht eine ganze Vielzahl von Zuschlagkriterien gibt, konzentriert es   **228** sich in der *Banks*-Rechtsprechung des EuGH im Beihilfenrecht auf den **höchsten Preis,** den ein privater Investor für das Unternehmen zu zahlen bereit ist.[87] Die **Auswahl** zwischen verschiedenen Bietern hat vor diesem Hintergrund wie folgt zu erfolgen: Diejenigen Anbieter, die sich im Rahmen eines Ausschreibungsprozesses oder – wenn dieser erfolglos war – durch ein daran unmittelbar angeschlossenes direktes Ansprechen, ein Angebot abzugeben, mit einem Preis gemeldet haben, müssen in eine Reihenfolge nach der Höhe des Betrages gebracht werden. Aus der Reihung der Angebote sind diejenigen herauszunehmen, die nicht ernstlich sind oder bei denen andere ernsthafte Bedenken an der Geeignetheit des Bieters bestehen. Denn die Suche nach dem höchsten Gebot fordert, dass ein Wertungsverfahren dasjenige Angebot als „höchstes" ausweist, das sich auch in der Realität wahrscheinlich als das „höchste" erweisen wird.[88] Die Übrigen, von den geeigneten Bietern gebotenen Preise sind nach der Höhe des Betrages zu ordnen. Dabei geht es aber nicht um das einen nominell gebotenen Betrag, sondern um **den tatsächlich für den Verkaufsgegenstand in die Masse fließenden Betrag.** Dies wird vom EuGH offensichtlich als Selbstverständlichkeit vorausgesetzt, wenn er vom „höchsten

---

[82] *Ax/Schneider/Nette* Kap. 12 RdNr. 9, 18 (S. 196 f.) mit Verweis auf VÜA Bund, ZfBR 1996, 273; *Boesen* § 97 GWB RdNr. 68; *Niebuhr/Kulartz/Kus/Portz/Kulartz* § 97 GWB RdNr. 162 ff., 166.

[83] *Ax/Schneider/Nette* Kap. 12 RdNr. 1 ff. (S. 195 ff.), *Boesen* § 97 GWB RdNr. 75 ff.; *Niebuhr/Kulartz/ Kus/Portz/Kulartz* § 97 GWB RdNr. 168 ff.; *Reidt/Stickler/Glahs/Stickler* § 97 RdNr. 14.

[84] *Ax/Schneider/Nette* Kap. 12 RdNr. 29 ff. (S. 199 ff.), *Boesen* § 97 GWB RdNr. 83 ff.; *Immenga/Mestmäcker/Dreher*, GWB, § 97 RdNr. 97 ff.; *Niebuhr/Kulartz/Kus/Portz/Kulartz* § 97 GWB RdNr. 170.

[85] *Boesen* § 97 GWB RdNr. 84; *Niebuhr/Kulartz/Kus/Portz/Kulartz* § 97 GWB RdNr. 170 mit Verweis auf *Daub/Eberstein/Kulartz* § 25 RdNr. 31 ff., 35.

[86] Vgl. *Ehricke* ZInsO 2005, 516, 521.

[87] EuGH, C 390/98, Slg. 2001, I-6117, RdNr. 77 – H. J. Banks & Co.

[88] S. *Ehricke* ZInsO 2005, 516, 521 f.

Preis" spricht und ergibt sich aus der Überlegung, dass die Betrachtung des reinen betragsmäßigen Preises eine weitgreifende Umgehungsmöglichkeit der Erzielung des höchsten Marktpreises eröffnen würde, die gerade durch die Veräußerung über den Markt verhindert werden soll. Denn bei der bloßen betragsmäßigen Betrachtung des Preises könnte ein Bieter problemlos den Zuschlag bekommen, sich gleichzeitig aber andere Vorteile der Leistungen von dem Insolvenzverwalter dafür versprechen lassen, der dazu führt, dass der tatsächliche Preis für das erworbene Unternehmen doch unter denen des Konkurrenten liegt und damit nicht der höchste Preis ist und somit letztlich eine Weitergabe der Beihilfe durch den Verkauf beinhaltet. Daher muss der Insolvenzverwalter von den gebotenen Preisen ggf. im Einzelfall diejenigen Beträge abziehen, die der Bieter im Zusammenhang mit den Modalitäten des Erwerbs, insbesondere mit der Zahlung des Kaufpreises, anderweitig aus der Masse vom Insolvenzverwalter verlangt. So ist beispielsweise ein Gebot für den Erwerb eines Unternehmens, das unter dem Vorbehalt abgegeben wird, dass dem Erwerber bestimmte Produktionsstücke aus dem Unternehmen zu Vorzugspreisen überlassen werden, um den Betrag zu bereinigen, der sich aus dem Vorteil durch den weiteren Kauf zu Sonderpreisen ergibt. Die **tatsächlich bereinigten Kaufpreise** sind dann in Relation zueinander zu setzen. Der dann höchste Preis muss dann den Zuschlag erhalten. Für den Erwerber, der durch dieses Verfahren ausgewählt worden ist, bedeutet die Veräußerung nach diesem Verfahren, dass er durch den Erwerb des Unternehmens keine beihilfenindizierte Vorteile erhält und damit auch nicht als Rückforderungsschuldner für die Beihilfe an den Ersterwerber in Betracht kommt.[89]

229　Zum Teil ist erwogen worden, dass dann, wenn ein **Insolvenzverwalter, der Gegenstände aus der Masse eines insolventen Beihilfenempfängers unter Marktwert veräußert,** eine neue Beihilfe an den Erwerber dieses Gegenstandes vorliegen könnte,[90] so dass immer dann ein vergabeähnliches Verfahren durchgeführt werden müsse, wenn ein Insolvenzverwalter Gegenstände aus der Masse eines insolventen Beihilfenempfängers veräußere. Ein solcher Ansatz ist allerdings von vornherein nicht haltbar und hat sich auch nicht durchsetzen können. Voraussetzung dafür wäre nämlich, dass der Insolvenzverwalter unmittelbar oder mittelbar als ein Teil des Staates handeln würde. Dies ist aber gerade nicht der Fall, denn im Rahmen seiner Verwaltung übt der Insolvenzverwalter kein hoheitliches Amt aus.[91]

230　In jüngster Zeit ist im Hinblick auf die **Auswahl und die Bestellung des Insolvenzverwalters** durch das Insolvenzgericht nach § 56 Abs. 1 InsO vertreten worden, dass auf diese Tätigkeit das Vergaberecht Anwendung finden müsse.[92] Dieser Ansatz vermag allerdings ebenfalls nicht zu überzeugen. Zum einen lässt sich das Insolvenzgericht bei der Auswahl und der Bestellung des Insolvenzverwalters nicht als öffentlicher Auftraggeber nach § 98 GWB qualifizieren, und zum anderen ist die Auswahl und Bestellung eines Insolvenzverwalters auch kein öffentlicher Auftrag.[93]

231　**d) Öffentliche Beschaffungsvorgänge.** Auch im Rahmen von öffentlichen Beschaffungsvorgängen können unter dem Blickwinkel des Beihilfenrechts Probleme entstehen, soweit es sich dabei nicht um ein normales Handelsgeschäft handelt.[94] Das ist etwa der Fall, wenn der **tatsächliche Wert der Gegenstände** unter dem von der öffentlichen Hand gezahlten Kaufpreis bleibt.[95] Eine Begünstigung kann aber auch dann vorliegen, wenn tatsächlich kein Bedarf für die zu beschaffenden Gegenstände besteht.[96] Solche Beschaffungsvorgänge können etwa der Erwerb von Fahrzeugen für den Polizeivollzugsdienst, der Kauf der Büroeinrichtung für eine Behörde oder die Installation einer Datenverarbeitungsanlage samt Software sein.

232　Um auch hier eine **Äquivalenz zwischen Kaufpreis und Marktwert** herzustellen und damit eine Begünstigung auszuschließen, bietet sich ein Vergabeverfahren entsprechend der oben beschriebenen Kriterien an. Da es sich bei solchen Beschaffungsvorgängen wohl überwie-

---

[89] *Ehricke* ZinsO 2005, 516, 522.

[90] Vgl. Kom., ABl. C 199/4, 9 – Tz. 27 – Gröditzer Stahlwerke; ansatzweise vorher auch schon *Koenig* BB 2000, 573, *Borchardt* ZIP 2001, 1301, 1307.

[91] Ausführlich *Ehricke/Blask* ZInsO 2002, 693, 698 f.

[92] *Koenig/Hentschel* ZIP 2005, 1937, 1942 f.

[93] S. dazu *Ehricke* NZI 2010 i. E.; anders *Koenig/Hentschel* ZIP 2005, 1937, 1943.

[94] EuG, T-14/96, Slg. 1999, II-139, RdNr. 72 ff. – BAI; EuG, T-116/01 ua., Slg. 2003, II-2957, RdNr. 112 ff. – P & O European Ferries.

[95] EuG, T-14/96, Slg. 1999, II-139, RdNr. 74 – BAI; EuG, T-116/01 ua., Slg. 2003, II-2957, RdNr. 123 – P & O European Ferries.

[96] EuG, T-14/96, Slg. 1999, II-139, RdNr. 79 – BAI; EuG, T-116/01 ua., Slg. 2003, II-2957, RdNr. 12 ff. – P & O European Ferries.

gend um öffentliche Aufträge im Sinne von § 99 GWB handelt, ist ein Vergabeverfahren gemäß § 100 Abs. 1 GWB bei Überschreiten der Schwellenwerte gesetzlich vorgeschrieben. Das Vergabeverfahren gewährleistet bei ordnungsgemäßer Durchführung und tatsächlichem Bedarf auch die Äquivalenz zwischen Kaufpreis und den zu beschaffenden Gegenständen.[97] Dies gilt zumindest hinsichtlich derjenigen Verfahren, die in irgendeiner Form einen **Teilnahmewettbewerb zulassen,** also das offene Verfahren, das nichtoffene Verfahren sowie im Rahmen des Verhandlungsverfahrens bei fakultativer Durchführung des Teilnahmewettbewerbs.[98] Voraussetzung dafür ist aber, dass im Rahmen des Teilnahmewettbewerbs nicht mit einer begrenzten Anzahl an Unternehmen verhandelt wird.[99]

Aber auch **unterhalb dieser Schwellenwerte** bietet sich die Durchführung von Vergabeverfahren zum Ausschluss von Beihilfen generell an. Dies gilt auch weiterhin, auch wenn die Problematik der unterschiedlichen Höhe der Schwellenwerte nach der derzeitigen „De-Minimis"-Verordnung[100] an Brisanz verloren hat und die Schwellenwerte im Beihilfenrecht nicht mehr deutlich unter den Schwellenwerten des Vergaberechts liegen. Nach der früheren „De-Minimis"-Verordnung von 2001[101] belief sich im Beihilfenrecht der Grenzwert auf 100 000 Euro innerhalb von 3 Jahren.[102] Zugleich lag die Grenze für Lieferungs- und Dienstleistungsaufträge bei 211 000 Euro.[103] In dem dazwischen liegenden Bereich konnte durch die freiwillige Durchführung eines Vergabeverfahrens entsprechend der Vorgaben des Vergaberechtsregimes das Vorliegen einer Beihilfe wirksam ausgeschlossen werden, wobei nicht nur ein offener Ausschreibungswettbewerb in Betracht kam. Durch die Anpassung des Grenzwerts im Beihilfenrecht auf 200 000 Euro innerhalb von 3 Jahren und die Senkung der Grenze für Lieferungs- und Dienstleistungsaufträge auf 206 000 Euro[104] wird für die Durchführung freiwilliger Vergabeverfahren kaum Raum bleiben. Eine EG-rechtliche Verpflichtung besteht wegen des Nichterreichens der Grenzwerte zwar nicht, allerdings kann eine Ausschreibungspflicht nationalstaatlich festgelegt werden, zB. § 55 BHO sowie die gleichlaufende Regelung in § 55 LHO NRW.[105] Im Übrigen kann aber auch auf die allgemeinen, von der Rechtsprechung entwickelten Grundsätze oder auf ein Bietverfahren zurückgegriffen werden, wie es die Kommission in anderen Bereichen als Möglichkeit zum Ausschluss der Beihilfeneigenschaft vorgesehen hat. Wichtig sind dabei insbesondere die Bekanntmachung bezüglich des Beschaffungsvorgangs sowie die Diskriminierungsfreiheit bei der Vergabe. Zur **Gewährleistung der Transparenz und Diskriminierungsfreiheit** ist vor allem eine ordentliche Beschreibung der im Einzelnen zu erfüllenden Anforderungen wesentlich. Nur dadurch werden die Bieter in die Lage versetzt, sich Klarheit über die Anforderungen der Behörde zu verschaffen und entsprechende Angebote zu unterbreiten. Andererseits ist nur dann die Vergleichbarkeit im Rahmen des Zuschlages sichergestellt.[106] Der Beschaffungsvorgang ist in einem landesweit erscheinenden Publikationsorgan bzw. bei möglicherweise bestehendem europaweitem Interesse in einer entsprechend erscheinenden Zeitung oder Zeitschrift zu veröffentlichen. Problematisch ist die Frage der Bedingungsfreiheit. Auch insoweit gilt hier, dass durch das Verfahren die Diskriminierungsfreiheit sichergestellt werden muss. Allerdings wird man – wie im Vergabeverfahren auch – verlangen müssen, dass zwischen der Bedingung und dem Auftrag ein unmittelbarer Zusammenhang besteht.[107]

2. Beihilfen für Dienstleistungen im Rahmen der AltmarkTrans-Kriterien. Beihilfen für **Dienstleistungen von allgemeinem wirtschaftlichem Interesse** stellen einen in der Praxis besonders relevanten Freiraum für den Staat dar, bestimmte Unternehmen zu fördern, die im Bereich der öffentlichen Daseinsvorsorge tätig sind.[108] Derartige Dienstleistungen sind regelmäßig

233

234

---

[97] Allgemeine Meinung, etwa *Dippel/Zeiss* NZBau 2002, 376, 377; *Dörr* NZBau 2005, 617, 621; *Zeitz* 156–157; *Koenig/Kühling/Ritter* RdNr. 91; kritisch *Frenz* RdNr. 314 ff.

[98] *Koenig/Kühling/Ritter* RdNr. 106; sa. *Koenig/Kühling* NVwZ 2003, 779, 786; weitergehend etwa Kom., ABl. 2000 L 272/29, RdNr. 45 – TASQ; enger auf das offene Verfahren beschränkend *Zeitz* S. 156.

[99] *Koenig/Kühling/Ritter* RdNr. 106.

[100] VO 1998/2006, ABl. 2006 L 379/5.

[101] VO 69/2001, ABl. 2001 L 10/30.

[102] Im Einzelnen dazu *Immenga/Mestmäcker/Ehricke*, EG-WettbR, nach Art. 89 RdNr. 15 ff.

[103] Zu den Einzelheiten bei den Grenzwerten siehe § 2 der Vergabeverordnung.

[104] VO 144/2007, ABl. 2007 L 317/34.

[105] Siehe auch *Lipka* 50–51.

[106] Vgl. EuGH, C-448/01, Slg. 2003, I-14527, RdNr. 50 – EVN ua.

[107] Vgl. auch KompendiumVgR/*Kaelble* Kap. 32 RdNr. 27.

[108] *Jennert*, NVwZ 2004, 425.

oftmals besonders **komplexe Verpflichtungen** des betrauten Unternehmens, die noch dazu häufig über einen längeren Zeitraum erfüllt werden können oder müssen.[109] Die Rechtsprechung des EuGH[110] und die sich daran anlehnende Praxis der Kommission[111] eröffnen den Mitgliedstaaten die Möglichkeit, Unternehmen, die derartige Dienstleistungen im allgemeinen wirtschaftlichen Interesse erbringen, Beihilfen nach den so genannten AltmarkTrans-Kriterien zu gewähren.[112] Daraus folgt für die öffentliche Hand bei der Beauftragung mit Dienstleistungen von allgemeinem wirtschaftlichem Interesse ein verstärktes Interesse an einer Vorgehensweise, die den beihilfenrechtlichen Anforderungen gerecht wird.

235   Im Rahmen der Beachtung der AltmarkTrans-Kriterien spielt auch die **Vergabe von Dienstleistungen im allgemeinen wirtschaftlichen Interesse** eine Rolle. Nach der Rechtsprechung des EuGH ist es nämlich als viertes und letztes Kriterium notwendig, dass die Höhe des erforderlichen Ausgleichs auf der Grundlage einer Analyse der Kosten bestimmt wird, die ein durchschnittliches, gut geführtes Unternehmen bei der Erfüllung der betreffenden Verpflichtungen hätte. Dies ist dann nicht erforderlich, wenn ein Ausschreibungsverfahren im Hinblick auf die Dienstleistung durchgeführt wird.[113]

236   Wesentlich an dieser Rechtsprechung ist zunächst, dass **allein die Durchführung eines Ausschreibungsverfahrens** die Begünstigungswirkung der Maßnahme noch nicht beseitigen kann, obwohl der grundsätzliche Ansatz der Kommission gerade darauf hinauslief und in den zuvor genannten Fällen keine weiteren Anforderungen aufgestellt wurden.[114] Der Grund liegt zum einen darin, dass die Dienstleistungsverpflichtungen häufig deutlich komplexer geraten. Insoweit ließe sich aber an eine Beihilfengewährung denken, wenn zum Beispiel überflüssige Aufgaben als Dienstleistung aufgenommen und vergütet werden. Die **Betrauung** und damit auch der finanzielle Ausgleich haben sich aber auf den notwendigen Umfang hinsichtlich der konkreten Dienstleistung von allgemeinem wirtschaftlichem Interesse zu beschränken.[115] Um eine wirksame Kontrolle zu gewährleisten, ist daher eine konkrete, hinreichend genaue Beauftragung unerlässlich. Zum anderen wollte der Gerichtshof den Ausschluss einer Begünstigung an enge Kriterien knüpfen, um die Möglichkeit der Mitgliedstaaten von vornherein klar zu begrenzen, durch die Anwendung weit verstandener AltmarkTrans-Grundsätze die Beihilfenvorschriften auszuhebeln.[116] Im Ergebnis ist für die Durchführung eines Ausschreibungsverfahrens ohnehin die konkrete Beschreibung der Dienstleistung notwendig, damit die Bieter überhaupt ein entsprechendes Angebot abgeben können.

237   Teilweise werden **grundsätzliche Zweifel an der Eignung eines Ausschreibungsverfahrens** zur Gewährleistung einer marktgerechten Gegenleistung geäußert.[117] Dem kann aber nicht gefolgt werden. Soweit nämlich ein offenes, diskriminierungsfreies und transparentes Bieterverfahren durchgeführt wird, kann man grundsätzlich von der Marktgerechtigkeit der Gegenleistung ausgehen.[118] Ein solches Verfahren führt gerade zur Herstellung eines Marktes, da jeder Interessent nunmehr in die Lage versetzt wird, ein Gebot für die Erbringung einer Dienstleistung abzugeben. Durch die Vergabe wird grundsätzlich eine Begünstigung für den Diensteerbringer ausgeschlossen, weil jeder Bieter aufgrund der konkreten Bedingungen und Aufgabenbeschreibung sein Angebot kalkuliert. Allerdings gibt es Konstellationen, in denen ein Vergabeverfahren grundsätzlich ausgeschlossen ist,[119] etwa weil die Begünstigung in einer Art und Weise gewährt wird, die eine Ausschreibung unmöglich macht,[120] oder die Dienstleistung so

---

[109] Vgl. *Frenz* RdNr. 268.

[110] EuGH, C-280/00, Slg. 2003, I-7747, RdNr. 87 – Altmark Trans; EuGH, C-34/01 u.a., Slg. 2003, I-14243, RdNr. 31 ff. – Enirisorse; ausführlich dazu *Kreße* 47 ff.

[111] Vgl. dazu *Kreße* 47 ff.

[112] Dazu vgl. *Czerny* passim.

[113] EuGH, C-280/00, Slg. 2003, I-7747, RdNr. 93 – Altmark Trans; dazu *Immenga/Mestmäcker/Ehricke*, EG-WettbR, Art. 87 Abs. 1 EG RdNr. 60; *Kreße* 100 ff.; aA. *Koenig* EuZW 2001, 741, 744.

[114] *Kreße* 30 ff.

[115] *Kreße* 74; daher insgesamt im Rahmen von Art. 87 Abs. 1 EG ablehnend *Koenig* EuZW 2001, 741, 744–745.

[116] Zur Kritik siehe etwa *Koenig/Kühling* ZHR 166, 656, 659 ff.; *Herrmann* ZEuS 2004, 415, 442 ff.; *Grabitz/Hilf/v.Wallenberg* Art. 87 EG RdNr. 22 ff.

[117] Etwa *Kreße* 162–163.

[118] So im Ergebnis *Koenig/Pfromm* NZBau 2004, 375, 377 f.; *Zeitz* 70; im Rahmen von Art. 86 Abs. 2 EG ebenso *Koenig* EuZW 2001, 741, 745; teilweise kritisch im Hinblick auf andere Marktebenen *Koenig/Kühling* DVBl. 2003, 289, 295 f.

[119] So auch *Zeitz* 70–71; *Kreße* 93, verlangt das Vorliegen „echten Wettbewerbs".

[120] EuGH, C-53/00, Slg. 2001, I-09067 – Ferring.

umfangreich und investitionsintensiv ist, dass faktisch nur ein Anbieter in der Lage wäre, sie durchzuführen.[121]

Die genaue Ausgestaltung dieses Verfahrens ist allerdings teilweise noch offen. Jedenfalls ist die **238** Durchführung eines offenen Ausschreibungsverfahrens **nicht zwingend vorgeschrieben.**[122] Der Mitgliedstaat kann sich aber durchaus zu einer solchen Vorgehensweise entschließen. Ebenso genügen ein nichtoffenes Verfahren sowie das Verhandlungsverfahren, sofern ein hinreichender Teilnahmewettbewerb gewährleistet wurde.[123] Der Teilnahmewettbewerb ist dabei notwendig, um einen fairen Wettbewerb um die Erbringung der Dienstleistung sowie ein objektives Bewertungsverfahren für die Angemessenheit der Gegenleistung sicherzustellen.[124] Neben diesen vergaberechtlichen Verfahren wird aber auch vorgeschlagen, auf die **allgemeinen Vergabegrundsätze** abzustellen.[125] Sind die in der Rechtsprechung entwickelten Grundsätze eingehalten,[126] wird man regelmäßig eine Begünstigung ausschließen können. Man wird aber auch grundsätzlich auf die oben dargestellten Maßstäbe zurückgreifen können.[127] Wegen der Ähnlichkeit zum Vergaberechtsregime ergeben sich ohnehin nur begrenzte Unterschiede.

Das Verfahren muss danach zunächst transparent und offen ausgestaltet sein. Die Rechtspre- **239** chung verlangt insoweit einen **angemessenen Grad von Öffentlichkeit,** um die Nachprüfung, ob das Verfahren unparteiisch durchgeführt wurde, sicherzustellen.[128] Das setzt zunächst voraus, dass eine entsprechende Bekanntmachung in einem oder mehreren geeigneten Medien erfolgt und Zugang zu sämtlichen für den potenziellen Bieter **relevanten Informationen** gewährt wird.[129] Die Vergabe ist dabei europaweit in einem geeigneten Medium bekannt zu geben, soweit nicht wegen besonderer Umstände, etwa der geringen wirtschaftlichen Bedeutung, davon ausgegangen werden kann, dass Unternehmen aus anderen Mitgliedstaaten kein Interesse an dem Auftrag haben werden.[130] Dafür bietet sich die Veröffentlichung im Supplement des Amtsblattes der EU an.[131] Die Kommission fordert insofern die Angabe über die einzuhaltenden Normen, die für den Zuschlag vorgesehenen Auswahlkriterien, die Laufzeit des Vertrages, die Anpassungsmöglichkeiten im Falle unvorgesehener Entwicklungen, vorgesehene Vertragsstrafen sowie die für die Dienstleistung vorgesehenen Tarife.[132] Es muss eine angemessene Angebotsfrist gesetzt werden, die den Interessenten ausreichend Prüfungs- und Überlegungszeit einräumt.[133] Wegen der häufig komplexen Strukturen und Dienstleistungsverpflichtungen wird man in der Regel einen längeren Zeitraum wählen müssen. Bei im Einzelfall einfachen Diensten bzw. unverschuldet dringlichen Verfahren kann die Frist dagegen auch kürzer bemessen werden, wobei nach Ansicht der Kommission 13 Tage nicht genügen sollen.[134] Im Rahmen der Bedingungsfrei-

---

[121] Siehe *Kreße* 93, der darauf hinweist, dass zumindest mehrere potentielle Bewerber existieren müssen; in diese Richtung etwa der Fall EuGH, C-83/01 P ua., Slg. 2003, I-6993 – Chronopost.

[122] Eine Präferenz dafür aber wohl Leitlinien für staatliche Beihilfen im Seeverkehr, ABl. 1997 C 205/5, S. 13; wohl auch Gemeinschaftsrahmen für Forschungs- und Entwicklungsbeihilfen, ABl. 1996 C 45/5, Ziff. 2.5. (S. 8).

[123] *Dörr* NZBau 2005, 617, 622; *Koenig/Kühling* NVwZ 2003, 779, 786; *Koenig/Pfromm* NZBau 2004, 375, 378; *Kreße* 97; noch weiter wohl die Praxis der Kommission im Rahmen der Unternehmensveräußerung – siehe Kom., ABl. 2000 L 272/29, RdNr. 45 – TASQ.

[124] *Koenig/Pfromm* NZBau 2004, 375, 378.

[125] So zB. *Dörr* NZBau 2005, 617, 621; *Kreße* 93 ff., der dann jedoch teilweise wieder auf die Grundstücksmitteilung abstellt.

[126] EuGH, C-410/04, Slg. 2006, I-3303, RdNr. 20 ff. – ANAV; GA Stix-Hackl, Schlussanträge zu C-231/03, Slg. 2005, I-7287, RdNr. 85 ff. – Consorzio Aziende Metano; dazu auch *Frenz* EWS 2006, 347 ff.

[127] So wohl *Koenig* EuZW 2001, 741, 745 f.

[128] EuGH, C-324/98, Slg. 2000, I-10745, RdNr. 62 – Teleaustria Verlags GmbH ua.; EuGH, C-448/01, Slg. 2003, I-14527, RdNr. 49 – EVN ua.; EuGH, C-410/04, Slg. 2006, I-3303, RdNr. 21 – ANAV; GA Stix-Hackl, Schlussanträge zu C-231/03, Slg. 2005, I-7287, RdNr. 91 – Consorzio Aziende Metano; *Koenig/Kühling* NVwZ 2003, 779, 783.

[129] GA Stix-Hackl, Schlussanträge zu C-231/03, Slg. 2005, I-7287, RdNr. 96 f. – Consorzio Aziende Metano; *Kreße* 95–96; *Koenig/Pfromm* NZBau 2004, 375, 378 f.

[130] Vgl. zu den allgemeinen Vergabegrundsätzen EuGH, C-231/03, Slg. 2005, I-7287, RdNr. 17 ff. – Consorzio Aziende Metano; so auch *Dörr* NZBau 2005, 617, 622; *Koenig/Kühling* NVwZ 2003, 779, 784.

[131] *Koenig/Kühling* NVwZ 2003, 779, 783; *Koenig/Pfromm* NZBau 2004, 375, 378.

[132] Etwa Leitlinien für staatliche Beihilfen im Seeverkehr, ABl. 1997 C 205/5, S. 13.

[133] *Kreße* 96.

[134] Vgl. Kom., ABl. 2001 L 57/32, RdNr. 51 ff. – Transmed; 3 Monate können dagegen genügen – siehe Kom., ABl. 2002 L 105/30, RdNr. 14 ff., 37 ff. – Georgsmarienhütte; aA. *Koenig/Kühling* NVwZ 2003, 779, 784, die auf die Fristen des Vergabeverfahrens abstellen wollen und dann auch in Eilfällen 10 Tage als ausrei-

heit muss eine Modifizierung dergestalt erfolgen, dass nicht jede Auflage dieses Kriterium ausschließen kann.[135] Demzufolge muss auch hier der **allgemeine Grundsatz der Diskriminierungsfreiheit** gelten, durch den verhindert werden soll, dass durch die Vergabekriterien bestimmte Bieter ausgeschlossen werden und eine Fokussierung auf einzelne Unternehmen erfolgt.[136] Darüber hinaus muss durch das Verfahren gewährleistet werden, dass die Dienstleistung auch realisiert werden kann, also **keine Unterkostenangebote** erfolgen, die zu späteren Anpassungen führen.[137] Dies setzt auf der anderen Seite die Definition von Mindestanforderungen voraus,[138] weil nur dann die Abgabe eines entsprechenden Gebotes durch interessierte Unternehmen sowie die Kontrolle auf Unterkostengeboten möglich ist. Am Ende des Verfahrens muss der Zuschlag in der Regel dem Bieter mit dem günstigsten Angebot erteilt werden.[139]

III. Einfluss des Beihilfenrechts auf das Vergaberecht

240　　Die Schnittstellen zwischen Beihilfen- und Vergaberecht bestehen nicht nur in einer Beeinflussung der Beihilfenkontrolle durch die Durchführung von Vergabeverfahren oder vergabeverfahrensähnlichen Anforderungen, sondern sie finden sich auch umgekehrt darin wieder, dass beihilfenrechtliche Aspekte im Rahmen der öffentlichen Vergabe von Aufträgen eine Rolle spielen können. Insoweit sind zwei Bereiche hervorzuheben, nämlich die komplexe Thematik der beihilfenrechtlichen Beurteilung von **vergabefremden Kriterien** und die Fragen der Berücksichtigung von Beihilfen im Vergabeverfahren selbst.

241　　**1. Berücksichtigung von Beihilfen im Vergabeverfahren.** Das Problem, welche Auswirkungen eine an einen am Vergabeverfahren beteiligten Bieter gewährte Beihilfe auf das konkrete Verfahren haben kann, ist von erheblicher Bedeutung, weil es aus wettbewerblicher Sicht darum geht, dass Vorteile eines Unternehmens auf dem Markt durch Beihilfen sich nicht im Vergabeverfahren verfestigen oder vergrößern dürfen.[140] Im Einzelnen ist rechtlich zwischen einer **genehmigten Beihilfenmaßnahme** und **rechtswidrigen bzw. einer Negativentscheidung** der Kommission unterfallenden Beihilfen zu unterscheiden.[140a] Problematisch ist dabei, ob solche Angebote ausgeschlossen werden können, wie ein solcher Ausschluss bewerkstelligt werden und ein Schutz Dritter aussehen kann. Neben dieser Fragestellung ist aber auch der Fall relevant, dass der Auftraggeber selbst Beihilfen erhält bzw. der Auftrag mit der Vergabe von Beihilfen verbunden ist.

242　　**a) Beihilfe im Zusammenhang mit dem Auftrag.** Wird ein Vergabeverfahren durchgeführt, so liegt mangels einer Begünstigung **keine unzulässige Beihilfe** an den Auftragnehmer vor, wenn dieser den Auftrag erhält.[141] Umgekehrt kann auch eine Beihilfe im Rahmen des zu vergebenden Auftrags das Vergabeverfahren nicht beeinflussen, da weiterhin ein angemessenes Verhältnis zwischen Leistung und Gegenleistung gerade durch das Verfahren gewährleistet wird. In dieser Hinsicht können Beihilfen also nicht das durchgeführte Vergabeverfahren infizieren.[142] Davon geht auch implizit die Richtlinie 2004/18 aus, wenn sie in Art. 8 eine Regelung für subventionierte Aufträge enthält. Auch die **AltmarkTrans-Kriterien** sind im Kern Ausdruck des Gedankens, dass die Durchführung eines Vergabeverfahrens die Gefährlichkeit von staatlichen Beihilfen für den Markt hemmt, weil die Durchführung des Vergabeverfahrens das geeignete Mittel darstellt, eine Begrenzung der Beihilfenleistung auf die tatsächlich erforderlichen Kosten zuzüglich eines angemessenen Gewinns zu gewährleisten.[143]

243　　Denkbar ist, dass der Auftraggeber Beihilfen erhalten hat, die dieser dann **in einem Vergabeverfahren weiterreicht.** In diesem Zusammenhang könnte sich dann die Problematik stellen,

---

chend betrachten, wenn nicht die Kommission darlegt, dass dies den beihilferechtlichen Anforderungen nicht gerecht wird.

[135] Vgl. *Koenig* EuZW 2001, 741, 747; *Koenig/Kühling* NVwZ 2003, 779, 782.

[136] *Koenig/Kühling* NVwZ 2003, 779, 782; *Koenig/Pfromm* NZBau 2004, 375, 379.

[137] So auch *Zeitz* 72.

[138] *Kreße* 93.

[139] EuGH, C-280/00, Slg. 2003, I-7747, RdNr. 93 – Altmark Trans; Leitlinien für staatliche Beihilfen im Seeverkehr, ABl. 1997 C 205/5, S. 13; *Kreße* 102–103; *Dörr* NZBau 2005, 617, 622; aA. *Koenig/Kühling* NVwZ 2003, 779, 782, 784 „wirtschaftlichstes Angebot"; so auch schon *Koenig* EuZW 2001, 741, 747.

[140] Dazu vgl. ausführlich *Immenga/Mestmäcker/Dreher*, Vor §§ 97 ff. RdNr. 31; Praxiskommentar/*Maibaum* RdNr. 70; *Huerkamp* 206 ff.; vgl. auch VK Bund v. 20. 8. 2008 – VK 1 – 111/08.

[140a] So jetzt auch *Huerkamp* 209 ff.

[141] *Loewenheim/Bungenberg* Vor §§ 97 ff. RdNr. 60.

[142] *Loewenheim/Bungenberg* Vor §§ 97 ff. RdNr. 61.

[143] EuGH, C-280/60, Slg. 2005, I-7747, RdNr. 93 – AltmarkTrans.

welche Rechtsfolgen eintreten, wenn der Auftraggeber seinerseits die **Beihilfen rechtswidrig** erlangt hat. Möglicherweise würde dadurch auch die eigentliche Vergabe in ihrem Bestand gefährdet werden, weil es zu einer „Weitergabe" der rechtswidrigen Beihilfe gekommen sein könnte, die dazu führt, dass auch der Auftragnehmer von einer Rückforderungsentscheidung der Kommission erfasst wird.[144] Allerdings „heilt" auch hier das Vergabeverfahren die auf der Ebene Staat – Auftraggeber durch die rechtswidrige Beihilfe entstandene Wettbewerbsverzerrung, weil es auf der Ebene Auftraggeber – Auftragnehmer dazu führt, dass der Marktpreis ermittelt wird und der beihilfenindizierte Wettbewerbsvorteil damit nicht an den Auftragnehmer weitergegeben wird.[145]

Die Gewährung von staatlichen Mitteln im Rahmen einer Beihilfe führt schließlich auch **244** nicht dazu, dass **der Auftragnehmer seinerseits nunmehr automatisch Auftraggeber im Sinne des Vergaberechts** wird.[146] Vielmehr setzt dies gemäß Art. 1 Abs. 9 UAbs. 2 RL 2004/18 voraus, dass die Einrichtung zur Erfüllung von im Allgemeininteresse liegender Aufgaben nicht gewerblicher Art gegründet wurde, sie Rechtspersönlichkeit besitzt und sie überwiegend vom Staat etc. finanziert wird. Diese Voraussetzungen müssen in jedem Einzelfall geprüft werden, um eine Auftraggebereigenschaft zu begründen.[147]

b) Genehmigte Beihilfe eines am Vergabeverfahren beteiligten Beihilfenempfängers. 245 Problematisch kann die Teilnahme von Unternehmen sein, die im **Vorfeld des Vergabeverfahrens** durch die Kommission **genehmigte Beihilfen erhalten haben,** weil dann die Gefahr besteht, dass sie diese Beihilfen zur Beeinflussung des Vergabeverfahrens, insbesondere hinsichtlich des Preises, nutzen werden, was zu einer Quersubventionierung im Beihilfenrecht führt.[148]

Der EuGH hat jedoch festgestellt, dass solche durch Beihilfen begünstigte Unternehmen nach **246** den Vorgaben der Richtlinien **grundsätzlich nicht vom Vergabeverfahren ausgeschlossen sind.**[149] Das rechtfertigt sich vor allem durch die zuvor erteilte Genehmigung der Kommission. Eine rechtmäßig erlangte Beihilfe kann dem betroffenen Unternehmen im Vergabeverfahren aber grundsätzlich nicht zum Nachteil gereichen, da die Vereinbarkeit mit dem Gemeinsamen Markt durch die Kommission festgestellt wurde und damit keine Wettbewerbsverzerrung bei Teilnahme dieses Bieters vorliegt.[150] Die **gegenteilige Betrachtungsweise** würde geradezu dem Gleichbehandlungsgrundsatz zuwiderlaufen.[151] Die Beihilfen sind auch jeweils an bestimmte Projekte oder Maßnahmen zweckgebunden und stehen eben in der Regel nicht zur freien Verfügung der Unternehmen. Ein Ausschluss solcher Unternehmen würde im Ergebnis auch zu einer Beschränkung des Wettbewerbs führen, da nicht mehr grundsätzlich alle interessierten Unternehmen am Vergabeverfahren teilnehmen dürften. Gegen eine Berücksichtigung sprechen weiterhin praktische Erwägungen. Es ist zB. unklar, über welchen Zeitraum hinweg solche beihilfenbegünstigten Unternehmen vom Vergabeverfahren ausgeschlossen werden sollten. Problematisch zu erfassen wären auch **Konzernkonstellationen** und der tatsächliche Umfang der für den Auftrag genutzten Beihilfen. Trotzdem kann die Gefahr, dass Beihilfen zur Abgabe günstiger Angebote zweckentfremdet werden, nicht gänzlich ausgeschlossen werden.[152] Allerdings bestehen im Rahmen des Beihilfenverfahrens Kontrollinstrumente, um grundsätzlich die Befolgung der Entscheidung sicherzustellen. So kann die Kommission gemäß Art. 22 VerfVO Nachprüfungen vor Ort vornehmen und bei Nichtbefolgung der Entscheidung durch das Unternehmen gemäß Art. 16 VerfVO das förmliche Prüfverfahren eröffnen. Damit steht ein grundsätzlich ausreichendes Instrumentarium zur Vermeidung solcher Verfälschungen des Vergabeverfahrens zur Verfügung.

Einen möglichen Ansatzpunkt zur **Berücksichtigung genehmigter Beihilfen** im Vergabe- **247** verfahren bietet jedoch Art. 55 Abs. 3 S. 1 Richtlinie 2004/18. Danach kann der Auftraggeber ein Angebot ablehnen, wenn es ungewöhnlich niedrig ist, weil der Bieter eine Beihilfe erhalten hat, sofern der Bieter nicht binnen einer vom Auftraggeber festzulegenden ausreichenden Frist nachweisen kann, dass die betreffende Beihilfe rechtmäßig gewährt wurde.[153] Art. 55 Abs. 3 RL 2004/18 differenziert damit nicht nach rechtswidrigen oder rechtmäßigen Beihilfen, sondern verlangt nur, dass ein ungewöhnlich niedriges Angebot vorliegt, weil der Bieter eine Beihilfe

---

[144] S. dazu *Ritter* 71.

[145] EuG, T-324/00, Slg. 2005, II-4309, RdNr. 103 – CDA Albrechts.

[146] EuGH, C-44/96, Slg. 1996, I-73, RdNr. 38 ff. – Mannesmann Anlagenbau Austria.

[147] *Frenz* RdNr. 2581; EuGH, C-18/01, Slg. 2003, I-5321, RdNr. 56 – Korhonen.

[148] *Theobald/Kafka* NZBau 2002, 603, 607; *Tietjen* 121.

[149] EuGH, C-94/99, Slg. 2000, I-11037, RdNr. 24 ff. – ARGE Gewässerschutz.

[150] *Koenig/Hentschel* NZBau 2006, 289, 290; *Theobald/Kafka* NZBau 2002, 603, 607.

[151] *Pünder* NZBau 2003, 530, 537; sa. *Tietjen* 120.

[152] So auch *Tietjen* 121.

[153] Zu den Voraussetzungen im Einzelnen siehe unten RdNr. 248 ff.

erhalten hat. Weist der Empfänger einer genehmigten Beihilfe die **entsprechende Genehmigung nicht innerhalb einer ausreichenden Frist nach,** kann er demnach mit seinem Angebot ausgeschlossen werden.[154] Diese Möglichkeit scheint wegen der schwierigen Nachweisführung für den Auftraggeber gerechtfertigt. Die Pflicht zur Vorlage der Genehmigung belastet den Bieter nicht übermäßig, zumal vor einer solchen Ablehnung zunächst Rücksprache mit ihm geführt und ihm eine ausreichende Frist zum Nachweis der Rechtmäßigkeit der Beihilfe eingeräumt werden muss. Diese Ansicht ist jedenfalls nicht durch die Rechtsprechung des EuGH ausgeschlossen, da die maßgebliche Entscheidung vor Erlass der Richtlinie 2004/18 ergangen ist. Zudem räumt er dem Gemeinschaftsgesetzgeber ausdrücklich eine Regelungsbefugnis ein[155] und bezieht sich nur „insbesondere" auf nicht vertragskonforme Beihilfen.[156]

248   **c) Rechtswidrige Beihilfe zugunsten eines Beteiligten. aa) Problemaufriss.** Schwierigkeiten entstehen, wenn einer der beteiligten Bieter eine **nicht notifizierte Beihilfe** erhalten hat. Von der Ausgestaltung des Beihilfenrechts her betrachtet lassen sich dabei nochmals zwei Fälle unterscheiden. Zum einen sind solche Konstellationen gemeint, in denen eine abschließende Negativentscheidung im Sinne von Art. 7 Abs. 5 VerfVO vorliegt, der Verstoß gegen Art. 107 AEUV also bereits durch die Kommission festgestellt wurde. Zum anderen sind solche Beihilfen zu betrachten, die **formell rechtswidrig sind,** weil sie vor Erlass der Genehmigungsentscheidung der Kommission ausgekehrt wurden. Eine solche Situation kann eintreten, wenn eine Beihilfenmaßnahme entgegen Art. 108 Abs. 3 S. 1 AEUV, Art. 2 VerfVO entweder überhaupt nicht angemeldet wurde oder trotz Anmeldung vor Erlass einer Entscheidung der Kommission trotz Art. 108 Abs. 3 S. 3 AEUV, Art. 3 VerfVO durchgeführt wurde. Im Unterschied zur ersten Konstellation besteht hier noch die Möglichkeit, dass die Kommission die Maßnahme im Nachhinein genehmigt.

249   Trotzdem kann man beide Konstellationen im Rahmen der Prüfung des Vergabeverfahrens gleichlaufend behandeln.[157] Liegt eine Negativentscheidung gemäß Art. 7 Abs. 5 VerfVO vor, so muss gemäß Art. 14 Abs. 1 VerfVO die Rückforderung der Beihilfe verlangt werden. Der Mitgliedstaat hat nach Art. 14 Abs. 3 VerfVO alle erforderlichen Maßnahmen zu ergreifen, um die Rückforderung zu gewährleisten. Ein **Ausschluss der Rückforderung** kommt nur in gesondert gelagerten, absoluten Ausnahmefällen in Betracht.[158] Wegen dieser generellen, nach Entscheidung der Kommission feststehenden Rückgewährsverpflichtung des Beihilfenempfängers wird der finanzielle Status, eventuell aber auch der Bestand des Unternehmens, aktuell berührt. Aus § 249 HGB folgt damit für die Unternehmen eine Pflicht zur Bildung entsprechender Rücklagen.[159] Nach § 249 Abs. 1 S. 1 HGB sind nämlich Rückstellungen für ungewisse Verbindlichkeiten und für drohende Verluste aus schwebenden Geschäften zu bilden. Ist dabei nach vernünftiger kaufmännischer Beurteilung eine Inanspruchnahme ernsthaft nicht auszuschließen, so besteht eine Verpflichtung zur Bildung von Rückstellungen.[160] Im Rahmen von öffentlich-rechtlichen Verpflichtungen wird aber auch auf das Vorliegen einer Verfügung einer Behörde abgestellt.[161] Ein solcher Fall liegt bei einer Rückforderungsentscheidung der Kommission aber unzweifelhaft vor. Die Mitgliedstaaten sind regelmäßig zur **Rückforderung nach nationalem Recht** verpflichtet und nicht mehr als bloßes Ausführungsorgan. Daraus wiederum kann eine Pflicht zur Stellung eines Insolvenzantrages gemäß § 15 a InsO bei Bestehen einer Überschuldung nach § 19 Abs. 1 InsO folgen.[162] Die Rückzahlungsverpflichtung kann zu einer Zahlungsunfähigkeit im Sinne von § 17 Abs. 2 InsO führen. Liegt eine **formell rechtswidrige Beihilfe** vor, kann die Kommission zunächst gemäß Art. 11 Abs. 2 VerfVO die einstweilige Rückforderung der Beihilfe verlangen,[163] wobei wegen der engen Voraussetzungen[164] dieser Möglichkeit faktisch keine Be-

---

[154] Trotz des Wortlauts aA. *Koenig/Hentschel* NZBau 2006, 289, 293; so wohl auch *Prieß* 295; gegenteiliger Auffassung auch schon *Pünder* NZBau 2003, 530, 537 zur Rechtslage vor Erlass der RL 2004/18.

[155] EuGH, C-94/99, Slg. 2000, I-11037, RdNr. 26 – ARGE Gewässerschutz.

[156] EuGH, C-94/99, Slg. 2000, I-11037, RdNr. 29 – ARGE Gewässerschutz.

[157] *Koenig/Hentschel* NZBau 2006, 289, 290 f.

[158] Siehe dazu etwa *Immenga/Mestmäcker/Ehricke,* EG-WettbR, nach Art. 88 EG RdNr. 140 ff. sowie 161 ff.; *Heidenhain/Sinnaeve* § 34 RdNr. 16 ff.

[159] *Koenig/Hentschel* NZBau 2006, 289, 291.

[160] *Koller/Roth/Morck* § 249 HGB RdNr. 6; *Ebenroth/Boujong/Joost/Wiedmann* § 249 HGB RdNr. 13.

[161] *Ebenroth/Boujong/Joost/Wiedmann* § 249 HGB RdNr. 13.

[162] *Koenig/Hentschel* NZBau 2006, 289, 291; zu § 19 Abs. 1 InsO siehe etwa *Graf-Schlicker/Pöhlmann* § 19 RdNr. 3 ff.; HK-InsO/ *Kirchhof* § 19 RdNr. 5 ff.

[163] Darauf stellen *Koenig/Hentschel* NZBau 2006, 289, 291 ab.

[164] Dazu ausführlich *Immenga/Mestmäcker/Ehricke,* EG-WettbR, nach Art. 88 EG RdNr. 123 ff.; sa. *Heidenhain/Sinnaeve* § 34 RdNr. 8.

deutung zukommt.[165] Wichtiger ist dagegen, dass ein Verstoß gegen das Durchführungsverbot aus Art. 108 Abs. 3 Satz 3 AEUV, Art. 3 VerfVO vorliegt. Folge des Verstoßes gegen das Durchführungsverbot ist prinzipiell die Rückforderung der gewährten Beihilfen. Dies erscheint notwendig, um wirksam auszuschließen, dass dem Beihilfenempfänger Vorteile gewährt werden, die ihm zu diesem Zeitpunkt jedenfalls noch nicht zustehen, und die Mitgliedstaaten die Anmeldeverpflichtung aus Art. 108 Abs. 3 Satz 1 AEUV, Art. 2 VerfVO umgehen.[166] Eine nachträgliche Entscheidung der Kommission zugunsten der Beihilfenmaßnahme führt auch **nicht zur Heilung dieses Mangels.**[167] Deshalb kommt es für die Bewertung der Eignung auch nicht darauf an, ob die Maßnahme offensichtlich genehmigungsfähig ist. Nach der Rechtsprechung des EuGH ist Art. 108 Abs. 3 Satz 3 AEUV unmittelbar anwendbar und kann von den Konkurrenten vor den nationalen Gerichten geltend gemacht werden.[168] Der BGH hat in diesem Zusammenhang angenommen, dass der **Verstoß gegen das Durchführungsverbot zur Nichtigkeit zivilrechtlicher Verträge gemäß § 134 BGB** führt.[169] Prinzipiell ist dabei von Gesamtnichtigkeit auszugehen.[170] Auf welcher Grundlage dabei eine Rückforderung durch die Konkurrenten geltend gemacht werden kann, ist umstritten und hängt auch davon ab, ob die Beihilfe durch einen Verwaltungsakt, einen öffentlich-rechtlichen oder einen zivilrechtlichen Vertrag gewährt wird.[171] Unabhängig von der genauen rechtlichen Konstruktion besteht damit auch hier eine Rückzahlungsverpflichtung der Beihilfe, eine entsprechende Beeinträchtigung des finanziellen Status des Unternehmens und einer dadurch bedingten Verpflichtung zur Bildung entsprechender Rückstellungen gemäß § 249 HGB.[172]

Bestehen dabei sowohl bei formell als auch bei materiell rechtswidrigen Beihilfen **dieselben** **250** **Problemlagen,** ist nunmehr zu untersuchen, welche Konsequenzen aus der Beteiligung eines Bieters zu ziehen sind, der eine solche formell oder materiell rechtswidrige Beihilfe erhalten hat. Dabei lassen sich im Rahmen des Vergabeverfahrens mehrere Anknüpfungspunkte finden. Zunächst ist an einen möglichen Ausschluss des Angebots aus dem Vergabeverfahren zu denken. Neben dieser bereits angesprochenen Möglichkeit ist aber auch eine Bereinigung des Angebots oder eine Berücksichtigung bei der Zuschlagserteilung vorstellbar.

bb) Ablehnung des Angebots. Zunächst kann entsprechend Art. 55 Abs. 3 Richtlinie **251** 2004/18 eine Ablehnung des Angebots durch den Auftraggeber erfolgen. In diesem Zusammenhang ist zunächst Art. 55 Abs. 1 RL 2004/18 von Bedeutung, wonach der Auftraggeber schriftlich Aufklärung über Einzelposten, insbesondere auch über etwaige staatliche Beihilfen an den Bieter (S. 2 lit. e), verlangen muss, wenn das Angebot den Eindruck erweckt, im Verhältnis zur Leistung ungewöhnlich niedrig zu sein. **Das Verfahren ist danach mehrstufig aufgebaut.** Zuerst prüft der Auftraggeber die Angebote, verlangt dann nach Abs. 1 entsprechende Nachweise vom Bieter (Wortlaut „muss"),[173] bevor er gemäß Art. 55 Abs. 2 Richtlinie 2004/18 das Angebot anhand des Vortrags des Bieters erneut sondiert und eventuell gemäß Abs. 3 Satz 1 weiter vorgeht (Wortlaut „darf"). Problematisch ist aber, dass nach dem Wortlaut der Regelung der Auftraggeber die Ablehnung des Angebots betreiben darf. Auch wenn der Schutz des Wettbewerbs sowie die Gewährleistung der Gleichheit der Wettbewerber für einen Ausschluss sprechen,

---

[165] *Fischer* ZIP 1999, 1426, 1430; *Ludwigs* Jura 2006, 41, 46.

[166] EuGH, C-354/90, Slg. 1991, I-5505, RdNr. 16 – FNCE; EuGH, C-261/01 ua., Slg. 2003, I-12249, RdNr. 63 – Van Calster; GA Jacobs, Schlussanträge zu C-368/04, Slg. 2006, I-9957, RdNr. 50 – Transalpine Ölleitung ua.

[167] EuGH, C-354/90, Slg. 1991, I-5505, RdNr. 16 – FNCE; EuGH, C-312/90, Slg. 1992, I-4117, RdNr. 23 – Spanien/Kommission; EuGH, C-39/94, Slg. 1996, I-3547, RdNr. 67 – SFEI.

[168] EuGH, C-354/90, Slg. 1991, I-5505, RdNr. 12 f. – FNCE; EuGH, C-39/94, Slg. 1996, I-3547, RdNr. 68 ff. – SFEI.

[169] BGH EuZW 2003, 444, 445; BGH EuZW 2004, 252, 253. Dies hat wegen § 59 Abs. 1 VwVfG auch die Nichtigkeit eines öffentlich-rechtlichen Vertrages zur Folge, weil dieser entsprechend auf § 134 BGB verweist (strittig) – wie hier *Lipka* 239–240; *Pechstein* EuZW 2003, 447; *Koenig/Kühling/Ritter* RdNr. 459; zum Verweis auf § 134 BGB auch *Stelkens/Bonk/Sachs/Bonk* § 59 VwVfG RdNr. 49 ff. Zum Streitstand in der Literatur bezüglich der rechtlichen Folgen eines Verstoßes siehe *Immenga/Mestmäcker/Ehricke,* EG-WettbR, nach Art. 88 RdNr. 43 sowie *Lipka* 236 jeweils mwN.

[170] *Mairose* 46 ff.; *Lipka* 237–238; *Immenga/Mestmäcker/Ehricke,* EGWettbR, nach Art. 88 RdNr. 45.

[171] *Lindner* BayVBl. 2002, 193, 198; *Ehricke* ZIP 2000, 1656, 1664 ff.; *Koenig* BB 2000, 573 ff.; *Mairose* 173.

[172] *Koenig/Hentschel* NZBau 2006, 289, 291.

[173] Zu dieser Verpflichtung vgl. EuGH, 76/81, Slg. 1982, 417, RdNr. 16 ff. – Transporoute; EuGH, 103/88, Slg. 1989, 1839, RdNr. 26 – Fratelli Costanzo; *Prieß* 292-293.

wird man wegen des Wortlauts keine Verpflichtung des Auftraggebers zum Ausschluss begründen können.[174] Vielmehr steht es im pflichtgemäßen Ermessen, ob er nach Art. 55 Abs. 3 Richtlinie 2004/18 vorgeht.

252   Erforderlich ist dabei, dass der Bieter **eine Beihilfe erhalten hat** und das **Angebot ungewöhnlich niedrig ist.** Bezüglich der Feststellung einer Beihilfengewährung kommt dem Auftraggeber Art. 55 Abs. 1 UAbs. 2 lit. e Richtlinie 2004/18 zur Hilfe, wonach er auch hinsichtlich des Erhalts von staatlichen Beihilfen Erläuterungen verlangen kann. Nur wenn die Prüfung zudem ein tatsächlich ungewöhnlich niedriges Angebot ergibt, kommt Art. 55 Abs. 3 Richtlinie 2004/18 in Betracht. Eine solche Feststellung lässt sich aber nicht abstrakt treffen, sondern erfordert eine Untersuchung in jedem Einzelfall. Maßstab bildet dabei jedenfalls nicht das niedrigste oder das höchste Gebot.[175] Vielmehr kommt es darauf an, dass das Angebot derart **eklatant von dem an sich angemessenen Preis abweicht,** dass eine genauere Prüfung nicht erforderlich ist, weil die Ungewöhnlichkeit sofort ins Auge springt.[176] Erforderlich sind deshalb Anhaltspunkte, dass der **Preis nicht wettbewerblich begründet ist,**[177] wobei dies hier durch die Beihilfe bereits als gegeben angesehen werden kann. Allerdings wird nach dem Wortlaut eine Kausalität zwischen der Beihilfengewährung und dem ungewöhnlich niedrigen Angebot verlangt. Ein solcher Nachweis dürfte aber tatsächlich nur schwer zu führen sein und ist daher abzulehnen. Die Gewährung der Beihilfe und das ungewöhnlich niedrige Angebot allein lassen insoweit eine Vermutung der Kausalität zu. Unwesentlich ist nach dem Wortlaut dagegen, für welchen Zweck die Beihilfe eventuell gewährt wurde. Weist der Bieter dem Auftraggeber nunmehr nicht innerhalb der angemessenen Frist die Genehmigung bezüglich der Beihilfe nach, so kann das Angebot vom Vergabeverfahren nach Art. 55 Abs. 3 Richtlinie 2004/18 abgelehnt werden.

253   Es bleibt zudem die Frage, inwiefern eine Ablehnung über andere Normen erreicht werden kann. Eine Ablehnung eines solchen Angebots könnte sich aus Art. 107 AEUV in Verbindung mit der Negativentscheidung der Kommission sowie aus Art. 108 Abs. 3 Satz 3 AEUV, Art. 3 VerfVO direkt ergeben. Insoweit könnte argumentiert werden, dass **jegliche Vorteilsziehung** aus den zu Unrecht erlangten Beihilfen verhindert und notfalls zurückgeleistet werden muss. Als solch ein Vorteil könnte jedoch auch der Auftrag gesehen werden. Dagegen spricht jedoch, dass es sich um zwei unterschiedliche Verfahren handelt.[178] Während die Beihilfenvorschriften die Sicherung des Gemeinsamen Marktes vor Verfälschungen durch staatliche Unterstützungen schützen sollen, dienen die Vergabevorschriften der Gewährleistung eines diskriminierungsfreien Zugangs zu öffentlichen Aufträgen und die Öffnung des entsprechenden Sektors. Daneben ließe sich daran denken, dass wegen der durch die Beihilfe bedingten Verfälschung des Angebotswettbewerbs eine Ablehnung durch den Auftraggeber erfolgen muss.

254   Insgesamt muss jedoch gefragt werden, ob nicht die Regelung in Art. 55 Richtlinie 2004/55 **als abschließend zu bewerten ist.**[179] Indem diese Norm ausdrücklich eine Möglichkeit vorsieht, Angebote abzulehnen, kommt zum Ausdruck, dass weitergehende Ablehnungsgründe, die sich ausschließlich auf die Gewährung der Beihilfe berufen, nicht bestehen. Diese Möglichkeit wird dabei vom Vorliegen eines ungewöhnlich niedrigen Angebots abhängig gemacht, so dass im Umkehrschluss ein Ausschluss aus der Verfälschung des Wettbewerbs etwa ausscheiden muss. Eine solche Sichtweise ist auch deshalb gerechtfertigt, weil nur bei Vorliegen eines ungewöhnlich niedrigen Gebots per se von einer Auswirkung der Beihilfe auf das Angebot ausgegangen werden kann.

255   **cc) Fehlende finanzielle Leistungsfähigkeit wegen der Rückzahlungsverpflichtung.** Neben der Ablehnung des Angebots kann die rechtswidrige Beihilfe aber auch **im Rahmen der Bewertung der Angebote** Berücksichtigung finden.[180] Oben wurde bereits festgestellt, dass im Rahmen von rechtswidrigen Beihilfen mit der Rückforderung der Unterstützung gerechnet werden muss, wodurch die wirtschaftliche Lage des Unternehmens unmittelbar negativ beeinflusst werden kann. Eine solche Rückforderung und die dadurch bewirkte Verschlechterung der wirtschaftlichen Lage führen im Ergebnis aber dazu, dass die Kalkulation des Unter-

---

[174] *Koenig/Hentschel* NZBau 2006, 289, 294; aA. zur alten Rechtslage wohl *Pünder* NZBau 2003, 530, 537.

[175] *Theobald/Kafka* NZBau 2002, 603, 607.

[176] Vgl. im Rahmen von § 25 VOB/A NR. 3 Abs. 1 *Weyand* RdNr. 5628, zum Merkmal des unangemessen niedrigen Preises; *Theobald/Kafka* NZBau 2002, 603, 607 sprechen von „fehlender Nachvollziehbarkeit".

[177] Vgl. *Weyand* RdNr. 5628.

[178] *Theobald/Kafka* NZBau 2002, 603, 606.

[179] *Pünder* NZBau 2003, 530, 538.

[180] Auf die eventuell fehlende finanzielle Eignung weist auch der EuGH, C-94/99, Slg. 2000, I-11 037, RdNr. 30 – ARGE Gewässerschutz, hin; s. auch *Huerkamp* S. 213 ff.

nehmens nicht über die gesamte Vertragsdauer als stabil betrachtet werden kann.[181] Eine Berücksichtigung solcher Angebote hätte damit eine Ungleichbehandlung gegenüber Bietern zur Folge, deren Lage nicht durch Beihilfen beeinflusst ist.[182]

Fraglich ist aber, **zu welchem Zeitpunkt** eine entsprechende fehlende finanzielle Leistungsfähigkeit Berücksichtigung finden kann. Zunächst ist klar, dass der späteste Zeitpunkt nur die Zuschlagserteilung sein kann.[183] Allerdings wird die fehlende Eignung des Bieters regelmäßig im Rahmen der Prüfung der Angebote durch den Auftraggeber vor Zuschlagserteilung erfolgen. Damit kommt es entscheidend auf das entsprechende Vergabeverfahren an, so dass im offenen Verfahren die Eignungsprüfung nach dem Ausschluss offensichtlich mangelhafter Angebote erfolgt und sonst bereits im Rahmen des öffentlichen Teilnahmewettbewerbs Berücksichtigung finden wird.[184]   **256**

Eine Verpflichtung zur **Prüfung der fehlenden Eignung** wegen der rechtswidrig gewährten Beihilfen besteht dabei zwar, um eine ordnungsgemäße Auswahl zu gewährleisten.[185] Allerdings kann auch hier die Gewährung einer Beihilfe nicht **per se zu einem negativen Ergebnis** führen. So sind etwa Fälle vorstellbar, wo auch bei Berücksichtigung der Rückzahlungsverpflichtung die finanzielle Eignung nicht angezweifelt werden kann, weil das Unternehmen über genügend wirtschaftlichen Spielraum verfügt, um die Rückforderung der Beihilfe aufzufangen. Andererseits wird man die Beeinflussung der Eignung des Bieters umso eher annehmen können, je mehr die Beihilfe zur Existenzsicherung des Unternehmens beigetragen hat. Gerade bei **Unternehmen in Schwierigkeiten** ist damit die Eignung besonders gründlich zu prüfen. Es bleibt damit in jedem Fall einer Einzelfallentscheidung vorbehalten.[186] Die offensichtliche Genehmigungsfähigkeit bei formell rechtswidrigen Beihilfen stellt aber kein Kriterium dar, das im Rahmen der Einzelfallentscheidung Berücksichtigung finden kann.[187] Dagegen spricht nämlich, dass die europarechtliche Verpflichtung zur Rückzahlung der Beihilfe unabhängig von einer nachträglichen Genehmigungsentscheidung besteht, da sonst die praktische Wirksamkeit des Durchführungsverbots gefährdet wäre (s. o. RdNr. 249). Hinsichtlich der Prüfung steht der Vergabestelle zudem ein Beurteilungsspielraum zu, der nur begrenzt gerichtlich überprüfbar ist.[188] Konkurrenten des Bieters können einen Verstoß gegen den Gleichbehandlungsgrundsatz im Nachprüfungsverfahren geltend machen, da eine Vergabe an einen ungeeigneten Bieter die anderen Bieter benachteiligt.[189] Der subjektive Anspruch folgt dabei aus § 97 Abs. 7 GWB.[190] Dieser sieht nämlich vor, dass die Unternehmen einen Anspruch darauf haben, dass der Auftraggeber die Bestimmungen über das Vergabeverfahren einhält. Zu diesen Bestimmungen zählt allgemein auch der Gleichbehandlungsgrund, ist er doch explizit in § 97 Abs. 2 GWB aufgenommen worden und dient auch dem Schutz des einzelnen Bieter.[191] Ebenso kann sich ein **Anspruch aus den Verdingungsverordnungen** ergeben, dass die Vergabe nur an geeignete Bieter erfolgt (siehe etwa § 2 Nr. 3 VOL/A).[192]   **257**

Darüber hinaus ist der **Grundsatz der Vergabe im Wettbewerb** gemäß § 97 Abs. 1 und 2 GWB gefährdet, denn durch die Beihilfe liegt eine Wettbewerbsverzerrung zugunsten des beihilfenbegünstigten Bieters vor.[193] Auch auf dessen Einhaltung haben die übrigen Bieter gemäß § 97 Abs. 7 GWB einen Anspruch, weil es sich auch dabei unstreitig um eine beschützende Norm handelt.[194]   **258**

Fraglich ist, ob die Regelung des Art. 55 Richtlinie 2004/18 dazu führt, dass eine Berücksichtigung der fehlenden Leistungsfähigkeit bei nicht ungewöhnlich niedrigen Angeboten ausgeschlos-   **259**

---

[181] *Koenig/Hentschel* NZBau 2006, 289, 292.

[182] *Theobald/Kafka* NZBau 2002, 603, 606; *Pünder* NZBau 2003, 530, 538; *Koenig/Hentschel* NZBau 2006, 289, 292; insgesamt a. A. OLG Düsseldorf, NZBau 2002, 634, 637.

[183] *Koenig/Hentschel* NZBau 2006, 289, 293.

[184] *Koenig/Hentschel* NZBau 2006, 289, 293–294.

[185] So auch *Koenig/Hentschel* NZBau 2006, 289, 294–295.

[186] *Theobald/Kafka* NZBau 2002, 603, 606; *Pünder* NZBau 2003, 530, 538; *Tietjen* 125.

[187] So aber *Koenig/Hentschel* NZBau 2006, 289, 294.

[188] *Koenig/Hentschel* NZBau 2006, 289, 294.

[189] Siehe allgemein zum Gleichbehandlungsgrundsatz *Weyand* RdNr. 254 ff.

[190] *Theobald/Kafka* NZBau 2002, 603, 606; *Pünder* NZBau 2003, 530, 538; zur Einordnung als subjektiven Rechtsanspruch auch *Kulartz/Kus/Portz/Brauer* § 97 GWB RdNr. 119.

[191] BGH NZBau 2005, 290, 291–292; *Weyand* RdNr. 823.

[192] *Weyand* RdNr. 823.

[193] *Theobald/Kafka* NZBau 2002, 603, 606; *Pünder* NZBau 2003, 530, 538.

[194] BGH NZBau 2005, 290, 291 f.; OLG Düsseldorf, VergabeR 2004, 657 ff., *Weyand* RdNr. 823.

sen ist. Man könnte insoweit vertreten, dass die Norm die **Berücksichtigung rechtswidriger Beihilfen abschließend** regelt.[195] Insoweit ist es aber eine Frage, ob eine Ablehnung wegen eines ungewöhnlich niedrigen Angebots erfolgt, weil das Angebot durch Beihilfen beeinflusst ist, eine andere aber, ob die Eignung des Bieters wegen eventueller Rückforderungsverpflichtungen in Frage gestellt wird. Der eine Bereich will offensichtliche Wettbewerbsverzerrungen aufgrund von Beihilfen verhindern. Dagegen will die Eignung die dauerhafte Fähigkeit zur Erfüllung des Auftrags sicherstellen. Art. 55 Abs. 3 Richtlinie 2004/18 ist damit keine insgesamt abschließende Regelung.[196]

260   **dd) Nachträgliche Neutralisierung durch Bereinigung des Angebots.** Vereinzelt wird vertreten, dass Angebote, die zumindest teilweise auf rechtswidrigen Beihilfen beruhen, entsprechend zu bereinigen sind.[197] Dazu könnte ein **Aufschlag auf das tatsächlich vorliegende Gebot** erfolgen, der dem im Angebot berücksichtigten Beihilfenelement entsprechen soll. Dies überzeugt aber schon aus praktischen Gründen nicht. Dem Auftraggeber wird es in der Regel mangels ausreichender tatsächlicher und rechtlicher Kenntnisse gar nicht möglich sein, das Beihilfenelement genau zu bestimmen. Nicht umsonst verlangt auch Art. 55 Richtlinie 2004/18 eine klare Sachlage, indem er auf ein ungewöhnlich niedriges Angebot abstellt. Die zusätzliche Ermittlung der genauen Beihilfensumme führt zu zusätzlichen Erschwerungen. Die Bestimmung des Beihilfenelements würde sich noch verkomplizieren, wenn die durch die Beihilfe erlangten Gegenstände für mehrere Aufträge genutzt werden könnten. Fiele die Berechnung zu niedrig aus, so wäre das Beihilfenelement nicht vollständig ausgeglichen. Bei einer zu hohen Summe würde das Angebot über das notwendige Maß hinaus verteuert, was den Bieter über die Maßen benachteiligen würde. Diese **Unsicherheiten können kaum vermieden werden.** Hinzukommt, dass vergaberechtlich ein Angebot ausgeschlossen oder durch Zuschlag angenommen werden kann, wohingegen eine inhaltliche Bereinigung rechtlich nicht in Betracht kommt.[198]

261   **2. Vergabefremde Kriterien als Beihilfe. a) Allgemeines.** Die Problematik der vergabefremden Kriterien beschäftigt Rechtsprechung und Praxis seit vielen Jahren. Vergabefremde Kriterien bzw. Sekundärzwecke sind dabei solche Kriterien, die sich nicht auf die Wirtschaftlichkeit des Angebots beziehen, sondern sonstige politische oder soziale Ziele verfolgen.[199] Vorstellbar sind dabei Maßnahmen zur Bekämpfung von Arbeitslosigkeit, Vorgaben hinsichtlich des Umweltschutzes oder Tariftreueerklärungen. **Schon im Grundsatz ist dabei die Frage strittig,** ob vergabefremde Kriterien im Rahmen des Vergabeverfahrens überhaupt zulässig sind. Diese Fragestellung ist schon mehrfach Gegenstand der Rechtsprechung der Gemeinschafts-, aber auch der nationalen Gerichte gewesen. Der EuGH hat etwa im Jahre 1988 die grundsätzliche Möglichkeit der Berücksichtigung vergabefremder Kriterien anerkannt.[200] Trotz der gegenteiligen Schlussanträge des Generalanwalts[201] entschied er, dass weder die Vergaberichtlinien noch das Primärrecht der **Einbeziehung vergabefremder Kriterien grundsätzlich entgegenstünden.** Voraussetzung sei allerdings, dass die Verfahrensvorschriften der Richtlinien eingehalten würden und nicht gegen das Primärrecht verstoßen werde.[202] Diese Rechtsprechung war jedoch nicht ganz eindeutig, so dass in der Literatur daraufhin differenziert wurde, ob das entsprechende Kriterium im Rahmen der Eignung oder erst beim Zuschlag Berücksichtigung finden sollte.[203] Doch auch dieser Differenzierung ist der EuGH im Ergebnis nicht gefolgt, sondern hat wiederum entgegen der Schlussanträge des Generalanwalts[204] die Möglichkeit der Einbeziehung vergabefremder Kriterien im Rahmen der Zuschlagserteilung

---

[195] In diese Richtung zunächst *Pünder* NZBau 2003, 530, 538.

[196] So denn auch *Pünder* NZBau 2003, 530, 538.

[197] So *Koenig/Hentschel* NZBau 2006, 289, 295; daneben wird teilweise noch auf einen Verstoß gegen das UWG verwiesen – *Köhler/Steindorff* NJW 1995, 1705 ff.

[198] So zu Recht OLG Düsseldorf, NZBau 2002, 634, 637 f.; *Theobald/Kafka* NZBau 2002, 603, 606; *Pünder* NZBau 2003, 530, 537; *Prieß* 95; *Tietjen* 123.

[199] *Zeitz* 158; *Tietjen* 7–8; sa. *Lipka* 141 ff., der genauer zwischen leistungsbezogenen und vergabefremden Kriterien unterscheidet.

[200] EuGH, 31/87, Slg. 1988, 4635, RdNr. 27 ff. – Gebroeders Beentjes; eine Darstellung der relevanten Rechtsprechung findet sich bei *Lipka* 72 ff.

[201] GA Darmon, Schlussanträge zu 31/87, Slg. 1988, 4635, RdNr. 22 ff. – Gebroeders Beentjes.

[202] EuGH, 31/87, Slg. 1988, 4635, RdNr. 29–30 – Gebroeders Beentjes.

[203] Vgl. etwa *Rittner* EuZW 1999, 677 ff.; *Rust* EuZW 2000, 206 ff.; *Seidel* EuZW 2000, 762 f.; *Ziekow* NZBau 2001, 72, 73 ff.

[204] GA Alber, Schlussanträge zu C-225/98, Slg. 2000, I-7445, RdNr. 43 ff. – Kommission/Frankreich.

anerkannt.[205] Voraussetzung ist, dass die Kriterien entsprechend bekannt gemacht werden, mit dem Auftrag zusammenhängen, dem Auftraggeber keine unbeschränkte Freiheit einräumen und alle wesentlichen Grundsätze des Gemeinschaftsrechts beachtet werden. In den letzten Jahren ist diese Linie durch den EuGH mehrfach bestätigt, allerdings bezüglich des Zusammenhangs auch enger gefasst worden.[206] Diese Rechtsprechung, die ausschließlich zu den alten Vergaberichtlinien ergangen ist, kann man auch auf die neue Richtlinie Richtlinie 2004/18 übertragen, wobei sich in der Tendenz eher für eine Berücksichtigungsfähigkeit im Rahmen des Zuschlags ausgesprochen wird.[207] Trotz dieser Rechtsprechung ist die Möglichkeit vergabefremder Kriterien in der Literatur insgesamt weiterhin umstritten.[208]

Die grundsätzliche Zulässigkeit vergabefremder Kriterien soll hier jedoch nicht weiter problematisiert werden. Vielmehr geht es um die Frage, ob die **Einführung von vergabefremden Kriterien** die **Gewährung einer Beihilfe** an den erfolgreichen Bieter bedeutet und deshalb abzulehnen ist. Ansatzpunkt für diese Fragestellung ist die Feststellung des EuGH, dass vergabefremde Kriterien nur dann zulässig sind, wenn sie sich mit dem Primärrecht vereinbaren lassen. **262**

b) Rechtsprechung zur Behandlung von vergabefremden Kriterien. Die Rechtsprechung zur Frage der beihilfenrechtlichen Beurteilung vergabefremder Kriterien ist bisher dünn gesät. Soweit ersichtlich haben die **Gemeinschaftsgerichte zu dieser Problematik noch nicht ausdrücklich Stellung** genommen.[209] Aus der Feststellung, dass vergabefremde Kriterien weder gegen die alten Vergaberichtlinien noch gegen das Primärrecht verstoßen, lässt sich aber schließen, dass der Gerichtshof von der Vereinbarkeit mit dem Beihilfenrecht gemäß Art. 107 ff. AEUV ausgeht. Etwas anderes könnte allerdings aus dem bereits oben erwähnten Urteil des EuG in den Rechtssachen *BAI* sowie *P & O European Ferries* folgen, wenn das Gericht das Vorliegen einer Beihilfe bejahte, weil sich die mit der Maßnahme verfolgten sozialen und kulturellen Zwecke nicht in die Prüfung eines normalen Handelsgeschäfts einfügen ließen.[210] Diese seien im Rahmen des Beihilfenrechts vielmehr unbeachtlich, auch wenn es sich um einen Beschaffungsvorgang der öffentlichen Hand handelt. Ob aus dem Urteil allerdings die beihilfenrechtliche Unzulässigkeit vergaberechtlicher Kriterien gefolgert werden kann, wird unten, insbesondere unter Berücksichtigung der AltmarkTrans-Rechtsprechung des EuGH, noch zu prüfen sein. **263**

Auch auf nationaler Ebene gibt es kaum Gerichtsentscheidungen, denen in dem hier relevanten Kontext Bedeutung zukommt. So hat das KG Berlin in einer Entscheidung **beihilfenrechtliche Zweifel** angedeutet.[211] Danach sei eine Tariftreueerklärung beihilfenrechtlich problematisch und wohl nicht über Art. 107 Abs. 2 lit. b AEUV zu rechtfertigen, weil damit Bieter aus Gebieten, die noch mehr unter den Nachteilen der Teilung Deutschlands zu leiden hätten als Berlin, benachteiligt würden. Damit unterstellt das KG scheinbar die Beihilfeneigenschaft nach Art. 107 Abs. 1 AEUV. Auf eine genauere Stellungnahme kam es jedoch nicht an, da es die Beschwerde aus anderen Gründen abweisen konnte. **264**

c) Meinungsstand im Schrifttum zu vergabefremden Kriterien. In der Literatur wurden vergabefremde Kriterien auch unter diesem Aspekt seit langem umfangreich und äußerst strittig diskutiert. Im Ergebnis scheinen aber mittlerweile die Argumente für die eine oder die andere Sichtweise ausgetauscht. Im Wesentlichen lassen sich zu der Frage der beihilfenrechtlichen Beurteilung vergabefremder Kriterien **zwei Meinungen** finden. **265**

Einerseits wird von einigen Stimmen vom **Vorliegen einer Beihilfe ausgegangen,** wenn im Vergabeverfahren vergabefremde Kriterien Berücksichtigung gefunden haben.[212] Zur Begrün- **266**

---

[205] EuGH, C-225/98, Slg. 2000, I-7445, RdNr. 49 ff. – Kommission/Frankreich; zustimmend *Seidel* EuZW 2000, 76 f.; zu den Grenzen *Frenz* NZBau 2007, 17, 21 ff.

[206] EuGH, C-448/01, Slg. 2003, I-14527, RdNr. 30 ff. – EVN ua.; EuGH, C-234/03, Slg. 2005, I-9315, RdNr. 68 ff. – Contse ua.; sa. *Frenz* NZBau 2007, 17, 19.

[207] Dazu *Fischer* EuZW 2004, 492, 493 f.; *Frenz* NZBau 2007, 17, 17 ff.; sa. *Kapellmann/Messerschmidt* VOB/A/*Glahs* § 8 RdNr. 9.

[208] Siehe etwa *Byok/Jaeger/Hailbronner* § 97 GWB RdNr. 248 ff.; *Kulartz/Kus/Portz/Kulartz* § 97 GWB RdNr. 100; *Zeitz* 156 ff.; *Tietjen* 7 ff.; aus der Rechtsprechung siehe BGH NZBau 2007, 459, 460; KG WuW 1998, 1023, 1027 ff.

[209] Offen gelassen in EuGH, C-21/88, Slg. 1990, I-889, RdNr. 20 f. – Du Pont de Nemours; so auch die Einschätzung bei *Lipka* 78.

[210] EuG, T-14/96, Slg. 1999, II-139, RdNr. 71 ff. – BAI; EuG, T-116/01 ua., Slg. 2003, II-2957, RdNr. 112 ff. – P & O European Ferries.

[211] KG WuW 1998, 1023, 1030.

[212] *Bartosch* EuZW 2001, 229 ff.; *Dippel/Zeiss* NZBau 2002, 376, 377; *Knipper* WuW 1999, 677, 684; *Ziekow* NZBau 2001, 72, 78; *Zeitz* 160 ff.; *Tietjen* 27–28; *Lipka* 143 ff.; wohl enger *Lübbig* EuZW 1999,

dung wird darauf hingewiesen, dass bei der Prüfung einer Beihilfe im Rahmen des Art. 107 Abs. 1 AEUV die damit verfolgten sozialen und kulturellen Ziele außer Betracht zu bleiben haben, da es nur auf die Wirkung der Maßnahme ankomme.[213] Vielmehr sei das Verhalten der öffentlichen Hand im Rahmen des Beschaffungsvorgangs mit dem Verhalten eines marktwirtschaftlich handelnden Wirtschaftsteilnehmers zu vergleichen. Vergabefremde Kriterien erfüllten aber regelmäßig nicht diesen Vergleich. Private Nachfrager würden ausschließlich nach dem wirtschaftlichsten Angebot entscheiden, wobei vergabefremde Kriterien außer Betracht blieben. Andererseits wird darauf verwiesen, dass zwar ein Vergabeverfahren grundsätzlich geeignet sei, das Vorliegen einer Begünstigung auszuschließen. Dies sei aber nur dann der Fall, wenn ausschließlich Wirtschaftlichkeitsüberlegungen den Ausschlag gäben. Die Kalkulation unter Berücksichtigung politischer und sozialer Zielvorgaben sei letztlich unmöglich.[214] Im Ergebnis verlangt die Ansicht die erneute Durchführung des Vergabeverfahrens, weil nur so der marktangemessene Preis feststellbar sei.[215]

267 Andererseits wird unter Hinweis auf die Rechtsprechung des EuGH zu gemeinwirtschaftlichen Verpflichtungen das **Vorliegen einer Beihilfe bei der Berücksichtigung von vergabefremden Kriterien in der Regel ausgeschlossen.**[216] Zum einen habe der EuGH im Rahmen seiner Ferring-Rechtsprechung bei Ausgleichsleistungen für die Erbringung von Diensten von allgemeinem wirtschaftlichem Interesse die Begünstigung ausgeschlossen, wenn er die entstandenen Mehrkosten nicht übersteige.[217] Die Berücksichtigung vergabefremder Kriterien stelle aber ebenso eine Beauftragung mit gemeinwirtschaftlichen Verpflichtungen dar.[218] Der im Vergabeverfahren ermittelte Preis sei auch dann ein Marktpreis, wenn vergabefremde Kriterien genutzt werden. Diese Kriterien würden nämlich einerseits regelmäßig in das Angebot eingerechnet, andererseits werde durch das Vergabeverfahren ein entsprechender Markt hergestellt.[219] Weiterhin sei der Nachfragemarkt der öffentlichen Hand von dem Markt privater Nachfrager auch so verschieden, dass der von der Gegenmeinung vorgenommene Vergleich fehlgehe, denn Ersterer werde durch die Ausschreibung gerade erst geschaffen.[220] Zumindest müsse man fragen, ob ein privater Nachfrager unter Berücksichtigung des vergabefremden Kriteriums den entsprechenden Preis ebenso gezahlt hätte.[221] Gehe man zudem mit dem EuGH von der Zulässigkeit vergabefremder Kriterien aus, könne man nicht in der Folge die beihilfenrechtliche Unzulässigkeit annehmen.[222]

268 **d) Stellungnahme.** Oben wurde schon auf die elementare Bedeutung von Vergabeverfahren zum Ausschluss der Begünstigungswirkung hingewiesen (s. o. RdNr. 209 ff.). Ebenfalls wurde in diesem Kontext bereits dargestellt, dass die Begünstigungswirkung auch dann entfällt, wenn im Rahmen der Veräußerung von Unternehmen gemeinwirtschaftliche Verpflichtungen auferlegt werden. Aus diesen Feststellungen folgt letztlich auch schon das Ergebnis hinsichtlich der beihilfenrechtlichen Einordnung von vergabefremden Kriterien. Insoweit ist davon auszugehen, dass **diese beihilfenrechtlich in gewissen Grenzen unproblematisch** ist.

269 Schon die Rechtsprechung des EuGH weist in diese Richtung. Im Rahmen der Altmark-Trans-Rechtsprechung hat der Gerichtshof dem Kostenausgleich für Dienste von allgemeinem wirtschaftlichem Interesse die Begünstigungswirkung abgesprochen, soweit er sich auf die Mehrkosten beschränke.[223] Damit hat der EuGH letztlich anerkannt, dass es **im Rahmen der Gegenleistung nicht ausschließlich auf marktmäßige Gegenleistungen** ankommt.[224] Zwar kommt es grundsätzlich auf die mit der Beihilfe verfolgten Ziele nicht an, sondern es wird vielmehr auf deren Wirkung abgestellt. Aber bei der Frage der Begünstigung können nunmehr durchaus auch solche Gegenleistungen einbezogen werden, die sich nicht auf Gegenstände be-

---

671 f. (Ausnahmefälle); *Martin-Ehlers* WuW 1999, 685, 687 ff. (bei Vorliegen einer Diskriminierung ausländischer Waren, Arbeitskräfte, Dienstleistungen); *Jasper* DB 1998, 2151, 2154; ausführlich *Benedict* 244 ff.

[213] *Tietjen* 36–37.

[214] *Tietjen* 37.

[215] *Bartosch* EuZW, 2001, 229, 232.

[216] *Jennert* NZBau 2003, 417, 418 ff.; *Pünder* NZBau 2003, 530, 531 f.; *Fischer* EuZW 2004, 492, 495; *Eilmansberger* WuW 2004, 384, 387 ff.; *Frenz* RdNr. 1776.

[217] EuGH, C-53/00, Slg. 2001, I-9067, RdNr. 27 – Ferring; so auch schon EuGH, 240/83, Slg. 1985, 531, RdNr. 18 – ADBHU.

[218] *Jennert* NZBau 2003, 417, 418.

[219] *Jennert* NZBau 2003, 417, 419; *Fischer* EuZW 2004, 492, 495.

[220] *Jennert* NZBau 2003, 417, 419; *Pünder* NZBau 2003, 530, 531–532.

[221] *Eilmansberger* WuW 2004, 384, 388.

[222] *Jennert* NZBau 2003, 417, 418 f.; *Eilmansberger* WuW 2004, 384, 389 f.; *Frenz* RdNr. 1777.

[223] EuGH, C-280/00, Slg. 2003, I-7747, RdNr. 87 – Altmark Trans; EuGH, C-34/01 ua., Slg. 2003, I-14243, RdNr. 31 ff. – Enirisorse.

[224] *Eilmansberger* WuW 2004, 384, 388.

ziehen, die mit einem privaten Marktteilnehmer vergleichbar sind. Dann aber lassen sich auch **vergabefremde Kriterien durchaus als Gegenleistung für die gewährte Beihilfe** des Staates denken. Darüber hinaus hat der Gerichtshof im Rahmen dieser Rechtsprechung gerade das Vergabeverfahren als Möglichkeit der Feststellung des angemessenen Kostenausgleichs vorgesehen. Wenn aber ein Vergabeverfahren zum Ausschluss der Begünstigungswirkung bei gemeinwirtschaftlichen Verpflichtungen geeignet ist, dann kann bei vergabefremden Kriterien letztlich grundsätzlich nichts anderes gelten.[225] Hinzuweisen ist aber auch auf die Rechtsprechung des EuGH bezüglich der Zulässigkeit vergabefremder Kriterien.[226] Zwar hat der EuGH dabei die Grenze aufgestellt, dass die aufgeführten Kriterien nicht gegen das Primärrecht verstoßen dürfen. Im Grundsatz aber hat er die Zulässigkeit anerkannt, so dass man nun nicht quasi durch die Hintertür einen generellen Verstoß gegen das Beihilfenrecht annehmen kann.[227]

Betrachtet man die weiter vorgetragenen Argumente für das Vorliegen einer Beihilfeneigen- **270** schaft bei entsprechenden Aufträgen, so können sie im Ergebnis nicht überzeugen. Regelmäßig werden die vergabefremden Kriterien bei der Abgabe der Angebote der einzelnen Bieter jeweils in die Kalkulation Eingang finden. Der Anbieter, der dabei das wirtschaftlich günstigste Angebot unterbreitet, erhält den Zuschlag durch den Auftraggeber. Leistung und Gegenleistung decken sich damit, so dass **eine Begünstigung des Auftragnehmers** nicht vorliegt. Durch das Vergabeverfahren wird auch für jeden interessierten Unternehmer die Möglichkeit eröffnet, den entsprechenden Auftrag zu erhalten. Gleichzeitig wird damit ein Markt für entsprechende Aufträge geschaffen, so dass im Ergebnis eine marktmäßige Gegenleistung vorliegt, die die Voraussetzung der Begünstigung nach Art. 107 Abs. 1 AEUV ausschließt.[228] Auch das Argument, ein **privater Nachfrager würde solche vergabefremden Gesichtspunkte nicht verfolgen,** stellt sich letztlich als bloße Behauptung dar. So werden auch im Wirtschaftsleben bei der Veräußerung von Unternehmensteilen durchaus Verpflichtungen zur Übernahme von Arbeitnehmern für einen längeren Zeitraum aufgenommen. Gerade größere Unternehmen lassen sich nicht ausschließlich von wirtschaftlichen Gesichtspunkten leiten. Darüber hinaus ist zu bedenken, dass der Vergleich mit einem fiktiven privaten Nachfrager die Rechtssicherheit gefährdet, da die Gefahr einer fallbezogenen Kasuistik entstehen würde, welche die Grenze zwischen politisch unerwünschten und rechtlich unzulässigen Kriterien verwischen würde.

Allerdings muss eine **Grenze** dort bestehen, wo das zusätzliche Kriterium in keinem Zu- **271** sammenhang mit dem eigentlichen Auftrag steht.[229] Auch der EuGH verlangt im Rahmen seiner vergaberechtlichen Rechtsprechung, dass die **zusätzlichen Kriterien einen unmittelbaren Zusammenhang mit dem Auftragsgegenstand** aufweisen.[230] Besteht ein solcher Zusammenhang, kann regelmäßig das Vorliegen einer Begünstigung ausgeschlossen werden. Fehlt er dagegen, muss eine beihilfenrechtliche Einzelfallprüfung erfolgen. Dann besteht nämlich die Gefahr einer Diskriminierung bestimmter Bietergruppen, die auch bei der beihilfenrechtlichen Prüfung relevant wird. Eine Genehmigung im Zuge des Beihilfeverfahrens kommt aber nur in Betracht, wenn auch kein Verstoß gegen sonstiges Primärrecht vorliegt. Daneben kann auch die Frage des tatsächlichen Bedarfs akut werden, denn besteht für die eingekaufte Leistung von Anfang an kein Bedarf, dann stellt sich ebenfalls die beihilfenrechtliche Problematik.[231]

IV. Konvergenz des Beihilfen- und Vergaberechts

Vergabe- und Beihilfenrecht sind nicht nur in der Praxis eng miteinander verschränkt, sondern **272** sie sind aus Sicht des Marktes zwei wesentliche Instrumente zur Kontrolle staatlichen Einflusses auf den Wettbewerb und damit zur Sicherung eines weitgehend von staatlichen Interventionen freien Marktes. Das **Vergabeverfahren hat die Aufgabe, marktanaloge Ergebnisse zu erzielen;** ihm kommt damit eine **Markteröffnungsfunktion** zu. Die Durchführung eines Vergabeverfahrens kann daher dazu beitragen, staatliche Zuwendungen „beihilfensicher" auszugestalten. Rechtswidrig erlangte Beihilfen können im Gegenzug zum **Ausschluss des begünstigten Anbieters** im Vergabeverfahren führen. Allerdings bestehen sowohl Differenzen in der konkreten

---

[225] *Eilmansberger* WuW 2004, 384, 388–389.
[226] EuGH, C-448/01, Slg. 2003, I-14527, RdNr. 30 ff. – EVN ua.; EuGH, C-234/03, Slg. 2005, I-9315, RdNr. 68 ff. – Contse ua.
[227] So zu Recht *Eilmansberger* WuW 2004, 384, 389 f.; *Frenz* RdNr. 1777.
[228] Vgl. auch KompendiumVgR/*Kaelble* Kap. 32 RdNr. 35.
[229] *Frenz* RdNr. 1778; sa. *Lipka* 158, der solche Kriterien teilweise aber schon nicht als vergabefremd ansieht.
[230] EuGH, C-448/01, Slg. 2003, I-14527, RdNr. 32 ff. – EVN ua.
[231] Ausführlich dazu *Lipka* 109 ff.; sa. *Eilmansberger* WuW 2004, 384, 388.

Ausgestaltung zwischen Vergabe- und Bietverfahren als auch hinsichtlich der Grenzwerte bezüglich der Anwendung des einen oder anderen Verfahrens. Beides führt in der Praxis zu Schwierigkeiten, so dass diskutiert werden muss, ob eine möglichst weitgehende Angleichung von Vergabeverfahren und Beihilferecht sinnvoll erscheint, soweit dies die jeweilige Funktion zulässt.

273 **1. Angleichung der Schwellenwerte.** Bereits angesprochen wurde die Problematik der unterschiedlichen Grenzwerte hinsichtlich der Anwendbarkeit der Vergaberichtlinien und der **„De-minimis"-VO** im Beihilfenrecht (s. o. RdNr. 233). Das **Beihilfenregime** gelangt bereits zur Anwendung, wenn das Beihilfeelement eine Summe von 200 000 Euro innerhalb von drei Jahren übersteigt. Dagegen sind nach der Vergaberichtlinie und der darauf beruhenden deutschen Regelung Aufträge erst dann auszuschreiben, wenn die Auftragssumme zB. 211 000 Euro für Lieferungs- und Dienstleistungsverträge übersteigt. Die Unterschiede führen dazu, dass in bestimmten Konstellationen zwar bereits das Beihilfenrecht zur Anwendung gelangt, aber noch keine Verpflichtung zur Durchführung eines der Richtlinie 2004/18 entsprechenden Vergabeverfahrens besteht. Die bereits dargestellte Erhöhung der Grenzwerte der „De-minimis"-VO durch die Kommission führt jedoch zu einer entsprechenden Verringerung der Divergenzen. Dadurch erledigt sich in vielen Fällen die Frage des Vorliegens einer notifizierungspflichtigen Beihilfe auch ohne Durchführung eines Vergabeverfahrens, so dass im Ergebnis ein Gleichlauf zwischen Ausschreibungsverpflichtung und beihilfenrechtlicher Kontrolle durch die Kommission besteht. Immer dann, wenn die **beihilfenrechtlichen Grenzwerte** erreicht werden, muss häufig auch ein Vergabeverfahren durchgeführt werden, so dass sich die Beihilfenkontrolle bei ordnungsgemäßer Durchführung entsprechend erledigt hat.

274 Allerdings ist die Freistellung von Beihilfen **mangels bestehender Spürbarkeit** bzw. Vorliegen einer Wettbewerbsverfälschung schon dem Ansatz nach nicht unproblematisch und umstritten,[232] wenn auch vom EuGH im Grundsatz anerkannt.[233] Einer weiteren Anpassung der Werte der „De-minimis"-VO nach oben sind aber natürliche Grenzen gesetzt, weil ab einem bestimmten Wert kaum noch vom Fehlen einer spürbaren Wettbewerbsverfälschung gesprochen werden kann. Politisch dürfte eine solche Vorgehensweise dagegen erfolgversprechend sein, da die Mitgliedstaaten ein natürliches Interesse an der Freistellung vom Beihilfenrecht haben. **Passt man die Anforderungen des Bietverfahrens an die Anforderungen der Vergaberichtlinie** bzw. die von der Rechtsprechung entwickelten allgemeinen Grundsätze des Vergaberechts an, so entfiele letztlich auch ein Bedürfnis zur Angleichung der Grenzwerte. Der betreffende Mitgliedstaat hätte es nämlich dann über die Durchführung eines Bietverfahrens selbst in der Hand, auch unterhalb der Grenzwerte der Vergaberichtlinien eine beihilfenfeste Ausgestaltung zu entwickeln. Andererseits würde dann auch die notwendige Flexibilität bestehen bleiben, weil neben der Durchführung eines Bietverfahrens auch andere Möglichkeiten existieren, um das Nichtvorliegen einer Begünstigung nachzuweisen.

275 **2. Angleichung der Voraussetzungen.** Neben der Anpassung der Grenzwerte kommt aber auch eine Angleichung der Voraussetzungen an das Bietverfahren und der Voraussetzungen an das Vergabeverfahren in Betracht. Zwar darf auf diesem Wege **keine Pflicht zur Durchführung eines der Vergaberichtlinien entsprechenden Vergabeverfahrens** eingeführt werden, weil die Grenzwerte gerade Freiräume für geringerwertige Beschaffungsvorgänge schaffen wollen. Auch ist die Anwendbarkeit auf bestimmte Beschaffungsvorgänge beschränkt, gilt also nicht absolut. Trotzdem entsprechen die vergaberechtlichen Grundsätze, die in den Richtlinien ihren Ausdruck gefunden haben, ebenso den Anforderungen des Beihilfenverfahrens zum Ausschluss des Begünstigungselements, da sie die Transparenz und Diskriminierungsfreiheit des Verfahrens sicherstellen sowie den Vorgang wettbewerbsoffen gestalten. Daher bietet sich eine entsprechende Konvergenz der Kriterien an. Für die Mitgliedstaaten wäre damit **Rechtssicherheit** gewonnen, weil sie sichergehen können, dass bei Durchführung eines entsprechenden Verfahrens beihilfenrechtliche Fragestellungen nicht mehr entstehen. Dadurch entstünde auch keine Pflicht zur Durchführung eines Vergabeverfahrens auch unterhalb der Schwellenwerte. Vielmehr ist es den Mitgliedstaaten freigestellt, das Vorliegen der Begünstigung auch auf anderem Wege nachzuweisen. Allerdings müssten sie dann eine eventuelle Prüfung durch die Kommission in Kauf nehmen, weil nur ein Biet- oder Vergabeverfahren die Sicherheit bieten kann, dass keine Begünstigung vorliegt.

---

[232] Zu recht kritisch etwa *Calliess/Ruffert/Cremer* Art. 87 EG RdNr. 25.
[233] EuGH, C-156/98, Slg. 2000, I-6897, RdNr. 40–41 – Deutschland/Kommission.

Teil 2. Beihilfenrecht

A. Artikel 107 AEUV

Art. 107 [Mit dem Binnenmarkt vereinbare und unvereinbare Beihilfen]

(1) Soweit in den Verträgen nicht etwas anderes bestimmt ist, sind staatliche oder aus staatlichen Mitteln gewährte Beihilfen gleich welcher Art, die durch die Begünstigung bestimmter Unternehmen oder Produktionszweige den Wettbewerb verfälschen oder zu verfälschen drohen, mit dem Binnenmarkt unvereinbar, soweit sie den Handel zwischen Mitgliedstaaten beeinträchtigen.

(2) Mit dem Binnenmarkt vereinbar sind:

a) Beihilfen sozialer Art an einzelne Verbraucher, wenn sie ohne Diskriminierung nach der Herkunft der Waren gewährt werden;

b) Beihilfen zur Beseitigung von Schäden, die durch Naturkatastrophen oder sonstige außergewöhnliche Ereignisse entstanden sind;

c) Beihilfen für die Wirtschaft bestimmter, durch die Teilung Deutschlands betroffener Gebiete der Bundesrepublik Deutschland, soweit sie zum Ausgleich der durch die Teilung verursachten wirtschaftlichen Nachteile erforderlich sind. Der Rat kann fünf Jahre nach dem Inkrafttreten des Vertrags von Lissabon auf Vorschlag der Kommission einen Beschluss erlassen, mit dem dieser Buchstabe aufgehoben wird.

(3) Als mit dem Binnenmarkt vereinbar können angesehen werden:

a) Beihilfen zur Förderung der wirtschaftlichen Entwicklung von Gebieten, in denen die Lebenshaltung außergewöhnlich niedrig ist oder eine erhebliche Unterbeschäftigung herrscht, sowie der in Artikel 349 genannten Gebiete unter Berücksichtigung ihrer strukturellen, wirtschaftlichen und sozialen Lage;

b) Beihilfen zur Förderung wichtiger Vorhaben von gemeinsamem europäischem Interesse oder zur Behebung einer beträchtlichen Störung im Wirtschaftsleben eines Mitgliedstaats;

c) Beihilfen zur Förderung der Entwicklung gewisser Wirtschaftszweige oder Wirtschaftsgebiete, soweit sie die Handelsbedingungen nicht in einer Weise verändern, die dem gemeinsamen Interesse zuwiderläuft;

d) Beihilfen zur Förderung der Kultur und der Erhaltung des kulturellen Erbes, soweit sie die Handels- und Wettbewerbsbedingungen in der Union nicht in einem Maß beeinträchtigen, das dem gemeinsamen Interesse zuwiderläuft;

e) sonstige Arten von Beihilfen, die der Rat durch einen Beschluss auf Vorschlag der Kommission bestimmt.

Übersicht

I. Grundlagen

Schrifttum: *Cremer,* Das Verhältnis der Beihilferegeln gemäß Art. 92 f. EGV zur Warenverkehrsfreiheit, EuR 1996, 225; *Koenig/Kühling,* Reform des EG-Beihilfenrechts aus der Perspektive des mitgliedstaatlichen Systemwettbewerbs – Zeit für eine Neuausrichtung?, EuZW 1999, 517; *Kruse,* Das Merkmal der Staatlichkeit der Beihilfe nach Art. 87 Abs. 1 EG, ZHR 2001, 576; *Ohlhoff,* Verbotene Beihilfen nach dem Subventionsabkommen der WTO im Lichte aktueller Rechtsprechung; EuZW 2000, 645; *Otting/Soltész/Melcher,* Verkehrsverträge vor dem Hintergrund des Europäischen Beihilfenrechts – Verwaltungsrichter weisen Brüssel in die Schranken, EuZW 2009, 444; *Pechstein,* Elektrizitätsbinnenmarkt und Beihilfenkontrolle im Anwendungsbereich des Euratom-Vertrags, EuZW 2001, 307; *Sedemund,* Neuere Entwicklungen im Beihilfetatbestand, in: v. Danwitz (Hrsg.), Rechtsfragen der europäischen Beihilfeaufsicht, 2000, 31.

1. Anwendungsbereich des Europäischen Beihilfenrechts.[1] Es kann zwischen einem **1** räumlichen, einem zeitlichen und einem sachlichen Anwendungsbereich der Art. 107 ff. AEUV unterschieden werden.

a) Räumlicher Anwendungsbereich. Der räumliche Anwendungsbereich bestimmt mit, **2** ob die EU-Beihilferegelungen auf einen beihilfenrechtlich relevanten Sachverhalt Anwendung finden können. Der räumliche Anwendungsbereich der Art. 107 ff. AEUV und des auf Grundlage dieser Normen erlassenen Sekundärrechts ist zunächst vom **Geltungsbereich der EU-Verträge** abhängig. Die Verträge gelten gemäß Art. 52 AEUV in allen Mitgliedstaaten der EU. Nach Art. 355 AEUV fallen auch die französischen überseeischen Departements, die Azoren, Madeira und die Kanarischen Inseln in seinen räumlichen Anwendungsbereich. Art. 355 Abs. 3

---

[1] Der Autor dankt Frau RAin *Saskia Hörmann* und Herrn RA Dr. *Michael Bauer* für die wertvolle Unterstützung bei der Erstellung dieses Beitrags.

AEUV dehnt darüber hinaus den Anwendungsbereich auf Gibraltar aus, dessen auswärtige Beziehungen vom Vereinigten Königreich Großbritannien und Nordirland wahrgenommen werden.[2] Auf den in Art. 355 Abs. 4 AEUV genannten Ålandinseln gilt das EU-Beihilfenrecht ebenfalls.[3] Die Geltung beihilfenrechtlichen Sekundärrechts muss jedoch im Einzelfall angeordnet werden.[4] In den überseeischen Ländern und Hoheitsgebieten ist das EU-Beihilfenrecht demgegenüber nicht anwendbar (Art. 355 Abs. 2 AEUV). Gleiches gilt für Grönland (Art. 204 AEUV). Auf den Faröer, den Kanalinseln und der Insel Man[5] sowie in den britischen Hoheitszonen auf Zypern Akrotiri und Dhekalia finden die Verträge ebenfalls keine oder nur in sehr beschränktem Maße Anwendung. Das EG-Beihilfenrecht gilt hier ebenfalls nicht (Art. 355 Abs. 5 lit. a bis c AEUV).

3   Für die **EFTA-Staaten** Norwegen, Island und Liechtenstein, die mit der EG das Abkommen über den Europäischen Wirtschaftsraum geschlossen haben, gelten die Art. 107 ff. AEUV entsprechenden Regelungen **Art. 61 bis 64 des EWR-Abkommens**.[6] Diese Beihilferegelungen werden von der EFTA-Überwachungsbehörde in enger Zusammenarbeit mit der EU-Kommission überwacht, um eine einheitliche Durchführung, Anwendung und Auslegung der Beihilferegelungen des EWR-Abkommens und der Verträge sicherzustellen.[7]

4   Es muss sich nicht der gesamte **beihilfenrechtlich relevante Sachverhalt** innerhalb des räumlichen Anwendungsbereichs des EU-Beihilfenrechts abspielen. Die Beihilfe muss sich aber insoweit räumlich auswirken, als sie geeignet sein muss, den Wettbewerb innerhalb der EU zu verfälschen und den Handel zwischen den Mitgliedstaaten zu beeinträchtigen. Derartige Wirkungen kann eine Beihilfe haben, die Unternehmen innerhalb des räumlichen Anwendungsbereichs des EU-Beihilfenrechts gewährt wird, die aber der Finanzierung von Vorhaben in Drittländern dient.[8] Eine den mitgliedstaatlichen Handel beeinträchtigende Wirkung kann auch von einer Beihilfe ausgehen, die einem Unternehmen gewährt wird, das mit anderen Unternehmen innerhalb der EU auf dem Gebiet der Exportkreditversicherungen für Exporte in Drittstaaten im Wettbewerb steht.[9] Selbst mitgliedstaatliche Beihilfen an Unternehmen in Drittstaaten können geeignet sein, den Handel zwischen den Mitgliedstaaten zu beeinträchtigen. Denkbar ist hier der Fall, dass ein begünstigtes Unternehmen aus einem Drittland sich verpflichtet, Waren günstiger an andere Unternehmen des die Beihilfe gewährenden Mitgliedstaates zu liefern, so dass sich deren Wettbewerbsstellung im Verhältnis zu anderen Unternehmen, die nicht in gleicher Weise beliefert werden, innerhalb der EU verbessert.[10]

5   Die Art. 107 ff. AEUV gelten nur für **Beihilfen der EU-Mitgliedstaaten**. Gegen die Gewährung von Beihilfen durch Drittstaaten kann die EU auf der Grundlage des WTO-Übereinkommens über Subventionen und Ausgleichsmaßnahmen[11] vorgehen. Sind Unternehmen von Drittstaaten rechtswidrige Beihilfen mittelbar oder unmittelbar für die Herstellung, die Produktion, die Ausfuhr oder die Beförderung einer Ware gewährt worden, und verursacht die Überführung dieser Ware in den zollrechtlich freien Verkehr in der EU eine Schädigung, darf diese Ware von der EU mit einem Ausgleichszoll belegt werden.[12]

6   **b) Zeitlicher Anwendungsbereich.** Der zeitliche Anwendungsbereich bestimmt, ab wann die EU-Beihilfenrechtsregelungen auf einen Sachverhalt Anwendung finden können und wie lange der Europäischen Kommission die Kompetenz zur Durchsetzung des EU-Beihilfenrechts zukommt. Er kann auch Auswirkungen auf die Einordnung einer Beihilfe als **„bestehende"** oder **„neue" Beihilfe** haben und damit das anzuwendende Verfahren bestimmen. Während neue Beihilfen grundsätzlich nach Art. 108 Abs. 3 AEUV der EU-Kommission zu notifizieren

---

[2] Vgl. EuG, T-195/01, Slg. 2002, II-3915, RdNr. 12 – Government of Gibraltar/Kommission.

[3] Vgl. Protokoll Nr. 2 zur Akte über die Bedingungen des Beitritts der Republik Österreich, der Republik Finnland und des Königreichs Schweden, ABl. 1994 C 241.

[4] *Streinz/Kokott* Art. 299 EG RdNr. 25.

[5] Vgl. Protokoll Nr. 3 betreffend die Kanalinseln und die Insel Man zur Akte betreffend den Beitritt des Königreichs Dänemark, Irlands, des Königreichs Norwegen und des Vereinigten Königreichs Großbritannien und Nordirland zu den Europäischen Gemeinschaften, ABl. 1972 L 164.

[6] ABl. 1994 L 1/3.

[7] Art. 62 Abs. 1 EWR-Abkommen; Protokolle 26 und 27 zum EWR-Abkommen.

[8] *von der Groeben/Schwarze/Mederer* Vorbem. zu den Artikeln 87 bis 89 EG RdNr. 8.

[9] EuGH, C-44/93, Slg. 1994, I-3829 RdNr. 30 – Namur-Les assurances du credit SA.

[10] *von der Groeben/Schwarze/Mederer*, Vorbem. zu den Artikeln 87 bis 89 EG RdNr. 8.

[11] ABl. 1994 L 336/156. Für den Bereich der Landwirtschaft bestehen besondere Vorschriften, vgl. Übereinkommen über die Landwirtschaft, 23. 12. 1994, ABl. 1994 L 336/22.

[12] Vgl. VO 2026/97, ABl. 1997 L 288/1.

sind, unterliegen bestehende Beihilfen der fortlaufenden Prüfung nach Art. 108 Abs. 1 AEUV. Als bestehende Beihilfen, seien es Einzelbeihilfen oder Beihilferegelungen, gelten solche, die von einem Mitgliedstaat vor dem Inkrafttreten der EU-Beihilfevorschriften erlassen worden sind. Als neu sind hingegen alle Beihilfen zu qualifizieren, die nach dem Inkrafttreten dieser EU-Normen gewährt wurden oder werden.

Für die **sechs Gründungsstaaten** haben die EU-Beihilferegelungen seit dem Inkrafttreten **7** des EWG-Vertrages am 1. Januar 1958 Gültigkeit. Für die **übrigen Mitgliedstaaten** gelten diese Beihilfevorschriften grundsätzlich ab dem jeweiligen Beitrittsdatum. Etwas anderes gilt für die ehemaligen EFTA-Mitgliedstaaten und die beigetretenen mittel- und osteuropäischen Mitgliedstaaten, mit denen vor ihrem Beitritt bereits Europa-Abkommen geschlossen worden waren.

Auch wenn die **ehemaligen EFTA-Mitgliedstaaten** Schweden, Finnland und Österreich **8** erst am 1. Januar 1995 der EU beigetreten sind, galten für sie mit Art. 61 bis 64 EWR-Abkommen bereits Art. 107 ff. AEUV gleichlautende Regelungen seit dem Inkrafttreten des EWR-Abkommens am 1. Januar 1994. Nach dem Beitritt zur EU wurden daher die bei der EFTA-Überwachungsbehörde anhängigen Beihilfenverfahren auf die Kommission übergeleitet. Beihilfen, die vor dem Inkrafttreten des EWR-Abkommens eingeführt wurden, sind als bestehende Beihilfen anzusehen. Beihilfen, die zwischen dem 1. Januar 1994 und dem 31. Dezember 1994 von der EFTA-Überwachungsbehörde genehmigt worden sind, gelten ebenfalls als bestehende Beihilfen. Als neu sind demgegenüber Beihilfen zu qualifizieren, die seit dem 1. Januar 1994 eingeführt und nicht genehmigt worden sind.[13]

Für die **mittel- und osteuropäischen Mitgliedstaaten,** die vor ihrem Beitritt bereits Euro- **9** pa-Abkommen mit der EU abgeschlossen hatten,[14] galten die Art. 107 ff. AEUV unmittelbar zwar auch erst ab dem jeweiligen Beitrittsdatum. In den abgeschlossenen Europa-Abkommen war jedoch bereits ein Art. 107 AEUV entsprechendes Beihilfeverbot zum Schutz des Wettbewerbs und des Handels zwischen der EU und den Beitrittskandidaten enthalten.[15] Hinsichtlich der Einordnung von Beihilfen als entweder bestehende oder neue muss bei diesen Mitgliedstaaten daher unterschieden werden:[16] Beihilfen aus der Zeit vor dem Inkrafttreten des jeweiligen Europa-Abkommens sind als bestehende Beihilfen einzuordnen. Als bestehend werden auch diejenigen Beihilfen behandelt, die in Polen, Ungarn, der Tschechischen Republik und der Slowakei nach Inkrafttreten der jeweiligen Europa-Abkommen, aber vor dem 10. Dezember 1994 eingeführt worden sind. Als bestehende Beihilfen gelten auch diejenigen, welche zwischen dem 10. Dezember 1994 und dem Abschluss der Beitrittsverhandlungen eingeführt worden sind, ihre Vereinbarkeit mit dem Europa-Abkommen und dem gemeinschaftlichen Besitzstand von der nationalen Aufsichtsbehörde festgestellt worden ist und die EU-Kommission diese Feststellung nicht beanstandet hat, nachdem sie hierüber unterrichtet worden war. Gleiches gilt für Beihilfen, die in der Zeit zwischen dem Abschluss der Beitrittsverhandlungen und dem Beitritt des jeweiligen Mitgliedstaats von der nationalen Aufsichtsbehörde genehmigt, der EU-Kommission mitgeteilt und von dieser innerhalb von drei Monaten nicht beanstandet worden ist sowie für Beihilfen entsprechend den ausgehandelten Übergangsvereinbarungen. Individuelle Beihilfen sind dann als bestehende Beihilfen anzusehen, wenn sie von der nationalen Behörde nach nationalem Recht geprüft und für rechtmäßig erklärt worden sind und sich ihre Bestandskraft grundsätzlich nach den zum Zeitpunkt der Gewährung geltenden nationalen Vorschriften richtet. Auch Verkehrsbeihilfen, die vor dem Beitritt eingeführt worden sind und fort gelten, sind bis zum Ende des dritten Jahres nach dem Beitritt als bestehende Beihilfen anzusehen, wenn sie der EU-Kommission innerhalb von vier Monaten nach Beitritt mitgeteilt worden sind.[17]

Auch die mit einigen der gegenwärtigen (potentiellen) **Beitrittskandidaten** abgeschlossenen **10** Stabilisierungs- und Assoziierungsabkommen (SAA) enthalten ein Art. 107 AEUV vergleichba-

---

[13] *Heidenhain/Sinnaeve* § 31 RdNr. 21.

[14] Hierzu gehören Bulgarien, ABl. 1994 L 358/1; Estland, ABl. 1998 L 68/1; Lettland, ABl. 1998 L 26/1; Litauen, ABl. 1998 L 51/1; Polen, ABl. 1993 L 348/1; Rumänien, ABl. 1994 L 357/1; Slowakei, ABl. L 359/1; Slowenien, ABl. 1999 L 51/1; Tschechische Republik ABl. 1994 L 360/1; Ungarn, ABl. L 1993 347/1.

[15] Polen und Ungarn: Art. 62 Abs. 1 lit. iii; Estland: Art. 63 Abs. 1 lit. iii; Bulgarien, Lettland, Litauen, Rumänien, Slowakei, Tschechische Republik: Art. 64 Abs. 1 lit. iii; Slowenien: Art. 65 Abs. 1 lit. iii. Ausf. hierzu *Heidenhain/Schütterle* § 61 RdNr. 1.

[16] *Sanchez Rydelski/Marmagioli* 805, 806; *Heidenhain/Schütterle* § 61 RdNr. 46.

[17] *Heidenhain/Schütterle* § 61 RdNr. 47.

res Beihilfeverbot.[18] Art. 34 des Beschlusses Nr. 1/95 des Assoziationsrates EG-Türkei vom 22. Dezember 1995 enthält ebenfalls ein derartiges Beihilfeverbot.[19]

11   In zeitlicher Hinsicht ist schließlich auch die in Art. 15 Abs. 1 VO 659/1999, ABl. 1999/L 83/1 des Rates über besondere Vorschriften für die Anwendung von Art. 93 des EG-Vertrags (Art. 113 AEUV) verankerte **Zehnjahresfrist** zu berücksichtigen. Danach kann eine staatliche Beihilfe nicht mehr zurückgefordert werden, sofern seit ihrer Gewährung zehn Jahre verstrichen sind. Sie gilt nach Ablauf dieser Frist als bestehende Beihilfe (Art. 15 Abs. 3 VO 659/1999). Die Frist beginnt ab dem Tag zu laufen, an dem die rechtswidrige Beihilfe dem Empfänger entweder als Einzelbeihilfe oder im Rahmen einer Beihilferegelung gewährt worden ist (Art. 15 Abs. 2 Satz 1 VO 659/1999). Art. 15 VO 659/1999 gilt für jede Maßnahme, mit der eine staatliche Beihilfe zurückgefordert wird, unabhängig davon, ob die Beihilfe vor oder nach dem Inkrafttreten der Verordnung am 16. April 1999 gewährt worden ist.[20] Die Frist wird jedoch durch jede Maßnahme unterbrochen, die die Europäische Kommission oder ein Mitgliedstaat auf Antrag der Europäischen Kommission ergreift (Art. 15 Abs. 2 Satz 2 VO 659/1999). Für eine derartige Unterbrechung reicht bereits ein einfaches Auskunftsersuchen der Europäischen Kommission an den betreffenden Mitgliedstaat.[21] Nach jeder Unterbrechung beginnt die Frist von neuem zu laufen (Art. 15 Abs. 2 Satz 3 VO 659/1999). Die Frist wird ausgesetzt, solange die Entscheidung der Europäischen Kommission Gegenstand eines Rechtsstreits vor dem Europäischen Gerichtshof ist (Art. 15 Abs. 2 Satz 4 VO 659/1999). Nach der Aussetzung läuft die Frist weiter. Durch diese Regelungen wird ein gewisses Maß an Rechtssicherheit für in der Vergangenheit gewährte Beihilfen geschaffen. Die praktische Bedeutung dieser Regelungen dürfte jedoch gering sein, da die Zahl rechtswidrig gewährter staatlicher Beihilfen, die von der Europäischen Kommission noch 10 Jahre nach ihrer Gewährung aufgedeckt werden, kaum ins Gewicht fallen wird.[22]

12   **c) Sachlicher Anwendungsbereich.** Der sachliche Anwendungsbereich wird durch die **Tatbestandsmerkmale des Art. 107 Abs. 1** AEUV (staatliche Maßnahme oder Maßnahme unter Inanspruchnahme staatlicher Mittel; Geeignetheit, den Handel zwischen den Mitgliedstaaten zu beeinträchtigen; Vorteilsgewährung gegenüber dem Begünstigten; (drohende) Wettbewerbsverfälschung) bestimmt, die in den nachfolgenden Kapiteln näher erläutert werden. Hier sei nur ergänzend auf Folgendes hingewiesen:

13   Art. 107 ff. AEUV gelten grundsätzlich für alle wirtschaftlichen Tätigkeiten von Unternehmen sämtlicher Wirtschaftszweige. Für bestimmte Bereiche bestehen jedoch Spezialregelungen, die gegenüber Art. 107 ff. AEUV vorrangig anzuwenden sind. Dies ist der Fall für die Bereiche Landwirtschaft (Art. 42 AEUV) und Verkehr (Art. 93, 96 AEUV), den Bereich der Europäischen Atomgemeinschaft (Art. 106 a Abs. 3 EAGV) sowie für mitgliedstaatliche Maßnahmen für die in den Art. 346, 347 AEUV genannten Zwecke.

14   Der **Beihilfebegriff** wird weit verstanden. Erfasst sind Beihilfen gleich welcher Art: Nicht nur klassische Beihilfeformen wie Zuschüsse, Darlehen, Staatsbürgschaften oder Beteiligungen, sondern auch wettbewerbslenkende Maßnahmen eines Mitgliedstaats außerhalb des klassischen Subventionsbegriffs.[23] Entscheidend ist allein, ob dem begünstigten Unternehmen durch die wettbewerbsrelevante Maßnahme ein finanzieller Vorteil gewährt wird.

15   Das Verbot des Art. 107 Abs. 1 AEUV ist nur auf **staatliche Beihilfen** anwendbar. Dies sind solche, die vom Staat initiiert und aus staatlichen Mitteln finanziert werden. Für eine Finanzierung aus staatlichen Mitteln muss die Vorteilsgewährung nicht unmittelbar durch den Staat erfolgen. Ausreichend ist es, wenn die Beihilfen durch von ihm benannte oder errichtete öffentliche oder private Einrichtungen finanziert werden. Allein maßgebend ist, dass die Vergabe dem Mitgliedstaat zuzurechnen ist. Daher werden von selbständigen oder unselbständigen, regionalen oder lokalen öffentlichen Einrichtungen gewährte Vergünstigungen ebenso erfasst wie von öffentlichen oder privaten Unternehmen bewilligte, sofern sie im Auftrag des Staates handeln.

---

[18] ZB. SAA ehemalige jugoslawische Republik Mazedonien, ABl. 2004 L 84/13: Art. 69 Abs. 1 iii); SAA Kroatien, ABl. 2005 L 26/3: Art. 70 Abs. 1 iii.

[19] ABl. 1996 L 35/1.

[20] EuG, T-366/00, Slg. 2003, II-1763, RdNr. 53 – Scott; EuG, T-369/00, Slg. 2003, II-851, RdNr. 51 – Département du Loiret.

[21] EuG, T-366/00, Slg. 2003, II-1763, RdNr. 60 – Scott; EuG, T-369/00, Slg. 2003, II-851, RdNr. 82 – Département du Loiret.

[22] *Heidenhain/Sinnaeve* § 34 RdNr. 17.

[23] *Sedemund* 31, 32 f.; *Kruse* ZHR 2001, 576, 579.

Werden hingegen beispielsweise Fernsehveranstalter verpflichtet, 5% ihrer Betriebseinnahmen auf die Vorfinanzierung europäischer Spiel- und Fernsehfilme zu verwenden und davon wiederum 60% auf Werke, deren Originalsprache eine der Amtssprachen dieses Mitgliedstaats ist, ist dies kein Vorteil, der unmittelbar vom Staat oder über eine von ihm benannte oder errichtete öffentliche oder private Einrichtung gewährt wird.[24]

Art. 107 ff. AEUV gelten nur für Beihilfen, die von den **Mitgliedstaaten** gewährt werden, **16** nicht jedoch für durch die EU auf der Grundlage des Sekundärrechts ausgereichte Beihilfen.[25] Die Organe der Union haben sich jedoch dazu verpflichtet, Wettbewerbsverfälschungen und Handelsbeeinträchtigungen zu vermeiden.[26] Darüber hinaus ist die EU zur Einhaltung der WTO-Subventionsregeln bei der Vergabe von Unionsbeihilfen völkerrechtlich verpflichtet.[27] Jedoch können sich Einzelne auf etwaige Verstöße gegen dieses Übereinkommen mangels dessen unmittelbarer Anwendbarkeit nicht berufen.

2. Verhältnis zu anderen Vertragsvorschriften (außer Art. 106 AEUV). Aufgrund der **17** Weite des Anwendungsbereichs von Art. 107 Abs. 1 AEUV gewinnt die Frage des Verhältnisses der Art. 107 ff. AEUV zu anderen Normen der Verträge zunehmend an Bedeutung. Auch wenn das Verhältnis der Art. 107 ff. AEUV zu anderen Vorschriften der Verträge bislang nicht in allen Details geklärt ist, können grundsätzlich **vier denkbare Grundkonstellationen** unterschieden werden: (1) Andere Normen gehen Art. 107 ff. AEUV als speziellere Vorschriften vor; (2) Art. 107 ff. AEUV sind selbst *lex specialis* gegenüber anderen EU-Rechtsnormen; (3) andere EU-Rechtsnormen kommen neben Art. 107 ff. AEUV parallel zur Anwendung und haben Einfluss auf die Genehmigungsfähigkeit der mitgliedstaatlichen Beihilfe; sowie (4) ebenfalls einschlägige EU-Rechtsnormen haben keinen Einfluss auf die Genehmigungsfähigkeit einer mitgliedstaatlichen Beihilfe nach Art. 107 ff. AEUV.

a) Gegenüber Art. 107 ff. AEUV speziellere Vorschriften. Für die Bereiche Landwirt- **18** schaft und Verkehr sowie im Anwendungsbereich des EAG-Vertrags gelten spezielle Regelungen, die Art. 107 ff. AEUV entweder teilweise verdrängen oder denen gegenüber die Art. 107 ff. AEUV nur subsidiär zur Anwendung kommen. Art. 348 AEUV sieht ein von Art. 108 Abs. 2 AEUV abweichendes Verfahren vor, wenn staatliche Beihilfen zur Förderung der in den Art. 346 und 347 AEUV genannten Zwecke gewährt werden.

aa) Regelungen die Produktion und den Handel mit landwirtschaftlichen Erzeug- 19 nissen betreffend (Art. 42 AEUV). Nach Art. 42 AEUV finden die Wettbewerbsregeln auf die Produktion landwirtschaftlicher Erzeugnisse, wie sie in Art. 39 AEUV definiert sind, und den Handel mit diesen nur insoweit Anwendung, als der **Rat** dies unter Berücksichtigung der Ziele der allgemeinen Agrarpolitik bestimmt. Mit dieser Norm wird zum einen ein grundsätzlicher Vorrang der Agrarpolitik gegenüber den Wettbewerbszielen festgeschrieben und zum anderen der Rat ermächtigt, darüber zu entscheiden, in welchem Umfang die Wettbewerbsregeln in diesem Bereich gelten sollen. Bei der Ausübung dieser Befugnis kommt dem Rat ein **weites Ermessen** zu.[28]

Der Rat hat von dieser Ermächtigung in der Vergangenheit regen Gebrauch gemacht und **20** **zahlreiche Verordnungen** erlassen, die jeweils die Anwendbarkeit der Art. 107 ff. AEUV auf Erzeugnisse der Landwirtschaft näher konkretisieren. Es muss daher für jeden landwirtschaftlichen Bereich im **Einzelfall** gesondert geprüft werden, ob und in welchem Umfang die von einer Beihilfemaßnahme betroffenen landwirtschaftlichen Erzeugnisse den Vertragsbestimmungen über staatliche Beihilfen unterworfen sind und inwieweit abweichende Sonderregelungen getroffen worden sind.[29] Eine Reihe von Vorgaben zum Verhältnis von Art. 107 ff. AEUV zu speziellen sekundärrechtlichen Regelungen im Agrarsektor sowie zur Genehmigungsfähigkeit von Beihilfen in diesem Bereich, wie sie nachfolgend teilweise näher erläutert werden, lassen

---

[24] EuGH, C-222/07, Slg. 2009, I-1407, RdNr. 43. – UTECA.

[25] Vgl. *Dauses/Götz* H. III. RdNr. 2; krit. *Koenig/Kühling* EuZW 1999, 517, 519.

[26] Vgl. Gemeinsame Erklärung über Beihilfen aus den EG-Strukturfonds oder anderen Finanzierungsinstrumenten zum EWR-Abkommen, ABl. 1994 L 1/3; sowie wiederum für die Strukturfonds die EG Mitteilung über die Regionalpolitik und die Wettbewerbspolitik, ABl. 1998 C 90/3; *von der Groeben/Schwarze/Mederer* Vorbem. zu den Artikeln 87 bis 89 EG RdNr. 5.

[27] Vgl. General Agreement on Tariffs and Trade 1994, ABl. 1994 L 336/11 sowie Agreement on Subsidies and Countervailing Measures, ABl. 1994 L 336/156; vgl. hierzu *Ohlhoff* EuZW 2000, 645; *Koenig/Kühling/Ritter* 18.

[28] EuGH, 139/79, Slg. 1980, 3393, RdNr. 23 – Maizena.

[29] EuGH, C-346/03 ua., Slg. 2006, I-1875, RdNr. 42 – Giuseppe Atzeni ua.

sich der Rahmenregelung der Gemeinschaft für staatliche Beihilfen im Agrar- und Forstsektor 2007–2013 entnehmen.[30] Es müssen grundsätzlich Beihilfen zur Förderung bestimmter landwirtschaftlicher Erzeugnisse und solche aus allgemeinen strukturpolitischen Gründen unterschieden werden.

21   Für die meisten landwirtschaftlichen Erzeugnisse im Sinne des Art. 38 AEUV wurden **gemeinsame Marktordnungen** durch den Rat erlassen. Diese sehen die Anwendbarkeit der Art. 107 ff. AEUV für den jeweiligen, von der gemeinsamen Marktordnung geregelten landwirtschaftlichen Bereich insoweit vor, als die jeweilige Verordnung keine abweichenden Bestimmungen enthält.[31] Da die Anwendbarkeit der Art. 107 ff. AEUV von den Vorgaben der jeweiligen Marktordnung abhängt,[32] kann die Europäische Kommission ein Beihilfevorhaben nach Art. 107 ff. AEUV nicht genehmigen, welches mit den Vorschriften der gemeinsamen Marktorganisation nicht vereinbar ist oder welches das reibungslose Funktionieren dieser Marktorganisation beeinträchtigen würde.[33] Sieht eine gemeinsame Marktordnung abschließende Regelungen dafür vor, ob eine mitgliedstaatliche Beihilfegewährung noch möglich ist und wenn ja, welche Art von Beihilfe noch gewährt werden darf, ist den Mitgliedstaaten eine Gewährung von Beihilfen unter Abweichung von diesen Vorgaben versagt.[34] Dies gilt selbst dann, wenn die mitgliedstaatliche Beihilfe ebenfalls die von der Unionsgesetzgebung verfolgten Ziele fördern würde. Hat der Rat von seiner Kompetenz zur Gestaltung der Gemeinsamen Agrarpolitik durch Errichtung einer gemeinsamen Marktorganisation Gebrauch gemacht, kommt den Mitgliedstaaten nämlich keine Kompetenz mehr zu, einseitige Maßnahmen zu treffen. Es ist dann allein Sache der EU, Lösungen für die im Rahmen der gemeinsamen Agrarpolitik auftretenden Probleme zu finden.[35] Einseitige Maßnahmen der Mitgliedstaaten würden dann im Übrigen dem Ziel einer einheitlichen Anwendung des Unionsrechts zuwiderlaufen.

22   Für landwirtschaftliche Erzeugnisse, die **keiner gemeinsamen Marktorganisation** unterfallen (Kartoffeln außer Stärkekartoffeln, Pferdefleisch, Kaffee, aus Alkohol gewonnenem Essig und Kork[36]), erklärt Art. 3 VO 1184/2006[37] Art. 108 Abs. 1 und Abs. 3 Satz 1 AEUV für anwendbar. Die Mitgliedstaaten bleiben daher verpflichtet, die Europäische Kommission über geplante Beihilfeverfahren zu unterrichten und ihr die Möglichkeit zur unverbindlichen Stellungnahme zu geben. Eine Verfahrenseinleitung nach Art. 108 Abs. 2 AEUV ist der Europäischen Kommission in diesen Bereichen hingegen versagt.[38] Trotz dieser Beschränkung ihrer Kompetenzen bleibt es der Europäischen Kommission jedoch auch in diesen Bereichen unbenommen, ein Vertragsverletzungsverfahren gegen einen Mitgliedstaat nach Art. 258 AEUV wegen der Gewährung EU-rechtswidriger Beihilfen einzuleiten.[39] Diese Option benutzt die Europäische Kommission hier, um ihren unverbindlichen Stellungnahmen mehr Gewicht zu verleihen. So weist sie in der Rahmenregelung der Gemeinschaft für staatliche Beihilfen im Agrar- und Forstsektor ausdrücklich darauf hin: „Sollte ein Mitgliedstaat Stellungnahmen und Empfehlungen der Kommission nicht befolgen, so behält sich letztere das Recht vor, Art. [258] des Vertrags in Anspruch zu nehmen".[40] Bei der Bewertung der mitgliedstaatlichen Beihilfen in

---

[30] ABl. 2006 C 319/1.

[31] RdNr. 10 der Rahmenregelung der Gemeinschaft für staatliche Beihilfen im Agrar- und Forstsektor 2007–2013 der Europäischen Kommission, ABl. 2006 C 319/1; zB. Art. 5 VO 827/68, ABl. 1968 L 151/16; Art. 23 VO 804/68, ABl. L 148/13.

[32] EuGH, 177/78, Slg. 1979, 2161, RdNr. 11- Pigs and Bacon Commission.

[33] RdNr. 11 der Rahmenregelung der Gemeinschaft für staatliche Beihilfen im Agrar- und Forstsektor 2007–2013 der Europäischen Kommission, ABl. 2006 C 319/1.

[34] EuGH, 177/78, Slg. 1979, 2161, RdNr. 14 – Pigs and Bacon Commission; EuGH, 216/84, Slg. 1988, 793, RdNr. 18 – Kommission/Frankreich; EuGH, C-86/89, Slg. 1990, I-3891, RdNr. 19 – Italien/Kommission; EuGH, 90/86, Slg. 1988, 4285, RdNr. 26 – Zoni; EuGH, C-173/02, Slg. 2004, I-9735, RdNr. 19 Königreich Spanien/Kommission.

[35] EuGH, 216/84, Slg. 1988, 793, RdNr. 18 – Kommission/Frankreich; EuGH, C-86/89, Slg. 1990, I-3891, RdNr. 19 – Italien/Kommission; EuGH, C-173/02, Slg. 2004, I-9735, RdNr. 19 – Königreich Spanien/Kommission.

[36] RdNr. 21 der Rahmenregelung der Gemeinschaft für staatliche Beihilfen im Agrar- und Forstsektor 2007–2013 der Europäischen Kommission, ABl. 2006 C 319/1.

[37] VO 1184/2006, ABl. 2006 L 214/7.

[38] Vgl. bereits zur Vorgängernorm EuGH, 337/82, Slg. 1984, 1051; RdNr. 12 – St. Nikolaus Brennerei; EuGH, 114/83, Slg. 1984, 2589, RdNr. 27 – Sociétés d'initiatives et de coopération agricoles.

[39] EuGH, 337/82, Slg. 1984, 1951, RdNr. 12 – St. Nikolaus Brennerei.

[40] RdNr. 21 der Rahmenregelung der Gemeinschaft für staatliche Beihilfen im Agrar- und Forstsektor 2007–2013 der Europäischen Kommission, ABl. 2006 C 319/1.

diesen Bereichen trägt die Europäische Kommission der Nichtexistenz einer gemeinsamen Marktorganisation Rechnung. Dh. den Mitgliedstaaten kommt hier ein größerer agrarpolitischer Gestaltungsspielraum zu als in Bereichen, für die eine gemeinsame Marktordnung existiert. Die Europäische Kommission berücksichtigt jedoch auch zu Lasten eines Mitgliedstaates, ob die Beihilfe die Produktion eines Erzeugnisses begünstigt, das unter eine gemeinsame Marktorganisation fällt, was insbesondere für den Kartoffelsektor relevant ist. Befolgt eine mitgliedstaatliche Beihilfe den Grundsatz, dass Gemeinschaftsbeihilfen in der Regel als entkoppelte Beihilfen zu gewähren sind, die nicht an spezifische Erzeugnisse oder eine laufende Produktion gebunden sind, wird die Europäische Kommission keine Stellungnahme abgeben, auch wenn es sich bei den betreffenden Maßnahmen um an sich verbotene Betriebsbeihilfen handelt.[41]

Für **allgemeine Fördermaßnahmen** der EU-Mitgliedstaaten im Rahmen der Strukturpolitik für die Entwicklung des ländlichen Raums gelten hingegen die Art. 107 ff. AEUV. Deren Anwendung ist hier nur dann ausgeschlossen, wenn die EU-Mitgliedstaaten lediglich Fördermaßnahmen der EU im Anwendungsbereich der VO 1698/2005 über die Förderung der Entwicklung des ländlichen Raums durch den Europäischen Landwirtschaftsfonds für die Entwicklung des ländlichen Raums (ELER) finanzieren.[42]   **23**

bb) Vorschriften im öffentlichen Verkehrswesen (Art. 93 und 96 AEUV). Für das **24** Verkehrswesen gelten grundsätzlich die Art. 107 ff. AEUV. Art. 93 und 96 AEUV beinhalten Sondervorschriften, die Art. 107 ff. AEUV verdrängen, soweit ihr Anwendungsbereich reicht.[43]

Art. 93 AEUV führt für den Verkehrsbereich eine **zusätzliche Ausnahme** von den für **25** staatliche Beihilfen geltenden allgemeinen Bestimmungen ein, nach der staatliche Beihilfen, die den Erfordernissen der Koordinierung des Verkehrs oder der Abgeltung bestimmter, mit dem Begriff des öffentlichen Dienstes zusammenhängender Leistungen entsprechen, mit dem Vertrag vereinbar sind.[44] Voraussetzung für die Anwendung von Art. 93 AEUV ist, dass eine Beihilfe im Sinne des Art. 107 Abs. 1 AEUV vorliegt. Diese Norm stellt daher eine Sondervorschrift zu Art. 106 Abs. 2 AEUV[45] dar und ist vor den allgemeinen Ausnahmeregelungen zu prüfen. Sie schließt die nachfolgende Anwendung von Art. 106 Abs. 2 und 107 Abs. 2 und 3 AEUV jedoch nicht aus.[46]

Zur Konkretisierung dieser Ausnahmeregelung für Ausgleichsleistungen für gemeinwirt- **26** schaftliche Verpflichtungen beim Betrieb öffentlicher Personenverkehrsdienste oder für die Einhaltung von, in allgemeinen Vorschriften festgelegten, tariflichen Verpflichtungen hat der Rat die VO 1191/69 und 1107/70 erlassen. Diese Verordnungen stellen Beihilfen, die unter die vorgenannten Verordnungen fallen, jeweils von der **Notifizierungspflicht** frei. Sie sind als abschließend anzusehen. Ist eine in den Anwendungsbereich dieser Verordnungen fallende Beihilfe nicht unter den dort genannten Voraussetzungen mit dem Gemeinsamen Markt vereinbar, ist dem Mitgliedstaat eine Berufung auf Art. 93 AEUV versagt.[47] Es verbleiben ihm dann nur die Rechtfertigungsmöglichkeiten nach Art. 106 Abs. 2, 107 Abs. 2 und 3 AEUV.[48]

Die vorgenannten Verordnungen werden nunmehr durch **VO 1370/2007** des Europäischen **27** Parlaments und des Rates vom 23. 10. 2007 über öffentliche Personenverkehrsdienste auf Schiene und Straße und zur Aufhebung der Verordnungen (EWG) Nr. 1191/69 und (EWG) Nr. 1107/70 des Rates abgelöst. Auch hier befreit Art. 9 Abs. 1 Satz 2 VO 1370/2007 von der Notifizierungspflicht. Im Gegensatz zu den Vorgängerverordnungen konkretisiert die neue Verordnung Art. 93 AEUV nicht abschließend. Ein Rückgriff auf Art. 43 AEUV für in den Anwendungsbereich dieser Verordnung fallende Beihilfen ist unter den Voraussetzungen des Art. 9 Abs. 2 VO 1370/2007 möglich.[49]

---

[41] RdNr. 21 der Rahmenregelung der Gemeinschaft für staatliche Beihilfen im Agrar- und Forstsektor 2007–2013 der Europäischen Kommission, ABl. 2006 C 319/1.

[42] Art. 88 Abs. 1 VO 1698/2005, ABl. 2005 L 277/1.

[43] EuGH, C-156/77, Slg. 1978, 1881, RdNr. 9/13 – Kommission/Belgien.

[44] EuGH, C-280/00, Slg. 2003, I-7747, RdNr. 34 – Altmark Trans GmbH ua; EuGH, C-504/07, Slg. 2009, I 3867 RdNr. 23 – Associação Nacional de Ministros ua.; *Schwarze/Bär-Bouyssière* Art. 87 EG RdNr. 18.

[45] VO 1370/2007, ABl. 2007 L 315/1, Tz. 3.

[46] EuG, T-157/01, Slg. 2004, II-917 RdNr. 102 – Danske Busvognmænd; Kom., Staatliche Beihilfe C 31/2007, ABl. 2007 C 217/44 – Busunternehmen des Córas Iompair Éireann (Dublin Bus und Irish Bus).

[47] EuGH, C-280/00, Slg. 2003, I-7747, RdNr. 107 – Altmark Trans GmbH ua.; EuG, T-157/01, Slg. 2004, II-917, RdNr. 101 – Danske Busvognmænd.

[48] AA. *Otting/Soltész/Melcher* EuZW 2009, 444.

[49] Vgl. auch VO 1370/2007, Tz. 37; *Vesterdorf/Nielsen* RdNr. 5–003.

28   **Art. 96** AEUV statuiert ein besonderes Beihilfeverbot. Als Spezialvorschrift geht es den Art. 107 ff. AEUV vor.[50]

29   **cc) Beihilfen zum Zwecke der Art. 346 und 347 AEUV.** Dient eine staatliche Beihilfe der Erzeugung von Waffen, Munition und Kriegsmaterial, dem Handel hiermit aus Gründen der Landesverteidigung und der nationalen Sicherheit oder der Abwehr schwerwiegender Störungen der öffentlichen Ordnung, werden sie im Kriegsfall oder im Hinblick auf die Förderung einer Verpflichtung gewährt, die der Aufrechterhaltung des Friedens und der internationalen Sicherheit dient, fallen diese Maßnahmen in den Anwendungsbereich der Art. 346 oder 347 AEUV. Sind derartige Maßnahmen geeignet, die Wettbewerbsbedingungen auf dem gemeinsamen Markt zu verfälschen, werden sie an den Art. 107 ff. AEUV gemessen. Die Europäische Kommission ist jedoch nicht befugt, nach Art. 108 Abs. 2 AEUV dem Mitgliedstaat einseitig Maßnahmen zur Beseitigung einer mit dem gemeinsamen Markt unvereinbaren Beihilfe aufzuerlegen. Vielmehr muss die Europäische Kommission nach **Art. 348 Abs. 1 AEUV** gemeinsam mit dem betreffenden Mitgliedstaat eine Lösung finden, wie die staatliche Beihilfe dem EG-Beihilferecht angepasst werden kann.[51] Art. 348 Abs. 1 AEUV verdrängt insoweit Art. 108 Abs. 2 AEUV. Um zu vermeiden, dass die Mitgliedstaaten von den Möglichkeiten der Art. 346 und 347 AEUV extensiven Gebrauch machen, ist die Kommission, ebenso wie ein anderer Mitgliedstaat, jedoch befugt, den Europäischen Gerichtshof in Abweichung von Art. 258 f. AEUV nach Art. 348 Abs. 2 AEUV unmittelbar wegen missbräuchlicher Inanspruchnahme der Sondervorschriften anzurufen.[52]

30   **dd) Verhältnis zum Euratomvertrag, Art. 106 a Abs. 3 EAGV.** Art. 106 a Abs. 3 EAGV statuiert die allgemeine Vorgabe, dass die Normen des EAGV und des AEUV nicht die Vorschriften des Vertrages zur Gründung der Europäischen Atomgemeinschaft beeinträchtigen dürfen. Maßnahmen im Anwendungsbereich des EAG-Vertrages können daher nur dann an Vorschriften der EU-Verträge gemessen werden, wenn der EAG-Vertrag keine spezielle Regelung für diesen Bereich enthält.[53] Eine spezielle Regelung ist dann gegeben, wenn das primäre oder sekundäre Recht der EAG ausdrücklich vom EU-Recht abweicht oder die EU-rechtliche Regelung unvereinbar mit den besonderen Integrationszielen des EAG ist.[54] Die Art. 107 ff. AEUV können folglich nur **subsidiär** zur Anwendung kommen.

31   Was die Zulässigkeit mitgliedstaatlicher Beihilfen angeht, enthält der EAG-Vertrag lediglich einzelne Sondertatbestände.[55] Soweit beihilfenrechtliche Sachverhalte nicht diesen Sondertatbeständen unterfallen, kommen Art. 107 ff. AEUV ergänzend zur Anwendung.[56]

32   **b) Art. 107 ff. AEUV als *lex specialis* gegenüber Art. 18 AEUV.** Es gibt auch den umgekehrten Fall, dass Art. 107 ff. AEUV als Spezialvorschriften eine allgemeine EU-vertragliche Regelung verdrängen. Dies ist der Fall gegenüber Art. 18 AEUV. Nach Art. 18 AEUV ist jede Diskriminierung aus Gründen der Staatsangehörigkeit im Anwendungsbereich des **allgemeinen Diskriminierungsverbots** *„unbeschadet besonderer Bestimmungen der Verträge"* verboten. Hieraus folgt, dass das allgemeine Diskriminierungsverbot nur auf solche Sachverhalte Anwendung finden kann, für die die EU-Verträge keine besonderen Diskriminierungsverbote vorsehen.[57] Zu den besonderen Diskriminierungsverboten zählen dem Europäischen Gerichtshof zufolge auch die Wettbewerbsregeln des AEUV.[58] Diese erfassen Diskriminierungen nicht in Verbindung mit der Staatsangehörigkeit der angeblich betroffenen Unternehmen, sondern nach Maßgabe der jeweiligen sektorbezogenen geografischen Märkte. Für eine autonome Anwendung des Art. 18 AEUV neben Art. 107 AEUV verbleibt daher kein Raum. Im Verhältnis zu Art. 18 AEUV sind

[50] *Vesterdorf/Nielsen* RdNr. 5–004; *Grabitz/Hilf/Boing* Art. 76 EG RdNr. 2.
[51] EuG, T-26/01, Slg. 2003, II-3591, RdNr. 63 – Fiocchi munizioni; *Koenig/Kühling/Ritter* RdNr. 65.
[52] *Koenig/Kühling/Ritter* RdNr. 65.
[53] EuGH, C-62/88, Slg. 1990, I-1527, RdNr. 17 – Griechenland/Rat.
[54] *Grabitz/Hilf/Folz* Art. 305 EG RdNr. 2; *Pechstein* EuZW 2001, 307, 309 mwN.
[55] Vgl. Art. 4 ff. EAGV über die Förderung der Forschung auf dem Gebiet der Kernenergie, Art. 45 ff. EAGV über Gemeinsame Unternehmen (insb. Art. 48 EAGV).
[56] GA *Reischl*, Schlussanträge, 188–190/80, Slg. 1982, 2583, RdNr. 11 – Frankreich ua./Kommission; *Koenig/Kühling/Ritter* RdNr. 49; *Pechstein* EuZW 2001, 307, 309.
[57] EuGH, 305/87, Slg. 1989, 1461, RdNr. 12 – Kommission/Griechenland; EuGH, C-179/90, Slg. 1991, I-5889, RdNr. 11 – Merci convenzionali porto di Genova SpA; EuGH, C-379/92, Slg. 1994, I-3453, RdNr. 18 – Matteo Peralta; EuG, T-158/99, Slg. 2004, II-1, RdNr. 146 – Thermenhotel Stoiser Franz Gesellschaft mbH & Co. KG.
[58] EuGH, C-379/92, Slg. 1994, I-3453, RdNr. 20 – Matteo Peralta; EuG, T-158/99, Slg. 2004, II-1, RdNr. 147 – Thermenhotel Stoiser Franz Gesellschaft mbH & Co. KG.

die Art. 107 ff. AEUV als abschließende Spezialregelungen anzusehen.[59] Mithin kann eine nach Art. 107 ff. AEUV genehmigungsfähige Beihilfe entgegen einer Ansicht in der Literatur[60] grundsätzlich auch eine solche sein, die auf Angehörige des gewährenden Mitgliedstaats begrenzt ist. Dies gilt jedoch nur, sofern eine derartige Maßnahme nicht in den Anwendungsbereich einer Grundfreiheit fällt, die parallel neben Art. 107 ff. AEUV zur Anwendung kommt, und gegen diese verstößt.

c) Parallel neben Art. 107 und 108 AEUV anwendbare Vorschriften. Mitgliedstaatli- **33** che Interventionsmaßnahmen können so ausgestaltet sein, dass sie neben den Art. 107 ff. AEUV auch den Anwendungsbereich anderer Vorschriften des Vertrages berühren. Neben Art. 107 ff. AEUV betroffen sein können insbesondere die Verbote bestimmte Abgaben betreffend (Art. 30, 110, 111 AEUV), die Warenverkehrsfreiheit (Art. 34, 35 AEUV), die übrigen Grundfreiheiten (Art. 49 AEUV, Art. 56 AEUV, Art. 45 AEUV, Art. 63 AEUV), das staatliche Handelsmonopol (Art. 37 AEUV) sowie die übrigen Wettbewerbsregeln (Art. 101 ff. AEUV). Auch wenn diese Normen überwiegend dasselbe Ziel wie Art. 107 ff. AEUV verfolgen, das darin besteht, Wettbewerbsverfälschungen auf dem gemeinsamen Markt zu verhindern, ist ihre parallele Anwendung neben den Beihilferegelungen deshalb gerechtfertigt, weil sie andere Tatbestandsvoraussetzungen haben, dadurch in der Regel nicht gegen die Beihilfe selbst, sondern gegen deren Modalitäten gerichtet sind, und andere Rechtsfolgen vorsehen. Nach Ansicht des Europäischen Gerichtshof stellt daher allein der Umstand, dass eine einzelstaatliche Maßnahme möglicherweise als Beihilfe im Sinne von Art. 107 Abs. 1 AEUV betrachtet werden kann, keinen hinreichenden Grund dafür dar, sie vom Verbot einer unmittelbar anwendbaren Norm auszunehmen.[61]

Die parallele Anwendung der Art. 107 ff. AEUV sowie anderer EU-Rechtsnormen kann je- **34** doch zu **Kompetenz- und Verfahrenskonflikten** führen, da die Überprüfung der Vereinbarkeit einer mitgliedstaatlichen Maßnahme mit den vorgenannten Normen zum Teil unterschiedlichen Organen (insbesondere Europäische Kommission einerseits und mitgliedstaatliche Gerichte andererseits) zugewiesen ist und verschiedenen Verfahren unterliegt. Der Europäische Gerichtshof hat eine Reihe von Vorgaben statuiert, anhand derer sich die Kompetenzen der jeweils zuständigen Organe voneinander abgrenzen und ihre Prüfungsbefugnisse konkretisieren lassen:

Die **Europäische Kommission** hat in erster Linie im Verfahren nach Art. 108 AEUV die **35** **Vereinbarkeit** einer staatlichen Beihilfe mit dem Gemeinsamen Markt zu bewerten. Zwar kommt der Europäischen Kommission im Verfahren nach Art. 108 AEUV bei der Bewertung, ob eine staatliche Beihilfe mit dem Gemeinsamen Markt vereinbar ist, ein weiter Ermessensspielraum zu. Das Verfahren nach Art. 108 AEUV darf aber niemals zu einem Ergebnis führen, das mit den besonderen Vorschriften des Vertrags im Widerspruch steht.[62] Die Europäische Kommission ist daher verpflichtet, bei der Beurteilung, ob eine Beihilfe mit dem Gemeinsamen Markt vereinbar ist, alle übrigen parallel anwendbaren Regelungen des Vertrags mit zu berücksichtigen, gegen die die mitgliedstaatliche Beihilfemaßnahme verstoßen könnte.[63] Verstößt eine staatliche Beihilfe im Sinne von Art. 107 Abs. 1 AEUV gegen eine der vorgenannten Bestimmungen, darf die Europäische Kommission die mitgliedstaatliche Maßnahme nicht für mit dem Gemeinsamen Markt vereinbar erklären.[64] Da ihr aber lediglich die Kompetenz zur Kontrolle mitgliedstaatlicher Beihilfen im Verfahren nach Art. 108 AEUV übertragen ist, darf sie diese Kompetenz nicht dazu nutzen, eine mitgliedstaatliche Maßnahme, die nicht in den Anwendungsbereich von Art. 107 Abs. 1 AEUV fällt, gesondert auf ihre Rechtmäßigkeit anhand der vorgenannten Normen zu überprüfen.

Während die Europäische Kommission im Verfahren nach Art. 108 AEUV somit neben der **36** Einhaltung der Beihilferegelungen auch die Vereinbarkeit der mitgliedstaatlichen Maßnahme mit anderen Vorschriften des Vertrags überprüfen kann, gilt dies umgekehrt für **mitgliedstaat-**

---

[59] Schwarze/*Bär-Bouyssière* Art. 87 EG RdNr. 14.

[60] Immenga/Mestmäcker/*Ehricke,* EG-WettbR, Art. 87 Abs. 1 EG RdNr. 14, der Art. 12 EG neben Art. 87 EG für selbständig anwendbar hält.

[61] EuGH, C-21/88, Slg. 1990, I-889, RdNr. 20 – Du Pont de Nemours Italiana SPA.

[62] EuGH, 73/79, Slg. 1980, 1533, RdNr. 11 – Kommission/Italien; EuGH, C-21/88, Slg. 1990, I-889, RdNr. 20 – Du Pont de Nemours Italiana; EuGH, C-225/91, Slg. 1993, I-3203, RdNr. 41 – Matra SA; EuGH, C-156/98, Slg. 2000, I-6857, RdNr. 79 – Deutschland/Kommission; EuGH, C-204/97, Slg. 2001, I-3175, RdNr. 41 – Portugal/Kommission; EuGH, C-234/99, Slg. 2002, I-3657, RdNr. 54 – Niels Nygård.

[63] EuGH, C-204/97, Slg. 2001, I-3175, RdNr. 41 – Portugal/Kommission.

[64] EuGH, C-113/00, Slg. 2002, S. I-7601, RdNr. 79 – Königreich Spanien/Kommission.

liche Gerichte nicht. Mit Ausnahme des Art. 108 Abs. 3 Satz 3 AEUV und im Gegensatz zu den vorgenannten Regelungen kommt den Art. 107 ff. AEUV keine unmittelbare Anwendbarkeit zu. Für die Frage, ob eine mitgliedstaatliche Maßnahme, die gegen eine unmittelbar anwendbare Norm des Vertrags verstößt und zusätzlich auch eine staatliche Beihilfe beinhaltet, mit dem Gemeinsamen Markt auf der Grundlage der Art. 107 ff. AEUV vereinbar ist, ist vorbehaltlich einer Nachprüfung durch den Europäischen Gerichtshof ausschließlich die Europäische Kommission in dem in Art. 108 AEUV und Art. 258 AEUV vorgesehenen Verfahren zuständig.[65] Mitgliedstaatlichen Gerichten kommt lediglich die Kompetenz zu, zu überprüfen, ob eine mitgliedstaatliche Interventionsmaßnahme eine staatliche Beihilfe beinhaltet und unter Verstoß gegen Art. 108 Abs. 3 Satz 3 AEUV durchgeführt worden ist, sowie ob diese Maßnahme gegen die vorgenannten Regelungen des Vertrags verstößt, soweit diese unmittelbar anwendbar sind.

37   Aufgrund dieser parallelen Anwendung von Normen ist es möglich, dass ein mitgliedstaatliches Gericht angerufen wird, um über die Vereinbarkeit einer mitgliedstaatlichen Maßnahme mit unmittelbar anwendbaren Normen zu entscheiden und gleichzeitig die Europäische Kommission im Verfahren nach Art. 108 AEUV überprüft, ob die mit der Maßnahme gewährte staatliche Beihilfe mit dem Gemeinsamen Markt vereinbar ist.

38   Diese parallele Prüfungskompetenz mitgliedstaatlicher Gerichte unter Heranziehung unmittelbar anwendbarer Normen, die andere Tatbestands- und Rechtsfolgen als Art. 107 ff. AEUV vorsehen, birgt die **Gefahr erheblicher Kompetenzverschiebungen** zu Lasten des wirtschaftspolitischen Gestaltungsspielraums der Europäischen Kommission und der Mitgliedstaaten in sich. Während die Art. 107 ff. AEUV der Europäischen Kommission einen erheblichen Ermessensspielraum einräumen und auch den Mitgliedstaaten Gestaltungsspielraum für die Gewährung von Beihilfen belassen, sind die Spielräume für Interventionsmaßnahmen unter den unmittelbar anwendbaren Normen, dh. insbesondere den Verboten bestimmter Abgaben sowie den Grundfreiheiten, erheblich eingeschränkter. Je weiter der Anwendungsbereich der unmittelbar anwendbaren Normen gezogen wird, desto weniger Spielraum verbleibt für eine Gewährung mitgliedstaatlicher Beihilfen.

39   Um einer derartigen Kompetenzverlagerung entgegenzuwirken hat der Europäische Gerichtshof für Fälle, in denen es typischerweise zu erheblichen Überschneidungen zwischen unmittelbar anwendbaren Normen und den Art. 107 ff. AEUV kommt, die **Prüfungskompetenzen** der mitgliedstaatlichen Gerichte **reduziert.** Um den Beurteilungsspielraum der Europäischen Kommission nicht zu beschneiden, sind die mitgliedstaatlichen Gerichte nicht berechtigt, die Beihilfe selbst auf ihre Vereinbarkeit mit unmittelbar anwendbaren Normen zu überprüfen. Sie sind nur befugt, Modalitäten einer Beihilfe anhand unmittelbar anwendbarer Normen zu überprüfen und dies auch nur, wenn eine solche Prüfung isoliert möglich ist. Hierzu muss es sich bei den Modalitäten um Voraussetzungen oder Bestandteile der Beihilferegelung handeln, die zur Verwirklichung des Zwecks der Beihilfe oder zu ihrem Funktionieren nicht unerlässlich sind.[66] Es muss den mitgliedstaatlichen Gerichten möglich sein, den gegen das unmittelbar anwendbare Verbot verstoßenden Teil der Regelung gesondert für rechtswidrig zu erklären, so dass die staatliche Beihilferegelung auch ohne diesen Teil weiter Bestand haben kann.

40   Ist eine derartige **Abspaltung der Modalitäten** der staatlichen Beihilfe von der eigentlichen Beihilferegelung nicht möglich, dh. sind sie derart untrennbar mit dem Zweck der Beihilfe verknüpft, dass sie nicht für sich allein beurteilt werden können, ist eine Überprüfung durch die mitgliedstaatlichen Gerichte nicht möglich. Dann fällt es allein in die Kompetenz der Europäischen Kommission, im Verfahren nach Art. 108 AEUV bzw. sekundär des Europäischen Gerichtshofs, die staatliche Beihilfe anhand der Art. 107 ff. AEUV sowie der sonstigen einschlägigen Regelungen des Vertrags zu beurteilen.[67]

41   Insgesamt ist eine derartige Kompetenzabgrenzung zu begrüßen, da nur so gewährleistet werden kann, dass der Europäischen Kommission und den Mitgliedstaaten ein hinreichender wirtschaftspolitischer Gestaltungsspielraum verbleibt. Es dürfte jedoch für die mitgliedstaatlichen Gerichte nicht immer leicht sein, zu entscheiden, ob die Modalität einer Beihilfe isoliert angreifbar ist. Hinsichtlich der einzelnen vorgenannten Regelungen hat der Europäische Gerichtshof das Verhältnis zu Art. 107 ff. AEUV wie folgt konkretisiert:

---

[65] EuGH, C-72/92, Slg. 1993, I-5509, RdNr. 19 – Scharbatke; EuGH, C-261/01 ua., Slg. 2003, I-12249, RdNr. 45 - Eugène van Calster ua.; EuGH, C-234/99, Slg. 2002, I-3657, RdNr. 53 – Niels Nygård.

[66] EuGH, 74/76, Slg. 1977, 557, RdNr. 14 – Iannelli & Volpi SpA; EuGH, C-234/99, Slg. 2002, I-3657, RdNr. 57 – Niels Nygård.

[67] EuGH, 74/76, Slg. 1977, 557, RdNr. 14, 17 – Iannelli & Volpi SpA.

aa) Warenverkehrsfreiheit, Art. 34, 35 AEUV. Die vorgenannten Abgrenzungsgrundsät- **42** ze sind in erster Linie anhand von Fällen entwickelt worden, in denen die Warenverkehrsfreiheit, Art. 34, 35 AEUV neben den Art. 107 ff. AEUV einschlägig war. Hier kommt es seit der *Dassonville*-Rechtsprechung[68] in der Regel zu erheblichen Überschneidungen in den Anwendungsbereichen. Da mit der *Dassonville*-Formel der Anwendungsbereich der Warenverkehrsfreiheit auf jegliche tatsächliche oder potentielle, mittelbare oder unmittelbare Beschränkung ausgeweitet worden ist, würde jede Beihilfemaßnahme, die auch nur mittelbare und potentielle Auswirkungen auf den freien Warenverkehr hat, in den Anwendungsbereich von Art. 34 AEUV fallen. Da die Rechtfertigungsmöglichkeiten unter Art. 34 AEUV wesentlich enger sind als unter Art. 107 Abs. 2 und 3 AEUV, wären Beihilfen den Mitgliedstaaten in der Regel verwehrt. Auch würde eine Kontrolle der Beihilfen vorrangig zu einem großen Teil vor den mitgliedstaatlichen Gerichten anhand des unmittelbaren Art. 34 AEUV stattfinden. Da die mitgliedstaatlichen Gerichte daneben nur überprüfen können, ob überhaupt eine Beihilfe im Sinne von Art. 107 Abs. 1 AEUV vorliegt und daher das unmittelbar anwendbare Durchführungsverbot des Art. 108 Abs. 3 letzter Satz AEUV greift, nicht jedoch, ob die Beihilfe mit dem Gemeinsamen Markt vereinbar ist, würde den EU-Mitgliedstaaten ein erheblicher wirtschaftspolitischer Gestaltungsspielraum genommen, wie er durch das EU-Beihilfenrecht umrissen wird. Daneben würden auch die Kontrollkompetenzen der Europäischen Kommission, der im Anwendungsbereich der Art. 107 Abs. 1, 108 AEUV ein erheblicher Beurteilungs- und Gestaltungsspielraum zukommt, erheblich beschnitten.

Um dies zu vermeiden, hat der Europäische Gerichtshof in der Rechtssache *Iannelli*[69] quasi als **43** **Filter** zur *Dassonville*-Formel die Vorgabe aufgestellt, dass Beihilfen im Sinne der Art. 107 und 108 AEUV „als solche" nicht dem Anwendungsbereich des in Art. 34 AEUV aufgestellten Verbots von mengenmäßigen Einfuhrbeschränkungen unterlägen. Dh. ein System staatlicher oder aus staatlichen Mitteln gespeister Beihilfen, das lediglich infolge der Begünstigung bestimmter einheimischer Unternehmen oder Produkte geeignet ist, die Einfuhr ähnlicher oder konkurrierender Erzeugnisse aus den übrigen Mitgliedstaaten zumindest mittelbar zu beeinträchtigen, reicht nicht, um eine Beihilfe als solche einer Maßnahme mit gleicher Wirkung wie eine mengenmäßige Beschränkung im Sinne von Art. 34 AEUV gleichzustellen.[70]

Dh. damit der Anwendungsbereich von Art. 34 AEUV eröffnet ist, muss die Beihilferegelung **44** aufgrund bestimmter **zusätzlicher (diskriminierender) Modalitäten** den Anwendungsbereich der Warenverkehrsfreiheit tangieren. Die Tatsache, dass es sich dann um eine auch unter Art. 107 AEUV fallende Beihilfe handelt, schließt die Befugnis nationaler Gerichte nicht aus, die Modalitäten dieser Maßnahme anhand der Warenverkehrsfreiheit zu überprüfen.[71]

Handelt es sich jedoch tatsächlich um eine staatliche Beihilfe, kommt es auf die **Abtrennbar-** **45** **keit** der möglicherweise gegen die Warenverkehrsfreiheit verstoßenden Teilregelung von der Gesamtregelung an. Ist eine Überprüfung der Modalität einer Beihilfe anhand der Warenverkehrsfreiheit nicht isoliert möglich, bleibt es allein der Europäischen Kommission im Verfahren nach Art. 108 Abs. 2 AEUV sowie dem Europäischen Gerichtshof überlassen, die Modalität einer staatlichen Beihilfe auf ihre Vereinbarkeit mit der Warenverkehrsfreiheit hin zu überprüfen.[72]

bb) Art. 25 und Art. 110, 111 AEUV. Zwischen Art. 25 AEUV oder Art. 110 AEUV ei- **46** nerseits und Art. 107 ff. AEUV andererseits gibt es einen **großen Überschneidungsbereich.** Häufig kommt die Konstellation vor, dass eine mitgliedstaatliche parafiskalische Abgabe sowohl auf inländische Erzeugnisse wie eingeführte Waren erhoben wird, das Aufkommen aus dieser Abgabe jedoch nur dazu verwendet wird, die Belastungen der inländischen Erzeuger auszugleichen. Eine derartige Maßnahme kann in Anbetracht der Verwendung ihres Aufkommens eine mit dem Gemeinsamen Markt unvereinbare staatliche Beihilfe darstellen und sowohl in den Anwendungsbereich von Art. 107 Abs. 1 AEUV als auch den des Art. 30 AEUV oder 110 AEUV fallen.[73]

---

[68] EuGH, 8/74, Slg. 1974, 837, RdNr. 5.
[69] EuGH, 74/76, Slg. 1977, 557, RdNr. 9/10 – Iannelli & Volpi SpA.
[70] EuGH, 74/76, Slg. 1977, 557, RdNr. 9/10 – Iannelli & Volpi SpA.
[71] EuGH, 74/76, Slg. 1977, 557, RdNr. 14 – Iannelli & Volpi SpA; EuGH, 249/81, Slg. 1982, RdNr. 18 – Kommission/Irland; EuGH, 103/84, Kommission/Italien, Slg. 1986, 1759 RdNr. 19; EuGH, C-21/88, Slg. 1990, I-889, RdNr. 20 – Du Pont de Nemours Italiana SpA.
[72] EuGH, 74/76, Slg. 1977, 557, RdNr. 14 – Iannelli & Volpi SpA; EuGH, C-113/00, Slg. 2002, I-7601, RdNr. 78 – Spanien/Kommission.
[73] EuGH, 73/79, Slg. 1980, 1533, RdNr. 9 – Kommission/Italien; EuGH, 17/81, Slg. 1982, 1331, RdNr. 22 – Pabst & Richarz; EuGH, C-206/06, Slg. 2008, I-5497, RdNr. 59 – Essent Netwerk Noord BV.

47   In einem solchen Fall kommen Art. 30 AEUV bzw. 110 AEUV einerseits und Art. 107 ff.
AEUV parallel zur Anwendung. Eine **parallele Anwendung** ist deshalb gerechtfertigt, weil
Art. 30 AEUV und 110 AEUV im Gegensatz zu den Beihilfevorschriften spezieller darauf abzielen, den freien Warenverkehr und den Wettbewerb zwischen inländischen und eingeführten
Erzeugnissen zu schützen, während die Art. 107 ff. AEUV allgemein der Wahrung des Wettbewerbs zwischen Unternehmen dienen.[74] Auch unterscheiden sich beide Normengruppen hinsichtlich ihrer Tatbestands- und Rechtsfolgenseite erheblich. Der Tatbestand entspricht der
jeweils geregelten mitgliedstaatlichen Interventionsform, der Gewährung von Beihilfen einerseits und der Erhebung von diskriminierenden Abgaben andererseits. Dabei ist die Art der Finanzierung durch Abgaben der eigentlichen Beihilfengewährung lediglich vorgelagert. Auf
Rechtsfolgenseite belassen Art. 107 und 108 AEUV der Europäischen Kommission zudem einen erheblichen Ermessensspielraum, während Art. 30 AEUV und Art. 110 AEUV strikt anzuwenden sind.[75] Eine Reduzierung des Anwendungsbereichs der Art. 30 AEUV und Art. 110
AEUV hat der Europäische Gerichtshof in Konstellationen, in denen diese Normen neben
Art. 107 ff. AEUV zur Anwendung kommen, nicht vorgenommen.[76]

48   Auch hier **grenzt** der Europäische Gerichtshof jedoch den Jurisdiktionsbereich der mitgliedstaatlichen Gerichte von dem Kompetenzbereich der Europäischen Kommission **ab.** Für die Europäische Kommission gilt, dass sie die eigentliche Beihilfe nicht von ihrer Finanzierungsweise
trennen und diese nicht außer Betracht lassen darf, wenn ihre **Verbindung** mit der eigentlichen
Beihilfe zur Unvereinbarkeit des Ganzen mit dem Gemeinsamen Markt führt.[77] Sie muss daher im
Rahmen des Verfahrens nach Art. 108 AEUV prüfen, ob die Finanzierungsweise einer staatlichen
Beihilfe gegen Art. 30 AEUV oder 110 AEUV verstößt. Ist dies der Fall, darf sie die Beihilfe selbst,
deren Bestandteil die Abgabe ist, nicht mit dem Gemeinsamen Markt vereinbar erklären.[78]

49   Die mitgliedstaatlichen Gerichte hingegen können die Modalitäten der Beihilferegelung in
Form der Abgabe als Finanzierungsmethode nur dann anhand des Art. 30 AEUV oder 110
AEUV überprüfen, wenn dies in dem oben beschriebenen Sinne **isoliert** möglich ist.[79] Da die
Methode der Finanzierung der eigentlichen Beihilfe jedoch lediglich vorgelagert ist, dürfte dies
in der Regel der Fall sein. Stellen mitgliedstaatliche Gerichte in einem solchen Fall fest, dass die
mitgliedstaatliche Interventionsmaßnahme gegen Art. 30 AEUV oder 110 AEUV verstößt, dürfen sie den abtrennbaren, die Finanzierung betreffenden Teil für rechtswidrig erklären. Dies
dürfen die mitgliedstaatlichen Gerichte sogar dann, wenn die Europäische Kommission die
staatliche Beihilfe bereits mit dem Gemeinsamen Markt vereinbar erklärt hat. Insoweit fällt den
mitgliedstaatlichen Gerichten nämlich eine komplementäre Rolle zu. Im Verhältnis zur Europäischen Kommission sind diese im Rahmen der Beurteilung der Verteilung des Aufkommens
einer inländischen parafiskalischen Abgabe **besser in der Lage,** die erforderlichen Informationen zusammenzutragen und die hierbei zu treffenden Wertungen auf der Grundlage von Daten
vorzunehmen, die sich regelmäßig aus den Rechnungs- und anderen Verwaltungsunterlagen der
Behörden ergeben, die die Abgabe erheben oder die staatliche Beihilfe gewähren.[80] Da eine
isolierte Prüfung der Finanzierungsmethode möglich ist, wird dadurch die zentrale Rolle der
Europäischen Kommission bei der Anwendung der Art. 107 ff. AEUV nicht beeinträchtigt.[81]

50   Auch überhöhte staatliche Rückvergütungen bei der Ausfuhr von Waren in andere Mitgliedstaaten können sowohl unter das Beihilfeverbot des Art. 107 AEUV fallen als auch Art. 111

---

[74] EuGH, 148/77, Slg. 1978, 1787, RdNr. 8 – Hansen & Balle; EuGH, C-206/06, Slg. 2008, I-5497,
RdNr. 60 – Essent Netwerk Noord BV.

[75] EuGH, 73/79, Slg. 1980, 1533, RdNr. 8 – Italien/Kommission; EuGH, 277/83, Slg. 1985, 2049,
RdNr. 16 – Kommission/Italien; EuGH, 17/81, Slg. 1982, 1331, RdNr. 22 – Pabst & Richarz; EuGH, C-
234/99, Slg. 2002, I-3657, RdNr. 55 – Niels Nygård.

[76] Vgl. zB. EuGH, C-144/91 ua., Slg. 1992, I-6613, RdNr. 14 – Gilbert Demoor en Zonen NV; EuGH,
C-266/91, Slg. 1993, I-4337, RdNr. 8 – Celulose Beira Industrial SA; EuGH, C-72/92, Slg. 1993, I-5509,
RdNr. 9 – Firma Herbert Scharbatke GmbH; EuGH, C-393/04 ua., Slg. 2006, I-5293, RdNr. 39 – Air
Liquide Industries Belgium SA; EuGH, C-34/01 ua., Slg. 2003, I-14234, RdNr. 53 – Enirisorse SpA;
EuGH, C-234/99, Slg. 2002, I-3657, RdNr. 16 – Niels Nygård; EuGH, C-206/06, Slg. 2008, I-5497,
RdNr. 40 – Essent Netwerk Noord BV.

[77] EuGH, C-261/01 ua., Slg. 2003, S. I-12249, RdNr. 46 – van Calster ua.; EuGH, C-34/01 ua., Slg.
2003, I-14234, RdNr. 44 – Enirisorse SpA.

[78] EuGH, 73/79, Slg. 1980, 1533, RdNr. 11 – Kommission/Italien; EuGH, C-261/01 ua., Slg. 2003, I-
12249, RdNr. 48 – van Calster ua.

[79] EuGH, C-234/99, Slg. 2002, I-3657, RdNr. 57 – Niels Nygård.

[80] EuGH, C-234/99, Slg. 2002, I-3657, RdNr. 61 – Niels Nygård.

[81] EuGH, C-234/99, Slg. 2002, I-3657, RdNr. 62 – Niels Nygård.

AEUV tangieren, wenn dadurch inländische Unternehmen bevorzugt werden.[82] Art. 111 AEUV kommt in dem vorgenannten Sinne parallel neben Art. 107 ff. AEUV zur Anwendung.

cc) Die anderen Grundfreiheiten. Die übrigen Grundfreiheiten, dh. die Niederlassungs- **51** freiheit, Art. 49 AEUV, die Dienstleistungsfreiheit, Art. 56 AEUV, die Arbeitnehmerfreizügigkeit, Art. 45 AEUV, und die Kapitalverkehrsfreiheit, Art. 63 AEUV, finden ebenfalls parallel neben Art. 107 ff. AEUV Anwendung. Auch hier lässt sich der Rechtsprechung des Europäischen Gerichtshofs **keine Einschränkung** des Anwendungsbereichs der vorgenannten Grundfreiheiten entnehmen.[83] Verstößt eine mitgliedstaatliche Beihilfe wegen einer ihrer Modalitäten gegen eine der vorgenannten Grundfreiheiten, gilt hier ebenfalls, dass sie dann mit dem Gemeinsamen Markt unvereinbar und nicht durch die Europäische Kommission genehmigungsfähig ist.[84] Auch hier ist jedoch das nationale Gericht nicht befugt, die Vereinbarkeit einer Beihilfemaßnahme mit dem Gemeinsamen Markt zu beurteilen. Für diese Beurteilung ist ausschließlich die Europäische Kommission, vorbehaltlich einer Kontrolle durch den Europäischen Gerichtshof, zuständig.[85] Deshalb kann auch hier ein gesondertes Urteil durch ein mitgliedstaatliches Gericht nur erfolgen, wenn der Verstoß gegen die vorgenannten Grundfreiheiten eine isoliert anfechtbare Modalität der Beihilfe betrifft, ohne die die staatliche Beihilfe dennoch Bestand haben kann.

dd) Das staatliche Handelsmonopol (Art. 37 AEUV). Eine mitgliedstaatliche Maßnah- **52** me kann auch den Anwendungsbereich von Art. 37 AEUV berühren und gleichzeitig unter den Anwendungsbereich von Art. 107 Abs. 1 AEUV fallen. Derartige Fälle sind in der Praxis sehr selten. Gegeben ist eine solche Konstellation, wenn die staatliche Maßnahme mit der Ausübung eines ausschließlichen Rechts durch ein staatliches Handelsmonopol zusammenhängt und mit ihr die Gewährung einer staatlichen Beihilfe zugunsten der von dem Monopol betroffenen Erzeuger verbunden ist.[86] Eine derartige Maßnahme ist nicht deshalb vom Anwendungsbereich des Art. 37 AEUV ausgenommen, weil sie eine staatliche Beihilfe beinhaltet. Vielmehr kommt Art. 37 AEUV neben Art. 107 ff. AEUV zur Anwendung.[87] Auch wenn diese Normen hier ebenfalls dasselbe Ziel verfolgen, dh. zu verhindern, dass die beiden den Mitgliedstaaten zur Verfügung stehenden Interventionsformen − Tätigkeit eines staatlichen Handelsmonopols oder die Gewährung von Beihilfen − die Wettbewerbsbedingungen auf dem Gemeinsamen Markt verfälschen oder Diskriminierungen zu Lasten der Erzeuger oder des Handels anderer Mitgliedstaaten bewirken, ist eine parallele Anwendung gerechtfertigt. Auch hier haben die Bestimmungen jeweils verschiedene, der jeweiligen mitgliedstaatlichen Interventionsform angepasste Voraussetzungen. Sie unterscheiden sich zudem in ihren Rechtsfolgen. Während der Art. 107 ff. AEUV der Europäischen Kommission einen weiten Spielraum belassen, gilt dies für den unmittelbar anwendbaren Art. 37 AEUV nicht. Entgegen einer Literaturmeinung[88] ist Art. 37 AEUV jedoch nicht *lex specialis* in dem Sinne, dass diese Norm die Anwendung der Art. 107 ff. AEUV gänzlich ausschließt.[89] Vielmehr stehen sie gleichrangig nebeneinander.

ee) Verhältnis zu anderen Wettbewerbsregeln. Die übrigen Wettbewerbsregeln des **53** Vertrags, dh. die Art. 101 ff. AEUV, finden ebenfalls parallel neben Art. 107 ff. AEUV Anwendung. So kann zB. eine staatliche Zuweisung eines erheblichen Teils einer Abgabe an ein öffentliches Unternehmen eine staatliche Beihilfe darstellen und gleichzeitig zu einer, den Art. 102 und 106 AEUV zuwiderlaufenden Ausnutzung einer marktbeherrschenden Stellung dieses Unternehmens führen.[90]

---

[82] *Immenga/Mestmäcker/Ehricke*, EG-WettbR, Art. 87 Abs. 1 EG RdNr. 16; *von der Groeben/Schwarze/Mederer* Vorbem. zu den Art. 87 bis 89 RdNr. 10.

[83] Vgl. zB. EuGH, C-430/99 ua., Slg. 2002, I-5235, RdNr. 24 − Sea-Land Service Inc. ua.; EuGH, C-222/04, Slg. 2006, I-289, RdNr. 1 − Ministero dell'Economia e delle Finanze; EuGH, C-451/03, Slg. 2006, I-2941, RdNr. 27 − Servizi Ausiliari Dottori Commercialisti Srl; EuGH, C-208/05, Slg. 2007, I-181, RdNr. 46 − ITC Innovative Technology Center GmbH; EuG, T-158/99, Slg. 2004, II-1, RdNr. 149 − Thermenhotel Stoiser Franz Gesellschaft mbH & Co. KG.

[84] EuGH, C-156/98, Slg. 2000, I-6857, RdNr. 78 − Deutschland/Kommission.

[85] EuGH, C-237/04, Slg. 2006, I-2843, RdNr. 23 − Enirisorse SpA; EuGH, C-451/03, Slg. 2006, I-2941, RdNr. 71 − Servizi Ausiliari Dottori Commercialisti Srl.

[86] EuGH, 91/78, Slg. 1979, 935, RdNr. 8 − Hansen.

[87] EuGH, 91/78, Slg. 1979, 935, RdNr. 9 − Hansen.

[88] *Immenga/Mestmäcker/Ehricke,* EG-WettbR, Art. 87 Abs. 1 EG RdNr. 18.

[89] *Vesterdorf/Nielsen* RdNr. 5–024; *Heidenhain/Heidenhain* § 60 RdNr. 12.

[90] EuGH, C-34/01 ua., Slg. 2003, I-14243, RdNr. 50 − Enirisorse SpA.

54   Aufgrund des Gleichlaufs der Zielrichtung, einen unverfälschten Wettbewerb innerhalb des Gemeinsamen Marktes zu gewährleisten, sieht der Europäische Gerichtshof die Europäische Kommission sogar als besonders verpflichtet an, die übrigen Wettbewerbsregeln im Rahmen eines Beihilfeverfahrens nach Art. 108 AEUV bei der Beurteilung, ob eine staatliche Beihilfe mit dem Gemeinsamen Markt vereinbar ist, zu beachten.[91] Bei dieser Beurteilung dürfe sie über die von einzelnen Wirtschaftsteilnehmern ausgehende Gefahr einer Beeinträchtigung des Wettbewerbs innerhalb des Gemeinsamen Marktes nicht hinwegsehen.[92]

55   Gleiches gilt auch umgekehrt für **Kartell- und Fusionskontrollverfahren.** Auch hier ist die Europäische Kommission besonders verpflichtet, die Auswirkungen einer Gewährung mitgliedstaatlicher Beihilfen bei der rechtlichen Beurteilung eines Sachverhalts zu berücksichtigen, um mögliche künftige Unstimmigkeiten bei der Anwendung der verschiedenen Wettbewerbsregeln zu vermeiden.[93] Beispielsweise kann die Gewährung staatlicher Beihilfen bei der Beurteilung der finanziellen Folgen eines Zusammenschlusses in einem Fusionskontrollverfahren eine Rolle spielen. Die Europäische Kommission muss dann im Rahmen ihrer Wettbewerbsanalyse berücksichtigen, ob und gegebenenfalls inwieweit die finanzielle und damit die wirtschaftliche Macht der zusammengeschlossenen Einheit aufgrund der finanziellen Unterstützung durch diese mögliche Beihilfe gestärkt wurde.[94]

56   Auch wenn die Art. 107 ff. AEUV und die Art. 101 ff. AEUV parallel Anwendung finden, bleiben die Verfahren nach den Art. 101 ff. AEUV und 107 ff. AEUV jedoch **voneinander unabhängige Verfahren** mit jeweils besonderen Regeln. Die Europäische Kommission kann daher, sofern wettbewerbsrechtliche Parallelverfahren geführt werden, im jeweiligen Verfahren eine gesonderte und unabhängige Prüfung auf der Grundlage einer wirtschaftlichen Analyse des Sachverhalts vornehmen, bei der sie alle einschlägigen Wettbewerbsregeln berücksichtigt. Sie muss nicht das Ergebnis des jeweiligen Parallelverfahrens abwarten, jedenfalls dann nicht, wenn sie der Ansicht ist, dass kein Verstoß gegen die einschlägigen Wettbewerbsregeln vorliegt.[95]

57   So kann sie beispielsweise im Verfahren nach Art. 108 AEUV selbst beurteilen, ob der Empfänger einer Beihilfe in der Lage ist, gegen Art. 101 oder 102 AEUV zu verstoßen. Dies gilt auch für den umgekehrten Fall. So kann sie in einem Fusionskontrollverfahren eine Entscheidung über die Vereinbarkeit eines Zusammenschlusses zwischen Unternehmen mit dem Gemeinsamen Markt fällen, ohne das Ergebnis eines parallelen Beihilfeverfahrens nach Art. 108 AEUV abwarten zu müssen.[96]

58   **d) EU-Rechtsnormen ohne Einfluss auf Art. 107 ff. AEUV.** Es gibt auch Regelungen des Vertrags, die keine Auswirkungen auf die Anwendbarkeit oder die Beurteilung einer Beihilfe anhand der Art. 107 ff. AEUV haben:

59   Im Bereich der Niederlassungsfreiheit schließt beispielsweise **Art. 50 Abs. 2 lit. h AEUV,** wonach Richtlinien zur Verwirklichung der Niederlassungsfreiheit sicherstellen müssen, dass die Bedingungen für die Niederlassung nicht durch Beihilfen der Mitgliedstaaten verfälscht werden, eine Anwendung von Art. 107 Abs. 1 AEUV nicht aus.[97] Diese Norm, wonach Rat und Europäische Kommission sicherstellen, dass die Bedingungen für die Niederlassungsfreiheit nicht durch Beihilfen der Mitgliedstaaten verfälscht werden, beinhaltet lediglich einen Rechtsetzungsauftrag an die vorgenannten Organe, verdrängt Art. 107 Abs. 1 AEUV aber nicht. Dieser Norm kommt im Übrigen aufgrund der unmittelbaren Anwendbarkeit der Niederlassungsfreiheit kaum praktische Bedeutung zu.[98]

60   In der Rechtssache *Deufil GmbH & Co.* hat der Europäische Gerichtshof zudem klargestellt, dass die **Gründe und Ziele** für die Gewährung einer mitgliedstaatlichen Beihilfe grundsätzlich

---

[91] EuGH, C-225/91, Slg. 1993, I-3203, RdNr. 43 – Matra SA; EuG, T-197/97 ua., Slg. 2001, S. II-303, RdNr. 75 – Weyl Beef Products BV ua.

[92] EuGH, C-225/91, Slg. 1993, I-3203, RdNr. 43 – Matra SA; EuG, T-197/97 ua., Slg. 2001, II-303, RdNr. 75 – Weyl Beef Products BV ua.; EuGH, T-156/98, Slg. 2001, II-337, RdNr. 113 – RJB Mining plc.

[93] EuGH, C-225/91, Slg. 1993, I-3203, RdNr. 41 – Matra SA; EuGH, C-164/98 P, Slg. 2000, I-447, RdNr. 21, 30 – DIR International Film ua.; EuGH, T-156/98, Slg. 2001, II-337, RdNr. 112 – RJB Mining plc.

[94] EuG, T-156/98, Slg. 2001, II-337, RdNr. 125 – RJB Mining plc.

[95] EuGH, C-225/91, Slg. 1993, I-3203, RdNr. 44 – Matra SA.

[96] EuG, T-156/98, Slg. 2001, II-337, RdNr. 115 – RJB Mining plc.

[97] AA. *Immenga/Mestmäcker/Ehricke,* EG-WettbR, Art. 87 Abs. 1 EG RdNr. 20; *Schwarze/Bär-Bouyssière* Art. 87 EG RdNr. 17, wonach Art. 44 Abs. 2 lit. h EG *lex specialis* zu Art. [107 Abs. 1 AEUV] ist.

[98] *Grabitz/Hilf/Randelzhofer/Forsthoff* Art. 44 EG RdNr. 19.

unerheblich sind (eine Ausnahme bilden staatliche Beihilfen, die zur Verfolgung der in den Art. 346 und 347 AEUV genannten Zwecke gewährt werden). Eine Berufung auf beispielsweise die Verfolgung konjunkturpolitischer Ziele im Sinne von **Art. 121** AEUV kann die mitgliedstaatliche Beihilfe daher nicht dem Zugriff der Art. 107 ff. AEUV entziehen.[99]

Der Schutz der **mitgliedstaatlichen Eigentumsordnung** nach Art. 346 AEUV kann den   **61** Anwendungsbereich der Art. 107 ff. AEUV ebenfalls nicht einschränken. Auch wenn die mitgliedstaatlichen Eigentumsordnungen weiterhin in die Zuständigkeit der Mitgliedstaaten fallen, sind diese nicht den Art. 107 ff. AEUV entzogen.[100]

3. Verhältnis zu den Regeln der WTO (Antisubventionsregeln)

Schrifttum: *Bagwell/Staiger,* The Economics of the World Trading System, 2002; *Desmedt,* European Court of Justice on the Effect on WTO Agreements in the EC Legal Order, LIEI 2000, 93; *Flett/ Jessen/Talaber-Ritz,* The Relationship between WTO Subsidies Law and EC State Aid Law, in: EC State Aid Law/Le droit des aides d'État dans le CE: Liber Amicorum Francisco Santaolalla Gadea, 2008, 441; *Grave,* Der Begriff der Subvention im WTO-Übereinkommen über Subventionen und Ausgleichsmaßnahmen, 2002; *Gross,* Das Beihilfenrecht im Wandel – Probleme, Reformen, Perspektiven, Diss. St. Gallen 2003; *Hilf/Schorkopf,* WTO und EG: Rechtskonflikte vor den EuGH? Anmerkung zum Urteil des EuGH vom 23. 11. 1999, Rs. C-149/96 Portugal ./. Rat, EuR 2000, 74; *Luengo Hernández de Madrid,* Regulation of Subsidies and State Aids in WTO and EC Law: Conflicts in International Trade Law, 2007; *ders.,* Conflicts between the Disciplines of EC State Aids and WTO Subsidies: of Books, Ships and Aircraft, European Foreign Affairs Review 13 (2008), 1; *Ohlhoff,* Verbotene Beihilfen nach dem Subventionsabkommen der WTO im Lichte aktueller Rechtsprechung, EuZW 2000, 645; *Raaflaub,* Subventionsregeln der EU und des GATT: Theorie und Politik für die Hochtechnologie, 1994; *Rulfs,* Welthandelsregeln für den Schiffbau und deren Durchsetzung, 2006; *Sànchez Rydelski,* EG und WTO Antisubventionsrecht: Ein konzeptioneller Vergleich der EG Antisubventions-Verordnung mit den Beihilfevorschriften des EG-Vertrages unter Berücksichtigung des Subventionsübereinkommens der WTO, 2001; *Slocock,* EC and WTO Subsidy Control Systems – Some Reflections, EStAL 2 (2007), 249; *Weber/Moos,* Rechtswirkungen von WTO-Streitbeilegungsentscheidungen im Gemeinschaftsrecht, EuZW 1999, 229.

Die Notwendigkeit, die Gewährung von Subventionen auf internationaler Ebene zu regeln,   **62** wurde schon früh im GATT erkannt. Art. VI des GATT 1947 sah bereits vor, dass Subventionen durch Ausgleichsmaßnahmen begegnet werden darf. Als ein Abkommen, das den Handel mit Wirtschaftsgütern fördern will, richten sich die Regeln des **GATT** gegen die **Subventionierung von Produkten.**

Das entsprechende handelspolitische Instrument der Europäischen Union, mit dem gegen be-   **63** stimmte Subventionen vorgegangen werden kann, ist die Antisubventionsverordnung.[1] Art. 107 AEUV hingegen verbietet grundsätzlich die Gewährung von **Beihilfen an bestimmte Unternehmen** oder Wirtschaftszweige. Dieser Unterschied im Ansatz ist von erheblicher Bedeutung: liegt eine Beihilfe im Sinne von Art. 107 AEUV an ein Unternehmen vor, so ist dessen gesamte Tätigkeit und nicht nur die Herstellung bestimmter Produkte davon erfasst, während bei der Frage, ob gegen die Subventionierung eines Produktes nach Art. VI GATT vorgegangen werden kann, nachgewiesen werden muss, dass die Subventionierung auch das betreffende Produkt erreicht hat,[2] etwa durch „Durchleiten" der Subvention.

Die Zielrichtung der WTO-Regeln unterscheidet sich deutlich von den Zielen der Art. 107,   **64** 108 AEUV. Während die WTO-Regeln es den WTO-Mitgliedstaaten lediglich ermöglichen, gegen Subventionen vorzugehen, hinsichtlich derer ein Mitgliedstaat **nachgewiesen** hat, dass die Handelsströme zu seinem Nachteil verändert werden, zielt der AEUV auf die Verwirklichung des Binnenmarktes ab und will jede mögliche Verfälschung des Wettbewerbs sowie einen Subventionswettlauf verhindern.[3]

Die Maßnahmen, die zur Verteidigung gegen die Wirkungen der Subventionen oder Beihil-   **65** fen ergriffen werden können, sind ebenfalls sehr unterschiedlich: die WTO-Regeln erlauben nur **handelsrechtliche Gegenmaßnahmen,** wie etwa Ausgleichszölle gegen die Einfuhren der subventionierten Waren, sehen aber grundsätzlich keine Rückforderung der Subvention vor, während die EU-Regeln grundsätzlich eine „**Wiederherstellung des Zustands vor**

---

[99] EuGH, 310/85, Slg. 1987, 901, RdNr. 8 – Deufil GmbH & Co. KG.
[100] EuG, T-116/01 ua., Slg. 2003, II-2957 RdNr. 152 – P & O European Ferries; EuG, T-228/99 ua., Slg. 2003, II-435, RdNr. 192 – Westdeutsche Landesbank Girozentrale ua.
[1] VO 597/2009, ABl. 2009 L 188/93.
[2] WT/DS 257/AB/R – US Softwood Lumber IV.
[3] Vgl. dazu *Flett/Jessen/Talaber-Ritz* 441, 446.

Gewährung der Beihilfe" verlangen, die durch die **Rückforderung** der Beihilfe zu erreichen ist. Wenngleich die Antisubventionsverordnung als Teil des Außenwirtschaftsrechts der EU anzusehen ist, steht diese nicht im Widerspruch zum Wettbewerbsrecht; vielmehr wollen sowohl die Beihilfevorschriften des AEUV als die Antisubventionsverordnung Marktstörungen entgegenwirken, die ihre Ursache in einer Subvention/Beihilfe haben.[4]

66   Ein dritter Bereich, bei dem sich die Behandlung von Subventionen nach WTO und Beihilferegeln nach Art. 107 AEUV unterscheiden, ist das **grundsätzliche Verbot von Subventionen** nach WTO, das in den Gegenmaßnahmen nur eine Unterscheidung zwischen „actionable" Subventionen und „countervailable" Subventionen vorsieht – „non-actionable" subsidies gibt es seit 1999 nicht mehr. Nach EU-Recht hingegen besteht die Möglichkeit, dass eine Beihilfe nach Art. 107 Abs. 2 AEUV **mit dem Binnenmarkt vereinbar** ist oder nach Art. 107 Abs. 3 AEUV von der Kom. für mit dem Binnenmarkt vereinbar erklärt werden kann. Das bedeutet, dass eine Beihilfe, die nach Art. 107 AEUV als mit dem Binnenmarkt vereinbar angesehen wird, nach den Regeln der WTO handelsrechtlich „actionable" oder „countervailable" sein kann, also **handelsrechtliche Maßnahmen keineswegs ausgeschlossen** sind. Die Genehmigung der Gewährung von Beihilfen durch die Kom. ist somit keineswegs ein Freibrief – handelsrechtliche Ausgleichsmaßnahmen seitens anderer WTO-Mitgliedstaaten sind durchaus möglich.

67   *Flett/Jessen/Talaber-Ritz* ziehen daraus die Schlussfolgerung, dass das EU-Beihilferecht wegen der unterschiedlichen Regelwerke und Zielsetzung nicht im Einklang mit den WTO-Regeln stehen müsse[5] – eine Forderung, die von *Luengo Hernández de Madrid* ausdrücklich aufgestellt wird.[6] Die Forderung, dass bei jeder einzelnen Maßnahme nach EU-Recht eine eventuelle Prüfung der Vereinbarkeit mit den WTO-Regeln vorgenommen wird, erscheint indes zu weitgehend. Solange eine Verfälschung der Handelsströme nicht bewirkt wird, greift der Schutzbereich der WTO nicht ein, wohl aber die Regeln der EU. Eine Maßnahme, die nach Abwägung aller Faktoren mit dem Binnenmarkt vereinbar ist, kann, muss aber nicht mit den WTO-Regeln einen wirklichen Konflikt herbeiführen.

68   Die WTO zielt nicht darauf ab, eine einheitliche Kontrolle von Subventionen in allen WTO-Mitgliedstaaten einzuführen, sie verfügt auch über kein eigenes Kontrollorgan. Vielmehr wird WTO-Recht immer nur dann herangezogen, wenn ein WTO-Mitgliedstaat sich über die negativen Auswirkungen von Subventionen beschwert. In der EU hingegen ist die Kom. als Hüterin der Verträge auch das Kontrollorgan,[7] das von sich aus und nicht nur auf der Grundlage von Beschwerden[8] die Gewährung von Beihilfen untersucht und feststellt, ob diese mit dem Binnenmarkt vereinbar oder unvereinbar sind.

69   **a) Die Entwicklung der WTO Antisubventionsregeln.** Das **GATT 1947** enthielt drei Regeln hinsichtlich der Gewährung von Subventionen: Erstens waren nach Art. VI unter bestimmten Voraussetzungen Ausgleichsmaßnahmen gegen subventionierte Güter erlaubt, zweitens traf nach Art. XVI die Mitgliedstaaten eine Verpflichtung, die von ihnen gewährten Subventionen beim GATT anzumelden, und drittens sah Art. II Abs. 4 GATT eine generelle Verpflichtung vor, Subventionierungen nicht in einer Weise zu verwenden, dass sie Importe in das subventionierende Land behindern, wenn dieses Land seinen Tarif für die betreffenden Produkte gebunden hatte. Exportsubventionen galten seit Anbeginn als besonders schädlich und erlaubten die weitestgehenden Gegenmaßnahmen.

70   In der **Tokyo Runde** (1979) wurde ein erster **Subsidies Code** verabschiedet, der multilaterale Regeln gegen Subventionen enthielt. Der Code galt nur zwischen den Mitgliedstaaten, die diesen unterschrieben hatten, hatte also keine automatische Geltung gegenüber allen Mitgliedern des GATT. Der Subsidies Code behandelte sowohl heimische wie Exportsubventionen und führte zwei Möglichkeiten ein, sich gegen die Subventionierung durch einen GATT Partner zur Wehr zu setzen: „Track 1" erlaubte die Verhängung von Ausgleichszöllen, während „Track 2" die Möglichkeit eröffnete, den Verstoß gegen die Verpflichtung, neue Subventionen einzuführen, zu beanstanden. Leider fehlte dem Subsidies Code noch eine genauere Begriffsbestimmung, was eine Subvention darstellt, so dass den Mitgliedstaaten ein weiter Spielraum eröffnet war, welche Maßnahmen sie ergriffen.

---

[4] *Sanchez Rydelski* 193 f.
[5] *Flett/Jessen/Talaber-Ritz* 467.
[6] *Luengo Hernández de Madrid* European Foreign Affairs Review 13 (2008), 1, 29.
[7] S. dazu *Flett/Jessen/Talaber-Ritz* 449.
[8] *Slocock* EStAL 2 (2007), 249 f., befürwortet eine allein auf Beschwerden basierende Beihilfekontrolle.

Durch die Uruguay Runde (1986–1994) wurde schließlich das Agreement on Subsidies and **71**
Countervailing Measures („ASCM") eingeführt, das zudem durch die Verabschiedung des „single undertaking" Prinzips für alle GATT- und dann WTO-Mitglieder bindend war, nicht nur
für diejenigen Staaten, die es anwenden wollten. Das ASCM führte ein „Ampel-System" hinsichtlich von Subventionen ein – „grün" für unbedenkliche Subventionen, „gelb" für diejenigen, die als „actionable" angesehen wurden und schließlich „rot" für die verbotenen Subventionen, hinsichtlich derer auch Ausgleichszölle eingeführt werden konnten. Subventionen, die
den internationalen Handel verzerren und dadurch zu einer ineffizienten Allozierung von Ressourcen führen, sollten durch das ASCM vermieden werden.[9] Die Disziplin der Mitgliedstaaten
sollte verbessert werden – sowohl was die Subventionierung angeht, als auch die dagegen zu
ergreifenden Gegenmittel.[10] Das ASCM enthält im Part I Regeln zur Definition der Subventionen, Part II behandelt die verbotenen Subventionen („prohibited subsidies"), Part III regelt die
„actionable subsidies", Part IV enthält Regeln zu den „non-actionable subsidies" und in Part V
ist die Möglichkeit der Einführung von Ausgleichszöllen gegen Subventionen ausgestaltet.

Die wesentlichen Teile des ASCM gelten heute fort, lediglich die Regeln zu den „non- **72**
actionable subsidies" wurden im Jahre 1999 nicht verlängert. Damit gibt es das „Ampel-System"
heute nicht mehr, vielmehr gelten alle Subventionen als unerwünscht oder verboten.

Die Anwendung des ASCM ist in einer Vielzahl von Entscheidungen durch Panel-Reports **73**
und den Appellate Body der WTO ausgelegt worden,[11] auf die hier nicht im einzelnen eingegangen werden kann. Nur wenige betreffen Beihilfen, die nach EU-Recht genehmigt worden
waren.[12]

b) Der WTO-Subventionsbegriff.[13] Nach Art. 1 ASCM liegt eine Subvention vor, wenn **74**
eine **finanzielle Zuwendung durch den Staat oder eine öffentliche Einrichtung** im
Territorium eines Mitgliedstaates oder aber eine Unterstützung von Preisen oder Einkommen
gewährt und dadurch ein **Vorteil übertragen** wird, unabhängig von der Höhe des Betrages.[14]
Der **Begriff der finanziellen Zuwendung** durch den Staat oder eine öffentliche Einrichtung
wird dabei näher definiert und umfasst (i) ein Verhalten eines Staates, durch das eine direkte
Übertragung von Mitteln (zB. Zuschüsse, Darlehen, Kapitaleinlage) oder eine potentielle direkte Übertragung von Mitteln oder Verbindlichkeiten (zB. durch Darlehensbürgschaften) gewährt
wird, oder (ii) auf an sich fällige staatliche Abgaben verzichtet wird oder diese nicht eingetrieben werden (zB. finanzielle Anreize, wie Steuervergünstigungen), oder (iii) der Staat Güter[15]
oder Dienstleistungen liefert, mit Ausnahme von Infrastruktur, oder Güter kauft; oder (iv) ein
Staat leistet Zahlungen an einen Finanzierungsmechanismus, oder betraut und beauftragt eine
private Einrichtung, eine der vorgenannten Funktionen, die in Ziff. (i) bis (iii) beispielhaft aufgeführt wurden, auszuführen, die normalerweise von staatlicher Seite wahrgenommen werden,

---

[9] Vgl. WT/DS 70/R, Tz. 9.119 – Canada Aircraft.

[10] Vgl. WT/DS 213/AB/R Tz. 73 – US Carbon Steel.

[11] WT/DS 22 – Brazil Desiccated Coconut; WT/DS 46 – Brazil Aircraft; WT/DS 54, WT/DS 55,
WT/DS 59, WT/DS 64 – Indonesia Autos; WT/DS 70 Canada Aircraft; WT/DS 103, WT/DS 113 –
Canada Dairy; WT/DS 108 – US FS C; WT/DS 126 – Australia Automotive Leather; WT/DS 138 – US
Lead and Bismuth II; WT/DS 139 – Canada Autos; WT/DS 194 – US Export Restraints; WT/DS 206 –
US Steel Plate; WT/DS 212 – US CVDs on Certain EC Products; WT/DS 213 – US Carbon Steel;
WT/DS 217, WT/DS 234 – US Offset Act (Byrd Amendment); WT/DS 222 – Canada Aircraft Credits
and Guarantees; WT/DS 236 – US Softwood Lumber III; WT/DS 257 – US Softwood Lumber IV;
WT/DS 267 – US Upland Cotton; WT/DS 265, WT/DS 266, WT/DS 286 – EC Export Subsidies on
Sugar; WT/DS 273 – Korea Commercial Vessels; WT/DS 277 – US Softwood Lumber VI; WT/DS 296 –
US DRAMs; WT/DS 299 – EC DRAMs; WT/DS 301 – EC Commercial Vessels; WT/DS 316 – EC
Large Civil Aircraft (Airbus); WT/DS 317 – US Large Civil Aircraft; WT/DS 336 – Japan DRAMs;
WT/DS 353 – US Large Civil Aircraft (Boeing).

[12] WT/DS 265, WT/DS 266, WT/DS 286 – EC Export Subsidies on Sugar, WT/DS 301 – EC Commercial Vessels; WT/DS 316 – EC Large Civil Aircraft. S. auch WT/DS 212 – US CVDs on certain EC
Products, wo es um Subventionen an British Steel plc ging, die aufgrund Privatisierung nicht an den Erwerber weitergeleitet worden waren.

[13] Dazu ausführlich *Grave*, Der Begriff der Subvention im WTO-Übereinkommen über Subventionen
und Ausgleichsmaßnahmen, 2002.

[14] WT/DS 213/AB/R, Tz. 80 f. – US Carbon Steel.

[15] Der Begriff „Güter" ist dabei weit auszulegen, vgl. WT/DS 257/AB/R, Tz. 60 – US Softwood Lumber IV, und ist nicht auf diejenigen Güter beschränkt, mit denen unmittelbar gehandelt werden kann. Im
vorliegenden Fall ging es um die Abgrenzung, ob das Recht, Bäume zu bewirtschaften und zu fällen, ein
zur Verfügung stellen von „Gütern" ist oder nicht, was der AB bejahte.

und die Wahrnehmung unterscheidet sich in Wirklichkeit nicht von dem, was sonst der Staat machen würde.

75   Bemerkenswert ist insoweit die zunächst weite Interpretation des Begriffs der staatlichen Zuwendung, die auch anscheinend gewöhnliche Lieferungen und Leistungen mit einschließt und **keine Belastung des Staatshaushalts** voraussetzt; begrenzt wird dies sodann durch Art. 1.1 b, der voraussetzt, dass durch die Maßnahme ein **Vorteil übertragen** werden muss, damit eine Subvention vorliegt. Ferner ist hervorzuheben, dass die Maßnahmen, die das ASCM vorsieht, nur gegen solche Subventionen zulässig sind, die **spezifisch** im Sinne von Art. 2 ASCM sind.[16] Der Begriff der Spezifizität wird in Art. 2 ASCM näher ausgeführt (dazu unten RdNr. 84 ff.).

76   **aa) Finanzielle Zuwendung des Staates.** Das ASCM erfasst in erster Linie ein Handeln des Staates selbst, sowie von **öffentlichen Einrichtungen** („public bodies"). Dazu zählen Institutionen, die vom Staat kontrolliert werden, also auch öffentliche Unternehmen.[17] Nicht staatlich kontrollierte Unternehmen werden durch die in Ziffern (i) bis (iii) aufgeführten Maßnahmen nicht erfasst. Allerdings dehnt Ziffer (iv) die Gewährung einer finanziellen Zuwendung des Staates auch auf solche Einrichtungen aus, die „entrusted or directed" worden sind, eine finanzielle Zuwendung anstelle des Staates zu erbringen.

77   Die vier in Art. 1.1 (a) (1) ASCM aufgeführten Maßnahmen sind als abschließend anzusehen. **Nicht jede staatliche Maßnahme, die dem Begünstigten einen Vorteil verschafft** (Beispiel: regulatorische Maßnahmen, die Unternehmen Vorteile bringen), kann somit als finanzielle Zuwendung und damit als Subvention im Sinne der Bestimmung angesehen werden. Dies wurde von Appellate Body im Falle United States – Softwood Lumber IV klargestellt.[18]

78   Die in Ziffern (i) bis (iii) aufgeführten Maßnahmen würden ohne Schwierigkeiten auch nach Art. 107 AEUV als staatliche Beihilfen angesehen. Soweit eine Maßnahme zu **marktwirtschaftlichen Bedingungen** erfolgt, beispielsweise die Gewährung eines Darlehens, wendet die Kom. den Grundsatz des marktwirtschaftlich handelnden Investors an[19] und schließt das Vorliegen einer Beihilfe mangels Begünstigung aus; dieser Grundsatz („commercial reasonableness test") wird auch im WTO-Recht angewandt, weil damit **kein „Vorteil"** (benefit) übertragen wird.[20] Der Begriff der finanziellen Zuwendung in Art. 1.1 ASCM ist weit gefasst, er erfasst nicht nur das Handeln des Staates als solchem, sondern auch jedes Handeln einer öffentlichen Einrichtung (public body). Der „Filter", durch den gewöhnliches, kommerzielles oder marktmäßiges Verhalten vom Subventionsbegriff ausgeschlossen wird, liegt bei der Feststellung der Begünstigung, nicht bei der Definition der finanziellen Zuwendung.[21]

79   **bb) Indirekte Subventionen – „entrusted or directed".** Neben den meist weniger schwierig festzustellenden direkten Subventionen durch den Staat selbst können Subventionen durch andere Stellen, insbesondere durch private Parteien, vergeben werden. Solchen Subventionen kann dann mit den Mitteln des WTO-Rechts entgegen getreten werden, wenn die gewährende Stelle „entrusted or directed" – also vom Staat beliehen oder angewiesen – worden ist. Das Rationale dieser Vorschrift in Art. 1.1 (a) (1) (iv) ist, Umgehungsmöglichkeiten zu unterbinden. Gewähr beispielsweise eine private Bank einem bankrotten Unternehmen ein Darlehen, weil sie dazu vom Staat angewiesen wurde (aber ohne dass der Staat das finanzielle Risiko übernimmt), so besteht nach den WTO-Regeln kein Grund, diese Maßnahme nicht mit WTO-Mitteln zu bekämpfen.

80   Insoweit sind Unterschiede zum EU-Beihilfenrecht festzustellen, wo die Vergünstigung durch den Staat oder aus staatlichen Mitteln stammen und dem Staat zurechenbar sein muss. Eine bloße Anordnung, die dann zu einem Transfer unter Privaten führt, ohne dass die Mittel den Staat berühren, erfüllt nach dem Urteil des EuGH in PreussenElektra[22] nicht den Beihilfetatbestand,[23]

---

16 WT/DS 296/AB/R Tz. 280 – US DRAMs.

17 WT/DS 273/R, Tz. 7.50 – Korea Commercial Vessels; WT/DS 299/R, Tz. 7.49 f. – EC DRAMs.

18 WT/DS/257/AB/R, Tz. 52, Fn. 355 – US Softwood Lumber IV, wo unter Bezugnahme auf den Panel-Bericht WT/DS/R Tz. 8.65 – US Export Restraints ausdrücklich klargestellt wird, dass nicht alle Maßnahmen des Staates, die Vorteile mit sich bringen, als Subventionen angesehen werden können.

19 S. dazu unten RdNr. 143 ff.

20 So ausdrücklich WT/DS 336/R, Tz. 7.66 – Japan DRAMs; der „commercial reasonableness" Test wird vom Appellate Body ausführlich untersucht, WT/DS 336/AB/R, Tz. 143–164 – Japan DRAMs.

21 WT/DS 273/R, Tz. 7.28 – Korea Commercial Vessels.

22 *Flett/Jessen/Talaber-Ritz* 465, wollen dem PreussenElektra keine Bedeutung beimessen, die dazu führen könnte, nach EU-Recht stets eine Belastung des Staatshaushalts als Voraussetzung einer Beihilfe zu machen.

23 EuGH, C-379/98, Slg. 2001, I-2099 – PreussenElektra.

solange nicht daraus eine zusätzliche Belastung für den Staat entsteht.[24] Nach WTO-Recht kommt es hingegen nicht darauf an, ob tatsächlich staatliche Mittel eingesetzt werden oder dem Staat aus der Maßnahme eine Belastung entsteht,[25] es genügt der Eingriff aufgrund der Beleihung oder Anweisung.

In Fällen, in denen nicht ein Privater die Maßnahme gewährt, sondern eine öffentliche Einrichtung (public body), kommt es nicht darauf an, ob eine staatliche Betrauung oder Anweisung erfolgte – anders als im EU-Recht nach dem Stardust-Urteil[26] ist also nicht der Nachweis erforderlich, dass der Staat tatsächlich auf die Vornahme der Maßnahme Einfluss genommen hat.[27] **81**

Bei Privaten hingegen ist ein klarer Nachweis erforderlich, weil deren Maßnahmen nach Art. 1.1 (a) (1) im Normalfall keine staatlichen Zuwendungen darstellen. Die beiden Begriffe „entrusted or directed" werden so interpretiert, dass sie letztlich den Privaten als Ausführungsorgan des Staates erscheinen lassen, weil der Staat ihm die Aufgabe übertragen oder gar angewiesen hat, in einer bestimmten Weise tätig zu werden; daraus ergibt sich eine Verpflichtung des Privaten, in dem vom Staat vorgegebenen Sinn tätig zu werden. Damit handelt der Private dann anstelle des Staates,[28] was die Anwendung der Antisubventionsregeln rechtfertigt. **82**

Die Betrauung oder Anweisung muss durch einen **„affirmative act"** belegt werden, der allerdings nicht **explizit** sein muß, sondern auch **implizit** gegeben sein kann. Ein reines „Ermutigen" von Privaten, sich in bestimmter Weise zu verhalten, reicht dafür nicht aus.[29] Der Nachweis, dass eine Betrauung oder Anweisung vorliegt, kann anhand von **Indizien** geführt werden. Im Hynix-Fall wurde dazu festgestellt, dass die koreanische Regierung offenkundig ein Interesse hatte, das bankrotte Unternehmen am Leben zu erhalten, und dass dazu Maßnahmen ergriffen wurden, die eine Betrauung oder Beauftragung von Privaten umfasste. Die Rettungs- und Umstrukturierungsbeihilfen (wie sie in der EU-Terminologie bezeichnet würden) zugunsten von Hynix wurden sowohl von den USA als auch von der EU als auch von Japan aufgegriffen, die von Hynix hergestellten DRAMs wurden in allen drei Fällen mit Ausgleichszöllen belegt. Dabei lag allen drei Fällen derselbe wirtschaftliche Sachverhalt zugrunde, allerdings wurden bestimmte Beweise und Unterlagen von den Behörden in den USA, der EU und in Japan unterschiedlich gewürdigt. Dies führte letztlich dazu, dass die seitens Korea eingeleiteten Streitschlichtungsverfahren vor der WTO gegen die USA[30] erfolglos blieben, gegenüber der EU[31] nur eine geringe Anpassung der Höhe des Ausgleichszolls zur Folge hatten und nur das Verfahren gegen Japan[32] zu einer Aufhebung der Maßnahmen führte. Die Frage, ob die koreanische Regierung private Banken und Einrichtungen betraut oder angewiesen hatte, wurde im Falle der USA und der EU als plausibel belegt angesehen, lediglich im Fall bezüglich Japan kam das Panel zum Ergebnis, dass die Fakten die Schlussfolgerung nicht trugen. Ausschlaggebend dafür waren allerdings die Schlussfolgerungen der japanischen Behörden, die einem Gutachten der Deutsche Bank AG zur Lebensfähigkeit von Hynix große Bedeutung beigemessen hatten; dieses Gutachten eines privaten Bankinstituts war geeignet, das Verhalten der Privaten, die angeblich betraut oder angewiesen worden waren, als **normales Marktverhalten** anzusehen.[33] Die EU und die USA hingegen hatten diesem Gutachten nur ein geringes Gewicht beigemessen und aus anderen Umständen die Schlussfolgerung gezogen, dass das Verhalten der Privaten nicht als marktwirtschaftliches Verhalten erklärbar war, sondern nur auf die festgestellten **Betrauungen und Anweisungen** seitens der Regierung zurückgehen konnte. Dass die Panels im WTO-Streitschlichtungsverfahren keine Neubewertung der Fakten vornehmen, sondern nur nachprüfen, ob die Schlussfolgerungen plausibel sind, erklärt solche Abweichungen im Ergebnis bei der Bewertung von praktisch identischen Sachverhalten. **83**

cc) Spezifizität. So wie Art. 107 AEUV nur solche Maßnahmen erfasst, die „bestimmte" Unternehmen oder Wirtschaftszweige begünstigen, also selektiv sind, setzt auch das ASCM in Art. 2 voraus, dass die staatliche Zuwendung spezifisch ist. Das Erfordernis der Spezifizität wird **84**

---

[24] EuGH, C-345/02, Slg. 2004, I-7139, RdNr. 36 – Pearle BV.
[25] WT/DS/70/R Tz. 9.115 – Canada Aircraft; s. auch WT/DS/194/R, Fn. 167 – US Export Restraints.
[26] EuGH, C-482/99, Slg. 2002, I-4397 – Stardust Marine.
[27] WT/DS 299/R, Tz. 7.49 – EC Countervailing Measures on DRAM Chips.
[28] WT/DS 299/R, Tz. 7.50-7.52 – EC Countervailing Measures on DRAM Chips.
[29] WT/DS 299/R, Tz. 7.59 – EC Countervailing Measures on DRAM Chips.
[30] WT/DS 296/AB/R – US Countervailing Duty Investigation on DRAMs.
[31] WT/DS 299/R – EC Countervailing Measures on DRAM Chips.
[32] WT/DS 336/AB/R – Japan DRAMs (Korea).
[33] WT/DS 336/AB/R – Japan DRAMs (Korea).

auch als Selektivitätskriterium bezeichnet,[34] wenngleich die Begriffe nicht identisch sind. Verbotene Subventionen („prohibited subsidies"), wie insbesondere Exportsubventionen, gelten stets als spezifisch, Art. 2.3 ASCM.

85 Maßnahmen, die **nach EU-Recht selektiv** sind, wie etwa Beihilfen zur Förderung bestimmter Regionen, stellen sich **nicht als spezifische Subvention nach WTO-***Recht* dar, weil solche Beihilfen grundsätzlich **allen** Unternehmen zur Verfügung stehen und nicht per se nur bestimmte Unternehmen oder Industriezweige fördern. Der Ausschluss einzelner Industrien, die keine Regionalförderung erhalten können oder in dieser Hinsicht strengeren Regeln unterliegen, macht die Beihilfe nicht zu einer selektiven Subvention nach WTO-Recht.[35]

86 Art. 2 ASCM unterscheidet zwischen den *de jure* **spezifischen Subventionen,** bei denen die Bestimmung sich aus der Maßnahme selbst ergibt, und denjenigen Maßnahmen, bei denen eine Spezifität *de facto* nachgewiesen werden kann. Die letztere Kategorie führt dann dazu, dass eine Maßnahme, die nach ihren Bestimmungen als allgemeine Maßnahme ausgestaltet ist (und daher nicht unter den Subventionsbegriff fiele, ähnlich wie allgemeine Maßnahmen unter Art. 107 AEUV nicht als Beihilfe angesehen werden), als Subvention im Sinne des ASCM angesehen und demgemäß Maßnahmen ergriffen werden können.

87 Art. 2.1 (c) ASCM stellt dabei auf mehrere Faktoren ab, deren Vorliegen zur Annahme einer *de facto* spezifischen Subvention führt. Dabei müssen nicht alle Faktoren zusammen erfüllt sein.[36] Inhaltlich sind die Anknüpfungspunkte denen des Beihilferechts ähnlich, indem darauf abgestellt wird, ob das zugrundeliegende Programm in seiner tatsächlichen Anwendung auf eine begrenzte Anzahl von Unternehmen beschränkt ist oder **faktisch nur von wenigen Unternehmen genutzt** werden kann oder genutzt wird. Im Falle European Communities – DRAMs hatte ein einziges Unternehmen – Hynix – 41% der gesamten Mittel eines bestimmten Programms erhalten, was die Kom. als *de facto* spezifisch ansehen durfte.[37]

88 **dd) Vorteil.** Wesentliche Voraussetzung für das Vorliegen einer Subvention nach ASCM ist der **Vorteil,** der durch die finanzielle Zuwendung des Staates bewirkt wird. Die Höhe der Subvention wird anhand der **Bemessung des Vorteils für den Empfänger** bestimmt, Art. 14 ASCM. Die Beurteilungskriterien sind in diesem Bereich im Wesentlichen identisch.[38] Welche Kosten dabei für den Staat entstanden sind, ist unerheblich.[39] Der Begünstigte muss aufgrund der finanziellen Zuwendung durch den Staat **„besser gestellt"** sein als er es ohne die Intervention wäre,[40] was zumeist durch einen **Marktvergleich** ermittelt wird.[41] Zwar wird der Marktvergleich in zahlreichen Fällen auch im EU-Recht herangezogen.[42] Jedoch ist die Praxis der Kom. uneinheitlich. In einigen Fällen stellt die Kom. für die Beihilfehöhe auf die **dem Staat entstandenen Kosten** ab. So hatte die Kom. im Fall Scott die dem Département de Loiret entstandenen Kosten als Beihilfewert zugrunde gelegt, weil dies die Kosten waren, die anderenfalls Scott hätte tragen müssen; das begünstigte Unternehmen ging davon aus, dass es das Grundstück nur zum **Marktpreis** erworben hätte, und dieser lag unter den Kosten, die dem Staat für die Anschaffung und Erschließung entstanden waren. Das EuG stellte auf den Marktpreis ab.[43] Die Entscheidung ist allerdings noch nicht rechtskräftig. Im Falle KAHLA/Thüringen Porzellan GmbH hatte die Kom. ebenfalls die Bemessung des Vorteils aus einer ABM-Maßnahme anhand der entstandenen Kosten ermittelt. Die Argumente des Unternehmens, dass – wenn die ABM-Maßnahme nicht zur Verfügung gestanden hätte – die Arbeiten günstiger durch ein Fremdunternehmen geleistet worden wären und daher die „vermiedenen Kosten" für das Unternehmen geringer waren als die Kosten der ABM-Maßnahme ließen die Kom. und das EuG nicht gelten.[44]

---

[34] Dazu *Sanchez Rydelski* 215 mwN. und 286.

[35] Vgl. *Luengo Hernández De Madrid,* European Foreign Affairs Review 13 (2008), 14.

[36] WT/DS 275/R, Tz. 7.123 – US Softwood Lumber IV.

[37] WT/DS 299/R, Tz. 7.226, 7.232 – EC Countervailing Measures on DRAM Chips.

[38] *Sanchez Rydelski* 214 f. und 285.

[39] WT/DS 70/AB/R, Tz. 155 f. – Canada Aircraft.

[40] WT/DS 70/AB/R, Tz. 157 – Canada Aircraft.

[41] WT/DS/70/R, Tz. 9.112 f. – Canada Aircraft; WT/DS/139/AB/R und WT/DS 142/AB/R, Tz. 10.165 – Canada Autos; WT/DS/46/AB/R, Tz. 165–187 – Brazil Aircraft.

[42] Vgl. EuGH, C-241/94, Slg. 1996, I-4551 – Frankreich/Kom.; EuGH, C-34/94, Slg. 1996, I-685 – SFEI; EuGH, C-261/89, Slg. 1991, I-4437 – Italien/Kom.

[43] EuG, T-366/00, Slg. 2007, II-797 – Scott Paper/Kom.; s. dazu Schlussanträge Generalanwalt Mengozzi v. 23. 2. 2010, Rs. C-290/07 P, der im Ergebnis die Aufhebung des Urteils empfiehlt.

[44] Kom., ABl. 2003 L 227/12 – KAHLA/Thüringen Porzellan GmbH; EuG, T-20/03 v. 24. 9. 2008, Slg. 2008, II-[noch nicht veröffentlicht] – KAHLA/Thüringen Porzellan GmbH.

Art. 14 ASCM listet eine Reihe von Beispielen auf, wie die Höhe des Vorteils ermittelt wer-　**89** den kann. Dabei spielt der **Marktvergleich** eine große Rolle – hinsichtlich der **Zufuhr von Eigenkapital** in ein Unternehmen wird auf den **Privatinvestorentest** abgestellt (Art. 14 (a) ASCM); bei Darlehen wird abgestellt auf die Differenz zwischen dem tatsächlich an den Staat zu zahlenden Zins und dem Zinssatz, den der Begünstigte auf dem Markt erhalten könnte (Art. 14 (b) ASCM); hinsichtlich staatlicher **Bürgschaften und Garantien** ist maßgeblich, ob und inwieweit die Bürgschaft oder Garantie es dem Unternehmen ermöglicht hat, ein **Darlehen zu günstigeren Konditionen** zu erhalten (Art. 14 (c) ASCM). Ist das Unternehmen nicht kreditwürdig, weil es ein „Unternehmen in Schwierigkeiten" ist (um die EU-Terminologie anzuwenden), so ist – anders als nach EU-Beihilferecht – nicht der gesamte Darlehensbetrag zugrunde zu legen, sondern vielmehr derjenige Zinssatz, der für das Unternehmen angenommen werden kann.[45] Das Panel hat im European Communities – DRAMs Fall ausdrücklich betont, dass für die Ermittlung des Vorteils auf die Sichtweise des Empfängers abzustellen ist, nicht auf die der gewährenden Stelle.[46] Soweit es um Leistungen eines Staates geht, die als Subvention angesehen wird, wird – abweichend vom Ansatz der Kom. im Fall Scott – darauf abgestellt, ob für die Leistung des Staates eine **„angemessene" Vergütung** entrichtet wurde; dies ist im Marktvergleich zu ermitteln, Art. 14 (d) ASCM.

ee) Weitergabe des Vorteils. Eine Subvention, die vom Begünstigten weitergegeben wird　**90** und damit dem weiter verarbeiteten Produkt zugutekommt, kann ebenfalls unter Art. 1.1 ASCM gefasst werden, sofern ausdrücklich festgestellt wird, dass eine **mittelbare Begünstigung** vorliegt. Art. 1 ASCM findet vornehmlich Anwendung auf finanzielle Zuwendungen, die den Empfänger begünstigt haben – das setzt voraus, dass der Betreffende tatsächlich etwas erhalten hat.[47] Bestehen zwischen dem (Erst-)Empfänger der Subvention und dem mittelbar Begünstigten normale, zwischen Dritten übliche Beziehungen, dann muss ausdrücklich festgestellt werden, dass der Vorteil an den mittelbar Begünstigten weiter gereicht worden ist. Der AB stellt dazu fest:

Where the input producers and producers of the processed products operate at arm's length, the passthrough of input subsidy benefits from the direct recipients to the indirect recipients downstream cannot simply be presumed; it must be established by the investigating authority. In the absence of such analysis, it cannot be shown that the essential elements of the subsidy definition in Article 1 are present in respect of the processed product.[48]

Wird tatsächlich festgestellt, dass eine Weitergabe des Vorteils erfolgt ist, beziehen sich die　**91** Konsequenzen auf das weiterverarbeitete Produkt. Insoweit unterscheidet sich das WTO-Recht nicht wirklich vom EU-Beihilferecht, wo bei einem Vorliegen einer mittelbaren Begünstigung eine **Rückforderung vom mittelbar Begünstigten** möglich ist; in der Praxis kann es allerdings schwer sein, festzustellen, in welcher Höhe ein Vorteil weitergereicht wurde, so dass trotz der Annahme eines beihilferechtlich relevanten Vorteils eine Rückforderung vom mittelbar Begünstigten unterbleibt.[49] In bestimmten Sektoren wird allerdings die mittelbare Begünstigung ausdrücklich zum Gegenstand der Untersuchung gemacht, so im Bereich des Schiffbaus hinsichtlich der Entwicklungshilfe, die zugunsten eines Reeders in einem Entwicklungsland gewährt wird; hier wird wegen der möglichen mittelbaren Begünstigung der Werft untersucht, ob der Baupreis dem Marktpreis entspricht.[50]

ff) Handelsbeeinträchtigung und Wettbewerbsverfälschung vs. Schädigung. Wäh-　**92** rend die Beihilfevorschriften des AEUV eine mögliche Handelsbeeinträchtigung und Wettbewerbsverfälschung ausreichen lassen, um zu einer von Art. 107 Abs. 1 AEUV erfassten Beihilfe zu gelangen, sieht das ASCM unterschiedliche Formen von nachteiligen Auswirkungen vor, die zu unterschiedlichen Maßnahmen – Ausgleichsmaßnahmen oder Abhilfemaßnahmen – berechtigen können.[51] Dies sind erstens die Schädigung eines inländischen Wirtschaftszweiges, die zu

---

[45] WT/DS 299/R, Tz. 211 ff. – EC Countervailing Measures on DRAM Chips.
[46] WT/DS 299/R, Tz. 212 – EC Countervailing Measures on DRAM Chips.
[47] WT/DS 70/AB/R, Tz. 155 – Canada Aircraft.
[48] WT/DS 257/AB/R, Tz. 143 – US Softwood Lumber IV.
[49] Vgl. die Feststellung der Begünstigung von T-Mobile in Kom., ABl. 2006 L 200/14 – Medienanstalt Berlin-Brandenburg – wo eine Rückforderung von Beihilfen für die Umstellung von analoger auf digitale Terrestrik nur gegenüber den direkt begünstigten Rundfunkanstalten ausgesprochen wurde, nicht aber gegenüber dem eigentlichen „Gewinner" T-Mobile, die den neuen Übertragungsweg bereit stellten.
[50] S. dazu unten Sektoren RdNr. 907 ff.
[51] Dazu ausführlich *Sanchez Rydelski* 291.

Ausgleichszöllen berechtigen, zweitens die **Zunichtemachung oder Schmälerung von aus dem GATT erwachsenden Vorteilen,** und drittens die **ernsthafte Schädigung,** die sich zumeist auf Drittlandsmärkte bezieht.

93 **c) Maßnahmen bei Vorliegen einer Subvention.** Die WTO-Regeln kennen keine eigene Überwachung der Einhaltung der Regeln über Subventionen durch die WTO. Darin unterscheidet sich das System grundlegend von der Kontrolle der Beihilfen in der EU seitens der Kom., die als Hüterin der Verträge entsprechende Untersuchungen von sich aus einleiten und Rückforderungen anordnen kann. Stellt ein WTO-Mitgliedstaat fest, dass ein anderer WTO-Mitgliedstaat einem Unternehmen eine Subvention gewährt hat, kann er unterschiedliche Wege beschreiten, um dagegen vorzugehen: liegt eine „verbotene Subvention" im Sinne von Art. 3 ASCM vor, kann das WTO-Mitglied das Verfahren nach Art. 4 ASCM einleiten, ohne nachweisen zu müssen, dass eine Beeinträchtigung seiner Interessen vorliegt. Das Verfahren sieht **Konsultationen** vor, anschließend kann das **Streitschlichtungsverfahren** durchlaufen werden. Wird festgestellt, dass verbotene Subventionen vorliegen, wird dem gewährenden Mitgliedstaat aufgegeben, diese unverzüglich zu beseitigen (Art. 4.7). Handelt es sich nicht um verbotene Subventionen, sondern nur um „actionable subsidies", und führen diese zu nachteiligen Auswirkungen nach Art. 5 ASCM, kann das Verfahren nach Art. 7 ASCM durchlaufen werden, das dem des Art. 4 ähnlich ist.

94 Führt die Subvention zu einer Schädigung der heimischen Industrie, weil dadurch bestimmte Güter begünstigt werden, so kann unter den Voraussetzungen des Art. VI GATT und Art. 10 ff. ASCM ein **Ausgleichszoll** auf die Produkte eingeführt werden, die von der Subvention profitieren. Das Verfahren zur Verhängung von Ausgleichszöllen und die Verfahren nach Art. 4 oder 7 ASCM schließen sich wechselseitig aus.[52]

95 **aa) Track 1 – Verhängung von Ausgleichszöllen.** Gegen Subventionen, die verboten oder „actionable" sind, kann ein WTO-Mitgliedstaat durch die Einführung von Ausgleichszöllen auf die Einfuhr der subventionierten Produkte vorgehen, sofern die Voraussetzungen nach Art. VI GATT und dem ASCM vorliegen. Die **Einführung dieser Ausgleichszölle muß erfolgen, solange der Vorteil aus der Subventionierung noch besteht,** anderenfalls ist sie unzulässig.[53] Bei laufenden Subventionen, wie Steuervorteilen oder direkten Gutschriften im Zusammenhang mit Exporten, bietet dies keine praktischen Schwierigkeiten. Anders sieht es aus, wenn eine Subvention in einem einmaligen Betrag gewährt wird. Mitgliedstaaten, die dagegen vorgehen wollen, können dann ermitteln, ob es angemessen ist, diesen einmaligen Betrag über mehrere Jahre zu verteilen, um sodann zu errechnen, auf welchen Betrag sich die Subventionierung im jeweiligen Jahr beläuft, in welcher Höhe sie auf die Importe anzurechnen ist, und zu welchen Ausgleichszollsätzen dies führen sollte.[54] Dabei werden auch diejenigen Jahre mitgerechnet, in denen noch kein Ausgleichszoll verhängt wurde, mit der Folge, dass ein erheblicher Teil der Subventionierung sanktionslos bleibt, weil das Verfahren zur Einführung der Ausgleichszölle einen erheblichen Vorlauf hat (Beschwerde seitens der betroffenen Industrie zum Nachweis von Subventionierung und Schädigung; Durchführen des Verwaltungsverfahrens etc.). Ist der Zeitraum, über den der Mitgliedstaat die Begünstigung alloziert hat, abgelaufen, werden die Ausgleichszölle beendet.[55] Eine solche „Amortisierung" des Vorteils einer Beihilfe ist dem europäische Beihilferecht unbekannt, dort kommt es stets auf die Wiederherstellung des früheren Zustands an.

96 **bb) Track 2 – Dispute Settlement.** Lassen sich gegen die verbotenen Subventionen keine Ausgleichszölle einführen, weil die entsprechenden Produkte nicht „eingeführt" werden, wie etwa Schiffe oder Flugzeuge, oder bevorzugt ein WTO-Mitglied diesen Weg nach Art. 4 oder 7 ASCM, kann dies im Wege des Streitschlichtungsverfahrens nach dem DSU erfolgen.

97 Grundsätzlich geht das WTO-Recht davon aus, dass die Mitgliedstaaten die Verletzung – die beanstandete Subvention – unverzüglich, aber nur **mit Wirkung für die Zukunft beseitigen,** was die Anordnung einer Rückforderung ausschließen würde. Diese Auffassung wird allerdings nicht uneingeschränkt geteilt. Bemerkenswert ist, dass in Australia – Automotive Leather selbst der Beschwerdeführer USA der Auffassung war, eine „Rücknahme der Subven-

---

[52] Fn. 35 zu Art. 10 ASCM.
[53] WT/DS 336/R, Tz. 7.355 – Japan DRAMs.
[54] Die DRAM-Fälle WT/DS 296/AB/R – US Countervailing Duty Investigation on DRAMs, WT/DS 299/R – EC Countervailing Measures on DRAM Chips und WT/DS 336/R – Japan DRAMs (Korea) bieten insoweit anschauliche Beispiele.
[55] Vgl. VO 321/2008, ABl. 2008 L 96/1, dort RdNr. 77 ff.

tion" sei nur zukunftsgerichtet vorstellbar, würde also **keine Rückforderung** voraussetzen; die EU als weitere interessierte Partei hat dem ausdrücklich beigepflichtet, obwohl eine Anordnung einer Rückforderung das WTO-System näher an das EU-Beihilferecht rücken würde und damit die auf internationaler Ebene bestehende Wettbewerbsbeeinträchtigung aufgrund unterschiedlicher Regeln zur Bekämpfung von Beihilfen mildern würde. Das nach Art. 21.5 DSU eingesetzte Panel kam entgegen der Auffassung der Parteien zur Schlussfolgerung, dass eine „Rücknahme der Subvention" auch die Rückzahlung der gewährten Subventionen erfordert, also ein Mitgliedstaat nur dann der Empfehlung des DSB entsprechend handelt, wenn tatsächlich eine Rückforderung angeordnet wird.[56] Vor einer Rückforderung von Zinsen schreckte allerdings auch das Art. 21.5 Panel zurück.[57] Tatsächlich einigten sich die USA und Australien in dem Fall auf eine **Teilrückzahlung der gewährten Subvention** durch den Empfänger und eine Aufgabe der Beihilfe mit Wirkung für die Zukunft. Soweit ersichtlich, ist in anderen Fällen der Weg der Anordnung einer Rückzahlung nicht beschritten worden, sondern die Maßnahme nur mit Wirkung für die Zukunft beseitigt worden.

d) Genehmigte EU-Beihilfe kein Freibrief nach WTO-Recht. Anders als das EU-Bei- **98** hilferecht kennen die WTO-Regeln **keine präventive Kontrolle von Subventionen.** Zwar teilen die WTO-Mitgliedstaaten der WTO die von ihnen gewährten Subventionen mit.[58] Auch ist – nach der Nicht-Verlängerung der „non-actionable" Subventionen 1999 – keine „Vereinbarkeitsregel" für Subventionen nach WTO-Recht mehr gegeben.[59] Deswegen kann keineswegs davon ausgegangen werden, dass mit dem Binnenmarkt vereinbare Beihilfen auch mit dem ASCM vereinbar sind.[60] Zwar beachtet die Kom. bei der Genehmigung von Beihilfen auch Verpflichtungen nach WTO-Recht,[61] jedoch richtet sich die Vereinbarkeitserklärung nach Art. 107 Abs. 3 AEUV ausschließlich nach Erwägungen, die den Binnenmarkt zum Gegenstand haben.

Nach EU-Recht ist durchaus vorstellbar, dass einem Unternehmen eine **Umstrukturie- 99 rungsbeihilfe** gewährt wird, die nach Abwägung aller Aspekte **mit dem Binnenmarkt für vereinbar** erklärt wird. Die vom begünstigten Unternehmen verkauften Produkte werden dann **nach WTO-Regeln als subventioniert** anzusehen sein und erlauben unter Umständen die Verhängung von **Ausgleichszöllen.** Dies veranschaulicht insbesondere der DRAM-Fall, bei dem Korea dem in Schwierigkeiten geratenen Unternehmen Hynix massive Rettungs- und Umstrukturierungsbeihilfen gewährt hat. Angesichts der Bedeutung von Hynix für die koreanische Wirtschaft kann davon ausgegangen werden, dass – in die EU übertragen – Rettungs- und Umstrukturierungsbeihilfen für ein vergleichbar bedeutendes Unternehmen für mit dem Binnenmarkt vereinbar angesehen worden wären.[62] Wenngleich in der EU Gegenleistungen in Form von Reduzierungen der Marktpräsenz verlangt werden,[63] bliebe dennoch ein erheblicher Vorteil, der das Unternehmen begünstigt und gegen den andere Mitgliedstaaten nach ASCM vorgehen könnten. Die EU selbst ist mit Ausgleichszöllen gegen die massive Subventionierung von Hynix eingeschritten.[64] Dabei ist allerdings zu beachten, dass der Vorteil, der sich aus einer solchen Umstrukturierungsbeihilfe ergibt, einerseits konkret dem bestimmten Produkt zugeordnet werden muss und sodann der auf den Export in den entsprechenden WTO-Mitgliedstaat, der den Ausgleichszoll verhängen wird, entfallende Anteil ermittelt werden muss (etwa im Wege der Umsatzaufteilung). Damit wird nur ein Bruchteil der gewährten Subvention vom Ausgleichszoll auf das bestimmte Produkt erfasst.

Bei anderen Beihilfearten, wie Investitionsbeihilfen, Forschungs- und Entwicklungsbeihilfen **100** oder Ausbildungsbeihilfen werden sich die Auswirkungen der Subventionierung auf den Export bestimmter Produkte oft weniger klar nachweisen lassen oder weniger bedeutsam sein. Ein Teil dieser Beihilfearten unterfiel den „grünen" Subventionen nach WTO-Recht, und aufgrund der

---

[56] WT/DS 126/RW, Tz. 6.46 ff. – Australia Automotive Leather.
[57] WT/DS 126/RW, Tz. 6.49 – Australia Automotive Leather.
[58] Art. XVI:1 GATT 1994 und Art. 25 ASCM; vgl. den Bericht der EU, G/SCM/N/155/EEC – New and Full Notification pursuant to Art. XVI:1 GATT 1994 and Art. 25 ASCM, nebst Addenda.
[59] *Flett/Jessen/Talaber-Ritz* 447 f.
[60] AA. *Gross* 30.
[61] In der generellen Gruppenfreistellungsverordnung, Art. 1 Abs. 2 VO 800/2008, ABl. 2008 L 214/3, werden „Beihilfen für ausfuhrbezogene Tätigkeiten", die als Exportbeihilfe eine verbotene Subvention nach WTO-Recht wären, ausdrücklich ausgenommen.
[62] Vgl. beispielsweise Kom. ABl. 2005 L 150/24 (Alstom).
[63] Dazu unten Rettung/Umstrukturierung RdNr. 178 ff.
[64] VO 1480/2003, ABl. 2003 L 212/1.

Tatsache, dass deren Gewährung den Handel mit anderen WTO-Mitgliedstaaten offenbar weniger berührt, sind bislang keine Beschwerden gegen die EU vorgebracht worden. Aber schon der Disput um die Beihilfegewährung an Airbus[65] zeigt, dass Beihilfen, die – wie Launch Aid[66] für die Entwicklung von Flugzeugen – nach EU-Recht für mit dem Binnenmarkt vereinbar angesehen werden, durchaus aus der Sicht der WTO-Handelspartner als Subventionen betrachtet werden können, die den Handel beeinträchtigen und als „actionable" Subventionen im Sinne des ASCM angesehen werden.

II. Der Tatbestand der Beihilfe

101   **1. Vorbemerkung.** Art. 107 Abs. 1 AEUV etabliert ein grundsätzliches Verbot der Gewährung staatlicher Beihilfen. Nach ständiger Rechtsprechung des Gerichtshofs verlangt die Klassifizierung als „staatliche Beihilfe", dass alle in Art. 107 Abs. 1 AEUV genannten Voraussetzungen erfüllt sind.[1] In der neueren Rechtsprechung wird häufig die folgende Formel verwendet: „Erstens muss es sich um eine staatliche Maßnahme oder eine Maßnahme unter Inanspruchnahme staatlicher Mittel handeln. Zweitens muss sie geeignet sein, den Handel zwischen Mitgliedstaaten zu beeinträchtigen. Drittens muss dem Begünstigten durch sie ein Vorteil gewährt werden. Viertens muss sie den Wettbewerb verfälschen oder zu verfälschen drohen".[2]

Diese Formel bietet gegenüber dem Wortlaut der Regelung keinen Mehrwert und wird der Komplexität des Fallrechts zum Beihilfenbegriff nicht gerecht. Eine genauere Untersuchung der Rechtsprechung ergibt, dass der Tatbestand wenigstens fünf Merkmale umfasst, die kumulativ erfüllt sein müssen, um von einer staatlichen Beihilfe im Sinne des Gemeinschaftsrechts sprechen zu können:
– Durch einen dem Staat zurechenbaren Transfer staatlicher Mittel („staatliche oder **aus staatlichen Mitteln gewährte**")[3] wird
– ein wirtschaftlicher Vorteil (**„Begünstigung"**)[4]
– „bestimmten Unternehmen oder Produktionszweigen" (**Selektivität**)[5] gewährt,
– wodurch eine **Wettbewerbsverfälschung**[6] jedenfalls droht, und
– der Handel zwischen den Mitgliedstaaten beeinträchtigt wird (**Zwischenstaatlichkeitsklausel**).[7]

102   Wenn auch nur eines dieser Tatbestandsmerkmale nicht erfüllt ist, fällt die Maßnahme nicht unter Art. 107 Abs. 1 AEUV. Das ist für jeden potentiellen Beihilfenempfänger gesondert zu beurteilen (**„relative Beihilfenqualität"**).[8] Man könnte annehmen, dass die Notwendigkeit des kumulierten Vorliegens zur Folge gehabt hätte, der Regelung einen auf ganz bestimmte, besonders binnenmarktrelevante Maßnahmen beschränkten Anwendungsbereich zuzuweisen. Dem war jedoch nicht so. Durch Verweis auf das weitere Merkmal **„gleich welcher Art"** haben die Gemeinschaftsgerichte die Norm von Anfang an extensiv ausgelegt. Diese weite Auslegung erklärt sich aus der für die Auslegung der Unionsverträge typischen „effet-utile" Maxime, nach der die Bestimmungen der Verträge so ausgelegt werden müssen, dass sie ihre Ziele möglichst wirksam erreichen können.[9] Ein Anwendungsfall der „effet-utile" Auslegungsmaxime

---

[65] WT/DS 316 – EC and certain member States Large Civil Aircraft.

[66] Darlehen zur Unterstützung der Entwicklung, die nur im Erfolgsfall zurückzuzahlen sind, vgl. Kom., Staatliche Beihilfe N 165/2003 – ITP.

[1] Vgl. nur EuGH, C-280/00, Slg. 2003, I-7747, RdNr. 74 – Altmark Trans; EuGH, C-428/99, Slg. 2002, I-4397, RdNr. 68 – Frankreich/Kommission (Stardust Marine); EuGH C-142/87, Slg. 1990 I-959, RdNr. 85 – Tubermeuse.

[2] EuG, T-266/02, Slg. 2008, II-1233, RdNr. 70 – Deutsche Post/Kommission; EuGH, C-280/00, Slg. 2003, I-7747, RdNrn. 74 und 75 sowie die dort angeführte Rechtsprechung – Altmark Trans.

[3] Siehe hierzu *Soltész* in diesem Kapitel nachfolgend unter Abschnitt 3 (239 ff.).

[4] Hierzu *Arhold* in diesem Kapitel nachfolgend unter Abschnitt 2 (RdNr. 105 ff.).

[5] Hierzu *Arhold* in diesem Kapitel nachfolgend unter Abschnitt 4 (RdNr. 306 ff.).

[6] Hierzu *Soltész* in diesem Kapitel nachfolgend unter Abschnitt 5 (RdNr. 404 ff.).

[7] Hierzu *Soltész* in diesem Kapitel nachfolgend unter Abschnitt 6 (RdNr. 440 ff.).

[8] Siehe EuG, T-34/02, Slg. 2006, II-267, RdNr. 109 – Le Leval sowie unten unter RdNr. 135 ff. – mittelbare Begünstigung.

[9] In älteren Urteilen findet sich in der deutschen Fassung von EuGH-Urteilen der Begriff des „effet utile" als Klammerausdruck zusätzlich zu Worten wie „nützliche Wirkung" (EuGH, 9/70, Slg. 1970, 825, RdNr. 5 – Grad; EuGH, 41/74, Slg. 1974, 1337, RdNr. 12 – Van Duyn) oder „praktische Wirksamkeit" (EuGH, 48/75, Slg. 1976, 497, RdNr. 69/73 – Royer). In ständiger Rechtsprechung stellt der EuGH in der

ist die **„Wirkungs"-Doktrin** bei der Auslegung des Beihilfentatbestands, insbesondere beim Merkmal der Begünstigung.[10]

Die Kommission hat die weite Auslegung des Beihilfenbegriffs dankbar aufgenommen und die **103** Beihilfenpolitik dazu genutzt, auf wirtschaftspolitischen Gebieten, auf denen die Gemeinschaft keine oder keine hinreichend starke[11] Kompetenz besitzt, Handlungsrahmen durch Einzelfallprüfungen und die Aufstellung von Rahmengesetzgebung in Form von GVOs, Mitteilungen, Leitlinien und Gemeinschaftsrahmen zu setzen und durch deren harmonisierende Wirkung indirekt erheblich auf die die Unternehmenstätigkeit steuernde nationale Wirtschaftspolitik Einfluss zu nehmen, beispielsweise im Bereich der Umwelt-, Steuer-, Regionalförderungs- und Forschungspolitik; neuerdings selbst in so klassischen mitgliedstaatlichen Kernkompetenzfeldern wie der Medien- und Infrastrukturpolitik.[12] Nun ist das Beihilfenverbot aber weder zur **Ausübung allgemeiner Wirtschaftspolitik** geeignet noch dazu in die römischen Verträge aufgenommen worden. Die Unionsgerichte sind daher in jüngster Zeit dazu übergegangen, die ausufernde Interpretation des Beihilfenbegriffs wieder einzugrenzen. Beispiele hierfür sind das PreussenElektra Urteil,[13] das das Merkmal des Transfers staatlicher Mittel entgegen dem Wunsch der Kommission eingegrenzt hat, die Urteile Stardust Marine,[14] Olympic Airways,[15] Pearle[16] und Deutsche Bahn,[17] jeweils zum ungeschriebenen Tatbestandsmerkmal der Zurechenbarkeit des Transfers, das Urteil Linde[18] zum Tatbestandsmerkmal der Begünstigung und das Urteil Altmark Trans[19] zum Tatbestandsmerkmal der Begünstigung im Zusammenhang mit Dienstleistungen von allgemeinem wirtschaftlichem Interesse (DAWI), das Urteil des Gerichts in BAA[20] zur Frage der Selektivität, welches allerdings vom Gerichtshof zu Recht aufgehoben wurde,[21] sowie in jüngster Zeit wiederum bezüglich des Tatbestandsmerkmals der Begünstigung die Urteile Ryanair[22] und EDF.[23]

Die Rechtsprechung zum Tatbestand des Art. 107 Abs. 1 AEUV ist geprägt von den wider- **104** sprüchlichen Anliegen, einerseits den Tatbestand möglichst weit zu interpretieren, um die Mitgliedstaaten daran zu hindern, den Wettbewerb unter Umgehung des Beihilfenverbots zu Gunsten ihrer Unternehmen oder wesentlicher Industriesektoren zu verfälschen, und andererseits im Sinne eines politischen Wettbewerbs der Systeme[24] den Mitgliedstaaten Raum für eine eigene Wirtschaftspolitik zu belassen. Dogmatisch ist dieser **permanente Konflikt** im Rahmen des Beihilfentatbestandes kaum vernünftig beherrschbar, da nur wenige wirtschaftpolitische Entscheidungen keinen Einfluss auf den Wettbewerb haben. Am ehesten wäre wohl mit großzügigeren Ausnahmebestimmungen geholfen. Diese fallen allerdings in erster Linie in die Kompetenz der Kommission, die sich als Wächterin freien Wettbewerbs zuallererst einer strikten Kontrollpolitik verpflichtet sieht (und dazu von den Mitgliedstaaten auch regelmäßig angehalten wird). Der hier skizzierte Hintergrund tritt bei der Rechtsprechung zu allen Tatbestandsmerkmalen mehr oder weniger deutlich zum Vorschein.

---

deutschen Fassung der Urteile nunmehr ohne einen solchen Zusatz auf die „volle Wirksamkeit" oder die „praktische Wirksamkeit" von Gemeinschaftsvorschriften als Auslegungsaspekt ab, wobei jedoch nur die letztgenannte Wortwahl („praktische Wirksamkeit") in den französischen Fassungen der Urteile mit „effet utile" wiedergegeben wird. Zu den inhaltlichen Unterschieden und zur Kritik an diesem Auslegungsgrundsatz und seiner konkreten Anwendung vgl. *Potacs* EuR 2009, 465.

[10] Hierzu sogleich unter RdNr. 105 f.

[11] So im Bereich der direkten Unternehmensbesteuerung, wo das selbst noch nach dem Vertrag von Lissabon bestehende Einstimmigkeitserfordernis im Rat einer Harmonisierung stets im Wege stand, vgl. hierzu und insgesamt zur Beihilfenpolitik im Bereich der Unternehmensbesteuerung unten Steuern.

[12] Vgl. hierzu unten Sektoren.

[13] EuGH, C-379/98, Slg. 2001 I-2099 – PreussenElektra.

[14] EuGH, C-482/99, Slg. 2002, I-4397 – Frankreich/Kommission (Stardust Marine).

[15] EuG, T-68/03, Slg. 2007, II-2911 – Olympic Airways/ Kommission.

[16] EuGH, C-345/02, Slg. 2004, I-7139 – Pearle.

[17] EuG, T-351/02, Slg. 2006, II-1047 – Deutsche Bahn.

[18] EuG, T-98/00, Slg. 2002, II-3961 – Linde/Kommission.

[19] EuGH, C-280/00, Slg. 2003, I-7747 – Altmark Trans.

[20] EuG, T-210/02, Slg. 2006, II-2789 – BAA/Kommission; EuGH, C-487/06 P, Slg. 2008, I-10505 – BAA/Kommission.

[21] Vgl. hierzu sogleich unter Punkt I. – Wirkungsdoktrin und in diesem Kapitel unter Abschnitt 3.

[22] EuG, T-196/04, Slg. 2008, II-3643 – Ryanair.

[23] EuG, T-156/04, Slg. 2009, noch nicht in der amtlichen Sammlung – EDF/Kommission.

[24] Wettbewerb zwischen den Mitgliedstaaten hinsichtlich allgemeiner wirtschaftspolitischer Maßnahmen ist im Rahmen der Art. 113, 114–117 und 119 ff AEUV zu regeln. So auch *von der Groeben/Schwarze/Mederer* Art. 87 Abs. 1 EG RdNr. 30.

2. Begünstigung

Schrifttum: *Anestis/Mavroghenis,* The Market Investor Test, in *Sánchez-Rydelski* (Hrsg.), The EC State aid Regime, 2006, 109 ff.; *Arhold,* The Case Law of the European Court of Justice and the Court of First Instance on State Aids in 1998–2008, EStAL 2002, 2; 2003, 145; 2004, 167; 2005, 175; 2006, 215 & 465; 2007, 151 & 435; 2008, 441; *ders.,* Beihilfenrückforderung nach Unternehmensveräußerung – Zugleich Anmerkung zum Urteil des Gerichts erster Instanz in der Sache T-324/00 – CDA, EuZW 2006, 42; *Bacon,* European Community law of State aid, 2009; *ders.,* Verschärft sich die Spruchpraxis zum Europäischen Beihilfenrecht?, EuZW 2000, 2010; *ders.,* Schranken-Schranken in der EG-Beihilfenkontrolle – Tendenzen der jüngsten Rechtsprechung der Gemeinschaftsgerichte, NJW 2002, 3588; *ders.,* Sozialer Wohnungsbau und europäische Beihilfenkontrolle EuZW 2007, 559; *ders.,* Die Kommissionspraxis nach dem Urteil des EuGH in der Rechtssache Altmark – Worin liegt das Neue?, EuZW 2004, 295; *ders.,* Vergabefremde Kriterien und Art. 87 I EG: Sitzt das öffentliche Beschaffungswesen in Europa auf einem beihilferechtlichen Pulverfass?, EuZW 2001, 229; *ders.,* Why did the Court of Justice respond in Ferring?, EStAL 2002, 1; *ders.,* How to reconcile the ECJ's rulings in Altmark and Chronopost, EStAL 2003, 375; *Bauer,* Rechtssicherheit bei der Finanzierung gemeinwirtschaftlicher Leistungen? Zum Verhältnis zwischen Art. 87 I EG und Art. 86 II EG nach der Altmark-Entscheidung des EuGH, EuZW 2006, 7; *Bovis,* Public procurement, State aid and public services: between sybiotic correlation and asymmetric geometry, EStAL 2003, 543; *Biondi,* Anmerkung zum BUPA Urteil, EStAL 2008, 401; *Chérot,* Le TPICE se prononce pour la première fois sur les conditions d'application de la notion d'aide d'Etat aux éléments des régimes de permis négociables, Concurrences, Revue des droits de la concurrence 2008, 148; *ders.* La Cour se prononce sur un cas particulier où l'institution d'une taxe constitue elle-même l'instauration d'un régime d'aide, Concurrences: Revue des droits de la concurrence 2006, 104; *Deide/Porsch,* Öffentliche Finanzierung von Infrastrukturanlagen und Europäisches Wettbewerbsrecht – dargestellt am Beispiel von Flugplätzen, ZLW 2004, 1; *Dörr,* Infrastrukturförderung (nur) nach Ausschreibung? NZBau 2005, 617; *Friederiszick/Tröge,* Applying the Market Economy Investor Principle to State owned companies – lessons learned from the German Landesbanken Cases, Competition Policy Newspaper 1/2006, 105; *Gaal/Papadias/Riedl,* Citynet Amsterdam: an application of the market economy investor principle in the electronic communications sector, Competition Policy Newsletter 2008, 82; *Geburtig,* Die Abgabenordnung im Visier des europäischen Beihilfenrechts – eine kritische Anmerkung zur Van Calster-Rechtsprechung des EuGH, EuZW 2005, 716; *Gisberts/Kleve,* „Private Investor Test" im EG-Beihilfenrecht – Das Ryanair-Urteil des EuG, EuZW 2009, 287; *Gisberts/Streit,* Anforderungen an den „Private Investor Test" im Beihilfenrecht, EuZW 2009, 484; *Grabitz/Hilf* (Hrsg.), Das Recht der Europäischen Union, Stand April 2009; *Hancher,* Anmerkungen zum Combus-Urteil, EStAL, 2004, 455; *dies.,* Is there a new concept of State aid emerging?, EStAL 2003, 365; *Heidenhain,* Mittelbare Beihilfen, EuZW 2007, 623; *ders.,* Verwendung des Aufkommens parafiskalischer Abgaben, EuZW 2005, 6; *Jennert,* Die Berücksichtigung des Empfängerverhaltens im europäischen Beihilfenrecht, EuR 2003,343; *ders.* Finanzierung und Wettbewerb in der Daseinsvorsorge nach Altmark Trans, NVwZ 2004, 425; *Jungnickel/Dulce,* Die Zulässigkeit der (teilweisen) Versteigerung von Emissionsberechtigungen aus europarechtlicher Sicht, NVwZ 2009, 623; *Koenig/Haratsch,* The licence-fee based financing of public service broadcasting in Germany after the Altmark Trans judgment, EStAL 2003, 569; *Koenig/Paul,* Die Krankenhausfinanzierung im Kreuzfeuer der EG-Beihilfenkontrolle, EuZW 2008, 359; *dies.,* Ist die Krankenhausfinanzierung ein pathologischer Fall für EG-beihilfenrechtliche Transparenz- oder sogar für Entflechtungsmaßnahmen?, EuZW 2009, 844; *Koenig/Sander,* Die verbrauchervermittelte Unternehmensbegünstigung auf dem Prüfstand des EG-Beihilfenrechts, EuR 2000, 743; *Könings,* Emission trading – why State aid is involved: NOx trading scheme, Competition Policy Newsletter 2003, 77; *Köster,* Europäisches Beihilfenrecht und mitgliedstaatliche Finanzierung von Anreizen zur Förderung des Flugverkehrs an Regionalflughäfen – Anmerkung zur Entscheidung der Kommission vom 12. Februar 2004, C(2004) 516 – Ryanair/Charleroi EuR 2005, 554; *Köster/Molle,* Gilt das Privatgläubigerprinzip bei der Beihilfenrückforderung? – Zur Frage der Anwendbarkeit des Privatgläubigerprinzips („Private Creditor Test") im Verfahren zur Rückforderung einer staatlichen Beihilfe, EuZW 2007, 534; *Lübbig,* Anmerkung zu EuG, v. 28. Januar 1999, Rs. T-14/96, Bretagne Angleterre Irlande (BAI)/Kommission, EuZW 1999, 665; *Lübbig/Martin-Ehlers,* Beihilfenrecht der EU, 2. Auflage, 2009; *Lykotrafiti,* Low-Cost Carriers and State aids: A paradox? Reflections on the Ryanair/Charleroi Case, EStAL 2008, 214; *Martini,* Der Markt als Instrument hoheitlicher Verteilungslenkung, Habil. Tübingen 2008; *Mederer/Pesaresi/Van Hoof* (Hrsg.), EU Competition law, Volume IV, State aid, Book One; *Nicolaides,* State Aid, Advantage and Competitive Selection: What Is a Normal Market Transaction?, EStAL 2010, 65; *Oswell/Metaxas/Vahida,* CFI judgement in Charleroi case T-196/04, EStAL 2009, 549; *Otting/Soltész/Melcher,* Verkehrsverträge vor dem Hintergrund des Europäischen Beihilferechts – Verwaltungsrichter weisen Brüssel in die Schranken, EuZW 2009, 444; *Lambros Papadias/Riedl/Westerhof,* Public funding for broadband networks — recent developments, Competition Policy Newletter 1/2006, 13; *Pautsch,* Die beihilferechtliche Relevanz der UMTS-Vergabe im Ausschreibungsverfahren, MMR 2001, 423; *Potacs,* Effet utile als Auslegungsgrundsatz, EuR 2009, 465; *Pünder,* Die Vergabe öffentlicher Aufträge unter den Vorgaben des europäischen Beihilfenrechts, NZBau 2003, 530; *Purnhagen,* VG Trier: Mitgliedstaaten haben grundsätzlich ein weites Ermessen bei der Definition der „Dienstleistungen von allgemeinem wirtschaftlichen Interesse", EuZW 2009, 198; *Quardt,* Zur Abschaffung von Anstaltslast und Gewährträgerhaftung, EuZW 2002, 424; *Quigley,* European State aid law and policy, 2009; *Renner-Loquenz,* State aid aspects in the implementation of the Emission Trading Scheme, Competition Policy Newsletter 2005, 16; *Reuter/Busch,* Einführung eines EU-weiten Emissionshandels – Die Richtlinie 2003/87/EG, EuZW 2004, 39;

Reuter/Kindereit, EG Emissionshandelsrichtlinie und Beihilfenrecht am Beispiel prozessbedingter Emissionen, DVBL 2004, 537; *Santamato/Pesaresi,* Compensation for services of general economic interest: some thoughts on the Altmark ruling, Competition Policy Newsletter 2004, 17; *Seinen,* State aid aspects of the EU Emission Trading Scheme: the second trading period, Competition Policy Newsletter 2007, 100; *Simon,* The Application of the Market Economy Investor Principle in the German Landesbanken cases, EStAL 2007, 499; *Sinnaeve,* State financing of public services: the Court's dilemma in the Altmark case, EStAL 2003, 351; *Soltész,* Non-Enforcement of public debts, the application of the „private creditor test", in *Sánchez-Rydelski,* The EC State aid Regime, 2006, 129; *Soltész/Makowski,* Die Nichtdurchsetzung von Forderungen der öffentlichen Hand als staatliche Beihilfe i. S. von Art. 87 I EG, EuZW 2003, 73; *Stöckl,* Neue Erkenntnisse bei der Anwendung des private investor test im Rahmen des EG-Beihilferechts?, European Law Reporter 2003, 156; *Sühnel,* Der „Private Investor Test" im Beihilfenrecht, EWS 2007, 115; *Thomas,* Die Bindungswirkung von Mitteilungen, Bekanntmachungen und Leitlinien der EG-Kommission, EuR 2009, 423; *Tigchelaar,* State aid to public broadcasting, EStAL 2003, 169; *Tosics/Gáál,* Public procurement and State aid control – the issue of economic advantage, Competition Policy Newsletter 2007, 15; *Tosics/Van de Ven/Riedl,* Funding of public service broadcasting and State aid rules — two recent cases in Belgium and Ireland, Competition Policy Newsletter 2008, 81; *Travers,* Public service obligations and State aid: Is all really clear after Altmark?, EStAL 2003, 387; *Vesterdorf/Nielsen,* State aid law of the European Union, 2009; *Wimmer/Schirmer,* Marketingzuschüsse und Flughafenentgelte nach dem Charleroi-Urteil des EuG, in *Bar/Hellwege/Mössner/Winkeljohann* (Hrsg.), Recht und Wirtschaft, Gedächtnisschrift für Malte Schindhelm, 2009; *Winter,* Re(de)fining the notion of State aid in Art. 87(1) of the EC Treaty, CMLR 2004, 475; *Wissel/Becker,* Review of Judgment Laboratoires Boiron, Case C-526/04, EStAL 2007, 101; *Zanettin,* The Award of UMTS Licences: some Clarifications, EStAL 2008, 79.

a) Allgemeines – die Wirkungs-Doktrin. Der Beihilfentatbestand ist seit jeher denkbar **105** weit ausgelegt worden. Das gilt auch für das Tatbestandsmerkmal der Begünstigung. Seit 1961 vertritt der Gerichtshof in ständiger Rechtsprechung die Auffassung, dass „der Begriff der Beihilfe [...] weiter als der Begriff der Subvention [ist], denn er umfasst nicht nur positive Leistungen wie Subventionen selbst, sondern auch Maßnahmen, die in verschiedener Form die Belastungen vermindern, welche ein Unternehmen normalerweise zu tragen hat und die somit zwar keine Subventionen im strengen Sinne des Wortes darstellen, diesen aber **nach Art und Wirkung** gleichstehen".[25] Für den EG-Vertrag wurde die Doktrin erstmals in Bezug auf eine italienische Regelung angewandt, nach der Unternehmen im Textilsektor teilweise von den Beiträgen zur Sozialversicherung befreit wurden. Der Gerichtshof wies das Argument Italiens, dass die Regelung wegen ihrer sozialen Zielsetzung nicht als Beihilfe anzusehen sei, zurück: Art. 107 Abs. 1 AEUV „unterscheidet somit **nicht nach den Gründen oder Zielen** solcher Maßnahmen, sondern beschreibt diese nach ihren Wirkungen. Um die streitige Maßnahme dem Zugriff der Bestimmung [...] zu entziehen, würde es mithin nicht genügen, dass sie möglicherweise steuerlicher Art ist oder eine soziale Zielsetzung hat."[26]

Nichtsdestotrotz haben die Mitgliedstaaten immer wieder versucht, zu argumentieren, eine **106** bestimmte Maßnahme falle nicht unter den Beihilfenbegriff, weil sie sozialen Charakter habe oder jedenfalls nicht-wirtschaftliche Ziele verfolge.[27] Die Unionsgerichte haben solche Argumente stets unter Hinweis auf die Wirkung der Maßnahme als allein entscheidendes Kriterium zurückgewiesen.[28] In ganz seltenen Fällen funktioniert die **Wirkungsdoktrin** auch einmal **zu Gunsten des Mitgliedstaates.** Denn wenn erwiesen ist, dass eine bestimmte Maßnahme nicht begünstigender Natur ist, weil der Staat wie ein marktwirtschaftlich orientierter Marktteilnehmer gehandelt hat, ist es unschädlich, wenn sich herausstellt, dass er mit der Maßnahme auch

---

[25] Siehe für den EGKS V-Bereich bereits EuGH, 30/59, Slg. 1961, 3, 42 – Steenkolenmijnen.

[26] Ständige Rechtsprechung seit EuGH, 173–73, Slg. 1974, 709, RdNr. 26–28 – Italien/Kommission. Differenzierend: *Winter* CMLR 2004, 475.

[27] EuGH, 310/85, Slg. 1987 901 – Deufil/Kommission; EuGH, C-75/97 1999, Slg. I-3671 – Belgien/Kommission (Maribel). Weitere Beispiele: In Bezug auf die staatliche Förderung eines Tierkörperbeseitigungsdienstes: EuGH, C-126/01, Slg. 2003, I-13769, RdNr. 34 – GEMO SA: „Die französische Regierung bringt vor, die in Frage stehende Maßnahme verfolge ein gesundheitspolitisches Ziel"; EuG, T-109/01, Slg. 2004, II-127, RdNr. 54 – Fleuren Compost/Kommission: „Regelung [soll] den Unternehmen bei der Erfüllung ihrer umweltschutzrechtlichen Verpflichtungen helfen"; EuG, T-152/99, Slg. 2002, II-3049, RdNr. 158 – Hijos de Andrés Molina (HAMSA)/Kommission: „Schuldenerlasse seien im Rahmen eines gerichtlichen Verfahrens und im Einklang mit dem einschlägigen spanischen Recht gewährt worden"; EuG, T-55/99, Slg. 2000, II-3207, RdNr. 53 – Confederación Española de Transporte de Mercancías (CETM)/Kommission: „im Interesse des Umweltschutzes und einer erhöhten Verkehrssicherheit"; EuGH, C-241/94, Slg. 1996, I-4551, RdNr. 16 – Frankreich/Kommission: „ein rein soziales Ziel".

[28] Siehe Urteile unter Fn. 28. Ein zum Tatbestandsmerkmal der Selektivität abweichendes Urteil war EuG, T-210/02, Slg. 2006, II-2789 – BAA/Kommission, das vom EuGH, C-487/06 P, Slg. 2008, I-10 505 – BAA/Kommission aufgehoben wurde.

politische Ziele verfolgt, da – wie ausgeführt – Art. 107 Abs. 1 AEUV nicht nach den Gründen oder Zielen der jeweiligen Maßnahme, sondern nur nach ihren Wirkungen unterscheidet.[29]

107   **b) Begünstigung im Sinne eines geldwerten Vorteils ohne angemessene Gegenleistung.** Der Test, ob eine Begünstigung im Sinne des europäischen Beihilfenbegriffs vorliegt, besteht strenggenommen aus zwei Schritten: Zunächst muss untersucht werden, ob das (begünstigte) Unternehmen einen (geldwerten) Vorteil erhalten hat. Sodann ist zu ermitteln, ob diesem Vorteil eine angemessene Gegenleistung gegenübersteht, so dass das Unternehmen nicht als wirtschaftlich begünstigt anzusehen ist.[30]

108   **aa) Geldwerter Vorteil.** Bei klassischen Subventionen – wie beispielsweise verlorene Zuschüsse, Darlehen, Garantien etc. – liegt der Empfang eines (geldwerten) Vorteils auf der Hand. Sie sind unmittelbar mit dem positiven Transfer von Geld oder geldwerten Leistungen verknüpft. Schwieriger ist das bei Maßnahmen, die nicht unmittelbar mit einem Mitteltransfer verknüpft sind, sondern deren begünstigende Wirkung sich beispielsweise durch eine Belastungsminderung ergibt.

109   **α) Minderung von Belastungen, die ein Unternehmen normalerweise zu tragen hat. (1) Grundsatz.** Wie sich aus der oben genannten Rechtsprechung zur Wirkungs-Doktrin ergibt, ist der Begriff der Beihilfe weiter als der Begriff der Subvention, denn er umfasst nicht nur positive Leistungen wie Subventionen selbst, sondern auch **Maßnahmen, die in verschiedener Form die Belastungen vermindern, die ein Unternehmen normalerweise zu tragen hat** und die somit zwar keine Subventionen im strengen Sinne des Wortes darstellen, diesen aber nach Art und Wirkung gleichstehen.[31] Danach ist zunächst zu fragen, wie sich die wirtschaftliche Situation des betreffenden Unternehmens vor und nach der betreffenden Maßnahme darstellt. Ist die wirtschaftliche Situation nach der Maßnahme verbessert, muss zweitens gefragt werden, ob sich die Begünstigung aus der Minderung von Belastungen ergibt, die das Unternehmen normalerweise zu tragen gehabt hätte.

110   **(2) Einzelfälle.** Die Frage kann im Einzelfall erhebliche Abgrenzungsprobleme bereiten. Das sollen die folgenden beispielhaft aufgezeigten Fälle demonstrieren.

– Reduzierung von Sozialabgaben oder Steuern

111   Die Verringerung von Sozialabgaben für Unternehmen in Industriesektoren in Schwierigkeiten ist eine in Europa früh angewandte Maßnahme, um die eigene Industrie gegenüber dem Wettbewerb aus Niedriglohnländern zu stärken. So wurden gegen Ende der 60er Jahre Beihilfemaßnahmen im Textilsektor ergriffen, die zu einer ersten größeren Welle von EuGH-Urteilen in diesem Rechtsbereich führten. In einem dieser Fälle hatte Italien geltend gemacht, die besondere Personalintensität und der Umstand, dass besonders viele Frauen im Textilsektor (mit entsprechend hohen Familienzulagen) beschäftigt seien, hätte eine Spezialregelung für diesen Sektor notwendig gemacht. Der Gerichtshof folgte dem nicht und urteilte, dass das italienische System der Familienzulagen, wie alle vergleichbaren Systeme, dem Arbeitnehmer eine an seine familiären Bedürfnisse angepasste Entlohnung sichern will.[32] Dieses System müsse für alle Unternehmen gleich gelten; die einseitige Veränderung eines bestimmten Produktionsfaktors in einem Wirtschaftssektor eines Mitgliedstaats sei geeignet, das bestehende Gleichgewicht zu stören.[33] Den Mitgliedstaaten ist es daher verwehrt, ihr Sozialabgabensystem nach bestimmten Sektoren zu differenzieren.[34] **Sozialabgaben gehören zu den von den Unternehmen normalerweise zu tragenden Belastungen,** und zwar **unabhängig von der Höhe der Abgabenlast in den anderen Mitgliedstaaten.** Allerdings ist es dem Mitgliedstaat nicht verwehrt, Sozialabgaben vollständig abzuschaffen oder entsprechend der Natur oder des inneren Aufbaus des Systems auszutarieren, soweit hierdurch nicht einzelne Sektoren bevorzugt werden. Letztlich ist die Frage der Begünstigung bei Abgabensystemen gleich welcher Art untrennbar mit der Frage der Selektivität verbunden.[35] Die vorgenannten Grundsätze gelten entsprechend für die Minderung oder Befreiung von Steuerlasten.[36]

---

[29] Siehe zB. EuGH, C-56/93, Slg. 1996, I-723, RdNr. 78–79 – Belgien/Kommission.

[30] So auch *Koenig/Kühling/Ritter* RdNr. 67; *Schwarze/Bär-Bouyssiere* Art. 87 EG RdNr. 27.

[31] EuGH, C-387/92, Slg. 1994, I-877, RdNr. 13 – Banco Exterior de España SA; EuGH, C-308/01, Slg. 2004, I-4777, 69 – GIL Insurance; EuGH, C-295/97, Slg. 1999, I-3735, RdNr. 34 – Piaggio.

[32] EuGH, 173–73, Slg. 1974, 709, RdNr. 29/32 – Italien/Kommission.

[33] EuGH, 173–73, Slg. 1974, 709, RdNr. 36/40 – Italien/Kommission.

[34] Siehe hierzu auch EuGH, C-75/97, Slg. 1999, I-3671 – Belgien/Kommission („Maribel").

[35] Hierzu unten RdNr. 306 ff.

[36] Vgl. hierzu im Einzelnen unten Steuern.

– Die Auferlegung asymetrischer Steuerbelastungen als Begünstigung

Im Urteil Ferring,[37] bekannt insbesondere im Rahmen der DAWI-Diskussion, ging es um   **112**
eine französische Abgabe auf den direkten Verkauf von Arzneimitteln durch Pharmahersteller an
Apotheken (**„Direktverkaufsabgabe"**). Verkäufe der Großhändler an Apotheken unterlagen
dieser Abgabe nicht, da die Großhändler bestimmten DAWI-Verpflichtungen, wie der Bereithaltung eines bestimmten Arzneimittelsortiments, unterlagen. Die Abgabe war eingeführt worden, um den nationalen Gesundheitsversicherungsfonds zu finanzieren und um die aus der
DAWI-Verpflichtung resultierende Verfälschung des Wettbewerbs zwischen den Vertriebswegen auszugleichen. Hiergegen wendeten sich einzelne Pharmahersteller, die argumentierten, die
Befreiung von der Direktverkaufabgabe stelle eine Beihilfe zu Gunsten der Großhändler dar.
Der Gerichtshof folgte dem, soweit die Höhe der Befreiung die mit der DAWI verbundenen
Zusatzkosten überstieg. Im Anschluss an das Ferring-Urteil wurde die Direktverkaufsabgabe
zum 1. Januar 2003 aufgehoben.

Klageziel von Ferring und anderen Pharmaherstellern wie Laboratoires Boiron SA („Boiron")   **113**
war jedoch die **Rückerstattung der gezahlten Abgabe** unter Berufung auf die **direkte**
Wirkung von Art. 108 Abs. 3 AEUV, wonach die nationalen Gerichte die Rechte des Einzelnen gegen eine mögliche Verletzung des Verbots der Durchführung der Beihilfen durch die
staatlichen Stellen schützen und entsprechend ihrem nationalen Recht daraus alle Folgerungen
sowohl für die Gültigkeit der Rechtsakte zur Durchführung der fraglichen Beihilfemaßnahmen
als auch für die Wiedereinziehung der gewährten finanziellen Unterstützung ziehen müssen.[38]
Nach ständiger Rechtsprechung können sich die Schuldner einer Abgabe allerdings grundsätzlich nicht darauf berufen, dass die Befreiung anderer Unternehmen eine staatliche Beihilfe
darstellt, um sich der Zahlung dieser Abgabe zu entziehen oder um deren Erstattung zu erlangen.[39] Nur dann, wenn nach der einschlägigen nationalen Regelung zwischen der Abgabe
und der Beihilfe ein **zwingender Verwendungszusammenhang** in dem Sinne besteht, dass
das Aufkommen aus der Abgabe notwendig für die Finanzierung der Beihilfe verwendet wird,
kann sich der Abgabenschuldner auf Art. 108 Abs. 3 AEUV berufen, um die Nichtigkeit der
Abgabenschuld selbst zu reklamieren, denn in diesem Fall ist die Abgabe integraler Teil der
Beihilfenregelung.[40] Dieser zwingende Verwendungszusammenhang war vorliegend nicht gegeben, da das Aufkommen aus der Abgabe zweckungebunden dem Gesundheitsfonds zugute
kommen sollte.

Im Fall der Klage von Boiron hatte der Cour de Cassation Zweifel, ob diese strikte Recht-   **114**
sprechung auf den Fall der Direktverkaufsabgabe Anwendung finden könne und fühlte sich in
seinen Zweifeln dadurch bestätigt, dass der Gerichtshof in Ferring die Vorlagefrage überhaupt
zugelassen hatte, obwohl auch dort im Ausgangsverfahren nicht die Rückzahlung der Beihilfe
durch die Großhändler, sondern die Abgabenschuld der Pharmahersteller in Frage stand, und
Frankreich deswegen die Unzulässigkeit der Vorlage geltend gemacht hatte.[41] Der Gerichtshof
sah sich in einer Zwickmühle, er offensichtlich nicht grundsätzlich von seiner strengen Ver-
wendungszusammenhang-Rechtsprechung abweichen wollte, diese im Ergebnis aber nur zu der
Feststellung hätte führen können, dass die selektive Steuerbefreiung zu Gunsten der Großhändler
als nichtig anzusehen war, was nicht dem Rechtsschutzziel der Kläger entsprochen hätte, und
dies, obwohl die Vorlagefragen in Ferring in Kenntnis der Problematik nicht als unzulässig zu-

---

[37] EuGH, C-53/00, Slg. 2001, I-9067 – Ferring.
[38] Für Abgabenfälle vgl. zB. EuGH, C-266/04 bis C-270/04, C-276/04 und C-321/04 bis C-325/04 Slg.
2005, I-9481, RdNrn. 30 und dort angeführte Rechtsprechung – Distribution Casino France.
[39] Vgl. ua. EuGH, C-390/98, Slg. 2001, I 6117, RdNr. 80 – Banks, EuGH, C-266/04 bis C-270/04,
C-276/04 und C-321/04 bis C-325/04 Slg. 2005, I-9481, RdNrn. 42–44 – Distribution Casino France,
sowie EuGH C-393/04 und C-41/05, Slg. 2006, I-5293, RdNr. 43 – Air Liquide.
[40] EuGH, C-174/02, Slg. 2005, I-85, RdNr. 25–26 – Streekgewest Westelijk Noord-Brabant (SWNB);
EuGH, C-266/04 bis C-270/04, C-276/04 und C-321/04 bis C-325/04 Slg. 2005, I-9481, RdNr. 45–47
– Distribution Casino France.; EuGH, C-393/04 und C-41/05, Slg. 2006, I-5293, RdNr. 45–46 – Air
Liquide Industries. Siehe auch die kritische Anmerkung von *Geburtig* EuZW 2005, 716, sowie *Heidenhain*
EuZW 2005, 6.
[41] Vgl. Schlussantrag von Generalanwalt *Tizzano* in EuGH, C-53/00, Slg. 2001, I-9067 – Ferring,
RdNr. 20. Tatsächlich hatte der Gerichtshof aus diesem Grund einige Monate nach dem Ferring Urteil eine
Vorlagefrage als unzulässig zurückgewiesen, vgl. EuGH, C-430/99 und C-431/99, Slg. 2002, I-5235,
RdNr. 46–48 – Sea-Land Service und Nedlloyd Lijnen. Nichtsdestotrotz hatte GA *Tizzano* in seinen
Schlussanträgen in Ferring die Meinung vertreten, die Frage sei zulässig und das französische Gericht könne
dem Begehren der Kläger im Ausgangsverfahren Rechnung tragen. Der EuGH hat die Frage der Zulässig-
keit in Ferring nicht weiter diskutiert. Siehe hierzu auch *Bartosch* EStAL 2002, 1.

rückgewiesen worden waren. Zur Lösung des Konflikts bediente sich der Gerichtshof eines dogmatischen Tricks: „In der vorliegenden Rechtssache ist die Maßnahme, von der behauptet wird, sie stelle eine **Beihilfe** dar, **die Direktverkaufsabgabe selbst und nicht etwa irgendeine Form von Befreiung,** die sich davon getrennt betrachten ließe",[42] so dass sich Boiron auf die Rechtswidrigkeit der Direktverkaufsabgabe mit der Begründung berufen konnte, sie selbst stelle eine Beihilfemaßnahme dar. Der Gerichtshof rechtfertigte diese überraschende Aussage mit der Beschränkung der wettbewerbswidrigen Auswirkungen der Abgabe und der Besonderheit der Direktverkaufsabgabe, bei der die Abgabe und die Befreiung die beiden untrennbaren Bestandteile ein- und derselben fiskalischen Maßnahme seien.[43] Der Gerichtshof hat hier im offenen Widerspruch zum Ferring-Urteil ganz bewusst geurteilt, dass nicht die Abgabenbefreiung zugunsten der Großhändler die Beihilfemaßnahme darstellt, sondern die Abgabe selbst.[44]

115   Wie der Schlussantrag von Generalanwalt *Tizzano*[45] klarstellt, ist der neue Ansatz auf ganz bestimmte Fälle beschränkt, in denen sich die Abgabe nicht als (rechtmäßig eingeführte) allgemeine Steuer darstellt, von der (in beihilfenrechtswidriger Weise) bestimmte Unternehmen ausgenommen werden. Vielmehr muss es sich um eine „asymmetrisch" eingeführte Abgabe handeln, d.h. eine Abgabe, die nur ganz bestimmte Wirtschaftsteilnehmer belastet, und ganz bestimmte andere, die mit diesen im Wettbewerb stehen, nicht. Es muss also eine ganz besondere Situation vorliegen, in der die Abgabe gerade mit dem Ziel eingeführt wird, eine behauptete Asymmetrie zwischen zwei Unternehmenskategorien durch eine unterschiedliche steuerliche Behandlung auszugleichen. Rechtswidrig ist dann die Rechtsvorschrift, durch die die Abgabe eingeführt wird, denn sie ist darauf ausgelegt, bestimmten Unternehmen, die der Abgabe nicht unterliegen, einen Wettbewerbsvorteil zu verschaffen. In so einer speziellen Situation ist es nach Auffassung des Gerichtshofs gerechtfertigt, die gesamte Regelung, die die **asymmetrische Abgabe** einführt, als rechtswidrige Beihilfe anzusehen, da die daraus folgende Berechtigung der Abgabenschuldner, die Zahlung zu verweigern und Rückerstattung zu verlangen, weder zu einer Erosion der Steuereinnahmen noch zu einer unkontrollierten Erweiterung des Begünstigtenkreises führt und verfahrenstechnisch schneller und einfacher zur Wiederherstellung unverfälschter Wettbewerbsbedingungen führt als das Recht der asymmetrisch Verpflichteten, bei den nationalen Gerichten die Abgabenschuld auch der von der Abgabe Befreiten feststellen zu lassen. Die Frage, ob es dazu der Notwendigkeit bedurfte, die Abgabe selbst anstatt der Befreiung von der Abgabe als Beihilfe zu identifizieren, anstatt lediglich das Recht der Abgabenschuldner nach Art. 108 Abs. 3 AEUV, die Zahlung zu verweigern, festzustellen, ist wahrscheinlich zu bejahen, da ansonsten die Pflicht der Abgabenbefreiten zur Rückzahlung des beihilferechtlichen Vorteils neben der Berechtigung der Abgabenschuldner auf Rückzahlung bestehen geblieben und so zu einer umgekehrten Wettbewerbsverfälschung geführt hätte. Dies ist auch der wesentliche Unterschied zu den Fällen des Verwendungszusammenhangs, wo sich der Abgabenschuldner auf die Rechtswidrigkeit der Regelung berufen kann, um selbst die Zahlung der Abgabe zu verweigern und der Beihilfenbegünstigte dennoch zur Rückzahlung etwaiger bereits erhaltener Beihilfen verpflichtet bleibt.

116   Letztlich bleibt die Konstruktion dogmatisch fragwürdig. Sie scheint mit dem Beihilfenbegriff des Art. 107 Abs. 1 AEUV kaum vereinbar, denn **weder** liegt in der Direktverkaufsabgabe eine **Begünstigung der Abgabenunterworfenen noch ein Transfer staatlicher Mittel.**[46] Auch angesichts des beschriebenen konkreten Verfahrens ist zu vermuten, dass der Gerichtshof diesen Ansatz in Zukunft allenfalls zurückhaltend verwenden wird.[47]

– Kosten aus der Einhaltung von Tarifverträgen, Sozialplänen und anderen Vereinbarungen zwischen den Sozialpartnern

117   Noch in den 90er Jahren hatten die Überreste der europäischen Textilindustrie mit Problemen zu kämpfen, und entsprechend versuchte auch Frankreich, Arbeitsplätze zu sichern, indem

---

[42] C-526/04, Slg. 2006, I-7529, RdNr. 39 – Laboratoires Boiron.

[43] C-526/04, Slg. 2006, I-7529, RdNr. 44–47 – Laboratoires Boiron.

[44] In der Literatur wird dagegen häufig die These vertreten, der Fall hätte Vergünstigungen in Form der Befreiung von staatlichen Abgaben zum Gegenstand gehabt, so zB. *Quigley* 104, *Heidenhain,* European State Aid Law § 4 RdNr. 27. Ebenso Generalanwältin *Kokott* in Schlussanträgen vom 4. September 2008 in C-222/07, noch nicht in der amtlichen Sammlung, RdNr. 126 – UTECA.

[45] Schlussantrag von Generalanwalt *Tizzano* in EuGH, C-53/00, Slg. 2001, I-9067 – Ferring, RdNr. 38–41.

[46] Siehe auch *Chérot,* Revue des droits de la concurrence 2006, 104.

[47] Zur Abgrenzung des Anwendungsbereichs von Laboratoires Boiron siehe auch Schlussantrag von Generalanwalt *Tizzano* in EuGH, C-393/04 und C-41/05, Slg. 2006, I-5293, RdNr. 73–75 – Air Liquide Industries. Zur Problematik ferner *Wissel/Becker* EStAL 2007, 101.

es Anreize zur Neuorganisation der Arbeitszeit (insbesondere mehr Teilzeit) in Form von Reduzierungen der Sozialabgaben setzte, was nach Auffassung Frankreichs voraussetzte, dass sich die Unternehmer in den Branchentarifverträgen bzgl. der Bezahlung von Überstunden und Ausgleichsruhezeit weit über das hinaus verpflichteten, wozu sie ohne staatlichen Anreiz bereit gewesen wären. Denn diese Verpflichtungen erleichterten es den Arbeitnehmern, einer Neuorganisation der Arbeitszeit zuzustimmen. Nach Auffassung Frankreichs lag in der Reduzierung der Sozialabgaben kein finanzieller Vorteil zugunsten der Unternehmen (sondern nur zugunsten der Beschäftigten), da der Betrag, den Frankreich den Unternehmen als Gegenleistung für eine freiwillige Handlung der Unternehmen zugunsten ihrer Beschäftigten gewährt hatte, nicht die Kosten dieser Maßnahme für das Unternehmen überschritten habe. Der Gerichtshof wies dieses Argument Frankreichs zurück, da die Kosten, „die Folge von Tarifverträgen zwischen Arbeitgebern und Gewerkschaften [sind], die die Unternehmen entweder aufgrund eines Beitritts zu diesen Verträgen oder infolge einer Allgemeinverbindlicherklärung zu beachten haben, [...] ihrer Art nach von den Unternehmen zu tragen [sind]."[48] Im übrigen ergab sich aus den Begründungen zu den Tarifverträgen, dass diese (auch) die Wettbewerbsfähigkeit der Unternehmen verbessern sollten.[49] Dem Staat sei es grundsätzlich verwehrt, bestimmte, mit den Tarifverträgen verbundene, Kosten auszugleichen: „**Tarifverträge bilden ein geschlossenes Ganzes;** sie entziehen sich einer Bewertung, bei der positive oder negative Auswirkungen für eine Partei isoliert betrachtet werden könnten. Angesichts der Vielzahl von Erwägungen, aufgrund derer die Tarifparteien Verhandlungen führen, sowie des Umstands, dass das Verhandlungsergebnis einen Kompromiss darstellt, bei dem jede Partei als Gegenleistung für Vorteile Zugeständnisse jeweils in Bereichen macht, die nicht zwangsläufig miteinander in Verbindung stehen, lassen sich zumindest im vorliegenden Zusammenhang die Kosten, die die Unternehmen letztlich zu tragen haben, nicht hinreichend genau feststellen."[50]

Im Fall Kimberly Clark[51] musste sich der Gerichtshof mit der Frage auseinandersetzen, inwieweit bei der Freisetzung von Arbeitskräften die **finanzielle Unterstützung des Staates von Maßnahmen in Sozialplänen, die über das gesetzlich vorgeschriebene Minimum hinausgehen,** einen wirtschaftlichen Vorteil für das Unternehmen oder nur für die freigesetzten Beschäftigten bedeutet. Die Kommission hatte den Standpunkt vertreten, auch die Unterstützung dieser freiwillig im Sozialplan übernommenen Verpflichtungen sei eine Begünstigung. Der Gerichtshof musste die Frage nicht beantworten, da Frankreich bereits nicht nachgewiesen hatte, dass die Kosten des Sozialplans die Kosten, die bei Einhaltung nur der gesetzlichen Mindestverpflichtungen entstanden wären, überschritten hätten.[52] **118**

In dem belgischen Cockerill Fall[53] hatten die Arbeitnehmer und Arbeitgeber in dem für die Unternehmensumstrukturierung aufgestellten **Sozialplan** bestimmte Regelungen zur Arbeitszeitverkürzung **unter den Vorbehalt der finanziellen Unterstützung durch den Staat** gestellt. Dies sollte offenbar dem Argument vorbeugen, Kosten und Nutzen des Sozialplans seien abschließend zwischen den Sozialpartnern ausverhandelt, so dass die spätere tatsächliche staatliche Übernahme der aus der Arbeitszeitverkürzung resultierenden Kosten (insbesondere Übergangszulagen) nicht die Belastungen minderte, die Cockerill normalerweise zu tragen gehabt hätte. Die Unterstützung wäre folglich allein den Beschäftigten zugute gekommen. Der Gerichtshof folgte dem nicht, da davon auszugehen ist, dass ein Unternehmen den Produktionsfaktor Arbeit zum (geregelten) Marktpreis erwirbt, und dass der Tarifvertrag Ausdruck des Marktpreises ist.[54] „Die Kosten für die Entlohnung der Beschäftigten belasten jedoch wesensmäßig und unabhängig davon die Bilanz der Unternehmen, ob sie auf gesetzlichen Verpflichtungen oder Tarifverträgen beruhen oder nicht. Dass der Tarifvertrag die dort vorgesehene Arbeitszeitverkürzung von einem öffentlichen Ausgleich abhängig macht und damit von vornherein jede Erhöhung der von der Begünstigten getragenen Lohnkosten ausschließt, ändert **119**

---

[48] EuGH, C-251/97, Slg. 1999, I-6639, RdNr. 40 – Frankreich/Kommission.
[49] EuGH, C-251/97, Slg. 1999, I-6639, RdNr. 41–44 – Frankreich/Kommission.
[50] EuGH, C-251/97, Slg. 1999, I-6639, RdNr. 46 – Frankreich/Kommission.
[51] EuGH, C-241/94, Slg. 1996, I-4551, RdNr. 33–38 – Frankreich/ Kommission (Kimberly Clark).
[52] EuGH, C-241/94, Slg. 1996, I-4551, RdNr. 33–38 – Frankreich/ Kommission (Kimberly Clark).
[53] EuGH, C-5/01, Slg. 2002, I-11991, RdNr. 39–40 – Belgien/Kommission (Cockerill).
[54] Schlussanträge der Generalanwältin *Stix-Hackl* vom 12. September 2002 in C-5/01, Slg. 2002, I-11991, RdNr. 50–76 – Belgien/Kommission. Zur aktuellen Politik der Kommission im Arbeitsförderungsbereich vgl. Kom., ABl. 2009 C 188/6 - Mitteilung der Kommission — Kriterien für die Bewertung der Vereinbarkeit einzeln anzumeldender staatlicher Beihilfen für die Beschäftigung von benachteiligten und behinderten Arbeitnehmern mit dem Gemeinsamen Markt.

nichts daran, dass es sich bei der Übergangszulage ihrem Wesen nach um Lohnkosten handelt, die regelmäßig von der Begünstigten zu tragen sind."[55] Ein Unternehmen kann die Übernahme von Produktionskosten durch die öffentliche Hand nicht dadurch gegen den Zugriff des Beihilfenrechts immunisieren, dass der Tarifvertrag von vornherein auf der Grundlage einer Kostentragung durch die öffentliche Hand abgeschlossen wird.[56]

– Kosten für den Erwerb von staatlichen Vorrechten, Lizenzen, Konzessionen oder Erlaubnissen

120   Zwingt das Beihilfenrecht den Staat, für die Vergabe von Vorrechten, Lizenzen, Konzessionen, Erlaubnissen oder ähnlichen von der öffentlichen Hand vergebenen Rechten eine marktgerechte Vergütung zu verlangen, so dass die **kostenlose oder nicht marktgerechte Zuteilung** solcher Rechte die betroffenen Unternehmen von Belastungen befreit, die sie normalerweise zu tragen hätten mit der Folge, dass jedenfalls das Tatbestandmerkmal der Begünstigung im Sinne des Art. 107 Abs. 1 AEUV erfüllt ist? Verpflichtet das Europäische Beihilfenrecht die Mitgliedstaaten, bei der Zuteilung solcher Rechte wie ein allein an Profitmaximierung interessierter Marktteilnehmer zu agieren, der den Marktwert der Rechte realisieren möchte?[57]

121   Dies wird in der Literatur für den Fall verneint, dass die Anzahl der vorhandenen Rechte für alle (potentiellen) Bewerber ausreicht, also **keine Knappheit** besteht. Hier soll der Mitgliedstaat bei der Bepreisung frei bleiben, solange dies diskriminierungsfrei erfolgt.[58] Was selbstverständlich klingt, könnte allenfalls mit der Überlegung in Frage gestellt werden, dass ein privater Marktteilnehmer für die Rechtevergabe soviel verlangen würde wie der Markt hergibt. Dabei würde allerdings außer Acht gelassen, dass der Staat die Lizenzierung nicht notwendigerweise zur Gewinnerzielung, sondern beispielsweise auch aus ordnungspolitischen Gründen betreibt, und ein privater Marktteilnehmer überhaupt nicht in der Lage wäre, entsprechend geldwerte Rechte zu kreieren. Dagegen wird für die **Vergabe knapper Lizenzen** ein Bietverfahren analog dem **Bietverfahren** bei der Privatisierung,[59] alternativ ein Wertgutachten, verlangt.[60]

122   Einem solchen strikten Grundsatz ist nicht uneingeschränkt zuzustimmen, denn er wäre geeignet, einen weiteren Pfeiler mitgliedstaatlicher Wirtschaftspolitik auf allen staatlichen Ebenen bis hin zur kommunalen Wirtschaftssteuerung durch Gewerbelizenzen und -erlaubnisse zu beeinträchtigen, jedenfalls soweit im Einzelfall das Tatbestandsmerkmal der Selektivität nicht ausgeschlossen werden kann. Beispielsweise verfolgen Städte und Kommunen teils sehr unterschiedliche Konzepte bei der Lizenzierung von Taxiunternehmen. Wo kein ruinöser Wettbewerb[61] droht, wird sich die Kommune schon aus Gründen der Geltung des Grundrechts der Berufsfreiheit[62] darauf beschränken, die Lizenzvergabe an das Vorliegen bestimmter objektiver Geeignetheitskriterien zu knüpfen. Sie wird dann weder eine künstliche Verknappung der Lizenzen vornehmen noch ein über die Verwaltungskosten hinausgehendes Entgelt für die Lizenzierung verlangen. Doch selbst wo ein unabwendbares Interesse an der Kontingentierung der Lizenzen besteht, weil objektive Kapazitätsgrenzen bestehen, ist die Kommune nationalrechtlich nicht zu einer Versteigerung verpflichtet. Eröffnet die Zuteilung von Konzessionen den Zugang zu einem Markt, bei welchem wegen der Zuteilung Wettbewerb nur eingeschränkt stattfindet, erscheint ein vorgezogener Wettbewerb um Marktzugang zwar mit der Schutzrichtung der Berufsfreiheit kompatibel. Die Versteigerung würde auch den der Berufsfreiheit (und dem Beihilfenrecht) immanenten Wettbewerbsgedanken fruchtbar machen. Auf der anderen Seite könnte der durch die Versteigerung erzeugte Amortisations- und Wirtschaftlichkeitsdruck gerade dem durch die Kontingentierung verfolgten Ziel entgegenwirken.[63] In der Praxis haben sich daher auch bei Knappheitssituationen **alternative Zuteilungsmechanismen** (wie beispielsweise Verlosung oder anspruchsvolle Geeignetheitskriterien) bewährt, die auch weiterhin vom

---

[55] EuGH, C-5/01, Slg. 2002, I-11 991, RdNr. 39–40 – Belgien/Kommission.

[56] Schlussanträge der Generalanwältin *Stix-Hackl* vom 12. September 2002 C-5/01, Slg. 2002, I-11 991, RdNr. 50–76 – Belgien/Kommission.

[57] In diesem Sinne *Pautsch* MMR 2001, 423, 426. Dagegen *Mederer/Pesaresi/Van Hoof/Van de Castele/Grespan* RdNr. 2.77.

[58] *Bartosch,* EU-Beihilfenrecht, Art. 87 Abs. 1 EG RdNr. 80.

[59] Siehe zum Meinungsstand *Jungnickel/Dulce* NVwZ 2009, 623. Vgl. zum Bietverfahren bei der Privatisierung auch *Arhold* Kapitel D.III.

[60] *Bartosch,* EU-Beihilfenrecht, Art. 87 Abs. 1 EG RdNr. 80.

[61] Hierzu BVerwGE 82, 295, 302.

[62] Hierzu BVerfGE 11, 168, 188.

[63] Vgl. hierzu *Martini,* 678.

Beihilfenrecht unbeeinflusst anwendbar sein sollten. Etwaigen Diskriminierungen kann im Rahmen der Grundfreiheiten begegnet werden.

Die Rechtsprechung hatte bislang wenig Gelegenheit, hierzu Stellung zu nehmen. In dem **123** Bouygues-Urteil bezüglich der nachträglichen **Herabsetzung des Entgelts für französische UMTS-Lizenzen** betonte das Gericht, dass solche Telekommunikationslizenzen einen wirtschaftlichen Wert haben.[64] Die Ausübung hoheitlicher Befugnisse schließe im Rahmen der Vermögensverwaltung einer knappen öffentlichen Ressource wie der Funkfrequenzen, die das öffentliche Radiowellenspektrum bilden, für das ein Zugangs- oder Nutzungsrecht gewährt werden kann, die Berücksichtigung wirtschaftlicher Gegebenheiten nicht aus. Somit obliege den Mitgliedstaaten zugleich die Regulierung der Telekommunikation und die Verwaltung des im öffentlichen Eigentum stehenden Radiowellenspektrums.[65] Der Umstand, dass private Verwalter nichts Gleichwertiges besäßen, reiche nicht aus, um auszuschließen, dass derartige Güter staatliche Mittel bilden.[66] Daher konnte nicht ausgeschlossen werden, dass die französische Regierung in erheblichem Umfang auf staatliche Mittel verzichtet hätte,[67] so dass im Ergebnis das Vorliegen einer Begünstigung bejaht wurde.[68] Allerdings fehlte es an einem *selektiven* Vorteil, da die EG-Richtlinien klare Vorgaben für die von den Mitgliedstaaten einzuhaltenden Verfahren und die diesbezüglichen Gestaltungsspielräume gemacht hatten.[69] Die Maßnahme fiel danach wegen fehlender Selektivität, und nicht schon mangels Begünstigung, aus dem Anwendungsbereich des Art. 107 Abs. 1 AEUV.[70]

Ein weiteres Mal hatte die Rechtsprechung mit diesem Problemkreis im Urteil bzgl. eines **124** niederländischen **Systems des Handels mit Emissionsrechten für Stickstoffoxide (NOx)** zu tun.[71] Das System war ein sog. „Dynamic Cap"-System, wobei den am System teilnehmenden Unternehmen Emissionsrechte in der Höhe unentgeltlich zugeteilt worden, die dem für ihre Anlage gesetzlich festgelegten Emissionsniveau entsprachen. Das Unternehmen kann das ihm vorgeschriebene Emissionsniveau dadurch einhalten, dass es Maßnahmen zur Verringerung der NOx-Emissionen in seiner eigenen Anlage ergreift, dass es Emissionsrechte von anderen Unternehmen käuflich erwirbt oder dass es beide Möglichkeiten miteinander kombiniert. Soweit es seine Emissionen reduziert, kann es überzählige Emissionsrechte veräußern. Die Niederlanden argumentierten, dass das System den an ihm teilnehmenden Unternehmen bereits keinen wirtschaftlichen Vorteil gewähre. In ihrer Entscheidung bzgl. des britischen Emissionshandelssystem („ETS") hatte die Kommission allerdings entschieden, dass die unentgeltliche Vergabe von geldwerten Emissionsrechten einen wirtschaftlichen Vorteil darstellt.[72] Auch in der NOx-Entscheidung weist die Kommission darauf hin, dass sie grundsätzlich zwischen zwei Arten von Systemen unterscheidet:

- Systeme, bei denen die handelbaren Emissions- bzw. Verschmutzungsberechtigungen als **immaterielle Vermögensgegenstände mit einem bestimmten Marktwert** angesehen werden, die vom Staat auch hätten verkauft oder versteigert werden können, was zu Einnahmeausfällen (oder zum **Verlust staatlicher Mittel**) führt, so dass es sich um eine staatliche Beihilfe im Sinne von Art. 107 Abs. 1 AEUV handelt;[73]
- Systeme, bei denen handelbare Emissions- bzw. Verschmutzungsberechtigungen als amtlicher Beleg dafür angesehen werden, dass eine bestimmte Emissionsmenge nicht an den Berechtigungsinhaber verkauft oder versteigert werden kann, so dass von Einnahmeausfällen – und

---

[64] EuG, T-475/04, Slg. 2007, II-2097, RdNr. 100 – Bouygues SA and Bouygues Telecoms/Kommission unter Verweis auf EuGH, C-462/99, Slg. 2003, I-5197, RdNr. 93 – Connect Austria.

[65] EuG, T-475/04, Slg. 2007, II-2097, RdNr. 104 – Bouygues/Kommission.

[66] EuG, T-475/04, Slg. 2007, II-2097, RdNr. 105 – Bouygues/Kommission.

[67] EuG, T-475/04, Slg. 2007, II-2097, RdNr. 107–111 – Bouygues/Kommission.

[68] Bestätigt durch EuGH, C 431/07, Urt. v. 2. 4. 2009 – Bouygues/Kommission.

[69] Vgl. hierzu *Pautsch* MMR 2001, 423, und *Zanettin* EStAL 2008, 79. Ferner Kom., Staatliche Beihilfe NN 76/2006 – Tschechische UMTS Lizenzen.

[70] Hierzu *Arhold* in diesem Kapitel unter RdNr. 402. Anderer Auffassung *Bartosch*, EU-Beihilfenrecht, Art. 87 Abs. 1 EG RdNr. 79: „Die Ausführungen dieses Urteils klären […], dass im Falle der Existenz gemeinschaftsrechtlicher Vorgaben für die Rechtsvergabe allein deren Einhaltung genügt, um das Vorliegen eines beihilferechtlichen Vorteils auszuschließen."

[71] EuG, T-233/04, Slg. 2008, II-591 – Niederlande/Kommission (NOx), siehe hierzu auch *Chérot*, Revue des droits de la concurrence 2008, 148.

[72] Kom., Staatliche Beihilfe N 416/2001 – Britisches ETS.

[73] Kom., Staatliche Beihilfe N 653/1999 – Dänemark: CO_2-quota System, Kom., Staatliche Beihilfe N 416/2001 – Britisches ETS, 16.

damit von staatlichen Mitteln – nicht gesprochen werden kann, was wiederum bedeutet, dass keine staatliche Beihilfe vorliegt.[74]

125 Da das niederländische ETS ein System der ersten Kategorie war, kam die Kommission zu dem Schluss, dass eine Begünstigung,[75] und im Ergebnis auch eine staatliche Beihilfe vorlag, die allerdings entsprechend Art. 107 Abs. 3 AEUV mit dem Gemeinsamen Markt vereinbar war.[76] Die Niederlande klagten gegen die Einstufung des Systems als Beihilfe. In der Tat gab es zu diesem Zeitpunkt bereits eine umfangreiche Diskussion in der Literatur, ob die unentgeltliche Zuteilung von Emissionsrechten in solchen nationalen ETS[77] eine Begünstigung im Sinne des Beihilfentatbestandes darstellen kann.[78] Und auch Deutschland als Streithelfer der Niederlanden brachte gegen die Einstufung als Beihilfe vor, dass die Unternehmen ihre Emissionsrechte erst verkaufen könnten, wenn sie zuvor ihr Emissionsniveau durch entsprechende Maßnahmen (wozu nicht die Produktionsaufgabe oder -verringerung gehöre) auf ihre eigenen Kosten reduziert hätten, so dass der Vorteil nicht aus der unentgeltlichen Vergabe, sondern aus der eigenen Investition in die Emissionsreduzierung herrühre. Dieser wirtschaftliche Vorteil könne dem Mitgliedstaat nicht zugerechnet werden.[79] Das Gericht erkannte an, dass die sich **aus der Emissionsreduzierung ergebende Verkaufsmöglichkeit das Ergebnis der Anstrengungen der Unternehmen** sei, diese Rechte „jedoch auf dem Markt wertlos (wären), wäre nicht im System die Möglichkeit vorgesehen, mit ihnen Handel zu treiben. Die Unternehmen könnten sonst nämlich nicht durch ihren Verkauf die ihnen bei der Verringerung ihrer NOx-Emissionen entstandenen Aufwendungen, und sei es auch nur teilweise, wieder zurückerlangen."[80] Es bejahte daher das Vorliegen einer Begünstigung, verneinte aber den Beihilfentatbestand wegen fehlender Selektivität.[81]

126 Nach der Rechtsprechung des Gerichts scheint bereits die **Handelbarkeit der unentgeltlichen Emissionsrechte einen wirtschaftlichen Vorteil** darzustellen, unabhängig davon, ob die Unternehmen ohne das System zur Einhaltung der genannten Standards verpflichtet gewesen wären. Das überzeugt nicht restlos. Es wäre angemessener, solche Fälle nach dem allgemeinen Grundsatz zu beurteilen, nach dem eine Begünstigung nur in der Minderung von Belastungen, die ein Unternehmen normalerweise zu tragen hat, bestehen kann. Auf dieser Basis hätte nur der Ausgleich der Kosten als Begünstigung angesehen werden dürfen, die notwendig sind, um die Emissionen einer Anlage auf das gesetzlich geforderte Niveau zu senken. Im niederländischen NOx System waren aber nur solche Emissionsrechte handelbar, die das Unternehmen nach Senkung der Emission unter das gesetzlich vorgeschriebene Niveau überzählig hatte. Die Kosten für das Erreichen von Umweltstandards oberhalb der gesetzlichen Anforderungen sind vom Unternehmen aber normalerweise nicht selbst zu tragen. Das Gericht scheint bei der Frage der Budgetierung implizit vom umweltpolitischen **Verursacherprinzip** (Art. 191 Abs. 2) AEUV) ausgegangen zu sein.[82] Das Verursacherprinzip bedarf jedoch ausfüllender EU oder nationaler Gesetzgebung, die entsprechende Grenzwerte festschreibt. Andererseits besteht ein politisches Interesse daran, die unentgeltliche Vergabe solcher Zertifikate grundsätzlich als Begünstigung anzusehen, um **windfall-profits** zu vermeiden. Denn oftmals übertreffen die Einnahmen aus dem Verkauf der Emissionsrechte die Kosten für die notwendige Emissionsreduzierung, was die Teilnahme an solchen Systemen für moderne und liquide Unternehmen und für solche, die Extrakosten auf ihre Kunden überwälzen können, gerade attraktiv macht. Jedenfalls reicht es nach der aufgezeigten Rechtsprechung nicht mehr aus, in solchen Fällen nur danach zu fragen,

---

[74] ZB. Kom., Staatliche Beihilfe N 550/2000 – Belgien: grüne Elektrizitätszertifikate.

[75] In diesen Fällen begnügt sich die Kommission damit, den Transfer staatlicher Mittel festzustellen, aus dem zusammen mit der Unentgeltlichkeit des Transfers denknotwendigerweise die Begünstigung des Unternehmens folge. Siehe hierzu auch *Könings* CPN 2003, 77. Wie weiter unten dargestellt, ist das nicht unbedingt zwingend.

[76] Kom., Staatliche Beihilfe N 35/2003 – Niederländisches System des Handels mit Emissionsrechten für Stickstoffoxide.

[77] Zur Frage des möglichen Vorliegens von Beihilfen bei der Umsetzung des europäischen CO2-Emissionshandels siehe *Renner-Loquenz* CPN 2005, 16; *Seinen* CPN 2007, 100.

[78] Vgl. beispielsweise *Renner-Loquenz* CPN 2005, 16; *Reuter/Busch* EuZW 2004, 39; *Reuter/Kindereit* DVBL 2004, 537; *Seinen* CPN 2007, 100.

[79] EuG, T-233/04, Slg. 2008, II-591, RdNr. 56 – Niederlande/Kommission (NOx).

[80] EuG, T-233/04, Slg. 2008, II-591, RdNr. 72 – Niederlande/Kommission (NOx).

[81] Hierzu unten RdNr. 397.

[82] Siehe hierzu auch den alten Gemeinschaftsrahmen für staatliche Umweltschutzbeihilfen, ABl. 2001 C 37/3, Tz. 20.

ob die Zertifikateregelung irgendeine Belastung gemindert hat, die das Unternehmen normalerweise zu tragen gehabt hätte.[83]

– Kompensationen, Schadensersatzleistungen und Rückzahlungen

Soweit das Unternehmen einen rechtlichen Anspruch auf Kompensations- oder Schadensersatzzahlungen durch den Staat hat, sollte die Begleichung eines solchen Anspruchs keine Begünstigung im Sinne des Art. 107 Abs. 1 AEUV darstellen, da sich die Vermögensposition des Unternehmens durch die Zahlung nicht verändert. Soweit der Schaden oder der zu kompensierende Zustand dem Staat zuzurechnen ist, ist der **Schadensausgleich** keine Minderung von Belastungen, die das Unternehmen normalerweise zu tragen hätte, sondern lediglich die logische Folge der Schadenszufügung durch den Staat. Dies ist im Wesentlichen unstreitig, soweit der auszugleichende Schaden nicht darin besteht, dass der Staat eine nicht genehmigungsfähige Beihilfe nicht gewähren darf oder zurückfordern muss. Geht es darum, dass eine rechtmäßige Beihilfe aus dem Mitgliedstaat zuzurechnenden Gründen nicht oder nicht vollständig ausbezahlt wird, ist ein Schadensersatzanspruch möglich, ohne dass diesem Beihilfencharakter zugemessen wird.[84] Der EuGH hat im Urteil Asteris[85] in Bezug auf Gemeinschaftsagrarbeihilfen, die vom beklagten Mitgliedstaat Griechenland wegen eines technischen Fehlers in den Gemeinschaftsregelungen zu Unrecht nicht ausbezahlt worden waren, entschieden, dass sich staatliche Beihilfen als Maßnahmen der öffentlichen Hand zur Begünstigung bestimmter Unternehmen oder bestimmter Erzeugnisse in ihrem rechtlichen Charakter grundlegend von Zahlungen unterscheiden, zu denen nationale Behörden gegebenenfalls zum Ersatz eines Schadens verurteilt werden, den sie als Privatpersonen verursacht haben.[86] Allerdings ergab sich im Asteris-Fall die Besonderheit, dass der Schaden durch die mangelhafte Gesetzgebung der Kommission entstanden war, sodass hier primär die Gemeinschaft auf Schadensersatz in Anspruch zu nehmen war. Das hatten die griechischen Tomatenbauern zwar getan, waren jedoch wegen des Fehlens eines hinreichend qualifizierten Rechtsverstoßes nur bedingt erfolgreich gewesen, so dass sie auch die die EG-Regelung umsetzenden nationalen Behörden verklagt hatten. Unter diesen Umständen konnte eine Schadensersatzklage gegen den griechischen Staat nur auf einen anderen Klagegrund gestützt werden, als er den vom Gerichtshof abgewiesenen Klagen zugrunde lag.[87]

Der EuGH hat den von der Kommission in dem Asteris-Verfahren vorgetragenen allgemeinen Grundsatz, nach dem gerichtlich zugesprochene Zahlungen niemals staatliche Beihilfen im Sinne des Art. 107 Abs. 1 AEUV darstellen könnten, nicht bestätigt. GA Slynn hatte diesbezüglich insbesondere auf die Konstellation hingewiesen, dass ein Staat einem Unternehmen eine Beihilfe zusagt, die sich nach Prüfung durch die Kommission als unvereinbar mit dem Gemeinsamen Markt erweist. Wenn das Unternehmen einen gleich hohen Betrag durch Erhebung einer auf diese Zusage gegründeten Klage erhalten könnte, würden die Beihilfenvorschriften ausgehöhlt. Eine ähnliche Situation würde entstehen, wenn ein begünstigtes Unternehmen im Anschluss an eine Entscheidung der Kommission, die dem Staat die Rückforderung einer unzulässigen Beihilfe aufgibt, gegen den Staat eine Schadensersatzklage erheben würde.[88] **Schadensersatzzahlungen, die lediglich rechtswidrige Beihilfen kompensieren,** sollen selbst als Beihilfen anzusehen sein.[89] Ein Anspruch auf Ersatz des **Erfüllungsschadens** ist danach ausgeschlossen. Fraglich kann höchstens sein, ob der eine rechtswidrige Beihilfe versprechende Mitgliedstaat auf Ersatz eines der Höhe nach begrenzten **Vertrauensschadens** in Anspruch

127

128

---

[83] Siehe hierzu auch *Mederer / Pesaresi / Van Hoof / Van de Casteele / Grespan* RdNrn. 2.80–2.82, allerdings ohne klare Trennung zwischen Begünstigung und Selektivität.

[84] Anderer Auffassung Schlussanträge des Generalanwalts Sir Gordon Slynn in Rs. 106 bis 120/87, Slg. 1988, 5515 – Asteris: „Fällt eine Produktionsbeihilfe, wenn sie nicht in Anwendung der Verordnung gezahlt wird, nur deshalb nicht mehr unter die Artikel (107–109 AEUV), weil sie aufgrund der Anordnung eines Gerichts gezahlt wird, wie die Kommission meint? Sie gehört weiterhin zu den „staatlichen oder aus staatlichen Mitteln gewährten Beihilfen", und die Frage, ob sie durch die Begünstigung bestimmter Unternehmen oder Produktionszweige den Wettbewerb verfälscht oder zu verfälschen droht und den Handel zwischen Mitgliedstaaten beeinträchtigt, fällt in die Zuständigkeit der Kommission, die sich nach ihrer Unterrichtung äußert."

[85] EuGH, 106 bis 120/87, Slg. 1988, 5515 – Asteris.

[86] EuGH, 106 bis 120/87, Slg. 1988, 5515, RdNr. 22–24 – Asteris.

[87] EuGH, 106 bis 120/87, Slg. 1988, 5515, RdNr. 29 – Asteris.

[88] Schlussanträge des Generalanwalts *Sir Gordon Slynn* in Rs. 106 bis 120/87, Slg. 1988, 5515 – Asteris.

[89] Kom., ABl. 1991 L 227/12 – Hytasa, und Schlussanträge von Generalanwalt Jacobs in EuGH, C-278/92, C-279/92 und C-280/92, Slg. 1994, I-4103 – Spanien/Kommission., vgl. ferner *Vesterdorf / Nielsen* 21, *Schwarze-Bär-Bouyssière* Art. 87 EG RdNr. 27.

genommen werden kann. Selbst dies scheint aber gegen die Rechtsprechung zur Beihilfenrückforderung zu verstoßen, nach der ein Vertrauenstatbestand nur durch Akte der Kommission begründet werden kann.[90]

129   Diese Grundsätze haben auch zu gelten, wenn der Schadensersatzanspruch irrtümlich **von einem nationalen Gericht zugesprochen** worden ist. Es entspricht ständiger Rechtsprechung, dass es grundsätzlich unerheblich ist, welches mitgliedstaatliche Organ durch sein Handeln oder Unterlassen gegen das Unionsrecht verstoßen hat.[91] Die gegen die Einbeziehung der Judikatur vorgebrachten Argumente (insbesondere Unabhängigkeit der Justiz) hat der EuGH nicht gelten lassen.[92]

130   In der Entscheidung zum Flächenerwerb gemäß deutschem Ausgleichsleistungsgesetz betreffend Schadensersatzansprüche für die Enteignungen in der ehemaligen DDR[93] kam auch die Kommission zu der Überzeugung, dass keine Beihilfe im Sinne des Art. 107 Abs. 1 AEUV vorliegt, „wenn der Staat einem Wirtschaftsteilnehmer lediglich dasjenige zurückgibt, was er ihm vorher (rechtswidrig) weggenommen hat. Typisch dafür kann etwa der Ersatz des Schadens (in natura oder in Geld) sein, den Wirtschaftsteilnehmer durch Enteignungen oder dergleichen erlitten haben." Solche Kompensationen spiegeln lediglich die in allen Mitgliedstaaten gemeinsamen Rechtsprinzipien hinsichtlich des Schutzes des Eigentumsrechts wider. In den Akzo-Nobel[94] und Steenbergen-Fällen[95] hat die Kommission diesen Ansatz ausdrücklich bestätigt, ebenso in der ThyssenKrupp, Cementir and Nuova Terni Industrie Chimiche-Entscheidung,[96] wobei sie jeweils genau nachprüfte, ob das Unternehmen **nach den allgemeinen nationalen Enteignungsregelungen einen Anspruch auf Schadensersatz** hatte, und ob der Ausgleich tatsächlich als ein solcher Schadensersatz angesehen werden konnte. Mit der genauen Nachprüfung begegnet die Kommission einer möglichen Umgehung des Beihilfenverbots über Schadensersatzansprüche.[97] Ebenso soll durch das Abstellen auf die allgemein anwendbaren Rechtsregeln Begünstigungen aufgrund von Sonderregeln entgegengewirkt werden. Tatsächlich sind gesetzliche Schadensersatzregeln denkbar, die einzelne Unternehmen oder Sektoren von Lasten befreien, die andere Unternehmen in vergleichbarer Situation und damit auch die selektiv Begünstigten normalerweise zu tragen hätten. In diesen Fällen, in denen sich die Tatbestandsmerkmale der Begünstigung und der Selektivität untrennbar vermischen,[98] spielt es dann keine Rolle, ob die konkrete finanzielle Leistung von der staatlichen Stelle freiwillig erbracht worden ist oder nicht.[99] Nach den allgemeinen auch von der Rechtsprechung des EGMR anerkannten Grundsätzen muss eine Verhältnismäßigkeit zwischen dem Entschädigungsbetrag und dem Wert des enteigneten Gutes bestehen.[100]

131   Kompensationsmaßnahmen für sonstiges administratives Unrecht, beispielsweise in Form von **Steuerrückzahlungen**, fallen unproblematisch aus dem Beihilfentatbestand, wenn sie nur die Verluste ausgleichen, die den Unternehmen zuvor durch staatliches Handeln entstanden sind.[101] Dabei ist allerdings grundsätzlich von der Rechtmäßigkeit des nationalen Steuersystems auszu-

---

[90] Siehe zB. EuGH, C-5/89, Slg. 1990, I-3437, RdNr. 14 – Deutschland/Kommission; EuGH, C-184/04, Slg. 2005, I-11137, RdNr. 104 – Unicredito Italiano.

[91] EuGH, C-302/97, Slg. 1999, I-3099, RdNr. 62 mwN. – Konle.

[92] EuGH, C-224/01, Slg. 2003 I-10239, RdNr. 31 – Köbler.

[93] Kom., ABl. 1999 L 107/21 – Flächenerwerb gemäß deutschem Ausgleichsleistungsgesetz.

[94] Kom., Staatliche Beihilfe N 304/2003 – Akzo-Nobel.

[95] Kom., Staatliche Beihilfe N 575/2005, Tz. 25, 26 – Steenbergen.

[96] Kom., ABl. 2008 L 144/37, Tz. 70 – ThyssenKrupp, Cementir und Nuova Terni Industrie Chimiche.

[97] Vgl. hierzu das Vorbringen Griechenlands in der Sache C-369/07, Slg. 2009, I-5703, RdNr. 17–18 – Kommission/Griechenland, in der Griechenland geltend macht, es hätte die in Rede stehende Beihilfenrückforderung (teilweise) umgesetzt, in dem die Rückforderung gegen Schadensersatzansprüche von Olympic Airlines aus einem Schiedsgerichtsurteil aufgerechnet worden seien.

[98] Soweit die Schadensersatzgesetze allgemeiner Natur sind, entfällt nicht nur die Begünstigung, sondern auch die Selektivität der Maßnahme, vgl. hierzu auch *Mederer/Pesaresi/Van Hoof/Grespan/Santamato* RdNr. 2.307–2.309.

[99] Missverständlich insoweit *von der Groeben/Schwarze/Mederer* Art. 87 EG RdNr. 6, der die Auffassung vertritt, es sei unstreitig, dass es ein wesentliches Element des Beihilfebegriffs sei, dass die Vorteilsgewährung ohne Rechtspflicht des Staates erfolge, ihm folgend *Schwarze/Bär-Bouyssière* Art. 87 EG RdNr. 27. Dagegen zu Recht *Koenig/Kühling/Ritter* RdNr. 71, Fn. 15.

[100] EuG T-62/08, Slg. 2010, II-0000, RdNr. 133–139 – Thyssenkrupp Acciai Special; Terni/Kommission.

[101] Vgl. zB. EuGH, 61/79, Slg. 1980, 1205, RdNr. 31 – Denkavit; EuGH, 826/79, Slg. 1980, 2259, RdNr. 15 – MIRECO; EuGH, 811/79, Slg. 1980, 2445, RdNr. 15 – Ariete.

gehen. Ein Steuerschuldner, dem eine beihilfenrechtlich relevante Steuerbefreiung gewährt wurde, kann sich danach nicht gegen die Beihilfenrückforderung mit dem Argument wehren, das nationale Steuerrecht, von dem in beihilfenrechtswidriger Weise dispensiert worden war, wäre ohnehin rechtswidrig gewesen.[102]

β) Minderung von Belastungen, die ein Unternehmen normalerweise nicht zu tra- **132** **gen hat – Ausgleich struktureller Nachteile.** Das Konzept der „Belastungen, die ein Unternehmen normalerweise zu tragen hat", ist von den Unionsgerichten ursprünglich ausschließlich dazu benutzt worden, das Begünstigungsmerkmal auf andere Maßnahmen als klassische Mitteltransfers auszuweiten.[103] Mittlerweile sind die Gerichte vereinzelt dazu übergegangen, das Konzept konsequenterweise auch anzuwenden, um darzulegen, warum eine bestimmte Maßnahme keine Begünstigung im Sinne des Beihilfentatbestandes darstellt. Im Combus-Urteil[104] hat das Gericht unter Anwendung dieses Konzepts entschieden, dass der **Ausgleich struktureller Nachteile,** die ein (mittlerweile privatisiertes) Staatsunternehmen gegenüber seinen privaten Konkurrenten hat, keine Begünstigung darstellt. In casu ging es um die finanzielle Unterstützung, die der dänische Staat dem ehemaligen öffentlichen Bustransport-Monopolisten **Combus** gewährt hat, um den Wechsel der Mitarbeiter vom kostspieligen Beamtenstatus in ein Angestelltenverhältnis zu erleichtern (Einmalzahlungen für Mitarbeiter, die dem Wechsel zustimmten). Die Kommission sah in den Zahlungen keine Begünstigung für das Unternehmen, was das Gericht auf Klage des dänischen Verbandes privater Busunternehmen bestätigte, da die Maßnahme bezwecke, „Combus von einem strukturellen Nachteil im Vergleich zu ihren privaten Konkurrenten zu befreien. Die Bestimmung des Artikels (107 Abs. 1 AEUV) hat aber nur zum Zweck, Vorteile zu untersagen, durch die bestimmte Unternehmen begünstigt werden, da der Begriff der Beihilfe nur Interventionen erfasst, die die normalen Belastungen eines Unternehmens mindern und die als ein wirtschaftlicher Vorteil anzusehen sind, den das begünstigte Unternehmen unter normalen Marktbedingungen nicht erlangt hätte (…).[105] Das Urteil ist grundsätzlich geeignet, Privatisierungen zu erleichtern, und schränkt den Beihilfenbegriff zugunsten öffentlicher Unternehmen potentiell erheblich ein. Insofern bedarf es weitergehender Klärung der Frage, was unter „strukturellen Nachteilen" genau zu verstehen ist,[106] und ob die Nachteile nicht gegen die aus dem öffentlichen Charakter des Unternehmens folgenden Vorteile abgewogen werden müssen. Es könnte Sinn machen, das Konzept in dieser Schärfe allein auf zu privatisierende Unternehmen anzuwenden. In diese Richtung scheint die Kommission zu tendieren, die das Combus-Urteil in der Folgezeit extrem restriktiv ausgelegt und lediglich in einem einzigen Fall die Einstufung einer entsprechenden Regelung als Beihilfe wegen ihrer Nähe zum Combus-Sachverhalt offen gelassen hat.[107]

Im Urteil **Enirisorse** bezüglich eines italienischen Gesetzes, das das Recht der Gesellschafter **133** der Sotacarbo SpA auf Einlösung ihrer Aktien im Fall ihres außerordentlichen Austritts beschränkte und damit eine Belastung verminderte, die diese Gesellschaft sonst zu tragen gehabt hätte, griff der EuGH das Konzept auf, indem er darauf verwies, dass dieses Gesetz nur einen Vorteil der Aktionäre einschränkte, der diesen zuvor in Abweichung von den allgemeinen Regelungen gewährt worden war, und dass das Gesetz demnach lediglich verhinderte, dass der Bilanz von Sotacarbo eine Last auferlegt wird, die sie unter normalen Umständen nicht zu tragen gehabt hätte. Das Gesetz beschränkte sich darauf, die den Aktionären von Sotacarbo durch das vorherige Gesetz ausnahmsweise eingeräumte Befugnis zum Austritt zu regeln, ohne damit eine Belastung zu vermindern, die Sotacarbo normalerweise hätte tragen müssen.[108] Der Gerichtshof vermied eine über den konkreten Fall hinausgehende Klärung des Konzepts.

Hierzu hatte wiederum das Gericht Gelegenheit im Urteil **Hotel Cipriani,** in dem es um **134** eine Regelung ging, die venezianische Unternehmen von der Sozialbeitragspflicht befreite. Die klagenden Unternehmen argumentierten, die Regelung verschaffe ihnen keinen Wettbewerbs-

---

[102] EuGH, C-172/03, Slg. 2005, I-1627, RdNr. 37 f – Heiser.

[103] Insbesondere im Steuer- und Sozialabgabenbereich.

[104] EuG, T-157/01, Slg. 2004, II-917 – Danske Busvognmænd/Kommission.

[105] EuG, T-157/01, Slg. 2004, II-917, RdNr. 57 – Danske Busvognmænd/Kommission.

[106] Vgl. hierzu auch *Hancher* EStAL 2004, 455.

[107] Kom., ABl. 2008 L 243/7 – OTE. Dagegen verneint beispielsweise in Kom., ABl. 2008 L 63/16 – La Poste; ABl. 2008 L 270/1 – Tieliikelaitos/Destia; ABl. 2009 L 327/21 – RATP fonds de pension. Vgl. hierzu näher unten RdNr. 169 ff. Kritisch *Mederer/Pesaresi/Van Hoof/Grespan/Santamato* RdNr. 2.282–2.287.

[108] EuGH, C-237/04, Slg. 2006, I-2843, RdNr. 48 – Enirisorse.

vorteil, sondern gleiche nur eine ungünstige Wettbewerbssituation teilweise aus, die sich aus den hohen Mieten und Kaufpreisen, den Widrigkeiten im Zusammenhang mit der Feuchtigkeit und dem Hochwasser und mit den Verpflichtungen aus der Notwendigkeit, das historische und landschaftliche Erbe zu schützen, sowie den Mehrkosten für Transport und Umschlag von Lagerbeständen und Waren ergab. Der Gerichtshof folgte dem nicht, sondern stellte in Bezug auf das Konzept „struktureller Nachteile" folgendes klar:

- Der Versuch eines Mitgliedstaats, die Wettbewerbsbedingungen eines bestimmten Wirtschaftssektors durch einseitige Maßnahmen den Wettbewerbsbedingungen in anderen Mitgliedstaaten anzugleichen, kann diesen Maßnahmen nicht den Beihilfecharakter nehmen: **kein beihilfefreier Ausgleich struktureller Nachteile eines Mitgliedstaates gegenüber anderen Mitgliedstaaten**.[109]
- Die Vorschriften über staatliche Beihilfen, wie im Übrigen das gesamte Wettbewerbsrecht der Union, sollen **keinen vollkommenen Wettbewerb**, sondern einen tatsächlichen oder wirksamen Wettbewerb gewährleisten.[110]
- Der Ausgleich struktureller Nachteile kann nur bei **Vorliegen ganz spezifischer Situationen** aus dem Beihilfentatbestand fallen:
  - Erstens: Bei Sachverhalten, die nach dem **Market Economy Operator Test** gerechtfertigt sind.[111]
  - Zweitens: **Ausgleich zusätzlicher Belastungen** des Unternehmens, die sich aus einer Ausnahmeregelung ergeben, die für Konkurrenzunternehmen, die dem allgemeinen Recht unter normalen Marktbedingungen unterliegen, nicht gilt.[112] Hierzu muss ein **unmittelbarer Zusammenhang** zwischen der fraglichen Ausgleichsmaßnahme und dem ihr zugeschriebenen Zweck, die Mehrkosten wegen der besonderen strukturellen Probleme auszugleichen, vorliegen.[113]

135   γ) **Mittelbare Begünstigung.** Die Begünstigung kann nicht nur beim direkten Empfänger der staatlichen Mittel eintreten. Es ist ebenso denkbar und reicht für die Anwendbarkeit des beihilfenrechtlichen Kontrollregimes aus, dass die Begünstigung mittelbar bei einem anderen Unternehmen eintritt (mittelbare Begünstigung), das dann entsprechend (gegebenenfalls zusätzlich zum direkten Empfänger) als Beihilfenempfänger anzusehen ist.[114] Art. 107 Abs. 1 AEUV untersagt staatliche oder aus staatlichen Mitteln gewährte Beihilfen gleich welcher Art, ohne danach zu unterscheiden, ob die aus der Beihilfe entstehenden Vorteile unmittelbar oder mittelbar gewährt werden.[115] So hat die Rechtsprechung anerkannt, dass ein unmittelbarer Vorteil für bestimmte natürliche oder juristische Personen, bei denen es sich nicht um Unternehmen handeln muss, für andere natürliche oder juristische Personen, die Unternehmen sind, einen mittelbaren Vorteil und damit eine staatliche Beihilfe darstellen kann.[116] Dies folgt schon aus der Regelung der **Verbraucherbeihilfe** in Art. 107 Abs. 2 lit. a AEUV, wonach „Beihilfen sozialer Art an einzelne Verbraucher, wenn sie ohne Diskriminierung nach der Herkunft der Waren gewährt werden", freizustellen sind.[117] Ein aktuelles Beispiel ist die Abwrackprämie für PKW.[118] Tatsächlich begünstigen solche produktbezogenen Verbraucherbeihilfen mittelbar den jeweili-

---

[109] EuG, T-254/00, T-270/00 and T-277/00, Slg. 2008 II-3269, RdNr. 182, mwN. – Hotel Cipriani.

[110] EuG, T-254/00, T-270/00 and T-277/00, Slg. 2008 II-3269, RdNr. 184 – Hotel Cipriani.

[111] EuG, T-254/00, T-270/00 and T-277/00, Slg. 2008 II-3269, RdNr. 185 – Hotel Cipriani, unter Verweis auf EuGH, C-67/85, Slg. 1988, 219, RdNr. 30 – van der Kooy/Kommission. Vgl. hierzu eingehend RdNr. 143 ff.

[112] EuG, T-254/00, T-270/00 and T-277/00, Slg. 2008 II-3269, RdNr. 187 – Hotel Cipriani, unter Hinweis auf die Urteile Combus und Enirisorse.

[113] EuG, T-254/00, T-270/00 and T-277/00, Slg. 2008 II-3269, RdNr. 189 – Hotel Cipriani, unter Hinweis auf die Urteile Combus und Enirisorse.

[114] So auch *von der Groeben/Schwarze/Mederer* Art. 87 EG Abs. 1 RdNr. 7.

[115] EuG, T-177/07, noch nicht in der amtlichen Sammlung, RdNr. 75 – Mediaset/Kommission.

[116] Siehe EuGH, C-156/98, Slg. 2000, I-6857, RdNr. 22–35 – Deutschland/Kommission; C-382/99, Slg. 2002 I-5163, RdNr. 38 u. 60–66 – Niederlande/Kommission; EuG, T-424/05, noch nicht in der amtlichen Sammlung, RdNr. 108 – Italien/Kommission.

[117] Jüngst bestätigt durch EuG, T-177/07, noch nicht in der amtlichen Sammlung, RdNr. 76 – Mediaset-Kommission. Das Urteil ist von Mediaset mit Rechtsmittel zum EuGH angefochten worden. Mediaset gehört zur Unternehmensgruppe des italienischen Ministerpräsidenten Berlusconi. So auch *Mederer/Pesaresi/Van Hoof/Grespan/Santamato* RdNr. 2.467.

[118] Von der Kommission im Vorübergehenden Gemeinschaftsrahmen für staatliche Beihilfen zur Erleichterung des Zugangs zu Finanzierungsmitteln in der gegenwärtigen Finanz- und Wirtschaftskrise, ABl. 2009 C 16/1, als beihilfefrei eingestuft.

gen Produktionssektor (im Beispiel die Kraftfahrzeugindustrie), so dass es nicht darauf ankommt, dass die direkten Empfänger der staatlichen Mittel keine Unternehmen sind.[119] Dass die Beihilfen nicht nach der Herkunft der Waren unterscheiden und daher diskriminierungsfrei gewährt werden, ändert zunächst nichts am Vorliegen einer Begünstigung. Auch die Selektivität als zweites konstituierendes Beihilfenmerkmal ist gegeben, da die Maßnahme allein einem speziellen Industriesektor zugute kommt (sektorielle Selektivität).[120] Die Frage kann allein sein, ob es bei entsprechend neutraler Ausgestaltung an einer Wettbewerbsverfälschung fehlt,[121] was nach der bisher bezüglich dieses Tatbestandsmerkmals sehr restriktiven Rechtsprechung jedenfalls auch bei neutraler Ausgestaltung einer sektoriellen Verbraucherbeihilfe nicht evident ist.[122] Die hieran in der Literatur zum Teil geäußerte Kritik[123] verkennt, dass es über den bewussten Einsatz von Verbraucherbeihilfen zu erheblichen Wettbewerbsverfälschungen kommen kann.[124] Durch bewusst gesteuerte Kaufanreize können beispielsweise bestimmte neue Technologien zulasten anderer gefördert werden,[125] insbesondere in sich schnell entwickelnden neuen Märkten und zumal dort, wo sich verschiedene Technologien noch im Wettbewerb um die zukünftige Standardtechnologie befinden. In solchen Fällen muss von den Mitgliedstaaten genau darauf geachtet werden, etwaige Verbraucherbeihilfen so diskriminierungsfrei, d. h. insbesondere so **technologieneutral**[126] wie möglich zu gestalten. Geschieht dies nicht, ist die Wettbewerbsverfälschung bereits intendiert. Für eine effektive Beihilfenkontrolle ist die Einbeziehung solch mittelbarer Begünstigungen daher zwingend. Die hiergegen eingewandten Bedenken in Hinblick auf die Abgrenzbarkeit der mittelbar Begünstigten[127] überzeugen nicht. Die Fragen der genauen Identifizierung des (mittelbar) Begünstigten und der genauen Höhe des bei ihm tatsächlich angekommenen Vorteils, welche zugegebenermaßen im Einzelfall Schwierigkeiten bereiten können,[128] stellen sich erst bei einer möglichen Rückforderung. Zu einer solchen sollte es aber gar nicht kommen, wenn die Mitgliedstaaten sich an das Beihilfenverbot und die Notifizierungspflicht halten. Bestimmte Formen staatlicher Beihilfen pauschal zuzulassen, nur weil die Rückforderung im Fall ihrer rechtswidrigen Gewährung Probleme bereiten könnte, scheint sowohl rechtsdogmatisch wie rechtspolitisch verfehlt. Die unproblematischen Fälle sind entweder im Rahmen der Prüfung der Wettbewerbsverfälschung oder des Art. 107 Abs. 2 lit. a AEUV zu lösen.

Abgesehen von den Verbraucherbeihilfefällen wurde die Frage, wer der eigentliche Beihil- **136** fenbegünstigte ist, bislang hauptsächlich in Verfahren vor dem Gerichtshof praktisch, in denen

---

[119] Vgl. hierzu Kom., ABl. 2007 L 174/1, Tz. 81 ff. – Italienische Digitaldecoder.

[120] Hierzu unten RdNr. 386 ff.

[121] So *Mederer/Pesaresi/Van Hoof/ Grespan/Santamato* RdNr. 2.538.

[122] Auch sektorielle Beihilfen, die diskriminierungsfrei gewährt werden, sind unter Umständen geeignet, den Wettbewerb zu verfälschen. So ist der Kaufanreiz für Produkte eines speziellen Industriesektors geeignet, das Verbraucherverhalten zu Ungunsten anderer Sektoren zu beeinflussen, und so den Wettbewerb gegenüber (potentiellen) Substituten zu verfälschen. Im Beihilfenrecht besteht insoweit ein weites Wettbewerbsverständnis als das Beihilfenverbot gerade auch die Unterstützung heimischer Schlüsselsektoren/Industrien verhindern will. Die Kommission nennt das „Verzerrung der Ressourcenverteilung in der Wirtschaft", siehe Kom., ABl. 2007 L 147/1, Tz. 122 – Italienische Digitaldecoder.

[123] Siehe hierzu *Bartosch* Art. 87 EG Abs. 1 RdNr. 82; *Heidenhain,* European State Aid Law § 4 RdNr. 20, *ders.* EuZW 2007, 623.

[124] Ebenso *Grabitz/Hilf/v. Wallenberg* Art. 87 EG RdNr. 14.

[125] Vgl. hierzu Kom., ABl. 2007 L 147/1 – Italienische Digitaldecoder.

[126] Vgl. hierzu EuG, T-21/06, noch nicht in der amtlichen Sammlung, RdNr. 6 – Deutschland/Kommission (DVB-T); sowie EuG, T-8/06, noch nicht in der amtlichen Sammlung, RdNr. 55 – FAB/Kommission. Die Urteile betreffen Zuschüsse der Medienanstalt Berlin/Brandenburg an private Fernsehveranstalter, um diese zum gleichzeitigen Übergang auf digitales terrestrisches Fernsehen zu bewegen. Die Kommission stellte in ihrer Negativentscheidung fest, dass die Subventionen auch indirekte Beihilfen zugunsten von T-Systems, das die digitale Übertragungsinfrastruktur bereithielt, darstellten, ohne die genaue Beihilfenhöhe beziffert zu können. Zurückgefordert wurde nur von den privaten Fernsehveranstaltern, siehe Kom., ABl. 2006 L 200/14 – DVB-T Berlin-Brandenburg. In den zitierten Urteilen bestätigt das Gericht die Wettbewerbsverfälschung auch auf Netzebene. Durch die Begünstigung der terrestrischen Übertragungsart zulasten der beiden anderen Formen, Kabel und Satellit, stärkte die den privaten Rundfunkanbietern für den Umstieg auf DVB-T gezahlte Subvention nämlich die Wettbewerbsposition des international agierenden Betreibers eines terrestrischen Netzes, T-Systems, gegenüber anderen Wettbewerbern. Zur Technologieneutralität vgl. ferner EuG T-177/07, noch nicht in der amtlichen Sammlung, RdNr. 95–111 – Mediaset/Kommission.

[127] ZB. *Heidenhain* EuZW 2007, 623, 624, ihm folgend *Bartosch* Art. 87 Abs. 1 EG RdNr. 82.

[128] Von der Kommission wird die Höhe daher zuweilen offen gelassen, siehe zB. Kom., ABl. 1999 L 32/18, Tz. 30 – Sizilianische Tourismusförderung, bzw. dem Mitgliedstaat abstrakte Kalkulationsmethoden an die Hand gegeben, vgl. Kom., ABl. 2007 L 147/1 – Tz. 205 – Italienische Digitaldecoder.

es um Rückforderungsentscheidungen der Kommission ging, die die Frage bewusst offen gelassen hatten, von wem der Mitgliedstaat die rechtswidrige Beihilfe zurückzufordern hatte.[129] Neben den Rückforderungsfällen spielt das Konzept der mittelbaren Begünstigung überall dort eine wichtige Rolle, wo **der unmittelbare Empfänger kein Beihilfenbegünstigter** sein kann, da eines der Beihilfentatbestandsmerkmale bei ihm nicht erfüllt ist, beispielsweise bei der Verbraucherbeihilfe wegen fehlender Unternehmenseigenschaft. In Ausnahmefällen ist auch denkbar, dass das Unternehmen, das die staatlichen Mittel empfangen hat, nicht der Beihilfenempfänger ist, so beispielsweise im Fall des deutschen **§ 6 b Einkommenssteuergesetz,** welcher vorsah, dass alle Unternehmen, die ihre Gewinne in KMU in den neuen Bundesländern reinvestierten, Steuervergünstigungen erhielten. Die Regelung konnte keine Beihilfe zugunsten der Investoren sein, da sie insofern nicht selektiv war: „Eine Steuervergünstigung, die darin besteht, dass Steuerpflichtige, die bestimmte Wirtschaftsgüter veräußern, den daraus resultierenden Veräußerungsgewinn von den Kosten der Anschaffung anderer Wirtschaftsgüter abziehen können, verschafft ihnen einen Vorteil, der als eine unterschiedslos auf alle Wirtschaftsteilnehmer anwendbare allgemeine Maßnahme keine Beihilfe an diese Steuerpflichtigen im Sinne des [Art. 107 Abs. 1 AEUV] darstellt."[130] Begünstigte waren darüber hinaus auch die KMU in den neuen Bundesländern, da sie Beteiligungskapital zu günstigeren Bedingungen erhalten konnten, als dies ohne die Regelung der Fall gewesen wäre. Diese Begünstigung war auch selektiv, da es für das Vorliegen der Selektivität ausreicht, dass sich die begünstigten Unternehmen in einem Teilgebiet des Mitgliedstaates befinden müssen (sog. „regionale Selektivität").[131] Darüber hinaus waren sie auch der Größe nach selektiert (nur KMU). Demnach waren die Empfänger der staatlichen Mittel die Investoren, die Empfänger der Begünstigung allerdings die Zielunternehmen der Investoren. Das Hinzutreten einer autonomen Entscheidung der Investoren ließ den Zusammenhang zwischen dem Transfer der staatlichen Mittel (die Steuervergünstigung) und dem den Zielunternehmen gewährten Vorteil nach Auffassung des Gerichts nicht entfallen, da nach wirtschaftlicher Betrachtungsweise die Änderung der Marktbedingungen, die diesen Vorteil bewirkte, daraus folgte, dass dem Staat Steuereinnahmen entgingen.[132] Noch deutlicher ist der Kausalzusammenhang, wenn das Weiterreichen der staatlichen Mittel bereits vorher vertraglich vereinbart wurde.[133]

137   Die Kommission hat diese Rechtsprechung in ihren **Risikokapitalleitlinien**[134] aufgegriffen, wo sie es für möglich hält, dass Beihilfen an Investoren in Risikokapitalfonds auf drei Ebenen zu Beihilfen führen können: auf der Ebene der Investoren, soweit diese unter den Unternehmensbegriff subsumiert werden können,[135] auf der Ebene der Risikokapitalfonds und auf der Ebene der Unternehmen, in die investiert wird.[136] In einer Entscheidung betreffend italienische Investmentgesellschaften hat die Kommission folgerichtig die Ansicht vertreten, dass die spezialisierten Investmentgesellschaften zwar keinen unmittelbaren Vorteil aus der ihren Teilnehmern zugestandenen Steuervergünstigung ziehen, gleichwohl aber einen mittelbaren wirtschaftlichen Vorteil genießen, da die Fondsteilnehmer aufgrund der steuerlichen Anreize verstärkt Anteile an spezialisierten Investmentgesellschaften erwerben und diesen dadurch liquide Mittel und zusätzliche Erträge in Form von Zeichnungs- und Verwaltungsgebühren zufließen.[137] Die Kommission hat diesen Ansatz vereinzelt auch auf Projektgesellschaften[138] angewandt.

---

[129] Siehe hierzu *Arhold* EuZW 2006, 42.

[130] EuGH, C-156/98, Slg. 2000, I-6857, RdNr. 22 – Deutschland/Kommission.

[131] Hierzu *Arhold* in diesem Kapitel RdNr. 369 ff.

[132] EuGH, C-156/98, Slg. 2000, I-6857, RdNr. 27 – Deutschland/Kommission. Siehe hierzu auch *Bartosch* EuZW 2000, 2010.

[133] EuGH, C-457/00, Slg. 2002, I-6931, RdNr. 52–61 – Belgien/Kommission (Verlipack).

[134] Kom., ABl. 2006, C 194/2 – Leitlinien der Gemeinschaft für staatliche Beihilfen zur Förderung von Risikokapitalinvestitionen in kleinere und mittlere Unternehmen. Vgl. hierzu *Zuleger* in diesem Kommentar Kapitel B II, Abschnitt 6.

[135] Soweit der Anspruch des Staates auf Investitionsrendite gegenüber den Ansprüchen der anderen Investoren unter Umständen zurücktreten soll, siehe Kom., ABl. 2001 L 144/23 – Viridian Growth Fund.

[136] Siehe hierzu auch die Entscheidungen Kom., ABl. 2001 L 144/23 – Viridian Growth Fund; Kom., ABl. 2001 L 263/23 – Regionale Wagniskapitalfonds.

[137] Kom., ABl. 2006 L 268/1, Tz. 36-41 – Beihilfenregelung, die Italien in Form steuerlicher Anreize zugunsten bestimmter Unternehmen für gemeinsame Anlagen in Wertpapieren eingeführt hat, die auf Anlagen in börsennotierten Gesellschaften mit geringer oder mittlerer Kapitalisierung spezialisiert sind. Die Entscheidung ist vom Gericht bestätigt worden, EuG, T-424/05, noch nicht in der amtlichen Sammlung, RdNr. 108 – Italien/Kommission.

[138] ZB. Kom., ABl. 1999 L 260/1 – InfraLeuna.

Im Urteil GEMO ging es um staatliche Zahlungen an private Unternehmen, die **im Auftrag** 138
des Staates gefährliche Tierabfälle aus Schlachthöfen und Bauernhöfen einsammelten und ent-
sorgten. Die Leistungen waren angeblich im allgemeinen wirtschaftlichen Interesse von
Schlachthöfen und Bauernhöfen in Anspruch zu nehmen, aber für sie unentgeltlich. Finanziert
wurden die staatlichen Zahlungen hauptsächlich durch eine Sonderabgabe auf Fleischverkäufe
in Supermärkten. Der Gerichtshof urteilte, dass die staatlichen Zahlungen an die Abfallbeseitiger
eine mittelbare Beihilfe zugunsten der Unternehmen des Fleisch produzierenden Sektors
darstellten, da diese von Kosten befreit worden, die sie normaler Weise (als Abfallverursacher)
hätten tragen müssen. Dadurch, dass der Staat andere Unternehmen mit der Abfallentsorgung
beauftragte und bezahlte, übernahm er diese Kosten. Das Dazwischentreten der privaten Abfall-
entsorger kann an der Begünstigung der Fleischproduzenten als mittelbar Begünstigte nichts
ändern, solange deren **Leistungen dem Staat zuzurechnen** sind **und aus staatlichen Mit-**
teln finanziert werden.[139]

Ein weiterer Fall betraf staatliche Vergünstigungen zugunsten niederländischer Tankstellen, 139
die bestimmte aus der Nähe zur deutschen Grenze resultierende wirtschaftliche Nachteile ausgleichen sollten. Manche Tankstellen hatten gegenüber ihren Mineralölgesellschaften einen
vertraglichen Anspruch auf Ausgleich derselben wirtschaftlichen Nachteile, sodass die staatliche Förderung im Ergebnis nicht die einzelnen Tankstellen, sondern die dahinterstehende
Mineralölgesellschaft von Kosten befreite, die sie normalerweise (nach der vertraglichen Abrede)
hätte tragen müssen. Dies hatte auch Auswirkungen auf die Rechtmäßigkeit der Beihilfe, da sich
die einzelnen trotz ihrer vertraglichen Beziehungen zu den Mineralölgesellschaften als unabhängig geltenden Tankstellen auf die De-minimis-Regelung hätten berufen können, was den Mineralölgesellschaften selbst ob der kumulierten Gesamthöhe der ihnen ersparten Aufwendungen
verwehrt war.[140]

Die beschriebenen Fälle haben gemeinsam, dass auf der Stufe des unmittelbaren Empfängers 140
der staatlichen Mittel ein Beihilfentatbestandsmerkmal fehlte: beim deutschen EStG-Fall die Selektivität, die Begünstigung hingegen beim Schlachthof-Fall (die privaten Abfallbeseitiger bekamen vom Staat einen Marktpreis für ihre Dienste) und beim Tankstellen-Fall (die Tankstellen
hätten auf Grund ihrer vertraglichen Rechte die Ausgleichzahlungen von ihren Mineralölgesellschaften einfordern können). Dabei ist auffällig, dass in den beiden letzten Fällen die mittelbar
Begünstigten auch ungefähr in der Höhe der transferierten staatlichen Mittel bevorteilt sind. Das
lässt sich bzgl. der ostdeutschen KMU nicht ohne weiteres behaupten, da die Steuerregelung
nicht mehr als ein möglicher Anreiz gewesen sein kann, von dem sich im Einzelfall kaum feststellen lässt, ob und in welcher Höhe er und in welcher Höhe er in die Konditionen des Investments eingeflossen ist. In
einem solchen Fall mittelbarer regionaler Selektivität mag es interessengerechter sein, die Selektivität der zweiten Stufe der ersten zuzurechnen und damit den Steuerschuldner zum unmittelbaren Beihilfenempfänger zu machen. Dem steht nur auf den ersten Blick der Grundsatz der
relativen Beihilfenqualität[141] entgegen, nach der bei dem betreffenden Beihilfenbegünstigten alle
Tatbestandsmerkmale kumulativ erfüllt sein müssen. Denn auch bei den KMU liegt ja ein
Merkmal (der Transfer staatlicher Mittel) nicht vor.[142] Zwar findet der staatliche Transfer (die
Steuervergünstigung) nur bei einer Investition in die KMU statt, die eingesetzten Mittel sind
dennoch nicht identisch. Es sollte daher umgekehrt nichts dagegen sprechen, die regionale Selektivität der Maßnahme bereits auf der steuerlichen Anreizebene den Investoren zuzuordnen
und diese als Begünstigte anzusehen. Die rechtspolitischen Vorteile liegen auf der Hand: Eindeutige Bestimmbarkeit der Beihilfenhöhe und beihilfenrechtliche Sensibilisierung der steuerpflichtigen Unternehmen.

Von den Fällen mittelbarer Begünstigung abzugrenzen ist der sich aus der Beihilfengewährung 141
auch für andere Wirtschaftsteilnehmer ergebende **bloße positive wirtschaftliche Reflex**,[143]
beispielsweise für die Gläubiger eines mit Umstrukturierungsbeihilfen sanierten Unternehmens.[144]

---

[139] EuGH, C-126/01, Slg. 2003, I-13769, RdNr. 28–29 – GEMO, unter Hinweis auf C-379/98, Slg. 2001,
I-2099, RdNr. 58 - PreussenElektra, Siehe ebenso Schlussanträge des Generalanwalts *Jacobs* in C-482/99,
Slg. 2002, I-4397, RdNr. 53 ff. – Frankreich/Kommission (Stardust Marine).
[140] EuGH, C-382/99, Slg. 2002, I- 5163, RdNr. 62 – Niederlande/Kommission.
[141] EuG, T-34/02, Slg. 2006, II-267, RdNr. 109 – Le Leval.
[142] *Mederer/Pesaresi/Van Hoof/Grespan/Santamato* RdNr. 2.527.
[143] Siehe hierzu auch *Koenig/Kühling/Ritter* RdNr. 70.
[144] Man denke nur an den aktuellen Extremfall der Rettung und Restrukturierung der systemischen Banken und Finanzinstitute, die gerade wegen dieser positiven Reflexe nach Art. 107 Abs. 3 lit. b AEUV erfolgt. Siehe ferner Kom., ABl. 2004 L 61/1, Tz. 69 – Thüringer Konsolidierungsprogramm.

Die Abgrenzung kann im Einzelfall Schwierigkeiten bereiten. Abzustellen sein dürfte auf den **wesentlichen Zweck und allgemeinen Zusammenhang** der Maßnahme. Beispielsweise diente die PKW-Abwrackprämie nicht primär dazu, die Anschaffungskosten für die Verbraucher zu senken, das war nur Mittel zum Zweck, sondern die Automobilindustrie als eine in der Wirtschaftskrise besonders wichtige industrielle Schlüsselindustrie zu stabilisieren. Dieser Lösungsansatz stünde nur scheinbar mit der Wirkungs-Doktrin in Widerspruch, nach der eine Beihilfe nicht nach ihren Zielen zu bemessen ist, sondern allein nach ihrem Effekt.[145] Denn der Gerichtshof unterscheidet sehr wohl zwischen unbeachtlichen allgemeinen politischen Zielen, denen eine Maßnahme dienen soll, und dem beachtlichen konkreten wirtschaftlichen Primärzweck der Maßnahme, der häufig von den lediglich inzidenten aber nicht primär bezweckten Effekten abgegrenzt wird.[146] Tatsächlich wird auch in der Kommissionspraxis zur mittelbaren Begünstigung häufig auf Ziel und Zweck der Maßnahme abgestellt.[147]

142   **bb) Keine angemessene Gegenleistung.** Sobald feststeht, dass das Unternehmen einen (geldwerten) Vorteil erhalten hat, ist zu ermitteln, ob diesem Vorteil eine angemessene Gegenleistung gegenübersteht, so dass das Unternehmen nicht als wirtschaftlich begünstigt angesehen werden kann. Hierbei können zwei große Fragenkreise unterschieden werden: Zum einen muss geklärt werden, wie die Angemessenheit der Gegenleistung zu ermitteln ist.[148] Zum anderen handelt der Staat oft nicht nur im eigenen Interesse (wie beim klassischen Beschaffungswesen), sondern er beauftragt Unternehmen, bestimmte Dienstleistungen im allgemeinen wirtschaftlichen Interesse („DAWI") vorzunehmen. Diesbezüglich war lange umstritten, ob und unter welchen Bedingungen die Erbringung von DAWI das Tatbestandsmerkmal der Begünstigung im beihilfenrechtlichen Sinne entfallen lassen kann, oder ob die Vergütung solcher Dienstleistungen nicht vielmehr stets an den Vorgaben des Art. 106 Abs. 2 AEUV zu messen ist. Die hierzu ergangene Judikatur ist komplex.[149]

143   **α) Market Economy Operator Test („MEOT") – Grundsätze.** Für die Beantwortung der Frage, ob ein angemessenes Leistungs-/Gegenleistungsverhältnis vorliegt, ist nach ständiger Rechtsprechung die Beantwortung der Frage notwendig, ob das begünstigte Unternehmen eine wirtschaftliche **Vergünstigung** erhält, **die es unter normalen Marktbedingungen nicht erhalten hätte.**[150] Hierbei ist auf die **Perspektive des Staates** abzustellen und zu fragen, ob ein privates Unternehmen von vergleichbarer Größe wie die staatliche Einrichtung in vergleichbarer Lage hätte veranlasst werden können, die entsprechende Leistung in diesem Umfang und zu diesen Konditionen zu gewähren.

Soweit nach diesem Test davon auszugehen ist, dass die Vereinbarung als ein normales Handelsgeschäft anzusehen ist, in dessen Rahmen sich Staat und Vertragspartner als **marktwirtschaftlich orientierte Wirtschaftsteilnehmer** verhalten und sich vor allem von kaufmännischen Erwägungen unter Ausschluss wirtschafts- oder sozialpolitischer Ziele haben leiten lassen,[151] ist nach dem sog. Market Economy Operator Test **(„MEOT")** davon auszugehen, dass keine Begünstigung vorliegt. Soweit eine Handlung marktwirtschaftlich gerechtfertigt ist, ist es nach der Wirkungsdoktrin unerheblich, wenn sich herausstellt, dass der Mitgliedstaat auch politische Ziele verfolgt hat.[152]

144   Soweit ein privates Unternehmen in der Position des Staates die betreffende Leistung nicht in diesem Umfang erbracht hätte, liegt eine **Vermutung für das Vorliegen einer Beihilfe in**

---

[145] Siehe oben RdNr. 105–106.

[146] Beispielsweise bei der Abgrenzung des Transfers staatlicher Mittel, siehe EuGH, C-241/94, Slg. 1996, I-4551, RdNr. 24 – Frankreich/Kommission (Kimberly Clark); siehe auch EuGH, C-72–7391, Slg. 1993, I-887, RdNr. 21 – Sloman Neptun. So auch *Mederer/Pesaresi/Van Hoof/Grespan/Santamato* RdNr. 2.307–2.309.

[147] Siehe hierzu in *Mederer/Pesaresi/Van Hoof/Grespan/Santamato* RdNr. 2.528–2.532, mit Nachweisen aus der Kommissionspraxis. Siehe auch Staatliche Beihilfe N 543/2001, Tz. 10, 17 – Ireland, Capital Allowances for Hospitals.

[148] Hierzu sogleich unter RdNr. 143.

[149] Hierzu deshalb gesondert unter RdNr. 218.

[150] Siehe zB. EuGH, C-39/94, Slg. 1996, I-3547, RdNr. 60 – SFEI; EuGH, C-342/96, Slg. 1999, I-2459, RdNr. 41 – Spanien/Kommission.

[151] EuG, T-98/00, Slg. 2002, II-3961, RdNr. 49 – Linde/Kommission.

[152] Siehe zB. EuGH, C-56/93, Slg. 1996, I-723, RdNr. 78–79 – Belgien/Kommission. Zur genauen Berechnung nach der Net Present Value Methode vgl. die Entscheidungen Kom., ABl. 2008 L 247/27 – Citynet Amsterdam, und Kom., Staatliche Beihilfe NN 34/2007 – Nord/LB.

Höhe der Differenz zwischen der staatlichen und der Leistung, die ein marktwirtschaftlich orientierter Wirtschaftsteilnehmer in der Position des Staates gewährt hätte,[153] vor. Der Vertragspartner kann jedoch versuchen zu beweisen, dass er nicht oder nicht in diesem Umfang begünstigt ist, weil der Marktwert seiner Gegenleistung tatsächlich höher ist, er beispielsweise die dem Staat erbrachten Leistungen oder Güter auf dem Markt zu demselben Preis hätte verkaufen können, und der MEOT nur wegen einer besonderen Interessensituation auf Seiten des Staates gescheitert ist.[154] Bei der gedanklichen Nachprüfung, ob ein Geschäft unter normalen marktwirtschaftlichen Bedingungen abgewickelt worden ist, kann nämlich nicht allein auf den Kapitalgeber oder das von der Anlage begünstigte Unternehmen abgestellt werden, da für die Marktwirtschaft gerade die Interaktion der verschiedenen Wirtschaftsteilnehmer kennzeichnend ist. Die Kommission muss alle maßgeblichen Aspekte des streitigen Vorgangs und seinen Kontext, einschließlich der Lage des begünstigten Unternehmens und des betroffenen Marktes, prüfen, um zu beurteilen, ob dem Unternehmen ein Vorteil verschafft wird, den es unter Marktbedingungen nicht hätte erhalten können. Die Kommission kann hierbei insbesondere prüfen, ob das Unternehmen bei anderen Investoren Kapital hätte aufnehmen können, das für sie die gleichen Vorteile böte, und gegebenenfalls, zu welchen Bedingungen, da eine Maßnahme keine staatliche Beihilfe sein kann, wenn sie das Unternehmen nicht in eine günstigere Lage versetzt, als sie ohne Eingreifen des Staates bestünde.[155]

Es besteht **keine Notwendigkeit synallagmatischer Verknüpfung** von Leistung und Gegenleistung. Entscheidend ist eine wirtschaftliche Gesamtbetrachtung.[156]   **145**

Dieser Test ist eine Konsequenz aus dem Prinzip der Neutralität des AEUV gegenüber   **146** privaten und öffentlichen Eigentum **(Art. 345 AEUV)**.[157] Die Union ist danach verpflichtet, öffentliche und private Unternehmen gleich zu behandeln, d. h. öffentlichen Unternehmen zu erlauben, auf dem Markt unter gleichen Bedingungen tätig zu werden wie private Unternehmen.[158] Allerdings geht die Bedeutung des Art. 345 AEUV nicht über die eines **Neutralitätsgebotes** hinaus. Der Artikel ist keine Schranke, die es den öffentlichen Unternehmen erlauben würde, entgegen Art. 107 Abs. 1 AEUV nach anderen als marktwirtschaftlichen Kriterien zu verfahren. Dies ist allein im Rahmen der Ausnahmevorschrift des Art. 106 Abs. 2 AEUV möglich.[159]

Die ersten Kommissionsentscheidungen und Gerichtshofsurteile, die diese Grundsätze etab-   **147** lierten, beschäftigten sich mit staatlichen Kapitalbeteiligungen. Zu ihrer beihilfenrechtlichen Bewertung wurde der sog. **Private Investor Test** entwickelt, der in der Literatur zum Teil heute noch als Oberbegriff verwendet wird.[160] Je nach rechtsgeschäftlicher Betätigung des Mitgliedstaats sind von der Rechtsprechung weitere Tests entwickelt worden, etwa der Private Creditor Test (privater Gläubiger Test) für Schuldenerlasse und Stundungen, oder der Private Vendor Test für Privatisierungen und Veräußerungen, beispielsweise von Immobilien und Grundstücken. Weitere **Unterkategorien** lassen sich entwickeln, beispielsweise ein Private Purchaser Test (für das öffentliche Beschaffungswesen) oder ein Private Supplier Test (für Fälle, in denen ein öffentliches Unternehmen Dienstleistungen erbringt oder Güter liefert). Die Anforderungen an den Staat sind je nach Rechtsgeschäft unterschiedlich, und damit die Analysein-

---

[153] EuG, T-16/96, Slg. 1998, II-757, RdNr. 51–53 – Cityflyer/Kommission.

[154] Weitergehend *Koenig/Ritter/Kühling* RdNr. 76, die auch eine Umkehr der Beweislast, also eine Vermutungswirkung ausschließen.

[155] Siehe EuG, T-163/05, noch nicht in der amtlichen Sammlung, RdNr. 36–37 – Bundesverband deutscher Banken/Kommission.

[156] Siehe hierzu *Koenig/Ritter/Kühling* RdNr. 71 mit Hinweis auf Kom., ABl. 1998 C 147/3 – Casa di cura reunite; Kom., Bericht über die Wettbewerbspolitik 1999, Tz. 197.

[157] Vgl. auch Mitteilung der Kommission über die Anwendung der Artikel 87 und 88 EG-Vertrag auf staatliche Beihilfen in Form von Haftungsverpflichtungen und Bürgschaften, ABl. 2008 C 155/10, Tz. 1.5: „Diese Mitteilung gilt vorbehaltlich von Artikel [345] und lässt also die Eigentumsordnung in den verschiedenen Mitgliedstaaten unberührt. Die Kommission verhält sich neutral gegenüber öffentlichem und privatem Eigentum."

[158] EuGH, C-303/88, Slg. 1991, I-1433, RdNr. 20–22 – Italien/Kommission.

[159] T-228/99 und T-233/99, Slg. 2003, II-435, RdNr. 192–196 – Westdeutsche Landesbank Girozentrale und Land Nordrhein-Westfalen/Kommission., unter Hinweis auf EuGH, 182/83, Slg. 1984, 3677, RdNr. 7 – Fearon; C-302/97, Slg. 1999, I-3099, RdNr. 38-Konle, C-367/98, Slg. 2002, I-4756, RdNr. 48 – Kommission/Portugal.

[160] So zB. *Koenig/Kühling/Ritter* RdNr. 74, *Schwarze/Bär-Bouyssière* Art. 87 EG RdNr. 28; differenzierend hingegen zB. *Hancher/Ottervanger/Slot* RdNr. 3–065 ff., *Bacon* RdNr. 2.33; *Sánchez-Rydelski/Anestis/Mavroghenis* RdNr. 109.

strumente, die Kommission und Gericht aus verfahrensökonomischen Gründen für Standardfälle entwickelt haben.

148   Am Ende sind all diese Tests nur Spielarten eines einzigen grundlegenden MEOT: Hat der Mitgliedstaat sich in der konkreten Situation wie ein marktwirtschaftlich orientierter Wirtschaftsteilnehmer verhalten? Hierbei sind alle Sonderumstände des konkreten Falles zu berücksichtigen. Es reicht nicht aus, allein auf die typologisierenden Mitteilungen oder anderweitig entwickelte standardisierte Analyseinstrumente der Kommission abzustellen.[161] Das liegt schon daran, dass die Frage des Vorliegens des Beihilfentatbestandes vollständig justitiabel ist. Der Kommission kommt dabei grundsätzlich **kein Ermessen** zu, so dass ihre entsprechenden Auslegungsmitteilungen weder die Mitgliedstaaten noch die Unionsgerichte noch sie selbst binden können. Anders als im Rahmen der Ausnahmebestimmungen des Art 107 Abs. 3 AEUV sind die Mitteilungen zum Beihilfentatbestand daher nur unverbindliche Hinweise.[162] Die Kommission darf sich solche **Orientierungen** auferlegen, sofern diese Regeln enthalten, die auf die von ihr einzuschlagende Richtung hinweisen und nicht gegen den AEUV verstoßen.[163] Soweit eine staatliche Maßnahme nach diesen Orientierungen eindeutig als beihilfenfrei einzustufen ist, werden die Mitteilungen allerdings auf Seiten des Mitgliedstaates und der betroffenen Unternehmen berechtigtes Vertrauen begründen, welches der Möglichkeit einer späteren Rückforderung entgegenstehen sollte.[164]

149   Darüber hinaus entspricht es ebenso ständiger Rechtsprechung des Gerichtshofs, dass die von der Kommission vorzunehmende Prüfung der Frage, ob eine Investition dem Kriterium des MEOT entspricht, eine komplexe wirtschaftliche Beurteilung umfassen kann,[165] nicht jedoch muss, es ist im Rahmen der Qualifizierung einer Maßnahme als staatliche Beihilfe nämlich nicht gerechtfertigt, der Kommission einen weiten Spielraum einzuräumen, wenn keine besonderen Umstände vorliegen, die insbesondere mit der komplexen Natur der betreffenden staatlichen Maßnahme zusammenhängen.[166] Die Kommission besitzt jedoch einen **weiten Beurteilungsspielraum,**[167] wenn sie eine Handlung vornimmt, die eine komplexe wirtschaftliche Beurteilung umfasst, und die gerichtliche Kontrolle dieser Handlung beschränkt sich dann – selbst wenn die Frage, ob eine Maßnahme in den Anwendungsbereich von Art. 107 Abs. 1 AEUV fällt, grundsätzlich umfassend zu prüfen ist[168] – auf die Prüfung, ob die Vorschriften über das Verfahren und die Begründung eingehalten worden sind, ob der Sachverhalt, der der getroffenen Entscheidung zugrunde gelegt wurde, zutreffend festgestellt worden ist, und ob keine offensichtlich fehlerhafte Würdigung dieses Sachverhalts oder ein Ermessensmissbrauch vorliegt.[169] Insbesondere darf das Gericht die wirtschaftliche Beurteilung des Urhebers der Entscheidung nicht durch seine eigene Beurteilung ersetzen.[170] Angesichts dieses weiten Beurteilungsspielraums bei der Würdigung insbesonders wirtschaftlicher Tatsachen ist es nicht Sache des Gerichts, ein Sachverständigengutachten zum Beweis dafür einzuholen, dass ein privater Markt-

---

[161] EuG, T-228/99 u. T-233/99, Slg. 2003, II-435, RdNr. 251 – Westdeutsche Landesbank Girozentrale und Land Nordrhein-Westfalen/Kommission.

[162] Kom., ABl. 1993 C 307/3, Tz. 34 – Mitteilung der Kommission an die Mitgliedstaaten – Anwendung der Artikel 92 und 93 EWG-Vertrag und des Artikels 5 der Kommissionsrichtlinie 80/723/EWG über öffentliche Unternehmen in der verarbeitenden Industrie: „Diese Faktoren sollen den Mitgliedstaaten als Anhaltspunkte über die vermutliche Haltung der Kommission in Einzelfällen dienen."

[163] Vgl. EuG, T-296/97, Slg. 2000, II-3871, RdNr. 99 – Alitalia/Kommission und die dort zitierte Rechtsprechung.

[164] Vgl. allgemein zur Wirkung von Mitteilungen und Leitlinien, *Thomas* EuR 2009, 423.

[165] EuGH, C-56/93, Slg. 1996, I-723, RdNr. 10 f. – Belgien/Kommission; EuG, T-358/94, Slg. 1996, II-2109, RdNr. 71 – Air France/Kommission; EuG, T-126/96 u. T-127/96, Slg. 1998, II-3437, RdNr. 81 – BFM und EFIM/Kommission.

[166] EuG, T-266/02, Slg. 2008, II-1233, RdNr. 90 – Deutsche Post/Kommission.

[167] Die Unionsgerichte benutzen auch hier den Begriff „Ermessen", da die meisten anderen Rechtsordnungen nicht wie das deutsche Recht begrifflich zwischen Ermessen und Beurteilungsspielraum unterscheiden. Gemeint ist aber die Tatbestandsseite.

[168] EuGH, C-83/98 P, Slg. 2000, I-3271, RdNr. 25 – Frankreich/Ladbroke Racing und Kommission.

[169] Vgl. EuGH, C-56/93, Slg. 1996, I-723, RdNr. 11 – Belgien/Kommission und die dort zitierte Rechtsprechung.

[170] EuG, T-380/94, Slg. 1996, II-2169, RdNr. 56 – AIUFFASS und AKT/Kommission; T-126/96 und T-127/96, Slg. 1998, II-3437, RdNr. 81 – BFM und EFIM/Kommission., EuG, T-371/94 und T-394/94, Slg. 1998, II-2405, RdNr. 79 – British Airways/Kommission; EuG, T-129/95, T-2/96 u. T-97/96, Slg. 1999, II-17, RdNr. 106 – Neue Maxhütte Stahlwerke GmbH und Lech-Stahlwerke GmbH/Kommission. Das gilt auch für Subkategorien wie den Private Creditor Test, siehe EuG, T-36/99, Slg. 2004, II-3597, RdNr. 150 – Lenzing/Kommission.

teilnehmer unter ähnlichen Umständen die fraglichen Maßnahmen gewährt hätte.[171] In dem so abgesteckten Rahmen übt das Gericht seine Kontrollfunktion jedoch zunehmend genau aus. Häufig werden Kommissionsentscheidungen aufgrund fehlerhafter Begründung aufgehoben.[172] Denn die Zuerkennung eines Beurteilungsspielraums in Wirtschaftsfragen bedeutet nicht, dass der Unionsrichter eine Kontrolle der Auslegung von Wirtschaftsdaten durch die Kommission unterlassen muss.[173] Nach der Rechtsprechung des Gerichtshofs muss der Unionsrichter nicht nur die sachliche Richtigkeit der angeführten Beweise, ihre Zuverlässigkeit und ihre Kohärenz prüfen, sondern auch kontrollieren, ob diese Beweise alle relevanten Daten darstellen, die bei der Beurteilung einer komplexen Situation heranzuziehen waren, und ob sie die aus ihnen gezogenen Schlüsse zu stützen vermögen.[174] Im Rahmen dieser Kontrolle darf das Gericht zwar nicht die wirtschaftliche Beurteilung seitens der Kommission durch seine eigene ersetzen.[175] Dafür trifft die Kommission jedoch eine gesteigerte Verpflichtung zur Einhaltung bestimmter Verfahrensgarantien, insbesondere zur sorgfältigen und unparteiischen Untersuchung aller relevanten Gesichtspunkte des Einzelfalls und zur genauen Begründung ihrer Entscheidung.[176] Entsprechend häufig sind auf Verfahrensfehler basierende Nichtigkeitsurteile.

Der Kläger trägt vor Gericht die **Beweislast** dafür, dass der zwischen der öffentlichen Hand **150** und seinem Wettbewerber geschlossene Vertrag kein normales Handelsgeschäft zwischen marktwirtschaftlich orientierten Wirtschaftsteilnehmern war, zumal dann, wenn die Kommission in ihrer Entscheidung die Marktüblichkeit bejaht hat.[177]

Maßgeblich für den MEOT ist der **Zeitpunkt des Geschäftsabschlusses,** sodass spätere, zu **151** diesem Zeitpunkt unvorhersehbare, Entwicklungen unberücksichtigt bleiben. Maßgeblich ist der Kontext der Zeit, in der die Maßnahmen beschlossen wurden.[178] Dies gilt uneingeschränkt jedenfalls für den Fall, dass die wirkliche Entwicklung hinter einer gerechtfertigten Prognose zurückbleibt, denn in einem solchen Fall verwirklicht sich nur das jeder kaufmännischen Entscheidung inhärente Risiko. Auf der anderen Seite wird es der Kommission (auch politisch) schwer fallen, darzulegen, dass die Entscheidung zum Zeitpunkt des Abschlusses nicht mit dem MEOT vereinbar gewesen war, wenn sich in der Realität bereits die Rentabilität der Maßnahme herausgestellt hat. Hier wird eine praktisch unwiderlegbare Vermutung zu Gunsten des öffentlichen Marktteilnehmers bestehen.[179]

Es gilt ein **objektiver Maßstab.**[180] Wenn erwiesen ist, dass eine bestimmte Maßnahme nicht **152** begünstigender Natur ist, weil der Staat wie ein marktwirtschaftlich orientierter Marktteilnehmer gehandelt hat, ist es unschädlich, dass er auch politische Ziele verfolgt hat, da Art. 107 Abs. 1 AEUV nicht nach den Gründen oder Zielen der jeweiligen Maßnahme unterscheidet, sondern nur nach ihren Wirkungen.[181]

---

[171] EuG, T-234/95, Slg. 2000, II-2603, RdNr. 168 – DSG Dradenauer Stahlgesellschaft/Kommission.

[172] Diese Tendenz ist insbesondere seit dem Urteil EuG, T-11/95, Slg. 1998, II-3235 – BP Chemicals/Kommission, zu beobachten.

[173] EuGH, C-525/04 P, Slg. 2007, I-2107, RdNr. 56 – Spanien/Lenzing; EuGH, C-12/03 P, Slg. 2005, I-987, RdNr. 39 – Kommission/Tetra Laval.

[174] EuGH, C-525/04 P, Slg. 2007, I-2107, RdNr. 57 – Spanien/Lenzing; EuGH, 98/78, Slg. 1979, 69, RdNr. 5 – Racke; EuGH, C-16/90, Slg. 1991, I-5163, RdNr. 12 – Nölle; EuGH, C-12/03 P, Slg. 2005, I-987, RdNr. 39 – Kommission/Tetra Laval.

[175] EuGH, C-525/04 P, Slg. 2007, I-2107, RdNr. 57 – Spanien/Lenzing; EuGH, C-323/00 P, Slg. 2002, I-3919, RdNr. 43 – DSG Dradenauer Stahlgesellschaft/Kommission.

[176] EuGH, C-525/04 P, Slg. 2007, I-2107, RdNr. 58 – Spanien/Lenzing; EuGH, C-269/90, Slg. 1991, I-5469, RdNr. 14 – Technische Universität München, sowie EuGH, C-258/90 u. C-259/90, Slg. 1992, I-2901, RdNr. 2 – Pesquerias De Bermeo und Naviera Laida/Kommission.

[177] EuG, T-158/99, Slg. 2004, II-1, RdNr. 111, 112 – Thermenhotel Stoiser/Kommission.

[178] EuGH, C-482/99, Slg. 2002, I-4397, RdNr. 71 – Frankreich/Kommission (Stardust Marine). So erstmals für Kapitalzuführungen und Darlehen Kom., Mitteilung der Kommission an die Mitgliedstaaten – Anwendung der Artikel 92 und 93 EWG-Vertrag und des Artikels 5 der Kommissionsrichtlinie 80/723/EWG über öffentliche Unternehmen in der verarbeitenden Industrie, ABl. 1993 C 307/3, Tz. 28, 37 u. 42. Für Garantien siehe Punkt 2.1 der Garantiemitteilung: „Ob eine Garantie eine staatliche Beihilfe darstellt und, falls dies der Fall ist, auf welchen Betrag sie sich beläuft, muss zum Zeitpunkt der Übernahme der Garantie beurteilt werden."

[179] *Mederer/Pesaresi/Van Hoof/Grespan/Santamato* RdNr. 2.369. So auch *Grabitz/Hilf/v. Wallenberg* Art. 87 RdNr. 34.

[180] Hieran angesichts der Kommissionspraxis zweifelnd *Gisberts/Streit* EuZW 2009, 484.

[181] Siehe zB. EuGH, C-56/93, Slg. 1996, I-723, RdNr. 78–79 – Belgien/Kommission; EuG, T-196/04, Slg. 2008, II-3643, RdNr. 40 – Ryanair/Kommission.

153 Bislang nicht eindeutig entschieden ist, ob bei der Beurteilung der wirtschaftlichen Sinnhaftigkeit des staatlichen Handelns auch der mögliche Ausgleich oder die Reduzierung solcher
Kosten berücksichtigt werden darf, die sich als Folge einer in der Vergangenheit getroffenen,
nicht marktgerechten (also beihilfebehafteten) Entscheidung ergeben (haben) können. Die
Kommission hat dies in Fällen von Kapitalbeteiligungen,[182] Staatsgarantien[183] und Un-
ternehmensprivatisierungen[184] verneint. Danach sollen **Risiken und wirtschaftliche Nachteile**,
die **aus früheren Beihilfemaßnahmen** resultieren, für die Analyse nach dem MEOT grundsätzlich nicht berücksichtigungsfähig sein, um eine Vermischung der Rolle der öffentlichen
Hand als Beihilfengeber einerseits und marktwirtschaftlich orientierter Wirtschaftsteilnehmer
andererseits zu vermeiden. Nach Auffassung der Kommission ist es nicht relevant, ob es sich um
eine rechtswidrige oder um eine bestehende Beihilfe handelt: „Solange die Maßnahme als staatliche Beihilfe einzustufen ist, hätte kein marktwirtschaftlich handelnder Verkäufer sie zugestanden und somit eine solche Maßnahme nicht berücksichtigt".[185] Vom Gerichtshof ist dies bislang
nur für rechtswidrige Beihilfen bestätigt worden.[186] Die Richtigkeit der Kommissionsauffassung ist in Bezug auf mögliche Belastungen aus rechtmäßigen Beihilfen zu hinterfragen, da sie
dem Mitgliedstaat die Möglichkeit nimmt, Risiken für seinen Staatshaushalt, die sich aus rechtmäßigem Handeln ergeben haben, zu minimieren und Kosten für die Steuerzahler zu vermeiden. Entsprechend hat das Gericht im Urteil Linde[187] Belastungen der öffentlichen Hand, die
aus einer früheren (rechtmäßigen) Beihilfengewährung herrührten, beim MEOT berücksichtigt.
Bei der Privatisierung der UCB in Leuna hatte sich die staatliche frühere Eigentümerin BvS
verpflichtet, als Eigentümerin der Kohlenmonoxid-Produzentin LWG der UCB über einen
Zeitraum von zehn Jahren zu einem bestimmten Preis mit Kohlenmonoxid zu beliefern. Der
Lieferpreis deckte jedoch nicht die Kosten der Kohlenmonoxid-Produktion durch LWG, sodass jährlich erhebliche Verluste aufliefen. BvS, LWG, UCB und das private Unternehmen
Linde trafen deshalb eine Vereinbarung, mit der sich Linde verpflichtete, eine moderne Koh-
lenmonoxid-Produktionsanlage zu errichten und die UCB mit Kohlenmonoxid zu beliefern.
Die Vereinbarung sah die Zahlung eines Investitionszuschusses vor, der von der BvS und LWG
an Linde zu zahlen war. Die LWG wurde entsprechend nach Fertigstellung von ihrer Lieferverpflichtung frei gestellt. Deutschland argumentierte, dass es sich nicht um eine Beihilfe handelte,
da die Belastung für die BvS/LWG unterm Strich begrenzt wurde, da der Investitionszuschuss
niedriger war als die kumulativen Verluste unter der Lieferverpflichtung gewesen wären. Die
Kommission akzeptierte diese Argumentation nicht, da die Belastungen aus der Lieferverpflichtung selbst Beihilfencharakter gehabt hätten und entsprechend unberücksichtigt bleiben müssten, und verlangte Rückforderung des an Linde gezahlten Zuschusses. Das Gericht erster Instanz
hat die Rückforderungsentscheidung aufgehoben, da die Zuschussvereinbarung „als ein normales Handelsgeschäft anzusehen [ist], in dessen Rahmen sich die BvS und LWG als marktwirtschaftlich orientierte Wirtschaftsteilnehmer verhalten haben. Offenkundig haben sich diese Beteiligten vor allem von kaufmännischen Erwägungen unter Ausschluss wirtschafts- oder
sozialpolitischer Ziele leiten lassen."[188] Das Gericht erster Instanz hat damit implizit anerkannt,
dass auch Belastungen aus zuvor rechtmäßig gewährten Beihilfen bei der Durchführung des
Tests des privaten Kapitalgebers Berücksichtigung finden können.[189]

154 Eine andere noch nicht abschließend entschiedene Frage ist, inwieweit **staatliche Maßnahmen in Anwendung hoheitlicher Regelungsbefugnisse** nach dem MEOT gerechtfertigt werden können. Zu denken wäre etwa an Steuerregelungen, Sonderabgaben bzw. die Be-

---

[182] Wird eine Kapitalerhöhung genehmigt, obwohl die Liquidation der angemessene Schritt gewesen
wäre, können Folgeinvestitionen nicht mit der Begründung gerechtfertigt werden, die Liquidation sei wegen
des Totalverlusts des eingesetzten Kapitals nunmehr teurer als die Liquidation.

[183] Kosten der Gewährträgerhaftung/Anstaltslast sind im Liquidationsszenario außer Ansatz zu lassen, da
kein privater Investor solche Garantien gewährt hätte.

[184] Vgl. hierzu *Arhold* Kapitel D IV, RdNr. 145.

[185] Kom., ABl. 2008 L 239/32, Tz. 137 – Bank Burgenland unter Verweis auf EuG, T-11/95, Slg. 1998,
S. II-3235, RdNr. 170 f., 179 f. 180 – BP Chemicals.

[186] EuGH, C-334/99, Slg. 2003, I-1139, RdNr. 138 – Deutschland/Kommission (Gröditzer Stahlwerke);
vgl. auch bereits Schlussanträge von Generalanwalt Jacobs in EuGH, C-278/92, C-279/92 und C-280/92,
Slg. 1994, I-4103, RdNr 140 – Spanien/Kommission.

[187] EuG, T-98/00, Slg. 2002, II-3961 – Linde/Kommission.

[188] EuG, T-98/00, Slg. 2002, II-3961, RdNr. 49 – Linde/Kommission.

[189] Kritisch auch *Soltész* EuZW 2008, 353, sowie *Jäger* EuZW 2007, 499, 501 und EuZW 2008, 686,
688.

freiung von denselben oder die Festsetzung von Tarifen und Gebühren auf Verordnungs- oder Gesetzesweg. Fest stand bislang lediglich, dass der MEOT nur dort sinnvoll Anwendung finden kann, wo der Staat wirtschaftlich tätig wird, nicht aber dort, wo der Mitgliedstaat als Träger der öffentlichen Gewalt handelt.[190] In diesem Fall ist das Verhalten des Staates nicht mit dem eines marktwirtschaftlichen Wirtschaftsteilnehmers oder Kapitalgebers vergleichbar. Ob diese Abgrenzung jedoch beinhaltet, dass der Mitgliedstaat seine Hoheitsbefugnisse nicht im Rahmen einer wirtschaftlichen Tätigkeit einsetzen darf, bzw. diese nicht bei der Anwendung des MEOT Berücksichtigung finden dürfen, war und ist umstritten. Stimmen gegen die Anwendbarkeit des MEOT führen in erster Linie an, ein privater Marktteilnehmer verfüge nicht über dieselben Hoheitsbefugnisse und bereits aus diesem Grund sei ein Vergleich unzulässig,[191] denn der MEOT soll eine Gleichbehandlung öffentlicher und privater Unternehmen gewährleisten.

In zwei Urteilen hat das Gericht aufgezeigt, dass auch staatliches Handeln in hoheitlicher **155** Form beim MEOT Beachtung finden muss, soweit es im Rahmen einer wirtschaftlichen Tätigkeit eingesetzt wird. Im ersten Urteil ging es um vertragliche Regelungen des öffentlichen **Flughafens Charleroi** und der für die Festsetzung der Landegebühren zuständigen belgischen Region Wallonien einerseits und des Low-Cost-Carriers Ryanair andererseits. Der Flughafen hatte bestimmte Anreize gesetzt, um Ryanair zum Flugbetrieb von und nach Charleroi zu bewegen, unter anderem in Form von Marketingzuschüssen. Darüber hinaus hatte die Region, die gleichzeitig Haupteigner der Flughafengesellschaft war, einen Rabatt auf die Landegebühren und die Zusage einer Entschädigung für den Fall mit Ryanair vereinbart, dass eine Änderung der Öffnungszeiten des Flughafens oder der Flughafensteuern eintreten sollte. Die Kommission sah in den Vereinbarungen staatliche Beihilfen, wobei sie vor allem davon ausging, dass die von der Region Wallonien getätigten Reduzierungen der Landegebühren im Rahmen ihrer Rechts- und Steuerhoheit, also ihrer hoheitlichen Regelungsbefugnisse, erfolgt waren und daher nicht am MEOT gemessen werden dürften. Denn dieser Test käme immer nur bei Betätigung wirtschaftlicher, nie aber bei der Ausübung hoheitlicher Regelungsbefugnisse zum Tragen. Die Region Wallonien habe Reglementierungshindernisse umgangen, indem sie einen Vertrag geschlossen habe, der zum Vorteil ausschließlich von Ryanair einen Rabatt auf die Flughafengebühren vorgesehen habe. Die Zusage einer Entschädigung zeige, dass die Region Wallonien nicht wie ein Unternehmen, sondern wie eine Behörde gehandelt habe, die ihre Regelungsbefugnis zur Schaffung eines Rahmens für eine wirtschaftliche Tätigkeit genutzt habe. Das Gericht ist der Auffassung der Kommission nicht gefolgt und hat stattdessen festgestellt, dass die Region Wallonien Tätigkeiten wirtschaftlicher Art ausgeübt hat.[192] Die Festlegung der Höhe der Landegebühren und die Zusicherung einer damit verbundenen Entschädigung ist nämlich eine unmittelbar mit der Verwaltung der Flughafeninfrastruktur zusammenhängende Tätigkeit, bei der es sich um eine wirtschaftliche Tätigkeit handelt.[193] Entsprechend sind die von der Region Wallonien festgelegten Flughafentarife als eine Vergütung der am Flughafen von Charleroi erbrachten Dienstleistungen anzusehen. Das Gericht hat festgestellt, dass es der bloße Umstand, dass die Region Wallonien im vorliegenden Fall über **Regelungsbefugnisse in Bezug auf die Festsetzung der Flughafengebühren** verfügt, nicht ausschließt, dass die Prüfung eines Rabattsystems für diese Gebühren nach dem Grundsatz des marktwirtschaftlich handelnden privaten Kapitalgebers durchgeführt werden muss. Denn ein solches Rabattsystem könne auch von einem privaten Wirtschaftsbeteiligten eingeführt werden.[194] Entsprechend stellte das Gericht fest, dass es rechtsfehlerhaft war, dass sich die Kommission trotz der zwischen den beiden Einrichtungen bestehenden wirtschaftlichen Verbindungen geweigert hat, sämtliche von der Region Wallonien und von der Flughafengesellschaft gewährten Vorteile gemeinsam zu prüfen und auf die von der Region Wallonien ergriffenen Maßnahmen den Grundsatz des marktwirtschaftlich handelnden privaten Kapitalgebers anzuwenden.[195]

---

[190] EuGH, C-278/92 bis C-280/92, Slg. 1994, I-4103, RdNr 22 – Spanien/Kommission, EuGH, C-334/99, Slg. 2003, I-1139, RdNr. 134- Deutschland/Kommission.

[191] Vgl. zB. *Jennert* EuR 2000, 343.

[192] EuG, T-196/04, Slg. 2008, II-3643, RdNr. 88 – Ryanair/Kommission.

[193] EuG, T-128/98, Slg. 2000, II-3929, RdNr. 107-109, 121 f. und 125 – Aéroports de Paris/Kommission.

[194] EuG, T-196/04, Slg. 2008, II-3643, RdNr. 101 – Ryanair/Kommission.

[195] Vgl. hierzu auch *Gisberts/Kleve* EuZW 2009, 287; *Gisberts/Streit* EuZW 2009, 484.

156   Nach diesem Urteil kommt der MEOT auch dann zur Anwendung, **wenn eine nationale Behörde im Rahmen ihrer öffentlich-rechtlichen Regelungsbefugnisse** handelt, soweit die betroffene Tätigkeit wirtschaftlicher und nicht strikt hoheitlicher Natur ist.[196] Wesentlich ist, dass das Ergebnis auch privatrechtlich hätte erzielt werden können. In einem solchen Fall kommt es nicht darauf an, ob nach der Rechtsordnung des betreffenden Mitgliedstaates die konkrete Aufgabe privat- oder öffentlichrechtlichen Handlungsformen unterliegt.[197]

157   Noch weitergehender ist das Urteil in der Sache **EDF**,[198] in der das Gericht den MEOT auf Tatbestände ausweitet, in denen die öffentliche Stelle **steuerrechtlich** tätig wird, eine Handlungsform, die bislang in der Literatur als inakzeptabel für den MEOT angesehen wurde.[199] EDF, ein im Eigentum des französischen Staates stehendes Unternehmen war damit betraut, auf eigene Kosten die französische Elektrizitätsinfrastruktur in Funktionszustand zu halten. Im Rahmen der Öffnung des Elektrizitätsbinnenmarkts änderte der französische Staat im Jahr 1997 seine Rechtsvorschriften, um den vermögensrechtlichen Status des Unternehmens zu klären und die Bilanz von EDF umzustrukturieren, wobei insbesondere die für die Erneuerung des Elektrizitätsübertragungsnetzes gebildeten, nicht in Anspruch genommenen Rückstellungen in Kapitalausstattungen umgestuft wurden, ohne dass hierauf Körperschaftsteuer zu zahlen war. Dadurch erwuchs EDF ein Steuervorteil in Höhe von rund EUR 900 Mio. Mit Entscheidung vom 16. Dezember 2003[200] forderte die Kommission diesen Betrag zzgl. Zinsen als mit dem Binnenmarkt unvereinbare Beihilfe zurück. In der Entscheidung hatte die Kommission die Behauptungen Frankreichs zurückgewiesen, dass die Buchhaltungsreform von 1997 einer zusätzlichen Kapitalerhöhung um einen Betrag, der der teilweisen Steuerbefreiung entspricht, gleichgekommen sei, und es sich also um eine Investition und nicht um eine Beihilfe gehandelt hätte. Sie erinnerte daran, dass der MEOT nur im Rahmen der Ausübung wirtschaftlicher Tätigkeiten gelten könne und nicht **im Rahmen der Ausübung von steuerlichen Regulierungsbefugnissen.** Falls ein Staat neben der Ausübung seiner Funktion als öffentliche Gewalt als Aktionär tätig sei, so dürfe er nicht seine Funktionen als Staat, der die öffentliche Gewalt ausübt, und als staatlicher Aktionär miteinander vermischen. Es bestünde keine Gleichbehandlung zwischen den öffentlichen Unternehmen und den Privatunternehmen mehr, wenn der Staat seine Vorrechte als öffentliche Gewalt zugunsten der Unternehmen, deren Aktionär er ist, nutzen würde.[201] Die gegen die Entscheidung durch EDF erhobene Klage hatte Erfolg. Das Gericht gelangte zu dem Ergebnis, dass die Kommission einen Rechtsfehler begangen hatte, indem sie sich geweigert hatte, die streitigen Maßnahmen in ihrem Zusammenhang zu prüfen und das Kriterium des privaten Kapitalgebers anzuwenden. Mit der öffentlichen Beteiligung am Kapital des begünstigten Unternehmens sei ein wirtschaftliches Ziel verfolgt worden, das auch von einem privaten Kapitalgeber hätte verfolgt werden können. Bei der Prüfung, ob die vom Staat getroffenen Maßnahmen unter die Ausübung seiner hoheitlichen Befugnisse fallen oder sich aus den Verpflichtungen ergeben, die er als Anteilseigner zu erfüllen hat, sind diese **Maßnahmen nicht anhand ihrer Form, sondern anhand ihrer Natur, ihres Gegenstands sowie der für sie geltenden Vorschriften** zu beurteilen, wobei zu berücksichtigen sei, welches **Ziel** mit den fraglichen Maßnahmen verfolgt wird.[202] Allein mit dem Umstand, dass der Staat Zugang zu finanziellen Mitteln habe, die aus der Ausübung hoheitlicher Befugnisse stammen, könne nicht gerechtfertigt werden, die Handlungen des Staates als hoheitliche Maßnahmen anzusehen. Andernfalls bestünde nämlich die Gefahr, dass die Anwendung des Kriteriums des umsichtigen privaten Kapitalgebers auf das Verhalten des Staates als Anteilseigner auf null reduziert oder zumindest unverhältnismäßig stark eingeschränkt würde, da dieser in seiner staatlichen Eigenschaft

---

[196] Entgegen der Auffassung von *Oswell/Metaxas/Vahida* EStAL 2009, 549, ist nicht ersichtlich, dass die Rechtsprechung dieses Prinzip bis dato in dieser Klarheit zuvor bereits bestätigt hätte. Zur Sache vgl. ferner *Lykotrufiti* EStAL 2008, 1214.

[197] Bereits *Köster* EuR 2005, 554 hatte zugestanden, dass es tatsächlich zunächst erstaunen mag, dass das wichtigste wirtschaftliche Instrument, die Start- und Landegebühren, nicht nach dem MEOT zu beurteilen waren. Nach *Bar/Hellwege/Mössner/Winkeljohann/Wimmer/Schirmer*, S. 9 überzeugt die ökonomisch-gesamthafte Einordnung des Sachverhalts und zwar unabhängig von der Handlungsform, die die öffentliche Hand im Einzelfall gewählt hat, und die oftmals nicht zuletzt von den Vorgaben des jeweiligen innerstaatlichen Rechts abhängt. Eben dies hatte *Jennert* EuR 2000, 343, als Abgrenzungskriterium vorgeschlagen.

[198] EuG, T-156/04, noch nicht in der amtlichen Sammlung – EDF/Kommission.

[199] Siehe *Koenig/Ritter/Kühling* RdNr. 75; *Bacon* RdNr. 2.10.

[200] Kom., ABl. 2005 L 49/9 – EDF.

[201] Kom., ABl. 2005 L 49/9, Tz. 95–97 – EDF.

[202] EuG, T-156/04, noch nicht in der amtlichen Sammlung, RdNr. 229 – EDF/Kommission.

zwangsläufig Zugriff auf finanzielle Mittel, insbesondere Steuermittel, hat, die aus der Ausübung der hoheitlichen Befugnisse stammen.[203] Befindet sich das Gesellschaftskapital eines Unternehmens im Besitz staatlicher Stellen und nimmt der Staat eine Kapitalerhöhung vor, kann das Verhalten des Staates als Anteilseigner daher anhand des Kriteriums des umsichtigen privaten Kapitalgebers beurteilt werden, und zwar unabhängig von der Form, deren sich der Staat bei der Vornahme dieser Kapitalerhöhung bedient.[204] Unter den in dieser Rechtssache gegebenen Umständen – 1997 war der französische Staat Steuergläubiger eines öffentlichen Unternehmens und zugleich dessen einziger Anteilseigner – musste nach Auffassung des Gerichts der Vorgang der Umstrukturierung der Bilanz und der Kapitalerhöhung bei EDF umfassend geprüft werden, und die Tatsache, dass die Kapitalausstattung ihren Ursprung teilweise in einer Steuerforderung hatte, stand einer Prüfung dieser Maßnahme anhand des Kriteriums des privaten Kapitalgebers nicht entgegen.

β) Unterkategorien. (1) Kapitalbeteiligungen – Private Investor Test.[205] Auf Kapi- **158** talbeteiligungen wenden Rechtsprechung und Kommission den sog. Private Investor Test an. Um festzustellen, ob die Beteiligung der öffentlichen Hand am Kapital eines Unternehmens eine staatliche Beihilfe darstellt. Der Test geht auf einen 1984 veröffentlichten **Standpunkt der Kommission zu Beteiligungen der öffentlichen Hand am Kapital von Unternehmen („Kommissionstandpunkt")**[206] zurück. Nach Punkt 3.2 des Standpunktes handelt es sich nicht um staatliche Beihilfen, wenn neues Kapital für Unternehmen unter Umständen bereitgestellt wird, die für einen privaten Kapitalgeber, der unter normalen marktwirtschaftlichen Bedingungen sein Geld anlegt, annehmbar wären. Der Gerichtshof hat diesen Private Investor Test erstmals 1986 bestätigt: „Befindet sich das Gesellschaftskapital fast völlig im Besitz der öffentlichen Hand, ist insbesondere zu prüfen, ob ein privater Gesellschafter in einer vergleichbaren Lage unter Zugrundelegung der Rentabilitätsaussichten und unabhängig von allen sozialen oder regionalpolitischen Überlegungen oder Erwägungen einer sektorspezifischen Politik ein solche Kapitalhilfe gewährt hätte."[207] Später hat die Rechtsprechung konkretisiert, dass es sich bei dem Verhalten des privaten Investors, mit dem die Intervention des wirtschaftspolitische Ziele verfolgenden öffentlichen Investors verglichen werden muss, nicht zwangsläufig um das Verhalten eines gewöhnlichen Investors handeln muss, der Kapital zum Zweck seiner mehr oder weniger kurzfristigen Rentabilisierung anlegt, sondern wenigstens um das Verhalten einer privaten Holding oder einer privaten Unternehmensgruppe, die eine globale oder sektorale Strukturpolitik verfolgt und sich von längerfristigen Rentabilitätsaussichten leiten lässt.[208]

Dies ist nach dem Kommissionsstandpunkt bei Neugründung zu vermuten, wenn die öffent- **159** liche Hand die **Kriterien eines Kapitalgebers unter normalen marktwirtschaftlichen Bedingungen** anwendet, oder – bei Bereitstellung von neuem Kapital für existierende Unternehmen - sofern das **Kapital dem Bedarf an Neuinvestitionen und den damit unmittelbar verbundenen Kosten entspricht,** vorausgesetzt, auf dem betroffenen Markt bestehen **keine strukturellen Überkapazitäten** und das Unternehmen ist **nicht in wirtschaftlichen Schwierigkeiten.**

Ebenso soll keine Beihilfe vorliegen, wenn bei einer Erhöhung der Beteiligung die Bereitstel- **160** lung von Kapital der Zahl der Anteile entspricht und **gleichzeitig mit der Bereitstellung von Mitteln durch private Anteilseigner** erfolgt, wobei der Anteil des privaten Kapitalge-

---

[203] EuG, T-156/04, noch nicht in der amtlichen Sammlung, RdNr. 232 – EDF/Kommission.

[204] EuG, T-156/04, noch nicht in der amtlichen Sammlung, RdNr. 235 – EDF/Kommission.

[205] Im Folgenden wird der Private Investor Test in seinen Grundzügen dargestellt. Für eine weitergehende Kommentierung vgl. *Witting,* Staatliche Kapitalzuführungen, Kapitel D.I. in diesem Kommentar.

[206] Bulletin EC 9–1984, S. 28–29 – Staatliche Kapitalzuführungen, Anwendung der Artikel 92 und 93 EG-Vertrag auf staatliche Holdinggesellschaften. Bereits 1980 war die sogenannte Transparenzrichtlinie (RL 80/723, ABl. 1980 L 195/35, zuletzt geändert durch RL 2005/81, ABl. 2005 L 312/47, konsolidierte Fassung RL 2006/111, ABl. 2006 L 318/17) veröffentlicht worden, die die Mitgliedstaaten verpflichtet, jährlich detailliert über die Zuwendungen an öffentliche Unternehmen zu berichten. Die Transparenzrichtlinie etabliert auch erstmals die getrennte Buchführung für Unternehmen, die sowohl gewerblich als auch im allgemeinen wirtschaftlichen Interesse tätig sind. Siehe hierzu weiter *Witting* Kapitel D.II. in diesem Kommentar.

[207] EuGH, 40/85, Slg. 1986, 2321, RdNr. 13 – Belgien/Kommission.

[208] Erstmals EuGH, C-305/89, Slg. 1991, I-1603, RdNr. 19 f. – Italien/Kommission (Alfa Romeo). Seitdem ständige Rechtsprechung, vgl. zB. auch EuG, T-296/97, Slg. 2000, II-3871, RdNr. 96 mwN. – Alitalia/Kommission.

bers von realer wirtschaftlicher Bedeutung sein muss.[209] Wie von der Rechtsprechung klarge-stellt, gilt diese Vermutung nicht analog, wenn sich die Beschäftigten an der Kapitalerhöhung beteiligen. Die Beteiligung von Beschäftigten ist durch Erwägungen des Erhalts der Arbeitsplätze und damit hauptsächlich durch Erwägungen der Existenz- und Überlebensfähigkeit ihres Un-ternehmens und weniger durch Rentabilitätsaussichten motiviert.[210] Auch ist bei der Kapitaler-höhung von Unternehmen in Schwierigkeiten ein besonders strenges Prüfraster anzulegen. Die proportionale Beteiligung der privaten Anteilseigner (zumal der Minderheitsanteilseigner) reicht hier nicht, wenn nicht Mindestanforderungen erfüllt sind, die ein vernünftiger Kapitalgeber gestellt hätte, beispielsweise die Vorlage eines zuverlässigen und realistischen Umstrukturie-rungsplans.[211] Ferner kann das Vorliegen einer Beihilfe nicht ausgeschlossen werden, wenn die privaten Investitionen in dasselbe Unternehmen erst nach der Zuweisung öffentlicher Mittel erfolgt sind,[212] bzw. nachdem der Staat erklärt hat, dass er sich an einer Kapitalerhöhung beteili-gen oder das Unternehmen anderweitig unterstützen werde.[213] Ferner muss die Entscheidung der privaten Kapitalgeber unabhängig von sonstigen Motiven sein, die sich aus Sonderbeziehun-gen zur öffentlichen Hand ergeben.[214]

161   Die Investition muss nach dem Kommissionsstandpunkt nicht sofort rentabel werden, wenn die Beteiligung mit Rücksicht auf den **strategischen Charakter der Investition** (Absatz-märkte, Versorgung) dem normalen Verhalten eines Kapitalgebers gleichgestellt werden kann. Vom Fehlen einer Beihilfe ist auch dann auszugehen, wenn die Beteiligungen mit Rücksicht auf die **Entwicklungsmöglichkeiten** des durch die Kapitalbereitstellung begünstigten Unter-nehmens in Verbindung mit den sich aus den Investitionen, gleich welcher Art, ergebenden **Innovationsmöglichkeiten** als eine Anlage angesehen werden können, die mit einem beson-deren Risiko behaftet ist, bei der jedoch letztlich mit einer Rendite zu rechnen ist.

162   Umgekehrt stellt der Kommissionsstandpunkt auch **Vermutungen für das Vorliegen ei-ner Beihilfe** auf, beispielsweise wenn unter Berücksichtigung der Finanzlage des Unternehmens, insbesondere der Struktur und des Ausmaßes der Verschuldung, innerhalb einer angemessenen Frist **keine normale Rendite (in Form von Dividenden oder Wertzuwachs)** zu erwarten ist. Auch Kapitalzuführungen an rentable Unternehmen können eine Beihilfe darstellen, wenn die erwartete Rendite nicht hinreichend ist.[215] Ein umsichtiger privater Kapitalgeber, also ein Kapitalgeber, der seine Gewinne maximieren möchte, ohne jedoch zu große Risiken im Ver-hältnis zu den anderen Marktteilnehmern einzugehen, wird bei der Berechnung der für seine Anlage zu erwartenden angemessenen Vergütung grundsätzlich eine **Mindestrendite in Höhe der Durchschnittsrendite in dem betreffenden Sektor**[216] verlangen.[217] Das **Leitbild eines umsichtigen privaten Kapitalgebers** führt nach Auffassung des Gerichts nicht zu einer Be-nachteiligung des öffentlichen Kapitalgebers, da sich der öffentliche Kapitalgeber nicht in der gleichen Lage wie der private Kapitalgeber befindet. Letzterer kann sich nur auf seine eigenen Mittel stützen, um seine Anlage zu finanzieren, und muss deshalb mit seinem Vermögen für die Folgen seiner Wahl einstehen. Der öffentliche Kapitalgeber dagegen hat Zugang zu Mitteln, die aus der Ausübung hoheitlicher Befugnisse fließen, insbesondere zu Steuermitteln.[218] Die Durch-schnittsrendite dient allerdings nur als eines von eventuell mehreren Analyseinstrumenten. Sie ist kein automatisches Kriterium dafür, ob und in welcher Höhe eine staatliche Beihilfe vorliegt.

---

[209] EuG, T-358/94, Slg. 1996, II-2109, RdNr. 148 f. – Air France/Kommission.

[210] EuG, T-296/97, Slg. 2000, II-3871, RdNr. 82, 84 – Alitalia/Kommission.

[211] EuGH, C-328/99 und C-399/00, Slg. 2003, I-4035, RdNr. 44, 48 – Italienische Republik und SIM 2 Multimedia SpA/Kommission. Für einen Fall, in dem sowohl erhebliches privates Kapital als auch ein Umstrukturierungsplan vorlag, und eine Beihilfe somit ausgeschlossen werden konnte, vgl. Kom., ABl. 2008 L 247/27 – Citynet Amsterdam, siehe hierzu *Gaal/Papadias/Riedl,* Competition Policy Newsletter 2008, 82.

[212] EuG. T-20/03, Slg. 2008, II-2305, RdNr. 254 – Kahla Porzellan/Kommission; EuGH, C-301/87, Slg. 1990, I-307, RdNr. 40 – Frankreich/Kommission.

[213] Kom., ABl. 2006 L 257/11, Tz. 227 – France Telecom.

[214] *Mederer/Pesaresi/Van Hoof/Grespan/Santamato* RdNr. 2.361.

[215] Kom., Mitteilung der Kommission an die Mitgliedstaaten – Anwendung der Artikel 92 und 93 EWG-Vertrag und des Artikels 5 der Kommissionsrichtlinie 80/723/EWG über öffentliche Unternehmen in der verarbeitenden Industrie.

[216] Siehe hierzu *Stöckl* European Law Reporter 2003, 156.

[217] EuG, T-228/99 u. T-233/99, Slg. 2003, II-435, RdNr. 255 – Westdeutsche Landesbank Girozentrale und Land Nordrhein-Westfalen/Kommission.

[218] EuG, T-228/99 u. T-233/99, Slg. 2003, II-435, RdNr. 271 f. – Westdeutsche Landesbank Girozentrale und Land Nordrhein-Westfalen/Kommission.

Sie entbindet die Kommission nicht von ihrer Pflicht, alle maßgeblichen Aspekte des streitigen Vorgangs und seinen Kontext, einschließlich der Lage des begünstigten Unternehmens und des betroffenen Marktes, zu prüfen.[219]

Bei Umstrukturierungs- und Sanierungsfällen muss die (für den Fall des Gelingens der Um-   **163** strukturierung) erwartete Rendite wegen der inhärenten Risiken wesentlich höher als die Durchschnittsrendite ausfallen.[220] In solchen Fällen enthält die **Mindestrendite** die von einem privaten Investor für die Übernahme einer bestimmten finanziellen Verpflichtung geforderte Risikoprämie. Sie ist daher direkt **proportional zu dem mit der Investition verbundenen Risiko**. Die Kommission muss die Mindest- ebenso wie die erwartete Rendite anhand der letzten ihr vorliegenden Fassung des Umstrukturierungsplans feststellen.[221]

Bei Kapitalbeteiligungen/Erhöhungen zwecks Durchführung eines Investitionsprogramms ist   **164** bei Fehlen anderweitiger Hinweise von einer Beihilfe auszugehen, wenn das Unternehmen wegen **nicht ausreichender Selbstfinanzierungsmöglichkeiten** nicht in der Lage ist, am Kapitalmarkt die zur Durchführung des Programms erforderlichen langfristigen Finanzmittel aufzunehmen.

Bei nur **vorübergehenden Beteiligungen** soll eine Beihilfe vorliegen, wenn die Rendite   **165** erheblich unter den Renditen für andere für eine vergleichbare Dauer getätigte Anlagen bleibt.

Um eine Beihilfe handelt es sich auch dann, wenn die öffentliche Beteiligung die Wiederauf-   **166** nahme oder die **Aufrechterhaltung der unrentablen Tätigkeit eines sich in Schwierigkeiten befindlichen Unternehmens** über die Gründung einer neuen juristischen Einheit verfolgt.

Wenn sich bei gemischt privat-öffentlichen Unternehmen die **privaten Anteilseigner un**   **167** **terproportional an einer Kapitalerhöhung** beteiligen, besteht ein *prima facie* Beihilfenverdacht, zumal dann, wenn dies im wesentlichen den schlechten Rentabilitätsaussichten des Unternehmens zuzuschreiben ist.[222]

Dies soll nicht bei **KMU** gelten, die aufgrund ihrer geringen Größe keine hinreichenden Ga-   **168** rantien für den privaten Kapitalmarkt bieten, deren Aussichten jedoch eine staatliche Beteiligung rechtfertigen können, die über die privaten Investitionen in diesen Unternehmen hinausgeht.[223] Diese Ausnahme scheint politisch motiviert zu sein, denn es ist nicht erkennbar, warum nach dem Private Investor Test bei KMU andere Vermutungsregeln gelten sollen. Entweder die privaten Investoren halten eine Beteiligung bei KMU für entsprechend attraktiv. Dann wäre nicht einzusehen, warum die für Großunternehmen aufgestellte Proportionalitätsregel nicht auch für KMU Geltung besitzen soll. Wenn KMU für Privatinvestoren dagegen weniger attraktiv sind, mag ihre Unterstützung politisch geboten sein, ist aber nicht *a priori* beihilfefrei.[224] Die Kommission hat diese „Tatbestandslösung" nicht weiter verfolgt, sondern die KMU-Problematik durch eine Reihe von spezifischen Regelungen auf Genehmigungsebene adressiert.[225] Im Übrigen ist auch das überproportionale Investment in ein großes Unternehmen beihilfefrei, wenn es die Entwicklungsprognose des Unternehmens rechtfertigt.

Wenn die Beteiligung **größer als der reale Wert** (Nettoaktiva, einschließlich gegebenen-   **169** falls Goodwill oder Know-how) des begünstigten Unternehmens ist, soll eine Beihilfe vorliegen, es sei denn, die Beteiligung rechnet sich wegen der Entwicklungsprognose des Unternehmens.[226] Wie bei der überproportionalen Beteiligung soll auch diese Vermutung KMU nicht betreffen. Es gelten dieselben Bedenken.

---

[219] EuG, T-228/99 u. T-233/99, Slg. 2003, II-435, RdNr. 250 f. – Westdeutsche Landesbank Girozentrale und Land Nordrhein-Westfalen/Kommission.

[220] EuG, T-296/97, Slg. 2000, II-3871, RdNr. 113 f. – Alitalia/Kommission; sowie EuG, T-301/01, Slg. 2008, II-1753, RdNr. 236 ff. – Alitalia/Kommission.

[221] EuG, T-296/97, Slg. 2000, II-3871, RdNr. 165–169 – Alitalia/Kommision.

[222] EuG, T-358/94, Slg. 1996, II-2109, RdNr. 148, 149 - Air France/Kommission.

[223] Bulletin EC 9–1984, S. 28–29, Punkt 3.3., zweiter Spiegelstrich, zweiter Unterabsatz – Staatliche Kapitalzuführungen, Anwendung der Artikel 92 und 93 EG-Vertrag auf staatliche Holdinggesellschaften.

[224] Vgl. hierzu auch Punkt 4.5 der alten Bürgschaftsmitteilung, Kom., Mitteilung der Kommission über die Anwendung der Artikel 87 und 88 des EG-Vertrags auf staatliche Beihilfen in Form von Haftungsverpflichtungen und Bürgschaften, ABl. 2000 C 71/14.

[225] Siehe hierzu *Jestaedt* in diesem Kommentar, Kapitel B.II, Abschnitt 2.

[226] Bulletin EC 9–1984, S. 28–29, Punkt 3.3. – Staatliche Kapitalzuführungen, Anwendung der Artikel 92 und 93 EG-Vertrag auf staatliche Holdinggesellschaften.

Die Kommission vermutet ganz generell das Vorliegen einer Beihilfe, wenn die **Kapitalbeteiligung mit Beihilfen kombiniert** wird.[227]

170 Dagegen besteht eine solche Vermutung nicht, wenn eine **Kapitalerhöhung unmittelbar auf die Rückzahlung rechtswidrig erhaltener Beihilfen** folgt. Soweit der Business Case des öffentlichen Unternehmens eine Kapitalerhöhung auf Basis der konkreten Renditeaussichten rechtfertigt, ist es unschädlich, dass die Notwendigkeit der Kapitalerhöhung durch die Beihilfenrückzahlung verursacht wird. Dies stellt auch keine Umgehung der Beihilfenrückforderung dar.[228]

171 1993 wurde der Standpunkt um eine **Mitteilung über die Anwendung des Beihilfenrechts auf öffentliche Unternehmen in der verarbeitenden Industrie**[229] ergänzt. Inhaltlich ist die Mitteilung sowohl Bestätigung als auch Weiterentwicklung des Standpunktes. Daher blieb der 1984er Kommissionsstandpunkt gültig.[230] Die Mitteilung ergänzt den Standpunkt auf Grundlage der in der Zwischenzeit gemachten Erfahrung um neue Sachverhalte und entsprechende Vermutungsregeln. Die Kommission versucht Bedenken, der Private Investor Test könne dazu führen, dass die Kommission anstelle des Investors über neue Investments entscheidet, mit dem Hinweis zu entkräften, die Risikoanalyse beinhalte naturgemäß eine **weite Bandbreite der Beurteilungsmöglichkeiten durch den Investor**, innerhalb derer nicht auf das Vorliegen von staatlichen Beihilfen geschlossen werden könne.[231] Die nachfolgende Kommissionspraxis hat die Gewährung eines solchen Beurteilungsspielraums allerdings nicht bestätigt.

172 Nach der Mitteilung ist der für den Private Investor Test maßgebliche Zeitpunkt der **Zeitpunkt der Investitions- oder Finanzierungsentscheidung,** so dass spätere zu diesem Zeitpunkt nicht vorhersehbare Entwicklungen unberücksichtigt bleiben.[232] Das Verhalten des öffentlichen Kapitalgebers ist daran zu messen, wie sich ein privater Kapitalgeber angesichts der zum entsprechenden Zeitpunkt verfügbaren Informationen und vorhersehbaren Entwicklungen verhalten hätte.[233]

173 Die Kommission erkennt die **Unterschiede zwischen Minderheits- und Mehrheitsbeteiligungen** und ihre Bedeutung für den Anlagehorizont an, der bei fehlender Kontrollmöglichkeit eher auf kurzfristige Rendite ausgelegt ist.[234] Bei Mehrheitsbeteiligungen können langfristige strategische Erwägungen eine niedrigere als die marktdurchschnittliche Rendite unter Umständen rechtfertigen (sog. **„Eigentümereffekt"**). Die Darlegungslast trifft den Mitgliedstaat.[235]

174 Bei Aufgabe von Geschäftsbereichen wegen mangelnder mittel- oder langfristiger Gewinnaussichten soll auch die öffentliche Unternehmensgruppe bei Bestimmung von Zeitpunkt und Umfang der Einstellung die **Folgen für den Ruf und die Organisation der Gruppe** berücksichtigen dürfen.[236] Dies hat dazu geführt, dass sich Mitgliedstaaten häufig auf das Image des öf-

---

[227] Bulletin EC 9–1984, Seiten 28–29, Punkt 3.4. – Staatliche Kapitalzuführungen, Anwendung der Artikel 92 und 93 EG-Vertrag auf staatliche Holdinggesellschaften.

[228] Kom., Staatliche Beihilfe NN 71/2005 – HSH Nordbank; Kom., Staatliche Beihilfe NN 72/2005, BayernLB; Kom., Staatliche Beihilfe NN 34/2007 – Nord/LB. Siehe zu diesen Entscheidungen genauer: *Simon* EStAL 2007, 499, und *Friederiszick/Tröge* CPN 1/2006, 105.

[229] Kom., Mitteilung der Kommission an die Mitgliedstaaten – Anwendung der Artikel 92 und 93 EWG-Vertrag und des Artikels 5 der Kommissionsrichtlinie 80/723/EWG über öffentliche Unternehmen in der verarbeitenden Industrie, ABl. 1993 C 307/3.

[230] Kom., Mitteilung der Kommission an die Mitgliedstaaten – Anwendung der Artikel 92 und 93 EWG-Vertrag und des Artikels 5 der Kommissionsrichtlinie 80/723/EWG über öffentliche Unternehmen in der verarbeitenden Industrie, ABl. 1993 C 307/3, Tz. 35.

[231] Kom., Mitteilung der Kommission an die Mitgliedstaaten – Anwendung der Artikel 92 und 93 EWG-Vertrag und des Artikels 5 der Kommissionsrichtlinie 80/723/EWG über öffentliche Unternehmen in der verarbeitenden Industrie, ABl. 1993 C 307/3, Tz. 27.

[232] Kom., Mitteilung der Kommission an die Mitgliedstaaten – Anwendung der Artikel 92 und 93 EWG-Vertrag und des Artikels 5 der Kommissionsrichtlinie 80/723/EWG über öffentliche Unternehmen in der verarbeitenden Industrie, ABl. 1993 C 307/3, Tz. 28 u. 37.

[233] EuG, T-16/96, Slg. 1998, II-757, RdNr. 76 – Cityflyer Express/Kommission. Siehe hierzu auch T-228/99 u. T-233/99, Slg. 2003, II-435, RdNr. 246 – Westdeutsche Landesbank Girozentrale und Land Nordrhein-Westfalen/Kommission.

[234] Kom., Mitteilung der Kommission an die Mitgliedstaaten – Anwendung der Artikel 92 und 93 EWG-Vertrag und des Artikels 5 der Kommissionsrichtlinie 80/723/EWG über öffentliche Unternehmen in der verarbeitenden Industrie, ABl. 1993 C 307/3 Tz. 30.

[235] EuG, T-228 u. 233/99, Slg. 2003, II-435, RdNr. 270 – Westdeutsche Landesbank Girozentrale und Land Nordrhein-Westfalen/Kommission.

[236] Kom., Mitteilung der Kommission an die Mitgliedstaaten – Anwendung der Artikel 92 und 93 EWG-Vertrag und des Artikels 5 der Kommissionsrichtlinie 80/723/EWG über öffentliche Unternehmen in der verarbeitenden Industrie, ABl. 1993 C 307/3 Tz. 30.

fentlichen Investors berufen haben, um Kapitalspritzen zugunsten von in Schwierigkeiten geratener Unternehmen zu rechtfertigen, bislang allerdings erfolglos. So urteilte der Gerichtshof bereits 1991 im Urteil ENI/Lanerossi, dass ein privater Anteilseigner vernünftigerweise einem Unternehmen das Kapital zuführen wird, „das zur Sicherstellung seines Fortbestandes erforderlich ist, wenn es sich in vorübergehenden Schwierigkeiten befindet, aber seine Rentabilität – gegebenenfalls nach einer Umstrukturierung – wieder zurückgewinnen kann. Eine Muttergesellschaft kann somit während eines beschränkten Zeitraums auch Verluste einer ihrer Tochtergesellschaften übernehmen, um dieser die Einstellung ihrer Tätigkeit unter möglichst günstigen Bedingungen zu ermöglichen. Solche Entscheidungen können nicht nur mit der Wahrscheinlichkeit eines mittelbaren materiellen Gewinns begründet werden, sondern auch mit anderen Erwägungen, etwa dem **Bemühen um Imagepflege des Konzerns oder um Neuorientierung seiner Tätigkeit.** Wenn Kapitalzuschüsse eines öffentlichen Kapitalgebers jedoch selbst langfristig von jeder Aussicht auf Rentabilität absehen, sind sie als Beihilfen im Sinne des Artikels (107 AEUV) anzusehen [...]."[237] Dies ist offensichtlich, wenn der Staat nach Jahren ununterbrochener Verluste eine Kapitalzuführung vornimmt, die sich wirtschaftlich nicht nur als kostspieliger als eine Liquidation der Aktiva erweist, sondern auch noch im Zusammenhang mit dem Verkauf des Unternehmens steht, was ihm – selbst längerfristig – jede Gewinnaussicht nimmt.[238] Die praktische Wirksamkeit der Gemeinschaftsvorschriften über staatliche Beihilfen wäre stark verringert, wenn jede staatliche Beteiligung an einem Unternehmen unter Hinweis auf das Image des betreffenden staatlichen Organs und seine anderen Beteiligungen unbeschränkte Finanzhilfen aus öffentlichen Mitteln ermöglichen würde, ohne dass diese Finanzhilfen als Beihilfen angesehen würden.[239]

Bei Kapitalerhöhungen geht die Kommission davon aus, dass die Anteilseigner über die für **175** die Beurteilung der Wirtschaftlichkeit notwendigen Informationen verfügen, denn ein marktwirtschaftlich handelnder Kapitalgeber würde üblicherweise **ohne ausreichende Informationen keine zusätzlichen Finanzmittel** zur Verfügung stellen.[240] Insbesondere wird danach kein privater Investor einem Unternehmen in Schwierigkeiten ohne **fundierten Umstrukturierungsplan** neues Kapital zur Verfügung stellen.[241]

Gesetzliche Verpflichtungen der Anteilseigner von Unternehmen, deren Kapital infolge andauernder Verluste auf eine bestimmte Höhe geschrumpft ist, zusätzliche Mittel bereitzustellen, **176** sind nur eine vermeintliche „Verpflichtung". Wenn in einem solchen Fall die **Auflösung oder Reduzierung der Investition** der finanziell vernünftigere Lösungsweg als die Bereitstellung zusätzlicher Mittel ist, muss dieser Weg beschritten werden. Wird er es nicht, sind auch alle nachfolgenden Investitionen als Beihilfe anzusehen.[242] Auf der anderen Seite sind Situationen denkbar, in denen auch ein privater Anteilseigner selbst nach zwei unrentablen Kapitalzuschüssen eine dritte Kapitalzuführung vornehmen würde.[243]

Im Extremfall muss die **Liquidation** des Unternehmens betrieben werden, wenn diese günstiger ist als die erneute Kapitalerhöhung ohne Rentabilitätsaussicht. Dabei sind die Liquidations- **177** kosten den Kosten der Aufrechterhaltung der Geschäftstätigkeit gegenüberzustellen. Bei den Liquidationskosten ist zwischen den Verpflichtungen zu unterscheiden, die der Staat als Eigentümer der Anteile einer Gesellschaft zu übernehmen hat, und den **Verpflichtungen, die ihm als Träger der öffentlichen Gewalt obliegen.** Bei Gesellschaften mit beschränkter Haftung nach dem GmbHG haftet auch der öffentliche Anteileigner nur in Höhe seiner Anteile. Daraus folgt, dass die Belastungen, die sich aus der Entlassung der Arbeitnehmer, aus der Zahlung von Arbeitslosenunterstützung und aus anderen Sozialleistungen ergeben, bei der Anwendung des

---

[237] EuGH, C-303/88, Slg. 1991, I-1433, RdNr. 20–22 – Italien/Kommission. Siehe hierzu bereits EuGH, 234/84, Slg. 1986, 2263, RdNr. 14–17 – Belgien/Kommission.

[238] EuG, T-129/95, T-2/96 u. T-97/96, Slg. 1999, II-17, RdNr. 124 – Maxhütte/Kommission.

[239] EuG, T-129/95, T-2/96 u. T-97/96, Slg. 1999, II-17, RdNr. 125 – Maxhütte/Kommission.

[240] Kom., Mitteilung der Kommission an die Mitgliedstaaten – Anwendung der Artikel 92 und 93 EWG-Vertrag und des Artikels 5 der Kommissionsrichtlinie 80/723/EWG über öffentliche Unternehmen in der verarbeitenden Industrie, ABl. 1993 C 307/3 Tz. 31.

[241] EuGH, C-305/89, Slg. 1991, I-1603, RdNr. 22, 23 – Italien/Kommission (Alfa Romeo); EuGH, C-328/99 und C-399/00, Slg. 2003, I-4035, RdNr. 44, 48 – Italienische Republik und SIM 2 Multimedia SpA/Kommission.

[242] Kom., Mitteilung der Kommission an die Mitgliedstaaten – Anwendung der Artikel 92 und 93 EWG-Vertrag und des Artikels 5 der Kommissionsrichtlinie 80/723/EWG über öffentliche Unternehmen in der verarbeitenden Industrie, ABl. 1993 C 307/3, Tz. 36.

[243] EuG, T-11/95, Slg. 1998, II-3225, RdNr. 170, 171 u. 180 ff. – BP Chemicals.

Kriteriums des privaten Investors nicht berücksichtigt werden dürfen.[244] Verluste aus Gesellschafterdarlehen können hingegen Berücksichtigung finden.[245]

178   Das Beihilfeelement soll bei Kapitalzuführungen aus den jeweils auf den Gegenwartswert abgezinsten Kosten der Investition abzüglich ihres Wertes bestehen. Bei der Analyse werden nach der Mitteilung die **Ertragslage** (Ergebnisse über einen Zeitraum von mehreren Jahren, die Entwicklungstendenz ist besonders relevant), die **Finanzkennzahlen** und das **Verhältnis von Schulden zu Eigenkapital** (Verschuldungsgrad des Unternehmens) den allgemein üblichen Normen, den Durchschnittszahlen des Wirtschaftszweigs und denen der direkten Wettbewerber usw. gegenübergestellt. Ferner sind verschiedene **Kennziffern für die Liquidität und Zahlungsfähigkeit** zur Ermittlung der Kreditwürdigkeit des Unternehmens zu berechnen. Bei Kapitalzuführungen zwecks Finanzierung eines Investitionsprogramms findet darüber hinaus die **Finanzplanung** besondere Berücksichtigung; stets sind die **Entwicklungen auf dem betroffenen Markt** in die Analyse einzubeziehen.[246]

179   Neben der bis dato im Fokus gestandenen Unternehmensgründung, der Beteiligung an oder der Kapitalerhöhung bei bestehenden Unternehmen, wurde in der Mitteilung erstmals auch die Kapitalverzinsung problematisiert. Ein **dauerhafter Verzicht auf eine normale Verzinsung durch Dividenden oder Kapitalwertsteigerungen** sei eine Beihilfe, da der Staat auf Erträge verzichtet, die ein kaufmännischer Geldgeber von einer vergleichbaren Investition erwarten würde. Der Ansatz der Kommission ist weitgehend, da er nicht auf solch offensichtliche Fälle gemischt-öffentlich-privater Unternehmen beschränkt bleibt, bei denen nur der öffentliche Anteilseigner auf eine Dividende verzichtet. Politisch inakzeptabel und mit dem Grundsatz unternehmerischen Beurteilungsspielraums vollends unvereinbar scheint die Idee der Kommission, sie könne den Mitgliedstaat bei einer als unzureichend angesehenen Verzinsung verpflichten, Vorschläge zur Profitsteigerung zu unterbreiten,[247] und in letzter Konsequenz bei weiter ausbleibendem Erfolg die Liquidation erzwingen.

180   Der 84er Standpunkt der Kommission widmete sich nur der Frage, unter welchen Umständen eine Kapitalbeteiligung eine Beihilfe ist, nicht, unter welchen Umständen sie möglicherweise **freigestellt** werden kann. Tatsächlich vertrat die Kommission zu diesem Zeitpunkt noch die Auffassung, Kapitalbeteiligungen könnten wegen ihrer Wettbewerbsverfälschung per se nicht freigestellt werden. Diese Auffassung wurde von Gerichtshof in der Sache Intermills erstmals zurückgewiesen.[248] In der 93er Mitteilung wird die Vereinbarkeitsprüfung dann erwähnt.

181   **(2) Darlehen – Private Lender Test.** Auch staatlich verbilligte, insbesondere niedrig verzinste staatliche Darlehen können Beihilfen darstellen.[249] Nach der Rechtsprechung muss der Staat auch bei der Vergabe von Darlehen strikt kommerzielle Prinzipien verfolgen und kann sich beispielsweise nicht auf sektorpolitische Beweggründe berufen.[250] Es ist zu prüfen, ob das Unternehmen die betreffenden Beträge auf den privaten Kapitalmärkten zu den gleichen Konditionen hätte beschaffen können.[251] In ihrer 93er Mitteilung hat die Kommission erstmals näher dargelegt, wie sie öffentliche Darlehen zu prüfen gedenkt.[252] Als Beihilfenelement wird der **Unterschiedsbetrag zwischen dem von dem Unternehmen am Markt zu zahlenden Zinssatz** (der wiederum von seiner Finanzlage und der von ihm zu stellenden Sicherheit abhängt) **und dem tatsächlich gezahlten Zins** definiert.[253] Im Fall eines unbesicherten Darle-

---

[244] EuG, T-129/95, T-2/96 u. T-97/96, Slg. 1999, II-17, RdNr. 1118–119 – Maxhütte/Kommission.

[245] EuG, T-323/99, Slg. 2002, II-545, RdNr. 100 INMA u. Itainvest/Kommission.

[246] Kom., Mitteilung der Kommission an die Mitgliedstaaten – Anwendung der Artikel 92 und 93 EWG-Vertrag und des Artikels 5 der Kommissionsrichtlinie 80/723/EWG über öffentliche Unternehmen in der verarbeitenden Industrie, ABl. 1993 C 307/3, Tz. 31.

[247] Kom., Mitteilung der Kommission an die Mitgliedstaaten – Anwendung der Artikel 92 und 93 EWG-Vertrag und des Artikels 5 der Kommissionsrichtlinie 80/723/EWG über öffentliche Unternehmen in der verarbeitenden Industrie, ABl. 1993 C 307/3 Tz. 43.

[248] EuGH, 323/82, Slg. 1984, 3809, RdNr. 31–32 – Intermills.

[249] Siehe statt vieler zB. EuGH, C-301/87, Slg. 1990, I-307, RdNr. 307 – Frankreich/Kommission (Boussac).

[250] EuGH, C-278/00, Slg. 2004, I-3997, RdNr. 44–48 - Griechenland/Kommission.

[251] EuGH, 40/85, Slg. 1986, 2321, RdNr. 13 – Belgien/Kommission (Boch).

[252] Kom., Mitteilung der Kommission an die Mitgliedstaaten – Anwendung der Artikel 92 und 93 EWG-Vertrag und des Artikels 5 der Kommissionsrichtlinie 80/723/EWG über öffentliche Unternehmen in der verarbeitenden Industrie, ABl. 1993 C 307/3, Tz. 41.

[253] Bestätigt durch EuG, T-16/96, Slg. 1998, II-757, RdNr. 53 – Cityflyer/Kommission.

hens an ein Unternehmen, dem unter normalen Umständen keine Mittel bereitgestellt würden (da zB. geringe Aussichten auf eine Rückzahlung bestehen) kann der Beihilfenwert die volle Darlehenshöhe erreichen.[254] Bereits die **Umwandlung von Sicherheiten** eines Darlehens stellt eine Beihilfe dar, wenn der private Darlehensgeber einer solchen Umwandlung wegen des damit einhergehenden Risikos nicht zugestimmt hätte.[255]

In der Zwischenzeit hat die Kommission den Mitgliedstaaten mehrfach Regelungen an die **182** Hand gegeben, anhand derer praxisgerecht und entsprechend einfach das Beihilfenelement öffentlicher Darlehen bzw. das Fehlen eines solchen bestimmt werden kann. Aktuell wird die Marktkonformität staatlicher Darlehen anhand der Mitteilung der Kommission über die Änderung der Methode zur Festsetzung der Referenz- und Abzinsungssätze[256] ermittelt. Die Referenz- und Abzinsungssätze werden als **Simulation des Marktzinses** verwendet und dienen dazu, das Subventionsäquivalent von Beihilfen zu berechnen. Hierzu hat die Kommission 2008 eine neue Methode erarbeitet. Ziel dieser neuen Methode ist es, der Kreditwürdigkeit und den Sicherheiten des Schuldners bei der Berechnung des Subventionsäquivalents Rechnung zu tragen. Hierbei geht die Kommission so vor, dass zunächst als Basiswert der IBOR mit einjähriger Laufzeit genommen wird, und hierauf dann in Abhängigkeit vom Rating des betreffenden Unternehmens und den vorhandenen Sicherheiten bestimmte in der Mitteilung angegebene Margen addiert werden. In Abwesenheit eines Ratings kann die Kreditwürdigkeit des Unternehmens auch anhand von anderen Indikatoren nachgewiesen werden.

(3) Garantien – Private Guarantor Test.[257] Über staatliche Bürgschaften im Zusammen- **183** hang mit dem Beihilfenrecht äußerte sich die Kommission erstmals 1989 in zwei Schreiben an die Mitgliedstaaten. In dem ersten wies sie darauf hin, dass ihrer Auffassung nach alle vom Staat übernommenen Bürgschaften in den Anwendungsbereich von Art. 107 Abs.1 AEUV fallen, so dass sie vor Gewährung anzumelden sind.[258] Die konsequente Umsetzung dieses Schreibens hätte wahrscheinlich erhebliche Verwerfungen in den Mitgliedstaaten und eine spürbare Arbeitsbelastung der GD IV (mittlerweile GD Wettbewerb) ausgelöst. In dem relativ zügig folgenden zweiten Schreiben kündigte die Kommission an, die Festlegung von Regelungen für die Vergabe staatlicher Bürgschaften überprüfen zu wollen, und dass im Rahmen einer genehmigten Regelung erteilte Bürgschaften nicht mitteilungspflichtig seien.[259] Diese Regelungen folgten – noch etwas unvollständig – in der 93er Mitteilung betreffend öffentliche Unternehmen.[260] Hier betont sie zunächst, dass eine staatliche Bürgschaft oder Garantie auch dann eine Beihilfe darstellen kann, **wenn sie nicht in Anspruch genommen wird,** d.h. keine Zahlungen aus ihr erfolgen. Die Beihilfengewährung vollzieht sich im Zeitpunkt der Übernahme der Bürgschaft, nicht erst im Zeitpunkt ihrer Inanspruchnahme.[261] Das Beihilfenelement wäre dann in der Differenz zwischen dem vom Kreditnehmer auf dem freien Markt zu zahlenden Zinssatz und dem aufgrund der Bürgschaft tatsächlich gezahlten Zins abzüglich der Bürgschaftsprämie zu sehen.

In dieser frühen Mitteilung wird noch ausdrücklich darauf hingewiesen, dass das Unterneh- **184** men den Beihilfenwert zwar zurückerstatten müsse, auch wenn den Konkurs des Unternehmens bedeute, die Ansprüche der Gläubiger jedoch in jedem Fall befriedigt werden. Dies ist insoweit logisch, als der Gläubiger in der Regel nicht begünstigt ist. Er hat den Beihilfenwert an das Schuldnerunternehmen über niedrigere Zinsen weitergegeben. Üblicherweise erhält der Kreditnehmer aufgrund der staatlichen Garantie einen niedrigeren Zinssatz, oder er braucht weniger Sicherheiten zu leisten. In gewissen Fällen würde der Kreditnehmer ohne eine staatli-

---

[254] Für Garantien siehe Kom. Mitteilung der Kommission über die Anwendung der Art. 87 u. 88 EG-Vertrag auf staatliche Beihilfen in Form von Haftungsverpflichtungen und Bürgschaften, ABl. 2008 C 155/10, Punkt 4.1.a.

[255] Siehe zB. Kom., ABl. 2003 L 140/30, Tz. 102 – TGI.

[256] ABl. 2008 C 14/6.

[257] Im Folgenden wird die Behandlung von staatlichen Garantien nur in Grundzügen dargestellt. Für eine weitergehende Kommentierung vgl. *Nunez-Müller* in diesem Kommentar, Kapitel D.IV.

[258] Schreiben der Kommission an die Mitgliedstaaten SG(89) D/4328 v. 5. April 1989.

[259] Schreiben der Kommission an die Mitgliedstaaten SG(89) D/12772 v. 12. Oktober 1989.

[260] Kom., Mitteilung der Kommission an die Mitgliedstaaten – Anwendung der Artikel 92 und 93 EWG-Vertrag und des Artikels 5 der Kommissionsrichtlinie 80/723/EWG über öffentliche Unternehmen in der verarbeitenden Industrie, ABl. 1993 C 307/3, Tz. 34.

[261] So ausdrücklich Punkt 2.1 der aktuellen Bürgschaftsmitteilung, Kom., Mitteilung der Kommission über die Anwendung der Artikel 87 und 88 EG-Vertrag auf staatliche Beihilfen in Form von Haftungsverpflichtungen und Bürgschaften („Bürgschaftsmitteilung"), ABl. 2008 C 155/10.

che Garantie überhaupt kein kreditwilliges Finanzinstitut finden.[262] Später hat die Kommission versucht, die Banken mit in die Beihilfenkontrolle einzubinden, in dem sie auch eine Rückforderung der Garantieerklärung selbst mit den entsprechenden Konsequenzen für die Gläubiger nicht ausschließen wollte, hat aber von diesen Plänen wieder Abstand genommen und verweist in der aktuellen Mitteilung darauf, dass der **Kreditgeber nur unter besonderen Umständen** (auch) von der Bürgschaft profitiert, insbesondere wenn beispielsweise für einen bereits gewährten Kredit oder eine sonstige bereits eingegangene finanzielle Verpflichtung eine staatliche Garantie übernommen wird, ohne dass die Konditionen des Kredits oder der finanziellen Verpflichtung entsprechend angepasst werden.[263]

185   In der Bürgschaftsmitteilung hat die Kommission dann ferner festgelegt, unter welchen Voraussetzungen sie *a priori* davon ausgeht, dass die Garantie Marktkonditionen entspricht, und daher so auch von einem privaten Bürgen gewährt worden wäre:[264]
– Der Kreditnehmer befindet sich nicht in finanziellen Schwierigkeiten.
– Der Umfang der Garantie kann zum Zeitpunkt ihrer Übernahme ermittelt werden. Dies bedeutet, dass die Garantie an eine bestimmte finanzielle Transaktion geknüpft, auf einen festen Höchstbetrag beschränkt und von begrenzter Laufzeit sein muss.
– Die Garantie deckt höchstens 80% des ausstehenden Kreditbetrages oder der sonstigen ausstehenden finanziellen Verpflichtung.
– Die Verhinderung von Umgehungstatbeständen wird wie folgt gesichert:
wenn sich der Umfang des Kredits oder der finanziellen Verpflichtung mit der Zeit verringert, weil beispielsweise mit der Rückzahlung des Kredits begonnen wird, muss der garantierte Betrag entsprechend herabgesetzt werden, damit die Garantie zu keinem Zeitpunkt mehr als 80% des ausstehenden Kreditbetrags oder der ausstehenden finanziellen Verpflichtung deckt,
Verluste müssen anteilig in der gleichen Weise vom Kreditgeber und vom Garanten getragen werden. Ebenso müssen Netto-Verwertungserlöse (d. h. Erlöse abzüglich der Bearbeitungskosten), die von der Verwertung von durch den Kreditnehmer gestellten Sicherheiten herrühren, anteilig zur Deckung der Verluste des Kreditgebers und des Garanten verwendet werden. Bei Garantien, bei denen etwaige Verluste zunächst dem Garanten und erst dann dem Kreditgeber zugewiesen werden, wird davon ausgegangen, dass sie ein Beihilfeelement enthalten können.
– Für die Garantie wird ein marktübliches Entgelt gezahlt.

186   In der Mitteilung werden zudem **Safe-Harbour-Prämien für KMU** eingeführt, die eine einfachere und zugleich rechtssichere Inanspruchnahme von Garantien ermöglichen und somit KMU den Zugang zu Finanzierungsmitteln erleichtern. Dies ist eine politisch motivierte Besonderheit, die unter dem Private-Guarantor-Test dogmatisch nicht gerechtfertigt ist. In Deutschland sind die Safe-Harbour-Regelungen nur von begrenzter Bedeutung, da die Kommission eine spezielle Methode zur Berechnung des Bruttosubventionsäquivalentes genehmigt hat,[265] nach denen ausgerechnet werden kann, bis zur Zahlung welcher Prämie keine Beihilfenelemente vorliegen, soweit die anderen genannten Vorgaben der Bürgschaftsmitteilung eingehalten sind.

187   Für das Nichtvorliegen einer Begünstigung ist es nach dem MEOT an sich ausreichend, wenn die Zahlung einer marktüblichen Prämie nachgewiesen wird. Allerdings ist die Bemessung der Marktprämie naturgemäß mit Unsicherheiten behaftet. Insofern dient die 80%-Regelung und ihre Durchsetzung als **wirtschaftlicher Lackmus-Test.** Denn ist die finanzielle Verpflichtung nicht vollständig durch eine staatliche Garantie gedeckt, ist der Anreiz für den Kreditgeber größer, das mit der Kreditvergabe verbundene Risiko ordnungsgemäß zu bewerten, abzusichern und so gering wie möglich zu halten und insbesondere die Bonität des Kreditnehmers ordnungsgemäß zu prüfen. Bei einer 100%igen Staatsgarantie wären die Kreditgeber hingegen eher dazu bereit, Kredite mit einem höheren als dem marktüblichen Risiko zu vergeben. Da die 80%-Regelung nur

---

[262] So ausdrücklich Punkt 2.2 der Bürgschaftsmitteilung.
[263] Bürgschaftsmitteilung, Punkt 2.3.1. In Punkt 2.3.2 findet sich allerdings auch ein Hinweis auf mögliche zivilrechtliche Implikationen aus der Verletzung der unmittelbar von den nationalen Gerichten anwendbaren Stillhaltepflicht des Art. 108 Abs. 3 AEUV. Vgl. zu diesem Themenkontext *Werner/Maier,* in diesem Kommentar, Kapitel G.
[264] Bürgschaftsmitteilung, Punkt. 3.2.
[265] Kom., Staatliche Beihilfe N 197/2007 – Bürgschaften für Investitionsvorhaben; Kom., Staatliche Beihilfe N 541/2007 – Bürgschaften für Betriebsmittelkredite, Kom., Staatliche Beihilfe N 762/2007 – Bürgschaften für Spezialfinanzierungen.

einen verfahrensrechtlichen Absicherungscharakter für die Vermutung der Beihilfenfreiheit einer Garantie hat, ist ihre Einhaltung für die Beihilfenfreiheit einer Staatsgarantie nicht zwingend notwendig. Auch hundertprozentige Staatsgarantien können marktwirtschaftlich gerechtfertigt sein, zumal dann, wenn es sich um die Finanzierung eines vom Staat oder seinen Unternehmen durchgeführtes Projekt handelt. Der MEOT muss dann dem gesamten Finanzierungsprojekt und den verschiedenen Finanzierungsmaßnahmen Rechnung tragen.[266]

Ohnehin stellt sich die Frage, inwieweit bei der beihilfenrechtlichen Beurteilung von Staats- **188** bürgschaften zwischen solchen zu Gunsten von privaten Unternehmen und Unternehmen, an denen der Staat beteiligt ist, unterschieden werden muss. Dies kann im Einzelfall nicht ausgeschlossen werden, denn auch ein marktwirtschaftlich orientierter Wirtschaftsteilnehmer wird bei der Garantievergabe dem Fall, in dem sein eigenes Unternehmen betroffen ist, eine andere Bedeutung zumessen. Eine staatliche Garantie zugunsten eines öffentlichen Unternehmens ist eher mit einer Patronatserklärung als mit einer herkömmlichen Bürgschaft zu vergleichen. **Harte Patronatserklärungen**[267] werden dabei von der Kommission wie eine Staatsgarantie zugunsten des öffentlichen Unternehmens eingestuft und entsprechend unabhängig von ihrer speziellen Finanzierungsform am Private Guarantor-Test gemessen.

Zu **weichen Patronatserklärungen**[268] liegt noch keine hinreichend verlässliche Praxis vor, **189** was auch an der Vielzahl möglicher Ausgestaltungen liegen kann.[269] In der France Télécom Entscheidung hat die Kommission einer (angeblich) nicht verbindlichen politischen Unterstützungsaussage[270] einen konkreten Beihilfewert beigemessen, auf eine Rückforderung aber wegen des neuheitlichen Charakters der Argumentation verzichtet.[271] Sie ging dabei davon aus, dass die Erklärungen der französischen Wirtschafts- und Finanzministers das Unternehmen begünstigt hätten, indem sie dem Unternehmen wieder Zugang zum privaten Finanzmarkt ermöglicht hätten. Eine entgegen den politischen Äußerungen unterlassene Unterstützung hätte zu einem erheblichen Glaubwürdigkeitsverlust mit entsprechenden Konsequenzen für Frankreichs Ruf als wichtiger Wirtschaftsakteur und Emittent auf den internationalen Märkten geführt. In ihrer Gesamtheit betrachtet hätten diese Elemente als tatsächliche Gefährdung staatlicher Mittel aufgefasst werden können (entweder, indem sie die Haftung des Staates gegenüber den Investoren begründen, oder indem sie die Kosten künftiger Transaktionen des Staates hinauftreiben).[272] Das Gericht hat das Vorliegen einer Begünstigung bejaht, ohne sich allerdings abschließend zum

---

[266] Kom., Staatliche Beihilfe NN 25/2009 (ex N 167/2009) – Deutschland: Finanzierung des Flughafens Berlin Brandenburg International.

[267] Die Harte Patronatserklärung ist eine als Sicherheit voll bewertbare und demzufolge auch unter der Bilanz der Patronin ausweispflichtige Erklärung und enthält im Kern regelmäßig die Verpflichtung, den Kreditnehmer finanziell ausreichend auszustatten und bestehende Einflussnahmemöglichkeiten bei der Kreditnehmerin zu nutzen, damit gewährte Kredite fristgerecht zurückgeführt werden können. Hierdurch wird hinreichend zum Ausdruck gebracht, dass Liquidität und Bonität der Tochtergesellschaft verbindlich sicherzustellen sind, damit diese zumindest im Zeitpunkt der Fälligkeit die so gesicherten Forderungen der Bank erfüllen kann.

[268] Eine weiche Patronatserklärung ist ohne Sicherheitenwert im engeren Sinne. Manche sind das Papier nicht wert, auf dem sie geschrieben sind. Erklärt etwa die Muttergesellschaft nur, dass sie volles Vertrauen in die kaufmännische und fachliche Kompetenz der Geschäftsleitung ihrer Tochtergesellschaft habe, kann eine Bank darauf kaum eine Kreditentscheidung stützen. Regelmäßig führen solche Erklärungen bei der bankinternen Beurteilung dazu, dass die Kredite im Ergebnis wie ein Blankokredit behandelt werden. Es bleibt bei einer nur auf den Gesellschafterhintergrund abgestellten Kreditgewährung nur die Erwartung (oder Hoffnung) auf die entsprechende Stützungsbereitschaft hinsichtlich der in wirtschaftliche Schwierigkeiten geratenen kreditnehmenden Tochtergesellschaft.

[269] Siehe hierzu Bürgschaftsmitteilung, Punkt 1.2, fünfter Spiegelstrich.

[270] Ein Interview mit dem französischen Wirtschafts- und Finanzminister in Les Echos vom 12. Juli 2002, in dem der Minister mehrfach bekräftigte, dass der Staat, falls FT in Finanzschwierigkeiten geraten sollte, die erforderlichen Maßnahmen zu deren Überwindung ergreifen würde: „Sollte France Télécom Finanzprobleme haben, was gegenwärtig nicht der Fall ist, wird der Staat die für ihre Überwindung erforderlichen Entscheidungen treffen. Sie leisten hier wieder dem Gerücht einer Kapitalerhöhung Vorschub [...] Nein, bestimmt nicht! Ich bekräftige nur noch einmal, dass wir zu gegebener Zeit die geeigneten Maßnahmen treffen werden. Falls es notwendig ist." Der Inhalt des Intervies wurde durch verschiedene Erklärungen bestätigt, die mit der Zeit immer konkreter wurden, bis sie schließlich in der Angabe mündeten, auf welche Weise die zugesagte Lösung der Finanzprobleme von France Télécom durchgeführt werden sollte. Nach Auffassung der Kommission kam damit die Selbstverpflichtung des Staates zum Ausdruck, das Notwendige zu tun, um die strukturellen Finanzprobleme des Unternehmens zu lösen, was wiederum zur Stabilisierung (insbesondere des Ratings) des unter Druck geratenen Unternehmens führte.

[271] Kom., ABl. 2006 L 257/11 – France Télécom.

[272] Kom., ABl. 2006 L 257/11, Tz. 218–219 – France Télécom.

wirtschaftlichen Vorteil zu äußern, da es nicht den Private Guarantor Test geprüft, sondern in einer vorgezogenen Prüfung bereits den Transfer staatlicher Mittel verneint. Die Begünstigung wurde im faktischen Zugang zum Finanzmarkt, der ohne die staatliche Unterstützung verschlossen geblieben wäre, gesehen.[273] Dagegen war diese **Begünstigung nicht durch den Transfer staatlicher Mittel bewirkt** und fiel daher nicht unter den Beihilfenbegriff, da die Erklärungen des Ministers nicht hinreichend klar, präzise und bedingungslos waren, um nach der nationalen Rechtslage eine rechtliche Verpflichtung des französischen Staates kreieren zu können. Vielmehr waren sie bewusst offen, unpräzise und bedingt gehalten, um gerade eine solche Rechtsfolge auszuschließen.[274] Da dies auch den Märkten nicht verborgen geblieben sein konnte, wäre auch eine Rufschädigung und damit einhergehende Verluste bei der Refinanzierung des französischen Staates im Szenario einer unterlassenen Unterstützung im Krisenfall unwahrscheinlich gewesen. Die Kommission habe einen solchen potentiellen Schaden jedenfalls nicht hinreichend nachgewiesen.[275] Da ein solcher Nachweis in der Regel nur bei rechtlicher Verbindlichkeit möglich ist, bestätigt das Urteil, dass in Fällen einer weichen Patronatserklärung in der Regel keine Beihilfe vorliegen kann. Zu demselben Ergebnis hätte das Gericht im Übrigen wohl auch bei Anwendung des Private Guarantor Tests kommen müssen, wobei dann zu beurteilen gewesen wäre, ob ein privater Anteilseigner eine solche Erklärung unentgeltlich abgegeben hätte, wenn er damit die Finanzmärkte ohne Eingehen einer rechtlichen Verbindlichkeit hätte beruhigen können. Ob die rechtlich unverbindliche Erklärung eines Privatunternehmens überhaupt eine solche Wirkung haben kann, ist indes fraglich. Vermutlich ist das Gericht deshalb den Lösungsweg über den (fehlenden) Transfer staatlicher Mittel gegangen.

190   Bereits die Bürgschaftsmitteilung aus dem Jahr 2000 wies darauf hin, dass die Übernahme **unbegrenzter Haftung** der öffentlichen Hand bei einem Unternehmen statt der üblichen Haftungsbeschränkung auch der Anteilseigner als Bürgschaft für sämtliche Gelder, die der unbegrenzten Haftung unterliegen, gewertet und, da kein privater Anteilseigner unter normalen Umständen zu einer so umfassenden harten Patronatserklärung bereit sein dürfte, als Beihilfe angesehen werden muss. Dasselbe gilt nach der aktuellen Mitteilung für die günstigeren Finanzierungsbedingungen für Unternehmen, deren Rechtsform einen Konkurs oder andere Insolvenzverfahren ausschließt oder dem Unternehmen eine ausdrückliche staatliche Garantie oder Verlustübernahme durch den Staat verschafft.[276] Entsprechend hat die Kommission die Abschaffung solcher Garantien bei einer Reihe öffentlicher Unternehmen, inklusive der deutschen Landesbanken[277] und des französischen Energieunternehmens EDF,[278] verlangt. In Bezug auf ein italienisches Unternehmen in Schwierigkeiten sah die Kommission den Übergang von gemeinsamer zur Alleinkontrolle durch den öffentlichen Anteilseigner deshalb als Beihilfe an, weil nach nationalem Recht bei Alleinkontrolle der Anteilseigner einer unbegrenzten Haftung unterliegt, und ein privater Anteilseigner einen solchen Schritt daher nicht unternommen hätte.[279]

191   Garantien in Form von **Exportkreditverpflichtungen** unterliegen einem gesonderten Regime.[280] Hier unterscheidet die Kommission zwischen marktfähigen Ausfuhrrisiken, die der Exporteur grundsätzlich selbst zu tragen hat, und nicht marktfähigen Risiken, beispielsweise den Export in besonders riskante Staaten, die der Staat unter bestimmten Voraussetzungen und Maßgaben übernehmen darf.[281]

192   **(4) Der Staat als Gläubiger – Private Creditor Test.** Eine Unterkategorie des MEOT-Test, für die bislang keine griffige Kommissionsmitteilung vorliegt, ist der Private Gläubiger oder Private Creditor Test. Die Notwendigkeit, die besondere Gläubigersituation bei der Verfolgung von Ansprüchen zu berücksichtigen und so auch Stundungen oder gar Teilverzichte der öffentlichen Hand unter Umständen aus dem Beihilfentatbestand fallen zu lassen, wurde erstmals 1999

---

[273] EuG, Urteil vom 21. Mai 2010, Verb. Rs. T-425/04, T-444/04, T-450/04 et T-456/04, noch nicht in der amtlichen Sammlung, RdNr. 234–242 – Frankreich u. a./Kommission (France Télécom).

[274] EuG, Urteil vom 21. Mai 2010, Verb. Rs. T-425/04, T-444/04, T-450/04 et T-456/04, noch nicht in der amtlichen Sammlung, RdNr. 269–283 – Frankreich u. a./Kommission (France Télécom).

[275] EuG, Urteil vom 21. Mai 2010, Verb. Rs. T-425/04, T-444/04, T-450/04 et T-456/04, noch nicht in der amtlichen Sammlung, RdNr. 288 – Frankreich u. a./Kommission (France Télécom).

[276] Bürgschaftsmitteilung, Punkt 1.2, vierter Spiegelstrich.

[277] Siehe hierzu *Quardt* EuZW 2002, 424, sowie *Simon* EStAL 2007, 499.

[278] Kom., ABl. 2005 L 49/9 -EDF.

[279] Kom., ABl. 1992 L 183/30, Punkt IV – Industrie Ottiche Riunite – IOR.

[280] Kom., ABl. 2005 C 325/11 – Mitteilung zur Anwendung von Art. 87 und 88 im Bereich der kurzfristigen Exportversicherungen.

[281] Siehe hierzu näher *Nunez-Müller* in diesem Kommentar Kapitel D.VI.

im Tubacex-Urteil anerkannt, wo der Gerichtshof befand, „dass (...) ein öffentlicher Geldgeber (...) ebenso **wie ein privater Gläubiger** die Bezahlung der ihm geschuldeten Beträge zu erlangen sucht und dazu mit dem Schuldner Vereinbarungen schließt, die eine Stundung oder Ratenzahlung der als Schulden aufgelaufenen Beträge vorsehen, um ihre Rückzahlung zu erleichtern."[282] Zu fragen ist daher, ob gewährte Zahlungserleichterungen offensichtlich größer sind als diejenigen, die ein privater Gläubiger gewährt hätte.[283] Hierzu muss der öffentliche Gläubiger mit einem hypothetischen privaten Gläubiger verglichen werden, der sich möglichst weitgehend in derselben Situation gegenüber seinem Schuldner befindet und der die ihm geschuldeten Beträge zurückzuerlangen sucht.[284] Dies gilt nicht nur für privat- sondern auch für öffentlichrechtliche Ansprüche des Staates, beispielsweise solche mit Bezug auf Sozialversicherungsbeiträge.[285]

Bei Stundungen muss der Staat keinen Marktzins verlangen, denn die auf Stundungen nor-   **193** malerweise zu erhebenden Zinsen sollen den Schaden ersetzen, der dem Gläubiger durch den vom Schuldner zu vertretenden Zahlungsverzug entsteht; es sind also **Verzugszinsen**. Weicht der Zinssatz, zu dem Verzugszinsen auf Schulden gegenüber einem öffentlichen Gläubiger erhoben werden, von dem ab, den ein privater Gläubiger verlangen könnte, so ist der letztgenannte Zinssatz anzuwenden, wenn er über dem erstgenannten liegt.[286]

Vor der Festlegung der Zinshöhe steht allerdings die Frage, ob der öffentliche Gläubiger in   **194** Ansehung seines hypothetischen privaten *alter ego* überhaupt eine **Stundung** gewähren darf, da ein privater Gläubiger normalerweise nicht bereit ist, einem in wirtschaftlichen Schwierigkeiten befindlichen Schuldner einen Zahlungsaufschub zu gewähren, sondern in einem solchen Fall grundsätzlich seine Forderungen unmittelbar geltend macht, gegebenenfalls durch Inanspruchnahme bestehender Sicherheiten.[287] Die Kommission muss sorgfältig anhand der Umstände jedes Einzelfalls prüfen und darlegen, ob die Entscheidung des öffentlichen Gläubigers, die Neuordnung der Schulden eines in Schwierigkeiten befindlichen Unternehmens zu gestatten, sowie die Bedingungen dieser Umschuldung dem Kriterium des privaten Gläubigers entsprechen.[288] Die Begründung muss darlegen, warum im konkreten Fall ausnahmsweise ein Stundungsinteresse besteht.[289] Hierbei müssen insbesondere das Gewicht der Schulden, die Gesamtheit der von der Rechtsordnung dem öffentlichen Gläubiger eingeräumten rechtlichen Möglichkeiten, die Chancen einer Erholung des Unternehmens, wenn es seine Tätigkeit fortsetzen darf, und schließlich das Risiko, dass sich in diesem Fall die eigenen Verluste noch erhöhen können, berücksichtigt werden.[290]

Noch strenger ist ein **Verzicht** zu prüfen: Erstens muss die wirtschaftliche Lebensfähigkeit   **195** und die Verbesserung der finanziellen Lage des Unternehmens bei summarischer Prüfung feststehen. Zweitens muss alles unternommen werden, um die Gewährung neuer Kredite und das Entstehen neuer Schulden zu verhindern. Drittens muss der Staat mit der Begleichung seiner Erstforderungen nach einer angemessenen Zeit rechnen können.[291] Öffentliche Banken, die sich an der finanziellen Umstrukturierung des Schuldnerunternehmens durch Teilverzichte beteiligen, müssen darlegen können, dass ihre Verluste ohne die finanzielle Restrukturierung erheblich höher ausgefallen wären.[292] Eine beihilfenrechtlich relevante Begünstigung stellt es dar, wenn ein staatlicher Gläubiger, der über eine objektiv bestehende und fällige Forderung gegenüber einem Unternehmen verfügt, auf diese Forderung im Austausch gegen Aktien am Kapital einer Gesellschaft verzichtet, die zum Zeitpunkt der Übertragung wertlos sind.[293]

---

[282] EuGH, C-342/96, Slg. 1999, I-2459, RdNr. 46 – Spanien/Kommission (Tubacex). Bestätigt durch EuGH: C-525/04 P, Slg. 2007, I-9947 – Spanien/Kommission.

[283] Zustimmend *Soltész/Makowski* EuZW 2003, 73.

[284] EuGH, C-256/97, Slg. 1999, I-3913, RdNr. 24 – Déménagements-Manutention Transport (DMT).

[285] EuGH, C-342/96, Slg. 1999, I-2459, RdNr. 49 – Spanien/Kommission.

[286] EuGH, C-342/96, Slg. 1999, I-2459, RdNr. 48 – Spanien/Kommission (Tubacex).

[287] EuG, T-36/99, Slg. 2004, II-3597, RdNr. 98 – Lenzing/Kommission.

[288] EuG, T-36/99, Slg. 2004, II-3597, RdNr. 152 – Lenzing/Kommission.

[289] EuG, T-36/99, Slg. 2004, II-3597, RdNr. 153 – Lenzing/Kommission.

[290] EuG, T-68/03, Slg. 2007 II-2911, RdNr. 283 – Olympiaki Aeroporia Ypiresies/Kommission, mit Hinweis unter anderem auf EuG, T-46/97, Slg. 2000, II-2125, RdNr. 95 – SIC/Kommission.

[291] Schlussanträge des Generalanwalts Poiares Maduro in C-276/02, Slg. 2004, I-8091, RdNr. 36–40 – Spanien/Kommission. Der Gerichtshof musste auf diese Vorschläge des Generalanwalts nicht eingehen, da die Kommissionsentscheidung wegen fehlerhafter Tatsachenfeststellung aufzuheben war, EuGH, C-276/02, Slg. 2004, I-8091, RdNr. 36–37.

[292] EuG, T-123/97, Slg. 1999, I-2925, RdNr. 68 – Salomon/Kommission. Siehe auch Kom., Bericht über die Wettbewerbspolitik 2000, Tz. 313.

[293] EuG, T-217/02, Slg. 2006, II-4483, RdNr. 169–170 – Ter Lembeek/Kommission.

196   Das Vorliegen einer Beihilfe kann jedenfalls dann ausgeschlossen werden, wenn der öffentliche Gläubiger sich bzgl. der konkreten Umschuldungsmaßnahme so verhält **wie seine privaten Mitgläubiger**, und der Gesamtbetrag der privaten Schulden den der öffentlichen Schulden übersteigt.[294]

197   Aber auch wenn umgekehrt der **Gesamtbetrag der öffentlichen Schulden höher** ist als die privaten Schulden eines Unternehmens, das sich in Schwierigkeiten befindet, kann dies keinen ausschlaggebenden Faktor für die Beurteilung der Frage darstellen, ob der Schuldenerlass Beihilfenelemente enthält. Ansonsten würden die Möglichkeiten zur Umschuldung eines in Schwierigkeiten befindlichen Unternehmens in ungerechtfertigter Weise beschränkt.[295] Schlägt ein Unternehmen, bei dem eine erhebliche Verschlechterung der finanziellen Lage eingetreten ist, seinen Gläubigern eine Vereinbarung oder eine Reihe von Vereinbarungen über die Umschuldung vor, um seine Lage zu verbessern und seine Liquidation zu verhindern, so muss jeder Gläubiger eine Entscheidung treffen zwischen dem Betrag, der ihm im Rahmen der vorgeschlagenen Vereinbarung angeboten wird, und dem Betrag, den er nach einer etwaigen Liquidation des Unternehmens erlösen zu können glaubt. Seine Entscheidung wird durch eine **Reihe von Faktoren** beeinflusst, und zwar dadurch, ob seine Forderung hypothekarisch gesichert, bevorrechtigt oder ungesichert ist, durch Art und Umfang etwaiger ihm zustehender Sicherheiten, durch seine Beurteilung der Sanierungsaussichten des Unternehmens und durch den ihm im Fall einer Liquidation zufließenden Erlös. Würde zB. im Fall der Liquidation des Unternehmens der Liquidationswert von dessen Aktiva nur die Befriedigung der hypothekarisch gesicherten und bevorrechtigten Forderungen ermöglichen, so wären die ungesicherten Forderungen wertlos. In einer solchen Situation würde der Inhaber einer solchen Forderung, der sich bereit erklärt, auf die Rückzahlung eines großen Teils seiner Forderung zu verzichten, kein echtes Opfer bringen.[296] Die Kommission muss unter Berücksichtigung dieser Faktoren ermitteln, ob der gewährte Schuldenerlass offensichtlich größer war als derjenige, den ein hypothetischer privater Gläubiger gewährt hätte. Ein scheinbares Missverhältnis zwischen dem Schuldenerlass durch die öffentlichen und die privaten Gläubiger kann zwar ein Indiz für das Vorliegen einer staatlichen Beihilfe darstellen, doch befreit dieser Gesichtspunkt für sich genommen die Kommission nicht von ihrer Pflicht, zu prüfen, ob nach den Umständen des konkreten Falles der von den öffentlichen Gläubigern gewährte Schuldenerlass über das aufgrund wirtschaftlicher Erfordernisse gerechtfertigte Maß hinausgeht, so dass er nur damit erklärt werden kann, dass dem betreffenden Unternehmen ein Vorteil gewährt werden sollte.[297]

198   Der Private Creditor Test findet **keine Anwendung bei Ansprüchen auf Rückforderung rechtswidriger Beihilfen**. Der Mitgliedstaat ist hier gemäß Art. 14 der BeihilfenverfahrensVO verpflichtet, alles zu tun, um nach den Vorschriften des nationalen Rechts die Rückforderung sofort und effizient zu bewirken.[298] Marktwirtschaftliche Überlegungen spielen dabei keine Rolle. Möglich ist es jedoch, dass nach Gewährung einer Rettungsbeihilfe eine Vereinbarung zwischen privaten und öffentlichen Gläubigern zur Schuldenreduzierung geschlossen wird, die dem Private Creditor Test standhält, so dass das Unternehmen nach Rückzahlung der Rettungsbeihilfen nicht mehr den strengen Auflagen für Umstrukturierungsbeihilfen unterworfen ist.[299]

199   Hinzuweisen ist auch darauf, dass **Schuldenreduzierungen und Schuldenerlasse im Rahmen von allgemeinen Insolvenzverfahren** ebenfalls aus dem Anwendungsbereich des Art. 107 AEUV fallen, dies allerdings in der Regel nicht wegen fehlender Begünstigung aufgrund des MEOT, sondern wegen fehlender Selektivität der Maßnahme.[300]

200   **(5) Das öffentliche Beschaffungswesen – Private Purchaser Test.** Auch wenn die öffentliche Hand als Nachfrager von Gütern und Diensten auf dem Markt tätig wird, hat sie sich an

---

[294] EuG, T-152/99, Slg. 2002, II-3049, RdNr. 167 – Hijos de Andrés Molina, SA (HAMSA)/Kommission.
[295] EuG, T-152/99, Slg. 2002, II-3049, RdNr. 167 – Hijos de Andrés Molina, SA (HAMSA)/Kommission.
[296] EuG, T-152/99, Slg. 2002, II-3049, RdNr. 168 – Hijos de Andrés Molina, SA (HAMSA)/Kommission.
[297] EuG, T-152/99, Slg. 2002, II-3049, RdNr. 171 – Hijos de Andrés Molina, SA (HAMSA)/Kommission.
[298] Vgl. beispielsweise EuGH, C-232/05, Slg. 2006, I-10071, RdNr. 49–50 – Kommission/Frankreich; EuGH, C-419/06, Slg. 2008, I-27, RdNr. 59 – Kommission/Griechenland (Olympc II). *Sánchez-Rydelski/Soltész* 129, 143.
[299] Kom., ABl. 2008, L 44/36, Tz. 13–14 – Huta Cynku Miasteczko Śląskie SA.
[300] Vgl. hierzu oben, RdNr. 350.

den Vorgaben des MEOT zu orientieren, denn eine beihilfenrechtlich relevante Begünstigung kann dann vorliegen, wenn ein Gut oder eine Dienstleistung über Marktwert eingekauft wird.[301] Die Durchführung eines offenen, transparenten und diskriminierungsfreien Vergabeverfahrens kann, wie in anderen Fällen,[302] den Einkauf zum Marktpreis am besten gewährleisten, ist aber beihilfenrechtlich nicht zwingend notwendig, sofern anderweitig sichergestellt ist, dass die Transaktion unter normalen Marktbedingungen abläuft und der Empfänger die wirtschaftlich günstigste Leistung erhält.[303] Der Ankauf eines Großteils der Kapazität eines Transportunternehmens über mehrere Jahre kann nach der Rechtsprechung selbst bei Vereinbarung zu „Marktbedingungen" dann eine Begünstigung darstellen, wenn das **Erworbene deutlich über dem tatsächlichen Bedarf** der öffentlichen Vergabestelle liegt.[304] Das liegt weniger daran, dass das langjährige Geschäft das wirtschaftliche Risiko des Unternehmens mindert,[305] ein Umstand der langjährigen Bezugsvereinbarungen regelmäßig eigen ist und sich entsprechend mindernd auf den Bezugspreis auswirken dürfte. Vielmehr folgt das Urteil den Grundsätzen des MEOT, da kein marktwirtschaftlich orientierter Wirtschaftsteilnehmer weit über den eigenen Bedarf Aufträge erteilt hätte.[306] Der Fall verdeutlicht, dass die Marktüblichkeit primär aus Sicht des öffentlichen Marktteilnehmers untersucht werden muss. Der private Vertragspartner kann sich grundsätzlich mit dem Argument verteidigen, er hätte das vom Staat georderte Kontingent zu demselben Preis und zu denselben Konditionen anderweitig auf dem Markt absetzen können. Gelingt ihm das nicht, ist allerdings bereits fraglich, ob der vom staatlichen Auftraggeber bezahlte Preis tatsächlich der Marktpreis ist.[307] Diese Grundsätze müssen jedenfalls dann gelten, wenn der Mitgliedstaat kein offenes, transparentes und bedingungsfreies Vergabeverfahren durchgeführt hat. Ein solches soll wiederum üblicherweise als ausreichend angesehen werden, um auszuschließen, dass der betreffende Staat versucht hat, dem Unternehmen, mit dem er einen Vertrag schließt, einen Vorteil zu gewähren.[308]

Das Beihilfenrecht ist grundsätzlich neben der Vereinbarkeit der konkreten Transaktion mit **201** den gemeinschaftlichen **Vorgaben des öffentlichen Auftragswesens** zu prüfen.[309] Die vergaberechtlichen Vorschriften gehen dem Beihilfenrecht nicht vor.[310] Eine staatliche Beihilfe kann in vergaberechtlich einwandfreier Weise ausgeschrieben werden, ohne dass sie ihren Beihilfencharakter verliert.[311] Umgekehrt führt ein Verstoß gegen das Vergaberecht dann nicht zum Vorliegen einer Beihilfe, wenn dargelegt werden kann, dass der Vertrag zu Marktkonditionen abgeschlossen worden ist. Das liegt daran, dass die beiden Rechtsgebiete grundsätzlich andere Ziele verfolgen. Das Vergaberecht soll den diskriminierungsfreien Zugang zu öffentlichen Aufträgen und damit die Vereinbarkeit staatlichen Handelns mit den Grundfreiheiten des Vertrages sicherstellen. Hierzu reicht es aus, dass die potentiellen Vertragspartner dieselben Vertragsabschlusschancen erhalten. Das Beihilfenrecht dient der Durchsetzung unverfälschten Wettbewerbs und fragt daher in erster Linie nach dem Inhalt des vergebenen Vertrages, und in concreto, ob ein marktwirtschaftlich orientierter Marktteilnehmer ihn so abgeschlossen hätte. Wenn die vergaberechtlichen Vorschriften eingehalten sind, bedeutet dies nicht, dass der Vorgang auch beihilfen-

---

[301] EuGH, C-21/88, Slg. 1990, I-889, RdNr. 20 – DuPont de Nemours Italiana; EuGH, C-351/88, Slg. 1991, I-3641, RdNr. 7 – Laboratori Bruneau.

[302] Dies gilt zB. auch für den Private Vendor Test bei Grundstücksverkäufe wie bei Privatisierungen (siehe hier ausführlich unten Finanzielle Transfers RdNr. 115 ff. oder für DAWI unten Art. 107 AEUV RdNr. 750 ff.

[303] EuG, T-158/99, Slg. 2004, II-1, RdNr. 108 – Thermenhotel Stoiser/Kommission.

[304] EuG, T-14/96, Slg. 1999, II- 139 – BAI/Kommission; EuG, T-230/95, Slg. II-123 – BAI/Kommission.

[305] Schwarze/*Bär-Bouyssière* Art 87 EG RdNr. 23.

[306] EuG, T-116/01, T-116/01 und T-118/01, Slg. 2003, II-2957, RdNr. 114 – P&O European Ferries (Vizcaya) SA und Diputación Foral de Vizcaya/Kommission, bestätigt durch EuGH, C-442/03 P und C-471/03 P, Slg. 2006, I-4845 – P&O European Ferries (Vizcaya) SA und Diputación Foral de Vizcaya/Kommission.

[307] Zu den Auswirkungen der Staatsnachfrage auf den Marktpreis und die beihilfenrechtlichen Implikationen vgl. auch *Nicolaides* EStAL 2010, 65.

[308] EuG, T-116/01 T-116/01 und T-118/01, Slg. 2003, II-2957, RdNr. 114 – P&O European Ferries (Vizcaya) SA und Diputación Foral de Vizcaya/Kommission.

[309] EuGH, C-21/88, Slg. 1990, I-889, RdNr. 20 – DuPont de Nemours Italiana; EuGH, C-351/88, Slg. 1991, I-3641, RdNr. 7 – Laboratori Bruneau. Vgl. näher zu diesem Thema oben Einl. RdNr. 207 ff.

[310] *Heidenhain/Heidenhain,* European State Aid Law, § 4 RdNr. 4; *Tosics/Gáál* CPN 3/2007, 15.

[311] Zu möglichen Beihilfentatbeständen trotz Vergabeverfahren siehe auch *Pünder* NZBau 2003, 530, *Bartosch* EuZW 2001, 229.

frei ist. Dies gilt, wenn der Vertrag gar nicht unter eine der Vergaberechtsrichtlinien fällt genauso wie für den Fall, dass die Vergabe den konkreten Vorgaben entsprochen hat. In letzterem Fall besteht eine Vermutung für die Beihilfenfreiheit, wenn die Vergabevorschriften die Durchführung eines offenen Vergabeverfahrens verlangen.[312] Das Beihilfenrecht kann im konkreten Fall aber darüber hinaus gehende Bedingungen aufstellen, beispielsweise die Marktgerechtigkeit der gegenseitigen Vertragspflichten.[313]

202   Der Unterschied wird deutlich bei der Diskussion um die Erbringung von Dienstleistungen von allgemeinem wirtschaftlichen Interesse („DAWI"). Für das Vergaberecht wäre grundsätzlich die diskriminierungsfreie Vergabe der Aufträge ausreichend. Nach dem MOET ist dagegen die wirtschaftliche Motivationslage suspekt. Entsprechend wurde die staatliche Kompensation der Erbringung von DAWI lange unproblematisch unter den Beihilfentatbestand subsumiert. Eine Genehmigung kam dann nach Art. 106 Abs. 2 AEUV in Betracht.[314]

203   **(6) Lieferverträge – Private Supplier Test.** Nach der Rechtsprechung liegt ebenfalls eine Beihilfe vor, wenn ein Mitgliedstaat oder eine von ihm beeinflusste Einrichtung einen unüblich niedrigen Tarif anwendet. In einer solchen Situation handelt der Mitgliedstaat oder die Einrichtung nicht wie ein normaler Wirtschaftsteilnehmer, sondern benutzt den Vorzugstarif, um bestimmten Unternehmen einen finanziellen Vorteil dadurch zukommen zu lassen, dass er auf einen Gewinn verzichtet, den er üblicherweise erzielen könnte. Dagegen stellt ein Vorzugstarif, der im Kontext des betreffenden Marktes objektiv durch **unternehmerische Gründe wie die Notwendigkeit** gerechtfertigt ist, **auf diesem Markt im Wettbewerb zu bestehen**, keine Beihilfemaßnahme dar.[315] Um beurteilen zu können, ob ein solcher Wettbewerb wirklich vorliegt, sind nicht nur das jeweilige Preisniveau, sondern auch die Kosten der Umstellung auf das Wettbewerbserzeugnis zu berücksichtigen.[316] Der Private Supplier Test spielt insbesondere in Sektoren eine Rolle, in denen der Mitgliedstaat entweder immer noch Monopolist ist oder wegen der gerade erst durchgeführten Liberalisierung jedenfalls noch in erheblichem Umfang am Markt teilnimmt, zum Beispiel im Energiesektor.

204   Erstmals entschied der Gerichtshof dies in der Sache van der Kooy. Dort war es um die Entscheidung der staatlichen holländischen Gasunie gegangen, das vom Preisanstieg bei Erdölerzeugnissen ausgelöste Ansteigen der Gaspreise in Anwendung auf eine bestimmte Kundengruppe, die Gartenbaubetriebe, zu begrenzen. Im Wesentlichen rechtfertigte Gasunie die Notwendigkeit dieses Sondertarifs mit der ansonsten bestehenden Gefahr, dass die Gartenbaubetriebe ihre Heizungsanlagen auf Kohle umstellten, deren Preis in letzter Zeit deutlich gefallen war. Der Gashöchstpreis wurde entsprechend so festgesetzt, dass er den Wettbewerb der Kohle berücksichtigte. Die Kommission bestritt die wirtschaftliche Erheblichkeit dieses Vorbringens nicht, hielt dieses Risiko aber auch bei anderen Gaskunden für gegeben, so dass die Sonderbehandlung des Gartenbaus nicht gerechtfertigt schien. Das Vorbringen der Kommission war nach Auffassung des Gerichtshofs nicht erheblich, weil es nur darauf ankam, ob das **Risiko der Umstellung auf andere Energieträger** im Gartenbaubereich gegeben war, unabhängig von der Frage, ob auch andere Sektoren betroffen waren.[317] Allerdings konnte die Kommission nachweisen, dass der streitige Tarif niedriger war, als es unter Berücksichtigung der Gefahr der Umstellung notwendig gewesen wäre, so dass die Klage abzuweisen war.[318]

205   Diese Rechtsprechung wurde in einem anderen ebenfalls die niederländische Gasunie betreffenden Fall bestätigt. Hier hatte Belgien gegen die Entscheidung der Kommission geklagt, das Verfahren in Bezug auf den Niederlanden zugunsten der Erzeuger von Ammoniak für die Herstellung von Stickstoffdünger bei der Lieferung von Erdgas gewährten Vorzugstarife einzustellen, da die Vorzugstarife angeblich keine Beihilfe darstellten.[319] Die Kommission hatte anerkannt, dass der Sondertarif dadurch gerechtfertigt war, dass sich die Gasunie auf dem Markt für

---

[312] ZB. Kom., Staatliche Beihilfe N 264/2002 – London Underground Public Private Partnership, Tz. 79.

[313] Siehe beispielsweise Kom., Staatliche Beihilfe N 45/2008 – Elefsina-Korinthos-Patras-Pirgos-Tsakona Motorway.

[314] Siehe zu diesem Komplex unten RdNr. 218ff.

[315] EuGH, 67, 68 u. 70/85, Slg. 1988, 219, RdNr. 28–30 – van der Kooy/Kommission. Vgl. auch EuG, T-62/08, noch nicht in der amtlichen Sammlung, RdNr. 57 – ThyssenKrupp Accini Speciali Terne/Kommission.

[316] EuGH, 67, 68 u. 70/85, Slg. 1988, 219, RdNr. 30 – van der Kooy/Kommission.

[317] EuGH, 67, 68 u. 70/85, Slg. 1988, 219, RdNr. 44 – van der Kooy/Kommission.

[318] EuGH, 67, 68 u. 70/85, Slg. 1988, 219, RdNr. 55 – van der Kooy/Kommission.

[319] EuGH, C-56/93, Slg. 1996, II-723 – Belgien/Kommission.

Ammoniak im Wettbewerb mit Ammoniakeinfuhren aus Drittländern behaupten musste. Die Herstellung von Ammoniak, einer der Hauptbestandteile der Düngemittel, ist energieintensiv. Die niederländischen Düngemittelhersteller, die bis dato Ammoniak selbst hergestellt hatten, hätten die Ammoniakherstellung ohne Gaspreisreduzierung nicht aufrechterhalten, sondern Ammoniak importiert. Für Gasunie hätte die **Gefahr des Verlustes eines wesentlichen Absatzmarktes** bestanden, wenn sie keine Sondertarife gewährt hätte. Dem folgte der Gerichtshof in Bestätigung der in Van der Kooy entwickelten Grundsätze. Die Kommission wandte den Private-Supplier-Test auch in Bezug auf Preisnachlässe des französischen Staatsunternehmens EDF für fünf in Frankreich niedergelassene Papierfabriken an. Diese waren nach Auffassung der Kommission keine staatlichen Beihilfen, da sie vor der Öffnung des Stromsektors für den Wettbewerb gewährt wurden und der französische Markt seinerzeit unter Überkapazitäten litt. EDF hätte nicht anders gehandelt als es ein privater Supplier unter denselben Umständen getan hätte, da die variablen Kosten sowie im Schnitt 57% der Festkosten gedeckt waren. Die Vorschusszahlungen der EDF an die fünf Papierfabriken für die Installierung von elektrischen Infrarot-Papiertrockenanlagen wurden in einen Preisnachlass für den von der Trockenanlage verbrauchten Strom während des üblicherweise über sechs Jahre laufenden Stromliefervertrages umgerechnet. Die Ermittlungen erstreckten sich auf die zwischen 1990 und 1996, d.h. vor der Liberalisierung des Strommarktes, gewährten Nachlässe. Damals verfügte die EDF über Überkapazitäten im Kernenergiebereich. Es entspricht wirtschaftlichem Denken, wenn ein privatwirtschaftlicher Versorger **bei Überkapazitäten im Interesse der Gewinnmaximierung** dazu übergeht, seinen Warenüberhang **auch ohne vollständige Kostendeckung** abzusetzen, wenn keine Lagerhaltung möglich ist, da der Überhang ansonsten überhaupt nicht verkauft werden kann.[320]

Nicht immer gelingt die wirtschaftliche Rechtfertigung unterschiedlicher Liefertarife. Der **206** politische Anreiz, energieintensive Industrien, beispielsweise die chemische Industrie, durch die Gewährung von Sondertarifen zu unterstützen, ist groß. Soweit nicht dargelegt werden kann, dass ein privates Unternehmen dieselben Preisreduzierungen gewährt hätte, beispielsweise wegen **niedrigerer Belieferungskosten,** ist eine Begünstigung nicht auszuschließen.[321]

(7) (Land-)Verkäufe und Privatisierungen – Private Vendor Test. Vergünstigungen **207** im Sinne von Art. 107 Abs. 1 AEUV sind Maßnahmen, die in verschiedener Form die Belastungen erleichtern, die ein Unternehmen normalerweise zu tragen hat, und die somit einer Subvention gleichkommen; dazu gehört insbesondere die Bereitstellung von Gütern oder Dienstleistungen zu günstigen Bedingungen.[322] Es ist stets zu klären, ob ein privater Wirtschaftsteilnehmer das betreffende Gut zu demselben Kaufpreis und denselben Bedingungen veräußert hätte.[323] Die praktisch wichtigsten Anwendungsbereiche sind der Verkauf öffentlicher Grundstücke[324] und die Privatisierung staatlicher Unternehmen.[325]

Bzgl. der Veräußerung von staatlichen Grundstücken veröffentlichte die Kommission 1997 eine **208** Mitteilung darüber, unter welchen Voraussetzungen sie zukünftig grundsätzlich von der Beihilfenfreiheit des Verkaufs ausgeht, so dass die Mitgliedstaaten bei Vorliegen dieser Voraussetzungen nicht gezwungen sind, die Transaktion nach Art. 108 AEUV anzumelden.[326] Nach der **Grundstücksmitteilung** stellt der Verkauf von Bauten oder Grundstücken nach einem hinreichend publizierten, allgemeinen und bedingungsfreien Bietverfahren (ähnlich einer Versteigerung) und die darauf folgende Veräußerung an den meistbietenden oder den einzigen Bieter grundsätzlich einen Verkauf zum Marktwert dar und enthält damit keine staatliche Beihilfe.[327] Ohne ein solches Bietverfahren muss dem Verkauf eine Bewertung durch einen oder mehrere Gutachter vorangehen. Der so ermittelte Grundstückswert ist der zu verlangende Mindestpreis.[328] Für

---

[320] Kom., ABl. 2001, L 195/18, Tz. 74 – Maßnahme, die die Gesellschaft Electricité de France zugunsten bestimmter Unternehmen der Papierindustrie durchgeführt hat.

[321] EuGH, C-169/84, Slg. 1990, I-3083, RdNr. 51 – CDF Chimie AZF/Kommission.

[322] EuGH, C-39/94, Slg. 1996, I-3547, RdNr. 59 – SFEI; EuG, verb. Rs. T-127/99, T-129/99 u. T-148/99, Slg. 2002, II-1275, RdNr. 72 – Territorio Histórico de Álava/Kommission; EuG, T-274/01, Slg. 2004, II-3145, RdNr. 44 – Valmond/Kommission.

[323] EuGH, C-342/96, Slg. 1999, I-2459, RdNr. 41 – Spanien/Kommission. EuG, T-274/01, Slg. 2004, II-3145, RdNr. 45 – Valmond/Kommission.

[324] Siehe hierzu im Einzelnen *Nunez-Müller* in diesem Kommentar, Kapitel B V.

[325] Siehe hierzu im Einzelnen *Arhold* in diesem Kommentar, Kapitel B III.

[326] Mitt. „Grundstück", Kom., ABl. 1997 C 209/3.

[327] Mitt. „Grundstück", Kom., ABl. 1997 C 209/3, Abschn. II 1.

[328] Ibid, Punkt II.2.

alle anderen Verkäufe gilt kein Dispens von der Notifizierungspflicht.[329] Der Wert der Beihilfe entspricht dem Unterschiedsbetrag zwischen dem von dem Begünstigten tatsächlich gezahlten Preis und dem Preis, den er im gleichen Zeitraum für den Ankauf eines vergleichbaren Grundstücks von einem privaten Verkäufer unter normalen Marktbedingungen hätte bezahlen müssen.[330]

209   Auch bei **Privatisierungen** geht die Kommission davon aus, dass die Durchführung eines offenen, transparenten, diskriminierungs- und bedingungsfreien Bietverfahrens grundsätzlich ausreicht, um Beihilfenelemente auszuschließen. Die gegenüber Grundstücksverkäufen gesteigerte Komplexität lässt es nicht überraschen, dass dieser Grundsatz von zahlreichen Ausnahmen und Sonderregeln begleitet wird, die die Kommission in den Privatisierungsleitlinien[331] aus 1993 zusammengefasst hat, und die mittlerweile durch die Praxis der Kommission und der Unionsgerichte weiter verfeinert wurden. Beispielsweise fallen Verkäufe zu negativen Kaufpreisen oberhalb der Liquidationskosten, zum Beispiel aufgrund der Schuldenübernahme durch den Verkäufer, auch dann unter Art. 107 Abs. 1 AEUV, wenn sie im Rahmen eines offenen Bietverfahrens erfolgt sind. Das Bietverfahren kann unter Umständen zwar sichern, dass die Staatsunterstützung auf ein Minimum begrenzt wird und der Käufer keine Beihilfe erhält. Beihilfen für das zu privatisierende Unternehmen sind aber nicht ausgeschlossen.[332] Als Alternative zum Bietverfahren kommen auch Wertgutachten in Betracht.[333]

210   **(8) Quersubventionierung – Der Company Group Test.** Die Grundsätze, die die Kommission in ihrer 93er Mitteilung bzgl. Kapitalbeteiligungen an öffentlichen Unternehmen dargelegt hat,[334] finden auch dann Anwendung, wenn in einer staatlichen Holdinggesellschaft unrentable Unternehmensteile durch rentable Unternehmensteile subventioniert werden. Dies geschieht in privaten Unternehmen, wenn das betreffende Unternehmen einen strategischen Plan mit Aussicht auf längerfristig realisierbare Gewinne verfolgt oder ganz allgemein wenn die **Quersubventionierung für die Unternehmensgruppe als Ganzes insgesamt einen Vorteil** darstellt. Bei der Prüfung von Quersubventionierung in staatlichen Unternehmensgruppen wird die Kommission ähnliche strategische Ziele berücksichtigen. Solche Quersubventionierungen sollen nach der Mitteilung nur dann als Beihilfen angesehen werden, wenn keine vernünftigen Gründe für Mitteltransfer vorliegen.

211   Besondere Probleme entstehen, wenn die Quersubventionierung durch ein öffentliches Unternehmen erfolgt, dass auf seinem Markt eine **Monopolstellung** innehat, so wie im Fall der französischen Post, der über fast zwei Jahrzehnte die Unionsgerichte beschäftigt und in verschiedener, oftmals verfahrensrechtlicher Hinsicht bedeutende Präzedenzfälle hervorgebracht hat.

212   In der Sache ging es um die Frage, welches Entgelt die französische Post ihrem in einem Wettbewerbsmarkt (Expresskurierdienste) tätigen Tochterunternehmen für die teilweise Inanspruchnahme der unter Monopolbedingungen geschaffenen Infrastruktur in Rechnung stellen muss. Im UFEX Urteil hatte das Gericht entschieden, dass es nicht ausreicht, dass die Post ihrem Tochterunternehmen die tatsächlich anfallenden Kosten für die Inanspruchnahme auferlegt, weil dabei außer Betracht bliebe, dass ein unter normalen Marktbedingungen tätiges Unternehmen überhaupt nicht auf die (bereits amortisierte) Monopolinfrastruktur hätte zurückgreifen können.[335] Durch die Auferlegung eines **Test der unter normalen Marktbedingungen entstehenden Kosten** wollte das Gericht offensichtlich verhindern, dass der Monopolist seine Monopolstruktur dazu benutzen kann, seine starke Stellung auch auf bereits liberalisierten Märkten aufrechtzuerhalten. Der Gerichtshof hob das UFEX Urteil in der Chronopost Entscheidung auf, und gab dem Gericht auf, auf die **tatsächlich anfallenden Kosten** abzustellen.

---

[329] Ibid, Punkt II.3.

[330] EuG, T-366/00, Slg. 2007, II-797, RdNr. 105 – Scott SA/Kommission.

[331] Kom., Bericht über die Wettbewerbspolitik 1993, RdNr. 402 ff. sowie Bericht über die Wettbewerbspolitik 1991, RdNr. 249, 250 und Bericht über die Wettbewerbspolitik 1992, RdNr. 19, 349, 416, 466.

[332] Vgl. schon Schlussantrag des Generalanwalts *Jacobs* EuGH, C-278/92, C-279/92 und C-280/92, Slg. 1994, I-4103, RdNr. 30 – Spanien/Kommission; C-334/99, Slg. 2003, I-139, RdNr. 133 – Gröditzer Stahlwerke.

[333] Zum Beispiel Kom., ABl. 2003 L 14/56, Tz. 79 – Koninklijke Schelde Groep; Kom., ABl. 2002 L 314/62, RdNr. 30 – Gothaer Fahrzeugtechnik GmbH.

[334] Siehe hierzu oben RdNr. 171 ff.

[335] EuG, T-613/97, Slg. 2000, II-4055, RdNr. 74–75 – Union Française de l'Express (Ufex)/Kommission.

Da es unmöglich sei, die Situation der Post mit der einer privaten Unternehmensgruppe zu vergleichen, die keine Monopolstellung hat, seien die zwangsläufig hypothetischen „normalen Marktbedingungen" anhand der verfügbaren objektiven und nachprüfbaren Faktoren zu ermitteln.[336] Hiervon ausgehend kann eine staatliche Beihilfe ausgeschlossen werden, wenn zum einen festgestellt wird, dass die verlangte Gegenleistung vereinbarungsgemäß **alle variablen Zusatzkosten**, die durch die Gewährung der logistischen und kommerziellen Unterstützung entstanden sind, einen **angemessenen Beitrag zu den Festkosten** infolge der Nutzung des öffentlichen Postnetzes und eine **angemessene Vergütung des Eigenkapitals**, soweit es zur wettbewerblichen Tätigkeit des Tochterunternehmens eingesetzt wird, umfasst, und zum anderen kein Grund zu der Annahme besteht, dass die betreffenden Faktoren unterschätzt oder willkürlich festgesetzt worden sind.[337] Entsprechend akzeptiert er der Gerichtshof, dass die Vorteile aus der bestehenden Infrastruktur jedenfalls teilweise, insbesondere soweit schon abgeschrieben, an das Tochterunternehmen weitergegeben werden können, die Kosten für die Aufrechterhaltung der Infrastruktur jedoch proportional berücksichtigt werden müssten. Das Gericht, zu dem der Fall zurückgewiesen wurde, versuchte, diese Grundsätze auf die angefochtene Kommissionsentscheidung anzuwenden, kam aber zu dem Schluss, dass die Kommission die Vorgaben des Gerichtshofs in ihrer Begründung nicht hinreichend berücksichtigt hatte und hob die Entscheidung wegen Begründungsmängeln auf.[338] Das Urteil wurde erneut angefochten, und erneut vom Gerichtshof aufgehoben, da nach Auffassung des Gerichtshofs von einem Begründungsmangel keine Rede sein konnte: „Sollte die Kommission (…) bei der Prüfung des Begriffs „normale Marktbedingung" Maßstäbe angelegt haben, die im Verhältnis zu den vom Gerichtshof in seinem später ergangenen Urteil Chronopost […] möglicherweise fehlerhaft sind, könnte sich dies auf die Stichhaltigkeit der Begründung der streitigen Entscheidung auswirken, nicht jedoch auf die formale Ordnungsgemäßheit der Begründung."[339] Diesmal verwies der Gerichtshof die Sache nicht zurück an das Gericht, sondern entschied selbst auf Grundlage von Art. 61 des Statuts, dass die Klage abzuweisen sei. Begründet hat er dies im wesentlichen mit dem großen Beurteilungsspielraum der Kommission bei der Würdigung komplexer wirtschaftlicher Gegebenheiten.[340]

Dadurch, dass der Gerichtshof vom Leitbild des hypothetischen privaten Unternehmens wie **213** vom Gericht vorgeschlagen, abgewichen ist, ist in der Literatur die Frage aufgeworfen worden, inwieweit das Urteil auch auf andere Fallgestaltungen unter dem MEOT übertragbar ist.[341] Viel spricht dafür, dass das Urteil auf die spezielle Situation der Quersubventionierung durch ein öffentliches Monopolunternehmen beschränkt ist und bleibt. Genau betrachtet hatte nämlich das Gericht den **MEOT wegen der Besonderheiten der Konstellation** (Nutzung der überkommenen Infrastruktur) **abgewandelt** und das Verhalten eines Marktteilnehmers als Vergleichsmaßstab genommen, der sich gerade nicht in der Situation des öffentlichen Unternehmens befindet, weil er nicht über die entsprechende Infrastruktur verfügt, oder sie aber unter anderen Umständen hätte finanzieren müssen. Der Gerichtshof weist diese Weiterentwicklung ab, ohne dass ersichtlich wäre, welchen unmittelbaren Einfluss dies auf die Geltung des MEOT im übrigen haben könnte.[342]

(9) Staatliche Infrastrukturmaßnahmen. Staatliche Infrastrukturmaßnahmen können in un- **214** terschiedlichen Sektoren eine Rolle spielen, beispielsweise im Transportsektor bei der Bereitstellung von Infrastruktur zugunsten des Landtransports (Autobahnen) oder Luft- und Seetransports ((Flug-)Häfen), bei der Bereitstellung von Strom- bzw. Daten- und Telekommunikationsnet-

---

[336] EuGH, C-83/01 P, C-93/01 P und C-94/01 P, Slg. 2003, I-6993, RdNr. 38 – Chronopost SA ua./ Kommission.

[337] EuGH, C-83/01 P, C-93/01 P und C-94/01 P, Slg. 2003, I-6993, RdNr. 40 – Chronopost SA ua./ Kommission.

[338] EuG, T-613/97, Slg. 2006, II-1531 – RdNr. 77–81, 101 – Union française de l'express (UFEX) ua./ Kommission.

[339] EuGH, C-341/06 P und C-342/06 P, Slg. 2008, I-4777, RdNr. 92 – Chronopost SA ua./ Kommission („Chronopost II").

[340] EuGH, C-341/06 P und C-342/06 P, Slg. 2008, I-4777, RdNr. 143, 144–158 – Chronopost SA ua./Kommission („Chronopost II"), unter Bezugnahme auf die Urteile EuGH, C-56/93, Slg. 1996, I-723, RdNr. 11 – Belgien/Kommission, und EuGH, C-328/99 und C-399/00, Slg. 2003, I-4035, RdNr. 398 – Italien und SIM 2 Multimedia/Kommission.

[341] Siehe hierzu *Bartosch* Art. 87 EG RdNr. 55 mwN.; *ders.* EStAL 2003, 375.

[342] Für Quersubventionierungsprobleme bei der Krankenhausfinanzierung vgl. *Koenig/Paul* EuZW 2008, 359 und 2009, 844.

zen,[343] sowie bei der Erschließung von Grundstücken an diese oder andere Netze. Grundsätzlich ist in Infrastruktur-Fällen zwischen **Beihilfen zugunsten der Unternehmen, die die Infrastruktur bereitstellen, und zugunsten der Unternehmen, die sie nutzen,** zu unterscheiden.

215   Anfänglich war für das Beihilfenrecht nur die **zweite Kategorie** von Bedeutung, da die Infrastruktur im Wesentlichen von den Mitgliedstaaten bereit gestellt wurde, und die Kommission darin keine wirtschaftliche Tätigkeit erblickte.[344] Als Grundsatz kann in Fällen nichtwirtschaftlicher Betreibung der Infrastruktur gelten, dass das Zurverfügungstellen (inklusive Bau und Unterhaltung) der Infrastruktur durch den Mitgliedstaat solange nicht unter den Beihilfenbegriff zu subsumieren ist, wie die Infrastruktur **für alle Nutzer zu gleichen nichtdiskriminierenden Konditionen zur Verfügung** steht.[345] Hierdurch entfällt streng genommen nicht das Begünstigungselement, sondern die Selektivität der Begünstigung. Soweit eine Infrastruktur nicht allen Unternehmen zur Verfügung steht, bzw. eine Infrastrukturmaßnahme speziell für ein bestimmtes Unternehmen/Gruppe von Unternehmen durchgeführt wird, ist die Maßnahme selektiv. Sie kann dann nur durch Verneinung der Begünstigung aus dem Beihilfenbegriff fallen, was dann der Fall ist, wenn für die Maßnahme ein marktübliches Entgelt verlangt wird. Was marktüblich ist, bestimmt sich nach dem MEOT, so dass gefragt werden muss, ob ein marktwirtschaftlich orientierter Wirtschaftsteilnehmer die Infrastruktur(Nutzung) zu diesem Preis angeboten hätte.[346] Für grundstücksbezogene Infrastrukturmaßnahmen gilt danach beispielsweise, dass zwischen den Fällen innerer und äußerer Erschließung zu unterscheiden ist. Denn nur die äußere Erschließung wird regelmäßig von den Gebietskörperschaften sichergestellt, die dafür einen nicht diskriminierenden Erschließungsbeitrag erheben.[347] Die innere Erschließung ist regelmäßig Sache des Eigentümers. Es ist unschädlich, wenn die Gemeinde auch diese anbietet und ausführt, sie muss dann jedoch im Sinne des MEOT eine marktgerechte Vergütung verlangen. Dasselbe gilt, wenn die Erschließung auf ein bestimmtes oder eine bestimmte Gruppe von Unternehmen abgestimmt ist.[348]

216   In immer mehr Fällen wird heute das Zurverfügungstellen und Bewirtschaften von Infrastruktur als **wirtschaftliche Tätigkeit** angesehen, so beispielsweise seit dem Aéroports de Paris Urteil[349] der Betrieb eines Flughafens.[350] Die Kommission prüft seitdem, ob der Bau und die Unterhaltung eines Flughafens mit den Vorgaben des MEOT vereinbar ist. Andernfalls prüft sie die Genehmigung der staatlichen Infrastrukturmaßnahme anhand von Art. 107 Abs. 3 lit. c AEUV in Verbindung mit den Flughafenleitlinien,[351] nach denen insbesondere die Verhältnismäßigkeit der Infrastrukturmaßnahme zu prüfen ist.[352] Auch der Bau und die Unterhaltung von Autobahnen wird oftmals nicht mehr vom Staat allein durchgeführt, sondern konzessionierten oder beauftragten privaten Projektgesellschaften übertragen. Auch hier ist die Kommission dazu

[343] Vgl. hierzu Kom., Mitteilung der Kommission: Leitlinien der Gemeinschaft für die Anwendung der Vorschriften über staatliche Beihilfen im Zusammenhang mit dem schnellen Breitbandausbau, ABl. 2009 C 235/7, sowie *Gaal/Papadias/Riedl* CPN 1/2008, 82, sowie *Papadias/Riedl/Westerhof* CPN 1/2006, 13; *Tosics/Van de Ven/Riedl* CPN 1/2008, 81.

[344] EuGH, C 180–184/98, Slg. 2000, I-6451, RdNr. 75 – Pavel Pavlov; EuGH, C-35/96 Slg. 1998, I-3851, RdNr. 36 – Kommission/Italien.

[345] Siehe zB. Kom., Staatliche Beihilfe N 284/2005, Tz. 34 – Irish Broadband; Kom., ABl. 2003 L 91/23, Tz. 64 – Terra Mitica Freizeitpark; Staatliche Beihilfe N 355/2004, Tz. 34 – PPP Antwerp Airport; Staatliche Beihilfe N 550/2001, Tz. 24 – Partenariat public privé pour la construction d'installations de chargement et de déchargement; Staatliche Beihilfe N 649/2001, Tz. 45 – Freight Facilities Grant; Staat-liche Beihilfe N 356/2002, Tz. 70 – Network Rail; Staatliche Beihilfe N 511/1995 – Jaguar Cars Ltd. Siehe ebenso die 1994er Leitlinien für Beihilfen im Luftverkehrssektor, Tz. 12; das Weißbuch über Infrastrukturgebühren (KOM (1998) 466, Tz. 43); die Mitteilung über die Qualitätsverbesserung der europäischen Häfen (KOM (2001) final, S. 11); die Kommissionsantwort auf die schriftliche Frage Nr. 28 des Abgeordneten Dehousse, ABl. 1967 Nr. 118, S. 311/67, Tz. 24 – construction d'installations de chargement et de déchargement.

[346] Siehe hierzu induktiv EuG, T-196/04, Slg. 2008, II-3643 – Ryanair/Kommission.

[347] Kom., ABl. 2003 L 91/23, Tz. 62. ff. – Terra Mitica Freizeitpark; *Soltesz* EuzW 2001, 107, 109.

[348] Kom., ABl. 2002 L 12/1, Tz. 149 ff. – Kimberly-Clark (besondere Erschließungsmaßnahmen für Unternehmen der Papierindustrie mit hohem Nutzwasserbedarf), Kom., ABl. C 9/6, Tz. 14 u. 16 und ABl. L 38/33, Tz. 41 – Lenzing Lyocell (spezieller Bahnanschluss).

[349] EuG, T-128/98, Slg. 2000, II-3929, RdNr. 107–109 – Aéroports de Paris/Kommission.

[350] Ein anderer Fall typischer wirtschaftlicher Betätigung sind der Bau und die Unterhaltung von Pipelines, die oftmals auch als PPP konzipiert sind, vgl. hierzu beispielsweise Kom., ABl. 2005 L 56/15 – Propylen-Pipeline; Kom., ABl. 2007 L 143/16 – Ethylen-Pipeline.

[351] Kom., Mitteilung der Kommission: Gemeinschaftliche Leitlinien für die Finanzierung von Flughäfen und die Gewährung staatlicher Anlaufbeihilfen für Luftfahrtunternehmen auf Regionalflughäfen, ABl. 2005 C 312/1.

[352] Siehe hierzu eingehend unten Sektoren RdNr. 786 ff.

übergegangen, dies als wirtschaftliche Tätigkeit anzusehen[353] und die Dienstleistungs- und Konzessionsverträge streng auf mögliche Beihilfen zu untersuchen. War sie ursprünglich noch davon ausgegangen, dass die Durchführung eines Vergabeverfahrens jedenfalls zu der Vermutung führt, dass ein Marktpreis erzielt und der MEOT daher bestanden ist,[354] ist sie hiervon wegen der der technischen Komplexität der Projekte, die regelmäßig die Durchführung von Verhandlungsverfahren und Verfahren des wettbewerblichen Dialogs notwendig machen, mehr und mehr abgerückt.[355] Obwohl die Kommissionspraxis nicht sehr kohärent[356] ist, zeichnet sich eine Tendenz ab, im Zweifel das Vorliegen von Beihilfen zu bejahen oder offen zu lassen und die Maßnahme analog der Vorgaben der Flughafenleitlinien zu genehmigen.[357]

(10) Weitere Einzelfälle. Neben den hier erläuterten, nach bestimmten wirtschaftlichen **217** Handlungsformen typologisierten Unterkategorien des MEOT ergibt sich in der Wirklichkeit eine Vielzahl weiterer Fälle, die keiner Unterkategorie genau zuzuordnen sind, die aber nach den allgemeinen Grundsätzen des MEOT beurteilt werden müssen. Hiezu zählt beispielsweise die Zahlung von **Marketingzuschüssen,** oftmals von öffentlichen Flughafenbetreibern an Fluggesellschaften, die dort anlanden,[358] oder auch die Förderung **sozialen Wohnungsbaus,** die wohl regelmäßig nicht dem Verhalten eines marktwirtschaftlich orientierten Marktteilnehmers entspricht und daher regelmäßig über Art. 106 Abs. 2 AEUV zu rechtfertigen ist, soweit nach der Altmark-Rechtsprechung eine Beihilfe vorliegt..[359]

cc) Ausgleich der Kosten für die Durchführung von Dienstleistungen im allgemeinen wirtschaftlichen Interesse („DAWI"). Lange Zeit war umstritten, ob und unter welchen **218** Bedingungen die Kosten, die einem Unternehmen für das Erbringen von Dienstleistungen im allgemeinen wirtschaftlichen Interesse („DAWI") entstehen, vom Staat ausgeglichen werden können, ohne dass dieser Ausgleich unter den Beihilfentatbestand des Art. 107 Abs. 1 AEUV fällt (siehe hierzu unter 1.). Im Altmark Trans Urteil des Gerichtshofs wurden die noch heute gültigen Prüfungskriterien entwickelt, die sich in stetiger Konkretisierung befinden (hierzu unter RdNr. 224). Soweit die Erstattung unter Art. 107 Abs. 1 AEUV fällt, kann sie immer noch nach Art. 106 Abs. 2 AEUV gerechtfertigt sein.[360] Die Abgrenzung erfolgt anhand des Tatbestandsmerkmals der Begünstigung.

α) Überblick über den Lösungsstreit in der Rechtsprechung. Die Rechtsprechung der **219** Unionsgerichte ist von der Diskussion über die Wahl zwischen einerseits der sogenannten Tatbestands- und andererseits der Rechtfertigungslösung geprägt. Ursprünglich hatte der Gerichtshof der Tatbestandslösung den Vorzug gegeben, nach der keine Beihilfe vorliegt, wenn die staatlichen Ausgleichszahlungen nicht über die Deckung der aus der Erbringung der DAWI resultierenden Kosten hinausgehen.[361] Im FFSA Urteil aus 1997 die französische Post betreffend entwickelte das Gericht die Rechtfertigungslösung, da sich die die Zuständigkeit der Kommission auch auf staatliche Beihilfen erstreckt, die den in Art. 106 Abs. 2 AEUV genannten und insbesondere den von den Mitgliedstaaten mit DAWI betrauten Unternehmen gewährt werden.[362] Soweit eine solche Beihilfe den Handel zwischen Mitgliedstaaten beeinträchtigt und den Wettbewerb verfälscht, sei sie mit dem Binnenmarkt unvereinbar, soweit im Vertrag nicht etwas anderes bestimmt ist. Eine solche anderweitige Bestimmung sei Art. 106 Abs. 2 AEUV.

---

[353] ZB. Kom., Staatliche Beihilfe N 149/2006 – Traffic guarantee for M3 Clonee to North of Kells and N7 Limerick; Southern Ring Road Phase II, Tz. 35.

[354] ZB. Kom., Staatliche Beihilfe N 264/2002 – London Underground Public Private Partnership, Tz. 79.

[355] ZB. Kom., Staatliche Beihilfe N 149/2006 – Traffic guarantee for M3 Clonee to North of Kells and N7 Limerick; Southern Ring Road Phase II, Tz. 38–39.

[356] Siehe beispielsweise Kom., Staatliche Beihilfe N 45/2008 – Elefsina-Korinthos-Patras-Pirgos-Tsakona Motorway, die zwar über das durchgeführte Vergabeverfahren gelöst wurde, in welcher die Kommission jedoch zusätzlich geprüft hat, ob der Konzessionsvertrag Marktkonditionen entsprach, beispielsweise die markttypischen Risikoallokationen vorsah. Es ist davon auszugehen, dass sich durch den Wechsel der Zuständigkeit (DG Comp jetzt auch für Beihilfenprüfung im Transportbereich zuständig, vorher DG TREN) eine dogmatisch kohärentere Kommissionspraxis etablieren wird.

[357] ZB. Kom., Staatliche Beihilfe N 462/09 – A2 Motorway.

[358] Siehe hierzu Kom., ABl. 2004 L 137/1, Tz. 239ff., und EuG, T-196/04, Slg. 2008, II-3643 – Ryanair/Kommission.

[359] Siehe *Bartosch* EuZW 2007, 559.

[360] Siehe hierzu unten Art. 107 AEUV RdNr. 750.

[361] EuGH, 20/83, Slg. 1985, 531 – ABDHU.

[362] EuG, T-106/95, Slg. 1997, II-229, RdNr. 165 – Fédération française des sociétés d'assurances (FFSA)/ Kommission.

Allerdings sei Art. 106 Abs. 2 AEUV als Ausnahmevorschrift eng auszulegen. Daher genüge es nicht, dass das betreffende Unternehmen von den Behörden mit einer DAWI betraut worden sei, sondern es sei außerdem erforderlich, dass das Beihilfenverbot die Erfüllung der diesem Unternehmen übertragenen besonderen Aufgabe verhindert, und dass das Interesse der Gemeinschaft nicht beeinträchtigt wird. Bei analoger Anwendung der zu den kartellrechtlichen Vorschriften der Art. 101 und 102 in Verbindung mit Art. 106 AEUV ergangenen Rechtsprechung falle die Zahlung einer staatlichen Beihilfe gemäß Art. 106 Abs. 2 AEUV dann nicht unter das Verbot des Artikels 107 AEUV, wenn die betreffende Beihilfe nur die Mehrkosten ausgleichen soll, die dem mit einer DAWI betrauten Unternehmen durch die Erfüllung der ihm übertragenen besonderen Aufgabe entstehen, und wenn die Gewährung der Beihilfe erforderlich ist, um diesem Unternehmen die Erfüllung seiner Verpflichtungen als öffentlicher Dienstleistungserbringer unter wirtschaftlich tragbaren Bedingungen zu ermöglichen. Die Beurteilung der Erforderlichkeit der Beihilfe setze eine globale Bewertung der wirtschaftlichen Bedingungen voraus, unter denen das betreffende Unternehmen seine Tätigkeiten auf dem ihm vorbehaltenen Sektor ausübt; dabei seien Vorteile, die es unter Umständen aus Sektoren ziehen kann, die dem Wettbewerb offenstehen, nicht zu berücksichtigen.[363] Im SIC I Urteil betreffend Mittelzuweisungen an den portugiesischen öffentlichen Rundfunksender RTP bestätigte das Gericht die Rechtfertigungslösung unter Verweis auf die „Wirkungs-Doktrin"[364] und expliziter Bejahung des Beihilfencharakters der Ausgleichszahlungen.[365]

220 Im Jahr 2001 wurde die vom Gericht in den Urteilen FFSA und SIC entwickelte Rechtfertigungslösung vom Gerichtshof im Urteil Ferring zugunsten der Tatbestandslösung abgelehnt. Generalanwalt Tizzano führte in dieser Rechtssache aus, dass, wenn der Staat einem Unternehmen bestimmte Gemeinwohlverpflichtungen auferlegt, die Deckung der Mehrkosten aus der Erfüllung dieser Pflichten dem betreffenden Unternehmen keinen Vorteil verschafft, sondern lediglich eine ungerechtfertigte Benachteiligung im Vergleich zu seinen Wettbewerbern vermeiden soll. Eine Änderung der normalen Wettbewerbsbedingungen sei daher nur möglich, wenn die Ausgleichszahlungen die zusätzlichen Nettokosten übersteigen, die sich bei Erfüllung der Gemeinwohlverpflichtungen ergeben. Beschränkt sich eine staatliche Finanzierung darauf, einen objektiven Nachteil auszugleichen, der dem Begünstigten vom Staat auferlegt wurde, so liege kein wirtschaftlicher Vorteil vor, der Wettbewerbsverzerrungen hervorrufen könne.[366] Der Gerichtshof ist dem Generalanwalt gefolgt: Soweit die staatliche Maßnahme nur die aus den allgemeinwirtschaftlichen Verpflichtungen (hier bestimmte Pflichten der Apotheker, bestimmte Arzneimittel vorzuhalten) erwachsenen Mehrkosten ausgleicht, sei keine Begünstigung und daher auch keine staatliche Beihilfe gegeben. Soweit die Kompensation diese Kosten übersteigt, könne sie auch nicht als notwendig angesehen und entsprechend auch nicht nach Art. 106 Abs. 2 AEUV gerechtfertigt werden.[367] Beihilfenrechtlich war nach diesem Urteil eine Rechtfertigung nach Art. 106 Abs. 2 AEUV nicht mehr notwendig und nicht mehr denkbar.[368]

221 Vor und nach dem sogleich dargestellten Altmark Trans Urteil hat es Versuche der Generalanwälte Jacobs[369] und Stix-Hackl[370] gegeben, einen neuen Lösungsansatz zu entwickeln, nach dem die Tatbestandslösung nur für Fälle gelten sollte, in denen die Finanzierungsmaßnahmen eindeutig eine Gegenleistung für klar definierte Gemeinwohlverpflichtungen darstellen oder, anders gesagt, in denen der Zusammenhang zwischen der vom Mitgliedstaat gewährten Finanzierung und der auferlegten klar definierten Gemeinwohlverpflichtung unmittelbar und offensichtlich ist **(unmittelbarer und offensichtlicher Zusammenhang)**. Der Ansatz ist vom Gerichtshof nicht aufgegriffen worden.

---

[363] EuG, T-106/95, Slg. 1997, II-229, RdNr. 169–178 – Fédération française des sociétés d'assurances (FFSA)/Kommission.

[364] Siehe zum Begriff oben RdNr. 2 der Vorbemerkung zum Tatbestand.

[365] EuG, T-46/97, Slg. 2000, II-2125, RdNr. 81–85 – S IC – Sociedade Independente de Comunicação SA/Kommission unter Bezugnahme auf das Urteil EuG, T-106/95, Slg. 1997, II-229, RdNr. 178 und 199 – Fédération française des sociétés d'assurances (FFSA)/Kommission, bestätigt durch EuGH, C-174/97 P, Slg. 1998, I-1303, RdNr. 33 – FFSA/Kommission. Zum Urteil siehe auch *Tigchelaar* EStAL 2003, 169.

[366] Schlussanträge *Tizzano* in EuGH, C-53/00, Slg. 2001, I-9067, RdNr. 61–63 – Ferring.

[367] EuGH, C-53/00, Slg. 2001, I-9067, RdNr. 32, 33 – Ferring SA. Zum Urteil siehe ferner *Bartosch* EStAL 2002, 1.

[368] Vgl. hierzu *Santamato/Pesaresi* CPN 1/2004, 17 ff.

[369] Schlussanträge *Jacobs* in C-126/01, Slg. 2003, I-13 769 – GEMO SA.

[370] Schlussanträge *Stix-Hackl,* C-34/01 bis C-38/01, Slg. 2003, I-14 243, RdNr. 153, 157–161 – Enirisorse.

β) Das Altmark Trans Urteil. In der Vorlagesache ging es um die Konzessionierung der 222
Altmark Trans Busgesellschaft durch das Regierungspräsidium Magdeburg für bestimmte Transportleistungen des öffentlichen Nahverkehrs in der Region, gegen die ein Wettbewerber mit
der Begründung geklagt hatte, dass Altmark nicht in der Lage wäre, ohne Beihilfen wirtschaftlich zu überleben (einer der Ausschlussgründe nach deutschem Recht). Als Beihilfen identifizierte der Kläger insbesondere die Ausgleichszahlungen, die Altmark Trans für das Anbieten der
unrentablen Strecken des öffentlichen Personennahverkehrs erhielt. Das vorlegende Gericht
fragte daher nach der Beihilfenqualität der Ausgleichszahlungen, falls die Leistungen des öffentlichen Nahverkehrs als DAWI anzusehen wären.

Generalanwalt Léger[371] war der Auffassung, dass der Gerichtshof von der im Ferring Urteil 223
vertretenen Tatbestandslösung abrücken und sich der Rechtfertigungslösung des Gerichts zuwenden solle, da die Tatbestandslösung die Fragen der Klassifizierung einer Maßnahme als Beihilfe und die mögliche Rechtfertigung dieser Beihilfe vermische, Art. 106 Abs. 2 AEUV und
seine Bedingungen jeder praktischen Relevanz in Beihilfefällen beraube, und die Ausgleichsmaßnahmen keiner effektiven Beihilfenkontrolle durch die Kommission mehr unterlägen.

In seinem Urteil[372] nimmt der Gerichtshof eine vermittelnde Zwischenposition ein, die beide 224
Lösungen miteinander verbindet. Danach liegt nur dann keine Beihilfe vor, wenn die folgenden
Bedingungen erfüllt sind:
– Erstens muss das begünstigte Unternehmen tatsächlich **mit der Erfüllung gemeinwirt-
  schaftlicher Verpflichtungen betraut** sein, und diese Verpflichtungen müssen klar in den
  nationalen Rechtsvorschriften und/oder Genehmigungen definiert sein.[373]
– Zweitens sind die **Parameter**, anhand deren der Ausgleich berechnet wird, **zuvor objektiv
  und transparent aufzustellen**, um zu verhindern, dass der Ausgleich einen wirtschaftlichen
  Vorteil mit sich bringt, der das Unternehmen, dem er gewährt wird, gegenüber konkurrierenden Unternehmen begünstigt.[374]
– Drittens darf der **Ausgleich nicht über das hinausgehen, was erforderlich ist**, um die
  Kosten der Erfüllung der gemeinwirtschaftlichen Verpflichtungen unter Berücksichtigung der
  dabei erzielten Einnahmen und eines angemessenen Gewinns aus der Erfüllung dieser Verpflichtungen ganz oder teilweise zu decken. Nur bei Einhaltung dieser Voraussetzung ist gewährleistet, dass dem betreffenden Unternehmen kein Vorteil gewährt wird, der dadurch, dass
  er die Wettbewerbsstellung dieses Unternehmens stärkt, den Wettbewerb verfälscht oder zu
  verfälschen droht.[375]
– Wenn viertens die Wahl des Unternehmens, das mit der Erfüllung gemeinwirtschaftlicher
  Verpflichtungen betraut werden soll, im konkreten Fall nicht im Rahmen eines **Verfahrens
  zur Vergabe öffentlicher Aufträge** erfolgt, das die Auswahl desjenigen Bewerbers ermöglicht, der diese Dienste zu den geringsten Kosten für die Allgemeinheit erbringen kann, so ist
  die Höhe des erforderlichen Ausgleichs auf der Grundlage einer Analyse der Kosten zu bestimmen, die ein **durchschnittliches, gut geführtes Unternehmen**, das so angemessen mit
  Mitteln ausgestattet ist, dass es den gestellten gemeinwirtschaftlichen Anforderungen genügen
  kann, bei der Erfüllung der betreffenden Verpflichtungen hätte, wobei die dabei erzielten
  Einnahmen und ein angemessener Gewinn aus der Erfüllung dieser Verpflichtungen zu
  berücksichtigen sind.[376]

Ausgleichszahlungen, die diese sog. **Altmark-Kriterien kumulativ** erfüllen, fallen nicht un- 225
ter Art. 107 Abs. 1 AEUV. Wenn dagegen nur eines dieser Kriterien nicht erfüllt ist, sind die
Zahlungen als Beihilfe anzusehen und zu notifizieren. Sie können dann eventuell noch nach
Art. 106 Abs. 2 AEUV gerechtfertigt sein, beispielsweise, wenn das vierte Kriterium nicht ein-

---

[371] Schlussanträge *Léger* in C-280/00, Slg. 2003, I-7747, S. 101 – Altmark Trans. Nach der Veröffentlichung des Ferring-Urteils hatte der Gerichtshof entschieden, das mündliche Verfahren in Altmark Trans zu
wiederholen, daher zwei Schlussanträge.
[372] EuGH, C-280/00, Slg. 2003, I-7747 – Altmark Trans.
[373] EuGH, C-280/00, Slg. 2003, I-7747, RdNr. 89 – Altmark Trans.
[374] EuGH, C-280/00, Slg. 2003, I-7747, RdNr. 90 – Altmark Trans; vgl. auch in RdNr. 94: „(…Ö)ffent-
liche Zuschüsse, die ausdrücklich mit gemeinwirtschaftlichen Verpflichtungen betrauten Unternehmen gewährt werden, um die bei der Erfüllung dieser Verpflichtungen entstehenden Kosten auszugleichen, fallen
nicht unter Artikel (107 Abs. 1 AEUV), sofern sie die in den (RdNr. 89 bis 93) dieses Urteils genannten
Voraussetzungen erfüllen. Hingegen stellt eine staatliche Maßnahme, die eine oder mehrere dieser Voraussetzungen nicht erfüllt, eine staatliche Beihilfe im Sinne dieser Bestimmung dar."
[375] EuGH, C-280/00, Slg. 2003, I-7747, RdNr. 92 – Altmark Trans.
[376] EuGH, C-280/00, Slg. 2003, I-7747, RdNr. 93 – Altmark Trans.

gehalten ist, aber eine Überkompensation im konkreten Fall ausgeschlossen werden kann.[377] Das erste und dritte Kriterium sind nicht neu und waren im wesentlichen bereits in den Urteilen des Gerichtshofs zur Tatbestandslösung enthalten. Charakteristisch sind dagegen das zweite und vierte Kriterium, das die Wertungen aus dem MEOT – Marktpreis durch Vergabeverfahren oder Benchmark-Test – mit einbezieht.

226 Da der Gerichtshof die Tragweite seiner Feststellungen im Altmark Urteil zeitlich nicht begrenzt hat, sind sie auch auf Ausgleichsleistungen anwendbar, die vor Veröffentlichung dieses Urteils in 2003 vereinbart oder festgelegt worden sind. Denn die Auslegung einer Vorschrift des Gemeinschaftsrechts durch den Gerichtshof beschränkt sich darauf, zu erläutern und zu verdeutlichen, in welchem Sinne und mit welcher Tragweite sie seit ihrem Inkrafttreten hätte verstanden und angewandt werden müssen. Daraus folgt, dass die Vorschrift in dieser Auslegung selbst auf Rechtsverhältnisse angewandt werden kann und muss, die vor dem betreffenden Urteil entstanden oder begründet worden sind.[378] Allerdings kann es angesichts der besonderen Natur der gemeinwirtschaftlichen Aufgabe in einem konkreten „ante Altmark"-Fall gerechtfertigt sein, die Altmark-Kriterien gemäß ihrem Sinn und Zweck und den Besonderheiten des konkreten Falles anzupassen. Dies tat das Gericht umfassend im BUPA-Urteil bzgl. bestimmter im irischen Gesundheitsmarkt bestehender DAWI-Verpflichtungen der privaten Krankenversicherungen,[379] insbesondere in Bezug auf das vierte Altmark-Kriterium,[380] dessen Bedeutung erheblich reduziert wurde. Tatsächlich muss nämlich davon ausgegangen werden, dass kaum ein zum Zeitpunkt der Veröffentlichung des Altmark-Urteils bereits bestehender Ausgleichsmechanismus den strengen Anforderungen der Altmark-Kriterien entsprach.[381] Ob die weiche Auslegung der Altmark-Kriterien im BUPA-Urteil nur für „ante Altmark"-Fälle gilt, oder Ausdruck einer grundsätzlich lockeren Anwendung der Kriterien ist, bleibt abzuwarten.[382]

227 **(1) Die Altmark-Kriterien.** In der Folge sind die sogenannten Altmark-Kriterien umfangreich in der Literatur[383] besprochen und auch in der Kommissions- und Gerichtspraxis konkretisiert worden. Danach ergibt sich bzgl. der vier Altmark-Kriterien augenblicklich das folgende heterogene Bild.

– Erstes Altmark-Kriterium: Mit gemeinwirtschaftlichen Verpflichtungen betraut

228 Das erste Kriterium besteht aus zwei zu konkretisierenden Voraussetzungen, zum einen muss es sich um *gemeinwirtschaftliche Verpflichtungen* handeln, zum anderen muss das Unternehmen damit *betraut* sein.

229 Bei der **Definition der gemeinwirtschaftlichen Verpflichtungen** haben die Mitgliedstaaten ein weites Ermessen. Es gibt im EU-Recht weder eine klare und genaue gesetzliche Definition des Begriffs der gemeinwirtschaftlichen Aufgabe noch ein Rechtsinstitut, das definitiv die Voraussetzungen festlegt, die erfüllt sein müssen, damit sich ein Mitgliedstaat zu Recht auf das Vorhandensein und den Schutz einer gemeinwirtschaftlichen Aufgabe – sei es im Sinne des ersten Altmark-Kriteriums oder im Sinne von Art. 106 Abs. 2 AEUV – berufen kann.[384] In Übereinstimmung mit der Wertung des Art. 14 AEUV gehört die Bestimmung der Art und des Umfangs einer DAWI für bestimmte Tätigkeitsbereiche, die entweder nicht in die Zuständigkeit der Union fallen oder auf einer lediglich begrenzten oder geteilten Unionszuständigkeit beruhen, grundsätzlich weiterhin zu den Aufgaben der Mitgliedstaaten. Folglich ist die Kontrolle, zu der die Gemeinschaftsorgane in Bezug auf die Ausübung des **mitgliedstaatlichen Ermessens** bei der Bestimmung der DAWI befugt sind, auf offenkundige Beurteilungsfehler beschränkt.[385]

---

[377] Siehe hierzu unten Art. 107 AEUV RdNr. 750.

[378] EuG, T-289/03, Slg. 2008, II-81 RdNr. 158–160 – British United Provident Association Ltd (BUPA) unter Bezugnahme auf die Urteile des Gerichtshofes C-209/03, Slg. 2005, I-2119, RdNr. 66 f. – Bidar, und C-292/04, Slg. 2007, I-1835 RdNr. 34–36 und dort angeführte Rechtsprechung – Meilicke ua.

[379] EuG, T-289/03, Slg. 2008, II-81, RdNr. 160 – British United Provident Association Ltd (BUPA).

[380] EuG, T-289/03, Slg. 2008, II-81, RdNr. 246 – British United Provident Association Ltd (BUPA).

[381] Vgl. hierzu *Bartosch,* EU-Beihilfenrecht, Art. 87 EG RdNr. 71 mwN.

[382] Auf letzteres hoffend *Biondi* EStAL 2008, 401, 406. Die BUPA-Rechtsprechung im Wesentlichen auf Altfälle anwendbar ansehend, *Lübbig/Martin-Ehlers* RdNr. 186.

[383] Siehe zum Beispiel *Sinnaeve* EStAL 2003, 351; *Hancher* EStAL 2003, 365; *Bartosch* EStAL 2003, 375 und EuZW 2004, 295; *Travers* EStAL 2003, 387; *Bovis* EStAL 2003, 543; *König/Haratsch* EStAL 2003, 569; *Jennert* NVwZ 2004, 425; *Dörr* NZBau 2005, 617; *Otting/Soltész/Melcher* EuZW 2009, 444.

[384] EuG, T-289/03, Slg. 2008, II-81, RdNr. 165 – British United Provident Association Ltd (BUPA)/ Kommission.

[385] EuG, T-289/03, Slg. 2008, II-81, RdNr. 169 – British United Provident Association Ltd (BUPA)/ Kommission.

Inwieweit die wohl dem „more economic approach" geschuldete aktuelle Tendenz in der Kommissionspraxis,[386] das Vorliegen eines Marktversagens als weitere Voraussetzung zu prüfen, mit diesem mitgliedstaatlichen Beurteilungsspielraum in Einklang gebracht werden kann, bleibt abzuwarten.[387]

Allerdings ist ein Mitgliedstaat, selbst wenn er über ein weites Ermessen bei der Bestimmung **230** dessen verfügt, was er als DAWI ansieht, nicht davon befreit, wenn er sich auf das Vorliegen und die Erforderlichkeit des Schutzes einer gemeinwirtschaftlichen Aufgabe beruft, dafür Sorge zu tragen, dass diese Aufgabe bestimmten, von der Rechtsprechung herausgearbeiteten **Mindestkriterien** genügt, die für alle gemeinwirtschaftlichen Aufgaben gelten, und zu beweisen, dass diese Kriterien im konkreten Fall auch erfüllt sind. Dazu gehört neben dem Vorliegen eines Betrauungsakts insbesondere der **universale und obligatorische Charakter der Aufgabe.**[388] Die DAWI muss **kein Universaldienst im strengen Sinne** sein, wie etwa das öffentliche System der sozialen Sicherheit. Der Begriff des Universaldienstes im Sinne des Unionsrechts bedeutet nicht, dass der betreffende Dienst ein der Gesamtheit der Bevölkerung gemeinsames Bedürfnis befriedigen oder im gesamten Hoheitsgebiet erbracht werden muss.[389] Die Erbringung der betreffenden Dienstleistung muss aber definitionsgemäß einem allgemeinen oder öffentlichen Interesse dienen und nicht nur dazu, dem betreibenden Unternehmen eine wirtschaftliche Grundlage zu bieten.[390] Außerdem darf das allgemeine oder öffentliche Interesse, das der Staat geltend macht, sich nicht in der Notwendigkeit erschöpfen, den betreffenden Markt bestimmten Regeln oder die Geschäftstätigkeit der betreffenden Wirtschaftsteilnehmer einem staatlichen Erlaubnisvorbehalt zu unterwerfen. Die Tatsache allein, dass der nationale Gesetzgeber in einem weit verstandenen allgemeinen Interesse sämtlichen Wirtschaftsteilnehmern eines Sektors bestimmte Erlaubnis-, Funktions- oder Überwachungsregeln auferlegt, stellt grundsätzlich keine gemeinwirtschaftliche Aufgabe dar.[391] Dem mit der DAWI betrauten Wirtschaftsteilnehmer braucht **kein ausschließliches oder besonderes Recht zu ihrer Erfüllung** verliehen werden. Aus Art. 106 Abs. 1 AEUV in Verbindung mit dessen Abs. 2 ergibt sich, dass zwischen einem besonderen oder ausschließlichen Recht, das einem Wirtschaftsteilnehmer eingeräumt worden ist, und der gegebenenfalls mit diesem Recht verbundenen gemeinwirtschaftlichen Aufgabe zu unterscheiden ist. Die Übertragung eines besonderen oder ausschließlichen Rechts auf einen Wirtschaftsteilnehmer ist nur ein – möglicherweise gerechtfertigtes – Mittel, das es ihm erlaubt, eine gemeinwirtschaftliche Aufgabe zu erfüllen.[392] Eine Dienstleistung ist als obligatorisch anzusehen, wenn der mit einer derartigen Aufgabe betraute Wirtschaftsteilnehmer zu ihrer Erbringung gegenüber jedem Nutzer verpflichtet ist, der darum nachsucht. Der obligatorische Charakter ist nachgewiesen, wenn der Dienstleister einem **Kontrahierungszwang zu gleichbleibenden Bedingungen** unterliegt. Das erlaubt es, die zu einer gemeinwirtschaftlichen Aufgabe gehörende Dienstleistung von jeder anderen auf dem Markt erbrachten Dienstleistung und somit von jeder anderen völlig frei ausgeübten Tätigkeit zu unterscheiden.[393] Hingegen hängt der universale und obligatorische Charakter einer DAWI nicht von einer gegenseitigen Verpflichtung zum Vertragsschluss ab.[394] Der universale und obligatorische Charakter der DAWI bedeutet nicht, dass sie entgeltlos[395] oder gegen ein im Voraus festgelegtes (Maximal-)Entgelt erbracht werden muss.[396]

---

[386] ZB. Kom., Staatliche Beihilfe N 382/2004, Tz. 45 ff. – DORSAL.

[387] Vgl. hierzu *Bartosch* Art. 87 EG RdNr. 62.

[388] EuG, T-289/03, Slg. 2008, II-81, RdNr. 171, 172 – British United Provident Association Ltd (BUPA)/Kommission.

[389] EuG, T-289/03, Slg. 2008, II-81, RdNr. 186 – British United Provident Association Ltd (BUPA)/Kommission.

[390] EuGH, C-179/90, Slg. 1991, I-5889, RdNr. 27 – Merci Convenzionali Porto di Genova; EuGH, C-34/01 bis C-38/01, Slg. 2003, I-14243, RdNr. 33 – Enirisorse.

[391] EuG, T-289/03, Slg. 2008, II-81, RdNr. 178 – British United Provident Association Ltd (BUPA)/Kommission.

[392] EuG, T-289/03, Slg. 2008, II-81, RdNr. 179 – British United Provident Association Ltd (BUPA)/Kommission.

[393] EuG, T-289/03, Slg. 2008, II-81, RdNr. 190 – British United Provident Association Ltd (BUPA)/Kommission.

[394] EuG, T-289/03, Slg. 2008, II-81, RdNr. 195 – British United Provident Association Ltd (BUPA)/Kommission.

[395] EuG, T-289/03, Slg. 2008, II-81, RdNr. 203–203 – British United Provident Association Ltd (BUPA)/Kommission.

[396] EuG, T-289/03, Slg. 2008, II-81, RdNr. 195 – British United Provident Association Ltd (BUPA)/Kommission.

231   Die **Betrauung** mit der DAWI kann durch Gesetz erfolgen und eine abstrakt definierte Gruppe von Unternehmen betreffen, soweit der Betrauungsakt eine klare und genaue Definition der in Rede stehenden gemeinwirtschaftlichen Verpflichtungen enthält. Es ist nicht notwendig, dass die DAWI jedem einzelnen Dienstleister einzeln durch Rechtsakt oder einen individuellen Auftrag übertragen wird.[397] Es reicht aus, wenn auf der Grundlage einer allgemeinen Ermächtigungsklausel erst in einem späteren förmlichen Rechtsakt der genaue Umfang der DAWI festgelegt wird.[398] Im übrigen sind die Anforderungen des Art. 106 Abs. 2 AEUV an den Betrauungsakt entsprechend heranzuziehen.[399]

232   Aus der Rechtsprechung zu Art. 106 Abs. 2 AEUV geht hervor, dass den Mitgliedstaat eine **Begründungspflicht** trifft. Der Mitgliedstaat muss angeben, weshalb er der Auffassung ist, dass die fragliche Dienstleistung es aufgrund ihres besonderen Charakters verdient, als DAWI eingestuft und von anderen wirtschaftlichen Aktivitäten unterschieden zu werden. Ohne eine derartige Begründung wäre nämlich eine Kontrolle durch die Kommission nicht möglich.[400] Wenn der Mitgliedstaat den Beweis nicht erbracht hat, dass die DAWI-Kriterien erfüllt sind, oder wenn er sie nicht beachtet hat, kann dies einen Fehler begründen, den die Kommission beanstanden muss, um nicht selbst einen offenkundigen Beurteilungsfehler zu begehen.[401]

– Zweites Altmark-Kriterium: im Voraus festgelegte objektive und transparente Ausgleichsparameter

233   Durch die transparente und im voraus festgelegte Vergütung soll in erster Linie ausgeschlossen werden, dass die fördernde Stelle einen wie auch immer gearteten Ermessensspielraum behält, aufgrund dessen sie dann die Förderung nach möglicherweise politisch beeinflussten Erwägungen steuern kann.[402] Das zweite Altmark-Kriterium dient in erster Linie der Nachvollziehbarkeit der betreffenden Ausgleichszahlung, um damit verschleierte Überkompensationen zu vermeiden,[403] die insbesondere dann entstehen können, wenn die betreffende Stelle die Ausgleichszahlungen ex post in Kenntnis der konkreten Kostenstruktur des ausgewählten Unternehmens festsetzt.[404] Darüber hinaus ermöglicht es allen interessierten Dienstleistern, sich über die für die DAWI vorgesehenen Konditionen im voraus zu informieren. Das Kriterium greift insoweit dem Vergabeverfahren im vierten Kriterium voraus.[405] Den Anforderungen des Kriteriums wird ein fixes Entgelt pro Dienstleistungsvorgang am besten Rechnung getragen.[406] Allerdings verfügt der Mitgliedstaat auch bei der Bestimmung des Ausgleichs der Kosten über ein Ermessen, dessen Ausübung von einer Beurteilung komplexer wirtschaftlicher Tatsachen abhängt und nur eingeschränkt überprüfbar ist, so dass auch eine gewisse Flexibilität der Parameter je nach Fallgestaltung möglich sein muss.[407] Grundsätzlich muss der Mitgliedstaat einen **Kontrollmechanismus** einführen, der gewährleistet, dass die Parameter später auch wirklich eingehalten werden. Die genaue Ausgestaltung des Mechanismus bleibt dem Mitgliedstaat überlassen.[408]

– Drittes Altmark-Kriterium: Keine Überkompensation

234   Das Unternehmen soll nur das erhalten, was zur Deckung der Kosten für die Erfüllung der gemeinwirtschaftlichen Verpflichtungen zzgl. eines angemessenen Gewinns notwendig ist. Nach der BUPA-Rechtsprechung soll dem Mitgliedstaat hierbei ein gewisser Beurteilungsspielraum zustehen. Zu überprüfen ist danach nur, ob der Ausgleich für die Erfüllung der

---

[397] EuG, T-289/03, Slg. 2008, II-81, RdNr. 183 – British United Provident Association Ltd (BUPA)/Kommission.

[398] Kom., Staatliche Beihilfe N 37/2003, Tz. 45 ff. – BBC Digital Curriculum.

[399] *Koenig/Ritter/Kühling* RdNr. 86.

[400] EuG, T-289/03, Slg. 2008, II-81, RdNr. 171, 172 – British United Provident Association Ltd (BUPA)/Kommission.

[401] EuG, T-289/03, Slg. 2008, II-81, RdNr. 171, 172 – British United Provident Association Ltd (BUPA)/Kommission.

[402] Kom., Staatliche Beihilfe N 382/2004, Tz. 57 ff. – DORSAL.

[403] EuGH, C-280/00, Slg. 2003, I-7747, RdNr. 90–91 – Altmark Trans.

[404] Siehe Kom., Staatliche Beihilfe N 265/2006, Tz. 39 – Società Ustica Lines e Società N. G. I.

[405] *Mederer/Pesaresi/Van Hoof/Santamato* RdNr. 2.586.

[406] EuG, T-289/03, Slg. 2008, II-81, RdNr. 64 – British United Provident Association Ltd (BUPA)/Kommission.

[407] EuG, T-299/03 Slg. 2008, II-81, RdNr. 214 – British United Provident Association Ltd (BUPA)/Kommssion.

[408] EuG, T-309/04, T-317/04; T-329/04 und T-336/04, Slg. 2008, II- 2935, RdNr. 227 – TV2/Danmark/Kommision.

betreffenden gemeinwirtschaftlichen Aufgabe unter wirtschaftlich annehmbaren Bedingungen erforderlich ist oder ob umgekehrt die fragliche Maßnahme in Bezug auf den verfolgten Zweck offenkundig ungeeignet ist.[409] Inwieweit diese Rechtsprechung, die in Bezug auf eine ante-Altmark-Konstellation ergangen ist, auch auf post-Altmark-Fälle Anwendung finden wird, bleibt abzuwarten. Die Kommissionspraxis ist in der Regel wesentlich strenger. So soll sogar der Umstand, dass im Rahmen eines Vergabeverfahrens (nach dem vierten Kriterium) der günstigste Anbieter ausgewählt worden ist, für sich allein nicht ausreichend sein, um eine Überkompensation auszuschließen. Denn der so bestimmte Anbieter könne unter Umständen über Kostenvorteile verfügen, so dass die von ihm verlangten Ausgleichszahlungen, obwohl günstiger als die der Wettbewerber, trotzdem über das Erforderliche hinausgehen.[410] Die Richtigkeit dieser Kommissionsauffassung harrt der Bestätigung durch die Unionsgerichte. Bei den durch die DAWI erzielten Einnahmen sollen nicht nur die unmittelbar durch die DAWI erwirtschafteten Einnahmen, sondern auch die sonstigen Vorteile berücksichtigt werden, wie beispielsweise Skalenvorteile durch ein erhöhtes Absatzvolumen oder ein positiver Branding-Effekt.[411]

– Viertes Altmark-Kriterium: Vergabeverfahren oder Benchmark-Company-Test

Nach dem vierten Altmark-Kriterium muss darüber hinaus das die DAWI ausführende Unternehmen und die Höhe seiner Ausgleichszahlungen in einem Vergabeverfahren oder die Höhe des erforderlichen Ausgleichs auf der Grundlage einer Analyse der Kosten ermittelt worden sein, die ein durchschnittliches, gut geführtes Unternehmen, das angemessen mit Produktionsmitteln ausgestattet ist, bei der Erfüllung der DAWI hätte, wobei die dabei erzielten Einnahmen und ein angemessener Gewinn zu berücksichtigen sind (Benchmark Company Test). Das vierte Kriterium soll die effiziente Leistungserbringung durch den konkret Betrauten sicherstellen. Dies steht im Einklang mit den grundsätzlichen Anforderungen des MEOT, wonach der Dienstleister nur eine marktübliche Gegenleistung erhalten darf. Inwiefern unter diesem Gesichtspunkt ein jegliches **nach den Vergaberichtlinien erlaubtes Vergabeverfahren** ausreicht, ist noch nicht restlos geklärt. Auch der Wortlaut im Altmark Trans Urteil ist nicht eindeutig. In der Literatur wird teilweise vertreten, dass ein Verfahren nach den Vergaberichtlinien grundsätzlich ausreicht.[412] Dies steht zwar nicht vollständig mit den MEOT-Grundsätzen im Einklang, der MEOT kann bei DAWI jedoch ohnehin keine uneingeschränkte Geltung besitzen, da ein marktwirtschaftlich orientierter Wirtschaftsteilnehmer garnicht für DAWI zahlen würde. Die Kommission untersucht bislang genau, ob das konkrete Verfahren geeignet war, das kostengünstigste Angebot zu identifizieren.[413] Absolute Grenze ist immer das Verbot der Überkompensation nach dem dritten Altmark-Kriterium. Dies kann beispielsweise effizient durch die Vereinbarung von sog. Claw-Back-Klauseln, die ab einer bestimmten Profitmarge eine (teilweise) Rückzahlung vorsehen, sicher gestellt werden.[414]   **235**

Der **Benchmark-Test** ist oft nur unter erheblichen Unsicherheiten durchführbar. Insbesondere haben weder Unionsgerichte noch Kommission bislang geklärt, was unter einem „durchschnittlichen, gut geführten Unternehmen" zu verstehen ist. Alternativ hat die Kommission es daher auch als ausreichend angesehen, wenn der Mitgliedstaat auf andere Weise dargelegt hat, dass die gewählte Lösung die kostengünstigste war.[415]   **236**

(2) Beweislast vor den nationalen Gerichten. Wettbewerber, die sich vor einem nationalen Gericht auf das Durchführungsverbot des Art. 108 Abs. 3 AEUV berufen wollen, stehen oftmals vor der praktischen Schwierigkeit, die Nichtexistenz der Altmark-Kriterien zu beweisen. Denn nach einem feststehenden allgemeinen Rechtsgrundsatz muss derjenige, der einen Anspruch geltend macht, die tatsächliche Grundlage dafür beweisen (*ei incumbit probatio qui dicit, non qui negat*).[416] Das gilt auch grundsätzlich im Unionsrecht. Allerdings liefert die Rechtspre-   **237**

[409] EuG, T-289/03, Slg. 2008, II-81, RdNr. 222, mwN. – British United Provident Association Ltd (BUPA)/Kommission.

[410] Kom., Staatliche Beihilfe N 382/2004, Tz. 57 ff. – DORSAL.

[411] *Koenig/Ritter/Kühling* RdNr. 88.

[412] *Mederer/Pesaresi/Van Hoof/Santamato* RdNr. 2.582.

[413] Kom., Staatliche Beihilfe N 475/2003, Tz. 57 – Public Service Obligations in respect of new electricity generation capacity for security of supply.

[414] Siehe hierzu Kom., Staatliche Beihilfe N 381/2004, Tz. 74 – Setting up of a high speed infrastructure in Pyrénées-Atlantiques.

[415] Kom., ABl. 2007, L 219/9, Tz. 111–122 – Slovenian Electricity Tariffs.

[416] Schlussanträge *Tizzano* in C-526/04, Slg. 2006, I-7529, Tz. 68 – Laboratoires Boiron SA.

chung des Gerichtshof dem Kläger bzgl. der komplexen Altmark-Kriterien eine Hilfestellung: Damit die Einhaltung des Effektivitätsgrundsatzes gewährleistet ist, muss ein nationaler Richter, wenn er feststellt, dass die Beweislast für das Vorliegen einer Überkompensierung den klagenden Wettbewerber trifft, und dass die Führung dieses Beweises praktisch unmöglich oder übermäßig erschwert ist, u. a., weil dazu Informationen benötigt werden, über die der Kläger nicht verfügen kann, alle ihm nach dem nationalen Recht zu Gebote stehenden Verfahrensmaßnahmen ausschöpfen, darunter die Anordnung der erforderlichen Beweiserhebungen, einschließlich der Vorlage von Urkunden oder Schriftstücken durch eine Partei oder einen Dritten.[417] Der Grundsatz gilt auch für die Kommission, die in Beihilfefällen zu beweisen hat, dass die fraglichen Maßnahmen eine rechtswidrige Beihilfe darstellen, also die Altmark-Kriterien nicht erfüllt sind.[418] Insbesondere hat sie genau darzulegen, dass und in welcher Höhe die Ausgleichszahlungen die Nettomehrkosten des Unternehmens überstiegen haben. Es genügt nicht, aus dem Umstand, dass das mit der DAWI-Dienstleistung betraute Unternehmen in einem anderem Geschäftsfeld eine nicht kostendeckende aggressive Wettbewerbspolitik verfolge, den Schluss zu ziehen, dass diese aus der DAWI quersubventioniert wird und daher eine Überkompensation vorliegt.[419]

238   **(3) Beihilfe für andere als den DAWI-Erbringer.** Soweit die Ausgleichszahlungen an den DAWI-Dienstleister die Altmark-Kriterien erfüllen, ist eine Beihilfe zu seinen Gunsten ausgeschlossen. Dies bedeutet jedoch nicht automatisch, dass die DAWI vollkommen beihilfefrei ist. Nach den Grundsätzen der **relativen Beihilfenqualität** und der **mittelbaren Begünstigung** kann es vorkommen, dass ein Dienstleister mit einer DAWI betraut ist, zu deren Erbringung allerdings ein anderer – beispielsweise wegen der Geltung des Verursacherprinzips – verpflichtet gewesen wäre. Das muss im konkreten Fall gesondert untersucht werden, und wurde beispielsweise bejaht für die Beseitigung von Schlachtabfällen durch speziell vom Staat beauftragte Unternehmen, mit denen Kontrahierungszwang durch die betroffenen Schlacht- und Bauernhöfe bestand, die nach dem Verursacherprinzip allerdings selbst zur Beseitigung verpflichtet gewesen wären.[420]

3. Gewährung aus staatlichen Mitteln

Schrifttum: *Bartosch,* Schranken-Schranken in der EG-Beihilfenkontrolle – Tendenzen der jüngsten Rechtsprechung der Gemeinschaftsgerichte, NJW 2002, 3588; *ders.,* Neues zum Tatbestandsmerkmal der „Belastung des Staatshaushalts" i. S. des Art. 87 I EG, NVwZ 2001, 643; *ders.,* Wettbewerbsverzerrungen auf den Märkten für den Betrieb und die Nutzung von Flughafeninfrastrukturen, WuW 2005, 1122; *Castendyk/Bark,* Unterliegt das Filmförderungsgesetz der Beihilfekontrolle der Art. 87 ff. EGV? Ein Beitrag zu den EG-rechtlichen Grenzen der Filmförderung in Deutschland, ZUM 2003, 480; *Dörr,* Der Einfluss des EG-Beihilfenrechts auf die Gebührenfinanzierung der öffentlich-rechtlichen Rundfunkanstalten, ZUM 2003, 887; *Ehricke,* Staatliche Maßnahmen zur Förderung umweltfreundlicher Energien und europäisches Wettbewerbsrecht, RdE 2003, 57; *Frenz,* Öffentlich-rechtliche Rundfunkanstalten als Beihilfeempfänger und öffentliche Auftraggeber, WRP 2007, 264; *Hakenberg,* Die Rechtsprechung des EuGH und EuG auf dem Gebiet der staatlichen Beihilfen in den Jahren 2000 und 2001, EWS 2003, 201; *ders./Erlbacher,* Die Rechtsprechung des EuGH und EuG auf dem Gebiet der staatlichen Beihilfen in den Jahren 1999 und 2000, EWS 2001, 208; *Herrmann,* Der gemeinschaftsrechtliche Begriff der Beihilfe, ZEuS 2004, 415; *Iro,* Die Vereinbarkeit des Stromeinspeisungsgesetzes mit dem EG-Vertrag, RdE 1998, 11; *Jaeger,* Grenzen der staatlichen Zurechenbarkeit parafiskalischer Abgabenerhebung durch öffentliche Einrichtungen – Zugleich Anmerkung zum EuGH-Urteil Pearle, EuZW 2004, 558; *Koenig,* EG-beihilfenrechtskonforme Beteiligung privater Gesellschaften an gemischt öffentlich-privaten Gemeinschaftsunternehmen, EuZW 2006, 203; *ders./Haratsch,* Ring frei im DVB-T-Beihilfenstreit vor der Europäischen Kommission – Terrestrischer digitaler Rundfunk vor dem Aus?, ZUM 2005, 275; *ders./Kühling,* How to cut a long story short: Das PreussenElektra-Urteil des EuGH und die EG-Beihilfenkontrolle über das deutsche Rundfunkgebührensystem, ZUM 2001, 537; *dies.,* Das PreussenElektra-Urteil des EuGH: Freibrief für Abnahme- und Vergütungspflichten in der Energiewirtschaft, NVwZ 2001, 768; *ders./ders.,* EG-beihilfenrechtlicher „Switch-Off" für das digitale terrestrische Fernsehen (DVB-T)? – Zugleich ein Beitrag zur EG-beihilfenrechtlichen Qualifikation staatlich benannter Einrichtungen, K&R 2004, 201; *Kruse,* Das Merkmal der „Staatlichkeit" der Beihilfe nach Art. 87 Abs. 1 EG, ZHR 165 (2001), 576; *Kühling,* Von den Vergütungspflichten des Energieein-

---

[417] EuGH, C-526/04, Slg. 2006, I-7529, RdNr. 55 – Laboratoires Boiron SA.
[418] Vgl. Schlussanträge des Generalanwalts Niilo Jääskinen vom 24. März 2010 in EuGH, C-399/08 P, noch nicht in der amtlichen Sammlung, RdNr. 88–89 m. w. N. – Kommission/Deutsche Post. Sowie Urteil in derselben Rechtssache, RdNr. 38-48.
[419] EuG, T-266/02, Slg. 2008, II-1233, RdNr. 90 – Deutsche Post/Kommission.
[420] EuGH, C-126/01, Slg. 2003, I-13 769 – GEMO.

speisungsgesetzes bis zur Deckungsvorsorge des Atomgesetzes: Die deutsche Energierechtsordnung im Koordinatensystem des Europäischen Beihilfenrechts, RdE 2001, 93; *Lübbig,* Das „Stardust-Marine" Urteil des EuGH zur Anwendung des EG-Beihilfenrechts auf das Aktivgeschäft der öffentlichen Banken, WM 2002, 1828; *Mederer/Pesaresi/Van Hoof,* EU Competition Law Vol. IV – State Aid, 1. Aufl. 2008, Part 2, Chapter 2; *Nagel,* Die Vereinbarkeit des Gesetzes für den Vorrang Erneuerbarer Energien (EEG) mit dem Beihilferecht der EG, ZNER 2000, 100; *Nicolaides/Kekelekis/Kleis,* State Aid Policy in the European Community: Principles and Practice, 2. Aufl. 2008, Chapter I; *Reich/Helios,* EuGH, Urteil v. 16. 5. 2002, Rs. C-482/99 m. Anm. Reich/Helios, EuZW 2002, 468; *Ritgen,* Stromeinspeisungsgesetz und europäisches Beihilfenaufsichtsrecht, RdE 1999, 176; *Ruge,* Das Beihilfe-Merkmal der staatlichen Zurechenbarkeit in der Rechtsprechung des EuGH am Beispiel des Stromeinspeisungsgesetzes, WuW 2001, 560; *Sanchez/Rydelski,* Handbuch EU Beihilfenrecht, 1. Aufl. 2003, Kapitel 2 § 1; *Salje,* Die Vereinbarkeit des Stromeinspeisungsgesetzes mit dem EG-Vertrag, RIW 1998, 186; *Slotboom,* State Aid in Community Law: a Broad or Narrow Definition?, ELRev 1995, 289; *Schnelle/Bartosch,* Umfang und Grenzen des EG-wettbewerbsrechtlichen Verbots der Quersubventionierung, EWS 2001, 411; *Slot,* Comment on „Sloman Neptun", CMLR 1994, 142; *Soltész,* Säumige Schuldner, säumige Gläubiger ... – Die Nichtdurchsetzung von Forderungen der öffentlichen Hand als staatliche Beihilfe i.S. v. Art 87 Abs. 1 EG, EuZW 2003, 73; *ders.,* Die „Belastung des Staatshaushaltes" als Tatbestandsmerkmal einer staatlichen Beihilfe i. S. des Art 92 I EGV, EuZW 1998, 747; *ders.,* A challenge for the Commission's State aid policy in the field of airports – Case T-68/03 – Olympic Airways v. Commission, European State Aid Law Quarterly 2008, 207; *ders.,* Regionalflughäfen im Visier der Brüsseler Beihilfenkontrolle – Die Ryanair-Praxis der Kommission und die neuen Leitlinien, EWS 2006, 211; *ders.,* „Billigflieger" im Konflikt mit dem Gemeinschaftsrecht? – Niedrige Flughafengebühren und das Europäische Beihilferegime, WuW 2003, 1034; *Vesterdorf,* A Further Comment on the New State Aid Concept as this Concept Continues to be Reshaped, EStAL 2005, 393; *Zuleger,* EG-Strukturfondspolitik und EG-Beihilfenrecht – Strukturfondsmittel als staatliche Mittel i. S. von Art. 87 Abs. 1 EG, EWS 2008, 369.

a) Allgemeines: Zur Systematik. Hinter dem Tatbestandsmerkmal „staatliche oder aus staat- **239** lichen Mitteln gewährt" verbergen sich, genau genommen, zwei unterschiedliche „Tests",[1] die erst in der jüngeren Rechtsprechung eine Präzisierung und Weiterentwicklung erfahren haben. Leider hat die bisherige Rechtsprechung und Literatur nicht immer genau zwischen diesen beiden Ebenen getrennt: Zum einen geht es im Rahmen dieses Tatbestandmerkmales um die Frage, ob die betreffende Maßnahme dem Staat **„zurechenbar"** ist. Dieses mit der *Stardust*-Rechtsprechung[2] eingeführte Kriterium scheidet – untechnisch gesprochen – solche Maßnahmen aus dem Beihilfentatbestand aus, die nicht von staatlichen Entscheidungsträgern herrühren. Hintergrund ist, dass sich das Beihilfenverbot nur an Mitgliedstaaten richtet. Während es relativ eindeutig ist, dass private Unternehmen keine staatlichen Beihilfen gewähren können, besteht bei öffentlichen Unternehmen, deren Anteile von öffentlichen Anteilseignern gehalten werden und die relativ autonome Handlungsfreiheit genießen, allerdings eine gewisse Grauzone. Es lässt sich oft nicht feststellen, ob eine bestimmte Maßnahme, die von dem betreffenden Unternehmen vorgenommen wurde, auf einer eigenen freien Entscheidung der Unternehmensführung beruht, oder ob das Unternehmen auf Weisung des Staates (quasi als dessen „verlängerter Arm") handelt.

Der zweite Teil des Doppeltests besteht in der Frage, ob die betreffende Maßnahme zu einer **240** **„Belastung des Staatshaushaltes"** führt. Auch dieses Kriterium, das letztlich mit den Entscheidungen Sloman Neptun[3] und Kirsammer-Hack[4] eingeführt wurde, folgt aus dem Wortlaut des Art. 107 Abs. 1 AEUV und aus der Notwendigkeit einer Einschränkung des Beihilfenbegriffes. Würde man auch solche Maßnahmen dem Anwendungsbereich des Art. 107 AEUV unterwerfen, die keine Belastung des Staatshaushaltes mit sich bringen, so würde der Begriff der Beihilfe jegliche Kontur verlieren. Fast jede staatliche Intervention in das Wirtschaftsleben, die auf eine Verbesserung der Wirtschaftsbedingungen abzielt, würde der Beihilfenkontrolle unterliegen. Mit dem Kriterium „Belastung des Staatshaushaltes" werden solche Maßnahmen ausgeschieden, die zwar staatlich veranlasst sind (der erste Teil des Doppeltests, dh. die Zurechenbarkeit, ist also erfüllt), die aber letztlich von privaten Dritten finanziert werden („auf Kosten Privater").

In der folgenden Darstellung soll diese Trennung so weit wie möglich durchgehalten werden. **241** Da die beiden Erfordernisse der Zurechenbarkeit und der Belastung des Staatshaushaltes jedoch eng miteinander verzahnt sind, lässt sich dies nicht immer konsequent trennen.[5]

---

[1] EuGH, C-482/99, Slg. 2002, I-4397, RdNr. 32 – Stardust Marine; EuG, T-351/02, Slg. 2006, II-1047, RdNr. 103 – Deutsche Bahn/Kommission.

[2] EuGH, C-482/99, Slg. 2002, I-4397 Stardust Marine.

[3] EuGH, C-72/91 u. C-73/91, Slg. 1993, I-887 – Sloman Neptun.

[4] EuGH, C-189/91, Slg. 1993, I-6185.- Kirsammer-Hack.

[5] Ein anschauliches Beispiel hierfür bietet EuG, T-136/05, Slg. 2007, II-4063, RdNr. 129 ff. – EARL Salvat père & fils ua./Kommission, sowie Kom, ABl. 2009 L 83/1, RdNr. 328 – Langfristige Strombezugsvereinbarungen, Polen.

242 **b) Zurechenbarkeit. aa) Hintergrund.** Die Frage der Zurechenbarkeit an den Staat ist ein Kriterium, das erst in jüngerer Zeit verstärkt Eingang in die Rechtsprechung gefunden hat, und zwar mit der grundlegenden Stardust-Entscheidung.[6] Es geht hierbei um die Frage, inwieweit Maßnahmen, die durch vom **Staat kontrollierte Gesellschaften** getroffen werden, dem Beihilfenverbot unterliegen.

243 Hintergrund ist die Tatsache, dass der öffentliche Anteilseigner in vielen Fällen einen erheblichen Einfluss auf die Tätigkeit des Unternehmens ausübt und dies als Mittel zur Umsetzung bestimmter wirtschaftspolitischer Ziele nutzt. So waren beispielsweise öffentliche Banken oft als Instrument zur Stützung notleidender Betriebe dienlich, indem sie Kapitalbeteiligungen, Darlehen, Bürgschaften, etc. zugunsten von notleidenden Unternehmen eingegangen sind, die am freien Markt keine solche Unterstützung privater Geldgeber einwerben konnten. In diesen Fällen steht der Begünstigungscharakter in der Regel außer Frage. Die Intervention des öffentlichen Unternehmens (der Bank) erfolgt, weil der zu stützende Betrieb keine Mittel privater Investoren erhält und weil der Staat ihn aus politischen Gründen (Arbeitsplätze, Sicherung des Wirtschaftsstandortes, etc.) retten will.

244 Andererseits gibt es jedoch auch Staatsbeteiligungen, die durchaus nach privatwirtschaftlichen Grundsätzen arbeiten, und bei der sich der Staat bewusst einer Einflussnahme enthält. Hier ist das Unternehmen nicht der Erfüllungsgehilfe des Staates bei der Umsetzung wirtschaftspolitischer Vorstellungen, sondern eigenständiges Wirtschafssubjekt. In diesen Fällen sind die politischen Entscheidungsträger gerade nicht in die strategischen Unternehmensentscheidungen involviert. Schon wegen dem Neutralitätsgebot des Vertrages (Art. 345 AEUV) können solche Maßnahmen nicht am Beihilfenverbot gemessen werden.

245 **bb) Die Stardust-Rechtsprechung.** Nach der früheren Rechtsprechung reichte es für die Anwendbarkeit des Beihilfenrechts aus, dass eine Einrichtung vom Staat mit der Aufgabe der Beihilfengewährung errichtet wurde und für den Staat die **Möglichkeit der Einflussnahme** bestand.[7] Lediglich in vereinzelten Entscheidungen befasste sich der Gerichtshof mit der Frage, ob eine bestimmte Maßnahme dem Staat „zurechenbar" war. So führte der Gerichtshof in Van der Kooy aus, dass nicht danach zu unterscheiden sei, ob die Beihilfe unmittelbar durch den Staat oder durch eine zur Durchführung der Beihilfenregelung errichtete oder beauftragte öffentliche oder private Einrichtung gewährt wird.[8] In ENI/Lanerossi[9] und Alfa Romeo[10] stellte der Gerichtshof ausdrücklich fest, dass die in Rede stehenden Kapitalzuschüsse das Ergebnis einer dem italienischen Staat zuzurechnenden Verhaltensweise waren. Maßgebend war hierfür die Tatsache, dass die Einrichtung, die die Maßnahme getroffen hatte, vom italienischen Staat kontrolliert wurde, ihre Aufsichtsrat- und Vorstandsmitglieder vom Ministerpräsidenten ernannt wurden, die Einrichtung bestimmte Richtlinien staatlicher Stellen beachten musste und sich über staatlich garantierte Schuldverschreibungen refinanzierte.[11]

246 Die Entscheidungspraxis der Kommission war sogar noch **„großzügiger".** Um das Beihilfenverbot möglichst weit auszudehnen, hatte sich die Kommission in ihrer früheren Praxis regelmäßig auf die Feststellung beschränkt, dass die betreffende Einrichtung bzw. das Unternehmen vom Staat kontrolliert werde.[12]

247 Bis zum Jahre 2002 hatte die Rechtsprechung jedoch noch **in keinem Fall** den Beihilfencharakter einer Maßnahme wegen fehlender Zurechenbarkeit abgelehnt. Dies hat sich mit der Stardust-Rechtsprechung[13] im Jahre 2002 grundlegend geändert. Nach diesem – aus Sicht der Kommission bahnbrechenden und auch ärgerlichem – Urteil des EuGH unterfallen Maßnahmen, die durch vom Staat kontrollierte Gesellschaften getroffen werden, nur dann dem Beihilfenverbot, wenn die Maßnahme **dem Staat zuzurechnen ist.**

248 Der EuGH erkennt zwar an, dass insoweit nicht verlangt werden kann, dass auf der Grundlage einer genauen Anweisung nachgewiesen wird, dass die Behörden das öffentliche Unternehmen konkret veranlasst haben, die fraglichen Beihilfenmaßnahmen zu treffen, denn gerade we-

---

[6] EuGH, C-482/99, Slg. 2002, I-4397 – Stardust Marine.

[7] EuG, T-358/94, Slg. 1996, II-2109, RdNr. 57 ff. – Air France/Kommission.

[8] EuGH, 67/85, 68/85 u. 70/85, Slg. 1988, 219, RdNr. 35 – Van der Kooy ua./Kommission.

[9] EuGH, C-303/88, Slg. 1991, I-1433 – ENI/Lanerossi.

[10] EuGH, C-305/89, Slg. 1991, I-1603 – Alfa Romeo.

[11] EuGH, C-303/88, Slg. 1991, I-1433, RdNr. 12 – ENI/Lanerossi; EuGH, C-305/89, Slg. 1991, I-1603, RdNr. 14 – Alfa Romeo.

[12] Vgl. zB. Kom., ABl. 2000 C 162, 15, 16 – SNIACE.

[13] EuGH, C-482/99, Slg. 2002, I-4397 – Stardust Marine.

gen der privilegierten Beziehungen zwischen dem Staat und einem öffentlichen Unternehmen wird es für einen Dritten sehr schwierig sein, in einem konkreten Fall nachzuweisen, dass Beihilfenmaßnahmen eines solchen Unternehmens tatsächlich auf Anweisung der Behörden erlassen wurden. Die Zurechenbarkeit einer Beihilfenmaßnahme eines öffentlichen Unternehmens an den Staat soll daher aus einem **„Komplex von Indizien"** abgeleitet werden die sich aus den Umständen des konkreten Falles und aus dem Kontext ergeben, in dem diese Maßnahme ergangen ist. Laut EuGH können folgende Anzeichen herangezogen werden, um auf Zurechenbarkeit schließen zu können:

– die Tatsache, dass das betreffende Unternehmen die streitige Entscheidung nicht treffen konnte, ohne den Anforderungen der staatlichen Stellen Rechnung zu tragen,
– die Tatsache, dass das Unternehmen Weisungen staatlicher Stellen zu berücksichtigen hatte,
– die Integration des öffentlichen Unternehmens in die öffentlichen Verwaltungsstrukturen,
– die Art seiner Tätigkeiten und die Ausübung dieser Tätigkeiten auf dem Markt unter normalen Bedingungen des Wettbewerbs mit privaten Marktteilnehmern,
– die Rechtsstellung des Unternehmens,
– die Intensität der Aufsicht, die von den öffentlichen Stellen über die Geschäftsleitung des Unternehmens ausgeübt wird,
– jeder andere Nachweis einer Beteiligung staatlicher Stellen an der Beschließung einer Maßnahme in einem konkreten Fall oder der Unwahrscheinlichkeit einer Nichtbeteiligung, wobei Umfang, Inhalt oder Bedingungen der Maßnahme zu berücksichtigen sind.

Allein die bloße Tatsache, dass ein öffentliches Unternehmen in Form einer **Kapitalgesell-** 249 **schaft** gegründet worden ist, die eine gewisse Selbständigkeit mit sich bringt, kann nach dem EuGH **nicht** als ausreichend angesehen werden, um die Zurechenbarkeit auszuschließen.[14] In den Worten von Generalanwalt *Jacobs* beweist der Umstand, dass die öffentliche Hand unmittelbar oder mittelbar einen beherrschenden Einfluss ausüben kann, nicht, dass sie diesen Einfluss in einem gegebenen Fall tatsächlich ausgeübt hat."[15]

Diese Rechtsprechung hat zu erheblicher **Rechtsunsicherheit** geführt. Denn für die Kom- 250 mission als „außenstehende" Kontrollbehörde ist es kaum erkennbar, ob eine bestimmte Maßnahme auf Weisung des staatlichen Anteilseigners erfolgt ist, oder ob sich die Unternehmensführung aus eigenem Antrieb hierzu entschlossen hat. Öffentliche Unternehmen sind oft mit Führungspersonal besetzt, das aus Regierungskreisen stammt, und Weisungen von staatlicher Seite können oft relativ „geräuschlos" erfolgen, ohne dass die Kommission dies nachweisen könnte.

Mit der Stardust-Rechtsprechung hat der Gerichtshof die Effizienz der Beihilfenkontrolle also 251 **geschwächt** und den Mitgliedstaaten auch erhebliche Möglichkeiten zur **Umgehung** des Beihilfenregimes eingeräumt. So wird zB. von Beraterseite ganz offen nahegelegt, Entscheidungen über Vorteilsgewährungen in möglichst weitgehendem Maße an die Geschäftsführung zu delegieren (um der Beihilfenkontrolle zu entkommen).[16]

Das Problem der Rechtsunsicherheit besteht natürlich auch für Wettbewerber, aber sogar 252 auch für Beihilfenempfänger, die sich oft der „Staatlichkeit" einer Maßnahme nicht bewusst sind.[17] Ein anschauliches Beispiel hierfür bieten hierbei staatliche Banken, die teilweise als staatliche Förderinstitute, teilweise aber auch als Wirtschaftsunternehmen handeln. Für einen außenstehenden Vertragspartner ist es oft **kaum erkennbar**, ob ein bestimmtes Geschäft auf Weisung des Staates zustande kommt, oder ob es aus eigener Initiative getroffen wurde.[18]

Die Praxis wird zeigen, ob sich die vom Gerichtshof entwickelten Kriterien sachgerecht 253 handhaben lassen, oder ob staatliche Stellen zukünftig unter dem „Deckmantel" öffentlicher Unternehmen der Beihilfenkontrolle entkommen können. Es ist abzusehen, dass die Kommission zumindest solche Fälle näher untersucht, in denen der Einfluss der öffentlichen Stellen auf das Tagesgeschäft des öffentlichen Unternehmens durch umfangreiche personelle Verflechtungen sichergestellt wird. Letzteres ist zB. – wie die Entscheidungspraxis der Kommission zeigt – bei vielen Flughäfen der Fall (häufig sind die Vertreter von Gebietskörperschaften in den Organen der Betreibergesellschaften vertreten).

---

[14] EuGH, C-482/99, Slg. 2002, I-4397, RdNr. 50 – Stardust Marine.
[15] Schlussanträge Generalanwalt *Jacobs* C-482/99, Slg. 2002, I-4397, RdNr. 65 und 73.
[16] *Bartosch* WuW 2005, 1122, 1133.
[17] EuG, T-55/99, Slg. 2000, II-3207, RdNr. 124–127 – CETM/Kommission.
[18] Einen instruktiven Fall bietet die Entscheidung Kom., 13. 8. 2008, noch nicht veröff., Ziffer 318 – Hellenic Shipyards.

254   cc) „Post Stardust" – Das Urteil Deutsche Bahn und die Folgerechtsprechung.
Obwohl sich die Kommission anfangs gegen die Stardust-Rechtsprechung gewehrt hatte, konnte sie in der Folgezeit mit diesem Kriterium recht gut umgehen. Wie die Folgerechtsprechung
zeigt, wurden nicht allzu viele Entscheidungen mangels Zurechenbarkeit aufgehoben.

255   Die wichtigste Entscheidung nach Stardust war der Fall Deutsche Bahn,[19] in dem das Kriterium der Zurechenbarkeit eine wohl unvorhergesehene Abgrenzungsfunktion erfüllte. Die Deutsche Bahn sah in der deutschen Steuerbefreiung für Flugbenzin eine den Wettbewerb mit den
„Billigfluglinien" verfälschende Beihilfe. Das Gericht stellte hierbei klar, dass sich die Frage der
Zurechenbarkeit auch bei Rechtsakten stellen kann, aufgrund derer Mitgliedstaaten Vergünstigungen gewähren. Vergünstigungen seien den Mitgliedstaaten jedoch nicht zuzurechnen, soweit es sich dabei um die **Umsetzung verbindlichen Gemeinschaftsrechts** handele. Da die
beanstandeten Regelungen letztlich auf EU-Richtlinien beruhten, schied eine Beihilfe aus. Die
Vergünstigung war dem deutschen Staat nicht zurechenbar.[20]

256   Um Flughäfen ging es in der Entscheidung Olympic Airways,[21] in der das EuG eine Entscheidung der Kommission aufgehoben hatte. Nach den Feststellungen der Kommission hatte
der griechische Staat über die von ihm kontrollierte **Flughafenbetreibergesellschaft** Vergünstigungen an die griechische Airline gewährt. Diese bestanden in Zahlungserleichterungen hinsichtlich Sozialversicherungsbeiträgen, Umsatzsteuer, Flughafengebühren und einer speziellen
Ticketsteuer. In der angefochtenen Entscheidung hatte die Kommission zu der Frage der Zurechenbarkeit lediglich festgestellt, dass die griechischen Flughäfen vom Staat finanziert und
die Einnahmen hieraus in den staatlichen Haushalt fließen würden, die Flughafenbetreibergesellschaft also nicht autonom wirtschafte.[22] Obwohl die Stardust-Rechtsprechung ausdrücklich zitiert wurde, wurden deren Kriterien also nicht wirklich geprüft. Es war offensichtlich, dass
eine solch verkürzte Betrachtung vor den Gemeinschaftsgerichten keinen Bestand haben konnte.[23] Bezeichnenderweise enthalten auch die hierzu einschlägigen „Gemeinschaftlichen Leitlinien für die Finanzierung von Flughäfen und die Gewährung staatlicher Anlaufbeihilfen für
Luftfahrtunternehmen auf Regionalflughäfen" ein erhebliches Defizit: die Zurechenbarkeitskri-
terien nach Stardust werden hierin überhaupt nicht erwähnt.[24] Die Kommission hat mittlerweile
diese Mängel auch realisiert und bemüht sich in der neueren Entscheidungspraxis um eine ausführlichere Begründung der Zurechenbarkeit, wenn es um Maßnahmen von Flughafenbetreibergesellschaften geht.[25]

257   **dd) Die Zurechnungskriterien in der Entscheidungspraxis.** Rechtsprechung und Kom-
missionspraxis haben in den vergangenen Jahren die Stardust-Kriterien weiterentwickelt. Im
Vordergrund der Begründung stand hierbei naturgemäß der über Aufsichtsgremien vermittelte
Einfluss des Staates:

258   **α) Staatlicher Einfluss in den Entscheidungsgremien.** Das wichtigste Indiz für die staatliche Zurechenbarkeit in der Praxis ist sicherlich eine **beherrschende Rolle** des Staates in den
Entscheidungsgremien sowie **staatliche Zustimmungserfordernisse,** die sich nicht in
einer reinen Ordnungsmäßigkeitskontrolle erschöpfen, sondern ihm eine aktive Steuerung der
betreffenden Einrichtung ermöglichen.[26] Bereits im Jahre 1991 hatte der Gerichtshof in ENI/
Lanerossi[27] und Alfa Romeo[28] ausdrücklich die Zurechenbarkeit staatlicher Kapitalzuführungen
aus ähnlichen Erwägungen festgestellt, wobei hierfür maßgeblich war, dass die betreffende Einrichtung vom italienischen Staat kontrolliert wurde, ihre Aufsichtsrats- und Vorstandsmitglieder
vom Ministerpräsidenten ernannt wurden, die Einrichtung bestimmte Richtlinien staatlicher Stellen beachten musste und sich über staatlich garantierte Schuldverschreibungen refinanzierte.[29]

---

[19] EuG, T-351/02, Slg. 2006, II-1047, RdNr. 99 – Deutsche Bahn/Kommission.
[20] EuG, T-351/02, Slg. 2006, II-1047, RdNr. 102 – Deutsche Bahn/Kommission.
[21] EuG, T-68/03, Slg. 2007, II-2911 – Olympic Airways/Kommission.
[22] Kom., ABl. 2003 L 132/1, Tz. 210 – Olympic Airways.
[23] Kom., ABl. 2003 L 132/1, Tz. 312–319 – Olympic Airways.
[24] Mitt. „Flughäfen", vgl. dort insbesondere RdNr. 51.
[25] Vgl. zB. Kom., ABl. 2009 C 12/6, Tz. 215 – Flughafen Frankfurt-Hahn und Ryanair; Kom., ABl.
2007 C 257/16, Tz. 58 – Flughafen Berlin-Schönefeld; Kom., ABl. 2007 C 217/25, Tz. 78 – NERES
Flughafen Dortmund; Kom, ABl. 2008 L 346/1, Tz. 184 – DHL und Flughafen Leipzig/Halle.
[26] EuG, T-136/05, Slg. 2007, II-4063, RdNr. 140 – EARL Salvat père & fils ua./Kommission.
[27] EuGH, C-303/88, Slg. 1991, I-1433 – ENI/Lanerossi.
[28] EuGH, C-305/89, Slg. 1991, I-1603 – Alfa Romeo.
[29] EuGH, C-303/88, Slg. 1991, I-1433, RdNr. 12 – ENI/Lanerossi. Ähnlich EuGH, C-305/89, Slg.
1991, I-1603, RdNr. 14 – Alfa Romeo.

Es spricht für die Zurechenbarkeit, wenn die betreffende Maßnahme von Aufsichtsrat und **259**
Hauptversammlung des betreffenden Unternehmens **genehmigt** wurde, wobei staatliche Entscheidungsträger einen beherrschenden Einfluss in diesen Gremien hatten (dh. eine Entscheidung
ohne deren Zustimmung nicht möglich war).[30] Dies gilt insbesondere dann, wenn der Staat
über gesellschaftsrechtliche Sonderrechte verfügt.[31] Kann eine Maßnahme „nicht ohne Rücksicht auf die Erfordernisse [der zuständigen Behörde] getroffen werden", so spricht dies ebenfalls
für die Zurechenbarkeit.[32] Stehen die Mitglieder des Aufsichtsorgans in „unmittelbarer Verbindung mit der Regierung", so weist dies – so die Kommission – auf eine Zurechenbarkeit hin.[33]
Ist die betreffende Maßnahme von erheblicher strategischer Bedeutung für die Tätigkeit des betreffenden Unternehmens, so hält es die Kommission für „wenig wahrscheinlich", dass ein solcher Beschluss ohne die öffentliche Mehrheitsanteilseignerin gefasst wurde.[34] Entscheidet letztlich ein staatliches Organ über die Zuteilung der Mittel, ist die Zurechenbarkeit zu bejahen.[35]
Ein Indiz für die Zurechenbarkeit ist auch die Frage, von welcher Person die Maßnahme vorgenommen bzw. verkündet wurde. Handelt es sich hierbei um einen staatlichen Beamten, so ist
dies ein Argument für die staatliche Involvierung.[36]

Unterliegen die Entgeltordnungen einer öffentlichen Einrichtung (hier: Flughafen) einschließ- **260**
lich von Ermäßigungen und Rabatten einem staatlichen **Genehmigungserfordernis** durch das
zuständige Ministerium, so sind diese Maßnahmen nach Ansicht der Kommission dem Staat
zuzurechnen.[37] Ist eine staatliche Stelle maßgeblich bei der Gewährung und Abwicklung der
betreffenden Maßnahme eingebunden, so spricht dies für die Zurechenbarkeit.[38]

Selbst wenn eine öffentliche Einrichtung aus **verfassungsrechtlichen Gründen** (Rundfunk- **261**
freiheit) über eine gewisse **Autonomie** verfügt, so schließt dies nach Ansicht der Kommission
nicht per se die Zurechenbarkeit aus, wenn diese eine öffentliche Aufgabe wahrnimmt.[39] Besteht die sonstige Haupttätigkeit des Unternehmens in der Bereitstellung von staatlichen Beihilfen, so ist dies ein Anzeichen für die Zurechenbarkeit.[40]

Dient die Maßnahme der **Umsetzung von politischen Zielen** oder der Umsetzung eines **262**
Gesetzes, so spricht dies für die Zurechenbarkeit.[41] Ein Indiz hierfür ist es, wenn es sich bei der
Tätigkeit des Unternehmens um eine „stark politisch geprägte Aufgabe" handelt.[42] Trägt der
Staat den Hauptteil der Finanzierung, so spricht auch dies aus Sicht der Kommission dafür, dass
diese Maßnahmen Bestandteile einer staatlichen Politik sind.[43] Die Tatsache, dass der Staat bzw.
eine regionale Gebietskörperschaft über Jahre hinweg die Verluste des Unternehmens, das die
betreffende Maßnahme vornimmt, ausgleicht, spricht – neben personellen Verflechtungen – für
deren Zurechenbarkeit.[44]

β) Vom Staat beauftragte Einrichtungen. Der Gerichtshof hatte bereits im Jahre 1988 in **263**
Van der Kooy ausgeführt, dass nicht danach zu unterscheiden sei, ob die Beihilfe unmittelbar
durch den Staat oder durch eine zur Durchführung der Beihilfenregelung errichtete oder beauftragte öffentliche oder private Einrichtung gewährt wird.[45] Die Tätigkeit einer staatlich (oder
kommunal) kontrollierten **Wirtschaftsförderungsgesellschaft** ist daher in der Regel dem

---

[30] Kom., ABl. 2009 C 12/6, Tz. 215 – Flughafen Frankfurt-Hahn und Ryanair. Vgl. auch Kom, ABl.
2008 L 346/1, Tz. 184 – DHL und Flughafen Leipzig/Halle.
[31] Kom., ABl. 2009 L 83/1, Tz. 179 – Langfristige Strombezugsvereinbarungen, Polen.
[32] Kom., ABl. 2006 L 81/36, Tz. 30 – Shetland Leasing and Property Developments Ltd.
[33] Kom., ABl. 2005 L 240/45, Tz. 35 – Staatseigene spanische Werften.
[34] Kom., ABl. 2007 C 217/25, Tz. 78 – NERES Flughafen Dortmund.
[35] Kom., ABl. 2009 L 159/11, Tz. 57 – Luxemburger Ausgleichsfonds für die Stromwirtschaft. Vgl. auch
Kom., ABl. 2007 L 219/9, Tz. 68 – Slowenische Gesetzgebung über qualifizierte Erzeuger von Energie (zu
der Frage der Belastung staatlicher Mittel).
[36] Kom., ABl. 2006 L 257/11, Tz. 207 – France Télécom.
[37] Kom., ABl. 2007 C 257/16, Tz. 58 – Flughafen Berlin-Schönefeld.
[38] Kom., ABl. 2009 L 83/1, Tz. 179 – Langfristige Strombezugsvereinbarungen, Polen.
[39] Kom., ABl. 2008 L 236/10, Tz. 67 – Digitales terrestrisches Fernsehen (DVB-T) Nordrhein-Westfalen.
[40] Kom. ABl. 2005 L 240/45, Tz. 35 – Staatseigene spanische Werften.
[41] EuGH, C-345/02, Slg. 2004, I-7139, RdNr. 37 – Pearle BV u.a/Hoofdbedrijfschap Ambachten; EuG,
T-136/05, Slg. 2007, II-4063, RdNr. 164 – EARL Salvat père & fils ua./Kommission; Kom., ABl. 2009 L
83/1, Tz. 176 ff. – Langfristige Strombezugsvereinbarungen, Polen.
[42] Kom., ABl. 2005 L 240/45, Tz. 35 – Staatseigene spanische Werften.
[43] Kom., ABl. 2007 L 32/37, Tz. 82 – Französische Likörweine.
[44] Kom., ABl. 2007 C 217/25, Tz. 54 – NERES Flughafen Dortmund.
[45] EuGH, 67/85, 68/85 u. 70/85, Slg. 1988, 219, RdNr. 35 – Van der Kooy ua./Kommission.

Staat zurechenbar, vor allem wenn sich zweifelsfrei feststellen lässt, dass ihr diese Aufgaben übertragen wurden und wenn die Maßnahmen vom öffentlichen Anteilseigner genehmigt wurden.[46] Nimmt eine privatrechtliche Gesellschaft die Koordinierung und Genehmigung von Subventionen im Verkehrsbereich vor und unterliegt sie hierbei wie eine eigene Dienststelle einem staatlichen Ministerium, so dass sie lediglich formal von der Regierung getrennt ist, jedoch deren unmittelbarem Einfluss unterliegt, so ist ihr Verhalten dem Staat auch zurechenbar.[47]

264   Auch wenn die betroffene Einrichtung keine rechtlich selbständige juristische Person, sondern nur eine **unselbständige Einrichtung** des Staates ohne eigene Rechtspersönlichkeit ist, dürfte es grundsätzlich denkbar sein, dass die betreffende Maßnahme dem Staat im Einzelfall nicht zurechenbar ist. Dies wird dann der Fall sein, wenn die Einrichtung – trotz ihrer rechtlichen Unselbständigkeit – über ein hohes Maß organisatorischer Verselbständigung sowie autonomer Entscheidungsbefugnis verfügt und keinerlei Involvierung staatlicher Stellen vorliegt. Denn letztlich spielt die Rechtsform eines Unternehmens und damit auch die Frage der rechtlichen Selbständigkeit im Wettbewerbsrecht keine Rolle.[48] Dies muss auch für die vorliegende Frage der Zurechenbarkeit gelten.

265   γ) **Umsetzung zwingenden Gemeinschaftsrechts.** Die Zurechenbarkeit entfällt, soweit es sich bei den in Rede stehenden Maßnahmen um die **Umsetzung verbindlichen Gemeinschaftsrechts** handelt. Hier wird der Mitgliedstaat lediglich als verlängerter Arm tätig und setzt zB. Richtlinien um. Dies gilt zB. für die Steuerbefreiung für Flugbenzin[49] sowie für das Vorsteuerabzugsrecht auf besteuerte Umsätze im Rahmen des harmonisierten Mehrwertsteuersystems.[50]

266   Diese Rechtsprechung lässt sich wohl in dem Sinne verstehen, dass eine Zurechnung (nur) dann verneint wird, wenn dem Mitgliedstaat bei der Umsetzung der gemeinschaftsrechtlichen Vorgaben kein Handlungsspielraum mehr verbleibt, dh. insoweit eine „klare und genaue Verpflichtung" besteht.[51] Ob die Gemeinschaftsgerichte dann auch eine Zurechenbarkeit bejahen, wenn dem Mitgliedstaat bei der Umsetzung der gemeinschaftsrechtlichen Vorgaben **verschiedene Alternativen** zur Verfügung stehen, ist sehr zweifelhaft und wohl zu verneinen. So schreibt beispielsweise Art. 11 Abs. 3 RL 2003/87 über ein System für den Handel mit Treibhausemissionszertifikaten[52] ausdrücklich vor, dass die nationalen Allokationspläne der Mitgliedstaaten im Einklang mit den Beihilfenvorschriften stehen müssen. Dies bedeutet, dass die Anwendung des Beihilfenrechts nicht mangels Zurechenbarkeit ausgeschlossen ist, wenn die nationalen Umsetzungsmaßnahmen bestimmte spezifische Vergünstigungen enthalten.[53] Eine Zurechenbarkeit kann also nur entfallen, wenn dem Staat bei der Umsetzung der Maßnahme keinerlei Freiraum mehr verbleibt.

267   c) **Belastung des Staatshaushaltes. aa) Hintergrund.** Auch das Kriterium der Belastung des Staatshaushaltes hat erst in **jüngerer Zeit** größere Bedeutung erlangt. Dieses Kriterium wurde vom Gerichtshof durch die Entscheidung in der Rechtssache Sloman Neptun[54] ausdrücklich eingeführt. Ob es eine Berechtigung hat, wird in der Literatur nach wie vor kontrovers beurteilt.[55] Mit dem Kriterium „Belastung öffentlicher Mittel" werden solche Begünstigungen von der Beihilfenkontrolle ausgeschlossen, die der Staat gewährt, ohne dass dies mit finanziellen Aufwendungen für ihn verbunden wäre.

268   bb) **Frühere Rechtsprechung.** Die Rechtsprechung des EuGH zu diesem Themenkreis war wenig konsistent und nicht immer frei von Widersprüchen.[56] Zum ersten Mal wurde der Gerichtshof mit diesem Problemkreis in der Rechtssache Van Tiggele[57] befasst. In diesem Fall ging es um die Frage, ob eine niederländische Regelung, durch welche Mindestpreise für alko-

---

[46] Kom., ABl. 2004 L 61/66, Tz. 29 – Space Park Bremen.

[47] Kom., ABl. 2008 C 174/13, Tz. 69 – Emsländische Eisenbahn GmbH.

[48] EuGH, C-159/91 u. C-160/91, Slg. 1993, I-637, RdNr. 17 – Poucet and Pistre; EuGH, C-82/01 P, Slg. 2002, I-9297, RdNr. 70 – Aéroports de Paris/Kommission.

[49] EuG, T-351/02, Slg. 2006, II-1047, RdNr. 99 – Deutsche Bahn/Kommission.

[50] EuGH, C-460/07, noch nicht in amtl. Slg., RdNr. 67 – Puffer/Unabhängiger Finanzsenat.

[51] EuG, T-351/02, Slg. 2006, II-1047, RdNr. 102 – Deutsche Bahn/Kommission; EuGH, C-460/07, Slg. 2009, I-3251, RdNr. 70 – Puffer/Unabhängiger Finanzsenat.

[52] ABl. 2003 L 275/32.

[53] Hierzu Leitlinien der Gemeinschaft für staatliche Umweltschutzbeihilfen, ABl. 2008 C 82/1, RdNr. 55.

[54] EuGH, C-72/91 u. C-73/91, Slg. 1993, I-887 – Sloman Neptun.

[55] Ablehnend insbesondere Slotboom ELRev 1995, 289. Vgl. hierzu Soltész EuZW 1998, 747.

[56] Zusammenfassend Soltész EuZW 1998, 747, 748.

[57] EuGH, 82/77, Slg. 1978, 25 – Niederländische Staatsanwaltschaft/Van Tiggele.

holische Getränke vorgeschrieben wurden, eine Beihilfe für die Hersteller und die Verkäufer darstellt. Der Gerichtshof verneinte diese Frage und stellte fest, dass eine Maßnahme mit dem Ziel, den Verkäufer eines Erzeugnisses allein zu Lasten der Verbraucher zu begünstigen, keine Beihilfe darstellt. Die Vorteile, die ein derartiger Eingriff in die Preisbildung den Verkäufern des Erzeugnisses bringt, stammen nach Einschätzung des EuGH **weder unmittelbar noch mittelbar aus staatlichen Mitteln**.[58] Auch Generalanwalt *Capotorti* war davon ausgegangen, dass das Vorliegen einer Beihilfe eine „Belastung für die öffentlichen Finanzen in Form einer Ausgabe oder Mindereinnahme" voraussetzt.[59] Diese Auffassung bestätigte der Gerichtshof in seiner Entscheidung in der Rechtssache Norddeutsches Vieh- und Fleischkontor.[60]

Zwischenzeitlich vollzog der EuGH allerdings eine überraschende **Kehrtwende**. In der **269** Rechtssache Kommission/Frankreich[61] hatte sich der Gerichtshof mit dem Beihilfencharakter einer „Solidaritätsleistung" zur Unterstützung bedürftiger Landwirte in Frankreich befasst. Diese Leistung wurde von der Caisse nationale de crédit agricole, einer öffentlichen Einrichtung, geleistet. Die Mittel, mit denen die „Solidaritätsleistung" bezahlt wurde, stammten aus Überschüssen der Caisse nationale de crédit agricole, die diese durch private Bankgeschäfte erwirtschaftet hatte. Zu ihrer Entstehung hatten keine öffentlichen Mittel beigetragen. Der Gerichtshof ging vom Vorliegen einer staatlichen Beihilfe aus, wobei seine Begründung im klaren Gegensatz zu seiner vorangegangenen Rechtsprechung stand. Er führte wörtlich aus, dass „staatliche Beihilfen nicht nur solche sind, die aus staatlichen Mitteln finanziert werden."[62] Im Schrifttum wurde die Entscheidung teilweise in dem Sinne verstanden, dass der Gerichtshof das Kriterium der „Belastung öffentlicher Mittel" aufgegeben hat.[63]

cc) **Die neuere Rechtsprechung des EuGH – Sloman Neptun, Kirsammer Hack und 270 PreussenElektra.** Der Gerichtshof beseitigte diese Unklarheit in der bereits erwähnten Rechtssache *Sloman Neptun*.[64] Er kehrte zu seiner in Van Tiggele und Norddeutsches Vieh- und Fleischkontor geäußerten Ausgangsposition zurück und bestätigte die **Maßgeblichkeit des Kriteriums „Belastung öffentlicher Mittel".** Gegenstand des Vorlageverfahrens Sloman Neptun war das deutsche Gesetz über das Internationale Seeschifffahrtsregister, welches eine Regelung über Arbeitsverträge mit Seeleuten aus Nicht-EU-Staaten enthielt. War das betreffende Schiff in das Internationale Seeschifffahrtsregister eingetragen, so konnten diese Arbeitsverträge weniger günstigeren Arbeits- und Vergütungsbedingungen unterworfen werden, als nach deutschem Recht. Das Gesetz diente dazu, die internationale Wettbewerbsfähigkeit der deutschen Seeschifffahrt durch die Senkung der Personalkosten zu sichern – also ein klarer wettbewerblicher Bezug. Das Arbeitsgericht Bremen sah hierin eine unerlaubte staatliche Beihilfe, da die Regelung die teilweise Nichtanwendung des deutschen Arbeits- und Sozialrechts ermögliche. Dieser Einschätzung schloss sich auch die Kommission an, weil die Anwendung ausländischen Arbeitsrechts zu niedrigeren Gehältern führe. Da diese Gehälter die Grundlage zur Berechnung der Sozialversicherungsbeiträge und der Steuern darstellen, führe dies zu Mindereinnahmen und somit zu einer **finanziellen Belastung** des deutschen Staates. Darüber hinaus vertraten die Kommission und Generalanwalt *Darmon* die Auffassung, dass das Kriterium „Belastung öffentlicher Mittel" keine Berechtigung habe.[65]

Der Gerichtshof führte hingegen aus, dass eine Beihilfe immer eine Belastung der öffentli- **271** chen Mittel voraussetze. Nur solche Vorteile seien als staatliche Beihilfen anzusehen, „die unmittelbar oder mittelbar aus staatlichen Mitteln gewährt werden". Dies sollte im vorliegenden Rechtsstreit jedoch nicht der Fall sein, da die fragliche Regelung in ihrem Zweck und ihrer allgemeinen Systematik nicht auf die Schaffung eines Vorteils abziele, der eine zusätzliche Belastung für den Staat oder für die genannten Einrichtungen darstelle, sondern mit ihr lediglich zugunsten der Seeschifffahrtsunternehmen der Rahmen verändert werden solle, innerhalb dessen die vertraglichen Beziehungen zwischen diesen Unternehmen und ihren Arbeitnehmern zustande kommen. Die sich daraus ergebenden Folgen (geringere Sozialversicherungsbeiträge, Einbuße an Steuererträgen) seien einer solchen Regelung immanent.[66]

---

[58] EuGH, 82/77, Slg. 1978, 25, RdNr. 23, 25 – Niederländische Staatsanwaltschaft/Van Tiggele.
[59] Schlussanträge Generalanwalt *Capotorti,* 82/77, Slg. 1978, 25, 52.
[60] EuGH, 213/81–215/81, Slg. 1982, 3583 – Norddeutsches Vieh- und Fleischkontor.
[61] EuGH, 290/83, Slg. 1985, 439 – Kommission/Frankreich.
[62] EuGH, 290/83, Slg. 1985, 439, RdNr. 14 – Kommission / Frankreich.
[63] *Slotboom* ELRev 1995, 289, 293.
[64] EuGH, C-72/91 u. C-73/91, Slg. 1993, I-887 – Sloman Neptun.
[65] Schlussanträge Generalanwalt *Darmon,* C-72/91 u. C-73/91, Slg. 1993, I-887, 905.
[66] EuGH, C-72/91 u. C-73/91, Slg. 1993, I-887, RdNr. 21 – Sloman Neptun.

272 Kurz darauf **bestätigte** der Gerichtshof die **Maßgeblichkeit** des Kriteriums „Belastung öffentlicher Mittel" in Kirsammer-Hack.[67] Hier ging es um die Befreiung von Kleinbetrieben vom deutschen Kündigungsschutzgesetz, wodurch diese einen gewissen Vorteil gegenüber anderen Unternehmen erhielten (zB. keine Abfindungen bei sozial ungerechtfertigten Kündigungen, keine Prozesskosten). Das Arbeitsgericht Reutlingen hatte daher die Frage dem EuGH vorgelegt, ob es sich hierbei um eine staatliche Beihilfe handele. Der EuGH führte unter Bezugnahme auf die Sloman Neptun-Entscheidung aus, dass die Befreiung einer Gruppe von Unternehmen von der Kündigungsschutzregelung keine unmittelbare oder mittelbare Übertragung staatlicher Mittel auf diese Unternehmen darstelle. Man kann sich fragen, ob es überhaupt notwendig war, den fehlenden Beihilfencharakter unter Bezugnahme auf die fehlende Belastung öffentlicher Mittel zu begründen. Es war nämlich evident, dass die deutsche Regelung nicht einzelne Unternehmen oder Produktionszweige begünstigte und es somit schon an der Spezifität der Maßnahme fehlte. Der Gerichtshof hat sich jedoch nicht auf diesen einfacheren Weg beschränkt, sondern die Bedeutung seiner in der Sloman Neptun-Entscheidung entwickelten Grundsätze nochmals mit Nachdruck **unterstrichen.**

273 In einer Entscheidung aus dem Jahre 1998 hat der Gerichtshof diese Linie fortgesetzt. In der Rechtssache Viscido[68] ging es wieder um eine Regelung des **innerstaatlichen Arbeitsrechts.** Vorschriften des italienischen Rechts sahen vor, dass bestimmte öffentliche Unternehmen von den strengen arbeitsrechtlichen Vorgaben über die Befristung von Arbeitsverträgen befreit sind. Ein italienisches Gericht legte dem Gerichtshof die Frage vor, ob dies eine staatliche Beihilfe darstellen würde. Der Gerichtshof verneinte dies mit der gleichen Begründung wie in Sloman Neptun und Kirsammer-Hack.

274 Obwohl die Rechtsprechung zu diesem Kriterium bereits recht gefestigt war, ist sie erst mit der Entscheidung PreussenElektra[69] nachhaltig in das Bewusstsein der juristischen Öffentlichkeit gerückt. Hierin ging es um die beihilfenrechtliche Zulässigkeit der **Abnahme- und Vergütungspflichten des deutschen (mittlerweile abgelösten) Stromeinspeisungsgesetzes** (StromEG). Das StromEG galt für die Einspeisung von Strom aus Energieträgern, die als ökologisch besonders wertvoll eingestuft wurden und begründete eine Abnahme- und Vergütungspflicht für öffentliche Elektrizitätsversorgungsunternehmen. Nach Ansicht des EuGH lag mangels einer Belastung des Staatshaushaltes keine staatliche Beihilfe vor. Er stellte klar, dass auch mittelbar aus staatlichen Mitteln finanzierte Fördermaßnahmen, nämlich solche, die über eine vom Staat benannte oder errichtete öffentliche oder private Einrichtung gewährt werden, vom Beihilfenbegriff erfasst werden. Die Abnahme- und Vergütungspflichten nach dem StromEG führten nach seiner – sehr knappen – Begründung jedoch „nicht zu einer unmittelbaren oder mittelbaren Übertragung staatlicher Mittel auf die Unternehmen, die diesen Strom erzeugen".[70]

275 Wichtigste Folgerechtsprechung nach PreussenElektra war das Urteil Pearle,[71] in dem es um parafiskalische Abgaben an einen **öffentlich-rechtlichen Berufsverband** ging. Auch hier verneinte der Gerichtshof den Beihilfentatbestand mangels einer Belastung des Staatshaushaltes. Ausschlaggebend war hierfür der Gesichtspunkt, dass der öffentlich-rechtliche Berufsverband zu keiner Zeit über die Mittel frei verfügen konnte. Letztlich zeigt auch diese Entscheidung die unverkennbare Tendenz der Rechtsprechung, den Beihilfenbegriff mit diesem Kriterium möglichst einzuengen.

276 Diese Rechtsprechung ist grundsätzlich **zu begrüßen.** Für die Anwendung des Kriteriums „Belastung öffentlicher Haushalte" lässt sich zunächst die Notwendigkeit einer Einschränkung des Beihilfenbegriffes anführen. Würde man auch solche Maßnahmen dem Anwendungsbereich des Art. 107 Abs. 1 AEUV unterwerfen, die keine Belastung des Staatshaushaltes mit sich bringen, so würde der Begriff der Beihilfe **jegliche Kontur** verlieren. Fast jede staatliche Intervention in das Wirtschaftsleben, die auf eine Verbesserung der Wirtschaftsbedingungen abzielt, würde dann der Beihilfenkontrolle unterliegen. Dies zeigt der Fall Sloman Neptun überdeutlich. Gegenstand der Vorlagefrage war eine Vorschrift des deutschen Internationalen Privatrechts. Dass künftig auch privatrechtliche Kollisionsregeln von der Kommission anhand der Beihilfenregeln überprüft werden sollten, erscheint nicht zuletzt angesichts der begrenzten personellen und sachlichen Ressourcen der Kommission mehr als unangemessen. Eine solche „Uferlosigkeit" des Beihilfenrechts

---

[67] EuGH, C-189/91, Slg. 1993, I-6185. – Kirsammer-Hack.
[68] EuGH, C-52/97, C-53/97 u. C-54/97, Slg. 1998, I-2629 – Viscido ua.
[69] EuGH, C-379/98, Slg. 2001, I-2099 – PreussenElektra AG.
[70] EuGH, C-379/98, Slg. 2001, I-2099, RdNr. 58 f. – PreussenElektra AG.
[71] EuGH, C-345/02, Slg. 2004, I-7139 – Pearle.

Soltész

wäre offensichtlich verfehlt. Um die von Art. 107 AEUV erfassten Maßnahmen aus dem weiten Kreis der staatlichen Eingriffe in das Wirtschaftsleben „herauszuschälen", bliebe dann nur noch das Tatbestandsmerkmal der Spezifität. Entgegen der Annahme von *Slotboom*[72] ist dieses Kriterium jedoch kaum in der Lage, die Beihilfen im Sinne des Art. 107 Abs. 1 AEUV von anderen staatlichen Eingriffen abzugrenzen.

Es ist zwar richtig, dass ein umfassenderer Beihilfenbegriff die Herstellung gleicher Wettbe- **277** werbsbedingungen besser gewährleisten könnte.[73] Denn solche Begünstigungen, die nicht zu einer Belastung öffentlicher Haushalte führen, können ebenso geeignet sein, den innergemeinschaftlichen Wettbewerb zu verzerren, wie solche Maßnahmen, die eine finanzielle Belastung des Staates nach sich ziehen. Dies bedeutet aber nicht zwangsläufig, dass solche Maßnahmen auch der Beihilfenkontrolle unterliegen müssen. Die Vorschriften über staatliche Beihilfen stellen nur einen **Ausschnitt** aus dem Instrumentarium dar, welches der Vertrag zur Schaffung eines Binnenmarktes vorsieht. Neben den Beihilfenvorschriften sind dies unter anderem die Regeln über die Grundfreiheiten sowie die Regeln über die Rechtsangleichung. Würde man auf die Anwendung des Kriteriums „Belastung öffentlicher Mittel" verzichten, so würden fast alle staatlichen Eingriffe in das Wirtschaftsleben, die bestimmte Unternehmen oder Produktionszweige begünstigen, unter die Art. 107 f. AEUV fallen. Der Anwendungsbereich der Grundfreiheiten und der Vorschriften über die Rechtsangleichung wäre dann in weiten Teilen deckungsgleich mit dem der Art. 107 f. AEUV. Dies kann von der **Gesamtsystematik** des Vertrages her nicht gewollt sein. Es liegt somit nahe, den Anwendungsbereich des Beihilfenrechts in einer ihrer Stellung angemessenen Weise zu beschränken. Die Regeln über die Grundfreiheiten und die Rechtsangleichung erscheinen auch unzweifelhaft besser geeignet, die genannten Maßnahmen zu erfassen.[74] Abgesehen von diesen systematischen und teleologischen Erwägungen würde die Annahme einer staatlichen Beihilfe in den genannten Fällen auch zu erheblichen praktischen Problemen bei der Rückforderung führen.

Die vom Gerichtshof vorgenommene Eingrenzung ist gerade in den letzten Jahren immer **278** wichtiger geworden angesichts dieses **weiten Themenfelds,** das sich die Kommission mittlerweile zuschreibt. Es gibt mittlerweile nur noch wenige Regelungen, die nicht unter Hinweis auf ihre mögliche Beihilfenrechtswidrigkeit problematisiert werden. Diese Entwicklung wird natürlich beflügelt durch eine steigende Bereitschaft der Unternehmen, jede Reflexwirkung einer regulatorischen Maßnahme unter dem Gesichtspunkt des Europäischen Beihilfenrechts bei der Kommission im Wege einer Beschwerde anzuklagen. Was verbliebe aber angesichts eines beihilfenrechtlichen Korsetts für die nationale (oder die europäische) Politik noch an Handlungsspielraum? Zudem würde sich die Kommission eine Herkulesaufgabe aufbürden, wenn sie sämtliche Regelungen – auch diejenigen, die nicht zu einer Belastung des Staatshaushaltes führen – überprüfen und somit eine umfassende Kontrolle für nationale Maßnahmen einführen wollte. Eine derart weite Auslegung des Beihilfenbegriffs würde die ausdifferenzierte Zuständigkeitsverteilung des AEUV unterlaufen. Es kann nicht richtig sein, dass die Kommission Regelungskompetenzen für Sachmaterien an sich zieht, welche klar in die Zuständigkeit der Mitgliedstaaten fallen.

Eine Parallele zu dieser Kontroverse setzt sich im Übrigen auch im **internationalen Sub-** **279** **ventionsrecht** fort: Die EU-Antisubventionsverordnung (VO 193/2007) enthält in ihren Artt. 2, 3 den Versuch, den Begriff einer Subvention positiv zu umschreiben. Über die Frage, ob der Begriff der Subvention eine Belastung öffentlicher Haushalte voraussetzt, sagen diese Vorschriften jedoch nichts. Die Kommission hatte diese Frage für die alte Fassung der Antidumping- und Antisubventionsverordnung bejaht.[75] Dies fand überwiegend Zustimmung in der Literatur[76] und auch der Gerichtshof hat diese Auffassung bestätigt.[77]

dd) Das Kriterium „Belastung des Staatshaushaltes" in der Entscheidungspraxis. **280** Die Rechtsprechung hat das Kriterium der „Belastung des Staatshaushaltes" mittlerweile in

---

[72] AA *Slotboom* ELRev 1995, 289, 297.

[73] So Schlussanträge Generalanwalt *Darmon,* C-72/91 u. C-73/91, Slg. 1993, I-887, 912 und in EuGH, C-189/91, Slg. 1993, I-6185, RdNr. 16 – Kirsammer-Hack; In diesem Sinne auch *Slotboom* ELRev 1995, 289, 296.

[74] Ebenso *Slot* CMLRev 1994, 142, 143.

[75] Kom., Beschl. v. 16. 4. 1985, ABl. 1985 Nr. L 106/19, 24 – Sojabohnen aus Brasilien; Kom., Beschl. v. 18. 4. 1995, ABl. 1985 Nr. L 108/28, 29 – Sojaölkuchen aus Argentinien.

[76] *Stanbrook/Bentley,* Dumping and Subsidies, 1996, 88; *Beseler/Williams,* Anti-Dumping and Anti-Subsidy Law, 1986, 123. Ablehnend: *Bronckers/Quick,* Journal of World Trade Vol. 23 (1989), No. 6, 5.

[77] EuGH, 187/85, Slg. 1988, 4155, RdNr. 11 – FEDIOL/Kommission.

mehreren Entscheidungen präzisiert. Im Mittelpunkt stehen hierbei Fallgestaltungen, bei denen Zwangsbeiträge oder -gebühren an bestimmte Einrichtungen gezahlt werden (parafiskalische Abgaben), die wiederum zur Unterstützung bestimmter Unternehmen eingesetzt werden. Zudem wird immer wieder – wie zB. im Fall PreussenElektra – versucht, allgemeine wirtschaftsrechtliche Regelungen unter Berufung auf das Beihilfenrecht zu torpedieren. Im Folgenden sollen die verschiedenen Fallgruppen systematisiert dargestellt werden.

281   **α) Private Unternehmen und Einrichtungen.** Unzweifelhaft zählen zum Staatshaushalt nicht solche Mittel, die **privaten Unternehmen** oder **einzelnen Personen** zustehen. So erfolgte die Zuwendung in den Fällen Sloman Neptun,[78] Kirsammer-Hack[79] und Viscido[80] „auf Kosten" der Arbeitnehmer der begünstigten Unternehmen. Ebenso zog in der Rechtssache Van Tiggele[81] die Begünstigung der Hersteller und Verkäufer eine Belastung der privaten Verbraucher nach sich. In diesen Fällen war demnach ein Beihilfencharakter zu verneinen.

282   Wird hingegen eine private Einrichtung mit der **Gewährung von Subventionen** beauftragt und werden diese aus Staatsmitteln finanziert, so ergibt sich aus dem Wortlaut des Art. 107 Abs. 1 AEUV („aus staatlichen Mitteln gewährte Beihilfen"), dass eine Beihilfe vorliegt.[82] Zudem werden nach der Rechtsprechung des EuGH auch mittelbar aus staatlichen Mitteln finanzierte Fördermaßnahmen, nämlich solche, die über eine vom Staat benannte oder errichtete öffentliche oder private Einrichtung gewährt werden, vom Beihilfenbegriff erfasst.[83] Eine Definition staatlich eingesetzter Einrichtungen ist der Rechtsprechung allerdings nicht zu entnehmen. Die bisherige Rechtsprechung nennt nichteinmal explizite Kriterien für das Vorliegen einer Einrichtung und für deren Qualifikation als staatlich „eingesetzt".

283   Es soll nach (vereinzelter) Auffassung der Kommission sogar dann eine Beihilfe an ein Unternehmen vorliegen, wenn dieses einen wirtschaftlichen Vorteil von einem anderen Unternehmen **„weitergereicht"** bekommt.[84] Dies dürfte jedoch zu weit gehen,[85] weil der Beihilfenbegriff hiermit völlig konturenlos würde.

284   **β) Finanzielle Ressourcen, die öffentlichen Unternehmen zustehen.** Befindet sich ein Unternehmen im **Anteilseigentum** des Staates oder wird es vom Staat beherrscht, so sind die finanziellen Mittel dieses Unternehmens ebenfalls grundsätzlich staatliche Mittel.[86] Denn in diesen Fällen sind die staatlichen Stellen in der Lage, auf diese Geldmittel zuzugreifen. Es soll hierbei keine Rolle spielen, ob diese Mittel **auf Dauer** zum Vermögen des Staates gehören.[87] Eine hiervon zu unterscheidende Frage ist selbstverständlich, ob die Vergabe dieser Mittel dem Staat „zurechenbar" ist, wenn die Vergabe durch das Unternehmen selbst erfolgt.

285   **γ) Fonds und parafiskalische Abgaben.** Die wohl schwierigste Fallgruppe sind solche Konstellationen, bei denen staatlich eingesetzte Zwischeninstanzen, die organisatorisch relativ weit verselbständigt sind, über Mittel verfügen können, die durch steuerähnliche Sonderabgaben oder Zwangsbeiträge finanziert werden **(„parafiskalische Abgaben")**. Dies ist zB. der Fall bei Fonds und Sonderkassen, die nicht zum Staat gehören.

286   In der Vergangenheit – vor Sloman Neptun – hatte der Gerichtshof den Beihilfencharakter solcher Maßnahmen bejaht, wenn die Finanzierung über eine Abgabe erfolgte, die vom Staat zwingend angeordnet, aber von einer separaten Einrichtung eingetrieben wurde.[88]

---

[78] EuGH, C-72/91 u. C-73/91, Slg. 1993, I-887 – Sloman Neptun.

[79] EuGH, C-189/91, Slg. 1993, I-6185.- Kirsammer-Hack.

[80] EuGH, C-52/97, C-53/97 u. C-54/97, Slg. 1998, I-2629 – Viscido ua.

[81] EuGH, 82/77, Slg. 1978, 25 – Niederländische Staatsanwaltschaft/Van Tiggele.

[82] EuGH, 78–76, Slg. 1977, 595, RdNr. 19 ff. - Steinike und Weinlig/Deutschland; EuGH, 67/85, 68/85 u. 70/85, Slg. 1988, 219, RdNr. 35 – Van der Kooy ua./Kommission.

[83] EuGH, C-379/98, Slg. 2001, I-2099, RdNr. 58 – PreussenElektra AG.

[84] Vgl. die Eröffnungsentscheidung Kom., ABl. 2007 C 48/7, Tz. 48 – DHL und Flughafen Leipzig/Halle.

[85] Die Kommission hat diesen Aspekt zu Recht in der verfahrensabschließenden Entscheidung nicht mehr aufgegriffen, vgl. Kom., ABl. 2008 L 346/1 – DHL und Flughafen Leipzig/Halle.

[86] EuGH, C-482/99, Slg. 2002, I-4397, RdNr. 35 – Stardust Marine; EuGH, 67/85, 68/85 u. 70/85, Slg. 1988, 219, RdNr. 35 – Van der Kooy ua./Kommission.

[87] EuGH, C-482/99, Slg. 2002, I- 4397, RdNr. 37 – Stardust Marine.

[88] EuGH, 47–69, Slg. 1970, 487, 489, 495 – Frankreich/Kommission; EuGH, 47–69, Slg. 1974, 709, RdNr. 33/35 – Italien/Kommission; EuGH, 78–76, Slg. 1977, 595, RdNr. 21 – Steinike und Weinlig/Deutschland; EuGH, 259/85, Slg. 1987, 4393, RdNr. 23 – Frankreich/Kommission; vgl. ferner EuGH, C-114/91, Slg. 1992, I-6559, RdNr. 25 – Claeys; Kom., ABl. 1992 L 170/34, 35 – Niederländische Tiermistentsorgung; Kom., ABl. 1989 L 116/52 – Kohlepfennig.

Diese extensive Auslegung des Begriffes „öffentliche Mittel" lässt sich heute wohl kaum mehr **287** halten. Der wohl aufschlussreichste Fall für die Beurteilung derartiger Konstellationen ist heute das Urteil Pearle,[89] in dem es um die **Finanzierung von Werbekampagnen** zugunsten der Unternehmen der Optikerbranche ging. Diese Werbekampagne wurde durchgeführt von einem Berufsverband des öffentlichen Rechts, dem Unternehmen der Optikbranche kraft Gesetzes angeschlossen sind. Die Werbekampagne wurde finanziert durch eine „zweckgebundene Zwangsabgabe", die von den Mitgliedern erhoben wurde. Der Fall wies allerdings die Besonderheit auf, dass die öffentliche Einrichtung (der Berufsverband) nicht über die Mittel disponieren konnte. Vielmehr waren diese Mittel zweckgebunden für die Kampagne. Der nicht-staatliche Einschlag wurde noch verstärkt durch die Tatsache, dass die Organisation und Durchführung der Kampagne von einer **privaten Vereinigung** ausging und die öffentliche Einrichtung nur als Instrument für die Erhebung und Verwendung der eingenommen Mittel diente. Der Gerichtshof verneinte die Belastung des Staatshaushaltes und damit die Anwendbarkeit des Beihilfenrechts mit dem Hinweis, dass die Werbekampagne nicht aus Mitteln finanziert wurde, über die der Berufsverband „frei verfügen konnte". Die Mittel wurden aus privater Quelle finanziert, waren streng zweckgebunden und somit „in keiner Weise Teil einer von den niederländischen Behörden definierten Politik". Letzteres unterschied – so die Auffassung des EuGH – den Sachverhalt in Pearle wesentlich von Kommission/Frankreich,[90] in dem die betroffene Einrichtung nur die von der französischen Regierung beschlossenen Maßnahmen umsetzte.[91] Die (streckenweise etwas bemüht wirkende) Begründung, die auf den spezifischen Besonderheiten dieses niederländischen Systems beruhte, zeigt jedoch die unverkennbare Tendenz, den Beihilfenbegriff in diesem Kontext möglichst **eng auszulegen**.

In EARL Salvat père & fils[92] ging es ebenfalls um Prämien, die von einem Komitee verge- **288** ben wurden, in dem der Staat eine beherrschende Rolle wahrnahm. In der Begründung (in der die Frage der Belastung des Staatshaushaltes teilweise mit der Frage der Zurechenbarkeit vermischt wurde) stellte es im Einklang mit der Pearle-Rechtsprechung darauf ab, ob die betreffende Maßnahme „aus Mitteln finanziert wurde, die staatlichen Stellen zur Verfügung belassen wurden". Maßgeblich für die Bejahung dieser Frage waren vor allem die Zusammensetzung des Komitees mit einer **Vielzahl von staatlichen Vertretern** in leitenden Funktionen sowie staatliche Zustimmungserfordernisse,[93] die sich nicht in einer reinen Ordnungsmäßigkeitskontrolle erschöpften, sondern dem Komitee eine aktive **Steuerung der betreffenden Einrichtung** ermöglichten (letztlich konnte der Staat anstelle der Einrichtung Entscheidungen treffen). Dies führte das Gericht zu der Folgerung, dass der Staat über die Mittel „verfügen" konnte.[94] Hinzu trat auch die Erwägung, dass – in Abgrenzung von Pearle – die in Rede stehende Prämie nicht ausschließlich aus privaten Beiträgen stammte, sondern auch mit öffentlichen Subventionen finanziert wurde.[95] Anders als in Pearle ging die Organisation und Durchführung der Maßnahme auch nicht von einer privaten Vereinigung aus und die öffentliche Einrichtung war nicht nur als Instrument für die Erhebung und Verwendung der eingenommen Mittel.[96] Zudem war die Prämiengewährung „Teil einer staatlich unterstützten Politik".[97]

In die gleiche Richtung geht die Entscheidung Essent Network Noord,[98] in dem die Belas- **289** tung staatlicher Haushalte und damit der Beihilfencharakter bejaht wurde. Auch hier beriefen sich die Kläger auf die Pearle-Rechtsprechung. Der Gerichtshof stellte jedoch fest, dass – wieder in ausdrücklicher Abgrenzung von Pearle – die vereinnahmten Beträge auf einer **Abgabe** beruhten und nur zu dem **gesetzlich vorgesehenen Zweck** verwendet werden durften. Zudem

---

[89] EuGH, C-345/02, Slg. 2004, I-7139 – Pearle.
[90] EuGH, 290/83, Slg. 1985, 439 – Kommission/Frankreich.
[91] EuGH, C-345/02, Slg. 2004, I-7139, RdNr. 36 – Pearle.
[92] EuG, T-136/05, Slg. 2007, II-4063 – EARL Salvat père & fils ua./Kommission.
[93] Vgl. hierzu auch Kom., ABl. 2002 L 272/25, Tz. 25 – Belgische Regelung für Diamantensektor; Kom, ABl. 2009 L 83/1, Tz. 328 – Langfristige Strombezugsvereinbarungen, Polen.
[94] EuG, T-136/05, Slg. 2007, II-4063, RdNr. 140 – EARL Salvat père & fils ua./Kommission.
[95] Vgl. hierzu auch Kom., ABl. 2009 L 127/11, Tz. 58 – Französische Krisenpläne im Obst- und Gemüsesektor.
[96] Vgl. auch Kom., ABl. 2008 L 144/37, Tz. 103 – ThyssenKrupp, Cementir und Nuova Terni Industrie Chimiche.
[97] EuG, T-136/05, Slg. 2007, II-4063, RdNr. 158 ff. – EARL Salvat père & fils ua./Kommission. Vgl. auch Kom., ABl. 2009 L 83/1, Tz. 178 – Langfristige Strombezugsvereinbarungen, Polen.
[98] EuGH, C-206/06, Slg. 2008, I-5497 – Essent Netwerk Noord ua./Kommission.

wurde die Verwendung von Mitteln vom Gesetzgeber beschlossen und – anders als in Preussen-Elektra – eine Einrichtung vom Staat mit der Verwaltung staatlicher Mittel beauftragt worden.[99] In die gleiche Richtung gehen jüngere Entscheidungen der Kommission.[100]

290   In TV2/Danmark A/S[101] äußerte sich das Gericht zu dem äußerst umstrittenen Thema der **Rundfunkgebühren.** In seiner äußerst knappen Begründung bestätigte das Gericht den Beihilfencharakter der dänischen Regelung unter Hinweis auf die Tatsache, dass die Höhe der Rundfunkgebühren von den dänischen Behörden festgesetzt wird, die Zahlungspflicht nicht vertraglich begründet wird, ihre Einziehung nach der Steuervorschriften erfolgt und die Verteilung des Gebührenaufkommens an die Sender bei den dänischen Behörden liegt. Hieraus folge, dass die dänischen Behörden über die Einnahmen aus den Rundfunkgebühren „verfügen und sie kontrollieren können, so dass diese staatliche Mittel sind".[102] Die Kommission hatte bereits zuvor zum **deutschen Rundfunkgebührensystem** festgestellt, dass dieses Beihilfencharakter aufweist. Aus Sicht der deutschen Bundesregierung war dies nicht der Fall, da die Rundfunkgebühren direkt von den Besitzern der Radio- und Fernsehgeräte an die öffentlich-rechtlichen Rundfunkanstalten gezahlt werden. Die Kommission wies hingegen darauf hin, dass die Länder den Rundfunkanstalten das Hoheitsrecht übertragen hätten, die Rundfunkgebühren direkt einzuziehen. Die Verteilung des Gebührenaufkommens wäre staatsvertraglich festgelegt und würde durch die Länderparlamente beschlossen.[103]

291   In Iride[104] wurden Beiträge bei Energieverbrauchern erhoben, die anschließend auf das Konto einer öffentlichen Einrichtung eingezahlt wurden, bevor sie an ein privates Unternehmen flossen. Das Gericht bejahte auch hier die Belastung staatlicher Mittel und damit den Beihilfencharakter. Auch wenn die Mittel nicht dauerhaft der Sachherrschaft der öffentlichen Stellen unterliegen, so soll es ausreichen, dass sie **ständig unter öffentlicher Kontrolle** und somit den zuständigen nationalen Stellen zur Verfügung stehen, um sie als staatliche Mittel einzustufen. Anders als in PreussenElektra wurden die Mittel von einer öffentlichen Einrichtung erhoben und auf einem Sonderkonto verwaltet (sie standen daher auch zivilrechtlich im Eigentum des Staates), bevor sie an private Empfänger gewährt wurden.[105] Der Staat konnte daher über diese Mittel „verfügen".[106]

292   All die letztgenannten Urteile, die nach Pearle ergangen sind, zeigen die unverkennbare Tendenz sich von der Pearle-Rechtsprechung abzugrenzen. Die Gemeinschaftsgerichte sind sehr um die Klarstellung bemüht, dass Pearle nicht als Freibrief für die Auslagerung von Subventionstätigkeit auf halbstaatliche Einrichtungen missverstanden werden soll. Als allgemein anerkanntes und zentrales Abgrenzungskriterium hat sich mittlerweile die Frage herauskristallisiert, ob die betreffenden Mittel – wenn auch nur vorübergehend[107] – in die **Verfügungsgewalt des Staates** gelangt sind.[108]

293   Die Kommission ist bemüht, die (von ihr ungeliebte) Pearle-Rechtsprechung möglichst **einzugrenzen.** Nach Lesart der Kommission sind parafiskalische Abgaben nur dann nicht als staatliche Mittel anzusehen, wenn kumulativ die folgenden vier Bedingungen zugleich erfüllt sind: (a) die durch die Zwangsbeiträge finanzierten Maßnahmen werden von dem beteiligten Sektor festgelegt; (b) die Finanzierung stammt zu 100% aus den Beiträgen der Unternehmen des Sektors; (c) die Beiträge werden obligatorisch zur Finanzierung der Maßnahme verwendet, ohne dass der Staat eingreifen kann, um die Verwendung der Mittel festzulegen oder zu ändern; und

---

[99] EuGH, C-206/06, Slg. 2008, I-5497, RdNr. 64 ff. – Essent Netwerk Noord ua./Kommission.

[100] Kom., ABl. 2009 L 159/11, Tz. 56 – Luxemburger Ausgleichsfonds für die Stromwirtschaft; Kom., ABl. 2007 L 219/9, Tz. 68, 72 – Slowenische Gesetzgebung über qualifizierte Erzeuger von Energie; Kom., ABl. 2002 L 272/25, Tz. 25 – Belgische Regelung für Diamantensektor.

[101] EuG, T-309/04, T-317/04, T-329/04, T-336/04, Slg. 2008, II-2935 – TV2/Danmark A/S/Kommission.

[102] EuG, T-309/04, T-317/04, T-329/04, T-336/04, Slg. 2008, II-2935, RdNr. 158 f. – TV2/Danmark A/S/Kommission.

[103] Kom., ABl. 2007 C 185/1, Tz. 142 ff. – Finanzierung der öffentlich-rechtlichen Rundfunkanstalten in Deutschland.

[104] EuG, T-25/07, Slg. 2009, II-245 – Iride SpA und Iride Energia SpA.

[105] Dieser Gesichtspunkt wird auch betont in Kom., ABl. 2007 L 219/9, Tz. 68 – Slowenische Gesetzgebung über qualifizierte Erzeuger von Energie.

[106] EuG, T-25/07, Slg. 2009, II-245, RdNr. 27 ff. – Iride SpA und Iride Energia SpA.

[107] Vgl. zB. Kom., ABl. 2008 L 144/37, Tz. 105 – ThyssenKrupp, Cementir und Nuova Terni Industrie Chimiche.

[108] Vgl. zB. Kom., ABl. 2009 L 159/11, Tz. 56 – Luxemburger Ausgleichsfonds für die Stromwirtschaft.

(d) die Beitragszahler sind zugleich Empfänger der Maßnahme.[109] Ob sich die Voraussetzungen (a) und (d) zwingend aus der Rechtsprechung ergeben, ist allerdings etwas fraglich und wird in dieser Stringenz auch in anderen Entscheidungen der Kommission nicht gefordert.[110]

δ) **Öffentliche Regulierung mit mittelbaren finanziellen Folgen.** Einer Vielzahl von **294** staatlichen Maßnahmen ist gemeinsam, dass sie **mittelbare finanzielle Folgen** (auch) für den Staatshaushalt zeugen. Es ist offensichtlich, dass dies nicht ausreichen kann, um diese als „Belastung für den Staatshaushalt" zu qualifizieren, denn solche Wirkungen sind zahlreichen Regelungen „**immanent**".[111]

In UTECA[112] ging es z.B. um die Frage, ob die staatliche Verpflichtung für Rundfunkanbie- **295** ter, einen bestimmten Teil ihrer Betriebseinnahmen auf die Finanzierung europäischer Filme zu verwenden zulässig sei. Der Gerichtshof verneinte die Belastung des Staatshaushaltes und den Beihilfencharakter, da es sich um eine **allgemeine Regelung** handele, die für alle Fernsehsender gleichermaßen gelte. Zwar waren von der Maßnahme auch öffentliche Fernsehveranstalter erfasst. Die Gewährung des betreffenden Vorteils hing jedoch nicht von der staatlichen Kontrolle ab, sondern ergab sich aus dem allgemein geltenden Gesetz.

Letztlich dürfte für die Abgrenzung entscheidend sein, auf welche **Rechtswirkungen** die **296** betreffende staatliche Maßnahme abzielt. So wurde der Beihilfencharakter in der Sloman Neptun-Entscheidung verneint, da die deutsche Regelung in ihrem Zweck und ihrer allgemeinen Systematik nicht auf die Schaffung eines Vorteils abzielt, der eine Belastung für den Staatshaushalt darstellt.[113] Es kann also letztlich nur darum gehen, ob die jeweilige Rechtsfolge, die von der betreffenden staatlichen Maßnahme angeordnet wird, eine Belastung öffentlicher Mittel unmittelbar beinhaltet. Unbeachtlich sind hingegen andere, zusätzliche Rechtsfolgen, die die Rechtsordnung an das Vorliegen der staatlichen Maßnahme knüpft. Maßgeblich für die Beantwortung der Frage, ob die Maßnahme eine Belastung öffentlicher Mittel bewirkt, ist die mit der Regelung gesetzte Primärrechtsfolge. Andere Rechtswirkungen, die die Rechtsordnung an das Vorliegen der staatlichen Maßnahme knüpft, müssen außer Betracht bleiben.[114]

Erlässt zB. eine Gemeinde einen **Bebauungsplan,** der bestimmte Grundstücke eines Unter- **297** nehmens als Industriegebiet ausweist, so ist dies eine erhebliche Begünstigung für das Unternehmen (das Grundstück kann als Betriebsgrundstück genutzt oder mit erheblichem Gewinn veräußert werden). Hiermit ist allerdings keine Belastung der öffentlichen Haushalte verbunden. Zwar gibt es andere öffentlich-rechtliche Vorschriften, die weitere Folgewirkungen an das Vorliegen eines Bebauungsplanes knüpfen (zB. die Erschließungslast der Gemeinde). Diese sind jedoch unbeachtlich für die Frage, ob eine Belastung des Staatshaushaltes vorliegt, da es sich lediglich um gesetzliche Verpflichtungen handelt, die an das Vorliegen eines Bebauungsplanes anknüpfen.

Ebenso wenig dürfte es beihilfenrechtlich problematisch sein, wenn eine Behörde die rechts- **298** widrige **Einleitung von Abwässern** duldet, um dem betroffenen Unternehmen Aufwendungen zu ersparen (zB. Bau einer Kläranlage).[115] Zwar werden zu einem späteren Zeitpunkt mit großer Wahrscheinlichkeit für die Behebung der Umweltschäden Kosten für den Staat anfallen. Diese sind jedoch nur eine mittelbare Konsequenz der von der Behörde geduldeten Umweltverschmutzung. Dieser Fall zeigt im übrigen auch deutlich, dass andere primärrechtliche Instrumente besser geeignet erscheinen, den betreffenden Staat zur Durchsetzung angemessener Umweltstandards anzuhalten (Vertragsverletzungsverfahren wegen der Verletzung des gemeinschaftlichen Umweltsekundärrechts). Hinzu treten möglicherweise nach den Grundsätzen der Francovich-Rechtsprechung Schadensersatzansprüche gegen den Mitgliedstaat von solchen Privatpersonen, die Schäden durch die Umweltverschmutzung erlitten haben.[116]

ε) **Einnahmeverluste für den Staat.** Die Belastung öffentlicher Mittel muss sich nicht un- **299** bedingt in einer positiven Zahlungsverpflichtung für den Staatshaushalt manifestieren. Auch wenn der Staat auf **Einnahmen, z.B. auf Steuer- oder Sozialeinnahmen, verzichtet,** so

---

[109] Kom., ABl. 2009 L 127/11, Tz. 57 – Französische Krisenpläne im Obst- und Gemüsesektor. Ähnlich, aber etwas weniger streng Kom., ABl. 2008 L 144/37, Tz. 103 – ThyssenKrupp, Cementir und Nuova Terni Industrie Chimiche.

[110] Kom., ABl. 2009 L 159/11, Tz. 56 – Luxemburger Ausgleichsfonds für die Stromwirtschaft.

[111] Vgl. EuGH, C-200/97, Slg. 1998, I-7907, RdNr. 36 – Ecotrade/Altiforni e Ferriere di Servola.

[112] EuGH, C-222/07, noch nicht in amtl. Slg. – Unión des Televisiones Comerciales Asociadas / Administración General de Estado.

[113] EuGH, C-72/91 u. C-73/91, Slg. 1993, I-887, RdNr. 21 – Sloman Neptun.

[114] *Soltész* EuZW 1998, 747, 752.

[115] Ebenso die Mitteilung der Kommission, ABl. 1998 Nr. C 49/2, 7 – SNIACE.

[116] *Soltész* EuZW 1998, 747, 752.

führt dies zu einem Ausfall für die Staatskasse und somit zu einer Belastung der öffentlichen Haushalte.[117] Denn in diesen Fällen entgehen der öffentlichen Hand Einnahmen, die sie unter gewöhnlichen Umständen gemacht hätte.

300   Dies ist natürlich auch dann der Fall, wenn kein formeller Verzicht stattfindet, sondern wenn Umschuldungs- oder Stundungsvereinbarungen getroffen werden oder wenn die Forderung einfach faktisch nicht durchgesetzt wird. Da sich ein solches Verhalten in seinen wirtschaftlichen Auswirkungen nicht von einem ausdrücklichen Erlass oder Verzicht unterscheidet, können jedoch auch solche Maßnahmen als staatliche Beihilfe angesehen werden. Auch wenn die Frage der Belastung des Staatshaushaltes in solchen Konstellationen nicht immer ausdrücklich thematisiert wurde, ergibt sich dies implizit aus den Entscheidungen des Gerichtshofs in den Fällen Tubacex,[118] DM Transport[119] und Magefesa.[120]

301   Eine „Belastung staatlicher Mittel" ist allerdings dann nicht anzunehmen, wenn sich ein gesetzlich angeordnetes Verbot von Zwangsvollstreckungsmaßnahmen auf alle Schulden des Unternehmens bezieht, dh. nicht nur auf die Schulden der öffentlichen Hand. Denn der hiermit verbundene Einnahmeausfall ist jeder **insolvenzrechtlichen Regelung immanent.**[121] Dies ist jedoch wiederum anders, wenn die öffentlichen Gläubiger die Hauptgläubiger sind und die betreffenden Regeln im Vergleich zu den gewöhnlichen insolvenzrechtlichen Regelungen einen überobligationsmäßigen Verzicht der öffentlichen Gläubiger zur Folge haben.[122]

302   Eine **Darlehensgewährung** zu günstigeren Zinssätzen als den marktüblichen Bedingungen führt zu einem entgangenen Gewinn als Einnahmeverlust und ist daher als staatliche Beihilfe anzusehen. Wird zB. eine öffentlich-rechtliche Genehmigung üblicherweise nur gegen eine Gebühr erteilt (zB. Sondernutzungserlaubnis), so dürfte die kostenlose Überlassung bzw. die Erteilung unter der gewöhnlichen Gebühr eine Beihilfe darstellen. Wird hingegen für eine vom Staat erbrachte Leistung ein marktübliches Entgelt entrichtet, so liegt keine Belastung des Staatshaushaltes vor.[123]

303   Schwieriger ist hingegen ein Verzicht des Staates auf mögliche **(potentielle) Einnahmen** zu beurteilen. Dieses Problem besteht zB. bei der Beurteilung der Frage, ob die Zuteilung von Rechten im Emissionshandelsystemen Beihilfen darstellen können. Dies wurde von der Kommission bereits früher in mehreren Fällen (zT. nur implizit) bejaht.[124] Obwohl die Abgabe der Emissionsrechte beim Staat keine Kosten verursacht, steht die Kommission grundsätzlich auf dem Standpunkt, dass eine Belastung des Staatshaushaltes vorliegt.[125] Sie begründet dies mit der Erwägung, dass der Staat frei entscheiden könne, ob er einen bestimmten Anteil der Emissionsrechte frei vergibt. Entscheidet er sich für die (auch teilweise) kostenlose Vergabe, so würde er auf mögliche Einnahmen verzichten.[126] Diese Auffassung findet einen gewissen Rückhalt in der neueren Rechtsprechung,[127] die sich mit dieser Frage jedoch nicht wirklich substantiiert auseinandergesetzt hat. Dies würde im Ergebnis jedoch bedeuten, dass jeder Verzicht des Staates auf potentielle Einnahmen eine Beihilfe nach sich ziehen würde. In der Realität gibt es aber zahlreiche mögliche Einnahmenquellen, die sich der Staat – aus welchen Gründen auch immer – nicht eröffnet. Die geschilderte Kommissionspraxis schildert zu dem absurden Ergebnis, dass immer dann eine Beihilfe vorliegen würde, wenn der Staat die theoretische Möglichkeit hat, Einnahmen (Gebühren, Abgaben, Steuern, zivilrechtliche Gegenleistungen, etc.) zu erheben, dies aber nicht tut. Der Beihilfentatbestand wäre uferlos und würde die Kontrolle der Kommission auf eine Vielzahl von regulatorischen Eingriffen erstrecken.

304   Man wird daher zumindest fordern müssen, dass sich die zu erwartende Einnahme, deren Verzicht eine Belastung des Staatshaushaltes nach sich zieht, bereits eine gewisse **Konkretisie-**

---

[117] EuGH, C-182/03 u. C-217/03, Slg. 2006, I-5479, RdNr. 127 – Belgien und Forum 187/Kommission.

[118] EuGH, C-342/96, Slg. 1999, I-2459 – Spanien/Kommission.

[119] EuGH, C-256/97, Slg. 1999, I-3913 – DM Transport.

[120] EuGH, C-480/98, Slg. 2000, I-8717 – Spanien/Kommission.

[121] EuGH, C-200/97, Slg. 1998, I-7907, RdNr. 36 – Ecotrade/Altiforni e Ferriere di Servola.

[122] EuGH, C-200/97, Slg. 1998, I-7907, RdNr. 38 – Ecotrade/Altiforni e Ferriere di Servola; EuGH, C-295/97, Slg. 1999, I-3735, RdNr. 42 – Piaggio.

[123] EuG, T-613/97, Slg. 2000, II-4055, RdNr. 108 – Ufex ua./Kommission.

[124] Vgl. zB. Kom., 28. 11. 2001, N 416/2001 – UK Emission Trading Scheme.

[125] Ausführliche Erläuterung der Problematik bei *Sanchez Rydelski/Rusche* 349.

[126] Kom., Ent. v. 29. 11. 2009 zum nationalen Allokationsplan Deutschlands nach der Richtlinie 2003/87 (nicht veröffentlicht).

[127] EuG, T-233/04, Slg. 2008, II-591, RdNr. 67 – Niederlande/Kommission.

rung erfahren haben müsste. Es müsste sich also eine zukünftige Forderung handeln, mit deren Entstehung mit hinreichender Wahrscheinlichkeit gerechnet werden kann.

ζ) **Potentielle Belastung des Staatshaushaltes.** Von der soeben diskutierten Frage des **305** Verzichts auf potentielle Einnahmen ist die Frage zu trennen, ob die Belastung des Staatshaushalts tatsächlich eintreten muss, oder – zB. im Falle einer Bürgschaft – ob eine **potentielle Belastung** ausreicht. Dies wurde in der Vergangenheit teilweise angenommen.[128] Richtigerweise wird man jedoch in solchen Fällen – im Einklang mit der neuen Bürgschaftsmitteilung aus dem Jahre 2008 – darauf abstellen müssen, dass die Belastung des Staatshaushaltes hier weniger in der Risikoübernahme selbst liegt als in einer **nicht marktüblichen Vergütung.** Die mit der Garantie verbundene Risikoträgerfunktion sollte normalerweise durch eine angemessene Prämie vergütet werden. Verzichtet der Staat ganz oder teilweise auf eine solche Prämie, so stellt dies einen Vorteil für das Unternehmen und zugleich ein Verlust staatlicher Ressourcen dar. Selbst wenn im Rahmen einer Garantie keinerlei Zahlungen des Staates erfolgen, kann also trotzdem eine staatliche Beihilfe vorliegen. Folgerichtig wird die Beihilfe bereits bei Übernahme der Garantie gewährt und nicht erst dann, wenn die Garantie in Anspruch genommen wird oder aufgrund der Garantie Zahlungen erfolgen.[129]

Erklärungen einer staatlichen Stelle, mit denen lediglich staatliche Unterstützung in Aussicht **305a** gestellt wird, stellen keine Belastung des Staatshaushaltes dar, wenn sie aufgrund ihres offenen, unpräzisen und bedingten Charakters (noch) keine unwiderrufliche Verpflichtung des Mitgliedstaates begründen. In diesen Fällen führt die Bekanntgabe der geplanten Finanzhilfe noch nicht zu einer beihilfenrelevanten Übertragung öffentlicher Mittel.[130]

4. Selektivität

Schrifttum: *Arhold,* The Case Law of the European Court of Justice and the Court of First Instance on State Aids in 1998–2008, EStAL 2002, 2; 2003, 145; 2004, 167; 2005, 175; 2006, 215, 465; 2007, 151, 435; 2008, 441; *ders.* Steuerhoheit auf regionaler oder lokaler Ebene und der europäische Beihilfenbegriff – wie weit reicht das Konzept von der regionalen Selektivität – Zugleich Anmerkung zu EuGH, Urt. v. 6. 9. 2006 – C-88/03 – Portugal/Kommission, EuZW 2006, 717; *Bacon,* European Community law of State aid, 2009; *Bartosch,* Materielle Selektivität und Europäische Beihilfenkontrolle – Ein Diskussionsbeitrag zum derzeitigen Stand der Gemeinschaftsrechtsprechung, EuZW 2010, 12; *Bousin/Piernas,* Developments in the Notion of Selectivity, EStAL, 2008, 634; *Chérot,* Le TPICE se prononce pour la première fois sur les conditions d'application de la notion d'aide d'Etat aux éléments des régimes de permis négociables, Concurrences, Revue des droits de la concurrence 2008, 148; *da Cruz Vilaça,* Material and Geographic Selectivity in State Aid – Recent Developments, EStAL 2009, 443; *Di Bucci,* Some Brief Comments on the Court's Judgment in Case C-88/03, Portugal v. Commission (Azores), New developments in European State aid law 2006: proceedings of the 4th Experts' Forum held in Brussels on 18 and 19 May 2006 (Ed. Lexxion – Berlin) 2006, 53; *Dörr,* Infrastrukturförderung (nur) nach Ausschreibung?, NZBau 2005, 617; *Englisch,* Zur Bedeutung des gemeinschaftsrechtlichen Gleichheitssatzes im Recht der Gemeinschaftsbeihilfen, EuR 2009, 488; *Feld,* Fiskalischer Föderalismus in der Schweiz – Vorbild für die Reform der deutschen Finanzverfassung?, 2004; *Glaser,* Regionale Steuerautonomie im Fokus des EG-Beihilfenrechts, EuZW 2009, 363; *Golfinopoulos,* Concept of Selectivity Criterion in State Aid Definition Following the Adria-Wien Judgment – Measures Justified by the „Nature of General Scheme of a System", ECLR 2003, 543; *Honoré,* Reflections in the Light of Case C-487/06 P, British Aggregates Association, EStAL 2009, 527; *Ipsen,* Europäisches Gemeinschaftsrecht, Tübingen 1972; *Jaeger,* Ende der „Organisationsblindheit" der Gemeinschaft im Beihilferecht: Keine automatische Selektivität regionaler Steuermaßnahmen, RiW 2007, 120; *Jungnickel/Dulce,* Die Zulässigkeit der (teilweisen) Versteigerung von Emissionsberechtigungen aus europarechtlicher Sicht, NVwZ 2009, 623; *König/Roth/Schön (Hrsg.),* Aktuelle Fragen des EG-Beihilfenrechts, Beiheft des ZHR Heft 69, 2001; *Könings,* Emission trading – why State aid is involved: NOx trading scheme, Competition Policy Newsletter 2003, 77; *Lambros/Papadias/Riedl/Westerhof,* Public funding for broadband networks – recent developments, Competition Policy Newletter, 2006, 13; *Linn,* Die Anwendung des Beihilfeverbots im Unternehmenssteuerrecht, IStR, 2008, 601; *López/Jorge,* Annotation of Cases T-424/05 and T-445/05: Indirect Advantage and Selectivity Revisited, EStAL 2010, 219; *Luja,* Group Taxation, Sectoral Tax Benefits and De Facto Selectivity in State Aid Review, EStAL 2009, 473; *Nicolaides,* State Aid, Advantage and Competitive Selection: What Is a Normal Market Transaction?, EStAL 2010, 65; *ders.,* Developments in Fiscal Aid: New Interpretations and New Problems with the Concept of Selectivity, EStAL 2007, 43; *ders.,*

---

[128] Mitteilung der Kommission über öffentliche Unternehmen, ABl. 1993 C 307/3, Tz. 38; *von der Groeben/Thiesing/Ehlermann/Wenig,* EWG-Vertrag, 3. Aufl. 1993, Art. 92, RdNr. 11.

[129] Mitteilung der Kommission über die Anwendung der Artikel 87 und 88 des EG-Vertrags auf staatliche Beihilfen in Form von Haftungsverpflichtungen und Bürgschaften, ABl. 2008 C 155/8, Ziffer 2.1.

[130] EuG, verb. Rs. T-425/04, T-444/04, T-450/04 und T-456/04, noch nicht in amtl. Slg., RdNr. 262 – Frankreich ua./Kommission.

The Boundaries of Tax Autonomy, EStAL 2006, 119; *Pautsch,* Die beihilferechtliche Relevanz der UMTS-Vergabe im Ausschreibungsverfahren, MMR 2001, 423; *Quigley,* European State aid law and policy, 2009; *Renner-Loquenz,* State aid aspects in the implementation of the Emission Trading Scheme, Competition Policy Newsletter 2005, 16; *Reuter/Busch,* Einführung eines EU-weiten Emissionshandels – Die Richtlinie 2003/87/EG, EuZW 2004, 39; *Reuter/Kindereit,* EG-Emissionshandelsrichtlinie und Beihilfenrecht am Beispiel prozessbedingter Emissionen, DVBl. 2004, 537; *Rossi-Maccanico,* Community Review of direct Business Tax Measures: Selectivity, Discrimination and Restrictions EStAL 2009, 489; *ders.* The Notion of Indirect Selectivity in Fiscal Aids: A Reasoned Review of the Community Practice, EStAL 2009, 161; *ders.* Gibraltar and the Unsettled Limits of Selectivity in Fiscal Aids, EStAL 2009, 63; *Sánchez-Rydelski,* Geographically limited national tax rate variations and State aid, ELR 2006, 402; *Seinen,* State aid aspects of the EU Emission Trading Scheme: the second trading period, Competition Policy Newsletter 2007, 100; *Soltész,* Non-Enforcement of public debts, the application of the „private creditor test", in *Sánchez-Rydelski (Hrsg.),* The EC State aid Regime, 2006, 129; *ders.,* Öffentliche Finanzierung von Infrastruktur- und Erschließungsmaßnahmen und das EG-Beihilferecht EuZW 2001, 107; *Soltész/Makowski,* Die Nichtdurchsetzung von Forderungen der öffentlichen Hand als staatliche Beihilfe i. S. von Art. 87 I EG, EuZW 2003, 73; *Stein,* Regionale Steuersenkungen auf dem Prüfstand des Beihilfenrechts – das EuGH-Urteil Portugal/Kommission („Azoren"), EWS 2006, 493; *Sutter,* EuGH: Beihilfencharakter der Vergütung von Energieabgaben, EuZW 2002, 215; *Tutsch,* Zulässigkeit der Einführung oder Beibehaltung einer Abgabe auf Versicherungsverträge, ELR 2004, 264; *Robertson,* State Aid and Reference Policy after GIL Insurance, ECLR 2004, 603; *Vesterdorf/Nielsen,* State aid law of the European Union, 2009; *Weber,* Die Kreditanstalt für Wiederaufbau – eine Förderbank auf dem Prüfstand, Zeitschrift für das gesamte Kreditwesen, 2006, 882; *Wenz/Linn,* The Liechtenstein Tax Reform from the Perspective of Community Law, EStAL 2009, 453; *de Weerth,* Deutsche Gewerbesteuer und europäisches Beihilferecht – Anmerkung zum Urteil des EuGH vom 11. 9. 2008, C-428–434/06, UGT Rioja u. a., IStR 2008, 732; *Wissel/Becker,* Review of Judgment Laboratoires Boiron, Case C-526/04, EStAL 2007, 101; *Zanettin,* The Award of UMTS Licences: some Clarifications, EStAL 2008, 79. *Zatschler,* Review of the Judgment in Case C-88/03, Portugal v. Commission (Azores Tax Regime) EStAL 2006, 779.

306 **a) „Bestimmte Unternehmen oder Produktionszweige".** Nach Art. 107Abs. 1 AEUV fallen nur aus dem Transfer staatlicher Mittel folgende Begünstigungen *bestimmter* **Unternehmen oder Produktionszweige** unter den Begriff der „staatlichen Beihilfe". Die Selektivität einer Maßnahme ist damit eines der konstituierenden Merkmale des Beihilfenbegriffs.[1]

Entsprechend fallen allgemeine Maßnahmen, die auf die gesamte Wirtschaft eines Mitgliedstaates unterschiedslos anwendbar sind, nicht unter den Beihilfenbegriff. Insoweit dient das Selektivitätskriterium in besonderem Maße der Abgrenzung zwischen Beihilfenkontrolle und allgemeiner Wirtschaftspolitik der Mitgliedstaaten (hierzu näher unter Punkt II.).

307 Darüber hinaus ist eine in diesem Tatbestandsmerkmal sichtbar zu Tage tretende Voraussetzung des Beihilfenbegriffs, dass die Beihilfe *Unternehmen* oder *Produktionszweige* begünstigen muss. Beihilfen zu Gunsten von Privatpersonen oder nicht kommerziellen Tätigkeiten fallen nicht unter den Beihilfenbegriff. Insofern dient dieses Tatbestandsmerkmal auch der Abgrenzung zur nicht wirtschaftsbezogenen Förderpolitik der Mitgliedstaaten.

308 **aa) Der Unternehmensbegriff.** Da nur die Förderung wirtschaftlicher Aktivitäten unter das allgemeine Beihilfenverbot fällt, ist der Unternehmensbegriff für den Beihilfentatbestand essentiell.

309 **α) Grundsätze.** Es gilt die auch sonst im europäischen Wettbewerbsrecht übliche Unternehmensdefinition. Danach umfasst der Begriff des Unternehmens **jede eine wirtschaftliche Tätigkeit ausübende Einheit, unabhängig von ihrer Rechtsform und der Art ihrer Finanzierung.**[2] Unter wirtschaftlicher Tätigkeit sind Tätigkeiten industrieller oder kommerzieller Art zu verstehen, die darin bestehen, Güter und Dienstleistungen auf einem bestimmten Markt anzubieten.[3]

310 **„Unabhängig von der Rechtsform"** bedeutet, dass beispielsweise auch Eigenbetriebe der Gemeinden Unternehmen im Sinne des Wettbewerbsrechts sein können,[4] und dass keine von

---

[1] EuGH, C-200/97, Slg. 1998, I-7907, RdNr. 40 – Ecotrade; EuG, T-55/99, Slg. 2000, II-3207, RdNr. 39 – CETM/Kommission.

[2] EuGH, C-237/04, Slg. 2006, I-2843, RdNr. 38 – Enirisorse unter Bezugnahme auf die Urteile EuGH, C-41/90, Slg. 1991, I-1979, RdNr. 21 – Höfner und Elser; C-67/96, Slg. 1999, I-5751, RdNr. 7 – Albany; C-180/98 bis C-184/98, Slg. 2000, I-6451, RdNr. 74 – Pavlov uua.; C-222/04, Slg. 2006, I-289, RdNr. 107 – Cassa di Risparmio di Firenze ua.

[3] EuGH, C-237/04, Slg. 2006, I-2843, RdNr. 29 mwN – Enirisorse; EuGH C-343/95, Slg. 1997, I-1547, RdNr. 16 – Calì & Figli v Servizi ecologici porto di Genova; EuGH. 118/85, Slg. 1987, 2599, RdNr. 7 – Kommission/Italien.

[4] Kom., ABl. 2005 L 295/44 – Rahmenplan Verbesserung der regionalen Wirtschaftsstruktur.

der mitgliedstaatlichen Verwaltung separate Rechtspersönlichkeit notwendig ist. Dies hat der Gerichtshof im Zusammenhang mit der Interpretation des „öffentlichen Unternehmens" im Sinne der Transparenz-Richtlinie[5] bestätigt. Der Fall betraf die Weigerung Italiens, Informationen bzgl. der öffentlichen Tabakindustrie zur Verfügung zu stellen, da die zuständige Amministrazione Autonoma dei Monopoli di Stato (AAMS) kein öffentliches Unternehmen, sondern **Teil der öffentlichen Verwaltung** sei. Diese Weigerung war rechtswidrig, da es die Transparenzrichtlinie im Bereich der öffentlichen Unternehmen ermöglichen soll, eindeutig zwischen dem Tätigwerden des Staates als öffentliche Hand und als Eigentümer zu unterscheiden. Die Unterscheidung geht von der Anerkennung der Tatsache aus, dass der Staat sowohl als öffentliche Hand als auch in der Weise handeln kann, dass er wirtschaftliche Tätigkeiten industrieller oder kommerzieller Art ausübt, die darin bestehen, Güter und Dienstleistungen auf dem Markt anzubieten. Hierbei wird nicht danach entschieden, ob der Staat diese wirtschaftlichen Tätigkeiten durch eine andere Einrichtung ausübt, auf die er unmittelbar oder mittelbar einen beherrschenden Einfluss ausüben kann, oder ob er die Tätigkeiten unmittelbar durch eine Stelle ausübt, die zur staatlichen Verwaltung gehört.[6] Im letztgenannten Fall ist nämlich aufgrund der Tatsache, dass die Stelle in die staatliche Verwaltung eingegliedert ist, gerade anzunehmen, dass ein beherrschender Einfluss ausgeübt wird. Der Umstand, dass eine Stelle, die wirtschaftliche Tätigkeiten industrieller oder kommerzieller Art ausübt, in die Verwaltung des Staates eingegliedert ist, mit dem sie ein und dieselbe Rechtspersönlichkeit hat, schliesst das Bestehen finanzieller Beziehungen zwischen dem Staat und dieser Stelle nicht aus. Denn der Staat verfügt mit der Zuweisung von Haushaltsmitteln naturgemäß über die Befugnis, einen Einfluss auf die Wirtschaftsführung des Unternehmens auszuüben, der es erlaubt, Betriebsverluste auszugleichen und dem Unternehmen neue Mittel zur Verfügung zu stellen, und kann es diesem somit ermöglichen, einen Betrieb außerhalb der Regeln einer normalen Geschäftsführung weiterzuführen, eine beihilfenrechtlich relevante Situation, die durch die Richtlinie gerade sichtbar gemacht werden soll.[7]

Abzugrenzen ist die wirtschaftliche Tätigkeit von Situationen, in denen der Mitgliedstaat als **311** öffentliche Hand hoheitlich tätig wird. Eine **Gewinnabsicht** ist für die Bejahung einer wirtschaftlichen Tätigkeit nicht notwendig,[8] wohl aber ein Indiz für ihr Vorliegen.[9] Umgekehrt ist die **Kostenfreiheit** der Dienstleistung kein Beweis für die Nichtwirtschaftlichkeit der Tätigkeit.[10]

Für die hoheitliche Tätigkeit kommt es nicht darauf an, ob der Staat unmittelbar durch eine **312** Stelle tätig wird, die zur staatlichen Verwaltung gehört, oder durch eine Einrichtung, die er mit besonderen oder **ausschließlichen Rechten** ausgestattet hat.[11] Auch in diesen Fällen ist es erforderlich, zu prüfen, welcher Art die von den öffentlichen Unternehmen oder von der vom Staat mit besonderen oder ausschließlichen Rechten versehenen Einrichtung ausgeübten Tätigkeiten sind.[12] Dasselbe gilt für den Umstand, dass eine Einheit mit bestimmten **im Allgemeininteresse liegenden Aufgaben** betraut ist.[13]

Die Abgrenzung ist oft nicht einfach. Jedenfalls Tätigkeiten, die zu den **wesentlichen Staats- 313 aufgaben** gehören und ihrer Art, ihrem Gegenstand und den für sie geltenden Regeln nach **typischerweise mit der Ausübung hoheitlicher Befugnisse** zusammenhängen, weisen keinen wirtschaftlichen Charakter auf, der die Anwendung der Wettbewerbsregeln des Vertra-

---

[5] Kom., ABl. 2006 L 318/17 – Richtlinie 2006/111/EG der Kommission vom 16. November 2006 über die Transparenz der finanziellen Beziehungen zwischen den Mitgliedstaaten und den öffentlichen Unternehmen sowie über die finanzielle Transparenz innerhalb bestimmter Unternehmen (kodifizierte Fassung).

[6] Für den Beihilfenbereich vgl. EuG, T-128/98, Slg. 2000, II-3929, RdNr. 107–110 – Aéroports de Paris/Kommission, mwN aus dem Wettbewerbsrecht.

[7] EuGH, 118/85, Slg. 1987, 2599, RdNr. 6–13 – Kommission/Italien.

[8] Auch gemeinnützige Unternehmen, die von Gesetzes wegen keine Gewinne erwirtschaften dürfen, können unter den wettbewerblichen Unternehmensbegriff fallen, EuGH, C-244/94, Slg. 1995, I-4013, RdNr. 21 – FFSA.

[9] EuGH, C-237/04, Slg. 2006, I-2843, RdNr. 31 – Enirisorse.

[10] Kom., Staatliche Beihilfe N 37/2003, Tz. 19 a. E. – BBC Digital Curriculum.

[11] EuGH, C-343/95, Slg. 1997, I-1547, RdNr. 17 – Calì & Figli v Servizi ecologici porto di Genova; EuGH. 118/85, Slg. 1987, 2599, RdNr. 8 – Kommission/Italien.

[12] EuGH C-343/95, Slg. 1997, I-1547, RdNr. 18 – Calì & Figli v Servizi ecologici porto di Genova; EuGH. 118/85, Slg. 1987, 2599, RdNr. 7 – Kommission/Italien.

[13] Vgl. in diesem Sinne EuGH, C-475/99, Slg. 2001, I-8089, RdNr. 21 – Ambulanz Glöckner; und C-237/04, Slg. 2006, I-2843, RdNr. 34 – Enirisorse.

ges rechtfertigen würde.[14] Auf Aufgaben, die per se dem Staat vorbehalten sind, finden die europäischen Wettbewerbsregeln und Binnenmarktvorschriften keine Anwendung. Dies gilt beispielsweise für die Wahrung der inneren und äußeren Sicherheit, die Justizverwaltung, die Pflege auswärtiger Beziehungen und andere hoheitliche Aufgaben.[15] Es ist indes festzuhalten, dass es innerhalb der Union keinen konsensfähigen Kanon dieser öffentlichen Aufgaben gibt, und eine solche Festlegung schon wegen unterschiedlicher mitgliedstaatlicher Traditionen zur Zeit auch nicht wahrscheinlich ist. Die Abgrenzung wirtschaftlicher von nicht-wirtschaftlicher oder hoheitlicher Tätigkeit ist damit in der Praxis äußerst schwierig vorzunehmen.[16] Dabei kommt es nicht darauf an, ob die Tätigkeiten in dem betreffenden Mitgliedstaat aktuell dem öffentlichen Sektor vorbehalten sind, denn diese Zuweisung kann willkürlich geschehen sein.[17]

314 Soweit dieselbe Einrichtung allerdings **sowohl wirtschaftliche als auch nicht-wirtschaftliche Tätigkeiten** ausübt, fällt die staatliche Finanzierung der nicht-wirtschaftlichen Tätigkeiten nur dann nicht unter Art. 107 Abs. 1 AEUV, wenn – zwecks Vermeidung von Quersubventionierungen – die beiden Tätigkeitsformen und ihre Kosten und Finanzierungen eindeutig voneinander getrennt werden.[18] Der Nachweis, dass die Kosten korrekt zugeordnet worden sind, kann beispielsweise im Jahresabschluss der betreffenden Einrichtung geführt werden.[19] Die Beschaffung von Gütern und Dienstleistungen zur Durchführung der Haupttätigkeit stellt dabei jedoch keine gesonderte wirtschaftliche Tätigkeit dar, sondern teilt den Charakter der Haupttätigkeit.[20]

315 Der **bloße Besitz von Beteiligungen,** auch von Kontrollbeteiligungen, stellt noch keine wirtschaftliche Tätigkeit der Einheit dar, die diese Beteiligungen hält, wenn mit ihm nur die Ausübung der Rechte, die mit der Eigenschaft eines Aktionärs oder Mitglieds verbunden sind, und gegebenenfalls der Bezug von Dividenden einhergeht, die bloß die Früchte des Eigentums an einem Gut sind.[21] Allerdings hat der Gerichtshof in einem besonders gelagerten Fall entgegen der Auffassung der Kommission entschieden, dass, wenn eine Einheit, die Kontrollbeteiligungen an einer Gesellschaft hält, diese Kontrolle tatsächlich durch unmittelbare oder mittelbare Einflussnahme auf die Verwaltung der Gesellschaft ausübt, als an der wirtschaftlichen Tätigkeit des kontrollierten Unternehmens beteiligt anzusehen ist.[22] In diesem Fall wollte der Gerichtshof verhindern, dass durch die bloße Teilung eines Unternehmens in zwei getrennte Gebilde, von denen das erste die frühere wirtschaftliche Tätigkeit unmittelbar fortführt und das zweite das erste durch die Einflussnahme auf dessen Verwaltung kontrolliert, die gemeinschaftlichen Vorschriften über staatliche Beihilfen umgangen werden. Denn nach Auffassung des Gerichtshofs würde es eine solche Konstruktion dem zweiten Gebilde erlauben, Subventionen oder andere Vergünstigungen aus staatlichen Mitteln zu beziehen und sie ganz oder teilweise zugunsten des ersten Gebildes auch im Interesse der aus den beiden Gebilden bestehenden wirtschaftlichen Einheit zu verwenden.

316 Im Fall einer Beihilfenregelung kann sich die Kommission, um festzustellen, ob diese Regelung Beihilfenelemente enthält, darauf beschränken, die allgemeinen Merkmale der fraglichen Regelung zu untersuchen, ohne dass sie verpflichtet wäre, jeden einzelnen Anwendungsfall zu prüfen. Kommt eine Beihilfenregelung unstreitig bestimmten Unternehmen zugute, so entkräftet daher der **Umstand, dass die Beihilfenregelung auch Begünstigten zugute kommt, die keine Unternehmen sind,** diese Feststellung nicht, die für die Anwendung von Art. 107 Abs. 1 AEUV genügt.[23]

---

[14] C-364/92, Slg. 1994, I-43, RdNr. 30 – SAT Fluggesellschaft; EuGH C-343/95, Slg. 1997, I-1547, RdNr. 22–23 – Calì & Figli v Servizi ecologici porto di Genova.

[15] Mitteilung der Kommission zu Leistungen der Daseinsvorsorge in Europa, in: ABl. EU 2001, C 17, S. 4 RdNr. 28.

[16] Vgl. dazu *Grabitz/Hilf/Pernice/Wernicke* Art. 86 EG RdNr. 16 mwN.

[17] So schon der Präzedenzfall zur Arbeitsvermittlung: EuGH, C-41/90, Slg. 1991, I-1979, RdNr. 21–22 – Höfner und Elser.

[18] Vgl. hierzu Kom., Staatliche Beihilfe N 560/2001 – UK, national heritage fund for Brighton West Pier Trust. Im Bereich des Kartellrechts vgl. EuG, T-155/04, Slg. II-4797 – SELEX/Kommission.

[19] Vgl. Ziffer 3.1.1 des Gemeinschaftsrahmens der Kommission für staatliche Beihilfen für Forschung, Entwicklung und Innovation, ABl. 2006 C 323/1.

[20] EuGH, C-205/03 P, Slg. 2006, I-6295 – FENIN/Kommission.

[21] EuGH, C-222/04, Slg. 2006, I-289, RdNr. 111 – Ministero dell'Economia e delle Finanze.

[22] EuGH, C-222/04, Slg. 2006, I-289, RdNr. 113 – Ministero dell'Economia e delle Finanze.

[23] EuG, T-445/05, Slg. 2009, II-289, RdNr. 136 – Associazione italiana del risparmio gestito und Fineco Asset Management/Kommission.

Der Begriff der wirtschaftlichen Tätigkeit unterliegt **dynamischer Interpretation im Lich-** **317** **te der Entwicklung des Binnenmarktes,** insbesondere der fortschreitenden Liberalisierung von immer mehr Wirtschaftssektoren.[24] Die folgenden Einzelfälle können daher nur eine Momentaufnahme sein.

β) **Einzelfälle.** Die **Verwaltung des Systems der sozialen Sicherheit** ist unter Umstän- **318** den keine wirtschaftliche Tätigkeit. Der soziale Zweck des Pflichtversicherungssystems genügt zwar als solcher nicht, um eine Einstufung der Tätigkeit als wirtschaftlich auszuschließen.[25] In der Rechtsprechung zu Art. 101/102 AEUV war allerdings bereits anerkannt, dass Krankenkassen, die bei der Wahrnehmung ihrer Aufgaben gesetzesgemäß keine Möglichkeit haben, auf die Höhe der Beiträge, die Verwendung der Mittel oder die Bestimmung des Leistungsumfangs Einfluss zu nehmen, eine Aufgabe mit **ausschließlich sozialem Charakter** ausüben, die auf dem **Grundsatz der nationalen Solidarität** beruht und ohne Gewinnzweck ausgeübt wird, so dass sie keine wirtschaftliche Tätigkeit darstellt.[26] Diese Rechtsprechung ist für das Beihilfenrecht ausdrücklich bestätigt worden.[27] Versicherungen, die nach dem Kapitaldeckungsprinzip arbeiten, sind hingegen als Unternehmen anzusehen.[28]

Dienstleistungen im Zusammenhang mit nationalen Bildungssystemen sind nach **319** Auffassung der Kommission[29] und des Gerichtshofs[30] keine wirtschaftlichen Tätigkeiten. Die Bereitstellung von Schulen ist eine öffentliche Aufgabe und der Schulbesuch eine Pflicht, die ggf. ordnungsrechtlich durchgesetzt wird. Dies gilt auch dann, wenn die Dienstleistung von privaten Trägern angeboten wird.[31] Die Kommission subsumiert Schulen und andere Institute des nationalen Bildungssystems grundsätzlich nicht unter den wettbewerbsrechtlichen Unternehmensbegriff, da ihre Tätigkeiten als Teil des allgemeinen Bildungsauftrags zu den staatlichen Kernaufgaben zu zählen sind, ähnlich den Polizei- und Ordnungsdiensten. Sofern neben den öffentlichen Schulen auch Privatschulen existieren (zB. Internate) mag an der Angebot dieser Privatschulen zwar unter Umständen teilweise als wirtschaftliche Tätigkeit anzusehen sein (soweit nicht integraler Teil des nationalen Bildungssystems). Ihre Existenz macht die Einrichtungen des nationalen Bildungssystems jedoch ebenso wenig zu Unternehmen im Sinne des Wettbewerbsrechts wie die Existenz privater Ordnungs- und Sicherheitsdienste die staatlichen Ordnungskräfte zu einem Unternehmen macht. Im Einzelfall kommt es daher darauf an, ob die betroffene Privatschule Teil des staatlichen Bildungssystems ist.

Entsprechend ist auch das „klassische" Tätigkeitsfeld der Hochschulen in Form der rein **320** **universitären Forschung und Lehre** nicht als eine wirtschaftliche Tätigkeit einzustufen. In ihrem MEMO/06/441,[32] das häufig gestellte Fragen zum Gemeinschaftsrahmen für staatliche Beihilfen für Forschung, Entwicklung und Innovation beantwortet, hat die Kommission klargestellt, dass die Kernaktivitäten von Universitäten wie Lehre und (unabhängige) Forschung nicht dem Beihilfenrecht unterfallen. Gleichzeitig stellt die Kommission jedoch klar, dass die Universitäten keinesfalls von einer Art „Universitätsprivileg" profitieren, das ihre Tätigkeit vollständig dem Beihilfenrecht entziehen würde. Es kommt für die Beihilferelevanz einer Förderung also auf die jeweilige Tätigkeit der Universitäten an, wie sich auch aus Ziffer 3.1 des Gemeinschaftsrahmens für staatliche Beihilfen für Forschung, Entwicklung und Innovation er-

---

[24] Siehe bereits Bericht der Europäischen Kommission an den Ministerrat: Dienstleistungen im allgemeinen wirtschaftlichen Interesse im Finanzsektor, angenommen von der Kommission am 17. Juni 1998, dem ECOFIN präsentiert am 23. November 1998, Punkt 3.3. Herunterzuladen unter http://ec.europa.eu/competition/state_aid/studies_reports/archive/report_bank_en.html.

[25] EuGH, C-355/00, Slg. 2003, I-5263, RdNr. 77 – Freskot; unter Bezugnahme auf die Urteile C-180/98 bis C-184/98, Slg. 2000, I-6451, RdNr. 118 – Pavlov ua. und C-218/00, Slg. 2002, I-691, RdNr. 37 – Cisal.

[26] EuGH, C-159/91 und C-160/91, Slg. 1993, I-637, RdNr. 15–18 – Poucet and Pistre.

[27] EuGH, C-355/00, Slg. 2003, I-5263, RdNr. 78–79 – Freskot.

[28] EuGH, C-67/96, Slg. 1999, I-5751, RdNr. 71–87 – Albany International.

[29] Kom., ABl. 2001 C 17/4, Tz. 28 f.- Mitteilung der Kommission zu Leistungen der Daseinsvorsorge in Europa.

[30] EuGH, 263/86, Slg. 1988, 5365, RdNr. 9, 10, 15–18 – Humble and Edel.

[31] Siehe Kom., Beihilfensache N 118/2000, Tz. 14 – France – Aide aux clubs sportifs professionels. Ausserdem Kom., Staatliche Beihilfe N 644/F/2002 – Deutschland, Ausbau der kommunalen wirtschaftsnahen Infrastruktur im Rahmen der Gemeinschaftsaufgabe (GA) „Verbesserung der regionalen Wirtschaftsstruktur" nach Teil II Punkt 7 des Rahmenplans f) Errichtung oder Ausbau von Einrichtungen der beruflichen Ausbildung, Fortbildung und Umschulung.

[32] Zu finden unter http://europa.eu/rapid/pressReleasesAction.do?reference=MEMO/06/441&format=HTML&aged=0%3Cuage=EN&guiLanguage=en.

gibt.[33] Danach ist die staatliche Finanzierung nichtwirtschaftlicher Tätigkeiten von Universitäten und sonstigen Forschungseinrichtungen nicht beihilfenrelevant. Als nichtwirtschaftliche Tätigkeiten stuft die Kommission etwa die Ausbildung von mehr und besser qualifizierten Humanressourcen sowie die unabhängige Forschung zur Erweiterung des Wissens und des Verständnisses ein.[34] Sofern die Universitäten dagegen wirtschaftliche Tätigkeiten (wie zB. die Vermietung von Infrastruktur, Dienstleistungen für gewerbliche Unternehmen oder Auftragsforschung) ausüben, wird die öffentliche Finanzierung dieser Tätigkeiten von der Kommission grundsätzlich als Beihilfe betrachtet. Soweit dieselbe Einrichtung sowohl wirtschaftliche als auch nichtwirtschaftliche Tätigkeiten ausübt, fällt die staatliche Finanzierung der nichtwirtschaftlichen Tätigkeiten nur dann nicht unter den Beihilfenbegriff, wenn zwecks Vermeidung von Quersubventionierungen die beiden Tätigkeitsformen und ihre Kosten und Finanzierungen eindeutig voneinander getrennt werden können.[35]

321　Auch **Behindertenschulen und -werkstätten,** die behinderten Menschen Beschäftigung und medizinische Betreuung bieten, um ihnen ein unabhängiges Leben sowie die Wiedereingliederung in den Arbeitsmarkt zu ermöglichen,[36] werden von der Kommission nicht als Unternehmen im Sinne des Wettbewerbsrechts angesehen.[37] Dies kann selbst dann noch gelten, wenn diese Einrichtungen die von den Behinderten erzeugten Produkte und Dienstleistungen auf dem Markt anbieten, soweit es sich dabei um eine untergeordnete Annextätigkeit auf einem lokal eng begrenzten Markt handelt, die Produkte zu Marktpreisen angeboten werden, die erzielten Erlöse vollständig zu Gunsten der betreffenden Einrichtung verwendet werden und die Erlöse nicht kostendeckend sind.[38]

322　Ähnliche Erwägungen gelten für die Förderung der **Arbeit von Strafgefangenen.**[39] Eine geregelte Arbeit ist eine der wesentlichen Maßnahmen zur Resozialisierung der Strafgefangenen, und Arbeitsförderung insoweit akzessorisch zur hoheitlichen Aufgabe der Gefangenenbetreuung, auch wenn die Produkte und Dienstleistungen der Gefangenen auf dem Markt angeboten werden.

323　**Kulturelle Einrichtungen** (wie zB. Zoos, Theater, Museen) fallen nicht per se aus dem Unternehmensbegriff heraus. Sie erbringen eine Vielzahl unterschiedlichster Leistungen, die regelmäßig gegen Entgelt erbracht werden und grundsätzlich miteinander konkurrieren. In der nicht immer einheitlichen Entscheidungspraxis der Kommission sind bislang beispielsweise folgende Bereiche als wirtschaftliche Tätigkeiten qualifiziert worden: von den Kommunen betriebene Kulturzentren, Museen und öffentliche Büchereien[40] sowie der Theater- und Zirkussektor.[41] Zudem konkurrieren viele kulturelle Angebote auch mit – mehr oder weniger – vergleichbaren anderen Angeboten: So ist nach Ansicht der Kommission beispielsweise sogar ein Wettbewerbsverhältnis zwischen kommunalen Kulturzentren, die Theaterveranstaltungen und

---

[33] Siehe Kom., ABl. 2006 C 323/1 – Gemeinschaftsrahmens für staatliche Beihilfen für Forschung, Entwicklung und Innovation.

[34] Vgl. hierzu auch Kom., Staatliche Beihilfe, NN 54/2006, Tz. 15–18 – Czech Republic, Perov logistics College. In dieser Entscheidung hat die Kommission eine Zuwendung an eine Hochschule, die Oberschulabsolventen bestimmte Bachelor-Studiengänge anbot, nicht als Unterstützungsleistung zugunsten eines Unternehmens angesehen, da die Hochschule dem nationalen, staatlichen Bildungssystem angehörte, neben ihrem diesbezüglichen Studienangebot keine anderen Aktivitäten betrieb und nicht das Ziel verfolgte, ihre Leistungen gegen Entgelt anzubieten; sowie Kom., Staatliche Beihilfe N 694/2000 – Deutschland, Gesundheitsforschung – Forschung für den Menschen.

[35] Für Nichtbeihilfen in Anwendung dieser Grundsätze siehe zB. Kom., Staatliche Beihilfe N 365/2007 – Deutschland (Land Sachsen-Anhalt) Errichtung des Fraunhofer Center for Silicon Photovoltaics; Staatliche Beihilfe N 343/2008 – Hungary, Individual aid to the College of Nyíregyháza for the development of the Partium Knowledge Centre; Staatliche Beihilfe, N 617/2008 – Denmark – Technology Transfer Institutes; Kom., Staatliche Beihilfe NN 47/2009 – Deutschland, Angebliche staatliche Beihilfe für das Fraunhofer Institut für Mikroelektronische Schaltungen und Systeme Duisburg.

[36] Kom., Staatliche Beihilfe N 558/2005, Tz. 5 – Establishments of professional activity for seriously disabled people.

[37] Kom., Staatliche Beihilfe N 558/2005 – Establishments of professional activity for seriously disabled people.

[38] Kom., Staatliche Beihilfe N 558/2005, Tz. 17 ff. und 54 ff. – Establishments of professional activity for seriously disabled people.

[39] Kom., Staatliche Beihilfe N140/2006- Lithuania, Allotment of Subsidies to the State Enterprises at the Correction Houses.

[40] Kom., Staatliche Beihilfe N 293/2008, Tz. 18 ff. – Aid for multifunctional community cultural centres, museums, public libraries.

[41] Kom., Staatliche Beihilfe N 704/2007 – Aid to theatre and circus sector: Region of Valencia.

Musikkonzerte anbieten, und Kinos denkbar.[42] Auf der anderen Seite hat die Kommission in einer Vielzahl anderer Entscheidungen die Förderung nicht kommerzieller (dh. nicht auf Gewinn ausgerichteter) Tätigkeiten von Gemeinden, Vereinen und Kirchen, die der **Bewahrung des nationalen Kulturerbes auf gemeinnütziger Basis** dienen, als beihilfenfrei eingestuft. Die Förderung durch den Staat soll in diesen Fällen keine staatliche Beihilfe darstellen, da es sich um rein kulturelle oder denkmalpflegerische Tätigkeiten handelt.[43]

Noch nicht abschließend entschieden ist, ob die **regionale Grundstücksentwicklung** eine **324** wirtschaftliche Aufgabe ist. Obwohl es sicherlich private Wettbewerber gibt, wurden gegen Beihilfen zu Gunsten öffentlicher Grundstücksentwicklungsgesellschaften, die mit dem Ankauf, der Erschließung und der Vermarktung von Gewerbeflächen befasst sind, bislang weder Beschwerden bei der Kommission registriert, noch hat die Kommission je *ex officio* Verfahren eingeleitet.[44] Noch vor zehn Jahren hat die Kommission die Bereitstellung von (auch wirtschaftsnaher, Stichwort „Gewerbe- oder Industriegebiete") Infrastruktur scheinbar unproblematisch als eine klassisch hoheitliche Aufgabe angesehen und diese Fälle stets nur auf der Verwertungsebene analysiert, dh. bei der Frage, ob die entsprechend vorbereiteten Grundstücke zum Marktpreis an Unternehmen veräußert oder verpachtet wurden.[45] Dies ergibt sich auch aus den Antworten der Kommission zum Sonderbericht des Rechnungshofs Nr. 7/99 über die Entwicklung von Industriegebieten, wo die Kommission ausdrücklich zwischen zwei Ebenen unterscheidet: zum einen dem Mitteltransfer an eine regionale oder lokale Einrichtung der öffentlichen Hand, die mit der Erschließung und Vermarktung von Industriegebieten betraut ist (erste Ebene), und zum anderen dem Verkauf der erschlossenen Grundstücke von Seiten der betreffenden regionalen oder lokalen Einrichtung an ansiedlungswillige Unternehmen (zweite Ebene). Dabei geht die Kommission davon aus, dass eine Beihilfe erst auf der zweiten Ebene vorliegen kann, namentlich dann, wenn die betreffende öffentliche Einrichtung die Grundstücke zu Vorzugsbedingungen, die unterhalb des Marktpreises liegen, verkauft.[46] In Entscheidungen, die nicht den Verkauf der entwickelten Grundstücke, sondern deren Vermietung betrafen, hat die Kommission bei der Feststellung der Marktüblichkeit des Mietzinses auch darauf abgestellt, ob die Investitionen eine Rendite abwerfen **(positive Nettorendite)**.[47] Eine solche Prüfung impliziert eine (wenn auch unvollkommene) Prüfung des Vorliegens von Beihilfen zugunsten der betroffenen öffentlichen Projektentwicklungsgesellschaften. Es ist kein Grund ersichtlich, warum dies nicht auch bei einem Verkauf der Grundstücke stattfinden sollte.

---

[42] Kom., Staatliche Beihilfe N 293/2008, Tz. 19. – Aid for multifunctional community cultural centres, museums, public libraries.

[43] Kom., Staatliche Beihilfe N 5/2005 Danish scheme for tax reduction of donations to cultural institutions; Kom., Staatliche Beihilfe, N 123/2005 – Hungary, Earmarked scheme for tourism and culture, Staatliche Beihilfe NN 55/2005 – Poland, Heritage conservation, sowie Presseerklärung IP/05/979 vom 20. Juli 2005. Auf der anderen Seite siehe Kom., Staatliche Beihilfe N 276/2007 – Hungary, Aid measures with a cultural objective under the Regional Development Operational Programmes, wo die Kommission die betreffenden Maßnahmen als Beihilfe genehmigt hat.

[44] Öffentliche Grundstücksentwicklungsgesellschaften gibt es in zahlreichen Mitgliedstaaten der Europäischen Union, vgl. dazu ausführlich den Sonderbericht des Rechnungshofs Nr. 7/99 über die Entwicklung von Industriegebieten, zusammen mit den Antworten der Kom., ABl. 2000 C 68/40.

[45] Siehe hierzu Kom., ABl. 2003 L 66/36 – Landesentwicklungsgesellschaft Thüringen. Ferner Kom., Staatliche Beihilfe N 644/A/B/2002 – Deutschland, Ausbau der kommunalen wirtschaftsnahen Infrastruktur im Rahmen der Gemeinschaftsaufgabe (GA) „Verbesserung der regionalen Wirtschaftsstruktur" nach Teil II Punkt 7 des Rahmenplans, a) Erschließung von Industrie- und Gewerbegelände b) Wiederherrichtung von brachliegendem Industrie- und Gewerbegelände; Kom., Staatliche Beihilfe N 644/A/B/2002 – Deutschland, Ausbau der kommunalen wirtschaftsnahen Infrastruktur im Rahmen der Gemeinschaftsaufgabe (GA) „Verbesserung der regionalen Wirtschaftsstruktur" nach Teil II Punkt 7 des Rahmenplans a) Erschließung von Industrie- und Gewerbegelände b) Wiederherrichtung von brachliegendem Industrie- und Gewerbegelände; Kom., Staatliche Beihilfe N 657/1999 – UK, Business Infrastructure Development; Kom., ABl. 2000 L 145/27 – English Partnerships (EP) under the Partnerships Investment Programme (PIP).

[46] Siehe ABl. 2000 C 68/40, 43.

[47] Kom., ABl. 2002 L 282/57, Tz. 15–18 – mutmaßliche staatliche Beihilfe der Bundesrepublik Deutschland zugunsten von Unternehmen im Industriepark Wörth. Siehe hierzu auch Kom., ABl. 2002 L 25/41, Tz. 33 – mutmaßliche staatliche Beihilfe zugunsten der amerikanischen Gruppe Reebok in Verbindung mit ihrer Niederlassung in Rotterdam, Niederlande: Die Kommission bestimmte als Mindesterfordernis, dass die öffentlichen Unternehmen nach Abzug der Kosten des Vorhabens von den Einnahmen einen positiven Nettobarwert erzielten, da keine Marktrendite für derartige Investitionen als Vergleichsmaßstab zur Verfügung stand.

325 Die Kommissionspraxis hinsichtlich der beihilfenrechtlichen Bewertung von **Infrastruktur-maßnahmen** befindet sich seit dem kartellrechtlichen Aéroports de Paris Urteil ohnehin in Bewegung. Noch in den 90ern wurde das Zurverfügungstellen von öffentlicher Flughafeninfra-struktur von der Kommission ganz unproblematisch als hoheitliche Aufgabe angesehen, so dass es für die beihilfenrechtliche Bewertung ausschließlich darum gehen konnte, ob der Zugang nichtdiskriminierend erfolgte oder nicht. Im Aérpors de Paris Urteil hat das Gericht klarge-stellt, dass das Zurverfügungstellen von Flughafenanlagen an Luftfahrtgesellschaften und ver-schiedene Dienstleister gegen Zahlung einer Abgabe, die von dem betreffenden öffentlichen Unternehmen frei festgesetzt wird, eine wirtschaftliche Tätigkeit ist.[48] Seitdem werden öffentli-che Investitionen in die Infrastruktur auch beihilfenrechtlich überprüft.[49] Der neue Ansatz wei-tet sich zusehends auf andere Infrastrukturen aus, beispielsweise den Bau von Autobahnen, bei dem die Flughafenmitteilung mittlerweile analog von der Kommission angewendet wird.[50]

326 Auch die Bereitstellung von **Tourismusinfrastruktur** fällt nach Auffassung der Kommission nicht per se aus dem Beihilfenbegriff. Vielmehr ist im Einzelfall genau abzuwägen, was noch als Teil der Daseinsvorsorge der Allgemeinheit zugute kommt, und was spezifisch der Förderung der heimischen Tourismusbranche im Wettbewerb mit anderen Tourismusgebieten dienen soll. So sind allgemeine Infrastrukturvorhaben, die von der Gemeinde durchgeführt und betrieben werden, wie Rad- und Wanderwege, Parkplätze, Kurparks usw., als hoheitliche und nicht als wirtschaftliche Tätigkeiten anzusehen.[51] Darüber hinausgehende Tätigkeiten, insbesondere sol-che, die gegen Entgelt erbracht werden, wie beispielsweise Spaß- oder Thermalbäder, sind da-gegen wirtschaftlicher Natur und können nur insoweit aus dem Beihilfenbegriff fallen, als sie rein örtlicher Natur sind und daher den Handel zwischen den Mitgliedstaaten nicht beeinflussen können.

327 Ob die **Tätigkeit von Förderbanken** wirtschaftlicher Natur ist, ist, soweit ersichtlich, noch nicht von der Rechtsprechung entschieden. Es lässt sich vertreten, dass die Beihilfengewährung *per definitionem* hoheitlicher Natur ist und daher keine wirtschaftliche Tätigkeit darstellt. Insofern sollte dann die staatliche Unterstützung der entsprechenden Förderbank oder eines anderen Förderinstituts, beispielsweise durch staatliche Garantien bei der Mittelaufnahme am Markt, nicht unter den Beihilfenbegriff fallen. Die Frage ist in der so genannten **Verständigung II** zwischen der Kommission und Deutschland bzgl. Anstaltslast und Gewährträgerhaftung zu-gunsten der deutschen Spezialkreditinstitute, u. a. auch der KfW, nicht explizit beantwortet worden. Die Kommission hat aber der Beibehaltung der Haftungsinstrumente Anstaltslast und Gewähr-trägerhaftung zugunsten der rechtlich selbstständigen Förderbanken zugestimmt, soweit deren Tätigkeit auf einen ganz genau definierten Kanon öffentlicher Förderaufgaben beschränkt wird. Kommerzielle Tätigkeiten mussten aufgegeben oder von den staatlichen Haftungen durch eine Abtrennung in ein rechtlich selbstständiges Unternehmen ohne staatliche Unterstützung isoliert werden. In einer Entscheidung aus 2004 bzgl. des finnischen Municipality Finance Plc (MFL) hat die Kommission erstmals ausdrücklich bestätigt, dass solche **Spezialkreditinstitute**[52] keine Unternehmen im Sinne von Art. 107Abs. 1 AEUV darstellen.[53] Wichtig war dabei, dass die MFL nur in Bezug auf ihre öffentlichen Aufgaben von staatlichen Bürgschaften profitieren kann. Zu solchen öffentlichen Aufgaben zählen die Finanzversorgung von Kommunen und Kommunal-verbänden („In-house"-Ansatz oder Konzept des geschlossenen Kreislaufs) sowie die Verteilung von Subventionen (Finanzierung zu Vorzugsbedingungen) in behördlichem Auftrag. In erster Linie geht es dabei um die Finanzierung umweltfreundlicher Investitionen, der Infrastruktur,

---

[48] EuG, T-128/98, Slg. 2000, II-3929, RdNr. 120–125 – Aéroports de Paris/Kommission.

[49] Deutlich erstmals in Kom., staatliche Beihilfe NN 45/00 – Flughafen Amsterdam – Schiphol. Siehe hierzu unten Sektoren RdNr. 537.

[50] ZB. Kom., Staatliche Beihilfe N 462/2009 – Polen: A2 Motorway.

[51] Kom., Staatliche Beihilfe N 610/01 – Bundesrepublik Deutschland: Tourismusinfrastrukturprogramm Baden-Württemberg.

[52] Definiert im Bericht der Europäischen Kommission an den Ministerrat: Dienstleistungen im allgemei-nen wirtschaftlichen Interesse im Finanzsektor, angenommen von der Kommission am 17. Juni 1998, dem ECOFIN präsentiert am 23. November 1998, Punkt 3.2. Herunterzuladen unter http://ec.europa.eu/com petition/state_aid/studies_reports/archive/report_bank_en.html. In diesem Bericht vertrat die Kommission die Auffassung, dass beihilfenrechtliche Probleme nur dann ausgeräumt werden könnten, wenn alle Banken für die Durchführung der beihilfenrechtlichen Aufgaben zu den gleichen Konditionen in Wettbewerb treten könnten. Lediglich die reine Geldbeschaffung für die öffentliche Hand wurde eindeutig nicht als wirtschaft-liche Tätigkeit eingestuft (Punkt 3.3).

[53] Kom., Staatliche Beihilfe N179/2004 – Finnish municipal guarantees.

des Wohnungsbaus und der Dienstleistungen von allgemeinem wirtschaftlichem Interesse. Nicht erlaubt ist hingegen, jedem kommunalem Unternehmen Finanzmittel zu geschäftlichen Bedingungen bereitzustellen, wie dies eine normale Geschäftsbank tun könnte. Dies würde den Wettbewerb mit Geschäftsbanken, die keine staatliche Bürgschaft erhalten, verfälschen. Die MFL darf anderen Unternehmen daher keine Finanzmittel zu Marktbedingungen bereitstellen, da eine solche Finanzierung von jedem anderen kommerziellen Kreditinstitut geleistet werden kann, das nicht in den Genuss staatlicher Förderung kommt. Diese Grundsätze wurden in Folge bestätigt, jüngst in der Entscheidung bzgl. der Rekapitalisierung der lettischen Hypotheken- und Landesbank LHZB.[54] Die beihilfenrechtliche Überprüfung der Fördertätigkeiten gegenüber den Begünstigten bleibt natürlich Sache der Kommission.[55]

Weitere Einzelfälle: Wirtschaftliche Tätigkeit bejaht: Arbeitsvermittlung;[56] Entwick- **328** lung von Technologien für den Einsatz von Kohle und fachliche Unterstützung von Verwaltungen, öffentlichen Einrichtungen und an der Entwicklung dieser Technologien interessierten Unternehmen;[57] Naturschutzstiftungen oder -verbände (insbesondere Beratungsdienste, Holzverkauf, Verpachtung von landwirtschaftlichen Flächen oder Tourismus).[58] **Wirtschaftliche Tätigkeit verneint:** Überwachungstätigkeit zur Bekämpfung der Umweltverschmutzung, mit deren Ausübung in einem Erdölhafen eines Mitgliedstaats eine privatrechtliche Einrichtung von staatlichen Stellen betraut worden ist, auch wenn die Benutzer des Hafens eine zur Finanzierung dieser Tätigkeit bestimmte Gebühr zu entrichten haben.[59] Krankenkassen, soweit sie auf die Höhe der Beiträge, die Verwendung der Mittel oder die Bestimmung des Leistungsumfangs keinen Einfluss nehmen können.[60] Abwasserentsorgung durch Gebietskörperschaft als klassische Aufgabe der öffentlichen Daseinsvorsorge, die den kommunalen Trägern obliegt.[61]

bb) Der Begriff des Produktionszweiges. Der Begriff „Produktionszweig" ist weit zu **329** verstehen.[62] Hierunter fällt nicht nur die Produktion von Gütern, sondern auch das Erbringen von Dienstleistungen und damit praktisch **jeder Wirtschaftssektor, inklusive die freien Berufe.**[63] Das Tatbestandsmerkmal „bestimmter Produktionszweige" dient dem Zweck, die Mitgliedstaaten davon abzuhalten, die Schaffung des Binnenmarktes durch die Förderung ihrer traditionell starken Industrien/Wirtschaftssektoren zu behindern.[64]

b) Selektivität. aa) Allgemeines. Das Merkmal der Selektivität kann erhebliche Ausle- **330** gungsschwierigkeiten bereiten. Das liegt an seiner Natur als vertikales Kompetenzabgrenzungsmerkmal. Es grenzt staatliche Beihilfen von den so genannten allgemeinen Maßnahmen ab, Maßnahmen also, die in die allgemeine wirtschaftspolitische Kompetenz der Mitgliedstaaten fallen. In die Festlegung dieses allgemeinen wirtschaftlichen Rahmens darf die Union nicht unter Rückgriff auf die Beihilfenbestimmungen eingreifen.[65]

Trotzdem oder gerade deshalb hat sich eine recht **großzügige Auslegung des Selektivi-** **331** **tätsbegriffs** durchgesetzt. Soweit die nationale Regelung den staatlichen Behörden ein Ermes-

[54] Kom., Staatliche Beihilfe NN 60/2009, Tz. 30–38 – Latvia: Recapitalization of „The Mortgage and Land Bank of Latvia". Siehe auch Kom., Staatliche Beihilfe N715/2006, Tz. 22 – Finland: Steuerbefreiung für Finnvera Oyj.
[55] Kom., Staatliche Beihilfe NN 60/2009, Tz. 40 – Latvia: Recapitalization of „The Mortgage and Land Bank of Latvia"; Kom., Staatliche Beihilfe N715/2006, Tz. 29 – Finland: Steuerbefreiung für Finnvera Oyj; Kom., Staatliche Beihilfe Nr. E 10/2000, Punkt 2 – Deutschland: Anstaltslast und Gewährträgerhaftung. Zur praktischen Umsetzung bei der KfW vgl. *Weber,* Zeitschrift für das gesamte Kreditwesen, 2006, 882.
[56] Insb. EuGH, C-41/90, Slg. 1991, I-1979, RdNr. 21 – Klaus Höfner und Fritz Elser; EuGH, C-67/96, Slg. 1999, I-5751, RdNr. 77 – Albany International BV; EuGH, verb. Rs. C-180/98 bis C-184/98, Slg. 2000, I-6451, RdNr. 74 – Pavlov ua.; EuGH, C-222/04, Slg. 2006, I-289, RdNr. 107 – Cassa di Risparmio di Firenze ua.
[57] EuGH, C-237/04, Slg. 2006, I-2843, RdNr. 30, 31 – Enirisorse.
[58] Kom., Staatliche Beihilfe N 277/2003 – Deutschland: Übertragung von Naturschutzflächen.
[59] EuGH C-343/95, Slg. 1997, I-1547, RdNr. 25 – Calì & Figli v Servizi ecologici porto di Genova.
[60] EuGH, C-159/91 und C-160/91, Slg. 1993, I-637, RdNr. 15–18 – Poucet and Pistre.
[61] Kom., Staatliche Beihilfe N 644/E/2002 – Deutschland: Ausbau der kommunalen wirtschaftsnahen Infrastruktur im Rahmen der Gemeinschaftsaufgabe (GA) „Verbesserung der regionalen Wirtschaftsstruktur" nach Teil II Punkt 7 des Rahmenplans e) Errichtung oder Ausbau von Anlagen für die Beseitigung bzw. Reinigung von Abwasser und Abfall.
[62] *Koenig/Kühling/Ritter* RdNr. 170.
[63] *Von der Groeben/Schwarze/Mederer* Art 87 EG RdNr. 35.
[64] Zur sektoriellen Selektivität vgl. im Einzelnen unten unter II.3.d.
[65] Im Einzelfall auftretenden gravierenden Wettbewerbsverzerrungen kann nach den Artikeln 116, 117 AEUV begegnet werden.

sen einräumt, ist die konkrete Anwendung stets selektiv[66] (hierzu unter 2). Als selektiv gilt eine Regelung auch dann, wenn die Regelung nur Unternehmen bestimmter Größe – zB. nur Großunternehmen,[67] nur KMU,[68] nur Unternehmen, die körperliche Güter herstellen,[69] nur neu gegründete Unternehmen, die eine Investition in bestimmter Höhe tätigen und eine bestimmte Anzahl von Arbeitsplätzen dadurch schaffen,[70] (siehe hierzu unter Punkt 3 c)bb)γ) – materielle Selektivität), nur Unternehmen mit Sitz in einem bestimmten Gebiet (hierzu unter Punkt 3 c)bb)β) – regionale Selektivität) oder eines bestimmten Wirtschaftssektors (hierzu unter Punkt 3 c)bb)δ) – sektorielle Selektivität) begünstigt. Die Selektivität muss nicht explizit im Gesetz verankert sein. Es reicht aus, dass eine Regelung, die scheinbar allgemein anwendbar ist, de facto auf bestimmte Unternehmen oder Produktionszweige beschränkt ist (zu den Einzelheiten siehe Punkt Punkt 3 c)bb)) – de facto Selektivität). Eine Diskriminierung aus Gründen der Staatsangehörigkeit ist nicht notwendig,[71] ebenso wenig wie eine Diskriminierung nach bestimmten Produkt- oder Dienstleistungsgruppen. Das Beihilfenkonzept des WTO-Übereinkommens[72] ist für die Beihilfendefinition des Art. 107 Abs. 1 AEUV irrelevant.[73] Frühere Auffassungen in der Literatur, die das Merkmal der Selektivität als spezifisches Diskriminierungsverbot gedeutet haben, sind von der Rechtsprechung zurecht nicht aufgegriffen worden.[74]

332   Trotz der erheblichen Bedeutung des Tatbestandsmerkmals der Selektivität für die Abgrenzung zur allgemeinen Wirtschaftspolitik der Mitgliedstaaten ist die Rechtsprechung der Gemeinschaftsgerichte überschaubar geblieben. Erst in der jüngeren Vergangenheit ist in der Lehre eine Debatte entfacht worden, die möglicherweise zu einer Neuorientierung der Rechtsprechung führen wird.

333   **bb) Ermessensentscheidungen der Beihilfengeber bei individuellen ad hoc Beihilfen und im Rahmen allgemeiner Beihilfenregelungen.** Selektivität ist bereits dann zu bejahen, wenn die die Beihilfe gewährende Stelle einen Ermessensspielraum genießt. Dies gilt sowohl für den Fall, dass eine allgemeine Beihilfenregelung ihr dieses Ermessen einräumt, als auch dann, wenn die öffentliche Stelle mangels einer allgemeinen Regelung eine ad-hoc-Förderung vornimmt. Es reicht aus, dass die Förderstelle über ein Ermessen verfügt, das es ihr ermöglicht, ihren finanziellen Beitrag nach Maßgabe verschiedener Kriterien, wie insbesondere der **Wahl der Begünstigten,** der **Höhe des finanziellen Beitrags** und der **Bedingungen der Maßnahme** anzupassen. Soweit ermessenssteuernde Leitlinien existieren, ist es ausreichend, dass die Verwaltung von den Leitlinien abweichen kann, wenn eine besondere Situation dies rechtfertigt.[75]

---

[66] Vgl. EuGH, C-200/97, Slg. 1998 I-7907, RdNrn. 39–41 – Ecotrade EuGH, C-256/97, Slg. 1999, I-3913, RdNr. 27 – Déménagements-Manutention Transport SA (DMT); ferner EuG, T-127/99, T-129/99 und T-148/99, Slg. 2002 II-1275, RdNr. 149 – Territorio Histórico de Álava ua./Kommission; EuG, T-92/00 und T-103/00, Slg. 2002 II-1385, RdNr. 31 – Territorio Histórico de Álava ua./Kommission, jeweils zu einer baskischen Regelung, die eine Steuergutvorschrift bei bestimmten Investitionen im Baskenland vorsah. Die Behörde konnte die Höhe des förderfähigen Investitionsbetrages sowie die Dauer des Investitionsprozesses festlegen, was dem Gericht erster Instanz zur Bejahung der Selektivität ausreichte.

[67] EuGH, C-200/97, Slg. 1998 I-7907, RdNrn. 39–41 – Ecotrade Srl; EuG, T- 127/99, T-129/99 und T-148/99, Slg. 2002 II-1275, RdNr. 155 – Territorio Histórico de Álava ua./Kommission; EuG, T-92/00 und T-103/00, Slg. 2002 II-1385, RdNr. 37 – Territorio Histórico de Álava ua./Kommission: Eine selektive Begünstigung nur großer Unternehmen kann schon darin liegen, dass nur Investitionen in einer bestimmten Größenordnung in den Genuss einer Steuervergünstigung kommen, in casu Mindestinvestitionsbetrag von ESP 2,5 Mrd. – de facto Selektivität.

[68] EuG, T-55/99, Slg. 2000, II-3207, RdNr. 40 – Confederación Espaòola de Transporte de Mercancías (CETM)/Kommission.

[69] In Abgrenzung zu Unternehmen, die Dienstleistungen anbieten, EuGH, C-143/99, Slg. 2001 I-8365, RdNr. 52 – Adria-Wien Pipeline GmbH.

[70] EuG, T-92/00 und T-103/00, Slg. 2002 II-1385, RdNrn. 49 ff. – Territorio Histórico de Álava ua./Kommission. In casu Investition von ESP 80 Mio. und Schaffung von mindestens 10 Arbeitsplätzen.

[71] EuGH, C-143/99, Slg. 2001 I-8365, RdNr. 49 – Adria-Wien Pipeline GmbH.

[72] ABl. 1994 Nr. L 336, S. 156.

[73] EuG, T-55/99, Slg. 2000, II-3207, RdNr. 5 - Confederación Espaòola de Transporte de Mercancías (CETM)/Kommission.

[74] So noch *Ipsen* 669, und *König//Roth/Schön/Schön* 111. Nach letzterem soll das Diskriminierungsverbot gar den Kern des Beihilfenverbots bilden.

[75] EuGH, C-241/94, Slg. 1996, I-4551, RdNr. 23, 24 – Frankreich/Kommission (Kimberly Clark). EuGH, C-256/97, Slg. 1999, I-3913, RdNr. 27 – Déménagements-Manutention Transport SA (DMT). EuGH, C-295/97, Slg. 1999, I-3735, RdNr. 39 – Paggio. Siehe auch Kom, ABl. 1998 C 343/10, Tz. 15 – Mitteilung der Kommission – Gemeinschaftsrahmen für Ausbildungsbeihilfen.

Die Notwendigkeit zur (auch täglichen) Auslegung der anwendbaren Vorschriften macht eine Maßnahme noch nicht selektiv, die Vorschriften dürfen jedoch keinen Raum für eine in freies Ermessen gestellte Behandlung der Unternehmen geben. Jede Verwaltungsentscheidung, die von den allgemein geltenden Vorschriften abweicht, um einzelne Unternehmen zu begünstigen, begründet eine Vermutung für das Vorliegen einer staatlichen Beihilfe und muss daher im Detail untersucht werden.[76]

Eine **willkürliche Handlungsweise** der Behörden ist nicht erforderlich.[77] **334**

cc) Selektivität allgemeiner Beihilfenregelungen. Eine allgemeine Beihilfenregelung, **335** die der anwendenden Stelle kein Ermessen einräumt, ist dann selektiv, wenn sie „bestimmte Unternehmen oder Industriezweige" begünstigt.

α) Nur allgemein anwendbare Regelungen – Wirkungsprinzip. Die ersten Urteile zur **336** Selektivität (anfänglich in der deutschen Übersetzung noch „Spezifität" genannt) waren dogmatisch wenig entwickelt und im Wesentlichen vom Bemühen des Gerichtshofs geprägt, die Bedeutung des Tatbestandsmerkmals so gering wie möglich zu halten.[78] In der Sache Ecotrade[79] und später in Maribel[80] hat der Gerichtshof ausdrücklich auf das Wirkungsprinzip abgestellt und betont, dass die Selektivität einer Regelung unabhängig von den (politischen) Zielen der Maßnahme bestimmt werden müsse (vorbehaltlich einer möglichen Rechtfertigung durch Wesen und Struktur des allgemeinen Systems).

Im grundlegenden Urteil zum belgischen **Maribel**-Programm, nach dem die Sozialversiche- **337** rungsbeiträge von Unternehmen, die überwiegend in einem der dem internationalen Wettbewerb am stärksten ausgesetzten Wirtschaftssektor tätig waren, ermäßigt worden, äußerte sich der Gerichtshof **erstmals näher zu der Selektivität von nicht im Ermessen der Behörden stehenden Förderprogrammen.** Betroffen waren Wirtschaftssektoren wie Bergbau, Chemie, Metallerzeugung und -bearbeitung, Herstellung von Mess-, Steuer- und Regelungstechnik, Optik sowie andere Zweige des verarbeitenden Gewerbes. Der Gerichtshof betonte, dass der soziale Charakter der Regelung keinen Einfluss auf die Frage der Selektivität habe, da der Beihilfenbegriff des Art. 107 Abs. 1 AEUV nicht nach den Gründen oder Zielen der staatlichen Maßnahmen, sondern allein nach ihren Wirkungen beschrieben werde.[81] Dieses so genannte **Wirkungsprinzip** gilt für alle Tatbestandsmerkmale.[82] Da das Maribel-Programm den ausführenden Behörden kein Ermessen einräumte, musste vom Gerichtshof festgestellt werden, ob die Regelung selbst nur auf bestimmte Unternehmen oder bestimmte Wirtschaftszweige anwendbar war. Zur Bejahung der Selektivität reichte es dabei nicht, dass die Maßnahmen auf Arbeiter, zudem auf solche, deren Arbeitszeit eine Mindeststundenzahl überschreitet, beschränkt war.[83] Ausreichend war hingegen, dass die Ermäßigungen ausschließlich Unternehmen zugute kamen, die bestimmten Sektoren des verarbeitenden Gewerbes und weiterer festgelegten Wirtschaftssektoren angehörten. Unternehmen bestimmter Teile des verarbeitenden Gewerbes und des tertiären Sektors und der Bauwirtschaft waren nicht umfasst. Dies reichte dem Gerichtshof zur Bejahung der Selektivität aus.[84]

β) Aktueller dreistufiger Prüfungsaufbau – das Gibraltar-Urteil. In der Zwischenzeit **338** hat sich die Rechtsprechung zur Selektivität, teilweise durch entsprechende Bekanntmachungen der Kommission beeinflusst, weiter verästelt, ist dogmatisch komplexer, jedoch nicht unbedingt kohärenter geworden. Zu beobachten ist der Versuch des Gerichts, der Kommission den Nachweis der Selektivität einer Maßnahme zu erschweren und den Mitgliedstaaten so einen

---

[76] Kom, ABl. 1998 C 384/3 Tz. 22 – Mitteilung der Kommission über die Anwendung der Vorschriften über staatliche Beihilfen auf Maßnahmen im Bereich der direkten Unternehmensteuerung.

[77] EuG, T-92/00 und T-103/00, Slg. 2002, II-1385, RdNr. 35 – Territorio Histórico de Álava – Diputación Foral de Álava; siehe auch Urteil des EuG, T-127/99, T-129/99 und T-148/99, Slg. 2002, II-1275, RdNr. 144, 149 und 154 – Territorio Histórico de Álava – Diputación Foral de Álava (T-127/99), Comunidad Autónoma del País Vasco und Gasteizko Industria Lurra, SA (T-129/99) und Daewoo Electronics Manufacturing España, SA (T-148/99)/Kommission.

[78] Siehe EuGH, C-200/97, Slg. 1998, I-7907, RdNr. 40 – Ecotrade.

[79] EuGH, C-200/97, Slg. 1998, I-7907, RdNr. 41 – Ecotrade.

[80] EuGH, C-75/97, Slg. 1999 I-3671.

[81] EuGH, C-75/97, Slg. 1999, I-3671, RdNr. 25 – Belgien/Kommission („Maribel").

[82] Für das Merkmal der Begünstigung vgl. *Arhold,* oben RdNr. 105–106.

[83] EuGH, C-75/97, Slg. 1999, I-3671, RdNr. 28 – Belgien/Kommission („Maribel").

[84] EuGH, C-75/97, Slg. 1999, I-3671, RdNr. 29–31 – Belgien/Kommission („Maribel"). Vgl. zur sektoriellen Selektivität näher unten unter Punkt 3.d).

größeren Spielraum bei der Gestaltung ihrer Wirtschaftspolitik einzuräumen. Der Gerichtshof betont hingegen stärker das Wirkungsprinzip. In seinem Ende 2008 ergangenen **Gibraltar-Urteil**[85] hat das Gericht erstmals die für die Frage der Selektivität durchzuführende **Drei-Stufen-Prüfung** detailliert dargelegt.

339   Gegenstand des Gibraltar-Urteils war die **Einführung eines neuen Körperschaftssteuersystems in Gibraltar.** Dieses wurde in Reaktion auf die Einleitung einer förmlichen beihilfenrechtlichen Prüfung des Vorgängermodells[86] durch die Kommission eröffnet. Nach der Vorgängerregelung bestanden Steuervergünstigungen für sog. „freigestellte Unternehmen", die nicht in Gibraltar niedergelassen waren, und für sog. „berechtigte Unternehmen", die in Gibraltar über eine tatsächliche Geschäftsstelle verfügten (a bricks and mortar presence). Für die Anerkennung als „freigestelltes Unternehmen" mussten mehrere Voraussetzungen erfüllt sein; dazu gehörte das Verbot der Ausübung einer gewerblichen oder sonstigen Tätigkeit in Gibraltar, ausgenommen Tätigkeiten mit anderen freigestellten oder berechtigten Unternehmen. Vorbehaltlich bestimmter enger Ausnahmen war ein freigestelltes Unternehmen in Gibraltar von der Einkommensteuer befreit und brauchte nur eine jährliche Pauschalsteuer von 225 Pfund Sterling (GBP) zu entrichten. Für die Anerkennung als „berechtigtes Unternehmen" waren ähnliche Voraussetzungen zu erfüllen wie für die Anerkennung als freigestelltes Unternehmen. Die berechtigten Unternehmen zahlten Steuern in Höhe eines Satzes, der mit den Steuerbehörden von Gibraltar ausgehandelt wurde und zwischen 2% und 10% ihres Gewinns schwankte. Diese Regelungen hatten dazu geführt, dass sich in Gibraltar mehrere zehntausend Briefkastenfirmen aus aller Welt angesiedelt hatten. Die meisten von ihnen kauften sich gegen eine Gebühr von der Körperschaftssteuer frei, hatten keinen einzigen Angestellten und wurden vielfach von einer einheimischen Anwaltskanzlei verwaltet. Dies war besonders für Spanien ärgerlich, da über diese Briefkastenfirmen eine steigende Zahl von Immobiliengeschäften in Spanien abgewickelt wurde, da in Gibraltar hierbei keine Gewinnsteuern anfielen, und der spanische Fiskus entsprechend leer ausging. Noch vor Beendigung des förmlichen Prüfverfahrens, führte Gibraltar eine völlig neue **Steuerregelung** für alle Unternehmen in Gibraltar ein:

Unternehmen haben für jeden Mitarbeiter jährlich eine Lohnsummensteuer in Höhe von 3000 GBP zu entrichten. Jeder „Arbeitgeber" in Gibraltar muss die Lohnsummensteuer für die Gesamtzahl seiner Vollzeit- und Teilzeit-"Arbeitnehmer" zahlen, die „in Gibraltar beschäftigt" sind.

Unternehmen mit Geschäftsräumen in Gibraltar zahlen darüber hinaus eine sog. Gewerbegrundbenutzungssteuer, die sog. business property occupation, kurz „GPOT", in Höhe eines bestimmten Prozentanteils der allgemeinen Grundsteuer.

Unternehmen in Gibraltar haben eine jährliche Eintragungsgebühr von 150 GBP (nicht gewinnorientierte Unternehmen) bzw. 300 GBP (gewinnorientiert) zu entrichten.

Die Gesamtsteuerschuld für die Lohnsummensteuer zusammen mit der BPOT wird auf höchstens 15% des Gewinns begrenzt. Aus dieser Begrenzung ergibt sich, dass Unternehmen nur dann Lohnsummensteuer und BPOT zahlen, wenn sie Gewinn machen, und dass der Höchstsatz bei 15% des Gewinns liegt.

Für bestimmte Tätigkeitsbereiche, und zwar Finanzdienstleistungen und Versorgungsunternehmen, werden zusätzliche Steuern (bzw. Steuerzuschläge) auf Gewinne erhoben, die in diesen Tätigkeitsbereichen erzielt werden.

Die jährliche Gesamtsteuerschuld der Finanzdienstleister (Lohnsummensteuer, BPOT und zusätzliche Steuer) beläuft sich ebenfalls auf höchstens 15% des Gewinns.

Versorgungsunternehmen zahlen hingegen eine zusätzliche Steuer auf Gewinne aus Versorgungsdienstleistungen in Höhe von 35% des Gewinns, von welcher sie die Lohnsummensteuer und die BPOT abziehen können, so dass diese Unternehmen immer eine Steuer in Höhe von 35% des Gewinns entrichten.

340   Die Kommission eröffnete auch bzgl. der Neuregelung das förmliche Prüfverfahren, an dessen Ende sie entschied, dass die Neuregelung mit dem Binnenmarkt unvereinbare Beihilfen enthielt und folglich nicht umgesetzt werden dürfe.[87] Zum selektiven Charakter der Steuerreform führte die Kommission an, die Steuerreform sei sowohl regional als auch materiell selektiv. Die Reform sei regional selektiv, da sie ein Körperschaftsteuersystem einführe, bei dem Un-

---

[85] EuG, T-211/04 und T-215/04, Slg. 2008, II-3745 – Government of Gibraltar und Großbritannien/Kommission.

[86] Kom., ABl. 2002 C 26/9 – Vereinigtes Königreich, „berechtigte Unternehmen"; Kom., ABl. 2002, C 26/13 – Vereinigtes Königreich, „freigestellte Unternehmen".

[87] Kom., ABl. 2005 L 85/1 – Vereinigtes Königreich, Körperschaftsteuerreform der Regierung von Gibraltar.

ternehmen in Gibraltar allgemein niedriger besteuert würden als Unternehmen im Vereinigten Königreich.[88] Außerdem seien die folgenden Bestandteile der Steuerreform materiell selektiv:

- die Voraussetzung der Gewinnerzielung als Grundlage für die Lohnsummensteuer und die BPOT, da diese Voraussetzung Unternehmen begünstige, die keinen Gewinn erzielten;[89]
- die Obergrenze von 15% des Gewinns, die für die Lohnsummensteuer und die BPOT gelte, da diese Obergrenze Unternehmen begünstige, die für das betreffende Steuerjahr niedrige Gewinne im Verhältnis zu der Zahl ihrer Mitarbeiter und der Nutzung von Gewerberäumen erzielten;[90]
- die Lohnsummensteuer und die BPOT, da diese beiden Steuern ihrem Wesen nach Unternehmen begünstigten, die in Gibraltar nicht tatsächlich physisch präsent seien.[91]

Die materielle Selektivität ergebe sich auch aus der Analyse des Systems als Ganzes,[92] denn **341** das neue System stelle die steuerliche Begünstigung von Unternehmen, die die Rechtsform des freigestellten Unternehmens im Sinne der vor der Steuerreform geltenden Steuerregelung aufwiesen, unvermindert fort, da diese Unternehmen allgemein in Gibraltar nicht physisch präsent seien (Briefkastenfirmen) und daher weiterhin effektiv einen Steuersatz von null zahlen würden. Dagegen gelte für die übrige Wirtschaft von Gibraltar der Höchststeuersatz von 15% bzw. 35% des erzielten Gewinns.

Auf Klage Gibraltars und des Vereinigten Königreichs erklärte das Gericht die Entscheidung **342** für nichtig, weil die Steuerregelung nach Überzeugung des Gerichts weder regional[93] noch materiell selektiv war, wobei das Gericht erstmals dezidiert die seiner Meinung nach bei der materiellen Selektivität anzuwendende Drei-Stufen-Prüfung zu Grunde legte:

Erstens: **Feststellung der allgemeinen oder „normalen" Regelung** des Steuersystems in dem geografischen Gebiet des maßgeblichen Bezugsrahmens.

Zweitens: **Etwaiger selektiver Charakter der mit der fraglichen steuerlichen Maßnahme verbundenen Begünstigung** in Hinblick auf diese allgemeine oder „normale" Steuerregelung unter Nachweis, dass die Maßnahme eine Ausnahme von der allgemeinen Regelung bildet, da sie zwischen Wirtschaftsteilnehmern unterscheidet, die sich im Hinblick auf das mit der Steuerregelung des betreffenden Mitgliedstaats verfolgte Ziel in einer vergleichbaren tatsächlichen und rechtlichen Situation befinden.[94]

Drittens: Hat die Kommission auf den ersten beiden Stufen ihrer Würdigung geprüft und nachgewiesen, dass Ausnahmen von der allgemeinen oder „normalen" Steuerregelung vorliegen, die eine Differenzierung zwischen Unternehmen bewirken, ist eine solche Differenzierung dennoch nicht selektiv, wenn sie aus der **Natur oder dem inneren Aufbau der Lastenregelung** folgt, mit der sie in Zusammenhang steht. Angesichts des Umstands, dass die Differenzierungen gegenüber der allgemeinen oder „normalen" Steuerregelung eine Ausnahme darstellen und *a priori* selektiv sind, obliegt es jedoch dem Mitgliedstaat, nachzuweisen, dass die Differenzierung durch die Natur und den inneren Aufbau seines Steuersystems gerechtfertigt sind, weil sie unmittelbar auf den Grund- oder Leitprinzipien seines Steuersystems beruhen.[95] Insoweit ist zu unterscheiden zwischen den mit einer bestimmten Steuerregelung verfolgten Zielen,

---

[88] Kom., ABl. 2005 L 85/1, Tz. 127 – Vereinigtes Königreich, Körperschaftsteuerreform der Regierung von Gibraltar.

[89] Kom., ABl. 2005 L 85/1, Tz. 128–133 – Vereinigtes Königreich, Körperschaftsteuerreform der Regierung von Gibraltar.

[90] Kom., ABl. 2005 L 85/1, Tz. 134–141 – Vereinigtes Königreich, Körperschaftsteuerreform der Regierung von Gibraltar.

[91] Kom., ABl. 2005 L 85/1, Tz. 142–144, 150 – Vereinigtes Königreich, Körperschaftsteuerreform der Regierung von Gibraltar.

[92] Kom., ABl. 2005 L 85/1, Tz. 152 – Vereinigtes Königreich, Körperschaftsteuerreform der Regierung von Gibraltar.

[93] Zur regionalen Selektivität siehe unten unter c) bb).

[94] EuG, T-211/04 und T-215/04, Slg. 2008, II-3745, RdNr. 143 – Government of Gibraltar und Großbritannien/Kommission. Unter Hinweis auf Kom, ABl. 1998 C 384/3, Tz. 16 – Mitteilung der Kommission über die Anwendung der Vorschriften über staatliche Beihilfen auf Maßnahmen im Bereich der direkten Unternehmensbesteuerung, und unter anderem die Schlussanträge von Generalanwalt Darmon in EuGH, C-72/91 u.C-73/91, Slg. 1993, I-887, RdNrn. 50–72 – Sloman Neptun.

[95] Siehe zum dritten Prüfungspunkt unten unter Punkt c) cc).

die außerhalb dieser Regelung liegen, und den dem Steuersystem selbst inhärenten Mechanismen, die zur Erreichung dieser Ziele erforderlich sind.[96]

343   Nach Auffassung des Gerichts ist diese **Prüfungsreihenfolge strikt einzuhalten.**[97] Lässt die Kommission die erste und zweite Stufe der Prüfung des selektiven Charakters einer Maßnahme aus, darf sie keine Beurteilung im Rahmen der dritten und letzten Stufe vornehmen, da sie sonst den Prüfungsrahmen überschreiten würde. Ein solches Vorgehen würde nämlich erstens der Kommission ermöglichen, sich bei der Festlegung des Steuersystems und der allgemeinen oder „normalen" Regelung des Mitgliedstaats, einschließlich der Ziele, der inhärenten Mechanismen zur Erreichung dieser Ziele und der Besteuerungsgrundlagen der Regelung, an die Stelle des Mitgliedstaats zu setzen, und zweitens dem Mitgliedstaat somit die Möglichkeit nehmen, die fraglichen Differenzierungen durch die Natur und den inneren Aufbau des angemeldeten Steuersystems zu rechtfertigen, da die Kommission im Vorfeld weder die allgemeine oder „normale" Regelung identifiziert noch den Ausnahmecharakter der Differenzierungen nachgewiesen hätte.[98] Außerdem weist das Gericht darauf hin, dass die **direkte Besteuerung nach dem gegenwärtigen Entwicklungsstand des Gemeinschaftsrechts in die Zuständigkeit der Mitgliedstaaten** fällt, so dass es in der ausschließlichen Zuständigkeit der Mitgliedstaaten (und ggf. der unterhalb der staatlichen Ebene angesiedelten Einheiten)[99] liegt, die Körperschaftsteuersysteme zu entwickeln, die sie für die Bedürfnisse ihrer Wirtschaftssysteme am geeignetsten halten. Die beihilfenrechtlichen Vorschriften schränkten nicht die Befugnis der Mitgliedstaaten ein, die Wirtschaftspolitik und folglich das Steuersystem und die allgemeine oder „normale" Regelung des Steuersystems zu wählen, die sie für geeignet halten, und insbesondere die Steuerbelastung so auf die unterschiedlichen Produktionsfaktoren und Wirtschaftssektoren zu verteilen, wie es ihren Vorstellungen entspricht.[100]

344   Bzgl. der ersten Prüfungsstufe machte die Regierung von Gibraltar bereits im Verwaltungsverfahren geltend, dass **sämtliche vorgenannten Bestandteile der Steuerreform ein eigenständiges Steuersystem** darstellten und dass dieses als allgemeine oder „normale" Steuerregelung zu behandeln sei. Im Rahmen dieser Regelung gebe es keinen „normalen" Steuersatz und keine „Regelbesteuerung" und „Sekundärbesteuerung" oder „Ausnahmebesteuerung". Die Steuer, die ein Unternehmen im Laufe eines bestimmten Jahres zu entrichten habe, werde anhand der beiden folgenden Faktoren ermittelt: erstens Anzahl der beschäftigten Arbeitskräfte und Bodennutzungsfläche des Unternehmens und zweitens erzielter Unternehmensgewinn. Dieses allgemeine oder „normale" System sei angesichts der Besonderheiten der Wirtschaft in Gibraltar (knappe Produktionsfaktoren Arbeitskräfte und Boden) entwickelt worden.[101] Nach Auffassung des Gerichts hatte die Kommission im Verwaltungsverfahren bereits unzureichend geprüft, ob die streitigen Bestandteile des mit der Reform verbundenen Steuersystems eine eigenständige allgemeine oder „normale" Steuerregelung darstellen könnten und war deshalb die auch in der Reihenfolge zwingenden dreistufigen Prüfungsaufbau abgewichen.[102] Darüber hinaus war nach Überzeugung des Gerichts das angemeldete Steuersystem tatsächlich in Gänze die allgemeine oder

---

[96] EuG, T-211/04 und T-215/04, Slg. 2008, II-3745, RdNrn. 144 – Government of Gibraltar und Großbritannien/Kommission.

[97] In der Praxis ist die Kommission wohl in Folge dieser Rechtsprechung zur Anwendung der Drei-Stufen-Prüfung übergegangen, vgl. Kom., ABl. 2010 C 90/8, Tz. 19–20, Staatliche Beihilfe C 7/10 (ex NN 5/10) — „KStG, Sanierungsklausel", Aufforderung zur Stellungnahme gemäß Artikel 108 Absatz 2 AEUV, unter Verweis auf EuGH, C-143/99, Slg. 2001, I-8365, RdNr. 41 – Adria-Wien Pipeline, sowie EuGH, C-308/01, Slg. 2004, I-4777, RdNr. 68 – GIL Insurance und EuGH, C-172/03, Slg. 2005, I-1627, RdNr. 40 – Heiser. Vgl. im Kontrast den unmittelbar nach dem Adria-Wien-Urteil ergangenen Beschluss der EFTA-Überwachungsbehörde, ABl. 2003 L 031/36 – Norwegische Umweltsteuerregelungen, in dem sie unter Verweis auf dieses Urteil und das Maribel-Urteil weiterhin eine zweistufige Prüfung vornimmt und die norwegische Regelung wegen sektorieller Selektivität als spezifisch ansieht.

[98] EuG, T-211/04 und T-215/04, Slg. 2008, II-3745, RdNr. 145 – Government of Gibraltar und Großbritannien/Kommission.

[99] Siehe unten unter Punkt b).

[100] EuG, T-211/04 und T-215/04, Slg. 2008, II-3745, RdNrn. 145 – Government of Gibraltar und Großbritannien/Kommission. Unter Hinweis auf Kom, ABl. 1998 C 384/3, Tz. 13 – Mitteilung der Kommission über die Anwendung der Vorschriften über staatliche Beihilfen auf Maßnahmen im Bereich der direkten Unternehmenssteuerung.

[101] EuG, T-211/04 und T-215/04, Slg. 2008, II-3745, RdNrn. 164, 169 – Government of Gibraltar und Großbritannien/Kommission.

[102] EuG, T-211/04 und T-215/04, Slg. 2008, II-3745, RdNrn. 171–174 – Government of Gibraltar und Großbritannien/Kommission.

„normale" Regelung,[103] die im Wesentlichen auf den zwei Zielen beruhe, die Nutzung von zwei knappen Produktionsfaktoren in Gibraltar zu besteuern und die Steuerkraft der Unternehmen zu berücksichtigen. Dass es dabei „rein hypothetische" Fälle[104] geben könne, in denen Unternehmen, die hohe Gewinne erzielen, mangels physischer Präsenz in Gibraltar weder Lohnsummensteuer noch BPOT zu entrichten haben, genüge nicht, darzutun, dass die allgemeine Regelung nicht den zwei dargelegten Zielen dienen könne. Das vage Vorbringen der Kommission, es könne nicht ein beliebiges Merkmal eines solchen Systems als zum inneren Aufbau gehörig angesehen werden, weil damit die automatische Rechtfertigung eines derartigen Systems praktisch anerkannt würde, wurde vom Gericht zurückgewiesen, da eine solche Herangehensweise die zwingende dreistufige Prüfungsreihenfolge missachte und folglich angesichts der fiskalischen Befugnisse der Mitgliedstaaten die Grenzen der Prüfungsbefugnis der Kommission überschreite.[105]

Das Urteil des Gerichts ist insoweit überraschend als die Regelung durch die Gewinnschwelle **345** praktisch denselben Effekt hat wie eine zugunsten der Briefkastenfirmen bestehende Ausnahme von einer auf Gewinn basierten Körperschaftssteuer.[106] Ob sich das Gericht zu Recht auf Tz. 13 der Steuermitteilung der Kommission stützt, kann bezweifelt werden, da die Mitgliedstaaten nach der Mitteilung insbesondere das Recht behalten, die mit den verschiedenen Produktionskosten (wie Beschäftigung) verbundene Steuerbelastung im Rahmen ihrer allgemeinen wirtschaftpolitischen Kompetenz zu reduzieren. Im System Gibraltars werden die Kosten des Produktionsfaktors Arbeit jedoch nicht reduziert, sondern erhöht, indem sie zur Bemessungsgrundlage der Körperschaftssteuer werden. Die Kommission hat ebenso wie Spanien gegen das Urteil **Rechtsmittel zum Gerichtshof** eingelegt und trägt unter anderem vor, das Gericht habe die Überprüfungsbefugnisse der Kommission hinsichtlich der Einstufung eines Steuersystems als „normal" unzulässig eingeschränkt und im übrigen zu Unrecht ausgeführt, die Kommission habe die erforderliche Prüfung nicht durchgeführt, um den selektiven Charakter der in Rede stehenden Maßnahmen nachzuweisen.[107]

γ) Die einzelnen Prüfschritte. Das Urteil wurde nicht wegen der grundsätzlichen Anwen- **346** dung der Drei-Stufen-Prüfung, die sich an Vorgaben der bisherigen Rechtsprechung und Kommissionsmitteilungen orientiert,[108] sondern wegen der konkreten Prüfung angefochten. Die Kommission selbst verwendet die Drei-Stufen-Prüfung wohl in Folge dieser Rechtsprechung mittlerweile regelmäßig.[109] Obwohl sie noch nicht ausdrücklich vom Gerichtshof bestätigt worden ist, soll sie aus Gründen der Übersichtlichkeit der folgenden Darstellung zu Grunde gelegt werden.[110] Ältere Rechtsprechung ist in die einzelnen Prüfabschnitte integriert worden.

αα) Feststellung der allgemeinen oder „normalen" Regelung. Zunächst muss die Kom- **347** mission die allgemeine oder „normale" Regelung (auch **„Referenzsystem"** genannt) in dem geografischen Gebiet des maßgeblichen Bezugsrahmens[111] feststellen.

Die Identifizierung des „Referenzsystems" kann schwierig, zuweilen sogar unmöglich sein, bei- **348** spielsweise, wenn sich das Unternehmen in Bezug auf die in Frage stehenden Verpflichtungen in einer einzigartigen Position befindet, so beispielsweise bestimmte Pensionsverpflichtungen staatlicher Unternehmen.[112] In diesen Fällen hat die Kommission – möglicherweise systemwidrig[113] –

---

[103] EuG, T-211/04 und T-215/04, Slg. 2008, II-3745, RdNr. 175 – Government of Gibraltar und Großbritannien/Kommission.

[104] Spanien weist in seiner Rechtsmittelschrift darauf hin, dass mit der von Gibraltar beabsichtigten Reform der Körperschaftsteuer ein System geschaffen würde, wonach von den 29 000 in Gibraltar existierenden Gesellschaften 28 798 einem Steuersatz von Null unterliegen könnten.

[105] EuG, T-211/04 und T-215/04, Slg. 2008, II-3745, RdNrn. 179–181 – Government of Gibraltar und Großbritannien/Kommission.

[106] Zur aktuellen luxemburgerischen Steuerreform vgl. *Wenz/Linn* EStAL 2009, 453.

[107] Rechtsmittel anhängig unter C-106/09 P, Kommission/Gibraltar (ABl. 2009 C 141/22) und C-107/09 P, Spanien/Gibraltar (ABl. 2009 C 141/23). Siehe zum Urteil auch *Rossi-Maccanico* EStAL 2009, 63.

[108] Insbesondere Kom, ABl. 1998 C 384/3, Tz. 16 – Mitteilung der Kommission über die Anwendung der Vorschriften über staatliche Beihilfen auf Maßnahmen im Bereich der direkten Unternehmensteuerung.

[109] Vgl. Kom., ABl. 2010 C 90/8, Tz. 19–20, Staatliche Beihilfe C 7/10 (ex NN 5/10) — „KStG, Sanierungsklausel", Aufforderung zur Stellungnahme gemäß Artikel 108 Absatz 2 AEUV.

[110] Zum Drei-Stufen-Test vgl. auch *Bousin/Piernas* EStAL, 2008, 634.

[111] Zum geographischen Bezugsrahmen siehe unten unter Punkt c) bb) β).

[112] Vgl. hierzu unten Finanzielle Transfers, RdNr. 168.

[113] Für die Anwendung des Art. 107 AEUV kommt es nämlich nach der Rechtsprechung nicht darauf an, ob sich die Situation des durch die Maßnahme angeblich Begünstigten im Vergleich zur vorherigen Rechtslage verbessert oder verschlechtert hat, oder ob sie gleich geblieben ist. Vgl. zB EuG, T-335/08, noch nicht in der amtlichen Sammlung, RdNr. 204 mwN. – BNP Paribas/Kommission.

den **status quo ante** als Vergleichsregelung herangezogen.[114] Soweit keine allgemeine oder „normale" Regelung identifiziert werden kann, ist die Maßnahme entweder selbst die allgemeine Regelung – wie im Gibraltar-Fall – oder als ad-hoc-Maßnahme per se selektiv. Existiert eine Regelung, ist zunächst diese auf ihre „Allgemeinheit" hin zu überprüfen. Sie darf selbst nicht selektiv sein, dh. sie muss für alle Unternehmen und Wirtschaftssektoren gleich gelten. Dies gilt sowohl für den positiven Transfer staatlicher Mittel als auch für Beihilfen durch Einnahmeverzicht, zB. in Form von Ermäßigungen der Steuer- oder Sozialversicherungslast. In ihrer Steuermitteilung stellt die Kommission klar, dass grundsätzlich **nur Maßnahmen, die allen Wirtschaftsteilnehmern im Gebiet eines Mitgliedstaats zugute kommen,** allgemeine Maßnahmen darstellen, die aus dem Anwendungsbereich des Beihilfenrechts fallen. Sie müssen tatsächlich allen Unternehmen in gleicher Weise offen stehen und ihre Tragweite darf zB. nicht durch Elemente, die ihre praktische Wirkung einschränken,[115] verringert werden. Dies gilt nicht für rein technische Regelungen. Beispielsweise sind nach Auffassung der Kommission die folgenden rein steuertechnischen Maßnahmen nicht selektiv, vorausgesetzt sie gelten für alle Unternehmen und Wirtschaftszweige gleichermaßen:

– Festlegung von Steuersätzen;
– Vorschriften über Wertminderung und Abschreibung;[116]
– Vorschriften über den Verlustvortrag;
– Vorschriften zur Vermeidung der Doppelbesteuerung oder der Steuerumgehung.

349 Obwohl diese Ausführungen auf steuerliche Maßnahmen zugeschnitten waren, sind die dort entwickelten **Grundsätze** auf **andere allgemeine Beihilfenregelungen** übertragbar.[117]

350 So stellen beispielsweise Regelungen der nationalen **Insolvenzverfahren** oftmals Begünstigungen zu Gunsten der sich in der Insolvenz befindlichen Unternehmen dar. Wenn und soweit diese Verfahren nicht ausschließlich die Gläubigerinteressen berücksichtigen, sind sie mit dem Private Creditor Test[118] nicht vereinbar, so dass ein wirtschaftlicher Vorteil zu Gunsten des Schulderunternehmens besteht. Dieser ist immer dann beihilfenrelevant, wenn der Gläubiger ein öffentliches Unternehmen oder gar der Staat selbst ist – beispielsweise als Gläubiger von Steuerschulden oder Sozialversicherungsbeiträgen. Solange aber das Insolvenzverfahren für alle Unternehmen und Sektoren gleich ist, mangelt es an der Selektivität des wirtschaftlichen Vorteils, so dass trotz des Verstoßes gegen den Private Creditor Test keine staatliche Beihilfe vorliegt.[119] Ein anderes Beispiel sind die für alle Unternehmen gleichermaßen geltenden Bestimmungen des Bürgerlichen Gesetzbuches. Besteht beispielsweise gegenüber einem öffentlichen Unternehmen ein Anspruch aus Wegfall der Geschäftsgrundlage (§ 313 BGB), so kann die zur Erfüllung einer daraus folgenden ergangene Vertragsanpassung keine Beihilfe sein. Neben der Selektivität der Maßnahme fehlt es in solchen Fällen indes auch an einem wirtschaftlichen Vorteil, da der Vertragspartner der öffentlichen Hand nur das bekommt, was er auch von einem privaten Unternehmen in derselben Situation bekommen hätte. Dies ist bei Staatshaftungsansprüchen (§ 839 BGB) nicht unbedingt so. Aber auch hier fehlt es regelmäßig zumindest an der Selektivität eines Schadensersatzanspruches.

351 Allgemeine Regelungen können beispielsweise auch die **Benutzung öffentlicher oder öffentlich finanzierter Infrastruktur**[120] betreffen. Ist die Benutzungsgebühr nicht kostendeckend oder die Benutzung gar unentgeltlich,[121] liegt ein wirtschaftlicher Vorteil im Sinne des Art. 107Abs. 1 AEUV vor, der jedoch dann nicht selektiv ist, wenn die Benutzung der Infrastruktur allen Unternehmen und Sektoren zu denselben Bedingungen offen steht[122] und nicht ausnahmsweise eine *de facto* Selektivität[123] vorliegt, weil die Infrastruktur nur für ein bestimmtes

---

[114] Siehe hierzu *Van de Casteele/Hocine* in *Mederer/Pesaresi/Van Hoof* (Hrsg.), Tz. 2.185.
[115] Sog. *de facto* Selektivität, hierzu unten unter Punkt e).
[116] Bestätigt durch EuG, T-92/02, Slg. 2006, II-1 – Stadtwerke Schwäbisch Hall.
[117] Siehe auch *Schwarze/Bär-Bouyssière* Art. 87 EG RdNr. 46.
[118] Hierzu oben RdNr. 192, 199.
[119] So auch *Mederer/Pesaresi/Van Hoof/Grespan/Santanato* Ziffer 2.445 sowie *Bacon* RdNr. 2.122, unter Hinweis darauf, dass im Magefesa Urteil (EuGH, C-480/98, Slg. 2000 I-8717 – Spanien/Kommission [„Magefesa"]) die Beihilfenqualität nicht aus der Anwendung allgemeiner Insolvenzregeln, sondern aus der Ermessensausübung der öffentlichen Hand resultierte.
[120] Hierzu auch *Koenig/Kühling/Ritter* RdNr. 172.
[121] Bei kostendeckenden Gebühren wird es in der Regel bereits am wirtschaftlichen Vorteil fehlen, siehe hierzu Kom., ABl. 1992 L 263/15 – Deutschland, Daimler Benz.
[122] Siehe hierzu bereits EuGH, C-225/91, Slg. 1993 I 3203, RdNr. 29 – Matra/Kommission.
[123] Für entsprechende Beispiele aus der Kommissionspraxis siehe *Quigley* 49 f.

Arhold

oder eine Gruppe bestimmter Unternehmen einen Wert hat, beispielsweise weil die Infrastruktur spezifisch auf ihre Bedürfnisse zugeschnitten ist.[124]

ββ) *A priori* selektiver Charakter der mit der fraglichen Maßnahme verbundenen **352** **Begünstigung.** Im Hinblick auf diese allgemeine oder „normale" Regelung muss die Kommission den etwaigen selektiven Charakter der mit der fraglichen Maßnahme verbundenen Begünstigung derart nachweisen, dass die Maßnahme eine Ausnahme von der allgemeinen Regelung bildet, da sie zwischen Wirtschaftsteilnehmern unterscheidet, die sich im Hinblick auf das mit der Regelung verfolgte Ziel in einer vergleichbaren tatsächlichen und rechtlichen Situation befinden. Kann dies nachgewiesen werden, ist die Maßnahme *a priori* selektiv, vorbehaltlich der Rechtfertigung der Differenzierung durch die Natur oder den inneren Aufbau der Regelung (hierzu unter Punkt cc)). Bislang legt der Gerichtshof das Kriterium der Selektivität von Beihilfenregelungen sehr weit aus, so dass eine Regelung praktisch nur dann als nicht selektiv angesehen werden kann, wenn sie unterschiedslos auf alle im betreffenden Territorium (hierzu unten unter Punkt β) tätigen Unternehmen (hierzu unter Punkt γ) und Wirtschaftssektoren (hierzu unter Punkt δ) anwendbar ist. Selbst dann kann eine scheinbar unterschiedslos anwendbare Regelung in Ausnahmefällen selektiven Charakter haben, wenn sie so konstruiert ist, dass bestimmte Unternehmen oder Wirtschaftssektoren de facto selektiv begünstigt werden (hierzu unter Punkt ε). Seit dem Adria-Wien-Urteil ist dabei das mit der Regelung verfolgte Ziel zu berücksichtigen. Was das konkret bedeutet, ist noch immer nicht genau geklärt (hierzu sogleich unter Punkt α).

(1) Im Hinblick auf das mit der Regelung des betreffenden Mitgliedstaats verfolgte **353** **Ziel.** Die Wendung „im Hinblick auf das mit der Regelung des betreffenden Mitgliedstaats verfolgte Ziel" scheint zunächst zum Wirkungsprinzip in Widerspruch zu stehen. Sie stammt aus der Steuermitteilung der Kommission, in der betont wird, dass die Bedingung der allgemeinen Anwendbarkeit der Regelung nicht die Befugnis der Mitgliedstaaten einschränkt, die Wirtschaftspolitik zu wählen, die sie für geeignet halten, und insbesondere die Steuerbelastung so auf die Produktionsfaktoren zu verteilen, wie es ihren Vorstellungen entspricht. Daher sollen Maßnahmen nicht deshalb selektiv sein, weil sie ein Ziel der allgemeinen Wirtschaftspolitik verfolgen, indem die mit bestimmten Produktionskosten verbundene Steuerbelastung reduziert wird (zB. Forschung und Entwicklung, Umweltschutz, Ausbildung,[125] Beschäftigung[126]), soweit dies für alle Unternehmen und Wirtschaftszweige gleichermaßen gilt.

Obwohl diese Ausführungen auf steuerliche Maßnahmen zugeschnitten waren, sind die dort **354** entwickelten **Grundsätze auf andere allgemeine Beihilfenregelungen übertragbar,** insbesondere also auch auf solche, die mit dem positiven Transfer staatlicher Mittel verbunden sind. Es kann grundsätzlich keinen Unterschied machen, ob eine Beihilfe durch Einnahmenverzicht oder positiven Mitteltransfer durchgeführt wird. Insofern wäre auch eine staatliche Maßnahme, die allen Unternehmen in allen Wirtschaftssektoren einen gleich hohen Zuschuss bei der Einstellung von Arbeitnehmern zubilligt, ohne dass den nationalen Behörden bei der Durchführung ein Ermessen zukommt, nicht selektiv,[127] sofern die Grenze zur *de facto* Selektivität nicht überschritten ist.[128] Die Rechtsprechung stellt an das Vorliegen der Selektivität *ratione personae* oder *materiae,* sei es *de jure* oder *de facto,* bislang allerdings keine allzu hohen Anforderungen.

In der Rechtsprechung ist die Notwendigkeit, das Ziel der Maßnahme bei der Prüfung der **355** Selektivität zu berücksichtigen, erstmals in dem Adria-Wien-Urteil explizit erwähnt worden. Gegenstand der Vorlagefrage war die neu eingeführte österreichische Energiesteuer, nach der eine Elektrizitätsabgabe auf Lieferung und Verbrauch von elektrischer Energie und Gas zu zahlen war, die auf Antrag rückvergütet werden sollte, soweit die Abgabe (insgesamt) **0,35% des Nettoproduktionswerts** übersteigen würde, jedoch nur für solche Unternehmen, deren Schwerpunkt nachweislich in der **Herstellung von körperlichen Wirtschaftsgütern** besteht, also für

---

[124] Beispiel: Planung eines Industriegebiets an einem Fluss für die individuellen Bedürfnisse des investierenden Papierproduzenten Kom., ABl. 1994 C 170/8 – Kimberley Clark. Siehe hierzu auch *Hancher/Ottervanger/Slot* RdNr. 3–051, 3–052.

[125] Vgl. hierzu auch Kom., ABl. 1998 C 343/10, Tz. 14 – Mitteilung der Kommission – Gemeinschaftsrahmen für Ausbildungsbeihilfen.

[126] Kom, ABl. 1998 C 384/3, Tz. 13 – Mitteilung der Kommission über die Anwendung der Vorschriften über staatliche Beihilfen auf Maßnahmen im Bereich der direkten Unternehmenssteuerung.

[127] AA. wohl *Rossi-Maccanico* EStAL 2009, 161, 168.

[128] Zur Abgrenzung zur *de facto* Selektivität siehe unten unter c) bb) Punkt ε).

den Primär- und Sekundärsektor, nicht aber für den Dienstleistungssektor (tertiärer Sektor)[129] In Frage stand, ob diese Regelung eine Beihilfe zugunsten der Unternehmen der Primär- und Sekundärsektoren darstellen konnte.

356 In seinen Schlussanträgen verneint **GA Mischo** dies gleich aus mehreren, allerdings nicht hinreichend voneinander getrennten Gründen. So soll bereits keine Begünstigung vorliegen, weil die Energiesteuer neu eingeführt wurde, und ein Dispens von ihr daher nicht eine Befreiung von Lasten darstellen könne, die die Unternehmen normalerweise zu tragen hätten.[130] Darüber hinaus sei das neue Energiesteuergesetz selbst das allgemeine System, das seinen Anwendungsbereich auf Grundlage objektiver Kriterien definiere, und die in ihm vorgesehenen Ausnahmen könnten daher **nicht selektiv** in dem Sinne sein, dass sie von einer „normalen Regelung" abweichen würden.[131] Sodann will der Generalanwalt prüfen, was in einem solchen System die normale Regelung darstellt, ob die unterschiedliche Behandlung durch die Natur oder den inneren Aufbau dieses Systems gerechtfertigt ist, und ob sich daraus Wettbewerbsverzerrungen im innergemeinschaftlichen Handel ergeben.[132] Letzteres verneint er, da die Höhe der Energieabgabe, selbst wenn auf 0,35% des Nettoproduktionswerts begrenzt, die Produktionskosten österreichischer Unternehmen stärker belastet, als sie es ohne diese Steuern wären, und ihre Konkurrenzfähigkeit daher gegenüber vergleichbaren Unternehmen aus anderen Mitgliedstaaten mindert.[133] Ein Mitgliedstaat, der ökologische Abgaben einführt, ohne dazu durch eine gemeinschaftsrechtliche Vorschrift verpflichtet zu sein, sei zu einem vorsichtigen Vorgehen, das heißt zur besonderen Behandlung von Sektoren in besonders intensivem internationalen Wettbewerb, durchaus berechtigt.[134] Außerdem stünden die Unternehmen des sekundären Sektors einerseits und des tertiären Sektors andererseits nicht im Wettbewerb miteinander, so dass **keine wettbewerbsverfälschende Wirkung** festgestellt werden könne.[135]

357 Der **Gerichtshof** hat diese Überlegungen des GA sämtlich verworfen. Das Urteil ist damit ein gutes Beispiel für die breite Auslegung des Tatbestandsmerkmals der Selektivität. Der Gerichtshof betont dabei zunächst, dass die Einstufung der Maßnahme als Beihilfe nicht per se bedeutet, dass sie mit dem gemeinsamen Markt nicht vereinbar ist, sondern lediglich, dass sie notifiziert werden muss.[136] Sodann führt er aus, dass eine staatliche Maßnahme, die unterschiedslos allen Unternehmen im Inland zugute kommt, nicht selektiv ist und daher keine staatliche Beihilfe darstellen kann, wobei er davon ausgeht, dass dies für die österreichische Regelung zuträfe, wenn sie allen Unternehmen unabhängig vom Gegenstand ihrer Tätigkeit gewährt worden wäre,[137] was aber gerade nicht der Fall war. Die von GA Mischo und den beteiligten Mitgliedstaaten vorgebrachten Argumente weist er zurück: Die Lieferung von Energie zu Vorzugsbedingungen ist eine Begünstigung.[138] Unter Hinweis auf das Maribel-Urteil führt er aus, dass eine staatliche Initiative nicht schon aufgrund der großen Zahl der begünstigten Unternehmen, noch aufgrund der Verschieden-

---

[129] Die volkswirtschaftliche Drei-Sektoren-Hypothese teilt die Volkswirtschaft in Rohstoffgewinnung, Rohstoffverarbeitung und Dienstleistung. Teilweise wird darüber hinaus mittlerweile ein quartärer Sektor, der Informationssektor, unterschieden.

[130] Schlussanträge des Generalanwalts *Mischo* EuGH, C-143/99, Slg. 2001, I-8365, RdNr. 38–41, 62 – Adria-Wien Pipeline.

[131] Schlussanträge des Generalanwalts *Mischo* EuGH, C-143/99, Slg. 2001, I-8365, RdNr. 42–43 – Adria-Wien Pipeline.

[132] Schlussanträge des Generalanwalts *Mischo* EuGH, C-143/99, Slg. 2001, I-8365, RdNr. 51 – Adria-Wien Pipeline.

[133] Schlussanträge des Generalanwalts *Mischo* EuGH, C-143/99, Slg. 2001, I-8365, RdNr. 68 – Adria-Wien Pipeline.

[134] Schlussanträge des Generalanwalts *Mischo* EuGH, C-143/99, Slg. 2001, I-8365, RdNr. 72 – Adria-Wien Pipeline.

[135] Schlussanträge des Generalanwalts *Mischo* EuGH, C-143/99, Slg. 2001, I-8365, RdNr. 78 – Adria-Wien Pipeline („Eine höhere Besteuerung von Zahnärzten begünstigt nicht die Fahrradhersteller"). In diese Richtung weist auch Generalanwältin *Kokott* in ihren Schlussanträgen in den verb. Rs. C-128/03 und C-129/03, Slg. 2005 I-286 – AEM, in denen sie ausführt, dass überhaupt erst festzustellen sei, ob und inwieweit die allfälligen Begünstigten im Wettbewerb zu den Abgabepflichtigen stehen. Unter Hinweis auf Generalanwalt *Tizzano* (C-53/00, Slg. 2001, I-9067, RdNr. 36 – Ferring) führt sie aus, dass „jede Abgabe, die zu Lasten einer bestimmten Kategorie von Wirtschaftsteilnehmern eingeführt wird, als Vorteil für alle der Abgabe nicht unterworfenen Wirtschaftsteilnehmer betrachtet werden kann, die zu den ersatzweise mehr oder weniger eng in Wettbewerb stehen". Daher käme der Analyse der Wettbewerbsbeziehungen zwischen allen Beteiligten eine wesentliche Bedeutung zu.

[136] EuGH, C-143/99, Slg. 2001, I-8365, RdNr. 31 – Adria-Wien Pipeline.

[137] EuGH, C-143/99, Slg. 2001, I-8365, RdNr. 35–36 – Adria-Wien Pipeline.

[138] EuGH, C-143/99, Slg. 2001, I-8365, RdNr. 38–40 – Adria-Wien Pipeline.

artigkeit und der Bedeutung der Wirtschaftszweige, zu denen diese Unternehmen gehören, als eine allgemeine wirtschaftspolitische Maßnahme angesehen werden kann.[139] Genauso wenig reicht es aus, dass das angewandte Unterscheidungskriterium objektiv ist.[140] Für die Annahme der Selektivität kommt es „nicht darauf an, **ob sich die Situation des durch die Maßnahme angeblich Begünstigten im Vergleich zur vorherigen Rechtslage verbessert oder verschlechtert hat** oder ob sie im Gegenteil unverändert geblieben ist."[141] Es ist „lediglich festzustellen, ob eine staatliche Maßnahme im Rahmen einer bestimmten rechtlichen Regelung geeignet ist, „bestimmte Unternehmen oder Produktionszweige" im Sinne des Artikels [107 Abs. 1 AEUV] **gegenüber anderen Unternehmen, die sich im Hinblick auf das mit der betreffenden Maßnahme verfolgte Ziel in einer vergleichbaren tatsächlichen und rechtlichen Situation befinden, zu begünstigen.**[142] Selektivität ist zwar auch in einem solchen Fall nicht gegeben, wenn die unterschiedliche Behandlung durch das Wesen oder die allgemeinen Zwecke des Systems, zu dem sie gehört, gerechtfertigt ist.[143] Dies war hier aber nicht der Fall, da Dienstleistungsunternehmen genauso Energiegroßverbraucher sind und Energieabgaben aufwenden können, die über 0,35% ihres Nettoproduktionswerts liegen,[144] und keine Anhaltspunkte dafür vorlagen, dass der Vergütungsanspruch eine vorübergehende Maßnahme war, die diesen Unternehmen die allmähliche Anpassung an die neue Regelung ermöglichen sollte,[145] und Erwägungen des Umweltschutzes eine unterschiedliche Behandlung nicht rechtfertigten, da der Energieverbrauch von Unternehmen des Sekundärsektors gleichermaßen schädlich für die Umwelt ist.[146]

Obwohl der Gerichtshof die strenge Maribel-Rechtsprechung in der Sache vollumfänglich **358** bestätigt hat,[147] wird das Urteil durch die hier erstmals gebrauchte sog. **Adria-Wien-Formel** („Begünstigung bestimmter Unternehmen gegenüber anderen Unternehmen, die sich im Hinblick auf das mit der betreffenden Maßnahme verfolgte Ziel in einer vergleichbaren tatsächlichen und rechtlichen Situation befinden") als erster Schritt zur Erneuerung der dogmatischen Grundlagen der Selektivitätsprüfung angesehen.

Der Wortlaut der Adria-Wien-Formel und die Prüfung in diesem Urteil sprechen dafür, bei **359** der Frage des Vorliegens einer beihilfenrechtlich relevanten Differenzierung zunächst an das intrinsische Ziel der Regelung der mitgliedstaatlichen Maßnahme anzusetzen (in Adria-Wien: Verteuerung durch Besteuerung des Energieverbrauchs) und zu untersuchen, ob die unterschiedlich behandelten Unternehmen diesbezüglich rechtlich und tatsächlich in einer vergleichbaren Situation waren. In Adria-Wien hat der Gerichtshof eine solche Prüfung allerdings überhaupt nicht durchgeführt, sondern ist direkt in die Prüfung eingestiegen, ob die Selektivität der Maßnahme möglicherweise durch das Wesen oder die allgemeinen Zwecke des Systems gerechtfertigt war.[148] Auch die Folgerechtsprechung des Gerichtshofs und des Gerichts ist zunächst dogmatisch unklar. Während das Gericht die Adria-Wien-Formel zu benutzen scheint, um den Mitgliedstaaten einen vom europäischen Beihilfenrecht unbeeinflussten größeren Gestaltungsspielraum auf den noch nicht europäisch harmonisierten Rechtsgebieten zubilligen zu können, orientiert sich der Gerichtshof weiter eng am Wirkungsprinzip.[149] Im Einzelnen:

In 2002 und 2003 hatte der Gerichtshof über die Selektivität einer spanischen Regelung zur Förderung des Erwerbs von Neufahrzeugen zu entscheiden,[150] nachdem bereits das Gericht im

---

[139] EuGH, C-143/99, Slg. 2001, I-8365, RdNr. 48 – Adria-Wien Pipeline.

[140] EuGH, C-143/99, Slg. 2001, I-8365, RdNr. 53 – Adria-Wien Pipeline.

[141] EuGH, C-143/99, Slg. 2001, I-8365, RdNr. 41 – Adria-Wien Pipeline. Unter Verweis auf EuGH 57/86, Slg. 1988, 2855, RdNr. 10 – Griechenland/Kommission.

[142] EuGH, C-143/99, Slg. 2001, I-8365, RdNr. 41 – Adria-Wien Pipeline. Unter Verweis auf EuGH 57/86, Slg. 1988, 2855, RdNr. 10 – Griechenland/Kommission. Mit Verweis auf das Maribel-Urteil, EuGH, C-75/97, Slg. 1999, I-3671, RdNr. 28 bis 31 – Belgien/Kommission [„Maribel"].

[143] EuGH, C-143/99, Slg. 2001, I-8365, RdNr. 42 – Adria-Wien Pipeline.

[144] EuGH, C-143/99, Slg. 2001, I-8365, RdNr. 50 – Adria-Wien Pipeline.

[145] EuGH, C-143/99, Slg. 2001, I-8365, RdNr. 51 – Adria-Wien Pipeline.

[146] EuGH, C-143/99, Slg. 2001, I-8365, RdNr. 52 – Adria-Wien Pipeline.

[147] Vgl. hierzu auch den unmittelbar nach dem Adria-Wien-Urteil ergangenen Beschluss der EFTA-Überwachungsbehörde, ABl. 2003 L 31/36 – Norwegische Umweltsteuerregelungen, in dem sie unter Verweis auf dieses Urteil und das Maribel-Urteil weiterhin eine zweistufige Prüfung vornimmt und die niederländerische Regelung wegen sektorieller Selektivität als spezifisch ansieht.

[148] EuGH, C-143/99, Slg. 2001, I-8365, RdNr. 41–42 – Adria-Wien Pipeline.

[149] EuGH, C-169/08, noch nicht in der amtlichen Sammlung, RdNr. 62, 36–37- Presidente del Consiglio dei Ministri.

[150] EuGH, C-409/00, Slg. 2003, I-1487 – Spanien/Kommission mit Urteil vom 26. September 2002 in der Rechtssache C-351/98 (Spanien/Kommission, Slg. 2002, I-8031).

Jahre 2000 über dieselbe Regelung geurteilt hatte.[151] Den Rechtsstreitigkeiten zugrunde lag eine Entscheidung der Kommission bezüglich der von Spanien beim Erwerb von Nutzfahrzeugen gewährten Beihilfen nach dem Plan Renove Industrial.[152] Die Regelung sollte zur Erneuerung der veralteten, umweltverschmutzenden spanischen LKW-Flotte beitragen. Nach dieser Entscheidung stellen die Beihilfen, die in Form von Vergütungen natürlichen Personen oder KMU zum Erwerb von Nutzfahrzeugen gewährt wurden, selektive Vergünstigungen dar, weil sie nicht allen Unternehmen gewährt wurden. Spanien war der Auffassung, dass die Maßnahme nicht selektiv war, da sich die Regelung in ein **System zur Förderung des Umweltschutzes,** der Sicherheit im Straßenverkehr und der Erneuerung des Fahrzeugparks einfügte, wobei nicht bestritten wurde, dass die Vereinbarung Großunternehmen ausdrücklich von ihrem Anwendungsbereich ausnahm. Diese Nichtberücksichtigung von Großunternehmen sei jedoch nach Sinn und Zweck des Systems erforderlich gewesen, da diese ihren Fahrzeugpark regelmäßig erneuerten, ohne hierzu der Unterstützung zu bedürfen.[153] Der Gerichtshof stellt zunächst in ähnlicher Weise wie in Adria-Wien die Selektivität der Regelung fest, nach der ausdrücklich Großunternehmen von ihrem Anwendungsbereich ausgeschlossen seien, selbst wenn diese Unternehmen während des Geltungszeitraums der Beihilferegelung ein neues Nutzfahrzeug erworben haben oder hätten erwerben können und daher in gleicher Weise wie natürliche Personen und KMU zur Verwirklichung des Zieles der Erneuerung des Kraftfahrzeugparks beigetragen haben, „oder beitragen können.[154] Damit befanden sich die unterschiedlichen Unternehmensgruppen im Verhältnis zum Regelungsziel in derselben Situation. Die Differenzierung war im Übrigen auch nicht aufgrund des Ziels oder Wesens der Lastenregelung gerechtfertigt. Auf die mit der Maßnahme (Erneuerung des Kraftfahrzeugparks) verfolgten (extrensischen) Ziele [Umweltschutz und Sicherheit im Straßenverkehr] kam es nach Auffassung des Gerichtshofs im Rahmen des Art. 107Abs. 1 AEUV nicht an.[155]

360   In den Urteilen zu den **Förderregelungen der spanischen Provinzen**[156] findet sich die Adria-Wien-Formel garnicht, wohl weil der Regelungsgegenstand so breit war (in der Regel gegenständlich unbestimmte Investitionstätigkeit), dass eine Differenzierung auf dieser Ebene keine Rolle spielte. Dagegen findet sich regelmäßig die Wendung, nach der Art. 107 Abs. 1 AEUV „jede praktische Wirksamkeit [verlöre], wenn davon auszugehen wäre, dass die Verfolgung eines wirtschafts- oder industriepolitischen Zieles wie die Ermunterung zu Investitionen eine Maßnahme aus dem Anwendungsbereich dieser Vorschrift ausnehmen kann. Im Einklang mit einer ständigen Rechtsprechung ist daher festzustellen, dass die streitigen Steuermaßnahmen der Einstufung als staatliche Beihilfe im Sinne von Art. 87 Absatz 1 EG [jetzt Art. 107 Abs. 1 AEUV] nicht wegen des mit ihnen verfolgten Zweckes entgehen können."[157]

361   Im **GIL Insurance Urteil,**[158] in dem es um erhöhte Sätze einer britischen **Versicherungssteuerregelung** zur Bekämpfung von Mehrwertsteuerumgehungen im Zusammenhang mit Wartungsverträgen ging, prüfte der Gerichtshof trotz der Erwähnung der Adria-Wien-Formel unmittelbar die Rechtfertigung nach Wesen und Struktur der Regelung, die er zum ersten Mal bejahte.[159]

362   Mit einer ökologisch motivierten Regelung hatte sich das Gericht im Rechtsstreit um das niederländische **System des Handels mit Emissionsrechten für Stickstoffoxide** (NO_x) zu beschäftigen.[160] Den teilnehmenden Unternehmen wurden Emissionsrechte in der Höhe unent-

---

[151] EuG, T-55/99, Slg. 2000, II-3207, RdNrn. 40 – Confederación Espaòola de Transporte de Mercancías (CETM)/Kommission.

[152] Kom., ABl. 1998 L 329/23.

[153] EuGH, C-409/00, Slg 2003 I-1487 RdNr. 35–36 – Spanien/Kommission.

[154] EuGH, C-409/00 Slg. 2003 I-1487, RdNr. 50 – Spanien/Kommission.

[155] EuGH, C-409/00 Slg. 2003 I-1487, RdNr. 52–54 – Spanien/Kommission.

[156] ZB. EuG, T-269/99, T-271/99 und T-272/99, Slg. 2002 II-4217 – Territorio Histórico de Guipúzcoa ua./Kommission; EuG, verb. Rs. T-346/99, T-347/99 und T-348/99, Slg. 2002, II-4259 – Territorio Histórico de Álava ua./Kommission.

[157] ZB. EuG, T-346/99, T-347/99 und T-348/99, Slg. 2002, II-4259, RdNr. 54 – Territorio Histórico de Álava ua./Kommission, unter Hinweis auf EuGH, C-241/94, Slg. 1996, I-4551, RdNr. 20 – Frankreich/Kommission, C-75/97, Slg. 1999, I-3671, RdNr. 25 – Belgien/Kommission, „Maribel", sowie EuG, T-55/99, Slg. 2000, II-3207, RdNr. 53. – Confederación Espaòola de Transporte de Mercancías (CETM)/Kommission.

[158] EuGH, C-308/01, Slg. 2004, I-4777 – GIL Insurance Ltd.

[159] Siehe unten unter Punkt 4.

[160] EuG, T-233/04, Slg. 2008 II-591 – Niederlande/Kommission (NOx), siehe hierzu auch *Chérot,* Revue des droits de la concurrence 2008, 148.

geltlich zugeteilt, die dem für ihre Anlage gesetzlich festgelegten Emissionsniveau entsprach.[161] Die umstrittene Frage, ob die Zuteilung der handelbaren Emissionsrechte einen wirtschaftlichen Vorteil im Sinne des Art. 107 Abs. 1 AEUV darstellt, bejahte das Gericht. Sowohl die Niederlande als auch Streithelferin Deutschland zogen auch die Selektivität der Regelung in Frage, da die Maßnahme für etwa 250 industrielle Großunternehmen zwingend war (die größten NO_x-Emittenten), die keinem bestimmten Produktionszweig angehörten. Da alle Großanlagen dieselbe Norm einhalten mussten, sei diese Gruppe von Unternehmen nicht selektiv begünstigt. Dies folge aus der Adria-Wien-Formel.[162] Die Kommission berief sich ebenfalls auf das Adria-Wien-Urteil, um darzulegen, dass die Tatsache, dass die begünstigten Unternehmen verschiedenen Branchen angehörten, nicht bedeute, dass die fragliche Maßnahme eine allgemeine wirtschaftspolitische Maßnahme sei. Für die Bejahung der Selektivität reiche aus, dass nicht alle Unternehmen entsprechend ihrer Emission ein Emissionsrecht erhielten, sondern lediglich die Gruppe niederländischer Unternehmen, deren Leistungsbedarf höher als 20 MWth sei.[163] In Anwendung der Adria-Wien-Formel kommt das Gericht allerdings zu dem Ergebnis, dass die Rechtegewährung nicht von einer allgemeinen Regelung abweicht und daher nicht selektiv ist. Die Kommission habe nicht das Bestehen einer allgemeinen Regelung nachgewiesen, der Unternehmen unterworfen wären, die sich in einer mit der Lage der Unternehmen, die der fraglichen Maßnahme unterliegen, vergleichbaren tatsächlichen und rechtlichen Situation befänden, die aber nicht den Vorteil böte, der in der Handelbarkeit der NO_x-Emissionsrechte besteht. Denn nur solchen Unternehmen würden die Emissionsrechte gewährt, die einer stufenweisen Herabsetzung ihrer Emissionsnorm unterliegen. Umgekehrt hätten die dem Handelssystem nicht unterfallenden Unternehmen auch keine entsprechenden Verpflichtungen. Daher sei sowohl im Hinblick auf den verfolgten Zweck als auch im Hinblick auf die den industriellen Großanlagen im Rahmen der fraglichen Maßnahme auferlegten spezifischen Verpflichtungen festzustellen, dass die tatsächliche und rechtliche Situation der einem entsprechenden Emissionsniveau für NO_x unterworfenen Unternehmen nicht mit derjenigen von Unternehmen vergleichbar war, für die kein solches Emissionsniveau gilt.[164] Es ist der **erste Fall, in welchem das Gericht auf Grundlage der Adria-Wien-Formel die Selektivität verneint hat.**[165] Der Fall unterscheidet sich insofern von den bis dorthin entschiedenen Fällen, als mit dem Emissionsrechtehandelssystem tatsächlich ein neues Regelungssystem geschaffen wurde, das den durch die unentgeltliche Gewährung der Emissionsrechte Begünstigten gleichzeitig eine Belastung durch die Erreichung von Emissionsreduzierungen auferlegt. Ob diese Feststellung allerdings für die Verneinung der Selektivität als solche ausreicht, mag bezweifelt werden. Denn das Gericht untersucht nicht, ob die Regelung in Summe (Belastung aus derjenigen Verpflichtung zur überdurchschnittlichen Emissionsreduzierung sowie Begünstigung aus der unentgeltlichen Verteilung der Emissionsrechte) begünstigenden Charakter hat. Ist die Regelung insgesamt begünstigend, kann die Teilnahme an diesem System einen selektiven wirtschaftlichen Vorteil für die auserwählten Unternehmen gegenüber den ausgeschlossenen Unternehmen darstellen. Ist die Summe null oder gar negativ, wäre nach hier vertretener Auffassung bereits ein wirtschaftlicher Vorteil zu verneinen, da die Regelung nicht von Lasten befreit, die die Unternehmen normalerweise zu tragen hätten.[166] Insofern ist die Begründung des Gerichts nicht vollständig überzeugend. Bei dem hier vertretenen Verständnis der Adria-Wien-Formel wäre im Rahmen der Selektivität zu fragen gewesen, ob alle NO_x emittierenden Unternehmen die Möglichkeit oder Verpflichtung hatten, an dem System teilzunehmen, was nicht der Fall war. Das Gericht hat den beschränkten persönlichen Anwendungsbereich hilfsweise mit dem Wesen und Aufbau des Systems gerechtfertigt.[167] Die Kommission hat das Urteil wegen rechtsfehlerhafter Prüfung der Selektivität angefochten.[168]

In Bezug auf eine italienische Steuerregelung zugunsten von Anlagestrukturen, die auf **Anlagen 363 in Anteilen von Gesellschaften mit geringer oder mittlerer Kapitalisierung** spezialisiert

---

[161] Näher zum Sachverhalt siehe oben RdNr. 124–125.
[162] EuG, T-233/04, Slg. 2008 II-591, RdNr. 79–80 – Niederlande/Kommission (NOx).
[163] EuG, T-233/04, Slg. 2008 II-591, RdNr. 82–83 – Niederlande/Kommission (NOx).
[164] EuG, T-233/04, Slg. 2008 II-591, RdNr. 88–93 – Niederlande/Kommission (NOx).
[165] Hilfsweise hat das Gericht zudem die fehlende Selektivität durch Wesen und Aufbau der Regelung gestützt, siehe unten Punkt 4.
[166] Siehe hierzu oben RdNr. 124–126.
[167] Siehe hier unten unter Punkt cc).
[168] Anhängig unter C-279/08 P, ABl. 2008 C 223/31. In der Zwischenzeit bemüht sich die Kommission um eine restriktive Auslegung des Urteils, vgl. beispielsweise Kom., ABl. 2009 L 345/18, Tz. 41 f. – Dänemark, Erstattung der CO_2-Steuer auf den quotengeregelten Brennstoffverbrauch in der Wirtschaft.

sind, hat das Gericht die Adria-Wien-Formel angewendet, allerdings ohne Prüfung der ersten Stufe[169] und einen selektiven Vorteil sowohl zugunsten der Anlagestrukturen, da die Regelung nur solche Anlagestrukturen mittelbar begünstigte, die besonderen Voraussetzungen genügten, und dadurch mit einem Vorteil gegenüber anderen Unternehmen verbunden war, die andere Anlageformen anboten, deren tatsächliche und rechtliche Situation aber vergleichbar war,[170] wie auch zugunsten der gering und mittel kapitalisierten Unternehmen bejaht, da die Kläger nichts vorgebracht hätten, was der Vergleichbarkeit der Situation der Anlagen in Gesellschaften mit geringer oder mittlerer Kapitalisierung mit den Anlagen in andere Gesellschaften entgegenstünde.[171]

364   Die Adria-Wien-Formel wurde kurze Zeit später vom Gericht auf eine weitere italienische **Steuerregelung zur Förderung der Börsennotierung** angewandt, wiederum ohne erste Prüfungsstufe (die allgemeine Regelung war unproblematisch die Körperschaftssteuergesetzgebung). Nach dieser Regelung erhielten Unternehmen, die sich innerhalb eines fünfzehnmonatigen Zeitraums an einer ordentlichen europäischen Börse zuließen, Begünstigungen, u.a. in Form eines ermäßigten Körperschaftssteuersatzes. Die Regelung war nach Überzeugung des Gerichts *a priori* selektiv, da sie nur Unternehmen begünstigte, die innerhalb des kurzen Zeitraums einen Börsengang vollzogen, und jedes andere Unternehmen von den Vorteilen der Beihilfenregelung ausschlossen, ohne dass es darauf ankam, ob es sich um bereits an der Börse notierte Unternehmen handelte oder um solche, die die Voraussetzungen für die Notierung an der Börse in dem von der Beihilfenregelung erfassten Zeitraum nicht erfüllten und dies auch nicht konnten.[172]

365   In seinem Urteil betreffend die Einführung einer **Ökosteuer** (Granulatabgabe) in Nordirland hat das Gericht die Adria-Wien-Formel in Bezug auf Ökoabgaben gleich mehrfach aufgeweicht. So soll es den Mitgliedstaaten beim gegenwärtigen Stand des Gemeinschaftsrechts freistehen, sektorielle Ökoabgaben einzuführen, um bestimmte Umweltziele zu erreichen. Insbesondere sollen sie bei der Abwägung der verschiedenen bestehenden Interessen ihre Prioritäten im Umweltschutz definieren und entsprechend die Gegenstände oder Dienstleistungen bestimmen, die sie einer Ökoabgabe zu unterwerfen beschließen. Der bloße Umstand, dass eine Ökoabgabe eine punktuelle Maßnahme darstellt, die bestimmte Gegenstände oder spezifische Dienstleistungen betrifft und nicht auf ein allgemeines Abgabensystem zurückgeführt werden kann, das für sämtliche ähnliche Tätigkeiten mit vergleichbarer Umweltauswirkung gilt, soll daher grundsätzlich nicht die Annahme zulassen, dass ähnliche, dieser Ökoabgabe nicht unterliegende Tätigkeiten von einem selektiven Vorteil profitieren. Insbesondere könne der Umstand, dass bestimmte Tätigkeiten einer Ökoabgabe, die auf andere ähnliche (oder gar substituierbare) Tätigkeiten erhoben wird, nicht unterworfen sind, nicht mit einer Entlastungsmaßnahme für diese Tätigkeitssektoren gleichgestellt werden. Die Kommission müsse bei der beihilfenrechtlichen Beurteilung einer Ökoabgabe die in Art. 6 EG (jetzt **Art. 11 AEUV**) genannten Erfordernisse des Umweltschutzes berücksichtigen. Denn nach diesem Artikel müssten diese Erfordernisse auch in das Beihilfenkontrollsystem einbezogen werden.[173] Das Urteil des Gerichts ließ darauf schließen, dass das Tatbestandsmerkmal der Selektivität für Fälle der Einführung von Ökoabgaben restriktiver auszulegen war, um den Mitgliedstaaten mehr Spielraum für die schrittweise Einführung solcher Abgaben einzuräumen. Auf das hiergegen von den Klägern eingelegte Rechtsmittel kassierte der Gerichtshof diesen neuen Ansatz und verwies die Sache an das Gericht zurück, wobei er auf die bis dato bestehenden Grundsätze verwies, nach denen die mit staatlichen Maßnahmen verfolgten Ziele nicht genügen, um diese von vornherein von der Einordnung als „Beihilfen" im Sinne von Art. 107 AEUV auszunehmen. Art. 107 Abs. 1 AEUV unterscheidet nämlich nicht nach den Gründen oder Zielen der staatlichen Maßnahmen, sondern beschreibt diese nach ihren Wirkungen. Das habe das Gericht verkannt, als es entschieden hat, es stehe den Mitgliedstaaten frei, bei der Abwägung der verschiedenen bestehenden Interessen ihre Prioritäten im Umweltschutz zu definieren und entsprechend die Güter oder Dienstleistungen zu bestimmen, die sie einer Ökoabgabe unterwerfen. Die Notwendigkeit, die Erfordernisse des Umweltschutzes zu berücksichtigen, so legitim diese auch sein mögen, rechtfertige nicht die Nichteinbeziehung selektiver Maß-

---

[169] EuG, T-445/05, Slg. 2009, II-289, RdNr. 148 – Associazione italiana del risparmio gestito und Fineco Asset Management SpA/Kommission.

[170] EuG, T-445/05, Slg. 2009, II-289, RdNr. 150–153 – Associazione italiana del risparmio gestito und Fineco Asset Management SpA/Kommission.

[171] EuG, T-445/05, Slg. 2009, II-289, RdNr. 168–169 – Associazione italiana del risparmio gestito und Fineco Asset Management SpA/Kommission.

[172] EuG, T-211/05, noch nicht in der amtlichen Sammlung, RdNr. 120 – Italien/Kommission.

[173] EuG, T 210/02, Slg. 2006, II 2789 RdNr. 114–118 – BAA/Kommission.

nahmen, mögen sie auch so spezifisch sein wie Ökoabgaben, in den Anwendungsbereich von Art. 107 Abs. 1 AEUV, da eine zweckdienliche Berücksichtigung der Umweltschutzziele bei der Beurteilung der Vereinbarkeit der staatlichen Beihilfenmaßnahme mit dem Binnenmarkt gemäß Art. 107 Abs. 3 AEUV erfolgen könne. Eine Differenzierung zwischen Unternehmen könne höchstens dann als durch Wesen oder Struktur des Systems gerechtfertigt betrachtet werden, wenn die Unternehmen in Bezug auf das Ziel der Regelung eindeutig unterschiedlich positioniert seien. Dies war in Bezug auf die irische Sonderabgabe nicht der Fall, da bestimmte Inkohärenzen zwischen ihrem Anwendungsbereich und dem verfolgten Umweltschutzziel durch Gründe gerechtfertigt werden sollten, die nicht zum Umweltschutz gehörten, wie das Bemühen um die Erhaltung der internationalen Wettbewerbsfähigkeit bestimmter Sektoren.

Vor kurzem hatte sich der Gerichtshof mit einer sardischen Regionalsteuer **auf zu touristi-** **366** **schen Zwecken durchgeführte Landungen von Luftfahrzeugen und Booten,** die allein auf Unternehmen mit Steuerwohnsitz außerhalb des Gebiets der Region Sardinien Anwendung finden sollte, zu beschäftigen. Generalanwältin *Kokott* kam in Anwendung der Adria-Wien-Formal zu einer *a priori* Selektivität, da sich gebietsansässige und gebietsfremde Betreiber von Privatflugzeugen und Freizeitbooten im Hinblick auf das spezifische Ziel der Regelung – Schutz und Wiederherstellung der vom Tourismus belasteten Umweltressourcen Sardiniens, insbesondere in den Küstengebieten – in der gleichen Situation befanden; denn die auf Sardinien landenden Flugzeuge und Boote belasten die Umwelt völlig unabhängig von ihrer Herkunft und vom steuerlichen Wohnsitz ihrer Betreiber.[174] Generalanwältin *Kokott* stellt demnach nicht auf das intrinsische Ziel ab, nämlich die Verteuerung des Anlandens der Boote und Flugzeuge, sondern auf das damit verfolgte extensische Ziel, den Umweltschutz. Der Gerichtshof folgt ihr.[175]

Die beispielhaft aufgezeigte jüngere Rechtsprechung der Gemeinschaftsgerichte lässt eine **367** **gewisse Beliebigkeit bei der Abgrenzung zwischen der zweiten und dritten Prüfungsstufe** erkennen. Eine genaue Abgrenzung dieser beiden Stufen in der Rechtsprechung ist noch nicht ersichtlich. Im Schrifttum wird insoweit zwischen den Grundprinzipien der (Steuer-) Regelung (dann Natur oder innerer Aufbau oder Systemimmanenz) und dem spezifischen extensischen Ziel einer Regelung (dann zweite Prüfungsstufe) unterschieden.[176] Eine Abgrenzung scheint aktuell nur wegen der vom Gericht postulierten Beweislastumkehr auf der dritten Prüfungsstufe notwendig. Genaue Abgrenzungskriterien liegen noch nicht vor.

Fest steht nach der BAA-Rechtsprechung lediglich, dass eine Regelung nicht schon wegen des **368** von ihr verfolgten Ziels aus dem Beihilfentatbestand des Art. 107 Abs. 1 AEUV fallen kann, da dies mit dem Wirkungsprinzip des Beihilfenkontrollrechts unvereinbar wäre. Eine Regelung kann daher nicht schon deshalb als nicht selektiv eingestuft werden, weil mit ihr ein bestimmtes gemeinschaftsrechtlich anerkanntes Ziel verfolgt wird (umgekehrt wird eine Maßnahme nicht schon deshalb selektiv, weil sie einem gemeinschaftlich unerwünschten Zweck dient). Entscheidend ist vielmehr, ob die Maßnahme nach ihrem Zweck erlaubtermaßen zwei Unternehmen oder Sektoren differenziert behandelt. Dabei ist offensichtlich, dass ein Regelungszweck, der gerade in der Verfälschung des Wettbewerbs zugunsten bestimmter Sektoren oder Unternehmen besteht, außer Ansatz gelassen werden muss. Regelungszweck im Sinne der Adria-Wien-Formel können nur allgemeine wirtschaftspolitische Ziele sein wie zB. Umweltschutz, Arbeitsplatzsicherheit, Forschung und Entwicklung, usw., Ziele also, die grds. für alle Unternehmen und Branchen relevant sein können. Entsprechend allgemein müssen die Regelungen gehalten sein. *Bartosch*[177] differenziert insoweit und möchte nur diejenigen extensischen Ziele gelten lassen, in der nicht zugleich wettbewerbliche (Neben-)Wirkungen angelegt sind. Danach sollen sämtliche (Neben-)Zielsetzungen einer Maßnahme, die Wettbewerbsrelevanz besitzen, die also darauf abzielen, die Wettbewerbsposition bestimmter Unternehmen zu verbessern, außer Betracht bleiben. Die davon zu trennenden politischen Ziele seien hingegen berücksichtigungsfähig.[178] Sodann ist in der vom Gerichtshof angewandten Strenge zu beurteilen, ob die gegebenenfalls vom nationalen Gesetzgeber vorgenommene Differenzierung tatsächlich im Lichte des Regelungszieles gerechtfertigt ist. Die Abgrenzung kann im Einzelfall erhebliche Schwierigkeiten bereiten.

---

[174] Schlussanträge Generalanwältin *Kokott* in C-169/08, noch nicht in der amtlichen Sammlung, RdNr. 136–138 – Presidente del Consiglio dei Ministri.

[175] EuGH, C-169/08, noch nicht in der amtlichen Sammlung, RdNr. 62, 36–37- Presidente del Consiglio dei Ministri.

[176] *Jaeger* in diesem Kommentar, Kapitel E, RdNr. 63–64.

[177] *Bartosch* EuZW 2010, 12(14).

[178] *Bartosch* EuZW 2010, 12(15).

368a   Deutlichstes Beispiel hierfür ist die **Prüfung der regionalen Selektivität.** Eine nationale Regelung, die nur auf einem bestimmten Teilgebiet des Mitgliedstaates Anwendung finden soll, wird auch nach dem Azoren-Urteil per se als selektiv angesehen. Nach der Adria-Wien-Formel fragt man sich unwillkürlich, warum dem so sein muss. Im Lichte des regelmäßig einer solchen Regelung zugrunde liegenden Zwecks – Annäherung der Lebensverhältnisse (Kohäsion) innerhalb eines Mitgliedstaates – ist eine geografische Differenzierung nach Standort der Investitionstätigkeiten offensichtlich gerechtfertigt. Eine Begründung dafür, warum die Adria-Wien-Rechtsprechung nicht auch auf Regionalbeihilfenregelungen anwendbar sein soll, ist bislang unterblieben. Sie kann sicherlich nicht mit dem Hinweis auf Art. 107 Abs. 3 a) AEUV allein abgetan werden. Die Regelung bliebe für die Rechtfertigung sektoriell oder materiell selektiver, oder in das Ermessen der Behörden gestellter, Regionalförderung anwendbar.

369   **(2) Regionale Selektivität** *(ratione territoriae).* **Der Meinungsstand vor dem Azoren-Urteil.** Nach der ursprünglichen Rechtsprechung und Kommissionspraxis sollte eine an sich allgemein anwendbare Regelung allein dadurch selektiven Charakter bekommen, dass unmittelbar oder mittelbar Begünstigte **nur Unternehmen in einer bestimmten Region des betreffenden Mitgliedstaates** sind, zB. alle Unternehmen in den neuen Bundesländern[179] oder in bestimmten historischen Territorien Spaniens[180] (sog. *regionale Selektivität*). Die Begründung liegt scheinbar auf der Hand: Art. 107 Abs. 3 (a) und (c) AEUV stellen bestimmte Kriterien zur Rechtfertigung von Regionalbeihilfen auf. Es bestanden jedoch stets Zweifel an Richtigkeit und jedenfalls Reichweite dieser Doktrin von der regionalen Selektivität:[181] Das gemeinschaftliche Beihilfenregime soll insbesondere verhindern, dass es aufgrund der Subventionspraxis der Mitgliedstaaten zur Beeinträchtigung des Handels *zwischen den Mitgliedstaaten* kommt. Insoweit scheint es paradox, allgemein anwendbare Steuervergünstigungen dann den Art. 107 ff. AEUV zu unterwerfen, wenn sie nur in bestimmten Regionen eines Mitgliedstaats gelten, sie aber dem Anwendungsbereich des gemeinschaftlichen Beihilfenregimes zu entziehen, wenn sie auf dem gesamten Gebiet eines Mitgliedstaats zur Anwendung kommen. Die letztere Fallgestaltung beeinträchtigt den Handel zwischen den Mitgliedstaaten *a priori* mehr als eine regional begrenzte Anwendung der Steuervergünstigung. Im Ergebnis bevorteilt die Doktrin von der regionalen Selektivität kleinere Mitgliedstaaten gegenüber großen Flächenstaaten, da letztere ihre Politik eher auf die Angleichung unterschiedlicher Lebensverhältnisse innerhalb ihres Mitgliedstaates auszurichten haben, das Beihilfenrecht einer effizienten rationalen Kohäsionspolitik jedoch im Wege steht. Dieser Gesichtspunkt kommt in der aktuellen Rechtsprechung nach wie vor zu kurz.

370   Unklar war auch, unter welchen Umständen einer regional begrenzten allgemeinen Regelung selbst dann Selektivität zukommt, wenn sie von der regional zuständigen Gebietskörperschaft eines Mitgliedstaates im Rahmen ihrer autonomen Regelungs- und Finanzhoheit erlassen wurde. Die Kommission war ursprünglich der Auffassung, dass – wie auch sonst regelmäßig im Unionsrecht – der Gesamtstaat Anknüpfungspunkt für die Frage der Selektivität sei, und mögliche interne Kompetenzaufteilungen unberücksichtigt zu bleiben hätten:[182] „Nach Auffassung der Kommission beruht das Kriterium der Selektivität auf einem Vergleich zwischen den Vorteilen, die bestimmten Unternehmen zugestanden werden, und jenen, die für alle Unternehmen innerhalb ein und desselben Bezugsrahmens gelten, wobei dieser **Bezugsrahmen das Hoheitsgebiet des Mitgliedstaats** ist."[183]

---

[179] EuGH, C-156/98, Slg. 2000, I-6857, RdNr. 23–34 – Deutschland/Kommission.

[180] Beispielhaft für diese Auffassung: Schlussanträge des Generalanwalts *Saggio,* EuGH, C-400/97, C-401/97 und C-402/97, Slg. 2000, I-1073, RdNr. 35–37 – Administración General del Estado gegen Juntas Generales de Guipúzcoa und Diputación Foral de Guipúzcoa (C-400/97), Juntas Generales d'Alava und Diputación Foral d'Alava (C-401/97) und Juntas Generales de Vizcaya (C-402/97): „Andernfalls könnte der Staat leicht die Anwendung des Gemeinschaftsrechts über staatliche Beihilfen in einem Teil seines Hoheitsgebiets dadurch verhindern, daß er Änderungen an der internen Zuständigkeitsverteilung auf bestimmten Gebieten vornimmt und sich auf diese Weise auf die „allgemeine Natur" der betreffenden Maßnahme für ein bestimmtes Gebiet beruft." Bereits Anfang der 80er Jahre hatte Deutschland allerdings geltend gemacht, Regionalbeihilfen fielen nicht per se unter Art. 107 Abs. 1 AEUV. Case 248/84, Slg. 1987, 4013, RdNr. 14 – Deutschland / Kommission.

[181] Vgl. zB. *Arhold* EStAL 2002, 2(33).

[182] Vgl. zB. Kom., ABl. 1998 C 384/3, Tz. 17 – Mitteilung der Kommission über die Anwendung der Vorschriften über staatliche Beihilfen auf Maßnahmen im Bereich der direkten Unternehmenssteuerung.

[183] Bericht über die Umsetzung der Mitteilung der Kommission über die Anwendung der Vorschriften über staatliche Beihilfen auf Maßnahmen im Bereich der direkten Unternehmenssteuerung, KOM C (2004) 434, Tz. 33.

Die **Rechtsprechung** hat sich mit dieser Frage lange Zeit nicht beschäftigen müssen. In den **371** ersten Urteilen des Gerichts zu bestimmten Steuermaßnahmen der seit dem 19. Jahrhundert teilweise Steuerhoheit genießenden Territorien Álava, Vizcaya und Guipúzcoa des spanischen Baskenlandes ging es zwar auch um die Frage, ob diese Maßnahmen ob ihrer regionalen Besonderheit im Rahmen des Gesamtstaates selektiv sein könnten. Kommission und Gericht bejahten die Selektivität der Regelung jedoch bereits wegen des Regelungsgegenstandes (materielle Selektivität), so dass die Frage nicht entscheidungsrelevant war und offen gelassen wurde.[184] In dem grundlegenden Azoren-Urteil hat der Gerichtshof die Grundsätze der regionalen Selektivität festgelegt und näher erläutert.

Das Azoren-Urteil und die Folgerechtsprechung. In dem Nichtigkeitsverfahren ging **372** es um die Beihilfenentscheidung der Kommission betreffend die besonderen **Einkommensteuersenkungen der autonomen Region der Azoren.**[185] Die portugiesische Verfassung bestimmt, dass die Inselgruppen Azoren und Madeira autonome Regionen mit eigenem politisch-administrativem Status und eigenen Regierungseinrichtungen bilden. Den autonomen Regionen stehen eigene Steuereinnahmen sowie nach einem Grundsatz der effektiven nationalen Solidarität ein Teil der Steuereinnahmen des Staates zu. Außerdem besteht eine ausschließliche Zuständigkeit der gesetzgebenden Versammlungen dieser Regionen, unter den in einem vom nationalen Parlament zu erlassenden Rahmengesetz vorgesehenen Bedingungen, eine eigene Steuerzuständigkeit auszuüben und die nationalen Steuern an die regionalen Besonderheiten anzupassen. Mit Gesetz Nr. 13/98 hat der portugiesische Staat die Bedingungen dieser **Finanzautonomie** genauer, u. a. durch folgende Grundsätze, festgelegt:

– Finanzielle Solidarität durch Übertragung von Haushaltsmitteln zur Angleichung der wirtschaftlichen und sozialen Verhältnisse an das übrige Staatsgebiet.
– Die nationale Einkommensteuer der natürlichen und juristischen Personen ist eine Einnahmequelle der autonomen Regionen nach den von ihnen selbst festzulegenden Bedingungen, insbesondere können die gesetzgebenden Regionalversammlungen die in den autonomen Regionen nach der nationalen Gesetzgebung anwendbaren Einkommensteuersätze und Körperschaftsteuersätze senken.

Mit Regionalverordnung hat die gesetzgebende Körperschaft der Region Azoren in Anwen- **373** dung der ihr insoweit übertragenen Befugnisse Steuersenkungen beschlossen, die automatisch für alle Wirtschaftsteilnehmer gelten (20% bei der Einkommensteuer und 30% bei der Körperschaftsteuer). Die Kommission eröffnete ein Beihilfenprüfverfahren, an dessen Ende sie die Senkung der Einkommen- und Körperschaftsteuer als staatliche Beihilfen einordnete, die teilweise (soweit der Finanzsektor betroffen ist)[186] mit dem Gemeinsamen Markt unvereinbar seien. Im Mittelpunkt des anschließenden Gerichtsverfahrens stand die Frage, ob die autonomen Steuermaßnahmen der Region Azoren selektiv waren, was – da die Maßnahmen auf alle Unternehmen unterschiedslos anwendbar waren – nur im Falle einer regionalen Selektivität bejaht werden konnte. In ihrer Entscheidungsbegründung hatte die **Kommission** im Einklang mit ihrer Steuermitteilung entschieden, dass nur Maßnahmen, die im gesamten Mitgliedstaat Anwendung finden, nicht selektiv sind.[187] Sie stützte ihre Auffassung auf folgende Überlegungen:[188]

– Aus dem EG-Vertrag ergebe sich, dass der Bezugsrahmen für den notwendigen Vergleich zu anderen Unternehmen der gesamte Wirtschaftsraum des Mitgliedstaats sei.
– Eine Unterscheidung nach der Gebietskörperschaft würde Art. 107 AEUV jede praktische Wirksamkeit nehmen.
– Die Steuersenkungsmöglichkeit bestehe nur für die Azoren, nicht für alle portugiesischen Regionen.

---

[184] EuG, T-127/99, T-129/99 und T-148/99, Slg. 2002 II-1275 – Territorio Histórico de Álava ua./ Kommission, sowie T-92/00 und T-103/00, Slg. 2002 II-1385 – Territorio Histórico de Álava ua./ Kommission.

[185] Kom., ABl. 2003 L 150/52 – Portugal, Regelung zur Anpassung des portugiesischen Steuersystems an die besonderen Bedingungen der autonomen Region der Azoren.

[186] Die Steuersenkungen für die übrigen Sektoren stellte sie nach Art. 107 Abs. 3 (a) AEUV als Regionalbeihilfen frei, Kom., ABl. 2003 L 150/52, Tz. 38 – Portugal, Regelung zur Anpassung des portugiesischen Steuersystems an die besonderen Bedingungen der autonomen Region der Azoren.

[187] Kom., ABl. 2003 L 150/52, Tz. 24 – Portugal, Regelung zur Anpassung des portugiesischen Steuersystems an die besonderen Bedingungen der autonomen Region der Azoren.

[188] Kom., ABl. 2003 L 150/52, Tz. 26, 27, 31 und 33 – Portugal, Regelung zur Anpassung des portugiesischen Steuersystems an die besonderen Bedingungen der autonomen Region der Azoren.

374   Vor dem Gerichtshof brachte Portugal hiergegen vor, Bezugsrahmen müsste in einem solchen Fall autonomer Steuerpolitik die betreffende Region sein.[189] Die Kommission konterte mit dem Hinweis darauf, dass die die Steuermindereinnahmen, die sich für die betreffende Region aus den fraglichen Steuersenkungen ergäben, im Haushaltsplan indirekt durch Mittel, die der Zentralstaat nach dem Grundsatz der finanziellen Solidarität übertrage, ausgeglichen würden.[190] In seinem Urteil erinnert der Gerichtshof zunächst an die ständige Rechtsprechung, nach der bei der Beurteilung der Selektivität festgestellt werden müsse, ob eine nationale Maßnahme im Rahmen einer bestimmten rechtlichen Regelung geeignet sei, „bestimmte Unternehmen oder Produktionszweige" gegenüber anderen Unternehmen oder Produktionszweigen zu begünstigen, die sich im Hinblick auf das mit der betreffenden Regelung verfolgte Ziel **in einer vergleichbaren tatsächlichen und rechtlichen Situation** befinden.[191] Einer solchen Feststellung bedürfe es auch bei einer Maßnahme, die nicht vom nationalen Gesetzgeber, sondern von einer unterhalb der nationalstaatlichen Ebene angesiedelten Behörde erlassen wurde.[192] Der Bestimmung des Bezugsrahmens komme im Fall von steuerlichen Maßnahmen eine besondere Bedeutung zu, da das Vorliegen eines *selektiven* Vorteils nur in Bezug auf eine so genannte **„normale" Besteuerung** festgestellt werden könne. Der normale Steuersatz sei der Satz, der in dem geografischen Gebiet gelte, das den Bezugsrahmen bilde.[193]

375   Bzgl. der **Definition des Bezugsrahmens** folgt der Gerichtshof jedoch nicht dem Extremstandpunkt der Kommission. Der Bezugsrahmen müsse gerade **nicht zwangsläufig der Gesamtstaat** sein.[194] Es sei nicht auszuschließen, „dass eine unterhalb der nationalstaatlichen Ebene angesiedelte Einrichtung aufgrund ihrer rechtlichen und tatsächlichen Stellung gegenüber der Zentralregierung eines Mitgliedstaats so autonom ist, dass sie – und nicht die Zentralregierung – durch die von ihr erlassenen Maßnahmen eine grundlegende Rolle bei der Festlegung des politischen und wirtschaftlichen Umfelds spielt, in dem die Unternehmen tätig sind. In einem solchen Fall bildet das Zuständigkeitsgebiet der unterhalb der nationalstaatlichen Ebene angesiedelten Einrichtung, die die Maßnahme erlassen hat, und nicht das gesamte Staatsgebiet den maßgebenden Kontext für die Prüfung der Frage, ob eine Maßnahme einer solchen Einrichtung bestimmte Unternehmen gegenüber anderen Unternehmen begünstigt [...]."[195] Art. 107 Abs. 3 (a) bzw. (c) AEUV würde zwar darauf hinweisen, dass regional beschränkte Vergünstigungen unter Umständen selektiv sein könnten, nicht jedoch, dass ihre regionale Beschränktheit sie stets selektiv im Sinne von Art. 107 Abs. 1 AEUV machen müsse.[196] Nachdem der Gerichtshof die Extremposition der Kommission ad acta gelegt und für den Bereich des Beihilfenrechts quasi den mitgliedstaatlichen Kordon durchstoßen hatte, musste er Kriterien für die Beantwortung der Frage entwickeln, in welchen Fällen regional unterschiedlicher Besteuerung Selektivität zu bejahen ist. Er folgte dabei der von Generalanwalt *Geelhoed*[197] vorgenommenen Unterscheidung dreier Fallgestaltungen, die in den Folgeurteilen betreffend die autonomen baskischen Territorien sowie Gibraltar weiter wie folgt konkretisiert wurden:

– **Fall fehlender Devolution:** Zentralregierung beschließt einseitig, in einer bestimmten Region einen niedrigeren Steuersatz als den anzuwenden, der auf nationaler Ebene gilt. Nach Auffassung des Gerichtshofs ist eine solche Maßnahme **eindeutig selektiv,** da sie nur für einen Teil des geographischen Gebiets gilt, für das der Steuergesetzgeber zuständig ist.[198]

– **Fall symmetrischer Devolution:** Modell der aufgeteilten Steuerhoheit, in dem alle Gebietskörperschaften einer bestimmten Ebene in den Grenzen der ihnen verliehenen Zustän-

---

[189] EuGH, C-88/03, Slg. 2006, I-7115, RdNr. 39 – Portugal/Kommission („Azoren").

[190] EuGH, C-88/03, Slg. 2006, I-7115, RdNr. 43 – Portugal/Kommission („Azoren").

[191] EuGH, C-88/03, Slg. 2006, I-7115, RdNr. 54 – Portugal/Kommission („Azoren"), unter Hinweis auf EuGH, C-143/99, Slg. 2001 I-8365, RdNr. 52 – Adria-Wien Pipeline GmbH.

[192] EuGH, C-88/03, Slg. 2006, I-7115, RdNr. 55 – Portugal/Kommission („Azoren").

[193] EuGH, C-88/03, Slg. 2006, I-7115, RdNr. 56 – Portugal/Kommission („Azoren").

[194] EuGH, C-88/03, Slg. 2006, I-7115, RdNr. 57 – Portugal/Kommission („Azoren"), bestätigt durch EuGH, verb. Rs. C-428/06 bis C-434/06, Slg. 2008 Seite I-6747, RdNr. 47 – Unión General de Trabajadores de La Rioja (UGT-Rioja).

[195] EuGH, C-88/03, Slg. 2006, I-7115, RdNr. 58 – Portugal/Kommission („Azoren"), bestätigt durch EuGH, C-428/06 bis C-434/06, Slg. 2008 Seite I-6747, RdNr. 48 – Unión General de Trabajadores de La Rioja (UGT-Rioja).

[196] EuGH, C-88/03, Slg. 2006, I-7115, RdNr. 60 – Portugal/Kommission („Azoren").

[197] Schlussanträge von Generalanwalt *Geelhoed* C-88/03, Slg. 2006, I-7115, RdNr. 50.

[198] EuGH, C-88/03, Slg. 2006, I-7115, RdNr. 63 – Portugal/Kommission („Azoren").

digkeiten befugt sind, den Steuersatz für ihr Zuständigkeitsgebiet frei festzusetzen.[199] Eine solche Maßnahme soll **nicht selektiv** sein, weil es hier nicht möglich ist, ein normales Besteuerungsniveau zu bestimmen, das als Bezugsgröße herangezogen werden könnte.[200]

- **Fall asymmetrischer Devolution:** Eine regionale oder lokale Körperschaft setzt in Ausübung von eigenen Befugnissen einen unter dem nationalen Satz liegenden Steuersatz fest, der ausschließlich für die Unternehmen in ihrem Zuständigkeitsgebiet gilt. Bei dieser Konstellation kann nach Auffassung des Gerichtshofs der maßgebende rechtliche Bezugsrahmen für die Beurteilung der Selektivität dann auf das betreffende geographische Gebiet beschränkt sein, wenn der betreffenden Gebietskörperschaft eine **grundlegende Rolle bei der Festlegung des politischen und wirtschaftlichen Umfelds** zukommt, in dem die Unternehmen ihres Zuständigkeitsgebiets tätig sind.[201] Mit anderen Worten: die Gebietskörperschaft muss **ausreichend autonom** sein (die grundlegende Rolle ist die Folge der Autonomie und nicht deren Vorbedingung[202] oder eine zusätzliche vierte Bedingung).[203] Bei der Bestimmung, wann dies der Fall ist, orientiert sich der Gerichtshof wiederum an den Schlussanträgen von Generalanwalt *Geelhoed*. Danach muss die Gebietskörperschaft „wirklich" autonom sein, dh. kumulativ[204]
  - **institutionell autonom:** verfassungsrechtlich ein eigener politischer und administrativer Status gegenüber der Zentralregierung. Dies ist ein genereller Status, der jedoch gerade auch für die betreffende Maßnahme Anwendung finden muss.
  - **prozedural autonom:** Der Beschluss muss von der lokalen Körperschaft in einem Verfahren erlassen worden sein, bei dem die Zentralregierung keinerlei Möglichkeit hat, in das Verfahren der Festsetzung des Steuersatzes (oder einer anderen in Streit stehenden Beihilfenmaßnahme) unmittelbar einzugreifen. Entscheidend ist das Beschlussverfahren bzgl. der konkret in Frage stehenden Maßnahme, nicht eine Gesamtschau der Regelungsbefugnisse.[205] Eine solche prozedurale Autonomie schließt es aus, dass ein Verfahren der Abstimmung geschaffen wird, um Konflikten vorzubeugen, sofern die nach Abschluss dieses Verfahrens erlassene Endentscheidung von der unterstaatlichen Einrichtung und nicht von der Zentralregierung erlassen wird.[206] Auch die einer unterstaatlichen Einrichtung auferlegte Verpflichtung, beim Erlass

---

[199] Im Übrigen unabhängig davon, ob mit oder ohne Bezug auf einen „nationalen" Steuersatz, worauf der Generalanwalt in RdNr. 52 seiner Schlussanträge in C-88/03, Slg. 2006, I-7115, RdNr. 60 – Portugal/Kommission („Azoren") hinweist. Die in der Bundesrepublik Deutschland bestehenden unterschiedlichen kommunalen Gewerbesteuerhebesätze sind ein typischer Fall symmetrischer Devolution, vgl. *Arhold* EuZW 2006, 717; ebenso *de Weerth* IStR 2008, 732. Ein Beispiel für ein sehr weitgehendes System symmetrischer Devolution ist das Schweizer Modell der Steuerautonomie von Gemeinden, Kantonen und Bund mit eigenen Zuschlagsrechten auf die direkten Steuern, insbesondere die Einkommensteuern, vgl. hierzu *Feld* 2004.

[200] EuGH, C-88/03, Slg. 2006, I-7115, RdNr. 64 – Portugal/Kommission („Azoren"). Von der Kommission im Verfahren ausdrücklich anerkannt und wohl auch bereits vorher vereinzelt Kommissionspraxis, vgl. Kom., Staatliche Beihilfe N 198/05 – Italien, Steuervergünstigungen zur Schaffung neuer Arbeitsplätze in Fördergebieten, Senkung der IRAP – Gesetz Nr. 80/2005, Artikel 11b. nach dem gesamtstaatlichen IRAP-Dekret dürfen alle italienischen Regionen den IRAP-Regelsteuersatz von 4,25% um bis zu einem Prozentpunkt herauf- bzw. herabsetzen. Später meldete Italien jedoch ein Dekret der Region Sizilien an, bei dem sich Sizilien nicht darauf beschränkte, von ihrem Ermessensspielraum im Rahmen des gesamtstaatlichen Dekrets Gebrauch zu machen, sondern nach Sektoren und Steuerpflichtigen gestaffelte Steuersätze anzuwenden, die niedriger waren als der geltende regionale Regelsteuersatz. Das hat die Kommission als sektorielle bzw. materielle Selektivität angesehen und die Beihilfe untersagt, siehe Kom., ABl. 2007 L 183/41 – Italien, Beihilferegelung nach Artikel 60 des Gesetzes Nr. 17/2004 der Region Sizilien.

[201] EuGH C-88/03, Slg. 2006, I-7115, RdNr. 65–66 – Portugal/Kommission („Azoren"), bestätigt durch EuGH, C-428/06 bis C-434/06, Slg. 2008 Seite I-6747, RdNr. 50 – Unión General de Trabajadores de La Rioja (UGT-Rioja).

[202] EuGH, C-428/06 bis C-434/06, Slg. 2008, I-6747, RdNr. 55 – Unión General de Trabajadores de La Rioja (UGT-Rioja).

[203] EuG, T-211/04 und T-215/04, Slg. 2008, II-3745, RdNr. 87, 105 – Government of Gibraltar und Vereinigtes Königreich/Kommission.

[204] Schlussanträge des Generalanwalts *Geelhoed*, C-88/03, Slg. 2006, I-7115, RdNr. 54, und entsprechend RdNr. 67–68 des Urteils, bestätigt durch EuGH, C-428/06 bis C-434/06, Slg. 2008, I-6747, RdNr. 51–52 – Unión General de Trabajadores de La Rioja (UGT-Rioja) und EuG, T-211/04 und T-215/04, Slg. 2008, II-3745, RdNr. 85–86 – Government of Gibraltar und Vereinigtes Königreich/Kommission.

[205] Siehe hierzu EuG, T-211/04 und T-215/04, Slg. 2008, II-3745, RdNr. 93 – Government of Gibraltar und Vereinigtes Königreich/Kommission, wo das Gericht auf den Sektor der Unternehmensbesteuerung abstellt, der zur Kategorie der bestimmten inneren Angelegenheiten Gibraltars gehört.

[206] EuGH, C-428/06 bis C-434/06, Slg. 2008 Seite I-6747, RdNr. 96- Unión General de Trabajadores de La Rioja (UGT-Rioja).

einer steuerlichen Regelung das wirtschaftliche Gleichgewicht zwischen den verschiedenen Teilen des nationalen Hoheitsgebiets zu berücksichtigen, legt nur die Grenzen der Zuständigkeiten dieser Einrichtung fest und beeinträchtigt nicht ihre prozedurale Autonomie als solche, selbst wenn die für die Definition dieser Grenzen verwendeten Begriffe, wie der Begriff des wirtschaftlichen Gleichgewichts, im Rahmen der einer gerichtlichen Kontrolle eigenen Auslegung möglicherweise näher umschrieben werden.[207] Denn das wesentliche Kriterium, um das Bestehen einer prozeduralen Autonomie zu beurteilen, ist nicht der Umfang der der unterstaatlichen Einrichtung zuerkannten Zuständigkeit, sondern deren Möglichkeit, kraft dieser Zuständigkeit in unabhängiger Weise eine Entscheidung zu treffen, d. h., ohne dass die Zentralregierung die Möglichkeit hätte, den Inhalt der Entscheidung unmittelbar zu beeinflussen.[208] Eine Rechtmäßigkeitskontrolle durch zentrale Verwaltungsgerichte hat als solche keinen Einfluss auf die prozedurale Autonomie. Das Bestehen einer gerichtlichen Kontrolle ist dem Bestehen eines Rechtsstaats inhärent.[209] Auch das Bestehen von Notfalleingriffsrechten der Zentralgewalt ist nicht per se unvereinbar mit der Feststellung einer prozeduralen Autonomie, jedenfalls soweit diese Rechte nie oder so gut wie nie in dem betreffenden Sektor angewandt worden sind.[210]

– **wirtschaftlich und finanziell autonom:** Der niedrigere Steuersatz in der Region darf nicht quersubventioniert oder von der Zentralregierung subventioniert sein, so dass die wirtschaftlichen Folgen dieser Steuersenkungen von der Region selbst getragen werden.[211] Es darf daher kein Ausgleichsmechanismus bestehen, d. h. ein Kausalzusammenhang zwischen einer von der autonomen Region erlassenen steuerlichen Maßnahme und den Beträgen, die der Zentralstaat tragen muss.[212] Allerdings kann ein finanzieller Ausgleich auch verdeckt sein und sich erst aus der konkreten Prüfung des Finanztransfers zwischen der betroffenen unterstaatlichen Einrichtung, dem Mitgliedstaat, zu dem sie gehört, und dessen übrigen Regionen ergeben. Die Prüfung kann dann ergeben, dass eine steuersenkende Entscheidung einer unterstaatlichen Einrichtung wegen der für die Festsetzung des Betrags bestimmter anderer Zuweisungen (zB. verdeckte Ausgleichszahlungen in Bereichen wie der sozialen Sicherheit oder der durch den Zentralstaat verbürgten Garantie eines Mindestniveaus der öffentlichen Dienstleistungen) verwendeten Berechnungsmethode höhere Finanzzuweisungen zu ihren Gunsten zur Folge hat.[213] Die bloße Existenz eines Finanztransfers als solche kann die wirtschaftlich-finanzielle Autonomie nicht in Frage stellen, da die Regelung sonst ins Leere liefe: es ist kaum vorstellbar, dass eine unterhalb der staatlichen Ebene angesiedelte Einheit überhaupt keine wie auch immer geartete finanzielle Unterstützung der Zentralregierung erhält.[214]

376   Diese Voraussetzungen der institutionellen Autonomie, der prozeduralen Autonomie, sowie der wirtschaftlichen und finanziellen Autonomie sind **die zwingenden, aber einzigen Voraussetzungen,** die erfüllt sein müssen, damit das räumliche Zuständigkeitsgebiet einer unterhalb der nationalstaatlichen Ebene angesiedelten Einrichtung als der maßgebliche Rahmen für die Beurteilung der Frage angesehen werden kann, ob eine von dieser Einrichtung erlassene Regelung selektiven Charakter hat.[215] Die für diese Voraussetzungen relevanten Bestimmungen des nationalen

---

[207] EuGH, verb. Rs. C-428/06 bis C-434/06, Slg. 2008 Seite I-6747, RdNr. 80–81- Unión General de Trabajadores de La Rioja (UGT-Rioja).

[208] EuGH, verb. Rs. C-428/06 bis C-434/06, Slg. 2008 Seite I-6747, RdNr. 107 – Unión General de Trabajadores de La Rioja (UGT-Rioja.

[209] EuGH, verb. Rs. C-428/06 bis C-434/06, Slg. 2008 Seite I-6747, RdNr. 103 – Unión General de Trabajadores de La Rioja (UGT-Rioja).

[210] EuG, T-211/04 und T-215/04, Slg. 2008, II-3745, RdNr. 95 – Government of Gibraltar und Vereinigtes Königreich/Kommission.

[211] Ein Musterbeispiel nannte Generalanwalt *Geelhoed* in Fußnote 38 seiner Schlussanträge, C-88/03, Slg. 2006, I-7115 – Portugal/Kommission („Azoren"): Die im Scotland Act 1998 vorgesehene Möglichkeit Schottlands, den Basissatz der britischen Einkommensteuer um bis zu 3 Pence pro Pfund Sterling zu senken oder zu erhöhen, da hier kein Ausgleich in Form von Erstattungs- oder Subventionsansprüchen vorgesehen ist.

[212] EuGH, verb. Rs. C-428/06 bis C-434/06, Slg. 2008, I-6747, RdNr. 129 – Unión General de Trabajadores de La Rioja (UGT-Rioja).

[213] EuGH, verb. Rs. C-428/06 bis C-434/06, Slg. 2008 Seite I-6747, RdNr. 133–134 – Unión General de Trabajadores de La Rioja (UGT-Rioja).

[214] EuG, T-211/04 und T-215/04, Slg. 2008, II-3745, RdNr. 106 – Government of Gibraltar und Vereinigtes Königreich/Kommission.

[215] EuGH, verb. Rs. C-428/06 bis C-434/06, Slg. 2008 Seite I-6747, RdNr. 60 – Unión General de Trabajadores de La Rioja (UGT-Rioja); EuG, T-211/04 und T-215/04, Slg. 2008, II-3745, RdNr. 87 – Government of Gibraltar und Vereinigtes Königreich/Kommission.

Rechts sind so zu berücksichtigen, wie die nationalen Gerichte sie auslegen und ihre Einhaltung gewährleisten. Das **Bestehen einer zentralen Rechtmäßigkeitskontrolle** bewirkt nicht den Verlust ausreichender Autonomie. Die Rechtmäßigkeitskontrolle dient dazu, die Einhaltung der vorgegebenen Grenzen der Zuständigkeiten der verschiedenen Gewalten, Organe oder Einrichtungen des Staates sicherzustellen, nicht aber dazu, diese Grenzen zu bestimmen.[216]

In Bezug auf die streitigen Steuersenkungen der Azoren akzeptiert der Gerichtshof die **aus-** **377** **reichende institutionelle und prozedurale, nicht aber wirtschaftlich-finanzielle Autonomie der Azoren.** Der Rückgang des Steueraufkommens, der sich für die Region Azoren aus den fraglichen Steuersenkungen eventuell ergibt, werde jedenfalls nach den Ausführungen der Kommission, die von Portugal nicht entkräftet worden waren, durch einen auf zentralstaatlicher Ebene geführten Finanzierungsmechanismus ausgeglichen.[217] Im Ergebnis war die Selektivität der Maßnahme daher festgestellt, und die Klage abzuweisen.[218]

Das erste Urteil nach dem Azoren-Urteil, das sich mit der Frage der regionalen Selektivität **378** auseinanderzusetzen hatte, betraf die **Autonome Gemeinschaft des Baskenlands und ihre drei Territorios Históricos.**[219] Der Gerichtshof urteilte zunächst, dass als unterstaatliche autonome Einheit zugleich auf die Territorios Históricos und die Autonome Gemeinschaft des Baskenlands abzustellen sei, um zu ermitteln, ob die unterstaatliche Einrichtung, die gemeinsam von diesen Territorios Históricos un der baskischen Gemeinschaft gebildet wird, über eine ausreichende Autonomie verfügt, um den Bezugsrahmen zu bilden, anhand dessen die Selektivität einer von einem dieser Territorios Históricos erlassenen Maßnahme zu beurteilen ist.[220] Sodann gab er dem vorlegenden nationalen Gericht zahlreiche, in der obigen Darstellung der Grundsätze bereits berücksichtigte, Hinweise für die von diesem durchzuführende Prüfung des Vorliegens hinreichender Autonomie des Baskenlandes an die Hand.

Nach Auffassung des Gerichts ist die **britische Kronkolonie Gibraltar** hinreichend auto- **379** nom, so dass der Bezugsrahmen ausschließlich den geografischen Grenzen des Hoheitsgebiets von Gibraltar entspricht, und das Vorliegen einer selektiven Begünstigung von Unternehmen mit Sitz in Gibraltar nicht dadurch nachgewiesen werden kann, dass die Steuerregelung, die für diese Unternehmen gilt, mit der Steuerregelung für Unternehmen mit Sitz im Vereinigten Königreich verglichen wird.[221] Der verfassungsrechtliche Sonderstatus war dabei unbestritten.[222] Bzgl. der prozeduralen Autonomie genügte es dem Gericht, dass die Unternehmensbesteuerung zur Kategorie der bestimmten inneren Angelegenheiten gehört und die Befugnis zur Durchführung dieser Angelegenheiten dem Ministerrat von Gibraltar obliegt. Die Befugnisse des britischen Gouverneurs, die im Steuerwesen nie ausgeübt worden sind, wurden vom Gericht als Mittel des Vereinigten Königreichs ausgelegt, seine völkerrechtliche Verantwortung als Kolonialmacht gegenüber der Bevölkerung Gibraltars (Kapitel XI Art. 73 der Charta der Vereinten Nationen) wahrzunehmen, und nicht als Möglichkeit, den Inhalt einer steuerlichen Maßnahme der Behörden Gibraltars unmittelbar zu beeinflussen.[223] Schließlich konnte die

---

[216] EuGH, C-428/06 bis C-434/06, Slg. 2008 Seite I-6747, RdNr. 80–81 – Unión General de Trabajadores de La Rioja (UGT-Rioja).

[217] EuGH, C-88/03, Slg. 2006, I-7115, RdNr. 75 – Portugal/Kommission („Azoren"). Nach Artikel 32 des Gesetzes Nr. 13/98 schlägt sich dieser Grundsatz in einer sowohl den Zentral- als auch den Regionalbehörden obliegenden Verpflichtung nieder, die Korrektur der sich aus der geographischen Isolation ergebenden Ungleichheiten durch Verringerung der steuerlichen Belastungen in den Regionen zu fördern, sowie in der Verpflichtung, ein angemessenes Niveau öffentlicher Dienstleistungen und privater Tätigkeiten zu gewährleisten.

[218] Weitergehend zum Urteil vgl. auch *Di Bucci*, Proceedings of the 4th Experts' Forum held in Brussels on 18 and 19 May 2006, 53; *Jaeger* RiW 2007, 120; *Nicolaides* EStAL 2006, 119, ders. EStAL 2007, 43; *Sánchez-Rydelski* ELR 2006, 402; *Stein* EWS 2006, 493; *Zatschler* EStAL 2006, 779; *Glaser* EuZW 2009, 363; *da Cruz Vilaça* EStAL 2009, 443.

[219] EuGH, C-428/06 bis C-434/06, Slg. 2008, I-6747 – Unión General de Trabajadores de La Rioja (UGT-Rioja).

[220] EuGH, C-428/06 bis C-434/06, Slg. 2008, I-6747, RdNr. 65–74 – Unión General de Trabajadores de La Rioja (UGT-Rioja). Die gemeinsame Betrachtung war wichtig, da die Territorios Históricos allein nicht über eine hinreichende Autonomie verfügten.

[221] EuG, T-211/04 und T-215/04, Slg. 2008, II-3745, RdNr. 115 – Government of Gibraltar und Vereinigtes Königreich/Kommission.

[222] EuG, T-211/04 und T-215/04, Slg. 2008, II-3745, RdNr. 89 – Government of Gibraltar und Vereinigtes Königreich/Kommission.

[223] EuG, T-211/04 und T-215/04, Slg. 2008, II-3745, RdNr. 98–99 – Government of Gibraltar und Vereinigtes Königreich/Kommission.

Kommission keine finanzielle Unterstützung des Vereinigten Königreichs darlegen, die in einem kausalen Konnex zu den finanziellen Auswirkungen der Maßnahme stand. Spanien und die Kommission haben gegen das Urteil **Rechtsmittel** zum Gerichtshof eingelegt.[224] Spanien rügt insbesondere die fehlerhafte Anwendung der im Azoren-Urteil dargelegten Grundsätze und die Nichtberücksichtigung des Umstandes, dass Gibraltar nach Art. 349 AEUV nicht Teil eines Mitgliedstaats sei.

380   **(1) Exkurs: Fall fehlender Devolution.** Die Azoren-Rechtsprechung des Gerichtshofs versucht, die widerstreitenden Interessen der Kommission an effektiver Beihilfenkontrolle und der Mitgliedstaaten an Achtung ihrer innerstaatlichen Verfasstheit einem Kompromiss zuzuführen. Dabei wird auch klargestellt, dass geografisch auf bestimmte Teile des Staatsgebiets beschränkte Maßnahmen der Zentralregierung stets selektiv sind. Eigentlich war er vor dem Hintergrund des in Frage stehenden Sachverhalts nicht dazu verpflichtet, hierzu überhaupt Stellung zu nehmen. Auch materiell war die Aussage nicht unbedingt zwingend, denn die Selektivität muss sich nach dem Wortlaut des Art. 107Abs. 1 AEUV auf *bestimmte Unternehmen oder Produktionszweige* beziehen, nicht auf *bestimmte Regionen*. Es ist nicht evident, warum es einem Mitgliedstaat nicht erlaubt sein sollte, eine regional diversifizierte Steuerpolitik zu betreiben, soweit diese für alle Unternehmen und Wirtschaftssektoren gleichmäßig anwendbar ist. Letztlich verfolgt der Mitgliedstaat damit innerhalb seines Hoheitsgebietes ein auch von der Gemeinschaft für das Gemeinschaftsgebiet verfolgtes Ziel, die Angleichung der Lebensverhältnisse. Natürlich kann eine Maßnahme geografisch so eingeschränkt werden, dass sie *de facto* ausschließlich oder im Wesentlichen bestimmte Unternehmen oder Produktionszweige betrifft. Die Schwierigkeit der Abgrenzung im Einzelfall mag einen vollständigen Verzicht auf das Kriterium der regionalen Selektivität unpraktikabel erscheinen lassen. Andererseits wird eine effektive Kohäsionspolitik der zentralistisch verfassten Mitgliedstaaten hierdurch wesentlich erschwert.[225]

381   Dieser Aspekt wurde von der **Banco Commercial dos Acores** in ihrer bereits Anfang 2003 erhobenen, aber erst Ende 2009 entschiedenen Klage gegen die Kommissionsentscheidung im Azorenfall betont: Das Kohäsionsziel einer mitgliedstaatlichen Finanzverfassung sei von der Kommission in jedem Fall zu berücksichtigen, also auch im Fall fehlender Devolution oder einer asymmetrischen Devolution mit unzureichender Autonomie der regelenden Gebietskörperschaft. Gemäß Art. 229 der portugiesischen Verfassung habe das **Ziel der Herstellung gleicher Lebensverhältnisse** und die Berücksichtigung der bestehenden wirtschaftlichen und sozialen Unterschiede gerade auch der Inselregionen Verfassungsrang. Die Berücksichtigung dieser Verfassungsziele in der Ausgestaltung des nationalen Steuersystems hätte entsprechend bei der Prüfung der Selektivität der Maßnahme berücksichtigt werden müssen.[226] In der Tat stellt sich die Frage, ob die Anwendung der Adria-Wien-Formel in der Weite der jüngsten Rechtsprechung, in der auch sekundäre Ziele (wie Umweltschutz) bei der Frage, ob sich die Unternehmen oder Produktionszweige im Hinblick auf das mit der betreffenden Regelung verfolgte Ziel in einer vergleichbaren tatsächlichen und rechtlichen Situation befinden, berücksichtigt werden können, auch das Kohäsionsziel auf der zweiten Prüfungsstufe Berücksichtigung finden darf. Wäre es dann nicht logisch, zwischen den Unternehmen in den einzelnen Regionen des Mitgliedstaates unterscheiden zu dürfen, da sie sich im Hinblick auf das Kohäsionsziel ganz offensichtlich in einer unterschiedlichen Situation befinden? Das Beispiel zeigt die dogmatische Schwierigkeit, die die Berücksichtigung extrinsischer Ziele mit sich bringt.

382   Das Gericht hat das Argument unter Hinweis auf die Prüfung des Gerichtshofs im Azoren-Urteil zurückgewiesen.[227] Im Azoren-Urteil hatte der Gerichtshof die Frage der Berücksichtigung des Kohäsionszieles im Rahmen der Prüfung der Rechtfertigung durch die Natur und den inneren Aufbau des Steuersystems geprüft, dies jedoch mit dem Argument abgelehnt, dass insoweit zwischen den mit einer bestimmten Steuerregelung verfolgten Zielen, die außerhalb dieser Regelung liegen, und den dem Steuersystem selbst inhärenten Mechanismen, die zur Erreichung dieser Ziele erforderlich sind, unterschieden werden müsse. Dass ein Handeln auf eine Politik der regionalen Entwicklung oder des sozialen Zusammenhalts gestützt ist, reiche daher

---

[224] Rechtsmittel anhängig unter C-106/09 P, Kommission/Gibraltar (ABl. 2009 C 141/22) und C-107/09 P, Spanien/Gibraltar (ABl. 2009 C 141/23). Siehe zum Urteil auch *Rossi-Maccanico* EStAL 2009, 63.
[225] Siehe hierzu *Arhold* EuZW 2006, 717.
[226] EuG, T-75/03, Slg. 2009, II-0000, RdNr. 58 – Banco Commercial dos Acores/Kommission.
[227] EuG, T-75/03, Slg. 2009, II-0000, RdNr. 76 – Banco Commercial dos Acores/Kommission.

für sich allein nicht aus, um eine im Rahmen dieser Politik erlassene Maßnahme als gerechtfertigt anzusehen.[228]

(3) Selektivität *ratione personae* – materielle Selektivität. Selektivität ratione personae **383**
oder materielle Selektivität liegt vor, wenn die Maßnahme ausdrücklich nur auf bestimmte Unternehmen Anwendung findet, dh. Unternehmen, die bestimmte Merkmale aufweisen, beispielsweise das Erfordernis einer bestimmten Staatsangehörigkeit. Eine Diskriminierung aus Gründen der Staatsangehörigkeit ist indes nicht notwendig für die Bejahung materieller Selektivität.[229] Anders als beim Begriff der „spezifischen Subvention" nach dem WTO Übereinkommen über Subventionen und Ausgleichsmaßnahmen (ASÜ)[230] reicht die Anwendung rein objektiver Kriterien oder Bedingungen („horizontal anwendbare Kriterien oder Bedingungen wirtschaftlicher Art, die neutral sind und bestimmte Unternehmen gegenüber anderen nicht bevorzugen, wie zB. die Zahl der Beschäftigten oder die Größe der Unternehmen") nicht aus, um die Selektivität einer Maßnahme auszuschließen.[231]

Die Selektivität kann sich demnach aus ganz unterschiedlichen Kriterien ergeben, zB. aus der **384**
Beschränkung einer begünstigenden Maßnahme auf
– Unternehmen einer bestimmten Unternehmensgröße, beispielsweise nur KMU[232] oder nur große Unternehmen;[233]
– Unternehmen einer internationalen Unternehmensgruppe,[234] beispielsweise Unternehmen mit Tochterunternehmen in wenigstens vier unterschiedlichen Staaten;[235]
– Unternehmen einer bestimmten Rechtsform – juristische Person des öffentlichen Rechts oder Stiftung;[236]
– Neu gegründete Unternehmen mit Mindestkapitalisierung und Mindestinvestitionsbetrag;[237]
– Anlagestrukturen, die auf Investition in gering kapitalisierte Unternehmen an europäischen Börsen spezialisiert sind;[238]
– Unternehmen mit einem bestimmten Mindestenergieverbrauch[239]

Es lassen sich eine Vielzahl weiterer Beispiele konstruieren, so eine Beschränkung auf Unter- **385**
nehmen in wirtschaftlichen Schwierigkeiten.[240]

(4) Sekorielle Selektivität *(ratione materiae).* Art. 107 Abs. 1 AEUV sieht durch die Ver- **386**
wendung des Begriffs „bestimmte Produktionszweige" ausdrücklich vor, dass eine Maßnahme sektoralen Charakters selektiv ist,[241] so dass eine Beihilfe selbst dann selektiv sein kann, wenn sie auf alle Unternehmen eines ganzen Wirtschaftssektors einheitlich anwendbar ist.[242] Dies trifft

---

[228] EuGH, C-88/03, Slg. 2006, I-7115, RdNr. 80–84 – Portugal/Kommission („Azoren").
[229] EuG, T-55/99, Slg. 2000, II-3207, RdNr. 49 – Confederación Española de Transporte de Mercancias (CETM)/Kommission.
[230] Anhang 1A des Beschlusses 94/800/EG des Rates vom 22. Dezember 1994, ABl. 1994 L 336/1.
[231] EuG, T-445/05, Slg. 2009, II-289, RdNr. 39, 150–152 – Associazione italiana del risparmio gestito und Fineco Asset Management/Kommission.
[232] EuG, T-55/99, Slg. 2000, II-3207, RdNr. 54 – Confederación Española de Transporte de Mercancias (CETM)/Kommission, bestätigt durch EuGH C-351/98, Slg. 2002, I-8031 – Spanien/Kommission und bzgl. der Nachfolgeregelung EuGH, C-409/00, 2003, I-1478 – Spanien/Kommission.
[233] EuGH, C-200/97, Slg. 1998, I-7907, RdNr. 39–41 – Ecotrade.
[234] Vgl. hierzu *Luja* EStAL 2009, 473.
[235] EuGH, Verb. Rs. C-182/03 und C-217/03, Slg. 2006, I-5479, RdNr. 122 – Belgien und Forum 187/Kommission. Für eine beihilfenfreie Ausgestaltung der Verringerung der Unterschiede bei der steuerlichen Behandlung zweier konzerninterner Finanzinstrumente, namentlich Eigenkapital und Fremdkapital, vgl. Kom., ABl. 2009 L 288/26 – Niederlande, „Groepsrentebox"-Regelung.
[236] EuG, T-222/04, Slg. 2009, II-1877,, Rdnr. 135–136, 138 – Italien/Kommission.
[237] EuG, T-346/99, T-347/99 und T-348/99, Slg. 2002, II-4259, RdNr. 53 – Territorio Histórico de Álava ua./Kommission.
[238] EuG, T-445/05, Slg. 2009, II-289, RdNr. 150 – Associazione italiana del risparmio gestito und Fineco Asset Management/Kommission.
[239] Schlussanträge Generalanwalt *Jacobs,* C-368/04, Slg. 2006, I-9957, RdNr. 71 – Transalpine Ölleitung in Österreich.
[240] Siehe hierzu aktuell Kom., Staatliche Beihilfe C 4/07 (ex N 465/06) – Deutschland – Staatliche Beihilfe C 7/10 (ex NN 5/10) – KStG, Sanierungsklausel; Aufforderung zur Stellungnahme gemäß Artikel 108 Absatz 2 AEUV, ABl. 2010 C 90/8.
[241] Siehe auch Kom., ABl. 1998 C 384/3, Tz. 18 – Mitteilung der Kommission über die Anwendung der Vorschriften über staatliche Beihilfen auf Maßnahmen im Bereich der direkten Unternehmenssteuerung.
[242] EuG, T-445/05, Slg. 2009, II-289, RdNr. 155 – Associazione italiana del risparmio gestito und Fineco Asset Management/Kommission, mit weiteren Nachweisen. EuGH C-172/03, Slg. 2005, I-1627, RdNr. 42 – Heiser. EuGH, C-148/04, Slg. 2005, I-11137, RdNr. 44 – Unicredito Italiano.

auch auf Maßnahmen zu, die mehrere Wirtschaftszweige begünstigen. Der Begriff „Wirtschaftszweig" ist weit auszulegen und nicht etwa mit den wettbewerbsrechtlich definierten betroffenen Märkten gleichzusetzen. Weder eine große Zahl begünstigter Unternehmen noch die Verschiedenartigkeit und die Bedeutung der Wirtschaftszweige, zu denen diese Unternehmen gehören, können als solche sektorielle Selektivität ausschließen,[243] da es ausreicht, wenn bestimmte Wirtschaftssektoren von den Maßnahmen ausgenommen sind. Auch die angeblich aus Haushaltsgründen nur stufenweise vorgesehene Erstreckung auf alle Wirtschaftszweige lässt den selektiven Charakter nicht entfallen, solange sie noch nicht umgesetzt ist, da anderweitig eine Umgehung des Beihilfenverbots droht.[244]

387 Die **Abgrenzung zur materiellen Selektivität** ist fließend und kann im Zweifel unterbleiben. Als sektoriell selektiv wurden in der Rechtsprechung u. a. Begünstigungen angesehen, die beschränkt waren auf:
– Unternehmen des Textilsektors;[245]
– Exportwirtschaft;[246]
– sämtliche Wirtschaftszweige, für die ein internationaler Wettbewerb besteht;[247]
– Unternehmen des Primär- und Sekundärsektors, nicht aber des Dienstleistungssektors (tertiärer Sektor);[248]
– Medizinischer Sektor;[249]
– Bankensektor;[250]
– Unternehmen, die in Erdgasverdichterstationen Motoren zum Antrieb der Verdichter einsetzen, die den Druck in den Versorgungsleitungen erzeugen.[251]

388 **(5) de facto Selektivität.** Nach der Rechtsprechung können Maßnahmen, die anscheinend allen Wirtschaftsteilnehmern eines bestimmten Territoriums offen stehen, dennoch einen selektiven Charakter haben, wenn sie faktisch bestimmte Wirtschaftssektoren, bestimmte Wirtschaftsteilnehmer oder eine bestimmte Kategorie dieser Wirtschaftsteilnehmer begünstigten. Eine de facto Selektivität kann insbesondere dann bestehen, wenn eine Maßnahme de jure zwar auf alle Unternehmen und Wirtschaftssektoren gleich anwendbar ist, ihrer Art nach aber eindeutig einen oder mehrere Wirtschaftssektoren besonders begünstigt **(de facto sektorielle Selektivität).** Ein anschauliches Beispiel ist die Sache GEMO, in der es um einen gebührenfreien öffentlichen Tierkörperbeseitigungsdienst ging, der Eigentümern und Besitzern von Tierkörpern und von Teilen von Tierkörpern mit einem Gesamtgewicht von mehr als 40 kg und den Schlachthöfen zugute kam. Theoretisch konnten alle Unternehmen und Sektoren diesen Dienst in Anspruch nehmen, praktisch kam er im Wesentlichen (oder fast ausschließlich) Viehzüchtern und Schlachthöfen zugute,[252] für die die Gebührenfreiheit aus Gründen des Verursacherprinzips auch einen wirtschaftlichen Vorteil darstellte.

389 Ein weiteres Beispiel aus Rechtsprechung und Kommissionspraxis ist die **Anknüpfung an das Geschlecht der Arbeitnehmer.** So hatte Italien die von den Unternehmen abzuführenden globalen Beitragssätze für die Krankenpflichtversicherung um 4 Prozentpunkte für die männliche und um 10 Prozentpunkte für die weibliche Belegschaft ermäßigt. Die Kommission war der Ansicht, eine solche Regelung sei selektiv, da sie bestimmte italienische Produktionszweige mit einem besonders hohen Anteil an weiblichen Arbeitskräften begünstigte, wie insbesondere die Textil-, die Bekleidungs-, die Schuh- und die Lederindustrie.[253]

---

[243] EuGH, C-75/97, Slg. 1999, I-I-3671, RdNr. 32 – Belgien/Kommission („Maribel"). EuGH C-172/03, Slg. 2005, I-1627, RdNr. 42 – Heiser.
[244] EuGH, C-75/97, Slg. 1999, I-I-3671, RdNr. 41–43 – Belgien/Kommission („Maribel").
[245] EuGH, 173/73, Slg. 1974, 709, RdNr. 33 – Italien/Kommission.
[246] EuGH, 6/69 und 11/69, Slg. 1969, 561, RdNr. 21 – Kommission/Frankreich, sowie EuGH, 57/86, Slg. 1988, 2855, RdNr. 8 – Griechenland/Kommission.
[247] EuGH, C-75/97, Slg. 1999, I-I-3671, RdNr. 28 – Belgien/Kommission („Maribel").
[248] EuGH, C-143/99, Slg. 2001, I-8365, RdNr. 50 – Adria-Wien Pipeline.
[249] EuGH C-172/03, Slg. 2005, I-1627, RdNr. 41 – Heiser.
[250] EuGH, C-148/04, Slg. 2005, I-11 137, RdNr. 46 – Unicredito Italiano; EuGH C-66/02, Slg. 2005, I-10 901, RdNr. 100 – Italien/Kommission.
[251] EuGH, C-393/04 und C-41/05., Slg. 2006, I-5293, RdNr. 31 – Air Liquide Industries Belgium.
[252] EuGH, C-126/01, Slg. 2003, I-13 769, RdNr. 38 – GEMO.
[253] Kom., ABl. 1982 L 254/28 – Italien, System der teilweisen Übernahme der Arbeitgeberbeiträge zur Krankenversicherung durch den Staat. Kritisch hierzu *Mederer/Pesaresi/Van Hoof/Van de Casteele/Hocine* RdNr. 2.190–2.195: Die Regelung sei nicht de facto selektiv gewesen, da alle Unternehmen aller Sektoren dieselbe Reduktion pro weiblichen Angestellten erhalten hätten. Dieses Argument überzeugt nicht per se,

Dies war wohl auch das eigentliche Ziel, denn Italien hat die folgende Rückforderungsentscheidung erst garnicht angefochten, und wurde später wegen Nichtumsetzung verurteilt.[254]

Auch eine unternehmensbezogene Selektivität (Selektivität *ratione personae* oder materielle Selektivität) kann sich möglicherweise nicht bereits aus dem Wortlaut einer Regelung, sondern erst *de facto* ergeben. Ein Beispiel, das die Weite dieses Konzepts veranschaulicht, ist die Voraussetzung eines Mindestinvestitionsbetrages für den Erhalt einer Steuergutschrift. De jure ist die Steuergutschrift für alle Unternehmen und Sektoren gleichermaßen unter denselben Voraussetzungen erhältlich. Ist jedoch der Mindestinvestitionsbetrag ausreichend hoch, so ist die Begünstigung *de facto* Unternehmen vorbehalten, die über erhebliche finanzielle Ressourcen verfügen. Das reicht nach Kommissionspraxis und Rechtsprechung zur Bejahung einer *de facto* **materiellen Selektivität** aus.[255] **390**

Ein weiteres Beispiel aus der jüngeren Rechtsprechung betrifft die Kapitalsteuerermäßigungen, die Italien denjenigen Unternehmen gewährte, die sich bis zu einem bestimmten Zeitpunkt an irgendeiner europäischen Börse notierten. Hier kamen Kommission und Gericht zu dem Schluss, dass die streitigen Maßnahmen auch deshalb selektiv waren, weil sie faktisch die in Italien an der Börse notierten Unternehmen gegenüber den nicht dort notierten begünstigten, da die Steuerbegünstigung, die in Abweichung von der normalen steuerlichen Behandlung allen in Italien steuerpflichtigen Unternehmen gewährt wird, die ihre Notierung an einer ordentlichen Börse erhalten, **vor allem Unternehmen mit Sitz in Italien** zugute kommt. Zudem gelten die Steuererleichterungen, soweit es diese Unternehmen betrifft, für die weltweit erzielten Gewinne, wohingegen sie in Bezug auf ausländische Unternehmen nur für die in Italien erzielten Gewinne Anwendung finden. **391**

Das letztgenannte Argument verdeutlicht die **(übertrieben) extensive Auslegung** der *de facto* Selektivität durch die Unionsgerichte: Nationale Kapitalsteuerregelungen treffen faktisch immer die Unternehmen mit Sitz im besteuernden Staat stärker, als die Unternehmen anderswo. Konsequenterweise wäre jedwede Reduzierung der geltenden Kapitalsteuer eine selektive Begünstigung, eine Konsequenz, die nicht einmal von der Kommission für richtig erachtet wird.[256] Im Gegenteil: in ihrer Steuermitteilung vertritt die Kommission die Auffassung, dass der Umstand, dass bestimmte Unternehmen oder Produktionszweige praktisch mehr als andere von einer Maßnahme profitieren, nicht zwangsläufig zur Folge habe, dass diese in den Anwendungsbereich des Art. 107Abs. 1 AEUV fallen. So hätten zum Beispiel Maßnahmen, die die Besteuerung der Arbeit für sämtliche Unternehmen vermindern, für arbeitsintensive Industriezweige eine verhältnismäßig größere Bedeutung als für kapitalintensive Industriezweige, ohne dadurch bereits selektiv zu sein.[257] Zweifel sind angebracht, ob alle oben genannten Beispiele dieser Maxime gerecht werden. **392**

γγ) Rechtfertigung aufgrund der Natur oder dem inneren Aufbau der (Steuer-)- **393** **Regelung.** Hat die Kommission auf den ersten beiden Stufen ihrer Würdigung geprüft und nachgewiesen, dass Ausnahmen von der allgemeinen oder „normalen" Regelung vorliegen, die bestimmte Unternehmen oder Produktionszweige begünstigen, ist eine solche Begünstigung dennoch nicht selektiv, wenn sie aus der **Natur oder dem inneren Aufbau der Regelung** folgt, mit der sie in Zusammenhang steht.

(1) Grundsätze. Wie aus dem Vorstehenden ersichtlich, hat sich die Frage der Selektivität **394** in der Regel im Zusammenhang mit Regelungen im Rahmen der nationalen Steuer-[258] oder Sozialversicherungssysteme ergeben, vereinzelt – insbesondere bei der de facto Selektivität – auch in anderen Gebieten wie Infrastrukturbereitstellung oder anderen Maßnahmen im vermeintlich allgemeinen wirtschaftlichen Interesse, sowie den Insolvenzregelungen der Mitglied-

---

da es nur auf die rein rechtliche Situation abstellt. Fraglich war aber, ob die Unterschiede in der Mitarbeiterstruktur zwischen den einzelnen Sektoren tatsächlich so groß waren, um von einer faktischen Selektivität sprechen zu können. Zum Thema vgl. auch Kom., Staatliche Beihilfe N 41/1999 – Dänemark, Modification of a scheme for flat rate taxation for experts recruited abroad.

[254] EuGH, 203/82, Slg. 1983, I-2525 – Kommission/Italien.

[255] EuG, T-127/99, T-129/99 und T-148/99, Slg. 2002, II-1275, RdNr. 155–157 – Territorio Histórico de Álava; Sowie EuG, verb. Rs. T-269/99, T-271/99 und T-272/99, Slg. 2002, II-4217, RdNr. 57.

[256] Siehe hierzu insbesondere die irischen Körperschaftsteuerfälle, ABl. 1998 C 395/19.

[257] Kom, ABl. 1998 C 384/3, Tz. 14 – Mitteilung der Kommission über die Anwendung der Vorschriften über staatliche Beihilfen auf Maßnahmen im Bereich der direkten Unternehmenssteuerung.

[258] Für eine ausführlichere beihilfenrechtliche Besprechung des Steuersektors vgl. unten Steuern.

staaten, in jüngster Zeit dann auch bzgl. der Einführung von Emissionsrechte – Handelssystemen. In Bezug auf die Steuer- und Sozialversicherungssysteme hat die Rechtsprechung früh anerkannt, dass bestimmte Differenzierungen wegen der Natur oder dem inneren Aufbau (zuweilen auch wegen des „Wesens" und der „Struktur") des Systems notwendig sind.[259] Diese potentielle Rechtfertigung der Differenzierung war bereits vor dem Gibraltar-Urteil ständige Rechtsprechung und wird auch in der Steuermitteilung der Kommission reflektiert. Danach sind zB. für Maßnahmen, die aufgrund wirtschaftlicher Überlegungen für die Leistungsfähigkeit des Systems erforderlich sind, gerechtfertigt.[260] Die Kommission nennt unter anderem folgende Beispiele gerechtfertigter Differenzierung:

– Die Progressivität der Steuertabellen für die Besteuerung von Einkommen oder Gewinn ist auf Grund der Steuerumverteilungslogik gerechtfertigt.[261]
– Gewinnbesteuerung: Genossenschaften, die ihren gesamten Gewinn an ihre Mitglieder verteilen, werden nicht direkt besteuert, wenn die Steuer ihren Mitgliedern abverlangt wird.[262]
– Die Berücksichtigung der an den Staat gezahlten Steuer, in dem das Unternehmen seinen Steuersitz hat, fügt sich in die Logik des Steuersystems ein.[263]

395   Bestimmte Ausnahmen von Steuervorschriften lassen sich nach der Mitteilung nicht ohne weiteres mit der Logik eines Steuersystems begründen. Dies wäre zB. der Fall, wenn **nichtansässige Unternehmen günstiger als ansässige Unternehmen** behandelt werden[264], oder wenn für Stammhäuser oder Unternehmen, die bestimmte Dienstleistungen (zB. **Finanzdienstleistungen) innerhalb einer Unternehmensgruppe** erbringen, Steuervorteile gewährt werden.

396   Nach der Mitteilung ist es darüber hinaus wichtig, zwischen den **externen Zielen,** die einer bestimmten Steuerregelung zugewiesen werden – zB. soziale oder regionale Ziele[265] – einerseits und dem eigentlichen Zweck des Steuersystems andererseits, der in der Erzielung von Einnahmen zur Finanzierung der Staatsausgaben besteht, zu unterscheiden.[266] Eine Maßnahme, die eine Ausnahme von der Anwendung des allgemeinen Steuersystems darstellt, kann daher durch die Natur und den inneren Aufbau des (Steuer-)systems gerechtfertigt sein, wenn der betreffende Mitgliedstaat nachweisen kann, dass sie unmittelbar auf den Grund- oder Leitprinzipien seines (Steuer-)systems beruht.[267] **Beispiel:** Die schrittweise Einführung einer Granulatabgabe in Nordirland war nach Auffassung der Kommission nicht selektiv,[268] obwohl die Beschwerdeführer die Auffassung vertreten hatten, der Ausschluss bestimmter Materialien von der Sonderabgabe sei wettbewerbsverfälschend. Das Gericht erster Instanz wies die Klage der Beschwerdeführer ab, da die in Rede stehende Abgabe in Anbetracht ihrer Natur und ihrer Merkmale nicht selektiv war.[269] Das Gericht begründete dies unter anderem damit, dass es den Mitgliedstaaten beim gegenwärtigen Stand des Gemeinschaftsrechts mangels einer Koordination auf diesem Gebiet, freistehe, **sektorielle Ökoabgaben** einzuführen, um bestimmte Umweltziele zu erreichen.

---

[259] Mit Bezug auf das Sozialversicherungssystem siehe erstmals EuGH, 173/73, Slg. 1974, 709, RdNr. 33/35 – Italien/Kommission, und dann auch EuGH, C-75/97, Slg. 1999, I-I-3671, RdNr. 33 – Belgien/Kommission („Maribel").

[260] Kom, ABl. 1998 C 384/3, Tz. 22 – Mitteilung der Kommission über die Anwendung der Vorschriften über staatliche Beihilfen auf Maßnahmen im Bereich der direkten Unternehmenssteuerung.

[261] Kom, ABl. 1998 C 384/3, Tz. 24. – Mitteilung der Kommission über die Anwendung der Vorschriften über staatliche Beihilfen auf Maßnahmen im Bereich der direkten Unternehmenssteuerung. Bestätigt durch EuG, T-127/99, T-129/99 und T-148/99., Slg. 2002, II-1275, RdNr. 164 – Territorio Histórico de Álava.

[262] Kom, ABl. 1998 C 384/3, Tz. 25. – Mitteilung der Kommission über die Anwendung der Vorschriften über staatliche Beihilfen auf Maßnahmen im Bereich der direkten Unternehmenssteuerung.

[263] Kom, ABl. 1998 C 384/3, Tz. 26. – Mitteilung der Kommission über die Anwendung der Vorschriften über staatliche Beihilfen auf Maßnahmen im Bereich der direkten Unternehmenssteuerung.

[264] Wie de facto in dem Gibraltar-Fall, siehe oben unter Punkt 3.b).

[265] Bestätigt durch EuG, T-127/99, T-129/99 und T-148/99, Slg. 2002, II-1275, RdNr. 164 – Territorio Histórico de Álava.

[266] Kom, ABl. 1998 C 384/3, Tz. 26 – Mitteilung der Kommission über die Anwendung der Vorschriften über staatliche Beihilfen auf Maßnahmen im Bereich der direkten Unternehmenssteuerung. Bestätigt ua. durch EuG, T-211/04 und T-215/04, Slg. 2008, II-3745, RdNrn. 144 – Government of Gibraltar und Großbritannien/Kommission.

[267] EuGH C-88/03, Slg. 2006, I-7115, RdNr. 81 – Portugal/Kommission („Azoren").

[268] Kom., Staatliche Beihilfe N 863/2001, Tz. 43 – Vereinigtes Königreich, Granulatabgabe.

[269] EuG, T-210/02, Slg. 2006, II-2789 RdNr. 109 – BAA/Kommission.

Insbesondere könnten sie bei der Abwägung der verschiedenen bestehenden Interessen ihre Prioritäten im Umweltschutz definieren und entsprechend die Gegenstände oder Dienstleistungen bestimmen, die sie einer Ökoabgabe unterwerfen. Der bloße Umstand, dass eine Ökoabgabe eine punktuelle Maßnahme darstelle, die bestimmte Gegenstände oder spezifische Dienstleistungen beträfe und nicht auf ein allgemeines Abgabensystem zurückgeführt werden könne, das für sämtliche ähnliche Tätigkeiten mit vergleichbarer Umweltauswirkung gälte, ließe daher grundsätzlich nicht die Annahme zu, dass ähnliche, dieser Ökoabgabe nicht unterliegende Tätigkeiten von einem selektiven Vorteil profitierten und die Maßnahme daher selektiv sei.[270] Die Kommission habe bei der Prüfung des Beihilfentatbestandes insbesondere auch die primärrechtliche Verankerung des Umweltschutzes zu berücksichtigen.[271] Das Urteil entspricht einer großzügigeren beihilfenrechtlichen Bewertung von Ökosonderabgaben, zu der auch verschiedene Generalanwälte mit unterschiedlichen Konzepten tendiert hatten[272] und misst der Zielvorgabe jedenfalls im Bereich der Rechtfertigung durch das Wesen oder den Aufbau des (Steuer-)-Systems wesentliche Bedeutung bei. Der Gerichtshof hat das Urteil aufgehoben und die Sache an das Gericht zurückverweisen, wobei er auf die Wirkungsdoktrin des Art. 107 AEUV verwies,[273] nach der es gerade nicht auf die Ziele der Maßnahme ankommen kann, sondern allein auf ihre Wirkung.[274]

Wiederum anders urteilte das Gericht aber bezüglich des holländischen **NO$_x$-Emissionshandelssystems. Das Gericht sah die Tatsache, dass nur die größten Emittenten an dem System, das die Zertifikate kostenlos zur Verfügung stellte, teilnehmen durften, im Lichte des Zwecks des Systems als nicht selektiv an.**[275] Selbst wenn man aber annähme, so das Gericht hilfsweise, dass die fragliche Maßnahme eine Differenzierung zwischen Unternehmen vornimmt und damit *a priori* selektiv ist, würde diese Differenzierung im vorliegenden Fall jedenfalls aus der Natur oder dem inneren Aufbau der Regelung folgen, mit der sie in Zusammenhang steht, da die Auswahl der Unternehmen aufgrund ihrer erheblichen NO$_x$-Emissionen und der auf ihnen lastenden spezifischen Verringerungsnorm erfolgt. Umweltschutzerwägungen rechtfertigen es, zwischen Unternehmen mit hohem NO$_x$-Ausstoß und den übrigen Unternehmen zu differenzieren, wobei Art. 11 AEUV (Umweltschutz-Querklausel) zu berücksichtigen sei.[276] Die Kommission hat Rechtsmittel eingelegt.[277] **397**

Beim gegenwärtigen Stand des EU-Rechts behalten Mitgliedstaaten zwar die Befugnis, ihre Steuersysteme oder Systeme der sozialen Sicherheit auszugestalten. Es steht ihnen somit frei, beschäftigungspolitische Ziele zu verfolgen. Dies allerdings nur insoweit als die dazu angewandten Maßnahmen für alle Unternehmen/Wirtschaftssektoren gleichermaßen anwendbar sind.[278] Könnten aber spezifische Maßnahmen aus Gründen, die mit der Schaffung oder **Erhaltung von Arbeitsplätzen** zusammenhängen, der Anwendung von Art. 107 Abs. 1 AEUV entzogen werden, so verlöre diese Bestimmung jede **praktische Wirksamkeit.** Staatliche Beihilfen werden nämlich in zahlreichen Fällen gerade zur Schaffung oder Rettung von Arbeitsplätzen vergeben. Nach ständiger Rechtsprechung kann deshalb eine Maßnahme der Einstufung als staatliche Beihilfe im Sinne von Art. 107 Abs. 1 AEUV nicht wegen des mit ihr verfolgten Zweckes entgehen.[279] **398**

Die **zeitliche Begrenzung einer selektiven Regelung** ist ein sicheres Indiz dafür, dass sie nicht zu den grundsätzlichen Strukturregelungen gehört, die aus der Natur oder dem inneren Aufbau der Regelung gerechtfertigt werden können.[280] **399**

Angesichts des Umstands, dass die Differenzierungen gegenüber der allgemeinen oder „normalen" Regelung eine Ausnahme darstellen und *a priori* selektiv sind, liegt die **Beweislast beim** **400**

---

[270] EuG, T-210/02, Slg. 2006, II-2789 RdNr. 115 – BAA/Kommission.

[271] EuG, T-210/02, Slg. 2006, II-2789, RdNr. 117 – BAA/Kommission.

[272] Siehe beispielsweise Schlussanträge GA *Mischo* in EuGH, C-143/99, Slg. 2001 I-8365, RdNr. 72.

[273] EuGH, C-487/06 P, Slg. 2008, I-10 505, RdNr. 84–86 mwN. – BAA/Kommission. Vgl. näher unten Sektoren RdNr. 210.

[274] Siehe hierzu *Honoré* EStAL 2009, 527.

[275] Siehe oben unter RdNr. 362.

[276] EuG, T-233/04, Slg. 2008 Seite II-591, RdNr. 99–101 – Niederlande/Kommission.

[277] Anhängig unter C-279/08 P, ABl. 2008 C 223/31.

[278] EuGH, C-75/97, Slg. 1999, I-I-3671, RdNr. 37 – Belgien/Kommission („Maribel").

[279] EuG, T-127/99, T-129/99 und T-148/99, Slg. 2002, II-1275, RdNr. 168 – Territorio Histórico de Álava.

[280] EuG, T-222/04, noch nicht in der amtlichen Sammlung, RdNr. 65 – Italien/Kommission („dreijährige Befreiung von der Körperschaftsteuer").

Mitgliedstaat. Er muss nachweisen, dass die Differenzierungen durch die Natur und den inneren Aufbau der Regelung gerechtfertigt sind, weil sie unmittelbar auf den Grund- oder Leitprinzipien des Systems beruhen.[281]

401 **(2) Einzelfälle. Das erste Mal**[282] bejahte der Gerichtshof die **Rechtfertigung einer differenzierten Besteuerung** aufgrund des Wesens und der Struktur, hier des nationalen **Versicherungsbesteuerungssystems,** im Urteil GIL Insurance.[283] In diesem Fall ging es um die britische Mehrwertsteuergesetzgebung, nach der die Erbringung von Versicherungs- und damit zusammenhängenden Dienstleistungen in Anwendung von Art. 13 der Sechsten MwSt-Richtlinie ursprünglich von der Mehrwertsteuer befreit war. 1994 wurde stattdessen eine spezielle Versicherungsprämiensteuer als Abgabe auf die Einnahme von Versicherungsprämien durch den Versicherer eingeführt. 1997 wurde der Normalsatz nach dieser Regelung auf 4% erhöht und ein neuer erhöhter Satz von 17,5% eingeführt, der mit dem allgemeinen Mehrwertsteuersatz im Vereinigten Königreich übereinstimmte, und allein für Versicherungsprämien galt, die sich auf Haushaltsgeräte, Kraftfahrzeuge und Reisen beziehen. Was Reisen betrifft, so galt der erhöhte Tarif ausschließlich für Reiseversicherungen, die über ein Reisebüro abgeschlossen wurden, während für Reiseversicherungen, die unmittelbar durch den Versicherer abgeschlossen wurden, der Normaltarif galt. Was Haushaltsgeräte betrifft, so galt der erhöhte Satz ausschließlich dann, wenn der Versicherer mit dem Lieferanten des Gerätes verbunden ist, die Versicherung über den Lieferanten zustande kommt oder zwar vom Versicherer abgeschlossen wird, der Lieferant aber eine Provision erhält. Für vergleichbare Versicherungen, die über einen Versicherungsmakler oder direkt durch eine Versicherungsgesellschaft verkauft werden, gilt der Normalsatz. Die Einführung des erhöhten Satzes galt der Verhinderung eines „value-shifting" (Wertverlagerung), da Lieferanten von Haushaltsgeräten ansonsten durch die Manipulation der Preise dieser Geräte und der dazu gehörenden Versicherung Vorteile aus der für Versicherungsleistungen geltenden Mehrwertsteuerbefreiung hätten ziehen können. Insbesondere ging es darum Mehrwertsteuerumgehungen im Zusammenhang mit Wartungsverträgen die Miet- und Kaufverträgen von Haushaltsgeräten zusätzlich als Versicherungsverträge beigefügt wurden. **Generalwalt** *Geelhoed* wollte den Fall zunächst mit einem neuen Ansatz lösen, der auf einer **Differenzierung zwischen den Art. 107 ff und den Art. 116 ff. AEUV** basierte. Soweit es um belastende öffentliche Maßnahmen geht, sei der Mechanismus der Art. 116 und 117 AEUV heranzuziehen. Bei Verzerrungen infolge von „staatlichen Beihilfen", dh. bei Verzerrungen, die auf besondere Begünstigungen zurückzuführen seien, seien die Art. 107 ff. AEUV anwendbar. Die letztere Zuständigkeit sei durch eine schärfere Normierung, einen viel strengeren Überwachungsmechanismus und weit gefasste Durchführungs- und Kontrollbefugnisse der Kommission gekennzeichnet, so dass zwischen den beiden Fällen klar zu unterscheiden sei.[284] Da der höhere neu eingeführte Steuersatz keine Begünstigung, sondern eine Belastung darstellte, handele es sich nicht um eine Beihilfe, sondern um eine nach den Art. 116 ff. AEUV zu bemessene verzerrende Maßnahme. Der **Gerichtshof** folgte diesem Ansatz nicht, sondern kam zum ersten Mal zu dem Schluss, dass die **Differenzierung durch Wesen und Struktur der Regelung gerechtfertigt** war. Der Gerichtshof akzeptierte insofern, dass der erhöhte Versicherungssteuersatz und die Mehrwertsteuer Teil eines unteilbaren Ganzen seien und dass dies auch das mit der Einführung des erhöhten Satzes verfolgte Ziel gewesen sei, da dieser Satz Verhaltensweisen bekämpfe, die darauf abzielten, das Gefälle zwischen dem Versicherungssteuersatz und dem Mehrwertsteuerregelsatz für eine Manipulation der Preise für die Miete oder den Verkauf von Geräten und der damit verbundenen Versicherungen auszunutzen. Diese Verhaltensweisen führten zum einen zu Mehrwertsteuermindereinnahmen und zum anderen zu Verschiebungen bei den Wettbewerbsbedingungen im Haushaltsgerätesektor. Insoweit war dies keine Regelung, die

---

[281] Kom, ABl. 1998 C 384/3, Tz. 23. – Mitteilung der Kommission über die Anwendung der Vorschriften über staatliche Beihilfen auf Maßnahmen im Bereich der direkten Unternehmenssteuerung. Ständige Rechtsprechung, siehe bspw. EuGH, C-159/02, Slg. I-4461, RdNr. 46 – Niederlande/Kommission, EuGH, verb. Rs. C-128/03 und C-129/03, Slg. 2005, I-2861, RdNr. 39 – AEM und AEM Torino, EuG, T-222/04, noch nicht in der amtlichen Sammlung, RdNr. 64 – Italien/Kommission.

[282] Eine Rechtfertigung hielt der Gerichtshof für möglich in dem Vorlageverfahren C-355/00, Slg. 2003, I-5263, RdNr. 86 – Freskot. Darüber hatte das vorlegende nationale Gericht zu entscheiden.

[283] EuGH, C-308/01, Slg. 2004, I-4777 – GIL Insurance Ltd.

[284] Schlußanträge Generalanwalt *Geelhoed,* C-308/01, Slg. 2004, I-4777, RdNr. 65 – GIL Insurance Ltd.

von der allgemeinen Versicherungsbesteuerungsregelung im Vereinigten Königreich ab-wich.[285]

Im Urteil AEM und AEM Torino hat der Gerichtshof anerkannt, dass eine Differenzierung   **401a** im nationalen System der öffentlichen Lasten (in casu erhöhten Zugangsgebühren zum Elektri-zitätsnetz), mit der das Ziel verfolgt werde, den **Vorteil auszugleichen,** der bestimmten Un-ternehmen durch die Umsetzung einer Richtlinie entstanden sei, aus der Natur oder dem inne-ren Aufbau dieses nationalen Systems öffentlicher Lasten folge.[286]

In einem Urteil aus 2007 hat das Gericht erneut eine Maßnahme als nicht selektiv, da   **402** durch Wesen und Systematik der allerdings zugrundeliegenden europäischen Richtlinie ge-rechtfertigt angesehen.[287] Streitgegenstand war die in zwei Schritten erfolgte Erteilung von Lizenzen für die Einführung von UMTS-Drahtlos- und Mobilkommunikationssystemen in Frankreich. Da im ersten Termin nur zwei Bewerbungen eingereicht wurden (von SFR und FT Mobile, später in Orange umbenannt), hielten die französischen Behörden – nach vorläufiger Erteilung der ersten beiden Lizenzen, bei denen sich die Ersteigerer ihren Anspruch auf Gleichbehandlung mit nachfolgenden Ersteigeren zusichern ließen – eine neue Aufforderung zur Einreichung von Bewerbungen für erforderlich, um einen wirklichen Wettbewerb zu gewähr-leisten. Beim zweiten Termin wurde **Bouygues Télécom** für einen wesentlich niedrigeren Preis eine dritte Lizenz erteilt. Daraufhin wurde die ursprüngliche Lizenzgebühr für die ersten beiden Lizenzen aus Gründen der Gleichbehandlung rückwirkend reduziert. Hiergegen be-schwerte sich Bouygues bei der Kommission, die in ihrer Entscheidung jedoch einen beihilfen-rechtlich relevanten selektiven Vorteil ausschloss. Die hiergegen eingereichte Klage wurde vom Gericht mit der Begründung abgewiesen, der teilweise Verzicht des französischen Staates auf die Forderungen gegen Orange und SFR stelle keinen selektiven Vorteil dar, da der Verzicht aus dem Wesen und der Systematik der Regelung gerechtfertigt war.[288] Das Gericht ist in diesem Zusammenhang insbesondere davon ausgegangen, dass die gemeinschaftliche Regelung die Gleichbehandlung der Betreiber bei der Erteilung der Lizenzen und der Festsetzung eventueller Abgaben zur Grundlage habe, den Mitgliedstaaten jedoch die Wahl des Verfahrens zur Erteilung der Lizenzen freistelle, solange sie die Grundsätze des freien Wettbewerbs und der Gleichbe-handlung beachteten.[289] Auf das hiergegen von Bouygues eingelegte Rechtsmittel kassierte der Gerichtshof in Übereinstimmung mit den Schlussanträgen der Generalanwältin Trstenjak die dogmatische Begründung des Gerichts, das kein selektiver Vorteil vorgelegen habe, das Rechts-mittel hatte aber trotzdem keinen Erfolg, da es wegen der zwingenden Voraussetzungen des zugrundeliegenden europäischen Sekundärrechts an einer **staatlichen Zurechenbarkeit des Verzichts** fehlte.[290] Denn der Verzicht war nach den gemeinschaftsrechtlichen Vorgaben unvermeidlich. Den französischen Behörden hatten sich nämlich drei Optionen geboten: das Verfahren von Beginn an wieder aufzunehmen, eine Aufforderung zur Einreichung zusätzli-cher Bewerbungen abzugeben, ohne rückwirkend die von Orange und SFR geschuldeten UMTS-Abgaben zu ändern, oder eine solche Aufforderung ergehen zu lassen und gleichzeitig die erwähnten Abgaben rückwirkend zu ändern. Unter den konkreten Umständen hätte die Option, das Verfahren von Beginn an wieder aufzunehmen, die Einhaltung des sekundärrecht-lich festgesetzten Datums zur Einführung der UMTS-Dienste gefährdet. Die Option, von Oran-ge und SFR die Zahlung weit höherer Abgaben zu fordern, als sie von Bouygues Télécom ver-langt wurden, hätte gegen das sekundärrechtlich verankerte Diskriminierungsverbot verstoßen, da Orange und SFR noch nicht auf dem Markt tätig waren. Die Anwendung einer dieser beiden Optionen hätte es mit anderen Worten, den französischen Behörden nicht erlaubt, den Anfor-derungen des Gemeinschaftsrechts zu genügen. Unter diesen Bedingungen war im Rahmen der letztlich von diesen Behörden gewählten Option der Verzicht auf die in Rede stehenden Forde-rungen aufgrund der Maßnahme der rückwirkenden Angleichung der von Orange und SFR geschuldeten Abgaben an diejenigen, die Bouygues Télécom auferlegt wurden, aus gemein-schaftsrechtlichen Gründen unvermeidlich, so dass es an der Zurechenbarkeit fehlte.

---

[285] Zum Urteil siehe *Tutsch* ELR 2004, 264 sowie *Robertson* ECLR 2004, 603; *Heidenhain* European State Aid Law RdNr. 67.

[286] EuGH, C-128/03 und C-129/03, Slg. 2005, I-2861, RdNr. 38–42 – AEM SpA und AEM Torino SpA.

[287] EuG, T-475/04, Slg. 2007, II-2097, RdNr. 111 – Bouygues/Kommission.

[288] EuG, T-475/04, Slg. 2007, II-2097, RdNr. 108–112 – Bouygues/Kommission.

[289] EuG, T-475/04, Slg. 2007, II-2097, RdNr. 108 – Bouygues/Kommission.

[290] EuGH, C-431/07 P, noch nicht in der amtlichen Sammlung, RdNr. 102–104 – Bouygues/Kommis-sion, sowie Schlussanträge Trstenjak, RdNr. 117.

403   Neben diesen wenigen Fällen, in denen die Unionsgerichte eine Rechtfertigung aus der Natur oder dem inneren Aufbau der Regelung akzeptiert haben, gibt es eine Reihe von Kommissionsentscheidungen.[291]

5. Wettbewerbsverfälschung

Schrifttum: *Bacon,* European Community law of State aid, 2009, 93; *Bartosch,* Die neuen Gruppenfreistellungsverordnungen im EG-Beihilfenrecht, NJW 2001, 921; *Jaeger,* Systemfragen des More Economic Approach im Beihilferecht, WuW 2008, 1064; *Jennert* Die Berücksichtigung des Empfängerverhaltens im europäischen Beihilfenrecht, EuR 2003, 343; *Kahl,* Das öffentliche Unternehmen im Gegenwind des europäischen Beihilferegimes, NVwZ 1996, 1082; *Koenig/Kühling,* Reform des EG-Beihilfenrechts aus der Perspektive des mitgliedstaatlichen Systemwettbewerbs – Zeit für eine Neuausrichtung?, EuZW 1999, 517; *Lefèvre* Staatliche Ausfuhrförderung und das Verbot wettbewerbsverfälschender Beihilfen im EWG-Vertrag, 1977; *Lübbig/Ehlers,* Beihilfenrecht der EU, 2. Aufl. 2009; *Mederer/Pesaresi/Van Hoof,* EU Competition Law Vol. IV – State Aid, 1. Aufl. 2008, Book one, Part 1, Chapter 6; *Meyer,* Ende gut, alles gut? – Zum Abschluss der Beihilfeprüfung der deutschen Rundfunkgebühren durch die Europäische Kommission, EWS 2007, 341; *Nicolaides/Kekelekis/Kleis,* State Aid Policy in the European Community: Principles and Practice, 2. Aufl. 2008, Chapter I; *Nordmann,* Die neue de-minimis Verordnung im EG-Beihilfenrecht, EuZW 2007, 752; *Rengeling,* Das Beihilfenrecht der Europäischen Gemeinschaften, KSE Bd. 32, 23; *ders.,* Grundlagen des Subventionsrechts und Kompetenzen aus der Sicht von Bund und Ländern, ZHR 152 (1988), 455; *Sanchez-Rydelski,* Handbuch EU Beihilfenrecht, 1. Aufl. 2003, 72; *Sinnaeve,* Die ersten Gruppenfreistellungen: Dezentralisierung der Beihilfenkontrolle?, EuZW 2001, 69.

404   **a) Allgemeines. aa) Bedeutung.** Art. 107 Abs. 1 AEUV verbietet Beihilfen, die „den Wettbewerb verfälschen oder zu verfälschen drohen". Dieses Tatbestandsmerkmal ist eng verzahnt mit dem Erfordernis der „Beeinträchtigung des zwischenstaatlichen Handels" in Art. 107 Abs. 1 AEUV. Da durch jede Beeinträchtigung des zwischenstaatlichen Handels in der Regel auch zu einer Wettbewerbsverfälschung droht, hat der Gerichtshof oft beide Tatbestandsmerkmale **gemeinsam geprüft.**[1] Dieser Ansatz unterscheidet das Beihilferecht vom Europäischen Kartellrecht, wo mittlerweile streng zwischen dem Tatbestandsmerkmal „Beeinträchtigung des zwischenstaatlichen Handels"[2] und dem Tatbestandsmerkmal der „Wettbewerbsverfälschung"[3] differenziert wird.[4] Die neuere beihilfenrechtliche Rechtsprechung trennt teilweise auch wieder zwischen den beiden Voraussetzungen.[5]

405   Das Tatbestandsmerkmal der Wettbewerbsverfälschung schränkt den Anwendungsbereich des Beihilfenrechts kaum wirksam ein. Bereits der Wortlaut des Art. 107 Abs. 1 AEUV stellt klar, dass diese Hürde nicht besonders hoch liegen kann. Es reicht die potentielle Wettbewerbsverfälschung aus („zu verfälschen drohen"). Dementsprechend hat dieses Tatbestandmerkmal den Tatbestand der Beihilfe **nicht wirklich eingegrenzt,** wie im Folgenden noch näher gezeigt wird. Es hat in der Entscheidungspraxis nur geringe Bedeutung und nimmt in den Begründungserwägungen der Kommission regelmäßig nur geringen Raum ein.[6]

406   **bb) Vergleich zu Art. 101 Abs. 1 AEUV.** Insoweit besteht ein erheblicher **Unterschied** zu Art. 101 Abs. 1 AEUV, wo dieses Tatbestandmerkmal eine wesentlich zentralere Rolle spielt.[7] Dies ist darin begründet, dass die Prüfung bei Art. 101 Abs. 1 AEUV auf eine gänzlich andere Fragestellung abzielt. Im Rahmen des Art. 101 Abs. 1 AEUV ist festzustellen, ob eine bestimmte *Vereinbarung* (oder eine abgestimmte Verhaltensweise) zwischen konkreten Unternehmen den Wettbewerb beschränkt. Hierbei kommt es vor allem auf den **Inhalt und Quali-**

---

[291] Beispielsweise Kom., ABl. 2003 L 77/21 – Italien – Steuerbefreiungen und Vorzugsdarlehen für Unternehmen der Daseinsvorsorge mit öffentlicher Mehrheitsbeteiligung, hierzu auch EuG, T-189/03, noch nicht in der amtlichen Sammlung – ASM Brescia/Kommission.

[1] Vgl. zB. EuGH, C-66/02, Slg. 2005, I-10 901, RdNr. 112 – Italien/Kommission; Zusammenfassend *Heidenhain/Heidenhain* § 4 RdNr. 60.

[2] Vgl. hierzu Kom., „De Minimis"-Mitteilung über Vereinbarungen von geringer Bedeutung, die den Wettbewerb gemäß Art. 81 Abs. 1 EG nicht spürbar beschränken, ABl. 2001 C 368/13.

[3] Vgl. hierzu Leitlinien der Kommission über den Begriff der Beeinträchtigung des zwischenstaatlichen Handels in Art. 81 und 82 EG, ABl. 2004 C 101/82.

[4] Die frühere Kommissionspraxis hat auch im Kartellrecht nicht streng zwischen den beiden Tatbestandsmerkmalen getrennt, vgl. die Bekanntmachung der Kommission über Vereinbarungen von geringer Bedeutung, die nicht unter Art. 85 Abs. 1 des Vertrages fallen, ABl. 1986 C 231/2.

[5] EuG, T-222/04, noch nicht in amtl. Slg., RdNr. 38 – Italien/Kommission.

[6] Vgl. nur Kom., ABl. 2008 L 239/32 – Privatisierung der Bank Burgenland, wo die Kommission (in einer Rückforderungsentscheidung!) ganz auf die Begründung der Wettbewerbsverfälschung verzichtet.

[7] Vgl. hierzu *Bechtold/Bosch/Brinker/Hirsbrunner* Art. 81 EG RdNr. 57.

tät der jeweiligen Absprache an (nicht jede Vereinbarung zwischen Unternehmen führt notwendigerweise zu einer Wettbewerbsbeschränkung) sowie auf die Stellung der betroffenen Unternehmen auf den jeweiligen Märkten.[8]

Hingegen geht es im Rahmen des Art. 107 Abs. 1 AEUV einzig um die Frage, ob die Zuführung eines *wirtschaftlichen Vorteils* an ein Unternehmen zu einer Verfälschung des Wettbewerbs führt. Dieser Test wird wesentlich leichter erfüllt sein, denn jedes rational wirtschaftende Unternehmen wird den in der Beihilfe verkörperten Vorteil zumindest teilweise im Wettbewerb einsetzen, dh. günstigere Konditionen anbieten. Zudem sind hiervon alle Wettbewerber unmittelbar betroffen, die mit dem Beihilfeempfänger in Konkurrenz stehen. Die „Streuwirkung" einer solchen Maßnahme ist demnach naturgemäß wesentlich größer als die einer Vereinbarung zwischen Unternehmen, da sie sich nicht *prima facie* auf die an der Vereinbarung beteiligten Unternehmen beschränkt.[9] Die Parallelen zwischen Art. 101 Abs. 1 AEUV und Art. 107 Abs. 1 AEUV sind daher – trotz des ähnlichen Wortlautes – sehr gering. Daher hat die Rechtsprechung bisher auch bewusst keine Parallelen zwischen beiden Vorschriften gezogen. **407**

b) Anforderungen an das Vorliegen einer Wettbewerbsverfälschung. aa) Ausgangspunkt. α) Grundsätzliche Anforderungen. Die Feststellung einer Wettbewerbsverfälschung gleicht in gewisser Weise einem **Automatismus,** dh. diese wird regelmäßig bejaht. Nach ständiger Rechtsprechung ist die Kommission nicht verpflichtet, eine tatsächliche Wettbewerbsverzerrung nachzuweisen, sondern hat nur zu prüfen, ob die Beihilfen **geeignet** sind, den Wettbewerb zu verfälschen.[10] Jede Beihilfe, die einem Unternehmen, das in der Gemeinschaft tätig ist, gewährt wird, kann nach Einschätzung der Gemeinschaftsgerichte eine Verfälschung des Wettbewerbs hervorrufen.[11] **408**

Ausgangspunkt ist hierbei die **Philip Morris-Rechtsprechung,** wonach der Wettbewerb bereits dann verfälscht wird, wenn eine Maßnahme die Belastungen des begünstigten Unternehmens vermindert und damit seine Stellung gegenüber anderen Unternehmen, die mit ihm in Wettbewerb stehen, stärkt.[12] Diese Annahme ist grundsätzlich plausibel. Ein rendite- und gewinnorientiertes Unternehmen wird in der Regel einen finanziellen Vorteil wettbewerblich einsetzen, was sich dann zwangsläufig zum Nachteil der Konkurrenten auswirkt.[13] **409**

Nach vereinzelten Urteilen soll die Kommission im Falle **rechtswidrig gewährter Beihilfen** (dh. nicht-notifizierter Beihilfen) eine **weniger umfassende** Prüfungspflicht treffen, dh. sie soll nicht verpflichtet sein, die tatsächlichen Auswirkungen auf den Wettbewerb darzulegen, denn eine solche Verpflichtung würde diejenigen Mitgliedstaaten, die Beihilfen unter Verstoß gegen die Anmeldepflicht nach Art. 108 Abs. 3 Satz 3 AEUV auszahlen, zu Lasten derjenigen Mitgliedstaaten begünstigen, die Beihilfen bereits vorab anmelden.[14] Dies ist eine unzulässige *petitio principii,* denn die Gewährung einer Beihilfe verstößt nur dann gegen das beihilfenrechtliche Vollzugsverbot nach Art. 108 Abs. 3 Satz 3 AEUV, wenn überhaupt eine Wettbewerbsverfälschung vorliegt. Im Rahmen des Tatbestandsmerkmals der Wettbewerbsverfälschung kann daher für eine Trennung zwischen nicht-notifizierten und notifizierten Beihilfen (die offenbar eine disziplinierende Wirkung auf die Mitgliedstaaten haben soll) kein Raum sein. Die neuere Rechtsprechung verfolgt diesen Ansatz daher zu Recht nicht[15] und prüft **410**

---

[8] Vgl. hierzu *Bechtold/Bosch/Brinker/Hirsbrunner* Art. 81 EG RdNr. 70, sowie insbesondere die „De Minimis"-Mitteilung über Vereinbarungen von geringer Bedeutung, die den Wettbewerb gemäß Art. 81 Abs. 1 EG nicht spürbar beschränken, ABl. 2001 C 368/13.

[9] Vgl. hierzu *Heidenhain/Heidenhain* § 4 RdNr. 64.

[10] EuGH, C-184/04, Slg. 2005, I-11137, RdNr. 54 – Unicredito Italiano; EuG, T-222/04, noch nicht in amtl. Slg., RdNr. 38 – Italien/Kommission; EuGH, C-66/02, Slg. 2005, I-10901, RdNr. 111 – Italien/Kommision; EuGH, C-372/97, Slg. 2004, I-3679, RdNr. 44 – Italien/Kommission.

[11] EuG, T-92/00 u. T-103/92, Slg. 2002, II-1385, RdNr. 72 – Diputación Foral de Álava / Kommission; EuG, T-222/04, noch nicht in amtl. Slg., RdNr. 43 – Italien/Kommission.

[12] EuGH, 730/79, Slg. 1980, 2671, RdNr. 11 – Philip Morris/Kommission; EuGH, 295/85, Slg. 1987, 4393; RdNr. 24 – Frankreich/Kommission; EuGH, C-182/03 u. C-217/03, Slg. 2006, I-5479, RdNr. 131 – Belgien und Forum 187/Kommission; EuGH, C-53/00, Slg. 2001, I-9067, RdNr. 21 – Ferring.

[13] Kritisch hierzu *Heidenhain/Heidenhain* § 4 RdNr. 64.

[14] EuGH, C-301/87, Slg. 1990, I-307, RdNr. 33 – Frankreich/Kommission; EuG, T214/95, Slg. 1998, II-717, RdNr. 67 – Vlaams Gewest/Kommission; EuG, T-55/99, Slg. 2000, II-3207, Rdnr. 76, RdNr. 103 – CETM/Kommission.

[15] Ein Mittelweg wird beschritten in EuGH, C-372/97, Slg. 2004, I-3679, RdNr. 45f. – Italien/Kommission, wo die genannte Rechtsprechung dahingehend relativiert ist, dass bei nicht-angemeldeten Beihilfen kein Nachweis einer „tatsächlichen" Auswirkung erforderlich ist, sondern die bloße Geeignetheit hierzu ausreicht. So auch *Immenga/Mestmäcker/Ehricke,* EG-WettbR, Art. 87 Abs. 1 EG RdNr. 111.

daher die Frage der Wettbewerbsverfälschung bevor sie das Eingreifen des Vollzugsverbotes bejaht.[16]

411   **β) Exkurs: Das Tatbestandsmerkmal der Wettbewerbsverfälschung in anderen beihilferechtlichen Vorschriften.** Der relativ großzügige Ansatz der Gemeinschaftsgerichte bei der Annahme einer Wettbewerbsverfälschung nach Art. 107 Abs. 1 AEUV steht in einem deutlichen **Kontrast** zu der Auslegung anderer beihilfenrechtlicher Bestimmungen, die an das Vorliegen einer Wettbewerbsverfälschung oder -beeinträchtigung anknüpfen:

So ist die Rechtsprechung zur Annahme einer **„individuellen Betroffenheit"** nach **Art. 263 Abs. 4 AEUV,** dh. der Frage der Klagebefugnis, überaus streng. Im letztgenannten Zusammenhang fordert die Kommission bei Klage von Wettbewerbern gegen beihilfenrechtliche Positiventscheidungen bekanntlich, dass eine „Beeinträchtigung der Marktstellung" des klagenden Wettbewerbers gegeben ist. Hierbei zeichnet sich die Rechtsprechung durch eine (zum Teil überzogen) **restriktive Beurteilung** aus. Gefordert wird unter anderem der Nachweis konkreter Auswirkungen auf die Marktstellung (zB. Umsatzrückgänge),[17] dass der klagende Wettbewerber über eine Marktstellung von gewissem Umfang verfügt,[18] dass im Zusammenhang mit der Beihilfe Produktionskapazitäten aufgebaut wurden,[19] dass er seine Marktstellung nicht erhöht hat[20], sowie dass Einnahmeausfälle oder eine weniger günstige Entwicklung dargelegt werden.[21]

412   Im Rahmen der Genehmigung von Beihilfen nach **Art. 107 Abs. 3 lit. c AEUV** werden ebenfalls die Auswirkungen auf den Wettbewerb geprüft. Hierbei ist festzustellen, ob die Beihilfen „die Handelsbedingungen nicht in einer Weise verändern, die dem gemeinsamen Interesse zuwiderläuft". In diesem Zusammenhang sind zB. bei der Genehmigung von Umstrukturierungsbeihilfen umfassende Marktstudien bei der Kommission vorzulegen. Die Kommission bewertet hierbei komplexe ökonomische Zusammenhänge,[22] wie Marktprognosen, Preis- oder Nachfrageschwankungen, die Situation und voraussichtliche Entwicklung von Angebot und Nachfrage auf den relevanten Produktmärkten mit verschiedenen Szenarien, die Marktstruktur und das Wettbewerbsumfeld, Größe und Stellung des Unternehmens auf seinem Markt oder seinen Märkten, Kapazitätsdaten, etc.[23]

413   Ähnlich knüpft **Art. 107 Abs. 3 lit. d AEUV** die Genehmigung von Beihilfen im Bereich Kultur an die Bedingung, dass diese nicht die „Handels- und Wettbewerbsbedingungen in der Gemeinschaft in einem Maße beeinträchtigen, das dem gemeinsamen Interesse zuwiderläuft". In diesem Kontext fordert die Rechtsprechung eine präzise Marktabgrenzung, um die wettbewerblichen Auswirkungen beurteilen zu können.[24]

414   **bb) Spürbarkeit („De-minimis"). α) Bedeutung.** Die Gemeinschaftsgerichte haben vielfach festgestellt, dass weder der verhältnismäßig geringe Umfang einer Beihilfe noch der verhältnismäßig geringe Größe des begünstigten Unternehmens von vornherein die Möglichkeit einer Wettbewerbsverzerrung ausschließen.[25] Dennoch hat der Gemeinschaftsgesetzgeber mit der **„De-minimis-Verordnung"** 1998/2006[26] eine gesetzliche **Ausnahme vom Beihilfeverbot** für kleine Beihilfenbeträge eingeführt.[27] Diese Regelung ist gestützt auf die allgemeine Ermächtigungsverordnung 994/98 des Rates.[28] Beihilfen, die die Voraussetzungen der De-minimis-Verordnung erfüllen, gelten als Maßnahmen, die nicht alle Tatbestandsmerkmale von

---

[16] EuGH, C-71/04, Slg. 2005, I-7419, RdNr. 32 – Administracion del Estado/Xunta de Galicia.

[17] Vgl. hierzu EuG, T-11/95, Slg. 1998, II-3235, RdNr. 80 – BP Chemicals/Kommission.

[18] EuG, T-117/04, Slg. 2006, II-3861, RdNr. 57 – Jachthaven Naarden BV ua./Kommission.

[19] EuG, T-11/95, Slg. 1998, II-3235, RdNr. 78–82 – BP Chemicals/Kommission.

[20] EuG, T-358/02, Slg. 2004, II-1565, RdNr. 35 u. 36 – Deutsche Post AG und DHL/Kommission.

[21] EuGH, C-525/04 P, Slg 2007, I-9947, RdNr. 34 – Königreich Spanien/Kommission; vgl. auch EuG, T-69/96, Slg. 2001, II-1037, RdNr. 42 – Hamburger Hafen- und Lagerhaus/Kommission.

[22] Vgl. zB. Kom., N 244/2008 – Commerzbank; Kom., ABl. 2005 L 116/1 – Bankgesellschaft Berlin.

[23] Kommission, Leitlinien der Gemeinschaft für staatliche Beihilfen zur Rettung und Umstrukturierung von Unternehmen in Schwierigkeiten, ABl. 2004 C 244/2, Tz. 35.

[24] EuG, T-155/98, Slg. 2002, II-1179, RdNr. 56 – SIDE/Kommission.

[25] EuGH, C-156/98, Slg. 2000, I-6857, RdNr. 39 – Deutschland/Kommission; EuG, T-214/95, Slg. 1998, II-717, RdNr. 46 – Vlaams Gewest/Kommission. Zwischen der Frage der Spürbarkeit der Wettbewerbsverzerrung und der Spürbarkeit der Beeinträchtigung des zwischenstaatlichen Handels wird in der Rechtsprechung nicht immer differenziert.

[26] ABl. 2006 L 379/5.

[27] Hierzu *Nordmann* EuZW 2007, 752.

[28] ABl. 1998 L 142/1.

Art. 107 Abs. 1 AEUV erfüllen, und unterliegen daher nicht der Anmeldepflicht nach Art. 108 Abs. 3 Satz 3 AEUV.[29]

Die De-minimis-Verordnung macht nicht deutlich, ob bei „De-minimis"-Beihilfen das Vor- **415** liegen einer „Wettbewerbsverfälschung" oder die „Beeinträchtigung des zwischenstaatlichen Handels entfällt.[30] Die besseren Gründe dürften dafür sprechen, das Vorliegen einer Wettbewerbsverfälschung zu verneinen;[31] der EuGH prüft die Voraussetzungen der De-minimis-Verordnung jedoch auch gelegentlich bei der Frage der Beeinträchtigung des zwischenstaatlichen Handels.[32]

Es wurde in der Literatur wiederholt die berechtigte Frage gestellt, ob diese Legalausnahme **416** mit dem **Primärrecht vereinbar** ist.[33] Der Gerichtshof hat nämlich wiederholt ausgeführt, dass der Kommission keine Kompetenz zukommt, Art. 107 Abs. 1 AEUV verbindlich auszulegen.[34] Der EuGH scheint jedoch davon auszugehen, dass die Vorgängerregelung der De-minimis-Verordnung – eine einfache Mitteilung der Kommission – als geltender Rechtssatz zu akzeptieren sei.[35] Dies muss erst recht für die aktuelle De-minimis-Verordnung gelten, die als förmlicher Rechtsakt erlassen wurde. In zahlreichen Urteilen wird die De-Minimis-Verordnung bzw. dessen Vorgängerregelung auch geprüft; die Anwendung scheitert lediglich an einzelnen Voraussetzungen; deren Geltung wird also niemals grundsätzlich in Frage gestellt.[36] Diese implizite Annahme des EuGH, wonach die De-minimis-Regel eine Legalausnahme von Art. 107 Abs. 1 AEUV begründet,[37] steht in einem gewissen Gegensatz zu der formelhaft wiederholten These der Gemeinschaftsgerichte, dass weder der verhältnismäßig geringe Umfang einer Beihilfe noch die verhältnismäßig geringe Größe des begünstigten Unternehmens von vornherein die Möglichkeit einer Wettbewerbsverzerrung ausschließe.[38] Die Rechtsprechung ist also zumindest inkonsistent.

Für die **Praxis** ist jedoch davon auszugehen, dass sich zumindest die Kommission an die De- **417** minimis-Verordnung gebunden fühlt, so dass es auf diese dogmatische Streitfrage nicht wirklich ankommen wird. Unabhängig hiervon würde die Kommission wohl auch ohne die Existenz der De-minimis-Verordnung Fälle von derartig geringem Umfang nur selten aufgreifen. Denn nur in Ausnahmefällen werden sich Wettbewerber die Mühe machen, eine derart geringe Subvention im Wege einer Beschwerde bei der Kommission zu rügen. Und ein Aufgreifen von Amts wegen erschiene vor dem Hintergrund des weiten Aufgreifermessens, das sich die Kommission zuschreibt, unwahrscheinlich.

β) **Freigestellte „De-minimis"-Beihilfen.** Die De-minimis-Verordnung greift ein, wenn **418** die Gesamtsumme der einem Unternehmen gewährten Beihilfen in einem **Zeitraum von drei Steuerjahren EUR 200 000** nicht übersteigen. Die De-minimis-Verordnung enthält detaillierte Regelungen zur Berechnung des Barwerts dieser Maßnahmen. Sie findet grundsätzlich so-

---

[29] Zu Entstehungsgeschichte und Vorgängerregelungen vgl. *Heidenhain/Repplinger-Hach* § 5 RdNr. 1.

[30] Vgl. Erwägungsgrund 8 der VO 1998/2006.

[31] So wohl die überwiegende Einschätzung, vgl. *Calliess/Ruffert/Cremer* Art. 87 EG RdNr. 25 mwN. sowie *Heidenhain/Repplinger-Hach* § 5 RdNr. 13.

[32] EuGH, C-172/03, Slg. 2005, I-1627, RdNr. 29 – Heiser/Finanzamt Innsbruck.

[33] Vgl. hierzu *Calliess/Ruffert/Cremer* Art. 87 EG RdNr. 25 mwN.

[34] EuGH, C-71/04, Slg. 2005, I-7419, RdNr. 37 – Administracion del Estado/Xunta de Galicia.

[35] Vgl. zB. EuGH, C-382/99, Slg. 2002, I-5163, RdNr. 22 – Niederlande/Kommission; EuGH, C-409/00, Slg. 2003, I-1487, RdNr. 69 – Spanien/Kommission; EuGH, C-156/98, Slg. 2000, I-6857, RdNr. 40 f. – Deutschland/Kommission; EuGH, Slg. 2002, I-2289, RdNr. 93 – Italien/Kommission; EuGH, C-172/03, Slg. 2005, I-1627, RdNr. 29 – Heiser/Finanzamt Innsbruck (bezogen auf die Frage der „Beeinträchtigung des zwischenstaatlichen Handels").

[36] EuGH, C-278/00, Slg. 2004, I-3997, RdNr. 70 – Griechenland/Kommission; EuGH, C-372/97, Slg. 2004, I-3679, RdNr. 58 – Italien/Kommission; EuGH, C-280/00, Slg. 2003, I-7747, RdNr. 80 – Altmark Trans.

[37] Einen wenig überzeugenden Begründungsversuch für den Geltungsgrund der De-minimis-Verordnung gibt EuGH, C-382/99, Slg. 2002, I-5163, RdNr. 22 – Niederlande/Kommission sowie Generalanwalt *Léger,* Schlussanträge C-382/99, Tz. 47: Er leitet diesen aus den bindenden Wirkungen von Leitlinien und Gemeinschaftsrahmen ab. Dies mag für den Bereich des Art. 107 Abs. 3 AEUV zutreffen, nicht aber für Art. 107 Abs. 1 AEUV. Jedenfalls kann die Kommission nicht durch eine sekundärrechtliche Verordnung – schon gar nicht durch einfache Mitteilung – das Primärrecht außer Kraft setzen, vgl. hierzu EuGH, C-71/04, Slg. 2005, I-7419, RdNr. 37 – Administracion del Estado/Xunta de Galicia.

[38] EuGH, C-156/98, Slg. 2000, I-6857, RdNr. 39 – Deutschland/Kommission; EuG, T-214/95, Slg. 1998, II-717, RdNr. 46 – Vlaams Gewest/Kommission; EuGH, C-280/00, Slg. 2003, I-7747, RdNr. 81 – Altmark Trans.

wohl Anwendung auf Einzelbeihilfen (ad hoc) als auch auf Beihilfen, die aufgrund einer allgemeinen Regelung gewährt werden.[39]

419 Die De-minimis-Verordnung gilt **nicht für bestimmte Sektoren** (zB. Fischerei und der Aquakultur, Primärproduktion von landwirtschaftlichen Erzeugnissen, exportbezogene Tätigkeiten, Steinkohlebergbau, Straßengütertransport).[40] Sie findet keine Anwendung auf Beihilfen an Unternehmen in Schwierigkeiten.[41] Inwieweit die De-minimis-Verordnung Begünstigungswirkung hinsichtlich von Altfällen (Beihilfen, die vor ihrem Inkrafttreten gewährt wurden) entfaltet, ist unklar.[42]

420 Im Vergleich zu ihrer Vorgängerregelung, der VO 69/2001,[43] haben sich einige grundlegende Neuerungen ergeben. So wurde die De-minimis-Schwelle von EUR 100 000 auf EUR 200 000 angehoben.[44] Zu berücksichtigen sind bei der Berechnung der Beihilfenhöhe auch Mittel gemeinschaftlicher Herkunft (zB. Kofinanzierung durch EFRE).[45]

421 Der **Dreijahreszeitraum** ist hierbei **fließend,** dh. bei jeder Neubewilligung einer De-minimis-Beihilfe ist die Gesamtsumme der im laufenden Steuerjahr sowie in den vorangegangenen zwei Steuerjahren gewährten De-minimis-Beihilfen festzustellen. Als Zeitpunkt der **Gewährung** sieht die Kommission hierbei den Zeitpunkt an, in dem der Rechtsgrund gesetzt wurde, aufgrund dessen das Unternehmen die Finanzmittel erhält, nicht jedoch den ggf. späteren Zeitpunkt der Auszahlung der Gelder.[46] Wegen dieser flexiblen Regelung dürfte die De-minimis-Verordnung auch auf Dauerschuldverhältnisse anwendbar sein.[47]

422 Übersteigt der Beihilfengesamtbetrag einer Beihilfenmaßnahme die De-minimis-Schwelle, kann **keine anteilige Freistellung** in Anspruch genommen werden, sondern die durch die Verordnung gewährten Vorteile entfallen ganz.[48]

423 Um sicherzustellen, dass der ein und demselben Unternehmen im Rahmen der De-minimis-Regelung gewährte Gesamtbeihilfenbetrag innerhalb eines Zeitraums von drei Steuerjahren den Höchstbetrag von EUR 200 000 nicht überschreitet, enthält die neue De-minimis-Verordnung verschärfte **Berichts- und Überwachungspflichten.** Insbesondere darf der betreffende Mitgliedstaat die Beihilfe erst gewähren, nachdem er eine Erklärung des Unternehmens erhalten hat, in der alle anderen in dem betreffenden Steuerjahr sowie in den vorangegangenen zwei Steuerjahren erhaltenen De-minimis-Beihilfen angegeben sind, und nachdem er geprüft hat, dass der De-minimis-Höchstbetrag durch die neue Beihilfe nicht überschritten wird.[49] Da der Beihilfenempfänger hierbei sämtliche Beihilfen berücksichtigen muss, die an seine Tochtergesellschaften geflossen sind (im Kontext der De-minimis-Verordnung erfasst der Begriff des Unternehmens den gesamten Konzern), führt die Beachtung dieser Grundsätze zu einem erheblichen Verwaltungsaufwand beim Beihilfenempfänger. Für Großunternehmen ist daher die Inanspruchnahme von De-minimis-Beihilfen oft nicht sinnvoll.

424 γ) **Beschränkung auf „transparente Beihilfen" – Bestimmung des „De-minimis"-Beihilfenelementes.** Neben der Heraufsetzung der De-minimis-Schwelle auf EUR 200 000 enthält die neue Regelung aber einige Verschärfungen. So ist die neue Verordnung nur auf sog. **„transparente Beihilfen"** anwendbar, dh. Beihilfen, die in einer Form gewährt werden, für die das Bruttosubventionsäquivalent im Voraus genau berechnet werden kann, ohne dass eine Risikobewertung erforderlich ist, vgl. Art. 2 Abs. 4 der De-minimis-Verordnung. Diese Beschränkung auf „transparente Beihilfen" entspricht einer allgemeinen neueren Politik der Kommission, wonach Gruppenfreistellungsverordnungen nur noch sehr eingeschränkt auf die bei

---

[39] *Nordmann* EuZW 2007, 752.

[40] Vgl. die differenzierte Regelung in Art. 1 und in Erwägungsgründen 3 bis 8 der De-minimis-Verordnung.

[41] Erwägungsgrund 7 der De-minimis-Verordnung.

[42] Hierzu *Nordmann* EuZW 2007, 752, 754.

[43] ABl. 2001 L 10/30.

[44] Art. 2 Abs. 2 der De-minimis-Verordnung. Eine niedrigere Schwelle besteht für den Unternehmen, die im Bereich des Straßentransportsektors tätig sind: EUR 100 000/3 Steuerjahre.

[45] Art. 2 Abs. 2 und Erwägungsgrund 9 der De-minimis-Verordnung.

[46] Vgl. Erwägungsgrund 10 der De-minimis-Verordnung. Dies ist ein allgemeiner Rechtsgrundsatz, vgl. Kom., ABl. 2002 L 307, 1, 18 – Graf von Henneberg, sowie die „alte De-minimis-Verordnung", ABl. 2001 L 10/30, Erwägungsgrund 5.

[47] Hierzu *Nordmann* EuZW 2007, 752, 753.

[48] Zu der Frage, ob ein Mitgliedstaat bei der Rückforderung von Beihilfen nachträglich einen Teilbetrag als „De-minimis" deklarieren kann, vgl. *Heidenhain/Repplinger-Hach* § 5 RdNr. 11.

[49] Vgl. im Einzelnen Art. 3 der De-minimis-Verordnung.

den Mitgliedstaaten recht „beliebten" Darlehen, Kapitalzuführungen und vor allem Garantien Anwendung finden.[50]

Beihilfen in Form von Darlehen werden nach der neuen De-minimis-Verordnung nur   **425** dann als transparente De-minimis-Beihilfen behandelt, wenn das Bruttosubventionsäquivalent auf der Grundlage der zum Bewilligungszeitpunkt geltenden marktüblichen Zinssätze berechnet worden ist. Beihilfen in Form von Kapitalzuführungen gelten grundsätzlich nicht als transparente De-minimis-Beihilfen, es sei denn, der Gesamtbetrag der zugeführten öffentlichen Mittel liegt unter dem De-minimis-Höchstbetrag (dies ist selten der Fall). Beihilfen in Form von Risikokapitalmaßnahmen gelten ebenfalls grundsätzlich nicht als transparente De-minimis-Beihilfen, es sei denn, die betreffende Risikokapitalregelung sieht vor, dass jedem Zielunternehmen nur Kapital bis in Höhe des De-minimis-Höchstbetrags zur Verfügung gestellt wird.

δ) **Behandlung von Garantien unter der De-minimis-Verordnung.** Eine Verschär-   **426** fung, die für die Subventionspraxis eine ganz erhebliche Rolle spielt, ist die Einführung einer neuen „Safe harbour"-Regelung für **Garantien** nach Art. 2 Abs. 4 d) der De-minimis-Verordnung. Zum Verständnis dieser Regelung ist es wichtig, die frühere Behandlung von Garantien unter der alten De-minimis-Verordnung in Erinnerung zu rufen:

Nach der **früheren Praxis** der Kommission wurde der Subventionswert einer Bürgschaft, die im Rahmen einer Beihilfenregelung (an gesunde Unternehmen) gewährt wurde, mit einem Pauschalbetrag von **0,5% des verbürgten Betrages** veranschlagt.[51] Dies hatte zur Folge, dass nach der alten De-minimis-Verordnung (wonach der De-minimis-Betrag noch EUR 100 000/3 Jahre betrug) generell die Übernahme einer Staatsbürgschaft für einen Darlehensbetrag von EUR 20 Mio. zulässig war (der Beihilfenwert wurde mit 0,5% des verbürgten Betrages angesehen, was zu einem Subventionsäquivalent von EUR 100 000 führte und somit unter der De-minimis-Schwelle verblieb). Da es hiernach möglich war – ohne eine Notifizierungspflicht auszulösen – einem Unternehmen ein Darlehen von EUR 20 Mio. zuzuführen, fungierten Staatgarantien in zahlreichen Fällen als sehr wirksamer Liquiditätshebel und entfalteten eine wohl höhere wettbewerbsverzerrende Wirkung als dies ursprünglich angedacht war. Dies wurde verstärkt durch die relativ großzügige Kumulierungsmöglichkeit mit anderen Beihilfen (siehe unten).

Nach der neuen De-minimis-Verordnung ist dies **nicht mehr möglich.** Die (von der Kom-   **427** mission heftig kritisierte) „0,5%-Methode" wurde Ende 2006 aufgegeben.[52] Gemäß der neuen Rechtslage werden Garantien, die auf der Grundlage einer Bürgschaftsregelung gewährt werden, nur dann als „transparente" De-minimis-Beihilfen behandelt, wenn der verbürgte Teil des Darlehens[53] insgesamt **EUR 1,5 Mio. je Unternehmen** nicht übersteigt.[54] Diese spezifische Obergrenze gilt nicht im Falle von Einzelbeihilfen (ad hoc) außerhalb einer Bürgschaftsregelung.[55] Wird dieser Betrag nur teilweise ausgenutzt, so wird das Subventionsäquivalent berechnet, indem man den „De-minimis"-Betrag von EUR 200 000/3 Steuerjahre anteilig in diesem Verhältnis reduziert;[56] der verbleibende Rest kann dann bis zur Erreichung der Schwelle von EUR 200 000/3 Steuerjahren „aufgefüllt" werden. Der Verbürgungsanteil des zugrundeliegenden Darlehens darf zudem 80% nicht übersteigen.[57]

Es besteht daneben noch eine **weitere Option** für die Mitgliedstaaten: Bürgschaftsregelun-   **428** gen werden außerdem dann als transparent angesehen werden, wenn vor ihrer Inkraftsetzung die Methode zur Bestimmung des Bruttosubventionsäquivalents von Bürgschaften der Kommis-

---

[50] Vgl. auch Art. 7 Abs. 3 der AGVO.

[51] Vgl. zB. Kom., N 16/2006, Tz. 2.4 – First Solar; Kom., N 112/2003, Tz. 22 – AMTC/MBAC; Kom., ABl. 2002, 307/1, Tz. 20 – Infineon.

[52] Vgl. Kom., N 197/2007 – Deutschland, Methode zur Berechnung der Beihilfeintensität von Bürgschaften.

[53] Diese Regelung gilt nicht für Bürgschaften, die nicht für ein Darlehensverhältnis übernommen werden, wie zum Beispiel Bürgschaften hinsichtlich Eigenkapitalmaßnahmen, vgl. Erwägungsgrund 15 der De-minimis-Verordnung.

[54] Art. 2 Abs. 4 lit. d der De-minimis-Verordnung. Ausnahmen gelten im Straßentransportsektor: Betrag von EUR 750 000.

[55] Erwägungsgrund 15 der De-minimis-Verordnung.

[56] Vgl. im Einzelnen Art. 2 Abs. 4 lit. d der De-minimis-Verordnung.

[57] Dies ist mittlerweile ein allgemeiner Grundsatz, vgl. die Mitteilung der Kommission über die Anwendung der Art. 107 und 108 des AEUV auf staatliche Beihilfen in Form von Haftungsverpflichtungen und Bürgschaften, ABl. 2008 C 155/8, Ziffer 3.2.c.

sion angezeigt und von der Kommission genehmigt wurde und die genehmigte Methode ausdrücklich auf die Art der Garantien und die Art der zugrundeliegenden Transaktionen im Zusammenhang mit der Anwendung der vorliegenden Verordnung Bezug nimmt.[58] Die letztgenannte Voraussetzung wurde in Deutschland erfüllt, soweit die verbürgten Kredite der Finanzierung von Investitionsausgaben dienen.[59]

429 **ε) Kumulierung.** Nach der alten Rechtslage war eine großzügige **Kumulierung** von De-minimis-Beihilfen mit anderen Beihilfen möglich. Da es sich bei De-minimis-Beihilfen nicht um Beihilfen im Sinne des Art. 107 Abs. 1 AEUV handelte, waren diese nicht bei der Vereinbarkeitsprüfung nach Art. 107 Abs. 3 AEUV zu berücksichtigen. Sie fielen nicht unter die Kumulierungsregeln der jeweils einschlägigen Beihilfenvorschriften, die das Zusammenwirken verschiedener Beihilfen regeln.[60] Die „alte" De-minimis-Verordnung verschaffte den Mitgliedstaaten also einen gewissen **Spielraum.** Sie erlaubte in ihrem fünften Erwägungsgrund, dass eine De-minimis-Beihilfe neben eine genehmigte oder freigestellte Beihilfe beliebiger Zweckbestimmung hinzutreten kann. Mitgliedstaaten konnten also immer – gewissermaßen als Sahnehäubchen – zu einer (oft erheblichen) genehmigten Beihilfe, eine zusätzliche De-minimis-Beihilfe gewähren.[61]

430 Mit der neuen „De-minimis-Verordnung" wurde jetzt ein strenges **Kumulierungsverbot** eingeführt: Nach Art. 2 Abs. 5 dürfen De-minimis-Beihilfen nicht mit anderen Beihilfen für dieselben förderbaren Aufwendungen kumuliert werden, wenn die aus der Kumulierung resultierende Förderintensität diejenige Förderintensität übersteigen würde, die in einer Gruppenfreistellungsverordnung oder in einer von der Kommission verabschiedeten Genehmigungsentscheidung festgelegt wurde.[62] Hiermit soll eine Umgehung der in verschiedenen EU-Rechtsakten vorgegebenen Beihilfenhöchstintensitäten verhindert werden.[63] Die dargestellte frühere Praxis bei der Vergabe von Fördermitteln ist daher nicht mehr möglich.

431 **ζ) Exkurs: „begrenzte Beihilfen" nach dem „Vorübergehenden Gemeinschaftsrahmen".** Von den „De-minimis"-Beihilfen zu unterscheiden sind die sogenannten „begrenzte Beihilfen" nach Ziffer 4.2.2 des „**Vorübergehenden Gemeinschaftsrahmens** für staatliche Beihilfen zur Erleichterung des Zugangs zu Finanzierungsmitteln in der gegenwärtigen Finanz- und Wirtschaftskrise".[64] Auf dieser Grundlage wurden mehrere nationale Beihilfenprogramme, u.a. die deutsche „Bundesregelung Kleinbeihilfen" im Rahmen des Konjunkturpakets II,[65] von der Kommission genehmigt. Nach dieser Regelung können Beihilfen von bis zu EUR 500 000 je Unternehmen innerhalb eines Dreijahreszeitraums zur Verfügung gestellt werden.

Diese Regelung bezog sich jedoch auf die Finanz- und Wirtschaftskrise und stellt – anders als die De-minimis-Verordnung – **keine tatbestandsmäßige Ausnahme** vom Beihilfenverbot dar. Sie wurde vielmehr als Beihilfe „zur Behebung einer beträchtlichen Störung im Wirtschaftsleben eines Mitgliedstaats" nach Art. 107 Abs. 3b) AEUV **genehmigt.** Ein gewisser inhaltlicher Konnex mit „De-minimis"-Beihilfen besteht dennoch, weil „De-minimis"-Beihilfen voll auf diese Summe angerechnet werden.[66]

432 **cc) Einzelfragen.** Außerhalb des Anwendungsbereichs der De-minimis-Verordnung hat das Kriterium der Wettbewerbsverfälschung **kaum praktische Bedeutung** erlangt. Dies ist bedingt durch das Postulat der Rechtsprechung, wonach die Kommission nicht verpflichtet ist, eine tatsächliche Wettbewerbsverzerrung nachzuweisen, sondern die bloße Eignung hierzu ausreicht,[67] sowie durch die Philip Morris-Rechtsprechung, wonach die finanzielle Stärkung eines

---

[58] Vgl. Art. 2 Abs. 4 d) aE. der De-minimis-Verordnung.

[59] Kom., N 197/2007, Tz. 7 – Deutschland, Methode zur Berechnung der Beihilfeintensität von Bürgschaften.

[60] *Heidenhain/Repplinger-Hach* § 5 RdNr. 15.

[61] Vgl. zB. Kom., N 512/2007 – Deutschland, Abalon Hardwood Hessen GmbH; *Heidenhain/Repplinger-Hach* § 5 RdNr. 15.

[62] Vgl. auch Art. 5 AGVO.

[63] Erwägungsgrund 11 der De-minimis-Verordnung.

[64] ABl. 2009 C 83/1.

[65] Pressemitteilung der Kommission v. 30. 12. 2008, IP/08/2063.

[66] Vgl. die komplexe Kumulierungsregel unter Ziffer 4.2.2 g) des Vorübergehenden Gemeinschaftsrahmens, ABl. 2009 C 83/1.

[67] EuGH, C-184/04, Slg. 2005, I-11137, RdNr. 54 – Unicredito Italiano; EuGH, C-372/97, Slg. 2004, I-3679, RdNr. 44 – Italien/Kommission.

Unternehmens bereits zu einer Wettbewerbsverfälschung führt.[68] Dementsprechend wird in der Kommissionspraxis kaum Mühe auf die Begründung verwandt.

Auf eine Abgrenzung des **sachlich und des räumlich relevanten** Marktes wird in der Regel in Rechtsprechung und Kommissionspraxis ausdrücklich verzichtet[69] – obwohl diese eigentlich zu erfolgen hätte.[70] Es ist nach der Rechtsprechung auch nicht erforderlich die Marktstruktur und die Wettbewerbsbeziehungen zu prüfen;[71] insbesondere eine mit Daten belegte Analyse der Wettbewerbsverhältnisse muss die Kommission nicht vornehmen.[72] Letztlich läuft dies auf eine summarische Darlegung der Wettbewerbsverhältnisse und eine mehr oder weniger plausible Begründung der tatsächlichen oder drohenden Verfälschung des Wettbewerbs hinaus.[73] Frühere Entscheidungen, die teilweise höhere Anforderungen an die Beschreibung der Marktverhältnisse gestellt haben,[74] dürften mittlerweile durch diese neuere Rechtsprechung überholt sein. Diese – etwas stiefmütterliche – Behandlung ökonomischer Zusammenhänge im Rahmen des Tatbestandsmerkmals der Wettbewerbsverfälschung steht in einem gewissen Gegensatz zum oft propagierten „new economic approach". 433

Gelegentlich führt die Kommission einige knappe Erfahrungssätze an, um die Wettbewerbsverfälschung zu untermauern. So sollen **Betriebsbeihilfen** (dh. Beihilfen, die ein Unternehmen von den Kosten befreien sollen, die es normalerweise im Rahmen seiner laufenden Geschäftsführung oder seiner üblichen Tätigkeiten zu tragen gehabt hätte)[75] grundsätzlich zu einer Verfälschung des Wettbewerbs führen.[76] Ähnliches gilt auf wettbewerbsintensiven Märkten[77] sowie auf Märkten, die durch Überkapazitäten geprägt sind.[78] Der Umstand, dass ein Wirtschaftssektor **liberalisiert** wurde, ist aus Sicht der Gemeinschaftsorgane ebenfalls geeignet, eine tatsächliche oder potenzielle Auswirkung der Beihilfen auf den Wettbewerb zu begründen.[79] 434

Für das Vorliegen einer Wettbewerbsverfälschung ist **nicht der Nachweis** erforderlich, dass der Empfänger der Beihilfe diese **ausnutzt**, um niedrigere Preise oder Bedingungen anzubieten. Auch wenn die vom Beihilfenempfänger angebotenen Konditionen nicht günstiger sind als die seiner nicht subventionierten Konkurrenten, schließt dies das Vorliegen einer Beihilfe nicht aus. Es kommt also nicht darauf an, ob die Beihilfenempfänger ihre Wettbewerber „unterbieten";[80] entscheidend ist lediglich, ob den Empfängern der Beihilfe ein Vorteil eingeräumt wird. Dies ist vom Grundansatz zu begrüßen, denn die unfaire Wettbewerbsverzerrung kann schon darin liegen, dass der Beihilfenempfänger nicht die (hohen) Preise fordert, zu denen er unter normalen Marktgegebenheiten gezwungen wäre. 435

Erst recht muss nachgewiesen werden, dass Wettbewerbern durch die Beihilfengewährung ein **Schaden** entstanden ist.[81] Ebensowenig ist es von Relevanz, wenn der beihilfengewährende Mitgliedstaat behauptet, er wolle mit der Beihilfe nur einen objektiven **Wettbewerbsnachteil** der inländischen Unternehmen ausgleichen.[82] 436

[68] EuGH, 730/79, Slg. 1980, 2671, RdNr. 11 – Philip Morris/Kommission; EuGH, C-182/03 u. C-217/03, Slg. 2006, I-5479, RdNr. 131 – Belgien und Forum 187/Kommission.

[69] EuG, T-298/97, Slg. 2000, II-2319, RdNr. 95 – Alzetta Mauro/Kommission. Vgl. hierzu *Heidenhain* § 4 RdNr. 61.

[70] So zu Recht: *Immenga/Mestmäcker/Ehricke* EG-WettbR, Art. 87 Abs. 1 EG RdNr. 100.

[71] EuG, T-298/97, Slg. 2000, II-2319, RdNr. 95 – Alzetta Mauro/Kommission.

[72] EuG, T-204/97, Slg. 2000, II-2267, RdNr. 85 – EPAC/Kommission.

[73] So die zutreffende Zusammenfassung bei *Heidenhain/Heidenhain* § 4 RdNr. 61.

[74] EuGH, C-329/93, C-62/95 u. C-63/95, Slg. 1996, I-5151, RdNr. 53 – Bremer Vulkan.

[75] Vgl. die (alten) Leitlinien für staatliche Beihilfen mit regionaler Zielsetzung, ABl. 1998 C 74/9, Ziff. 4.15.

[76] EuGH, C-494/06 P, noch nicht in amtl. Slg., RdNr. 54 – Kommission/Italien; EuGH, C-288/96, Slg. 2000, I-8237, RdNr. 77, 85 – Deutschland/Kommission; EuGH, C-156/98, Slg. 2000, I-6857, RdNr. 30 – Deutschland/Kommission; EuG, T-55/99, Slg. 2000, II-3207, RdNr. 83 – CETM/Kommission; EuG, T-214/95, Slg. 1998, II-717, RdNr. 43 – Vlaamse Gewest/Kommission,; EuG, T-459/83, Slg. 1995, II-1675, RdNr. 48, 77 – Siemens/Kommission.

[77] EuG, T-214/95, Slg. 1998, II-717, RdNr. 46 – Vlaamse Gewest/Kommission; EuG, T-298/97, Slg. 2000, II-2319 – Alzetto Mauro/Kommission.

[78] EuGH, 62/87, Slg. 1988, 1573, RdNr. 13 – Éxecutif Region Wallon/Kommission; EuGH, C-142/87, Slg. 1990, I-959, RdNr. 37 – Belgien/Kommission; EuGH, C-278/92, Slg. 1994, I-4103, RdNr. 41 – Spanien/Kommission; EuGH, C-305/89, Slg. 1991, I-1603, RdNr. 26 – Italien/Kommission; *Immenga/Mestmäcker/Ehricke* EG-WettbR Art. 87 Abs. 1 EG, RdNr. 110.

[79] EuGH, C-409/00, Slg. 2003, I-1487, RdNr. 75 – Spanien/Kommission.

[80] Vgl. EuGH, C-494/06 P, noch nicht in amtl. Slg., RdNr. 50 – Kommission/Italien.

[81] EuGH, C-372/97, Slg. 2004, I-3679, RdNr. 62 – Italien/Kommission.

[82] EuGH, C-372/97, Slg. 2004, I-3679, RdNr. 67 – Italien/Kommission; *Immenga/Mestmäcker/Ehricke* EG-WettbR Art. 87 Abs. 1 EG RdNr. 103 f.

437 Das Fehlen einer Wettbewerbsverfälschung wäre theoretisch in denjenigen Fällen denkbar, in denen die Empfänger der staatlichen Maßnahme in einem Bereich tätig sind, der **nicht dem Wettbewerb unterliegt.**[83] In diesen Fällen wird es jedoch bereits regelmäßig an der Unternehmenseigenschaft des Empfängers fehlen, denn der wettbewerbsrechtliche Begriff des Unternehmens umfasst jede eine wirtschaftliche Tätigkeit ausübende Einheit,[84] dh. das Anbieten von Gütern oder Dienstleistungen auf einem bestimmten Markt.[85] Diese Unternehmenseigenschaft wird gewöhnlich bei nicht-wettbewerblich geprägten Tätigkeiten fehlen, so dass Art. 107 Abs. 1 AEUV schon aus diesem Grund nicht zur Anwendung kommt. Vereinzelt hat die Rechtsprechung die Frage, ob die Tätigkeit des betroffenen Unternehmens wettbewerblich geprägt ist, dennoch bei der Frage der Wettbewerbsverfälschung geprüft. Hier war sie erwartungsgemäß streng. Der Gerichtshof hat zB. klargestellt, dass auch Ärzte einem wirtschaftlich geprägten Wettbewerb unterliegen.[86] Für das Vorliegen einer Wettbewerbsverfälschung reicht es in diesem Kontext aus, dass der betroffene Sektor durch „einen gewissen Grad an Wettbewerb geprägt" ist bzw. der Markt „dem Wettbewerb offen steht". Zudem können die betroffenen Beihilfenempfänger – selbst bei Fehlen von Wettbewerb in einem bestimmten Bereich – in andere, dem Wettbewerb offen stehende Märkte expandieren und damit Verzerrungen in anderen Sektoren bewirken.[87]

438 **dd) Zur Begründungspflicht.** Die niedrigen materiellen Anforderungen an das Vorliegen einer Wettbewerbsverzerrung schlagen sich auch bei den Anforderungen an die (formelle) **Begründungspflicht** nach Art. 346 AEUV nieder. Will die Kommission eine Wettbewerbsverfälschung begründen, so reicht es aus, wenn die Kommission die Umstände in der Entscheidung angibt, die hierzu geführt haben. Es genügt hierbei, dass der Unternehmensgegenstand (dh. der betroffene Markt) sowie die Marktstellung der betroffenen Unternehmen angegeben wird und die Entscheidung einen allgemeinen Hinweis auf die wettbewerbsverzerrenden Wirkungen von Beihilfen enthält.[88]

439 Wird die Beihilfe in einem liberalisierten Sektor gewährt, in dem die mit der Beihilfengewährung einhergehende Wettbewerbsverzerrung offensichtlich ist, kann sich die Kommission auf eine kurze Begründung beschränken. In diesen Fällen reicht es für die Begründung aus, dass die Beihilfe die finanziellen Lasten des begünstigten Unternehmens verringert und das begünstigte Unternehmen hiermit in seiner Wettbewerbsposition im Verhältnis zu seinen Konkurrenten gestärkt wird.[89] Bezieht sich die Kommission in der Begründung ihrer Entscheidung auf von ihr veröffentlichte Leitlinien und ist in diesen Leitlinien näher dargelegt, dass eine bestimmte Art von Beihilfen (im konkreten Fall Betriebsbeihilfen) automatisch zu Wettbewerbsverzerrungen führt, so muss die Kommission diesen Zusammenhang in ihrer Entscheidung nicht in Einzelheiten ausführen.[90]

6. Zwischenstaatlichkeitsklausel

Schrifttum: *Bacon,* European Community law of State aid, 2009, 93; *Bartosch,* Der „More Economic Approach" in der Entscheidungspraxis der Europäischen Kommission in Beihilfesachen, RIW 2007, 681; *Bechtold,* Die Zwischenstaatlichkeitsklausel im Europäischen Kartellrecht, Erinnerungsgabe für Alfred Gleiss, 1972; *Bechtold/Buntscheck,* Die 7. GWB-Novelle und die Entwicklung des deutschen Kartellrechts 2003 bis 2005, NJW 2005, 2966; *Birkenmaier,* Beihilfen, Wettbewerbsrecht und Wettbewerbspolitik in der EG, Wirtschaftspolitische Blätter 1992, 73; *Faber,* Die Relevanz der Art 92–94 EWGV für die kommunale Wirtschaftsförderung, DVBl. 1992, 1346; *Heidenhain,* Editorial zum Urteil „Heiser", EuZW 2005, 289; *Klein/Haratsch,* Mitgliedstaatliche Regionalförderung insbesondere zugunsten kleiner und mittlerer Unternehmen (KMU) aus der Sicht des EG-Rechts, EWS 1997, 410; *Knopf,* Europarecht und kommunale Selbstverwaltung, DVBl 1980, 106; *Koenig/Kühling,* Grundfragen des EG-Beihilfenrechts, NJW 2000, 1065; *Mederer/Pesaresi/Van Hoof,* EU Competition Law Vol. IV – State Aid, 1. Aufl. 2008 Book one, Part 2, Chapter 7; *Modlich,* Der zwischenstaatliche Handel in Art 92 I EGV, EWS 1996, 405; *Müller-Graff,* Die Erscheinungsformen der Leistungssubven-

---

[83] Vgl. hierzu EuG, T-222/04, noch nicht in amtl. Slg., RdNr. 58 – Italien/Kommission.

[84] EuGH, C-309/99, Slg. 2002, I-1577, RdNr. 46 – Wouters; EuGH, C-41/90, Slg. 1991, I-1979, RdNr. 21 – Höfner und Elser.

[85] EuGH, 118/85, Slg. 1987, 2599, RdNr. 7 – Kommission/Italien; EuGH, C-35/96, Slg. 1998, I-3851, RdNr. 36 – Kommission/Italien; EuGH, C-475/99, Slg. 1998, I-8089, RdNr. 19 – Ambulanz Glöckner; EuGH, C-218/00, Slg. 2002, I-717, RdNr. 22 f. – Cisal/INAIL; EuGH, C-180–184/98, Slg. 2000, I-6451, RdNr. 74 f. – Pavlov ua.

[86] EuGH, C-172/03, Slg. 2005, I-1627, RdNr. 57 – Heiser/Finanzamt Innsbruck.

[87] EuG, T-222/04, noch nicht in amtl. Slg., RdNr. 51 – Italien/Kommission.

[88] EuG, T-171/02, Slg. 2005, II-2123, RdNr. 73 – Regione autonoma della Sardegna/Kommission.

[89] EuG, T-55/99, Slg. 2000, II-3207, RdNr. 76, 100 – CETM/Kommission.

[90] EuGH, C-288/96, Slg. 2000, I-8285, RdNr. 84 – Jadekost.

tionstatbestände aus wirtschaftlicher Sicht, ZHR 152 (1988), 403; *Nicolaides/Kekelekis/Kleis,* State Aid Policy in the European Community: Principles and Practice, 2. Aufl. 2008, Chapter I; *Niemeyer/Hirsbrunner,* Anstaltslast und Gewährträgerhaftung bei Sparkassen und die Zwischenstaatlichkeitsklausel in Art. 87 EG, EuZW 2000, 364; *Rengeling,* das Beihilfenrecht der Europäischen Gemeinschaften, KSE Bd. 32, 23 ff; *Sanchez-Rydelski,* Handbuch EU Beihilfenrecht, 1. Aufl. 2003, Kapitel 2 § 1, 74; *Schwarze/Weitbrecht,* Grundzüge des europäischen Kartellverfahrensrecht 2004; *Soltész,* Die Zwischenstaatlichkeitsklausel(n) im Europäischen Kartell- und Beihilfenrecht – Parallelen, Gegensätze und Perspektiven, Recht und Wettbewerb, Festschrift für Rainer Bechtold zum 65. Geburtstag 2006, 501.

a) Allgemeines. aa) Weite Auslegung der Zwischenstaatlichkeitsklausel. Art. 107 **440** Abs. 1 AEUV verbietet mitgliedstaatliche Beihilfen nur, „soweit sie den Handel zwischen den Mitgliedstaaten beeinträchtigen". Auf Grundlage der Philip Morris-Rechtsprechung[1] hat sich eine **weite Auslegung** der Zwischenstaatlichkeitsklausel etabliert. Die Anforderungen an die Zwischenstaatlichkeit sind äußerst gering.[2] Wie bei dem Tatbestandsmerkmal der Wettbewerbsverfälschung gehört die Frage der „Beeinträchtigung des zwischenstaatlichen Handels" zu denjenigen Prüfungspunkten, die von der Kommission praktisch **routinemäßig** bejaht werden. Die Kommissionspraxis verzichtet mittlerweile nahezu vollständig auf eine Feststellung und Bewertung der konkreten Auswirkungen auf den zwischenstaatlichen Handel.[3] Die Kommission und ihr folgend die Gemeinschaftsgerichte haben durch deren extensive Interpretation einen großen Teil des innerstaatlichen Wirtschaftslebens der Beihilfenkontrolle unterworfen. Die Anwendung der Zwischenstaatlichkeitsklausel erscheint zunehmend als bloßes „Anhängsel" der Tatbestandsprüfung, das vom Wortlaut der Norm vorgegeben und daher zu beachten ist, sich jedoch als sehr strapazierfähig erweist. Gelegentlich verzichtet die Kommission sogar gänzlich auf die Erörterung dieses Tatbestandsmerkmales.[4] Diese höhere Sensibilität gegenüber staatlichen Eingriffen ist auch Konsequenz einer zunehmenden wirtschaftlichen Integration innerhalb der Gemeinschaft,[5] dh. in einem einheitlichen Wirtschaftsraum wirkt sich der Eingriff zugunsten eines Wirtschaftsteilnehmers stärker aus als dies vor der Schaffung des Binnenmarktes der Fall war.

Von der ursprünglich intendierten, den Anwendungsbereich des Art. 107 Abs. 1 AEUV be- **441** schränkenden Funktion dieses Tatbestandsmerkmals ist heute also nicht viel übrig geblieben. Einige Stimmen in der Literatur degradieren die Zwischenstaatlichkeitsklausel gar als „anachronistisches Relikt aus der Gründerzeit".[6] Gerade im Hinblick auf die Erweiterungen der Gemeinschaft täten die Gemeinschaftsgerichte jedoch möglicherweise im Interesse einer effektiven Gestaltung der Beihilfenkontrolle gut daran, solche Finanzzuführen von dem Anwendungsbereich des Art. 107 AEUV auszunehmen, die lediglich unbedeutende Auswirkungen auf den gemeinschaftlichen Handel haben und insofern dem gemeinschaftlichen Interesse nicht zuwider laufen.[7]

Eine gewisse Neigung zur Konzentration auf Fälle deutlich spürbarer Handelsbeeinträchti- **442** gungen – zumindest bei rein lokalen Sachverhalten – ließ zwischenzeitlich die jüngere Entscheidungspraxis der Kommission erkennen.[8] Solche einschränkenden Tendenzen lagen auch den Kommissionsvorschlägen zu LASA (Limited Amount of State Aid) und LET (Limited Effect on Trade between Member States) zugrunde.[9] Die Kommission ging dabei implizit davon aus, das wegen der geringen Höhe bzw. Auswirkungen der Beihilfen eine Beeinträchtigung des zwischenstaatlichen Handels nicht gegeben sei. Allerdings wurden diese Vorschläge im Rahmen des beihilferechtlichen Reformprozesses[10] nicht weiter verfolgt, so dass es wohl zumindest mittelfristig beim außerordentlich **extensiven Verständnis** der beihilferechtlichen Zwischenstaatlichkeitsschwelle bleiben wird.

---

[1] EuGH, 730/79, Slg. 1980, 2671, RdNr. 11 – Philip Morris/Kommission.

[2] Zusammenfassend *Heidenhain/Heidenhain* § 4 RdNr. 69 ff.

[3] *Heidenhain* EuZW 2005, 289.

[4] Vgl. Kom., ABl. 2008 L 239/32 – Privatisierung der Bank Burgenland (eine Rückforderungsentscheidung!).

[5] *Heidenhain/Heidenhain* § 4 RdNr. 67.

[6] *Modlich* EWS 1996, 405, 407.

[7] Für eine spürbare Intensität der Handelsbeeinträchtigung zB. *Jakob/Schröter/Mederer/Mederer* Art. 87 EG RdNr. 49; *Klein/Haratsch* EWS 1997, 410, 413. Andere befürchten dagegen, dass das Spürbarkeitserfordernis die Effektivität der Beihilfenkontrolle beeinträchtigen könnte, indem es Abgrenzungsprobleme und damit Raum für Umgehungsversuche der Mitgliedstaaten schaffe, vgl. zB. *Müller-Graff* ZHR 152 (1988), 403, 434.

[8] Vgl. hierzu die Beispiele bei *Heidenhain/Heidenhain* § 4 RdNr. 75.

[9] Vgl. zu diesen Vorschlägen die Rede von *Mario Monti* vom 1. Dezember 2003, New Developments in State Aid Policy, sowie *Mestmäcker/Schweitzer* § 43 RdNr. 91.

[10] Vgl. hierzu den „State Aid Action Plan", abrufbar unter http://europa.eu.int/comm/competition/state_aid/others/action_plan/.

443   **bb) Vergleich zu Art. 101 Abs. 1 AEUV.** Das Kartellverbot in Art. 101 Abs. 1 AEUV enthält ein ähnliches Erfordernis. Nach Art. 101 Abs. 1 AEUV müssen die betreffenden Handlungen „geeignet" sein, den zwischenstaatlichen Handel zu beeinträchtigen. Wie bei der Frage der Wettbewerbsverfälschung (die ebenfalls bei Art. 101 Abs. 1 AEUV vorausgesetzt wird) spielt die „beihilfenrechtliche Zwischenstaatlichkeitsklausel" im Rahmen des Art. 107 Abs. 1 AEUV jedoch eine **ganz andere Rolle** als im Kartellrecht.[11] Dies ist zunächst darin begründet, dass – ähnlich wie bei der Frage der Wettbewerbsverfälschung – die Prüfung bei Art. 101 Abs. 1 AEUV auf eine unterschiedliche Fragestellung abzielt. Im Rahmen der „kartellrechtlichen Zwischenstaatlichkeitsklausel" geht es um die Frage, ob eine *bestimmte Vereinbarung* (oder eine abgestimmte Verhaltensweise) zwischen einzelnen Unternehmen den zwischenstaatlichen Handel beeinträchtigt. Hierbei kommt es vor allem auf die Natur und Reichweite der jeweiligen Absprache sowie auf die Marktstellung der betroffenen Unternehmen an.[12] Hingegen geht es im Rahmen des Art. 107 Abs. 1 AEUV einzig um die Frage, ob die Zuführung eines *wirtschaftlichen Vorteils* an ein Unternehmen zu einer Beeinträchtigung des zwischenstaatlichen Handels führt. Dieser Test wird wesentlich leichter erfüllt sein, denn jedes rational wirtschaftende Unternehmen wird den in der Beihilfe verkörperten Vorteil zumindest teilweise im Wettbewerb einsetzen, dh. günstigere Konditionen anbieten, und damit seine Mitbewerber aus anderen Mitgliedstaaten in einen wettbewerblichen Nachteil setzen. Trotz ähnlichem Wortlaut sind die Parallelen zwischen Art. 101 Abs. 1 AEUV und Art. 107 Abs. 1 AEUV daher sehr gering. Weder Rechtsprechung noch Kommission haben daher Parallelen zwischen beiden Vorschriften gezogen.[13]

444   In systematischer Hinsicht erfüllen die beiden Zwischenstaatlichkeitsklauseln auch gänzlich **unterschiedliche Funktionen.** Mit der grundlegenden Reform des Kartellverfahrensrechts im Jahre 2003 wurde die Grundregel des Art. 3 Abs. 1 VO 1/2003 eingeführt, die die Wettbewerbsbehörden und Gerichte der Mitgliedstaaten verpflichtet, bei der Anwendung des nationalen Kartellrechts auf Vereinbarungen und missbräuchliche Verhaltensweisen, *die den Handel zwischen den Mitgliedstaaten zu beeinträchtigen geeignet sind,* auch die Art. 101 und 102 AEUV anzuwenden.[14] Nach diesem Konzept bleibt dem nationalen Kartellrecht nur noch ein sehr kleiner eigenständiger Anwendungsbereich: nämlich unterhalb der „Zwischenstaatlichkeitsschwelle". Die Mehrzahl der Mitgliedstaaten hat sich jedoch mittlerweile entschlossen, ihre nationalen Kartellrechtsordnungen auch unterhalb dieser Schwelle den europäischen Vorgaben anzupassen.[15] Für diese Vorgehensweise spricht die pragmatische Überlegung, dass sich unterschiedliche wettbewerbsrechtliche Standards für beide Fallgruppen nur schwer begründen lassen, sowie ferner Praktikabilitätserwägungen.[16] In den meisten Fällen dürfte daher die kartellrechtliche Beurteilung sowohl oberhalb als auch unterhalb der Zwischenstaatlichkeit den selben Regeln folgen. Der Sache nach hat der Zwischenstaatlichkeitstest mit der VO 1/2003 und der nachfolgenden Angleichung der nationalen Systeme also an **Bedeutung eingebüßt.**[17] Ironischerweise hat sich die Kommission gerade zu diesem Zeitpunkt, zu dem der kartellrechtlichen Zwischenstaatlichkeitsklausel nur noch geringere Bedeutung zukommt, entschlossen, im Rahmen ihres Modernisierungspakets ausführliche Leitlinien zur Auslegung der Zwischenstaatlichkeitsklausel zu erlassen.[18] Diesem Regelwerk lassen sich jetzt durchaus Tendenzen hinsichtlich einer restriktiven Interpretation der Zwischenstaatlichkeitsklausel entnehmen. Schon in der bisherigen Rechtsprechung wurden mit Hilfe des ungeschriebenen Tatbestandsmerkmals der Spürbarkeit marginale Beeinträchtigungen des zwischenstaatlichen Handels vom Anwendungsbereich des EU-Kartellrechts ausgeschlossen,[19] allerdings entwickelte die Kommission weder eine konkrete Definition der Spürbarkeit noch wurde trennscharf unterschieden zwischen der Spürbarkeit der

---

[11] Vgl. hierzu *Bechtold/Bosch/Brinker/Hirsbrunner* Art. 81 EG RdNr. 102.

[12] Vgl. hierzu *Bechtold/Bosch/Brinker/Hirsbrunner* Art. 81 EG RdNr. 109, sowie die Leitlinien der Kommission über den Begriff der Beeinträchtigung des zwischenstaatlichen Handels in Art. 81 und 82 EG, ABl. 2004 C 101/82.

[13] Vgl. zum Ganzen *Soltész* FS Bechtold, 501.

[14] Vgl. hierzu *Bechtold/Bosch/Brinker/Hirsbrunner* Art. 3 VO 1/2003 RdNr. 1; *Mestmäcker/Schweitzer* § 4 RdNr. 4.

[15] Vgl. hierzu für die 7. GWB-Novelle *Bechtold/Buntscheck* NJW 2005, 2966, 2967.

[16] *Schwarze/Weitbrecht,* § 3, RdNr. 15 ff.

[17] Vgl. *Bechtold/Bosch/Brinker/Hirsbrunner* Art. 3 VO 1/2003, RdNr. 17.

[18] Bekanntmachung der Kommission, Leitlinien über den Begriff der Beeinträchtigung des zwischenstaatlichen Handels in den Artikeln 81 und 82 des Vertrages, ABl. 2004 C 101/81.

[19] Vgl. EuGH, 19/77, Slg. 1978, 131, RdNr. 15 – Müller International; EuGH, C-215/96 u. 216/96, Slg. 1999, I-135, RdNr. 48 – Bagnasco.

Handelsbeeinträchtigung und der Wettbewerbsbeeinträchtigung.[20] In ihren Leitlinien bemüht sich die Kommission nunmehr um eine Quantifizierung des Spürbarkeitskriteriums und entwickelt eine sog. „NAAT-Regel",[21] wonach in Abhängigkeit vom Marktanteil der beteiligten Unternehmen und dem Jahresumsatz eine – allerdings widerlegbare – Negativvermutung aufgestellt wird, dass unterhalb dieser Schwellenwerte keine spürbare Beeinträchtigung des zwischenstaatlichen Handels gegeben ist. Dies sind bedenkenswerte Ansätze, sie kommen jedoch gewissermaßen *„after the event"*, dh. zu einem Zeitpunkt, in dem die Zwischenstaatlichkeitsschwelle wegen der Angleichung der nationalen Rechtsordnungen an Art. 101, 102 AEUV nur noch eine untergeordnete Rolle spielt. Der Hintergrund hierfür dürfte darin bestehen, dass wegen der faktischen Angleichung der nationalen Systeme im Kartellrecht sowieso ein weitgehender Gleichlauf sowohl oberhalb als auch unterhalb der Zwischenstaatlichkeitsschwelle besteht. Daher diesem Hintergrund besteht aus Sicht der Kommission nur noch wenig Veranlassung, den Anwendungsbereich des EU-Kartellrechts durch ein extensives Verständnis auszuweiten.[22]

Völlig **unterschiedlich** ist die Lage im Bereich der **Beihilfenaufsicht:** Im Unterschied zum **445** Kartellrecht, wo die VO 1/2003 die Anwendung des einheitlichen Rechts weitgehend auf die nationalen Gerichte und Behörden verlagert hat, gibt es keine beihilfenrechtlichen Vorschriften „unterhalb der Zwischenstaatlichkeitsschwelle". Eine „Dezentralisierung" ist hier auch weder geplant noch wirklich möglich. Die Einbindung der nationalen Behörden in die Beihilfenaufsicht im Wege einer Selbstkontrolle scheidet von Vornherein aus, da deren Tätigkeit gerade durch die Art. 107 ff. AEUV überwacht werden soll (dass die Mitgliedstaaten nicht immer gewillt sind, die Beihilfevorschriften einzuhalten, zeigt die tägliche Praxis der Kommission). Mangels eines solchen grundlegenden Systemwechsels wird daher auch keine vergleichbare (faktische) Harmonisierung der nationalen Subventionsvorschriften stattfinden, sondern die Kommission wird ihre Rolle als Wächterin des Beihilfenrechts **allein wahrnehmen** müssen. Ein Zurückdrängen der von der Kommission ausgeübten Beihilfenkontrolle über eine enge Auslegung der Zwischenstaatlichkeitsklausel kommt also nicht in Betracht. Es geht hierbei um eine **grundsätzliche Kompetenzfrage.**

Die Anwendung der Zwischenstaatlichkeitsklausel ist somit ein anschauliches Beispiel dafür, **446** wie sehr die Auslegung gleichlautender Rechtsbegriffe divergieren kann, wenn diese in unterschiedlichem Kontext stehen. Noch mehr zeigt sie allerdings in welchem Maße das Europäische Wettbewerbsrecht politischen Wandelungen unterworfen ist[23] und dass dessen Auslegung letztlich oft unter Opportunitätsgesichtspunkten erfolgt. Während die Kommission früher im Kartellrecht großen Begründungsaufwand betrieben hatte, um Art. 101 AEUV zur Geltung zu verhelfen,[24] fällt es ihr heute wegen der EU-weiten Harmonisierung relativ leicht, auf ein weites Verständnis der Zwischenstaatlichkeit zu verzichten. Im Beihilfenrecht wird der fast wortgleiche Rechtsbegriff jedoch nach wie vor extensiv ausgelegt, um ein Vollzugsvakuum zu vermeiden.

b) Anwendung in der Praxis. aa) Ausgangspunkt. Art. 107 Abs. 1 AEUV verbietet **447** Beihilfen, „soweit sie den Handel zwischen den Mitgliedstaaten beeinträchtigen". Dieser Wortlaut setzt – genau genommen – eine *tatsächliche* Beeinträchtigung voraus. Vergleicht man die beihilfenrechtliche Zwischenstaatlichkeitsklausel mit der Zwischenstaatlichkeitsklausel im Kartellverbot nach Art. 101 Abs. 1 AEUV, wo es bereits ausreicht, dass die betreffende Maßnahme zu einer Beeinträchtigung des zwischenstaatlichen Handels „geeignet" ist, so müsste die Schwelle im Beihilfenrecht eigentlich höher liegen.

Entsprechendes gilt bei einem Vergleich mit der Frage, ob eine Wettbewerbsverfälschung **448** nach Art. 107 Abs. 1 AEUV vorliegt: Bei der Frage der Wettbewerbsverfälschung reicht es nach Art. 107 Abs. 1 AEUV aus, dass diese „droht", während die Beeinträchtigung des zwischenstaatlichen Handels tatsächlich vorliegen soll. Der unvoreingenommene Betrachter müsste bei Zugrundelegung von Wortlaut und Systematik des Wettbewerbskapitels eigentlich dazu kommen, dass die Anforderung an die Zwischenstaatlichkeit besonders hoch sein müssen.

Die Rechtsprechung hat einen solchen Schluss jedoch zu keinem Zeitpunkt gezogen. Der **449** Sache nach lässt sie jede potentielle Auswirkung auf den zwischenstaatlichen Handels für die Erfüllung des Tatbestandes des Art. 107 Abs. 1 AEUV ausreichen. Nach ständiger Rechtspre-

---

[20] Hierzu *Bechtold*, Erinnerungsgabe für Alfred Gleiss, 143, 149.

[21] „No appreciable affectation of trade", vgl. Bekanntmachung der Kommission, Leitlinien über den Begriff der Beeinträchtigung des zwischenstaatlichen Handels, ABl. 2004 C 101/81, RdNr. 50.

[22] *Soltész*, FS Bechtold, 501, 508, 512.

[23] Vgl. hierzu bereits *Bechtold* AWD 1975, 185.

[24] *Soltész*, FS Bechtold, 501, 505.

chung ist die Kommission gerade **nicht verpflichtet,** eine **tatsächliche** Auswirkung der Beihilfen auf den Handel zwischen den Mitgliedstaaten nachzuweisen, sondern hat nur zu prüfen, ob die Beihilfen **geeignet** sind, diesen Handel zu beeinträchtigen.[25]

450   In einigen Urteilen haben die Gemeinschaftsgerichte sogar die (möglicherweise missverständliche formulierte) Auffassung geäußert, dass die Kommission im Falle **rechtswidrig gewährter** Beihilfen (dh. nicht angemeldeter Beihilfen) nicht die Auswirkungen auf den Handel zwischen den Mitgliedstaaten darzulegen brauche, denn eine solche Verpflichtung würde diejenigen Mitgliedstaaten, die Beihilfen unter Verstoß gegen die Anmeldepflicht nach Art. 108 Abs. 3 Satz 3 AEUV gewähren, zu Lasten derjenigen Mitgliedstaaten begünstigen, die Beihilfen bereits in der Planungsphase anmelden.[26] Dies ist ein klar unzulässiger Zirkelschluss, denn die Gewährung einer Beihilfe verstößt nur dann gegen das Vollzugsverbot, wenn überhaupt eine Beeinträchtigung des zwischenstaatlichen Handels vorliegt. Eine Differenzierung zwischen nicht-angemeldeten und angemeldeten Beihilfen (die im vorliegenden Fall offenbar pädagogischen Wert gegenüber den Mitgliedstaaten entfalten soll) ist daher im Rahmen dieses (materiellen) Tatbestandsmerkmals verfehlt. Die neuere Rechtsprechung hat daher diesen Ansatz zu Recht nicht mehr verfolgt[27] und macht daher folgerichtig das Vorliegen einer (möglichen) Beeinträchtigung des zwischenstaatlichen Handels zur Voraussetzung für das Eingreifen des Vollzugsverbotes.[28]

451   **bb) Spürbarkeitserfordernis?** Im Gegensatz zu den Art. 101 und 102 AEUV setzen die Kriterien der drohenden Wettbewerbsverfälschung und der Handelsbeeinträchtigung in Art. 107 AEUV nach der – allerdings bekämpften[29] – Rechtsprechung **keine Spürbarkeit** voraus. Jede Beihilfe, die einem Unternehmen, das in der Gemeinschaft tätig ist, gewährt wird, kann den Handel zwischen Mitgliedstaaten beeinträchtigen.[30] Die Gemeinschaftsgerichte haben vielfach festgestellt, dass **weder der verhältnismäßig geringe Umfang** einer Beihilfe noch die **verhältnismäßig geringe Größe** des begünstigten Unternehmens von vornherein die Möglichkeit einer Beeinträchtigung des zwischenstaatlichen Handels oder die Möglichkeit einer Wettbewerbsverzerrung ausschließen.[31] Es gebe „... **keine Schwelle und keinen Prozentsatz,** bis zu der oder dem man davon ausgehen könnte, dass der Handel zwischen Mitgliedstaaten nicht beeinträchtigt wäre [...]“.[32] Aus dem bloßen Vorliegen einer Beihilfengewährung an ein Unternehmen mit innergemeinschaftlichem Handel wird mithin ohne konkrete Überprüfung automatisch der Schluss auf die Beeinträchtigung dieses Handels gezogen.[33]

452   Mit der „De-Minimis-Verordnung“ 1998/2006[34] hat die Kommission jedoch eine gesetzliche Ausnahme vom Beihilfenverbot für kleine Beihilfenbeträge eingeführt. Beihilfen, die die Voraussetzungen der De-minimis-Verordnung erfüllen, gelten als Maßnahmen, die nicht alle Tatbestandsmerkmale von Art. 107 Abs. 1 AEUV erfüllen, und unterliegen daher nicht der Anmeldepflicht nach Art. 108 Abs. 3 AEUV. Dies ist grundsätzlich der Fall, wenn die die Gesamtsumme der einem Unternehmen gewährten De-minimis-Beihilfen in einem Zeitraum von drei Steuerjahren EUR 200 000 nicht übersteigt.

---

[25] EuGH, C-184/04, Slg. 2005, I-11 137, RdNr. 54 – Unicredito Italiano; EuGH, C-372/97, Slg. 2004, I-3679, RdNr. 44 – Italien/Kommission; EuG, T-222/04, noch nicht in amtl. Slg., RdNr. 38 – Italien/Kommission; EuGH, C-494/06 P, noch nicht in amtl. Slg., RdNr. 50 – Kommission/Italien.

[26] EuGH, C-301/87, Slg. 1990, I-307, RdNr. 33 – Frankreich/Kommission; EuG, T214/95, Slg. 1998, II-717, RdNr. 67 – Vlaams Gewest/Kommission; EuG, T-55/99, Slg. 2000, II-3207, RdNr. 76, RdNr. 103 – CETM/Kommission.

[27] Zurückhaltender insbesondere EuGH, C-372/97, Slg. 2004, I-3679, RdNr. 45 – Italien/Kommission, wo die genannte Rechtsprechung dahingehend relativiert ist, dass kein Nachweis einer „tatsächlichen“ Auswirkung auf den zwischenstaatlichen Handel erforderlich ist, sondern die bloße Geeignetheit hierzu ausreicht.

[28] EuGH, C-71/04, Slg. 2005, I-7419, RdNr. 32 – Administracion del Estado/Xunta de Galicia.

[29] Für ein Spürbarkeitserfordernis *Koenig/Kühling/Ritter* 140 RdNr. 185; *Schröter/Jakob/Mederer* Art. 87 EG RdNr. 49.

[30] EuG, T-92/00 u. T-103/92, Slg. 2002, II-1385, RdNr. 72 – Diputación Foral de Álava/Kommission; EuG, T-222/04, noch nicht in amtl. Slg., RdNr. 43 – Italien/Kommission.

[31] EuGH, C-71/04, Slg. 2005, I-7419, RdNr. 41 – Administracion del Estado/Xunta de Galicia; EuGH, C-280/00, Slg. 2003, I-7747, RdNr. 81 – Altmark Trans; EuGH, C-278/00, Slg. 2004, I-3997, RdNr. 69 – Griechenland/Kommission; EuGH, C-372/97, Slg. 2004, I-3679, RdNr. 53 – Italien/Kommission. Vgl. auch EuG, T-214/95, Slg. 1998, II-717, RdNr. 46 – Vlaams Gewest/Kommission, wobei in dieser Entscheidung zwischen der Frage der Spürbarkeit der Wettbewerbsverzerrung und der Spürbarkeit der Beeinträchtigung des zwischenstaatlichen Handels nicht differenziert wird.

[32] EuGH, C-280/00, Slg. 2003, I-7747, RdNr. 81 – Altmark Trans.

[33] Vgl. zB. EuGH, C-278/00, Slg. 2004, I-3997, RdNr. 70 f. – Griechenland/Kommission.

[34] ABl. 2006 L 379/5.

Nach der Fassung der Verordnung bleibt unklar, ob bei „De-minimis"-Beihilfen das Vor- **453** liegen einer „Wettbewerbsverfälschung" oder die „Beeinträchtigung des zwischenstatlichen Handels entfällt.[35] Überzeugender ist wohl, das Vorliegen einer Wettbewerbsverfälschung zu verneinen;[36] die Rechtsprechung prüft die Voraussetzungen der „De-minimis"-Verordnung jedoch auch gelegentlich bei der Frage der Beeinträchtigung des zwischenstaatlichen Handels.[37] Auf jeden Fall besteht ein gewisser innerer Widerspruch zwischen dem Postulat der Rechtsprechung, wonach es „… keine Schwelle und keinen Prozentsatz [gebe], bis zu der oder dem man davon ausgehen könnte, dass der Handel zwischen Mitgliedstaaten nicht beeinträchtigt wäre"[38] und der „De-minimis"-Regelung, die gerade eine solche feste Grenze vorsieht. Die bisherige Rechtsprechung hat diesen Widerspruch noch nicht aufgelöst.[39]

    cc) Kriterien zur Feststellung des Zwischenstaatlichkeitsbezugs. Ausgangspunkt für **454** die Feststellung einer Beeinträchtigung des zwischenstaatlichen Handels ist – wie bei der Frage der Wettbewerbsverfälschung – die **Philip Morris-Rechtsprechung,** wonach eine Beeinträchtigung des zwischenstaatlichen Handels bereits dann vorliegt, wenn eine Maßnahme die Belastungen des begünstigten Unternehmens vermindert und damit seine Stellung gegenüber anderen Unternehmen aus anderen Mitgliedstaaten, die mit ihm in Wettbewerb stehen, stärkt.[40] Hierbei ist der Umstand, dass ein Wirtschaftssektor auf Gemeinschaftsebene wurde, **liberalisiert** geeignet, eine tatsächliche oder potenzielle Auswirkung der Beihilfen auf den Wettbewerb sowie ihre Auswirkung auf den Handel zwischen Mitgliedstaaten zu begründen.[41] Ein starkes Indiz für eine Beeinträchtigung des zwischenstaatlichen Handels liegt vor, wenn in dem betreffenden Sektor **lebhafter Wettbewerb** herrscht.[42]

    Eine Beeinträchtigung des zwischenstaatlichen Handels im Sinne des Art. 107 Abs. 1 AEUV **455** wird insbesondere angenommen, wenn im betroffenen Markt Unternehmen aus verschiedenen Mitgliedstaaten im gegenseitigen Wettbewerb stehen, zB. wenn die betroffenen Produkte Gegenstand des Handels zwischen den Mitgliedstaaten sind oder die Dienstleistungen grenzüberschreitend angeboten werden.[43] In den seltenen Fällen, wo innergemeinschaftlicher Handel völlig fehlt, verneint die Rechtsprechung die Voraussetzung der Zwischenstaatlichkeitsklausel.[44]

    Das begünstigte Unternehmen braucht **nicht selbst am innergemeinschaftlichen Handel** **456** teilzunehmen.[45] Wenn nämlich ein Mitgliedstaat einem Unternehmen eine Beihilfe gewährt, kann die inländische Tätigkeit dadurch beibehalten oder verstärkt werden, so dass sich die Chancen der in anderen Mitgliedstaaten niedergelassenen Unternehmen, den Markt dieses Mitgliedstaats zu durchdringen, verringern.[46] Dies soll bereits dann anzunehmen sein, wenn ein Mitgliedstaat einem Unternehmen eine Beihilfe gewährt, die dazu beiträgt, die inländische Erzeugung beizubehalten oder zu erhöhen, so dass die Chancen der in anderen Mitgliedstaaten niedergelassenen Unternehmen, ihre Erzeugnisse auf dem Heimatmarkt des fraglichen Unternehmens im Wege des Imports abzusetzen, verschlechtert werden.[47] Somit vermag auch eine Beihilfe in geringem Umfang an ein **relativ kleines Unternehmen** eine Handelsbeeinträchti-

---

[35] Vgl. Erwägungsgrund 8 der VO 1998/2006.

[36] So wohl die überwiegende Einschätzung, vgl. *Calliess/Ruffert/Cremer* Art. 87 EG RdNr. 25 mwN.

[37] EuGH, C-172/03, Slg. 2005, I-1627, RdNr. 29 – Heiser/Finanzamt Innsbruck.

[38] EuGH, C-280/00, Slg. 2003, I-7747, RdNr. 81 – Altmark Trans.

[39] Vgl. insbesondere EuGH, C-172/03, Slg. 2005, I-1627, RdNr. 29 einerseits und RdNr. 32 andererseits – Heiser/Finanzamt Innsbruck. Vgl. ferner auch EuGH, C- 278/00, Slg. 2004, I-3997, RdNr. 70 – Griechenland/Kommission.

[40] EuGH, 730/79, Slg. 1980, 2671, RdNr. 11 – Philip Morris/Kommission; EuGH, 295/85, Slg. 1987, 4393, RdNr. 24 – Frankreich/Kommission; EuGH, C-182/03 u. C-217/03, Slg. 2006, I-5479, RdNr. 131 – Belgien und Forum 187/Kommission; EuGH, C-53/00, Slg. 2001, I-9067, RdNr. 21 – Ferring.

[41] EuGH, C-409/00, Slg. 2003, I-1487, RdNr. 75 – Spanien/Kommission; EuGH, C-222/04, Slg. 2006, I-289, RdNr. 142 – Ministero dell'Economia e delle Finanze/Cassa di Risparmio di Firenze ua.

[42] EuGH, C-71/04, Slg. 2005, I-7419, RdNr. 42 – Administracion del Estado/Xunta de Galicia; EuGH, C-278/00, Slg. 2004, I-3997, RdNr. 70 f. – Griechenland/Kommission; EuGH, C-372/97, Slg. 2004, I-3679, RdNr. 54 – Italien/Kommission; EuGH, C-409/00, Slg. 2003, I-1487, RdNr. 76 – Spanien/Kommission.

[43] EuG, T-447/93, T-448/93 u. T-449/93, Slg. 1995, II-1971, RdNr. 138 – AITEC/Kommission.

[44] EuG, T-67/94, Slg. 1998, II-1, RdNr. 161 – Ladbroke Racing/Kommission.

[45] EuGH, C-393/04 u. C-41/05, Slg. 2006, I-5293, RdNr. 35 – Air Liquide Industries/Serain und Lüttich; EuGH, C-148/04, Slg. 2005, I-11 137, RdNr. 58 – Unicredito Italiano SpA/Agenzia delle Entrate.

[46] EuGH, C-148/04, Slg. 2005, I-11 137, RdNr. 58 – Unicredito Italiano SpA/Agenzia delle Entrate.

[47] EuGH, C-278/92, C-279/92 u. C-280/92, Slg. 1994, I-4103, RdNr. 40 – Spanien/Kommission; EuGH, C-75/97, Slg. 1999, I-3671, RdNr. 47 – Belgien/Kommission; *Faber* DVBl. 1992, 1346, 1353.

gung auszulösen.[48] Es gibt auch keine Vermutung, wonach Beihilfen an kleinere und mittlere Unternehmen (KMU) den zwischenstaatlichen Handel nicht beeinträchtigen würden.[49] Zudem kann die Stärkung eines Unternehmens, das bis dahin nicht am innergemeinschaftlichen Handel teilgenommen hat, dieses in die Lage versetzen, den **Markt eines anderen Mitgliedstaats** zu **durchdringen.**[50]

457   Die Auswirkungen von **Beihilfenregelungen** auf den zwischenstaatlichen Handel werden von der Rechtsprechung nur summarisch untersucht. Die Rechtsprechung fordert hier zwar grundsätzlich, dass eine Beihilfenregelung seinem Wesen nach Unternehmen begünstigt, die im innergemeinschaftlichen Handel tätig sind[51] (wobei nicht die Anzahl der begünstigten Unternehmen und die exakte Beihilfenhöhe ermittelt werden muss[52]). Genau genommen dürfte sich aber mit der Philip Morris-Formel praktisch bei jeder Beihilfenregelung die Beeinträchtigung des zwischenstaatlichen Handels durch eine Abschottungswirkung begründen lassen. Denn die jeder Beihilfenregelung immanente Stärkung einer größeren Zahl von Unternehmen verbessert deren Stellung gegenüber Konkurrenten aus anderen Mitgliedstaaten und erschwert diesen den Markteintritt in den Inlandsmarkt – auch wenn die begünstigten Unternehmen selbst nicht am grenzüberschreitenden Handel teilnehmen.

458   Eine Beihilfe, die auf individueller Ebene **relativ gering** sein mag, die aber potenziell allen oder sehr vielen Unternehmen eines Sektors offen steht, kann dann Auswirkungen auf den Handel zwischen Mitgliedstaaten haben, wenn der Sektor durch eine hohe Anzahl kleiner Unternehmen geprägt ist.[53] Der Umstand, dass eine Beihilfenregelung grundsätzlich auch für Niederlassungen von Unternehmen aus anderen Mitgliedstaaten gilt, steht der Annahme einer Beeinträchtigung des zwischenstaatlichen Handels nicht entgegen.[54]

Auch wenn die staatliche Maßnahme den zwischenstaatlichen Handel nur **teilweise beeinträchtigt,** so muss sich eine Negativentscheidung der Kommission immer auf die gesamte Beihilfe beziehen.[55]

459   **dd) Handel mit Drittstaaten.** Eine Beeinträchtigung des Handels zwischen Mitgliedstaaten kann auch dann vorliegen, wenn der Beihilfenempfänger seine Produktion ganz überwiegend in **Drittstaaten absetzt.** Hierfür spricht die Verflechtung der Märkte, auf denen die Unternehmen in der Gemeinschaft tätig sind, sowie der Umstand, dass der Beihilfenempfänger auch jederzeit seine Strategie umstellen und den Gemeinschaftsmarkt beliefern kann.[56]

460   Die neuere Rechtsprechung hat allerdings auch klargestellt, dass in derartigen Fällen **höhere Anforderungen** an die Herleitung der Beeinträchtigung des zwischenstaatlichen Handels zu stellen sind. Insbesondere dann, wenn die Beihilfen nicht unmittelbar mit der Tätigkeit des Empfängerunternehmens in der Gemeinschaft verbunden sind, sondern wenn hiermit die Marktdurchdringung in Drittstaaten finanziert werden soll, reicht es nicht aus, die Teilnahme des Empfängers am innergemeinschaftlichen Handel und dessen finanzielle Stärkung als Indiz für eine Beeinträchtigung des zwischenstaatlichen Handels heranzuziehen. Vielmehr bedarf es zusätzlicher Umstände. Mittelbare Auswirkungen auf den innergemeinschaftlichen Handel können nicht vermutet werden, sondern dies muss konkret dargelegt werden.[57]

461   **ee) Beihilfenempfänger mit regionalem oder lokalem Tätigkeitsbereich.** Eine Beihilfe kann den mitgliedstaatlichen Handel selbst dann beeinträchtigen, wenn der von ihr Be-

---

[48] EuG, T-230/95, Slg. 1999, II-139, RdNr. 77 – BAI/Kommission; *Niemeyer/Hirsbrunner* EuZW 2000, 364 f. mit weiteren Beispielen.

[49] EuG, T-298/97, Slg. 2000, II-2319, RdNr. 85 – Alzetta Mauro/Kommission.

[50] EuGH, C-66/02, Slg. 2005, I-10901, RdNr. 117 – Italien/Kommision; EuGH, C-494/06 P, noch nicht in amtl. Slg., RdNr. 57 – Kommission/Italien; EuGH, C-222/04, Slg. 2006, I-289, RdNr. 143 – Ministero dell'Economia e delle Finanze/Cassa di Risparmio di Firenze ua.; EuGH, C-148/04, Slg. 2005, I-11137, RdNr. 58 – Unicredito Italiano SpA/Agenzia delle Entrate.

[51] EuGH, 248/84, Slg. 1987, 4013, RdNr. 18 – Deutschland/Kommission.

[52] EuG, T-298/97, Slg. 2000, II-2319, RdNr. 87 – Alzetta Mauro/Kommission.

[53] EuGH, C-71/04, Slg. 2005, I-7419, RdNr. 43 – Administracion del Estado/Xunta de Galicia; EuGH, C-372/97, Slg. 2004, I-3679, RdNr. 57 – Italien/Kommission; EuGH, C-372/97, Slg. 2004, I-3679, RdNr. 57 – Italien/Kommission.

[54] EuGH, C-66/02, Slg. 2005, I-10901, RdNr. 123 – Italien/Kommission.

[55] EuGH, C-66/02, Slg. 2005, I-10901, RdNr. 112 f. – Italien/Kommission.

[56] EuGH, C-142/87, Slg. 1990, I-959, RdNr. 35 ff. – Belgien/Kommission. Vgl. auch EuGH, 310/85, Slg. 1987, 901, RdNr. 9 ff. – Deufil/Kommission.

[57] EuGH, C-494/06 P, noch nicht in amtl. Slg., RdNr. 60 ff. – Kommission/Italien; vgl. auch *Immenga/ Mestmäcker/Ehricke*, EG-WettbR, Art. 87 Abs. 1 EG RdNr. 113.

günstigte nur lokal oder regional tätig ist und am grenzüberschreitenden Handel nicht teilnimmt. Der EuGH hat wiederholt festgestellt, dass die Eignung zur Beeinträchtigung des zwischenstaatlichen Handels **nicht vom örtlichen oder regionalen Charakter** der erbrachten Dienstleistungen oder von der Größe des betreffenden Tätigkeitsgebiets abhängt.[58]

Illustratives Beispiel aus der jüngsten Rechtsprechung hierzu ist der Fall Heiser, wonach der **462** Tatbestand einer Beihilfe auch bei einer geringfügigen Steuervergünstigung zu bejahen ist, die einem in Tirol tätigen **Kieferorthopäden** gewährt wird.[59] Herr Heiser profitierte – wie andere österreichische Ärzte auch – über acht Jahre lang von einer Steuervergünstigung in Höhe von ca. 4000,- € jährlich. Der Gerichtshof räumte ein, dass diese Beihilfen „weit" unter der De-minimis-Schwelle lagen. Er begnügte sich aber anschließend mit der Feststellung, dass „nicht auszuschließen" sei, dass Fachärzte wie Herr Heiser mit Kollegen aus anderen Mitgliedstaaten im Wettbewerb stehen. Ob ein solcher Wettbewerb tatsächlich besteht, prüfte der Gerichtshof indessen nicht.[60]

Ebenso streng sind Rechtsprechung und Kommissionspraxis im Bereich des **öffentlichen** **463** **Personennahverkehrs.** Nach dem Altmark-Urteil zufolge ist es keineswegs ausgeschlossen, dass sich ein öffentlicher Zuschuss, der einem Unternehmen gewährt wird, das ausschließlich örtliche oder regionale Verkehrsdienste und keine Verkehrsdienste außerhalb seines Heimatstaats leistet, gleichwohl auf den Handel zwischen Mitgliedstaaten auswirken kann. Gewährt nämlich ein Mitgliedstaat einem Unternehmen einen öffentlichen Zuschuss, so kann dadurch die Erbringung von Verkehrsdiensten durch dieses Unternehmen beibehalten oder ausgeweitet werden, so dass sich die Chancen der in anderen Mitgliedstaaten niedergelassenen Unternehmen, ihre Verkehrsdienste auf dem Markt dieses Staates zu erbringen, verringern.[61] Dies sei nicht nur hypothetischer Natur, da mehrere Mitgliedstaaten bereits begonnen hätten, einzelne Verkehrsmärkte dem Wettbewerb durch in anderen Mitgliedstaaten ansässige Unternehmen zu öffnen, so dass mehrere Unternehmen bereits ihre Stadt-, Vorort- oder Regionalverkehrsdienste in anderen Mitgliedstaaten als ihrem Heimatstaat anbieten. Die Geeignetheit einer Maßnahme zur Beeinträchtigung des zwischenstaatlichen Handels hänge nicht vom örtlichen oder regionalen Charakter der erbrachten Verkehrsdienste oder von der Größe des betreffenden Tätigkeitsgebiets ab.[62] Die Kommission hat sich dieser strengen Beurteilung in Folgeentscheidungen durchweg angeschlossen.[63] Dies widerspricht allerdings der früheren Kommissionspraxis, wo bei örtlichen Verkehrsdienstleistungen die Zwischenstaatlichkeit verneint wurde.[64]

Bei **Seilbahnanlagen** differenziert die Kommission hingegen zwischen „sportbezogenen **464** Seilbahnanlagen in Tourismusgebieten (Zwischenstaatlichkeitsklausel erfüllt), Seilbahnanlagen für rein lokale Nutzung (Zwischenstaatlichkeitsklausel nicht erfüllt) und Seilbahnanlagen, die hauptsächlich die allgemeinen Beförderungsbedürfnisse befriedigen (Zwischenstaatlichkeitsklausel mit Blick auf die fortschreitende Liberalisierung des Verkehrssektors erfüllt).[65]

In einem (wenig nachvollziehbaren) Gegensatz zu der überaus strengen Beurteilung des öffentli- **465** chen Personennahverkehrs steht die Entscheidung der Kommission zur Subventionierung eines **Freizeitbads** im westfälischen Dorsten:[66] Die Kommission befand hier, dass dieses Bad angesichts des begrenzten Einzugskreises keine grenzüberschreitend gehandelten Infrastrukturdienstleistungen anbietet. Der Einzugsbereich des Freizeitbades wurde mit 50 km angegeben. Da die nächstgelegene Grenze zu den Niederlanden weiter entfernt liegt, bestand hier nach Auffassung der Kommission **kein grenzüberschreitender Wettbewerb** verschiedener Infrastruktureinrichter statt, so dass eine Beeinträchtigung des innergemeinschaftlichen Handels ausgeschlossen wurde. Das Freizeitbad sei von der Förderung großer Freizeitparks zu unterscheiden, die auf einen nationalen oder sogar internationalen Markt ausgerichtet seien und weit über die Region, in der sie

---

[58] EuGH, C-71/04, Slg. 2005, I-7419, RdNr. 40 – Administracion del Estado/Xunta de Galicia; EuGH, C-280/00, Slg. 2003, I-7747, RdNr. 82 – Altmark Trans; EuGH, C-372/97, Slg. 2004, I-3679, RdNr. 60 – Italien/Kommission.

[59] EuGH, C-172/03, Slg. 2005, I-1627, RdNr. 29 – Heiser/Finanzamt Innsbruck.

[60] Kritisch *Heidenhain* EuZW 2005, 289.

[61] EuGH, C-280/00, Slg. 2003, I-7747, RdNr. 77 – Altmark Trans, unter Verweis auf EuGH, 102/87, Slg. 1988, 4067, RdNr. 19 – Frankreich/Kommission; EuGH, C-305/89, Slg. 1991, I-1603, RdNr. 26 – Italien/Kommission.

[62] EuGH, C-280/00, Slg. 2003, I-7747, RdNr. 77 – Altmark Trans.

[63] Vgl. zB. Kom., ABl. 2009 L 97/14, Tz. 86 – Busunternehmen Südmähren.

[64] Kom., XXIX. Wettbewerbsbericht, Tz. 242 – Verkehrswesen in der Lagune von Venedig.

[65] Kom., N 860/01 – Österreich, Revitalisierungsprojekt Skigebiet Mutterer Alm.

[66] Kom., N 258/00 – Freizeitbad Dorsten.

gelegen sind, hinaus beworben werden. Ganz konsequent ist der Schluss vom begrenzten Einzugskreis auf die mangelnde Beeinträchtigung beim Freizeitbad Dorsten allerdings nicht, denn auf der Grundlage der Philip Morris-Rechtsprechung schließt der begrenzte lokale Wirkungskreis die Zwischenstaatlichkeit gerade nicht aus. Vielmehr reicht es aus, dass die Beihilfe den Empfänger in die Lage versetzt, seine Produktion aufrecht zu erhalten oder zu steigern, und dadurch die Marktzutrittschancen seiner Wettbewerber aus anderen Mitgliedstaaten verringert.[67] Bei Freizeitbädern, die ebenfalls von ausländischen Investoren betrieben werden können, wäre eine solches Argumentationsmuster ebenfalls denkbar. Offenbar bestand jedoch – wohl zu Recht – wenig Neigung bei der Kommission, ihre ohnehin knappen Ressourcen auf derartige Schwimmbadfälle zu verwenden, so dass die Anwendbarkeit des Beihilfenverbotes hier wohl in erster Linie an pragmatischen Erwägungen (Arbeitsüberlastung) gescheitert sein dürfte.

466   Ebenso verneinte die Kommission den Beihilfencharakter im Falle der Sanierung von **Kulturdenkmälern**[68] ohne auf die Philip Morris-Formel näher einzugehen – obwohl der in Rede stehende Brighton West Pier durchaus kommerziell genutzt wurde und daher auch als Investitionsobjekt für ausländische Investoren in Betracht kam.

467   Diese Kommissionspraxis steht auch in einem gewissen Spannungsverhältnis zu den Entscheidungen betreffend die Finanzierung **öffentlicher Vergnügungsparks,** wo nach Auffassung der Kommission die Zwischenstaatlichkeitsklausel erfüllt war, da eine solche Attraktion „zumindest potentiell den Touristenstrom beeinflussen könne".[69] Derartige Parks verstärken – so die Kommission – das Fremdenverkehrsangebot der Region, zumal die Werbung erklärt, auf welchem Weg man von den wichtigsten Städten Europas zu dem betreffenden Park gelangt.[70] Entsprechend hatte die Kommission die Zwischenstaatlichkeit bei einem **Jachthafen** angenommen, der einen grenzüberschreitenden Einzugsbereich aufwies.[71] Die gleichen Grundsätze gelten für **Hotels** mit internationalem Gästeaufkommen.[72] Ebenso hatte die Kommission für private französische **Theater**[73] eine Beeinträchtigung des zwischenstaatlichen Handels festgestellt, da diese ein internationales Publikum anziehen können.

468   In einer Entscheidung zu **irischen Krankenhäusern**[74] hatte die Kommission eine Beeinträchtigung des zwischenstaatlichen Handels verneint. Zwar ging die Kommission in ihrer Begründung davon aus, dass es sich bei Krankenhäusern um Unternehmen im Sinne des Art. 107 Abs. 1 AEUV handelt[75] und somit eine potentielle Beeinträchtigung auf den zwischenstaatlichen Handel vorliegen könne. Im konkreten Fall sei die Beihilfenvergabe jedoch diskriminierungsfrei (unabhängig von der Staatsangehörigkeit des Betreibers) gewährt worden, der Anreizeffekt der Beihilfen zum Eintritt in den irischen Markt sei nur gering und die Subventionen dienten dem Ausgleich einer medizinischen Unterversorgung. Diese Begründung ist sicherlich nicht verallgemeinerungsfähig, denn die genannten Elemente treffen auf eine Vielzahl von Beihilfenregelungen zu. Die Kommission würde den Fall wohl auch heute angesichts der fortgeschrittenen Liberalisierung des Krankenhaussektors und vor dem Hintergrund ihrer Praxis zu Art. 106 Abs. 2 AEUV (sog. Monti-Paket)[76] anders entscheiden.

469   In die gleiche Richtung geht die Entscheidung im Fall **italienischer Erdgastankstellen,** wo die Kommission die Beeinträchtigung des zwischenstaatlichen Handels verneinte. Maßgeblich war hierfür, dass es aufgrund der konkreten geografischen Lage der geförderten Tankstellen kei-

---

[67] EuGH, 102/87, Slg. 1988, 4067, RdNr. 18 f. – Frankreich/Kommission; EuGH, C-305/89, Slg. 1991, I-1603, RdNr. 26 – Italien/Kommission.

[68] Kom., NN 17/02 – Brighton West Pier.

[69] Kom., ABl. 2004 L 61/66, 69 – Space Park Bremen; Kom., N 640/99 – Frankreich, Eurodisney; Kom., N 132/99 – Parco Navi.

[70] Kom, ABl. 2001 C 300/2, Tz .8 – Terra Mítica, SA.

[71] Kom., XXIX. Wettbewerbsbericht, Tz. 242 – Marina die Stabbia.

[72] Kom., N 582/99 – Villa Romana srl.

[73] Kom., N 818/99 – Französische Theater und Variétés. Vgl. auch Kom., ABl. 2007 L 47/4 – Stadthalle Prerov.

[74] Kom., N 543/2001 – Ireland, Capital Allowances for Hospitals.

[75] Vgl. hierzu EuGH, C-157/99, Slg. 2001, I-5473, RdNr. 53 – Smits/Stichting CZ Groep Zorgverzekeringen, wonach medizinische Tätigkeiten unabhängig von der Frage, ob sie in einer Krankenanstalt oder außerhalb erbracht werden, Dienstleistungen nach Art. 56 ff. AEUV darstellen.

[76] Vgl. Art. 2 und Erwägungsgrund 16 der Entscheidung der Kommission über die Anwendung von Art. 106 Abs. 2 AEUV auf staatliche Beihilfen, die bestimmt mit der Erbringung von Dienstleistungen von allgemeinem wirtschaftlichem Interesse betrauten Unternehmen als Ausgleich gewährt werden, ABl. 2005 L 312, worin klargestellt wird, dass auch Beihilfen an regional tätige Krankenhäuser zu einer Beeinträchtigung des zwischenstaatlichen Handels führen können.

nen Wettbewerbs zu Erdgastankstellen in anderen Mitgliedstaaten gab.[77] Die sehr engagierte Begründung der Kommission (in der diese Aspekte ausführlich beschrieben wurden) lässt jedoch jeglichen Hinweis auf die Philip Morris-Rechtsprechung vermissen, wonach es für die Zwischenstaatlichkeitsklausel ausreicht, dass die finanzielle Lage des Empfängers verbessert und dadurch die Marktzutrittschancen seiner Wettbewerber aus anderen Mitgliedstaaten verringert werden.[78]

Die staatliche Unterstützung für den **Kauf kleiner Nutzfahrzeuge,** die an Unternehmen 470 mit ausschließlich lokalem oder regionalem Tätigkeitsgebiet in ganz unterschiedlichen Sektoren (allerdings nicht im Beförderungswesen) gewährt wird, wobei die Fahrzeuge normalerweise für sehr kurze Fahrten eingesetzt werden, soll nicht den Handel zwischen den Mitgliedstaaten beeinträchtigen.[79]

Im **Flughafensektor** muss nach den Leitlinien der Kommission die Wettbewerbssituation der 471 Flughäfen in jedem Einzelfall untersucht werden. Dabei sind Faktoren wie das Einzugsgebiet und die Höhe der Gebühren für die Nutzung der Flughafeninfrastruktur und Dienstleistungen zu berücksichtigen. Die Kommission hat vier verschiedene Kategorien festgelegt, anhand derer festgestellt werden kann, inwieweit Flughäfen miteinander konkurrieren (große Gemeinschaftsflughäfen = Kategorie A, nationale Flughäfen = Kategorie B, große Regionalflughäfen = Kategorie C, kleine Regionalflughäfen = Kategorie D). Öffentliche Zuschüsse zugunsten von Flughäfen der Kategorie A oder B bergen nach Einschätzung der Kommission grundsätzlich die Gefahr einer Wettbewerbsverfälschung oder Beeinträchtigung des Handels zwischen den Mitgliedstaaten in sich. Bei Flughäfen der Kategorie C und D muss die Wettbewerbssituation also in jedem Einzelfall unter Berücksichtigung der betroffenen Märkte beurteilt werden.[80] In ihrer Praxis hält sich die Kommission jedoch nicht an diese Vorgaben, sondern lässt es für die Beeinträchtigung des zwischenstaatlichen Handels bereits genügen, dass der Beihilfenempfänger im (wenn auch sehr geringfügigen) Wettbewerb mit anderen Flughäfen steht, die ihrerseits mit Unternehmen aus anderen Mitgliedstaaten konkurrieren.[81] Zudem zieht sich die Kommission auf die Philip Morris-Formel zurück, wonach es ausreicht, dass die finanzielle Lage des Empfängers verbessert und dadurch die Chancen seiner Wettbewerber aus anderen Mitgliedstaaten verringert werden.[82]

Auch Beihilfen an lokal oder regional tätige **Kreditinstitute,** wie zB. Sparkassen, können 472 den Handel zwischen Mitgliedstaaten beeinträchtigen.[83] Der EuGH hat in seiner jüngeren Rechtsprechung betont, dass der Sektor der Finanzdienstleistungen auf Gemeinschaftsebene in erheblichem Umfang liberalisiert wurde, was den Wettbewerb zwischen allen Instituten erheblich verschärft hat.[84] Dass der Beihilfenempfänger nur in Regionen innerhalb eines Mitgliedstates tätig ist, steht der Annahme der Beeinträchtigung des Handels zwischen den Mitgliedstaaten nicht entgegen.[85] Nach Auffassung der Kommission kann sich eine staatliche Beihilfe im Bankensektor nämlich grundsätzlich in mehrfacher Weise auf den zwischenstaatlichen Handel auswirken:[86] Zum einen wird durch eine Beihilfe der nationale „Binnensparmarkt" für das Eindringen von Banken aus den übrigen EU-Ländern undurchlässiger. Dies ist insbesondere der Fall, wenn eine Beihilfe geeignet ist, das Überleben von Bankinstituten mit geringer Finanzkraft sicherzustellen.[87] Dies gilt auch, wenn es sich um Bankinstitute mit einem lokalen Wirkungskreis handelt.[88] Es ist nicht erforderlich, dass die betroffenen Institute ohne die Beihilfe in Kon-

---

[77] Kom., ABl. 2006 L 32/82, Tz. 59 – Verringerung der Luftverschmutzung im Gebiet der Region Piemont.

[78] Hingegen wurde die Zwischenstaatlichkeit bejaht im Falle niederländischer Tankstellen, die nah zur deutschen Grenze gelegen waren, vgl. Kom., XXIX. Wettbewerbsbericht, Tz. 244.

[79] Kom., ABl. 2001 L 212/34, Tz. 29 – Beihilfen Spaniens für Erwerb von Nutzfahrzeugen.

[80] Leitlinien der Kommission für die Finanzierung von Flughäfen und die Gewährung staatlicher Anlaufbeihilfen für Luftfahrtunternehmen auf Regionalflughäfen, ABl. 2005 C 312/1, Tz. 11, 38.

[81] Vgl. zB. Kom., N 638/2007, Tz. 36 – Airport Lotniczy; Kom., NN 21/2007 und NN 22/2007, Tz. 37 f. – Rzeszow Jasionka Airport.

[82] Kom. ABl. 2008 L 346/1, Tz. 221 – DHL und Flughafen Leipzig/Halle; Kom., NN 4/2009, Tz. 22 f. – Flughafen Dresden; Kom., NN 25/2009, Tz. 50 – Berlin Brandenburg International.

[83] Kom., E 10/2000 – Deutschland, Anstaltslast und Gewährträgerhaftung.

[84] EuGH, C-222/04, Slg. 2006, I-289, RdNr. 145 – Ministero dell'Economia e delle Finanze/Cassa di Risparmio di Firenze ua.; EuGH, C-148/04, Slg. 2005, I-11137, RdNr. 60 – Unicredito Italiano SpA/Agenzia delle Entrate.

[85] Vgl. zB. Kom., ABl. 2004 L 263/8, Tz. 67 – Bank Burgenland.

[86] Zusammenfassend: Kom., ABl. 1998 L 221, 28, 64 – Crédit Lyonnais.

[87] Kom., ABl. 1998 L 221, 28, 64 – Crédit Lyonnais; Kom., ABl. 1999 L 103, 19, 24 – Société de Banque Occidentale; Mitteilung der Kommission, ABl. 1997 C 49, 2, 14 – Société Marseillaise de Crédit.

[88] Kom., ABl. 1999 L 116, 36, 48 – Banco di Napoli.

kurs gehen würden oder sich sonst in wirtschaftlichen Schwierigkeiten befinden.[89] Zudem wird durch eine Beihilfe wird den heimischen Banken das Vordringen in andere nationale Märkte erleichtert. So können diese Institute die erworbenen Finanzmittel dazu einsetzen, in andere nationale Märkte einzudringen.[90] Der zwischenstaatliche Handel kann auch deshalb beeinträchtigt sein, weil der Beihilfenempfänger in einer Region tätig ist, die mit anderen Mitgliedstaaten wirtschaftlich eng verflochten ist.[91] Unerheblich ist es, falls die Bankkunden, an die letztendlich die Vorteile einer Beihilfe weitergegeben werden, ausschließlich Inländer sind. Auch in solchen Fällen trägt die Beihilfe dazu bei, den inländischen Markt für das Eindringen ausländischer Banken undurchlässiger zu machen.[92]

473   Beihilfen an Unternehmen, die auf örtlicher oder regionaler Ebene Dienstleistungen im **Schiffbau oder im Schiffsumbau** erbringen, können sich ebenfalls auf den zwischenstaatlichen Handel auswirken. Denn diese können dazu führen, dass diese Unternehmen ihre Dienstleistungen weiter erbringen oder ausweiten können, so dass sich die Chancen von Wettbewerbern aus anderen Mitgliedstaaten, ihre Dienstleistungen in diesem Sektor in dem betreffende Mitgliedstaat zu erbringen, verringern.[93]

474   Im Fall Linde verneinte die Kommission eine Beeinträchtigung des zwischenstaatlichen Handels unter Hinweis auf den lokalen Charakter des Marktes (**Lieferung von Gas** durch eine stationäre Anlage), auf dem keine anderen Wettbewerber präsent waren.[94] Es ist jedoch fraglich, ob diese Entscheidung (in der die Frage der Begünstigung mit der Frage der Wettbewerbsverzerrung vermischt wird) verallgemeinerungsfähig ist.

475   **Zusammengefasst** betrachtet bietet die Praxis der Gemeinschaftsorgane zu Unternehmen mit regionalem oder lokalem Tätigkeitsbereich ein uneinheitliches Bild. Grundsätzlich legt die Kommission die Zwischenstaatlichkeitsklausel überaus weit aus. In Einzelfällen lässt sie jedoch – oft überraschend – Ausnahmen zu. Die unterschiedliche Behandlung gleichgelagerter Fallkonstellationen lässt sich nur schwer erklären. Abgesehen davon, dass die Kommission die Zwischenstaatlichkeitsklausel grundsätzlich weit auslegt, ist ein „roter Faden", der sich durch die gesamte Praxis hindurch ziehen würde, kaum zu erkennen. Als gemeinsames Grundmuster lässt sich allenfalls erahnen, dass die Kommission vorzugsweise solche Fälle aufzugreifen scheint, in denen der Markt aufgrund von gemeinschaftsrechtlichen Liberalisierungsmaßnahmen dem Wettbewerb geöffnet wurde, wie zB. bei Postdienstleistungen,[95] Luftverkehr, öffentlicher Personennahverkehr, Finanzdienstleistungen, etc. Dahinter steht offenbar der politische Wille, den Öffnungsprozess in einem liberalisierten Markt nicht durch staatliche Interventionen konterkarieren zu lassen.

476   **f) Begründungserfordernis.** Entsprechend **niedrig** sind die Anforderungen an die (formelle) Begründungspflicht nach Art. 296 AEUV, wenn es um die Frage der Beeinträchtigung des zwischenstaatlichen Handels geht. Früher hatte die Kommission teilweise postuliert, dass sich die Entscheidung nicht auf die bloße Feststellung beschränken dürfe, dass der Beihilfenempfänger Umsätze in anderen Mitgliedstaaten erzielt. Es reiche auch nicht aus, dass lediglich die Existenz grenzüberschreitenden Handels mit dem betreffenden Produkt dargelegt wird. Notwendig sei vielmehr, dass die Lage des betroffenen Marktes, der Marktanteil des Beihilfeempfängers bei diesem Produkt, die Stellung der Konkurrenzunternehmen und die Auswirkungen der Beihilfe auf zum Konzern des Beihilfenempfängers zugehörige Unternehmen beschrieben werden.[96]

477   Diese Begründungserfordernisse dürften mittlerweile jedoch nicht mehr in dieser Strenge gelten. Nach neueren Urteilen muss die Kommission **lediglich die Umstände** in der Entscheidung anzugeben, die zu einer Beeinträchtigung des zwischenstaatlichen Handels führen.[97] Es reicht hierbei allerdings aus, dass die Tätigkeit des Unternehmens (dh. das betroffene Produkt) sowie die Marktstellung der betroffenen Unternehmen beschrieben wird und die Entscheidung einen allgemeinen Hinweis auf die Geeignetheit von Subventionen zur Wettbewerbsverfäl-

---

[89] Mitteilung der Kommission, ABl. 1998 C 144, 6, 9 – Crédit Agricole.

[90] Vgl. beispielsweise Mitteilung der Kommission, ABl. 1998 C 146, 6, 10 – Crédit Mutuel; ebenso Mitteilung der Kommission, ABl. 1998 C 144, 6, 8 f. – Crédit Agricole.

[91] Mitteilung der Kommission, ABl. 1997 C 49, 2, 14 – Société Marseillaise de Crédit.

[92] Mitteilung der Kommission ,ABl. 1998 C 146/6, 9 f. – Crédit Mutuel.

[93] EuGH, C-71/04, Slg. 2005, I-7419, RdNr. 39 – Administracion del Estado/Xunta de Galicia.

[94] Kom., ABl. 2003 L 250/24, Tz. 32 ff. – Linde AG (Sachsen-Anhalt).

[95] Vgl. zB. Kom., ABl. 2009 L 64/4, Tz. 102 ff. – Poste Italiane.

[96] EuGH, C-329/93, C-62/95 u. C-63/95, Slg. 1996, I-5151, RdNr. 49 – Bremer Vulkan.

[97] EuGH, C-329/93, C-62/95 u. C-63/95, Slg. 1996, I-5151, RdNr. 52 – Bremer Vulkan; EuG, T-214/95, Slg. 1998, II-717, RdNr. 64 – Vlaams Gewest/Kommission.

schung enthält.[98] Die Kommission braucht nicht im Einzelnen die tatsächliche Situation auf dem betroffenen Markt, den Marktanteil der durch die Beihilfe begünstigten Unternehmen, die Stellung der Konkurrenten und den grenzüberschreitenden Austausch von Dienstleistungen wirtschaftlich zu analysieren.[99]

Wird die Beihilfe in einem liberalisierten Sektor gewährt, in dem der grenzüberschreitende **478** Charakter offensichtlich ist (im konkreten Fall das Speditionsgeschäft), kann sich die Kommission auf eine kurze Begründung beschränken. In diesen Fällen wird von der Kommission lediglich die Darlegung verlangt, dass die Beihilfe die finanziellen Lasten des begünstigten Unternehmens verringert, das begünstigte Unternehmen hiermit in seiner Wettbewerbsposition im Verhältnis zu seinen Konkurrenten gestärkt wird und dass sich der Beihilfenempfänger im Wettbewerb mit Unternehmen aus anderen Mitgliedstaaten befindet.[100] Wird die Beihilfe hingegen an ein Unternehmen gewährt, das in einem nicht liberalisierten Markt tätig und demzufolge auch keinem Wettbewerb zwischen Unternehmen aus verschiedenen Mitgliedstaaten ausgesetzt ist (zB. Schifffahrt), bedarf die angebliche Beeinträchtigung des zwischenstaatlichen Handels einer besonderen Begründung.[101]

III. Legalausnahmen (Abs. 2)

Schrifttum: *Bartosch,* Verschärft sich die Spruchpraxis zum Europäischen Beihilfenrecht?, ZIP 2000, 2010; *Koenig/Kühling,* Urteilsanmerkung EuG v. 15. 12. 1999, JZ 2000, 255; *Kruse,* Ist die „Teilungsklausel" als Rechtsgrundlage für Beihilfen zum Ausgleich teilungsbedingter Nachteile obsolet?, EuZW 1998, 229; *Schütte/Hix,* The Application of the EC State Aid Rules to Privatizations: The East German Example, CMLR 1995, 215; *Wössner,* Die Deutschlandklausel im Beihilfenrecht, Diss. Tübingen 2001.

1. Normzweck. Art. 107 Abs. 2 AEUV nimmt bestimmte Beihilfen vom Verbot des **479** Art. 107 Abs. 1 AEUV aus, weil dem mit ihnen verfolgten **Ausgleich von Härten** gegenüber dem Wettbewerbsprinzip der Vorrang gebührt. Die Aufzählung der Härtefalle in Art. 107 Abs. 2 lit. a–c AEUV ist abschließend und nicht im Wege der Analogie erweiterungsfähig. Sie ist nach der Rechtsprechung des EuGH als gesetzliche Ausnahmeregelung **eng auszulegen.**[1] Weitere Ausnahmen vom Beihilfenverbot sind nur nach Maßgabe von Art. 107 Abs. 3 AEUV möglich.

Obwohl Art. 107 Abs. 2 AEUV („sind") anders als Art. 107 Abs. 3 AEUV („können") sei- **480** nem Wortlaut nach die Ausnahme vom Beihilfenverbot **ex lege** eintreten lässt und keine behördliche Entscheidung voraussetzt, ist anerkannt, dass auch Beihilfen nach Art. 107 Abs. 2 AEUV im Verfahren nach Art. 108 Abs. 3 AEUV von der Kommission überprüft werden müssen.[2] Der Unterschied zwischen Art. 107 Abs. 2 und Abs. 3 AEUV besteht im jeweiligen Prüfungsumfang der Kommission. Während sie im Rahmen der Entscheidung nach Art. 107 Abs. 3 AEUV über Ermessen verfügt und somit auch die Zweckmäßigkeit einer Beihilfe prüfen kann, beschränkt sich ihre Befugnis im Rahmen von Art. 107 Abs. 2 AEUV auf die Prüfung, ob die Tatbestandsvoraussetzungen erfüllt sind.[3] Bejaht die Kommission eine Härtefall-Beihilfe iSd Art. 107 Abs. 2 lit. a–c AEUV, steht damit auch die Vereinbarkeit mit dem Binnenmarkt ohne weiteres fest **(„gebundene Entscheidung").**[4]

Aus der Regel-Ausnahme-Systematik des Art. 107 AEUV ergibt sich, dass auch die in **481** Art. 107 Abs. 2 AEUV genannten Beihilfen zunächst einmal die Tatbestandsvoraussetzungen des Art. 107 Abs. 1 AEUV erfüllen müssen. Es gilt für den Begriff der Beihilfe also die dortige Definition.[5] Weiterhin müssen auch die Härtefall-Beihilfen nach Art. 107 Abs. 2 AEUV eine Handelsbeeinträchtigung und eine Wettbewerbsverfälschung bewirken, da es andernfalls an den Voraussetzungen des Art. 107 Abs. 1 AEUV fehlte und eine Ausnahme nicht erforderlich wäre.[6]

---

[98] EuG, T-171/02, Slg. 2005, II-2123, RdNr. 73 ff. – Regione autonoma della Sardegna/Kommission.

[99] EuG, T-55/99, Slg. 2000, II-3207, RdNr. 76 ff., 102 – CETM/Kommission.

[100] EuG, T-55/99, Slg. 2000, II-3207, RdNr. 76 ff., 100 ff. – CETM/Kommission.

[101] EuGH, C-15/98 u. C-105/99, Slg. 2000, I-8855, RdNr. 66 ff. – Sardegna Lines/Kommission.

[1] EuGH, C-73/03, RdNr. 37 – Spanien/Kommission; EuGH, C-346/03 u. C-529/03, Slg. 2006, I-1875, RdNr. 79; EuG, Urt. v. 4. 3. 2009, T-445/05, RdNr. 179 – Associazione italiana del risparmio gestito ua./ Kommission.

[2] *von der Groeben/Schwarze/Mederer* Art. 87 EG RdNr. 124.

[3] EuGH, Urt. v. 17. 9. 1980, C-730/79, Slg. 1980, 2671, RdNr. 17 – Philip Morris/Kommission.

[4] Zweifelnd *Calliess/Ruffert/Cremer,* Art. 87 EG RdNr. 29.

[5] S. o. Art. 107 RdNr. 101 ff.

[6] *von der Groeben/Schwarze/Mederer* Art. 87 EG RdNr. 123.

482   **2. Beihilfen sozialer Art an einzelne Verbraucher.** Art. 107 Abs. 2 lit. a erklärt Beihilfen sozialer Art an einzelne Verbraucher für mit dem Binnenmarkt vereinbar, wenn sie ohne Diskriminierung nach der Herkunft der Waren gewährt werden. Als Ausnahme vom Beihilfenverbot ist Art. 107 Abs. 2 lit. a grundsätzlich eng auszulegen.[7]

483   **a) Sozialer Art** sind Beihilfen, wenn sie zur Befriedigung elementarer Grundbedürfnisse gewährt werden oder das menschliche Zusammenleben betreffen. Das EuG geht offenbar davon aus, dass die Beihilfe außerdem nur Bedürftigen gewährt werden darf, wenn es ausführt, dass eine Vergünstigung „in keinerlei Hinsicht sozialer Art" sei, wenn sie an „Anleger jeglicher Kategorie" gerichtet ist.[8] Genehmigt wurden von der Kommission in den letzten Jahren Kostenzuschüsse für sozial Bedürftige zur Anschaffung von Empfangsgeräten für Digitalfernsehen,[9] eine Befreiung von Postgebühren für Sehbehinderte und Bibliotheken[10] sowie Kompensationszahlungen für Busunternehmen, die sozial bedürftigen Passagieren nur reduzierte Preise berechnen.[11] In jüngster Zeit wurde Art. 107 Abs. 2 lit. a AEUV auch auf Beihilfen zur Milderung der Folgen der Finanz- und Wirtschaftskrise für Privatpersonen angewandt. So genehmigte die Kommission die ungarische Regelung über staatlich abgesicherte Überbrückungskredite für krisenbedingt in Zahlungsschwierigkeiten geratenen Hypothekenschuldner.[12] Ebenfalls freigegeben wurde die britische Regelung über die mit staatlichen Garantien abgesicherte Möglichkeit, Zins- und Tilgungszahlungen für Hypotheken maximal zwei Jahre zu stunden.[13]

484   Ein Beispiel für von der EU zugelassene soziale Beihilfen stellen auch die in Art. 3 Abs. 7 StromRL und Art. 3 Abs. 3 GasRL[14] erlaubten Maßnahmen zur angemessenen Sicherung schutzbedürftiger Kunden („adequate safeguards to protect vulnerable customers") dar, die darauf abzielen, Energiearmut („energy poverty") zu verhindern und insbesondere ein Verbot einführen, schutzbedürftige Kunden in schwierigen Zeiten oder an abgelegen Orten von der Versorgung auszuschließen.

485   **b) Verbraucher** ist nur der Endverbraucher. Aus der Formulierung „einzelne Verbraucher" ergibt sich, dass die Beihilfe nicht allen Verbrauchern gleichermaßen gewährt werden darf. Die Beihilfe muss tatsächlich dem Verbraucher zugute kommen und darf nicht nur Unternehmen begünstigen. Es hat sich die Auffassung durchgesetzt, dass nicht nur unmittelbare, sondern auch mittelbare Verbraucherbeihilfen, d. h. solche, bei denen die Beihilfe an ein Unternehmen geleistet wird, tatsächlich aber bestimmte Verbraucher davon profitieren, von Art. 107 Abs. 2 lit. c AEUV erfasst werden.[15] Auf jeden Fall muss im Ergebnis ein Unternehmen begünstigt werden, da andernfalls schon die Voraussetzungen von Art. 107 Abs. 1 AEUV nicht vorliegen.

486   **c) Diskriminierungsverbot.** Die Beihilfe darf nicht nach der geografischen Herkunft der Waren differenzieren. Zulässig ist dagegen eine Bevorzugung bestimmter Produkte oder Produktgruppen, solange diese nicht an die Herkunft anknüpft und damit faktisch auf eine Diskriminierung von Waren aus anderen Mitgliedstaaten hinausläuft.[16]

487   **3. Beihilfen zur Beseitigung von Schäden. a) Allgemeines.** Art. 107 Abs. 2 lit. b AEUV erlaubt Beihilfen zur Beseitigung von Schäden, die durch Naturkatastrophen und andere außergewöhnliche Ereignisse entstanden sind. Als Ausnahme vom Grundsatz der Unvereinbarkeit von Beihilfen mit dem Binnenmarkt ist Art. 107 Abs. 1 lit. b AEUV **restriktiv auszulegen**.[17] Die Ereignisse müssen sich nach Art und Umfang deutlich von dem unterscheiden, was allgemein als gewöhnlich angesehen wird.[18] Der notifizierende Mitgliedstaat hat glaubhaft zu machen, dass ein **unmittelbarer Zusammenhang** zwischen den auszugleichenden Schäden

---

[7] EuG, T-445/05, RdNr. 179 – Associazione italiana del risparmio gestito ua./Kommission.
[8] EuG, T-445/05, RdNr. 182 – Associazione italiana del risparmio gestito ua./Kommission.
[9] Kom., Ent. v. 6. 12. 2006, N 546/2006.
[10] Kom., Ent. v. 18. 12. 2008, N 462/2008.
[11] Kom., Ent. v. 13. 1. 2009, N 332/2008.
[12] Kom., Ent. v. 13. 7. 2009, N 358/2009.
[13] Kom., Ent. v. 13. 8. 2009, N 179/2009.
[14] RL 2009/72 über gemeinsame Vorschriften für den Elektrizitätsbinnenmarkt, ABl. 2009 L 211/55 und RL 2009/73 über gemeinsame Vorschriften für den Erdgasbinnenmarkt, ABl. 2009 L 211/94.
[15] von der Groeben/Schwarze/*Mederer* Art. 87 EG RdNr. 126; Kom., Ent. v. 30. 5. 2007, N911/2006.
[16] Kom., Bericht über die Wettbewerbspolitik 1994, RdNr. 354.
[17] EuGH, C-73/03, RdNr. 37 – Spanien/Kommission; EuGH, C-346/03 u. C-529/03, Slg. 2006, I-1875, RdNr. 79; Kom., Rahmenregelung der Gemeinschaft für staatliche Beihilfen im Agrar- und Forstsektor 2007–2013, ABl. 2006 C 319/1, RdNr. 121.
[18] Kom., Ent. v. 23. 12. 2008, N 643/2008, RdNr. 26.

und der Naturkatastrophe bzw. dem außergewöhnlichen Ereignis besteht und dass die Schäden möglichst genau berechnet wurden.[19] Das Ereignis und der Schadenseintritt müssen nicht zeitlich zusammenfallen.[20] Liegt eine Naturkatastrophe oder ein außergewöhnliches Ereignis vor, genehmigt die Kommission Beihilfen zum Ausgleich für Sachschäden in Höhe von bis zu 100 Prozent. Die Schadensbemessung kann sich an den **Refinanzierungs- und Wiederbeschaffungskosten** orientieren.[21] Nicht beihilfefähig sind in der Regel Verluste durch das Wegbrechen von Aufträgen, Kunden oder Marktanteilen sowie entgangene Gewinne, weil es an der Unmittelbarkeit fehlt.[22] Die Kommission genehmigt aber in Härtefällen Beihilfen zum Ausgleich katastrophenbedingter Einkommensverluste. Die Berechnung der Beihilfen hat konkret für jeden Geschädigten zu erfolgen. Überkompensationen sind unzulässig, so dass Zahlungen aus Versicherungen und sonstige Vorteile verrechnet werden müssen.

Nach ständiger Rechtsprechung des EuGH ist die Kommission an Aussagen gebunden, die **488** sie zB. im Rahmen von Mitteilungen und Gemeinschaftsrahmen tätigt, soweit diese nicht von den Vorschriften des AEUV abweichen und von den Mitgliedstaaten akzeptiert werden **(Selbstbindung).**[23] Beispiele im Anwendungsbereich von Art. 107 Abs. 2 lit. b AEUV sind der Gemeinschaftsrahmen für staatliche Beihilfen im Forst- und Agrarsektor 2007–2013[24] oder die Mitteilung über die Folgen der Attentate in den Vereinigten Staaten für die Luftverkehrsbranche.[25]

b) Naturkatastrophen sind beispielsweise **Erdbeben,**[26] **Lawinen**, **Erdrutsche** und **Über- 489 schwemmungen.**[27] **Witterungsbedingte Schäden** etwa durch Frost, Hagel, Eis, Regen oder Trockenheit können erst bei Überschreiten einer gewissen Erheblichkeitsschwelle als Naturkatastrophe angesehen werden.[28] Mit Hinweis auf die Eilbedürftigkeit in Katastrophenfällen und die Effektivität des Krisenmanagements nimmt die Kommission nur eine summarische Prüfung der Katastrophenbeihilfen vor.

c) Als sonstige **außergewöhnliche Ereignisse** hat die Kommission in der Vergangenheit ua. **490 Kriege, innere Unruhen** und **Streiks** anerkannt.[29] Außerdem wurden – allerdings mit hohen Anforderungen an die Kausalität zwischen Ereignis und Schaden – schwere **nukleare Unfälle** sowie **Industrieunfälle** und **-brände** als außergewöhnliche Ereignisse iSd Art. 107 Abs. 2 lit. b AEUV angesehen. Dagegen hat die Kommission einen Brand in einem einzelnen Verarbeitungsbetrieb, für den eine Feuerversicherung bestand, nicht als außergewöhnliches Ereignis gelten lassen.[30] Zurückhaltend ist die Kommission zu Recht bei der Anerkennung von **Tierseuchen** oder **Pflanzenkrankheiten** als Naturkatastrophen oder außergewöhnliche Ereignisse, soweit es sich dabei um eine typische Folge der Missachtung von Qualitätsstandards in der Lebensmittelindustrie handelt.[31] Beihilfen dürfen nicht dazu dienen, Schäden durch unachtsames und leichtfertiges Verhalten der Unternehmen auszugleichen. Im Einklang damit hat die Kommission sowohl im Rahmen der BSE-Krise[32] als auch in mehreren Fällen von dioxinverseuchten Futtermitteln[33] Beihilfen

---

[19] EuGH, C-346/03 u. C-529/03, Slg. 2006, I-1875 RdNr. 79 – Atzeni ua.; EuGH, Urt. v. 11. 11. 2004, C-73/03, RdNr. 37 – Spanien/Kommission.

[20] EuG, T-268/06, RdNr. 68.

[21] Kom., Ent. v. 7. 12. 2005, N 435/2005, RdNr. 40 ff.

[22] Kom., Bericht über die Wettbewerbspolitik 2005, RdNr. 574.

[23] EuGH, C-351/98, Slg. 2002, I-8031, RdNr. 53 – Spanien/Kommission mwN.

[24] Kom., Rahmenregelung der Gemeinschaft für staatliche Beihilfen im Agrar- und Forstsektor 2007–2013, ABl. 2006 C 319/1.

[25] Kom., Mitteilung der Kommission über die Folgen der Attentate in den Vereinigten Staaten für die Luftverkehrsbranche, KOM (2001) 574 endg. 10. 10. 2001.

[26] Kom., Bericht über die Wettbewerbspolitik 1978, RdNr. 164.

[27] Kom., Ent. v. 11. 12. 2006, N 463a/2006; Kom., Ent. v. 4. 5. 2007, N 914/2006; Kom., Ent. v. 21. 6. 2007, N 913/2006; Kom., Ent. v. 8. 8. 2008, N 32/2008; Kom., Ent. v. 27. 2. 2009, N 401/2008; Kom., Ent. v. 7. 10. 2009, N 424/2009.

[28] Kom., Ent. v. 17. 10. 2003, N 398/2003; Kom., Ent. v. 11. 11. 2003, N 436/2003.

[29] Kom., Rahmenregelung der Gemeinschaft für staatliche Beihilfen im Agrar- und Forstsektor 2007–2013, ABl. 2006 C 319/1, RdNr. 121.

[30] Kom., Rahmenregelung der Gemeinschaft für staatliche Beihilfen im Agrar- und Forstsektor 2007–2013, ABl. 2006 C 319/1, RdNr. 121.

[31] Kom., Ent. v. 23. 12. 2008, N 643/2008, RdNr. 29.

[32] Kom., Ent. v. 15. 3. 1996, N 299/1996, N 290/1996, N 178/1996 u. N 289/1996; Kom., Ent. v. 21. 1. 1998, N 795/1996.

[33] Kom., Ent. v. 20. 7. 1999, NN 87/1999, NN 88/1999, NN 89/1999, NN 90/1999, N 380/1999 u. N 386/1999; Kom., Ent. v. 9. 2. 2000, N 770/99; Kom., Ent. v. 11. 2. 2000, NN 141/99; Kom., Ent. v.

zum Ausgleich von Schäden genehmigt, weil deren Ursachen außerhalb der betroffenen Industrien lagen.[34] In diesen Fällen führte die Kommission ergänzend aus, dass auch der Schutz der Volksgesundheit und die Wiederherstellung des Verbrauchervertrauens die Gewährung der Beihilfe erforderten.[35] Ebenfalls als außergewöhnliches Ereignis anerkannt wurden die **Anschläge vom 11. September 2001** und die anschließende Sperrung des Luftraums der Vereinigten Staaten.[36]

491 **4. Beihilfen zum Ausgleich von Nachteilen durch die frühere Teilung Deutschlands.** Art. 107 Abs. 2 lit. c AEUV (sog. Deutschlandklausel) erklärt solche Beihilfen für mit dem Binnenmarkt vereinbar, die zum Ausgleich von wirtschaftlichen Nachteilen gewährt werden, die in den durch die Teilung Deutschlands besonders betroffenen östlichen Teilen der Bundesrepublik entstanden sind. Ihrem Wortlaut nach setzt die Vorschrift die gegenwärtige Betroffenheit dieser Gebiete durch die Teilung Deutschlands voraus,[37] die mit der **Wiedervereinigung** aber augenscheinlich entfallen ist. Der Vorschlag, die Formulierung „durch die Teilung Deutschlands betroffener Gebiete" zu ändern in „durch die *frühere* Teilung Deutschlands *weiterhin* betroffener Gebiete" hat sich in der Gruppe der Rechtsexperten der Regierungskonferenz 2003/2004 für eine Verfassung für Europa nicht durchsetzen können.[38] Aufgrund der mehrmaligen Bestätigung durch die Verträge von Maastricht,[39] Amsterdam,[40] Nizza[41] und Lissabon[42] besteht jedoch weitgehende Einigkeit, dass Art. 107 Abs. 2 lit. c AEUV auch nach der Wiedervereinigung nicht völlig gegenstandslos geworden ist, sondern eine **Bedeutungsänderung** erfahren hat.[43] Mit dem Vertrag von Lissabon ist aber die Möglichkeit geschaffen worden, Art. 107 Abs. 2 lit. c AEUV mittelfristig vollständig aufzuheben.[44] Die praktische Bedeutung der Norm ist ohnehin gering und wird im Zuge der Nivellierung der letzten Unterschiede zwischen Ost- und Westdeutschland weiter abnehmen.

492 **a) Begriff der Teilung Deutschlands. aa) Ansichten.** Die umstrittenste Auslegungsfrage im Rahmen von Art. 107 Abs. 2 lit. c S. 1 AEUV dreht sich seit der Wiedervereinigung um den Begriff der „Teilung Deutschlands". Die **deutsche Bundesregierung** argumentierte in mehreren Genehmigungsverfahren, die Formulierung beschreibe das Nebeneinander zweier unterschiedlicher politisch-wirtschaftlicher Systeme. Folglich seien alle Beihilfen nach Art. 107 Abs. 2 lit. c S. 1 AEUV zulässig, die der Zusammenführung dieser beiden Systeme dienten.[45] Zeitweilig vertrat die Bundesregierung sogar die Auffassung, alle Einzelmaßnahmen und Förderprogramme im Rahmen des „Aufbau Ost" seien von Art. 107 Abs. 2 lit. c S. 1 AEUV gedeckt.[46] Die **Kommission** ist dieser weiten Auslegung durch die Bundesregierung zu Recht entgegengetreten. In den ersten Jahren nach der Wiedervereinigung stützte die Kommission ihre Entscheidungen auf Art. 107 Abs. 3 lit. a und b AEUV. Nur zwei von mehreren hundert Beihilfeentscheidungen im Zusammenhang mit dem „Aufbau Ost" wurden unter Heranziehung von Art. 107 Abs. 2 lit. c S. 1 AEUV genehmigt.[47] Da jedoch auch alle übrigen Entscheidungen im Sinne der Bundesregierung ausfielen, blieb eine gerichtliche Klärung der Auslegungsfrage zunächst aus. Die Kommission vertrat aber mit zunehmender Bestimmtheit die Ansicht, Art. 107 Abs. 2 lit. c S. 1 AEUV sei eng auszulegen und außerdem subsidiär gegenüber Art. 107

---

24. 5. 2000, N 83/2000; Kom., Ent. v. 23. 12. 2008, N 643/2008; Kom., Ent. v. 14. 10. 2009, NN 44/2009.

[34] Kom., Ent. v. 23. 12. 2008, N 643/2008, RdNr. 27 f.

[35] Kom., Ent. v. 23. 12. 2008, N 643/2008, RdNr. 30.

[36] EuG, Urt. v. 25. 6. 2008, T-268/06, RdNr. 49 – Olympiaki Aeroporia Ypiresies AE/Kommission.

[37] *Koenig/Kühling* JZ 2000, 255, 256 f.

[38] Vgl. einerseits den durch das Sekretariat der Regierungskonferenz an die Gruppe der Rechtsexperten übersandten Verfassungsentwurf v. 6. 10. 2003, CIG 4/03, sowie andererseits den in der Gruppe der Rechtsexperten verabschiedeten Verfassungsentwurf v. 25. 11. 2003, CIG 50/03.

[39] ABl. 2002 C 325/33. Im Laufe der Verhandlungen über den Vertrag von Maastricht wurde vorgeschlagen, den heutigen Art. 107 Abs. 2 lit. c S. 1 AEUV zu streichen. Schließlich wurde die Vorschrift aber unverändert in den Vertrag aufgenommen.

[40] ABl. 1997 C 340.

[41] ABl. 2001 C 80.

[42] Konsolidierte Fassung ABl. 2008 C 115.

[43] *Wössner* 173; *Schütte/Hix* CMLR 1995, 215, 227.

[44] Dazu ausführlich unten RdNr. 504.

[45] EuGH, C-57/00 P und C-61/00 P, Slg. 2003, I-9975, RdNr. 13 – Freistaat Sachsen ua./Kommission.

[46] Sie die Nachweise in BT-Drucks. 13/6809 v. 27. 1. 1997, unter 2. a) und b).

[47] Kom., Ent. v. 14. 4. 1992, C-3/91, ABl. 1992 C 263/15, 22 ff. – Daimler-Benz/Potsdamer Platz; Ent. v. 13. 4. 1994, N-719/93, ABl. 1994 C 178/24 – Tettau.

Abs 3 AEUV. Die europäischen Gerichte wurden ab 1999 mit dieser Streitfrage befasst. In den Verfahren *Freistaat Sachsen/Kommission* und *Bundesrepublik Deutschland/Kommission* billigten das **EuG** und später auch der **EuGH** die Auffassung der Kommission.[48] Sie legten den Begriff der „Teilung Deutschlands" eng aus und verstanden darunter ausschließlich „die Ziehung der Trennungslinie zwischen den beiden Besatzungszonen im Jahr 1948". Nach Auffassung der Gerichte ist in Art. 107 Abs. 2 lit. c S. 1 AEUV nicht der gesamte historische Vorgang der Teilung in zwei deutsche Staaten angesprochen, sondern ausschließlich die Errichtung und Erhaltung der physischen Grenze. Demzufolge können nicht alle Maßnahmen zur Förderung der maroden ostdeutschen Wirtschaft auf Art. 107 Abs. 2 lit. c S. 1 AEUV gestützt werden, sondern nur solche, die den Ausgleich von Nachteilen durch die frühere Grenze als solche bezwecken.

 bb) Wortlaut und Systematik. Mit dem **Wortlaut** von Art. 107 Abs. 2 lit. c S. 1 AEUV **493** sind sowohl die Ansicht der Kommission und der europäischen Gerichte als auch die Auffassung der Bundesregierung vereinbar. Das Wort „Teilung" beschreibt in allen maßgeblichen europäischen Sprachen sowohl den Vorgang des Teilens, als auch den Zustand des Geteiltseins.[49] Grammatikalisch kann man unter der Teilung Deutschlands also gleichermaßen den historischen Vorgang der Errichtung von Grenzanlagen zwischen Ost- und Westdeutschland ab 1948 und den politischen Zustand der Trennung beider deutscher Staaten verstehen. **Systematisch** stand Art. 107 Abs. 2 lit. c S. 1 AEUV ursprünglich im Zusammenhang mit anderen Vorschriften, die auf die Teilung Deutschlands Bezug nahmen, etwa mit Art. 98 AEUV (ex-Artikel 78 EGV), dem Protokoll über den innerdeutschen Handel und damit zusammenhängende Fragen[50] sowie der Erklärung über die deutsche Staatsangehörigkeit.[51] Diese Regelungen zielten bei Inkrafttreten der Römischen Verträge darauf ab, die besondere Lage des geteilten Deutschlands angemessen zu berücksichtigen und durch die beginnende europäische Integration nicht noch zusätzlich zu verschärfen. Dies spricht für eine weite Auslegung des Teilungsbegriffs. Unter systematischen Gesichtspunkten ist aber zu beachten, dass Art. 107 Abs. 2 lit. c S. 1 AEUV eine weitreichende Ausnahme vom Beihilfenverbot in Art. 107 Abs. 1 AEUV darstellt und daher als Einschränkung des Systems unverfälschten, fairen Wettbewerbs grundsätzlich eng auszulegen ist.[52] Dies gilt umso mehr, als die ursprünglich mit den genannten **deutschen Sondernormen** verfolgten Ziele im Laufe der Jahre entfallen sind und eine Beschränkung des Beihilfenverbots heute nicht mehr rechtfertigen können. Selbst wenn man in der strukturellen Schwäche der ostdeutschen Wirtschaft eine neue Rechtfertigung für die Ausnahme des Art. 107 Abs. 2 lit. c S. 1 AEUV erblickt, wiegt diese nicht so schwer wie früher die politisch wichtige Unterstützung des sog. Zonenrandgebiets. Im Übrigen stellt sich bei der weiten Auslegung die Frage nach dem Verhältnis zu **Art. 107 Abs. 3 lit. a und c AEUV.** Denn auch diese Vorschriften ermöglichen die Förderung strukturschwacher Regionen. Es wäre widersinnig, Art. 107 Abs. 2 lit. c S. 1 AEUV derart weit auszulegen, dass Art. 107 Abs. 3 lit. a und c AEUV für den Bereich der ostdeutschen Bundesländer vollständig verdrängt wären. Ein solches Normverständnis entspricht weder dem Wortlaut noch der Systematik des Art. 107 AEUV. Dies spricht dafür, Art. 107 Abs. 2 lit. c S. 1 AEUV eng auszulegen.

 cc) Entstehungsgeschichte. α) Diskussion zum Vertrag von Lissabon. Aufgrund der **494** gewandelten Bedeutung des Art. 107 Abs. 2 lit. c S. 1 AEUV ist es unergiebig, für die Auslegung des Begriffs der „Teilung Deutschlands" auf die Entstehung der Römischen Verträge zurückzublicken. Entscheidend ist vielmehr die Diskussion über die Deutschlandklausel im Rahmen der **Verhandlungen über den Vertrag von Lissabon**, da dieser den aktuellen Willen der Mitgliedstaaten widerspiegelt.

 Wie schon die früheren Reformverträge nach der deutschen Wiedervereinigung, hat auch **495** der Vertrag von Lissabon Art. 107 Abs. 2 lit. c S. 1 AEUV weder ganz aufgehoben noch seinen Wortlaut geändert. Bereits die Einfügung des neuen Art. 107 Abs. 2 lit. c S. 2 AEUV zeigt jedoch, dass die Norm Gegenstand der Vertragsverhandlungen war, und zwar mit dem Ziel ihrer künftigen Abschaffung. Damit befürworten die Mitgliedstaaten eine restriktive Anwendung. Dies wird nunmehr auch bestätigt durch die **Schlussakte der Regierungskonferenz 2007** für den Vertrag von Lissabon. Diese ist zwar nicht formeller Bestandteil des Vertrags und daher für

---

[48] Dazu ausführlich unten, RdNr. 498.

[49] Die englische und die französische Fassung sprechen von „division".

[50] BGBl. II 1957, 753, 784.

[51] BGBl. II 1957, 753, 764.

[52] *Larenz/Canaris*, Methodenlehre der Rechtswissenschaft, 3. Aufl. 1995, S. 176; in Bezug auf Art. 107 Abs. 2 lit. c AEUV *Koenig/Kühling* JZ 2000, 255, 257.

die Mitgliedstaaten rechtlich unverbindlich, allerdings entfaltet sie große politische Bedeutung. Außerdem ist sie eines der wenigen Dokumente, die Rückschlüsse auf den Inhalt der Vertragsverhandlungen zulassen. Der Schlussakte beigefügt ist eine „Erklärung zu Art. 107 Abs. 2 lit. c AEUV", in der es heißt: *„Die Konferenz stellt fest, dass Art. 107 Abs. 2 lit. c AEUV im **Einklang mit der geltenden Rechtsprechung des Gerichtshofs der Europäischen Union** zur Anwendbarkeit dieser Bestimmungen auf die Beihilfen für bestimmte, durch die frühere Teilung Deutschlands beeinträchtigte Gebiete der Bundesrepublik Deutschland auszulegen ist. "*

496   Die Bedeutung der Erklärung liegt darin, die bisherige Rechtsprechung des EuGH auch nach Inkrafttreten des Lissabon-Vertrages als zutreffend festzuhalten und ihr den „gesetzgeberischen Segen" zu erteilen. Die Mitgliedstaaten haben mit ihrem Beschluss erklärt, dass die enge Auslegung von Art. 107 Abs. 2 lit. c S. 1 AEUV mit ihrem Willen übereinstimmt. Die Erklärung wurde von allen Mitgliedern der Regierungskonferenz 2007 verabschiedet. Es kann daher davon ausgegangen werden, dass die deutsche Bundesregierung mit der Zustimmung ihre abweichende Auffassung (s. o., RdNr. 492) aufgegeben hat.

497   β) **Rechtsprechung des EuGH.** Nach dem Willen der Mitgliedstaaten ist somit die vor dem oben genannten Beschluss der Regierungskonferenz 2007 ergangene Rechtsprechung des EuGH maßgeblich für das heutige Verständnis von Art. 107 Abs. 2 lit. c S. 1 AEUV. Der Gerichtshof hat erstmals im **Urteil vom 19. 9. 2000 (Deutschland/Kommission)** zur Deutschlandklausel Stellung genommen.[53] Anlass der deutschen Klage war eine Entscheidung der Kommission, wonach **§ 52 Abs. 8 EStG** in der damaligen Fassung mit dem Binnenmarkt unvereinbar sei. Die Norm sah eine pauschale **Steuervergünstigung** für Kapitalbeteiligungen an bestimmten Unternehmen mit weniger als 250 Mitarbeitern, die ihren Sitz und ihre Geschäftsleitung in den neuen Bundesländern oder Berlin unterhielten. Die Kommission erkannte in der indirekten Begünstigung der ostdeutschen Unternehmen eine unzulässige Beihilfe.[54] Die deutsche Bundesregierung vertrat die Auffassung, mit Art. 107 Abs. 2 lit. c S. 1 AEUV alle Beihilfen rechtfertigen zu können, die der Verringerung des wirtschaftlichen Rückstands der ostdeutschen gegenüber den westdeutschen Bundesländern dienten. Der EuGH trat dem entgegen. Er betonte zunächst, dass Art. 107 Abs. 2 lit. c S. 1 AEUV durch die Wiedervereinigung nicht gegenstandslos geworden sei.[55] Die Norm sei als Ausnahmevorschrift aber eng auszulegen und könne in ihrem Anwendungsbereich nach der Wiedervereinigung nicht weiter reichen als zuvor.[56] Der Begriff „Teilung Deutschlands" beziehe sich auf die Ziehung der Trennungslinie zwischen den beiden Besatzungszonen im Jahr 1948.[57] Somit seien „durch die Teilung verursachte wirtschaftliche Nachteile" iSd. Art. 107 Abs. 2 lit. c S. 1 AEUV nur jene, die im unmittelbaren Zusammenhang mit der Grenze als solcher stehen.[58] Beispielhaft nennt der EuGH die Unterbrechung der Verkehrswege und den Verlust von Absatzgebieten aufgrund des Abbruchs der Handelsbeziehungen zwischen beiden Teilen Deutschlands.[59] Nicht „durch die Teilung" idS. verursacht war dagegen der wirtschaftliche Rückstand in den neuen Bundesländern, da dieser nicht Folge der Errichtung einer physischen Grenze zwischen beiden deutschen Staaten war, sondern Folge des gescheiterten Planwirtschaftssystems in der ehemaligen DDR.[60]

498   Diese restriktive Rechtsprechung hat der EuGH in zwei späteren Urteilen bestätigt. Im **Urteil vom 28. Januar 2003 (Deutschland/Kommission)** hat er mit gleichlautender Argumentation eine Klage der deutschen Bundesregierung gegen die Untersagung einer Beihilfe an die **Gröditzer Stahlwerke** in Sachsen abgewiesen. Der Gerichtshof bemängelte abermals, dass die Notlage des Unternehmens nicht auf die frühere physische Grenze zwischen beiden deutschen Staaten zurückzuführen sei, sondern allein auf den Strukturwandel in der ostdeutschen Wirtschaft.[61] Ausführlicher begründete er seine Rechtsauffassung im **Urteil vom 30. 9. 2003 (Freistaat Sachsen u. a./Kommission)**,[62] in welchem es um Beihilfen für die Werke Zwickau-Mosel und Chemnitz der Volkswagen AG ging. Der EuGH setzte sich darin detailliert mit den grammatikalischen, historischen und systematischen Argumenten auseinander, die für eine

---

[53] EuGH, C-156/98, Slg. 2001, I-6857 – Deutschland/Kommission.
[54] Ent. v. 21. 1. 1998, ABl. 1998 L 212, 50.
[55] EuGH, C-156/98, Slg. 2001, I-6857, RdNr. 47 f. – Deutschland/Kommission.
[56] EuGH, C-156/98, Slg. 2001, I-6857, RdNr. 49, 51 – Deutschland/Kommission.
[57] EuGH, C-156/98, Slg. 2001, I-6857, RdNr. 52 – Deutschland/Kommission.
[58] EuGH, C-156/98, Slg. 2001, I-6857, RdNr. 52 – Deutschland/Kommission.
[59] EuGH, C-156/98, Slg. 2001, I-6857, RdNr. 52 – Deutschland/Kommission.
[60] EuGH, C-156/98, Slg. 2001, I-6857, RdNr. 54 f. – Deutschland/Kommission.
[61] EuGH, C-334/99, Slg. 2003, I-1139, RdNr. 124 – Deutschland/Kommission.
[62] EuGH, C-59/00 P u. 61/00 P, Slg. 2003, I-9975 – Freistaat Sachsen u. a./Kommission.

weite Auslegung des Art. 107 Abs. 2 lit. c S. 1 AEUV vorgetragen wurden.[63] Im Ergebnis hielt er an der engen Auslegung fest. Erstmals sprach der Gerichtshof außerdem den räumlichen Anwendungsbereich der Vorschrift an, indem er darauf hinwies, dass beide Produktionsstandorte über 100 Kilometer von der früheren innerdeutschen Grenze entfernt lagen.[64] Zu Recht ging er davon aus, dass typischerweise mit zunehmender Entfernung von der Grenze die wirtschaftliche Betroffenheit durch die Teilung abnahm. Nicht eingegangen ist der EuGH auf die Überlegungen des EuG,[65] ob der Verlust von Absatzmärkten infolge der Errichtung der Grenze eine Anwendung des Art. 107 Abs. 2 lit. c S. 1 AEUV auf die VW-Beihilfen rechtfertigen könnte. Grundsätzlich hat der EuGH den Verlust von Absatzgebieten bereits in seinem Urteil vom 19. September 2000 selbst als potentiellen Anwendungsfall aufgeführt.[66] Offenkundig teilte er jedoch die Auffassung des EuG, dass die Probleme der VW-Werke nicht auf fehlende Absatzmärkte, sondern auf Ineffizienzen in der Produktion zurückzuführen waren.

dd) Sinn und Zweck. Auch eine am Telos des Art. 107 Abs. 2 lit. c S. 1 AEUV orientierte **499** Interpretation[67] führt zu einer engen Auslegung des Begriffs „Teilung Deutschlands" im Sinne der Errichtung der physischen Grenze zwischen den beiden deutschen Staaten. Die weite Auslegung ist insbesondere vor dem Hintergrund des Art. 107 Abs. 3 lit. a AEUV sinnlos. Fielen alle Beihilfen zur Förderung der Wirtschaft in den ostdeutschen Bundesländern unter die Deutschlandklausel, bliebe insoweit kein Raum mehr für die Regionalförderung nach Art. 107 Abs. 3 lit. a AEUV.[68] Weder aus der Entstehungsgeschichte noch aus der Systematik des Art. 107 AEUV ergibt sich jedoch, dass Art. 107 Abs. 2 lit. c S. 1 AEUV lex specialis zu Art. 107 Abs. 3 lit. a AEUV sein soll. Im übrigen sind alle ostdeutschen Bundesländer als förderungswürdige Gebiete gemäß Art. 107 Abs. 3 lit. a AEUV anerkannt.[69] In der weiten Auslegung wäre Art. 107 Abs. 2 lit. c S. 1 AEUV daher praktisch überflüssig, da die Förderung der ostdeutschen Wirtschaft ausnahmslos über Art. 107 Abs. 3 lit. a AEUV erfolgen kann und dieser in der Regel auch als Rechtsgrundlage für entsprechende Ausnahmegenehmigungen herangezogen wird. Allein die Tatsache, dass die Kommission bei der Anwendung von Art. 107 Abs. 2 lit. c AEUV – anders als bei Art. 107 Abs. 3 lit. a AEUV – kein Ermessen hat, kann die eigenständige Regelung nicht rechtfertigen. Die Überführung der ostdeutschen Bundesländer aus der allgemeinen Regionalförderung in eine ermessensunabhängige Sonderförderung nach Art. 107 Abs. 2 lit. c AEUV wäre mit den Zielen des AEUV unvereinbar.[70]

Art. 107 AEUV dient der Verwirklichung des Vertragsziels Binnenmarkt aus Art. 3 Abs. 3 **500** UAbs. 1 S. 1 EUV, das gemäß Protokoll Nr. 27[71] die Schaffung eines Systems unverfälschten Wettbewerbs beinhaltet. Der Schutz des Wettbewerbs setzt voraus, dass das Beihilfenverbot in Art. 107 Abs. 1 AEUV ernst genommen und die Ausnahmen der Art. 107 Abs. 2 und Abs. 3 AEUV restriktiv angewandt werden. Das gilt besonders für Art. 107 Abs. 2 AEUV, weil er der Kommission kein Ermessen einräumt.[72] Dem Wettbewerbsziel des Vertrages entspricht es, wenn auch die Beihilfen für die ostdeutsche Wirtschaft einer Ermessensentscheidung nach Art. 107 Abs. 3 AEUV unterworfen werden, da hierdurch Wettbewerbsschutz und Aufbau der ostdeutschen Wirtschaft im Einzelfall miteinander abgewogen werden können.

b) Teilungsbetroffenes Gebiet. Vor der Wiedervereinigung wurde Art. 107 Abs. 2 lit. c **501** AEUV auf das gesamte Zonenrandgebiet (ca. 40 km zur Grenze), West-Berlin und das Saarland angewendet. Nach der Wiedervereinigung war zunächst umstritten, ob Art. 107 Abs. 2 lit. c AEUV nun für das gesamte Gebiet der ostdeutschen Bundesländer gilt. Richtigerweise sollte keine Beschränkung des räumlichen Anwendungsbereichs vorgenommen werden.[73] Kann ein teilungsbedingter Nachteil für ein bestimmtes Unternehmen festgestellt werden, ist die seinen Standort umgebende Region gleichzeitig ein teilungsbetroffenes Gebiet.

---

[63] EuGH, C-59/00 P u. 61/00 P, Slg. 2003, I-9975, RdNr. 12 ff. – Freistaat Sachsen ua./Kommission.
[64] EuGH, C-59/00 P u. 61/00 P, Slg. 2003, I-9975, RdNr. 44 – Freistaat Sachsen ua./Kommission.
[65] EuG, T-132/96 u. 143/96, Slg. 1999, II-3663, RdNr. 145 ff. – Freistaat Sachsen ua./Kommission.
[66] EuGH, C-156/98, Slg. 2001, I-6857, RdNr. 52 – Deutschland/Kommission.
[67] Vgl. dazu EuGH, C-292/82, Slg. 1983, I-3781, 3792, RdNr. 12 – *Merck;* EuGH, C-337/82, Slg. 1984, I-1051, 1062, RdNr. 10 – St. Nikolaus Brennerei.
[68] *Bartosch* ZIP 2000, 2010, 2014.
[69] Kom., Ent. v. 8. 11. 2006, N459/2006.
[70] *Koenig/Kühling* JZ 2000, 255, 257.
[71] Protokoll Nr. 27 über den Binnenmarkt und den Wettbewerb, ABl. 2008 C 115/309.
[72] *Koenig/Kühling* JZ 2000, 255, 257.
[73] Ebenso *Kruse* EuZW 1998, 229, 231.

502   **c) Teilungsbedingter Nachteil.** Maßgebliches Kriterium ist damit, ob das Unternehmen einen teilungsbedingten Nachteil erlitten hat. Nachteil ist jeder ungünstige Umstand, den andere Unternehmen nicht erleiden. Der Nachteil muss durch die Teilung Deutschlands verursacht worden sein (zum Begriff s. o. RdNr. 492). Erforderlich ist also eine **Kausalität** zwischen der innerdeutschen Grenzziehung und dem wirtschaftlichen Nachteil für das Unternehmen. Dafür muss der Nachteil auf der Teilung als solcher beruhen. Das ist der Fall, wenn der Nachteil ohne die Grenzziehung in seiner konkreten Form nicht eingetreten wäre.

503   **d) Erforderlichkeit des Ausgleichs.** Die gewährte Beihilfe muss erforderlich sein, um die durch die Teilung verursachten wirtschaftlichen Nachteile auszugleichen. Art. 107 Abs. 2 lit. c S. 1 AEUV dient nicht der allgemeinen Regionalförderung. Deshalb können im Einklang mit der Rechtsprechung des EuGH nur punktuelle Nachteile ausgeglichen werden.[74] Der Ausgleich ist konkret zu berechnen und darf den Schaden nicht überkompensieren. Im Rahmen der Erforderlichkeit hat die Kommission zu prüfen, ob es andere Mittel zum Ausgleich des Nachteils gibt, die den Wettbewerb weniger stark beeinträchtigen.

504   **e) Aufhebung durch den Rat der Europäischen Union.** Der Vertrag von Lissabon ergänzt Art. 107 Abs. 2 lit. c AEUV um einen zweiten Satz mit dem Wortlaut *„Der Rat kann fünf Jahre nach dem Inkrafttreten des Vertrags von Lissabon auf Vorschlag der Kommission einen Beschluss erlassen, mit dem dieser Buchstabe aufgehoben wird."* Damit wurde der Grundstein für eine Abschaffung der Deutschlandklausel gelegt. Obwohl die Norm eine stark vereinfachte Vertragsänderung durch schlichten Ratsbeschluss vorsieht, ist eine Beteiligung des deutschen Parlaments nach den neuen Beteiligungsgesetzen[75] nicht erforderlich, die als Folge des Urteils des BVerfG[76] zum Vertrag von Lissabon geschaffen wurden, da mit der Abschaffung des Art. 107 Abs. 2 lit. c S. 1 AEUV kein Verlust von Hoheitsrechten einhergeht.

IV. Ermessensausnahmen (Abs. 3)

Schrifttum: *Antweiler/Dreesen,* Wettbewerbsrechtliche Beurteilung der Rundfunkgebührenfinanzierung – Neue Entwicklungen und Parallelen zum Beihilferecht, EuZW 2007, 107; *Arhold,* Beihilfenrückforderung nach Unternehmensveräußerung, EuZW 2006, 42; *ders.,* Rückforderung einer gemeinschaftsrechtswidrigen Beihilfe – Urteilsbesprechung zum Beschluss des OVG Berlin-Brandenburg v. 7. 11. 2005, 8 S 93/05, EuZW 2006, 91; *ders.,* The 2007/2008 Case Law of the European Court of Justice and the Court of First Instance on State Aid, EStAL 2008, 441; *ders.,* The Case Law of the European Court of Justice and the Court of First Instance on State Aids in 2005/2006, EStAL 2006, 215 u. 465; *ders.,* The Case Law of the European Court of Justice and the Court of First Instance on State Aids in 2006/2007, EStAL 2007, 151 u. 435; *Bartosch,* Comments on Commissioner Kroes' New State Aid Action Plan, EStAL 2005, 391; *Bartosch,* Two years into the State Aid Action Plan – where do we stand? EStAL 2007, 819; *ders.,* Das Risikopotenzial der Beihilferechtswidrigkeit staatlicher Bürgschaften für den Kreditgeber, EuZW 2001, 650; *ders.,* Die Durchsetzung der Beihilferechtswidrigkeit staatlicher Maßnahmen vor nationalen Gerichten, EuZW 2005, 396; *ders.,* 5 Jahre Verordnung in Beihilfesachen, eine Zwischenbilanz, EuZW 2004, 43; *ders.,* Die Kommissionspraxis nach dem Urteil des EuGH in der Rechtssache Altmark – Worin liegt das Neue?, EuZW 2004, 295; *ders.,* Die private Durchsetzung gemeinschaftsrechtlichen Beihilfenverbots, EuZW 2008, 235; *ders.,* Vergabefremde Kriterien und Art. 87 I EG: Sitzt das öffentliche Beschaffungswesen in Europa auf einem beihilferechtlichen Pulverfass?, EuZW 2001, 229; *Bauer,* Das Bietverfahren im EG-Beihilfenrecht bei der übertragenden Sanierung rechtswidrig begünstigter Unternehmen, EuZW 2001, 748; *Berghofer,* The New De Minimis Regulation: Enlarging the Sword of Damocles?, EStAL 2007, 11; *Bielesz,* Rückforderung staatlicher Beihilfen nach Unternehmensverkäufen, 2007; *Borchardt,* Die Rückforderung zu Unrecht gewährter staatlicher Beihilfen beim Verkauf von Vermögenswerten des Beihilfenempfängers durch den Insolvenzverwalter, ZIP 2001, 1301; *Chérot,* Les aides d'État dans les Communautés européennes, 1998; *D'Sa,* „Instant" State Aid Law in a Financial Crisis – A U-Turn?, EStAL 2009, 139; *dies.,* European Community Law on State Aid, 1998; *Deiberova/Nyssens,* The new General Block Exemption Regulation (GBER): What changed?, EStAL 2009, 27; *Dörr/Cloß,* Die Vereinbarkeit der Gebührenfinanzierung des Österreichischen Rundfunks mit dem EG-Beihilferecht, ZUM 1996, 105; *Ehricke,* Die neuen Leitlinien der EG-Kommission über Sofort- und Umstrukturierungsbeihilfen, EuZW 2005, 71; *ders.,* Die Rückforderung gemeinschaftsrechtswidriger Beihilfen in der Insolvenz des Beihilfeempfängers, ZIP 2000, 1656; *ders.,* Rückzahlung gemeinschaftsrechtswidriger Beihilfen in der Insolvenz des Beihilfeempfängers, ZIP 2001, 489; *Frenz/Kühl,* Der neue Gemeinschaftsrahmen Forschung, Entwicklung und Innovation (FuEuI), EuZW 2007, 172; EC State Aid Law – Le droit des aides d'Etat dans la CE, *Liber amicorum Francisco Santaolalla Gadea,* 2009, (im Folgenden zitiert als *FS Santaolalla*); *Geburtig,* Die Abgabenerhebung im Visier des Europäischen Beihilferechts – eine kritische Anmerkung zur van Calster-Rechtsprechung des

---

[74] *Wössner* 196.
[75] Vgl. insb. Gesetz über die Ausweitung und Stärkung der Rechte des Bundestages und des Bundesrates in Angelegenheiten der Europäischen Union, BGBl. I 2009, 3022.
[76] BVerfG v. 30. 6. 2009, 2 BvE 2/08 ua., NJW 2009, 2267.

EuGH, EuZW 2005, 716; *Grave,* Staatliche Beihilfe zu Gunsten der System Microelectronic Innovation GmbH teilweise nichtig – SMI (Urteilsbesprechung zu C-277/00), EuZW 2004, 370; *Hakenberg/Erlbacher,* Die Rechtsprechung des EuGH und EuGeI auf dem Gebiet der staatlichen Beihilfen in den Jahren 1999 und 2000, EWS 2001, 208; *dies.,* Die Rechtsprechung des EuGH und EuGeI auf dem Gebiet der staatlichen Beihilfen in den Jahren 2001 und 2002, EWS 2003, 201; *Heidenhain,* Mittelbare Beihilfen, EuZW 2007, 623; *ders.,* Rechtsfolgen eines Verstoßes gegen das Durchführungsverbot des Art. 88 III 3 EG, EuZW 2005, 135; *Huber/Prikoszovits,* Universitäre Drittmittelforschung und EG-Beihilfenrecht, EuZW 2008, 171; *Jaeger,* Grenzen der staatlichen Zurechenbarkeit parafiskalischer Abgabenerhebung durch öffentliche Einrichtungen, EuZW 2004, 558; *ders.,* Nachträgliche Beihilfengenehmigung und der Rechtsschutz von Konkurrenten vor nationalen Gerichten, EuZW 2004, 78; *ders.,* Neue Parameter für Privatisierungen?, EuZW 2008, 686; *ders.,* The CELF-Judgment: A Precarious Conception of the Standstill Obligation, EStAL 2008, 279; *Kassow,* Die Beihilfe im Sinne des Art. 87 I EG als staatliche oder aus staatlichen Mitteln gewährte Begünstigung, 2004; *Keppenne,* Guide des aides d'Etat en droit communautaire, 1999; *Koenig,* Bestimmung des passivlegitimierten Adressaten nach der Veräußerung eines begünstigten „Unternehmens", EuZW 2001, 37; *ders.,* EG-beihilfenrechtskonforme Beteiligung privater Gesellschaften an gemischt öffentlich-privaten Gemeinschaftsunternehmen, EuZW 2006, 203; *ders.,* Funktionen des Bietverfahrens im EG-Beihilfenrecht, EuZW 2001, 741; *ders./Ritter,* Das Unternehmen, sein Rechtsträger und dessen Anteilseigner im Rahmen der Rückforderung gemeinschaftrechtswidriger Beihilfen, EuZW 2004, 487; *ders./Scholz,* Öffentliche Infrastrukturförderung durch Bau- und Betriebsgesellschaften im EG-beihilfenrechtlichen Kontrollraster der EG-Kommission, EuZW 2003, 133; *ders./Wetzel,* Beihilfenrückforderung nach einer Neuvergabe der Betriebsführung, EuZW 2006, 653; *Köster/Molle,* Gilt das Privatgläubigerprinzip bei der Beihilfenrückforderung?, EuZW 2007, 534; *Kristofe-ritsch,* Eine „vergaberechtliche Interpretation des Bietverfahrens bei Privatisierung?, EuZW 2008, 428; *Kroes,* Reforming Europe's State Aid Regime: an Action Plan for Change, EStAL 2005, 387; *Ludwigs,* Dezentralisierung der Europäischen Beihilfenkontrolle: Ein Dilemma für den Beihilfenempfänger?, EuZW 2004, 577; *Luja,* State aid and the Financial Crisis: Overview of the Crisis Framework, EStAL 2009, 145; *Luma,* Die Stellung Dritter in der Beihilfenkontrolle, EuZW 2004, 457; *Maier/Nordmann,* Keine Erhebung von Umsatzsteuer bei städtischem Krematorium, EuZW 2004, 125; *Mehta,* Tax Harmonisation and State Aid – A Warning for the future?, EStAL 2007, 257; *Nowak,* Die Entwicklung des EG-Beihilfenkontrollrechts in den Jahren 1998, 1999 und 2000, EuZW 2001, 293; *ders.,* Die Entwicklung des EG-Beihilfenkontrollrechts in den Jahren 2001 und 2002, EuZW 2003, 389; *Pampel,* Rechtsnatur und Rechtswirkungen von Mitteilungen der Kommission im europäischen Wettbewerbsrecht, EuZW 2005, 11; *Quardt/Nielandt,* Nichtigkeit von Rechtsgeschäften bei Verstoß gegen das Durchführungsverbot des Art. 88 III 3 EG, EuZW 2004, 201; *Quigley,* EC State Aid Law and Policy, 2003; *Rapp/Bauer,* Die Rückforderung gemeinschaftsrechtswidrig gewährter Beihilfen im Insolvenzverfahren, KTS 2001, 1; *Ritter,* EG-Beihilfenrückforderung von Dritten, 2004; *ders.,* EuGH: Durchgriffshaftung bei Rückforderung von Beihilfen an Seleco (Urteilsbesprechung zu C-328/99 und C-399/00), EuZW 2003, 368; *Sánchez Rydelski,* Umweltschutzbeihilfen, EuZW 2001, 458; *Santamato/Westerhof,* Is funding of Infrastructure State aid?, EuZW 2003, 645; *Sinnaeve,* Die ernste Gruppenfreistellungen: Dezentralisierung der Beihilfenkontrolle, EuZW 2001, 69; *Slocock,* EC and WTO Subsidy Control Systems – some Reflections, EStAL 2007, 249; *Soltész,* Augen auf beim „Asset Deal"! – Beihilfenrechtliche Haftung des Erwerbes von Betriebsvermögen, BB 2001, 1049; *ders.,* Öffentliche Finanzierung von Infrastruktur- und Erschließungsmaßnahmen und das EG-Beihilferecht, EuZW 2001, 107; *ders.,* The New Commission Guidelines on State Aid for Airports: a Step too far …, EStAL 2006, 719; *ders.,* Zur Umgehung beihilferechtlicher Notifizierungspflichten – Aktuelle Entwicklungen bei der „3-Jahres-Regel", EuZW 2008, 134; *ders./Bielesz,* Privatisierungen im Licht des Europäischen Beihilferechs, EuZW 2004, 391; *ders./Marquier,* „Künstliche Aufteilung" von Investitionsprojekten zur Umgehung der Beihilfenkontrolle (?) – Das Beispiel des neuen Multisektoralen Rahmens, EuZW 2004, 587; *Sutter,* Das EG-Beihilfenverbot und sein Durchführungsverbot in Steuersachen, 2005; *Weber/Grünewald,* Finanzkrise und Wirtschaftspolitik: Herausforderungen für das Europäische Wettbewerbsrecht, EuZW 2009, 58; *Werner/Köster,* EuGH: Ausgleich gemeinwirtschaftlicher Verpflichtungen im öffentlichen Personenverkehr keine Beihilfe – Altmark Trans (Urteilsbesprechung), EuZW 2003, 496; *Werner/Maier,* Procedure in Crisis – Overview and Assessment of the Commission's State Aid Procedure during the Current Crisis, EStAL 2009, 177; *Wishlade,* The Contol of Regional Aid to Large Investment Projects: Workable Compromise or Arbitrary Constraint, EStAL 2008, 495; *Zuleger,* Die neue Gruppenfreistellungsverordnung für Beschäftigungsbeihilfen, EuZW 2003, 270.

1. Allgemeines. Art. 107 Abs. 3 AEUV ist neben Art. 107 Abs. 1 AEUV betreffend den **505** Beihilfenbegriff die zweite zentrale Bestimmung im Zusammenhang mit dem gemeinschaftlichen Beihilfenrecht. Art. 107 Abs. 3 AEUV regelt die Genehmigung von staatlichen Beihilfen durch Ermessensentscheidung der Kommission. Art. 107 Abs. 2 AEUV sieht hingegen jene staatliche Beihilfen vor, die unmittelbar aufgrund des Vertrages als kompatibel, also mit dem Binnenmarkt vereinbar gelten. Die Tragweite des Art. 107 Abs. 3 AEUV ist nur aus einer sehr umfangreichen Rechtsprechung heraus zu verstehen, die den knappen Wortlaut durch weitreichende inhaltliche Kriterien angereichert hat.

a) Änderung durch den Vertrag von Lissabon. Der Vertrag von Lissabon bewirkt zwei **506** Änderungen im Text des Art. 107 Abs. 3 AEUV. Einerseits wurde der Begriff „gemeinsamer Markt" durch „Binnenmarkt" ersetzt und andererseits wurde Abs. 3 lit. a geringfügig geändert, indem dem früheren Text der folgende Halbsatz „sowie der in Artikel 349 genannten Gebiete unter Berücksichtigung ihrer strukturellen, wirtschaftlichen und sozialen Lage" hinzugefügt wurde. Art. 349 AEUV ermächtigt den Rat, auf Vorschlag der Kommission spezifische Maßnahmen zu erlassen, die insbesondere darauf abzielen, die Bedingungen für die Anwendung des Vertrages für Guadeloupe, Französisch-Guayana, Martinique, Reunion, Saint Barthélemy und Saint Martin der französischen überseeischen Departements, der Azoren, Madeira und der Kanarischen Inseln festzulegen. Dadurch soll den Faktoren Abgelegenheit, Insellage, geringe Größe, schwierige Relief- und Klimabedingungen und wirtschaftliche Abhängigkeit von einigen wenigen Erzeugnissen entgegengewirkt werden.

507   Anzumerken ist auch, dass Art. 3 Abs. 1 lit. g EG, wonach die Tätigkeit der Gemeinschaft nach Maßgabe des Vertrages und den darin vorgesehenen Zeitfolge „ein System, dass den Wettbewerb innerhalb des Binnenmarkts vor Verfälschungen schützt" umfasst, aufgehoben wurde. Daraus können aber keine weitreichenden Konsequenzen gezogen werden, denn die für die Beihilfenkontrolle maßgeblichen Bestimmungen (Art. 107 bis 109 AEUV) blieben im Wesentlichen unverändert. Außerdem fällt die „Festlegung der für das Funktionieren des Binnenmarktes erforderlichen Wettbewerbsregeln" gemäß Art. 3 Abs. 1 lit. c AEUV weiterhin in die ausschließliche Zuständigkeit der Union.

508   **b) Institutionelle Aspekte. aa) Kommission, Rat, Parlament.** Die Überwachung der staatlichen Beihilfen, also die Kontrolle, ob die Mitgliedstaaten Art. 107 und 108 AEUV sowie die aufgrund dieser Bestimmungen erlassenen Bestimmungen einhalten, wurde im Wesentlichen der **Kommission** übertragen,[1] also einer von den Mitgliedstaaten unabhängigen Einrichtung, die zur Wahrung des gemeinsamen Interesses berufen ist. Der Grund dafür ist, dass die in Art. 107 Abs. 3 lit. a bis d AEUV vorgesehenen Genehmigungstatbestände ausnahmslos nur Beihilfen im öffentlichen Interesse zulassen.

509   Art. 108 AEUV betraut die Kommission mit der fortlaufenden Überprüfung der Beihilfen. Im Sinne der Rechtsprechung hat dabei die Feststellung der Unvereinbarkeit einer Beihilfe mit dem Binnenmarkt in einem geeigneten Verfahren zu erfolgen, dessen Durchführung vorbehaltlich der Kontrolle durch das Gericht und den Gerichtshof Sache der Kommission ist. Die Art. 107 und 108 AEUV verleihen dieser damit eine zentrale und ausschließliche Rolle bei der Feststellung der etwaigen Unvereinbarkeit einer Beihilfe.[2]

510   Die Kommission entscheidet als **Kollegialorgan.** Sie leitet ihre Befugnisse unmittelbar aus den Art. 107 und 108 AEUV ab, auch dann wenn sie die sog. VerfahrensVO[3] anwendet, die als sekundärrechtliche Norm die Bedeutung der Vertragsbestimmungen offensichtlich nicht einschränken kann.[4] Ihre Befugnisse werden auch durch die VO 994/1998[5] nicht eingeschränkt. Darin ermächtigt nämlich der Rat die Kommission, sog. GruppenfreistellungsVOen zu erlassen, ohne die Kriterien für die Vereinbarkeit mit dem Binnenmarkt zu regeln.

511   Dem **Rat** wurden nur marginale Aufgaben übertragen. Erstens kann der Rat Beihilfen gemäß Art. 107 Abs. 3 lit. e AEUV genehmigen. Von dieser Ermächtigung hat der Rat im Wesentlichen für die Genehmigung von Betriebsbeihilfen für den Schiffbau[6] und für den Kohlebergbau[7] Gebrauch gemacht.

512   Der Rat kann zweitens gemäß Art. 108 Abs. 2 AEUV einstimmig auf Antrag eines Mitgliedstaats entscheiden, dass eine von diesem Staat gewährte oder geplante Beihilfe in Abweichung von Art. 107 AEUV oder von den nach Art. 109 AEUV erlassenen VOen als mit dem Bin-

---

[1] Vgl. den sog. Spaak Bericht, Comité intergouvernemental créé par la Conférence de Messine, Rapport des Chefs de Délégation aux Ministres des Affaires Etrangères, Bruxelles, 21. 4. 1956. Zu den institutionellen Aspekten vgl. im Übrigen: *Di Bucci,* Quelques aspects institutionnels du droit des aides d'Etat, FS Santaolalla, 43.

[2] Vgl. EuGH, C-354/90, Slg. 1991, I-5505, RdNr. 9 u. 14, Fédération nationale du commerce extérieur des produits alimentaires und Syndicat national des négociants et transformateurs de saumon, EuGH, C-110/02, Slg. 2004, I-6333, RdNr. 29 – Kom./Rat, (Urteilsbesprechung in EuZW 2004, 502) und EuGH, C-234/99, Slg. 2002, I-3657, RdNr. 62 – Niels Nygård.

[3] VO 659/1999 , ABl. 1999 L 83/1.

[4] EuGH, C-182/03 u. C-217/03, Slg. 2006, I-5479, RdNr. 72 u. 73 – Belgien ua./Kom. und *Mehta* EStAL 2007, 257.

[5] Vgl. die Fn. 4 oben.

[6] Vgl. etwa die VO 3094/95, ABl. 1995 L 332/1, die zweimal geändert wurde, die VO 1013/97, ABl. 1997 L 148/1, und die VO 1540/98, ABl. 1998, 202/1. Alle diese VOen, die sog. Betriebsbeihilfen vorsahen, sind nicht mehr in Kraft.

[7] VO 1407/2002, ABl. 2002 L 205/1.

nenmarkt vereinbar gilt, wenn außergewöhnliche Umstände eine solche Entscheidung rechtfertigen. Die dem Rat durch Art. 108 Abs. 2 Ua. 3 AEUV übertragene Befugnis hat offenkundig Ausnahmecharakter.[8] Falls die Kommission schon ein Hauptprüfverfahren gem. Art. 108 Abs. 2 AEUV eingeleitet hat, wird dieses durch den Antrag des Mitgliedstaates ausgesetzt. Hat die Kommission eine Entscheidung erlassen, so hat der Rat keine Befugnisse mehr. Die von der Kommission nach Art. 107 und 108 AEUV erlassenen Entscheidungen würden außerdem offensichtlich ihrer Wirkung beraubt, wenn man zuließe, dass ein Mitgliedstaat den Empfängern einer rechtswidrigen, zuvor durch eine Entscheidung der Kommission für mit dem Binnenmarkt unvereinbar erklärten Beihilfe eine neue Beihilfe in Höhe der rechtswidrigen Beihilfe gewährt, die die Auswirkungen der Rückzahlungen, zu denen diese Empfänger nach der betreffenden Entscheidung verpflichtet sind, neutralisieren soll.[9]

Drittens kann der Rat auf Vorschlag der Kommission und nach Anhörung des Europäischen **513** Parlaments mit qualifizierter Mehrheit alle zweckdienlichen DurchführungsVOen zu den Art. 107 und 108 AEUV erlassen und insbesondere die Bedingungen für die Anwendung des Art. 108 Abs. 3 AEUV sowie diejenigen Arten von Beihilfen festlegen, die von diesem Verfahren ausgenommen sind.[10]

Die Rolle des **Europäischen Parlaments** ist beschränkt: Es wird nur vor der Erlassung von **514** Durchführungsbestimmungen des Rates gemäß Art. 109 AEUV angehört.

bb) Parteien sind nur die Mitgliedstaaten. Das Verfahren zur Genehmigung von staatli- **515** chen Beihilfen ist ein **Verfahren zwischen dem betreffenden Mitgliedstaat und der Kommission.** Das ist eine Folge des Umstandes, dass staatliche Beihilfen gemäß Art. 107 Abs. 3 AEUV ausschließlich aus öffentlichen Interessen genehmigt werden dürfen. Die Mitgliedstaaten sind gemäß Art. 108 AEUV zur Anmeldung von staatlichen Beihilfen vor deren Einführung verpflichtet. Der Mitgliedstaat ist auch der einzige Adressat der Kommissionsentscheidung.[11] Andere – vor allem begünstigte Unternehmen – mögen zwar in bestimmten Fällen ein vorwiegend wirtschaftliches Interesse haben, das macht sie aber nicht zu Parteien des Genehmigungsverfahrens.[12] Ihre Stellung ist daher objektiv anders als die Stellung der betroffenen Unternehmen in Verfahren nach Art. 101 und 102 AEUV.

Adressaten der Entscheidungen, die die Kommission im Bereich der staatlichen Beihilfen er- **516** lässt, sind auch dann die betroffenen Mitgliedstaaten, wenn eine solche Entscheidung staatliche Maßnahmen betrifft, die in **Beschwerden** als vertragswidrige staatliche Beihilfen beanstandet werden, und sich aus ihr ergibt, dass die Kommission es ablehnt, das in Art. 108 Abs. 2 AEUV vorgesehene Verfahren einzuleiten, weil die beanstandeten Maßnahmen nach ihrer Auffassung keine staatlichen Beihilfen im Sinne des Artikels 107 AEUV oder mit dem Binnenmarkt vereinbar sind. Wenn die Kommission solche Entscheidungen erlässt und die Beschwerdeführer davon unterrichtet, muss der Beschwerdeführer gegebenenfalls die an den Mitgliedstaat gerichtete Entscheidung und nicht das an ihn gerichtete Schreiben, durch das er von der Entscheidung unterrichtet wird, anfechten.[13]

Zwar hat die Kommission den Nachweis der Existenz und der Unzulässigkeit einer staatli- **517** chen Beihilfe gemäß Art. 107 Abs. 1 AEUV zu erbringen. Hinsichtlich der Bestimmungen des Art. 107 Abs. 3 AEUV trägt aber der anmeldende Mitgliedstaat die Beweislast für das Vorliegen der tatsächlichen Voraussetzungen, von denen die Zulässigkeit einer Beihilfe abhängt.[14]

---

[8] EuGH, C-110/02, Slg. 2004, I-6333, RdNr. 31 – Kom./Rat; EuGH, C-399/03, Slg. 2006, I-5629, RdNr. 27 u. 28 – Kom./Rat (Urteilsbesprechung in EuZW 2006, 497); vgl. Teil 2 RdNr. 97 ff. dieses Kommentars.

[9] EuGH, C-110/02, Slg. 2004, I-6333, RdNr. 43 – Kom./Rat; vgl auch die Urteilsbesprechung in EuZW 2004, 502.

[10] Vgl. dazu die VO 659/1999, ABl. 1999 L 83/1, und die VO 994/98, ABl. 1998 L 142/1.

[11] Vgl. *Luma* EuZW 2004, 457.

[12] EuGH, C-367/95 P, Slg. 1998, I-1719, RdNr. 59 – Kom./Sytraval und Brink's France; EuG, T-613/97, Slg. 2000, II-4055 – Ufex ua./Kom. Vgl. dazu *Niejahr/Scharf,* Third parties in State aid control: more than just a source of information?, FS Santaolalla, 347 und die RdNr. 8 ff. in Kapitel G. Diese Rechtsprechung wurde mit EuGH, C-139/07 P, Slg. 2010, I-00 000, RdNr. 61, Kom./TGI, bestätigt.

[13] EuGH, C-367/95 P, Slg. 1998, I-1719, RdNr. 45 – Kom./Sytraval und Brink's France.

[14] Vgl. die Schlussanträge von GA Darmon in der Rs. 248/84, Slg. 1987, 4013, 4032, Punkt 8 – Deutschland/Kom., mit Hinweis auf Ausführungen des GA Capotorti in der Rs. 730/79, Slg. 1980, 2671, 2702 – Philip Morris. Vgl. auch EuG, T-171/02, Slg. 2005, II-2123, RdNr. 129, Regione autonoma della Sardegna/Kom.; EuG, T-211/05, Slg. 2009, II-00 000, RdNr. 174, Italien/Kom.

518   **cc) Die Rolle innerstaatlicher Gerichte.** Auch **innerstaatliche Gerichte** haben eine wichtige Rolle im beihilfenrechtlichen Kontrollverfahren: Im Rahmen der Kontrolle der Einhaltung der Verpflichtungen der Mitgliedstaaten aus den Art. 107 und 108 AEUV fallen den nationalen Gerichten und der Kommission einander ergänzende und unterschiedliche Rollen zu.[15] Während für die Beurteilung der Vereinbarkeit von Beihilfemaßnahmen mit dem Binnenmarkt ausschließlich die Kommission zuständig ist, die dabei der Kontrolle der Gemeinschaftsgerichte unterliegt, wachen die nationalen Gerichte über die Wahrung der Rechte des Einzelnen bei Verstößen gegen die Verpflichtung nach Art. 108 Abs. 3 AEUV, staatliche Beihilfen der Kommission im Voraus zu melden.[16] Jedenfalls ist es dem Einzelnen verwehrt, sich auf Art. 107 AEUV zu berufen, um die Unvereinbarkeit einer staatlichen Beihilfe mit dem Binnenmarkt vor einem nationalen Gericht geltend zu machen und zu beantragen, dieses Gericht möge eine solche Unvereinbarkeit mit dem Gemeinschaftsrecht unmittelbar oder inzident feststellen.[17] Auch wenn demnach nationale Gerichte nicht befugt sind, über die Vereinbarkeit einer nationalen Maßnahme mit Art. 107 AEUV zu entscheiden, hindert eine Genehmigung ein nationales Gericht nicht daran, die Angelegenheit im Rahmen eines Vorabentscheidungsverfahrens vor den Europäischen Gerichtshof zu bringen und die Gültigkeit der Genehmigung prüfen zu lassen.

519   Hat das nationale Gericht Zweifel daran, ob die betreffenden Maßnahmen als staatliche Beihilfe zu qualifizieren sind, so kann es von der Kommission Erläuterungen zu diesem Punkt verlangen.[18] In ihrer Bekanntmachung vom 23. November 1995 über die Zusammenarbeit zwischen der Kommission und den Gerichten der Mitgliedstaaten im Bereich der staatlichen Beihilfen[19] hat die Kommission die nationalen Gerichte ausdrücklich dazu ermuntert, mit ihr Verbindung aufzunehmen, wenn sie bei der Anwendung des Art. 107 Abs. 3 AEUV auf Schwierigkeiten stoßen und hat erläutert, welcher Art die Auskünfte sind, die sie erteilen kann. In diesem Zusammenhang ist zu unterstreichen, dass die Kommission aufgrund der sich aus Art. 4 Abs. 3 EUV ergebenden Verpflichtung zur loyalen Zusammenarbeit zwischen den Unionsorganen und den Mitgliedstaaten auf Anfragen der nationalen Gerichte so bald wie möglich zu antworten hat.[20]

520   Zu den Maßnahmen, die getroffen werden können oder müssen, um diesen gerichtlichen Schutz sicherzustellen, hat der Gerichtshof ausgeführt, dass die nationalen Gerichte aus einer solchen, von den Einzelnen entsprechend dem innerstaatlichen Verfahrensrecht geltend gemachten Verletzung sämtliche Folgerungen sowohl bezüglich der Gültigkeit der Rechtsakte zur Durchführung der Beihilfemaßnahmen als auch bezüglich der Beitreibung der unter Verstoß gegen Art. 108 Abs. 3 AEUV gewährten finanziellen Unterstützungen ziehen müssen.[21] Solche Entscheidungen unterscheiden sich grundlegend von den Entscheidungen, die die Kommission gemäß Art. 107 Abs. 3 AEUV trifft.

521   **c) Die Rechtsnatur der Genehmigung.** In Art. 107 Abs. 1 AEUV ist der Grundsatz verankert, dass staatliche Beihilfen, die den Wettbewerb verfälschen oder zu verfälschen drohen, verboten sind, soweit sie den Handel zwischen Mitgliedstaaten beeinträchtigen. Allerdings können staatliche Beihilfen, die zur Erreichung bestimmter Ziele von gemeinsamem europäischem Interesse beitragen, ohne dass sie den Wettbewerb zwischen Unternehmen und den Handel zwischen Mitgliedstaaten unverhältnismäßig verfälschen, als mit dem Binnenmarkt vereinbar angesehen werden. Art. 107 Abs. 2 und 3 AEUV lassen daher Ausnahmen vom allgemeinen Beihilfeverbot zu, Abs. 2 ex lege und Abs. 3 im Einzelfall bei zu genehmigenden Ausnahmen. Die Europäische Kommission muss dabei prüfen, inwieweit staatliche Beihilfen mit dem Binnenmarkt vereinbar sind.

522   Bei der Genehmigung einer staatlichen Beihilfe durch die Kommission handelt es sich um einen Beschluss gemäß Art. 288 Abs. 4 AEUV. Danach sind solche Beschlüsse „in allen ihren

---

[15] EuGH, C-39/94, Slg. 1996, I-3547, RdNr. 41 – SFEI ua.; EuGH, C-261/01 und C-262/01, Slg. 2003, I-12249, RdNr. 74 – Van Calster; vgl. auch *Keppenne/Groß*, Quelques considérations sur le rôle du juge nationale dans le contrôle des aides d'Etat, FS Santaolalla, 391.

[16] EuGH, C-261/01 u. C-262/01, Slg. 2003, I-12249, RdNr. 75 – Van Calster; EuGH, C-368/04, Slg. 2006, I-9957, RdNr. 38 – Transalpine Ölleitung (Urteilsbesprechung in EuZW 2006, 725).

[17] EuGH, 74/76, Slg. 1977, 557, RdNr. 11-12 – Iannelli & Volpi.

[18] EuGH, C-39/94, Slg. 1996, I-3547, RdNr. 50 – SFEI.

[19] ABl. 1995 C 312/8. Vgl. auch die aktuelle Bekanntmachung der Kom. über die Durchsetzung des Beihilfenrechts durch die einzelstaatlichen Gerichte, ABl. 2009 C 85/1.

[20] EuGH, C-2/88-Imm., Slg. 1990, I-3365, RdNr. 17 u. 18 – J. J. Zwartveld.

[21] EuGH, C-174/02, Slg. 2005, I-85, RdNr. 17 – Streekgewest; EuGH, C-393/04 u. C-41/05, Slg. 2006, I-5293, RdNr. 42 – Air Liquide.

Teilen verbindlich. Sind sie an bestimmte Adressaten gerichtet, so sind sie nur für diese verbindlich." Die Genehmigung als Beschluss ist ihrer Natur nach vergleichbar mit einem Verwaltungsakt nach § 35 Satz 1 VwVfG oder mit dem Bescheid im Sinn der §§ 56 ff. des österreichischen AVG. Dies gilt selbstverständlich auch für bedingte Genehmigungen und für Entscheidungen der Kommission, die die Unvereinbarkeit mit dem Binnenmarkt zum Gegenstand haben.

aa) Ermessen. Während die in Art. 107 Abs. 2 AEUV aufgezählten Beihilfen *ex lege* mit   **523** dem Binnenmarkt vereinbar sind, verfügt die Kommission bei der Genehmigung von staatlichen Beihilfen nach Art. 107 Abs. 3 AEUV über ein **weites Ermessen,** das sie nach Maßgabe komplexer wirtschaftlicher und sozialer Wertungen ausübt, die auf die Union als Ganzes zu beziehen sind. Bei der Beurteilung, ob eine staatliche Beihilfe mit dem Binnenmarkt vereinbar ist, sind in solchen Fällen vielschichtige und raschen Änderungen unterliegende wirtschaftliche Gegebenheiten zu berücksichtigen und zu bewerten.[22]

Da es bei diesem Ermessen um die Würdigung komplexer und häufig raschen Änderun-   **524** gen unterliegender wirtschaftlicher und sozialer Umstände geht, beschränkt sich die gerichtliche Kontrolle der in diesem Rahmen getroffenen Entscheidungen auf die Prüfung, ob die Verfahrens- und Begründungsvorschriften eingehalten worden sind, der der Entscheidung zugrundeliegende Sachverhalt zutreffend festgestellt worden ist, keine offensichtlich fehlerhafte Würdigung dieses Sachverhaltes und kein Ermessensmissbrauch vorliegt.[23] Der Gerichtshof darf bei der Kontrolle der Rechtmäßigkeit der Ausübung dieser Entscheidungsfreiheit die Beurteilung durch die zuständige Behörde nicht durch seine eigene Beurteilung ersetzen.[24]

Das weite Ermessen ist damit zu rechtfertigen, dass die Kommission bei der Entscheidung   **525** über die Vereinbarkeit einer staatlichen Beihilfe mit dem Binnenmarkt zum Teil widersprechende Argumente gegeneinander abwägen muss. Dies geschieht allerdings immer im Hinblick auf das „gemeinsame Interesse".[25]

α) Kriterien. Im Rahmen des weiten Ermessens, über welches die Kommission bei der An-   **526** wendung von Art. 107 Abs. 3 AEUV verfügt, darf sie die Kriterien heranziehen, die ihr am geeignetsten erscheinen, um zu prüfen, ob eine Beihilfe als vereinbar mit dem Binnenmarkt angesehen werden kann.[26]

Im Rahmen der Prüfung der Auswirkungen einer staatlichen Beihilfe ist es die Aufgabe der   **527** Kommisison die positiven Auswirkungen der Beihilfe und ihre negativen Auswirkungen auf die Handelsbedingungen und die Aufrechterhaltung eines Systems unverfälschten Wettbewerbs gegeneinander abzuwägen.[27]

Der Gerichtshof leitet aus den Vertragsbestimmungen ab, dass die Kommission, wenn sie die   **528** Vereinbarkeit einer staatlichen Beihilfe mit dem Binnenmarkt prüft, alle einschlägigen Umstände gegebenenfalls einschließlich des bereits in einer vorhergehenden Entscheidung beurteilten Zusammenhangs sowie die Verpflichtungen, die einem Mitgliedstaat durch diese vorhergehende Entscheidung auferlegt wurden, prüfen muss.[28] Der Gerichtshof hat daraus insbesondere geschlossen, dass die Kommission, wenn ihr keine neuen Umstände mitgeteilt worden sind, anhand derer sie beurteilen könnte, ob auf die fraglichen Beihilfen die Ausnahmebestimmung des AEUV angewandt werden kann, berechtigt ist, ihre Entscheidung auf die Beurteilung, die sie bereits in der vorhergehenden Entscheidung vorgenommen hatte, und auf die Nichtbeachtung der dort von ihr aufgestellten Bedingungen zu stützen.[29] Bei dieser Prüfung müssen aber die im jeweiligen Vertrag vorgesehenen Verfahren eingehalten werden.[30]

---

[22] EuGH, C-301/87, Slg. 1990, I-307, RdNr. 15 – Frankreich/Kom. („Boussac").
[23] Ständige Rechtsprechung, vgl. die Urteile EuGH, 730–79, Slg. 1980, I-2671, RdNr. 24 – Philip Morris, und zuletzt EuGH, C-333/07, Slg. 2008, I-10807, RdNr. 78 – Société Regie Networks, mit Hinweis auf EuGH, C-75/05 P und C-80/05 P, Slg. 2008, I-06619, RdNr. 59, Deutschland ua./Kronofrance.
[24] EuGH, C-456/00, Slg. 2002, I-11949, RdNr. 41 – Frankreich/Kom.; EuGH, C-278/00, Slg. 2004, I-3997, RdNr. 97 – Griechenland/Kom.
[25] Vgl. *Keppenne,* Guide des aides d'Etat en droit communautaire, 1999, RdNr. 504.
[26] EuG, T-214/95, Slg. 1998, II-717, RdNr. 89 – Vlaams Gewest/Kom.
[27] EuG, T-371/94 u. T-394/94, Slg. 1998, II-2405, RdNr. 283 – British Airways ua./Kom. Vgl. auch Kom., Bericht über die Wettbewerbspolitik 1984, 147, RdNr. 202.
[28] EuGH, C-261/89, Slg. 1991, I-4437, RdNr. 20 – Italien/Kom.; EuGH, C-110/02, Slg. 2004, I-6333, RdNr. 39 – KOM/Rat.
[29] EuGH, C-261/89, Slg. 1991, I-4437, RdNr. 23 – Italien/Kom.; EuGH, C-110/02, Slg. 2004, I-6333, RdNr. 39 – KOM/Rat.
[30] EuGH, C-294/90, Slg. 1992, I-493, RdNr. 14 – British Aerospace ua./Kom.

529   Die Notwendigkeit einer Beihilfe und die Vereinbarkeit mit dem Binnenmarkt sind im „Gemeinschaftsrahmen" zu beurteilen.[31] Private Interessen – insbesondere der begünstigten Unternehmen – können bzw. dürfen schon aufgrund des Wortlautes des Art. 107 Abs. 3 AEUV nicht berücksichtigt werden, ebenso wenig die Interessen des die Beihilfe gewährenden Staates.[32] Insoweit ist es nur konsequent und unerlässlich, dass das beihilfenrechtliche Verfahren ein Verfahren zwischen dem betreffenden Mitgliedstaat und der Kommission ist, wie von beiden europäischen Gerichten in ständiger Rechtsprechung betont[33] wird.

530   β) **Beurteilung im „Gemeinschaftsrahmen".** Im „Gemeinschaftsrahmen" beurteilen bedeutet, dass die Kommission in Ausübung des Ermessens unter Beachtung des Grundsatzes der Verhältnismäßigkeit auf einen Ausgleich zwischen den Zielen des freien Wettbewerbs und der gemeinschaftlichen Solidarität hinzuwirken hat. Letztere kann je nach Fallgestaltung unterschiedliches Gewicht haben; in den in Art. 107 Abs. 3 lit. a AEUV beschriebenen Krisenlagen hat sie gegenüber dem Wettbewerb größere Bedeutung als in den Fällen des Art. 107 Abs. 3 lit. c AEUV.[34] In diesem Rahmen hat die Kommission die sektoriellen Auswirkungen der geplanten Regionalbeihilfe auch bezüglich der Regionen, die unter Art. 107 Abs. 3 AEUV fallen können, abzuschätzen, um zu verhindern, dass durch die Beihilfenmaßnahme auf Gemeinschaftsebene ein sektorielles Problem entsteht, das schwerer wiegt als das ursprüngliche regionale Problem.[35]

531   Insbesondere steht es dem Gericht nicht zu, seine Würdigung in wirtschaftlicher Hinsicht an die Stelle derjenigen des Urhebers der Entscheidung zu setzen.[36] Von diesem Grundsatz weichen allerdings beide europäischen Gerichte gelegentlich ab.[37]

532   γ) **Kein Ermessen in Bezug auf die Definition von Beihilfen.** Die Kommission verfügt über kein Ermessen, wenn sie über die Frage entscheidet, inwieweit überhaupt eine staatliche Beihilfe vorliegt. Da der Begriff der staatlichen Beihilfe, wie er im Vertrag definiert ist, rechtlichen Charakter hat und anhand objektiver Kriterien auszulegen ist, hat der Gemeinschaftsrichter die Frage, ob eine Maßnahme in den Anwendungsbereich von Art. 107 Abs. 1 AEUV fällt, grundsätzlich unter Berücksichtigung der konkreten Umstände des bei ihm anhängigen Rechtsstreits und des technischen oder komplexen Charakters der von der Kommission vorgenommenen Beurteilungen umfassend zu prüfen.[38] Soweit allerdings für die Beurteilung des Vorliegens einer staatlichen Beihilfe der sog. Test des marktwirtschaftlich handelnden Investors („Private Investor Test") angewendet werden muss, verfügt die Kommission über ein weites Ermessen, weil dieser Test die Bewertung komplexer wirtschaftlicher Zusammenhänge voraussetzt.

533   bb) **Grundsätze der Ermessensausübung. α) Befristung.** Grundsätzlich achtet die Kommission darauf, dass Beihilferegelungen befristet werden, so dass eine periodische Anpassung mit anschließender Prüfung durch die Kommission stattfinden kann. Dies gilt im Übrigen auch für die Selbstbindungsnormen der Kommission.

534   β) **Transparenz.** Beihilfen müssen einem bestimmten vorgegebenen Zweck dienen und transparent vergeben werden. Ohne einen bestimmten Zweck vergebene Beihilfen, wie Betriebsbeihilfen, bewirken eine starke Wettbewerbsverzerrung ohne positive Effekte. Sie sind also mit dem Binnenmarkt grundsätzlich nicht vereinbar. Sie können nur auf der Grundlage besonderer Ermächtigungen des Rates in besonderen Situationen genehmigt werden (Kohle, Schiffbau usw.).[39]

---

[31] EuGH, 730–79, Slg. 1980, I-2671, RdNr. 26 – Philip Morris; EuG, T-371/94 und T-394/94, Slg. 1998, II-2405, RdNr. 282, British Airways ua./Kom.

[32] Vgl. die Schlussanträge des GA Tesauro in der Rs. C-142/87, Slg. 1990, I-959, RdNr. 19 – Belgien/Kom.

[33] Vgl. die in der Fn. 12 zitierte Rechtsprechung.

[34] Siehe die Schlussanträge des Generalanwalts Darmon in der Rs. 248/84, Slg. 1987, 4013, 4025, 4031 – Deutschland/Kom.

[35] EuG, T-380/94, Slg. 1996, II-2169, RdNr. 54 und 55 – AIUFASS ua.

[36] EuG, T-123/97, Slg. 1999, II-2925, RdNr. 47, mit Hinweis auf EuG, T-371/94 und T-394/94, Slg. 1998, II-2405, RdNr. 79 – British Airways ua. und British Midland Airways/Kom.

[37] EuG, T-27/02, Slg. 2004, II-4177, RdNr. 87-98, Kronofrance/Kom., siehe dazu das Rechtsmittelurteil EuGH, C-75/05 P und C-80/05 P, Slg. 2008, I-06619, RdNr. 59–75, Deutschland ua./Kronofrance.

[38] EuGH, C-83/98 P, Slg. 2000, I-3271, RdNr. 25, Frankreich/Ladbroke Racing ua.

[39] Siehe die Kommentierung von Art. 107 Abs. 3 lit. e).

γ) Zielgerichtetheit. Aus dem oben Gesagten folgt, dass Beihilfen, die den ausformulierten **535** **Zielen der Gemeinschaft** entsprechen, grundsätzlich leichter zu genehmigen sind (vorbehaltlich der Prüfung der Einzelheiten). Dies gilt etwa für Beihilfen, die der Kohäsion dienen, also der Entwicklung besonders benachteiligter Gebiete. Im Hinblick auf die Gemeinschaftspolitik der Förderung der Forschung und Entwicklung sind entsprechende Beihilferegelungen ebenfalls grundsätzlich genehmigungsfähig.

Horizontale Beihilferegelungen (etwa für Forschung und Entwicklung, Umwelt usw.) sind **536** sektoralen Beihilferegelungen vorzuziehen, weil die ersteren den Wettbewerb weniger beeinträchtigen und zugleich mehr den gemeinsamen Zielen dienen.

Beihilferegelungen („Regime") – auch wenn sie auf bestimmte Sektoren ausgerichtet sind – **537** sind Einzelbeihilfen vorzuziehen, weil sie transparenter sind und zumindest im entsprechenden Sektor weniger Wettbewerbsbeschränkungen verursachen.

cc) Selbstbindung durch „soft law". Auch wenn die Kommission bei der Anwendung **538** des Art. 107 Abs. 3 AEUV über ein weites Ermessen verfügt, dessen Ausübung wirtschaftliche und soziale Wertungen voraussetzt, die auf die Gemeinschaft als Ganzes zu beziehen sind, darf sie sich bei der Ausübung ihres Ermessens durch Maßnahmen wie Leitlinien und Gemeinschaftsrahmen selbst binden, sofern diese Regeln enthalten, denen sich die von ihr zu verfolgende Politik entnehmen lässt und die nicht von Normen des Vertrages abweichen.[40] Präzisiert die Kommission in Leitlinien, die mit dem Vertrag in Einklang stehen, die Kriterien, die sie für die Ausübung ihres Ermessens heranziehen möchte, führt dies zu einer Selbstbeschränkung dieses Ermessens, da sie sich an die selbst auferlegten leitenden Regeln halten muss.[41] Dabei ist es Sache des Gerichts, die Einhaltung dieser Regeln durch die Kommission zu überprüfen.[42]

Die Kommission hat ihre Beihilfenpolitik in verschiedenen Leitlinien und Gemeinschafts- **539** rahmen konkretisiert. Damit soll einerseits Transparenz und andererseits eine gleichförmige und diskriminierungsfreie Verwaltungspraxis gewährleistet werden. Diese beiden Instrumente, die auf die Ermessenstatbestände des Art. 107 Abs. 3 AEUV abzielen, sind von den Mitteilungen zu unterscheiden, die sich auf den Grundtatbestand des Art. 107 Abs. 1 beziehen. Die Terminologie ist allerdings nicht einheitlich.[43] Alle diese Instrumente sind ihrer Rechtsnatur nach mit deutschen Verwaltungsvorschriften oder mit österreichischen Erlässen vergleichbar. Ihre Bedeutung nimmt ab, weil die Kommission zunehmend von der Möglichkeit, Gruppenfreistellungs-VOen zu erlassen, Gebrauch macht.

Fällt eine bestimmte Beihilfemaßnahme aufgrund ihrer Zielsetzung in den Anwendungsbe- **540** reich geltender Leitlinien und ist daher auf der Grundlage dieser Leitlinien anzumelden, so finden lediglich die in den jeweiligen Leitlinien festgelegten Beurteilungskriterien (zB Beihilfeintensitäten und Förderkriterien) Anwendung.[44]

Beihilfesachen, die unter bestimmte Leitlinien fallen, aber nicht alle darin festgelegten Vor- **541** aussetzungen erfüllen (weil zB die zulässigen Beihilfenintensitäten überschritten oder nicht alle Förderkriterien erfüllt werden), werden als mit dem Binnenmarkt unvereinbar erklärt.[45]

dd) Selbstbindung durch Gruppenfreistellungsverordnungen. Wie oben in RdNr. 2 **542** erwähnt, hat der Rat im Jahr 1998 die Kommission in einer DurchführungsVO[46] ermächtigt (daher: ErmächtigungsVO), in sog. GruppenfreistellungsVOen diejenigen Arten von Beihilfen festzulegen, die vom Anmeldeverfahren ausgenommen sind. Aufgrund dieser Ermächtigung hat die Kommission die folgenden GruppenfreistellungsVOen erlassen:
– Verordnung Nr. 68/2001 der Kommission vom 12. Januar 2001 über die Anwendung der Art. 87 und 88 EG-Vertrag auf Ausbildungsbeihilfen;[47]

---

[40] EuGH, C-313/90, Slg. 1993, I-1125, RdNr. 40-51 – CIRFS/Kom.; EuGH, C-288/96, Slg. 2000, I-8237, RdNr. 62 – Deutschland/Kom.; EuGH, C-310/99, Slg. 2002, I-2289, RdNr. 45 u. 52 – Italien/Kom.

[41] EuG, T-380/94, Slg. 1996, II-2169, RdNr. 57, AIUFFASS und AKT/Kom.; EuG, T-214/95, Slg. 1998, II-717, RdNr. 89, Vlaams Gewest/Kom.

[42] EuG, T-27/02, Slg. 2004, II-4177, RdNr. 79 – Kronofrance/Kom., EuG, T-35/99, Slg. 2002, II-261, RdNr. 77 – Keller und Keller Meccanica/Kom.

[43] Vgl. *Koenig/Kühling/Ritter* RdNr. 203.

[44] Allgemeine Grundsätze für eine ökonomisch ausgerichtete Prüfung der Vereinbarkeit staatlicher Beihilfen nach Art. 107 Abs. 3 AEUV, RdNr. 6, publiziert auf http://ec.europa.eu/competition/state_aid/reform/reform.html.

[45] Vgl. die in der vorangehenden Fußnote zitierte Mitteilung, RdNr. 7.

[46] Vgl. dazu die VO 994/98, ABl. 1998 L 142/1.

[47] ABl. 2001 L 10/20. VO zuletzt geändert durch die VO 1976/2006.

– Verordnung Nr. 70/2001 der Kommission vom 12. Januar 2001 über die Anwendung der Art. 87 und 88 EG-Vertrag auf staatliche Beihilfen an kleine und mittlere Unternehmen;[48]
– Verordnung Nr. 2204/2002 der Kommission vom 12. Dezember 2002 über die Anwendung der Art. 87 und 88 EG-Vertrag auf Beschäftigungsbeihilfen;[49]
– Verordnung Nr. 1628/2006 der Kommission vom 24. Oktober 2006 über die Anwendung der Art. 87 und 88 EG-Vertrag auf regionale Investitionsbeihilfen der Mitgliedstaaten;[50]
– Diese Verordnungen wurden durch die Allgemeine GruppenfreistellungsVO (VO Nr. 800/2008 der Kommission vom 6. August 2008 zur Erklärung der Vereinbarkeit bestimmter Gruppen von Beihilfen mit dem Binnenmarkt in Anwendung der Art. 87 und 88 EG-Vertrag)[51] ersetzt.
– VO Nr. 69/2001 der Kommission vom 12. Januar 2001 über die Anwendung der Art. 87 und 88 EG-Vertrag auf „De-minimis"-Beihilfen.[52] Diese VO wurde durch die VO Nr. 1998/2006 der Kommission vom 15. Dezember 2006 über die Anwendung der Art. 87 und 88 EG-Vertrag auf „De-minimis"-Beihilfen[53] ersetzt.
– Die Kommission hat darüber hinaus im Bereich der Landwirtschaft, der Fischerei und des Verkehrs eine Reihe von Verordnungen erlassen.[54]

543 Diese Verordnungen haben unmittelbare Geltung in den Mitgliedstaaten. Die nationalen Behörden einschließlich der Gerichte sind an die GruppenfreistellungsVOen gebunden, ohne dass es einer besonderen Umsetzungsmaßnahme auf nationaler Ebene bedürfte.

544 Durch die GruppenfreistellungsVOen werden bestimmte Gruppen von Beihilfen als mit dem Binnenmarkt vereinbar erklärt, soweit bestimmte Bedingungen erfüllt werden. Solche Beihilfen unterliegen nicht mehr der Anmeldepflicht und müssen nicht im Einzelfall von der Kommission genehmigt werden. Die sonst übliche Vorab-Kontrolle durch die Kommission entfällt bzw. wird durch eine ex post Kontrolle durch innerstaatliche Gerichte ersetzt (vorausgesetzt, das innerstaatliche Recht schafft die prozedurale Bedingung, so etwa eine Klagelegitimation der Konkurrenten).[55] Insoweit bewirken GruppenfreistellungsVOen eine Dezentralisierung der Beihilfenkontrolle.[56]

545 Damit GruppenfreistellungsVOen die beabsichtigten Wirkungen zeigen, müssen sie den Zweck der Beihilfe, die Gruppen von Begünstigten, die Beihilfenintensität (oder Beihilfenhöchstbeträge), die Bedingungen für die Kumulierung der Beihilfen und die Bedingungen der Überwachungsregeln.[57]

546 Die GruppenfreistellungsVOen bewirken – so wie schon bei den Leitlinien und die Gemeinschaftsrahmen – auch eine Bindung der Kommission: Sie kann nicht im Einzelfall von den GruppenfreistellungsVOen abweichende Genehmigungen erlassen. Sollte dies aufgrund besonderer Umstände erforderlich werden, muss zugleich mit der „abweichenden" Entscheidung die GruppenfreistellungsVO entsprechend geändert oder angepasst werden.

547 **d) Wie kann die Kommission entscheiden? aa) Nach dem Inhalt der Entscheidung. α) Phase-Eins-Entscheidung.** Der Gerichtshof unterscheidet zwischen der Vorprüfungsphase nach Art. 108 Abs. 3 AEUV, die nur dazu dient, der Kommission eine erste Meinungsbildung darüber zu ermöglichen, ob die fragliche Beihilfe ganz oder teilweise mit dem Vertrag vereinbar ist und der in Art. 108 Abs. 2 AEUV geregelten Prüfungsphase. Nur in dieser Prüfungsphase, die es der Kommission ermöglichen soll, sich ein vollständiges Bild von allen Gegebenheiten des Falles zu verschaffen, sieht der Vertrag die Verpflichtung der Kommission vor, den Beteiligten Gelegenheit zur Äußerung zu geben.[58]

---

[48] ABl. 2001 L 10/33. VO zuletzt geändert durch die VO 1976/2006 (ABl. 2006 L 368/85), die den Anwendungsbereich der VO auf Forschungs- und Entwicklungsbeihilfen erstreckt hat.

[49] ABl. 2002 L 337/3. VO zuletzt geändert durch die VO 1976/2006; vgl. *Zuleger* EuZW 2003, 270.

[50] ABl. 2006 L 302/29.

[51] ABl. 2008 L 214/3. Zu den Neuerungen vgl. *Deiberova/Nyssens* EStAL 2009, 27. Mit dieser beschäftigt sich Teil 2. B. dieses Kommentars.

[52] ABl. 2001 L 10/30.

[53] ABl. 2006 L 379/5. Vgl. *Berghofer* EStAL 2007, 11, und die RdNr. 414 ff.

[54] Vgl. dazu unten Sektoren RdNr. 461 ff., 1062 ff., 1103 ff.

[55] In Deutschland scheint – anders als in Österreich – der Wettbewerber keinen Unterlassungsanspruch gegen den Begünstigten zu haben, vgl. dazu *Maier/Nordmann* EuZW 2004, 125, und *Bartosch* 2005, 396.

[56] *Sinnaeve* EuZW 2001, 69.

[57] Vgl. Art. 1 Abs. 2 und 3 der ErmächtigungsVO 994/98.

[58] EuGH, C-225/91, Slg. 1993, I-3203, RdNr. 16 – Matra, mit Hinweis auf EuGH, C-198/91, Slg. 1993, I-2487 – Cook.

Diese Rechtsprechung ist zumindest missverständlich, möglicherweise auch irreführend. **548**
Die Kommission trifft zwar in der überwiegenden Mehrzahl der Fälle eine sog. Phase-Eins-
Entscheidung, die der Gerichtshof als in der Vorprüfungsphase ergangen ansieht. Sieht man von
der Möglichkeit ab, dass die Kommission aufgrund des Art. 4 Abs. 2 VerfahrensVO[59] feststellt,
dass keine Beihilfe vorliegt, kann eine solche Phase-Eins-Entscheidung nur auf Vereinbarkeit der
Maßnahme mit dem Binnenmarkt lauten. Negative oder bedingte Genehmigungen können nur
nach Durchführung eines förmlichen Verfahrens erlassen werden.[60] Im Hinblick darauf, dass staatliche Beihilfen grundsätzlich verboten sind, kann sich eine positive Entscheidung nicht auf eine
simple Vorprüfung und schon gar nicht auf eine „erste Meinungsbildung" stützen.

Eine solche Entscheidung unterliegt der Kontrolle durch die beiden europäischen Gerichte **549**
und muss daher auf ein ordentliches Ermittlungsverfahren folgen, welches rechtsstaatlichen
Grundsätzen entspricht. Schon aus diesem Grund kann es nicht auf eine „erste Meinungsbildung" ankommen. In der Praxis wird eine solche Entscheidung dann erlassen, wenn die Kommission im Laufe des Ermittlungsverfahrens im Dialog mit dem anmeldenden Mitgliedstaat zur
Überzeugung gelangt, dass die Maßnahme mit dem Binnenmarkt vereinbar ist. Das wird im
Wesentlichen dann der Fall sein, wenn die Vorteile der Beihilfengewährung im Vergleich zu
den nachteiligen Folgen, wie Wettbewerbsbeschränkung und Handelsbeeinträchtigung, überwiegen[61] oder wenn die Beihilfe den horizontalen oder sektoriellen Bestimmungen (Mitteilungen, Leitlinien oder Gemeinschaftsrahmen) entspricht. Soweit eine GruppenfreistellungsVO im
betreffenden Bereich vorliegt, erübrigt sich eine Entscheidung der Kommission.

Aus dem oben Gesagten folgt, dass die Phase-Eins-Entscheidung entweder feststellt, dass die **550**
angemeldete Maßnahme nicht alle Tatbestandsmerkmale des Art. 107 Abs. 1 AEUV aufweist,
also auf Nicht-Vorliegen einer Beihilfe lautet,[62] womit auch die Verpflichtung zur Anmeldung
– nachträglich – entfällt. Oder die Kommission stellt fest, dass die angemeldete Maßnahme,
insoweit sie in den Anwendungsbereich des Art. 107 Abs. 1 AEUV fällt, hinsichtlich ihrer Vereinbarkeit mit dem Binnenmarkt nicht bedenklich ist.[63] Im zweiten Fall entscheidet die Kommission, dass die Maßnahme mit dem Binnenmarkt vereinbar ist (die Entscheidung wird „Entscheidung, keine Einwände zu erheben" genannt).

β) Entscheidung über die Eröffnung des förmlichen Prüfverfahrens. Stellt die Kom- **551**
mission nach einer ersten – diesmal tatsächlich vorläufigen – Prüfung fest, dass die angemeldete Maßnahme Anlass zu Bedenken hinsichtlich ihrer Vereinbarkeit mit dem Binnenmarkt gibt, entscheidet sie, das Verfahren nach Art. 108 Abs. 2 AEUV zu eröffnen (diese Form
der Entscheidung wird „Entscheidung über die Eröffnung des förmlichen Prüfverfahrens" genannt).[64]

Hierzu ist daran zu erinnern, dass die Eröffnungsentscheidung nach Art. 6 der VO 659/1999 **552**
die Betroffenen in die Lage versetzen muss, sich in wirksamer Weise am förmlichen Prüfverfahren zu beteiligen, in dem sie ihre Argumente geltend machen können.[65] Das Verfahren nach
Art. 108 Abs. 2 AEUV verpflichtet die Kommission lediglich, dafür Sorge zu tragen, dass alle
potenziellen Betroffenen unterrichtet werden und Gelegenheit erhalten, ihren Standpunkt geltend zu machen.[66]

Das Verfahren nach Art. 108 Abs. 2 AEUV ist unerlässlich, sobald die Kommission bei der **553**
Prüfung, ob ein Beihilfenvorhaben mit dem Binnenmarkt vereinbar ist, auf ernste Schwierigkeiten stößt. Die Kommission darf sich also für den Erlass einer positiven Entscheidung über ein
Beihilfevorhaben nur dann auf die Vorprüfungsphase des Art. 108 Abs. 3 AEUV beschränken,
wenn sie nach einer ersten Prüfung, die nach der hier vertretenen Meinung eine umfassende
sein muss, die Überzeugung gewinnt, dass dieses Vorhaben vertragskonform ist.

---

[59] VO 659/1999, ABl. 1999 L 83/1.

[60] Vgl. dazu RdNr. 40 und 74 ff. in Kapitel G.

[61] Vgl. dazu das vorangehende Kapitel.

[62] Art. 4 Abs. 2 der VerfahrensVO, vgl. Kapitel G, RdNr. 39, und die Kommentierung dieser Bestimmung in Kap. H.

[63] Art. 4 Abs. 3 der VerfahrensVO, vgl. auch Kapitel G, RdNr. 39, und die Kommentierung dieser Bestimmung in Kap. H.

[64] Art. 4 Abs. 4 der VerfahrensVO, vgl. auch die Kommentierung dieser Bestimmung in Kapitel H.

[65] EuG, T-195/01 und T-207/01, Slg. 2002, II-2309, RdNr. 138 – Government of Gibraltar/Kom.; EuG,
T-81/07-T-83/07, Slg. 2009, II-02411, RdNr. 117 – Jan Rudolf Maas/Kom. Vgl. die Kommentierung des
Art. 6 der VerfahrensVO in Kapitel H.

[66] EuGH, Rs. 323/82, Slg. 1984, 3809, RdNr. 17 – Intermills/Kom.; EuG, T-81/07 – T-83/07,
Slg. 2009, II-02411, RdNr. 117 – Jan Rudolf Maas/Kom.

554   Ist die Kommission aufgrund dieser ersten Prüfung jedoch zu der gegenteiligen Überzeugung gelangt oder hat sie nicht alle Schwierigkeiten hinsichtlich der Beurteilung der Vereinbarkeit dieses Vorhabens mit dem Binnenmarkt ausräumen können, ist sie verpflichtet, alle erforderlichen Stellungnahmen einzuholen und zu diesem Zweck das Verfahren des Art. 108 Abs. 2 AEUV einzuleiten.[67]

555   γ) **Phase-Zwei-Entscheidung.** Eine Entscheidung, die feststellt, dass die angemeldete Maßnahme mit dem Binnenmarkt nicht vereinbar ist (negative Entscheidung oder „Negativentscheidung")[68], kann ebenso nur nach Durchführung eines förmlichen Prüfverfahrens erlassen werden wie eine Entscheidung, die die Genehmigung an Bedingungen oder Auflagen bindet (diese wird „mit Bedingungen und Auflagen verbundene Entscheidung" genannt).[69]

556   Selbstverständlich kann auch eine solche Phase-Zwei-Entscheidung mit der Genehmigung einer Beihilfe enden, wenn die Bedenken hinsichtlich der Vereinbarkeit der angemeldeten Maßnahme mit dem Binnenmarkt im Laufe des förmlichen Prüfverfahrens ausgeräumt werden, so dass die Kommission feststellen kann, dass die Beihilfe mit dem Binnenmarkt vereinbar ist („Positiventscheidung").[70] Ebenso kann die Kommission im förmlichen Prüfverfahren feststellen, dass nicht alle Tatbestandsmerkmale einer staatlichen Beihilfe im Sinn des Art. 107 Abs. 1 AEUV vorliegen.[71]

557   δ) **Anordnung der Aussetzung oder einstweiligen Rückforderung der Beihilfe.** Die Kommission kann, nachdem sie dem betreffenden Mitgliedstaat Gelegenheit zur Äußerung gegeben hat, eine Entscheidung erlassen, mit der dem Mitgliedstaat aufgegeben wird, alle rechtswidrigen Beihilfen so lange auszusetzen, bis die Kommission eine Entscheidung über die Vereinbarkeit der Beihilfe mit dem Binnenmarkt erlassen hat (diese Entscheidung wird „Aussetzungsanordnung" genannt).[72]

558   Ebenso kann die Kommission, nachdem sie dem betreffenden Mitgliedstaat Gelegenheit zur Äußerung gegeben hat, eine Entscheidung erlassen, mit der dem Mitgliedstaat aufgegeben wird, alle rechtswidrigen Beihilfen einstweilig zurückzufordern, bis die Kommission eine Entscheidung über die Vereinbarkeit der Beihilfe mit dem Binnenmarkt erlassen hat (diese Entscheidung wird „Rückforderungsanordnung" genannt). Das setzt kumulativ voraus, dass
– nach geltender Praxis hinsichtlich des Beihilfecharakters der betreffenden Maßnahme keinerlei Zweifel bestehen,
– ein Tätigwerden dringend geboten ist und
– ein erheblicher und nicht wieder gutzumachender Schaden für einen Konkurrenten ernsthaft zu befürchten ist.[73] Eine solche Rückforderungsanordnung ist nicht mit einer entsprechenden Anordnung des innerstaatlichen Gerichts gemäß Art. 108 Abs. 3 Satz 3 AEUV zu verwechseln.

559   ε) **Anordnung zur Auskunftserteilung.** Bei der **Verfahrenseröffnung** kann die Kommission ggf. die erforderlichen Auskünfte durch formelle Entscheidung einholen sowie die Aussetzung der Beihilfengewährung anordnen.[74] Nur wenn der Mitgliedstaat trotz der Anordnung der Kommission die verlangten Auskünfte nicht erteilt, ist die Kommission befugt, das Verfahren abzuschließen und die Entscheidung, mit der die Vereinbarkeit oder Unvereinbarkeit der Beihilfen mit dem Binnenmarkt festgestellt wird, auf der Grundlage der ihr vorliegenden Informationen zu erlassen.

560   bb) **Nach dem Gegenstand. α) Neue Beihilfen und bestehende Beihilfen.** Die Entscheidung der Kommission kann sich auf neue Beihilfen oder auf bestehende Beihilfen beziehen. Diese Unterscheidung kann im Hinblick auf die von der Kommission einzuhaltenden Fris-

---

[67] Vgl. insbesondere EuGH, 84/82, Slg. 1984, 1451, RdNr. 13 – Deutschland/Kommission; EuGH, C-198/91, Slg. 1993, I-2487, RdNr. 29 – Cook/Kommission; EuGH, C-225/91, Slg. 1993, I-3203, RdNr. 33 – Matra/Kommission; EuGH, C-367/95 P, Slg. 1998, I-1719, RdNr. 39, Kommission/Sytraval und Brink's France. Vgl. Kapitel G, RdNr. 77.

[68] Art. 7 Abs. 5 der VerfahrensVO; vgl. die Kommentierung dieser Bestimmung in Kap. H.

[69] Art. 7 Abs. 4 der VerfahrensVO; vgl. die Kommentierung dieser Bestimmung in Kap. H.

[70] Art. 7 Abs. 3 der VerfahrensVO; vgl. die Kommentierung dieser Bestimmung in Kap. H.

[71] Art. 7 Abs. 2 der VerfahrensVO; vgl. die Kommentierung dieser Bestimmung in Kap. H.

[72] Art. 11 Abs. 1 der VerfahrensVO; vgl. die Kommentierung dieser Bestimmung in Kap. H.

[73] Art. 11 Abs. 2 der VerfahrensVO; vgl. die Kommentierung dieser Bestimmung in Kap. H.

[74] Art. 10 u. 11 der VerfahrensVO; siehe auch EuGH, C-324/90 u. C-342/90, Deutschland und Pleuger Worthington/Kom., Slg. 1992, I-1173, RdNr. 26, vgl. auch die Kommentierung dieser Bestimmung in Kap. H.

ten und auch im Hinblick auf die Rechtsfolgen der Entscheidung von Bedeutung sein. So gilt die sog. Lorenz-Frist[75] von zwei Monaten, innerhalb der die Kommission eine Phase-Eins-Entscheidung erlassen muss, nur für angemeldete neue Beihilfen. Die Frist ist von jenem Zeitpunkt zu rechnen, in dem die Kommission über alle Informationen verfügt, die ihr eine eingehende Prüfung ermöglichen.[76]

Bestehende Beihilfen sind im Wesentlichen Beihilfen, die vor Inkrafttreten des Vertrages für **561** den betreffenden Mitgliedstaat eingeführt worden sind und auch nachher anwendbar bleiben. Ferner jene, die die Kommission genehmigt hat oder die aufgrund des Art. 4 Abs. 6 der VerfahrensVO als genehmigt gelten.[77] Neue Beihilfen sind Beihilfen, die nicht als bestehende Beihilfen angesehen werden können. Diese Unterscheidung ist deshalb von Bedeutung, weil die Kommission bei bestehenden Beihilfen nicht die Rückforderung von vor der Entscheidung gewährten Beihilfen anordnen kann.

β) Einzelbeihilfen und Beihilfenregelungen. Die Kommissionsentscheidung kann sich **562** außerdem auf Beihilfenregelungen beziehen, in denen die Begünstigten in allgemein-abstrakter Weise umschrieben werden oder auf Einzelbeihilfen, die nicht aufgrund einer Beihilfenregelung gewährt werden, oder auf einzeln anzumeldende Zuwendungen aufgrund einer Beihilfenregelung.[78] Diese Unterscheidung ist im Hinblick auf eine inzwischen – bedauerlicherweise – aufgegebene Rechtsprechung über die Zulässigkeit von Konkurrentenklagen gemäß Art. 263 Abs. 4 AEUV von Bedeutung, die Individualklagen gegen Entscheidungen über ein Beihilferegime abgelehnt hat: Eine Entscheidung über ein Beihilferegime (etwa über sektorale Steuerermäßigungen) ist, obwohl sie an einen Mitgliedstaat gerichtet ist, eine Entscheidung allgemeiner Tragweite, die für potenziell durch diese Vorschriften Begünstigte eine Maßnahme von allgemeiner Wirkung ist, für objektiv bestimmte Situationen gilt und Rechtswirkungen gegenüber einer allgemein und abstrakt umschriebenen Personengruppe erzeugt.[79] Eine Individualisierung im Sinn der Plaumann-Rechtsprechung[80] findet daher nicht statt.

Im Fall einer Beihilfenregelung kann sich die Kommission darauf beschränken, deren allge- **563** meine Merkmale zu untersuchen, ohne dass sie verpflichtet wäre, jeden einzelnen Anwendungsfall zu prüfen,[81] um festzustellen, ob die Regelung Beihilfenelemente enthält.[82]

Im Gegensatz zu dieser Rechtsprechung des Gerichtshofes ist das Gericht der Ansicht, dass **564** wenn die Kommission mit der Notifizierung einer Beihilfenregelung befasst wurde, sie nicht daran gehindert sei, neben einer abstrakt-generellen Prüfung dieser Regelung deren Anwendung in einem einzelnen Fall zu prüfen. Auch kann die Kommission in der Entscheidung, die sie nach ihrer Prüfung erlässt, zu dem Ergebnis gelangen, dass bestimmte Fälle der angemeldeten Beihilfenregelung eine Beihilfe darstellen und andere nicht oder nur bestimmte Fälle für mit dem Binnenmarkt unvereinbar erklären.[83] Auch wenn dies als „kann" formuliert ist, konstruiert das Gericht daraus eine Rechtspflicht, denn die negative Entscheidung der Kommission wurde gerade deshalb aufgehoben, weil sie die individuelle Situation der Klägerin nicht besonders berücksichtigt hat.

γ) Angemeldete und rechtswidrige Beihilfen. Die Entscheidung kann sich auf an- **565** gemeldete oder auf nicht angemeldete (rechtswidrige oder rechtswidrig gewährte) Beihilfen beziehen. Diese Unterscheidung ist im Hinblick auf die zu beachtenden Fristen bedeutsam: Bei nicht angemeldeten (rechtswidrigen) Beihilfen ist die Kommission an keine Fristen gebunden.

Der Umstand, dass Beihilfen ohne der Kommission angemeldet worden zu sein, ge- **566** währt werden und somit rechtswidrig sind, entbindet die Kommission nicht von der Verpflich-

---

[75] EuGH, 120/73, Slg. 1973, 1471, RdNr. 4 – Lorenz; vgl. auch Art. 4 Abs. 5 VerfahrensVO und die Kommentierung dieser Bestimmung in Kap. H.
[76] EuGH, C-99/98, Slg. 2001, I-1101, RdNr. 54 – Österreich/Kom.
[77] Vgl. die weitergehende Definition in Art. 1 lit. b VerfahrensVO und die Kommentierung dieser Bestimmung in Kap. H.
[78] Vgl. Art. 1 lit. d und e VerfahrensVO und die Kommentierung dieser Bestimmung in Kap. H.
[79] EuG, T-398/94, Slg. 1996, II-477, RdNr. 39 – Kahn Scheppvaart/Kom.
[80] EuGH, 25/62, Slg. 1963, 213 – Plaumann/Kom.
[81] EuGH, C-15/98 u. C-105/99, Slg. 2000, I-8855, RdNr. 51 – Italien und Sardegna Lines/Kom.; EuGH, C-278/00, Slg. 2004, I-3997, RdNr. 24 – Griechenland/Kom.
[82] EuGH, C-66/02, Slg. 2005, I-10901, RdNr. 91 – Italien/Kom.
[83] EuG, T-9/98, Slg. 2001, II-3367, RdNr. 116 – MIEDER.

tung, eine Entscheidung über die Vereinbarkeit der Beihilfen mit dem Binnenmarkt zu erlassen.[84]

567 **cc) Nicht jedes Schreiben eines Gemeinschaftsorgans ist eine Entscheidung.** Nach ständiger Rechtsprechung ist nicht jedes Schreiben eines Gemeinschaftsorgans, mit dem ein Antrag seines Adressaten beschieden wird, eine Entscheidung im Sinne von Art. 263 AEUV gegen die die Nichtigkeitsklage eröffnet ist.[85] Nach ebenfalls ständiger Rechtsprechung können zudem nur solche Handlungen Gegenstand einer Nichtigkeitsklage nach Art. 263 AEUV sein, die verbindliche Rechtswirkungen erzeugen, die die Interessen des Klägers durch einen erheblichen Eingriff in seine Rechtsstellung beeinträchtigen.[86]

568 Für die Feststellung, ob eine Handlung oder eine Entscheidung solche Wirkungen erzeugt, ist ihr Sachgehalt zu untersuchen.[87] Die Form, in der eine Handlung oder eine Entscheidung ergeht, ist dagegen grundsätzlich ohne Einfluss bei der Beurteilung, ob eine (anfechtbare) Entscheidung vorliegt.[88]

569 Adressat einer beihilfenrechtlichen Entscheidung, mit der die Prüfung der Vereinbarkeit einer Beihilfenmaßnahme mit Art. 107 AEUV im Sinne von Art. 4 VerfahrensVO abgeschlossen wird, ist zwar stets der betreffende Mitgliedstaat. Eine an einen Beschwerdeführer gerichtete Mitteilung der Kommission kann aber den Inhalt dieser Entscheidung wiedergeben, selbst wenn diese dem betreffenden Mitgliedstaat nicht zugesandt worden ist.[89]

570 **dd) Die Kommission muss jedes Verfahren mit einer Entscheidung abschließen.** Keine (anfechtbare) Entscheidung liegt vor, wenn die Kommission die Beteiligten gemäß Art. 20 Abs. 2 Satz 2 VerfahrensVO (Nr. 659/1999) darüber unterrichtet, dass keine ausreichenden Gründe bestehen, zu dem Fall eine Auffassung zu vertreten. In einem solchen Fall muss die Kommission den Beschwerdeführern die Möglichkeit geben, ihr binnen einer angemessenen Frist zusätzliche Ausführungen vorzulegen.[90]

571 Sind diese Ausführungen vorgelegt worden oder ist die angemessene Frist abgelaufen, hat die Kommission die Vorprüfungsphase nach Art. 13 Abs. 1 VerfahrensVO (Nr. 659/1999) mit dem Erlass einer Entscheidung nach Art. 4 Abs. 2, 3 oder 4 dieser VO abzuschließen. Diese Entscheidung stellt fest, dass keine Beihilfe vorliegt, dass keine Einwände erhoben werden oder dass das förmliche Prüfverfahren eröffnet wird. Zu gegebener Zeit hat die Kommission daher entweder die nächste Prüfphase zu eröffnen oder die Sache durch den Erlass einer entsprechenden Entscheidung zu erledigen.[91]

572 Gemäß Art. 20 Abs. 2 S. 3 VerfahrensVO übermittelt die Kommission, wenn sie infolge der ihr von einem Beteiligten übermittelten Informationen eine solche Entscheidung trifft, dem betreffenden Beteiligten eine Kopie der Entscheidung.

573 **e) Zeitliche Aspekte. aa) Fristen. α) Phase-Eins-Entscheidung.** Wie oben erwähnt, muss die Kommission eine Phase-Eins-Entscheidung innerhalb von zwei Monaten erlassen.[92] Die Kommission soll in dieser Phase, in der die Mitgliedstaaten die angemeldeten Maßnahmen nicht durchführen dürfen, über eine angemessene Frist verfügen. Dennoch muss sie dabei mit der gebotenen Eile handeln und dem Interesse der Mitgliedstaaten Rechnung tragen, in den Fällen rasch Klarheit zu erlangen, in denen wegen der von den Mitgliedstaaten erhofften Wirkungen der beabsichtigten Förderungsmaßnahmen ein dringendes Bedürfnis zum Eingreifen bestehen kann.[93]

---

[84] EuGH, C-301/87, Slg. 1990, I-307 – Frankreich/Kom. („Boussac"), vgl. die Kommentierung in Kap. G RdNr. 51 ff.

[85] EuG, T-152/06, Slg. 2009, II-1517, RdNr. 35 – NDSHT Nya Destination Stockholm Hotell & Teaterpaket AB/Kom., EuG, T-277/94, Slg. 1996, II-351, RdNr. 50 – AITEC/Kom.; EuG, T-154/94, Slg. 1996, II-1377, RdNr. 51 – CSF und CSME/Kom., EuG, T-130/02, Slg. 2003, II-4857, RdNr. 42 – Kronoply/Kom.

[86] EuGH, 60/81, Slg. 1981, 2639, RdNr. 9 – IBM/Kom.; EuG, T-351/02, Slg. 2006, II-1047, RdNr. 35 – Deutsche Bahn/Kom., EuG, T-130/02, Slg. 2003, II-4857, RdNr. 43 – Kronoply/Kom.

[87] EuG, T-130/02, Slg. 2003, II-4857, RdNr. 44 – Kronoply/Kom.

[88] EuGH, 60/81, Slg. 1981, 2639, RdNr. 9 – IBM/Kom.

[89] EuG, T-182/98, Slg. 1999, II-2857, RdNr. 38 – UPS Europe/Kom.

[90] EuGH, C-521/06 P, Slg. 2008, I-5829, RdNr. 39 – Athinaiki Techniki AE/Kom., vgl. auch die Kommentierung des Art. 20 VerfahrensVO in Kapitel H sowie Kapitel J RdNr. 76 ff.

[91] Vgl. im Rahmen des Verfahrens in Wettbewerbsangelegenheiten: EuGH, C-282/95 P, Slg. 1997, I-1503, RdNr. 36 – Guérin automobiles/Kom., und im Bereich der Kontrolle von staatlichen Beihilfen: EuGH, C-521/06 P, Slg. 2008, I-5829, RdNr. 40 – Athinaiki Techniki AE/Kom.

[92] EuGH, 120/73, Slg. 1973, 1471, RdNr. 4 – Lorenz.

[93] Ebenda.

Die Kommission muss innerhalb von zwei Monaten ab der Anmeldung entweder eine Ent- **574** scheidung, keine Einwände zu erheben, erlassen oder das förmliche Prüfverfahren eröffnen und den Mitgliedstaat hiervon unterrichten. Die Zweimonatsfrist beginnt am Tag nach dem Eingang der vollständigen Anmeldung bzw. jener Informationen, die eine Anmeldung als vollständig erscheinen lassen. Die Anmeldung ist für die Zwecke der Vorprüfungsphase als vollständig an- zusehen und setzt die Zweimonatsfrist in Gang, wenn sie von Anfang an oder nach Beantwor- tung der Fragen der Kommission durch den Mitgliedstaat die Informationen enthält, die die Kommission benötigt, um sich eine erste Meinung über die Vereinbarkeit der Beihilfe mit dem AEUV zu bilden.[94] Hat die Kommission innerhalb dieser Frist keine Entscheidung erlassen, so gilt die Beihilfe als genehmigt und wird zu einer bestehenden Beihilfe.[95]

Diese Frist kann im Einvernehmen zwischen Kommission und dem betreffenden Mitglied- **575** staat verlängert werden.

Unterlässt es die Kommission, nachdem sie von einem Mitgliedstaat über ein Beihilfevorha- **576** ben unterrichtet worden ist, das kontradiktorische Prüfungsverfahren innerhalb der zweimona- tigen Lorenz-Frist einzuleiten, darf der Mitgliedstaat nach Ablauf einer angemessenen Frist die in Rede stehenden Maßnahmen durchführen, wenn er dies der Kommission zuvor angezeigt hat. Die Kommission kann innerhalb von einer Frist von 15 Arbeitstagen nach Erhalt der Benach- richtigung eine Entscheidung gemäß Art. 4 Abs. 6 VerfahrensVO erlassen.

β) Phase-Zwei-Entscheidung. Gemäß Art. 7 Abs. 6 VerfahrensVO bemüht sich die Kom- **577** mission eine Entscheidung möglichst innerhalb von 18 Monaten ab Eröffnung des förmlichen Prüfverfahrens zu erlassen. Auch diese Frist kann im Einvernehmen zwischen Kommission und dem betreffenden Mitgliedstaat verlängert werden, was insoweit schwer nachvollziehbar ist, als es sich hier um keine strikt einzuhaltende Frist handelt.

γ) Rechtswidrige Beihilfen. Im Hinblick darauf, dass rechtswidrige Beihilfen definitions- **578** gemäß schon vor der Anmeldung bzw. vor Durchführung des Genehmigungsverfahrens gewährt werden, haben die Mitgliedstaaten kein – in der Lorenz Rechtsprechung angeführtes – Interesse, rasch Klarheit zu erlangen. Folglich bestehen für die Beurteilung rechtswidriger Bei- hilfen keine Fristen.

Im Sinne der ständigen Rechtsprechung des Gerichtshofes ist aber die Kommission auch in **579** einem solchen Fall durch das grundlegende Erfordernis der Rechtssicherheit daran gehindert, unbegrenzt lange zu warten, ehe sie von ihren Befugnissen Gebrauch macht.[96]

bb) Sonstige zeitlichen Aspekte. α) Informationsstand zum Zeitpunkt der Ent- **580** **scheidung maßgeblich.** Die Kommission hat ihre Entscheidung auf jene Informationen zu stützen, über die sie im Zeitpunkt der Entscheidung verfügt. Nach ständiger Rechtsprechung des Gerichtshofes ist nämlich die Rechtmäßigkeit einer Entscheidung im Bereich staatlicher Beihilfen aufgrund der Informationen zu beurteilen, über die die Kommission bei deren Erlass verfügte.[97] Wie Generalanwalt Darmon ausgeführt hat,[98] ist die Kontrolle durch den Gerichts- hof auf die Rechtmäßigkeit der Entscheidung begrenzt und kann nicht mit einer Wiederauf- nahme der Prüfung des Beihilfenverfahrens anhand von Gesichtspunkten verbunden sein, die im Stadium des durch die angefochtene Entscheidung abgeschlossenen Verfahrens nicht vorge- tragen worden waren.

So hat der Gerichtshof in einigen Fällen, in denen ein entsprechendes Auskunftsverlangen der **581** Kommission nicht beantwortet worden war, den Tatsachenvortrag eines Mitgliedstaats nicht mehr zugelassen, wenn er nicht schon im Administrativverfahren vor der Kommission vorge- bracht worden ist.[99]

Dementsprechend ist nach ständiger Rechtsprechung im Rahmen einer gegen eine Kommis- **582** sionsentscheidung gerichteten Nichtigkeitsklage die Rechtmäßigkeit des angefochtenen Rechts- akts nach Maßgabe der Sach- und Rechtslage im Zeitpunkt seines Erlasses zu würdigen.[100]

---

[94] EuGH, C-99/98, Slg. 2001, I-1101, RdNr. 56 – Österreich/Kom.

[95] EuGH, C-99/98, Slg. 2001, I-1101, RdNr. 32 – Österreich/Kom.

[96] EuGH, C-74/00 u. C-75/00, Slg. 2002, I-7869, RdNr. 140 – Falck SpA und Acciaierie di Bolzano SpA/Kom., vgl. auch unten Art. 108 AEUV RdNr. 85.

[97] EuGH, C-241/94, Slg. 1996, I-4551, RdNr. 33 – Frankreich/Kom.; EuGH, 234/84, Slg. 1986, 2263, RdNr. 16 – Belgien/Kom.; EuGH, 84/82, Slg. 1984, 1451 – Deutschland/Kom.

[98] Nr. 8 aE. der Schlussanträge in der Rs. 248/84 – Deutschland/Kom.

[99] EuGH, C-241/94, Slg. 1996, I-4551, RdNr. 36 f – Frankreich/Kom.

[100] EuGH, verb. Rs. 15/76 u. 16/76, Slg. 1979, 321, RdNr. 7 – Frankreich/Kom.; EuGH, C-277/00, Slg. 2004, I-3925, RdNr. 39 – Deutschland/Kom. (SMI). Vgl auch die dort angeführte Rechtsprechung.

583 Hat die Kommission den Betroffenen – etwa durch die Eröffnung eines förmlichen Prüfverfahrens – Gelegenheit zu einer Stellungnahme geboten und wurde diese Gelegenheit nicht genutzt, kann der Kommission nicht vorgeworfen werden, Tatsachen nicht berücksichtigt zu haben, die ihr im Verwaltungsverfahren hätten mitgeteilt werden können. Sie ist nämlich nicht verpflichtet, von Amts wegen und mutmaßend zu prüfen, welche Tatsachen ihr hätten mitgeteilt werden können.[101]

584 **β) Die Kommission wendet jene Bestimmungen an, die im Zeitpunkt der Entscheidung gelten.** Nach ständiger Rechtsprechung des Gerichtshofes ist eine neue Vorschrift grundsätzlich unmittelbar auf die künftigen Auswirkungen eines Sachverhalts anzuwenden, der unter der Geltung der alten Vorschrift entstanden ist.[102] Der Gerichtshof hat auch entschieden, dass der Grundsatz des Vertrauensschutzes nicht so weit ausgedehnt werden darf, dass die Anwendung einer neuen Vorschrift auf die künftigen Auswirkungen von Sachverhalten, die unter der Geltung der alten Regelung entstanden sind, schlechthin ausgeschlossen ist.[103]

585 Der Gerichtshof wendet diese Rechtsprechung auch auf staatliche Beihilfen an, wobei er von der folgenden Überlegung ausgeht: Art. 108 Abs. 3 AEUV unterwirft die beabsichtigte Einführung neuer Beihilfen einer vorbeugenden Prüfung.[104] Art. 4 Abs. 1 VerfahrensVO, nach dem die Kommission eine Anmeldung „unmittelbar nach deren Eingang" zu prüfen hat, erlegt diesem Organ im Rahmen dieser vorbeugenden Prüfung lediglich eine besondere Sorgfaltspflicht auf und enthält somit keine Vorschrift über die zeitliche Anwendung der Kriterien für die Beurteilung der Vereinbarkeit der angemeldeten Beihilfenvorhaben mit dem Binnenmarkt. Eine solche Vorschrift kann auch nicht aus Art. 4 Abs. 5 Satz 2 VerfahrensVO abgeleitet werden, wonach die Zweimonatsfrist für die von der Kommission durchzuführende Vorprüfung der Anmeldung am Tag nach dem Eingang der vollständigen Anmeldung beginnt.

586 Demgegenüber ist die Frage, ob es sich bei einer Beihilfe um eine staatliche Beihilfe im Sinne des Vertrags handelt, aufgrund objektiver Gegebenheiten zu beantworten, die zu dem Zeitpunkt zu beurteilen sind, zu dem die Kommission ihre Entscheidung trifft.[105] Mithin richtet sich die Kontrolle des Gemeinschaftsrichters auf die von der Kommission zu diesem Zeitpunkt vorgenommene Beurteilung der Lage[106]

587 Zudem sind die Vorschriften, Grundsätze und Kriterien für die Beurteilung der Zulässigkeit staatlicher Beihilfen, die zu dem Zeitpunkt gelten, zu dem die Kommission ihre Entscheidung trifft, grundsätzlich besser auf die herrschenden Wettbewerbsverhältnisse abgestimmt. Demnach ist die Anmeldung der geplanten Beihilfen zwar ein für deren Überprüfung grundlegendes Erfordernis, stellt aber gleichwohl nur eine Verfahrenspflicht dar, die der Kommission eine vorbeugende und zugleich wirksame Überprüfung der Beihilfen, die die Mitgliedstaaten Unternehmen gewähren wollen, ermöglichen soll. Durch die Anmeldung kann daher nicht die auf die angemeldeten Beihilfen anwendbare rechtliche Regelung festgelegt werden.[107]

588 Folglich wird mit der Anmeldung einer geplanten Beihilfe oder Beihilfenregelung durch einen Mitgliedstaat keine endgültige Rechtslage geschaffen, die zur Folge hätte, dass die Kommission über die Vereinbarkeit dieser Beihilfen mit dem Binnenmarkt aufgrund der zum Zeitpunkt dieser Anmeldung geltenden Vorschriften entscheiden würde. Die Kommission hat vielmehr die Vorschriften anzuwenden, die zum Zeitpunkt ihrer Entscheidung gelten, da die Rechtmäßigkeit dieser Entscheidung nur anhand dieser Vorschriften zu beurteilen ist.[108]

589 **γ) Anwendbares Recht bei der Beurteilung rechtswidriger Beihilfen.** Zahlreiche Akte, die von der Kommission in den vergangenen Jahren angenommen worden sind, enthalten eine Bestimmung, nach der rechtswidrige staatliche Beihilfen – dh. Beihilfen, die unter Verstoß gegen Art. 108 Abs. 3 AEUV gewährt wurden – anhand der zum Zeitpunkt der Beihilfengewäh-

---

[101] EuG, T-17/03, Slg. 2006, II-1139, RdNr. 54 – Schmitz-Gotha Fahrzeugwerke/Kom., mwN.

[102] EuGH, 68/69, Slg. 1970, 171, RdNr. 7 – Brock, EuGH, 270/84, Slg. 1986, 2305, RdNr. 31 – Licata/WSA.

[103] EuGH, 278/84, Slg. 1987, 1, RdNr. 36 – Deutschland/Kom.; EuGH, 203/86, Slg. 1988, 4563, RdNr. 19 – Spanien/Rat.

[104] EuGH, 120/73, Slg. 1973, 1471, RdNr. 2 – Lorenz.

[105] EuGH, C-182/03 u. C-217/03, Slg. 2006, I-5479, RdNr. 137 – Belgien und Forum 187/Kom.; EuGH, C-341/06 P u. C-342/06 P, Slg. 2008, I-04777, RdNr. 95 – Chronopost und La Poste/UFEX ua.

[106] EuGH, C-334/07 P, Slg. 2008, I-0000, RdNr. 48–50, Kom./Freistaat Sachsen.

[107] EuGH, C-334/07 P, Slg. 2008, I-0000, RdNr. 51–52, Kom./Freistaat Sachsen.

[108] EuGH, C-334/07 P, Slg. 2008, I-0000, RdNr. 53, Kom./Freistaat Sachsen.

rung geltenden Regeln zu beurteilen sind. Dies gilt etwa für die Leitlinien der Gemeinschaft für staatliche Umweltschutzbeihilfen[109] und den multisektoralen Regionalbeihilferahmen für große Investitionsvorhaben.[110]

Im Sinne der Transparenz und Rechtssicherheit hat die Kommission die Mitgliedstaaten und **590** Dritte mit einer Bekanntmachung[111] davon unterrichtet, dass sie diese Regeln in Bezug auf alle Akte anwenden wird, in denen sie darlegt, wie sie ihr Ermessen bei der Bewertung der Vereinbarkeit staatlicher Beihilfen mit dem Binnenmarkt ausüben wird (Rahmenregelungen, Leitlinien, Mitteilungen und Bekanntmachungen). Die Kommission wird somit die Vereinbarkeit unrechtmäßiger staatlicher Beihilfen mit dem Binnenmarkt stets anhand der Kriterien beurteilen, die in den zum Zeitpunkt der Beihilfengewährung geltenden Akten festgelegt sind. Diese Bekanntmachung lässt jedoch spezielle Bestimmungen in den Leitlinien der Gemeinschaft für staatliche Beihilfen zur Rettung und Umstrukturierung von Unternehmen in Schwierigkeiten unberührt. Diese Bekanntmachung lässt ferner die Auslegung der Verordnungen des Rates und der Kommission im Bereich der staatlichen Beihilfen unberührt, die daher Abweichendes vorsehen können. Die Kommission ist nämlich nicht befugt, durch eine Bekanntmachung den zeitlichen Wirkungsbereich von Rechtsakten mit Außenwirkung und erst recht nicht von Rechtsakten eines anderen Normsetzers zu beschränken oder zu erweitern.

f) Inhalt und Wirkung der Entscheidung. aa) Keine Heilung der Rechtswidrigkeit 591 einer Beihilfe. Eine Entscheidung der Kommission, mit der eine nicht angemeldete Beihilfe für mit dem Binnenmarkt vereinbar erklärt wird, hat nur die Wirkung, dass die Beihilfe als kompatibel gilt. Sie hat aber nicht die Heilung der unter Verstoß gegen das Verbot des Art. 108 Abs. 3 S. 3 AEUV ergangenen und deshalb rechtswidrigen Durchführungsmaßnahmen zur Folge, da sie andernfalls die unmittelbare Wirkung dieser Vorschrift beeinträchtigen und die Interessen der Einzelnen, deren Wahrung Aufgabe der innerstaatlichen Gerichte ist, verletzen würde. Jede andere Auslegung würde die Missachtung dieser Vorschrift durch den betreffenden Mitgliedstaat begünstigen und der Vorschrift ihre praktische Wirksamkeit nehmen.[112] Insoweit ist es nicht von Bedeutung, wenn es in einer Entscheidung der Kommission heißt, dass sie ihrer Beurteilung der fraglichen Beihilfe einen vor dem Erlass dieser Entscheidung liegenden Zeitraum zugrunde lege.[113]

bb) Die Rechtswidrigkeit der Beihilfe entbindet die Kommission nicht von der 592 Pflicht, diese auf ihre Vereinbarkeit mit dem Binnenmarkt zu prüfen. In dem dem Urteil Boussac[114] zugrunde liegenden Verfahren vor dem Gerichtshof hat die Kommission die Ansicht vertreten, dass eine Nichtbeachtung der Anmeldepflicht, also einer klaren, zwingenden und dem *ordre public* angehörenden Bestimmung, deren unmittelbare Geltung der Gerichtshof in seiner Rechtsprechung anerkennt, bereits für sich allein zur Rechtswidrigkeit der Beihilfen führe. Diese Rechtswidrigkeit mache jede Sachprüfung überflüssig und berechtige die Kommission, die Rückforderung der Beihilfen anzuordnen.

Der Gerichtshof hat diese Ansicht verworfen: „Legte man die Ansicht der Kommission **593** zugrunde, würde letztlich anerkannt, dass mit dem Binnenmarkt vereinbare Beihilfen wegen formeller Mängel untersagt werden können.“[115] Im Sinn dieses Urteils muss die Kommission bei nicht angemeldeten Beihilfen im Wesentlichen die folgenden Verfahrensschritte einhalten:

– Stellt die Kommission fest, dass eine Beihilfe eingeführt oder umgestaltet wurde, ohne dass **594** sie davon zuvor unterrichtet wurde, so kann sie dem betreffenden Mitgliedstaat, nachdem ihm Gelegenheit zur Äußerung gegeben wurde, vorläufig aufgeben, die Zahlung der Beihilfe unverzüglich bis zum Abschluss ihrer Überprüfung einzustellen und der Kommission

---

[109] ABl. 2001 C 37/3.

[110] ABl. 2002 C 70/8. Vgl. *Soltész* EuZW 2008, 134.

[111] ABl. 2002 C 119/22.

[112] EuGH, C-354/90, Slg. 1991, I-5505, RdNr. 16 – Fédération nationale du commerce extérieur des produits alimentaires ua.; EuGH, C-368/04, Slg. 2006, I-9957, RdNr. 41 – Transalpine Ölleitung (Urteilsbesprechung in EuZW 2006, 725); EuGH, C-261/01 und C-262/01, Slg. 2003, I-12249, RdNr. 63 – Van Calster.

[113] EuGH, C-368/04, Slg. 2006, I-9957, RdNr. 43 – Transalpine Ölleitung (Urteilsbesprechung in EuZW 2006, 725).

[114] EuGH, 301/87, Slg. 1990, I-307 – Frankreich/Kom. (Boussac), der Standpunkt der Kom. wird in RdNr. 9 wiedergegeben.

[115] EuGH, 301/87, Slg. 1990, I-307 – Frankreich/Kom. (Boussac), RdNr. 11. Siehe auch die RdNr. 19 bis 22 desselben Urteils.

innerhalb der von ihr festgesetzten Frist alle Unterlagen, Informationen und Daten zu verschaffen, die notwendig sind, um die Vereinbarkeit der Beihilfe mit dem Binnenmarkt zu prüfen.

595 – Die gleiche Anordnungsbefugnis steht der Kommission zu, wenn sie zwar von der Beihilfe unterrichtet wurde, der betreffende Mitgliedstaat jedoch, ohne den Ausgang des in Art. 108 Abs. 2 und 3 AEUV vorgesehenen Verfahrens abzuwarten, unter Verstoß gegen das in Art. 108 Abs. 3 AEUV aufgestellte Verbot das Beihilfevorhaben durchführt.

596 – Kommt der Mitgliedstaat der Anordnung der Kommission vollständig nach, so ist diese verpflichtet, die Vereinbarkeit der Beihilfe mit dem Binnenmarkt nach dem Verfahren des Art. 108 Abs. 2 und 3 AEUV zu prüfen.

597 Erteilt der Mitgliedstaat trotz der Anordnung der Kommission die verlangten Auskünfte nicht, so ist die Kommission befugt, das Verfahren abzuschließen und die Entscheidung, mit der die Vereinbarkeit oder Unvereinbarkeit der Beihilfe mit dem Binnenmarkt festgestellt wird, auf der Grundlage der ihr vorliegenden Informationen zu erlassen. In dieser Entscheidung kann gegebenenfalls die Rückforderung des bereits ausgezahlten Beihilfebetrags angeordnet werden.

598 Dieser Linie ist der Gerichtshof auch in späteren Urteilen regelmäßig treu geblieben.[116]

599 **cc) Die Finanzierungsweise.** Der Gerichtshof hat wiederholt für Recht erkannt, dass die Finanzierungsweise einer Beihilfe die ganze Beihilfenregelung, die damit finanziert werden soll, mit dem Binnenmarkt unvereinbar machen kann. Eine Beihilfe darf daher nicht getrennt von den Auswirkungen ihrer Finanzierungsweise untersucht werden. Vielmehr muss die Untersuchung einer Beihilfenmaßnahme durch die Kommission notwendigerweise auch die Finanzierungsweise der Beihilfe berücksichtigen, wenn diese Finanzierungsweise Bestandteil der Maßnahme ist.[117] In einem solchen Fall muss die Anmeldung der Beihilfe nach Art. 107 Abs. 3 AEUV sich auch auf die Finanzierungsweise der Beihilfe beziehen, damit die Kommission ihre Prüfung auf der Grundlage umfassender Informationen durchführen kann. Andernfalls wäre nicht auszuschließen, dass die Kommission eine Beihilfe für mit dem Binnenmarkt vereinbar erklärt, die sie nicht für vereinbar erklärt hätte, wenn ihr deren Finanzierungsweise bekannt gewesen wäre.[118]

600 **dd) Wettbewerbsverfälschung und Handelsbeeinträchtigung. α) Allgemeine Anforderungen.** Jede einem auf dem Binnenmarkt tätigen Unternehmen gewährte Beihilfe kann Verfälschungen des Wettbewerbs hervorrufen und den Handel zwischen Mitgliedstaaten beeinträchtigen.[119]

601 Die Kommission muss zwar in ihrer Entscheidung zumindest die Umstände aufführen, unter denen eine Beihilfe gewährt worden ist, wenn sie den Nachweis ermöglichen, dass die Beihilfe geeignet ist, den Handel zwischen Mitgliedstaaten zu beeinträchtigen und den Wettbewerb aktuell oder potenziell zu verfälschen. Sie braucht aber nach ständiger Rechtsprechung nicht die tatsächliche Situation auf den betroffenen Märkten, den Marktanteil der durch die Beihilfe begünstigten Unternehmen, die Stellung der konkurrierenden Unternehmen und die Handelsströme zwischen Mitgliedstaaten wirtschaftlich zu analysieren.[120]

602 Ferner ist die Kommission bei rechtswidrig gewährten Beihilfen nicht verpflichtet, die tatsächlichen Auswirkungen darzutun, die diese Beihilfen auf den Wettbewerb und den Handel zwischen Mitgliedstaaten gehabt haben. Ein solches Erfordernis würde darauf hinauslaufen, dass die Mitgliedstaaten, die rechtswidrige Beihilfen zahlen, zulasten derjenigen Staaten begüns-

---

[116] EuGH, C-142/87, Slg. 1990, I-959, RdNr. 15 bis 20 – Belgien/Kom.; EuGH, C-354/90, Slg. 1991, I-5505, RdNr. 13 – Fédération nationale du commerce extérieur des produits alimentaires und Syndicat national des négociants et transformateurs de saumon/Französische Republik; EuGH, C-39/94, Slg. 1996, I-3547, RdNr. 43 – Syndicat français de l'Express international (SFEI) ua./La Poste ua.

[117] EuGH, C-261/01 und C-262/01, Slg. 2003, I-12 249, RdNr. 49 – Van Calster (Urteilsbesprechung in EuZW 2004, 87); EuGH, C-345/02, Slg. 2004, I-7139, RdNr. 29 – Pearle ua.; siehe dazu die Entscheidungsbesprechung in EuZW 2004, 571, und *Geburtig* EuZW 2005, 716; *Jaeger* EuZW 2004, 558; *ders.* EuZW 2004, 78.

[118] EuGH, C-261/01 und C-262/01, Slg. 2003, I-12 249, RdNr. 50 – Van Calster; EuG, T-371/94 und T-394/94, Slg. 1998, II-2405, RdNr. 79 – British Airways ua. und British Midland Airways/Kom.

[119] Vgl. EuG, T-92/00 und T-103/92, Slg. 2002, II-1385, RdNr. 72 und die dort angeführte Rechtsprechung, Diputación Foral de Álava/Kom.

[120] Vgl. EuGH, C-148/04, Slg. 2005, I-11 137, RdNr. 54 – Unicredito Italiano und die dort angeführte Rechtsprechung.

tigt würden, die die Beihilfen in der Planungsphase, also noch vor der Gewährung, anmelden.[121]

Die begünstigten Unternehmen brauchen nicht selbst am innergemeinschaftlichen Handel **603** teilzunehmen. Wenn nämlich ein Mitgliedstaat einem Unternehmen eine Beihilfe gewährt, kann die inländische Tätigkeit dadurch beibehalten oder verstärkt werden, so dass sich die Chancen der in anderen Mitgliedstaaten niedergelassenen Unternehmen, den Markt dieses Mitgliedstaats zu durchdringen, verringern. Zudem kann die Stärkung eines Unternehmens, das bis dahin nicht am innergemeinschaftlichen Handel teilgenommen hat, dieses in die Lage versetzen, den Markt eines anderen Mitgliedstaats zu durchdringen.[122]

Schließlich ist die Kommission weder verpflichtet, eine „dauerhafte" Beeinträchtigung des **604** Wettbewerbs nachzuweisen, noch muss sie sich eingehend mit der Frage befassen, ob die streitigen Maßnahmen eine „beträchtliche" Auswirkung auf die Wettbewerbsstellung der Begünstigten oder gar in Bezug auf deren Umsatz hat. Nach der Rechtsprechung ist es nämlich nicht erforderlich, dass die Verfälschung des Wettbewerbs oder die Gefahr einer solchen Verfälschung und die Beeinträchtigung des innergemeinschaftlichen Handels spürbar oder erheblich sind.[123]

Davon abweichend kann aber unter Berücksichtigung spezifischer Umstände des Einzelfalls **605** erforderlich sein, dass die Kommission prüft, „ob die streitigen Beihilfen den Handel zwischen Mitgliedstaaten beeinträchtigen und den Wettbewerb verfälschen könnten". Dies ist insbesondere dann der Fall, wenn die streitigen Beihilfen über zinsvergünstigte Darlehen Kosten für die Marktdurchdringung in Drittstaaten finanzieren sollten, die sich auf die Errichtung dauerhafter Strukturen oder die Verkaufsförderung beziehen, ihr Subventionsäquivalent relativ gering ist und die genannten Beihilfen nicht unmittelbar und sofort darauf abzielten, Ausfuhren außerhalb der EU zu fördern, sondern ein Programm der Marktdurchdringung finanzieren.[124]

β) Speziell bei steuerlichen Erleichterungen. Die Voraussetzung der Beeinträchtigung **606** des Handels zwischen Mitgliedstaaten bei steuerlichen Erleichterungen ergeben sich aus der Rechtsprechung. Danach sind sie für bestimmte Staatsangehörige als zur Beeinträchtigung dieses Handels geeignet, wenn die Steuerpflichtigen eine wirtschaftliche Tätigkeit ausüben, die Gegenstand eines solchen Handels ist, oder wenn sich nicht ausschließen lässt, dass sie mit in anderen Mitgliedstaaten niedergelassenen Wirtschaftsteilnehmern in Wettbewerb stehen.[125]

Art. 107 AEUV soll verhindern, dass der Handel zwischen Mitgliedstaaten durch von staatli- **607** chen Stellen gewährte Vergünstigungen beeinträchtigt wird, die in verschiedenartiger Weise durch die Bevorzugung bestimmter Unternehmen oder Produktionszweige den Wettbewerb verfälschen oder zu verfälschen drohen. Die Vorschrift unterscheidet somit nicht nach den Gründen oder Zielen solcher Maßnahmen, sondern beschreibt diese nach ihren Wirkungen, um die streitige Maßnahme dem Zugriff der Bestimmung des Art. 92 AEUV zu entziehen, würde es mithin nicht genügen, dass sie möglicherweise steuerlicher Art ist oder eine soziale Zielsetzung hat.[126]

γ) Bei kleinen Begünstigten. Es ist nicht ausgeschlossen, dass sich ein öffentlicher Zu- **608** schuss, der einem Unternehmen gewährt wird, das ausschließlich örtliche oder regionale Dienste und keine Dienste außerhalb seines Heimatstaats leistet, gleichwohl im Sinne des Art. 107 Abs. 1 AEUV auf den Handel zwischen Mitgliedstaaten auswirken kann. Gewährt nämlich ein Mitgliedstaat einem Unternehmen einen öffentlichen Zuschuss, kann dadurch die Erbringung von Diensten durch dieses Unternehmen beibehalten oder ausgeweitet werden, so dass sich die Chancen der in anderen Mitgliedstaaten niedergelassenen Unternehmen, ihre Dienste auf dem Markt dieses Staates zu erbringen, verringern.[127] Außerdem hat der Gerichtshof grundsätzlich entschieden, dass der innergemeinschaftliche Handel als von einer von einem Mitgliedstaat ge-

---

[121] Vgl. EuG, T-55/99, Slg. 2000, II-3207, RdNr. 100–103 – CETM/Kom.; EuG, T-198/01. Slg. 2004, I-2717, RdNr. 215 – Technische Glaswerke Ilmenau/Kom.

[122] EuGH, C-66/02, Slg. 2005, I-10901, RdNr. 117 – Italien/Kom.

[123] EuGH, T-211/05, Slg. 2009, II-0000, RdNr. 157 – Italien/Kom.; EuG, T-92/00 und T-103/00, Slg. 2002, II-1385, RdNr. 78 – Diputación Foral de Álava ua./Kom.

[124] EuGH, C-494/06 P, Slg. 2009, I-03639, RdNr. 56/57, Kom./Wam SpA.

[125] Vgl. in diesem Sinne EuGH, C-172/03, Slg. 2005, I-1627, RdNr. 35 – Heiser; EuGH, C-88/03, Slg. 2006, I-7175, RdNr. 91 – Portugal/Kom. „Açores".

[126] EuGH, 173/73, Slg. 1974, 709, RdNr. 26/28 – Italien/Kom.

[127] EuGH, C-280/00, Slg. 2003, I-7747, RdNr. 77–78 – Altmark.

währten Beihilfe beeinflusst angesehen werden muss, wenn sie die Stellung eines Unternehmens gegenüber anderen Wettbewerbern in diesem Handel stärkt.[128]

609 δ) **Geringe Beihilfensumme.** Jedenfalls gibt es nach ständiger Rechtsprechung keinen Schwellenwert oder Prozentsatz, bis zu dem man davon ausgehen könnte, dass der Handel zwischen Mitgliedstaaten nicht beeinträchtigt wäre. Weder der verhältnismäßig geringe Umfang einer Beihilfe noch die verhältnismäßig geringe Größe des begünstigten Unternehmens schließen nämlich von vornherein die Möglichkeit einer Beeinträchtigung des Handels zwischen Mitgliedstaaten aus.[129] Aus diesen Ausführungen des Gerichtshofes könnte der Schluss gezogen werden, dass er die Existenz sogenannter „De-minimis"-Beihilfen, die den Wettbewerb und den Handel zwischen Mitgliedstaaten im Hinblick auf ihre geringe Größe grundsätzlich nicht beeinträchtigen, nicht anerkennt.

610 Allerdings lässt sich aus dem Urteil Heiser[130] umgekehrt darauf schließen, dass der Gerichtshof eine so genannte „De-minimis"-Schwelle akzeptieren würde. Sonst wäre das Argument in Randnummer 34 des Urteils überflüssig, wonach den vom vorlegenden Gericht übermittelten Akten nicht zu entnehmen sei, dass der Betrag, in dessen Höhe ein Arzt aufgrund einer Maßnahme wie der im Ausgangsverfahren streitigen den Vorsteuerabzug beanspruchen kann, unter allen Umständen unter dem „De-minimis"-Betrag liege, der auf 100 000 Euro für einen Dreijahreszeitraum festgelegt ist. Die zu prüfende nationale Regelung sah keine Begrenzung des Betrages vor, den ein Arzt als einzelnes Unternehmen wegen des Verzichts auf die Berichtigung des Vorsteuerabzugs erhalten kann. Somit war es nicht bewiesen, dass eine solche Maßnahme unter die in der Bekanntmachung der Kommission aufgestellte „De-minimis"-Regel fällt.

611 Zusammenfassend ist daher festzuhalten, dass die Möglichkeit einer Beeinträchtigung des Handels zwischen Mitgliedstaaten weder durch den verhältnismäßig geringen Umfang einer Beihilfe noch durch die verhältnismäßig geringe Größe des begünstigten Unternehmens von vornherein ausgeschlossen ist.[131]

612 ee) **Anreizeffekt und Notwendigkeit.** Die Kommission kann eine Beihilfe nur dann für vereinbar mit Art. 107 Abs. 3 AEUV erklären, wenn sie feststellen kann, dass die Beihilfe zur Verwirklichung eines der genannten Ziele beiträgt, das das begünstigte Unternehmen unter normalen Marktbedingungen durch eigene Maßnahmen nicht erreichen könnte. Den Mitgliedstaaten darf mit anderen Worten nicht erlaubt werden, Zahlungen zu leisten, die die finanzielle Lage des begünstigten Unternehmens verbessern würden, ohne zur Erreichung der in Art. 107 Abs. 3 AEUV vorgesehenen Ziele notwendig zu sein.[132]

613 Es kann nämlich nicht zugelassen werden, dass die Modalitäten und insbesondere die Höhe einer Beihilfe beschränkende Auswirkungen haben, die über das hinausgehen, was erforderlich ist, um mit der Beihilfe die nach dem AEUV zulässigen Ziele erreichen zu können.[133]

614 Eine staatliche Beihilfe ist notwendig, wenn ohne sie der Beihilfenempfänger die gewünschte Investition nicht vornehmen würde. Wenn ein Beihilfenantrag nach Vollendung der Investition gestellt wird, ist die Beihilfe nicht notwendig, weil die erwünschte Tätigkeit bereits erbracht wurde. Der Begriff des Anreizeffektes hat auch eine quantitative Komponente. Eine Beihilfe mag zwar notwendig sein, weil ohne sie die Investition unterbliebe würde. Der Anreizeffekt liegt aber nicht vor, wenn der Beihilfenbetrag zu niedrig ist, um die Investition rentabel zu machen und daher nicht dazu führen kann, dass der Beihilfenempfänger sie tatsächlich und mit dem erwarteten positiven Ergebnis vornimmt.

---

[128] EuGH, C-222/04, Slg. 2006, I-289, RdNr. 141 – Cassa di Risparmio di Firenze ua. und die dort angeführte Rechtsprechung.

[129] EuGH, C-142/87, Slg. 1990, I-959, RdNr. 43 – Belgien/Kom. („Tubemeuse"); EuGH, C-278/92 bis C-280/92, Slg. 1994, I-4103, RdNr. 42 – Spanien/Kom.; EuGH, C-280/00, Slg. 2003, I-7747, RdNr. 81 – Altmark, vgl. oben RdNr. 414 ff.

[130] EuGH, C-172/03, Slg. 2005, I-1627, RdNr. 34 – Heiser.

[131] Siehe dazu EuGH, 730/79, Slg. 1980, 2671, RdNr. 11 – Philip Morris Holland/Kom.; EuGH, C-75/97, Slg. 1999, I-3671, RdNr. 47, Belgien/Kom.; EuGH, C-278/92 bis C-280/92, Slg. 1994, I-4103, RdNr. 42 – Spanien/Kom.; EuGH, C-393/04 und C-41/05, Slg. 2006, I-5293, RdNr. 36 – Air Liquide; EuGH, C-172/03, Slg. 2005, I-1627, RdNr. 32 – Heiser, vgl. die RdNr. 454 ff. oben.

[132] EuGH, 730/79, Slg. 1980, 2671, RdNr. 17 – Philip Morris Holland/Kom. Vgl. auch *Nicolaides* EStAL 2008, 230.

[133] Vgl. in diesem Sinne EuGH, 74/76, Slg. 1977, 557, RdNr. 15 – Iannelli & Volpi; EuG, T-162/06, Slg. 2009, II-00001, RdNr. 66 – Kronoply/Kom.

g) Verhältnis zu anderen Bestimmungen des AEUV. aa) Kein Verstoß gegen ande- 615
re Bestimmungen des Vertrages. Nach st. Rspr. des EuGH folgt aus der Systematik des
Vertrages, dass das Verfahren des Art. 108 AEUV, also die Genehmigung einer staatlichen Beihilfe, niemals zu einem Ergebnis führen darf, das zu den besonderen Vorschriften des Vertrages
im Widerspruch steht. Daher kann eine staatliche Beihilfe, die wegen einer ihrer Modalitäten
gegen andere Bestimmungen des AEUV verstößt, nicht von der Kommission als mit dem Binnenmarkt vereinbar erklärt werden.[134] Folglich sind Beihilfenregelungen nicht genehmigungsfähig, wenn sie das Verbot der Diskriminierung gem. Art. 18 AEUV verletzen oder gegen Art. 45
AEUV (Freizügigkeit der Arbeitnehmer), Art. 49 AEUV (Niederlassungsfreiheit) bzw. Art. 56
AEUV (Dienstleistungsfreiheit) verstoßen.[135]

bb) Die Modalitäten einer Beihilfe. Der Gerichtshof hat ferner entschieden, dass die Moda- 616
litäten einer Beihilfe, die einen etwaigen Verstoß gegen andere besondere Vertragsbestimmungen als jene über Beihilfen enthalten, derart untrennbar mit dem Zweck der Beihilfe verknüpft
sein können, dass sie nicht für sich allein beurteilt werden können.[136] Diese Verpflichtung
der Kommission, den Zusammenhang zwischen den Art. 107 und 108 und den sonstigen
Vorschriften des AEUV zu beachten, gilt ganz besonders dann, wenn mit diesen anderen Vorschriften ebenfalls das Ziel eines unverfälschten Wettbewerbs innerhalb des Binnenmarktes verfolgt wird.[137]

cc) Steuerliche Bestimmungen. α) Die **direkten Steuern** verbleiben zwar in die Zu- 617
ständigkeit der Mitgliedstaaten, diese müssen aber ihre Zuständigkeit unter Wahrung des Gemeinschaftsrechts ausüben.[138] Folglich ist, wenn ein Mitgliedstaat – und sei es auch mittelbar –
Unternehmen mit Sitz in seinem Hoheitsgebiet einen Steuervorteil gewährt, den er Unternehmen mit Sitz in einem anderen Mitgliedstaat verwehrt, die Ungleichbehandlung zwischen
diesen beiden Gruppen von Begünstigten nach dem AEUV grundsätzlich verboten, wenn
zwischen ihren Situationen kein objektiver Unterschied besteht.[139] Aus demselben Grund sind
Beihilfenregelungen, die aus Abgaben gespeist werden, die auch auf aus anderen Mitgliedstaaten
importierte Waren erhoben werden, nicht genehmigungsfähig, weil die Abgaben entgegen
Art. 28 und 30 AEUV sowie den Bestimmungen über die schrittweise Abschaffung von Zöllen
wie Einfuhrzölle wirken.[140] Gleiches gilt für Beihilfensysteme, die entgegen Art. 110 AEUV mit
diskriminierenden Steuern im Zusammenhang stehen.[141]

β) Bei **indirekten Steuern** ist zu beachten, dass die in verschiedenen Verbrauchssteuer- 618
Richtlinien vorgesehenen Maßnahmen wie Steuerbefreiungen, Steuerermäßigungen oder Steu-
ersatzdifferenzierungen sowie Erstattungen staatliche Beihilfen darstellen können und in diesem
Fall der Kommission nach Maßgabe von Art. 108 Abs. 3 AEUV mitzuteilen sind. Die der
Kommission auf der Grundlage dieser Richtlinien übermittelten Informationen entbinden die
Mitgliedstaaten nicht von der Mitteilungspflicht im Sinne von Art. 108 Abs. 3 AEUV.[142] Auch
wenn die entsprechenden Ermächtigungen vom Rat (in der Regel einstimmig) auf Vorschlag
der Kommission beschlossen werden, ersetzt dieser Kommissionsvorschlag nicht die in Art. 108
AEUV vorgesehene Genehmigung aufgrund des Art. 107 Abs. 3 AEUV (Grundsatz des „double
guichet", also der „zwei Schalter", an denen kumulativ zwei unterschiedliche Bewilligungen
einzuholen sind).

Der Gerichtshof hat aber auch klargestellt, dass sich die Schuldner einer Abgabe nicht darauf 619
berufen können, dass die Befreiung anderer Unternehmen eine staatliche Beihilfe darstelle, um

---

[134] EuGH, 73/79, Slg. 1980, 1533, RdNr. 11 – KOM/Italien; EuGH, C-225/91, Slg. 1993, I-3203,
RdNr. 41 – Matra/Kom.
[135] EuGH, C-156/98, Slg. 2000, I-6857, RdNr. 78–79 – Deutschland/Kom.
[136] EuGH, 74/76, Slg. 1977, 557 – Iannelli & Volpi.
[137] EuGH, C-225/91, Slg. 1993, I-3203, RdNr. 42 – Matra/Kom.
[138] EuGH, C-107/94, Slg. 1996, I-3089, RdNr. 36 – Asscher; EuGH, C-264/96, Slg. 1998, I-4695,
RdNr. 19 – ICI, vgl. auch die Kommentierung in Kapitel E. 1., insbes. RdNr. 1 und 11.
[139] EuGH, C-107/94, Slg. 1996, I-3089, RdNr. 42 – Asscher; EuGH, C-156/98, Slg. 2000, I-6857,
RdNr. 80–85 – Deutschland/Kom.
[140] EuGH, 77/72, Slg. 1973, 611, 622-624, RdNr. 7–14 – Capolongo/Maya.
[141] EuGH, 73/79, Slg. 1980, 1533, RdNr. 12-23 – Kom./Italien; EuGH, 17/81, Slg. 1982, 1331,
RdNr. 21 – Pabst & Richarz/HZA Oldenburg.
[142] Vgl. etwa Art. 18 und 19 iVm. Art. 25 der RL 2003/96, (ABl. L 283/51), die Entsch. 2001/224 über
Verbrauchsteuerermäßigungen und -befreiungen für Mineralöle, die zu bestimmten Zwecken verwendet
werden (ABl. 2001 L 84/23), insbesondere den fünften Erwägungsgrund, und EuGH, C-89/08 P, Slg. 2009,
I-00 000, Kom./Irland ua.

sich derart der Zahlung dieser Abgabe zu entziehen.[143] Folglich kann selbst dann, wenn eine Steuerbefreiung eine Beihilfe im Sinne des Art. 107 AEUV darstellt, die etwaige Rechtswidrigkeit dieser Beihilfe die Rechtmäßigkeit der Steuer selbst nicht beeinträchtigen.[144]

620 **dd) Mengenmäßige Einfuhrbeschränkungen.** Wenn ein System staatlicher oder aus staatlichen Mitteln gespeister Beihilfen lediglich infolge der Begünstigung bestimmter einheimischer Unternehmer oder Produkte geeignet ist, die Einfuhr ähnlicher oder konkurrierender Erzeugnisse aus den übrigen Mitgliedstaaten zumindest mittelbar zu beeinträchtigen, genügt dieser Umstand für sich allein genommen nicht, um eine Beihilfe einer Maßnahme gleicher Wirkung wie mengenmäßige Einfuhrbeschränkungen iSd. Art. 34 AEUV gleichzustellen.[145]

621 Trotzdem können Beihilfenregelungen wegen Verletzung von Art. 34 AEUV untersagt werden, wenn sie den ausdrücklichen Zweck verfolgen, Importe fernzuhalten[146] oder den Erwerb oder Gebrauch einheimischer Waren an die Vergabe der Beihilfe als Bedingung knüpfen.[147] Diese Voraussetzung wird in Art. 107 Abs. 2 lit. a AEUV bezüglich Beihilfen sozialer Art an Verbraucher ausdrücklich genannt.

622 **ee) Staatliche Monopole.** Eine unter Einschaltung eines staatlichen Monopols durchgeführte Maßnahme, die gleichzeitig als staatliche Beihilfe gem. Art. 107 AEUV angesehen werden kann, unterliegt sowohl dem Art. 37 AEUV als auch den Bestimmungen über staatliche Beihilfen. Die Tätigkeit eines staatlichen Monopols ist nicht deshalb von der Anwendung des Art. 37 AEUV ausgenommen, weil sie zugleich eine Beihilfe gem. Art. 107 AEUV ist.[148]

623 **ff) Fusionskontrolle.** Ein der Kommission notifizierter Fall kann sowohl eine Kontrolle von Beihilfen, als auch die Prüfung einer Absprache nach Art. 101 AEUV oder eines Zusammenschlusses nach der Fusionskontroll-VO erfordern. Wegen ihres verschiedenen Prüfungsgegenstandes können beide Prüfungen zu unterschiedlichen Ergebnissen kommen.[149] Die Kommission ist zwar nicht verpflichtet, in einer förmlichen Entscheidung vorab die Rechtmäßigkeit der angeblichen mit dem Zusammenschluss verbundenen Beihilfe zu prüfen, doch darf sie im Rahmen der Wettbewerbsanalyse nicht von der Prüfung absehen, ob und ggf. inwieweit die finanzielle und damit die wirtschaftliche Macht der zusammengeschlossenen Einheit aufgrund der finanziellen Unterstützung durch diese mögliche Beihilfe gestärkt wurde.[150]

624 **gg) Die Grenzen der Berücksichtigung anderer Vertragsbestimmungen.** Zu beachten ist allerdings, dass nicht jeder Verstoß gegen gemeinschaftsrechtliche Bestimmungen im Zusammenhang mit Projekten, die zur Gänze oder zum Teil mit staatlichen Beihilfen finanziert werden, zu einer negativen Entscheidung gem. Art. 108 AEUV führen darf. Dies käme nämlich einem Verfahrensmissbrauch gleich.[151] Die Verletzung einer anderen Bestimmung des AEUV als Art. 107 kann nur dann zu einer negativen beihilfenrechtlichen Entscheidung führen, wenn sie – über die jeder Beihilfengewährung immanente Wettbewerbsbeeinträchtigung hinaus – selbst den Wettbewerb besonders und in ungerechtfertigter Weise stört.[152]

625 **h) Begründungspflicht.** Im Hinblick darauf, dass die Entscheidung der Kommission ein Beschluss im Sinne des Art. 288 Abs. 4 AEUV ist, bedarf sie einer Begründung gemäß Art. 296 AEUV. Der Begründung kommt auch insoweit entscheidende Bedeutung zu, als der verfügende Teil eines Rechtsaktes nicht von seiner Begründung getrennt werden kann, so dass er, wenn dies erforderlich ist, unter Berücksichtigung der Gründe auszulegen ist.[153] Für diese Begründungspflicht gelten die folgenden Grundsätze:

---

[143] EuGH, C-390/98, Slg. 2001, I-6117, RdNr. 80 – Banks.

[144] EuGH, C-393/04 u. C-41/05, Slg. 2006, I-5293, RdNr. 43 – Air Liquide; EuGH, C-368/04, Slg. 2006, I-9957, RdNr. 51 – Transalpine Ölleitung in Österreich, sowie die dort zitierten Rechtsprechung.

[145] EuGH, 74/76, Slg. 1977, 557, RdNr. 9/10 – Iannelli & Volpi.

[146] EuGH, 249/81, Slg. 1982, 4005, RdNr. 18 – Kom./Irland.

[147] EuGH, 18/84, Slg. 1985, 1339, RdNr. 13-16 – Kom./Frankreich; EuGH, 103/84, Slg. 1986, 1759, RdNr. 19 – Kom./Italien; EuGH, C-21/108, Slg. 1990, I-10 109, RdNr. 19–20 – Du Pont de Nemours; siehe auch die Entsch. der Kom. v. 3. 5. 1989, Italien/Papierabgabe, ABl. 1990 L 114/25.

[148] EuGH, 91/78, Slg. 1979, 935, RdNr. 9 – Hansen/HZA Flensburg.

[149] EuGH, C-225/91, Slg. 1993, I-3203, RdNr. 40–47 – Matra/Kom.

[150] EuG, T-156/98, Slg. 2001, II-337, RdNr. 125 – RJB Mining/Kom.

[151] EuG, T-158/99, Slg. 2004, II-1, RdNr. 159 – Thermalhotel Stoiser/Kom.

[152] Vgl. EuGH, C-156/98, Slg. 2000, I-6857, RdNr. 78–79 – Deutschland/Kom.

[153] EuGH, C-355/95 P, Slg. 1997, I-2549, RdNr. 21 – Textilwerke Deggendorf (TWD)/Kom.; EuGH, C-66/02, Slg. 2005, I-10 901, RdNr. 125 – Italien/Kom.

aa) Umfang der Begründungspflicht. Nach ständiger Rechtsprechung des Gerichtshofes 626
muss die nach Art. 296 AEUV vorgeschriebene Begründung der Natur des betreffenden
Rechtsakts angepasst sein und die Überlegungen des Gemeinschaftsorgans, das den Rechtsakt
erlassen hat, so klar und eindeutig zum Ausdruck bringen, dass die Betroffenen ihr die Gründe
für die erlassene Maßnahme entnehmen können und das zuständige Gericht seine Kontrollaufgabe wahrnehmen kann. Das Begründungserfordernis ist nach den Umständen des Einzelfalls,
insbesondere nach dem Inhalt des Rechtsakts, der Art der angeführten Gründe und dem Interesse zu beurteilen, das die Adressaten oder andere durch den Rechtsakt unmittelbar und individuell betroffene Personen an Erläuterungen haben können.[154]

In der Begründung brauchen nicht alle tatsächlich oder rechtlich einschlägigen Gesichtspunk- 627
te genannt zu werden, da die Frage, ob die Begründung eines Rechtsakts den Erfordernissen des
Art. 296 AEUV genügt, nicht nur anhand des Wortlauts des Rechtsakts zu beurteilen ist, sondern auch anhand seines Kontexts sowie sämtlicher Rechtsvorschriften auf dem betreffenden
Gebiet.[155]

Insbesondere braucht die Kommission nicht auf alle Argumente einzugehen, die die Betrof- 628
fenen ihr gegenüber geltend gemacht haben. Es reicht aus, wenn sie die Tatsachen und rechtlichen Erwägungen anführt, denen in der Systematik der Entscheidung eine wesentliche Bedeutung zukommt.[156]

Auch die Rücknahme einer früheren Entscheidung zum selben Gegenstand ändert nichts am 629
Umfang der Begründungspflicht der Kommission. Denn der Begriff der staatlichen Beihilfe
entspricht einem objektiven Sachverhalt, der zu dem Zeitpunkt zu beurteilen ist, zu dem die
Kommission ihre Entscheidung trifft.[157] Die Gründe, aus denen die Kommission den betreffenden Fall in einer früheren Entscheidung anders beurteilt hat, müssen daher bei der Beurteilung
der Rechtmäßigkeit der streitigen Entscheidung außer Acht bleiben.

Angewandt auf die Qualifizierung einer Beihilfenmaßnahme verlangt dieser Grundsatz, dass 630
die Gründe angeführt werden, aus denen die betreffende Maßnahme nach Ansicht der Kommission in den Anwendungsbereich des Art. 107 Abs. 1 AEUV fällt. Dabei hat die Kommission
auch in den Fällen, in denen sich aus den Umständen, unter denen die Beihilfe gewährt worden
ist, ergibt, dass sie den Handel zwischen Mitgliedstaaten beeinträchtigen und den Wettbewerb
verfälschen oder zu verfälschen drohen kann, zumindest diese Umstände in der Begründung
ihrer Entscheidung anzugeben.[158]

In diesem Zusammenhang ist klarzustellen, dass es nach ebenfalls ständiger Rechtsprechung 631
für die Qualifizierung einer nationalen Maßnahme als staatliche Beihilfe nicht des Nachweises
einer tatsächlichen Auswirkung der Beihilfe auf den Handel zwischen Mitgliedstaaten und einer
tatsächlichen Wettbewerbsverzerrung bedarf. Es genügt die Prüfung, ob die Beihilfe geeignet
ist, diesen Handel zu beeinträchtigen und den Wettbewerb zu verfälschen.[159] Dies gilt sowohl
bei neuen als auch bei bestehenden Beihilfen.[160]

bb) Kein Begründungsfehler liegt vor. In der Rechtsprechung wurde wiederholt darauf 632
hingewiesen, dass es nicht statthaft ist, dass sich die Kommission in der Begründung einer
Entscheidung zu Maßnahmen äußert, die über den Rahmen des verfügenden Teils dieser
Entscheidung hinausgehen. Allerdings kann allein der verfügende Teil der angefochtenen Entscheidung, auf welchen Gründen auch immer sie beruht, Rechtswirkungen erzeugen und damit
eine Beschwer bewirken. Die Feststellungen in den Gründen einer Entscheidung können hin-

---

[154] EuGH, C-341/06 P und C-342/06 P, Slg. 2008, I-4777, RdNr. 88 – Chronopost und La Poste, und
die dort angeführte Rechtsprechung.
[155] Vgl. ua. EuGH, C-367/95 P, Slg. 1998, I-1719, RdNr. 63 – Kom./Sytraval und Brink's France,
und die dort angeführte Rechtsprechung; EuGH, C-501/00, Slg. 2004, I-6717, RdNr. 73 – Spanien/
Kom.
[156] EuG, T-211/05, Slg. 2009, II-00 000, RdNr. 68 – Italien/Kom., und T-228/99 und T-233/99, Slg.
2003, II-435, RdNr. 279 bis 281 – Westdeutsche Landesbank Girozentrale und Land Nordrhein-Westfalen/
Kom.
[157] EuGH, C-182/03 und C-217/03, Slg. 2006, I-5479, RdNr. 137 – Belgien und Forum 187/Kom.,
sowie EuGH, C-89/08 P, Slg. 2009, I-00 000, RdNr. 73 – Kom./Irland ua.
[158] Vgl. EuGH, C-88/03, Slg. 2006, I-7115, RdNr. 88 – Portugal/Kom., „Açores", und die dort angeführte Rechtsprechung.
[159] Ständige Rechtsprechung, vgl. EuGH, C-393/04 und C-41/05, Slg. 2006, I-5293, RdNr. 34 – Air
Liquide; EuGH, C-222/04, Slg. 2006, I-289, RdNr. 140 – Cassa di Risparmio di Firenze ua., sowie die in
den beiden Urteilen angeführte Rechtsprechung.
[160] EuGH, C-372/97, Slg. 2004, I-3679, RdNr. 44 – Italien/Kom.

gegen als solche nicht Gegenstand einer Nichtigkeitsklage sein. Sie können der Rechtmäßigkeitskontrolle durch den Gemeinschaftsrichter nur unterliegen, soweit sie als Begründung einer
beschwerenden Maßnahme die tragenden Gründe für den verfügenden Teil dieser Maßnahme
darstellen.[161] Weiterhin muss diese Begründung zumindest geeignet sein, den materiellen Gehalt
des verfügenden Teils der fraglichen Maßnahme zu ändern.[162]

633   Schließlich ist noch daran zu erinnern, dass sich, soweit bestimmte Gründe einer Entscheidung diese für sich allein rechtlich hinreichend rechtfertigen können, etwaige Mängel der übrigen
Begründung des Rechtsakts keinesfalls auf dessen verfügenden Teil auswirken.[163] Zudem ist,
sofern der verfügende Teil einer Entscheidung der Kommission auf mehreren Begründungspfei-
lern ruht, von denen jeder für sich allein ausreichen würde, ihn zu tragen, dieser Rechtsakt
grundsätzlich nur dann für nichtig zu erklären, wenn jeder dieser Pfeiler rechtswidrig ist. Ein
Fehler oder sonstiger Rechtsverstoß, der nur einen Begründungspfeiler berührt, genügt in diesem Fall nicht, um die Nichtigerklärung der streitigen Entscheidung zu rechtfertigen, da er den
von dem Organ, das Urheber dieser Entscheidung ist, beschlossenen verfügenden Teil nicht
entscheidend beeinflussen konnte.[164]

634   **cc) Besonderheiten. α) Bei Beschwerden.** In einer Entscheidung der Kommission, mit
der verneint wird, dass es sich bei einer von einem Beschwerdeführer gerügten Maßnahme um
eine staatliche Beihilfe handelt, muss die Kommission dem Beschwerdeführer zumindest in hinreichender Weise die Gründe darlegen, aus denen die in der Beschwerde angeführten rechtlichen und tatsächlichen Gesichtspunkte nicht zum Nachweis des Vorliegens einer staatlichen
Beihilfe genügt haben.

635   Die Kommission braucht jedoch nicht zu Gesichtspunkten Stellung zu nehmen, die offensichtlich neben der Sache liegen oder keine oder eindeutig untergeordnete Bedeutung haben.[165]

636   **β) Komplexität der beihilfenrechtlichen Frage.** Der Umstand, dass es sich bei einer Entscheidung um eine der ersten handelt, die eine bestimmte komplexe beihilfenrechtliche Frage
prüft, erfordert für sich genommen keine zwingend in die Einzelheiten der Berechnung dieser
Kosten gehende Begründung, wenn die Kommission der Ansicht ist, dass die Gründe der Beschwerdeführer insoweit schon im Ansatz verfehlt sind.

637   Wenn diese Auffassung der Kommission selbst unzutreffend wäre, könnte sich dies auf die
materielle, nicht aber auf die formelle Rechtmäßigkeit der Entscheidung auswirken. Es läge
demnach kein Begründungsfehler vor.[166]

638   **γ) Bei Beihilfenregelungen.** Auch ist daran zu erinnern, dass sich die Kommission im Fall
einer Beihilfenregelung darauf beschränken kann, die Merkmale dieser Regelung zu untersuchen, um in der Begründung ihrer Entscheidung zu beurteilen, ob die Regelung aufgrund der
in ihr vorgesehenen Modalitäten ihrem Wesen nach vor allem Unternehmen zugute kommt,
die sich am Handel zwischen Mitgliedstaaten beteiligen.[167] Dieser Rechtsprechung steht aber
die Rechtsprechung des EuG entgegen, nach dem die Kommission auch im Fall von Beihilfenregelungen individuelle Anwendungen berücksichtigen und unter bestimmten Umständen abweichend beurteilen muss.[168]

639   **i) Rückforderung. aa) Ziel der Rückforderungsanordnung.** Nach ständiger Rechtsprechung des Gerichtshofes ist die Aufhebung einer unrechtmäßig gewährten staatlichen Beihilfe durch Rückforderung eine logische (oder natürliche) Folge der Feststellung, dass sie mit
dem Binnenmarkt nicht vereinbar ist.[169]

---

[161] EuGH, C-164/02, Slg. 2004, I-1177, RdNr. 21 – Niederlande/Kom.

[162] Vgl. in diesem Sinne EuG, T-251/00, Slg. 2002, II-4825, RdNr. 68 – Lagardère und Canal+/Kom.,
EuG, T-387/04, Slg. 2007, II-1195, RdNr. 127 – EnBW/Kom.

[163] Vgl. entsprechend EuGH, C-302/99 P und C-308/99 P, Slg. 2001, I-5603, RdNr. 26 bis 29 – Kom.:
Frankreich/TF1; EuG, T-210/01, Slg. 2005, II-5575, RdNr. 42 – General Electric/Kom.

[164] EuG, T-162/06, Slg. 2009, II-00001, RdNr. 62 – Kronoply/Kom., und die dort zitierte Rechtsprechung.

[165] EuGH, C-367/95 P, Slg. 1998, I-1719, RdNr. 64 – Kom./Sytraval und Brink's France.

[166] EuGH, C341/06 P und C-342/06 P, Slg. 2008, I-4777, RdNr. 94 – Chronopost und La Poste.

[167] EuGH, C-310/99, Slg. 2002, I-2289 – Italien/Kom.

[168] EuG, T-9/98, Slg. 2001, II-3367, RdNr. 116 – MIEDER.

[169] EuGH, C-142/87, Slg. 1990, I-959, RdNr. 66 – „Tubemeuse"; EuGH, C-305/89, Slg. 1991, I-1603,
RdNr. 41 – Alfa Romeo; EuGH, C-404/00, Slg. 2003, I-6659, RdNr. 41 – Kom./Spanien. Im Zusammenhang mit der Rückforderung vgl. die Kommentierung des Art. 14 in Kap. H.

Die Verpflichtung des Mitgliedstaats, eine von der Kommission als unvereinbar mit dem Bin-   **640**
nenmarkt angesehene Beihilfe aufzuheben, dient nämlich der Wiederherstellung der früheren
Lage. Dieses Ziel ist erreicht, wenn die fraglichen Beihilfen, gegebenenfalls zuzüglich Verzugszinsen, vom Beihilfenbegünstigten zurückgezahlt werden. Durch diese Rückzahlung verliert
dieser den Vorteil, den er auf dem Markt gegenüber seinen Mitbewerbern besaß, wodurch die
Lage vor der Zahlung der Beihilfe wiederhergestellt wird.[170]

Diese Folge kann aber nicht davon abhängen, in welcher Form die Beihilfe gewährt worden   **641**
ist.[171] Ziel ist die Wiederherstellung des Zustandes vor Beihilfengewährung. Die Möglichkeit,
die Rückforderung von rechtswidrigen Beihilfen anzuordnen, ist ein wichtiges ergänzendes
Instrument zur Beihilfenkontrolle[172] und ist deshalb in Art. 11 Abs. 2 VerfahrensVO (für die
vorläufige Rückforderung) und in Art. 14 VerfahrensVO für die Rückforderung nach einer
Negativentscheidung explizit vorgesehen.

Eine negative Entscheidung der Kommission über rechtswidrige staatliche Beihilfen, also   **642**
solche, die vor ihrer Genehmigung gewährt worden sind, enthält regelmäßig eine Anordnung an den Mitgliedstaat, diese samt Zinsen und Zinseszinsen vom Begünstigten zurückzufordern.[173]

Die Rückforderung einer rechtswidrigen Beihilfe muss zwar mangels Gemeinschaftsvorschrif-   **643**
ten über das Verfahren für die Rückforderung derartiger Beihilfen grundsätzlich nach den einschlägigen nationalen Rechtsvorschriften erfolgen, diese Vorschriften sind aber so anzuwenden,
dass die nach dem Gemeinschaftsrecht verlangte Rückforderung nicht praktisch unmöglich gemacht wird und dass das Interesse der Gemeinschaft in vollem Umfang berücksichtigt wird.[174]
Die Anwendung der nationalen Verfahren darf somit die Wiederherstellung eines wirksamen
Wettbewerbs nicht erschweren, indem sie die sofortige und tatsächliche Vollstreckung der
Kommissionsentscheidung verhindert. Um zu diesem Ergebnis zu gelangen, müssen die Mitgliedstaaten alle erforderlichen Maßnahmen zur Gewährleistung der Wirksamkeit der Kommissionsentscheidung treffen.[175]

Diese von der Kommission angeordnete Rückforderung ist zu unterscheiden von einer allen-   **644**
falls durch ein nationales Gericht gemäß Art. 108 Abs. 3 AEUV anzuordnenden Rückforderung.[176]

Die Anordnung der Rückforderung hat keinen Strafcharakter, sie dient vielmehr dem Ent-   **645**
zug des Vorteils, den das begünstigte Unternehmen durch die rechtswidrige Beihilfe genossen
hat.[177]

Die Rückforderung von rechtswidrigen und mit dem Binnenmarkt nicht vereinbaren Beihil-   **646**
fen gestaltet sich sehr schwierig, wenn das eigentlich begünstigte Unternehmen verschwindet
(insolvent wird) und Verdachtsmomente vorliegen, dass ein Dritter an die Begünstigung gekommen ist. In diesem Fall kann die Rückforderung nicht auf den unmittelbaren Empfänger
beschränkt werden. Die Kommission unterscheidet zwischen zwei Grundkonstellationen. Werden jene Investitionsgüter, die mit Hilfe staatlicher Beihilfen angeschafft worden sind (sog. „as-
set-deal"), zu Marktpreisen veräußert, kann angenommen werden, dass der Erwerber keine
staatliche Begünstigung erhält. Wenn hingegen das Unternehmen durch neue Teilhaber erworben wird („share-deal"), gibt es keine Anhaltspunkte für die Annahme, dass das begünstigte
Unternehmen wegen des Eigentümerwechsels beihilfenfrei wäre. Bei einer anderen Sicht könnte jede Rückforderung durch einen Eigentümerwechsel unterlaufen werden.[178]

---

[170] Vgl. ua. EuGH, C-350/93, Slg. 1995, I-699, RdNr. 21–22 – Kom./Italien; EuGH, C-110/02, Slg.
2004, I-6333, RdNr. 42 – Kom./Rat, vgl. auch die Kommentierung in Kapitel H, RdNr. 291 ff.
[171] EuGH, C-404/97, Slg. 2000, I-4897, RdNr. 38 u. 46 – Kom./Portugal; EuGH, C-183/91, Slg. 1993,
I-3131, RdNr. 16 – Kom./Griechenland; EuGH, C-110/02, Slg. 2004, I-6333, RdNr. 41 – Kom./
Rat.
[172] EuGH, 70/72, Slg. 1973, 813, RdNr. 13 – Kom./Deutschland.
[173] Vgl. Kapitel H, RdNr. 180 ff.
[174] EuGH, 94/87, Slg. 1989, 175, RdNr. 12 – Kom./Deutschland.
[175] EuGH C-232/05, Slg. 2006, I-10071 – Kom./Frankreich, RdNr. 50 (vgl. die Urteilsbesprechung in
EuZW 2007, 56), vgl. die Kommentierung in Kapitel H RdNr. 186 ff.
[176] Vgl. etwa *Arhold* EuZW 2006, 91. Vgl. auch die Kommentierung in Kap. G RdNr. 145 ff.
[177] EuGH, C-74/00 und C-75/00, Slg. 2002, I-7869, RdNr. 181 – Falck und Acciaierie di Bolzano.
[178] Das Thema hat zu einer lebhaften wissenschaftlichen Auseinandersetzung geführt. Vgl. insbesondere:
Ritter, EG-Beihilfenrückforderung von Dritten, 2004; *Bielesz*, Rückforderung staatlicher Beihilfen nach
Unternehmensverkäufen, 2007; *Borchardt* ZIP 2001, 1301; *Ehricke* ZIP 2000, 1656; *ders.*, ZIP 2001, 489;
Koenig EuZW 2001, 37; *Rapp/Bauer* KTS 2001, 1; *Soltész* BB 2001, 1049; vgl. auch die Kommentierung in
Kapitel H RdNr. 160 ff.

647   Eine Rückforderung kann auch im Fall der Auflösung eines begünstigten Unternehmens wegen Insolvenz unterbleiben, denn mit dessen Verschwinden vom Markt hört die Wettbewerbsbeeinträchtigung auf bzw. findet eine Marktbereinigung statt.

648   Ein nationales Gericht kann nicht auf die Rückforderung einer Beihilfe verzichten und stattdessen eine Auslegung des Gesetzes wählen, die andere Unternehmen ebenfalls begünstigt (Konzept der sog. „inverse remedies"). Eine solche Entscheidung würde zu einer Ausweitung des Kreises der Beihilfenempfänger führen und damit die Wirkungen dieser Beihilfe verstärken, statt sie zu beseitigen.[179]

649   **bb) Keine Rückforderung. α) Bei Unmöglichkeit.** Ein Mitgliedstaat, der rechtswidrige Beihilfen nicht zurückfordert, kann zur Verteidigung nur geltend machen, dass dies absolut unmöglich ist.[180] Allerdings muss ein Mitgliedstaat, der bei der Durchführung einer Entscheidung der Kommission betreffend staatliche Beihilfen auf unvorhergesehene und unvorhersehbare Schwierigkeiten stößt oder sich über Folgen, die von der Kommission nicht beabsichtigt sind, klar wird, diese Probleme der Kommission zur Beurteilung vorlegen und dabei geeignete Änderungen der fraglichen Entscheidung vorschlagen. In einem solchen Fall müssen die Kommission und der Mitgliedstaat gemäß dem Grundsatz der loyalen Zusammenarbeit nach Art. 4 Abs. 3 EUV redlich zusammenwirken, um die Schwierigkeiten unter voller Beachtung der Bestimmungen des Vertrages, insbesondere derjenigen über die Beihilfen, zu überwinden.[181]

650   Hält der Mitgliedstaat die Durchführung einer Entscheidung wegen der Unverständlichkeit ihres verfügenden Teils für materiell unmöglich, ist festzustellen, dass der verfügende Teil eines Rechtsakts nicht von seiner Begründung getrennt werden kann, so dass er, wenn dies erforderlich ist, unter Berücksichtigung der Gründe auszulegen ist, die zu seinem Erlass geführt haben.[182] Falls ein Mitgliedstaat Schwierigkeiten bei der Deutung einer Entscheidung der Kommission hat, bleibt ihm unbenommen, hierzu nach Zugang der streitigen Entscheidung Fragen an die Kommission zu stellen.[183]

651   Nach ständiger Rechtsprechung vermag die Befürchtung interner Schwierigkeiten, auch wenn sie unüberwindlich sein sollten, es nicht zu rechtfertigen, dass ein Mitgliedstaat die ihm nach dem Gemeinschaftsrecht obliegenden Verpflichtungen nicht einhält.[184] Bei sog. mittelbaren Beihilfen, die nicht unmittelbar an die begünstigten Unternehmen gewährt werden, sondern etwa an Investoren oder an Konsumenten, mag zwar die exakte Bestimmung der Beihilfenhöhe Schwierigkeiten bereiten, unmöglich ist aber die Rückforderung auch in diesem Fall nicht.[185]

652   Finanzielle Schwierigkeiten, denen sich Empfänger einer rechtswidrigen Beihilfe möglicherweise infolge von deren Abschaffung gegenübersehen, können nicht die absolute Unmöglichkeit begründen, der Entscheidung der Kommission, mit der die Rückforderung angeordnet wird, nachzukommen.[186]

653   **β) Wenn dies gegen einen allgemeinen Grundsatz des Gemeinschaftsrechts verstößt.** Gemäß Art. 14 Abs. 1 der VerfahrensVO Nr. 659/1999 verlangt die Kommission nicht die Rückforderung einer mit dem Binnenmarkt für unvereinbar erklärten Beihilfe, wenn dies

---

[179] Vgl. in diesem Sinne EuGH, C-368/04, Slg. 2006, I-9957, RdNr. 51 – Transalpine Ölleitung in Österreich; EuGH, C-393/04 und C-41/05, Slg. 2006, I-5293, RdNr. 45 – Air Liquide Industries Belgium.

[180] EuGH, C-348/93, Slg. 1995, I-673, RdNr. 16 – Kom./Italien; EuGH, C-404/97, Slg. 2000, I-4897, RdNr. 39 – Kom./Portugal, (Urteilsbesprechung in EuZW 2001, 22, vgl. auch die Urteilsbesprechung zu C-378/98, EuZW 2001, 565).

[181] EuGH, 94/87, Slg. 1989, 175, RdNr. 9 – Kom./Deutschland, EuGH, C-404/97, Slg. 2000, I-4897, RdNr. 40 – Kom./Portugal; vgl. auch die Kommentierung in Kapitel H RdNr. 176 ff.

[182] EuGH, C-355/95 P, Slg. 1997, I-2549, RdNr. 21 – TWD/Kommission; EuGH, C-404/97, Slg. 2000, I-4897, RdNr. 41 – Kom./Portugal.

[183] EuGH, C-404/97, Slg. 2000, I-4897, RdNr. 43 – Kom./Portugal.

[184] Vgl. in diesem Sinne EuGH, C-52/95, Slg. 1995, I-4443, RdNr. 38 – Kom./Frankreich; EuGH, C-265/95, Slg. 1997, I-6959, RdNr. 55 – Kom./Frankreich; EuGH, C-280/95, Slg. 1998, I-259, RdNr. 16 – Kom./Italien; EuGH, C-404/97, Slg. 2000, I-4897, RdNr. 52 – Kom./Portugal; vgl. die Kommentierung in Kapitel H RdNr. 178.

[185] Insoweit ist die Kritik von *Heidenhain* EuZW 2007, 623, an der Praxis und an der Rechtsprechung verfehlt. Ob ein Begünstigter eine Begünstigung mittelbar oder unmittelbar bekommt, ist im Licht des Art. 107 AEUV ohne Belang. Die Wirkung – und nur auf diese kommt es an – ist dieselbe.

[186] EuGH, 63/87, Slg. 1988, 2875, RdNr. 14 – Kom./Griechenland.

gegen einen allgemeinen Grundsatz des Gemeinschaftsrechts verstoßen würde. Als solche allgemeinen Rechtsgrundsätze kommen etwa der Grundsatz des Vertrauensschutzes, der Grundsatz der Rechtssicherheit und der Gleichbehandlungsgrundsatz in Betracht.[187]

cc) Der Rückforderungsbetrag muss nicht in der Entscheidung beziffert werden. 654
Keine Bestimmung des Gemeinschaftsrechts verlangt von der Kommission, bei der Anordnung der Rückzahlung einer mit dem Binnenmarkt für unvereinbar erklärten Beihilfe den genauen Betrag der zu erstattenden Beihilfe festzusetzen. Es genügt, dass die Entscheidung der Kommission Angaben enthält, die es ihrem Adressaten, dem Beihilfen gewährenden Mitgliedstaat, ermöglichen, diesen Betrag ohne übermäßige Schwierigkeiten selbst zu bestimmen.[188]

dd) Das sog. Deggendorf-Prinzip. Nach dem sog. Deggendorf-Prinzip kann die Kom- 655
mission die Auszahlung von mit dem Binnenmarkt vereinbaren Beihilfen solange aussetzen, bis der Beihilfeempfänger vormals erhaltene rechtswidrige Beihilfen an den betroffenen Mitgliedstaat zurückzahlt.[189] In einem solchen Fall würde nämlich die kumulierende Wirkung der Beihilfen den Wettbewerb verzerren bzw. den Handel zwischen Mitgliedstaaten beeinträchtigen, ohne dass ein höherwertiger Rechtfertigungsgrund vorläge.

ee) Zinsen und Zinseszinsen. Gemäß Art. 14 Abs. 2 der VerfahrensVO Nr. 659/1999 656
umfasst die Rückforderung auch die Zahlung von Zinsen ab dem Zeitpunkt des Empfangs der rechtswidrigen Beihilfe. Wenn in der betreffenden Einzelentscheidung nichts anderes festgelegt wird, ist der bei der Rückforderung der unter Verstoß gegen Art. 108 AEUV gewährten staatlichen Beihilfen angewandte Zinssatz ein für jedes Kalenderjahr bestimmter effektiver Jahreszins. Er wird auf der Grundlage des Durchschnitts der für September, Oktober und November des vorangehenden Jahres veröffentlichten Fünfjahres-Interbank-Swap-Sätze zuzüglich 75 Basispunkte berechnet. In ordnungsgemäß begründeten Fällen kann die Kommission den Satz für einen oder mehrere Mitgliedstaaten um mehr als 75 Basispunkte erhöhen. Der Zinssatz wird bis zur Rückzahlung der Beihilfe nach der Zinseszinsformel berechnet. Für die im Vorjahr aufgelaufenen Zinsen sind in jedem folgenden Jahr Zinsen fällig.[190]

j) Reform. Staatliche Beihilfen sollten grundsätzlich nur dann eingesetzt werden, wenn sie sich 657
zur Verwirklichung eines genau definierten Ziels eignen, wenn sie die richtigen Anreize schaffen, verhältnismäßig sind und die Verfälschung des Wettbewerbs auf ein Minimum beschränken. Die beihilfenrechtliche Prüfung gemäß Art. 107 Abs. 3 AEUV sollte daher anhand fundierter ökonomischer Grundsätze erfolgen. Folglich kündigte die Kommission schon 2005 im „Aktionsplan Staatliche Beihilfen" an, dass sie bei dieser sog. Vereinbarkeitsprüfung einen stärker wirtschaftsorientierten Ansatz verfolgen will.[191] Der Europäische Rat vom März 2005 ersuchte die Mitgliedstaaten, „zusätzlich zu einer aktiven Wettbewerbspolitik das allgemeine Niveau der staatlichen Beihilfen weiter zu senken, wobei etwaigem Marktversagen jedoch Rechnung zu tragen ist. Diese Tendenz muss mit einer Umlenkung der Mittel zugunsten bestimmter horizontaler Ziele – wie zB. Forschung und Innovation sowie Aufwertung von Humankapital – einhergehen. Darüber hinaus sollte die Reform der Regionalbeihilfen ein hohes Investitionsniveau begünstigen und den Abbau der Unterschiede im Einklang mit den Lissabonner Zielen ermöglichen."[192]

Bei der Reform geht es vor allem darum, staatliche Beihilfen dann einzusetzen, wenn der 658
Markt versagt hat. Ein „Marktversagen" in diesem Sinn liegt dann vor, wenn der Markt auf sich selbst gestellt kein wirtschaftlich effizientes Ergebnis erbringt. In solchen Fällen kann die Intervention des Staates einschließlich der Gewährung von Beihilfen das Marktergebnis in Form von Preisen, Produktion und Ressourcennutzung verbessern helfen.[193]

---

[187] EuG, T-273/06 u. T-297/06, Slg. 2009, II-2185, RdNr. 146–149 – ISD Polska sp. z o. o. und Industrial Union of Donbass Corp./Kom.; vgl. auch die Kommentierung in Kapitel H RdNr. 172 ff.

[188] EuGH, C-480/98, Slg. 2000, I-8717, RdNr. 25 – Spanien/Kom.; EuGH, C-441/06, Slg. 2007, I-8887, RdNr. 29 – Kom./Frankreich.

[189] EuGH, C-355/95 P, Slg. 1997, I-2549, RdNr. 26 u. 27 – Textilwerke Deggendorf GmbH (TWD)/ Kom.

[190] Vgl. Art. 9 bis 11 der VO 794/2004 zur Durchführung der VO 659/1999 über besondere Vorschriften für die Anwendung von Artikel 93 des EG-Vertrags und die Kommentierung in Kapitel H RdNr. 180 ff.

[191] KOM(2005) 107 endg., siehe http://eur-lex.europa.eu/LexUriServ/LexUriServ.do?uri=COM:2005: 0107:FIN:DE:PDF. Siehe auch *Kroes* EStAL 2005, 387; *Bartosch* EStAL 2005, 391.

[192] Vgl. den Aktionsplan staatliche Beihilfen, RdNr. 14.

[193] Gemeinschaftsrahmen für staatliche Beihilfen für Forschung, Entwicklung und Innovation, ABl. 2006 C 323/1.

659   Die Kommission hat ein „umfassendes, kohärentes Reformpaket" auf folgender Grundlage vorgeschlagen:
– weniger und besser ausgerichtete staatliche Beihilfen,
– eine verfeinerte wirtschaftliche Betrachtungsweise,
– effizientere Verfahren, bessere Rechtsanwendung, größere Berechenbarkeit und mehr Transparenz sowie
– geteilte Verantwortung zwischen Kommission und Mitgliedstaaten: Die Kommission kann das Beihilfenrecht und die Beihilfenpraxis nicht verbessern ohne die effektive Unterstützung der Mitgliedstaaten und ihre vorbehaltlose Zusage, ihrer Pflicht zur Anmeldung von Beihilfenvorhaben und zur ordnungsgemäßen Anwendung der Vorschriften nachzukommen.[194]

660   Bei der Bewertung der Vereinbarkeit einer Beihilfe soll es im Wesentlichen darum gehen, die negativen Auswirkungen der Beihilfe auf Handel und Wettbewerb im Binnenmarkt gegenüber deren positiven Auswirkungen, dh., ihrem Beitrag zur Erreichung klar definierter Ziele von gemeinsamem Interesse abzuwägen. Durch die Abwägung dieser Auswirkungen soll dem Beitrag der Beihilfe zur Gemeinwohlfahrt in der Union Rechnung getragen werden. Zu diesem Zweck hat die Kommission einen Test mit folgenden Fragen entwickelt:
1. Dient die Beihilfenmaßnahme einem klar definierten Ziel von gemeinsamem Interesse?
2. Ist die geplante Beihilfenmaßnahme zielführend ausgestaltet, dh., dient sie der Beseitigung des Marktversagens oder anderen Zielen?
   a) Ist die Beihilfenmaßnahme ein geeignetes Instrument, um das betreffende Ziel zu erreichen?
   b) Hat die Beihilfenmaßnahme einen Anreizeffekt, dh., veranlasst sie den Beihilfeempfänger zu einer Verhaltensänderung?
   c) Ist die Beihilfenmaßnahme angemessen, dh., könnte dieselbe Verhaltensänderung mit einer geringeren Beihilfe nicht erreicht werden?
3. Sind die Wettbewerbsverzerrungen und die Handelsbeeinträchtigungen so gering, dass die Gesamtbilanz positiv ausfällt?

661   **Ad 1:** Als erstes ist zu prüfen, ob mit der Beihilfe tatsächlich ein Ziel von gemeinsamem Interesse verfolgt wird. Auf der Grundlage wirtschaftstheoretischer Konzepte lässt sich der Beitrag einer Maßnahme zur Erreichung eines Ziels von gemeinsamem Interesse entweder daran messen, inwieweit sie die allgemeine Wohlfahrt und Effizienz steigert, dh., ermöglicht die staatliche Beihilfe die Behebung eines Marktversagens oder inwieweit sie Gleichheitserwägungen gerecht wird, also wie Wohlfahrtsgewinne verteilt werden. Alle Ziele von gemeinsamem Interesse sind somit auf Effizienzgewinne oder die Beseitigung von Ungleichheiten ausgerichtet.

662   **Ad 2:** In einem zweiten Schritt ist dann zu prüfen, ob die Beihilfe so ausgestaltet ist, dass das klar definierte Ziel von gemeinsamem Interesse erreicht werden kann. Denn selbst dann, wenn mit einer staatlichen Beihilfe ein klar definiertes Ziel verfolgt wird, ist sie möglicherweise nicht das geeignete Instrument, weil zB das angestrebte Ziel mithilfe der staatlichen Beihilfe nicht tatsächlich erreicht wird oder weil sich dieselben Ergebnisse mit Instrumenten erzielen ließen, die weniger Verzerrungen verursachen. Danach sind die negativen Auswirkungen der staatlichen Beihilfe zu prüfen. Selbst wenn eine Beihilfe für ein bestimmtes Unternehmen oder einen bestimmten Wirtschaftszweig zielführend ausgestaltet ist, kann sie zu übermäßigen Verzerrungen des Wettbewerbs und des Handels zwischen Mitgliedstaaten führen.

663   **Ad 3:** Im Rahmen der Abwägungsprüfung sind Art und Umfang der Auswirkungen auf Hersteller und Verbraucher in den Mitgliedstaaten zu ermitteln und anschließend zu vergleichen. Dies impliziert, dass negative Auswirkungen erheblichen Ausmaßes durch entsprechend weitreichende positive Auswirkungen ausgeglichen werden müssen.

664   Die Details können dem Dokument „Allgemeine Grundsätze für eine ökonomisch ausgerichtete Prüfung der Vereinbarkeit staatlicher Beihilfen nach Art. 87 Abs. 3 EG-Vertrag"[195] entnommen werden. Anhang I des Dokuments enthält eine Liste mit Entscheidungen, in denen die Abwägung neuer Art vorgenommen wurde.

---

[194] Vgl. den Aktionsplan staatliche Beihilfen, RdNr. 18.
[195] Es handelt sich dabei um ein „Non-paper" der Kommissionsdienststellen, der nicht notwendiger Weise den Standpunkt der Europäischen Kommission reflektiert; Text abrufbar unter: http://ec.europa.eu/competition/state_aid/reform/economic_assessment_de.pdf.

Die Reform sah sich seit ihren Anfängen einer dogmatischen Kritik ausgesetzt, vor allem weil **665** ungeklärt ist bzw. fraglich erscheint, ob die Neukonzeption auf die unveränderten Vertragsbestimmungen gestützt werden kann.[196]

2. Zu den einzelnen Genehmigungstatbeständen. a) Einleitung. Die Ausnahmen, die **666** in Art. 107 Abs. 3 lit. a–c AEUV vorgesehen sind und deren Anwendung im Ermessen der Kommission liegt, bilden die Grundlage für die große Mehrheit aller Entscheidungen über Beihilfen, die dem AEUV unterliegen. Davon entfällt weit über die Hälfte allein auf lit. c dieser Bestimmung. Es ist sinnvoll, diese Entscheidungspraxis nach Förderzwecken und Begünstigtenkreisen, wonach sie auch weitgehend kodifiziert worden ist, darzustellen. Zunächst sollen aber die allgemeinen Beurteilungsgrundsätze, die zu der Anwendung der Ausnahmen in lit. a bis c entwickelt worden sind, und dann der Reihe nach die Anwendungsbereiche der einzelnen Vorschriften sowie der lit. d (Kulturförderung) und lit. e (vom Rat genehmigte Beihilfen) beschrieben werden.

Es wird daran erinnert, dass es sich bei den einzelnen Tatbestände des Art. 107 Abs. 3 AEUV **667** um Ausnahmen von dem in Art. 107 Abs. 1 AEUV niedergelegten allgemeinen Grundsatz der Unvereinbarkeit staatlicher Beihilfen mit dem Binnenmarkt handelt, daher ist zB Art. 107 Abs. 3 lit. c AEUV eng auszulegen.[197] Nach der Rspr. des EuGH sind bei der Auslegung einer unionsrechtlichen Vorschrift außerdem nicht nur deren Wortlaut, sondern auch ihr Zusammenhang und die Ziele zu berücksichtigen, die mit der Regelung, deren Teil sie ist, verfolgt werden.[198]

b) Die Grundsätze der Genehmigungspraxis. Die Kommission lässt sich bei der Aus- **668** formulierung der Beihilfenpolitik und in ihrer Genehmigungspraxis von den folgenden Prinzipien leiten:

Beihilfen müssen einem bestimmten vorgegebenen Zweck dienen[199] und transparent[200] ver- **669** geben werden. Ohne einen bestimmten Zweck vergebene Beihilfen, wie Betriebsbeihilfen, bedeuten eine starke Wettbewerbsverzerrung ohne positive Effekte. Solche Beihilfen sind also mit dem Binnenmarkt grundsätzlich nicht vereinbar; in besonderen Sektoren und unter Umständen erlässt der Rat Beschlüsse aufgrund des Art. 107 Abs. 3 lit. e, so etwa für den subventionierten Kohlebergbau.

Aus dem oben Gesagten folgt, dass Beihilfen, die den ausformulierten Zielen der EU dienen, **670** grundsätzlich leichter zu genehmigen sind. Dies gilt etwa für Beihilfen, die der Kohäsion dienen, also der Entwicklung besonders benachteiligter Gebiete, oder der Förderung von Vorhaben vom gemeinsamen Interesse. Im Hinblick auf die EU-Politik der Förderung der Forschung, Entwicklung und Innovation sind entsprechende Beihilfenregelungen begrüßenswert.

Nur solche Beihilfen können genehmigt werden, die zur Erreichung der definierten Ziele **671** notwendig sind, denn sonst würden Wettbewerbsverzerrungen hingenommen, die durch keine positiven Effekte gerechtfertigt sind.[201] Umgekehrt können Beihilfen nicht genehmigt werden, die mit den Zielen und Interessen der Union nicht in Einklang zu bringen sind, etwa weil sie ein Unternehmen in einem Sektor, der mit Überkapazitäten kämpft, künstlich am Leben erhalten[202] oder dem Funktionieren einer gemeinsamen Marktorganisation für landwirtschaftliche Produkte entgegenwirken.[203]

In diesem Zusammenhang erscheinen die folgenden Klarstellungen ratsam: **672**

Horizontale Beihilfen sind solche, die auf ein bestimmtes Ziel, etwa die Förderung der For- **673** schung oder die Förderung von Umweltschutzmaßnahmen in allen Wirtschaftssektoren ausgerichtet sind.

---

[196] Siehe statt vieler: *Buendia Sierra/Smulders,* The Limited Role of the ‚Refined Economic Approach‘ in Achieving the Objectives of State Aid Control: Time for some realism, FS Santaolalla, 1, und die Kommentierung in B.II.1. RdNr. 26 ff.

[197] EuG, T-109/01, Slg. 2004, II-127, RdNr. 75 – Fleuren Compost.

[198] Vgl. EuGH, 292/83, Slg. 1983, 3781, RdNr. 12 – Merck; EuGH, 337/82, Slg. 1984, 1051, RdNr. 10 – St. Nikolaus Brennerei.

[199] Vgl. etwa Art. 8 AGVO, ABl. 2008 L 214/3.

[200] Vgl. etwa Art. 5 AGVO, ABl. 2008 L 214/3.

[201] EuGH, 730/79, Slg. 1980, 2671, RdNr. 16–17 – Philip Morris.

[202] Vgl. etwa die Entsch. 87/585 über die von der französischen Regierung gewährten Beihilfen für ein Unternehmen der Textil-, Bekleidungs- und Papierindustrie/Boussac Saint Frères, ABl. 1987 L 352/42.

[203] Entsch. 86/561 betreffend eine Beihilfe der deutschen Regierung an die Erzeugerorganisationen im Sektor Fischerei, ABl. 1986 L 327/44.

674 Regionale Beihilfen sind solche, die sich mit Maßnahmen zur Förderung der Wirtschaftsentwicklung einer bestimmten Region beschäftigen und vor allem Investitionen in unterentwickelten Regionen fördern sollen.[204]

675 Sektorale Beihilfen zielen auf die Förderung bestimmter Sektoren ab, zB. die Mitteilung der Kommission über die Anwendung der Vorschriften über staatliche Beihilfen auf den öffentlichrechtlichen Rundfunk vom 2. Juli 2009,[205] die Rahmenbestimmungen für Beihilfen an den Schiffbau[206] sowie die Mitteilung der Kommission über die Methode für die Analyse staatlicher Beihilfen in Verbindung mit verlorenen Kosten.[207]

676 Horizontale Regelungen (FuE-Beihilfen, Umweltschutzbeihilfen) sind sektoralen Beihilfenregelungen vorzuziehen, weil die ersteren den Wettbewerb weniger beeinträchtigen und zugleich mehr den gemeinsamen Zielen dienen. Auf dieser Grundlage beliefen sich die Beihilfen für horizontale Ziele 2008 auf 46,3 Mrd. EUR und hatten damit einen Anteil von rund 88% an den insgesamt für verarbeitendes Gewerbe und Dienstleistungssektor vergebenen Beihilfen. Dieser Anteil lag 2007 bei 80%, 2004 bei 74% und Mitte der neunziger Jahre nur bei 50%. Die Mitgliedstaaten setzten 2008 im Übrigen drei Schwerpunkte: Regionalbeihilfen (26%), auf der Grundlage der Umweltschutzleitlinien zu bewertende Beihilfen (24%) und Beihilfen für Forschung, Entwicklung und Innovation (16%).[208]

677 Beihilfenregelungen (Regime), auch wenn sie auf bestimmte Sektoren ausgerichtet sind, sind Einzelbeihilfen vorzuziehen, weil sie transparenter sind und – zumindest innerhalb des betroffenen Sektors – weniger wettbewerbsschädlich erscheinen.

678 Die Unterstützung eines Sektors oder Gebietes im betreffenden Mitgliedstaat darf nicht einfach Probleme auf andere Mitgliedstaaten verlagern.[209] Ferner muss die Beihilfe einen Beitrag zur **Entwicklung** des Sektors leisten und nicht der Erhaltung nicht wettbewerbsfähiger Strukturen dienen.[210]

679 Die Kommission achtet darauf, dass Beihilfenregelungen befristet werden, so dass eine periodische Anpassung stattfinden kann.

680 Im Übrigen hat der Gerichtshof wiederholt entschieden, dass die mit staatlichen Maßnahmen verfolgten Ziele nicht genügen, um diese von vornherein von der Einordnung als „Beihilfen" im Sinne von Art. 107 AEUV auszunehmen. Diese Bestimmung unterscheidet nämlich nicht nach den Gründen oder Zielen der staatlichen Maßnahmen, sondern beschreibt diese nach ihren Wirkungen.[211]

681 Ferner ist nach der Rechtsprechung die Rechtmäßigkeit einer Entscheidung, mit der die Kommission feststellt, dass eine neue Beihilfe die Tatbestandsmerkmale dieser Ausnahme nicht verwirklicht, allein im Rahmen des Art. 107 Abs. 3 lit. c AEUV zu prüfen und nicht im Hinblick auf eine frühere – als gegeben unterstellte – Entscheidungspraxis der Kommission.[212]

682 Die Genehmigungspraxis der Kommission aufgrund der Ausnahmebestimmungen von Art. 107 Abs. 2 und 3 AEUV lässt sich am übersichtlichsten nach Sachgebieten beschreiben. Im Folgenden werden die Sachgebiete nach zwei Hauptkriterien, dem Förderzweck auf der einen und dem Begünstigtenkreis auf der anderen Seite, gegliedert. In den meisten Bereichen ist die Beihilfenkontrollpraxis im Laufe der Zeit in Form von Rahmenregelungen oder Leitlinien kodifiziert worden. Der Prozess der Kodifizierung wird durch Gruppenfreistellungen fortgesetzt.

683 **c) Die einzelnen Genehmigungstatbestände. aa) Abs. 3 lit. a: Regionalbeihilfen in weniger entwickelten Gebieten.** Für Regionalbeihilfen sehen Art. 107 Abs. 3 lit. a und c AEUV im Interesse der gemeinschaftlichen Solidarität, die, wie die Präambel des Vertrages be-

---

[204] Vgl. die Leitlinien für staatliche Beihilfen mit regionaler Zielsetzung 2007–2013, ABl. 2006 C 54/13.
[205] Diese Mitteilung ist noch nicht im ABl. veröffentlicht, sie ersetzt die Mitteilung im ABl. 2001 C 320/4.
[206] ABl. 2003 C 317/11, Verlängerung der Geltungsdauer zuletzt in ABl. 2008 C 173/3.
[207] Veröffentlicht auf http://ec.europa.eu/competition/state_aid/legislation/stranded_costs_de.pdf. Diese beschäftigt sich mit dem Ausgleich für verlorene Investitionen ehemaliger Monopolbetriebe in der Elektrizitätswirtschaft.
[208] Anzeiger für staatliche Beihilfen – Herbstausgabe 2009, S. 8.
[209] EuGH, 730/79, Slg. 1980, 2692, RdNr. 26 – Philip Morris.
[210] EuGH, 301/87, Slg. 1990, I-307, RdNr. 52–57 – Frankreich/Kom.
[211] EuGH, C-487/06 P, Slg. 2008, I-10505, RdNr. 84 u. 85 – British Aggregates Association/Kom, vgl. auch die dort zitierte Rechtsprechung.
[212] Vgl. in diesem Sinne EuGH, C-57/00 P und C-61/00 P, Slg. 2003, I-9975, RdNr. 52 u. 53 – Freistaat Sachsen ua./Kom.; EuG, T-171/02, Slg. 2005, II-2123, RdNr. 177 – Regione autonoma della Sardegna/Kom.

legt, ein grundlegendes Ziel des Vertrages ist, zwei Ausnahmen vom freien Wettbewerb vor. Es ist Sache der Kommission, in Ausübung ihres Ermessens unter Beachtung des Grundsatzes der Verhältnismäßigkeit auf einen Ausgleich zwischen den Zielen des freien Wettbewerbs und der gemeinschaftlichen Solidarität hinzuwirken. Letztere kann je nach Fallgestaltung unterschiedliches Gewicht haben; in den in Art. 107 Abs. 3 lit. a AEUV beschriebenen Krisenlagen hat sie gegenüber dem Wettbewerb größere Bedeutung als in den Fällen des Art. 107 Abs. 3 lit. c AEUV.[213] In diesem Rahmen hat die Kommission die sektoriellen Auswirkungen der geplanten Regionalbeihilfe auch bezüglich der Regionen, die unter Art. 107 Abs. 3 lit. a AEUV fallen können, abzuschätzen, um zu verhindern, dass durch die Beihilfenmaßnahme auf Gemeinschaftsebene ein sektorielles Problem entsteht, das schwerer wiegt als das ursprüngliche regionale Problem.

In Bezug auf geplante Beihilfen zur Förderung der Entwicklung eines Gebietes, das unter **684** Art. 107 Abs. 3 lit. a AEUV fällt, verfügt die Kommission bei der Abwägung dieser Ziele jedoch über ein weiteres Ermessen als in Bezug auf ein gleiches Beihilfenvorhaben für ein Gebiet im Sinne von Art. 107 Abs. 3 lit. c AEUV, da die erstgenannte Vorschrift anderenfalls nicht zum Tragen kommen könnte.[214]

Lit. a ermächtigt zur Regionalförderung, wobei die Verwendung der Begriffe „außerge- **685** wöhnlich" und „erheblich" in Art. 107 Abs. 3 lit. a AEUV zeigt, dass diese Bestimmung nur Gebiete erfasst, in denen die wirtschaftliche Lage im Vergleich zur gesamten EU äußerst ungünstig ist.[215] Gebiete, die als förderungswürdig gem. lit. a eingestuft werden, werden bei der Entscheidungspraxis der Kommission gegenüber nach lit. c geförderten Gebieten bevorzugt. Die Union hat sich nämlich den. Art. 174 AEUV das Ziel gesetzt, „die Unterschiede im Entwicklungsstand der verschiedenen Regionen und den Rückstand der am stärksten benachteiligten Gebiete zu verringern". Aus Art. 107 AEUV kann jedoch nicht abgeleitet werden, dass die Kommission bei der Anwendung des Art. 107 Abs. 3 lit. a AEUV das gemeinsame Interesse außer Acht lassen dürfte und sich darauf zu beschränken hätte, die regionale Spezifität der fraglichen Maßnahmen zu prüfen, ohne ihre Auswirkungen auf den oder die relevanten Märkte in der gesamten EU zu untersuchen.[216] Im Interesse einer größtmöglichen Kohärenz zwischen der Bestimmung der Gebiete, in denen gem. den Regionalbeihilfe-Leitlinien Beihilfen aufgrund der Ausnahmebestimmung des Art. 107 Abs. 3 lit. a AEUV zulässig sind, und den aufgrund der Strukturfonds-Verordnungen geförderten Gebieten hat die Kommission zur Bestimmung der Fördergebiete iSv. Art. 107 Abs. 3 lit. a AEUV die gleichen Pro-Kopf-BIP-Angaben verwendet, die zur Bestimmung der Konvergenzregionen iSd. Strukturfonds-Verordnungen dienen.[217]

bb) Abs. 3 lit. b. Diese Bestimmung erfasst zwei unterschiedliche Tatbestände: **α) Die** **686** **Förderung wichtiger Vorhaben von gemeinsamem europäischen Interesse.** Die Kommission geht in der Praxis bei Beihilfen davon aus, dass nur als von gemeinsamem europäischem Interesse iSv. Art. 107 Abs. 3 lit. b AEUV qualifiziert werden kann, wenn es Teil eines von den Regierungen verschiedener Mitgliedstaaten unterstützten zwischenstaatlichen europäischen Programms ist oder zu einer zwischen den verschiedenen Mitgliedstaaten abgestimmten Unternehmung gehört, durch die etwa eine gemeinsame Gefahr wie die Umweltverschmutzung bekämpft werden soll.[218] Die Kommission wendet diesen Ausnahmetatbestand auf Energieeinsparungs-[219] und Umweltschutzvorhaben (hier sogar auf Investitionsvorhaben von einzelnen Unternehmen) an,[220] wenn das Vorhaben von gemeinsamem europäischem Interesse ist.

Das Vorhaben muss bspw. durch seine herausragende Bedeutung für die Umweltstrategie der **687** EU konkret, vorbildlich und erkennbar einen Beitrag zur Verwirklichung eines Vorhabens im Interesse der Union im Bereich des Umweltschutzes darstellen. Der mit dem Vorhaben ange-

---

[213] Siehe Schlussanträge des Generalanwalts Darmon in der Rs. 248/84, Slg. 1987, 4013, 4025, 4031 – Deutschland/Kom.

[214] EuG, T-380/94, Slg. 1996, II-2169, RdNr. 55 – AIUFFASS ua.

[215] EuGH, 730/79, Slg. 1980, 2671, RdNr. 25 – Philip Morris; EuGH, 248/84, Slg. 1987, 4013, RdNr. 19 – Deutschland/Kom.

[216] EuGH, C-169/95, Slg. 1997, I-135, RdNr. 17 – Spanien/Kom.

[217] RdNr. 16 der Leitlinien für staatliche Beihilfen mit regionaler Zielsetzung 2007–2013, ABl. 2006 C 54/13.

[218] EuGH, 62 u. 72/87, Slg. 1988, 1573, RdNr. 20-25 – Exécutif régional wallon/Kom.

[219] Entsch. der Kom. 82/73 über den Erdgasvorzugstarif für die niederländischen Gartenbaubetriebe, ABl. 1982 L 37/29.

[220] Vgl. den Gemeinschaftsrahmen für staatliche Umweltschutzbeihilfen, ABl. 2001 C 37/3 RdNr. 73.

strebte Vorteil darf nicht auf den oder die Mitgliedstaaten beschränkt sein, die das Vorhaben durchführen, sondern muss sich auf die gesamte EU erstrecken. Das Vorhaben muss einen wesentlichen Beitrag zu den Zielen der EU leisten.

688 Der bloße Umstand, dass das Vorhaben von Unternehmen in verschiedenen Mitgliedstaaten ausgeführt wird, reicht hierzu nicht aus.[221] Wenn die Beihilfe gem. Art. 107 Abs. 3 lit. b AEUV als mit dem Binnenmarkt vereinbar angesehen wird, kann die Kommission höhere als in diesen Leitlinien vorgesehene Beihilfesätze genehmigen.[222] Ähnliches ist auch in Punkt 4 des Gemeinschaftsrahmens für staatliche Beihilfen für Forschung, Entwicklung und Innovation[223] vorgesehen.

689 **β) Behebung einer beträchtlichen Störung im Wirtschaftsleben eines Mitgliedstaates.** Eine „beträchtliche Störung im Wirtschaftsleben eines Mitgliedstaats" liegt nicht schon bei einer regionalen Wirtschaftskrise vor, vielmehr muss es sich um eine außergewöhnliche Störung handeln. Diese Bestimmung wurde in den letzten Jahren vor der gegenwärtigen Weltwirtschaftskrise kaum noch angewendet.[224]

690 Allerdings wurde sie seit der Anwendung auf die Wirtschaftskrise, die in mehreren Mitgliedstaaten nach der sprunghaften Erhöhung von Erdölpreisen 1973–74 ausbrach,[225] und dann wieder 1987 und 1991 auf Griechenland angewandt.[226]

691 Mit dem Ausbruch und der Vertiefung der Weltwirtschaftskrise im Jahr 2008 hat sich die Kommission allerdings gezwungen gesehen, rasch zu reagieren und jene Instrumente zu schaffen, die den Mitgliedstaaten die notwendigen Handlungsspielräume eröffnen.

692 Für den Banken- bzw. Finanzsektor hat die Kommission die folgenden Mitteilungen veröffentlicht:[227]
– Mitteilung der Kom. „Die Anwendung der Vorschriften für staatliche Beihilfen auf Maßnahmen zur Stützung von Finanzinstitutionen im Kontext der derzeitigen globalen Finanzkrise";[228]
– Mitteilung der Kom. „Die Rekapitalisierung von Finanzinstituten in der derzeitigen Finanzkrise: Beschränkung der Beihilfen auf das erforderliche Minimum und Vorkehrungen gegen unverhältnismäßige Wettbewerbsverzerrungen";[229]
– Mitteilung der Kom. über die Behandlung wertgeminderter Aktiva im Bankensektor der Gemeinschaft;[230] diese wurde jedoch schon nach kurzer Zeit ersetzt durch die Mitteilung der Kom. über die Behandlung wertgeminderter Aktiva im Bankensektor der Gemeinschaft;[231]
– Mitteilung der Kom. über die Wiederherstellung der Rentabilität und die Bewertung von Umstrukturierungsmaßnahmen im Finanzsektor im Rahmen der derzeitigen Krise gemäß den Beihilfevorschriften.[232]

693 Für die sog. Realwirtschaft s. die Mitteilung der Kom. „Vorübergehender Gemeinschaftsrahmen für staatliche Beihilfen zur Erleichterung des Zugangs zu Finanzierungsmitteln in der gegenwärtigen Finanz- und Wirtschaftskrise".[233]

694 **c) Abs. 3 lit. c.** Dieser Genehmigungstatbestand ist der am häufigsten angewandte. Im Hinblick darauf, dass er auf die Entwicklung gewisser Wirtschaftszweige oder Wirtschaftsgebiete abstellt, wird er
– für regionale Beihilfen,[234]

---

[221] Vgl. Leitlinien der Gemeinschaft für staatliche Umweltschutzbeihilfen, ABl. 2008 C 82/1 RdNr. 147.
[222] Vgl. RdNr. 150 der o. z. Leitlinien.
[223] ABl. 2006 C 323/1, dazu unten, Art. 30–37 AGVO RdNr. 7 ff., insbes. RdNr. 33 ff.
[224] EuGH, 730/79, Slg. 1980, 2692, RdNr. 25 – Philip Morris.
[225] Siehe Kom., Bericht über die Wettbewerbspolitik 1975, RdNr. 133.
[226] S. die Entsch. 88/167 betreffend das Gesetz 1386/1983 über Industriebeihilfen der griechischen Regierung, ABl. 1988 L 76/18.
[227] Eine Bewertung der aufgrund der angeführten Instrumente gesetzten nationalen Maßnahmen ist unter http://ec.europa.eu/competition/state_aid/legislation/review_of_schemes_en.pdf zu finden. Vgl. auch *Weber/Grünewald* EuZ 2009, 58; *Luja* EStAL 2009, 145; *Werner/Maier* EStAL 2009, 177; *D'Sa* EStAL 2009, 139; siehe auch unten Sektoren RdNr. 371 ff.
[228] ABl. 2008 C 270/8.
[229] ABl. 2009 C 10/2.
[230] ABl. 2009 C 72/1.
[231] ABl. 2009 C 136/3.
[232] ABl. 2009 C 195/9.
[233] ABl. 2009 C 83/1; diese ersetzt eine frühere Mitteilung mit demselben Titel, die in ABl. 2009 C 83/1 veröffentlicht wurde.
[234] Vgl. die Leitlinien für Beihilfen mit regionaler Zielsetzung 2007–2013, ABl. 2006 C 54/13, und unten Art. 13, 14 AGVO.

– für horizontale Beihilfen, wie etwa für staatliche Beihilfen für Forschung, Entwicklung und Innovation,[235] für Beihilfen zur Förderung von Risikokapitalinvestitionen in kleine und mittlere Unternehmen,[236] für Umweltschutzbeihilfen,[237] für Beschäftigungsbeihilfen,[238] für Ausbildungsbeihilfen,[239] für Rettungs- und Umstrukturierungsbeihilfen,[240] und

– für sektorale Regelungen, wie etwa Beihilfen für den Schiffbau,[241] Beihilfen an frühere staatliche Monopolunternehmen im Bereich der Elektrizitätswirtschaft für deren verlorene Investitionen,[242] Beihilfen im Bereich der Stahlindustrie,[243] Beihilfen für den Ausbau von neuen Technologien insbesondere von Breitbanddiensten,[244] sowie für Beihilfen an die KFZ- und Kunstfaser-Industrie[245] herangezogen.

α) Regionale Beihilfen. Beihilfen für die Entwicklung wirtschaftsschwacher Gebiete ma-　**695** chen – unter normalen Umständen – mehr als die Hälfte aller von den Mitgliedstaaten an die Industrie gewährten Beihilfen aus.[246] 2006 hat die Kommission die Regeln für die Regionalförderung in einer Leitlinie[247] für die Periode 2007–2013 niedergelegt. Diese sind auf Regionalbeihilfen in sämtlichen Wirtschaftszweigen mit Ausnahme der Fischerei und des Kohlebergbaus anwendbar, für die letzteren gelten besondere Rechtsvorschriften. Ferner fällt die Herstellung der landwirtschaftlichen Erzeugnisse, die in Anhang I zum AEUV aufgeführt sind, nicht unter diese Leitlinien. Sie gelten jedoch für die Verarbeitung und Vermarktung dieser Erzeugnisse, aber nur in dem im Gemeinschaftsrahmen für staatliche Beihilfen im Agrarsektor oder in einer Nachfolgefassung festgelegten Ausmaß.

Die Kontrolle von Regionalbeihilfen erfolgt nach einem mehrstufigen Verfahren. Zunächst　**696** wird für alle Mitgliedstaaten ein Bevölkerungsplafond festgelegt, der den Gesamtumfang der Fördergebiete in der EU fixiert. Sodann werden die Fördergebiete nach Art. 107 Abs. 3 lit. a AEUV (das sind Gebiete, die ein Bruttosozialprodukt nach Kaufkraftparitäten pro Kopf der Bevölkerung von unter 75% des Unionsdurchschnitts haben) festgelegt. Der nach Abzug dieser Gebiete vom Gesamtplafond verbleibende Restplafond steht dann für die Bestimmung der Fördergebiete nach Art. 107 Abs. 3 lit. c AEUV zur Verfügung.

Dazu werden EUROSTAT-Daten über das regionale Bruttosozialprodukt in den Mitglied-　**697** staaten verwendet. Diesen Plafond berechnet die Kommission in einem ersten Schritt anhand einer Schwellenwertmethode, bei der auf Ebene der Mitgliedstaaten das regionale BIP-pro-Kopf und/oder die regionale Arbeitslosigkeit eine bestimmte Mindestabweichung vom Durch-

---

[235] Vgl. etwa den Gemeinschaftsrahmen für staatliche Beihilfen für Forschung, Entwicklung und Innovation, ABl. 2006 C 323/1, dazu unten Art. 30–37 AGVO RdNr. 7 ff.

[236] Leitlinien der Gemeinschaft für staatliche Beihilfen zur Förderung von Risikokapitalinvestitionen in kleine und mittlere Unternehmen, ABl. 2006 C 194/2, dazu unten Art. 28, 29 AGVO.

[237] Leitlinien der Gemeinschaft für staatliche Umweltschutzbeihilfen, ABl. 2008 C 82/1, dazu unten Art. 17–25 AGVO.

[238] Kriterien für die Bewertung der Vereinbarkeit einzeln anzumeldender staatlicher Beihilfen für die Beschäftigung von benachteiligten und behinderten Arbeitnehmern mit dem gemeinsamen Markt, ABl. 2009 C 188/6.

[239] Kriterien für die Bewertung der Vereinbarkeit einzeln anzumeldender Ausbildungsbeihilfen mit dem Gemeinsamen Markt, ABl. 2009 C 188/01.

[240] Leitlinien der Gemeinschaft für staatliche Beihilfen zur Rettung und Umstrukturierung von Unternehmen in Schwierigkeiten ABl. 2004 C 244/2 – verlängert durch die Mitteilung der Kom. über die Verlängerung der Leitlinien der Gemeinschaft für staatliche Beihilfen zur Rettung und Umstrukturierung von Unternehmen in Schwierigkeiten, ABl. 2009 C 156/3, vgl. die Kommentierung in Kapitel C.

[241] Rahmenbestimmungen über staatliche Beihilfen an den Schiffbau, ABl. 2003 C 317/11, zuletzt verlängert durch die Mitteilung ABl. 2008 C 173/3, dazu unten Sektoren RdNr. 855.

[242] Mitteilung der Kom. über die Methode für die Analyse staatlicher Beihilfen in Verbindung mit verlorenen Kosten, die nur auf der Internetseite der GD Wettbewerb veröffentlicht wurde. Vgl. auch unten Sektoren RdNr. 232.

[243] Rettungs- und Umstrukturierungsbeihilfen und Schließungsbeihilfen für die Stahlindustrie, ABl. 2002 C 70/21 – Diese sind nicht mehr in Kraft.

[244] Leitlinien der Gemeinschaft für die Anwendung der Vorschriften über staatliche Beihilfen im Zusammenhang mit dem schnellen Breitbandausbau, ABl. 2009 C 235/7, vgl. unten Sektoren RdNr. 4 ff.

[245] Mitteilung der Kom. betreffend die Änderung des multisektoralen Regionalbeihilferahmens für große Investitionsvorhaben (2002) in Bezug auf die Aufstellung einer Liste von Sektoren mit strukturellen Problemen und den Vorschlag zweckdienlicher Maßnahmen gemäß Artikel 88 Absatz 1 EG-Vertrag [jetzt Art. 108 Abs. 1 AEUV] für die Kfz- und die Kunstfaserindustrie, ABl. 2003 C 263/03 – Diese nicht mehr in Kraft.

[246] So etwa der 9. Bericht über staatliche Beihilfen, KOM(2001), 403 endg., 59.

[247] ABl. 2006 C 54/13.

schnittswert des betreffenden Mitgliedstaaten aufweist. In einem zweiten Schritt wird der danach errechnete Plafond für jeden Mitgliedstaat errechnet (Mindest/Höchstgrenze, Verlustbegrenzung und Ausgleich für ausscheidende Art. 107 Abs. 3 lit. c Gebiete). Diese Methode kann zur Erhöhung des Gesamtfördergebietes führen, so dass die Plafonds der übrigen, nicht begünstigten Mitgliedstaaten proportional gekürzt werden müssen. Auf dieser Basis notifiziert jeder Mitgliedstaat der Kommission seine nach objektiven und nachprüfbaren Kriterien erstellte Fördergebietskulisse, die die Fördergebiete und die dazu gehörigen Beihilfenintensitäten enthält.

698   Zur Vermeidung von sog. Subventionsspiralen, die die Mitgliedstaaten zu einem intensiven Beihilfenwettbewerb verleiten könnten, werden in den Leitlinien für Beihilfen mit regionaler Zielsetzung 2007–2013 besondere Regeln mit niedrigeren Beihilfenintensitäten erlassen. Die Kriterien für eine eingehende Prüfung dieser Vorhaben wurden in einer besonderen Mitteilung der Kommission veröffentlicht.[248]

699   Für einige andere Wirtschaftszweige gelten spezielle Bestimmungen, mit denen der besonderen Lage dieser Wirtschaftszweige Rechnung getragen wird und die ganz oder teilweise von diesen Leitlinien abweichen können.

700   Im Einklang mit ihrer langjährigen Praxis betrachtet die Kommission Regionalbeihilfen zugunsten der Stahlindustrie im Sinne von Anhang I als nicht mit dem Binnenmarkt vereinbar. Schließlich ist auch die Kunstfaserindustrie aufgrund ihrer Besonderheiten im Sinne von Anhang II von der Gewährung regionaler Investitionsbeihilfen ausgeschlossen.[249]

701   **β) Horizontale Beihilfen. (1) Ausfuhrbeihilfen.** Beihilfen für Ausfuhren in andere Mitgliedstaaten sind verboten.[250] Sie werden auch nicht von der „De-minimis"-VO in den dortigen Grenzen erlaubt.[251] Exportbeihilfen beeinträchtigen unmittelbar den Wettbewerb zwischen den auf dem Markt konkurrierenden potentiellen Lieferanten von Waren und Dienstleistungen. In Anerkennung der schädigenden Auswirkungen hat die Kommission als Hüterin des Wettbewerbs im Rahmen des AEUV Exportbeihilfen im innergemeinschaftlichen Handel stets streng verurteilt.[252] Wenngleich jedoch die Beihilfen der Mitgliedstaaten für ihre Ausfuhren in Drittländer ebenfalls den Wettbewerb innerhalb der Gemeinschaft beeinträchtigen können,[253] ist die Kommission auf der Grundlage der Vorschriften über staatliche Beihilfen des AEUV nicht systematisch gegen diese Tätigkeiten vorgegangen.

702   Dies hat mehrere Gründe: Erstens fanden die Bestimmungen des AEUV über den Außenhandel, dh Art. 207 (Art. 33 und 134 EG), zum Teil auf diesen Bereich Anwendung und Art. 132 EG sah in der Tat die Vereinheitlichung der Ausfuhrbeihilfen vor. Zweitens wurde nicht nur der Wettbewerb in der Gemeinschaft durch Beihilfen für Ausfuhren außerhalb der Gemeinschaft beeinträchtigt, sondern auch die Wettbewerbsfähigkeit der Exporteure der Gemeinschaft gegenüber der Handelspartner der Gemeinschaft, die ähnliche Beihilfen vergeben. Schließlich wurden Fortschritte bei der Kontrolle auf der Grundlage der Handelsbestimmungen des Vertrags sowie in der OECD und der WTO erzielt.[254]

703   Die Kommission hat jedenfalls wiederholt eingegriffen, so zB bei einem Vorzugsrediskontsatz für Ausfuhren,[255] bei vergünstigten Exportkrediten im innergemeinschaftlichen Handel,[256] subventionierten Werbekampagnen in anderen Mitgliedstaaten,[257] Kostensteigerungsgarantien, Wechselkursversicherung für französische Exporteure, die sich an einer Ausschreibung für den

---

[248] Mitteilung der Kommission betreffend die Kriterien für die eingehende Prüfung staatlicher Beihilfen mit regionaler Zielsetzung zur Förderung großer Investitionsvorhaben, ABl. 2009 C 223/3.

[249] Vgl. Punkt 8 der Leitlinien für Beihilfen mit regionaler Zielsetzung 2007–2013, ABl. 2006 C 54/13.

[250] EuGH, 6 u. 11/69, Slg. 1969, 523, RdNr. 20 – Kom./Frankreich, vgl. Kapitel D. VI.

[251] Vgl. Art. 1 Abs 1 lit. d der VO 1998/2006, ABl. 2006 L 379/5.

[252] In ihrem Bericht über die Wettbewerbspolitik 1977 stellte die Kommission in Ziffer 242 fest, dass Exportbeihilfen im innergemeinschaftlichen Handel „keine der Ausnahmevorschriften für sich beanspruchen können, wobei es weder auf Intensität oder Form noch auf die Gründe oder Zielsetzungen der Beihilfen ankommt".

[253] Siehe EuGH, C-142/87 Slg. 1990, I-959, RdNr. 32 und 35 – Belgien/Kom.; vgl. auch EuGH, C-44/93, Slg. 1994, I-3829, RdNr. 30 – Assurances de Crédit/OND und Belgien.

[254] Mitteilung der Kom. an die Mitgliedstaaten zur Anwendung der Artikel 92 und 93 EG-Vertrag auf die kurzfristige Exportkreditversicherung, ABl. 1997 C 281/4, Punkt 1.2. Zu den Unterschieden in der Beihilfenkonzeption des Vertrages bzw. der Welthandelsorganisation vgl. *Slocock* EStAL 2007, 249.

[255] EuGH, 6 u. 11/69, Slg. 1969, 523, RdNr. 21 u. 23 – Kom./Frankreich.

[256] Kom., Bericht über die Wettbewerbspolitik 1986, RdNr. 257.

[257] Entsch. der Kom. v. 8. 9. 1976 über die Beihilfen für Werbekampagnen zur Förderung der Ausfuhren italienischer Industriezweige, welche die italienische Regierung über das Institut für Außenhandel gewährt, ABl. 1976 L 270/39.

Bau eines Kraftwerks in Griechenland beteiligen,[258] Steuerrückerstattung bei Ausfuhren,[259] Abgabenrückerstattung,[260] ausschließlich für Unternehmen, die ihre Ausfuhren steigerten.[261]

Demgegenüber hatte die Kommission lange Zeit nicht gegen Beihilfen im Bereich der Exportkreditversicherung innerhalb der Union eingegriffen. Dies wurde 1997 durch die Veröffentlichung der Mitteilung der Kommission an die Mitgliedstaaten zur Anwendung der Beihilfevorschriften auf die kurzfristige Exportkreditversicherung[262] nachgeholt.[263]   **704**

Beihilfen für Unternehmensberatung und für die Teilnahme an Messen, um die Exportfähigkeit von insbesondere KMU zu steigern, steht die Kommission heutzutage eher positiv gegenüber.[264]   **705**

Obwohl ex-Art. 87 EG (jetzt Art. 107 AEUV) zusammen mit ex-Art. 132 EG auch auf Beihilfen zugunsten außergemeinschaftlicher Ausfuhren anwendbar war,[265] ist die Kommission bisher nur vereinzelt gegen Außenausfuhrbeihilfen vorgegangen.   **706**

(2) Investitionsbeihilfen. Um die Effizienz der Investitionsförderung zu erhöhen, genehmigt die Kommission Investitionsbeihilfen nur noch im Rahmen der Regional- und KMU-Förderung und für Sonderförderzwecke wie etwa den Umweltschutz. Allgemeine Investitionsförderprogramme wurden in den 80er-Jahren umgewandelt oder abgeschafft.[266]   **707**

In Sektoren, die Produktionskapazitätsüberhänge aufweisen und daher besonderen Regeln unterliegen, werden Investitionsbeihilfen auch in Fördergebieten streng kontrolliert. Dies gilt vor allem in der Kunstfaserindustrie und beim Automobilbau. Großinvestitionsprojekte in Fördergebieten wurden 1998 einer spezifischen Regelung unterworfen.[267] Seit Inkrafttreten der Leitlinien für Beihilfen mit regionaler Zielsetzung 2007–2013[268] gelten diese auch für die Beurteilung großer Investitionsvorhaben.[269] In der Stahlindustrie sind Investitionsbeihilfen verboten.[270]   **708**

(3) FuE-Beihilfen. Um die Wettbewerbsfähigkeit der Unternehmen in der Union zu steigern, werden staatliche Beihilfen für Forschung, Entwicklung und Innovation großzügig beurteilt und genehmigt. Dabei stellt die Kommission bei ihrer Kontrolltätigkeit auf die Marktnähe ab. Nach den geltenden Regeln[271] kann marktferne Grundlagenforschung („experimentelle oder theoretische Arbeiten, die in erster Linie dem Erwerb neuen Grundlagenwissens ohne erkennbare direkte praktische Anwendungsmöglichkeiten dienen") mit bis zu 100% gefördert werden.   **709**

Industrielle Forschung, dh., planmäßiges Forschen oder kritisches Erforschen zur Gewinnung neuer Kenntnisse und Fertigkeiten mit dem Ziel, neue Produkte, Verfahren oder Dienstleistungen zu entwickeln oder zur Verwirklichung erheblicher Verbesserungen bei bestehenden Pro-   **710**

---

[258] Entsch. der Kom. 84/416 über die von der französischen Regierung beabsichtigte Übernahme einer besonderen Wechselkursversicherung für französische Exporteure, die sich an einer Ausschreibung für den Bau eines Kraftwerks in Griechenland beteiligen, ABl. 1984 L 230/25.

[259] Entsch. der Kom. 89/659 über die Ministerialverfügung E 3789/128 der griechischen Regierung zur Einführung einer einmaligen Sondersteuer für Unternehmen, ABl. 1989 L 394/1; siehe auch EuGH, C-183/91, Slg. 1993, I-3131, Kom/Griechenland.

[260] Entsch. der Kom. 92/129 über die durch Abgaben auf Papier, Pappe und Zellulose finanzierten Beihilfen der italienischen Regierung für die Forstwirtschaft sowie den Zellstoff-, Papier- und Pappesektor, ABl. 1992 L 47/19.

[261] Entsch. der Kom. 79/519 über die in Frankreich geltende „Sonderregelung für die Finanzierung von Investitionen zur Steigerung der Produktionskapazitäten der Exportunternehmen", ABl. 1979 L 138/30.

[262] ABl. 1997 C 281/4.

[263] S. auch EuGH, C-63/89, Slg. 1991, I-1799, RdNr. 24 – Assurances du Crédit und Cobac/Rat und Kom.

[264] Vgl. den Bericht über die Wettbewerbspolitik 1995, RdNr. 208, und die Kommentierung in Kap. B. II. 5.

[265] EuGH, C-142/87, Slg. 1990, I-959, RdNr. 32 ff. – Belgien/Kom.

[266] Kom., Bericht über die Wettbewerbspolitik 1991, RdNr. 240–241; Kom., Bericht über die Wettbewerbspolitik 1992, RdNr. 455–463.

[267] Multisektoraler Regionalbeihilferahmen für große Investitionsvorhaben, ABl. 1998 C 107/7, ersetzt durch ABl. 2002 C 70/8, dieser geändert durch die Mitteilung ABl. 2003 C 263/03.

[268] ABl. 2006 C 54/13.

[269] Siehe Punkt 4.3.2. der Leitlinien iVm. der Mitteilung der Kom. betreffend die Kriterien für die eingehende Prüfung staatlicher Beihilfen mit regionaler Zielsetzung zur Förderung großer Investitionsvorhaben, ABl. 2009 C 223/3.

[270] Siehe RdNr. 8 der Leitlinien für Beihilfen mit regionaler Zielsetzung 2007–2013, ABl. 2006 C 54/13.

[271] Vgl. den Gemeinschaftsrahmen für staatliche Beihilfen für Forschung, Entwicklung und Innovation, ABl. 2006 C 323/1, und *Frenz/Kühl* EuZW 2007, 172, und *Huber/Prikoszovits* EuZW 2008, 171. Vgl. auch unten Art. 30–37 AGVO RdNr. 7.

dukten, Verfahren oder Dienstleistungen nutzen zu können, darf i. d. R. mit bis zu 50% gefördert werden.

711 Die zulässige Beihilfenintensität beträgt bei der experimentellen Entwicklung 25%. Das ist „der Erwerb, die Kombination, die Formung und die Verwendung vorhandener wissenschaftlicher, technischer, wirtschaftlicher und sonstiger einschlägiger Kenntnisse und Fertigkeiten zur Erarbeitung von Plänen und Vorkehrungen oder Konzepten für neue, veränderte oder verbesserte Produkte, Verfahren oder Dienstleistungen".

712 Betriebliche Innovation, definiert als „die Umsetzung neuer betrieblicher Verfahren in den Geschäftspraktiken, den Arbeitsabläufen oder Außenbeziehungen eines Unternehmens", ist komplexen Beihilfenregeln unterworfen.

713 Die Beihilfenintensitäten können bei Grundlagenforschung, industrieller Forschung und experimenteller Entwicklung um 10 Prozentpunkte erhöht werden, wenn die Beihilfen für mittlere Unternehmen bestimmt sind, und um 20 Prozentpunkte, wenn sie kleinen Unternehmen gewährt werden. Auch die Zusammenarbeit zwischen Unternehmen kann zur Erhöhung der Beihilfenintensität führen.

714 **(4) Umweltschutzbeihilfen.** Im Jahre 2008 hat die Kommission ihre Politik in Bezug auf Umweltschutzbeihilfen grundlegend erneuert.[272] Im Vordergrund stehen die Förderung erneuerbarer Energien, das Energiesparen und die Abfallbewirtschaftung. Die Regeln sehen Investitionsbeihilfen, Betriebsbeihilfen und andere Beihilfenkategorien vor und beachten das in Art. 191 Abs. 2 AEUV vorgesehene Verursacherprinzip.

715 Zu Anreizen für den Kauf von umweltfreundlichen Erzeugnissen durch Verbraucher ist anzumerken, dass diese zwar als unter Art. 107 Abs. 2 AEUV fallende Beihilfen an Konsumenten aufgefasst werden könnten, die ex lege mit dem Binnenmarkt vereinbar sind. Doch können selektive Förderungspraktiken in den Wettbewerb eingreifen, indem sie den Kauf bestimmter Produkte – also bestimmter Hersteller – begünstigen. In diesem Fall wird die Prüfungskompetenz der Kommission nicht eingeschränkt, Art. 107 Abs. 3 AEUV ist anzuwenden.

716 **(5) Ausbildungsbeihilfen.** Die Kommission hält Ausbildungsmaßnahmen für ein wichtiges Instrument der Beschäftigungsstrategie. Diese grundsätzlich positive Haltung ist in den Art. 38 und 39 AGVO, in welche die frühere GruppenfreistellungsVO für Ausbildungsbeihilfen[273] integriert wurde, fortgeschrieben. Sie unterscheidet zwischen spezifischen und allgemeinen Maßnahmen. Spezifische Maßnahmen unmittelbar am Arbeitsplatz können eine maximale Intensität von 25%, bei KMU 35% haben.

717 Allgemeine Maßnahmen, die mit höheren Intensitäten (60 bzw. 80% bei KMU) gefördert werden dürfen, bezwecken Qualifikationen, die auch in anderen Bereichen bzw. in anderen Unternehmen genutzt werden können. Die beihilfenfähigen Kosten werden in Art. 39 Abs. 4 AGVO aufgezählt. Jene Ausbildungsbeihilfen, die von der AGVO nicht erfasst sind, werden in der Mitteilung der Kommission „Kriterien für die Bewertung der Vereinbarkeit einzeln anzumeldender Ausbildungsbeihilfen mit dem Gemeinsamen Markt"[274] geregelt.

718 **(6) Beschäftigungsbeihilfen.** Beschäftigungsbeihilfen sind Beihilfen, die der Schaffung neuer Arbeitsplätze, der Einstellung benachteiligter und behinderter Arbeitnehmer oder der Deckung von Mehrkosten für die Beschäftigung behinderter Arbeitnehmer dienen. Sie sind durch die AGVO[275] von der Anmeldepflicht ausgenommen, soweit das begünstigte Unternehmen ein KMU ist.

719 Die Beihilfenintensität beträgt 20% bei kleinen und 10% bei mittleren Unternehmen. Die beihilfefähigen Kosten sind in Art. 15 Abs. 3 der AGVO geregelt. In diesem Zusammenhang ist klarzustellen, dass Zuwendungen an die Arbeitnehmer keine Beihilfen darstellen, weil nur an Unternehmen gewährte Vorteile von der Beihilfen-Definition in Art. 107 Abs. 1 AEUV erfasst sind. Beihilfen für die Einstellung benachteiligter oder behinderter Arbeitnehmer und zur Deckung von Mehrkosten bei der Beschäftigung behinderter Arbeitnehmer sind in der Mitteilung der Kommission „Kriterien für die Bewertung der Vereinbarkeit einzeln anzumeldender staatlicher Beihilfen für die Beschäftigung von benachteiligten und behinderten Arbeitnehmern mit dem gemeinsamen Markt"[276] geregelt.

---

[272] Leitlinien der Gemeinschaft für staatliche Umweltschutzbeihilfen, ABl. 2008 C 82/1. Zu den früheren Leitlinien vgl. *Sánchez Rydelski* EuZW 2001, 458.
[273] ABl. 2001 L 10/20, geändert durch die VO 1976/2006, ABl. 2006 L 368/85.
[274] ABl. 2009 C 188/01.
[275] VO 800/2008, ABl. 2008 L 214/3, vgl. unten Art. 15, 26, 27 AGVO.
[276] ABl. 2009 C 188/6.

(7) KMU. 1992 hat die Kommission erstmals Leitlinien zur Beurteilung von Beihilfen an **720** KMU herausgebracht, die 1996 neu gefasst[277] und 2001 durch eine GruppenfreistellungsVO ersetzt wurden.[278] Diese Regelungen sind schließlich 2008 in der AGVO aufgegangen.

Die Definition der KMU ist dem Anhang der Empfehlung der Kommission betreffend die **721** Definition der Kleinstunternehmen sowie der kleinen und mittleren Unternehmen zu entnehmen.[279] Aufgrund der Schwierigkeiten, denen KMU bei der Kapitalbeschaffung begegnen, werden Investitionsbeihilfen für diese Unternehmenskategorie auch außerhalb von regionalen Fördergebieten zugelassen und zwar bis zu einem Höchstsatz von 20% brutto für „kleine" Unternehmen und bis zu einem Höchstsatz von 10% brutto für „mittlere" Unternehmen.

Besondere Beihilfen sind für die Schaffung neuer Arbeitsplätze, für die Inanspruchnahme ex- **722** terner Berater und für die Teilnahme an Messen (für die beiden letzten jeweils Bruttobeihilfenintensität von 50%) vorgesehen.

Bis zu bestimmten Höchstbeträgen darf Risikokapital ohne Verknüpfung an identifizierbare **723** förderfähige Kosten an KMU bereitgestellt werden.[280] Damit sollen Nachteile ausgeglichen werden, die dadurch entstehen, dass die Kosten der Prüfung der Sicherheiten und der Unternehmensstrategie durch die Kapitalgeber im Vergleich zum möglichen Beteiligungskapital und zu den möglichen Gewinnen sehr hoch sind.

(8) Unternehmen in Schwierigkeiten (Rettungs- und Umstrukturierungsbeihilfen). **724** Den Wettbewerb im höchsten Maß verfälschen können staatliche Eingriffe, die verhindern sollen, dass ein Unternehmen, das in ernsthafte finanzielle Schwierigkeiten geraten ist, den Markt verlässt. Sie kommen oft in Wirtschaftsbranchen vor, die allgemein an strukturellen Problemen oder Überkapazität leiden. Rettungsaktionen in Form von Beihilfen „verlagern" dann diese Probleme und den damit verbundenen Bedarf an Kapazitäts- und Beschäftigungsabbau von den Unternehmen, die auf dem Markt nicht bestehen konnten, auf andere – gesunde – Unternehmen und das möglicherweise in anderen, vielleicht ärmeren Mitgliedstaaten. Nach ihrem 1994 veröffentlichten und 1999 überarbeiteten Beurteilungsrahmen[281] hat die Kommission im Jahr 2004 neue Leitlinien für staatliche Beihilfen zur Rettung und Umstrukturierung von Unternehmen in Schwierigkeiten erarbeitet.[282]

Die Kommission geht davon aus, dass sich ein Unternehmen im Sinne dieser Leitlinien in **725** Schwierigkeiten befindet, wenn es nicht in der Lage ist, mit eigenen finanziellen Mitteln oder Fremdmitteln, die ihm von seinen Eigentümern/Anteilseignern oder Gläubigern zur Verfügung gestellt werden, Verluste aufzufangen, die das Unternehmen auf kurze oder mittlere Sicht so gut wie sicher in den wirtschaftlichen Untergang treiben werden, wenn der Staat nicht eingreift.[283]

Eine Rettungsbeihilfe ist ihrem Wesen nach eine vorübergehende, reversible Unterstüt- **726** zungsmaßnahme. Sie soll das Unternehmen so lange über Wasser halten, bis ein Umstrukturierungs- oder Liquidationsplan erstellt worden ist. Einer Rettungsbeihilfe liegt das allgemeine Prinzip zugrunde, dass sie die vorübergehende Stützung eines Unternehmens ermöglicht, das mit einer erheblichen Verschlechterung seiner Finanzlage beispielsweise durch akute Liquiditätsprobleme oder technische Insolvenz konfrontiert ist. Eine solche vorübergehende Unterstützung soll dem Unternehmen die nötige Zeit verschaffen, um die Umstände, die zu den Schwierigkeiten führten, eingehend prüfen zu können und einen angemessenen Plan zur Überwindung dieser Schwierigkeiten auszuarbeiten.

Eine Umstrukturierung stützt sich dagegen auf einen realistischen, kohärenten und weitrei- **727** chenden Plan zur Wiederherstellung der langfristigen Rentabilität eines Unternehmens. Sie umfasst normalerweise eines oder mehrere der folgenden Elemente: Die Reorganisation und Rationalisierung der Tätigkeiten des Unternehmens auf einer effizienteren Grundlage, was im Allgemeinen den Rückzug aus defizitären Geschäftsbereichen bedeutet, die Umstrukturierung von Geschäftsbereichen, die wieder wettbewerbsfähig werden können, oder in manchen Fällen eine Diversifizierung durch Aufnahme neuer rentabler Tätigkeiten. Die betriebliche Umstrukturierung muss in der Regel mit einer finanziellen Umstrukturierung (Kapitalzuführung, Schuldenabbau) einhergehen.

---

[277] ABl. 1996 C 213/4.
[278] VO 70/2001, ABl. 2001 L 10/33.
[279] ABl. 2003 L 124/36.
[280] Näheres siehe in Art. 29 der AGVO und die Kommentierung unten Art. 28, 29 AGVO.
[281] ABl. 1994 C 368/12; ABl. 1999 C 288/2.
[282] ABl. 1994 C 244/2. Vgl. *Ehricke* EuZW 2005, 71.
[283] Vgl. Punkt 2.1. der Leitlinien und unten Rettung/Umstrukturierung.

728   Eine Rettungsbeihilfe darf der Staat zur vorläufigen Fortführung der Unternehmenstätigkeit für eine Phase, die normalerweise nicht mehr als 6 Monate dauern soll, nur als Überbrückungsdarlehen zu Marktkonditionen oder als eine Darlehensbürgschaft gewähren. Inzwischen muss die Sanierung der Finanzen versucht und ein Umstrukturierungsplan ausgearbeitet
werden. Falls eine Umstrukturierung notwendig ist, muss der dafür vorgelegte Plan die Wiederherstellung der Wettbewerbsfähigkeit innerhalb eines angemessenen Zeitraums sicherstellen.

729   Eine Zusage zur Privatisierung wird als wichtige Absicherung im Falle von Staatsunternehmen angesehen. Beihilfen müssen auf das notwendige Mindestmaß beschränkt werden.
Außerdem werden dem begünstigten Unternehmen als Gegenleistung für die Beihilfen größere Opfer abverlangt – etwa in Form von Kapazitätsabbau – als die, die von nicht geförderten Wettbewerbern erbracht werden. Diese Grundsätze sind zur festen Genehmigungspraxis der Kommission geworden. Sie sind von der ständigen Rspr. des EuGH bestätigt worden.[284]

730   Bei Rettungsbeihilfen handelt es sich um eine einmalige Intervention, die in erster Linie die
Weiterführung des Unternehmens für eine begrenzte Zeitspanne gewährleisten soll, während der
die Zukunftsaussichten des Unternehmens eingeschätzt werden können. Umstrukturierungsbeihilfen sollen gleichfalls grundsätzlich einmalig sein, um zu verhindern, dass Unternehmen,
die nur mit wiederholter staatlicher Unterstützung überleben können, missbräuchlich gefördert
werden. Wird schließlich eine Rettungsbeihilfe einem Unternehmen gewährt, das bereits eine
Umstrukturierungsbeihilfe erhalten hat, ist davon auszugehen, dass die Schwierigkeiten des begünstigten Unternehmens wiederholt auftreten und wiederholte staatliche Intervention den
Wettbewerb entgegen dem gemeinsamen Interesse verzerrt. Ein derartiges wiederholtes staatliches Eingreifen ist daher unzulässig.

731   **γ) Sektorale Beihilfen.** Für bestimmte Wirtschaftssektoren bestehen wegen ihrer besonderen Probleme Sonderregeln. Seit dem Auslaufen des EGKS-Vertrages sind nunmehr die
Art. 107 bis 109 AEUV auch auf Unternehmen in diesem Bereich anwendbar. Für den Kohlebergbau hat der Rat eine Verordnung erlassen, die im Wesentlichen die alten Regelungen beibehält.[285] Regionalbeihilfen zugunsten der Stahlindustrie werden nicht mehr genehmigt. Ähnliches gilt auch für die Kunstfaserindustrie aufgrund ihrer Besonderheiten.[286]

732   Ansonsten gibt es Sonderregeln für den Schiffbau,[287] in dem nach langer Zeit keine Betriebsbeihilfen mehr zugelassen werden. Für die Automobilindustrie und für Textil- und Bekleidungsindustrie gelten keine Sonderbestimmungen mehr, es sind die Leitlinien für staatliche Beihilfen mit Regionaler Zielsetzung 2007–2013[288] – allenfalls iVm. den Kriterien für die Prüfung
staatlicher Beihilfen mit regionaler Zielsetzung zur Förderung großer Investitionsvorhaben[289] –
anwendbar.

733   Die Leitlinien für staatliche Umweltschutzbeihilfen[290] lassen für Energiesparmaßnahmen (3.1.5.), für die Erzeugung von Energie aus erneuerbaren Quellen (3.1.6.) und für die
Kraft-Wärme-Kopplung (3.1.7.) Produktionsbeihilfen zu. Zur Entschädigung von Altkosten
von privatisierten Elektrizitätsunternehmen werden spezifische Maßnahmen in der Mitteilung
der Kommission für die Analyse staatlicher Beihilfen in Verbindung mit verlorenen Kosten[291]
vorgesehen.

734   Weitere sektorenspezifische Bestimmungen bestehen noch für den öffentlich-rechtlichen
Rundfunk (Mitt. „öffentlich-rechtlicher" Rundfunk),[292] für Flughäfen und Flugunternehmen

---

[284] Siehe zB Entsch. der Kom. 87/585 über die von der französischen Regierung gewährten Beihilfen für
ein Unternehmen der Textil-, Bekleidungs- und Papierindustrie/Boussac Saint Frères, ABl. 1987 L 352/42;
bestätigt vom EuGH, C-301/87, Slg. 1990, I-307, Frankreich/Kom.; Entsch. der Kom. 89/43 über die von
der italienischen Regierung gewährten Beihilfen für das Unternehmen ENI/Lanerossi, ABl. 1989 L 16/52;
bestätigt vom EuGH, C-303/88, Slg. 1991, I-1433 – Italien/Kom.

[285] VO 1407/2002 über staatliche Beihilfen für den Steinkohlenbergbau, ABl. 2002 L 205/1, vgl. unten
Sektoren RdNr. 296 ff.

[286] Vgl. Punkt 8 der Leitlinien für Beihilfen mit regionaler Zielsetzung 2007–2013, ABl. 2006 C 54/13.

[287] Rahmenbestimmungen für Beihilfen an den Schiffbau, ABl. 2003 C 317/6, zuletzt verlängert durch
die Mitteilung ABl. 2008 C 173/3.

[288] ABl. 2006 C 54/13.

[289] ABl. 2009 C 223/37.

[290] ABl. 2008 C 82/01.

[291] Verfügbar über Internet: http://ec.europa.eu/competition/state_aid/legislation/stranded_costs_de.pdf.

[292] ABl. 2009 C 257/1, vgl. die Kommentierung in Kapitel F. III.

(Mitt. „Flughäfen")[293], für die Filmwirtschaft (Mitt. „Filmwirtschaft")[294] und für den Seeverkehr (Leitlinien für staatliche Beihilfen im Seeverkehr).[295]

Für die Sonderbestimmungen betreffend staatliche Beihilfen im Bereich der Landwirtschaft **735** und der Fischerei vgl. unten Sektoren RdNr. 1062 ff., 1103 ff. Für staatliche Beihilfen im Verkehrssektor sieht Art. 93 AEUV vor, dass Beihilfen, die den Erfordernissen der Koordinierung des Verkehrs oder der Abgeltung bestimmter, mit dem Begriff des öffentlichen Dienstes zusammenhängender Leistungen entsprechen, „mit den Verträgen" vereinbar sind.

dd) Abs. 3 lit. d. Vor der mit dem Vertrag von Maastricht erfolgten Einführung des in lit. d **736** vorgesehenen Förderungstatbestandes für Kulturförderung und zum Schutz des kulturellen Erbes wurden Beihilfen für Tätigkeiten, die einen Bezug zur Kultur haben, aufgrund der in lit. c vorgesehenen Ausnahme für Beihilfen zur Entwicklung bestimmter Wirtschaftsbereiche genehmigt. Die Kommission hat dabei in ihrer früheren Genehmigungspraxis Kulturbeihilfen nur dann nicht genehmigt, wenn in der Beihilfenregelung Unternehmen aus anderen Mitgliedstaaten diskriminiert wurden.[296]

Der Begriff der Kultur wird nicht definiert; in dieser Hinsicht scheint der AEUV an den – **737** ebenfalls nicht definierten – Kultur-Begriff des Art. 167 anzuknüpfen. Unter „Förderung der Kultur" fallen die Verlagsförderung, Theater- und Kinoförderung, Förderung der Filmindustrie usw. Nicht darunter fallen die in vielen Mitgliedstaaten vorgesehenen Systeme der Presseförderung. Bei der Tagespresse geht die Kommission davon aus, dass diese einerseits stark sprachgebunden ist und andererseits kaum ein Handel zwischen Mitgliedstaaten besteht, so dass allfällige Maßnahmen der Presseförderung nicht von der Definition der Beihilfen in Art. 107 Abs. 1 AEUV erfasst sind. Es ist fraglich, ob diese Feststellung im Lichte gewisser grenzüberschreitend gehandelter Tageszeitungen noch gültig ist.

Die Mitt. „öffentlich-rechtlicher Rundfunk"[297] stützt sich vor allem auf Art. 106 Abs. 2 **738** AEUV, da die betroffenen Unternehmen als öffentliche Unternehmen angesehen werden. Nach der Rspr. sind die Mitgliedstaaten befugt, Dienstleistungen von allgemeinem wirtschaftlichem Interesse im Bereich des Rundfunks weit und qualitätsbezogen zu definieren, so dass sie die Ausstrahlung eines weit gefächerten Programms umfassen, wobei auch zulässig ist, dass diese Dienstleistung von allgemeinem wirtschaftlichem Interesse über Werbung finanziert wird.[298]

Dabei werden die Gebühren der öffentlich-rechtlichen Rundfunkanstalten als staatliche Bei- **739** hilfen angesehen. Dies ergibt sich daraus, dass ihre Höhe von staatlichen Behörden festgesetzt, die Pflicht zur Zahlung nicht auf eine vertragliche Verbindung zwischen der Anstalt und dem Gebührenschuldner zurückgeht, sondern auf den bloßen Besitz eines Fernseh- oder Radiogeräts, ihre Einziehung gegebenenfalls nach den Vorschriften über die Einziehung von Steuern erfolgt und schließlich daraus, dass die Entscheidung, welcher Teil der Gebühren an welche Anstalt fließt bei den Behörden liegt.[299]

Daneben hat die Kommission auf lit. d gestützt die Mitteilung der Kommission an den Rat, **740** das Europäische Parlament, den Europäischen Wirtschafts- und Sozialausschuss und den Ausschuss der Regionen zu bestimmten Rechtsfragen im Zusammenhang mit Kinofilmen und anderen audiovisuellen Werken, erlassen; diese wurde zuletzt durch eine neue Mitteilung bis Ende 2012 verlängert.[300]

ee) Abs. 3 lit. e. Bei lit. e handelt es sich um einen Auffangtatbestand, der selten in An- **741** spruch genommen wird. Vorwiegend dient diese Bestimmung der Schaffung von Sonderregelungen, die von den anderen Genehmigungstatbeständen nicht erfasst sind. Nach einer allgemein akzeptierten und auch von der Rspr. vertretenen Auffassung sind Betriebsbeihilfen schädlich, weil sie die im normalen Wirtschaftsleben anfallenden Kosten der Unternehmen senken, ohne Anreizeffekte für Investitionen oder für sonstige erwünschte Projekte zu haben.

[293] ABl. 2005 D 312/01. Siehe *Soltész* EStAL 2006, 719, vgl. auch die Kommentierung in Kapitel F. XI.
[294] Vgl. die Mitteilung ABl. 2009 C 31/01, kommentiert in Kapitel F. XVIII.
[295] ABl. 2004 C 13/3, vgl. die Kommentierung in Kapitel F. X.
[296] Entsch. der Kom. 89/441 über Beihilfen der griechischen Regierung an die Filmwirtschaft für die Herstellung von griechischen Filmen, ABl. L 208/38.
[297] ABl. 2009 C 257/1. Zur beihilferechtlichen Problematik vgl. *Dörr/Cloß* ZUM 1996, 105; *Antweiler/Dreesen* EuZW 2007, 107, vgl. auch die Kommentierung in Kap. F. III.
[298] EuG, T-309/04 ua., Slg. 2008, II-2935, RdNr. 113, TV 2/Danmark A/S ua.
[299] EuG, T-309/04 ua., Slg. 2008, II-2935, RdNr. 158, TV 2/Danmark A/S ua.
[300] ABl. 2009, C 31/1.

742   Staatliche Beihilfen, die ohne besondere Bedingung und nur entsprechend der verwendeten Mengen gewährt werden, sind als Betriebsbeihilfen für die betroffene Unternehmen anzusehen. Sie verändern die Handelsbedingungen in einer Weise, die dem gemeinsamen Interesse zuwiderläuft.[301]

743   Das heißt, dass sie den Wettbewerb verfälschen ohne irgendwelche nützlichen Effekte zu haben. Darüber hinaus verhindern sie die notwendige Marktbereinigung oder sie führen zu nicht wünschenswerten Bereinigungseffekten, insbesondere dann, wenn nicht das am Markt gescheiterte Unternehmen vom Markt verschwindet, sondern der Konkurrent des mit Hilfe von Betriebsbeihilfen geretteten Unternehmens. Dies kann auf Märkten mit Überkapazität geschehen. Deshalb sind Betriebsbeihilfen grundsätzlich aufgrund des Art. 107 Abs. 3 lit. a bis d AEUV nicht genehmigungsfähig.[302]

744   Betriebsbeihilfen führen zu einer Senkung der Gestehungskosten und ermöglichen dadurch, Kosten zu vermeiden, die die Betriebe normalerweise im Rahmen ihres laufenden Betriebes hätten tragen müssen.[303] Solche Beihilfen sind ihrer Art nach ungeeignet, die wirtschaftliche Entwicklung effektiv und dauerhaft zu fördern.

745   Unbeschadet dieser grundsätzlichen Schädlichkeit der Betriebsbeihilfen kann es bestimmte Situationen geben, in denen das Überleben einer bestimmten Industrie auf dem Spiel steht und daher das Zurückgreifen auf Betriebsbeihilfen unumgänglich erscheint. Typischer Fall ist die Schiffsbauindustrie, die in Anbetracht einer großen und sehr effizient – zudem noch mit enormen öffentlichen Unterstützungen – arbeitenden koreanischen Konkurrenz wiederholt in Schwierigkeiten geraten ist. Der Schutz der heimischen Schiffbauindustrie ist schon aus verteidigungspolitischen Gründen geboten. In dieser Situation muss zumindest Schadensbegrenzung versucht werden.

746   Diese besteht darin, gemeinschaftsweit gleiche Regeln zu erlassen, so dass zumindest innerhalb der EU gleiche Wettbewerbsbedingungen und ein gleiches Niveau von Betriebsbeihilfen verwirklicht werden. Schon die VO 1540/98 zur Neuregelung der Beihilfen für den Schiffbau[304] wurde aufgrund des Auffangtatbestandes, der heute in Art. 107 Abs. 3 lit. e AEUV zu finden ist, vom Rat erlassen, denn sie sah in ihrem Art. 3 „Auftragsbezogene Betriebsbeihilfen" vor.

747   Diese VO ist Ende 2002 ausgelaufen, ohne dass bis dahin alle Probleme gelöst gewesen wären. Folglich hat der Rat am 2. Juli 2002 die VO 1177/2002 zur Einführung befristeter Schutzmaßnahmen für den Schiffbau[305] erlassen, die mit der VO 502/2004 zur Änderung der VO 1177/2002 zur Einführung befristeter Schutzmaßnahmen für den Schiffbau verlängert wurde.

748   Seit Inkrafttreten der Rahmenbestimmungen über staatliche Beihilfen an den Schiffbau,[306] zuletzt verlängert durch die Mitteilung ABl. 2008 C 173/3, sind Betriebsbeihilfen in diesem Sektor nicht mehr vorgesehen.

749   Ähnliches gilt auch für den Bereich des Steinkohlebergbaus. Die VO 1407/2002 über staatliche Beihilfen für den Steinkohlebergbau[307] sieht verschiedene Betriebsbeihilfen vor. Ein Großteil dieser Beihilfen für den Steinkohlebergbau wird in der EU von der Bundesrepublik Deutschland ausgegeben. Ihre Rechtfertigung finden sie in der Bestrebung nach einer zumindest bescheidenen energiepolitischen Autarkie.

750   Schließlich sind Betriebsbeihilfen bei Dienstleistungen im allgemeinen wirtschaftlichen Interesse im Sinne des Art. 106 Abs. 2 AEUV häufig.[308]

---

[301] EuGH, C-86/89, Slg. 1990, I-3891, RdNr. 18 – Italien/Kom.

[302] EuGH, C-156/98, Slg. 2000, I-6857, RdNr. 30 – Deutschland/Kom., mit Hinweis auf EuGH, C-301/87, Slg. 1990, I-307 – Frankreich/Kom., „Boussac Saint Frères", und EuGH, C-86/89, Slg. 1990, I-3891 – Italien/Kom.

[303] EuGH, C-114/00, Slg. 2002, I-7657, RdNr. 83/84 – Spanien/Kom.

[304] ABl. 1998 L 202/1.

[305] ABl. 2002 L 172/1.

[306] ABl. 2003 C 317/11.

[307] ABl. 2002 L 205/1.

[308] Wann staatliche Zahlungen in solchen Fällen als staatliche Beihilfen anzusehen sind, ist nicht leicht zu bestimmen; vgl. dazu EuGH, C-280/00, Slg. 2003, I-7747 – Altmark, und EuGH, C-53/00, Slg. 2001 – Ferring, und die Kommentierung des Art. 106 Abs. 2 AEUV, sowie *Bartosch* EuZW 2004, 295, und *Werner/Köster* EuZW 2003, 496. Vgl. dazu die RdNr. 751 ff.

V. Dienstleistungen im allgemeinen wirtschaftlichen Interesse (DAWI)

Schrifttum: *Alchian*, Uncertainty, Evolution and Economic Theory, The Journal of Political Economy 58 (1950), 211–221; *Averch/Johnson*, Behaviour of the firm under regulatory constraint, AER 52 (1962), 1052–1069; *Bartosch*, Die Kommissionspraxis nach dem Urteil des EuGH in der Rechtssache Altmark – Worin liegt das Neue?, EuZW 2004, 295–301; *ders.*, Sozialer Wohnungsbau und europäische Beihilfenkontrolle, EuZW 2007, 559–564; *ders.*, Dienstleistungsfreiheit versus Monopolrechte – Die Fragwürdigkeit des Remailing-Urteils des EuGH vom 10. 2. 2000, NJW 2000, 2251–2253; *ders.*, Der EuGH zieht der EG-Beihilfenkontrolle engere Schranken – das Urteil in der Rechtssache Ferring/ACOSS, NVwZ 2002, 174–175; *Behrens*, Der Wettbewerb im Vertrag von Lissabon, EuZW 2008, 193; *Britz*, Finanzielle Direkthilfen für Dienstleistungen von allgemeinem wirtschaftlichen Interesse, ZHR 169 (2005), 370–403; *Busche*, Privatautonomie und Kontrahierungszwang, 1999; *Czerny*, Die beihilfenrechtliche Beurteilung der staatlichen Finanzierung im allgemeinen wirtschaftlichen Interesse, 2009; *Dörr*, Infrastrukturförderung (nur) nach Ausschreibung?, NZBau 2005, 617–623; *Endler*, Privatisierungen und Vergaberecht, NZBau 2002, 125–136; *Erhardt*, Beihilfen für öffentliche Dienstleistungen, 2003; *Fox*, Antitrust, Competitiveness, and the World Arena: Efficiencies and Failing Firms in Perspective, ALJ 64 (1996), 725–733; *Franz*, Gewinnerzielung durch kommunale Daseinsvorsorge, 2005; *Frielinghaus*, Die kommunale Insolvenz als Sanierungsansatz für die öffentlichen Finanzen, 2007; *Grave*, Art. 86 II EG: Weder Verbot noch Gebot zur Quersubventionierung von Dienstleistungen im allgemeinen wirtschaftlichen Interesse, EuZW 2001, 709–711; *Gundel*, Staatliche Ausgleichszahlungen für Dienstleistungen von allgemeinen wirtschaftlichen Interesse: Zum Verhältnis zwischen Art. 86 II EGV und dem EG-Beihilfenrecht, RIW 2002, 222–230; *Hart*, The Market Mechanism as an Incentive Scheme, Bell Journal of Economics 14 (1983), 366–382; *Hofmann/Wessels*, Der Vertrag von Lissabon – eine tragfähige und abschließende Antwort auf konstitutionelle Grundfragen?, integration 2008, 3–20; *Jennert*, Finanzierung und Wettbewerb in der Daseinsvorsorge nach Altmark Trans, NVwZ 2004, 425–431; *ders.*, Das Urteil „Parking Brixen": Übernahme des Betriebsrisikos als rechtssicheres Abgrenzungsmerkmal für die Dienstleistungskonzession?, NZBau 2005, 623–626; *ders.*, Zum Verhältnis von europäischem Beihilfenrecht und mitgliedstaatlicher Daseinsvorsorge, 2005; *ders./Pauka*, EU-Beihilfenrechtliche Risiken in der kommunalen Praxis – Einführung und Darstellung typischer Sachverhalte im kommunalen Alltag mit Bezug zum Europäischen Beihilferecht (Teil 1), KommJur 2009, 321–329; *ders/Räuchle*, Beendigungspflicht für vergaberechtswidrige Verträge, NZBau 2007, 555–558; *Jovanovic*, Selection and the Evolution of Industry, Econometrica 50 (1982), 649–670; *Keßler/Dahlke*, Der soziale Wohnungsbau in Deutschland und die europäische Beihilfekontrolle, EuZW 2008, 68–69; *dies.*, Der soziale Wohnungsbau in Deutschland im Lichte des europäischen Beihilferechts, EuZW, 2007, 103–106; *Kibele*, Europarechtliche Anforderungen an die Defizitfinanzierung der öffentlichen Krankenhäuser, KH 2007, 1094–1102; *Knauff*, Anm. zu EuGH, C-458/03, EuZW 2005, 731–732; *Koenig*, Die neuen EG-beihilfenrechtlichen Kompensationsmaßstäbe in der Daseinsvorsorge – das Altmark Trans-Urteil in der Praxis, BB 2003, 2185–2188; *ders/Haratsch*, Staatliche und kommunale Bürgschaften auf dem Prüfstand des EG-Beihilfenrechts – Neue Tendenzen, ZHR 169 (2005), 77–93; *ders/Kühling*, „Totgesagte Vorschriften leben länger" – Bedeutung und Auslegung der Ausnahmeklausel des Art 86 Abs 2 EG, ZHR 166 (2002), 656–684; *dies.*, Die Krankenhausfinanzierung im Kreuzfeuer der EG-Beihilfenkontrolle, EuZW 2008, 359–363; *dies.*, Ist die Krankenhausfinanzierung ein pathologischer Fall für EG-beihilfenrechtliche Transparenz- oder sogar für Entflechtungsmaßnahmen?, EuZW 2009, 844–848; *ders./Vorbeck*, Europäische Beihilfenkontrolle in der Daseinsvorsorge Ein kritischer Zwischenruf zum Monti-Paket, ZEuS 2008, 207–218; *Kühling*, Sektorspezifische Regulierung in den Netzwirtschaften, 2004; *ders./Wachinger*, Das Altmark Trans-Urteil des EuGH – Weichenstellung für oder Bremse gegen mehr Wettbewerb im deutschen ÖPNV?, NVwZ 2003, 1202–1205; *Kwoka/Warren-Boulton*, Efficiencies, failing firms, and alternatives to merger: a policy synthesis, Antitrust Bulletin 31 (1986), 431, 434–450; *Lecheler/Gundel*, Die Rolle von Art 90 Abs 2 und 3 EGV in einem liberalisierten Energiemarkt – Zur Bedeutung der EuGH-Entscheidungen vom 23–10–1997 für die Zukunf, RdE 1998, 92–102; *Leibenath*, Anm. zu C-83/01 P ua. (Chronopost), EuZW 2003, 509–510; *Lipka*, Beihilfenrechtliche Anforderungen an Vergabeverfahren: zur Einordnung staatlicher aufträge als Beihilfen und zu den Rechtsschutzmöglichkeiten der Konkurrenten, 2005; *Liston*, Price-Cap Versus Rate-of-Return Regulation, Journal of Regulatory Economics 5 (1993), 25–48; *Masing*, Die US-amerikanische Tradition der Regulated Industries und die Herausbildung eines europäischen Regulierungsverwaltungsrechts, AöR 128 (2003), 558–607; *Meinzenbach*, Die Anreizregulierung als Instrument zur Regulierung von Netznutzungsentgelten im neuen EnWG, 2008, *Motta*, Competition Policy, 2004; *Müller-Graff*, Der Vertrag von Lissabon auf der Systemspur des europäischen Primärrechts, integration 2008, 123–144; *Nettesheim*, Europäische Beihilfenaufsicht und mitgliedstaatliche Daseinsfürsorge, EWS 2002, 253–263; *Nickell*, Competition and Corporate Performance, Journal of Political Economy 104 (1996), 724–746; *Olley/Pakes*, The Dynamics Of Productivity In The Telecommunications. Equipment Industry, Econometrica 64 (1996), 1263–1297; *Peter/Tittel/Müller-Gerndt/Peisl*, Innovationsfähigkeit und Innovationspotenziale bei Energieversorgern, et 4/2006, 8–10; *Pöcker*, Der EuGH, das Beihilferecht und die Prozeduralisierung, EuZW 2007, 167–171; *Rabe*, Zur Metamorphose des Europäischen Verfassungsvertrags, NJW 2007, 3153–3157; *Rittner*, Der – unverfälschte – Wettbewerb: Grundlage und Ziel der EG, WuW 2007, 967; *Röller/Stennek/Verboven*, Efficiency gains from mergers, European Economy, Reports ans Studies, No. 5, 2001; *Ross*, State aids and national courts: Definitions and other problems. A Case of premature emancipation?, CMLR 37 (2000), 401–423; *Rudolph*, Unternehmensfinanzierung und Kapitalmarkt, 2006; *Säcker*, Das Regulierungsrecht im

Spannungsfeld von öffentlichem und privatem Recht, AöR 130 (2005), 180–224; *ders.,* Die wettbewerbsorientierte Anreizregulierung von Netzwirtschaften, N&R 2009, 78–85; *ders/Meinzenbach,* Der Effizienzkostenmaßstab des § 21 Abs 2 im System der energierechtlichen Netzentgeltregulierung, RdE 2009, 1–14; *Sappington,* Price Regulation, in: *Cave/Majumdar/Vogelsang* (Ed.), Handbook of Telecommunication Economics (Vol. 1) – Structure, Regulation and Competition, 2002, S. 225; *Scharfstein,* Product Market Competition and Managerial Slack, RAND Journal of Economics 19 (1988), 147–155; *Schebstadt,* Der Kostenausgleich für Daseinsvorsorgeverpflichtungen in der europäischen Beihilfeaufsicht, DVBl. 2004, 737–746; *Schmidbauer,* Allokation, technischer Fortschritt und Wettbewerbspolitik, 1974; *Schuppert,* Der moderne Staat als Gewährleistungsstaat, in: Schröter (Hrsg.), Empirische Policy- und Verwaltungsforschung, 2001; *Schwalbe/Zimmer,* Kartellrecht und Ökonomie, 2006; *Schwintowski/Klaue,* Anwendbarkeit des Kartellrechts auf Energielieferverträge – die deutsche und die europäische Sicht, BB 2000, 1901–1905; *Terhechte,* Der Vertrag von Lissabon: Grundlegende Verfassungsurkunde der europäischen Rechtsgemeinschaft oder technischer Änderungsvertrag?, EuR 2008, 143–189; *U. Schneider,* Liberalisierung der Stromwirtschaft durch regulatorische Marktorganisation, 1999; *Uerpmann,* Kooperatives Verwaltungshandeln im Gemeinschaftsrecht: Die Gemeinschaftsrahmen für staatliche Beihilfen, EuZW 1998, 331–335; *Weber,* Vom Verfassungsvertrag zum Vertrag von Lissabon, EuZW 2008, 7–14; *Weiß,* Europarecht und Privatisierung, AöR 128 (2003), 91–133; *ders.,* Öffentliche Unternehmen und EGV, EuR 2003, 165–190; *Wende,* Die einheitliche Auslegung von Beihilfen- und Vergaberecht als Teilgebiete des europäischen Wettbewerbrechts, 2010; *Wolf,* Effizienzen und europäische Zusammenschlusskontrolle, 2009.

750 **1. Leistungen im allgemeinen wirtschaftlichen Interesse in der EU-Wettbewerbsordnung.** An Leistungen der Daseinsvorsorge besteht ein besonderes allgemeines Interesse. Die meisten Grundbedürfnisse werden ausschließlich oder überwiegend im freien Wettbewerb gedeckt. Soweit im freien Wettbewerb bestimmte, dem Gemeinwohl dienende Dienstleistungen am Maßstab der vom Staat definierten Leistungsanforderungen nur unzureichend bereitgestellt werden, hat er ein Bedürfnis einzugreifen. Der Grund dafür kann sein, dass die Erbringung der Dienstleistung für Anbieter generell nicht lohnend ist; Grund kann auch sein, dass nicht der aus sozialpolitischen Gründen gewünschte Preis, sondern ein nicht missbräuchlich überhöhter aber trotzdem höherer Preis verlangt wird, so dass nicht alle vom Staat als bedürftig eingestuften Nachfrager diese Leistung in Anspruch nehmen können.[1] Neben der Selbstvornahme durch den Staat kommt auch eine Leistungserbringung durch Dritte in Betracht, denen besondere Gemeinwohlverpflichtungen auferlegt werden, um die Bedarfsdeckung im vom Staat vorgesehenen Maße, zB. hinsichtlich Menge, Qualität und Preis, sicherzustellen. Der klassische Fall ist die sog. Universaldienstverpflichtung für Anbieter, die einen bestimmten Dienst im gesamten Staatsgebiet zu erschwinglichen Entgelten und in vergleichbarer Qualität unabhängig von der Wirtschaftlichkeit einzelner Geschäfte erbringen müssen.[2] Zur Erfüllung dieser Verpflichtungen kann auch die Gewährung besonderer oder ausschließlicher Rechte oder die Bereitstellung besonderer Finanzierungsmechanismen erforderlich sein.

751 Ist die Bereitstellung solcher Leistungen wirtschaftlich defizitär, bietet die öffentliche Hand oftmals finanzielle Unterstützungsleistungen an, da sie in ihren Augen auch dann erbracht werden müssen, wenn der Markt nicht genügend Anreize dafür gibt. Wegen der Grundentscheidung der EU zu einer offenen Marktwirtschaft mit freiem Wettbewerb (Art. 119 Abs. 1 AEUV, näher dazu RdNr. 765 ff.) muss die Einhaltung der wettbewerbs- und binnenmarktrechtlichen Bestimmungen mit der gesicherten Bereitstellung von Leistungen der Daseinsvorsorge in Einklang gebracht werden.[3] Es ist daher für eine beihilfenkonforme Ausgestaltung der finanziellen Unterstützungsleistungen zu sorgen. Bei der Anwendung beihilfenrechtlicher Bestimmungen auf Dienstleistungen von allgemeinem Interesse werden eine Reihe von Fragen aufgeworfen. Diese betreffen in erster Linie die genauen Bedingungen, unter denen eine Ausgleichszahlung für die Erbringung einer öffentlichen Dienstleistung eine staatliche Beihilfe begründet (RdNr. 767ff.). Des Weiteren betreffen sie die Bedingungen, unter denen eine staatliche Beihilfe als mit dem AEUV vereinbar erachtet werden können (RdNr. 793 ff.) und wann die Gewährung einer Beihilfe der Kommission angemeldet werden muss (RdNr. 870 ff.).

752 Die EU-Kommission hat vor diesem Hintergrund im November 2005 ein Maßnahmenpaket erlassen, welches den derzeit gültigen Rechtsrahmen für die Gewährung finanzieller Zuwendungen zur Finanzierung von Leistungen im allgemeinen Interesse ausgestaltet. Dieses sogenannte „Monti-Paket" besteht aus drei Dokumenten: Einer von den Mitgliedstaaten in nationales Recht

---

[1] *Schebstadt* DVBl. 2004, 737, 742; *Britz* ZHR 169 (2005), 370, 372.

[2] Vgl. Kommission, Mitteilung zu Leistungen der Daseinsvorsorge in Europa, ABl. 2001 C 17/4 RdNr. 14.

[3] Vgl. Kommission, Mitteilung zu Leistungen der Daseinsvorsorge in Europa, ABl. 2001 C 17/4 RdNr. 19.

umzusetzenden Richtlinie 2005/81/EG[4] zur Änderung der **„Transparenzrichtlinie"**, die inzwischen mit der Richtlinie 2006/111/EG konsolidiert wurde, einer unmittelbar verbindlichen auf Art. 106 Abs. 3 AEUV gestützten Freistellungs-Entscheidung 2005/842/EG **(DAWI-GFE)** sowie einem die Kommission in ihrer Verwaltungspraxis selbst bindenden **Gemeinschaftsrahmen.** Die Transparenzrichtlinie sieht eine Pflicht zur getrennten Buchführung für alle Unternehmen vor, die über besondere oder ausschließliche Rechte verfügen und/oder Ausgleichszahlungen für Leistungen der Daseinsvorsorge erhalten und gleichzeitig andere Tätigkeiten im Wettbewerb zu privaten Marktteilnehmern ausüben. Die Gewährung einer Beihilfe ist nicht mehr Voraussetzung für ihre Anwendung. Diese Änderung war notwendig, nachdem der EuGH in der Altmark Trans-Entscheidung klargestellt hatte, dass bestimmte Ausgleichszahlungen an mit einer Dienstleistung im allgemeinen (wirtschaftlichen) Interesse (DAWI) schon keine Beihilfe i. S. d. Art. 107 Abs. 1 AEUV sind.[5] In der DAWI-GFE benennt die Kommission verschiedene Voraussetzungen, unter denen Zuwendungen zur Finanzierung von Aufgaben im Allgemeininteresse zwar Beihilfen im Sinne des Art. 107 Abs. 1 AEUV sind, aber von der Notifizierungspflicht (Art. 108 Abs. 3 S. 3 AEUV) ausgenommen sind (Prinzip der Legalausnahme). Der Gemeinschaftsrahmen erläutert die Voraussetzungen für eine mögliche beihilfenrechtliche Genehmigung solcher Mittelzuwendungen, die zwar der Finanzierung von Aufgaben im Allgemeininteresse dienen, aber weder die Altmark-Kriterien noch alle Voraussetzungen der DAWI-GFE erfüllen. Sowohl der Gemeinschaftsrahmen als auch die DAWI-GFE legen demnach fest, unter welchen Bedingungen als Beihilfen zu qualifizierende Ausgleichszahlungen für die Erbringung öffentlicher Dienstleistungen gemäß Art. 106 Abs. 2 AEUV mit dem AEUV vereinbar sind. Ausgleichszahlungen, die von der DAWI-GFE erfasst werden, brauchen nicht bei der Kommission angemeldet werden und können unverzüglich gewährt werden. Sind die Bedingungen der Entscheidung nicht erfüllt, zB. weil es sich um höhere Ausgleichszahlungen handelt, muss die Kompensation erst bei der Kommission notifiziert werden. Da die generellen Maßstäbe beider Rechtsquellen sich unmittelbar aus Art. 106 Abs. 2 AEUV ableiten und damit identisch sein müssen,[6] können beide Texte bei der Auslegung des Art. 106 Abs. 2 AEUV berücksichtigt werden.

2. Bedeutung des Art. 106 Abs. 2 AEUV im Beihilfenrecht. a) Funktion des 753 **Art. 106 Abs. 2 AEUV im Beihilfenrecht.** Art. 106 Abs. 2 AEUV erlaubt Ausnahmen von den Vorschriften des AEUV in Bezug auf Unternehmen, die von den Mitgliedstaaten mit Dienstleistungen von allgemeinem wirtschaftlichem Interesse betraut wurden.[7] Art. 106 Abs. 2 AEUV gewährt eine sektorübergreifende Befreiung vom Beihilfenverbot und geht damit über Art. 107 Abs. 2 u. Abs. 3 AEUV hinaus, die mit besonderen Aufgaben betraute Unternehmen nicht ausklammern.

Art. 106 Abs. 2 AEUV verlangt eine mehrstufige Prüfung. Es muss sich zunächst um ein be- **754** günstigtes **Unternehmen** handeln. Da der Unternehmensbegriff identisch mit dem in Art. 107 Abs. 1 AEUV ist, liegt im Falle fehlender Unternehmenseigenschaft schon keine Beihilfe vor, so dass es einer Ausnahme nicht bedarf (RdNr. 793 ff.). Das Unternehmen muss für die Ausnahme nach Art. 106 Abs. 2 AEUV zudem **mit Aufgaben im Allgemeininteresse betraut** worden sein oder – was praktisch kaum Relevanz hat – den Charakter eines Finanzmonopols haben. Schließlich bedarf es einer **Erforderlichkeitsprüfung.** Im Bereich der Wettbewerbsvorschriften greift diese Ausnahme danach nur, soweit Wettbewerbsbeschränkungen oder sogar der Ausschluss jeglichen Wettbewerbs von Seiten anderer Wirtschaftsteilnehmer erforderlich sind, um die Erfüllung der den Unternehmen übertragenen besonderen Aufgabe sicherzustellen. Die Ausnahme muss erforderlich sein, um es dem betrauten Unternehmen zu ermöglichen, seine im Allgemeininteresse liegende Aufgabe unter wirtschaftlich tragbaren Bedingungen zu erfüllen.[8] Art. 106 Abs. 2 S. 2 AEUV normiert die ebenfalls in der Praxis kaum eine Rolle spielende Rückausnahme, wonach die Entwicklung des Handelsverkehrs nicht in einem Ausmaß beeinträchtigt werden darf, das dem Interesse der EU zuwiderläuft.

---

[4] In Deutschland umgesetzt durch das Gesetz zur Änderung des Transparenzrichtlinien-Gesetzes, BGBl. v. 28. 12. 2006 Teil 1, in Kraft getreten am 29. 12. 2006.

[5] Vgl. Erw. 3 u. 4 RL 2005/81/EG.

[6] So auch Kommission, Entsch. v. 2. 7. 2009, Staatliche Beihilfe NN 8/2009, RdNr. 72, 91 – Naturschutzflächen (Deutschland).

[7] Vgl. EuGH, Urt. v. 25. 10. 2001, C-475/99, Slg. 2001, I-8089, RdNr. 56 – Ambulanz Glöckner; EuGH, Urt. v. 19. 5. 1993, C-320/91, Slg. 1993, I-2533, RdNr. 14 – Corbeau.

[8] Vgl. EuGH, Urt. v. 25. 10. 2001, C-475/99, Slg. 2001, I-8089, RdNr. 57 – Ambulanz Glöckner.

755 Art. 106 Abs. 2 AEUV hat in der Entscheidungspraxis zum Beihilfenrecht stetig an Bedeutung gewonnen. Insbesondere die Altmark-Trans Rechtsprechung, wonach die Vergütung für die Erbringung von Dienstleistungen im Allgemeininteresse in bestimmten Fällen schon keine Beihilfe ist, lenkte den Blick zunehmend auf Art. 106 Abs. 2 AEUV, der dann eine Rolle spielt, wenn die Altmark Trans-Kriterien nicht erfüllt sind.[9] Teilweise wird die Genehmigung einer Beihilfe sogar sowohl auf die Altmark-Rechtsprechung als auch Art. 106 Abs. 2 AEUV gestützt.[10]

756 **b) Verhältnis zwischen Art. 106 Abs. 2 AEUV und Art. 107 ff. AEUV. aa) Meinungsstand.** Das Verhältnis zwischen Art. 106 Abs. 2 AEUV und den Beihilfenvorschriften ist umstritten. Unzweifelhaft kann Art. 106 Abs. 2 AEUV als Ausnahmetatbestand nur dann *materiell* eine Freistellung bewirken, wenn ein Sachverhalt in den Anwendungsbereich anderer Vorschriften wie des Beihilfenrechts fällt; denn Ungeregeltes braucht von keiner Regelung freigestellt zu werden. Daher kam der EuGH auch zu dem Schluss, dass solange die Kommission nicht die Unvereinbarkeit einer **bestehenden Beihilfe** mit dem Binnenmarkt festgestellt hat, nicht geprüft zu werden braucht, ob und in welchem Umfang diese Beihilfe gemäß Art. 106 Abs. 2 AEUV vom Verbot des Art. 107 AEUV ausgenommen sein könnte.[11]

757 Schwierigkeiten bereitet jedoch die Reichweite der Freistellung im Verhältnis zu den Vorschriften über das Beihilfen*verfahren*, insb. zur Notifizierungspflicht (Art. 108 Abs. 3 S. 1 AEUV) und zum Durchführungsverbot (Art. 108 Abs. 3 S. 3 AEUV). Der EuGH hat nämlich nach längerem Zögern insb. mit den Entscheidungen *Corbeau*[12] und *Almelo*[13] letztlich klargestellt, dass Art. 106 Abs. 2 AEUV unmittelbar anwendbar ist und von den nationalen Gerichten geprüft werden kann.[14] Dies führt zu der Frage, ob auch die Vorschriften über das Beihilfenverfahren in den Art. 108 ff. AEUV ausgeschlossen sein können, so dass es einer ex ante Prüfung durch die Kommission und damit einer expliziten Freistellungsentscheidung nicht mehr bedarf.[15]

758 Die Kommission[16] und ein Teil des Schrifttums gehen von einem Vorrang der Vorschriften über das Beihilfenverfahren aus, da ohne eine Überprüfung nicht festgestellt werden könne, ob die Erfüllung der öffentlichen Aufgabe durch die Anwendung der Beihilfenvorschriften verhindert werde[17] und die Befreiung von der Notifizierungspflicht des Art. 108 Abs. 3 AEUV für die Aufgabenerfüllung i. S. des Art. 106 Abs. 2 AEUV nicht erforderlich sei.[18] Dabei wird teilweise

---

[9] Vgl. zB. Kommission, Entsch. 2006/217/EG v. 19. 5. 2004, ABl. 2006 L 85/1, Berichtigung im ABl. 2006 L 368/112 – TV 2/Danmark (aufgehoben wegen Begründungsmangels hinsichtlich des Vorliegens der Altmark Trans-Kriterien durch EuG, Urt. v. 22. 10. 2008, verb. T-309/04 ua. – TV 2/Danmark/Kommission); Kommission, Entsch. v. 20. 4. 2005, Staatliche Beihilfe E 10/2005 [ex C 60/1999] – Frankreich (bestätigt durch EuG, Urt. v. 11. 3. 2009, T-354/05 – TF1/Kommission); Kommission, Entsch. 2004/838/EG v. 10. 12. 2003, ABl. 2004 L 361/2 – France 2 und France 3 (eingelegtes Rechtsmittel abgewiesen durch EuG, Beschl. v. 19. 5. 2008, T-144/04, Slg. 2008, II-761 – TF1/Kommission); Kommission, Entsch. v. 30. 10. 2001, ABl. 2002 L 50/66 – SNCM; Kommission, Entsch. v. 22. 11. 2006, ABl. 2007 L 95/25 RdNr. 119 – LNE.

[10] Vgl. Kommission, Entsch. v. 13. 5. 2003, Staatliche Beihilfe N 46/2003 – Einrichtung eines Risikoausgleichssystems (RES) für den irischen Markt der privaten Krankenversicherung (bestätigt durch EuG, Urt. v. 12. 2. 2008, T-289/03, Slg. 2008, II-81 – BUPA/Kommission). Bei ihrer rechtlichen Würdigung vertrat die Kommission die Auffassung, dass die angemeldete Maßnahme entweder „keine … Beihilfe im Sinne von Art. 87 Abs. 1 EG [sei] oder aber für mit dem Gemeinsamen Markt gemäß Art. 86 Abs. 2 EG vereinbar erklärt werden [könne]" (RdNr. 37 u. 61 der Entscheidung).

[11] EuGH, Urt. v. 15. 3. 1994, C-387/92, Slg. 1994, I-877, RdNr. 21 – Banco Exterior de España; in diese Richtung auch EuGH, Urt. v. 22. 6. 2000, C-332/98, Slg. 2000, I-4833, RdNr. 22 f. – CELF.

[12] EuGH, Urt. v. 19. 5. 1993, C-320/91, Slg. 1993, I-2533, RdNr. 14 – Corbeau.

[13] EuGH, Urt. v. 27. 4. 1994, C-393/92, Slg. 1994, I-1477, 49 f. – Almelo.

[14] Vgl. auch EuGH, Urt. v. 22. 1. 2002, C-218/00, Slg. 2002, I-691, RdNr. 16–19 – Cisal/INAIL; Dauses/*Emmerich* H. II. RdNr. 190; *Immenga/Mestmäcker/Mestmäcker/Schweitzer*, EG WettbR, Art. 86 Abs. 2 EG RdNr. 35; *Loewenheim/Meessen/Riesenkampff/Ehricke* Art. 86 EG RdNr. 94; GA *Tizzano*, Schlussanträge v. 8. 5. 2001, C-53/00, RdNr. 78 – Ferring/ACOSS.

[15] Offen gelassen zB. bei Bekanntmachung der Kommission über die Anwendung der Wettbewerbsregeln auf den Postsektor und über die Beurteilung bestimmter staatlicher Maßnahmen betreffend Postdienste (ABl. 1998 Nr. C 39/2, 13 (Nr. 7).

[16] Ausdrücklich zB. Kommission, Entsch. v. 30. 10. 2001, ABl. 2002 L 50/66 RdNr. 60 – SNCM; siehe auch bereits Kommission, Bericht für den Europäischen Rat in Laeken zu Leistungen der Daseinsvorsorge v. 17. 10. 2001, KOM(2001) 598 endg. RdNr. 24.

[17] *Immenga/Mestmäcker/Mestmäcker/Schweitzer*, EG-WettbR, Art. 86 Abs. 2 EG RdNr. 38; *Koenig/Kühling* ZHR 166 (2002), 656, 670.

[18] *Erhard*, Beihilfen für öffentliche Dienstleistungen, S. 360 f.

von einer Prüfung des Art. 106 Abs. 2 AEUV im Rahmen des Verfahrens nach Art. 108 AEUV ausgegangen, teilweise aber auch im Rahmen des Verfahrens nach Art. 106 Abs. 3 AEUV.[19] Generalanwalt *Tizzano* befürwortete in seinen Schlussanträgen im Verfahren *Ferring*[20] jedenfalls, dass von Art. 106 Abs. 2 AEUV gedeckte Beihilfen nicht allein deshalb als rechtswidrig behandelt werden sollen, weil die Kommission nicht zuvor gemäß Art. 108 Abs. 3 AEUV über sie unterrichtet worden ist. Diesen Ansatz weiterentwickelnd wird im Schrifttum zumindest eine Befreiung vom Durchführungsverbot des Art. 108 Abs. 3 3 AEUV befürwortet.[21] Schließlich ist auch eine gänzliche Befreiung von allen Beihilfenregeln in Betracht zu ziehen.[22] Teilweise wird Art. 106 Abs. 2 AEUV als lex specialis angesehen, was aus der wegen dem Erfordernis der Betrauung engeren Anwendungsvoraussetzungen und der weitergehenden Rechtsfolge abzuleiten sei.[23] Art. 106 Abs. 2 AEUV sei daher als Legalausnahme von den Mitgliedstaaten anzuwenden, sei aber nicht unmittelbar anwendbar, sondern unterliege der speziellen Kontrolle der Kommission nach Art. 106 Abs. 3 AEUV. In einem Verfahren vor dem nationalen Gericht, in dem die Gewährung einer rechtswidrigen Beihilfe in Rede steht und sich das betroffene Unternehmen auf Art. 106 Abs. 2 AEUV beruft, sei das Verfahren auszusetzen und die Entscheidung der Kommission nach Art. 106 Abs. 3 AEUV einzuholen.[24] Lehnt die Kommission dann die Freistellbarkeit nach Art. 106 Abs. 2 AEUV ab, so liegt mangels Notifzierung eine rechtswidrige Beihilfe i. S. d. Art. 107 AEUV vor. Diese Auffassung versucht zwar einen Kompromiss zwischen der den Bedürfnissen der Mitgliedstaaten und dem Schutz des Unionsinteresses herzustellen, ist aber mit der Rechtsprechung des EuGH über die unmittelbare Anwendbarkeit der Beihilfenvorschriften unvereinbar.

Nach Auffassung des EuGH ist der Kommission die fortlaufende Überprüfung der Beihilfen **759** übertragen worden. Die Feststellung der Unvereinbarkeit einer Beihilfe mit dem Binnenmarkt habe daher in einem geeigneten Verfahren zu erfolgen habe, dessen Durchführung vorbehaltlich der Kontrolle durch den EuGH Sache der Kommission sei. Diese Zuständigkeit der Kommission erstreckt sich danach auch auf staatliche Beihilfen, die den in Art. 106 Abs. 2 AEUV genannten und insbesondere den von den Mitgliedstaaten mit Dienstleistungen von allgemeinem wirtschaftlichem Interesse betrauten Unternehmen gewährt werden.[25] Er wies daher in der Entscheidung *CELF* die Berufung der französischen Regierung auf Art. 106 Abs. 2 AEUV zur Rechtfertigung einer fehlenden Anmeldung mit dem Hinweis auf den Schutzzweck des Art. 108 Abs. 3 AEUV zurück.[26] Der Kontrollmechanismus des Art. 108 Abs. 3 AEUV habe den Zweck, das Wirksamwerden vertragswidriger Beihilfen zu unterbinden und sei für die Gewährleistung eines funktionierenden Binnenmarktes wesentlich. Deshalb sei ein Mitgliedstaat auch dann nicht berechtigt, sich über die eindeutigen Bestimmungen des Art. 108 Abs. 3 AEUV hinwegzusetzen, wenn er die Beihilfemaßnahme für mit dem Binnenmarkt vereinbar hält. Generalanwalt *Léger* entnimmt dieser Aussage, dass die nationalen Gerichte nicht befugt seien, Art. 106 Abs. 2 AEUV im Bereich der Beihilfen unmittelbar anzuwenden. Stattdessen dürfe nur die Kommission eine Beihilfe nach dieser Bestimmung genehmigen.[27] Auch Generalanwalt *Jacobs* schlussfolgert aus den Urteilen des EuGH in den Sachen *Banco Exterior de España*[28] und *CELF*,[29] dass die Ausnahme des Art. 106 Abs. 2 AEUV der gleichen Verfahrensregelung unterliege wie die Ausnahmen des Art. 107 Abs. 2 und Abs. 3 AEUV. Deshalb dürfte nach Art. 108 Abs. 3 S. 3 AEUV eine neue Beihilfemaßnahme nicht durchgeführt werden, bevor sie von der Kommission für mit Art. 106 Abs. 2 AEUV vereinbar erklärt worden ist. Maßnahmen, die gegen diese Stillhalteverpflichtung verstoßen, sollen daher eine rechtswidrige Beihilfe darstellen, so dass die nationalen Gerichte sämtliche Konsequenzen[30] einer Verletzung des Art. 108 Abs. 3 S. 3 AEUV ziehen müssen, zB.

---

[19] Vgl. *Immenga/Mestmäcker/Mestmäcker/Schweitzer*, EG-WettbR, Art. 86 Abs. 2 EG RdNr. 38; *Koenig/Kühling* ZHR 166 (2002), 656, 670.

[20] GA *Tizzano*, Schlussanträge v. 8. 5. 2001, C-53/00, RdNr. 73 ff. – Ferring/ACOSS.

[21] *Gundel* RIW 2002, 222, 229 f.

[22] Vgl. dazu *Ross* CMLR 37 (2000), 401, 418 f.

[23] *Jennert* NVwZ 2004, 425, 429 f.

[24] *Jennert* NVwZ 2004, 425, 430; siehe dazu EuGH, Urt. v. 21. 3. 1991, C-303/88, Slg. 1991, I-1433 RdNr. 58 – Italien/Kommission (ENI/Lanerossi).

[25] EuGH, Urt. v. 15. 3. 1994, C-387/92, Slg. 1994, I-877, RdNr. 16 f. – Banco Exterior de España.

[26] EuGH, Urt. v. 22. 6. 2000, C-332/98, Slg. 2000, I-4833, RdNr. 31 – CELF.

[27] GA *Léger*, Schlussanträge v. 19. 3. 2002 u. 14. 1. 2003, C-280/00, RdNr. 56 – Altmark Trans.

[28] EuGH, Urt. v. 15. 3. 1994, C-387/92, Slg. 1994, I-877 – Banco Exterior de España.

[29] EuGH, Urt. v. 22. 6. 2000, C-332/98, Slg. 2000, I-4833, RdNr. 31 – Frankreich/Kommission (CELF).

[30] Vgl. EuGH, Urt. v. 11. 7. 1996, C-39/94, Slg. 1996, I-3547, RdNr. 40 – SFEI.

hinsichtlich der Gültigkeit der Durchführungsakte, der Rückforderung gewährter Unterstützungsleistungen oder eventueller vorläufiger Maßnahmen.[31] Auch schon Generalanwalt *Lenz* ordnete in den Schlussanträgen im Fall *Banco Exterior de España* den Art. 106 Abs. 2 AEUV seiner Natur nach den Ausnahmen des Art. 107 Abs. 2 u. Abs. 3 AEUV zu.[32]

760 **bb) Stellungnahme.** Der Wortlaut des Art. 106 Abs. 2 AEUV unterscheidet nicht zwischen den materiellen Prüfungsmaßstäben des Art. 107 AEUV und Verfahrensvorschriften in Art. 108 AEUV.[33] Auf der anderen Seite ist stets am Einzelfall zu prüfen, ob die Voraussetzungen des Art. 106 Abs. 2 AEUV vorliegen. Als Ausnahmevorschrift ist Art. 106 Abs. 2 AEUV zudem nach ständiger Rechtsprechung des EuGH restriktiv auszulegen.[34] Bei strenger Lesart des Art. 106 Abs. 2 AEUV sind daher kaum Fälle denkbar, in denen allein die Durchführung des Verfahrens für Beihilfensachen die Erfüllung der Aufgabe von öffentlichem Interesse verhindern könnte, zumal eine zu kurzfristige Anmeldung dem Mitgliedstaat anzulasten wäre. Man käme daher regelmäßig zu den gleichen Ergebnissen wie der EuGH, der zugunsten der unantastbaren Prüfungshoheit der Kommission bereits eine Restriktion des Anwendungsbereiches vornimmt.

761 Der Streit hat heute nur noch geringe praktische Relevanz. Die Kommission hat gemäß Art. 106 Abs. 3 AEUV eine „Gruppenfreistellungsentscheidung" (im Folgenden DAWI-GFE) erlassen, nach welcher der Ausgleich der Kosten, die einem mit der Erbringung von Dienstleistungen von allgemeinem wirtschaftlichem Interesse betrauten Unternehmen entstehen, nach Art. 106 Abs. 2 AEUV als freigestellt gelten. In Art. 3 der DAWI-GFE[35] hat die Kommission staatliche Beihilfen, die in Form von Ausgleichszahlungen für die Erbringung von Dienstleistungen von allgemeinem wirtschaftlichem Interesse gewährt werden und gleichzeitig die in dieser Entscheidung genannten Voraussetzungen erfüllen, für mit dem Binnenmarkt vereinbar erklärt und von der Notifizierungspflicht des Art. 108 Abs. 3 AEUV vorbehaltlich sektorspezifischer Sonderregelungen freigestellt.[36] Für Sachverhalte außerhalb der Gruppenfreistellungsentscheidung hat die Kommission den „Gemeinschaftsrahmen für staatliche Beihilfen, die als Ausgleich für die Erbringung öffentlicher Dienstleistungen gewährt werden", veröffentlicht,[37] wonach die Notifizierungspflicht und das Durchführungsverbot gelten sollen.

762 **c) Verfahrensgrundsätze (Beweislast).** Der Mitgliedstaat muss aufgrund der in Art. 4 Abs. 3 EUV vorgesehenen Pflicht zur loyalen Zusammenarbeit mit der Kommission zusammenarbeiten, indem er ihr die Informationen liefert, die es ihr gestatten, sich zur Beihilfeeigenschaft der fraglichen Maßnahme zu äußern.[38] Er hat den Nachweis zu führen, dass die Tatbestandsvoraussetzungen des Art. 106 Abs. 2 AEUV erfüllt sind.[39] Dabei verfügt er über ein weites Ermessen bei der Bestimmung dessen, was er als Dienstleistung von allgemeinem wirtschaftlichem Interesse ansieht (näher dazu RdNr. 809 ff.). Wenn er sich auf das Vorliegen und die Erforderlichkeit des Schutzes einer gemeinwirtschaftlichen Aufgabe beruft, hat er aber dafür Sorge zu tragen, dass diese Aufgabe bestimmten, von der Rechtsprechung herausgearbeiteten Mindestkri-

---

[31] GA *Jacobs,* Schlussanträge v. 30. 4. 2002, C-126/01, RdNr. 113 – GEMO.

[32] Schlussanträge des GA *Lenz* v. 11. 1. 1994, C-387/92, RdNr. 66 – Banco Exterior de España; ebenso *Frenz,* Handbuch Europarecht, Bd. 3, RdNr. 1155; a. A. *Jennert,* Zum Verhältnis von europäischem Beihilfenrecht und mitgliedstaatlicher Daseinsvorsorge, 2005, 293.

[33] Ebenso *Jennert,* NVwZ 2004, 425, 429.

[34] EuGH, Urt. v. 27. 3. 1974, 127/73, Slg. 1974, 313, RdNr. 19 – BRT/SABAM und Fonior; EuGH, Urt. v. 23. 10. 1997, C-159/94, Slg. 1997, I-5815, RdNr. 53 – Kommission/Frankreich.

[35] ABl. 2005 L 312/67.

[36] Der Streit kann aber noch bei der Frage bedeutsam werden, ob die Kommission diese Entscheidung auf Art. 106 (3) AEUV stützen konnte oder nicht stattdessen eine auf die gemäß Art. 109 AEUV ergangene VO (EG) Nr. 994/98 des Rates v. 7. 5. 1998 gestützte Gruppenfreistellungsverordnung hätte erlassen müssen. Kritisch dazu auch *Czerny,* Die beihilfenrechtliche Beurteilung der staatlichen Finanzierung im allgemeinen wirtschaftlichen Interesse, S. 170 ff. Die Kommission ist der Auffassung, die Verabschiedung und Veröffentlichung ihres Entwurfs einer Entscheidung über die Anwendung von Art. 106 (3) AEUV komme der Eröffnung des förmlichen Prüfverfahrens nach Art. 108 (2) AEUV gleich (vgl. EuG, Urt. v. 11. 7. 2007, T-167/04, Slg. 2007, II-2379, RdNr. 74 – Asklepios Kliniken/Kommission).

[37] ABl. 2005 C 297/4.

[38] Vgl. zur Pflicht zur loyalen Zusammenarbeit EuGH, Urt. v. 3. 7. 2003, C-457/00, Slg. 2003, I-6931, RdNr. 99 – Belgien/Kommission; EuGH, Urt. v. 10. 5. 2005, C-400/99, Slg. 2005, I-3657, RdNr. 48 – Italien/Kommission; EuG, Urt. v. 31. 5. 2006, T-354/99, Slg. 2006, II-1475, RdNr. 67 – Kuwait Petroleum (Nederland)/Kommission.

[39] EuGH, Urt. v. 23. 10. 1997, C-159/94, Slg. 1997, I-5815, RdNr. 94 – Kommission/Frankreich; EuG, Urt. v. 16. 3. 2004, T-157/01, Slg. 2004, II-917, RdNr. 96 – Danske Busvognmænd/Kommission; EuG, Urt. v. 22. 10. 2008, verb. T-309/04 ua., RdNr. 183 – TV 2/Danmark/Kommission.

terien genügt, die für alle gemeinwirtschaftlichen Aufgaben im Sinne des AEUV gelten, und zu beweisen, dass diese Kriterien im jeweiligen Fall auch erfüllt sind. Dazu gehören insbesondere das Vorliegen eines Hoheitsakts, der den betreffenden Wirtschaftsteilnehmern eine Aufgabe von allgemeinem wirtschaftlichem Interesse überträgt, und der universale und obligatorische Charakter der Aufgabe. Außerdem muss der Mitgliedstaat angeben, weshalb er der Auffassung ist, dass die fragliche Dienstleistung es aufgrund ihres besonderen Charakters verdient, als Dienstleistung von allgemeinem wirtschaftlichen Interesse eingestuft und von anderen wirtschaftlichen Aktivitäten unterschieden zu werden.[40] Ohne eine derartige Begründung wäre nämlich eine Kontrolle der Unionsorgane sowohl hinsichtlich der Einschlägigkeit der Altmark Trans-Kriterien als auch des Art. 106 Abs. 2 AEUV und darauf, ob dem Mitgliedstaat bei der Ausübung seines Ermessens ein offenkundiger Fehler unterlaufen ist, nicht möglich.[41] Der Mitgliedstaat muss auch nachweisen, dass die Ausnahme im geltend gemachten Umfang erforderlich ist. Allerdings muss er nicht nachweisen, dass alle sonstigen theoretisch vorstellbaren Alternativen weniger wirksam die Erfüllung der gemeinwirtschaftlichen Ziele sicherstellen. Dieser Nachweis obliegt der Kommission.[42] Es obliegt im Rahmen eines Vertragsverletzungsverfahrens ebenfalls der Kommission, das Interesse der Union zu definieren, an dem die Entwicklung des Handels gemäß Art. 106 Abs. 2 S. 2 AEUV zu messen ist.[43]

Die Kommission trifft im Interesse einer ordnungsgemäßen Anwendung der Beihilfenvor-   **763** schriften eine Pflicht zur sorgfältigen und unvoreingenommenen Prüfung.[44] Dieser Verpflichtung entspricht das Recht auf eine ordnungsgemäße Verwaltung, das zu den allgemeinen Grundsätzen des Rechtsstaats gehört, die den Verfassungstraditionen der Mitgliedstaaten gemeinsam sind.[45] Aufgrund dieser Pflicht muss sie insbesondere alle ihr vom Mitgliedstaat zur Kenntnis gebrachten Gesichtspunkte sorgfältig prüfen.[46] Um ihrer Prüfungspflicht zu genügen, hat sie bei Leistungen an mit einer Aufgabe im öffentlichen Interesse betrauten Unternehmen die Modalitäten der Zahlungen sowie die Funktionsweise des Berechnungs- und Beaufsichtigungssystems explizit zu würdigen. Sie kann sich nicht lediglich darauf berufen, dass diese vom Mitgliedstaat nicht detailliert dargestellt wurden, wenn sie die dafür notwendigen Informationen hat oder offensichtlich leicht beschaffen könnte. Wenn der Mitgliedstaat den Beweis nicht erbracht hat, dass alle Voraussetzungen erfüllt sind, oder wenn er sie nicht beachtet hat, kann dies einen offenkundigen Beurteilungsfehler begründen, den die Kommission beanstanden muss, um nicht selbst einen offenkundigen Fehler zu begehen.[47] Anderenfalls liegt ein erheblicher Begründungsmangel vor.[48]

Sowohl das Nichtvorliegen einer Beihilfe im Sinne der Altmark Trans-Kriterien als auch die   **764** Erfüllung der Freistellungsvoraussetzungen des Art. 106 Abs. 2 AEUV können bereits nach einer vorläufigen Prüfung festgestellt werden, wenn der Mitgliedstaat die notwendigen Informationen über die Kosten- und Zahlungsmodalitäten bereits in dieser Phase beibringt.[49]

d) Auswirkungen des Vertrages von Lissabon. Der AEUV in der Fassung des Vertrages   **765** von Lissabon[50] weist deutliche strukturelle Unterschiede zum bis einschließlich 30. 11. 2009 geltenden EG-Vertrag auf. Der in Art. 2 und 3 EG angelegte Zielekatalog in der bisherigen Form ist verschwunden.[51] Die Aufgabenbestimmung des Art. 2 EG findet sich aber überwie-

---

[40] Vgl. in diesem Sinne EuGH, Urt. v. 10. 12. 1991, C-179/90, 1991, I-5889, RdNr. 27 – Merci convenzionali porto di Genova/Siderurgica Gabrielli; EuGH, Urt. v. 27. 11. 2003, verb. C-34/01 bis C-38/01, Slg. 2003, I-14243, RdNr. 33f. – Enirisorse/Ministero delle Finanze.

[41] EuG, Urt. v. 12. 2. 2008, T-289/03, Slg. 2008, II-81, RdNr. 172 – BUPA/Kommission.

[42] EuGH, Urt. v. 23. 10. 1997, C-159/94, Slg. 1997, I-5815, RdNr. 101f. – Kommission/Frankreich.

[43] EuGH, Urt. v. 23. 10. 1997, C-159/94, Slg. 1997, I-5815, RdNr. 113 – Kommission/Frankreich.

[44] Vgl. EuGH, Urt. v. 2. 4. 1998, C-367/95 P, Slg. 1998, I-1719, RdNr. 60–60 – Kommission/Sytraval und Brink's France; EuG, Urt. v. 30. 1. 2002, T-54/99, Slg. 2002, II-313, RdNr. 49 – max.mobil/Kommission (insoweit nicht beanstandet durch EuGH, Urt. v. 22. 2. 2005, C-141/02 P, Slg. 2005, I-1283 – Kommission/max.mobil; EuG, Urt. v. 6. 3. 2003, verb. T-228/99 u. T-233/99, Slg. 2003, II-435, RdNr. 167 – Westdeutsche Landesbank Girozentrale und Land Nordrhein-Westfalen/Kommission.

[45] EuG, Urt. v. 6. 3. 2003, verb. T-228/99 u. T-233/99, Slg. 2003, II-435, RdNr. 167 – Westdeutsche Landesbank Girozentrale und Land Nordrhein-Westfalen/Kommission.

[46] EuG, Urt. v. 22. 10. 2008, verb. T-309/04 uua., RdNr. 183 – TV 2/Danmark/Kommission.

[47] EuG, Urt. v. 12. 2. 2008, T-289/03, Slg. 2008, II-81, RdNr. 172 – BUPA/Kommission.

[48] Vgl. EuG, Urt. v. 22. 10. 2008, verb. T-309/04 uua., RdNr. 201ff. – TV 2/Danmark/Kommission.

[49] EuG, Urt. v. 12. 2. 2008, T-289/03, Slg. 2008, II-81, RdNr. 327–333 – BUPA/Kommission.

[50] Vertrag von Lissabon zur Änderung des Vertrags über die Europäische Union und des Vertrags zur Gründung der Europäischen Gemeinschaft, unterzeichnet in Lissabon am 13. Dezember 2007, ABl. 2007 C 306/1.

[51] ABl. 2007 C 306/45 Nr. 11 und 306/49 Nr. 14.

gend in Art. 3 Abs. 3 EUV wieder.[52] Nach Art. 1 Abs. 3 S. 2 EUV und Art. 1 Abs. 2 S. 2 AEUV gelten beide Verträge als gleichrangig.[53] Die bisher in Art. 3 Abs. 1 EG verankerten Tätigkeiten werden zwar nicht mehr in gebündelter Form zusammengefasst. Dass sie gleichwohl als eigenständige Zielsetzungen von Bedeutung sind, folgt letztendlich aus den diesen Zielsetzungen auch im bisherigen Recht schon dienenden Instrumenten, die im AEUV weiterhin verankert bleiben, deren spezifische Zielsetzungen – wie auch bisher – oftmals erläuternd vorangestellt werden.[54] Für die Anwendung des Art. 106 Abs. 2 AEUV bedeutsam erscheint auf den ersten Blick das Verschwinden des oftmals vom EuGH in Bezug genommenen Art. 3 Abs. 1 lit. g EG, der für die Bedeutung eines Systems, das den Wettbewerb innerhalb des Binnenmarkts vor Verfälschungen schützt, an prominenter Stelle hervorhob. Vor allem im Bereich der Wettbewerbsregeln entwickelte er die Instrumentalisierung der Zielbestimmungen als Auslegungsmaximen für die jeweils anzuwendenden Normen. Wie schon in den Art. 81 ff. EG ist auch in den Art. 101 ff. AEUV diese oder eine ähnliche Wendung nicht explizit enthalten. Die Änderung des Zielekataloges könnte daher als Ausweitung des Anwendungsbereiches des Art. 106 Abs. 2 AEUV zugunsten des Schutzes öffentlicher Gemeinwohlinteressen und zu Lasten des Wettbewerbsschutzes angesehen werden, insbesondere da Art. 16 EG in Art. 14 AEUV fortlebt. Auch das „Protokoll über Dienste von allgemeinem Interesse"[55] mit dem Ziel, „die Bedeutung der Dienste von allgemeinem Interesse hervorzuheben", scheint in diese Richtung zu weisen. Zu diesem letzten Aspekt ist jedoch festzustellen, dass die Protokollnotiz lediglich die von der Rechtsprechung zu Art. 106 Abs. 2 AEUV entwickelten Grundsätze (näher dazu RdNr. 809 ff.) wiederholt, nämlich dass die Mitgliedstaaten einen großen Ermessensspielraum bei der Bestimmung der Dienstleistungen im allgemeinen Interesse haben.[56] Dass nichtwirtschaftliche Dienstleistungen grundsätzlich keine Rolle für die Wettbewerbsregeln der EU spielen,[57] folgt schon aus deren persönlichem Anwendungsbereich, welcher stets auf „Unternehmen" bezogen ist (näher dazu RdNr. 793 ff.). Entscheidend ist daher vorrangig die Bedeutung der Streichung des Wettbewerbs aus dem Zielekatalog.

766 Mit der Streichung des Wettbewerbs als explizit aufgezählte Zielsetzung und Tätigkeit geht gleichwohl keine materielle Änderung einher. Im „Protokoll über den Binnenmarkt und den Wettbewerb"[58] sind die Vertragsparteien „unter Berücksichtigung der Tatsache, dass der Binnenmarkt, wie er in Artikel 2 des Vertrags über die Europäische Union beschrieben wird, ein System umfasst, das den Wettbewerb vor Verfälschungen schützt" übereingekommen „dass für diese Zwecke der Union erforderlichenfalls nach den Bestimmungen der Verträge, einschließlich des Artikels 308 des Vertrags über die Arbeitsweise der Europäischen Union, tätig wird." Dieses Art. 3 Abs. 1 lit. g EG nachempfundene Protokoll, das dem Vertrag über die Europäische Union und dem Vertrag über die Arbeitsweise der Europäischen Union beigefügt wurde, wird über Art. 51 EUV n. F.[59] zum Bestandteil der Verträge erklärt, wie es auch Art. 311 EG bestimmte. Dabei entfalten die Protokolle die gleiche Rechtswirkung wie der unmittelbare Vertragstext selbst.[60] Diese systematische Verunstaltung wird daher zu Recht als „konzeptionell befremdlich"[61] bezeichnet. Gleichwohl wird deutlich, dass der Stellenwert des Wettbewerbsschutzes nicht sinkt.[62] Teilweise wird zwar darauf hingewiesen, dass es sich bei dem Hinweis auf

---

[52] Gemeint ist die konsolidierte Fassung des EU-Vertrages auf der Grundlage des Vertrages von Lissabon. Siehe ABl. 2007 C 306/11, Nr. 4. Vgl. zu diesem „Wertekatalog" auch *Hofmann/Wessels* integration 2008, 3, 8.

[53] Siehe ABl. 2007 C 306/41, Nr. 2 lit. b und ABl. 2007 C 306/45, Nr. 11.

[54] So auch *Behrens* EuZW 2008, 193. Vgl. beispielsweise Art. 3 Abs. 1 lit. b EG (Gemeinsame Handelspolitik), der letztendlich in Art. 131 EG als Zielsetzung konkretisiert und in den nachfolgenden Artikeln näher ausgestaltet wird und sich in Art. 206 ff. AEUV wiederfindet. Vgl. auch Art. 3 Abs. 1 lit. n EG (Förderung der Forschung und technologischen Entwicklung) und Art. 163 ff. EG sowie korrespondierend 179 ff. AEUV; Art. 3 Abs. 1 lit. m EG (Stärkung der Wettbewerbsfähigkeit der Industrie der Gemeinschaft) und Art. 157 EG sowie korrespondierend Art. 173 AEUV.

[55] ABl. 2007 C 306/158.

[56] Art. 1 der Protokollnotiz.

[57] Art. 2 der Protokollnotiz.

[58] ABl. 2007 C 306/156.

[59] Siehe ABl. 2007 C 306/41, Nr. 59.

[60] Dies hat der Gerichtshof seit langem anerkannt, vgl. bereits EuGH v. 23. 4. 1956, verb. 7 u. 9/54, Slg. 1956, 55, 90 – Groupement des industries sidérurgiques luxembourgeoises/Hohe Behörde.

[61] So *Müller-Graff* integration 2008, 123, 137.

[62] *Rabe* NJW 2007, 3153, 3154; vgl. auch *Müller-Graff* integration 2008, 123, 137, der darin auch einen Versuch sieht, der europäischen Fusionskontrolle nicht die rechtliche Grundlage zu entziehen.

ein System, das den Wettbewerb vor Verfälschungen schützt, um einen bloßen Erwägungsgrund und nicht um eine Norm des 6. Protokolls selbst handele.[63] Doch selbst soweit man der systematischen Trennung folgt, erscheint zweifelhaft, ob die rechtliche Bedeutung des Protokolls dadurch geschmälert wird, da der zweite Teil, die „Übereinkunft" im engeren Sinne, ohne die Einleitung sinnfrei erscheint. So soll die Union für „diese Zwecke" tätig werden, womit auf die Einleitung Bezug genommen wird. Methodisch handelt es sich um einen statischen Verweis, der die Eingangserwägungen letztendlich doch in den Norminhalt inkorporiert. Selbst ohne eine ausdrückliche Verankerung an dieser versteckten Stelle ließe sich aus den Art. 81 ff. EG, die als Art. 101 ff. AEUV weiter leben, die Bedeutung des Wettbewerbs entnehmen.[64] Schließlich weist auch Art. 3 Abs. 1 lit. b AEUV der Europäischen Union die ausschließliche Kompetenz für die Festlegung der für das Funktionieren des Binnenmarkts erforderlichen Wettbewerbsregeln zu. Damit wird zum einen deutlich, dass den Normen eine herausgehobene Bedeutung zukommt. Es wird aber auch klargestellt, dass der Binnenmarkt offensichtlich auf den Grundregeln einer Wettbewerbsverfassung aufgebaut ist, da Wettbewerbsregeln für dessen Erhalt *notwendig* erscheinen. Nicht zuletzt hebt Art. 119 Abs. 1 AEUV, in dem Art. 4 Abs. 1 EG weiterlebt, die Verpflichtung der EU zu „einer offenen Marktwirtschaft mit freiem Wettbewerb" hervor. Die gleiche Wendung findet sich in Art. 119 Abs. 2 AEUV, Art. 120 AEUV (ehemals Art. 98 EG) sowie Art. 2 des Protokolls Nr. 4 über die Satzung des europäischen Systems der Zentralbanken und der europäischen Zentralbank. Von einer ad hoc Abwertung des Wettbewerbsprinzips kann daher nicht die Rede sein.[65] Es wird aber auch deutlich, dass Wettbewerb nicht nur um seiner selbst Willen geschützt wird,[66] wenn Art. 3 Abs. 2 EUV n. F. von der „sozialen Marktwirtschaft" spricht. Trotz erheblicher kosmetischer Veränderungen bei dem Versuch, einen neuen nicht-verfassungsrechtlichen europäischen Verfassungsrahmen zu entwerfen,[67] haben sich die materiell-rechtlichen Rahmenbedingungen des Art. 106 Abs. 2 AEUV durch den Vertrag von Lissabon nicht verändert.

e) Verhältnis zur Altmark Trans Rechtsprechung. aa) Entwicklung des Ausgleichs- 767
ansatzes. Art. 106 Abs. 2 AEUV bewirkt nur dann effektiv eine Freistellung, wenn materiell eine Beihilfe i. S. d. Art. 107 AEUV vorliegt. Zu den Verbotsvoraussetzungen des Art. 107 Abs. 1 AEUV gehört, dass die Zuwendungen an ein Unternehmen gerichtet sind. Der personelle Anwendungsbereich des Beihilfenrechts stimmt insoweit mit dem des Art. 106 Abs. 2 AEUV überein (näher dazu unten RdNr. 793 ff.). In einem besonderen Verhältnis zu Art. 106 Abs. 2 AEUV steht das ebenfalls von Art. 107 Abs. 1 AEUV geforderte Merkmal des wirtschaftlichen Vorteils. Nach der Altmark Trans Rechtsprechung des EuGH fehlt es nämlich an einem wirtschaftlichen Vorteil, wenn Leistungen lediglich Ausgleich für solche Kosten sind, die mit den dem Unternehmen auferlegten Verpflichtungen von allgemeinem wirtschaftlichen Interesse verbunden sind.[68] Da auch Art. 106 Abs. 2 AEUV im Falle der Betrauung von Unternehmen mit Dienstleistungen von allgemeinem wirtschaftlichen Interesse Bedeutung erlangt, sind Überschneidungen vorprogrammiert.

Staatliche Interventionen sind nicht allein wegen ihres sozialen Charakters oder weil sie im 768 Allgemeininteresse stehen von der Einordnung als Beihilfen ausgenommen.[69] Nach ständiger Rechtsprechung sind für den Begriff der staatlichen Beihilfen nämlich nicht deren Gründe oder Ziele maßgeblich, sondern ihre Wirkungen.[70] Was die Wirkungen einer Maßnahme angeht, so ist – selbst für den Fall, dass öffentliche Mittel unmittelbar den mittelbar Begünstigten ausgezahlt werden – danach zu fragen, ob die Maßnahme zu einer Verringerung der Belastungen des Un-

---

[63] So *Weber* EuZW 2008, 7, der dem Hinweis deshalb die rechtliche Relevanz für die weiterhin geltenden Regeln des Wettbewerbsrechts abspricht.
[64] Vgl. *Terhechte* EuR 2008, 143, 176 f.
[65] I. E. wohl auch *Rittner* WuW 2007, 967.
[66] So auch *Behrens* EuZW 2008, 193.
[67] Vgl. *Rabe* NJW 2007, 3153 m. w. N.
[68] EuGH, Urt. v. 24. 7. 2003, C-280/00, Slg. 2003, I-7747, RdNr. 83 ff. – Altmark Trans.
[69] EuGH, Urt. v. 26. 9. 1996, C-241/94, Slg. 1996, I-4551, RdNr. 21 – Frankreich/Kommission (Kimberly Clark); EuGH, Urt. v. 17. 6. 1999, C-75/97, Slg. 1999, I-3671, RdNr. 25 – Belgien/Kommission; EuGH, Urt. v. 5. 10. 1999, C-251/97, Slg. 1999, I-6639, RdNr. 37 – Frankreich/Kommission.
[70] EuGH, Urt. v. 12. 12. 2002, C-5/01, Slg. 2002, I-11991, RdNr. 44–48 – Belgien/Kommission (Cockerill); in diesem Sinne auch EuGH, Urt. v. 2. 7. 1974, 173/73, Slg. 1974, 709, RdNr. 27 – Italien/Kommission; EuGH, Urt. v. 26. 9. 1996, C-241/94, Slg. 1996, I-4551, RdNr. 20 – Frankreich/Kommission (Kimberly Clark); EuGH, Urt. v. 12. 10. 2000, C-480/98, Slg. 1998, I-8717, RdNr. 16 – Spanien/Kommission.

ternehmens führt, die es regelmäßig zu tragen hat, so dass dieses als Begünstigter anzusehen ist.[71] Entscheidend ist, ob einem Unternehmen durch die Erstattung der bei der Erfüllung einer einer gesetzlichen Aufgabe im öffentlichen Interesse entstehenden Kosten ein wirtschaftlicher Vorteil verbleibt.

769   Noch im Jahre 1997 stellte das EuG fest, dass eine Steuervergünstigung auch dann eine staatliche Beihilfe ist, wenn sie an ein mit Dienstleistungen von allgemeinem wirtschaftlichem Interesse betrautes Unternehmen gezahlt werden, um die mit der Aufgabendurchführung verbundenen Kosten auszugleichen. Das Gericht unterschied nicht zwischen den Kosten, welche die Erfüllung gemeinwirtschaftlicher Aufgaben verursachte und den Kosten sonstiger wirtschaftlicher Tätigkeiten. Es wies aber auf die Möglichkeit der Rechtfertigung der Beihilfe gemäß Art. 106 Abs. 2 AEUV hin.[72] Auch noch im Fall S IC/Kommission[73] hob das Gericht eine Entscheidung der Kommission auf, in der sie die Auffassung vertreten hatte, dass vom portugiesischen Staat dem öffentlichen Rundfunkveranstalter RTP gewährte Ausgleichsentschädigungen keine Beihilfen seien, da sie die tatsächlichen Kosten der Erfüllung der von diesem Unternehmen eingegangenen gemeinwirtschaftlichen Verpflichtungen ausgleichen sollten.[74] Der finanzielle Vorteil, der aus diesen Zahlungen resultierte, überstieg nicht den Betrag, der für die Erfüllung der vertraglich festgelegten gemeinwirtschaftlichen Verpflichtungen unbedingt erforderlich war. Das Gericht hob aber den Zweck der Beihilfenvorschriften hervor, der darauf gerichtet sei Wettbewerbsverfälschungen zu verhindern. Der Beihilfebegriff werde daher unter Berücksichtigung der Wirkungen einer Maßnahme auf den Wettbewerb objektiv danach bestimmt, ob eine staatliche Maßnahme einem oder einigen Unternehmen einen Vorteil verschafft. Dass der gewährte finanzielle Vorteil gewährt wurde, um die Kosten einer gemeinwirtschaftlichen Verpflichtungen auszugleichen, habe keine Auswirkung auf die Qualifizierung dieser Maßnahme als Beihilfe, könne aber bei der Prüfung der Vereinbarkeit der betreffenden Beihilfe mit dem Binnenmarkt gemäß Art. 106 Abs. 2 AEUV berücksichtigt werden.

770   Im Fall *Ferring*[75] bekannte sich der EuGH und ihm folgend das Gericht erster Instanz[76] sowie die Kommission[77] ausdrücklich zum so genannten **„Ausgleichsansatz"**, mit dem auf der Grundlage einer Netto-Betrachtung der Finanzmittelgewährung saldierend bestimmte Kosten öffentlicher Aufgaben gegenübergestellt werden. Dem Unternehmen verbleibt danach kein tatsächlicher wirtschaftlicher Vorteil i. S. d. Art. 107 Abs. 1 AEUV, wenn lediglich die Kosten einer atypischen, dem Unternehmen vom interventionierenden Staat auferlegten Verpflichtung ausgeglichen werden. Der EuGH stellte in der besagten Entscheidung fest, dass die Freistellung der Großhändler im Pharmabereich von einer gegenüber den Pharmaherstellern erhobenen Direktverkaufsabgabe für diese nicht notwendig einen wirtschaftlichen Vorteil bedeute. Daran fehle es, wenn die Höhe der Abgabe (und damit der Wert der Begünstigung) den tatsächlichen, den Großhändlern für die Erfüllung ihrer besonderen, durch eine nationale Regelung auferlegten gemeinwirtschaftlichen Pflichten entstandenen zusätzlichen Kosten entspricht. Der Gerichtshof begründete dieses Ergebnis auf zweifache Weise: Zum einen könne die Begünstigung als **Gegenleistung für die Erbringung der Gemeinwohlleistung** gesehen werden.[78] Im Übrigen[79] würden die Großhändler keinen tatsächlichen Vorteil genießen, wenn die gewährte Befreiung den durch die staatliche Verpflichtung entstandenen zusätzlichen Kosten entspricht. Die betreffende Maßnahme bewirkte in diesem Fall nur, dass die Großhändler und die Pharmahersteller vergleichbaren Wettbewerbsbedingungen unterworfen wären.[80]

---

[71] EuGH, Urt. v. 12. 12. 2002, C-5/01, Slg. 2002, I-11 991, RdNr. 48 – Belgien/Kommission (Cockerill).

[72] EuG v. 27. 2. 1997, T-106/95, Slg. 1997, II-229, RdNr. 167 ff. – FFSA.

[73] EuG v. 10. 5. 2000, T-46/97, Slg. 2000, II-2125, RdNr. 75 ff. – SIC/Kommission.

[74] Anders hingegen noch Kommission, Entsch. v. 16. 9. 1997, ABl. 1998 L 159/58, 62 – GAV, wo die Qualifizierung als Ausgleichzahlung allein für Art. 107 Abs. 3 AEUV für bedeutsam angesehen wurde.

[75] EuGH, Urt. v. 22. 11. 2001, C-53/00, Slg. 2001, I-9067, RdNr. 17 ff. – Ferring/ACOSS; bekräftigt durch EuGH, Urt. v. 7. 9. 2006, C-526/04, Slg. 2006, I-7529, RdNr. 27 – Laboratoires Boiron/Urssaf (ACOSS); siehe auch EuGH, Urt. v. 24. 7. 2003, C-280/00, Slg. 2003, I-7747, RdNr. 83 ff. – Altmark Trans.

[76] EuG v. 16. 3. 2004, T-157/01, Slg. 2004, II-917, RdNr. 56 f. – Danske Busvognmænd/Kommission (COMBUS).

[77] Vgl. bereits Kommission, Entsch. v. 19. 6. 2002, ABl. 2002 L 247/27 RdNr. 66 f. – Deutsche Post.

[78] So schon EuGH, Urt. v. 7. 2. 1985, 240/83, Slg. 1985, 531, RdNr. 18 – ADBHU.

[79] „moreover", „au demeurant".

[80] Vgl. zur Überprüfbarkeit auf Überkompensation im Rahmen eines von einem Abgabepflichtigen durchgeführten Rückforderungsprozesses nach dem mitgliedstaatlichen Recht EuGH, Urt. v. 7. 9. 2006, C-26/04, Slg. 2006, I-7529 – Laboratoires Boiron/Urssaf.

In der grundlegenden Altmark Trans-Entscheidung bestätigte der EuGH, dass eine staatliche **771** Maßnahme nicht unter Art. 107 Abs. 1 AEUV fällt, soweit sie als Ausgleich anzusehen ist, der die Gegenleistung für Leistungen bildet, die von den Unternehmen, denen sie zugute kommt, zur Erfüllung gemeinwirtschaftlicher Verpflichtungen erbracht werden, so dass diese Unternehmen in Wirklichkeit keinen finanziellen Vorteil erhalten und die genannte Maßnahme somit nicht bewirkt, dass sie gegenüber den mit ihnen im Wettbewerb stehenden Unternehmen in eine günstigere Wettbewerbsstellung gelangen.[81] Folge dieser Einstufung ist die Verlagerung der ersten Einschätzungsprärogative auf die mitgliedstaatlichen Gerichte.[82]

bb) Kriterien. Ein bloßer Ausgleich der Kosten einer gemeinwirtschaftlichen Verpflichtung **772** ist gemäß der Altmark-Trans-Kriterien dann nicht als staatliche Beihilfe zu qualifizieren, wenn folgende vier Voraussetzungen erfüllt sind:
– Erstens muss das begünstigte Unternehmen tatsächlich mit der Erfüllung gemeinwirtschaftlicher Verpflichtungen betraut sein, und diese Verpflichtungen müssen (in den nationalen Rechtsvorschriften und/oder staatlichen Anordnungen) klar definiert sein.[83]
– Zweitens sind die Parameter, anhand deren der Ausgleich berechnet wird, zuvor objektiv und transparent aufzustellen, um zu verhindern, dass der Ausgleich einen wirtschaftlichen Vorteil mit sich bringt, der das Unternehmen, dem er gewährt wird, gegenüber konkurrierenden Unternehmen begünstigt. Es bleibt den Mitgliedstaaten überlassen, welche praktischen Modalitäten sie wählen, um die Einhaltung dieser Voraussetzung sicherzustellen.[84] Diese Voraussetzung verbietet nach Auffassung des EuG dem nationalen Gesetzgeber auch nicht, den nationalen Stellen bei der Bestimmung des Ausgleichs der in Erfüllung einer gemeinwirtschaftlichen Aufgabe entstandenen Kosten einen bestimmten Beurteilungsspielraum zu belassen. Der Mitgliedstaat verfügt danach nicht nur bei der Definition einer Aufgabe von allgemeinem wirtschaftlichem Interesse über einen weiten Beurteilungsspielraum, sondern auch bei der Bestimmung des Ausgleichs der Kosten, der von einer Beurteilung komplexer wirtschaftlicher Tatsachen abhängt.[85] Weil die Bestimmung des Ausgleichs nur einer beschränkten Kontrolle der Unionsorgane zugänglich ist, müssen diese aber in die Lage versetzt werden, das Vorhandensein objektiver und transparenter Parameter zu überprüfen, die deshalb so genau gefasst sein müssen, dass jeder missbräuchliche Rückgriff des Mitgliedstaats auf den Begriff der Dienstleistung von allgemeinem wirtschaftlichem Interesse ausgeschlossen ist.[86] Eine hohe Komplexität der wirtschaftlichen und mathematischen Formeln für die durchzuführenden Berechnungen beeinträchtigt für sich genommen allerdings noch nicht die Genauigkeit und die Klarheit der einschlägigen Parameter.[87] Nicht zwingend erforderlich ist das Aufstellen eines Jahreshaushalts, in dem der Ausgleich zur Leistung in Bezug gesetzt wird.[88]
– Drittens darf der Ausgleich nicht über das hinausgehen, was erforderlich ist, um die Kosten der Erfüllung der gemeinwirtschaftlichen Verpflichtungen unter Berücksichtigung der dabei erzielten Einnahmen und eines angemessenen Gewinns aus der Erfüllung dieser Verpflichtungen ganz oder teilweise zu decken. Nur bei Einhaltung dieser Voraussetzung ist gewährleistet, dass dem betreffenden Unternehmen kein Vorteil gewährt wird, der dadurch, dass er die Wettbewerbsstellung dieses Unternehmens stärkt, den Wettbewerb verfälscht oder zu verfälschen droht. Eine Überkompensation ist zB. dann nicht ausreichend ausgeschlossen, wenn die Zahlung erfolgsabhängig ohne Ansehung der tatsächlichen Kosten erfolgt.[89] Die Kostenabhängigkeit kann dann aber unter Umständen über ex-post-Ausgleichsmechanismen wiederhergestellt werden.[90]
– Viertens muss die Wahl des Unternehmens, das mit der Erfüllung gemeinwirtschaftlicher Verpflichtungen betraut werden soll, im Rahmen eines Vergabeverfahrens erfolgen, das die

---

[81] EuGH, Urt. v. 24. 7. 2003, C-280/00, Slg. 2003, I-7747, RdNr. 83 ff. – Altmark Trans.
[82] Vgl. EuGH, Urt. v. 30. 3. 2006, C-451/03, Slg. 2006, I-2941, RdNr. 70 – Servizi Ausiliari Dottori Commercialisti/Calafiori.
[83] Vgl. auch EuG, Urt. v. 12. 2. 2008, T-289/03, Slg. 2008, II-81, RdNr. 181 – BUPA/Kommission.
[84] EuG, Urt. v. 22. 10. 2008, verb. T-309/04 ua., RdNr. 227 – TV 2/Danmark/Kommission.
[85] EuG, Urt. v. 27. 2. 1997, T-106/95, Slg. 1997, II-229, RdNr. 99 f. – FFSA ua./Kommission.
[86] EuG, Urt. v. 12. 2. 2008, T-289/03, Slg. 2008, II-81, RdNr. 214 – BUPA/Kommission.
[87] EuG, Urt. v. 12. 2. 2008, T-289/03, Slg. 2008, II-81, RdNr. 217 – BUPA/Kommission.
[88] EuG, Urt. v. 22. 10. 2008, verb. T-309/04 ua., RdNr. 227 – TV 2/Danmark/Kommission.
[89] Vgl. Kommission, Entsch. v. 16. 5. 2006, C (2006) 1847 (Nr. N 604/2005), RdNr. 55 – Busbetreiber im Landkreis Wittenberg.
[90] Vgl. Kommission, Entsch. v. 16. 5. 2006, C (2006) 1847 (Nr. N 604/2005), RdNr. 57 – Busbetreiber im Landkreis Wittenberg.

Auswahl desjenigen Bewerbers ermöglicht, der diese Dienste zu den geringsten Kosten für die Allgemeinheit erbringen kann. **Alternativ** ist die Höhe des erforderlichen Ausgleichs auf der Grundlage einer Analyse der Kosten zu bestimmen, die ein durchschnittliches, gut geführtes Unternehmen, das so angemessen ausgestattet ist, dass es den gestellten gemeinwirtschaftlichen Anforderungen genügen kann, bei der Erfüllung der betreffenden Verpflichtungen hätte, wobei die dabei erzielten Einnahmen und ein angemessener Gewinn aus der Erfüllung dieser Verpflichtungen zu berücksichtigen sind. Dieses Merkmal soll sicherstellen, dass der Ausgleich nicht die Möglichkeit einer Entschädigung für Kosten einschließt, die durch fehlende Effizienz des Unternehmens verursacht werden.[91] An einem transparenten öffentlichen Vergabeverfahren fehlt es, wenn lediglich eine regional beschränkte Ausschreibung erfolgt.[92] Orientiert sich ein offenes und und transparentes öffentlichen Verfahren nicht am geringsten Preis für die Erbringung der Dienstleistungen oder am wirtschaftlich günstigsten Angebot, sondern an qualitativen Kriterien, wie zB. am Umweltnutzen bei Naturschutzprojekten, hält die Kommission dies nicht für ein Bieterverfahren i. S. d. 4. Altmark-Voraussetzung und sieht nicht gewährleistet, dass die Dienstleistungen für den Staat zu den geringsten Kosten erbracht werden.[93] Die Kosten des begünstigten Unternehmens sind irrelevant.[94] Die Kosten eines effizienten Unternehmens können nicht allein anhand einer auf statistisch ermittelten Kosten beruhenden Durchschnittsbewertung der tatsächlich in diesem Bereich tätigen Unternehmen bestimmt werden; denn es kann nicht davon ausgegangen werden, dass der Durchschnitt dieser tatsächlichen Kosten den Kosten eines rentabel arbeitenden Unternehmens entspricht.[95] Nicht die durchschnittlichen Marktgegebenheiten sind folglich entscheidend,[96] sondern ein fiktiver Effizienzmaßstab.[97] Bei dessen Ermittlung können die Marktgegebenheiten aber natürlich nicht ausgeblendet werden. Das EuG[98] hob eine Entscheidung der Kommission auf, weil diese ihre Einschätzung lediglich darauf gestützt hatte, dass der Saldo sämtlicher Überkompensationen und Unterkompensationen der Mehrkosten der gemeinwirtschaftlichen Dienstleistungen negativ war.

773   Die Kommission hielt inzwischen in vielen Fällen die Altmark-Kriterien für erfüllt. Die Finanzierung eines Vorhabens, das Investitionen fördert, um die Versorgung mit Strom in Irland sicherzustellen, wurde nicht als Staatsbeihilfe angesehen, nachdem ein offenes, transparentes und nicht diskriminierendes Vergabeverfahren stattgefunden hatte.[99] Subventionen, die eine Breitbandinfrastruktur in Frankreich finanzieren, wurden ebenfalls nicht als Beihilfen qualifiziert, nachdem der Lizenzvertrag spezifische Parameter für die Höhe der Ausgleichszahlungen exakt festlegte und nach einer ausführlichen Analyse der Bedürfnisse des Projekts und der Angebote der kostengünstigste Bewerber gewählt wurde.[100] Im Dorsal Fall hielt die Kommission das 4. Altmark-Kriterium für erfüllt, da eine vergleichende Berichtanalyse der spezifischen Bedürfnisse des Projekts und der Angebote der Kandidaten, sowie das konkurrenzbetonte Verfahren selbst es ermöglichten, die Ausgleichszahlung auf der Basis eines durchschnittlichen, gut geführ-

---

[91] EuG, Urt. v. 12. 2. 2008, T-289/03, Slg. 2008, II-81, RdNr. 249 – BUPA/Kommission.

[92] Kommission, Entsch. v. 26. 11. 2008, C 3/08 (ex NN 102/05), ABl. 2009 Nr. L 97/14 RdNr. 74, 75 – Tschechische Republik (Ausgleich für Busunternehmen in Südmähren für die Erbringung öffentlicher Dienstleistungen).

[93] Kommission, Entsch. v. 2. 7. 2009, Staatliche Beihilfe NN 8/2009, RdNr. 65 – Naturschutzflächen (Deutschland).

[94] Vgl. Entsch. der Kommission v. 1. 10. 2003, N 37/2003, RdNr. 23 – BBC; v. 3. 5. 2005, N 541/04 u. N 542/04, S. 23 f. – NL Risikoausgleichsystem und Bildung von Rücklagen.

[95] Kommission, Entsch. v. 26. 11. 2008, C 3/08 (ex NN 102/05), ABl. 2009 Nr. L 97/14 RdNr. 79 ff. (82) – Tschechische Republik (Ausgleich für Busunternehmen in Südmähren für die Erbringung öffentlicher Dienstleistungen).

[96] Auf dieser Hypothese beruht aber zB. noch die Kritik von *Britz* ZHR 169 (2005), 370, 391; *Jennert* NVwZ 2004, 425, 427.

[97] So bereits *Kühling/Wachinger* NVwZ 2003, 1202, 1203; einschränkend noch *Koenig/Haratsch* ZHR 169 (2005), 77, 84, die die Anwendung analytischer Kostenmodelle auf den Fall begrenzen, dass vergleichbare Unternehmen fehlen.

[98] EuG, Urt. v. 10. 2. 2009, T-388/03, RdNr. 114–116 – Deutsche Post/Kommission (La Poste Belgien).

[99] Kommission, Entsch. v. 16. 12. 2003, Staatliche Beihilfe N 475/2003 – Irland (gemeinwirtschaftliche Verpflichtungen in Bezug auf neue Elektrizitätserzeugungskapazität für Versorgungssicherheit), mitg. in ABl. 2004 C 34/8.

[100] Kommission, Entsch. v. 16. 11. 2004, Staatliche Beihilfe N 381/2004, RdNr. 76–87 – Hochgeschwindigkeitsinfrastruktur in pyrénées-Atlantiques, mitg. in ABl. 2005 C 162/5.

ten und angemessen ausgestatteten Unternehmens zu schätzen.[101] Die Kommission sah auch in den von der „Casa Depositi e Prestiti" als vom Staat kontrollierte fiskalische Einrichtung bezahlten Gebühren an die „Poste Italiane" kein staatlichen Beihilfen, da die marktübliche Gebühr eine angemessene Schätzung des Kostenumfangs eines durchschnittlichen, gut geführten und angemessen ausgestatteten Unternehmens war, unter Berücksichtigung der erzielten Einnahmen und eines angemessenen Gewinns.[102]

cc) Tendenzen einer Ausweitung des Ausgleichsansatzes. Die Rechtsprechung hatte **774** den Ausgleichsansatz zunächst weit verstanden. Da das Verbot des Art. 107 Abs. 1 AEUV lediglich darauf abziele, die Befreiung von „normalen" Belastungen eines Unternehmens zu unterbinden, sei die Befreiung von strukturellen Nachteilen, die das betreffende Unternehmen ausschließlich von Belastungen entheben soll, die potentielle Wettbewerber gerade nicht zu tragen haben, keine Beihilfe.[103] Danach konnte bei Vorliegen eines Ausgleichs struktureller Nachteile die Qualifizierung als staatliche Beihilfe unter bestimmten Voraussetzungen ausgeschlossen werden.

Auf der gleichen Linie liegend sieht der EuGH in einem Vorteil, der einem Unternehmen **775** gewährt wird und dessen regelmäßige Kosten vermindert, dann keine staatliche Beihilfe im Sinne von Art. 107 Abs. 1 AEUV, wenn er das begünstigte Unternehmen von zusätzlichen Belastungen befreien soll, die sich aus einer Ausnahmeregelung ergeben, die für Konkurrenzunternehmen, die dem allgemeinen Recht unter normalen Marktbedingungen unterliegen, nicht gilt. So stellte er im Urteil *Enirisorse*[104] fest, dass ein italienisches Gesetz, das das Recht der Gesellschafter der Sotacarbo SpA auf Einlösung ihrer Aktien im Fall ihres außerordentlichen Austritts beschränkte und damit eine Belastung verminderte, die diese Gesellschaft sonst zu tragen gehabt hätte, in Wirklichkeit nur den Vorteil beseitigte, der der Gesellschafterin Enirisorse SpA in Form eines vom allgemeinen Recht abweichenden, außerordentlichen Austrittsrechts gewährt worden war. Es bestätigte daher die Auffassung der Kommission, wonach dieses Gesetz für Sotacarbo keinen wirtschaftlichen Vorteil im Sinne des Art. 107 Abs. 1 AEUV bewirkte.

Die Kommission gelangte in einer Entscheidung zu der Ansicht, dass die Senkung der Kon- **776** zessionsabgabe einer öffentlich-rechtlichen Rundfunkanstalt keine Beihilfe darstellt. Diese Abgabensenkung bedeutete für das Unternehmen keine Begünstigung, da in diesem Falle lediglich der Vorteil der privaten Wettbewerber verringert wurde, von denen geringere Abgaben zu entrichten waren.[105]

Befreiungen von *rechtlichen Belastungen,* die ein Unternehmen unter normalen Bedingungen **777** nicht zu tragen hätte, fallen nach Auffassung des EuGH ebenfalls nicht unter den Beihilfenbegriff.[106] Dazu gehört auch der in der Combus-Entscheidung des EuG[107] zu beurteilende Sachverhalt, in dem nach einer Privatisierung eines staatlichen Unternehmens die Umwandlung der Beschäftigtenverhältnisse vom Beamtenstatus in den Angestelltenstatus finanziell durch Einmalzahlungen an die Beschäftigten unterstützt wurde.

Demnach sind zwei Konstellationen graduell zu unterscheiden, nämlich einmal Maßnahmen, **778** die von einer atypischen Belastung in Form eines kraft Gesetzes oder der Marktverhältnisse bestehenden strukturellen Nachteils befreien (siehe zur Kritik daran RdNr. 790 ff.). Darüber hinaus solche Maßnahmen, die im Sinne der Altmark Trans Rechtsprechung lediglich dem Ausgleich einer finanziellen Belastung aufgrund einer unternehmensindividuell auferlegten Verpflichtung im Allgemeininteresse dienen. Dass die Grenzen im Einzelfall verschwimmen können, zeigt die Ferring-Entscheidung des EuGH, in der er das Fehlen des Beihilfencharakters einer Zahlung auf beide Aspekte stützte.[108]

dd) Vergleich der Altmark Trans-Kriterien mit Art. 106 Abs. 2 AEUV. α) Unter- 779 schiedliche Grundprinzipien. Das Verhältnis von Art. 106 Abs. 2 AEUV zu der Altmark

---

[101] Entsch. v. 3. 5. 2005, Staatliche Beihilfe N 382/2004 Errichtung einer Hochgeschwindigkeitsinfrastruktur im (dorsalen) Limousin (Frankreich), mitg. in ABl. 2005 C 230/6.
[102] Kommission, Entsch. v. 21. 10. 2008, Staatliche Beihilfe C 49/2006 (ex NN65/2006), ABl. 2009 L 189/3 – Poste Italiane.
[103] EuG v. 16. 3. 2004, T-157/01, Slg. 2004, II-917, RdNr. 56 f. – Danske Busvognmænd/Kommission (COMBUS); EuG, Urt. v. 28. 11. 2008, verb. T-254/00 ua., RdNr. 185 – Hotel Cipriani/Kommission.
[104] EuGH, Urt. v. 23. 3. 2006, C-237/04, Slg. 2006, I-2843, RdNr. 46 ff. – Enirisorse.
[105] Sache NN 140/98 – RAI SpA (siehe dazu ABl. 1999 C 351/20, 21), dazu auch Kommission, XXIX. Bericht über die Wettbewerbspolitik 1999, RdNr. 22.
[106] EuGH, Urt. v. 23. 3. 2006, C-237/04, Slg. 2006, I-2843, RdNr. 48 – Enirisorse.
[107] EuG v. 16. 3. 2004, T-157/01, Slg. 2004, II-917, RdNr. 57 – Danske Busvognmænd/Kommission (COMBUS).
[108] EuGH, Urt. v. 22. 11. 2001, C-53/00, Slg. 2001, I-9067, RdNr. 27 – Ferring/ACOSS.

Trans-Rechtsprechung erscheint nur auf den ersten Blick auf übereinstimmenden Prinzipien zu beruhen. Berücksichtigt man die Entwicklung des Ausgleichsansatzes in der Rechtsprechung des EuGH angefangen bei der ADBHU Entscheidung,[109] so beruht dieser auf dem gesicherten Grundsatz, dass typische Austauschgeschäfte nicht dem Beihilfenregime zu unterwerfen sind.[110] Erwirbt beispielsweise der Mitgliedstaat Waren oder Dienstleistungen von einem Unternehmen, liegt eine Beihilfe nur vor, wenn und soweit der hierfür gezahlte Preis den Marktpreis übersteigt.[111] Leiht der Staat einem Unternehmen Geld, liegt eine Beihilfe nur vor, wenn und soweit er nicht, wie es ein privater Investor tun würde, ein angemessenes Entgelt verlangt.[112] Es ist kaum einzusehen, warum per se eine andere Beurteilung in den Fällen geboten sein soll, in denen die vom Unternehmen erbrachte Leistung zusätzlich im Allgemeininteresse liegt.[113] Auch ist eine Unterscheidung zwischen einer bloßen vertraglichen Verpflichtung des Unternehmens und der zusätzlichen formalen Auferlegung einer Gemeinwohlverpflichtung nicht nötig.[114] Vielmehr entspricht es der ständigen Rechtsprechung, dass die Formwahl bei wettbewerbsrelevanten Handlungen eines Mitgliedstaates die Beurteilung nicht beeinflussen kann, da es anderenfalls in der Hand der Mitgliedstaaten läge, die Anwendbarkeit des EU-Rechts auszuschließen.[115] Art. 106 Abs. 2 AEUV dagegen erlaubt Ausnahmen von diesen allgemeinen Vorgaben.

780   Die Kritik an der Altmark Trans-Rechtsprechung muss daher bei der Frage ansetzen, wann noch von einem normalen Austauschverhältnis gesprochen werden kann. Die Altmark Trans-Rechtsprechung fügt sich nämlich in eine Entwicklung ein, die zur Kommerzialisierung öffentlicher Aufgaben geführt hat. Sie ist Ausdruck des Wandels des Staates vom erfüllenden Wohlfahrts- und Interventionsstaat zum ermöglichenden Gewährleistungsstaat.[116] Somit entspricht die durch Betrauungsakt auferlegte Verpflichtung zur Aufgabenerfüllung aus der Sicht des betrauten Unternehmens dem Eingehen einer Verbindlichkeit, welche mit dem finanziellen Ausgleich ein einheitliches Austauschgeschäft bildet.[117] Folge dieser nicht zuletzt mit der Altmark Trans-Rechtsprechung anerkannten Entwicklung ist, dass eine **Nachfrage des Staates nach der Erbringung von Aufgaben in besonderem Allgemeininteresse** akzeptiert wird. Die Beauftragung dient der Befriedigung dieses spezifischen Bedürfnisses, welches seinen Ursprung in der Gewährleistungsaufgabe des Staates hat und erlangt damit **Beschaffungscharakter.** Der Staat fragt diese Leistungen nach und hat sie ihrem Wert entsprechend zu vergüten. Die Möglichkeit der Vergütung „ideeller" Leistungen und einer darauf gerichteten Nachfrage ist auch im Verhältnis zwischen Privaten anerkannt. Auf der Grundlage des modernen Verbraucherbildes wird es diesem inzwischen zugestanden, dass er nicht mehr nur nach Preisgünstigkeit und Qualität entscheidet, sondern auch der Förderung sozialer, sportlicher, kultureller oder ökologischer Belange durch den Anbieter eines Produktes einen wirtschaftlichen, preisbeeinflussenden Wert beimisst.[118]

781   Handelt es sich danach um „Beschaffungsvorgänge" der öffentlichen Hand, sind die Vorgaben des sekundär- und primärrechtlich verankerten **Vergaberechts** zu beachten. Konsequent dazu verhält sich die Rechtsprechung des EuGH zu den Vergaberechtsrichtlinien, wonach diese nicht zwischen Aufträgen, die der öffentliche Auftraggeber zur Deckung seiner im Allgemeininteresse

---

[109] EuGH, Urt. v. 7. 2. 1985, 240/83, Slg. 1985, 531, RdNr. 18 – ADBHU.

[110] Vgl. RdNr. 107 ff.

[111] Vgl. Schlussanträge des GA *Fennelly* v. 26. 11. 1998, C-251/97, Slg. 1999, I-6639, RdNr. 18 – Frankreich/Kommission mwN.

[112] Vgl. zB. EuGH, Urt. v. 14. 2. 1990, C-301/87, Slg. 1990, I-307, RdNr. 39–41 – Frankreich/Kommission.

[113] Ebenso GA *Jacobs,* Schlussanträge v. 30. 4. 2002, C-126/01, RdNr. 122 – GEMO; a. A. noch GA *Léger,* Schlussanträge v. 19. 3. 2002, C-280/00, RdNr. 75 ff. – Altmark Trans.

[114] Vgl. auch EuG, Urt. v. 15. 6. 2005, T-17/02, Slg. 2005, II-2031, RdNr. 188 – Olsen/Kommission, wonach die Beteiligung des mit einer gemeinwirtschaftlichen Aufgabe betrauten Wirtschaftsteilnehmers an dem Verfahren, in dem ihm diese Aufgabe übertragen wird, nicht ausschließt, dass diese Übertragung aufgrund eines hoheitlichen Aktes i. S. d. Art. 106 Abs. 2 AEUV erfolgt.

[115] EuGH, Urt. v. 13. 1. 2005, C-84/03, Slg. 2005, I-139, RdNr. 27 – Kommission/Spanien; EuGH, Urt. v. 18. 12. 2007, C-220/06, Slg. 2007, I-12175, RdNr. 50 – Asociación Profesional de Empresas de Reparto y Manipulado de Correspondencia/Administración General del Estado; EuGH, Urt. v. 12. 7. 2001, Slg. 2001, I-5409, C-399/98, RdNr. 73 – Ordine degli Architetti delle Province di Milano et Lodi ua.

[116] Siehe *Schuppert,* Der moderne Staat als Gewährleistungsstaat, in: *Schröter* (Hrsg.), Empirische Policy- und Verwaltungsforschung, 2001, 399; *Säcker* AöR 130 (2005), 180, 186 ff.

[117] Ebenso Immenga/Mestmäcker/*Ehricke,* EG-WettbR, Art. 87 Abs. 1 RdNr. 52.

[118] Siehe BGH, Urt. v. 26. 10. 2006 – I ZR 33/04, NJW 2007, 919, 920 – Regenwaldprojekt I; BGH, Urt. v. 26. 10 2006 – I ZR 97/04, GRUR 2007, 251, 252 – Regenwaldprojekt II.

liegenden Aufgaben eingeht und anderen Aufträgen unterscheiden. Maßgeblich ist vielmehr, dass der öffentliche Auftraggeber überhaupt Aufträge vergibt, zu welchen Zwecken auch immer.[119] Die gewählte rechtliche Ausgestaltung, ob der Auftrag also durch privatrechtlichen Vertrag oder einem sonstigen im mitgliedstaatlichen Recht zur Verfügung stehende Rechtsinstitut erteilt wird, ist ebenfalls unerheblich. Es kommt auch nicht darauf an, ob der öffentliche Auftraggeber die Leistung selbst nutzt oder verbraucht, also zB. im Falle von Bauaufträgen die zu errichtenden Bauwerke selber erwerben oder nutzen will.[120] Es ist sogar unerheblich, ob der *Auftragnehmer* in Folge der Leistungserbringung *gegenüber Dritten* Verpflichtungen einzugehen hat.[121] Diese Erwägungen lassen sich verallgemeinert auf die Betrauung von Unternehmen mit Aufgaben im Allgemeininteresse übertragen. Gegenstand der Betrauung ist nämlich regelmäßig die Verpflichtung der Unternehmen, Dritten gegenüber Leistungen entsprechend der Anforderungen des Staates zu erbringen, welcher mit der Definition des Allgemeininteresses sein Leistungsbedürfnis konkretisiert hat. Auf der Grundlage dieser Rechtsprechung ist die eine Überkompensation vermeidende entgeltliche Betrauung von Unternehmen mit Aufgaben im Allgemeininteresse zwar nicht dem Beihilfen-, dafür aber – vorbehaltlich des Überschreitens der Schwellenwerte – dem Vergaberechtsrahmen zu unterstellen.[122] Auch unterhalb der Schwellenwerte und insbesondere bei der Vergabe einer **Dienstleistungskonzession,** die oftmals mit der Betrauung einer DAWI einhergeht, ist bei binnenmarktrelevanten Sachverhalten die Durchführung eines Vergabeverfahrens notwendig. Nach der Rechtsprechung des EuGH ist auch außerhalb des Anwendungsbereiches der Richtlinien und unabhängig von den Altmark-Voraussetzungen grundsätzlich ein Vergabeverfahren zu fordern, welches sich aus dem Verbot der Diskriminierung aus Gründen der Staatsangehörigkeit (Art. 18 AEUV)[123] und der Niederlassungs- (Art. 49 AEUV) und Dienstleistungsfreiheit (Art. 56 AEUV) ergibt, die nach der Rechtsprechung des EuGH[124] eine besondere Ausprägung des Gleichbehandlungsgrundsatzes sind. Dieser verlangt, dass alle Petenten unabhängig von ihrer Staatsangehörigkeit bei der Aufstellung ihrer Angebote über die gleichen Chancen verfügen müssen,[125] auch wenn keine Diskriminierung aus Gründen der Staatsangehörigkeit vorliegt, was unter Beachtung des Grundsatzes der Verhältnismäßigkeit[126] die Durchführung eines transparenten und diskriminierungsfreien Vergabeverfahrens erfordert.[127] Primärrechtlich gelten daher im Grundsatz die gleichen Voraussetzungen wie für die Auftragsvergabe im Sinne der Vergaberichtlinien, die ihrerseits eine Konkretisierung der Vorgaben des primären Unionsrechts darstellen. Werden bei Dienstleistungskonzessionen die wirtschaftlichen Risiken der Erbringung der konzernorientierten Dienstleistung durch die Ausgleichsleistung nahezu ausgeschlossen, stellt dieses Konzessionsmodell nach EU-Recht ein dem sekundärrechtlichen Vergaberechtsrahmen unterfallenden Dienstleistungsauftrag dar.[128] Die notwendige Binnenmarktrelevanz ist bei Dienstleistungen, die den ge-

---

[119] EuGH, Urt. v. 18. 11. 2004, C-126/03, Slg. 2004 I-11197, RdNr. 18 – Kommission/Deutschland; vgl. auch *Wende,* 2010, Kap. 3, A. III. 6.

[120] EuGH, Urt. v. 18. 1. 2007, C-220/05, Slg. 2007, I-385, RdNr. 40–47 – Auroux/Roanne.

[121] EuGH, Urt. v. 18. 1. 2007, C-220/05, Slg. 2007, I-385, RdNr. 41 – Auroux/Roanne.

[122] Für bestimmte Bereiche des Rundfunksektors aufgrund der soktoralen Besonderheiten ablehnend, im Übrigen ausdrücklich offen gelassen durch EuG, Urt. v. 26. 6. 2008, T-442/03, Slg. 2008, II-1161, RdNr. 147 ff. (i.V.m. RdNr. 134) – SIC/Kommission mit dem Hinweis auf zwei Entscheidungen des EuGH zum Vergaberecht (EuGH, Urt. v. 18. 11. 1999, C-107/98, Slg. 1999, I-8121, RdNr. 49 f. – Teckal; EuGH, Urt. v. 7. 12. 2000, C-324/98, Slg. 2000, I-10745 – Telaustria und Telefonadress). Auf das Zusammenspiel beider Materien stieß bereits GA *Lenz,* Schlussanträge v. 28. 11. 1989, C-21/88, RdNr. 46 ff. – Du Pont de Nemours Italiana.

[123] Vgl. in diesem Sinne EuGH, C-324/98, Slg. 2000, I-10745, RdNr. 60 – Telaustria und Telefonadress; EuGH, C-231/03, Slg. 2005, I-7287, RdNr. 16 f. – Coname.

[124] Vgl. zu den Grundfreiheiten: EuGH, 3/88, Slg. 1989, 4035, RdNr. 8 – Kommission/Italien; EuGH, 22/80, Slg. 1980, 3427 – Boussac Saint-Frères; zu Art. 18 AEUV: EuGH, 810/79, Slg. 1980, 2747, RdNr. 16 – Überschär.

[125] Vgl. EuGH, C-87/94, Slg. 1996, I-2043, RdNr. 33, 54 – Kommission/Belgien.

[126] EuGH, Urt. v. 23. 12. 2009, C-376/08, RdNr. 33 – Serrantoni; EuGH, Urt. v. 16. 12. 2008, C-213/07, RdNr. 48, 61 – Michaniki; EuGH, Urt. v. 19. 5. 2009, C-538/07, RdNr. 21, 23 – Assitur.

[127] EuGH, C-458/03, Slg. 2005, I-8585, RdNr. 46 ff. – Parking Brixen; EuGH, C-324/07, EuZW 2009, 55, RdNr. 25 – Coditel Brabant; vgl. auch EuGH, Urt. v. 23. 12. 2009, C-376/08, RdNr. 31 f. – Serrantoni; EuGH, Urt. v. 16. 12. 2008, C-213/07, RdNr. 44, 55 f. – Michaniki.

[128] EuGH, Urt. v. 10. 9. 2009, Rs. C-206/08, RdNr. 72 ff. – WAZV Gotha/Eurauwasser; ebenso *Vavra,* VergabeR 2010, 351, 354; zu den primärrechtlichen Anforderungen EuGH, Urt. v. 19. 5. 2009, C-538/07, RdNr. 25 – Assitur; EuGH, Urt. v. 21. 2. 2008, C-412/04, Slg. 2008, I-619, RdNr. 2 – Kommission/Italien; vgl. dazu *Knauff* EuZW 2005, 731 f.; *Jennert* NZBau 2005, 623, 625; *Endler* NZBau 2002, 125, 127.

samten Mitgliedstaat betreffen, regelmäßig gegeben. Eine Ausnahme von den Vorgaben des Vergaberechts kann regelmäßig nur auf der Grundlage von Art. 106 Abs. 2 AEUV gemacht werden.

782   Vor diesem Hintergrund sind die gegen den von der Altmark Trans-Rechtsprechung bestätigten Ausgleichsansatz vorgebrachten Bedenken[129] zu würdigen. Einem Auftragsverhältnis zwischen einem Unternehmen und der öffentlichen Hand von vornherein abzusprechen, dass es den „Charakter eines normalen Handelsgeschäfts"[130] haben kann, lässt sich dem Unionsrecht jedenfalls nicht entnehmen. Auch die Schwierigkeiten, den Wert einer „nicht marktgängigen" Leistung zu bestimmen,[131] rechtfertigen für sich keine Anwendung des Beihilfenverbotes. Dieses Problem taucht bei jeder innovativen, neu am Markt auftauchenden Leistung auf. Entscheidend sind vielmehr die Gefahren für den Wettbewerb, da diesen zu schützen Ziel auch des Beihilfenrechts ist.[132] Erbringt ein Unternehmen eine Dienstleistung gegen Vergütung im Interesse der öffentlichen Hand, so bestehen grundsätzlich keine Bedenken, diesen Vorgang als markttypisches Leistungsaustauschverhältnis zu beschreiben. Ob dies aus sozialen oder sonstigen gemeinwohlorientierten Motiven erfolgt, spielt keine Rolle;[133] denn nach ständiger Rechtsprechung unterscheidet Art. 107 Abs. 1 AEUV nicht nach den Gründen und Zielen der staatlichen Maßnahmen, sondern bestimmt diese nach ihren Wirkungen.[134] Entscheidend ist, was sich auch im 4. Altmark-Kriterium widerspiegelt, dass wie bei einem normalen Austauschgeschäft eben nicht jeder Preis akzeptiert wird. Dass dieser schwer zu bestimmen ist, ist eine natürliche Folge der Anerkennung subjektiver Präferenzen als Wirtschaftsfaktoren.[135] Das 4. Altmark-Kriterium ist insoweit sogar noch strenger, da im Rahmen der Effizienzprüfung auch kein durch Marktmacht erzwungener monopolistisch überhöhter Preis akzeptiert wird, außer es wurde ein Ausschreibungsverfahren durchgeführt. Auf der anderen Seite soll Art. 107 Abs. 1 AEUV verhindern, dass der Handel zwischen Mitgliedstaaten durch von staatlichen Stellen gewährte Vergünstigungen beeinträchtigt wird, die den Wettbewerb in verschiedener Form durch die Bevorzugung bestimmter Unternehmen oder Produktionszweige verfälschen oder zu verfälschen drohen.[136] Beide Aussagen stehen in einem Konfliktverhältnis, da fast jede vergütete Leistungserbringung für ein Unternehmen von Vorteil ist, selbst bei einem Gewinn von Null. Denn letztlich hilft dieser Austauschvertrag das Überleben eines Unternehmens zu sichern.[137] Dies berücksichtigt auch der EuGH[138] in seiner Rechtsprechung zum Vergaberecht, wonach jeder entgeltliche Auftrag für ein Unternehmen einen bedeutenden wirtschaftlichen Vorteil generiert. Ebenso wie das Beihilfenrecht versucht das Vergaberecht daher zu verhindern, dass dieser im Vertragsschluss liegende Vorteil nicht mehr dem im Wettbewerb durch besonders attraktive Leistung hervorstechenden Unternehmen zukommt, nur weil ein öffentlicher Auftraggeber keinen effektiven Zwang zur Effizienz verspürt, dem sich ein privater unter Wettbewerbsdruck stehender Nachfrager hingegen ausgesetzt sähe. Ziel ist dabei die Vermeidung einer wettbewerbsverfälschenden Veränderung der Marktverhältnisse dadurch, dass ein Marktteilnehmer aus der Insolvenzimmunität der öffentlichen Hand[139] im Verhältnis zu seinen Konkurrenten einen nicht auf Leistung beruhenden wettbewerblichen Vorteil zieht. Mit dieser Argumentation ließe sich allerdings jeder Austauschvertrag als Vorteilsgewährung und damit als wettbewerbsgefährdende Beihilfe qualifizieren, was letztlich Verträge mit der öffentlichen Hand generell einem Sonderregime unterstellen würde.[140] Dabei ist aber zu berück-

---

[129] Vgl. dazu zusammenfassend GA *Jacobs,* Schlussanträge v. 30. 4. 2002, C-126/01, RdNr. 116 ff. – GEMO.

[130] Vgl. EuG, Urt. v. 28. 1. 1999, T-14/96, Slg. 1999, II-139, RdNr. 75 – BAI/Kommission.

[131] Siehe *Gundel* RIW 2002, 222, 225; *Koenig/Kühling* ZHR 166 (2002), 656, 661.

[132] EuGH, Urt. v. 20. 3. 1990, C-21/88, Slg. 1990, I-889, RdNr. 20 – Du Pont de Nemours Italiana.

[133] A. A. implizit *Czerny,* Die beihilfenrechtliche Beurteilung der staatlichen Finanzierung im allgemeinen wirtschaftlichen Interesse, S. 85–88.

[134] Vgl. EuGH, Urt. v. 24. 2. 1987, 310/85, Slg. 1987, 901, RdNr. 8 – Deufil/Kommission; EuG, Urt. v. 28. 1. 1999, T-14/96, Slg. 1999, II-139, RdNr. 81 – BAI/Kommission, mwN.

[135] Siehe dazu BGH, Urt. v. 26. 10. 2006 – I ZR 33/04, NJW 2007, 919, 920 – Regenwaldprojekt I; BGH, Urt. v. 26. 10. 2006 – I ZR 97/04, GRUR 2007, 251, 252 – Regenwaldprojekt II.

[136] EuGH, Urt. v. 24. 2. 1987, 310/85, Slg. 1987, 901, RdNr. 8 – Deufil/Kommission; EuG, Urt. v. 28. 1. 1999, T-14/96, Slg. 1999, II-139, RdNr. 71 – BAI/Kommission.

[137] Vgl. bereits *Alchian,* The Journal of Political Economy 58 (1950), 211 ff.; *Britz* ZHR 169 (2005), 370, 375; vgl. auch *Koenig* BB 2003, 2185, 2186 f.

[138] EuGH, Urt. v. 11. 1. 2005, C-26/03, Slg. 2005, I-1, RdNr. 51 – Stadt Halle und RPL Lochau.

[139] Vgl. § 12 InsO; kritisch dazu *Frielinghaus,* Die kommunale Insolvenz als Sanierungsansatz für die öffentlichen Finanzen, 2007.

[140] Tendenziell *Britz* ZHR 169 (2005), 370, 373.

sichtigen, dass ein schlichter, auf Leistungsaustausch gerichteter Vertrag Bestandteil wirksamen Wettbewerbs ist, der in einer arbeitsteiligen Marktwirtschaft mittels Austauschverträgen über Angebot und Nachfrage stattfindet.[141] Die eigentliche Gefahr liegt daher auch nicht im Leistungsaustausch an sich, sondern in der Diskriminierung zu Lasten der Wettbewerber. Es ist eben zu verhindern, dass ein Unternehmen ungerechtfertigt – ungerechtfertigt da nicht das beste Angebot abgebend – einen Vorteil im Verhältnis zu seinen Wettbewerbern erhält, was gleichzeitig die wohlfahrtssteigernde Selektionswirkung des Wettbewerbs ausschaltet. Mit dem Beihilfenregime lässt sich dieser Gefahr allerdings nur unzureichend begegnen, da die Mittelgewährung ohne Rücksicht auf die Unternehmensergebnisse der Konkurrenten des Empfängers beurteilt wird.[142] Zusätzliche Wettbewerbsgefahren treten nur auf, wenn keine leistungsorientierte Vergütung vereinbart wird, so dass einem Unternehmen ein zusätzlicher Vorteil, nämlich eine marktunüblich hohe Vergütung zugute kommt. Ob dies im Falle eines Leistungsaustausches der Fall ist, wird anhand des sogenannte Private-Investor-Tests oder Market-Economy-Tests beurteilt, der danach fragt, ob ein privater Dritter in einer vergleichbaren Situation wie die öffentliche Hand sich genauso verhalten würde (RdNr. 143 ff.).[143] Denn er würde jedenfalls das günstigste Angebot auf dem Markt suchen und wählen. Die Kommission hat daher die Vermutung für das Vorliegen einer Beihilfe wegen überhöhter Vergütung entwickelt, wenn keine Ausschreibung erfolgt ist.[144] Ist diese hingegen erfolgt, bestehen grundsätzlich keine Bedenken, die Vergütung als leistungsgerecht anzusehen. Genau diesem Umstand trägt letztlich auch der EuGH mit seinem vierten Altmark-Kriterium Rechnung, das eine Ausschreibung verlangt. Ist diese nicht erfolgt, so verlangt der EuGH zumindest die Durchführung eines Kosteneffizienztests, der ebenfalls eine unüblich hohe Vergütung vermeidet. Somit verbleibt es bei der Gefahr einer Wettbewerbsgefährdung durch Diskriminierung. Diese wird regelmäßig[145] nur dann vermieden, wenn eine Ausschreibung durchgeführt wird.[146] Dies ist zwar nach dem vierten Altmark-Kriterium nicht zwingend; allerdings verlangt eine konsistente Anwendung des gesamten dem Wettbewerbsschutz dienenden Rechts auch, dass, soweit ein Nachfragebedürfnis der öffentlichen Hand nach Dienstleistungen im allgemeinen wirtschaftlichen Interesse anerkannt wird, dessen Befriedigung als Auftragsvergabe iSd. Vergaberechts anzusehen.[147] Der EuGH hat diesen Weg bereits beschritten. Bei konsequenter Anwendung der vergaberechtlichen Grundsätze ist in einer Vielzahl der Fälle für einen ausreichenden Wettbewerbsschutz gesorgt. Art. 106 Abs. 2 AEUV wird somit zum zentralen Beurteilungskriterium auch in den Fällen, in denen die Altmark-Kriterien erfüllt sind, die Durchführung eines Wettbewerbsverfahrens aber ausnahmsweise die Erfüllung der öffentlichen Aufgabe verhindern würde.

β) **Vergleich der Altmark-Kriterien mit Art. 106 Abs. 2 AEUV.** Die Altmark-Kri-   **783** terien weisen großflächig Überschneidungen mit der Prüfung des Art. 106 Abs. 2 AEUV auf.[148]

---

[141] Nachdrücklich auch *Schwintowski/Klaue* BB 2000, 1901, 1904.

[142] EuG, Urt. v. 28. 1. 1999, T-14/96, Slg. 1999, II-139, RdNr. 78 – BAI/Kommission; Siehe zB. EuGH, Urt. v. 17. 9. 1980, 730/79, Slg. 1980, 2671, RdNr. 10 f. – Philip Morris Holland/Kommission.

[143] Diesen nicht auf Dienstleistungen von Allgemeinem Interesse für anwendbar haltend *Czerny*, Die beihilfenrechtliche Beurteilung der staatlichen Finanzierung im allgemeinen wirtschaftlichen Interesse, S. 85–88.

[144] Vgl. EuG, Urt. v. 5. 8. 2003, verb. T-116/01 u. T-118/01, Slg. 2003, II-2957, RdNr. 118 – P&O European Ferries (i.E. bestätigt durch EuGH, Urt. v. 1. 6. 2006, verb. C-442/03 P u. C-471/03 P, Slg. 2006, I-4845); EuG, Urt. v. 28. 1. 1999, T-14/96, Slg. 1999, II-139, RdNr. 71 ff. – BAI/Kommission; *Jennert/Räuchle* NZBau 2007, 555, 558; siehe zusammenfassend dazu *Lipka*, Beihilfenrechtliche Anforderungen an Vergabeverfahren, S. 125 ff.

[145] Für eine Ausnahme-Konstellation siehe Kommission, Entsch. v. 16. 5. 2006, Staatliche Beihilfe N 604/2005, RdNr. 54 ff. – Staatliche Unterstützung für die Busbetreiber im Landkreis Wittenberg; Entsch. v. 3. 5. 2005 N 382/2004, RdNr. 66 ff. – Breitbandnetz in der Region Limousin (DORSAL); Entsch. v. 16. 11. 2004, Staatliche Beihilfe N 381/2004, RdNr. 76 ff. – Breitbandnetz in der Region Pyrénées-Atlantiques.

[146] Vgl. Kommission, Mitteilung betreffend Elemente staatlicher Beihilfe bei Verkäufen von Bauten oder Grundstücken durch die öffentliche Hand, ABl. 1997 C 209/3, 5; Kommission, Bericht zur Wettbewerbspolitik 1993, RdNr. 403; siehe auch Kommission, Entsch., Staatliche Beihilfe N 206/2009, RdNr. 48 – ÖPNV LK Anhalt-Bitterfeld; Staatliche Beihilfe N 234/96 – Eisenbahnverbindung zum Ärmelkanaltunnel; Staatliche Beihilfe N 462/99 – Flughafenautobahn Elefsina, Stavros, Spata; Staatliche Beihilfe N 617/98 – Container-Terminal Utrecht; Staatliche Beihilfe N 264/2002, RdNr. 79 – Öffentlich-private Partnerschaft für die Londoner U-Bahn; *Britz* ZHR 169 (2005), 370, 401 ff.; vgl. auch *Keßler/Dahlke* EuZW 2007, 103, 104.

[147] So bereits die Forderung der Monopolkommission im 17. Hauptgutachten, BT-Drs. 16/10 140, S. 354 (RdNr. 955); in diese Richtung auch *Britz* ZHR 169 (2005), 370, 376; kritisch dazu *Gundel* RIW 2002, 222, 225.

[148] EuG, Urt. v. 12. 2. 2008, T-289/03, Slg. 2008, II-81, RdNr. 160 – BUPA/Kommission.

In der Entscheidungspraxis werden beide deshalb teilweise gemeinsam geprüft.[149] Ein Vergleich der Maßstäbe zeigt allerdings, dass Art. 106 Abs. 2 einen eigenständigen weitergehenden Anwendungsbereich hat.[150]

784   Das **erste Altmark-Kriterium,** mit dem eine tatsächliche Betrauung des begünstigten Unternehmen mit der Erfüllung klar definierter gemeinwirtschaftlicher Verpflichtungen verlangt wird, findet sein Pendant im für Art. 106 Abs. 2 AEUV geforderten Betrauungsakt.[151] Die Kommission verlangt in ihrem zu Art. 106 Abs. 2 AEUV veröffentlichten Gemeinschaftsrahmen einen Konkretisierungsgrad, der in Teilen sogar über die Anforderungen des EuGH hinausgeht.[152]

785   Nach dem **zweiten Altmark-Kriterium** sind die Parameter, anhand deren der Ausgleich berechnet wird, zuvor objektiv und transparent aufzustellen. Übereinstimmend verlangt die Kommission, dass der Betrauungsakt i. S. d. Art. 106 Abs. 2 AEUV die Parameter für die Berechnung, Überwachung und etwaige Änderung der Ausgleichszahlungen beinhalten muss.[153]

786   Das **dritte Altmark-Kriterium,** wonach der Ausgleich nicht über das hinausgehen darf, was erforderlich ist, um die Kosten der Erfüllung der gemeinwirtschaftlichen Verpflichtungen unter Berücksichtigung der dabei erzielten Einnahmen und eines angemessenen Gewinns aus der Erfüllung dieser Verpflichtungen ganz oder teilweise zu decken, findet seine Entsprechung im Erforderlichkeitskriterium des Art. 106 Abs. 2 AEUV.[154]

787   Mit dem **vierten Altmark-Kriterium** modifiziert der EuGH die Höhe der berücksichtigungsfähigen wirtschaftlichen Belastung für das Unternehmen bei der Ausführung der Gemeinwohlaufgabe. Danach sind nicht wie beim sog. Nettoausgleichsansatz die tatsächlichen Kosten ausgleichsfähig, sondern nur die eines „durchschnittlichen, gut geführten Unternehmens", wobei ein „angemessener Gewinn" für erstattungsfähig gehalten wird.[155] Wenn die Beauftragung eines Unternehmens mit der Gemeinwohlaufgabe unter Beachtung der Anforderungen an eine transparente Vergabepolitik erfolgte, ist das Merkmal nach Auffassung des EuGH erfüllt. Dieses im allgemeinen Kartell- und Regulierungsrecht unter dem Stichwort einer „wettbewerbsgerechten Leistungserbringung" bekannte Kriterium soll Zahlungen verhindern, die über das unter hypothetischen Wettbewerbsbedingungen Erforderliche hinaus gehen. Ein Unternehmen soll keinen „Vorteil" dergestalt erlangen, dass es unabhängig von den Marktbedingungen – also auch ineffizient und defizitär – tätig werden kann, ohne dadurch wirtschaftliche Nachteile zu erleiden, während seine Konkurrenten den – Ineffizienz bestrafenden – Funktionsbedingungen des Wettbewerbs unterliegen. Dies dient dem Ziel der Verhinderung von Wettbewerbsverfälschungen. Hier weicht der Ausgleichsansatz vom Verständnis der Kommission von Art. 106 Abs. 2 AEUV ab. Im zur Anwendung des Art. 106 Abs. 2 AEUV für Beihilfen veröffentlichten Gemeinschaftsrahmen[156] lässt sie es für eine Freistellung genügen, wenn die tatsächlichen Kosten ausgeglichen werden, ohne dass diese auf Kosteneffizienz geprüft werden.[157] Art. 106 Abs. 2 AEUV erlangt an diesem Punkt seinen bedeutendsten eigenständigen Anwendungsbereich im Verhältnis zur Altmark Trans-Rechtsprechung des EuGH. Eingeschränkt werden könnte dessen Bedeutung allenfalls durch die in den Chronopost-Entscheidungen des EuGH angedeutete Tendenz, im Falle von Monopolstellungen eine Unvergleichbarkeit mit im Wettbewerb stehenden privaten Unternehmen anzunehmen und daher die hypothetischen normalen Marktbedingungen anhand der „verfügbaren objektiven und nachprüfbaren Faktoren" zu ermitteln, was

---

[149] Vgl. EuG, Urt. v. 12. 2. 2008, T-289/03, Slg. 2008, II-81, RdNr. 224 – BUPA/Kommission.

[150] Vgl. zu den dazu vorgebrachten Bedenken zusammenfassend GA *Jacobs,* Schlussanträge v. 30. 4. 2002, C-126/01, RdNr. 116 ff. – GEMO.

[151] So nunmehr ausdrücklich EuG, Urt. v. 11. 6. 2009, T-222/04, RdNr. 111 – Italienische Republik/Kommission; EuG, Urt. v. 11. 6. 2009, T-189/03, RdNr. 126 – ASM/Kommission; vgl. zu der Möglichkeit unterschiedlicher Präzisierungsgrade MünchKommEUWettbR/*Gundel,* Art. 86 RdNr. 153; mwN.

[152] Gemeinschaftsrahmen, RdNr. 12; näher dazu unten RdNr. 818 ff.

[153] Gemeinschaftsrahmen, RdNr. 12; als gleichwertig ansehend auch *Koenig/Paul* EuZW 2008, 359, 362; ebenso EuG, Urt. v. 11. 6. 2009, T-222/04, RdNr. 112 – Italienische Republik/Kommission; EuG, Urt. v. 11. 6. 2009, T-189/03, RdNr. 127 – ASM/Kommission.

[154] Vgl. Gemeinschaftsrahmen, RdNr. 14; EuG, Urt. v. 11. 6. 2009, T-222/04, RdNr. 112 – Italienische Republik/Kommission; EuG, Urt. v. 11. 6. 2009, T-189/03, RdNr. 127 – ASM/Kommission; EuG, Urt. v. 12. 2. 2008, T-289/03, Slg. 2008, II-81, RdNr. 224 – BUPA/Kommission.

[155] Vgl. *Pöcker* EuZW 2007, 167, 168.

[156] Gemeinschaftsrahmen, RdNr. 14 ff.

[157] Befürwortend auch MünchKommEUWettbR/*Gundel* Art. 86 RdNr. 157; *Dörr* NZBau 2005, 617, 618; *Jennert,* Zum Verhältnis von europäischem Beihilfenrecht und mitgliedstaatlicher Daseinsvorsorge, 232 ff.; a. A. *Nettesheim* EWS 2002, 253, 262 f.; vgl. auch unten RdNr. 828 ff.

letztlich zu einem Rückgriff auf die tatsächlichen Kosten führte.[158] Diese Rechtsprechung kann allerdings nicht verallgemeinert werden. In jenem Fall ging es um die Erbringung einer Dienstleistung durch ein öffentliches Unternehmen mit rechtlicher Monopolstellung gegenüber der im Wettbewerb stehenden Tochtergesellschaft. Darin hätte dann eine Beihilfe gelegen, wenn die von der Tochtergesellschaft zu zahlende Vergütung niedriger als zu den normalen Marktbedingungen angesetzt worden wäre. Nur vor diesem Hintergrund kam der EuGH zu dem Schluss, dass eine staatliche Beihilfe zugunsten der Tochtergesellschaft ausgeschlossen werden kann, wenn zum einen festgestellt wird, dass die von dieser verlangte Gegenleistung vereinbarungsgemäß alle variablen Zusatzkosten, die durch die Gewährung der logistischen und kommerziellen Unterstützung entstanden sind, einen angemessenen Beitrag zu den Festkosten infolge der Nutzung der Infrastruktur und eine angemessene Vergütung des Eigenkapitals, soweit es zur wettbewerblichen Tätigkeit eingesetzt wird, umfasst, und zum anderen kein Grund zu der Annahme besteht, dass die betreffenden Faktoren unterschätzt oder willkürlich festgesetzt worden sind.[159] Es ging in diesem Fall also darum, ob der potentielle Beihilfengeber alle seine *eigenen* Kosten geltend gemacht hatte, wie auch jeder andere (vergleichbare)[160] private Wirtschaftsteilnehmer.[161] Somit stellte sich die Frage, ob die überprüfte Dienstleistung und nicht deren Vergütung Beihilfencharakter hatte. Der Erbringer einer Dienstleistung wird aber immer versuchen, alle seine realen Kosten in die Entgelte einfließen zu lassen, wobei marktbeherrschende Unternehmen die Schwelle zum Ausbeutungsmissbrauch iSd. Art. 102 AEUV nicht überschreiten dürfen. Die Tochtergesellschaft hätte also dann einen marktunüblichen Vorteil erhalten, wenn die Muttergesellschaft als öffentliches Unternehmen nur die hypothetischen Kosten einer effizienten Leistungserbringung verlangt hätte. Eine ganz andere Frage ist, ob ein wirtschaftlich handelnder Nachfrager eine ineffiziente Leistungserbringung nachfragen und vergüten würde. Nur um Letztere geht es im 4. Altmark Trans-Kriterium.

γ) Gestufte Prüfung. Die Kommission entwickelte unter Berücksichtigung des von der 788
Rechtsprechung entwickelten Ausgleichsansatzes eine gestufte Prüfung, die nur im Falle der Nichterfüllung der *Altmark Trans*-Kriterien die Anwendung des Art. 106 Abs. 2 AEUV verlangt.[162] Diese Praxis wurde vom EuG ausdrücklich als vereinbar mit der Altmark Trans-Rechtsprechung angesehen.[163] Die Entscheidungen des EuGH und des EuG, in denen seit dem Urteil Altmark Trans auf die darin genannten Voraussetzungen Bezug genommen wurde, stellen nämlich nicht in Frage, dass diese Voraussetzungen die Qualifizierung als staatliche Beihilfe im Sinne von Art. 107 Abs. 1 AEUV betreffen, und sie lassen nicht erkennen, dass der EuGH mit der Aufstellung dieser Voraussetzungen nicht mehr Art. 106 Abs. 2 AEUV anwenden wollte, um die Vereinbarkeit der staatlichen Maßnahmen zur Finanzierung der Dienstleistungen von allgemeinem wirtschaftlichen Interesse mit dem Binnenmarkt zu beurteilen.[164] Auf der anderen Seite scheint das EuG nicht immer eine trennscharfe Grenzziehung vorzunehmen, wenn es die Prüfung der Altmark Trans-Kriterien ausdrücklich mit der Anwendung des Art. 106 Abs. 2 AEUV vermischt.[165] Die Kommission berief sich sogar sowohl auf die Altmark Trans-Kriterien

---

[158] EuGH, Urt. v. 3. 7. 2003, verb. C-83/01 P ua., Slg. 2003. I-6993, RdNr. 38–40 – Chronopost; EuGH, Urt. v. 1. 7. 2008, verb. C-341/06 P u. C-342/06 P, RdNr. 146–149 – Chronopost II; befürwortend *Bartosch* EuZW 2004, 295, 300.

[159] EuGH, Urt. v. 3. 7. 2003, verb. C-83/01 P ua., Slg. 2003, I-6993, RdNr. 40 – Chronopost.

[160] Vgl. EuGH, Slg. 1991, I-1603 RdNr. 19 f. – Alfa Romeo, wonach der private Vergleichsinvestor von vergleichbarer Größe sein und sich in vergleichbarer Lage wie die öffentliche Hand befinden muss. Siehe dazu *Leibenath* EuZW 2003, 509, 510.

[161] EuGH, Urt. v. 3. 7. 2003, verb. C-83/01 P ua., Slg. 2003, I-6993, RdNr. 40 – Chronopost.

[162] Vgl. Erwägungsgrund 5 GFE-DAWI; Kommission, Entsch. v. 20. 4. 2005, Staatliche Beihilfe E 10/2005 (ex C 60/1999) – France Télévisions (Rundfunkgebühr).

[163] EuG, Urt. v. 11. 3. 2009, T-354/05, RdNr. 124 ff. – TF1.

[164] EuG, Urt. v. 11. 3. 2009, T-354/05, RdNr. 135 – TF1; siehe dazu EuGH, Urt. v. 27. 11. 2003, verb. C-34/01-C-38/01, Slg. 2003, I-14 243, RdNr. 31–40 – Enirisorse; EuGH, Urt. v. 30. 3. 2006, C-451/03, Slg. 2006, I-2941, RdNr. 61–72 – Servizi Ausiliari Dottori Commercialisti; EuGH, Urt. v. 7. 9. 2006, C-526/04, Slg. 2006, I-7529, RdNr. 50–57 – Laboratoires Boiron; EuGH, Urt. v. 17. 7. 2008, C-206/06, Slg. 2008, I-5497, RdNr. 79 bis 88 – Essent Netwerk Noord ua.; EuG, Urt. v. 16. 3. 2004, T-157/01, Slg. 2004, II-917, RdNr. 97 f. – Danske Busvognmænd/Kommission; EuG, Urt. v. 16. 9. 2004, T-274/01, Slg. 2004, II-3145, RdNr. 130 f. – Valmont/Kommission, EuG, Urt. v. 15. 6. 2005, T-349/03, Slg. 2005, II-2197, RdNr. 310 – Corsica Ferries France/Kommission; EuG, Urt. v. 12. 2. 2008, T-289/03, Slg. 2008, II-81, RdNr. 258 – BUPA ua./Kommission.

[165] EuG v. 1. 7. 2008, T-266/02, Slg. 2008, II-1233, RdNr. 68–74 (insb. RdNr. 74) – Deutsche Post/Kommission. Das Gericht verlangt bei der Prüfung der Altmark-Kriterien, dass Art. 106 Abs. 2 AEUV

als auch Art. 106 Abs. 2 AEUV, um die Vereinbarkeit einer Vorteilsgewährung mit dem Binnenmarkt festzustellen.[166] Dieses Vorgehen billigte das EuG, selbst den Umstand, dass Art. 106 Abs. 2 AEUV im Tenor nicht genannt wurde, da weder aus den einschlägigen Rechtsvorschriften noch aus der Rechtsprechung hervorgeht, dass bei der Abfassung des verfügenden Teils der Entscheidungen, die gemäß Art. 107 AEUV in Verbindung mit Art. 106 Abs. 2 AEUV ergehen, unbedingt genaue Vorgaben einzuhalten wären. Außerdem ist bei der Beurteilung der tatsächlichen rechtlichen Tragweite eines Rechtsakts, dessen verfügender Teil von seiner Begründung nicht getrennt werden kann, dieser Rechtsakt, sofern erforderlich, unter Berücksichtigung der Gründe auszulegen, die zu seinem Erlass geführt haben.[167] Daher liegt, obgleich es im Interesse der Klarheit und der Rechtssicherheit wünschenswert erscheint, dass die Kommission im verfügenden Teil des Rechtsakts ausdrücklich die Bestimmungen des Vertrags nennt, die sie anwendet, in der unterbliebenen Erwähnung kein Rechtsfehler, sofern bei einer Zusammenschau der Gründe und des verfügenden Teils des Rechtsakts diese Bestimmungen genau ermittelt werden können. Es reicht daher aus, wenn die Kommission Art. 106 Abs. 2 AEUV in den Erwägungsgründen einer Entscheidung nennt. Dann kann ein durchschnittlich aufmerksamer Leser sich nicht über die tatsächliche rechtliche Tragweite einer Entscheidung täuschen.[168]

789   Im Vorlageverfahren gemäß Art. 267 AEUV kann der EuGH nicht prüfen, ob die Altmark Trans-Kriterien in concreto erfüllt sind, da er keine Kompetenz zur Sachverhaltswürdigung hat. Es ist somit Sache des nationalen Gerichts, im Licht des Sachverhalts des Ausgangsverfahrens zu beurteilen, ob Vergütung eine staatliche Beihilfe im Sinne von Art. 107 Abs. 1 AEUV darstellt. Dabei darf das Gericht jedoch nicht soweit gehen, bei Bejahung des Beihilfencharakters die Vereinbarkeit der Beihilfe mit dem Binnenmarkt festzustellen, da dies in der ausschließlichen Kompetenz der Kommission liegt.[169]

790   **ee) Eingeschränkte Anwendung des Ausgleichsansatzes auf die Befreiung von strukturellen Nachteilen.** Betrachtet man die Altmark Trans-Rechtsprechung als Umsetzung der Kommerzialisierung von öffentlichen Aufgaben und akzeptiert die Rechtsprechung als Ausdruck des Prinzips der Nichtanwendbarkeit des Beihilfenrechts auf normale Austauschgeschäfte, folgt daraus zugleich die Ablehnung einer extensiven Anwendung des Ausgleichsansatzes auf Vorteilsgewährungen, die der Befreiung von strukturellen Nachteilen dienen sollen.[170] Zu Recht nimmt daher das EuG in seiner neueren Rechtsprechung dazu eine restriktive Haltung ein.[171]

791   In der Entscheidung Hotel Cipriani wendete es sich in Übereinstimmung mit der Kommission[172] gegen die Auffassung, die vom italienischen Staat gewährten Sozialbeitragsbefreiungen seien deshalb keine Beihilfen, weil sie den begünstigten Unternehmen keinen Wettbewerbsvorteil verschafften, sondern nur eine ungünstige Wettbewerbssituation teilweise ausglichen. Vorgetragen wurde, dass die auf den Inseln der Lagune ansässigen Unternehmen zusätzliche Kosten hätten, die insbesondere mit dem Erwerb und der Instandhaltung der Gebäude unter Berücksichtigung der hohen Mieten und Kaufpreise, mit den Widrigkeiten im Zusammenhang mit der Feuchtigkeit und dem Hochwasser und mit den Verpflichtungen aus der Notwendigkeit, das historische und landschaftliche Erbe zu schützen, zusammenhingen, sowie Mehrkosten für Transport und Um-

---

die praktische Wirksamkeit nicht genommen werden dürfe, unter Verweis auf EuG, Urt. v. 27. 2. 1997, T-106/95, Slg. 1997, II-229, 188 f. – FFSA ua./Kommission, welches ausdrücklich Art. 106 Abs. 2 AEUV prüfte.

[166] Kommission, Entsch. v. 13. 5. 2003, Staatliche Beihilfe N 46/2003 – Einrichtung eines Risikoausgleichssystems (RES) für den irischen Markt der privaten Krankenversicherung (bestätigt durch EuG, Urt. v. 12. 2. 2008, T-289/03, Slg. 2008, II-81 – BUPA/Kommission). Bei ihrer rechtlichen Würdigung vertrat die Kommission die Auffassung, dass die angemeldete Maßnahme entweder „keine … Beihilfe im Sinne von Art. 87 Abs. 1 EG [sei] oder aber für mit dem Gemeinsamen Markt gemäß Art. 86 Abs. 2 EG vereinbar erklärt werden [könne]" (RdNr. 37 u. 61 der Entscheidung).

[167] Vgl. EuGH, Urt. v. 15. 5. 1997, C-355/95 P, Slg. 1997, I-2549, RdNr. 21 – TWD/Kommission; EuG, Urt. v. 30. 9. 2003, verb. T-346/02 u. T-347/02, Slg. 2003, II-4251, RdNr. 211 – Cableuropa ua./Kommission mwN.

[168] EuG, Urt. v. 12. 2. 2008, T-289/03, Slg. 2008, II-81, RdNr. 260 – BUPA/Kommission.

[169] EuGH, Urt. v. 30. 3. 2006, C-451/03, Slg. 2006, I-2941, RdNr. 69–71 – SADC/Calafiori.

[170] So noch EuG v. 16. 3. 2004, T-157/01, Slg. 2004, II-917 – Danske Busvognmænd/Kommission (COMBUS).

[171] Siehe insbesondere EuG, Urt. v. 28. 11. 2008, verb. T-254/00 ua., RdNr. 179 ff. – Hotel Cipriani/Kommission.

[172] Kommission, Entsch. v. 25. 11. 1999, K(1999) 4268, ABl. 2000 Nr. L 150/50 RdNr. 52–54 – Sozialbeitragsermäßigungen und -befreiungen zugunsten der Unternehmen im Stadtgebiet von Venedig und Chioggia.

schlag von Lagerbeständen und Waren. Zudem seien wegen des Charakters von Venedig als Ort des Fremdenverkehrs auch die Kosten für Waren und Dienstleistungen höher.[173]

Gegen eine Anwendung des Ausgleichsansatzes auf den Ausgleich markttypischer Ungleich-   **792** heiten ist anzuführen, dass der AEUV nicht darauf abzielt, eine vollkommene theoretische Gleichheit zwischen Unternehmen herzustellen. Diese sind auf einem realen und nicht auf einem vollkommenen Markt mit für alle identischen Bedingungen tätig.[174] Die Vorschriften über staatliche Beihilfen sollen wie das gesamte Wettbewerbsrecht der EU keinen (nur theoretisch vorstellbaren) vollkommenen Wettbewerb, sondern einen wirksamen Wettbewerb gewährleisten.[175] Dementsprechend hat der EuGH darauf hingewiesen, dass der Versuch eines Mitgliedstaats, die Wettbewerbsbedingungen eines bestimmten Wirtschaftssektors durch einseitige Maßnahmen den Wettbewerbsbedingungen in anderen Mitgliedstaaten anzugleichen, diesen Maßnahmen nicht den Beihilfecharakter nehme.[176] In jener Rechtssache hing der behauptete Nachteil ua. mit der geografischen Situation zusammen. Die Begünstigten der betreffenden regionalen Beihilferegelung waren dem Wettbewerb von in Drittländern ansässigen Wirtschaftsteilnehmern ausgesetzt, die dort staatliche Beihilfen und den Vorteil niedrigerer Besteuerung genossen.[177] Abweichungen in der Situation der Unternehmen, die auf den natürlichen Wettbewerbsbedingungen der Märkte beruhen, sind generell hinzunehmen.[178] Dazu gehören neben geographischen Besonderheiten[179] auch die mit dem Abschluss von unterschiedlichen Tarifverträgen verbundenen Kosten,[180] ebenso wie aus der Natur der Tätigkeit erwachsenden Abfallbeseitigungskosten.[181] Im Übrigen unterscheidet Art. 107 Abs. 1 AEUV nicht nach den Gründen oder Zielen einer Maßnahme, mit der die normale Belastung eines Unternehmens vermindert wird, sondern beschreibt diese Maßnahme nach ihren Wirkungen.[182] Daher kann eine Maßnahme, die einen strukturellen Nachteil ausgleichen soll, nicht schon wegen ihres Zwecks der Anwendung von Art. 107 Abs. 1 AEUV entgehen, wenn sie den durch sie Begünstigten einen Vorteil im Sinne dieses Artikels verschafft. Diese Ziele sind erst auf der Rechtfertigungsebene zu berücksichtigen.[183] Selbst wenn man den bloßen Ausgleich struktureller Nachteile als Anwendungsfall des Ausgleichsansatzes in Art. 107 Abs. 1 AEUV anerkennen würde, so würde es jedenfalls regelmäßig an einem hinreichend nachprüfbaren Bezug zwischen „Nachteil" und „Ausgleichsleistung" fehlen.[184]

3. Anwendung des Art. 106 Abs. 2 AEUV und des Gemeinschaftsrahmens. a) Der   **793** **relativ-funktionale Unternehmensbegriff. aa) Grundlagen.** Der Unternehmensbegriff findet sich sowohl in Art. 107 als auch Art. 106 AEUV und umschreibt den persönlichen Anwendungsbereich beider Normen. Wird kein Unternehmen i.S.d Art. 107 AEUV begünstigt, ist der Beihilfetatbestand nicht erfüllt und es besteht keine Notifizierungspflicht.[185] Art. 106

[173] Dargestellt in EuG, Urt. v. 28. 11. 2008, verb. T-254/00 ua., RdNr. 179 – Hotel Cipriani/Kommission.

[174] Kommission, Entsch. v. 25. 11. 1999, K(1999) 4268, ABl. 2000 Nr. L 150/50 RdNr. 52–54 – Sozialbeitragsermäßigungen und -befreiungen zugunsten der Unternehmen im Stadtgebiet von Venedig und Chioggia.

[175] EuG, Urt. v. 28. 11. 2008, verb. RdNr. T-254/00 ua., RdNr.. 184 – Hotel Cipriani/Kommission.

[176] EuGH, Urt. v. 29. 4. 2004, C-298/00 P, Slg. 2004, I-4087, RdNr. 61 – Italien/Kommission; in Bestätigung des EuG, Urt. v. 15. 6. 2000, verb. T-298/97 ua., Slg. 2000, II-2319 – Alzetta ua./Kommission.

[177] Vgl. EuG, Urt. v. 15. 6. 2000, verb. T-298/97 ua., Slg. 2000, II-2319, RdNr. 64 u. 101 – Alzetta ua./Kommission.

[178] EuG, Urt. v. 28. 11. 2008, verb. T-254/00 u.a., RdNr. 192 – Hotel Cipriani/Kommission.

[179] So in den Fällen Alzetta (EuG, Urteil v. 15. 6. 2000, verb. T-298/97 ua., Slg. 2000, II-2319 – Alzetta ua./Kommission) und Hotel Cipriani (EuG, Urt. v. 28. 11. 2008, verb. T-254/00 ua. – Hotel Cipriani/Kommission).

[180] EuGH, Urt. v. 5. 10. 1999, C-251/97, Slg. 1999, I-6639, RdNr. 46f. – Frankreich/Kommission.

[181] EuGH, Urt. v. 20. 11. 2003, C-126/01 ua., Slg. 2003, I-13769, RdNr. 31–33 – GEMO (Tierkörperbeseitigung).

[182] EuGH, Urt. v. 2. 7. 1974, 173/73, Slg. 1974, 709, RdNr. 27 – Italien/Kommission; EuGH, Urt. v. 29. 2. 1996, C-56/93, Slg. 1996, I-723, RdNr. 79 – Belgien/Kommission; EuGH, Urt. v. 26. 9. 1996, C-241/94, Slg. 1996, I-4551, RdNr. 20 – Frankreich/Kommission; EuGH, Urt. v. 17. 6. 1999, C-75/97, Slg. 1999, I-3671, RdNr. 25 – Belgien/Kommission („Maribel bis/ter"); EuG, Urt. v. 28. 11. 2008, verb. T-254/00 ua., RdNr. 195 – Hotel Cipriani/Kommission.

[183] EuG, Urt. v. 28. 11. 2008, verb. T-254/00 ua., RdNr. 195 – Hotel Cipriani/Kommission.

[184] Siehe EuG, Urt. v. 28. 11. 2008, verb. T-254/00 ua., RdNr. 189–191 – Hotel Cipriani/Kommission.

[185] Vgl. EuGH, Urt. v. 21. 7. 2005, C-71/04, Slg. 2005, I-7419, RdNr. 32 – Xunta de Galicia; EuGH, Urt. v. 9. 10. 1984, verb. 91/83 u. 127/83, Slg. 1984, 3435, RdNr. 11 – Heineken Brouwerijen. Unver-

Abs. 2 AEUV findet ebenfalls keine Anwendung, wenn es an einem Unternehmen fehlt, wird aber mangels Beihilfencharakter der Leistung auch nicht benötigt.

794   Der Unternehmensbegriff bedarf bei Dienstleistungen im öffentlichen Interesse einer intensiven Überprüfung, da nach der Rechtsprechung des EuGH neben hoheitlichen unter bestimmten Voraussetzungen auch soziale Tätigkeiten, die im allgemeinen Interesse stehen, nicht unternehmerisch sind (SDAI). Die Kommission spricht in Bezug auf Art. 106 Abs. 2 AEUV immer dann, wenn der Unternehmensbegriff nicht erfüllt ist, von nichtwirtschaftlichen Dienstleistungen im allgemeinen Interesse, statt von solchen im allgemeinen wirtschaftlichen Interesse.[186] Ein Sachverhalt, in dem soziale Zwecke eine Rolle spielen, kann daher außerhalb der Altmark Trans-Kriterien schon mangels Vorliegens eines Unternehmens seine beihilfenrechtliche Relevanz verlieren.

795   Die Voraussetzungen des Unternehmensbegriffs sind identisch mit den Kriterien, nach denen eine Dienstleistung im allgemeines Interesse als wirtschaftlich qualifiziert wird.[187]

796   **bb) Unternehmen als Betrauungsempfänger (wirtschaftliche Tätigkeit).** Eine staatliche Zuwendung erlangt nur beihilfenrechtliche Relevanz, wenn sie an ein **Unternehmen** gerichtet ist. Anderenfalls fehlt der notwendige Marktbezug und damit die generelle Gefährdung des vom europäischen Beihilfenrecht geschützten Wettbewerbs. Im EU-Wettbewerbsrecht ist von einem einheitlichen Unternehmensbegriff auszugehen.[188] Der Begriff des Unternehmens im Sinne des Wettbewerbsrechts der Union – und damit auch im Beihilfenrecht sowie im Rahmen des Art. 106 Abs. 2 AEUV – umfasst nach ständiger Rechtsprechung jede eine *wirtschaftliche Tätigkeit* ausübende Einrichtung, unabhängig von ihrer Rechtsform und der Art ihrer Finanzierung.[189] Eine *wirtschaftliche Tätigkeit* ist jede Tätigkeit, die darin besteht, Güter oder Dienstleistungen auf einem bestimmten Markt anzubieten.[190] Meistens wird die wirtschaftliche Tätigkeit unmittelbar auf dem Markt ausgeübt. Es ist jedoch nicht ausgeschlossen, dass sie auf einen unmittelbar auf dem Markt operierenden Wirtschaftsteilnehmer und mittelbar auf eine andere Einheit zurückzuführen ist, die diesen Wirtschaftsteilnehmer im Rahmen einer von ihnen gebildeten wirtschaftlichen Einheit kontrolliert. Der bloße Besitz von Beteiligungen, auch von Kontrollbeteiligungen, stellt nicht schon eine wirtschaftliche Tätigkeit der Einheit dar, die diese Beteiligungen hält, wenn mit ihm nur die Ausübung typischer Gesellschafter- bzw. Mitgliedsrechte verbunden ist und gegebenenfalls der Bezug von Dividenden einhergeht, die bloß die Früchte des Eigentums an einem Gut sind. Übt dagegen eine Einheit ihre durch Beteiligungen vermittelte Kontrolle tatsächlich durch unmittelbare oder mittelbare Einflussnahme auf die Verwaltung der Gesellschaft aus, ist sie als an der *wirtschaftlichen Tätigkeit des kontrollierten Unternehmens* beteiligt anzusehen.[191]

797   Zur Bestimmung der Reichweite des Art. 106 Abs. 2 AEUV unterscheidet die Kommission zwischen wirtschaftlichen und nichtwirtschaftlichen Tätigkeiten, da die Bedingungen des Art. 106 Abs. 2 AEUV sich nur auf Dienstleistungen von allgemeinem wirtschaftlichem Interesse beziehen. Hingegen fänden in aller Regel die Binnenmarktvorschriften und Wettbewerbsre-

---

ständlicherweise offen gelassen durch EuG, Urt. v. 28. 11. 2008, verb. T-254/00 ua., RdNr. 107 – Hotel Cipriani/Kommission.

[186] Vgl. Kommission, Entsch. v. 26. 7. 2000, K(2000) 2466, ABl. 2001 Nr. L 18/18 RdNr. 87 ff. – SICAN.

[187] Ebenso MünchKommEUWbR/*Gundel* Art. 86 EG RdNr. 82; Loewenheim/Meessen/Riesenkampff/*Ehricke*, Art. 86 RdNr. 103; vgl. auch EuGH, Urt. v. 10. 12. 1991, C-179/90, Slg. 1991, I-5889, RdNr. 27 – Porto di Genova.

[188] Vgl. MünchKommEUWettbR/*Säcker/Herrmann* Einl. RdNr. 1593 mwN.

[189] Vgl. EuGH, Urt. v. 23. 3. 2006, C-237/04, Slg. 2006, I-2843, RdNr. 28 – Enirisorse; EuGH, Urt. v. 10. 1. 2006, C-222/04, RdNr. 107 – Ministero dell'Economia e delle Finanze/Cassa di Risparmio; v. 11. 12. 1997, C-55/96, Slg. 1997, I-7119, RdNr. 21 – Job Centre; v. 23. 4. 1991, C-41/90, Slg. 1991, I-1979, RdNr. 21 – Höfner und Elser; v. 16. 3. 2004, verb. C-264/01 ua., Slg. 2004, I-2493, RdNr. 46 – AOK Bundesverband; EuG v. 2. 7. 1992, T-61/89, Slg. 1992, II-1931, RdNr. 50 – Dansk Pelsdyravlerforening/Kommission; v. 30. 3. 2000, T-513/93, Slg. 2000, II-1807, RdNr. 36 – Consiglio Nazionale degli Spedizionieri Doganali/Kommission.

[190] EuGH, Urt. v. 23. 3. 2006, C-237/04, Slg. 2006, I-2843, RdNr. 29 – Enirisorse; EuGH, Urt. v. 10. 1. 2006, C-222/04, RdNr. 108 – Ministero dell'Economia e delle Finanze/Cassa di Risparmio; EuGH, Urt. v. 18. 6. 1998, C-35/96, Slg. 1998, I-3851, RdNr. 36 – Kommission/Italien; v. 12. 12. 2000, verb. C-180/98 bis C-184/98, Slg. 2000, I-6451, RdNr. 75 – Pavlov; EuG, Urt. v. 17. 12. 2008, T-196/04, RdNr. 87 – Ryanair/Kommission.

[191] EuGH, Urt. v. 10. 1. 2006, C-222/04, Slg. 2006, I-289, RdNr. 109–112 – Ministero dell'Economia e delle Finanze.

geln grundsätzlich keine Anwendung auf nichtwirtschaftliche Tätigkeiten und berühren daher auch nicht Leistungen der Daseinsvorsorge, die keine wirtschaftlichen Tätigkeiten darstellen. Daher seien auf Aufgaben, die per se dem Staat vorbehalten sind, wie die Wahrung der inneren und äußeren Sicherheit, die Justizverwaltung, die Pflege auswärtiger Beziehungen und andere hoheitliche Aufgaben, die Wettbewerbsregeln und Binnenmarktvorschriften nicht anwendbar und somit würde auch Art. 106 Abs. 2 AEUV und seine Bedingungen nicht greifen. Auch insoweit bezieht sich die Kommission jedoch wiederum ausdrücklich auf das in Art. 106 Abs. 2 AEUV geschriebene Erfordernis des Vorliegens eines Unternehmens und die dazu ergangene Rechtsprechung des EuGH.[192]

Die Kommission ist im Verfahren nach Art. 108 AEUV allerdings nicht gehindert, eine meh- **798** renen Empfängern zukommende Begünstigung als rechtswidrige Beihilfe zu qualifizieren, wenn sie gleichzeitig sowohl Unternehmen als auch solchen Begünstigten zugute kommt, die keine Unternehmen sind.[193] Dieser Umstand hat lediglich Auswirkungen auf die Reichweite der Kommissionsentscheidung und der Verpflichtung zur Rückzahlung, welche grundsätzlich nur insoweit besteht, wie eine rechtswidrige Beihilfe vorlag und damit nur, soweit sie Unternehmen i. S. d. Art. 107 Abs. 1 AEUV begünstigt.

α) Wirtschaftliche Tätigkeit. αα) Relativität der Unternehmenseigenschaft. Bei der **799** Ermittlung der wirtschaftlichen Tätigkeit einer im Geschäftsverkehr auftretenden Einheit, ist zwischen verschiedenen ausgeübten Tätigkeiten zu unterscheiden, soweit sie sich voneinander trennen lassen.[194] Es gilt der **relativ-funktionale Unternehmensbegriff.**[195] Daher sind die verschiedenen Tätigkeiten einer Einrichtung im Einzelnen darauf zu untersuchen, ob sie wirtschaftlichen Charakter haben.[196] Vor diesem Hintergrund hat der EuGH eine Bankstiftung im Rahmen einer beihilferechtlichen Überprüfung nicht als „Unternehmen" qualifiziert, *soweit* ihre Tätigkeit sich auf die Zahlung von Beiträgen an Einrichtungen ohne Erwerbszweck beschränkte, da es sich hierbei um eine rein soziale Tätigkeit handelt, die nicht auf einem Markt in Wettbewerb mit anderen Wirtschaftsteilnehmern ausgeübt wurde. Im Rahmen dieser Tätigkeit handelte die Bankstiftung als wohltätige oder karitative Einrichtung und nicht als Unternehmen. Soweit sie dagegen von der ihr vom nationalen Gesetzgeber eingeräumten Befugnis zur Durchführung von Finanz- und Handelsgeschäften oder Geschäften über bewegliches und unbewegliches Vermögen Gebrauch machte, handelte sie als Unternehmen im Wettbewerb zu anderen Wirtschaftsteilnehmern.[197] Das EuG unterschied zwischen den polizeilichen (hoheitlichen) Tätigkeiten der *Aéroports de Paris,* das nach französischem Recht ein finanziell autonomes öffentliches Unternehmen war und mehrere Flughäfen betrieb und deren wirtschaftlicher Tätigkeit, die das Anbieten von Flughafendienstleistungen betraf.[198] In der vom EuGH[199] bestätigten Entscheidung *SELEX/Kommission* untersuchte das EuG die verschiedenen Tätigkeiten der *Eurocontrol,* einer internationalen Organisation mit regionalen Aufgaben im Bereich der Luftfahrt. Sie wurde von verschiedenen Staaten mit dem Ziel geschaffen, die Zusammenarbeit der Vertragsstaaten auf dem Gebiet der Flugsicherung enger zu gestalten und zwischen ihnen gemeinsame Tätigkeiten weiterzuentwickeln, um die zur einheitlichen Regelung des Luftverkehrs erforderliche Harmonisierung und Integration zu erreichen.[200] Bei der Festsetzung technischer Normen im Luftverkehrssektor sowie der Forschungs- und Entwicklungstätigkeit und bei der Regelung der Rechte des geistigen Eigentums handelte *Eurocontrol* nach Auffassung des Gerichts nicht als

---

[192] Vgl. bereits Kommisison, Mitteilung zu Leistungen der Daseinsvorsorge, ABl. 2001 Nr. C 17/4 RdNr. 28–30; Kommission, Entsch. v. 26. 7. 2000, K(2000) 2466, ABl. 2001 Nr. L 18/18 RdNr. 87 ff. – SICAN; Kommission, Entsch. v. 22. 11. 2006, C24/2005, ABl. 2007 Nr. L 95/25, RdNr. 56 ff. – LNE.

[193] EuGH, Urt. v. 15. 12. 2005, C–66/02, Slg. 2005, I-10 901, RdNr. 92 – Italienische Republik/Kommission.

[194] EuGH, Urt. v. 16. 3. 2004, verb. C–264/01 ua., Slg. 2004, I-2493, RdNr. 58 ff. – AOK Bundesverband ua.; vgl. speziell zur Anwendung des Art. 107 (1) AEUV Kommission, Entsch. v. 26. 7. 2000, K(2000) 2466, ABl. 2001 Nr. L 18/18 RdNr. 91 – SICAN.

[195] Vgl. MünchKommEUWettbR/*Säcker/Herrmann* Einl. RdNr. 1598 m.w. N.

[196] EuG v. 12. 12. 2006, T–155/04, RdNr. 54 f. – SELEX; v. 12. 12. 2000, T–128/98, Slg. 2000, II-3929, RdNr. 108 – Aéroports de Paris/Kommission; siehe bereits EuGH, Urt. v. 11. 7. 1985, 107/84, Slg. 1985, 2655, RdNr. 14 f. – Kommission/Deutschland.

[197] EuGH, Urt. v. 10. 1. 2006, C–222/04, RdNr. 119 ff. – Ministero dell'Economia e delle Finanze/Cassa di Risparmio.

[198] EuG v. 12. 12. 2000, T–128/98, Slg. 2000, II-3929, RdNr. 112 ff. – Aéroports de Paris/Kommission.

[199] EuGH, Urt. v. 26. 3. 2009, C–113/07 P – SELEX/Kommission.

[200] EuG, Urt. v. 12. 12. 2006, T–155/04, RdNr. 54 f. – SELEX.

Unternehmen. Das Gericht sah lediglich in der beratenden Unterstützungstätigkeit von *Eurocontrol* für die nationalen Verwaltungen eine die Unternehmenseigenschaft begründende wirtschaftliche Tätigkeit. Bei der Einziehung der von den Vertragsstaaten festgelegten Gebührensätze sowie der Kontrolle und Überwachung des Luftraums wiederum handelt *Eurocontrol* hoheitlich und damit nicht als Unternehmen.[201]

800   Im Rahmen des Art. 107 Abs. 1 AEUV wird dieser Aspekt teilweise auch bei der Frage nach einem „wirtschaftlichen Vorteil" durch eine staatliche Maßnahme problematisiert.[202] Nur eine durch eine staatliche Beihilfe bewirkte wirtschaftliche Begünstigung eines Unternehmens kann danach zu einer Verfälschung des Wettbewerbs im Sinne von Artikel 107 Abs. 1 AEUV führen. Die Begünstigung ist jedoch nur dann eine Beihilfe, wenn sie sich unmittelbar oder mittelbar auf die *wirtschaftliche* Tätigkeit eines Unternehmens auswirkt. Fehlt der Bezug zur wirtschaftlichen Tätigkeit (tätigkeitsbezogene Begünstigung), handelt es sich bei der Maßnahme nicht um eine Beihilfe.[203] Damit hängt die Beurteilung letztlich von der wirtschaftlichen Tätigkeit ab, welche das zentrale Merkmal des Unternehmensbegriffs ist.

801   Demnach ist bei einer zweckgebundenen Mittelgewährung, die als Begünstigung i. S. d. Art. 107 Abs. 1 AEUV in Betracht kommt, festzustellen, ob diese irgendeine wirtschaftliche Tätigkeit des Empfängers berührt. Allein der Umstand, dass der Empfänger in irgendeinem Sektor als Unternehmen tätig wird, ist nicht ausreichend. Die Begünstigung muss sich auch auf eine wirtschaftliche Tätigkeit beziehen und darf nicht *ausschließlich* den nichtwirtschaftlichen (nichtunternehmerischen) Bereich betreffen (zur Vermeidung einer Quersubventionierung siehe unten RdNr. 804 ff.). Eine Leistung betrifft dann *nicht* ausschließlich einen nichtwirtschaftlichen Bereich, wenn sie zwar für diesen gewährt wird, aber die Gefahr von Quersubventionen zugunsten wirtschaftlicher Tätigkeiten besteht.

802   **ββ) Nichtwirtschaftlicher Charakter.** Wirtschaftliche Tätigkeiten sind nach Auffassung des EuGH von hoheitlichen und solchen, mit rein sozialem Charakter zu unterscheiden. Um typische Hoheitstätigkeiten handelt es sich bei der Ausübung von Zwangsgewalt oder der Ausübung wesentlicher Staatsaufgaben.[204] Von Bedeutung sind jedoch insbesondere Systeme, die nicht als wirtschaftlich anzusehen sind, weil sie eine **Aufgabe mit rein sozialem Zweck** erfüllen. Im Urteil *Poucet und Pistre* hat der EuGH die wirtschaftliche Tätigkeit und damit die Unternehmenseigenschaft von Einrichtungen verneint, die mit der Verwaltung eines Versicherungssystems für Krankheit und Mutterschaft bestimmter selbständiger Berufsgruppen betraut wurde.[205] Nach Auffassung des Gerichtshofes wirkte sie bei der Verwaltung der öffentlichen Aufgabe zur sozialen Sicherheit mit und erfüllten dabei eine Aufgabe mit ausschließlich sozialem Charakter, die auf dem Grundsatz der nationalen Solidarität beruhte und ohne Gewinnzweck ausgeübt wurde. Entscheidend für den EuGH war der für das System geltende Grundsatz der nationalen Solidarität, der fehlende Einfluss der Einrichtungen auf die Höhe und Art der gesetzlich festgelegten Leistungen und Beiträge und die fehlende Gewinnerzielungsabsicht. In den Urteilen *Fédération française des sociétés d'assurances,*[206] *Albany*[207] und *Pavlov*[208] hat der Gerichtshof den im Urteil *Poucet und Pistre* gewählten Ansatz bestätigt und fortgeführt. Im Fall *Cisal/INAIL* befand der EuGH in Einklang mit der Entscheidung *Poucet und Pistre,* dass eine durch Gesetz mit der Verwaltung eines Systems der Versicherung gegen Arbeitsunfälle und Berufskrankheiten betraute Einrichtung kein Unternehmen sei.[209] Entscheidend war, dass Leistungen und Beiträge staatlicher Aufsicht unterlagen und keine Proportionalität zwischen Beiträgen und Leistungen

---

[201] So bereits EuGH, Urt. v. 19. 1. 1994, C-364/92, Slg. 1994, I-43 – SAT/Eurocontrol; EuGH, Urt. v. 14. 10. 1976, 29/76, Slg. 1976, 1541, RdNr. 4 – LTU/Eurocontrol.

[202] Vgl. dazu *Lübbig/Martín-Ehlers* S. 29.

[203] Vgl. *Heidenhain* § 4 RdNr. 8; siehe auch Kommission, Fall N 503/99, ABl. 2000 Nr. C 33/9 v. 5. 2. 2000 und im XXIX. Bericht über die Wettbewerbspolitik 1999, RdNr. 229.

[204] Vgl. dazu MünchKommEUWettbR/*Säcker/Herrmann* Einl. RdNr. 1619 m. w. N.

[205] EuGH, Urt. v. 17. 2. 1993, verb. C-159/91 u. C-160/91, Slg. 1993, I-637, RdNr. 18 f. – Poucet und Pistre.

[206] EuGH, Urt. v. 16. 11. 1995, C-244/94, Slg. 1995, I-4013, RdNr. 15 f. – Fédération française des sociétés d'assurance (FFSA).

[207] EuGH, Urt. v. 21. 9. 1999, C-67/96, Slg. 1999, I-5751, RdNr. 78–80 – Albany; nahezu wortgleich auch EuGH, Urt. v. 21. 9. 1999, verb. C-115/97 bis C-117/97, Slg. 1999, I-6025, RdNr. 78–80 – Brentjens und EuGH, Urt. v. 21. 9. 1999, C-219/97, Slg. 1999, I-6121, RdNr. 68–70 – Maatschappij Drijvende Bokken.

[208] EuGH, Urt. v. 12. 9. 2000, verb. C-180/98 bis C-184/98, Slg. 2000, I-6451, RdNr. 109 ff. – Pavlov.

[209] EuGH, Urt. v. 22. 1. 2002, C-218/00, Slg. 2002, I-691, RdNr. 31 ff. – Cisal/INAIL.

bestand (Grundsatz der Solidarität), INAIL somit eine Aufgabe rein sozialer Natur wahrnahm.[210] Die in der Entscheidung *Poucet und Pistre* aufgestellten Grundsätze finden aufgrund der Einheitlichkeit des Unternehmensbegriffs auch im Beihilfenrecht Anwendung. So entschied die Kommission unter Rückgriff auf ebendiese Rechtsprechung, dass bestimmte Maßnahmen zugunsten von Bankenstiftungen nicht unter die Beihilfevorschriften der EU fielen.[211] Die Bankenstiftungen waren nicht als Unternehmen anzusehen, da die Verwaltung des eigenen Vermögens und die Verwendung der daraus erwirtschafteten Erträge für gemeinnützige Zwecke keine wirtschaftliche Tätigkeit darstellte. Die Kommission vertrat die Auffassung, dass solche Stiftungen keine Wettbewerbsvorteile auf einem bestimmten „Markt" hätten, da die kostenlose Zuweisung von Mitteln keine wirtschaftliche Tätigkeit darstellt. Der von der Kommission verfolgte Ansatz wurde in einem Vorlageverfahren durch den EuGH mittelbar bestätigt.[212] Auch die einer Körperschaft des öffentlichen Rechts gewährte staatliche Bürgschaft fiel danach nicht in den Anwendungsbereich des Art. 107 Abs. 1 AEUV, weil diese schon keine Wirtschaftstätigkeit im Sinne der Art. 107 AEUV ausübte.[213] Von einer nichtwirtschaftlichen Tätigkeit rein sozialer Natur kann demnach jedenfalls unter folgenden **vier Voraussetzungen** gesprochen werden, die kumulativ erfüllt sein müssen.[214]

– Es muss sich erstens um die **Durchführung eines Systems der sozialen Sicherheit** handeln. Dies ist zB. bei der Verwaltung gesetzlicher Kranken- und Rentenversicherungssysteme der Fall.   **803**

– Das System muss zweitens auf dem **Grundsatz der Solidarität** beruhen. Dieser zeigt sich zB. im Fehlen eines Äquivalenzprinzips zwischen Leistung und Gegenleistung, weshalb eine Pflichtmitgliedschaft regelmäßig auch unerlässlich für das System ist.[215] Ein Versicherungssystem muss auf dem Grundsatz der Verteilung beruhen, dem zufolge die entrichteten Beiträge unmittelbar zur Finanzierung der anderen Mitgliedern gewährten Leistungen verwendet werden. Die solidarische Natur eines Versicherungssystems zeigt sich auch darin, dass – wie im Fall *Poucet und Pistre* – in bestimmten Fällen Ansprüche anerkannt werden, die ohne Beitragszahlung im Verlauf bestimmter Zeitabschnitte, während deren der Betroffene zB. bei Rentenansprüchen nicht gearbeitet hatte, erworben wurden, zB. in Zeiten in denen der Betroffene krank, arbeitsunfähig oder arbeitslos war oder seinen Militärdienst ableistete.[216] Als wirtschaftlich hingegen ist eine Konzeption anzusehen, die den auf dem Prinzip der Kapitalisierung beruhenden privaten Versicherungssystemen zugrunde liegt, bei denen die Versicherungsbeiträge auf dem Geldmarkt angelegt und anschließend in Form einer Leibrente oder einer Kapitalausschüttung zurückgezahlt werden.[217]

– Die Tätigkeit muss drittens **ohne Gewinnerzielungsabsicht** ausgeübt werden. Dafür spricht zB., wenn bereits bei der Entstehung des Systems fest stand, dass es sich nicht selbst tragen wird. Die Absicht ist objektiv zu bestimmen.

– Viertens müssen die **Leistungen von Gesetzes wegen und unabhängig von der Höhe der Beiträge** erbracht werden. Dies ist zB. dann der Fall, wenn die tatsächliche Höhe und Anzahl der Ansprüche zum Zeitpunkt der Einzahlung nicht bestimmbar waren, die zu Beiträge aber nach einem festen Schlüssel erhoben werden, zB. nach der Höhe des Arbeitseinkommens.

Die Durchführung eines solchen Systems muss eine von gleichzeitig ausgeübten sonstigen wirtschaftlichen Tätigkeiten zu trennende Aufgabe rein sozialer Natur verfolgen. Wie im Fall *Poucet und Pistre* und im Fall *Cisal/INAIL* kommt dabei dem Umstand besondere Bedeutung zu,

---

[210] EuGH, Urt. v. 22. 1. 2002, C-218/00, Slg. 2002, I-691, RdNr. 42 f. – Cisal/INAIL.

[211] Kommission, Entscheidung v. 22. 8. 2002 (2003/146/EG), ABl. 2003 Nr. L 55/56 RdNr. 42 ff. (Fall C 54/B/2000) – Italienische Bankenstiftungen, siehe dazu auch Kommission, XXXII. Bericht über die Wettbewerbspolitik 2002, RdNr. 366 ff.

[212] EuGH, Urt. v. 10. 1. 2006, C-222/04, RdNr. 120 f. – Ministero dell'Economia e delle Finanze/Cassa di Risparmio.

[213] Kommission, Entsch. v. 10. 10. 2007, N 597/2006.

[214] Zusammenfassend EuGH, Urt. v. 16. 3. 2004, verb. C-264/01 uaa., Slg. 2004, I-2493, RdNr. 47 – AOK Bundesverband ua.

[215] So auch in EuGH, Urt. v. 17. 2. 1993, verb. C-159/91 u. C-160/91, Slg. 1993, I-637, RdNr. 13 – Poucet und Pistre.

[216] Vgl. dazu Schlussanträge des GA Tesauro v. 29. 9. 1992, RdNr. 11, zu EuGH, Urt. v. 17. 2. 1993, verb. C-159/91 u. C-160/91, Slg. 1993, I-637, RdNr. 13 – Poucet und Pistre.

[217] Vgl. dazu Schlussanträge des GA Tesauro v. 29. 9. 1992, RdNr. 11, zu EuGH, Urt. v. 17. 2. 1993, verb. C-159/91 u. C-160/91, Slg. 1993, I-637, RdNr. 13 – Poucet und Pistre.

dass die Entscheidung über die generelle Gewährung als auch hinsichtlich der Modalitäten (Leistungsspektrum) von Leistungen der Einflussnahme der tätigen Einheit entzogen bleibt und zB. durch Gesetz gesteuert wird. Nach Auffassung des EuGH ändern minimale Handlungsbefugnisse, die im Interesse des ordnungsgemäßen Funktionierens eines Systems der sozialen Sicherheit gewährt werden, nichts an der Natur der sozialen Tätigkeit.[218]

804 β) **Zweckbindung von Zahlungen an die nichtwirtschaftliche Tätigkeit.** Nur soweit Zahlungen keinen Bezug zu wirtschaftlichen und damit unternehmerischen Tätigkeiten aufweisen, ist Art. 107 Abs. 1 AEUV nicht einschlägig.[219] Es muss daher sichergestellt sein, dass Zahlungen nicht auch einer wirtschaftlichen Tätigkeit zugute kommen, damit sich die konkreten Leistungen ausschließlich an ein Nicht-Unternehmen richten. Sie dürfen daher auch nicht über das für die Erfüllung der sozialen Aufgabe erforderliche Maß hinausgehen.

805 Dieses Problem berührte auch der EuGH in der Entscheidung Ministero dell'Economia e delle Finanze/Cassa di Risparmio. Dort konnte er aber die Beihilfequalität der den Bankenstiftungen gewährten Steuererleichterungen nicht generell ablehnen, obwohl sie auch nichtwirtschaftliche Tätigkeiten betrafen, da sie sich uneingeschränkt auf alle Tätigkeiten bezog und damit wirtschaftliche Tätigkeiten ebenfalls förderte.[220] Er hob insbesondere hervor, dass den Vorschriften über staatliche Beihilfen jede praktische Wirksamkeit genommen würde, wenn Subventionen oder andere Vergünstigungen des Staates oder aus staatlichen Mitteln an ein nichtwirtschaftliches Gebilde ganz oder teilweise auch zugunsten einer wirtschaftlichen Tätigkeit verwendet würden.[221] Dagegen wurde die finanzielle Unterstützung eines spanischen Weinbauunternehmens für die Restaurierung von in dessen Besitz befindlichen historischen Klostergebäuden von der Kommission nicht beanstandet. Die Gebäude „wurden nicht für die wirtschaftlichen Aktivitäten des Unternehmens genutzt". Die Kommission kam folglich zu dem Schluss, dass die geschäftlichen Aktivitäten des Empfängers nicht berührt wurden, da der Empfänger für seine geschäftlichen Aktivitäten daraus keinen wirtschaftlichen Vorteil zog, der zu einer Verfälschung des Wettbewerbs führen könnte.[222] Auch in der SICAN-Entscheidung der Kommission kam sie zu dem Schluss, dass die Ausbildung und die hiermit verbundenen organisatorischen und administrativen Tätigkeiten nicht zu den wirtschaftlichen Tätigkeiten des SICAN gehörten. Die staatlichen Fördermittel, soweit sie *nur* zur Finanzierung der Durchführung dieser Aufgabe dienten, stellten daher ihrer Auffassung nach keine staatliche Beihilfe dar.[223]

806 Soweit Zahlungen keine wirtschaftlichen Aktivitäten berühren, haben sie keine beihilfenrechtliche Relevanz und brauchen in konsequenter Anwendung der Rechtsprechung des EuGH zum Unternehmensbegriff nicht notifiziert werden.[224] Allerdings prüft die Kommission, soweit neben einer nichtwirtschaftlichen Tätigkeit auch wirtschaftliche Tätigkeiten ausgeübt werden gleichwohl, ob der von den öffentlichen Stellen gezahlte Ausgleich geringer oder gleich den Nettosonderkosten ist, die bei der Ausführung dieser nichtwirtschaftlichen Tätigkeiten angefallen sind, um die Gefahr von Quersubventionen zugunsten der wirtschaftlichen Tätigkeit auszuschließen, da diese insoweit einen wirtschaftlichen Vorteil i. S. d. Art. 107 Abs. 1 AEUV begründen können.[225] Dieser wird dann selbständig zB. anhand der De-minimis-Schwellen überprüft.

807 **b) Generelle Anwendungsvoraussetzungen (Gemeinschaftsrahmen).** Art. 106 Abs. 2 AEUV stellt allgemeine Voraussetzungen auf, die erfüllt sein müssen, um eine Ausnahme von Vorschriften der EU-Verträge zu gewähren. Im Folgenden werden nur die Aspekte dargestellt, die speziell für die Anwendung des Art. 106 Abs. 2 AEUV auf die Beihilfevorschriften der Art. 107 ff. AEUV von Bedeutung sind. Die Kommission hat dazu 2005 als normkonkretisierende Leitlinie gemäß Art. 106 Abs. 3 AEUV[226] einen „Gemeinschaftsrahmen für staatliche

---

[218] EuGH, Urt. v. 16. 3. 2004, verb. C-264/01 ua., Slg. 2004, I-2493, RdNr. 56 – AOK Bundesverband.

[219] Vgl. Kommission, Entsch. v. 26. 7. 2000, K(2000) 2466, ABl. 2001 Nr. L 18/18 RdNr. 91 – SICAN.

[220] EuGH, Urt. v. 10. 1. 2006, C-222/04, Slg. 2006, I-289, RdNr. 107 ff. – Ministero dell'Economia e delle Finanze/Cassa di Risparmio.

[221] EuGH, Urt. v. 10. 1. 2006, C-222/04, Slg. 2006, I-289, RdNr. 114 – Ministero dell'Economia e delle Finanze/Cassa di Risparmio.

[222] Kommission, XXIX. Bericht über die Wettbewerbspolitik 1999, RdNr. 229 zum Fall N 503/99 (ABl. 2000 Nr. C 33/9 vom 5. 2. 2000), die dieses Problem jedoch – unter Vernachlässigung der ständigen Rechtsprechung zum Unternehmensbegriff – erst beim Vorteilsbegriff problematisiere.

[223] Kommission, Entsch. v. 26. 7. 2000, K(2000) 2466, ABl. 2001 Nr. L 18/18 RdNr. 91 – SICAN.

[224] Ebenso *Heidenhain* § 4 RdNr. 8.

[225] Kommission, Entsch. v. 22. 11. 2006, K(2006) 5477, ABl. 2007 Nr. L 95/25 RdNr. 121 – LNE.

[226] Vgl. dazu *Uerpmann* EuZW 1998, 331; *von der Groeben/Schwarze/Mederer/van Ysendyck* Art. 87 EG RdNr. 150.

Beihilfen, die als Ausgleich für die Erbringung öffentlicher Dienstleistungen gewährt werden" veröffentlicht,[227] der bei der Anwendung zu berücksichtigen ist. Sie hat die Abstimmung des Rechts der Mitgliedstaaten mit dem Gemeinschaftsrahmen zudem als zweckdienliche Maßnahme gemäß Art. 108 Abs. 1 AEUV vorgeschlagen.[228] Mit dem Gemeinschaftsrahmen hat die Kommission ihre Entscheidungskompetenz eingeschränkt, indem sie Hinweise auf ihre Verwaltungspraxis gab, von denen sie nicht ohne Angabe von Gründen abweichen kann, da sie anderenfalls den Grundsatz der Gleichbehandlung verletzen würde.[229] Der EuGH und das EuG haben die Einhaltung dieser Regeln durch die Kommission zu überprüfen.[230]

Der Gemeinschaftsrahmen unterscheidet sich von der DAWI-GFE allein durch seinen weiter- **808** gehenden Anwendungsbereich.[231] Der Gemeinschaftsrahmen gilt nicht für Ausgleichszahlungen im Verkehrssektor und – anders als die DAWI-GFE[232] – im Bereich des öffentlich-rechtlichen Rundfunks im Sinne der Rundfunkmitteilung[233] der Kommission.[234] Für den Transportsektor gelten insbesondere insbesondere die in Verordnungen und Leitlinien[235] festgelegten Sonderregelungen. Die Bestimmungen des Gemeinschaftsrahmens treten zudem hinter bestehende strengere sektorspezifische EU-Rechtsvorschriften in Bezug auf die Erfüllung von Gemeinwohlverpflichtungen zurück,[236] nicht aber stets hinter bestehende sektorale Anwendungsgrundsätze.[237] Der Gemeinschaftsrahmen trifft allerdings allgemeingültige Aussagen für die Anwendung des Art. 106 Abs. 2 AEUV, so dass er als Wertungsmaßstab entsprechend zu berücksichtigen ist.[238] Außerhalb des Anwendungsbereichs des Gemeinschaftsrahmens bleibt zudem die unmittelbare Anwendung des Art. 106 Abs. 2 AEUV ohne eine Leitlinienbindung möglich. Die Kommission ist nicht gehindert, über die im Gemeinschaftsrahmen genannten Konstellationen hinausgehend eine positive Entscheidung gemäß Art. 106 Abs. 3 AEUV zu erlassen, sei es auf Antrag des Mitgliedstaates, eines seiner Gerichte oder in Eigeninitiative.[239] Für die Anwendung von Art. 106 Abs. 2 AEUV außerhalb der Beihilfenvorschriften wird auf die Kommentierung des Art. 86 EG in Band I verwiesen.[240]

aa) Dienstleistungen von allgemeinem wirtschaftlichem Interesse (DAWI). Aus- **809** nahmen gemäß Art. 106 Abs. 2 AEUV können nur für Unternehmen gewährt werden, die mit Dienstleistungen von allgemeinem wirtschaftlichem Interesse betraut sind. Die Bedeutung der Dienstleistungen von allgemeinem wirtschaftlichem Interesse für die Europäische Union und die Notwendigkeit, das ordnungsgemäße Funktionieren dieser Dienstleistungen zu gewährleisten, wurden durch die Aufnahme von Art. 16 EG in den EG-Vertrag (nunmehr Art. 14 AEUV) durch den Vertrag von Amsterdam hervorgehoben.[241] Bei der Frage, welche Arten von Leis-

---

[227] ABl. 2005 Nr. C 297/4.

[228] Gemeinschaftsrahmen RdNr. 27.

[229] Speziell zum Gemeinschaftsrahmen EuG, Urt. v. 28. 11. 2008, verb. T-254/00 ua., Slg. 2008, II-3269, RdNr. 292 – Hotel Cipriani/Kommission; grundsätzlich dazu EuGH, Urt. v. 30. 1. 1974, 148/73, Slg. 1974, 81, RdNr. 12 – Louwage/Kommission; EuGH, Urt. v. 1. 12. 1983, 343/82, Slg. 1983, 4023, RdNr. 14 – Michael/Kommission; EuGH, Urt. v. 9. 10. 1984, verb. 80/81 ua., Slg. 1984, 3411, RdNr. 22 – Adam ua./Kommission.

[230] EuG, Urt. v. 28. 11. 2008, verb. T-254/00 ua., Slg. 2008, II-3269, RdNr. 292 – Hotel Cipriani/Kommission; EuG, Urt. v. 1. 12. 2004, T-27/02, Slg. 2004, II-4177, RdNr. 79 – Kronofrance/Kommission mwN.

[231] Kommission, Entsch. v. 2. 7. 2009, Beihilfe NN 8/2009, RdNr. 72, 91 – Naturschutzflächen (Deutschland).

[232] Vgl. Rundfunkmitteilung, ABl. 2009 Nr. C 257/1 RdNr. 19.

[233] ABl. 2009 Nr. C 257/1.

[234] Gemeinschaftsrahmen RdNr. 3.

[235] ZB. Leitlinien für staatliche Beihilfen im Seeverkehr, ABl. 2004 Nr. C 13/3. Näher dazu unter Sektoren.

[236] Gemeinschaftsrahmen RdNr. 4.

[237] Siehe zum Agrarsektor: Rahmenregelung der Gemeinschaft für staatliche Beihilfen im Agrar- und Forstsektor 2007–2013, ABl. 2006 Nr. C 319/1 RdNr. 149; siehe zu Haftungsverpflichtungen und Bürgschaften: Mitteilung der Kommission über die Anwendung der Artikel 87 und 88 des EG-Vertrags auf staatliche Beihilfen in Form von Haftungsverpflichtungen und Bürgschaften, ABl. 2008 Nr. C 155/10, 14 insb. Fn. 8.

[238] Ebenso Arbeitspapier SEK (2007)1516 endg. v. 20. 11. 2007, S. 20 Fn. 66.

[239] Vgl. *Jennert* NVwZ 2004, 425, 430.

[240] MünchKommEUWettbR/*Gundel* Art. 86 EG.

[241] EuG, Urt. v. 22. 10. 2008, verb. T-309/04 ua., RdNr. 102 – TV 2/Danmark/Kommission; Beschl. des Präsidenten des Gerichts v. 28. 5. 2001, T-53/01 R, Slg. 2001, II-1479, RdNr. 132 – Poste Italiane/Kommission.

tungen als Dienstleistungen von allgemeinem wirtschaftlichem Interesse anzusehen sind, verfügen die Mitgliedstaaten nach ständiger Rechtsprechung des EuGH über einen großen Ermessensspielraum, es sei denn, es handelt sich um Sektoren, für die spezielle Gemeinschaftsvorschriften gelten.[242] Die Kommission hat daher nur darüber zu wachen, dass dieser Ermessensspielraum in Bezug auf die Definition der Dienstleistungen von allgemeinem wirtschaftlichem Interesse ohne offenkundige Fehler erfolgt.[243] Eine Dienstleistung von allgemeinem wirtschaftlichem Interesse wird anhand des allgemeinen Interesses definiert, das mit ihr befriedigt werden soll, und nicht danach, mit welchen Mitteln die Dienstleistung erbracht werden soll.[244]

810   Der Begriff Dienstleistung ist nicht mit den Abgrenzungsschwierigkeiten des Art. 56 AEUV (Dienstleistungsfreiheit) behaftet. Vielmehr ist der Begriff weit zu verstehen und erfasst jedes marktbezogene Angebot.[245]

811   Die Erbringung der betreffenden Dienstleistung muss definitionsgemäß einem allgemeinen oder öffentlichen Interesse dienen. Hierin unterscheiden sich die Dienstleistungen von allgemeinem wirtschaftlichem Interesse insbesondere von den Dienstleistungen, die einem privaten Interesse dienen, auch wenn Letzteres kollektiv oder vom Staat als legitim oder wohltätig anerkannt sein kann.[246] Außerdem darf das allgemeine oder öffentliche Interesse, das der Staat geltend macht, sich nicht in der Notwendigkeit erschöpfen, den betreffenden Markt bestimmten Regeln oder die Geschäftätigkeit der betreffenden Wirtschaftsteilnehmer einem staatlichen **Erlaubnisvorbehalt** zu unterwerfen. Die Tatsache allein, dass der nationale Gesetzgeber in einem weit verstandenen allgemeinen Interesse sämtlichen Wirtschaftsteilnehmern eines Sektors zum Zwecke der Gefahrenabwehr bestimmte Erlaubnis-, Funktions- oder Überwachungsregeln auferlegt, stellt grundsätzlich keine gemeinwirtschaftliche Aufgabe dar.[247]

812   Die Dienstleistung muss – anders als der Wortlaut des Art. 106 Abs. 2 AEUV vermuten ließe – nicht ausschließlich im „wirtschaftlichen" Interesse erfolgen.[248] Ganz im Gegenteil muss sich das an der Dienstleistung bestehende Interesse gerade von sonstigen wirtschaftlichen Interessen unterscheiden.[249] Deshalb werden unzweifelhaft auch kulturpolitische Interessen erfasst.[250] Der Hinweis auf den wirtschaftlichen Charakter ist letztlich eine Tautologie zum im Unternehmensbegriff enthaltenen Merkmal wirtschaftlicher Tätigkeit (siehe RdNr. 793 ff.).

813   Das Unionsrecht fordert nicht, dass eine Dienstleistung, um als Dienstleistung von allgemeinem wirtschaftlichem Interesse eingestuft zu werden, ein **Universaldienst** im strengen Sinne, wie etwa das öffentliche System der sozialen Sicherheit, sein muss. Der Begriff des Universaldienstes im Sinne des Gemeinschaftsrechts bedeutet nämlich nicht, dass der betreffende Dienst ein der Gesamtheit der Bevölkerung gemeinsames Bedürfnis befriedigen oder im gesamten Hoheitsgebiet erbracht werden muss.[251] Obwohl diese Merkmale dem klassischen und in den Mitgliedstaaten am weitesten verbreiteten Typus der Dienstleistung von allgemeinem wirtschaftlichem Interesse entsprechen, schließt dies andere, ebenfalls zulässige Arten von Dienstleistungen von allgemeinem wirtschaftlichem Interesse nicht aus, die die Mitgliedstaaten in Ausübung ihres Ermessens rechtswirksam festlegen können.[252] Deshalb stellt der Umstand, dass eine gemeinwirtschaftliche Verpflichtung nur einen beschränkten räumlichen oder sachlichen Anwendungsbereich hat oder dass die Dienstleistung nur einer begrenzten Gruppe von Nutzern zugutekommen, nicht notwendig den Charakter als gemeinwirtschaftliche Aufgabe im Sinne des Unionsrechts in Frage.[253]

---

[242] Vgl. EuG, Urt. v. 12. 2. 2008, T-289/03, Slg. 2008, II-81, RdNr. 172 – BUPA/Kommission. m.w. N.

[243] EuG, Urt. v. 22. 10. 2008, verb. T-309/04 ua., RdNr. 101 – TV 2/Danmark/Kommission; EuG, Urt. v. 15. 6. 2005, T-17/02, Slg. 2005, II-2031, RdNr. 216 – Olsen/Kommission; Gemeinschaftsrahmen, RdNr. 9.

[244] EuG, Urt. v. 26. 6. 2008, T-442/03, Slg. 2008, II-1161, RdNr. 203 – SIC/Kommission.

[245] MünchKommEUWbR/ *Gundel* Art. 86 EG RdNr. 80 f.

[246] EuG, Urt. v. 12. 2. 2008, T-289/03, Slg. 2008, II-81, RdNr. 178 – BUPA/Kommission; EuGH, Urt. v. 10. 12. 1991, C-179/90, Slg. 1991, I-5889, RdNr. 27 – Porto di Genova.

[247] EuGH, Urt. v. 14. 7. 1981, 172/80, Slg. 1981, 2021, RdNr. 7 – Züchner; EuGH, Urt. v. 2. 3. 1983, 7/82, Slg. 1983, 483, RdNr. 31, 32 – GVL/Kommission; EuG, Urt. v. 12. 2. 2008, T-289/03, Slg. 2008, II-81, RdNr. 178 – BUPA/Kommission.

[248] MünchKommEUWbR/ *Gundel* Art. 86 EG RdNr. 82.

[249] EuGH, Urt. v. 10. 12. 1991, C-179/90, Slg. 1991, I-5889, RdNr. 27 – Porto di Genova.

[250] Vgl. EuGH, Urt. v. 30. 4. 1973, 155/73, Slg. 1974, 409, RdNr. 15 – Giuseppe Sacchi.

[251] Vgl. EuG, Urt. v. 15. 6. 2005, T-17/02, Slg. 2005, II-2031, RdNr. 186 ff. – Olsen/Kommission.

[252] EuG, Urt. v. 12. 2. 2008, T-289/03, Slg. 2008, II-81, RdNr. 186 – BUPA/Kommission.

[253] EuG, Urt. v. 12. 2. 2008, T-289/03, Slg. 2008, II-81, RdNr. 187 – BUPA/Kommission.

Unschädlich ist es, wenn die Dienstleistung für die Nachfrager zur freien Wahl steht, wie zB.   814
ein ergänzender oder zusätzlicher Versicherungsschutz zu den vom öffentlichen Krankenver-
sicherungssystem vorgesehenen obligatorischen Universaldiensten. Der **obligatorische Charakter** der betreffenden Dienstleistung ist zwar eine wesentliche Voraussetzung für das Vorliegen
einer gemeinwirtschaftlichen Aufgabe. Diese Voraussetzung verlangt aber nur, dass die durch
Hoheitsakt mit einer gemeinwirtschaftlichen Aufgabe betrauten Unternehmen grundsätzlich
verpflichtet sind, die betreffende Dienstleistung entsprechend der gemeinwirtschaftlichen Verpflichtungen auf dem Markt anbieten. Der Anbieter muss einem Kontrahierungszwang unterliegen, der die geschäftliche Entscheidungsfreiheit in Übereinstimmung[254] mit den Grundsätzen
freien Wettbewerbs einschränkt und ua. in der Verpflichtung bestehen kann, eine bestimmte
geschäftliche Tätigkeit unabhängig von den durch diese verursachten Kosten auszuüben. Diese
Verpflichtung ist das Gegenstück zum Schutz der gemeinwirtschaftlichen Aufgabe und der
Marktposition, die mit der Übertragung dieser Aufgabe verbunden ist.[255] Wird kein ausschließliches oder besonderes Recht gewährt, kann der obligatorische Charakter einer gemeinwirtschaftlichen Aufgabe in der durch Hoheitsakt vorgesehenen Verpflichtung des betreffenden
Wirtschaftsteilnehmers bestehen, bestimmte Dienstleistungen jedem Bürger anzubieten, der
darum nachsucht.[256] Der obligatorische Charakter einer gemeinwirtschaftlichen Aufgabe setzt
hingegen nicht voraus, dass die öffentlichen Stellen den Inhalt der Dienstleistung abschließend
festlegen. Er schließt nicht aus, dass dem Wirtschaftsteilnehmer auf dem Markt ein gewisser
Spielraum belassen wird, auch hinsichtlich des Inhalts der Dienstleistungen und der Höhe des
Preises. Unter diesen Voraussetzungen wird dem Wirtschaftsteilnehmer ein Minimum an
Handlungsfreiheit und somit auch ein Minimum an Wettbewerb hinsichtlich Qualität und Inhalt der betreffenden Leistungen garantiert, was im Unionsinteresse den Umfang der Wettbewerbsbeschränkung, die sich aus der Übertragung der gemeinwirtschaftlichen Aufgabe ergibt,
begrenzen kann, ohne dass die mit der Aufgabe verfolgten Ziele beeinträchtigt werden.[257] Der
obligatorische Charakter einer Dienstleistung und somit das Vorliegen einer gemeinwirtschaftlichen Aufgabe sind nachgewiesen, wenn der Dienstleistende einem Kontrahierungszwang zu
gleichbleibenden Bedingungen unterliegt, ohne den anderen Vertragspartner zurückweisen zu
können. Dadurch kann die zu einer gemeinwirtschaftlichen Aufgabe gehörende Dienstleistung
von jeder anderen auf dem Markt erbrachten Dienstleistung und somit von jeder anderen völlig
frei ausgeübten Tätigkeit unterschieden werden.[258]

Es ist *nicht* erforderlich, dass die betreffende Dienstleistung unentgeltlich oder unter Außer-   815
achtlassung der wirtschaftlichen Rentabilität angeboten wird. Die Tatsache, dass bestimmte potentielle Nutzer nicht über die erforderlichen finanziellen Mittel verfügen, um sämtliche auf
dem Markt verfügbaren Leistungen in Anspruch nehmen zu können, beeinträchtigt nicht ihren
universalen Charakter, sofern die betreffende Dienstleistung zu nicht diskriminierenden Ein-
heitstarifen und zu für alle Kunden vergleichbaren Qualitätsbedingungen angeboten wird.[259]

Als Dienstleistungen von allgemeinem wirtschaftlichen Interesse anerkannt wurden ua. der   816
Postdienst für alle Nutzer zu einheitlichen Gebühren und in gleicher Qualität,[260] die Pflicht zur
diskriminierungsfreien und umfassenden Stromversorgung,[261] die Aufrechterhaltung der Schiff-
barkeit einer Wasserstraße,[262] die Gewährleistung einer Grundversorgung mit Sprachtelefonie,[263]

[254] *Busche,* Privatautonomie und Kontrahierungszwang, S. 110 ff.; a. A. EuG, Urt. v. 12. 2. 2008, T-289/03,
Slg. 2008, II-81, RdNr. 188 – BUPA/Kommission.
[255] Mit dieser Argumentation wird im Wettbewerbsrecht eine verschärfte Missbrauchskontrolle für Unternehmen mit rechtlicher oder natürlicher Monopolstellung gerechtfertigt, vgl. BGH, Beschl. v. 15. 11. 1994
– KVR 29/93, BGHZ 128, 17.
[256] EuG, Urt. v. 12. 2. 2008, T-289/03, Slg. 2008, II-81, RdNr. 188 – BUPA/Kommission.
[257] EuG, Urt. v. 12. 2. 2008, T-289/03, Slg. 2008, II-81, RdNr. 189 – BUPA/Kommission.
[258] EuG, Urt. v. 12. 2. 2008, T-289/03, Slg. 2008, II-81, RdNr. 190 – BUPA/Kommission; vgl. dazu
EuGH, Urt. v. 10. 12. 1991, C-179/90, 1991, I-5889, RdNr. 27 – Merci convenziali porto di Genova/
Siderurgica Gabrielli.
[259] EuG, Urt. v. 12. 2. 2008, T-289/03, Slg. 2008, II-81, RdNr. 203 – BUPA/Kommission; vgl. EuGH,
Urt. v. 19. 5. 1993, C-320/91, Slg. 1993 I-2533, RdNr. 15 – Corbeau; EuGH, Urt. v. 27. 4. 1994,
C-393/92, Slg. 1994, I-1477, RdNr. 48 – Almelo; EuGH, Urt. v. 25. 10. 2001, C-475/99, Slg. 2001,
I-8089, RdNr. 55 – Ambulanz Glöckner.
[260] EuGH, Urt. v. 19. 5. 1993, C-320/91, Slg. 1993 I-2533, RdNr. 15 – Corbeau.
[261] EuGH, Urt. v. 27. 4. 1994, C-393/92, Slg. 1994, I-1477, RdNr. 48 – Almelo.
[262] EuGH, Urt. v. 14. 7. 1971, 10/71, Slg. 1971, 723, RdNr. 11 – Hafen von Mertert.
[263] EuGH, Urt. v. 13. 12. 1991, C-18/88 Slg. 1991, I-5941, RdNr. 16 – RTT/GB-Inno-BM; vgl. auch
EuGH, Urt. v. 20. 3. 1985, 41/83, Slg. 1985, 873, RdNr. 30–35 – Italien/Kommission (BT).

die Arbeitsvermittlung,[264] (Luft-)Verkehrsdienstleistungen, sofern Betriebspflicht und Tarifzwang besteht,[265] die Bewirtschaftung bestimmter Abfälle insbesondere zur Beseitigung von Umweltproblemen[266] und das Angebot eines ausgewogenen Rundfunk- und Fernsehprogramms.[267] Für die weiteren Einzelheiten wird auf Band I verwiesen.[268]

817 **bb) Charakter eines Finanzmonopols.** Den Charakter eines Finanzmonopols haben nur solche Unternehmen, denen eine Monopolstellung eingeräumt wurde, um dem Staatshaushalt durch die Ausübung des Monopols in einer der Steuererhebung ähnlichen Weise besondere Einnahmen zu verschaffen.[269] Diese Tatbestandsvariante hat keine praktische Relevanz.[270]

818 **cc) Betrauungsakt.** Art. 106 Abs. 2 AEUV verlangt, dass die betreffenden Unternehmen vom Staat durch einen hoheitlichen Akt mit der Erfüllung einer besonderen Aufgabe betraut wurden.[271] Abgesehen von den Sektoren, die insoweit besonderen Unionsvorschriften unterliegen, werden die Kriterien und Voraussetzungen für die Erbringung solcher Leistungen unabhängig von der Rechtsstellung des Dienstleistungserbringers und unabhängig davon, ob die Leistungen unter Wettbewerbsbedingungen erbracht werden oder nicht, vom Staat festgelegt. Unter dem Begriff „Staat" sind in diesem Zusammenhang die Mitgliedstaat sowie regionale und lokale Gebietskörperschaften zu verstehen.[272] Unerheblich ist, ob es der Zustimmung des betrauten Unternehmens wie im Falle der Konzessionserteilung[273] bedurfte oder das Unternehmen in sonstiger Weise am Betrauungsverfahren beteiligt war.[274] Es ist auch nicht erforderlich, dass der Betrauung ein Ausschreibungsverfahren vorausging.[275] Nicht als Betrauung gilt die bloße Genehmigung einer Tätigkeit.[276] Die Tatsache allein, dass der nationale Gesetzgeber sämtlichen Wirtschaftsteilnehmern eines Sektors bestimmte Erlaubnis-, Funktions- oder Überwachungsregeln auferlegt, stellt grundsätzlich keine gemeinwirtschaftliche Aufgabenbetrauung dar.[277]

819 Für die Anerkennung einer gemeinwirtschaftlichen Aufgabe ist es nicht zwingend erforderlich, dass dem betrauten Unternehmen ein ausschließliches oder besonderes Recht zu ihrer Erfüllung verliehen wird. Aus Art. 106 Abs. 1 AEUV iVm. Art. 106 Abs. 2 AEUV ergibt sich, dass zwischen einem besonderen oder ausschließlichen Recht, das einem Wirtschaftsteilnehmer eingeräumt worden ist, und der gegebenenfalls mit diesem Recht verbundenen gemeinwirtschaftlichen Aufgabe zu unterscheiden ist.[278] Die Übertragung eines besonderen oder ausschließlichen Rechts auf einen Wirtschaftsteilnehmer ist nur das – möglicherweise gerechtfertigte – Mittel, das es ihm erlaubt, eine gemeinwirtschaftliche Aufgabe zu erfüllen. Daher kann die Übertragung einer gemeinwirtschaftlichen Aufgabe auch in einer Verpflichtung bestehen, die einer Vielzahl, ja sogar der Gesamtheit der auf demselben Markt tätigen Wirtschaftsteilnehmer auferlegt ist.[279] Die Verleihung ausschließlicher oder besonderer Rechte ist nicht erforderlich. Die Erfüllung einer Aufgabe kann der Staat auch allen auf einem Markt tätigen Wirtschaftsteilnehmern vorschreiben. Deshalb ist es nicht notwendig, dass die genannte Aufgabe jedem der den Verpflichtungen unterliegenden Wirtschaftsteilnehmer einzeln durch Rechtsakt oder einen individuellen Auftrag übertragen wird.[280] Die Abgrenzung zwischen einer allgemeinen Geneh-

---

[264] EuGH, Urt. v. 23. 4. 1991, C–41/90, Slg. 1991, I-1979, RdNr. 24 – Höfner und Elser.

[265] EuGH, Urt. v. 11. 4. 1989, 66/86, Slg. 1989, 803, RdNr. 55–57 – Ahmed Saeed Flugreisen.

[266] EuGH, Urt. v. 23. 5. 2000, C–209/98, Slg. 2000, I-3743, RdNr. 75 – FFAD.

[267] Vgl. EuGH, Urt. v. 30. 4. 1973, 155/73, Slg. 1974, 409, RdNr. 15 – Giuseppe Sacchi.

[268] MünchKommEUWettbR/ *Gundel* Art. 86 EG RdNr. 81 ff.

[269] Vgl. Grabitz/Hilf/ *Pernice/Wernicke* Art. 86 EGV RdNr. 43; Dauses/*Emmerich* H. II. RdNr. 67.

[270] Vgl. MünchKommEUWettbR/ *Gundel* Art. 86 EG RdNr. 108.

[271] EuGH, Urt. v. 14. 7. 1971, 10/71, Slg. 1971, 723, RdNr. 8–12 – Hafen von Mertert; EuG, Urt. v. 15. 6. 2005, T–17/02, Slg. 2005, II-2031, RdNr. 186 – Olsen/Kommission.

[272] Gemeinschaftsrahmen, RdNr. 11.

[273] Vgl. EuGH, Urt. v. 27. 4. 1994, C–393/92, Slg. 1994, I-1477, RdNr. 47 – Almelo.

[274] EuG, Urt. v. 15. 6. 2005, T–17/02, Slg. 2005, II-2031, RdNr. 188 – Olsen/Kommission.

[275] EuG, Urt. v. 15. 6. 2005, T–17/02, Slg. 2005, II-2031, RdNr. 239 – Olsen/Kommission.

[276] Kommission, Arbeitspapier DAWI, Nr. 5.2.

[277] EuGH, Urt. v. 14. 7. 1981, 172/80, Slg. 1981, 2021, RdNr. 7 – Züchner; EuGH, Urt. v. 2. 3. 1983, 7/82, Slg. 1983, 483, RdNr. 31, 32 – GVL/Kommission; EuG, Urt. v. 12. 2. 2008, T–289/03, Slg. 2008, II-81, RdNr. 178 – BUPA/Kommission.

[278] EuGH, Urt. v. 10. 12. 1991, C–179/90, 1991, I-5889, RdNr. 9 u. 27 – Merci convenzionali porto di Genova/Siderurgica Gabrielli; EuGH, Urt. v. 27. 4. 1994, C–393/92, Slg. 1994, I-1477, RdNr. 46–50 – Almelo; EuGH, Urt. v. 21. 9. 1999, C–67/96, Slg. 1999, I-5751, RdNr. 98, 104–111 – Albany.

[279] EuG, Urt. v. 12. 2. 2008, T–289/03, Slg. 2008, II-81, RdNr. 179 – BUPA/Kommission; EuGH, Urt. v. 27. 4. 1994, C–393/92, Slg. 1994, I-1477, RdNr. 47 – Almelo.

[280] EuG, Urt. v. 12. 2. 2008, T–289/03, Slg. 2008, II-81, RdNr. 183 – BUPA/Kommission.

migung und einem an eine Mehrheit von Unternehmen gerichteten Betrauuungsakt ist im Einzelfall anhand der Gesamtumstände festzustellen. Indizien für einen Betrauungsakt, der über eine bloße Genehmigung hinausgeht, sind eine hohe Detaildichte der Verpflichtungen, die explizite Bezeichnung als Tätigkeit im Allgemeininteresse sowie eine Einschränkung der geschäftlichen Entscheidungsfreiheit der Unternehmen, das sehr weit über gewöhnliche Erlaubnisvorbehalte für die Ausübung einer Tätigkeit auf einem bestimmten Sektor hinausgeht.[281] Werden die gesetzlichen Verpflichtungen durch einen Konzessionsvertrag konkretisiert, spricht dies ebenfalls für einen Betrauuungsakt i. S. d. Art. 106 Abs. 2 AEUV.[282]

Die Kommission qualifizierte als Betrauungsakte unter anderem einen Konzessionsvertrag und   **820**
Ausschreibungsunterlagen,[283] ministeriale Programmverträge,[284] Ministeriale Anweisungen,[285] Gesetze,[286] Verordnungen (acts),[287] jährliche oder mehrjährige Leistungsverträge,[288] Rechtsverordnungen (legislative decrees),[289] eine Beschreibung von Naturschutzaufgaben für unentgeltlich übereignete Grundstücke im Schenkungsvertrag und dem Grundbucheintrag.[290]

Der öffentliche Auftrag für die Erbringung der Dienstleistung im öffentlichen Interesse muss   **821**
aus Gründen der Rechtssicherheit und der Transparenz und um die Verhältnismäßigkeit der Maßnahme bewerten zu können[291] im Wege eines oder mehrerer Verwaltungs- oder Rechtsakte erteilt werden, dessen Form von den einzelnen Mitgliedstaaten bestimmt werden kann.[292] Wie das erste Altmark Trans-Kriterium (vgl. RdNr. 772) verlangt auch Art. 106 Abs. 2 AEUV, dass der hoheitliche Betrauungsakt klar die gemeinwirtschaftlichen Verpflichtungen definiert.[293] Aus ihm muss nach Auffassung der Kommission im Gemeinschaftsrahmen unter anderem Folgendes hervorgehen: a) die genaue Art und die Dauer der Gemeinwohlverpflichtungen,[294] b) die beauftragten Unternehmen und der geographische Geltungsbereich, c) Art und Dauer der dem Unternehmen gegebenenfalls gewährten ausschließlichen oder besonderen Rechte, d) die Parameter für die Berechnung, Überwachung und etwaige Änderung der Ausgleichszahlungen, e) die Maßnahmen zur Vermeidung und Rückzahlung von Überkompensationen.[295] Diese strengen Anforderungen der Kommission gehen teilweise über die Anforderungen der Rechtsprechung der europäischen Gerichte hinaus. Sie sind identisch mit den Voraussetzungen des Art. 4 der DAWI-GFE. Nicht erforderlich ist hingegen eine detaillierte Aufzählung aller mit der DAWI einhergehenden Tätigkeiten.[296] Der Betrauungsakt muss es aber ermöglichen, die Erforderlichkeit einer Ausnahme gemäß Art. 106 Abs. 2 AEUV zu ermitteln, insbesondere die Zuordnung und Berechnung der zur Erfüllung der Aufgabe erforderlichen Kostenposition, die ausgeglichen werden sollen. Erfordert die Art der Aufgabe eine flexible Anpassung an veränder-

---

[281] EuG, Urt. v. 12. 2. 2008, T-289/03, Slg. 2008, II-81, RdNr. 182 – BUPA/Kommission.

[282] EuGH, Urt. v. 23. 10. 1997, C-159/94, Slg. 1997, I-5815, RdNr. 66 – Kommission/Frankreich.

[283] Kommission, Entsch. v. 16. 5. 2006, Beihilfe N 562/2005 – Tunnel du Montblanc (ATMB) et Tunnel Maurice Lemaire (Italien), mitg. in, ABl. 2007 Nr. C 90/12; siehe auch EuGH, Urt. v. 23. 10. 1997, C-159/94, Slg. 1997, I-5815, RdNr. 65 ff. – EDF.

[284] Kommission. Entsch. v. 26. 9. 2006, Beihilfe NN 51/2006 – Ausgleich für den Universalpostdienst 2000–2005 (Italien), mitg. in ABl. 2006 Nr. C 291/17.

[285] Kommission, Entsch. v. 22. 2. 2006, Beihilfe N 166/2005 – Staatliche Beihilfe zur Finanzierung des ländlichen Postnetzes von Post Office Ltd. (2006–2008) (UK), mitg. in ABl. 2006 Nr. C 141/2.

[286] Kommission, Entsch. v. 7. 3. 2007, Beihilfe NN 8/2007 (ex N 840/2006) – Finanzieren von Arbeitskraftreduzierungmaßnahmen von RTVE (Spanien), mitg. in ABl. 2007 Nr. C 109/2.

[287] Kommission, Entsch. v. 7. 12. 2005, Beihilfe N 395/05 – Loan Guarantee for social infrastructure schemesfunded (Irland), mitg. in ABl. 2007 Nr. C 77/1.

[288] Kommission, Entsch. v. 22. 11. 2006, Beihilfe C 24/2005, ABl. 2007 Nr. L 95/25 RdNr. 99 – LNE.

[289] Vgl. EuGH, Urt. v. 30. 3. 2006, C-451/03, Slg. 2006, I-2941 – Servizi Ausiliari Dottori Commercialisti/Calafiori.

[290] Kommission, Entsch. v. 2. 7. 2009, Beihilfe NN 8/2009, RdNr. 76 – Naturschutzflächen (Deutschland).

[291] Vgl. Kommission, Mitteilung zu Leistungen der Daseinsvorsorge in Europa v. 20. 9. 2000, KOM (2000) 580, RdNr. 22.

[292] EuGH, Urt. v. 23. 10. 1997, C-159/94, Slg. 1997, I-5815, RdNr. 65 ff. – EDF.

[293] EuG, Urt. v. 12. 2. 2008, T-289/03, Slg. 2008, II-81, RdNr. 181 – BUPA/Kommission; vgl. dazu bereits EuGH, Urt. v. 14. 7. 1981, 172/80, Slg. 1981, 2021, RdNr. 7 – Züchner; EuGH, Urt. v. 11. 4. 1989, 66/86, Slg. 1989, 803, RdNr. 55 – Ahmed Saeed Flugreisen.

[294] Die Notwendigkeit dieses Kriteriums außerhalb des Gemeinschaftsrahmens offengelassen hat das EuG, Urt. v. 15. 6. 2005, T-17/02, Slg. 2005, II-2031, RdNr. 201 – Olsen/Kommission.

[295] Gemeinschaftsrahmen, RdNr. 12.

[296] Arbeitspapier SEK (2007)1516 endg. v. 20. 11. 2007, Pkt. 5.3.

te Umstände, sind die Voraussetzungen an die Klarheit des Betrauungsaktes auch dann erfüllt, wenn der Betrauungsakt ex-post-Korrekturmechanismen bestimmt, die eine regelmäßige Anpassung des Auftrages zulassen.[297]

822 **dd) Verhältnismäßigkeit der Beihilfe (Verhinderung der Aufgabenerfüllung). α) Grundsätze.** Die Ausnahme des Art. 106 Abs. 2 AEUV greift nur, soweit die Anwendung der Wettbewerbsvorschriften die Erfüllung der übertragenen besonderen Aufgabe rechtlich oder tatsächlich verhindert. Der zur Ausfüllung dieses Kriteriums anzulegende Maßstab entscheidet maßgeblich über die Reichweite der Ausnahmeklausel.[298] Von Bedeutung ist das Zusammenspiel der Auslegung des Merkmals „Verhinderung" und dem des „soweit". Letzteres lässt sich als **Erforderlichkeit** umschreiben, in dessen Rahmen bis zur Grenze der „Verhinderung" auch weniger weitreichende Ausnahmen zu berücksichtigen sind. Diese Prüfung wird regelmäßig als **Verhältnismäßigkeitsprüfung** bezeichnet.[299] In Beihilfefällen ist insbesondere die **Höhe des gewährten Vorteils** zu überprüfen. Darüber hinaus ist zu fragen, ob die Gewährung einer Beihilfe überhaupt das geeignete und effektivste Mittel zur Erfüllung der DAWI ist, oder stattdessen zB. die Durchführung einer Ausschreibung.[300] Diese in Art. 106 Abs. 2 AEUV geforderte Verhältnismäßigkeit soll letztlich sicherstellen, dass die zur Erbringung von Leistungen der Daseinsvorsorge verwendeten Mittel nicht zu überschießenden Wettbewerbsverfälschungen führen. Es muss insbesondere gewährleistet sein, dass die Ausnahmen von den Bestimmungen der EU-Verträge nicht über das für die ordnungsgemäße Erfüllung des öffentlichen Auftrags notwendige Maß hinausgehen.[301] Nur das *Erbringen der Dienstleistungen* von allgemeinem wirtschaftlichen Interesse muss gewährleistet sein und die mit der Erbringung betrauten Unternehmen müssen in der Lage sein, die besondere Belastung und die Nettosonderkosten, die dieses Mandat mit sich bringt, zu tragen.[302]

823 Nach der Rechtsprechung des EuGH ist der Tatbestand des Art. 106 Abs. 2 AEUV nicht erst dann verwirklicht, wenn das finanzielle Gleichgewicht oder das wirtschaftliche Überleben des mit einer Dienstleistung von allgemeinem wirtschaftlichem Interesse betrauten Unternehmens bedroht ist. Vielmehr genügt es, dass ohne die streitigen Rechte die Erfüllung der dem Unternehmen übertragenen besonderen Aufgaben *gefährdet wäre* oder dass die Beibehaltung dieser Rechte erforderlich ist, um ihrem Inhaber die Erfüllung seiner im allgemeinen wirtschaftlichen Interesse liegenden Aufgaben zu wirtschaftlich annehmbaren Bedingungen zu ermöglichen.[303] Der EuGH betont gleichzeitig, dass Art. 106 Abs. 2 AEUV als Ausnahmevorschrift eng auszulegen ist.[304] Vor allem aus der ersten Aussage ergibt sich in Übereinstimmung mit dem Wortlaut des Art. 106 Abs. 2 AEUV („der ihnen übertragenen besonderen *Aufgabe*"), dass **Schutzobjekt nicht das beauftragte Unternehmen selbst ist,** sondern die übertragene Aufgabe. **Beihilfen müssen also erforderlich sein, um die Aufgabe zu ermöglichen und nicht um den Bestand des beauftragten Unternehmens zu sichern.**[305] Konsequent dazu verhält sich die Feststellung des EuG, dass eine Dienstleistung von allgemeinem wirtschaftlichem Interesse anhand des allgemeinen Interesses definiert wird, das mit ihr befriedigt werden soll, und nicht danach, mit welchen Mitteln die Dienstleistung erbracht werden soll.[306]

824 Eine bloße Gefährdung der öffentlichen Aufgabe ausreichen zu lassen, ist mit dem Wortlaut des Art. 106 Abs. 2 AEUV vereinbar.[307] Ein Verhindern verlangt keine tatsächliche Unmöglichkeit der Aufgabenerfüllung. Mit dem nötigen (finanziellen) Aufwand kann theoretisch jedes

---

[297] Hierzu Kommission, Entsch. v. 3. 5. 2005, Beihilfen N 541/2004 u. N 542/2004 – Retention of financial reserves by sickness funds and Risk equalisation system (Niederlande), mitg. in ABl. 2005 Nr. C 324/30.

[298] *Koenig/Kühling* ZHR 166 (2002), 656, 675.

[299] Vgl. beispielhaft Kommission, Entsch. v. 22. 11. 2006, C24/2005, ABl. 2007 Nr. L 95/25, RdNr. 101 – LNE.

[300] *Koenig/Kühling* ZHR 166 (2002), 656, 678 f.

[301] Vgl. auch Art. 5 DAWI-GFE.

[302] Kommission, Entsch. v. 22. 11. 2006, C24/2005, ABl. 2007 Nr. L 95/25, RdNr. 101 – LNE.

[303] Vgl. EuGH, Urt. v. 17. 5. 2001, C-340/99, Slg. 2001, I-4109, RdNr. 54 – TNT Traco/Poste Italiano; EuGH, Urt. v. 21. 9. 1999, C-67/96, Slg. 1999, I-5751, RdNr. 107 – Albany; EuGH, Urt. v. 23. 10. 1997, C-159/94, Slg. 1997, I-5815, RdNr. 59 – Kommission/Frankreich.

[304] EuGH, Urt. v. 17. 5. 2001, C-340/99, Slg. 2001, I-4109, RdNr. 56 – TNT Traco/Poste Italiano.

[305] *Lecheler/Gundel* RdE 1998, 92, 97; *Weiß* AöR 128 (2003), 91, 106; *Koenig/Kühling* ZHR 166 (2002), 656, 678; näher dazu MünchKommEUWettbR/*Gundel* Art. 86 EG RdNr. 94.

[306] EuG, Urt. v. 26. 6. 2008, T-442/03, Slg. 2008, II-1161, RdNr. 203 – SIC/Kommission.

[307] A. A. *Koenig/Kühling* ZHR 166 (2002), 656, 677.

Allgemeininteresse bedient werden. Dessen Höhe kann aber einen Dritten von der Durchführung oder den Staat von der Beauftragung abhalten.[308]

Notwendig sind auch solche Maßnahmen, die **einen in Zukunft möglicherweise eintre- 825 tenden Umstand berücksichtigen,** der mit einem **hinreichenden Grad an Wahrscheinlichkeit** typischerweise eintreten kann und die Durchführung der Aufgabe verhindern würde. Ex ante eine solche Gefahr der Verhinderung hinzunehmen, widerspräche der Zielsetzung des Art. 106 Abs. 2 AEUV. Mit dem Argument der Gefährdung einer DAWI kann ein Mitgliedstaat allerdings keine Maßnahmen rechtfertigen, die er ohne Analyse der Gesamtumstände lediglich aufgrund der theoretischen Möglichkeit einer Aufgabenverhinderung trifft.

β) **Qualitätskontrolle.** Die Finanzierung einer im Allgemeininteresse stehenden wirtschaft- 826 lichen Leistungserbringung durch ein Unternehmen steht in Anbetracht ihrer wirtschaftlichen Auswirkungen nur dann in Einklang mit den Bestimmungen der EU-Verträge, wenn die mit dem gemeinwirtschaftlichen Auftrag konkretisierten qualitativen Anforderungen an die Leistung erfüllt werden. Diese qualitativen Anforderungen sind Teil der Rechtfertigung für ihre Finanzierung und es gibt daher keinen Grund für eine Privilegierung, wenn die qualitativen Voraussetzungen nicht eingehalten werden.[309] Nach Auffassung des EuG kann jedenfalls im Bereich des Rundfunks nur der Mitgliedstaat beurteilen, ob der im gemeinwirtschaftlichen Auftrag festgelegte Qualitätsstandard eingehalten wird. Die Kommission kann nur überprüfen, ob es hinsichtlich der Erfüllung des Auftrags einen Mechanismus für eine Kontrolle durch ein unabhängiges Organ gibt und dieser tatsächlich angewendet wird.[310] Daraus leitet sich eine Pflicht der Mitgliedstaaten ab, ein **unabhängiges Kontrollsystem** einzurichten, das das Ob und das Wie der Durchführung der Aufgabe im Allgemeininteresse sicherstellt.

Die Verpflichtung zur Prüfung der Jahresabschlüsse durch amtliche Wirtschaftsprüfer ist re- 827 gelmäßig nicht ausreichend, da zu dessen gesetzlicher Aufgabe grundsätzlich weder die Prüfung gehört, ob ein Unternehmen gemeinwirtschaftliche Leistungen erbringt, noch die Beurteilung von in den Büchern aufgeführten Leistungen als „gemeinwirtschaftliche" Leistungen oder die Beurteilung, welche Beträge für diese Leistungen aufgewandt wurden. Grundsätzlich besteht die gesetzliche Aufgabe eines amtlichen Wirtschaftsprüfers nämlich nur darin, die Bücher zu prüfen, dh., eine externe Beurteilung abzugeben, unabhängig von der Ordnungsmäßigkeit und Ehrlichkeit der Buchführung und der Frage, ob sie ein reales Bild von der wirtschaftlichen Lage des Unternehmens vermittelt.[311]

γ) **Kostenkontrolle. αα) Kritik am Cost-plus-Ansatz.** Die Höhe des gewährten finanziel- 828 len Ausgleichs darf nach Auffassung der Kommission nicht über das hinausgehen, was erforderlich ist, um die durch die Erfüllung der Gemeinwohlverpflichtung verursachten Kosten unter Berücksichtigung der dabei erzielten Einnahmen und einer angemessenen Rendite aus der Erfüllung dieser Verpflichtungen abzudecken.[312] Entscheidend ist, dass – anders als nach dem vierten Altmark Trans-Kriterium (siehe RdNr. 772) – ein kostenbasierter Maßstab angewendet wird, dh. ein cost-plus-Maßstab, der die dem beauftragten Unternehmen tatsächlich entstandenen Kosten unabhängig von ihrer unter Effizienzgesichtspunkten bestehenden Notwendigkeit anerkennt. Auch in der bisherigen Rechtsprechung wurde regelmäßig nur auf die tatsächlich angefallenen Kosten des beauftragten Unternehmens abgestellt, um die Erforderlichkeit der finanziellen Zuwendung zu begründen.[313] Dieser Ansatz wird überwiegend befürwortet, teils mit dem Hinweis, dass die Effizienz der mit gemeinwohlorientierten Aufgaben betrauten Unternehmen in die Organisationskompetenz der Mitgliedstaaten im Bereich der Daseinsvorsorge falle bzw. eine Pflicht zur defizitären Leistungserbringung keinem Unternehmen zumutbar sei.[314]

Bedenkt man aber, dass das Schutzobjekt des Art. 106 Abs. 2 AEUV nicht das betraute Unter- 829 nehmen ist, sondern dessen Aufgabe (s. o. RdNr. 823), erscheint diese Auffassung zweifelhaft. Wenn es um die Ermöglichung der Aufgabe im Allgemeininteresse geht, dann können in einem

---

[308] Kritischer *Dauses/Emmerich* H.II. RdNr. 170 ff., der die Gefährdungsrechtsprechung des EuGH als deutliche Aufweichung und Erweiterung des Art. 106 (2) AEUV empfindet.
[309] EuG, Urt. v. 26. 6. 2008, T-442/03, Slg. 2008, II-1161, RdNr. 211 – SIC/Kommission.
[310] EuG, Urt. v. 26. 6. 2008, T-442/03, Slg. 2008, II-1161, RdNr. 212–214 – SIC/Kommission.
[311] EuG, Urt. v. 26. 6. 2008, T-442/03, Slg. 2008, II-1161, RdNr. 228 – SIC/Kommission.
[312] Gemeinschaftsrahmen, RdNr. 14.
[313] Vgl. EuG, Urt. v. 15. 6. 2005, T-17/02, Slg. 2005, II-2031, RdNr. 208 – Olsen/Kommission.
[314] *Jennert* NVwZ 2004, 425, 427; *Bartosch* NVwZ 2002, 174, 175; MünchKommEUWettbR/*Gundel* Art. 86 EG RdNr. 96; ablehnend *Nettesheim* EWS 2002, 253, 262 f.; *Koenig/Kühling* ZHR 166 (2002), 656, 681; *Britz* ZHR 169 (2005), 370, 389 f.

ersten Schritt die erforderlichen Kosten objektiv kalkuliert werden, auf der Basis der Kosten eines effizient handelnden Unternehmens.[315] Im Grundsatz sind daher auch nur diese Kosten und damit allenfalls eine Begünstigung in dieser Höhe tatsächlich erforderlich, um die Aufgabe zu erfüllen.[316] Verschwendung ist niemals erforderlich. Aufgrund solcher Erwägungen sind zB. auch im Rahmen des europäischen Förderprogramms solche Kosten nicht erstattungsfähig, die auf überteuerten oder wirtschaftlich nicht vertretbaren Ausgaben („excessive or reckless expenditure") beruhen.[317] Würde man Verschwendung als Angelegenheit der Mitgliedstaaten tolerieren,[318] könnte ein ineffizientes Wirtschaften des beauftragten Unternehmens die Wettbewerbsverhältnisse beeinflussen. Werden alle Kosten vom Staat ausgeglichen und fehlt es daher an einem ausreichendem Kostendruck, hat das Unternehmen keine Anreize für einen effektiven Nachfragewettbewerb und kann damit eine Preissteigerung auf den Beschaffungsmärkten zu Lasten anderer Nachfrager bewirken.[319] Außerdem besteht immer dann, wenn niedrigere Einnahmen durch staatliche Beihilfen ausgeglichen werden, die Gefahr, dass das begünstigte Unternehmen die Preise für begleitende Tätigkeiten, die nicht unmittelbar zur im Allgemeininteresse stehenden Aufgabe zählen aber damit eng verbunden sind, wie zB. die Preise für Werbung im Rundfunksektor, senkt, um die Einnahmen der Konkurrenz zu schmälern (Behinderungsmissbrauch).[320] Die Erstattung aller angefallenen Kosten bewahrt das Unternehmen vor der disziplinierenden Gefahr des Marktausscheidens und damit vor Wettbewerbsdruck. Ohne ausreichenden Wettbewerbsdruck hat ein Unternehmen aber weniger Anreize zur Effizienzsteigerung als ein unter starkem Wettbewerbsdruck stehendes Unternehmen.[321] Wettbewerb bewirkt höhere Wachstumsraten der Produktivität und ineffiziente Unternehmen werden regelmäßig durch effizientere verdrängt, so dass nur die effizienteren Technologien und Produktionsmethoden auf dem Markt bestehen bleiben.[322] Bestätigt wird dieser Zusammenhang durch die Erfahrungen in den Telekommunikations- und Energiesektoren.[323] Die dort zu verzeichnende Tendenz zu verschärften Regulierungsbemühungen[324] resultiert letztendlich aus der Einsicht, dass in den monopolisierten Bereichen nicht nur Monopolrenditen für überhöhte Preise verantwortlich sind, sondern auch und insbesondere ineffiziente Unternehmensstrukturen, die aus der durch die Monopolstellung vermittelten Sicherheit gewachsen sind.[325] Auf dieser Grundlage beruht auch die moderne sektorspezifische Entgeltregulierung, in der die Kosten nur in der Höhe in die Netzentgelte einfließen dürfen, wie sie die denen eines strukturell vergleichbaren *effizienten* Netzbetreibers entsprechen.[326] Die *cost plus*-Regulierung (Rate-of-

---

[315] Ebenso *Koenig/Kühling* ZHR 166 (2002), 656, 677; siehe auch EuGH, Urt. v. 25. 10. 2001, C-475/99, Slg. 2001, I-8089, RdNr. 64 – Ambulanz Glöckner.

[316] Offen gelassen vom EuG, Urt. v. 12. 2. 2008, T-289/03, Slg. 2008, II-81, RdNr. 297 – BUPA/Kommission; wie hier tendenziell auch *Britz* ZHR 169 (2005), 370, 390.

[317] Vgl. Finanzierungsrichtlinien der Kommission für Projekte im 6. Forschungsrahmenprogramm der EU, Annex II Teil B II.19, 2. lit. h.

[318] So zB. Kommission, Grünbuch zu Dienstleistungen von Allgemeininteresse v. 21. 5. 2003, KOM (2003) 270 endg. RdNr. 61.

[319] *Nettesheim* EWS 2002, 253, 262.

[320] Kommission, Entsch. v. 19. 5. 2004, ABl. 2006 Nr. L 85/1 RdNr. 131 (Berichtigung im ABl. 2006 Nr. L 368/112) – TV 2/Danmark (wegen Begründungsmangels aufgehoben durch EuG, Urt. v. 22. 10. 2008, verb. T-309/04 ua., Slg. 2008, II-2935 – TV 2/Danmark/Kommission).

[321] Vgl. zB. *Schmidbauer,* Allokation, technischer Fortschritt und Wettbewerbspolitik, S. 97 m.w.N.; *Schwalbe/Zimmer,* Kartellrecht und Ökonomie, S. 18, 23 f.; *Röller/Stennek/Verboven,* Efficiency gains from mergers, S. 48; *Kwoka/Warren-Boulton,* Antitrust Bulletin 31 (1986), 431, 434; *Fox,* ALJ 64 (1996), 725, 731; *Hart* Bell Journal of Economics 14 (1983), 366; kritisch dazu *Scharfstein* RAND Journal of Economics 19 (1988), 147; *Nickell* Journal of Political Economy 104 (1996), 724 ff.

[322] So *Jovanovic,* Econometrica 50 (1982), 649 ff., der bei seiner Überprüfung in konzentrierten Märkten die kleinen Unternehmen den großen gegenüberstellt. Vgl. auch *Nickell* Journal of Political Economy 104 (1996), 724, 741; *Motta,* Competition Policy, S. 53 f.

[323] Vgl. dazu auch die Studie von *Olley/Pakes,* Econometrica 64 (1996), 1263 zu den Auswirkungen der Umstrukturierung der U. S. Telekommunikationszubehörmärkte auf die Produktivität der Industrie. Siehe auch die Studie von *Peter/Tittel/Müller-Gerndt/Peisl* et 4/2006, 8, 9.

[324] Vgl. RL 2003/54/EG, ABl. 2003 Nr. L 176/37.

[325] Vgl. EuGH, Urt. v. 10. 12. 1991, C-179/90, Slg. 1991, I-5889, RdNr. 19 f. – Porto di Genova; EuGH, Urt. v. 13. 7. 1989, verb. 110/88, 241/88 und 242/88, Slg. 1989, 2811, RdNr. 29 – SACEM: „[...] daß sich die Schwerfälligkeit des Verwaltungsapparats und damit der hohe Gebührensatz gerade durch den Mangel an Wettbewerb auf dem Markt erklären lassen." *Röller/Stennek/Verboven,* Efficiency gains from mergers, S. 48.

[326] Vgl. zB. Art. 13 Abs. 3 S. 2 Zugangsrichtlinie, ABl. 2002 Nr. L 108/7; Vgl. Art. 4 Abs. 1 VO (EG) 1228/2003 (Stromhandelsverordnung, ABl. 2003 Nr. L 176/1); Art. 3 Abs. 1 VO (EG) Nr. 1775/2005 (Verordnung über den Zugang zu den Erdgasfernleitungsnetzen).

Return-Ansatz) erwies sich als unzureichend, da die tatsächlichen Kosten der Unternehmen zu einem großen Teil auf ineffiziente Strukturen zurückzuführen waren und damit eine wettbewerbsgerechte Preisgestaltung verhinderten.[327] Kritisiert[328] wurde vor allem, dass den Unternehmen die Deckung aller aufgewendeten Kosten zugesichert und zusätzlich eine Eigenkapitalrendite garantiert wird. Die dem Wettbewerb immanente Korrelation von erfolgreicher Geschäftsanstrengung und wirtschaftlicher Entlohnung wird dadurch unterbrochen. Diese Garantie ist einem Wettbewerbssystem fremd und nur vergleichbar mit der gesicherten Monopolstellung eines Unternehmens. Beide verhindern Anreize zur Steigerung der Effizienz im Interesse der Verbraucher.[329] Die einer Rate-of-Return-Kontrolle unterliegenden Unternehmen haben nicht nur kein Interesse an Kosteneinsparungen, sondern tendieren sogar zu ineffizienten Überinvestitionen, bekannt als *Averch-Johnson-Effekt,*[330] da alle ausgewiesenen Kosten auf die Konsumenten übergewälzt werden können. Indem selbst überhöhten Anschaffungs- und Investitionskosten eine angemessene Kapitalverzinsung und damit hohe Renditen zugestanden wird, lohnt sich auch eine exzessive Investitionsstrategie.[331] Die moderne Regulierung in ehemals monopolisierten Bereichen bezweckt folglich auch eine Erhöhung der Effizienzdisziplin der Unternehmen,[332] was durch die Anreiz-Regulierung forciert werden soll.[333] Die wettbewerbliche Öffnung der Bereiche Telekommunikation und Energie, die historisch dem Bereich der Daseinsvorsorge zuzurechnen sind, erfolgte insbesondere zur Effizienzsteigerung auch im Interesse der Verbraucher. Deutlich wird damit das Ziel des EU-Rechts, dort, wo Wettbewerb aus ökonomischen Gründen nicht stattfindet, dessen Ergebnisse zu simulieren. Dann wäre es aber inkonsequent, wenn staatliche potentiell wettbewerbsverfälschende Maßnahmen diesem Ziel nicht verpflichtet blieben.

Nach hier vertretener Auffassung hat sich eine Ausgleichszahlung deshalb grundsätzlich am **830** **hypothetischen Finanzierungsbedarf** zu orientieren, **den ein strukturell vergleichbares und effizientes Unternehmen für die Erfüllung dieser Aufgaben hätte.** Als Effizienzmaßstab dienen die Kosten eines im Wettbewerb stehenden Unternehmens, also die **Als-Ob-Wettbewerbskosten.** Dies erfordert wie nach dem vierten Altmark-Kriterium grundsätzlich eine Kosteneffizienzprüfung. Art. 106 Abs. 2 AEUV verliert neben der Altmark-Prüfung deshalb nicht jegliche eigenständige Bedeutung. Abweichend vom 4. Altmark-Kriterium sind nämlich häufig Fälle denkbar, in denen eine ineffiziente Erbringung der DAWI erforderlich sein kann, etwa weil nur ein ineffizientes Unternehmen die zur Erfüllung der DAWI notwendigen Voraussetzungen erfüllt, da es das einzige im gesamten Mitgliedstaat tätige Unternehmen ist. Bereits die Auswahlentscheidung ist auf ihre Erforderlichkeit i. S. d. Art. 106 Abs. 2 AEUV zu überprüfen, die jedenfalls dann gegeben ist, wenn der Beauftragung ein Wettbewerbsverfahren vorausging. Darüber hinaus sind auch in diesem Fall langfristig nur Zahlungen zur Deckung solcher Kosten erforderlich i. S. d. Art. 106 Abs. 2 AEUV, die trotz zumutbarer Ausschöpfung von bestehenden Effizienzpotentialen entstehen. Es besteht kein Grund, die Kostensituation eines Unternehmens als unveränderlich anzuerkennen, denn nicht das Unternehmen, sondern die Aufgabe selbst ist Schutzgegenstand des Art. 106 Abs. 2 AEUV. Das Unternehmen partizipiert an dem Schutz nur soweit dies zur Aufgabenerledigung erforderlich ist (siehe RdNr. 823).

---

[327] Vgl. *Säcker,* in: BerlKommTKG, Einl. RdNr. 1.

[328] Vgl. *U. Schneider,* Liberalisierung der Stromwirtschaft durch regulatorische Marktorganisation, 1999, S. 97 f.; *Sappington,* Price Regulation, in: *Cave/Majumdar/Vogelsang* (Ed.), Handbook of Telecommunication Economics (Vol. 1) – Structure, Regulation and Competition, 2002, S. 225, 240 f.; *Masing* AöR 128 (2003), 558, 579 ff.; *Monopolkommission,* 15. Hauptgutachten 2002/2003, BT-Drs. 15/3610, S. 452 f. (RdNr. 1170); vgl. auch *Liston* Journal of Regulatory Economics 5 (1993), 25–48.

[329] Vgl. *Wolf,* Effizienzen und europäische Zusammenschlusskontrolle, 2009, S. 205 ff.

[330] *Averch/Johnson* AER 52 (1962), 1052–1069.

[331] Vgl. *Masing* AöR 128 (2003), 558, 580; zusammenfassend, *Meinzenbach,* Die Anreizregulierung als Instrument zur Regulierung von Netznutzungsentgelten im neuen EnWG, 2008, S. 95 f.; siehe dazu auch den Befund der Monopolkommission zuförderungsbedingten Effizienzverlusten im Krankenhaussektor, 17. Hauptgutachten, BT-Drs. 16/10140, S. 313 ff. (RdNr. 794 ff.), insb. S. 322 ff. (RdNr. 824 ff.).

[332] Vgl. auch Art. 8 Abs. 2 lit. c RL 2002/21/EG (ABl. 2002 Nr. L 108/33), wonach die Mitgliedstaaten die Aufgabe haben, effiziente Infrastrukturinvestitionen zu fördern und Innovationen zu unterstützen.

[333] Bekannteste Form ist die Price-Cap-Methode, die einen starken Anreize zu effizienter Produktion bzw. zur Kosteneinsparung für das regulierte Unternehmen setzt, da Kosteneinsparungen nicht sofort zu einer Absenkung des genehmigungsfähigen Entgeltniveaus führt, sondern zunächst teilweise als zusätzlicher Gewinn des regulierten Unternehmens internalisiert werden kann, vgl. *Voß,* in: BerlKommTKG, § 32 RdNr. 16; *Kühling,* Sektorspezifische Regulierung in den Netzwirtschaften, S. 329 ff.; vgl. auch Kommission, Entsch. v. 19. 7. 2000, COMP/M.1882, RdNr. 49 – Pirelli/BICC.

Aus der Verhältnismäßigkeitsprüfung des Art. 106 Abs. 2 AEUV folgt daher, dass der Staat über die Zahlungsmodalitäten oder dem betrauten Unternehmen zusätzlich auferlegte Verpflichtungen sicherstellen muss, dass bereits vorhandene oder neu entstehende Effizienzpotentiale in zumutbarer Weise auszuschöpfen sind. Art. 5 Abs. 1 Unterabs. 2 DAWI-GFE lässt die Einführung entsprechender **Anreizelemente zur Effizienzsteigerung** ausdrücklich zu (näher dazu RdNr. 878). Wegen der Wertung des Art. 106 Abs. 2 AEUV verdichtet sich dieses Ermessen zu einer grundsätzlichen Pflicht, soweit nicht durch alternative Instrumente (zwingende Zielvorgaben etc.) ein effizientes Wirtschaften sichergestellt wird.

831   Der Rechtsprechung des EuGH ist eine solche aus dem Primärrecht abgeleitete Kosteneffizienzüberprüfung nicht fremd. So hielt er ein gegen Art. 106 Abs. 1 AEUV iVm. 102 AEUV verstoßendes Gesetz, mit dem Krankentransporte und Rettungsdienste bestimmten Unternehmen vorbehalten wurden, nur dann für gemäß Art. 106 Abs. 2 AEUV freigestellt, wenn die begünstigten Unternehmen „tatsächlich **in der Lage sind,** die Nachfrage zu decken und **nicht nur ihre gesetzliche Verpflichtung zu erfüllen,** die Leistungen des Rettungsdienstes in allen Situationen Tag und Nacht sicherzustellen, **sondern auch die Krankentransportleistungen effizient anzubieten.**"[334] Für die Beurteilung der Frage, ob ein Fluglinientarif missbräuchlich i. S. d. Art. 102 AEUV ist, leitete der EuGH aus der Richtlinie 87/601/EG, die die von den Luftverkehrsbehörden bei der Genehmigung von Tarifen einzuhaltenden Grundsätze festlegte, **Auslegungskriterien** ab. Dabei berücksichtigte er auch, dass die Tarife nach der Richtlinie in einem angemessenen Verhältnis zu den langfristig voll zugewiesenen Kosten des Luftfahrtunternehmens stehen müssen, wobei die Bedürfnisse der Verbraucher, die Notwendigkeit einer angemessenen Kapitalverzinsung, die Wettbewerbslage einschließlich der Tarife anderer dieselbe Strecke bedienender Luftfahrtunternehmen und die Notwendigkeit der Vermeidung von Dumpingpreisen zu berücksichtigen sind.[335] Hinsichtlich der unterschiedlichen Tarife einer Urheberrechtsverwertungsgesellschaft in verschiedenen Mitgliedstaaten wies der EuGH das zur Rechtfertigung vorgebrachte Argument höherer Kosten für Personal und Verwaltung zurück, da sich nicht ausschließen ließ, dass die Schwerfälligkeit des Verwaltungsapparats und damit letztendlich der hohe Gebührensatz gerade Folge des Mangels an Wettbewerb auf dem Markt war.[336] Das EuG schließlich wies auch darauf hin, dass die unterschiedlichen Kosten für verschiedene Tätigkeiten auf das marktbeherrschende Unternehmen selbst zurückzuführen gewesen waren, indem es nur teilweise Rationalisierungsmaßnahmen vornahm, jedoch keine Rechtfertigung für das Unterbleiben ebensolcher Maßnahmen in den übrigen Bereichen lieferte.[337] Zur Ermittlung der theoretischen Kosten kann neben einer **betriebswirtschaftlichen Einzelkostenanalyse** oder eines **analytischen Kostenmodells** auch auf die im Wettbewerbsrecht etablierten Grundsätze des **Vergleichsmarktkonzeptes** zurückgegriffen werden, welches sowohl vom EuGH[338] als auch der Kommission[339] zB. bei der Bemessung eines wettbewerbsgerechten Preises anerkannt wurde. Bei einem Vergleich der Kosten sind wie bei der Preisaufsicht strukturelle Besonderheiten der Vergleichsunternehmen oder anderer Märkte zu berücksichtigen.[340] Unterschiedliche Kosten als solche rechtfertigen daher noch nicht die Annahme einer ineffizienten Kostenstruktur.[341]

832   Eine andere Möglichkeit zur Sicherstellung einer effizienten Leistungserbringung ist die Durchführung einer Ausschreibung, welche nach der neueren vergaberechtlichen Rechtsprechung des EuGH regelmäßig erforderlich ist (siehe RdNr. 782). Dadurch kann in gewissem

---

[334] EuGH, Urt. v. 25. 10. 2001, C-475/99, Slg. 2001, I-8089, RdNr. 64 – Ambulanz Glöckner.

[335] EuGH, Urt. v. 11. 4. 1989, 66/86, Slg. 1989, 803, RdNr. 43 – Ahmed Saeed Flugreisen.

[336] EuGH, Urt. v. 13. 7. 1989, verb. 110/88, 241/88, 242/88, Slg. 1989, 2811, RdNr. 29 – Lucazeau; EuGH, Urt. v. 13. 7. 1989, 395/87, Slg. 1989, 2521, RdNr. 42 – Tournier; vgl. auch EuGH, Urt. v. 11. 11. 1986, 226/84, Slg. 1986, 3263, RdNr. 28 – British Leyland/Kommission; vgl. auch EuGH, Urt. v. 4. 5. 1988, 30/87, Slg. 1988, 2479, RdNr. 35 – Bodson.

[337] EuG v. 21. 10. 1997, T-229/94, Slg. 1997, II-1689, RdNr. 88 f. – Deutsche Bahn/Kommission.

[338] Vgl. bereits EuGH, Urt. v. 8. 6. 1971, 78/70, Slg. 1971, 487, RdNr. 19 – Deutsche Grammophon; EuGH, Urt. v. 14. 2. 1978, 27/76, Slg. 1978, 207, RdNr. 253 ff. – United Brands/Kommission (Chiquita); siehe auch MünchKommEUWettbR/*Eilmannsberger* Art. 82 AEUV 216 ff. m. w. N.

[339] Vgl. Kommision, Entscheidung v. 25. 7. 2001, COMP/36.915, ABl. 2001 Nr. L 331/40 RdNr. 159 – Deutsche Post.

[340] Vgl. EuGH, Urt. v. 13. 7. 1989, verb. 110/88, 241/88, 242/88, Slg. 1989, 2811, RdNr. 26 ff. – Lucazeau.

[341] Für unterschiedliche Vergleichspreise siehe EuGH, Urt. v. 29. 2. 1968, 24/67, Slg. 1968, 86, 113 – Parke Davis; EuGH, Urt. v. 5. 10. 1988, 53/87, Slg. 1988, 6039, RdNr. 17 – CICRA ua./Renault.

Maße sichergestellt werden, dass kein Unternehmen beauftragt wird, welches von vornherein nicht den Effizienzanforderungen entspricht und die Auswahlentscheidung zugunsten eines bestimmten Unternehmens ist grundsätzlich erforderlich und verhältnismäßig. Dieses Verfahren ermöglicht allerdings nur eine einmalige Effizienzkontrolle, ersetzt jedoch keine dauerhafte Aufsicht über das Unternehmen, wenn die finanziellen Leistungen im Zeitablauf ohne weiteres an eine veränderte Kostenstruktur des beauftragten Unternehmens angeglichen werden können.

Losgelöst von den obigen Erwägungen ist eine Kosteneffizienzprüfung aufgrund des Gebots **833** der Zweckbindung und des damit verbunden Verbots der Überkompensation immer vorzunehmen, wenn anderenfalls die Gefahr einer Subventionierung sonstiger wirtschaftlicher Tätigkeiten des betrauten Unternehmens bzw. der mit ihm verbunden Unternehmen oder der Begünstigung von Drittunternehmen besteht. Diese Gefahr besteht insbesondere bei der Anerkennung von Fremdkapitalkosten. Sind die Fremdkapitalzinsen marktunüblich hoch, wird nämlich der Fremdkapitalgeber mittelbar begünstigt, was insbesondere bei **Konzerndarlehen** die Gefahr von überschießenden Wettbewerbsverfälschungen durch Umgehung des Verbots der Quersubventionierung begründet (näher dazu RdNr. 886).

ββ) Kostenbestandteile. Neben der Höhe der einzelnen Kostenbestandteile ist auch festzu- **834** stellen, welche **Art von Kosten** überhaupt berücksichtigt werden dürfen. Wie diese dann berücksichtigt werden, ob also anhand der tatsächlichen Kosten oder anhand der Kosten effizienter Leistungserbringung, kann für die nachfolgenden Ausführungen dahingestellt bleiben.

Nach Auffassung der Kommission umfassen die zu berücksichtigenden Kosten **sämtliche** für **835** die Erbringung der Dienstleistung von allgemeinem wirtschaftlichem Interesse erforderlichen Ausgaben.[342] Beschränkt sich die Tätigkeit des betreffenden Unternehmens auf die Erbringung dieser Dienstleistung, können dessen Gesamtkosten herangezogen werden. Betätigt sich das Unternehmen jedoch daneben noch auf anderen Gebieten, dürfen nur die der betreffenden Dienstleistung zurechenbaren Kosten berücksichtigt werden. Hierzu gehören sämtliche durch die Erbringung der Dienstleistung von allgemeinem wirtschaftlichem Interesse verursachten variablen Kosten, ein angemessener Beitrag zu den sowohl dienstleistungsbezogenen als auch anderweitig anfallenden Fixkosten und eine der jeweiligen Dienstleistung von allgemeinem wirtschaftlichem Interesse zurechenbare angemessene Rendite auf das Eigenkapital.[343] **Investitionen** (zB. in Infrastrukturen) können berücksichtigt werden, wenn sie für das Funktionieren der Dienstleistung von allgemeinem wirtschaftlichem Interesse erforderlich sind. Was die Abschreibungs- und Infrastrukturkosten von Materialien betrifft, die sowohl im gewerblichen als auch im öffentlichen Bereich verwendet werden, so ist im Rahmen einer analytischen Buchführung deren Abhängigkeit vom Nutzungsgrad dieser Materialien anzuerkennen.[344]

Um die für die Erbringung der DAWI erforderlichen Kosten zu bestimmen, bedarf es einer **836** präzisen Bestimmung der Gemeinwohlelemente. Wird eine marktübliche Dienstleistung erbracht, welche um die Verpflichtung ergänzt wird, zB. aus sozialstaatlichen Gründen besondere Zusatzleistungen für bestimmte Bevölkerungsgruppen anzubieten (zB. verbilligte Eintrittspreise für Rentner oder Menschen mit Behinderung), so liegt nur darin die besondere und ausgleichspflichtige DAWI. Bei der Berechnung sind daher die **Nettokosten** der Gemeinwohlverpflichtungen als Differenz zwischen den Nettokosten eines benannten Unternehmens für den Betrieb unter Einhaltung der Gemeinwohlverpflichtungen und den Nettokosten für den Betrieb ohne Gemeinwohlverpflichtungen zu ermitteln. Abzustellen ist also auf die wahren *zusätzlichen* Nettosonderkosten.[345] Die gesamten Kosten können nur übernommen werden, wenn der Markt die Leistung auch ohne Sozialverpflichtung nicht bereitstellen würde.

Die mit anderen Tätigkeiten als den Dienstleistungen von allgemeinem wirtschaftlichem **837** Interesse verbundenen Kosten müssen ihrerseits alle variablen Kosten, einen angemessenen Beitrag zu den gemeinsamen Fixkosten und eine angemessene Kapitalrendite abdecken. Diese Kosten dürfen auf keinen Fall der Dienstleistung von allgemeinem wirtschaftlichem Interesse zugerechnet werden. Die Berechnung der Kosten muss nach zuvor festgelegten Kriterien und anhand gemeinhin akzeptierter Rechnungslegungsgrundsätze erfolgen, die der Kommission

---

[342] Gemeinschaftsrahmen RdNr. 16.
[343] Siehe EuGH, Urt. v. 3. 6. 2003, verb. C-83/01 P u. C-94/01 P, Slg. 2003, I-6993, RdNr. 40 – Chronopost.; Gemeinschaftsrahmen RdNr. 16.
[344] Kommission, Entsch. v. 22. 11. 2006, C24/2005, ABl. 2007 Nr. L 95/25, RdNr. 110 – LNE.
[345] *Koenig/Kühling* ZHR 166 (2002), 656, 681; *Koenig* BB 2003, 2185, 2186 f.; vgl. auch Anhang IV Teil A der Telekommunikations-Universaldienstrichtlinie 2002/22/EG, ABl. 2002 Nr. L 108/51, geändert durch RL 2009/136/EG, ABl. 2009 Nr. L 337/11.

sonst bei der Anmeldung nach Art. 108 Abs. 3 AEUV mitzuteilen sind.[346] **Gemeinkosten** müssen nach üblichen und anerkannten fachlichen Normen aufgeschlüsselt werden. Bei der Abschreibung von Kosten, die durch die Nutzung von für die DAWI und sonstigen Tätigkeiten genutzten Gebäude entstehen, hielt die Kommission zB. eine Aufteilung nach deren Belegung (Nutzungsgrad) für zulässig.[347] Ein angemessener globaler, auf die wertvollsten Sachgegenstände angewandter Verteilungsschlüssel für die Gemeinkosten kann auch auf untergeordnete (geringwertigere) Gegenstände ausgedehnt werden, wenn diese lediglich ergänzende Hilfsfunktionen haben.[348] Eine von den französischen Behörden angenommene Sicherheitsmarge von 10% für die Ermittlung der dem öffentlichen Tätigkeitsfeld zuzurechnenden Aufwendungen hob die Kommission als eine „durch angemessene Bedachtsamkeit" ausgezeichnete Vorgehensweise hervor.[349]

838 Die Kommission hält im Einzelfall die kostenwirksame Bildung einer **Kapitalreserve,** um **markttypische Schwankungen** bei den Einnahmen aufzufangen, für notwendig, damit die Erfüllung der öffentlichen Auftrags gewährleistet ist. Sie weist jedoch darauf hin, dass eine solche Rücklage zweckgebunden sein und zu festen Terminen bereinigt werden muss, zu denen die dann **in eine Überkompensierung umschlagenden Rücklagen** zurückzuzahlen sind. Es handelt sich aber nicht um eine zweckgebundene Rücklage, wenn lediglich Eigenkapital angehäuft wird, da dieses für jeden beliebigen Zweck verwendet werden kann und nicht zwingend an die Erfüllung des öffentlich-rechtlichen Auftrags gebunden ist.[350]

839 Auf der **Einnahmenseite** sind zumindest sämtliche mit der Dienstleistung von allgemeinem wirtschaftlichem Interesse erwirtschafteten Erträge zu berücksichtigen.[351] Verfügt das betreffende Unternehmen über ausschließliche oder besondere Rechte bei der Erbringung einer Dienstleistung von allgemeinem wirtschaftlichem Interesse und werden damit Gewinne erwirtschaftet, die über der angemessenen Rendite liegen, oder wurden dem Unternehmen vom Staat andere Vergünstigungen gewährt, müssen diese unabhängig von ihrer Bewertung nach Maßgabe von Art. 107 AEUV mit berücksichtigt und zu den Einnahmen hinzugerechnet werden. Die Mitgliedstaaten können auch beschließen, dass die Gewinne aus Tätigkeiten, für die kein Versorgungsauftrag erteilt wurde, ganz oder teilweise zur Finanzierung der Dienstleistungen von allgemeinem wirtschaftlichem Interesse herangezogen müssen.[352]

840 Es sind sämtliche vom Staat oder aus staatlichen Mittel in jedweder Form gewährten sonstigen **Vorteile** zu berücksichtigen, also **negativ in Ansatz** zu bringen.[353]

841 γγ) **Angemessene Rendite.** Das betraute Unternehmen darf eine angemessene Rendite erwirtschaften, welche ganz oder teilweise die Produktivitätsgewinne mit einschließen kann, die über einen *zuvor festgelegten Zeitraum* ohne Reduzierung der vom Staat vorgegebenen Qualität erzielt wurden.[354] Unter angemessener Rendite versteht die Kommission einen angemessenen Kapitalertrag unter Berücksichtigung eines etwaigen vom Unternehmen aufgrund des staatlichen Eingreifens eingegangenen Risikos. Wenn der Staat ausschließliche oder besondere Rechte gewährt, die das wirtschaftliche Risiko verringern, ist die angemessene Rendite entsprechend niedriger anzusetzen. In der Regel darf die in dem betreffenden Sektor in den Jahren zuvor erzielte durchschnittliche Rendite nicht überstiegen werden. In Sektoren, in denen es an Unternehmen fehlt, die als Vergleichsmaßstab für das mit der Erbringung einer Dienstleistung von allgemeinem wirtschaftlichem Interesse betraute Unternehmen dienen könnten, können Unternehmen aus anderen Mitgliedstaaten oder gegebenenfalls auch aus anderen Wirtschaftszweigen zu Vergleichszwecken herangezogen werden unter der Voraussetzung, dass die besonderen Charakteristika des jeweiligen Sektors berücksichtigt werden. Dies entspricht dem bei der wettbewerbsrechtlichen Preismissbrauchsaufsicht[355] und der sektorspezifischen Entgeltregulierung[356] Anwendung finden-

---

[346] Gemeinschaftsrahmen RdNr. 16.
[347] Kommission, Entsch. v. 22. 11. 2006, C24/2005, ABl. 2007 Nr. L 95/25, RdNr. 108 – LNE.
[348] Kommission, Entsch. v. 22. 11. 2006, C24/2005, ABl. 2007 Nr. L 95/25, RdNr. 111 – LNE.
[349] Kommission, Entsch. v. 22. 11. 2006, C24/2005, ABl. 2007 Nr. L 95/25, RdNr. 113 – LNE.
[350] Kommission, Entsch. v. 19. 5. 2004, ABl. 2006 Nr. L 85/1 RdNr. 111–113 (Berichtigung im ABl. 2006 Nr. L 368/112) – TV 2/Danmark (insoweit nicht beanstandet vom EuG, Urt. v. 22. 10. 2008, verb. T-309/04 ua., Slg. 2008, II-2935, RdNr. 192 – TV 2/Danmark/Kommission).
[351] Gemeinschaftsrahmen RdNr. 17.
[352] Gemeinschaftsrahmen RdNr. 17.
[353] Gemeinschaftsrahmen, RdNr. 14.
[354] Gemeinschaftsrahmen, RdNr. 14.
[355] § 19 Abs. 4 Nr. 2 GWB.
[356] Vgl. § 35 Abs. 1 S. 1 Nr. 1 TKG; § 29 S. 1 Nr. 1 GWB.

den **Vergleichsmarktkonzept.** Bei der Festlegung der angemessenen Rendite können die Mitgliedstaaten auch Kriterien zugrunde legen, von denen **Anreize** für die Qualität der zu erbringenden Dienstleistung und Produktivitätsgewinne ausgehen.[357] Die Kommission geht davon aus, dass die Berücksichtigung von Produktivitätsgewinnen als Anreizfaktor auch eine Überkompensierung erforderlich machen kann.[358] Dabei ist aber zu berücksichtigen, dass die **vorhersehbare Möglichkeit von Produktivitätsgewinnen** eine an den bisherigen Kosten orientierte Ausgleichzahlung nicht mehr erforderlich macht. Unter Berücksichtigung der Produktivitätsgewinne darf die Rendite jedenfalls nicht über das maximal noch als angemessen anzusehende Niveau hinaus gehen.

Weitere Vorgaben zur Bestimmung der angemessenen Rendite macht die Kommission hingegen nicht. Diese darf aber naturgemäß jedenfalls kein Ausmaß erreichen, das bei einem marktbeherrschenden Unternehmen einen **Preismissbrauch** gemäß Art. 102 S. 2 lit. a AEUV begründen würde.[359] Die Frage nach der Angemessenheit einer Rendite wird auch im Rahmen des sogenannten **Private-Investor-Tests** gestellt, bei dem geprüft wird, ob der öffentliche Kapitalgeber sich wie ein marktwirtschaftlich handelnder Kapitalgeber verhält oder ob das begünstigte Unternehmen eine wirtschaftliche Vergünstigung erhalten hat, die es unter normalen Marktbedingungen nicht erhalten hätte.[360] Die dazu ergangene Rechtsprechung kann im Grundsatz spiegelbildlich auch auf die Ermittlung der angemessenen Rendite des begünstigten Unternehmens übertragen werden. Das Verhalten eines privaten Kapitalgebers in einer Marktwirtschaft wird nämlich von Rentabilitätsaussichten geleitet.[361] Ein umsichtiger privater Kapitalgeber, also ein Kapitalgeber, der seine Gewinne maximieren möchte, ohne jedoch zu große Risiken im Verhältnis zu den anderen Marktteilnehmern einzugehen, würde bei der Berechnung der für seine Anlage in ein Unternehmen zu erwartenden angemessenen Vergütung grundsätzlich eine Mindestrendite in Höhe der Durchschnittsrendite in dem betreffenden Sektor verlangen.[362] Ein Unternehmen muss also mit dem Ziel der angemessenen Verzinsung dieser Einlagen operieren. Diese **kapitalmarktorientierte Ermittlung der angemessenen Rendite** findet auch bei der Bestimmung der zulässigen Entgelte in den regulierten Netzwirtschaften Anwendung.[363]

Nach diesen Maßstäben ist eine angemessene, wettbewerbsfähige und risikoangepasste Verzinsung des eingesetzten Kapitals anzuerkennen.[364] Das EuG hält in seiner Rechtsprechung zum Private-Investor-Test die Heranziehung der **Durchschnittsrendite** in dem betreffenden Sektor als eines von mehreren Analyseinstrumenten im Rahmen der Anwendung des Grundsatzes des privaten Kapitalgebers für gerechtfertigt.[365] Dabei ist zu berücksichtigen, dass ein besonders hoher Eigenkapitalanteil als Indiz für unzureichenden Wettbewerb gilt und damit vor dem Hintergrund der wettbewerbsorientierten Zielsetzung der EU-Verträge (RdNr. 765 ff.) nur bedingt schützenswert sind.[366] Nach allgemeinen betriebswirtschaftlichen Grundsätzen erscheint es zB. im Energiesektor regelmäßig nicht sinnvoll, langfristig eine höhere Eigenkapitalquote als 40%

---

[357] Gemeinschaftsrahmen, RdNr. 18.

[358] Kommission, Entsch. v. 16. 5. 2006, C (2006) 1847 (Nr. N 604/2005), RdNr. 85 f. – Busbetreiber im Landkreis Wittenberg.

[359] Vgl. dazu EuGH, Urt. v. 13. 11. 1975, 26/75, Slg. 1975, 1367, RdNr. 12 – General Motors; EuGH, Urt. v. 14. 2. 1978, 27/76, Slg. 1978, 207, RdNr. 248 ff. – United Brands/Kommission (Chiquita); Kommision, Entscheidung v. 25. 7. 2001, COMP/36.915, ABl. 2001 Nr. L 331/40 RdNr. 166 f. – Deutsche Post.

[360] EuG, Urt. v. 6. 3. 2003, T-228/99 u. T-233/99, Slg. 2003, II-435, RdNr. 208 – Westdeutsche LB Girozentrale/Kommission.

[361] EuGH, Urt. v. 21. 3. 1991, C-305/89, Slg. 1991, I-1603, RdNr. 20 – Italien/Kommission (Alfa Romeo); EuGH, Urt. v. 14. 9. 1994, verb. C-278/92 ua., Slg. 1994, I-4103, RdNr. 21 f. – Spanien/Kommission; EuG, Urt. v. 12. 12. 2000, T-296/97, Slg. 2000, II-3871, RdNr. 84 – Alitalia/Kommission.

[362] EuG, Urt. v. 6. 3. 2003, T-228/99 u. T-233/99, Slg. 2003, II-435, RdNr. 255 – Westdeutsche LB Girozentrale/Kommission.

[363] § 21 Abs. 2 S. 1 EnWG, § 6 Abs. 2 StromNEV/GasNEV, § 31 Abs. 2 TKG (angemessene Verzinsung des eingesetzten Kapitals), § 3 Abs. 2 PEntgV (dem unternehmerischen Risiko angemessener Gewinnzuschlag), § 14 Abs. 4 AEG (Rendite, die am Markt erzielt werden kann).

[364] Vgl. § 21 Abs. 2 S. 1 EnWG.

[365] EuG, Urt. v. 6. 3. 2003, T-228/99 u. T-233/99, Slg. 2003, II-435, RdNr. 203, 254, 256 – Westdeutsche LB Girozentrale/Kommission.

[366] Daher wird zB. in § 6 Abs. 2 Satz 4 StromNEV die bei der Stromnetzentgeltregulierung anzusetzende Eigenkapitalquote für die Berechnung der zulässigen Netzentgelte kalkulatorisch auf höchstens 40 Prozent begrenzt.

aufzuweisen,[367] so dass sich 40% übersteigende Eigenkapitalanteile unter Wettbewerbsbedingungen regelmäßig nicht einstellen würden.[368] Außerdem kann die übermäßige Anhäufung von Eigenkapital ein Indiz für eine Überkompensation sein.[369]

844 Ergebnisse, die im Durchschnitt **negative Werte** aufweisen, liegen offensichtlich unter den angemessenen Gewinnen eines vergleichbaren Privatunternehmens.[370] Ist das Verhältnis von Nettoergebnis zu Umsatz beim öffentlichen Unternehmen wesentlich geringer als bei vergleichbaren im Wettbewerb stehenden Unternehmen, können die vom öffentlichen Unternehmen im öffentlichen Tätigkeitsfeld erreichten Gewinne als angemessen betrachtet werden.[371]

845 **δδ) Zweckbindung.** In jedem Fall darf der Ausgleich *nur* für die Sicherstellung der betreffenden Dienstleistung von allgemeinem wirtschaftlichem Interesse verwendet werden.[372] Werden die Mittel verwendet, um auf anderen Märkten tätig zu werden, ist der Ausgleich nicht gerechtfertigt und stellt daher eine mit dem Binnenmarkt unvereinbare staatliche Beihilfe dar. Eine solche Subventionierung von im Wettbewerb erbrachten Tätigkeiten durch einem öffentlichen Unternehmen reservierte Dienste kann als gegen Art. 102 AEUV verstoßende Wettbewerbsverzerrung angesehen werden.[373] In Entscheidungen zur Zusammenschlusskontrolle versuchte die Kommission daher auch sicherzustellen, dass solche Quersubventionen ausgeschlossen werden.[374]

846 Nach Auffassung der Kommission darf die mit einer Dienstleistung von allgemeinem wirtschaftlichen Interesse erwirtschaftete angemessene Rendite jedoch verwendet werden.[375] Dabei ist aber zu verhindern, dass Anreize geschaffen werden, die **Rücklagen** für die im Rahmen einer effizienten Unternehmensführung erforderlichen Neu- und Ersatzinvestitionen in die Tätigkeit von Allgemeininteresse zu verkürzen, so dass ein entstehender Investitionsbedarf nur durch Erhöhung der Entgelte für die Leistung im Allgemeininteresse gedeckt werden kann. Dabei würde es sich um eine unzulässige Förderung wettbewerblicher Tätigkeiten zu Lasten der gemäß Art. 106 Abs. 2 AEUV privilegierten Sonderbereiche handeln.[376]

847 Wenn Dienstleistungen von allgemeinem wirtschaftlichem Interesse nur einen Teil der Tätigkeiten eines Unternehmens ausmachen, müssen die Einnahmen und Ausgaben im Zusammenhang mit ihrer Erbringung und der Ausführung von anderweitigen Leistungen in den Büchern getrennt ausgewiesen werden. Außerdem ist anzugeben, nach welchen Parametern die Zuordnung der Einnahmen und Ausgaben erfolgt. Ist ein Unternehmen mit der Erbringung verschiedener DAWI betraut, muss sich anhand der **unternehmensinternen Rechnungslegung** für jede Dienstleistung gesondert nachweisen lassen, dass keine Überkompensierung vorliegt. Diese Grundsätze lassen die Vorschriften der Transparenzrichtlinie unberührt.[377]

---

[367] Vgl. BKartA, Entsch. v. 14. 2. 2003, B11–45/01, ZNER 2003, 145 – TEAG.

[368] BGH, Beschl. v. 14. 8. 2008, KVR 42/07, WuW/E DE-R 2395 – Rheinhessische Energie; Bericht der Arbeitsgruppe Netznutzung Strom der Kartellbehörden des Bundes und der Länder vom 19. April 2001, S. 27 ff., 33, veröffentlicht unter www.bundeskartellamt.de.

[369] Vgl. Kommission, Entsch. v. 19. 5. 2004, ABl. 2006 Nr. L 85/1 RdNr. 113 (Berichtigung im ABl. 2006 Nr. L 368/112) – TV 2/Danmark (wegen Begründungsmängeln aufgehoben durch EuG, Urt. v. 22. 10. 2008, verb. T-309/04 ua., Slg. 2008, II-2935 – TV 2/Danmark/Kommission).

[370] Kommission, Entsch. v. 22. 11. 2006, K(2006) 5477, ABl. 2007 Nr. L 95/25 RdNr. 117 – LNE.

[371] Kommission, Entsch. v. 22. 11. 2006, K(2006) 5477, ABl. 2007 Nr. L 95/25 RdNr. 118 – LNE (-3,2% für die Tätigkeit des LNE im öffentlichen Bereich).

[372] Vgl. Kommission, Entsch. v. 2. 7. 2009, Beihilfe NN 8/2009, RdNr. 77 – Naturschutzflächen (Deutschland).

[373] Siehe bereits Kommission, Leitlinien für die Anwendung der EG-Wettbewerbsregeln im Telekommunikationsbereich, ABl. 1991 Nr. C 233/02 RdNr. 102 ff.; Bekanntmachung der Kommission über die Anwendung der Wettbewerbsregeln auf den Postsektor und über die Beurteilung bestimmter staatlicher Maßnahmen betreffend Postdienste. ABl. 1998 Nr. C 39/2 Abschnitt 3; vgl. auch Rundfunkmitteilung, ABl. 2009 Nr. C 257/1 RdNr. 76 und Kommission, Entsch. v. 19. 5. 2004, ABl. 2006 Nr. L 85/1 RdNr. 131 (Berichtigung im ABl. 2006 Nr. L 368/112) – TV 2/Danmark (wegen Begründungsmangels aufgehoben durch EuG, Urt. v. 22. 10. 2008, verb. T-309/04 ua., Slg. 2008, II-2935 – TV 2/Danmark/Kommission).

[374] Kommission, Entsch. v. 26. 6. 1998, IV/M.1168 – DHL/Deutsche Post (dazu EuG, Urt. v. 20. 3. 2002, T-175/99, RdNr. 64 – UPS/Kommission); Kommission, Entsch. v. 2. 12. 1991, IV/M.102 – GD Net (dazu EuGH, Urt. v. 4. 3. 1999, C-119/97 P, Slg. 1999, I-1341, RdNr. 24 – UFEX/Kommission (SFEI)); siehe auch Kommission, Entsch. v. 17. 7. 1996, ABl. 1996 Nr. L 239/23, 54 f. – Atlas; Kommission, ABl. 1996 Nr. L 239/57 RdNr. 71 – Global One.

[375] Gemeinschaftsrahmen, RdNr. 15.

[376] Siehe EuGH, Urt. v. 17. 5. 2001, C-340/99, Slg. 2001, I-4109, RdNr. 58 – TNT Traco/Poste Italiano.

[377] Gemeinschaftsrahmen, RdNr. 19.

Auch die Anhäufung von Rücklagen muss zweckgebunden erfolgen und darf nicht allein der   **848**
unkontrollierten Anhäufung von Eigenkapital dienen.[378]

εε) Verbot der Überkompensierung. Das Verbot der Überkompensierung (Proportionali-   **849**
tätsprinzip)[379] folgt aus dem in Art. 106 Abs. 2 AEUV verankerten Verhältnismäßigkeitsgrundsatz.[380] Eine Überkompensierung ist für das Funktionieren einer Dienstleistung von allgemeinem
wirtschaftlichem Interesse nicht erforderlich. Sie stellt daher eine mit dem Binnenmarkt nicht zu
vereinbarende staatliche Beihilfe dar, die an den Staat zurückgezahlt werden muss. Das Gebot der
Zweckbindung und das Verbot der Überkompensierung sind eng miteinander verwoben. Stellt die
Kommission fest, dass keine Überkompensation vorliegt, sieht sie keine Notwendigkeit mehr, das
Vorhandensein von **Quersubventionen** zugunsten des gewerblichen Tätigkeitsfeldes zu prüfen.[381] Auch das EuG hält die Möglichkeit einer Quersubvention für ausgeschlossen, soweit der
gewährte Ausgleich unter den Mehrkosten liegt, die durch die Erfüllung der besonderen Aufgabe
entstehen.[382] Wenn hingegen ein Unternehmen die Preise für gleichzeitig ausgeübte nicht im Allgemeininteresse stehende Tätigkeiten unter das Niveau drückt, das ein effizienter kommerzieller
Anbieter in einer ähnlichen Situation zur Deckung seiner Kosten für die isolierte Erzeugung der
entsprechenden Tätigkeit benötigen würde, deutet dies auf eine Quersubventionierung und damit eine Überkompensierung gemeinwirtschaftlicher Verpflichtungen hin.[383]

Der Staat muss die Zahlungen **in regelmäßigen Abständen** auf Überkompensierungen kon-   **850**
trollieren oder kontrollieren lassen. Stellt er sie fest, müssen die Berechnungsparameter aktualisiert
werden.[384] Anders als die Kommission hält das EuG zu Recht die Kontrolle der Jahreshaushalte
und Jahresrechnungen über die gemeinwirtschaftliche Dienstleistung sowie Verwaltungs-
und Finanzprüfungen der Bücher durch eine unabhängige Prüfstelle wie einen Rechnungshof
selbst dann für ausreichend, wenn dieser keine Befugnis zur Verhinderung einer Überkompensierung hat. In einem solchen Fall ist allerdings sicherzustellen, dass aufgrund der Ergebnisse dieser
Prüfeinrichtung eine Kontrolle durch andere staatliche Stellen gegeben ist.[385] Dies folgt aus dem
Ermessensspielraum, den die Mitgliedstaaten bei der konkreten Ausgestaltung effektiver
Kontrollmechanismen haben und damit auch bei der kompetenziellen Verteilung.

Dem Proportionalitätsprinzip ist nach Auffassung der Kommission Genüge getan, wenn die   **851**
jährlichen Ausgleichszahlungen staatlicher Stellen geringer oder gleich den **Nettosonderkosten**
sind, die dem beauftragten Unternehmen bei der Erbringung der DAWI entstehen.[386] Erforderlich ist eine Buchführung, die auf allgemein üblichen und weithin anerkannten fachlichen
Normen beruht.[387] Bei Anwendung analytischer Buchführung müssen die Erträge und Kosten
dem öffentlichen und dem gewerblichen Bereich ordnungsgemäß zugeordnet werden. Das Ergebnis des öffentlichen Tätigkeitsbereichs einschließlich aller Subventionen im Geschäftsjahr
muss negativ oder gleich null sein oder maximal einen für den betreffenden Sektor angemessenen Gewinn aufweisen. Der angemessene Gewinn hängt von der Tätigkeit und dem betroffenen Sektor ab.[388] Nach diesem Maßstab hat die Kommission in der LNE-Entscheidung die angewandte **analytische Buchführung** zur Trennung des gewerblichen Bereiches von
derjenigen für das öffentliche Tätigkeitsfeld, welche nur auf einer **Vollkostenrechnung** basierte anerkannt, dass durch diese alle Erträge und Kosten für die Dienstleistungen von allgemeinem

---

[378] Kommission, Entsch. v. 19. 5. 2004, ABl. 2006 Nr. L 85/1 RdNr. 113 (Berichtigung im ABl. 2006 Nr. L 368/112) – TV 2/Danmark (wegen Begründungsmangels aufgehoben durch EuG, Urt. v. 22. 10. 2008, verb. T-309/04 ua., Slg. 2008, II-2935, RdNr. 199 f. – TV 2/Danmark/Kommission).
[379] Kommission, Entsch. v. 22. 11. 2006, ABl. 2007 Nr. L 95/25, RdNr. 103 – LNE.
[380] Vgl. Kommission, Entsch. v. 19. 5. 2004, ABl. 2006 Nr. L 85/1 (Berichtigung im ABl. 2006 Nr. L 368/112) RdNr. 99 ff. – TV 2/Danmark; vgl. auch EuG, Urt. v. 26. 6. 2008, T-442/03, Slg. 2008, II-1161, RdNr. 210 – S IC/Kommission; EuG, Urt. v. 22. 10. 2008, verb. T-309/04 ua., Slg. 2008, II-2935, RdNr. 192 – TV 2/Danmark/Kommission.
[381] Kommission, Entsch. v. 22. 11. 2006, K(2006) 5477, ABl. 2007 Nr. L 95/25 RdNr. 120 – LNE.
[382] EuG, Urt. v. 27. 2. 1997, T-106/95, Slg. 1997, II-229, RdNr. 188 – FFSA ua./Kommission; vgl. auch EuG v. 1. 7. 2008, T-266/02, Slg. 2008, II-1233, RdNr. 109 – Deutsche Post/Kommission.
[383] Kommission, Entsch. v. 19. 5. 2004, ABl. 2006 Nr. L 85/1 RdNr. 131 (Berichtigung im ABl. 2006 Nr. L 368/112) – TV 2/Danmark (wegen Begründungsmangels aufgehoben durch EuG, Urt. v. 22. 10. 2008, verb. T-309/04 ua., Slg. 2008, II-2935 – TV 2/Danmark/Kommission).
[384] Gemeinschaftsrahmen, RdNr. 20.
[385] EuG, Urt. v. 22.10. 2008, verb. T-309/04 ua., Slg. 2008, II-2935, RdNr. 219 – TV 2/Danmark/Kommission.
[386] Kommission, Entsch. v. 22. 11. 2006, C24/2005, ABl. 2007 Nr. L 95/25, RdNr. 103 – LNE.
[387] Kommission, Entsch. v. 22. 11. 2006, C24/2005, ABl. 2007 Nr. L 95/25, RdNr. 110, 114 – LNE.
[388] Kommission, Entsch. v. 22. 11. 2006, C24/2005, ABl. 2007 Nr. L 95/25, RdNr. 103 – LNE.

wirtschaftlichen Interesse eindeutig zugeordnet werden konnten.[389] Die laut dem entschiedenen Sachverhalt vorgenommene analytische Buchführung erfasste alle abgeschlossenen Tätigkeiten und Erträge anhand einer signifikativen Zahl von operativen Bereichen und von Funktionsbereichen. Bei fehlender analytischer Buchführung hielt die Kommission einen Rückgriff auf eine ex post durchgeführte **Retropolierung der Kosten** für zulässig.[390] Diese Bewertung wurde vom EuG als Ausübung ihres Ermessensspielraumes anerkannt.[391]

852 Beläuft sich die **Überkompensierung auf höchstens 10%** der jährlichen Ausgleichssumme, kann dieser Betrag nach Auffassung der Kommission auf das nächstfolgende Jahr angerechnet werden. Weisen Dienstleistungen in bestimmten Jahren erhebliche jährliche Kostenschwankungen auf, vor allem aufgrund notwendiger Investitionen, nimmt sie ausnahmsweise sogar eine **temporäre Überkompensierung von über 10%** hin. Die Umstände, die eine Überkompensierung von mehr als 10% erfordern, sind der Kommission in der Anmeldung darzulegen. Dann muss aber in regelmäßigen Abständen Bilanz gezogen werden. Die Abstände sind anhand der Situation des betroffenen Wirtschaftssektors festzulegen und sollten vier Jahre nicht übersteigen. Die danach ermittelten zu viel gezahlten Beträge **sind zurückzuzahlen.**[392]

853 Eine Überkompensierung kann zur Finanzierung einer anderen von demselben Unternehmen erbrachten Dienstleistung von allgemeinem wirtschaftlichem Interesse verwendet werden. Die **Mittelübertragung** muss aber in den Büchern transparent ausgewiesen werden. In Bezug auf die andere Dienstleistung handelt es sich um eine eigenständige Mittelgewährung, die ihrerseits im Einklang mit Art. 106 Abs. 2 AEUV stehen muss und daher an den Bestimmungen und Grundsätzen des Gemeinschaftsrahmens, vor allem in Bezug auf die Vorabmeldung, zu messen ist.[393]

854 Eine überhöhte Ausgleichszahlung kann einem Unternehmen **nicht mit der Begründung endgültig überlassen werden,** dass es sich hierbei um eine eigenständige Beihilfe handelt, die für sich betrachtet mit dem AEUV vereinbar ist, wie zB. Umwelt- oder Beschäftigungsbeihilfen sowie Beihilfen an kleine und mittlere Unternehmen.[394] Dies folgt schon aus dem generellen Kumulierungsgebot (siehe Art. 7 GFVO). Beabsichtigt der Mitgliedstaat, dem Unternehmen die Überkompensation zu belassen und damit die Gewährung einer solchen **zusätzlichen Beihilfe,** muss das in Art. 108 Abs. 3 AEUV vorgesehene Verfahren der Vorabanmeldung (Notifizierung) eingehalten werden.[395] Solche Beihilfen werden insbesondere wegen deren Art. 7 nur in seltenen Fällen die Voraussetzungen der GFVO erfüllen.

855 Schwieriger wird die Prüfung auf Überkompensationen bei **Sachleistungen.** Der potenzielle wirtschaftliche Vorteil kann zB. bei einer unentgeltlichen Grundstücksübertragung definiert werden als die Summe der Einnahmen aus der kommerziellen Nutzung der Flächen und deren Verkaufswert. Der mit dem Verkaufswert der Flächen verbundene Vorteil entsteht jedoch de facto nur im Falle eines Verkaufs. Dürfen die Begünstigten die ihnen übertragenen Flächen aber nicht beliebig weiterübertragen oder müssen sie den Verkaufserlös für die DAWI verwenden oder an den Staat abführen und sind die Verpflichtungen mit dem Grundstück unlösbar verbunden, besteht der einzige Vorteil in den Einnahmen aus der Ausübung wirtschaftlicher Tätigkeiten auf den Flächen. Um zu ermitteln, ob eine Überkompensierung im Sinne des DAWI-Rahmens vorliegt, legt die Kommission dann nicht den potentiellen Verkaufswert der Flächen, sondern die **durch die Nutzung** der Flächen **erzielbaren Einnahmen** zugrunde.[396] Da die Höhe der erzielbaren Einnahmen ex ante schwer absehbar ist, bedarf es daher besonders flexibler, im Vorfeld festgelegter ex-post-Korrekturmechanismen.

856 Bei der Anerkennung von **Fremdkapitalkosten** ist eine mittelbare Begünstigung der Fremdkapitalgeber zu verhindern. Marktunüblich hohe Fremdkapitalzinsen dürfen daher nicht anerkannt werden. Vielmehr sind diese auf ihre Angemessenheit zu untersuchen, um eine Begünstigung des kapitalgebenden Drittunternehmens oder – im Falle von **Konzerndarlehen** – des mit dem beauftragten Unternehmen verbundenen Unternehmens zu vermeiden (näher dazu RdNr. 886).

857 γγ) **Keine Ausschreibungspflicht.** Keine zwingende unmittelbare Voraussetzung des Art. 106 Abs. 2 AEUV ist die Durchführung eines Ausschreibungsverfahrens für die Vergabe

---

[389] Kommission, Entsch. v. 22. 11. 2006, C24/2005, ABl. 2007 Nr. L 95/25, RdNr. 104–112 – LNE.
[390] Kommission, Entsch. v. 22. 11. 2006, C24/2005, ABl. 2007 Nr. L 95/25, RdNr. 113, 114 – LNE.
[391] EuG, Urt. v. 7. 6. 2006, T-613/97, Slg. 2006, II-1531, RdNr. 137 – UFEX/Kommission.
[392] Gemeinschaftsrahmen, RdNr. 21.
[393] Gemeinschaftsrahmen, RdNr. 22.
[394] Gemeinschaftsrahmen, RdNr. 23.
[395] Gemeinschaftsrahmen, RdNr. 23.
[396] Kommission, Entsch. v. 2. 7. 2009, Beihilfe NN 8/2009, RdNr. 79 f. – Naturschutzflächen (Deutschland).

einer Dienstleistung von allgemeinem wirtschaftlichem Interesse. Das EuG hat mehrfach ausdrücklich hervorgehoben, dass sich weder aus dem Wortlaut von Art. 106 Abs. 2 AEUV noch aus der Rechtsprechung hierzu ergibt, dass eine Dienstleistung von allgemeinem wirtschaftlichem Interesse einem Wirtschaftsteilnehmer nur nach Durchführung eines Ausschreibungsverfahrens übertragen werden kann.[397] Allerdings folgt eine Ausschreibungspflicht nach ständiger Rechtsprechung des EuGH oftmals aus dem primär- und sekundärrechtlichen Vergabegrundsätzen, soweit diese nicht ihrerseits durch Art. 106 Abs. 2 AEUV ausgehebelt sind (siehe RdNr. 779 ff.).

ee) Keine Übermäßige Beeinträchtigung des Handelsverkehrs (Art. 106 Abs. 2 S. 2   858 AEUV). Die Prüfung, ob die Beihilfe zu einer Beeinträchtigung des Handelsverkehrs in einem Ausmaß führt, das dem Interesse der Union zuwiderläuft, erfolgt regelmäßig durch einen knappen Hinweis auf die Vereinbarkeit mit dem Binnenmarkt und spielt wegen der hohen Bedeutung der Verhältnismäßigkeitsprüfung, in die es zudem teilweise einfließt,[398] praktisch keine Rolle.[399] Die Definition des entgegenstehenden Unionsinteresses obliegt im Vertragsverletzungsverfahren der Kommission, ebenso wie das Aufzeigen der Behinderung des Handelsverkehrs.[400] Art. 106 Abs. 2 S. 2 AEUV stellt insoweit strengere Anforderungen an die Behinderungsintensität auf als die allgemeine Zwischenstaatlichkeitsklausel in Art. 101 Abs. 1, Art. 102 AEUV oder in den Grundfreiheiten, da dessen Entwicklung behindert werden muss, was einen über die produktbezogene Sichtweise hinausgehenden dynamischen Maßstab impliziert.[401]

4. Freistellungsentscheidung 2005/842/EG (DAWI-GFE). Die Verweise der Entschei-   859 dung auf die Bestimmungen EG-Vertrages wurden vom Verfasser entsprechend Art. 5 Abs. 3 des Vertrages von Lissabon[402] sprachlich angepasst.

Art. 1 Gegenstand

Die vorliegende Entscheidung bestimmt, unter welchen Voraussetzungen staatliche Beihilfen, die bestimmten mit der Erbringung von Dienstleistungen von allgemeinem wirtschaftlichem Interesse betrauten Unternehmen als Ausgleich gewährt werden, als mit dem Gemeinsamen Markt vereinbar angesehen und demzufolge von der in Artikel 108 Absatz 3 AEUV verankerten Notifizierungspflicht freigestellt werden können.

Gemäß Art. 106 Abs. 3 AEUV ist die Kommission befugt, Inhalt und Umfang der Ausnah-   860 meregelung nach Art. 106 Abs. 2 AEUV zu bestimmen und gegebenenfalls Vorschriften zu erlassen, mit denen sich wirksam überprüfen lässt, ob die in Art. 106 Abs. 2 AEUV genannten Voraussetzungen erfüllt sind. Mit der Entscheidung über die Anwendung von Art. 106 Abs. 2 AEUV auf staatliche Beihilfen (DAWI-GFE) hat sie diese Kompetenz wahrgenommen und festgelegt, unter welchen Voraussetzungen Ausgleichssysteme mit Art. 106 Abs. 2 AEUV vereinbar sind und nicht gemäß Art. 108 Abs. 3 AEUV notifiziert werden müssen (Art. 1 DAWI-GFE).[403] Die Entscheidung erlangt erst dann Bedeutung, wenn die vier Voraussetzungen der Altmark-Trans-Rechtsprechung (RdNr. 772 ff.) nicht gegeben sind und der Tatbestand des Art. 107 Abs. 1 AEUV auch im Übrigen erfüllt ist. Die DAWI-GFE gilt daher nur für den vom Staat als Gegenleistung für die Erbringung einer Dienstleistung von allgemeinem wirtschaftlichem Interesse gewährten Ausgleich, soweit er eine staatliche Beihilfe darstellt, auf die die Art. 93, 106, 107 und 108 AEUV Anwendung finden. Die aus Sicht der Kommission geltenden Grundsätze zur Anwendung der DAWI-GFE lassen sich zum einen den der Entscheidung vorangestellten Erwägungsgründen entnehmen. Darüber hinaus hat sie ein Arbeitspapier der Kommissionsdienststellen veröffentlicht, das auf häufige Fragen sowohl hinsichtlich der DAWI-

---

[397] EuG, Urt. v. 15. 6. 2005, T-17/02, Slg. 2005, II-2031, RdNr. 239 – Olsen/Kommission; EuG, Urt. v. 26. 6. 2008, T-442/03, Slg. 2008, II-1161, RdNr. 145 – SIC/Kommission.

[398] MünchKommEUWettbR/*Gundel* Art. 86 EG RdNr. 99 f.; *Loewenheim/Meessen/Riesenkampff/Ehricke* Art. 86 EG RdNr. 125; vgl. zB. die Prüfung bei *Koenig/Kühling* ZHR 166 (2002), 656, 674 ff.; vgl. aber auch *Grabitz/Hilf/Pernice/Wernicke* Art. 86 EG RdNr. 60 ff.; *Immenga/Mestmäcker/Mestmäcker/Schweitzer* EG-WbR, Art. 86 EG RdNr. 107.

[399] Vgl. EuG, Urt. v. 12. 2. 2008, T-289/03, Slg. 2008, II-81, RdNr. 306–309 – BUPA/Kommission; *Immenga/Mestmäcker/Mestmäcker/Schweitzer,* EG-WettbR., Art. 86 EG RdNr. 107; *Weiß* EuR 2003, 165, 188.

[400] EuGH, Urt. v. 23. 10. 1997, C-159/94, Slg. 1997, I-5815, RdNr. 113 – Kommission/Frankreich.

[401] *Grabitz/Hilf/Pernice/Wernicke* Art. 86 EG RdNr. 59.

[402] ABl. 2007 Nr. C 306/134.

[403] Erw. 6.

GFE als auch des Gemeinschaftsrahmens eingeht.[404] Im Übrigen scheint eine ausführliche Befassung mit der Entscheidung soweit ersichtlich in der Literatur nicht vorgenommen worden zu sein.[405] Die Entscheidungspraxis zur DAWI-GFE ist aufgrund ihrer unmittelbaren Geltung naturgemäß schmal.[406]

Art. 2 Geltungsbereich

(1) Die vorliegende Entscheidung gilt für staatliche Beihilfen, die Unternehmen in Form von Ausgleichszahlungen für die Erbringung von Dienstleistungen von allgemeinem wirtschaftlichem Interesse im Sinne von Artikel 106 Absatz 2 AEUV gewährt werden, die in eine der folgenden Kategorien fallen:

a) Ausgleichszahlungen an Unternehmen, deren Jahresumsatz mit allen Tätigkeiten vor Steuern in den beiden der Übernahme einer Dienstleistung von allgemeinem wirtschaftlichem Interesse vorausgehenden Rechnungsjahren insgesamt weniger als 100 Mio. EUR betragen hat und die jährlich eine Ausgleichszahlung von weniger als 30 Mio. EUR für die erbrachte Dienstleistung erhalten;

b) Ausgleichszahlungen an Krankenhäuser und im sozialen Wohnungsbau tätige Unternehmen, die Tätigkeiten ausführen, die von dem jeweiligen Mitgliedstaat als Dienstleistungen von allgemeinem wirtschaftlichem Interesse eingestuft wurden;

c) Ausgleichszahlungen für Flug- oder Schiffsverbindungen zu Inseln, bei denen das jährliche Fahrgastaufkommen in den zwei Rechnungsjahren vor Übertragung der Dienstleistung von allgemeinem wirtschaftlichem Interesse im Schnitt 300 000 Fahrgäste nicht überstieg;

d) Ausgleichszahlungen für Flug- und Seeverkehrshäfen, bei denen das jährliche Fahrgastaufkommen in den zwei Rechnungsjahren vor Übertragung der Dienstleistung von allgemeinem wirtschaftlichem Interesse im Schnitt die Zahl von 1 000 000 für Flughäfen bzw. 300 000 für Seeverkehrshäfen nicht überstieg.

Für die Ermittlung der in Unterabsatz 1 Buchstabe a genannten Obergrenze von 30 Mio. EUR kann der Jahresdurchschnitt der während der Laufzeit des Vertrags oder ersatzweise während eines Zeitraums von fünf Jahren gewährten Ausgleichszahlungen herangezogen werden. Bei Kreditanstalten entspricht dem Schwellenwert von 100 Mio. EUR eine Bilanzsumme von 800 Mio. EUR.

(2) Im Bereich des Luft- und Seeverkehrs gilt die vorliegende Entscheidung lediglich für staatliche Beihilfen, die in Form von Ausgleichszahlungen für die Erbringung von Dienstleistungen von allgemeinem wirtschaftlichem Interesse im Sinne von Artikel 106 Absatz 2 AEUV gewährt werden, die den Bestimmungen der Verordnung (EWG) Nr. 2408/92[407] sowie der Verordnung (EWG) Nr. 3577/92 entsprechen, wenn diese anwendbar sind.

Die Entscheidung gilt nicht für staatliche Beihilfen, die in Form von Ausgleichszahlungen für die Erbringung von Dienstleistungen an Beförderungsdienste auf dem Landweg gewährt werden.

861   Die Entscheidung geht davon aus, dass kleinere Ausgleichszahlungen an umsatzschwache Unternehmen den Handel und den Wettbewerb nicht in einem Ausmaß beeinträchtigen, das dem Interesse der Union zuwiderläuft. Aufgreifschwelle für die DAWI-GFE ist daher der Umsatz des beauftragten Unternehmens und die Höhe der Ausgleichszahlungen.[408]

862   Art. 2 Abs. 1 lit. a ist der allgemeine und mit Ausnahme der landseitigen Beförderungsdienste (Art. 2 Abs. 2 S. 2 DAWI-GFE) sektorübegreifende Ausnahmetatbestand.[409] Anders als der Gemeinschaftsrahmen gilt die Freistellungsentscheidung auch für den Rundfunksektor.[410]

---

[404] Arbeitspapier v. 20. 11. 2007, SEK(2007)1516 endg. (i.F. Arbeitspapier DAWI).

[405] Siehe aber den vom Ministerium für Wirtschaft, Mittelstand und Energie des Landes NRW herausgegebenen Leitfaden „EG-Beihilfenkonforme Finanzierung von kommunalen Leistungen der Daseinsvorsorge" v. Mai 2008 (i. F. Leitfaden NRW); vgl. auch „Handreichung zum Monti-Paket", gebilligt vom Arbeitskreis III der Innenministerkonferenz am 19. 7. 2006 (i. F. Handreichung AIII).

[406] Vgl. aber Kommission, Entsch. v. 2. 7. 2009, Beihilfe NN 8/2009, RdNr. 69–72 – Naturschutzflächen (Deutschland); EFTA-Überwachungsbehörde, Entsch. v. 3. 5. 2007, Nr. 155/07/KOL, ABl. 2008 Nr. L 249/35–46 – Mehrwertsteuerausgleichsgesetz (Norwegen).

[407] Der Verweis auf die inzwischen aufgehobene VO (EWG) Nr. 2408/92 VO ist gemäß Art. 27 S. 2 VO (EG) 1008/2008 als ein solcher auf die VO (EG) 1008/2008 zu verstehen.

[408] Erw. 15 DAWI-GFE.

[409] Die Entscheidung gilt auch bei bestehenden sektorspezifischen Anwendungsgrundsätzen der Kommission: siehe zum Agrarsektor: Rahmenregelung der Gemeinschaft für staatliche Beihilfen im Agrar- und Forstsektor 2007–2013, ABl. 2006 Nr. C 319/1 RdNr. 149; siehe zu Haftungsverpflichtungen und Bürgschaften: Mitteilung der Kommission über die Anwendung der Artikel 87 und 88 des EG-Vertrags auf staatliche Beihilfen in Form von Haftungsverpflichtungen und Bürgschaften, ABl. 2008 Nr. C 155/10, 14 insb. Fn. 8.

[410] Vgl. Rundfunkmitteilung, ABl. 2009 Nr. C 257/1 RdNr. 19.

Erste Voraussetzung ist, dass das Unternehmen mit *allen* Tätigkeiten vor Steuern in den bei- 863
den der Übernahme einer Dienstleistung von allgemeinem wirtschaftlichem Interesse vorausgehenden Rechnungsjahren insgesamt weniger als 100 Mio. EUR betragen hat. Es werden also
auch Tätigkeiten berücksichtigt, die in keinem Zusammenhang mit der DAWI stehen und die
gemäß Art. 5 Abs. 2 lit. b bei der Berechnung der notwendigen Ausgleichszahlungen auch in
Zukunft nicht berücksichtigungsfähig und daher gemäß Art. 5 Abs. 5 durch getrennte Kontenführung zu separieren sind.

Die zweite Voraussetzung in Art. 2 Abs. 1 lit. a betrifft die Art und Weise der Mittelvergabe. 864
Die jährliche Ausgleichszahlung muss danach *weniger* als 30 Mio. EUR für die erbrachte Dienstleistung betragen. Für die Ermittlung dieser Obergrenze kann der geplante Jahresdurchschnitt
der während der Laufzeit des Vertrags oder ersatzweise während eines Zeitraums von fünf Jahren gewährten Ausgleichszahlungen herangezogen werden.

Nicht eindeutig geregelt ist die Berechnung der Schwellenwerte, wenn Kapitalgesellschaften 865
zur Gewinn- und Verlustsaldierung als **steuerliche Organschaft** unter Einbindung einer Hol-
ding-Gesellschaft strukturiert wurden. Bejaht man dann eine beihilfenrechtliche Qualifizierung
des Gesamtverbundes als Wirtschaftseinheit, sind die Umsätze und Ausgleichszahlungen aller
verbundenen Unternehmen bei der Berechnung des Schwellenwertes zu addieren.[411] Eine Zu-
sammenrechnung erscheint auch erforderlich, um eine Umgehung des in Art. 2 Abs. 1 lit. a
zum Ausdruck kommenden Prinzips der Gesamtbetrachtung auszuschließen. Anderenfalls hätten
es das Unternehmen und der Mitgliedstaat in der Hand, allein durch strukturelle Veränderungen
auf intraorganisatorischer Ebene die Anwendbarkeit der DAWI-GFE zu beeinflussen. Zudem
sind die wettbewerblichen Auswirkungen für den Markt von der Organisationsstruktur einer
Wirtschaftseinheit unabhängig. Genau aus diesem Grunde betont der EuGH regelmäßig, dass
die mitgliedstaatliche Ausgestaltung der rechtlichen Handlungs- und Organisationsformen die
Anwendung des EU-Rechts nicht beeinflussen kann.[412]

Bei **Krankenhäusern**[413] und dem **sozialen Wohnungsbau**[414] trägt Art. 2 Abs. 1 lit. b 866
DAWI-GFE insbesondere dem Umstand Rechnung, dass die Wettbewerbsverfälschung in diesen
Sektoren nicht zwangsläufig in einem direkten Verhältnis zum Umsatz und zur Höhe der Ausgleichszahlungen steht.[415] Beihilfen für in diesen Sektoren tätige Unternehmen werden daher
generell von der Notifizierungspflicht freigestellt, selbst wenn die Höhe des Ausgleichs, den sie
erhalten, die in dieser Entscheidung genannten Obergrenzen überschreitet, vorausgesetzt, die
erbrachten Leistungen werden von dem betreffenden Mitgliedstaat als Dienstleistungen von allgemeinem wirtschaftlichem Interesse eingestuft.[416] Zu beachten ist aber der hinter dem relativ-
funktionalen Unternehmensbegriff stehende Grundsatz, dass jede wirtschaftliche Tätigkeit einer
Organisationseinheit gesondert auf ihre wettbewerbliche Bedeutung zu untersuchen ist
(RdNr. 799 ff.). Ausgehend vom Normzweck des Art. 2 Abs. 1 lit. b DAWI-GFE sind daher
Ausgleichszahlungen nur dann freigestellt, **wenn und soweit** sie für die Erbringung von medizinischen Versorgungsleistungen, Notfalldiensten und unmittelbar mit den Haupttätigkeiten verbundene Nebendienstleistungen betreffen. Zu solchen Nebentätigkeiten zählt die Kommission
auch solche auf dem Gebiet der Forschung.[417] Problematisch ist dies hingegen bei in Medizinischen Versorgungszentren (MVZ) i. S. d. § 95 Abs. 1 SGB V erbrachten ambulanten Versorgungsdienstleistungen in Konkurrenz zu freien niedergelassenen Ärzten und medizinisch nicht

---

[411] Offen gelassen in Leitfaden NRW, S. 24.
[412] EuGH, Urt. v. 16. 6. 1987, 118/85, Slg. 1987, 2599, RdNr. 10 f. – Kommission/Italien. Vgl. auch
EuGH, Urt. v. 13. 1. 2005, C-84/03, Slg. 2005, I-139, RdNr. 27 – Kommission/Spanien; EuGH, Urt. v.
18. 12. 2007, C-220/06, Slg. 2007, I-12 175, RdNr. 50 – Asociación Profesional de Empresas de Reparto y
Manipulado de Correspondencia/Administración General del Estado; EuGH, Urt. v. 12. 7. 2001, Slg. 2001,
I-5409, C-399/98, RdNr. 73 – Ordine degli Architetti delle Province di Milano et Lodi ua.; *Franz,* Gewinnerzielung und kommunale Daseinsvorsorge, Tübingen 2005, S. 147.
[413] Vgl. dazu 1. Bericht der Bundesrepublik Deutschland zum „Altmark-Paket" der Europäischen Kommission, S. 10 ff.; *Koenig/Paul* EuZW 2009, 844; *dies.* EuZW 2008, 359.
[414] Vgl. dazu 1. Bericht der Bundesrepublik Deutschland zum „Altmark-Paket" der Europäischen
Kommission, S. 16 ff.; *Keßler/Dahlke* EuZW 2007, 103; *dies.* EuZW 2008, 68; *Bartosch* EuZW 2007,
559.
[415] Erw. 16 DAWI-GFE.
[416] In Deutschland ist dies insb. von Bedeutung für Investitionskostenzuschüsse bei Plankrankenhäusern
(vgl. § 8 KHG) und dem (nicht zum dualen System der Krankenhausfinanzierung gehörenden) Defizitausgleich bei Krankenhäusern in öffentlich-rechtlicher Trägerschaft. Siehe dazu *Koenig/Vorbeck* ZEuS 2008,
207; *Kibele* KH 2007, 1094.
[417] Erw. 16 DAWI-GFE.

notwendigen Schönheitsoperationen.[418] Im **sozialen Wohnungsbau** tätig ist ein Unternehmen, wenn und soweit es mit Leistungen im Bereich des sozialen Wohnungsbaus betraut ist und Wohnraum für benachteiligte Bürger oder sozial schwache Bevölkerungsgruppen bereitstellt, die nicht die Mittel haben, sich auf dem freien Wohnungsmarkt eine Unterkunft zu beschaffen.[419]

867   Für Ausgleichzahlungen im **Luft- und Seeverkehr** gelten grundsätzlich die Obergrenzen des Art. 2 Abs. 1 lit. a DAWI-GFE. Bei Ausgleichszahlungen für Flug- oder Schiffsverbindungen zu Inseln sowie für Flughäfen und Seeverkehrshäfen hält die Kommission aber das durchschnittliche Fahrgastaufkommen **als alternativen Grenzwert** unter wirtschaftlichen Gesichtspunkten für realistischer.[420] Sie wendet aber stets die vorteilhaftesten Schwellenwerte an.[421] Folglich fällt zB. auch ein Flughafen mit einem jährlichen Passagieraufkommen über einer Million in den Anwendungsbereich der Entscheidung, wenn die Voraussetzungen des Art. 2 Abs. 1 lit. a DAWI-GFE erfüllt sind. Wegen des engen Zusammenhangs zwischen den Dienstleistungen von allgemeinem wirtschaftlichem Interesse auf dem Gebiet des Seeverkehrs und den Verfahren für die Auswahl von mit diesen Dienstleistungen zu betrauenden Unternehmen legt sie den in Art. 2 Abs. 1 lit. c DAWI-GFE geltenden Schwellenwert von 300 000 Fahrgästen auch in Abschnitt 5.6 der Mitteilung über die Seekabotage zur Auslegung der VO (EWG) Nr. 3577/92 hinsichtlich der Personenbeförderung zugrunde, anstatt des ursprünglichen Schwellenwertes von 100 000 Fahrgästen.[422]

868   Ausgleichszahlungen für die **landseitige Erbringung von Beförderungsdienstleistungen** fallen gemäß Art. 2 Abs. 2 S. 2 DAWI-GFE nicht in den Anwendungsbereich dieser Entscheidung.[423] Hintergrund dessen ist Art. 93 AEUV, der als lex specialis zu Art. 106 Abs. 2 AEUV den Ausgleich für die Erbringung von Dienstleistungen von allgemeinem wirtschaftlichem Interesse im Verkehrssektor regelt. Nach dem „Altmark"-Urteil können Ausgleichszahlungen, die im Widerspruch zu Art. 93 AEUV stehen, weder auf Grundlage des Art. 106 Abs. 2 AEUV noch einer sonstigen Bestimmung für mit den EU-Verträgen vereinbar erklärt werden. Näheres bestimmt die VO (EG) Nr. 1370/2007 über öffentliche Personenverkehrsdienste auf Schiene und Straße, welche die VO (EWG) Nr. 1191/69 und die VO (EWG) Nr. 1107/70 ablöste. Sie legt allgemeine Bedingungen fest, nach denen Gemeinwohlverpflichtungen in diesem Bereich zu erbringen sind und Ausgleichszahlungen zulässig sind. Die Verordnung befreit in Art. 9 bestimmte Ausgleichszahlungen von der Notifizierungspflicht des Art. 108 Abs. 3 AEUV.

869   Auf den Bereich des Luft- und Seeverkehrs findet Art. 106 Abs. 2 AEUV uneingeschränkt Anwendung. Einige für Ausgleichszahlungen in diesen Bereichen geltende Vorschriften finden sich in der VO (EG) 1008/2008 über die Durchführung von Luftverkehrsdiensten in der Union, welche die VO (EWG) Nr. 2408/92 über den Zugang von Luftfahrtunternehmen der Gemeinschaft zu Strecken des innergemeinschaftlichen Flugverkehrs ersetzt, und in der VO (EWG) Nr. 3577/92 für den Seeverkehr in den Mitgliedstaaten (Seekabotage). Im Gegensatz zu der VO (EG) Nr. 1370/2007 findet sich in diesen beiden Verordnungen weder ein Hinweis auf die Vereinbarkeit möglicher staatlicher Beihilfeelemente mit dem Binnenmarkt noch auf eine mögliche Freistellung von der Notifizierungspflicht aus Art. 108 Abs. 3 AEUV, so dass kein Grund besteht, die DAWI-GFE nicht auch auf Ausgleichszahlungen im Luft- und Seeverkehr anzuwenden. Allerdings darf die in den sektorspezifischen Konkretisierungen der primärrechtlichen Vorgaben getroffene Wertung nicht aufgehoben werden, so dass gemäß Art. 2 Abs. 2 S. 1 DAWI-GFE zusätzlich zu der Erfüllung der in der DAWI-GFE genannten Voraussetzungen auch die sektorspezifischen Bestimmungen der VO (EG) 1008/2008 bzw. VO (EWG) Nr. 3577/92 erfüllt sein müssen.[424] Zwar verweist die DAWI-GFE statt auf die VO (EG) 1008/2008 noch

---

[418] Vgl. *Koenig/Paul* EuZW 2009, 844, 845; vgl. dazu auch BKartA, Entsch. v. 10. 3. 2005 – B10 – 123/04, RdNr. 76 – Rhön-Klinikum/Kreiskrankenhäuser Bad Neustadt (insoweit nicht abgedr. in WuW/E DE-V 1087); Erläuterung zu § 2 Abs. 2 des Musters für einen Betrauungsakt des Landkreistags Baden-Württemberg (Beschl. des Präsidiums des Deutschen Landkreistags v. 24. 10. 2007, S. 10).

[419] Erw. 16 DAWI-GFE.

[420] Erw. 19 DAWI-GFE.

[421] Kommission, Arbeitspapier DAWI, Nr. 3.5.

[422] Mitteilung der Kommission an das Europäische Parlament, den Rat, den Europäischen Wirtschafts- und Sozialausschuss und den Ausschuss der Regionen zur Aktualisierung und Berichtigung der Mitteilung über die Auslegung der Verordnung (EWG) Nr. 3577/92 des Rates zur Anwendung des Grundsatzes des freien Dienstleistungsverkehrs auf den Seeverkehr in den Mitgliedstaaten (Seekabotage), 11. 5. 2006, KOM(2006) 196 endg.

[423] Erw. 17 DAWI-GFE.

[424] Erw. 18 DAWI-GFE.

auf die aufgehobene VO (EWG) Nr. 2408/92 VO. Dieser Verweis ist aber gemäß Art. 27 S. 2 VO (EG) 1008/2008 als ein solcher auf die VO (EG) 1008/2008 zu verstehen.

Art. 3 Vereinbarkeit und Freistellung von der Notifizierungspflicht

Staatliche Beihilfen, die in Form von Ausgleichszahlungen für die Erbringung von Dienstleistungen von allgemeinem wirtschaftlichem Interesse gewährt werden und gleichzeitig die in dieser Entscheidung genannten Voraussetzungen erfüllen, sind mit dem Gemeinsamen Markt vereinbar und von der Notifizierungspflicht gemäß Artikel 108 Absatz 3 AEUV freigestellt, sofern in den sektorspezifischen gemeinschaftlichen Rechtsvorschriften in Bezug auf die Gemeinwohlverpflichtungen nichts anderes bestimmt ist.

Art. 3 DAWI-GFE stellt klar, dass die Freistellungsentscheidung nur dann von Bedeutung ist, **870** wenn überhaupt eine Beihilfe vorliegt, indem sie diese zum Tatbestandsmerkmal erhebt. Solange die gewährten Ausgleichszahlungen die Höhe die Kosten der Gemeinwohlverpflichtung nicht überschreiten und die genannten Obergrenzen eingehalten werden, geht die Kommission davon aus, dass die Entwicklung des Handelsverkehrs dadurch nicht in einem Ausmaß beeinträchtigt wird, das dem Interesse der Union zuwiderläuft und die staatliche Beihilfe gemäß Art. 106 Abs. 2 AEUV mit dem Binnenmarkt vereinbar ist.[425]

Die Freistellung von der Pflicht zur Vorabnotifizierung **hindert die Mitgliedstaaten nicht** **871** **daran, ein Beihilfevorhaben gleichwohl zu notifizieren,** um Rechtssicherheit zu erlangen. Die Kommission will das notifizierte Vorhaben dann gemäß den Grundsätzen des Gemeinschaftsrahmens für staatliche Beihilfen, die als Ausgleich für die Erbringung öffentlicher Dienstleistungen gewährt werden, prüfen.[426] Sie sollte aber auch eine Prüfung der DAWI-GFE vornehmen, da bei Vorliegen der Voraussetzungen schon keine Einzelfreistellungsentscheidung gemäß Art. 106 Abs. 3 AEUV mehr erforderlich ist.

Der **Vorbehalt sektorspezifischer Spezialregelungen** spiegelt die Rechtsprechung des **872** EuGH wider, wonach sich ein Mitgliedstaat auf Art. 106 Abs. 2 AEUV dann nicht berufen kann, wenn sekundärrechtliche Maßnahmen, insbesondere Richtlinien, dessen Anwendung sektorspezifisch konkretisieren.[427] Vor diesem Hintergrund sieht der EuGH die Prüfung solcher Sekundärrechtsakte für vorrangig gegenüber der Prüfung zB. der Grundfreiheiten an,[428] wobei diese aber im Lichte des Primärrechts auszulegen sind.[429] Versagt ist somit eine unmittelbare Berufung auf Art. 106 Abs. 2 AEUV in regulierten Sektoren, die durch Richtlinie oder Verordnung für bestimmte Tätigkeiten Art. 106 Abs. 2 AEUV „durchführen",[430] wie zB. im Energiesektor die Berufung auf Art. 106 Abs. 2 AEUV bei Ausnahmen vom Netzzugang wegen der sondergesetzlichen Ausgestaltung in Art. 3 (8) RL 54/2003/EG.

Art. 4 Öffentlicher Auftrag

Die vorliegende Entscheidung gilt ausschließlich für Dienstleistungen von allgemeinem wirtschaftlichem Interesse, deren Erbringung dem jeweiligen Unternehmen im Wege eines oder mehrerer Verwaltungs- oder Rechtsakte übertragen wurde. Die Form des Rechts- oder Verwaltungsaktes kann von den Mitgliedstaaten frei gewählt werden. Aus ihm (ihnen) muss unter anderem Folgendes hervorgehen:

a) Art und Dauer der Gemeinwohlverpflichtungen;
b) das beauftragte Unternehmen und der geografische Geltungsbereich;
c) Art und Dauer der dem Unternehmen gegebenenfalls gewährten ausschließlichen oder besonderen Rechte;
d) die Parameter für die Berechnung, Überwachung und etwaige Änderung der Ausgleichszahlungen;
e) die Vorkehrungen, die getroffen wurden, damit keine Überkompensierung entsteht bzw. etwaige überhöhte Ausgleichszahlungen zurückgezahlt werden.

Art. 106 Abs. 2 AEUV verlangt das Vorliegen eines rechtlichen Betrauungsaktes, durch den **873** die besondere Aufgabe auf das Unternehmen übertragen wird (ausführlich dazu oben RdNr. 818 ff.). Dabei muss die genaue Art, der Umfang und die Dauer der auferlegten Gemeinwohlverpflichtungen sowie der Name des beauftragten Unternehmens niedergelegt sein.

---

[425] Erw. 14 DAWI-GFE.
[426] Erw. 21 DAWI-GFE.
[427] Vgl. EuGH, Urt. v. 9. 3. 2006, C-421/04, Slg. 2006, I-2303, RdNr. 20 – Matratzen Concord/Hukla.
[428] Vgl. EuGH, Urt. v. 24. 7. 2003, C-280/00, Slg. 2003, I-7747, RdNr. 105–107 – Altmark Trans.
[429] EuGH, Urt. v. 2. 2. 1994, C-315/92, Slg. 1994, I-317, RdNr. 12 – Clinique.
[430] EuGH, Urt. v. 18. 12. 2007, C-220/06, Slg. 2007, I-12175, RdNr. 80–83 – Correos.

Eine bloße Genehmigung reicht nicht.[431] Der für die Bewertung einer Leistung, sei sie vom Staat auferlegt oder von den Parteien in einem Vertrag vereinbart, als gemeinwirtschaftliche Verpflichtung ausschlaggebende Faktor ergibt sich aus dem Inhalt der Leistung und nicht aus der Form, die ihrer Entstehung zugrunde liegt.[432] Ob die Leistung also als Verpflichtung qualifiziert werden kann, entscheidet das Wesen der Leistung und nicht die Art und Weise ihrer Organisation.[433] Einer entsprechenden gesellschaftsvertraglichen Bestimmung bei öffentlichen Unternehmen fehlt regelmäßig das verpflichtende Element, während die Aufstellung des Wirtschaftsplanes bei Eigenbetrieben ausreichend sein kann.[434]

874 Da die Freistellungsentscheidung nur dann mit Art. 106 Abs. 2 AEUV als höherrangigem Primärrecht vereinbar ist, wenn dessen Voraussetzungen materiellrechtlich erfüllt sind, bindet Art. 4 DAWI-GFE dieses nach Art. 106 Abs. 2 AEUV notwendige Prüfungsmerkmal auch in die Prüfung der Freistellungsentscheidung ein und präzisiert es unter Berücksichtigung der dazu ergangenen Rechtsprechung des EuGH in Bezug auf die Freistellung von Beihilfen.[435] Dazu verlangt Art. 4 DAWI-GFE einen hinreichenden Grad an **Transparenz,** da die Berechnung und Überprüfung der Höhe der Ausgleichszahlungen nur dann durchführbar ist, wenn die Gemeinwohlverpflichtungen, die auf den Unternehmen lasten, und die etwaigen vom Staat zu übernehmenden Verpflichtungen in einem formalen Akt der zuständigen staatlichen Stellen des jeweiligen Mitgliedstaats genau festgelegt sind.

875 Die Notwendigkeit der vorherigen **Festlegung der Kostenparameter im Betrauungsakt** verlangt keine detaillierte ex-ante-Berechnung aller einzelnen Kostenpositionen, die aus öffentlichen Mitteln zurückerstattet werden sollen, wenn dies nicht möglich ist. Die Entscheidung erfordert nur, dass der Betrauungsakt die Grundlagen für die zukünftige Berechnung der Ausgleichszahlung enthält, zum Beispiel, dass der Ausgleich auf der Basis des Preises pro Tag, pro Mahlzeit, pro Pflegeeinheit bestimmt werden wird, der auf einer geschätzten Anzahl an Benutzern basiert. Entscheidend ist, dass hinsichtlich der Grundlage für die Berechnung der zukünftigen Ausgleichszahlung, anhand derer die finanzierende Stelle den Anbieter entschädigen wird, Klarheit besteht.[436]

876 Die Art des Verwaltungs- oder Rechtsakts kann von Mitgliedstaat zu Mitgliedstaat variieren, doch müssen daraus zumindest die genaue Art, Umfang und Dauer der auferlegten Gemeinwohlverpflichtungen, der Name des beauftragten Unternehmens und die von ihm zu tragenden Kosten zu entnehmen sein.[437] Die Pflicht zur Konkretisierung der DAWI gemäß **Art. 4 lit. a DAWI-GFE** steht in einem Spannungsverhältnis mit der umsatzsteuerlichen Abgrenzung der echten Zuschüsse von einem steuerbaren Leistungsaustausch i. S. d. § 1 Abs. 1 Nr. 1 UStG.[438] **Art. 4 lit. c DAWI-GFE** greift insbesondere bei gleichzeitig erteilten **Konzessionen.** Überwachungsmaßnahmen i. S. d. **Art. 4 lit. c DAWI-GFE** erfordern regelmäßig periodische Berichtspflichten, die im Vorfeld festzulegen sind. Die Vorkehrungen für Rückzahlungen i. S. d. **Art. 4 lit. e DAWI-GFE** sind nur bei ex-ante-Zahlungen erforderlich und können zB. durch Nebenbestimmungen i. S. d § 36 VwVfG bei einer Mittelgewährung durch Verwaltungsakt oder durch vertragliche Verpflichtungen getroffen werden. Im Übrigen kann auf die Ausführun-

---

[431] Erw. 8 DAWI-GFE.

[432] Ausdrücklich unter Hinweis auf Art. 4 DAWI-GFE Kommission, Entsch. v. 26. 11. 2008, ABl. 2009 Nr. L 306/26 RdNr. 111 Fn. 22 – Postbus.

[433] Ebenfalls ausdrücklich auch unter Hinweis auf Art. 4 DAWI-GFE Kommission, Entsch. v. 26. 11. 2008, ABl. 2009 Nr. L 97/14 RdNr. 103 Fn. 15 – Busunternehmen in Südmähren.

[434] Vgl. Leitfaden NRW Ziff. 3.3.1.

[435] Vgl. auch Erw. 9 DAWI-GFE.

[436] Arbeitspapier v. 20. 11. 2007, SEK(2007)1516 endg. (i. F. Arbeitspapier DAWI) Pkt. 6.1.

[437] Erw. 9 DAWI-GFE.

[438] Siehe dazu das Schreiben des Bundesministeriums der Finanzen vom 19. 10. 2009 – IV B 8 – S 7200/07/10010 zur umsatzsteuerlichen Behandlung der Kommunen an Krankenhäuser in kommunaler Trägerschaft. Die Referatsleiter Umsatzsteuer haben danach folgenden Beschluss gefasst: „Für die Frage, ob die Zuwendung einer Kommune an einen Dritten aufgrund eines BEtrauungsaktes nach der Freistellungsentscheidung der EU-Kommission (2005/842/EG) ein echter Zuschuss im Sinne des Abschnitts 150 Abs. 7 UStR 2008 ist, sind die Gesamtumstände des Einzelfalles maßgeblich. Die beihilferechtliche formale Voraussetzung eines Betrauungsaktes ändert nichts an der Voraussetzungen einer steuerbaren Leistung." Bei einer Fehlbetragsfinanzierung spricht nach dem Schreiben aber viel dafür, dass echte Zuschüsse vorliegen, ohne dass das Erfordernis eines Betrauungsaktes etwas an den bestehenden Voraussetzungen eines echten Zuschusses geändert hat. Nicht allein ausreichend ist aber die bloße Verwendung eines bestimmten Musters für einen Betrauungsakt. Siehe dazu auch Leitfaden NRW Ziff. 3.3.3.1.; BFH, Urt. v. 22. 7. 1999 – V R 74/98, BFH/NV 2000, 240; BFH, Urt. v. 25. 1. 1996 – V R 61/94, BFH/NV 1996, 715 vgl. auch Antwort des Kommissars *Monti* v. 23. 9. 1997 auf eine parlamentarische Anfrage, ABl. EG 1998 Nr. C 102/43.

gen zu Art. 106 Abs. 2 AEUV (RdNr. 818 ff.) verwiesen werden. Die Betrauung muss nach Art. 4 DAWI-GFE *vor* dem Ausgleich der bei den Unternehmen entstandenen Defizite erfolgen. Denn die Zahlung des Ausgleichs muss den im Betrauungsakt festgelegten Verfahren und Anforderungen, zB. des Ausgleichs im Wege der **Fehlbedarfsfinanzierung**,[439] entsprechen.[440]

Art. 5 Ausgleichszahlung

(1) Die Ausgleichszahlung darf nicht über das hinausgehen, was erforderlich ist, um die durch die Erfüllung der Gemeinwohlverpflichtung verursachten Kosten unter Berücksichtigung der dabei erzielten Einnahmen und einer angemessenen Rendite aus dem für die Erfüllung dieser Verpflichtungen eingesetzten Eigenkapital abzudecken. Der Ausgleich muss ausschließlich für das Funktionieren der betreffenden Dienstleistungen von allgemeinem wirtschaftlichem Interesse verwendet werden, ohne dem Unternehmen die Möglichkeit der Verwendung seiner angemessenen Rendite zu entziehen.

Als Ausgleichszahlung gelten alle vom Staat oder aus staatlichen Mitteln jedweder Art gewährten Vorteile. Die angemessene Rendite kann ganz oder teilweise die Produktivitätsgewinne mit einschließen, die die betreffenden Unternehmen über einen ganz bestimmten, zuvor festgelegten Zeitraum ohne Reduzierung der vom Staat vorgegebenen Qualität der Dienstleistung erzielt haben.

(2) Die zu berücksichtigenden Kosten umfassen sämtliche mit der Erbringung der Dienstleistung von allgemeinem wirtschaftlichem Interesse verbundenen Ausgaben. Ihre Berechnung muss anhand gemeinhin akzeptierter Rechnungslegungsgrundsätze erfolgen. Dabei ist Folgendes zu berücksichtigen:
a) Beschränkt sich die Tätigkeit des Unternehmens auf die Erbringung der Dienstleistung von allgemeinem wirtschaftlichem Interesse, können dessen Gesamtkosten herangezogen werden.
b) Betätigt sich das Unternehmen daneben noch auf anderen Gebieten, dürfen nur die der Dienstleistung von allgemeinem wirtschaftlichem Interesse zurechenbaren Kosten berücksichtigt werden.
c) Die der Dienstleistung von allgemeinem wirtschaftlichem Interesse zurechenbaren Kosten umfassen sämtliche durch die Erbringung der fraglichen Dienstleistung verursachten variablen Kosten, einen angemessenen Beitrag zu den sowohl dienstleistungsbezogenen als auch im Rahmen sonstiger Tätigkeiten anfallenden Fixkosten und eine angemessene Rendite.
d) Die Kosten für etwaige Investitionen, vor allem in die Infrastruktur, können berücksichtigt werden, wenn sie für das Funktionieren der Dienstleistung von allgemeinem wirtschaftlichem Interesse erforderlich sind.

(3) Auf der Einnahmenseite sind mindestens sämtliche mit der Dienstleistung von allgemeinem wirtschaftlichem Interesse erwirtschafteten Erträge zu berücksichtigen. Wurden dem betreffenden Unternehmen besondere oder ausschließliche Rechte gewährt, die mit einer anderen Dienstleistung von allgemeinem wirtschaftlichem Interesse zusammenhängen, und wirft dieser Bereich Gewinne ab, die über der angemessenen Rendite liegen, oder wurden dem Unternehmen vom Staat andere Vergünstigungen gewährt, müssen diese unabhängig von ihrer Bewertung nach Maßgabe von Artikel 107 AEUV mit berücksichtigt und zu den Einnahmen hinzugerechnet werden. Die Mitgliedstaaten können auch beschließen, dass die Gewinne aus Tätigkeiten, für die kein öffentlicher Auftrag erteilt wurde, ganz oder teilweise zur Finanzierung der Dienstleistungen von allgemeinem wirtschaftlichem Interesse herangezogen werden müssen.

(4) Zum Zwecke dieser Entscheidung ist unter „angemessener Rendite" ein angemessener Kapitalertrag unter Berücksichtigung des von dem Unternehmen aufgrund des staatlichen Eingreifens eingegangenen Risikos bzw. unter Berücksichtigung des fehlenden Risikos zu verstehen. Dies gilt insbesondere dann, wenn der Staat ausschließliche oder besondere Rechte gewährt. In der Regel darf die Rendite die in dem betreffenden Sektor in den Jahren zuvor erzielte durchschnittliche Rendite nicht übersteigen. In Sektoren, in denen es an Unternehmen fehlt, die als Vergleichsmaßstab für das mit der Erbringung einer Dienstleistung von allgemeinem wirtschaftlichem Interesse betraute Unternehmen dienen könnten, können Unternehmen aus anderen Mitgliedstaaten oder gegebenenfalls auch aus anderen Wirtschaftszweigen zu Vergleichszwecken herangezogen werden. Bei der Bestimmung der angemessenen Rendite können die Mitgliedstaaten auch Kriterien zugrunde legen, die insbesondere an die Qualität der zu erbringenden Dienstleistung und an Produktivitätsgewinne anknüpfen.

(5) Wenn Dienstleistungen von allgemeinem wirtschaftlichem Interesse nur einen Teil der Tätigkeiten eines Unternehmens ausmachen, müssen die Einnahmen und Ausgaben im Zusammenhang mit der Erbringung der betreffenden Dienstleistung von allgemeinem wirtschaftlichem Interesse und der Aus-

---

[439] Siehe dazu die Grundsätze für Förderrichtlinien zu § 44 BHO, bekanntgegeben mit RdSchr. des BMF vom 20. 9. 1983 – II A 3 – H 1361–16/83 (MinBlFin. 1983, S. 217), geändert durch RdSchr. des BMF vom 16. 9. 1996 – II A 3 – H 1361–7/96 (GMBl. 1996, S. 823). Die Fehlbedarfsfinanzierung zeichnet sich dadurch aus, dass die Zuwendung zur Deckung des Fehlbedarfs bewilligt wird, der insoweit verbleibt, als der Zuwendungsempfänger die zuwendungsfähigen Ausgaben nicht durch eigene oder fremde Mittel decken kann. Bei der Fehlbedarfsfinanzierung ist die Bewilligung ebenfalls auf einen Höchstbetrag zu begrenzen (Nr. 2.2.2 der Vorl. VV zu § 44 LHO).
[440] Ebenso Leitfaden NRW Ziff. 3.1.

führung von anderweitigen Leistungen in den Büchern getrennt ausgewiesen werden. Außerdem ist anzugeben, nach welchen Parametern die Zuordnung der Einnahmen und Ausgaben erfolgt.

Die mit anderen Tätigkeiten als den Dienstleistungen von allgemeinem wirtschaftlichem Interesse verbundenen Kosten müssen alle variablen Kosten, einen angemessenen Beitrag zu den gemeinsamen Fixkosten und eine angemessene Kapitalrendite abdecken. Für diese Ausgaben darf kein Ausgleich gewährt werden.

877   **a) Grundsatz.** Um ungerechtfertigte Wettbewerbsverzerrungen zu vermeiden, verbietet **Art. 5 Abs. 1 Unterabs. 1 DAWI-GFE** wie Art. 106 Abs. 2 AEUV, dass der Ausgleich über das hinausgeht, was zur Deckung der dem Unternehmen durch die Erfüllung der Gemeinwohlverpflichtungen entstandenen Kosten unter Berücksichtigung der dabei erzielten Einnahmen sowie einer angemessenen Rendite erforderlich ist. EuGH und Kommission gehen davon aus, dass stets alle dem betreffenden Unternehmen tatsächlich entstandenen Kosten ersetzt werden können.[441] Jedenfalls ein Ausgleich, der mehr als nur die dem Unternehmen entstandenen Kosten abdeckt, ist für die Erbringung der Dienstleistung von allgemeinem wirtschaftlichem Interesse nicht erforderlich und stellt daher eine unvereinbare staatliche Beihilfe dar, die zurückgezahlt werden muss. Ein Ausgleich, der für die Bereitstellung einer Dienstleistung von allgemeinem wirtschaftlichem Interesse gewährt wird, von dem Unternehmen aber für sonstige wirtschaftliche Tätigkeiten verwendet wird (Quersubventionierung von Wettbewerbsbereichen), ist für das Funktionieren einer Dienstleistung von allgemeinem wirtschaftlichem Interesse nicht erforderlich und stellt daher eine unvereinbare und somit zurückzuzahlende staatliche Beihilfe dar.[442] Welche *Art von Kosten*, unabhängig von ihrer Höhe, berücksichtigungsfähig sind, konkretisiert die Regelung des Art. 5 Abs. 2 DAWI-GFE (RdNr. 879) in Übereinstimmung mit der Rechtsprechung der Gerichte zu Art. 106 Abs. 2 AEUV und dem Gemeinschaftsrahmen der Kommission. Art. 5 Abs. 3 DAWI-GFE regelt die bei der Bemessung der notwendigen Ausgleichszahlungen zu berücksichtigenden Einkünfte des Unternehmens (RdNr. 883 ff.). Art. 5 Abs. 4 DAWI-GFE konkretisiert die Maßstäbe zur Angemessenheit der dem Unternehmen zugebilligten Rendite (RdNr. 886 ff.). Art. 5 Abs. 5 DAWI-GFE verlangt eine buchhalterische Entflechtung solcher Unternehmen, die neben der DAWI noch andere Tätigkeiten ausüben (RdNr. 889 ff.).

878   Gemäß **Art. 5 Abs. 1 Unterabs. 2 DAWI-GFE** kann die dem Unternehmen ex ante zugebilligte angemessene Rendite Produktivitätsgewinne mit einschließen. Damit wird ausdrücklich die Berücksichtigung von **Anreizelementen zur Effizienzsteigerung** der Unternehmen gebilligt. Indem der dem Unternehmen verbleibende Vorteil durch Effizienzsteigerung vergrößert werden kann, werden Anreize gesetzt, die es anderenfalls nicht hätte. Diese Methodik findet sich im Rahmen der Anreizregulierung zB. im Energie- (§ 21 a EnWG) und Telekommunikationsrecht (§ 30 ff. TKG).[443] Am bekanntesten ist das Price-Cap-Verfahren (Preisniveauregulierung), bei dem zB. die zulässigen Einzelpreise festgelegt werden. Im Falle eines Unternehmens, das nur ein einziges Produkt erzeugt, wenn also zB. ein Unternehmen nur eine einzige DAWI anbietet, wäre ein Price-Cap im Ergebnis nicht von einem Revenue-Cap zu unterscheiden, bei dem eine Obergrenze für den erlaubten Erlös des Unternehmens[444] festgelegt wird. Indem der Cap auf einer fiktiven Erlös-Kosten-Situation beruht, die noch nicht durchgeführte, aber durchführbare Effizienzsteigerungen des Unternehmens berücksichtigt, hat das Unternehmen Anreize zur Steigerung der eigenen Kosteneffizienz, um dadurch seinen Gewinn zu vergrößern. Art. 5 Abs. 1 Unterabs. 2 DAWI-GFE erlaubt vor diesem Hintergrund aber nur solche Anreizelemente, bei denen der Cap auf der Basis der aktuellen Kostenstruktur zu einer Rendite führt, die unterhalb des angemessenen Niveaus liegt. Denn Art. 5 Abs. 1 Unterabs. 2 DAWI-GFE hebelt nicht den primärrechtlich gemäß Art. 106 Abs. 2 AEUV geltenden und in Art. 5 Abs. 4 DAWI-GFE konkretisierten Grundsatz, dass die Ausgleichszahlung nicht über das zur Erfüllung der öffentlichen Aufgabe Erforderliche hinausgehen darf.[445] Gelingt dem Unternehmen im Rahmen einer Price-Cap-Regulierung die Erwirtschaftung eines erheblichen effizienzbedingten Erlöses, sind im Rahmen der nachträglichen Kontrolle einer Zahlungsperiode gemäß Art. 6 DAWI-GFE Durchschnittswerte für die gesamte Periode zu bilden, um festzu-

---

[441] Erw. 11 DAWI-GFE. Näher dazu oben RdNr. 828 ff.
[442] Erw. 12 DAWI-GFE.
[443] Näher dazu *Säcker* N&R 2009, 78 ff.
[444] Vgl. § 4 ARegV (Verordnung über die Anreizregulierung der Energieversorgungsnetze).
[445] A. A. scheinbar Kommission, Entsch. v. 16. 5. 2006, C (2006) 1847 (Nr. N 604/2005), RdNr. 85 f. – Busbetreiber im Landkreis Wittenberg, die in analoger Anwendung des Gemeinschaftsrahmens eine Überkompensations als Anreizmechanismus unter bestimmten Umständen für erforderlich hält.

stellen, ob insgesamt eine Überkompensierung erwirtschaftet wurde. Folglich ist Art. 5 Abs. 1 Unterabs. 2 DAWI-GFE lediglich deklaratorisch zu verstehen, da Art. 106 Abs. 2 AEUV eine Rendite unterhalb des Angemessenen nicht verbietet. Art. 5 Abs. 1 Unterabs. 2 DAWI-GFE erleichtert nur dem Mitgliedstaat den Nachweis dafür, dass erst die durch Kosteneffizienzsteigerung erwirtschafteten Renditen das angemessen Niveau erreichen und nicht über das Erforderliche hinaus gehen und stellt klar, dass auch eine variable Rendite, solange sie innerhalb der Grenzen des Angemessenen bleibt, die Anforderungen des Art. 106 Abs. 2 AEUV erfüllt. Gleichzeitig wird klargestellt, dass eine Steigerung der Kosteneffizienz nicht zur Verminderung der **Leistungsqualität** führen darf. Dies folgt bereits unmittelbar aus Art. 106 Abs. 2 AEUV, da die qualitativen Anforderungen Teil der Rechtfertigung für die Finanzierung der DAWI sind und es daher keinen Grund für eine Privilegierung gibt, wenn die qualitativen Voraussetzungen nicht eingehalten werden.[446] Das Anreizkonzept gemäß Art. 5 DAWI-GFE steht in einem engen Zusammenhang mit Art. 107 Abs. 3 lit. c AEUV, da Anreizmechanismen auch der Entwicklung bestimmter Wirtschaftszweige dienen können. Jene Ausnahme lässt eine angemessene Überkompensation als Anreizeffekt zu.[447]

b) Arten berücksichtigungsfähiger Kosten. Art. 5 Abs. 2 DAWI-GFE zählt die be-   879
rücksichtigungsfähigen Arten von Kosten auf, ohne bereits Vorgaben zur Bemessung der Höhe zu machen. Wie die Rechtsprechung zu Art. 106 Abs. 2 AEUV[448] verlangt **Art. 5 Abs. 2 S. 2 DAWI-GFE** eine Kostenberechnung, die auf allgemein anerkannten Grundsätzen beruht. **Art. 5 Abs. 5 S. 2 DAWI-GFE** fordert flankierend, dass die verwendeten Methoden im Vorfeld festgelegt werden. Die Regelungen des **Art. 5 Abs. 2 S. 3 lit. a und lit. b DAWI-GFE** geben lediglich Selbstverständlichkeiten wieder. **Art. 5 Abs. 2 S. 3 lit. c DAWI-GFE** übernimmt die von der Rechtsprechung zu Art. 106 Abs. 2 AEUV entwickelten Anforderungen. Die Angemessenheit der Rendite wird in Art. 5 Abs. 4 DAWI-GFE näher erläutert (unten RdNr. 886 ff.).

Nach **Art. 5 Abs. 2 S. 3 lit. d DAWI-GFE** können **Investitionen** berücksichtigt werden,   880
wenn sie für das Funktionieren der DAWI erforderlich sind. Als typischer Anwendungsfall werden Investitionen in die Infrastruktur genannt. Berücksichtigungsfähig sind nur Investitionen, die der DAWI dienen, indem sie die Qualität oder die Quantität verbessern. Dabei sind neben Ersatzinvestitionen zum einen Erweiterungsinvestitionen denkbar, welche die Kapazität einer bestehenden Infrastruktur vergrößern. Möglich sind aber auch Umstrukturierungsinvestitionen, die das Unternehmen durchführt, um die Infrastruktur an geänderte tatsächliche oder rechtliche Rahmenbedingungen anzupassen. Hinsichtlich der konkreten Form der Durchführung von Zuschüssen zum Zwecke der Investition steht den Mitgliedstaaten ein Beurteilungsspielraum zu.[449] Sie können also zB. projektbezogene Zuschüsse gewähren, aber auch in der regelmäßigen Vergütung das Investitionsrisiko berücksichtigen, also zB. im Rahmen der zulässigen „angemessenen Rendite" i. S. d. Art. 5 Abs. 4 DAWI-GFE als generelles Investitionsrisiko. Es ist jedoch zu verhindern, dass das gleiche **Investitionsrisiko** mehrfach berücksichtigt wird. Projektbezogene Zuschüsse sind daher *unzulässig,* soweit das beauftragte Unternehmen dafür bereits im Rahmen der von den Nutzern der Dienstleistung zu fordernden Entgelte, die gemäß Art. 5 Abs. 3 S. 1 DAWI-GFE auf der Einnahmenseite zu berücksichtigen sind, einen Investitionszuschlag erhebt.

Hintergrund der Regelung ist, dass es zu den Pflichten eines mit einer DAWI beauftragten   881
Unternehmens gehört, die Dienstleistung so anzubieten, wie es das öffentliche Interesse erfordert.[450] Dazu gehört auch deren Erhalt und die Anpassung an veränderte Umstände, soweit dies erforderlich ist, um die **auftragsgemäße Qualität der Leistung** sicherzustellen (RdNr. 826 f.). Dieser Pflicht kommt das Unternehmen durch Investitionen in erforderliche Betriebsmittel nach. Um aber langfristig auch in der Lage zu sein, die notwendigen Investitionen unter Berücksichtigung inflationsbedingter Preissteigerungen vorzunehmen, müssen entsprechende finanzielle Mittel verfügbar sein. Die Investitionsverpflichtung wird daher oftmals bereits bei der Höhe der Entgelte berücksichtigt, welche die Unternehmen von den Nutzern der DAWI

---

[446] EuG, Urt. v. 26. 6. 2008, T-442/03, Slg. 2008, II-1161, RdNr. 211 – SIC/Kommission; siehe auch RdNr. 826 f.

[447] Vgl. Kommission, Entsch. v. 16. 5. 2006, C (2006) 1847 (Nr. N 604/2005), RdNr. 78 ff. – Busbetreiber im Landkreis Wittenberg.

[448] Kommission, Entsch. v. 22. 11. 2006, C24/2005, ABl. 2007 Nr. L 95/25, RdNr. 110, 114 – LNE.

[449] Vgl. oben RdNr. 850.

[450] EuG, Urt. v. 26. 6. 2008, T-442/03, Slg. 2008, II-1161, RdNr. 211 – SIC/Kommission.

fordern. Die bei Investitionen entstandenen Kosten werden über einem an der erwarteten Nutzungsdauer orientierten Zeitraum abgeschrieben und gehen somit portioniert als Kostenbestandteile in die Entgelte ein. Um Rücklagen für zukünftige Investitionen zu bilden, fließen unter Berücksichtigung der Inflation zusätzliche Positionen in die Entgelte ein. Dazu werden entweder der Abschreibung die um Aufschläge auf die tatsächlichen Anschaffungskosten erhöhten „kalkulatorischen Abschreibungen" zugeführt[451] oder der sich durch die Geldwertentwicklung nach Ertragssteuern ergebende Verzinsungsbedarf in den Leistungsentgelten zusätzlich zu einer angemessenen ausschüttungsfähigen Rendite kalkuliert.[452] Die Berücksichtigung der Abschreibungs- und Infrastrukturkosten der Materialien in Abhängigkeit von ihrem Nutzungsgrad billigte die Kommission als in der analytischen Buchführung weithin anerkanntes Verfahren.[453] Entscheidend ist, dass die Dauer der Abschreibung die Höhe der die Entgelte beeinflussenden jährlichen Kosten beeinflusst. Aufgrund dieser abschreibungsgebundenen Ermöglichung von Neuinvestitionen ist darauf zu achten, dass nach der Abschreibungszeit die Möglichkeit der Finanzierung besteht. Nur vor diesem Hintergrund kann die Überwälzung dieses zweckgebundenen Kapitalaufbaus in die Entgelte gebilligt werden, denn insoweit bildet das Unternehmen die Entgelte auf der Grundlage der Kosten einer Betriebsführung, die der eines effizienten und strukturell vergleichbaren Unternehmens entspricht.[454] Wird aber das Investitionsrisiko bereits bei den Entgelten berücksichtigt, sind diese gemäß Art. 5 Abs. 3 DAWI-GFE auf der Einnahmenseite zu berücksichtigen und investitionsbedingte Zusatzzahlungen im Regelfall nicht mehr erforderlich.

882   Weiterhin ist durch geeignete Maßnahmen sicherzustellen, dass derartige indirekte Investitionszahlungen nicht zweckwidrig verwendet werden, insbesondere nicht für Tätigkeiten außerhalb der DAWI. Die Anhäufung von Investitionskapital führt aber nicht automatisch zu einer Anhäufung von nicht erforderlichen Zahlungen, da die investitionsgebundenen Zahlungen Bestandteil der erforderlichen Kosten i. S. d. Art. 5 DAWI-GFE sind. **Daher ist ein noch nicht genutztes Investitionskapital auch nicht zwingend gemäß Art. 6 DAWI-GFE zurückzufordern.** Voraussetzung ist jedoch, dass sich darin das **typische Investitionsrisiko** und die **prognostizierte Investitionshöhe** widerspiegelt. Darüber hinausgehende Zahlungen sind nicht mehr iSd. Art. 5 DAWI-GFE erforderlich und führen zu einer Überkompensation. Ist der Investitionsbedarf geringer als prognostiziert, ist ab dem Zeitpunkt der Kenntnis dieses Umstandes von einer Überkompensation auszugehen, die auszugleichen ist. Dieser Kontroll- und Ausgleichsmechanismus muss gemäß Art. 6 DAWI-GFE bereits in der Vergütungsregelung angelegt sein.

883   c) **Saldierungspflichtige Einnahmen.** Art. 5 Abs. 3 S. 1 DAWI-GFE gibt lediglich eine Selbstverständlichkeit wieder, nämlich dass der Teil der Kosten, welcher von den Nutzern der DAWI durch Zahlung eines Entgelts übernommen wurde, nicht erneut als ausgleichsfähige Kostenposition angesetzt werden darf. **Art. 5 Abs. 3 S. 2 DAWI-GFE** greift zum einen die Konstellation auf, in der ein Unternehmen eine andere DAWI auf der Grundlage besonderer oder ausschließlicher Rechte ausübt. Danach wird verlangt, dass alle über das angemessene Maß hinausgehenden dort erwirtschafteten Gewinne, unabhängig davon, ob für diese DAWI ebenfalls Ausgleichzahlungen vom Mitgliedstaat geleistet werden, als Einnahmen zur Finanzierung der hier betrachteten DAWI anzusehen sind, unabhängig davon, ob diese Querfinanzierung tatsächlich durchgeführt wird. Kritisiert wird diese Regelung als eine „Pflicht zur Quersubventionierung".[455] In der Tat, erblickt man darin eine Verpflichtung, findet sie keine explizite Stütze in der Rechtsprechung des EuGH. So forderte Generalanwalt *La Pergola* in seinen Schlussanträgen zum Fall Deutsche Post,[456] dass für eine auf Art. 106 Abs. 2 AEUV gestützte Ausnahme

---

[451] Konzept der Nettosubstanzerhaltung: Es wird das eigenkapitalfinanzierte Vermögen zu Tagesneuwerten bewertet. Preissteigerungen der Wirtschaftsgüter werden so in erster Linie über die kalkulatorischen Abschreibungen erfasst.

[452] Konzept der Realkapitalerhaltung: Der Inflationsausgleich erfolgt nicht über die Abschreibungen, sondern über die Verzinsung. So ist über die Gesamtnutzungsdauer einer Anlage sichergestellt, dass am Ende der Nutzungsdauer real der gleiche Betrag zur Verfügung steht, wie ursprünglich investiert.

[453] Kommission, Entsch. v. 22. 11. 2006, K(2006) 5477, ABl. 2007 Nr. L 95/25 RdNr. 101 – LNE.

[454] Näher dazu *Säcker/Meinzenbach* RdE 2009, 1 ff.

[455] So *Czerny*, Die beihilfenrechtliche Beurteilung der staatlichen Finanzierung im allgemeinen wirtschaftlichen Interesse, 2009, S. 240 mwN.; generell eine Pflicht zur Quersubventionierung ablehnend auch *Frenz* HdB EuR Bd. II Europäisches Kartellrecht, Kap. 11 RdNr. 2055; für die Zulässigkeit aber gegen eine Pflicht *Grave* EuZW 2001, 709, 711; für eine solche Pflicht hingegen *Bartosch* NJW 2000, 2251, 2552 f.

[456] *La Pergola*, Schlussanträge v. 1. 6. 1999, verb. C-147 u. 148/97, RdNr. 30 – Deutsche Post/GZS.

nachgewiesen werden müsse, das die unrentablen Bereiche der DAWI nicht durch die Erbringung anderer vorbehaltener Dienstleistungen gestützt werden können, da bei der Erfüllung der Verpflichtung im Allgemeininteresse unter finanziell ausgewogenen Bedingungen selbstverständlich Quersubventionen zwischen den rentablen und den unrentablen Tätigkeiten innerhalb der vorbehaltenen Dienstleistungen möglich und nötig sind. Der EuGH hingegen griff diese Argumentation nicht auf.[457] Allerdings begründet Art. 5 Abs. 3 S. 2 DAWI-GFE keine Verpflichtung. Vielmehr greift die Freistellung der DAWI-GFE nur, wenn die Ausgleichzahlung nicht über die danach gebildete Kostendifferenz hinausgeht, ohne dass der Prüfung nach Art. 106 Abs. 2 AEUV i. V. m. dem Gemeinschaftsrahmen deswegen vorgegriffen wäre. Diese Regelung verringert die Gefahr überschießender, nicht mehr i. S. d. Art. 106 Abs. 2 AEUV erforderlicher Wettbewerbsverfälschungen, indem er kritische Fälle einer näheren Analyse der Kommission im Einzelentscheidungsverfahren vorbehält. In der von Art. 5 Abs. 3 S. 2, 2. Halbs. DAWI-GFE erfassten Konstellation wurden dem Unternehmen vom Staat andere Vergünstigungen gewährt. Auch diese müssen unabhängig von ihrer Bewertung nach Art. 107 AEUV auf der Einnahmenseite berücksichtigt werden. Dem Wortlaut zufolge sind alle Vergünstigungen erfasst, also zB. auch die Altmark-Kriterien nicht erfüllende Ausgleichzahlungen für eine andere DAWI, mit der das Unternehmen betraut wurde. Diese Regelung ist sehr weitgehend, da aufgrund des weit zu verstehenden Unternehmensbegriff auf Vergünstigungen an den Konzernverbund insgesamt abzustellen ist (RdNr. 865). Zudem kommt es nicht darauf an, ob die Beihilfe i. S. d. Art. 107 AEUV zulässig oder unzulässig ist. **Nur das Merkmal der Vergünstigung** wird aus dem Tatbestand des Art. 107 AEUV in die Prüfung nach Art. 5 Abs. 3 S. 2 DAWI-GFE integriert, nicht hingegen zB. die Frage der spürbaren Wettbewerbsverfälschung. Diese Regelung berücksichtigt somit auch für sonstige Tätigkeiten gewährte Zahlungen, ohne danach zu differenzieren, ob eine konkrete Gefahr besteht, dass diese für die DAWI verwendet werden können. Die Minderung der ausgleichsfähigen Kosten ist daher unabhängig davon vorzunehmen, ob diese steuer- oder konzernrechtlich zulässig ist. Sinn und Zweck dieser Regelung kann wiederum nur sein, dass die Gefahr einer Verschleierung der Zahlungshöhe, Quersubventionen und Wettbewerbsverfälschungen mit jeder weiteren Zahlung steigt und daher im Zweifel eine Einzelfallentscheidung auf der Grundlage des Gemeinschaftsrahmens herbeizuführen ist. Die Regelung steht insoweit in Wertungsgleichschritt mit der Regelung zu den Schwellenwerten (RdNr. 861 ff.). Die Voraussetzung des Art. 5 Abs. 3 S. 2 DAWI-GFE führt letztlich dazu, dass in einem solchen Fall faktisch immer eine Einzelentscheidung der Kommission herbeizuführen ist, da anderenfalls niemals eine Deckung aller erforderlichen Kosten möglich ist. Vorausgesetzt die Ausgleichzahlungen gehen nicht über das Erforderliche i. S. d. Art. 5 Abs. 1 DAWI-GFE hinaus, ist nämlich bei einer Anrechnung dieser Zahlungen auf die andere DAWI immer von einer Unterdeckung (unter den erforderlichen Kosten) auszugehen.

Ein **Steuervorteil**, der sich zB. aus der **Gemeinnützigkeit einer Organisation** ergibt,   **884** kann entweder eine Einnahme oder eine Kostenverringerung sein. Ungeachtet seiner Natur muss dieser berücksichtigt werden, wenn die Höhe der Ausgleichzahlung bestimmt wird, die notwendig ist, um eine DAWI zu erbringen.[458] Wenn die Steuervorteil in einer Kostenreduzierung besteht, bedeutet das, dass keine Ausgleichzahlung für den Betrag gewährt werden kann, welcher der Reduktion entspricht. Wenn der Steuervorteil ein Einkommen für den Dienstleister darstellt, dann ist dieses von der zu gewährenden Ausgleichzahlung abzuziehen.[459] Zahlungen, die im Rahmen eines Gewinn- und Verlustabführungsvertrags innerhalb einer öffentlichen Holding durchgeführt worden sind, zählen zu den Erträgen im Sinne des Art. 5 Abs. 3 DAWI-GFE und reduzieren dementsprechend die Nettosonderkosten für die Ausgleichzahlung.[460]

Art. 5 Abs. 3 S. 3 DAWI-GFE belässt es in der Hand der Mitgliedstaaten, die Ausgleich-   **885** zahlung davon abhängig zu machen, dass sonstige Unternehmensgewinne aus anderen Tätigkeiten zunächst zum Ausgleich der Unternehmenskosten herangezogen werden. Nimmt ein Mitgliedstaat davon Gebrauch, ist eine ausreichende Flexibilität des Ausgleichsystems sicherzustellen, um mangels wirtschaftlichem Erfolg ausbleibende Querflüsse aufzufangen. Fehlt es daran, ist dies ein Indiz für das Fehlen der Erforderlichkeit der Zahlungen. Dieser Zusammen-

---

[457] Kritisch dazu *Bartosch* NJW 2000, 2251, 2552 f.; siehe dazu auch *Grave* EuZW 2001, 709, 710 f.
[458] Kritisch dazu Bericht der Bundesrepublik Deutschland zum „Altmark-Paket" der Europäischen Kommission, S. 25 f.
[459] Arbeitspapier v. 20. 11. 2007, SEK(2007)1516 endg. Pkt. 6.8.
[460] Arbeitspapier v. 20. 11. 2007, SEK(2007)1516 endg. Pkt. 6.9.

hang setzt Anreize, die an sich aus Wohlfahrtsüberlegungen wünschenswerte Regelung nicht in Anspruch zu nehmen.

886 **d) Angemessene Rendite. Art. 5 Abs. 4 DAWI-GFE** konkretisiert, was unter einer angemessenen Rendite i.S.d Art. 5 Abs. 1 und Abs. 2 S. 3 lit. c DAWI-GFE zu verstehen ist. Art. 5 Abs. 1 DAWI-GFE beschränkt dem Wortlaut nach die angemessene Rendite auf das eingesetzte Eigenkapital. Auch wenn Art. 5 Abs. 4 DAWI-GFE selbst nicht ausdrücklich zwischen Fremd- und Eigenkapital unterscheidet, zeigt dessen systematische Stellung, dass er sich ebenfalls nur auf die zulässige Eigenkapitalrendite beschränkt. Diese Beschränkung des Angemessenheitsvorbehalts auf das Eigenkapital ist allerdings ebenso wie der uneingeschränkte Vollkostenansatz der Kommission Bedenken ausgesetzt. So sind wirtschaftlich handelnde Unternehmen, eingeschlossen öffentliche Unternehmen, regelmäßig auf Fremdkapital angewiesen. Ein zu hoher Eigenkapitalanteil bei wirtschaftlichen Tätigkeiten, was die DAWI immer auch ist (siehe RdNr. 793 ff.), ist sogar ein Indiz für nicht mehr wettbewerbskonforme Gewinne.[461] Die Zinsbelastung für Fremdkapital (Fremdkapitalkosten) wird als Kostenfaktor berücksichtigt. Die Erstattung aller Kosten nach dem Vollkostenansatz schafft Anreize für Fremdkapitalgeber, die Verzinsung marktunüblich hoch anzusetzen. Das mit der DAWI beauftragte kreditnehmende Unternehmen hat bei einem vorbehaltlosen Ausgleichs keinen Anreiz, seinen Verhandlungsspielraum auszunutzen, anders als ein normales im Wettbewerb stehendes Unternehmen. Wäre die zulässige Fremdkapitalrendite auf das Angemessene reduziert, würde zumindest einer Begünstigung von Drittunternehmen, nämlich den Kapitalgebern wie zB. Landesbanken, entgegengewirkt werden.[462] Die DAWI-GFE begründet damit zum einen **Gefahr verschleierter mittelbarer Beihilfen für Drittunternehmen.** Noch größer ist jedoch die Gefahr der Begünstigung sonstiger wirtschaftlicher Tätigkeiten des Konzernverbundes, wenn als Fremdkapital zu qualifizierende (nicht eigenkapitalersetzende) **Konzerndarlehen** gewährt werden. Insoweit besteht ein Bedarf, den Angemessenheitsvorbehalt des Art. 5 Abs. 4 in die Kostenprüfung einzubinden. Fremdkapitalzinsen dürfen in diesem Fall höchstens in der Höhe berücksichtigt werden, zu der sich das Unternehmen auf dem Kapitalmarkt langfristig Fremdkapital durch Ausgabe einer festverzinslichen Anleihe, wie etwa einer Inhaberschuldverschreibung, hätte verschaffen können. Für die Risikobewertung kommt es aus der Sicht eines fiktiven Kreditgebers auf die Art der Emission und die Einschätzung der Bonität des Emittenten an. Der fiktive Kreditgeber wird dabei von dem im Anlagezeitpunkt erzielbaren Zinssatz für eine langfristige, insolvenzfeste Anleihe, wie sie die öffentliche Hand bietet, ausgehen und im Falle der Geldanlage von einem anderen Emissionsschuldner für die Inkaufnahme des Ausfallrisikos einen bestimmten Risikozuschlag verlangen.[463]

887 Soweit eine der öffentlichen Hand zurechenbare Einheit als Fremdkapitalgeber tätig wird, ist diese Zahlung bei einer zu **niedrigen Rendite** nach dem Private-Investor-Test als Beihilfe anzusehen und wäre dann insoweit gemäß Art. 5 Abs. 3 S. 2 DAWI-GFE auf der Einnahmenseite zu berücksichtigen. Zu beachten ist noch, dass, wenn die öffentliche Hand auch als Eigenkapitalgeber auftritt, die Beteiligung selbst keine Beihilfe nach dem Private-Investor-Test ist,[464] wenn und soweit die beihilfenrelevanten Ausgleichzahlungen an das Unternehmen immer eine angemessene (Mindest-)Rendite versprechen.

888 Angemessen ist die Rendite gemäß **Art. 5 Abs. 4 S. 1 DAWI-GFE,** wenn sie einen angemessenen Kapitalertrag enthält. Dieser ist auch anhand des Marktrisikos zu bemessen, wofür sich verschiedene ökonomische Ermittlungsverfahren eignen, wie zB. das CAPM (Capital Asset Pricing Model/Kapital-Anlagen-Preis-Modell).[465] Das Marktrisiko beeinflusst die notwendige Eigenkapitalverzinsung aus der Sicht der Kapitalgeber, da die Bindung von Kapital an den Unternehmenserfolg mit einem besonderen Risiko verbunden ist. Sie erwarten daher einen Aufschlag auf die Verzinsung des von ihnen eingesetzten Kapitals gegenüber einer risikolosen Anlageform, um ihr Kapital in der betreffenden Unternehmung zu belassen oder einzusetzen.[466] Berücksichtigt man allerdings den Vollkostenansatz der Kommission, der den Ausgleich aller tatsächlicher Kosten unabhängig von ihrer unter Effizienzgesichtspunkten bestehenden Erfor-

---

[461] BGH, Beschl. v. 14. 8. 2008, KVR 42/07, WuW/E DE-R 2395 – Rheinhessische Energie.
[462] Vgl. auch § 5 (2) StromNEV.
[463] Vgl. BGH, Beschl. v. 14. 8. 2008, KVR 42/07, WuW/E DE-R 2395 – Rheinhessische Energie zu § 5 Abs. 2 Halbs. 2 StromNEV.
[464] Vgl. unten *Witting,* Finanzielle Transfers RdNr. 1 ff.
[465] Näher dazu *Rudolph,* Unternehmensfinanzierung und Kapitalmarkt, 2006, S. 81 ff.
[466] Vgl. *Küpper/Pedell,* in: BerlKommEnR, 2. Aufl. 2010, Vor §§ 21 ff. EnWG RdNr. 161.

derlichkeit zulässt, kann kaum noch von einem unternehmerischen Risiko gesprochen werden, mit Ausnahme des Entzuges der Betrauung mit der DAWI. Art. 5 Abs. 4 S. 1 DAWI-GFE berücksichtigt diesen Umstand, soweit er auf die Risikobewertung unter Berücksichtigung des staatlichen Eingreifens verweist und auch das Fehlen eines Risikos für möglich hält. Bestehen besondere oder sogar ausschließliche Rechte, sind diese gemäß Art. 5 Abs. 4 S. 2 DAWI-GFE bei der Risikobemessung zu berücksichtigen. Solche Rechte können nämlich faktisch zu einer Monopolstellung führen, die auch nach ökonomischen Grundsätzen zu einer Reduzierung des Unternehmensrisikos führen, welches nur noch auf wenige Parameter beschränkt bleibt, wie zB. auf das Auslastungsrisiko infolge von Kundeninsolvenzen, Konjunkturschwankungen oder Substitutionsinnovationen.[467] **Art. 5 Abs. 4 S. 3 DAWI-GFE** begründet für die angemessene Rendite **eine Maximalgrenze für den Regelfall**, beruhend auf dem in den Jahren zuvor erzielten durchschnittlichen Rendite in diesem Sektor. Dabei darf grundsätzlich **nicht auf die Eigenrendite des mit der DAWI betrauten Unternehmens** abgestellt werden, soweit es bereits staatliche Ausgleichzahlungen erhalten hat, um eine Zirkularität zu vermeiden. Es ist auf Drittunternehmen abzustellen, wie auch der Vergleich zu Art. 5 Abs. 4 S. 4 DAWI-GFE zeigt, der für das Fehlen von Vergleichsunternehmen die Möglichkeit des Vergleichs mit Unternehmen aus anderen Mitgliedstaaten oder anderen Wirtschaftszweigen für denkbar hält. Strukturelle Unterschiede zwischen den Vergleichsunternehmen sind durch entsprechende Zu- und Abschläge auszugleichen, wie es auch beim im Rahmen der Preismissbrauchsaufsicht gemäß Art. 102 AEUV und der Preisregulierung der Netzsektoren angewendeten Vergleichsmarktkonzept erforderlich ist. Die in Art. 5 Abs. 4 S. 5 DAWI-GFE angesprochene Anknüpfung an die Qualität der zu erbringenden Dienstleistung und an die Produktivitätsgewinne bilden wiederum ein Anreizelement (siehe auch RdNr. 878). Bei der Anknüpfung an die Qualität der Leistung werden einem dynamischen Maßstab dadurch Grenzen gesetzt, dass die Qualität nie unter das für die Erfüllung der im Allgemeininteresse notwendige Maß fallen darf; denn die Qualität der Leistung ist maßgeblicher Grund für ihre Privilegierung i. S. d. Art. 106 Abs. 2 AEUV.[468]

e) Buchhalterische Entflechtung (Unbundling). Art. 5 Abs. 5 S. 1 DAWI-GFE ver-   **889**
langt eine getrennte Buchführung für die Leistungen, welche der Erbringung der DAWI dienen. Die buchhalterische Entflechtung (Unbundling) beruht auf der auch in den regulierten Netzsektoren gültigen Überlegung (vgl. Art. 10 RL 2003/54/EG),[469] dass nur so die für eine effiziente Kontrolle zur Vermeidung einer missbräuchlichen Mittelverwendung, zB. Quersubventionen zugunsten von Wettbewerbsbereichen, notwendige Transparenz hergestellt werden kann. Anderenfalls ließe sich die Kostenzuordnung der Unternehmen nicht ausreichend nachvollziehen. Ab 40 Mio Jahresumsatz im Zeitpunkt vor Beauftragung haben beauftragte Unternehmen gemäß der Transparenz-RL 2006/111/EG immer eine getrennte Buchführung durchzuführen. Davon werden zwei Ausnahmen gemacht. Die Verpflichtung besteht zum einen dann nicht, wenn der für einen angemessenen Zeitraum gewährte Ausgleich gleich welcher Art im Rahmen eines offenen, transparenten und nicht diskriminierenden Verfahrens festgesetzt wurde, was der Var. 1 des 4. Altmark-Kriteriums entspricht. Sie besteht auch dann nicht, wenn die Erbringung der Dienstleistung bereits nicht geeignet ist, den Handel zwischen Mitgliedstaaten merklich (spürbar) zu beeinträchtigen (Art. 1 Abs. 2 i. V. m. Art. 5 Abs. 2 Transparenz-RL). Art. 5 Abs. 5 S. 1 DAWI-GFE erweitert die grundsätzliche Verpflichtung faktisch auch auf die Fälle unterhalb der Schwelle der Transparenz-RL, soweit sich ein Mitgliedstaat auf die DAWI-GFE beruft.[470] Der Wortlaut des Art. 5 Abs. 5 S. 1 DAWI-GFE unterscheidet nicht danach, ob die anderweitige Leistung eine wirtschaftliche (unternehmerische) ist oder eine nicht-wirtschaftliche.[471]

Art. 5 Abs. 5 S. 2 DAWI-GFE, welcher die *vorherige* Angabe der Parameter für die Zu-   **890**
ordnung der Einnahmen und Ausgaben fordert, ist auf der Kostenseite insbesondere für die Aufschlüsselung von Gemeinkosten von Bedeutung. Diese müssen allgemein üblichen und weithin anerkannten Grundsätzen folgen,[472] wie zB. die Verwendung des Nutzungsgrades (Belegung)

---

[467] Vgl. OLG Düsseldorf, Beschl. v. 11. 2. 2004 – Kart 4/03 (V), WuW/E DE-R 1239, 1245 – TEAG.
[468] EuG, Urt. v. 26. 6. 2008, T-442/03, Slg. 2008, II-1161, RdNr. 211 – SIC/Kommission.
[469] Zur Übertragung dieser Grundsätze *Koenig/Paul,* EuZW 2009, 844, 846.
[470] Eine a. A. verteten wird scheinbar im 1. Bericht der Bundesrepublik Deutschland zum „Altmark-Paket" der Europäischen Kommission, S. 19.
[471] Nicht eindeutig insoweit die Kommission im Arbeitspapier v. 20. 11. 2007, SEK(2007)1516 endg. Pkt. 6.5.
[472] Kommission, Entsch. v. 22. 11. 2006, C24/2005, ABl. 2007 Nr. L 95/25, RdNr. 110, 114 – LNE.

bei der gemeinsamen Nutzung von Gebäuden oder Grundstücken, um die Mietkostenanteile oder die Abschreibungskosten zuzuordnen (näher dazu RdNr. 837).[473] Auf der Einnahmenseite i. S. d. Art. 5 Abs. 3 DAWI-GFE ist zB. festzulegen, nach welchem Schlüssel die Einnahmen einer für die DAWI erbrachten, über den Gemeinwohlauftrag hinausgehenden begleitenden Zusatzleistung abzurechnen sind.

891 **Art. 5 Abs. 5 S. 3 DAWI-GFE** verlangt auch für die sonstigen vom beauftragten Unternehmen durchgeführten Tätigkeiten, dass deren buchhalterisch ausgewiesene Kosten alle variablen Kosten, einen angemessenen Beitrag zu den gemeinsamen Fixkosten und eine angemessene Kapitalrendite abdecken müssen. Diese Forderung dient ebenfalls der Vermeidung von den Wettbewerb verzerrenden Quersubventionen zugunsten von Wettbewerbsbereichen. Die Pflicht zur transparenten Buchführung wird dadurch, unabhängig von sonstigen allgemeinen Buchführungspflichten der Unternehmen, auch auf die sonstigen Bereiche erstreckt. Es soll insbesondere verhindert werden, dass zB. Gemeinkosten übermäßig der DAWI zugerechnet und durch staatliche Mittel ausgeglichen werden oder auf Gewinne im Wettbewerbsbereich verzichtet wird, was nur dann möglich wäre, wenn dafür in einem anderen Bereich wesentlich höhere Gewinne erwirtschaftet werden. Anderenfalls würde nämlich das Unternehmen die sonstigen Leistungen, bei denen es im Wettbewerb steht, besonders günstig anbieten und Mitbewerber vom relevanten Markt verdrängen können. Die die Kosten der DAWI ausgleichende staatliche Beihilfe würde dann die gleichen Wirkungen haben, wie eine wettbewerbsverfälschende Beihilfe i. S. d. Art. 107 AEUV, die direkt für die erst durch das Unternehmen quersubventionierten wirtschaftlichen Tätigkeiten gewährt würde und damit nicht gemäß Art. 106 Abs. 2 AEUV bzw. der DAWI-GFE freigestellt werden kann. Dass für die Kosten sonstiger Leistungen gemäß **Art. 5 Abs. 5 S. 4 DAWI-GFE** kein Ausgleich geleistet werden darf, versteht sich daher von selbst.

Art. 6 Vermeidung von Überkompensierung durch Kontrolle

Die Mitgliedstaaten führen in regelmäßigen Abständen Kontrollen durch oder veranlassen regelmäßige Kontrollen, um sicherzustellen, dass die Unternehmen keine Ausgleichszahlungen erhalten, die über die in Artikel 5 bestimmte Höhe hinausgehen.

Sie fordern das betreffende Unternehmen gegebenenfalls zur Rückzahlung überhöhter Ausgleichszahlungen auf und aktualisieren die Parameter für die künftige Berechnung der Ausgleichszahlungen. Beträgt die Überkompensierung maximal 10% der jährlichen Ausgleichssumme, darf dieser Betrag auf die nächstfolgende Ausgleichsperiode angerechnet werden.

Im Bereich des sozialen Wohnungsbaus werden alle betreffenden Unternehmen in regelmäßigen Abständen von den Mitgliedstaaten oder auf deren Veranlassung hin kontrolliert, um sicherzustellen, dass sie keine Ausgleichszahlungen über die in Artikel 5 bestimmte Höhe hinaus erhalten. Überhöhte Ausgleichszahlungen können in Höhe von bis zu 20% der jährlichen Ausgleichssumme auf die nächste Ausgleichsperiode angerechnet werden, sofern dass Unternehmen nur Dienstleistungen von allgemeinem wirtschaftlichem Interesse erbringt.

892 Um sicherzustellen, dass das in Art. 106 Abs. 2 AEUV verlangte Erforderlichkeitskriterium erfüllt ist, muss geregelt werden, wie der Ausgleichsbetrag berechnet und überprüft werden soll. Die Mitgliedstaaten müssen daher in **regelmäßigen Abständen** überprüfen, ob der gewährte Ausgleich nicht zu einer **Überkompensierung** führt. Die im Rahmen der regelmäßigen Kontrollen zu treffende Entscheidung über die Zulässigkeit der Ausgleichszahlung ist von der gewährenden und nicht von der empfangenden Stelle vorzunehmen, auch wenn es sich um beauftragte öffentliche Unternehmen handelt.[474] Damit den Unternehmen und Mitgliedstaaten ein Mindestmaß an Flexibilität bleibt, kann eine überhöhte Ausgleichszahlung in Höhe von maximal 10% des Jahresbedarfs auf den nächstfolgenden Zahlungszeitraum angerechnet werden. Unternehmen, die im Bereich des sozialen Wohnungsbaus mit Dienstleistungen von allgemeinem wirtschaftlichem Interesse betraut sind, müssen wegen der Gefahr von Mietausfällen wegen Zahlungsunfähigkeit der Mieter unter Umständen starke Einnahmenschwankungen hinnehmen. Wer in diesem Bereich ausschließlich Dienstleistungen von allgemeinem wirtschaftlichem Interesse erbringt, darf daher den in einem Zahlungszeitraum fälligen Ausgleichsbetrag um bis zu 20% überschreiten und sich den Betrag auf den nächstfolgenden Zeitraum anrechnen lassen.[475]

---

[473] Anerkannt zB. von der Kommission, Entsch. v. 22. 11. 2006, C24/2005, ABl. 2007 Nr. L 95/25, RdNr. 108 – LNE.

[474] Ebenso Gem. RdErl. d. Ministeriums für Wirtschaft, Mittelstand und Energie u. d. Innenministeriums NRW v. 30. 5. 2008, MBl. NRW. 2008, S. 337, Ziff. 2.

[475] Erw. 13 DAWI-GFE.

Im Falle einer Überkompensierung ist auf die zwingend im Betrauungsakt festzulegenden Rückforderungsinstrumente zurückzugreifen (Art. 4 DAWI-GFE). Die Kontrollmöglichkeiten sind auf die Rechtsform des beauftragten Unternehmen abzustimmen, also zB. Sondervermögen, Anstalten des öffentlichen Rechts oder privatrechtlich organisierte Unternehmen. Davon hängt es ab, ob zB. kommunale Prüfungseinrichtungen oder Wirtschaftsprüfer, gegebenenfalls durch gesonderte Beauftragung entsprechend der Vorgaben der DAWI-GFE, unmittelbar beauftragt werden können oder nur auf deren Beauftragung durch das Unternehmen mit dem Betrauungsakt hingewirkt werden kann.[476]

Art. 7 Vorhalten von Unterlagen

Die Mitgliedstaaten halten sämtliche Unterlagen, anhand deren sich feststellen lässt, ob die Ausgleichszahlungen mit den Bestimmungen dieser Entscheidung vereinbar sind, mindestens für einen Zeitraum von zehn Jahren vor.

Sie übermitteln der Kommission auf deren schriftliches Verlangen hin sämtliche Informationen, die diese für erforderlich erachtet, um festzustellen, ob die geltenden Ausgleichssysteme mit dieser Entscheidung im Einklang stehen.

Unterlagen, aus denen sich feststellen lässt, ob die beihilferechtlichen Vorgaben eingehalten **893** sind, sind insbesondere Jahresrechnungen oder Jahresabschlüsse zB. der zahlenden Kommune, Jahresabschlüsse und Lageberichte des Unternehmens, die zu Grunde liegenden Gremiumsbeschlüsse auf kommunaler und Unternehmensseite und die entsprechenden Buchungsbelege (begründende Unterlagen).[477] Diese Unterlagen sind bereits nach geltendem kommunalem Haushalts- und Wirtschaftsrecht, dem Handels- und dem Steuerrecht dauerhaft oder mindestens zehn Jahre aufzubewahren, mit Ausnahme der Belege (nur sechs Jahre), sofern nicht § 147 AO eine Aufbewahrung von zehn Jahren vorschreibt. Im Handelsrecht macht § 257 HGB weitere Vorgaben.[478]

Art. 8 Berichte

Alle drei Jahre legen die Mitgliedstaaten der Kommission einen Bericht über die Umsetzung dieser Entscheidung vor mit einer ausführlichen Schilderung der Anwendungsweise dieser Entscheidung in allen Sektoren und insbesondere im Bereich des sozialen Wohnungsbaus und des Krankenhauswesens.

Der erste Bericht dieser Art ist bis zum 19. Dezember 2008 vorzulegen.[[479]]

Art. 9 Folgenabschätzung

Spätestens nach dem 19. Dezember 2009 nimmt die Kommission anhand von Fakten und den Ergebnissen umfangreicher Anhörungen, die sie auf der Grundlage vor allem der von den Mitgliedstaaten gemäß Artikel 8 bereitgestellten Informationen durchführt, eine Folgenabschätzung vor.

Die Erkenntnisse werden dem Europäischen Parlament, dem Ausschuss der Regionen, dem Europäischen Wirtschafts- und Sozialausschuss und den Mitgliedstaaten zur Kenntnis gebracht.

Art. 10 Inkrafttreten

Diese Entscheidung tritt am 19. Dezember 2005 in Kraft.

Artikel 4 Buchstaben c, d und e sowie Artikel 6 gelten erst ab dem 29. November 2006.

Art. 11 Adressaten

Diese Entscheidung ist an die Mitgliedstaaten gerichtet.

---

[476] Vgl. dazu Gem. RdErl. d. Ministeriums für Wirtschaft, Mittelstand und Energie u. d. Innenministeriums NRW v. 30. 5. 2008, MBl. NRW. 2008, S. 337 Ziff. 2.2.-2.4.; vgl. auch *Jennert/Pauka* KommJur 2009, 321, 329.

[477] Handreichung AIII Ziff.4.5.

[478] Handreichung AIII Ziff.4.5.

[479] Siehe dazu den 1. „Bericht der Bundesrepublik Deutschland zum „Altmark-Paket" der Europäischen Kommission".

Anhang zu Art. 107 AEUV

Vorbemerkung

Die auf den nachfolgenden Seiten abgedruckte sog. ErmächtigungsVO 994/98 ist die Grundlage der Freistellungsverordnungen, namentlich der AGVO (vgl. dazu unten Vor Art. 1 ff. AGVO RdNr. 5 und Art. 109 AEUV RdNr. 7 ff.) und der De-Minimis-VO, die im Anschluss an die ErmächtigungsVO 994/98 abgedruckt ist. Die De-Minimis-VO ist im Rahmen des Tatbestandes von Art. 107 AEUV eingehend erläutert (vgl. Art. 107 AEUV RdNr. 414 ff.).

I. Verordnung (EG) Nr. 994/98 des Rates über die Anwendung der Artikel 92 und 93 des Vertrags zur Gründung der Europäischen Gemeinschaft auf bestimmte Gruppen horizontaler Beihilfen

(ABl. EG 1998 Nr. L 142 S. 1)

vom 7. Mai 1998

DER RAT DER EUROPÄISCHEN UNION –

gestützt auf den Vertrag zur Gründung der Europäischen Gemeinschaft, insbesondere auf Artikel 94,

auf Vorschlag der Kommission[1],

nach Anhörung des Europäischen Parlaments[2],

nach Stellungnahme des Wirtschafts- und Sozialausschusses[3],

in Erwägung nachstehender Gründe:

(1) Gemäß Artikel 94 des Vertrags kann der Rat alle zweckdienlichen Durchführungsverordnungen zu den Artikeln 92 und 93 erlassen und insbesondere die Bedingungen für die Anwendung des Artikels 93 Absatz 3 sowie diejenigen Arten von Beihilfen festlegen, die von diesem Verfahren ausgenommen sind.

(2) Nach dem Vertrag ist die Beurteilung dessen, ob die Beihilfen mit dem Gemeinsamen Markt vereinbar sind, im wesentlichen Aufgabe der Kommission.

(3) Für das reibungslose Funktionieren des Binnenmarkts ist eine rigorose und effiziente Anwendung der Wettbewerbsvorschriften im Bereich der staatlichen Beihilfen erforderlich.

(4) Die Kommission hat die Artikel 92 und 93 des Vertrags mittels zahlreicher Entscheidungen durchgeführt und ihre Vorgehensweise in einer Anzahl von Bekanntmachungen dargelegt. In Anbetracht der erheblichen Erfahrungen der Kommission bei der Anwendung der Artikel 92 und 93 des Vertrags und der von ihr auf der Grundlage dieser Bestimmungen angenommenen allgemeinen Texte ist es im Hinblick auf eine wirksame Überwachung und aus Gründen der Verwaltungsvereinfachung – ohne die Kontrolle der Kommission dadurch zu schwächen – angezeigt, die Kommission zu ermächtigen, in den Gebieten, auf denen sie über ausreichende Erfahrung verfügt, um allgemeine Vereinbarkeitskriterien festzulegen, mittels Verordnungen zu erklären, daß bestimmte Gruppen von Beihilfen mit dem Gemeinsamen Markt gemäß einer oder mehrerer der Bestimmungen des Artikels 92 Absätze 2 und 3 des Vertrags zu vereinbaren und von dem Verfahren nach Artikel 93 Absatz 3 freigestellt werden.

(5) Gruppenfreistellungsverordnungen erhöhen die Transparenz und Rechtssicherheit, und sie können von den nationalen Gerichten unbeschadet der Artikel 5 und 177 des Vertrags direkt angewandt werden.

(6) Die Kommission sollte bei dem Erlaß von Verordnungen zur Freistellung bestimmter Gruppen von Beihilfen von der Anmeldungspflicht nach Artikel 93 Absatz 3 des Vertrags den

---

[1] **Amtl. Anm.:** ABl. C 262 vom 28. 8. 1997, S. 6.
[2] **Amtl. Anm.:** ABl. C 138 vom 4. 5. 1998.
[3] **Amtl. Anm.:** ABl. C 129 vom 27. 4. 1998, S. 70.

Zweck der Beihilfe, die Gruppen von Begünstigten, die Schwellenwerte, mit denen die freigestellten Beihilfen auf bestimmte Höchstintensitäten bezogen auf eine Reihe förderbarer Kosten oder Höchstbeträge begrenzt werden, die Bedingungen für die Kumulierung der Beihilfen und die Bedingungen der Überwachung festlegen, um die Vereinbarkeit der von dieser Verordnung erfaßten Beihilfen mit dem Gemeinsamen Markt zu gewährleisten.

(7) Die Kommission sollte ermächtigt werden, beim Erlaß von Verordnungen zur Freistellung bestimmter Gruppen von Beihilfen von der Anmeldungspflicht nach Artikel 93 Absatz 3 zusätzliche Bedingungen aufzuerlegen, um die Vereinbarkeit der von dieser Verordnung erfaßten Beihilfen mit dem Gemeinsamen Markt zu gewährleisten.

(8) Es kann zweckdienlich sein, Schwellenwerte oder sonstige geeignete Bedingungen für die Anmeldung einzelner Beihilfen festzusetzen, damit die Kommission die Auswirkungen bestimmter Beihilfen auf den Wettbewerb und den Handel zwischen Mitgliedstaaten sowie deren Vereinbarkeit mit dem Gemeinsamen Markt einzeln prüfen kann.

(9) In Anbetracht der Entwicklung und Funktionsweise des Gemeinsamen Marktes sollte die Kommission ermächtigt werden, mittels einer Verordnung festzulegen, daß bestimmte Beihilfen nicht allen Bedingungen des Artikels 92 Absatz 1 des Vertrags entsprechen und deshalb von dem Anmeldungsverfahren gemäß Artikel 93 Absatz 3 des Vertrags freigestellt sind, sofern die einem Unternehmen über einen bestimmten Zeitraum gewährten Beihilfen einen festgesetzten Betrag nicht überschreiten.

(10) Nach Artikel 93 Absatz 1 des Vertrags ist die Kommission verpflichtet, in Zusammenarbeit mit den Mitgliedstaaten alle bestehenden Beihilferegelungen fortlaufend zu überprüfen. Zur Erfüllung dieser Verpflichtung und um ein höchstmögliches Maß an Transparenz und eine angemessene Überwachung zu gewährleisten, ist es angezeigt, daß die Kommission für die Errichtung eines zuverlässigen Systems der Aufzeichnung und Speicherung von Angaben über die Anwendung von Kommissionsverordnungen sorgt, zu dem alle Mitgliedstaaten Zugang haben, und daß sie von den Mitgliedstaaten die erforderlichen Angaben über die Durchführung der von der Anmeldungspflicht freigestellten Beihilfen zur gemeinsamen Erörterung und Auswertung mit den Mitgliedstaaten im Beratenden Ausschuß erhält. Es ist ferner angezeigt, daß die Kommission die Vorlage derartiger Angaben erforderlichenfalls anfordern kann, um die Wirksamkeit ihrer Überprüfung gewährleisten zu können.

(11) Die Überwachung der Gewährung von Beihilfen bedingt eine Vielzahl äußerst komplexer sachlicher, rechtlicher und wirtschaftlicher Erwägungen in einem sich ständig verändernden Umfeld. Die Kommission sollte deshalb regelmäßig die Gruppen von Beihilfen überprüfen, die von der Anmeldungspflicht freizustellen sind. Sie sollte in der Lage sein, ihre gemäß dieser Verordnung erlassenen Verordnungen aufzuheben oder zu ändern, wenn sich die Umstände hinsichtlich eines zu ihrem Erlaß grundlegenden Sachverhalts geändert haben oder wenn die Fortentwicklung oder Funktionsweise des Gemeinsamen Marktes dies erfordert.

(12) Die Kommission sollte in enger und ständiger Verbindung mit den Mitgliedstaaten in der Lage sein, den Umfang der Freistellungsverordnungen und der darin enthaltenen Bedingungen genau festzulegen. Um die Zusammenarbeit zwischen der Kommission und den zuständigen Behörden der Mitgliedstaaten zu gewährleisten, ist ein Beratender Ausschuß für staatliche Beihilfen einzusetzen, der konsultiert wird, bevor die Kommission Verordnungen gemäß dieser Verordnung erläßt –

HAT FOLGENDE VERORDNUNG ERLASSEN:

Art. 1 Gruppenfreistellungen

(1) Die Kommission kann mittels Verordnungen, die nach dem Verfahren des Artikels 8 dieser Verordnung und nach Artikel 92 des Vertrags erlassen wurden, erklären, daß folgende Gruppen von Beihilfen mit dem Gemeinsamen Markt zu vereinbaren sind und nicht der Anmeldungsverpflichtung nach Artikel 93 Absatz 3 des Vertrags unterliegen:

a) Beihilfen zugunsten von:
    i) kleinen und mittleren Unternehmen,
    ii) Forschung und Entwicklung,
    iii) Umweltschutzmaßnahmen, iv) Beschäftigung und Ausbildung,
b) Beihilfen im Einklang mit den von der Kommission für jeden Mitgliedstaat zur Gewährung von Regional beihilfen genehmigten Fördergebieten.

(2) In den Verordnungen nach Absatz 1 ist für jede Gruppe von Beihilfen folgendes festzulegen:

a) der Zweck der Beihilfe,
b) die Gruppen von Begünstigten,
c) die entweder als Beihilfeintensitäten in bezug auf eine Reihe bestimmter förderbarer Kosten oder als Beihilfehöchstbeträge ausgedrückten Schwellenwerte,
d) die Bedingungen für die Kumulierung der Beihilfen,
e) die Bedingungen der Überwachung nach Artikel 3.

(3) Außerdem können in den Verordnungen nach Absatz 1 insbesondere

a) Schwellenwerte oder sonstige Bedingungen für die Anmeldung von Einzelbeihilfen festgesetzt werden,
b) bestimmte Wirtschaftszweige vom Anwendungsbereich der Verordnungen ausgenommen werden,
c) zusätzliche Bedingungen für die Vereinbarkeit der nach solchen Verordnungen freigestellten Beihilfen vorgesehen werden.

Art. 2 De minimis

(1) Die Kommission kann mittels nach dem Verfahren des Artikels 8 dieser Verordnung erlassenen Verordnungen feststellen, daß in Anbetracht der Entwicklung und Funktionsweise des Gemeinsamen Marktes bestimmte Beihilfen nicht alle Tatbestandsmerkmale des Artikels 92 Absatz 1 erfüllen und deshalb von der Anmeldungsverpflichtung nach Artikel 93 Absatz 3 freigestellt sind, sofern die einem Unternehmen über einen bestimmten Zeitraum gewährten Beihilfen nicht einen festgesetzten Betrag überschreiten.

(2) Die Mitgliedstaaten erteilen auf Ersuchen der Kommission jederzeit zusätzliche Angaben zu den nach Absatz 1 freigestellten Beihilfen.

Art. 3 Transparenz und Überwachung

(1) Beim Erlaß von Verordnungen nach Artikel 1 erlegt die Kommission den Mitgliedstaaten genaue Regeln zur Gewährleistung der Transparenz und der Überwachung der gemäß diesen Verordnungen von der Anmeldungspflicht freigestellten Beihilfen auf. Diese Regeln haben insbesondere die in den Absätzen 2, 3 und 4 festgelegten Anforderungen zum Gegenstand.

(2) Sobald Beihilferegelungen oder außerhalb einer Regelung gewährte Einzelbeihilfen, die gemäß den genannten Verordnungen freigestellt sind, angewandt werden, übermitteln die Mitgliedstaaten der Kommission im Hinblick auf die Veröffentlichung im *Amtsblatt der Europäischen Gemeinschaften* eine Zusammenfassung der Angaben zu diesen freigestellten Beihilferegelungen oder Einzelbeihilfen.

(3) Die Mitgliedstaaten zeichnen alle Angaben zur Durchführung der Gruppenfreistellungen auf und speichern sie. Liegen der Kommission Angaben vor, die Zweifel an der ordnungsgemäßen Durchführung einer Freistellungsverordnung aufkommen lassen, teilen die Mitgliedstaaten ihr alle Angaben mit, die sie für die Beurteilung der Vereinbarkeit einer Beihilfe mit der genannten Verordnung für notwendig erachtet.

(4) Die Mitgliedstaaten übermitteln der Kommission mindestens einmal jährlich gemäß den besonderen Anforderungen der Kommission – vorzugsweise in automatisierter Form – einen Bericht über die Durchführung der Gruppenfreistellungen. Die Kommission gewährt allen Mitgliedstaaten Zugang zu diesen Berichten. Einmal jährlich werden diese Berichte von dem in Artikel 7 genannten Beratenden Ausschuß erörtert und ausgewertet.

Art. 4 Geltungsdauer und Änderung der Verordnungen

(1) Die gemäß den Artikeln 1 und 2 erlassenen Verordnungen gelten für einen festgesetzten Zeitraum. Die Beihilferegelungen, die aufgrund einer gemäß den Artikeln 1 und 2 erlassenen Verordnung freigestellt sind, sind für die Geltungsdauer der genannten Verordnung sowie für die Dauer der in den Absätzen 2 und 3 vorgesehenen Anpassungsfrist freigestellt.

(2) Die gemäß den Artikeln 1 und 2 erlassenen Verordnungen können aufgehoben oder geändert werden, wenn sich die Umstände in bezug auf einen für ihren Erlaß grundlegenden Sachverhalt geändert haben oder wenn die fortschreitende Entwicklung oder das Funktionieren des Gemeinsamen Marktes dies erfordern. In diesem Fall wird in der neuen Verordnung eine

Anpassungsfrist von sechs Monaten für die Änderung der unter die ursprüngliche Verordnung fallenden Beihilferegelungen festgesetzt.

(3) Die gemäß den Artikeln 1 und 2 erlassenen Verordnungen sehen eine Frist gemäß Absatz 2 für den Fall vor, daß ihre Anwendung bei Ablauf ihrer Geltungsdauer nicht verlängert wird.

Art. 5 Auswertungsbericht

Alle fünf Jahre legt die Kommission dem Europäischen Parlament und dem Rat einen Bericht über die Anwendung dieser Verordnung vor. Dem in Artikel 7 genannten Beratenden Ausschuß wird ein Berichtsentwurf zur Prüfung unterbreitet.

Art. 6 Anhörung von Interessierten

Beabsichtigt die Kommission den Erlaß einer Verordnung, so veröffentlicht sie den Verordnungsentwurf, um sämtlichen interessierten Personen und Einrichtungen Gelegenheit zu geben, sich innerhalb einer von der Kommission festzusetzenden angemessenen Frist zu äußern, die auf keinen Fall kürzer als ein Monat ist.

Art. 7 Beratender Ausschuß

Es wird ein Ausschuß mit beratender Funktion, nachstehend „Beratender Ausschuß für staatliche Beihilfen" genannt, eingesetzt, der sich aus Vertretern der Mitgliedstaaten zusammensetzt und in dem der Vertreter der Kommission den Vorsitz führt.

Art. 8 Konsultierung des Beratenden Ausschusses

(1) Die Kommission konsultiert den Beratenden Ausschuß für staatliche Beihilfen
a) vor der Veröffentlichung eines Verordnungsentwurfs,
b) vor dem Erlaß einer Verordnung.

(2) Die Konsultierung des Ausschusses erfolgt im Rahmen einer Tagung, die von der Kommission einbe rufen wird. Der Einberufung sind die zu prüfenden Entwürfe und Dokumente beigefügt. Die Tagung findet frühestens zwei Monate nach Übermittlung der Einberufung statt. Diese Frist kann im Falle von Konsultierungen nach Absatz 1 Buchstabe b) sowie in dringenden Fällen oder im Falle einer einfachen Verlängerung der Geltungsdauer einer Verordnung verkürzt werden.

(3) Der Vertreter der Kommission unterbreitet dem Ausschuß einen Entwurf der zu treffenden Maßnahmen. Der Ausschuß gibt – gegebenenfalls nach Abstimmung – seine Stellungnahme zu diesem Entwurf innerhalb einer Frist ab, die der Vorsitzende unter Berücksichtigung der Dringlichkeit der betreffenden Frage festsetzen kann.

(4) Die Stellungnahme wird in das Protokoll des Ausschusses aufgenommen; darüber hinaus hat jeder Mitgliedstaat das Recht zu verlangen, daß sein Standpunkt im Protokoll festgehalten wird. Der Beratende Ausschuß kann empfehlen, daß diese Stellungnahme im *Amtsblatt der Europäischen Gemeinschaften* veröffentlicht wird.

(5) Die Kommission berücksichtigt so weit wie möglich die Stellungnahme des Ausschusses. Sie unterrichtet den Ausschuß darüber, inwieweit sie seine Stellungnahme berücksichtigt hat.

Art. 9 Schlußbestimmungen

Diese Verordnung tritt am Tag nach ihrer Veröffentlichung im *Amtsblatt der Europäischen Gemeinschaften* in Kraft.

Diese Verordnung ist in allen ihren Teilen verbindlich und gilt unmittelbar in jedem Mitgliedstaat.

Geschehen zu Brüssel am 7. Mai 1998.

Im Namen des Rates
Der Präsident
M. BECKETT

II. Verordnung (EG) Nr. 1998/2006 der Kommission über die Anwendung der Artikel 87 und 88 EG-Vertrag auf „De-minimis"-Beihilfen

ABl. EG 2006 Nr. L 379 S. 5

vom 15. Dezember 2006

DIE KOMMISSION DER EUROPÄISCHEN GEMEINSCHAFTEN

gestützt auf den Vertrag zur Gründung der Europäischen Gemeinschaft,

gestützt auf die Verordnung (EG) Nr. 994/98 des Rates vom 7. Mai 1998 über die Anwendung der Artikel 92 und 93 des Vertrags zur Gründung der Europäischen Gemeinschaft auf bestimmte Gruppen horizontaler Beihilfen[1], insbesondere auf Artikel 2,

nach Veröffentlichung des Entwurfs dieser Verordnung[2],

nach Anhörung des Beratenden Ausschusses für staatliche Beihilfen,

in Erwägung nachstehender Gründe:

(1) Durch die Verordnung (EG) Nr. 994/98 wird die Kommission ermächtigt, durch Verordnung einen Schwellenwert festzusetzen, bis zu dem Beihilfen als Maßnahmen angesehen werden, die nicht alle Tatbestandsmerkmale des Artikels 87 Absatz 1 EG-Vertrag erfüllen und daher auch nicht dem Anmeldeverfahren gemäß Artikel 88 Absatz 3 EG-Vertrag unterliegen.

(2) Die Kommission hat in zahlreichen Entscheidungen die Artikel 87 und 88 EG-Vertrag angewandt und dabei insbesondere den Begriff der Beihilfe im Sinne des Artikels 87 Absatz 1 EG-Vertrag näher ausgeführt. Die Kommission hat ferner, zuerst in der Mitteilung über De-minimis-Beihilfen[3] und anschließend in ihrer Verordnung (EG) Nr. 69/2001 vom 12. Januar 2001 über die Anwendung der Artikel 87 und 88 EG-Vertrag auf „De-minimis"-Beihilfen[4], ihre Politik im Hinblick auf den Höchstbetrag, bis zu dem Artikel 87 Absatz 1 als nicht anwendbar angesehen werden kann, erläutert. Angesichts der Erfahrungen bei der Anwendung der Verordnung und unter Berücksichtigung der Entwicklung der Inflation und des Bruttoinlandsprodukts in der Gemeinschaft bis und einschließlich 2006 und angesichts der voraussichtlichen Entwicklung bis zum Ablauf der Geltungsdauer dieser Verordnung erscheint es zweckmäßig, die Verordnung (EG) Nr. 69/2001 in einigen Punkten zu ändern und durch eine neue Verordnung zu ersetzen.

(3) Da für die Bereiche der primären Produktion von Agrar-erzeugnissen, Fischerei und Aquakultur Sondervorschriften gelten und die Gefahr besteht, dass dort selbst geringere als die in dieser Verordnung festgesetzten Beihilfebeträge die Tatbestandsmerkmale des Artikels 87 Absatz 1 EG-Vertrag erfüllen könnten, sollten die fraglichen Sektoren vom Anwendungsbereich dieser Verordnung ausgenommen werden. Vor dem Hintergrund der Entwicklungen im Transportsektor, insbesondere der Restrukturie-rung zahlreicher Transportaktivitäten im Zuge der Liberalisierung, ist es nicht länger angemessen, den Transportsektor vom Geltungsbereich der De-minimis-Verordnung auszuschließen. Der Geltungsbereich dieser Verordnung sollte daher auf die Gesamtheit des Transportsektors ausgeweitet werden. Die allgemeine De-minimis-Höchstgrenze sollte jedoch angepasst werden, um der im Durchschnitt kleinen Größe von Unternehmen, die im Straßengüterverkehr und Straßenpersonenverkehr tätig sind, Rechnung zu tragen. Aus denselben Gründen und vor dem Hintergrund der Überkapazitäten in diesem Sektor sowie der Zielsetzungen der Transportpolitik hinsichtlich Verkehrsstauung und Gütertransport sollten Beihilfen für den Erwerb von Fahrzeugen für den Straßengütertransport durch Unternehmen des gewerblichen Straßengütertransports ausgeschlossen werden. Dies stellt die positive Haltung der Kommission zu Beihilfen für sauberere und umweltfreundlichere Fahrzeuge im Rahmen von anderen EG-Rechtsakten nicht in Frage. Angesichts der Verordnung (EG) Nr. 1407/2002 des Rates vom 23. Juli 2002 über staatliche Beihilfen für den Steinkohlenbergbau[5] sollte die vorliegende Verordnung auch nicht auf den Kohlesektor anwendbar sein.

---

[1] **Amtl. Anm.:** ABl. L 142 vom 14. 5. 1998, S. 1.
[2] **Amtl. Anm.:** ABl. C 137 vom 10. 6. 2006, S. 4.
[3] **Amtl. Anm.:** ABl. C 68 vom 6. 3. 1996, S. 9.
[4] **Amtl. Anm.:** ABl. L 10 vom 13. 1. 2001, S. 30.
[5] **Amtl. Anm.:** ABl. L 205 vom 2. 8. 2002, S. 1.

(4) Aufgrund der Ähnlichkeiten zwischen der Verarbeitung und Vermarktung von landwirtschaftlichen und nichtlandwirtschaftlichen Erzeugnissen sollte diese Verordnung unter bestimmten Voraussetzungen auch für die Verarbeitung und Vermarktung landwirtschaftlicher Erzeugnisse gelten. Nicht als Verarbeitung und Vermarktung sollten hingegen die in den Betrieben vorgenommene notwendige Vorbereitung des Erzeugnisses für den Erstverkauf, wie Ernte, Mähen und Dreschen von Getreide, Verpackung von Eiern usw., sowie der Erstverkauf an Wiederverkäufer oder Verarbeitungsunternehmen gelten. Nach Inkrafttreten dieser Verordnung sollten Beihilfen an Unternehmen, die landwirtschaftliche Erzeugnisse verarbeiten oder vermarkten, nicht mehr durch die Verordnung (EG) Nr. 1860/2004 der Kommission vom 6. Oktober 2004 über die Anwendung der Artikel 87 und 88 EG-Vertrag auf De-minimis-Beihilfen im Agrar- und Fischereisektor[6] geregelt werden. Die Verordnung (EG) Nr. 1860/2004 sollte deshalb entsprechend geändert werden.

(5) Nach der Rechtsprechung des Gerichtshofs der Europäischen Gemeinschaften sind die Mitgliedstaaten verpflichtet, sobald die Gemeinschaft eine Regelung über die Errichtung einer gemeinsamen Marktorganisation für einen bestimmten Agrarsektor erlassen hat, sich aller Maßnahmen zu enthalten, die diese Regelung untergraben oder Ausnahmen von ihr schaffen. Aus diesem Grund sollten Beihilfen, deren Höhe sich nach dem Preis oder der Menge der angebotenen oder erworbenen Erzeugnisse richtet, vom Anwendungsbereich dieser Verordnung ausgenommen werden. Ebenfalls ausgenommen werden sollten De-minimis-Beihilfen, die an die Verpflichtung gebunden sind, die Beihilfe mit den Primärerzeugern zu teilen.

(6) De-minimis-Ausfuhrbeihilfen oder De-minimis-Beihilfen, die heimische Erzeugnisse gegenüber Importwaren begünstigen, sollten nicht freigestellt werden. Die Verordnung sollte insbesondere nicht für Beihilfen zur Finanzierung des Aufbaus und des Betriebs eines Vertriebsnetzes in anderen Ländern gelten. Beihilfen, die die Teilnahme an Messen, die Durchführung von Studien oder die Inanspruchnahme von Beratungsdiensten zwecks Lancierung eines neuen oder eines bestehenden Produkts auf einem neuen Markt ermöglichen sollen, stellen in der Regel keine Ausfuhrbeihilfen dar.

(7) Aufgrund von Schwierigkeiten bei der Festlegung des Bruttosubventionsäquivalents von Beihilfen an Unternehmen in Schwierigkeiten im Sinne der Leitlinien der Gemeinschaft für staatliche Beihilfen zur Rettung und Umstrukturierung von Unternehmen in Schwierigkeiten[7] sollte diese Verordnung für solche Unternehmen nicht anwendbar sein.

(8) Die Erfahrungen der Kommission haben gezeigt, dass Beihilfen, die einen Gesamtbetrag von 200 000 EUR innerhalb von drei Jahren nicht übersteigen, den Handel zwischen Mitgliedstaaten nicht beeinträchtigen und/oder den Wettbewerb nicht verfälschen oder zu verfälschen drohen. Sie fallen daher nicht unter Artikel 87 Absatz 1 EG-Vertrag. Für Unternehmen, die im Straßentransportsektor tätig sind, sollte diese Höchstgrenze auf 100 000 EUR festgesetzt werden.

(9) Bei den hier zugrunde gelegten Jahren handelt es sich um die Steuerjahre, die für das Unternehmen in dem betreffenden Mitgliedstaat maßgebend sind. Der Dreijahreszeitraum ist fließend, d. h. bei jeder Neubewilligung einer De-minimis-Beihilfe ist die Gesamtsumme der im laufenden Steuerjahr sowie in den vorangegangenen zwei Steuerjahren gewährten De-minimis-Beihilfen festzustellen. Zu berücksichtigen sind auch von einem Mitgliedstaat gewährte Beihilfen, selbst wenn sie ganz oder teilweise aus Mitteln gemeinschaftlicher Herkunft finanziert werden. Es sollte nicht möglich sein, über den zulässigen Höchstbetrag hinaus gehende Beihilfebeträge in mehrere kleinere Tranchen aufzuteilen, um so in den Anwendungsbereich dieser Verordnung zu gelangen.

(10) Im Einklang mit den Grundsätzen für die Gewährung von Beihilfen, die unter Artikel 87 Absatz 1 EG-Vertrag fallen, sollte als Bewilligungszeitpunkt der Zeitpunkt gelten, zu dem das Unternehmen nach dem anwendbaren einzelstaatlichen Recht einen Rechtsanspruch auf die Beihilfe erwirbt.

(11) Um eine Umgehung der in verschiedenen EG-Rechtsakten vorgegebenen Beihilfehöchstintensitäten zu verhindern, sollten De-minimis-Beihilfen nicht mit anderen staatlichen Beihilfen für dieselben förderbaren Aufwendungen kumuliert werden, wenn die aus der Kumulierung resultierende Förderintensität diejenige Förderintensität übersteigen würde, die in einer

---

[6] **Amtl. Anm.:** ABl. L 325 vom 28. 10. 2004, S. 4.
[7] **Amtl. Anm.:** ABl. C 244 vom 1. 10. 2004, S. 2.

Gruppenfreistellungsverordnung oder in einer von der Kommission verabschiedeten Entscheidung hinsichtlich der besonderen Merkmale eines jeden Falles festgelegt wurde.

(12) Aus Gründen der Transparenz, Gleichbehandlung und korrekten Anwendung des De-minimis-Höchstbetrages sollten alle Mitgliedstaaten dieselbe Berechnungsmethode anwenden. Um diese Berechnung zu vereinfachen, sollten in Übereinstimmung mit der bisherigen Praxis bei Anwendung der De-minimis-Regelung Beihilfen, die nicht in Form einer Barzuwendung gewährt werden, in ihr Brutto-subventionsäquivalent umgerechnet werden. Die Berechnung des Subventionsäquivalents anderer transparenter Beihilfeformen als einer in Form eines Zuschusses oder in mehreren Tranchen gewährten Beihilfe sollte auf der Grundlage der zum Bewilligungszeitpunkt geltenden marktüblichen Zinssätze erfolgen. Im Interesse einer einheitlichen, transparenten und unkomplizierten Anwendung der Vorschriften über staatliche Beihilfen sollten für die Zwecke dieser Verordnung die Referenzzinssätze herangezogen werden, die von der Kommission in regelmäßigen Abständen anhand objektiver Kriterien ermittelt und im *Amtsblatt der Europäischen Union* sowie im Internet veröffentlicht werden. Es kann jedoch erforderlich sein, zusätzliche Basispunkte auf den Mindestsatz aufzuschlagen in Abhängigkeit von den gestellten Sicherheiten oder der Risikoposition des Beihilfeempfängers.

(13) Im Interesse der Transparenz, der Gleichbehandlung und einer wirksamen Überwachung sollte diese Verordnung nur für transparente De-minimis-Beihilfen gelten. Eine Beihilfe ist dann transparent, wenn sich ihr Bruttosubven-tionsäquivalent im Voraus genau berechnen lässt, ohne dass eine Risikobewertung erforderlich ist. Eine solche präzise Berechnung ist beispielsweise bei Zuschüssen, Zinszuschüssen und begrenzten Steuerbefreiungen möglich. Beihilfen in Form von Kapitalzuführungen der Öffentlichen Hand sollten nur dann als transparente De-minimis-Beihilfen gelten, wenn der Gesamtbetrag des zugeführten Kapitals unter dem zulässigen De-minimis-Höchstbetrag liegt. Risikokapitalbeihilfen im Sinne der Leitlinien der Gemeinschaft für staatliche Beihilfen zur Förderung von Risikokapitalinvestitionen in kleine und mittlere Unternehmen[8] sollten nur dann als transparente De-minimis-Beihilfen angesehen werden, wenn die betreffende Risikokapitalregelung für jedes Zielunternehmen Kapitalzuführungen nur bis zum De-minimis-Höchstbetrag vorsieht. Beihilfen in Form von Darlehen sollten als transparente De-minimis-Beihilfen behandelt werden, wenn das Bruttosubventionsäquivalent auf der Grundlage der zum Bewilligungszeitpunkt geltenden marktüblichen Zinssätze berechnet worden ist.

(14) Die vorliegende Verordnung schließt die Möglichkeit nicht aus, dass eine Maßnahme, die von den Mitgliedstaaten beschlossen wird, aus anderen als den in der Verordnung dargelegten Gründen nicht als Beihilfe im Sinne des Artikel 8 7 Absatz 1 EG-Vertrag gilt, so z. B. wenn Kapitalzuführungen im Einklang mit dem Prinzip des Privatinvestors beschlossen werden.

(15) Es ist erforderlich, Rechtssicherheit zu schaffen für Bürgschaftsregelungen, die keine Beeinträchtigung des Handels oder Verzerrung des Wettbewerbs bewirken können und hinsichtlich derer ausreichend Daten verfügbar sind, um jegliche möglichen Wirkungen verlässlich festzustellen. Diese Verordnung sollte deshalb die allgemeine De-mini-mis-Obergrenze von EUR 200 000 in eine bürgschaftsspezifische Obergrenze übertragen auf der Grundlage des verbürgten Betrages des durch die Bürgschaft besicherten Einzeldarlehens. Diese Obergrenze wird nach einer Methode zur Berechnung des Beihilfebetrags in Bürgschaftsregelungen für Darlehen zugunsten leistungsfähiger Unternehmen ermittelt. Diese Methode und die Daten, die zur Berechnung der bürgschaftsspezifischen Obergrenze genutzt werden, sollten Unternehmen in Schwierigkeiten im Sinne der Gemeinschaftsrichtlinien über Beihilfen für Unternehmen in Schwierigkeiten oder in der Umstrukturierung ausschließen. Diese spezifische Obergrenze sollte daher nicht anwendbar sein auf individuelle Einzelbeihilfen außerhalb einer Bürgschaftsregelung, auf Beihilfen für Unternehmen in Schwierigkeiten oder auf Bürgschaften für Transaktionen, die nicht auf einem Darlehensverhältnis beruhen, wie zum Beispiel Bürgschaften hinsichtlich Eigenkapitalmaßnahmen. Die spezifische Obergrenze sollte bestimmt werden auf der Grundlage der Feststellung, dass unter Berücksichtigung eines Faktors von 13% (Nettoausfallquote), der das Szenario des ungünstigsten anzunehmenden Falles für Bürgschaftsregelungen in der Gemeinschaft darstellt, das Bruttosubventionsäquivalent einer Bürgschaft in Höhe von EUR 1 500 000 als identisch mit dem De-minimis-Höchstbetrag angesehen werden kann. Für Unternehmen des Straßentransportsektors sollte eine verminderte Obergrenze von EUR 750 000 gelten. Diese speziellen Obergrenzen sollten lediglich auf Bürgschaften anwendbar sein, deren

---

[8] **Amtl. Anm.:** Leitlinien der Gemeinschaft für staatliche Beihilfen zur Förderung von Risikokapitalinvestitionen in kleine und mittlere Unternehmen (ABl. C 194 vom 18. 8. 2006, S. 2).

Verbürgungsanteil bis zu 80% des zugrunde liegenden Darlehens beträgt. Zur Bestimmung des Bruttosubventionsäquivalents einer Bürgschaft sollten Mitgliedstaaten zudem die Möglichkeit haben, eine Methode anzuwenden, die der Kommission im Rahmen einer Kommissionsverordnung im Bereich Staatlicher Beihilfen, wie zum Beispiel im Rahmen der Verordnung Nr. 1628/2006 der Kommission vom 24. Oktober 2006 über die Anwendung der Artikel 87 und 88 EG-Vertrag auf regionale Investitionsbeihilfen[9], angezeigt und von der Kommission genehmigt wurde, wenn die genehmigte Methode ausdrücklich auf die Art der Bürgschaften und die Art der zu Grunde liegenden Transaktionen im Zusammenhang mit der Anwendung der vorliegenden Verordnung Bezug nimmt.

(16) Nach Anzeige durch einen Mitgliedstaat kann die Kommission prüfen, ob eine Beihilfemaßnahme, die nicht in einer Barzuwendung, einem Darlehen, einer Bürgschaft, einer Kapitalzuführung oder einer Risikokapitalmaßnahme besteht, zu einem Bruttosubventionsäquivalent führt, das die De-minimis-Höchstgrenze nicht überschreitet und daher von den Bestimmungen dieser Verordnung gedeckt sein könnte.

(17) Die Kommission hat dafür zu sorgen, dass die Vorschriften über staatliche Beihilfen und insbesondere die Bedingungen, unter denen eine De-minimis-Beihilfe gewährt wird, eingehalten werden. Gemäß dem in Artikel 10 EG-Vertrag verankerten Grundsatz der Zusammenarbeit sind die Mitgliedstaaten gehalten, der Kommission die Erfüllung dieser Aufgabe zu erleichtern, indem sie durch geeignete Vorkehrungen sicherstellen, dass der ein und demselben Unternehmen im Rahmen der De-minimis-Regelung gewährte Gesamtbeihilfebetrag innerhalb eines Zeitraums von drei Steuerjahren den Höchstbetrag von 200 000 EUR nicht überschreitet. Hierzu sollten die Mitgliedstaaten bei Gewährung einer De-minimis-Beihilfe dem betreffenden Unternehmen unter Bezugnahme auf diese Verordnung den Beihilfebetrag mitteilen und darauf hinweisen, dass es sich um eine De-minimis-Beihilfe handelt. Der betreffende Mitgliedstaat sollte die Beihilfe erst gewähren, nachdem er eine Erklärung des Unternehmens erhalten hat, in der alle anderen in dem betreffenden Steuerjahr sowie in den vorangegangenen zwei Steuerjahren erhaltenen De-minimis-Beihilfen angegeben sind, und nachdem er sorgfältig geprüft hat, dass der De-minimis-Höchstbetrag durch die neue Beihilfe nicht überschritten wird. Um die Einhaltung der Höchstgrenze sicherzustellen, sollte es alternativ möglich sein ein Zentralregister einzurichten. Im Falle von Bürgschaftsregelungen, die vom Europäischen Investmentfonds eingerichtet wurden, kann letzterer selbst eine Liste von Beihilfebegünstigten erstellen und die Mitgliedstaaten veranlassen, die Beihilfebegünstigten über die erhaltene De-minimis-Beihilfe zu informieren.

(18) Die Verordnung (EG) Nr. 69/2001 tritt am 31. Dezember 2006 außer Kraft. Die neue Verordnung sollte deshalb ab 1. Januar 2007 gelten. In Anbetracht der Tatsache, dass Verordnung (EG) Nr. 69/2001 nicht für den Transportsektor galt und dieser bisher nicht den Bestimmungen zu De-minimis-Beihilfen unterlag, und in Anbetracht der sehr begrenzten auf den Sektor der Verarbeitung und Vermarktung von landwirtschaftlichen Erzeugnissen anwendbaren De-minimis-Beträge sowie vorausgesetzt, dass bestimmte Bedingungen erfüllt sind, sollte diese Verordnung für vor ihrem Inkrafttreten gewährte Beihilfen an Unternehmen im Transportsektor sowie im Sektor der Verarbeitung und Vermarktung von landwirtschaftlichen Erzeugnissen gelten. Des Weiteren lässt die vorliegende Verordnung Einzelbeihilfen unberührt, die auf der Grundlage der Verordnung (EG) Nr. 69/2001 innerhalb deren Geltungsdauer gewährt worden sind.

(19) Aufgrund der bisherigen Erfahrungen der Kommission und der Tatsache, dass die Politik im Bereich der staatlichen Beihilfen im Allgemeinen in regelmäßigen Abständen neu überdacht werden muss, sollte die Geltungsdauer dieser Verordnung beschränkt werden. Für den Fall, dass diese Verordnung nach Ablauf dieses Zeitraums nicht verlängert wird, ist für alle unter diese Verordnung fallenden De-minimis-Beihilfen eine sechsmonatige Anpassungsfrist vorzusehen –

HAT FOLGENDE VERORDNUNG ERLASSEN:

Art. 1 Anwendungsbereich

(1) Diese Verordnung gilt für Beihilfen an Unternehmen in allen Wirtschaftsbereichen mit folgenden Ausnahmen:

a) Beihilfen an Unternehmen, die in der Fischerei und der Aquakultur im Sinne der Verordnung (EG) Nr. 104/2000[10] tätig sind;

---

[9] **Amtl. Anm.:** ABl. L 302 vom 1. 11. 2006, S. 29.
[10] **Amtl. Anm.:** ABl. L 17 vom 21. 1. 2000, S. 22.

b) Beihilfen an Unternehmen, die in der Primärerzeugung der in Anhang I EG-Vertrag aufgeführten landwirtschaftlichen Erzeugnisse tätig sind;

c) Beihilfen an Unternehmen, die in der Verarbeitung und Vermarktung von in Anhang I EG-Vertrag aufgeführten landwirtschaftlichen Erzeugnissen tätig sind, und zwar in folgenden Fällen:

    i) wenn sich der Beihilfebetrag nach dem Preis oder der Menge der von Primärerzeugern erworbenen Erzeugnisse oder nach dem Preis oder der Menge der von den betreffenden Unternehmen angebotenen Erzeugnisse richtet,

    ii) oder wenn die Beihilfe davon abhängig ist, dass sie ganz oder teilweise an die Primärerzeuger (Landwirte) weitergegeben wird;

d) Beihilfen für exportbezogene Tätigkeiten, die auf Mitgliedstaaten oder Drittländer ausgerichtet sind, d.h. Beihilfen, die unmittelbar mit den ausgeführten Mengen, mit der Errichtung und dem Betrieb eines Vertriebsnetzes oder mit anderen laufenden exportbezogenen Ausgaben in Zusammenhang stehen;

e) Beihilfen, die von der Verwendung heimischer Erzeugnisse zu Lasten von Importwaren abhängig gemacht werden;

f) Beihilfen an Unternehmen, die im Steinkohlenbergbau gemäß der Verordnung (EG) Nr. 1407/2002 über staatliche Beihilfen für den Steinkohlenbergbau tätig sind.

g) Beihilfen für den Erwerb von Fahrzeugen für den Straßengütertransport an Unternehmen des gewerblichen Straßengütertransports

h) Beihilfen an Unternehmen in Schwierigkeiten.

(2) Im Sinne dieser Verordnung gelten folgende Begriffsbestimmungen:

a) „Landwirtschaftliche Erzeugnisse": Erzeugnisse des Anhangs I EG-Vertrag ausgenommen Fischereierzeugnisse;

b) „Verarbeitung eines landwirtschaftlichen Erzeugnisses": jede Einwirkung auf ein landwirtschaftliches Erzeugnis, woraus ein Erzeugnis entsteht, das auch unter den Begriff des landwirtschaftlichen Erzeugnisses fällt; mit Ausnahme der landwirtschaftlichen Maßnahmen zur Vorbereitung eines Tier- oder Pflanzenproduktes für den Erstverkauf.

c) „Vermarktung eines landwirtschaftlichen Erzeugnisses": Besitz oder Ausstellung eines Produkts zum Zwecke des Verkaufs, Angebots zum Verkauf, der Lieferung oder einer anderen Methode des Inverkehrbringens, ausgenommen des Erstverkaufs eines Primärerzeugers an Wiederverkäufer und Verar-beiter sowie aller Aktivitäten zur Vorbereitung eines Erzeugnisses für diesen Erstverkauf; der Verkauf eines landwirtschaftlichen Erzeugnisses durch einen Primärerzeuger an Endverbraucher gilt als Vermarktung, wenn dieser Verkauf in gesonderten, diesem Zweck vorbehaltenen Räumlichkeiten stattfindet.

Art. 2 De-minimis-Beihilfen

(1) Beihilfen, die die Voraussetzungen der Absätze 2 bis 5 dieses Artikels erfüllen, gelten als Maßnahmen, die nicht alle Tatbestandsmerkmale von Artikel 8 7 Absatz 1 EG-Vertrag erfüllen, und unterliegen daher nicht der Anmeldepflicht nach Artikel 88 Absatz 3 EG-Vertrag.

(2) Die Gesamtsumme der einem Unternehmen gewährten De-minimis-Beihilfen darf in einem Zeitraum von drei Steuerjahren 200 000 EUR nicht übersteigen. Der Gesamtbetrag der De-minimis-Beihilfe an ein Unternehmen, das im Bereich des Straßentransportsektors tätig ist, darf in einem Zeitraum von drei Steuerjahren 100 000 EUR nicht überschreiten. Diese Höchstbeträge gelten für De-minimis-Beihilfen gleich welcher Art und Zielsetzung und unabhängig davon, ob die von dem Mitgliedstaat gewährte Beihilfe ganz oder teilweise aus Gemeinschaftsmitteln finanziert wird. Der Zeitraum bestimmt sich nach den Steuerjahren, die für das Unternehmen in dem betreffenden Mitgliedstaat maßgebend sind.

Übersteigt der Beihilfegesamtbetrag einer Beihilfemaßnahme diesen Höchstbetrag, kann der Rechtsvorteil dieser Verordnung auch nicht für einen Bruchteil der Beihilfe in Anspruch genommen werden, der diesen Höchstbetrag nicht überschreitet. Der Rechtsvorteil dieser Verordnung kann in diesem Fall für eine solche Beihilfemaßnahme weder zum Zeitpunkt der Beihilfegewährung noch zu einem späteren Zeitpunkt in Anspruch genommen werden.

(3) Der in Absatz 2 festgesetzte Höchstbetrag bezieht sich auf den Fall einer Barzuwendung. Bei den eingesetzten Beträgen sind die Bruttobeträge, d.h. die Beträge vor Abzug von Steuern und sonstigen Abgaben, zugrunde zu legen. Wird die Beihilfe nicht als Zuschuss, sondern in

anderer Form gewährt, bestimmt sich die Höhe der Beihilfe nach ihrem Bruttosubventionsäquivalent.

In mehreren Tranchen gezahlte Beihilfen werden zum Zeitpunkt ihrer Gewährung abgezinst. Der Zinssatz, der für die Abzinsung und die Berechnung des Bruttosubventionsäquivalents anzusetzen ist, ist der zum Zeitpunkt der Gewährung geltende Referenzsatz.

(4) Diese Verordnung gilt nur für Beihilfen, die in einer Form gewährt werden, für die das Bruttosubventionsäquivalent im Voraus genau berechnet werden kann, ohne dass eine Risikobewertung erforderlich ist („transparente Beihilfen"). Insbesondere

a) Beihilfen in Form von Darlehen werden als transparente De-minimis-Beihilfen behandelt, wenn das Bruttosubventionsäquivalent auf der Grundlage der zum Bewilligungszeitpunkt geltenden marktüblichen Zinssätze berechnet worden ist.

b) Beihilfen in Form von Kapitalzuführungen gelten nicht als transparente De-minimis-Beihilfen, es sei denn, der Gesamtbetrag der zugeführten öffentlichen Mittel liegt unter dem De-minimis-Höchstbetrag.

c) Beihilfen in Form von Risikokapitalmaßnahmen gelten nicht als transparente De-minimis-Beihilfen, es sei denn, die betreffende Risikokapitalregelung sieht vor, dass jedem Zielunternehmen nur Kapital bis in Höhe des De-minimis-Höchst-betrags zur Verfügung gestellt wird.

d) Auf der Grundlage einer Bürgschaftsregelung gewährte Einzelbeihilfen an Unternehmen, die nicht in Schwierigkeiten sind, werden dann als transparente De-minimis-Beihilfen behandelt, wenn der verbürgte Teil des Darlehens, für das im Rahmen dieser Regelung eine Einzelbürgschaft gewährt wird, insgesamt 1 500 000 EUR je Unternehmen nicht übersteigt. Auf der Grundlage einer Bürgschaftsregelung gewährte Einzelbeihilfen an Unternehmen des Straßentransportsektors, die nicht in Schwierigkeiten sind, werden als transparente De-minimis-Beihilfen behandelt, wenn der verbürgte Anteil des Darlehens, für das im Rahmen dieser Regelung eine Einzelbürgschaft gewährt wird, insgesamt 750 000 EUR je Unternehmen nicht übersteigt. Stellt der verbürgte Teil des zugrunde liegenden Darlehens lediglich einen gegebenen Anteil dieses Höchstbetrages dar, so ergibt sich das Bruttosubventionsäquivalent der Bürgschaft, indem man diesen gegebenen Anteil auf den jeweils anzuwendenden und in Artikel 2 Absatz 2 festgelegten Höchstbetrag bezieht. Der Verbürgungs-anteil des zugrunde liegenden Darlehens darf 80% nicht übersteigen. Bürgschaftsregelungen werden zudem als transparent angesehen, wenn i) vor ihrer Inkraftsetzung die Methode zur Bestimmung des Bruttosubventionsäquivalents von Bürgschaften der Kommission im Rahmen einer Kommissionsverordnung im Bereich Staatlicher Beihilfen angezeigt und von der Kommission genehmigt wurde und ii) die genehmigte Methode ausdrücklich auf die Art der Garantien und die Art der zu Grunde liegenden Transaktionen im Zusammenhang mit der Anwendung der vorliegenden Verordnung Bezug nimmt.

(5) De-minimis-Beihilfen dürfen nicht mit anderen Beihilfen für dieselben förderbaren Aufwendungen kumuliert werden, wenn die aus der Kumulierung resultierende Förderintensität diejenige Förderintensität übersteigen würde, die in einer Gruppenfreistellungsverordnung oder in einer von der Kommission verabschiedeten Entscheidung hinsichtlich der besonderen Merkmale eines jeden Falles festgelegt wurde.

Art. 3 Überwachung

(1) Beabsichtigt ein Mitgliedstaat, einem Unternehmen eine De-minimis-Beihilfe zu gewähren, teilt er diesem Unternehmen schriftlich die voraussichtliche Höhe der Beihilfe (ausgedrückt als Bruttosubventionsäquivalent) mit und setzt es unter ausdrücklichen Verweis auf diese Verordnung mit Angabe ihres Titels und der Fundstelle im *Amtsblatt der Europäischen Union* davon in Kenntnis, dass es sich um eine De-minimis-Beihilfe handelt. Wird die De-minimis-Beihilfe auf der Grundlage einer Regelung verschiedenen Unternehmen gewährt, die Einzelbeihilfen in unterschiedlicher Höhe erhalten, kann der betreffende Mitgliedstaat seiner Informationspflicht dadurch nachkommen, dass er den Unternehmen einen Festbetrag mitteilt, der dem auf der Grundlage der Regelung gewährten Beihilfehöchstbetrag entspricht. In diesem Fall ist für die Feststellung, ob der Beihilfehöchstbetrag in Artikel 2 Absatz 2 eingehalten worden ist, dieser Festbetrag maßgebend. Vor Gewährung der Beihilfe hat das betreffende Unternehmen seinerseits schriftlich in Papierform oder in elektronischer Form jede De-minimis-Beihilfe anzugeben, die es in den vorangegangenen zwei Steuerjahren sowie im laufenden Steuerjahr erhalten hat.

Der betreffende Mitgliedstaat gewährt eine neue De-minimis-Beihilfe erst, nachdem er sich vergewissert hat, dass der Gesamtbetrag der De-minimis-Beihilfen, den das Unternehmen in dem Mitgliedstaat in dem betreffenden Steuerjahr sowie in den zwei vorangegangenen Steuerjahren erhalten hat, den in Artikel 2 Absatz 2 genannten Höchstbetrag nicht überschreitet.

(2) Verfügt ein Mitgliedstaat über ein Zentralregister mit vollständigen Informationen über sämtliche von staatlicher Seite gewährten De-minimis-Beihilfen in diesem Mitgliedstaat, wird Absatz 1 Unterabsatz 1 von dem Zeitpunkt an, zu dem das Register einen Zeitraum von drei Jahren erfasst, nicht mehr angewandt.

Wenn ein Mitgliedstaat Beihilfen in Form einer Bürgschaft auf der Basis einer Bürgschaftsregelung gewährt, die durch EU-Budget unter dem Mandat des Europäischen Investitionsfonds finanziert wird, ist der erste Unterabsatz von Absatz 1 dieses Artikels nicht anzuwenden.

In solchen Fällen wird folgendes Überwachungssystem angewendet:

a) der Europäischen Investitionsfonds erstellt, jährlich auf der Basis von Informationen, die Finanzintermediäre dem EIF übermitteln müssen, eine Liste der Beihilfebegünstigten sowie des Bruttosubventionsäquivalents eines jeden Beihilfebegünstigten. Der Europäischen Investitionsfonds übersendet diese Informationen dem betreffenden Mitgliedstaat sowie der Kommission; und

b) der betreffende Mitgliedstaat leitet diese Informationen innerhalb von drei Monaten nach Erhalt vom Europäischen Investmentfonds an die endgültigen Beihilfebegünstigten weiter; und

c) der betreffende Mitgliedstaat erhält eine Erklärung von jedem Beihilfebegünstigten, dass der erhaltene Gesamtbetrag an De-minimis-Beihilfen nicht den in Artikel 2 Absatz 2 festgelegten De-minimis-Höchstbetrag überschreitet. Wird der De-mi-nimis-Höchstbetrag für einen oder mehrere Beihilfebegünstigte überschritten, stellt der betreffende Mitgliedstaat sicher, dass die Beihilfemaßnahme, die zur Überschreitung des De-minimis-Höchstbetrages geführt hat, der Kommission entweder angezeigt oder vom Beihilfebegünstigten zurückgezahlt wird.

(3) Die Mitgliedstaaten sammeln und registrieren sämtliche mit der Anwendung dieser Verordnung zusammenhängenden Informationen. Die Aufzeichnungen müssen Aufschluss darüber geben, ob die Bedingungen für die Anwendung der Verordnung erfüllt worden sind. Die Aufzeichnungen über De-minimis-Einzelbeihilfen sind vom Zeitpunkt ihrer Gewährung an zehn Jahre lang aufzubewahren; bei Beihilferegelungen beträgt die Aufbewahrungsfrist zehn Jahre ab dem Zeitpunkt, zu dem letztmals eine Einzelbeihilfe nach der betreffenden Regelung gewährt wurde. Der betreffende Mitgliedstaat übermittelt der Kommission auf deren schriftliches Ersuchen hin innerhalb von zwanzig Arbeitstagen oder einer von ihr in dem Auskunftsersuchen festgesetzten längeren Frist alle Informationen, die diese benötigt, um zu beurteilen, ob diese Verordnung eingehalten wurde; hierzu zählt insbesondere der Gesamtbetrag der De-minimis-Beihilfen, die ein Unternehmen erhalten hat.

Art. 4 Änderung

Artikel 2 der Verordnung (EG) Nr. 1860/2004 wird wie folgt geändert:

a) In Absatz 1 werden die Worte „Verarbeitung und Vermarktung „ gestrichen;

b) Absatz 3 wird gestrichen.

Art. 5 Übergangsbestimmungen

(1) Diese Verordnung gilt auch für Beihilfen, die vor ihrem Inkrafttreten an Unternehmen des Transportsektors sowie an Unternehmen, die im Sektor der Verarbeitung und Vermarktung von landwirtschaftlichen Erzeugnissen tätig sind, gewährt wurden, sofern die Beihilfen die Voraussetzungen in Artikel 1 und 2 erfüllen. Beihilfen, die diese Voraussetzungen nicht erfüllen, werden von der Kommission nach den geltenden Rahmenvorschriften, Leitlinien, Mitteilungen und Bekanntmachungen beurteilt.

(2) Zwischen dem 2. Februar 2001 und 30. Juni 2007 gewährte De-minimis-Einzelbeihilfen, die die Voraussetzungen der Verordnung (EG) Nr. 69/2001 erfüllen, werden als Maßnahmen angesehen, die nicht alle Tatbestandsmerkmale von Artikel 87 Absatz 1 EG-Vertrag erfüllen und daher nicht der Anmeldepflicht nach Artikel 88 Absatz 3 EG-Vertrag unterliegen.

(3) Nach Ablauf der Geltungsdauer dieser Verordnung können De-minimis-Beihilfen, die die Voraussetzungen dieser Verordnung erfüllen, noch weitere sechs Monate angewandt werden.

Art. 6 Inkrafttreten und Geltungsdauer

Diese Verordnung tritt am Tag nach ihrer Veröffentlichung im *Amtsblatt der Europäischen Union* in Kraft.

Sie gilt vom 1. Januar 2007 bis 31. Dezember 2013.

Diese Verordnung ist in allen ihren Teilen verbindlich und gilt unmittelbar in jedem Mitgliedstaat.

Brüssel, den 15. Dezember 2006

Für die Kommission
Neelie KROES
Mitglied der Kommission

B. Allgemeine Gruppenfreistellungsverordnung (AGVO) –

Verordnung (EG) Nr. 800/2008 der Kommission zur Erklärung der Vereinbarkeit bestimmter Gruppen von Beihilfen mit dem Gemeinsamen Markt

vom 6. August 2008 (ABl. 2008 L 214/3)

DIE KOMMISSION DER EUROPÄISCHEN GEMEINSCHAFTEN –

gestützt auf den Vertrag zur Gründung der Europäischen Gemeinschaft,

gestützt auf die Verordnung (EG) Nr. 994/98 des Rates vom 7. Mai 1998 über die Anwendung der Artikel 92 und 93 des Vertrags zur Gründung der Europäischen Gemeinschaft auf bestimmte Gruppen horizontaler Beihilfen,[1] insbesondere auf Artikel 1 Absatz 1 Buchstaben a und b,

nach Veröffentlichung eines Entwurfs dieser Verordnung,[2]

nach Anhörung des Beratenden Ausschusses für staatliche Beihilfen,

in Erwägung nachstehender Gründe:

(1) Durch die Verordnung (EG) Nr. 994/98 ist die Kommission ermächtigt worden, nach Artikel 87 EG-Vertrag zu erklären, dass Beihilfen zugunsten von kleinen und mittleren Unternehmen („KMU"), Forschungs- und Entwicklungsbeihilfen, Umweltschutzbeihilfen, Beschäftigungs- und Ausbildungsbeihilfen sowie Beihilfen, die im Einklang mit der von der Kommission für jeden Mitgliedstaat zur Gewährung von Regionalbeihilfen genehmigten Fördergebietskarte stehen, unter bestimmten Voraussetzungen mit dem Gemeinsamen Markt vereinbar sind und nicht der Anmeldepflicht nach Artikel 88 Absatz 3 EG-Vertrag unterliegen.

(2) Die Kommission hat die Artikel 87 und 88 EG-Vertrag in zahlreichen Entscheidungen angewandt und insbesondere bei der Durchführung der Verordnung (EG) Nr. 70/2001 der Kommission vom 12. Januar 2001 über die Anwendung der Artikel 87 und 88 EG-Vertrag auf staatliche Beihilfen an kleine und mittlere Unternehmen,[3] und hinsichtlich der Erweiterung des Anwendungsbereichs dieser Verordnung auf Forschungs- und Entwicklungsbeihilfen, der Durchführung der Verordnung (EG) Nr. 364/2004 der Kommission vom 25. Februar 2004 zur Änderung der Verordnung (EG) Nr. 70/2001,[4] der Durchführung der Mitteilung der Kommission über staatliche Beihilfen und Risikokapital[5] und der Leitlinien der Gemeinschaft für staatliche Beihilfen zur Förderung von Risikokapitalinvestitionen in kleine und mittlere Unternehmen[6] sowie der Durchführung des Gemeinschaftsrahmens für staatliche Beihilfen für Forschung, Entwicklung und Innovation[7] ausreichende Erfahrungen gesammelt, um allgemeine Vereinbarkeitskriterien für Beihilfen zugunsten von KMU in Form von Investitionsbeihilfen innerhalb und außerhalb von Fördergebieten, in Form von Risikokapitalbeihilferegelungen sowie im Bereich von Forschung, Entwicklung und Innovation festzulegen.

(3) Insbesondere bei der Durchführung der Verordnung (EG) Nr. 68/2001 der Kommission vom 12. Januar 2001 über die Anwendung der Artikel 87 und 88 EG-Vertrag auf Ausbildungsbeihilfen,[8] der Durchführung der Verordnung (EG) Nr. 2204/2002 der Kommission vom 12. Dezember 2002 über die Anwendung der Artikel 87 und 88 EG-Vertrag auf Beschäftigungsbeihilfen,[9] der Verordnung (EG) Nr. 1628/2006 der Kommission vom 24. Oktober 2006 über

---

[1] **Amtl. Anm.:** ABl. L 142 vom 14. 5. 1998, S. 1.

[2] **Amtl. Anm.:** ABl. C 210 vom 8. 9. 2007, S. 14.

[3] **Amtl. Anm.:** ABl. L 10 vom 13. 1. 2001, S. 33. Verordnung zuletzt geändert durch die Verordnung (EG) Nr. 1976/2006 (ABl. L 368 vom 23. 12. 2006, S. 85).

[4] **Amtl. Anm.:** ABl. L 63 vom 28. 2. 2004, S. 22.

[5] **Amtl. Anm.:** ABl. L 235 vom 21. 8. 2001, S. 3.

[6] **Amtl. Anm.:** ABl. C 194 vom 18. 8. 2006, S. 2.

[7] **Amtl. Anm.:** ABl. C 323 vom 30. 12. 2006, S. 1.

[8] **Amtl. Anm.:** ABl. L 10 vom 13. 1. 2001, S. 20. Verordnung zuletzt geändert durch die Verordnung (EG) Nr. 1976/2006.

[9] **Amtl. Anm.:** ABl. L 337 vom 13. 12. 2002, S. 3. Verordnung zuletzt geändert durch die Verordnung (EG) Nr. 1976/2006.

die Anwendung der Artikel 87 und 88 EG-Vertrag auf regionale Investitionsbeihilfen der Mitgliedstaaten,[10] der Durchführung des Gemeinschaftsrahmens für staatliche Forschungs- und Entwicklungsbeihilfen,[11] der Durchführung des Gemeinschaftsrahmens für staatliche Beihilfen für Forschung, Entwicklung und Innovation, der Durchführung der Leitlinien der Gemeinschaft für staatliche Umweltschutzbeihilfen aus dem Jahre 200,[12] der Leitlinien der Gemeinschaft für staatliche Umweltschutzbeihilfen aus dem Jahre 2008[13] und der Durchführung der Leitlinien für staatliche Beihilfen mit regionaler Zielsetzung 2007–2013[14] hat die Kommission auch ausreichende Erfahrungen bei der Anwendung der Artikel 87 und 88 EG-Vertrag im Bereich der Ausbildungs-, Beschäftigungs-, Umweltschutz-, Forschungs-, Entwicklungs- und Innovationsbeihilfen sowie Regionalbeihilfen sowohl für KMU als auch für Großunternehmen gesammelt.

(4) Unter Berücksichtigung dieser Erfahrungen müssen einige der in Verordnungen (EG) Nr. 68/2001, 70/2001, 2204/2002 und 1628/2006 niedergelegte Punkten geändert werden. Der Einfachheit halber und im Interesse einer wirksameren Beihilfenkontrolle durch die Kommission sollten diese Verordnungen durch eine einzige Verordnung ersetzt werden. Der Vereinfachung sollen unter anderem die in Kapitel I dieser Verordnung niedergelegten einheitlichen Begriffsbestimmungen und horizontalen Vorschriften dienen. Zur Gewährleistung der Kohärenz des Beihilfenrechts sollen sich die Bestimmungen der Begriffe Beihilfe und Beihilferegelung mit den entsprechenden Definitionen in der Verordnung (EG) Nr. 659/1999 des Rates vom 22. März 1999 über besondere Vorschriften für die Anwendung von Artikel 93 des EG-Vertrags[15] decken. Diese Vereinfachung ist von wesentlicher Bedeutung, damit die Lissabonner Strategie für Wachstum und Beschäftigung insbesondere für KMU greifen kann.

(5) Diese Freistellungsverordnung sollte für alle Beihilfen gelten, die sämtliche einschlägigen Voraussetzungen dieser Verordnung erfüllen, wie auch für alle Beihilferegelungen, bei denen gewährleistet ist, dass auf der Grundlage solcher Regelungen gewährte Einzelbeihilfen ebenfalls sämtliche einschlägigen Voraussetzungen dieser Verordnung erfüllen. Im Interesse der Transparenz und einer wirksameren Beihilfenkontrolle sollten alle nach dieser Verordnung gewährten Einzelbeihilfemaßnahmen einen ausdrücklichen Verweis auf die maßgebliche Bestimmung von Kapitel II und die einzelstaatliche Rechtsgrundlage enthalten.

(6) Im Hinblick auf die Kontrolle der Durchführung dieser Verordnung sollte auch gewährleistet sein, dass die Kommission von den Mitgliedstaaten alle erforderlichen Informationen über die nach dieser Verordnung durchgeführten Maßnahmen erhält. Sollte ein Mitgliedstaat innerhalb einer angemessenen Frist keine Informationen zu diesen Beihilfemaßnahmen erteilen, kann dies als Anzeichen dafür gewertet werden, dass die Bedingungen dieser Verordnung nicht erfüllt sind. Ein solches Versäumnis könnte die Kommission zu der Entscheidung veranlassen, dem Mitgliedstaat den Rechtsvorteil dieser Verordnung bzw. des betreffenden Teils dieser Verordnung künftig zu entziehen und ihn zu verpflichten, sämtliche späteren Beihilfemaßnahmen einschließlich neuer Einzelbeihilfemaßnahmen auf der Grundlage von zuvor von dieser Verordnung erfassten Beihilferegelungen gemäß Artikel 88 EG-Vertrag anzumelden. Sobald der Mitgliedstaat vollständige und korrekte Informationen erteilt hat, sollte die Kommission die vollständige Anwendbarkeit der Verordnung wiederherstellen.

(7) Staatliche Beihilfen im Sinne von Artikel 87 Absatz 1 EG-Vertrag, die nicht unter diese Verordnung fallen, sollten weiterhin der Anmeldepflicht nach Artikel 88 Absatz 3 EG-Vertrag unterliegen. Unbeschadet dieser Verordnung sollten die Mitgliedstaaten weiterhin die Möglichkeit haben, Beihilfen anzumelden, mit denen unter diese Verordnung fallende Ziele verfolgt werden. Bei der rechtlichen Würdigung solcher Beihilfen stützt sich die Kommission insbesondere auf diese Verordnung sowie auf die Kriterien, die in spezifischen, von der Kommission angenommenen Leitlinien oder Gemeinschaftsrahmen festgelegt sind, sofern die betreffende Beihilfemaßnahme unter solche spezifischen Regelungen fällt.

(8) Diese Verordnung sollte weder für Ausfuhrbeihilfen gelten noch für Beihilfen, durch die einheimische Waren Vorrang gegenüber eingeführten Waren erhalten. Die Verordnung sollte

---

[10] **Amtl. Anm.:** ABl. L 302 vom 1. 11. 2006, S. 29.

[11] **Amtl. Anm.:** ABl. C 45 vom 17. 2. 1996, S. 5.

[12] **Amtl. Anm.:** ABl. C 37 vom 3. 2. 2001, S. 3.

[13] **Amtl. Anm.:** ABl. C 82 vom 1. 4. 2008, S. 1.

[14] **Amtl. Anm.:** ABl. C 54 vom 4. 3. 2006, S. 13.

[15] **Amtl. Anm.:** ABl. L 83 vom 27. 3. 1999, S. 1. Verordnung zuletzt geändert durch die Verordnung (EG) Nr. 1791/2006 (ABl. L 363 vom 20. 12. 2006, S. 1).

insbesondere nicht für Beihilfen zur Finanzierung des Aufbaus und des Betriebs eines Vertriebsnetzes in anderen Ländern gelten. Beihilfen, die die Teilnahme an Messen, die Durchführung von Studien oder die Inanspruchnahme von Beratungsdiensten zwecks Lancierung eines neuen oder eines bestehenden Produkts auf einem neuen Markt ermöglichen sollen, sollten in der Regel keine Ausfuhrbeihilfen darstellen.

(9) Diese Verordnung sollte für fast alle Wirtschaftszweige gelten. Im Bereich der Fischerei und der Aquakultur sollten mit dieser Verordnung nur Forschungs-, Entwicklungs- und Innovationsbeihilfen, Risikokapitalbeihilfen, Ausbildungsbeihilfen und Beihilfen für benachteiligte und behinderte Arbeitnehmer freigestellt werden.

(10) Da für die Primärerzeugung landwirtschaftlicher Erzeugnisse besondere Regeln gelten, sollten im Bereich der Landwirtschaft mit dieser Verordnung nur Forschungs- und Entwicklungsbeihilfen, Risikokapitalbeihilfen, Ausbildungsbeihilfen, Umweltschutzbeihilfen und Beihilfen für benachteiligte und behinderte Arbeitnehmer freigestellt werden, soweit diese Gruppen von Beihilfen nicht unter die Verordnung (EG) Nr. 1857/2006 der Kommission vom 15. Dezember 2006 über die Anwendung der Artikel 87 und 88 EG-Vertrag auf staatliche Beihilfen an kleine und mittlere in der Erzeugung von landwirtschaftlichen Erzeugnissen tätige Unternehmen und zur Änderung der Verordnung (EG) Nr. 70/2001[16] fallen.

(11) Aufgrund der Ähnlichkeiten zwischen der Verarbeitung und Vermarktung von landwirtschaftlichen und nichtlandwirtschaftlichen Erzeugnissen sollte diese Verordnung unter bestimmten Voraussetzungen auch für die Verarbeitung und Vermarktung landwirtschaftlicher Erzeugnisse gelten.

(12) Weder landwirtschaftliche Maßnahmen zur Vorbereitung eines Erzeugnisses für den Erstverkauf noch der Erstverkauf an Wiederverkäufer oder Verarbeiter sollten im Rahmen dieser Verordnung als Verarbeitung oder Vermarktung angesehen werden. Sobald die Gemeinschaft eine Regelung über die Errichtung einer gemeinsamen Marktorganisation für einen bestimmten Agrarsektor erlassen hat, sind die Mitgliedstaaten nach der Rechtsprechung des Gerichtshofs der Europäischen Gemeinschaften verpflichtet, sich aller Maßnahmen zu enthalten, die diese Regelung unterlaufen oder Ausnahmen von ihr schaffen. Diese Verordnung sollte daher weder für Beihilfen gelten, deren Betrag sich nach dem Preis oder der Menge der auf dem Markt erworbenen oder angebotenen Erzeugnisse richtet, noch für Beihilfen, die an die Verpflichtung gebunden sind, sie mit den Primärerzeugern zu teilen.

(13) In Anbetracht der Verordnung (EG) Nr. 1407/2002 des Rates vom 23. Juli 2002 über staatliche Beihilfen für den Steinkohlenbergbau[17] sollte diese Verordnung nicht für Beihilfen für Tätigkeiten im Steinkohlenbergbau gelten; davon sollten jedoch Ausbildungsbeihilfen, Forschungs- und Entwicklungs- und Innovationsbeihilfen sowie Umweltschutzbeihilfen ausgenommen werden.

(14) Sollen mit einer Regionalbeihilferegelung regionale Ziele in ganz bestimmten Wirtschaftszweigen verfolgt werden, sind die Ziele und die wahrscheinlichen Auswirkungen der Regelung möglicherweise sektoraler und nicht horizontaler Natur. Daher sollten Regionalbeihilferegelungen, die gezielt für bestimmte Wirtschaftszweige gelten, sowie Regionalbeihilfen für die Stahlindustrie, Regionalbeihilfen für den Schiffbau gemäß der Mitteilung der Kommission betreffend die Verlängerung der Geltungsdauer der Rahmenbestimmungen über staatliche Beihilfen an den Schiffbau[18] und Regionalbeihilfen für die Kunstfaserindustrie nicht von der Anmeldepflicht freigestellt werden. Der Tourismus hingegen spielt eine wichtige volkswirtschaftliche Rolle und wirkt sich im Allgemeinen besonders positiv auf die Regionalentwicklung aus. Regionalbeihilferegelungen, die auf Tourismustätigkeiten ausgerichtet sind, sollten daher von der Anmeldepflicht freigestellt werden.

(15) Beihilfen für Unternehmen in Schwierigkeiten im Sinne der Leitlinien der Gemeinschaft für staatliche Beihilfen zur Rettung und Umstrukturierung von Unternehmen in Schwierigkeiten[19] sollten auf der Grundlage dieser Leitlinien geprüft werden, damit deren Umgehung verhindert wird. Daher sollten Beihilfen für solche Unternehmen nicht von dieser Verordnung erfasst werden. Um den Verwaltungsaufwand der Mitgliedstaaten in Verbindung mit der Gewährung von KMU-Beihilfen im Rahmen dieser Verordnung zu verringern, sollte die Bestim-

---

[16] **Amtl. Anm.:** ABl. L 358 vom 16. 12. 2006, S. 3.

[17] **Amtl. Anm.:** ABl. L 205 vom 2. 8. 2002, S. 1. Verordnung zuletzt geändert durch die Verordnung (EG) Nr. 1791/2006 (ABl. L 363 vom 20. 12. 2006, S. 1).

[18] **Amtl. Anm.:** ABl. C 260 vom 28. 10. 2006, S. 7.

[19] **Amtl. Anm.:** ABl. C 244 vom 1. 10. 2004, S. 2.

mung des Begriffs „Unternehmen in Schwierigkeiten" gegenüber der entsprechenden Begriffs-bestimmung in den genannten Leitlinien vereinfacht werden. Außerdem sollten KMU in den ersten drei Jahren nach ihrer Gründung für die Zwecke dieser Verordnung nur dann als Unter-nehmen in Schwierigkeiten gelten, wenn die im innerstaatlichen Recht vorgesehenen Voraus-setzungen für die Eröffnung eines Gesamtverfahrens, welches die Insolvenz des Schuldners vor-aussetzt, erfüllt sind. Diese Vereinfachung sollte weder die Einstufung dieser KMU gemäß den genannten Leitlinien im Hinblick auf nicht unter diese Verordnung fallende Beihilfen berühren noch die im Rahmen dieser Verordnung erfolgende Einstufung von Großunternehmen als Un-ternehmen in Schwierigkeiten, für die weiterhin in vollem Umfang die in den genannten Leit-linien festgelegte Begriffsbestimmung gilt.

(16) Die Kommission muss sicherstellen, dass genehmigte Beihilfen die Handelsbedingungen nicht in einer Weise verändern, die dem gemeinsamen Interesse zuwiderläuft. Diese Verord-nung sollte daher nicht für Beihilfen zugunsten eines Beihilfeempfängers gelten, der einer Rückforderungsanordnung aufgrund einer früheren Kommissionsentscheidung zur Feststellung der Rechtswidrigkeit und Unvereinbarkeit einer Beihilfe mit dem Gemeinsamen Markt nicht nachgekommen ist. Folglich unterliegen Ad-hoc-Beihilfen für solche Empfänger sowie alle Beihilferegelungen, in denen solche Empfänger nicht ausdrücklich aus dem Kreis der Empfänger ausgeschlossen werden, weiterhin der Anmeldepflicht nach Artikel 88 Absatz 3 EG-Vertrag. Diese Bestimmung sollte nicht die berechtigten Erwartungen von Begünstigten von Beihilfere-gelungen beeinträchtigen, gegenüber denen keine Rückforderungsansprüche bestehen.

(17) Im Interesse der kohärenten Anwendung des Beihilfenrechts der Gemeinschaft sowie der Vereinfachung der Verwaltungsverfahren sollten die Begriffe, die für die unter diese Verord-nung fallenden Gruppen von Beihilfen relevant sind, einheitlich definiert werden.

(18) Für die Berechnung der Beihilfeintensität sollten die Beträge vor Abzug von Steuern und sonstigen Abgaben herangezogen werden. In mehreren Tranchen gezahlte Beihilfen wer-den bei der Berechnung der Beihilfeintensitäten auf ihren Wert zum Zeitpunkt ihrer Bewilli-gung abgezinst. Im Falle von Beihilfen, die nicht in Form von Zuschüssen gewährt werden, wird für die Abzinsung und die Berechnung des Beihilfebetrags der gemäß der Mitteilung der Kommission über die Änderung der Methode zur Festsetzung der Referenz- und Abzinsungs-sätze[20] zum Bewilligungszeitpunkt geltende Referenzzinssatz zugrunde gelegt.

(19) Wird die Beihilfe in Form einer vollständigen oder teilweisen Befreiung von künftigen Steuern gewährt, sollten vorbehaltlich der Einhaltung einer bestimmten als Bruttosubventions-äquivalent ausgedrückten Beihilfeintensität für die Abzinsung der Beihilfetranchen die jeweili-gen Referenzzinssätze zu dem Zeitpunkt zugrunde gelegt werden, zu dem die verschiedenen Steuerbegünstigungen wirksam werden. Im Falle einer vollständigen oder teilweisen Befreiung von künftigen Steuern sind der maßgebliche Referenzzinssatz und der genaue Betrag der ein-zelnen Beihilfetranchen möglicherweise nicht im Voraus bekannt. In einem solchen Fall sollten die Mitgliedstaaten im Voraus einen Höchstbetrag für den abgezinsten Beihilfewert festsetzen, der mit der maßgeblichen Beihilfeintensität im Einklang steht. Sobald der Betrag der Beihilfe-tranche in einem bestimmten Jahr feststeht, kann die Abzinsung zu dem dann geltenden Refe-renzzinssatz erfolgen. Der abgezinste Wert der einzelnen Beihilfetranchen sollte vom Gesamt-höchstbetrag in Abzug gebracht werden.

(20) Im Interesse der Transparenz, der Gleichbehandlung und einer wirksamen Beihilfenkon-trolle sollte diese Verordnung nur für transparente Beihilfen gelten. Eine Beihilfe ist transparent, wenn sich ihr Bruttosubventionsäquivalent im Voraus genau berechnen lässt, ohne dass eine Risikobewertung erforderlich ist. So sollten Beihilfen in Form von Darlehen als transparent gelten, wenn das Bruttosubventionsäquivalent auf der Grundlage des Referenzzinssatzes gemäß der Mitteilung der Kommission über die Änderung der Methode zur Festsetzung der Referenz- und Abzinsungssätze berechnet wird. Beihilfen in Form steuerlicher Maßnahmen sollten als transparent gelten, wenn darin ein Höchstbetrag vorgesehen ist, damit die maßgeblichen Schwellenwerte nicht überschritten werden. Im Falle von Umweltsteuerermäßigungen, für die gemäß dieser Verordnung keine Einzelanmeldeschwelle gilt, muss keine Obergrenze vorgese-hen werden, damit die Maßnahme als transparent angesehen wird.

(21) Beihilfen im Rahmen von Garantieregelungen sollten als transparent gelten, wenn die Methode zur Bestimmung des Bruttosubventionsäquivalents bei der Kommission angemeldet und von ihr genehmigt worden ist, und, sofern es sich um regionale Investitionsbeihilfen han-delt, auch dann, wenn die Kommission die entsprechende Methode nach dem Erlass der Ver-

---

[20] **Amtl. Anm.:** ABl. C 14 vom 19. 1. 2008, S. 6.

ordnung (EG) Nr. 1628/2006 genehmigt hat. Die Kommission wird solche Anmeldungen gemäß der Mitteilung der Kommission über die Anwendung der Artikel 87 und 88 EG-Vertrag auf staatliche Beihilfen in Form von Haftungsverpflichtungen und Bürgschaften[21] prüfen. Beihilfen in Form von Garantieregelungen sollten auch dann als transparent gelten, wenn es sich bei dem Beihilfeempfänger um ein KMU handelt und das Bruttosubventionsäquivalent auf der Grundlage der Safe-Harbour-Prämien berechnet wird, die in den Nummern 3.3 und 3.5 der genannten Mitteilung festgelegt sind.

(22) Da sich die Berechnung des Subventionsäquivalents von Beihilfen in Form rückzahlbarer Vorschüsse als schwierig erweist, sollten solche Beihilfen nur dann unter diese Verordnung fallen, wenn der Gesamtbetrag des rückzahlbaren Vorschusses unter dem entsprechenden Schwellenwert für die Anmeldung von Einzelbeihilfen und den Beihilfehöchstintensitäten nach Maßgabe dieser Verordnung liegt.

(23) Beihilfen größeren Umfangs sollten aufgrund des höheren Risikos einer Wettbewerbsverfälschung weiterhin einzeln von der Kommission geprüft werden. Daher sollten für jede unter diese Verordnung fallende Gruppe von Beihilfen Schwellenwerte festgesetzt werden, die der betreffenden Gruppe von Beihilfen und ihren wahrscheinlichen Auswirkungen auf den Wettbewerb Rechnung tragen. Beihilfen, die diese Schwellenwerte übersteigen, unterliegen weiterhin der Anmeldepflicht gemäß Artikel 88 Absatz 3 EG-Vertrag.

(24) Damit sichergestellt wird, dass die Beihilfen angemessen und auf das notwendige Maß beschränkt sind, sollten die Schwellenwerte soweit wie möglich in Form von Beihilfeintensitäten bezogen auf die jeweils beihilfefähigen Kosten ausgedrückt werden. Da sich die Ermittlung der beihilfefähigen Kosten im Falle von Risikokapitalbeihilfen als schwierig erweist, sollte der Schwellenwert für diese Gruppe von Beihilfen in Höchstbeträgen ausgedrückt werden.

(25) Die Obergrenzen für die Beihilfeintensitäten bzw. -beträge sollten nach den Erfahrungen der Kommission so festgesetzt werden, dass die Ziele einer möglichst geringen Wettbewerbsverfälschung in dem geförderten Sektor einerseits und der Behebung des betreffenden Marktversagens bzw. Kohäsionsproblems andererseits in einem angemessenen Verhältnis zueinander stehen. Im Falle regionaler Investitionsbeihilfen sollte diese Obergrenze unter Berücksichtigung der im Rahmen der Fördergebietskarten zulässigen Beihilfeintensitäten festgesetzt werden.

(26) Bei der Überprüfung der Einhaltung der Einzelanmeldeschwellen sowie der Beihilfehöchstintensitäten nach Maßgabe dieser Verordnung sollte der Gesamtbetrag der öffentlichen Förderung für die geförderte Tätigkeit oder das geförderte Vorhaben berücksichtigt werden, unabhängig davon, ob die Förderung zulasten von lokalen, regionalen bzw. nationalen Mitteln oder von Gemeinschaftsmitteln geht.

(27) Ferner sollten in dieser Verordnung die Bedingungen festgelegt werden, unter denen einzelne Gruppen von Beihilfen, die unter diese Verordnung fallen, kumuliert werden dürfen. Bei der Kumulierung einer Beihilfe, die unter diese Verordnung fällt, mit einer staatlichen Beihilfe, die nicht unter diese Verordnung fällt, sollte der Entscheidung der Kommission, mit der die nicht unter diese Verordnung fallende Beihilfe genehmigt wird, sowie den Beihilfevorschriften, auf die sich diese Entscheidung stützt, Rechnung getragen werden. Für die Kumulierung von Beihilfen zugunsten behinderter Arbeitnehmer mit anderen Gruppen von Beihilfen, insbesondere Investitionsbeihilfen, die auf der Grundlage der betreffenden Lohnkosten berechnet werden können, sollten besondere Bestimmungen gelten. In dieser Verordnung sollte auch die Kumulierung von Beihilfen, bei denen sich die beihilfefähigen Kosten bestimmen lassen, mit Beihilfen, bei denen sich die beihilfefähigen Kosten nicht bestimmen lassen, geregelt werden.

(28) Um sicherzustellen, dass die Beihilfe notwendig ist und als Anreiz dafür dient, dass mehr Tätigkeiten oder Vorhaben in Angriff genommen werden, sollte diese Verordnung nicht für Beihilfen zugunsten von Tätigkeiten gelten, die der Empfänger auch ohne Beihilfe unter Marktbedingungen durchführen würde. Im Falle von Beihilfen, die auf der Grundlage dieser Verordnung an ein KMU vergeben werden, sollte ein solcher Anreizeffekt als gegeben angesehen werden, wenn das betreffende KMU bei dem Mitgliedstaat einen Beihilfeantrag stellt, bevor es mit der Durchführung des geförderten Vorhabens oder der geförderten Tätigkeiten beginnt. Der Anreizeffekt von Risikokapitalbeihilfen für KMU wird durch die Bedingungen sichergestellt, die in dieser Verordnung insbesondere im Hinblick auf die Höhe der Investitionstranchen pro Zielunternehmen, den Umfang der Beteiligung privater Kapitalgeber sowie die Größe des Unternehmens und die zu finanzierende Entwicklungsphase festgelegt sind.

---

[21] **Amtl. Anm.:** ABl. C 155 vom 20. 6. 2008, S. 10.

(29) Bei Beihilfen, die auf der Grundlage dieser Verordnung an ein Großunternehmen vergeben werden, sollte der Mitgliedstaat über die für KMU geltenden Voraussetzungen hinaus auch dafür Sorge tragen, dass der Empfänger in einem internen Dokument die Durchführbarkeit des geförderten Vorhabens oder der geförderten Tätigkeit mit und ohne Beihilfe analysiert hat. Der Mitgliedstaat sollte sicherstellen, dass aus diesem internen Dokument hervorgeht, dass es entweder zu einer signifikanten Zunahme des Umfangs und der Reichweite des Vorhabens/ der Tätigkeit oder der Gesamtausgaben des Empfängers für das geförderte Vorhaben/die geförderte Tätigkeit oder zu einem signifikant beschleunigten Abschluss des betreffenden Vorhabens/ der betreffenden Tätigkeit kommt. Bei Regionalbeihilfen kann ein Anreizeffekt auch anhand der Tatsache festgestellt werden, dass das Investitionsvorhaben in der Form im betreffenden Fördergebiet ohne die Beihilfe nicht durchgeführt worden wäre.

(30) Im Falle von Beihilfen für die Beschäftigung behinderter oder benachteiligter Arbeitnehmer sollte ein Anreizeffekt als gegeben angesehen werden, wenn die betreffende Beihilfemaßnahme bei dem begünstigten Unternehmen zu einem Nettozuwachs an behinderten oder benachteiligten Arbeitnehmern führt oder wenn sie bewirkt, dass mehr für behindertengerechte Räumlichkeiten und Ausrüstung ausgegeben wird. Hat der Empfänger einer Beihilfe in Form von Lohnkostenzuschüssen für die Beschäftigung behinderter Arbeitnehmer bereits eine Beihilfe für die Beschäftigung behinderter Arbeitnehmer erhalten, die entweder die Voraussetzungen der Verordnung (EG) Nr. 2204/2002 erfüllte oder von der Kommission einzeln genehmigt wurde, wird davon ausgegangen, dass der erforderliche Nettozuwachs an behinderten Arbeitnehmern, zu dem es bei den vorausgegangenen Beihilfemaßnahmen gekommen war, für die Zwecke dieser Verordnung weiterhin gegeben ist.

(31) Für Beihilfen in Form steuerlicher Maßnahmen sollten im Hinblick auf den Anreizeffekt besondere Voraussetzungen gelten, da sie nicht nach denselben Verfahren gewährt werden wie andere Arten von Beihilfen. Bei Umweltsteuerermäßigungen, die die Voraussetzungen der Richtlinie 2003/96/EG des Rates vom 27. Oktober 2003 zur Restrukturierung der gemeinschaftlichen Rahmenvorschriften zur Besteuerung von Energieerzeugnissen und elektrischem Strom[22] erfüllen und unter diese Verordnung fallen, sollte davon ausgegangen werden, dass sie einen Anreizeffekt haben, da sie insofern zumindest mittelbar eine Verbesserung des Umweltschutzes bewirken, als die betreffende allgemeine Steuerregelung angenommen oder beibehalten werden kann und somit für die Unternehmen, die der Umweltsteuer unterliegen, der Anreiz besteht, die von ihnen verursachte Verschmutzung zu reduzieren.

(32) Da der Anreizeffekt von Ad-hoc-Beihilfen zugunsten von Großunternehmen schwer zu ermitteln ist, sollten solche Beihilfen nicht unter diese Verordnung fallen. Die Kommission wird das Vorhandensein eines solchen Anreizeffekts im Rahmen der Anmeldung der betreffenden Beihilfe anhand der Kriterien prüfen, die in den maßgeblichen Gemeinschaftsrahmen bzw. Leitlinien oder sonstigen Regelungen der Gemeinschaft festgelegt sind.

(33) Im Interesse der Transparenz und einer wirksamen Beihilfenkontrolle gemäß Artikel 3 der Verordnung (EG) Nr. 994/98 sollte ein Standardformular erstellt werden, mit dem die Mitgliedstaaten die Kommission in Kurzform über die Durchführung einer Beihilferegelung oder einer Ad-hoc-Beihilfe nach dieser Verordnung unterrichten. Das Formular für die Kurzbeschreibung sollte für die Veröffentlichung der Maßnahme im *Amtsblatt der Europäischen Union* und im Internet verwendet werden. Die Kurzbeschreibung sollte der Kommission über die eingerichtete IT-Anwendung in elektronischer Form übermittelt werden. Der betreffende Mitgliedstaat sollte den vollständigen Wortlaut der Maßnahme im Internet veröffentlichen. Im Falle von Ad-hoc-Beihilfemaßnahmen können Geschäftsgeheimnisse gestrichen werden. Der Name des Beihilfeempfängers und der Beihilfebetrag sollten jedoch nicht als Geschäftsgeheimnis gelten. Die Mitgliedstaaten sollten während der gesamten Laufzeit der Beihilfemaßnahme den Internetzugang zu deren vollständigem Wortlaut gewährleisten. Außer bei Beihilfen in Form steuerlicher Maßnahmen sollte der Bewilligungsbescheid auch einen Verweis auf die für diesen Bescheid relevante(n) besondere(n) Bestimmung(en) des Kapitels II dieser Verordnung enthalten.

(34) Im Interesse der Transparenz und einer wirksamen Beihilfenkontrolle sollte die Kommission spezielle Anforderungen im Hinblick auf Inhalt und Form der Jahresberichte der Mitgliedstaaten an die Kommission festlegen. Zudem sollten auch Vorgaben für die Unterlagen gemacht werden, die die Mitgliedstaaten über die nach dieser Verordnung freigestellten Beihilferegelun-

---

[22] **Amtl. Anm.:** ABl. L 283 vom 31. 10. 2003, S. 51. Richtlinie zuletzt geändert durch Richtlinie 2004/75/EG (ABl. L 157 vom 30. 4. 2004, S. 100).

gen und Einzelbeihilfen im Hinblick auf Artikel 15 der Verordnung (EG) Nr. 659/1999 zur Verfügung halten müssen.

(35) Die Freistellung von Beihilfemaßnahmen nach Maßgabe dieser Verordnung muss zudem von einer Reihe weiterer Voraussetzungen abhängig gemacht werden. Gemäß Artikel 87 Absatz 3 Buchstaben a und c EG-Vertrag liegen solche Beihilfen nämlich nur dann im Interesse der Gemeinschaft, wenn sie in einem angemessenen Verhältnis zu den Fällen von Marktversagen oder den Nachteilen stehen, die mit ihnen ausgeglichen werden sollen. Deshalb sollte diese Verordnung im Falle von Investitionsbeihilfen auf solche Beihilfen beschränkt werden, die sich auf bestimmte materielle und immaterielle Investitionen beziehen. Wegen der in der Gemeinschaft bestehenden Überkapazitäten und der spezifischen Wettbewerbsverzerrungen im Straßengüterverkehr und im Luftverkehr sollten bei Unternehmen, die schwerpunktmäßig in diesen Sektoren tätig sind, Beförderungsmittel und Ausrüstungsgüter nicht als beihilfefähige Investitionskosten betrachtet werden. Bei Umweltschutzbeihilfen sollten für die Definition von materiellen Vermögenswerten besondere Bestimmungen gelten.

(36) Im Einklang mit den Grundsätzen für die Gewährung von Beihilfen, die unter Artikel 87 Absatz 1 EG-Vertrag fallen, sollte als Bewilligungszeitpunkt der Zeitpunkt gelten, zu dem der Beihilfeempfänger nach dem geltenden einzelstaatlichen Recht einen Rechtsanspruch auf die Beihilfe erwirbt.

(37) Damit bei Investitionen der Faktor Kapital gegenüber dem Faktor Arbeit nicht bevorzugt wird, sollte es möglich sein, Investitionsbeihilfen zugunsten von KMU und Regionalbeihilfen entweder auf der Grundlage der Investitionskosten oder der Kosten für die direkt durch ein Investitionsvorhaben geschaffenen Arbeitsplätze zu berechnen.

(38) Umweltschutzbeihilferegelungen in Form von Steuerermäßigungen, Beihilfen für benachteiligte Arbeitnehmer, regionale Investitionsbeihilfen, Beihilfen für neu gegründete kleine Unternehmen, Beihilfen für neu gegründete Frauenunternehmen und Risikokapitalbeihilfen, die einem Beihilfeempfänger auf Ad-hoc-Grundlage gewährt werden, können den Wettbewerb auf dem jeweiligen Markt erheblich beeinflussen, weil der Beihilfeempfänger dadurch gegenüber anderen Unternehmen, die keine derartige Beihilfe erhalten, begünstigt wird. Da die Ad-hoc-Beihilfe nur einem einzigen Unternehmen gewährt wird, dürfte sie nur eine begrenzte positive strukturelle Wirkung auf die Umwelt, die Beschäftigung benachteiligter oder behinderter Arbeitnehmer, den regionalen Zusammenhalt bzw. das Versagen des Risikokapitalmarktes haben. Daher sollten Beihilferegelungen, die diese Gruppen von Beihilfen betreffen, mit dieser Verordnung freigestellt werden, während Ad-hoc-Beihilfen bei der Kommission angemeldet werden sollten. Diese Verordnung sollte jedoch Ad-hoc-Regionalbeihilfen freistellen, sofern die Ad-hoc-Beihilfe dazu verwendet wird, eine Beihilfe zu ergänzen, die auf der Grundlage einer regionalen Investitionsbeihilferegelung gewährt wird, wobei die Ad-hoc-Komponente 50% der gesamten für die Investition zu gewährenden Beihilfe nicht überschreiten darf.

(39) Die Bestimmungen dieser Verordnung über Investitions- und Beschäftigungsbeihilfen für KMU sollen nicht mehr wie im Rahmen der Verordnung (EG) Nr. 70/2001 die Möglichkeit bieten, die zulässigen Beihilfehöchstintensitäten durch regionale Aufschläge anzuheben. Jedoch sollte es möglich sein, die in den Bestimmungen über regionale Investitionsbeihilfen festgelegten Beihilfehöchstintensitäten auch auf KMU anzuwenden, sofern alle Kriterien für die Gewährung von regionalen Investitions- und Beschäftigungsbeihilfen erfüllt sind. Auch die Bestimmungen über Investitionsbeihilfen zugunsten des Umweltschutzes sollten nicht vorsehen, dass die Beihilfehöchstintensitäten durch regionale Aufschläge angehoben werden können. Die in den Bestimmungen über regionale Investitionsbeihilfen festgelegten Beihilfehöchstintensitäten sollten auch auf Vorhaben angewandt werden können, die sich positiv auf die Umwelt auswirken, sofern die Voraussetzungen für die Gewährung von regionalen Investitionsbeihilfen erfüllt sind.

(40) Einzelstaatliche Regionalbeihilfen sollen die Nachteile strukturschwacher Gebiete ausgleichen und so den wirtschaftlichen, sozialen und territorialen Zusammenhalt der Mitgliedstaaten und der Gemeinschaft als Ganzes fördern. Einzelstaatliche Regionalbeihilfen sollen durch Investitionsförderung und Schaffung von Arbeitsplätzen zur nachhaltigen Entwicklung der besonders benachteiligten Gebiete beitragen. Sie fördern die Errichtung neuer Betriebsstätten, die Erweiterung bestehender Betriebsstätten, die Diversifizierung der Produktion einer Betriebsstätte in neue, zusätzliche Produkte oder eine grundlegende Änderung des gesamten Produktionsverfahrens einer bestehenden Betriebsstätte.

(41) Damit ein großes regionales Investitionsvorhaben nicht künstlich in Teilvorhaben untergliedert wird, um die in dieser Verordnung festgelegten Anmeldeschwellen zu unterschreiten,

sollte ein großes Investitionsvorhaben als Einzelinvestition gelten, wenn die Investition in einem Zeitraum von drei Jahren von dem- oder denselben Unternehmen vorgenommen wird und Anlagevermögen betrifft, das eine wirtschaftlich unteilbare Einheit bildet. Bei der Beurteilung der wirtschaftlichen Unteilbarkeit sollten die Mitgliedstaaten die technischen, funktionellen und strategischen Verbindungen sowie die unmittelbare räumliche Nähe berücksichtigen. Die wirtschaftliche Unteilbarkeit sollte unabhängig von den Eigentumsverhältnissen beurteilt werden. Bei der Prüfung der Frage, ob ein großes Investitionsvorhaben eine Einzelinvestition darstellt, spielt es daher keine Rolle, ob das Vorhaben von einem Unternehmen durchgeführt wird oder aber von mehr als einem Unternehmen, die sich die Investitionskosten teilen oder die Kosten separater Investitionen innerhalb des gleichen Investitionsvorhabens tragen (beispielsweise im Falle eines Joint Venture).

(42) Anders als Regionalbeihilfen, die auf Fördergebiete beschränkt werden sollten, sollten Investitions- und Beschäftigungsbeihilfen für KMU sowohl in Fördergebieten als auch in Nicht-Fördergebieten gewährt werden können. Die Mitgliedstaaten sollten somit in der Lage sein, in Fördergebieten Investitionsbeihilfen zu gewähren, sofern diese Beihilfen entweder alle für regionale Investitions- und Beschäftigungsbeihilfen geltenden Voraussetzungen oder alle für KMU-Investitions- und KMU-Beschäftigungsbeihilfen geltenden Voraussetzungen erfüllen.

(43) Die wirtschaftliche Entwicklung der Fördergebiete wird durch eine vergleichsweise geringe unternehmerische Aktivität und insbesondere durch eine deutlich unter dem Durchschnitt liegende Rate von Unternehmensgründungen beeinträchtigt. In diese Verordnung müssen daher Beihilfen einbezogen werden, die zusätzlich zu regionalen Investitionsbeihilfen gewährt werden können, um Anreize für Unternehmensgründungen und für die frühe Entwicklungsphase kleiner Unternehmen in den Fördergebieten zu schaffen. Damit solche Beihilfen für neu gegründete Unternehmen in Fördergebieten tatsächlich gezielt eingesetzt werden, sollte ihre Höhe nach den besonderen Schwierigkeiten der einzelnen Gebiete gestaffelt werden. Ferner sollten diese Beihilfen strikt auf kleine Unternehmen begrenzt, nur bis zu einem bestimmten Betrag und degressiv gewährt werden, um unannehmbare Risiken einer Wettbewerbsverzerrung, darunter auch die Verdrängung etablierter Unternehmen, zu vermeiden. Die Gewährung von Beihilfen, die sich ausschließlich an neu gegründete kleine Unternehmen oder neu gegründete Frauenunternehmen richten, könnte bestehende kleine Unternehmen allerdings dazu veranlassen, ihren Betrieb zu schließen und neu zu gründen, um eine derartige Beihilfe zu erhalten. Die Mitgliedstaaten sollten sich dieser Gefahr bewusst sein und ihr durch die entsprechende Ausgestaltung ihrer Beihilferegelungen begegnen, indem sie beispielsweise Beschränkungen für Anträge von Eigentümern von vor kurzem geschlossenen Betrieben einführen.

(44) Die wirtschaftliche Entwicklung der Gemeinschaft wird möglicherweise auch durch die geringe unternehmerische Aktivität von bestimmten Bevölkerungsgruppen beeinträchtigt, die unter bestimmten Benachteiligungen leiden, wie beispielsweise beim Zugang zu Kapital. Die Kommission hat überprüft, ob bezüglich einer Reihe von Bevölkerungsgruppen diesbezüglich möglicherweise ein Marktversagen vorliegt, und kommt gegenwärtig zu dem Schluss, dass insbesondere Frauen im Vergleich zu Männern im Schnitt eine geringere Zahl von Unternehmensneugründungen aufweisen, wie unter anderem den Eurostat-Statistiken zu entnehmen ist. In diese Verordnung müssen daher Beihilfen zur Schaffung von Anreizen für die Gründung von Frauenunternehmen einbezogen werden, die den besonderen Formen von Marktversagen Rechnung tragen, mit denen Frauen insbesondere im Hinblick auf den Zugang zu Kapital konfrontiert sind. Besondere Schwierigkeiten für Frauen ergeben sich auch im Zusammenhang mit der Finanzierung der Betreuung von Familienangehörigen. Derartige Beihilfen sollten nicht auf die formale, sondern auf die substantielle Gleichheit von Mann und Frau abzielen, indem de facto bestehende Ungleichheiten im Bereich des Unternehmertums abgebaut werden, wie dies der Gerichtshof der Europäischen Gemeinschaften in seiner Rechtsprechung gefordert hat. Beim Außerkrafttreten dieser Verordnung muss die Kommission dann prüfen, ob der Umfang dieser Freistellung sowie die Kategorien der entsprechenden Beihilfeempfänger weiterhin gerechtfertigt sind.

(45) Die nachhaltige Entwicklung gehört zusammen mit der Wettbewerbsfähigkeit und der Sicherheit der Energieversorgung zu den Eckpfeilern der Lissabonner Strategie für Wachstum und Beschäftigung. Die nachhaltige Entwicklung gründet sich unter anderem auf ein hohes Umweltschutzniveau und die Verbesserung der Umweltqualität. Die Förderung der Umweltverträglichkeit und die Bekämpfung des Klimawandels tragen darüber hinaus zu einer höheren Versorgungssicherheit sowie zur Sicherung der Wettbewerbsfähigkeit der europäischen Volkswirtschaften und der Verfügbarkeit von Energie zu erschwinglichen Preisen bei. Im Bereich des Umweltschutzes kommt es häufig zu Marktversagen in Form negativer externer Effekte. Unter

normalen Marktbedingungen besteht für Unternehmen nicht zwangsläufig ein Anreiz, sich umweltfreundlicher zu verhalten, weil sich dadurch möglicherweise ihre Kosten erhöhen. Sind Unternehmen nicht verpflichtet, die Kosten der Umweltverschmutzung zu internalisieren, so werden diese Kosten von der Gesellschaft als Ganzes getragen. Diese Internalisierung von Umweltkosten kann durch die Einführung entsprechender Umweltvorschriften oder Umweltsteuern erreicht werden. Da die Umweltschutznormen auf Gemeinschaftsebene nicht vollständig harmonisiert sind, herrschen ungleiche Rahmenbedingungen. Zudem lässt sich ein sogar noch höheres Umweltschutzniveau erreichen, wenn Initiativen ergriffen werden, um über die verbindlichen Gemeinschaftsnormen hinauszugehen, was allerdings die Wettbewerbsposition der betreffenden Unternehmen beeinträchtigen kann.

(46) Aufgrund der ausreichenden Erfahrungen, die bei der Anwendung der Leitlinien der Gemeinschaft für staatliche Umweltschutzbeihilfen gesammelt wurden, sollten die folgenden Beihilfen von der Anmeldepflicht freigestellt werden: Investitionsbeihilfen, die Unternehmen in die Lage versetzen, über die Gemeinschaftsnormen für den Umweltschutz hinauszugehen oder bei Fehlen solcher Normen den Umweltschutz zu verbessern, Beihilfen für die Anschaffung neuer Fahrzeuge, die über die Gemeinschaftsnormen hinausgehen oder durch die bei Fehlen solcher Normen der Umweltschutz verbessert wird, KMU-Beihilfen zur frühzeitigen Anpassung an künftige Gemeinschaftsnormen, Umweltschutzbeihilfen für Investitionen in Energiesparmaßnahmen, Umweltschutzbeihilfen für Investitionen in hocheffiziente Kraft-Wärme-Kopplung, Umweltschutzbeihilfen für Investitionen zur Förderung erneuerbarer Energien einschließlich Investitionsbeihilfen für die Erzeugung nachhaltiger Biokraftstoffe, Beihilfen für Umweltstudien und bestimmte Beihilfen in Form von Umweltsteuerermäßigungen.

(47) Beihilfen in Form von Steuerermäßigungen zur Verbesserung des Umweltschutzes, die unter diese Verordnung fallen, sollten im Einklang mit den Leitlinien der Gemeinschaft für Umweltschutzbeihilfen für höchstens zehn Jahre bewilligt werden. Nach Ablauf dieser Frist sollten die Mitgliedstaaten die Angemessenheit der betreffenden Steuerermäßigungen überprüfen. Unbeschadet dieser Bestimmung sollten die Mitgliedstaaten die Möglichkeit haben, nach einer solchen Überprüfung diese oder ähnliche Maßnahmen auf der Grundlage dieser Verordnung erneut einzuführen.

(48) Die korrekte Berechnung der Investitions- bzw. Produktionsmehrkosten zur Verwirklichung des Umweltschutzes ist von wesentlicher Bedeutung, um zu ermitteln, ob Beihilfen mit Artikel 87 Absatz 3 EG-Vertrag vereinbar sind. Wie in den Leitlinien der Gemeinschaft für staatliche Umweltschutzbeihilfen dargelegt, sollten nur die Investitionsmehrkosten, die zur Erreichung eines höheren Umweltschutzniveaus erforderlich sind, beihilfefähig sein.

(49) Da insbesondere im Hinblick auf den Abzug der Gewinne aus den zusätzlichen Investitionen Schwierigkeiten auftreten können, sollte festgelegt werden, dass die Investitionsmehrkosten nach einer vereinfachten Methode berechnet werden können. Daher sollten bei der Berechnung dieser Kosten im Rahmen dieser Verordnung die operativen Gewinne, Kosteneinsparungen und zusätzliche Nebenprodukte sowie die operativen Kosten während der Lebensdauer der Investition nicht berücksichtigt werden. Die in dieser Verordnung vorgesehenen Beihilfehöchstintensitäten für die verschiedenen Investitionsbeihilfen zugunsten des Umweltschutzes wurden daher im Vergleich zu den in den Leitlinien der Gemeinschaft für staatliche Umweltschutzbeihilfen vorgesehenen Beihilfehöchstintensitäten systematisch herabgesetzt.

(50) Im Falle von Umweltschutzbeihilfen für Investitionen in Energiesparmaßnahmen sollte den Mitgliedstaaten die Wahl gelassen werden, ob sie die vereinfachte Berechnungsmethode oder die Berechnungsmethode auf der Grundlage der Vollkosten, die in den Leitlinien der Gemeinschaft für staatliche Umweltschutzbeihilfen vorgesehenen Methode entspricht, anwenden. Da bei der Anwendung der Berechnungsmethode auf der Grundlage der Vollkosten besondere praktische Schwierigkeiten auftreten können, sollten diese Kostenberechnungen von einem externen Rechnungsprüfer bestätigt werden.

(51) Im Falle von Umweltschutzbeihilfen für Investitionen in Kraft-Wärme-Kopplung und Umweltschutzbeihilfen für Investitionen zur Förderung erneuerbarer Energien sollten bei der Berechnung der Mehrkosten im Rahmen dieser Verordnung andere Fördermaßnahmen für dieselben beihilfefähigen Kosten mit Ausnahme sonstiger Investitionsbeihilfen zugunsten des Umweltschutzes nicht berücksichtigt werden.

(52) Bei Wasserkraftanlagen sind zwei Umweltaspekte von Bedeutung. In Bezug auf niedrige Treibhausgasemissionen bieten sie sicherlich vielversprechende Möglichkeiten. Allerdings können sich derartige Anlagen beispielsweise auf die Wassersysteme und die biologische Vielfalt auch negativ auswirken.

(53) Bei der in dieser Verordnung verwendeten Definition der kleinen und mittleren Unternehmen sollte die Begriffsbestimmung in der Empfehlung 2003/361/EG der Kommission vom 6. Mai 2003 betreffend die Definition der Kleinstunternehmen sowie der kleinen und mittleren Unternehmen zugrunde gelegt werden, um Auslegungsunterschiede, die Anlass zu Wettbewerbsverzerrungen geben könnten, zu vermeiden und um die Abstimmung der Maßnahmen der Gemeinschaft und der Mitgliedstaaten betreffend KMU zu erleichtern sowie die Transparenz in Verfahrensfragen und die Rechtssicherheit zu erhöhen.[23]

(54) KMU spielen eine entscheidende Rolle bei der Schaffung von Arbeitsplätzen und sind eine der Säulen für soziale Stabilität und wirtschaftliche Dynamik. Sie können jedoch durch Marktversagen in ihrer Entwicklung behindert werden, so dass sie spezielle Nachteile haben. So haben KMU wegen der geringen Risikobereitschaft bestimmter Finanzmärkte und wegen ihrer möglicherweise begrenzten Besicherungsmöglichkeiten häufig Schwierigkeiten bei der Beschaffung von Kapital, Risikokapital oder Darlehen. Mangels Ressourcen fehlt es ihnen zum Teil auch an Informationen auf Gebieten wie neue Technologien oder Erschließung neuer Märkte. Damit die Entwicklung der wirtschaftlichen Tätigkeiten von KMU erleichtert wird, sollten daher mit dieser Verordnung bestimmte Arten von Beihilfen freigestellt werden, wenn die Beihilfen zugunsten von KMU gewährt werden. Daher ist es gerechtfertigt, solche Beihilfen von der Anmeldepflicht freizustellen und ausschließlich bei der Anwendung dieser Verordnung davon auszugehen, dass – sofern der Beihilfebetrag nicht die maßgebliche Anmeldeschwelle übersteigt – ein begünstigtes KMU im Sinne dieser Verordnung durch die typischen Nachteile, die KMU durch Marktversagen entstehen, in seiner Entwicklung behindert wird.

(55) Angesichts der zwischen kleinen und mittleren Unternehmen bestehenden Unterschiede sollten für kleine Unternehmen andere Grundbeihilfeintensitäten und andere Aufschläge gelten als für mittlere Unternehmen. Durch Marktversagen, das sich unter anderem im Hinblick auf den Zugang zu Kapital nachteilig auf KMU im Allgemeinen auswirkt, kann die Entwicklung von kleinen Unternehmen sogar noch stärker behindert werden als die von mittleren Unternehmen.

(56) Die Erfahrungen bei der Anwendung der Leitlinien der Gemeinschaft für staatliche Beihilfen zur Förderung von Risikokapitalinvestitionen in kleine und mittlere Unternehmen zeigen, dass es offensichtlich bei bestimmten Arten von Investitionen in bestimmten Entwicklungsstadien von Unternehmen zu besonderen Formen von Marktversagen auf den Risikokapitalmärkten in der Gemeinschaft kommt. Diese Fälle von Marktversagen sind auf eine mangelhafte Abstimmung von Angebot und Nachfrage in Bezug auf Risikokapital zurückzuführen. Dadurch ist möglicherweise zu wenig Risikokapital am Markt vorhanden, und Unternehmen finden trotz attraktiver Geschäftsidee und Wachstumsaussichten keine Investoren. Die Hauptursache für das Versagen der Risikokapitalmärkte, durch das hauptsächlich KMU der Zugang zu Kapital versperrt wird und das ein Eingreifen des Staates rechtfertigen kann, liegt in unvollständigen oder asymmetrischen Informationen. Daher sollten Risikokapitalbeihilferegelungen in Form von nach wirtschaftlichen Grundsätzen verwalteten Investmentfonds, bei denen private Investoren einen ausreichenden Anteil der Mittel als privates Beteiligungskapital bereitstellen und die gewinnorientierte Risikokapitalmaßnahmen zugunsten von Zielunternehmen fördern, unter bestimmten Voraussetzungen von der Anmeldepflicht freigestellt werden. Die Voraussetzung, dass es sich um einen nach wirtschaftlichen Grundsätzen verwalteten Investmentfonds handeln muss und dass die ergriffenen Risikokapitalmaßnahmen gewinnorientiert sein müssen, sollte nicht ausschließen, dass sich die Investmentfonds auf bestimmte Ziele und bestimmte Marktsegmente wie Frauenunternehmen konzentrieren. Diese Verordnung sollte den Status des Europäischen Investitionsfonds und der Europäischen Investitionsbank, so wie er in den Leitlinien der Gemeinschaft für Risikokapitalbeihilfen definiert ist, unberührt lassen.

(57) Forschungs-, Entwicklungs- und Innovationsbeihilfen können zu wirtschaftlichem Wachstum, stärkerer Wettbewerbsfähigkeit und mehr Beschäftigung beitragen. Wie die Erfahrungen bei der Anwendung der Verordnung (EG) Nr. 364/2004, des Gemeinschaftsrahmens für staatliche Forschungs- und Entwicklungsbeihilfen und des Gemeinschaftsrahmens für staatliche Beihilfen für Forschung, Entwicklung und Innovation zeigen, kann jedoch offensichtlich Marktversagen dazu führen, dass aus den verfügbaren Forschungs- und Entwicklungskapazitäten sowohl von KMU als auch von Großunternehmen nicht der optimale Nutzen gezogen wird und das Ergebnis ineffizient ist. Solche ineffizienten Ergebnisse betreffen normalerweise die folgenden Aspekte: positive externe Effekte/Wissens-Spillover, öffentliche Güter/Wissens-Spillover, unzureichende und asymmetrische Informationen sowie mangelnde Koordinierung und Netzbildung.

---

[23] **Amtl. Anm.:** ABl. L 124 vom 20. 5. 2003, S. 36.

(58) Forschungs-, Entwicklungs- und Innovationsbeihilfen sind insbesondere für KMU von besonderer Bedeutung, da es für KMU strukturbedingt schwierig ist, sich Zugang zu neuen technologischen Entwicklungen, zum Technologietransfer und zu hochqualifiziertem Personal zu verschaffen. Daher sollten Beihilfen für Forschungs- und Entwicklungsvorhaben, Beihilfen für technische Durchführbarkeitsstudien, Beihilfen für KMU zu den Kosten gewerblicher Schutzrechte sowie Beihilfen für junge, innovative kleine Unternehmen, Beihilfen für Innovationsberatungsdienste und innovationsunterstützende Dienstleistungen und Beihilfen für das Ausleihen hochqualifizierten Personals unter bestimmten Voraussetzungen von der Anmeldepflicht freigestellt werden.

(59) Im Falle von Projektbeihilfen für Forschung und Entwicklung sollte der geförderte Teil des Forschungsvorhabens vollständig in die Forschungskategorien Grundlagenforschung, industrielle Forschung oder experimentelle Entwicklung einzuordnen sein. Ist ein Vorhaben in unterschiedliche Teile untergliedert, sollten diese jeweils in die Kategorien Grundlagenforschung, industrielle Forschung bzw. experimentelle Entwicklung oder aber als keiner dieser Forschungskategorien angehörend eingeordnet werden. Diese Einordnung entspricht nicht unbedingt dem chronologischen Ablauf eines Forschungsvorhabens, angefangen von der Grundlagenforschung bis hin zu marktnahen Tätigkeiten. Demnach kann eine Aufgabe, die in einem späten Stadium eines Vorhabens ausgeführt wird, durchaus der industriellen Forschung zugeordnet werden. Ebenso wenig ist ausgeschlossen, dass eine Tätigkeit, die in einer früheren Phase des Vorhabens durchgeführt wird, möglicherweise experimentelle Entwicklung darstellt.

(60) Im Agrarsektor sollten bestimmte Forschungs- und Entwicklungsbeihilfen freigestellt werden, wenn ähnliche Voraussetzungen erfüllt sind wie die, die in den speziell für den Agrarsektor geltenden Bestimmungen des Gemeinschaftsrahmens für staatliche Beihilfen für Forschung, Entwicklung und Innovation erfüllt sind. Sind diese spezifischen Bestimmungen nicht erfüllt, so sollten die Beihilfen freigestellt werden können, wenn sie die Voraussetzungen erfüllen, die in dieser Verordnung in den allgemeinen Bestimmungen über Forschung und Entwicklung festgelegt sind.

(61) Die Förderung der Ausbildung und Einstellung benachteiligter und behinderter Arbeitnehmer sowie der Ausgleich der Mehrkosten, die durch die Beschäftigung behinderter Arbeitnehmer entstehen, nehmen in der Wirtschafts- und Sozialpolitik der Gemeinschaft und ihrer Mitgliedstaaten eine Schlüsselposition ein.

(62) Ausbildungsmaßnahmen wirken sich im Allgemeinen zum Vorteil der gesamten Gesellschaft aus, da sie das Reservoir an qualifizierten Arbeitnehmern vergrößern, aus dem andere Unternehmen schöpfen können, dadurch die Wettbewerbsfähigkeit der europäischen Wirtschaft stärken und sind auch ein wichtiges Element der Beschäftigungsstrategie der Gemeinschaft. Ausbildung einschließlich E-Learning spielt auch eine entscheidende Rolle, um Wissen, ein öffentliches Gut von grundlegender Bedeutung, anzusammeln, zu erwerben und zu verbreiten. Da Unternehmen in der Gemeinschaft im Allgemeinen eher zu wenig in die Ausbildung ihrer Arbeitnehmer investieren, zumal wenn es sich dabei um allgemeine Ausbildungsmaßnahmen handelt, die nicht zu einem unmittelbaren und konkreten Vorteil für das betreffende Unternehmen führen, können staatliche Beihilfen dazu beitragen, diese Art von Marktversagen zu beheben. Daher sollten solche Beihilfen unter bestimmten Voraussetzungen von der Anmeldepflicht freigestellt werden. Angesichts der besonderen Nachteile, mit denen KMU konfrontiert sind, sowie der Tatsache, dass sie bei Ausbildungsinvestitionen relativ gesehen höhere Kosten zu tragen haben, sollten die nach dieser Verordnung freigestellten Beihilfeintensitäten im Falle von KMU heraufgesetzt werden. Die Besonderheiten der Ausbildung im Bereich des Seeverkehrs rechtfertigen eine gesonderte Behandlung dieses Bereiches.

(63) Es kann zwischen allgemeinen und spezifischen Ausbildungsmaßnahmen unterschieden werden. Die zulässigen Beihilfeintensitäten sollten je nach Art des Ausbildungsvorhabens und der Größe des Unternehmens unterschiedlich sein. Durch allgemeine Ausbildungsmaßnahmen werden übertragbare Qualifikationen erworben, die die Vermittelbarkeit des betreffenden Arbeitnehmers deutlich verbessern. Da Beihilfen zu dieser Art von Ausbildung den Wettbewerb weniger stark verfälschen, können höhere Beihilfeintensitäten von der Anmeldepflicht freigestellt werden. Da spezifische Ausbildungsmaßnahmen hingegen in erster Linie dem ausbildenden Unternehmen zugute kommen, so dass sich die Gefahr einer Wettbewerbsverfälschung erhöht, sollten in diesem Bereich nur sehr viel niedrigere Beihilfeintensitäten von der Anmeldepflicht freigestellt werden. Ausbildungsmaßnahmen sollten auch dann als allgemeine Ausbildungsmaßnahmen angesehen werden, wenn sie sich auf Umweltmanagement, Öko-Innovationen oder die soziale Verantwortung der Unternehmen beziehen und damit den Begünstigten

besser in die Lage versetzen, zur Erreichung der allgemeinen Ziele im Umweltbereich beizutragen.

(64) Für bestimmte Gruppen benachteiligter oder behinderter Arbeitnehmer ist es weiterhin besonders schwierig, in den Arbeitsmarkt einzutreten. Der Staat hat daher ein berechtigtes Interesse an der Durchführung von Maßnahmen, die Anreize für Unternehmen bieten, neue Arbeitsplätze für diese Arbeitnehmer und insbesondere für die betreffenden benachteiligten Gruppen von Arbeitnehmern zu schaffen. Lohnkosten sind Teil der normalen Beschäftigungskosten eines Unternehmens. Entscheidend ist daher, dass sich Beschäftigungsbeihilfen für benachteiligte und behinderte Arbeitnehmer positiv auf das Beschäftigungsniveau bei diesen Gruppen auswirken und den Unternehmen nicht nur dazu verhelfen, Kosten einzusparen, die sie ansonsten selber tragen müssten. Solche Beihilfen sollten daher von der Anmeldepflicht freigestellt werden, sofern davon ausgegangen werden kann, dass sie diesen Gruppen von Arbeitnehmern beim Wiedereintritt in den Arbeitsmarkt bzw. – im Falle behinderter Arbeitnehmer – beim Wiedereintritt und Verbleib auf dem Arbeitsmarkt helfen werden.

(65) Beihilfen in Form von Lohnkostenzuschüssen für die Beschäftigung behinderter Arbeitnehmer können auf der Grundlage des Grads der Behinderung des betreffenden behinderten Arbeitnehmers berechnet oder als Pauschalbetrag bereitgestellt werden, sofern nicht eine der beiden Methoden dazu führt, dass die Beihilfehöchstintensität für die betreffenden einzelnen Arbeitnehmer überschritten wird.

(66) Für Einzelbeihilfen, die vor Inkrafttreten dieser Verordnung bewilligt und entgegen Artikel 88 Absatz 3 EG-Vertrag nicht angemeldet wurden, sollten Übergangsbestimmungen erlassen werden. Nach der Aufhebung der Verordnung (EG) Nr. 1628/2006 sollten bestehende regionale Investitionsbeihilferegelungen in der freigestellten Form gemäß Artikel 9 Absatz 2 zweiter Unterabsatz der vorgenannten Verordnung unter den darin festgelegten Bedingungen weiterhin angewandt werden dürfen.

(67) Angesichts der bisherigen Erfahrungen der Kommission in diesem Bereich und der Tatsache, dass die Politik im Bereich der staatlichen Beihilfen im Allgemeinen in regelmäßigen Abständen überdacht werden muss, sollte die Geltungsdauer dieser Verordnung begrenzt werden. Für den Fall, dass die Verordnung nach Ablauf dieses Zeitraums nicht verlängert wird, sollten die nach dieser Verordnung freigestellten Beihilferegelungen weitere sechs Monate freigestellt bleiben, damit die Mitgliedstaaten über genügend Zeit verfügen, sich auf die neue Lage einzustellen.

(68) Verordnung (EG) Nr. 70/2001, Verordnung (EG) Nr. 68/2001, Verordnung (EG) Nr. 2204/2002, die am 30. Juni 2008 außer Kraft getreten sind sowie Verordnung (EG) Nr. 1628/2006 sollten aufgehoben werden –

HAT FOLGENDE VERORDNUNG ERLASSEN:

Kapitel I. Gemeinsame Vorschriften

Vorbemerkung zu Art. 1 ff.

I. Allgemeines

Die Allgemeine Gruppenfreistellungsverordnung[1] regelt die **Vereinbarkeit** bestimmter Gruppen von Beihilfen **mit dem Gemeinsamen Markt**. Sie tritt an die Stelle von fünf früheren Freistellungsverordnungen für einzelne Beihilfegruppen und erfasst daneben weitere, bislang nicht freigestellte Gruppen. Insgesamt stellt sie eine deutlich größere Anzahl von Beihilfen von der Anmeldungspflicht frei, als zuvor freigestellt waren.[2] Die Verordnung knüpft an Erfahrungen an, die die Kommission während der letzten Jahre unter Anwendung der früheren Freistellungsverordnungen und in ihrer Entscheidungspraxis gesammelt hat.[3] Sie erfasst nur die Beihilfe- **1**

---

[1] Verordnung (EG) Nr. 800/2008 der Kommission vom 6. August 2008 zur Erklärung der Vereinbarkeit bestimmter Gruppen von Beihilfen mit dem Gemeinsamen Markt in Anwendung der Art. 87 und 88 EG-Vertrag (allgemeine Gruppenfreistellungsverordnung, AGVO), ABl. 2008 L 214/3.

[2] *Kroes* 3.

[3] 2. Erwägungsgrund der AGVO.

gruppen und Maßnahmen, für die ausreichende Erfahrungen vorliegen; für die übrigen bleibt es beim Anmeldungserfordernis des Art. 108 Abs. 3 AEUV.[4]

2   Die Allgemeine Gruppenfreistellungsverordnung wird auf Beihilfen im Sinne von Art. 107 Abs. 1 AEUV angewendet, ohne solche zu definieren. Sie legt nur die Voraussetzungen fest, unter denen eine Beihilfe mit dem Gemeinsamen Markt vereinbar ist.[5] Die statuierten Voraussetzungen sollen sicherstellen, dass ein angemessenes Verhältnis zwischen der Beihilfe und den durch sie auszugleichenden Nachteilen bzw. dem jeweiligen Marktversagen besteht.[6] Unberührt von der fehlenden Anmeldungspflicht bleibt die Möglichkeit für die Mitgliedstaaten bestehen, Beihilfen anzumelden, die unter die Allgemeine Gruppenfreistellungsverordnung fallen.[7]

3   Das erste Kapitel der Allgemeinen Gruppenfreistellungsverordnung enthält gemeinsame **horizontale Vorschriften**, die auf alle Beihilfen, die unter die Verordnung fallen, angewendet werden. Sie legen ua. Definitionen und Anwendungsbereiche fest und regeln die Beihilfenkontrolle.

II. Normzweck

4   Ziel der Allgemeinen Gruppenfreistellungsverordnung ist eine möglichst weitgehende **Harmonisierung der Beihilfepraxis,** wodurch gleichzeitig der Verwaltungsaufwand für Mitgliedstaaten, Beihilfeempfänger und Kommission verringert werden soll.[8] Es soll eine transparente und **berechenbare Beihilfenkontrolle** unter Abbau der Zahl von Anmeldungen ermöglicht werden.[9] Die Verordnung soll die Mitgliedstaaten des Weiteren dazu bewegen, staatliche Fördermittel auf solche Maßnahmen zu konzentrieren, die einen Beitrag zur Schaffung von Arbeitsplätzen und zur Stärkung der Wettbewerbsfähigkeit in Europa leisten.[10] Die Zusammenfassung und Erweiterung der allgemeinen Vereinbarkeitskriterien in der Allgemeinen Gruppenfreistellungsverordnung dienen der Einfachheit und höheren Wirksamkeit der Beihilfenkontrolle. Insbesondere die in Kapitel I der Verordnung (Art. 1 bis 12) niedergelegten Begriffsbestimmungen und anderen horizontalen Vorschriften sollen zu diesem Zweck beitragen.[11]

III. Entstehungsgeschichte

5   Durch eine **Ermächtigungsverordnung** aus dem Jahre 1998[12] wurde die Kommission ermächtigt, nach Art. 107 AEUV zu erklären, dass Beihilfen zugunsten von kleinen und mittleren Unternehmen,[13] Forschungs- und Entwicklungsbeihilfen, Umweltschutzbeihilfen, Beschäftigungs- und Ausbildungsbeihilfen sowie Beihilfen, die im Einklang mit der von der Kommission für jeden Mitgliedstaat zur Gewährung von Regionalbeihilfen genehmigten Fördergebietskarte stehen, unter bestimmten Voraussetzungen mit dem Gemeinsamen Markt vereinbar sind und nicht der Anmeldepflicht nach Art. 108 Abs. 3 AEUV unterliegen.

6   In den folgenden Jahren wurden dementsprechend mehrere Gruppenfreistellungsverordnungen erlassen. Eine betraf sog. Ausbildungsbeihilfen,[14] eine weitere KMU.[15] Des Weiteren wurden Beschäftigungs-[16] und regionale Investitionsbeihilfen[17] freigestellt.

---

[4] *Deiberova/Nyssens* EStAL 2009, 27, 28.

[5] *Deiberova/Nyssens* EStAL 2009, 27.

[6] 35. Erwägungsgrund der AGVO; siehe zur beihilferechtlichen Abwägung von Vor- und Nachteilen: Allgemeine Grundsätze für eine ökonomisch ausgerichtete Prüfung der Vereinbarkeit staatlicher Beihilfen nach Art. 87 Abs. 3 EG-Vertrag, veröffentlicht unter http://ec.europa.eu/competition/state_aid/reform/economic_assessment_de.pdf.

[7] 7. Erwägungsgrund der AGVO.

[8] Siehe Aktionsplan Staatliche Beihilfen, KOM(2005), 107 endg., RdNr. 36, 52 ff.

[9] Siehe Aktionsplan Staatliche Beihilfen, KOM(2005), 107 endg., ua. RdNr. 17 ff.

[10] Pressemitteilung IP/08/1110 v. 7. 7. 2008.

[11] 4. Erwägungsgrund der AGVO.

[12] Art. 1 Abs. 1 VO 994/1998, ABl. 1998 L 142/1.

[13] Siehe zu diesen Begriffen Art. 2 Nr. 7 iVm. Anhang I AGVO.

[14] VO 68/2001, ABl. 2001 L 10/20, durch VO 1040/2006, ABl. 2006 L 187/8 bis zum 31. 12. 2007 und durch VO 1976/2006, ABl. 2006 L 368/85 bis zum 30. 6. 2008 verlängert.

[15] VO 70/2001, ABl. 2001 L 10/33, geändert durch VO 364/2004, ABl. 2004 L 63/22, VO 1857/2006, ABl. 2006 L 358/3, verlängert durch VO 1040/2006, ABl. 2006 L 187/8 bis zum 31. 12. 2007 und durch VO 1976/2006, ABl. 2006 L 368/85 bis zum 30. 6. 2008.

[16] VO 2204/2002, ABl. 2002 L 337/3, durch VO 1040/2006, ABl. 2006 L 187/8 bis zum 31. 12. 2007 und durch VO 1976/2006, ABl. 2006 L 368/85 bis zum 30. 6. 2008 verlängert.

[17] VO 1628/2006, ABl. 2006 L 302/29.

Im Jahre 2005 verabschiedete die Kommission einen **Aktionsplan**, in dem Leitlinien für eine 7
umfassende und kohärente Reform des Beihilferechts erläutert wurden. Danach sollten die Beihilfevorschriften des AEUV die Mitgliedstaaten veranlassen, die Beihilfen entsprechend den Zielen von Lissabon und dergestalt einzusetzen, dass sie die Wettbewerbsfähigkeit der EU-Wirtschaft
stärken und die Entstehung dauerhafter Arbeitsplätze fördern und den sozialen sowie regionalen
Zusammenhalt sichern würden. Ein weiteres Ziel sollten Vereinfachung und Entbürokratisierung
der Verfahren sein. Die Regelungen sollten weniger, besser ausgerichtet und übersichtlicher werden, was auch die Vorhersehbarkeit der Beihilfenkontrolle erhöhen würde. Zudem sollten weniger Beihilfen notifiziert werden müssen und der Entscheidungsfindungsprozess abgekürzt werden.[18] Die Allgemeine Gruppenfreistellungsverordnung ist am 29. 8. 2008 in Kraft getreten.
Durch sie wurde die genannte Freistellungsverordnung für regionale Investitionsbeihilfen[19] aufgehoben.[20] Die Freistellungsverordnungen für Ausbildungsbeihilfen,[21] kleine und mittlere Unternehmen (KMU)[22, 23] sowie Beschäftigungsbeihilfen[24] galten nach zwei Verlängerungen[25] bis
zum 30. Juni 2008 fort und wurden ebenfalls durch die Allgemeine Gruppenfreistellungsverordnung ersetzt.[26] Eine Übergangsbestimmung der Allgemeinen Gruppenfreistellungsverordnung
regelt, dass in der Übergangszeit bis zum 31. 12. 2008 bewilligte Beihilfen, welche die Voraussetzungen der Verordnungen 70/2001, 68/2001, 2204/2002 oder 1628/2006, nicht aber die der
Allgemeinen Gruppenfreistellungsverordnung erfüllen, noch mit dem Gemeinsamen Markt vereinbar und von der Anmeldepflicht freigestellt sind.[27] Vgl. die Kommentierung der Schlussvor-
schriften unter Art. 43–45.

Schrifttum: *Evans*, State aid reform: a process of Lisbonisation, II Lisbon Conference on Competition
Law and Economics, Lisbon, 15. 11. 2007, veröffentlicht unter http://ec.europa.eu/competition/
speeches/text/sp2007_13_en.pdf, 4; *Evans/Nyssens*, Economics in state aid: soon as routine as dentistry?,
abrufbar unter http://ec.europa.eu/competition/speeches/text/sp2007_14_en.pdf, RdNr. 33; *Deiberova/
Nyssens*, The new General Block Exemption (GBER): What changed?, EStAL 2009, 27; *Garcia Bermudez/
Galand*, Recent training aid cases in the car industry, Competition Policy Newsletter 1/2007, 104; *Kroes*,
The Law and Economics of State aid control – a Commission Perspective, SPEECH/07/601, 3; *Pfaffenbach*,
Rede auf der 13. Veranstaltung des Berliner Gesprächskreises zum EU-Beihilfenrecht, abrufbar unter
http://www.bmwi.de/BMWi/Navigation/Presse/reden-und-interviews,did=256862.html.

Art. 1 Anwendungsbereich

(1) Diese Verordnung gilt für die folgenden Gruppen von Beihilfen:

a) **Regionalbeihilfen,**

b) **Investitions- und Beschäftigungsbeihilfen für KMU,**

c) **Beihilfen für die Gründung von Frauenunternehmen,**

d) **Umweltschutzbeihilfen,**

e) **KMU-Beihilfen für die Inanspruchnahme von Beratungsdiensten und für die Teilnahme an Messen,**

f) **Risikokapitalbeihilfen,**

g) **Forschungs-, Entwicklungs- und Innovationsbeihilfen,**

h) **Ausbildungsbeihilfen,**

i) **Beihilfen für benachteiligte oder behinderte Arbeitnehmer.**

(2) Sie gilt nicht für:

a) **Beihilfen für ausfuhrbezogene Tätigkeiten, insbesondere Beihilfen, die unmittelbar
mit den ausgeführten Mengen, dem Aufbau oder dem Betrieb eines Vertriebs-**

---

[18] Aktionsplan Staatliche Beihilfen, KOM(2005), 107 endg.

[19] VO 1628/2006, ABl. 2006 L 302/29.

[20] Art. 43 VO 800/2008, ABl. 2008 L 214/3.

[21] VO 68/2001, ABl. 2001 L 10/20.

[22] Siehe zu diesen Begriffen Art. 2 Nr. 7 iVm. Anhang I AGVO.

[23] VO 70/2001, ABl. 2001 L 10/33, geändert durch VO 364/2004, ABl. 2004 L 63/22, VO 1857/2006,
ABl. 2006 L 358/3.

[24] VO 2204/2002, ABl. 2002 L 337/3.

[25] Durch VO 1040/2006, ABl. 2006 L 187/8 bis zum 31. 12. 2007 und durch VO 1976/2006, ABl. 2006
L 368/85 bis zum 30. 6. 2008.

[26] 4. Erwägungsgrund der AGVO.

[27] Art. 44 Abs. 2.

netzes oder anderen laufenden Ausgaben in Verbindung mit der Ausfuhrtätigkeit zusammenhängen;

b) Beihilfen, die davon abhängig sind, dass einheimische Waren Vorrang vor eingeführten Waren erhalten.

(3) Diese Verordnung gilt für Beihilfen in allen Wirtschaftszweigen mit folgenden Ausnahmen:

a) Beihilfen für Tätigkeiten in der Fischerei und der Aquakultur, die unter die Verordnung (EG) Nr. 104/2001[1] fallen, ausgenommen Ausbildungsbeihilfen, Risikokapitalbeihilfen, Forschungs-, Entwicklungs- und Innovationsbeihilfen und Beihilfen für benachteiligte und behinderte Arbeitnehmer;

b) Beihilfen für Tätigkeiten im Rahmen der Primärerzeugung landwirtschaftlicher Erzeugnisse, ausgenommen Ausbildungsbeihilfen, Risikokapitalbeihilfen, Forschungs- und Entwicklungsbeihilfen, Umweltschutzbeihilfen und Beihilfen für benachteiligte und behinderte Arbeitnehmer, soweit diese Gruppen von Beihilfen nicht unter die Verordnung (EG) Nr. 1857/2006 der Kommission fallen;

c) Beihilfen für Tätigkeiten im Rahmen der Verarbeitung und Vermarktung landwirtschaftlicher Erzeugnisse, wenn:

ii) sich der Beihilfebetrag nach dem Preis oder der Menge der auf dem Markt von Primärerzeugern erworbenen oder von den betreffenden Unternehmen angebotenen Erzeugnisse richtet oder

ii) die Beihilfe davon abhängig ist, dass sie ganz oder teilweise an die Primärerzeuger weitergegeben wird;

d) Beihilfen für Tätigkeiten im Steinkohlenbergbau, ausgenommen Ausbildungsbeihilfen, Forschungs-, Entwicklungs- und Innovationsbeihilfen und Umweltschutzbeihilfen;

e) Regionalbeihilfen für Tätigkeiten in der Stahlindustrie;

f) Regionalbeihilfen für Tätigkeiten im Schiffbau;

g) Regionalbeihilfen für Tätigkeiten im Kunstfasersektor.

(4) Diese Verordnung gilt nicht für Regionalbeihilferegelungen, die gezielt bestimmte Wirtschaftszweige innerhalb des verarbeitenden Gewerbes oder des Dienstleistungssektors betreffen. Regelungen, die auf Tourismustätigkeiten ausgerichtet sind, gelten nicht als Regelungen für bestimmte Wirtschaftszweige.

(5) Diese Verordnung gilt vorbehaltlich des Artikels 13 Absatz 1 nicht für Ad-hoc-Beihilfen für Großunternehmen.

(6) Diese Verordnung gilt nicht für folgende Beihilfen:

a) Beihilferegelungen, in denen nicht ausdrücklich festgelegt ist, dass einem Unternehmen, das einer Rückforderungsanordnung aufgrund einer früheren Kommissionsentscheidung zur Feststellung der Rechtswidrigkeit und Unvereinbarkeit einer Beihilfe mit dem Gemeinsamen Markt nicht Folge geleistet hat, keine Einzelbeihilfen gewährt werden dürfen;

b) Ad-hoc-Beihilfen für ein Unternehmen, das einer Rückforderungsanordnung aufgrund einer früheren Kommissionsentscheidung zur Feststellung der Rechtswidrigkeit und Unvereinbarkeit einer Beihilfe mit dem Gemeinsamen Markt nicht Folge geleistet hat;

c) Beihilfen für Unternehmen in Schwierigkeiten.

(7) Für die Zwecke von Absatz 6 Buchstabe c wird ein KMU als Unternehmen in Schwierigkeiten betrachtet, wenn es die folgenden Voraussetzungen erfüllt:

a) im Falle von Gesellschaften mit beschränkter Haftung: Mehr als die Hälfte des gezeichneten Kapitals ist verschwunden, und mehr als ein Viertel dieses Kapitals ist während der letzten zwölf Monate verlorengegangen, oder

b) im Falle von Gesellschaften, in denen mindestens einige Gesellschafter unbeschränkt für die Schulden der Gesellschaft haften: Mehr als die Hälfte der in den Geschäftsbüchern ausgewiesenen Eigenmittel ist verschwunden, und mehr als ein

---

[1] **Amtl. Anm.:** ABl. L 17 vom 21. 1. 2000, S. 22.

Viertel dieser Mittel ist während der letzten zwölf Monate verlorengegangen, oder

c) unabhängig von der Gesellschaftsform: Die im innerstaatlichen Recht vorgesehenen Voraussetzungen für die Eröffnung eines Gesamtverfahrens, welches die Insolvenz des Schuldners voraussetzt, sind erfüllt.

Ein KMU wird in den ersten drei Jahren nach seiner Gründung für die Zwecke dieser Verordnung nur dann als Unternehmen in Schwierigkeiten betrachtet, wenn es die in Voraussetzungen von Unterabsatz 1 Buchstabe c erfüllt.

I. Sachlicher Anwendungsbereich

Im Einzelnen sind folgende **Beihilfegruppen** vom Anwendungsbereich der Allgemeinen 1
Gruppenfreistellungsverordnung erfasst:[2] Regionalbeihilfen, Investitions- und Beschäftigungsbeihilfen für KMU,[3] Beihilfen für die Gründung von Frauenunternehmen,[4] Umweltschutzbeihilfen, KMU-Beihilfen für die Inanspruchnahme von Beratungsdiensten und für die Teilnahme an Messen, Risikokapitalbeihilfen, Forschungs-, Entwicklungs- und Innovationsbeihilfen, Ausbildungsbeihilfen und Beihilfen für benachteiligte oder behinderte Arbeitnehmer.[5] Die Ermächtigungsverordnung[6] ermöglicht der Kommission auch, in ihr nicht namentlich zitierte Maßnahmen freizustellen, soweit der Vorteil auf KMU beschränkt ist. Zum Beispiel wurde in die Allgemeine Gruppengleichstellungsverordnung die Beihilfe für die Gründung kleiner Frauenunternehmen aufgenommen, die nicht ausdrücklich in der ermächtigenden Verordnung genannt war.[7]

II. Ausgeschlossene Beihilfen

Eine ebenfalls auf die ermächtigende Verordnung aus dem Jahre 1998 gestützte Freistellungs- 2
verordnung betrifft sog. **De-minimis-Beihilfen**.[8] Diese Verordnung ersetzt die Vorgängerregelung aus dem Jahre 2001[9] und gilt bis zum 31. 12. 2013.[10] Die neue Allgemeine Gruppenfreistellungsverordnung erfasst dementsprechend die Gruppe der De-Minimis-Beihilfen nicht.

Des Weiteren gilt die Allgemeine Gruppenfreistellungsverordnung nicht für Beihilfen für aus- 3
fuhrbezogene Tätigkeiten sowie Beihilfen, die davon abhängig sind, dass einheimische Waren Vorrang vor eingeführten Waren erhalten.[11]

Die Allgemeine Gruppenfreistellungsverordnung soll entsprechend dem Aktionsplan zwar fast 4
alle Wirtschaftszweige umfassen, einige Sektoren mit besonderen Bedingungen jedoch weiterhin ausklammern.[12] Demgemäß sind folgende **Sektoren** von der Verordnung **ausgenommen:**[13]

– Beihilfen für Tätigkeiten in der **Fischerei** und der **Aquakultur**, die unter die VO 104/2000[14] fallen, ausgenommen Ausbildungsbeihilfen, Risikokapitalbeihilfen, Forschungs-, Entwicklungs- und Innovationsbeihilfen und Beihilfen für benachteiligte und behinderte Arbeitnehmer.[15]

Eine besondere Freistellungsverordnung über Beihilfen an kleine und mittlere in der Erzeugung, Verarbeitung und Vermarktung von Fischereierzeugnissen tätige Unternehmen gilt bis zum Ende des Jahres 2013 fort.[16]

---

[2] Art. 1.

[3] Siehe zu diesen Begriffen Art. 2 Nr. 7 iVm. Anhang I.

[4] Siehe zu diesem Begriff Art. 2 Nr. 28.

[5] Siehe zu diesen Begriffen Art. 2 Nr. 18 ff.

[6] Art. 1 Abs. 1 VO 994/98 ABl. 1998 L 142/1, siehe dazu näher oben unter Vor Art. 1 ff. RdNr. 5.

[7] *Deiberova/Nyssens* EStAL 2009, 27, 28.

[8] Art. 2 Abs. 1 VO 1998/2006, ABl. 2006 L 379/5, ergangen auf Grundlage der Art. 2 Abs. 1 VO 994/1998, ABl. 1998 L 1421.

[9] VO 69/2001, ABl. 2001 L 10/30, ebenfalls auf Grundlage der Art. 2 Abs. 1 VO 994/98 ABl. 1998 L 142/1 ergangen.

[10] Art. 6 VO 1998/2006, ABl. 2006 L 379/5.

[11] Art. 1 Abs. 2.

[12] Aktionsplan Staatliche Beihilfen, KOM(2005), 107 endg., RdNr. 12.

[13] Art. 1 Abs. 3.

[14] ABl. 2000 L 17/22 in der Fassung v. 23. 9. 2003, geändert schließlich durch VO 1759/2006, ABl. 2006 L 335/3.

[15] Siehe zu diesen Begriffen Art. 2 Nr. 18 ff.

[16] Art. 27 VO 736/2008, ABl. 2008 L 201/16.

– Ausgenommen sind auch Beihilfen für Tätigkeiten im Rahmen der **Primärerzeugung landwirtschaftlicher Erzeugnisse**[17] mit Ausnahme von Ausbildungsbeihilfen, Risikokapitalbeihilfen, Forschungs- und Entwicklungsbeihilfen, Umweltschutzbeihilfen und Beihilfen für benachteiligte und behinderte Arbeitnehmer,[18] soweit diese Gruppen von Beihilfen nicht unter die VO 1857/2006 fallen. Diese genannte Freistellungsverordnung betrifft Beihilfen an kleine und mittlere in der Erzeugung von landwirtschaftlichen Erzeugnissen tätige Unternehmen.[19]

– Nicht von der Allgemeinen Gruppenfreistellungsverordnung erfasst sind des Weiteren Beihilfen für Tätigkeiten im Rahmen der **Verarbeitung und Vermarktung landwirtschaftlicher Erzeugnisse,**[20] wenn sich der Beihilfebetrag nach dem Preis oder der Menge der auf dem Markt von Primärerzeugern erworbenen oder von den betreffenden Unternehmen angebotenen Erzeugnisse oder die Beihilfe davon abhängig ist, dass sie ganz oder teilweise an die Primärerzeuger weitergegeben wird.

– Nicht erfasst werden auch Beihilfen für Tätigkeiten im **Steinkohlenbergbau,**[21] ausgenommen Ausbildungsbeihilfen, Forschungs-, Entwicklungs- und Innovationsbeihilfen sowie Umweltschutzbeihilfen und

– Regionalbeihilfen für Tätigkeiten in der **Stahlindustrie,**[22] im **Schiffbau** sowie im **Kunstfasersektor.**[23]

5   Ausgenommen von der Allgemeinen Gruppenfreistellungsverordnung sind des Weiteren **Regionalbeihilferegelungen,**[24] die gezielt bestimmte Wirtschaftszweige innerhalb des verarbeitenden Gewerbes oder des Dienstleistungssektors betreffen.[25] Regelungen, die auf Tourismustätigkeiten[26] ausgerichtet sind, gelten jedoch nicht als Regelungen für bestimmte Wirtschaftszweige. Diese Bestimmungen erklären sich daraus, dass Ziele und Auswirkungen von Regionalbeihilferegelungen, die regionale Ziele in bestimmten Wirtschaftszweigen verfolgen, häufig sektoraler und nicht horizontaler Natur sind und daher nicht von der Anmeldung freigestellt werden sollen. Die Ausnahme für den Tourismus wiederum beruht darauf, dass er eine wichtige volkswirtschaftliche Rolle spielt und besonders positive Wirkung auf die regionale Entwicklung hat.[27] Letztere fördert durch die Abhilfe für die Probleme benachteiligter Gebiete letztlich auch den wirtschaftlichen, territorialen und sozialen Zusammenhalt der Mitgliedstaaten und damit der Gemeinschaft.[28]

6   Außerdem gilt vorbehaltlich der Regelung des Art. 13 die Allgemeine Gruppenfreistellungsverordnung grundsätzlich nicht für **Ad-hoc-Beihilfen**[29] **für Großunternehmen,**[30] Art. 1 Abs. 5. Hiernach sind Ad-hoc-Beihilfen, die nur verwendet werden, um Beihilfen zu ergänzen, die auf der Grundlage von regionalen Investitions- und Beschäftigungsbeihilferegelungen[31] gewährt wurden und 50% der gesamten für die Investition zu gewährenden Beihilfe nicht überschreiten, mit dem Gemeinsamen Markt vereinbar und von der Anmeldepflicht freigestellt, wenn diese Ad-hoc-Beihilfen sämtliche Voraussetzungen der Allgemeinen Gruppenfreistellungsverordnung erfüllen. Die Herausnahme der Ad-hoc-Beihilfen an Großunternehmen aus dem Anwendungsbereich der Freistellung wurde im Verfahren vor der Verabschiedung der Allgemeinen Gruppenfreistellungsverordnung als diskriminierend kritisiert. Die Verwirklichung der Ziele der Lissabon-Strategie werde erschwert.[32] Besonders wurde auf den nicht zu begrüßenden Unterschied zur vorherigen Rechtslage im Bereich der Ausbildungsbeihilfen hinge-

---

[17] Siehe zu diesen Begriffen Art. 2 Nr. 22.
[18] Siehe zu diesen Begriffen Art. 2 Nr. 18 ff.
[19] VO 1857/2006, ABl. 2006 L 358/3; siehe auch die Vorgängerregelung VO 1/2004, ABl. 2004 L 1/1.
[20] Siehe zu diesen Begriffen Art. 2 Nr. 22 ff.
[21] Hierfür gilt die VO 1407/2002, ABl. 2002 L 205/1 in der konsolidierten Fassung vom 1. 1. 2007.
[22] Siehe zu diesem Begriff Art. 2 Nr. 29.
[23] Siehe zu diesem Begriff Art. 2 Nr. 30.
[24] Zum Begriff der Beihilferegelung siehe Art. 2 Nr. 2.
[25] Art. 1 Abs. 4.
[26] Siehe zu diesem Begriff Art. 2 Nr. 25.
[27] 14. Erwägungsgrund der AGVO.
[28] Leitlinien für staatliche Beihilfen mit regionaler Zielsetzung 2007–2013, ABl. 2006 C 54/13, Tz. 2.
[29] Zum Begriff siehe Art. 2 Nr. 4.
[30] Zum Begriff siehe Art. 2 Nr. 8.
[31] Zum Begriff der Beihilferegelung siehe Art. 2 Nr. 2.
[32] Stellungnahme der Regierung der Bundesrepublik Deutschland zum Entwurf der Allgemeinen Gruppenfreistellungsverordnung, abrufbar unter http://ec.europa.eu/competition/state_aid/reform/comments_gber1/34739.pdf, 4.

wiesen. Gerade auch größere Unternehmen seien wichtige Partner im Bereich der Ausbildung, sodass ua. hier Ad-hoc-Beihilfen möglich bleiben sollten. Ausbildungsbeihilfen würden ausgezahlt, um Unternehmen zu ermutigen, die im gesellschaftlichen Gesamtinteresse liegende Ausbildung von Fachkräften vorzunehmen, und müssten demzufolge keiner eingehenden Prüfung unterzogen werden.[33] Diese Auffassung widerspricht jedoch jedenfalls im Bereich der spezifischen Ausbildungsmaßnahmen der Auffassung der Kommission, dass solche Maßnahmen häufig in erster Linie dem jeweiligen ausbildenden Unternehmen zugute kommen.[34] Zudem ist der Ausschluss von Ad-hoc-Beihilfen für Großunternehmen durch den nur schwierig zu ermittelnden Anreizeffekt in solchen Fällen gerechtfertigt.[35] Dieser Hintergrund, der auf allgemeine und spezifische Ausbildungsmaßnahmen gleichermaßen und ebenso auf andere Ad-hoc-Beihilfen zutrifft, lässt auch eine Anmeldung erforderlich erscheinen, um den Anreizeffekt einzeln überprüfen zu können.[36] Denn auch und gerade für die Berücksichtigung der Ziele von Lissabon ist ein reibungsloser Wettbewerb mit einer aktiven Beihilfenkontrolle erforderlich.[37] Für die Würdigung einer Beihilfe als mit dem Gemeinsamen Markt vereinbar ist unter anderem erforderlich, dass sie die richtigen Anreize schafft und die Verfälschung des Wettbewerbs auf ein Minimum beschränkt.[38] Insbesondere ist die Anreizprüfung Eckpfeiler einer verfeinerten wirtschaftlichen Analyse, die die Kommission im Rahmen ihrer Beihilfenpolitik gerade entsprechend der neu belebten Lissabon-Strategie vornimmt.[39]

Des Weiteren gilt die Allgemeine Gruppenfreistellungsverordnung nicht für Einzelbeihilfen, **7** die als **Ad-hoc-Beihilfen**[40] gewährt werden, und nicht für Einzelbeihilfen, die auf der Grundlage einer Beihilferegelung gewährt werden,[41] deren **Bruttosubventionsäquivalent** den jeweiligen Schwellenwert (siehe dazu unten unter Art. 6 RdNr. 1) übersteigt.[42] Der Begriff des Bruttosubventionsäquivalents ist in der Allgemeinen Gruppenfreistellungsverordnung nicht definiert, aber in der abgelösten VO 1628/2006 über regionale Investitionsbeihilfen.[43] Danach handelt es sich um den abgezinsten Wert der Beihilfe im prozentualen Verhältnis zum abgezinsten Wert der förderfähigen (Investitions-)Kosten. Diese Definition ist übertragbar bis auf den eingeklammerten Wortteil. Auf das *Brutto*subventionsäquivalent ist abzustellen, um Schwierigkeiten durch Abweichungen in der Besteuerung der einzelnen Mitgliedstaaten zu vermeiden.

Die Allgemeine Gruppenfreistellungsverordnung gilt gem. Art. 1 Abs. 6 außerdem nicht für **8** folgende Beihilfen:
– **Beihilferegelungen,**[44] in denen nicht ausdrücklich festgelegt ist, dass einem Unternehmen, das einer Rückforderungsanordnung aufgrund einer früheren Kommissionsentscheidung zur Feststellung der Rechtswidrigkeit und Unvereinbarkeit einer Beihilfe mit dem Gemeinsamen Markt nicht Folge geleistet hat, keine Einzelbeihilfen gewährt werden dürfen. Diese Ausnahme spiegelt die sog. *Deggendorf*-Rechtsprechung wider und stimmt mit den Zielen des Aktionsplans überein.[45] Sie soll nicht die berechtigten Erwartungen der Begünstigten von Beihilferegelungen beeinträchtigen, gegenüber denen keine Rückforderungsansprüche bestehen.[46]

---

[33] Stellungnahme der Regierung der Bundesrepublik Deutschland zum dritten Entwurf der Allgemeinen Gruppenfreistellungsverordnung, abrufbar unter http://ec.europa.eu/competition/state_aid/reform/comments_gber3/bmwi_1.pdf, 3 f.

[34] 63. Erwägungsgrund der AGVO, näher dazu die Kommentierung der Ausbildungsbeihilfen, Art. 38, 39.

[35] 32. Erwägungsgrund der AGVO.

[36] Memorandum on the draft general block exemption regulation v. 11. 6. 2007, veröffentlicht unter http://ec.europa.eu/competition/state_aid/reform/archive_docs/final_memorandum_gber.pdf, RdNr. 19.

[37] Siehe Mitteilung für die Frühjahrstagung des Europäischen Rates – Zusammenarbeit für Wachstum und Arbeitsplätze – Ein Neubeginn für die Strategie von Lissabon, abrufbar unter http://ec.europa.eu/growthandjobs/pdf/COM2005_024_de.pdf, 20; Aktionsplan Staatliche Beihilfen, KOM(2005), 107 endg., RdNr. 13.

[38] Aktionsplan Staatliche Beihilfen, KOM(2005), 107 endg., RdNr. 11.

[39] Memorandum on the draft general block exemption regulation (Fn. 62), RdNr. 35; Aktionsplan Staatliche Beihilfen, KOM(2005), 107 endg., RdNr. 20 ff.

[40] Zum Begriff siehe Art. 2 Nr. 4.

[41] Zum Begriff siehe Art. 2 Nr. 3 lit. b.

[42] Art. 6.

[43] Art. 2 Abs. 1 lit. h VO 1628/2006, ABl. 2006 L 302/29.

[44] Zum Begriff siehe Art. 2 Nr. 2.

[45] EuGH, C-355/95 P, Slg. 1997, I-2549; Memorandum on the draft general block exemption regulation (Fn. 62), RdNr. 17; Aktionsplan Staatliche Beihilfen, KOM(2005), 107 endg., RdNr. 53.

[46] 16. Erwägungsgrund der AGVO.

– **Ad-hoc-Beihilfen**[47] für ein Unternehmen, das einer Rückforderungsanordnung, wie sie soeben beschrieben wurde, nicht Folge geleistet hat. Auch diese Ausnahme entspricht der Deggendorf-Rechtsprechung.[48]

– Beihilfen für **Unternehmen in Schwierigkeiten**. Hierfür wird ein kleines oder mittleres Unternehmen[49] als Unternehmen in Schwierigkeiten betrachtet, wenn es die folgenden Voraussetzungen[50] erfüllt:

  – im Falle von Gesellschaften mit beschränkter Haftung: Mehr als die Hälfte des gezeichneten Kapitals ist verschwunden und mehr als ein Viertel dieses Kapitals ist während der letzten zwölf Monate verloren gegangen, oder

  – im Falle von Gesellschaften, in denen mindestens einige Gesellschafter unbeschränkt für die Schulden der Gesellschaft haften: Mehr als die Hälfte der in den Geschäftsbüchern ausgewiesenen Eigenmittel ist verschwunden und mehr als ein Viertel dieser Mittel ist während der letzten zwölf Monate verloren gegangen, oder

  – unabhängig von der Gesellschaftsform: Die im innerstaatlichen Recht vorgesehenen Voraussetzungen für die Eröffnung eines Gesamtverfahrens, welches die Insolvenz des Schuldners voraussetzt, sind erfüllt.

9   Für Beihilfen an Unternehmen in Schwierigkeiten gelten, weil solche Beihilfen notwendigerweise den Charakter von **Rettungs- und Umstrukturierungsbeihilfen** haben,[51] die Leitlinien für staatliche Beihilfen zur Rettung und Umstrukturierung von Unternehmen in Schwierigkeiten.[52] Ein KMU wird jedoch in den ersten drei Jahren nach der Gründung für die Zwecke der Allgemeinen Gruppenfreistellungsverordnung nur dann als Unternehmen in Schwierigkeiten betrachtet, wenn es die Voraussetzungen von cc. (siehe soeben) erfüllt. Diese Ausnahme erklärt sich daraus, dass Verluste neu gegründeter Unternehmen, die diese u. U. in den ersten Jahren machen, grundsätzlich noch nicht dazu führen sollen, dass die jungen Unternehmen nicht gemäß der Allgemeinen Gruppenfreistellungsverordnung förderfähig sind.[53]

10   Wegen weiterer Einzelheiten zu den ausgeschlossenen Beihilfegruppen wird auf die Kommentierung unter „Sonstige besondere Beihilfegruppen" verwiesen.

Art. 2 Begriffsbestimmungen

Für diese Verordnung gelten folgende Begriffsbestimmungen:

1. **„Beihilfe": Maßnahmen, die die Voraussetzungen des Artikels 87 Absatz 1 EG-Vertrag erfüllen;**

2. **„Beihilferegelung": Regelung, nach der Unternehmen, die in der Regelung in einer allgemeinen und abstrakten Weise definiert werden, ohne nähere Durchführungsmaßnahmen Einzelbeihilfen gewährt werden können, beziehungsweise Regelung, nach der einem oder mehreren Unternehmen nicht an ein bestimmtes Vorhaben gebundene Beihilfen für unbestimmte Zeit und/oder in unbestimmter Höhe gewährt werden können;**

3. **„Einzelbeihilfe":**
   a) **Ad-hoc-Beihilfe, sowie**
   b) **anmeldepflichtige Beihilfe, die auf der Grundlage einer Beihilferegelung gewährt wird;**

4. **„Ad-hoc-Beihilfe": Einzelbeihilfe, die nicht auf der Grundlage einer Beihilferegelung gewährt wird;**

5. **„Beihilfeintensität": in Prozent der beihilfefähigen Kosten ausgedrückte Höhe der Beihilfe;**

6. **„transparente Beihilfe": Beihilfe, deren Bruttosubventionsäquivalent sich im Voraus genau berechnen lässt, ohne dass eine Risikobewertung erforderlich ist;**

---

[47] Zum Begriff siehe Art. 2 Nr. 4.

[48] EuGH, C-355/95 P, Slg. 1997, I-2549; Memorandum on the draft general block exemption regulation (Fn. 62), RdNr. 17.

[49] Siehe zu diesen Begriffen Art. 2 Nr. 7 iVm. Anhang I.

[50] Art. 1 Abs. 7.

[51] Memorandum on the draft general block exemption regulation (Fn. 62), RdNr. 18.

[52] ABl. 2004 C 244/2, anwendbar bis zum 9. 10. 2009, RdNr. 102.

[53] *Deiberova/Nyssens* EStAL 2009, 27, 29.

7. „kleine und mittlere Unternehmen" bzw. „KMU": Unternehmen, die die Voraussetzungen des Anhangs I erfüllen;
8. „Großunternehmen": Unternehmen, die die Voraussetzungen des Anhangs I nicht erfüllen;
9. „Fördergebiete": Regionen, die gemäß der genehmigten Fördergebietskarte des betreffenden Mitgliedstaats für den Zeitraum 2007–2013 für Regionalbeihilfen in Frage kommen;
10. „materielle Vermögenswerte": Grundstücke, Gebäude, Anlagen, Maschinen und Ausrüstungsgüter unbeschadet von Art. 17 Nummer 12. Im Verkehrssektor zählen Beförderungsmittel und Ausrüstungsgüter als beihilfefähige Vermögenswerte; dies gilt nicht für Regionalbeihilfen und nicht für den Straßengüterverkehr und den Luftverkehr;
11. „immaterielle Vermögenswerte": Vermögenswerte, die im Wege des Technologietransfers durch Erwerb von Patentrechten, Lizenzen, Know-How oder nicht patentiertem Fachwissen bedingt worden sind;
12. „großes Investitionsvorhaben": Kapitalanlageinvestition mit beihilfefähigen Kosten von über 50 Mio. EUR, berechnet auf Grundlage der zum Zeitpunkt der Bewilligung der Beihilfe geltenden Preise und Wechselkurse;
13. „Beschäftigtenzahl": Zahl der jährlichen Arbeitseinheiten (JAE), d. h. Zahl der während eines Jahres vollzeitlich Beschäftigten, wobei Teilzeitarbeit oder Saisonarbeit nach JAE-Bruchteilen bemessen wird;
14. „direkt durch ein Investitionsvorhaben geschaffene Arbeitsplätze": Arbeitsplätze, die die Tätigkeit betreffen, auf die sich die Investition bezieht, einschließlich Arbeitsplätzen, die im Anschluss an eine durch die Investition bewirkte höhere Kapazitätsauslastung geschaffen werden;
15. „Lohnkosten": alle Kosten, die der Beihilfeempfänger für den fraglichen Arbeitsplatz tatsächlich tragen muss:
    a) Bruttolohn (d.h. Lohn vor Steuern);
    b) Pflichtbeiträge wie Sozialversicherungsbeiträge und
    c) Kosten für die Betreuung von Kindern und die Pflege von Eltern;
16. „Investitions- und Beschäftigungsbeihilfen für KMU": Beihilfen, die die Voraussetzungen des Artikels 15 erfüllen;
17. „Investitionsbeihilfen": Regionale Investitions- und Beschäftigungsbeihilfen nach Art. 13, Investitions- und Beschäftigungsbeihilfen für KMU nach Artikel 15, und Umweltschutzinvestitionsbeihilfen nach den Artikeln 18 bis 23;
18. „benachteiligte Arbeitnehmer": Personen, die:
    a) in den vorangegangenen sechs Monaten keiner regulären bezahlten Beschäftigung nachgegangen sind; oder
    b) über keinen Abschluss der Sekundarstufe II bzw. keinen Berufsabschluss verfügen (ISCED 3); oder
    c) die älter als 50 Jahre sind; oder
    d) als Erwachsene alleine leben und mindestens einer Person unterhaltsverpflichtet sind; oder
    e) in einem Wirtschaftszweig oder einem Beruf in einem Mitgliedsstaat arbeiten, wo das Ungleichgewicht zwischen Männern und Frauen mindestens 25% höher ist als das durchschnittliche Ungleichgewicht zwischen Männern und Frauen, das in dem betreffenden Mitgliedstaat in allen Wirtschaftszweigen insgesamt verzeichnet wird, und zu der betreffenden Minderheit gehören; oder
    f) Angehörige einer ethnischen Minderheit in einem Mitgliedstaat sind, und die ihre sprachlichen oder beruflichen Fertigkeiten ausbauen oder mehr Berufserfahrung sammeln müssen, damit sie bessere Aussichten auf eine dauerhafte Beschäftigung haben;
19. „stark benachteiligte Arbeitnehmer": Personen, die seit mindestens 24 Monaten ohne Beschäftigung sind;
20. „behinderte Arbeitnehmer":
    a) Personen, die nach nationalem Recht als Behinderte gelten, oder
    b) Personen mit einer anerkannten körperlichen, geistigen oder seelischen Beeinträchtigung;

21. „geschütztes Beschäftigungsverhältnis": Beschäftigungsverhältnis in einem Unternehmen, in dem mindestens 50% der Arbeitnehmer behindert sind;

22. „landwirtschaftliche Erzeugnisse":

a) die in Anhang I EG-Vertrag genannten Erzeugnisse, ausgenommen Fischerei- und Aquakulturerzeugnisse gemäß der Verordnung (EG) Nr. 104/2000;

b) Erzeugnisse der KN-Codes 4502, 4503 und 4504 (Korkerzeugnisse);

c) Erzeugnisse zur Imitation oder Substitution von Milch und Milcherzeugnissen im Sinne der Verordnung (EG) Nr. 1234/2007 des Rats;[1]

23. „Verarbeitung eines landwirtschaftlichen Erzeugnisses": jede Einwirkung auf ein landwirtschaftliches Erzeugnis, deren Ergebnis ebenfalls ein landwirtschaftliches Erzeugnis ist, ausgenommen Tätigkeiten eines landwirtschaftlichen Betriebs im Zusammenhang mit der Vorbereitung eines tierischen oder pflanzlichen Erzeugnisses für den Erstverkauf;

24. „Vermarktung eines landwirtschaftlichen Erzeugnisses": der Besitz oder die Ausstellung eines Erzeugnisses im Hinblick auf den Verkauf, das Angebot zum Verkauf, die Lieferung eines Erzeugnisses oder jede andere Art des Inverkehrbringens, ausgenommen der Erstverkauf durch einen Primärerzeuger an Wiederverkäufer oder Verarbeiter sowie jede Tätigkeit im Zusammenhang mit der Vorbereitung eines Erzeugnisses zum Erstverkauf; der Verkauf durch einen Primärerzeuger an Endverbraucher gilt als Vermarktung, wenn er in gesonderten, eigens für diesen Zweck vorgesehenen Räumlichkeiten erfolgt;

25. „Tourismustätigkeiten": folgende Geschäftstätigkeiten im Sinne der NACE Rev. 2:

a) NACE 55: Beherbergung;

b) NACE 56: Gastronomie;

c) NACE 79: Reisebüros, Reiseveranstalter, Erbringung sonstiger Reservierungsdienstleistungen;

d) NACE 90: kreative, künstlerische und unterhaltende Tätigkeiten;

e) NACE 91: Bibliotheken, Archive, Museen, botanische und zoologische Gärten;

f) NACE 93: Erbringung von Dienstleistungen des Sports, der Unterhaltung und der Erholung;

26. „rückzahlbarer Vorschuss": ein für ein Vorhaben gewährtes Darlehen, das in einer oder mehreren Tranchen ausgezahlt wird und dessen Rückzahlungsbedingungen vom Ergebnis des Forschungs-, Entwicklungs- und Innovationsvorhabens abhängen;

27. „Risikokapital": Investition in die Finanzierung von Unternehmen in der Frühphase (Seed-, Start-up- und Expansionsfinanzierung) mit Eigenkapital und eigenkapitalähnlichen Mitteln;

28. „neu gegründetes Frauenunternehmen": kleines Unternehmen, das die folgenden Voraussetzungen erfüllt:

a) eine oder mehrere Frauen halten mindestens 51% des Kapitals des betreffenden kleinen Unternehmens oder sind die eingetragenen Eigentümerinnen des betreffenden Unternehmens, und

b) eine Frau ist mit der Geschäftsführung betraut;

29. „Stahlindustrie": sämtliche Tätigkeiten im Zusammenhang mit der Herstellung eines oder mehrerer der folgenden Erzeugnisse:

a) Roheisen und Ferrolegierungen:

Roheisen für die Erzeugung von Stahl, Gießereiroheisen und sonstige Roheisensorten, Spiegeleisen und Hochofen-Ferromangan, nicht einbegriffen sind die übrigen Ferrolegierungen;

b) Rohfertigerzeugnisse und Halbzeug aus Eisen, Stahl oder Edelstahl

flüssiger Stahl, gleichgültig ob in Blöcken gegossen oder nicht, darunter zu Schmiedezwecken bestimmte Blöcke, Halbzeug: vorgewalzte Blöcke (Luppen), Knüppel und Brammen; Platinen, warmgewalztes breites Bandeisen; mit Ausnahme der Erzeugung von Flüssigstahlguss für kleine und mittlere Gießereien;

---

[1] **Amtl. Anm.:** ABl. L 299 vom 16. 11. 2007, S. 1.

c) Walzwerksfertigerzeugnisse aus Eisen, Stahl oder Edelstahl:
Schienen, Schwellen, Unterlagsplatten und Laschen, Träger, schwere Formeisen und Stabeisen von 80 mm und mehr, Stab- und Profileisen unter 80 mm sowie Flacheisen unter 150 mm, Walzdraht, Röhrenrundstahl und Röhrenvierkantstahl, warmgewalztes Bandeisen (einschließlich der Streifen zur Röhrenherstellung), warmgewalzte Bleche (mit oder ohne Überzug), Grob- und Mittelbleche von 3 mm Stärke und mehr, Universaleisen von 150 mm und mehr; mit Ausnahme von Draht und Drahtprodukten, Blankstahl und Grauguss;

d) Kaltfertiggestellte Erzeugnisse:
Weißblech, verbleites Blech, Schwarzblech, verzinkte Bleche, sonstige mit Überzug versehene Bleche, kaltgewalzte Bleche, Transformatoren- und Dynamobleche, zur Herstellung von Weißblech bestimmtes Bandeisen; kaltgewalztes Blech, als Bund und als Streifen;

e) Röhren:
sämtliche nahtlosen Stahlröhren, geschweißte Stahlröhren mit einem Durchmesser von mehr als 406,4 mm;

30. „Kunstfaserindustrie":

a) Herstellung/Texturierung aller Arten von Fasern und Garnen auf der Basis von Polyester, Polyamid, Acryl und Polypropylen, ungeachtet ihrer Zweckbestimmung, oder

b) Polymerisation (einschließlich Polykondensation), sofern sie Bestandteil der Herstellung ist, oder

c) jedes zusätzliche industrielle Verfahren, das mit der Errichtung von Herstellungs- bzw. Texturierungskapazitäten durch das begünstigte Unternehmen oder ein anderes Unternehmen desselben Konzerns einhergeht und das in der betreffenden Geschäftstätigkeit in der Regel Bestandteil der Faserherstellung bzw. -texturierung ist.

Die Allgemeine Gruppenfreistellungsverordnung legt einheitliche Begriffsbestimmungen nieder, die der Vereinfachung dienen sollen.[2] In den abgelösten Freistellungsverordnungen waren die Begriffe teilweise unterschiedlich definiert.[3] **1**

Art. 2 definiert die Begriffe, welche auf die gesamte Verordnung Anwendung finden. Diese allgemeine Vorschrift wird einerseits durch weitere spezielle Begriffsbestimmungen im besonderen Teil der Verordnung, Kapitel II, sowie durch den Anhang I über die Definition der kleinen und mittleren Unternehmen, auf den Art. 2 Nr. 7 verweist, ergänzt. Die Anwendung der Definition von **KMU**, bereits in einer früheren Verordnung[4] enthalten, führte in der Vergangenheit zu Schwierigkeiten, die durch die Übernahme fortbestehen. **2**

Art. 3 Freistellungsvoraussetzungen

(1) Beihilferegelungen, die alle Voraussetzungen des Kapitels I erfüllen sowie den einschlägigen Bestimmungen des Kapitels II entsprechen, sind im Sinne von Artikel 87 Absatz 3 EG-Vertrag mit dem Gemeinsamen Markt vereinbar und von der Anmeldepflicht nach Artikel 88 Absatz 3 EG-Vertrag freigestellt, wenn alle Einzelbeihilfen auf der Grundlage solcher Regelungen ebenfalls alle Voraussetzungen dieser Verordnung erfüllen und die Regelungen einen ausdrücklichen Verweis auf diese Verordnung unter Angabe des Titels sowie einen ausdrücklichen Verweis auf die Fundstelle im *Amtsblatt der Europäischen Union* enthalten.

(2) Einzelbeihilfen auf der Grundlage einer unter Absatz 1 genannten Regelung sind im Sinne von Artikel 87 Absatz 3 EG-Vertrag mit dem Gemeinsamen Markt vereinbar und von der Anmeldepflicht nach Artikel 88 Absatz 3 EG-Vertrag freigestellt, wenn diese Einzelbeihilfemaßnahmen alle Voraussetzungen des Kapitels I erfüllen sowie den einschlägigen Bestimmungen des Kapitels II entsprechen und einen

---

[2] 4. Erwägungsgrund der AGVO.
[3] Memorandum on the draft general block exemption regulation (Fn. 62) RdNr. 20.
[4] Siehe bereits VO 364/2004, ABl. 2004 L 63/27, Anhang I, als Auszug aus der Empfehlung der Kommission vom 6. Mai 2003 betreffend die Definition der kleinen und mittleren Unternehmen, ABl. 2003 L 124/36.

ausdrücklichen Verweis auf die einschlägigen Bestimmungen dieser Verordnung unter Angabe der einschlägigen Bestimmungen, des Titels dieser Verordnung sowie der Fundstelle im *Amtsblatt der Europäischen Union* enthalten.

(3) Ad-hoc-Beihilfen, die alle Voraussetzungen des Kapitels I erfüllen sowie den einschlägigen Bestimmungen des Kapitels II entsprechen, sind im Sinne von Artikel 87 Absatz 3 EG-Vertrag mit dem Gemeinsamen Markt vereinbar und von der Anmeldepflicht nach Artikel 88 Absatz 3 EG-Vertrag freigestellt, wenn diese Beihilfen einen ausdrücklichen Verweis auf die einschlägigen Bestimmungen dieser Verordnung unter Angabe der einschlägigen Bestimmungen, des Titels dieser Verordnung sowie der Fundstelle im *Amtsblatt der Europäischen Union* enthalten.

1   Beihilferegelungen,[1] die alle Voraussetzungen des Kapitels I der AGVO erfüllen sowie den einschlägigen Bestimmungen des Kapitels II entsprechen, sind im Sinne von Art. 107 Abs. 3 AEUV mit dem Gemeinsamen Markt vereinbar und von der Anmeldepflicht nach Art. 108 Abs. 3 AEUV freigestellt, wenn alle Einzelbeihilfen auf der Grundlage solcher Regelungen[2] ebenfalls alle Voraussetzungen der Allgemeinen Gruppenfreistellungsverordnung erfüllen und die Regelungen einen ausdrücklichen Verweis auf die Allgemeine Gruppenfreistellungsverordnung unter Angabe des Titels sowie einen ausdrücklichen Verweis auf die Fundstelle im Amtsblatt der Europäischen Union enthalten, siehe Art. 3 Abs. 1. Entsprechende Freistellungsvoraussetzungen sind in Art. 3 Abs. 2 für Einzelbeihilfen auf Grundlage einer Beihilferegelung[3] und in Abs. 3 für Ad-hoc-Beihilfen enthalten.[4]

2   Im Zusammenhang mit Art. 3 ist für die Gewährung von Einzelbeihilfen auch die Transparenzvorschrift des Art. 9 Abs. 3,[5] die die Anforderungen an den Bewilligungsbescheid konkretisiert, zu sehen. Näher zu den Transparenzerfordernissen unter 12.

Art. 4 Beihilfeintensität und beihilfefähige Kosten

(1) Für die Berechnung der Beihilfeintensität werden die Beträge vor Abzug von Steuern und sonstigen Abgaben herangezogen. Werden Beihilfen nicht in Form von Zuschüssen gewährt, bestimmt sich die Höhe der Beihilfe nach ihrem Subventionsäquivalent. In mehreren Tranchen gezahlte Beihilfen werden auf ihren Wert zum Zeitpunkt ihrer Bewilligung abgezinst. Für die Abzinsung wird der Referenzzinssatz zum Bewilligungszeitpunkt zugrunde gelegt.

(2) Wird die Beihilfe in Form einer vollständigen oder teilweisen Befreiung von künftigen Steuern gewährt, werden vorbehaltlich der Einhaltung einer bestimmten als Bruttosubventionsäquivalent ausgedrückten Beihilfeintensität für die Abzinsung der Beihilfetranchen die jeweiligen Referenzzinssätze zu dem Zeitpunkt zugrunde gelegt, zu dem die verschiedenen Steuerbegünstigungen wirksam werden.

(3) Die beihilfefähigen Kosten sind schriftlich anhand einer klaren, aufgegliederten Aufstellung zu belegen.

1   Die Beihilfeintensität ist die in Prozent der beihilfefähigen Kosten ausgedrückte Höhe der Beihilfe.[1*] In Art. 4 ist geregelt, wie die Berechnung der Beihilfeintensität im Allgemeinen erfolgt. Diese Regelung steht mit den im besonderen Teil der Verordnung geregelten Schwellenwerten (dazu unter 9) in Zusammenhang und ist auf die jeweiligen Beihilfeintensitäten, die der besondere Teil für die verschiedenen Beihilfegruppen bestimmt (siehe die jeweilige Kommentierung dazu), anzuwenden.

2   Die Obergrenzen für die Beihilfeintensitäten bzw. -beträge wurden entsprechend den Erfahrungen der Kommission so bemessen, dass die Ziele einer möglichst geringen Wettbewerbsverfälschung in dem geförderten Sektor einerseits und der Behebung des jeweiligen Marktversagens bzw. Kohäsionsproblems andererseits in einem angemessenen Verhältnis zueinander stehen.[2*]

---

[1] Zum Begriff siehe Art. 2 Nr. 2.
[2] Zum Begriff siehe Art. 2 Nr. 3 lit. b.
[3] Zum Begriff siehe Art. 2 Nr. 3 lit. b.
[4] Zum Begriff siehe Art. 2 Nr. 3 lit. a.
[5] *Deiberova/Nyssens* EStAL 2009, 27, 32.
[1*] Art. 2 Nr. 5.
[2*] 25. Erwägungsgrund der AGVO.

Für die **Berechnung der Beihilfeintensität** werden die Beträge vor Abzug von Steuern 3
und sonstigen Abgaben herangezogen. Werden Beihilfen nicht in Form von Zuschüssen gewährt, bestimmt sich die Höhe der Beihilfe nach ihrem Subventionsäquivalent,[3] so etwa bei
Beihilfen in Form einer vollständigen oder teilweisen Befreiung von künftigen Steuern.[4] Weitere nicht in Zuschussform gewährte Beihilfearten enthält Art. 5. Die Abzinsung von in **mehreren Tranchen** gezahlten Beihilfen richtet sich nach deren Wert zum Zeitpunkt ihrer Bewilligung. Für die Abzinsung wird der Referenzzinssatz zum Bewilligungszeitpunkt zugrunde
gelegt.[5] Als Bewilligungszeitpunkt gilt der Zeitpunkt, zu dem der Beihilfeempfänger nach dem
geltenden einzelstaatlichen Recht einen Rechtsanspruch auf die Beihilfe erwirbt. [6]

Bei Beihilfen in Form von **Steuerbefreiungen** richtet sich vorbehaltlich der Einhaltung der 4
als Bruttosubventionsäquivalent ausgedrückten Beihilfeintensität die Abzinsung der Tranchen
nach den jeweiligen Referenzzinssätzen des Zeitpunkts, zu dem die verschiedenen Steuerbegünstigungen wirksam werden.[7] Wenn im Falle einer Befreiung von künftigen Steuern der
maßgebliche Referenzzinssatz und der genaue Betrag der einzelnen Beihilfetranchen nicht im
Voraus bekannt sind, sollen die Mitgliedstaaten im Voraus einen Höchstbetrag für den abgezinsten Beihilfewert festsetzen, der mit der maßgeblichen Beihilfeintensität im Einklang steht. Sobald der Betrag der Beihilfetranche in einem bestimmten Jahr feststeht, kann die Abzinsung zu
dem dann geltenden Referenzzinssatz erfolgen. Der abgezinste Wert der einzelnen Beihilfetranchen sollte vom Gesamthöchstbetrag in Abzug gebracht werden.[8]

Die beihilfefähigen Kosten sind schriftlich anhand einer klaren **Aufgliederung** zu belegen.[9]

Art. 5 Transparenz der Beihilfen

(1) Diese Verordnung gilt nur für transparente Beihilfen.

Als transparent gelten insbesondere folgende Arten von Beihilfen:

a) Beihilfen in Form von Zuschüssen und Zinszuschüssen;

b) Beihilfen in Form von Darlehen, wenn das Bruttosubventionsäquivalent auf der
Grundlage des zum Bewilligungszeitpunkt geltenden Referenzzinssatzes berechnet wird;

c) Beihilfen in Form von Garantieregelungen,

   i) wenn die Methode zur Berechnung des Bruttosubventionsäquivalents im Rahmen der Anwendung dieser Verordnung oder der Verordnung (EG) Nr. 1628/
   2006 bei der Kommission angemeldet und von dieser genehmigt worden ist
   und die genehmigte Methode ausdrücklich auf die Art der Garantien und die
   Art der zu Grunde liegenden Transaktionen Bezug nimmt, oder

   ii) wenn es sich bei dem Beihilfeempfänger um ein kleines oder mittleres Unternehmen handelt und das Bruttosubventionsäquivalent auf der Grundlage der
   Safe-Harbour-Prämien berechnet wird, die in der Mitteilung der Kommission
   über die Anwendung der Artikel 87 und 88 EG-Vertrag auf staatliche Beihilfen
   in Form von Haftungsverpflichtungen und Bürgschaften festgelegt sind;

d) Beihilfen in Form steuerlicher Maßnahmen, wenn darin eine Obergrenze vorgesehen ist, damit die maßgeblichen Schwellenwerte nicht überschritten werden.

(2) Die folgenden Arten von Beihilfen gelten nicht als transparent:

a) Beihilfen in Form von Kapitalzuführungen, unbeschadet der besonderen Bestimmungen für Risikokapital;

b) Risikokapitalbeihilfen mit Ausnahme von Beihilfen, die die Voraussetzungen des
Artikels 29 erfüllen.

(3) Beihilfen in Form rückzahlbarer Vorschüsse gelten nur dann als transparent,
wenn der Gesamtbetrag des rückzahlbaren Vorschusses die maßgeblichen Schwellenwerte nach Maßgabe dieser Verordnung nicht übersteigt. Ist der Schwellenwert als

---

3 Art. 4 Abs. 1.
4 Siehe Art. 4 Abs. 2.
5 Siehe Art. 4 Abs. 1.
6 36. Erwägungsgrund der AGVO.
7 Siehe Art. 4 Abs. 2.
8 19. Erwägungsgrund der AGVO.
9 Art. 4 Abs. 3 AVO.

Beihilfeintensität ausgedrückt, so darf der Gesamtbetrag des rückzahlbaren Vorschusses, ausgedrückt als Prozentsatz der beihilfefähigen Kosten, die maßgebliche Beihilfeintensität nicht übersteigen.

1   Im Interesse der Transparenz, der Gleichbehandlung und einer wirksamen Beihilfenkontrolle gilt die Freistellungsverordnung nur für transparente Beihilfen.[1] Eine **Beihilfe** ist **transparent**, wenn sich ihr **Bruttosubventionsäquivalent** (siehe oben unter Art. 4 RdNr. 3) im Voraus genau berechnen lässt, ohne dass eine **Risikobewertung** erforderlich ist.[2] Insbesondere gelten Beihilfen in Form von Zuschüssen und Zinszuschüssen, Beihilfen in Form von Darlehen, wenn das Bruttosubventionsäquivalent auf der Grundlage des zum Bewilligungszeitpunkt geltenden Referenzzinssatzes berechnet wird, sowie steuerliche Maßnahmen, wenn darin eine Obergrenze vorgesehen ist, damit die maßgeblichen Schwellenwerte nicht überschritten werden, als transparent.[3]

2   Für **Garantieregelungen** gelten folgende, besondere Anforderungen: Beihilfen in dieser Form gelten als transparent, wenn die Methode zur Berechnung des Bruttosubventionsäquivalents im Rahmen der Anwendung der Allgemeinen Gruppengleichstellungsverordnung oder der VO 1628/2006[4] (im Falle regionaler Investitionsbeihilfen) bei der Kommission angemeldet und von dieser genehmigt worden ist und die genehmigte Methode ausdrücklich auf die Art der Garantien und die Art der zu Grunde liegenden Transaktionen Bezug nimmt. Des Weiteren gilt eine Beihilfe in Form von Garantieregelungen dann als transparent, wenn es sich bei dem Beihilfeempfänger um ein KMU handelt und das Bruttosubventionsäquivalent auf der Grundlage der Safe-Harbour-Prämien berechnet wird, die in der Mitteilung der Kommission über die Anwendung der Art. 107 und 108 AEUV auf staatliche Beihilfen in Form von Haftungsverpflichtungen und Bürgschaften festgelegt sind.[5] Diese neue Anforderung soll Missbrauch, wie er in der Vergangenheit vorgekommen ist, vermeiden.[6]

3   Die Aufzählung transparenter Beihilfen ist **nicht abschließend**.[7]

4   Dagegen gelten Beihilfen in Form von Kapitalzuführungen, unbeschadet der besonderen Bestimmungen für Risikokapital, sowie Risikokapitalbeihilfen, mit Ausnahme der Beihilfen, die die Voraussetzungen des Art. 29 erfüllen, **nicht** als **transparent**.[8] Besondere Bestimmungen gelten für rückzahlbare Vorschüsse.[9]

Art. 6 Schwellenwerte für die Anmeldung von Einzelbeihilfen

(1) Diese Verordnung gilt weder für Einzelbeihilfen, die als Ad-hoc-Beihilfen gewährt werden, noch für Einzelbeihilfen auf der Grundlage einer Beihilferegelung, deren Bruttosubventionsäquivalent die folgenden Schwellenwerte übersteigt:

a) Investitions- und Beschäftigungsbeihilfen für KMU: 7,5 Mio. EUR pro Unternehmen und Investitionsvorhaben;

b) Investitionsbeihilfen zugunsten des Umweltschutzes: 7,5 Mio. EUR pro Unternehmen und Investitionsvorhaben;

c) KMU-Beihilfen für die Inanspruchnahme von Beratungsdiensten: 2 Mio. EUR pro Unternehmen und Vorhaben;

d) KMU-Beihilfen für die Teilnahme an Messen: 2 Mio. EUR pro Unternehmen und Vorhaben;

e) Beihilfen für Forschungs- und Entwicklungsvorhaben sowie Durchführbarkeitsstudien:

i) bei Vorhaben, die überwiegend die Grundlagenforschung betreffen: 20 Mio. EUR pro Unternehmen und Vorhaben/Durchführbarkeitsstudie;

---

[1] Art. 5 Abs. 1 und 20. Erwägungsgrund der AGVO. Siehe zu diesem Kriterium bereits die De-minimis-VO 1998/2006, ABl. 2006 L 379/5, Tz. 13 und Art. 2 Abs. 4 und VO 1628/2006 für regionale Investitionsbeihilfen, ABl. 2006 L 302/29, Tz. 5.

[2] Art. 2 Nr. 6 AGVO.

[3] Art. 5 Abs. 1 AGVO.

[4] VO 1628/2006, ABl. 2006 L 302/29.

[5] ABl. 2008 C 155/10, Anm. 3.3, 3.5.

[6] *Deiberova/Nyssens* EStAL 2009, 27, 32.

[7] *Deiberova/Nyssens* EStAL 2009, 27, 31.

[8] Art. 5 Abs. 2.

[9] Dazu Art. 5 Abs. 3.

ii) **bei Vorhaben, die überwiegend die industrielle Forschung betreffen: 10 Mio. EUR pro Unternehmen und Vorhaben/Durchführbarkeitsstudie;**

iii) **bei allen anderen Vorhaben: 7,5 Mio. EUR pro Unternehmen und Vorhaben/ Durchführbarkeitsstudie;**

iv) **bei EUREKA-Vorhaben: Betrag, der doppelt so hoch ist wie der unter Ziffer i, ii bzw. iii genannte Betrag.**

f) **Beihilfen für KMU zu den Kosten gewerblicher Schutzrechte: 5 Mio. EUR pro Unternehmen und Vorhaben;**

g) **Ausbildungsbeihilfen: 2 Mio. EUR pro Ausbildungsvorhaben;**

h) **Beihilfen für die Einstellung benachteiligter Arbeitnehmer: 5 Mio. EUR pro Unternehmen und Jahr;**

i) **Beihilfen für die Beschäftigung behinderter Arbeitnehmer in Form von Lohnkostenzuschüssen: 10 Mio. EUR pro Unternehmen und Jahr;**

j) **Beihilfen zum Ausgleich der Mehrkosten durch die Beschäftigung behinderter Arbeitnehmer: 10 Mio. EUR pro Unternehmen und Jahr.**

Bei der Ermittlung des maßgeblichen Schwellenwertes für Beihilfen für Forschungs- und Entwicklungsvorhaben sowie für Durchführbarkeitsstudien gemäß Buchstabe e gilt ein Vorhaben als „überwiegend" der Grundlagenforschung bzw. der industriellen Forschung dienend, wenn mehr als 50% der beihilfefähigen Projektkosten durch Tätigkeiten entstehen, die in die Kategorie „Grundlagenforschung" bzw. „industrielle Forschung" fallen. Lässt sich nicht ermitteln, welchem Zweck das Projekt überwiegend dient, findet der niedrigere Schwellenwert Anwendung.

(2) Regionale Investitionsbeihilfen zugunsten großer Investitionsvorhaben sind bei der Kommission anzumelden, wenn der Gesamtförderbetrag aus sämtlichen Quellen 75% des Beihilfehöchstbetrags überschreitet, den eine Investition mit beihilfefähigen Kosten in Höhe von 100 Mio. EUR erhalten könnte, würde die zum Bewilligungszeitpunkt geltende, in der genehmigten Fördergebietskarte festgelegte Regel-Obergrenze für Beihilfen zugunsten großer Unternehmen zugrunde gelegt.

Die Allgemeine Gruppenfreistellungsverordnung gilt weder für Einzelbeihilfen, die als Ad- **1** hoc-Beihilfen gewährt werden, noch für Einzelbeihilfen auf der Grundlage einer Beihilferegelung, deren Bruttosubventionsäquivalent (siehe oben unter Art. 4 RdNr. 3) bestimmte Schwellenwerte übersteigt,[1] siehe zu den verschiedenen Schwellenwerten im Einzelnen Art. 6. **Beihilfen größeren Umfangs** sollen aufgrund der höheren Risiken einer Wettbewerbsverfälschung weiterhin einzeln geprüft werden und unterliegen der Anmeldepflicht gemäß Art. 108 Abs. 3 AEUV. Das Verwaltungsverfahren für die Beihilfen, die eindeutig mit dem Gemeinsamen Markt vereinbar sind, soll dagegen durch die Freistellung vereinfacht werden.[2]

Die Schwellenwerte sind in Ergänzung zu den in den besonderen Vorschriften der Allgemei- **2** nen Gruppenfreistellungsverordnung für einzelne Beihilfegruppen geregelten Einzelheiten zu den jeweiligen **Beihilfeintensitäten**[3] zu sehen (zur Berechnung der Beihilfeintensität siehe oben unter 7). Sie sind soweit wie möglich in Form von Beihilfeintensitäten bezogen auf die jeweils beihilfefähigen Kosten ausgedrückt, damit sichergestellt wird, dass die Beihilfen angemessen und auf das notwendige Maß beschränkt sind. Bei Risikokapitalbeihilfen erweist sich die Ermittlung der beihilfefähigen Kosten als schwierig.[4] Vgl. dazu im Einzelnen Art. 28 f. und Leitlinien der Gemeinschaft für staatliche Beihilfen zur Förderung von Risikokapitalinvestitionen in kleine und mittlere Unternehmen, ABl. 2006 C 194.

Die festgesetzten Schwellenwerte für bestimmte Gruppen von Beihilfen tragen deren jeweili- **3** gen wahrscheinlichen Auswirkungen auf den Wettbewerb Rechnung.[5] Es ist Teil des Vereinfachungsziels der Allgemeinen Gruppenfreistellungsverordnung, dass nunmehr für die meisten Beihilfegruppen **nur** noch **ein Schwellenwert** gilt.[6] Im Vergleich zu den Vorgängerverordnungen gelten zum Teil deutlich angehobene Schwellenwerte. Beispielsweise wurde für Ausbildungsbeihilfen die vorherige Schwelle von 1 Mio. € angehoben auf 2 Mio. €.[7]

---

[1] Zu den eben verwendeten Begriffen siehe Art. 2 Nr. 3 und 4.
[2] Memorandum on the draft general block exemption regulation (Fn. 62) RdNr. 26.
[3] Zum Begriff siehe Art. 2 Nr. 5.
[4] 24. Erwägungsgrund der AGVO.
[5] 23. Erwägungsgrund der AGVO.
[6] Memorandum on the draft general block exemption regulation (Fn. 62) RdNr. 27.
[7] VO 68/2001, ABl. 2001 L 10/20, Tz. 16 und Art. 5; Art. 6 Abs. 1 g.

4   Wenn die jeweilige Beihilfe die geltenden Obergrenzen der Allgemeinen Gruppenfreistellungsverordnung **überschreitet**, so hat eine **Anmeldung** stattzufinden. Für die dann erforderliche Prüfung finden die jeweiligen speziellen Vorschriften Anwendung; die Allgemeine Gruppenfreistellungsverordnung ist nicht maßgeblich.

5   Zu den Einzelheiten der Schwellenwerte und Intensitäten der Allgemeinen Gruppenfreistellungsverordnung siehe die Kommentierung zu den jeweiligen Beihilfegruppen.

Art. 7 Kumulierung

(1) **Bei der Überprüfung der Einhaltung der in Artikel 6 festgelegten Schwellenwerte für die Einzelanmeldung sowie der in Kapitel II festgelegten Beihilfehöchstintensitäten wird der Gesamtbetrag der öffentlichen Förderung für die geförderte Tätigkeit oder das geförderte Vorhaben berücksichtigt, unabhängig davon, ob die Förderung zulasten von lokalen, regionalen bzw. nationalen Mitteln oder von Gemeinschaftsmitteln geht.**

(2) **Eine nach dieser Verordnung freigestellte Beihilfe kann mit anderen nach dieser Verordnung freigestellten Beihilfen kumuliert werden, wenn diese Beihilfen unterschiedliche, jeweils bestimmbare beihilfefähige Kosten betreffen.**

(3) **Eine nach dieser Verordnung freigestellte Beihilfe darf nicht mit anderen nach dieser Verordnung freigestellten Beihilfen, De-minimis-Beihilfen, die die Voraussetzungen der Verordnung (EG) Nr. 1998/2006 der Kommission[1] erfüllen, oder anderen Fördermitteln der Gemeinschaft für dieselben – sich teilweise oder vollständig überschneidenden – beihilfefähigen Kosten kumuliert werden, wenn aufgrund dieser Kumulierung die entsprechende Beihilfehöchstintensität bzw. der entsprechende Beihilfehöchstbetrag nach Maßgabe dieser Verordnung überschritten wird.**

(4) **Abweichend von Absatz 3 dürfen Beihilfen zugunsten behinderter Arbeitnehmer gemäß den Artikeln 41 und 42 mit nach dieser Verordnung freigestellten Beihilfen für dieselben beihilfefähigen Kosten über den entsprechenden in dieser Verordnung festgelegten höchsten Schwellenwert hinaus kumuliert werden, wenn die Beihilfeintensität aufgrund dieser Kumulierung 100% der einschlägigen, während der Beschäftigung der betreffenden Arbeitnehmer anfallenden Kosten nicht übersteigt.**

(5) **Für die Kumulierung von nach dieser Verordnung freigestellten Beihilfen, bei denen sich die beihilfefähigen Kosten bestimmen lassen, mit nach dieser Verordnung freigestellten Beihilfen, bei denen sich die beihilfefähigen Kosten nicht bestimmen lassen, gelten folgende Voraussetzungen:**

a) **Erhält ein Zielunternehmen Finanzmittel im Rahmen einer Risikokapitalmaßnahme im Sinne von Artikel 29 und beantragt es anschließend in den ersten drei Jahren nach der ersten Risikokapitalinvestition eine Beihilfe auf der Grundlage dieser Verordnung, werden die entsprechenden Beihilfeobergrenzen bzw. Beihilfehöchstbeträge nach Maßgabe dieser Verordnung grundsätzlich um 50% und bei Zielunternehmen in Fördergebieten um 20% herabgesetzt. Diese Kürzung übersteigt nicht den Gesamtbetrag des erhaltenen Risikokapitals. Diese Kürzung gilt nicht für Forschungs-, Entwicklungs- und Innovationsbeihilfen, die nach den Artikeln 31 bis 37 freigestellt sind.**

b) **In den ersten 3 Jahren nach ihrer Bewilligung dürfen Beihilfen für junge, innovative Unternehmen nicht mit anderen nach dieser Verordnung freigestellten Beihilfen kumuliert werden; davon ausgenommen sind nur Beihilfen, die nach den Artikeln 29 oder 31 bis 37 freigestellt sind.**

1   Bei der Überprüfung, ob die in Art. 6 (siehe dazu unter RdNr. 1) festgelegten Schwellenwerte für die Einzelanmeldung sowie die in Kapitel II festgelegten Beihilfehöchstintensitäten eingehalten wurden, wird der **Gesamtbetrag** der öffentlichen Förderung, unabhängig davon, ob es sich um eine lokale, regionale, nationale Förderung oder eine solche aus Gemeinschaftsmitteln handelt, berücksichtigt.[2]

---

[1] **Amtl. Anm.:** ABl. L 379 vom 28. 12. 2006, S. 5.
[2] Art. 7 Abs. 1.

Eine nach der Allgemeinen Gruppenfreistellungsverordnung freigestellte Beihilfe kann mit **2** anderen nach dieser Verordnung freigestellten Beihilfen kumuliert werden, wenn diese Beihilfen **unterschiedliche**, jeweils bestimmbare beihilfefähige **Kosten** betreffen.[3] Zu denken ist etwa an die Kumulierung von Ausbildungsbeihilfen mit eindeutig bestimmbaren Kosten nach Art. 39 Abs. 4 einerseits mit regionalen Investitionsbeihilfen, deren Kosten nach Art. 13 Abs. 6 bis 8 klar bestimmbar sind, andererseits. Eine solche Kumulierung ist vorbehaltlos zulässig.[4]

Eine andere Regelung trifft die Allgemeine Gruppenfreistellungsverordnung für solche Beihil- **3** fen, die **sich überschneidende Kosten** betreffen: Eine nach der Allgemeinen Gruppenfreistellungsverordnung freigestellte Beihilfe darf nicht mit anderen, ebenfalls nach dieser Verordnung freigestellten Beihilfen, De-minimis-Beihilfen, die im Rahmen der hierfür geltenden Freistellungsverordnung[5] erfüllen, oder anderen Fördermitteln der Gemeinschaft für dieselben – sich zumindest teilweise überschneidenden – beihilfefähigen Kosten kumuliert werden, wenn aufgrund dieser Kumulierung die entsprechende Beihilfehöchstintensität bzw. der entsprechende Beihilfehöchstbetrag nach Maßgabe der Allgemeinen Gruppenfreistellungsverordnung überschritten wird.[6] Wenn beispielsweise ein Beihilfeempfänger für eine Maschine einerseits eine Investitionsbeihilfe für KMU gemäß Art. 15 und andererseits eine regionale Investitionsbeihilfe gemäß Art. 13 erhält, so ist die Kumulierung der Beihilfen für die Maschine bis zu der Beihilfehöchstintensität des Art. 13 Abs. 3 zulässig.[7] Bei der Kumulierung von nach der Allgemeinen Gruppenfreistellungsverordnung mit solchen von nach der De-minimis-Verordnung freigestellten Beihilfen wäre nur die Höchstintensität der AGVO maßgeblich. Von den eben genannten Grundsätzen gelten unter bestimmten Voraussetzungen[8] Ausnahmen für behinderte Arbeitnehmer.[9]

Für die Kumulierung von Beihilfen, die unter die Allgemeine Gruppenfreistellungsverordnung **4** fallen, mit solchen, die nicht darunter fallen, enthält die AGVO keine detaillierten Vorschriften. In Erwägungsgrund 27 heißt es dazu: „(Es) sollte der Entscheidung der Kommission, mit der die nicht unter diese Verordnung fallende Beihilfe genehmigt wird, sowie den Beihilfevorschriften, auf die sich diese Entscheidung stützt, Rechnung getragen werden." Dies bedeutet, dass bei der Kumulierung einzeln anzumeldender Beihilfen mit von der AGVO erfassten Beihilfen die für die Einzelanmeldung einschlägigen Leitlinien geprüft werden sollen.[10]

Für die Kumulierung von nach der Allgemeinen Gruppenfreistellungsverordnung freigestell- **5** ten Beihilfen, deren beihilfefähige Kosten bestimmbar sind, mit nach dieser Verordnung freigestellten Beihilfen, bei denen sich die beihilfefähigen Kosten nicht bestimmen lassen, gelten besondere Bestimmungen.[11]

Art. 8 Anreizeffekt

(1) Mit dieser Verordnung werden nur Beihilfen freigestellt, die einen Anreizeffekt haben.

(2) KMU-Beihilfen, die unter diese Verordnung fallen, gelten als Beihilfen mit Anreizeffekt, wenn der Beihilfeempfänger den Beihilfeantrag im betreffenden Mitgliedstaat vor Beginn des Vorhabens oder der Tätigkeit gestellt hat.

(3) Beihilfen für Großunternehmen, die unter diese Verordnung fallen, gelten als Beihilfen mit Anreizeffekt, wenn die Voraussetzung von Absatz 2 erfüllt ist und der Mitgliedstaat zudem vor der Bewilligung der betreffenden Einzelbeihilfe überprüft hat, dass der Beihilfeempfänger die Erfüllung eines oder mehrerer der folgenden Kriterien in seinen Unterlagen nachgewiesen hat:

a) Aufgrund der Beihilfe kommt es zu einer signifikanten Zunahme des Umfangs des Vorhabens/der Tätigkeit.

---

[3] Art. 7 Abs. 2.
[4] *Deiberova/Nyssens* EStAL 2009, 27, 33.
[5] VO 1998/2006, ABl. 2006 L 379/5.
[6] Art. 7 Abs. 3.
[7] *Deiberova/Nyssens* EStAL 2009, 27, 33.
[8] Art. 7 Abs. 4.
[9] Zum Begriff siehe Art. 2 Nr. 20.
[10] *Deiberova/Nyssens* EStAL 2009, 27, 33.
[11] Siehe Art. 7 Abs. 5.

b) Aufgrund der Beihilfe kommt es zu einer signifikanten Zunahme der Reichweite des Vorhabens/der Tätigkeit.

c) Aufgrund der Beihilfe kommt es zu einem signifikanten Anstieg des Gesamtbetrags der vom Beihilfeempfänger für das Vorhaben/die Tätigkeit aufgewendeten Mittel.

d) Der Abschluss des betreffenden Vorhabens/der betreffenden Tätigkeit wird signifikant beschleunigt.

e) Im Falle regionaler Investitionsbeihilfen nach Artikel 13: Das Investitionsvorhaben wäre ohne die Beihilfe im betreffenden Fördergebiet nicht in der Form durchgeführt worden.

(4) Die Voraussetzungen der Absätze 2 und 3 gelten nicht für steuerliche Maßnahmen, wenn die folgenden Voraussetzungen erfüllt sind:

a) Bei der steuerlichen Maßnahme besteht auf der Grundlage objektiver Kriterien ein Rechtsanspruch auf die Beihilfe, ohne dass es einer zusätzlichen Ermessensentscheidung des Mitgliedstaates bedarf; und

b) die steuerliche Maßnahme ist vor Beginn des geförderten Vorhabens oder der geförderten Tätigkeit eingeführt worden. Letzteres gilt nicht für steuerliche Folgeregelungen.

(5) Im Falle von Beihilfen zum Ausgleich der Mehrkosten durch die Beschäftigung behinderter Arbeitnehmer nach Artikel 42 gelten die Voraussetzungen der Absätze 2 und 3 dieses Artikels als erfüllt, wenn die Voraussetzungen des Artikels 42 Absatz 3 erfüllt sind.

Im Falle von Beihilfen in Form von Lohnkostenzuschüssen für die Einstellung benachteiligter Arbeitnehmer sowie von Beihilfen in Form von Lohnkostenzuschüssen für die Beschäftigung behinderter Arbeitnehmer nach den Artikeln 40 bzw. 41 gelten die Voraussetzungen der Absätze 2 und 3 dieses Artikels als erfüllt, wenn die Beihilfe zu einem Nettozuwachs an behinderten bzw. benachteiligten Arbeitnehmern führt.

Im Falle von Beihilfen in Form von Umweltsteuerermäßigungen nach Art. 25 gelten die Voraussetzungen der Absätze 2, 3 und 4 dieses Artikels als erfüllt.

Im Falle von Risikokapitalbeihilfen nach Art. 29 gelten die Voraussetzungen von Absatz 2 dieses Artikels als erfüllt.

(6) Sind die Voraussetzungen der Absätze 2 und 3 nicht erfüllt, so wird die gesamte Beihilfemaßnahme nach dieser Verordnung nicht freigestellt.

1   Mit der Allgemeinen Gruppenfreistellungsverordnung werden ausdrücklich nur Beihilfen freigestellt, die einen Anreizeffekt entfalten.[1] Für KMU und Großunternehmen ist bei Erfüllung unterschiedlicher Voraussetzungen geregelt, dass sie als Beihilfen mit Anreizeffekt und dadurch als freigestellt gelten.

I. Bestimmungen der alten Gruppenfreistellungsverordnungen

2   In den alten Gruppenfreistellungsverordnungen war das Erfordernis des Anreizeffektes sehr uneinheitlich ausgestaltet.

3   Unter der Überschrift „Notwendigkeit" wurde die Geltung der alten **KMU-Verordnung** für den Fall, dass ein **Beihilfeantrag vor Beginn** des Förderprojektes von dem begünstigten Unternehmen bei den zuständigen Behörden des Mitgliedstaates gestellt wurde, geregelt.[2] In der alten Freistellungsverordnung für **Ausbildungsbeihilfen** war eine solche Regelung nicht enthalten. Es wurde jedoch die Notwendigkeit erwähnt sicherzustellen, dass die Beihilfen auf das Maß beschränkt bleiben, das zur Erreichung des mit Marktkräften allein nicht zu verwirklichenden Gemeinschaftsziels **notwendig** ist.[3] In der alten Freistellungsverordnung für **Beschäftigungsbeihilfen** wurde in einem Erwägungsgrund ausgeführt, dass die Freistellung dann nicht galt, wenn der Beihilfeempfänger **auch** ohne Beihilfe **unter Marktbedingungen** neue Ar-

---

[1] Art. 8 Abs. 1.

[2] VO 70/2001 ABl. 2001 L 10/33, Art. 7. Zu der teilweise unklaren Abgrenzung von Notwendigkeit der Beihilfe und Anreizeffekt vgl. unter RdNr. 15.

[3] 11. Erwägungsgrund der VO 68/2001, ABl. 2001 L 10/20.

beitsplätze geschaffen oder Einstellungen vorgenommen hätte.[4] Laut der alten Verordnung über regionale **Investitionsbeihilfen** schließlich war sicherzustellen, dass Regionalbeihilfen einen echten **Anreiz** für Investitionen boten, die andernfalls nicht in Fördergebieten getätigt worden wären und die einen Anreiz zur Entwicklung neuer Tätigkeiten gaben. Daher sollten die zuständigen Behörden vor Einleitung der Arbeiten an einem beihilfegeförderten Vorhaben schriftlich bestätigen, dass das Projekt *prima facie* die Förderkriterien erfüllte.[5] Außerdem galt die Freistellung – auch hier unter der Überschrift „Notwendigkeit" geregelt – für Regionalbeihilfen, die den nationalen Behörden nach dem 1. Januar 2007 vorgelegt wurden, nur, wenn der Beihilfeempfänger vor Beginn der Arbeiten an dem Vorhaben einen Beihilfeantrag an die innerstaatliche oder regionale Behörde gestellt und diese Behörde schriftlich unter dem Vorbehalt des Endergebnisses einer detaillierten Prüfung bestätigt hatte, dass das Vorhaben die in der Regelung vorgegebenen Förderkriterien erfüllte.[6]

Die Entwicklung aus den zahlreichen und heterogenen Freistellungsverordnungen hin zu der **4** Allgemeinen Gruppenfreistellungsverordnung zeigt am Beispiel des Anreizeffektes sehr deutlich, dass ein einheitlicher Regelungskomplex, insbesondere mit dementsprechend einheitlichen Begrifflichkeiten,[7] der Rechtsklarheit dient.

II. KMU

Für KMU, die unter die aktuelle Gruppenfreistellungsverordnung fallen, gilt nunmehr der **5** Anreizeffekt bereits als gegeben, wenn der Empfänger den **Beihilfeantrag** im Mitgliedstaat **vor Beginn der Tätigkeit** bzw. des Vorhabens gestellt hat.[8]

In der alten KMU-Freistellungsverordnung[9] war, wie soeben unter RdNr. 3 beschrieben, **6** diese nun enthaltene Fiktion bereits in ähnlicher Form enthalten.

III. Großunternehmen

Für Beihilfen an Großunternehmen, die unter die Allgemeine Gruppenfreistellungsverord- **7** nung fallen, muss neben den Voraussetzungen, die auch für KMU gelten (siehe dazu soeben unter RdNr. 5), zusätzlich der Mitgliedstaat vor Bewilligung der Beihilfe überprüfen, ob mindestens eines der folgenden Kriterien in den Unterlagen des Empfängers nachgewiesen ist:[10] Signifikante Zunahme des Umfangs oder der Reichweite des Vorhabens bzw. der Tätigkeit, signifikanter Anstieg des Gesamtbetrags der dafür aufgewendeten Mittel oder signifikante Beschleunigung des Abschlusses. Im Falle von Regionalbeihilfen nach Art. 13 kann außerdem nachgewiesen werden, dass das Investitionsvorhaben im jeweiligen Fördergebiet nicht in der Form durchgeführt worden wäre. Die Begrifflichkeiten wurden im Vorfeld als zu unbestimmt kritisiert. Weder sei klar, welchen Umfang die Zunahme oder der Anstieg benötigten, um „signifikant" zu sein.[11] Ebenso wenig eindeutig sei die Abgrenzung zwischen den Begriffen des Umfangs und der Reichweite.[12]

Diese Pflichten der Großunternehmen stellen gegenüber den vorherigen Gruppenfreistellungs- **8** verordnungen ein neues Erfordernis positiver Demonstration dar. Die Anreizprüfung insgesamt und in dieser neuen Ausprägung ist Eckpfeiler einer verfeinerten wirtschaftlichen Analyse, die die Kommission entsprechend der Lissabon-Strategie vornimmt.[13] Die **Nachweis- und Dokumentationsanforderungen** an Großunternehmen sollen nach der Generaldirektion Wettbewerb

---

[4] 27. Erwägungsgrund der VO 2204/2002, ABl. 2002 L 337/3; siehe hierzu auch 28. Erwägungsgrund der AGVO.

[5] 16. Erwägungsgrund der VO 1628/2006, ABl. 2006 L 302/29.

[6] Art. 5 Abs. 1 und 16. Erwägungsgrund der VO 1628/2006, ABl. 2006 L 302/29.

[7] Zu den Problemen mit den Begriffen „Notwendigkeit" und „Anreizeffekt" siehe auch unter RdNr 15.

[8] Art. 8 Abs. 2.

[9] VO 70/2001, ABl. 2001 L 10/33, geändert durch VO 364/2004, ABl. 2004 L 63/22, 1857/2006 ABl. 2006 L 358/3, verlängert durch VO 1040/2006, ABl. 2006 L 187/8 bis zum 31. 12. 2007 und durch VO 1976/2006, ABl. 2006 L 368/85 bis zum 30. 6. 2008.

[10] Art. 8 Abs. 3.

[11] Stellungnahme der Regierung der Bundesrepublik Deutschland zum dritten Entwurf der Allgemeinen Gruppenfreistellungsverordnung (Art. 1 Fn. 33), 12.

[12] Stellungnahme des Bundesverbands öffentlicher Banken zum Entwurf der Allgemeinen Gruppenfreistellungsverordnung, abrufbar unter http://ec.europa.eu/competition/state_aid/reform/comments_gber3/vob.pdf, 2.

[13] Memorandum on the draft general block exemption regulation (Fn. 62) RdNr. 35; Aktionsplan Staatliche Beihilfen, KOM(2005) 107 endg., RdNr. 20 ff.

praktikabel und – auch für andere Personen als Wettbewerbsrechtler und nicht zuletzt für die Richter der Mitgliedstaaten – einfach anwendbar sein.[14] Jedoch wurden bereits im Vorfeld der Verabschiedung der Verordnung kritische Stimmen von Mitgliedstaaten und Interessenvertretern laut.[15] Als Kritik an den Nachweis- und Dokumentationspflichten wurde geäußert, dass die Verfahren für Beihilfegeber und -nehmer dadurch komplizierter und wegen des Beurteilungsspielraums der Kommission unberechenbarer würden und eine Zunahme an Bürokratie und Rechtsunsicherheit entstehen werde.[16] Auch sei es in der Praxis schwierig, den Nachweis zu führen, dass das Projekt anderenfalls nicht durchgeführt worden wäre.[17] Diese Gefahren könnten, so manche Kritiker, in der Praxis dazu führen, dass zur Sicherheit in manchen Fällen doch der Weg der Notifizierung gewählt wird.[18] Die Kommission geht demgegenüber davon aus, dass keine wesentliche Zunahme an Arbeitsaufwand entstehen wird. Es sei nämlich anzunehmen, dass die Unternehmen diese Art von Analyse ohnehin für ihre eigenen finanziellen Zwecke vornehmen müssten.[19] Es sei sehr unwahrscheinlich, dass ein großes Unternehmen eine beträchtliche Investition ohne einen vorherigen Plan, der alternative Strategien und eine Kosten-Nutzen-Analyse enthält, durchführe. Auch sei schwer vorstellbar, dass ein Mitgliedstaat ohne Kenntnis von den Auswirkungen der Beihilfe beträchtliche Geldsummen überhaupt ausgeben würde.[20] Im Hinblick auf Bedenken wegen des möglichen Beurteilungsspielraums der Kommission wird schließlich vorgebracht, wegen der unmittelbaren Anwendbarkeit der Verordnung sei gerade kein Beurteilungsspielraum vorgesehen. Vielmehr sei die Prüfung des Anreizeffektes wegen dieses Hintergrunds auf einfache, eindeutige Kriterien gestützt.[21]

IV. Gemeinsame Sondervorschriften für KMU und Großunternehmen

9   Die dargestellten Voraussetzungen für KMU und Großunternehmen gelten nicht für steuerliche Maßnahmen, wenn auf der Grundlage objektiver Kriterien ein Rechtsanspruch auf die Beihilfe besteht, ohne dass es einer zusätzlichen Ermessensentscheidung des Mitgliedstaates bedarf, und die steuerliche Maßnahme vor Beginn des geförderten Vorhabens oder der geförderten Tätigkeit eingeführt worden ist. Letzteres gilt nicht für steuerliche Folgeregelungen.[22]

10   Des Weiteren gelten für die Einstellung und Beschäftigung benachteiligter und behinderter Arbeitnehmer, Umweltsteuerermäßigungen und Risikokapitalbeihilfen Sonderregeln, nach denen unter bestimmten Voraussetzungen die Anforderungen an KMU und Großunternehmen als erfüllt gelten.[23]

V. Rechtsfolge bei Nichterfüllung der Voraussetzungen

11   Sind die genannten Voraussetzungen nicht erfüllt, so wird die Beihilfemaßnahme nicht nach der Allgemeinen Gruppenfreistellungsverordnung freigestellt, Art. 8 Abs. 6.

12   Die Konsequenz ist, dass in diesen Fällen eine **Anmeldung und Einzelprüfung** durch die Kommission zu erfolgen hat, die sich nach allgemeinen Grundsätzen richtet. Das Merkmal des Anreizeffektes ist Bestandteil der allgemeinen Prüfung, ob eine Beihilfe in Ausnahme von dem Grundsatz des Art. 107 Abs. 1 gemäß Art. 107 Abs. 3 AEUV mit dem Gemeinsamen Markt vereinbar ist. Es wird eine wirtschaftsorientierte Vereinbarkeitsprüfung, deren Kern eine Abwägung darstellt, vorgenommen.[24] Dabei werden die negativen Auswirkungen der Beihilfe auf

---

[14] *Evans* und *Evans/Nyssens* RdNr. 33.

[15] *Evans/Nyssens* RdNr. 31 ff.

[16] Stellungnahme der Regierung der Bundesrepublik Deutschland zum dritten Entwurf der AGVO (Art. 1 Fn. 33), 2; Stellungnahme des Bundesverbands der Deutschen Industrie e. V. abrufbar unter http://ec.europa.eu/competition/state_aid/reform/comments_gber1/34771.pdf, 3.

[17] Stellungnahme der Regierung der Bundesrepublik Deutschland zum dritten Entwurf der Allgemeinen Gruppenfreistellungsverordnung (Art. 1 Fn. 33), 13; Stellungnahme des Bundesverbands der Deutschen Industrie e. V. (Fn. 139), 3.

[18] *Pfaffenbach* Anm. 2 b.

[19] Memorandum on the draft general block exemption regulation (Fn. 62), RdNr. 35.

[20] *Evans/Nyssens* RdNr. 32, abwägend jedoch zu dem vorgebrachten Einwand drohender Rechtsunsicherheit in RdNr. 33 ff.

[21] *Deiberova/Nyssens* 27, 31.

[22] Siehe im Einzelnen Art. 8 Abs. 4.

[23] Siehe wegen der Einzelheiten Art. 8 Abs. 5 und Erwägungsgrund Nr. 30 der AGVO.

[24] Allgemeine Grundsätze für eine ökonomisch ausgerichtete Prüfung der Vereinbarkeit staatlicher Beihilfen nach Art. 87 Abs. 3 EG-Vertrag (Fn. 6) RdNr. 4.

Handel und Wettbewerb gegenüber den positiven Auswirkungen auf die Erreichung von Zielen im Gemeinschaftsinteresse abgewogen. Für die Vereinbarkeitsanalyse hat die Kommission den sog. *„balancing test"* entwickelt, der verschiedene Prüfungsschritte für die Abwägung enthält. Es wird gefragt, ob die Beihilfe einem Gemeinschaftsinteresse zielführend dient. Dafür werden die Geeignetheit und die Angemessenheit der Beihilfe erfragt. Zudem muss die Maßnahme einen Anreizeffekt entfalten. Insgesamt müssen die Wettbewerbsverzerrungen und die Handelsbeeinträchtigungen so gering sein, dass die Gesamtbilanz der Abwägung positiv ausfällt.[25]

Der Anreizeffekt ist damit von zentraler Bedeutung für die allgemeine Abwägungsprüfung. **13** Eine Beihilfe muss das Unternehmen zu einer im Gemeinschaftsinteresse liegenden Tätigkeit veranlassen, die ohne sie nicht oder in geringerem Umfang durchgeführt worden wäre.[26] Die erstrebte **Verhaltensänderung** wird als Anreizeffekt bezeichnet.[27] Nicht jede Änderung, sondern nur eine solche, die einen Beitrag zur Erreichung des jeweils verfolgten Ziels, insbesondere der Behebung eines Marktversagens, leistet, ist ausreichend.[28] Der Mitgliedstaat hat nachzuweisen, dass die Beihilfe keine ohnehin anfallenden Kosten subventioniert. Zur Prüfung wird eine vergleichende Betrachtung der Situationen mit und ohne Gewährung der Beihilfe angestellt, sog. **Kontrafaktische Analyse**.[29] Sofern die Beihilfe **Effizienzzielen** dient, muss durch den Mitgliedstaat nachgewiesen werden, dass die Tätigkeitsänderung ein **Marktversagen** behebt und dadurch das Marktergebnis verbessert.[30] Die verschiedenen Formen von Marktversagen werden soweit erforderlich in Verbindung mit der jeweiligen Beihilfegruppe näher dargelegt. Allgemein gilt, dass die Mitgliedstaaten Unterlagen vorlegen sollen, die der Kommission eine Messung des Anreizeffektes ermöglichen.[31] Hierzu gehören insbesondere Prognosen für die Kosten, die Gegenstand der Beihilfe sind, Geschäftspläne und andere Unterlagen, welche Investitionsausschüssen im Zuge eines Genehmigungsverfahrens für die Mittelbindung für bestimmte Maßnahmen vorgelegt wurden, Rentabilitätsberechnungen für ein bestimmtes Vorhaben mit und ohne Beihilfe, Finanzanalysen für das Vorhaben einschließlich verschiedener prognostizierter Szenarien bzw. Cash-Flow-Prognosen und Risikobewertungen, in denen das Insolvenzrisiko, die Endgültigkeit der Investition und verbundene Kosten bzw. die Rentabilität der Maßnahme, für die eine Beihilfe erwogen wird, berücksichtigt werden.

Werden mit der Beihilfe **Gleichheitsziele** verfolgt, so wird der Anreizeffekt dadurch belegt, **14** dass die angestrebte Maßnahme **Mehrkosten** verursacht, welche aus sozialen oder regionalen Nachteilen herrühren, die durch die Beihilfe ausgeglichen werden sollen.[32]

Das Merkmal des Anreizeffektes in der beihilferechtlichen Prüfung ist eng verbunden mit **15** dem der **Notwendigkeit** (oder auch **Angemessenheit**)[33] der Beihilfe. Eine Beihilfe ist nur dann angemessen, wenn das Ergebnis nicht mit einer geringeren Beihilfe und Verzerrung des Wettbewerbs erzielt werden könnte.[34] Wenn nämlich das erforderliche Minimum der Beihilfe überstiegen würde, so käme der Empfänger in den Genuss unerwarteter Gewinne.[35] Obgleich die Merkmale der Anreizwirkung und der Notwendigkeit sich u. U. überschneiden[36] und für

---

[25] Allgemeine Grundsätze für eine ökonomisch ausgerichtete Prüfung der Vereinbarkeit staatlicher Beihilfen nach Art. 87 Abs. 3 EG-Vertrag (Fn. 6) RdNr. 9.

[26] Allgemeine Grundsätze für eine ökonomisch ausgerichtete Prüfung der Vereinbarkeit staatlicher Beihilfen nach Art. 87 Abs. 3 EG-Vertrag (Fn. 6), RdNr. 32; vgl. EuGH, 730/79, Slg. 1980, 2671, Tz. 16 f. – *Philip Morris*.

[27] Allgemeine Grundsätze für eine ökonomisch ausgerichtete Prüfung der Vereinbarkeit staatlicher Beihilfen nach Art. 87 Abs. 3 EG-Vertrag (Fn. 6), RdNr. 9.

[28] Allgemeine Grundsätze für eine ökonomisch ausgerichtete Prüfung der Vereinbarkeit staatlicher Beihilfen nach Art. 87 Abs. 3 EG-Vertrag (Fn. 6), RdNr. 33; *Evans/Nyssens* (Fn. 138) RdNr. 11.

[29] Allgemeine Grundsätze für eine ökonomisch ausgerichtete Prüfung der Vereinbarkeit staatlicher Beihilfen nach Art. 87 Abs. 3 EG-Vertrag (Fn. 6), RdNr. 32.

[30] Allgemeine Grundsätze für eine ökonomisch ausgerichtete Prüfung der Vereinbarkeit staatlicher Beihilfen nach Art. 87 Abs. 3 EG-Vertrag (Fn. 6), RdNr. 34.

[31] Allgemeine Grundsätze für eine ökonomisch ausgerichtete Prüfung der Vereinbarkeit staatlicher Beihilfen nach Art. 87 Abs. 3 EG-Vertrag (Fn. 6), RdNr. 35.

[32] Allgemeine Grundsätze für eine ökonomisch ausgerichtete Prüfung der Vereinbarkeit staatlicher Beihilfen nach Art. 87 Abs. 3 EG-Vertrag (Fn. 6), RdNr. 37.

[33] So etwa genannt in Allgemeine Grundsätze für eine ökonomisch ausgerichtete Prüfung der Vereinbarkeit staatlicher Beihilfen nach Art. 87 Abs. 3 EG-Vertrag (Fn. 6) RdNr. 9.

[34] Allgemeine Grundsätze für eine ökonomisch ausgerichtete Prüfung der Vereinbarkeit staatlicher Beihilfen nach Art. 87 Abs. 3 EG-Vertrag (Fn. 6) RdNr. 39.

[35] Kom., ABl. 2006 L 94/50, Tz. 39 – Kronoply; siehe dazu EuG, T-162/06, Tz. 72 ff. – Kronoply.

[36] EuG T-162/06, Tz. 72 ff. – Kronoply.

ihre Analyse dieselben Informationen herangezogen werden können,[37] werden sie in der neuen Kommissionspraxis und Rechtsprechung doch jeweils eigenständig und getrennt voneinander geprüft.[38] Während bei der Prüfung der Anreizwirkung vor allem die oben beschriebene Verhaltensänderung im Vordergrund steht, geht es bei der Prüfung der Angemessenheit um die Frage, inwieweit die Beihilfe über das **erforderliche Minimum** hinausgeht.[39] Es ist jedoch nicht zu übersehen, dass die Begriffe sowohl in der Literatur als auch in, vor allem älteren, Kommissionsdokumenten teilweise synonym gebraucht werden,[40] was der Klarheit nicht dienlich ist. Teilweise wird auch davon ausgegangen, dass der Anreizeffekt früher als Notwendigkeit der Beihilfe bezeichnet wurde.[41] Dieser Ansicht ist zuzugeben, dass gerade der Vergleich der alten KMU-Verordnung mit dem neuen Art. 8 Abs. 2, dazu näher siehe oben unter RdNr. 3, eine solche Entwicklung nahe legt, weil sich weitgehend entsprechende Prüfungen früher unter der Überschrift „Notwendigkeit" und nunmehr unter der des Anreizeffektes stattfinden.

16   Gerade die Allgemeine Gruppenfreistellungsverordnung geht einen großen Schritt in die richtige Richtung, indem sie die vorherigen Freistellungsverordnungen, die die Begriffe weder einheitlich noch vollständig übereinstimmend mit oben dargelegter Differenzierung verwendeten, in eine allgemeine Vorschrift überführt.

17   Zum Verständnis der insgesamt etwas abweichenden Formulierungen zu früheren Dokumenten ist wichtig zu sehen, dass in der aktuellen Verordnung besonders großer Wert auf absolut einfache und eindeutige Formulierungen gelegt werden musste, weil es sich um eine Verordnung mit **unmittelbarer Anwendbarkeit** handelt, auf die Bürger und Unternehmen sich vor nationalen Gerichten berufen können. Vor diesem Hintergrund erklären sich etwa abweichende Formulierungen zu manchen Leitlinien.[42]

Art. 9 Transparenz

(1) Binnen 20 Arbeitstagen ab Inkrafttreten einer Beihilferegelung oder Bewilligung einer Ad-hoc-Beihilfe, die nach dieser Verordnung freigestellt ist, übermittelt der betreffende Mitgliedstaat der Kommission eine Kurzbeschreibung der Beihilfemaßnahme. Diese Kurzbeschreibung wird über die von der Kommission eingerichtete IT-Anwendung in elektronischer Form und nach dem Muster in Anhang III übermittelt.

Die Kommission bestätigt den Eingang der Kurzbeschreibung unverzüglich.

Die Kurzbeschreibung wird von der Kommission im *Amtsblatt der Europäischen Union* **und auf der Website der Kommission veröffentlicht.**

(2) Bei Inkrafttreten einer Beihilferegelung oder Bewilligung einer Ad-hoc-Beihilfe, die nach dieser Verordnung freigestellt ist, veröffentlicht der betreffende Mitgliedstaat den vollständigen Wortlaut der Maßnahme im Internet. Im Falle einer Beihilferegelung enthält dieser Wortlaut die im einzelstaatlichen Recht festgelegten Voraussetzungen, durch die die Einhaltung der einschlägigen Bestimmungen dieser Verordnung sichergestellt wird. Der betreffende Mitgliedstaat gewährleistet während der gesamten Laufzeit der Beihilfemaßnahme den Internetzugang zu deren vollständigem Wortlaut. Die von den betreffenden Mitgliedstaaten vorgelegte Kurzbeschreibung nach Absatz 1 enthält eine Internetadresse, die direkt Zugang zum vollständigen Wortlaut der Beihilfemaßnahme gibt.

(3) Im Falle der Gewährung von Einzelbeihilfen, die nach dieser Verordnung freigestellt sind, ist im Bewilligungsbescheid ausdrücklich auf die einschlägigen, für die-

---

[37] Allgemeine Grundsätze für eine ökonomisch ausgerichtete Prüfung der Vereinbarkeit staatlicher Beihilfen nach Art. 87 Abs. 3 EG-Vertrag (Fn. 6) RdNr. 40.

[38] EuG, T-162/06, Tz. 60 – Kronoply; Kom., ABl. 2006 L 94/50, Tz. 15, 20, 24, 26 ff., 36 ff. – Kronoply.

[39] Allgemeine Grundsätze für eine ökonomisch ausgerichtete Prüfung der Vereinbarkeit staatlicher Beihilfen nach Art. 87 Abs. 3 EG-Vertrag (Fn. 6), RdNr. 40, in RdNr. 41 ff. auch zu weiteren Einzelheiten über die Prüfung der Angemessenheit.

[40] Siehe etwa *Immenga/Mestmäcker/Ehricke*, EG-WettbR, Nach Art. 89 EG RdNr. 57, 178; siehe auch etwa den Gemeinschaftsrahmen für staatliche Beihilfen für Forschung, Entwicklung und Innovation, ABl. 2006 C 323/1, Ziff. 6; siehe auch *Garcia Bermudez/Galand* 104, 105; siehe außerdem VO 70/2001, ABl. 2001 L 10/33, Art. 7, der unter der Überschrift „Notwendigkeit" Aspekte berücksichtigt, die nunmehr unter „Anreizeffekt" fallen, Art. 8 Abs. 2.

[41] *Evans/Nyssens* RdNr. 16.

[42] *Deiberova/Nyssens* 27, 28.

sen Bescheid relevanten besonderen Bestimmungen des Kapitels II, auf die einzelstaatlichen Rechtsvorschriften, durch die die Einhaltung der einschlägigen Bestimmungen dieser Verordnung sichergestellt werden, sowie auf die Internetadresse, die direkt zum vollständigen Wortlaut der Beihilfemaßnahme führt, zu verweisen; davon ausgenommen sind Beihilfen in Form steuerlicher Maßnahmen.

(4) Unbeschadet der Vorgaben der Absätze 1 bis 3 übermitteln die Mitgliedstaaten der Kommission über deren IT-Anwendung binnen 20 Arbeitstagen ab Bewilligung der Beihilfe durch die zuständige Behörde die Kurzbeschreibung der Beihilfe nach dem Muster in Anhang II, wenn auf der Grundlage einer bestehenden Beihilferegelung eine Einzelbeihilfe für Forschungs- und Entwicklungsvorhaben nach Art. 31 gewährt wird, die 3 Mio. EUR überschreitet, oder auf der Grundlage einer bestehenden Beihilferegelung für große Investitionsvorhaben eine regionale Investitionseinzelbeihilfe gewährt wird, die nach Art. 6 nicht einzeln angemeldet werden muss.

Die Allgemeine Gruppenfreistellungsverordnung statuiert **Verfahrensvorschriften**, die dem 1 Transparenzziel dienen sollen. Danach ist im Groben folgendes Verfahren vorgesehen.[1]

Bei Inkrafttreten einer Beihilferegelung oder Bewilligung einer Ad-hoc-Beihilfe, die nach der 2 Allgemeinen Gruppenfreistellungsverordnung freigestellt ist, übermittelt der betreffende Mitgliedstaat der Kommission eine Kurzbeschreibung der Beihilfemaßnahme. Dabei sind die von der Kommission eingerichtete IT-Anwendung in elektronischer Form und das Muster in Anhang III der AGVO zu verwenden. Die Kurzbeschreibung wird von der Kommission im Amtsblatt und auf der Website der Kommission veröffentlicht. Es wurden vor Erlass der Allgemeinen Gruppenfreistellungsverordnung Bedenken geäußert, dass Wettbewerber dadurch die Möglichkeit erhielten, Rückschlüsse aus veröffentlichten Details zu ziehen. Insbesondere bestehe diese Gefahr im Bereich von Forschung und Entwicklung.[2] Auch wurde die Befürchtung laut, Betriebs- und Geschäftsgeheimnisse offenbaren zu müssen.[3] In den Erwägungsgründen zu der Allgemeinen Gruppenfreistellungsverordnung ist die Möglichkeit erwähnt, dass im Falle von Ad-hoc-Beihilfemaßnahmen Geschäftsgeheimnisse gestrichen werden können, wobei der Name des Beihilfeempfängers und der Beihilfebetrag nicht als Geschäftsgeheimnisse gelten.[4]

Bei Inkrafttreten einer Beihilferegelung oder Bewilligung einer nach der Allgemeinen Grup- 3 penfreistellungsverordnung freigestellten Ad-hoc-Beihilfe hat der betreffende Mitgliedstaat den vollständigen Wortlaut der Maßnahme im Internet zu veröffentlichen und während der gesamten Laufzeit der Beihilfemaßnahme den Internetzugang zu gewährleisten. Im Falle einer Beihilferegelung muss dieser Wortlaut die im einzelstaatlichen Recht festgelegten Voraussetzungen, durch die die Einhaltung der einschlägigen Bestimmungen der Allgemeinen Gruppenfreistellungsverordnung sichergestellt wird, enthalten. Im Falle der Gewährung von Einzelbeihilfen, mit Ausnahme von Beihilfen in Form steuerlicher Maßnahmen, die nach der Verordnung freigestellt sind, ist im Bewilligungsbescheid ausdrücklich auf die einschlägigen Bestimmungen des Kapitels II (besondere Bestimmungen für einzelne Beihilfegruppen), auf die einzelstaatlichen Rechtsvorschriften, durch die die Einhaltung der einschlägigen Bestimmungen der Verordnung sichergestellt werden, sowie auf die Internetadresse, die zum Wortlaut der Beihilfemaßnahme führt, zu verweisen. Diese neue Verfahrensvorschrift ist im Zusammenhang mit Art. 3 (siehe dazu unter Art. 3 RdNr. 1) zu sehen.[5] Ein unspezifischer Verweis auf die Allgemeine Gruppenfreistellungsverordnung insgesamt ist nicht ausreichend, um eine Beihilfe von den grundsätzlichen Anmeldungserfordernis freizustellen. Dies dürfte implizieren, dass bei einer nicht ausdrücklichen Bezugnahme die Beihilfemaßnahme *ipso facto* rechtswidrig ist.[6]

Unbeschadet dieser Vorgaben haben die Mitgliedstaaten der Kommission nach Bewilligung die 4 Kurzbeschreibung der Beihilfe nach dem Muster in Anhang II der AGVO zu übermitteln, wenn auf Grundlage einer bestehenden Beihilferegelung eine Einzelbeihilfe für Forschungs- und Entwicklungsvorhaben nach Art. 31 AGVO gewährt wird, die 3 Mio. € überschreitet, oder auf

---

[1] Siehe zu den Einzelheiten Art. 9.

[2] Stellungnahme der Regierung der Bundesrepublik Deutschland zum Entwurf der Allgemeinen Gruppenfreistellungsverordnung (Art. 1 Fn. 32), 13.

[3] Stellungnahme der Regierung der Bundesrepublik Deutschland zum dritten Entwurf der Allgemeinen Gruppenfreistellungsverordnung (Art. 1 Fn. 33), 14.

[4] 33. Erwägungsgrund der AGVO.

[5] *Deiberova/Nyssens* 27, 32.

[6] *Deiberova/Nyssens* 27, 33.

der Grundlage einer bestehenden Beihilferegelung für große Investitionsvorhaben eine regionale Investitionseinzelbeihilfe gewährt wird, die nach Art. 6 nicht einzeln angemeldet werden muss.

Art. 10 Beihilfenkontrolle

(1) Die Kommission überprüft regelmäßig die Beihilfemaßnahmen, von denen sie nach Art. 9 unterrichtet wurde.

(2) Die Mitgliedstaaten führen ausführliche Aufzeichnungen über die nach dieser Verordnung freigestellten Beihilferegelungen und Einzelbeihilfen. Diese Aufzeichnungen enthalten alle Angaben, aus denen hervorgeht, dass die in dieser Verordnung festgelegten Freistellungsvoraussetzungen erfüllt sind und dass es sich bei dem begünstigten Unternehmen um ein KMU handelt, sofern der Anspruch auf Beihilfe oder auf einen Aufschlag hiervon abhängt, sowie Informationen zum Anreizeffekt der Beihilfe und Angaben, anhand deren sich der genaue Betrag der beihilfefähigen Kosten zum Zweck der Anwendung dieser Verordnung feststellen lässt.

Die Aufzeichnungen über Einzelbeihilfen sind vom Bewilligungszeitpunkt an zehn Jahre lang aufzubewahren. Bei Beihilferegelungen beträgt die Aufbewahrungsfrist zehn Jahre ab dem Zeitpunkt, zu dem letztmals eine Beihilfe auf der Grundlage der betreffenden Regelung bewilligt wurde.

(3) Die Mitgliedstaaten müssen der Kommission auf deren schriftliches Ersuchen hin innerhalb von 20 Arbeitstagen oder eines längeren, in dem Ersuchen angegebenen Zeitraums alle Informationen übermitteln, die nach Ansicht der Kommission nötig sind, um die Anwendung dieser Verordnung zu überprüfen.

Übermittelt der betreffende Mitgliedstaat die angeforderten Informationen nicht innerhalb der von der Kommission gesetzten oder einer einvernehmlich vereinbarten Frist oder übermittelt der Mitgliedstaat unvollständige Informationen, richtet die Kommission ein Erinnerungsschreiben mit einer neuen Frist an den betreffenden Mitgliedstaat. Werden die angeforderten Informationen trotz des Erinnerungsschreibens von dem betreffenden Mitgliedstaat nicht übermittelt, kann die Kommission, nachdem sie dem Mitgliedstaat Gelegenheit zur Stellungnahme gegeben hat, eine Entscheidung erlassen, nach der alle oder einige der künftigen Beihilfemaßnahmen, die unter diese Verordnung fallen, bei der Kommission gemäß Art. 88 Absatz 3 EG-Vertrag anzumelden sind.

1   Die Allgemeine Gruppenfreistellungsverordnung enthält in Art. 10 Regeln über die Beihilfenkontrolle.

2   Die Kommission **überprüft** regelmäßig die Beihilfemaßnahmen, von denen sie nach Art. 9 (siehe unter Art. 9 RdNr. 1) unterrichtet wurde. Die Mitgliedstaaten haben ausführliche Aufzeichnungen über die nach dieser Verordnung freigestellten Beihilferegelungen und Einzelbeihilfen zu führen, aus denen hervorgeht, dass die in dieser Verordnung festgelegten Freistellungsvoraussetzungen erfüllt sind und dass es sich bei dem begünstigten Unternehmen um ein KMU handelt, sofern der Anspruch auf Beihilfe oder auf einen Aufschlag hiervon abhängt. Außerdem müssen Informationen zum Anreizeffekt der Beihilfe und Angaben, anhand derer sich der genaue Betrag der beihilfefähigen Kosten zum Zweck der Anwendung dieser Verordnung feststellen lässt, enthalten sein.[1]

3   Die Mitgliedstaaten müssen der Kommission auf deren Ersuchen alle Informationen übermitteln, die nach Ansicht der Kommission nötig sind, um die Anwendung der Verordnung zu überprüfen. Im Vorfeld wurde diese **anlassunabhängige Kontrollmöglichkeit** als zu weitgehend kritisiert. Es wurde gefordert, die Kommission müsse begründete Zweifel an der ordnungsgemäßen Durchführung der Freistellungsverordnung haben, um in eine solche Nachprüfung eintreten zu dürfen, wie sich schon aus der Ermächtigungsverordnung 994/1998[2] ergebe. In diesem Zusammenhang wurde auf die begrenzten Befugnisse der Kommission hingewiesen und vor deren nicht rechtmäßiger Ausweitung gewarnt.[3] Eine Anpassung an diese Forderungen

---

[1] Über die Aufbewahrungsdauer siehe Art. 10 Abs. 2 UAbs. 2.

[2] ABl. 1998 L 142/1, Art. 3 Abs. 3.

[3] Siehe ausführlich die Stellungnahme der Regierung der Bundesrepublik Deutschland zum dritten Entwurf der Allgemeinen Gruppenfreistellungsverordnung (Art. 1 Fn. 33) 15, und die vorangegangene Stellungnahme zum ersten Entwurf (Art. 1 Fn. 32) 12.

in Form eines Erfordernisses „begründeter Zweifel" wurde jedoch nicht in die Allgemeine Gruppenfreistellungsverordnung aufgenommen.

Zu den Folgen fehlender, unvollständiger oder verspäteter **Übermittlung durch den Mitgliedstaat** regelt Art. 10 Abs. 3 UAbs. 2, dass die Kommission in einem solchen Fall ein Erinnerungsschreiben mit erneuter Fristsetzung an den Mitgliedstaat verfasst. Dieses Defizit kann nach der Kommission nämlich als Anzeichen dafür gewertet werden, dass die Bedingungen der Verordnung nicht erfüllt sind.[4] Wenn auch nach einem solchen Erinnerungsschreiben keine Übermittlung durch den Mitgliedstaat erfolgt, kann die Kommission nach der Gelegenheit der Stellungnahme durch diesen eine Entscheidung erlassen, nach der einige oder alle der künftigen Beihilfemaßnahmen angemeldet werden müssen. Diese Rechtsfolge wurde verschiedentlich als zu scharf kritisiert.[5] Gegen die Bestimmungen wird eingewandt, dass ihnen ungerechtfertigte Bedenken zugrunde lägen, die durch die bisherige Förderpraxis nicht gestützt würden. Eine solche Handhabung könne vielmehr der kollegialen Zusammenarbeit zwischen nationalen Behörden und der Kommission schaden.[6] In jedem Fall hat die Kommission nur die Möglichkeit, die Vorteile der Allgemeinen Gruppenfreistellungsverordnung dem Mitgliedstaat für die Zukunft zu entziehen; bereits entsprechend der Allgemeinen Gruppenfreistellungsverordnung durchgeführte Maßnahmen bleiben unberührt. Unbeschadet ist auch die Möglichkeit der Kommission, im Hinblick auf die (vergangene) Anwendung einer Beihilferegelung oder vergangene Ad-hoc-Maßnahmen ein Verfahren nach Art. 108 Abs. 2 AEUV zu eröffnen.[7] Hinzuweisen ist auch auf die Möglichkeit der Einleitung eines **Vertragsverletzungsverfahrens** durch die Kommission nach Art. 258 AEUV wegen mangelnder Kooperation, die ebenfalls von der beschriebenen Regelung unberührt bleibt.[8]

Den Fall, dass **nachträglich** doch noch vollständige und korrekte **Informationen erteilt** werden, regelt Art. 10 nicht. Ausweislich der Erwägungsgründe zur Allgemeinen Gruppenfreistellungsverordnung sollte die Kommission in einem solchen Fall die vollständige Anwendbarkeit der Verordnung wiederherstellen.[9]

Art. 11 Jahresberichte

Die Mitgliedstaaten erstellen nach Maßgabe von Kapitel III der Verordnung (EG) Nr. 794/2004 der Kommission[1] für jedes ganze Kalenderjahr oder den Teil des Kalenderjahres, in dem die vorliegende Verordnung gilt, in elektronischer Form einen Bericht über deren Anwendung. Dieser Jahresbericht enthält auch die Internetadresse, die direkt zum vollständigen Wortlaut der Beihilfemaßnahmen führt.

Gemäß Art. 11 erstellen die Mitgliedstaaten nach Maßgabe von Kapitel III der VO 794/2004[2] für jedes Kalenderjahr oder den Teil des Kalenderjahres, in dem die vorliegende Verordnung gilt, einen **Bericht** über deren Anwendung.[3]

Art. 12 Besondere Freistellungsvoraussetzungen für Investitionsbeihilfen

(1) Als beihilfefähige Kosten im Sinne dieser Verordnung gelten folgende Investitionen:

a) eine Investition in materielle und/oder immaterielle Vermögenswerte bei der Errichtung einer neuen Betriebsstätte, der Erweiterung einer bestehenden Betriebsstätte, der Diversifizierung der Produktion einer Betriebsstätte in neue, zusätzliche

---

[4] 6. Erwägungsgrund der AGVO.

[5] Siehe etwa Bundesverband Öffentlicher Banken Deutschlands, Stellungnahme zum Entwurf der Allgemeinen Gruppenfreistellungsverordnung (Fn. 135) 5.

[6] Stellungnahme der Regierung der Bundesrepublik Deutschland zum dritten Entwurf der Allgemeinen Gruppenfreistellungsverordnung (Fn. 59) 16.

[7] *Deiberova/Nyssens* 27, 33.

[8] Memorandum on the draft general block exemption regulation (Fn. 62) RdNr. 39.

[9] 6. Erwägungsgrund der AGVO.

[1] **Amtl. Anm.:** ABl. L 140 vom 30. 4. 2004, S. 1.

[2] ABl. 2004 L 140/1, siehe aktuell die konsolidierte Fassung vom 27. 3. 2009.

[3] Wegen der Einzelheiten siehe Art. 11.

Produkte oder einer grundlegenden Änderung des gesamten Produktionsverfahrens einer bestehenden Betriebsstätte oder

b) der Erwerb von unmittelbar mit einer Betriebsstätte verbundenen Vermögenswerten, sofern die Betriebsstätte geschlossen wurde oder geschlossen worden wäre, wenn ihr Erwerb nicht erfolgt wäre, und sofern die Vermögenswerte von einem unabhängigen Investor erworben werden. Im Falle kleiner Unternehmen, die von Familienmitgliedern des ursprünglichen Eigentümers bzw. der ursprünglichen Eigentümer oder von ehemaligen Beschäftigten übernommen werden, entfällt die Bedingung, dass die Vermögenswerte von einem unabhängigen Investor erworben werden müssen.

Die alleinige Übernahme der Unternehmensanteile gilt nicht als Investition.

(2) Als beihilfefähige Kosten im Sinne dieser Verordnung gelten immaterielle Vermögenswerte, die sämtliche der folgenden Voraussetzungen erfüllen:

a) Sie dürfen nur in dem Unternehmen genutzt werden, das die Beihilfe erhält. Im Falle regionaler Investitionsbeihilfen dürfen sie nur in der Betriebsstätte genutzt werden, die die Beihilfe erhält.

b) Sie müssen als abschreibungsfähige Aktivposten angesehen werden.

c) Sie müssen bei Dritten zu Marktbedingungen erworben worden sein, ohne dass der Erwerber gegenüber dem Verkäufer eine Kontrolle im Sinne von Art. 3 der Verordnung (EG) Nr. 139/2004 des Rates[1] ausüben kann und umgekehrt.

d) Investitionsbeihilfen zugunsten von KMU müssen von dem Unternehmen mindestens drei Jahre auf der Aktivseite bilanziert werden. Regionale Investitionsbeihilfen müssen von dem Unternehmen auf der Aktivseite bilanziert werden und mindestens fünf Jahre lang – bei KMU mindestens drei Jahre lang – in der Betriebsstätte des Beihilfeempfängers verbleiben, die die Beihilfe erhält.

(3) Die durch ein Investitionsvorhaben direkt geschaffenen Arbeitsplätze gelten als beihilfefähige Kosten im Sinne dieser Verordnung, wenn sie sämtliche der folgenden Voraussetzungen erfüllen:

a) Die Arbeitsplätze müssen innerhalb von drei Jahren nach Abschluss der Investition geschaffen werden;

b) das Investitionsvorhaben muss in dem betreffenden Unternehmen einen Nettozuwachs an Beschäftigten im Vergleich zur durchschnittlichen Beschäftigtenzahl in den vorausgegangenen zwölf Monaten zur Folge haben;

c) die neugeschaffenen Arbeitsplätze müssen bei Großunternehmen über einen Zeitraum von mindestens fünf Jahren und bei KMU über einen Zeitraum von mindestens drei Jahren erhalten bleiben.

1   Für Investitionsbeihilfen sind die beihilfefähigen Kosten gesondert geregelt. Als beihilfefähig gelten Investitionen in **materielle** und/oder **immaterielle Vermögenswerte**[2] bei der Errichtung einer neuen oder der Erweiterung einer bestehenden Betriebsstätte, bei der Diversifizierung der Produktion einer Betriebsstätte in neue, zusätzliche Produkte oder einer grundlegenden Änderung des gesamten Produktionsverfahrens. Anders als bei den übrigen Beihilfen sind für Regionalbeihilfen im **Verkehrssektor** die Beförderungsmittel und Ausrüstungsgüter aus den beihilfefähigen materiellen Vermögenswerten ausgenommen. Wegen der in der Gemeinschaft bestehenden Überkapazitäten und der spezifischen Wettbewerbsverzerrungen im Straßengüter- und Luftverkehr werden in diesen beiden Sektoren jedoch Beförderungsmittel und Ausrüstungsgüter allgemein, nicht nur für Investitionsbeihilfen, ausgenommen.[3]

2   Förderfähig ist auch der Erwerb von unmittelbar mit einer Betriebsstätte verbundenen Vermögenswerten, sofern die Betriebsstätte geschlossen wurde oder geschlossen worden wäre, wenn ihr Erwerb nicht erfolgt wäre, und sofern die Vermögenswerte von einem unabhängigen Investor erworben werden. Im Falle kleiner Unternehmen, die von Familienmitgliedern des ursprünglichen Eigentümers oder von ehemaligen Beschäftigten übernommen werden, entfällt die Bedingung der Übernahme von einem unabhängigen Investor.[4] Die alleinige Übernahme der Un-

---

[1] **Amtl. Anm.:** ABl. L 24 vom 29. 1. 2004, S. 1.
[2] Zu den Begriffen siehe Art. 2 Nr. 10, 11.
[3] Art. 2 Nr. 10 und 35. Erwägungsgrund AGVO.
[4] Art. 12 Abs. 1 lit. b.

ternehmensanteile gilt nicht als Investition, was im Vorfeld wegen eines Bedürfnisses, die Übernahme von Unternehmensanteilen von KMU zu fördern, kritisiert wurde.[5]

Als beihilfefähige Kosten gelten immaterielle Vermögenswerte, die als abschreibungsfähige **3** Aktivposten angesehen werden, bei Dritten zu Marktbedingungen erworben worden sind und nur in dem Unternehmen genutzt werden, das die Beihilfe erhält. Im Falle regionaler Investitionsbeihilfen dürfen sie nur in der Betriebsstätte genutzt werden, die die Beihilfe erhält.[6] Für den Erwerb bei Dritten ist erforderlich, dass der Erwerber gegenüber dem Verkäufer keine Kontrolle im Sinne von Art. 3 der „EG-Fusionskontrollverordnung"[7] ausüben kann und umgekehrt.

Investitionsbeihilfen zugunsten von KMU müssen von dem Unternehmen mindestens drei **4** Jahre auf der Aktivseite bilanziert werden. Regionale Investitionsbeihilfen müssen von dem Unternehmen auf der Aktivseite bilanziert werden und mindestens fünf Jahre lang – bei KMU mindestens drei Jahre lang – in der Betriebsstätte des Beihilfeempfängers verbleiben, die die Beihilfe erhält.[8]

Zu den Voraussetzungen, unter denen die durch ein Investitionsvorhaben direkt geschaffenen **5** Arbeitsplätze als beihilfefähige Kosten gelten, siehe Art. 12 Abs. 3.

Weitere Ausführungen siehe bei Art. 13, 14. **6**

Kapitel II. Besondere Bestimmungen für einzelne Beihilfegruppen

Abschnitt 1. Regionalbeihilfen

Art. 13 Regionale Investitions- und Beschäftigungsbeihilfen

(1) Regionale Investitions- und Beschäftigungsbeihilferegelungen sind im Sinne von Art. 87 Absatz 3 EG-Vertrag mit dem Gemeinsamen Markt vereinbar und von der Anmeldepflicht gemäß Art. 88 Absatz 3 EG-Vertrag freigestellt, wenn die Voraussetzungen dieses Artikels erfüllt sind. Ad-hoc-Beihilfen, die lediglich verwendet werden, um Beihilfen zu ergänzen, die auf der Grundlage von regionalen Investitions- und Beschäftigungsbeihilferegelungen gewährt wurden und 50% der gesamten für die Investition zu gewährenden Beihilfe nicht überschreiten, sind im Sinne von Art. 87 Absatz 3 EGVertrag mit dem Gemeinsamen Markt vereinbar und von der Anmeldepflicht gemäß Art. 88 Absatz 3 EG-Vertrag freigestellt, wenn diese Ad-hoc-Beihilfen sämtliche Voraussetzungen dieser Verordnung erfüllen.

(2) Die Beihilfe wird in Fördergebieten gewährt, die in der genehmigten Fördergebietskarte des betreffenden Mitgliedstaats für den Zeitraum 2007–2013 ausgewiesen sind. Die Investition muss in dem betreffenden Fördergebiet mindestens fünf Jahre – bei KMU mindestens drei Jahre – nach Abschluss der Investition erhalten bleiben. Die Ersetzung von Anlagen oder Ausrüstungen, die wegen rascher technischer Veränderungen innerhalb des betreffenden Zeitraums veralten, bleibt hiervon unberührt, sofern die betreffende Wirtschaftstätigkeit innerhalb dieses Zeitraums in der Region aufrechterhalten wird.

(3) Die Beihilfeintensität, ausgedrückt als Bruttosubventionsäquivalent, darf die Obergrenze für Regionalbeihilfen nicht überschreiten, die zum Bewilligungszeitpunkt im betreffenden Fördergebiet gilt.

(4) Die Obergrenze gemäß Absatz 3 kann bei Beihilfen für kleine Unternehmen um 20 Prozentpunkte und bei Beihilfen für mittlere Unternehmen um 10 Prozentpunkte heraufgesetzt werden; Beihilfen zugunsten großer Investitionsvorhaben sowie Regionalbeihilfen für den Verkehrssektor sind hiervon ausgenommen.

---

[5] Stellungnahme der Regierung der Bundesrepublik Deutschland zum Entwurf der Allgemeinen Gruppenfreistellungsverordnung (Art. 1 Fn. 32) 14.
[6] Art. 12 Abs. 2 lit. a bis c.
[7] VO 139/2004, ABl. 2004 L 24/1.
[8] Art. 12 Abs. 2 lit. d.

(5) Die Obergrenze gemäß Absatz 3 bezieht sich auf die Beihilfeintensität, die entweder als Prozentsatz der beihilfefähigen Kosten einer Investition in materielle oder immaterielle Vermögenswerte berechnet wird oder als Prozentsatz der geschätzten Lohnkosten für direkt durch die Investition geschaffene Arbeitsplätze, die für jeden eingestellten Arbeitnehmer während eines Zeitraums von zwei Jahren anfallen, oder eine Mischung aus beiden, sofern die Beihilfe den günstigsten Beihilfebetrag, der sich aus der Anwendung der einen oder anderen Berechnungsweise ergibt, nicht überschreitet.

(6) Wird die Beihilfe auf der Grundlage der Kosten einer Investition in materielle oder immaterielle Vermögenswerte oder im Falle einer Übernahme auf der Grundlage der Erwerbskosten berechnet, muss der Beihilfeempfänger entweder aus eigenen oder aus fremden Mitteln einen Eigenbeitrag von mindestens 25% leisten, der keinerlei öffentliche Förderung enthält. Überschreitet jedoch die im Rahmen der Fördergebietskarte des betreffenden Mitgliedstaats genehmigte und nach Maßgabe von Absatz 4 erhöhte Beihilfehöchstintensität 75%, so wird der finanzielle Beitrag des Beihilfeempfängers entsprechend reduziert. Wird die Beihilfe auf der Grundlage der Kosten einer Investition in materielle oder immaterielle Vermögenswerte berechnet, findet auch Absatz 7 Anwendung.

(7) Beim Erwerb einer Betriebsstätte werden nur die Kosten für den Erwerb der Vermögenswerte von Dritten berücksichtigt, sofern diese Transaktion unter Marktbedingungen erfolgt ist. Geht der Erwerb mit einer anderen Investition einher, sind die diesbezüglichen Kosten zu den Erwerbskosten hinzuzurechnen. Kosten für Leasing von anderen Vermögenswerten als Grundstücken oder Gebäuden werden nur berücksichtigt, wenn der Leasingvertrag die Form eines Finanzierungsleasings hat und die Verpflichtung enthält, zum Laufzeitende den betreffenden Vermögensgegenstand zu erwerben. Verträge über das Leasing von Grundstücken oder Gebäuden müssen eine Laufzeit von mindestens fünf Jahren – beziehungsweise bei KMU eine Laufzeit von mindestens drei Jahren – nach dem voraussichtlichen Abschluss des Investitionsvorhabens haben. Außer im Falle von KMU oder Übernahmen dürfen nur neue Vermögensgegenstände erworben werden. Bei Übernahmen werden Vermögenswerte, für deren Erwerb bereits vor der Übernahme Beihilfen bewilligt wurden, abgezogen. Bei KMU können auch die Kosten der Investitionen in immaterielle Vermögenswerte in voller Höhe berücksichtigt werden. Bei Großunternehmen werden diese Kosten nur bis zu einer Obergrenze von 50% der gesamten beihilfefähigen Kosten des Investitionsvorhabens berücksichtigt.

(8) Wird die Beihilfe auf der Grundlage der Lohnkosten berechnet, müssen die Arbeitsplätze direkt durch das Investitionsvorhaben geschaffen werden.

(9) Abweichend von den Absätzen 3 und 4 können die Beihilfehöchstintensitäten für Investitionen in die Verarbeitung und Vermarktung landwirtschaftlicher Erzeugnisse wie folgt festgesetzt werden:

a) auf 50% der beihilfefähigen Investitionen in Fördergebieten gemäß Art. 87 Absatz 3 Buchstabe a EG-Vertrag und auf 40% der beihilfefähigen Investitionen in anderen Regionen, die gemäß der für den betreffenden Mitgliedstaat für den Zeitraum 2007–2013 genehmigten Fördergebietskarte für Regionalbeihilfen in Frage kommen, wenn es sich bei dem Beihilfeempfänger um ein KMU;

b) auf 25% der beihilfefähigen Investitionen in Fördergebieten gemäß Art. 87 Absatz 3 Buchstabe a EG-Vertrag und auf 20% der beihilfefähigen Investitionen in anderen Regionen, die gemäß der für den betreffenden Mitgliedstaat für den Zeitraum 2007–2013 genehmigten Fördergebietskarte für Regionalbeihilfen in Frage kommen, wenn der Beihilfeempfänger nach den Berechnungsvorgaben des Anhangs I zu dieser Verordnung weniger als 750 Arbeitnehmer beschäftigt und/oder einen Umsatz von weniger als 200 Mio. EUR ausweist.

(10) Damit ein großes Investitionsvorhaben nicht künstlich in Teilvorhaben untergliedert wird, gilt ein großes Investitionsvorhaben als Einzelinvestition, wenn die Investition innerhalb eines Zeitraums von drei Jahren von demselben oder denselben Unternehmen durchgeführt wird und Anlagevermögen betrifft, das eine wirtschaftlich unteilbare Einheit bildet.

Art. 14 Beihilfen für neu gegründete kleine Unternehmen

(1) Beihilferegelungen zugunsten neu gegründeter kleiner Unternehmen sind im Sinne von Art. 87 Absatz 3 EG-Vertrag mit dem Gemeinsamen Markt vereinbar und von der Anmeldepflicht gemäß Art. 88 Absatz 3 EG-Vertrag befreit, wenn die Voraussetzungen der Absätze 2, 3 und 4 erfüllt sind.

(2) Bei dem begünstigten Unternehmen muss es sich um ein kleines Unternehmen handeln.

(3) Der Beihilfebetrag darf folgende Beträge nicht überschreiten:

a) 2 Mio. EUR bei kleinen Unternehmen mit Wirtschaftstätigkeit in Fördergebieten gemäß Art. 87 Absatz 3 Buchstabe a EG-Vertrag;

b) 1 Mio. EUR bei kleinen Unternehmen mit Wirtschaftstätigkeit in Fördergebieten gemäß Art. 87 Absatz 3 Buchstabe c EG-Vertrag.

Die Beihilfe pro Unternehmen darf jährlich 33% des in Buchstabe a bzw. b genannten Beihilfebetrags nicht überschreiten.

(4) Die Beihilfeintensität darf folgende Sätze nicht überschreiten:

a) Fördergebiete gemäß Art. 87 Absatz 3 Buchstabe a EG-Vertrag: 35% der beihilfefähigen Kosten in den ersten drei Jahren nach der Unternehmensgründung und 25% der beihilfefähigen Kosten in den beiden darauffolgenden Jahren;

b) Fördergebiete gemäß Art. 87 Absatz 3 Buchstabe c EG-Vertrag: 25% der beihilfefähigen Kosten in den ersten drei Jahren nach der Unternehmensgründung und 15% der beihilfefähigen Kosten in den beiden darauffolgenden Jahren. Diese Beihilfeintensitäten können für Fördergebiete gemäß Art. 87 Absatz 3 Buchstabe a EG-Vertrag mit einem Pro-Kopf-Bruttoinlandsprodukt (BIP) von weniger als 60% des Durchschnitts der EU-25, für Gebiete mit einer Bevölkerungsdichte von weniger als 12,5 Einw./km^2 und für kleine Inseln mit weniger als 5000 Einwohnern bzw. für andere durch eine ähnliche räumliche Isolierung geprägte Gebiete mit weniger als 5000 Einwohnern um 5% erhöht werden.

(5) Beihilfefähig sind die Rechtsanwalts-, Beratungs- und Verwaltungskosten, die direkt mit der Gründung des kleinen Unternehmens in Zusammenhang stehen, sowie die folgenden Kosten, sofern sie in den ersten fünf Jahren nach der Gründung des Unternehmens tatsächlich anfallen:

a) Zinsen für Fremdkapital, eine Dividende auf eingesetztes Eigenkapital, die nicht über dem Referenzsatz liegt;

b) Gebühren für die Anmietung von Produktionsanlagen und -ausrüstung;

c) Energie, Wasser, Heizung und Steuern (mit Ausnahme der Mehrwert- und der Körperschaftsteuer) und Verwaltungsabgaben;

d) Abschreibungen, Gebühren für das Leasing von Produktionsanlagen und -ausrüstung sowie Lohnkosten, wenn die betreffenden Investitions- bzw. Arbeitsplatzschaffungs- und Einstellungsmaßnahmen nicht bereits anderweitig durch Beihilfen unterstützt wurden.

(6) Kleine Unternehmen, die von Anteilseignern solcher Unternehmen kontrolliert werden, die in den vorangegangenen 12 Monaten stillgelegt wurden, können keine Beihilfe nach diesem Artikel erhalten, wenn die betreffenden Unternehmen in demselben Markt oder in benachbarten Märkten tätig sind.

Schrifttum: *Bacon/Wishlade*, European Communitiy Law of State Aid, 2009; *Borchardt*, Die Rückführung zu Unrecht gewährter staatlicher Beihilfen beim Verkauf von Vermögenswerten des Beihilfeempfängers durch den Insolvenzverwalter, ZIP 2001, 1301; *Cavallo/Junginger-Dittel*, The Multisectoral Framework 2002, Competition Policy Newsletter 1/2004, 78; *Ehricke*, Rückzahlung gemeinschaftsrechtswidriger Beihilfen in der Insolvenz des Beihilfeempfängers, ZIP 2001, 489; *Fiebelkorn/Petzold*, Durchführungsverbot gemäß Art. 88 III 3 EG, Rückforderungsverpflichtung und Nichtigkeitsfolge: Ist die BGH-Rechtsprechung praxisgerecht?, EuZW 2009, 323; *Fisher*, Statistical Methods for Research Workers, 1. Aufl. 1925; *Helbling*, Zur Bedeutung der US GAAP, Der Schweizer Treuhänder 2001, 763; *Knoblich*, Die Entwicklung des Regionalbeihilferechts und aktuelle Herausforderungen, in: *Oberender*, Der „more economic approach" in der Beihilfenkontrolle, 85; *König/Heratsch*, Staatliche und kommunale Bürgschaften auf dem Prüfstand des EG-Beihilferechts – Neue Tendenzen, ZHR 169 (2005), 77; *Lang*, Marktmacht und Marktmachtmessung im deutschen Großhandelsmarkt für Strom, 2007; *Pechstein*, EuZW 1999, 499; *ders.*, EuZW 2003, 447; *Soltész*, Hat sich das Europäische Beihilferecht in der Krise bewährt?, in: *Schwarze*, Rechtsschutz und Wettbewerb in der neueren europäischen Rechtsanwendung, 2010, 61; *ders.*, Subventionskahlschlag oder Beihilfenkontrolle? – Der neue Multisektorale Regionalbeihilferahmen als europaweites Investitionshemmnis?, EWS 2004, 241; *ders. / Marquier*, Künstliche Aufteilung von Investitionsprojekten zur Umgehung der Beihilfekontrollen (?) – Das Beispiel des neuen Multisektoralen Rahmens, EuZW 2004, 587; *ders. /Schädle*, Zur Umgehung beihilferechtlicher Notifizierungspflichten – Aktuelle Entwicklungen bei der 3-Jahres-Regel, EuZW 2008, 134; *Tetsch,* Die Bund-Länder-Gemeinschaftsaufgabe Verbesserung der regionalen Wirtschaftsstruktur, 1996; *Weitnauer,* Der Unternehmenskauf nach neuem Kaufrecht, NJW 2002, 2511.

Übersicht

A. Einleitung

I. Sinn und Zweck der Regionalbeihilfen

Regionalbeihilfen sind Beihilfen mit regionaler Zielsetzung. Sie dienen der Förderung der **1** wirtschaftlichen Entwicklung bestimmter benachteiligter Gebiete innerhalb des Europäischen Wirtschaftsraumes.[1, 2] Als besondere Ausprägung der horizontalen Beihilfen schaffen sie Abhilfe bei den besonderen Schwierigkeiten benachteiligter Gebiete, gleichen die Nachteile strukturschwacher Gebiete aus und fördern den wirtschaftlichen, sozialen und territorialen Zusammenhalt der jeweiligen Mitgliedstaaten und der Europäischen Union insgesamt (Kohäsionsgedanke).[3] Daher bleiben sie diesen Gebieten vorbehalten und dienen durch die Förderung von Investitionen und die Schaffung von Arbeitsplätzen[4] gezielt deren Entwicklung.[5] Sie können nach Art. 107 Abs. 3 lit. a und c AEUV als mit dem Binnenmarkt (bis zum 30. 11. 2009: Gemeinsamen Markt) vereinbar angesehen werden, sofern sie auf die am stärksten benachteiligten Gebiete konzentriert bleiben. Andernfalls verlieren sie ihren Anreiz für die Unternehmen, gerade in einem benachteiligten Gebiet zu investieren und verfälschen die Marktbedingungen und damit die Leistungsfähigkeit der gemeinschaftlichen Wirtschaft.[6] Regionalbeihilfen sind hinsichtlich der intersektoralen Allokation der wirtschaftlichen Ressourcen neutral,[7] so dass grundsätzlich nur sektorübergreifende gebietsbezogene Beihilferegelungen als Regionalbeihilfen zulässig sind.[8] Regelmäßig werden sie als regionale Investitionsbeihilfen,[9] als regionale Zuschläge auf Investitionsbeihilfen für kleine und mittlere Unternehmen[10] oder als Beihilfen für neu gegründete Unternehmen,[11] aber, sofern dies mit Blick auf die strukturellen Nachteile des betreffenden Gebietes nicht genügt, auch als Betriebsbeihilfen gewährt.[12] Sie können im Rahmen einer von

---

[1] Der Europäische Wirtschaftsraum (EWR) umfasst das Gebiet der Mitgliedstaaten der Europäischen Union sowie der EFTA-Staaten mit Ausnahme der Schweiz, Abkommen über den Europäischen Wirtschaftsraum vom 2. Mai 1992, Abkommen über die erste Erweiterung des EWR vom 14. 10. 2003, Abkommen über die 2. Erweiterung des EWR vom 25. 7. 2007.

[2] RdNr. 1 Leitlinien für Beihilfen mit regionaler Zielsetzung 2007–2013, ABl. 2006 C 54/13 (Regionalleitlinien 2007 – RegLL 2007); Abschnitt 1 Abs. 4 Leitlinien für staatliche Beihilfen mit regionaler Zielsetzung, ABl. 1998 C 74/9 (Regionalleitlinien 1998 – RegLL 1998), geändert durch die Leitlinien der Gemeinschaft für staatliche Beihilfen zur Rettung und Umstrukturierung von Unternehmen in Schwierigkeiten, ABl. 1999 C 288/2, (Ziffer 96) sowie durch die Änderung der Leitlinien für staatliche Beihilfen mit regionaler Zielsetzung, ABl. 2000 C 285/5.

[3] RdNr. 2 RegLL 2007; Verordnung (EG) 1628/2006 der Kom. vom 24. 10. 2006 über die Anwendung der Art. 87 und 88 EG-Vertrag auf regionale Investitionsbeihilfen der Mitgliedstaaten (Regionalbeihilfenfreistellungsverordnung – RFVO), ABl. 2006 L 302/29, Tz. 3; AGVO, Tz. 40; Kom., Konsultationspapier der GD Wettbewerb „Allgemeine Grundsätze für eine ökonomisch ausgerichtete Prüfung der Vereinbarkeit staatlicher Beihilfen nach Art. 87 Abs. 3 EG-Vertrag", vom 9. Oktober 2009, RdNr. 28, http://ec.europa.eu/com petition/state_aid/reform/economic_assessment_de.pdf, (Konsultationspapier „ökonomisch ausgerichtete Prüfung"); siehe auch *Mederer/Pesaresi/van Hoof/Fort/Nyssens*, EU Competition Law, Part 4, Chapter 1, RdNr. 4.31.

[4] Daher dürfen auch Telearbeitsplätze nur in einem entsprechenden Fördergebiet gefördert werden, unabhängig davon, wo sich das Unternehmen befindet, das die Arbeitsplätze einrichtet, Kom., Entscheidung vom 25. 2. 1998 über Beihilfen, die Deutschland nach dem 26. Rahmenplan der Gemeinschaftsaufgabe „Verbesserung der regionalen Wirtschaftsstruktur" zur Förderung von Telearbeitsplätzen zu gewähren beabsichtigt, ABl. 1999 L 271/25; *Heidenhain/Jestaedt*, EC State Aid Law, § 15 RdNr. 8.

[5] RdNr. 3 RegLL 2007; Abschnitt 1 Abs. 3 und 4 RegLL 1998; Tz. 3 RFVO; Tz. 40 AGVO.

[6] Abschnitt 1 Abs. 7 RegLL 1998.

[7] Abschnitt 1 Abs. 7 RegLL 1998.

[8] Abschnitt 2 Abs. 4 RegLL 1998; Tz. 9 und Art. 7 lit. b 1. HS RFVO; Tz. 14 und Art. 1 Abs. 4 S. 1 AGVO. Eine Ausnahme gilt für den Sektor Tourismus: Tz. 9 und Art. 7 lit. b 2. HS RFVO; Tz. 14 und Art. 1 Abs. 4 S. 2 AGVO.

[9] Abschnitt 1 Abs. 4 RegLL 1998; RdNr. 1, 3 RegLL 2007; Art. 1 Abs. 1 RFVO; Art. 13 AGVO. Zu den regionalen Investitionsbeihilfen zählen auch regionale Beschäftigungsbeihilfen (Lohnkostenförderung) im Zusammenhang mit einer Investition, Tz. 14 RFVO; Tz. 37 und Art. 2 Nr. 17, Art. 13 Abs. 5 und 8 AGVO.

[10] Abschnitt 1 Abs. 3 Fn. 1 RegLL 1998; RdNr. 1 RegLL 2007, modifiziert durch Tz. 39 AGVO; dabei handelt es sich um regionale Zuschläge für KMU auch in anderen als den benachteiligten Gebieten zulässige Investitionsbeihilfen.

[11] RdNr. 7, 84–91 RegLL 2007; Tz. 43 und Art. 14 AGVO.

[12] Abschnitt 1 Abs. 5 RegLL 1998; RdNr. 1, 6, 76–83 RegLL 2007; Tz. 12 RFVO.

der Kommission genehmigten, einer nach Art. 4 RFVO oder Art. 12 bis 14 der AGVO freigestellten Beihilferegelung oder als Einzelbeihilfe, sei es als Ad-hoc-Beihilfe,[13] sei es als einzeln anmeldepflichtige Beihilfe auf der Grundlage einer Beihilferegelung,[14] gewährt werden.[15]

2 Nicht als Regionalbeihilfen betrachtet die Europäische Kommission Aufschläge in Fördergebieten auf andere horizontale Beihilfen, etwa auf Forschungs- und Entwicklungs- und Innovationsbeihilfen, auf Beschäftigungs-,[16] auf Ausbildungs- oder auf Umweltschutzbeihilfen, also auf Beihilfen, die im Grundsatz auf andere als regionale Ziele von gemeinsamem europäischen Interessen gerichtet sind.[17]

II. Beihilferechtliche Rechtfertigung

3 Die beihilferechtliche Rechtfertigung im Sinne der Vereinbarkeit mit dem Binnenmarkt ergibt sich für die Regionalbeihilfen aus zwei Ansätzen: aus dem Gedanken des Nachteilsausgleichs für die begünstigten Unternehmen zum Vorteil der betreffenden Region und aus dem Gedanken des Anreizeffektes. Der näheren Ausgestaltung dieser Gedanken dienen entsprechende Regelwerke.

4 **1. Nachteilsausgleich.** Der Binnenmarkt wird durch eine Subvention am geringsten berührt, wenn sie dem Empfänger nicht einen zusätzlichen Vorteil gewährt, sondern wenn sie bestehende (regionale) Nachteile schlicht ausgleicht.[18] Regionalbeihilfen sind, wie sich auch aus ihrer von der Wirtschaftskraft einer Region abhängigen Beihilfenhöhe ergibt,[19] in erster Linie ein **Nachteilsausgleich**,[20] d. h. ein **generalisierter Ausgleich** für die Nachteile, die ein Unternehmen regelmäßig in Kauf nehmen müsste, das sich in einer wirtschafts- und damit im Regelfall auch infrastrukturschwächeren Region niederlassen oder in einer derartigen Region expandieren würde.[21]

---

[13] Art. 2 Abs. 1 lit. d RFVO; Art. 1 Nr. 3 lit. a, 4 AGVO.

[14] Art. 2 Nr. 3 lit. b AGVO.

[15] RdNr. 10, 106 RegLL 2007; Tz. 6, Art. 1 Abs. 1 S. 2 RFVO; Art. 13 Abs. 1 AGVO.

[16] Das gilt nicht für die regionale Beschäftigungsbeihilfe in der Form der Lohnkostenförderung im Rahmen eines Investitionsvorhabens. Diese regionale Beschäftigungsbeihilfe ist eine Regionalbeihilfe, vgl. oben Fn. 9.

[17] RdNr. 2, Fn. 1 RegLL 2007.

[18] Vgl. Gemeinschaftsrahmen für staatliche Beihilfen in der Kfz-Industrie, 1997 ABl. C 279/1, Abschnitt 3.2 lit. c, modifiziert durch die Bekanntmachung über die Verlängerung der Gültigkeitsdauer des Gemeinschaftsrahmens für staatliche Beihilfen in der Kfz-Industrie, ABl. 2000 C 258/6 (Kfz-Gemeinschaftsrahmen 1997): dort war eine Kosten-Nutzen-Analyse für den tatsächlichen Standort in einem Fördergebiet und zumindest einen Konkurrenzstandort gefordert, um den jeweiligen Nachteil des Investierenden zu ermitteln.

[19] RdNr. 1, 5 RegLL 2007 sowie die Bestimmungen zum jeweiligen BIP in RdNr. 15–20, 25, 27, 30 RegLL 2007.

[20] AGVO, Tz. 40; *Cavallo/Junginger-Dittel*, The Multisectoral Framework 2002, European Commission, Competition Policy Newsletter 1/2004, 78: „... which should compensate the regional handicaps ..."; zum generalisierten Nachteilsausgleich siehe auch unter Rdnr. 23, 47, 130, 155, 192, 204, 252, 410, 413 und 474.

[21] Vgl. Tz. 14 S. 2 Verordnung (EG) 70/2001 der Kom. vom 12. 1. 2001 über die Anwendung der Art. 87 und 88 EG-Vertrag auf staatliche Beihilfen an kleine und mittlere Unternehmen, ABl. 2001 L 10/33, geändert durch Verordnung (EG) 364/2004 der Kom. vom 25. 2. 2004 zur Änderung der Verordnung (EG) 70/2001 im Hinblick auf die Erstreckung ihres Anwendungsbereichs auf Forschungs- und Entwicklungsbeihilfen, ABl. 2004 L 63/22, Verordnung (EG) Nr. 1040/2006 der Kom. vom 7. 7. 2006 zur Änderung der Verordnungen (EG) Nr. 2204/2002, (EG) Nr. 70/2001 und (EG) Nr. 68/2001 in Bezug auf die Geltungsdauer, ABl. 2006 L 187/8, Berichtigung der Verordnung (EG) 1040/2006 der Kom. vom 7. 7. 2006 zur Änderung der Verordnungen (EG) Nr. 2204/2002, (EG) Nr. 70/2001 und (EG) Nr. 68/2001 in Bezug auf die Geltungsdauer, ABl. 2006 L 194/33 und durch Verordnung (EG) Nr. 1976/2006 der Kom. vom 20. 12. 2006 zur Änderung der Verordnungen (EG) Nr. 2204/2002, (EG) 70/2001 und (EG) Nr. 68/2001 in Bezug auf die Ausdehnung ihrer Anwendungszeiträume, ABl. 2006 L 368/85 (KMU-Freistellungsverordnung); RdNr. 2, 22 Nr. 2 Mitteilung der Kom. betreffend die Kriterien für die eingehende Prüfung staatlicher Beihilfen mit regionaler Zielsetzung zur Förderung großer Investitionsvorhaben, ABl. 2009 C 223/3; zuvor, am 17. 6. 2009, veröffentlicht als „Leitfaden für die eingehende Prüfung staatlicher Beihilfen mit regionaler Zielsetzung zur Förderung großer Investitionsvorhaben" (Kriterien); *Knoblich*, Die Entwicklung des Regionalbeihilferechts und aktuelle Herausforderungen, in: *Oberender*, Der „more economic approach" in der Beihilfenkontrolle, 85, 90.

Dieser Nachteilsausgleich ist für ein Unternehmen allerdings nur dann erforderlich, wenn es **5** auch einen anderen Standort wählen kann, sich also an einem regional weniger nachteiligen Ort niederlassen könnte **(Standortungebundenheit).** Ohne eine **echte Standortwahlmöglichkeit** ist ein Nachteilsausgleich im Rahmen einer Neuansiedlung verfehlt.[22]

2. Anreizeffekt. Dieser Ansatz setzt darauf, dass ein Unternehmen eine Investition nur dann **6** in der geförderten Art und Weise vornimmt, wenn sie finanziell unterstützt wird. Der **Anreizeffekt** kann sich in der Investition selbst, im Investitionsvolumen oder in der Investitionszeit manifestieren.[23]

3. Zentrale Regelwerke. Die **zentralen Regelwerke** für die Beurteilung, ob eine vorge- **7** sehene Regionalbeihilfe mit dem Binnenmarkt vereinbar ist, finden sich in den Leitlinien für staatliche Beihilfen mit regionaler Zielsetzung 2007–2013 (Regionalleitlinien 2007 – RegLL 2007) sowie in Art. 1–14, 35, 43, 44 AGVO und über Art. 44 Abs. 2 AGVO auch in Art. 1–9 RFVO.

III. Entstehungsgeschichte

Die RegLL 2007 und die regionalbeihilferechtlichen Regelungen der AGVO besitzen drei **8** Wurzeln: die Entwicklung und Geschichte der bisherigen Regionalleitlinien aus einem Koordinierungsangebot der Europäischen Kommission (1.), die sektoralen Regelungen (2.), insbesondere den Multisektoralen Regionalbeihilferahmen 2002 und die neue Beihilfepolitik, zum Ausdruck gebracht im Aktionsplan Staatliche Beihilfen (3.). Daraus hat die Europäische Kommission die neuen RegLL 2007 geschaffen, die zum 1.1.2007 in Kraft getreten sind. Ferner sind daraus die Regionalbeihilfenfreistellungsverordnung (RFVO) vom 24. 10. 2006,[24] die bereits zum 29. 8. 2008 aufgehoben wurde[25] und spätestens zum 1. 1. 2009 in der AGVO aufgegangen ist,[26] sowie die regionalen Regelungen der AGVO[27] entstanden.

1. Koordinierungsangebot der Europäischen Kommission gegenüber den Mitglied- **9** **staaten.** Die Regelungen der **Art. 92–94 EWG-Vertrag (später Art. 87–89 EG und nunmehr Art. 107–109 AEUV)** hatten angesichts der damals wesentlich bedeutenderen Bestimmungen im 1952 unterzeichneten EGKS-Vertrag[28] zunächst eine **eher untergeordnete Bedeutung.**

Erst 14 Jahre später, am 20. Oktober 1971 trafen die im Rat vereinigten Vertreter der Regie- **10** rungen der Mitgliedstaaten eine **erste Entschließung über allgemeine Beihilferegelungen mit regionaler Zielsetzung.**[29] In dieser Entschließung gingen sie, im Anschluss an eine Mitteilung der Kommission an den Rat vom 23. Juni 1971[30] die Verpflichtung ein, sich bei Beihilferegelungen mit regionaler Zielsetzung an **gemeinsam aufgestellte Grundsätze und deren Koordinierung durch die Europäische Kommission** halten zu wollen. Die Mitteilung beruhte auf der Sorge, „dass auf dem Gebiet der Beihilfen mit regionaler Zielsetzung die **Gefahr eines Überbietens** besteht und dass es daher notwendig ist, unverzüglich eine **erste Reihe von Koordinierungsmaßnahmen** zur Eindämmung dieser Gefahr zu treffen."[31]

---

[22] Vgl. Kfz-Gemeinschaftsrahmen 1997, Abschnitt 3.2 lit. a. Daher fördert der Freistaat Sachsen z. B. keine Asphaltmischbetriebe. Sie müssen sich dort niederlassen, wo sie ihren Asphalt liefern möchten. Dieses Gut lässt sich nur schwer und aufwendig über mehrere hundert Kilometer transportieren, vgl. Richtlinie des Sächsischen Staatsministeriums für Wirtschaft und Arbeit zur Förderung der gewerblichen Wirtschaft einschließlich der Tourismuswirtschaft im Rahmen der Gemeinschaftsaufgabe „Verbesserung der regionalen Wirtschaftsstruktur" (GRW) (RIGA) vom 19. 2. 2009, SächsABl. 2009, 525 (RIGA SN 2009), Anlage Nr. 2.4.

[23] Tz. 29 S. 3 und Art. 8 Abs. 2, 3 AGVO; RdNr. 38 RegLL 2007.

[24] RFVO, ABl. 2006 L 302/29.

[25] Art. 43 S. 1 AGVO.

[26] Art. 44 Abs. 2, 45 AGVO.

[27] Neben den Bestimmungen des Allgemeinen Teils vor allem Art. 13, 14, 15 Abs. 4 lit. a, 29, 35, 43, 44 AGVO.

[28] Vertrag über die Gründung der Europäischen Gemeinschaft für Kohle und Stahl vom 18. 4. 1951, in Kraft getreten am 24. Juli 1952, BGBl. 1952 II 448 (EGKS-Vertrag).

[29] ABl. 1971 C 111/1.

[30] ABl. 1971 C 111/7.

[31] ABl. 1971 C 111/1, Erwägungsgründe.

11   Damit stellt sich der **Ausgangspunkt des Regionalbeihilfenrechts** im Kern als eine **Koordinierung von mitgliedstaatlichen Überlegungen durch die Europäische Kommission** dar. Die Mitgliedstaaten vereinbarten zu diesen Grundsätzen auch Anwendungsmodalitäten. Diese enthielten bereits ein, wenn auch sehr moderates **Monitoring.** So war vereinbart worden, dass die Kommission für eine Überwachung der tatsächlichen Ergebnisse der Koordinierung sorgt und ihr dazu nachträglich die wichtigsten Anwendungsfälle **nach einem die Geheimhaltung gewährleistenden Verfahren** bekannt gegeben werden.[32] Nach einer regelmäßigen Prüfung der Ergebnisse der Anwendung der Koordinierungsgrundsätze zusammen mit den für Beihilfefragen zuständigen hohen Beamten der Mitgliedstaaten sollte die Kommission dem Rat hierüber jährlich Bericht erstatten.[33]

12   Am 17. 2. 1971 erließ die Kommission bezogen auf eine allgemeine Regionalbeihilfenregelung die **erste Negativentscheidung** und begründete dies mit der fehlenden regionalen Spezifität der Maßnahme.[34] Die **Kommission** konnte diese Entscheidung nicht durchsetzen und **unterlag** im Rahmen eines Vertragsverletzungsverfahrens gegen Deutschland am 12. Juli 1973 **vor dem EuGH.**[35]

13   In den folgenden 10 Jahren verfeinerte die Kommission in mehreren Mitteilungen die Regelungen.[36] Am 23. Juli 1984 entschied sie dann, dass vom Land Nordrhein-Westfalen gewährte Beihilfen, soweit sie die Gebiete Borken-Bocholt und Siegen betrafen, mit dem Gemeinsamen Markt unvereinbar seien und nach dem 30. Juni 1985 nicht mehr gewährt werden dürften. Der **EuGH stellte** auf die Klage Deutschlands am **14. Oktober 1987** die **Nichtigkeit der Entscheidung der Kommission** fest, soweit sie die genannte Förderung untersagte.[37] Es fehle an einer plausiblen, nachvollziehbaren Begründung.[38]

14   Danach stellte die Kommission wesentlich präzisere Regelungen auf.[39] Diese führten, auch unter Berücksichtigung der Vollendung des Binnenmarktes 1992[40] letztlich zu den Leitlinien für staatliche Beihilfen mit regionaler Zielsetzung von 1998 (**Regionalleitlinien 1998** – RegLL 1998).[41] Sie enthalten die Kriterien, die die Kommission bei der Prüfung der Vereinbarkeit der bis Ende des Jahres 2006 gewährten staatlichen Regionalbeihilfen mit dem Gemeinsamen Markt nach Art. 87 Abs. 3 lit. a und c EG zugrunde legt.

15   **2. Sektorale Bestimmungen zur Ausformung der Vertragsbestimmungen.** Eine zweite Wurzel sind **die sektoralen Bestimmungen,** von denen die ältesten die Beihilferegelungen im Vertrag über die Gründung der Europäischen Gemeinschaft für Kohle und Stahl waren.[42] Dazu gesellten sich 1969 Regelungen über den Eisenbahn-, Straßen- und Binnenschiffverkehr,[43] seit 1971 der Gemeinschaftsrahmen für Beihilfen zugunsten der Textil- und Bekleidungsindustrie,[44] 1977 der Gemeinschaftsrahmen für Beihilfen zugunsten der Kunstfaser-

---

[32] ABl. 1971 C 111/1, Ziffer 9 der Anwendungsmodalitäten.

[33] ABl. 1971 C 111/1, Ziffer 9 letzter S. der Anwendungsmodalitäten.

[34] Entscheidung der Kom. 71/121/EWG vom 17. 2. 1971 (Investitionszulage – Anreiz zur Errichtung von Nichtbergbauunternehmen in Steinkohlebergbaugebieten) ABl. 1971 L 57/19.

[35] EuGH, Urteil vom 12. 7. 1973, 70/72, Slg. 1973, 813 – Kom. gegen Deutschland.

[36] Mitteilung der Kom. an den Rat von 1973, KOM(73) 110 vom 27. 6. 1973; Mitteilung der Kom. an den Rat von 1975, KOM(75) 77 endg. vom 26. Februar 1975; Mitteilung der Kom. über regionale Beihilferegelungen vom 21. Dezember 1978, ABl. 1979 C 31/9.

[37] EuGH, Urteil vom 14. 10. 1987, 248/84, Slg. 1987, 4013 – Deutschland gegen Kommission.

[38] EuGH, Urteil vom 14. 10. 1987, 248/84, Slg. 1987, 4013, RdNr. 22 – Deutschland gegen Kommission.

[39] Mitteilung der Kom. von 1988 über die Methode zur Anwendung von Art. 92 Abs. 3 lit. a und c auf Regionalbeihilfen, ABl. 1988 C 212/2; Mitteilung der Kom. von 1990 zur Änderung der Mitteilung von 1979, ABl. C 10 vom 16. 1. 1990, 8; Mitteilung der Kom. von 1990 zur Änderung der Mitteilung von 1988, ABl. C 163 vom 4. 7. 1990, 6; Schreiben der Kom. an die Mitgliedstaaten 39 (94) D/587 vom 17. Januar 1994, Wettbewerbsrecht in den Europäischen Gemeinschaften, Band II A, Luxemburg 1995, 250; Mitteilung der Kom. von 1994 über die Änderung der Methode zur Anwendung von Artikel 92 Absatz 3 c) EG-Vertrag auf Regionalbeihilfen, ABl. C 364 vom 20. 12. 1994.

[40] *Bacon/Wishlade,* European Communitiy Law of State Aid, Oxford 2009, RdNr. 15.04.

[41] RegLL 1998, ABl 1998 C 74/9, zu den späteren Änderungen siehe oben Fn. 2.

[42] Vertrag über die Gründung der Europäischen Gemeinschaft für Kohle und Stahl vom 18. 4. 1951, in Kraft getreten am 24. 7. 1952, BGBl. 1952 II 448 (EGKS-Vertrag).

[43] Verordnung (EWG) 1191/69 des Rates vom 26. Juni 1969 über das Vorgehen der Mitgliedstaaten bei mit dem Begriff des öffentlichen Dienstes verbundenen Verpflichtungen auf dem Gebiet des Eisenbahn-, Straßen- und Binnenschiffsverkehrs, ABl. 1969 L 156/1.

[44] Gemeinschaftsrahmen für die Beihilfen zugunsten der Textilindustrie, Mitteilung der Kom. an die Mitgliedstaaten, SEC(71) 363 endg. vom 30. Juli 1971 (Textil-Gemeinschaftsrahmen).

industrie,[45] 1989 der Gemeinschaftsrahmen für staatliche Beihilfen in der Kfz-Industrie,[46] dessen Neufassung 1997[47] auf dem richtigen Ansatz des Nachteilsausgleiches auf der Basis eines Standortvergleiches fußte,[48] ebenfalls 1989 die Leitlinien für Beihilfen an Seeschifffahrtsgesellschaften,[49] 1990 die Richtlinie des Rates über Beihilfen für den Schiffbau[50] sowie Regelungen über Beihilfen in der Landwirtschaft und Fischerei.[51] Diese Regelungen umfassten die so genannten **sensiblen Sektoren.**

Bald stellte sich heraus, dass immer mehr **Großinvestitionen** erfolgten. Beihilfevergaben für **16** solche Projekte konnten von der Kommission jedoch mangels geeigneten Regelwerkes nicht spezifisch kontrolliert werden. Darüber hinaus war es auch nicht möglich, auf Dauer nahezu jeden Sektor als sensibel zu betrachten. Daher kündigte die Kommission 1994 erstmals einen horizontalen Gemeinschaftsrahmen für staatliche Beihilfen zugunsten großer Investitionsvorhaben für alle Wirtschaftszweige an.[52]

Vier Jahre später setzte die Kommission zum 1.9.1998 den ersten multisektoralen Regional- **17** beihilferahmen für große Investitionsvorhaben (**Multisektoraler Regionalbeihilferahmen 1998** – MSR-1998) in Kraft.[53] Dieser griff bei nahezu allen größeren Investitionsvorhaben,[54] unabhängig vom jeweiligen Sektor: sei es, daß die Projektgesamtkosten 50 Mio. Euro[55] und die Beihilfeintensität 50% der jeweiligen regionalen Beihilfehöchstgrenze überstiegen sowie ein Beihilfebetrag von mindestens 40 000 Euro je geschaffenem oder erhaltenem Arbeitsplatz[56] vorgesehen war oder, unabhängig von diesen Kriterien, die Gesamtbeihilfe mindestens 50 Mio. Euro betrug.[57] Damit bestand für alle großen Investitionsvorhaben eine Notifizierungspflicht, unabhängig davon, ob diese Beihilfen als ad-hoc-Maßnahme[58] gewährt wurden oder auf ein bereits von der Kommission genehmigtes Beihilfeprogramm[59] gestützt werden sollten und so normalerweise von einer Anmeldung hätte abgesehen werden dürfen.[60]

Dieser Rahmen gestattete es, die zulässige **Beihilfeintensität** durch eine Multiplikation **ver- 18 schiedener Faktoren** zu errechnen. Dazu zählten der vierstufige **Wettbewerbsfaktor**, mit dem überprüft werden sollte, ob das Vorhaben zu einem Sektor mit strukturellen Überkapazitäten zu rechnen war oder in einem schrumpfenden Markt erfolgte,[61] der fünfstufige Faktor **„Verhältnis Kapitaleinsatz – Arbeitsplätze"**, der die Kapitalintensität bezogen auf die **geschaffenen oder erhaltenen direkten (Dauer-)Arbeitsplätze,** einschließlich der Auszubil-

---

[45] Gemeinschaftsrahmen zugunsten der Kunstfaserindustrie, Mitteilung der Kom. an die Mitgliedstaaten von 1977.

[46] Gemeinschaftsrahmen für staatliche Beihilfen in der Kfz-Industrie, ABl. 1989 C 123/3 (Kfz-Gemeinschaftsrahmen 1989), verlängert durch Entscheidungen der Kom., ABl. 1991 C 81/4 (Kfz-Gemeinschaftsrahmen 1991) und ABl. 1993 C 36/17 (Kfz-Gemeinschaftsrahmen 1993).

[47] Kfz-Gemeinschaftsrahmen 1997 (Fn. 18).

[48] Abschnitt 3.2. Kfz-Gemeinschaftsrahmen 1997 (Fn. 18).

[49] Leitlinien für Beihilfen an Seeschifffahrtsgesellschaften (finanzielle und steuerliche Maßnahmen im Seeverkehr mit Schiffen, die in der Gemeinschaft eingetragen sind), SEK(89) 921 endg. vom 3. 8. 1989.

[50] Richtlinie des Rates vom 21. Dezember 1990 über Beihilfen für den Schiffbau, ABl. 1990 L 380/27.

[51] Mitteilung der Kom. betreffend die staatliche Förderung des Absatzes von landwirtschaftlichen und Fischereierzeugnissen, ABl. 1986 C 272/3.

[52] Kom., Eine Politik der industriellen Wettbewerbsfähigkeit für die Europäische Union – Mitteilung an den Rat, das Europäische Parlament, den Wirtschafts- und Sozialausschuß und den Ausschuß der Regionen, KOM(94) 319 endg.

[53] Mitteilung der Kom. – Multisektoraler Regionalbeihilferahmen für große Investitionsvorhaben, ABl. 1998 C 107/7 (MSR-1998).

[54] Nicht erfasst wurden von diesem Rahmen die Wirtschaftszweige Landwirtschaft, Fischerei, Eisen- und Stahlindustrie, Schiffbau, Kunstfasern, Kfz-Industrie, Verkehr und Kohle sowie ausschließlich für die Schaffung von Arbeitsplätzen gewährte regionale Investitionsbeihilfen nach RdNr. 4.11–4.14 RegLL 1998; RdNr. 1.3. S. 1 und 2 sowie 2.1. Fn 6 MSR-1998.

[55] Für die Textil- und Bekleidungsindustrie galten nur 15 Mio. Euro, RdNr. 2.1. Fn. 8 MSR-1998.

[56] Für die Textil- und Bekleidungsindustrie galten nur 30 000 Euro, RdNr. 2.1. Fn. 10 MSR-1998.

[57] RdNr. 2.1. MSR-1998.

[58] RdNr. 2.1. Fn. 7 MSR-1998.

[59] RdNr. 2.1. MSR-1998.

[60] Sofern sich die Gewährung im Rahmen der Regelungsgenehmigung hielt, EuGH, Urt. v. 5. 10. 1994, C-47/91, Slg. 1994, I-4635, RdNr. 24 – Italgrani; EuGH, Urt. v. 15. 5. 1997, C-278/95 P, Slg. 1997, I-2507, RdNr. 31 – Siemens. Der MSR-1998 begründete also unter Rückgriff auf die allgemeine Anmeldepflicht nach Art. 88 Abs. 3 EG im Wege einer Rückausnahme für Beihilfen, die auf ein bereits von der Kom. genehmigtes Programm gestützt wurden, eine Sonderanmeldepflicht.

[61] Faktor „T" mit einer Multiplikationsspannweite von 0,25 bis 1,0: RdNr. 3.2.–3. 6., 3.10. MSR-1998.

dendenplätze,[62] beleuchtete[63] sowie der dreistufige Faktor **„regionale Auswirkungen"** der die Zunahme **indirekter Arbeitsplätze** je neu geschaffenem Arbeitsplatz, also von Arbeitsplätzen bei Zulieferern oder Dienstleistern des geförderten Unternehmens untersuchte.[64] Dabei lag das Ergebnis innerhalb einer Spanne von 15% bis 100% des jeweiligen regionalen Interventionshöchstsatzes.[65] Dieser Multisektorale Regionalbeihilferahmen belohnte **positive regionale Auswirkungen** der Investitionen mit einem **höheren Beihilfesatz,**[66] Wenn auch nicht über die in dem jeweiligen Fördergebiet zulässige Beihilfehöchstintensität hinaus.[67]

19   In der Praxis erwies sich dieser Rahmen entgegen den Beteuerungen der Kommission[68] als umständlich.[69] Jede Notifizierung erforderte, der Kommission anhand von allgemeinen Gutachten und Expertisen die Branchenstruktur darzustellen sowie jeden einzelnen direkten und indirekten Arbeitsplatz, letztere etwa durch entsprechende **„letters of intent",** nachzuweisen.[70] Dabei war es gerade für kleinere Beihilfeempfänger schwierig, entsprechende Erklärungen von ihren künftigen Geschäftspartnern zu erhalten.[71] Darüber hinaus zeigte sich dieser Rahmen auch innovationsavers: je arbeitsplatzintensiver ein Investitionsvorhaben war, desto höher fiel die mögliche Förderung aus. Die Schaffung vieler einfacher Arbeitsplätze für geringer qualifizierte Arbeitnehmer führte über den Faktor „Verhältnis Kapitaleinsatz – Arbeitsplätze" zu einer deutlich höheren Unterstützungsquote als die gleiche Investition in wesentlich teurere aber innovative Hochlohnarbeitsplätze.[72] Allerdings machte dieser Rahmen trotz des Aufwandes, die zulässige Beihilfeintensität und damit die Entscheidung der Kommission berechenbar und weitgehend transparent.

20   Am 19. 3. 2002 veröffentlichte die Kommission einen neuen, zweiten Multisektoralen Regionalbeihilferahmen (**Multisektoraler Regionalbeihilferahmen 2002** – MSR-2002).[73] Dieser Rahmen definierte die im Multisektoralen Regionalbeihilferahmen 1998 angelegte Zweigleisigkeit der Aufgreifschwellen für ein obligatorisches Genehmigungsverfahren, die Kombination von Investitionsvolumen und Beihilfeintensität sowie die absolute beabsichtigte Beihilfehöhe, neu.[74] So verlangte er erhebliche Absenkungen des jeweiligen regionalen Förderhöchstsatzes in zwei Stufen, also ab 50 Mio. € Investitionsvolumen um 50% und ab 100 Mio. € um 66% und knüpfte die Anmeldepflicht an die absolute Beihilfehöhe, die sich unter Ausschöpfen des regio-

---

[62] Kom., Staatliche Beihilfe N 300/2002 v. 30. 10. 2002, RdNr. 36 – Communicant Semiconductor Technologies; N 514/2002 v. 27. 11. 2002, RdNr. 34 – Agrolinz Melamin Piesteritz.

[63] Faktor „I" mit einer Multiplikationsspannweite von 0,6 bis 1,0: RdNr. 3.7., 3.8., 3.10. MSR-1998.

[64] Faktor „M" mit einer Multiplikationsspannweite von 1,0 bis 1,5: RdNr. 3.9. und 3.10. MSR-1998.

[65] Der geringste Wert setzte allerdings ein Engagement mit hoher arbeitsplatzspezifischer Kapitalintensität in einem Sektor mit gravierenden strukturellen Überkapazitäten und/oder einem absoluten Nachfragerückgang und einer nur geringen Zunahme indirekter Arbeitskräfte voraus, RdNr. 3.10. MSR-1998; ein derartiger Sachverhalt kam schon aus kaufmännischen Gründen in der Praxis nicht vor.

[66] Faktor „M": RdNr. 3.10. MSR-1998.

[67] MSR-1998, RdNr. 3.10. a. E.: „NB: kein Projekt kann jedoch über die regionale Obergrenze hinaus gefördert werden.".

[68] RdNr. 1.6. MSR-1998.

[69] Vgl. die Kritik bei *Soltész*, Beihilfenkontrolle, EWS 2004, 241, 242 f.

[70] Vgl. Kom., Staatliche Beihilfen C 86/2001 v. 9. 4. 2002, ABl. 2002 L 307/37, RdNr. 76, 81–91 – Infineon; C 61/2002 v. 23. 7. 2003, ABl. 2003 L 314/26, RdNr. 176 u. 178 – Shotton, UK; N 300/2002 v. 30. 10. 2002, RdNr. 36, 44 – Communicant Semiconductor Technologies; N 514/2002 v. 27. 11. 2002, RdNr. 34, 38, 40, 41 – Agrolinz Melamin Piesteritz; N 113/2003 v. 23. 7. 2003, RdNr. 26, 30–35 – Otto; N 522/2003 v. 3. 2. 2004, Abschnitt 3.2 S. 8 und S. 9 f. – AMD; N 612/2003 v. 20. 4. 2004, Abschnitt 3.2 S. 5 und S. 6 – Müller.

[71] Exemplarisch hierzu Kom., Staatliche Beihilfe N 668/2002 v. 13. 5. 2003, RdNr. 42 ff., 45, 48, 50 – Papierfabrik Jass.

[72] Kom., Staatliche Beihilfe N 640/2002 v. 11. 12. 2002, RdNr. 41 – Vestas; N 608/2003 v. 20. 4. 2004, RdNr. 15 – DHL einerseits und N 480/2000 v. 17. 8. 2000, S. 8 – Vereinigtes Königreich: Motorola; N 434/2001 v. 25. 7. 2001, RdNr. 343 – Frankreich: ATMEL; C 86/2001 v. 9. 4. 2002, ABl. 2002 L 307/37, RdNr. 79 – Infineon; N 300/2002 v. 30. 10. 2002, RdNr. 34 – Communicant Semiconductor Technologies; N 345/2003 v. 10. 12. 2003, RdNr. 45 – Frankreich: St Microelectronics; N 522/2003 v. 3. 2. 2004, Abschnitt 3.2 S. 8 – AMD andererseits.

[73] Multisektoraler Regionalbeihilferahmen für große Investitionsvorhaben, ABl. 2002 C 70/8, geändert durch Mitteilung der Kom. betreffend die Änderung des multisektoralen Regionalbeihilferahmens für große Investitionsvorhaben (2002) in Bezug auf die Aufstellung einer Liste von Sektoren mit strukturellen Problemen und den Vorschlag zweckdienlicher Maßnahmen gemäß Art. 88 Abs. 1 EG-Vertrag für die Kfz- und die Kunstfaserindustrie, ABl. 2003 C 263/3 (MSR-2002).

[74] RdNr. 2.1. MSR-1998; RdNr. 21 und 24 S. 1 MSR-2002.

nalen Förderhöchstsatzes für ein Investitionsvolumen von 100 Mio. € ergab.[75] Das bedeutete, eine Notifizierungspflicht bestand für die Investitionsprojekte, bei denen die beabsichtigte Beihilfe den Höchstbetrag überschritt, der für eine Investition von 100 Mio. € entsprechend der Berechnungsmethode des neuen Rahmens gewährt werden konnte.[76] Zugleich enthielt der neue MSR-2002 die **Ankündigung,** die schwierig erscheinenden **Berechnungen** nach dem MSR-1998 **erheblich zu vereinfachen** und damit wesentlich leichter zu Genehmigungen für Großvorhaben zu gelangen.[77] Ferner galt er auch für, stets notifizierungspflichtige,[78] Ad-hoc-Beihilfen.[79] **Dieser Rahmen trat gestuft in Kraft:** mit Auslaufen des Montanunionvertrages zum 24. 7. 2002 galt er für Beihilfegewährungen im ehemaligen EGKS-Bereich,[80] zum 1. 1. 2003 galt er für die Kraftfahrzeug- und Kunstfaserindustrie und zum 1. 1. 2004 für alle übrigen Sektoren.[81] Vorgesehen war seine Geltung bis zum 31. Dezember 2009.[82]

Der MSR-2002 verfolgte einen gänzlich **anderen Ansatz:** nicht mehr die Schaffung von **21** Arbeitsplätzen oder die regionalen Auswirkungen oder, die Grundrechtfertigung jeder Regionalförderung, der Nachteilsausgleich, standen im Vordergrund, sondern die **schlichte Reduktion der Beihilfeintensitäten.**[83] Dazu zählte vor allem die Absenkung der in der jeweiligen nationalen Fördergebietskarte festgelegten regionalen Beihilfehöchstintensität bei Großvorhaben für den ein Investitionsvolumen von 50 Mio. € übersteigenden Betrag um 50%[84] und die weitere Absenkung des Fördersatzes auf 34% der jeweiligen Beihilfehöchstintensität für die Teile des Investitionsvolumens, die die 100 Mio. €-Schwelle überschritten.[85] Ferner enthielt er die Bestimmung, die Förderung eines Vorhabens mit einem Investitionsvolumen von über 100 Mio. € einer Notifizierungs- und damit Genehmigungspflicht dann nicht zu unterwerfen, wenn das investierende Unternehmen bereit ist, sich mit der Beihilfe zu begnügen, die es bei Anwendung des nach der regionalen Fördergebietskarte[86] höchstzulässigen Interventionssatzes und der beschriebenen Absenkungen für ein Investitionsvolumen von bis zu 100 Mio. € erhalten hätte.[87] Damit knüpfte der neue Rahmen für die Anmeldepflicht nicht mehr an das Investitionsvolumen an, sondern an die, je nach regionaler Förderhöchstintensität unterschiedlich hohe, absolute Beihilfehöhe[88] und verschob so auch den bisher verfolgten systematischen Ansatz zur Anmeldepflicht.[89] Darüber hinaus enthielt der neue Rahmen keine Belohnung mehr für besonders positive regionale Auswirkungen.[90] Ferner bestimmte er einen Förderausschluß für marktstarke Un-

---

[75] RdNr. 24 S. 1 MSR-2002; vereinfachend *Bartosch,* EU-Beihilferecht, Art. 87 Abs. 3 EGV RdNr. 17.

[76] RdNr. 24 MSR-2002.

[77] RdNr. 7, 9, 10 MSR-2002.

[78] Ad hoc-Beihilfen sind stets notifizierungspflichtig, RdNr. 6 S. 2 MSR-2002; für die aktuelle Förderperiode: RdNr. 64 Fn. 60 RegLL 2007; Art. 3 Abs. 3, 6 Abs. 1, 13 Abs. 1 S. 2 AGVO.

[79] RdNr. 6 S. 3 MSR-2002.

[80] RdNr. 27, 39 MSR-2002.

[81] RdNr. 39, 40 MSR-2002.

[82] RdNr. 38 MSR-2002.

[83] RdNr. 21, 22, 23, 42 lit. a, 45 lit. b MSR-2002; ein guter Überblick über die Ziele findet sich bei *Cavallo/Junginger-Dittel* (Fn. 20), Competition Policy Newsletter 1/2004, 78.

[84] RdNr. 21, 45 lit. a und b MSR-2002.

[85] RdNr. 21 MSR-2002; in der Kfz-Industrie war mit den klassischen Förderinstrumenten und -regeln der Gemeinschaftsaufgabe zur Verbesserung der regionalen Wirtschaftsstruktur nach Art. 91a Abs. 1 Nr. 1 GG (GA-Förderung) sogar nur noch eine Beihilfeintensität von bis zu 5 Mio. € möglich. Das bedeutete bei einer in Ostdeutschland zulässigen Beihilfeintensität von 35% Bruttosubventionsäquivalenten, eine klassische Förderung nur bis zu einem Investitionsvolumen von 14,28 Mio. €. Jeder weitere Investitionsbetrag über diese 14,28 Mio. € Investitionsvolumen hinaus konnte nur noch mit 30% der Beihilfehöchstintensität von 35%, also nur noch mit echten 10,5% gefördert werden, RdNr. 42 lit. a MSR-2002.

[86] Kom., Staatliche Beihilfen C 47/1999 (ex N 195/1999) v. 17. 8. 1999, ABl. 1999 C 340/8 und ABl. 2001 L 97/27 – Fördergebietskarte Deutschland 2000–2003; N 641/2002 v. 2. 4. 2003 - Fördergebietskarte Deutschland 2004–2006.

[87] RdNr. 24 MSR-2002.

[88] Dieser Betrag lag in der Förderperiode 2000–2006 etwa im Thüringer Wald unter Anwendung eines regionalen Förderhöchstsatzes von 35% Bruttosubventionsäquivalenten bei 26,25 Mio. € vor Steuern; siehe zu diesem Förderhöchstsatz: Kom., Staatliche Beihilfen C 47/1999 (ex N 195/1999) v. 17. 8. 1999 – Fördergebietskarte Deutschland 2000–2003; N 641/2002 v. 2. 4. 2003 (Fördergebietskarte Deutschland 2004–2006).

[89] Der MSR-1998, stellte primär auf das Investitionsvolumen von 50 Mio. Ecu (€) und einen Interventionssatz von mehr als 50% des regionalen Beihilfehöchstsatzes ab, RdNr. 2.1.i.

[90] Im Gegenzug konnte die Förderung bei einem förderfähigen Investitionsvolumen von über 100 Mio. € um den Faktor 1,15 erhöht werden, wenn das Beihilfevorhaben zugleich auch als „Großprojekt" im Sinne

ternehmen.[91] Diese Regelung ist, ebenso wie der MSR-2002 insgesamt, auf deutliche Kritik gestoßen.[92]

22   Jedoch wies der **Multisektorale Regionalbeihilferahmen 2002** eine andere Besonderheit auf: 1971 hatte sich die Kommission mit den Mitgliedstaaten noch auf ein die Interessen der Unternehmen wahrendes Monitoring verständigt, also eine Mitteilung der gewährten Beihilfen nach einem die Geheimhaltung gewährleistenden Verfahren.[93] Nunmehr bestimmte sie für Vorhaben ab 50 Mio. € Investitionsvolumen, eine **Vielzahl von Daten,** den Namen des Unternehmens, die Art der Investition, also Neuerrichtung, Erweiterung oder anderes, das Investitionsvolumen selbst, die Höhe der beihilfefähigen Kosten, die Beihilfehöhe vor und nach Steuern sowie die Beihilfekonditionen zum Zwecke der **Veröffentlichung im Amtsblatt** binnen 20 Werktagen ab Gewähr der Beihilfe mitzuteilen.[94] Ferner veröffentlicht sie alle Genehmigungsentscheidungen einschließlich aller Daten, sofern sie sie für das Verständnis ihrer Entscheidungen für erforderlich hält.[95]

23   Sowohl die RegLL 1998 und 2007 als auch der MSR-2002 greifen auf dieselben **beihilfendogmatischen Rechtfertigungen** für eine Beihilfengewährung zurück: den **Nachteilsausgleich.**[96] Im MSR-2002 ersetzte die erhebliche Absenkung der Fördersätze die über die vorherige Beantragung der Unterstützung hinausgehende Prüfung eines Anreizeffektes. Damit stellt diese **pauschale und generalisierte Absenkung des Subventionswertes** gerade das **Äquivalent für den Verzicht auf eine konkrete Anreizeffektprüfung** dar.[97] Würde dagegen eine vertiefte Anreizeffektprüfung vorgenommen, müsste im Gegenzug bei großen Investitionsvorhaben von über 50 Mio. EUR und über 100 Mio. EUR, wie auch vor Inkrafttreten des MSR-2002, die volle regionale Höchstförderung ohne Absenkung möglich sein.

24   **3. Aktionsplan Staatliche Beihilfen.** Die dritte Wurzel ist die **neue Beihilfenpolitik der Kommission**. Sie findet ihren klarsten Ausdruck im bereits genannten Aktionsplan Staatliche Beihilfen − weniger und besser ausgerichtete staatliche Beihilfen − Roadmap zur Reform des Beihilferechts 2005–2009[98] sowie in dem Dokument „Allgemeine Grundsätze für eine ökonomisch ausgerichtete Prüfung der Vereinbarkeit staatlicher Beihilfen nach Art. 87 Abs. 3 EG-Vertrag.“[99]

25   Diese Dokumente enthalten einen Paradigmenwechsel. So soll die Zulässigkeit einer Beihilfe von der **Transparenz der Mittelvergabe,** sowie der **Effizienz der eingesetzten Steuermittel** abhängig gemacht werden. Ferner sieht dieser Plan die **Einführung von Leistungsnormen** vor, zur Prüfung, ob staatliche Beihilfen im konkreten Fall die beste Form staatlichen Handelns sind und die mit ihnen verbundenen Erwartungen erreicht wurden.

26   Der Aktionsplan sowie die neuen „Allgemeinen Grundsätze“[100] enthalten als Ansatz das so genannte **Marktversagen.** Danach soll eine Beihilfe dann zulässig sein, wenn der Markt ohne diese Beihilfe versagt. Ein „Versagen des Marktes“ wird dann angenommen, wenn der Markt **kein wirtschaftlich effizientes Ergebnis** hervorbringt. Damit weicht die Kommission von ihrer bisherigen Auffassung und der Rechtsprechung des EuGH ab. Bisher ging die Kommission

---

der Verordnung (EG) Nr. 1260/1999 des Rates vom 21. Juni 1999 mit allgemeinen Bestimmungen über die Strukturfonds, ABl. 1999 L 161/1 (Strukturfondsverordnung 1999) mit mindestens 10% (in Fördergebieten nach Art. 87 Abs. 3 lit. c EG) oder 25% (in Fördergebieten nach Art. 87 Abs. 3 lit. a EG) der öffentlichen Ausgaben kofinanziert wurde, RdNr. 25 f. MSR-2002.

[91] RdNr. 24 lit. a, b MSR-2002; zu den weiteren Bestimmungen dieses Rahmens siehe unter RdNr. 303–311.

[92] *Soltész,* Beihilfenkontrolle, EWS 2004, 241, 243, 244 ff.

[93] Vgl. oben RdNr. 11, Fn. 32.

[94] RdNr. 36 und Anhang A MSR-2002.

[95] Art. 26 Verordnung (EG) Nr. 659/1999 des Rates vom 22. März 1999 über besondere Vorschriften für die Anwendung von Art. 93 des EG-Vertrags (Verfahrensverordnung), ABl. 1999 L 83/1; Kom., Staatliche Beihilfen C 48/2006 (ex N 227/2006) v. 22. 11. 2006, ABl. 2007 C 48/7 und v. 23. 7. 2008, ABl. 2008 L 346/1 – DHL; N 856/2006 v. 13. 6. 2007, ABl. 2007 C 308/9 – Plastic Logic Limited (PLL); C 35/2001 (ex N 84/2001) v. 6. 6. 2001, ABl. 2001 C 231/2 und v. 19. 6. 2002, ABl. 2002 L 329/10 – Bilbao.

[96] Siehe oben, RdNr. 4 f.; *Cavallo/Junginger-Dittel,* (Fn. 20), Competition Policy Newsletter 1/2004, 78: „... which should compensate the regional handicaps ...".

[97] RdNr. 12 MSR-2002.

[98] Aktionsplan staatliche Beihilfen, Weniger und besser ausgerichtete staatliche Beihilfen – Roadmap zur Reform des Beihilferechts 2005–2009, SEK(2005) 795; KOM(2005) 107 endg. vom 7. 6. 2005 (Aktionsplan staatliche Beihilfen).

[99] Kom., Konsultationspapier „ökonomisch ausgerichtete Prüfung" (Fn. 3).

[100] Kom., Konsultationspapier „ökonomisch ausgerichtete Prüfung" (Fn. 3).

von dem allgemeinen Grundsatz aus, „dass für Beihilfen, die ein Mitgliedstaat Unternehmen gewährt, nur dann eine Ausnahmegenehmigung nach Art. 87 Abs. 3 EG-Vertrag [seit dem 1. 12. 2009: Art. 107 Abs. 3 AEUV] erteilt werden könne, wenn sich feststellen lasse, dass die Marktkräfte allein ohne die Beihilfe, die begünstigten Unternehmen nicht dazu veranlassen würden, durch ihr Verhalten zur Verwirklichung eines der dort genannten Ziele beizutragen."[101]

Die neue Definition stellt dagegen auf die **Effizienz des wirtschaftlichen Handelns** ab **27** und meint damit das Maß, in dem der Wohlstand auf einem bestimmten Markt oder in einer Volkswirtschaft gesteigert wird.[102] Damit kehrt die Kommission die bisher geltenden Prüfmaßstäbe um. Es geht nicht mehr um die Verwirklichung der in Art. 107 Abs. 3 AEUV genannten Ziele, sondern um die Frage, ob der Markt ohne die Beihilfe kein wirtschaftlich effizientes Ergebnis zeitigt.

Mit dieser nach allen Seiten „ausgefransten" Definition lässt sich eine klare Entscheidung, ob **28** eine Beihilfe mit dem Binnenmarkt vereinbar ist, nicht mehr treffen. Mit dem **Verlust an Vorhersehbarkeit einer Kommissionsentscheidung** geht zugleich ein **Verlust an Transparenz und Berechenbarkeit**, und damit ein **Verlust an Rechtssicherheit** einher. Das hat auch der Bundesrat in seinem Beschluß vom 23. September 2005 zum Aktionsplan der Kommission festgestellt.[103]

Darüber hinaus **überschreitet die Kommission** mit den in ihrem Aktionsplan dargelegten **29** Vorstellungen die ihr **primärrechtlich** durch Art. 107–109 AEUV **zugewiesenen Kompetenzen.**[104] Sie ist nach der allgemeinen Kompetenzverteilung weder zur Ressourcenallokation noch zur Vereinheitlichung der Rechts- und Finanzpolitik der Mitgliedstaaten berechtigt. Vielmehr dient die europäische **Beihilfekontrolle nach Art. 107–109 AEUV** allein dem **Schutz des Binnenmarktes.** Ihr Ziel ist weder der Schutz staatlicher Mittel noch deren effiziente Verwendung.[105] Der sparsame und effiziente Umgang mit Steuermitteln sind herausragende Angelegenheiten gerade der Mitgliedstaaten selbst und von ihnen mit Hilfe des Haushaltsrechts durchzusetzen, nicht aber im Rahmen der Beihilfekontrolle seitens der Europäischen Kommission.[106] Dazu sind die mitgliedstaatlichen Finanzkontrollinstanzen, in Deutschland also der Bundesrechnungshof und die Landesrechnungshöfe berufen.

Schließlich ist der **Marktversagensansatz** insbesondere bezogen auf die Regionalbeihilfen **30** **wenig überzeugend:** wenn sich zu einem bestimmten Zeitpunkt kein Unternehmen entscheidet, in einer bestimmten Region zu investieren oder sich dort niederzulassen, dann handelt es sich zunächst um **marktgerechtes Verhalten,** dann ist gerade das **Markt und nicht etwa Marktversagen.**[107] Wenn der Staat Anreize bietet und regionale Nachteile ausgleicht, die ein Unternehmen in einer bestimmten Region belasten und die es in einer anderen Region nicht belasten würde, etwa eine allgemein schlechtere Infrastruktur, dann greift der Staat mit seiner dem Unternehmen unmittelbar gewährten Beihilfe in diesen Markt ein, ohne den Markt, auf dem das Untenehmen selbst tätig ist, im Kern zu verletzen. Das Unternehmen erhält mit dieser Beihilfe lediglich einen **Ersatz für seine regional bedingten Mehraufwendungen,** nicht aber einen generellen Vorteil, der ein Marktversagen beheben soll. Wie sich Marktversagen tatsächlich darstellt, hat die im Anschluss an den Zusammenbruch der Investment-Bank Lehman Brothers am 15. 9. 2008 eingetretene **Finanzkrise** gezeigt: unbeschadet der jeweiligen Bonität waren die Banken nicht mehr bereit, sich gegenseitig Kredite zu gewähren. Das lag weder an objektiven Umständen, noch an „asymmetrischen" Informationen oder ähnlichen, messbaren Kriterien, es lag an rein subjektiven Überlegungen der bisherigen Marktteilnehmer. Sie trauten ihren Geschäftspartnern nicht mehr, ganz gleich welche Risiken objektiv vorhanden waren und ganz gleich, welches wechselseitige Wissen tatsächlich zur Verfügung stand.

Übertragen auf die Investitionsbeihilfe bedeutet dies, dass ein Marktversagen richtigerweise **31** nur dann angenommen werden kann, wenn unabhängig von einer Region schlicht nicht mehr

---

[101] EuGH, Urt. v. 17. 9. 1980, Rs. 730/79, Slg. 1980, 2671, RdNr. 16, 26 – Philip Morris.

[102] Aktionsplan staatliche Beihilfen (Fn. 98), S. 7.

[103] BR-Drucks. 509/05 (Beschluß) v. 23. 9. 2005 (Beschluß des Bundesrates zum Konsultationspapier der Kom. der Europäischen Gemeinschaften: Aktionsplan staatliche Beihilfen – Weniger und besser ausgerichtete staatliche Beihilfen – Roadmap zur Reform des Beihilferechts 2005 bis 2009, KOM(2005) 107 endg.; Ratsdok. 10 083/05).

[104] BR-Drucks. 509/05 (Beschl.) v. 23. 9. 2005, RdNr. 2.

[105] BR-Drucks. 509/05 (Beschl.) v. 23. 9. 2005, RdNr. 2 und 3.

[106] BR-Drucks. 509/05 (Beschl.) v. 23. 9. 2005, RdNr. 2.

[107] *Knoblich* (Fn. 21), S. 85, 92.

investiert würde. Dann aber führt auch eine Regionalbeihilfe nicht mehr zum gewünschten Erfolg, vielmehr müsste eine solch generelle, also nicht regional begrenzte „Investitionsverweigerung" mit breiter angelegten, also ebenso wenig regional begrenzten Mitteln behoben werden.

32   Im Übrigen führt auch die mit diesem Ansatz verbundene vertiefte Prüfung des **Anreizeffektes**[108] nicht weiter. Die beihilferechtliche Prüfung der Kommission ist mit diesem Ansatz weder transparenter oder berechenbarer noch ist das Ergebnis vorhersehbarer geworden. Bisher zeigen alle Versuche,[109] dass dieser Ansatz bei keinem der drei Kriterien einen Fortschritt generiert hat oder zumindest eine befriedigende Antwort auf die von der Kommission selbst gestellten Fragen bieten kann. Gleiches gilt auch für die aus diesen Überlegungen weiter entwickelte sogenannte **Abwägungsprüfung.**[110] So enthält die Mitteilung für die eingehende Prüfung staatlicher Beihilfen mit regionaler Zielsetzung zur Förderung großer Investitionsvorhaben die Feststellung: „Die Kommission wendet die im vorliegenden Leitfaden festgelegten Kriterien allerdings nicht schablonenhaft an, sondern wägt je nach anzumeldender Beihilfe deren Bedeutung insgesamt ab. Weder ein einziges Element noch mehrere Elemente zusammen sind für sich genommen dafür ausschlaggebend, dass die Beihilfe mit dem Gemeinsamen Markt vereinbar ist."[111] Damit entgleitet die Prüfung rein faktisch in den Bereich der Willkür.[112]

B. Regionalbeihilfe und europäische Regionalpolitik

33   Die **europäische Wirtschaftspolitik** wird nicht nur von der **europäischen Wettbewerbspolitik,** zu der vor allem auch die **europäische Beihilfenkontrollpolitik** zählt, sondern vor allem von der **europäischen Regionalpolitik** bestimmt.[113] Ziel der europäischen Regionalpolitik ist es, den wirtschaftlichen, sozialen und territorialen Zusammenhalt sowie eine harmonische Entwicklung der Union als Ganzes zu fördern. Dabei hat sich die Union besonders vorgenommen, die Unterschiede im Entwicklungsstand der verschiedenen Regionen sowie den Rückstand der **am stärksten benachteiligten Gebiete** zu verringern (Kohäsion).[114] Die Verwirklichung dieser Ziele soll durch die Wirtschaftspolitiken der einzelnen Mitgliedstaaten erfolgen.[115] Unterstützt werden die Mitgliedstaaten durch die sogenannte Strukturfondsförderung.[116] Zu diesen Strukturfonds zählen der Europäische Fonds für regionale Entwicklung (EFRE), der Europäische Sozialfonds (ESF), der Europäische Ausrichtungs- und Garantiefonds für die Landwirtschaft (EAGFL)[117] sowie der Kohäsionsfonds.[118] Es ist vor allem Aufgabe des EFRE, sich an der Entwicklung, an der strukturellen Anpassung der rückständigen Gebiete und an der Umstel-

---

[108] Siehe unter RdNr. 151 ff.

[109] Kom., (Kriterien), (Fn. 21); Kom., Konsultationspapier „ökonomisch ausgerichtete Prüfung" (Fn. 3).

[110] Generell dargestellt im Konsultationspapier „ökonomisch ausgerichtete Prüfung" (Fn. 3), RdNr. 9 ff.

[111] RdNr. 52 S. 3 und 4 Kriterien (Fn. 21).

[112] Die Rechtsprechung hält derzeit diesen generellen Trend nicht auf, EuG, Urt. v. 3. 3. 2010, T-102/07 und T-120/07, RdNr. 133–135 – Biria.

[113] Art. 174, 175 S. 3, 176, 177 S. 1, 178 S. 1 AEUV (bis 1. 12. 2009: Art. 158, 159 S. 3, 160, 161 S. 1, 162 S. 1 EG-Vertrag).

[114] Art. 174 S. 1 und 2 AEUV.

[115] Art. 175 S. 1 AEUV.

[116] Verordnung (EWG) 2052/88 des Rates vom 24. 6. 1988 über Aufgaben und Effizienz der Strukturfonds und über die Koordinierung ihrer Interventionen untereinander sowie mit denen der Europäischen Entwicklungsbank und der anderen vorhandenen Finanzinstrumente, ABl. 1988 L 185/9 (Strukturfondsverordnung 1988); Verordnung (EWG) 2081/93 des Rates vom 20. 7. 1993 zur Änderung der Verordnung (EWG) 2052/88 über Aufgaben und Effizienz der Strukturfonds und über die Koordinierung ihrer Interventionen untereinander sowie mit denen der Europäischen Entwicklungsbank und der anderen vorhandenen Finanzinstrumente, ABl. 1993 L 193/5 (Strukturfondsverordnung 1993); Verordnung (EG) Nr. 1260/1999 des Rates vom 21. 6. 1999 mit allgemeinen Bestimmungen über die Strukturfonds, ABl. 1999 L 161/1 (Strukturfondsverordnung 1999); Verordnung (EG) Nr. 1083/2006 des Rates vom 11. 7. 2006 mit allgemeinen Bestimmungen über den Europäischen Fonds für regionale Entwicklung, den Europäischen Sozialfonds und den Kohäsionsfonds und zur Aufhebung der Verordnung (EG) Nr. 1260/1999, ABl. 2006 L 210/25, zuletzt geändert durch Verordnung (EG) Nr. 284/2009 des Rates vom 7. 4. 2009 zur Änderung der Verordnung (EG) Nr. 1083/2006 des Rates vom 11. 7. 2006 mit allgemeinen Bestimmungen über den Europäischen Fonds für regionale Entwicklung, den Europäischen Sozialfonds und den Kohäsionsfonds in Bezug auf bestimmte Vorschriften zur finanziellen Abwicklung, ABl. 2009 L 94/10 (Strukturfondsverordnung 2006).

[117] Art. 175 S. 3 AEUV.

[118] Art. 177 S. 2 AEUV.

lung der Industriegebiete mit rückläufiger Entwicklung zu beteiligen und so zum Ausgleich der wichtigsten regionalen Ungleichgewichte in der Union beizutragen.[119] Darüber hinaus unterstützt die Union die Mitgliedstaaten mit Hilfe der Europäischen Investitionsbank und weiterer Finanzierungsinstrumente,[120] wie dem Europäischen Fischereifonds (EFF)[121] oder dem Europäischen Landwirtschaftsfonds für die Entwicklung des ländlichen Raumes (ELER).[122] Über die Strukturfonds stellt die Europäische Union den Mitgliedstaaten für die Regionalpolitik erhebliche Mittel zur Verfügung.[123]

Beide Politikbereiche, die europäische Beihilfekontrolle sowie die europäische Regionalpoli- **34** tik, die sich vor allem in der Strukturfondsförderung ausdrückt, sind eng miteinander verzahnt. Das ist im Anschluss an die Rechtsprechung des EuGH[124] von der Kommission auch ausdrücklich beabsichtigt.[125] Besonders deutlich wird dies bezogen auf die absolute Gebietsidentität zwischen den am stärksten benachteiligten Gebieten im Sinne des Art. 174 AEUV, also den nach den Regeln der europäischen Regionalpolitik besonders förderbedürftigen, sogenannten Ziel-1-[126] (jetzt Ziel Konvergenz-)Regionen[127] und den Fördergebieten nach Art. 107 Abs. 3 lit. a AEUV, den sogenannten a)-Fördergebieten,[128] einschließlich der vom statistischen Effekt betroffenen Regionen.[129] Sowohl für die nach den Regeln der europäischen Regionalpolitik zu unterstützenden Fördergebiete, die Ziel Konvergenz-Regionen als auch für die a)-Fördergebiete im Sinne der europäischen Beihilfekontrolle gelten die gleichen Kriterien für die Gebietsauswahl:[130] ein Pro-Kopf-Bruttoinlandsprodukt (BIP), gemessen in Kaufkraftstandards (KKS) und berechnet auf der Basis des zum Zeitpunkt der Festsetzung verfügbaren Durchschnitts der letzten drei Jahre der Gemeinschaftsdaten von EUROSTAT,[131] das weniger als 75 v. H. des Gemeinschaftsdurchschnitts beträgt.[132]

Aber auch bei den Bestimmungen zur Förderung einzelner Projekte wurde diese Verbindung **35** deutlich. So gestattete RdNr. 25 MSR-2002[133] für Großprojekte einen Bonus von 0,15% auf die zulässige Beihilfehöchstintensität, sofern der Anteil aus Strukturfondsmitteln in Fördergebieten nach Art. 107 Abs. 3 lit. c AEUV mindestens 10% oder in Fördergebieten nach Art. 107 Abs. 3 lit. a AEUV mindestens 25% der gesamten öffentlichen Ausgaben für dieses Projekt betrugen.[134]

---

[119] Art. 176 AEUV.

[120] Art. 175 S. 4 AEUV.

[121] Verordnung (EG) Nr. 1198/2006 des Rates vom 27. 7. 2006 über den Europäischen Fischereifonds, ABl. 2006 L 223/1 (EFF-Verordnung). Der EFF ist der Nachfolgefonds des früheren Finanzinstituts für die Ausrichtung der Fischerei (FIAF), Verordnung (EG) Nr. 1263/1999 des Rates vom 21. 6. 1999 über das Finanzinstitut für die Ausrichtung der Fischerei, ABl. 1999 L 161/54 (FIAF-Verordnung), Art. 104 Abs.1 EFF-Verordnung.

[122] Verordnung (EG) Nr. 1698/2005 des Rates vom 20. 9. 2005 über die Förderung der Entwicklung des ländlichen Raumes durch den Europäischen Landwirtschaftsfonds für die Entwicklung des ländlichen Raumes, ABl. 2005 L 277/1 (ELER-Verordnung).

[123] Im Förderzeitraum 2000–2006 beliefen sich die Gesamtmittel für den EFRE, ESF und EAGFL, Abteilung Ausrichtung in Preisen von 1999 auf 195 Mrd. EUR, Art. 7 Abs. 1 Strukturfondsverordnung 1999 (Fn. 116); im Förderzeitraum 2007–2013 sind für den EFRE, ESF und Kohäsionsfonds in Preisen von 2004 insgesamt mehr als 308 Mrd. EUR vorgesehen, Art. 18 Abs. 1 Strukturfondsverordnung 2006 (Fn. 116).

[124] EuGH, Rs. 248/84 (Fn. 37).

[125] Kom., Entwurf einer Mitteilung an die Mitgliedstaaten über die Regionalpolitik und die Wettbewerbspolitik – Die Konzentration und Kohärenz dieser Politikbereiche verstärken, ABl. 1998 C 90/3; *Hancher/Ottervanger/Slot/Jestaedt* RdNr. 18–005: „regional policy as a cornerstone of the Community cohesion policy"; *Bacon/Wishlade* (Fn. 40), RdNr. 15.01, 15.06.

[126] Art. 1 Nr. 1 Strukturfondsverordnung 1988 (Fn. 116); Art. 1 Nr. 1 Strukturfondsverordnung 1993 (Fn. 116); Art. 1 S. 2 Nr. 1 Strukturfondsverordnung 1999 (Fn. 116).

[127] Art. 3 Abs. 2 lit. a Strukturfondsverordnung 2006 (Fn. 116).

[128] RdNr. 16 S. 3 RegLL 2007; Fn. 3.10.5 RegLL 1998 (Fn. 2); siehe näher unter RdNr. 51–54, 56–60.

[129] RdNr. 18–20 RegLL 2007; Art. 8 Abs. 2 Strukturfondsverordnung 2006 (Fn. 116); im Einzelnen, insbesondere zur Frage der Überprüfung des Fördergebietsstatus der vom statistischen Effekt betroffenen Regionen, siehe unter RdNr. 52, 53, 61–64 und 106.

[130] Siehe hierzu im Einzelnen unter RdNr. 52 ff.

[131] Dies sind für die laufende Förderperiode die Jahre 2000–2002, Art. 5 Abs. 1 Strukturfondsverordnung 2006 (Fn. 116); RdNr. 16 Fn. 21 RegLL 2007.

[132] Art. 8 Abs. 1 Strukturfondsverordnung 1988 (Fn. 116); Art. 8 Abs. 1 Strukturfondsverordnung 1993 (Fn. 116); Art. 3 Abs. 1 Strukturfondsverordnung 1999 (Fn. 116); Art. 5 Abs. 1 Strukturfondsverordnung 2006 (Fn. 116); Ziffer 3.9 und 3.10.5 RegLL 1998 (Fn. 2); RdNr. 16 S. 1 und 3 RegLL 2007.

[133] MSR-2002 (Fn. 73).

[134] Siehe oben RdNr. 21 und Fn. 90.

C. Die regionalbeihilferechtlichen Regelwerke im Einzelnen

I. Beziehung zwischen AGVO und RegLL 2007

36 Die Regeln der AGVO über die Regionalförderung stützen sich auf die, auch zeitlich, vorangegangenen RegLL 2007. Beide Regelwerke stehen nebeneinander. Dabei liefern die RegLL 2007 den gedanklichen Überbau,[135] enthalten die rechtlichen Grundlagen für die Schaffung der Fördervoraussetzungen[136] und enthalten weitergehende Vorschriften.[137] Sie bilden die Basis, auf der die Freistellungsregeln der Art. 12–14 AGVO aufbauen.

37 Dennoch bilden die regionalbeihilferechtlichen Vorschriften der AGVO die RegLL 2007 einerseits **(einschränkend) konkretisierend,** andererseits jedoch **auch erweiternd ab.** So äußert sich die AGVO nicht zu den nach RdNr. 76 bis 83 RegLL 2007 allgemein zulässigen Betriebsbeihilfen. Lediglich die in RdNr. 84 bis 91 RegLL 2007 beschriebenen Betriebsbeihilfen für neu gegründete kleine Unternehmen werden nach Art. 14 AGVO in Fördergebieten von einer Anmeldepflicht freigestellt. Damit enthält die AGVO eine eingeschränktere Anwendbarkeit als die RegLL 2007. Andererseits enthält Art. 13 Abs. 9 AGVO detaillierte Regelungen zur Freistellung von Beihilfen für Investitionen in die Verarbeitung und Vermarktung landwirtschaftlicher Erzeugnisse und geht damit über die RegLL 2007 hinaus. Ähnlich verhält es sich bei der Förderung von Unternehmen in Schwierigkeiten. Insoweit bietet die AGVO für KMU klarere Regelungen als die RegLL 2007, die sich ohne nähere Konkretisierung auf die Leitlinien für staatliche Beihilfen zur Rettung und Umstrukturierung von Unternehmen in Schwierigkeiten (Rettungs- und Umstrukturierungsleitlinien – RuLL 2004)[138] stützen.

38 **1. Synopse zwischen Art. 12–14 AGVO und den Korrespondenzregelungen der RegLL 2007.** Die im Zusammenhang zu betrachtenden Art. 12–14 AGVO korrespondieren im Einzelnen mit folgenden Regeln der **Regionalleitlinien 2007–2013**

39 im Rahmen des Art. 12 AGVO

Art. 12 Abs. 1 lit. a AGVO	mit RdNr. 34 Satz 1 RegLL 2007,
Art. 12 Abs. 1 lit. b Satz 1 AGVO	mit RdNr. 35 RegLL 2007,
Art. 12 Abs. 1 lit. b Satz 3 AGVO	mit RdNr. 35 Fn. 37 RegLL 2007,
Art. 12 Abs. 2 AGVO	mit RdNr. 56 Satz 2 Tiret 1–4 RegLL 2007,
Art. 12 Abs. 3 lit. a AGVO	mit RdNr. 36 Fn. 39 RegLL 2007,
Art. 12 Abs. 3 lit. b AGVO	mit RdNr. 58 RegLL 2007 und
Art. 12 Abs. 3 lit. c AGVO	mit RdNr. 40 Sätze 2 und 3 RegLL 2007;

40 im Rahmen des Art. 13 AGVO

Art. 13 Abs. 1 Satz 1 AGVO	keine Entsprechung in den RegLL 2007,
Art. 13 Abs. 1 Satz 2 AGVO	mit RdNr. 64 Fn. 60, 71 RegLL 2007,
Art. 13 Abs. 2 Satz 1 AGVO	mit RdNr. 96 Satz 1, 104 Satz 1 RegLL 2007,
Art. 13 Abs. 2 Satz 2 AGVO	mit RdNr. 40 Satz 1 und 4 RegLL 2007,
Art. 13 Abs. 2 Satz 3 AGVO	mit RdNr. 40 Satz 1 Fn. 43 RegLL 2007,
Art. 13 Abs. 3 AGVO	mit RdNr. 41–48 und 96–104 RegLL 2007,
Art. 13 Abs. 4 1. HS. AGVO	mit RdNr. 49 RegLL 2007,
Art. 13 Abs. 4 2. HS. 1. Alt. AGVO	mit RdNr. 67 Satz 1, Fn. 61 Satz 2 RegLL 2007,
Art. 13 Abs. 4 2. HS. 2. Alt. AGVO	mit RdNr. 8 Abs. 3 Fn. 9 sowie RdNr. 50 Fn. 48 RegLL 2007,
Art. 13 Abs. 5 AGVO	mit RdNr. 72, Fn. 67 RegLL 2007,
Art. 13 Abs. 6 Satz 1 AGVO	mit RdNr. 39 RegLL 2007,
Art. 13 Abs. 7 Satz 1 AGVO	mit RdNr. 34 Satz 3, 52 Satz 2 RegLL 2007,
Art. 13 Abs. 7 Satz 2 AGVO	mit RdNr. 52 Satz 1, Fn. 49 RegLL 2007,
Art. 13 Abs. 7 Satz 3 AGVO	mit RdNr. 53 Satz 1 RegLL 2007,
Art. 13 Abs. 7 Satz 4 AGVO	mit RdNr. 53 Satz 2 RegLL 2007,
Art. 13 Abs. 7 Satz 5 AGVO	mit RdNr. 54 Satz 1 RegLL 2007,
Art. 13 Abs. 7 Satz 6 AGVO	mit RdNr. 54 Satz 2 RegLL 2007,

---

[135] RdNr. 1–11 RegLL 2007.
[136] RdNr. 12–32, 42–49, 96–104 RegLL 2007.
[137] Etwa für Beihilfen für große Investitionsvorhaben: RdNr. 60–70 RegLL 2007.
[138] Leitlinien der Gemeinschaft für staatliche Beihilfen zur Rettung und Umstrukturierung von Unternehmen in Schwierigkeiten, ABl. 2004 C 244/2 (Rettungs- und Umstrukturierungsleitlinien 2004 – RuLL 2004).

Art. 13 Abs. 7 Satz 7 AGVO	mit RdNr. 55 Satz 1 RegLL 2007,
Art. 13 Abs. 7 Satz 8 AGVO	mit RdNr. 55 Satz 2 RegLL 2007,
Art. 13 Abs. 8 AGVO	mit RdNr. 36 2. Alt. und Fn. 38 RegLL 2007,
Art. 13 Abs. 9 AGVO	mit RdNr. 8 Abs. 2 Satz 2 RegLL 2007 und dem Gemeinschaftsrahmen für staatliche Beihilfen im Agrarsektor[139] und
Art. 13 Abs. 10 AGVO	mit RdNr. 60 Satz 2 RegLL 2007;

im Rahmen des Art. 14   **41**

Art. 14 Abs. 1 AGVO	mit RdNr. 84 RegLL 2007,
Art. 14 Abs. 2 AGVO	mit RdNr 85 Satz 2 RegLL 2007,
Art. 14 Abs. 3 Satz 1 lit. a AGVO	mit RdNr. 86 Satz 1, 1. Alt. RegLL 2007,
Art. 14 Abs. 3 Satz 1 lit. b AGVO	mit RdNr. 86 Satz 1, 2. Alt. RegLL 2007,
Art. 14 Abs. 3 Satz 2 AGVO	mit RdNr. 86 Satz 2 RegLL 2007,
Art. 14 Abs. 4 Satz 1 lit. a AGVO	mit RdNr. 88 1. Tiret RegLL 2007,
Art. 14 Abs. 4 Satz 1 lit. b AGVO	mit RdNr. 88 2. Tiret RegLL 2007,
Art. 14 Abs. 4 Satz 2 AGVO	mit RdNr. 89 RegLL 2007,
Art. 14 Abs. 5 lit. a AGVO	mit RdNr. 87 1.Tiret RegLL 2007,
Art. 14 Abs. 5 lit. b AGVO	mit RdNr. 87 2. Tiret RegLL 2007,
Art. 14 Abs. 5 lit. c AGVO	mit RdNr. 87 3. Tiret RegLL 2007,
Art. 14 Abs. 5 lit. d AGVO	mit RdNr. 87 4. Tiret RegLL 2007 und
Art. 14 Abs. 6 AGVO	mit RdNr. 91 RegLL 2007.

Darüber hinaus finden sich eine Reihe von **Bestimmungen der RegLL 2007** wort- oder **42** inhaltsgleich in den **Erwägungsgründen der AGVO** wieder: so etwa RdNr. 60 Fn. 55 RegLL 2007 in Tz. 41 Satz 2 bis 4 AGVO oder RdNr. 84, 85 und 91 RegLL 2007 in Tz. 43 AGVO.

2. Interdependenz von AGVO und RegLL 2007. Die **Verzahnung zwischen der** **43** **AGVO und den RegLL 2007** zeigt sich ferner in einer Vielzahl anderer Vorschriften. Dazu zählen die Regelungen über den Anwendungsbereich[140] oder die Begriffsbestimmungen,[141] die Kumulierung,[142] den Anreizeffekt,[143] die unabhängig von genehmigten oder freigestellten Beihilferegelungen bestehenden Schwellenwerte für die Anmeldung von Einzelbeihilfen[144] oder die Transparenz und Überprüfung von Beihilfen[145] Das lässt eine **Interdependenz** beider Regelwerke erkennen. Muss also die AGVO, obwohl als Verordnung höherrangig, im Lichte der vorangegangenen RegLL 2007 interpretiert werden,[146] so sind andererseits die RegLL 2007 auch im Lichte der nachfolgenden AGVO zu betrachten. Dies manifestiert sich vor allem in RdNr. 11 RegLL 2007. Diese Vorschrift gestattet die Erleichterungen der jeweiligen Freistellungsverordnungen auch in die RegLL 2007 zu übertragen.

3. Die RegLL 2007 enthalten die rechtlichen Grundlagen für die Anwendbarkeit **44** **der AGVO.** Die AGVO stellt die Gewährung der Regionalbeihilfen von einer vorherigen Genehmigung nach Art. 108 Abs. 3 AEUV nur in Fördergebieten frei, die in der von der Kommission genehmigten Fördergebietskarte des jeweiligen Mitgliedstaats für den Zeitraum 2007–2013 ausgewiesen sind.[147] Gleiches gilt auch für die Förderintensität.[148] Beides richtet sich nach den Vorschriften der RegLL 2007.[149]

---

[139] Gemeinschaftsrahmen für staatliche Beihilfen im Agrarsektor, ABl. 2000 C 28/2, berichtigt in ABl. 2000 C 232/17.

[140] Art. 1 AGVO und RdNr. 8 RegLL 2007.

[141] Art. 2 AGVO und etwa RdNr. 34 S. 2 und 3, 57, 60, 86, 87 RegLL 2007.

[142] Art. 7 AGVO und RdNr. 71–75 RegLL 2007.

[143] Art. 8 AGVO und RdNr. 38 RegLL 2007.

[144] Art. 6 Abs. 2 AGVO und RdNr. 64 RegLL 2007.

[145] Art. 9, 10 AGVO und RdNr. 107 und 108 RegLL 2007.

[146] Vgl. die Übernahme von RdNr. 60 Fn. 55 RegLL 2007 in Tz. 41 AGVO und damit in die Begründung der AGVO.

[147] Art. 13 Abs. 1, 2 S. 1 AGVO.

[148] Art. 13 Abs. 1, 3 AGVO.

[149] RdNr. 12–32, 42–49, 96–104 RegLL 2007.

II. Die Regionalförderung nach der AGVO im Kontext
der Regionalleitlinien 2007–2013

45   Die RegLL 2007 stellen eine **kommissionsinterne Ermessensausübungsregelung** dar,[150] die über den Vorschlag **zweckdienlicher Maßnahmen** gemäß Art. 108 Abs. 1 S. 2 AEUV und Art. 18 Verfahrensverordnung[151] sowie deren Annahme seitens der Mitgliedstaaten in das jeweilige mitgliedstaatliche Recht transformiert worden sind.[152] Die zweckdienlichen Maßnahmen enthielten auch[153] die Pflicht, dass die Mitgliedstaaten alle ihre bestehenden Regionalbeihilferegelungen, also unbefristet genehmigte Regelungen, wie etwa Bürgschaftsprogramme, ohne Rücksicht auch auf Art. 10 Abs. 2 KMU-Freistellungsverordnung[154] und Art. 11 Abs. 2 Beschäftigungsbeihilfenfreistellungsverordnung[155] zum 1. 1. 2007 außer Kraft zu setzen hatten.[156] Deutschland hat als einziger Mitgliedstaat die vollständige Annahme mit Hinweis auf die Unannehmbarkeit der neuen Vorschriften zur Unterscheidung zwischen transparenten Beihilfen (etwa verlorenen Zuschüssen) und intransparenten Beihilfen (etwa Darlehen, Bürgschaften oder Beteiligungen) zunächst abgelehnt, die Eröffnung des förmlichen Prüfverfahrens in Kauf genommen und anschließend das bedingungslose Anerkenntnis erklärt.[157] Daraufhin stellte die Kommission das Verfahren ein.[158]

46   Werden trotz des Anerkennens die zweckdienlichen Maßnahmen nicht vollzogen, also die betreffenden nationalen Beihilferegelungen nicht außer Kraft gesetzt, so gelten auf diese Regelwerke gestützte Subventionen als Ad-hoc-Beihilfen und unterliegen den dafür geltenden Regeln.[159]

47   **1. Allgemeines.** Einzelstaatliche Regionalbeihilfen in Form von Investitions- oder Betriebsbeihilfen dienen als **generalisierter Nachteilsausgleich**[160] dazu, die Herausforderungen in den **benachteiligten Gebieten** zu bewältigen, Abhilfe zu schaffen und so den wirtschaftlichen, sozialen und territorialen Zusammenhalt der Mitgliedstaaten und der Europäischen Union ins-

---

[150] RdNr. 105 RegLL 2007.

[151] Verfahrensverordnung (Fn. 95).

[152] Art. 19 Abs. 1 Verfahrensverordnung (Fn. 95).

[153] Die zweckdienlichen Maßnahmen enthielten als weitere Pflichten:

– dass die Mitgliedstaaten, soweit nach Umweltbeihilferegelungen die Gewährung von regionalen Investitionsbeihilfen gemäß Fußnote 29 des Gemeinschaftsrahmens für staatliche Umweltschutzbeihilfen, ABl. 2001 C 37/3, zulässig ist, ihre Regelungen ändern, um zu gewährleisten, dass Beihilfen nach dem 31. 12. 2006 nur unter der Bedingung gewährt werden dürfen, dass sie mit der am Tag der Beihilfegewährung gültigen Fördergebietskarte vereinbar sind und

– dass die Mitgliedstaaten ihre anderen Regelungen ändern, um zu gewährleisten, dass regionale Zuschläge, wie die Zuschläge für Ausbildungsbeihilfen, für Forschungs- und Entwicklungsbeihilfen oder für Umweltbeihilfen ab dem 31. 12. 2006 in Fördergebieten nach Art. 87 Abs. 3 lit. a oder c EG nur nach den am Tag der Beihilfegewährung gültigen Fördergebietskarte gewährt werden, RdNr. 107 RegLL 2007.

[154] KMU-Freistellungsverordnung (Fn. 21).

[155] Verordnung (EG) 2204/2002 der Kom. vom 12. 12. 2002 über die Anwendung der Art. 87 und 88 EG-Vertrag auf Beschäftigungsbeihilfen, ABl. 2002 L 337/3 (Beschäftigungsbeihilfenfreistellungsverordnung).

[156] Kommissarin Kroes, Schreiben vom 6. März 2006 (D(06)222), mit der Aufforderung, den zweckdienlichen Maßnahmen innerhalb eines Monats ausdrücklich und vorbehaltslos zuzustimmen, andernfalls werde das förmliche Prüfverfahren gegen den jeweiligen Mitgliedstaat, hier gegen Deutschland, eröffnet.

[157] Kom., Eröffnungsentscheidung vom 15. 6. 2006, C 25/2006, ABl. 2006 C 194/35. Deutschland hatte seine Ablehnung allerdings nicht darauf gestützt, statt eines Außer-Kraft-Setzens seine Regionalbeihilferegelungen als milderes Mittel gemäß Art. 17 Verfahrensverordnung (Fn. 95), anpassen zu wollen. Stattdessen erklärte Deutschland nach der Verfahrenseröffnung mit Schreiben vom 20. 10. 2006 das bedingungslose Anerkenntnis, obwohl die RFVO (Fn. 3) zu erwarten war und dieses Verfahren (C 25/2006) keine Auswirkung auf die Genehmigung der deutschen Fördergebietskarte hatte, Kom., Staatliche Beihilfe N 459/2006 – Fördergebietskarte Deutschland, RdNr. 24; Staatliche Beihilfe C 25/2006 vom 22. 11. 2006, RdNr. 5, ABl. 2006 C 320/16.

[158] Die Einstellung des Verfahrens erfolgte mit Entscheidung der Kom., Staatliche Beihilfe C 25/2006 v. 22. 11. 2006, ABl. 2006 C 320/16. Ähnlich verhielt sich die Bundesregierung bereits bei den RegLL 1998 (Fn. 2) und der darauf gründenden Fördergebietskarte 2000–2003, EuGH, Urt. v. 18. 6. 2002, C-242/00, Slg. 2002, I-5603, RdNr. 15, 43.

[159] Kom., Staatliche Beihilfe C 34/2009 (ex N 588/2008) v. 19. 11. 2009, ABl. 2010 C 23/34, Abschnitt 3.2., 2. Tiret – PETROGAL; siehe auch unter RdNr. 151.

[160] Zum generalisierten Nachteilsausgleich siehe oben RdNr. 1, 3 ff., 23 und unter RdNr. 130, 155, 192, 204, 252, 410, 413, 474 sowie RdNr. 2, 22 Nr. 2 Kriterien (Fn. 21).

gesamt zu fördern. Dadurch unterscheiden sie sich von allen anderen Formen horizontaler Beihilfen.[161] Dabei sind unter „benachteiligten Gebieten" die Fördergebiete nach Art. 107 Abs. 3 lit. a und c AEUV (bisher: Art. 87 Abs. 3 lit. a und c EG) zu verstehen.[162] Regionalbeihilfen sind daher nur in diesen Gebieten zulässig und zielen auf die Entwicklung dieser Gebiete. Dies geschieht durch die Förderung der Investitionen und die Schaffung von Arbeitsplätzen mit Blick auf eine langfristige Entwicklung.

Regionalbeihilfen können den ihnen zugewiesenen Zweck wirksam nur erfüllen und deshalb **48** die mit ihnen verbundenen **Wettbewerbsverfälschungen rechtfertigen,** wenn bestimmte Grundsätze und Regeln befolgt werden. Dazu zählt insbesondere der Ausnahmecharakter dieses Instruments, also seine sparsame Verwendung sowie die Konzentration auf die am stärksten benachteiligten Gebiete.[163] Das bedeutet, dass in Gebieten nach Art. 107 Abs. 3 lit. a AEUV größere **Wettbewerbsverzerrungen** hinzunehmen sind als in Gebieten nach Art. 107 Abs. 3 lit. c AEUV.[164]

Zulässig ist die Gewährung einer Regionalbeihilfe nur in den Fördergebieten, die in der von **49** der Kommission genehmigten jeweiligen mitgliedstaatlichen Fördergebietskarte enthalten sind.[165]

2. Räumlicher Anwendungsbereich – die mitgliedstaatlichen Fördergebietskarten. 50 Die mitgliedstaatliche oder nationale Fördergebietskarte enthält, in Form einer Liste[166] die Aufstellung aller Fördergebiete eines Mitgliedstaats und die in den einzelnen Gebieten vorgesehenen Beihilfehöchstintensitäten für Erstinvestitionen großer Unternehmen.[167] Sie soll das gesamte Hoheitsgebiet des betreffenden Mitgliedstaats umfassen[168] und bedarf der Genehmigung durch die Kommission.[169] Auch regionale Betriebsbeihilfen sind nur in von den Mitgliedsstaaten benannten Fördergebieten zulässig.[170]

a) Fördergebiete und ihre Auswahl. Nach den RegLL 2007 gibt es zwei große Gruppen **51** von Regionen, in denen Regionalbeihilfen gewährt werden dürfen:[171] die Gebiete, die die Voraussetzungen des Art. 107 Abs. 3 lit. a AEUV (bis zum 1. 12. 2009: Art. 87 Abs. 3 lit. a EG) erfüllen, die a)-Fördergebiete, und die Gebiete, die die Voraussetzungen des Art. 107 Abs. 3 lit. c AEUV (bis zum 1. 12. 2009: Art. 87 Abs. 3 lit. c EG) erfüllen, die c)-Fördergebiete.

aa) Kurzüberblick über das Verfahren zur Auswahl der Fördergebiete. Den **Förder- 52 gebietskarten** der Mitgliedstaaten liegt ein **mehrstufiger Auswahlprozess** zugrunde. Zunächst bestimmt die Kommission abstrakt den Bevölkerungsanteil an der Gesamtbevölkerung der Europäischen Union, der von einer Regionalförderung höchstens umfasst werden soll. Diesen Gesamtplafond teilt sie auf die Mitgliedstaaten auf. Dazu teilt sie zunächst jedem Mitgliedstaat die Bevölkerungsanteile zu, die auf seine a)-Fördergebiete[172] und seine vom statistischen Effekt betroffenen Regionen[173] entfallen.[174] Ferner ordnet sie jedem Mitgliedstaat die Bevölkerungsanteile zu, die auf seine a)-Fördergebiete der vergangenen Förderperiode (sogenannte „wirtschaftliche Entwicklungsregionen") und die auf seine dünn besiedelten Gebiete entfallen.[175] Den verbleibenden Restplafond verteilt sie auf die Mitgliedstaaten nach einer Berechnung von Bruttoinlandsprodukt und Arbeitslosenquote.[176] Zusätzlich gewährt sie den Mitglied-

---

[161] RdNr. 2 RegLL 2007.

[162] RdNr. 86 RegLL 2007.

[163] Rat für Industriefragen, Schlussfolgerungen vom 6. und 7. 11. 1995 über die Wettbewerbspolitik und die Wettbewerbsfähigkeit der Industrie; RdNr 1 a. E. RegLL 1998 (Fn. 2).

[164] EuG, Urt. v. 12. 12. 1996, T-380/94, Slg. 1996, II-2169, RdNr. 54 – AIUFASS und AKT; RdNr. 5 RegLL 2007.

[165] RdNr. 96 S. 1 und 2 RegLL 2007; Art. 13 Abs. 1, 2 S. 1 AGVO; formal nicht erfasst sind lediglich regionale Betriebsbeihilfen. Diese dürfen jedoch nur in Fördergebieten nach Art. 107 Abs. 3 lit. a AEUV oder in den dünnbesiedelten Gebieten, also letztlich nur in von den Fördergebietskarten erfassten Gebieten gewährt werden, RdNr. 96 S. 3, 76 S. 2, 4 RegLL 2007; siehe auch unter RdNr. 87, 96 f., 109 ff., 112, 550 ff., 567.

[166] RdNr. 104 S. 1, 3 RegLL 2007.

[167] RdNr. 96, 102 RegLL 2007.

[168] RdNr. 100 S. 2 RegLL 2007.

[169] RdNr. 97, 101 RegLL 2007.

[170] RdNr. 76 S. 2, 4; 84 S. 2; 89 RegLL 2007; Art. 14 Abs. 1, 3 S. 1, (4) S. 1 AGVO.

[171] RdNr. 5 RegLL 2007.

[172] Siehe hierzu oben RdNr. 34 und nachfolgend RdNr. 56–60.

[173] Siehe hierzu oben RdNr. 34 und ausführlich unter RdNr. 61 ff., 106.

[174] RdNr. 16, 17, 19, 27 und Anhang V RegLL 2007.

[175] RdNr. 25 Fn. 27, 26 RegLL 2007.

[176] RdNr. 27 RegLL 2007.

staaten einen **Sicherheitsnetz** genannten Bevölkerungsanteil zur Vermeidung von unbeabsichtigten Härten.[177] Darüber hinaus teilt sie den Mitgliedstaaten für die Jahre 2007 und 2008 als Übergangsunterstützung einen zweiten, separaten Bevölkerungsplafond (**Übergangsbevölkerungsplafond** oder **Kontinuitätsplafond**) zu.[178] Damit haben die betroffenen Mitgliedstaaten bis zu zwei mitgliedstaatsspezifische Bevölkerungsplafonds: einen für die gesamte Förderperiode geltenden und einen vorübergehenden, nur für die Jahre 2007 und 2008 einsetzbaren.

53   Der für die gesamte Förderperiode geltende Plafond weist getrennt die Bevölkerungsanteile aus, die auf die a)-Fördergebiete und auf die vom statistischen Effekt betroffenen Regionen entfallen sowie die, die auf die c)-Fördergebiete entfallen dürfen. Die Mitgliedstaaten haben nun, bezogen auf die c)-Fördergebiete die Möglichkeit aus einer von der Kommission nach bestimmten Regeln aufgestellten Auswahl von Gebietstypen so viele Gebiete, die diesen Typen entsprechen als nationale c)-Fördergebiete auszuwählen, bis sie ihren c)-Fördergebietsbevölkerungsplafon ausgeschöpft haben. Gleiches gilt für den zweiten, den **Übergangsbevölkerungsplafond.** Allerdings stehen dort nur Gebiete zur Auswahl, die in der Förderperiode 2000–2006 als c)-Fördergebiete ausgewiesen waren.[179]

54   Mit den a)-Fördergebieten einschließlich der vom statistischen Effekt betroffenen Regionen bilden diese ausgewählten c)-Fördergebiete nebst den Übergangsgebieten nach RdNr. 95 RegLL 2007 zusammen mit den Angaben der in den jeweiligen Fördergebieten zulässigen Beihilfeintensitäten für Erstinvestitionen, die sogenannten **nationalen Fördergebietskarten.**[180] Die Mitgliedstaaten legen ihre Fördergebietskarten der Kommission zur Überprüfung und Annahme vor. Nachdem die Kommission über die einzelnen Karten entschieden hat, werden sie veröffentlicht. Mit diesem Datum treten sie in Kraft und sind integraler Bestandteil der RegLL 2007.[181]

55   **bb) Bestimmung der Fördergebietsbevölkerung auf Unionsebene.** Die Kommission ist mit Hinweis auf den Ausnahmecharakter der Regionalbeihilfen der Auffassung, dass der Anteil der Gesamtbevölkerung in den zu bestimmenden a)- und c)-Fördergebieten deutlich geringer zu sein hat als der Anteil der Gesamtbevölkerung in den Nichtfördergebieten.[182] Daher sollte der Anteil der Bevölkerung, der von den RegLL 2007 erfaßt wird, nur so hoch sein, dass lediglich die am stärksten benachteiligten Gebiete der Gemeinschaft (**innergemeinschaftliche Kohärenz**) sowie eine begrenzte Zahl von Gebieten, die im Verhältnis zur durchschnittlichen wirtschaftlichen Lage im betreffenden Mitgliedstaat benachteiligt sind (**innermitgliedstaatliche Kohärenz**) für eine Förderung in Betracht kommen. Sie entschied sich dafür, dass die Fördergebiete höchstens 42% der Gesamtbevölkerung einer EU-25 umfassen sollten.[183] Mit dem Beitritt Bulgariens und Rumäniens zum 1. 1. 2007 stieg der Anteil auf rund 45,5% an.[184] Um für die bisherigen Mitgliedstaaten eine gewisse Kontinuität zu gewährleisten, hat die Kommission als sogenanntes **Sicherheitsnetz** bestimmt, dass in jedem Mitgliedstaat mindestens die Hälfte des Bevölkerungsanteils, der in der vergangenen Förderperiode 2000–2006 in einem Fördergebiet ansässig war, auch in der aktuellen Förderperiode von einer Regionalförderung erfasst wird.[185] Mit diesem Sicherheitsnetz steigt die Fördergebietsbevölkerung um 1,1% auf 43,1% einer EU-25 und mit dem Beitritt von Bulgarien und Rumänien auf rund 46,6% einer EU-27.[186]

56   **cc) Fördergebiete nach Art. 107 Abs. 3 lit. a AEUV, sog. a)-Fördergebiete.** Kernelemente zur Bestimmung der a)-Fördergebiete sind die Begriffe **„außergewöhnlich niedrig"** und **„erhebliche Unterbeschäftigung".** Ihre Verwendung in Art. 107 Abs. 3 lit. a AEUV (früher Art. 87 Abs. 3 lit. a EG) zeigt, dass dies nur Gebiete betrifft, in denen die wirtschaftliche Lage im Vergleich zur gesamten Gemeinschaft äußerst ungünstig ist.[187] Diese Gebiete werden

---

[177] RdNr. 14, 28 RegLL 2007, siehe auch RdNr. 67.

[178] RdNr. 95 Fn. 81, Anhang V RegLL 2007: „Zusätzliche Fördergebietsbevölkerung 2007–2008 unter Art. 87 Abs. 3 (c)."; zum Kontinuitätsprinzip siehe auch RdNr. 55, 65, 67, 69, 73, 74, 79, 104 und 109.

[179] RdNr. 95 S. 2 RegLL 2007.

[180] RdNr. 96 S. 1, 99 RegLL 2007.

[181] RdNr. 101 RegLL 2007.

[182] RdNr. 12 RegLL 2007.

[183] Zur Entwicklung dieser Größe: *Bartosch* (Fn. 75), Art. 87 Abs. 3 EGV RdNr. 21.

[184] Vgl. die Prognose in RdNr. 13 RegLL 2007.

[185] RdNr. 14 RegLL 2007; zum Kontinuitätsprinzip siehe auch RdNr. 52, 65, 67, 69, 73, 74, 79, 104 und 109.

[186] RdNr. 14 Fn. 16 RegLL 2007.

[187] EuGH, Rs. 248/84, Slg. 1987, 4013, RdNr. 19.

allein seitens der Kommission bestimmt und den Mitgliedstaaten zugeordnet, ohne sie administrativ zu beteiligen.[188] Im Anschluß an ein Urteil des EuGH zur Nichtigkeit einer Entscheidung der Kommission, die die Förderkulisse Deutschlands im Rahmen der Gemeinschaftsaufgabe nach Art. 91a GG als mit dem Gemeinsamen Markt unvereinbar erklärt hatte,[189] greift die Kommission zur Bestimmung der a)-Fördergebiete auf die Regeln der Strukturfondsförderung zurück,[190] die sich ihrerseits auf statistische Daten von EUROSTAT stützen.[191] Die ihr zugrunde liegenden Strukturfondsverordnungen[192] betrachten ein Gebiet dann als besonders förderwürdig, wenn es sich um eine **Region mit erheblichem Entwicklungsrückstand,** also eines der am stärksten benachteiligten Gebiete handelt **(Ziel 1- oder Ziel „Konvergenz"-Regionen).**[193] Das sind die Regionen der Ebene II der Systematik der Gebietseinheiten für die Statistik (NUTS-II),[194] deren Pro-Kopf-Bruttoinlandsprodukt (BIP), gemessen in Kaufkraftstandards (KKS) und berechnet auf der Basis des zum Zeitpunkt der Festsetzung verfügbaren Durchschnitts der letzten drei Jahre der Gemeinschaftsdaten von EUROSTAT,[195] weniger als 75 v. H. des Gemeinschaftsdurchschnitts beträgt.[196] Damit ist ausgeschlossen, dass diese Regionen mehr als die Hälfte der Gemeinschaftsbevölkerung umfassen.[197] Zugleich besteht so, abgesehen von den Gebieten in äußerster Randlage,[198] eine **Gebietsidentität** zwischen den **Ziel 1- oder Ziel „Konvergenz"-Gebieten** und den **Fördergebieten nach Art. 107 Abs. 3 lit. a AEUV,** den a)-Fördergebieten.[199]

Ebenfalls als a)-Fördergebiete angesehen werden die **Gebiete in äußerster Randlage.**[200] **57** Dies gilt auch, wenn ihr Pro-Kopf-BIP die Schwelle von 75% des Gemeinschaftsdurchschnitts übersteigt.[201] Das beruht auf den besonderen Hindernissen, denen sie sich aufgrund ihrer Randlage und sonstigen Schwierigkeiten bei der Integration in den Binnenmarkt gegenüber sehen. Seit dem 1. 12. 2009 vollzieht Art. 108 Abs. 3 lit. a 2. HS AEUV diese Verwaltungspraxis nach. Daher sind die in Art. 349 AEUV genannten Gebiete seit dem 1. 12. 2009 a)-Fördergebiete kraft Vertrages.

[188] RdNr. 16 S. 3, Anlage V RegLL 2007.

[189] EuGH, Rs. 248/84, Slg. 1987, 4013.

[190] RdNr. 16 RegLL 2007; Kom., Regionalpolitik und Wettbewerbspolitik (Fn. 125).

[191] RdNr. 16, 103 S. 1 RegLL 2007.

[192] Strukturfondsverordnung 1988 (Fn. 116); Strukturfondsverordnung 1993 (Fn. 116); Strukturfondsverordnung 1999 (Fn. 116); Strukturfondsverordnung 2006 (Fn. 116).

[193] Art. 1 Nr. 1 Strukturfondsverordnung 1988 (Fn. 116); Art. 1 Nr. 1 Strukturfondsverordnung 1993 (Fn. 116); Art. 1 S. 2 Nr. 1 Strukturfondsverordnung 1999 (Fn. 116); Art. 3 Abs. 2 lit. a Strukturfondsverordnung 2006 (Fn. 116).

[194] Systematik der Gebietseinheiten für die Statistik (Nomenclature commune des Unités Territoriales Statistiques NUTS), EUROSTAT, Statistische Schnellberichte über die Regionen, 25. 8. 1986; Art. 1 und 3 iVm. Anhang I Verordnung (EG) 1059/2003 des Europäischen Parlaments und des Rates vom 26. 5. 2003 über die Schaffung einer gemeinsamen Klassifikation der Gebietseinheiten für die Statistik (NUTS), ABl. 2003 L 154/1, geändert durch Verordnung (EG) 1888/2005 des Europäischen Parlaments und des Rates vom 26. 10. 2005 zur Änderung NUTS-Verordnung aufgrund des Beitritts der Techischen Republik, Estlands, Zyperns, Lettlands, Litauens, Ungarns, Maltas, Polens, Sloweniens und der Slowakei zur Europäischen Union, ABl. 2005 L 309/1; durch Verordnung (EG) 105/2007 der Kom. vom 1. 2. 2007 zur Änderung der Anhänge der NUTS Verordnung, ABl. 2007 L 39/1; und durch Verordnung (EG) 176/2008 des Europäischen Parlaments und des Rates vom 20. 2. 2008 zur Änderung der NUTS-Verordnung aufgrund des Beitritts von Bulgarien und Rumänien zur Europäischen Union, ABl. 2008 L 61/1 (NUTS-Verordnung 2003).

[195] Dies sind für die laufende Förderperiode die Jahre 2000–2002, RdNr. 16, Fn. 21 RegLL 2007.

[196] Art. 8 Abs. 1 Strukturfondsverordnung 1988 (Fn. 116); Art. 8 Abs. 1 Strukturfondsverordnung 1993 (Fn. 116); Art. 3 Abs. 1 Strukturfondsverordnung 1999 (Fn. 116); Art. 5 Abs. 1 Strukturfondsverordnung 2006 (Fn. 116).

[197] Selbst nach der Erweiterung um Bulgarien und Rumänien zu einer EU-27 umfassen diese Gebiete höchstens rund 46,6% der Gesamtbevölkerung, RdNr. 13, Fn. 15 und 16 RegLL 2007.

[198] Die Gebiete in äußerster Randlage bestimmen sich nach Art. 349 AEUV (ex Art. 299 Abs. 2 EG); derzeit sind dies die Azoren, Madeira, die Kanarischen Inseln, Guadeloupe, Martinique, Réunion, und Französisch Guayana, sowie die bis Februar 2007 zu Guadeloupe gehörenden Inseln Saint-Martin und Saint Barthélemy.

[199] RdNr. 16, 17 RegLL 2007; für die Förderperiode 2000–2006: Ziffer 3.10.5. RegLL 1998 (Fn. 2).

[200] Siehe oben RdNr. 56 Fn. 198.

[201] RdNr. 17 RegLL 2007; die Kanarischen Inseln weisen im maßgeblichen Zeitraum von 2000–2002 ein Pro-Kopf-Durchschnitts-BIP von 87,7%, Kom., Staatliche Beihilfe N 626/2006 v. 20. 12. 2006, RdNr. 36 – Spanien; und Madeira von 87,8% auf, Kom., Staatliche Beihilfe N 727/2006 v. 7. 2. 2007, RdNr. 23 – Portugal.

58   Die **NUTS-Gebietseinheiten** orientieren sich im Grundsatz an Verwaltungseinheiten.[202] Dabei entspricht in Deutschland die NUTS-I-Ebene den Ländern, die NUTS-II-Ebene den Regierungs- oder Landesdirektionsbezirken und die NUTS-III-Ebene den Kreisen oder kreisfreien Städten.[203] Die kreisangehörigen Gemeinden werden als „kleinere Verwaltungseinheiten" bezeichnet.[204] Ein und dieselbe Gebietskörperschaft, etwa das Land Berlin, kann daher alle drei (vier) NUTS-Ebenen gleichzeitig repräsentieren.[205]

59   Die Mitgliedstaaten haben allerdings einen gewissen Freiraum, wie sie die einzelnen **NUTS-Regionen** „schneiden". Dies ist zugleich ihre einzige Möglichkeit, auf administrativem Weg auf die Auswahl der a)-Fördergebiete Einfluss zu nehmen.[206] Maßgebend für die Bildung solcher neu gefasster, „nicht-administrativer Einheiten"[207] ist allein, dass sich die betroffenen Gebiete aufgrund bestimmter Kriterien, wie geografische, sozioökonomische, historische, kulturelle oder Umweltkriterien sinnvoll in diese Gebietseinheiten einfügen.[208] So hat Deutschland gut begründet in Brandenburg, das wie Thüringen und Mecklenburg-Vorpommern, keine Regierungsbezirks- oder Landesdirektionsstruktur aufwies und damit insgesamt als NUTS-I- und NUTS-II-Gebiet betrachtet worden wäre, auf NUTS-II-Ebene zwei Regionen vorgeschlagen: Brandenburg Süd-West und Brandenburg Nord-Ost.[209] Eine Rückkehr zu einer einheitlichen Betrachtung, also zu einem einzigen NUTS-II-Gebiet Land Brandenburg, oder einem neuen „Zuschnitt" der Gebietsstruktur ist innerhalb einer laufenden Förderperiode nur im Rahmen einer tatsächlichen Veränderung der Umstände, etwa durch eine Neuorganisation, die sich auch auf diese Struktur auswirkt, zu rechtfertigen und durchzusetzen.[210] Damit lässt sich vermeiden, dass die Mitgliedstaaten den Zuschnitt ihrer Regionen entlang der BIP-Kriterien wählen. Geringere Herausforderungen beinhalten Änderungen mit Wirkung zum Beginn einer neuen Förderperiode.[211]

60   In a)-Fördergebieten sind mit Blick auf ihre wirtschaftliche Schwäche **Eingriffe in den Wettbewerb mit dem Binnenmarkt** in weiterem Umfang **vereinbar,** als in c)-Fördergebieten oder gar Nichtfördergebieten. Daher sind dort höhere Beihilfenintensitäten als in anderen Regionen zulässig.[212] Ferner ist in a)-Fördergebieten im Grundsatz an allen Orten die Gewährung von regionalen Betriebsbeihilfen möglich.[213] In c)-Fördergebieten dagegen sind regionale Betriebsbeihilfen, abgesehen von Übergangsregelungen[214] lediglich in den dünn besiedelten Gebieten[215] oder als Beihilfen für neu gegründete kleine Unternehmen[216] mit dem Binnenmarkt vereinbar.[217]

61   **dd) Vom statistischen Effekt betroffene Regionen.**[218] Eine Besonderheit gilt für die Regionen, deren BIP in einer EU-15, also ohne am 1. 5. 2004 erfolgte EU-Osterweiterung um 10 neue Mitgliedstaaten, die Schwelle von 75% des EU-weiten Durchschnitts-BIP nicht überschritten hätte, in einer EU-25 allerdings diesen Wert übersteigt. Diese Regionen sind nicht aufgrund ihrer eigenen Entwicklung und Leistungsfähigkeit stabiler geworden. Das Überschreiten der BIP-Schwelle von 75% ist für sie ein **rein statistischer Effekt.** Die 10 neuen Mitglied-

---

[202] Art. 3 Abs. 4 NUTS-Verordnung 2003 (Fn. 194).

[203] Anhang II NUTS-Verordnung 2003 (Fn. 194).

[204] Anhang III NUTS-Verordnung 2003 (Fn. 194).

[205] Kom., Staatliche Beihilfe N 459/2006 v. 8. 11. 2006, RdNr. 46 – Deutschland.

[206] *Heidenhain/Jestaedt* (Fn. 4) § 15 RdNr. 31 nimmt an, dass die Mitgliedstaaten gar keinen Einfluss haben.

[207] Art. 3 Abs. 5 NUTS-Verordnung 2003 (Fn. 194).

[208] Art. 3 Abs. 5 S. 2 NUTS-Verordnung 2003 (Fn. 194).

[209] Anhang V „Deutschland" RegLL 2007.

[210] Innerhalb einer Förderperiode hat die Kom. nur reine Umbenennungen von a)-Fördergebieten akzeptiert: Kom., Staatliche Beihilfe N 641/2002 v. 2. 4. 2003, RdNr. 5 Fn. 3 – Fördergebietskarte Deutschland 2004–2006; denkbar ist auch ein Gebietswechsel von einem Bundesland zu einem anderen.

[211] Die Änderungen für das Land Brandenburg erfolgten mit Wirkung zum Beginn der Förderperiode 2007–2013, Kom., N 641/2002 (Fn. 86) – Fördergebietskarte Deutschland 2004–2006 einerseits und Anhang V „Deutschland" RegLL 2007 andererseits.

[212] RdNr. 42 RegLL 2007.

[213] RdNr. 76 S. 2 RegLL 2007.

[214] RdNr. 94 RegLL 2007.

[215] RdNr. 30 lit. b RegLL 2007.

[216] RdNr. 84–91 RegLL 2007; Art. 14 AGVO. Im Rahmen der AGVO gilt dies auch für Betriebsbeihilfen für kleine von Unternehmerinnen neu gegründete Unternehmen, Art. 16 AGVO.

[217] RdNr. 76 S. 4 RegLL 2007.

[218] RdNr. 18, 19, 20, 46 RegLL 2007.

staaten hatten ein unter dem Durchschnitts-BIP der EU-15 liegendes eigenes BIP. Daher ist der gemeinschaftsweite BIP-Durchschnitt gesunken. So entspricht ein BIP von 75% einer EU-15 einem solchen von 82,2% der EU-25.[219] Diese **vom statistischen Effekt betroffenen Regionen** werden bis zum 31. 12. 2010 als originäre Fördergebiete nach Art. 107 Abs. 3 lit. a AEUV (bis zum 1. 12. 2009: Art. 87 Abs. 3 lit. a EG) behandelt. Dies erfolgt, damit die in der Vergangenheit erzielten Fortschritte in diesen Gebieten nicht durch eine Änderung der Beihilfeintensitäten und der Unzulässigkeit von Betriebsbeihilfen zunichte gemacht werden.[220] Auch insoweit lehnen sich die Regionalleitlinien an die Strukturfondsverordnung an.[221]

Allerdings will die Kommission nach **RdNr. 20 RegLL 2007**, anders als in **Art. 8 Struktur-**   **62** **fondsverordnung 2006** vorgesehen,[222] im Jahr 2010 mittels der neuesten BIP-Dreijahres-Durchschnittsdaten von EUROSTAT prüfen, ob die vom statistischen Effekt betroffenen Regionen die 75%-BIP-Schwelle bezogen auf eine EU-25 überschreiten. Unterschreitet das Durchschnitts-BIP diesen Wert, so behält die Region ihren Status als Fördergebiet nach Art. 107 Abs. 3 lit. a AEUV auch nach dem 1. 1. 2011 bis zum Ende der Förderperiode,[223] also bis zum 31. 12. 2013.[224] Erreicht oder übersteigt das Durchschnitts-BIP die Schwelle von 75%, so wird die jeweilige Region im Grundsatz ab dem 1. 1. 2011 bis zum 31. 12. 2013 als Fördergebiet nach Art. 107 Abs. 3 lit. c AEUV behandelt.[225] Die Kommission hat diese Überprüfung am 20. 7. 2010 auf der Basis der statistischen Daten für die Jahre 2005 bis 2007 abgeschlossen.[226] Danach werden ab dem 1. 1. 2011 lediglich 4 der ursprünglich 16 vom statistischen Effekt betroffenen Regionen ihren Status als a)-Fördergebiet behalten.[227] Damit wird erstmals seit 1988 die Bewertung eines Gebietes als Fördergebiet nach **Ziel 1 oder Ziel „Konvergenz"** im Rahmen der Strukturfondsförderung und nach Art. 107 Abs. 3 lit. a AEUV im Rahmen der Regionalförderung auseinanderfallen, obwohl die Regionalleitlinien im Anschluss an die Rechtsprechung des EuGH[228] die Kriterien anwenden, die die Strukturfondsförderung vorgibt. Diese Divergenz beruht auf dem zeitlichen Abstand von über 4 Monaten zwischen den RegLL 2007 nebst ihrer Veröffentlichung[229] und der endgültigen Fassung der Strukturfondsverordnung.[230] Ihre konkrete Ausgestaltung war zum Zeitpunkt der Annahme der Regionalleitlinien 2007–2013 noch nicht in allen Einzelheiten bekannt. Mit Blick auf die von den Mitgliedstaaten als Fördergrundlage neu zu erstellenden und von der Kommission zu genehmigenden[231] Fördergebietskarten[232] erschien ein weiteres Warten auf eine Verständigung der Mitgliedstaaten untereinander und mit der Kommission hinsichtlich der Strukturfondsförderung nicht sinnvoll.

Die **vom statistischen Effekt betroffenen Regionen** sind echte a)-Fördergebiete.[233] Da-   **63** her gelten dort die gleichen Förderregeln wie in den übrigen a)-Fördergebieten.[234] Verlieren sie ihren Status, so werden sie zu c)-Fördergebieten mit der Folge, dass der Interventionssatz von 30% auf 20% abgesenkt wird[235] und die Gewährung einer Betriebsbeihilfe im Grundsatz[236]

---

[219] RdNr. 18, Fn. 23 RegLL 2007.

[220] RdNr. 19 RegLL 2007.

[221] Art. 8 Abs. 1 Strukturfondverordnung 2006 (Fn. 116) regelt diesen statistischen Effekt ebenfalls.

[222] Art. 8 Abs. 4 Strukturfondverordnung 2006 (Fn. 116) bestimmt, dass die vom statistischen Effekt betroffenen Regionen ihren Status bis zum Ende der Förderperiode am 31. 12. 2013 beibehalten.

[223] RdNr. 20 RegLL 2007.

[224] Art. 106, 108 Strukturfondsverordnung 2006 (Fn. 116).

[225] In diesen Gebieten darf dann eine regionale Förderhöchstintensität von nur noch 20% statt der derzeit geltenden 30% gewährt werden, RdNr. 46 RegLL 2007.

[226] Kom., Mitteilung über die Überprüfung des Fördergebietsstatus und der Beihilfehöchstintensität der „vom statistischen Effekt betroffenen Regionen" in den nachstend genannten nationalen Fördergebietsarten für den Zeitraum vom 1. 1. 2011 bis zum 31. 12. 2013, ABl. C 222/2 vom 17. 8. 2010 (Status-Mitteilung).

[227] Ihren Fördergebietsstatus nach Artikel 107 Abs. 3 lit. a AEUV behalten die Regionen Hainaut (BE), Kentriki Makedonia (EL), Dytiki Makedonia (EL) und Basilicata (IT), Kommission, Status-Mitteilung, (Fn. 226), RdNr. 3, Tabelle Nr. 1.

[228] EuGH, Rs 248/84, Slg. 1987, 4013.

[229] RegLL 2007, ABl. C 54/13 v. 4. 3. 2006.

[230] Strukturfondsverordnung 2006 (Fn. 116).

[231] Zu den Einzelheiten siehe unten RdNr. 109 ff.

[232] RdNr. 96–103 RegLL 2007.

[233] RdNr. 19 RegLL 2007.

[234] Siehe oben RdNr. 56–60.

[235] RdNr. 46 RegLL 2007.

[236] RdNr. 76 S. 2, 94 und 84, 86, 87 1.–3. Tiret, 88 RegLL 2007.

nur noch in den dünnbesiedelten Gebieten[237] als mit dem Binnenmarkt vereinbar betrachtet werden kann.[238] Allerdings haben diese Gebiete nach RdNr. 94 RegLL 2007 die Möglichkeit, auch über diesen Zeitraum hinaus bis zum 31. 12. 2012 regionale Betriebsbeihilfen zu gewähren. Im Gegensatz dazu hat Deutschland allerdings im Rahmen der Genehmigungsverfahren zu den Bürgschaftsprogrammen stets erklärt, diese Regelungen endeten für die vom statistischen Effekt betroffenen Regionen mit deren Verlust des Status eines a)-Fördergebietes.[239]

64 Beide Politikbereiche, die europäische **Beihilfekontrolle** sowie die **europäische Regionalpolitik** sind, im Anschluss an die Rechtsprechung des EuGH[240] und von der Kommission ausdrücklich beabsichtigt,[241] eng miteinander verzahnt.[242] Durch die vorteilhafte Regelung des Art. 8 Abs. 1 Strukturfondsverordnung 2006[243] verkehrt sich die ursprünglich positive Bestimmung in RdNr. 19 RegLL 2007, die vom statistischen Effekt betroffenen Regionen zunächst als a)-Fördergebiete zu betrachten, zum 1. 1. 2011 in ihr Gegenteil. Die Regelung, diese Gebiete zum Jahresende 2010 einer erneuten Überprüfung zu unterwerfen, widerspricht angesichts des Art. 8 Abs. 1 Strukturfondsverordnung 2006 dem eigenen Kommissionsziel der vollständigen Kongruenz zwischen den Fördergebieten nach Art. 107 Abs. 3 lit. a AEUV und den Ziel Konvergenz- (Ziel-1-)Gebieten. Daher wäre ein Erhalt dieser Identität der Fördergebiete, vor allem vor dem Hintergrund der umfassenden Wirtschaftskrise auch nach dem 31. 12. 2010, zielführender gewesen.[244] Dies hätte insbesondere nicht zu einer Änderung des Fördergebietsbevölkerungsplafonds geführt. Vielmehr wären der status quo, und damit auch die bereits zugeteilten Fördergebietsbevölkerungsanteile, bis zum 31. 12. 2013 unverändert erhalten geblieben.[245] Daher würde diese „Änderung" auch nicht zu weiteren Begehrlichkeiten anderer führen. Dies gilt umso mehr, als die Kommission für die Überprüfung nach RdNr. 20 RgLL 2007 auf die statistischen Daten der Jahre 2005 bis 2007, also auf Daten aus der Zeit vor der Wirtschaftskrise zurückgegriffen hat.[246] Damit hat sie die aufgrund der Krise eingetretenen Veränderungen nicht berücksichtigt. Im Übrigen haben diese Regionen einem Beitritt der MOE-Staaten nicht vor dem Hintergrund zugestimmt, anschließend gerade als Folge dieses Beitritts selbst ein Förderverbot[247] auferlegt zu bekommen. Allerdings war die Kommission, auch mit Blick auf die degressive Finanzausstattung der vom statistischen Effekt betroffenen Regionen[248] nicht bereit, diese Divergenz so zu beheben, dass die vom statistischen Effekt betroffenen Regionen auch im Zeitraum 1. 1. 2011 bis zum Ende der Förderperiode, also bis zum 31. 12. 2013, wie im Rahmen der Strukturfondsförderung, als originäre Fördergebiete nach Artikel 107(3) lit. a) AEUV behandelt werden, und auf die vorgesehene Überprüfung zu verzichten.[249]

65 **ee) Fördergebiete nach Art. 107 Abs. 3 lit. c AEUV, sog. c)-Fördergebiete.** Art. 107 Abs. 3 lit. c AEUV gibt der Kommission die Befugnis, Beihilfen zur Förderung der Gebiete eines Mitgliedstaates zu genehmigen, die im Vergleich zur durchschnittlichen wirtschaftlichen Lage in diesem Staat benachteiligt sind.[250] Dieser im Verhältnis zu den a)-Fördergebieten an-

---

[237] RdNr. 30 lit. b, 80 2. Tiret RegLL 2007.

[238] RdNr. 20 S. 3, 76 S. 4 RegLL 2007; siehe auch Kom., Staatliche Beihilfe N 439/2007 v. 16. 7. 2008, corrigendum v. 22. 12. 2008, RdNr. 8 Fn. 5, 41 – Deutschland.

[239] Kom., Staatliche Beihilfen N 433/2007 v. 16. 7. 2008, RdNr. 43 – Brandenburg; N 439/2007 (Fn. 238), RdNr. 41 – Deutschland; N 311/2008 v. 16. 7. 2008, RdNr. 38 – Sachsen-Anhalt; N 443/2008 v. 9. 4. 2009/15. 6. 2009, RdNr. 37 – Sachsen.

[240] EuGH, Rs. 248/84 (Fn. 37).

[241] Kom., Regionalpolitik und Wettbewerbspolitik (Fn. 125), ABl. 1998 C 90/3; *Hancher/Ottervanger/ Slot/Jestaedt* (Fn. 125), RdNr. 18-005; *Bacon/Wishlade* (Fn. 40), RdNr. 15.01, 15.06.

[242] Siehe oben RdNr. 33–35.

[243] Strukturfondsverordnung 2006 (Fn. 116).

[244] Dazu wäre lediglich erforderlich gewesen, in RdNr. 19 RegLL 2007 die Jahreszahl „2010" durch die Zahl „2013" zu ersetzen und RdNr. 20 RegLL 2007 ersatzlos zu streichen.

[245] Siehe RdNr. 52, 68, 110.

[246] Kom., Status-Mitteilung (Fn. 226), RdNr. 2.

[247] Vom statistischen Effekt betroffene Regionen dürfen dann, wenn sie die 75%-BiP-Schwelle überschreiten im Grundsatz keine Förderung mehr nach Art. 107 Abs. 3 lit. a AEUV und keine Betriebsbeihilfen mehr gewähren, RdNr. 19, 20, 76 S. 1 RegLL 2007.

[248] Art. 8 Abs. 1, 37 Abs. 1 lit. e i), Anhang II Nr. 6 Strukturfondsverordnung 2006 (Fn. 116).

[249] Kom., Schreiben vom 23. 7. 2010, CAB (2010) 346.

[250] EuGH, Rs. 248/84, Slg. 1987, 4013, RdNr. 19; EuGH, Urt. v. 19. 9. 2002, C-113/00, Slg. 2002, I-7601, RdNr. 65 – Spanien, Estremadura.

dere Vergleichsmaßstab, dort die Europäische Union insgesamt, also alle Mitgliedstaaten, hier der einzelne Mitgliedstaat, bedingt, dass die Fördergebiete nach Art. 107 Abs. 3 lit. c AEUV (sogenannte **c)-Fördergebiete**) nur einen Teil eines Mitgliedstaats umfassen können. Um den Mitgliedstaaten einen gewissen Entscheidungsspielraum bei der **Auswahl ihrer c)-Fördergebiete** zu belassen,[251] bestimmt die Kommission zunächst für jeden Mitgliedstaat individuell einen Rahmen, in dessen Grenzen sich die einzelnen Mitgliedstaaten dann bewegen dürfen.[252] Dieser Rahmen ist ein Bevölkerungsplafond und beschreibt für jeden einzelnen Mitgliedstaat die Anzahl der Einwohner, die seine c)-Fördergebiete insgesamt höchstens umfassen dürfen.[253] In einem zweiten Schritt gibt die Kommission die Kriterien vor, nach denen die Mitgliedstaaten innerhalb dieses Plafonds ihre c)-Fördergebiete bestimmen können.[254] Über diesen Plafond hinaus gestattet sie den Mitgliedstaaten, als Auslaufregelung für den Zeitraum vom 1. 1. 2007 bis zum 31. 12. 2008 zusätzliche c)-Fördergebiete auszuweisen (Kontinuitätsplafond).[255]

α) Die Kommission stellt für jeden Mitgliedstaat den **individuellen Bevölkerungsplafond** 66 wie folgt fest:

Zunächst bestimmt die Kommission, dass von allen Fördergebieten insgesamt 43,1% der Be- 67 völkerung der EU-25 umfasst werden.[256] Dieser Wert teilt sich auf in einen Bevölkerungsanteil von **42% für die tatsächlichen Fördergebiete** und einen Bevölkerungsanteil von **1,1% für das sogenannte Sicherheitsnetz.**[257] Von den 42% werden zunächst die Einwohner der a)-Fördergebiete einschließlich der vom statistischen Effekt betroffenen Regionen abgezogen. Ferner werden von diesem Wert die Einwohner der ausgewiesenen c)-Fördergebiete subtrahiert.[258] Anschließend wird die verbleibende Bevölkerungsmenge unter Anwendung einer relativierenden Berechnungsformel[259] auf die Mitgliedstaaten aufgeteilt[260] und so für jeden Mitgliedstaat mit Ausnahme derjenigen, deren gesamtes Staatsgebiet als a)-Fördergebiet anzusehen ist,[261] eine **Fördergebietsbevölkerungshöchstgrenze**[262] bestimmt. Sofern dieser Fördergebietsbevölkerungsanteil in einem Mitgliedstaat weniger als die Hälfte der Fördergebietsbevölkerung in der Förderperiode 2000–2006 darstellt, wird der Bevölkerungsplafond anschließend bis auf 50% des nach den RegLL 1998[263] in diesem Mitgliedstaat in seinen Fördergebieten insgesamt ansässigen Bevölkerungsanteils aufgestockt.[264] Diese Aufstockung auf bis zu 50% nennen die RegLL 2007 **Sicherheitsnetz.**[265] Es dient der Vermeidung unbeabsichtigter Härten und gewährleistet für die bisherigen Mitgliedstaaten (EU-15) ein gewisses Maß an Kontinuität.[266]

---

[251] Die a)-Fördergebiete legt die Kom. vollständig und ohne administrative Beteiligung der Mitgliedstaaten allein fest, vgl. oben RdNr. 56; allerdings sind die Mitgliedstaaten nicht verpflichtet, alle vorgeschlagenen a)-Fördergebiete in ihren nationalen Fördergebietskarten auszuweisen; sie können auch auf eine Ausweisung und damit auf die Fördermöglichkeiten nach Art. 107 Abs. 3 lit. a AEUV verzichten: siehe unten RdNr. 121.

[252] RdNr. 24 RegLL 2007.

[253] RdNr. 23 RegLL 2007.

[254] RdNr. 30–32 RegLL 2007.

[255] RdNr. 95 RegLL 2007; zum Kontinuitätsprinzip siehe auch RdNr. 52, 55, 67, 69, 73, 74, 79, 104 und 109.

[256] RdNr. 14 Fn. 16 RegLL 2007.

[257] RdNr. 14, 28 RegLL 2007; zum Sicherheitsnetz siehe auch oben RdNr. 52.

[258] Anhang IV, Schritt III Abs. 2 RegLL 2007. Der scheinbare Widerspruch zu RdNr. 27 RegLL 2007 resultiert aus einer ungenauen Übersetzung, vgl. die englische: „After deducting the population coverage resulting from the application of the objective criteria set out in sections 3.2 and 3.3, as well as the allocations referred to in the two preceding paragraphs from the upper limit of 42% of EU-25 population determined in section 3.1, ..." oder die französische Fassung: „Après déduction de la couverture de population découlant de l'application des critères objectifs établis aux points 3.2 et 3.3 et les parts des deux paragraphes précédents du plafond de 42% de la population de l'UE-25 déterminé à la section 3.1, ...".

[259] RdNr. 24–29, Anhang IV RegLL 2007.

[260] Anhang IV, Schritt III Abs. 2 RegLL 2007.

[261] Dazu zählen bezogen auf eine EU-25: Estland, Lettland, Litauen, Malta, Polen und Slowenien, Anhang V RegLL 2010.

[262] RdNr. 22, 23 RegLL 2007, sogenannter Bevölkerungsplafonds.

[263] RegLL 1998 (Fn. 2).

[264] RdNr. 28 RegLL 2007.

[265] RdNr. 14, 28 RegLL 2007.

[266] RdNr. 14 RegLL 2007; zum Kontinuitätsprinzip siehe auch RdNr. 52, 55, 65, 69, 73, 74, 79, 104 und 109.

68   Zu den **ausgewiesenen**[267] **c)-Fördergebieten** zählen die sogenannten „**wirtschaftlichen Entwicklungsregionen**" der einzelnen Mitgliedstaaten sowie die **Regionen mit einer niedrigen Bevölkerungsdichte**.[268] Ferner zählen zu den ausgewiesenen c)-Fördergebieten ab dem 1. 1. 2011 die vom statistischen Effekt betroffenen Regionen, soweit sich im Rahmen einer Überprüfung herausstellt, dass sie nach den dann zur Verfügung stehenden EUROSTAT-Daten der letzten drei Jahre für eine EU-25 die Schwelle von 75% des Durchschnitts-BIP überschreiten.[269] Dabei bedeutet „ausgewiesen" lediglich, dem jeweiligen Mitgliedstaat vorab, also vor allen weiteren Berechnungen, zur Verfügung gestellter Bevölkerungsanteil in Höhe der Einwohnerzahl, die auf diese Gebiete entfällt.[270] Die mögliche Ausweisung einzelner vom statistischen Effekt betroffener Regionen als c)-Fördergebiet ab dem 1. 1. 2011 hat keine Auswirkungen auf die Gesamtbevölkerungsplafonds der einzelnen betroffenen Mitgliedstaaten. Die auf sie entfallenden Bevölkerungsprozentwerte sind zum einen in Anhang V RegLL 2007 separat ausgewiesen und zum anderen scheiden diese Gebiete mit den identischen Bevölkerungszahlen gleichzeitig als a)-Fördergebiete aus.[271]

69   Als „**wirtschaftliche Entwicklungsregionen**" werden die Gebiete bezeichnet, die in der vergangenen Förderperiode 2000–2006 noch a)-Fördergebiete waren, die sich jedoch so gut entwickelt haben, dass sie auch in einer EU-15 die Schwelle von 75% des Durchschnitts-BIP überschreiten und damit als a)-Fördergebiete ausscheiden.[272] Die Aufnahme als c)-Fördergebiet ermöglicht den Mitgliedstaaten auf Wunsch die Fortsetzung der Förderung in diesen Gebieten. So soll vermieden werden, dass eine bisherige Förderung unvermittelt abbricht[273] und damit die bisherigen Erfolge gefährdet, Grundsatz der Förderkontinuität.[274] Aus politischen Gründen zählt auch Nordirland zu den „wirtschaftlichen Entwicklungsregionen".[275]

70   Zu den **Gebieten mit niedriger Bevölkerungsdichte** zählen allein die Gebiete, die auf NUTS-III-Ebene[276] eine Bevölkerungsdichte von weniger als 12,5 Einwohnern je Quadratkilometer aufweisen.[277] Nicht als Berechnungsgrundlage dienen die Gebiete, die auf NUTS-II-Ebene eine Bevölkerungsdichte von weniger als 8 Einwohner je Quadratkilometer aufweisen.[278] Dies hätte möglicherweise zu geringeren Plafondgrößen der betroffenen Mitgliedstaaten geführt.[279] Im Rahmen der Auswahl ihrer c)-Fördergebiete dürfen die Mitgliedstaaten den ihnen zugewiesenen Plafonds selbstverständlich auch auf der NUTS-II-Ebene verwenden und solche Gebiete bestimmen, die auf dieser Ebene eine Bevölkerungsdichte von weniger als 8 Einwohnern je Quadratkilometer aufweisen.[280]

71   Nach Zuordnung der individuellen a)-Fördergebiete nebst der vom statistischen Effekt betroffenen Regionen und der darauf entfallenden Bevölkerungsanteile sowie nach der individuellen Zuordnung der auf die wirtschaftlichen Entwicklungsregionen sowie auf die Gebiete mit niedriger Bevölkerungsdichte entfallenden Bevölkerungsanteile auf die Mitgliedstaaten, ist noch der bis zu 42% der Bevölkerung einer EU-25 verbleibende Bevölkerungsanteil auf die Mitgliedstaaten aufzuteilen. Dazu hat die Kommission mit einer **Berechnungsformel** zur Bestimmung der Fördergebietshöchstgrenzen für die Gebiete nach Art. 107 Abs. 3 lit. c AEUV die abstrakte

---

[267] Anhang IV, Schritt III Abs. 1 und 2 RegLL 2007.

[268] RdNr. 25, 26 RegLL 2007.

[269] RdNr. 20 RegLL 2007; näher dazu siehe oben RdNr. 53, 61–64.

[270] RdNr. 25 bis 27 und Anhang IV, Schritt III Abs. 2 RegLL 2007.

[271] RdNr. 27 S. 1, 20 und Anhang V RegLL 2007.

[272] RdNr. 25 Fn. 27 RegLL 2007; würden sie nur die Schwelle von 75% des Durchschnitts-BIP einer EU-25 überschreiten, zählten sie zu den vom statistischen Effekt betroffenen Regionen, vgl. oben RdNr. 61.

[273] RdNr. 25 RegLL 2007.

[274] RdNr. 25 RegLL 2007; zum Kontinuitätsprinzip siehe auch RdNr. 52, 55, 65, 67, 73, 74, 79, 104 und 109.

[275] Dieses Privileg ist eine Fortsetzung des bereits in der Förderperiode 2000–2006 geltenden Privilegs dieser ehemaligen Bürgerkriegsregion, trotz Überschreitens der BIP-Schwellen de facto als a)-Fördergebiet behandelt worden zu sein, RdNr. 25 Fn. 28 RegLL 2007.

[276] Zur Nomenclature commune des Unités Territoriales Statistiques NUTS), Art. 1 und 3 iVm. Anhang I NUTS-Verordnung 2003 (Fn. 194).

[277] RdNr. 26, Fn. 29, RdNr. 30 lit. b RegLL 2007.

[278] Diese Regionen definieren RdNr. 80, 2. Tiret RegLL 2007 als die „am dünnsten besiedelten Gebiete".

[279] Ähnlich *Bacon/Wishlade* (Fn. 40), RdNr. 15.35 lit. (b), die den Aspekt der geographischen Flexibilität betont.

[280] RdNr. 30 lit. b RegLL 2007; Kom., Staatliche Beihilfe N 359/2006 v. 20. 12. 2006, RdNr. 20–23 – Finnland.

Auswahl der nicht ausgewiesenen Fördergebiete anhand der Kriterien „**Unterschreiten des Pro-Kopf-Durchschnitts-BIP einer EU-25**" und „**Arbeitslosenquote von mehr als 15% über dem innerstaatlichen Durchschnitt**" vorgenommen.[281] Dieser Berechnungsformel liegen die Durchschnittswerte der letzten drei Jahre zugrunde, für die die entsprechenden Zahlen zur Verfügung stehen. Diese Zeiträume sind für die einzelnen Daten nicht identisch. So stützen sich die Angaben für das Pro-Kopf-BIP auf die Daten für die Jahre 2000–2002 und für die Arbeitslosenzahlen auf der Ebene der Mitgliedstaaten und der EU-25 auf die Daten für die Jahre 2001–2003.[282] Das Gefälle gilt auf jeden Fall als ausreichend hoch, wenn die Arbeitslosigkeit in dem betreffenden Gebiet um 50% über der des nationalen Durchschnitts liegt.[283]

Soweit nach dieser Zuordnung von Bevölkerungsanteilen für die Ausweisung von c)-För- **72** dergebieten einzelne Mitgliedstaaten insgesamt, also auch unter Einschluß der a)-Fördergebiete nebst der vom statistischen Effekt betroffenen Regionen, einen Fördergebietsbevölkerungsplafonds erhalten haben, der weniger als die Hälfte der in der Förderperiode 2000–2006 in diesem Mitgliedstaat in einem Fördergebiet lebenden Einwohner umfasst, wird die Differenz durch das sogenannte **Sicherheitsnetz** ausgeglichen.[284]

Darüber hinaus sieht **RdNr. 95 RegLL 2007** für die Gebiete, die in der Förderperiode **73** 2000–2006 c)-Fördergebiete waren und die nunmehr dieses Kriterium nicht mehr erfüllen, eine **Übergangsregelung für die Jahre 2007 und 2008** vor. Danach erhalten die Mitgliedstaaten für diese Gebiete für die Jahre 2007 und 2008 zusätzliche Bevölkerungsanteile, die sie für eine Auswahl von c)-Fördergebieten aus genau diesen Gebieten für den Zeitraum bis zum 1. 1. 2009 nutzen können,[285] den zweiten Bevölkerungsplafond (Kontinuitätsplafond).[286] Damit verkörpert auch diese Übergangsregelung den **Grundsatz der Förderkontinuität** mit dem Ziel, die bisherigen regionalwirtschaftlichen Entwicklungserfolge nicht durch einen plötzlichen Abbruch der Fördermöglichkeiten zu gefährden. Die Bevölkerungsanteile dieser Gebiete werden als „**zusätzliche Fördergebietsbevölkerung 2007–2008**"[287] nicht auf die allgemeinen Fördergebietsbevölkerungsplafonds für die c)-Fördergebiete der einzelnen Mitgliedstaaten angerechnet, allerdings unter deren Berücksichtigung begrenzt[288] und in Anhang V RegLL 2007 mit dem entsprechenden Wert in v. H. der jeweiligen mitgliedstaatlichen Bevölkerung separat ausgewiesen.[289]

Die RegLL 2007 weisen in Anhang V die maßgeblichen Daten für die einzelnen Mitglied- **74** staaten aus.[290] Dazu zählen die jeweiligen a)-Fördergebiete[291] einschließlich der vom statistischen Effekt betroffenen Regionen[292] sowie die darauf entfallenden prozentualen Bevölkerungsanteile bezogen auf die Gesamtbevölkerung des jeweiligen Mitgliedstaates. Ferner zählen dazu die für die Auswahl an c)-Fördergebieten zur Verfügung stehenden Bevölkerungsanteile einschließlich der Bevölkerungsanteile aus dem Sicherheitsnetz[293] sowie die zusätzlichen Fördergebietsbevölkerungsanteile für den Kontinuitätsfonds, die nur für die Zeit bis zum 31. 12. 2008 in Anspruch genommen werden dürfen.[294]

β) Die Mitgliedstaaten können die ihnen von der Kommission zugewiesenen allgemeinen **75** Fördergebietsbevölkerungsplafonds nach den in RdNr. 30, 31 RegLL 2007 bestimmten Regeln auf die Gebiete aufteilen, in denen sie Regionalbeihilfen nach Art. 107 Abs. 3 lit. c AEUV gewähren möchten.

---

[281] RdNr. 24–29, Anhang IV RegLL 2007.

[282] Anhang IV Abs. 2 RegLL 2007.

[283] RdNr. 27, Fn. 30, Anhang IV Schritt 1 S. 2 RegLL 2007.

[284] RdNr. 28 RegLL 2007, siehe auch oben RdNr. 52.

[285] RdNr. 95 S. 1, 1. Tiret RegLL 2007.

[286] Siehe oben RdNr. 52; zum Kontinuitätsprinzip siehe auch RdNr. 55, 65, 67, 69, 74, 79, 104 und 109.

[287] RdNr. 95 S. 81, Anhang V RegLL 2007.

[288] RdNr. 95 S. 2, 2. Tiret RegLL 2007.

[289] RdNr. 95 Fn. 81, Anhang V RegLL 2007: „Zusätzliche Fördergebietsbevölkerung 2007–2008 unter Art. 87 Abs. 3 (c)"; betroffen sind die Mitgliedstaaten CY, CZ, DK, ES, FR, IE, IT, LU, NL, PT und SK.

[290] RdNr. 29, Anhang V RegLL 2007.

[291] Dies betrifft die Mitgliedstaaten BE, BU, CZ, DE, EE, EL, ES, FR, HU, IT, LT, LV, MT, PL, PT, RO, S I, SK und UK, Anhang V RegLL 2007.

[292] Dies betrifft die Mitgliedstaaten AT, BE, DE, EL, ES, IT, PT und UK.

[293] Dies betrifft die Mitgliedstaaten AT, BE, CY, DE, DK, EL, FI, ES, FR, HU, IE, IT, LU, NL, PT, SE und UK.

[294] Dies betrifft die Mitgliedstaaten CY, CZ, DK, ES, FR, IE, IT, LU, NL, PT und SK, siehe oben Fn. 289; zum Kontinuitätsprinzip siehe auch RdNr. 52, 55, 65, 67, 69, 73, 79, 104 und 109.

76 Die Mitgliedstaaten dürfen danach folgende Gebiete[295] als c)-Fördergebiete auswählen:
– **die wirtschaftlichen Entwicklungsregionen;**[296]
– **Gebiete mit niedriger Bevölkerungsdichte;**[297]
Anders als für die Berechnung der Höhe der Bevölkerungsplafonds[298] ist bei der Bestimmung der nationalen Fördergebiete neben der Auswahl von Regionen auf NUTS-III-Ebene mit einer Bevölkerungsdichte von weniger als 12,5 Einwohnern je Quadratkilometer[299] auch die Auswahl von Gebieten auf NUTS-II-Ebene mit weniger als 8 Einwohnern je Quadratkilometer zulässig.[300]
– **aneinander grenzende Gebiete** mit zusammen mindestens 100 000 Einwohnern innerhalb von NUTS-II- oder NUTS-III-Durchschnitt, in denen entweder das Pro-Kopf-BIP unter dem EU-25-Durchschnitt **oder** die Arbeitslosenquote mehr als 15% über dem innerstaatlichen Durchschnitt liegt. Bei der Bestimmung beider Kriterien wird der jüngste Dreijahresdurchschnitt nach EUROSTAT zugrunde gelegt,[301] der im Zeitpunkt der Entscheidung seitens der Kommission über die Vereinbarkeit der jeweiligen mitgliedstaatlichen Fördergebietskarte mit den Regeln der RegLL 2007 zur Verfügung steht. Diese beiden Dreijahreszeiträume müssen nicht identisch sein, sie können sich je nach zur Verfügung stehender aktuellster Datenlage auf divergierende Zeitabschnitte[302] beziehen.[303]
– **NUTS-III-Gebiete mit weniger als 100 000 Einwohnern,** in denen entweder das Pro-Kopf-BIP unter dem EU-25-Durchschnitt **oder** die Arbeitslosenquote mehr als 15% über dem innerstaatlichen Durchschnitt liegt.[304] Auch hier wird bei beiden Kriterien der jüngste Dreijahresdurchschnitt nach EUROSTAT zugrunde gelegt.[305]
– **Inseln** und andere **durch eine ähnliche räumliche Isolierung geprägte Gebiete,** wie etwa Halbinseln oder Bergregionen,[306] ohne dass sie selbst die Kriterien eines NUTS-III-Gebiets erfüllen, sofern im übrigen die gleichen Voraussetzungen gegeben sind, wie bei den oben unter dem 4. Tiret beschriebenen Regionen.[307] Durch eine ähnliche räumliche Isolierung geprägte Gebiete sind auch die Regionen, die durch Gebiete, die nicht zur EU gehören oder auf die die Verträge nur eingeschränkt Anwendung finden,[308] von der übrigen EU getrennt sind.[309]
– die unter dem 5. Tiret genannten **Gebiete** auch unabhängig von einem BIP- oder Arbeitslosigkeitskriterium, wenn sie **weniger als 5000 Einwohner** haben;[310]
– **NUTS-III-Gebiete** oder Teile davon, **die an ein a)-Fördergebiet angrenzen** oder die eine Landgrenze oder eine Seegrenze von weniger als 30 km zu einem Staat aufweisen, der nicht Mitgliedstaat des Europäischen Wirtschaftsraums oder der EFTA ist.[311] Diese Wahlmöglichkeit korrespondiert mit der Möglichkeit der Mitgliedstaaten, das Fördergefälle zwischen einem a)-Fördergebiet und einem c)-Fördergebiet auf einen Wert zu reduzieren, der 20%-

---

[295] Wegen ihrer geringen Größe reicht es im Falle von Zypern und Luxemburg aus, dass die ausgewählten Gebiete entweder ein Pro-Kopf-BIP unterhalb des EU-Durchschnitts oder eine Arbeitslosenquote von mehr als 115% des Landesdurchschnitts aufweisen sowie mindestens 10 000 Einwohner haben, RdNr. 30 Fn. 32 RegLL 2007.

[296] RdNr. 30 lit. a RegLL 2007; siehe oben RdNr. 69. Von dieser Regelung machen die Mitgliedstaaten EL, ES, FI, HU, IE, IT und UK Gebrauch.

[297] RdNr. 30 lit. b RegLL 2007; diese Möglichkeit nehmen die Mitgliedstaaten ES, FI und SE in Anspruch.

[298] RdNr. 26 Fn. 29 RegLL 2007; siehe oben RdNr. 70.

[299] Kom., Staatliche Beihilfen N 359/2006 v. 20. 12. 2006, RdNr. 20–23 – Finnland; N 431/2006 v. 20. 12. 2006, RdNr. 12–15 – Schweden; N 626/2006 v. 20. 12. 2006, RdNr. 58–61 – Spanien.

[300] RdNr. 30 lit. b RegLL 2007; Kom., Staatliche Beihilfe N 359/2006, RdNr. 20–23 – Finnland.

[301] RdNr. 30 lit. c RegLL 2007.

[302] Zu unterschiedlichen Zeitabschnitten: vgl. Anhang IV Abs. 2 RegLL 2007; siehe auch oben RdNr. 71.

[303] Von dieser Möglichkeit machen die Mitgliedstaaten AT, BE, CY, DE, DK, ES, FI, FR, IE, IT, NL, SE und UK Gebrauch.

[304] RdNr. 30 lit. d RegLL 2007; diese Regelung nutzen die Mitgliedstaaten AT, DK DE und LU.

[305] Zur Aktualität und unterschiedlichen Perioden, vgl. Anhang IV Abs. 2 RegLL 2007 und oben RdNr. 71 und 76 3. Tiret.

[306] RdNr. 30 lit. e, Fn. 34 RegLL 2007.

[307] RdNr. 30 lit. e RegLL 2007; diese Möglichkeit nehmen die Mitgliedstaaten CY, DK, FR und IT in Anspruch.

[308] Art. 355 Abs. 5 lit. b AEUV, bis zum 1. 12. 2009 Art. 299 Abs. 6 lit. b EG.

[309] Kom., Staatliche Beihilfe N 814/2006 v. 24. 1. 2007, RdNr. 14 – Zypern.

[310] RdNr. 30 lit. f RegLL 2007; dies nutzen die Mitgliedstaaten DE, DK, FI und IE.

[311] RdNr. 30 lit. g RegLL 2007.

Punkte nicht überschreitet.[312] Dies kann insbesondere durch ein entsprechendes Anheben des Interventionssatzes im c)-Fördergebiet erfolgen.[313] Sie ist Ausdruck des Prinzips des Nachteilsausgleichs[314] und entspricht im Grundsatz den tatsächlichen Verhältnissen. So grenzen wirtschaftlich nicht prosperierende Regionen nicht unmittelbar an solche, deren Durchschnitts-BIP über dem des EU-Durchschnitts liegt. Vielmehr findet stets ein räumlich gestreckter Übergang statt. Damit allerdings an a)-Fördergebiete angrenzende Gebiete, die möglicherweise die Kriterien des Durchschnitts-BIP oder der Arbeitslosenquote zwar verfehlen,[315] aber dennoch nicht als wirtschaftlich prosperierend betrachtet werden können, nicht zu Gunsten der angrenzenden Förderregion ausbluten, haben die Mitgliedstaaten die Möglichkeit, auch in diesen Regionen investierenden Unternehmen einen, wenn auch entsprechend angepassten, Nachteilsausgleich zu gewähren.[316] Zugleich dient diese Wahlmöglichkeit auch der Vermeidung lokal begrenzter Verlagerungsinvestitionen.[317]

– in gebührend begründeten Ausnahmefällen auch **andere aneinander grenzende Gebiete** mit mindestens 50 000 Einwohnern, die in einem tiefgreifenden Strukturwandel begriffen sind oder im Vergleich zu ähnlichen Gebieten eine Phase erheblichen wirtschaftlichen Niedergangs erleben. Die Mitgliedstaaten, die diese Möglichkeit wahrnehmen möchte,[318] müssen anhand anerkannter wirtschaftlicher Indikatoren nachweisen, dass die Gewährung regionaler Investitionsbeihilfen in den betreffenden Gebieten auch im Hinblick auf die Lage auf Gemeinschaftsebene gerechtfertigt ist.[319] Zu den **begründenden, von der Kommission anerkannten Indikatoren** zählen: Schließung von Militärstandorten,[320] massiver Arbeitsplatzabbau bei „altindustriellen" Sektoren wie Schiffbau,[321] Schuh-,[322] Leder-,[323] Textil-,[324] Papier-,[325] Photo-,[326] Automobil-, Maschinenbau-,[327] Stahl-, Chemie-,[328] oder Lebensmittelindustrie,[329] also in der Verbrauchsgüter- und in der Investitionsgüterindustrie,[330] Schließung von Steinkohlebergbauzechen, Steinbrüchen[331] oder Gasfeldern sowie damit verbundener Arbeitsplatzabbau in den vor- und nachgelagerten Wirtschaftszweigen,[332] Schwierigkeiten sich gegen Importe aus Drittländern zu behaupten[333] Umstrukturierung der regionsbestimmenden Industriesektoren,[334] ländlich geprägter Raum,[335] schwieriges geografisches Umfeld,[336] niedrige Einwohnerdichte,[337] negatives

---

[312] Dies nutzen Österreich, Staatliche Beihilfe N 492/2006 v. 20. 12. 2006 RdNr. 29–31; Deutschland, Staatliche Beihilfe N 459/2006 v. 8. 11. 2006, RdNr. 55–59; Finnland, Staatliche Beihilfe N 359/2006 v. 20. 12. 2006, RdNr. 42–44 und Italien, Staatliche Beihilfe N 324/2007 v. 28. 11. 2007, RdNr. 70–73.

[313] RdNr. 47 Fn. 45 RegLL 2007.

[314] Siehe oben RdNr. 4.

[315] RdNr. 30 lit. d RegLL 2007.

[316] Diese Möglichkeit nutzen AT, BE, DE, ES, FI, FR, IT, PT und UK.

[317] *Mederer/Pesaresi/van Hoof/Dupont/TumasonytTumasonytè*, EU Competition Law, Part 4, Chapter 6, RdNr. 4.860.

[318] Folgende Mitgliedstaaten nehmen diese Möglichkeit wahr: BE, DE, ES, FI, FR, IT und SE.

[319] RdNr. 30 lit. h RegLL 2007.

[320] Kom., Staatliche Beihilfe N 459/2006, RdNr. 69, 78 – Deutschland.

[321] Kom., Staatliche Beihilfe N 626/2006, RdNr. 80 – Spanien.

[322] Kom., Staatliche Beihilfe N 459/2006, RdNr. 64 – Deutschland; Staatliche Beihilfe N 343/2006, RdNr. 87, 167 – Frankreich.

[323] Kom., Staatliche Beihilfe N 343/2006, RdNr. 167 – Frankreich.

[324] Kom., Staatliche Beihilfe N 324/2007, RdNr. 77 – Italien; Staatliche Beihilfe N 626/2006, RdNr. 87 – Spanien; Staatliche Beihilfe N 343/2006, RdNr. 87, 126, 129, 132, 170 – Frankreich.

[325] Kom., Staatliche Beihilfe N 343/2006, RdNr. 87, 114, 150 – Frankreich.

[326] Kom., Staatliche Beihilfe N 343/2006, RdNr. 99 – Frankreich.

[327] Kom., Staatliche Beihilfe N 459/2006, RdNr. 70 – Deutschland; Staatliche Beihilfe N 343/2006, RdNr. 85, 97, 103, 132, 170 – Frankreich; N 324/2007, RdNr. 77 – Italien.

[328] Kom., Staatliche Beihilfe N 324/2007, RdNr. 88 – Italien; Staatliche Beihilfe N 343/2006, RdNr. 87, 114, 153, 170 – Frankreich.

[329] Kom., Staatliche Beihilfe N 324/2007, RdNr. 111 – Italien.

[330] Kom., Staatliche Beihilfe N 343/2006, RdNr. 103, 113 – Frankreich.

[331] Kom., Staatliche Beihilfe N 343/2006, RdNr. 132 – Frankreich.

[332] Kom., Staatliche Beihilfe N 459/2006, RdNr. 73, 74 – Deutschland; Staatliche Beihilfe N 343/2006, RdNr. 87, 124 – Frankreich.

[333] Kom., Staatliche Beihilfe N 343/2006, RdNr. 132 – Frankreich.

[334] Kom., Staatliche Beihilfe N 343/2006, RdNr. 85 – Frankreich.

[335] Kom., Staatliche Beihilfe N 343/2006, RdNr. 97 – Frankreich.

[336] Kom., Staatliche Beihilfe N 343/2006, RdNr. 148 – Frankreich.

[337] Kom., Staatliche Beihilfe N 343/2006, RdNr. 89, 152 – Frankreich.

Bevölkerungswachstum[338] und abnehmende Erwerbsbevölkerung,[339] eine überdurchschnittliche Abwanderung (hohe Migrationsverluste),[340] geringe Verbreitung von Informationstechnologie,[341] Abbau oder Betrieb[342] von Kernkraftwerken,[343] Ziel 2-Gebiet im Rahmen der Strukturfondsförderung,[344] Region wirtschaftlicher Wiederbelebung,[345] weit unterdurchschnittliche Bildung,[346] niedrige oder fehlende[347] Qualifikation der Erwerbstätigen,[348] hoher, rasch zunehmender Alterungsindex,[349] geringes Durchschnittseinkommen der Bevölkerung,[350] steigende (Langzeit-)Arbeitslosigkeit,[351] hohe Jugendarbeitslosigkeit,[352] nur geringes Arbeitsplatzangebot,[353] geographische Isolation[354] und industrielle Monostrukturen[355] oder verlängerte Werkbänke, also Betriebsstätten ohne Unternehmenssitze.[356]

77   Um den Mitgliedstaaten die Möglichkeit einer größeren Flexibilität zu gewähren, lässt **RdNr. 31 RegLL 2007** die mit den RegLL 1998 abgeschaffte, aber von Deutschland geforderte[357] sogenannte **Feinabgrenzung** wieder zu.[358] Diese Flexibilisierung der Fördergebietsabgrenzung ermöglicht den Mitgliedstaaten sogar unterhalb der NUTS-III-Ebene **punktuell bestimmte Gebiete mit mindestens 20 000 Einwohnern** als c)-Fördergebiete auszuwählen. Diese Untergrenze kann bei Inseln oder anderen durch eine ähnliche räumliche Isolierung geprägten Gebieten auf mindestens 5000 Einwohner herabgesetzt werden.[359] Das gestattet es den Mitgliedstaaten sogar einzelne Stadtteile in im übrigen prosperierenden Städten auszuwählen, sofern sie durch sehr lokal begrenzte Unausgewogenheiten wie soziale Herausforderungen oder ungenügende Infrastruktur, schlechtes Wohnumfeld oder mangelnde örtliche Freizeitinfrastrukturen,[360] kurz durch „allgemeine Trostlosigkeit" geprägt sind. Allerdings sind die Mitgliedstaaten verpflichtet, anhand anerkannter Wirtschaftsindikatoren wie **Pro-Kopf-BIP, Produktivitäts- oder Qualifikationsindikatoren, Beschäftigungslage** oder **Arbeitslosigkeit,** nachzuweisen, dass die vorgeschlagenen Gebiete einen im Verhältnis zu anderen Gebieten in der betreffenden Region größeren Bedarf an wirtschaftlicher Entwicklung haben. Dieser Nachweis erfordert nicht den kumulativen Einsatz aller Wirtschaftsindikatoren. Vielmehr genügt bereits der Nachweis anhand eines einzigen der genannten Indikatoren.[361] Darüber hinaus sind auch andere Indikatoren zulässig. So können, abgesehen von den bereits in RdNr 31 RegLL 2007 genannten, zu den

---

[338] Kom., Staatliche Beihilfe N 431/2006, RdNr. 30, 37 – Schweden; Staatliche Beihilfe N 343/2006, RdNr. 93 – Frankreich.

[339] Kom., Staatliche Beihilfe N 343/2006, RdNr. 93.

[340] Kom., Staatliche Beihilfe N 343/2006, RdNr. 111, 117, 118 – Frankreich.

[341] Kom., Staatliche Beihilfe N 626/2006, RdNr. 88 – Spanien.

[342] Kom., Staatliche Beihilfe N 343/2006, RdNr. 148 – Frankreich.

[343] Kom., Staatliche Beihilfe N 745/2006, RdNr. 36 – Belgien.

[344] Kom., Staatliche Beihilfe N 343/2006, RdNr. 122 – Frankreich; Staatliche Beihilfe N 745/2006, RdNr. 38 – Belgien.

[345] Kom., Staatliche Beihilfe N 343/2006, RdNr. 129, 133 – Frankreich.

[346] Kom., Staatliche Beihilfe N 359/2006, RdNr. 48 – Finnland; Staatliche Beihilfe N 324/2007, RdNr. 92, 97 Italien; Staatliche Beihilfe N 431/2006, RdNr. 38 – Schweden.

[347] Kom., Staatliche Beihilfe N 343/2006, RdNr. 158 – Frankreich.

[348] Kom., Staatliche Beihilfe N 343/2006, RdNr. 96, 102, 117 – Frankreich.

[349] Kom., Staatliche Beihilfe N 324/2007, RdNr. 97 – Italien; Staatliche Beihilfe N 343/2006, RdNr. 152 – Frankreich.

[350] Kom., Staatliche Beihilfe N 343/2006, RdNr. 80, 89, 93, 96, 100, 103, 118, 119, 121, 131, 141 – Frankreich.

[351] Kom., Staatliche Beihilfe N 343/2006, RdNr. 107, 110, 117, 118, 135, 138, 158 – Frankreich.

[352] Kom., Staatliche Beihilfe N 343/2006, RdNr. 155 – Frankreich.

[353] Kom., Staatliche Beihilfe N 324/2007, RdNr. 119, 126 – Italien; Staatliche Beihilfe N 343/2006, RdNr. 90, 91, 119, 121, 138 – Frankreich.

[354] Kom., Staatliche Beihilfe N 343/2006, RdNr. 94 – Frankreich.

[355] Kom., Staatliche Beihilfe N 343/2006, RdNr. 88, 94, 156, 159, 163 – Frankreich.

[356] Kom., Staatliche Beihilfe N 343/2006, RdNr. 164 – Frankreich.

[357] Siehe Kom., Staatliche Beihilfen C 47/99 v. 17. 8. 1999, ABl. 1999 C 340/8 RdNr. 12, 38 – Fördergebietskarte Deutschland 2000–2003 und vom 14. 3. 2000, ABl. 2001 L 97/27 RdNr. 49 f. sowie die dagegen gerichtete Klage, EuGH, C-242/00, Slg. 2002, I-5603, RdNr. 22, 36.

[358] RdNr. 31 RegLL 2007; hiervon machen die Mitgliedstaaten BE, DE, DK, FI, FR, IE, und IT Gebrauch.

[359] RdNr. 30 lit. f, 31 RegLL 2007.

[360] *Mederer/Pesaresi/van Hoof/Dupont/Tumasonyt Tumasonytė* (Fn. 317), Chapter 6, RdNr. 4.865.

[361] Kom., Staatliche Beihilfe N 745/2006, RdNr. 44 – Belgien; Staatliche Beihilfe N 459/2006, RdNr. 83 – Deutschland.

begründenden Indikatoren auch folgende zählen: Arbeitsplatzabbau bei „altindustriellen" Sektoren wie Schiffbau[362] oder Maschinenbau,[363] eine besonders hohe Beschäftigung in nur wenigen Sektoren,[364] ehemaliges Zonenrandgebiet,[365] landwirtschaftlich und touristisch geprägte Regionen ohne größere Industrien,[366] eine nur unbedeutende und auf nur einen oder lediglich wenige Sektoren beschränkte Wirtschaft, die anfällig für äußere Einflüsse ist,[367] Einflussbereich eines Mittel- und Osteuropäischen Fördergebietes nach Art. 107 Abs. 3 lit. a AEUV,[368] eine spärliche Besiedlung[369] oder eine überdurchschnittliche Abwanderung,[370] sowie bei bestimmten Industriesektoren aufgetretene Schwierigkeiten.[371]

Nach **RdNr. 31 RegLL 2007** sind in diesen Gebieten allerdings nur Investitionen von **78** KMU regionalförderfähig und zwar nach den in der jeweiligen Fördergebietskarte ausgewiesenen Fördersätzen zuzüglich der KMU-Boni von 20% für kleine und 10% für mittlere Unternehmen.[372] Beihilfen für Investitionen von Unternehmen, die nicht als KMU im Sinne der KMU-Empfehlung der Kommission[373] angesehen werden können, sind in diesen Gebieten mit dem Binnenmarkt nicht vereinbar. Gleiches gilt, unabhängig von der Unternehmensgröße, für Investitionen mit einem beihilfefähigen Anteil von mehr als 25 Mio. EUR.[374] Keine Bedenken gegen eine Förderung bestehen, wenn sich das mehr als 25 Mio. EUR investierende KMU mit der Förderung bescheidet, die auf eine Investition von 25 Mio. EUR entfällt.[375]

Schließlich gestattet **RdNr. 95 RegLL 2007** den Mitgliedstaaten für die Jahre 2007 und **79** 2008 aus Gebieten, die zum Ende der Förderperiode 2000–2006 noch c)-Fördergebiete waren, seit dem 1. 1. 2007 aber die Kriterien für ein c)-Fördergebiet nicht mehr erfüllen, im Rahmen des ihnen zur Verfügung gestellten und eigens ausgewiesenen Kontinuitätsplafonds **„zusätzliche Fördergebietsbevölkerung 2007–2008 unter Art. 87 Abs. 3 (c) (jetzt Art. 107 Abs. 3 lit. c AEUV)",**[376] weitere c)-Fördergebiete aus der ihnen zur Verfügung gestellten Kategorien auszuwählen.[377] Ausgeschlossen allerdings ist die Auswahl von „wirtschaftlichen Entwicklungsgebieten" nach RdNr 30 lit. a RegLL 2007. Diese Regionen sind als ehemalige a)-Fördergebiete und nicht als ehemalige c)-Fördergebiete definiert.[378]

Die Auswahl der c)-Fördergebiete orientiert sich zunächst an den NUTS-Ebenen II und III, **80** wie sie sich aus Art. 3 Abs. 3, 4 **NUTS-Verordnung 2003**[379] ergeben, in Deutschland also den Regierungs- oder Landesdirektionsbezirken und den Kreisen oder kreisfreien Städten.[380] Diese Gebiete setzen sich regelmäßig aus kleineren Verwaltungseinheiten, in Deutschland den Gemeinden, zusammen.[381] Der Rückgriff auf diese Struktur vermeidet, dass die Mitgliedstaaten

---

[362] Kom., Staatliche Beihilfe N 459/2006, RdNr. 83 – Deutschland, N 359/2006, RdNr. 62 – Finnland.

[363] Kom., Staatliche Beihilfe N 359/2006, RdNr. 57 – Finnland.

[364] Kom., Staatliche Beihilfe N 343/2006, RdNr. 175 – Frankreich.

[365] Kom., Staatliche Beihilfe N 459/2006, RdNr. 85 – Deutschland.

[366] Kom., Staatliche Beihilfe N 359/2006, RdNr. 61 – Finnland.

[367] Kom., Staatliche Beihilfe N 359/2006, RdNr. 62 – Finnland.

[368] Kom., Staatliche Beihilfe N 459/2006, RdNr. 85 – Deutschland.

[369] Kom., Staatliche Beihilfe N 359/2006, RdNr. 61 – Finnland.

[370] Kom., Staatliche Beihilfe N 324/2007, RdNr. 136 – Italien.

[371] Kom., Staatliche Beihilfe N 343/2006, RdNr. 175 – Frankreich.

[372] RdNr. 31 S. 3 RegLL 2007; Kom., Staatliche Beihilfe N 459/2006, RdNr. 83, 85 – Deutschland.

[373] Empfehlung der Kom. vom 6. 5. 2003 betreffend die Definition der Kleinstunternehmen sowie der kleinen und mittleren Unternehmen, ABl. 2003 L 124/36; vgl. auch Anhang I der Verordnung (EG) 364/2004 der Kom. vom 25. Februar 2004 zur Änderung der Verordnung (EG) Nr. 70/2001, ABl. 2004 L 63/22, und Anhang I der Verordnung (EG) 800/2008 der Kom. vom 6. 8. 2008 zur Erklärung der Vereinbarkeit bestimmter Gruppen von Beihilfen mit dem Gemeinsamen Markt in Anwendung der Art. 87 und 88 EG-Vertrag (allgemeine Gruppenfreistellungsverordnung – AGVO), ABl. 2008 L 214/3 (KMU-Empfehlung).

[374] RdNr. 31 RegLL 2007.

[375] Arg. e. RdNr. 64 RegLL 2007.

[376] Anhang V RegLL 2007; zum Kontinuitätsprinzip siehe auch RdNr. 52, 55, 65, 67, 69, 73, 74, 104, 106 und 109.

[377] Dies nutzten die Mitgliedstaaten CY, CZ, DK, ES, FR, IE, IT, LU, NL, PT und SK.

[378] RdNr. 95 S. 2 RegLL 2007 einerseits und RdNr. 25 Fn. 27, 30 lit. a RegLL 2007 andererseits; siehe oben RdNr. 69.

[379] NUTS-Verordnung 2003 (Fn. 194).

[380] Anhang II NUTS-Verordnung 2003 (Fn. 194).

[381] Art. 4 Abs. 1 und Anhang III NUTS-Verordnung 2003 (Fn. 194). Anhang III wurde zuletzt geändert durch Verordnung Nr. 105/2007 der Kom. vom 1. Februar 2007 zur Änderung der Anhänge der Verord-

willkürlich Gewerbegebiete von Wohngebieten abtrennen und so umfangreichere Flächen als Fördergebiete anmelden können.[382] Sofern sich allerdings in einzelnen Regionen erkennen lässt, dass die vorgesehene Klassifikation nicht zu einer geeigneten Differenzierung führt, kann der jeweilige Mitgliedstaat auch eine abweichende Gebietseinteilung vorschlagen. Das ist etwa dann anzunehmen, wenn die NUTS-Ebenen I, II oder III, wie im Falle des Stadtstaates Berlin oder der Stadt Madrid, mit der darunter liegenden Kategorie der „Gemeinde" identisch sind. Damit umfasst auch die kleinste von der NUTS-Verordnung erfasste Gebietskategorie in Berlin rund 3,4 Mio. Einwohner. Daher hat die Kommission mit Rücksicht auf die durchschnittliche Größe der Gemeinden in verschiedenen Mitgliedstaaten der EU[383] im Rahmen der Gebietsauswahl nach RdNr. 30 lit. a, c und g RegLL 2007, mit den sogenannten „Zählbezirken"[384] in Madrid, den „Zählgebieten"[385] auf Sardinien oder den „Verkehrszellen"[386] in Berlin, jeweils Gebietseinheiten unterhalb der Gemeindeebene zugelassen.

81   Erst recht keine Bedenken bestehen im Rahmen der Gebietsauswahl nach RdNr. 30 lit. h RegLL 2007, wenn mehrere Teilgebiete von NUTS-II- oder NUTS-III-Regionen zu einem zusammenhängenden c)-Fördergebiet zusammengefasst werden. Dies gilt sowohl dann, wenn dieses Gebiet, wie bei den deutschen Arbeitsmarktregionen, einen einheitlichen Wirtschaftsraum darstellt,[387] als auch in den Fällen, in denen nur ein großes Teilgebiet einer solchen Region ausgewählt wird.[388]

82   Die Kommission prüft die Einhaltung der Gesamtobergrenze der Fördergebietsbevölkerung für den betreffenden Mitgliedstaat anhand des tatsächlichen Bevölkerungsstands der ausgewählten Gebiete auf der Grundlage der jüngsten anerkannten statistischen Angaben.[389]

83   **b) Die Förderhöchstsätze (Subventionswertobergrenzen).** Die **Förderhöchstsätze** werden als **Intensität zur jeweiligen Bemessungsgrundlage,** den förderfähigen Kosten, ausgedrückt.[390] Die Intensität wird als Bruttosubventionsäquivalent (BSÄ) dargestellt[391] und beschreibt den v. H.-Satz des Beihilfewertes vor Steuern, der für eine Investition gewährt werden darf oder gewährt wird. Erhält ein Unternehmer für eine Investition von 100 EUR eine Beihilfe von 30% BSÄ so sind dies bei einem verlorenen Zuschuss 30 EUR vor Steuern. Die noch unter Geltung der RegLL 1998 von der Kommission angewandte Berechnungsmodalität von Nettosubventionsäquivalenten (NSÄ), also des Beihilfewertes nach Steuern, im genannten Beispiel also 30 EUR nach Steuern, hat sie im Anschluss an die Entscheidung des EuG I in der Rechtssache Alzetta[392] sowie unter Transparenz- und Vereinfachungsgesichtspunkten aufgegeben.[393]

84   **aa) a)-Fördergebiete.** Im Anschluss an die EU-Erweiterung zum 1. Mai 2004 differenzierte die Kommission die **Fördersätze** für die **Regionalbeihilfen in den a)-Fördergebieten** in Abhängigkeit vom jeweiligen Pro-Kopf-Durchschnitts-BIP einer EU-25, gemessen in Kaufkraftstandards (KKS), in drei Intensitätsstufen, ausgedrückt in Bruttosubventionsäquivalenten (BSÄ):[394]
– 30% BSÄ in Gebieten mit weniger als 75% des durchschnittlichen Pro-Kopf-BIP der EU-25 und zumindest bis zum 31. 12. 2010 in vom statistischen Effekt betroffenen Regionen;

---

nung (EG) Nr. 1059/2003 des Europäischen Parlaments und des Rates über die Schaffung einer gemeinsamen Klassifikation der Gebietseinheiten für die Statistik (NUTS), ABl. 2007 L 39/1.

[382] Kom., Staatliche Beihilfe N 459/2006, RdNr. 45 – Deutschland; Staatliche Beihilfe N 324/2007, RdNr. 58 – Italien.

[383] Kom., Staatliche Beihilfe N 459/2006, RdNr. 47 Fn. 28 – Deutschland; in Frankreich: durchschnittlich 1600 Einwohner, in Deutschland: durchschnittlich 5600 Einwohner und in Großbritannien: durchschnittlich 8000 Einwohner.

[384] Kom., Staatliche Beihilfe N 626/2006, RdNr. 72 – Spanien: Madrid.

[385] Kom., Staatliche Beihilfe N 324/2007, RdNr. 58 – Italien: Sardinien.

[386] Kom., Staatliche Beihilfe N 459/2006, RdNr. 46, 47 – Deutschland; Verkehrszellen werden in Berlin seit 1973 als Grundlage für die Stadtentwicklung herangezogen und umfassen durchschnittlich 10 000 Einwohner.

[387] Kom., Staatliche Beihilfe N 459/2006, RdNr. 62, 63 – Deutschland.

[388] Kom., Staatliche Beihilfe N 459/2006, RdNr. 68 – Deutschland.

[389] RdNr. 32 i. V. m. RdNr. 24, 23, 13 Fn. 15, 16 RegLL 2007.

[390] RdNr. 41 RegLL 2007.

[391] RdNr. 41 S. 2 RegLL 2007.

[392] EuG, Urt. v. 15. 6. 2000, T-298/97 ua., Slg. 2000, II-2319, RdNr. 89 – Alzetta.

[393] RdNr. 41 Fn. 44 RegLL 2007.

[394] RdNr. 41 und Fn. 44 RegLL 2007.

– 40% BSÄ in Gebieten mit einem Pro-Kopf-BIP von weniger als 60% des durchschnittlichen Pro-Kopf-BIP der EU-25 und

– 50% BSÄ in Gebieten mit einem Pro-Kopf-BIP von weniger als 45% des durchschnittlichen Pro-Kopf-BIP der EU-25.[395]

Gebiete in äußerster Randlage sollen besonders unterstützt werden. Daher haben diese **85** Gebiete bei einem Pro-Kopf-BIP von weniger als 75% des EU-25-Durchschnitts die Möglichkeit die dafür normalerweise vorgesehenen Förderintensitäten von 30%, 40% und 50% um 20%-Punkte anzuheben.[396] Damit ist es einem solchen Gebiet mit einem Pro-Kopf-BIP von weniger als 75% DurchschnittsBIP gestattet, eine Förderintensität von 50% BSÄ und bei einem Pro-Kopf-BiP von weniger als 60% des durchschnittlichen Pro-Kopf-BiP, eine Förderintensität von 60% BSÄ zu gewähren.[397] Bei einem Pro-Kopf-BiP von mehr als 75% des EU-25 Durchschnitts darf die Beihilfeintensität um 10%-Punkte auf 40% BSÄ angehoben werden.[398] Bei einem theoretischen Pro-Kopf-BiP von mehr als 100% des EU-25-Durchschnitts dürfte es bei einer Förderhöchstintensität von lediglich 30% BSÄ verbleiben.[399] Damit ergibt sich für diese Gebiete folgende Skala:

– 40% BSÄ in Gebieten in äußerster Randlage mit einem Pro-Kopf-BIP von mehr als 75% des durchschnittlichen Pro-Kopf-BIP der EU-25;[400]

– 50% BSÄ in Gebieten in äußerster Randlage mit einem Pro-Kopf-BIP von weniger als 75% des durchschnittlichen Pro-Kopf- BIP der EU-25.[401]

– 60% BSÄ in Gebieten in äußerster Randlage mit einem Pro-Kopf-BIP von weniger als 60% des durchschnittlichen Pro-Kopf- BIP der EU-25.[402]

Gebiete in äußerster Randlage mit weniger als 45% BIP und einer Fördermöglichkeit von bis **86** zu 70% für große Unternehmen, also der nächsten denkbaren Schwelle, gibt es derzeit ebenso wenig, wie es Gebiete in äußerster Randlage mit mehr als 100% BIP gibt.

In a)-Fördergebieten ist im Grundsatz auch die **Gewährung regionaler Betriebsbeihilfen** **87** mit dem Binnenmarkt vereinbar.[403]

bb) c)-Fördergebiete. In **c)-Fördergebieten** ist die Beihilfeintensität unter Berücksichti- **88** gung des Beihilfezieles notwendigerweise niedriger als in den a)-Fördergebieten.[404] So darf die **Obergrenze für Regionalbeihilfen** in c)-Fördergebieten im Regelfall 15% BSÄ nicht überschreiten.[405]

Diese zulässige Förderhöchstintensität gilt unabhängig von sonstigen Kriterien, also **stets,** für **89** Gebiete mit **niedriger Bevölkerungsdichte** im Sinne von RdNr. 30 lit. b RegLL 2007[406] sowie für die in RdNr. 30 lit. c, d, und e RegLL 2007 genannten Gebiete. Ist in einem Gebiet nach RdNr. 30 lit. c, d keines der beiden Kriterien erfüllt, handelt es sich bereits nicht um ein von dem jeweiligen Mitgliedstaat auswählbares c)-Fördergebiet im Sinne dieser Vorschrift. Das schließt nicht aus, diese Gebiete unter anderen Gesichtspunkten als c)-Fördergebiet auszuwählen.

Eine **Beihilfeintensität** von mindestens 15% BSÄ darf ferner stets in den c)-Fördergebieten **90** gewährt werden, die auf NUTS-III-Ebene oder Teilen davon an ein a)-Fördergebiet grenzen oder eine Landesgrenze zu einem Staat aufweisen, der nicht Mitgliedstaat des Europäischen

---

[395] RdNr. 43, 44 RegLL 2007.

[396] RdNr. 45 RegLL 2007.

[397] Kom., Staatliche Beihilfe N 343/2006, RdNr. 39 – Frankreich: Überseegebiete; Staatliche Beihilfe N 727/2006, RdNr. 23 – Portugal: Madeira.

[398] RdNr. 45, 2. HS RegLL 2007.

[399] Arg. e. contr. RdNr. 45 RegLL 2007, vgl. im Übrigen RdNr. 86.

[400] RdNr. 44, 45 2. HS RegLL 2007; Kom., Staatliche Beihilfe N 626/2006, RdNr. 37 – Spanien: Kanarische Inseln; Staatliche Beihilfe N 727/2006, RdNr. 23 – Portugal: Madeira.

[401] RdNr. 44, 45 1. HS RegLL 2007; Kom., Staatliche Beihilfe N 343/2006, RdNr. 39 – Frankreich: Überseegebiete; Staatliche Beihilfe N 727/2006, RdNr. 23: – Portugal: Madeira.

[402] RdNr. 44, 45 1. HS RegLL 2007; Kom., Staatliche Beihilfe N 343/2006, RdNr. 39 – Frankreich: Überseegebiete.

[403] RdNr. 76 S. 2 RegLL 2007; siehe auch unter RdNr. 490 ff., 495, 497.

[404] RdNr. 42 RegLL 2007.

[405] RdNr. 47 S. 1 RegLL 2007.

[406] NUTS-II-Gebiete mit einer Bevölkerungsdichte von weniger als 8 Einwohner je Quadratkilometer oder NUTS-III-Gebiete mit einer Bevölkerungsdichte von weniger als 12,5 Einwohner je Quadratkilometer, RdNr. 30 lit. b, 48 RegLL 2007.

Wirtschaftsraumes[407] oder der EFTA[408] ist, also in den Gebieten nach RdNr. 30 lit. g RegLL 2007.[409] Dieser Interventionssatz von 15% BSÄ kann in NUTS-III- oder kleineren Gebieten, die an ein a)-Fördergebiet grenzen so weit angehoben werden, bis das Fördergefälle zwischen beiden Regionen nur noch 20% beträgt.[410] Damit soll vermieden werden, dass das Fördergefälle zwischen benachbarten Förderregionen zu regionalpolitischen Verwerfungen und zu einem Ausbluten der wirtschaftlich stärkeren Grenzregion führt.[411] Das kann dazu führen, dass in einem c)-Fördergebiet ein höherer Fördersatz als allgemein zulässig gewährt werden darf.[412] Die höchstmögliche Förderung kann daher, in Abhängigkeit von dem Fördersatz des benachbarten Fördergebietes nach Art. 107 Abs. 3 lit. a AEUV in einem c)-Fördergebiet bis zu 30% BSÄ (50% BSÄ abzüglich 20% BSÄ Förderhöchstgefälle) betragen.[413]

91 Soweit die **vom statistischen Effekt betroffenen Regionen** nach dem 31. 12. 2010 unter Art. 107 Abs. 3 lit. c AEUV fallen,[414] ist dort eine Intensität von 20% BSÄ zulässig.[415]

92 Eine **anderweitige Anhebung der Beihilfeintensität ist unzulässig.** Auch für den Fall, dass bei Gebieten nach **RdNr. 30 lit. c, d oder e RegLL 2007** beide dort als alternative Auswahlvoraussetzungen genannten Kriterien, also das Pro-Kopf-BIP-Kriterium und das Kriterium „Arbeitslosenquote" erfüllt sein sollten, steigt die zulässige Förderhöchstintensität nicht.[416]

93 Die **zulässige Subventionswertobergrenze** von 15% BSÄ **verringert sich** auf 10% BSÄ in den Fördergebieten nach **RdNr. 30 lit. a,**[417] **lit. f,**[418] **lit. h**[419] **und RdNr. 31**[420] **RegLL 2007,** sofern auf NUTS-III-Ebene[421] ein Pro-Kopf-BIP von 100% des Durchschnitts-BIP bezogen auf die EU-25 überschritten wird und zusätzlich die Arbeitslosenquote unterhalb des EU-25-Durchschnitts liegt.[422] Andernfalls verbleibt es auch in diesen c)-Fördergebieten bei einer zulässigen Förderhöchstintensität von 15% BSÄ. Im Rahmen der Bewertung der Förderhöchstintensität für diese Fördergebiete handelt es sich, wie für die Bestimmung der c)-Fördergebiete nach RdNr. 30 lit. c, d oder e RegLL 2007 dargestellt, um Durchschnittswerte auf der Grundlage der zum Zeitpunkt der Festsetzung bekannten EUROSTAT-Daten der letzten drei Jahre.[423]

94 Bei den zusätzlich bis zum 1. 1. 2009 ausgewiesenen c)-Fördergebieten nach RdNr. 95 RegLL 2007 beträgt der **zulässige Interventionshöchstsatz** für große Unternehmen nur 10% BSÄ.[424]

---

[407] Zum Europäischen Wirtschaftsraum (EWR) zählen alle EU-Mitgliedstaaten sowie die EFTA-Staaten Norwegen, Island und Liechtenstein: Abkommen über den Europäischen Wirtschaftsraum vom 2. Mai 1992, Abkommen über die erste Erweiterung des EWR vom 14. 10. 2003, Abkommen über die 2. Erweiterung des EWR vom 25. 7. 2007.

[408] Zur EFTA zählen die Staaten Norwegen, Island, Liechtenstein und die Schweiz, Übereinkommen zur Errichtung der Europäischen Freihandelsassoziation vom 4. 1./3. 5. 1960.

[409] RdNr. 48 RegLL 2007.

[410] RdNr. 47 Fn. 45 RegLL 2007.

[411] Siehe oben RdNr. 76 lit. g; *Mederer/Pesaresi/van Hoof/Dupont/Tumasonytė* (Fn. 317), Chapter 6, RdNr. 4.860.

[412] Kom., Staatliche Beihilfen N 359/2006, RdNr. 44 – Finnland; N 459/2006, RdNr. 19, 20, 31, 56 Fn. 32, 58 und 59 – Deutschland; N 492/2006, RdNr. 31 – Österreich; N 324/2007, RdNr. 73 – Italien.

[413] Kom., Staatliche Beihilfen N 459/2006, RdNr. 31 Fn. 26 – Deutschland; N 487/2006 v. 13. 9. 2006, RdNr. 16 – Ungarn.

[414] RdNr. 18–20 RegLL 2007; Kom., Status-Mitteilung (Fn. 226), RdNr. 3 Tabelle Ziffer 2; vgl. oben RdNr. 62.

[415] RdNr. 46 RegLL 2007; etwas anderes gilt allein für die Landkreise Celle, Cuxhaven und Lüneburg, für die bereits in der Zeit bis zum 31. 12. 2010 eine Beihilfeintensität von lediglich 15% BSÄ angemeldet und genehmigt worden war, Kom., Staatliche Beihilfe N 459/2006, RdNr. 17, 32 und Anhang Ziffer 2 – Deutschland; Kom., Status-Mitteilung (Fn. 226), RdNr. 3 Tabelle Ziffer 2.

[416] Kom., Staatliche Beihilfe N 459/2006, RdNr. 51 – Deutschland.

[417] Wirtschaftliche Entwicklungsgebiete, Kom., Staatliche Beihilfe N 626/2006, RdNr. 52, 54, 57 – Spanien.

[418] Inseln und andere Gebiete mit weniger als 5000 Einwohnern, Kom., Staatliche Beihilfe N 459/2006, RdNr. 54 – Deutschland.

[419] Vom Strukturwandel betroffene Gebiete, Kom., Staatliche Beihilfe N 745/2006, RdNr. 37 – Belgien.

[420] Feinabgrenzungsgebiete, Kom., Staatliche Beihilfe N 459/2006, RdNr. 85 – Deutschland.

[421] In Deutschland im Wesentlichen auf der Eben der Kreise und kreisfreien Städte, Anhang II NUTS-Verordnung 2003 (Fn. 194).

[422] RdNr. 47 S. 2 RegLL 2007; Kommisson Staatliche Beihilfe N 523/2006 v. 12. 10. 2006, RdNr. 12 – Luxemburg.

[423] Danach stützen sich die Angaben für das Pro-Kopf-BIP auf die Daten für die Jahre 2000–2002 und für die Arbeitslosenzahlen auf der Ebene der Mitgliedstaaten und der EU-25 auf die Daten für die Jahre 2001–2003, Anhang IV Abs. 2 RegLL 2007; siehe auch oben RdNr. 71.

[424] RdNr. 95 S. 2 3. Tiret RegLL 2007.

Sofern ein ausgewähltes c)-Fördergebiet den Voraussetzungen mehrerer Fördergebietskrite- **95** rien nach RdNr. 30, 31 und 95 RegLL 2007 entspricht, ist auf dieses Gebiet das **günstigste Fördergebietskriterium** anwendbar.[425] Daraus folgt, dass auch eine gleichzeitige Ausweisung von Fördergebieten nach RdNr. 95 und 31 RegLL 2007 nicht zu einer Kumulierung der mit den jeweiligen Ausweisungen verbundenen Beihilfeintensitäten führt.[426]

Die Gewährung von **regionalen Betriebsbeihilfen** ist in c)-Fördergebieten mit dem Bin- **96** nenmarkt nur in den ausgewählten Gebieten mit niedriger Bevölkerungsdichte[427] vereinbar.[428] Ferner ist sie nach RdNr. 94 RegLL 2007 im Grundsatz für einen Zeitraum von zwei Jahren in den Regionen zulässig, die aus der Förderung nach Artikel 107 Abs. 3 lit. a AEUV (bis zum 30. 11. 2009 nach Artikel 87 Abs. 3 lit. a EG) herausfallen. Dies sind im Wesentlichen die wirtschaftlichen Entwicklungsregionen im Sinne der RdNr. 25 Fn. 27, 30 lit. a, 93 RegLL sowie diejenigen der vom statistischen Effekt betroffenen Regionen, die aufgrund der am 20. 7. 2010 erfolgten Überprüfung[429] ab dem 1. 1. 2011 ihren Status als a)-Fördergebiete verlieren.[430] Zu den letzteren zählen folgende Regionen: Attiki, Principado de Asturias, Región de Murcia, Autónoma de Ceuta, Autónoma de Melilla, Burgenland, Algarve, Highlands and Islands und die Regionen Brandenburg-Südwest, Leipzig, Halle, Lüneburg, Landkreis Lüchow-Dannenberg, Landkreis Uelzen, Landkreis Celle, Landkreis Cuxhaven sowie den Landkreis Lüneburg, also alle vom statistischen Effekt betroffenen Regionen Deutschlands.

Der Zwei-Jahres-Zeitraum beginnt ab dem Zeitpunkt, ab dem das betreffende Gebiet seinen **97** bisherigen Status als Fördergebiet nach Artikel 107 Abs. 3 lit. a AEUV (bis zum 1. 12. 2009 nach Artikel 87 Abs. 3 lit. a EG) verliert, Artikel 94 RegLL 2007. Für die Gebiete, die bereits mit Beginn der neuen Förderperiode ihren Status als Fördergebiet nach Art. 107 Abs. 3 lit. a AEUV (bis zum 1. 12. 2009 nach Art. 87 Abs. 3 lit. a EG) verloren hatten, begann der zulässige Zeitraum am 1. 1. 2007 und endete am 31. 12. 2008. Für die vom statistischen Effekt betroffenen Regionen, die auf Grund der am 20. 7. 2010 erfolgten Überprüfung ihren Fördergebietsstatus nach Artikel 107 Abs. 3 lit. a) AEUV verlieren, beginnt dieser Zeitraum zum 1. 1. 2011 und endet am 31. 12. 2012. Das Ende des Zeitraumes ist unabhängig davon, wann die Kommission die entsprechend geänderten Fördergebietskarten der betroffenen Mitgliedstaaten annimmt und ob und wann sie die jeweiligen Betriebsbeihilferegelungen genehmigt.

Erforderlich ist allerdings in jedem Fall, dass der jeweilige Mitgliedstaat die vorgesehenen **98** Fördergebiete auch auswählt und der Kommission zur Genehmigung vorlegt. Daher gibt es unter Fördergesichtspunkten im Wesentlichen drei große regionale Stufen:
– ausgewählte a)-Fördergebiete,
– ausgewählte c)-Fördergebiete und
– Nichtfördergebiete.

Dabei zählen zu den **Nichtfördergebieten** nicht nur solche, die kein Fördergebietskriterium **99** erfüllen, sondern auch solche, die möglicherweise sogar als a)-Fördergebiete einschließlich der vom statistischen Effekt betroffenen Regionen in Anhang V der RegLL 2007 ausgewiesen, allerdings vom Mitgliedstaat nicht für eine Anmeldung zur Fördergebietskarte ausgewählt worden sind.[431]

Werden nur die ausgewählten Fördergebiete betrachtet, so ergeben sich folgende fünf Grup- **100** pen mit den dort jeweils **zulässigen Förderhöchstintensitäten**, also ohne die zulässigen Zuschläge in Höhe von 20% BSÄ für kleine oder 10% BSÄ und mittlere Unternehmen:[432]
– a)-Fördergebiete, differenziert nach den unterschiedlichen Pro-Kopf-Durchschnitts-BIP-Werten mit den drei Förderhöchstsätzen von 50%, 40% und 30% einschließlich der vom statistischen Effekt betroffenen Regionen mit einem regionalen Förderhöchstsatz von 30%, bis zunächst zum 31. 12. 2010;
– c)-Fördergebiete, differenziert nach unterschiedlichen Pro-Kopf-Durchschnitts-BIP-Werten und der Durchschnittsarbeitslosenquote mit den beiden Grundförderhöchstsätzen von

---

[425] Kom., Staatliche Beihilfe N 626/2006 v. 20. 12. 2006, RdNr. 55, 57 – Spanien.
[426] Kom., Staatliche Beihilfe N 374/2006 v. 24. 10. 2006, RdNr. 37 – Irland.
[427] RdNr. 30 lit. b, 76 S. 4, 80 2. Tiret RegLL 2007.
[428] RdNr. 76 S. 4 RegLL 2007, siehe im Übrigen auch unter Rdnr. 490 ff.
[429] Kom., Status-Mitteilung (Fn. 226), ABl. 2010 C 222/2; zu den Gründen, die gegen diese Überprüfung und die damit verbundenen Folgen sprechen, siehe RdNr. 62–64, 106.
[430] RdNr. 94 RegLL 2007.
[431] Kom., Staatliche Beihilfe N 459/2006, RdNr. 32, 33 – Deutschland.
[432] RdNr. 49 RegLL 2007.

15% und 10% BSÄ sowie, unabhängig von dieser Differenzierung, mit einem Förderhöchst-satz von 15% BSÄ für die Gebiete mit niedriger Bevölkerungsdichte;

– c)-Fördergebiete, die an andere Förderregionen angrenzen oder selbst Außengrenzen bilden mit einem variablen Interventionssatz ab 15%, der bis auf 30% steigen kann;

– c)-Fördergebiete als zusätzliche Gebiete bis zum 31. 12. 2008 mit einem Interventionssatz von 10% BSÄ und

– c)-Fördergebiete ab dem 1. 1. 2011 mit einem Förderhöchstsatz von 20% für die vom statisti-schen Effekt betroffenen Gebiete, die ab diesem Zeitpunkt wegen Überschreitens des Pro-Kopf-Durchschnitts-BIP von 75% bezogen auf eine EU-25, nicht mehr a)-Fördergebiet sind.[433]

101   cc) Übergangsweise Staffelung der Förderintensitätenreduktion. Der Wechsel der Beihilfeintensitätsberechnung von Nettosubventionsäquivalenten (NSÄ) auf Brutto-subventionsäquivalente (BSÄ)[434] ist, in Abhängigkeit von den jeweiligen steuerrechtlichen Gegebenheiten in den einzelnen Mitgliedstaaten, mit einer zum Teil deutlichen Reduktion der Beihilfeintensität verbunden. Dies hat eine Minderung der Beihilfe in Höhe der auf sie zu zah-lenden individuellen Steuer zur Folge.[435] Trifft diese Minderung mit einer Reduktion der regi-onalen Höchstförderung im Rahmen der Festsetzung der neuen nominalen Beihilfeintensitäten zusammen, so kann sich eine erhebliche Gesamtreduktion ergeben, die dem Ziel der Regional-förderung, die wirtschaftliche Entwicklung der betroffenen Gebiete durch die Förderung von Investitionen und die Schaffung und den Erhalt von Arbeitsplätzen zu unterstützen,[436] wider-spricht. Daher sieht RdNr. 92 RegLL 2007 eine **Absenkung der Beihilfeintensität** von der Förderperiode 2000–2006 zur neuen Beihilfeintensität für die Förderperiode 2007–2013 **in zwei Stufen** vor, sofern in einem a)-Fördergebiet unabhängig vom Wechsel von NSÄ auf BSÄ gerade das Inkrafttreten der RegLL 2007 zu einer Absenkung des nominalen Beihilfewert um mehr als 15%-Punkte führt.[437] Dabei umfasst die erste Phase den Wechsel von NSÄ zu BSÄ[438] und eine Absenkung um nominal mindestens 10%-Punkte zum 1. 1. 2007. Die zweite Phase umfasst dann die verbleibende Absenkung zum 1. 1. 2011 bis zu der in der Fördergebietskarte ausgewiesenen Höchstintensität.[439] Ist also etwa in einem a)-Fördergebiet in dem in der voran-gegangenen Förderperiode eine Beihilfeintensität von 50% NSÄ gewährt werden durfte, künftig nur noch eine Intensität von 30% BSÄ zulässig, so darf diese Reduktion in zwei Phasen gestaf-felt bis zum 1. 1. 2011 erfolgen. Damit ist in diesem Gebiet zum 1. 1. 2007 eine Beihilfeintensi-tät von zunächst noch 40% BSÄ zulässig, die erst zum 1. 1. 2011 auf die vorgesehenen 30% BSÄ abgesenkt werden muss.[440]

102   Etwas Ähnliches gilt auch für die **wirtschaftlichen Entwicklungsregionen**.[441] In diesen Gebieten ist es nach RdNr. 93 RegLL 2007 zulässig, die Beihilfeintensität auf die neuen För-dersätze als c)-Fördergebiet ebenfalls in zwei Schritten abzusenken. Dabei umfasst der erste Schritt den Wechsel von NSÄ auf BSÄ sowie eine nominale Absenkung um mindestens 10%-Punkte zum 1. 1. 2007; der zweite Schritt umfasst dann die restliche Reduktion der Förder-intensität zum 1. 1. 2011 auf die jeweils zulässige, in der Fördergebietskarte festgelegte Höchst-

---

[433] Siehe oben RdNr. 64 und 96.

[434] RdNr. 41 Fn. 44 RegLL 2007.

[435] RdNr. 41 Fn. 44 RegLL 2007.

[436] RdNr. 3 RegLL 2007.

[437] RdNr. 92 RegLL 2007.

[438] Dieser Wechsel findet nur in den Mitgliedstaaten statt, die bis zum 31. 12. 2006 ihre Interventionssätze in NSÄ ausgedrückt haben. Deutschland hatte bereits früher regelmäßig BSÄ ausgewiesen, obwohl die Möglichkeit bestanden hätte, die günstigere Berechnungsmöglichkeit NSÄ zu wählen. Dies entsprach dem innerdeutschen Konsens im Rahmen der Förderung gemäß der Gemeinschaftsaufgabe nach Artikel 91a Abs. 1 Nr. 1 GG: Kom., Staatliche Beihilfen C 47/99 v. 14. 3. 2000, ABl. L 97/27, RdNr. 59 – Förder-gebietskarte Deutschland 2000–2003; N 641/2002 v. 2. 4. 2003, RdNr. 4, 10, 11, 17, 18 – Fördergebietskarte Deutschland 2004–2006. Aus den gleichen Gründen reizte Deutschland in der Förderperiode 2000–2006 für Ostdeutschland die Förderhöchstquote nicht bis auf die nach Abschnitt 4.8(3) RegLL 1998 (Fn. 2) zuläs-sigen 40% NSÄ aus, sondern beschränkte sie auf 35% BSÄ: Kom., Staatliche Beihilfen C 47/99 (ex N 195/99) vom 17. 8. 1999, ABl. 1999 C 340/8, RdNr. 5, 23; N 641/2002 v. 2. 4. 2003, RdNr. 9 und 10.

[439] RdNr. 92 RegLL 2007.

[440] RdNr. 92 Fn. 79 RegLL 2007; Kom., Staatliche Beihilfen N 408/2006 v. 31. 8. 2006, RdNr. 13 – Griechenland; N 626/2006 v. 20. 12. 2006, RdNr. 33, 34 – Spanien; N 324/2007 v. 28. 11. 2007, RdNr. 38 – Italien; N 531/2006 v. 13. 9. 2006, RdNr. 12 – Polen; N 727/2006 v. 2. 7. 2007, RdNr. 24 – Portugal; N 510/2006 v. 24. 10. 2006, RdNr. 10 – Tschechische Republik.

[441] RdNr. 30 lit. a, 25 RegLL 2007; siehe oben RdNr. 68, 69.

intensität.[442] Anders als bei den a)-Fördergebieten setzt dieses abgestufte Vorgehen bei den wirtschaftlichen Entwicklungsgebieten eine Mindestdifferenz zwischen den nominalen Fördersätzen in der Förderperiode 2000–2006 und 2007–2013 nicht voraus. Um in den Genuß der abgestuften Absenkung der Beihilfeintensität zu gelangen, genügt allein der Wechsel des Status von einem a)- zu einem c)-Fördergebiet und der Vorschlag des betroffenen Mitgliedstaates, diese Gebiete für den gesamten Zeitraum von 2007–2013 als c)-Fördergebiet vorzusehen, also keinen Wechsel im Sinne der RdNr. 104 Satz 3 RegLL vorzunehmen.[443]

Unabhängig von den Besonderheiten des Wechsels der Bezugsgrößen von NSÄ zu BSÄ ist **103** der Mitgliedstaat Deutschland von keiner der beiden Regelungen nach RdNr. 92 oder 93 RegLL 2007 betroffen. Es hat weder eine Verringerung der nominalen Beihilfeintensität in einem a)-Fördergebiet um mehr als 15%-Punkte gegeben, noch weist Deutschland wirtschaftliche Entwicklungsregionen aus.[444]

Beide Vorschriften, also RdNr. 92 und 93 RegLL 2007 sind, ebenso wie die Regelungen über **104** die vom statistischen Effekt betroffenen Regionen,[445] die Übergangsvorschrift für ehemalige c)-Fördergebiete[446] oder die Übergangsbestimmungen für regionale Betriebsbeihilfen[447] Ausdruck des **Kontinuitätsprinzips,** also des Gesamtkonzeptes der Kommission, die bisherigen Erfolge der Regionalbeihilfengewährung nicht durch **unvermittelte Systemwechsel** zu gefährden.[448]

Diese Bestimmungen lassen zugleich, zumindest im Ansatz, ein **fein abgestuftes System 105 von Übergängen** im Zwei-Jahres-Rhythmus erkennen. So durften die ehemaligen a)-Fördergebiete noch bis zum 31. 12. 2008, also zwei Jahre ab dem Beginn der neuen Förderperiode Betriebsbeihilfen gewähren. Die ehemaligen c)-Fördergebiete durften Investitionen noch bis zum gleichen Datum, also ebenfalls zwei Jahre ab dem Beginn der neuen Förderperiode, mit einer Intensität von 10% fördern. Ferner müssen die endgültigen Abstufungen der Fördersätze in den wirtschaftlichen Entwicklungsgebieten und den a)-Fördergebieten erst nach zwei weiteren Jahren zum 1. 1. 2011 erfolgen.

Vor diesem Hintergrund erscheint die Überprüfung der **vom statistischen Effekt betrof- 106 fenen Regionen,** also der Regionen, die ohne die Erweiterung um 10 Mitgliedstaaten und die damit verbundene Absenkung des Durchschnitts-BIP der EU mangels ungenügender eigener wirtschaftlicher Entwicklung die maßgebliche 75%-Schwelle des BIP pro Kopf (gemessen in Kaufkraftstandards – KKS) nicht überschritten hätten, zum 31. 12. 2010, verbunden mit dem Verlust des Status eines Fördergebietes nach Art. 107 Abs. 3 lit. a AEUV für 11 Regionen,[449] eher systemfremd.[450] Insbesondere haben diese Regionen einem Beitritt der MOE-Staaten nicht vor dem Hintergrund zugestimmt, anschließend gerade als Folge dieses Beitritts ein Förderverbot[451] auferlegt zu bekommen. Dem hat der Art. 8 Abs. 1 Strukturfondsverordnung 2006[452] auch Rechnung getragen und betrachtet die vom statistischen Effekt betroffenen Regionen, wenn auch mit einer degressiv ausgestalteten Finanzausstattung[453] zumindest bis zum Ende der Förder-

---

[442] RdNr. 93 RegLL 2007; Kom., Staatliche Beihilfen N 408/2006 v. 31. 8. 2006, RdNr. 17 – Griechenland; N 374/2006 v. 24. 10. 2006, RdNr. 15, 16 – Irland; N 324/2007 v. 28. 11. 2007, RdNr. 62 – Italien; N 626/2006 v. 20. 12. 2006, RdNr. 57 – Spanien; N 487/2006, v. 13. 9. 2006, RdNr. 14, 18, 19 – Ungarn; N 673/2006 v. 20. 12. 2006/24. 1. 2007, RdNr. 38 – Vereinigtes Königreich.

[443] Diese Staffelung greift auch für die Gebiete Nordirlands. Damit wird das in der Förderperiode 2000–2006 geltenden Privileg dieser ehemaligen Bürgerkriegsregion fortgesetzt, trotz Überschreitens der BIP-Schwellen de facto als a)-Fördergebiet behandelt worden zu sein, RdNr. 25 Fn. 28, 93 Fn. 80 RegLL 2007; siehe oben RdNr. 69.

[444] Die c)-Fördergebiete Deutschlands stützen sich allein auf die RdNr. 30 lit. c, d, f, g und h sowie RdNr. 31 RegLL 2007, Kom., Staatliche Beihilfe N 459/2006 v. 8. 11. 2006, RdNr. 51, 52, 53, 54, 59, 79, 81 – Deutschland.

[445] RdNr. 18–20 RegLL 2007.

[446] RdNr. 95 RegLL 2007.

[447] RdNr. 94 RegLL 2007.

[448] Zum Kontinuitätsprinzip siehe auch oben RdNr. 52, 55, 65, 67, 69, 73, 74, 79 und nachfolgend RdNr. 109.

[449] Kom., Status-Mitteilung (Fn. 226), RdNr. 3 Tabelle Nr. 2.

[450] Siehe oben RdNr. 62–64.

[451] Vom statistischen Effekt betroffene Regionen dürfen dann, wenn sie die 75%-BiP-Schwelle überschreiten keine Förderung mehr nach Art. 107 Abs. 3 lit. a AEUV und keine Betriebsbeihilfen mehr gewähren, RdNr. 19, 20, 76 S. 1 RegLL 2007.

[452] Strukturfondsverordnung 2006 (Fn. 116).

[453] Artikel 8 Abs. 1, 37 Abs. 1 lit. e i), Anhang II Nr. 6 Strukturfondsverordnung 2006 (Fn. 116); siehe auch oben RdNr. 64.

periode 2007–2013 als Ziel Konvergenz-(Ziel-1-)Regionen. Die stets gewahrte Identität der Ziel Konvergenz-(Ziel-1-)Fördergebiete und der Fördergebiete nach Art. 107 Abs. 3 lit. a AEUV sollte, besonders mit Blick auf die umfassende Wirtschaftskrise und unabhängig von den zum 31. 12. 2010 vorliegenden BIP-Daten, daher auch nach dem 31. 12. 2010 im Wege einer Modifizierung der Bestimmungen der RegLL 2007 erhalten bleiben.[454] Dies führte auch nicht zu einer Veränderung des Plafonds der Fördergebietsbevölkerung.[455]

107 Bei Beihilfen für **kleine oder mittlere Unternehmen** im Sinne der KMU-Empfehlung der Kommission[456] können die festgelegten und oben beschriebenen Obergrenzen um 20% BSÄ für kleine und Kleinstunternehmen sowie um 10% BSÄ für mittlere Unternehmen angehoben werden.[457] Das bedeutet, dass ein kleines, eigenständiges Unternehmen mit bis zu 50 Beschäftigten und einem Jahresumsatz oder einer Jahresbilanzsumme von nicht mehr als 10 Mio. EUR in Französisch Guayana bis zu 80% und in einem c)-Fördergebiet bis zu 50% und seiner Erstinvestitionskosten gefördert erhalten kann. In den c)-Fördergebieten nach RdNr. 31 RegLL 2007 bedeutet dies für mittlere Unternehmen eine Beihilfeintensität in Höhe von 20%[458] bis 25%[459] und für kleine Unternehmen eine solche in Höhe von 30% bis 35% der förderfähigen Kosten.[460]

108 Diese **Zuschläge** für **KMU** gelten allerdings **nicht** für Beihilfen im **Verkehrswesen.**[461] Ebenfalls **ausgeschlossen** sind diese Zuschläge für KMU bei **großen Investitionsvorhaben** im Sinne von RdNr. 60 RegLL 2007,[462] also bei Vorhaben, deren förderfähige Ausgaben über 50 Mio. € liegen.[463]

109 **c) Genehmigung der mitgliedstaatlichen Fördergebietskarten. aa) Inhalt der Fördergebietskarten.** Die Mitgliedstaaten legen der Kommission ihre **ausgewählten Fördergebiete** nebst den jeweils vorgegebenen Förderhöchstgrundintensitäten für große Unternehmen (Basisintensitäten) und deren Absenkungen bei großen regionalen Investitionsvorhaben[464] sowie der vorgesehenen Geltungsdauer als Liste (**Fördergebietskarte**) vor.[465] Diese Intensitäten umfassen nicht die für kleine und mittlere Unternehmen[466] zulässigen Zuschläge für kleine Unternehmen in Höhe von 20% BSÄ und für mittlere Unternehmen von 10% BSÄ.[467] Es sind auch die Fördergebiete anzugeben, in denen Beihilfen für neu gegründete kleine Unternehmen[468] gewährt werden dürfen.[469] Sind für bestimmte Regionen Übergangsbestimmungen vorgesehen, oder ist eine Änderung der Beihilfeintensität beabsichtigt, sind auch diese Fristen und Intensitäten genau anzugeben.[470] Mit Blick auf die für eine langfristige regionale Entwicklung wesentliche Kontinuität[471] sollte die von den Mitgliedstaaten vorgelegte Fördergebietskarte **im**

---

[454] Dazu ist in RdNr. 19 RegLL 2007 die Jahreszahl „2010" durch die Zahl „2013" zu ersetzen und RdNr. 20 RegLL 2007 ersatzlos zu streichen.

[455] Die Fördergebietsbevölkerung in den vom statistischen Effekt betroffenen Regionen ist bereits derzeit Bevölkerung eines a)-Fördergebietes und so in der Plafondsberechnung berücksichtigt, RdNr. 27 S. 1 und Anhang V RegLL 2007; siehe auch oben RdNr. 52, 63, 64.

[456] KMU-Empfehlung (Fn. 373).

[457] RdNr. 49 RegLL 2007.

[458] Der Grundfördersatz beträgt in Abhängigkeit vom DurchschnittsBIP und der Arbeitslosenquote in c)-Fördergebieten mindestens 10% der förderfähigen Kosten, RdNr. 47 RegLL 2007; Kom., Staatliche Beihilfen N 693/2006 v. 21. 2. 2007/24. 4. 2007, RdNr. 14 – Dänemark; N 459/2006, RdNr. 85 – Deutschland; N 359/2006, RdNr. 63, 65 – Finnland; N 343/2006, RdNr. 173, 178 – Frankreich; N374/2006, RdNr. 37 – Irland; N 324/2007, RdNr. 135, 137, 139 – Italien.

[459] Kom., Staatliche Beihilfen N 745/2006, RdNr. 44 – Belgien; N 459/2006, RdNr. 83 – Deutschland; N 359/2006, RdNr. 55, 58, 65 – Finnland; N 343/2006 RdNr. 172, 178 – Frankreich; N 324/2007, RdNr. 133, 139 – Italien.

[460] RdNr. 31 S. 3, 47, 49 RegLL 2007.

[461] RdNr. 49 Fn. 47 RegLL 2007.

[462] RdNr. 67 Fn. 61 RegLL 2007; siehe auch *Mederer/Pesaresi/van Hoof/Dupont/Tumasonytė* (Fn. 317), Chapter 6, RdNr. 4.856.

[463] RdNr. 60, 61 RegLL 2007.

[464] RdNr. 60, 67 RegLL 2007.

[465] RdNr. 102 S. 1 und 2, 96 Fn. 82 RegLL 2007.

[466] KMU-Empfehlung (Fn. 373).

[467] RdNr. 49 RegLL 2007.

[468] Unternehmen nach RdNr. 84–91 RegLL 2007; Art. 14 AGVO.

[469] RdNr. 96 S. 2 RegLL 2007.

[470] RdNr. 102 S. 2 RegLL 2007.

[471] Zum Kontinuitätsprinzip und seinem Ausdruck in den RegLL 2007 siehe auch RdNr. 52, 55, 65, 67, 69, 73, 74, 79 und 104.

Grundsatz den gesamten Förderzeitraum bis 2013 umfassen.[472] Diesem Ziel dient auch die Bestimmung über die gestufte Absenkung der Fördersätze für die wirtschaftlichen Entwicklungsregionen, die die Mitgliedstaaten über den gesamten Förderzeitraum als Fördergebiete ausweisen.[473] Schließlich lässt sich diesem Ziel auch die Bestimmung der RdNr. 104 Satz 3 und 5 RegLL 2007 zuordnen. Danach konnten die Mitgliedstaaten ihre Fördergebietskarte bis zum 1. 4. 2010 zur Überprüfung anmelden[474] und so eine Halbzeitbewertung herbeiführen.[475] Sofern sich bei dieser Überprüfung im Jahre 2010 herausstellte, dass einzelne Regionen die erforderlichen Kriterien nicht mehr erfüllten und daher keine Regionalbeihilfen mehr erhalten konnten, schieden diese Gebiete ohne weitere Übergangsbestimmungen als Fördergebiete aus.[476] Für diese Gebiete gelten die Übergangsbestimmungen, die etwa „wirtschaftlichen Entwicklungsregionen" zugestanden wurden, nicht.[477] Eine von den RegLL 2007 vorgesehene Ausnahme gilt lediglich für die vom statistischen Effekt betroffenen Regionen.[478] Sie verlieren bei einem Überschreiten der 75%-BIP-Schwelle im Rahmen der Überprüfung für die restliche Laufzeit der Förderperiode bis zum 31. 12. 2013 ihren Status als a)-Fördergebiete und werden c)-Fördergebiete.[479]

Nach RdNr. 99 RegLL 2007 weist die Fördergebietskarte je nach der sozialen und wirt-   **110** schaftlichen Lage der Mitgliedstaaten zwei Gruppen von Fördergebieten aus: die a)-Fördergebiete einschließlich der **vom statistischen Effekt betroffenen Regionen** sowie die von den Mitgliedstaaten aus den zulässigen Gebieten bis zum Ausschöpfen der individuellen, mitgliedstaatskonkreten Fördergebietsbevölkerungsplafonds ausgewählten c)-Fördergebiete. Mit dieser Bestimmung unterstützt die Kommission noch einmal die vom statistischen Effekt betroffenen Regionen, die zumindest bis zum 31. 12. 2010 als **vollwertige Fördergebiete** nach Art. 107 Abs. 3 lit. a AEUV und nicht etwa nur als Übergangs- oder gar „phasing-out"-Gebiete behandelt werden.[480] Dies bietet zugleich die Chance, ohne Eingriff in das Gesamtsystem, den status quo über den 31. 12. 2010 hinaus bis zum Ende der Förderperiode aufrecht zu erhalten.[481]

Soweit die Fördergebietskarte die bereits in Anhang V RegLL 2007 bestimmten Fördergebie-   **111** te nach Art. 107 Abs. 3 lit. a AEUV einschließlich der **vom statistischen Effekt betroffenen Regionen** aufnimmt, sind ausführliche sozioökonomische Daten zur Begründung in der Regel nicht erforderlich.[482] Wählt dagegen ein Mitgliedstaat **Fördergebiete nach Art. 107 Abs. 3 lit. c AEUV** aus, bei denen es sich nicht um wirtschaftliche Entwicklungsregionen,[483] Gebiete mit niedriger Bevölkerungsdichte[484] oder um sogenannte „angrenzende Gebiete"[485] handelt, ist eine **Begründung** durch ausführliche Angaben über genaue Abgrenzung, Bevölkerung, BIP, Arbeitslosenquote sowie „aller übrigen einschlägigen", also die Auswahl in geeigneter Weise begründender Indikatoren erforderlich.[486] Dies gilt insbesondere bei der Auswahl von c)-Fördergebieten, die **in einem tiefgreifenden Strukturwandel begriffen** sind oder eine **Phase erheblichen wirtschaftlichen Niedergangs** erleben[487] sowie bei **punktuell ausgewählten Gebieten**.[488] Abgesehen von den bereits in RdNr 30 und 31 RegLL 2007 selbst genannten Indikatoren Pro-Kopf-BIP, Beschäftigungslage oder Arbeitslosigkeit sowie den Produktivitäts-

---

[472] RdNr. 104 S. 1 RegLL 2007.

[473] RdNr. 93 RegLL 2007.

[474] RdNr. 104 S. 3 RegLL 2007.

[475] *Bacon/Wishlade* (Fn. 40) RdNr. 15.41.

[476] RdNr. 104 S. 5 RegLL 2007; *Mederer/Pesaresi/van Hoof/Dupont/Tumasonytė* (Fn. 317), Chapter 6, RdNr. 4.872.

[477] RdNr. 25 Fn. 27, 30 lit. a, 93, 94 RegLL 2007; siehe auch RdNr. 52, 68 ff., 96 f., 102 ff. 109.

[478] RdNr. 18, 104 Satz 5 RegLL 2007.

[479] RdNr. 104 Satz 5, 20 RegLL 2007; Kom., Status-Mitteilung (Fn. 226), RdNr. 3.

[480] Siehe auch Kom., Staatliche Beihilfe N 459/2006, RdNr. 30 – Deutschland.

[481] Siehe oben RdNr. 52, 64, 68.

[482] RdNr. 103 S. 1 RegLL 2007.

[483] Gebiete, die in der Förderperiode 2000–2006 Fördergebiete nach Art. 87 Abs. 3 lit. a EG waren, und für die Förderperiode 2007–2013 die maßgebliche Schwelle von 75% des durchschnittlichen Pro-Kopf-BIP auch bezogen auf eine EU-15 überschritten hätten, RdNr. 25 Fn. 27 und RdNr. 30 lit. a RegLL 2007.

[484] RdNr. 30 lit. b RegLL 2007.

[485] RdNr. 30 lit. g, 47 Fn. 45 und RdNr. 48 RegLL 2007.

[486] RdNr. 103 S. 2 RegLL 2007; Kom., Staatliche Beihilfe N 459/2006, RdNr. 67–85 – Deutschland.

[487] RdNr. 30 lit. h RegLL 2007.

[488] RdNr. 31 RegLL 2007.

oder Qualifikationsindikatoren, hat die Kommission weitere **begründende Indikatoren** anerkannt.[489]

112 **Regionale Betriebsbeihilfen:** hinsichtlich der regionalen Betriebsbeihilfen ist zu differenzieren. **Allgemeine regionale Betriebsbeihilfen**[490] im Sinne von Abschnitt 5 RegLL 2007[491]
werden in den Fördergebietskarten nicht ausgewiesen:[492] für diese Beihilfeart lässt sich im Voraus kein allgemeines Subventionsäquivalent beschreiben. Daher sind diese Betriebsbeihilfen,
unabhängig davon, ob es sich um Beihilferegelungen, etwa Bürgschaftsregelungen[493] oder um
ad-hoc-Beihilfen handelt, der Kommission stets einzeln gemäß Art. 108 Abs. 3 AEUV zur Genehmigung vorzulegen.[494] **Ad-hoc-Beihilfen** sind Einzelbeihilfen, die gerade nicht auf der
Grundlage einer Beihilferegelung gewährt werden.[495] Zulässig sind allgemeine regionale Betriebsbeihilfen nur in den in den Fördergebietskarten ausgewiesenen a)-Fördergebieten einschließlich der vom statistischen Effekt betroffenen Regionen,[496] in den in den Fördergebietskarten als c)-Fördergebiete ausgewiesenen Gebieten mit niedriger Bevölkerungsdichte[497] sowie
im Rahmen der Übergangsregelungen nach RdNr. 94 RegLL 2007. Etwas anderes gilt für die
Betriebsbeihilfen für neu gegründete kleine Unternehmen im Sinne von Abschnitt 6 RegLL
2007 oder Art. 14 AGVO.[498] Insoweit steht die Beihilfeintensität auf Grund der Bestimmungen
in RdNr. 88 RegLL 2007 sowie Art. 14 Abs. 4 AGVO fest. Darüber hinaus sind auch die jeweiligen regionalen absoluten Beihilfehöchstbeträge von 2 Mio. EUR in a)-Fördergebieten und
von einer Mio. EUR in c)-Fördergebieten vorab bestimmt.[499]

113 **bb) Prüfungsumfang im Verfahren zur Genehmigung der Fördergebietskarten:** Die
Kommission prüft die ihr von den einzelnen Mitgliedstaaten vorgelegten Aufstellungen[500] nach
dem Verfahren gemäß Art. 108 Abs. 3 AEUV anhand der in den RegLL 2007 festgesetzten
Fördergebietsvoraussetzungen,[501] der ebenfalls in den RegLL 2007 vorgesehenen Förderhöchstsätze[502] und der von ihr bestimmten Fördergebietsbevölkerungshöchstgrenzen.[503]

114 **cc) Entscheidung der Kommission über die vorgelegten Fördergebietskarten:** Die
Prüfung mündet in eine **begründete Entscheidung.** Die **Entscheidungsgründe** umfassen
unmittelbar vor der Entscheidungsformel zwei Hinweise und sechs von den Mitgliedstaaten
eingegangene Verpflichtungen,[504] die sich jeweils aus den RegLL 2007 ergeben.[505] Dazu zählen die Hinweise, auf die Zulässigkeit von KMU-Zuschlägen nach RdNr. 49 RegLL 2007,
soweit das jeweilige Investitionsvorhaben nicht mehr als 50 Mio. EUR beihilfefähige Kosten
erreicht,[506] sowie auf RdNr. 8 RegLL 2007 und die Geltung des Gemeinschaftsrahmens für
staatliche Beihilfen im Agrarsektor.[507] Zu den zur Kenntnis genommenen und standardisiert
eingegangenen mitgliedstaatlichen Verpflichtungen zählen die Bestätigung, dass nur die in der

---

[489] Siehe oben RdNr. 76 8. und RdNr. 77.

[490] RdNr. 6 S. 2 RegLL 2007.

[491] RdNr. 76–83 RegLL 2007.

[492] RdNr. 96 S. 3 RegLL 2007.

[493] Siehe etwa Kom., Staatliche Beihilfen N 430/2007 v. 16. 7. 2008, corrigendum v. 23. 9. 2008 – Thüringen; N 431/2007 v. 16. 7. 2008, corrigendum v. 23. 9. 2008 – Mecklenburg-Vorpommern; N 432/2007
v. 16. 7. 2008, corrigendum v. 23. 9. 2008 – Thüringen; N 433/2007 v. 16. 7. 2008, corrigendum v. 23. 9.
2008 – Brandenburg; N 439/2007 v. 16. 7. 2008, corrigendum v. 22. 12. 2008 – Deutschland; N 311/2008
v. 23. 9. 2008 – Sachsen-Anhalt; N 443/2008 v. 8. 4. 2009, corrigendum v. 15. 6. 2009 – Sachsen.

[494] RdNr. 96 S. 3 RegLL 2007.

[495] Art. 2 Nr. 4 AGVO; RdNr. 10 S. 3 iVm. S. 1 RegLL 2007, siehe hierzu vor allem RdNr. 194 ff.

[496] RdNr. 76 S. 2, 94 RegLL 2007; Kom., Staatliche Beihilfe N 459/2006, RdNr. 30 – Deutschland;
Staatliche Beihilfe N 439/2007, RdNr. 8 Fn. 5; 41 – Deutschland.

[497] RdNr. 76 S. 4, 30 lit. b RegLL 2007.

[498] RdNr. 84–91 und 96 S. 2 RegLL 2007; siehe auch Art. 14 AGVO.

[499] RdNr. 86 RegLL 2007; Art. 14 Abs. 3 AGVO.

[500] RdNr. 101 RegLL 2007.

[501] RdNr. 15–20, 21–23, 30–32 RegLL 2007.

[502] RdNr. 42–49 RegLL 2007.

[503] RdNr. 24–29 RegLL 2007; beispielhaft: Kom., Staatliche Beihilfe N 459/2006, RdNr. 34 – Deutschland; Staatliche Beihilfe N 343/2006, RdNr. 182, 183 – Frankreich.

[504] Beispielhaft: Kom., Staatliche Beihilfe N 459/2006, RdNr. 86–89 – Deutschland; Staatliche Beihilfe
N 359/2006, RdNr. 67–70 – Finnland ; Staatliche Beihilfe N 343/2006, RdNr. 186–189 – Frankreich.

[505] RdNr. 98 RegLL 2007.

[506] RdNr. 67 RegLL 2007.

[507] Gemeinschaftsrahmen für staatliche Beihilfen im Agrarsektor, ABl. 2000 C 28/2; berichtigt in ABl.
2000 C 232/17.

jeweiligen Fördergebietskarte aufgezählten Fördergebiete für Regionalbeihilfen nach den RegLL 2007 oder eine Gruppenfreistellungsverordnung in Betracht kommen,[508] dass auch nur in diesen Fördergebieten Beihilfen für neu gegründete Unternehmen nach RdNr. 84–91 RegLL 2007 in Betracht kommen,[509] dass jede geplante Regionalbeihilfe, sofern keine Gruppenfreistellungsverordnung anwendbar ist, als **Beihilferegelung** oder als **Einzelbeihilfe** nach 108 Abs. 3 AEUV (früher Art. 88 Abs. 3 EG) angemeldet wird,[510] dass bei allen regionalen Investitionsbeihilfen die jeweiligen Förderhöchstintensitäten eingehalten, also nicht überschritten werden,[511] dass die **Förderintensitätenabsenkung** nach RdNr. 67 RegLL 2007 bei großen Investitionsvorhaben eingehalten[512] und dass alle großen Investitionsvorhaben mit einer Beihilfe, die den **Förderhöchstbetrag** für eine Erstinvestition von 100 Mio. EUR nach RdNr. 67 RegLL 2007 übersteigt, einzeln angemeldet werden.[513] Die Prüfung schließt mit einer Entscheidung der Kommission.[514]

Diese Entscheidung betrachtet die Kommission unter Hinweis auf die Rechtsprechung des **115** EuGH als für die Mitgliedstaaten erst dann verbindlich, wenn diese ihr auch zugestimmt haben.[515] Damit misst die Kommission diesem Verfahren nicht die auf Art. 23 Verfahrensverordnung[516] beruhende, unmittelbare Wirkung ihrer Entscheidung gegenüber dem jeweiligen Mitgliedstaat zu. Vielmehr verzichtet sie insoweit auf die ihr regelmäßig zustehenden Rechte, bei Nichtbeachten ihrer Entscheidungen nach Art. 108 Abs. 3 Satz 3 AEUV durch den Mitgliedstaat gemäß Art. 108 Abs. 2 Satz 2, 258 AEUV ein **Vertragsverletzungsverfahren** einleiten zu können. Ignoriert der Mitgliedstaat also eine annahmebedürftige Entscheidung über die Zulässigkeit einer angemeldeten Fördergebietskarte, so hat die Kommission zunächst nur die Möglichkeit ein förmliches Verfahren nach Art. 4 Abs. 4 Verfahrensverordnung einzuleiten, das dann mit einer echten Entscheidung nach Art. 7 Verfahrensverordnung endet. Erst diese Entscheidung würde der Kommission den Weg zu Art. 108 Abs. 2, 258 AEUV eröffnen. Daher bestimmen die Regionalleitlinien trotz des mehrfachen Hinweises auf Art. 108 Abs. 3 AEUV (bis zum 1. 12. 2009: Art. 88 Abs. 3 EG),[517] dass die genehmigten Fördergebietskarten „integraler Bestandteil" der Regionalleitlinien 2007–2013 seien.[518]

Der EuGH hatte allerdings, anders als in RdNr. 97 RegLL 2007 dargestellt, in seinem Urteil **116** in der Rechtssache Deutschland/Kommission vom 18. 6. 2002[519] lediglich die **„Entscheidungen" der Kommission über die Höhe der Fördergebietsbevölkerungshöchstgrenzen** als Bestandteil der Leitlinien angesehen, der gegenüber den Mitgliedstaaten nur nach einer nach Art. 19 Verfahrensverordnung erfolgten Zustimmung bindend sei, nicht aber die **Entscheidungen über die Vereinbarkeit der mitgliedstaatlichen Fördergebietskarten mit dem Binnenmarkt.**[520]

Ferner setzen RdNr. 106 Satz 1 RegLL 2007, Art. 1 Abs. 1 lit. b Ermächtigungsverordnung[521] **117** sowie Art. 13 Abs. 1, 2 Satz 1 AGVO für die Gewährung von Regionalbeihilfen ab dem 1. 1. 2007 eine von der Kommission angenommene[522] oder genehmigte[523] Fördergebiets-

---

[508] RdNr. 98 S. 1 RegLL 2007; dies betrifft neben der dort aufgeführten und seit dem 1. 7. 2008 außer Kraft getretenen KMU-Freistellungsverordnung (Fn. 21), Art. 2 Verordnung (EG) Nr. 1976/2006 der Kom. vom 20. 12. 2006 zur Änderung der Verordnungen (EG) Nr. 2204/2002, (EG) Nr. 70/2001 und (EG) Nr. 68/2001 in Bezug auf die Ausdehnung ihrer Anwendungszeiträume, ABl. 2006 L 368/85 (Verlängerungsverordnung); die am 29. 8. 2008 außer Kraft getretene und vollständig in die AGVO integrierte RFVO (Fn. 3), Art. 43 S. 1 AGVO sowie die AGVO selbst.

[509] RdNr. 96 S. 2 RegLL 2007.

[510] RdNr. 98 S. 1 RegLL 2007.

[511] RdNr. 102 S. 1 RegLL 2007.

[512] RdNr. 96 S. 1 Fn. 82; 102 S. 1 RegLL 2007.

[513] RdNr. 64 RegLL 2007.

[514] RdNr. 97, 101 RegLL 2007.

[515] RdNr. 97 RegLL 2007.

[516] Verfahrensverordnung (Fn. 95).

[517] RdNr. 96 S. 3, 98 S. 1, 100 S. 2, 101 S. 1 RegLL 2007.

[518] RdNr. 101 S. 3 RegLL 2007.

[519] EuGH, C-242/00, Slg. 2002, I-5603 – Deutschland.

[520] EuGH, C-242/00, Slg. 2002, I-5603, RdNr. 35 – Deutschland.

[521] Verordnung (EG) Nr. 994/98 des Rates vom 7. Mai 1998 über die Anwendung der Art. 92 und 93 des Vertrags zur Gründung der Europäischen Gemeinschaft auf bestimmte Gruppen horizontaler Beihilfen, ABl. 1998 L 142/1 (Ermächtigungsverordnung des Rates).

[522] RdNr. 106 S. 1 RegLL 2007.

[523] Art. 13 Abs. 1, 2 S. 1 AGVO.

karte für die Gewährung einer Regionalbeihilfe voraus.[524] Dies ist ein ausgesprochen ressourcenschonendes, aber sehr wirksames Verfahren: es schließt aus, dass der Binnenmarkt bei ordnungsgemäßem Verhalten der Mitgliedstaaten durch die Gewährung einer Regionalbeihilfe verletzt werden kann.

118   **dd) Rechtsfolgen der Genehmigung einer Fördergebietskarte.** Die Fördergebietskarten gelten ab dem 1. 1. 2007 oder ab ihrer Veröffentlichung, falls dieses Datum auf einen späteren Tag gefallen ist, und sind integraler Bestandteil der RegLL 2007.[525] Sie gelten grundsätzlich bis zum 31. 12. 2013. Allerdings können sie im Jahre 2010 überprüft werden.[526] Ferner konnte ein Mitgliedstaat bis zum 1. 4. 2010 die Überprüfung seiner Fördergebietskarte auch initiieren.[527] Regionen, die nach einer Überprüfung keine Regionalbeihilfen mehr erhalten können, haben keinen Anspruch mehr auf eine Übergangsförderung.[528] Die Kommission hat die Gebiete, die sie einer Überprüfung unterziehen wird, bereits im Rahmen der Fördergebietskartengenehmigungen genannt.[529]

119   Die Annahme einer Fördergebietskarte durch die Kommission schafft die Voraussetzung, um künftig Regionalbeihilfen[530] als mit dem Binnenmarkt kompatibel erklären und damit genehmigen zu können[531] oder den Anwendungsbereich für bestehende[532] oder künftige Gruppenfreistellungsverordnungen[533] für die Regionalbeihilfegewährung zu eröffnen.[534] Anders als die Überschriften zu Titel 3.2 und 3.4 „die Freistellungsvoraussetzung des Art. 87 Absatz 3 Buchstabe a, c EG-Vertrag [seit 1. 12. 2009: Art. 107 Abs. 3 lit. a, c AEUV]" oder als RdNr. 22 und 96 RegLL 2007 vermuten lassen, handelt es sich insoweit nicht um echte Freistellungsvoraussetzungen im Sinne des Art. 1 Ermächtigungsverordnung des Rates.[535] Es handelt sich auch nicht um solche Voraussetzungen, wie sie in einer Freistellungsverordnung, etwa der AGVO gefordert werden. Vielmehr sind die in den RegLL 2007 genannten Freistellungsvoraussetzungen die Voraussetzungen, um als Fördergebiet nach Art. 107 Abs. 3 AEUV anerkannt zu werden. Das Einhalten der unter der Überschrift „Freistellungsvoraussetzungen" genannten Bedingungen stellt also nichts anderes als eine Genehmigungsvoraussetzung für die Ausnahmen nach Art. 107 Abs. 3 lit. a und c AEUV dar. Dies ergibt sich bereits aus den gleichlautenden Überschriften in Abschnitt 3.5, 3.6 RegLL 1998. Zu diesem Zeitpunkt war die Ermächtigungsverordnung des Rates noch nicht in Kraft, so dass dieser Begriff die seit dem 15. Mai 1998[536] erhaltene Bedeutung noch nicht aufweisen konnte. Ferner ergibt sich die zurückhaltende Interpretation dieses Begriffs in den Regionalleitlinien auch aus Ziffer 5.8 RegLL 1998: danach konnten die Beihilferegelungen, die der genehmigten und damit den „Freistellungsvoraussetzungen" der RegLL 1998 entsprechenden Fördergebietskarte entsprachen, im Rahmen des beschleunigten Verfahrens[537] notifiziert wer-

[524] RdNr. 106 S. 2 und 3 RegLL 2007; Art. 1 Abs. 1 lit. b Ermächtigungsverordnung des Rates (Fn. 521), spricht allerdings nicht von Fördergebietskarten, sondern lediglich von „zur Gewährung von Regionalbeihilfen genehmigten Fördergebieten".

[525] RdNr. 101 S. 2 RegLL 2007.

[526] RdNr. 104 S. 1 und 2 RegLL 2007.

[527] RdNr. 104 S. 3 RegLL 2007; *Bacon/Wishlade* (Fn. 40) RdNr. 15.41.

[528] RdNr. 104 S. 5 RegLL 2007.

[529] Kom., Staatliche Beihilfe N 745/2006, RdNr. 32, 54 – Belgien.

[530] Diese Regionalbeihilfen können sowohl als Rahmenregelungen als auch als Förderrichtlinien oder als Einzelbeihilfen vorgelegt werden. Andere Unterstützungen, bei denen es sich nicht zumindest auch um Regionalbeihilfen handelt, lassen sich nicht auf die Fördergebietskarten gestützt notifizieren; insoweit missverständlich *Heidenhain/Jestaedt* (Fn. 4), § 15 RdNr. 22.

[531] RdNr. 96 RegLL 2007 und arg. e. RdNr. 106 RegLL 2007.

[532] Bestehende Gruppenfreistellungsverordnung war die zum Zeitpunkt der Veröffentlichung der RegLL 2007 noch geltende KMU-Freistellungsverordnung (VO 70/2001, Fn. 21), Art. 2 Verlängerungsverordnung (Fn. 508); RdNr. 98 S. 1 RegLL 2007.

[533] Künftige Gruppenfreistellungsverordnungen sind aus der damaligen Sicht insbesondere die Regionalbeihilfenfreistellungsverordnung (VO 1628/2006) (Fn. 3) sowie die nachfolgende allgemeine Gruppenfreistellungsverordnung (VO 800/2009, AGVO). Zum Geltungsverhältnis dieser beiden Vorschriften zueinander siehe oben RdNr. 8 und Fn. 508.

[534] RdNr. 98 RegLL 2007; Art. 13 Abs. 1, 2 AGVO.

[535] Ermächtigungsverordnung des Rates (Fn. 521).

[536] Datum des In-Kraft-Tretens, Art. 9 Ermächtigungsverordnung des Rates (Fn. 521).

[537] Mitteilung der Kom. über das beschleunigte Genehmigungsverfahren für Beihilferegelungen für KMU und von Änderungen bestehender Beihilferegelungen vom 2. 7. 1992, ABl. 1992 C 213/10 (Beschleunigungsmitteilung); ersetzt durch das vereinfachte Verfahren: Art. 4 Verordnung (EG) Nr. 794/2004 der Kom. vom 21. April 2004 zur Durchführung der Verordnung (EG) Nr. 659/1999 des Rates über besondere Vorschriften für die Anwendung von Art. 93 des EG-Vertrags, ABl. 2004 L 140/1 (Durchführungsverordnung),

den.[538] Schließlich nutzen die englische und die französische Sprachfassung der RegLL 2007 die Begriffe „derogation" und „dérogation", nicht aber die in den Freistellungsverordnungen gebräuchlichen Begriffe „conditions for exemtion" oder „conditions d'exemption".[539]

Inzwischen hat die Kommission die Fördergebietskarten aller Mitgliedstaaten angenom- **120**
men.[540] Damit sind für diese Regionen die Voraussetzungen geschaffen worden, bestimmte Regionalbeihilfen nach Art. 107 Abs. 3 lit. c AEUV genehmigt zu erhalten oder den Regeln der AGVO unterwerfen zu dürfen.[541]

ee) Mitgliedstaatliche Handlungsspielräume. Die Mitgliedstaaten sind mit diesen För- **121**
dergebietskarten allerdings nicht vollständig gebunden. Auch wenn die Fördergebietskarten das gesamte Hoheitsgebiet eines Mitgliedstaates umfassen soll,[542] sind die Mitgliedstaaten nicht verpflichtet, ihren durch die RegLL 2007 und die Vorgaben der Kommission, gesetzten Rahmen vollständig auszuschöpfen. Das gilt in besonderer Weise für den Bevölkerungsplafond. Vielmehr kann ein Mitgliedstaat zunächst oder auch für die gesamte Förderperiode sowohl auf das Ausschöpfen der zulässigen Förderintensitäten[543] als auch das Ausschöpfen der ihm zugeordneten a)-Fördergebiete[544] oder des ihm zur Verfügung stehenden Bevölkerungsplafonds[545] verzichten und sich **Anteile dieses Plafonds als Reserve halten.**[546] So lassen die RegLL 2007 als Folge des Rechtsstreits Deutschland/Kommission[547] ausdrücklich die Möglichkeit zu, jederzeit bis zu der festgelegten mitgliedstaatsspezifischen Bevölkerungshöchstgrenze[548] bei der Kommission das **Hinzufügen neuer, weiterer Fördergebiete** zu beantragen.[549] Frankreich hat seine Fördergebietskarte auf diesem Weg bereits drei Mal erweitert.[550]

Offen ist, ob ein Mitgliedstaat auch den auf die nicht ausgeschöpften a)-Fördergebiete entfal- **122**
lenden **Bevölkerungsanteil nutzen kann, um weitere zulässige c)-Fördergebiete aus-**

Nr. 13 der Mitteilung der Kom. zu überholten Dokumenten über staatliche Beihilfen, ABl. 2004 C 115/1 (Überholungsmitteilung), und Mitteilung der Kom. über ein vereinfachtes Verfahren für die Würdigung bestimmter Kategorien staatlicher Beihilfen, ABl. 2009 C 136/3; berichtigt in ABl. 2009 C 157/20 (Vereinfachungsmitteilung).

[538] Ziffer 5.8 S. 2 RegLL 1998.

[539] Art. 3 KMU-Freistellungsverordnung (Fn. 21); Art. 3 Verordnung (EG) Nr. 68/2001 der Kom. vom 12. 1. 2001 über die Anwendung der Art. 87 und 88 EG-Vertrag auf Ausbildungsbeihilfen, ABl. 2001 L 10/20 (Ausbildungsbeihilfenfreistellungsverordnung); Art. 3 Beschäftigungsbeihilfenfreistellungsverordnung (VO 2204/2002, Fn. 155); Art. 3 RFVO (Fn. 3); Art. 3 AGVO.

[540] Kom., Staatliche Beihilfe N 745/2006 v. 21. 2. 2007 – Belgien; Staatliche Beihilfe N 1/2007 v. 24. 1. 2007 – Bulgarien; Staatliche Beihilfe N 693/2006 v. 21. 2. 2007, corrigendum v. 24. 4. 2007 – Dänemark; Staatliche Beihilfe N 459/2006 v. 8. 11. 2006 – Deutschland; Staatliche Beihilfe N 466/2006 v. 13. 9. 2006 – Estland; Staatliche Beihilfe N 359/2006 v. 20. 12. 2006 – Finnland; Staatliche Beihilfe N 343/2006 v. 7. 3. 2007 – Frankreich; Staatliche Beihilfe N 408/2006 v. 31. 8. 2006 – Griechenland; Staatliche Beihilfe N 374/2006 v. 24. 10. 2006 – Irland, amendment N 130/2010 v. 20. 7. 2010; Staatliche Beihilfe N 324/2007 v. 28. 11. 2007 – Italien, amendment N 117/2010 v. 6. 7. 2010; Staatliche Beihilfe N 447/2006 v. 13. 9. 2006 – Lettland; Staatliche Beihilfe N 641/2006 v. 24. 10. 2006 – Litauen; Staatliche Beihilfe N 523/2006 v. 12. 10. 2006 – Luxemburg; Staatliche Beihilfe N 631/2006 v. 12. 10. 2006 – Malta; Staatliche Beihilfe N 249/2007 v. 27. 6. 2007 – Niederlande; Staatliche Beihilfe N 492/2006 v. 20. 12. 2006 – Österreich; Staatliche Beihilfe N 531/2006 v. 13. 9. 2006 – Polen; Staatliche Beihilfe N 727/2006 v. 7. 2. 2007 – Portugal; Staatliche Beihilfe N 2/2007 v. 24. 1. 2007 – Rumänien; Staatliche Beihilfe N 431/2006 v. 20. 12. 2006 – Schweden; Staatliche Beihilfe N 469/2006 v. 13. 9. 2006 – Slowakei; Staatliche Beihilfe N 434/2006 v. 13. 9. 2006 – Slowenien; Staatliche Beihilfe N 626/2006 v. 20. 12. 2006 – Spanien; Staatliche Beihilfe N 510/2006 v. 24. 10. 2006 – Tschechien; Staatliche Beihilfe N 487/2006 v. 13. 9. 2006 – Ungarn; Staatliche Beihilfe N 673/2006 v. 20. 12. 2006 und 24. 1. 2007 – Vereinigtes Königreich; Staatliche Beihilfe N 814/2006 v. 24. 1. 2007 – Zypern; http://ec.europa.eu/comm/competition/state_aid/regional_aid/ regional_aid.html.

[541] RdNr. 106 S. 1 RegLL 2007; Art. 13 Abs. 2 S. 1 AGVO.

[542] RdNr. 100 S. 2 RegLL 2007.

[543] RdNr. 100 S. 1 RegLL 2007; Kom., Staatliche Beihilfe N 459/2006, RdNr. 17, 32, 33 – Deutschland.

[544] Kom., Staatliche Beihilfe N 459/2006, RdNr. 14, 16 Fn. 4, 32, 33 – Deutschland.

[545] Kom., Staatliche Beihilfe N 459/2006, RdNr. 35, 36 – Deutschland.

[546] Kom., Staatliche Beihilfe N 343/2006, RdNr. 182 – Frankreich.

[547] EuGH, C-242/2000, Slg. 2002, I-5603, RdNr. 44 – Deutschland.

[548] Anhang V RegLL 2007.

[549] RdNr. 104 S. 6 RegLL 2007.

[550] Kom., Staatliche Beihilfe N 186/2008 v. 4. 6. 2008, ABl. 2008 C 241/13 – Frankreich, Staatliche Beihilfe N 2/2009 v. 24. 3. 2009, ABl. 2009 C 95/3 – Frankreich und N 146/2010 v. 20. 7. 2010, ABl. 2010 C 239/2 – Frankreich.

zuwählen. Gleiches gilt für die auf die vom statistischen Effekt betroffenen Regionen entfallenden Bevölkerungsanteile. Dieser Möglichkeit könnte der Wortlaut in RdNr. 99 Nr. 2 RegLL 2007 „... bis zu der in Abschnitt 3.4.1 festgesetzten Obergrenze für den Bevölkerungsanteil ...“ entgegenstehen. Überzeugenderweise dafür spricht allerdings, dass sich der Mitgliedstaat mit einer derartigen Auswahl an die den Bevölkerungsplafonds zugrundeliegenden Prinzipien hält: eben den Ausnahmecharakter der Regionalbeihilfen und die Beachtung der Begrenzung des Anteils an der unionsweiten Gesamtbevölkerung in den Fördergebieten.[551] Darüber hinaus führt ein Austausch von a)- gegen c)-Fördergebiete zu einem Verzicht auf die mit dem Status als a)-Fördergebiet verbundenen Interventionsintensitäten sowie auf die Möglichkeit, regionale Betriebsbeihilfen im Sinne der RdNr. 76 RegLL 2007 gewähren zu können. Daher ist der umgekehrte Weg, also ein Verzicht auf c)-Fördergebietsbevölkerungsanteile im Austausch für die Möglichkeit ein zusätzliches a)-Fördergebiet zu erhalten, unzulässig.

123 Unzulässig ist ebenso die **Ersetzung** eines von der Kommission ausgewählten a)-Fördergebietes[552] durch ein anderes, vom Mitgliedstaat ausgewähltes Gebiet und dessen **Behandlung** als a)-Fördergebiet, einschließlich der Gewährung entsprechender Förderintensitäten oder regionaler Betriebsbeihilfen im Sinne der RdNr. 76 RegLL 2007. Mit der Gewährung von Regionalbeihilfen in einer Region, die die damit auszugleichenden Nachteile gar nicht aufweist, würde der Wettbewerb unzulässigerweise verzerrt. Derartige Beihilfen wären also mit dem Binnenmarkt inkompatibel und daher materiell rechtswidrig.

124 Ein Mitgliedstaat konnte ferner bis zum 1. 4. 2010 eine **Modifizierung** sowohl der Liste **der c)-Fördergebiete** als auch **der Interventionssätze** ab dem 1. 1. 2011 vorschlagen.[553] Allerdings dürften von der Änderung nicht mehr als 50% der Gesamtbevölkerung aller c)-Fördergebiete dieses Mitgliedstaats betroffen sein.[554] Die Begrenzung auf 50% der c)-Gebietsbevölkerung vermeidet den möglicherweise nur politisch, nicht aber aufgrund regionaler Entwicklungen bedingten Komplettaustausch der Förderregionen in der zweiten Hälfte der Förderperiode und die damit verbundene Umgehung der ratio des mitgliedstaatsspezifischen Fördergebietsbevölkerungsplafonds.

125 Für **neue oder ausgetauschte Gebiete** gelten die gleichen Genehmigungsvoraussetzungen, wie sie auch allgemein für die Erstgenehmigung gelten, insbesondere ist kein vereinfachtes oder beschleunigtes Verfahren vorgesehen. Das gilt auch mit Blick auf nicht ausgeschöpfte a)-Fördergebiete als vom statistischen Effekt betroffene Regionen.[555] Sie unterliegen, sollten sie erst nachträglich zur Aufnahme in die Fördergebietskarte eines Mitgliedstaates vorgeschlagen werden, ebenfalls der zum Ende des Jahres 2010 vorgesehenen Überprüfung,[556] da die Kommission auf diese Prüfung nicht im Einklang mit Art. 8 Strukturfondsverordnung 2006[557] verzichtet hat.[558] Regionen, die von ihren Mitgliedstaaten im Austausch mit anderen Regionen aus der Fördergebietskarte herausfallen, haben dann allerdings, ebenso wie die Regionen, die nach einer möglichen Prüfung im Jahre 2010 keine Regionalbeihilfen mehr erhalten können,[559] keinen Anspruch mehr auf eine Übergangsunterstützung. Insoweit hat der Mitgliedstaat mit der Austauschentscheidung eine vergleichbare und in ihrer Wirkung identische Entscheidung getroffen, wie sie die Kommission im Anschluß an ihre Überprüfung für die Gebiete vorgenommen hätte, die die Fördervoraussetzungen nicht mehr erfüllen.

126 Die Regel in RdNr. 94 RegLL 2007, die den ausgeschiedenen a)-Fördergebieten die Möglichkeit eröffnet, über einen Zeitraum von zwei Jahren ab dem Zeitpunkt des Ausscheidens Betriebsbeihilfen zu gewähren, gilt auch für die vom statisitschen Effekt betroffenen Regionen, die im Rahmen der Überprüfung zum 1. 1. 2011 ihren Fördergebietsstatus nach Artikel 107 Abs. 3 lit. a AEUV verlieren.[560]

127 **3. Der sachliche Anwendungsbereich. a) Sektoraler Anwendungsbereich der RegLL 2007. Anwendung** finden die **RegLL 2007** in **allen Wirtschaftszweigen**[561] mit Ausnahme

---

[551] Siehe oben RdNr. 55.
[552] Siehe oben RdNr. 56–64.
[553] RdNr. 104 S. 3 RegLL 2007.
[554] RdNr. 104 S. 4 RegLL 2007.
[555] Kom., Staatliche Beihilfe N 459/2006, RdNr. 32, 33 – Deutschland.
[556] RdNr. 20 RegLL 2007.
[557] Strukturfondsverordnung 2006 (Fn. 116).
[558] Dazu siehe näher oben RdNr. 64, 106; Kom., Status-Mitteilung (Fn. 226).
[559] RdNr. 104 S. 5 RegLL 2007.
[560] Siehe hierzu näher oben RdNr. 96, 97.
[561] RdNr. 8 RegLL 2007.

der Fischerei-[562] und Kohleindustrie.[563] Von der Anwendung ausgenommen ist ferner die Herstellung der in Anhang I zum EG-Vertrag aufgeführten landwirtschaftlichen Erzeugnisse.[564] Jedoch gelten die RegLL 2007 für die Verarbeitung und Vermarktung dieser Erzeugnisse, soweit dies im Gemeinschaftsrahmen für staatliche Beihilfen im Agrarsektor[565] oder in einer Nachfolgeregelung[566] bestimmt ist.[567] Für einige andere Wirtschaftszweige gelten die RegLL 2007 lediglich subsidiär. Ihnen gehen spezifische Bestimmungen vor, die ganz oder teilweise von ihnen abweichen können. Dazu zählen gegenwärtig der Verkehrssektor und der (See-)Schiffbau.[568] Schließlich bewertet die Kommission Regionalbeihilfen für die Stahlindustrie[569] sowie die Kunstfaserindustrie[570] als mit dem Binnenmarkt nicht vereinbar.[571]

b) Sektoraler Anwendungsbereich der AGVO. Bezogen auf die **Anwendung** der regio- **128** nalbeihilferechtlichen Regelungen der **Art. 12 bis 14 AGVO** bestehen keine Unterschiede. So ist nach Art. 1 Abs. 3 AGVO die Förderung bestimmter, sogenannter sensibler Sektoren ebenfalls ausgeschlossen. Dazu zählen die Sektoren Fischerei- und Aquakultur (Art. 1 Abs. 3 lit. a AGVO), Primärerzeugung landwirtschaftlicher Erzeugnisse (Art. 1 Abs. 3 lit. b AGVO), Steinkohlebergbau (Art. 1 Abs. 3 lit. d AGVO), Stahlindustrie (Art. 1 Abs. 3 lit. e AGVO, (See-)Schiffbau (Art. 1 Abs. 3 lit. f AGVO) und der Kunstfasersektor (Art. 1 Abs. 3 lit. g AGVO).[572] Ferner sieht auch die AGVO die Förderung der Verarbeitung und Vermarktung landwirtschaftlicher Erzeugnisse[573] im Sinne der Legaldefinitionen in Art. 2 Nr. 22, 23 und 24 AGVO ausdrücklich vor.[574] Vorschriften gleichen Inhalts finden sich bereits in Artikel 1 Abs. 2 RFVO.[575]

---

[562] RdNr. 8 S. 1 RegLL 2007; Verordnung (EG) 104/2000 des Rates vom 17. 12. 1999 über die gemeinsame Marktorganisation für Erzeugnisse der Fischerei und Aquakultur, ABl. 2000 L 17/22 (Fischerei- und Aquakulturverordnung); Verordnung (EG) 1860/2004 der Kom. vom 6. 10. 2004 über die Anwendung der Art. 87 und 88 EG-Vertrag auf De-minimis-Beihilfen im Agrar- und Fischereisektor, ABl. 2004 L 325/4, geändert durch: Verordnung (EG) 875/2007 der Kom. vom 24. 7. 2007 über die Anwendung der Art. 87 und 88 EG-Vertrag auf De-minimis-Beihilfen im Fischereisektor und zur Änderung der Verordnung (EG) 1860/2004, ABl. 2007 L 193/6; RdNr. 2.2., 2.3., 3.7. Leitlinien für die Prüfung staatlicher Beihilfen im Fischerei- und Aquakultursektor, ABl. 2008 C 84/10 (Fischereileitlinien); Verordnung (EG) 736/2008 der Kom. vom 22. 7. 2008 über die Anwendung der Art. 87 und 88 EG-Vertrag auf Beihilfen an kleine und mittlere in der Erzeugung, Verarbeitung und Vermarktung von Fischereierzeugnissen tätige Unternehmen, ABl. 2008 L 201/16 (Fischereierzeugnisverordnung).

[563] Definition des Begriffs „Kohle": RdNr. 8 Fn. 7 RegLL 2007; Verordnung (EG) 1407/2002 des Rates vom 23. 7. 2002 über staatliche Beihilfen für den Steinkohlenbergbau, ABl. 2002 L 205/1 (Steinkohlenbergbaubeihilfenverordnung 2002).

[564] RdNr. 8 S. 2 RegLL 2007.

[565] Gemeinschaftsrahmen für staatliche Beihilfen im Agrarsektor, ABl. 2000 C 28/2; Berichtigung des Gemeinschaftsrahmens für staatliche Beihilfen im Agrarsektor, ABl. 2000 C 232/17 (Agrargemeinschaftsrahmen 2000).

[566] RdNr. 20 Rahmenregelung der Gemeinschaft für staatliche Beihilfen im Agrar- und Forstsektor 2007–2013, ABl. 2006 C 319/1 (Agrar- und Forstrahmen 2007).

[567] RdNr. 8 S. 3 RegLL 2007.

[568] RdNr. 8 Fn. 9 RegLL 2007; RdNr. 10 Rahmenbestimmungen für Beihilfen an den Schiffbau, ABl. 2003 C 317/11, verlängert durch die Mitteilung der Kom. betreffend die Verlängerung der Geltungsdauer der Rahmenbestimmungen über staatliche Beihilfen an den Schiffbau, ABl. 2006 C 260/7 und die Mitteilung der Kom. betreffend die Verlängerung der Geltungsdauer der Rahmenbestimmungen für Beihilfen an den Schiffbau, ABl. 2008 C 173/3 (Schiffbau-Rahmen); im Übrigen wird auf die Kommentierung zu diesen Sektoren verwiesen.

[569] Definition der Stahlindustrie: Anhang I RegLL 2007.

[570] Definition der Kunstfaserindustrie: Anhang II RegLL 2007.

[571] RdNr. 8 S. 5 RegLL 2007.

[572] Zu den einzelnen Sektoren vgl. oben RdNr. 15, 127, 128.

[573] Nach der Legaldefinition für die AGVO in Art. 2 Nr. 22 AGVO fallen unter landwirtschaftliche Erzeugnisse:
a) die in Anhang I EG-Vertrag genannten Erzeugnisse, ausgenommen Fischerei- und Aquakulturerzeugnisse gemäß der Verordnung (EG) 104/2000 (Fischerei- und Aquakulturverordnung), (Fn. 562);
b) Erzeugnisse der KN-Codes 4502, 4503 und 4504 (Korkerzeugnisse) und
c) Erzeugnisse zur Imitation oder Substitution von Milch und Milcherzeugnissen im Sinne der Verordnung (EG) Nr. 1234/2007 des Rates vom 22. 10. 2007 über eine gemeinsame Organisation der Agrarmärkte und mit Sondervorschriften für bestimmte landwirtschaftliche Erzeugnisse (Verordnung über die einheitliche GMO), ABl. L 299 vom 16. 11. 2007, 1.

[574] Art. 13 Abs. 9 AGVO.

[575] RFVO (Fn. 3).

129   Unter **Verarbeitung eines landwirtschaftlichen Erzeugnisses** ist jede Einwirkung auf ein landwirtschaftliches Erzeugnis, deren Ergebnis ebenfalls ein landwirtschaftliches Erzeugnis ist, zu verstehen. Nicht als Verarbeitung anzusehen sind Tätigkeiten eines landwirtschaftlichen Betriebs im Zusammenhang mit der Vorbereitung eines tierischen oder pflanzlichen Erzeugnisses für den Erstverkauf,[576] also etwa das Kühlen und Abfüllen von frisch gemolkener Milch in Molkereikannen. Zur **Vermarktung eines landwirtschaftlichen Erzeugnisses** zählt der Besitz oder die Ausstellung eines Erzeugnisses im Hinblick auf den Verkauf, das Angebot zum Verkauf, die Lieferung eines Erzeugnisses oder jede andere Art des Inverkehrbringens. Nicht als Vermarktung im Sinne der AGVO anzusehen ist der Erstverkauf durch einen Primärerzeuger an Wiederverkäufer oder Verarbeiter sowie jede Tätigkeit im Zusammenhang mit der Vorbereitung eines Erzeugnisses zum Erstverkauf. Allerdings gilt der Verkauf durch einen Primärerzeuger an Endverbraucher nur dann als Vermarktung, wenn er in gesonderten, eigens für diesen Zweck vorgesehenen Räumlichkeiten erfolgt.[577] Es muss sich also um einen dafür eingerichteten Gewerbebetrieb im Sinne des Handelsrechts handeln, bei dem die anbietende Tätigkeit am Markt auch nach außen erkennbar ist.[578] Typische Fälle finden sich bei den landwirtschaftlichen Betrieben, die Ziel von sogenannten Verkaufs- und Kaffeefahrten sind. Findet der Verkauf an den Endverbraucher dagegen „zwischen Tür und Angel" statt, lässt sich von einer Vermarktung nicht sprechen. Ausgeschlossen sind allerdings Beihilfen für Tätigkeiten im Rahmen der Verarbeitung und Vermarktung landwirtschaftlicher Erzeugnisse, wenn sich der Beihilfebetrag nach dem Preis oder der Menge der auf dem Markt von Primärerzeugern erworbenen oder von den betreffenden Unternehmen angebotenen Erzeugnissen richtet oder die Beihilfe davon abhängig ist, dass sie ganz oder teilweise an die Primärerzeuger weitergegeben wird, Art. 1 Abs. 3 lit. c AGVO. Diese Regelung folgt aus dem Vorrang der Art. 39 und 42 AEUV (bis zum 1. 12. 2009: Art. 33 und 36 EG) soweit die landwirtschaftliche Urproduktion betroffen ist. Sie stellt zugleich eine Komplementärregelung zu Art. 1 Abs. 3 lit. b AGVO dar, der bestimmt, dass die Förderung der landwirtschaftlichen Primärproduktion von der Freistellung ausgeschlossen ist.[579] Im Rahmen der RFVO[580] gilt insoweit Artikel 2 Abs. 1 lit. n–q.

130   **c) Sektorale Konzentration.** Konzentriert ein Mitgliedstaat seine Beihilfegewährung im Rahmen einer Beihilferegelung zu sehr auf einen bestimmten Wirtschaftsbereich, kann die Kommission diese Regelung gemäß Art. 17 Verfahrensverordnung[581] überprüfen und im Wege zweckdienlicher Maßnahmen vorschlagen, diese Regelung abzuschaffen.[582] Bei einer Einschränkung der Regionalförderung auf ganz bestimmte Wirtschaftszweige besteht die Gefahr, dass es sich letztlich nicht um horizontale, sondern eher sektorale Ziele und damit auch sektorale Auswirkungen auf den Markt handelt.[583] Es entspricht ferner dem Ansatz der regionalen Entwicklung durch einen generalisierten Nachteilsausgleich, dass die RegLL 2007 multisektorale Beihilferegelungen, also gerade auf möglichst viele (zulässige) **Wirtschaftszweige** bezogene Fördervorschriften anstreben und so, bezogen auf eine intersektorale Ressourcenallokation, Neutralität wahren.[584] Etwas anderes gilt nur, soweit sogenannte sensible Sektoren betroffen sind.[585] Insoweit tritt die sektorale Neutralität hinter das Interesse an einem möglichst ungestörten Markt zurück. Damit bilden die RegLL 2007 den Rahmen für **sektorenübergreifende Beihilferegelungen** die in dem betreffenden Gebiet möglichst allen Unternehmen der betreffenden Wirtschaftszweige zugänglich sind.

131   Etwas Besonderes gilt, sofern der Tourismussektor betroffen ist. Insoweit enthielt bereits Art. 7 lit. b RFVO[586] die Fiktion, dass regionale Investitionsbeihilferegelungen, die auf Tourismustätigkeiten ausgerichtet sind, nicht als Regelungen für bestimmte Wirtschaftszweige be-

---

[576] Art. 2 Nr. 23 AGVO.

[577] Art. 2 Nr. 24 AGVO.

[578] *Karsten Schmidt,* Handelsrecht, 5. Auflage 1996, § 9 IV b bb; *Heyman/Emmerich,* HGB, Kommentar, 2. Auflage 1995, § 1 RdNr. 5; *Baumbach/Hueck,* HGB, Kommentar, 33. Auflage 2006, § 1 RdNr. 7.

[579] A. A. *Bartosch,* EU-Beihilfenrecht (Fn. 75), VO 800/2008 Art. 1 RdNr. 3 unter Hinweis auf die Schlußanträge der Generalanwältin Kokott in der Rechtssache C-283/03, Slg. 2005, I-4255, RdNr. 34 – Kuipers: Anwendung der Rechtsprechung des EuGH zur Errichtung gemeinsamer Marktorganisationen.

[580] RFVO (Fn. 3).

[581] Verfahrensverordnung (Fn 95).

[582] RdNr. 10 RegLL 2007.

[583] Tz. 14 AGVO.

[584] Abschnitt 3 und 4 RegLL 1998.

[585] RdNr. 8 RegLL 2007; siehe oben RdNr. 127–129.

[586] RFVO (Fn. 3).

trachtet wurden. Diese Fiktion findet sich nunmehr auch in Art. 1 Abs. 4 Satz 2 AGVO. Diese Ausnahme ist über RdNr. 11 RegLL 2007 auch im Rahmen der RegLL 2007 anzuwenden. Im Übrigen ist es Sache des Mitgliedstaates nachzuweisen, dass eine beabsichtigte Beschränkung von Beihilfen auf einen bestimmten Tätigkeitsbereich, also einen bestimmten Sektor, zu einer kohärenten Regionalentwicklungsstrategie beiträgt und keine „inakzeptablen" Wettbewerbsverzerrungen nach sich zieht.[587] Offen ist bisher allerdings, wann die Kommission eine „inakzeptable Wettbewerbsverzerrung" annimmt.

Nach **Art. 1 Abs. 4 Satz 1 AGVO** dagegen sind **Regionalbeihilferegelungen,** die gezielt   **132** bestimmte Wirtschaftszweige innerhalb des verarbeitenden Gewerbes oder des Dienstleistungssektors betreffen, nach dieser Verordnung nicht freigestellt. Insoweit konkretisiert die AGVO die Vorschriften in RdNr. 10 RegLL 2007. Eine Ausnahme gilt für den **Tourismusbereich.** So bestimmt Art. 1 Abs. 4 Satz 2 AGVO im Wege einer Fiktion, dass Regelungen, die auf Tourismustätigkeiten ausgerichtet sind, nicht als Regelungen für bestimmte Wirtschaftszweige gelten. Im übrigen ist nach Art. 1 Abs. 3 AGVO die Förderung bestimmter, sogenannter sensibler Sektoren ausgeschlossen.[588]

d) Abgrenzung zwischen RegLL 2007 und Freistellungsverordnungen: aa) RdNr. 11   **133** **RegLL 2007 als „Umschaltnorm":** Keiner Anmeldung bedürfen die Regionalbeihilferegelungen, die alle Voraussetzungen einer Gruppenfreistellungsverordnung im Sinne der Ermächtigungsverordnung des Rates[589] erfüllen, RdNr. 11 RegLL 2007. Dazu zählte zunächst die RFVO[590] und dazu zählt derzeit die AGVO. Diese Regelung bildet als „Umschaltnorm" die direkte Verbindung zwischen den RegLL 2007 und den jeweiligen Freistellungsverordnungen. Sie ermöglicht so die in der AGVO geltenden Erleichterungen auch auf die RegLL 2007 zu übertragen.[591]

bb) Für den **Geltungsbereich der AGVO** ist ferner festzustellen, ob eine in Rede stehende   **134** Beihilfe tatsächlich den Regeln der AGVO unterfällt.

α) Nicht in den Anwendungsbereich der AGVO fallen die regionalen **Beihilfen, die nicht**   **135** **auf eine freigestellte Beihilferegelung gestützt** sind.[592] Eine Ausnahme bildet unter den Voraussetzungen des Art. 13 Abs. 1 Satz 2 AGVO allein die regionale Ad-hoc-Beihilfe.[593]

β) Regelmäßig unterfällt eine **auf eine freigestellte Regelung gestützte Beihilfe,** die   **136** ihrerseits diesen Regeln entspricht, dem Anwendungsbereich der AGVO.[594]

γ) Unklarheit herrscht jedoch für den Fall einer im Sinne des Art. 6 Abs. 2 AGVO **genehmigungspflichtigen,** aber **auf einer freigestellten Beihilferegelung beruhenden regionalen Einzelbeihilfe.** Nach dieser Norm sind regionale Investitionsbeihilfen zugunsten großer   **137** Investitionsvorhaben bei der Kommission einzeln zur Genehmigung anzumelden, wenn der Gesamtförderbetrag aus sämtlichen Quellen 75% des Beihilfehöchstbetrags überschreitet, den eine Investition mit beihilfefähigen Kosten in Höhe von 100 Mio. EUR erhalten könnte, würde die zum Bewilligungszeitpunkt geltende, in der genehmigten Fördergebietskarte festgelegte Regel-Obergrenze für Beihilfen zugunsten großer Unternehmen zugrunde gelegt. Überschreitet also die Förderung die in der Tabelle zu RdNr. 64 RegLL 2007 dargelegten Subventionsäquivalente, dann ist diese Einzelbeihilfe nicht mehr freigestellt, auch wenn sie auf einer freigestellten Regelung beruht. Entscheidend ist diese Frage vor allem dann, wenn der Begünstigte ein Großunternehmen im Sinne des Art. 2 Nr. 8 AGVO ist. Dieses unterfällt mit Blick auf den Anreizeffekt im Geltungsbereich der RegLL 2007 den Regeln der RdNr. 38, im Geltungsbereich der AGVO den Regeln des Art. 8 Abs. 3 AGVO.

(1) Denkbar wäre es, diese Beihilfe nach den Regeln der AGVO zu behandeln. Sowohl ein   **138** Vergleich zwischen Art. 6 Abs. 1 und 2 AGVO, als auch die Wortwahl „Einzelbeihilfe" in

---

[587] RdNr. 10 RegLL 2007.
[588] Fischerei- und Aquakultur (Art. 1 Abs. 3 lit. a AGVO), Primärerzeugung landwirtschaftlicher Erzeugnisse (Art. 1 Abs. 3 lit. b AGVO), Steinkohlebergbau (Art. 1 Abs. 3 lit. d AGVO), Stahlindustrie (Art. 1 Abs. 3 lit. e AGVO), (See-) Schiffbau (Art. 1 Abs. 3 lit. f AGVO) und Kunstfasersektor (Art. 1 Abs. 3 lit. g AGVO), vgl. im Einzelnen oben RdNr. 123.
[589] Ermächtigungsverordnung des Rates (Fn. 521).
[590] RFVO (Fn. 3); Art. 43 AGVO.
[591] Siehe oben RdNr. 43.
[592] Beihilfen, die auf einer nicht freigestellten, aber genehmigten Beihilferegelung basieren, unterfallen nicht dem Freistellungsregime der AGVO, Art. 3 Abs. 2 AGVO.
[593] Art. 1 Abs. 5, 3 Abs. 3, 6 Abs. 1, 2, Art. 13 Abs. 1 S. 2 AGVO.
[594] Art. 3 Abs. 1, 2 AGVO.

Art. 3 Abs. 2 im Vergleich zur Definition in Art. 2 Nr. 3 und 4 AGVO könnten dafür sprechen. Während Art. 6 Abs. 1 AGVO ausdrücklich bestimmt, dass die Freistellungsverordnung nicht für die dort genannten Beihilfen gilt, stellt Art. 6 Abs. 2 AGVO für die regionalen Investitionsbeihilfen zugunsten großer Investitionsvorhaben lediglich die Anmeldepflicht bei der Kommission fest, schließt die Beihilfen aber, anders als die Beihilfen in Art. 6 Abs. 1 AGVO, nicht vom Anwendungsbereich im Übrigen aus. Ferner wird in Art. 2 Nr. 3 lit. b AGVO eine Einzelbeihilfe definiert als anmeldepflichtige Beihilfe, die auf der Grundlage einer Beihilferegelung gewährt wird. Schließlich ist eine Beihilferegelung nur dann freigestellt, wenn sie alle Voraussetzungen der entsprechenden Freistellungsverordnung erfüllt. Das bedeutet, dass eine auf der Grundlage der AGVO freigestellte Beihilferegelung auch die Voraussetzungen des Art. 8 Abs. 3 AGVO erfüllen müsste.[595] Sie hat also ihrerseits diese Bestimmungen zur Voraussetzung. Wird nun eine auf diese nach der AGVO freigestellte Regionalbeihilfenregelung gestützte, aber anmeldepflichtige Einzelbeihilfe gewährt, so müsste sie die Vorschriften dieser Regelung einhalten und damit zugleich auch die Voraussetzungen nach Art. 8 Abs. 3 AGVO erfüllen. Hält die Einzelbeihilfe diese Regelung nicht ein, erfüllt sie die Voraussetzungen der freigestellten Beihilferegelung nicht und wäre als Ad-hoc-Beihilfe zu bewerten. Gleiches gilt für eine nach der Regionalbeihilfenfreistellungsverordnung[596] freigestellte Regionalbeihilfenregelung. Eine auf diese gestützte anmeldepflichtige Einzelbeihilfe müsste dann die Voraussetzungen des Art. 5 Abs. 1 Regionalbeihilfenfreistellungsverordnung erfüllen.[597]

139 (2) Nach richtiger Auffassung dagegen ist eine **anmeldepflichtige Beihilfe** von den Regeln der **AGVO ausgeschlossen** und **ausschließlich nach den RegLL 2007** zu behandeln. Dies ergibt sich aus dem Ziel der AGVO. Sie ist eine Freistellungsverordnung und hat die Aufgabe, die Voraussetzungen und Bedingungen zu bestimmen, bei deren Einhaltung eine Beihilfe einer Anmeldepflicht nach Art. 108 Abs. 3 AEUV (bis zum 1. 12. 2009: Art. 88 Abs. 3 EG) gerade nicht mehr unterfällt. Es ist nicht ihre Aufgabe, darüber hinaus zusätzliche Kompatibilitätskriterien für die Beihilfen aufzustellen, die weiterhin einer Anmeldung unterliegen. Dies ergibt sich aus Art. 3 Abs. 2 AGVO. Diese Vorschrift bestimmt, wann eine auf einer Regelung beruhende einzelne Beihilfe von der Anmeldepflicht nach Art. 108 Abs. 3 AEUV freigestellt ist. Danach werden allein die Beihilfen, die auf einer freigestellten Regelung nach Art. 3 Abs. 1 AGVO beruhen und ihrerseits die Voraussetzungen der AGVO einhalten, von einer Genehmigung freigestellt, also von einer Genehmigungspflichtigkeit entbunden. Erforderlich ist also die sogenannte **„doppelte Freistellung":** die Freistellung der Regelung, die die Genehmigung der Regelung durch die Kommission ersetzt und die Freistellung der einzelnen, auf dieser Regelung beruhenden Beihilfe. Fehlt es bei einer Beihilfe an einer dieser Freistellungen, ist die AGVO auf diese Beihilfe nicht anwendbar. Dies ergibt sich auch aus den Erwägungsgründen zur AGVO. Danach sollen Beihilfen größeren Umfangs weiterhin einzeln von der Kommission geprüft werden.[598] Erwägungsgrund 23 Satz 3 AGVO erläutert folgerichtig, dass Beihilfen dann, wenn sie bestimmte Schwellenwerte übersteigen, weiterhin der Anmeldepflicht nach Art. 108 Abs. 3 AEUV unterliegen. Schließlich weist Erwägungsgrund 25 Satz 2 AGVO darauf hin, dass diese Obergrenzen im Falle regionaler Investitionsbeihilfen unter Berücksichtigung der nach den jeweiligen Fördergebietskarten zulässigen Beihilfeintensitäten festgesetzt werden. Diese Erwägungsgründe finden ihren Niederschlag in Art. 6 Abs. 1 und 2 AGVO. Letztlich harmoniert dies auch mit Tz. 7 Satz 1 AGVO. Dort sind nur die Rechtsfolgen für die Beihilfen beschrieben, die nicht unter die AGVO fallen.

---

[595] Dazu scheint auch die Gemeinschaftsaufgabe „Verbesserung der regionalen Wirtschaftsstruktur" nach Art. 91a GG, Gesetz über die Gemeinschaftsaufgabe „Verbesserung der regionalen Wirtschaftsstruktur" (GA) vom 12. Mai 1969 [richtig: vom 6. Oktober 1969, BGBl. 1969 I 1861], 36. Rahmenplan der GA zu gehören, X 9/09 ABl. 2009 C 275/20. Allerdings handelt es sich bei dieser Freistellung um eine Erweiterung der Haushaltsmittel von 1200 Mio. EUR auf 1300 Mio. EUR also um weniger als 20%. Damit hätte es dieser Freistellung nicht bedurft, so dass die bisherige Freistellung auf der Grundlage der Regionalbeihilfenfreistelungsverordnung XR 31/07, ABl. 2007 C 131/9, fortgilt, Art. 43 Abs. 2, Tz. 66 Satz 2 AGVO.

[596] RFVO (Fn. 3).

[597] Dies würde etwa für die auf die RFVO (Fn. 3) gestützte Förderung nach der Gemeinschaftsaufgabe „Verbesserung der regionalen Wirtschaftsstruktur" (GA); 36. Rahmenplan: Teil II A – Gewerbliche Wirtschaft auf der Rechtsgrundlage des Gesetzes über die Gemeinschaftsaufgabe „Verbesserung der regionalen Wirtschaftsstruktur" (GA) vom 12. Mai 1969 [richtig: vom 6. Oktober 1969, BGBl. 1969 I 1861] gelten, XR 31/07, ABl. 2007 C 41/13 und XR 31/07, ABl. 2007 C 131/9.

[598] Tz. 23 S. 1 AGVO.

Im Übrigen gilt Folgendes: der Begriff der **Beihilferegelung im Sinne der AGVO** ist in 140
Art. 2 Nr. 2 AGVO definiert. Danach handelt es sich um eine Regelung, nach der Unternehmen (die in der Regelung in einer allgemeinen und abstrakten Weise definiert werden) ohne nähere Durchführungsmaßnahmen Einzelbeihilfen gewährt werden können oder eine Regelung, nach der einem oder mehreren Unternehmen nicht an ein bestimmtes Verhalten gebundene Beihilfen für unbestimmte Zeit und/oder in unbestimmter Höhe gewährt werden können. Eine nicht genehmigungspflichtige Beihilfe ist danach im Geltungsbereich der AGVO eine Beihilfe, die auf einer freigestellten Beihilferegelung beruht und die ihrerseits alle Freistellungsvoraussetzungen der AGVO erfüllt und daher nicht genehmigt werden muss.[599] Dazu zählen auf der Grundlage von freigestellten Beihilferegelungen[600] gewährte Beihilfen, deren Subventionswert die in Art. 6 Abs. 2 AGVO bestimmten Schwellen nicht überschreitet. Diese Schwellen sind identisch mit den für die Anmeldepflicht bestehenden Schwellenwerten in RdNr. 64 Satz 1, 67 Satz 1 RegLL 2007. Nicht nach den Regeln der AGVO zu behandeln sind daher Beihilfen für sehr große Investitionsvorhaben, deren beabsichtigte Unterstützung die Anmeldeschwellen nach Art. 6 Abs. 2 AGVO, RdNr. 64 Satz 1, 67 Satz 1 RegLL 2007 überschreitet. Einzeln anzumeldende Beihilfen müssen nicht notwendigerweise alle Voraussetzungen der Beihilferegelung erfüllen, auf die sie gestützt sind. Das gilt für die Bestimmungen der freigestellten Regelungen, die vor dem Hintergrund der Freistellung und damit der Nachprüfung seitens der Kommission ex post strenger gefasst sind, als die RegLL 2007. Zu diesen strengeren Regeln zählen vor allem die besonderen Anreizeffektvoraussetzungen der Freistellungsverordnungen. Diese Voraussetzungen weichen von denen der in RdNr. 38 RegLL 2007 bestimmten und ausdifferenzierten Regelungen ab. Bei den anmeldepflichtigen Vorhaben allerdings erfolgt die Prüfung der Vereinbarkeit der Beihilfen mit dem Binnenmarkt gerade nicht ex post, sondern ex ante. Es gibt keinen Grund, eine auf eine freigestellte Beihilferegelung gestützte, anmeldepflichtige Einzelbeihilfe, die zwar alle Voraussetzungen der RegLL 2007 erfüllt, nicht aber die strengeren Voraussetzungen der AGVO, für mit dem Binnenmarkt inkompatibel zu halten[601] oder den Regeln einer nicht auf eine Beihilferegelung gestützten Ad-hoc-Beihilfe zu bewerten.[602] Ebenfalls nicht nach den Regeln der AGVO zu behandeln sind ferner regionale Ad-hoc-Beihilfen, sofern sie nicht als ergänzende Beihilfen im Sinne des Art. 13 Abs. 1 Satz 2 AGVO anzusehen sind.

(3) Folglich fallen die Beihilfen, die auf der Grundlage einer ihrerseits nach Art. 3 Abs. 1 141
AGVO freigestellten Beihilferegelung gewährt werden, aber dennoch einer Genehmigungspflicht nach Art. 6 Abs. 2 AGVO unterliegen, in den Anwendungsbereich der RegLL 2007.[603] Ihre Anreizeffektprüfung richtet sich nicht nach Art. 8 AGVO. Freigestellt dagegen, also von der AGVO erfaßt, sind nur die Beihilfen, die auch die Voraussetzungen der AGVO selbst einhalten, also gerade nicht einer Genehmigungspflicht unterliegen. Gleiches gilt im Rahmen einer aufgrund der RFVO[604] freigestellten Regelung. Der Anreizeffekt für eine Einzelbeihilfe, die zwar auf einer nach dieser Verordnung freigestellten Regionalbeihilferegelung beruht, aber nach Art. 3 Abs. 2, 7 lit. e RFVO nicht freigestellt ist, richtet sich nicht nach Art. 5 Abs. 1 RFVO, sondern nach Rdnr. 38 RegLL 2007.[605]

e) Unternehmen in Schwierigkeiten. Hinsichtlich der Förderung von Unternehmen in 142
Schwierigkeiten im Rahmen der Regionalförderung gilt Folgendes:

aa) Konkurrenz zwischen AGVO und Rettungs- und Umstrukturierungsleitlinien 143
(RuLL): Art. 1 Abs. 6 lit. c, Abs. 7 AGVO schließt ein KMU von einer Regionalförderung

---

[599] Art. 3 Abs. 2 AGVO.

[600] Siehe etwa Staatliche Beihilfe X 167/2008, Art. 1 Investitionszulagengesetz 2010 (InvZulG 2010) Gesetz zur Schaffung einer Nachfolgeregelung und zur Änderung des Investitionszulagengesetzes 2007 vom 7. 12. 2008, BGBl. 2008 I Nr. 56 vom 10. 12. 2008, 2350, ABl. 2009 C 280/7; Staatliche Beihilfe X 803/2009, Teil II A des Koordinierungsrahmens der Gemeinschaftsaufgabe „Verbesserung der regionalen Wirtschaftsstruktur" (GRW) – Regelungen über Voraussetzungen, Art und Intensität der Förderung, ABl. 2010 C 12/17.

[601] Ebenso für die Einhaltung der Voraussetzungen der RdNr. 38 RegLL 2007 statt der strengeren Regelung nach Art. 5 Abs. 1 RFVO (Fn. 3): Kom. Staatliche Beihilfen N 203/2008 v. 24. 3. 2009, RdNr. 18–21, 25 – Papierfabrik Spremberg; N 671/2008 v. 30. 11. 2009, RdNr. 62 – Mercedes-Benz Ungarn.

[602] Siehe auch unter RdNr. 151.

[603] Ähnlich: *Mederer/Pesaresi/van Hoof/Fort/Nyssens* (Fn. 3), Chapter 1, RdNr. 4.142.

[604] RFVO (Fn. 3).

[605] Kom. Staatliche Beihilfen N 203/2008 v. 24. 3. 2009, RdNr. 18–21, 25 – Papierfabrik Spremberg; N 671/2008 v. 30. 11. 2009, RdNr. 62 – Mercedes-Benz Ungarn.

nur dann aus, wenn es als Gesellschaft mit beschränkter Haftung mehr als die Hälfte des gezeichneten Kapitals, also des Stammkapitals verloren hat und mehr als 25% des Stammkapitals in
den letzten 12 Monaten verloren gegangen ist, Art. 1 Abs. 7 Satz 1 lit. a AGVO. Dabei umfasst
der Begriff „Gesellschaft mit beschränkter Haftung" insbesondere die Gesellschaftsrechtsformen,
die in Art. 1 Abs. 1 Satz 1 der Richtlinie 78/660/EWG des Rates[606] aufgeführt sind.[607] Dazu
zählen die Aktiengesellschaft, die Kommanditgesellschaft auf Aktien sowie die Gesellschaft mit
beschränkter Haftung.[608] Bei Personenhandelsgesellschaften, deren persönlich haftende Gesellschafter keine Kapitalgesellschaft ist, oder bei Untenehmen im beihilferechtlichen Sinne, für
deren Verpflichtungen zumindest eine natürliche Person unbeschränkt haftet, aber auch beim
nicht-rechtsfähigen Verein, tritt an die Stelle des Stamm- oder Grundkapitals das in den Geschäftsbüchern, also in den Bilanzen, ausgewiesene Eigenkapital, Art. 1 Abs. 7 Satz 1 lit. b AGVO.

144 Unabhängig vom Kapitalverzehr gilt ein Unternehmen dann als in Schwierigkeiten befindlich
und damit von einer Regionalförderung auf der Grundlage der AGVO ausgeschlossen, wenn
die im innerstaatlichen Recht vorgesehenen Voraussetzungen für die Eröffnung eines „Gesamt-
vollstreckungsverfahrens, welches die Insolvenz des Schuldners voraussetzt" erfüllt sind.[609] Das
erfordert formell einen vom Gläubiger oder Schuldner gestellten Insolvenzeröffnungsantrag,
§ 13 InsO[610] und materiell einen Insolvenzgrund nach § 17 InsO (Zahlungsunfähigkeit) oder
nach § 19 InsO (Überschuldung). Ebenfalls ausreichend ist ein allein vom Schuldner selbst nach
§ 18 InsO (drohende Zahlungsunfähigkeit) gestellter Antrag auf Eröffnung eines Insolvenzverfahrens. Dieser Insolvenzgrund ist der Disposition Dritter, insbesondere der der Gläubiger entzogen, so dass insoweit ohne einen Antrag gerade des Schuldners die Voraussetzungen für die
Eröffnung eines „Gesamtverfahrens" im Sinne des Art. 1 Abs. 7 lit. c AGVO nicht vorliegen.

145 Ebenfalls zulässig ist es, eine Regionalbeihilfe einem KMU zu gewähren, das zwar die Voraussetzungen für ein Unternehmen in Schwierigkeiten nach Art. 1 Abs. 7 Satz 1 lit. a und b
AGVO erfüllt, aber neu gegründet wurde.[611] Als neu gegründet gilt ein KMU in den ersten drei
Jahren nach seiner Gründung. Insoweit wird ein neu gegründetes KMU nur dann als Unter-
nehmen in Schwierigkeiten betrachtet und damit von einer Regionalbeihilfe gemäß Art. 1
Abs. 6 lit. c AGVO ausgeschlossen, wenn es die Voraussetzungen für die Eröffnung eines „Ge-
samtverfahrens, welches die Insolvenz des Schuldners voraussetzt" erfüllt.[612] Diese Regelung
korrespondiert mit RdNr. 12 RuLL.[613] Es ist nicht ungewöhnlich, dass ein neu gegründetes
Unternehmen eine anfänglich prekäre Finanzsituation aufweist. Daher kommt ein derartiges
Unternehmen in den ersten drei Jahren nach Aufnahme seiner Geschäftstätigkeit weder für eine
Rettungs- noch für eine Umstrukturierungsbeihilfe in Betracht.[614] Im Übrigen bestünde andernfalls auch die Gefahr „geeigneter" Gründungen von neuen Unternehmen, die dann stets in
Schwierigkeiten gerieten und „gerettet" werden wollten. Als neu gegründet ist ein KMU auch
dann anzusehen, wenn es aus einem anderen Unternehmen ausgegründet, von ihm abgespalten
worden oder aus der Abwicklung oder der Übernahme des Vermögenswerte eines anderen
Unternehmens hervorgegangen ist.[615] Maßgeblich ist seine KMU-Eigenschaft nach Anhang I
zur AGVO.

146 **bb) Übernahme der Kriterien der AGVO in die RegLL 2007:** Die in Art. 1 Abs. 7
AGVO enthaltenen Kriterien entsprechen den sogenannten „harten" Kriterien, wie sie auch
RdNr. 10 RuLL[616] enthalten. Die sogenannten „weichen" Kriterien, wie steigende Verluste,
sinkende Umsätze, wachsende Lagerbestände, Überkapazitäten, verminderter cash-flow, zu-

---

[606] Vierte Richtlinie des Rates vom 25. Juli 1978 aufgrund von Art. 54 Abs. 3 Buchstabe g des Vertrages
über den Jahresabschluß von Gesellschaften bestimmter Rechtsformen (78/660/EWG), ABl. L 222 vom
14. 8. 1978, 11, zuletzt geändert durch die Richtlinie 2003/51/EG des Europäischen Parlaments und des
Rates vom 18. 6. 2003 zur Änderung der Richtlinien 83/349/EWG, 86/635/EWG und 91/674/EWG
über den Jahresabschluß und den konsolidierten Abschluß von Gesellschaften bestimmter Rechtsformen,
von Banken und anderen Finanzinstituten sowie von Versicherungsunternehmen, ABl. 2003 L 178/16 v.
17. 7. 2003 (Vierte Jahresabschluss-Richtlinie).
[607] RdNr. 10 Fn. 1 RuLL 2004 (Fn. 139).
[608] Art. 1 Abs. 1 Vierte Jahresabschluss-Richtlinie (Fn. 606).
[609] Art. 1 Abs. 7 lit. c AGVO.
[610] Insolvenzordnung vom 5. Oktober 1994, BGBl. 1994 I 2866.
[611] Art. 1 Abs. 7 S. 2 AGVO.
[612] Art. 1 Abs. 7 S. 1 lit. c AGVO, vgl. im Übrigen oben RdNr. 144.
[613] RdNr. 12 RuLL 2004 (Fn. 138).
[614] RdNr. 12 RuLL 2004 (Fn. 138).
[615] RdNr. 12 S. 2 RuLL 2004 (Fn. 138).
[616] RdNr. 10 RuLL 2004 (Fn. 138).

nehmende Verschuldung und Zinsbelastung, sowie Abnahme oder Verlust des Reinvermögens, die in RdNr. 11 RuLL beschrieben sind, spielen für KMU im Rahmen der AGVO keine Rolle. Damit beseitigt Art. 1 Abs. 7 AGVO zumindest bezogen auf KMU die stets latent vorhandene Unklarheit hinsichtlich der Abgrenzung zwischen einer Förderung nach den Regeln des Regionalbeihilferechts und den Regeln der RuLL. Für große Unternehmen enthält die AGVO keine spezifische Regelung, so dass sich insoweit keine unterschiedliche Betrachtung zu RdNr. 9 RegLL 2007 ergibt.[617]

cc) Konkurrenz zwischen RegLL 2007 und Rettungs- und Umstrukturierungsleitlinien (RuLL): Nach RdNr. 9 RegLL 2007 dürfen Beihilfen an **Unternehmen in Schwierigkeiten** im Sinne der Leitlinien für staatliche Beihilfen zur Rettung und Umstrukturierung von Unternehmen in Schwierigkeiten **(Rettungs- und Umstrukturierungsleitlinien – RuLL)**[618] nur im Rahmen der RuLL gewährt werden. Diese Vorschrift trägt dem Umstand Rechnung, dass Beihilfen zu Gunsten von Unternehmen in Schwierigkeiten nicht als Beihilfen zur Förderung der wirtschaftlichen Entwicklung des betreffenden Gebietes angesehen werden können.[619] Damit besteht formal eine lückenlose Abgrenzung zwischen den beiden Regelwerken. Wann ein Unternehmen tatsächlich als in Schwierigkeiten befindlich angesehen werden muss und so dem Anwendungsbereich der RegLL 2007 entzogen ist, ist mit Blick auf RdNr. 10 und RdNr. 11 RuLL nicht eindeutig. Insoweit ist zu differenzieren. Bei KMU sind allein die „harten" Kriterien nach RdNr. 10 RuLL maßgebend, es sei denn, das Unternehmen entscheidet sich selbst dafür, von den „weichen" Kriterien nach RdNr. 11 RuLL Gebrauch zu machen, arg. e. Art. 1 Abs. 7 Satz 1 AGVO. Die mit dieser Regelung vorgenommene Präzisierung der Kriterien für ein Unternehmen in Schwierigkeiten auf RdNr. 10 RuLL in einer Verordnung ist über RdNr. 11 RegLL 2007 auch im Rahmen der RdNr. 9 RegLL 2007 anzuwenden.[620] Bei großen Unternehmen gilt im Grundsatz das Gleiche, allerdings sind zusätzlich die Umstände zu berücksichtigen, die zur aktuellen Lage des Unternehmens geführt haben.[621] Allerdings hat die Kommission insoweit eine veröffentlichte Entscheidung nicht getroffen.

dd) Optionsmöglichkeiten und Beurteilungsspielraum: Einem KMU steht es auch offen, dann wenn es ihm günstiger erscheint, von den „weichen" Kriterien der RdNr. 11 RuLL[622] Gebrauch zu machen und zu Gunsten einer Förderung nach den RuLL auf eine Förderung auf der Grundlage der AGVO zu verzichten. Damit stellt sich RdNr. 11 RuLL zumindest für KMU als eine zusätzliche Option dar, wie auch der Wortlaut der RdNr. 33 RuLL „Das Unternehmen muss als in Schwierigkeiten befindlich ... betrachtet werden können" zeigt. Es „kann", im Sinne von „darf im Interesse des Unternehmens" auch dann als in Schwierigkeiten befindlich, also für eine Rettungs- und Umstrukturierungsbeihilfe in Betracht kommend betrachtet werden, wenn es nur die „weichen", durch keinerlei Maßstäbe konkretisierbaren Kriterien nach RdNr. 11 RuLL, nicht aber die „harten" Kriterien nach RdNr. 10 RuLL erfüllt. Allerdings hat sich die Kommission insoweit noch nicht geäußert.

Dies spricht dafür, auch großen Unternehmen die Möglichkeiten einer Regionalförderung nach den RegLL 2007 dann nicht zu verwehren, wenn sie nur die „weichen" (RdNr. 11 RuLL), nicht aber die „harten" Kriterien nach RdNr. 10 RuLL erfüllen. Etwas anderes gilt allerdings dann, wenn ein Unternehmen seitens der eigenen Geschäftsführung oder der eigenen Anteilseigner **systematisch seiner Substanz beraubt** worden ist, so dass trotz vorhandenen Restkapitals auch eine noch so gute Wirtschafts- oder Konjunkturlage und eine damit verbundene noch so gute Marktsituation nicht zu einer Erholung führen können.[623] Insoweit ist der einzelne Mitgliedstaat auf eine den jeweiligen Sachverhalt **analysierende Entscheidung der Kommission** angewiesen.[624]

---

[617] Siehe auch Tz 15 a. E. AGVO.

[618] RuLL 2004 (Fn. 138).

[619] Vgl. EuG, Urt. v. 15. 9. 1998, T-126/96 und T 127/96 (BFM und EFIM), Slg. 1998, II-3442, RdNr. 102.

[620] Siehe auch RdNr. 43.

[621] Vgl. im Einzelnen unter RdNr. 149.

[622] RuLL 2004 (Fn. 138).

[623] Vgl. Kom., Staatliche Beihilfe N 416/2009 – Arcandor und Quelle; anders lag die Situation im Fall Qimonda. Diesem Unternehmen ist im Rahmen eines Oligopols eine faziale Marktlage und der Umstand zum Verhängnis geworden, dass mit Ausnahme des Marktanteilsführers alle anderen Oligopolisten ihren jeweiligen Sitzstaat als Beteiligten oder Garanten hatten.

[624] EuG, Urt. v. 3. 3. 2010, T-102/07 und T-120/07, RdNr. 104 f., 133, 137, 143 – Biria hinsichtlich der Leitlinien der Gemeinschaft für Staatliche Beihilfen zur Rettung und Umstrukturierung von Unternehmen

147

148

149

150   **ee) Bestandskraft erteilter beihilferechtlicher Einzelgenehmigungen:** Eine einmal **erteilte Genehmigung,** einem Unternehmen eine beabsichtigte Regionalbeihilfe zu gewähren, geht auch dann nicht unter, wenn das Unternehmen in Schwierigkeiten im Sinne der RuLL oder des Art. 1 Abs. 7 AGVO gerät. Vielmehr darf die für das gesunde Unternehmen genehmigte Beihilfe nur nicht für Investitionen während dieses Zustandes, also während der „Krankheit" gewährt oder ausgezahlt werden.[625] Befindet sich ein **Unternehmen in Schwierigkeiten** und handelt es sich um Subventionen für bereits **vor der Krise getätigte Investitionen** auf die das Unternehmen mit der Investition einen Anspruch erwirbt, also etwa um nachträglich zu leistende Investitionszulagen, so richten sich die Zahlungen selbst nach nationalem Recht, also etwa nach den Regeln des Investitionszulagengesetzes und des Haushaltsrechts. Ist die **Krise überwunden** und holt ein Unternehmen die Investition, die es vor der Krise bereits tätigen wollte und für deren Unterstützung es auch eine Genehmigung seitens der Kommission erhalten hat nach, dann ist diese Investition nicht Teil des Umstrukturierungsprozesses, sondern diese lediglich zeitlich versetzte, bereits vorgesehene Investition.[626] Diese darf wie vorgesehen unterstützt werden, also in der absoluten Förderhöhe und im Gesamtinterventionssatz begrenzt durch die Genehmigungsentscheidung.

151   **f) Ad-hoc-Beihilfen.** Obwohl die RegLL 2007 an mehreren Stellen von **„Ad-hoc"-Beihilfen** sprechen,[627] definieren sie diese Beihilfen nicht. Erst Art. 2 Abs. 1 lit. d Regionalbeihilfenfreistellungsverordnung[628] und ihm folgend Art. 2 Nr. 4 AGVO definieren eine „Ad-hoc-Beihilfe" als eine **Einzelbeihilfe, die nicht auf der Grundlage einer Beihilferegelung gewährt wird.** Dabei ist unter einer Beihilferegelung eine nach den Regeln einer Freistellungsverordnung freigestellte oder eine von der Kommission genehmigte Beihilferegelung zu verstehen.[629] Nicht ausreichend für die Bewertung, als auf der Grundlage einer Beihilferegelung gewährt, ist es, wenn der Gewährung zwar eine nationale Beihilferegelung zugrunde liegt, diese aber die dargestellten Voraussetzungen nicht, oder nicht mehr erfüllt. Das kann etwa dann eintreten, wenn die einmal erteilte Genehmigung zeitlich befristet war und die Gewährung nach Ablauf dieser **befristeten Genehmigung** erfolgte oder wenn ein Mitgliedstaat sich im Wege zweckdienlicher Maßnahmen verpflichtet hat, die in Bezug genommene Beihilferegelung zu einem vor der Gewährung liegenden Zeitpunkt außer Kraft zu setzen.[630] Allerdings orientiert sich die Kommission nicht immer an der eigenen Terminologie. So bezeichnet sie mitunter auch die ihr zur Einzelgenehmigung nach RdNr. 64 Satz 1 RegLL 2007 vorgelegten, auf genehmigten oder freigestellten Beihilferegelungen beruhenden Beihilfen für sehr große Investitionsvorhaben als „Ad-hoc"-Beihilfen.[631]

152   **g) Rechtfertigungen.** Sowohl RdNr. 10 RegLL 2007 als auch Art. 13 AGVO sehen vor, dass Regionalbeihilfen im Grundsatz auf der Basis von multisektoralen Regionalbeihilferegelungen gewährt werden. Dabei setzen die RegLL 2007 voraus, dass diese Förderregelungen integraler Bestandteil einer **mitgliedstaatlichen Strategie zur Förderung der regionalen Entwicklung** mit klar definierten Zielen ist.[632] Dem entspricht etwa der deutsche Koordinierungsrahmen für die Gemeinschaftsaufgabe „Verbesserung der regionalen Wirtschaftsstruktur" nach Art. 91a Abs. 1 Nr. 1, 2 GG.[633] Er enthält als Nachfolgeinstrument[634] des bis zur Fördera-

---

in Schwierigkeiten 1999, ABl. 1999 C 288/2 v. 9. 10. 1999 (Rettungs- und Umstrukturierungsleitlinien 1999 – RuLL 1999).

[625] RdNr. 9 Fn. 12 RegLL 2007; RdNr. 47 lit. c RuLL 2004 (Fn. 138).

[626] Siehe zu den vergleichbaren Fällen einer Förderung nach erfolgreicher Überwindung einer Krise: Kom., Staatliche Beihilfe N 513/2005 – Deutschland, Unterstützung von Unternehmen nach Insolvenz, vom 13. 9. 2006, RdNr. 17.

[627] RdNr. 10, 38, 64 Fn. 60, 71, 106 und Fn. 86 RegLL 2007.

[628] RFVO (Fn. 3).

[629] *Mederer/Pesaresi/van Hoof/Dupont/Tumasonytė* (Fn. 317), Chapter 6, RdNr. 4.908.

[630] Kom., Eröffnungsentscheidung C 34/2009 (ex N 588/2008), Abschnitt 3.2, 1. und 2. Tiret – PETROGAL (Fn. 159); siehe oben RdNr. 45, 46.

[631] Exemplarisch etwa: Kom., Staatliche Beihilfe N 773/2007 v. 16. 7. 2008 – Wacker Schott Solar; diese Entscheidung wird auf der Seite der Kom. als „ad hoc case" geführt: http://ec.europa.eu/competition/elojade/isef/case_details.cfm?proc_code=3_N773_2007.

[632] RdNr. 10 S. 1 RegLL 2007.

[633] BT-Drucks. 16/13 950, Koordinierungsrahmen 2009.

[634] Einführung des Koordninierungsrahmens in § 4 Gesetz über die Gemeinschaftsaufgabe „Verbesserung der regionalen Wirtschaftsstruktur" vom 6. 10. 1969, BGBl. 1969 I, 1861, geändert durch Art. 8 (Änderung des Gesetzes über die Gemeinschaftsaufgabe „Verbesserung der regionalen Wirtschaftsstruktur") Zweites Gesetz zum Abbau bürokratischer Hemmnisse insbesondere in der mittelständischen Wirtschaft vom 7. 9. 2007, BGBl. 2007 I 2246 (GRWG).

lismusreform 2006 jährlich angepassten und fortgeschriebenen „GA-Rahmenplans"[635] eine umfassende Analyse[636] sowie die sich daraus ergebenden Folgerungen und Bestimmungen zur regionalen Wirtschaftsförderung Deutschlands.[637]

Sollen dagegen Regionalbeihilfen gerade ohne eine solche Beihilferegelung zu Gunsten einzelner Unternehmen gewährt werden, also als Ad-hoc-Beihilfe, oder sollen Regionalbeihilfen auf einen bestimmten Tätigkeitsbereich (Sektor) beschränkt werden, so hat der jeweilige Mitgliedstaat nachzuweisen, dass das Vorhaben zu einer **kohärenten Regionalentwicklungsstrategie** beiträgt und, gemessen an seiner Art und seinem Umfang, keine inakzeptablen Wettbewerbsbeschränkungen nach sich zieht.[638] Dabei ist unter dem Vorhaben das subventionierte Vorhaben, nicht das Vorhaben ohne Subvention zu verstehen. Damit soll gewährleistet werden, dass sich der Mitgliedstaat hinsichtlich seiner Regionalpolitik stets einer Strategie bedient, die vor allem das Wohl der Förderregionen und nicht so sehr das Wohl eines einzelnen Unternehmens oder eines einzelnen Sektors im Auge hat.[639] Der Mitgliedstaat wird also verpflichtet, stets den gleichen Prüfaufwand zu betreiben, unabhängig von seiner Entscheidung, Regionalbeihilfen auf der Grundlage einer Regelung oder ohne eine Regelung als Ad-hoc-Beihilfen zu gewähren. Letzteres wird allerdings regelmäßig nur bei genehmigungspflichtigen Ad-hoc-Beihilfen bedeutsam.[640]   **153**

Verbunden mit RdNr. 10 RegLL 2007 ist allerdings auch eine **Individualprüfung und -nachweispflicht** eines Mitgliedstaates für den Fall, dass eine beabsichtigte Regionalbeihilfengewährung auf der Grundlage einer Beihilferegelung an der inzwischen eingetretenen, also nachträglichen (formellen oder materiellen) Rechtswidrigkeit der dieser Gewährung zugrunde-liegenden Beihilferegelung scheitert[641] und eine andere Rechtsgrundlage nicht zur Verfügung steht.   **154**

D. Der Anreizeffekt

I. Begriff

Eine bereits bisher beachtete, aber von der Kommission auf Grund des Aktionsplans Staatliche Beihilfen[642] seit 2005 besonders hervorgehobene **Grundvoraussetzung für die Förderung** ist der sogenannte **Anreizeffekt**.[643] Im beihilfe- und förderrechtlichen Sinne ist darunter der Effekt zu verstehen, der dann eintritt, wenn eine Förderung den Anreiz für eine bestimmte Investition gegeben hat. Das ist dann anzunehmen, wenn ohne die Förderung die Investition nicht oder nicht so durchgeführt worden wäre.[644] Fehlt es am Anreizeffekt, wäre also das Investitionsvorhaben so auch ohne die Förderung erfolgt, dann handelt es sich bei der Hereinnahme der Förderung lediglich um einen **Mitnahmeeffekt.** Das Unternehmen hätte dann staatliche Mittel über das erforderliche Maß hinaus zur Verfügung erhalten und so seine Position auf dem Markt ungerechtfertigt verbessern können. Würde also ein Unternehmen eine bestimmte Investition an einem bestimmten Standort auch ohne eine staatliche Förderung vornehmen, erhielte es diese Unterstützung nicht mehr als generalisierten Nachteilsausgleich für eine von ihm ohne   **155**

---

[635] § 4 Gesetz über die Gemeinschaftsaufgabe „Verbesserung der regionalen Wirtschaftsstruktur" vom 6. 10. 1969, BGBl. 1969 I 1861, vor Einführung des Koordinierungsrahmens zuletzt geändert durch Art. 5 Zweites Gesetz über die Bereinigung von Bundesrecht im Zuständigkeitsbereich des Bundesministeriums für Wirtschaft und Technologie und des Bundesministeriums für Arbeit und Soziales vom 25. 4. 2007, BGBl. 2007 I 594 (GRW).

[636] Teil I des Koordinierungsrahmens 2009 (Fn. 633).

[637] Teil II des Koordinierungsrahmens 2009 (Fn. 633).

[638] RdNr. 10 S. 3 RegLL 2007.

[639] Kom., Staatliche Beihilfe N 468/2009 v. 12. 10. 2009 – Regionale Ad-hoc-Beihilfe Roche Polska; Staatliche Beihilfe N 447/2009 – Polen: Regional aid hoc aid to TietoEnator Polska Sp. z o.o.; Staatliche Beihilfe N 495/2009 v. 24. 2. 2010, RdNr. 25 – Lettland: Electric and electronic waste sorting and recy-cling facility in Tume.

[640] RdNr. 67 Fn. 60 RegLL 2007, Art. 3 Abs. 3, Art. 6 Abs. 2, Art. 13 Abs. 1 S. 2 AGVO.

[641] Kom., Eröffnungsentscheidung C 34/2009 (ex N 588/2008), Abschnitt 3.3, 8. und 9. Tiret – PETROGAL (Fn. 159).

[642] Aktionsplan staatliche Beihilfen (Fn. 98), S. 7.

[643] RdNr. 38 RegLL 2007; Art. 8 AGVO.

[644] Siehe etwa Tz. 28 S. 1 und Art. 8 Abs. 2, 3 AGVO; RdNr 38 S. 1 RegLL 2007.

diese Unterstützung nicht in Kauf genommene Belastung. Das Unternehmen würde unspezifisch seine gesamten Aufwendungen für die Betriebsführung reduzieren. Eine derartige Unterstützung ist keine Investitions-, sondern **eine Betriebsbeihilfe.**[645] Soweit die Betriebsbeihilfe nicht ihrerseits mit dem Binnenmarkt vereinbar ist führt dieser Effekt zu einer Verletzung des Binnenmarktes.[646] Darüber hinaus stellt er rein einzelstaatlich-fiskalisch eine Verschwendung öffentlicher Haushaltsmittel dar. Allerdings ist die Mittelverschwendung kein wettbewerbliches Kriterium und daher für die Prüfung der Vereinbarkeit einer Beihilfe mit dem Binnenmarkt ungeeignet und unzulässig.[647]

II. Kurzübersicht

156   Die RegLL 2007, die RFVO[648] und die sie ersetzende AGVO widmen dem Anreizeffekt besondere Aufmerksamkeit. Dabei unterscheiden alle Regelungen zwischen **Beihilfen, die auf Grund einer Beihilferegelung** oder „ad hoc" **ohne eine solche Regelung** gewährt werden. Erfolgt die Gewährung auf der Grundlage einer genehmigten oder freigestellten Beihilferegelung, so ist zu differenzieren, ob sie **aufgrund einer Ermessensentscheidung** des Beihilfegebers oder aufgrund einer genehmigten oder freigestellten **gesetzlichen Regelung ohne jeglichen behördlichen Ermessensspielraum** erfolgt,[649] etwa in Form von Steuerermäßigungen oder als Investitionszulage. Bei einer Gewährung aufgrund einer Ermessensentscheidung kann der Anreizeffekt in unterschiedlichen Phasen der Vorhabensverwirklichung von Bedeutung sein: zum einen im **Rahmen der Bewilligung** zum anderen bei einem **beabsichtigten Vorhabensbeginn vor einer Bewilligung.** Schließlich ist der Anreizeffekt von Regionalbeihilfen, unabhängig von der Differenzierung zwischen einer Gewährung mit oder ohne Ermessensspielraum, im Rahmen der Vereinbarkeit einer Beihilfe mit dem Binnenmarkt für **große anmeldepflichtige Investitionsvorhaben marktstarker Unternehmen** im Sinne von RdNr. 68 RegLL 2007 erheblich.

157   **1. Allgemeine Grundregeln.** Im **Grundsatz** und ohne Berücksichtigung aller Besonderheiten lassen sich folgende **Regeln** aufstellen.

158   Hat die Bewilligungsbehörde, wie im Regelfall, einen **Ermessensspielraum,** so gilt in zeitlicher Reihenfolge: erst der Förderantrag, dann die Bewilligung und dann der Projektbeginn. Soll es dagegen schnell gehen, so ist auch folgender Weg zulässig: erst der Förderantrag, dann die schriftliche Gestattung seitens der Bewilligungsbehörde für den Vorhabensbeginn, dann der Projektbeginn und erst danach die Bewilligung.

159   Hat die Bewilligungsbehörde dagegen **keinen Ermessensspielraum,** etwa bei steuerrechtlichen Fördervorschriften, so gilt in zeitlicher Reihenfolge: erst die Förderregelung, dann der Projektbeginn (und danach erst der Förderantrag). Ist die Förderregelung die Nachfolgeregelung einer bereits bestehenden Fördervorschrift, dann ist auch die umgekehrte Reihenfolge zulässig, also erst der Projektbeginn, dann die Fördervorschrift als Nachfolgeregelung einer bereits bestehenden Regelung (und danach der Förderantrag).

160   **a) Auf Ermessen beruhende Förderung.** Bei einer auf Ermessen beruhenden Förderung ist ein **Anreizeffekt** nur dann gegeben, wenn der **Antrag** auf Förderung gerade **vor Beginn** der zu fördernden Maßnahme **gestellt** wird.[650] Das gilt unabhängig davon, ob die beabsichtigten Beihilfen auf einer genehmigten[651] oder freigestellten Beihilferegelung[652] beruhen oder ohne eine solche Regelung „ad hoc"[653] gewährt werden sollen. Fehlt es an dieser Voraussetzung,

---

[645] RdNr. 76 RegLL 2007.
[646] *Mestmäcker/Schweitzer* § 2 Rn. 117.
[647] Siehe oben RdNr. 29.
[648] RFVO (Fn. 3).
[649] RdNr. 38 Fn. 41 RegLL 2007; Art. 5 Abs. 2 RFVO (Fn. 3); Art. 8 Abs. 4 AGVO.
[650] Art. 8 Abs. 6 AGVO; RdNr. 38 S. 2, 5 RegLL 2007.
[651] RdNr. 38 S. 3 RegLL 2007.
[652] Art. 8 Abs. 2 AGVO.
[653] RdNr. 38 S. 4 RegLL 2007; siehe insoweit auch die Definition in Artikel 2 Nr. 4 AGVO. Allerdings orientiert sich die Kommission nicht immer an der eigenen Terminologie. So bezeichnet sie auch die in Rdnr. 38 Fn. 39, 64 Satz 1 RegLL 2007 beschriebenen Beihilfen für sehr große Investitionsvorhaben mitunter als „Ad-hoc"-Beihilfen, exemplarisch: Kom., Staatliche Beihilfe, N 488/2009 v. 12. 10. 2009 – Regionale *Ad-hoc*-Beihilfe Roche Polska.

wird also das Vorhaben begonnen, ohne dass diese Bedingung erfüllt ist, so kann es keine Beihilfen erhalten.[654]

Weiterhin ist es grundsätzlich erforderlich, dass der Förderantrag **vor Beginn** der zu fördern-   **161** den Maßnahme **beschieden** wird, unabhängig davon, ob es sich um eine genehmigungspflichtige oder genehmigungsfreie Regionalbeihilfe handelt. Diese zweite Voraussetzung erfährt eine Vielzahl von **Abwandlungen und Verzichten:**

– Nach den Regeln der **RegLL 2007,** aber auch im Rahmen der **RFVO,**[655] kann diese   **162** zweite Voraussetzung sowohl für KMU als auch für Großunternehmen durch eine Gestattung der Bewilligungsbehörde ersetzt werden, schon vor der Bescheidung mit dem Vorhaben beginnen zu dürfen.[656] Den Bewilligungsbehörden sind für diese Gestattungserklärungen variierende Prüf- und Vorbehaltserklärungspflichten auferlegt.[657] Diese Ersetzungsmöglichkeit gilt unabhängig davon, ob die Beihilfe auf einer genehmigten oder freigestellten Beihilferegelung beruht oder ob sie als „Ad-hoc"-Beihilfe gewährt werden soll.[658]

– Im Rahmen der **AGVO** darf diese zweite Voraussetzung bei KMU und bei Großunter-   **163** nehmen ganz entfallen[659] und zwar sowohl für Beihilfen, die auf einer freigestellten Beihilferegelung beruhen als auch für ergänzende „Ad-hoc"-Beihilfen.[660] Zusätzlich hat der Gewährende bei Großunternehmen die Pflicht, vor der Bewilligung zu überprüfen, dass der Beihilfeempfänger den Anreizeffekt durch die Vorlage interner Dokumente belegt hat.[661] Dies gilt sowohl vor der Bewilligung von einzelnen Beihilfen, die auf einer freigestellten Beihilferegelung beruhen,[662] als auch für ergänzende „Ad-hoc"-Beihilfen.[663] Andere Ad-hoc-Beihilfen stellt die AGVO für Großunternehmen allerdings auch nicht frei.[664]

b) Auf Gesetz beruhende Förderung. Handelt es sich um eine Gewährung kraft Gesetzes,   **164** hat also die Bewilligungsbehörde, wie etwa bei steuerlichen Regelungen, keinen Ermessensspielraum, wird der Anreizeffekt im Rahmen der RegLL 2007 als gegeben angesehen.[665] Im Rahmen der AGVO dagegen setzt der Anreizeffekt voraus, dass das Fördergesetz, etwa ein Investitionszulagengesetz, vor dem Vorhabensbeginn verkündet worden ist.[666] Handelt es sich bei der aktuellen gesetzlichen Regelung um eine Nachfolgeregelung zu einem vorangehenden Gesetz, ersetzt etwa das Investitionszulagengesetz 2010 das Investitionszulagengesetz 2007,[667] dann gilt der Anreizeffekt für die aktuelle Regelung auch dann als gegeben, wenn das Vorhaben vor der Verkündung des Nachfolgegesetzes begonnen wurde.[668]

c) Besonderer Anreizeffekt nach RdNr. 68 RegLL. Handelt es sich um eine Unter-   **165** stützung marktstarker Unternehmen mit einer wegen ihres Umfanges anmeldepflichtigen Beihilfe, so untersucht die Kommission ferner den Anreizeffekt im Sinne der RdNr. 68 RegLL 2007.

2. Tabellarische Übersichten. Diese Zusammenhänge sind auf den folgenden Übersichten   **166** unter Berücksichtigung der im Wesentlichen auftretenden Fallkonstellationen zusammengestellt. Dabei umfassen die beiden ersten Übersichten die auf einer Ermessensentscheidung beruhende Gewährung von Regionalbeihilfen, getrennt nach KMU und Großunternehmen, die dritte Übersicht betrachtet die Förderung einer Gewährung kraft Gesetzes, also ohne Ermessensspielraum. Die in den Übersichten enthaltenen Vorschriften sind die für die jeweilige Fallkonstellation zutreffenden Regelungsnormen.

---

[654] RdNr. 38 S. 5 RegLL 2007.

[655] RFVO (Fn. 3).

[656] RdNr. 38 S. 2 RegLL 2007.

[657] RdNr. 38 S. 2, 4 RegLL 2007.

[658] RdNr. 38 S. 2, 4 RegLL 2007; Art. 5 Abs. 1 RFVO (Fn. 3).

[659] Für KMU: Art. 2 Nr. 7; 8 Abs. 2 AGVO; für Großunternehmen: Art. 2 Nr. 8; 8 Abs. 3 AGVO.

[660] Art. 3 Abs. 2, 3, Art. 13 Abs. 1 S. 2, iVm. Art. 8 Abs. 2 AGVO für KMU oder iVm. Art. 8 Abs. 3 1. HS AGVO für Großunternehmen.

[661] Art. 8 Abs. 3 2. HS AGVO.

[662] Art. 8 Abs. 3; 1 Abs. 5 AGVO.

[663] Art. 8 Abs. 3, 2, Art. 3 Abs. 2, 3, Art. 1 Abs. 5; 13 Abs. 1 S. 2 AGVO.

[664] Art. 1 Abs. 5 AGVO.

[665] RdNr. 38 S. 3 Fn. 41 RegLL 2007.

[666] Art. 8 Abs. 4 AGVO.

[667] Siehe etwa Staatliche Beihilfe X 167/2008, Art. 1 Investitionszulagengesetz 2010 (InvZulG 2010) (Fn. 600).

[668] Art. 8 Abs.4 lit. b S. 2 AGVO.

167 Anreizeffektprüfung: Ermessensentscheidung bei kleinen und mittleren Unternehmen:

		Ermessensentscheidung					
		kleine und mittlere Unternehmen (KMU)					
		Investitions volumen ≤ 50 Mio. €		großes Investitionsvorhaben (Investitionsvolumen > 50 Mio. € und ≤ 100 Mio. €)		großes Investitionsvorhaben (Investitionsvolumen > 100 Mio. €)	
	nationale Rechtsgrundlage	auf Regelung beruhend	Ad-hoc-Beihilfe	auf Regelung beruhend	Ad-hoc-Beihilfe	auf Regelung beruhend	Ad-hoc-Beihilfe
	EU-Rechtsgrundlage						
Maßnahmebeginn **vor** Bewilligung	RegLL 2007	RdNr. 38 Satz 2 RegLL	RdNr. 38 Satz 2, 4 RegLL	RdNr. 38 Satz 2 RegLL	RdNr. 38 Satz 2, 4 RegLL	RdNr. 38 Satz 2 Fn. 39 RegLL	RdNr. 38 Satz 2, 4 RegLL
	AGVO*	Art. 8 Abs. 2 AGVO	Art. 3 Abs. 3, 6 Abs. 1, 8 Abs. 2 13 Abs. 1 Satz 2 AGVO	Art. 8 Abs. 2 AGVO	Art. 3 Abs. 3, 6 Abs. 1, 8 Abs. 2 13 Abs. 1 Satz 2 AGVO	nicht anwendbar soweit Anmeldepflicht, Art. 6 Abs. 2 AGVO, in diesem Fall gilt RdNr. 38 RegLL 2007	
Maßnahmebeginn **nach** Bewilligung	RegLL 2007	RdNr. 38 Satz 2, 1. HS RegLL	RdNr. 38 Satz 2, 1. HS, RegLL und Vorbehaltsbewilligung	RdNr. 38 Satz 2, 1. HS RegLL	RdNr. 38 Satz 2, 1. HS, RegLL und Vorbehaltsbewilligung	RdNr. 38 Satz 2, 1. HS RegLL und Vorbehaltsbewilligung	
	AGVO*	Art. 8 Abs. 2 AGVO	Art. 3 Abs. 3, 6 Abs. 1, 8 Abs. 2 13 Abs. 1 Satz 2 AGVO	Art. 8 Abs. 2 AGVO	Art. 3 Abs. 3, 6 Abs. 1, 8 Abs. 2 13 Abs. 1 Satz 2 AGVO	nicht anwendbar soweit Anmeldepflicht, Art. 6 Abs. 2 AGVO, in diesem Fall gilt RdNr. 38 RegLL 2007	
Anreizeffekt nach RdNr. 68 RegLL 2007		nicht anwendbar		nicht anwendbar		RdNr. 68 RegLL	

* Sofern sich die Beihilfegewährung nicht auf die AGVO, sondern auf die Regionalbeihilfenfreistellungsverordnung (RFVO, siehe oben Fn. 3) als Vorgängerrechtsgrundlage stützt, gilt bei einem Investitionsvolumen bis zu 100 Mio. EUR Art. 5 Abs. 1 RFVO. Bei Ad-hoc-Beihilfen gelten Art. 3 Abs. 3; 7 lit. e, f; 5 Abs. 1 RFVO. Übersteigt das Investitionsvolumen die 100 Mio. EUR-Schwelle und bedarf die Beihilfe einer Anmeldung und nicht nur einer Anzeige, Art. 7 lit. e RFVO, gilt auch insoweit, wie im Rahmen der AGVO, RdNr. 38 RegLL 2007.

Anreizeffektprüfung: Ermessentscheidung bei Großunternehmen 168

		Ermessensentscheidung					
		Großunternehmen (vgl. Art. 2 Nr. 8 AGVO)					
		Investitionsvolumen ≤ 50 Mio. €		großes Investitionsvorhaben (Investitionsvolumen > 50 Mio. € und ≤ 100 Mio. €)		großes Investitionsvorhaben (Investitionsvolumen > 100 Mio. €)	
	nationale Rechtsgrundlage	auf Regelung beruhend	Ad-hoc-Beihilfe	auf Regelung beruhend	Ad-hoc-Beihilfe	auf Regelung beruhend	Ad-hoc-Beihilfe
	EU-Rechtsgrundlage						
Maßnahmebeginn **vor** Bewilligung	RegLL 2007	RdNr. 38 Satz 2 RegLL	RdNr. 38 Satz 2, 4 RegLL	RdNr. 38 Satz 2 RegLL	RdNr. 38 Satz 2, 4 RegLL	RdNr. 38 Satz 2 Fn. 39 RegLL	RdNr. 38 Satz 2, 4 RegLL
	AGVO★	Art. 8 Abs. 2, AGVO	Art. 3 Abs. 3, 1 Abs. 5, 13 Abs. 1 Satz 2, 8 Abs. 2, AGVO	Art. 8 Abs. 2, AGVO	Art. 3 Abs. 3, 1 Abs. 5, 13 Abs. 1 Satz 2, 8 Abs. 2, AGVO	nicht anwendbar soweit Anmeldpflicht, Art. 6 Abs. 2 AGVO, in diesem Fall gilt RdNr. 38 RegLL 2007	
Maßnahmebeginn **nach** Bewilligung	RegLL 2007	RdNr. 38 Satz 2, 1. HS RegLL	RdNr. 38 Satz 2, 1. HS, RegLL und Vorbehaltsbewilligung	RdNr. 38 Satz 2, 1. HS RegLL	RdNr. 38 Satz 2, 1. HS, RegLL und Vorbehaltsbewilligung	RdNr. 38 Satz 2, 1. HS RegLL und Vorbehaltsbewilligung	
	AGVO★	Art. 8 Abs. 2, AGVO	Art. 3 Abs. 3, 1 Abs. 5, 13 Abs. 1 Satz 2, 8 Abs. 2, (3) AGVO	Art. 8 Abs. 2, AGVO	Art. 3 Abs. 3, 1 Abs. 5, 13 Abs. 1 Satz 2, 8 Abs. 2, AGVO	nicht anwendbar soweit Anmeldpflicht, Art. 6 Abs. 2 AGVO, in diesem Fall gilt RdNr. 38 RegLL 2007	
Anreizeffekt nach RdNr. 68 RegLL 2007		nicht anwendbar		nicht anwendbar		RdNr. 68 RegLL	

★ Sofern sich die Beihilfegewährung nicht auf die AGVO, sondern auf die Regionalbeihilfenfreistellungsverordnung (RFVO, siehe oben Fn. 3) als Vorgängerrechtsgrundlage stützt, gelten die Erläuterungen in RdNr. 167 entsprechend.

169   Anreizeffektprüfung: Bewilligung kraft Gesetzes

		Bewilligung kraft Gesetzes					
		kleine, mittlere und große Unternehmen					
		Investitionsvolumen ≤ 50 Mio. € und großes Investitionsvorhaben (Investitionsvolumen > 50 Mio. € und ≤ 100 Mio. €)			(sehr) großes Investitionsvorhaben (Investitionsvolumen > 100 Mio. €)		
	Projektbeginn	nach	vor	vor	nach	vor	vor
		Einführung der gesetzlichen Regelung (etwa Investitionszulagengesetz)					
	Nachfolge-regelung	ja/nein	nein	ja	ja/nein	nein	ja
	EU-Rechts-grundlage						
Maßnahmebeginn **vor** Bewilligung	RegLL 2007	RdNr. 38 Satz 3 Fn. 41 RegLL	Förderausschluss, RdNr. 108 Satz 5 RegLL*	RdNr. 38 Satz 3 Fn. 41, 108 Satz 5 RegLL, Art. 8 Abs. 4 lit. b Satz 2 AGVO analog*	RdNr. 38 Satz 3 Fn. 41 RegLL	Förderausschluss, RdNr. 108 Satz 5 RegLL*	RdNr. 38 Satz 3 Fn. 41, 108 Satz 5 RegLL, Art. 8 Abs. 4 lit. b Satz 2 AGVO analog*
	AGVO**	Art. 8 Abs. 4 lit. a und b Satz 1 AGVO	Förderausschluss, Art. 8 Abs. 4 lit. b Satz 1 AGVO	Art. 8 Abs. 4 lit. a und b Satz 1, 2 AGVO*	nicht anwendbar soweit Anmeldepflicht gemäß Art. 6 Abs. 2 AGVO besteht.		
Maßnahmebeginn **nach** Bewilligung	RegLL 2007	RdNr. 38 Satz 2, 1. HS RegLL	Förderausschluss, RdNr. 108 Satz 5 RegLL*	RdNr. 38 Satz 3 Fn. 41, 108 Satz 5 RegLL, Art. 8 Abs. 4 lit. b Satz 2 AGVO analog*	RdNr. 38 Satz 2, 1. HS RegLL	Förderausschluss, RdNr. 108 Satz 5 RegLL*	RdNr. 38 Satz 3 Fn. 41, 108 Satz 5 RegLL, Art. 8 Abs. 4 lit. b Satz 2 AGVO analog*
	AGVO**	Art. 8 Abs. 4 lit. a und b Satz 1 AGVO	Förderausschluss, Art. 8 Abs. 4 lit. b Satz 1 AGVO	Art. 8 Abs. 4 lit. a und b Satz 1, 2 AGVO*	nicht anwendbar soweit Anmeldepflicht gemäß Art. 6 Abs. 2 AGVO besteht.		
Anreizeffektprüfung gemäß RdNr. 68 RegLL 2007		nicht anwendbar			RdNr. 68 RegLL		

* Zulässig ist eine Förderung aufgrund einer zum Zeitpunkt des Investitionsbeginns noch nicht bestehenden Beihilferegelung auch, wenn sie in der Individualentscheidung der Kommission genehmigt worden ist, Kommission, N 872/2006 vom 30. 1. 2008, RdNr. 23, 25.

** Die Regionalbeihilfenfreistellungsverordnung (RFVO, siehe oben Fn. 3) enthält mit Art. 5 Abs. 2 ebenfalls eine Regelung für gebundene Beihilfegewährungen. Eine Art. 8 Abs. 4 lit. b Satz 2 AGVO entsprechende Bestimmung enthält die RFVO dagegen nicht.

III. Im Einzelnen

1. Der Anreizeffekt im Rahmen einer auf behördlichem Ermessen beruhenden 170
Gewährung (ohne vorfristigen Vorhabensbeginn):[669] Erforderlich für eine mit dem Binnenmarkt vereinbare, auf behördlichem Ermessen beruhende Förderung ist stets ein **Förderantrag vor Maßnahmebeginn**[670] sowie grundsätzlich ein positiver Förderbescheid. Dies gilt für eine Beihilfe, die auf einer genehmigten oder freigestellten Regelung beruht in gleicher Weise wie für eine Ad-hoc-Beihilfe, also einer Beihilfe, die nicht auf einer genehmigten oder freigestellten Regelung beruht.[671]

Der Begünstigte muss also zunächst stets **vor Vorhabensbeginn** einen **Förderantrag** stel- 171
len.[672] Werden die Arbeiten begonnen, bevor diese Bedingung erfüllt ist, „so kann das Vorhaben keine Beihilfen erhalten".[673] Diese Pflicht und die mit ihrer Verletzung verbundenen Folgen des Förderausschlusses dienen bei Förderermessensentscheidungen dem **Ausschluss schlichter Mitnahmeeffekte.**[674] Beginnt der Begünstigte mit seinem Vorhaben, ehe er einen Förderantrag stellt, so zeigt er, dass für dieses Vorhaben der Anreiz einer staatlichen Unterstützung gerade nicht erforderlich war.[675] Die beabsichtigte Unterstützung wäre daher eine reine Betriebsbeihilfe und nach den dafür geltenden Kriterien zu behandeln.

Als **Beginn der Arbeiten** ist entweder die Aufnahme der Bauarbeiten oder die erste ver- 172
bindliche Verpflichtung zur Bestellung von Anlagen zu verstehen.[676]

Die **Aufnahme der Bauarbeiten** geschieht spätestens mit dem Beginn der Erdarbeiten (soge- 173
nannter „1. Spatenstich"). Dieser „1. Spatenstich" ist als Indiz für den spätesten Beginn der Bauarbeiten anzusehen. Die subventionserheblichen Bauarbeiten können aber auch bereits deutlich früher aufgenommen worden sein. Eine Aufnahme der Bauarbeiten erst nach dem „1. Spatenstich" wird nur anzuerkennen sein, wenn sich zweifelsfrei nachweisen lässt, dass dieser „1. Spatenstich" keinerlei Bezug zur Wirklichkeit hatte und lediglich einen (ungeschickten) Anlass für eine Feier darstellte. Dies misslingt, sofern zu diesem „Event" Vertreter der finanzierenden Banken oder Vertreter der Öffentlichkeit (Minister, Staatssekretäre, (Ober-)Bürgermeister, Dezernenten, Beigeordnete oder Amtsleiter) eingeladen waren. **Nicht** zum **Beginn der Arbeiten** zählt der **Kauf des Grundstückes** selbst. Daher kann auch auf einem erst kürzlich oder bereits seit mehreren Jahren erworbenen Grundstück eine förderfähige Produktionsstätte errichtet werden. Ausgeschlossen ist in diesem Fall allerdings die Förderung des Grunderwerbs.[677] Wird dagegen der Grunderwerb, etwa von der veräußernden Kommune, durch einen verbilligten Kaufpreis gefördert, dann kann auch der Grunderwerb als Vorhabensbeginn angesehen werden. Das birgt für den Begünstigten die Gefahr, dass eine Förderung des restlichen Vorhabens mangels Anreizeffektes ausscheidet, sofern nicht rechtzeitig zuvor eine entsprechende Beihilfe beantragt worden ist. Nicht von diesem Förderausschluss betroffen sind allein steuerliche Förderungen, in Deutschland also etwa eine Förderung nach dem jeweils geltenden Investitionszulagengesetz.[678]

Die **erste verbindliche Verpflichtung zur Bestellung von Anlagen** umfasst nicht nur 174
den **tatsächlichen Auftrag**, sondern greift auf mögliche **Vorverträge** zurück.[679] Solche Vorverträge sind allerdings nur dann von Bedeutung, wenn sie eine Verpflichtung des Begünstigten beinhalten, bestimmte Maschinen für ein bestimmtes Investitionsvorhaben zu bestellen und abzunehmen. Fehlt es dagegen, wie etwa bei einem **Optionsvertrag** üblich, an der **Abnahmeverpflichtung** oder ist die Abnahmeverpflichtung nicht spezifisch für das in Rede stehende Vorhaben an diesem bestimmten Standort, sondern allgemein getroffen, liegt noch kein Beginn im Sinne der RdNr. 38 RegLL 2007 vor. In diesem Fall hat das Unternehmen noch eine **wirkliche Standortwahl**. Es kann entscheiden, diese Maschinen an einem anderen Standort, etwa

---

[669] Zum vorfristigen Vorhabensbeginn siehe nachfolgend RdNr. 205 ff.

[670] RdNr. 38 S. 2, 1. Halbs. RegLL 2007.

[671] Zum Begriff der Ad-hoc-Beihilfe: Art. 2 Nr. 4 AGVO; Kom., Staatliche Beihilfe C 34/2009 (ex N 588/2008), Abschnitt 3.2. 2. Tiret – PETROGAL (Fn. 159); siehe auch oben RdNr. 151.

[672] RdNr. 38 S. 2 1. Halbs. RegLL 2007; Art. 8 Abs. 2 AGVO.

[673] RdNr. 38 S. 5 RegLL 2007; Art. 8 Abs. 6 AGVO.

[674] *Knoblich* (Fn. 21) 85, 93.

[675] *Mederer/Pesaresi/van Hoof/Dupont/Tumasonytė* (Fn. 317), Chapter 6, RdNr. 4.893.

[676] RdNr. 38 Fn. 40 RegLL 2007.

[677] Im Ergebnis ebenso: Kom., Staatliche Beihilfe N 357 a/2006 v. 6. 12. 2006, RdNr. 32 – Investitionszulagengesetz 2007; *Mederer/Pesaresi/van Hoof/Dupont/Tumasonytė* (Fn. 317), Chapter 6, RdNr. 4.895.

[678] Siehe dazu näher RdNr. 164, 225–231.

[679] RdNr. 38 Fn. 40 RegLL 2007: „... erste verbindliche Verpflichtung zur Bestellung von Anlagen.".

außerhalb eines Fördergebietes einzusetzen. Etwas anderes gilt dann, wenn ein Unternehmen nur eine Betriebsstätte betreibt und es sich um eine Erweiterungsanlage handelt, die spezifisch an die vorhandenen Wirtschaftsgüter angeschlossen werden soll. In diesem Fall führt eine vertragliche Bindung vor Antragstellung zum Förderausschluss. Im Übrigen ist eine Investition erst in dem Zeitpunkt begonnen, in dem das konkrete Wirtschaftsgut bestellt oder wenn (etwa vom zu fördernden Unternehmen selbst, also ohne eine Bestellung) seine Herstellung begonnen worden ist. Gebäude gelten in dem Zeitpunkt als bestellt, in dem über ihre Anschaffung ein rechtswirksam abgeschlossener obligatorischer Vertrag oder ein gleichstehender Rechtsakt vorliegt. Als Beginn der Herstellung gilt bei **Gebäuden** der Abschluss eines der Ausführung zuzurechnenden **Lieferungs- oder Leistungsvertrages** oder die **Aufnahme von Bauarbeiten.**[680] Dazu zählen Architektenverträge, die sich ausschließlich mit der Frage der Durchgestaltung des Gebäudes befassen. Verträge über Konstruktions- oder Architektenleistungen, die die Frage der Machbarkeit beantworten sollen, zählen nicht zu den Leistungsverträgen, deren Abschluss möglicherweise zum Beginn der Herstellung eines Gebäudes führt.[681]

175   Nicht als Beginn der Arbeiten ist die Fertigung einer **Durchführbarkeitsstudie (feasibility study)** anzusehen.[682] Dies gilt auch für den Fall, dass diese Studien technische, topographische oder geologische Fragen behandeln. Ferner gilt dies auch, wenn es sich bei den Studien um Konstruktions- oder Architektenleistungen handelt, die sich nicht ausschließlich mit der Durchbildung des Gebäudes oder der Anlagen befassen.[683] Es ist anzunehmen, dass diese Leistungen erst erkennen lassen, ob das Vorhaben (bau-)genehmigungsfähig ist. Es kommt also für die Frage des Vorhabensbeginns nicht auf eine ohnehin nicht präzisierbare Detailliertheit der Durchführbarkeitsstudie an. Maßgeblich ist allein, dass sich die Studie allein mit Fragen befasst, ob, und wenn ja, wie das beabsichtigte Projekt durchführbar ist. Das gilt auch dann, wenn diese die Investition lediglich vorbereitenden Studien gefördert werden sollen. Dies ist allerdings nur bei KMU zulässig. Dabei beträgt der Interventionssatz bis zu 50%.[684]

176   Mit Blick auf die regionale Lohnkostenförderung stellt sich die Frage nach dem Anreizeffekt nicht. Die Arbeitsplätze können nur dann besetzt werden, wenn sie zuvor geschaffen worden sind. Das aber setzt immer eine materielle Investition in Anlagen oder Ausstattung voraus. So ist selbst ein personalintensives, aber mit nur geringen Investitionskosten auskommendes Unternehmen, wie etwa ein Call-Center ohne eine wenn auch vergleichsweise kostengünstige Telefonanlage als Investition nicht zu betreiben. Konsequenterweise enthalten daher weder die RegLL 2007 noch die AGVO spezifische Bestimmungen über den Vorhabensbeginn mit Blick auf die regionale Lohnkostenförderung.

177   **a) Anreizeffekt im Rahmen der Bescheidung auf der Grundlage der RegLL 2007. aa) Nicht genehmigungspflichtige Regionalbeihilfen.** Eine nicht genehmigungspflichtige Regionalbeihilfe, also eine auf eine genehmigte Regionalbeihilferegelung gestützte Regionalbeihilfe, die alle Genehmigungsvoraussetzungen der Regelungsgenehmigung erfüllt und daher keiner eigenen Genehmigung gemäß Art. 108 Abs. 3 AEUV bedarf, weist dann einen Anreizeffekt auf, wenn der Begünstigte **vor Maßnahmebeginn** den **Förderantrag** gestellt und einen **positiven Förderbescheid** erhalten hat. Erst dann, wenn der Begünstigte erfahren hat, dass die Bewilligungsbehörde die vorgesehene Investitionsmaßnahme auch fördern wird, er also einen positiven Förderbescheid erhalten hat, ist ihm bekannt, dass er nicht ausschließlich auf eigenes Risiko investiert. Streng genommen kann der Anreizeffekt also erst greifen, wenn der Begünstigte weiß, dass sein Vorhaben unterstützt wird und er anschließend genau deshalb die Investition auch tätigt. Statt eines Förderbescheides selbst ist auch eine schriftliche Zusage im Sinne § 38 VwVfG ausreichend, soweit sich aus ihr der Anspruch auf eine Förderung ergibt.

178   **bb) Genehmigungspflichtige Regionalbeihilfen.** Eine genehmigungspflichtige Regionalbeihilfe weist, wie eine genehmigungsfreie Regionalbeihilfe einen Anreizeffekt auf, wenn der Begünstigte vor Maßnahmebeginn den Förderantrag gestellt und einen positiven Förderbescheid erhalten hat. Dieser Förderbescheid muss allerdings folgende Voraussetzungen erfüllen: entweder er ergeht erst, **nachdem** die Kommission die beabsichtigte **Beihilfe genehmigt** hat oder, sofern die Bewilligung vor dieser Entscheidung erfolgt, er ergeht **unter dem Vorbehalt einer Genehmigung** der Beihilfe durch die Kommission. Jede genehmigungspflichtige Beihilfe ist

[680] Kommission. Staatliche Beihilfe N 357 a/2006, RdNr. 32 – Investitionszulagengesetz 2007 (Fn. 664).
[681] Siehe sogleich RdNr. 175.
[682] RdNr. 38 Fn. 40 2. Halbsatz, 51 RegLL 2007.
[683] A. A. *Mederer/Pesaresi/van Hoof/Dupont/Tumasonyté* (Fn. 317), Chapter 6, RdNr. 4.895.
[684] RdNr. 51 RegLL 2007.

stets nach Art. 108 Abs. 3 AEUV der Kommission zur Genehmigung vorzulegen. Das gilt auch, wenn die genehmigungspflichtige Beihilfe auf einer nach den RegLL 2007 genehmigten oder auf einer freigestellten Beihilferegelung beruht.[685] Erfolgt die Bewilligung vor der Genehmigung ohne diesen Vorbehalt, handelt es sich stets um eine **formell rechtswidrige Beihilfe**. Auch eine spätere Genehmigung der Kommission ändert nichts an der formellen Rechtswidrigkeit der Beihilfe.[686] Diese ist unabhängig von der Entscheidung der Kommission zur Vereinbarkeit mit dem Binnenmarkt, also zu ihrer Kompatibilität, **ex tunc nichtig** im Sinne des § 134 BGB[687] oder, soweit sie auf öffentlich-rechtlicher Grundlage gewährt wird, zumindest **rechtswidrig** im Sinne des § 48 VwVfG.

Diskutiert werden unterschiedliche Heilungsmöglichkeiten, sei es nach § 141 BGB[688] sei es   **179** nach § 242 BGB. Der BGH selbst hat eine gesetzliche Reparaturlösung zugelassen.[689] Andere lehnen jegliche Möglichkeit einer Heilung der Nichtigkeitsfolgen ab.[690]

Auszugehen ist für die Überlegungen, ob und in welcher Weise die **Nichtigkeitsfolgen** be-   **180** seitigt werden können von den Überlegungen des BGH. Danach ist es das Ziel, der Beihilfekontrolle unter allen Umständen Geltung zu verschaffen und jeglichen Missbrauch durch geeignete Rechtsfolgen zu unterbinden. Schon das schließt es aus, etwaige allgemeine Lösungswege nach § 242 BGB in Betracht zu ziehen. Ebenso lassen sich auch keine klaren Anhaltspunkte für eine schwebende Unwirksamkeit finden.

Ebenso wenig überzeugt die Haltung, dass eine Heilung absolut ausgeschlossen sein soll. Der   **181** Gesetzgeber kann selbstverständlich eine gesetzliche Reparaturregelung erlassen. Damit hebt er im Kern die gesetzliche Regelung, die die Nichtigkeit gerade anordnet, partiell auf. Dafür kann der Gesetzgeber auch selbstverständlich auf den Rechtsgedanken des § 141 BGB zurückgreifen, wie der BGH feststellt. Das bedeutet allerdings nicht, dass § 141 BGB unmittelbar auf diese Sachverhalte anwendbar ist. Zwar spricht zunächst viel dafür, § 141 BGB unmittelbar anzuwenden. So enthält § 141 die Bestimmung, dass die Bestätigung eines nichtigen Rechtsgeschäftes durch denjenigen, der es ursprünglich vorgenommen hatte, als Neuvornahme zu beurteilen sei. Zunächst bedeutet das aber nur eine Neuvornahme ex nunc, nicht ex tunc, arg. e. § 141 Abs. 2 BGB. Allerdings ist für die Neuvornahme erforderlich, dass das zur Nichtigkeit führende Hindernis nun beseitigt ist. Insoweit jedoch bestehen bei einer versäumten Notifizierung erhebliche Zweifel. Schließlich geht es regelmäßig nicht um die Vornahme einer einzelnen Handlung, sondern um die Geltung eines Subventionsvertrages. Bezogen auf nichtige Verträge enthält § 141 Abs. 2 BGB eine Regel, die zum einen eine Auslegungsregel, zum anderen eine Fiktion inter partes darstellt. Nach dieser Regel sind bei der Bestätigung eines nichtigen Vertrages die beiden Vertragsparteien im Zweifel verpflichtet, einander zu gewähren, was sie haben würden, wenn der Vertrag von Anfang an gültig gewesen wäre. Die Gültigkeit ex tunc ordnet diese Vorschrift nicht an. Vielmehr spricht sie nur davon, die Leistungsaustausche so vorzunehmen, als hätte es die Gültigkeit von Anfang an gegeben. Gerade das aber widerspricht der Rechtsprechung des EuGH. Das Gericht geht davon aus, dass eine formell rechtswidrige Beihilfe, auch dann wenn sie mit dem Binnenmarkt kompatibel, also materiell rechtmäßig ist, zumindest mit einem Zins zu belegen ist.[691] Die Beihilfe ist also auch nach der Rechtsprechung des EuGH in der Phase der formellen Rechtswidrigkeit belastet und zwar so, dass die Subvention in dieser Zeit rein wirtschaftlich lediglich als beihilfefreies Darlehen ausgestaltet sein darf. Auf dieses Darlehen wären Zinsen nach der Referenzzinsmethode[692] zu entrichten, die sogenannten CELF-

---

[685] Arg. e. RdNr. 38 S. 2 1. HS, Fn. 39 RegLL 2007.

[686] EuGH, Urt. v. 12. 2. 2008, C-199/06, Slg. 2008, I-469, RdNr. 45 – CELF; EuGH, Urt. v. 18. 12. 2008, C 384/07 – Wienstrom; BGH EuZW 2003, 444, 445, Abschnitt II 2.a) bb) (2) a. E.; *Soltész,* Hat sich das Europäische Beihilferecht in der Krise bewährt?, in: Schwarze, Rechtsschutz und Wettbewerb in der neueren europäischen Rechtsanwendung, 2010, 61, 64.

[687] BGH EuZW 2003, 444, 445 Abs. II 2. a) bb) (2) am Ende; BGH EuZW 2004, 254; BGH NVwZ 2004, 636 = WM 2004, 468; BGH, Urt. v. 5. 7. 2007, IX ZR 256/06; JurisPK-BGB/*Nassall,* 2. Aufl., 2005, § 134 RdNr. 143, 144; *Palandt/Ellenberger,* 70. Aufl., 2011 § 134 RdNr. 3.

[688] *Fiebelkorn/Petzold* EuZW 2009, 323.

[689] BGH EuZW 2003, 444.

[690] *Pechstein* EuZW 2003, 447, 448; näher zum Streitstand: MünchKommBGB/*Armbrüster* § 134 RdNr. 37, 38, 104.

[691] EuGH, C-199/06, RdNr. 52, 55 – CELF (Fn. 686).

[692] Mitteilung der Kom. über die Methode zur Festsetzung der Referenz- und Abzinsungssätze, ABl. C 273/3 v. 9. 9. 1997 (Referenzsatz Mitteilung 1997); Mitteilung der Kom. über eine technische Anpassung der Methode zur Festsetzung der Referenz- und Abzinsungssätze, ABl. C 241/9 v. 26. 8. 1999 (Referenz-

Zinsen.[693] Daher kann schon die mit § 141 Abs. 2 BGB vorgesehene Rechtsfolge nicht eintreten. Darüber hinaus wirkt die Regelung des § 141 Abs. 2 BGB nur inter partes, nicht aber inter omnes. Die Subventionskontrolle aber hat gerade nicht nur zwei Vertragspartner im Blick, sondern vor allem den Schutz des Binnenmarktes[694] und damit auch den der Konkurrenten. Damit ist dieser Weg für eine Reparatur ebenfalls versperrt.

182 In beiden Fällen ist die Rechtsfolge der Nichtigkeit mit einer **Rückforderungspflicht** verbunden. Diese ergibt sich im Rahmen des Zivilrechts bereits aus § 812 Abs. 1 Satz 1 1. Alternative BGB in Verbindung mit dem Sparsamkeitsgrundsatz bezogen auf öffentliche Mittel, im Rahmen des öffentlichen Rechts nach § 48 Abs. 1 VwVfG aus einer auf der Einheit der Rechtsordnung beruhenden Ermessensreduzierung auf Null.

183 **cc) Ad-hoc-Beihilfe.** Gleiches gilt für den Anreizeffekt einer auf die RegLL 2007 gestützten Ad-hoc-Beihilfe.[695] Eine auf die RegLL 2007 gestützte regionale Ad-hoc-Beihilfe ist stets genehmigungs- und damit auch anmeldepflichtig.[696] Auch insoweit ist zunächst ein Förderantrag und eine Bewilligung vor Maßnahmebeginn erforderlich. Wie bei einer auf einen genehmigten oder freigestellten Beihilferegelung beruhenden genehmigungspflichtigen Beihilfe, kann auch bei einer nicht auf eine Beihilferegelung gestützten Ad-hoc-Beihilfe eine rechtmäßige Bewilligung vor Vorhabensbeginn nur erfolgen, wenn die Kommission diese **Beihilfe genehmigt** hat oder, sofern die **Bewilligung vor der Entscheidung** der Kommission erfolgt, die **Bewilligung unter dem Vorbehalt** einer Genehmigung der Beihilfe durch die Kommission steht.[697] Erfolgt die Bewilligung vor der Genehmigung ohne diesen „Kommissionsvorbehalt", handelt es sich stets um eine formell rechtswidrige Beihilfe. Für diesen Fall gelten die bereits dargestellten Rechtsfolgen.[698]

184 **b) Anreizeffekt im Rahmen der Bescheidung auf der Grundlage der AGVO. aa) Auf einer freigestellten Regelung beruhende genehmigungspflichtige Beihilfen:** Beihilfen, die auf der Grundlage einer ihrerseits nach Art. 3 Abs. 1 AGVO freigestellten Beihilferegelung gewährt werden, aber dennoch einer Genehmigungspflicht, etwa nach Art. 6 Abs. 2 AGVO unterliegen, fallen in den Anwendungsbereich der RegLL 2007.[699] Ihre Anreizeffektprüfung richtet sich nach RdNr. 38 RegLL 2007.[700] Nur die Beihilfen sind freigestellt, also von der AGVO erfasst, die auch die Voraussetzungen der AGVO selbst einhalten, also gerade nicht einer Genehmigungspflicht unterliegen.

185 **bb) Auf einer freigestellten Regelung beruhende freigestellte Beihilfen.** Bei den auf einer freigestellten Beihilferegelung beruhenden freigestellten Beihilfen ist für das Vorliegen des Anreizeffektes zwischen **KMU** und **Großunternehmen** zu **differenzieren,** Art. 8 Abs. 2, 3 AGVO. Diese Vorschriften bestimmen für die beiden unterschiedlichen Zuwendungsempfängergruppen divergierende Voraussetzungen, um einen Anreizeffekt als gegeben annehmen zu können. Dabei sind **KMU** im Sinne des Art. 8 Abs. 2 AGVO Unternehmen, die die Voraussetzungen der KMU-Empfehlung[701] der Kommission erfüllen, Art. 2 Nr. 7, Art. 2 Anhang I AGVO. Um **Großunternehmen** im Sinne des Art. 8 Abs. 3 AGVO handelt es sich bei Unternehmen, die die Voraussetzungen der KMU-Empfehlung der Kommission nicht erfüllen, Art. 2 Nr. 8 AGVO.

186 **α) KMU im Sinne von Art. 2 Nr. 7 AGVO.** Bei **KMU** fingiert Art. 8 Abs. 2 AGVO bereits dann einen **Anreizeffekt,** wenn die Beihilfe auf einer freigestellten Beihilferegelung beruht und selbst die Freistellungsvoraussetzungen erfüllt, also die Grenze des Art. 6 Abs. 2 AGVO nicht überschreitet und wenn der Beihilfeempfänger den Beihilfeantrag im betreffenden Mit-

---

satzmitteilung 1999); Mitteilung der Kom. über die Änderung der Methode zur Festsetzung der Referenz- und Abzinsungssätze, ABl. C 14/6 v. 19. 1. 2008 (Referenzsatzmitteilung 2008).

[693] Zinsen entsprechend der Entscheidung des EuGH, C-199/06, RdNr. 52, 55 – CELF (Fn. 686).

[694] Dies ergab sich bis zum 1. 12. 2009 vor allem aus Art. 3 Abs. 1 lit. g EG-Vertrag, einer Vorschrift, die im Lissabonvertrag zum Nachteil der Mitgliedstaaten nicht mehr enthalten ist.

[695] Arg. e. RdNr. 38 S. 2 1. HS, Fn. 39 RegLL 2007.

[696] RdNr. 64 Fn. 60 RegLL 2007.

[697] Arg. e. RdNr. 38 S. 4 RegLL 2007.

[698] Siehe oben RdNr. 178.

[699] Siehe oben RdNr. 137–141.

[700] Für die RFVO (Fn. 3): Kom. Staatliche Beihilfe N 203/2008, RdNr. 18–21, 25 – Papierfabrik Spremberg (Fn. 601); N 671/2008, RdNr. 62 – Mercedes-Benz, Ungarn (Fn. 601).

[701] KMU-Empfehlung (Fn. 373), für den Geltungsbereich der AGVO nochmals veröffentlicht als Anhang I der AGVO.

gliedstaat vor Beginn des Vorhabens oder der Tätigkeit gestellt hat. Diese Regel gilt nicht nur für reine KMU-Beihilfen wie etwa die Beihilfen für kleine neu gegründete Unternehmen im Sinne von Art. 14 und 16 AGVO oder für Investitions- oder Beschäftigungsbeihilfen für KMU im Sinne von Art. 15 AGVO oder die anderen reinen KMU-Beihilfen nach Art. 20, 26, 27, 29, 33, 35, oder 37 AGVO. Sie gilt vielmehr für alle Beihilfemaßnahmen, die im besonderen Teil der AGVO geregelt sind, solange nur das begünstigte Unternehmen ein KMU im Sinne des Art. 2 Nr. 7, Anhang I Art. 2 AGVO ist.[702] Zum Beginn der Tätigkeit oder der Maßnahme siehe im Einzelnen oben RdNr. 172–176.

α) **Großunternehmen im Sinne von Art. 2 Nr. 8 AGVO.** Bei **Großunternehmen**   187 sieht Art. 8 Abs. 3 AGVO eine wesentlich weitergehende Prüfung des Anreizeffektes vor. Diese Vorschrift verlangt zunächst die Erfüllung der Voraussetzungen von Art. 8 Abs. 2 AGVO, also eine freigestellte Beihilfenregelung, eine die Freistellungsvoraussetzungen erfüllende Beihilfe[703] sowie eine Antragstellung vor Vorhabensbeginn. Darüber hinaus verlangt sie, dass der Mitgliedstaat, also die Bewilligungsbehörde, unabhängig vom Vorhabensumfang und damit vom Investitionsvolumen, vor der Bewilligung der betreffenden Einzelbeihilfe überprüft hat, dass der Beihilfeempfänger die Erfüllung eines oder mehrere der folgenden Kriterien in seinen Unterlagen nachgewiesen hat:

a) Aufgrund der Beihilfe kommt es zu einer signifikanten Zunahme des Umfangs des Vorha-   188 bens/der Tätigkeit;

b) aufgrund der Beihilfe kommt es zu einer signifikanten Zunahme der Reichweite des Vorhabens/der Tätigkeit;

c) aufgrund der Beihilfe kommt es zu einem signifikanten Anstieg des Gesamtbetrags der vom Beihilfeempfänger für das Vorhaben/die Tätigkeit aufgewendeten Mittel oder

d) der Abschluss des betreffenden Vorhabens/der betreffenden Tätigkeit wird signifikant beschleunigt;

e) im Falle regionaler Investitionsbeihilfen nach Art. 13: ohne die Beihilfe wäre das Investitionsvorhaben im betreffenden Fördergebiet nicht in der Form durchgeführt worden.[704]

Das **Ziel** dieser Regelung ist es, das **begünstigte große Unternehmen** zu **verpflichten,**   189 die **Durchführbarkeit** des geförderten Vorhabens oder der geförderten Tätigkeit einmal mit und einmal ohne Beihilfe nachvollziehbar **zu analysieren** und **zu dokumentieren.**[705] Und so eine Änderung im Investitionsverhalten gerade durch die Beihilfe prüfen zu können. Geeignete Dokumente sind etwa Entscheidungsvorlagen für die Geschäftsführung, den Vorstand oder den Aufsichtsrat sowie vergleichbare Dokumente. Diese Dokumente umfassen stets auch einen „businessplan". Dieser sollte Angaben enthalten, die den Anreizeffekt begründen, also zeigen, warum und welchen Anreizeffekt die Beihilfe für dieses Investitionsvorhaben hat und Folge einer internen Analyse auf der Grundlage der in Art. 8 Abs. 3 AGVO genannten Kriterien sein. Mit ihnen muss sich also der Anreizeffekt durch das Vorliegen **mindestens eines der genannten Kriterien** nachweisen lassen.

Einer Präzisierung bedarf der in den in Art. 8 Abs. 3 lit. a bis d) AGVO genannte **unbe-**   190 **stimmte Rechtsbegriff „signifikant".** Unter Berücksichtigung der wirtschaftswissenschaftlichen Ausgangsbasis der Anreizeffektprüfung im Rahmen des „refined economic approach"[706] ist eine signifikante Änderung dann anzunehmen, wenn es sich um eine deutliche, erkennbare oder wesentliche Zunahme des Umfangs oder der Reichweite eines Vorhabens, einen ebensolchen Anstieg des Gesamtbetrages der aufgewendeten Mittel oder eine ebensolche Vorhabensbeschleunigung handelt. Im Rahmen der wirtschaftswissenschaftlichen Stochastik wird eine **Abweichung spätestens ab mehr als 5%** als signifikant angenommen.[707] Dieser Wert findet sich auch in der Bestimmung über die Marktkapazitätssteigerung in RdNr. 68 lit. b RegLL 2007 wieder.[708]

---

[702] *Mederer/Pesaresi/van Hoof/Fort/Nyssens* (Fn. 3), Chapter 1, RdNr. 4.149.

[703] Das ist nicht mehr gegeben, wenn die in Art. 6 Abs. 2 AGVO bestimmten Schwellenwerte überschritten werden, siehe oben RdNr. 137–141.

[704] Art. 8 Abs. 3 lit. e; Tz. 29 S. 3 AGVO.

[705] Tz. 29 S. 1 AGVO.

[706] Aktionsplan Staatliche Beihilfe (Fn. 98), Abschnitt I.3; BR-Drucks. 509/05 (Beschl.) v. 23. 9. 2005, RdNr. 2 und 3 (Fn. 103).

[707] *Fisher,* Statistical Methods for Research Workers (first ed.), Edinburgh 1925, 173.

[708] Siehe unter RdNr. 407, 416, 423, 426, 433 und vor allem 436.

191 Das Kriterium in **Art. 8 Abs. 3 lit. e AGVO** ist als mögliches **Ersatzkriterium** für die vier in Art. 8 Abs. 3 lit. a bis d AGVO genannten Anreizeffektverwirklichungsmöglichkeiten zugelassen, allerdings nur, **sofern** es sich bei der beabsichtigten Zuwendung um eine **Regionalbeihilfe** handelt. Dabei kann sich die Abweichung („nicht in der Form") auf die Standortwahl, das Investitionsvolumen, die Produktpalette, die Zahl der Arbeitsplätze, die Fertigungstiefe oder andere, ähnliche Parameter beziehen.

192 γ) **Kritische Betrachtung.** Damit ergibt sich für Großunternehmen im Sinne von Art. 2 Nr. 8 AGVO folgende Situation: sofern die beabsichtigte Beihilfe auf einer freigestellten Beihilferegelung beruht und sich unterhalb der Schwelle von Art. 6 Abs. 2 AGVO bewegt, hat das Unternehmen den Anreizeffekt im Sinne des Art. 8 Abs. 3 AGVO nachzuweisen. Sofern sich die Beihilfe oberhalb dieser Schwelle bewegt, es sich also um eine genehmigungspflichtige, wenn auch auf eine freigestellte Beihilferegelung gestützte Beihilfe handelt, entfällt diese Pflicht. Dann greifen vielmehr die Bestimmungen in RdNr. 38 RegLL 2007. Dieses Ergebnis ist wenig nachvollziehbar: Bei der Gewährung einer Regionalbeihilfe handelt es sich um einen generalisierten Ausgleich der Nachteile, die ein Unternehmen im Verhältnis zu einer Investition in einem Nichtfördergebiet auf sich nimmt.[709] Diese Nachteile sind unabhängig davon, ob der Ausgleich selbst, also die Beihilfe, freigestellt ist. Ferner ist es gerade das Ziel von Regionalbeihilfen, mit Rücksicht auf den erwünschten Primäreffekt,[710] einen Anreiz für Investitionen vor allem auch von großen, überwiegend überregional absetzenden Unternehmen in eine wirtschaftlich schwächere Region zu schaffen. Weiterhin sind die Fördergebiete anhand objektiver, von der Kommission ausgewählter Kriterien bestimmt worden.[711] Insoweit einen zusätzlichen Anreizeffekt prüfen zu wollen, stellt das Verfahren zur Fördergebietsauswahl sowie zur Genehmigung der mitgliedstaatlichen Fördergebietskarten in Frage.

193 Hinsichtlich der weiteren Überlegungen, bis zu einem Invetitionsvolumen von 50 Mio. EUR sei eine ungekürzte Beihilfegewährung zulässig, ferner sei einem großen Unternehmen zu unterstellen, seine Investitionsnachteile in einem Fördergebiet stellten sich als sehr viel niedriger dar, als die eines KMU,[712] daher bedürfe es möglicherweise einer zusätzlichen Anreizeffektprüfung, wenn einem großen Unternehmen ein ungekürzter Subventionssatz gewährt werden soll, ist auf Folgendes hinzuweisen: dem Unterschied zwischen einem Großunternehmen und einem KMU wird gerade durch das zulässige Anheben der Interventionssätze nach Art. 13 Abs. 4 AGVO[713] um 10%-Punkte für mittlere und 20%-Punkte für kleine Unternehmen[714] Rechnung getragen. Ferner wird bei Überschreiten der Schwelle von 50 Mio. EUR Investitionsvolumen bereits eine Subventionswertkürzung um 50% vorgenommen.[715] Diese Reduktion diente, wie sich aus den Erwägungen des MSR-2002 ergibt, gerade dazu, den Anreizeffekt für große Unternehmen zu begrenzen.[716] Geht aber die Kommission selbst von einem (möglicherweise zu hohen) Anreizeffekt aus, ist es wenig sinnvoll, seinen Nachweis mittels unternehmensinterner Dokumente zu fordern. Vielmehr kann daher im Rahmen der Regionalbeihilfe auf seinen Nachweis verzichtet werden. Insbesondere stellt die sehr erhebliche Absenkung der Beihilfeintensität als pauschale Anreizeffektreduktionsregelung das Gegenstück zu einer unternehmensspezifischen Anreizeffektprüfung dar. Diese Reduktionsregelung diente gerade dazu, die Prüfung schlicht entbehrlich zu machen.[717] Die RegLL 2007 haben diese Überlegungen auch aufgenommen.[718] Daher wäre es nur folgerichtig, wenn die Anreizeffektprüfung für Regionalbeihilfen auch für Großunternehmen, die bei einem Investitionsvolumen von bis zu 50 Mio. EUR einen um 10%- oder 20%-Punkte geringeren Fördersatz erhalten als KMU, und ab einem Investitionsvolumen von über 50 Mio. EUR eine Absenkung der regionalen Beihilfehöchst-

---

[709] Siehe oben RdNr. 1, 3ff., 23, 130, 155 und unter RdNr. 204, 252, 410, 413, 474 sowie RdNr. 2, 22 Nr. 2 Kriterien (Fn. 21).

[710] Zum Primäreffekt, durch Schaffung von zusätzlichen Einkommensquellen das Gesamteinkommen im Wirtschaftsraum unmittelbar und dauerhaft dadurch zu erhöhen, überwiegend Güter zu produzieren oder Dienstleistungen zu erbringen, die überregional abgesetzt werden, *Tetsch,* Die Bund-Länder-Gemeischaftsaufgabe Verbesserung der regionalen Wirtschaftsstruktur, 1996, Kapitel IV, Ziffer 2.1.

[711] Siehe dazu oben RdNr. 50ff., 109ff.

[712] Siehe RdNr. 13 MSR-2002 (Fn. 73); Tz. 39, 54 AGVO.

[713] Das gilt nicht für Regionalbeihilfen für den Verkehrssektor, Art. 13 Abs. 4 2. HS AGVO.

[714] Art. 2 Anhang I AGVO.

[715] RdNr. 67 RegLL 2007.

[716] RdNr. 12 MSR-2002 (Fn. 73).

[717] RdNr. 10, 12 MSR-2002 (Fn. 73).

[718] RdNr. 62 S. 2 RegLL 2007.

intensität um 50%[719] hinzunehmen haben, entfallen würde.[720] Dies gilt umso mehr, als es sich bei der Prüfung im Wesentlichen um eine Zusatzbelastung allein der Bewilligungsstellen handelt. Es ist stets davon auszugehen, dass ein großes Unternehmen, das bereit ist, einen Standort in einem Fördergebiet zu wählen, die damit verbundenen Vor- und Nachteile unter Berücksichtigung einer möglichen Beihilfegewährung dokumentiert hat. Im Übrigen sind von der Anreizeffektprüfung gerade die Investitionsvor-haben betroffen, für die eine Gesamtbeihilfe unterhalb des Betrages vorgesehen ist, den das Unternehmen nach den Regeln der jeweiligen Fördergebietskarte, korrigiert um die Subventionssatzreduktionen nach RdNr. 67 RegLL 2007 für eine Investition mit einem Volumen von mehr als 100 Mio. EUR erhalten könnte. Sofern dieser Betrag überschritten wird, bedarf es ohnehin einer Überprüfung durch die Kommission,[721] bei der es auf diese Elemente des Anreizeffektes allerdings gerade nicht mehr ankommt.[722]

cc) Nicht auf einer Regelung beruhende regionale Beihilfen (Regionale Ad-hoc- **194** **Beihilfen): α) Nicht freigestellte regionale Ad-hoc-Beihilfen:** Ad-hoc-Beihilfen sind nach Art. 2 Nr. 4 AGVO **Einzelbeihilfen,** die gerade **nicht auf** der **Grundlage einer Beihilfe-** **regelung** gewährt werden. Ad-hoc-Beihilfen, die nicht unter diese Verordnung fallen, unterliegen weiterhin der Anmeldepflicht nach Art. 108 Abs. 3 AEUV.[723] Daher prüft die Kommission den Anreizeffekt bei Ad-hoc-Beihilfen im Rahmen einer Notifizierung[724] anhand der Kriterien, die in den maßgeblichen Gemeinschaftsrahmen, Leitlinien oder sonstigen Regelungen der Gemeinschaft festgelegt sind.[725] Hinsichtlich nicht freigestellter regionaler Ad-hoc-Beihilfen erfolgt die Prüfung des Anreizeffektes also nach RdNr. 38 RegLL 2007.

β) Freigestellte regionale Ad-hoc-Beihilfen. Ad-hoc-Beihilfen sind nach Art. 3 Abs. 3 **195** AGVO freigestellt, wenn sie alle Voraussetzungen des Kapitels I und die einschlägigen Voraussetzungen des Kapitels II der AGVO erfüllen. Der Anreizeffekt freigestellter regionaler Ad-hoc-Beihilfen bestimmt sich, wie auch der einer auf einer freigestellten Regelung beruhenden freigestellten Beihilfe, bezogen auf KMU nach Art. 8 Abs. 2 in Verbindung mit Art. 3 Abs. 3, 13 Abs. 1 Satz 2 AGVO[726] und bezogen auf Großunternehmen nach Art. 8 Abs. 3 in Verbindung mit 3 Abs. 3, 1 Abs. 5, 13 Abs. 1 Satz 2 AGVO.[727]

Im Rahmen des Kapitels I der AGVO sind **Ad-hoc-Beihilfen für KMU** im Grundsatz stets **196** freistellungsfähig. Dies ergibt sich aus Art. 6 Abs. 1 AGVO. Allerdings lässt der Wortlaut der deutschen Sprachfassung dies nicht erkennen. Nach dem deutschen Wortlaut dieser Vorschrift gilt die AGVO weder für Einzelbeihilfen, die als Ad-hoc-Beihilfen gewährt werden, noch für Einzelbeihilfen auf der Grundlage einer Beihilferegelung, deren Subventionsäquivalent die anschließend aufgezählten Schwellenwerte übersteigt. Das könnte gerade auf das Gegenteil, auf einen generellen Freistellungsausschluss von Ad-hoc-Beihilfen schließen lassen. Allerdings handelt es sich lediglich um eine **unpräzise deutsche Sprachfassung.** Gemeint ist, dass die Verordnung nicht für Einzelbeihilfen gilt, deren Subventionswert die in Art. 6 Abs. 1 AGVO genannten Schwellenwerte übersteigt, unabhängig davon, ob es sich um eine Ad-hoc-Beihilfe oder eine Beihilfe auf der Grundlage einer Beihilferegelung handelt.[728] Darüber hinaus ist für Regionalbeihilfen im Übrigen weniger Art. 6 Abs. 1 AGVO, sondern Art. 6 Abs. 2 AGVO maßgebend. **Für Ad-hoc-Beihilfen zugunsten von Großunternehmen** ergibt sich die Freistellungsfähigkeit, allerdings als ausschließlich regionale Ad-hoc-Beihilfen im Sinne des

---

[719] Art. 13 Abs. 2 S. 1 AGVO, RdNr. 102, 67 RegLL 2007.

[720] Die bis zum 31. 12. 2006 zulässige Gewährung eines KMU-Bonus auch bei einem Investitionsvolumen von mehr als 50 Mio. EUR, ist mit dem Inkrafttreten der RegLL 2007 entfallen: RdNr. 67 Fn. 61 RegLL 2007; Art. 13 Abs. 4, 2 Nr. 12 AGVO; Art. 4 Abs. 1 S. 2, 2 Abs. 1 lit. g RFVO (Fn. 3).

[721] RdNr. 64 S. 1 RegLL 2007, Art. 6 Abs. 2 AGVO.

[722] RdNr. 38 S. 1 bis 3 RegLL 2007, im Übrigen siehe oben RdNr. 137–141, 184.

[723] Tz. 7 S. 1 AGVO.

[724] Zur Anmeldepflicht von Ad-hoc-Beihilfen im Rahmen der RegLL 2007: RdNr. 64 Fn. 60 S. 1 RegLL 2007; siehe oben RdNr. 183.

[725] Tz. 32 S. 2 AGVO; zur Prüfungstiefe bei Ad-hoc-Beihilfen für große Investitionsvorhaben: RdNr. 64 Fn. 60 S. 2 RegLL 2007.

[726] Zum Anreizeffekt bei KMU: siehe oben RdNr. 186.

[727] Siehe oben RdNr. 185, 187–193.

[728] Siehe etwa die englische Fassung: „This Regulation shall not apply to any individual aid, whether granted ad hoc or on the basis of a scheme, the gross grant equivalent of which exceeds the following thresholds: …"

Art. 13 Abs. 1 Satz 2 AGVO, aus Art. 1 Abs. 5 AGVO.[729] Weitere Vorschriften stehen einer Freistellung von Ad-hoc-Beihilfen nicht entgegen.

197 Im Hinblick auf Kapitel II der AGVO sind regionale Ad-hoc-Beihilfen ausschließlich als **regionale ergänzende Ad-hoc-Beihilfen** im Sinne **des Art. 13 Abs. 1 Satz 2 AGVO freigestellt.** Dies gilt unterschiedslos für die Gewährung von regionalen Ad-hoc-Beihilfen zu Gunsten von KMU[730] und zu Gunsten von Großunternehmen.[731]

198 Die Bewertung einer Ad-hoc-Beihilfe als ergänzende regionale Ad-hoc-Beihilfe setzt unter anderem voraus, dass der Anteil der ergänzenden Ad-hoc-Beihilfe die Grenze von 50% der gesamten zu gewährenden Beihilfeintensität nicht übersteigt. Abzustellen ist insoweit auf die letztendlich, also bei Projektabschluss und nach der Verwendungsnachweisprüfung unter Berücksichtigung etwaiger Rückforderungen gewährte Beihilfe nach Bruttosubventionswertäquivalenten (BSÄ).[732] Es ist das Ziel des Art. 13 Abs. 1 Satz 2 diese normalerweise genehmigungspflichtige Beihilfe **„regionale Ad-hoc-Beihilfe" an** eine andere auf einer Beihilferegelung beruhende **Regionalbeihilfe „anzuhängen".** Allerdings sind die Voraussetzungen der ergänzenden regionalen Ad-hoc-Beihilfe selbst nach den Regeln der AGVO zu prüfen.[733] Damit stellt sich die ergänzende regionale Ad-hoc-Beihilfe vor allem den Kommunen als ein geeigneter Weg dar für eine eigene finanzielle Wirtschaftsförderung, etwa im Rahmen der Förderung des Grundstückerwerbs für ein Investitionsvorhaben. Mit Rücksicht auf die Rechtsfolgen hinsichtlich des Anreizeffektes, die an den Zeitpunkt des Vorhabensbeginns geknüpft werden,[734] ist allerdings stets auch die Gefahr eines vollständigen Förderausschlusses zu berücksichtigen.

199 Keine Herausforderungen ergeben sich, soweit die **ergänzte (oder: zu ergänzende) Beihilfe** selbst **freigestellt** ist, also auf einer nach der AGVO freigestellten Regelung beruht und alle Freistellungsvoraussetzungen erfüllt. Dann erfolgt die Anreizeffektprüfung einheitlich nach Art. 8 AGVO. Schwierigkeiten ergeben sich aber auch dann nicht, wenn die **ergänzte (oder: zu ergänzende) Beihilfe nicht freigestellt** ist, sondern auf einer genehmigten Beihilferegelung nach den RgLL 2007 beruht. In diesem Fall erfolgt die Anreizeffektprüfung für die ergänzte Beihilfe nach RdNr. 38 RegLL 2007 und für die ergänzende Ad-hoc-Beihilfe nach Art. 8 AGVO. Das kann bei Investitionsvorhaben von großen Unternehmen dazu führen, dass sie sowohl der Anreizeffektprüfung nach RdNr. 38 RegLL 2007 als auch der nach Art. 8 Abs. 3 AGVO unterliegen.

200 Handelt es sich bei der ergänzten Regionalbeihilfe dagegen um eine **nicht freigestellte, aber genehmigte Steuerregelung** ohne Ermessensspielraum, so entfällt die Prüfung des Anreizeffektes für die ergänzte Beihilfe nach RdNr. 38 RegLL 2007,[735] für die ergänzende Ad-hoc-Beihilfe erfolgt sie jedoch bei KMU nach Art. 8 Abs. 2 AGVO und bei Großunternehmen nach Art. 8 Abs. 3 AGVO. Eine Anreizeffektprüfung nach Art. 8 Abs. 4 AGVO scheidet schon mangels eines Rechtsanspruchs auf die ergänzende Ad-hoc-Beihilfe aus.

201 Ist die ergänzte Beihilfe nach der RFVO[736] freigestellt, richtet sich die Anreizeffektprüfung für die ergänzte Beihilfe nach Art. 5 RFVO, die der ergänzenden Ad-hoc-Beihilfe nach Art. 8 AGVO. Daher ist es bei Investitionsvorhaben von großen Unternehmen ebenfalls möglich, dass die Beihilfen der Anreizeffektprüfung nach Art. 5 RFVO für die ergänzte und nach Art. 8 Abs. 3 AGVO für die ergänzende Ad-hoc-Beihilfe unterworfen werden.

202 Sofern die auf einer genehmigten oder freigestellten Beihilferegelung beruhende **ergänzte Beihilfe genehmigungspflichtig** ist, ist zu differenzieren: beruht die Genehmigungspflichtigkeit auf der Maßgabe einer Genehmigungsentscheidung oder einer Freistellungsverordnung, die gerade die ergänzte Beihilfe betrifft, schlägt diese Genehmigungspflichtigkeit auf die ergänzende Ad-hoc-Beihilfe **nicht** durch. Beruht die Genehmigungspflicht darauf, dass die führende Beihilfe oder beide Beihilfen zusammen, also die ergänzte und die ergänzende Regionalbeihilfe eine Intensität erreichen, die die Grenze des Art. 6 Abs. 2 AGVO überschreitet, dann ist auch die ergänzende Ad-hoc-Beihilfe einer Genehmigungsprüfung zu unterziehen, mit der Folge, nicht

---

[729] Die Kom. ist der Auffassung, dass sich der Anreizeffekt von Ad-hoc-Beihilfen zugunsten von Großunternehmen nur schwer ermitteln lasse, Tz. 32 S. 1 AGVO.

[730] Art. 3 Abs. 3, 13 Abs. 1 S. 2 AGVO.

[731] Art. 3 Abs. 3, 1 Abs. 5, 13 Abs. 1 S. 2 AGVO.

[732] Zum Begriff Bruttosubventionswertäquivalent (BSÄ) siehe näher oben RdNr. 83, 101, 102 und unter Rdnr. 241, 243 und 248.

[733] Art. 13 Abs. 1 S. 2 letzter HS AGVO.

[734] Siehe oben RdNr. 171 ff., 178 ff.

[735] RdNr. 38 Fn. 41 RegLL 2007; *Mederer/Pesaresi/van Hoof/Dupont/Tumasonytė* (Fn. 317), RdNr. 4.894.

[736] RFVO (Fn. 3).

mehr freigestellt und damit von den Regeln der AGVO ausgeschlossen zu sein. Fehlt es damit an einer weiteren Freistellung der ergänzenden Ad-hoc-Beihilfe, so gelten wieder die allgemeinen Regeln der RegLL 2007. Entscheidend ist insoweit der Gesamtbetrag der Beihilfe aus allen Quellen, also aus der ergänzten und der ergänzenden Förderung.[737]

Übersteigt der **Anteil der Ad-hoc-Beihilfe** den Betrag von **50%** der für ein regionales In-   203 vestitionsvorhaben **gewährten Regionalbeihilfen,** so handelt es sich nicht mehr um eine regionale ergänzende, sondern um eine einfache regionale Ad-hoc-Beihilfe. Insoweit gelten die oben in RdNr. 194, 183 dargestellten Regeln. Maßgebend ist die tatsächlich gewährte, nicht die zulässigerweise gewährbare Beihilfe.

c) Kritische Betrachtung. Geht es also im Rahmen der Anreizeffektprüfung gemäß   204 RdNr. 38 RegLL 2007 allein darum, ob es sich um ein sehr großes Investitionsvorhaben im Sinne der RdNr. 64 RegLL 2007 handelt, unabhängig davon, wer investiert, ein KMU oder ein großes Unternehmen, so spielt bei Art. 8 AGVO allein die Frage eine Rolle, ob das investierende Unternehmen ein KMU oder ein Großunternehmen im Sinne des Art. 2 Nr. 7, 8 AGVO ist. Beide Vorschriften sind im Anschluss an den Aktionsplan Staatliche Beihilfen entstanden und beide Vorschriften zielen auf den gleichen Punkt, die Vermeidung von Mitnahmeeffekten durch eine Prüfung des Anreizeffektes. Allerdings lassen diese Ansätze auch erkennen, dass eine über die Überwachung einer über die rechtzeitige Antragstellung hinausgehende Anreizeffektprüfung, zumindest im Rahmen einer Freistellungsverordnung verfehlt ist. Die Kriterien der Freistellungsverordnung selbst sind hinsichtlich der Regionalbeihilfen vor allem mit Blick auf den generalisierten Nachteilsausgleich[738] bereits so gefasst, dass ein Anreizeffekt stets angenommen werden kann. Dies zeigt Art. 8 Abs. 2 AGVO. Das gilt auch für die regionale ergänzende Ad-hoc-Beihilfe. Obwohl die Kommission der Auffassung ist, der Anreizeffekt von Ad-hoc-Beihilfen vor allem zugunsten von Großunternehmen lasse sich nur schwer ermitteln,[739] hat sie mit dem Instrument der **ergänzenden Ad-hoc-Beihilfe** eine Möglichkeit gefunden, die eine **Anreizeffektprüfung** auch für Ad-hoc-Beihilfen **entbehrlich** macht.

2. Anreizeffekt bei auf behördlichem Ermessen beruhender Gewährung nach Vor-   205 **habensbeginn (Vorhabensbeginn vor der Bewilligung, vorfristiger förderunschädlicher Maßnahmebeginn).**[740] **a) Grundsatz.** Grundsätzlich ist es nicht nur erforderlich, **vor Maßnahmebeginn** den **Förderantrag** zu stellen, vielmehr darf regelmäßig erst dann begonnen werden, wenn der Begünstigte erfahren hat, dass die Bewilligungsbehörde diese Maßnahme auch fördern wird, er also einen **positiven Förderbescheid** erhalten hat.[741] Da eine sorgfältige Förderentscheidung mehrerer Abstimmungen und möglicherweise einzelstaatlicher oder auch europarechtlicher Genehmigungen bedarf, kann es sehr lange dauern, bis die Förderentscheidung tatsächlich gefallen und dem Begünstigten zugegangen ist. Um diesen Zeitablauf zu überbrücken und das investierende Unternehmen nicht an seiner weiteren geschäftlichen Entwicklung zu hindern, ist die Figur des „**förderunschädlichen vorfristigen Maßnahmebeginns**" eingeführt worden. Danach kann die **Bewilligungsbehörde** dem Antragsteller einen **Beginn der Maßnahme vor** der **Bewilligungsentscheidung gestatten,** ohne dass die Förderung auf Grund des Vorhabensbeginns vor der Bewilligung abgelehnt wird.[742] Die Bewilligung des vorfristigen förderunschädlichen Vorhabensbeginn kann je nach Verwaltungspraxis der maßgeblichen Gebietskörperschaft durch die beihilfegewährende Institution (Förderbank oder Verwaltung der öffentlichen Hand), eine übergeordnete Behörde oder durch die Ministererlaubnis erfolgen. Stets ist jedoch, auch bei einer Ministererlaubnis, zuvor ein Förderantrag erforderlich.

b) Vorfristiger förderunschädlicher Maßnahmebeginn vor Inkrafttreten der RegLL   206 **2007.** Bis zum In-Kraft-Treten der RegLL 2007 erhielt der Antragsteller, der eine Förderung seiner Investition aus einer anderen Quelle als dem Investitionszulagengesetz, das ihm einen gesetzlichen Anspruch auf eine Förderung gewährt,[743] beantragte, in der Praxis von der Bewilli-

---

[737] Art. 6 Abs. 2 AGVO.

[738] Zum generalisierten Nachteilsausgleich, siehe oben RdNr. 3 ff., 21, 23, 47, 130, 155, 192 und unter RdNr. 252, 410, 413, 474 sowie RdNr. 2, 22 Nr. 2 Kriterien (Fn. 21).

[739] Tz. 32 S. 1 AGVO.

[740] Zum Anreizeffekt ohne vorfristigen Vorhabensbeginn siehe oben RdNr. 170 ff.

[741] Siehe oben RdNr. 170, 177 ff.

[742] Ziffer 4.2 S. 3 RegLL 1998; RdNr. 38 S. 2, 4, 5 RegLL 2007.

[743] § 1 Abs. 1 Investitionszulagengesetz 1999, eingeführt durch Art. 1 des Gesetzes zur Fortsetzung der wirtschaftlichen Förderung in den neuen Ländern vom 18. August 1997 (BGBl. 1997 I-2070), zuletzt geän-

gungsbehörde eine Mitteilung über seinen Antragseingang.[744] Diese Mitteilung war verbunden mit der Erklärung, ein Projektbeginn stehe einer positiven Förderentscheidung nicht entgegen oder, sofern die Förderung abgelehnt werde, erfolge die Ablehnung nicht wegen des vorfristigen Maßnahmebeginns. Mit dieser Mitteilung gestattete die Bewilligungsbehörde dem Antragsteller den förderunschädlichen vorfristigen Maßnahmebeginn. Das galt unabhängig davon, ob es sich bei der vorgesehenen Beihilfegewährung um eine Beihilfe handelte, die sich auf eine genehmigte oder freigestellte Beihilferegelung stützen sollte oder die der Kommission, sei es als Ad-hoc-Beihilfe, sei es aus anderen Gründen, einzeln zur Genehmigung vorzulegen war.[745]

207 **c) Vorfristiger förderunschädlicher Maßnahmebeginn auf der Grundlage der RegLL 2007. aa) Allgemeines.** Nach RdNr. 38 RegLL 2007 ist das bisherige Verfahren zur Gewährleistung der **Vermeidung** eines **Mitnahmeeffektes** gerade durch den **Beginn der Maßnahme nach Antragstellung,** aber **vor** einer **Bewilligung** nicht ausreichend. Diese Vorschrift stellt neue Voraussetzungen auf. Dabei **differenziert** sie danach, ob es sich bei der beabsichtigten Gewährung um Beihilfen handelt,
– die auf einer **(genehmigten) Beihilferegelung** beruhen und **anmeldefrei** sind,[746] oder
– die zwar auf einer **(genehmigten oder freigestellten) Beihilferegelung** beruhen, aber der Kommission dennoch **einzeln anzumelden** sind und deren Genehmigung bedürfen[747] oder
– die auf einer **(nicht genehmigten oder nicht freigestellten) Beihilferegelung** beruhen[748] oder
– die als **Ad-hoc-Beihilfen,** also ohne eine Beihilferegelung, gewährt werden sollen[749] oder
– die auf einer **steuerrechtlichen Regelung und nicht auf behördlichem Ermessen** beruhen.[750]

208 **bb) Auf genehmigter Beihilferegelung beruhende anmeldefreie Beihilfen.** Handelt es sich um die beabsichtigte Gewährung von Beihilfen, die auf einer genehmigten Beihilferegelung beruhen und die keiner weiteren Genehmigung seitens der Kommission bedürfen, ist es nach RdNr. 38 RegLL 2007 erforderlich, dass die jeweils zuständige Bewilligungsbehörde den Förderantragseingang prüft und zusätzlich vor Beginn der Arbeiten, also vor Maßnahmebeginn, schriftlich bestätigt, dass das Vorhaben, vorbehaltlich einer detaillierten Überprüfung, die Förderwürdigkeitsbedingungen grundsätzlich erfüllt.[751] Die **Förderwürdigkeit** bezieht sich auf die Wirkungen der Investition mit Blick auf die Förderziele; bei der Regionalbeihilfe also mit Blick auf die innerstaatliche und innergemeinschaftliche Kohäsion der regionalen Entwicklung. Zentrales **Merkmal** dafür, dass mit einem Vorhaben die **Ziele der Regionalförderung nicht erreichbar** sind, ist ein **Förderausschluss.** Dazu zählt der Ausschluss der **sensiblen Sektoren.**[752] In diesen Sektoren bestehen regelmäßig erhebliche strukturelle Überkapazitäten. Mit einer Förderung von Vorhaben in diesen Sektoren würde lediglich in den **Verdrängungswettbewerb** gefördert, nicht aber in die wirtschaftliche Gesundung einer benachteiligten Region. Daher genügt es bei einer auf eine Regionalbeihilfenregelung nach der RegLL 2007 gestützten Subvention für die kursorische Prüfung der Förderwürdigkeit im Sinne der RdNr. 38 RegLL 2007 festzustellen, dass kein genereller Förderausschluss besteht.

209 **cc) Auf genehmigter oder freigestellter Beihilferegelung beruhende anmeldepflichtige Beihilfen:** Handelt es sich um eine auf einer genehmigten Beihilferegelung beruhende, aber der Kommission einzeln zur Genehmigung vorzulegende Förderung, also um eine notifizierungspflichtige Einzelbeihilfe,[753] muss die Bestätigung der Förderwürdigkeit vorbehaltlich der Entscheidung der Kommission, zur Genehmigung der Beihilfegewährung erfolgen.[754] Dieser

---

dert durch Art. 1 des Gesetzes zur Änderung des Investitionszulagengesetzes 1999 vom 20. 12. 2000, BGBl. 2000 I S. 1850; § 1 Abs. 1 Investitionszulagengesetz 2005 (InvZulG 2005) vom 17. 3. 2004, BGBl. 2004 I, 438.
[744] Nach Ziffer 4.2 S. 3 RegLL 1998.
[745] *Knoblich* (Fn. 21), 85, 93.
[746] Siehe unter RdNr. 208.
[747] Siehe unter RdNr. 209.
[748] Siehe unter RdNr. 211.
[749] Siehe unter RdNr. 212.
[750] Siehe unter RdNr. 218, 225 ff.
[751] RdNr. 38 S. 2 RegLL 2007.
[752] Siehe oben RdNr. 128.
[753] Etwa eine Beihilfe für ein großes Investitionsvorhaben nach RdNr. 24 MSR-2002 (Fn. 73); oder nach RdNr. 64 RegLL 2007.
[754] RdNr. 38 Fn. 39 RegLL 2007.

Vorbehalt führt nicht zu einer Verminderung der Aussagekraft der Genehmigung des förderunschädlichen vorfristigen Vorhabensbeginns. Er beruht lediglich darauf, dass die im Regelfall vorzubehaltende detaillierte Prüfung in den Notifizierungsfällen durch die Entscheidung der Kommission nach Art. 2 Verfahrensverordnung[755] ersetzt wird. Gleiches gilt für Beihilfen, die auf einer freigestellten Beihilferegelung beruhen, die aber ihrerseits nicht alle Freistellungsvoraussetzungen erfüllen und daher nicht freigestellt, sondern genehmigungspflichtig sind.[756]

Diese Regel gilt auch dann, wenn die Beihilfenregelung, auf die eine anmeldepflichtige Ein **210** zelbeihilfe gestützt ist, strengere Anreizeffektvoraussetzungen, etwa nach Artikel 5(1) RFVO[757] oder nach Artikel 8(3) AGVO enthält. Auch dann muss die beabsichtigte, auf diese Beihilferegelung gestützte, aber nach Artikel 108(3) AEUV anmelde- und damit genehmigungspflichtige Einzelbeihilfe nur die Freistellungsvoraussetzungen nach RdNr. 38 Satz 2 Fn. 39 RegLL 2007 erfüllen.[758] Die in die freigestellte Beihilferegelung aufgenommenen Anreizeffektvorschriften der Freistellungsverordnungen dienen letztlich dazu, eine Beihilfe von der vorherigen Überprüfung durch die Kommission freizustellen. Mit Rücksicht auf diesen Umstand sind diese Anreizeffektregeln in den beiden Freistellungsverordnungen in unterschiedlicher Weise strenger als die Anreizeffektregeln nach RdNr. 38 Satz 2 RegLL 2007, also für die Beihilfen, die gerade einer vorherigen Kontrolle durch die Kommission unterliegen. Diese Differenzierung zeigt sich auch daran, dass sich der Anreizeffekt für die einem KMU zu gewährende Beihilfe für ein sehr großes Investitionsvorhaben, die der Anmeldepflicht unterliegt, ebenfalls nach RdNr. 38 RegLL 2007 und nicht etwa nur nach Artikel 8(2) AGVO richtet.[759] Daher gibt es keinen Grund, die Regeln der Freistellungsverordnungen als zusätzlichen Prüfmaßstab für die Beurteilung nach RdNr. 38 Satz 2 (Fn. 39) RegLL 2007 gerade für die Beurteilung einer nach Artikel 7(1) RFVO[760] oder nach Artikel 6(2) AGVO von der Freistellung ausgeschlossenen Einzelbeihilfe heranzuziehen, auch nicht über den Umweg einer freigestellten Förderrichtlinie. Ferner macht das Erfüllen der Anreizvoraussetzungen nach RdNr. 38 Satz 2 (Fn. 39) RegLL 2007 aus einer Beihilfe, die auf eine freigestellte, weitergehende Anreizeffektvoraussetzungen enthaltende Förderregelung gestützt ist, keine Ad-hoc-Beihilfe, wenn sie alle übrigen Voraussetzungen der Beihilferegelung einhält.

dd) Auf einer nicht genehmigten oder nicht freigestellten Beihilferegelung beru **211** **hende Beihilfen.** Eine Beihilfe, die auf der Grundlage einer nicht genehmigten und auch nicht freigestellten Beihilferegelung erfolgen soll, ist eine nicht auf eine genehmigte oder freigestellte Beihilferegelung gestützte Beihilfe. Daher handelt es sich bei einer derartigen beabsichtigten Beihilfe um eine reine Ad-hoc-Beihilfe.[761]

ee) Ad-hoc-Beihilfen. Bei beabsichtigten Ad-hoc-Beihilfen verlangt der Wortlaut der **212** RdNr. 38 Satz 4 RegLL 2007, dass die zuständige Bewilligungsbehörde **vor Beginn der Arbeiten** eine **schriftliche Absichtserklärung** zur **Gewährung der Beihilfe** abgibt, die von der Genehmigung der Beihilfe durch die Kommission abhängig ist.[762] Diese Absichtserklärung entspricht in ihrer Wirkung im Geschäftsverkehr im Wesentlichen einer **aufschiebend bedingten Bewilligung.** Im Grundsatz verlangt die Kommission bei Ad-hoc-Beihilfen auf diesem Wege schon im Vorfeld eine **einklagbare, bindende Zusage** der Bewilligungsbehörde gegenüber dem Begünstigten, unabhängig davon, welchen Umfang und welche Intensität die Ad-hoc-Beihilfe hat.[763] Hinsichtlich der Genehmigungspflichtigkeit differenziert die Regelung nicht zwischen einer Beihilfeintensität für ein Vorhaben, das für sich genommen bereits der Genehmigungspflicht unterliegt und einer Genehmigungspflicht, die allein auf dem Umstand beruht, dass es sich um eine Ad-hoc-Beihilfe handelt.[764]

Offen ist, ob es mit Blick auf den Anreizeffekt genügt, wenn die Bewilligungsbehörde vor **213** Vorhabensbeginn statt der **schriftlichen Absichtserklärung** zur Gewährung der Beihilfe im

---

[755] Verfahrensverordnung (Fn. 95).
[756] Tz. 7 S. 3 AGVO.
[757] RFVO (Fn. 3).
[758] Kom. Staatliche Beihilfen N 203/2008, RdNr. 18–21, 25 – Papierfabrik Spremberg (Fn. 601); N 671/2008, RdNr. 62 – Mercedes-Benz, Ungarn (Fn. 601).
[759] Siehe unter Rdnr. 222.
[760] RFVO (Fn. 3).
[761] Siehe oben RdNr. 156, 160, 161.
[762] RdNr. 38 S. 4 RegLL 2007.
[763] *Mederer/Pesaresi/van Hoof/Dupont/Tumasonyté* (Fn. 317), Chapter 6, RdNr. 4.909.
[764] Siehe RdNr. 64 Fn. 60 S. 1 RegLL 2007.

Sinne der RdNr. 38 Satz 4 RegLL 2007, die den Vorbehalt einer Genehmigung der Beihilfe durch die Kommission enthält, eine **schriftliche Bestätigung der Förderwürdigkeit**, allerdings ebenfalls vorbehaltlich der Entscheidung der Kommission zur Genehmging der Beihilfegewährung, also im Sinne der RdNr. 38 Satz 2, Fußnote 39 RegLL 2007 abgibt. Folgt man allein dem Wortlaut der RdNr. 38 Satz 4 RegLL 2007, so könnte der Eindruck entstehen, dass dies nicht ausreicht. Er verlangt vor Vorhabensbeginn eine Zusage der Bewilligungsbehörde, die unter dem Vorbehalt der Genehmigung der Beihilfegewährung seitens der Kommission steht. Dieser Eindruck wird durch die Regelung in RdNr. 38 Satz 5 RegLL 2007 unterstützt, wonach ein Vorhaben keine Beihilfen erhalten kann, bei dem es zum Zeitpunkt des Maßnahmebeginns an den Voraussetzungen der RdNr. 38 Sätze 1 bis 4 RegLL 2007 fehlt.

214   Auszugehen ist von Sinn und Zweck der Regelungen. Es ist das Ziel der Bestimmung in RdNr. 38 Satz 4 RegLL 2007, den allgemeinen Regeln über den Anreizeffekt auch für die Beihilfen nachzukommen, für die es gerade keine genehmigten oder freigestellten Regelwerke (Förderrichtlinien) gibt.[765] Werden Beihilfen auf der Basis von genehmigten Förderregelungen gewährt, so hat die Kommission bereits einmal die Möglichkeit gehabt, diese Regelwerke zu prüfen und den Anreizeffekt für die nach diesen Regeln gewährten Beihilfen grundsätzlich festzustellen. Ähnliches gilt für die freigestellten Förderregeln. Sie müssen den Vorschriften, die die Kommission in der jeweiligen Freistellungsverordnung, also etwa in der AGVO bestimmt, und bei deren Einhaltung sie ebenfalls grundsätzlich von einem Anreizeffekt ausgehen kann, entsprechen. Gerade daran fehlt es bei der Gewährung von Ad-hoc-Beihilfen. Daher ist es das weitere Ziel der RdNr. 38 Satz 4 RegLL 2007, den Beihilfegeber zu zwingen, die Ad-hoc-Beihilfe der Kommission zur Genehmigung vorzulegen. Eine derartige Ad-hoc-Beihilfeanmeldung hat umfassende Prüfungen durch die Kommission zur Folge. Dieser Prüfaufwand gilt unabhängig davon, ob das geförderte Vorhaben ein sehr großes Investitionsvorhaben im Sinne der RdNr. 64 Satz 1 RegLL 2007 ist, oder ob es sich um ein erheblich kleineres Vorhaben, etwa mit einem Investitionsvolumen von weniger als 5 Mio. EUR handelt. Damit die Kommission aber nicht mit ressourcenaufwendigen Vorratsprüfungen befasst wird, muss der Mitgliedstaat seine Absicht, die Beihilfe auch tatsächlich gewähren zu wollen durch eine entsprechende schriftliche, selbstverständlich durch die Genehmigung der Kommission konditionierte, Erklärung zum Ausdruck bringen.

215   Dieses Ziel wird allerdings auch erreicht, wenn mit der Bestätigung des Beihilfegebers im Rahmen der Genehmigung des vorfristigen Vorhabensbeginns die Bestätigung der Förderwürdigkeit vor Maßnahmebeginn vorbehaltlich der Entscheidung der Kommission zur Genehmigung der Beihilfegewährung erfolgt.[766] Sinn und Zweck der Regelung in RdNr. 38 Satz 2, Fußnote 39 RegLL 2007 bestehen darin, den Beihilfegeber ab einem bestimmten Beihilfevolumen ebenfalls zu zwingen, diese beabsichtigte Beihilfe der Kommission zunächst zur Prüfung und zur Genehmigung vorzulegen. Insoweit unterscheiden sich die Ziele der beiden Regelungen nicht; vielmehr besteht Zielidentität. Ferner unterscheiden sich auch die Regelungsmechanismen nicht mit denen dieses Ziel, die Vorlage der beabsichtigten Beihilfegewährung zur Prüfung durch die Kommission, erreicht werden soll. Die Differenz besteht lediglich darin, im Rahmen von RdNr. 38 Satz 4 RegLL 2007 eine feste Absichtserklärung, im Rahmen von RdNr. 38 Satz 2 dagegen zunächst nur die Bestätigung der Förderwürdigkeit abzugeben. Diese Differenz führt jedoch nicht zu einer anderen Beurteilung der Vereinbarkeit einer Beihilfe mit dem Binnenmarkt durch die Kommission. Damit werden mit Blick auf den Anreizeffekt durch eine Bestätigung nach RdNr. 38 Satz 2 und Fußnote 39 RegLL 2007 bei sehr großen Investitionsvorhaben alle Ziele erreicht, die auch mit RdNr. 38 Satz 4 RegLL 2007 erreicht werden sollen.

216   Daher ist es vor allem vor dem Hintergrund des von der Kommission selbst vertretenen „substance over form"-Ansatzes[767] nicht gerechtfertigt, allein um der Form willen, in einem solchen Fall den Anreizeffekt für eine Ad-hoc-Beihilfe zu verneinen. Dies gilt umso mehr, als eine Entscheidung der Kommission sich nicht nur auf die Förderwürdigkeit, sondern auf die Genehmigung der Förderung selbst bezieht.[768] Daher erfüllt eine vor Vorhabensbeginn erteilte schrift-

---

[765] *Mederer/Pesaresi/van Hoof/Dupont/Tumasonytė* (Fn. 317), Chapter 6, RdNr. 4.909.

[766] RdNr. 38 Fn. 39 RegLL 2007.

[767] Economic substance over legal form: *Helbling,* zur Bedeutung der US GAAP, Der schweizer Treuhänder 2001, 763, 766; Kom., Abschnitt 2.2 Leitlinien der Gemeinschaft für staatliche Beihilfen zur Förderung von Risikokapitalinvestitionen in kleinere und mittlere Unternehmen, ABl. C 194/2 (Risikokapitalleitlinien 2006).

[768] RdNr. 38 Fn. 39 RegLL 2007: „... muss die Bestätigung der Förderwürdigkeit vorbehaltlich der Entscheidung der Kommission zur Genehmigung erfolgen."

liche Genehmigung des vorfristigen förderunschädlichen Vorhabensbeginns für eine Ad-hoc-Beihilfe für ein sehr großes Investitionsvorhaben, die unabhängig davon, dass es sich um eine Ad-hoc-Beihilfe handelt, ohnehin nach RdNr. 64 Satz 1 RegLL 2007 einzeln bei der Kommission zur Genehmigung angemeldet werden muss und die der Beihilfegeber durch eine Genehmigungsentscheidung der Kommission im Sinne der RdNr. 38 Fn. 39 RegLL 2007 konditioniert, tatsächlich inhaltlich stets auch die Anforderungen, die an eine durch die Genehmigung der Beihilfe durch eine Entscheidung der Kommission konditionierte Absichtserklärung zur Beihilfegewährung im Sinne der RdNr. 38 Satz 4 RegLL 2007 zu stellen sind und damit die Anreizeffektanforderungen nach dieser Vorschrift.

Etwas anderes gilt allerdings dann, wenn das Bestätigungsschreiben der Bewilligungsbehörde **217** zur Förderwürdigkeit unkonditioniert ist. Würde also diese Bestätigung der Förderwürdigkeit ergehen, ohne zugleich die Entscheidung der Kommission zur Genehmigung der beabsichtigten Beihilfegewährung vorzubehalten, würden die Ziele der Vorschrift der RdNr. 38 Satz 4 RegLL 2007 verfehlt. Das ist regelmäßig zu erwarten, wenn es sich um eine Ad-hoc-Beihilfe handelt, die dann, wenn sie auf der Grundlage einer genehmigten oder freigestellten Regelung erfolgen würde, nicht anmeldepflichtig wäre. In einem solchen Fall würde die Bestätigung der Bewilligungsbehörde allein auf die Förderwürdigkeit abheben, nicht aber auf eine Genehmigung der Kommission als Voraussetzung für eine Auskehrung der Zuwendung.

ff) Zwingender Inhalt von Förderregelungen. In jede auf die RegLL 2007 gestützte **218** Förderregelung sind die beiden in RdNr. 38 RegLL 2007 genannten Voraussetzungen, die **vorherige Antragstellung** sowie das Erfordernis einer **Mitteilung der Bewilligungsbehörde,** dass das Vorhaben die **Förderwürdigkeitsbedingungen** vorbehaltlich einer detaillierten Überprüfung **grundsätzlich erfüllt,** als eigene Voraussetzungen der jeweiligen Förderregelung (Förderrichtinie) aufzunehmen.[769] Fehlt es an der Aufnahme des zweiten Elements, so ist die Gewährung eines vorfristigen förderunschädlichen Vorhabensbeginns unzulässig. Diese **Pflicht entfällt** naturgemäß bei genehmigten Regelungen, nach denen Beihilfen kraft Gesetzes gewährt werden, ohne dass die Bewilligungsbehörde einen Ermessensspielraum hat, also etwa bei **Steuergesetzen.**[770]

gg) Kritische Betrachtung. Die **Regelung** in RdNr. 38 RegLL 2007 schafft im Verhältnis **219** zur Vorgängerregelung[771] einen **erheblichen bürokratischen Mehraufwand,** ohne für einen der Beteiligten einen Mehrwert zu generieren.[772] Bisher konnte die Bewilligungsbehörde bereits mit dem Posteingang (Antragseingang) feststellen, ob das Unternehmen einen Antrag auf Erteilung der Genehmigung eines vorfristigen Vorhabensbeginns gestellt hatte und diesem Antrag ohne weitere Prüfung auch stattgeben. Damit war das Ziel, zunächst die Förderung zu beantragen und erst danach das Vorhaben zu beginnen, also reine Mitnahmeeffekte zu vermeiden, erreicht. Mit In-Kraft-Treten der RegLL 2007 und der Verpflichtung zur sofortigen, zumindest kursorischen Prüfung der Förderwürdigkeit, erhält der Antragsteller **keine größere Sicherheit.** Er muss lediglich länger auf eine Entscheidung warten. Das **Ziel,** vermutete Mitnahmeeffekte auszuschließen, **kann** dagegen **nicht erreicht** werden. Zum einen sind sie bei dieser Konstellation nicht ersichtlich, denn es ist noch keine Beihilfe gewährt worden. Zum anderen würden sie durch die neue Regelung nicht verhindert. Der Antragsteller befindet sich unabhängig davon, ob er von der Bewilligungsbehörde ein Schreiben erhält, das ihm allgemein den vorfristigen förderunschädlichen Vorhabensbeginn gestattet, oder das ihm zusätzlich erläutert, sein Vorhaben sei im Grundsatz förderwürdig (aber noch nicht geprüft und erst recht noch nicht entschieden), immer in derselben Situation: für ihn ist nach der alten wie nach der neuen Regelung stets unklar, ob er die Beihilfe in der beantragten Höhe auch tatsächlich erhalten wird. Diese neue Regelung schafft weder ein schutzwürdiges Vertrauen auf eine tatsächliche Förderung, noch gewährt sie andere einklagbare Rechte des Antragstellers als das, die Förderung nicht deswegen versagt zu erhalten, weil er bereits mit dem Projekt zwar nach Antragstellung, aber vor der Bescheidung begonnen habe. RdNr. 38 RegLL 2007 hat die Mitgliedstaaten überrascht.[773]

---

[769] RdNr. 38 S. 3 RegLL 2007.

[770] RdNr. 38 Fn. 41 RegLL 2007.

[771] Ziffer 4.2. S. 3 RegLL 1998.

[772] Dies gilt nicht, sofern die Bestätigung nach RdNr. 38 S. 2 Fn. 39 RegLL 2007 die Erklärung nach RdNr. 38 S. 4 RegLL 2007 ersetzt.

[773] Diese Regelungen hat die Kommission ohne Aufnahme in einem ihrer Konsultationsdokumente, erst nach Abschluß der Konsultationen mit den Mitgliedstaaten, in die RegLL 2007 eingefügt. In gleicher Weise

220 **d) Vorfristiger förderunschädlicher Maßnahmebeginn auf der Grundlage des RFVO.**[774] Eine Ausdehnung der in RdNr. 38 RegLL 2007 allein für die Ad-hoc-Beihilfen geforderten **Förderverpflichtungserklärung** im Anschluss an eine nur kursorische Prüfung im Rahmen des vorfristigen förderunschädlichen Vorhabensbeginns auf alle Regionalbeihilfen und damit eine erhebliche Verschärfung der verlangten Erklärung nach RdNr. 38 Satz 2 RegLL 2007, eine Maßnahme im Grundsatz fördern zu können, enthielt **Art. 5 Abs. 1 RFVO.** Danach musste die Bewilligungsbehörde nach Eingang des Förderantrages schriftlich unter dem Vorbehalt des Endergebnisses einer detaillierten Prüfung bestätigen, dass das Vorhaben die in der Regelung vorgegebenen Förderkriterien tatsächlich und nicht nur im Grundsatz erfüllte. Mit dieser Erklärung beraubte die RFVO die Bewilligungsbehörden jeglicher Ermessensausübung im Rahmen der detaillierten Prüfung. Hatte die Bewilligungsbehörde einmal erklärt, ein Vorhaben erfülle alle Kriterien einer Förderreglung, war es nahezu ausgeschlossen, eine vollständige oder teilweise Ablehnungsentscheidung zu treffen, ohne entweder im Rahmen der detaillierten Prüfung wirkliche Mängel entdeckt zu haben oder sich einem auf den Gleichbehandlungsgrundsatz gestützten durchsetzbaren Förderanspruch ausgesetzt zu sehen.

221 **e) Vorfristiger förderunschädlicher Maßnahmebeginn auf der Grundlage der AGVO. Art. 8 AGVO** hat diese gravierenden Mängel der RegLL 2007 und der RFVO für die Förderfälle teilweise korrigiert, die sich ausschließlich nach den Regeln der AGVO richten.

222 **aa) KMU.** Bei **KMU** greift **Art. 8 Abs. 2 AGVO,** wenn auch mit einer anderen Regelungstechnik, wieder auf den Kern der ursprünglichen, bis zum In-Kraft-Treten der RegLL 2007 geltenden Regelung in den RegLL 1998[775] zurück und gestattet so zur bisherigen Verwaltungspraxis zurückzukehren. Für KMU bestimmt diese Vorschrift, nunmehr im Wege einer **gesetzlichen**[776] **Fiktion,** dass Beihilfen, die nach dieser Verordnung gewährt werden, **stets** als Beihilfen mit **Anreizeffekt** gelten, wenn der Beihilfeempfänger den **Beihilfeantrag vor Beginn des Vorhabens oder der Tätigkeit gestellt** hat. Eine weitere Prüfung des Anreizeffektes seitens der Bewilligungsbehörde ist insoweit nicht mehr erforderlich. Damit **entfällt** auch eine **Prüfung zur Gestattung des vorfristigen förderunschädlichen Vorhabensbeginns.** Der Antragsteller kann also (vorbehaltlich weiterer nationaler Regelungen) sofort nach Antragseingang mit seinem Vorhaben beginnen, ohne eine Gestattung des vorfristigen Beginns abwarten zu müssen. In der Praxis wird er jedoch schon aus Gründen der Rechtssicherheit eine solche Bestätigung, zumindest aber eine Eingangsbestätigung erbitten. Allerdings hat auch die über die Pflicht in Art. 8 Abs. 2 AGVO hinaus erteilte ausdrückliche Bestätigung keine weitergehende Aussagekraft als die, die Förderung nicht wegen des Maßnahmebeginns nach Antragstellung aber vor einer mit welchem Ergebnis auch immer erfolgenden Bescheidung abzulehnen. Handelt es sich dagegen um eine Beihilfe zu Gunsten eines KMU, aber für ein sehr großes, anmeldepflichtiges Investitionsvorhaben,[777] sind die für anmeldepflichtige Vorhaben geltenden spezifischen Regeln[778] anzuwenden.[779] Damit ist zugleich die Anwendbarkeit der AGVO ausgeschlossen.[780]

223 **bb) Großunternehmen.** Bei **Großunternehmen,** also bei Unternehmen, die die Voraussetzung der KMU-Empfehlung der Kommission[781] nicht erfüllen, Art. 2 Nr. 8 AGVO, verlangt Art. 8 Abs. 3 AGVO lediglich eine **vertiefte Prüfung** des **Anreizeffektes** im Rahmen der **Bescheidung** selbst, nicht aber im Rahmen des vorfristigen förderunschädlichen Vorhabensbeginns. Daher ist es auch bei einem Großunternehmen, wenn sich dessen Regionalförderung **allein nach den Regeln der AGVO** richtet, aus beihilferechtlichen Gründen **nicht** mehr **erforderlich, den vorfristigen förderunschädlichen Vorhabensbeginn zu prüfen oder**

---

hat sie hinsichtlich der neuen Vorschriften zum Kumulierungsverbot mit „de-minimis"-Zuwendungen (RdNr. 75 RegLL 2007) oder der neu eingefügten Verpflichtung, das Internet als (amtliches) Veröffentlichungsorgan zu nutzen (RdNr. 108 RegLL 2007) gehandelt.

[774] RFVO (Fn. 3).

[775] Ziffer 4.2. S. 3 RegLL 1998.

[776] Verordnungen sind der Typfall der unmittelbar wirksamen Norm: Art. 288 S. 2 AEUV; *Oppermann/Classen/Nettesheim,* Europarecht, 4. Aufl. München 2009, § 10 RdNr. 16 ff., 19, 111.

[777] Art. 6 Abs. 2; 2 Nr. 12 AGVO.

[778] Im Regelfall also RdNr. 38 RegLL 2007.

[779] RdNr. 64 S. 1 RegLL 2007.

[780] Siehe oben RdNr. 137–141; die Freistellung der Beihilfenregelung ersetzt lediglich deren Genehmigung durch die Kommission.

[781] KMU-Empfehlung (Fn. 373).

zu bestätigen. Jedoch wird das Unternehmen in der Praxis auch insoweit aus Gründen der Rechtssicherheit eine Gestattung des vorfristigen förderunschädlichen Vorhabensbeginns, zumindest aber eine Eingangsbestätigung seines Förderantrages erbitten. Zur Reichweite dieser Gestattung und ihren Rechtsfolgen wird auf die Ausführungen in RdNr. 205, 219 und 222 verwiesen. Handelt es sich dagegen um eine anmeldepflichtige Beihilfe, etwa im Sinne des Art. 6 Abs. 2 AGVO und 64 Satz 1 RegLL 2007, so ist die Anwendbarkeit der AGVO ausgeschlossen[782] und es gelten die für anmeldepflichtige Vorhaben vorgesehenen spezifischen Regeln.[783]

cc) **Ad-hoc-Beihilfen.** Bei einem vorfristigen Beginn eines mit Ad-hoc-Beihilfen zu förderndes Projektes ist zunächst danach zu differenzieren, ob es sich um eine allgemeine Ad-hoc-Maßnahme oder um eine regionale ergänzende Ad-hoc-Beihilfe handelt. Diese Gewährung einer einfachen, auch einer einfachen, regionalen Ad-hoc-Beihilfe ist nicht freigestellt; daher gelten die Regeln nach RdNr. 38 Satz 4 RegLL 2007.[784] Für **ergänzende regionale Ad-hoc-Beihilfen** im Sinne des Art. 13 Abs. 1 Satz 2 AGVO gelten andere Regeln. Diese Beihilfen sind sowohl bei einer Begünstigung von KMU im Sinne des Art. 2 Nr. 7 AGVO als auch bei einer Begünstigung von großen Unternehmen im Sinne des Art. 2 Nr. 8 AGVO freigestellt, wenn sie alle Voraussetzungen der AGVO erfüllen.[785] Nach beiden Vorschriften **bedarf** es mit Blick auf den Anreizeffekt **keiner** ausdrücklichen **Genehmigung für einen vorfristigen förderunschädlichen Vorhabensbeginn.**[786] Daher bedarf es in diesen Fällen auch mit Blick auf den vorfristigen Vorhabensbeginn keiner eigenen Anreizeffektprüfung bezogen auf den vorfristigen Vorhabensbeginn.[787] Die Anreizeffektprüfung geschieht wie in den Fällen, in denen ein vorfristiger Vorhabensbeginn nicht erfolgt, allein nach Art. 8 Abs. 2 AGVO für KMU und nach Art. 8 Abs. 3 AGVO für große Unternehmen.[788] Etwas anderes gilt bei **genehmigungspflichtigen Beihilfen** für sehr große Investitionsvorhaben im Sinne des Art. 6 Abs. 2 AGVO und der RdNr. 64 Satz 1 RegLL 2007. Diese Beihilfen **sind auch als regionale ergänzende Ad-hoc-Beihilfen nicht** nach den Regeln der AGVO **freigestellt,** sofern sie die in Art. 13 Abs. 1 Satz 2 in Verbindung mit Art. 6 Abs. 2 AGVO bestimmten Beihilfehöchstbetragsgrenzen überschreiten. Dazu sind die Förderungen aus allen Quellen zu einem Gesamtförderbetrag zusammen zu rechnen,[789] also auch die ergänzte Regionalbeihilfe einzubeziehen. Daher richtet sich die Feststellung des Anreizeffektes für diese ad-hoc-Beihilfen auch bei einem vorfristigen Vorhabensbeginn nach RdNr. 38 Satz 4 RegLL 2007. Die für die ergänzende regionale Ad-hoc-Beihilfe im Sinne des Art. 13 Abs. 1 Satz 2 AGVO geltenden Regeln gelten in gleicher Weise auch für die ergänzende regionale Ad-hoc-Beihilfe nach Art. 3 Abs. 3 RFVO.[790]

3. Anreizeffekt im Rahmen einer genehmigten oder freigestellten gesetzlichen Regelung ohne Ermessensspielraum. a) Allgemeines. Bei diesen Regelungen handelt es sich um Vorschriften, die dem Begünstigten kraft Gesetzes einen Anspruch auf die jeweilige Beihilfe einräumen, ohne dass der Bewilligungsbehörde ein irgendwie gearteter Ermessenssspielraum zur Verfügung steht.[791] Nur in diesen Fällen kann sich der Begünstigte vorab sicher sein, dass die Bewilligungsbehörde sein Vorhaben fördern wird, wenn er die entsprechenden gesetzlichen Voraussetzungen erfüllt. Dies trifft regelmäßig für steuerliche Regelungen zu. Aufgrund dieser freigestellten oder genehmigten Steuerbeihilferegelungen, werden bestimmte Steuern für beihilfefähige Aufwendungen „automatisch" kraft Gesetzes und ohne jeglichen behördlichen Ermessensspielraum erlassen oder reduziert.[792] Dazu zählen in Deutschland auch die für verschiedene Perioden geltenden Investitionszulagengesetze.[793] Sie sehen zwar keine Steuerreduktion, wohl

224

225

---

[782] Siehe oben RdNr. 139–141.
[783] RdNr. 38 und regelmäßig RdNr. 64, 68 RegLL 2007.
[784] Siehe oben RdNr. 183, 194, 212.
[785] Art. 3 Abs. 3, 1 Abs. 5, 13 Abs. 1 S. 2 AGVO; siehe auch oben RdNr. 195–203.
[786] Siehe oben RdNr. 222 und 223.
[787] Siehe oben RdNr. 222, 223.
[788] Siehe insoweit oben RdNr. 185 ff.
[789] Art. 6 Abs. 2 AGVO.
[790] RFVO (Fn. 3).
[791] RdNr. 38 Fn. 41 RegLL 2007: „ ‚automatisch' und ohne jeglichen behördlichen Ermessensspielraum".
[792] RdNr. 38 Fn. 41 RegLL 2007.
[793] Investitionszulagengesetz 1999 (InvZulG 1999, Fn. 743); Investitionszulagengesetz 2005 (InvZulG 2005, Fn. 743); Investitionszulagengesetz 2007 (InvZulG 2007) vom 15. 7. 2006, BGBl. 2006 I, 1614, zuletzt geändert durch Art. 2 Gesetz zur Schaffung einer Nachfolgeregelung und zur Änderung des Investi-

aber wettbewerbs- und damit beihilferechtlich identische Zahlungen aus Steuermitteln vor. Die Bewilligungsbehörde (in Deutschland also die Finanzverwaltung) hat in diesem Fall lediglich einen Beurteilungsspielraum auf der Tatbestandsseite, also ob der seitens des Begünstigten vorgetragene Sachverhalt auch tatsächlich die gesetzlichen Voraussetzungen des Zuwendungsanspruchs erfüllt.

226   Nicht ausreichend für die Annahme eines fehlenden Ermessensspielraums ist es, wenn sich die Bewilligungsbehörde durch eigene Erlasse oder durch ein entsprechendes Verwaltungshandeln in ihrer Ermessensausübung selbst einschränkt. Dabei handelt es sich nicht um einen gesetzlichen Ermessensausschluss, sondern lediglich um einen verwaltungstatsächlichen Ermessensnichtgebrauch. Die durch eine derartige Selbstbindung möglicherweise über den Gleichheitsgrundsatz durch eigenes Handeln herbeigeführte Ermessensreduktion bei der Bewilligungsbehörde ist mit einem gesetzlichen Anspruch auf Zuwendung nicht identisch.[794] Gleiches gilt auch soweit die vorgesetzte Behörde den Ermessensnichtgebrauch anordnet. Auch insoweit fehlt es an einem gesetzlichen Anspruch auf die Beihilfe.

227   **b) Anreizeffekt im Rahmen der RegLL 2007:** Mangels eines behördlichen Bewilligungsermessens entfällt bei einer Beihilfegewährung kraft Gesetzes im Rahmen der RegLL 2007 die Untersuchung oder der Nachweis eines Anreizeffektes nach **RdNr. 38 RegLL 2007.**[795] Allerdings bestimmt RdNr. 108 Satz 5 RegLL 2007, dass Vorhaben, für die vor Veröffentlichung einer Förderregelung Kosten angefallen sind, nach dieser Regelung nicht mit Regionalbeihilfen gefördert werden können. Damit stellt RdNr. 108 Satz 5 RegLL 2007 für Vorhaben, die mit Zuwendungen, auf die ein gesetzlicher Anspruch besteht, gefördert werden sollen, den Grundsatz auf: erst die Regelung, dann der Beginn.

228   RdNr. 38 RegLL 2007 war in keinem Konsultationspapier der Kommission enthalten. Diese Regelung hat die Mitgliedstaaten überrascht. In Deutschland etwa hat sie angesichts der relativen Kurzlebigkeit der einzelnen Investitionszulagengesetze[796] für erhebliche Schwierigkeiten gesorgt. Regelmäßig liegen bei größeren Investitionsvorhaben zwischen Antragstellung und Vorhabensabschluss mehrere Jahre. Ferner wird die Unterstützung nach den Investitionszulagengesetzen stets im Kalenderjahr nach der jeweiligen Investition beantragt und gewährt.[797] Geriet nun ein Vorhaben genau in den Übergang von einem Investitionszulagengesetzeszeitraum in den Zeitraum des Nachfolgegesetzes, so konnten die Investitionen, die in den Zeitraum des neuen Gesetzes fielen, nach der Vorschrift in RdNr. 108 Satz 5 RgLL 2007 nicht mehr mit Investitionszulagen unterstützt werden. Das alte Gesetz war nicht mehr anwendbar und das neue Gesetz war erst nach dem Beginn des Vorhabens in Kraft getreten. Andererseits war offenkundig, dass jedem Investitionszulagengesetz zeitlich nahtlos ein Nachfolgegesetz folgen würde.

229   Um diesem Missstand abzuhelfen, mussten die Förderbescheide der übrigen Beihilfegeber, insbesondere die Förderbescheide mit denen Investitionszuschüsse entsprechend der Gemeinschaftsaufgabe zur Verbesserung der regionalen Wirtschaftsstruktur gemäß Art. 91a Abs. 1 Nr. 1 GG (GA) gewährt wurden, auch die zu erwartende Höhe an Investitionszulagen mitgewähren.[798] Damit war der Anreizeffekt gewahrt. Anschließend wurden dann die GA-Mittel durch die Investitionszulage substituiert. Dieser „Zahlungstopfwechsel" ist wettbewerbsrechtlich neutral und daher trotz RdNr. 108 Satz 5 RegLL 2007 zulässig; das Unternehmen erhielt die im GA-Bescheid bewilligten regionalen Fördermittel, wenn auch aus einem anderen Teilhaushalt oder einem anderen Haushaltstitel desselben Mitgliedstaates. Diese sicherlich unbeabsichtigten Rechtsfolgen sind in Art. 8 Abs. 4 lit. b Satz 2 AGVO auf Initiative Deutschlands gerade mit Blick auf die Investitionszulagengesetze behoben worden. Vor diesem Hintergrund ist diese Regelung der AGVO auch im Rahmen der RegLL 2007 analog anzuwenden, oder die Bestimmung der RdNr. 108 Satz 5 RegLL 2007 ist im Licht des Art. 8 Abs. 4 lit. b Satz 2 AGVO zu interpretieren.[799]

---

tionszulagengesetzes 2007 vom 7. 12. 2008, BGBl. I, 2350; Investitionszulagengesetz 2010 (InvZulG 2010, Fn. 600).

[794] Dies zeigt sich auch in den RegLL 2007, die die Steuerbeihilferegelungen als einzige Ausnahme von der Vorschrift, den jeweiligen Anreizeffekt zu prüfen, bezeichnen: RdNr. 38 Fn. 41 RegLL 2007.

[795] RdNr. 38 Fn. 41 RegLL 2007.

[796] InvZulG 1999, InvZulG 2005, InvZulG 2007, InvZulG 2010, (Fn. 793).

[797] § 7 Abs. 2 InvZulG 1991, § 7 Abs. 2 InvZulG 1993, § 7 Abs. 2 InvZulG 1996, § 6 Abs. 2 InvZulG 1999; § 5 Abs. 2 InvZulG 2005; § 9 InvZulG 2007; § 10 InvZulG 2010.

[798] § 3 Abs. 1 S. 2 Nr. 2 InvZulG 2007 (Fn. 793).

[799] Siehe oben RdNr. 43.

c) Anreizeffekt im Rahmen der AGVO. Im Rahmen der **AGVO** ist bei einer freigestell- **230** ten steuerlichen Förderung, die auf der Grundlage objektiver Kriterien, also ohne dass es einer Ermessensentscheidung der Bewilligungsbehörde bedarf, einen Rechtsanspruch auf die Beihilfe gewährt, ebenfalls nicht erforderlich, einen Anreizeffekt nachzuweisen. Allerdings enthält die AGVO mit Art. 8 Abs. 4 lit. b Satz 1 AGVO eine RdNr. 108 Satz 5 RegLL 2007 entsprechende Vorschrift. Danach ist auch nach den Regeln der AGVO im Rahmen einer steuerlichen Regelung, die dem Begünstigten auf der Grundlage objektiver Kriterien einen Rechtsanspruch gewährt, der Anreizeffekt insoweit zu prüfen, als die steuerliche Regelung vor dem Beginn der begünstigten Maßnahme eingeführt, also verkündet worden sein muss. Dabei ist, wie bei RdNr. 108 Satz 5 RegLL 2007, **notwendige, aber auch hinreichende Bedingung** jede, auch nichtförmliche Bekanntmachung, etwa eine Veröffentlichung im Internet, durch den Gesetzgeber oder einen von ihm mit der Förderung Beauftragten wie den Finanzbehörden.[800] Im Rahmen der AGVO gilt also ebenfalls der **Grundsatz: erst die Regelung, dann der Vorhabensbeginn.**

Aufgrund der Erfahrungen mit RdNr. 108 Satz 5 RegLL 2007 und mit der RFVO[801] ist in **231** die AGVO mit Art. 8 Abs. 4 lit. b Satz 2 AGVO eine wesentliche, weitere Vorschrift aufgenommen worden: handelt es sich bei der begünstigenden Regelung um die steuerliche **Nachfolgeregelung** einer bereits vorab geltenden steuerrechtlichen Regelung, ist der Anreizeffekt auch dann gegeben, wenn das Vorhaben vor dem In-Kraft-Treten der Folgeregelung begonnen wurde. Gleiches gilt, sofern in einer individuellen Entscheidung der Kommission die Inanspruchnahme von zum Zeitpunkt der Entscheidung noch nicht erlassenen Förderregelungen (mit)genehmigt wird.[802] Die ratio dieser Vorschrift ist als allgemeiner Grundsatz nicht nur auf die AGVO beschränkt, sondern auch auf RdNr. 108 Satz 5 RegLL 2007 analog anwendbar.[803]

4. Anreizeffekt bei Änderung der Rechtsgrundlage. Hat ein Unternehmen eine Beihilfe **232** beantragt und ist sie auf der Grundlage einer mitgliedstaatlichen Regelung gewährt worden, so sind die für diese Regelung maßgeblichen Anreizeffektprüfungen vorzunehmen. Stellt sich allerdings später, etwa im Rahmen eines förmlichen Prüfverfahrens heraus, dass die der Beihilfegewährung zugrunde liegende Regelung nicht mehr angewendet werden durfte, so stellt sich die Frage, nach welchen Regeln die Anreizeffektprüfung zu erfolgen hat. Regelmäßig richtet sich diese Prüfung nach den Regeln, die für die tatsächliche Beihilfegewährung gelten. Erfolgt eine Beihilfegewährung auf einer rechtswidrigen Beihilferegelung, etwa einer außer Kraft getretenen Regelung, so handelt es sich bei dieser Beihilfe regelmäßig um eine ohne Förderregelung gewährte Ad-hoc-Beihilfe.[804] Das allerdings hätte zur Folge, dass auch die Bedingungen für einen vorfristigen Maßnahmebeginn andere wären. Genügt es für eine auf einer Regelung beruhende Beihilfe, mögliche Förderausschlußgründe zu prüfen und dies dem Antragsteller mitzuteilen, so setzt bei Ad-hoc-Beihilfen die Gestattung eines vorfristigen Vorhabensbeginns eine durch die Genehmigung der Kommission aufschiebend bedingte Gewährung voraus.[805] Damit wäre ein Unternehmen vor unvermuteten Förderausschlüssen nur gefeit, wenn es darauf bestünde, dass seitens der Bewilligungsbehörden die für alle denkbaren Beihilfekonstellationen möglichen Prüfschritte absolviert würden.[806]

Etwas anderes ist jedoch dann anzunehmen, wenn im Rahmen der Gestattung des vorfristi- **233** gen Vorhabensbeginns oder der Gewährung selbst die eingehaltenen Verfahrensvoraussetzungen hinsichtlich des Anreizeffektes im Ergebnis denen in RdNr. 38 Satz 4 RegLL 2007 entsprechen. Auszugehen ist von Sinn und Zweck der Vorschriften zur Anreizeffektprüfung bei nicht freigestellten regionalen Ad-hoc-Beihilfen. Um den allgemeinen Regeln über den Anreizeffekt auch für Ad-hoc-Beihilfen nachzukommen, hat RdNr. 38 Satz 4 RegLL 2007 das Ziel, den Beihilfegeber zu zwingen, eine nicht freigestellte Ad-hoc-Beihilfe der Kommission auch tatsächlich zur Genehmigung vorzulegen.[807] Weiterhin muss es sich um ein ernsthaftes Vorhaben des Mitgliedstaates handeln. Werden also diese beiden Voraussetzungen auch dann eingehalten, wenn sich

---

[800] Arg. e. contr. RdNr. 108 RegLL 2007 als dort zum Ausdruck kommender allgemeiner Grunds. zur Veröffentlichungspraxis und zu den Veröffentlichungsanforderungen der Kommission.

[801] RFVO (Fn. 3).

[802] Kom., Staatliche Beihilfe N 872/2006 v. 30. 1. 2008, RdNr. 23, 25 – Qimonda.

[803] Siehe RdNr. 43, 229.

[804] Kom., Staatliche Beihilfe C 34/2009 (ex N 588/2008), Abschnitt 3.3, 8. Tiret – PETROGAL (Fn. 159).

[805] RdNr. 38 S. 2 RegLL 2007 einerseits und RdNr. 38 S. 4 RegLL 2007 andererseits.

[806] So wohl Kom., Staatliche Beihilfe C 34/2009 (ex N 588/2008), Abschnitt 3.3, 10. Tiret – PETROGAL (Fn. 159).

[807] Siehe oben RdNr. 214.

die ursprüngliche Rechtsgrundlage einer Gewährung als nicht tragfähig erweist und so eine ursprünglich auf eine genehmigte Beihilferegelung gegründete, aber von der Entscheidung der Kommission abhängig gemachte, Gewährung nunmehr als ohne genehmigte oder freigestellte Rechtsgrundlage erfolgt, und sich damit als Ad-hoc-Beihilfegewährung herausstellt, so sind auch auf diesem Weg die Voraussetzungen für den Anreizeffekt, wie von RdNr. 38 Satz 4 RegLL 2007 verlangt, tatsächlich erfüllt.[808] Die Beihilfe ist auch in diesem Fall von der Entscheidung der Kommission abhängig. Das gilt erst recht, wenn wie im Fall PETROGAL,[809] der Beihilfegeber die endgültige Beihilfe erst im Lichte der Entscheidung der Kommission bestimmen möchte.[810] Vor diesem Hintergrund kann ein durch eine Beihilfengenehmigung der Kommission konditioniertes Förderwürdigkeitsschreiben des Beihilfegebers im Sinne der noch offenen Frage der Kommission im Fall PETROGAL,[811] etwa bei einer Änderung der beihilferechtlichen Rechtsgrundlage, als Schreiben im Sinne der RdNr. 38 Satz 4 RegLL 2007 angesehen werden. Gibt die Bewilligungsstelle diese Erklärung jedoch erst nach dem Beginn der Maßnahme ab, für die die Ad-hoc-Beihilfe gewährt werden soll, so ist eine Förderung auf der Grundlage der RegLL 2007 ausgeschlossen.[812]

234   **5. Zusammenfassende Leitsätze.** Danach gilt zusammenfassend für die Prüfung des vorfristigen förderunschädlichen Vorhabensbeginns folgendes

235   a) Sofern die Beihilfe letztlich auf die RegLL 2007 gestützt ist, bedarf es der Prüfung des Anreizeffektes nach RdNr. 38 RegLL 2007, insbesondere im Rahmen des vorfristigen Vorhabensbeginns;

b) sofern die Beihilfe letztlich auf die AGVO gestützt ist, entfällt diese Prüfung für KMU. Bei Großunternehmen im Sinne von Art. 2 Nr. 8 AGVO entfällt die Prüfung des Anreizeffektes bezogen auf den vorfristigen Vorhabensbeginn. Sie wird ersetzt durch eine Prüfung des Anreizeffektes nach Art. 8 Abs. 2 und 3 AGVO im Rahmen der Bewilligung selbst;

c) sofern es sich um eine regionale Ad-hoc-Beihilfe handelt, ist sie nicht freigestellt. Es gelten wieder die Regeln der RdNr. 38 RegLL 2007;

d) sofern es sich um eine regionale ergänzende Ad-hoc-Beihilfe handelt, die einen Anteil von 50% an der für das Projekt insgesamt gewährten Beihilfeintensität nicht überschreitet, gelten für KMU und Großunternehmen in gleicher Weise die jeweiligen Regeln für die ergänzende und die ergänzte Beihilfe, Art. 13 Abs. 1 Satz 2 AGVO. Hinsichtlich der Anmeldeschwellen nach Art. 6 Abs. 2 AGVO, RdNr. 64 Satz 1 RegLL 2007 sind alle zusammengehörigen Beihilfeelemente zusammenzurechnen. Werden die Schwellenwerte überschritten, gelten wieder die Regelungen der RegLL 2007, insbesondere RdNr. 38 RegLL 2007;

e) eine Anreizeffektprüfung entfällt, sofern die Beihilfe auf einer freigestellten oder genehmigten steuerlichen Regelung beruht, die auf der Grundlage objektiver Kriterien einen gesetzlichen Anspruch auf die Förderung ohne Einräumung eines Ermessensspielraumes für die Bewilligungsbehörde gewährt, Art. 8 Abs. 4 AGVO, RdNr. 38 Satz 2, 1. Halbsatz, Fn. 41 RegLL 2007. Erforderlich ist, dass die steuerliche Regelung vor Vorhabensbeginn eingeführt worden ist, Art. 8 Abs. 4 lit. b AGVO, RdNr. 108 Satz 5 RegLL 2007. Etwas anderes gilt, sofern es sich um eine steuerliche Nachfolgeregelung handelt, dann ist auch ein zum Zeitpunkt der Geltung der Vorgängerregelung begonnenes Vorhaben förderfähig, Art. 8 Abs. 4 lit. b Satz 2 AGVO unmittelbar oder, im Rahmen der RegLL 2007, analog.

E. Eigenanteil

236   Ein Investitionsvorhaben, dessen Förderung auf der Basis der materiellen oder immateriellen Investitionskosten oder auf der der Erwerbskosten für eine Betriebsstätte im Sinne der RdNr. 35 RegLL 2007, Art. 12 Abs. 1 lit. b AGVO erfolgen soll, darf, unabhängig von der zulässigen Beihilfehöhe im Einzelfall, nur dann gefördert werden, wenn der von öffentlicher Förderung freie

---

[808] Siehe oben RdNr. 215, 216.

[809] Kom., Staatliche Beihilfe C 34/2009 (ex N 588/2008) – PETROGAL (Fn. 159).

[810] Kom., Staatliche Beihilfe C 34/2009 (ex N 588/2008), Abschnitt 2.10, 4. Tiret – PETROGAL (Fn. 159).

[811] Kom., Staatliche Beihilfe C 34/2009 (ex N 588/2008), Abschnitt 3.3, 10. Tiret – PETROGAL (Fn. 159).

[812] RdNr. 38 S. 5 RegLL 2007.

Betrag entweder aus Eigen- oder aus Fremdmitteln wenigstens 25% der beihilfefähigen Investitionssumme beträgt.[813] Das schließt es aus, dass etwa das gesamte Vorhaben durch einen zinsgünstigen (Förder-)Kredit finanziert wird. In gleicher Weise dürfen diese 25% der beihilfefähigen Investitionssumme auch nicht durch öffentliche Eigenkapitaldarlehen, beihilfebehaftete öffentliche Beteiligungen, staatliche Bürgschaften mit Beihilfeelementen sowie eine öffentliche „De-minimis"-Zuwendung gefördert oder gar nur „infiziert" werden.[814] Diese Regelung dient der Gewährleistung, dass die zu fördernden Investitionen rentabel und gesund sind.[815] Ist allerdings nach der regionalen Gebietsförderkarte eine höhere Förderintensität als 75% zugelassen, dann verringert sich der Eigenanteil und umfasst nur noch den Teil, der nicht gefördert werden darf. Das hat zur Folge, dass der Eigenanteil in einem Gebiet in äußerster Randlage mit einem Pro-Kopf-DurchschnittsBIP von weniger als 60% und einem daraus folgenden zulässigen Interventionssatz von 60% für große Unternehmen[816] für ein kleines Unternehmen unter Berücksichtigung des KMU-Zuschlages von 20%,[817] also einem Gesamtförderhöchstsatz von 80%, auf lediglich 20% sinkt.[818] Der Eigenanteil spielt keine Rolle, sofern es sich um eine regionale Lohnkostenförderung nach Art. 13 Abs. 5, 12 Abs. 3 AGVO oder RdNr. 36 2. HS, 57, 58, 59 RegLL 2007 handelt.[819]

Der beihilfefreie Eigenanteil berechnet sich nach den förderfähigen Kosten, nicht nach den **237** gesamten Investitionskosten. Bei durch Bürgschaften der öffentlichen Hand verbürgten marktüblichen Darlehen bleibt der Teil des Darlehens außer Ansatz, der von der Bürgschaft nicht umfasst wird. Wird also ein Hausbankendarlehen zu 80% von der öffentlichen Hand in beihilfebehafteter Weise verbürgt, so sind die übrigen 20% mit Blick auf den Eigenanteil als beihilfefrei zu bewerten.

F. Bindefristen

I. Die Bindefristen nach den RegLL 2007

Um den mit der Regionalbeihilfe beabsichtigten regionalen Effekt auch tatsächlich zu gewähr- **238** leisten, haben die Mitgliedstaaten durch geeignete Maßnahmen sicherzustellen, dass die geförderte Investition während einer Mindestdauer von **fünf Jahren nach Abschluss des Investitionsvorhabens** aufrechterhalten wird (sogenannte Bindefrist). Der Abschluss wird bei großen Investitionsvorhaben regelmäßig durch den der Kommission vorzulegenden **Abschlussbericht** dokumentiert.[820] Handelt es sich um eine Lohnkostenförderung nach RdNr. 36 und 57–59 RegLL 2007, sind darüber hinaus die vorgesehenen Stellen binnen drei Jahre nach Abschluss der Arbeiten zu besetzen. Ferner muss jede dieser Stellen ab dem Zeitpunkt ihrer Besetzung für (mindestens) fünf Jahre in dem betreffenden Fördergebiet verbleiben.[821] Für KMU im Sinne der KMU-Empfehlung[822] können die Mitgliedstaaten die Bindefristen auf drei Jahre reduzieren.[823] Die Sicherstellung dieser Bedingungen geschieht regelmäßig durch entsprechende Nebenbestimmungen in den Zuwendungsbescheiden oder durch entsprechende Vereinbarungen in den Zuwendungsverträgen. Im Einzelfall bedeutet dies eine tatsächliche Bindung des geförderten Unternehmens von 8 Jahren nach Abschluss des Vorhabens und möglicherweise von mehr als einer Dekade ab dem Zeitpunkt des Vorhabensbeginns.

---

[813] Art. 13 Abs. 6 S. 1 AGVO; RdNr. 39 RegLL 2007.

[814] RdNr. 39 Fn. 42 RegLL 2007.

[815] RdNr. 39 RegLL 2007.

[816] RdNr. 44, 45 1. HS RegLL 2007; Kom., Staatliche Beihilfe N 343/2006, RdNr. 39 – Frankreich: Überseegebiete (Fn. 540); siehe oben RdNr. 85.

[817] RdNr. 49 RegLL 2007.

[818] Art. 13 Abs. 6 S. 2 AGVO; *Mederer/Pesaresi/van Hoof/Dupont/Tumasonytė* (Fn. 317), Chapter 6, RdNr. 4.896, Fn. 3135.

[819] Art. 13 Abs. 6 S. 1 AGVO; RdNr. 39 RegLL 2007.

[820] RdNr. 40, 56 4. Tiret RegLL 2007; zu den immateriellen Wirtschaftsgütern siehe unter RdNr. 255; hinsichtlich der Abschlussberichtsforderung seitens der Kom. siehe etwa Kom., Staatliche Beihilfen N 872/2006, v. 30. 1. 2008, RdNr. 37, 126 – Qimonda; N 674/2008 v. 2. 12. 2009, RdNr. 80 – VW Slovakia.

[821] RdNr. 40 S. 2 und 3 RegLL 2007.

[822] KMU-Empfehlung (Fn. 373).

[823] RdNr. 40 S. 4 RegLL 2007.

II. Die Bindefristen nach der RFVO[824] und nach der AGVO

239 Nach den Regeln der RFVO und der AGVO gelten weitgehend dieselben Bestimmungen. So verlangt Art. 4 Abs. 2 lit. a RFVO ebenso wie Art. 13 Abs. 2 Satz 2 AGVO für materielle und Art. 12, Abs. 2 lit. d AGVO für immaterielle Wirtschaftsgüter, dass die geförderte Investition in dem betreffenden Fördergebiet mindestens fünf Jahre nach Abschluß der Investition erhalten bleibt. Für KMU beträgt diese Bindefrist drei Jahre.[825] Hinsichtlich der im Rahmen der Lohnkostenförderung geförderten, direkt durch die Investition geschaffenen Arbeitsplätze[826] gelten folgende Bestimmungen: die in Rede stehenden Arbeitsplätze müssen innerhalb von drei Jahren nach Abschluss der Investition geschaffen, also nicht notwendigerweise besetzt, werden.[827] Ferner müssen die neu geschaffenen Arbeitsplätze bei Großunternehmen über einen Zeitraum von mindestens fünf Jahren und bei KMU über einen Zeitraum von mindestens drei Jahren erhalten bleiben.[828] Da die Lohnkostenförderung im Rahmen der RFVO und der AGVO aufgrund nur geschätzter Lohnkosten erfolgt,[829] dürfen die Arbeitsplätze insoweit, anders als nach den Regeln in RdNr. 40 Satz 2 RegLL 2007, unbesetzt bleiben, sofern sie nur geschaffen und tatsächlich vorgehalten werden.

III. Weitere Bestimmungen

240 Um technische Veränderungen und damit die Wettbewerbsfähigkeit der Unternehmen nicht zu behindern ist die Einhaltung der Bindefristen auch dann erfüllt, wenn während der Bindefrist lediglich die betreffende Wirtschaftstätigkeit in der Region aufrecht erhalten wird. Daher dürfen Anlagen oder Ausrüstungen auch innerhalb der Bindefrist ersetzt oder ausgetauscht werden.[830] Damit ist es zulässig, innerhalb der Bindefrist einen Produktwechsel vorzunehmen und neue Produktionsanlagen zu installieren, die Betriebsstätte innerhalb des Fördergebiets zu verlagern oder zwei Betriebsstätten innerhalb eines Fördergebiets zusammenzulegen. Eine Förderung der neuen Austauschanlagen allerdings ist ausgeschlossen. Vielmehr bedarf es eines Vergleichs der jeweiligen Werte um eine Überförderung (Doppelförderung) auszuschließen, etwa weil die Ersatzanlagen einen geringeren Wert darstellen als die zu ersetzenden oder bereits ersetzten Maschinen. Werden Anlagen dagegen ohne Ersatzinvestitionen innerhalb der Bindefrist ausgesondert, veräußert oder zerlegt, so sind die darauf entfallenden Beihilfen nicht mehr mit dem Binnenmarkt vereinbar und daher zurück zu gewähren. Dabei hat sich die Rückgewähr zunächst an dem Verhältnis der vereinbarten zu den tatsächlich eingehaltenen Bindefristen zu orientieren. Dieses Verhältnis gibt den Mindestbetrag der Rückgewähr an. Dieser Betrag kann sich erhöhen, wenn sich das geförderte Wirtschaftsgut nach einer entsprechenden Nutzung zu einem überproportional hohen Preis veräußern ließ. Wird also ein gefördertes Wirtschaftsgut nach Ablauf der halben Bindefrist zu einem Preis von 60% des geförderten Einstandspreises veräußert, so beträgt die zurück zu gewährende Quote nicht nur 50%, sondern 60% der Förderung. Wird das Wirtschaftsgut dagegen zerlegt oder zu einem Preis von lediglich 20% des geförderten Einstandspreises veräußert, bleibt es bei der zurück zu gewährenden Quote von 50%. Werden geförderte Gegenstände dagegen nur vorübergehend nicht genutzt oder im Rahmen der unternehmerischen Entwicklung bei Aufrechterhalten der entsprechenden Wirtschaftstätigkeit so zur Verfügung gehalten, dass sie jederzeit kurzfristig wieder eingesetzt werden können, besteht für eine Beihilferückgewähr kein Anlass.

G. Beihilfeintensitäten

241 Die **Beihilfeintensitäten** stellen das Verhältnis von Förderung zur Bemessungsgrundlage, ausgedrückt als **Bruttosubventionsäquivalent (BSÄ)** in von Hundert dar.[831] Soll also am 1. 8. 2010 eine Förderung von 20 TEUR für eine förderfähige Investition von 100 TEUR zum

---

[824] RFVO (Fn. 3).

[825] Art. 4 Abs. 2 lit. a 2. HS RFVO (Fn. 3); Art. 13 Abs. 2 S. 2 AGVO.

[826] Art. 4 Abs. 3 und 9 RFVO (Fn. 3); Art. 13 Abs. 5, 12 Abs. 3 AGVO.

[827] Art. 4 Abs. 9 lit. a und b RFVO (Fn. 3); Art. 12 Abs. 3 lit. a AGVO.

[828] Art. 4 Abs. 9 lit. b RFVO (Fn. 3); Art. 12 Abs. 3 lit. c AGVO.

[829] Art. 4 Abs. 3 RFVO (Fn. 3); Art. 13 Abs. 5 AGVO.

[830] Art. 13 Abs. 2 S. 3 AGVO; Art. 4 Abs. 2 letzter Satz RFVO; RdNr. 40 Fn. 43 RegLL 2007.

[831] RdNr. 41 S. 1 RegLL 2007.

2. 8. 2010 gewährt werden, dann handelt es sich um eine Beihilfeintensität von 20 v. H. oder von 20% BSÄ. Soll dagegen am 1. 8. 2010 eine Förderung von 20 TEUR zur Auszahlung am 2. 8. 2011, also erst in 12 Monaten, für eine ebenfalls erst in 12 Monaten also am 1. 8. 2011 erfolgende förderfähige Investition von 100 TEUR gewährt werden, so sind die Investition und die beabsichtigte Beihilfe auf den Zeitpunkt der Gewährung, den **Gegenwartswert** zum 1. 8. 2010, abzuzinsen.[832]

Die Abzinsung erfolgt nach der **Referenzsatzmethode** der Kommission.[833] Danach ist als **242** Abzinsungssatz auf den auf der Internetseite der Kommission[834] veröffentlichten **Basissatz** zurück zu greifen.[835] Bis zum 1. 7. 2008 war der veröffentlichte Zinssatz anzuwenden. Dieser Zinssatz enthielt bereits eine zusätzliche Marge von 75 Basispunkten, also 0,75%.[836] Daher sind insoweit weitere allgemeine Aufschläge nicht vorzunehmen.[837] Ab dem 1. 7. 2008 gilt die neue Referenzsatzmethode. Dieser Referenzsatz beruht auf einer anderen Grundlage und enthält keine Marge. Daher ist für Vorhaben, für deren Gegenwartswertberechnung ein Datum nach diesem Termin heranzuziehen ist, der Referenzsatz nebst einer festen Marge von 100 Basispunkten, das entspricht einem Prozentpunkt, anzuwenden.[838] Zum 1. 8. 2010 beträgt der veröffentlichte Basissatz für Deutschland 1,24%, der anzuwendende Abzinsungssatz daher 2,24%. Danach beläuft sich der abgezinste Wert der beihilfefähigen Kosten in dem genannten Beispiel auf 97.760 EUR und der abgezinste Wert (Gegenwartswert) der Zuwendung auf 19.552 EUR.

Maßgeblicher Zeitpunkt ist regelmäßig der Zeitpunkt der Gewährung, also der Erteilung **243** des Fördermittelbescheides oder des Abschlusses des Subventionsvertrages. Auf diesen Zeitpunkt wird der abgezinste Wert der Investitionskosten berechnet. Etwas anderes gilt, sofern die Beihilfe einzeln zur Genehmigung angemeldet wird. Das BSÄ einzeln angemeldeter Beihilfen wird zum Zeitpunkt der Anmeldung berechnet.[839] Diese Differenzierung gilt auch für den Fall, dass die Beihilfe in mehreren Tranchen ausgezahlt wird.[840] Bei der Gewährung zinsbegünstigter Darlehen wird für die Abzinsung und Berechnung des Bruttosubventionswertes der Referenzzins, abweichend von RdNr. 41 Satz 3 und 5 RegLL 2007, stets zum Zeitpunkt der Gewährung zugrunde gelegt.[841] Soll die Beihilfe in Form einer Befreiung oder Reduzierung von künftigen Steuern gewährt werden, so sind für die Abzinsung der Beihilfetranchen die jeweiligen Referenzzinssätze zu dem Zeitpunkt zu verwenden, zu denen die verschiedenen Steuerbegünstigungen eintreten.[842]

Diese Vorschrift erfasst nicht den Fall der deutschen **Investitionszulagengesetze**. Bei der **244** Förderung nach diesen Gesetzen handelt es sich nicht um eine Steuerbefreiung oder -reduktion, sondern um eine Steuergutschrift, also eine ganz normale Zuwendung, wie bei der Gemeinschaftsaufgabe nach Art. 91 a Abs. 1 Nr. 1 GG, wenn auch mit einem Rechtsanspruch ausgestattet. Daher sind insoweit die Regeln der RdNr. 41 Satz 5 der Regionalleitlinien 2007–2013 anzuwenden. Bei der Gewährung von Investitionszulagen, die nicht zuvor notifiziert werden, handelt es sich also um einen Fall nach RdNr. 41 Satz 5 2. Alt RegLL 2007. Allerdings ist dabei zu berücksichtigen, dass die Investitionszulagengesetze keinen Gesamtförderbescheid vorsehen, sondern jährliche Einzelfestsetzungen.[843] Für die anschließende Aufzinsung der in Tranchen auszuzahlenden Beträge und für die Berechnung der erst in dem der Investition folgenden Jahr auszuzahlenden Investitionszulagen gelten daher die in RdNr. 41 Satz 7 RegLL 2007 bestimm-

---

[832] RdNr. 41 S. 2 RegLL 2007; Art. 2 Abs. 1 lit. h RFVO (Fn. 3); Art. 4 Abs. 1, 2 AGVO.

[833] Referenzsatzmitteilung 1997 (Fn. 692); Referenzsatzmitteilung 1999 (Fn. 692); Referenzsatzmitteilung 2008 (Fn. 692).

[834] http://ec.europa.eu/competition/state_aid/legislation/reference_rates.html.

[835] RdNr. 41 S. 1 RegLL 2007.

[836] Abs. 5, 1. Tiret Referenzsatzmitteilung 1997 (Fn. 692); Mitteilung auf der Internetseite der Kom.: „The rates hereafter are calculated in accordance with the previous reference/discount/recovery rate communications and include a top-up of 75 basispoints. Normally no further top-ups are necessary." http://ec.europa.eu/compellison/state_aid/legislation/reference_rates.html.

[837] Kom., Staatliche Beihilfe C 34/2008 abschließende Entscheidung vom 6. 7. 2010, RdNr. 57 – Deutsche Solar.

[838] Abschnitt „Bekanntmachung", 1., 2. und 4. Tiret Referenzsatzmitteilung 2008 (Fn. 692).

[839] RdNr. 41 S. 3 und 4 RegLL 2007.

[840] RdNr. 41 S. 5 RegLL 2007; als Berechnungsbeispiele vgl. Entscheidungen der Kom., Staatliche Beihilfe N 810/2006 v. 18. 7. 2007 – AMD; Staatliche Beihilfe N 872/2006 – Qimonda (Fn. 802); Staatliche Beihilfe N 863/2006 v. 13. 6. 2007 – Avancis.

[841] RdNr. 41 S. 6 RegLL 2007.

[842] RdNr. 41 S. 7 RegLL 2007.

[843] Siehe oben Fn. 797, 793.

ten Regeln entsprechend. Damit sind für die Aufzinsungen die zum Zeitpunkt des jeweiligen Investitionszulagenbescheides geltenden Referenzsätze nebst dem Aufschlag von 100 Basispunkten zugrunde zu legen, soweit nicht die früheren Referenzsatzmitteilungen anwendbar sind und so der Margenaufschlag von 100 Basispunkten entfällt.[844]

245 Für ein Investitionsvorhaben mit einem Investitionszeitraum etwa vom 3. März 2009 bis zum 20. Februar 2010 ergehen die **Investitionszulagenbescheide** in den Jahren 2010 und 2011.[845] Die Auf- und Abszinsungen erfolgen daher für die Investitionskosten im Jahre 2009 nach den Zinssätzen zum Zeitpunkt des Zulagenbescheides 2010 und für die Kosten im Jahre 2010 nach den Zinssätzen zum Zeitpunkt des Zulagenbescheides 2011. Allerdings darf für die Investitionszulage eine Auf- und Abzinsung auch vollständig unterbleiben. Dies ist beihilferechtlich zulässig, da aufgrund des Bewilligungsmechanismus im Jahr nach den tatsächlichen Investitionsaufwendungen eine Gewährung vor den tatsächlich erfolgten Aufwendungen des Zuwendungsempfängers ausgeschlossen ist. Das Unterlassen der Zinsberechnungen stellt sich in diesem Fall stets als eine Kürzung der Beihilfe um den Referenzzins dar. Eine Überschreitung der Beihilfehöchstsätze gerade aufgrund der unterbliebenen Abzinsung ist daher schon rechnerisch unmöglich.

246 Wird eine **Beihilfe bei der Kommission zur Gewinnbereinigung angemeldet (ratifizirt),** so hat eine Abzinsung der Investition im Grundsatz auf den Zeitpunkt der Anmeldung zu erfolgen.[846] Dieser abgezinste Investitionsbetrag ist die Basis für die Beihilfeberechnung auch für die Investitionszulage. Insoweit wird die Investitionszulage als ganz normale Zuwendung betrachtet.[847] Die Aufzinsung erfolgt dann für alle Beihilfeelemente mit dem Zinssatz, der auch der vorangegangenen Abzinsung entspricht. Beihilferechlich spielt es keine Rolle, aus welchem Haushaltstitel der Mitgliedstaat eine Regionalbeihilfe gewährt. Insbesondere ist es unerheblich, ob er die Mittel aus dem Bundes- oder Landeshaushalt, sowie aus einem oder mehreren Titeln gewährt. Maßgebend ist allein, dass die Gesamtbeihilfe die in der jeweiligen nationalen Fördergebietskarte vorgesehenen und genehmigten Interventionssätze nicht überschreitet.

247 Gerät ein Vorhaben erst **aufgrund eines weiteren Investitionsvorhabens,** etwa in der gleichen Betriebsstätte innerhalb eines Zeitraumes von 36 Monaten, als sogenannte „**Einzelinvestition**" nach RdNr. 60 RegLL 2007 in die Notifizierungspflicht nach RdNr. 64 RegLL 2007, Art. 6 Abs. 2 AGVO oder Art. 7 lit. e RFVO,[848] so ist die Gesamtsumme des Vorhabens, also das ursprüngliche Vorhaben sowie die spätere Investition unter Anwendung des am Tag des Beginns der ursprünglichen Investition geltenden Abzinsungssatzes auf diesen Tag zurückzurechnen.[849] Lag dieser Tag vor dem 1. 7. 2008, so sind allein die auf der Internetseite der Kommission veröffentlichten Referenzzinssätze anzuwenden. Hat also ein Gesamtvorhaben im September 2006 begonnen, so beträgt der Referenzzins 4,36%. Handelt es sich um ein Datum ab dem 1. 7. 2008 sind diese Sätze um 100 Basispunkte zu erhöhen. Das bedeutet, beginnt ein Gesamtvorhaben im März 2009 ist ein Referenzzins von 3,47% + 100 Basispunkte, also von insgesamt 4,47% anzuwenden. Hinsichtlich der Behandlung unterschiedlicher Förderhöchstsätze innerhalb einer Einzelinvestition nach RdNr. 60 RegLL 2007 aufgrund einer Änderung des Fördergebietsstatus oder einer Modifizierung der nationalen Fördergebietskarte wird auf RdNr. 339, 352 und 404 verwiesen.

248 Bei der in BSÄ ausgedrückten Beihilfeintensität handelt es um den Subventionswert vor Steuern. Das Gegenstück, die Beihilfeintensitätsberechnung nach Steuern, ausgedrückt in **Nettosubventionswertäquivalenten (NSÄ)** hat die Kommission im Anschluss an die Rechtsprechung des EuG I[850] aufgegeben.[851] Diese Umstellung hat für Deutschland nur geringe Bedeutung, da die Fördergebietskarte für die Regionalbeihilfen schon bisher nahezu stets in BSÄ notifiziert und genehmigt wurde.[852]

---

[844] Abschnitt „Bekanntmachung" 4. Tiret Referenzsatzmitteilung 2008 (Fn. 692); siehe oben RdNr. 242, 243.

[845] § 10 InvZulG 2010 (Fn. 600).

[846] RdNr. 41 S. 3, 5 RegLL 2007.

[847] Siehe oben RdNr. 244.

[848] RFVO (Fn. 3).

[849] Kom., Staatliche Beihilfe Entscheidung C 34/2008, RdNr. 57 – Deutsche Solar (Fn. 837).

[850] EuG, Urt. v. 15. 6. 2000, T-298/97 u. a. (Alzetta), Slg 2000, II-2319, RdNr. 89.

[851] RdNr. 41 Fn. 44 RegLL 2007; siehe auch oben RdNr. 83.

[852] Kom., Staatliche Beihilfen C 47/1999 – Fördergebietskarte 2000–2003 (Fn. 86); N 641/2002 – Fördergebietskarte 2003–2006 (Fn. 86); eine Ausnahme bestand lediglich für die Gebiete Hameln – Pyrmont, Stadt Hof, Stadt Passau und die Arbeitsmarktregion Berlin, N 641/2002, RdNr. 16.

H. Die zulässigen Beihilfen

I. Kurzübersicht über die zulässigen Beihilfearten

1. Regionale Investitions- und Beschäftigungsbeihilfen. Regionalbeihilfen sind regel- 249 mäßig als **regionale Investitions- oder regionale Beschäftigungsbeihilfen** ausgestaltet. Sie fördern die Ansiedlung neuer Unternehmen,[853] die Übernahme einer stillgelegten oder von Stilllegung bedrohten Betriebsstätte[854] sowie die Erweiterung, Modernisierung und Diversifizierung der Tätigkeiten in Fördergebieten befindlicher Betriebsstätten[855] oder die Nettoerhöhung der Anzahl direkt beschäftigter Arbeitnehmer.[856] Gleichzeitig gilt es, mögliche negative Auswirkungen etwaiger Standortverlagerungen einzudämmen. Daher ist die Gewährung der Beihilfen unter anderem davon abhängig, dass die Investition und die neuen Arbeitsplätze in einem benachteiligten Gebiet erfolgen und für eine Mindestzeit (Bindefrist) aufrechterhalten werden.[857]

2. Regionale Betriebsbeihilfen. In Ausnahmefällen reichen Investitionsbeihilfen nicht aus, 250 um einen regionalen Entwicklungsprozess in Gang zu setzen, etwa weil die strukturellen Nachteile des betreffenden benachteiligten Gebiets zu umfassend sind. In diesen Fällen dürfen Regionalbeihilfen auch als **Betriebsbeihilfen** gewährt werden.[858] Allerdings wird diese Art von Regionalbeihilfen vom Freistellungsmechanismus der AGVO im Wesentlichen nicht umfasst. Etwas anderes gilt nur, soweit es sich um Betriebsbeihilfen im Rahmen der Förderung neu gegründeter kleiner Unternehmen handelt.[859]

3. Regionale Beihilfen für neu gegründete kleine Unternehmen. Schließlich ist mit 251 den RegLL 2007 erstmals die spezifische Förderung der Gründung kleiner Unternehmen auch mit Betriebsbeihilfen in benachteiligten Gebieten mit nach Regionen differenzierter Beihilfenhöhe vorgesehen.[860] Art. 14 AGVO stellt diese Betriebsbeihilfengewährung zudem von einer Anmeldung frei.

II. Regionale Investitions- und Beschäftigungsbeihilfen[861]

1. Allgemeine Grundsätze. Das Ziel **regionaler Investitionsbeihilfen** ist die Entwick- 252 lung einer Region durch die Gewährung eines **generalisierten Ausgleichs der Nachteile,** die mit einer Investition gerade in der Förderregion im Verhältnis zu anderen, wirtschaftlich stärker prosperierenden Regionen verbunden sind, zu Gunsten der Unternehmen, die in diesen Regionen Arbeitsplätze schaffen.[862] Daher findet sich in allen Regionalleitlinien und in der RFVO[863] für förderfähige produktive regionale Investitionsvorhaben der Begriff der Erstinvestition.[864] Erst die AGVO selbst spricht in ihren Definitionen in Art. 2, 12 AGVO sowie in den weiteren Bestimmungen in Art. 13 AGVO nicht mehr von Erstinvestition, sondern lediglich von Investitionen. Damit folgt diese Freistellungsverordnung der Lebenswirklichkeit und gibt die bisher bestehende Fiktion der Annahme einer „Erst"-Investition etwa bei Erweiterungsinvestitionen oder dem Erwerb einer von Stilllegung bedrohten Betriebsstätte auf.

---

[853] RegLL 2007, RdNr. 34; Art. 12 Abs. 1 lit. a AGVO.

[854] Art. 12 Abs. 1 lit. b AGVO; RdNr. 35 RegLL 2007; vgl. auch Abschnitt 4.4. RegLL 1998, geändert durch RdNr 96 Rettungs- und Umstrukturierungsleitlinien 1999 – RuLL 1999 (Fn. 624).

[855] Art. 12 Abs. 1 lit. a AGVO; RdNr. 34 RegLL 2007.

[856] Art. 12 Abs. 3 lit. c AGVO; RdNr. 40 S. 2, 58 RegLL 2007.

[857] Art. 13 Abs. 2 S. 2 AGVO; RdNr. 40 RegLL 2007; siehe oben RdNr. 238–240.

[858] Ziffer 1 und 4.15 RegLL 1998, geändert durch die Änderung der Leitlinien für staatliche Beihilfen mit regionaler Zielsetzung, ABl. 2007 C 258/5; RdNr. 6 RegLL 2007; im Einzelnen siehe unter RdNr. 490 ff.

[859] Art. 14 Abs. 5 AGVO.

[860] RdNr. 7, 84–91 RegLL 2007; von einer Anmeldung freigestellt mit Art. 14 AGVO; im Einzelnen siehe unter RdNr. 526 ff.

[861] Art. 2 Nr. 17 AGVO definiert den Begriff der Investitionsbeihilfe bezogen auf die Regionalförderung als „Regionale Investitions- und Beschäftigungsbeihilfen nach Art. 13".

[862] Vgl. oben RdNr. 1, 3 ff., 21, 23, 30, 47, 76, 130, 155, 192, 204; Tz. 40 AGVO.

[863] RFVO (Fn. 3).

[864] Abschnitt I.6. der Mitteilung der Kom. von 1988 über eine Methode zur Anwendung von Art. 92 Absätze 3 a und c auf Regionalbeihilfen, ABl. 1988 C 212/2; Ziffer 4.1, 4.3, 4.4, 4.5, 4.10, 4.11, 5.1, 5.7, 23, 24. 41 RegLL 1998; RdNr. 33, 34, 35, 36, 50, 57, 60, 96 RegLL 2007; Art. 2 Abs. 1 lit. c, g, 4 Abs. 1, 2, 5, 7 sowie Tz. 12, 15 RFVO (Fn. 3).

253 **2. Förderfähige Investitionen.** Bemessungsgrundlage der regionalen Investitionsförderung sind die förderfähigen Investitionskosten. Förderfähig sind Investitionen in **materielle und immaterielle Vermögenswerte**[865] sowie die **Lohnkosten für direkt geschaffene Arbeitsplätze**[866] bei der **Errichtung einer neuen Betriebsstätte,** der **Erweiterung einer bestehenden Betriebsstätte,** der **Diversifizierung der Produktion** einer Betriebsstätte in neue, zusätzliche Produkte oder einer **grundlegenden Änderung des gesamten Produktionsverfahrens** einer bestehenden Betriebsstätte.[867] Diese Aufzählung der förderfähigen Investitionseinzelvorhaben entspricht weitgehend der der früheren Leitlinien.[868]

254 **a) Investitionen in materielle Vermögenswerte (regionale Investitionsbeihilfe).** Materielle Anlagewerte sind etwa **Grundstücke, Gebäude** sowie **Produktionsanlagen, Maschinen** und **Ausrüstungsgüter.**[869] Im Rahmen der Regionalbeihilfen sind im **Verkehrssektor** die Ausgaben für den Erwerb von Beförderungsmittel (bewegliche Aktiva) von einer Förderung **ausgenommen,** also auch nicht freigestellt.[870] Mit dieser Regelung soll eine Kürzung der Förderung lediglich im Verkehrssektor selbst erfolgen. Daher bleibt der firmeneigene LKW eines Produktionsunternehmens zur eigenen Belieferung, zur Belieferung seiner Kunden oder für den eigenen Werksverkehr weiterhin förderfähig. Solange ein solches Unternehmen keine Transporte für Dritte durchführt, ist es nicht im Verkehrssektor tätig. Verlagert sich allerdings der Schwerpunkt eines Unternehmens oder einer Betriebsstätte von der Produktion zur Logistik, geht es also nicht mehr darum, die eigenen Produkte, sondern die fremder Unternehmen zum Kunden zu transportieren, unterfällt ein Erwerb von Transportmitteln ebenfalls dem Förderverbot. Zulässig dürfte daher die Förderung von Transportkapazitäten für ein konzerneigenes Fuhrunternehmen sein, auch wenn es in eine eigene Konzerngesellschaft ausgegliedert ist, sofern es ausschließlich konzerneigene Produkte befördert.

255 **b) Investitionen in immaterielle Vermögenswerte (regionale Investitionsbeihilfe).** Immaterielle Anlagewerte umfassen **Patente** und **Patentrechte, Lizenzen, know-how** oder nicht patentiertes **Fachwissen.**[871] Von dem nicht näher definierten Begriff „Lizenzen" sind insbesondere auch **Gebrauchs-** und **Geschmacksmuster** umfaßt.[872] Die Kosten zum Erwerb immaterieller Anlagewerte können bei KMU grundsätzlich in voller Höhe berücksichtigt werden. Bei Großunternehmen sind sie nur bis zu einer Obergrenze von 50% der gesamten förderfähigen Investitionskosten für das jeweilige Projekt beihilfefähig.[873] Damit sind die Kosten einer Investition in Form eines reinen Technologietransfers bei Großunternehmen nur zur Hälfte förderfähig. Das bedeutet etwa bei einem zulässigen regionalen Förderhöchstsatz von 30% im Ergebnis eine Förderquote von lediglich 15%.[874]

256 Ferner müssen **immaterielle Aktiva,** um beihilfefähig zu sein, stets kumulativ zumindest alle nachfolgenden Voraussetzungen erfüllen[875]
– sie dürfen nur in der Betriebsstätte genutzt werden, die die Beihilfe erhält,
– sie müssen als abschreibungsfähige Aktivposten angesehen werden,
– sie müssen bei Dritten zu Marktbedingungen erworben worden sein,
– sie müssen von dem geförderten Unternehmen auf der Aktivseite bilanziert werden und
– sie müssen mindestens fünf Jahre lang (bei KMU: drei Jahre) in der Betriebsstätte des Regionalbeihilfeempfängers verbleiben.

Dies dient der Gewährleistung, dass die geförderten immateriellen Aktiva an das Fördergebiet gebunden bleiben und nicht in andere Gebiete, insbesondere Nichtfördergebiete transferiert werden.[876]

---

[865] Art. 12 Abs. 1 lit. a, 2, 13 Abs. 5, 6 AGVO, RdNr. 34 S. 2 und 3, 36, 56 RegLL 2007.

[866] Art. 12 Abs. 3, 13 Abs. 5 AGVO, RdNr. 36, 57, 59 RegLL 2007.

[867] Art. 12 Abs. 1 lit. a AGVO, RdNr. 34 RegLL 2007.

[868] Ziffer 4.4 (1) RegLL 1998 (Fn. 2).

[869] Art. 2 Nr. 10, 13 Abs. 4 2. HS. AGVO; RdNr. 34 S. 2 RegLL 2007.

[870] Vgl. Art. 2 Nr. 10 S. 2 AGVO, RdNr. 50 Fn. 48 RegLL 2007.

[871] Art. 2 Nr. 11 AGVO, RdNr 34 S. 4 RegLL 2007.

[872] Art. 31 Abs. 1 Verordnung (EG) Nr. 6/2002 des Rates vom 12. 12. 2001 über das Gemeinschaftsgeschmacksmuster, ABl. 2002 L 3/1 (Geschmacksmusterverordnung); § 15 Abs. 2 S. 1 Patentgesetz; § 22 Abs. 2 S. 1 Gebrauchsmustergesetz; § 31 Abs. 1 Geschmacksmustergesetz.

[873] Art. 13 Abs. 7 S. 7 und 8 AGVO; RdNr. 55 RegLL 2007.

[874] (Kosten/2) × 30% Förderhöchstsatz entspricht einer Förderquote von 15%.

[875] Art. 12 Abs. 2 AGVO; RdNr. 56 S. 2 RegLL 2007.

[876] RdNr. 56 S. 1 RegLL 2007.

Während die Sicherung des Verbleibs im Fördergebiet für ein „flüchtiges Wirtschaftsgut", 257
wie „know-how", in den Regionalleitlinien ausdrücklich als Regelungsgrund angegeben ist,[877]
dient die Voraussetzung des **Erwerbs von Dritten zu Marktbedingungen** der **Vermei-**
dung, nicht gegenständliche Güter im eigenen Konzern zu überhöhten Preisen zu erwerben
und zu veräußern und damit ein **„Förder-Perpetuum mobile"** zu generieren. Wird in einem
Konzern ein Patent von mehreren Anteilseignern gemeinsam entwickelt und anschließend an
die gemeinsame Tochter veräußert, sind die Anteilseigner nicht Dritte im Sinne dieser Vorschriften. Diese konzernspezifische Gefahr läßt sich allerdings dann nicht mehr erkennen, wenn
bei nur einem der Anteilseigner vorhandenes „know-how" an ein mit einem anderen Anteilseigner zu gleichen Teilen gehaltenes Unternehmen veräußert werden soll. Daher schließen die
Regionalleitlinien 2007 zunächst nicht aus, die Erwerbskosten für das immaterielle Wirtschaftsgut zumindest zu 50% als beihilfefähig zu betrachten. Aus dem Blickwinkel des anderen Anteilseigners handelt es sich bei dem ersten Anteilseigner um einen Dritten im Sinne dieser Vorschrift. Ferner zahlt der andere Anteilseigner über seinen an dem gemeinsamen Unternehmen
gehaltenen Anteil letztlich die Hälfte der Aufwendungen und achtet daher aus Eigeninteresse
darauf, dass das immaterielle Wirtschaftsgut nicht teurer als unbedingt notwendig bezahlt wird.
Das gilt erst recht, wenn der Geschäftsanteil an dem Gemeinschaftsunternehmen, also der gemeinsamen Tochter, des ersten Anteilseigners kleiner ist als der des anderen Anteilseigners.

Art. 12 Abs. 2 lit. b AGVO fordert eine **umfassendere Prüfung.** Diese Vorschrift setzt 258
voraus, dass die immateriellen Wirtschaftsgüter bei Dritten zu Marktbedingungen erworben
worden sein müssen, ohne dass der Erwerber gegenüber dem Verkäufer eine Kontrolle im Sinne
des Art. 3 der EG-Fusionskontrollverordnung[878] ausüben kann oder umgekehrt. Danach ist für
die Prüfung des Merkmals „bei Dritten" Art. 3 EG-Fusionskontrollverordnung heranzuziehen.[879] Nach Art. 3 Abs. 4 EG-Fusionskontrollverordnung stellt auch die Gründung eines Gemeinschaftsunternehmens, das auf Dauer alle Funktionen einer selbständigen Einheit erfüllt,
einen Zusammenschluss im Sinne von Art. 3 Abs. 1 lit. b EG-Fusionskontrollverordnung dar.

c) Investitionen in Lohnkosten (regionale Beschäftigungsbeihilfe). aa) Allgemeines. 259
Ziel der Regionalbeihilfen ist die Unterstützung der nachhaltigen Entwicklung besonders benachteiligter Gebiete, also der Fördergebiete durch die Förderung von Investitionen und der
Schaffung von Arbeitsplätzen.[880] Daher zählt zur Regionalbeihilfe auch die regionale Beschäftigungsbeihilfe[881] im Wege der Förderung der für einen Zeitraum von 24 Monaten anfallenden[882]
Lohnkosten der durch ein Investitionsvorhaben **direkt geschaffenen Arbeitsplätze (Lohn-**
kostenförderung).[883] Nimmt ein Unternehmen beide Förderungen in Anspruch, so beziehen
sich beide Fördergegenstände, die Förderung der Investition in materielle und immaterielle Güter sowie die Lohnkostenförderung regelmäßig auf dasselbe Investitionsprojekt. Daher gelten bei
einer kumulierten Anwendung entsprechende Einschränkungen.[884]

Zu **unterscheiden** ist die **regionale Beschäftigungsbeihilfe** von der **allgemeinen Be-** 260
schäftigungsbeihilfe, also der Unterstützung in Form von **Lohnkostenzuschüssen** für die
Beschäftigung benachteiligter oder behinderter Arbeitnehmer nach Abschnitt 9 AGVO.[885] Die-
se Regelungen gelten, anders als die regionale Lohnkostenförderung, auch außerhalb regionaler
Fördergebiete.[886] Diese allgemeine Beschäftigungsbeihilfe ist zudem, anders als die regionale
Lohnkostenförderung,[887] investitionsungebunden.

bb) Regionale Beschäftigungsförderung im Sinne der RegLL 2007. Nach RdNr. 36, 261
40 Satz 2, 57, 58 und 59 RegLL 2007 können Regionalbeihilfen auf der Grundlage der Lohnkosten für durch ein Investitionsvorhaben direkt geschaffene Arbeitsplätze bemessen werden.

---

[877] RdNr. 56 S. 1 RegLL 2007.
[878] Verordnung Nr. 139/2004 des Rates vom 20. 1. 2004 über die Kontrolle von Unternehmenszusammenschlüssen („EG-Fusionskontrollverordnung"), ABl. 2004 L 24/1 (EG-Fusionskontrollverordnung).
[879] Art. 12 Abs. 2 lit. c AGVO.
[880] RdNr. 3 RegLL 2007; Abschnitt 1 Abs. 3 und 4 RegLL 1998; Tz. 3 RFVO (Fn. 3); Tz. 40 AGVO;
siehe auch oben RdNr. 1, 3 ff., 21, 23, 30, 47, 76, 130, 155, 192, 204, 252.
[881] Zu diesem Begriff: Art. 2 Nr. 17, 13 Abs. 1 AGVO; RdNr. 72 Fn. 67 RegLL 2007.
[882] Art. 13 Abs. 5 AGVO; RdNr. 59 RegLL 2007.
[883] Art. 12 Abs. 3 AGVO, RdNr. 36, 57 RegLL 2007.
[884] Siehe zur Kumulierung der Förderungen bezogen auf dasselbe Investitionsvorhaben unter RdNr. 273.
[885] Bei diesen Bestimmungen handelt es sich um eine Nachfolgeregelung der Beschäftigungsbeihilfenfreistellungsverordnung (VO 2204/2002) (Fn. 155).
[886] Art. 40, 41, 42 AGVO.
[887] Ausdrücklich in Abschnitt 4.11 und Fn. 32 RegLL 1998.

262   α) **Arbeitsplatzschaffung.** Unter der Schaffung von Arbeitsplätzen im Sinne der RegLL 2007 ist die **Nettoerhöhung der Anzahl der direkt beschäftigten Arbeitnehmer des betroffenen Betriebs, also der betroffenen Betriebsstätte,** im Verhältnis zum Durchschnitt der vorangegangenen zwölf Monate zu verstehen.[888] Es muss ein **Nettozuwachs** an Arbeitsplätzen entstehen. Grundlage für die Bemessung des Nettozuwachses ist ein Differenzvergleich zwischen der bisherigen und der künftigen Arbeitnehmeranzahl in der jeweiligen Betriebsstätte. Maßgebend ist, auch mit Blick auf die Ziele der regionalen Beschäftigungsförderung, nicht die physische Existenz eines Arbeitsplatzes,[889] also ein lediglich zur Besetzung ausgestatteter Arbeitsplatz, sondern dessen tatsächliche personelle Besetzung.[890] Dieser Vergleich erfolgt auf der Basis von Jahresarbeitseinheiten (JAE).[891]

263   Der Begriff **Jahresarbeitseinheiten (JAE)** ist im Art. 5 des Anhangs zur KMU-Empfehlung der Kommission[892] umfassend definiert.[893] Diese Definition wird in RdNr. 58 Fn. 52 RegLL 2007 im Kern wiederholt. Danach sind JAE das Maß für die Zahl der Mitarbeiter, die in dem betroffenen Unternehmen oder auf Rechnung dieses Unternehmens während des gesamten Berichtsjahres einer Vollzeitbeschäftigung nachgegangen sind. Für die Arbeit von Personen, die nicht das ganze Jahr gearbeitet haben oder die im Rahmen einer Teilzeitregelung tätig waren, sowie für Saisonarbeit wird der jeweilige Bruchteil an JAE gezählt. In die Mitarbeiterzahl gehen ein: Lohn- und Gehaltsempfänger, für das Unternehmen tätige Personen, die in einem Unterordnungsverhältnis zu diesem stehen und nach nationalem Recht Arbeitnehmern gleichgestellt sind, mitarbeitende Eigentümer sowie Teilhaber, die eine regelmäßige Tätigkeit in dem Unternehmen ausüben und finanzielle Vorteile aus dem Unternehmen ziehen. Daher zählen auch Geschäftsführer oder Vorstandsmitglieder zu den Mitarbeitern, nicht aber Mitglieder der Kontroll- oder Beratungsgremien, also Aufsichtsrats- oder Beiratsmitglieder. Auszubildende oder in der beruflichen Ausbildung stehende Personen, die einen Lehr- bzw. Berufsausbildungsvertrag haben, sind in der Mitarbeiterzahl nicht berücksichtigt. Die Dauer des Mutterschafts- bzw. Elternurlaubs wird nicht mitgerechnet[894] und geht daher in die JAE ebenfalls nicht ein. So wird etwa ein während des 12-monatigen Berichtszeitraumes beurlaubter Elternteil mit 0 JAE berechnet.

264   **Durch ein Investitionsvorhaben direkt geschaffen** wird ein Arbeitsplatz, wenn er die Tätigkeit betrifft, auf die sich die Investition bezieht.[895] Es handelt sich um eine **investitionsgebundene Lohnkostenförderung.**[896] Daher zählen zu den durch ein Investitionsvorhaben direkt geschaffenen Arbeitsplätzen auch die im Anschluß an eine durch die Investition bewirkte höhere Kapazitätsauslastung geschaffenen Arbeitsplätze.[897] Das sind die Arbeitsplätze, die im investierenden Unternehmen in der weiteren Folge der Investition entstehen, etwa zur Einlage zusätzlicher Arbeitsschichten, aber auch in der Distribution, in der Personalverwaltung oder in der unternehmenseigenen Kantine. Nicht dazu zählen die durch die Investition geschaffenen **indirekten, also bei anderen Unternehmen geschaffenen** Arbeitsplätze.[898]

265   Die **Vergleichszeiträume** sind zum einen die letzten zwölf Monate vor dem Investitionsbeginn,[899] zum anderen ein in der Zukunft liegender Zeitraum von mindestens drei und höchstens acht Jahren nach Projektablauf, also nach Fertigstellen der Investition.[900] Damit präzisieren die RegLL 2007 den in Ziffer 4.12 RegLL 1998 noch offen gelassenen Referenzzeitraum.[901] Von

---

[888] RdNr. 58 RegLL 2007.
[889] So aber Art. 12 Abs. 3 lit. a und c AGVO.
[890] Arg. e. contr. RdNr. 58 S. 1 RegLL 2007, für die neu geschaffenen Arbeitsplätze: RdNr. 40 S. 2 RegLL 2007.
[891] RdNr. 58 Fn. 52 RegLL 2007.
[892] Art. 5 Anhang KMU-Empfehlung (Fn. 373).
[893] Diese Definition findet sich wortgleich auch in Anhang I AGVO, siehe oben Fn. 373.
[894] Anhang Art. 5 KMU-Empfehlung (Fn. 373).
[895] RdNr. 36 Fn. 38 RegLL 2007.
[896] Ausdrücklich in Abschnitt 4.11 und Fn. 32 RegLL 1998.
[897] RdNr. 36 Fn. 38 RegLL 2007.
[898] RdNr. 58 S. 1 RegLL 2007; diese spielten allerdings noch in RdNr 3.10 Nr. 3 MSR-1998 (Fn. 53) eine erhebliche Rolle.
[899] RdNr. 58 S. 1 RegLL 2007; Art. 12 Abs. 3 lit. b AGVO.
[900] RdNr. 40 S. 2–4 RegLL 2007; Art. 12 Abs. 3 lit. a, c AGVO.
[901] Ziffer 4.12 S. 1 RegLL 1998: „Unter Arbeitsplatzschaffung ist die Nettoerhöhung der Anzahl der Arbeitsplätze des betroffenen Betriebs im Verhältnis zum Durchschnitt eines Bezugszeitraums zu verstehen."

der Bruttozahl der in diesen zwölf Monaten in dem Betrieb vorhandenen oder geschaffenen, besetzten[902] Arbeitsplätze sind die gegebenenfalls gestrichenen, also abgebauten oder nicht besetzten[903] Arbeitsplätze abzuziehen.[904] Diese Regel gilt sowohl für bestehende Betriebsstätten als auch für Neuerrichtungen.[905] Wird also ein **Unternehmen neu gegründet** oder eine **Betriebsstätte neu aufgebaut**, und wird, etwa weil die Investitionskosten wie bei einem Call-Center, in Relation zu den Personalkosten relativ gering sind, eine reine Lohnkostenförderung in Anspruch genommen, so lassen sich alle durch diese Investition direkt geschaffenen oder binnen drei Jahre nach Investitionsabschluss zu schaffenden und besetzten Arbeitsplätze fördern. Im Durchschnitt der vorangegangenen zwölf Monaten betrug die tatsächliche Beschäftigung in diesem Fall 0 JAE.[906]

Bei der **Übernahme einer stillgelegten oder von Stilllegung bedrohten Betriebsstätte**   **266** gilt im Rahmen von RdNr. 58 RegLL 2007 nichts anderes. Die dort niedergelegte Definition der Schaffung von Arbeitsplätzen als Erhöhung der Jahresarbeitseinheiten im Vergleich zum Durchschnitt der vorangegangenen zwölf Monate und die Begrenzung der Förderung auf gerade diese Anzahlsteigerung läßt sich auch für diesen Zweck nicht uminterpretieren. Eine Lohnkostenförderung lohnt sich also für einen Übernehmer erst, wenn die Betriebsstätte zumindest ein ganzes Jahr stillgelegt war. Gleiches gilt auch im Rahmen der Regionalbeihilfenfreistellungsverordnung.[907] Etwas anderes gestatten erst die Art. 12, 13 AGVO.[908]

β) **Lohnkosten.** Die **Lohnkosten** umfassen alle Kosten, die der Beihilfeempfänger für den   **267** fraglichen Arbeitsplatz tatsächlich tragen muss. Dazu zählen der Bruttolohn (also der Lohn vor Steuern)[909] und die Pflichtbeiträge.[910] Pflichtbeiträge sind die gesetzlichen oder tarifvertraglichen Sozialabgaben, etwa die Sozialversicherungsbeiträge.[911]

Die Förderung beruht auf einer **Prognose.** Die förderfähigen Ausgaben dieser regionalen   **268** Beschäftigungsförderung bemessen sich nach den **geschätzten**[912] Lohnkosten für die direkt durch die Investition geschaffenen Arbeitsplätze, die für jeden eingestellten Arbeitnehmer während eines Zeitraums von zwei Jahren[913] anfallen.[914] Dieser Zeitraum ist als Beschäftigungszeitraum zu verstehen.[915]

Anders als der Wortlaut in RdNr. 36 und 57 RegLL vermuten lässt, sind die **prognostizier-**   **269** **ten Lohnkosten nicht** die **letztlich geförderten Lohnkosten.** Gefördert werden nur die **tatsächlich angefallenen Lohnkosten.** Dies ergibt sich bereits aus der Bestimmung, dass Lohnkosten die Kosten sind, die der Beihilfeempfänger für den fraglichen Arbeitsplatz auch tatsächlich entrichten muss.[916] Entscheidend allerdings ist, dass bei einer Berechnung der Beihilfe anhand der Lohnkosten die vorgesehenen **Stellen** binnen drei Jahren nach Abschluss der Arbeiten, also binnen drei Jahren nach Abschluss des Investitionsprojektes **zu besetzen** sind.[917] Die Prognose dient lediglich der Gewährung der Fördermittel, also etwa der Bewilligung oder dem Abschluss eines Zuwendungsvertrages. Die Auszahlung kann an die Vorlage der tatsächlich geschlossenen Arbeitsverträge geknüpft werden. Spätestens nach Abschluss des Investitionsvorhabens wird im Rahmen der Verwendungsnachweisprüfung die tatsächliche Förderhöhe anhand der Lohnkosten, die für die tatsächlich eingestellten Personen während eines Zeitraumes von zwei Jahren angefallen sind,[918] genau ermittelt.

---

[902] RegLL 2007, RdNr. 58 S. 1 „direkt beschäftigte Arbeitnehmer"; zur unterschiedlichen Betrachtungsweise von direkten und indirekten Arbeitsplätzen: RdNr. 3.7 und 3.10 Nr. 3 MSR-1998 (Fn. 53).
[903] Dies ergibt sich aus RdNr. 58 S. 1, 40 S. 2 RegLL 2007.
[904] RdNr. 58 S. 2 RegLL 2007.
[905] RdNr. 58 Fn. 53 RegLL 2007.
[906] RdNr. 58 Fn. 53 RegLL 2007.
[907] Art. 2 Abs. 1 lit. k RFVO (Fn. 3).
[908] Siehe unter RdNr. 285.
[909] RdNr. 57 Fn. 51 RegLL 2007; siehe auch Art. 2 Nr. 15 lit. a AGVO.
[910] RdNr. 57 Fn. 51 RegLL 2007; siehe auch Art. 2 Nr. 15 lit. b AGVO.
[911] Siehe auch Ziffer 4.13 Fn. 35 RegLL 1998.
[912] Art. 13 Abs. 5 AGVO; die Terminologie wechselt: RdNr. 36 RegLL 2007: „(veranschlagten) Lohnkosten"; RdNr. 57 RegLL 2007: „prognostizierten Lohnkosten".
[913] RdNr. 59 S. 1 RegLL 2007.
[914] RdNr. 36, 57 RegLL 2007; Art. 13 Abs. 5 AGVO.
[915] RdNr. 40 S. 2–4, 59 S. 1 RegLL 2007.
[916] RdNr. 57 Fn. 51 RegLL 2007.
[917] RdNr. 40 S. 2 RegLL 2007.
[918] RdNr. 59 S. 1 RegLL 2007.

270 γ) **Stellenbesetzung.** Die **vorgesehenen, geförderten Stellen sind binnen drei Jahre** nach Abschluss der Arbeiten **zu besetzen.**[919] Um auch durch die **regionale Beschäftigungsförderung** einen tatsächlichen, nachhaltigen Beitrag zur Regionalentwicklung zu gewährleisten, muss die Beihilfe durch an ihre Gewährung geknüpfte Bedingungen oder die Auszahlungsmethode von der Voraussetzung abhängig gemacht werden, dass jede der durch die Investition geschaffenen Stellen ab dem Zeitpunkt ihrer **Besetzung** für (mindestens) **fünf Jahre** in dem betreffenden Fördergebiet auch tatsächlich besetzt verbleibt (Bindefrist).[920] Für kleine und mittlere Unternehmen im Sinne der KMU-Empfehlung der Kommission[921] können die Mitgliedstaaten die Bindefristen auf drei Jahre reduzieren.[922] Dies entspricht auch den Bindefristen im Rahmen eines Investitionsvorhabens für eine Förderung der Investitionen in materielle oder immaterielle Wirtschaftsgüter.[923] Die Sicherstellung dieser Bedingungen geschieht regelmäßig durch entsprechende Nebenbestimmungen in den Zuwendungsbescheiden oder durch entsprechende Vereinbarungen in den Zuwendungsverträgen. Im Einzelfall bedeutet dies eine tatsächliche Bindung des geförderten Unternehmens von bis zu 8 (3 + 5) Jahren nach Abschluss des Vorhabens und möglicherweise von mehr als einer Dekade ab dem Zeitpunkt des Vorhabensbeginns. Werden die Bindefristen nicht eingehalten, die Stellen also nicht über einen Zeitraum von drei Jahren bei KMU und fünf Jahren bei großen Unternehmen tatsächlich besetzt, so ist die Förderung entweder ganz oder anteilig bezogen auf die jeweiligen Jahre zurückzufordern.

271 Zulässig ist es, die Arbeitsplätze mit **Leiharbeitnehmern** zu besetzen. Dies ergibt sich zum einen aus Art. 5 Satz 1 im Anhang zur KMU-Empfehlung.[924] Leiharbeitnehmer sind Mitarbeiter, die in dem betroffenen Unternehmen einer Beschäftigung nachgehen. Ferner führt eine regionale Beschäftigungsförderung von Leiharbeitnehmern zu den angestrebten regionalen Förderzielen, der Unterstützung der nachhaltigen Entwicklung besonders benachteiligter Gebiete. Förderfähig sind daher die Bruttolohnkosten, die das entleihende Unternehmen aufwenden muss. Allerdings dürfen Leiharbeitnehmer nur einmal gefördert werden: entweder bei dem verleihenden oder bei dem entleihenden Unternehmen. Hat also das verleihende Unternehmen für diese Arbeitsplätze bereits eine Förderung erhalten, dann ist bei dem entleihenden Unternehmen die Besetzung der Arbeitsplätze mit Leiharbeitnehmern nicht mehr förderfähig. Gleiches gilt, wenn Arbeitnehmer innerhalb eines Konzerns zunächst gefördert, in eine eigene Beschäftigungsgesellschaft ausgegliedert und anschließend wieder zurück„geliehen" werden.

272 δ) **Beihilfehöchstintensität.** Die zulässige **Beihilfehöchstintensität** für die **regionale Beschäftigungsförderung (Lohnkostenförderung)**[925] entspricht der zulässigen allgemeinen Regionalbeihilfeintensität, also den Förderhöchstsätzen, die sich in dem jeweiligen Gebiet aus den von der Kommission genehmigten nationalen Fördergebietskarten ergeben[926] und die auch für die regionale Investitionsförderung gelten.[927] Das bedeutet insbesondere, dass auch für die regionale Beschäftigungsförderung die für kleine und mittlere Unternehmen vorgesehenen **Zuschläge** von 20% für kleine und von 10% für mittlere Unternehmen zulässig sind.[928] Allerdings sind auch die **individuellen Absenkungen** der Förderung, etwa nach RdNr. 67 RegLL bei großen Investitionsvorhaben im Sinne von RdNr. 60 RegLL 2007 ebenso zu berücksichtigen, wie das Entfallen der KMU-Zuschläge, soweit es sich um ein großes Investitionsvorhaben handelt, also das förderfähige Volumen den Betrag von 50 Mio. EUR übersteigt.[929]

273 ε) **Kumulierung von regionaler Investitionsförderung für materielle und immaterielle Güter mit regionaler Investitionsförderung als regionale Beschäftigungsförderung.** Die in den Fördergebietskarten bestimmten **Beihilfehöchstintensitäten** gelten auch, sofern für ein Projekt regionale Investitionsbeihilfen und regionale Lohnkostenförderung ver-

---

[919] RdNr. 40 S. 2 RegLL 2007.
[920] RdNr. 40 S. 3 und 4 RegLL 2007.
[921] KMU-Empfehlung (Fn. 373).
[922] RdNr. 40 S. 4 RegLL 2007.
[923] RdNr. 40 S. 1 RegLL 2007.
[924] KMU-Empfehlung (Fn. 373).
[925] Zum Begriff siehe oben RdNr. 259.
[926] Zur Fördergebietskarte: siehe oben RdNr. 109 ff., 113, 114.
[927] RdNr. 59 S. 2 RegLL 2007.
[928] RdNr. 59 S. 2 iVm. RdNr. 49 RegLL 2007.
[929] RdNr. 67 Fn. 61 RegLL 2007.

bunden, also miteinander kombiniert und damit **kumuliert** werden.[930] Die Einhaltung dieser Höchstintensitäten „gilt als erfüllt, wenn die Summe der Investitionsbeihilfe in Prozenten des Investitionswerts und der Beschäftigungsbeihilfe in Prozenten der Lohnkosten den günstigsten Betrag, der sich entweder aus der Anwendung des für das betreffende Gebiet nach den Kriterien in Abschnitt 4.1 [RegLL 2007][931] oder aus der Anwendung des für das betreffende Gebiet nach den Kriterien in Abschnitt 4.3 [RegLL 2007][932] festgelegten Höchstsatzes ergibt, nicht überschreitet."[933] Diese etwas unklare Bestimmung findet sich mit klareren Worten, aber identischem Inhalt[934] bereits im Multisektoralen Regionalbeihilferahmen 2002[935] sowie in Art. 13 Abs. 5 AGVO. Das beruht darauf, dass mit beiden Investitionen das gleiche Vorhaben gefördert wird: regelmäßig dient gerade die Investition in materielle und immaterielle Wirtschaftsgüter dazu, Arbeitsplätze zu schaffen und auch zu besetzen. Daher kann die Besetzung dieser Arbeitsplätze nicht noch einmal zusätzlich im Wege der regionalen Beschäftigungsförderung gefördert werden. Die regionale Beschäftigungsförderung ist im Wesentlichen lediglich eine Ausweichmöglichkeit für den Fall, dass die Lohnkosten die anderen förderfähigen Investitionskosten übersteigen. Daher ist zunächst die absolute Beihilfehöhe für die Investition in materielle und immaterielle Wirtschaftsgüter und getrennt davon die absolute Höhe für die regionale Beschäftigungsbeihilfe anhand der prognostizierten Lohnkosten zu berechnen. Der höchste der beiden Werte stellt die Obergrenze der absoluten Zuwendung dar.[936] Danach wird also die Höhe der beihilfefähigen Kosten so berechnet, dass sie den Betrag nicht überschreitet, der sich unter Berücksichtigung der für die jeweilige Region festgelegten Beihilfehöchstintensität als der höhere Betrag entweder für die Schaffung und Besetzung von Arbeitsplätzen oder für die materiellen und immateriellen Investitionen ergibt.[937] Dieser Betrag kann dann auf die beiden Beihilfearten, die regionale Investitions- und die regionale Beschäftigungsförderung des betreffenden Projektes aufgeteilt werden.[938] Beabsichtigt ein Unternehmen 40 Mio. € in materielle und immaterielle Anlagegegenstände zu investieren und so eine zusätzliche Beschäftigung von 100 Arbeitnehmerinnen zu ermöglichen, von denen jede ein Bruttomonatsgehalt einschließlich der Sozialabgaben von 9000,– EUR erhält, so stellt sich die Rechnung bei einer regionalen Beihilfegrundintensität von 30% wie folgt dar: absolute Beihilfehöhe für die Investition in das Anlagevermögen: 40 Mio. EUR × 30% ergibt 12 Mio. EUR; absolute Beihilfehöhe für die 100 Arbeitnehmerinnen: 100 (Arbeitnehmerinnen) × 9000,– (EUR Monatsgehalt) × 24 (Monate) × 30% ergibt 6,48 Mio. EUR. Damit kann in diesem Beispielsfall bis zu einer Höhe von insgesamt 12 Mio. EUR eine Mischung aus regionaler Investitions- und regionaler Beschäftigungsbeihilfe gewährt werden. Eine Förderung in Höhe von insgesamt mehr als 12 Mio. EUR oder gar von 18,48 Mio. EUR dagegen wäre unzulässig. Damit wird eine Doppelförderung vermieden. Andernfalls würden für ein Projekt sowohl die Anschaffung der Investitionsgüter als auch die Kosten für die mit diesen Gütern arbeitenden Beschäftigten in vollem Umfang unterstützt.

cc) Regionale Beschäftigungsförderung nach den Regeln der Freistellungsverord- 274
nungen. α) Regionale Beschäftigungsförderung nach Art. 9 RFVO.[939] Nach Art. 9 Abs. 4; 2. Abs. 1 lit. m RFVO sind, sofern die Beihilfe auf der Grundlage der Lohnkosten berechnet wird, folgende Voraussetzungen zu erfüllen:
– Die Arbeitsplätze müssen unmittelbar durch ein Investitionsvorhaben geschaffen werden und
– die Arbeitsplatzschaffung muss innerhalb von drei Jahren nach Abschluss der Investition in dem Tätigkeitsbereich stattfinden, auf den sich die Investition bezieht, darunter auch die Arbeitsplätze, die im Anschluss an eine höhere Auslastung der durch die Investition errichteten Kapazität geschaffen wurden, und mindestens fünf Jahre lang oder im Fall von KMU drei Jahre lang erhalten bleiben.[940]

---

[930] RdNr. 72 RegLL 2007.
[931] RdNr. 33–41 RegLL 2007.
[932] RdNr. 60–70 RegLL 2007.
[933] RdNr. 72 Fn. 67 RegLL 2007; diese Bestimmung korrespondiert mit RdNr. 61 RegLL 2007.
[934] *Hancher/Ottervanger/Slot/Junginger-Dittel/Dittel,* EC State Aids, Chapter 14, RdNr. 14–007, Fn. 25.
[935] RdNr. 21 Fn. 8 MSR-2002 (Fn. 73).
[936] RdNr. 21 Fn. 8 MSR-2002 (Fn. 73).
[937] RdNr. 61 RegLL 2007; siehe auch RdNr. 21 Fn. 8 S. 4 MSR-2002 (Fn. 73); Art. 13 Abs. 5 AGVO.
[938] „eine Mischung aus beiden", Art. 13 Abs. 5 AGVO.
[939] RFVO (Fn. 3).
[940] Art. 9 Abs. 4 lit. a und b; 2 Abs. 1 lit. m RFVO (Fn. 3).

275   Damit entspricht die **regionale Lohnkostenförderung** nach Art. 9 Abs. 4 RFVO[941] im Grundsatz der nach RdNr. 36, 40, 57–59 RegLL 2007. Art. 9 Abs. 4 RFVO ersetzt lediglich das Wort „direkt" in RdNr. 36 RegLL 2007 durch den Begriff „unmittelbar". Ferner ist auch nach diesem Regelwerk die Förderung neugeschaffener indirekter Arbeitsplätze ausgeschlossen.

276   Die **Arbeitsplatzschaffung** wird, wie in RdNr. 58 RegLL 2007, auch in Art. 2 Abs. 1 lit. k RFVO als Nettoerhöhung der Zahl der jährlichen Arbeitseinheiten (JAE)[942] einer Betriebsstätte im Verhältnis zum Durchschnitt der vorangegangenen zwölf Monate definiert. Zugleich bestimmt Art. 2 Abs. 1 lit. k 2. HS RFVO die jährlichen Arbeitseinheiten als die Zahl der während eines Jahres vollzeitlich Beschäftigten, wobei Teilzeitarbeit oder Saisonarbeit JAE-Bruchteile darstellen. Damit ist auch im Rahmen der RFVO eine Lohnkostenförderung für die Übernahme einer weniger als zwölf Monate stillgelegten oder von Stilllegung bedrohten Betriebsstätte unattraktiv.

277   Die **Lohnkosten** umfassen auch nach Art. 2 Abs. 1 lit. l RFVO sämtliche Kosten die der Beihilfeempfänger für den fraglichen Arbeitsplatz tatsächlich zu zahlen hat, zusammengesetzt aus Bruttolöhnen vor Steuern und Sozialversicherungspflichtbeiträgen. Wie nach RdNr. 36, 57 RegLL 2007 richtet sich auch im Rahmen des Art. 4 Abs. 3 RFVO die Bemessungsgrundlage für die zulässigen Beihilfehöchstintensitäten nach den prognostizierten Lohnkosten für die investitionsgebundenen Arbeitsplätze, die für die eingestellte Person während eines Zeitraumes von zwei Jahren anfallen. Die endgültige Abrechnung erfolgt nach Abschluss des Investitionsvorhabens im Rahmen der Verwendungsnachweisprüfung.[943]

278   Hinsichtlich der Stellenbesetzung, der Beihilfehöchstintensität und der Kombination von regionaler Investitions- und regionaler Beschäftigungsförderung bestehen zu den Bestimmungen der RegLL 2007[944] keine Unterschiede. Dies ergibt sich für die tatsächliche Stellenbesetzung aus Art. 2 Abs. 1 lit. m RFVO und für die Beihilfehöchstintensität sowie die Kombinationsmöglichkeiten aus Art. 4 Abs. 3 RFVO.

279   **β) Regionale Beschäftigungsförderung nach Art. 12, 13 AGVO.** Die Art. 12 Abs. 3, 13 Abs. 5, 8 AGVO enthalten im Grundsatz vergleichbare Bestimmungen. Allerdings wechselt die AGVO bei der Beschreibung der förderfähigen **Arbeitsplätze** zwischen direkt durch ein Investitionsvorhaben geschaffenen Arbeitsplätzen,[945] durch ein Investitionsvorhaben direkt geschaffenen Arbeitsplätzen[946] und den durch das Vorhaben geschaffenen direkten Arbeitsplätzen.[947] Nach richtiger Auslegung und in Übereinstimmung mit der Definition im allgemeinen Teil unter Art. 2 Nr. 14 AGVO werden „direkt durch ein Investitionsvorhaben geschaffene Arbeitsplätze" als Arbeitsplätze definiert, die die Tätigkeit betreffen, auf die sich die Investition bezieht, einschließlich der Arbeitsplätze, die im Anschluss an eine durch die Investition bewirkte höhere Kapazitätsauslastung geschaffen werden.[948] Damit unterscheidet sich die Definition der Arbeitsplatzschaffung von dem bisher Gebräuchlichen, die allein die Steigerung der Jahresarbeitseinheiten (JAE) im Verhältnis zu den vorangegangenen zwölf Monaten betrachten.[949] Diese Definition gestattet erstmalig einen sinnvollen Einsatz des Instruments „regionale Lohnkostenförderung" auch im Rahmen der Übernahme einer stillgelegten oder von Stilllegung bedrohten Betriebsstätte.[950] **Von einer Förderung ausgeschlossen** sind insoweit auch die durch die Investition entstandenen **indirekten Arbeitsplätze** bei anderen Unternehmen, obwohl eine der RdNr. 58 RegLL 2007 vergleichbare klare Regelung fehlt. Dies ergibt sich aus Art. 12 Abs. 3 lit. b AGVO. Danach muss das Investitionsvorhaben in dem betreffenden investierenden Unternehmen einen Nettozuwachs an Beschäftigten im Vergleich zur durchschnittlichen Beschäftigtenzahl in den vorangegangenen zwölf Monaten zur Folge haben. Auch diese Regelung, die anders als die Vorschriften der RegLL 2007, auf die Arbeitsplätze selbst abstellt, gestattet die

---

[941] RFVO (Fn. 3).
[942] Näher zum Begriff der Jahresarbeitseinheiten siehe oben RdNr. 263.
[943] Siehe oben RdNr. 269, 270.
[944] Siehe oben RdNr. 270–273.
[945] Art. 2 Nr. 14 sowie Art. 13 Abs. 5, 8 AGVO.
[946] Art. 12 Abs. 3 AGVO.
[947] Art. 12 Abs. 3 lit. b AGVO: „das Investitionsvorhaben muss in dem betreffenden Unternehmen einen Nettozuwachs an Beschäftigten ... zur Folge haben;". Das läßt sich ausschließlich über direkte (und nicht über indirekte) Arbeitsplätze erreichen. Zur unterschiedlichen Betrachtungsweise von direkten und indirekten Arbeitsplätzen: RdNr. 3.7 und 3.10 Nr. 3 MSR-1998 (Fn. 53).
[948] Siehe hierzu oben RdNr. 264.
[949] Siehe etwa RdNr. 58 RegLL 2007; Art. 2 Abs. 1 lit. k RFVO (Fn. 3).
[950] Siehe unter RdNr. 285.

Förderung der Beschäftigung von **Leiharbeitnehmern** im Wege der regionalen Beschäftigungsförderung. Bemessungsgrundlage sind auch hier die bei dem Entleiher anfallenden Bruttolohnkosten nach Art. 2 Nr. 15 AGVO.[951]

Die Förderung beruht, wie auch im Rahmen der RegLL 2007, auf einer **Prognose**.[952] Die   **280** förderfähigen Ausgaben dieser regionalen Beschäftigungsförderung bemessen sich nach den **geschätzten**[953] **Lohnkosten** für die direkt durch die Investition geschaffenen Arbeitsplätze, die für jeden eingestellten Arbeitnehmer während eines **Zeitraums von zwei Jahren** anfallen.[954]

Die **Lohnkosten** sind in Art. 2 Nr. 15 AGVO definiert.[955] Danach sind Lohnkosten die Kos-   **281** ten, die der Beihilfeempfänger für den fraglichen Arbeitsplatz auch tatsächlich tragen muss.[956] Daher werden nur die tatsächlich angefallenen Lohnkosten gefördert. Zum Zweck der Prognose und zur Praxis siehe oben RdNr. 268, 269. Allerdings umfassen sie zusätzlich zur Definition in RdNr. 57 Fn. 51 RegLL 2007 auch die Kosten für die **Betreuung von Kindern** und die **Pflege der Eltern**.[957]

Wie bereits im Rahmen der RegLL 2007,[958] so ist auch im Rahmen der Art. 12 und 13   **282** AGVO für eine **freigestellte regionale Beschäftigungsförderung** erforderlich, dass
– die Arbeitsplätze **innerhalb von drei Jahren** nach Abschluss der Investition **geschaffen** werden,[959]
– das Investitionsvorhaben in dem betreffenden Unternehmen einen **Nettozuwachs an Beschäftigten** im Vergleich zur durchschnittlichen Beschäftigtenzahl in den vorausgegangenen zwölf Monaten zur Folge hat[960] und
– die **neugeschaffenen Arbeitsplätze** bei einem Großunternehmen über einen Zeitraum von mindestens fünf Jahren und bei KMU über einen Zeitraum von mindestens drei Jahren **erhalten bleiben**.[961]

Die **Beschäftigtenzahl** ist in Art. 2 Nr. 13 AGVO wie folgt definiert: „Zahl der jährlichen   **283** Arbeitseinheiten (JAE), d.h. Zahl der während eines Jahres vollzeitlich Beschäftigten, wobei Teilzeitarbeit oder Saisonarbeit nach JAE-Bruchteilen bemessen wird". Damit entspricht sie im Kern der Definition in RdNr. 58 Satz 1 Fn. 52 RegLL 2007. Allerdings findet sich in Art. 5 des Anhang I AGVO eine wesentlich umfassendere Definition. Sie ist wortgleich mit Art. 5 im Anhang zur KMU-Empfehlung der Kommission.[962] Hinsichtlich der Einzelheiten zu den JAE wird auf die Ausführungen oben unter RdNr. 263 verwiesen.

Die Vorschriften in Art. 2 Nr. 13 bis 15, 12 Abs. 3, 13 Abs. 5, 8 **AGVO** gestatten einen **größeren**   **284** **Förderspielraum** als er im Rahmen der **RegLL 2007** zulässig ist. Nach Art. 12 Abs. 3 lit. a AGVO erscheint, anders als nach RdNr. 40 Satz 2 RegLL 2007 eine **Besetzung** der geschaffenen Arbeitsplätze **nicht erforderlich** zu sein. Vielmehr genügt es, wenn die Arbeitsplätze innerhalb von drei Jahren nach Abschluss der Investition geschaffen, also eingerichtet und für die Zeit der Bindefrist[963] auf dem Markt angeboten werden.[964] Dennoch können nur die Lohnkosten als Bemessungsgrundlage dienen, die der Beihilfeempfänger auch tatsächlich tragen musste.[965] Daher genügt es für den Erhalt der vollen Förderung nicht einen Arbeitsplatz nur kurzzeitig zu besetzen. Vielmehr setzt die volle Förderung zumindest eine 24-monatige Besetzung[966] sowie ein weiteres Vorhalten und Anbieten des Arbeitsplatzes bis zum Ablauf der Bindefristen voraus.

Art. 12 Abs. 3 lit. b AGVO verlangt im Rahmen des „vorher-nachher-Vergleichs" lediglich   **285** einen **Nettozuwachs an Beschäftigten** im Vergleich zur durchschnittlichen Beschäftigtenzahl in den vorausgegangenen zwölf Monaten. Anders als in RdNr. 58 RegLL 2007 vorgesehen, ist

---

[951] Zur Förderung der Lohnkosten für Leiharbeitnehmer: siehe im Einzelnen oben RdNr. 271.
[952] Siehe oben RdNr. 268, 269.
[953] Art. 13 Abs. 5 AGVO; zur Terminologie siehe oben RdNr. 268, 269.
[954] Art. 13 Abs. 5 AGVO; RdNr. 36, 57, 59 RegLL 2007.
[955] Art. 2 Nr. 15 lit. a und b AGVO; siehe auch RdNr. 57 Fn. 51 RegLL 2007: dazu oben RdNr. 267.
[956] Art. 2 Nr. 15 S. 1 AGVO.
[957] Art. 2 Nr. 15 lit. c AGVO.
[958] RdNr. 40 S. 2–4, 58 RegLL 2007.
[959] Art. 12 Abs. 3 lit. a AGVO.
[960] Art. 12 Abs. 3 lit. b AGVO.
[961] Art. 12 Abs. 3 lit. c AGVO.
[962] KMU-Empfehlung (Fn. 373).
[963] Art. 13 Abs. 5 AGVO; zum Begriff siehe oben RdNr. 238 ff.
[964] Art. 12 Abs. 3 lit. a AGVO, RdNr. 40 S. 2 RegLL 2007.
[965] Art. 2 Nr. 15 S. 1 AGVO; siehe oben RdNr. 281.
[966] Art. 13 Abs. 5; 2 Nr. 15 AGVO.

es für Art. 12 Abs. 3 lit. b AGVO nicht erforderlich, die Bemessungsgrundlage für die Beihilfe, also die Anzahl der förderfähigen Arbeitsplätze, auf diesen Nettozuwachs zu begrenzen. Maßgebend ist, dass es überhaupt einen Nettozuwachs gibt. Diese Voraussetzung ist erfüllt, wenn die Anzahl der Arbeitsplätze nach der Investition um zumindest einen Arbeitsplatz über der durchschnittlichen Anzahl der vergangenen zwölf Monate liegt. Die Anzahl der förderfähigen Arbeitsplätze darf über diesen Nettozuwachs hinausgehen. Allerdings muss der Nettozuwachs selbst, ebenso wie der betreffende Arbeitsplatz, über den Zeitraum der jeweiligen Bindefristen erhalten bleiben.[967] Dies entspricht auch den Regeln für die allgemeine Beschäftigungsförderung in Art. 40, 41 AGVO.[968] Diese Freiheit sowie die Definition der Schaffung von Arbeitsplätzen unabhängig von der Steigerung der Jahresarbeitseinheiten,[969] sondern als Bereitstellung von Arbeitsplätzen, die gerade die Tätigkeit betreffen, auf die sich die Investition bezieht, bieten insbesondere im Rahmen der Übernahme von stillgelegten oder von Stilllegung bedrohten Betriebsstätten die erforderliche Flexibilität. Würde in diesen Fällen eine beschäftigtengenaue Differenzrechnung erfolgen, wäre es für einen künftigen Erwerber stets sinnvoller, zunächst die Schließung der Betriebsstätte und die Entlassung aller Beschäftigten über einen Zeitraum von zwölf Monaten abzuwarten, ehe er diese Betriebsstätte übernimmt. Das widerspräche jedoch den Förderzielen und stellte die regionale Entwicklung vor unnötige Herausforderungen.

286   Das sinnvolle Instrument der **regionalen Lohnkostenförderung** wird nur dann in nennenswertem Umfang eingesetzt werden können, wenn es eine **echte Alternative** zur herkömmlichen Investitionsförderung für materielle und immaterielle Wirtschaftsgüter bietet. Ein geeignetes Feld dafür ist die Übernahme einer stillgelegten oder von Stilllegung bedrohten Betriebsstätte. Die Übernahmekosten sind meist relativ niedrig, die mit der Übernahme verbundenen Risiken dagegen erheblich. Daher bietet eine regionale Lohnkostenförderung insoweit einen geeigneten Anreiz, sich für die Fortführung einer derartigen Betriebsstätte zu engagieren. Das setzt allerdings voraus, dass alle **übernommenen Arbeitsplätze** als **neu entstandene Arbeitsplätze** betrachtet werden. Das ist auch gerechtfertigt, wenn die Betriebsstätte tatsächlich geschlossen würde, und nach Ablauf von 12 Monaten wieder reaktiviert würde, würden ebenfalls alle Arbeitsplätze als neu entstanden und damit förderfähig bewertet. Dann ist es auch nur folgerichtig, dies bereits zu einem Zeitpunkt anzunehmen, zu dem das Unternehmen seine Geschäftsbeziehungen noch besitzt.

287   **3. Förderfähige Investitionszwecke.** Ziel der Regionalförderung ist es, wirtschaftlich schwächere Regionen, die Regionalfördergebiete, durch die Förderung der Schaffung von Arbeitsplätzen mit einem möglichst überregionalen Absatz zu stärken.[970] Diese Arbeitsplätze entstehen regelmäßig in Betriebsstätten. Daher zielen alle Regionalbeihilfevorschriften auf zu errichtende oder vorhandene Betriebsstätten.[971] Sie sind der Kernpunkt aller Förderinteressen. Sie sollen in einem bestimmten Fördergebiet oder Nichtfördergebiet errichtet werden oder sind dort belegen und beherbergen die Investitionsgüter. Sie bestimmen so über die jeweiligen Förderhöchstsätze, sie sind Anknüpfungspunkt für die Kosten sowie die Berechnung der Anzahl der Arbeitsplätze und sind der erste Ansatzpunkt für eine mögliche Bewertung einer Investition als großes Investitionsvorhaben im Sinne der RdNr. 60 RegLL 2007.

288   **a) Betriebsstätte.** Unter einer **Betriebsstätte** ist jede der nicht nur vorübergehenden Verfügungsmacht eines Unternehmens unterliegende Örtlichkeit sowie Sach- und Personalgesamtheit zu verstehen, die auf Dauer dazu bestimmt ist, Produkte zu fertigen oder Dienstleistungen zu erbringen. Insoweit gelten die im Rahmen des Handels-[972] und Steuerrechts[973] entwickelten Wertungen und Grundsätze. Daher ist eine Handwerkerwerkstatt als Betriebsstätte anzusehen, nicht aber der Ort, an dem eine Dienstleistung beim Kunden, etwa eine Reparatur, oder, eine auch regelmäßig wiederkehrende, Wartung, erbracht wird.[974]

---

[967] Art. 13 Abs. 5, 12 Abs. 3 lit. c, 2 Nr. 15 AGVO.

[968] Art. 40 Abs. 4, 41 Abs. 4 AGVO.

[969] So etwa RdNr. 58 RegLL 2007, Art. 2 Abs. 1 lit. k RFVO (Fn. 3).

[970] Siehe oben RdNr. 1, 3 ff., 21, 23, 47, 76, 130, 155, 192, 204, 252, 259; zum überregionalen Absatz siehe oben RdNr. 192 sowie Tetsch, Bund-Länder-Gemeinschaftsaufgabe (Fn. 710), Kapitel IV, Ziffer 2.1.

[971] RdNr. 34 RegLL 2007, Art. 12 Abs. 1 AGVO; Art. 2 Abs. 1 lit. c RFVO (Fn. 3): mit Rücksicht auf Art. 43, S. 1; 44 Abs. 2 AGVO werden im folgenden Abschnitt durchgehend auch die außer Kraft getretenen Vorschriften der RFVO (Fn. 3) mitzitiert.

[972] Siehe etwa *Baumbach/Hopt*, HGB, Kommentar, 33. Aufl. 2008, § 1 RdNr. 23, § 13 RdNr. 5.

[973] § 12 Abgabenordnung; siehe auch *Klein/Gersch*, AO, Kommentar, 9. Aufl. 2006, § 12 RdNr. 3 ff.

[974] BFHE 222 (2009), 14, 18 f.

b) Errichtung. Der Begriff der **Errichtung einer neuen Betriebsstätte**[975] ist weit zu ver- **289** stehen. Er umfasst sowohl die Errichtung eines neuen Werkes „auf der grünen Wiese" (greenfield investment)[976] als auch die Neuinbetriebnahme einer früheren, inzwischen stillgelegten Betriebsstätte.[977] Nicht erforderlich für die Errichtung ist eine gebäudebauliche Maßnahme. Zur Errichtung einer neuen Betriebsstätte genügt vielmehr das Verbringen von Produktionsanlagen zum Zwecke ihrer Nutzung in ein schon bestehendes Gebäude sowie ihre Inbetriebnahme. Das gilt unabhängig davon, ob in diesem Gebäude bereits an anderer Stelle produziert wird (Handwerkerhöfe). Es bedarf lediglich eines abgegrenzten oder abgrenzbaren Bereiches, der den einzelnen Betrieben zugeordnet ist.

c) Erweiterung. Der Begriff der **Erweiterung einer bestehenden Betriebsstätte**[978] ist **290** ebenfalls in einem umfassenden Sinne zu verstehen. Dies gilt insbesondere auch unter Berücksichtigung der Modifizierung der Definition durch die Neueinführung des Begriffs der „Diversifizierung der Produktion einer Betriebsstätte" und der Neufassung der „grundlegenden Änderung des Gesamtproduktionsverfahrens" einer bestehenden Betriebsstätte" in RdNr. 34 RegLL 2007 sowie ihrer Übernahme durch Art. 2 Abs. 1 lit. c i RFVO[979] und Art. 12 Abs. 1 lit. a AGVO.[980] Es ist das Ziel der Regionalförderung, die jeweiligen Unternehmen im Sinne einer auf die Europäische Union aber auch auf den jeweiligen Mitgliedstaat bezogenen Kohäsion dazu zu bewegen, in einem Fördergebiet zu investieren, Arbeitsplätze zu schaffen und möglichst auf Dauer an diesem Standort zu verbleiben. Dazu ist es erforderlich, ihre Wettbewerbsfähigkeit unter Ausgleich der standortspezifischen Nachteile zu erhalten. Daher zählt zu einer Investition in Form der Erweiterung einer bestehenden Betriebsstätte die Erweiterung des Firmengeländes, der An- oder Neubau von Produktions- oder Lagerhallen sowie die Anschaffung neuer Maschinen oder neuer immaterieller Wirtschaftsgüter. Dabei ist es unerheblich, ob diese Wirtschafts- und Produktionsgüter der Erweiterung der Produktpalette oder der Fertigung von Nachfolgemodellen bisher bereits hergestellter Erzeugnisse dienen.[981]

d) Diversifizierung der Produktion. Die Investition im Sinne der **Erweiterung einer** **291** **bestehenden Betriebsstätte** umfasst regelmäßig zugleich auch die **Diversifizierung der** **Produktion in neue, zusätzliche Produkte.** Jedes neue, zusätzliche Produkt geht, sofern es zu seiner Herstellung einer (förderfähigen) Investition bedarf, notwendigerweise mit der Erweiterung einer bestehenden Betriebsstätte einher. Daher hat der in RdNr. 34 RegLL 2007 und Art. 12 Abs. 1 lit. a AGVO genannte Einzeltatbestand der Diversifizierung in der Praxis keine eigenständige Bedeutung.

e) Grundlegende Änderung des Produktionsverfahrens. Die Vornahme einer **grundle-** **292** **genden Änderung des gesamten Produktionsverfahrens** einer bestehenden Betriebsstätte dagegen wird von den Begriffen „Erweiterung" oder „Diversifizierung" nicht vollständig erfasst. Daher war es erforderlich, diese Variante der Erstinvestition ausdrücklich aufzuführen. Als grundlegende Änderung sind neben einer **Produktumstellung** vor allem auch die **Rationalisierung** und **Modernisierung** anzusehen.[982] Das kann auch mit einer Einschränkung der Tätigkeit, insbesondere mit einem Verlust von Arbeitsplätzen einhergehen. Aufgewogen wird dieser Verlust von einer erwarteten Steigerung des Bruttoinlandsproduktes sowie dem Erhalt, also der Sicherung der weiterhin bestehenden übrigen Arbeitsplätze. Dies zeigt, dass der Begriff der „Erstinvestition" in RdNr. 34 RegLL 2007 und Art. 2 Abs. 1 lit. c RFVO,[983] erst recht aber der ohnehin allgemeinere Begriff der „Investition" in Art. 12 Abs. 1 lit. a AGVO weit auszulegen ist.

f) Übernahme einer Betriebsstätte. Ebenfalls zu den förderfähigen Investitionsvorhaben **293** zählt die **Übernahme einer stillgelegten oder von Stilllegung bedrohten Betriebsstätte**

---

[975] RdNr. 34 RegLL 2007; Art. 2 Abs. 1 lit. c i RFVO (Fn. 3); Art. 12 Abs. 1 lit. a AGVO.
[976] Zu diesem Begriff: Abschnitt 3.2 Kfz-Gemeinschaftsrahmen 1997 (Fn. 18).
[977] Art. 12 Abs. 1 lit. b S. 1 AGVO; RdNr. 35 RegLL 2007.
[978] RdNr. 34 RegLL 2007; Art. 2 Abs. 1 lit. c i RFVO (Fn. 3); Art. 12 Abs. 1 lit. a AGVO.
[979] RFVO (Fn. 3).
[980] Für eine einschränkende Auslegung: *Hancher/Ottervanger/Slot/Junginger-Dittel/Dittel* (Fn. 934), Chapter 14, RdNr. 14-004.
[981] Für eine offene Auslegung: *Mederer/Pesaresi/von Hoof/Dupont/Tumasonytė* (Fn. 317), Chapter 6, RdNr. 4.884.
[982] So ausdrücklich noch Ziffer 4.4.(1) RegLL 1998.
[983] RFVO (Fn. 3).

AGVO Art. 13, 14 294–296 Beihilfenrecht

und der damit unmittelbar verbundenen Vermögenswerte.[984] Voraussetzung für die Förderfähigkeit des Erwerbs von unmittelbar mit einer Betriebsstätte verbundenen Vermögenswerten ist, dass die Betriebsstätte bereits geschlossen also stillgelegt wurde oder ohne die Übernahme durch den Erwerber geschlossen worden wäre, also von Stilllegung bedroht war.[985] Dabei ist es unerheblich, ob es sich bei der übernommenen Betriebsstätte um eine solche eines gesunden Unternehmens oder um die eines Unternehmens in Schwierigkeiten[986] handelt.[987] Dies gilt erst recht, wenn das ganze Unternehmen einschließlich aller seiner Betriebsstätten übernommen werden soll. Weiterhin ist im Grundsatz erforderlich, dass der **Erwerber unabhängig vom Veräußerer** ist[988] und der **Erwerb unter Marktbedingungen** erfolgte.[989] Dies dient der Vermeidung der Förderung überhöhter Kaufpreise. Ausreichend ist daher das Gutachten eines unabhängigen Wirtschaftsprüfers. Nicht erforderlich ist ein offenes, bedingungsfreies und transparentes Ausschreibungsverfahren. Wird allerdings eine Betriebsstätte von einem Unternehmen in Schwierigkeiten erworben, so ist die Voraussetzung des Erwerbs unter Marktbedingungen besonders nachzuweisen.[990]

294   **Art. 12 Abs. 1 lit. b Satz 2 AGVO** verzichtet für **kleine Unternehmen,** die **von Familienmitgliedern** des ursprünglichen Eigentümers oder der ursprünglichen Eigentümer oder von ehemaligen Beschäftigten (Management Buy Out) **übernommen** werden, auf das Kriterium des Erwerbs durch einen unabhängigen Veräußerer. Damit geht diese Vorschrift über die Regeln der RegLL 2007 und der RFVO[991] hinaus und öffnet die Förderung von Betriebsübernahmen innerhalb der Familien oder durch andere mit dem jeweiligen Unternehmen in besonderer Weise verbundene Personen. Nicht das Schaffen einer Existenz für den Übernehmenden steht damit im Vordergrund, sondern der nachhaltige Bestand des kleinen Unternehmens durch Personen, die die Geschichte und die Besonderheiten dieses Unternehmens und des von ihm betreuten Marktes, der Mitarbeiterinnen und Mitarbeiter sowie seine Entwicklungsmöglichkeiten aus eigenem Erleben heraus kennen. Von ihnen ist zu erwarten, dass sie schon aufgrund ihrer emotionalen Grundbindung den Fokus weniger auf eine kurzfristige Rendite, sondern auf eine langfristige Stabilität richten. Das dient nicht nur dem jeweiligen Unternehmen, sondern auch dem Erhalt von Arbeitsplätzen und damit unmittelbar der betroffenen Region selbst.

295   Erforderlich ist auf jedem Fall, also auch bei einer Übernahme im Sinne des Art. 12 Abs. 1 lit. b Satz 2 AGVO, dass die **Assets** veräußert werden. Nicht ausreichend ist es dagegen, wenn lediglich die Anteile an einem Unternehmen alleine erworben werden.[992] Insoweit handelt es sich nicht um den Erwerb der Vermögenswerte an sich und damit nicht um eine Investition, die die regionale Entwicklung unterstützt, sondern wie bei einem **„share-deal"**[993] üblich, um eine **Kapitalanlage.**[994] Insbesondere fehlt es bei einem Erwerb allein der Unternehmensanteile an einer unmittelbaren Beziehung zu einer bestimmten, etwa in einem Fördergebiet belegenen Betriebsstätte und die dort vorhandenen Investitionen und Arbeitsplätze. Daher handelt es sich bei der Förderung einer derartigen Investition um eine reine Betriebsbeihilfe, so dass eine regionale Investitionsbeihilfe ausscheidet.[995]

296   Naturgemäß nicht erforderlich ist bei einer Betriebsstättenübernahme, dass die erworbenen Aktiva neu sind;[996] allerdings sind die Vermögenswerte, für deren Erwerb vor der Übernahme bereits Beihilfen bewilligt wurden, etwa Investitionszulagen, von den förderfähigen Kosten abzuziehen.[997] Sie bleiben also bei der Aufstellung der **förderfähigen Gegenstände** schlicht außer Ansatz oder werden mit „0" EUR bewertet. Soweit der Erwerb eines Unternehmens

---

[984] Art. 12 Abs. 1 lit. b S. 1 AGVO; Art. 2 Abs. 1 lit. c ii RFVO (Fn. 3); RdNr. 35 RegLL 2007.

[985] Art. 12 Abs. 1 lit. b S. 1 AGVO; Art. 2 Abs. 1 lit. c ii RFVO (Fn. 3); RdNr. 35 RegLL 2007.

[986] RdNr. 9, 10, 11, 12 Rettungs- und Umstrukturierungsleitlinien 2004 (Fn. 138).

[987] RdNr. 96 Rettungs- und Umstrukturierungsleitlinien 1999 (Fn. 624); wenn auch bezogen auf Ziffer 4.4. Abs. 2 RegLL 1998.

[988] Art. 12 Abs. 1 lit. b S. 1 AGVO; Art. 2 Abs. 1 lit. c ii RFVO (Fn. 3); RdNr. 35 RegLL 2007.

[989] Art. 13 Abs. 7 S. 1 AGVO; Art. 4 Abs. 5 S. 1 RFVO (Fn. 3); RdNr. 34 S. 3, 52 S. 2 RegLL 2007.

[990] Arg. e. contr. RdNr. 96 S. 3 Rettungs- und Umstrukturierungsleitlinien 1999 (Fn. 624).

[991] RFVO (Fn. 3).

[992] Art. 12 Abs. 1 Unterabs. 2 AGVO; Art. 2 Abs. 1 lit. c ii RFVO (Fn. 3); RdNr. 35 Fn. 37 RegLL 2007.

[993] *Weitnauer,* Der Unternehmenskauf nach neuem Kaufrecht, NJW 2002, 2511, 2512.

[994] *Mederer/Pesaresi/van Hoof/Dupont/Tumasonyté* (Fn. 317), Chapter 6, RdNr. 4.883.

[995] Kom., Staatliche Beihilfe N 377/2006 v. 20. 12. 2006 RdNr. 40 – Spanien; zur Betriebsbeihilfe siehe unter RdNr. 490 ff.

[996] Art. 13 Abs. 7 S. 5 AGVO; Art. 4 Abs. 8 S. 1 RFVO (Fn. 3); RdNr. 54 S. 1 RegLL 2007.

[997] Art. 13 Abs. 7 S. 6 AGVO; Art. 4 Abs. 8 S. 2 RFVO (Fn. 3); RdNr. 54 S. 2 RegLL 2007.

472   *Knoblich*

oder einer Betriebsstätte mit weiteren (Erst)Investitionen einhergeht, sind diese Ausgaben zu den Übernahmekosten hinzuzurechnen.[998]

Eine Besonderheit gilt, sofern mit einer **Beihilferückforderung** zu rechnen ist oder der **Er-**   **297** **werb bereits** einmal **geförderter Gegenstände** gefördert werden soll. In beiden Fällen ist es erforderlich, dass der Erwerber beihilfefrei erwirbt. Im ersten Fall kann er so mit Sicherheit einer Durchgriffshaftung entgehen, im zweiten Fall profitiert er nicht mehr von einer früheren Förderung, so dass es auch nicht zu einer Doppelförderung kommt. Voraussetzung für einen **beihilfefreien Erwerb geförderter Gegenstände** ist eine Gegenleistung in Form des tatsächlichen ungeförderten Marktpreises zum Zeitpunkt des Erwerbs. Ein Weg, diesen tatsächlichen Marktpreis zu erzielen und sich als Erwerber im Rahmen eines beihilferechtlichen Rückforderungsverfahrens zu schützen oder einen Erwerb nach den allgemeinen Regeln gefördert zu erhalten, liegt im Erwerb der Unternehmensassets im Rahmen eines **offenen, transparenten und bedingungsfreien Ausschreibungsverfahrens.**[999] In diesem Fall ist stets davon auszugehen, dass für das Unternehmen oder die Betriebsstätte und die unmittelbar damit verbundenen Vermögenswerte auch der tatsächliche ungeförderte Marktpreis erzielt wurde, so dass der Erwerber die Assets beihilfefrei erlangt hat. An den Veräußerer (möglicherweise rechtswidrig) geleistete Beihilfen finden sich in diesem Fall im erzielten Verkaufserlös, dem marktgerechten Substitut für die geförderten Gegenstände und nicht im erworbenen Unternehmen.[1000] Dazu zählt auch der **Erwerb** von Vermögensgegenständen **aus einer Insolvenzmasse.** Auch in diesem Fall findet sich die Beihilfe im Verkaufserlös, der dann den allgemeinen Regeln unterliegt.[1001] Der Insolvenzverwalter hat die Aufgabe, den größtmöglichen Erlös für einen zu veräußernden Gegenstand zu erzielen, unabhängig davon, ob er das vollständige Unternehmen, einzelne Teile davon oder nur ein einzelnes materielles oder immaterielles Gut veräußert.[1002] Gleiches gilt, sofern zwar nicht das Unternehmen als Ganzes erworben wurde, sondern bezogen auf das Unternehmen Vermögenswerte des Veräußerers in einem Umfang, der zwar formal nicht die Veräußerung des gesamten Unternehmens darstellt, der aber alle wesentlichen Teile umfasst, die, wirtschaftlich gesehen, dazu notwendig sind, dass das alte Unternehmen fortbetrieben werden kann und sich damit aus der Sicht eines anderen, objektiven Marktteilnehmers der Eindruck ergibt, hier sei das Unternehmen wirtschaftlich gesehen als Gesamtheit veräußert worden.[1003]

g) Ersatzinvestitionen als Betriebsbeihilfen. Eine reine **Ersatzinvestition,** also etwa der   **298** Austausch defekter Anlagen durch neue Maschinen, zählt **nicht** zu den genannten **förderfähigen (Erst-)**[1004]**Investitionen.** Daher scheiden derartige Aufwendungen unter dem Gesichtspunkt der regionalen Investitionsförderung als zulässige förderfähige Ausgaben aus.[1005] Sie sind den „laufenden Betriebskosten" zuzurechnen und daher möglicherweise im Wege einer Betriebsbeihilfe förderfähig.[1006] Ebenfalls von einer Förderung ausgeschlossen sind Anlagen oder Ausrüstungsgegenstände, die etwa wegen rascher technischer Veränderungen innerhalb der sogenannten **Bindefristen,** also der Fristen, innerhalb derer die geförderte Investition nach ihrem Abschluss in dem betreffenden Fördergebiet verbleiben muss,[1007] als **Austausch oder Ersatzgegenstände** angeschafft werden.[1008] Ersatzinvestitionen führen nicht zu einem förderfähi-

---

[998] Art. 13 Abs. 7 S. 2 AGVO; Art. 4 Abs. 5 S. 2 RFVO (Fn. 3); RdNr. 52 S. 1 Fn. 49 RegLL 2007.

[999] EuGH, Urt. v. 20. 9. 2001, C-390/98, Slg. 200,1 I-6117, RdNr. 17, 77 – H. J. Banks; *Heidenhain/ Quardt* § 54 RdNr. 30 ff.; *Borchardt* ZIP 2001, 1301, 1305.

[1000] EuG, Urt. v. 19. 10. 2005, T-318/00, Slg. 2005, II-4179, RdNr. 330 – CDA Albrechts (marktgerechter Kaufpreis).

[1001] EuGH, Urt. v. 29. 4. 2004, C-277/00, Slg. 2004, I-3925, RdNr. 80, 95 – SMI (Veräußerung unter gerichtlicher Kontrolle ist hinreichend offen und transparent).

[1002] Arg. e. § 60 InsO; *Nerlich/Römermann/Abeltshauser,* Insolvenzordnung, Kommentar, Loseblattsammlung, 17. Lfg. 2009, § 60 RdNr. 21.

[1003] *Ehricke,* Rückzahlung gemeinschaftsrechtswidriger Beihilfen in der Insolvenz des Beihilfeempfängers, ZIP 2001, 489, 491 f.; Kom., ABl. 1999 L 292/27, 39 RdNr. 104 und Art. 7 Abs. 3 – Gröditzer Stahlwerke; Staatliche Beihilfe C 42/1998 v. 21. 6. 2000, ABl. 2000 L 318/62 RdNr. 118 und Art. 2 Abs. 3 – CDA Albrechts; Staatliche Beihilfe C 45/1997 v. 11. 4. 2000, ABl. 2000 L 238/50, 57 RdNr. 48 und Art. 3 Abs. 3 – SMI.

[1004] RdNr. 33, 34 RegLL 2007; Abschnitt 4.4 RegLL 1998; Art. 2 Abs. 1 lit. c, 4 Abs. 1 RFVO (Fn. 3); siehe oben RdNr. 252 und unten RdNr. 300.

[1005] RdNr. 34 S. 5 RegLL 2007.

[1006] RdNr. 34 Fn. 36 RegLL 2007.

[1007] Art. 13 Abs. 2 S. 2 AGVO; Art. 4 Abs. 2 lit. a RFVO (Fn. 3); RdNr. 40 RegLL 2007; siehe oben RdNr. 238 ff.

[1008] Arg. e. Art. 13 Abs. 2 S. 3 AGVO; Art. 4 Abs. 2 S. 5 RFVO (Fn. 3); RdNr. 40 S. 1 Fn. 43 RegLL 2007.

gen Investitionsvorhaben im Sinne der RdNr. 34 Satz 1 RegLL 2007, Art. 2 Abs. 1 lit. c; 4 Abs. 1 RFVO[1009] oder Art. 13 Abs. 2 Satz 2 AGVO.

299 4. Zulässige Beihilfeformen. Investitionsbeihilfen können, wie nahezu alle anderen Beihilfen in Form verlorener Zuschüsse, Zinssubventionen, vergünstigter Darlehen (zinsverbilligter Darlehen, unbesicherter Darlehen, Nachrangdarlehen[1010]), in Form von Bürgschaften,[1011] Erlassen oder Verringerungen von Steuern, Sozialversicherungs- oder sonstigen Pflichtabgaben sowie in Form des Bereitstellens von Grundstücken, Gütern oder Dienstleistungen zu Vorzugsbedingungen oder in Form öffentlicher Beteiligungen gewährt werden.[1012] Maßgeblich ist im Grundsatz, dass der Begünstigte mit der Unterstützung der öffentlichen Hand für einen bestimmten Nutzen einen geringeren Aufwand hat oder bei gegebenem Aufwand einen größeren Nutzen erzielt als ohne diese Unterstützung. Dies gilt für die RegLL 2007 ebenso wie für die RFVO[1013] oder die AGVO. Dabei ist allerdings nicht immer wirklich klar, wer nun tatsächlich Begünstigter ist. Dies gilt insbesondere für die Gewährung von Bürgschaften. So nimmt bereits Ziffer 2.2 der Bürgschaftsmitteilung 2008[1014] unter bestimmten Umständen eine Beihilfe für den Kreditnehmer und Ziffer 2.3 eine Beihilfe für den Kreditgeber an. Insoweit sei neben der **Anzeige- und Anrechnungsentlastung** bei staatlichen Bürgschaften nach §§ 20b Nr. 1, 20 Abs. 2 S. 1 Nr. 1 lit. d KWG auch auf § 765 BGB verwiesen. Diese Vorschrift verlangt nicht einmal, dass der Hauptschuldner Kenntnis von der Wohltat des Bürgen zugunsten des Kreditgebers hat.[1015] Schon aus diesem Grund vermag die aus dem Recht der Anweisung nach §§ 783 ff. BGB entlehnte Dreieckskonstruktion mit einem Deckungs- und einem Valutaverhältnis[1016] nicht zu überzeugen. Im Bürgschaftsverhältnis fehlt es an Beidem: nur die Hausbank wendet sich an die öffentliche Hand und bittet um die Bürgschaftsübernahme und nur ihr gegenüber ergeht die Entscheidung und nur sie enthält auch die Bürgschaftsurkunde. Einer Beteiligung des Endkreditnehmers bedarf es für dieses Rechtsgeschäft gerade nicht. Daher führt auch die Zweistufentheorie nicht zu einem anderen Ergebnis. Im Übrigen kann die Hausbank zuvor vollkommen frei und unabhängig bestimmen, welchen Zinssatz sie von dem Endkreditnehmer verlangt. Gebunden ist sie erst nach der Bürgschaftsübernahme durch die öffentliche Hand, allerdings allein hinsichtlich der Konditionen, also des „wie", nicht hinsichtlich des „ob". Sie kann auch mit der Bürgschaftsurkunde in der Hand jederzeit das Vertragsverhältnis zum Endkreditnehmer nach den allgemeinen Regeln kündigen. Ebenso ist sie auch nach Rückgabe der Bürgschaftsurkunde, etwa wegen einer formell rechtswidrigen und damit nichtigen Beihilfe[1017] nach § 812 Abs. 1 S. 1 1. Alt. BGB oder wegen des Ablaufs des Zeitfensters der ihr zur Verfügung gestellten Bürgschaft, vollkommen frei, ob und zu welchen Bedingungen sie das Kreditverhältnis mit dem Endkreditnehmer fortsetzt. Das ist auch sachgerecht. Niemand kennt ein Unternehmen in der Praxis besser, als die das Unternehmen häufig über viele Jahre hinweg begleitende Hausbank. Ein Durchschlagen einer nichtigen Bürgschaft auf den zu verbürgenden Kredit lässt sich nicht begründen. Nicht der Kredit selbst wird gefördert, wie etwa bei einer Kreditvergabe durch die öffentliche Hand oder einen von ihr bestimmten Dritten, also die KfW oder die Landesförderinstitute, sondern es wird lediglich eine staatliche Allein- oder Zusatzsicherheit gewährt.

300 5. Beihilfen für große Investitionsvorhaben. a) Großes Investitionsvorhaben. RdNr. 60 RegLL 2007 definieren als „großes Investitionsvorhaben" eine „Erstinvestition" im Sinne dieser Leitlinien mit förderfähigen Ausgaben von über 50 Mio. EUR. Dieser Betrag errechnet sich auf der Grundlage der Preise und Wechselkurse zum Zeitpunkt der Gewährung der Beihilfe oder – sofern eine Einzelanmeldung erforderlich ist, etwa bei (sehr) großen Investitionsvorhaben im Sinne der RdNr. 64 RegLL 2007 oder bei Ad-hoc-Investitionseinzelbeihilfen[1018] – auf der Grundlage der Preise und Wechselkurse zum Zeitpunkt der Anmeldung.[1019]

[1009] RFVO (Fn. 3).

[1010] Siehe hierzu im Allgemeinen: Kom., Staatliche Beihilfe N 689/2009 v. 6. 7. 2010 – KfW.

[1011] Siehe hierzu *Knoblich* (Fn. 21), S. 85, 99, 100.

[1012] Vgl. auch RdNr. 37 RegLL 2007.

[1013] RFVO (Fn. 3).

[1014] Mitteilung der Kom. über die Anwendung der Art. 87 und 88 des EG-Vertrags auf staatliche Beihilfen in Form von Haftungsverpflichtungen und Bürgschaften, ABl. 2008 C 155/10 (Bürgschaftsmitteilung 2008).

[1015] *Palandt/Sprau*, 70. Aufl. 2011, § 765 RdNr. 3.

[1016] MüKo/*Núñes-Müller*, Fin.Trans., RdNr. 182; *Koenig/Haratsch,* Staatliche und kommunale Bürgschaften auf dem Prüfstand des EG-Beihilfenrechts – Neue Tendenzen, ZHR 169 (2005) 77, 87.

[1017] Siehe dazu oben RdNr. 178, 182.

[1018] RdNr. 64 Fn. 60 S. 1 RegLL 2007.

Ähnlich definiert auch Art. 2 Nr. 12 AGVO den Begriff „großes Investitionsvorhaben" als Kapitalanlageinvestition mit beihilfefähigen Kosten von über 50 Mio. EUR, berechnet auf Grundlage der zum Zeitpunkt der Bewilligung der Beihilfe geltenden Preise und Wechselkurse. Dabei verzichtet Art. 2 Nr. 12 AGVO entsprechend der Lebenswirklichkeit auf das Praefix „Erst".[1020]

b) Grundsatz. Die RegLL 2007 und ihnen nachfolgend zunächst die RFVO[1021] sowie an- **301** schließend die AGVO unterwerfen diese Vorhaben einer besonderen Kontrolle, deren Umfang und Intensität vom jeweiligen Investitionsvolumen oder der jeweiligen Beihilfehöhe abhängt.

Vorhaben, deren **Investitionsvolumen** die Schwelle von **50 Mio. EUR überschreitet** sind **302** der Kommission binnen 20 Arbeitstagen ab der Beihilfegewährung, also der Bewilligung,[1022] anzuzeigen.[1023] Dazu hat der Mitgliedstaat der Kommission die im Standardformular nach An- hang II der RFVO, nach Anhang II der AGVO oder nach Anhang III der RegLL 2007 vorgese- henen Angaben zu übersenden. Diese Angaben werden anschließend von der Kommission im Internet veröffentlicht.[1024] Für diese Kontrolle ist das Investitionsvolumen, nicht die Beihilfein- tensität maßgebend. Entscheidend ist allein das Überschreiten des Schwellenwertes von 50 Mio. EUR förderfähiger Investitionskosten.

Der **Anmelde- also Notifizierungspflicht nach Art. 108 Abs. 3 AEUV** unterfallen alle **303** Beihilfen für große Investitionsvorhaben deren Umfang aus allen Quellen zusammengerechnet, für den Zeitpunkt der **Beihilfegewährung,** also den Zeitpunkt der Bewilligung oder zum Zeitpunkt der Anmeldung 75% des Höchstbetrages übersteigt, der für ein **Investitionsvorha- ben** mit förderfähigen Ausgaben von **100 Mio. EUR** nach den für große Unternehmen in der jeweiligen genehmigten Fördergebietskarte geltenden Standardhöchstsätzen gezahlt werden könnte.[1025] Insoweit wird also nicht mehr auf das Investitionsvolumen, sondern ausschließlich auf die absolute Höhe der Beihilfe abgestellt. Sie wird dann in Relation zu dem für ein Investi- tionsvorhaben von 100 Mio. EUR entsprechend der nationalen Fördergebietskarten zulässigen Förderhöchstvolumen gesetzt. Im Rahmen der Prüfung nach Art. 108 Abs. 3 AEUV untersucht die Kommission vor allem die Marktstärke der begünstigten Unternehmen sowie die sich daraus ergebenden Folgen für den Binnenmarkt.[1026]

c) Entwicklung. Die in den RdNr. 60–70 RegLL 2007, Art. 13 Abs. 10 AGVO enthalte- **304** nen Regeln sind das Ergebnis einer langandauernden Entwicklung.

aa) EGKS-Vertrag und sektoraler Ansatz. Ausgehend vom EGKS-Vertrag[1027] hat die **305** Kommission zunächst für einzelne Sektoren die Möglichkeiten für die Vergabe von Subventionen eingeschränkt. Dazu zählten vor allem die sogenannten **sensiblen Sektoren.**[1028] In diesen Fällen differenzierte sie jedoch weder nach dem Investitionsvolumen noch nach dem Beihilfeumfang.

bb) Horizontaler Ansatz, der Multisektorale Regionalbeihilferahmen 1998. Für die **306** Erfassung der übrigen Sektoren verließ die Kommission im Anschluß an ihre Ankündigung von 1994,[1029] diesen im Grundsatz rein sektoralen Ansatz zu Gunsten eines im wesentlichen hori- zontalen Weges und setzte 1998 ihren ersten Multisektoralen Regionalbeihilferahmen für große Investitionsvorhaben in Kraft.[1030] Dieser Rahmen sah eine Anmeldepflicht nach Art. 93 Abs. 2 EG (jetzt: Art. 108 Abs. 2 AEUV) vor, wenn die Gesamtinvestitionskosten eines Vorhabens 50 Mio. ECU (EUR) und die vorgesehene Beihilfeintensität mehr als die Hälfte der in der För-

---

[1019] RdNr. 60 Fn. 54 RegLL 2007, gleiches gilt nach Art. 2 Abs. 1 lit. g RFVO (Fn. 3).

[1020] Siehe oben RdNr. 252, 298.

[1021] RFVO (Fn. 3).

[1022] Siehe insoweit Art. 9 Abs. 4 AGVO.

[1023] RdNr. 65 S. 1 RegLL 2007; Art. 2 Nr. 12, 6 Abs. 2, 9 Abs. 4 AGVO; früher Art. 8 Abs. 2 RFVO (Fn. 3).

[1024] RdNr. 65 S. 2 RegLL 2007; Art. 8 Abs. 2 S. 2 RFVO (Fn. 3).

[1025] RdNr. 64, 67 RegLL 2007; Art. 6 Abs. 2 AGVO; Art. 7 lit. e RFVO (Fn. 3).

[1026] RdNr. 68–70 RegLL 2007; sowie Mitteilung der Kom. betreffend die Kriterien für die eingehende Prüfung staatlicher Beihilfen mit regionaler Zielsetzung zur Förderung großer Investitionsvorhaben, ABl. C 223 vom 16. 9. 2009, 3; siehe auch unter RdNr. 404 ff.

[1027] Vertrag über die Gründung der Europäischen Gemeinschaft für Kohle und Stahl vom 18. 4. 1951 (Fn. 42).

[1028] Zu den sensiblen Sektoren siehe oben RdNr. 15, 128, 208.

[1029] Kom., „Eine Politik der industriellen Wettbewerbsfähigkeit für die Europäische Union" – Mitteilung an den Rat, das Europäische Parlament, den Wirtschafts- und Sozialausschuß und den Ausschuß der Regio- nen, KOM(94) 319 endg.

[1030] MSR-1998 (Fn. 53); zu den weiteren Einzelheiten und zur Kritik an diesem Rahmen: siehe auch oben RdNr. 17–19.

dergebietskarte ausgewiesenen Beihilfehöchstintensität betragen sollte und ein Beihilfebetrag von mindestens 40.000 ECU (EUR) je geschaffenem oder erhaltenem Arbeitsplatz vorgesehen war. Ebenfalls einzeln anmeldepflichtig war ein Vorhaben, wenn die vorgesehene Gesamtbeihilfe mindestens 50 Mio. ECU (EUR) betragen sollte.[1031] Damit umschrieb die Kommission erstmals ein großes Investitionsvorhaben in einem beihilferechtlichen Regelwerk. Dieser Rahmen galt, soweit keine spezifischen, sektoralen Regelwerke bestanden[1032] und erfasste so auf einen Schlag alle bisher nicht geregelten Sektoren. Gleichzeitig ersetzte er den Gemeinschaftsrahmen für Beihilfen zu Gunsten der Textilindustrie[1033] und bildete so den Einstieg in die Verringerung sektorspezifischer Regelungen.[1034] Er enthielt ein Rechenmodell zur Reduktion der in den nationalen Fördergebietskarten ausgewiesenen Förderhöchstsätze für die genannten Investitionen. Der Reduktionsrahmen umfasste eine für das jeweilige Projekt zulässige Beihilfeintensität vom 1-fachen bis zum nur noch 0,15-fachen der in dem jeweiligen Fördergebiet vorgesehen Beihilfehöchstintensität.[1035]

307   **cc) Ausweitung des horizontalen Ansatzes, der Multisektorale Regionalbeihilferahmen 2002:** Der Multisektorale Regionalbeihilferahmen 2002 (MSR-2002)[1036] modifizierte die Definition des großen Investitionsvorhabens[1037] und differenzierte, mit dem ausdrücklichen Ziel einer restriktiveren Politik im Hinblick auf Regionalbeihilfen[1038] zwischen Investitionsvorhaben mit einem zu fördernden Volumen von über 50 Mio. EUR und von über 100 Mio. EUR.[1039] Darüber hinaus enthielt er Sonderregelungen für den verstärkten Einsatz von Strukturfondsfördermitteln[1040] sowie für sensible Sektoren.[1041] Ferner setzte er den im Vorgängerrahmen von 1998 eingeschlagenen Weg, die sensiblen Sektoren zu integrieren fort.[1042] Allerdings legte er für eine Reihe von sensiblen Sektoren strengere Maßstäbe an, so für die Kunstfaserindustrie,[1043] für die Stahlindustrie[1044] sowie für die Kraftfahrzeugindustrie.[1045]

308   Mit Blick auf das förderfähige Investitionsvolumen waren die jeweiligen regionalen Förderhöchstsätze ab 50 Mio. EUR Investitionsvolumen auf 50% und ab 100 Mio. EUR Investitionsvolumen auf 34% abzusenken.[1046] Damit verbunden war eine Regelung, um die Umgehung dieser Fördersatzabsenkungen im Wege einer kreativen Aufspaltung der Investitionen in mehrere Teile, deren Volumen die Schwellenwerte von 50 Mio. EUR oder 100 Mio. EUR nicht erreichte, zu verhindern.[1047]

309   Hinsichtlich der **Anmeldepflicht** stellte der Rahmen erstmals allein auf die absolute Beihilfe ab, die nach der jeweiligen Fördergebietskarte gewährt werden durfte.[1048] Maßgebend war also für die Notifizierungspflicht nach Art. 108 Abs. 2 AEUV nicht mehr das jeweilige Investitionsvolumen, sondern die jeweilige Beihilfehöhe. Maßstab war auch insoweit wieder die Schwelle von 100 Mio. EUR. So konnten bei einem regionalen Förderhöchstsatz von 35% für eine Investition von 100 Mio. EUR unter Berücksichtigung der Absenkungen gemäß RdNr. 21 MSR-2002 maximal 26,25 Mio. EUR gewährt werden. Erst wenn in diesem Fördergebiet mit einer in der Fördergebietskarte zugelassenen Beihilfeintensität von 35% der Subventionsbetrag von 26,25 Mio. EUR überschritten werden sollte, musste das betreffende Vorhaben bei der Kommission angemeldet werden. Damit unterlag ein Investitionsvorhaben in diesem Beispiel trotz des Überschreitens der Investitionsschwelle von 100 Mio. EUR nicht der Anmeldepflicht

---

[1031] MSR-1998 (Fn. 53), RdNr. 2.1.

[1032] MSR-1998 (Fn. 53), RdNr. 1.3.

[1033] Textil-Gemeinschaftsrahmen (Fn. 44).

[1034] RdNr. 1.3 MSR-1998 (Fn. 53).

[1035] RdNr. 3.10 MSR-1998 (Fn. 53); zu den weiteren Einzelheiten und den Bewährungen dieses Rahmens in der Praxis siehe oben RdNr. 17–19.

[1036] MSR-2002 (Fn. 73), ABl. 2002 C 70/8; zu den weiteren Einzelheiten und zur Kritik an diesem Rahmen siehe auch oben RdNr. 20–22.

[1037] RdNr. 21 und 36 MSR-2002 (Fn. 73).

[1038] RdNr. 8 MSR-2002 (Fn. 73).

[1039] RdNr 21, 22 Fn. 9 und RdNr. 24 MSR-2002 (Fn. 73).

[1040] RdNr. 25 MSR-2002 (Fn. 73).

[1041] RdNr. 27, 29 und 42 MSR-2002 (Fn. 73).

[1042] RdNr. 30 MSR-2002 (Fn. 73).

[1043] RdNr. 42 lit. b MSR-2002 (Fn. 73).

[1044] RdNr. 27, 39 MSR-2002 (Fn. 73).

[1045] RdNr. 42 lit. a MSR-2002 (Fn. 73).

[1046] RdNr. 21, 22 MSR-2002 (Fn. 73).

[1047] RdNr. 49 MSR-2002 (Fn. 73).

[1048] RdNr. 21, 24, 51 MSR-2002 (Fn. 73).

nach RdNr. 24 des Rahmens, soweit die dafür gewährte Beihilfe den Betrag von 26,25 Mio. EUR nicht überschritt. Das war etwa dann gegeben, wenn der regionale Beihilfegeber den zulässigen Höchstsatz nicht vollständig ausschöpfte, also nur eine Beihilfeintensität von 30% gewährte.

Zulässig war es ferner, den nach RdNr. 21 des Rahmens herabgesetzten regionalen Beihilfe- **310** höchstsatz um den **KMU-Bonus** nach Art. 4 Abs. 3 lit. b KMU-Freistellungsverordnung[1049] zu erhöhen. Dabei nahm dieser KMU-Bonus nicht an den Absenkungen der Fördersätze teil.[1050] Jedoch war es bei einem förderfähigen Investitionsvolumen von mehr als 25 Mio. EUR für die Gewährung eines KMU-Bonus erforderlich, eine Genehmigung der Kommission einzuholen, Art. 6 KMU-Freistellungsverordnung. Sie erfolgte aufgrund einer Prüfung der KMU-Eigenschaft, nicht aber der gesamten Regionalbeihilfen. Etwas anderes ergab sich auch nicht aus Abschnitt 3.13 Satz 2 der Verlängerungsentscheidung zur Förderung nach der Gemeinschaftsaufgabe „Förderung der regionalen Wirtschaftsstruktur".[1051] Wäre die Einzelanmeldepflicht bei einem Investitionsvolumen von lediglich 25 Mio. EUR dahingehend ausgelegt worden, dass die Kommission eine vollständige Würdigung der Regionalbeihilfe hätte vornehmen müssen, einschließlich der Frage, ob der Ausgangsbetrag die geltende Obergrenze nicht überschritte und ob die Beihilfe auf der Grundlage einer genehmigten Regelung gewährt worden sei, wäre dies auf eine Benachteiligung der KMU gegenüber den Großunternehmen hinausgelaufen. Ein Großunternehmen hätte bei gleichen förderfähigen Investitionskosten Beihilfen in der mit der jeweiligen nationalen Fördergebietskarte genehmigten Höhe ohne Einzelanmeldepflicht erhalten können.[1052] Daraus ergibt sich im Umkehrschluß allerdings, dass bei einem Investitionsvolumen, das den Betrag übersteigt, für den eine Förderung gewährt wird, die unter Anwendung des nach der genehmigten Fördergebietskarte zulässigen regionalen Förderhöchstsatzes für die Investition von 100 Mio. EUR zulässig wäre, stets eine vollständige, also umfassende Würdigung der Regionalbeihilfe stattgefunden hätte.

RdNr. 25 MSR 2002 sah darüber hinaus einen **Kohäsionsbonus** von 15% auf die letztlich zu **311** gewährende Beihilfe vor. Diese Möglichkeit der Steigerung der Beihilfeintensität für Großprojekte in Höhe des Multiplikationsfaktors von 1,15 bezogen auf die letztlich zu gewährende Beihilfe war allerdings daran gebunden, dass es sich bei dem geförderten Vorhaben um ein Großprojekt im Sinne des Art. 25 Allgemeine Strukturfondsverordnung 1999[1053] handelte und dass in einem c)-Fördergebiet mindestens 10% der gesamten öffentlichen Ausgaben und in einem a)-Fördergebiet mindestens 25% der gesamten öffentlichen Ausgaben gemäß Art. 26 Allgemeine Strukturfondsverordnung 1999 aus Strukturfondsmitteln stammten. Dieses Verfahren hat sich nur sehr eingeschränkt bewährt. Dies lag vor allem daran, dass ein sehr großes Vorhaben, also ein Vorhaben mit einem Investitionsvolumen von (deutlich) über 100 Mio. EUR zwei unterschiedlichen Genehmigungsverfahren unterworfen war: zum einen dem Verfahren nach dem Multisektoralen Regionalbeihilferahmen 2002 vor der GD Wettbewerb und zum anderen dem Genehmigungsverfahren nach Art. 26 Allgemeine Strukturfondsverordnung 1999 vor der GD Regionale Entwicklung.[1054] Beide Verfahren aber hatten eine unterschiedliche Zielrichtung: bei der GD Wettbewerb stand die Verletzung des Binnenmarktes und bei der GD Regionale Entwicklung die bestmögliche Anlage der gewährten Strukturfondsmittel im Mittelpunkt. Darüber hinaus entscheidet die Kommission nicht mehr als eine einheitliche Behörde, sondern jede Generaldirektion legt ihre eigenen Angelegenheiten vor, so dass es zu ein und demselben Sachverhalt aus mehreren Generaldirektionen mehrere, auch unterschiedliche Entscheidungen geben kann.[1055]

[1049] KMU-Freistellungsverordnung (Fn. 21).

[1050] Kom., Staatliche Beihilfe N 856/2006 v. 13. 6. 2007 – PLL.

[1051] Kom., Staatliche Beihilfe N 642/2002 v. 1. 10. 2003, ABl. 2003 C 284/2 – Verlängerung der Beihilferegelung Gemeinschaftsaufgabe (GA) „Verbesserung der regionalen Wirtschaftsstruktur" zugunsten von Unternehmen in Regionalfördergebieten nach Art. 87 Abs. 3 a) und c) EG-Vertrag auf der Basis von Teil II des 31. Rahmenplans.

[1052] Kom., Staatliche Beihilfen N 324/2004 v. 22. 9. 2004, RdNr. 13–15 – Cyclics; N 457/2004 v. 2. 3. 2005, RdNr. 13 Fn. 6 – Q-Cells; N 560/2004 v. 20. 4. 2005, RdNr. 15 Fn. 5 – Holzstadt; N 122/2005 v. 3. 5. 2005, RdNr. 13 Fn. 6 – CSG Solar; N 407/2006 v. 6. 12. 2006, RdNr. 20 Fn. 9 – FRP; N 217/2007 v. 11. 12. 2007, RdNr. 29 Fn. 10 – Signet Solar; N 385/2007 v. 28. 11. 2007 RdNr. 19 Fn. 7 – Arise.

[1053] Allgemeine Strukturfondsverordnung 1999 (Fn. 90, 116).

[1054] Kom., Staatliche Beihilfe C 21/2008 (ex N 864/2006) v. 17. 6. 2009, ABl. 2009 C 237/15, RdNr. 112 – Sovello, EverQ.

[1055] Kom., Staatliche Beihilfe C 21/2008 (ex N 864/2006), Art. 1 und 2 – Sovello, EverQ (Fn. 1054).

312   Regionalbeihilfen für die **Kunstfaserindustrie** bewertete der Rahmen trotz Art. 1 Abs. 1
KMU-Freistellungsverordnung[1056] als mit dem Binnenmarkt unvereinbar.[1057] Dieses, die Normenhierarchie verletzende Handeln ist nur möglich, weil die Mitgliedstaaten sich dem Begehren der Kommission im Rahmen der Zustimmung zu den vorgeschlagenen zweckdienlichen
Maßnahmen unterwerfen.[1058] Solange die **Europäischen Gerichte** aufgrund der Verfahrensdauer **keinen effektiven Rechtsschutz** gewähren und solange die Mitgliedstaaten im Rat
dem **Vorschlagsmonopol der Kommission** nach Art. 107 Abs. 3 lit. e, 109 AEUV unterliegen, kann sich die Kommission auf dem beschriebenen Weg auch über Verordnungen hinweg-
setzen.

313   Ebenfalls als mit dem Binnenmarkt unvereinbar bewertete der Rahmen auch Regionalbeihilfen für die **Stahlindustrie**.[1059] Allerdings ließ er Regionalbeihilfen bis zur Grenze von größeren
Einzelbeihilfen im Sinne von Art. 6 KMU-Freistellungsverordnung[1060] für kleine und mittlere
Stahlunternehmen zu.[1061] Als **größere Einzelbeihilfen** für kleine und mittlere Unternehmen
im Sinne dieser Vorschrift gilt ein Beihilfevolumen von mehr als 15 Mio. EUR.[1062] Darüber
hinaus ist eine größere Einzelbeihilfe im Sinne dieser Vorschrift bereits dann anzunehmen,
wenn bei einem Investitionsvolumen von mehr als 25 Mio. € in einem Fördergebiet eine Beihilfeintensität von mehr als 50% des in der Fördergbietskarte ausgewiesenen Höchstsatzes[1063]
oder in einem Nichtfördergebiet die in Art. 4 Abs. 2 KMU-Freistellungsverordnung ausgewiesenen Höchstsätze von 15% für kleine Unternehmen und 7,5% für mittlere Unternehmen gewährt werden. Wird die Grenze von 25 Mio. EUR Investitionsvolumen unterschritten, konnten bis zu 15 Mio. EUR Subventionswert die vollen Interventionssätze gewährt werden. Dies
ergibt sich aus dem Wortlaut des Art. 6 KMU-Freistellungsverordnung.

314   Hinsichtlich des sensiblen Sektors der **Kfz-Industrie** bestimmte der Rahmen im Anschluss
an die Änderungsmitteilung vom November 2003[1064] als mit dem Binnenmarkt vereinbar eine
Beihilfehöhe nach den allgemeinen Regeln bis zu einem Beihilfebetrag von 5 Mio. EUR und
darüber hinausgehend nur noch eine herabgesetzte Intensität von lediglich 30% des jeweiligen
regionalen Interventionssatzes. Das bedeutete für eine Investition von 50 Mio. EUR in einem
Fördergebiet mit einem regionalen Höchstsatz von 20% eine absolute Beihilfehöhe von
(25 Mio. EUR × 20% + 25 Mio. EUR × 20% × 0,3) und damit von (5 Mio. EUR + 1,5 Mio.
EUR) also 6,5 Mio. EUR.

315   Eine zunächst bis zum 31. Dezember 2003 vorgesehene „schwarze Liste" der Sektoren mit
schwerwiegenden strukturellen Problemen außer der Stahlindustrie[1065] hat die Kommission
nicht erstellt. In der Änderungsmitteilung[1066] ist sie vorsichtig von einer derartigen Liste abgerückt und hat den sektoralen Ansatz letztlich aufgegeben.[1067]

316   **d) RegLL 2007. aa) Überblick.** Die RegLL 2007 haben, bezogen auf **große Investitionsvorhaben** im Interesse der Vereinfachung und Transparenz die Bestimmungen des MSR-
2002 übernommen.[1068] Dazu zählt vor allem die **Absenkung der Beihilfeintensität** bei einem
Investitionsvolumen von mehr als 50 Mio. EUR um 50% auf 50% und bei einem Investitionsvolumen von mehr als 100 Mio. EUR um 66% auf 34% des regionalen Förderhöchstsatzes.[1069]
Ebenfalls übernommen haben die RegLL 2007 im Kern auch die Regelung des MSR-2002 zur

---

[1056] KMU-Freistellungsverordnung (Fn. 21).

[1057] RdNr. 42 lit. b MSR-2002 (Fn. 73).

[1058] Siehe oben RdNr. 45.

[1059] RdNr. 27 S. 4 MSR-2002 (Fn. 73); mit der bemerkenswerten Begründung, die Stahlunternehmen
seien auf Grund des EGKS-Vertrages ohne Beihilfen ausgekommen, hätten diesen Faktor in ihre Strategie
einbezogen und sich daran gewöhnt, RdNr. 27 S. 1 und 2 MSR-2002.

[1060] KMU-Freistellungsverordnung (Fn. 21).

[1061] RdNr. 27 S. 5 MSR-2002 (Fn. 73).

[1062] Art. 6 lit. b KMU-Freistellungsverordnung (Fn. 21).

[1063] Art. 6 lit. a ii KMU-Freistellungsverordnung (Fn. 21).

[1064] Mitteilung der Kom. betreffend die Änderung des multisektoralen Regionalbeihilferahmens für große
Investitionsvorhaben (2002) in Bezug auf die Aufstellung einer Liste von Sektoren mit strukturellen Problemen und den Vorschlag zweckdienlicher Maßnahmen gemäß Art. 88 Abs. 1 EG-Vertrag für die Kfz- und
die Kunstfaserindustrie, ABl. 2003 C 263/3 (Änderungsmitteilung zum MSR-2002).

[1065] MSR-2002 (Fn. 73), RdNr. 31 alter Fassung.

[1066] Änderungsmitteilung zum MSR-2002 (Fn. 73).

[1067] Änderungsmitteilung zum MSR-2002 (Fn. 73), Abs. 5, RdNr. 31, 32 neuer Fassung; RdNr. 63
Fn. 59 RegLL 2007.

[1068] RdNr. 62 S. 2 RegLL 2007; *Heidenhain/Jestaedt* § 15 RdNr. 48.

[1069] RdNr. 21 MSR-2002 (Fn. 73); RdNr. 67 RegLL 2007.

Verhinderung einer künstlichen Aufspaltung großer Investitionsvorhaben in mehrere kleinere, die jeweiligen Grenzen unterschreitende Teilvorhaben.[1070]

Auch die unterschiedlichen Anknüpfungspunkte für **Fördersatzabsenkungen** und **Mittei- 317 lungspflichten** bei großen Investitionsvorhaben, die sich allein nach der jeweils förderfähigen Investitionssumme eines Vorhabens richten[1071] und für die Notifizierungspflicht, die davon abhängt, ob das Vorhaben mit einem absoluten Beihilfebetrag gefördert werden soll, der den Betrag überschreitet, der nach der jeweils zulässigen regionalen Förderhöchstintensität für eine Investition mit einem Investitionsvolumen 100 Mio. € gewährt werden dürfte,[1072] ist erhalten geblieben.[1073]

Die Gewährung einer **Ad-hoc-Beihilfe** bedarf, wie bereits nach den bisherigen Regeln,[1074] 318 auch unter der Geltung der RegLL 2007 stets einer vorherigen Notifizierung und Genehmigung.[1075]

Nicht erhalten geblieben ist allerdings die Möglichkeit, auch für große Investitionsvorhaben 319 KMU-Zuschläge zu gewähren.[1076]

bb) Im Einzelnen. α) Großes Investitionsvorhaben: (1) Definition: Hinsichtlich der 320 Definition eines großen Investitionsvorhabens im Sinne der RdNr. 60 RegLL 2007 wird auf RdNr. 300 verwiesen.

(2) Haltung der Kommission gegenüber großen Investitionsvorhaben. Die Kommis- 321 sion steht Investitionsvorhaben, die ein Investitionsvolumen von 50 Mio. EUR übersteigen, also den großen Investitionsvorhaben[1077] im Grundsatz kritisch gegenüber.[1078] Unternehmen, die derartige Volumina investieren können, seien meist standortungebunden[1079] und damit in ihrem Handeln unabhängig sowie kapital-[1080] und lobbystark.[1081] Vor allem die Mobilität solcher Investitionsprojekte führt zu der Befürchtung, die Mitgliedstaaten könnten in einen Überbietungswettbewerb eintreten[1082] und so Subventionsspiralen schaffen,[1083] die allein die reicheren Mitgliedstaaten und Regionen begünstigten.[1084] Darüber hinaus nimmt sie eine Überkompensation an, sofern die Unternehmen für ihre großen Investitionsprojekte eine Förderung nach den in den jeweiligen Fördergebieten vorgesehenen Förderhöchstsätzen erhalten.[1085] Dies könne nach ihrer Auffassung sehr leicht zu widersinnigen Wirkungen, etwa der Wahl ineffizienter Standorte[1086] und zu teuren Steuertransferleistungen sowie Nettowohlstandsverlusten führen.[1087] Daher schränkt sie die Förderung für große Investitionsvorhaben ein.[1088]

Diese die Haltung gegenüber großen Investitionsvorhaben begründenden Argumente bleiben 322 allerdings ohne Beleg. Ferner stellt sich die Frage, warum ein befürchteter innergemeinschaftlicher Subventionswettlauf dadurch vermieden wird, dass alle unterschiedlichen regionalen Interventionssätze in den jeweiligen Fördergebieten um den gleichen Faktor reduziert werden. Damit wird allein das Volumen der Subventionen verringert, die Interventionsrelationen der einzelnen Regionen zueinander bleiben allerdings erhalten. Darüber hinaus handelt es sich bei den Überlegungen zur Effizienz der Transferleistungen oder der Wahl bestimmter Produktionsstandorte sowie zu den Nettowohlstandsgewinnen um rein fiskalpolitische, nicht aber

---

[1070] RdNr. 49 MSR-2002 (Fn. 73); RdNr. 60 Fn. 55 RegLL 2007.

[1071] RdNr. 21 MSR-2002 (Fn. 73); RdNr. 67 RegLL 2007.

[1072] RdNr. 24 MSR-2002 (Fn. 73); RdNr. 64 RegLL 2007.

[1073] RdNr. 67, 65, 64 S. 1 RegLL 2007.

[1074] Ziffer 2 RegLL 1998; RdNr. 6 S. 2, 24 S. 1 Fn. 10, 42 lit. a Fn. 21 MSR-2002 (Fn. 73).

[1075] RdNr. 64 Fn. 60 RegLL 2007.

[1076] RdNr. 67 Fn. 61 S. 2 RegLL 2007; Art. 13 Abs. 4 2. HS AGVO; zum Rechtszustand bis zum 1. 1. 2007 siehe oben RdNr. 310.

[1077] Art. 2 Nr. 12 AGVO, RdNr. 60 RegLL 2007, RdNr. 21, 22 MSR-2002 (Fn. 73); Ziffer 2.1. MSR-1998 (Fn. 53).

[1078] RdNr. 8 MSR-2002 (Fn. 73).

[1079] Ziffer 2.1. MSR-1998 (Fn. 53); RdNr. 15 MSR-2002 (Fn. 73).

[1080] RdNr. 13, 18 MSR-2002 (Fn. 73).

[1081] RdNr. 15 MSR-2002 (Fn. 73).

[1082] Ziffer 1.2 MSR-1998 (Fn. 53).

[1083] Ziffer 1.2. MSR-1998 (Fn. 53); RdNr. 16 MSR-2002 (Fn. 73).

[1084] Ziffer 1.2. MSR-1998 (Fn. 53).

[1085] RdNr. 12, 15, 16 MSR-2002 (Fn. 73); RdNr. 3 Kriterien (Fn. 21).

[1086] RdNr. 17 MSR-2002 (Fn. 73); RdNr. 3 Kriterien (Fn. 21).

[1087] RdNr. 17 MSR-2002 (Fn. 73); RdNr. 3 Kriterien (Fn. 21).

[1088] RdNr. 67 RegLL 2007.

um wettbewerbsrelevante, also das Funktionieren des Binnenmarktes berührende Überlegungen.[1089]

323 Die Kommission berücksichtigt bei ihrer Haltung gegenüber großen Unternehmen deren Mobilität auch bezogen auf Standorte außerhalb der Europäischen Union nur unzureichend.[1090] Das war nicht immer der Fall. So enthielt der Kfz-Gemeinschaftsrahmen 1997[1091] die Möglichkeit, einen Standort innerhalb mit einem Standort außerhalb des EWR[1092] zu vergleichen und die Beihilfe auf der Grundlage dieses als **„Kosten-Nutzen-Analyse"** bezeichneten Vergleichs zu bestimmen.[1093] Dabei ging die Kommission gerade von der Standortungebundenheit als einer wesentlichen Voraussetzung für die Gewährung einer Regionalbeihilfe aus.[1094]

324 **β) Absenkung der Beihilfeintensitäten für große Investitionsvorhaben:** In den beiden aufeinander folgenden Multisektoralen Regionalbeihilferahmen für große Investitionsvorhaben von 1998[1095] und 2002[1096] hatte die Kommission die zulässige Beihilfeintensität für große Investitionsvorhaben deutlich gesenkt. Dabei stellte die **pauschale und generalisierte Absenkung des Subventionswertes** im Rahmen des MSR-2002 das **Äquivalent für den Verzicht auf eine konkrete Anreizeffektprüfung** dar.[1097] „Im Interesse der Vereinfachung und Transparenz hat die Kommission die Bestimmungen des Multisektoralen Regionalbeihilferahmens aus dem Jahr 2002 (MSR-2002)" und damit den Absenkungsmechanismus dieses Rahmens, „in die Regionalbeihilfeleitlinien für den Zeitraum 2007–2013 übernommen."[1098]

325 Danach gelten für regionale **Investitionsbeihilfen** zugunsten großer Investitionsvorhaben deutliche **Reduktionen** der nach der jeweiligen nationalen Fördergebietskarte in den einzelnen Regionen zulässigen Förderhöchstintensitäten.

326 Die nachstehende Tabelle ist RdNr. 67 RegLL 2007 entnommen:

Förderfähige Ausgaben	Herabgesetzter Beihilfesatz
Bis zu 50 Mio. EUR	100% des regionalen Beihilfehöchstsatzes
Teil zwischen 50 Mio. EUR und 100 Mio. EUR	50% des regionalen Beihilfehöchstsatzes
Teil über 100 Mio. EUR	34% des regionalen Beihilfehöchstsatzes

327 Der **zulässige Beihilfehöchstsatz** für ein Vorhaben über 50 Mio. EUR wird somit anhand folgender Rechenformel berechnet: Beihilfehöchstsatz = R × (50 + 0,50 × B + 0,34 × C), wobei R der ungekürzte regionale Beihilfehöchstsatz ist, B die beihilfefähigen Kosten zwischen 50 Mio. und 100 Mio. Euro und C die beihilfefähigen Kosten über 100 Mio. Euro sind. Berechnungsgrundlage sind die amtlichen Wechselkurse zum Zeitpunkt der Gewährung der Beihilfe oder – bei Beihilfen, für die eine Einzelanmeldung erforderlich ist – zum Zeitpunkt der Anmeldung.[1099] Insoweit gelten die gleichen Regeln, die auch für den Zeitpunkt der Abzinsung nach RdNr. 41 RegLL 2007 anzuwenden sind.[1100] Ausgangspunkt der Berechnung des modifizierten Beihilfehöchstsatzes ist stets die zulässige Obergrenze für Beihilfen zugunsten großer Unternehmen nach Abschnitt 4.1.2 RegLL 2007,[1101] also nach RdNr. 42–48 RegLL 2007 und damit nach der genehmigten Fördergebietskarte.[1102]

328 Das bedeutet, für Investitionsvorhaben von mehr als 50 Mio. EUR förderfähiger Kosten sind nur 50% der zulässigen Beihilfeintensität zulässig.[1103] Folglich darf bei einer regionalen Beihilfe-

---

[1089] RdNr. 2 und 3 BR-Drucks. 509/05 (Beschl.) v. 23. 9. 2005; siehe oben RdNr. 29.

[1090] RdNr. 15 MSR-2002 (Fn. 73).

[1091] Abschnitt 3.2.a) Abs. 2 Kfz-Gemeinschaftsrahmen 1997 (Fn. 18).

[1092] Europäischer Wirtschaftsraum, siehe oben Fn. 1, 407.

[1093] Abschnitt 3.2. Abs. 2 Kfz-Gemeinschaftsrahmen 1997 (Fn. 18); auf Grund der 1997 im Kfz-Sektor noch nicht so weit fortgeschrittene Globalisierung umfasste die Kosten-Nutzen-Analyse (KNA) nur den EWR sowie die damaligen mittel- und osteuropäischen Staaten (MOEL).

[1094] Abschnitt 3.2.a) Abs. 3 Kfz-Gemeinschaftsrahmen 1997 (Fn. 18).

[1095] ABl. 1998 C 107/7.

[1096] ABl. 2002 C 70/8; geändert durch die Änderungsmitteilung zum MSR 2002, ABl. 2003 C 263/3 (Fn.1064).

[1097] RdNr. 12 MSR-2002 (Fn. 73); siehe auch oben RdNr. 23.

[1098] RdNr. 62 RegLL 2007.

[1099] RdNr. 67 S. 2 und 3 RegLL 2007.

[1100] RdNr. 41 RegLL 2007, siehe oben RdNr. 241–243.

[1101] RdNr. 67 S. 3 und 67 Fn. 61 RegLL 2007; Abschnitt 4.1.2 der RegLL 2007 umfasst die RdNr. 42–48 RegLL 2007; siehe oben RdNr. 83 ff.

[1102] Zur Fördergebietskarte siehe oben RdNr. 109–126.

[1103] RdNr. 67 RegLL 2007.

intensität von 15% BSÄ eine Förderung des den Betrag von 50 Mio. EUR übersteigenden Investitionsbetrages mit lediglich 7,5% erfolgen. Für Investitionsvorhaben von mehr als 100 Mio. EUR förderfähiger Kosten ist eine Förderhöchstintensität von nur noch 34% der nach der Fördergebietskarte allgemein zulässigen Beihilfeintensität zulässig.[1104] In einem Gebiet mit einer regionalen Beihilfeintensität von 15% BSÄ beträgt bei Ausschöpfung der Förderhöchstsätze die Förderung des Teils der Investition, der 100 Mio. EUR übersteigt, lediglich 5,1% BSÄ. Dabei knüpft dieser **Absenkungsmechanismus,** anders als die Notifizierungspflicht nach RdNr. 64 RegLL 2007, aber ebenso wie die Anzeigepflicht nach RdNr. 65 RegLL 2007, an das förderfähige und auch tatsächlich zu fördernde Investitionsvolumen an.

Nicht von Bedeutung ist im Rahmen der Absenkung das Beihilfevolumen selbst. Von Be- **329** deutung ist allerdings, wenn der Mitgliedstaat, abweichend von der ihm für bestimmte Regionen „zustehenden" Beihilfeintensität in seiner nationalen Fördergebietskarte eine erheblich niedrigere Beihilfeintensität anmeldet und genehmigen lässt. Dieser mit der Fördergebietskarte genehmigte niedrigere Interventionssatz ist dann zugleich auch der Ausgangssatz für alle weiteren Reduktionen.[1105] Zu **differenzieren** ist daher zwischen den nach RdNr. 42–49 RegLL 2007 für eine Region **zulässigen,** den in der jeweiligen Fördergebietskarte **angemeldeten und genehmigten** sowie den tatsächlich im Einzelfall in den Förderrichtlinien **vorgesehenen Interventionssätzen.**

Für Ostdeutschland wäre in der Förderperiode 2000–2006 ein Förderhöchstsatz von 40% **330** Nettosubventionsäquivalente (NSÄ)[1106] zulässig gewesen,[1107] also eine Beihilfeintensität von 40% nach Steuern. Dennoch meldete die Bundesregierung aufgrund eines innerdeutschen Konsens nur einen Interventionssatz von 35% Bruttosubventionsäquivalente (BSÄ), also Förderung vor Steuern an.[1108] Die Differenz betrug damit bereits nominal 5%-Punkte. Unter Berücksichtigung der steuerlichen Effekte außerhalb der Investitionszulage, ist diese Differenz, in Abhängigkeit von der jeweiligen Steuerlast des geförderten Unternehmens, erheblich größer. Sollte ein Unternehmen mit einem Investitionsvolumen von 110 Mio. EUR gefördert werden, so war stets der mit der Fördergebietskarte genehmigte, geringere Fördersatz von 35%, nicht aber der genehmigungsfähige Fördersatz von 40% heranzuziehen.[1109] Danach ergab sich für diese Investitionsförderung eine Höchstbeihilfe von 27,44 Mio. EUR vor Steuern statt 31,36 Mio. EUR nach Steuern.[1110]

Keine Auswirkung auf den Absenkungsmechanismus hat ein vom Mitgliedstaat möglicher- **331** weise abweichend von der genehmigten nationalen Fördergebietskarte für die betroffene Region tatsächlich vorgesehene niedrigere Beihilfeintensität.

Dies zeigt sich etwa an folgendem Beispiel: soll ein förderungsfähiges Vorhaben aufgrund na- **332** tionaler Regelungen, etwa den Vorschriften der Gemeinschaftsaufgabe zur Förderung der regionalen Entwicklung nach Art. 91a Abs. 1 Nr. 1 GG in einem deutschen a)-Fördergebiet nicht mit dem vollen, nach der Fördergebietskarte zulässigen Förderhöchstsatz von 30%, sondern etwa weil es nicht alle zusätzlichen nationalen Voraussetzungen erfüllt, die der nationale Fördergeber, also die Bundes- oder die Landesregierung mit dem vollen Förderhöchstsatz verbinden, nur mit einen Interventionssatz von 25% unterstützt werden, so ergibt sich bei einem förderfähigen Investitionsvolumen von 110 Mio. EUR Folgendes:

Für die ersten 50 Mio. EUR erhält das Unternehmen 25%   12,50 Mio. EUR, **333**
für die Investition zwischen 50 und 100 Mio. EUR gibt es 30% × 0,5   7,50 Mio. EUR,
denn 30% × 0,5 ist weniger als 25%
für den Betrag ab 100 Mio. EUR bis 110 Mio. EUR gibt es 30% × 0,34   1,02 Mio. EUR.
Die Gesamtbeihilfe beträgt also   21,02 Mio. EUR
statt maximal möglicher 23,52 Mio. EUR.

[1104] RdNr. 67 RegLL 2007.

[1105] Kom. Staatliche Beihilfe N 641/2002, RdNr. 10 und 11 – Fördergebietskarte Deutschland 2004–2006 (Fn. 86).

[1106] Zu den Begriffen Netto- und Bruttosubventionsäquivalent (NSÄ, BSÄ): siehe oben RdNr. 83, 248.

[1107] Kom. Staatliche Beihilfe N 641/2002, RdNr. 10 – Fördergebietskarte Deutschland 2004–2006 (Fn. 86).

[1108] Kom. Staatliche Beihilfe N 641/2002, RdNr. 4, 9, 10, 11, 12, 17, 18 – Fördergebietskarte Deutschland 2004–2006 (Fn. 86).

[1109] Kom. Staatliche Beihilfe N 641/2002, RdNr. 11 und 12 – Fördergebietskarte Deutschland 2004–2006 (Fn. 86).

[1110] Der Betrag von 27,44 Mio. EUR setzt sich zusammen aus (17,5 + 8,75 + 1,19) Mio. EUR. Der Betrag von 31,36 Mio. EUR errechnet sich aus (20 + 10 + 1,36) Mio. EUR.

334   Allerdings kann der Mitgliedstaat auch bestimmen, dass der abgesenkte Fördersatz im Beispiel also der Fördersatz von nur 25%, auch für den Absenkungsmechanismus vorzusehen ist. Es muss dies dann allerdings ausdrücklich mitteilen. Auf dieser Basis ergäbe sich dann bei einem Investitionsvolumen von 110 Mio. EUR eine Gesamtbeihilfe in Höhe von 19,6 Mio. EUR.[1111]

335   Anders[1112] als unter der Geltung der RegLL 1998 sowie des MSR-2002[1113] können im Rahmen der RegLL 2007 für große Investitionsvorhaben keine KMU-Zuschläge gewährt werden. Sowohl die RegLL 2007 als auch die AGVO schließen diese zusätzliche Fördermöglichkeit für Investitionsvolumina von mehr als 50 Mio. EUR ausdrücklich aus.[1114]

336   γ) **Anmeldepflicht.** Die Anmeldepflicht richtet sich, im Gegensatz zum Absenkungsmechanismus nach dem **Beihilfevolumen.** Eine Einzelanmeldung im Sinne von Art. 108 Abs. 3 AEUV ist trotz der Absenkung der Interventionssätze dann erforderlich, wenn die Förderung, die aufgrund bestehender genehmigter oder freigestellter Beihilferegelungen in Anspruch genommen werden soll, den Beihilfehöchstbetrag überschreitet, der bei der von der Kommission genehmigten jeweiligen nationalen Fördergebietskarte für eine Investition von 100 Mio. EUR gewährt[1115] werden darf.[1116] Daher unterliegt ein Vorhaben mit einem förderfähigen Investitionsvolumen von mehr als 100 Mio. EUR, also die sehr großen Investitionsvorhaben[1117] der Notifizierungspflicht gerade nicht, wenn der Gesamtbetrag der Beihilfen aus allen Quellen den Höchstbetrag nicht übersteigt, den ein Investitionsvorhaben mit förderfähigen Ausgaben von 100 Mio. EUR nach den Sätzen und den Regeln in RdNr. 67 RegLL 2007 erhalten kann.[1118] Bescheidet sich also der Begünstigte mit dem Beihilfebetrag, den er für ein Investitionsvolumen von 100 Mio. EUR nach dem in der Fördergebietskarte bestimmten regionalen Förderhöchstsatz erhalten könnte, bedarf es keiner Anmeldung. Das kann dadurch erfolgen, dass der den Grenzwert von 100 Mio. EUR übersteigende Betrag nicht gefördert wird. Das kann aber auch dadurch erfolgen, dass das gesamte Investitionsvorhaben nur mit einem geringeren Fördersatz bedacht wird.

337   Aus diesem Grund bedarf auch die in dem Beispiel dargestellte Investition über 110 Mio. EUR[1119] keiner Anmeldung nach RdNr. 64 RegLL 2007. Bei einem regionalen Förderhöchstsatz von 30% darf eine Regionalbeihilfe bis zu einem Betrag von 22,5 Mio. EUR ohne Notifizierungspflicht gewährt werden. Aufgrund der in dem Beispiel gewählten Absenkung von 30% auf lediglich 25% Interventionshöchstsatz erhält das Beispielunternehmen, wie oben dargestellt, eine Subvention von lediglich 21,02 Mio. EUR. Dieser Betrag **unterschreitet** den **zulässigen Höchstbetrag** von 22,50 Mio. EUR und ist daher für die Beispielregion **genehmigungsfrei.** Würde dagegen in diesem Beispiel der in der Fördergebietskarte festgesetzte Fördersatz nur 20% betragen, dürfte das Unternehmen mit einem Investitionsvolumen von 110 Mio. EUR ohne eine Anmeldung lediglich 15 Mio. EUR erhalten. Mit einer Genehmigung wäre höchstens eine Beihilfe von 15,68 Mio. EUR zulässig. Eine darüber hinausgehende Beihilfe wäre schon wegen Überschreitens des Grundfördersatzes nicht genehmigungsfähig.

338   Abgestellt wird für die Feststellung der Anmeldepflicht ausschließlich auf die für das Investitionsvorhaben vorgesehene Beihilfe in Relation zu der für die jeweilige Region mit der Fördergebietskarte zugelassenen Beihilfehöchstintensität. Das Investitionsvolumen dient allein dazu, die Beihilfehöhe zu bestimmen. Bei einer nach einer nationalen Fördergebietskarte zulässigen regionalen Beihilfehöchstintensität von 15% BSÄ wäre ein einzelnes Investitionsvorhaben dann anmeldepflichtig, wenn es einen Förderbetrag von mehr als 11,25 Mio. EUR erhalten sollte. Dieser Betrag errechnet sich nach den Regeln in RdNr. 67 RegLL 2007 wie folgt:
Auf den Teilbetrag bis 50 Mio. EUR entfallende Fördersumme bei 15% BSÄ: 7,50 Mio. EUR,
auf den Teilbetrag von 50 Mio. EUR bis 100 Mio. EUR entfallender Betrag: 3,75 Mio. EUR,
zusammen: 11,25 Mio. EUR.

339   Diese Methode gilt auch für die Fälle, in denen etwa durch eine zwischenzeitliche Änderung der zulässigen Förderhöchstsätze einzelne Teilprojekte eines **Einzelinvestitionsvorhabens** nach RdNr. 60 RegLL 2007 **mit unterschiedlichen Beihilfeintensitäten,** also unterschied-

---

[1111] Diese Summe setzt sich zusammen aus (12,5 + 6,25 + 0,85) Mio. EUR.
[1112] Siehe oben RdNr. 310 und 319.
[1113] MSR-2002 (Fn. 73).
[1114] RdNr. 67 Fn. 61 S. 2 RegLL 2007; Art. 13 Abs. 4 2. HS AGVO.
[1115] RdNr. 67 RegLL 2007.
[1116] RdNr. 64 S. 1 RegLL 2007; gleiches galt auch nach RdNr. 24 MSR-2002 (Fn. 73).
[1117] Zum Begriff des sehr großen Investitionsvorhabens: *Hancher/Ottervanger/Slot/Junginger-Dittel/Dittel* (Fn. 934), Chapter 14, Überschrift vor RdNr. 14–014 und RdNr. 14–015.
[1118] RdNr. 64 S. 1 RegLL 2007.
[1119] Siehe oben RdNr. 332–334.

lichen „Eingangsfördersätzen", gefördert werden.[1120] Wird also ein Projekt im Jahre 2009 mit einem förderfähigen Investitionsvolumen von 70 Mio. EUR und im Jahre 2011 auf dem gleichen Gelände eine Erweiterungsinvestition mit einem förderfähigen Volumen von 30 Mio. EUR statt, so beträgt das Gesamtinvestitionsvolumen dieser Einzelinvestition 100 Mio. EUR. Steht dieses Projekt in einer vom statistischen Effekt betroffenen Region[1121] mit einem bis zum 31. 12. 2010 zulässigen Fördersatz von 30% und sinkt dieser Fördersatz zum 1. 1. 2011 auf nur noch 20% ab, so ergibt sich ein anmeldefreies Förderhöchstvolumen nominal, also ohne Berücksichtigung der Ab- und Aufzinsungen,[1122] von 21 Mio. EUR.[1123] Dies beruht auf folgender Berechnung:

auf den Teilbetrag bis 50 Mio. EUR entfallende Fördersumme bei 30% BSÄ: 15 Mio. EUR,
auf den Teilbetrag von 50 Mio. EUR bis 70 Mio. EUR entfallender Betrag
(30%/2):   3 Mio. EUR,
auf den Teilbetrag von 70 Mio. EUR bis 100 Mio. EUR entfallender Betrag
(20%/2):   3 Mio. EUR,
zusammen: 21 Mio. EUR.

Die folgende, RdNr. 64 RegLL 2007 entnommene Tabelle enthält für die am häufigsten in **340** den Fördergebietskarten vorkommenden Beihilfeintensitäten die Beträge, bei deren Überschreiten beabsichtigte Beihilfen anmeldepflichtig, also notifizierungspflichtig im Sinne des Art. 108 Abs. 3 AEUV sind.

Beihilfeintensität nach der Fördergebietskarte in % BSÄ	10%	15%	20%	30%	40%	50%
Anmeldepflichtiger Betrag*	7,50 Mio. EUR	11,25 Mio. EUR	15,00 Mio. EUR	22,50 Mio. EUR	30,00 Mio. EUR	37,50 Mio. EUR

* Die Anmeldepflicht setzt erst ein, wenn diese Beträge überschritten werden.[1124]

Das schließt auch eine (ergänzende) Förderung nach der „De-minimis"-Verordnung 2006[1125] **341** aus.[1126] Es ist also auch unter Einsatz von **„De-minimis"-Zuwendungen** unzulässig, eine Beihilfe für ein und dasselbe Projekt über die in der Tabelle genannten Werte hinaus ohne eine Anmeldung zu gewähren.

Schließlich sind **Ad-hoc-Einzelbeihilfen** im Rahmen der RegLL 2007 stets bei der Kom- **342** mission anzumelden. Ad-hoc-Einzelbeihilfen sind die Beihilfen, die gerade nicht auf einer Förderregelung beruhen.[1127] Bei ihnen werden „eindeutige Auswirkungen auf die Handels- und Wettbewerbsbedingungen" unterstellt.[1128] Daher verlangt die Kommission bei Ad-hoc-Einzelbeihilfen für einzelne große Investitionsvorhaben in besonderer Weise eine genaue Begründung des Zusammenhangs der Beihilfe mit der Regionalentwicklung.[1129] Ohne Anmeldung zulässig sind, allerdings außerhalb der RegLL 2007, lediglich ergänzende regionale Ad-hoc-Beihilfen im Sinne des Art. 13 Abs. 1 S. 2 AGVO oder des Art. 3 Abs. 3 RFVO.[1130]

δ) **Einheitliches Vorhaben.** Die deutlichen Reduktionen der Fördersätze bei großen In- **343** vestitionsvorhaben sowie die Anmeldepflichten lassen befürchten, große Projekte könnten in mehrere kleinere Einzelprojekte zerlegt werden, um die jeweiligen Grenzwerte nicht zu überschreiten und damit eine Kürzung der möglichen Subvention zu vermeiden.[1131] Daher be-

---

[1120] Kom., Staatliche Beihilfe C 34/2008, RdNr. 57 Fn. 14 – Deutsche Solar (Fn. 837).
[1121] RdNr. 18–20, 46 RegLL 2007; siehe oben RdNr. 63, 64, 84 und 91.
[1122] RdNr. 41 RegLL 2007, siehe oben RdNr. 241–248.
[1123] Siehe auch unten RdNr. 352, 403.
[1124] RdNr. 64 S. 1 und 2 RegLL 2007.
[1125] Art. 2 Abs. 2, 5 Verordnung (EG) Nr. 1998/2006 der Kom. v. 15. 12. 2006 über die Anwendung der Art. 87 und 88 EG-Vertrag auf „De-minimis"-Beihilfen, ABl. 2006 L 379/5 (De-minimis-Verordnung 2006). Etwas anderes galt noch für die VO (EG) Nr. 69/2001 der kom. v. 12. 1. 2001 über die Anwendung der Art. 87 und 88 EG-Vertrag auf „De-minimis"-Beihilfen, ABl. 2001 L 10/30 („De-minimis"-verordnung 2001), siehe unter RdNr. 561, 562.
[1126] RdNr. 75 RegLL 2007.
[1127] Arg. e. contr. RdNr. 71 1. Tiret, 106 RegLL 2007; Art. 2 Abs. 1 lit. d RFVO (Fn. 3); Art. 2 Nr. 4 AGVO.
[1128] RdNr. 64 Fn. 60 RegLL 2007.
[1129] RdNr. 10 S. 3, 64 Fn. 60 RegLL 2007.
[1130] Im Einzelnen siehe oben RdNr. 224.
[1131] RdNr. 64 Fn. 60 S. 2 RegLL 2007; realisiert hatte sich dieses Risiko, wenn auch im Geltungsbereich des Kfz-Gemeinschaftsrahmens 1993 (Fn. 46), mit einer Aufteilung eines Großprojektes auf über 30 kleinere

stimmt RdNr. 60 Satz 2 RegLL 2007: „Um zu verhindern, dass ein großes Investitionsvorhaben künstlich in Teilvorhaben untergegliedert wird, um den Bestimmungen dieser Leitlinien zu entgehen, gilt ein großes Investitionsvorhaben als Einzelinvestition, wenn die Erstinvestition in einem Zeitraum von drei Jahren von einem oder mehreren Unternehmen vorgenommen wird und festes Vermögen betrifft, das eine wirtschaftlich unteilbare Einheit bildet."

344   Die Vorschrift in RdNr. 60 Satz 2 RegLL 2007 scheint auf den ersten Blick eine „gesetzliche" Fiktion zu enthalten. Andererseits enthält sie subjektive Elemente. Dazu zählt insbesondere die Absicht, den Bestimmungen (zur Absenkung der Fördersätze) dieser Leitlinien zu entgehen. Die Aufnahme dieses subjektiven Elementes in die Regelung selbst beinhaltet zugleich die Zulässigkeit, in geeigneter Weise die Nichtexistenz dieser Umgehungsabsicht belegen zu können. Daher handelt es sich bei dieser Vorschrift nicht um eine Regelungsfiktion, sondern um eine widerlegliche Vermutung.[1132]

345   Die Regelung zerfällt in die beiden objektiven Tatbestandsmerkmale **„Dreijahreszeitraum"**[1133] und **„festes Vermögen, das eine wirtschaftlich unteilbare Einheit bildet"**,[1134] sowie die **„Umgehungsabsicht"**[1135] als subjektives Tatbestandselement.

346   **(1) Dreijahreszeitraum.** Die Regel zum Dreijahreszeitraum ist aus RdNr. 49 Satz 3 MSR-2002[1136] übernommen worden. Bei dieser Regel war zunächst unklar, ob der Zeitraum von drei Jahren eher statisch oder eher dynamisch zu verstehen ist.[1137] Ferner war zunächst nicht deutlich, welcher Zeitpunkt als Beginn und welcher als Ende des Dreijahreszeitraumes gelten sollte. So standen Überlegungen zur Diskussion, den Zeitraum erst mit dem Ende des Erstprojektes beginnen zu lassen. Das hätte zu einer möglicherweise nicht endenden Kette von Zusammenrechnungen geführt. Damit wäre die Regionalförderung ab dem Zeitpunkt, ab dem einmal die Schwelle von 50 Mio. EUR oder von 100 Mio. EUR Investitionsvolumen überschritten worden wäre, also bereits bei einem ersten großen Investitionsvorhaben, für die weiteren Investitionen dieses Unternehmens unattraktiv geworden. Insbesondere hätte sie so ihre Berechtigung verloren: es wäre dann weder möglich gewesen, substantiell zur wirtschaftlichen Entwicklung einer Region beizutragen, noch einen wirklichen Nachteilsausgleich für die sich in einer weniger entwickelten Region niedergelassenen, weiter investierenden Unternehmen zu gewähren. Zugleich zeigten die Diskussionen, dass auf Grund der unklaren Anknüpfungspunkte Zweifel an der Einhaltung des gemeinschaftsrechtlichen Bestimmtheitsgrundsatzes[1138] aufkamen.[1139]

347   In der Praxis präzisierte die Kommission diese Vorschrift, beginnend mit ihrer Entscheidung zu AMD[1140] und fortgesetzt in ihrer Entscheidung zu Qimonda.[1141] Zugleich entwickelte sie die Formel **„Beginn – Beginn".** Danach ist allein auf die verstrichene Zeit abzustellen, die zwischen dem jeweiligen Beginn der in Rede stehenden Projekte liegt. Liegt zwischen dem Beginn der Arbeiten an dem ersten Projekt und jenem des anderen Projektes ein Zeitraum von mehr als 36 Monaten, geht die Kommission davon aus, dass die beiden Projekte kein einheitliches Vorhaben darstellen.[1142] Als Beginn zählt im Rahmen der RdNr. 60 RegLL 2007, ebenso wie auch im Rahmen der RdNr. 38 RegLL 2007, allein der förderrechtlich relevante tatsächliche Vorhabensbeginn.[1143] Daher zählen der frühere Kauf des Investitionsgrundstückes oder das Erstellenlassen von feasibility-studies weder für das erste noch für das zweite Projekt zum Vorhabensbeginn. Etwas anderes gilt nur, wenn der Grunderwerb gefördert worden ist oder werden soll. Dann zählt er als Vorhabensbeginn des jeweiligen Vorhabens.[1144]

Einzelvorhaben im Fall SEAT: Kom., Staatliche Beihilfe C 34/1995 (ex NN 63/94 und N 222/95), ABl. 1995 C 237/2, 5, 8, 9.

[1132] *Soltész/Schädle* EuZW 2008, 134.

[1133] Siehe unter RdNr. 346.

[1134] Siehe unter RdNr. 355.

[1135] Siehe unter RdNr. 398.

[1136] MSR-2002 (Fn. 73).

[1137] Instruktiver Überblick über den damaligen Diskussionsstand: *Soltész/Marquier* EuZW 2004, 587 ff.

[1138] EuGH, C-30/89, Slg. 1990, I-691, RdNr. 23 – Frankreich.

[1139] *Soltész/Marquier* EuZW 2004, 587, 589.

[1140] Kom., Staatliche Beihilfe N 810/2006 – AMD (Fn. 840).

[1141] Kom., Staatliche Beihilfe N 872/2006 – Qimonda (Fn. 802).

[1142] Kom., Staatliche Beihilfe N 810/2006 RdNr. 46 – AMD (Fn. 840); Staatliche Beihilfe N 872/2006 RdNr. 62 Fn. 21 – Qimonda (Fn. 802); Eröffnungsentscheidung C 65/2009 (ex N 113/2009), ABl. 2010 C 64/15, RdNr. 66 – Audi Hungaria; Staatliche Beihilfe C 21/2007 (ex N 578/2006) v. 30. 4. 2008, ABl. 2008 L 295/34 RdNr. 70 – IBIDEN.

[1143] Im Einzelnen siehe oben RdNr. 173–176.

[1144] RdNr. 38 Fn. 40 2 HS. RegLL 2007; siehe oben RdNr. 173–176.

Gleiches gilt auch für den Fall, dass ein Projekt **mehrere Teilprojekte** umfasst. Setzt sich **348** also ein Vorhaben aus mehreren unselbständigen Teilvorhaben zusammen, so kommt es auch für den Beginn dieses Vorhabens auf den förderrechtlich relevanten Vorhabensbeginn des Gesamtprojektes an. Denn nur für diesen Vorhabensbeginn wird etwa der vorfristige Vorhabensbeginn gestattet, möglicherweise verbunden mit der Mitteilung der Förderwürdigkeit nach RdNr. 38 Satz 2 RegLL 2007.[1145] Im Übrigen ist es auch gerade das Wesen eines Teilvorhabens, unselbständiger Teil eines Ganzen zu sein und damit auch dessen (Förder-)Schicksal zu teilen.

Die gleiche Behandlung erfahren auch zwei **Vorhaben, die wirtschaftlich unteilbar** im **349** Sinne der RdNr. 60 Fn. 55 RegLL 2007 sind.[1146] Diese Vorschrift, die vor allem der Verhinderung einer Umgehung der Absenkung der Fördersätze für große Investitionsvorhaben dient, stellt für die Zusammenbetrachtung der Investitionsvorhaben gerade darauf ab, ob es sich bei den in Rede stehenden Vorhaben um teilbare oder unteilbare, also um einzelne selbständige Projekte oder um Teilprojekte eines einheitlichen Vorhabens handelt. Handelt es sich um unselbständige Projekte im Sinne der RdNr. 60 RegLL 2007, so ist auch hier maßgebender Zeitpunkt der Beginn des Gesamtvorhabens, also des ersten Teilprojektes. Soll dann später ein drittes Vorhaben stattfinden, so ist für die Berechnung der Einbeziehung in das bisherige Gesamtprojekt dessen Beginn, also der Beginn des ersten Teilprojektes und der des in Rede stehenden, also im Beispielsfall der Beginn des dritten Vorhabens maßgebend,[1147] nicht etwa der Beginn des zweiten Teilprojektes dieses Gesamtvorhabens. Eine andere Bewertung entspräche nicht der Lebenswirklichkeit.[1148] Ein auf dem Markt tätiges und damit ein auf den Markt angewiesenes Unternehmen ist nicht in der Lage, eine Strategie für ein über einen Zeitraum von mehr als einer Dekade „wanderndes" Gesamtprojekt zu erstellen, um den beihilferechtlichen Absenkungsregeln zu entgehen. Aufgrund der raschen Veränderungen auf allen Märkten ist ein Unternehmen seriöserweise auch nicht mehr in der Lage, selbst nur mittelfristige Neu-Investitionsplanungen, die den Horizont von drei Jahren verlassen, zuverlässig aufstellen.[1149]

Liegen zwei Investitionsprojekte mit ihrem jeweiligen **Beginn weniger als 36 Monate** aus- **350** einander und handelt es sich auch im Anschluss an eine Bewertung aller anderen Umstände um ein einheitliches Projekt, bleibt das erste der beiden in Rede stehenden Projekte von der Kürzung der Interventionssätze, die allein aufgrund der Gesamtbetrachtung erfolgt, unberührt. Die Kürzungen finden ausschließlich im Rahmen der Förderung des zweiten, späteren Projektes statt. Insoweit erfolgt eine Differenzrechnung, die den noch maximal zulässigen (Rest-)Subventionswert ermittelt. Von dem zunächst im Wege einer fiktiven Berechnung ermittelten Interventionsbetrag für das Gesamtvorhaben als Einzelprojekt werden die für das erste Vorhaben bereits erhaltenen Beihilfen subtrahiert. Der verbleibende Rest ist dann die für das zweite Projekt zulässige Subventionswertobergrenze.[1150] Damit ist zugleich eine nachträgliche Kürzung für ein ordnungsgemäß gefördertes Projekt ausgeschlossen.

Weist also ein a)-Fördergebiet im Jahre 2006 eine höchstzulässige Beihilfeintensität von 40% **351** auf und hat dort in diesem Jahr eine Investition mit einem förderfähigen Volumen von 90 Mio. EUR stattgefunden, so durfte diese mit insgesamt bis zu 28 Mio. EUR gefördert werden. Investiert dieses Unternehmen nun im Jahre 2007 weitere 20 Mio. EUR in eine echte Erweiterung, dann ist nunmehr für das Vorhaben eine Investitionssumme von 110 Mio. EUR zugrunde zu legen. Sofern der Interventionshöchstsatz noch immer 40% beträgt, kann das Unternehmen für seine Gesamtinvestition eine Beihilfe in Höhe von insgesamt 31,36 Mio. EUR erhalten. Da es bereits 28 Mio. EUR erhalten hat, beträgt die Förderung für seine Erweiterung lediglich 3,36 Mio. EUR.

[1145] Für den Übergang eines Gesamtprojektes zwischen zwei Förderzeiträumen: Kom., Staatliche Beihilfe N 863/2006 v. 13. 6. 2007, RdNr. 10, 11, 35, 36 – Avancis.

[1146] Kom., Staatliche Beihilfe C 34/2008, RdNr. 56, 57 – Deutsche Solar (Fn. 837).

[1147] Kom., Staatliche Beihilfe C 34/2008, RdNr. 56, 57 (Fn. 14) – Deutsche Solar (Fn. 837).

[1148] Zweifelnd und fragend: Heidenhain/Jestaedt § 15 RdNr. 52, 53.

[1149] Dies sieht auch die Kom., RdNr. 44 S. 4 Kriterien (Fn. 21): „spekulative Analyse"; in der Praxis, siehe etwa für eine vorübergehend deutlich schlechtere Entwicklung als vorhergesehen: Kom., Staatliche Beihilfe N 872/2006 – Qimonda (Fn. 802); für eine deutlich bessere Entwicklung als angenommen: die gestufte Anmeldung von X-Fab, Kom., Staatliche Beihilfe N 101/2010, RdNr. 1; siehe auch die unvorhergesehene Wirtschaftsentwicklung seit Mitte 2008, die raschen Änderungen auf dem Markt für Informations- und Kommunikationstechnologie (iPhone), die überraschenden Änderungen in der Energiepolitik, verbunden mit einer noch rascheren Änderung bei der Unterstützung der erneuerbaren Energien nebst ihren Auswirkungen auf mehrere Industriezweige, etwa den Maschinenbau; vgl. auch unter RdNr. 430 und 470.

[1150] Kom., Staatliche Beihilfe N 810/2006, RdNr. 50, 51 – AMD (Fn. 840).

352   Schwierigkeiten bereitet die Berechnung dann, wenn zum Zeitpunkt der Beihilfenbewilligung **für das zweite Projekt** ein **anderer Interventionssatz** gilt. Hat also zum 1. 1. 2007, etwa aufgrund der guten wirtschaftlichen Entwicklung der Region, eine Absenkung des zulässigen Interventionshöchstsatzes auf nur noch 30% stattgefunden, so kann die geschilderte Gesamtinvestition im Jahre 2007 insgesamt wie folgt mit 30,52 Mio. EUR gefördert werden. Obwohl das Unternehmen bereits im Jahre 2006 für sein erstes Projekt 28 Mio. EUR erhalten hat, wird diese Förderung nicht mehr angetastet. Allerdings kann das Unternehmen für seine Erweiterungsinvestition in Höhe von 20 Mio. EUR lediglich einen Interventionssatz von 30% zugrunde legen, der dann entsprechend den Absenkungsmechanismen nach RdNr. 67 RegLL 2007 zu kürzen ist.[1151] Die Gesamtinterventionsintensität für die Erweiterungsinvestition beträgt also 2,52 Mio. EUR. Bei diesen Beispielen handelt es sich stets um Nominalbeträge.[1152]

353   Im Rahmen einer **steuerlichen Regelung,** etwa der **Investitionszulage,** ist ebenfalls stets auf den tatsächlichen Beginn eines Vorhabens und nicht auf die Bewilligung abzustellen. Bei einer nicht auf Ermessen beruhenden gestzlichen Vorschrift besteht ein einklagbarer Rechtsanspruch auf die Förderung. Dieser Anspruch entsteht dem Grunde nach, auch bezogen auf den jeweiligen Interventionssatz, mit dem Beginn des Vorhabens. Beginnt also ein steuerlich gefördertes Vorhaben im Jahre 2009 unter Geltung eines in der nationalen Fördergebietskarte ausgewiesenen Interventionssatzes von 30% und dauert dieses Vorhaben zum März 2011, so ist die steuerliche Förderung unter dem Blickwinkel der beihilferechtlichen Vorschriften im Jahre 2009, 2010 und 2011 bis zu 30% zulässig. Das gilt auch dann, wenn zum 1. 1. 2011 der Interventionshöchstsatz auf 20% herabgesetzt wird. Beginnt dagegen im Rahmen dieses Beispiels zum 1. 6. 2011 ein weiteres Projekt, das mit dem im Jahre 2009 begonnenen zusammenbetrachtet werden muss, dann ist für dieses Vorhaben zum Zeitpunkt seines Beginns ein Beihilfesatz von lediglich 20% zulässig.[1153]

354   Sind dagegen im Rahmen eines Notifizierungsverfahrens beide Vorhaben als **eine zusammengehörende Einzelinvestition mit zwei Teilprojekten** bei der Kommission zur Genehmigung nach Art. 108 Abs. 3 AEUV angemeldet und von ihr genehmigt worden, gelten für beide Vorhaben die in der Genehmigung ausgewiesenen Fördersätze. Diese errechnen sich regelmäßig nach den zum Zeitpunkt der Anmeldung geltenden Regeln.[1154] Auch insoweit gelten zur Bestimmung des Gegenwartswertes die Basissätze[1155] zum Zeitpunkt des Beginns des ersten Teilprojektes. Mit dieser Vorschrift schafft die Kommission für die Unternehmen und für die Mitgliedstaaten Sicherheit und Berechenbarkeit. Allerdings gilt auch hier, dass bereits frühere Vorhaben, die nur deshalb vorgelegt werden, weil das neue Vorhaben mit diesen eine wirtschaftlich unteilbare Einheit im Sinne der RdNr. 60 RegLL 2007 bildet, unberüht bleiben. Sie stellen lediglich einen zeitlichen und damit auch rechnerischen Anknüpfungspunkt sowie eine Rechengröße zur Ermittlung der weitergehenden Beihilfen dar.[1156]

355   **(2) Festes Vermögen, das eine wirtschaftlich unteilbare Einheit bildet:** Dieses Tatbestandselement dient ebenso wie die Bestimmung des „Dreijahreszeitraumes" dem Ziel, dass große Investitionsvorhaben **nicht künstlich in Teilvorhaben untergliedert** werden, um den Interventionsbeschränkungen im Wege der Absenkung der Subventionswerte zu entgehen. Bei der Beurteilung der wirtschaftlichen Unteilbarkeit der zu betrachtenden Investitionsprojekte berücksichtigt die Kommission folgende vier Kriterien:

356   Ihre **technischen Verbindungen,**[1157] ihre **funktionellen Verbindungen,**[1158] ihre **strategischen Verbindungen**[1159] sowie ihre **ummittelbare räumliche Nähe**[1160] zueinander.[1161]

[1151] Kom., Staatliche Beihilfe C 34/2008, RdNr. 56, 57 Fn. 14 – Deutsche Solar (Fn. 837); für den Betrag zwischen 90 Mio. EUR und 100 Mio. EUR beträgt die zulässige Intervention nominal 10 Mio. EUR × 30% × 50%, also 1,5 Mio. EUR und für den Betrag bis 110 Mio. EUR können 10 Mio. EUR × 30% × 34%, also 1,02 Mio. EUR an Beihilfen gewährt werden; siehe auch oben RdNr. 339 und unter 403.

[1152] Zur Frage der Abzinsung auf den Gegenwartswert nach RdNr. 41: Kom., Staatliche Beihilfe C 34/2008, RdNr. 57 Fn. 14 – Deutsche Solar (Fn. 837); ferner siehe oben RdNr. 241–247.

[1153] Kom., Staatliche Beihilfe C 34/2008, RdNr. 57 Rn. 14 – Deutsche Solar (Fn. 837); siehe auch oben RdNr. 241–243.

[1154] RdNr. 63 Fn. 58 RegLL 2007.

[1155] Referenzsatzmitteilung 1999 (Fn. 692) und Referenzsatzmitteilung 2008 (Fn. 692).

[1156] Kom., Staatliche Beihilfe C 34/2008, RdNr. 56, 57 – Deutsche Solar (Fn. 837).

[1157] Siehe unter RdNr. 387.

[1158] Siehe unter RdNr. 388.

[1159] Siehe unter RdNr. 391.

[1160] Siehe unter RdNr. 394.

[1161] RdNr. 60 Fn. 55 S. 1 RegLL 2007.

Dabei erfolgt die Beurteilung der wirtschaftlichen Unteilbarkeit unabhängig von den Eigentumsverhältnissen. Daher spielt es auch keine Rolle, ob das Vorhaben von einem oder von mehreren Unternehmen durchgeführt wird, die sich die Investitionskosten teilen oder die Kosten separater Investitionen innerhalb des gleichen Investitionsvorhabens tragen (beispielsweise bei einem Gemeinschaftsunternehmen).[1162]

aa) Maßgebliche Kommissionsentscheidungen. Was unter diesen Verbindungen sowie 357 der unmittelbaren räumlichen Nähe zu verstehen ist, hat die Kommission im Rahmen der RegLL 2007 noch nicht abschließend entschieden. Bisher hat sie in der Entscheidung Dell, Polen[1163] die Kriterien untersucht, die bei zeitnahen Investitionsvorhaben mehrerer Unternehmen an einem Standort in demselben Sektor (Cluster) von Bedeutung sind. In einer **weiteren (Eröffnungs-)Entscheidung**[1164] hat sie angedeutet, welche Überlegungen sie zu Zweifeln oder Nichtzweifeln veranlasst hat, ein Investitionsvorhaben bilde mit einem oder mehreren weiteren Vorhaben innerhalb des Dreijahreszeitraumes gerade eine wirtschaftlich unteilbare Einheit.

Der **Entscheidung zu Dell**[1165] lagen das Vorhaben des **Hauptinvestors** Dell sowie die 358 **zeitnahen Investitionsentscheidungen von zwei Zulieferbetrieben** für den Hauptinvestor in (unmittelbarer) räumlicher Nähe zugrunde. Die beiden Zulieferunternehmen hatten sich im Rahmen eines Auswahlverfahrens durchgesetzt. In diesem Fall vertrat die Kommission die Auffassung, es handle sich nicht um ein einheitliches großes Investitionsvorhaben. Es fehle an den in RdNr 60 Fn. 55 RegLL 2007 genannten Verbindungen. Die beiden gleichzeitig in der Nähe investierenden Zulieferunternehmen würden weder direkt noch indirekt von dem Abnehmerunternehmen kontrolliert oder gesteuert. Sie seien von ihm als Produkt- und Logistikdienstleister im Anschluß an eine Ausschreibung ausgewählt worden. Die Vereinbarungen zwischen diesen Lieferanten und dem Abnehmer sähen vor, dass im Falle der Nichterfüllung die vertraglichen Beziehungen endeten und ein neues Ausschreibungsverfahren erfolge. Es gebe auf keiner Seite Ausschließlichkeitsrechte; so könnten die Lieferanten ihre Leistungen jedem anderen Unternehmen gegenüber erbringen und das Abnehmerunternehmen sei frei, andere Lieferanten zu wählen.[1166]

Auch gebe es keine **physischen Verbindungen** zwischen den Projekten, insbesondere be 359 stehe kein Austausch von Zwischenprodukten. Letztlich gebe es auch keine einzelnen **technischen Verbindungen.** Die Zulieferteile seien selbständige Produkte, die mit den Produkten des Abnehmers erst im Endproduktionsstadium zusammengebaut würden.[1167]

Die Investition des Abnehmers wäre auch ohne die Investitionen der Zulieferunternehmen 360 möglich. Die **Investitionsentscheidungen** seien unabhängig voneinander getroffen worden. Die anschließenden Verträge mit den polnischen Behörden seien mit jedem einzelnen Unternehmen separat geschlossen worden und nicht wechselseitig voneinander abhängig.[1168]

Im übrigen bestehe **kein identifizierbares gemeinsames Ziel.** Das Unternehmensziel der 361 Lieferanten sei es, die eigenen Produkte für eine Vielzahl von Verwendungen in anderen Endprodukten zu verkaufen. Die von jedem Unternehmen in dem Cluster hergestellten Produkte seien als Einzelprodukte zu betrachten, die auf dem Markt getrennt angeboten und verkauft würden. Die Investoren des Clusters hätten nicht das Ziel, dasselbe Endprodukt herzustellen.[1169] Daher gebe es keine technischen, funktionalen oder strategischen Verbindungen um die Investitionen der Lieferanten mit der des Abnehmers als Teil eines einzelnen Investitionsvorhabens im Sinne von RdNr. 60 RegLL 2007 anzusehen.[1170]

[1162] RdNr. 60 Fn. 55 S. 2 und 3 RegLL 2007.

[1163] Kom., Eröffnungsentscheidung C 46/2008 (ex N 775/2007) v. 10. 12. 2008, ABl. 2009 C 25/9, RdNr. 46–50 – Dell, Polen. Im Fall Dell hat die Kom. das förmliche Prüfverfahren mit einer endgültigen Entscheidung abgeschlossen. Dabei hat sie auf ihre Überlegungen in der Eröffnungsentscheidung Bezug genommen und festgestellt, keine Stellungnahmen zum Charakter des Vorhabens als Einzelvorhaben erhalten zu haben. Daher bleibe sie bei der in der Eröffnungsentscheidung vertretenen Auffassung, Kom., Staatliche Beihilfe, abschließende Entscheidung C 46/2008 (ex N 775/2007) v. 23. 9. 2009, ABl. 2010 L 29/8, RdNr. 125, 126 – Dell, Polen.

[1164] Kom., Eröffnungsentscheidung C 34/2008 (ex N 180/2008) v. 16. 7. 2008, ABl. 2008 C 217/19, RdNr. 37–39 – Deutsche Solar.

[1165] Kom., Eröffnungsentscheidung C 46/2008 – Dell, Polen.

[1166] Kom., Eröffnungsentscheidung C 46/2008, RdNr. 46 – Dell, Polen.

[1167] Kom., Eröffnungsentscheidung C 46/2008, RdNr. 47 – Dell, Polen.

[1168] Kom., Eröffnungsentscheidung C 46/2008, RdNr. 48 – Dell, Polen.

[1169] Kom., Eröffnungsentscheidung C 46/2008, RdNr. 49 – Dell, Polen.

[1170] Kom., Eröffnungsentscheidung C 46/2008, RdNr. 50 – Dell, Polen.

362   Der **Eröffnungsentscheidung zu Deutsche Solar**[1171] lag eine „**greenfield**"-**Investition** des Unternehmens mit einem zeitlichen Abstand von rund eineinhalb Jahren und damit innerhalb des Dreijahreszeitraumes in einer räumlichen Entfernung von fünf Kilometern vom Erstinvestitionsstandort zugrunde.[1172] Im Rahmen ihrer Eröffnungsentscheidung stellte die Kommission zunächst nur geringe **technische und funktionale Verbindungen** fest. So würden in den unterschiedlichen Betriebsstätten auch unterschiedliche Beschäftigte arbeiten; mit einem Austausch von Zwischenprodukten sei mangels vertikaler Beziehungen der verschiedenen Produkte zueinander nicht zu rechnen und die beiden Fertigungsstandorte verfügten über eigene Fertigungsanlagen- und Maschinen zur Schaffung einer eigenen Produktionskapazität. Allerdings komme es bei Management und Vertrieb zu personellen Überschneidungen. Es sei nicht klar, ob dies auch auf weitere Funktionen der Betriebsstätten zutreffe. Es werde in beiden Betriebsstätten dasselbe Produkt hergestellt. Damit bezögen sich die betreffenden Investitionen [abstrakt] auf denselben Produktionsprozess mit den gleichen Maschinen, Einrichtungen und Techniken. Daher sei damit zu rechnen, dass die Lieferanten der Maschinen und Einrichtungen sowie die Lieferanten der Rohstoffe für beide Betriebsstätten dieselben seien. Diese Faktoren könnten zumindest als **eine Art von funktionaler und technischer Verbindung** betrachtet werden.[1173]

363   Die Distanz zwischen den beiden Fertigungsstätten von 5 km könne als **unmittelbare räumliche Nähe** betrachtet werden. Die **strategischen Verbindungen** seien recht groß, da in beiden Betriebsstätten das gleiche Produkt hergestellt werde. Die Produkte würden auf demselben Markt verkauft und hätten den gleichen Lebenszyklus. Daher sei die strategische Planung für beide Betriebsstätten deckungsgleich. Ferner erfolge eine zeitgleiche Durchführung der Investitionen. Beim Management, das in der Regel für strategische Entscheidungen zuständig sei, gebe es Überschneidungen. Schließlich träfen die Erwägungen für die Standortwahl, wie langjährige Traditionen der Siliziumverarbeitung in der Region und Verfügbarkeit von Fachkräften, auf beide Standorte gleichermaßen zu.[1174]

364   Mit der Cluster-Entscheidung zu Dell[1175] hielt sich die Kommission recht genau an die Linie, die sie zuvor mit den Entscheidungen zum polnischen Elektronikcluster LG Philips[1176] festgelegt hatte. Diese Entscheidungen ergingen 4 Monate nach Veröffentlichung der neuen RegLL 2007 im Amtsblatt.

365   Im Rahmen ihrer Entscheidung zu LG Philips[1177] und der damit verbundenen weiteren 7 Entscheidungen[1178] erläuterte die Kommission, die insgesamt 8 am gleichen Standort siedelnden Unternehmen[1179] bildeten ein **Cluster**, das in Asien zur Produktion von LCD-Bildschirmen in ähnlicher Weise bestehe.[1180] Dort bestünden keine vergleichbaren Beihilfevorschriften. Daher seien die 8 Ansiedlungen nicht als künstlich Unterteilung in mehrere Teilprojekte zur Umgehung der beihilferechtlichen Vorschriften zu betrachten.

366   Auch gebe es keine Anhaltspunkte dafür, dass die Investition von LG Philips ohne die 7 anderen Investitionen in enger räumlicher und zeitlicher Nähe unmöglich sei.[1181] Die **Teilbarkeit der Investitionsvorhaben** sei durch das Wirtschaftsleben in Asien belegt.[1182] Die räumliche Nähe sei durch die staatlichen Behörden beeinflusst worden.[1183] Ferner führe ein Cluster zu einer höheren Effizienz und Wirtschaftlichkeit, zu Produktivitätsvorsprüngen, reduzierten Transportkosten und der Schaffung von Vertrauensverhältnissen der dort angesiedelten Unternehmen.[1184]

[1171] Kom., Eröffnungsentscheidung C 34/2008 (ex N 180/2008) – Deutsche Solar.

[1172] Kom., Eröffnungsentscheidung C 34/2008 (ex N 180/2008), RdNr. 38 – Deutsche Solar.

[1173] Kom., Eröffnungsentscheidung C 34/2008 (ex N 180/2008), RdNr. 37 – Deutsche Solar.

[1174] Kom., Eröffnungsentscheidung C 34/2008 (ex N 180/2008), RdNr. 38 – Deutsche Solar.

[1175] Kom., Eröffnungsentscheidung C 46/2008 – Dell, Polen.

[1176] Kom., Staatliche Beihilfe N 245/2006 v. 19. 7. 2006 – Philips, Polen.

[1177] Kom., Staatliche Beihilfe N 245/2006 – Philips, Polen.

[1178] Polen hatte die anderen Clusterteilnehmer ebenfalls angemeldet: Kom., Staatliche Beihilfen N 246/2006 – Dong Seo Display; N 247/2006 v. 19. 7. 2006 – SMT; N 248/2006 v. 19. 7. 2006 – Dong Yang Electronics; N 249/2006 v. 19. 7. 2006 – Heesung Electronics; N 250/2006 v. 19. 7. 2006 – LG Chem; N 251/2006 v. 6. 8. 2007 – LG Innotek; N 256/2006 v. 19. 7. 2006 – LG Electronics Wroclaw Household appliances und N 257/2006 v. 6. 8. 2007 – LG Electronics Wroclaw.

[1179] Kom., Staatliche Beihilfe N 245/2006, RdNr. 17 – Philips, Polen.

[1180] Kom., Staatliche Beihilfe N 245/2006, RdNr. 60 – Philips, Polen.

[1181] Kom., Staatliche Beihilfe N 245/2006, RdNr. 61 – Philips, Polen.

[1182] Kom., Staatliche Beihilfe N 245/2006, RdNr. 62 – Philips, Polen.

[1183] Kom., Staatliche Beihilfe N 245/2006, RdNr. 63 – Philips, Polen.

[1184] Kom., Staatliche Beihilfe N 245/2006, RdNr. 64 – Philips, Polen.

Die Investitionsentscheidungen der betroffenen Unternehmen seien unabhängig voneinander gefallen. Die Vereinbarungen der einzelnen Unternehmen mit den polnischen Behörden seien nicht wechselseitig voneinander abhängig.[1185]

Es bestünden **keine technischen Verbindungen** zwischen den Produkten der in dem **367** Cluster ansässigen Unternehmen. Die Unternehmen stellten getrennte und unabhängige Produkte her, die aus einer Vielzahl von Ausgangsmaterialien entstünden und getrennt vermarktet werden könnten und möglicherweise auch sollten.[1186] Ebenso fehle es an einer **funktionalen Verbindung** der Investitionen. Es gebe keine Ausschließlichkeitsverträge. Die verschiedenen Investoren könnten ihre Produkte zum Marktpreis auch in Asien anbieten.[1187] Darüber hinaus fertigten sie auch Produkte, die ausschließlich außerhalb des Clusters veräußert werden sollten.[1188] Sicherlich sei in einer ersten Periode die Abhängigkeit von Verkäufen innerhalb des Clusters wichtig, aber nie ausschließlich. Die Clusterteilnehmer hätten mehrere Abnehmer und Zulieferer. So sollten mehr als 50% der Produktion außerhalb des Clusters veräußert werden. Die Abhängigkeit des Unternehmens LG Philips solle über die Zeit hinweg deutlich abnehmen. Das Unternehmen erwarte aber von der Gruppe der Komponentenhersteller in einem Umfang von bis zu 80% ihrer Gesamtproduktion unterstützt zu werden.[1189] Schließlich fehle es auch an **physischen Verbindungen** zwischen den Unternehmen, etwa an Transportbändern. Alle Unternehmen würden ihre Güter in getrennten Prozessen in ihren jeweiligen Projekten herstellen. Es gebe auch keine „back and forth"-Prozesse zwischen den einzelnen Unternehmen.[1190] Transporte würden über öffentliche Straßen abgewickelt, nicht auf privaten Wegen.

Jedes Unternehmen betreibe seine eigenen Rohstoff- und Fertigerzeugnislager und entscheide **368** frei und unabhängig über seinen Produktionsprozess sowie über die Ausnutzung seiner Kapazitäten.[1191] Letztlich fehle es auch an einem **klar feststellbaren gemeinsamen Ziel.**[1192] Das Ziel der Zulieferer bestehe darin, ihre eigenen Produkte zu veräußern, auch wenn sie dazu dienten, in anderen Endprodukten verwendet zu werden.[1193] Es sei nicht das Ziel eines jeden Zulieferers, dass dasselbe Endprodukt hergestellt werde. Daher müssten alle Investitionsvorhaben in diesem Cluster getrennt und individuell betrachtet und untersucht werden.[1194] Daher handele es sich nicht um ein einheitliches, sondern um getrennte Investitionsvorhaben.

Obwohl vier der acht beteiligten Unternehmen, LG Chem, LG Innotek, LGE und LG Philips, **369** zur koreanischen LG Corporation gehörten und wechselseitige Beteiligungen von bis zu 69,8% hielten, seien sie voneinander unabhängig. Diese Unabhängigkeit beruhe darauf, dass drei der vier Unternehmen als Aktiengesellschaften an der koreanischen Börse gelistet seien und strengen Transparenz- sowie Unabhängigkeitsvorschriften unterlägen.[1195]

Die Entscheidung zu Deutsche Solar dagegen unterscheidet sich deutlich von der vorange- **370** gangenen Entscheidung zu **Q-Cells,**[1196] die ebenfalls gut vier Monate nach der Bekanntgabe der RegLL 2007 erfolgte.

Bezogen auf die im MSR-2002[1197] genannten Hilfskriterien stellt die Kommission in ihrer **371** Q-Cells-Entscheidung klar, die beiden in Rede stehenden Betriebsstätten des Unternehmens, die innerhalb eines Zeitraumes von weniger als 3 Jahren begonnen wurden, lägen 1,5 km auseinander. Es gebe zwischen ihnen keine direkte physische Verbindung. Die Beförderung zwischen beiden Betriebsstätten erfolge, wenn überhaupt, über das öffentliche Straßennetz, jedoch nicht über interne Transportbänder oder ähnliches. In jedem Investitionsvorhaben würden die Erzeugnisse in getrennten und diskreten Verfahren gefertigt. Insbesondere gebe es kein Verfahren derart, dass ein halbfertiges Produkt von einer Betriebsstätte zur anderen befördert, dort weiter verarbeitet und zur abschließenden Fertigung wieder zurückgebracht werde.[1198] Es gebe auch sonst

---

[1185] Kom., Staatliche Beihilfe N 245/2006, RdNr. 65 – Philips, Polen.
[1186] Kom., Staatliche Beihilfe N 245/2006, RdNr. 66 – Philips, Polen.
[1187] Kom., Staatliche Beihilfe N 245/2006, RdNr. 67 – Philips, Polen.
[1188] Kom., Staatliche Beihilfe N 245/2006, RdNr. 68 – Philips, Polen.
[1189] Kom., Staatliche Beihilfe N 245/2006, RdNr. 69 – Philips, Polen.
[1190] Kom., Staatliche Beihilfe N 245/2006, RdNr. 70 – Philips, Polen.
[1191] Kom., Staatliche Beihilfe N 245/2006, RdNr. 71 – Philips, Polen.
[1192] Kom., Staatliche Beihilfe N 245/2006, RdNr. 72 – Philips, Polen.
[1193] Kom., Staatliche Beihilfe N 245/2006, RdNr. 72 – Philips, Polen.
[1194] Kom., Staatliche Beihilfe N 245/2006, RdNr. 73 – Philips, Polen.
[1195] Kom., Staatliche Beihilfe N 245/2006, RdNr. 58 Fn. 19 – Philips, Polen.
[1196] Kom., Staatliche Beihilfe N 850/2006 v. 10. 7. 2007 – Q-Cells.
[1197] MSR-2002 (Fn. 73).
[1198] Kom., Staatliche Beihilfe N 850/2006, RdNr. 39 – Q-Cells.

keine Hinweise darauf, dass das neue Investitionsvorhaben ohne das vorlaufende Projekt unmöglich gewesen wäre. Beide Vorhaben beträfen eigene, getrennte Grundstücke, Gebäude sowie Ausrüstungen und würden getrennt verwaltet.[1199] Lediglich die Führung des strategischen und betrieblichen Bereichs erfolge für beide Betriebsstätten gemeinsam. Beide Vorhaben seien hinsichtlich ihrer Zulieferer unabhängig. Insbesondere sei das neue Vorhaben ohne das ältere Vorhaben funktionsfähig. Auch werde die Teilbarkeit der Investitionen durch die geschäftliche Realität in dem weltweiten und sich schnell entwickelnden Markt für Solarmodule bestätigt. So erfolgten in diesem Marktsegment in schnellem Rhythmus und in globalem Maßstab Neuinvestitionen.[1200] Anschließend stellte die Kommission fest, obwohl die Investitionsvorhaben scheinbar denselben technischen Zweck und ein und dasselbe Ziel, die Fertigung von Solarzellen, verfolgten, seien andere Kriterien, die zur Definition einer Betriebsstätte herangezogen werden, wie wirtschaftliche Unteilbarkeit sowie physische und funktionale Verbindung nicht erfüllt. Daher liege kein Gesamtinvestitionsvorhaben, bestehend aus dem alten und dem neuen Vorhaben vor.[1201]

372   In ähnlicher Weise entschied die Kommission ein Jahr später im Fall **EverQ**.[1202] Insoweit stellte sie im Anschluß an ein förmliches Prüfverfahren zu zwei unmittelbar angrenzenden separaten Betriebsstätten fest, beide Betriebsstätten seien unabhängig voneinander wirtschaftlich tragfähig.[1203] Bei jedem Vorhaben sei ein getrennter Betrieb und eine getrennte Veräußerung ohne physische Änderungen am Produktionsablauf möglich[1204] und nichts deute darauf hin, dass das erste Projekt, ein Pilotprojekt, wirtschaftlich nicht von dem zweiten Projekt, einem Invetitionsvorhaben für die Volumenproduktion, getrennt werden könne. Beide Betriebsstätten seien separate Produktionsstätten mit separatem Anlagevermögen und separater Anbindung an das öffentliche Straßennetz. Beide Produktionsstätten decken den gesamten Produktionsprozess für Solarmodule von den Wafern über die Zellen bis zu den Modulen ab. Es gebe keine physische Verbindung zwischen dem – die beiden Produktionsstätten darstellenden – „festen Sachvermögen, dessen Bestandteile eine bestimmte technische Funktion erfüllen." Die Betriebsstätten hätten zwar einzelne Dienstleistungen zentralisiert, stellten das gleiche Produkt nach demselben Verfahren mit den gleichen Maschinen und Anlagen her, griffen auf die gleichen Lieferanten von Maschinen, Ausrüstungen und Rohstoffen zurück. Wartung und Ersatzteilversorgung seien zentral organisisert. Allerdings fehle es für eine funktionale Verbindung an einer Lieferbeziehung zwischen beiden Werken, an einer gemeinsamen Infrastruktur (etwa Kraftwerk oder ähnliches) sowie am Austausch von Zwischenprodukten.[1205] Beide Fabriken stellten autarke Produktionslinien dar. Ferner seien für das zweite Projekt alternative Standorte, sowohl in Europa als auch in den USA in Erwägung gezogen worden. Es bestehe auch kein ökonomischer Anreiz für eine künstliche Trennung beider Investitionsvorhaben. Die Beihilfe liege bei einer getrennten Betrachtung nur 10 Mio. EUR höher als bei einer Gesamtbetrachtung. Dies sei in Relation zu den erhöhten Gesamtkosten zu sehen.[1206]

373   Damit divergieren die Entscheidungen der Kommission in dem Verfahren Deutsche Solar[1207] einerseits und dem Verfahren Q-Cells[1208] und EverQ[1209] sowie den Clusterentscheidungen[1210] andererseits. Diese **Inkongruenz** lässt sich nicht mit anderen Rechtsgrundlagen, also zunächst dem MSR-2002[1211] und anschließend den RegLL 2007 erklären.

374   **bb) Ratio legis der Regelungen in den RegLL 2007.** Die RegLL 2007 übernehmen im Interesse der **Vereinfachung** und **Transparenz** die Bestimmungen des **Multisektoralen Regionalbeihilferahmens** für große Investitionsvorhaben aus dem Jahr 2002.[1212] Damit übernehmen sie zugleich auch die auf die Vermeidung eines Missbrauchs gerichteten Regeln über

---

[1199] Kom., Staatliche Beihilfe N 850/2006, RdNr. 40 – Q-Cells.

[1200] Kom., Staatliche Beihilfe N 850/2006, RdNr. 40 – Q-Cells.

[1201] Kom., Staatliche Beihilfe N 850/2006, RdNr. 41 – Q-Cells.

[1202] Kom., Staatliche Beihilfe C 21/2008 (ex N 864/2006), RdNr. 107 – Sovello, EverQ (Fn. 1054).

[1203] Kom., Staatliche Beihilfe C 21/2008 (ex N 864/2006), RdNr. 104 – Sovello, EverQ.

[1204] Kom., Staatliche Beihilfe C 21/2008 (ex N 864/2006), RdNr. 86 – Sovello, EverQ.

[1205] Kom., Staatliche Beihilfe C 21/2008 (ex N 864/2006), RdNr. 87 – Sovello, EverQ.

[1206] Kom., Staatliche Beihilfe C 21/2008 (ex N 864/2006), RdNr. 105 – Sovello, EverQ.

[1207] Kom., Eröffnungsentscheidung C 34/2008 – Deutsche Solar (Fn. 1164).

[1208] Kom., Staatliche Beihilfe N 850/2006 – Q-Cells (Fn. 1196).

[1209] Kom., Staatliche Beihilfe C 21/2008 (ex N 864/2006) – Sovello, EverQ.

[1210] Kom., Staatliche Beihilfe N 245/2006 – Philips, Polen (Fn. 1176); Eröffnungsentscheidung C 46/2008 – Dell, Polen (Fn. 1163).

[1211] MSR-2002 (Fn. 73).

[1212] RdNr. 62 RegLL 2007.

die Beurteilung mehrerer Vorhaben als in einer oder in mehreren Betriebsstätten getätigt, also als ein einziges oder mehrere Investitionsvorhaben. Insbesondere wurden in RdNr. 60 Fn. 55 RegLL 2007 lediglich einzelne missverständliche Formulierungen gestrichen oder verdeutlicht, ohne jedoch die Regeln in ihrem Inhalt selbst zu ändern.[1213]

Ausgangspunkt für das Tatbestandselement **„festes Vermögen, das eine wirtschaftlich** 375 **unteilbare Einheit bildet"** sind durch Erfahrungen[1214] besonders gestützte Befürchtungen, durch geschickte Aufteilung großer Investitionsvorhaben in mehrere kleinere, parallel oder nacheinander durchgeführte Erstinvestitionen oder durch geeignete gesellschafts- oder vertragsrechtliche Konstruktionen den erheblichen Absenkungen der Fördersätze oder gar der Genehmigungspflicht im Sinne des Art. 108 Abs. 3 AEUV entgehen zu können. Dazu zählt auch, durch eine geeignete Wahl des unternehmenseigenen Betriebsstättenkonzeptes, also die Schaffung mehrerer, zumindest auf den ersten Blick voneinander unabhängiger Betriebsstätten, eine Notifizierungspflicht oder eine Absenkung der Fördersätze zu vermeiden.

Daher ist es ein Ziel, eine **Umgehung** dieser Regeln zu **verhindern.** Dazu zählt insbe- 376 sondere, die **wirtschaftliche Unteilbarkeit** unabhängig von den Eigentumsverhältnissen zu beurteilen.[1215] Damit soll den Unternehmen die Möglichkeit genommen werden, sich durch geeignete gesellschaftsrechtliche Konstruktionen den Absenkungsmechanismen oder der Anmeldepflicht zu entziehen. Andererseits ist die Kommission der Auffassung, die **Clusterbildung,** also die Niederlassung mehrerer Unternehmen einer gleichen oder eng verwandten Branche in räumlicher Nähe zueinander stelle eine sehr sinnvolle regionale Wirtschaftsförderung dar und sollte daher auch besonders unterstützt werden.[1216]

cc) **Entwicklung zur und Inhalt der RdNr. 60 RegLL 2007.** Wie die vier Kriterien in 377 RdNr. 60 Fn. 55 RegLL 2007 richtigerweise zu interpretieren sind, lässt sich auch anhand der **bisherige Entwicklung** erkennen. So gab es bereits bisher Bestimmungen, die einer künstlichen Untergliederung eines Investitionsvorhabens in einzelne Teilvorhaben entgegengewirkt oder sogar mehrere Einzelvorhaben zu Gunsten einzelner Unternehmen zu einem Vorhaben zusammengefasst haben und an den gleichen Förderungen partizipieren ließen.[1217]

Im Anschluss an die Erfahrungen mit dem spanischen Autobauer SEAT[1218] bezogen auf die 378 Notifizierungspflicht nach dem Kfz-Gemeinschaftsrahmen 1989[1219] enthielt der **Kfz-Gemeinschaftsrahmen 1997** erste Überlegungen zum Ausschluss von Umgehungskonstruktionen. Danach mussten alle Beihilfen, die die staatlichen Behörden für ein Einzelprojekt oder ein Gesamtprojekt im Rahmen genehmigter Beihilfenregelungen zugunsten eines oder mehrerer in der Kfz-Industrie tätigen Unternehmen zu gewähren beabsichtigte, vor ihrer Gewährung nach Art. 93 Absatz 3 EG-Vertrag (jetzt Art. 108 Abs. 3 AEUV) notifiziert werden, wenn mindestens eine der beiden nachstehenden Schwellen überschritten wurde:

– ausgedrückt als Nominalbetrag der Investitionskosten (Gesamtkosten des Vorhabens): 50 Mio. 379 ECU oder

– ausgedrückt als Bruttogesamtbetrag aller Beihilfen die aus staatlichen Mitteln oder im Rahmen der Finanzierungsinstrumente der Gemeinschaft (wie Strukturfonds und Rahmenprogramme) gleich welcher Art und Zweckbestimmung, für das Projekt bereitgestellt werden: 5 Mio. ECU.[1220]

Die Kommission untersuchte sodann die Projekte des Herstellers und jedes **erstrangigen** 380 **Zulieferers,**[1221] um die Vereinbarkeit jeder der geplanten Beihilfen festzustellen.[1222]

[1213] *Hancher/Ottervanger/Slot/Junginger-Dittel/Dittel* (Fn. 934), Chapter 14, RdNr. 14–007, Fn. 26.

[1214] Kom., Staatliche Beihilfe C 34/1995 (ex NN 63/94 und N 222/95), ABl. 1995 C 237/2, 12 – SEAT.

[1215] RdNr. 60 Fn. 55 S. 2 RegLL 2007.

[1216] Kom., Staatliche Beihilfen N 245/2006 v. 19. 7. 2006, RdNr. 65 – Philips, Polen; N 299/2007 v. 25. 6. 2008, RdNr. 62 – Sharp; *Mederer/Pesaresi/van Hoof/Dupont/Tumasonytė* (Fn. 317), Chapter 6, RdNr. 4.951.

[1217] Kfz-Gemeinschaftsrahmen 1997 (Fn. 18), Abschnitt 2.2 a).

[1218] Kom., Staatliche Beihilfe C 34/1995 (ex NN 63/94 und N 222/95), ABl. 1995 C 237/2, 5, 8, 9 – SEAT.

[1219] Kfz-Gemeinschaftsrahmen 1989 (Fn. 46), Abschnitt 2.2.

[1220] Kfz-Gemeinschaftsrahmen 1997 (Fn. 18), Abschnitt 2.2. a).

[1221] Der Begriff „erstrangiger Zulieferer" umfasst einen von einem Hersteller unabhängigen oder nicht unabhängigen Zulieferer, der die Verantwortung für die Studie und die Entwicklung teilt und im Auftrag eines Industrieunternehmen der Kfz-Industrie in Fertigungs- oder Montagephasen die Teilsysteme bzw. Baugruppen fertigt, montiert und/oder liefert. Dieser Industriepartner ist an den Hersteller häufig durch einen Vertrag gebunden, dessen Dauer der Lebensdauer des Modells annähernd entspricht (z. B. bis zum Neudesign). Ein erstrangiger Zulieferer kann Dienstleistungen, insbesondere Logistikdienste wie die Verwaltung eines Versorgungszentrums, erbringen; Abschnitt 2.1. d) Kfz-Gemeinschaftsrahmen 1997 (Fn. 18).

[1222] Kfz-Gemeinschaftsrahmen 1997 (Fn. 18), Abschnitt 2.2. a).

381 Ferner bestimmte der Kfz-Gemeinschaftsrahmen 1997, dass ein Investitionsvorhaben nicht künstlich in mehrere Teilvorhaben oder über mehrere Haushaltsjahre gegliedert werden sollte, um der Notifizierungspflicht zu entgehen.[1223] Über die Annahme eines **Gesamtprojektes** erläuterte er, dass ein Hersteller am eigentlichen Investitionsstandort oder auf einem Industriegelände im Umkreis des Werks ein Projekt von erstrangigen Zulieferern integrieren könne, die dazu bestimmt seien, die Lieferung von Baugruppen oder Teilsystemen für Fahrzeuge oder Motoren im Rahmen seines Projekts sicherzustellen.[1224] Allerdings nahm der Gemeinschaftsrahmen nicht in jedem Fall ein Gesamtprojekt an, sondern forderte, um eine Investition eines erstrangigen Zulieferers in die Definition eines Gesamtprojektes integrieren zu können, müsse wenigstens die Hälfte der aus dieser Investition stammenden Produktion dem Hersteller in dessen Fabrik geliefert werden.[1225] Schließlich verlangt der Gemeinschaftsrahmen im Wege einer Präzisierung des Tatbestandsmerkmals „am eigentlichen Industriestandort oder auf einem Industriegelände im Umkreis des Werks", diese Nähe müsse u. a. durch eine feste Verbindung (z. B. automatisches Förderband) zum Ausdruck kommen, die eine direkte Lieferung der Module in das Kfz-Werk ermögliche.[1226] Das geschah durch eigene Betriebsstätten der jeweiligen Zulieferer auf dem oder angrenzend an das Gelände des Abnehmers, also in dessen unmittelbarer räumlicher Nähe.

382 Daraus lässt sich entnehmen, dass es für eine Gesamtbetrachtung einzelner Investitionsbausteine vor allem darauf ankommt, dass bei dem Verdacht auf eine künstliche Aufspaltung **zumindest eines der Projekte auf das andere bezogen** ist. Das ist dann der Fall, wenn das eine Projekt ohne das andere nicht sinnvoll wäre. So würde ein Zulieferer, der nicht über ein Förderband, eine Lorenverbindung oder eine Fertigungsstraße mit seinem Abnehmer direkt und unmittelbar verbunden ist, keinen Anlaß haben, sich mit seinem Abnehmer so eng zu verbinden, dass er als erstrangiger Zulieferer möglicherweise künstlich als in dessen Werk integriert betrachtet würde. Maßgeblich für eine Gesamtbetrachtung ist also die **wirtschaftliche Unteilbarkeit** der einzelnen Projekte.

383 Die Überlegungen aus dem Kfz-Gemeinschaftsrahmen 1997 haben im **MSR-1998**[1227] erstmals Eingang in die sektorunabhängigen Regionalbeihilferegelungen gefunden und zu folgender Regelung geführt: „Ein Investitionsvorhaben darf nicht künstlich in Teilvorhaben gegliedert werden, um der Notifizierungspflicht zu entgehen."[1228] Eigene Prüfkriterien enthielt dieser Rahmen allerdings nicht. Daher griff man auf die Regelungen des Kfz-Gemeinschaftsrahmens 1997 zurück.[1229]

384 Der **MSR-2002**[1230] hat die Regelung aus dem Kfz-Gemeinschaftsrahmen 1997 für die Kraftfahrzeugindustrie übernommen[1231] und sie im übrigen für alle Wirtschaftssektoren weiter entwickelt.[1232] Er bestimmt, dass ein Investitionsvorhaben nicht künstlich in Teilvorhaben untergegliedert werden dürfe, um der Anmeldepflicht zu entgehen. Im Sinne dieses Beihilferahmens gelten alle Anlageninvestitionen, die von einem oder von mehreren Unternehmen binnen drei Jahren in einer Betriebsstätte getätigt werden, als [ein] Investitionsvorhaben. Im Sinne dieses Beihilferahmens sei unter Betriebsstätte eine wirtschaftlich unteilbare Einheit von festem Sachvermögen zu verstehen, dessen Bestandteile eine bestimmte technische Funktion erfüllten, physisch oder funktional miteinander verbunden seien und ein klares Ziel verfolgten (z. B. die Herstellung eines bestimmten Produkts). Würden zwei oder mehrere Produkte aus denselben Rohstoffen hergestellt, bildeten die Produktionsanlagen dieser Erzeugnisse ein und dieselbe Betriebsstätte.[1233]

385 Im Interesse der **Vereinfachung** und **Transparenz** übernehmen die RegLL 2007 die Bestimmungen des MSR-2002.[1234] Insbesondere enthält RdNr. 60 Fn. 55 RegLL 2007 keine in-

---

[1223] Kfz-Gemeinschaftsrahmen 1997 (Fn. 18), Abschnitt 2.1. e).
[1224] Kfz-Gemeinschaftsrahmen 1997 (Fn. 18), Abschnitt 2.2. a).
[1225] Kfz-Gemeinschaftsrahmen 1997 (Fn. 18), Abschnitt 2.1. e) Abs. 3.
[1226] Kfz-Gemeinschaftsrahmen 1997 (Fn. 18), Abschnitt 2.1. e) Fn. 13.
[1227] MSR-1998 (Fn. 53).
[1228] RdNr. 6.4 Abs. 2 MSR-1998 (Fn. 53).
[1229] Kom., Staatliche Beihilfe C 35/2001 (ex N 84/2001), ABl. 2002 L 329/10, RdNr. 48 – BBE und BBG Bilbao, Spanien.
[1230] MSR-2002 (Fn. 73).
[1231] RdNr. 42 lit. a und Anhang C MSR-2002 (Fn 73).
[1232] RdNr. 49 MSR-2002 (Fn 73).
[1233] RdNr. 49 S. 2–5 MSR-2002 (Fn 73).
[1234] RdNr. 62 RegLL 2007.

haltliche Änderung der bisherigen Regeln. Vielmehr sollten in dieser Vorschrift lediglich einzelne missverständliche Formulierungen gestrichen oder verdeutlicht werden.[1235]

Sowohl nach den Regeln in RdNr. 49 MSR-2002 als auch nach RdNr. 60 RegLL 2007 be- **386** zieht sich das Kriterium der wirtschaftlichen Unteilbarkeit auf das feste Vermögen des Unternehmens. Dies ergibt sich auch aus der insoweit deutlicheren französischen Sprachfassung der RdNr. 60 RegLL 2007.[1236] Für die Annahme einer wirtschaftlichen Unteilbarkeit ist also darauf abzustellen, ob es sich um eine Verbindung wirtschaftlich unteilbarer Elemente festen Vermögens handelt. Damit enthält diese Regel als Kernelement, dass das eine Investitionsprojekt ohne das andere, wirtschaftlich betrachtet, nicht denkbar, zumindest aber unsinnig[1237] oder **unvollständig**, also ein Torso ist. Eine künstliche Trennung müsste also zur Folge haben, dass der eine Teil der Investition ohne den anderen zumindest wirtschaftlich unvollständig wäre. Um zu beurteilen, ob das erste Projekt ohne das zweite ein Torso ist oder bliebe, bieten die RegLL 2007 die bereits genannten vier Hilfselemente[1238] an.

Technische Verbindungen: Unter technischen Verbindungen sind, wie bereits im Kfz-Ge- **387** meinschaftsrahmen 1997 angelegt, gemeinsame Ver- oder Entsorgungsleitungen, Loren-, Seilbahn-, Förderband- oder ähnliche Verbindungen zwischen den beiden Fertigungsstätten. Insoweit handelt es sich um die unmittelbarste und direkteste Möglichkeit einer Verbindung von zwei Betriebsstätten. Ist die eine Betriebsstätte so geplant, dass sie von der anderen rein technisch abhängt, so wäre sie ohne die andere Betriebsstätte schlicht unvollständig. Soll also eine Betriebsstätte an die Energie- oder Wasserversorgung einer anderen Betriebsstätte angeschlossen werden, so ist sie ohne diesen Anschluss unvollständig. Gleiches gilt auch, wenn eine Betriebsstätte zur Produktion bestimmte Rohstoffe oder Teile benötigt, die aus der anderen unmittelbar zugeliefert werden, etwa wenn eine Glashütte Quarzsand benötigt, der aus der anderen Betriebsstätte über eine Rohrleitung unmittelbar in die Glaswanne geliefert werden soll oder eine Betriebsstätte mit einer anderen über eine Dampfbrücke verbunden ist.[1239] Im Grundsatz handelt es sich also um die Verbindungen, die bereits im Kfz-Gemeinschaftsrahmen 1997 für die Annahme eines Gesamtprojektes beschrieben worden sind.[1240] Das bedeutet zugleich, dass bei einer solchen technischen Verbindung stets von einer wirtschaftlichen Unteilbarkeit auszugehen ist. Daraus ergibt sich aber auch, dass anderes, etwa die gleichen Produktionsprozesse, die Herstellung der gleichen Produkte, auch auf baugleichen Maschinen, der Einsatz der gleichen Rohstoffe oder die Nutzung der gleichen Absatz oder Vertriebskanäle ebenso wenig eine gerade technische Verbindung begründet, wie ein ganz oder teilweises gemeinsames Management.[1241] Insoweit ist das eine Projekt, die eine Betriebsstätte technisch ohne die andere nicht unvollständig, also gerade kein Torso. Bei einem echten „green field"-Investment ist eine technische Verbindung regelmäßig ausgeschlossen. Ebenfalls als ausgeschlossen betrachtet die Kommission technische Verbindungen, wenn die zu prüfende, sogar auf dem Campus des vorangegangenen Projektes angesiedelte Investition der Herstellung von Produkten dient, die mit den Produkten aus dem früheren Projekt inkompatibel sind.[1242]

Funktionelle Verbindungen: Eine funktionelle Verbindung verlangt, dass das eine Projekt **388** auf Funktionen des anderen Projektes angewiesen ist. Das ist dann anzunehmen, wenn das eine Projekt in den Fertigungsprozess des anderen eingebunden ist. Das können feste, untereinander bestehende, nicht jederzeit zu lösende Lieferbeziehungen,[1243] der Austausch von Zwischenprodukten, die Einbindung in den Produktionsprozess des anderen oder andere Dienstleistungen sein.[1244] Eine Einbindung in den Produktionsprozess des anderen findet sich etwa bei Prüfpro-

---

[1235] *Hancher/Ottervanger/Slot/Junginger-Dittel/Dittel* (Fn. 934), Chapter 14, RdNr. 14–007, Fn. 26.

[1236] RdNr. 60 S. 2 RegLL 2007: „... un grand projet d'investissement sera considéré comme un seul projet d'invetissement lorsque l'investissement initial est ... constitué par une combinaison économiquement indivisible d'éléments de capital fixe".

[1237] Deutschland in: Kom., Eröffnungsentscheidung Staatliche Beihilfe C 34/2008, RdNr. 36 – Deutsche Solar (Fn. 1164).

[1238] RdNr. 60 Fn. 55 S. 2 und 3 RegLL 2007; siehe auch oben RdNr. 356.

[1239] Kom., Staatliche Beihilfe N 203/2008 v. 24. 3. 2009, RdNr. 49 – Papierfabrik Spremberg.

[1240] Abschnitt 2.1. lit. e Fn. 13 Kfz-Gemeinschaftsrahmen 1997 (Fn. 18).

[1241] Ebenso Kom., Staatliche Beihilfe N 850/2006, RdNr. 40 – Q-Cells; offen gelassen dagegen in Kom., Eröffnungsentscheidung C 34/2006, RdNr. 37 a. E. – Deutsche Solar (Fn. 1164).

[1242] Kom., Staatliche Beihilfe N 872/2006, RdNr. 70 – Qimonda (Fn. 802); allerdings gehört dies eher zu den fehlenden strategischen Verbindungen, siehe unter RdNr. 391.

[1243] Kom., Eröffnungsentscheidung C 46/2008, RdNr. 46, 47 – Dell, Polen (Fn. 1163).

[1244] Kom., Eröffnungsentscheidung C 46/2008, RdNr. 47 – Dell, Polen (Fn. 1133); Staatliche Beihilfe C 34/2006, RdNr. 37 – Deutsche Solar (Fn. 1164).

zessen, Zwischenbearbeitungen wie Reinigungen, Entfettungen, Schleifungen, Lackieren, Umformungen, Härtungen oder ähnlichen Leistungen vor einem weiteren eigenen Verfahrensschritt. Auch in diesen Fällen eines „back and forth"-Prozesses[1245] ist das eine Projekt ohne das andere unvollständig. Ohne die festen Zwischenschritte in der Produktion kann die eine Betriebsstätte auf Dauer nicht produzieren. Sie ist auf die andere Betriebsstätte angewiesen, also ohne sie ein Torso.

389   Aber auch hier zeigt sich, dass die Nutzung gleicher Produktionsprozesse und -techniken oder baugleicher Fertigungsmaschinen in zwei voneinander unabhängigen Betriebs- und Fertigungsstätten gerade nicht zu einer irgendwie gearteten funktionellen Verbindung führen kann. Gleiches gilt auch für die gleichen Lieferanten der Rohstoffe. Diese Überlegungen berühren keine betriebsstättenspezifischen Fragen, sondern betreffen gerade die Marktgegenseite, die Hersteller der genutzten Maschinen und die Zulieferer und Spediteure. Für sie aber ist es unerheblich, ob sie ihren LKW voller Rohstoffe „100 km nach rechts" oder „100 km nach links" fahren lassen.

390   Vorsicht ist geboten bei einer sogenannten gemeinsamen technischen Infrastruktur.[1246] Handelt es sich um eine Infrastruktur, die zu einer Betriebsstätte gehört, also etwa die Abwasserbehandlung, dann stellt die gemeinsame technische Infrastruktur eine technische Verbindung im Sinne der RdNr. 387 dar. Handelt es sich dagegen um eine von einem Dritten zur Verfügung gestellte Infrastruktur, also etwa einen Gleisanschluss oder eine Hochspannungsleitung mit Umformerwerk, dann hat die Nutzung dieser, durch Dritte zur Verfügung gestellten, Infrastruktur keinerlei Auswirkungen auf die Frage einer technischen oder funktionalen Verbindung zwischen den beiden Betriebsstätten. Dann ist keine Betriebsstätte ohne die andere unvollständig, so dass es sich um wirtschaftlich teilbare Investitionen handelt. Das gleiche gilt, wenn eine Betriebsstätte auf eine normalerweise von Dritten zur Verfügung zu stellende Infrastruktur der anderen zurückgreift, aber dafür die Gegenleistung entrichtet, die sie bei Dritten Anbietern auch entrichten müsste. Das ist dann denkbar, wenn die eine Betriebsstätte ein eigenes, nicht ausgelastetes Kraftwerk betreibt und die andere Betriebsstätte auf den dort produzierten Strom zugreifen wollte. Auch in diesem Fall liegt keine funktionale Verbindung vor. Etwas anderes würde erst für den Fall gelten, dass die erste Betriebsstätte das Kraftwerk bereits in Erwartung der zweiten Betriebsstätte so groß ausgelegt hätte, dass sie auf diesen Abnehmer angewiesen ist und die Energie nicht anders vermarkten kann. Dann allerdings wäre die erste ohne die zweite Betriebsstätte unvollständig, es fehlte ihr der Abnehmer für die produzierte Energie. Selbst ein unter 10% liegender Anteil der benötigten Zufuhr des früheren Projektes durch das neue Vorhaben begründet eine funktionelle Verbindung nicht.[1247] Dies gilt erst recht, wenn Rechnungslegungsvorschriften gegen eine Bevorzugung der neuen Betriebsstätte, etwa durch günstige Angebotspreise sprechen.[1248]

391   **Strategische Verbindungen:** Strategische Verbindungen schließlich sind Verbindungen über das jeweilige Eingangs- oder Ausgangsprodukt mit Blick auf ein gemeinsames Ziel. Das bedeutet, dass die Eingangs- oder die Ausgangsprodukte einer Fertigungsstätte in einer anderen Fertigungsstätte weiterverarbeitet werden. Ein typisches Beispiel dafür ist die Fertigung von Elektronikbausteinen, etwa Speicherchips. Sie bedürfen zunächst der Herstellung auf großen, Wafer genannten Siliziumscheiben. Dort werden sie in einem mehrere Wochen andauernden Prozess gefertigt. Diese Produktionsschritte werden „front-end"-Produktion genannt.[1249] Um aber mit der Umgebung kommunizieren zu können, also in einem elektronischen Gerät eingebaut werden zu können, bedarf es der Einbettung dieser zunächst aus der Siliziumscheibe herauszutrennenden (zu sägenden) Elemente in ein Gehäuse, das mit Anschlüssen für die Außenkommunikation versehen ist.[1250] Diese Arbeiten werden „back-end"-Fertigung genannt und finden im Regelfall in einer anderen Betriebsstätte statt.[1251] Die eine Betriebsstätte kann allerdings ohne die andere Betriebsstätte nicht ordnungsgemäß arbeiten. Das Produkt wäre unbrauchbar. Beide Fertigungsstätten sind also wechselseitig aufeinander angewiesen. Sie haben ein

[1245] Kom., Staatliche Beihilfe N 245/2006, RdNr. 70 – Philips, Polen (Fn. 1176).

[1246] Kom., Staatliche Beihilfe N 850/2006, RdNr. 87 – Q-Cells (Fn. 1196).

[1247] Kom., Staatliche Beihilfe N 203/2008, RdNr. 53 – Papierfabrik Spremberg (Fn. 605).

[1248] Kom., Staatliche Beihilfe N 203/2008, RdNr. 55 – Papierfabrik Spremberg.

[1249] Kom., Staatliche Beihilfe N 810/2006, RdNr. 16, 95 – AMD (Fn. 840); Staatliche Beihilfe N 872/2006, RdNr. 89 – Qimonda (Fn. 802).

[1250] Kom., Staatliche Beihilfe C 45/2003 (ex N 1/2003) v. 16. 3. 2004, ABl. 2005 L 120/5, RdNr. 27 – Infineon Portugal.

[1251] Kom., Staatliche Beihilfen N 810/2006, RdNr. 16, 95 – AMD; N 872/2006, RdNr. 89 – Qimonda; C 45/2003 (ex N 1/2003) v. 16. 3. 2004, ABl. 2005 L 120/5, RdNr. 6, 30, 77 – Infineon Portugal.

gemeinsames strategisches Ziel, die Herstellung dieser brauchbaren, mit ihrer Umgebung in Interaktion treten könnenden Elektronikbausteine. Weitere strategische Verbindungen können **Patentschutz-** oder **IT-Konzepte** sein, die nicht auf die beiden Fertigungsstätten beschränkt, sondern in das **Gesamtkonzept des Unternehmens,** eingebettet sind.

Dagegen ist es **keine strategische Verbindung,** wenn zwei Werke genau die **gleichen** 392 **Produkte** herstellen und veräußern. Wie bereits der gemeinsame Absatzkanal keine funktionale Verbindung darstellt, so stellt er auch keine strategische Verbindung dar, die das eine Projekt ohne das andere unvollständig machen würde.[1252] Weder die eine noch die andere Betriebsstätte wäre ohne die jeweils andere hinsichtlich des Absatzes der identischen Produkte unvollständig und damit ein Torso. Ebenso **unerheblich** ist damit auch der **Lebenszyklus eines Produktes.** Wenn das gleiche Produkt an einem anderen Fertigungsstandort auch hergestellt wird, dann ist es zwingend, dass es den gleichen Lebenszyklus hat, wie das Produkt aus der anderen Fertigungsstätte. Dann aber eignet sich dieses Kriterium nicht mehr als Unterscheidungskriterium für die Annahme einer strategischen Verbindung.[1253] Gleiches gilt auch für die **Standortwahl.** Wählen zwei Fertigungstätten aus den gleichen objektiven Gründen, etwa der Verfügbarkeit von Arbeitskräften, die gleiche Region aus, so stellt dies gerade keine strategische Verbindung dar, die dazu führt, dass das eine Vorhaben ohne das andere unvollständig, also ein Torso wäre. Damit stellt die Standortwahl aber auch keine Verbindung dar, die zu einer wirtschaftlichen Unteilbarkeit führen könnte. Eine fehlende strategische Verbindung hat die Kommission auch angenommen, sofern ein Pilotprojekt und ein Großprojekt aufeinander treffen[1254] oder wenn beide Produktionsanlagen auch unabhängig voneinander bestehen können.[1255]

Schließlich ist auch eine zumindest **teilweise Managementidentität** zwischen zwei Be- 393 triebsstätten keine strategische Verbindung, die zu einer wirtschaftlichen Unteilbarkeit der Investitionen führt.[1256] Jedes Unternehmen wird letztlich von demselben Management geführt, ganz gleich wie viele Betriebsstätten es hat. Die Betriebsstättenleiter vor Ort sind von den Entscheidungen der Zentrale immer abhängig. Damit ist die Berücksichtigung des gemeinsamen Managements kein wirkliches Unterscheidungsmerkmal, sondern trifft bei jedem Unternehmen zu, dass mehr als eine Betriebsstätte hat.

Unmittelbare räumliche Nähe: Nach den bisherigen Überlegungen dürfte damit ein Un- 394 ternehmen, dass seine Produktionsschritte zerlegt und damit in verschiedene Fertigungsstätten verlagert, wie etwa die Elektronik-,[1257] die Luftfahrt-[1258] oder die Automobilindustrie,[1259] also zwischen den einzelnen Fertigungstätten strategische Verbindungen schafft, für seine weiteren Werke lediglich abgesenkte Fördersätze erhalten, wenn es innerhalb des Dreijahreszeitraumes investiert. Die strategischen Verbindungen wären in einem solchen Fall stets geschaffen. Insoweit bildet das Tatbestandsmerkmal der unmittelbaren räumlichen Nähe das notwendige Korrektiv. Beide Projekte müssen nicht nur in räumlicher Nähe, sondern in unmittelbarer räumlicher Nähe zueinander liegen.[1260] Diesem Begriff der Unmittelbarkeit, der allein in der französischen und portugiesischen Sprachfassung der RegLL 2007 fehlt, kommt eine entscheidende Bedeutung zu. Mit diesem Begriff wird klargestellt, dass sich die wirtschaftliche Unteilbarkeit gerade nicht auf weit verstreut liegende, im vor- und nachgelagerten Markt tätige Produktionseinheiten bezieht, sondern dass diese Produktionsanlagen auf dem gleichen Gelände oder direkt angrenzend an die anderen Produktionsanlagen von denen sie die Vorprodukte beziehen oder an die sie die Vorprodukte liefern, angeordnet sein müssen. Die Unmittelbarkeit der räumlichen

---

[1252] Kom., Staatliche Beihilfe N 850/2006, RdNr. 104 – Q-Cells (Fn. 1196).

[1253] Anderer Ansicht Kom., Eröffnungsentscheidung C 34/2006, RdNr. 38 – Deutsche Solar (Fn. 1164).

[1254] Kom., Staatliche Beihilfe N 872/2006, RdNr. 75–77 – Qimonda; Staatliche Beihilfe C 21/2008 (ex N 864/2006), RdNr. 103 – Sovello, EverQ (Fn. 1054).

[1255] Kom., Staatliche Beihilfe N 203/2006, RdNr. 56 – Papierfabrik Spremberg (Fn. 605).

[1256] Kom., Staatliche Beihilfe N 850/2006, RdNr. 40 – Q-Cells; Staatliche Beihilfe C 21/2008 (ex N 864/2006), RdNr. 104 – Sovello, EverQ.

[1257] Kom., Staatliche Beihilfe N 810/2006 – AMD; Staatliche Beihilfe N 872/2006 – Qimonda; weitere maßgebliche Entscheidungen: Staatliche Beihilfe N 905/2006 v. 18. 7. 2007, RdNr. 52 – Toshiba; Staatliche Beihilfe N 203/2008, RdNr. 56, 58 – Papierfabrik Spremberg; Staatliche Beihilfe N 767/2007 v. 30. 4. 2008, RdNr. 58 – Ford Craiova; Staatliche Beihilfe N 907/2006 v. 10. 7. 2007, RdNr. 35 – Matrai Erömü Zrt; Staatliche Beihilfe N 850/2006, RdNr. 41- Q-Cells; Staatliche Beihilfe N 299/2007 v. 25. 6. 2008, RdNr. 71 – Sharp.

[1258] EADS – Airbus mit Fertigungsstätten in Belgien, Deutschland, Frankreich, Großbritannien, Griechenland und Spanien.

[1259] Kom., Staatliche Beihilfe N 767/2007 v. 30. 4. 2008, RdNr. 58 – Ford Craiova, Rumänien.

[1260] RdNr. 60 Fn. 55 S. 1 RegLL 2007.

Nähe bildet somit das Korrektiv zur konturenunscharfen „strategischen Verbindung" und stellt so den Aspekt der wirtschaftlichen Unteilbarkeit wieder in den Rahmen, den die beiden anderen Elemente, die technische und die funktionale Verbindung schaffen: das eine Projekt liegt direkt neben dem anderen und ist auf mindestens eine der drei Arten (technisch, funktional oder strategisch) mit ihm verbunden.

395   Ein Mitgliedstaat, in dem ein Unternehmen mehrere Investitionsprojekte tätigt, kann von sich aus jederzeit ein oder mehrere Projekte, ähnlich denen eines Gesamtprojektes innerhalb eines Dreijahreszeitraumes mit anderen vorhergehenden Investitionsprojekten zu einem einheitlichen Vorhaben erklären, sofern die Projekte alle in einem Fördergebiet liegen. Das hat zur Folge, dass die davon umfassten Investitionen zum Zwecke der Berechnungen der zulässigen Beihilfeintensitäten der RdNr. 67 RegLL 2007, den damit möglicherweise verbundenen Notifizierungspflichten der RdNr. 64 RegLL 2007 sowie den im Rahmen eines Notifizierungsverfahrens erfolgenden Marktstärkeprüfungen der RdNr. 68 RegLL 2007 unterliegen. Diese Beurteilung hat zugleich zur Folge, dass der Vorhabensbeginn eines Einzelinvestitionsprojektes auf den Beginn des ersten Teilprojektes dieses einheitlichen Gesamtprojektes bestimmt ist.[1261]

396   Betrachtet ein Mitgliedstaat die Investitionsvorhaben der bei ihm siedelnden Unternehmen als eine Einzelinvestition, und senkt er die Fördersätze entsprechend ab, so hat die Kommission diese Selbstbewertung hinzunehmen. Das gilt auch dann, wenn sie sich aus der Sicht der Kommission anders, etwa als getrennte Vorhaben darstellen. RdNr. 60 RegLL 2007 dient allein dem Ziel, die Absenkungen der Interventionssätze in RdNr. 67 RegLL 2007 zu gewährleisten. Eine andere Aufgabe hat diese Vorschrift nicht. Beurteilt also ein Mitgliedstaat zwei Investitionsvorhaben, die 450 km auseinanderliegen als ein einheitliches Projekt, etwa weil diese beiden Betriebsstätten mit einer schwimmenden, ausschließlich von ihnen genutzte Rohrleitung verbunden sind, steht dieser eigenen Beurteilung nichts im Wege.[1262] Insoweit handelt es sich um eine von einer räumlichen Distanz unabhängige technische Verbindung im Sinne der RdNr. 60 Fn. 55 RegLL 2007. Daher wird die mitgliedstaatliche Beurteilung insbesondere nicht durch das Tatbestandselement „unmittelbare räumliche Nähe" berührt. Auch insoweit kommt es nicht darauf an, ob die Kommission eine andere Bewertung vorgenommen hat. Dieses Tatbestandsmerkmal ist allein als Korrektiv zum im Übrigen ufer- und konturenloses Tatbestandselement „strategisch" zu betrachten. Es dient nicht dazu, die Unternehmen an einer eigenen Strategie zu hindern.

397   Nicht erforderlich ist, dass alle beschriebenen Merkmale vorliegen, um eine Einzelinvestition annehmen zu können. Ebensowenig ist es erforderlich, dass keines der genannten Kriterien vorliegt, um zwei getrennte Vorhaben auch als getrennt bewerten zu können. Vielmehr ist nach Auffassung der Kommission eine globale Bewertung der genannten Kriterien vorzunehmen. Das bedeutet, die Kriterien sind „auf Einzelfallgrundlage global abzuwägen".[1263]

398   **Umgehungsabsicht als subjektives Element:** Schließlich enthält die Vorschrift mit der „Entgehungsabsicht" auch ein subjektives Tatbestandselement.[1264] Dieses Element war ebenfalls bereits in der vorangegangenen Regelung, in RdNr. 49 MSR-2002 enthalten.[1265] Die Kommission hat sich zur Umgehungsabsicht hinsichtlich der RdNr. 60 Satz 2 RegLL 2007 noch nicht geäußert. Allerdings hat sie bezogen auf RdNr. 49 MSR-2002, wenn auch ohne Begründung, die Auffassung vertreten, auf eine derartige Absicht und damit auf die Erfüllung des subjektiven Tatbestandselementes komme es nicht an. Maßgebend seien ausschließlich die objektiven Kriterien.[1266]

399   **e) AGVO.** Die AGVO enthält in Art. 13 Abs. 10 eine der RdNr. 60 RegLL 2007 vergleichbare Vorschrift. Mit Art. 2 Abs. 1 lit. g RFVO[1267] wies die Vorgängerregelung zur AGVO ebenfalls eine entsprechende Vorschrift auf.

400   Art. 13 Abs. 10 AGVO enthält hinsichtlich des Dreijahreszeitraumes dieselbe Regelung, die auch in RdNr. 60 RegLL 2007 zu finden ist. Daher gelten die Ausführungen zum Dreijahreszeitraum[1268] ohne Einschränkungen auch im Rahmen der AGVO.

[1261] Kom., Staatliche Beihilfe, abschließende Entscheidung, C 34/2008 RdNr. 56, 57 – Deutsche Solar (Fn. 837); siehe oben RdNr. 347–349.

[1262] Kom., Staatliche Beihilfe C 34/2009 (ex N 588/2008), Abschnitt 3.2., 2. Tiret – PETROGAL (Fn. 159).

[1263] Kom., Staatliche Beihilfe C 21/2008 (ex N 864/2006), RdNr. 82 – Sovello, EverQ (Fn. 1054).

[1264] „... um den Bestimmungen dieser Leitlinien zu entgehen", RdNr. 60 S. 2 RegLL 2007.

[1265] „... um der Anmeldepflicht zu entgehen", RdNr. 49 MSR-2002 (Fn. 73).

[1266] Kom., Staatliche Beihilfe C 21/2008 (ex N 864/2006), RdNr. 81, 106 – Sovello, EverQ (Fn. 1054).

[1267] RFVO (Fn. 3).

[1268] Siehe oben RdNr. 346 ff.

Bezogen auf die wirtschaftliche Unteilbarkeit lassen sich aus Art. 13 Abs. 10 AGVO selbst **401** keine weiteren Kriterien entnehmen. Erst die Erwägungsgründe gestatten eine weitere Interpretation dieser Vorschrift.[1269] Tz 41 Satz 1 AGVO stellt sich als Übernahme der RdNr. 60 RegLL 2007, einschließlich des Elementes der Umgehungsabsicht dar. Bezogen auf die objektiven Kriterien zur Annahme einer wirtschaftlichen Unteilbarkeit wiederholt Tz. 41 die Bestimmungen aus Fn. 55 RegLL 2007.[1270] Daher gelten auch die weiteren Ausführungen zu den großen Investitionsvorhaben mit Blick auf die AGVO, jedoch unter Berücksichtigung der Besonderheit, dass im Rahmen einer Freistellungsverordnung regelmäßig die Mitgliedstaaten und weniger die Kommission die Prüfungen vorzunehmen hat. Sie beschränkt sich insoweit auf eine ex post-Kontrolle, sei es ex officio,[1271] sei es infolge eines Beschwerdeverfahrens.[1272]

Auch im Rahmen der AGVO dürfen für große Investitionsvorhaben **keine KMU-Zu- 402 schläge** gewährt werden.[1273]

f) Zeitliche Anwendbarkeit der unterschiedlichen Regelwerke. Für Beihilfen, die **403** nach dem 31. Dezember 2006 gewährt oder angemeldet werden, gelten anstelle des MSR-2002 die RegLL 2007.[1274] Einzeln angemeldete Investitionsvorhaben werden nach den zum Zeitpunkt der Anmeldung geltenden Regeln bewertet.[1275] Die Förderrichtlinien für Investitionsbeihilfen waren zum 1. 1. 2007 außer Kraft zu setzen und mussten neu angemeldet werden.[1276] Bei Einzelinvestitionsvorhaben, die über eine Förderperiodengrenze hinausgehen und die aus mehreren Teilvorhaben bestehen, werden die für die jeweiligen Teilprojekte geltenden Fördersätze und Regeln angewendet.[1277] Das bedeutet, dass die Absenkung mit unterschiedlichen „Eingangsfördersätzen" erfolgen kann.[1278] Von Bedeutung ist dies etwa auch, soweit die vom statistischen Effekt betroffenen Regionen[1279] zum Jahresende 2010 ihren Status als Fördergebiet nach Art. 107 Abs. 3 lit. a AEUV verlieren und anschließend als Fördergebiete nach Art. 107 Abs. 3 lit. c AEUV eine regionale Förderung von lediglich 20% BSÄ gewähren dürfen.[1280] In diesen Fällen gelten für die Vorhabensteile, für die eine Förderung noch vor dem 31. 12. 2010 bewilligt worden ist, die nach der Fördergebietskarte zulässigen 30% und für die Vorhabensteile innerhalb des drei-Jahres-Zeitraumes, für die eine Förderung erst nach diesen Stichtag bewilligt wird, eine zulässige Höchstförderungsintensität von nur noch 20% BSÄ, obwohl es sich insgesamt um ein Einzelvorhaben im Sinne der RdNr. 60 RegLL 2007 handelt.[1281] Etwas anderes gilt allein dann, wenn die Kommission dies in ihrem jeweiligen Regelwerk oder in ihrer jeweiligen Entscheidung bestimmt.[1282]

g) Marktstarke Unternehmen. aa) Allgemeines. Die Auswirkungen der Gewährung ei- **404** ner staatlichen Beihilfe auf den Binnenmarkt ist im Grundsatz nicht nur von der Beihilfeintensität und dem absoluten Betrag einer Beihilfe abhängig, sondern auch von der **Marktmacht** des jeweiligen Beihilfeempfängers. Die Marktmacht eines Unternehmens definiert sich über seine **Marktanteile**.[1283] Daher erscheint es für die Vereinbarkeit einer Beihilfe mit dem Binnenmarkt von Bedeutung, ob die Subvention einem Unternehmen mit großen Marktanteilen zu Gute kommt und ob die Beihilfe zu einer signifikanten Marktanteilssteigerung in einem schrumpfenden Markt führt.[1284]

[1269] Tz. 41 AGVO.

[1270] Tz. 41 S. 2–4 AGVO.

[1271] Art. 10 Abs. 1, 3; 9 AGVO.

[1272] Verfahrensverordnung (Fn. 95).

[1273] Art. 13 Abs. 4 2. HS AGVO; siehe auch RdNr. 67 Fn. 61 S. 2 RegLL 2007 und oben RdNr. 319 und 335.

[1274] RdNr. 63 RegLL 2007.

[1275] RdNr. 63 Fn 58 RegLL 2007.

[1276] RdNr. 107 1. Tiret RegLL 2007; siehe auch unter RdNr. 45 und 524.

[1277] Kom., Entscheidung C 34/2008, RdNr. 57 Fn. 14 – Deutsche Solar (Fn. 837).

[1278] Kom., Entscheidung C 34/2008, RdNr. 57 Fn. 14 – Deutsche Solar (Fn. 837); siehe oben RdNr. 339, 352.

[1279] Siehe oben RdNr. 63 f.

[1280] RdNr. 19, 20, 46 RegLL 2007; siehe oben RdNr. 64, 84, 91.

[1281] EuGH, Urteil v. 11. 12. 2008, C-334/07 P, Slg. 2008, I-9465, RdNr. 43, 52, 53 – Deutschland.

[1282] RdNr. 105, 106 RegLL 2007; RdNr. 40, 41 MSR-2002.

[1283] RdNr. 68 RegLL 2007.

[1284] RdNr. 5 Kriterien (Fn. 21).

405   Diese Überlegungen haben allerdings nicht immer gegolten. Mit der Abkehr von sektoralen Einzelregelungen[1285] hin zu einem multisektoralen und damit horizontalen Ansatz[1286] entwickelten sich auch **unterschiedliche Prüfkonzepte.**

406   Zunächst erstreckte sich unter dem MSR-1998[1287] die Prüfung der Kommission im Wesentlichen darauf, ob das Vorhaben in einem wachsenden oder schrumpfenden Markt stattfand sowie auf die detaillierte Feststellung der direkten und indirekten Arbeitsplätze.[1288] Mit dem MSR-2002[1289] verlagerte sich der Prüfschwerpunkt für sehr große Investitionsvorhaben[1290] zunächst auf die Frage des einheitlichen Investitionsvorhabens.[1291] Wenig später rückte die Prüfung der damaligen Förderausschlusskriterien nach RdNr. 24 MSR-2002 in das Blickfeld der Kommission.[1292] Danach war eine Subvention als mit dem Gemeinsamen Markt unvereinbar ausgeschlossen, soweit sie über den Betrag hinausging, der für eine Investition von 100 Mio. EUR nach den in RdNr. 21 MSR-2002 enthaltenen Absenkungsmechanismen ohne eine Einzelanmeldung zulässig gewesen wäre. Eine Begründung für diese Regelung enthielt der MSR-2002 nicht.

407   Die Nachfolgevorschriften in RdNr. 68 RegLL 2007 schließen eine Regionalförderung zu Gunsten **marktstarker Unternehmen** für sehr große Investitionsvorhaben nicht mehr aus.[1293] Vielmehr verlangen sie für den Fall, dass eines der Kriterien in RdNr. 68 RegLL 2007, also ein Marktanteil bereits vor oder auch nach der Investition von mehr als 25% oder eine Kapazitätssteigerung durch die Investition von mehr als 5% bei einem Branchenwachstum unterhalb des BIP-Wachstums im EWR.[1294] stets ein förmliches Prüfverfahren nach Art. 108 Abs. 2 AEUV, Art. 4, 7 Verfahrensverordnung[1295] zu durchlaufen. Eine Ausnahme besteht dann, wenn der Mitgliedstaat nachweist, dass der begünstigte durch **wahre Innovation** einen **neuen Produktmarkt** schafft. In diesem Fall sind die Marktanteilsschwellen zwangsläufig überschritten, ohne dass die mit der Marktanteilshöhe normalerweise verbundene Markt- und Wettbewerbsstärke anzunehmen ist. Daher entfällt die Prüfung nach RdNr. 68 RgLL 2007.[1296] Damit ist die Prüfung der **Marktstärkekriterien** nahezu zwangsläufig zur zentralen Prüfung bei angemeldeten sehr großen Investitionsvorhaben geworden.[1297]

408   **bb) Im Einzelnen: (1) Voraussetzung für eine Marktstärkeprüfung:** Die Feststellung, ob es sich bei dem in Rede stehenden Beihilfeempfänger um ein marktstarkes Unternehmen oder bei der in Rede stehenden Investition um eine marktstarke Investition im Sinne der RdNr. 68 RegLL 2007 handelt, erfordert zunächst, dass das betreffende Unternehmen für eine Investition eine Regionalbeihilfe erhalten soll, die mehr als 75% des Höchstbetrags ausmacht, der für ein Investitionsvorhaben mit förderfähigen Ausgaben von 100 Mio. EUR nach den für große Unternehmen in der genehmigten Fördergebietskarte am Tag der Beihilfengewährung geltenden Standardhöchstsätzen gezahlt werden könnte.[1298] Es muss sich also um ein **anmeldepflichtiges Vorhaben** handeln. Bescheidet sich ein Unternehmen mit dem Beihilfebetrag, der entsprechend der jeweiligen Fördergebietskarte und unter Anwendung der Absenkungsregeln

---

[1285] Siehe oben RdNr. 15.

[1286] Siehe oben RdNr. 16.

[1287] RdNr. 3.10. MSR-1998 (Fn. 53).

[1288] Nachweise siehe oben RdNr. 17–19.

[1289] MSR-2002 (Fn. 73).

[1290] Vorhaben, für die ein Beihilfevolumen gewährt werden soll, das für ein Investitionsvorhaben in dem jeweiligen Fördergebiet nach der jeweiligen Fördergebietskarte mit einem Investitionsvolumen von mehr als 100 Mio. EUR gewährt werden dürfte, siehe oben RdNr. 20.

[1291] RdNr. 49 MSR-2002 (Fn. 73); Kom., Staatliche Beihilfe N 810/2006, RdNr. 46 – AMD; Staatliche Beihilfe N 872/2006, RdNr. 62 – Qimonda.

[1292] Kom., Staatliche Beihilfe N 158/2005 v. 8. 2. 2006, RdNr. 42 ff. – GETRAG FORD; N 850/2006 v. 10. 7. 2007, RdNr. 46 ff. – Q-Cells; N 810/2006, RdNr. 85 ff. – AMD; Eröffnungsentscheidung C 21/2007 (ex N 578/2006), ABl. 2007 C 224/2 – IBIDEN; Staatliche Beihilfe C 21/2007 (ex N 578/2006) v. 30. 4. 2008, ABl. 2008 L 295/34 RdNr. 77 ff. – IBIDEN.

[1293] Näher hierzu *Hancher/Ottervanger/Slot/Junginger-Dittel/Dittel* (Fn. 934), Chapter 14, RdNr. 14–015; siehe auch unter RdNr. 413.

[1294] Zum EWR siehe RdNr. 1 Fn. 1; 90 Fn. 407.

[1295] Verfahrensverordnung (Fn. 95).

[1296] RdNr. 70 S. 1, Fn. 65 RegLL 2007; siehe unter RdNr. 418.

[1297] Kom., Staatliche Beihilfe N 635/2008 v. 29. 4. 2009, RdNr. 61 ff. – Fiat Sicily; Eröffnungsentscheidung C 31/2009 (ex N 113/2009) – Audi Hungaria; Eröffnungsentscheidung C 34/2009 (ex N 588/2008), Abschnitt 3.4.3 -PETROGAL (Fn. 159).

[1298] RdNr. 68, 1. HS RegLL 2007.

nach RdNr. 67 RegLL 2007 für eine Investition von bis zu 100 Mio. EUR höchstens gewährt werden darf, entfällt diese Prüfung.[1299]

Ausgangspunkt für die Berechnung der konkreten Anmeldeschwellen sind die in den natio- **409** nalen Fördergebietskarten[1300] ausgewiesenen regionalen Förderhöchstsätze.[1301] Werden diese nach RdNr. 67 RegLL 2007 ab einem Investitionsvolumen von 50 Mio. EUR um die Hälfte abgesenkt, so ergibt sich bei einem Investitionsvolumen von 100 Mio. EUR eine Beihilfeintensität von 75% des nach der Fördergebietskarte zulässigen Höchstsatzes. Beträgt also die in der Fördergebietskarte ausgewiesene Beihilfehöchstintensität für eine bestimmte Region 40%, so ergibt sich für ein förderfähiges Investitionsvolumen von 100 Mio. EUR folgende Gesamtbeihilfe: (50 Mio. EUR × 40% + 50 Mio. EUR × 20%) = 20 Mio. EUR + 10 Mio. EUR = 30 Mio. EUR. Der Betrag von 30 Mio. EUR bedeutet, bezogen auf ein Investitionsvolumen von 100 Mio. EUR eine Gesamtbeihilfeintensität von 30% oder ¾ der nach der Fördergebietskarte zulässigen Beihilfeintensität von 40%. Damit handelt es sich bei dem in RdNr. 68 RegLL 2007 genannten Wert von 75% des Beihilfehöchstsatzes um nichts anderes als die Anmeldeschwelle nach RdNr. 64 Satz 1 RegLL 2007. Dieser Wert findet sich ebenso in Art. 6 Abs. 2 AGVO[1302] oder zuvor in Art. 7 RFVO.[1303] Die entsprechenden Schwellenwerte ergeben sich für ausgewählte Beihilfehöchstintensitäten aus RdNr. 64 RegLL 2007 unmittelbar.[1304]

Diese Absenkungsregelungen sind im Rahmen der Regionalbeihilfen, die einen generalisier- **410** ten Nachteilsausgleich für Investitionen gerade in strukturschwachen Regionen darstellen,[1305] nicht widerspruchsfrei. Auf Grund ihres Ansatzes als generalisierter Nachteilsausgleich für eine bestimmte regionale Entscheidung sind sie bereits eine Kompensation für die mit der Investition gerade an dem vorgesehenen wirtschaftsschwachen Standort verbundenen Nachteile. Daher war der Ansatz des MSR-1998,[1306] die regionalen Auswirkungen zu untersuchen[1307] bei aller Kritik im Einzelnen und am Verwaltungsverfahren[1308] sachgerechter, als eine Überprüfung der Marktstärke des begünstigten Unternehmens.

Die Marktstärkeprüfung unterstellt also vor dem Hintergrund der gleichzeitig anzuwenden- **411** den Absenkungsregeln nach RdNr. 67 RegLL 2007, dass die Beihilfe gerade nicht als Kompensation und damit als Anreiz für eine Investition in einer strukturschwachen Region dient, sondern das jeweils begünstigte Unternehmen, ähnlich einer Betriebsbeihilfe, ganz allgemein stärkt. Damit aber rüttelt die Kommission an den Grundfesten der Regionalbeihilfe selbst und stellt die Ziele des Art. 108 Abs. 3 lit. a und c AEUV in Frage. Die **Kontrollüberlegung** zu einer geförderten Investition in einem Fördergebiet ist nicht die gedachte ungeförderte Investition am gleichen Standort, sondern die **gedachte ungeförderte Investition außerhalb dieses Fördergebietes.**[1309] Erst ein Vergleich dieser beiden Investitionsvarianten läßt die tatsächlich erforderliche Kompensation für die regional bedingten Mehraufwendungen einer Investition in dem benachteiligten Gebiet erkennen.[1310]

Das Kriterium der **Marktstärke** ist erstmals mit RdNr. 24 MSR-2002[1311] in das Recht der **412** Regionalbeihilfen eingeführt worden. Danach war eine vorgesehene Beihilfe anzumelden, wenn sie den Beihilfehöchstbetrag überschritt, der für eine Investition von 100 Mio. EUR gemäß der unter RdNr. 21 aufgeführten Tabelle gewährt werden konnte.[1312] Diese Tabelle ent-

---

[1299] *Mederer/Pesaresi/van Hoof/Dupont/Tumasonytė* (Fn. 317), Chapter 6, RdNr. 4.957é

[1300] Siehe oben RdNr. 109–126.

[1301] RdNr. 102 RegLL 2007.

[1302] Siehe auch *Mederer/Pesaresi/van Hoof/Dupont/Tumasonytė* (Fn. 317) Chapter 6, RdNr. 4.957; *Bacon/Wishlade* (Fn. 40) RdNr. 15.73; dies entspricht auch RdNr. 24 MSR-2002 (Fn. 73); a. A.: 75% von 75% des regionalen Höchstsatzes: *Bartosch* (Fn. 75), Art. 87 Abs. 3 EGV, RdNr. 43.

[1303] RFVO (Fn. 3).

[1304] Siehe auch oben RdNr. 340.

[1305] Zum generalisierten Nachteilsausgleich, siehe oben RdNr. 1, 3 ff., 21, 23, 30, 47, 76, 130, 155, 192, 204, 252, 346 und unter RdNr. 413, 474 sowie RdNr. 2, 22 Nr. 2 Kriterien (Fn. 21).

[1306] MSR-1998 (Fn. 53).

[1307] RdNr. 3.10 MSR-1998 (Fn. 53).

[1308] Siehe oben RdNr. 17–19.

[1309] RdNr. 22 Nr. 2 Kriterien (Fn. 21); insoweit unklar Kom., Eröffnungsentscheidung C 31/2009 (ex N 113/2009), S. 15, 16 – Audi Hungaria (Fn. 1142); als Kontrollüberlegung ebenfalls zulässig ist die gedachte geforderte Investition in einem anderen Fördergebiet mit einem niedrigeren, in der jeweiligen Fördergebietskarte genehmigten Interventionssatz, vgl. auch unter RdNr. 454 und 477.

[1310] Siehe oben RdNr. 4; RdNr. 24, 25 Kriterien (Fn. 21).

[1311] MSR-2002 (Fn. 73).

[1312] RdNr. 24 S. 1 MSR-2002 (Fn. 73).

sprach der Tabelle in RdNr. 67 RegLL 2007. Allerdings bestimmte diese Vorschrift darüber hinaus, dass einzeln angemeldete Beihilfevorhaben für eine Investitionsbeihilfe nicht in Frage kamen, sofern der Beihilfeempfänger vor der Investition für mehr als 25% des Verkaufs des betreffenden Produktes verantwortlich war oder wenn er nach der Investition in der Lage wäre, mehr als 25% des Umsatzes des betreffenden Produktes zu gewährleisten.[1313] Das bedeutete erstmals einen vollständigen Förderausschluss für diese Vorhaben. Abgewendet werden konnte dieser Förderausschluss durch ein Begrenzen der vorgesehenen Beihilfe auf ein nicht anmeldepflichtiges Interventionsvolumen.[1314] Das war regelmäßig dann gegeben, wenn die Beihilfe unter dem Betrag lag, der für ein Projekt mit einem förderfähigen Investitionsvolumen von 100 Mio. EUR und unter Berücksichtigung der Absenkungsstufe bei 50 Mio. EUR[1315] nach der genehmigten Fördergebietskarte höchstens gewährt werden konnte. Damit war für diese marktstarken Unternehmen zugleich auch die Beihilfehöchstintensität bestimmt, unabhängig davon ob ihre im Grundsatz förderfähigen Investitionskosten nun 100 Mio. EUR oder 1 Mrd. EUR betrugen.

413   Der Förderausschluss marktstarker Unternehmen widersprach dem Grundanliegen der Regionalbeihilfe als einem generalisierten Nachteilsausgleich für eine Investition in einem Fördergebiet.[1316] Die Frage, ob die Arbeitsplätze innerhalb oder außerhalb eines Fördergebietes geschaffen werden ist von der Frage der Marktstärke eines Unternehmens unabhängig. Das Ziel der Regionalförderung besteht nicht darin, schwache Unternehmen zu unterstützen.[1317] Es ist vielmehr auf die Unterstützung schwacher Regionen im Rahmen der innermitgliedstaatlichen oder der innergemeinschaftlichen Kohäsion ausgerichtet.[1318] Die Mitgliedstaaten sollen im Kern alle Möglichkeit erhalten, Unternehmen, die sich in wirtschaftsschwachen Regionen, also in den Fördergebieten nach Art. 107 Abs. 3 lit. a oder c AEUV niederlassen, die Nachteile auszugleichen, die ihnen dadurch entstehen, dass sie sich gerade dort und nicht in einer wirtschaftlich starken Region ansiedeln oder investieren.[1319]

414   Der Grundansatz des regionalen Nachteilsausgleichs war bisher in seiner wettbewerbsrechtlich reinsten Form im Instrument der vergleichenden Kosten-Nutzen-Analyse des **Kfz-Gemeinschaftsrahmens 1997**[1320] entwickelt. Diese Analyse verglich für die standortungebundenen Projektteile die Kosten, die das Unternehmen aufwenden musste, um das Investitionsprojekt in dem betreffenden Fördergebiet durchzuführen, mit den Kosten, die für ein gleiches Investitionsprojekt an einem **Alternativstandort** erforderlich wären. Auf diese Weise konnten die besonderen regionalen Nachteile des betreffenden Fördergebietes bestimmt und die Regionalbeihilfegewährung auf die aus der Vergleichsanlage erkennbaren regionalen Differenzen begrenzt werden.[1321] Dieser Rahmen gestattete der Kommission die **Notwendigkeit**,[1322] die **Angemessenheit**[1323] und die **Auswirkungen auf die Branche und den Wettbewerb**[1324] einer Beihilfe unter Beachtung der Lösung der regionalen Herausforderungen, die sie beheben sollte, festzustellen.[1325] Darüber hinaus hatte dieser Ansatz, wie die Kommission selbst darstellt, sowohl bei privaten Unternehmen als auch bei den staatlichen Stellen im Zusammenhang mit der Bewertung großer Investitionsvorhaben breite Akzeptanz gefunden.[1326] Dies ist umso bemerkenswerter, als die Kommission bei Einführung dieses Rahmens davon ausging, dass der Kraftfahrzeugsektor als sensibler Sektor[1327] strukturelle Überkapazitäten aufwies.[1328] Dem Ansatz dieses Rahmens ent-

---

[1313] RdNr. 24 S. 2 MSR-2002 (Fn. 73).

[1314] Kom., Staatliche Beihilfe C 21/2007 (ex N 578/2006) v. 30. 4. 2008, ABl. 2008 L 295/34 RdNr. 107 – IBIDEN.

[1315] RdNr. 21 MSR-2002 (Fn. 73).

[1316] Siehe oben RdNr. 1, 3 ff., 21, 23, 30, 47, 76, 130, 155, 192, 204, 252, 346, 410, 474 sowie RdNr. 2, 22 Nr. 2 Kriterien (Fn. 21).

[1317] *Soltész* EWS 2004, 241, 244 f.

[1318] RdNr. 50 Kriterien (Fn. 21); siehe auch oben RdNr. 1, 33, 208, 290 und unten RdNr. 471 und 475.

[1319] Siehe auch oben RdNr. 1, 410, 411.

[1320] Anhang I, Abschnitt 2.2 Abs. 1 Kfz-Gemeinschaftsrahmen 1997 (Fn. 18).

[1321] Abschnitt 3.2 lit. c Abs. 3 Kfz-Gemeinschaftsrahmen 1997 (Fn. 18).

[1322] Abschnitt 3.2 lit. a Abs. 1 Kfz-Gemeinschaftsrahmen 1997 (Fn. 18).

[1323] Abschnitt 3.2 lit. c Abs. 1 Kfz-Gemeinschaftsrahmen 1997 (Fn. 18).

[1324] Abschnitt 3.2 lit. d Abs. 1 Kfz-Gemeinschaftsrahmen 1997 (Fn. 18).

[1325] Abschnitt 3.2 lit. c Abs. 1 Kfz-Gemeinschaftsrahmen 1997 (Fn. 18).

[1326] Anhang I, Abschnitt 2.1 Kfz-Gemeinschaftsrahmen 1997 (Fn. 18).

[1327] Abschnitt 3.2 lit. d Abs. 1 Kfz-Gemeinschaftsrahmen 1997 (Fn. 18).

[1328] Abschnitt 1 lit. b Abs. 2; 3.2 lit. d Abs. 1 Fn. 25; Anhang I Abschnitt 1.1 Abs. 4; Anhang I Abschnitt 2.3 Abs. 5 und Anhang I, Abschnitt 3.5 Abs. 1 Kfz-Gemeinschaftsrahmen 1997 (Fn. 18).

sprechen auch die Kriterien für die eingehende Prüfung staatlicher Regionalbeihilfen zur Förderung großer Investitionsvorhaben.[1329]

RdNr. 68 RegLL 2007 ersetzt das Förderverbot in RdNr. 24 Satz 2 MSR-2002[1330] und läßt **415** auch bei marktstarken Unternehmen im Grundsatz wieder eine Regionalförderung zu. Allerdings knüpft diese Vorschrift die Förderung an das obligatorische Durchlaufen eines förmlichen Prüfverfahrens nach Art. 108 Abs. 2 AEUV, Art. 4 Abs. 4; 6 Verfahrensverordnung.[1331]

In gleicher Weise wird verfahren, sofern mit dem Vorhaben die **geschaffene Kapazität** um **416** **mehr als 5% des Marktes** ansteigt und die in den letzten fünf Jahren verzeichneten mittleren Jahreszuwachsraten des sichtbaren Verbrauchs über der mittleren jährlichen Wachstumsrate des Bruttoinlandsprodukts im Europäischen Wirtschaftsraum (EWR)[1332] liegen.[1333] Die Feststellung der geschaffenen Kapazität erfolgt anhand der Daten über den **sichtbaren Verbrauch,**[1334] also die Produktion im EWR plus Einfuhren abzüglich der Ausfuhren.[1335] Sofern die betroffenen Jahreszuwachsraten des sichtbaren Verbrauchs über der mittleren jährlichen Wachstumsrate des Bruttoinlandsprodukts im EWR liegen, ist bei einer Zunahme der geschaffenen Kapazität auch von mehr als 5% ein förmliches Prüfverfahren entbehrlich.[1336]

Die **Verkäufe** und der **sichtbare Verbrauch** werden im Rahmen der Marktstärkeprüfun- **417** gen nach RdNr. 68 lit. a und b RegLL 2007 anhand der **PRODCOM-Nomenklatur**[1337] auf der geeigneten Ebene – normalerweise im EWR – definiert. Falls diese Daten nicht vorliegen oder nicht relevant sind, werden sie auf der Grundlage eines anderen allgemein akzeptierten Marktsegments definiert, für das statistische Daten zur Verfügung stehen.[1338]

Die **Beweislast,** dass das zu fördernde Unternehmen die Marktstärkekriterien nicht erfüllt, **418** obliegt dem **Mitgliedstaat.**[1339] Weist der Mitgliedstaat nach, dass der Beihilfeempfänger durch wahre Innovation einen neuen Produktmarkt schafft, in dem er selbstverständlich zumindest zunächst die in RdNr 68 lit. a und b RegLL 2007 beschriebenen Kriterien der Marktstärke erfüllt, sind die dort vorgesehenen Prüfungen nicht erforderlich. Dabei kommt es nicht darauf an, ein bisher unbekanntes Produkt herstellen zu wollen. Maßgebend ist vielmehr, dass das in Rede stehend Produkt derzeit keinen Markt hat. So gab es bis zur Einführung der iPhones keinen Markt für Smartphones. Ebenso besteht derzeit noch kein Markt für Großserienpersonenelektrowagen, also PEW's in Anlehnung an die bekannten PKW's mit Verbrennungsmotoren. Die Beihilfe wird dann nach der Tabelle in RdNr. 67 RegLL 2007 genehmigt.[1340]

Um die Marktstärkeprüfung vornehmen zu können, bedarf es zunächst der Bestimmung des **419** sachlich und räumlich relevanten Marktes.[1341]

(2) Sachlich relevanter Markt: Der sachlich relevante Markt bestimmt sich nach dem maß- **420** geblichen **Produkt** oder der maßgeblichen **Dienstleistung.** Das betreffende Produkt ist in der Regel das Produkt für das die Investition stattfindet.[1342] Der sachlich relevante Produktmarkt umfasst das betreffende Produkt und jene Produkte, die vom **Verbraucher** (wegen der Merkmale des Produkts, seines Preises und seines Verwendungszwecks) oder vom **Hersteller** (durch die Flexibilität der Produktionsanlagen) als seine **Substitute** angesehen werden.[1343] Bei der Herstellung verschiedener Produkte erfolgt eine produktspezifische Prüfung. So kann für das eine Produkt

[1329] RdNr. 24, 25 Kriterien (Fn. 21).
[1330] MSR-2002 (Fn. 73).
[1331] RdNr. 68 letzter Halbs. RegLL 2007.
[1332] Zum EWR siehe RdNr. 1 Fn. 1; 90 Fn. 407.
[1333] RdNr. 68 lit. b RegLL 2007.
[1334] RdNr. 68 lit. b RegLL 2007.
[1335] RdNr. 68 lit. b Fn. 62 RegLL 2007.
[1336] RdNr. 68 lit. b RegLL 2007.
[1337] Verordnung (EWG) Nr. 3924/91 des Rates vom 19. Dezember 1991 zur Einführung einer Gemeinschaftserhebung über die Produktion von Gütern, ABl. 1991 L 374/1.
[1338] RdNr. 70 S. 2 RegLL 2007.
[1339] RdNr. 70 S. 1 RegLL 2007.
[1340] RdNr. 70 Fn. 65 RegLL 2007; siehe auch oben RdNr. 407.
[1341] Kom., Staatliche Beihilfen N 810/2006, RdNr. 62 ff., 82 ff. – AMD (Fn. 840); N 473/2008 v. 17. 6. 2009, RdNr. 61 – Ford, Spanien; N 671/2008 v. 30. 11. 2009, RdNr. 73 ff., 86 ff. – Mercedes-Benz, Ungarn; N 180/2009 v. 4. 11. 2009, RdNr. 48 ff., 52 ff. – En Plus, Italien; C 21/2007 (ex N 578/2006), RdNr. 82 – IBIDEN (Fn. 1292); C 46/2008 (ex N 775/2007), RdNr. 128 ff., 144 ff. – Dell, Polen (Fn. 1163); Eröffnungsentscheidung C 65/2009 (ex N 113/2009), RdNr. 69 – Audi Hungaria (Fn. 1142); *Mederer/Pesaresi/van Hoof/Dupont/Tumasonytė* (Fn. 317), Chapter 6, RdNr. 4.959.
[1342] RdNr. 69 RegLL 2007.
[1343] RdNr. 69 S. 3 RegLL 2007.

das Kriterium der Marktstärke erfüllt sein, für das andere nicht. Das hat zur Folge, das die Investitionen, die sich auf das marktstarke Produkt beziehen, möglicherweise mit dem Binnenmarkt unvereinbar sind und daher nicht genehmigt, während die Förderung der anderen Investitionskosten als mit dem Binnenmarkt kompatibel und daher förderfähig betrachtet werden.

421 Schwierigkeiten treten dann auf, wenn das hergestellte oder herzustellende Produkt auf dem Markt nicht gehandelt wird und lediglich ein **Zwischenprodukt** darstellt. Dies ist etwa möglich bei Solarzellen,[1344] Fahrzeugmotoren,[1345] Mikroprozessor- oder Speicherchipwafern[1346] sowie LCD-Bildschirmen für Fernsehgeräte.[1347] In diesen Fällen ist ein Markt für diese Produkte auszuschließen und auf den nachgelagerten Markt auszuweichen.[1348] Das können bei Solarzellen die fertigen Solarmodule[1349] oder -energiesysteme,[1350] bei Motoren die von diesen angetriebenen Maschinen oder Fahrzeuge,[1351] bei den Prozessor- und Speicherwafern die fertigen Speicherchips[1352] oder die fertigen Mikroprozessoren[1353] und bei den LCD-Bildschirmen die fertigen Fernsehgeräte sein.

422 Werden nachgelagerte Märkte als **Ersatzmärkte**[1354] begutachtet, erscheint auch die PRODCOM-Nomenklatur[1355] nicht mehr zielführend. Sie bildet die Märkte nicht scharf genug ab und erscheint zu weit gefasst. Mitunter nutzen die betroffenen Industriesektoren selbst auch andere Spezifikationen.[1356] Die Kommission untersucht daher, ob sich der zunächst identifizierte nachgelagerte Markt weiter unterteilen lässt und so eine engere Marktabgrenzung möglich und sinnvoll erscheint.[1357] So könnten die Mikroprozessoren und Speicherchips etwa auf den Desktop-, Notebook-, Server- oder Workstationbereich ausgelegt sein.[1358]

423 Eine weitere Differenzierung des Produktmarktes ist dann sinnvoll, wenn sich auch das Ausgangsprodukt, also in den genannten Fällen die Wafer, Motoren, Solarzellen oder Bildschirme einer derartigen engeren Marktabgrenzung zugänglich zeigt oder sie gar fordert. Bei Wafern wäre das dann anzunehmen, wenn sie spezifischen Anforderungen folgten, die genau diesen Differenzierungen entsprächen.[1359] Ähnliches gilt für den Kraftfahrzeugmarkt. Insoweit gibt es eine weite Differenzierung von bis zu 27 Einzelklassen.[1360] Allerdings ist eine Differenzierung nur insoweit zulässig, als die Motoren auch in die jeweiligen Fahrzeugklassen eingebaut werden. Werden also bestimmte Motoren nur in bestimmten Fahrzeugklassen verwendet, so sind auch nur diese Fahrzeugklassensegmente zu betrachten. Dabei kann der Ersatzmarkt (Proxymarkt) jedoch nicht den Regeln unterworfen werden, die allein für ihn selbst gelten. Die Untersuchung muss sich im Rahmen der Marktsegmente halten, die für den eigentlich zu untersuchen-

---

[1344] Kom., Staatliche Beihilfe N 409/2006 v. 20. 12. 2006, RdNr. 40 – HighSi; Staatliche Beihilfe C 21/2008 (ex N 864/2006), RdNr. 120 – Sovello, EverQ (Fn. 1054).

[1345] Kom., Staatliche Beihilfe C 61/2001 (ex N 226/2001), ABl. 2002 L 282/23, RdNr. 35 – Daimler Chrysler; Staatliche Beihilfe C 63/2002 (ex N 316/2002), ABl. 2003 L 229/24, RdNr. 61 – BMW, Österreich; Staatliche Beihilfe N 767/2007 v. 30. 4. 2008, RdNr. 75 – Ford Craiova, Rumänien (Fn. 1259); Eröffnungsentscheidung C 65/2009 (ex N 113/2009), RdNr. 72 – Audi Hungaria (Fn. 1142).

[1346] Kom., Staatliche Beihilfe N 810/2006, RdNr. 63 – AMD (Fn. 840); Staatliche Beihilfe N 872/2006, RdNr. 91 – Qimonda (Fn. 802).

[1347] *Mederer/Pesaresi/van Hoof/Dupont/Tumasonytė* (Fn. 317), Chapter 6, RdNr. 4.961.

[1348] RdNr. 69 S. 2 RegLL 2007.

[1349] Kom., Staatliche Beihilfe C 21/2008 (ex N 864/2006), RdNr. 121 – Sovello, EverQ (Fn. 1054).

[1350] Kom., Staatliche Beihilfe N 409/2006, RdNr. 45 – HighSi (Fn. 1344).

[1351] Kom., Staatliche Beihilfe C 61/2001 (ex N 226/2001), RdNr. 35 – Daimler Chrysler (Fn. 1345); Staatliche Beihilfe C 63/2002 (ex N 316/2002), RdNr. 61 – BMW, Österreich (Fn. 1345); Eröffnungsentscheidung C 65/2009 (ex N 113/2009), RdNr. 73 – Audi Hungaria (Fn. 1142).

[1352] Kom., Staatliche Beihilfe N 872/2006, RdNr. 92 – Qimonda (Fn. 802).

[1353] Kom., Staatliche Beihilfe N 810/2006, RdNr. 81 – AMD (Fn. 840).

[1354] Die Kom. nutzt dafür den Begriff „proxy": Kom., Staatliche Beihilfe N 767/2007, RdNr. 103 – Ford Craiova, Rumänien (Fn. 1259).

[1355] RdNr. 70 Fn. 66 RegLL 2007.

[1356] Kom., Staatliche Beihilfe N 767/2007, RdNr. 91 – Ford Craiova, Rumänien (Fn. 1259); Staatliche Beihilfe N 635/2008. 20. 4. 2009, RdNr. 66 – Fiat, Sicily (Fn. 1297); Eröffnungsentscheidung C 65/2009 (ex N 113/2009), RdNr. 77 – Audi Hungaria (Fn. 1142).

[1357] Kom., Staatliche Beihilfe N 810/2006, RdNr. 70 – AMD (Fn. 840); Staatliche Beihilfe N 767/2007, RdNr. 75 – Ford Craiova, Rumänien (Fn. 1259); Eröffnungsentscheidung C 65/2009 (ex N 113/2009), RdNr. 72 – Audi Hungaria (Fn. 1142).

[1358] Kom., Staatliche Beihilfe N 810/2006, RdNr. 74 – AMD (Fn. 840).

[1359] Kom., Staatliche Beihilfe N 810/2006, RdNr. 76, 80 – AMD (Fn. 840).

[1360] Kom., Staatliche Beihilfe N 767/2007, RdNr. 92, 96 – Ford Craiova, Rumänien (Fn. 1259).

den Grundmarkt, also etwa den Markt für Kfz-Motoren gelten.[1361] Wird also ein Kraftfahrzeugmotortyp nicht streng nach den einzelnen Fahrzeugsegmenten eingesetzt, sondern erfolgt sein Einsatz vielmehr über die Fahrzeugsegmentgrenzen hinweg, dann muss auch die Bewertung des zu beurteilenden Ersatzmarktes diesem Umstand folgen. Daher sind für eine ordnungsgemäße Marktbetrachtung zumindest die Fahrzeugsegmente zusammen zu betrachten, die dem einzelnen Motorentyp zuzuordnen sind.[1362] Bei reinen, austauschbaren Massenprodukten bietet sich eine derartige Unterteilung allerdings nicht an.[1363] Sie weisen als Commodities einheitliche Spezifikationen auf, so dass die Erzeugnisse einer bestimmten Spezifikation auch von unterschiedlichen Herstellern über dieselben Eigenschaften verfügen und beim Weiterverarbeiter eins zu eins austauschbar sind. Bei vertikal integrierten Herstellern, die Teile der Produktion von Zwischenprodukten selbst verbrauchen und Teile je nach Marktlage an andere Endproduktehersteller veräußern, kann es sinnvoll sein, beide Märkte, sowohl den Gesamtmarkt auf dem die Fertigprodukte, als auch den „offenen" Markt, also den, auf dem die Zwischenprodukte angeboten werden, zu untersuchen.[1364] Je enger die Marktabgrenzung erfolgt, desto rascher lassen sich die Marktstärkekriterien von 25% Marktanteil oder ein Kapazitätsanstieg von 5% aufgrund des zu prüfenden Investitionsvorhabens annehmen.

424   Nicht zum nachgelagerten Markt zählt der **Finanzmarkt**. Auch wenn die betreffenden Güter veräußert werden und sich ihr Wert stets als ein Geldbetrag ausdrücken läßt, handelt es sich insoweit nicht um einen für die Zwecke der Marktstärkeprüfung geeigneten, und bezogen auf die einzelnen Produktgruppen genügend unterscheidbaren Markt.

425   **(3) Räumlich relevanter Markt:** Im Grundsatz ist der räumlich relevante Markt der Europäische Wirtschaftsraum (EWR).[1365] Allerdings erfolgen große Investitionsvorhaben in Wirklichkeit von Unternehmen, die ihre Produkte weltweit absetzen und die zu anderen Unternehmen, die ihrerseits auf dem Weltmarkt anbieten, in Konkurrenz stehen. Daher sollte der räumlich relevante Markt regelmäßig der Weltmarkt sein.[1366] Allerdings betrachtet die Kommission auch den räumlich relevanten Markt enger und stellt zumeist auf den EWR oder sogar einen nur nationalen oder regionalen Markt[1367] ab.[1368]

426   Als **Kriterien** für die Bestimmung des räumlich relevanten Marktes lassen sich heranziehen: das **Fehlen von Marktdaten** für einen bestimmten räumlichen Markt in unabhängigen Marktstudien,[1369] die Orte der **Produktionsstätten** des investierenden Unternehmens,[1370] die Orte der Produktionsstätten der auf dem Markt konkurrierenden Unternehmen,[1371] die **Handelsorte**[1372]

[1361] Für die Chipindustrie: Kom., Staatliche Beihilfe N 810/2006, RdNr. 76 – AMD (Fn. 840).

[1362] Kom., Eröffnungsentscheidung C 65/2009 (ex N 113/2009), RdNr. 106 – Audi Hungaria (Fn. 1142).

[1363] Kom., Staatliche Beihilfe N 203/2008, RdNr. 81, 87 – Papierfabrik Spremberg (Fn. 605).

[1364] Kom., Staatliche Beihilfe N 191/2008 v. 8. 11. 2008, RdNr. 68, 70, 72 (f | glass).

[1365] RdNr. 70 S. 2 RegLL 2007; zum Begriff: siehe oben RdNr. 1 Fn. 1; 90 Fn. 407.

[1366] Kom., Staatliche Beihilfe N 810/2006, RdNr. 82 f. – AMD (Fn. 840); Staatliche Beihilfen N 872/2006, RdNr. 106–108 – Qimonda (Fn. 802); N 409/2006, RdNr. 54, 55 – HighSi (Fn. 1344); C 21/2008 (ex N 864/2006), RdNr. 131 – Sovello, EverQ (Fn. 1054); N 453/2008 v. 11. 2. 2009, RdNr. 82 – Sunfilm; Eröffnungsentscheidung C 34/2008 (ex N 180/2008), RdNr. 63, 64 – Deutsche Solar (Fn. 1164); N 199/2008 v. 2. 7. 2008, RdNr. 56 – Intico Solar.

[1367] Kom., Eröffnungsentscheidung C 34/2009 (ex N 588/2008), ABl. 2010 C 23, S. 34, 45 r. Sp. Abs. 1 und 2 – PETROGAL, Portugal (Fn. 159); Staatliche Beihilfen N 907/2006, RdNr. 58 – Mátrai Erőmű Zrt. (Fn. 1257); N 582/2007 v. 2. 4. 2008, RdNr. 82 – Propapier; N 180/2009, RdNr. 55 – En Plus, Italien (Fn. 1341).

[1368] Kom., Staatliche Beihilfen C 61/2001 (ex N 226/2001), RdNr. 91 – Daimler Chrysler (Fn. 1345); C 12/2005 (ex N 611/2003) v. 20. 12. 2006, ABl. 2007 L 276/22, RdNr. 75, 95 f. – e-glass; C 46/2008 (ex N 775/2007), RdNr. 146–148 – Dell, Polen (Fn. 1163); N 203/2008, RdNr. 91 – Papierfabrik Spremberg (Fn. 605); N 635/2008, RdNr. 82 – Fiat Sicily (Fn. 1297); N 191/2008, RdNr. 73 – f | glass (Fn. 1364); C 21/2007 (ex N 578/2006), RdNr. 98 – IBIDEN (Fn. 1292).

[1369] Kom., Staatliche Beihilfen N 409/2006, RdNr. 54 – HighSi (Fn. 1344); N 773/2007, RdNr. 57 – Wacker Schott Solar (Fn. 631); Eröffnungsentscheidungen C 34/2008 (ex N 180/2008), RdNr. 62 – Deutsche Solar (Fn. 1164) ; C 65/2009 (ex N 113/2009), RdNr. 97 – Audi Hungaria (Fn. 1142).

[1370] Kom., Staatliche Beihilfen N 810/2006, RdNr. 82 f. – AMD (Fn. 840) ; N 635/2008, RdNr. 79 – Fiat Sicily (Fn. 1297).

[1371] Kom., Staatliche Beihilfen N 409/2006, RdNr. 54 – HighSi (Fn. 1344); N 810/2006, RdNr. 82 f. – AMD (Fn. 840); Kom., N 635/2008, RdNr. 79, 80 – Fiat Sicily (Fn. 1297); Eröffnungsentscheidung C 65/2009 (ex N 113/2009), RdNr. 97, 100 – Audi Hungaria (Fn. 1142).

[1372] Kom., Staatliche Beihilfen N 409/2006, RdNr. 54 – HighSi (Fn. 1344); N 635/2008, RdNr. 79 – Fiat Sicily (Fn. 1297).

und **-ströme,** also Import und Export,[1373] die **Absatzmärkte** des investierenden Unternehmens,[1374] der Umfang der **Handelshemmnisse,**[1375] etwa in Form signifikanter oder nur geringfügiger **Transportkosten**[1376] oder durch nationale (technische)[1377] Gesetze oder Verwaltungsvorschriften, [1378] der **Wettbewerb zwischen den Konkurrenten,** [1379] ein **einheitliches Preisniveau** auf globaler Ebene,[1380] die **Austauschbarkeit der Produkte**[1381] sowie die leichte oder schwierige, kostensignifikante oder nichtkostensignifikante **Anpassung eines Produktes** an die jeweiligen spezifischen Bedingungen der Absatzmärkte außerhalb des EWR.[1382] **Signifikanz** ist dann anzunehmen, wenn eine Kostensteigerung, sei es durch den Transport oder die Produktionsumstellung von mehr als 5% eintritt.[1383] Ferner zieht die Kommission auch frühere Fusionskontrollentscheidungen heran.[1384] Betrachtet wird sowohl die Seite der Hersteller als auch die der Abnehmer.[1385]

427   Darüber hinaus läßt sich auch der **Herfindahl-Hirschmann-Index (HHI)** heranziehen.[1386] Insoweit stellt eine Verringerung der Konkurrenten allerdings nicht nur einen Konzentrationsprozess dar, sondern ist zugleich auch ein Zeichen größerer Internationalität. Die geringere Anzahl von Anbietern hat nun den gleichen räumlichen Markt zu bedienen.

428   Eine zunehmende **Liberalisierung** sowie eine zunehmende Anzahl von Handelsabkommen sprechen eher für einen globalisierten, also den Weltmarkt als räumlich relevanten Markt statt des EWR oder eines nur nationalen Marktes. Unterschiede in den einzelnen **Steuersystemen**[1387] stellen regelmäßig keine Hindernisse dar. Die jeweiligen Steuern fallen, unabhängig vom Herstellungsort, wie etwa die Mehrwertsteuer, lediglich im Einfuhrland an. Dies gilt umso mehr, wenn die Hersteller des jeweils relevanten Produktes nahezu alle auf allen Kontinenten präsent sind.

429   **(4) Marktanteilsbestimmung.** Die Marktanteilsprüfung beginnt mit dem Jahr vor dem Beginn der Investition und endet mit in dem Jahr, nach dem die Produktion ihren vollen Umfang erreicht hat.[1388] Beginnt also ein Investitionsvorhaben im Jahr 2007 und ist es im Jahre 2010 abgeschlossen, sind die Jahre 2006 und 2011 zu betrachten. Wird das Vorhaben zwar im Jahre 2010 abgeschlossen, erreicht es seine volle Kapazität aber erst im Jahre 2014,[1389] etwa weil dann erst die Yield-Kurven die Nennleistung erreichen, sind die Marktanteile der Jahre 2006 und 2015 zu untersuchen.[1390] Sind also der sachlich und räumlich relevante Markt bestimmt, bereitet

---

[1373] Kom., Staatliche Beihilfen N 409/2006, RdNr. 54 – HighSi (Fn. 1344); N 635/2008, RdNr. 79 – Fiat Sicily (Fn. 1297); Eröffnungsentscheidungen C 34/2008 (ex N 180/2008), RdNr. 63, 64 – Deutsche Solar (Fn. 1164); C 65/2009 (ex N 113/2009), RdNr. 97 – Audi Hungaria (Fn. 1142).
[1374] Kom., Staatliche Beihilfen N 810/2006 RdNr. 82 f. – AMD (Fn. 840); N 773/2007, RdNr. 57 – Wacker Schott Solar (Fn. 631); Eröffnungsentscheidung C 65/2009 (ex N 113/2009), RdNr. 97 – Audi Hungaria (Fn. 1142).
[1375] Kom., Staatliche Beihilfen N 409/2006, RdNr. 54 – HighSi (Fn. 1344); N 773/2007, RdNr. 57 – Wacker Schott Solar (Fn. 631); Eröffnungsentscheidung C 34/2008 (ex N 180/2008), RdNr. 62 – Deutsche Solar (Fn. 1164).
[1376] Kom., Staatliche Beihilfen N 300/2002 v. 30. 10. 2002, RdNr. 27 – Communicant; Staatliche Beihilfe N 409/2006, RdNr. 54 – HighSi (Fn. 1344); N 810/2006, RdNr. 82 f. – AMD (Fn. 840); N 773/2007 RdNr. 57 – Wacker Schott Solar (Fn. 631); Kom., N 635/2008, RdNr. 79 f. – Fiat Sicily (Fn. 1297); Eröffnungsentscheidung C 34/2008 (ex N 180/2008), RdNr. 62 – Deutsche Solar (Fn. 1164).
[1377] Kom., Staatliche Beihilfe N 635/2008, RdNr. 80 – Fiat Sicily (Fn. 1297).
[1378] Kom., Staatliche Beihilfe N 810/2006, RdNr. 82 f. – AMD (Fn. 840).
[1379] Kom., Eröffnungsentscheidung C 65/2009 (ex N 113/2009), RdNr. 98 – Audi Hungaria (Fn. 1142).
[1380] Kom., Staatliche Beihilfe N 773/2007, RdNr. 57 – Wacker Schott Solar (Fn. 631); N 635/2008, RdNr. 80 – Fiat Sicily (Fn. 1297); Eröffnungsentscheidung C 34/2008 (ex N 180/2008), RdNr. 62 – Deutsche Solar (Fn. 1164).
[1381] Kom., Staatliche Beihilfen N 300/2002, RdNr. 27 – Communicant (Fn. 1376); N 810/2006, RdNr. 82 f. – AMD (Fn. 840).
[1382] Kom., Staatliche Beihilfen N 810/2006, RdNr. 82 f. – AMD (Fn. 840); N 203/2008 RdNr. 77 – Papierfabrik Spremberg (Fn. 605): Umrüstung von einer Produktart zu einer anderen binnen einer Stunde.
[1383] Zur Signifikanz: siehe oben RdNr. 190.
[1384] Kom., Staatliche Beihilfe N 409/2006, RdNr. 54 – HighSi (Fn. 1344).
[1385] Kom., Staatliche Beihilfe N 635/2008, RdNr. 79, 80 – Fiat Sicily (Fn. 1297).
[1386] RdNr. 43 Fn. 2 Kriterien (Fn. 21); siehe auch unter RdNr. 466.
[1387] Kom., Eröffnungsentscheidung C 65/2009 (ex N 113/2009), RdNr. 94 – Audi Hungaria (Fn. 1142).
[1388] RdNr. 44 S. 1 Kriterien (Fn. 21).
[1389] Siehe Kom., Staatliche Beihilfe N 203/2008, RdNr. 9 – Papierfabrik Spremberg (Fn. 605).
[1390] Siehe Kom., Staatliche Beihilfe N 203/2008, RdNr. 97 – Papierfabrik Spremberg (Fn. 605).

die Prüfung der **bestehenden Marktstärke,** also des Erreichens eines Marktanteils von mehr als 25% **vor** der Investititon, regelmäßig geringe Schwierigkeiten. Diese sich auf das Jahr vor der Investition beziehenden Daten[1391] sind meist vorhanden. Sofern keine geeigneten Marktdaten vorhanden sein sollten, kann auch auf geeignete vorhandene Daten eines Ersatzmarktes zurückgegriffen werden.[1392]

Schwieriger ist die Feststellung des **Marktanteils nach Investitionsabschluss** bereits zum   **430** Zeitpunkt der Genehmigungsentscheidung. Diese Berechnung führt zumeist weit in die Zukunft. Es handelt sich bei den vorgelegten Vorhaben regelmäßig um anmeldepflichtige Maßnahmen, also um solche mit einem Beihilfevolumen, das einem Investitionsvolumen von mehr als 100 Mio. EUR entspricht.[1393] Diese Investitionsvorhaben weisen eine meist mehrjährige Dauer auf.[1394] Das bedeutet, dass das jeweilige Unternehmen für die Zukunft zum einen die globale oder europäische sowie zum anderen die eigene Marktentwicklung mit einer großen Sicherheit vorhersehen soll. Allerdings kann kein Unternehmen eine realistische Einschätzung darüber abgeben, wie sich die eigene Marktstellung in einem solchen Zeitrahmen entwickeln wird.[1395] Dies erkennt im Grundsatz auch die Kommission an.[1396] Sie beabsichtigt daher bereits dann eine förmliche Prüfung durchzuführen, wenn auch nur bei einem Szenario von mehreren, durch verschiedene, unabhängige Marktgutachten dargestellte Szenarien für ein einzelnes Jahr oder zwei Jahre nicht ausgeschlossen werden kann, dass die Marktentwicklung dazu führt, dass das investierende Unternehmen mit seinem Marktanteil auch nur in die Nähe der 25%-Schwelle gerät. Andererseits ist sie bereit, auch einen anderen (Ersatz-)Zeitpunkt für die Marktanteilsbestimmung nach Abschluss des Vorhabens zuzulassen, sofern geeignete Marktdaten nicht verfügbar sind.[1397]

(5) Kapazitätssteigerung. Im Rahmen der Prüfung der Kapazitätssteigerung nach   **431** RdNr. 68 lit. b RegLL 2007 werden die Daten über den sichtbaren Verbrauch des betreffenden Produkts herangezogen und einer zweistufigen Prüfung unterzogen. Dabei bestimmt sich der sichtbare Verbrauch nach der Produktion im EWR plus Einfuhren abzüglich der Ausfuhren.[1398]

In einer **ersten Stufe** wird das Verhältnis der Jahreszuwachsraten des sichtbaren Verbrauchs   **432** zum BIP-Wachstum im EWR betrachtet. Abgestellt wird auf die in den letzten fünf Jahren verzeichneten mittleren Jahreszuwachsraten des sichtbaren Verbrauchs. Dieser Zeitraum liegt vor dem Zeitpunkt, mit dem die Kommission die Marktanteilsprüfung nach RdNr. 68 lit. a RegLL 2007 beginnt. Um die Wachstumsraten über einen Zeitraum von fünf Jahren miteinander vergleichen zu können, sind die Daten von 6 Einzeljahresergebnissen erforderlich.[1399] Daher ist in dem oben gewählten Beispiel[1400] das Wachstum des sichtbaren Verbrauchs des betreffenden Produkts für die Jahre 2001 bis 2006 mit dem BIP-Wachstum im EWR für denselben Zeitraum zu vergleichen. Festzustellen ist die durchschnittliche Wachstumsrate des sichtbaren Verbrauchs sowohl auf der Mengenebene in der geeigneten Dimension Gewicht, Anzahl, Umfang oder Fläche[1401] als auch auf der Wertebene,[1402] in der jeweiligen Landeswährung. Dabei ist der mengenmäßige Zuwachs des sichtbaren Verbrauchs mit dem realen BIP-Wachstum zu vergleichen, der wertmäßige Zuwachs des sichtbaren Verbrauchs hingegen mit dem nominalen BIP-Wachstum.[1403] Es liegt weitgehend im Ermessen der Kommission, ob Mengen- oder aber Wertdaten zugrunde gelegt werden. Die jährliche Wachstumsrate des BIP im EWR als Vergleichsgröße erfolgt in Relation zum Mengenwachstum des sichtbaren Verbrauchs des betreffenden Produkts in konstanten Preisen auf der Basis des jeweiligen Ausgangsjahres,[1404] also in

---

[1391] RdNr. 44 S. 1 Kriterien (Fn. 21).

[1392] Kom., Staatliche Beihilfen N 299/2007 v. 25. 6. 2008, RdNr. 114 – Sharp, Polen; N 635/2008, RdNr. 84 – Fiat Sicily (Fn. 1297).

[1393] RdNr. 64 S. 1 RegLL 2007.

[1394] Kom., Staatliche Beihilfe C 46/2008 (ex N 775/2007), RdNr. 24 – Dell, Polen (Fn. 1163): 5 Jahre.

[1395] *Soltész* EWS 2004, 241, 244.

[1396] RdNr. 44 S. 4 und 5 Kriterien (Fn. 21); spekulative Analyse; siehe zum Thema Zukunftsanalyse auch oben RdNr. 349 und Fn. 1149 sowie unter RdNr. 470.

[1397] Kom., Staatliche Beihilfe C 46/2008 (ex N 775/2007), RdNr. 24, Fn. 18 – Dell, Polen (Fn. 1163): die Kom. nahm statt der Daten des Jahres 2013 die des Jahres 2012 an.

[1398] RdNr. 68 lit. b Fn. 62 RegLL 2007; siehe auch oben RdNr. 416.

[1399] Kom., Staatliche Beihilfe N 203/2008, RdNr. 102 – Papierfabrik Spremberg (Fn. 605).

[1400] Siehe oben RdNr. 429.

[1401] Kom., Staatliche Beihilfe N 191/2008, RdNr. 83, 84 – f | glass (Fn. 1364).

[1402] Kom., Staatliche Beihilfe N 203/2008, RdNr. 102 – Hamburger Papierfabrik Spremberg (Fn. 605).

[1403] Kom., Staatliche Beihilfe N 872/2006, RdNr. 114 – Qimonda (Fn. 802).

[1404] In dem hier gebildeten Beispiel ist also das Jahr 2001 als Ausgangsbasis zugrunde zu legen.

dem Beispiel des Jahres 2001 und in Relation zum Wertwachstum des sichtbaren Verbrauchs in Marktpreisen.[1405] Liegen geeignete Daten nicht vor, kann auch hinsichtlich des sichtbaren Verbrauchs auf geeignete Ersatz(proxy-)daten zurückgegriffen werden.[1406]

433   Stellt sich bei der Prüfung der ersten Stufe heraus, dass die Steigerungsraten des BIP im EWR in allen Berechnungen hinter den mittleren Jahreszuwachsraten des sichtbaren Verbrauchs zurückbleiben, es sich also um einen relativ wachsenden Markt handelt, ist die Prüfung nach RdNr. 68 lit. b RegLL 2007 beendet und es bedarf insoweit keiner Eröffnung eines förmlichen Prüfverfahrens. Stellt sich allerdings heraus, dass das BIP größere Jahreszuwachsraten aufweist als der sichtbare Verbrauch des betreffenden Produkts, erfolgt die **zweite Prüfungsstufe.** In dieser zweiten Stufe ist zu untersuchen, ob durch das Investitionsvorhaben eine signifikante Steigerung der Marktkapazität, also eine Steigerung der Marktkapazität um mehr als 5% bezogen auf die Gesamtmarktkapazität für das betreffende Produkt erfolgt. Dabei kommt es nicht darauf an, ob das investierende Unternehmen seine eigene Kapazität signifikant steigert. Notwendig und hinreichend ist vielmehr eine Steigerung der Kapazität des Marktes insgesamt.[1407] Es ist also zu prüfen, ob die durch das jeweilige Vorhaben geschaffene Kapazität lediglich bis zu oder mehr als 5% des Volumens des relevanten Marktes ausmacht.[1408] Dazu ist der sichtbare Verbrauch des Jahres des Investitionsbeginns in Menge und Wert mit der Kapazität zu vergleichen, die gerade durch das Vorhaben selbst geschaffen werden soll.[1409] Maßgebend ist allein die zur Förderung vorgesehene Kapazitätserweiterung. Unerheblich ist dagegen, ob das geförderte Unternehmen selbst eine Kapazitätserweiterung in dem genannten Umfang erfährt. So kann ein Unternehmen den Kapazitätszuwachs nicht dadurch kompensieren, dass es an anderer Stelle entsprechende Kapazitäten stilllegt und diese dann mit seinem Zuwachs bei dem zu fördernden Vorhaben verrechnet.[1410] Etwas anderes ist lediglich dann anzunehmen, wenn die Reduktion der Produktionskapazitäten gerade Bestandteil des in Rede stehenden angemeldeten Projektes ist.[1411]

434   Diese Prüfung ist für jeden sachlich relevanten Produktmarkt eines Investitionsvorhabens einzeln vorzunehmen.[1412]

435   Wie die Prüfung der Vereinbarkeit einer Beihilfe im Rahmen des förmlichen Verfahrens nach Art. 108 Abs. 2 AEUV in Verbindung mit Art. 4 Verfahrensverordnung[1413] in den Fällen der Marktstärke im Einzelnen erfolgen sollte, wollte die Kommission ursprünglich vor dem 1. 1. 2007 näher präzisieren und bekanntgeben.[1414] Inzwischen hat sie in einer Mitteilung entsprechende **Kriterien** veröffentlicht.[1415] Mit dieser Mitteilung sollten Transparenz und Berechenbarkeit des Entscheidungsprozesses der Kommission sowie die Gleichbehandlung der Mitgliedstaaten gewährleistet werden.[1416]

436   Maßgebliche Kriterien **für** eine **vertiefte Prüfung** sind:
– sehr großes Investitionsvorhaben und
– Marktstärke des Unternehmens oder bei in Relation zum BIP geringerem Wachstum des Investitionsmarktes eine signifikante (> 5%) Zunahme[1417] der Kapazitäten auf diesem Markt.

[1405] Kom., Staatliche Beihilfe N 203/2008, RdNr. 103 – Papierfabrik Spremberg (Fn. 605).

[1406] RdNr. 70 S. 2 RegLL 2007; Kom., Staatliche Beihilfe N 635/2008, RdNr. 84 – Fiat Sicily (Fn. 1297).

[1407] RdNr. 68 lit. b RegLL 2007.

[1408] Kom., Staatliche Beihilfe N 203/2008, RdNr. 104 – Papierfabrik Spremberg (Fn. 605).

[1409] Kom., Eröffnungsentscheidung C 46/2008 (ex N 775/2007), RdNr. 90 – Dell, Polen (Fn. 1163); Staatliche Beihilfen N 203/2008, RdNr. 105 – Papierfabrik Spremberg (Fn. 605); Genehmigungsentscheidung C 46/2008 (ex N 775/2007), RdNr. 26 – Dell, Polen (Fn. 1163).

[1410] Noch offen gelassen in Kom., Eröffnungsentscheidung C 46/2008 (ex N 775/2007), RdNr. 98 f., 105 – Dell, Polen (Fn. 1163); abgelehnt in der Genehmigungsentscheidung C 46/2008 (ex N 775/2007), RdNr. 136 – Dell, Polien (Fn. 1163); siehe auch RdNr. 54 Kriterien (Fn. 21).

[1411] Unter Geltung von RdNr. 24 MSR-2002 (Fn. 73) bei einer Verlagerungsinvestition angenommen: Kom. Staatliche Beihilfe N 158/2005 v. 8. 2. 2006, RdNr. 80–83 – Getrag Ford Transmissions Slovakia.

[1412] Kom., Staatliche Beihilfe N 203/2008, RdNr. 107 – Papierfabrik Spremberg (Fn. 605).

[1413] Verfahrensverordnung (Fn. 95).

[1414] RdNr. 68 Fn. 63 RegLL 2007.

[1415] Kriterien (Fn. 21); zuvor, am 17. 6. 2009, veröffentlicht als „Leitfaden für die eingehende Prüfung staatlicher Beihilfen mit regionaler Zielsetzung zur Förderung großer Investitionsvorhaben" (Leitfaden).

[1416] RdNr. 10 Kriterien (Fn. 21).

[1417] Zur Signifikanz: siehe oben RdNr. 190.

Maßgebliche Kriterien **im Rahmen** der **vertieften Prüfung** sind, **437**
– ob die Beihilfe als Investitionsanreiz notwendig ist und
– ob die Vorteile der Beihilfemaßnahme stärker ins Gewicht fallen als die Wettbewerbsverzerrungen und die Beeinträchtigungen des Handels zwischen den Mitgliedstaaten.[1418]

Die **positiven Auswirkungen** orientieren sich an dem Ziel, der beabsichtigten Auswirkung **438** der Beihilfe,[1419] der Geeignetheit des Beihilfeinstruments,[1420] um das Ziel zu erreichen sowie am Anreizeffekt[1421] und der Angemessenheit der Beihilfe selbst.[1422]

Als **nachteilige Auswirkungen**[1423] werden die Verdrängung privater Investoren durch reine **439** Marktmacht[1424] oder die Schaffung und Aufrechterhaltung ineffizienter Marktstrukturen[1425] sowie die negativen Auswirkungen auf den Handel[1426] betrachtet und untersucht. Der Umfang der Prüfung hängt ebenso wie die Art und der Umfang des erforderlichen Beweismaterials von der Art des Falles ab.[1427] Die eingehende Prüfung hat in einem angemessenen Verhältnis zu der durch die Beihilfe möglicherweise verursachten Wettbewerbsverzerrung zu stehen.[1428] Anschließend erfolgt eine Gesamtbewertung der Beihilfe, bei der die positiven und negativen Auswirkungen abgewogen werden,[1429] um festzustellen, ob eine Beihilfe insgesamt genehmigt werden kann.

(6) Zielsetzung der Beihilfe. Zunächst untersucht die Kommission das regionale Ziel und **440** die regionalen Auswirkungen der vorgesehenen Unterstützung. Sie haben sich an den Vorgaben der RdNr. 2 und 3 RegLL 2007 zu orientieren.[1430] Es ist Aufgabe der Mitgliedstaaten, nachzuweisen, wie die gerade in Rede stehende Einzelbeihilfe diese Ziele erfüllen soll.[1431]

Anhand folgender, nicht abschließend genannter **Kriterien** lässt die Kommission die Darstellung **441** eines regionalen Beitrags der Beihilfe, bezogen auf zusätzliche Investitionen und zusätzliche Wirtschaftstätigkeit für das betreffende Gebiet zu: Zahl der durch die Investition geschaffenen direkten und indirekten Arbeitsplätze; die Zusage des Begünstigten, umfangreiche Ausbildungsmaßnahmen durchzuführen, soweit dafür keine Ausbildungsbeihilfen in Anspruch genommen werden; Clusterbildungen desselben Industriezweiges, verbunden mit möglichen Effizienzsteigerungen; Möglichkeiten eines erheblichen Technologietransfers; Zusammenarbeit mit lokalen Hochschuleinrichtungen sowie die Laufzeit der Investition und mögliche Folgeinvestitionen, die ein dauerhaftes Engagement in diesem Gebiet erwarten lassen.[1432] Dazu sollen Bewertungen früherer Förderrichtlinien oder Fördermaßnahmen ebenso herangezogen werden, wie Folgenabschätzungen von Bewilligungsbehörden, Sachverständigengutachten und zu dem in Rede stehenden Investitionsvorhaben möglicherweise angefertigte Gutachten oder der Geschäftsplan des Unternehmens. Letzterer könnte Aufschluß geben über die Zahl der zu schaffenden Arbeitsplätze, die vorgesehenen Gehälter (als Indikator für die Vermögensbildung in den privaten Haushalten), den Gesamtabsatz der lokalen Hersteller und den durch die Investitionen generierten Umsatz, der der Region möglicherweise im Wege zusätzlicher Steuereinnahmen zu Gute kommt.[1433] Ein weiterer Anhaltspunkt könnte auch die Beziehung zwischen dem zu prüfenden Investitionsvorhaben und den nationalen strategischen Rahmenplänen sowie den operationellen Programmen im Rahmen der Strukturfondsförderung sein, so dass sich die Kommission auf einschlägige Kommissionsentscheidungen im Sinne des Art. 41 Strukturfondsverordnung[1434] stützen kann.[1435]

[1418] RdNr. 68 a. E. RegLL 2007.
[1419] Siehe unter RdNr. 440.
[1420] Siehe unter RdNr. 443.
[1421] Siehe unter RdNr. 155 ff. und 446.
[1422] Siehe unter RdNr. 457.
[1423] Siehe unter RdNr. 460.
[1424] Siehe unter RdNr. 464.
[1425] Siehe unter RdNr. 471.
[1426] Siehe unter RdNr. 474.
[1427] RdNr. 9 S. 2 Kriterien (Fn. 21).
[1428] RdNr. 9 S. 1 Kriterien (Fn. 21).
[1429] RdNr. 4 S. 3 Kriterien (Fn. 21).
[1430] RdNr. 11 Kriterien (Fn. 21).
[1431] RdNr. 12 Kriterien (Fn. 21).
[1432] RdNr. 14 Kriterien (Fn. 21).
[1433] RdNr. 15 Kriterien (Fn. 21).
[1434] Strukturfondsverordnung 2006 (Fn. 116).
[1435] RdNr. 16 Kriterien (Fn. 21).

442   Von der Kommission **anerkannte Maßnahmen** sind: Bindefristen für die Investitionen und die geschaffenen Arbeitsplätze von jeweils mindestens fünf Jahren, eine mögliche Clusterwirkung der Investitionsvorhabens, die Schaffung von über 2.000 direkten und über 1.000 indirekten Arbeitsplätzen, die angestrebte Zusammenarbeit des investierenden Unternehmens mit zwei örtlich ansässigen Universitäten, die hohe Wahrscheinlichkeit eines Wissens-Spillover zur örtlichen Wirtschaft sowie ein Multiplikatoreffekt, der dafür sorgt, dass das Ansiedlungsvorhaben zur Steigerung des Lebensstandards durch Erhöhung der Produktion der örtlichen Wirtschaft und den Zufluss von Kapital in die Region beiträgt.[1436]

443   **(7) Geeignetheit des Beihilfeinstruments.** Ferner beabsichtigt die Kommission die Geeignetheit des Beihilfeinstruments zu prüfen.[1437] Dabei soll eine Beihilfemaßnahme als geeignet gelten, für die der Mitgliedstaat politische Alternativen in Betracht gezogen und die Vorteile eines selektiven Instruments wie einer staatlichen Beihilfe für ein bestimmtes Unternehmen nachgewiesen hat. Dabei wird sie insbesondere eine etwaige Folgenabschätzung berücksichtigen, die der Mitgliedstaat für die angemeldete Beihilfe durchgeführt hat.[1438]

444   Bisher hat die Kommission **anerkannt,** dass in einer bestimmten Region **Großprojekte** im regionalen Maßstab einen **Nutzen bringen** und das einzig geeignete Instrument zur Überwindung wirtschaftlicher Herausforderungen darstellen.[1439] Dabei hat sich die Region darauf gestützt, dass trotz der bisher ergriffenen Maßnahmen große Unterschiede bezogen auf das Pro-Kopf-BIP, die Arbeitslosenquote, die Langzeitarbeitslosigkeit sowie das regionale Lohnniveau bestehen. Ferner erfordere der relative Entwicklungsrückstand der Region dort stärker zielgerichtete Maßnahmen.[1440]

445   Die Prüfung der Geeignetheit geht allerdings bereits gedanklich über die Kompetenzen der Kommission, den Schutz des Binnenmarktes zu gewährleisten, hinaus. Die **Geeignetheit** eines Beihilfeinstrumentes ist gerade **kein Kriterium des Wettbewerbsschutzes,** sondern allein ein Kriterium der mitgliedstaatlichen Zielerreichung sowie möglicherweise vergeblich aufgewandter mitgliedstaatlicher Fiskalleistungen. Finanzielle Fehlleistungen sind allerdings unter dem Gesichtspunkt der Marktverzerrung neutral. Sie haben nicht aus sich heraus eine marktverzerrende oder marktbereinigende Wirkung. So führt eine ungeeignete Förderung, etwa in besonders hohe Lärmschutzmaßnahmen oder andere Umweltstandards bei einem weit abgelegenen Investitionsprojekt, nicht zu einem größeren marktverzerrenden Effekt als eine bezogen auf diese Kosten geringere Unterstützung, wenn diese Maßnahmen ohne die Förderung unterblieben. Umgekehrt dagegen kann eine Subvention für die Errichtung einer hochmodernen Anlage in einem sensiblen Sektor, etwa dem Kunstfasersektor, hervorragend geeignet sein, in dem Fördergebiet die erwarteten Arbeitsplätze zu generieren. Dennoch handelt es sich um eine unzulässige, weil nur in den Verdrängungswettbewerb hineinfördernde Subvention. Die Geeignetheit einer Maßnahme, wie sie in RdNr. 17 f. der Kriterien[1441] dargestellt ist, sagt also nichts darüber aus, ob die zu untersuchende Maßnahme mit dem Binnenmarkt vereinbar ist.

446   **(8) Anreizeffekt im Rahmen der Prüfung der Vereinbarkeit einer beabsichtigten Beihilfe mit dem gemeinsamen Markt bei Marktstärke des vorgesehenen Subventionsempfängers.** Die Prüfung dieses **spezifischen Anreizeffektes**[1442] befasst sich mit der Frage, ob die geplante Beihilfe einen Anreiz zu Investitionen gibt, die sonst in den geförderten Regionen nicht getätigt würden.[1443] Diese Prüfung soll auf zwei unterschiedlichen Ebenen stattfinden: auf einer allgemeinen verfahrenstechnischen und auf einer umfassenderen wirtschaftlichen Ebene.[1444]

447   **Verfahrenstechnisch** geht es um die Frage der zeitlichen Reihenfolge von Förderantrag, Bewilligung und Vorhabensbeginn.[1445] Nur bei der Genehmigung des sogenannten vorfristigen

---

[1436] Siehe im Einzelnen: Kom., Staatliche Beihilfe C 46/2008 (ex N 775/2007), RdNr. 153–156 – Dell, Polen (Fn. 1163).

[1437] RdNr. 17 und 18 Kriterien (Fn. 21); diese Prüfung enthält Elemente der Verhältnismäßigkeitsprüfung einer Beihilfe, im deutschen Recht also die Geeignetheit, Erforderlichkeit und Angemessenheit.

[1438] RdNr. 18 Kriterien (Fn. 21).

[1439] Kom., Staatliche Beihilfe C 46/2008 (ex N 775/2007), RdNr. 163 – Dell, Polen (Fn. 1163).

[1440] Kom., Staatliche Beihilfe C 46/2008 (ex N 775/2007), RdNr. 164–166, 171 – Dell, Polen (Fn. 1163).

[1441] RdNr. 17 und 18 Kriterien (Fn. 21).

[1442] RdNr. 38 RegLL 2007, Art. 8 AGVO; siehe vor allem oben RdNr. 155 ff.

[1443] RdNr. 19 Kriterien (Fn. 21).

[1444] RdNr. 19 Kriterien (Fn. 21).

[1445] RdNr. 17 Leitfaden (Fn. 1415).

förderunschädlichen Vorhabensbeginns darf die Reihenfolge von Bewilligung und Vorhabensbeginn unter der Geltung der RdNr. 38 RegLL 2007 und des Art. 5 RFVO[1446] ausgetauscht werden. Keine Rolle spielt der vorfristige förderunschädliche Vorhabensbeginn im Rahmen des Art. 8 AGVO.[1447] Die nochmalige Prüfung im Rahmen der RdNr. 68 Regll 2007 ist redundant und entbehrlich.[1448]

Bei der Prüfung auf der **wirtschaftlichen Ebene** geht es um die Frage, ob die Beihilfe als   **448** Investitionsanreiz notwendig ist.[1449] So soll festgestellt werden, ob die Beihilfe tatsächlich dazu beiträgt, das Verhalten des Beihilfeempfängers so zu beeinflussen, dass er in dem betreffenden Fördergebiet (zusätzliche) Investitionen tätigt. Dabei unterstellen die Kriterien ausdrücklich, dass es auch ohne Subventionen für ein Unternehmen viele gute Gründe geben kann, sich an einem bestimmten Standort niederzulassen.[1450] Diese Überlegung entspricht weitgehend dem Gedanken, der auch Art. 8 Abs. 3 lit. e AGVO zugrunde liegt.

Bezogen auf die Kohäsionspolitik werden **zwei Szenarien** vorgestellt, mit denen ein An-   **449** reizeffekt nachgewiesen werden könne:[1451]
– eine Investition, die normalerweise ganz unterblieben wäre, wird auf Grund der Subvention   **450** getätigt und zwar gerade in dem in Rede stehenden Fördergebiet (**Anreiz zur Änderung einer Investitionsentscheidung,** Szenario 1);
– eine Investition, die ohne Beihilfe an einem anderen Standort erfolgt wäre, erfolgt auf Grund   **451** der die mit dem Fördergebiet verbundenen Nettonachteile und Kosten ausgleichenden Subvention in dem jeweiligen Fördergebiet (**Anreiz zur Änderung der Standortentscheidung,** Szenario 2).

Der Mitgliedstaat muss darlegen und mit entsprechenden Belegen nachweisen, dass die   **452** Beihilfe notwendig ist, weil sie sich tatsächlich auf die Investitions- oder Standortentscheidung auswirkt. Dazu ist der Mitgliedstaat verpflichtet, bezogen auf das jeweilige Szenario Angaben zum geförderten Vorhaben (Unternehmensunterlagen wie Risikobewertungen, Finanzberichte, interne Geschäftspläne, Sachverständigengutachten und Studien zum beabsichtigten Investitionsvorhaben, Nachfrage-, Kosten- und Finanzprognosen, einem Investitionsausschuss vorgelegte Unterlagen, in denen verschiedene Investitionsszenarien untersucht werden sowie den Finanzmärkten, also den Banken, vorgelegte Unterlagen)[1452] sowie eine ausführliche Darstellung der Situation vorlegen, die sich ohne die Beihilfegewährung ergeben würde (**kontrafaktische Fallkonstellation).**[1453] Diese Kriterien entsprechen im Wesentlichen den Kriterien, die Art. 8 Abs. 3 lit. e AGVO für eine freigestellte Beihilfe für ein großes Unternehmen fordert.[1454]

Es ist das Ziel, in der Fallkonstellation „**Änderung einer Investitionsentscheidung**" (Sze-   **453** nario 1) nachzuweisen, dass die Investition ohne die Beihilfe nicht wirtschaftlich wäre und dass kein anderer Standort als das betreffende Fördergebiet in Frage kommt.[1455] Dieser Nachweis gelingt dann, wenn das Unternehmen ohne die Beihilfe schlicht nicht investieren würde.[1456]

In der Fallkonstellation „**Änderung der Standortentscheidung**" (Szenario 2) muss der   **454** Nachweis erbracht werden, dass Kosten und Nutzen der Investition in dem ausgewählten Fördergebiet mit den Kosten und Nutzen in einem anderen Gebiet, Fördergebiet oder Nichtfördergebiet, verglichen worden sind.[1457] Dieser Vergleich entspricht in seiner Ausgestaltung der Kosten-Nutzen-Analyse des Kfz-Gemeinschaftsrahmens 1997.[1458]

Handelt es sich um reine Mitnahmeeffekte, lässt sich ein ausreichender Anreiz nicht nach-   **455** weisen und wäre die Investition in der beabsichtigten Form auch ohne die Beihilfe getätigt worden, wird die Gewährung der Regionalbeihilfe nicht genehmigt.[1459] Es wird also darauf

---

[1446] RFVO (Fn. 3).
[1447] Siehe zum Anreizeffekt ausführlich oben RdNr. 155 ff., 170 ff. und 205 ff.
[1448] Unklar insoweit RdNr. 20 Kriterien (Fn. 21).
[1449] RdNr. 68 a. E. RegLL 2007.
[1450] RdNr. 21 Kriterien (Fn. 21).
[1451] RdNr. 22 Kriterien (Fn. 21).
[1452] RdNr. 24–26 Kriterien (Fn. 21).
[1453] RdNr. 23 Kriterien (Fn. 21).
[1454] Siehe oben RdNr. 188.
[1455] RdNr. 24 Kriterien (Fn. 21).
[1456] RdNr. 28 S. 1 Kriterien (Fn. 21).
[1457] RdNr. 25 Kriterien (Fn. 21).
[1458] Anhang I, Abschnitt 2.2 Abs. 1 Kfz-Gemeinschaftsrahmen 1997 (Fn. 18); siehe auch RdNr. 383. Vgl. insbesondere die Kontrollüberlegung in RdNr. 411 sowie die Erläuterungen unter RdNr. 477.
[1459] RdNr. 28 a. E. Kriterien (Fn. 21).

ankommen, nachzuweisen, dass die Beihilfe zumindest dazu geführt hat, dass die Investition, wie bereits in Art. 8 Abs. 3 AGVO erforderlich, gerade in dieser Form erfolgt und die Investition ohne die beabsichtigte Beihilfe in dieser Form nicht erfolgt wäre.[1460] Das Rentabilitätsniveau kann mit Hilfe der in dem jeweiligen Industriezweig üblichen Methoden festgestellt werden.[1461]

456   **Anerkannt hat die Kommission für den Nachweis,** dass sich eine Beihilfe tatsächlich im Sinne einer Änderung auf die Standortentscheidung eines Unternehmens ausgewirkt hat, das Unternehmen ohne diese Beihilfe nicht an dem letztlich gewählten Standort investiert hätte und die vorgesehene Beihilfe daher einen Anreiz darstellt:[1462] eine durch ein entsprechendes Dokument nachgewiesene Standortanalyse von zuletzt nur noch zwei Standorten in unterschiedlichen Mitgliedstaaten (Polen und Slowakei), die vor dem Beginn der siebenwöchigen Ansiedlungsverhandlungen mit den mitgliedstaatlichen Behörden erfolgte;[1463] einen auf der Grundlage dieser, auf eine Zeit von 12 Jahren bezogenen, Analyse durch eine Beratungsgesellschaft errechneten Mehraufwand für den letztlich ausgewählten Standort mit einem Kapitalwert von über 40 Mio. EUR; eine Fotokopie der für den Vorstand bestimmten Entscheidungsunterlage, in der die Investition an dem vorgesehenen Standort, nach Abschluss der Verhandlungen und vor Unterzeichnung der auch das Beihilfepaket umfassenden Absichtserklärungen, bestätigt wird; die Bestätigung der mitgliedstaatlichen Behörden, dass die Entscheidung für den Standort nach der Entscheidung der Regierung des Mitgliedstaates über die Gewährung einer Beihilfe zugunsten des investierenden Unternehmens gefallen ist und die Erklärung der mitgliedstaatlichen Behörden, mit der beabsichtigten Beihilfe sollten die mit der Investition an diesem Standort verbundenen Nachteile im Vergleich zum alternativen Standort ausgeglichen werden.[1464]

457   **(9) Angemessenheit der Regionalbeihilfe.** Angemessen ist eine Beihilfe, wenn ihre **Höhe und Intensität** auf das für die Investition in dem Fördergebiet erforderliche Minimum beschränkt ist.[1465] Obwohl die Angemessenheit für große Investitionsvorhaben bereits durch die in den Fördergebietskarten festgelegten Subventionswertobergrenzen sowie die pauschalen Reduktionen um 50% und 66%[1466] gewährleistet ist,[1467] verlangt die Kommission im Szenario „Änderung der Investitionsentscheidung" (Szenario 1)[1468] eine Überprüfung der Kapitalrendite[1469] oder, im Szenario „Änderung der Standortentscheidung" (Szenario 2),[1470] eine Kosten-Nutzen-Analyse bezogen auf den Alternativstandort.[1471] Insoweit betrachtet sie eine Beihilfe als angemessen, sofern sie lediglich die Differenz der Nettokosten gegenüber einem weiterentwickelten alternativen Investitionsstandort ausgleicht.[1472]

458   Der Mitgliedstaat hat die Angemessenheit anhand geeigneter Unterlagen nachzuweisen.[1473] Dabei dürfen die im Rahmen der Analyse des Anreizeffektes verwendeten Berechnungen auch zur Bewertung der Rentabilität zugrunde gelegt werden.[1474] Allerdings darf die Beihilfeintensität nicht höher sein, als die für die Regionalbeihilfen in den jeweiligen nationalen Fördergebietskarten festgesetzten Beihilfehöchstintensitäten,[1475] abgesenkt nach der in RdNr. 67 RegLL 2007 beschriebenen Reduktionsregel.[1476]

459   Unter dem Titel „Verhältnismäßigkeit" hat die Kommission Folgendes als angemessen angesehen: Kapitalwert einer Beihilfe von rund 39,5 Mio. EUR zum Ausgleich aller, mit einer In-

---

[1460] Siehe oben RdNr. 187 ff., 191.

[1461] RdNr. 27 Kriterien (Fn. 21).

[1462] Kom., Staatliche Beihilfe, C 46/2008 (ex N 775/2007), RdNr. 190–193 – Dell, Polen (Fn. 1163).

[1463] Kom., Staatliche Beihilfe, C 46/2008 (ex N 775/2007), RdNr. 179 f., 184 – Dell, Polen (Fn. 1163).

[1464] Kom., Staatliche Beihilfe, C 46/2008 (ex N 775/2007), RdNr. 181, 183, 185, 191, 192 – Dell, Polen (Fn. 1163).

[1465] RdNr. 29 Kriterien (Fn. 21).

[1466] RdNr. 67 RegLL 2007.

[1467] RdNr. 27 Kriterien (Fn. 21); siehe auch oben RdNr. 23.

[1468] RdNr. 22 Nr. 1 Kriterien (Fn. 21); siehe oben RdNr. 450.

[1469] RdNr. 32 Kriterien (Fn. 21).

[1470] RdNr. 22 Nr. 2 Kriterien (Fn. 21); siehe oben RdNr. 451.

[1471] RdNr. 33 Kriterien (Fn. 21).

[1472] RdNr. 53, S. 3 Kriterien (Fn. 21).

[1473] RdNr. 35 Kriterien (Fn. 21).

[1474] RdNr. 34 Kriterien (Fn. 21).

[1475] Zu den nationalen Fördergebietskarten: siehe oben RdNr. 109 ff.

[1476] RdNr. 36 Kriterien (Fn. 21).

vestition verbundenen, Nachteile mit einem Kapitalwert in Höhe von rund 40 Mio. EUR. Damit beschränke sich die Beihilfe auf den Betrag, der notwendig sei, um die mit dem gewählten Standort verbundenen, zusätzlichen Nettokosten im Vergleich zum alternativen Standort auszugleichen.[1477]

(10) Negative Auswirkungen der beabsichtigten Beihilfegewährung. Im Rahmen der **460** Prüfung der negativen Auswirkungen einer vorgesehenen Beihilfe wird zunächst auf die beiden in RdNr. 68 RegLL 2007 angesprochenen Indikatoren „hohe Marktanteile" (mehr als 25%)[1478] und „potentielle Überkapazität auf einen strukturbedingt schrumpfenden Markt"[1479] abgestellt.[1480] Ihnen liegt der Gedanke zugrunde, dass Wettbewerb durch die Schaffung von **Marktmacht** und durch das **Aufrechterhalten ineffizienter Marktstrukturen** behindert wird.[1481] Dabei ist auch der Einfluß der Beihilfe auf den Handel und die Regionen zu untersuchen.[1482] Dazu zählen etwa Arbeitsplatzverluste auf dem betreffenden Markt, Nachteile für lokal tätige Subunternehmer, Einbußen an positiven externen Effekten wie die Clusterwirkung, Wissens-Spillover, oder die Aus- und Weiterbildung.[1483] Darüber hinaus behält sich die Kommission vor, weitere Parameter, die sie nicht benennt, heranzuziehen.[1484]

Allerdings greifen diese Indikatoren **nicht** ein, sofern die Beihilfe lediglich zur **Änderung** **461** **einer Standortentscheidung** im Sinne des Szenario 2[1485] führt und die Beihilfe dem Grundsatz der Angemessenheit entspricht. In einem solchen Szenario läßt sich eine beihilfebedingte Wettbewerbsverzerrung auch bei einer entsprechenden Marktmacht oder einer Zunahme der Kapazität auf einem Markt mit unterdurchschnittlichem Wachstum nicht erkennen.[1486] Die Gewährung der Beihilfe wirkt sich nicht auf die Marktmacht aus, so dass die Marktmacht des Begünstigten gerade durch die Gewährung einer Beihilfe nicht gestärkt wird.[1487] Insbesondere ist eine Verdrängung privater Investoren durch eine Stärkung der Marktmacht des begünstigten Unternehmens dann nicht anzunehmen, wenn das Investitionsvorhaben in jedem Falle vorgenommen worden wäre, so dass die angemessene Beihilfe lediglich zu einer Änderung der Standortentscheidung (Szenario 2)[1488] führt. Vielmehr besteht eine mögliche Marktmacht unabhängig von der Ansiedlung des Investitionsvorhabens. Daher kann in diesem Szenario eine Prüfung im Hinblick auf eine etwaige Stärkung der Marktmacht entfallen.[1489]

Dies gilt auch dann, wenn die **konkurrierenden Standorte** der gleichen Fördergebietskate- **462** gorie angehören, also beide a)- oder beide c)-Fördergebiete[1490] sind.[1491] Maßgeblich ist, dass die Investition nicht ohne oder mit einer nur geringeren Beihilfe in ein stärker oder gleich stark benachteiligtes Gebiet gewandert wäre, also in das Gebiet, das einen nach der genehmigten Fördergebietskarte höheren oder gleich hohen Regionalbeihilfeinterventionssatz aufweist.[1492] Würde die Investition ohne oder mit einer nur geringeren Beihilfe in einem ebenso benachteiligten oder benachteiligteren Gebiet stattfinden, also dem Gebiet mit der höheren genehmigten Regionalbeihilfehöchstintensität, wäre die Beihilfegewährung mit dem Binnenmarkt unvereinbar.[1493]

[1477] Kom., Staatliche Beihilfe, C 46/2008 (ex N 775/2007), RdNr. 197, 195, 196 – Dell, Polen (Fn. 1163).

[1478] RdNr. 68 lit. a RegLL 2007.

[1479] RdNr. 68 lit. b RegLL 2007.

[1480] RdNr. 37, 38 Kriterien (Fn. 21).

[1481] RdNr. 38 Kriterien (Fn. 21).

[1482] RdNr. 38, 50, 51 Kriterien (Fn. 21).

[1483] RdNr. 51 S. 3 Kriterien (Fn. 21).

[1484] RdNr. 38 S. 6 Kriterien (Fn. 21).

[1485] RdNr. 22 Nr. 2 Kriterien (Fn. 21); siehe oben RdNr. 451.

[1486] RdNr. 40 Kriterien (Fn. 21); deutlicher ist die englische: „... would in principle be the same regardless of the aid." oder der französische Sprachfassung: „... dans un marché peu efficace seraient en principe les mêmes, indépendamment de l'aide.".

[1487] Kom., Staatliche Beihilfe C 46/2008 (ex N 775/2007), RdNr. 202 – Dell, Polen (Fn. 1163).

[1488] RdNr. 25 Kriterien (Fn. 21).

[1489] RdNr. 40 Kriterien (Fn. 21); Kommission, Entscheidung C 46/2008 (ex N 775/2007), RdNr. 202 S. 1 – Dell, Polen (Fn. 1163).

[1490] Zur Definition der a)- und c)-Fördergebiete: siehe oben RdNr. 51 ff.

[1491] Kom., Entscheidung, C 46/2008 (ex N 775/2007), RdNr. 217, 218, 220 – Dell, Polen (Fn. 1163).

[1492] RdNr. 53 Kriterien, a. a. O. (Fn. 21); Kommission Entscheidung, C 46/2008 (ex N 775/2007), RdNr. 215 – Dell, Polen (Fn. 1163); siehe unter RdNr. 476 f.

[1493] RdNr. 53 S. 2 Kriterien (Fn. 21).

463   Etwas anderes gilt, sofern die Beihilfe zu einer Änderung einer Investitionsentscheidung im Sinne des Szenario 1,[1494] führt.[1495] In diesem Fall wird die Kommission den genannten Indikatoren,[1496] vor allem der **Marktmacht**[1497] besondere Aufmerksamkeit widmen.[1498]

464   **(11) „Verdrängung privater Investoren". α) Marktmacht.** Im Rahmen der Untersuchung von **Marktmacht** prüft die Kommission die Verdrängung anderer privater Investoren gerade durch die Förderung der jeweils in Rede stehenden Investition.[1499] Dabei soll es darauf ankommen, ob ein Konkurrent infolge der geförderten Investition den eigenen Entschluss trifft, selbst nicht weiter zu investieren, dadurch seine eigene Position als Wettbewerber zu schwächen oder sich gar vom Markt zurück zu ziehen. Diese (auf eigenem Entschluss des Wettbewerbers beruhende Handlung als) Folge der Beihilfengewährung verzerre den Wettbewerb.[1500] Dies gelte in besonderem Maße bei konzentrierten Märkten, insbesondere aber dann, wenn ein begünstigter Wirtschaftsbeteiligter eine marktbeherrschende Stellung innehabe. Wenn das begünstigte Unternehmen seine Marktmacht mit Hilfe der Subvention weiter ausbauen könne, dann könnte sich dies auf die Investitionsentscheidungen der Wettbewerber abschreckend auswirken[1501] und damit den Wettbewerb verzerren. Dies wirke sich dann ungünstig auf die Verbraucher aus.[1502]

465   Bei allen Regionalbeihilfen, die die Anmeldeschwellen nach RdNr. 64 RegLL 2007 erreichen, bewertet die Kommission den Anteil des Beihilfeempfängers oder der Gruppe zu der er gehört, am Verkauf des betreffenden Produktes auf dem sachlich und räumlich relevanten Märkten, RdNr. 68 lit. a RegLL 2007. Die Marktanteile geben jedoch meist nur einen ersten Hinweis auf mögliche Herausforderungen.[1503] Daher befasst sich die Kommission auch mit der Konzentration auf dem Markt, Marktzutrittsschranken, der Nachfragemacht und den Marktaustrittsschranken.[1504]

466   Bezogen auf die **Konzentration auf dem Markt** zieht die Kommission den **Herfindahl-Hirschman-Index (HHI)** heran.[1505] Er stellt die Summe der Quadrate der Marktanteile der einzelnen Marktteilnehmer dar und bietet so einen Indikator für eine Analyse der Marktstruktur. Die Werte des HHI bewegen sich zwischen 0 und 10 000, sofern die Prozentwerte der Marktanteile als ganze Zahlen gerechnet werden, oder in absoluten Werten, zwischen 0 und 1. Dabei steht die 0 für einen Markt mit unendlich vielen Teilnehmern, die alle einen unendlich kleinen Marktanteil aufweisen. Das andere Ende der Skala, das vollständige Monopol mit einem Marktteilnehmer, der 100% der Marktanteile hält, beträgt $100 \times 100 = 10\,000$ oder $1 \times 1 = 1$.[1506] Ein Duopol mit zwei Teilnehmern, von denen einer 60% und der andere 40% Marktanteil hält, hat also einen HHI von $60 \times 60 + 40 \times 40 = 5200$ oder 0,52. Ein Markt mit 10 Teilnehmern, die alle gleichermaßen 10% Marktanteil halten, ergibt einen HHI von 1000 oder 0,1. Dies ist auch zugleich der Grenzwert für eine geringe Konzentration. Ein HHI von 1000 bis 1800 (0,1–0,18) zeigt eine mäßige, ein solcher über 1800 (> 0,18) eine hohe Marktkonzentration an. Als unbedenklich gilt bei einer mäßigen Konzentration eine Zunahme von bis zu 100, bei einer hohen Konzentration eine solche von bis zu 50.[1507] Auf einem Markt mit wenigen Teilnehmern, von denen mehrere einen vergleichsweise hohen Marktanteil besitzen, gibt ein hoher Marktanteil des Begünstigten möglicherweise weniger Anlass zu Wettbewerbsbedenken.[1508] Etwas anderes gilt dann, wenn der Begünstigte allein einen vergleichsweise hohen Marktanteil inne hat. Keine Bedenken bestehen jedoch, wenn der Begünstigte auf diesem Markt gerade einen vergleichsweise geringen Marktanteil vertritt.

[1494] RdNr. 22 Nr. 1 Kriterien (Fn. 21); siehe oben RdNr. 450.

[1495] RdNr. 39 Kriterien (Fn. 21).

[1496] Siehe oben RdNr. 460.

[1497] Definiert als Vermögen, die Marktpreise, die Produktion, die Vielfalt oder die Qualität von Gütern und Dienstleistungen oder sonstige Wettbewerbsparameter über einen erheblichen Zeitraum zu beeinflussen, RdNr. 42 Fn. 1 Kriterien (Fn. 21).

[1498] RdNr. 39 Kriterien (Fn. 21).

[1499] RdNr. 41 Kriterien (Fn. 21).

[1500] RdNr. 41 Kriterien (Fn. 21).

[1501] RdNr. 42 Kriterien (Fn. 21).

[1502] RdNr. 42 S. 4 Kriterien (Fn. 21).

[1503] RdNr. 43 Kriterien (Fn. 21).

[1504] RdNr. 43 Kriterien (Fn. 21).

[1505] RdNr. 43 Fn. 2 Kriterien (Fn. 21).

[1506] *Lang,* Marktmacht und Marktmachtmessung, Abschnitt 3.2.1.

[1507] *Wiedemann/Wagemann,* Handbuch des Kartellrechts, 2. Aufl. 2008, Kapitel 5.1, § 16 D II 1. a).

[1508] RdNr. 43 Fn. 2 Kriterien (Fn. 21).

Zu den **Marktzutrittsschranken** zählen rechtliche Schranken, insbesondere Patente sowie   467
geschützte Gebrauchs- oder Geschmacksmuster, Größen- und Verbundvorteile sowie Schranken beim Zugang zu Netzwerken und Infrastrukturen. Wird die Beihilfe auf einem Markt gewährt, auf dem der Begünstigte ein etablierter Marktteilnehmer ist, so geht die Kommission davon aus, dass sich die vom Begünstigten ausgeübte potenzielle Marktmacht und damit die möglichen negativen Auswirkungen dieser Marktmacht durch eventuelle Zutrittsschranken verstärken.[1509]

Die **Nachfragemacht** orientiert sich auf dem betreffenden Markt an nachfragestarken Ab-   468
nehmern. Sind solche Abnehmer auf dem Markt vorhanden, ist es weniger wahrscheinlich, dass ein Begünstigter ihnen gegenüber höhere Preise durchsetzen kann.[1510]

Marktaustrittsschranken können sich aus versunkenen Kosten, strategischen Wechselbe-   469
ziehungen, Imageverlust oder eingegangenen, zumindest faktisch pönalisierten Bindungen ergeben. Diese Marktaustrittsschranken können dazu führen, dass Überkapazitäten nicht abgebaut werden und eine Subvention in den Verdrängungswettbewerb hinein erfolgt.

Betrachtet wird der **Zeitraum** im Jahr vor dem Projektbeginn bis zum Jahr nach Erreichen   470
des vollen Produktionsumfanges, also regelmäßig bis zum Jahr nach Projektabschluss. Allerdings erkennt die Kommission an, dass langfristige Analysen eher **hypothetischer Natur** sind und insbesondere bei volatilen Märkten oder bei Märkten die einem raschen technologischen Wandel unterliegen, eher spekulativen Charakter haben.[1511]

β) Ineffiziente Marktstrukturen. Ferner wird das **Schaffen oder Aufrechterhalten ineffizienter**   471
fizienter Marktstrukturen untersucht. Dabei sind die durch das zu fördernde Vorhaben zusätzlich zu **erwartende Produktionskapazität** sowie die Frage, ob es sich um einen **Markt mit unterdurchschnittlichem Wachstum** handelt, zu berücksichtigen.[1512] Ein Markt mit unterdurchschnittlichem Wachstum ist dann anzunehmen, wenn die mittlere jährliche Wachstumsrate des betreffenden Marktes im maßgeblichen Zeitraum nicht über der Wachstumsrate des Bruttoinlandsproduktes im EWR[1513] liegt.[1514] Differenziert wird zwischen einem absolut schrumpfenden Markt, der schlicht negative Wachstumswerte aufzuweisen hat und einem relativ schrumpfenden Markt, dessen positive Wachstumsraten nur eine bestimmte Referenzgröße, etwa das Bruttoinlandsprodukt im EWR nicht übersteigen.[1515] Als maßgeblicher Zeitraum werden die letzten fünf Jahre vor Beginn des Vorhabens, also tatsächlich die letzten sechs Jahre angesehen, sofern das aktuelle Jahr in die Betrachtung einbezogen werden soll.[1516] Allerdings sehen die Kriterien vor, auch zu erwartende Trends, das voraussichtliche Wachstum des betreffenden Marktes, sich vermutlich ergebende Kapazitätsauslastungen sowie die Einflüsse des Kapazitätszuwachses auf Preise und Gewinnspannen, aber auch auf die Wettbewerber zu berücksichtigen.[1517] Handelt es sich um einen absolut schrumpfenden Markt, dann geht die Kommission davon aus, dass dieser negative Aspekt kaum durch positive Aspekte ausgeglichen werden kann.[1518] Ferner stelle sich in einem solchen Fall unter dem Gesichtspunkt der Kohäsion auch die Frage nach der Sinnhaftigkeit einer Regionalbeihilfe für die Region selbst.[1519]

Handelt es sich bei dem räumlich relevanten Markt um den Weltmarkt, kann das Wachstum   472
des Produktmarktes gerade im EWR[1520] als Maßstab für die Bewertung der Beihilfe ungeeignet sein. In diesen Fällen prüft die Kommission die Auswirkungen der Beihilfe auf die Marktstrukturen eingehender und berücksichtigt besonders die Frage, ob Hersteller im EWR durch die Beihilfe vom Markt verdrängt werden können.[1521]

Soweit jedoch lediglich ein Szenario 2-Sachverhalt gegeben ist, die in Rede stehende Investi-   473
tion also in jedem Falle, allerdings an einem anderen Standort erfolgt wäre, kann selbst bei einem

[1509] RdNr. 43 Fn. 3 Kriterien (Fn. 21).
[1510] RdNr. 43 Fn. 4 Kriterien (Fn. 21).
[1511] RdNr. 44 Kriterien (Fn. 21) siehe auch oben RdNr. 349 und 430 sowie Fn. 1149.
[1512] RdNr. 45, 46 Kriterien (Fn. 21).
[1513] Zum Europäischen Wirtschaftsraum (EWR) siehe RdNr. 1 Fn. 1; 90 Fn. 407.
[1514] RdNr. 46 Fn. 5 Kriterien (Fn. 21); siehe oben RdNr. 432, 433.
[1515] RdNr. 47 Kriterien (Fn. 21).
[1516] RdNr. 48 Kriterien (Fn. 21).
[1517] RdNr. 48 Kriterien (Fn. 21).
[1518] RdNr. 47 S. 2 Kriterien (Fn. 21); zur mangelnden Ausgleichsfähigkeit siehe auch RdNr. 53 S. 2 Kriterien und unter RdNr. 476.
[1519] RdNr. 47 S. 3 Kriterien (Fn. 21).
[1520] Zum EWR siehe RdNr. 1 Fn. 1; 90 Fn. 407.
[1521] RdNr. 49 Kriterien (Fn. 21).

schrumpfenden Markt eine Verdrängung privater Investoren durch eine Beihilfegewährung nicht angenommen werden. Die Auswirkungen der Beihilfe führen dann nicht zu einer Wettbewerbsbeeinträchtigung der Konkurrenten, sondern betreffen allein die Auswahl des Standortes.[1522]

474   **(12) Auswirkungen auf Handel und Standort.** Regionalbeihilfen sollen als **generalisierter Nachteilsausgleich** lediglich die Nachteile ausgleichen, die dadurch entstehen, dass ein Unternehmen an einem wirtschaftlich ungünstigeren Standort investiert, also die standortspezifischen Nachteile.[1523] Welche Standorte dazu zählen und welche Höhe der Nachteilsausgleich annehmen darf, ist in den von der Kommission genehmigten nationalen Fördergebietskarten festgeschrieben.[1524] Es ist davon auszugehen, dass eine zusätzliche Geschäftstätigkeit oder ein höherer Lebensstandard in einem Fördergebiet die Nachfrage nach Produkten und Dienstleistungen auch aus anderen Teilen der Gemeinschaft stärkt.[1525]

475   Wenn allerdings durch die mit einer Beihilfe geförderte Investition eine signifikante Steigerung der Produktkapazität auf einem Markt geschaffen wird, dessen mittlere Jahreszuwachsraten des sichtbaren Verbrauchs unter dem BIP des EWR liegen,[1526] besteht die Gefahr, dass dem Kapazitätszuwachs in dem Gebiet ein Kapazitätsabbau in einem anderen Gebiet gegenüber steht, mit allen nachteiligen Folgen für die Arbeitsplätze, die lokalen Subunternehmen, Einbußen an positiven externen Effekten also etwa der Clusterbildung, des Wissens-Spillover oder der Aus- und Weiterbildung.[1527] Bei einer Szenario 2-Förderung[1528] lassen sich jedoch Auswirkungen auf den Handel gerade durch die Gewährung der Beihilfe nicht erkennen. Bei einem solchen Szenario wäre auch ohne oder bei einer geringeren Beihilfegewährung in einen neuen Standort investiert worden, nur eben an einem anderen Ort. Die Beihilfe bewirkt in einem solchen Fall eben nicht eine Änderung der Investitionsentscheidung, sondern allein eine Änderung der Entscheidung über einen Investitionsstandort.[1529] Allerdings schafft die Beihilfe für den nicht zum Zuge gekommenen Standort ungünstigere Investitionsbedingungen.[1530] Das aber wird mit Blick auf die innerstaatliche und innergemeinschaftliche Kohäsion nicht nur in Kauf genommen, sondern gerade beabsichtigt.[1531] Insbesondere läßt dies nicht den Schluss zu, dass durch Gewährung der Beihilfe in der Gemeinschaft Arbeitsplätze verloren gingen.[1532]

476   **(13) Abwägungsvorgang.** Stellt die Kommission im Rahmen des **Abwägungsvorganges** fest, dass bei einer Änderung der Standortentscheidung durch die Beihilfe im Sinne des Szenarios 2,[1533] die Investition in einem stärker benachteiligten Gebiet, also in einem Gebiet mit größeren regionalen Nachteilen und daher mit einer höheren Regionalbeihilfehöchstintensität oder in einem Gebiet mit ebensogroßen regionalen Nachteilen, also einem mit gleicher Regionalbeihilfehöchstintensität gerade ohne die Beihilfe erfolgt wäre, so ist auch dies ein so negativer Aspekt, dass er kaum durch positive Aspekte aufgewogen werden kann;[1534] die Beihilfegewährung wäre mit dem Binnenmarkt unvereinbar. In einem solchen Fall läuft die Förderung dem eigentlichen Zweck der Regionalbeihilfe zuwider. Mit diesem Fall beschreiben die Kriterien das eine Ende, den absoluten **Negativfall.**

477   Das Gegenbeispiel, der nahezu unüberbietbare **Positivfall** ist anzunehmen, wenn lediglich die Nettomehrkosten gegenüber einem weiterentwickelten alternativen Investitionsstandort ausgeglichen werden. Das erfordert, dass die Kriterien der Angemessenheit sowie die Anforderungen einer positiven Auswirkung hinsichtlich Zielsetzung, Geeignetheit und Anreizeffekt er-

---

[1522] RdNr. 40 Kriterien (Fn. 21); Kom., Staatliche Beihilfe C 46/2008 (ex N 775/2007), RdNr. 203 – Dell, Polen (Fn. 1163); siehe auch oben RdNr. 461.

[1523] Zum generalisierten Nachteilsausgleich, siehe oben RdNr. 1, 3 ff., 21, 23, 30, 47, 76, 130, 155, 192, 204, 252 sowie RdNr. 22 Nr. 2 Kriterien (Fn. 21).

[1524] Zu den nationalen Fördergebietskarten: siehe oben RdNr. 109 ff.

[1525] RdNr. 50 Fn. 1 Kriterien (Fn. 21).

[1526] RdNr. 68 lit. b) RegLL 2007, RdNr. 51 Kriterien (Fn. 21).

[1527] RdNr. 51 Kriterien (Fn. 21).

[1528] RdNr. 22 Nr. 2 Kriterien (Fn. 21); siehe oben RdNr. 451 und 461.

[1529] Kom., Staatliche Beihilfe C 46/2008 (ex N 775/2007), RdNr. 212 – Dell, Polen (Fn. 1163).

[1530] Kom., Staatliche Beihilfe C 46/2008 (ex N 775/2007), RdNr. 193, 211 Fn. 52 – Dell, Polen (Fn. 1163).

[1531] RdNr. 50 Kriterien (Fn. 21).

[1532] Kom., Staatliche Beihilfe C 46/2008 (ex N 775/2007), RdNr. 211, 213 – Dell, Polen (Fn. 1163).

[1533] RdNr. 22 Nr. 2 Kriterien (Fn. 21).

[1534] RdNr. 53 S. 2 Kriterien (Fn. 21); zur mangelnden Ausgleichsfähigkeit siehe auch RdNr. 47 S. 2 Kriterien und oben RdNr. 476.

füllt sind. In diesem Fall vertritt die Kommission „in der Regel" die Auffassung, dass diese positiven Aspekte stärker ins Gewicht fallen als die möglichen nachteiligen Auswirkungen der neuen Investition an dem alternativen Standort.[1535] Dies gilt auch dann, wenn die konkurrierenden Standorte der gleichen Fördergebietskategorie angehören, also beide a)- oder beide c)-Fördergebiete[1536] sind.[1537] Maßgeblich ist, dass die Investition nicht ohne oder nicht mit einer nur geringeren Beihilfe in ein stärker oder gleich stark benachteiligtes Gebiet gewandert wäre, also in ein Gebiet, für das nach der genehmigten Fördergebietskarte ein höherer oder gleich hoher Regionalbeihilfeinterventionssatz zulässig ist.[1538] Steht also für ein Investitionsvorhaben mit einem Volumen von 200 Mio. EUR ein a)-Fördergebiet in der Stadt A mit einem regionalen Beihilfehöchstsatz von 40% als Alternativstandort einem a)-Fördergebiet in der Gemeinde B mit einem Beihilfehöchstsatz von 50% gegenüber, so ist es zulässig, das Vorhaben in der Gemeinde B mit einer Beihilfe von bis zu 54,5 Mio. EUR zu fördern, sofern dies die mit der Investition in dieser Gemeinde verbundenen Nachteile, also die gesamte Nettokostendifferenz zwischen den beiden Standorten ausgleicht.[1539] In diesem Falle wäre die Beihilfe auf das Notwendige beschränkt und daher angemessen.[1540] Allerdings wäre es unzulässig, das Vorhaben mit einer Förderung von 43,6 Mio. EUR in der Stadt A zu fördern, wenn es mit einem Fördervolumen von weniger als 43,6 Mio. EUR in der benachteiligteren Gemeinde B verwirklicht worden wäre.

Als **weitere Hilfskriterien** für eine Stärkung des innergemeinschaftlichen Zusammenhalts **478** hat die Kommission neben der sich aus der genehmigten nationalen Fördergebietskarte ergebenden Förderhöchstintensität angenommen: das aktuelle Pro-Kopf-BIP im Jahr vor der Investition, den Verlauf des Pro-Kopf-BIP sowie mögliche Divergenzen seit 2002 und eine daraus ableitbare Steigerung des Wohlstandsgefälles zwischen den betroffenen Regionen,[1541] die im Jahr vor der Investition bestehende statische sowie die über einen Zeitraum von vielen Jahren dynamische Arbeitslosenquote,[1542] die Armutsgefährdungsquote,[1543] also den Anteil der Personen in den Regionen, „deren verfügbares Äquivalenzeinkommen nach Erhalt der sozialen Transferleistungen weniger als 60% des nationalen Medianwerts beträgt,"[1544] sowie die Nettomigrationsraten der betroffenen Regionen oder Mitgliedstaaten.[1545]

Der **dritte Modellfall** schließlich, den die Kriterien vorstellen liegt dann vor, wenn die **479** Kommission stichhaltige Beweise dafür hat, dass die Beihilfe an bestehenden Standorten in der Europäischen Union zu einem erheblichen Verlust an Arbeitsplätzen führen würde, die andernfalls mittelfristig wahrscheinlich erhalten geblieben wären. Dann müssten bei der Abwägung die sozialen und wirtschaftlichen Auswirkungen auf diese bestehenden Standorte berücksichtig werden.[1546] Letztlich prüft die Kommission also, ob es sich bei dem zu fördernden Vorhaben um eine **echte Neuinvestition** oder nur um eine **schlichte Verlagerungsinvestition** handelt.

Nimmt die Kommission den erforderlichen Anreizeffekt an, so wägt sie die positiven und ne- **480** gativen Auswirkungen gegeneinander ab und untersucht die Gesamtauswirkungen der Beihilfe auf den Zusammenhalt innerhalb der Europäischen Union. Dabei wendet sie die in der Mitteilung festgelegten Kriterien nicht schablonenhaft an, sondern wägt je nach anzumeldender Beihilfe deren Bedeutung insgesamt ab. „Bei dieser Abwägung sind weder ein einziges Element noch mehrere Elemente zusammen für sich genommen dafür ausschlaggebend, dass die Beihilfe mit dem Gemeinsamen Markt vereinbar ist."[1547]

[1535] RdNr. 53 a. E. Kriterien (Fn. 21).

[1536] Zur Definition der a)- und c)-Fördergebiete: siehe oben RdNr. 51ff.

[1537] Kom., Staatliche Beihilfe C 46/2008 (ex N 775/2007), RdNr. 217, 218, 220 – Dell, Polen (Fn. 1163).

[1538] RdNr. 53 Kriterien (Fn. 21); Kom., Staatliche Beihilfe C 46/2008 (ex N 775/2007), RdNr. 215 – Dell, Polen (Fn. 1163).

[1539] Kom., Staatliche Beihilfe C 46/2008 (ex N 775/2007), RdNr. 196, 197, 217, 218 – Dell, Polen (Fn. 1163).

[1540] RdNr. 29, 53 S. 3 Kriterien, (Fn. 21); Kom., Staatliche Beihilfe C 46/2008 (ex N 775/2007), RdNr. 198, 216 – Dell, Polen (Fn. 1163); vgl. auch oben RdNr. 411, 454.

[1541] Kom., Staatliche Beihilfe C 46/2008 (ex N 775/2007), RdNr. 220 – Dell, Polen (Fn. 1163).

[1542] Kom., Staatliche Beihilfe C 46/2008 (ex N 775/2007), RdNr. 221 – Dell, Polen (Fn. 1163).

[1543] Kom., Staatliche Beihilfe C 46/2008 (ex N 775/2007), RdNr. 222 – Dell, Polen (Fn. 1163).

[1544] Kom., Staatliche Beihilfe C 46/2008 (ex N 775/2007), RdNr. 222 Fn. 58 – Dell, Polen (Fn. 1163).

[1545] Kom., Staatliche Beihilfe C 46/2008 (ex N 775/2007), RdNr. 223 – Dell, Polen (Fn. 1163).

[1546] RdNr. 54 Kriterien (Fn. 21); Kom., Staatliche Beihilfe C 46/2008 (ex N 775/2007), RdNr. 211, 224 – Dell, Polen (Fn. 1163).

[1547] RdNr. 52 S. 3 Kriterien (Fn. 21).

481   Abgeschlossen wird das nach Art. 6 Verfahrensverordnung[1548] durchgeführte förmliche Prüfverfahren nach Art. 7 Verfahrensverordnung. Die Entscheidung kann als Untersagung oder als Genehmigung, auch mit Bedingungen oder Auflagen versehen, ergehen. Allerdings hat der Mitgliedstaat jederzeit die Möglichkeit das förmliche Verfahren beenden zu lassen, indem er sich auf eine Beihilfegewährung beschränkt, die den Betrag nicht überschreitet, der für ein Investitionsvolumen von 100 Mio. EUR nach den Regeln der jeweiligen genehmigten Fördergebietskarte sowie den Absenkungsregeln nach RdNr. 67 RegLL 2007 zulässig wäre.[1549]

482   **cc) Kritische Stellungnahme.** Die Mitteilung wird ihrem selbst gesetzten Anspruch, „Transparenz und Berechenbarkeit des Entscheidungsprozesses der Kommission sowie eine Gleichbehandlung der Mitgliedstaaten [zu] gewährleiste[n]"[1550] nicht gerecht. Sie enthält eine Anzahl von Kriterien, die vor dem Hintergrund des Binnenmarktschutzes vor zu hohen Regionalbeihilfen eher sachfremd wirken. So spielt die Steigerung der Effizienz eines Unternehmens für die Frage, ob der Markt eine bestimmte Regionalbeihilfenhöhe verträgt, ebenso wenig eine Rolle, wie die Schaffung von Ausbildungsplätzen, die vorgesehenen Gehälter der Arbeitnehmer, die Vermögensbildung in den privaten Haushalten, der Gesamtabsatz lokaler Hersteller, ein durch die Investitionen generierter Umsatz, mögliche zusätzliche Steuereinnahmen der Region oder die operationellen Programme der Strukturfondsförderung.[1551]

483   Auch erscheint die Geeignetheit eines Beihilfeinstruments, um das politische Ziel einer Region zu erreichen,[1552] kein für die Vereinbarkeit einer vorgesehenen Beihilfe mit dem Binnenmarkt geeignetes Kriterium zu sein. Es ist allein Aufgabe der nationalen Gebietskörperschaften und Parlamente, zu bestimmen, mit welchen Mitteln ein bestimmtes Ziel erreicht werden soll, nicht aber Aufgabe einer Wettbewerbsbehörde. Daher kann es für die Vereinbarkeit der Gewährung einer Geldleistung an ein Unternehmen mit dem Binnenmarkt nicht darauf ankommen, ob die bewilligende Stelle die Vorteile dieser Beihilfegewährung für ein bestimmtes Unternehmen gegenüber einer anderen Unterstützung oder gar keiner Unterstützung nachgewiesen hat. Insbesondere kommt es auch nicht auf eine vom Mitgliedstaat angestellte Folgenabschätzung für die angemeldete Beihilfe[1553] an. Maßgebend ist auch insoweit allein die Frage, ob der Binnenmarkt eine solche Beihilfe an ein bestimmtes Unternehmen verträgt oder nicht. Diese Frage beantwortet sich allerdings nach anderen Parametern, etwa den in dieser Mitteilung auch genannten Elementen „Überproduktion", „strukturbedingt schrumpfender Markt" sowie der Spürbarkeit der Handelsbeeinträchtigung.

484   Ähnliches gilt für die Frage nach der Kapitalrendite oder der Forderung nach einer Kosten-Nutzen-Analyse für einen Alternativstandort. Mit der Bestimmung von Förderhöchstsätzen in den Fördergebietskarten sowie mit der Abkehr vom Prinzip des tatsächlichen Nachteilsausgleichs hin zum generalisierten Nachteilsausgleich, verbunden mit den Absenkungen der Beihilfeintensitäten für große Investitionsvorhaben sind die maßgeblichen Schutzmechanismen ausgeschöpft. Insoweit handelt es sich um eine dreifache Reduktion: Generelle Bestimmung von Förderhöchstsätzen in den Fördergebietskarten, unterschiedslose Absenkung der Förderhöchstsätze nach Investitionsvolumen (ab 50 Mio. EUR und ab 100 Mio. EUR) und weitere Begrenzung durch eine zusätzliche, konkrete Differenzrechnung. Etwas anderes würde dann gelten, wenn die Vergleichsrechnung mit einem anderen Standort auch zu einer Steigerung der Subventionsintensität führen könnte. Wird also eine vertiefte Anreizeffektprüfung vorgenommen, müsste im Gegenzug bei großen Investitionsvorhaben von über 50 Mio. EUR und über 100 Mio. EUR, wie auch vor Inkrafttreten des MSR-2002,[1554] die volle regionale Höchstförderung ohne Absenkung möglich sein. Darüber hinaus muss ein Unternehmen im Rahmen der kontrafaktischen Analyse, die für den Nachweis eines Anreizeffekts durchzuführen sein soll, zahlreiche Annahmen treffen, Faktoren auswählen und Berechnungen anstellen, die sich die Kommission vorbehält, nur dann zu akzeptieren, wenn sie ihr realistisch erscheinen.[1555]

[1548] RdNr. 55 Kriterien (Fn. 21); Verfahrensverordnung (Fn. 95).
[1549] Art. 8 Verfahrensverordnung (Fn. 95); RdNr. 56 Fn. 1 Kriterien (Fn. 21); siehe oben RdNr. 309 ff.
[1550] RdNr. 10 Kriterien (Fn. 21).
[1551] RdNr. 14–16 Kriterien (Fn. 21).
[1552] RdNr. 18 Kriterien (Fn. 21).
[1553] RdNr. 18 Kriterien (Fn. 21).
[1554] MSR-2002 (Fn. 73).
[1555] RdNr. 25 Kriterien (Fn. 21).

Es erscheint gewagt, ein prognostiziertes, aber auf eigener unternehmerischer Entscheidung **485** beruhendes Verhalten eines Mitwettbewerbers für die Beurteilung der Vereinbarkeit einer Beihilfeintensität eines zu begünstigenden Unternehmens heranzuziehen. Abgesehen davon, dass dies Missbrauch Tür und Tor öffnet (der Mitwettbewerber wird im Rahmen des förmlichen Prüfverfahrens aufgefordert, zum Vorhaben des Konkurrenten und zur beabsichtigten Beihilfegewährung für dieses Vorhaben Stellung zu nehmen), indem der Konkurrent schlicht behauptet und mit (spekulativen) Prognosen[1556] untermauert, er werde seine Investitionen einstellen und langfristig vom Markt gehen, lässt sich in einer auf Privatautonomie gründenden Wirtschaftsordnung ein freies Handeln eines Dritten, auf das das betroffene Unternehmen keinerlei Einfluss nehmen kann, diesem betroffenen Unternehmen auch nicht nachteilig zurechnen.

Ferner werden unter der Überschrift „Auswirkungen auf den Handel" ausschließlich Auswir- **486** kungen auf den jeweiligen Standort untersucht. Das erscheint nicht ganz schlüssig, zumal die Kommission fordert, dass ein alternativer Standort weder in einem Fördergebiet mit einer noch höheren Beihilfeintensität noch in einer Region mit einer gleich hohen Beihilfeintensität liegen darf. Beides sind unter dem Gesichtspunkt, wieviel Beihilfe verträgt der Markt, ab welchem Betrag ist eine Beihilfe für das vorgesehene Investitionsvorhaben mit dem Binnenmarkt nicht mehr vereinbar, nicht von Relevanz. Wenn eine Region aufgrund der Gebietsförderkarte nur mit einer bestimmten Beihilfeintensität gefördert werden kann und die tatsächlichen Nachteile werden mit dieser Beihilfeintensität nicht ausgeglichen, dann ist es eher folgerichtig, dass ein Unternehmen in eine weniger benachteiligte Region wechselt und die dort natürlich auch nur geringere Beihilfeintensität in Kauf nimmt. Das erscheint als geradezu idealtypisches marktkonformes Verhalten und steht den Zielen der Regionalförderung nicht entgegen.[1557]

Schließlich ist dieser „Leitfaden"[1558] nicht dazu geeignet, die Entscheidungen der Kommission **487** berechenbarer oder transparenter zu machen. Er enthält eine Vielzahl unbestimmter Rechtsbegriffe, die ihrerseits der Auslegung bedürfen. Ferner bestimmt er, das die Entscheidungen auch auf nicht genannte Kriterien gestützt werden dürfen,[1559] dass die in dem Leitfaden dargelegten Kriterien nicht einheitlich angewendet werden müssen und dass je nach anzumeldender Beihilfe deren Bedeutung insgesamt abzuwägen ist: „Bei dieser Abwägung sind weder ein einziges Element noch mehrere Elemente zusammen für sich genommen dafür ausschlaggebend, dass die Beihilfe mit dem Gemeinsamen Markt vereinbar ist."[1560] Damit ist eine Entscheidung der Kommission gänzlich unvorhersehbar und damit auch nicht mehr transparent. Dies wird vom Europäischen Gericht, wenn auch für andere Vorschriften, im Grundsatz gebilligt.[1561]

Daher besteht die Besorgnis, dass die Unsicherheit für die große Unternehmen,[1562] die Bei- **488** hilfe in der nach den Kriterien in RdNr. 64 und 67 RegLL 2007 errechneten Intensität auch tatsächlich zu erhalten, zu einer Investitionswanderung in andere Regionen außerhalb Europas führt. Damit würde sich der vermeintliche Schutz von Mitgliedstaaten durch eine restriktive Bestimmung der Marktanteilsgrenzen in sein Gegenteil verkehren.[1563] Die Regeln des europäischen Beihilferechts dienen der Sicherstellung eines hinreichenden innergemeinschaftlichen Wettbewerbs, sie sind kein Instrument, das seine Berechtigung und Aktualität stets neu unter Beweis stellen muß. Die erste Genehmigungsentscheidung der Kommission, die unter Zugrundelegen dieser Regeln ergangen ist, die Entscheidung zu Dell-Polen[1564] hat im Verhältnis zur bisherigen Praxis weder zu neuen Erkenntnissen noch zu einer größeren Entscheidungstransparenz geführt, lediglich das Verfahren hat mehr als 26 Monate Zeit in Anspruch genommen.[1565]

[1556] RdNr. 41, 44 S. 5 Kriterien (Fn. 21).

[1557] So aber Rn. 47 S. 3 Kriterien (Fn. 21).

[1558] RdNr. 10 Kriterien (Fn. 21).

[1559] RdNr. 38 S. 6 Kriterien. (Fn. 21).

[1560] RdNr. 52 S. 4 Kriterien (Fn. 21).

[1561] EuG, Urt. v. 3. 3. 2010, T-102/07 und T-120/07, RdNr. 105, 133–134, 137, 147 – Biria zu den Leitlinien der Gemeinschaft für staatliche Beihilfen zur Rettung und Umstrukturierung von Unternehmen in Schwierigkeiten.

[1562] Das Verfahren C 34/2008 ist als Vorhaben Staatliche Beihilfe N 170/2008 am 28. 3. 2008 angemeldet worden. Die Entscheidung war am 6. 7. 2010, also nach mehr als 27 Monaten ergangen.

[1563] Vgl. etwa Ziff. 3 „Bei großen Invesititionsvorhaben … besteht jedoch ein größeres Risiko, dass der Handel durch große Invesititionsvorhaben beeinträchtigt wird und es somit zu einer stärkeren Verfälschung des Wettbewerbs gegenüber den Wettbewerbern *in anderen Regionen* kommt."

[1564] Kom., Staatliche Beihilfe C 46/2008 (ex N 775/2007) – Dell, Polen (Fn. 1163).

[1565] Kom., Staatliche Beihilfe C 46/2008 (ex N 775/2007), RdNr. 1 – Dell, Polen (Fn. 1163).

489   **h) Übertragung eines Unternehmens:** Hat die öffentliche Hand einem Unternehmen für ein Investitionsvorhaben eine Beihilfe bewilligt aber noch nicht ausgezahlt, und soll dieses Unternehmen nun veräußert werden, so gilt diese Bewilligung nicht notwendigerweise auch für das erwerbende Unternehmen. Dies läßt sich mit Rücksicht auf zwei Kontrollüberlegungen erkennen. Zum einen könnte das ursprüngliche Unternehmen ein KMU sein, das erwerbende Unternehmen aber ein großes Unternehmen. Dann würden schon die KMU-Boni gegenüber dem Erwerber nicht geleistet werden, denn er erfüllt die KMU-Kriterien nicht. Zum anderen könnte es sich bei dem ursprünglichen Unternehmen, anders als bei dem erwerbenden Unternehmen um ein solches handeln, dass die Marktstärkekriterien nach RdNr. 68 RegLL 2007 nicht erfüllt. Hat also die Europäische Kommission die beabsichtigte Leistung einer Beihilfe für ein Investitionsvorhaben genehmigt, und dabei festgestellt, dass das begünstigte Unternehmen die Regeln der RdNr. 68 mangels Marktanteils nicht berührt, so bedarf es bei einer Übertragung dieses Unternehmens an einen anderen Unternehmer erneut der Marktstärkeprüfung nach RdNr. 68 RegLL 2007. Es ist nicht ausgeschlossen, dass der Erwerber auf dem sachlich und räumlich relevanten Markt die Marktstärkekriterien erfüllt. In diesem Fall ist der Kommission ihre bestehende Genehmigungsentscheidung erneut vorzulegen mit der Bitte um Genehmigung der Übertragung auf das erwerbende Unternehmen. Dem Wunsch eines Mitgliedstaates nach Übertragung der Genehmigung kommt die Kommission nach Überprüfung der Genehmigungsgrundsätze im Regelfall nach.[1566]

III. Betriebsbeihilfen

490   **1. Begriff.** Betriebsbeihilfen sind Beihilfen, die im Gegensatz zu Investitionsbeihilfen lediglich die **laufenden Betriebsausgaben** eines Unternehmens **senken** sollen.[1567] Regionale Betriebsbeihilfen verfolgen, ohne mit einem Investitionsvorhaben im Sinne der RdNr. 33, 34 RegLL 2007, Art. 2 RFVO [1568]oder Art. 12 AGVO verbunden zu sein, das Ziel der regionalen Entwicklung im Wege der Kostensenkung oder des Gewährens zusätzlicher Liquidität.[1569] Danach sind Betriebsbeihilfen dann anzunehmen, wenn ein Unternehmen zumindest zum Teil **von den Kosten befreit** wird, die es normalerweise **im Rahmen seiner laufenden Verwaltung** oder **seiner üblichen Tätigkeiten tragen müsste.**[1570] Anders als bei Investitionsbeihilfen ist es bei Betriebsbeihilfen nicht erforderlich, dass sie für ein bestimmtes Projekt oder für bestimmte, vorab definierte förderfähige Ausgaben oder Kosten gewährt werden.[1571] Regelmäßig werden sie in Form von Steuerermäßigungen oder der Senkung von Soziallasten gewährt, die nicht mit förderfähigen Investitionskosten verbunden sind.[1572] Denkbar sind aber auch Überbrückungsdarlehen, Bürgschaften oder die Förderung von Abrissmaßnahmen im Wohnungswesen mit dem Ziel, die Wohnungsgesellschaften von (Leerstands-)Kosten zu entlasten. Ebenfalls zu den Betriebsbeihilfen zählen die Förderung von Ersatzinvestitionen, Beihilfen zur Deckung von Transport- oder Arbeitskosten,[1573] Mieten, Abschreibungen, Energie-, Wasser- und Heizungskosten, Dividende auf eingesetztes Eigenkapital,[1574] Kapitalzuführungen zur Stärkung der Wettbewerbsfähigkeit etwa durch Verbesserung der finanziellen Lage,[1575] Steuern und Verwaltungsabgaben oder die Förderung der Übernahme von Gesellschaftsanteilen.[1576]

[1566] Kom., Staatliche Beihilfe N 575/2008 v. 19. 1. 2009, RdNr. 35–37 sowie die Entscheidungsformel – AMD.

[1567] EuGH, C 278/95, Slg. 1997, I-2507, RdNr. 55 – Siemens; *Schwarze/Bär-Bouyssiere* Art. 87 EG RdNr. 56; *Schröter/Jakob/Mederer/Mederer,* Art. 87 EG Abs. 3 RdNr. 108.

[1568] RFVO (Fn. 3).

[1569] *Mederer/Pesaresi/van Hoof/Dupont/Tumasonytė* (Fn. 317), Chapter 6, RdNr. 4.918.

[1570] EuGH, C-288/96, Slg. 2000, I-8237, RdNr. 77 f., 85 – Jadekost; EuGH, C-156/98, Slg. 2000, I-6857, RdNr. 30 – EStG; Urt. T 459/93, Slg. 1995, II-1675, RdNr. 48 – Siemens; *Schröter/Jakob/Mederer/Mederer* (Fn. 1567), RdNr. 167.

[1571] Arg. e. contr. RdNr. 77 RegLL 2007, siehe auch EuGH, C-288/96, Slg. 2000, I-8237, RdNr. 48 – Jadekost: Beihilfen, die gewährt werden, ohne dass von dem Begünstigten eine Verpflichtung hinsichtlich der Verwendung verlangt wird, sind als Betriebsbeihilfen anzusehen.

[1572] RdNr. 76 Fn. 69 RegLL 2007; vgl. Kom., Staatliche Beihilfe C 15/2000 v. 21. 12. 2000, ABl. 2001 L 244/32 – Schweden; *Mederer/Pesaresi/van Hoof/Dupont/Tumasonytė* (Fn. 317), Chapter 6, RdNr. 4.931.

[1573] RdNr. 77 Fn. 71 RegLL 2007.

[1574] RdNr. 87 RegLL 2007, Art. 14 Abs. 5, 16 Abs. 5 AGVO.

[1575] EuGH, C-288/96, RdNr. 48 – Jadekost (Fn. 1570).

[1576] RdNr. 35 Fn. 37 RegLL 2007; Kom., Staatliche Beihilfe N 377/2006 v. 20. 12. 2006, RdNr. 37–40 – Kanarische Inseln; *Mederer/Pesaresi/van Hoof/Dupont/Tumasonytė* (Fn. 317), Chapter 6, RdNr. 4.918.

2. Wirkungen. Betriebsbeihilfen verschaffen den Unternehmen eine künstliche finanzielle 491
Unterstützung,[1577] und verfälschen stets die Wettbewerbsbedingungen,[1578] ohne ihrer Natur
nach geeignet zu sein, einen der in Art. 107 Abs. 3 AEUV bestimmten Zwecke zu erreichen.[1579]
Daher sind sie grundsätzlich verboten.[1580]

3. Ausnahmen und Gestattungen. Betriebsbeihilfen können in dreierlei Hinsicht zu- 492
lässig sein: unter sektoralen, horizontalen und regionalen Aspekten. Ferner sind sie stets als
„De-minimis"-Beihilfen zulässig, sofern die dort vorgeschriebenen Regeln eingehalten werden.[1581]

a) Sektorale Betriebsbeihilfen. Diese finden sich in den Regelwerken für investitionsun- 493
abhängige, allein auf die Nutzung oder die Anwendung bestimmter Verfahren bezogenen Unterstützungen, etwa im Umweltsektor,[1582] oder als Nichtinvestitionsbeihilfen für bestimmte
Sektoren, etwa als Stilllegungsbeihilfen für die Seeschifffahrtswerftenindustrie.[1583] Ihre Gewährung ist nicht notwendigerweise auf Fördergebiete nach Art. 107 Abs. 3 lit. a oder c AEUV
beschränkt.

b) Horizontale Betriebsbeihilfen. Horizontale Betriebsbeihilfen sind nicht auf bestimmte, 494
sektorspezifische Tätigkeiten beschränkt, sondern orientieren sich an einem bestimmten Handeln und können ebenfalls unabhängig von Fördergebieten gewährt werden. Dazu zählen etwa
die Beihilfen für kleine von Unternehmerinnen neu gegründete Unternehmen nach Art. 16
Abs. 5 lit. a bis c, d AGVO.

c) Regionale Betriebsbeihilfen. RdNr. 76 RegLL 2007 lässt die Gewährung rein regio- 495
naler Betriebsbeihilfen unter eingeschränkten und engen Voraussetzungen zu. Danach können regionale Betriebsbeihilfen in Fördergebieten nach Art. 107 Abs. 3 lit. a AEUV (sogenannte
a)-Fördergebiete)[1584] gewährt werden, wenn sie aufgrund ihres Beitrags zur Regionalentwicklung und ihrer Art nach gerechtfertigt sind und ihre Höhe entsprechend den auszugleichenden
Nachteilen angemessen ist.[1585] Dabei obliegt es den Mitgliedstaaten, das Vorhandensein und den
Umfang derartiger Nachteile nachzuweisen.[1586] Ferner können in den dünn und am dünnsten
besiedelten Gebieten bestimmte Formen von Betriebsbeihilfen gewährt werden.[1587]
Ebenfalls zu den regionalen, also den nur in Fördergebieten zulässigen Betriebsbeihilfen zäh- 496
len im Wesentlichen die Beihilfen für neu gegründete kleine Unternehmen.[1588] Allerdings betrachten sowohl die RegLL 2007 als auch die AGVO diese Beihilfen noch als eine Art Beihilfen
sui generis.[1589] Diese Betriebsbeihilfen sind auch in c)-Fördergebieten zulässig.[1590] Weiterhin in
c)-Fördergebieten zulässig sind Betriebsbeihilfen im Transportsektor in den dünn besiedelten
Gebieten sowie als Übergangsbeihilfen für ehemalige a)-Fördergebiete.[1591]

4. Zu den regionalen Betriebsbeihilfen im Einzelnen. a) Allgemeines. Die RegLL 497
2007 unterwerfen die Gewährung von regionalen Betriebsbeihilfen mehrfachen **Schranken:**
Sie dürfen im Grundsatz nur in a)-Fördergebieten gewährt werden,[1592] sie sind **auf der Seite
des Mitgliedstaates** zu begrenzen durch den Nachweis, dass sie aufgrund ihres Beitrags zur
Regionalentwicklung und ihrer Art nach gerechtfertigt sind und ihre Höhe den auszugleichen-

---

[1577] EuG, T 459/93, Slg. 1995, II-1675, RdNr. 48 – Siemens.
[1578] EuGH, C-86/89, Slg. 1990, I-3891, RdNr. 18 – Italien; EuGH, C-156/98, Slg. 2000, I-6857,
RdNr. 30 – EStG.
[1579] EuGH, C-156/98, Slg. 2000, I-6857, RdNr. 30 – EStG; EuG, T 459/93, Slg. 1995, II-1675, RdNr. 48
– Siemens.
[1580] RdNr. 76 RegLL 2007.
[1581] Art. 2 Abs. 3 S. 3 Verordnung (EG) Nr. 1998/2006 der Kom. vom 15. 12. 2006 über die Anwendung
der Art. 87 und 88 EG-Vertrag auf „De-minimis"-Beihilfen, ABl. 2006 L 379/5 (De-minimis-Verordnung 2006).
[1582] Art. 25 AGVO.
[1583] RdNr. 16–21 Schiffbau-Rahmen (Fn. 568).
[1584] Zu den Fördergebieten siehe oben RdNr. 84 ff.
[1585] RdNr. 76 S. 2 RegLL 2007.
[1586] RdNr. 76 S. 3 RegLL 2007.
[1587] RdNr. 76 S. 4 RegLL 2007.
[1588] Art. 14 Abs. 5 lit. a bis c AGVO; RdNr. 87 1.–3. Tiret RegLL 2007.
[1589] RdNr. 7, 84 RegLL 2007; Tz. 43 und Art. 14 Abs. 1 AGVO.
[1590] Art. 14 Abs. 3, 4 AGVO; RdNr. 85, 88 RegLL 2007.
[1591] RdNr. 30 lit. b, 81 sowie 94 RegLL 2007.
[1592] RdNr. 76 S. 2 RegLL 2007; zu den Ausnahmen siehe oben RdNr. 496.

den Nachteilen angemessen ist,[1593] sie sollen **auf der Seite des Beihilfeempfängers** begrenzt werden durch die Beschränkung auf einen bestimmten Anteil vorab definierter förderfähiger Ausgaben oder Kosten[1594] und sie sollen darüber hinaus begrenzt werden durch eine **zeitliche Befristung**[1595] sowie eine **doppelte Degressivität:** zum einen sollen zeitlich aufeinanderfolgende Regelwerke der Beihilfegeber,[1596] zum anderen die gewährten Beihilfen selbst degressiv ausgestaltet werden.[1597] Ferner sollen sie ganz auslaufen, wenn das betreffende Gebiet eine reale Konvergenz mit den wohlhabenderen Gebieten in der EU erreicht hat.[1598] Weiterhin werden bestimmte Sektoren oder Tätigkeiten von einer Förderung vollständig ausgeschlossen.[1599] Ausnahmen sind zugelassen für die Gebiete in äußerster Randlage, also die in Art. 349 AEUV genannten Regionen, sowie die am dünnsten besiedelten Gebiete.[1600] Schließlich wird die Kommission regionale Betriebsbeihilfen nur für die Laufzeit der RegLL 2007, also mit einer Gültigkeit bis zum 31. 12. 2013 gewähren[1601] und die Mitgliedstaaten, die Betriebsbeihilferegelungen genehmigt erhalten und auch anwenden, umfangreichen und für jede NUTS-II-Region (in Deutschland also für die einzelnen Länder) gesonderten Berichtspflichten unterwerfen.[1602]

498 **b) Fördergebiete.** Zu den **a)-Fördergebieten**[1603] zählen, zumindest bis zum 31. 12. 2010, auch die vom statistischen Effekt betroffenen Regionen.[1604]. Daher ist auch in diesen Regionen eine Förderung mit regionalen Betriebsbeihilfen zu den gleichen Bedingungen möglich, wie in den übrigen a)-Fördergebieten. Ab dem 1. 1. 2011 ist in den vom Statistischen Effekt betroffenen Regionen eine Förderung mit regionalen Betriebsbeihilfen ausgeschlossen, soweit diese Regionen nach den zum 31. 12. 2010 verfügbaren neuesten BIP-Dreijahres-Durchschnittsdaten von EUROSTAT 75% des durchschnittlichen Pro-Kopf-BIP bezogen auf eine EU-25 erreichen oder überschreiten und damit zu diesem Datum ihren Status als a)-Fördergebiete verlieren.[1605] Allerdings hat die Kommission bestimmt, in den Gebieten, die ihren Fördergebietsstatus nach Art. 107 Abs. 3 lit. a AEUV und damit ihren Anspruch auf die Möglichkeit, regionale Betriebsbeihilfen gewähren zu dürfen, verlieren, akzeptieren zu können, dass ab dem Zeitpunkt, zu dem das betreffende Gebiet seinen Förderungsanspruch verliert, die Regelungen zur Gewährung von Betriebsbeihilfen nicht abrupt enden, sondern über einen Zeitraum von zwei Jahren auslaufen.[1606] Dennoch hat die Kommission die deutschen Betriebsbeihilfen für die vom statistischen Effekt betroffenen Regionen zunächst nur bis zum 31. 12. 2010 genehmigt.[1607] Im Rahmen einer Verlängerungsnotifizierung hat sie nunmehr **für vom statistischen Effekt betroffene Regionen,** die ihren Status als a)-Fördergebiete zum 1. 1. 2011 verloren haben, die Geltung von RdNr. 94 RegLL 2007 ebenfalls anerkannt und die Anwendung der bestehenden Betriebsbeihilferegelungen, wenn auch unter der Bedingung einer weiteren Degression, bis zum 31. 12. 2012 genehmigt.[1608]

499 Hinsichtlich der **dünn und am dünnsten besiedelten Gebiete**[1609] gilt Folgendes: den Begriff der „am dünnsten besiedelte Gebiete" definieren die Regionalleitlinien als „NUTS-II-Gebiete oder Teile davon mit einer Bevölkerungsdichte von 8 Einwohnern je Quadratkilometer oder weniger" sowie „kleinere angrenzende Gebiete, die das gleiche Bevölkerungskriterium erfüllen."[1610]

[1593] RdNr. 76 S. 2 RegLL 2007.

[1594] RdNr. 77 RegLL 2007.

[1595] RdNr. 79 RegLL 2007.

[1596] RdNr. 79 RegLL 2007.

[1597] RdNr. 79 Fn. 73 RegLL 2007.

[1598] RdNr. 79 RegLL 2007.

[1599] RdNr. 78 RegLL 2007.

[1600] RdNr. 80, 81 RegLL 2007.

[1601] RdNr. 82 RegLL 2007.

[1602] RdNr. 83 RegLL 2007.

[1603] Zu den Fördergebieten nach Art. 107 Abs. 3 lit. a AEUV siehe oben RdNr. 50 ff., 56–60.

[1604] RdNr. 19 RegLL 2007, siehe im Übrigen oben RdNr. 61 ff.

[1605] Zur Überprüfung seitens der Europäischen Kommission: RdNr. 20 RegLL 2007.

[1606] RdNr. 94 RegLL 2007, vgl. auch oben RdNr. 60, 96 und 104.

[1607] Kom., Staatliche Beihilfen N 433/2007 v. 16. 7. 2008, RdNr. 8 Fn. 4, 43 – Brandenburg; N 439/2007 v. 16. 7. 2008, RdNr. 8 Fn. 5, 41 – neue Länder; N 311/2008 v. 16. 7. 2008, RdNr. 3 Fn. 1, 38 – Sachsen-Anhalt; N 443/2008 v. 9. 4. 2009/15. 6. 2009, RdNr. 3 Fn. 1, 37 – Sachsen.

[1608] Kom., Staatliche Beihilfe N 547/2010 v. 20. 12. 2010, RdNr. 25, 35 – Sachsen.

[1609] RdNr. 76 S. 4 RegLL 2007.

[1610] RdNr. 80, 2. Tiret RegLL 2007; diese Definition erfolgt mit Blick auf die Definition im Protokoll Nr. 6 über die Sonderbestimmungen für Ziel 6 im Rahmen der Strukturfonds in Finnland, Norwegen und Schweden zum Vertrag zwischen den Mitgliedstaaten der EU und dem Königreich Norwegen, der Repub-

Definiert sind auch die Gebiete mit einer geringen Bevölkerungsdichte.[1611] Darunter sind NUTS-II-Gebiete mit einer Bevölkerungsdichte von weniger als 8 Einwohnern je Quadratkilometer oder NUTS-III-Gebiete mit einer Bevölkerungsdichte von weniger als 12,5 Einwohnern je Quadratkilometer zu verstehen.[1612] Eine Definition der „dünn besiedelten Gebiete" enthalten die RegLL 2007 in der deutschen Sprachfassung nicht. Allerdings zeigt sich diese Ungenauigkeit nur in insgesamt fünf Sprachfassungen.[1613] Alle anderen Sprachfassungen enthalten auch in RdNr. 76 RegLL 2007 den in RdNr. 30 lit. b RegLL 2007 bestimmten Begriff. Danach sind die „dünn besiedelten Gebiete" im Sinne der RdNr. 76 Satz 4 RegLL 2007 Gebiete mit niedriger Bevölkerungsdichte im Sinne von RdNr. 30 lit. b RegLL 2007.

c) Begrenzung der Betriebsbeihilfe auf Seiten des Beihilfegebers: Rechtfertigung 500 und Angemessenheit von regionalen Betriebsbeihilfen. Eine mit dem Binnenmarkt vereinbare Gewährung von regionalen Betriebsbeihilfen erfordert, dass sie aufgrund ihres Beitrags zur Regionalentwicklung und ihrer Art nach gerechtfertigt sind und ihre Höhe den auszugleichenden Nachteilen angemessen ist.[1614] Insoweit unterliegen auch sie den besonderen Bestimmungen und Förderausschlüssen, die für bestimmte Wirtschaftszweige gelten.[1615] Die Mitgliedstaaten tragen die Beweislast für das Bestehen und den Umfang derartiger Nachteile.[1616] Diese Bestimmung haben die RegLL 2007 gleichlautend von der 1998 in Kraft getretenen Vorgängerregelung übernommen.[1617] Für diesen Nachweis genügt es der Kommission allerdings nicht, auf die Nachteile zu verweisen, die zu der Bewertung der Region als a)-Fördergebiet geführt haben. Vielmehr bedarf es nach Auffassung der Kommission darüber hinaus weiterer, anderer Nachteile, die es auszugleichen gilt.[1618]

Der Status als a)-Fördergebiet bestimmt sich, abgesehen von Gebieten gemäß Art. 349 Abs. 1 **501** AEUV[1619] ausschließlich nach dem BIP.[1620] Nur dieses Kriterium ist nach den RegLL 2007 maßgeblich für die Einstufung eines Gebietes oder einer Region als Fördergebiet nach Art. 107 Abs. 3 lit. a AEUV. Daher ist es notwendig aber auch hinreichend, wenn der Nachweis anderer Nachteile als der eines geringen Pro-Kopf-BIP gelingt.[1621] Dieser Nachweis erfolgt anhand von Analysen der aktuellen regionalwirtschaftlichen Lage für die verschiedene sozioökonomische Kernindikatoren herangezogen werden können, die die anhaltenden wirtschaftlichen Probleme verdeutlichen. Dazu können eine Behinderung der regionalen Entwicklung in verzögertes Wachstum der regionalen Unternehmen etwa durch mangelnden Zugang zu Betriebsmittelkrediten[1622] ebenso zählen, wie ein durch die schwierige wirtschaftliche Lage der letzten Jahre bedingter Bevölkerungsrückgang, in der betroffenen Region (Abwanderung) vor allem bei den jungen erwerbsfähigen Bevölkerungsgruppen und deren Auswirkungen auf das künftige Fachkräfteangebot und die weitere Bevölkerungsentwicklung[1623] oder ein großes Einkommensgefälle

---

lik Österreich, der Republik Finnland, dem Königreich Schweden über den Beitritt des Königreichs Norwegen, der Republik Österreich, der Republik Finnland und des Königreichs Schweden zur EU (EU-Beitrittsvertrag) vom 24. 6. 1994, ABl. 1994 C 241/9.

[1611] RdNr. 30 lit. b RegLL 2007.

[1612] RdNr. 30 lit. b RegLL 2007.

[1613] Drei unterschiedliche Begriffe enthalten die RdNr 30 lit. b und 76 RegLL 2007 in der deutschen, bulgarischen, dänischen, finnischen und griechischen Sprachfassung.

[1614] RdNr. 76 RegLL 2007.

[1615] RdNr. 76, Fn. 68 RegLL 2007.

[1616] Die Kom. prüft die Möglichkeit einer Methode für die Berechnung der zusätzlichen Kosten in Gebieten in äußerster Randlage, RdNr. 76 RegLL 2007.

[1617] Ziffer 4.15, S. 2 RegLL 1998.

[1618] Kom., Eröffnungsentscheidung C 7/2008, ABl. 2008 C 88/11, RdNr 29, 2. Tiret, Abs. 2 – Deutschland.

[1619] Azoren, Madeira, Kanarische Inseln, Guadeloupe, Martinique, Saint Martin, Saint-Barthélemy, Réunion und Französisch Guayana, Art. 349, 107 Abs. 3 lit. a 2. HS. AEUV; insoweit ist RdNr. 17 RegLL 2007 überholt.

[1620] RdNr. 16 RegLL 2007.

[1621] Das hatte die Kom. in der Eröffnungsentscheidung C 7/2008, RdNr. 29 – Deutschland (Fn. 1618) übersehen, vgl. Kom., Staatliche Beihilfe N 443/2008, RdNr. 49, 50 – Deutschland (Fn. 1607).

[1622] Kom., Staatliche Beihilfe N 430/2007 v. 16. 7. 2008, RdNr. 43 – Thüringen; N 431/2007 v. 16. 7. 2008, RdNr. 43 – Mecklenburg-Vorpommern; N 432/2007 v. 16. 7. 2008, RdNr. 43 – Thüringen; N 433/2007, RdNr. 44 – Brandenburg (Fn. 1607); N 439/2007, RdNr. 42, 49 – neue Länder (Fn. 1607); N 311/2008, RdNr. 39 – Sachsen Anhalt (Fn. 1607); N 443/2008, RdNr. 38, 45 – Sachsen (Fn. 1607).

[1623] Kom., Staatliche Beihilfen N 430/2007, RdNr. 44 (Fn. 1622); N 431/2007, RdNr. 44 (Fn. 1622); N 432/2007, RdNr. 44 (Fn. 1622); N 433/2007, RdNr. 45 (Fn. 1607); N 439/2007, RdNr. 43 (Fn. 1607); N 311/2008, RdNr. 40 (Fn. 1607); N 443/2008, RdNr. 39 (Fn. 1607).

(gemessen am Pro-Kopf-BIP) zwischen verschiedenen Regionen eines Mitgliedstaates,[1624] eine geringe Arbeitsplatzdichte und daraus folgend ein entsprechendes Arbeitsplatzdefizit, verbunden mit einer relativ hohen Arbeitslosigkeit.[1625] Ferner lassen sich die Wirtschafts- und Unternehmensstruktur, etwa Monostrukturen oder eine geringere Exportorientiertheit und daraus folgende geringere Exportdynamik,[1626] oder deren Produktivität,[1627] durchschnittliche Betriebsgröße und Umsatz je Beschäftigtem in Relation zu anderen Regionen des Mitgliedsstaates heranziehen.[1628] Für den Nachweis von über das BIP-Kriterium hinausgehenden Nachteilen ist es nicht erforderlich, dass alle der beispielhaft genannten Elemente vorliegen müssen, auch wenn im Rahmen einer Gesamtbetrachtung einzelne dieser Elemente allein möglicherweise nicht ausreichen. Als zentralen Indikator für eine Rechtfertigung zur Gewährung staatlicher Bürgschaften im Wege von regionalen Betriebsbeihilfen hat die Kommission den massiven Rückgang kurzfristiger Kredite innerhalb von nur fünf Jahren,[1629] oder mangelnde Rücklagen und Kreditsicherheiten anerkannt.[1630]

502   Einen Beitrag zur Regionalentwicklung leisten die regionalen Betriebsbeihilfen, sofern sie zum Ausgleich von Verzögerungen und Engpässen in der Regionalentwicklung beitragen.[1631] Insoweit genügt es, wenn die Maßnahme gezielt auf die Beseitigung eines Engpasses, etwa die Erleichterung des Zugangs zu Betriebsmittelkrediten, gerichtet ist. Nicht erforderlich ist, dass die vorgesehene Maßnahme alle Nachteile ausgleicht oder ausgleichen soll.[1632]

503   Die Angemessenheit der beabsichtigten Betriebsbeihilfen bestimmt sich mit Blick auf die Höhe der auszugleichenden Nachteile. Maßgeblich ist damit allein eine an den spezifischen festgestellten Nachteilen orientierte Begrenzung der Betriebsbeihilfen.

504   **d) Begrenzungen auf Seiten des Begünstigten.** Regionale Betriebsbeihilfen sollen in der Regel nur für bestimmte Anteile bestimmter, vorab definierter förderfähiger Ausgaben oder Kosten, wie etwa Ersatzinvestitionen, Beförderungsmehrkosten, Arbeitskosten oder Avalkredite gewährt werden.[1633] Dazu zählen auch Umsatzausweitungen, Veränderungen des Produktportfolios, Unternehmensübernahmen oder die Begleitung großvolumiger Aufträge.[1634] Allerdings sind regionale Betriebsbeihilfen nicht darauf beschränkt, es sei denn, der jeweilige Mitgliedstaat ist bereit, im Rahmen des Genehmigungsverfahrens derartige Einschränkungen zu akzeptieren.[1635] Beihilfen für in der Vergangenheit aufgelaufene Verluste sind stets ausgeschlos-

---

[1624] Kom., Staatliche Beihilfen N 430/2007, RdNr. 45 (Fn. 1622); N 431/2007, RdNr. 45 (Fn. 1622); N 432/2007, RdNr. 45 (Fn. 1622); N 433/2007, RdNr. 46 (Fn. 1607); N 439/2007, RdNr. 44 (Fn. 1607); N 311/2008, RdNr. 41 (Fn. 1607); N 443/2008, RdNr. 40 (Fn. 1607).

[1625] Kom., Staatliche Beihilfen N 430/2007, RdNr. 46 (Fn. 1622); N 431/2007, RdNr. 46 (Fn. 1622); N 432/2007, RdNr. 46 (Fn. 1622); N 433/2007, RdNr. 47 (Fn. 1607); N 439/2007, RdNr. 45 (Fn. 1607); N 311/2008, RdNr. 42 (Fn. 1607); N 443/2008, RdNr. 41 (Fn. 1607); die Arbeitslosenquoten betrugen zwischen 13,2% und 16,5%.

[1626] Kom., Staatliche Beihilfen N 430/2007, RdNr. 47 (Fn. 1622); N 431/2007, RdNr. 47 (Fn. 1622); N 432/2007, RdNr. 47 (Fn. 1622); N 433/2007, RdNr. 48 (Fn. 1607); N 439/2007, RdNr. 46 (Fn. 1607); N 311/2008, RdNr. 43 (Fn. 1607); N 443/2008, RdNr. 42 (Fn. 1607).

[1627] Kom., Staatliche Beihilfen N 430/2007, RdNr. 48 (Fn. 1622); N 431/2007, RdNr. 48 (Fn. 1622); N 432/2007, RdNr. 48 (Fn. 1622); N 433/2007, RdNr. 49 (Fn. 1607); N 439/2007, RdNr. 47 (Fn. 1607); N 311/2008, RdNr. 44 (Fn. 1607); N 443/2008, RdNr. 43 (Fn. 1607).

[1628] Kom., Staatliche Beihilfen N 430/2007, RdNr. 49, 54 (Fn. 1622); N 431/2007, RdNr. 49, 54 (Fn. 1622); N 432/ 2007, RdNr. 49, 54 (Fn. 1622); N 433/2007, RdNr. 50, 55 (Fn. 1607); N 439/2007, RdNr. 48, 53 (Fn. 1607); N 311/2008, RdNr. 45, 50 (Fn. 1607); N 443/2008, RdNr. 44, 49 (Fn. 1607).

[1629] Ein Rückgang von über 27%: Kom., Staatliche Beihilfen N 430/2007, RdNr. 50, 55 (Fn. 1622); N 431/2007, RdNr. 50, 55 (Fn. 1622); N 432/ 2007, RdNr. 50, 55 (Fn. 1622); N 433/2007, RdNr. 51, 56 (Fn. 1607); N 439/2007, RdNr. 49, 54 (Fn. 1607); N 311/2008, RdNr. 46, 51 (Fn. 1607); N 443/2008, RdNr. 50, 55 (Fn. 1607).

[1630] Kom., Staatliche Beihilfen N 430/2007, RdNr. 54f. (Fn. 1622); N 431/2007, RdNr. 54f. (Fn. 1622); N 432/2007, RdNr. 54f. (Fn. 1622); N 433/2007, RdNr. 55f. (Fn. 1607); N 439/2007, RdNr. 53f. (Fn. 1607); N 311/2008, RdNr. 50f. (Fn. 1607); N 443/2008, RdNr. 49f. (Fn. 1607).

[1631] RdNr. 79 RegLL 2007, Kom., Staatliche Beihilfen N 430/2007, RdNr. 54 (Fn. 1622); N 431/2007, RdNr. 54 (Fn. 1622); N 432/2007, RdNr. 54 (Fn. 1622); N 433/2007, RdNr. 55 (Fn. 1607); N 439/2007, RdNr. 53 (Fn. 1607); N 311/2008, RdNr. 50 (Fn. 1607); N 443/2008, RdNr. 49 (Fn. 1607).

[1632] Kom., Staatliche Beihilfen N 430/2007, RdNr. 55 (Fn. 1622); N 431/2007, RdNr. 55 (Fn. 1622); N 432/2007, RdNr. 55 (Fn. 1622); N 433/2007, RdNr. 56 (Fn. 1607); N 439/2007, RdNr. 54 (Fn. 1607); N 311/2008, RdNr. 51 (Fn. 1607); N 443/2008, RdNr. 50 (Fn. 1607).

[1633] RdNr. 77 und Fn. 71 RegLL 2007.

[1634] Kom., Staatliche Beihilfen N 439/2007, RdNr. 56 (Fn. 1607); N 443/2008, RdNr. 52 (Fn. 1607).

[1635] Kom., Staatliche Beihilfen N 439/2007, RdNr. 56 (Fn. 1607); N 443/2008, RdNr. 52 (Fn. 1607).

sen,[1636] insoweit handelte es sich um reine Mitnahmeeffekte. Es genügt, wenn die beihilfefähigen Kosten auf der Grundlage einer Liquiditätsplanung des Unternehmens ermittelt werden, das die Betriebsbeihilfe beantragt.[1637]

Die Begrenzung der Betriebsbeihilfe auf einen bestimmten Anteil dieser Kosten[1638] geschieht **505** regelmäßig dadurch, dass die Unterstützung lediglich einen bestimmten Prozentsatz der vollständigen Kosten umfasst.[1639]

Die RegLL 2007 sehen nicht vor, Betriebsbeihilfen zu Gunsten von Kreditinstituten und Versicherungen (ohne Sozialversicherungen) sowie mit den Kreditinstituten und Versicherungen **506** verbundene Tätigkeiten[1640] zuzulassen.[1641] Gleiches gilt für Betriebsbeihilfen zu Gunsten konzerninterner Tätigkeiten sowie für unternehmensbezogene Dienstleistungen.[1642] Es sei kaum wahrscheinlich, dass insoweit Betriebsbeihilfen die regionale Entwicklung fördern, wohingegen das Risiko einer Wettbewerbsverzerrung sehr hoch sei.[1643] Etwas anderes soll dann gelten, wenn solche Beihilfen aufgrund allgemeiner Regelungen gewährt werden, die für alle Sektoren gelten und dem Ausgleich der Beförderungs- und Beschäftigungsmehrkosten dienen.[1644] Schließlich sind auch Betriebsbeihilfen zur Förderung von Ausfuhren ausgeschlossen.[1645] Die Genehmigungen der Kommission zu Gunsten von Banken im Umfeld des Zusammenbruchs der amerikanischen Großbank Lehmann Brothers stützen sich nicht auf die Regionalleitlinien, sondern auf Art. 87 Abs. 3 lit. b 2. Alt. EG (seit 1. 12. 2009: Art. 107 Abs. 3 lit. b 2. Alt. AEUV). Die Beihilfen sind stets als Rettungs- oder Umstrukturierungsbeihilfen nach den Rettungs- und Umstrukturierungsleitlinien[1646] beurteilt worden.[1647]

Da mit Ausnahme der in den Punkten 80 und 81 vorgesehenen Fälle Betriebsbeihilfen dem **507** Ausgleich von Verzögerungen und Engpässen in der Regionalentwicklung dienen, sollten sie stets **zeitlich befristet** und **degressiv** gewährt werden und auslaufen, wenn die betreffenden Gebiete eine reale Konvergenz mit den wohlhabenderen Gebieten in der EU erreicht haben.[1648] Der Grundsatz der Degressivität ist auch einzuhalten, wenn neue Betriebsbeihilfe-Regelungen angemeldet werden, die bestehende ersetzen sollen. Flexibilität in der Anwendung dieses Grundsatzes ist jedoch in den Fällen möglich, in denen Betriebsbeihilfe-Regelungen mit dem Ziel geschaffen wurden, geografischen Hindernissen bestimmter Gebiete innerhalb von Fördergebieten nach Art. 107 Abs. 3 lit. a AEUV zu begegnen.[1649] Mit dieser Bestimmung soll eine dauerhafte Betriebsmittelfinanzierung vermieden werden.

Wie lange die zeitliche Befristung dauern kann, lässt die Regelung offen. Üblicherweise ist **508** von einer Höchstdauer zwischen 8 und 10 Jahren für die Gewährung einer Betriebsbeihilfe auszugehen.[1650] Hinsichtlich der Degression hat die Kommission ihre bisherige Auffassung allerdings geändert. War es bisher ausreichend, dass eine Betriebsbeihilfe über einen Zeitraum von fünf Jahren unverändert blieb und erst danach eine Degression einsetzte, so verlangt sie nunmehr, dass die Degression früher, also unmittelbar[1651] oder zumindest nach der Hälfte der individuellen Laufzeit der Betriebsbeihilfe zu erfolgen habe.[1652] Sie stützt ihre Haltung darauf, dass

---

[1636] Kom., Staatliche Beihilfen N 430/2007, RdNr. 57 (Fn. 1622); N 431/2007, RdNr. 57 (Fn. 1622); N 432/2007, RdNr. 57 (Fn. 1622); N 433/2007, RdNr. 58 (Fn. 1607); N 439/2007, RdNr. 56 (Fn. 1607); N 311/2008, RdNr. 53 (Fn. 1607); N 443/2008, RdNr. 52 (Fn. 1607).

[1637] Kom., Staatliche Beihilfen N 430/2007, RdNr. 66 (Fn. 1622); N 431/2007, RdNr. 66 (Fn. 1622); N 432/2007, RdNr. 66 (Fn. 1622); N 433/2007, RdNr. 67 (Fn. 1607); N 439/2007, RdNr. 65 (Fn. 1607); N 311/2008, RdNr. 62 (Fn. 1607); N 443/2008, RdNr. 61 (Fn. 1607).

[1638] RdNr. 77 RegLL 2007.

[1639] Kom., Staatliche Beihilfe N 443/2008, RdNr. 62 – Deutschland (Fn. 1607).

[1640] NACE-Code Rev. 1.1 Abschnitt J, Abteilungen 65, 66 und 67.

[1641] RdNr. 78 RegLL 2007.

[1642] NACE-Code Rev. 1.1 Abschnitt K, Abteilungen 74.

[1643] RdNr. 78 S. 1 RegLL 2007.

[1644] RdNr. 78 S. 2 RegLL 2007.

[1645] RdNr. 78 S. 3 RegLL 2007.

[1646] Mitteilung der Kom. Leitlinien der Gemeinschaft für staatliche Beihilfen zur Rettung und Umstrukturierung von Unternehmen in Schwierigkeiten, ABl. 2004 C 244/2 (Rettungs- und Umstrukturierungsleitlinien 2004 – RuLL 2004).

[1647] Vgl. Kom., Staatliche Beihilfe v. 18. 12. 2008, N 615/2007, RdNr. 57, 66 – Deutschland.

[1648] RdNr. 79 RegLL 2007.

[1649] RdNr. 79 Fn. 73 RegLL 2007.

[1650] Kom., Staatliche Beihilfe N 443/2008, RdNr. 57 – Deutschland (Fn. 1607).

[1651] Kom., Eröffnungsentscheidung C 7/2008, RdNr 29 5. Tiret – Deutschland (Fn. 1618).

[1652] Kom., Staatliche Beihilfe N 443/2008, RdNr. 59 – Deutschland (Fn. 1607).

eine Betriebsbeihilfe, die für einen längeren Zeitraum, also etwa für acht Jahre gewährt worden sei und erst ab dem fünften Jahr eine Degression vorsehe, bei einer vorzeitigen Rückführung, also etwa nach vier Jahren, für den Beihilfeempfänger in Wirklichkeit gar keine Degression enthalten habe. Die Rückführung habe schließlich vor dem Einsetzen der Degression stattgefunden.[1653]

509 Diese Auffassung erscheint zunächst plausibel. Allerdings handelt es sich bei einer vorzeitigen Rückführung einer Betriebsbeihilfe, bezogen auf den gewährten Zeitraum, um eine vollständige Degression auf Null. Eine umfassendere Degression ist nicht erreichbar. Damit handelt es sich also in dem Beispiel nicht um eine Umgehung der Degressionsregel, sondern um ihren vorzeitigen Einsatz. Dieser Auffassung hat sich die Kommission im Kern auch angeschlossen, wenn sie einen Degressionsbeginn zur Halbzeit der jeweils gewährten Laufzeit zulässt.[1654]

510 Eine weitere Forderung der Kommission besteht darin, nicht nur die jeweilige Betriebsbeihilfe degressiv zu gewähren, sondern auch die ihr zugrundeliegende Förderregelung degressiv auszugestalten.[1655] Allerdings gibt es für eine derartige Forderung in den Regionalleitlinien keinerlei Anhaltspunkte. Bereits der Begriff „gewähren" lässt sich nur auf die jeweilige Zuwendung, nicht aber auf die zugrundeliegende Förderregelung anwenden. Daher kann nicht verlangt werden, dass eine Förderregelung dergestalt gefasst ist, dass sie Betriebsbeihilfenneugewährungen im Jahr 2009 bis zu 25%, im Jahr 2010 Neugewährungen stets nur bis zu 20%, im Jahr 2011 stets nur bis zu 15% und im Jahr 2013 Neugewährungen nur bis zu 5% der förderfähigen Aufwendungen zulässt.

511 Ebenfalls keine Anhaltspunkte gibt es für die Geltung des Grundsatzes der Degressivität auch im Verhältnis von einer Förderrichtlinie zu ihrer Nachfolgeregelung. Die Bestimmung, der Grundsatz der Degressivität gelte ebenso, wenn neue Betriebsbeihilfe-Regelungen angemeldet werden, die bestehende ersetzen sollen[1656] lässt sich dazu nicht heranziehen. Diese Fußnotenregelung bedeutet nur, die Degressivität in einer neuen Förderrichtlinie auch dann vorzusehen, wenn die zu ersetzende Vorgängerregelung diesen Grundsatz noch nicht eingehalten haben sollte. Das ergibt sich insbesondere aus dem Folgesatz, der bestimmt, von diesem Grundsatz in den Fällen abweichen zu dürfen, „in denen Betriebsbeihilferegelungen mit der Zielsetzung geschaffen wurden, um geographischen Hindernissen bestimmter Gebiete innerhalb" eines Fördergebietes nach Art. 107 Abs. 3 lit. a AEUV zu begegnen.[1657] Soll also eine solche Regelung, die keine Gewährung degressiv ausgestalteter, sondern die Gewährung etwa linear ausgestalteter Betriebsbeihilfen vorsah, ersetzt werden, dann ist es nicht erforderlich, dass die zu ersetzende Nachfolgeregelung den Grundsatz der Degressivität aufnimmt. Vielmehr müssten die danach gewährten Betriebsbeihilfen auch nichtdegressiv gewährt werden dürfen.

512 **e) Betriebsbeihilfen für Gebiete in äußerster Randlage** sowie für die **am dünnsten besiedelten Gebiete:** Betriebsbeihilfen, die nicht degressiv sind und zugleich zeitlich befristet werden, sind nach RdNr. 80 RegLL 2007 nur genehmigungsfähig:

513 – in Gebieten in äußerster Randlage, soweit sie die aufgrund der in Art. 349 Abs. 1 AEUV genannten Faktoren, die als ständige Gegebenheiten und durch ihr Zusammenwirken die Entwicklung dieser Gebiete schwer beeinträchtigen (Abgelegenheit, Insellage, geringe Größe, schwierige Relief- und Klimabedingungen und wirtschaftliche Abhängigkeit von einigen wenigen Erzeugnissen), entstehenden Mehrkosten bei der Ausübung einer Wirtschaftstätigkeit ausgleichen;

514 – in den am dünnsten besiedelten Gebieten, deren fortdauernde Entvölkerung durch die Betriebsbeihilfe verhindert oder verringert werden soll. Den Nachweis, dass die Beihilfe zur Verlangsamung der Entvölkerung notwendig und angemessen ist, hat der Mitgliedstaat zu erbringen.[1658] Unter den am dünnsten besiedelten Gebieten sind NUTS-II-Gebiete oder Teile davon mit einer Bevölkerungsdichte von 8 Einwohnern je Quadratkilometer oder weniger zu verstehen, sowie kleinere angrenzende Gebiete, die das gleiche Kriterium der Bevölkerungsdichte erfüllen.[1659] Damit ist es möglich, den Unternehmen in diesen Gebieten auch ganz

---

[1653] Kom., Eröffnungsentscheidung C 7/2008, RdNr 29 5. Tiret – Deutschland (Fn. 1618).

[1654] Kom., Staatliche Beihilfe N 443/2008, RdNr. 59 – Deutschland (Fn. 1607).

[1655] Kom., Staatliche Beihilfe N 443/2008, RdNr. 58 – Deutschland (Fn. 1607); die Kom. hatte von Deutschland verlangt, auch die Förderrichtlinie selbst degressiv auszugestalten.

[1656] RdNr. 79 Fn. 73 RegLL 2007.

[1657] RdNr. 79 Fn. 73 S. 2 RegLL 2007.

[1658] RdNr. 80 Fn. 75 RegLL 2007.

[1659] RdNr. 80 RegLL 2007; siehe auch oben RdNr. 499.

neue Betriebsbeihilfen zu gewähren, etwa Beihilfen in Form verminderter Sozialversiche-rungsbeiträge.[1660] Bezogen auf die am dünnsten besiedelten Gebiete geht diese Vorschrift für Betriebsbeihilfen im Rahmen des Transportsektors über die Regelung in RdNr. 81 3. Tiret RegLL 2007 hinaus.[1661]

Diese Regelung, die nur die Gebiete in äußerster Randlage oder die am dünnsten besiedelten 515 Gebiete betrifft, lässt es zu, dass Betriebsbeihilfen gewährt werden dürfen, die weder degressiv noch befristet ausgestaltet sind.[1662] Wegen der besonderen Hindernisse, denen die äußersten Randgebiete ausgesetzt sind (ohne jene Fälle, die in RdNr. 78 RegLL 2007 erwähnt sind), können Betriebsbeihilfen bis zu 10% des Umsatzes des begünstigten Unternehmens gewährt werden, ohne dass eine besondere Begründung erforderlich ist.[1663] Für darüber hinausgehende Beihilfebeträge muss der jeweilige Mitgliedstaat nachweisen, dass sie als Beitrag zur Regional-entwicklung gerechtfertigt sind und ihre Höhe den sich aus den in Art. 349 AEUV[1664] genann-ten Faktoren ergebenden Zusatzkosten entspricht, die sie ausgleichen sollen.[1665] Auf diesem Weg hat die Kommission für diese Betriebsbeihilfen eine eigene „safe harbour"-Regelung ge-schaffen. Wird diese Schwelle allerdings überschritten, ist von einer strengeren Prüfung auszu-gehen.[1666] Insbesondere darf keine Überkompensation entstehen.[1667] Dazu hat die Kommission, in Ermangelung vorhandener statistischer Daten zur Bestimmung der Beihilfegrenzwerte, das BIP der betreffenden Region als eine geeignete Vergleichs-(Proxy-)größe angenommen und herangezogen.[1668]

Außerdem gestattet RdNr. 81 RegLL 2007 Beihilfen, die nicht degressiv sind und zugleich 516 zeitlich befristet werden[1669] und dem teilweisen Ausgleich der Beförderungsmehrkosten dienen, in Gebieten in äußerster Randlage und in den am dünnsten besiedelten Gebieten unter nachste-henden Bedingungen zu genehmigen:

– Die Beihilfen dürfen nur die Beförderungsmehrkosten ausgleichen und müssen andere Ver- 517 kehrsbeihilferegelungen berücksichtigen. Der Beihilfebetrag kann auf repräsentativer Grundlage berechnet werden, wobei aber eine systematische Überkompensation vermieden werden muss.

– Die Beihilfen dürfen nur für die Beförderungsmehrkosten gewährt werden, die durch die 518 Beförderung von in äußersten Randgebieten und Gebieten mit niedriger Bevölkerungsdichte hergestellten Gütern innerhalb der nationalen Grenzen des betreffenden Landes verursacht werden. Diese Beihilfen dürfen also auf keinen Fall Ausfuhrbeihilfen sein. Beihilfen zum Aus-gleich der Beförderungsmehrkosten dürfen nicht für die Erzeugnisse von Unternehmen ge-währt werden, für deren Standort keine andere Alternative besteht (Grubenfördergut, Wasser-kraftwerke, usw.).

– Ausschließlich in Gebieten in äußerster Randlage darf sich die Beihilfe auch auf die Kosten 519 für die Beförderung von Grund- und Rohstoffen oder Zwischenprodukten vom Produktions-

---

[1660] *Mederer/Pesaresi/van Hoof/Dupont/Tumasonytė* (Fn. 317), Chapter 6, RdNr. 4.930; eine Beihilfe, die unter der Geltung der RegLL 1998 noch unzulässig war: Kom., Staatliche Beihilfe C 15/2000 v. 21. 12. 2000, ABl. 2001 C 244/32, RdNr. 30 f., 33 – Schweden.

[1661] Kom., Staatliche Beihilfe N 152/2006 v. 23. 10. 2007, RdNr. 56 – Schweden; siehe auch unter RdNr. 519.

[1662] Vgl. die englische oder französische Sprachfassung der RdNr. 80 RegLL 2007.

[1663] RdNr. 80, Fn. 74 S. 1 RegLL 2007.

[1664] Bei der Angabe „Art. 229 Abs. 2" in der RdNr. 80 Fn. 74 handelt es sich um ein Versehen.

[1665] RdNr. 80, Fn. 74 S. 2 RegLL 2007.

[1666] *Mederer/Pesaresi/van Hoof/Dupont/Tumasonytė* (Fn. 317), Chapter 6, RdNr. 4.925.

[1667] *Mederer/Pesaresi/van Hoof/Dupont/Tumasonytė* (Fn. 317), Chapter 6, RdNr. 4.926.

[1668] Kom., IP/07/1108 vom 18. 7. 2007; Entscheidungen zu den französischen Übersee-Gebieten: Kom., Staatliche Beihilfen N 522/2006 v. 18. 7. 2007/23. 10. 2007 – Loi de programme pour l'Outre-mer-Aides fiscales à investissement; N 524/2006 v. 18. 7. 2007/23. 10. 2007 – Déductibilité de la TVA sur certains produits exonérés; N 529/2006 v. 18. 7. 2007/23. 10. 2007 – octroi de mer; N 540/2006 v. 18. 7. 2007/23. 10. 2007 – Contrat d'accès á l'emploi (CAE-DOM); N 542/2006 v. 18. 7. 2007/23. 10. 2007 – Dispositif d'exonération des cotisations patronales du sécurité sociale dans le secteur marchand; N 559/2006 v. 18. 7. 2007/23. 10. 2007 – Abattement d'un tiers sur les résultats provenant d'exploitations situées dans les DOM et taxation réduite des rémunérations; N 560/2006 v. 18. 7. 2007/23. 10. 2007 – Non application des taux majorés de taxe sur les salaires dans les DOM et taxation réduite des rémunérations versées dans les DOM; N 627/2006 v. 18. 7. 2007/23. 10. 2007 – Fonds de garantie „Fonds DOM"; N 667/2006 v. 18. 7. 2007/23. 10. 2007 – Soutien à l'emploi des jeunes diplômés (SEJD); N 668/2006 v. 18. 7. 2007/23. 10. 2007 – Prime à la création d'emploi.

[1669] Gemeint ist: „Außerdem können Beihilfen, die weder degressiv noch zeitlich befristet sind und …", vgl. die englische oder französische Sprachfassung der RdNr. 81 RegLL 2007.

Knoblich   525

zum Endverarbeitungsstandort im betreffenden Gebiet erstrecken. Diese Regelung beschränkt in Abweichung von den Bestimmungen in Anhang II RegLL 1998 und der bisherigen Kommissionspraxis[1670] die Zulässigkeit einer Beihilfe für die Transportkosten gerade von Grund- und Rohstoffen sowie Zwischenprodukten auf die Gebiete in äußerster Randlage.[1671] Allerdings ist es dennoch möglich, derartige Transportbeihilfen auch in den am dünnsten besiedelten Gebieten zu gewähren, RdNr. 80 2. Tiret RegLL 2007.[1672]

520 – Die Beihilfen müssen im Voraus objektiv quantifizierbar sein, und zwar auf der Grundlage „Beihilfe je beförderte Person" oder „Beihilfe je Tonnenkilometer", und müssen Gegenstand eines u. a. auf der Grundlage dieses bzw. dieser Koeffizienten erstellten Jahresberichts sein.

521 – Die Mehrkosten müssen unter Berücksichtigung des wirtschaftlichsten Verkehrsmittels und des kürzesten Weges zwischen dem Produktions-/Verarbeitungsort und den Absatzmärkten mit diesem Verkehrsmittel berechnet werden; zu berücksichtigen sind auch die externen Umweltkosten.[1673]

522 – Für die sensiblen Sektoren[1674] ist eine Gewährung von Betriebsbeihilfen ebenso ausgeschlossen[1675] wie die Gewährung regionaler Investitionsbeihilfen, RdNr. 8 RegLL 2007.

523 – Die Kommission hat bereits Betriebsbeihilfen für Gebiete in äußerster Randlage[1676] sowie für am dünnsten besiedelte Gebiete[1677] genehmigt.

524 **5. Laufzeiten und Berichtspflichten.** In allen Fällen sind Notwendigkeit und Höhe von Betriebsbeihilfen regelmäßig auf ihre langfristige Bedeutung für die betreffende Region zu prüfen. Die Kommission genehmigt daher Betriebsbeihilferegelungen nur für die Laufzeit dieser Leitlinien.[1678] Dies lässt erkennen, dass die Kommission von ihrer bisherigen Haltung Abstand nimmt, Beihilferegelungen unbefristet zu genehmigen und korrespondiert mit den zweckdienlichen Maßnahmen der RegLL 2007, die eine zeitliche Begrenzung für alle bisherigen Regionalbeihilferegelungen bis zum 31. 12. 2006 verlangten.[1679]

525 Um die Folgen der Betriebsbeihilferegelungen für Handel und Wettbewerb zu überprüfen, werden die Mitgliedstaaten aufgefordert, jährlich für jedes NUTS-II-Gebiet, in dem Betriebsbeihilfen gewährt werden, einzeln einen Bericht vorzulegen, in dem die Gesamtausgaben oder geschätzten entgangenen Einnahmen für jede in dem betreffenden Gebiet genehmigte Betriebsbeihilferegelung aufgeschlüsselt und die zehn größten dort ansässigen Empfänger mit Unternehmenstätigkeit(en) und erhaltenem Beihilfebetrag angegeben werden.[1680] Unter den zehn größten dort ansässigen Empfängern sind die zehn Unternehmen zu verstehen, die die

---

[1670] Kom. Staatliche Beihilfe N 146/1999 v. 15. 12. 1999, Abschnitt 3.4 – Schweden, Nachträge N 220/2005 v. 22. 6. 2005, ABl. 2005 C 235/5 und N 637/2006 v. 23. 3. 2006, ABl. 2006 C 153/12.

[1671] Kom., Staatliche Beihilfe N 886/2006 v. 10. 5. 2007, RdNr. 19, 26 (1), 40 – Finnland; *Mederer/Pesaresi/van Hoof/Dupont/Tumasonytė* (Fn. 317), Chapter 6, RdNr. 4.928.

[1672] Kom., Staatliche Beihilfe N 152/2006, RdNr. 56 – Schweden (Fn. 1661), siehe auch oben RdNr. 515.

[1673] RdNr. 81 RegLL 2007.

[1674] Zu den sensiblen Sektoren siehe oben RdNr. 15, 128, 130, 132 Fn. 588, 208, 305 und 307.

[1675] Kom., Staatliche Beihilfen; N 886/2006, RdNr. 39 – Finnland (Fn. 1666); N 152/2006, RdNr. 44 – Schweden (Fn. 1656).

[1676] Kom., Staatliche Beihilfen C 35/2002 v. 11. 12. 2002 – Azoren; N 421/2006 v. 27. 6. 2007 – Zona Franca Madeira; N 376/2006 v. 20. 12. 2006 – Zona Especial Canaria; N 377/2006 v. 20. 12. 2006 – Regimen Economico y Fiscal des Artikles 25, 26 und 27 of Law 19/94; N 522/2006 – Loi de programme pour l'Outre-mer-Aides fiscales à investissement (Fn. 1668); N 524/2006 – Déductibilité de la TVA sur certains produits exonérés (Fn. 1668); N 529/2006 – octroi de mer (Fn. 1668); N 540/2006 – Contrat d'accès á l'emploi (CAE-DOM, Fn. 1668); N 542/2006 – Dispositif d'exonération des cotisations patronales de sécurité sociale dans le secteur marchand (Fn. 1668); N 559/2006 – Abattement sur un tiers sur les résultats provenant d'exploitations situées dans les DOM et taxation réduite des rémunérations versées dans les DOM (Fn. 1668); N 560/2006 – Non application des taux majorés de taxe sur les salaires dans les DOM et taxation réduite des des rémunérations versées dans les DOM (Fn. 1668); N 627/2006 – Fonds de garantie „Fonds DOM" (Fn. 1668); N 667/2006 – Soutien à l'emploi des jeunes diplômés (SEJD) (Fn. 1668); N 668/2006 – Prime à la création d'emploi (Fn. 1668); N 530/2006 v. 27. 6. 2007 – Taux d'accise réduit sur le rhum „traditionel" produit dans les départements d'outre-mer und N 199/2007 v. 20. 5. 2008 – Aide concernant le soutien au fret dans les DOM; NN 22/2006 (ex N 705/2007) v. 16. 4. 2008 – Arbitrio sobre las Importaciones y Entregas de Mercancias en las Islas Canarias; N 293/2007 v. 10. 10. 2007 – Reduced excise duty for locally produced beer in Madeira.

[1677] Kom., Staatliche Beihilfen N 886/2006 – Finnland (Fn. 1671); N 152/2007 – Schweden (Fn. 1661).

[1678] RdNr. 82 RegLL 2007.

[1679] RdNr. 107 1. Tiret RegLL 2007.

[1680] RdNr. 83 RegLL 2007.

zehn höchsten Betriebsbeihilfebeträge,[1681] also die zehn höchsten Bruttosubventionsäquivalente an Betriebsbeihilfen erhalten haben. Betriebsbeihilfen sind nicht an die Bruttosubventionsäquivalente der Fördergebietskarte gebunden, sondern allein daran, dass sie angemessen bewertet sind. Regelmäßig sind Investitionsbeihilfen und Betriebsbeihilfen nicht für dieselben förderfähigen Kosten vorgesehen, so dass auch insoweit beide Beihilfen unabhängig voneinander gewährt werden können und keine Kumulierungsgrenzen zu beachten sind. Betriebsbeihilfen können allerdings mit „de-minimis"-Zuwendungen kombiniert werden. Maßgeblich sind insoweit die Kumulierungsbestimmungen der „de-minimis"-Verordnung.[1682]

IV. Beihilfen für neu gegründete kleine Unternehmen

1. Allgemeines. Die wirtschaftliche Entwicklung der Fördergebiete wird durch eine ver- **526** gleichsweise geringe unternehmerische Aktivität und insbesondere durch eine deutlich unter dem Durchschnitt liegende Quote von Neugründungen beeinträchtigt.[1683] Deswegen ist mit den Beihilfen für neu gegründete kleine Unternehmen eine „neue Form der Beihilfe"[1684] eingeführt worden, die zusätzlich zu regionalen Investitionsbeihilfen gewährt werden kann und Anreize für Unternehmensgründungen schafft sowie eine Unterstützung für die erste Entwicklungsphase kleiner Unternehmen in den Fördergebieten zuläßt.[1685]

Mit RdNr. 84–91 RegLL 2007 enthalten Regionalleitlinien erstmalig Regelungen für die **527** neue Beihilfeform „Beihilfen für neu gegründete kleine Unternehmen". Die nachfolgende RFVO[1686] nahm dagegen diese Beihilfeform noch nicht auf. So mussten die Mitgliedstaaten ihre Regelungen für Beihilfen zugunsten neu gegründeter kleiner Unternehmen zunächst anmelden und genehmigen lassen.[1687] Mit Art. 14 AGVO sind diese Beihilfen freigestellt worden, sofern sie die Freistellungsvoraussetzungen erfüllen. Dabei entspricht Art. 14 AGVO weitgehend den Regelungen der RdNr. 84–91 RegLL 2007.[1688]

2. Beihilfeart. Bei dieser „neuen Form der Beihilfe" handelt es sich um schlichte **Betriebs- 528 beihilfen**. Dies zeigt sich nicht nur an den Fördergegenständen, den beihilfefähigen Kosten,[1689] sondern auch an ihrer verpflichtend degressiven Ausgestaltung. Zugleich schafft diese Möglichkeit der Gewährung von regionalen Betriebsbeihilfen über das bisher Zulässige hinaus im Grundsatz die Einbeziehung der Fördergebiete nach Art. 107 Abs. 3 lit. c AEUV in die regionale Betriebsbeihilfenförderung.

3. Fördervoraussetzungen. Zulässig sind diese Beihilfen **nur für kleine und kleinste 529 Unternehmen**.[1690] Dies richtet sich im Rahmen der AGVO nach der der KMU-Empfehlung[1691] entnommenen Definition der kleinen und mittleren Unternehmen in Anhang 1 der AGVO. Die RegLL 2007 legen den wortgleichen Anhang der Änderungsverordnung zur KMU-Freistellungsverordnung[1692] zugrunde.[1693] Danach wird ein Unternehmen als kleines Unternehmen betrachtet, wenn es weniger als 50 Personen beschäftigt[1694] und einen Jahresumsatz oder eine Jahresbilanzsumme von weniger als 10 Mio. EUR aufweist. Auf die zusätzliche Voraussetzung der Eigenständigkeit nach Art. 3 des Anhangs zur KMU-Änderungsverordnung[1695] und damit den Ausschluss von kleinen Unternehmen, die zwar verbundene Unternehmen sind oder Partnerunternehmen haben, aber dennoch die Kriterien der

---

[1681] RdNr. 83, Fn. 76 RegLL 2007.

[1682] Art. 2 De-Minimis-Verordnung 2006 (Fn. 1581).

[1683] RdNr. 84 S. 1 RegLL 2007; Tz. 43 S. 1 AGVO.

[1684] RdNr. 84 S. 2 RegLL 2007.

[1685] RdNr. 84 S. 2 RegLL 2007; Tz. 43 S. 2 AGVO.

[1686] RFVO, (Fn. 3).

[1687] Kom., Staatliche Beihilfen N 59 c/2007 v. 5. 5. 2008 – Österreich; N 203/2007 v. 10. 3. 2007 – Spanien; N 384/2007 v. 3. 10. 2007 – Frankreich; N 622/2007 v. 21. 2. 2008 – Malta.

[1688] Siehe die Synopse, oben RdNr. 41.

[1689] Art. 14 Abs. 3 AGVO; RdNr. 87 RegLL 2007; siehe auch unter RdNr. 531–536.

[1690] Art. 14 Abs. 2 AGVO; RdNr. 84 S. 2, 86 und Fn. 77 RegLL 2007.

[1691] KMU-Empfehlung (Fn. 373).

[1692] Verordnung(EG) Nr. 364/2004 der Kom. vom 25. 2. 2004 zur Änderung der Verordnung (EG) Nr. 70/2001 im Hinblick auf die Erstreckung ihres Anwendungsbereichs auf Forschungs- und Entwicklungsbeihilfen, ABl. 2004 L 63/22 (KMU-Änderungsverordnung).

[1693] RdNr. 86 Fn. 77 RegLL 2007.

[1694] Siehe hierzu die Ausführungen zu Art. 15 AGVO.

[1695] KMU-Änderungsverordnung (Fn. 1692).

kleinen Unternehmen erfüllen, hat die Kommission im Rahmen ihrer Genehmigungsentscheidungen[1696] ebenso wie in Art. 14 Abs. 2 AGVO verzichtet. Von Bedeutung ist dies dann, wenn die verbundenen Unternehmen insgesamt nicht mehr als 50 Personen beschäftigen und insgesamt einen Jahresumsatz oder eine Jahresbilanzsumme von weniger als 10 Mio. EUR aufweisen. In diesem Fall wird die ganze Gruppe wie ein Unternehmen betrachtet. Das schließt es aus, dass jedes einzelne verbundene Unternehmen die vollen Beihilfen erhalten kann und so die absoluten Höchstsätze überschritten werden könnten. Vielmehr kann die volle Beihilfe der gesamten Gruppe höchstens nur einmal gewährt werden.

530   Ebenfalls verzichtet hat Art. 14 AGVO auf die noch in den RegLL 2007 enthaltene, ausdrückliche Forderung, dass das zu fördernde Unternehmen noch keine fünf Jahre existieren darf.[1697] Dieser Verzicht ist allerdings mit Blick auf die Förderfähigkeit nur der in den ersten fünf Jahren nach der Gründung des Unternehmens tatsächlich anfallenden Kosten unerheblich. Bei verbundenen Unternehmen, die für diese Beihilfe wie ein Unternehmen betrachtet werden, kommt es richtigerweise dann auf das erste der gegründeten Gruppenmitglieder an. Die Gründung eines Unternehmens richtet sich nach den allgemeinen Regeln des Handelsrechts.

531   **4. Förderfähige Gegenstände.** Förderfähig sind die Rechtsanwalts-, Beratungs- und Verwaltungskosten, die direkt mit der Unternehmensgründung in Zusammenhang stehen, sowie folgende Kosten, sofern sie in den ersten fünf Jahren nach der Gründung des Unternehmens tatsächlich anfallen:

532   a) Zinsen für Fremdkapital und eine Dividende auf eingesetztes Eigenkapital, die nicht über dem Referenzzinssatz[1698] liegt. Die förderfähigen Zinsen für Fremdkapital sind die tatsächlich gezahlten Zinsen. Eine wirkliche Neuheit ist die Förderung der Dividende auf das eingesetzte Eigenkapital. Mit dieser Regelung ist eine erhebliche Stärkung des Eigenkapitals verbunden, auch wenn die Dividende den Referenzzinssatz nicht überschreiten darf. Die Förderung der Dividende mit bis zu 35%[1699] bedeutet im Kern die Zahlung eines Teils der Dividende auf die eingesetzten Eigenmittel aus Fördermitteln. Die Alternative zu einem hohen Eigenkapitalanteil nebst einer geförderten Dividende ist die Aufnahme eines Kredits nebst der Zahlung der aufzuwendenden Zinsen aus den Zuwendungsmitteln.

533   b) Mietkosten für die Miete von Produktionsanlagen und -ausrüstung;

534   c) Aufwendungen für Energie, Wasser und Heizung, Steuern (mit Ausnahme der Mehrwertsteuer und der Körperschaftssteuer) und Verwaltungsabgaben;

535   d) Abschreibungen, Gebühren für das Leasing von Produktionsanlagen und -ausrüstung sowie Lohnkosten, wenn die betreffenden Investitions- bzw. Arbeitsplatzschaffungs- und Einstellungsmaßnahmen nicht anderweitig durch Beihilfen unterstützt wurden.[1700]

536   Das Leasing umfasst das financial wie auch das operating leasing. Ebenso umfasst werden sowohl die Gebühren für die Miete der Produktionsmittel ohne anschließenden Erwerb, wie auch deren Mietkauf.[1701] Beide Finanzierungsformen in ihren jeweiligen Ausprägungen führen zu im Wesentlichen gleichen wirtschaftlichen Ergebnissen: in einem Fall muss der Unternehmer das gemietete oder geleaste Gut zurückgeben, im anderen Fall erwirbt er es zum Laufzeitende zu Eigentum. Im letzteren Fall bietet sich auch eine allgemeine Investitionsbeihilfe an nach Art. 13 Abs. 7 S. 2 AGVO, RdNr. 53 RegLL 2007. Enthält der Leasingvertrag die Verpflichtung zum Erwerb des geleasten Gutes, handelt es sich um eine Investition, die unabhängig von der Beihilfe für neu gegründete kleine Unternehmen nach den Regeln über die Investitionsbeihilfe[1702] oder aber auch als Mietkauf nach den hier beschriebenen Regeln[1703] gefördert werden kann.

537   Nicht nach den Regeln zur Beihilfegewährung für neu gegründete kleine und mittlere Unternehmen förderfähig dagegen sind die Mehrwert- sowie direkte Ertrags- oder Einkommensteuern.[1704]

[1696] Kom., Staatliche Beihilfen N 203/2007 v. 10. 3. 2007, RdNr. 8 – Spanien; N 384/2007 v. 3. 10. 2007, RdNr. 5 – Frankreich; N 622/2007 v. 21. 2. 2008, RdNr. 9 – Malta.

[1697] RdNr. 86 Fn. 77 RegLL 2007.

[1698] Referenzsatzmethode: Referenzsatzmitteilung 1997 (Fn. 692); Referenzsatzmitteilung 1999 (Fn. 692); Referenzsatzmitteilung 2008 (Fn. 692); der seit 1997 aktuelle Referenzsatz ist auf der Internet-Seite der Kom. abrufbar: http://ec.europa.eu/competition/state_aid/legislation/reference_rates.html.

[1699] Art. 14 Abs. 4 S. 1 AGVO; RdNr. 88, 1. Tiret RegLL 2007.

[1700] RdNr. 87 RegLL 2007.

[1701] RdNr. 87, 4. Tiret RegLL 2007.

[1702] RdNr. 53 RegLL 2007.

[1703] RdNr. 87, 4. Tiret RegLL 2007.

[1704] RdNr. 87 Fn. 78 RegLL 2007.

5. Beihilfeintensität und Förderhöhe. Mit Blick auf mögliche Wettbewerbsverzerrungen, **538** insbesondere die Verdrängung bereits bestehender Unternehmen vom Markt, darf die Beihilfe nur bis zu einem bestimmten Betrag und degressiv gewährt werden.[1705] Die zulässige Gesamtbeihilfehöhe beträgt für ein Unternehmen in einem Fördergebiet nach Art. 107 Abs. 3 lit. a AEUV (sogenanntes a)-Fördergebiet) höchstens 2 Mio. EUR, für ein Unternehmen in einem Fördergebiet nach Art. 107 Abs. 3 lit. c AEUV (sogenanntes c)-Fördergebiet) höchstens 1 Mio. EUR. Darüber hinaus darf die Intensität der Beihilfen, die ein neu gegründetes kleines Unternehmen je Jahr erhalten kann, 33% des genannten Förderhöchstbetrages nicht übersteigen.[1706] Das bedeutet, dass in einem a)-Fördergebiet einem Unternehmen in einem Jahr höchstens 660 TEUR gewährt werden können. In einem c)-Fördergebiet dürfen einem Unternehmen in einem Jahr höchstens 330 TEUR gewährt werden. Damit sind die Beihilfen, die einem neu gegründeten Unternehmen gewährt werden dürfen, in ihrer absoluten Höhe doppelt begrenzt.

Die Voraussetzung, die Betriebsbeihilfe nur bis zu einem bestimmten Betrag, also bis zu **539** 2 Mio. EUR insgesamt und bis zu 660 TEUR per annum in a)-Fördergebieten sowie die Hälfte dieser Beträge in c)-Fördergebieten gewähren zu dürfen, ist die pauschalierte Antwort auf die Frage des jeweils auszugleichenden Nachteils im Sinne der Tz. 43 S. 3 und 4 AGVO sowie RdNr. 76 Satz 2, 77 RegLL 2007.[1707] Die Gewährung nur degressiv ausgestalteter Beihilfen entspricht den allgemeinen Voraussetzungen für Betriebsbeihilfen.[1708]

Die Beihilfeintensität darf folgende Sätze nicht überschreiten: **540**
a) in Fördergebieten gemäß Art. 107 Abs. 3 lit. a AEUV 35% der förderfähigen Ausgaben in den **541** ersten drei Jahren nach Unternehmensgründung und 25% in den beiden darauffolgenden Jahren;
b) in Fördergebieten gemäß Art. 107 Abs. 3 lit. c AEUV 25% der förderfähigen Ausgaben in den **542** ersten drei Jahren nach Unternehmensgründung und 15% in den beiden darauffolgenden Jahren.[1709]

Damit können in einem Fördergebiet nach Art. 107 Abs. 3 lit. a AEUV im wirtschaftlichsten **543** Fall Kosten in Höhe von rund 5,714 Mio. EUR durch eine Betriebsbeihilfe für neu gegründete kleine Unternehmen mit bis zu 2 Mio. EUR gefördert werden. Dazu ist es allerdings erforderlich, dass diese Kosten auch in den ersten drei Jahren nach der Gründung anfallen, denn nur dann können sie auch mit bis zu 35% gefördert werden. In den Fördergebieten nach Art. 107 Abs. 3 lit. c AEUV beträgt dieser Wert 4 Mio. EUR.

Die Beihilfeintensitäten werden in Gebieten im Sinne von Art. 107 Abs. 3 lit. a AEUV mit **544** einem Pro-Kopf-BIP von weniger als 60% des Durchschnitts der EU-25, in Gebieten mit einer Bevölkerungsdichte von weniger als 12,5 Einwohnern/km², auf kleinen Inseln mit weniger als 5000 Einwohnern und in anderen durch eine ähnliche räumliche Isolierung geprägten Gebieten um 5% erhöht.[1710] Mit dieser Bestimmung gestattet die Kommission den besonders schwachen Gebieten unter den ohnehin schon strukturschwachen Regionen[1711] eine Beihilfeintensität von 40% und 30%, den besonderen Schwierigkeiten ausgesetzten Regionen nach Art. 107 Abs. 3 lit. c AEUV, also den Regionen, die in RdNr. 30b und f der RegLL 2007 genannt sind oder ihnen vergleichbare räumliche Verhältnisse aufzuweisen haben, eine Beihilfeintensität von 30% und 20%. Die tatsächliche Steigerung des Interventionssatzes beträgt also volle 5%-Punkte. Keine Steigerung dagegen erfährt der Beihilfehöchstbetrag von 2 Mio. EUR in a)-Fördergebieten und 1 Mio. EUR in c)-Fördergebieten. In diesem Fall sinkt das Investitionsvolumen bis zu dem die Beihilfe prozentual voll ausgeschöpft werden kann auf bis zu 5 Mio. EUR in einem a)-Fördergebiet und auf bis zu 3,33 Mio. EUR in einem c)-Fördergebiet.

Die absolute Begrenzung des höchstzulässigen jährlichen Beihilfebetrags gilt unabhängig da- **545** von, ob die über möglicherweise mehrere Jahre vorgesehene Gesamtbeihilfe den vollen Förderbetrag von 2 Mio. EUR in einem a)-Fördergebiet, oder 1 Mio. EUR in einem c)-Fördergebiet tatsächlich ausschöpft. Wenn also die Gesamtbeihilfe nur 300 TEUR beträgt, dann darf diese auch in einem einzigen Jahr, also in einer einzigen Tranche gewährt werden, obwohl damit

---

[1705] Art. 14 Abs. 4 S. 1, Tz. 43 S. 4 AGVO; RdNr. 85 S. 2 RegLL 2007.
[1706] Art. 14 Abs. 3 S. 2 AGVO, RdNr. 86 RegLL 2007.
[1707] Zum generalisierten Nachteilsausgleich im Rahmen der Investitionsförderung, siehe oben RdNr. 1, 3 ff., 21, 23, 30, 47, 76, 130, 155, 192, 204, 252, 346, 410, 413, 474 und 484 sowie RdNr. 22 Nr. 2 Kriterien (Fn. 21).
[1708] RdNr. 79 RegLL 2007.
[1709] RdNr. 88 RegLL 2007.
[1710] Art. 14 Abs. 4 S. 2 AGVO; RdNr. 89 RegLL 2007.
[1711] RdNr. 44, 2. Tiret RegLL 2007.

100% der gesamten gewährten Beihilfe auf nur ein Jahr entfällt. In einem solchen Fall bedarf es daher nicht der Aufspaltung in drei Jahrestranchen zu je 33% oder, in dem dargestellten Beispiel, zu je 100 TEUR, sofern die Beihilfehöchstintensität bezogen auf die förderfähigen Kosten wenigstens 285,7 TEUR in einem a)-Fördergebiet und wenigstens 400 TEUR in einem c)-Fördergebiet betragen.[1712]

546   Die Vorschrift über die Gewährung sagt nichts über den tatsächlichen Kapitalfluss. Die Gewährung, also die Bewilligung, ist von der tatsächlichen Zahlung zeitlich regelmäßig getrennt. Die Zahlung erfolgt zumeist erst nach Vorlage der jeweiligen Belege, also im Nachgang zu den entstandenen Kosten.

547   Die Mitgliedstaaten sind verpflichtet ein System einzuführen, das die Einhaltung der einschlägigen Obergrenzen für den Beihilfebetrag und für die Beihilfeintensität im Verhältnis zu den beihilfefähigen Kosten gewährleistet. Insbesondere dürfen die in Art. 14 AGVO und RdNr. 84–91 RegLL 2007 vorgesehenen Beihilfen nicht zur Umgehung der Höchstbeihilfeintensitäten oder -beträge mit anderen öffentlichen Fördermitteln (beispielsweise nach der De minimis-Regel gewährten Mitteln) kumuliert werden.[1713]

548   Dieses Kumulierungsverbot ist allerdings nur bezogen auf dieselben förderfähigen Aufwendungen. Es betrifft nicht die gleichzeitige Förderung anderer Fördergegenstände, etwa die Förderung von Investitionen nach den Regeln der allgemeinen Investitionsbeihilfe.

549   **6. Umgehungsgefahren.** Die Gewährung von Beihilfen ausschließlich für neu gegründete kleine Unternehmen kann die unerwünschte Wirkung haben, bereits bestehenden kleinen Unternehmen Anreize zur Schließung und zur Neugründung zu geben, um in den Genuss dieser Beihilfe zu kommen. Dabei handelt es sich um die sogenannten „Phönix"-Unternehmen.[1714] Auf diesem Weg würden allerdings nur erfolglose Unternehmen unterstützt. Die Mitgliedstaaten sind daher aufgefordert, sich dieses Risikos bewusst zu sein und durch eine geeignete Ausgestaltung der Beihilferegelungen zu versuchen, diesen Herausforderungen zu begegnen. Das könnte etwa dadurch erfolgen, dass sie Eigentümer kurz zuvor geschlossener Unternehmen von der Beantragung ausschließen,[1715] und dieses Ausschlusskriterium auch in die jeweiligen Förderrichtlinien aufnehmen.

550   **7. Vom Statistischen Effekt betroffene Regionen.** Hinsichtlich der vom statistischen Effekt betroffenen Gebiete[1716] gilt Folgendes: soweit diese Gebiete nach dem 1. 1. 2011 weiterhin Fördergbiet nach Art. 107 Abs. 3 lit. a AEUV sind, ergeben sich keine Änderungen. Soweit diese Gebiete allerdings nach dem 1. 1. 2011 nur noch Fördergebiet nach Art. 107 Abs. 3 lit. c AEUV sind, werden sie auch nach den Regeln für die c)-Fördergebiete behandelt. Das bedeutet, dass die bestehenden Beihilferegelungen zu ändern sind.[1717] Mangels einer RdNr. 94 RegLL 2007 entsprechenden Übergangsvorschrift in Art. 14 AGVO lässt sich ohne eine Notifizierung und ohne eine entsprechende Genehmigung seitens der Kommission eine Verlängerung dieser freigestellten Betriebsbeihilfen auch nur für einen Übergangszeitraum von 2 Jahren bis zum 31. 12. 2012 nicht erkennen.

V. Kumulierungsvorschriften

551   **1. Allgemeines.** Die Vorschriften über die Kumulierung von Beihilfen beschreiben, bis zu welcher Höhe Beihilfen unterschiedlicher Art,[1718] unterschiedlicher Quellen[1719] sowie unterschiedlicher Zielsetzung,[1720] aus unterschiedlichen Regelwerken,[1721] auch nach den „de-minimis"-Vorschriften[1722] für ein Unternehmen und für ein und dasselbe Vorhaben, also dieselben förderfähigen Kosten gewährt werden dürfen.

[1712] Art. 14 Abs. 4 AGVO, RdNr. 88 RegLL 2007; für ein a)-Fördergebiet gilt: 285,7 TEUR × 35% = 100 TEUR und für ein c)-Fördergebiet gilt: 400 TEUR × 25% = ebenfalls 100 TEUR.

[1713] RdNr. 90 RegLL 2007.

[1714] Bacon/Wishlade, State Aid (Fn. 40), RdNr. 15.57.

[1715] Art. 14 Abs. 6 AGVO; RdNr. 91 RegLL 2007.

[1716] Hinsichtlich der vom statistischen Effekt betroffenen Regionen siehe oben RdNr. 61–64.

[1717] Kom., Entscheidung N 203/2007 – Spanien vom 10. 3. 2007, RdNr. 7.

[1718] RdNr. 71 1. Tiret, 72 RegLL 2007.

[1719] RdNr. 71 2. Tiret RegLL 2007.

[1720] RdNr. 73 RegLL 2007.

[1721] RdNr. 74 RegLL 2007.

[1722] RdNr. 75 RegLL 2007.

2. Kumulierungsvorschriften nach den RegLL 2007. a) Kumulierung von Regio- 552 **nalbeihilfen untereinander.** Sollen mehrere Regionalbeihilferegelungen gleichzeitig als Fördergrundlage herangezogen werden, so darf der sich aus den unterschiedlichen Regelwerken ergebende Gesamtbeihilfebetrag den für das einzelne Vorhaben zulässigen Interventionshöchstsatz nicht überschreiten.[1723] So darf etwa einem Unternehmen für ein Investitionsvorhaben ein Gesamtbeihilfebetrag aus den Regelungen nach den Vorschriften über die Gemeinschaftsaufgabe zur Verbesserung der regionalen Wirtschaftsstruktur nach Art. 91a Abs. 1 Nr. 1 GG[1724] sowie aus dem Investitionszulagengesetz 2010[1725] gewährt werden, allerdings insgesamt nur bis zu der für dieses Vorhaben zulässigen Gesamthöhe. Dabei bestimmt sich dieser Beihilfehöchstsatz nach der jeweiligen genehmigten nationalen Fördergebietskarte[1726] korrigiert um die vorhabensspezifischen Auf- und Abschläge. Diese Beihilfe darf weder absolut, also ausgedrückt in EUR, noch relativ, also prozentual, überschritten werden. Als Aufschläge kommen die KMU-Boni nach RdNr. 49 RegLL 2007 in Betracht. Weitere Aufschläge ergaben sich für bestimmte Finanzierungsformen, etwa den Einsatz von Strukturfondsmitteln.[1727] Bei den Abschlägen handelt es sich um die Absenkungen für große Investitionsvorhaben nach RdNr. 67 RegLL 2007. Darüber hinaus gelten weitere Einschränkungen, etwa für Beihilfen im Verkehrswesen.[1728] Ferner ist es möglich, dass die Kommission im Rahmen eines Genehmigungsverfahrens weitere Abschläge oder Begrenzungen vorsieht.[1729]

Gleiches gilt, sofern die Beihilfen nicht aus unterschiedlichen Beihilferegelungen stammen, 553 sondern die Zuwendungsgeber auf eine Beihilferegelung und auf das Instrument der Ad-hoc-Beihilfe zurückgreifen und diese miteinander kombinieren.[1730]

Die Höchstgrenzen gelten im Grundsatz[1731] unabhängig davon, aus welchen Quellen die je- 554 weilige Beihilfe bestritten wird. So ist es für die Einhaltung der Beihilfehöchstgrenzen regelmäßig unerheblich, ob die Beihilfe von lokalen, regionalen, nationalen oder gemeinschaftlichen Einrichtungen gewährt wird.[1732] Insoweit sind alle Beihilfegeber einheitlich als öffentliche Hand anzusehen. Daher ist es auch unerheblich, von welchem der der öffentlichen Hand zuzurechnenden Zuwendungsgeber die Beihilfen gewährt werden. Gewährt also eine Gemeinde im Rahmen ihrer Wirtschaftsförderung gegenüber einem Unternehmen eine Zuwendung für ein Investitionsvorhaben, etwa mit einem günstigen Grundstückskaufpreis, so ist diese Subvention auf die Gesamtbeihilfe, die das Unternehmen erhalten darf, anzurechnen. Wird einem Unternehmen für ein Ansiedlungsvorhaben mit einem förderfähigen Gesamtvolumen von 10 Mio. EUR in einem Fördergebiet, in dem nach den genehmigten Fördergebietskarte eine Beihilfehöchstgrenze von 30% BSÄ[1733] zulässig ist, seitens der Gemeinde ein Grundstück zu einem Preis angeboten, der 300 TEUR unter dem Marktpreis liegt, so darf dieses Unternehmen für sein Vorhaben Investitionszulage und Mittel aus der Gemeinschaftsaufgabe zur Verbesserung der regionalen Wirtschaftsstruktur nur noch in Höhe von 3 Mio. EUR abzüglich der bereits im Wege der Verbilligung erhaltenen 300 TEUR, also nur noch Mittel in Höhe von 2,7 Mio. EUR in Anspruch nehmen. Etwas anderes gilt allerdings dann, wenn das Grundstück nicht zu den förderfähigen Kosten im Sinne des Investitionszulagengesetzes und der Regeln über die Gemeinschaftsaufgabe fällt. In diesem Fall sind die Kosten für den Grundstückserwerb einschließlich der Verbilligung den Investitionskosten hinzuzurechnen. Wird der Grundstücksmarktpreis insgesamt mit 900 TEUR angenommen, und würden die übrigen Investitionskosten wieder 10 Mio. EUR betragen, dann beliefen sich die Gesamtinvestitionskosten auf 10,9 Mio.

[1723] RdNr. 71 1. Tiret RegLL 2007.

[1724] Staatliche Beihilfe X 803/2009, Teil II A des Koordinierungsrahmens der Gemeinschaftsaufgabe „Verbesserung der regionalen Wirtschaftsstruktur" (GRW) – Regelungen über Voraussetzungen, Art und Intensität der Förderung (Fn. 600).

[1725] Staatliche Beihilfe X 167/2008, Art. 1 Investitionszulagengesetz 2010 (InvZulG 2010; Fn. 600).

[1726] Zur Fördergebietskarte siehe oben RdNr. 109–126.

[1727] Steigerung der Beihilfeintensität um den Faktor 1,15 bei einer Co-Finanzierung mit Strukturfondsfördermitteln in Höhe von 10% in c)-Fördergebieten und in Höhe von 25% in a)-Fördergebieten: RdNr. 25 MSR-2002 (Fn. 73).

[1728] RdNr. 49 Fn. 47, 50 Fn. 48 RegLL 2007.

[1729] Art. 7 Abs. 3, 4 Verfahrensverordnung (Fn. 95).

[1730] RdNr. 71 1. Tiret RegLL 2007.

[1731] Zu den Ausnahmen siehe etwa RdNr. 25 MSR-2002 (Fn. 73).

[1732] RdNr. 71 2. Tiret RegLL 2007, siehe aber oben Fn. 1731.

[1733] Zum Begriff Bruttosubventionswertäquivalent (BSÄ) siehe näher oben RdNr. 83, 101, 102, 241, 243 und 248.

EUR. Dafür dürfte das Unternehmen insgesamt 3,27 Mio. EUR an Beihilfen erhalten. Wenn die Grundstücksveräußerung zu einem Kaufpreis von 600 TEUR erfolgt ist, dann hat das Unternehmen bereits eine Subvention von 300 TEUR erhalten. Folglich kann es dann lediglich eine weitere Beihilfe von 2,97 Mio. EUR in Anspruch nehmen.

555 Gleiches gilt auch hinsichtlich der Gemeinschaftsmittel,[1734] die über die mitgliedstaatlichen Haushalte zu den Zuwendungsempfängern gelangen. Sofern die Mitgliedstaaten diese Mittel in ihren Haushalten vereinnahmen, können sie im Wege des ihnen zustehenden Ermessens auch darüber bestimmen, wie sie diese Mittel im Einzelnen verwenden. Sie haben es in der Hand, ein bestimmtes Unternehmen zu fördern und ein anderes nicht. Damit werden diese Mittel beihilferechtlich so betrachtet, als handele es sich um Mittel des jeweiligen Haushaltes, aus dem sie bewilligt werden. Gleiches gilt auch hinsichtlich der jeweiligen Haushalte.

556 Offen ist allerdings, ob dies auch für Maßnahmen der Europäischen Investitionsbank (EIB) und des Europäischen Investitionsfonds (EIF) gilt, sofern sie die Mittel an die jeweiligen Begünstigten unmittelbar leisten und nicht über einen nationalen Haushalt leiten. Bisher sind diese Einrichtungen nicht als Beihilfegeber betrachtet worden. Begründen ließe sich dies mit der fehlenden Regionalität des Handelns europäischer Institutionen sowie der fehlenden Gefahr, einen innergemeinschaftlichen Subventionswettlauf zu initiieren.

557 Sofern Beihilfen, die auf der Grundlage der materiellen oder immateriellen Investitionskosten bemessen werden, mit Beihilfen verbunden werden sollen, die auf der Grundlage von Lohnkosten bemessen werden (regionale Beschäftigungsbeihilfe), ist die in der jeweiligen nationalen Fördergebietskarte[1735] festgelegte Obergrenze für das betreffende Gebiet einzuhalten.[1736] Diese Voraussetzung gilt als erfüllt, wenn die Summe der Investitionsbeihilfe in Prozenten des Investitionswerts und der regionalen Beschäftigungsbeihilfe in Prozenten der Lohnkosten den günstigsten Betrag nicht überschreitet, der sich aus der Anwendung des festgelegten Höchstsatzes für das betreffende Gebiet entweder für (einfache) Investitionsvorhaben nach den Kriterien in Abschnitt 4.1[1737] der RegLL 2007 oder für große Investitionsvorhaben nach den Kriterien in Abschnitt 4.3[1738] der RegLL 2007[1739] ergibt.

558 Können die regionalbeihilfefähigen Ausgaben ganz oder teilweise auch mit Beihilfen anderer Zielsetzungen gefördert werden, unterliegt der Teil, der in beiden Fällen förderfähig ist, dem günstigsten Höchstsatz der jeweils anwendbaren Bestimmungen.[1740] Diese Möglichkeit kann vor allem im Rahmen der Forschungs-, Entwicklungs- und Innovationsförderung eintreten.

559 Sieht eine Förderrichtlinie oder eine andere Beihilferegelung die Möglichkeit der Kumulierung dieser Beihilfen mit den Beihilfen anderer (Förder-)Regelungen vor, so muss in jeder Förderregelung festgelegt sein, auf welche Weise die Einhaltung der Kumulierungsvorschriften gewährleistet ist.[1741] Dies geschieht regelmäßig durch die Aufnahme einer Vorschrift, nach der der jeweiligen Bewilligungsbehörde die Pflicht auferlegt ist, sich durch Vorlage der entsprechenden Bescheide oder Zuwendungsverträge einen Überblick über die dem Zuwendungsempfänger oder Letztbegünstigten gewährten anderweitigen Subventionen für das betreffende Vorhaben zu verschaffen und die dort gewährten oder beabsichtigten Beihilfen in die eigene Subventionswertberechnung einzubeziehen. Dabei ist die Pflicht des jeweiligen Begünstigten, die entsprechenden Tatsachen offen zu legen oder, sofern sie im Zeitpunkt der Antragstellung noch nicht bekannt waren (etwa bei gleichzeitiger Antragstellung bei unterschiedlichen Bewilligungsstellen), bei Bekanntwerden der jeweiligen Gewährungen, die Offenlegung unverzüglich nachzuholen, strafbewehrt auszugestalten. Darüber hinaus ist eine Subvention, die die zulässigen Höchstgrenzen überschreitet, vor ihrer Gewährung, also vor der Erteilung eines Bescheides oder vor dem Abschluss eines entsprechenden Vertrages, der Kommission zur Prüfung vorzulegen, Art. 108 Abs. 3 AEUV.

560 Wird diese Pflicht verletzt, ist zumindest eine formell rechtswidrige Beihilfe gewährt worden, unabhängig davon, ob die Kommission sie für mit dem Binnenmarkt vereinbar erklären würde oder später einmal erklärt. Diese Vereinbarkeitserklärung der Kommission, die ausschließlich im

---

1734 Etwa Strukturfondsfördermittel, siehe oben RdNr. 32 und Fn. 115.
1735 Zur Fördergebietskarte vgl. oben RdNr. 109–126.
1736 RdNr. 72 RegLL 2007.
1737 RdNr. 33–49 RegLL 2007.
1738 RdNr. 60–70 RegLL 2007.
1739 RdNr. 72 Fn. 67 RegLL 2007.
1740 RdNr. 73 RegLL 2007.
1741 RdNr. 74 RegLL 2007.

Wege einer Entscheidung nach Art. 4 Abs. 3, 7 Verfahrensverordnung[1742] erfolgen kann, betrifft lediglich die Kompatibilität der gewährten Subvention und damit allein die materielle Rechtmäßigkeit, kann jedoch die einmal eingetretene formelle Rechtswidrigkeit nicht mehr beseitigen. Diese formelle Rechtswidrigkeit führt, unabhängig von einer Entscheidung der Kommission, stets zur Nichtigkeit der betroffenen Subventionsgewährung, § 134 BGB.[1743] Die gewährten Subventionen sind ohne Rechtsgrund geleistet, nach § 812 Abs. 1 BGB herauszugeben, auch um den Preis der Insolvenz des ursprünglich Begünstigten. Im öffentlichen Recht ist noch offen, ob der gewährende Verwaltungsakt nichtig im Sinne des § 44 VwVfG oder nur rechtswidrig im Sinne des § 48 VwVfG ist. Allerdings ist mit Blick auf die Rückforderung und unter Berücksichtigung des Grundsatzes der Einheit der Rechtsordnung das Ermessen, ebenfalls auch um den Preis der Insolvenz des ursprünglich begünstigten Unternehmens, auf Null reduziert. Schließlich ist auch eine Heilung der Nichtigkeit über eine Bestätigung im Sinne des § 141 BGB ausgeschlossen.[1744] Daher schadet ein Beihilfegeber, der die Regeln der europäischen Subventionskontrolle verletzt, in erster Linie gerade dem, den er zu begünstigen beabsichtigt. Aus den gleichen Gründen schadet sich auch ein Beihilfeempfänger, unabhängig von möglichen strafrechtlichen Aspekten selbst, wenn er unrichtige oder unvollständige Angaben vornimmt.

Regionale Investitionsbeihilfen dürfen nicht zur Umgehung der Beihilfehöchstintensitäten **561** nach den Regeln der AGVO oder der RegLL 2007 mit nach der „de-minimis"-Regel gewährten Fördermitteln in Bezug auf dieselben förderfähigen Ausgaben kumuliert werden.[1745] Diese Vorschrift ist erst nach Abschluss der Konsultationen mit den Mitgliedstaaten in RdNr. 75 RegLL 2007 aufgenommen worden. Sie war in keinem der Konsultationsdokumente enthalten. Damit weichen die RegLL 2007 ebenso wie alle nachfolgenden Regelungen, die sich zur „de-minimis"-Unterstützung äußern,[1746] von den bisherigen Regelungen ab.[1747]

Der Grundgedanke dieser neuen Regelung, den jeweils zulässigen regionalen Förderhöchst- **562** satz nicht zu umgehen,[1748] erscheint zunächst plausibel. Bei näherer Betrachtung ergibt sich jedoch folgendes: das Kumulierungsverbot harmoniert bereits nicht mit den Vorschriften der Art. 107, 108 AEUV. „De-minimis"-Zuwendungen sind per definitionem keine Beihilfen im Sinne des Art. 107 Abs. 1 AEUV.[1749] Daher sind sie auch nicht dazu geeignet, bestimmte Beihilfehöchstsätze zu umgehen. Auch die Überlegung, „De-minimis"-Zuwendungen stammten ebenfalls aus staatlichen Quellen und seien daher zumindest dann einer Beihilfe nach Art. 107 Abs. 1 AEUV gleichzustellen, wenn sie mit anderen Beihilfen kombiniert würden, ist nicht überzeugender: entweder sind „De-minimis"-Zuwendungen beihilfefrei oder sie sind es nicht. Darüber hinaus ist dieses Kumulierungsverbot eine Bestimmung, die sich gerade gegen kleine und mittlere Unternehmen wendet. Denn nur hier könnte sich eine deutlichere Verschiebung der Zuwendungshöhe ergeben: etwa bei einem Investitionsvolumen von 2 Mio. EUR und einem Beihilfehöchstsatz von 10% nebst KMU-Bonus von 20%, also von insgesamt maximal 30%. Das wären in diesem Beispiel 600 000 EUR. Würden jetzt noch weitere 200 000 EUR als „De-minimis"-Zuwendung gewährt, dann betrüge die Gesamtzuwendung 800 000 EUR und damit 40%. Das wäre eine deutlich höhere Zuwendung. Würde das Investment aber nur 200 000 EUR betragen, dann könnte es vollständig über die „De-minimis"-Verordnung finanziert werden und die Zuwendungsquote betrüge sogar 100%. – Allerdings kann ein Unternehmen die Zuwendung von höchstens 200 000 EUR nur einmal in drei Ge-

---

[1742] Verfahrensverordnung (Fn. 95).

[1743] BGH EuZW 2003, 444, 445 Absatz II 2. a) bb) (2) am Ende; BGH EuZW 2004, 254; BGH NVwZ 2004, 636 = WM 2004, 468; BGH Urteil vom 5. 7. 2007, IX ZR 256/06; Juris PK/*Nassall,* BGB, Kommentar, 2. Aufl. 2005, § 134 Rn. 143, 144; *Palandt/Ellenberger,* BGB, Kommentar, 70. Aufl. 2011 § 134 Rn. 3.

[1744] Zur Nichtigkeit einer formell rechtswidrigen Beihilfe und ihren Folgen siehe oben RdNr. 178–182.

[1745] RdNr. 75 RegLL 2007; Art. 6 Abs. 3 RFVO (Fn. 3); die Mitgliedstaaten sind von dieser Vorschrift ebenso überrascht worden, wie von den Vorschriften zum Anreizeffekt (RdNr. 38 RegLL 2007) und zur Verpflichtung, das Internet als (amtliches) Veröffentlichungsorgan zu nutzen (RdNr. 108 RegLL 2007).

[1746] Art. 6 Abs. 3 RFVO (Fn. 3); Art. 2 Abs. 5 De-minimis-Verordnung 2006 (Fn. 1125); Art. 7 Abs. 3 AGVO.

[1747] Art. 2 Abs. 1, 3; VO (EG) Nr. 69/2001 der Kom. v. 12. 1. 2001 über die Anwendung der Art. 87 und 88 EG-Vertrag auf „De-minimis"-Beihilfen, ABl. 2001 L 10/30 (De-minimis-Verordnung 2001).

[1748] „Badewannentheorie der Kommission": werde in eine Wanne, randvoll mit Wasser gefüllt ein weiteres Schnapsglas voller Wasser hinzugegeben, laufe sie über; *Knoblich* (Fn. 21), S. 85, 94.

[1749] Tz 1 sowie Art. 2 Abs. 1 De-minimis-Verordnung 2006 (Fn. 1125); um im Bild zu bleiben, das Schnapsglas ist nicht mit Wasser, sondern mit Luft gefüllt, die Wanne läuft nicht über.

schäftsjahren in Anspruch nehmen.[1750] Insbesondere sind damit zugleich alle anderen „de-minimis"-Zuwendungsmöglichkeiten ausgeschöpft, so dass diesem Unternehmen auch keine „de-minimis"-Beratungsunterstützung mehr zukommen könnte. Ob ein Unternehmen aber Investitions-, Beratungs- oder eine sonstige Zuwendung in Anspruch nimmt: es darf innerhalb des vorgegebenen Zeitraumes nicht mehr als 200 000 EUR als „de-minimis"-Zuwendungen erhalten. Wofür es dieses Geld einsetzt, kann unter dem Gesichtspunkt der Marktbeeinträchtigung dann dahinstehen. Im übrigen wird der gemeinsame Markt „von so Wenigem" gerade nicht berührt.[1751] Bei einem großen Investitionsvorhaben dagegen spielt es für die Frage der Verfälschung des Wettbewerbs keine Rolle, ob die Beihilfe 150 Mio. EUR oder die Zuwendung 150,2 Mio. EUR beträgt. Auch insoweit ist die Sorge der Kommission, durch diese Unterstützung könnte der Binnenmarkt verletzt oder der gemeinsame Handel (spürbar) beeinträchtigt werden, unbegründet.

563   **3. Kumulierungsvorschriften im Rahmen der Freistellungsverordnungen.** Sowohl Art. 6 RFVO[1752] als auch Art. 7 AGVO enthalten im Grundsatz die gleichen Regelungen. In Art. 7 Abs. 2 AGVO ist der Grundsatz der Kumulierbarkeit von Beihilfen, die sich auf unterschiedliche Fördergegenstände beziehen, ausdrücklich aufgenommen. Die Bestimmungen zur Bewertung der „de-minimis"-Zuwendungen als Beihilfen findet sich in Art. 6 Abs. 3 RFVO sowie in Art. 7 Abs. 3 AGVO. Etwas anderes gilt allein für die Beihilfen behinderter, Arbeitnehmer. Insoweit ist eine Beihilfeintensität von bis zu 100% zulässig, Art. 7 Abs. 4 AGVO. Soweit Regionalbeihilfen mit Risikokapitalmaßnahmen kombiniert werden, erfolgt die Kürzung der Regionalbeihilfeintensitäten in Fördergebieten um 20%, unabhängig davon ob es sich um ein a)- oder ein c)-Fördergebiet handelt. Außerhalb von Fördergebieten werden die Beihilfsintensitäten um 50% gekürzt, Art. 7 Abs. 5 lit. a AGVO. Schließlich verbietet Art. 7 Abs. 5 lit. b AGVO auch die Kumulierung von Regionalbeihilfen mit Beihilfen für junge, innovative Unternehmen nach Art. 35 AGVO für einen Zeitraum von 3 Jahren. Dies beruht darauf, dass auch die Förderung nach Art. 35 AGVO als Betriebsbeihilfe zu qualifizieren ist.

J. Inkrafttreten, Anwendung, Transparenz und Überprüfung

I. Allgemeines

564   Die RegLL 2007 konnten von der Kommission nur intern, nicht aber mit Wirkung für die Mitgliedstaaten in Kraft gesetzt werden. Sie sind eine kommissionsinterne Ermessensausübungsregelung,[1753] die über den Vorschlag **zweckdienlicher Maßnahmen** gemäß Art. 108 Abs. 1 Satz 2 AEUV und Art. 18 Verfahrensverordnung[1754] sowie deren Annahme seitens der Mitgliedstaaten in das jeweilige mitgliedstaatliche Recht transformiert worden sind.[1755] Deutschland hat die zweckdienlichen Maßnahmen am 20. 10. 2006 ausdrücklich und bedingungslos anerkannt.[1756]

II. Temporale Abgrenzungen

565   Die RegLL 2007 werden auf alle nach dem 31. 12. 2006 gewährten Regionalbeihilfen angewendet. Vor dem Jahr 2007 vergebene oder gewährte Regionalbeihilfen werden auf der Grundlage der RegLL 1998[1757] beurteilt.[1758] Damit erfolgt eine klare Regelung zur temporalen Abgrenzung und Konkurrenz zwischen den beiden aufeinander folgenden Regionalleitlinien, den RegLL 1998 einschließlich der auf ihnen beruhenden MSR-1998[1759] und MSR-2002,[1760] auf der einen sowie den RegLL 2007[1761] auf der anderen Seite.

[1750] Art. 2 Abs. 2 De-minimis-Verordnung 2006 (Fn. 1125).

[1751] Tz. 1 sowie Art. 2 Abs. 1 De-minimis-Verordnung 2006 (Fn. 1125).

[1752] RFVO (Fn. 3).

[1753] RdNr. 105 RegLL 2007.

[1754] Verfahrensverordnung (Fn. 95).

[1755] Art. 19 Abs. 1 Verfahrensverordnung (Fn. 95).

[1756] Kom., Entscheidung C 25/2006 v. 22. 11. 2006, RdNr. 5, ABl. C 320 v. 28. 12. 2006, 16.

[1757] RegLL 1998 (Fn. 2).

[1758] RdNr. 105 RegLL 2007.

[1759] MSR-1998 (Fn. 53).

[1760] MSR-2002 (Fn. 73).

[1761] Der MSR-2002 ist in die RegLL 2007 implementiert worden, RdNr. 4 S. 2, 62 RegLL 2007.

Abgestellt wird nicht auf die jeweilige Förderregelung, sondern auf die tatsächliche Gewäh- **566** rung, also die Bewilligung, etwa durch einen Zuwendungsbescheid oder einen Zuwendungsvertrag. Insoweit weicht die Kommission im Interesse der Rechtssicherheit von dem allgemeinen Grundsatz ab, wonach die Regeln anzuwenden sind, die zum Zeitpunkt der jeweiligen Entscheidung gelten.[1762] Dies ist zulässig[1763] und mit Blick auf RdNr. 107, 1. Tiret RegLL 2007 und die darin enthaltene Bestimmung, alle zum 31. 12. 2006 geltenden Regionalbeihilferegelungen zu diesem Zeitpunkt außer Kraft zu setzen, nur folgerichtig.

III. Genehmigte Fördergebietskarte als Anwendungsvoraussetzung

Anmeldungen für die beabsichtigte Gewährung von Regionalbeihilfen müssen mit der jewei- **567** ligen mitgliedstaatlichen Fördergebietskarte[1764] vereinbar sein. Daher sind Anmeldungen von Regionalbeihilfen oder Ad-hoc-Beihilfen, die nach dem 31. 12. 2006 gewährt werden sollen, erst als vollständig angesehen worden, nachdem die Fördergebietskarte für den betreffenden Mitgliedstaat gemäß dem in RdNr. 96–104 RegLL 2007 beschriebenen Verfahren angenommen worden war.[1765] Vor diesem Hintergrund bestimmte die Kommission, Anmeldungen von Regionalbeihilferegelungen, die nach dem 31. 12. 2006 zur Anwendung gelangten, und Anmeldungen von Ad-hoc-Beihilfen, die erst nach diesem Datum gewährt werden sollten, erst dann zu prüfen, wenn die Fördergebietskarte für den betreffenden Mitgliedstaat angenommen worden sei.[1766] Aber auch Beihilfen für neu gegründete kleine Unternehmen gemäß RdNr. 84–91 RegLL 2007 waren erst mit einer genehmigten Fördergebietskarte zulässig.[1767] Diese Voraussetzung ist inzwischen für alle Fördergebietskarten erfüllt.[1768]

IV. Anmeldepflichten

Um die Anmeldepflicht so wenig belastend wie möglich zu gestalten, versprach die Kommis- **568** sion von der ihr durch Verordnung (EG) Nr. 994/1998 übertragenen Befugnis Gebrauch machen, sämtliche transparenten regionalen Investitionsbeihilferegelungen von der Anmeldepflicht nach Art. 108 Abs. 3 AEUV freizustellen, die mit der Fördergebietskarte des betreffenden Mitgliedstaates vereinbar sind.[1769] Dies ist inzwischen mit dem In-Kraft-Setzen der AGVO zum 29. 8. 2008[1770] geschehen. Die Befugnis zum Erlass von Freistellungsverordnungen ergibt sich seit dem 1. 12. 2009 aus Art. 108 Abs. 4 AEUV unmittelbar.

Die in RdNr. 60–70 RegLL 2007 beschriebenen Informations- und Einzelanmeldeerforder- **569** nisse für große Einzelvorhaben gelten auch für die Beihilfen, die aufgrund freigestellter Regelungen gewährt werden.[1771] Damit versuchen die RegLL 2007 in den Regelungsbereich einer späteren Verordnung einzugreifen. Dies ist insbesondere mit Blick auf das Zustimmungserfordernis der Mitgliedstaaten unzulässig. Dies gilt erst recht, wenn die Mitgliedstaaten, wie bei den RegLL 2007 geschehen, bei Nichtzustimmung einer dann folgenden Eröffnung eines förmlichen Prüfverfahrens nach Art. 19 Verfahrensverordnung[1772] verbunden mit einem generellen Förderverbot nach diesen und den außer Kraft getretenen Vorgängerregelungen, also erheblichen Nachteilen, ausgesetzt werden. Daher ist die Erstreckung der Informations- und Einzelanmeldeerfordernisse auch auf aufgrund freigestellter Beihilferegelungen gewährter Beihilfen nicht verbindlich, sondern lediglich als Absichtserklärung zu verstehen. Dies ist umso naheliegender, als diese Regelung in RdNr. 106 Fn. 86 Satz 3 RegLL 2007 unmittelbar im Anschluss an die übrigen Absichtserklärungen erfolgt. Inzwischen sind mit Art. 9 Abs. 4, 6 Abs. 2 AGVO korrespondierende Regelungen in die Allgemeinen Gruppenfrei-

---

[1762] EuGH, Urt. v. 11. 12. 2008, C-334/07 P, RdNr. 53 Satz 2.

[1763] EuGH, Urt. v. 11. 12. 2008, C-334/07 P, RdNr. 44.

[1764] Zur Fördergebietskarte siehe oben RdNr. 109 ff.

[1765] Siehe oben unter RdNr. 106 RegLL 2007.

[1766] RdNr. 106 S. 2 RegLL 2007.

[1767] RdNr. 106 S. 3 RegLL 2007.

[1768] Siehe oben RdNr. 120 Fn. 540.

[1769] RdNr. 106 Fn. 86 RegLL 2007.

[1770] Art. 45 S. 1 AGVO: Diese Verordnung tritt am 20. Tag nach ihrer Veröffentlichung im Amtsblatt der EU in Kraft. Die Veröffentlichung erfolgte im ABl. (EU) L 214 v. 9. 8. 2008, 3.

[1771] RdNr. 65, 66, 106 Fn. 86 Satz 3 RegLL 2007; Art. 9 Abs. 4, 6 Abs. 2 AGVO.

[1772] Verfahrensverordnung (Fn. 95).

stellungsverordnung aufgenommen worden, so dass dieser Frage keine Bedeutung mehr zukommt.

570   Anders als angekündigt[1773] hat die AGVO allerdings mit Art. 1 Abs. 5, 3, Abs. 3, 13 Abs. 1 Satz 2, 6 Abs. 1 in einem gewissen Umfang auch regionale Ad-hoc-Beihilfen[1774] und mit Art. 14 regionale Betriebsbeihilfen[1775] freigestellt.

V. Zweckdienliche Maßnahmen

571   Die RegLL 2007 gehen selbst davon aus, dass ihre Anwendung eine grundlegende Änderung der Regeln für Regionalbeihilfen in der gesamten Gemeinschaft mit sich bringen wird.[1776] Angesichts der gewandelten wirtschaftlichen und sozialen Bedingungen in der EU wollte die Kommission ferner überprüfen, ob die bestehenden Regionalbeihilferegelungen, einschließlich der Investitionsbeihilfe- und Betriebsbeihilferegelungen, noch gerechtfertigt sind und ihre Wirkung entfalten. Daher hat sie den Mitgliedstaaten gemäß Art. 88 Abs. 1 EG-Vertrag (ab dem 1. 12. 2009: 108 Abs. 1 AEUV) folgende Maßnahmen vorgeschlagen:

572   – Unbeschadet des Art. 10 Abs. 2 der Verordnung (EG) 70/2001[1777] über die Anwendung der Art. 87 und 88 EG-Vertrag (nunmehr Art. 107 und 109 AEUV) auf staatliche Beihilfen an kleine und mittlere Unternehmen, geändert durch Verordnung (EG) Nr. 364/2004[1778] und unbeschadet des Art. 11 Abs. 2 der Verordnung (EG) 2204/2002 über die Anwendung der Art. 87 und 88 EG-Vertrag (nunmehr Art. 107 und 109 AEUV) auf Beschäftigungsbeihilfen[1779] begrenzen die Mitgliedstaaten die Geltungsdauer der bestehenden Regionalbeihilferegelungen auf Beihilfen, die bis zum 31. Dezember 2006 gewährt werden;

573   – wenn nach Umweltbeihilferegelungen die Gewährung von regionalen Investitionsbeihilfen gemäß Fußnote 29 des Gemeinschaftsrahmens für staatliche Umweltschutzbeihilfen[1780] zulässig ist, ändern die Mitgliedstaaten ihre Regelungen, um zu gewährleisten, dass Beihilfen nach dem 31. Dezember 2006 nur unter der Bedingung gewährt werden dürfen, dass sie mit der am Tag der Beihilfegewährung gültigen Fördergebietskarte vereinbar sind;

574   – Die Mitgliedstaaten ändern ihre anderen Regelungen, um zu gewährleisten, dass regionale Zuschläge wie die Zuschläge für Ausbildungsbeihilfen, für Forschungs- und Entwicklungsbeihilfen oder für Umweltbeihilfen ab dem 31. Dezember 2006 in Fördergebieten nach Art. 87 Absatz 3 Buchstaben a oder c nur nach den am Tag der Beihilfegewährung gültigen Fördergebietskarte gewährt werden. Die Mitgliedstaaten werden gebeten werden, der Kommission binnen einem Monat mitzuteilen, ob sie diese Vorschläge annehmen.

575   Damit enthielten die zweckdienlichen Maßnahmen auch die Pflicht, dass die Mitgliedstaaten bei Vermeidung eines förmlichen Prüfverfahrens nach Art. 19, 4 Abs. 4, 6 Verfahrensverordnung,[1781] alle ihre bestehenden Regionalförderprogramme, also auch unbefristet genehmigte Regelungen, wie etwa Bürgschaftsprogramme, ohne Rücksicht auch auf Art. 10 Abs. 2 KMU-Freistellungsverordnung[1782] und Art. 11 Abs. 2 Beschäftigungsbeihilfenfreistellungsverordnung[1783] zum 1. 1. 2007 außer Kraft zu setzen hatten.

576   Allerdings gelten auch die Regeln in RdNr. 107 RegLL 2007 nicht aus sich heraus. Sie bedürfen zunächst einer Umsetzung durch die Kommission. Dies ist mit dem Schreiben der Kommissarin Kroes an die Mitgliedstaaten vom 6. März 2006[1784] erfolgt. Dieses Schreiben enthielt die Aufforderung an die jeweiligen Mitgliedstaaten, die vorgeschlagenen zweckdienlichen Maßnahmen binnen eines Monats nach Erhalt dieses Schreibens anzuerkennen, verbunden mit

---

[1773] RdNr. 106 Fn. 86 Satz 2 RegLL 2007.
[1774] Art. 2 Nr. 4 AGVO.
[1775] Art. 14 AGVO; zum Begriff siehe auch RdNr. 76 RegLL 2007 und oben RdNr. 495.
[1776] RdNr. 107 Satz 1 RegLL 2007.
[1777] KMU-Freistellungsverordnung (Fn. 21)
[1778] KMU-Änderungsverordnung (Fn. 1692).
[1779] Beschäftigungsbeihilfenfreistellungsverordnung (Fn. 155).
[1780] Gemeinschaftsrahmen für staatliche Umweltschutzbeihilfen, ABl. 2001 C 37/3 (Umweltschutzgemeinschaftsrahmen 2001).
[1781] Verfahrensverordnung (Fn. 95).
[1782] KMU-Freistellungsverordnung (Fn. 21).
[1783] Beschäftigungsbeihilfenfreistellungsverordnung (Fn. 155).
[1784] Vorschlag zweckdienlicher Maßnahmen gemäß Art. 88 Abs. 1 EG-Vertrag (seit dem 1. 12. 2009: Art. 108 Abs. 1 AEUV) für staatliche Beihilfen mit regionaler Zielsetzung, Schreiben der Kommissarin Neelie Kroes vom 6. 3. 2006 (D(06)222).

der Androhung, andernfalls das Verfahren nach Art. 19 Abs. 2 Verfahrensverordnung[1785] einzuleiten.[1786] Dieser Aufforderung sind schließlich alle Mitgliedstaaten gefolgt.[1787]

Bei einer umfangreichen Neuregelung, wie den RegLL 2007, ist es erforderlich, auch zweck-   **577**
dienliche Maßnahmen zur Anpassung zu erlassen. Allerdings hätte es des in RdNr. 107 1. Tiret
RegLL 2007 vorgesehenen Außer-Kraft-Setzens aller bestehenden Regionalbeihilferegelungen
nicht bedurft. Es wäre ausreichend gewesen, die Maßnahmen, insbesondere die der Mitglieder
der EU-15, an die neuen RegLL 2007 anzupassen. Das wäre das mildere Mittel gewesen. Hinsichtlich der Maßnahmen in RdNr. 107 2. und 3. Tiret RegLL 2007 ist dies auch erfolgt. Beide
Vorschläge enthalten Anpassungsvorschriften, mit denen bestehende Beihilferegelungen den
neuen Gegebenheiten angepasst werden sollten.

VI. Schnittstelle zu Umweltschutzbeihilfen

In RdNr. 107, 2. Tiret geht es um die Anpassung des jeweiligen nationalen Regelwerkes zu   **578**
den Umweltschutzbeihilfen an die neue Fördergebietskarte. Fn. 29 des Gemeinschaftsrahmens
für staatliche Umweltschutzbeihilfen[1788] spricht allgemeine Investitionskosten nach den RegLL
1998[1789] an. Dieser Hinweis war von Bedeutung, da der Umweltschutzgemeinschaftsrahmen
2001 bei der Investitionsförderung nur die umweltschutzbedingten Mehraufwendungen unterstützte.[1790] Diese Vorschrift sollte mit RdNr. 107, 2. Tiret RegLL 2007 auf die neuen RegLL
2007 umgestellt werden. Allerdings ist der Umweltschutzgemeinschaftsrahmen 2001 seit dem
2. 4. 2008 durch die neuen Leitlinien der Gemeinschaft für staatliche Umweltschutzbeihilfen[1791]
ersetzt worden.[1792] Diese neuen Leitlinien sehen eine Genehmigungsmöglichkeit gerade für
regionale Umweltschutzbeihilfen nicht mehr vor.

Ebenfalls entfallen sind die Zuschläge für regionale Ausbildungsbeihilfen. Art. 4 Abs. 3 Satz 2   **579**
Ausbildungsbeihilfenfreistellungsverordnung 2001[1793] sah noch regionale Zuschläge für Ausbildungsmaßnahmen in Fördergebieten vor. Diese sind in den diese Verordnung ersetzenden Regelungen[1794] in Art. 38 und 39 AGVO nicht mehr enthalten. Gleiches gilt für die nach
RdNr. 33 und 34 Umweltschutzgemeinschaftsrahmen 2001[1795] einst vorgesehenen Zuschläge
regionaler Umweltschutzbeihilfen in Fördergebieten. Diese Zuschläge galten im Rahmen der
Gewährung von Beihilfen für Investitionen zugunsten allgemeiner Umweltschutzinvestitionen,
für Investitionen zugunsten von Energieeinsparungen und erneuerbare Energien, für Investitionen zugunsten der Kraft-Wärme-Kopplung und für Investitionen zugunsten erneuerbarer Energieträger zur Versorgung einer ganzen Gemeinschaft nach RdNr. 29 bis 32 Umweltschutzgemeinschaftsrahmen.[1796] Die neuen Umweltschutzleitlinien 2008[1797] sehen derartige regionale
Zuschläge ebenso wenig vor wie die Art. 17 bis 25 AGVO.

VII. Schnittstelle zu Forschungs- und Entwicklungsbeihilfen

Etwas anderes gilt für die regionalen Forschungs- und Entwicklungsbeihilfen. Nach   **580**
RdNr. 5.10.2 und RdNr. 5.10.6 des Gemeinschaftsrahmens für Forschungs- und Entwicklungsbeihilfen 1996[1798] waren regionale Zuschläge, unabhängig von der Beihilfe-

---

[1785] Verfahrensverordnung (Fn. 95).
[1786] Schreiben der Kommissarin vom 6. 3. 2006 (Fn. 1784).
[1787] Zum Verfahren C 25/2006, ABl. 2006 C 194/35 siehe oben RdNr. 45.
[1788] Umweltschutzgemeinschaftsrahmen 2001 (Fn. 1780).
[1789] RegLL 1998 (Fn. 2).
[1790] RdNr. 37 Umweltschutzgemeinschaftsrahmen 2001 (Fn. 1780).
[1791] Leitlinien der Gemeinschaft für staatliche Umweltschutzbeihilfen, ABl. C 82 vom 1. 4. 2008, 1 (Umweltschutzleitlinien 2008).
[1792] Umweltschutzleitlinien 2008 (Fn. 1791).
[1793] Verordnung (EG) Nr. 68/2001 der Kommission vom 12. 1. 2001 über die Anwendung der Art. 87
und 88 EG-Vertrag auf Ausbildungsbeihilfen, ABl. 2001 L 10/20 (Ausbildungsbeihilfenfreistellungsverordnung 2001).
[1794] Art. 43 S. 2 AGVO.
[1795] Umweltschutzgemeinschaftsrahmen 2001 (Fn. 1780).
[1796] Umweltschutzgemeinschaftsrahmen 2001 (Fn. 1780).
[1797] Umweltschutzleitlinien 2008 (Fn. 1791).
[1798] Gemeinschaftsrahmen für staatliche Forschungs- und Entwicklungsbeihilfen, ABl. C 45 vom 17. 2.
1996, 5; geändert durch die Mitteilung der Kommission zur Änderung des Gemeinschaftsrahmens für staatliche Forschungs- und Entwicklungsbeihilfen, ABl. C 48 vom 13. 2. 1998, 2; verlängert durch die Mitteilung der Kommission über die Überprüfung des Gemeinschaftsrahmens für staatliche Forschungs- und

form[1799] zulässig für industrielle Forschungsvorhaben,[1800] für Studien über die technische Durchführbarkeit als Vorbedingung für Vorhaben der industriellen Forschung oder vorwettbewerblichen Entwicklung,[1801] für die vorwettbewerbliche Entwicklung,[1802] für die Anmeldung und Aufrechterhaltung von Patenten zugunsten von KMU [1803] und für Forschungs- und Entwicklungsprojekte, die gemeinsam von öffentlichen Forschungseinrichtungen und Unternehmen durchgeführt wurden.[1804] Zum 1.1. 2007 löste der neue F+E+I-Gemeinschaftsrahmen 2006[1805] den F- und E-Gemeinschaftsrahmen 1996 ab.[1806] Dieser neue Rahmen enthält regionale Zuschläge für Beihilfen für junge innovative Unternehmen nach Abschnitt 5.4 und Beihilfen für Innovationskerne nach Abschnitt 5.8. Ferner enthält auch Art. 35 Abs. 4 AGVO eine regionale Komponente.

VIII. Transparenz

581   Zur Verbesserung der Transparenz von Regionalbeihilfen hält die Kommission in der erweiterten Union weitere Maßnahmen für notwendig. So sei es erforderlich, den Mitgliedstaaten, den Wirtschaftsbeteiligten, den sonstigen Betroffenen und der Kommission selbst leichten Zugang zu sämtlichen geltenden Regionalbeihilferegelungen in der EU in ihrem vollständigen Wortlaut zu gewähren.[1807] Dazu bietet sie auch gleich die geeignete Lösung an: „Dies kann durch die Einrichtung miteinander verbundener Internetseiten leicht bewerkstelligt werden."[1808] Mit dieser Begründung wird die Kommission die Mitgliedstaaten bei der Überprüfung von Regionalbeihilfe-Regelungen systematisch dazu anhalten, die Veröffentlichung der endgültigen Fassung der Regelung in ihrem vollen Wortlaut im Internet und die Übermittlung der entsprechenden Internet-Adresse an die Kommission zu gewährleisten.[1809] Zur Durchsetzung ihrer Vorstellung zwingt sie die Mitgliedstaaten mit einem Förderverbot für Vorhaben, für die vor Veröffentlichung der Regelung Kosten angefallen sind. Sie können nicht mit Regionalbeihilfen gefördert werden.[1810]

582   Diese Vorschrift in RdNr. 108 RegLL 2007 ist erst nach Abschluß der Konsultationen mit den Mitgliedstaaten in die Regionalleitlinien aufgenommen worden.[1811] Sicherlich liegt eine Veröffentlichung von Beihilferegelungen im Regelfall im eigenen Interesse der Mitgliedstaaten. Allerdings schreibt diese Regelung den Mitgliedstaaten vor, ihre Förderrichtlinien im Internet zu veröffentlichen und bestimmt, dass eine Förderung nach dieser Richtlinie vor ihrer Veröffentlichung im Internet ausgeschlossen sein soll. Damit macht die Kommission das Internet entgegen den jeweiligen nationalen Regelungen zum partiellen amtlichen Veröffentlichungsorgan. Ferner beinhaltet die Regelung in RdNr. 108 Satz 4 und 5 RegLL 2007 eine sehr unglückliche Verknüpfung von Fördermöglichkeit auf der einen, und Veröffentlichung von Förderrichtlinien gerade im Internet auf der anderen Seite.

583   Ziel dieser Vorschrift ist es, den Anreizeffekt sicherzustellen. Ist einem Unternehmen unbekannt, dass es für seine Maßnahme eine Förderung erhalten kann, kann diese Förderung auch keinen Anreizeffekt für die in Rede stehende Maßnahme entfalten. Schwierigkeiten treten dann auf, wenn eine Beihilferegelung zu einem bestimmten Zeitpunkt ausläuft und durch eine neue Nachfolgeregelung ersetzt werden soll. Häufig sind die nachfolgenden Förderrichtlinien

---

Entwicklungsbeihilfen, ABl. C 78 vom 10. 3. 2001, 24; die Mitteilung der Kommission zur Verlängerung des Gemeinschaftsrahmens für staatliche Forschungs- und Entwicklungsbeihilfen, ABl. C 111 vom 8. 5. 2002, 3 und die Mitteilung der Kommission zur Verlängerung des Gemeinschaftsrahmens für staatliche Forschungs- und Entwicklungsbeihilfen, ABl. C 310 vom 8. 12. 2005, 6 (F + E-Gemeinschaftsrahmen 1996).

[1799] Abschnitt 5.6 F + E-Gemeinschaftsrahmen 1996 (Fn. 1798).

[1800] Abschnitt 5.3 F + E-Gemeinschaftsrahmen 1996 (Fn. 1798).

[1801] Abschnitt 5.4 F + E-Gemeinschaftsrahmen 1996 (Fn. 1798).

[1802] Abschnitt 5.5 F + E-Gemeinschaftsrahmen 1996 (Fn. 1798).

[1803] Abschnitt 5.7 F + E-Gemeinschaftsrahmen 1996 (Fn. 1798).

[1804] Abschnitt 5.8 F + E-Gemeinschaftsrahmen 1996 (Fn. 1798).

[1805] Gemeinschaftsrahmen für staatliche Beihilfen für Forschung, Entwicklung und Innovation, ABl. 2006 C 323/1 (F+E+I-Gemeinschaftsrahmen 2006).

[1806] Abschnitt 10.3 Satz 1 F+E+I-Gemeinschaftsrahmen 2006 (Fn. 1805).

[1807] RdNr. 108 S. 2 RegLL 2007.

[1808] RdNr. 108 S. 3 RegLL 2007.

[1809] RdNr. 108 S. 4 RegLL 2007.

[1810] RdNr. 108 S. 5 RegLL 2007.

[1811] Gleiches gilt auch für die Bestimmungen in RdNr. 38 und 75 RegLL 2007.

zum Zeitpunkt des Auslaufens der Vorgängerregelung noch nicht veröffentlichungsreif. Das liegt zumeist daran, dass die verwaltungsinternen Regelmechanismen noch nicht vollständig abgeschlossen sind, sei es dass die Mitzeichnung der jeweiligen Finanzressorts aussteht, sei es dass das jeweilige Entscheidungsgremium (etwa Bundes- oder Landeskabinett) noch nicht getagt hat. Gleichzeitig allerdings wird bereits jedem Interessierten kommuniziert, es werde eine Nachfolgeregelung geben. Dies stellt im allgemeinen Verwaltungs- und damit im allgemeinen Zuwendungsrecht auch keine Herausforderung dar: die Förderrichtlinie wird schlicht rückwirkend in Kraft gesetzt. Gerade das aber lässt RdNr. 108 Satz 5 RegLL 2007 nicht mehr zu.

Art. 9 Abs. 2 AGVO beinhaltet insoweit einen größeren Interpretationsspielraum. Nach dieser Vorschrift veröffentlicht der Mitgliedstaat den vollständigen Wortlaut der Beihilferegelung bei Inkrafttreten. Dieser Wortlaut gestattet auch das Verständnis, dass die Veröffentlichung zum Zeitpunkt des Inkraftsetzens, nicht aber zu dem Zeitpunkt auf den die Regelung zurückwirkt, erfolgen muss. Der Anreizeffekt wäre dadurch gewährleistet, dass der Begünstigte, wie stets, vor Vorhabensbeginn einen Förderantrag stellen muss.[1812]   **584**

Werden auf der Grundlage bestehender Beihilferegelungen Regionalbeihilfen für nicht anmeldepflichtige große Investitionsvorhaben gewährt, übermitteln die Mitgliedstaaten der Kommission binnen 20 Arbeitstagen ab Gewährung der Beihilfe durch die zuständige Behörde im Standardformblatt gemäß Anhang III angeforderten Angaben. Die Kommission veröffentlicht diese zusammenfassenden Angaben im Internet unter folgender Anschrift: http://europa.eu.int/comm/competition/.[1813]   **585**

Die Übermittlung ist für die Rechtmäßigkeit der Beihilfegewährung nicht konstitutiver Natur. Sie dient der „abschreckenden Transparenz", hat also die Absicht, die Unternehmen an den „Pranger" zu stellen, der Konkurrenz einen Einblick in die Leistungsfähigkeit und Kalkulation des geförderten Unternehmens zu ermöglichen und verfolgt so das Ziel, einzelne Unternehmen vor diesem Hintergrund zu einem Verzicht auf die Unterstützung zu bewegen. Damit würde zugleich auch das Beihilfeniveau sinken.   **586**

Der neue Verhaltenskodex der Kommission[1814] hat bisher wenig Abhilfe geschaffen. Vielmehr weist das im Anhang III befindliche Standardformular eine Reihe von Unvollständigkeiten auf, die zu steten Rückfragen der Kommission führen.   **587**

Die Mitgliedstaaten haben die Pflicht ausführliche Aufzeichnungen über die Beihilfen für sämtliche großen Investitionsvorhaben zur Verfügung zu halten. Die Aufzeichnungen sind so ausführlich zu erstellen und aufzubewahren, dass sich aus ihnen die erbetenen Daten auch ableiten lassen. Insbesondere müssen sie belegen, dass die festgelegten Beihilfehöchstintensitäten eingehalten worden sind. Sie sind ab dem Zeitpunkt der Beihilfegewährung zehn Jahre aufzubewahren[1815] und der Kommission auf Verlangen vorzulegen.[1816]   **588**

IX. Geltungsdauer

Die Regionalleitlinien sollen im Grundsatz bis zum 31. 12. 2013 gelten.[1817] Allerdings hat sich die Kommission vorbehalten, diese Leitlinien jederzeit zu überprüfen oder zu ändern, wenn sich dies aus wettbewerbspolitischen Gründen oder aufgrund anderer Gemeinschaftspolitiken und internationaler Verpflichtungen als erforderlich erweisen sollte.[1818] Damit hält sie sich alle Wege zu einer Änderung ihrer Grundsätze offen und schafft sich eine große Handlungsflexibilität.   **589**

[1812] RdNr. 38 RegLL 2007, Art. 8 Abs. 2 AGVO.
[1813] RdNr. 65 RegLL 2007.
[1814] Verhaltenskodex für die Durchführung von Beihilfeverfahren, ABl. 2009 C 136/13.
[1815] RdNr. 66 RegLL 2007.
[1816] RdNr. 67 RegLL 2007.
[1817] RdNr. 4, S. 2, 62, 93, 104, Anhang V RegLL 2007.
[1818] RdNr. 108 RegLL 2007.

Abschnitt 2. Investitions-
und Beschäftigungsbeihilfen für KMU

Art. 15 Investitions- und Beschäftigungsbeihilfen für KMU

(1) Investitions- und Beschäftigungsbeihilfen für KMU sind im Sinne von Artikel 87 Absatz 3 EG-Vertrag mit dem Gemeinsamen Markt vereinbar und von der Anmeldepflicht gemäß Artikel 88 Absatz 3 EG-Vertrag freigestellt, wenn die Voraussetzungen der Absätze 2, 3 und 4 dieses Artikels erfüllt sind.

(2) Die Beihilfeintensität darf folgende Werte nicht überschreiten:

a) 20% der beihilfefähigen Kosten bei kleinen Unternehmen,
b) 10% der beihilfefähigen Kosten bei mittleren Unternehmen.

(3) Folgende Kosten sind beihilfefähig:

a) die Kosten einer Investition in materielle und immaterielle Vermögenswerte, oder
b) die über einen Zeitraum von zwei Jahren geschätzten Lohnkosten für direkt durch das Investitionsvorhaben geschaffene Arbeitsplätze.

(4) Betrifft die Investition die Verarbeitung und Vermarktung von landwirtschaftlichen Erzeugnissen, so darf die Beihilfeintensität folgende Werte nicht überschreiten:

a) 75% der beihilfefähigen Investitionen in Gebieten in äußerster Randlage,
b) 65% der beihilfefähigen Investitionen auf den kleineren Inseln des Ägäischen Meeres im Sinne der Verordnung (EG) Nr. 1405/2006 des Rates,[1]
c) 50% der beihilfefähigen Investitionen in Gebieten, die nach Artikel 87 Absatz 3 Buchstabe a EG-Vertrag für eine Förderung in Betracht kommen,
d) 40% der beihilfefähigen Investitionen in allen anderen Gebieten.

Schrifttum: *Bartosch*, Die neuen Gruppenfreistellungsverordnungen im EG-Beihilferecht, NJW 2001, 921; *ders.*, Die neue Allgemeine Gruppenfreistellungsverordnung im EG-Beihilfenrecht, NJW 2008, 3612–3617;

Übersicht

I. Normzweck

Die Förderung von kleinen und mittelständischen Unternehmen ist ein zentrales Anliegen **1** der Gemeinschaft. Die Europäische Kommission hat in den vergangnen Jahren eine Reihe von Maßnahmen umgesetzt, um diese zu fördern.[2] Teil der Maßnahmen ist nunmehr auch die Frei-

---

[1] ABl. L 265 vom 26. 9. 2006, S. 1.
[2] Siehe hierzu den „Small Business Act" für Europa KOM(2008), 394, sowie die Publikation der Kommission „Vorrang für den Mittelstand" (Ausgabe 2008) veröffentlich unter: http://ec.europa.eu/enterprise/entrepreneurship/docs/sme_pack_de_2008_full.pdf.

stellung staatlicher Beihilfen zugunsten von KMU. Die Kommission will damit den Schwierigkeiten begegnen, denen sich KMU aufgrund ihrer geringen Größe und Marktversagen ausgesetzt sehen. Strukturelle Schwierigkeiten für KMU sieht die Kommission insbesondere im Bereich der Kapitalbeschaffung und in fehlenden Informationsressourcen.[3] So seinen Kreditgeber aufgrund der Risiken häufig nicht gewillt, Unternehmensgründungen und junge KMU zu finanzieren. Gerechtfertigt wird die durch die Freistellung von KMU resultierenden Wettbewerbsverfälschungen mit der zentralen Rolle der KMU in der europäischen Wirtschaft.

II. Rechtstatsachen

2   KMU haben eine außerordentliche Bedeutung für die Wirtschaft in der Gemeinschaft. So fallen 99,8% in absoluten Zahlen mehr als 23 Mio. Unternehmen in Europa unter die offizielle KMU-Definition.[4] Die KMU stellen 67,1% der Arbeitsplätze in Europa und in einzelnen Bereichen wie Metallbranche, dem Baugewerbe und der Möbelindustrie über 80% der Arbeitsplätze.[5] Die Kommission sieht die KMU daher als eine Säule für soziale Stabilität und wirtschaftliche Dynamik[6] und als Rückgrat der europäischen Wirtschaft[7] an.

III. Entstehungsgeschichte

3   Die Rolle der KMU wurde von der Kommission bereits im Rahmen der Beihilfenpolitik im Gemeinschaftsrahmen für staatliche Beihilfen an kleine und mittlere Unternehmen von 1992[8] gewürdigt. Dieser wurde durch den zweiten Gemeinschaftsrahmen von 1996[9] (KMU-Rahmen) abgelöst. Der KMU-Rahmen wurde durch die VO 70/2001 ersetzt und aufgehoben. Mit der VO 70/2001 und der Freistellungsverordnung zu Ausbildungsbeihilfen[10] hat die Kommission erstmals von ihrer von der Ermächtigung des Rates zum Erlass einer Freistellungsverordnung[11] Gebrauch gemacht. Dabei wurden im Wesentlichen keine Veränderungen vorgenommen.[12] Im Rahmen der Reform des Beihilfenrechts hat die Kommission die VO 70/2001 in die allgemeinen Gruppenfreistellungsverordnung (AGVO) inkorporiert. Bezugnahmen auf die VO 70/2001 gelten nunmehr als Bezugnahmen auf die AGVO.[13] Für die vor dem 31. Dezember 2008 bewilligten KMU-Beihilfen gilt weiterhin die VO 70/2001.[14]

IV. Anwendungsbereich

4   In sachlicher Hinsicht erfasst die AGVO Investitions- und Beschäftigungsbeihilfen. Förderungsfähig sind Investitionen in Sachanlagen sowie bestimmte immaterielle Investitionen und Lohnkosten von Arbeitnehmern, die aufgrund der Investition eingestellt wurden. Darüber hinaus werden auch Beihilfen für Beratung sowie Beihilfen für die erstmalige Teilnahme an Messen vom Anmeldeerfordernis freigestellt. Die Kosten des laufenden Geschäftsbetriebes werden weiterhin nicht erfasst. Anders als noch in der VO 70/2001 wird dies jedoch nicht noch einmal gesondert in den Erwägungsgründen hervorgehoben.[15] Die Art. 15, 26, 27 erfassen die Freistellung von KMU-Beihilfen nicht abschließend. Alle 26 Beihilfekategorien der AGVO können KMU zu gute kommen.[16] Soweit die Artikel der AGVO auch große Unternehmen erfassen,

---

[3] AGVO, Tz. 54.

[4] Kom., Gemeinschaftsvorschriften für staatliche Beihilfen zugunsten von KMU – Ein praktisches Handbuch, 25. 2. 2009, S. 3, abrufbar unter: http://ec.europa.eu/competition/state_aid/studies_reports/sme_handbook_de.pdf.

[5] Eurostat, European Business: Facts and Figures, S. 29 veröffentlicht unter: http://epp.eurostat.ec.europa.eu/portal/page/portal/european_business/publications/facts_figures.

[6] Vgl. AGVO, Tz. 54.

[7] Kom., Gemeinschaftsvorschriften für staatliche Beihilfen zugunsten von KMU – Ein praktisches Handbuch (Fn. 3), 3.

[8] ABl. 1992 C 213/2.

[9] ABl. 1996 C 213/4.

[10] Vgl. Art. 38, 39 VO 68/2001, ABl. 2001 L 10/20.

[11] VO 994/98, ABl. 1998 L 142/1.

[12] *Heidenhain/Repplinger-Hach* § 21 RdNr. 2.

[13] Art. 43.

[14] Art. 44 Abs. 2.

[15] VO 70/2001, Tz. 13.

[16] ZB. Art. 13, 14, 20, 33 VO 2204/2002, ABl. 2002 L 337/3.

erhalten KMU einen Zuschlag von 10% für mittlere Unternehmen und 20% für kleine Unternehmen.[17] Sektoral gelten die Art. 15, 26, 27 im Anwendungsbereich der AGVO.[18]

V. Beihilfen für kleine und mittlere Unternehmen

1. Definition kleine und mittlere Unternehmen (KMU). Zur Definition des Begriffs **5** „kleine und mittlere Unternehmen" verweist die Verordnung in Art. 2 Nr. 7 auf ihren Anhang I. Durch die Zusammenfassung der einzelnen Freistellungsverordnungen muss für die Definition, anders als noch im Anhang I der VO 70/2001, nicht mehr auf die politikübergreifende Kommissionsempfehlung[19] verwiesen werden. Der Anhang I entspricht jedoch inhaltlich sowie im Hinblick auf die Schwellenwerte exakt der Kommissionsempfehlung von 2003, so dass die bisherige Entscheidungspraxis zur KMU-Definition weiterhin gültig ist; die in der Praxis und Literatur in diesem Zusammenhang diskutierten Probleme aber auch.

Ob es sich bei dem Beihilfeempfänger um ein KMU handelt, ist von zwei kumulativen Kri- **6** terien abhängig: Mitarbeiterzahl, Jahresumsatz bzw. Jahresbilanzsumme.[20] Die Anlage I unterscheidet zwischen mittleren, keinen sowie Kleinstunternehmen. Die Unterscheidung zwischen kleinen und Kleinstunternehmen findet sich jedoch nicht in der Verordnung, in der nur zwischen mittleren und kleinen Unternehmen unterschieden wird. Beihilferechtlich ist sie damit – wie auch schon unter der VO 70/2001 – bedeutungslos.[21]

a) Mitarbeiterzahl. Der Beihilfeempfänger muss weniger als 250 Personen beschäftigten.[22] **7** Innerhalb der Gruppe der KMU liegt ein kleines Unternehmen vor, wenn weniger als 50 Personen beschäftigt werden;[23] ein Kleinstunternehmen, wenn weniger als 10 Personen beschäftigt werden.[24] Werden zwischen 50 und 250 Mitarbeiter beschäftigt, handelt es sich um ein mittleres Unternehmen.

Die Mitarbeiterzahl entspricht der Anzahl der Personen, die dem Beihilfeempfänger oder auf **8** dessen Rechnung während des gesamten Berichtsjahres einer Vollzeitbeschäftigung nachgegangen sind (Jahresarbeitseinheiten).[25] Mitarbeiter sind alle Lohn- und Gehaltsempfänger sowie sonstige für das Unternehmen tätige Personen, die nach nationalem Recht Arbeitnehmern gleichgestellt sind aber auch mitarbeitende Eigentümer und Teilhaber, die regelmäßig im Unternehmen arbeiten.[26] Für Personen, die nicht das ganze Jahr gearbeitet haben oder Teilzeitbeschäftigte werden die Jahresarbeitseinheiten anteilig berechnet, wobei die Dauer von Mutterschafts- und Elternurlaub nicht mitgerechnet wird[27] Auszubildende oder in einem Ausbildungsverhältnis stehende Personen werden nicht in die Mitarbeiterzahl mit eingerechnet.

b) Jahresumsatz bzw. Jahresbilanzsumme. Ein mittleres Unternehmen liegt bei einem **9** Jahresumsatz von höchstens 50 Mio. EUR oder einer Jahresbilanzsumme von Höchsten 43 Mio. EUR vor.[28] Ein kleines Unternehmen liegt bei einem Jahresumsatz bzw. einer Jahresbilanz von höchstens 10 Mio. EUR vor; für Kleinstunternehmen gilt die Schwelle von 2 Mio. EUR.

Der Umsatz ist abzüglich der Mehrwertsteuer sowie sonstigen umsatzbezogenen (indirekten) **10** Steuern und Abgaben zu berechnen. Im Detail dürfte die Umsatzberechnung damit weiterhin umstritten bleiben. Hier ließen sich jedoch die ausführliche Umsatzdefinition der Konsolidierten Mitteilung der Kommission zu Zuständigkeitsfragen in der Fusionskontrolle heranziehen.[29]

2. Eigenständigkeit. Das Merkmal der Eigenständigkeit soll dazu dienen, dass tatsächlich **11** nur solche Unternehmen von der Verordnung erfasst werden, die von den KMU-typischen Schwierigkeit betroffen sind. Andere Unternehmen, welche zwar die Merkmale eines KMU

---

[17] Art. 13 Abs. 4 VO 2204/2002, ABl. 2002 L 337/3.
[18] Art. 1.
[19] ABl. 1996 L 107/4.
[20] Anhang I Art. 2.
[21] *Immenga/Mestmäcker/Ehricke*, EG-WettbR, Nach Art. 89 EG – Gruppenfreistellungsverordnungen, RdNr. 15.
[22] Anhang I Art. 2 Abs. 1.
[23] Anhang I Art. 2 Abs. 2.
[24] Anhang I Art. 2 Abs. 3.
[25] Anhang I Art. 4.
[26] Anhang I Art. 5 Abs. 1.
[27] Mitteilung der Kommission: Muster für eine Erklärung über die zur Einstufung als KMU erforderlichen Angaben, ABl. 2003 C 118/5, 9.
[28] Anhang I Art. 2 Abs. 1.
[29] ABl. 2009 C 43/10, RdNr. 157 ff.

erfüllen würden, aber Teil eines Konzerns sind oder von größeren Unternehmen beherrscht werden, werden sollen nicht von der AGVO erfasst werden, da sie üblicherweise nicht die gleichen Probleme hinsichtlich Kapitalbeschaffung und Informationsressourcen haben. Anhang I der AGVO unterscheidet zwischen eigenständigen, Partnerunternehmen und verbundenen Unternehmen. Die AGVO hat damit die bisherige Differenzierung beibehalten.

12   **a) Verbundene Unternehmen.** Verbundene Unternehmen, sind solche, bei denen ein anderes Unternehmen mehr als die Hälfte der Stimmrechte hält oder berechtigt ist, die Mehrheit der Mitglieder des Leitungsgremiums zu bestimmen oder abzuberufen. Unternehmen können auch über Beherrschungsverträge oder durch Aktionärsvereinbarungen (Shareholder Agrements) miteinander verbunden sein.[30] Die Definition des Unternehmenstyps stammt aus der RL 83/349 des Rates von 1983 über den konsolidierten Abschluss.[31] Dem Beihilfeempfänger ist in der Regel bekannt, ob er einen konsolidierten Konzernabschluss aufstellen muss und daher als verbundenes Unternehmen anzusehen ist.[32] Darüber hinaus kann in Ausnahmefällen die Möglichkeit bestehen, dass ein Unternehmen als verbundenes Unternehmen anzusehen ist, auch wenn es nicht zur Aufstellung eines konsolidierten Abschlusses verpflichtet ist.[33]

13   **b) Partnerunternehmen.** Partnerunternehmen sind nach der Systematik eine Zwischenstufe zwischen eigenständigen und verbundenen Unternehmen.[34] Nach dem Anhang I der AGVO sind es Unternehmen, die nicht als verbundene Unternehmen gelten, bei denen aber mindestens 25% (aber höchstens 50%) der Anteile oder der Stimmrechte des nachgeschalteten Unternehmens im Besitz eines anderen (des vorgeschalteten) Unternehmens sind oder dieses selbst zwischen 25% und 50% an einem anderen Unternehmen hält.[35] Partnerunternehmen sind demnach Unternehmen die umfangreiche finanzielle Partnerschaften mit anderen Unternehmen eingehen, ohne dass das eine Unternehmen mittelbar oder unmittelbar tatsächlich Kontrolle über das andere Unternehmen ausübt.[36] Es liegt kein Partnerunternehmen, sondern ein verbundenes Unternehmen vor, wenn das Unternehmen einen konsolidierten Abschluss erstellt oder in den konsolidierten Abschluss eines anderen Unternehmens einbezogen ist.

14   Werden 25% oder mehr der Anteile eines Unternehmens direkt oder indirekt von öffentlichen Stellen oder Körperschaften des öffentlichen Rechts gehalten werden oder wenn sie direkt oder indirekt von solchen kontrolliert werden, fällt es nicht mehr unter die KMU-Definition.[37]

15   **c) Eigenständige Unternehmen.** Eigenständig sind solche Unternehmen, die weder Partnerunternehmen noch verbundene Unternehmen sind.[38] Der Beihilfeempfänger ist demnach ein eigenständiges Unternehmen, wenn es keine von 25% oder mehr an einem anderen Unternehmen hält oder nicht zu 25% oder mehr unmittelbar im Besitz eines anderen Unternehmens bzw. einer öffentlichen Stelle ist und keine konsolidierte Bilanz erstellt und nicht im Abschluss eines anderen Unternehmens enthalten ist, das eine konsolidierte Bilanz erstellt.

16   Ein eigenständiges Unternehmen liegt außerdem bei bestimmten privilegierten Unternehmensformen vor. Privilegierte Unternehmen sind staatliche Beteiligungsgesellschaften, Risikokapitalgesellschaften sowie natürliche Personen bzw. Gruppen natürlicher Personen, die regelmäßig im Bereich der Risikokapitalinvestition tätig sind („Business Angels") und die Eigenkapital in nicht börsennotierte Unternehmen investieren, sofern der Gesamtbetrag der Investition der genannten „Business Angels" in ein und dasselbe Unternehmen 1 250 000 EUR nicht überschrei-

---

[30] Anhang I Art. 3 Abs. 3.
[31] RL 83/349, ABl. 1983 L 193/1, zuletzt geändert durch die RL 2001/65, ABl. 2001 L 283/28. In Deutschland wurde die RL ua. in §§ 290 f. HGB umgesetzt.
[32] Mitteilung der Kommission: Muster für eine Erklärung über die zur Einstufung als KMU erforderlichen Angaben, ABl. 2003 C 118/5, 8.
[33] Anhang I Art. 3 Abs. 3: Unternehmen, die durch ein oder mehrere andere Unternehmen, oder einen der in Abs. 2 genannten Investoren untereinander in einer der in UAbs. 1 genannten Beziehungen stehen, gelten ebenfalls als verbunden. Unternehmen, die durch eine natürliche Person oder eine gemeinsam handelnde Gruppe natürlicher Personen miteinander in einer dieser Beziehungen stehen, gelten gleichermaßen als verbundene Unternehmen, sofern diese Unternehmen ganz oder teilweise in demselben Markt oder in benachbarten Märkten tätig sind.
[34] *Immenga/Mestmäcker/Ehricke*, EG-WettbR, Nach Art. 89 EGV – Gruppenfreistellungsverordnungen, RdNr. 15.
[35] Anhang I Art. 3 Abs. 2.
[36] Mitteilung der Kommission: Muster für eine Erklärung über die zur Einstufung als KMU erforderlichen Angaben, ABl. 2003 C 118/5, 8.
[37] Anhang I Art. 3 Abs. 4.
[38] Anhang I Art. 3 Abs. 1.

tet.[39] Ferner zählen auch Universitäten oder Forschungszentren ohne Gewinnzweck, institutionelle Anleger einschließlich regionaler Entwicklungsfonds und autonome Gebietskörperschaften mit einem Jahreshaushalt von weniger als 10 Mio. EUR und weniger als 5.000 Einwohnern zu den privilegierten Unternehmen.[40]

Für die privilegierten Unternehmen gilt nicht die 25% Beteiligungsgrenze, solange sie nicht **17** gemeinsam als verbundenes Unternehmen gelten. Zugunsten dieser Unternehmen besteht ferner die Vermutung, dass kein beherrschender Einfluss ausgeübt wird, sofern die Investoren sich nicht direkt oder indirekt in die Verwaltung des betroffenen Unternehmens einmischen, wobei keine Einmischung vorliegt, wenn lediglich die Aktionärsrechte geltend gemacht werden.[41]

d) Bedeutung des Eigenständigkeitsmerkmals in der Entscheidungspraxis der Kom- **18** **mission.** Um Missbrauch durch eine Umgehung der KMU-Definition zu verhindern hat die Kommission das Eigenständigkeitsmerkmal (früher Unabhängigkeitsmerkmal) eng definiert. In den wenigen Kommissionsentscheidungen zu Beihilfen zugunsten von KMU steht daher häufig die Prüfung des Eigenständigkeitsmerkmals im Mittelpunkt.[42] Teilweise hat die Kommission dabei auch – unabhängig vom formalen Vorliegen der Merkmale – genau geprüft, ob der Beihilfeempfänger tatsächlich den typischen strukturellen Nachteilen eines KMU ausgesetzt war. Eine Umgehung der KMU-Definition wurde angenommen, wenn beispielsweise beim Zugang zu Kapital und Informationen aufgrund der tatsächlichen Gegebenheit keine wesentlichen Schwierigkeiten bestanden.[43] In der Entscheidung Klausner Nordic Timber[44] nahm die Kommission ein verbundene Unternehmen an, allein weil die Unternehmen in dem selben Markt tätig waren und von derselben Gruppe natürlicher Personen kontrolliert wurde.

Ungelöst ist weiterhin das bereits unter der VO 70/2001 existente Problem des Erwerbs eines **19** KMU kurz nach Bewilligung der Beihilfe von einem großen Nicht-KMU Unternehmen, so dass die Voraussetzungen der Anlage I nachträglich wegfallen.[45] Auch nach der neuen VO hat die Kommission nicht die ausdrückliche Befugnis im Falle des Missbrauchs die Mittel nachträglich zu entziehen.

3. Erstellung der Daten des Unternehmens. Maßgeblicher Zeitpunkt für die Berechnung **20** der Mitarbeiterzahl und der finanziellen Schwellenwerte ist jeweils der Rechnungsabschluss.[46] Bei neugegründeten Unternehmen, die noch keine Zahlen für den vergangenen Berechnungszeitraum vorlegen können, werden die entsprechenden Daten im Laufe des Geschäftsjahres nach Treu und Glauben geschätzt.[47]

Bei Veränderungen der maßgeblichen Kriterien verliert oder erwirbt der Beihilfeempfänger **21** den KMU-Status erst dann, wenn es in zwei aufeinander folgenden Jahren zu einer Über- zw. Unterschreitung kommt.[48] Demnach sind für die Einordnung eines Unternehmens als KMU immer die Werte der beiden vorangegangenen Jahre zu prüfen. Problematisch ist diese Regelung im Hinblick auf Neugründungen bestehender Unternehmen und Umstrukturierungen. Hier besteht die Möglichkeit des Missbrauchs dadurch, dass durch gewisse juristische und ökonomische Strukturierung eines an sich großen Nicht-KMU Unternehmens die KMU-Definition erfüllt wird, um so die Freistellung gem. Art. 15 VO zu erreichen. Dieser Status bliebe dem Unternehmen dann für die folgenden zwei Geschäftsjahre erhalten.[49]

Bei eigenständigen Unternehmen werden die Daten ausschließlich auf Grundlage des Jahres- **22** abschlusses des Unternehmens bestimmt.[50] Soweit ein Unternehmen Partnerunternehmen hat oder mit anderen Unternehmen verbunden ist, werden die Daten – einschließlich der Mitarbeiterzahl – auf der Grundlage der konsolidierten Jahresabschlüsse des Unternehmens berechnet.[51]

---

[39] Definition gem. Anhang I Art. 3 Abs. 2.
[40] Ebenda.
[41] Anhang I Art. 3 Abs. 3.
[42] ZB.: Kom., ABl. C 286/23, RdNr. 44 ff. – Magdeburger Artolith GmbH; Kom., ABl. C 157/17, RdNr. 35 ff. – Signet Solar GmbH; Kom., ABl. C 14/16 RdNr. 25 ff. – ARISE Technologies Corporation; Kom., ABl. C 23/1, RdNr. 25 ff. – Food Retail and Production CS GmbH.
[43] Kom., ABl. 2001 L 292/45, RdNr. 44 ff. – Solar Tech.
[44] Kom., ABl. L 165/15, RdNr. 82 ff.- Klausner Nordic Timber.
[45] *Bartosch* NJW 2008, 3612, 3616; *ders.* NJW 2001, 921, 926.
[46] Anhang I Art. 4 Abs. 1.
[47] Anhang I Art. 4 Abs. 3.
[48] Anhang I Art. 4 Abs. 2.
[49] *Bartosch* NJW 2001, 921, 926.
[50] Anhang I Art. 6 Abs. 1.
[51] Anhang I Art. 6 Abs. 2.

Bei Partnerunternehmen werden dann die Daten vor- oder nachgeschalteten Unternehmen proportional zum Anteil der Beteiligung bzw. der Stimmrechte hinzugerechnet, wobei der höhere der Anteil zugrunde gelegt wird. Außerdem werden ggf. 100% der Daten derjenigen Unternehmen hinzuaddiert, die direkt oder indirekt mit dem betroffenen Unternehmen verbunden sind, sofern sie noch nicht vom konsolidierten Jahresabschluss erfasst wurden.

23 **4. Beihilfeintensität und beihilfefähige Kosten.** Beihilfeintensität ist die in Prozent der beihilfefähigen Kosten ausgedrückte Höhe der Beihilfe.[52] Gemäß Art. 15 Abs. 2 darf für eine Freistellung von der Anmeldepflicht die Beihilfeintensität nicht mehr als 10% der beihilfefähigen Kosten bei mittleren Unternehmen, bzw. 20% bei kleinen Unternehmen, überschreiten. Im Vergleich mit der VO 70/2001 wurde die Beihilfeintensität jeweils um $^1/_3$ erhöht.[53] Einzelbeihilfen über 7,5 Mio. EUR müssen in jedem Fall angemeldet werden.[54] Die beihilfefähigen Kosten sind zum einem Investitionskosten in materielle und immaterielle Vermögenswerte, zum anderen die über einen Zeitraum von zwei Jahren geschätzten Lohnkosten für direkt durch das Investitionsvorhaben geschaffene Arbeitsplätze:

24 **a) Materielle und immaterielle Vermögenswerte.** Die Kosten sind allgemein in Art. 2 für alle Beihilfenbereiche einheitlich legal definiert.. Zu den materielle Vermögenswerten zählen danach Grundstücke, Gebäude, Anlagen, Maschinen und Ausrüstungsgüter.[55] Immaterielle Vermögenswerte sind Vermögenswerte, die im Wege des Technologietransfers durch Erwerb von Patentrechten, Lizenzen, Know-how oder nicht patentiertem Fachwissen bedingt worden sind.[56]

25 Beihilfefähige Kosten sind nur Investitionen in materielle und immaterielle Vermögenswerte, welche direkt in die Betriebsstätte fließen oder dem Erwerb von unmittelbar mit der Betriebsstätte verbunden Vermögenswerten dienen, sofern die Vermögenswerte von einem unabhängigen Investor erworben werden. Im Falle kleiner Unternehmen, die von Familienmitgliedern des ursprünglichen Eigentümers bzw. der ursprünglichen Eigentümer oder von ehemaligen Beschäftigten übernommen werden, entfällt die Bedingung, dass die Vermögenswerte von einem unabhängigen Investor erworben werden müssen. Die Übernahme von Unternehmensanteilen ist keine Investition im Sinne der AGVO.[57]

26 Für immaterielle Vermögenswerte müssen folgende vier Voraussetzungen kumulativ erfüllt werden: (1) die immateriellen Vermögenswerte dürfen nur vom Beihilfeempfänger genutzt werden, (2) es muss sich um abschreibungsfähige Aktivposten handeln, (3) sie müssen zu Marktbedingungen von einem Dritten erworben worden sein und (4) sie müssen zumindest drei Jahre auf der Aktivseite bilanziert werden.[58]

27 **b) Lohnkosten für direkt durch das Investitionsvorhaben geschaffene Arbeitsplätze.** Lohnkosten sind alle Kosten, die der Beihilfeempfänger für den geschaffenen Arbeitsplatz tragen muss, dh. Bruttolohn, Pflichtbeiträge wie Sozialversicherungsbeiträge sowie ggf. Kosten für die Betreuung von Kindern und die Pflege von Eltern.[59] Ein Arbeitsplatz ist direkt durch das Investitionsvorhaben geschaffen worden, wenn er entweder eine Tätigkeit betrifft, auf die sich die Investition bezieht, oder durch eine höhere Kapazitätsauslastung infolge der Investition geschaffen wurde.[60] Der Arbeitsplatz muss außerdem spätestens drei Jahre nach Abschluss der Investition geschaffen worden sein und das Investitionsvorhaben muss einen Nettozuwachs an Beschäftigten im Vergleich zur durchschnittlichen Beschäftigungszahl in den vorausgegangenen zwölf Monaten. Ferner müssen die Arbeitsplätze mindestens drei Jahre erhalten bleiben. Nach der VO 70/2001 mussten die Arbeitsplätze noch fünf Jahre erhalten bleiben.[61]

28 **5. Vermarktung und Verarbeitung landwirtschaftlicher Erzeugnisse.** Bei Investitionen im Zusammenhang mit der Verarbeitung und Vermarktung von landwirtschaftlichen Erzeugnissen gelten deutlich höhere Schwellenwerte für die Beihilfeintensität. Landwirtschaftliche Erzeugnisse im Sinne von Art. 15 sind die in Anhang I EG[62] genannten Erzeugnisse,

---

[52] Art. 4 Abs. 1.
[53] Art. 4 Abs. 2 VO 70/2001, ABl. 2001 L 10/33.
[54] Art. 6 Abs. 1 lit. a.
[55] Art. 2 Nr. 11.
[56] Art. 2 Nr. 12.
[57] Art. 12 Abs. 1.
[58] Art. 12 Abs. 2.
[59] Art. 2 Nr. 15.
[60] Art. 2 Nr. 14.
[61] Art. 4 Abs. 6 lit. c VO 70/2001, ABl. 2001 L 10/33.
[62] Abrufbar unter: http://eur-lex.europa.eu/de/treaties/dat/12002E/htm/C_2002325DE.015701.html.

Korkerzeugnisse sowie Erzeugnisse zur Imitation und Substitution von Milch und bestimmte Milcherzeugnisse.[63] Die Verarbeitung landwirtschaftlicher Erzeugnisse wird definiert als jede Einwirkung auf ein landwirtschaftliches Erzeugnis, deren Ergebnis ebenfalls ein landwirtschaftliches Erzeugnis ist. Ausgenommen sind dabei Tätigkeiten eines landwirtschaftlichen Betriebs im Zusammenhang mit der Vorbereitung eines tierischen oder pflanzlichen Erzeugnisses für den Erstverkauf.[64] Die Vermarktung landwirtschaftlicher Erzeugnisse ist der Besitz oder die Ausstellung eines Erzeugnisses im Hinblick auf den Verkauf, das Angebot zum Verkauf, die Lieferung eines Erzeugnisses oder jede andere Art des Inverkehrbringens. Der Verkauf durch einen Primärerzeuger an Endverbraucher gilt als Vermarktung, wenn er in gesonderten, eigens für diesen Zweck vorgesehenen Räumlichkeiten erfolgt. Ansonsten ist der Erstverkauf durch einen Primärerzeuger an Wiederverkäufer oder Verarbeiter sowie jede Tätigkeit im Zusammenhang mit der Vorbereitung eines Erzeugnisses zum Erstverkauf ausgenommen.[65]

Für sonstige Beihilfen im Bereich der Landwirtschaft ist die VO 1857/2006 vom 15. Dezember 2006 über die Anwendung der Artikel 87 und 88 EG-Vertrag auf staatliche Beihilfen an kleine und mittlere in der Erzeugung von landwirtschaftlichen Erzeugnissen tätige Unternehmen zu beachten.[66] **29**

6. Anreizeffekt. Eine Beihilfe muss nur dann nicht bei der Kommission angemeldet werden, **30** wenn sie einen sog. Anreizeffekt hat.[67] Eine KMU-Beihilfe hat einen Anreizeffekt, wenn der Beihilfeempfänger den Beihilfeantrag im betreffenden Mitgliedstaat vor Beginn des Vorhabens oder Tätigkeit gestellt hat.[68] Die Kommission wollte auf diese Weise die nachträgliche Beantragung von Beihilfen für die Unternehmen unattraktiver machen.

Art. 4 Abs. 1, 2 AGVO ersetzt damit das Kriterium der Notwendigkeit der Beihilfe aus Art. 7 **31** 1. SpStr. VO 70/2001. Anders als noch in Art. 7 VO 70/2001 reicht es nicht mehr aus, dass alternativ ein Rechtsanspruch auf die Beihilfe nach dem Recht des Mitgliedstaates besteht.

Abschnitt 3. Beihilfen für Frauen als Unternehmerinnen

Art. 16 Beihilfen für kleine, von Unternehmerinnen neu gegründete Unternehmen

(1) Beihilferegelungen zugunsten kleiner, von Unternehmerinnen neu gegründeter Unternehmen sind im Sinne von Artikel 87 Absatz 3 EG-Vertrag mit dem Gemeinsamen Markt vereinbar und von der Anmeldepflicht gemäß Artikel 88 Absatz 3 EG-Vertrag befreit, wenn die Voraussetzungen der Absätze 2 bis 5 dieses Artikels erfüllt sind.

(2) Bei den begünstigten Unternehmen muss es sich um kleine, von Unternehmerinnen neu gegründete Unternehmen handeln.

(3) Der Beihilfebetrag darf 1 Mio. EUR je Unternehmen nicht überschreiten.
Die Beihilfe je Unternehmen darf jährlich 33% des in Unterabsatz 1 genannten Beihilfebetrags nicht überschreiten.

(4) Die Beihilfe beträgt höchstens 15% der beihilfefähigen Kosten, die in den ersten fünf Jahren nach der Unternehmensgründung anfielen.

(5) Beihilfefähig sind Rechtsanwalts-, Beratungs- und Verwaltungskosten, die direkt mit der Gründung des kleinen Unternehmens in Zusammenhang stehen, sowie die folgenden Kosten, sofern sie in den ersten fünf Jahren nach der Gründung des Unternehmens tatsächlich anfielen:

a) Zinsen für Fremdkapital, eine Dividende auf eingesetztes Eigenkapital, die nicht über dem Referenzsatz liegt;
b) Gebühren für die Anmietung von Produktionsanlagen und -ausrüstung;

---

[63] Art. 2 Nr. 22.
[64] Art. 2 Nr. 23.
[65] Art. 2 Nr. 24.
[66] VO 1857/2006, ABl. 2006 L 358/3.
[67] Art. 8 Abs. 1, 6.
[68] Art. 8 Abs. 2.

c) Energie, Wasser, Heizung und Steuern (mit Ausnahme der Mehrwert- und der Körperschaftsteuer) und Verwaltungsabgaben;
d) Abschreibungen, Gebühren für das Leasing von Produktionsanlagen und -ausrüstung sowie Lohnkosten, wenn die betreffenden Investitions- bzw. Arbeitsplatzschaffungs- und Einstellungsmaßnahmen nicht bereits anderweitig durch Beihilfen unterstützt wurden;
e) Kosten für die Betreuung von Kindern und die Pflege von Eltern einschließlich, soweit anwendbar, die Kosten für Elternschaftsurlaub.

(6) Kleine Unernehmen, die von Anteilseignern solcher Unternehmen kontrolliert werden, die in den vorangegangenen 12 Monaten stillgelegt wurden, können keine Beihilfe nach diesem Artikel erhalten, wenn die betreffenden Unternehmen in demselben Markt oder in benachbarten Märkten tätig sind.

I. Normzweck

1 Nach Art. 16 sind Beihilfen für Unternehmerinnen, die ein neues kleines Unternehmen gründen wollen, von dem Anmeldeerfordernis freigestellt. Art. 16 AGVO schafft damit eine weitere Freistellung für Unternehmensneugründungen, die jedoch nicht regional begrenzt ist. Mit dieser Vorschrift führt die Kommission eine vollkommen neue Beihilfegruppe ein. Begründet wird die Freistellung von Unternehmerinnentum mit der geringen Zahl von Unternehmensgründungen durch Frauen im Vergleich zu Männern. Nach der Kommission liegt darin die Gefahr einer Beeinträchtigung der wirtschaftlichen Entwicklung. Die Kommission begründet die geringe Zahl von Unternehmensgründungen durch Frauen mit den Schwierigkeiten der Finanzierung der Betreuung von Familienangehörigen.[1]

2 Gerechtfertigt wird die positive Diskriminierung von Frauen damit, dass auf diesem Wege eine de facto bestehende Ungleichheiten im Bereich der Unternehmensgründung abgebaut werden soll. Es soll nicht die formale, sondern die materielle Gleichheit von Frauen und Männern gefördert werden. Die Kommission will beim Außerkrafttreten der Verordnung am 31. Dezember 2013[2] erneut prüfen, ob diese Ungleichbehandlung von Männern und Frauen weiterhin gerechtfertigt ist.[3]

II. Rechtstatsachen

3 Hintergrund der Regelung sind die bestehenden Unterschiede zwischen Frauen und Männern in der europäischen Wirtschaft. In den meisten Mitgliedsstaaten ist die Mehrheit (65%–75%) der Unternehmenseigentümer und Manager männlich.[4] Außerdem wurden europaweit nur 20,3% der Start-ups von Frauen gegründet und lediglich 8,3% der neuen Patente wurden von Frauen angemeldet.[5] Um die bestehende Unterschiede auszugleichen, hat die Kommission 2006 einen Fahrplan für die Gleichstellung von Frauen und Männern beschlossen.[6] Schwerpunkt des Fahrplans ist unter anderem das Erreichen der gleichen wirtschaftlichen Unabhängigkeit von Frauen und Männern. Überdies hat die Kommission das Europäische Netzwerk zur Förderung der Unternehmertätigkeit von Frauen ins Leben gerufen.[7] Ziel des Programms ist, Unternehmerinnen stärker in das Bewusstsein der Öffentlichkeit zu rufen und ein Klima zu schaffen, das mehr Frauen zum Schritt in die Selbständigkeit ermutigt und das Wachstum von Unternehmen unter weiblicher Führung fördert.[8]

[1] AGVO, Tz. 44.
[2] Art. 45.
[3] AGVO, Tz. 44.
[4] Study, Young Entrepreneurs, Women Entrepreneurs, Ethnic Minority Entrepreneurs and Co-Entrepreneurs in the the European Union and Central and Eastern Europe, Juli 2000, S. 45, abrufbar unter: http://ec.europa.eu/enterprise/entrepreneurship/craft/craft-studies/documents/completereport.pdf.
[5] Promotion of Women Innovators and Entrepreneurship, Juli 2008, S. 2, abrufbar unter: http://ec.europa.eu/enterprise/entrepreneurship/support_measures/women/documents/women_innovators_and_entrepreneurship.pdf.
[6] KOM (2006), 92.
[7] Siehe www.europa.eu.int/comm/enterprise/entrepreneurship/craft/craft-women/wes.htm.
[8] Europäisches Netzwerk zur Förderung der Unternehmertätigkeit von Frauen, Tätigkeitsbericht 2006, S. 3, abrufbar unter http://ec.europa.eu/enterprise/entrepreneurship/support_measures/women/documents/wes_activities_report_2006_de.pdf.

III. Anwendungsbereich

Der Anwendungsbereich von Art. 16 ist stark begrenzt. Sachlich werden Investitions- und **4** Beschäftigungsbeihilfen, sowie Beihilfe für typische Gründungskosten, wie Rechtsanwalts- und Beratungskosten erfasst. Beihilfen für Kosten des laufenden Geschäftsbetriebs (Betriebsbeihilfen) werden nicht erfasst. In persönlicher Hinsicht ist der Anwendungsbereich von Art. 16 auf Beihilfe zugunsten von Frauenunternehmen begrenzt. Der Sektorale Anwendungsbereich der AGVO gilt auch für Art. 16. Eine Ausweitung findet nicht statt.

IV. Von Unternehmerinnen neu gegründetes kleines Unternehmen (Abs. 2)

Ein Unternehmen wird nach Anlage I der AGVO als kleines Unternehmen definiert, wenn **5** es weniger als 50 Personen beschäftigt und einen Jahresumsatz bzw. Jahresbilanzsumme von weniger als 10 Mio. EUR aufweist.[9] Bei der Erstellung der Unternehmensdaten muss beachtet werden, ob das neu gegründete Unternehmen eigenständig, ein Partnerunternehmen oder mit anderen Unternehmen verbunden ist.[10]

Das Unternehmen wurde von Unternehmerinnen gegründet, wenn eine oder mehrere Frau- **6** en mindesten 51% des Kapitals des betreffenden Unternehmens halten oder die eingetragenen Eigentümerinnen des Unternehmens sind und kumulativ eine Frau mit der Geschäftsführung betraut ist.[11] Bei verbundenen Unternehmen, bei denen ein anderes Unternehmen mehr als 50% der Anteile oder der Stimmrechte besitzt,[12] muss letzteres im Mehrheitsbesitz einer Frau stehen. Bei Partnerunternehmen dürfte eine Minderheitsbeteiligung eines Unternehmens, das nicht die Definition des Frauenunternehmens erfüllt, unschädlich sein, soweit für das fragliche Unternehmen selbst die Voraussetzungen gegeben sind. Hier besteht indes noch Klärungsbedarf.

Problematisch bleiben die vielfältigen Möglichkeiten des Missbrauchs. So ist ungeklärt, wie **7** die AGVO auf sog. Strohmann-Verhältnisse oder nachträgliche Veränderungen der Anteilseigner oder der Geschäftsführung reagiert. Dem Zweck von Art. 16 kann nur entsprechen, wenn eine Frau sowohl tatsächlich als auch formal mit der Unternehmensführung betraut ist. Die Begriffsbestimmung in Art. 2 Nr. 28 ist jedoch insoweit unklar. Anders als bei der Anwendung des Art. 101 Abs. 3 AEUV hat die Kommission bei nachträglicher Veränderung der Voraussetzungen zudem keine ausdrückliche Befugnis einzuschreiten. Im Bereich des Kartellrechts kann die Kommission solche Entscheidungen treffen, soweit eine Gruppenfreistellungsverordnung nicht mit Art. 101 Abs. 3 AEUV vereinbar ist.[13]

1. Beihilfeintensität und beihilfefähige Kosten (Abs. 4, 5). Freigestellt sind Beihilfen **8** für die ersten fünf Jahre mit einer Beihilfeintensität von höchstens 15% der beihilfefähigen Kosten,[14] jedoch maximal 1 Mio. EUR. Die Beihilfe darf allerdings jährlich nicht 33% von 1 Mio. EUR überschreiten.[15]

Die beihilfefähigen Kosten umfassen alle Kosten, die bei der Gründung eines Unternehmens **9** (wie Rechtsanwalts-, Beratungs- sowie Verwaltungskosten) anfallen. Überdies werden auch die meisten operativen Kosten als beihilfefähig eingestuft.[16] Dies korrespondiert mit den beihilfefähigen Kosten der Beihilfen für neu gegründete kleine Unternehmen.[17] Im Gegensatz zu Art. 14 Abs. 5 werden erstmals auch die Kosten für die Betreuung von Kindern und die Pflege von Eltern, einschließlich den Kosten für Elternschaftsurlaub als beihilfefähig eingestuft.[18]

Die Beihilfen für Kosten in Verbindung mit dem Leasing von Produktionsanlagen sowie **10** Lohnkosten werden nur dann von Art. 16 erfasst, wenn sich nicht bereits anderweitig durch Beihilfen unterstützt werden.[19] Die betrifft insbesondere die Freistellungen gemäß Art. 14, 15, 40–42. Diese Kosten müssen tatsächlich angefallen sein.

---

[9] Anhang I Art. 2 Abs. 2; bzgl. der Begriffe Umsatz und Mitarbeiter vgl. Art. 15.
[10] Anhang I Art. 6 Abs. 1, vgl. außerdem Art. 15.
[11] Art. 2 Nr. 28.
[12] Anhang I Art. 4 Abs. 3.
[13] Art. 6 VO 2790/1999, ABl. 1999 L 336/21.
[14] Art. 16 Abs. 4.
[15] Art. 16 Abs. 3.
[16] Art. 16 Abs. 5.
[17] Vgl. Art. 14 Abs. 5.
[18] Art. 16 Abs. 5 lit. e.
[19] Art. 16 Abs. 5 lit. d.

11   **2. Ausnahmeregelung des Abs. 6.** Abs. 6 sieht vor, dass Anteilseigner von Unternehmen, die in den vorangegangenen zwölf Monaten stillgelegt wurden und in demselben oder benachbarten Märkten tätig waren, keine Beihilfe nach diesem Artikel beantragen können. Diese Regelung entspricht Art. 14 Abs. 6, der ebenfalls verhindern will, dass gescheiterte Unternehmer nach zu kurzer Zeit erneut ein Unternehmen gründen.[11]

Abschnitt 4. Umweltschutzbeihilfen

Art. 17 Begriffsbestimmungen

Für diesen Abschnitt gelten folgende Begriffsbestimmungen:

1. „Umweltschutz": jede Maßnahme, die darauf abzielt, einer Beeinträchtigung der natürlichen Umwelt oder der natürlichen Ressourcen durch die Tätigkeit des Beihilfeempfängers abzuhelfen oder vorzubeugen, die Gefahr einer solchen Beeinträchtigung zu vermindern oder zu einer rationelleren Nutzung dieser Ressourcen einschließlich Energiesparmaßnahmen und die Nutzung erneuerbarer Energien führen soll;

2. „Energiesparmaßnahmen": alle Maßnahmen, die es Unternehmen ermöglichen, den Energieverbrauch vor allem in ihrem Produktionsprozess zu reduzieren;

3. „Gemeinschaftsnorm":
   a) eine verbindliche Gemeinschaftsnorm für das von einzelnen Unternehmen zu erreichende Umweltschutzniveau oder
   b) die Vorgabe der Richtlinie 2008/1/EG des Europäischen Parlaments und des Rates,[1] die besten verfügbaren Techniken entsprechend den neuesten einschlägigen, von der Kommission gemäß Artikel 17 Absatz 2 der Richtlinie veröffentlichten Informationen einzusetzen;

4. „erneuerbare Energien": die folgenden erneuerbaren, nicht fossilen Energien: Wind- und Sonnenenergie, Erdwärme, Wellen- und Gezeitenenergie, Wasserkraftanlagen, Biomasse, Deponiegas, Klärgas und Biogas;

5. „Biokraftstoffe": flüssige oder gasförmige Verkehrskraftstoffe, die aus Biomasse hergestellt werden;

6. „nachhaltige Biokraftstoffe": Biokraftstoffe, die die Nachhaltigkeitskriterien in Artikel 15 des Entwurfs der Richtlinie des Europäischen Parlaments und des Rates[2] über die Förderung der Nutzung von Energien aus erneuerbaren Energieträgern erfüllen. Sobald die Richtlinie vom Europäischen Parlament und vom Rat verabschiedet und im *Amtsblatt der Europäischen Union* veröffentlicht worden ist, finden die in der Richtlinie festgelegten Nachhaltigkeitskriterien Anwendung;

7. „Energie aus erneuerbaren Energien": Energie, die in Anlagen erzeugt wird, in denen ausschließlich erneuerbare Energien eingesetzt werden, sowie bezogen auf den Heizwert der Anteil der Energie, der aus erneuerbaren Energien in Hybridanlagen, die auch konventionelle Energieträger einsetzen, erzeugt wird; dies schließt Strom aus erneuerbaren Energien ein, der zum Auffüllen von Speichersystemen genutzt wird, aber nicht Strom, der als Ergebnis der Speicherung in Speichersystemen gewonnen wird;

8. „Kraft-Wärme-Kopplung": die gleichzeitige Erzeugung thermischer Energie und elektrischer und/oder mechanischer Energie in einem Prozess;

9. „hocheffiziente Kraft-Wärme-Kopplung": Kraft-Wärme-Kopplung, die den Kriterien in Anhang III der Richtlinie 2004/8/EG des Europäischen Parlaments und des Rates[3] entspricht und auch den harmonisierten Wirkungsgrad-Referenzwerten der Entscheidung 2007/74/EG der Kommission genügt;[4]

10. „Umweltsteuer": eine Steuer, deren Besteuerungsgegenstand eine eindeutig negative Auswirkung auf die Umwelt hat oder die bestimmte Tätigkeiten, Güter

---

[11] Art. 14.
[1] ABl. L 24 vom 29. 1. 2008, S. 8.
[2] KOM(2008) 19 endgültig.
[3] **Amtl. Anm.:** ABl. L 52 vom 21. 2. 2004, S. 50.
[4] **Amtl. Anm.:** ABl. L 32 vom 6. 2. 2007, S. 183.

oder Dienstleistungen belastet, damit die Umweltkosten in deren Preis einfließen und/oder damit die Hersteller und die Verbraucher zu umweltfreundlicherem Verhalten hingeführt werden;

11. „gemeinschaftliche Mindeststeuerbeträge": die im Gemeinschaftsrecht vorgesehene Mindestbesteuerung. Für Energieerzeugnisse und Strom gelten als gemeinschaftliche Mindeststeuerbeträge die Beträge in Anhang I der Richtlinie 2003/96/EG;

12. „materielle Vermögenswerte": Investitionen in Grundstücke, die für die Erfüllung der Umweltschutzziele unbedingt notwendig sind, Investitionen in Gebäude, Anlagen und Ausrüstungsgüter mit dem Ziel, Umweltverschmutzungen und -belastungen einzudämmen oder zu beseitigen, sowie Investitionen in die Anpassung von Produktionsverfahren zum Schutz der Umwelt.

Art. 18 Investitionsbeihilfen, die Unternehmen in die Lage versetzen, über die Gemeinschaftsnormen für den Umweltschutz hinauszugehen oder bei Fehlen solcher Normen den Umweltschutz zu verbessern

(1) Investitionsbeihilfen, die Unternehmen ermöglichen, über die Gemeinschaftsnormen hinauszugehen oder bei Fehlen solcher Normen den Umweltschutz zu verbessern, sind im Sinne von Artikel 87 Absatz 3 EG-Vertrag mit dem Gemeinsamen Markt vereinbar und von der Anmeldepflicht gemäß Artikel 88 Absatz 3 EG-Vertrag freigestellt, wenn die Voraussetzungen der Absätze 2 bis 8 dieses Artikels erfüllt sind.

(2) Die geförderte Investition muss eine der beiden nachstehenden Voraussetzungen erfüllen:

a) Die Investition ermöglicht dem Beihilfeempfänger, unabhängig von verbindlichen nationalen Normen, die strenger als die Gemeinschaftsnormen sind, im Rahmen seiner Tätigkeit über die geltenden Gemeinschaftsnormen hinauszugehen und dadurch den Umweltschutz zu verbessern;

b) die Investition ermöglicht es dem Beihilfeempfänger, im Rahmen seiner Tätigkeit den Umweltschutz zu verbessern, ohne hierzu durch entsprechende Gemeinschaftsnormen verpflichtet zu sein.

(3) Für Verbesserungen sicherstellen sollen, dass Unternehmen bereits angenommene, aber noch nicht in Kraft getretene Gemeinschaftsnormen erfüllen, dürfen keine Beihilfen gewährt werden.

(4) Die Beihilfeintensität darf 35% der beihilfefähigen Kosten nicht überschreiten. Bei Beihilfen für kleine Unternehmen kann die Intensität jedoch um 20 Prozentpunkte, bei Beihilfen für mittlere Unternehmen um 10 Prozentpunkte erhöht werden.

(5) Beihilfefähig sind die Investitionsmehrkosten, die zur Erreichung eines höheren als des aufgrund der Gemeinschaftsnormen geforderten Umweltschutzniveaus erforderlich sind, ohne Berücksichtigung der operativen Gewinne und der operativen Kosten.

(6) Für die Zwecke des Absatz 5 wird der unmittelbar auf den Umweltschutz bezogene Investitionsanteil anhand der kontrafaktischen Fallkonstellation ermittelt.

a) Sofern sich der Anteil der umweltschutzbezogenen Kosten an den Gesamtkosten der Investition ohne weiteres feststellen lässt, gilt dieser Anteil als beihilfefähig;

b) ansonsten müssen die Investitionsmehrkosten durch Vergleich der Investition mit der kontrafaktischen Situation ohne Beihilfe ermittelt werden. Die korrekte beihilfefreie Fallkonstellation bilden die Kosten einer Investition, die technisch vergleichbar ist, aber ein geringeres Maß an Umweltschutz (das verbindlichen Gemeinschaftsnormen – sofern vorhanden – entspricht) bietet, und ohne Beihilfe tatsächlich durchgeführt würde („Referenzinvestition"). Eine technisch vergleichbare Investition ist eine Investition mit der gleichen Produktionskapazität und den gleichen technischen Merkmalen (mit Ausnahme jener Merkmale, die sich direkt auf den Mehraufwand für den Umweltschutz beziehen). Darüber hinaus muss die Referenzinvestition aus betriebswirtschaftlicher Sicht eine ernstzunehmende Alternative zu der geprüften Investition bilden.

(7) Beihilfefähige Investitionen müssen in Form von Investitionen in materielle und/oder immaterielle Vermögenswerte vorgenommen werden.

(8) Bei Investitionen zur Erreichung eines höheren als des auf Gemeinschaftsebene vorgeschriebenen Umweltschutzniveaus sollte bei der kontrafaktischen Analyse auf Folgendes abgestellt werden:

a) Kommt ein Unternehmen nationalen Normen nach, die aufgrund fehlender verbindlicher Gemeinschaftsnormen angenommen wurden, entsprechen die beihilfefähigen Kosten den Investitionsmehrkosten zur Erreichung des auf nationaler Ebene vorgeschriebenen Umweltschutzniveaus;

b) erfüllt oder übertrifft ein Unternehmen nationale Normen, die strenger als die einschlägigen Gemeinschaftsnormen sind, oder geht es freiwillig über die Gemeinschaftsnormen hinaus, entsprechen die beihilfefähigen Kosten den Investitionsmehrkosten zur Erreichung eines höheren als des auf Gemeinschaftsebene vorgeschriebenen Umweltschutzniveaus. Investitionskosten zur Erreichung des aufgrund der Gemeinschaftsnormen geforderten Umweltschutzniveaus sind nicht beihilfefähig;

c) fehlen verbindliche Umweltnormen, so entsprechen die beihilfefähigen Kosten den Investitionskosten, die notwendig sind, um ein Umweltschutzniveau zu erreichen, das höher ist als das Umweltschutzniveau, das ein Unternehmen ohne jede Umweltschutzbeihilfe erreichen würde.

(9) Beihilfen für Investitionen in die Bewirtschaftung von Abfällen anderer Unternehmen sind nach diesem Artikel nicht freigestellt.

Art. 19 Beihilfen für die Anschaffung von neuen Fahrzeugen, die über die Gemeinschaftsnormen hinausgehen oder durch die bei Fehlen solcher Normen der Umweltschutz verbessert wird

(1) Investitionsbeihilfen für den Ankauf von neuen Transportfahrzeugen, die im Verkehrssektor tätige Unternehmen in die Lage versetzen, über die Gemeinschaftsnormen hinauszugehen oder bei Fehlen solcher Normen den Umweltschutz zu verbessern, sind im Sinne von Artikel 87 Absatz 3 EG-Vertrag mit dem Gemeinsamen Markt vereinbar und von der Anmeldepflicht gemäß Artikel 88 Absatz 3 EG-Vertrag freigestellt, wenn die Voraussetzungen der Absätze 2, 3 und 4 dieses Artikels erfüllt sind.

(2) Die geförderte Investition muss die Voraussetzung des Artikels 18 Absatz 2 erfüllen.

(3) Beihilfen für die Anschaffung neuer Fahrzeuge für den Straßen- und Schienenverkehr sowie für die Binnen- und Seeschifffahrt, die angenommenen Gemeinschaftsnormen entsprechen, sind freigestellt, wenn die Fahrzeuge vor dem Inkrafttreten dieser Normen angeschafft werden und diese Normen, sobald sie verbindlich sind, nicht rückwirkend für bereits erworbene Fahrzeuge gelten.

(4) Beihilfen für die Nachrüstung vorhandener Fahrzeuge zu Umweltschutzzwecken sind freigestellt, wenn die vorhandenen Fahrzeuge so nachgerüstet werden, dass sie Umweltnormen entsprechen, die zum Zeitpunkt der Inbetriebnahme noch nicht in Kraft waren, oder wenn für diese Fahrzeuge keine Umweltnormen gelten.

(5) Die Beihilfeintensität darf 35% der beihilfefähigen Kosten nicht überschreiten. Bei Beihilfen für kleine Unternehmen kann die Intensität jedoch um 20 Prozentpunkte, bei Beihilfen für mittlere Unternehmen um 10 Prozentpunkte erhöht werden.

(6) Beihilfefähig sind die Investitionsmehrkosten, die zur Erreichung eines höheren als des aufgrund der Gemeinschaftsnormen geforderten Umweltschutzniveaus erforderlich sind. Die beihilfefähigen Kosten werden gemäß Artikel 18 Absatz 6 und 7 und ohne Berücksichtigung der operativen Gewinne und der operativen Kosten berechnet.

Art. 20 KMU-Beihilfen zur frühzeitigen Anpassung an künftige Gemeinschaftsnormen

(1) Beihilfen für KMU zur Einhaltung neuer, noch nicht in Kraft getretener Gemeinschaftsnormen, die einen besseren Umweltschutz gewährleisten, sind im Sinne von Artikel 87 Absatz 3 EG-Vertrag mit dem Gemeinsamen Markt vereinbar und von der Anmeldepflicht gemäß Artikel 88 Absatz 3 EG-Vertrag freigestellt, wenn die Voraussetzungen der Absätze 2, 3 und 4 dieses Artikels erfüllt sind.

(2) Die Gemeinschaftsnormen wurden bereits erlassen, und die Investition wird spätestens ein Jahr vor dem Inkrafttreten der Gemeinschaftsnormen durchgeführt und abgeschlossen.

(3) Die Beihilfehöchstintensität beträgt 15% der beihilfefähigen Kosten für kleine Unternehmen und 10% der beihilfefähigen Kosten für mittlere Unternehmen, wenn die Investition mehr als drei Jahre vor dem Inkrafttreten der Gemeinschaftsnormen durchgeführt und abgeschlossen wird, und 10% für kleine Unternehmen, wenn die Investition ein bis drei Jahre vor dem Inkrafttreten der Gemeinschaftsnormen durchgeführt und abgeschlossen wird.

(4) Beihilfefähig sind die Investitionsmehrkosten, die zur Erreichung des aufgrund der Gemeinschaftsnormen geforderten Umweltschutzniveaus im Vergleich zu dem Umweltschutzniveau erforderlich sind, das vor Inkrafttreten der betreffenden Gemeinschaftsnormen verbindlich war.

Die beihilfefähigen Kosten werden gemäß Artikel 18 Absatz 6 und 7 und ohne Berücksichtigung der operativen Gewinne und der operativen Kosten berechnet.

Art. 21 Umweltschutzbeihilfen für Energiesparmaßnahmen

(1) Umweltschutzbeihilfen für Investitionen, die Unternehmen in die Lage versetzen, Energie zu sparen, sind im Sinne von Artikel 87 Absatz 3 EG-Vertrag mit dem Gemeinsamen Markt vereinbar und von der Anmeldepflicht gemäß Artikel 88 Absatz 3 EG-Vertrag freigestellt, wenn sie:

a) entweder die Voraussetzungen der Absätze 2 und 3 dieses Artikels; oder

b) die Voraussetzungen der Absätze 4 und 5 dieses Artikels erfüllen.

(2) Die Beihilfeintensität darf 60% der beihilfefähigen Kosten nicht übersteigen.

Bei Beihilfen für kleine Unternehmen kann die Beihilfeintensität jedoch um 20 Prozentpunkte, bei Beihilfen für mittlere Unternehmen um 10 Prozentpunkte erhöht werden.

(3) Beihilfefähig sind die Investitionsmehrkosten, die zur Erreichung eines höheren als des aufgrund der Gemeinschaftsnormen geforderten Energieeinsparungsniveaus erforderlich sind.

Die beihilfefähigen Kosten werden gemäß Artikel 18 Absatz 6 und 7 berechnet.

Bei der Berechnung der beihilfefähigen Kosten werden die operativen Gewinne und die operativen Kosten, die sich aus dem Mehraufwand für Energiesparmaßnahmen ergeben und bei KMU in den ersten drei Lebensjahren, bei Großunternehmen, welche nicht am EU-Emissionshandelssystem teilnehmen, in den ersten vier Lebensjahren und bei Großunternehmen, welche am EU-Emissionshandelssystem teilnehmen, in den ersten fünf Lebensjahren der Investition anfallen, nicht berücksichtigt. Bei Großunternehmen kann dieser Zeitraum auf die ersten drei Lebensjahre der Investition verkürzt werden, wenn der Abschreibungszeitraum der betreffenden Investition nachweislich nicht länger als drei Jahre beträgt.

Die Berechnung der beihilfefähigen Kosten muss von einem externen Rechnungsprüfer bestätigt werden.

(4) Die Beihilfeintensität beträgt höchstens 20% der beihilfefähigen Kosten.

Die Beihilfeintensität kann jedoch bei Beihilfen für kleine Unternehmen um 20 Prozentpunkte und bei Beihilfen für mittlere Unternehmen um 10 Prozentpunkte erhöht werden.

(5) Die beihilfefähigen Kosten werden gemäß Artikel 18 Absatz 6 und 7 und ohne Berücksichtigung der operativen Gewinne und der operativen Kosten berechnet.

Art. 22 Umweltschutzbeihilfen für Investitionen in hocheffiziente Kraft-Wärme-Kopplung

(1) Umweltschutzbeihilfen für Investitionen in hocheffiziente Kraft-Wärme-Kopplung sind im Sinne von Artikel 87 Absatz 3 EG-Vertrag mit dem Gemeinsamen Markt vereinbar und von der Anmeldepflicht gemäß Artikel 88 Absatz 3 EG-Vertrag befreit, wenn die Voraussetzungen der Absätze 2, 3 und 4 dieses Artikels erfüllt sind.

(2) Die Beihilfeintensität darf 45% der beihilfefähigen Kosten nicht überschreiten. Bei Beihilfen für kleine Unternehmen kann die Beihilfeintensität jedoch um 20 Prozentpunkte, bei Beihilfen für mittlere Unternehmen um 10 Prozentpunkte erhöht werden.

(3) Beihilfefähig sind die im Vergleich zur Referenzinvestition anfallenden Investitionsmehrkosten für die Errichtung einer hocheffizienten Kraft-Wärme-Kopplungsanlage. Die beihilfefähigen Kosten werden gemäß Artikel 18 Absatz 6 und 7 und ohne Berücksichtigung der operativen Gewinne und der operativen Kosten berechnet.

(4) Ein neuer Kraft-Wärme-Kopplung-Block muss insgesamt weniger Primärenergie verbrauchen als eine getrennte Erzeugung im Sinne der Richtlinie 2004/8/EG und der Entscheidung 2007/74/EG. Die Verbesserung eines vorhandenen Kraft-Wärme-Kopplung-Blocks oder die Umrüstung eines vorhandenen Kraftwerks in einen Kraft-Wärme-Kopplung-Block muss im Vergleich zur Ausgangssituation zu Primärenergieeinsparungen führen.

Art. 23 Umweltschutzbeihilfen für Investitionen zur Förderung erneuerbarer Energien

(1) Umweltschutzbeihilfen für Investitionen zur Förderung erneuerbarer Energien sind im Sinne von Artikel 87 Absatz 3 EG-Vertrag mit dem Gemeinsamen Markt vereinbar und von der Anmeldepflicht gemäß Artikel 88 Absatz 3 EG-Vertrag freigestellt, wenn die Voraussetzungen der Absätze 2, 3 und 4 dieses Artikels erfüllt sind.

(2) Die Beihilfeintensität darf 45% der beihilfefähigen Kosten nicht überschreiten. Bei Beihilfen für kleine Unternehmen kann die Beihilfeintensität jedoch um 20 Prozentpunkte, bei Beihilfen für mittlere Unternehmen um 10 Prozentpunkte erhöht werden.

(3) Beihilfefähig sind die Mehrkosten, die der Beihilfeempfänger im Vergleich zu einem herkömmlichen Kraftwerk oder Heizsystem mit derselben Kapazität in Bezug auf die tatsächliche Energieerzeugung aufbringen muss. Die beihilfefähigen Kosten werden gemäß Artikel 18 Absatz 6 und 7 und ohne Berücksichtigung der operativen Gewinne und der operativen Kosten berechnet.

(4) Umweltschutzbeihilfen für Investitionen zur Erzeugung von Biokraftstoffen werden nur freigestellt, wenn die geförderten Investitionen ausschließlich der Erzeugung nachhaltiger Biokraftstoffe dienen.

Art. 24 Beihilfen für Umweltstudien

(1) Beihilfen für Studien, die sich unmittelbar auf Investitionen im Sinne von Artikel 18, Investitionen in Energiesparmaßnahmen unter den Voraussetzungen von Artikel 21 oder Investitionen in die Förderung von Energie aus erneuerbaren Energieträgern unter den Voraussetzungen von Artikel 23 beziehen, sind im Sinne von Artikel 87 Absatz 3 EG Vertrag mit dem Gemeinsamen Markt vereinbar und von der Anmeldepflicht gemäß Artikel 88 Absatz 3 EG-Vertrag freigestellt, wenn die Voraussetzungen der Absätze 2 und 3 dieses Artikels erfüllt sind.

(2) Die Beihilfeintensität darf 50% der beihilfefähigen Kosten nicht überschreiten. Für Studien im Auftrag von kleinen Unternehmen kann die Beihilfeintensität jedoch um 20 Prozentpunkte, für Studien im Auftrag von mittleren Unternehmen um 10 Prozentpunkte, erhöht werden.

(3) Beihilfefähig sind die Kosten der Studie.

Art. 25 Beihilfen in Form von Umweltsteuerermäßigungen

(1) Umweltschutzbeihilferegelungen in Form von Umweltsteuerermäßigungen nach Maßgabe der Richtlinie 2003/96/EG sind im Sinne von Artikel 87 Absatz 3 EG-Vertrag mit dem Gemeinsamen Markt vereinbar und von der Anmeldepflicht gemäß Artikel 88 Absatz 3 EG-Vertrag freigestellt, wenn die Voraussetzungen der Absätze 2 und 3 dieses Artikels erfüllt sind.

(2) Die von der Steuerermäßigung Begünstigte entrichtet mindestens die in der Richtlinie (EG) Nr. 2003/96 festgelegten gemeinschaftlichen Mindeststeuerbeträge.

(3) Steuerermäßigungen werden für höchstens zehn Jahre bewilligt. Nach Ablauf der 10 Jahre überprüfen die Mitgliedstaaten die Angemessenheit der betreffenden Beihilfemaßnahmen.

Schrifttum: *Apfelstedt*, Ökoenergie-Pflichtbenutzung und Warenverkehrsrecht: Zur warenverkehrsrechtlichen Bewertung des StreG, des EEG und anderer Pflichtkaufmodelle für Öko(energie)dienstleistungen (ÖDL), ZNER 2001, 236; *Branton*, Environmental Aid: a Case for Fundamental Reform (1), EStAL 2006, 729; *Ehricke/Hackländer*, Europäische Energiepolitik auf der Grundlage der neuen Bestimmungen des Vertrages von Lissabon, ZEuS 2008, 579; *Falke*, Neue Entwicklungen im Europäischen Umweltrecht, ZUR 2008, 218; *Frenz*, Das Ineinandergreifen von nationalem Steuerrecht und gemeinschaftlichem Beihilfeverbot am Beispiel einer partiellen Befreiung von der Mineralölsteuer, DStR 2000, 137; *ders.*, Perspektiven für den Umwelt- und Klimaschutz, EuR Beiheft 1/2009, 232; *Holmes*, Environmental Aid: a Case for Fundamental Reform (2), EStAL 2006, 735; *ders.*, The Environmental Guidelines: Black Smoke or Sustainable Development?, EStAL 2004, 17; *Jestaedt/Budde*, Beihilfen für den Umweltschutz im Rahmen des EG-Vertrages, WuW 1995, 196; *Jaeger*, Die neue Allgemeine Gruppenfreistellungsverordnung für Beihilfen, ecolex 2008, 873; *Kämmerer*, Die Zulässigkeit staatlicher Umweltschutzsubventionen nach dem EG-Vertrag und dem GATT 1994/WTO Regelungswerk, NVwZ 2004, 75; *Könings*, State Aid for Renewable Energy Sources: A Practical State Aid Manual for Going Green, EStAL 2002, 19; *Lorenz*, Emission Trading – the State Aid Dimension, EStAL /2004, 399; *Lübbe-Wolff*, Instrumente des Umweltrechts – Leistungsfähigkeit und Leistungsgrenzen, NVwZ 2001, 481; *Pieper*, Europarechtlicher Ordnungsrahmen für Umweltsubventionen, NVwZ 1999, 1093; *Renner-Loquenz*, State Aid in Energy Taxation Measures: First Experiences from Applying the Environmental Aid Guidelines 2001, EStAL 2003, 21; *Sánchez Rydelski*, Umweltschutzbeihilfen, EuZW 2001, 458; *Vedder*, The New Community Guidelines on State Aid for Environmental Protection – Integrating Environment and Competition?, ECLR 2001, 365.

Übersicht

I. Einleitung

Im Sinne der **Querschnittsklausel**[1] des Art. 11 AEUV zählt der Umweltschutz zu den Vertragsgrundsätzen. Daraus kann jedoch nicht abgeleitet werden, dass jede Umweltschutzbeihilfe genehmigt werden muss. Es ist vielmehr erforderlich, die Auswirkungen der Beihilfe auf den Wettbewerb mit besonderem Augenmerk auf die nachhaltige Entwicklung zu beurteilen.[2] Ein   **1**

---

[1] Vgl. *Dauses/Götz/Martínez Soria* H. III. RdNr. 163.

[2] Vgl. *Schwarze/Bär-Bouyssière* Art 87 EG RdNr. 74.

weiterer wichtiger Gesichtspunkt liegt in der Berücksichtigung des in Art. 191 Abs. 2 AEUV verankerten Verursacherprinzips, welches vorsieht, dass Unternehmen alle Umweltschutzkosten wie Produktionskosten zu tragen haben (**Internalisierung der Kosten**).

2   In ihrer Entscheidung über eine **schwedische Befreiung von der CO_2-Steuer** auf Brennstoffe, die in unter das EU-Emissionshandelssystem fallenden Anlagen verbraucht werden, bestätigte die Kommission die Auffassung, dass jede staatliche Umweltschutzbeihilfe dem **Verursacherprinzip** Rechnung tragen muss. So hält sie fest, dass eine Befreiung aller dem Emissionshandelssystem unterliegender Unternehmen von einer derartigen CO_2-Steuer möglicherweise deswegen nicht gerechtfertigt werden kann, weil die Befreiung von Unternehmen, die kostenlose Emissionszertifikate erhalten haben, dem Verursacherprinzip zuwiderlaufen könnte. Zum anderen könnte eine CO_2-Steuerbefreiung derjenigen Unternehmen, die für ihre zusätzlichen Emissionen weitere Zertifikate erwerben müssten, gegen die Umweltlogik verstoßen, da sie darauf hinauslaufen könnte, dass denjenigen ein Vorteil gewährt würde, die keine Investitionen getätigt und ihre Emissionen nicht reduziert, sondern vielmehr erhöht haben.[3]

3   Die Voraussetzungen zur Genehmigung von Umweltschutzbeihilfen wurden erstmals durch den **Gemeinschaftsrahmen für Umweltschutzbeihilfen aus 1994**[4] näher konkretisiert, welcher nach zweimaliger Verlängerung[5] vom **Gemeinschaftsrahmen für staatliche Umweltschutzbeihilfen aus 2001** abgelöst wurde.[6] Aktuell finden sich die diesbezüglichen Regelungen in den neuen Leitlinien für Beihilfen für den Umweltschutz aus 2008.[7] Diese werden durch die Art. 17 bis 25 AGVO,[8] welche Umweltschutzbeihilfen unter gewissen Voraussetzungen von der Anmeldepflicht des Art. 108 Abs. 3 AEUV freistellen, ergänzt.

4   Hilfestellung zur Abgrenzung der Anwendbarkeit des Gemeinschaftsrahmens aus 1994 von jenem aus 2001 lieferte die Kommissionsentscheidung über eine staatliche Beihilfe, die **Belgien** dem Unternehmen **Stora Enso Langerbrugge** gewähren wollte. Die Beihilfe wurde aufgrund einer im Jahr 2000 von der Kommission genehmigten Regelung gewährt.[9] Diese Genehmigung erfolgte damit vor Inkrafttreten des neuen Gemeinschaftsrahmens im Jahr 2001. Bei Annahme des neuen Gemeinschaftsrahmens hatte die Kommission den Mitgliedstaaten als zweckdienliche Maßnahme vorgeschlagen, bereits bestehende Beihilferegelungen so anzupassen, dass sie zum 1. Januar 2002 mit dem neuen Gemeinschaftsrahmen vereinbar wären. Belgien hatte die vorgeschlagenen zweckdienlichen Maßnahmen bedingungslos angenommen und war somit verpflichtet, auch die im Jahr 2000 genehmigte Regelung anzupassen. Aus diesem Grund prüfte die Kommission im konkreten Fall die Vereinbarkeit der Beihilfe anhand des neuen Gemeinschaftsrahmens.[10]

5   Für die Zwecke des Gemeinschaftsrahmens aus 2001 definierte die Kommission den **Begriff des Umweltschutzes** als „jede Maßnahme, die darauf abzielt, einer Beeinträchtigung der natürlichen Umwelt oder der natürlichen Ressourcen abzuhelfen oder vorzubeugen oder eine rationelle Nutzung dieser Ressourcen zu fördern". Diese Begriffsbestimmung wurde für die Zwecke der Leitlinien und der Allgemeinen Gruppenfreistellungsverordnung aus 2008 entsprechend der Ausdehnung ihres Anwendungsbereichs erweitert und umfasst nunmehr „jede Maßnahme, die darauf abzielt, einer Beeinträchtigung der natürlichen Umwelt oder der natürlichen Ressourcen durch die Tätigkeit des Beihilfenempfängers abzuhelfen, vorzubeugen oder die Gefahr einer solchen Beeinträchtigung zu vermindern oder eine rationellere Nutzung dieser Ressourcen einschließlich Energiesparmaßnahmen und die Nutzung erneuerbarer Energien zu fördern."[11]

---

[3] Vgl. Kom., ABl. 2006 C 297/27 – Befreiung CO2-Steuer sowie Kom., ABl. 2006 C 274/25 – Erstattung CO2-Steuer.

[4] ABl. 1994 C 72/3.

[5] ABl. 2000 C 14/8 und ABl. 2000 C 184/25; krit. dazu *Quick*, Der Gemeinschaftsrahmen für staatliche Umweltschutzbeihilfen, EuZW 1994, 620.

[6] ABl. 2001 C 37/3. Vgl. auch *Sánchez Rydelski* EuZW 2001, 458 sowie *Apfelstedt* ZNER 2001, 236.

[7] Kom., Leitlinien der Gemeinschaft für staatliche Umweltschutzbeihilfen, ABl. 2008 C 82/1.

[8] VO 800/2008, ABl. 2008 L 214/3.

[9] Kom., ABl. 2000 C 284/4.

[10] Vgl. Kom., ABl. 2005 L 53/66 – Stora Enso Langerbrugge.

[11] Vgl. Kom., Leitlinien der Gemeinschaft für staatliche Umweltschutzbeihilfen, ABl. 2008 C 82/1 und nahezu wortgleich VO 800/2008, ABl. 2008 L 214/3.

II. Umweltschutzbeihilfen in der AGVO

1. Auf alle Beihilfen anwendbare Bestimmungen. Beihilferegelungen, Einzelbei- 6
hilfen und **Ad-hoc-Beihilfen**, die die Voraussetzungen der AGVO erfüllen und einen ausdrücklichen Verweis darauf und ihre Fundstelle im Amtsblatt enthalten, sind im Sinne von Art. 107 Abs. 3 AEUV mit dem Binnenmarkt vereinbar und von der Anmeldepflicht nach Art. 108 Abs. 3 AEUV freigestellt.[12]

Für die Berechnung der **Beihilfeintensität** werden die Beträge vor Abzug von Steuern und 7
sonstigen Abgaben herangezogen. Werden Beihilfen nicht in Form von Zuschüssen gewährt, bestimmt sich die Höhe der Beihilfe nach ihrem Subventionsäquivalent. In mehreren Tranchen gezahlte Beihilfen werden auf ihren Wert zum Zeitpunkt ihrer Bewilligung abgezinst. Für die **Abzinsung** wird der Referenzzinssatz zum Bewilligungszeitpunkt zugrunde gelegt. Wird die Beihilfe in Form einer vollständigen oder teilweise Befreiung von künftigen Steuern gewährt, werden vorbehaltlich der Einhaltung einer bestimmten, als Bruttosubventionsäquivalent ausgedrückten, Beihilfenintensität für die Abzinsung der Beihilfetranchen die jeweiligen Referenzzinssätze zu dem Zeitpunkt zugrunde gelegt, zu dem die verschiedenen Steuerbegünstigungen wirksam werden. Die beihilfefähigen Kosten sind schriftlich anhand einer klaren, aufgegliederten Aufstellung zu belegen.[13]

Die Verordnung gilt nur für **transparente Beihilfen** im Sinne des Art. 5 und sieht Schwel- 8
lenwerte für die Anmeldung von unterschiedlichen Gruppen von Einzelbeihilfen vor.[14] Eine nach dieser Verordnung freigestellte Beihilfe kann mit anderen nach dieser Verordnung freigestellten Beihilfen kumuliert werden, wenn diese unterschiedliche, jeweils bestimmbare, beihilfefähige Kosten betreffen. Durch die **Kumulierung** dürfen mit Ausnahme von Beihilfen zugunsten behinderter Arbeitnehmer die entsprechenden Beihilfehöchstintensitäten nicht überschritten werden. Eine weitere Ausnahme ist für die Kumulierung von Beihilfen, bei welchen sich die beihilfefähigen Kosten bestimmen lassen, mit solchen, bei denen sich diese Kosten nicht bestimmen lassen, unter Einhaltung der in der AGVO festgelegten Bedingungen vorgesehen.[15]

Darüber hinaus werden durch die AGVO nur Beihilfen freigestellt, die einen **Anreizeffekt** 9
haben. Wonach dieser beurteilt wird, ist für Beihilfen an KMU[16] und an Großunternehmen[17] sowie für steuerliche Maßnahmen,[18] Beihilfen zum Ausgleich der Mehrkosten durch die Beschäftigung behinderter Arbeitnehmer als Beihilfen in Form von Lohnzuschüssen oder in Form von Umweltsteuerermäßigungen und im Falle von Risikokapitalbeihilfen[19] gesondert geregelt. Besondere Freistellungsvoraussetzungen sind darüber hinaus für Investitionsbeihilfen vorgesehen.[20]

Um **Transparenz** zu gewährleisten, ist der betreffende Mitgliedstaat verpflichtet, der Kom- 10
mission eine Kurzbeschreibung der Beihilfemaßnahme zu übermitteln, welche im Amtsblatt der Europäischen Union und auf der Webseite der Kommission veröffentlicht wird.[21] Zudem veröffentlicht der Mitgliedstaat bei Inkrafttreten einer Beihilferegelung oder Bewilligung einer Ad-hoc-Beihilfe, die nach dieser Verordnung freigestellt ist, den vollständigen Wortlaut der Maßnahme im Internet. Im Falle der Gewährung von Einzelbeihilfen ist mit Ausnahme von Beihilfen in Form steuerlicher Maßnahmen im Bewilligungsbescheid ausdrücklich auf die einschlägigen Bestimmungen der AGVO und die einzelstaatlichen Vorschriften sowie auf die Internetadresse, die direkt zum vollständigen Wortlaut der Beihilfenmaßnahme führt, zu verweisen. Die Kommission prüft die Beihilfemaßnahmen, von denen sie unterrichtet wurde, regelmäßig.[22] Die Mitgliedstaaten übermitteln ihr zu diesem Zwecke jährliche **Berichte**.[23]

2. Umweltschutzbeihilfen im Besonderen. Die neue AGVO befreit Umweltschutzbei- 11
hilfen auf verschiedene Weise von der Anmeldepflicht und damit vom Genehmigungsverfah-

---

[12] Vgl. oben Art. 3 RdNr. 1 f.
[13] Vgl. oben Art. 4 RdNr. 4 ff.
[14] Vgl. oben Art. 6 RdNr. 2–5 ff.
[15] Vgl. oben Art. 7 Abs. 5 RdNr. 5 ff.
[16] Vgl. oben Art. 8 Abs. 2 RdNr. 5–6 ff.
[17] Vgl. oben Art. 8 Abs. 3.
[18] Vgl. oben Art. 8 Abs. 4.
[19] Vgl. oben Art. 8 Abs. 5.
[20] Vgl. oben Art. 12.
[21] Vgl. oben Art. 9 Abs. 1 RdNr. 2 ff.
[22] Vgl. oben Art. 10 Abs. 1 RdNr. 2 ff.
[23] Vgl. oben Art. 11.

ren.[24] **Umweltschutzbeihilfen**, die angemeldet werden, unterliegen den Leitlinien für Umweltschutzbeihilfen, die im Januar 2008 angenommen wurden.[25] Diese sehen eine Standardprüfung[26] und eine eingehende Prüfung[27] vor.

12   Der **Begriffsbestimmungen** des Art. 17 decken sich weitgehend mit jenen der Leitlinien aus 2008. **Investitionsbeihilfen**, die Unternehmen in die Lage versetzen, über die Gemeinschaftsnormen für den Umweltschutz hinauszugehen oder bei Fehlen solcher Normen den Umweltschutz zu verbessern, müssen nach Art. 18 entweder dem Beihilfeempfänger ermögichen, unabhängig von verbindlichen nationalen Normen, die strenger als die Gemeinschaftsnormen sind, im Rahmen seiner Tätigkeit über die geltenden Gemeinschaftsnormen hinauszugehen und dadurch den Umweltschutz zu verbessern oder im Rahmen seiner Tätigkeit den Umweltschutz zu verbessern, ohne hierzu durch entsprechende Gemeinschaftsnormen verpflichtet zu sein. Dies gilt nicht für Verbesserungen, die sicherstellen sollen, dass bereits angenommene, aber noch nicht in Kraft getretene Gemeinschaftsnormen erfüllt werden.[28]

13   Die **Beihilfeintensität** darf 35% der beihilfefähigen Kosten nicht überschreiten. Für **KMU** kann die Beihilfe um 20% für kleine und um 10% für mittlere Unternehmen angehoben werden. Beihilfefähig sind die anhand der kontrafaktischen Fallkonstellation beurteilten Investitionsmehrkosten, welche in Form von Investitionen in materielle und/oder immaterielle Vermögenswerte vorgenommen werden und zur Erreichung eines höheren als des aufgrund der Gemeinschaftsnormen geforderten Umweltschutzniveaus erforderlich sind, ohne Berücksichtigung der operativen Gewinne und Kosten. Beihilfen für die Investitionen in die Bewirtschaftung von Abfällen anderer Unternehmen sind im Rahmen dieser Bestimmungen nicht freigestellt.[29]

14   Ähnliches gilt nach Art. 19 für Investitionsbeihilfen für die Anschaffung von neuen bzw. für die Nachrüstung vorhandener **Fahrzeuge**, die über die Gemeinschaftsnormen hinausgehen oder durch die bei Fehlen solcher Normen der Umweltschutz verbessert wird.[30]

15   Sonderregelungen im Zusammenhang mit Beihilfen an **KMU** zur frühzeitigen Anpassung an **künftige Gemeinschaftsnormen** finden sich in Art. 20. Die Gemeinschaftsnorm muss bereits erlassen worden und die Investition spätestens ein Jahr vor dem In-Kraft-Treten der Norm durchgeführt und abgeschlossen sein. Die **Beihilfeintensität** darf 15% der beihilfefähigen Kosten für kleine und 10% für mittlere Unternehmen nicht übersteigen, wenn die Investition mehr als drei Jahre vor dem In-Kraft-Treten der Gemeinschaftsnorm durchgeführt und abgeschlossen wird. Wird die Investition ein bis drei Jahre vor dem In-Kraft-Treten der Gemeinschaftsnorm durchgeführt und abgeschlossen, liegt die maximale Beihilfeintensität bei 10% für kleine Unternehmen. Beihilfefähig sind die Investitionsmehrkosten, welche zur Erreichung des aufgrund der Gemeinschaftsnormen geforderten Umweltschutzniveaus im Vergleich zu dem Umweltschutzniveau, das vor In-Kraft-Treten der betreffenden Norm verbindlich war, erforderlich sind.[31]

16   Umweltschutzbeihilfen für **Energiesparinvestitionen** sind nach Art. 21 freigestellt, sofern sie entweder in ihrer Intensität 60% der beihilfefähigen Kosten nicht übersteigen und zur Erreichung eines höheren als des aufgrund der Gemeinschaftsnormen geforderten Energiesparniveaus erforderlich sind oder in ihrer Intensität 20% der beihilfefähigen Kosten nicht übersteigen. In beiden Fällen kann die Intensität um 20% für kleine und um 10% für mittlere Unternehmen angehoben werden. Im ersten Fall werden bei der Berechnung der beihilfefähigen Kosten die operativen Gewinne und die operativen Kosten, die sich aus dem Mehraufwand für Energiesparinvestitionen ergeben und bei **KMU** in den ersten drei Lebensjahren, bei Großunternehmen, welche nicht am EU-Emissionshandelssystem teilnehmen, in den ersten fünf Lebensjahren der Investition anfallen, nicht berücksichtigt. Bei Großunternehmen kann dieser Zeitraum auf die ersten drei Lebensjahre der Investition verkürzt werden, wenn der Abschreibungszeitraum der betreffenden Investition nachweislich nicht länger als drei Jahre beträgt. Im zweiten Fall werden die beihilfefähigen Kosten ohne Berücksichtigung der operativen Gewinne und Kosten berechnet.[32]

---

[24] Vgl. oben Art. 14 bis 25.
[25] Leitlinien der Gemeinschaft für staatliche Umweltschutzbeihilfen, ABl. 2008 C 82/1.
[26] Vgl. Kapitel 3 der Leitlinien 2008, ABl. 2008 C 82/1.
[27] Vgl. Kapitel 5 der Leitlinien 2008, ABl. 2008 C 82/1.
[28] Vgl. Art. 18 Abs. 3.
[29] Vgl. Art. 18.
[30] Vgl. Art. 19; siehe dazu auch RL 2009/33, ABl. 2009 L 120/5, Tz. 30 f.
[31] Vgl. Art. 20.
[32] Vgl. Art. 21.

Nach Art. 22 dürfen Umweltschutzbeihilfen für Investitionen in **hocheffiziente Kraft-** **17** **Wärme-Kopplung** 45% der beihilfefähigen Kosten nicht überschreiten. Diese Beihilfenintensität kann bei **KMU** um 20% für kleine und um 10% für mittlere Unternehmen angehoben werden. Beihilfefähig sind die im Vergleich zur Referenzinvestition anfallenden Investitionsmehrkosten für die Errichtung der hocheffizienten Kraft-Wärme-Kopplungsanlage, welche ohne Berücksichtigung der operativen Gewinne und Kosten berechnet werden. Ein neuer Kraft-Wärme-Kopplungs-Block muss insgesamt weniger Primärenergie verbrauchen als eine getrennte Erzeugung iSd RL 2004/8[33] und der Entscheidung 2007/74.[34] Die Verbesserung eines vorhandenen Kraft-Wärme-Kopplung-Blocks oder die Umrüstung eines vorhandenen Kraftwerks in einen Kraft-Wärme-Kopplung-Block muss im Vergleich zur Ausgangssituation zu Primärenergieeinsparungen führen.[35]

Umweltschutzbeihilfen für **Investitionen zur Förderung erneuerbarer Energien** dürfen **18** nach Art. 23 in ihrer Beihilfeintensität 45% der beihilfefähigen Kosten nicht überschreiten. Bei Beihilfen an **KMU** darf die Beihilfehöchstgrenze um 20% bei kleinen und um 10% bei mittleren Unternehmen erhöht werden. Beihilfefähig sind die ohne Berücksichtigung der operativen Gewinne und Kosten berechneten Mehrkosten, die der Beihilfeempfänger im Vergleich zu einem herkömmlichen Kraftwerk oder Heizsystem mit derselben Kapazität in Bezug auf die tatsächliche Energieerzeugung aufbringen muss. Umweltschutzbeihilfen für Investitionen zur Erzeugung von Biokraftstoffen werden nur freigestellt, wenn die geförderten Investitionen ausschließlich der Erzeugung nachhaltiger Biokraftstoffe dienen.[36]

Gemäß Art. 24 dürfen Beihilfen für **Umweltstudien** 50% der beihilfefähigen Kosten (Kosten **19** der Studie) nicht übersteigen. Dieser Prozentsatz kann bei Studien im Auftrag von **KMU** um 20% bei kleinen und um 10% bei mittleren Unternehmen erhöht werden.[37]

Beihilfen in Form von **Umweltsteuerermäßigungen** sind nach Art. 25 freigestellt, sofern **20** der Begünstigte mindestens die in der RL 2003/96[38] festgelegten gemeinschaftlichen Mindeststeuerbeträge entrichtet und die Steuerermäßigungen für höchstens zehn Jahre bewilligt werden. Nach Ablauf dieses Zeitraums überprüfen die Mitgliedstaaten die Angemessenheit der betreffenden Beihilfemaßnahmen.[39]

Umweltschutzbeihilfen, welche in Form von **Einzelbeihilfen** gewährt werden, fallen bis zu **21** einem **Schwellenwert** von 7,5 Mio. Euro in den Anwendungsbereich der AGVO.[40] Für Beihilfen in Form von Umweltsteuerermäßigungen gelten die Voraussetzungen für den Anreizeffekt im Falle von Beihilfen an KMU, Großunternehmen und steuerlichen Maßnahmen als erfüllt.[41]

III. Gemeinschaftsrahmen für staatliche Umweltschutzbeihilfen 2001

1. Allgemeines. Während der **Gemeinschaftsrahmen aus 1994** Umweltschutzbeihilfen **22** als vorübergehende Ersatzlösung auch in jenen Fällen zugelassen hatte, in denen eine völlige Internalisierung der Kosten noch nicht möglich gewesen war, ging die Kommission in ihrem **Gemeinschaftsrahmen aus 2001** davon aus, dass die Unternehmen bis zu dessen In-Kraft-Treten sieben Jahre Zeit hatten, sich auf die volle Anwendung des wiederholt bestätigten Grundsatzes der Internalisierung einzustellen, weshalb eine fehlende Internalisierung der Kosten nicht mehr durch die Gewährung von Beihilfen aufgewogen werden dürfe. Weiterhin können Beihilfen allerdings nützlich sein, soweit sie einen Anreiz darstellen, einen höheren als den aufgrund von Gemeinschaftsnormen geforderten Umweltschutz zu verwirklichen. Seit der Annahme des Gemeinschaftsrahmens aus 1994 sind zudem zahlreiche Umweltmaßnahmen auf Initiative der Mitgliedstaaten, der Gemeinschaft und auf internationaler Ebene (wie etwa der

---

[33] RL 2004/8, ABl. 2004 L 52/50.

[34] Vgl. Kom., ABl. 2007 L 32/183.

[35] Vgl. Art. 22. Vgl. dazu auch das deutsche Gesetz für die Erhaltung, die Modernisierung und den Ausbau der Kraft-Wärme-Kopplung, Kraft-Wärme-Kopplungsgesetz 2002 BGBl. I S. 1092, zuletzt geändert durch Art. 5 des Gesetzes 2009 BGBl. I S. 2870.

[36] Vgl. Art. 23. Vgl. auch EEG 2009, BGBl. I 49 S. 2074 sowie deutsche Richtlinien zur Förderung von Maßnahmen zur Nutzung erneuerbarer Energien im Wärmemarkt 2009 und 2010.

[37] Vgl. Art. 24.

[38] RL 2003/96, ABl. 2003 L 283/51.

[39] Vgl. Art. 25.

[40] Vgl. Art. 6 Abs. 1 lit. b.

[41] Vgl. Art. 8 Abs. 5.

Abschluss des Kyoto-Protokolls) erlassen worden. Interventionen der Mitgliedstaaten vor allem im Energiesektor nahmen bislang unbekannte Formen an. Gemeinsam mit Steuerermäßigungen bzw. -befreiungen sowie neuen Arten von Betriebsbeihilfen führten sie zur Notwendigkeit eines neuen Gemeinschaftsrahmens.[42]

23   Nicht davon erfasst waren jedoch weiterhin Beihilfen für Maßnahmen und Instrumente zur Reduzierung der Treibhausgasemissionen. Maßnahmen zur Steigerung der Hygiene und Sicherheit bzw. die Entwicklung von ressourcenschonenden Maschinen fallen ebenso nicht unter den Gemeinschaftsrahmen. Die Erreichung der im **Kyoto-Protokoll** fest gelegten Ziele liegt nach Ansicht der Kommission in der Zuständigkeit der einzelnen Mitgliedstaaten. Voraussetzungen für die Genehmigung von Beihilfen in diesem Bereich festzulegen, wäre nach Ansicht der Kommission verfrüht gewesen.[43] Der Gemeinschaftsrahmen selbst sah vor, dass seine Anwendbarkeit am 31. Dezember 2007 endet.[44] Während der siebenjährigen Geltungsdauer erließ die Kommission rund 350 Entscheidungen, wobei sie in 98% der Fälle die staatlichen Maßnahmen ohne Einleitung eines förmlichen Prüfverfahrens genehmigte.[45]

24   **2. Anwendungsbereich.** Der Gemeinschaftsrahmen galt für **Beihilfen zur Gewährleistung des Umweltschutzes** in allen dem AEUV unterliegenden Sektoren, einschließlich jener, für die im Bereich der staatlichen Beihilfen besondere Vorschriften galten.[46] Ausgenommen war lediglich jener Bereich, der vom Gemeinschaftsrahmen für staatliche Beihilfen im Agrarsektor erfasst wurde.[47] Darüber hinaus fanden die Vorschriften des Gemeinschaftsrahmens ausdrücklich keine Anwendung auf den Bereich der verlorenen Kosten (**„stranded costs"**).[48] Unter verlorenen Kosten versteht die Kommission jene Kosten, die Unternehmen infolge von Verpflichtungen, die sie im Rahmen eines Monopols eingegangen sind, denen sie aber aufgrund der Liberalisierung des betreffenden Sektors nicht mehr nachkommen können, selbst tragen müssen.[49]

25   Staatliche Beihilfen für Forschung und Entwicklung im Umweltschutz fielen ihrerseits in den Anwendungsbereich des Gemeinschaftsrahmens für staatliche **Forschungs- und Entwicklungsbeihilfen.**[50] Auch **Beihilfen für Ausbildungstätigkeiten** im Umweltschutz waren an der diesbezüglichen Verordnung zu messen.[51]

26   Eine Sonderregelung fand sich zudem für Beihilfen im **Eisen- und Stahlsektor.**[52] Diese blieben bis zum Außer-Kraft-Treten des EGKS am 23. 7. 2002 den Vorschriften des Gemeinschaftsrahmens für staatliche Umweltschutzbeihilfen aus 1994 unterworfen. Aus Artikel 3 des Sechsten Stahlbeihilfenkodex,[53] nach dem im Eisen- und Stahlsektor gewährte Umweltschutzbeihilfen als mit dem Gemeinsamen Markt vereinbar angesehen werden konnten, sofern sie mit den im Gemeinschaftsrahmen festgelegten Regeln übereinstimmten und in Einklang mit den Kriterien für dessen Anwendung auf EGKS-Stahlunternehmen standen. Aus dem Anhang des Kodex ging hervor, dass die im Gemeinschaftsrahmen für staatliche Umweltschutzbeihilfen vorgesehenen Bestimmungen, die im Rahmen des EG-Vertrags galten, uU auf den Eisen- und Stahlsektor, der unter den EGKS fiel, übertragen werden konnten. Der Kodex sah jedoch keine automatische Anwendung der Bestimmungen des Gemeinschaftsrahmens auf den Stahlbereich vor, sondern legte in seinem Anhang die Bedingungen für eine solche Anwendung fest.[54] Besondere Beachtung fand auch die Tatsache, dass Beihilfen, welche den Vorschriften der

---

[42] Vgl. Gemeinschaftsrahmen 2001, ABl. 2001 C 37/3, RdNr. 2. Vgl. dazu allgemein *Regehr,* Die Förderung erneuerbarer Energien auf dem liberalisierten Elektrizitätsmarkt in Europa – Ein Rechtsvergleich zwischen Deutschland und Österreich, 45 ff.

[43] Vgl. Gemeinschaftsrahmen 2001 (Fn. 42), RdNr. 68–71.

[44] Vgl. Gemeinschaftsrahmen 2001 (Fn. 42), RdNr. 81 sowie Kom., ABl. 2005 L 56/15 – Propylen-Pipeline; Kom., ABl. 2005 L 53/66 – Stora Enso Langerbrugge; Kom., ABl. 2004 L 102/59 und ABl. 2003 L 314/26 – WRAP; Kom., ABl. 2004 L 81/72 – Treibhausgasemissionen Toskana; Kom., ABl. 1999 L 267/51 – Riedel de Haen sowie EuG, T-374/04, ABl. 2007 C 315/34 – Deutschland/Kommission.

[45] Vgl. Bericht der Kom., Anzeiger für staatliche Beihilfen, Herbst 2008, KOM(2008) 751 endg.

[46] Gemeinschaftsrahmen 2001 (Fn. 42), RdNr. 7.

[47] ABl. 2000 C 28/2.

[48] Vgl. Mitteilung „verlorene Kosten" sowie IP/01/1077.

[49] Vgl. Kom., ABl. 2005 C 250/9 – Portugal sowie Kom., Staatliche Beihilfe PL 1/03 – Polen.

[50] ABl. 1999 C 45/10, sowie zur Abgrenzung Kom., Staatliche Beihilfe N 628/2001 – Deutschland.

[51] ABl. 2001 L 10/20.

[52] Vgl. Gemeinschaftsrahmen 2001 (Fn. 42), RdNr. 7.

[53] ABl. 1996 L 338/42. Vgl. Kom., ABl. 1999 L 284/10 – Deutschland.

[54] Vgl. EuG, T-166/01, Slg. 2006, II-02875 – Lucchini Spa.

De-minimis Verordnung[55] entsprechen, aus dem Anwendungsbereich des Art. 107 AEUV und damit auch aus jenem des Gemeinschaftsrahmens für Umweltbeihilfen herausfallen. Dabei musste wiederum besonderes Augenmerk auf die Tatsache gelegt werden, dass die De-minimis Verordnung nicht für Landwirtschaft, Fischerei, Verkehr und die EGKS-Sektoren gilt.[56]

3. Inhalte. Der Gemeinschaftsrahmen unterscheidet zwischen Investitionsbeihilfen, Beihilfen **27** für Beratungstätigkeiten im Bereich des Umweltschutzes zugunsten der KMU sowie Betriebsbeihilfen. Im Rahmen dieser Kategorien wird auf die Besonderheit von Beihilfen für **Energieeinsparungsinvestitionen** Rücksicht genommen. Die in Anwendung des Gemeinschaftsrahmens genehmigten Beihilfen dürfen nicht mit anderen staatlichen Beihilfen oder mit anderen Gemeinschaftsfinanzierungen kumuliert[57] werden, wenn sich aus dieser Kumulierung eine Beihilfeintensität ergibt, die über der in diesem Gemeinschaftsrahmen vorgesehenen Intensität liegt. Bei staatlichen Beihilfen mit unterschiedlichen Zweckbestimmungen für dieselben beihilfefähigen Kosten gilt die vorteilhafteste Beihilfenhöchstgrenze.[58]

a) Investitionsbeihilfen. Investitionsbeihilfen bloß vorübergehender Natur können **28** KMU in die Lage versetzen, neue Gemeinschaftsnormen einzuhalten. Solche Beihilfen können drei Jahre nach Annahme der neuen verbindlichen Gemeinschaftsnormen bis höchstens 15% brutto der beihilfefähigen Kosten gewährt werden.[59] Dabei handelt es sich um eine Ausnahme von der Regel, wonach die Einhaltung geltenden Rechts keine Beihilfengewährung rechtfertigen kann.[60] Investitionsbeihilfen, welche Unternehmen in die Lage versetzen, geltende Gemeinschaftsnormen zu übertreffen, können bis zu einem Höchstsatz von 30% brutto gewährt werden. Dieselben Voraussetzungen gelten bei Fehlen verbindlicher Gemeinschaftsnormen bei Investitionen von Unternehmen, welche dieses in die Lage versetzen sollen, nationalen Normen gerecht zu werden, die strenger als die geltenden Gemeinschaftsnormen sind.[61]

In diesem Sinne hielt die Kommission bezüglich einer **italienischen Beihilfenregelung 29** fest, dass eine Beihilfeintensität von 25% für die Anpassung von **KMU** an neue Gemeinschaftsnormen nicht dem Gemeinschaftsrahmen entspricht, sowie dass Beihilfen für Großunternehmen zur Anpassung an neue verpflichtende Umweltvorschriften nicht in den Genuss einer Ausnahmeregelung kommen können. Zudem kann eine für Großunternehmen im Tourismussektor vorgesehene Beihilfeintensität von 40% für Investitionen, welche geltende Gemeinschaftsnormen übertreffen, nicht als mit dem Gemeinschaftsrahmen vereinbar betrachtet werden.[62]

Für **Investitionen zugunsten von Energieeinsparungen** können Beihilfen zum Aus- **30** gangssatz von 40% der beihilfefähigen Kosten gewährt werden.[63] Dasselbe gilt für **Investitionen zugunsten der kombinierten Kraft-Wärmeerzeugung**, sofern nachgewiesen werden kann, dass sich diese Maßnahmen vorteilhaft auf den Umweltschutz auswirken. Dies ist bspw. der Fall bei einem besonders hohen Umwandlungsgrad, weil aufgrund der betreffenden Investitionen der Energieverbrauch herabgesetzt wird oder weil das Produktionsverfahren weniger umweltschädigend ist.[64]

Investitionen zugunsten erneuerbarer Energie werden Investitionen zugunsten des **31** Umweltschutzes bei Fehlen verbindlicher Normen gleichgesetzt. Der Beihilfesatz kann damit um 10% gegenüber dem normalen Investitionsbeihilfensatz von 30% hinaufgesetzt werden und beträgt demnach 40%. Ein weiterer Aufschlag um 10% kommt für Anlagen zur Nutzung erneuerbarer Energiequellen in Betracht, die eine ganze Gemeinschaft autark versorgen. Als **Gemeinschaft** im Sinne dieser Bestimmung werden bspw. Inseln oder einzelne Siedlungsgebiete angesehen. In Ausnahmefällen können Mitgliedstaaten Investitionsbeihilfen für erneuerbare Energie von bis zu 100% gewähren, sofern deren Unerlässlichkeit dargelegt wird und die Anlage keinerlei sonstigen Förderungen erhält.[65]

---

[55] ABl. 2001 L 10/30.
[56] ABl. 2001 L 10/30, Tz. 3.
[57] Vgl. EuGH, C-351/98, Slg. 2002, I-8031 – Spanien/Kommission.
[58] Vgl. Gemeinschaftsrahmen 2001 (Fn. 42), RdNr. 74.
[59] Vgl. Gemeinschaftsrahmen 2001 (Fn. 42), RdNr. 28.
[60] Vgl. *von der Groeben/Schwarze/Triantafyllou* Art. 87 Abs. 3 EG RdNr. 221.
[61] Vgl. Gemeinschaftsrahmen 2001 (Fn. 42), RdNr. 29.
[62] Vgl. Kom., ABl. 2006 L 383/1 – Autonome Provinz Bozen.
[63] Vgl. Gemeinschaftsrahmen 2001 (Fn. 42), RdNr. 30.
[64] Vgl. Gemeinschaftsrahmen 2001 (Fn. 42), RdNr. 31.
[65] Vgl. Gemeinschaftsrahmen 2001 (Fn. 42), RdNr. 32.

32   Für Unternehmen in **Fördergebieten** im Sinne nationaler Regionalbeihilferegelungen sieht der Gemeinschaftsrahmen drei mögliche Varianten vor. Diese setzen sich aus dem für Investitionsbeihilfen geltenden Ausgangssatz von 30% bis 50% brutto mit einem Aufschlag von 5% in Regionen nach Art. 107 Abs. 3 lit. c AEUV oder einem solchen von 10% in Regionen nach Art. 107 Abs. 3 lit. a AEUV zusammen. Als dritte Möglichkeit kommt der für die betreffenden Regionen anwendbare Regionalbeihilfesatz zzgl. 10% in Betracht. Für **KMU** kann (auch kumulativ) ein weiterer Aufschlag von 10% gewährt werden. Die Höhe der Beihilfe darf in keinem Fall 100% der beihilfefähigen Kosten (der Investitionsmehrkosten) überschreiten.[66] Die **Investitionsmehrkosten** sind anhand objektiver und transparenter Berechnungsmethoden zu bestimmen. Vorteile, die sich aus einer etwaigen Kapazitätssteigerung oder aus Kosteneinsparungen in den ersten fünf Jahren der Lebensdauer der Investition und der Nebenprodukte in diesen fünf Jahren ergeben, sind nicht in die beihilfefähigen Kosten mit einzubeziehen.[67]

33   Beihilfefähige Investitionen sind solche in **Grundstücke**, sofern diese für die Erfüllung der Umweltschutzziele unbedingt notwendig sind,[68] in Gebäude, Anlagen und Ausrüstungsgüter, wenn diese auf die Verringerung bzw. Beseitigung von Verschmutzung und Schadstoffen oder zum Schutz der Umwelt auf die Anpassung von Produktionsverfahren abzielen. Dabei wird klargestellt, dass ausschließlich die zur Verwirklichung der Umweltschutzziele erforderlichen Investitionsmehrkosten beihilfefähig sind. Eine Investition, der auch wirtschaftliche Erwägungen zugrunde liegen, kann mit einer Umweltschutzbeihilfe gefördert werden, wenn diese Erwägungen allein nicht ausreichen, um die Investition in der gewählten Form zu rechtfertigen.[69]

34   Darüber hinaus können **Ausgaben für den Technologietransfer** in Form des Erwerbs von Nutzungslizenzen oder von Lizenzen für patentierte oder nicht patentiertes technisches Wissen berücksichtigt werden, sofern diese zum einen als abschreibungsfähig angesehen werden und zum anderen zu Marktbedingungen von Unternehmen erworben werden, über die der Erwerber weder eine direkte noch eine indirekte Kontrolle ausübt. Darüber hinaus müssen sie auf der Aktivseite der Unternehmensbilanz ausgewiesen werden und mindestens fünf Jahre ab Gewährung der Beihilfe im Betrieb des Empfängers verbleiben und genutzt werden. Eine Ausnahme ist lediglich für den Fall vorgesehen, dass diese immateriellen Vermögenswerte offensichtlich überholten Techniken entsprechen. Im Falle einer Veräußerung innerhalb der Fünfjahresgrenze vermindern sich die beihilfefähigen Kosten um den Verkaufserlös und die Beihilfe muss gegebenenfalls ganz oder teilweise erstattet werden.[70]

35   Im Falle von **Umweltschäden** betreffend die Qualität des Bodens sowie der ober- und unterirdischen Gewässer muss zunächst versucht werden, den hierfür Verantwortlichen zu ermitteln. Kann dieser eindeutig festgestellt werden, so muss er aufgrund des Haftungsprinzips ohne staatliche Beihilfe für die Sanierung aufkommen. Kann der Verantwortliche jedoch nicht eindeutig ermittelt werden,[71] so können dem für die Durchführung der Arbeiten zur **Sanierung verschmutzter Industriestandorte** Verantwortlichen Beihilfen in Höhe von bis zu 100% zur Sanierung der Grundstücke zzgl. eines Aufschlags von 15% für die Kosten der Arbeiten gewährt werden.[72] In keinem Fall darf der Gesamtbeihilfebetrag die tatsächlichen Ausgaben des Unternehmens überschreiten.[73] Mehrere Entscheidungen der Kommission veranschaulichen mittlerweile die Anwendung der Regeln für Beihilfen zur Altlastensanierung, insbesondere die Anwendung des nationalen Rechts für die Frage, ob der Verursacher herangezogen werden kann und aus diesem Grund keine Beihilfe gezahlt werden darf.[74]

36   Geht ein Unternehmen rechtmäßig seiner Tätigkeit in einem **Stadtgebiet** oder in einem als Natura 2000[75] bezeichnetem Gebiet nach und verursacht durch diese Tätigkeit eine bedeutende Verschmutzung, so kann, wenn das Unternehmen seinen Standort verlegen muss, eine Beihilfe gerechtfertigt sein. Diese Standortverlagerung muss Umweltschutzgründe haben und die Folge

---

[66] Vgl. ua. Kom., Staatliche Beihilfe N 800/2000 – Deutschland.

[67] Vgl. Gemeinschaftsrahmen 2001 (Fn. 42), RdNr. 33–35.

[68] Vgl. Kom., ABl. 2005 L 53/66 – Stora Enso Langerbrugge.

[69] Vgl. EuG, T-176/01, Slg. 2004, II-3931 – Ferriere Nord.

[70] Vgl. Gemeinschaftsrahmen 2001 (Fn. 42), RdNr. 36.

[71] Vgl. Kom., ABl. 2004 C 315/4 – Nuclear Decommissioning Agency.

[72] Vgl. Kom., ABl. 2005 L 48/30 – Steinkohlebergbau Kastilien-León.

[73] Vgl. Gemeinschaftsrahmen 2001 (Fn. 42), RdNr. 38.

[74] Vgl. ua. Kom., Staatliche Beihilfe N 221/2000 – Österreich sowie weiterführend *Heidenhain/Repplinger-Hach* § 17 RdNr. 175 mwN.

[75] Vgl. RL 92/43, ABl. 1992 L 206/7. Die Richtlinie setzt die Vorgaben der CBD um. Vgl. Convention on Biological Diversity, UNTS vol. 1960, I-30619.

einer Verwaltungs- oder Gerichtsentscheidung sein, in der sie ausdrücklich angeordnet wird. Darüber hinaus muss das Unternehmen die an seinem neuen Standort geltenden strengsten Umweltschutznormen befolgen. Die Beihilfehöchstgrenze liegt in derartigen Fällen bei Investitionsbeihilfen, die das Unternehmen in die Lage versetzen, die geltenden Gemeinschaftsnormen zu übertreffen oder bei Fehlen verbindlicher Normen, bei 30% zzgl. eines möglichen Aufschlags von 10% für **KMU**. Die Höhe der beihilfefähigen Kosten bestimmt die Kommission anhand des Verkaufserlöses oder der Mieteinnahmen aus den verlassenen Anlagen und Grundstücken sowie den Ausgleich im Falle einer Enteignung und den Kosten für den Erwerb des neuen Grundstücks und für den Bau oder Erwerb neuer Anlagen mit einer Kapazität, welche jener der aufgegebenen Anlagen entspricht. Etwaige Strafen wegen vorzeitiger Vertragsauflösung in Verbindung mit den verlassenen Anlagen können berücksichtigt werden.[76]

Nicht vom Gemeinschaftsrahmen aufgegriffen wird die Frage der Finanzierung der Verarbei- **37** tung gebrauchter Produkte (**„Recycling"**) durch Pflichtbeiträge der Produzenten. Es ist davon auszugehen, dass, obschon es sich aufgrund der Einschaltung einer öffentlichrechtlich beauftragten Einrichtung um öffentliche Ressourcen handeln kann, die Begünstigung eines bestimmten Unternehmens bzw. Produktionszweiges uU. schwer begründbar sein wird.[77]

Aus der **Systematik** des Gemeinschaftsrahmens aus 2001, der insofern jenem aus 1994 ent- **38** spricht, ergibt sich, dass nicht jede Investition, die eine Anlage an – verbindliche oder unverbindliche, nationale oder gemeinschaftliche – Normen anpasst, solche Normen überschreitet oder in Ermangelung jeglicher Normen durchgeführt wird, beihilfefähig ist, sondern nur jene Investition, deren eigentlicher Zweck eine ökologische Verbesserung ist.[78]

b) Beihilfen für Beratungstätigkeit zugunsten KMU. Die Kommission geht von der **39** Annahme aus, dass **Beihilfen für Beratungstätigkeiten** im Bereich des Umweltschutzes zugunsten der **KMU** wichtig sein können, um diesen Fortschritte zu ermöglichen. Aus diesem Grund können Beihilfen nach VO 70/2001[79] gewährt werden.[80] Beihilferegelungen, welche unter diese Verordnung fallen, sind automatisch freigestellt.[81] Diese Ansicht bestätigte die Kommission in einer Entscheidung, wonach für durch eine italienische Regelung vorgesehenen Umweltaudit-Projekte Beihilfen nach VO 70/2001[82] gewährt werden durften, sofern nur KMU in deren Genuss kamen und die in nach Artikel 5 Buchstabe a dieser Verordnung festgelegten Voraussetzungen erfüllt waren.[83]

c) Betriebsbeihilfen. Betriebsbeihilfen für die Abfallbewirtschaftung, sofern diese mit **40** der Rangfolge der Grundsätze der Abfallbewirtschaftung in Einklang stehen, können gewährt werden, sofern diese unerlässlich und auf den alleinigen Ausgleich der Produktionsmehrkosten beschränkt sind. Außerdem müssen sie zeitlich (auf die Dauer von fünf Jahren) begrenzt und grundsätzlich degressiv sein, sodass sie einen Anreiz darstellen, innerhalb eines angemessenen Zeitraums den Grundsatz der Preiswahrheit und -klarheit zu respektieren. Damit kann ihre Intensität im ersten Jahr 100% der Mehrkosten betragen, muss aber linear bis zum Ende des fünften Jahres auf 0% zurückgeführt werden. Nicht degressive Beihilfen sind demgegenüber auf maximal 50% beschränkt.

Eine **niederländische Beihilfemaßnahme** zur Behandlung gefährlicher Abfälle konnte von **41** der Kommission nicht für mit dem Gemeinsamen Markt vereinbar erklärt werden, da die Beihilfe weder notwendig zu sein schien, noch war sie auf den alleinigen Ausgleich der Produktionsmehrkosten gemessen an den Marktpreisen der betreffenden Produkte oder Dienstleistungen begrenzt.[84]

In Übereinstimmung mit dem **Verursacherprinzip** haben Unternehmen grundsätzlich die **42** Kosten für die Behandlung von Industriemüll selbst zu tragen. Betriebsbeihilfen können allerdings notwendig sein, sofern strengere nationale Normen als die geltenden Gemeinschaftsnormen erlassen werden oder letztere gänzlich fehlen.[85] Diese Regeln wurden an erster Stelle für

---

[76] Vgl. Gemeinschaftsrahmen 2001 (Fn. 42), RdNr. 39.
[77] Vgl. *von der Groeben/Schwarze/Triantafyllou* Art. 87 Abs. 3 EG RdNr. 227.
[78] Vgl. EuG, T-176/01, Slg. 2004, II-3931 – Ferriere Nord.
[79] VO 70/2001, ABl. 2001 L 10/33.
[80] Vgl. Gemeinschaftsrahmen 2001 (Fn. 42), RdNr. 41.
[81] Vgl *Schwarze/Bär-Bouyssière* Art 87 EG RdNr. 74.
[82] VO 70/2001, ABl. 2001 L 10/33.
[83] Vgl. Kom., ABl. 2006 L 383/1 – Autonome Provinz Bozen.
[84] Vgl. Kom., ABl. 2006 L 84/37 – Niederlande.
[85] Vgl. Gemeinschaftsrahmen 2001 (Fn. 42), RdNr. 42–46.

Betriebsbeihilfen aufgestellt, welche Unternehmen gewährt werden, die selbst die betreffenden Abfälle erzeugen.[86]

43   Die im Gemeinschaftsrahmen für staatliche Umweltschutzbeihilfen festgelegten Vorschriften gelten lediglich für solche staatlichen Beihilfen, welche es dem Empfänger ermöglichen, die **eigene Umweltverschmutzung** zu verringern. Sie sind hingegen nicht anwendbar auf Investitionen, die zu einer geringeren Umweltverschmutzung durch Wettbewerber der Beihilfeempfänger führen. So konnte in einem **deutschen Fall** der Ethylentransport über eine Pipeline nicht als Anpassung des Verfahrens zur Ethylenherstellung im Sinne des Umweltschutzes angesehen werden, sondern war als gesonderte Dienstleistung zu betrachten. Dies wurde nach Ansicht der Kommission dadurch verdeutlicht, dass die Pipeline von einem Rechtssubjekt gebaut wurde, das einzig und allein zu dem Zweck gegründet wurde, die Pipeline zu errichten und Transportleistungen für Ethylen zu erbringen. Wenngleich die Anteilseigener in der Ethylenherstellung und -verarbeitung tätig waren, ging es bei der neuen Aktivität in erster Linie um den Transport. Darüber hinaus fand zum Zeitpunkt der Entscheidung kein Ethylentransport in dem betreffenden Gebiet statt. Das Projekt führte folglich nicht unmittelbar zu einer Verringerung der Emissionen der beteiligten Unternehmen. Vielmehr entstand unmittelbar eine neue Transportaktivität, die zwangsläufig in gewissem Umfang zu Emissionen führte und die Umwelt belastete. Der Gemeinschaftsrahmen für Umweltschutzbeihilfen konnte im betreffenden Fall daher nicht angewendet werden.[87]

44   Eine ähnliche Thematik bildete die Grundlage einer Kommissionsentscheidung über eine vom **Vereinigten Königreich** geplante Befreiung von der Klimawandelabgabe für Methan aus Kohlebergwerken. Bei Methan aus stillgelegten Kohlebergwerken handelt es sich um ein Abgas, welches bei Entweichen in die Atmosphäre als starkes Treibhausgas wirkt. Dieses Gas kann weder vermieden noch (mit einigen unbedeutenden Ausnahmen) anderweitig als zur Stromerzeugung wirtschaftlich genutzt werden. Die Kommission kam daher zu dem Schluss, dass die Gewinnung von Methan aus stillgelegten Kohlebergwerken für die Stromerzeugung einer sinnvollen **Abfallbewirtschaftung** entspricht und daher in Einklang mit dem Gemeinschaftsrahmen steht.[88]

45   Damit Unternehmen die Möglichkeit gewährt wird, sich auf neue steuerliche Situationen einzustellen, können **Betriebsbeihilfen in Form von Steuernachlässen und -befreiungen** notwendig sein, insbesondere wenn keine Harmonisierung auf europäischer Ebene oder zeitweilig das Risiko besteht, dass bestimmte Unternehmen auf internationaler Ebene an Wettbewerbsfähigkeit verlieren. Ist die Steuer Gegenstand einer Richtlinie der Gemeinschaft, so kann der betreffende Mitgliedstaat einerseits einen höheren als den in der RL vorgesehene Mindeststeuersatz einführen und bestimmten Unternehmen eine Ausnahme einräumen. Der diesen Unternehmen eingeräumte Steuernachlass darf jedoch nicht so weit führen, dass diese weniger als den in RL vorgesehenen Mindeststeuersatz bezahlen würden.[89] Anderseits kann der betreffende Mitgliedstaat die in der RL vorgesehene Mindeststeuer erheben und bestimmten Unternehmen Ausnahmen einräumen, sofern die RL eine Ausnahmemöglichkeit vorsieht und die Beihilfe notwendig, verhältnismäßig und zeitlich begrenzt ist.[90] In allen anderen Fällen stellt die Ausnahmeregelung des Mitgliedstaates eine unzulässige staatliche Beihilfe dar. Im ersten Fall, sowie für den Fall, dass ein Mitgliedstaat die Einführung einer neuen Steuer plant und auf Gemeinschaftsebene noch keine Harmonisierungsmaßnahmen erlassen wurden, kann eine Beihilfe mit einer Laufzeit von zehn Jahren ohne Degressivität in zwei Fällen gerechtfertigt sein.[91] Zum einen kann die Maßnahme Gegenstand einer **Vereinbarung** zwischen Mitgliedstaat und dem Begünstigten sein, in der sich letzterer verpflichtete, während der Geltungsdauer der Steuerbefreiung Umweltschutzziele zu verwirklichen. Gleiches gilt, wenn sich die Begünstigten zum Abschluss gleichwertiger freiwilliger Vereinbarungen verpflichten. Anderseits braucht die Befreiung dann nicht Gegenstand einer derartigen Vereinbarung sein, wenn entweder im Falle der

---

[86] Vgl. Kom., ABl. 2006 L 84/37 – Niederlande; ähnlich Kom., ABl. 2005 L 53/66 – Stora Enso Langerbrugge.

[87] Vgl. Kom., ABl. 2007 L 143/16 – Deutschland, Ethylenpipeline in Bayern.

[88] Vgl. Kom., ABl. 2004 L 10/54 – Methan aus Kohlebergwerken.

[89] So vorgesehen in einer dänischen Regelung. Vgl. Kom., ABl. 2006 C 274/25 – Erstattung CO2-Steuer.

[90] Vgl. Ermäßigung der Ökosteuer in Deutschland ua für das produzierende Gewerbe, ABl. 2000 C 322/9; Kom., Bericht über die Wettbewerbspolitik 1995 RdNr. 206.

[91] Vgl. ua Kom., Staatliche Beihilfe N 555/2000 – Deutschland, Vorübergehende Befreiung von Gas- und Dampfturbinenanlagen von der Mineralölsteuer.

Herabsetzung einer Gemeinschaftssteuer der vom Unternehmen bezahlte Betrag über dem gemeinschaftlichen Mindestbetrag liegt, damit sich die Unternehmen veranlasst sehen, etwas für die Verbesserung des Umweltschutzes zu tun,[92] oder im Falle der Herabsetzung einer nationalen Steuer bei fehlender Gemeinschaftssteuer die Unternehmen einen **wesentlichen Teil der nationalen Steuer** zahlen.[93] Werden die Begünstigten zu 100% von der nationalen Steuer befreit, so zahlen sie keinen wesentlichen Teil.[94] Hingegen wurde ein Steuersatz von 20% in einer Entscheidung zur deutschen Ökosteuer noch als wesentlicher Teil der nationalen Steuer angesehen.[95]

Eine staatliche Beihilfe, welche **Slowenien** im Rahmen seiner Vorschriften für eine Umweltsteuer auf Kohlendioxid-Emissionen gewährte, konnte für mit dem Gemeinsamen Markt vereinbar erklärt werden, da die Ermäßigung nur für einen Zeitraum von weniger als fünf Jahren angewandt wurde, und somit kürzer als im Gemeinschaftsrahmen vorgesehene Höchstzeitraum. Bei Berücksichtigung der verschiedenen Steuersätze, die in Slowenien für die einzelnen Brennstoffe galten, hing der tatsächliche Steuersatz, der pro Anlage gezahlt wurde, von der Art des für ihren Betrieb verwendeten Rohstoffs ab. Die Kommission konnte nicht im Voraus für jede Anlage die Berücksichtigung der niedrigsten Steuersätze, die in der einschlägigen **Richtlinie zur Energiebesteuerung**[96] festgelegt sind, überprüfen und gewährleisten. Die slowenischen Behörden hatten sich allerdings erneut verpflichtet, für alle Kategorien von Begünstigten zu gewährleisten, dass die Steuer, die sie nach der Herabsetzung zahlen werden, nach wie vor über dem gemeinschaftlichen Mindestbetrag liegt, der in der betreffenden Richtlinie festgelegt ist. Die Steuerermäßigungen werden in Form von Rückerstattungen gewährt, sodass die zuständige nationale Behörde bei jeder Anlage vor Auszahlung überprüfen kann, ob der niedrigste Satz mit dem Gemeinschaftsrahmen vereinbar ist. Die Kommission berücksichtigt auch die Herabsetzung der Steuerermäßigungen, die jedes Jahr zu einem deutlich niedrigeren Ermäßigungssatz führt. Aufgrund des oben beschriebenen Vorgehens der slowenischen Behörden gelangt die Kommission zu der Auffassung, dass die Bedingung, wonach der von den Begünstigten nach der Ermäßigung tatsächlich gezahlte Betrag über dem gemeinschaftlichen Mindestbetrag liegen muss, erfüllt wird.[97]   46

Diese Regelungen gelten auch für bestehende Beihilfen, sofern die betreffende Steuer beachtliche positive Wirkungen auf den Umweltschutz hat und die Ausnahmen bereits zum Zeitpunkt der Annahme der Steuer feststanden oder aufgrund einer wesentlichen Veränderung der Wirtschaftsbedingungen, die die Unternehmen in eine besonders schwierige Wettbewerbslage versetzt, notwendig werden. Die irischen und italienischen Befreiungen von der **Verbrauchsteuer auf Mineralöle**, die als Brennstoff zur Tonerdegewinnung in den Regionen Gardanne und Shannon sowie auf Sardinien verwendet werden, wurden seit 1993 gewährt, eine gleich gelagerte französische Befreiung seit 1997, womit die Maßnahmen mehr als 10 Jahre in Kraft waren.[98] Die Kommission hielt es allerdings durchaus für angemessen, zur Würdigung der restlichen Beihilfemaßnahmen den Gemeinschaftsrahmen heranzuziehen, da dadurch wirtschaftliche Faktoren berücksichtigt werden können, insbesondere die Gefahr einer nachlassenden internationalen Wettbewerbsfähigkeit aufgrund fehlender Steuerharmonisierung. Schließlich ermöglicht der Rahmen völlige Steuerbefreiungen für bestimmte Unternehmen, sofern diese mit dem betreffenden Mitgliedstaat vereinbaren, ihren Umweltschutz zu verbessern. In den vorliegenden Fällen wurden derartige Vereinbarungen jedoch nicht geschlossen, so dass die Steuerbefreiung nicht gerechtfertigt werden konnte. Die der Kommission vorliegenden Angaben zum Tonerdemarkt bestätigten allerdings, dass die Genehmigung des überwiegenden Teils der Beihilfe angemessen war und mit den insgesamt positiven Ergebnissen, die beim Umweltschutz durch die Erhebung dieser Steuer erzielt wurden, begründet werden konnte. Diese Genehmigung erfolgte jedoch unter der Voraussetzung, dass die begünstigten Unternehmen einen höheren Betrag als das gemeinschaftliche Minimum oder einen „wesentlichen Teil" der nationalen Steuer zahlen, da dies als notwendig dafür erachtet wird, dass die Unternehmen einen Anreiz   47

---

[92] Vgl. Kom., ABl. 2006 L 268/19 – Slowenien.
[93] Problematisch in Kom., ABl. 2006 C 274/25 – Erstattung CO2-Steuer.
[94] Vgl. Kom., ABl. 2003 C 189/6 – Schweden, Energiebesteuerungsregelung.
[95] Vgl. Kom., Staatliche Beihilfe N 449/2001 – Deutschland, Fortführung der ökologischen Steuerreform nach dem 31. März 2002.
[96] RL 2003/96, ABl. 2003 L 283/51.
[97] Vgl. Kom., ABl. 2006 L 268/19 – Slowenien.
[98] Vgl. Kom., ABl. 2007 L 147/29 – Frankreich, Irland und Italien, Befreiung von der Verbrauchsteuer auf Mineralöle sowie zur selben Thematik Kom., ABl. 2006 L 119/12.

zur Verbesserung des Umweltschutzes haben. Verweise auf andere Mitteilungen der Kommission im Zusammenhang mit jenem Teil der Beihilfe, der auch im Sinne der Umweltschutzleitlinien nicht mit dem Gemeinsamen Markt vereinbar ist, waren nicht stichhaltig. Da keine weiteren Rechtsgrundlagen vorhanden waren, anhand derer die Beihilfe mit dem Gemeinsamen Markt für vereinbar erklärt werden konnte, war lediglich jener Teil der Beihilfe mit dem Gemeinsamen Markt vereinbar, welcher den Voraussetzungen der Umweltschutzleitlinien entsprach.[99]

48 In einem weiteren Fall bezweifelte die Kommission die Anwendbarkeit des Gemeinschaftsrahmens auf Beihilfen, welche an ein **griechisches** auf Bergbau spezialisiertes **Großunternehmen** gewährt wurden, das sich dieses Unternehmen lediglich zur Einhaltung des geltenden griechischen Rechts verpflichtet hatte.[100] Diese Bestimmungen sind zudem auf Beihilfen zur Entwicklung von Verfahren zur Erzeugung von Elektrizität unter Verwendung herkömmlicher Energiequellen wie Gas anwendbar, wenn auf diese Weise eine wesentlich höhere Energieeffizienz als mit den herkömmlichen Verfahren erzielt wird. Völlige Steuerbefreiungen sind in diesem Bereich nur für eine Dauer von fünf Jahren ohne Degressivität gerechtfertigt.[101]

49 Differenzierter betrachtet werden musste eine staatliche Beihilferegelung **Deutschlands** in Form einer **Mineralölsteuerbefreiung** für Unterglasanbaubetriebe. Die Kommission war der Ansicht, dass jede Steuerermäßigung, die über das ursprüngliche Steuerniveau hinausgeht, nicht nach dem Umwelt-Gemeinschaftsrahmen zu rechtfertigen und daher mit dem Gemeinsamen Markt unvereinbar ist.[102]

50 In ihrer Entscheidung über eine durch **Österreich** angewandte Beihilferegelung betreffend eine **Energieabgabevergütung** auf Erdgas und Elektrizität in den Jahren 2002 und 2003 hielt die Kommission fest, dass die Energiebesteuerungsrichtlinie[103] den Umweltschutzzielen ausdrücklich Rechnung trägt. Deshalb war die Kommission der Auffassung, dass die Beachtung der Mindestsätze der Energiebesteuerungsrichtlinie den Unternehmen einen Anreiz biete, den Umweltschutz zu verbessern. Die Einhaltung der Mindestsätze kann daher auch als wesentlicher Teil der nationalen Steuer gesehen werden, wie dies vom Gemeinschaftsrahmen verlangt wird. Österreich legte die Mindeststeuerbelastung der Unternehmen so fest, dass die Mindeststeuersätze nicht nur für Erdgas und Elektrizität, sondern auch für Kohle eingehalten wurden, für die bisher in Österreich keine Energieabgabe erhoben wurde. Damit stellte es sicher, dass die Mindestabgabenbelastung in den Jahren 2002 und 2003 dem Steuerniveau entsprachen und auch der Mindestumwelteffekt einbezogen wurde, den die Richtlinie insgesamt anstrebt.[104]

51 In Zusammenhang mit der **Gewährung von Betriebsbeihilfen zugunsten erneuerbarer Energieträger** sieht der Gemeinschaftsrahmen **vier Optionen** vor. Im Rahmen der **ersten Option** können Mitgliedstaaten Beihilfen gewähren, um den Unterschied zwischen den Kosten für die Energieerzeugung aus erneuerbaren Energieträgern und dem Preis am Markt der betreffenden Energie auszugleichen. Etwaige Betriebsbeihilfen dürfen allerdings nur gewährt werden, um die **Amortisierung** der Anlagen zu gewährleisten. In Bezug auf eine staatliche Beihilfe, die Italien als Änderung einer bestehenden Regelung zur Verbrauchsteuerermäßigung für Biokraftstoffe gewähren will, ging aus den von Italien übermittelten Angaben eindeutig hervor, dass die Beihilfe den Erzeugern den Verkauf der Kraftstoffmischungen zu einem Preis ermöglicht, der gerade ausreicht, um mit fossilem Kraftstoff zu konkurrieren. Es konnte davon ausgegangen werden, dass sich die Situation während der gesamten Laufzeit der Regelung nicht ändert, da von Italien zugesagt wurde, Preisänderungen fossiler Kraftstoffe und Änderungen der Produktionskosten von Biokraftstoffen halbjährlich zu überwachen und die Beihilfehöhe gegebenenfalls anzupassen. So konnte die betreffende Regelung von der Kommission als für mit dem Gemeinsamen Markt vereinbar erklärt werden.[105]

52 Nach **Option zwei** können Mitgliedstaaten erneuerbare Energieträger durch Marktmechanismen wie **grüne Zertifikate** oder **Ausschreibungen** unterstützen. Eine derartige Förderung muss unerlässlich sein, um die Rentabilität der betreffenden erneuerbaren Energieträger zu ge-

---

[99] Vgl. Kom., ABl. 2007 L 147/29 – Frankreich, Irland und Italien, Befreiung von der Verbrauchsteuer auf Mineralöle.

[100] Vgl. Kom., ABl. 2009 C 56/45 – Ellinikos Chrysos S. A.

[101] Vgl. Gemeinschaftsrahmen 2001 (Fn. 42), RdNr. 47–53.

[102] Vgl. Kom., ABl. 2008 L 238/10 – Deutschland, Mineralölsteuerbefreiung für Unterglasanbaubetriebe.

[103] ABl. 2003 L 283/51.

[104] Vgl. Kom., ABl. 2005 L 190/13 – Österreich, Energieabgabenvergütung.

[105] Vgl. Kom., ABl. 2008 L 65/11 – Italien, Verbrauchsteuerermäßigung für Biokraftstoffe.

währleisten, die Förderung darf insgesamt zu keinem überhöhten Ausgleich führen und die Erzeuger nicht davon abhalten, ihre Wettbewerbsfähigkeit zu verbessern.[106]

Option drei sieht die Möglichkeit vor, Betriebsbeihilfen für neue Anlagen zur Erzeugung **53** erneuerbarer Energie zu gewähren. Diese Beihilfen werden auf der Grundlage der **vermiedenen externen Kosten** berechnet und dürfen auf keinen Fall fünf Euro-Cents pro Kilowattstunde übersteigen. Die Beihilfe muss Teil eines Systems sein, innerhalb dessen alle Unternehmen gleichbehandelt werden und diskriminierungsfrei gewährt werden. Die Kommission überprüft die Einhaltung dieser Regelungen alle fünf Jahre.[107]

Schließlich sind nach **Option vier** Beihilfen nach dem für Betriebsbeihilfen geltenden allge- **54** meinen Bedingungen genehmigungsfähig. Damit müssen sie auf fünf Jahre beschränkt und grundsätzlich degressiv sein.[108]

Nicht unter die Definition der „erneuerbaren Energiequellen" fallen **Emulsionen**.[109] Den- **55** noch geht die Kommission davon aus, dass gewisse Parallelen gezogen werden können. So hielt die Kommission in ihrer Entscheidung über eine staatliche Beihilfe, die **Italien** in Form von Steuervergünstigungen für Wasser-in-Öl-Emulsionen gewähren wollte, fest, dass anhand der Angaben Italiens festgestellt werden kann, dass die Beihilfe den Herstellern den Verkauf der Emulsionen zu einem Preis ermöglicht, der gerade ausreicht, um mit fossilen Brennstoffen zu konkurrieren. Die Kommission kommt somit zu dem Schluss, dass sich die Beihilfe darauf beschränkt, die Differenz zwischen den Kosten für die Erzeugung von Energie aus erneuerbaren Energieträgern und dem Marktpreis der betreffenden Energie auszugleichen und dass eine Überkompensation im Sinne des Rahmens für Umweltschutzbeihilfen ausgeschlossen werden kann.[110]

Betriebsbeihilfen zugunsten der kombinierten Kraft-Wärmeerzeugung[111] können **56** gerechtfertigt sein, sofern nachgewiesen werden kann, dass sie vorteilhafte Auswirkungen auf den Umweltschutz zeitigen und eine der oben im Zusammenhang mit den allgemeinen Grundsätzen der Betriebsbeihilfen zugunsten erneuerbarer Energieträger dargestellten Optionen eingehalten wird.[112] Sie können Unternehmen gewährt werden, die die öffentliche Wärme- und Stromverteilung gewährleisten, wenn die Kosten für die Erzeugung von Strom und Wärme über dem Marktpreis liegen und die Beihilfe unerlässlich ist.[113]

Diese Voraussetzungen erfüllten staatliche Beihilfemaßnahmen, welche **Slowenien** im Rah- **57** men seiner Gesetzgebung über qualifizierte Erzeuger von Energie durchführte. Aus den vorgelegten Daten war ersichtlich, dass die durchschnittlichen Kosten für die Stromerzeugung in den **Kraftwerken mit Kraft-Wärme-Kopplung** in allen Fällen den garantierten Ankaufspreis überstiegen. In den Berechnungen wurden auch Einkünfte aus der Erzeugung und dem Verkauf von Wärme berücksichtigt. Die Kommission war der Ansicht, dass die Höhe der Beihilfe entsprechend den Voraussetzungen des Gemeinschaftsrahmens ermittelt wurde und erklärte die Beihilfe für vereinbar mit dem Gemeinsamen Markt.[114]

4. Sonderregelungen für Energieeinsparungsmaßnahmen. Energiesparmaßnahmen **58** werden insbesondere als Maßnahmen zur Verringerung des Energieverbrauchs in der Produktion beschrieben, während die Entwicklung und Herstellung von Maschinen und Transportmitteln mit geringerem Energieverbrauch ausgeschlossen ist.[115] Der Rahmen hält ausdrücklich fest, dass Maßnahmen zur Erhöhung der Sicherheit und Hygiene in Produktionsbetrieben nicht in seinen Anwendungsbereich fallen. Unter der Geltung des **Gemeinschaftsrahmens aus 1994** stellte sich in einem schwedischen Fall die Frage nach der Anwendbarkeit des Umweltrahmens

---

[106] Vgl. ua. Kom., Staatliche Beihilfe N 415/A/2001 – Belgien sowie *Heidenhain/Repplinger-Hach* § 17 RdNr. 183 mwN.

[107] Vgl. Gemeinschaftsrahmen 2001 (Fn. 42), RdNr. 54–65.

[108] Vgl. ua. Kom., Staatliche Beihilfe N 168/A/2001 – Niederlande, Änderung der Energiesteuer 2001.

[109] Weder im Sinne der Definition des Gemeinschaftsrahmens, noch im Sinne der dieser entsprechenden Definition der RL 2001/77, ABl. 2001 L 283/33.

[110] Vgl. Kom., ABl. 2007 L 187/22 – Italien, Steuervergünstigungen für Wasser-in-Öl-Emulsionen.

[111] Vgl. dazu auch RL 2004/8, ABl. 2004 L 52/50 sowie Gemeinsamer Standpunkt 52/2003, ABl. 2003 C 258E/1.

[112] Vgl. ua. Kom., Staatliche Beihilfe N 415/A/2001 – Belgien; Kom., Staatliche Beihilfe N 449/2001 – Deutschland und Kom., Staatliche Beihilfe N 826/2001 – Irland.

[113] Vgl. Gemeinschaftsrahmen 2001 (Fn. 42), RdNr. 66.

[114] Vgl. Kom., ABl. 2007 L 19/9 – Slowenien.

[115] Siehe Definition „erneuerbare Energien" im Gemeinschaftsrahmen sowie in RL 2001/77, ABl. 2001 L 283/33. Vgl. zudem Kom., Staatliche Beihilfe C 63/2002 – BMW Steyr.

auf Maßnahmen zur Verbesserung der Umweltbedingungen in Innenräumen. In ihrer Entscheidung verneinte die Kommission die Anwendbarkeit des Rahmens, da Hauptziel der Beihilfe die direkte Förderung der öffentlichen Gesundheit ohne vorherige Verbesserung der äußeren Umwelt gewesen war.[116]

59   Für **Investitionen zugunsten von Energieeinsparungen**[117] können Beihilfen zum Ausgangssatz von 40% der beihilfefähigen Kosten gewährt werden.[118] Dasselbe gilt für **Investitionen zugunsten der kombinierten Kraft-Wärmeerzeugung**, sofern nachgewiesen werden kann, dass sich diese Maßnahmen vorteilhaft auf den Umweltschutz auswirken. Dies entweder aufgrund des besonders hohen Umwandlungsgrades, oder weil aufgrund der betreffenden Investitionen der Energieverbrauch herabgesetzt wird. Eine letzte Möglichkeit ist, dass das Produktionsverfahren weniger umweltschädigend ist.[119]

60   Eine **österreichische Maßnahme**, welche Investitionsbeihilfen zur Errichtung von **Biomasseheizanlagen** auf der Basis fester Biomasse (Holz) zum Gegenstand hatte, konnte von der Kommission genehmigt werden, da keine versorgungstechnische Notwendigkeit für die Investition bestand, da bereits Heizanlagen auf der Grundlage fossiler Energieträger vorhanden waren und daher ohne die Möglichkeit einer bis zu 100%igen Förderung die Biomasseheizanlage nicht gebaut worden wäre.[120]

61   **Betriebsbeihilfen für Energieeinsparungen** können gewährt werden, sofern diese unerlässlich und auf den alleinigen Ausgleich der Produktionsmehrkosten beschränkt sind. Außerdem müssen sie zeitlich (auf die Dauer von fünf Jahren) begrenzt und grundsätzlich degressiv sein, sodass sie einen Anreiz darstellen, innerhalb eines angemessenen Zeitraums den Grundsatz der Preiswahrheit und -klarheit zu respektieren. Damit kann ihre Intensität im ersten Jahr 100% der Mehrkosten betragen, muss aber linear bis zum Ende des fünften Jahres auf 0% zurückgeführt werden. Nicht degressive Beihilfen sind auf maximal 50% beschränkt.

IV. Leitlinien für Umweltschutzbeihilfen 2008

62   **1. Allgemeines.** Die vorrangigen Aktionsbereiche für den Umweltschutz wurden zuletzt im Sechsten Umweltaktionsprogramm[121] festgelegt. Die Beihilfenkontrolle im Bereich des Umweltschutzes soll in erster Linie weiterhin sicherstellen, dass die staatlichen Beihilfemaßnahmen zu einer **Umweltentlastung** führen, die ohne die Beihilfe nicht eintreten würde, und dass die positiven Auswirkungen der Beihilfe die negativen Folgen überwiegen, wobei dem **Verursacherprinzip** Rechnung zu tragen ist. Demnach lassen sich negative Effekte dadurch ausgleichen, dass dafür gesorgt wird, dass der Verursacher für die von ihm zu verantwortende Umweltschädigung aufkommt. Dies impliziert eine vollständige Internalisierung der Umweltkosten durch den Verursacher. Die Kommission geht davon aus, dass sich das Verursacherprinzip entweder über die Festlegung verbindlicher Umweltnormen oder mittels marktbasierter Instrumente[122] umsetzen lässt. Zu den letztgenannten kann auch die Vergabe staatlicher Beihilfen gehören.

63   Der **Gemeinschaftsrahmen für Umweltschutzbeihilfen aus 2001** bedurfte nach Ansicht der Kommission einer Überarbeitung, um ihn mit den Zielen des **Aktionsplans „Staatliche Beihilfen"**[123] in Einklang zu bringen und sicherzustellen, dass die Beihilfen gezielt und stärker nach wirtschaftlichen Gesichtspunkten vergeben werden und die Verfahren optimiert werden. Darüber hinaus erachtete die Kommission die damalige Rechtslage insofern als ungenügend, als die genauen Kosten der Umweltbelastung schwer zu beziffern waren und abrupte

---

[116] Vgl. Kom., ABl. 2000 L 295/30 – Schweden.

[117] Vgl. zur Förderung erneuerbarer Energie und zur Kraft-Wärme-Kopplung *Heller* atw 2001, 131; zu Energiesparinvestitionen schon Kom., Bericht über die Wettbewerbspolitik 1992–1993, Ziff. 451 ff.; Bericht über die Wettbewerbspolitik 1993–1994, Ziff. 384.

[118] Vgl. ua. Kom., Staatliche Beihilfe N 800/2000 – Deutschland; Kom., Staatliche Beihilfe N 504/2000 – Vereinigtes Königreich.

[119] Vgl. Gemeinschaftsrahmen 2001 (Fn. 42), RdNr. 30–32; Vgl. ua. auch Kom., Staatliche Beihilfe N 415/A/2001 – Belgien; Kom., Staatliche Beihilfe N 504/2000 – Vereinigtes Königreich; Kom., Staatliche Beihilfe N 829/2001 – Irland; Kom., Staatliche Beihilfe N 628/2001 – Deutschland; Kom., Staatliche Beihilfe N 449/2001 – Deutschland.

[120] Vgl. Kom., Staatliche Beihilfe N 645/2000 – Österreich, Biomasseförderung des Landes Vorarlberg.

[121] Beschl. 1600/2002, ABl. 2002 L 242/1.

[122] Vgl. Grünbuch „Marktwirtschaftliche Instrumente für umweltpolitische und damit verbundene politische Ziele", KOM (2007) 140 endg.

[123] KOM(2005) 107 endg.

Preisanhebungen für eine Reihe von Gütern im Zuge der Internalisierung der Umweltkosten einen externen Schock und Turbulenzen in der Wirtschaft auslösen hätten können.[124]

Nach den Leitlinien müssen die Beihilfen einem Ziel von gemeinsamem Interesse, wie bspw. **64** dem Umweltschutz, dienen. Um der im Aktionsplan vorgesehenen **Abwägungsprüfung**[125] standzuhalten, müssen sie geeignet sein, das Ziel zu erreichen, einen Anreizeffekt haben, verhältnismäßig sein und die Verfälschungen des Wettbewerbs und Handels dermaßen begrenzen, sodass insgesamt die positiven Aspekte überwiegen.

Bezüglich des **Anreizeffekts** muss durch kontrafaktische Analyse geklärt werden, ob die be- **65** treffende Investition ohne staatliche Beihilfe nicht getätigt worden wäre. Beihilfen gelten nur dann als verhältnismäßig, wenn ausgeschlossen ist, dass dasselbe Ergebnis auch mit einer geringeren Beihilfe erreicht werden könnte. Außerdem kann auch der Grad der Selektivität einer Maßnahme für die **Verhältnismäßigkeit** bestimmend sein. Da die Beihilfe auf das erforderliche Mindestmaß beschränkt sein muss, müssen grundsätzlich alle dem Unternehmen entstehenden wirtschaftlichen Vorteile aus den Investitionsmehrkosten herausgerechnet werden.[126]

Nur wenn die Investitionsbeihilfe im Rahmen einer ordnungsgemäßen **Ausschreibung** ge- **66** währt wird und auf das erforderliche Mindestmaß begrenzt ist, kann sich die Beihilfe auf 100% der beihilfefähigen Investitionskosten belaufen. Wichtigste Rechtsgrundlage für Umweltschutzbeihilfen ist Art. 107 Abs. 2 lit. c AEUV.

Die dargestellten **Leitlinien** ersetzen den Gemeinschaftsrahmen aus 2001 und beinhalten **67** Vorschriften für zwei Arten der Prüfung staatlicher Maßnahmen durch die Kommission. Eine **Standardprüfung** für Beihilfemaßnahmen unterhalb eines bestimmten Schwellenwerts oder bei Beihilfen an Unternehmen deren Produktionskapazität einen bestimmten Schwellenwert nicht übersteigt sowie eine **eingehende Prüfung** bei Überschreiten dieses Schwellenwerts, bei Beihilfen an Unternehmen deren Produktionskapazität den Schwellenwert übersteigt und bei Beihilfen für neue Anlagen zur Erzeugung erneuerbarer Energien, die auf der Grundlage der vermiedenen externen Kosten errechnet werden.

Beihilfen in Form von Steuerbefreiung oder -ermäßigungen sowie **Beihilfen in** **68** **Verbindung mit handelbaren Umweltzertifikaten** können nicht auf der Grundlage der Mehrkosten ermittelt werden. In diesen Fällen muss die Verhältnismäßigkeit durch Bedingungen und Kriterien gewährleistet werden, die sicherstellen, dass der Beihilfeempfänger keine überhöhten Vorteile erhält und dass die Selektivität der Maßnahme auf ein Mindestmaß beschränkt bleibt.

Nach Ansicht der Kommission ist eine Beihilfe dann nicht **notwendig oder verhältnis- 69 mäßig**, wenn sie dazu führt, dass entweder unrentable Unternehmen künstlich am Leben erhalten werden, marktdynamische Anreize verfälscht werden, Investitionen verdrängt werden, Marktmacht entsteht, ein wettbewerbsausschließendes Verhalten erzeugt wird, Handelsströme künstlich umgelenkt oder Produktionsstandorte künstlich verlagert werden.[127]

Die Kommission nennt zudem ihre **Gründe** für die Einbeziehung bestimmter Maßnahmen **70** unter diese Leitlinien, bei denen sie unter bestimmten Voraussetzungen von einer Vereinbarkeit mit Art. 107 Abs. 3 lit. c AEUV ausgeht. Dazu zählen Beihilfen für Unternehmen, die über die Gemeinschaftsnormen hinausgehen oder bei Fehlen solcher Normen den Umweltschutz verbessern, Beihilfen für die Anschaffung neuer Fahrzeuge, die über die Gemeinschaftsnormen hinausgehen oder die bei Fehlen solcher Normen den Umweltschutz verbessern, Beihilfen zur frühzeitigen Anpassung an künftige Gemeinschaftsnormen, Beihilfen für Umweltstudien, Beihilfen für Energiesparmaßnahmen, Beihilfen zur Förderung erneuerbarer Energien, Beihilfen für Kraft-Wärme-Kopplung und Fernwärme, Beihilfen für Abfallbewirtschaftung, Beihilfen für die Sanierung schadstoffbelasteter Standorte, Beihilfen für Standortverlagerungen, Beihilfen in Verbindung mit handelbaren Umweltzertifikaten sowie Beihilfen in Form von Umweltsteuerermäßigungen oder -befreiungen.[128]

2. Anwendungsbereich. Die Leitlinien für Umweltschutzbeihilfen gelten für **Beihilfen 71** **zur Förderung des Umweltschutzes** in allen Bereichen des AEUV, einschließlich der Be-

---

[124] Vgl. Leitlinien 2008, ABl. 2008 C 82/1, RdNr. 25. Siehe auch Stellungnahme des Bundesverbandes öffentlicher Banken Deutschlands zum Entwurf der Leitlinien der Gemeinschaft für staatliche Umweltschutzbeihilfen vom 22. 6. 2007.

[125] Vgl. KOM(2005) 107 endg., RdNr. 11 und 20 sowie KOM(2005) 436 endg.

[126] Vgl. Leitlinien 2008 (Fn. 124), RdNr. 31.

[127] Vgl. Leitlinien 2008 (Fn. 124), RdNr. 36.

[128] Vgl. Leitlinien 2008 (Fn. 124), RdNr. 42 bis 57.

reiche, in denen für staatliche Beihilfen besondere Gemeinschaftsvorschriften gelten, sofern diese nichts anderes bestimmen. Vom **Anwendungsbereich** der Leitlinien ausgenommen sind die Entwicklung und Herstellung umweltverträglicher Produkte, Maschinen und Beförderungsmittel, die mit einem geringen Einsatz natürlicher Ressourcen betrieben werden sollen, sowie Maßnahmen in Produktionsbetrieben oder -anlagen zur Verbesserung der Sicherheit und Hygiene.[129]

72   **Beihilfen für Ausbildungstätigkeiten** im Umweltschutz bedürfen nach Ansicht der Kommission keiner anderen Regelung als jener, die für Ausbildungsbeihilfen allgemein gilt.[130] **Verlorene Kosten** im Sinne der Mitteilung der Kommission über die Methode für die Analyse staatlicher Beihilfen in Verbindung mit verlorenen Kosten sind weiterhin vom Anwendungsbereich der Leitlinien ausgenommen.[131]

73   **3. Inhalte. a) Vereinbarkeit von Beihilfen nach Art. 107 Abs. 3 lit. b und c AEUV.** Umweltschutzbeihilfen werden weiterhin an den Grundsätzen des **Art. 107 Abs. 3 lit. c AEUV** gemessen und sind demnach solange mit dem Gemeinsamen Markt vereinbar, als sich aus der **Abwägungsprüfung** ergibt, dass das Vorhaben zu verstärkten Umweltschutzaktivitäten führt, ohne die Handelsbedingungen in einer dem gemeinsamen Interesse zuwiderlaufenden Weise zu verändern. Die Beihilfen müssen einen **Anreizeffekt** haben. Ein solcher wird von der Kommission allerdings ausgeschlossen, wenn mit dem beihilfefähigen Vorhaben bereits vor Stellung des Beihilfeantrags bei den nationalen Behörden begonnen wurde.[132] Die Beweislast für den Anreizeffekt liegt beim betreffenden Mitgliedstaat.[133]

74   Für eine Vereinbarkeit von Umweltschutzbeihilfen nach **Art. 107 Abs. 3 lit. b AEUV** muss das Vorhaben von gemeinsamen europäischen Interesse sein, die Beihilfe muss einen Anreiz für die Durchführung des Vorhabens, mit dem ein hohes Risiko verbunden sein muss, bieten und für das Vorhaben notwendig sein. Als weitere Voraussetzung muss das Vorhaben durch sein Volumen von besonderer Bedeutung sein. Die Besonderheit einer Vereinbarkeit der Beihilfe nach Art. 107 Abs. 3 lit. b AEUV liegt darin, dass die Kommission auch höhere, als in den Leitlinien vorgesehene, Beihilfensätze genehmigen kann.[134]

75   Investitionsbeihilfen für Unternehmen, die **über die Gemeinschaftsnormen hinausgehen** oder bei Fehlen solcher Normen den Umweltschutz verbessern, dürfen 50% der beihilfefähigen Investitionskosten nicht überschreiten.[135] Diese werden in zwei Schritten berechnet. Zunächst wird, sofern angemessen, anhand der kontrafaktischen Fallkonstellation der unmittelbar auf den Umweltschutz bezogene Investitionsanteil ermittelt. Anschließend werden die operativen Gewinne in den ersten fünf Lebensjahren[136] der betreffenden Investition abgezogen und die operativen Kosten in eben diesem Zeitraum hinzugerechnet.[137]

76   Wird eine Investitionsbeihilfe im Rahmen einer ordnungsgemäßen **Ausschreibung** gewährt, kann sich die Beihilfe auf 100% der beihilfefähigen Kosten belaufen. Für den Fall, dass die Investitionen den Erwerb von öko-innovativen Vermögenswerten oder die Durchführung eines Öko-Innovationsprojekts betreffen, kann die Intensität um 10% erhöht werden, sofern der öko-innovative Vermögenswert gemessen am Stand der Technik in dem jeweiligen Wirtschaftszweig der Gemeinschaft eine Neuheit oder eine wesentliche Verbesserung darstellt. Zudem muss der **Nutzen für die Umwelt** deutlich höher sein, als die erwartete Verbesserung, die aus der allgemeinen Entwicklung des Stands der Technik bei vergleichbaren Tätigkeiten resultiert. Abschließend muss mit dem öko-innovativen Charakter dieser Vermögenswerte oder Projekte ein eindeutiges Risiko in technologischer, marktbezogener oder finanzieller Hinsicht verbunden sein, das höher ist als das Risiko, das allgemein mit vergleichbaren nicht-innovativen Vermögenswerten oder Projekten verbunden ist.[138] Bei Investitionsbeihilfen an **KMU** kann die Intensität um 10% bei mittleren und um 20% bei kleinen Unternehmen erhöht werden.[139]

---

129 Vgl. Leitlinien 2008 (Fn. 124), RdNr. 60.
130 Vgl. Leitlinien 2008 (Fn. 124), RdNr. 64.
131 Vgl. Leitlinien 2008 (Fn. 124), RdNr. 66.
132 Vgl. Leitlinien 2008 (Fn. 124), RdNr. 142.
133 Vgl. Leitlinien 2008 (Fn. 124), RdNr. 145.
134 Vgl. Leitlinien 2008 (Fn. 124), RdNr. 150.
135 Vgl. Leitlinien 2008 (Fn. 124), RdNr. 76.
136 Vgl. Leitlinien 2008 (Fn. 124), RdNr. 82.
137 Vgl. Leitlinien 2008 (Fn. 124), RdNr. 80.
138 Vgl. Leitlinien 2008 (Fn. 124), RdNr. 78.
139 Vgl. Leitlinien 2008 (Fn. 124), RdNr. 79.

Beihilfen für die Anschaffung neuer Fahrzeuge, die über die Gemeinschaftsnormen hin- **77** ausgehen oder durch die bei Fehlen solcher Normen der Umweltschutz verbessert wird:[140] Bei der **Nachrüstung** von Fahrzeugen im Verkehrssektor zu Umweltschutzzwecken sind die gesamten zusätzlichen Nettokosten als beihilfefähig anzusehen, wenn die vorhandenen Fahrzeuge so nachgerüstet werden, dass sie Umweltnormen entsprechen, die zum Zeitpunkt der Inbetriebnahme noch nicht in Kraft waren, oder wenn für diese Fahrzeuge keine Umweltnormen gelten.[141]

Beihilfen zur frühzeitigen Anpassung an künftige Gemeinschaftsnormen können als **78** mit dem Gemeinsamen Markt vereinbar angesehen werden, wenn die Investition spätestens ein Jahr vor Inkrafttreten der Norm durchgeführt und abgeschlossen wird.[142] Die Beihilfehöchstintensität beträgt 25% für kleine, 20% für mittlere und 15% für Großunternehmen, wenn die Investition mehr als drei Jahre vor dem Umsetzungstermin bzw. Inkrafttreten durchgeführt und abgeschlossen wird. Wird sie erst ein bis drei Jahre vor diesem Zeitpunkt durchgeführt und abgeschlossen, so beträgt die Höchstgrenze 20% bei kleinen, 15% bei mittleren und 10% bei Großunternehmen.[143]

Die Kommission hegte in diesem Zusammenhang bereits Zweifel an der Vereinbarkeit einer **79** in **Italien** geplanten Beihilfe mit dem Gemeinsamen Markt. Die Beihilfe für das **Sulcis-Projekt** war nach Ansicht der Kommission eine Betriebsbeihilfe. Diese können nur unter besonderen Umständen genehmigt werden, zB. wenn sie dem Umweltschutz dienen. Daher prüfte die Kommission, ob das Projekt als Umweltschutzbeihilfe nach den Leitlinien der Gemeinschaft für staatliche Umweltschutzbeihilfen für vereinbar mit dem Gemeinsamen Markt erklärt werden kann. Die italienischen Behörden wiesen jedoch nicht nach, dass die Bestimmungen der Leitlinien in Bezug auf Energiesparmaßnahmen, auf die frühzeitige Anpassung an künftige Gemeinschaftsnormen oder auf die Sanierung schadstoffbelasteter Standorte eingehalten wurden.[144]

Ebenso problematisch waren staatliche Beihilfen **Griechenlands** in Form von steuerfreien **80** Rücklagen. Die Umweltschutzleitlinien erlauben zwar die Gewährung von Investitionsbeihilfen an **KMU** während der ersten drei Jahre nach der Einführung von neuen verbindlichen Gemeinschaftsnormen sowie von Investitionsbeihilfen, welche Unternehmen in die Lage versetzen, strengere Umweltnormen als die Gemeinschaftsnormen zu erfüllen. Die zu prüfende Maßnahme machte die Beihilfen jedoch nicht von der Einführung neuer Gemeinschaftsnormen abhängig und enthielt keine klaren Vorschriften zur Art der Investitionsausgaben.[145]

Im Falle von **Beihilfen für Umweltstudien** darf die Beihilfeintensität 50% der Kosten der **81** Studie nicht überschreiten. Werden die Studien von **KMU** durchgeführt, so kann diese Höchstgrenze bei kleinen Unternehmen um 20% und bei mittleren um 10% angehoben werden.[146]

Investitionsbeihilfen für Energiesparmaßnahmen dürfen 60% der beihilfefähigen Kosten **82** nicht überschreiten. Für Beihilfen an **KMU** kann die Intensität um 10% bei mittleren Unternehmen und um 20% bei kleinen Unternehmen erhöht werden. Wird die Investitionsbeihilfe im Rahmen einer ordnungsgemäßen Ausschreibung gewährt, kann sie sich auf 100% der beihilfefähigen Investitionskosten belaufen [147] **Betriebsbeihilfen für Energiesparmaßnahmen** können nur gewährt werden, wenn sie sich zum einen auf den Ausgleich der mit der Investition verbundenen Produktionsmehrkosten unter Berücksichtigung der Vorteile aus der Energieeinsparung beschränken und zum anderen auf fünf Jahre beschränkt werden.[148] Bei degressiv gestaffelten Beihilfen darf die Beihilfeintensität im ersten Jahr nicht mehr als 100% der Mehrkosten betragen und muss bis zum Ende des fünften Jahres linear auf 0% zurückgeführt werde. Bei nicht degressiven Beihilfen darf die Beihilfeintensität 50% der Mehrkosten nicht übersteigen.[149]

Investitionsbeihilfen sowie Betriebsbeihilfen zur Förderung erneuerbarer Energien[150] **83** können nur dann gerechtfertigt sein, wenn es keine verbindliche Gemeinschaftsnorm gibt, die den Anteil erneuerbarer Energien für einzelne Unternehmen festlegt. Beide Formen sind nur für die Erzeugung von nachhaltigen Biokraftstoffen zulässig. Im Falle von Investitionsbeihilfen darf

---

[140] Siehe dazu auch RL 2009/33, ABl. 2009 L 120/5, Tz. 30 f.
[141] Vgl. Leitlinien 2008 (Fn. 124), RdNr. 85 f.
[142] Vgl. Leitlinien 2008 (Fn. 124), RdNr. 87.
[143] Vgl. Leitlinien 2008 (Fn. 124), RdNr. 88.
[144] Vgl. Kom., ABl. 2008 C 240/14 – integriertes Kraftwerk im Sulcis.
[145] Vgl. Kom., ABl. 2008 L 244/11 – Griechenland, Steuerfreie Rücklagen.
[146] Vgl. Leitlinien 2008 (Fn. 124), RdNr. 91–93.
[147] Vgl. Leitlinien 2008 (Fn. 124), RdNr. 95–98.
[148] Vgl. Leitlinien 2008 (Fn. 124), RdNr. 99; sowie Kom., ABl. 2008 L 244/11 – Griechenland, Steuerfreie Rücklagen.
[149] Vgl. Leitlinien 2008 (Fn. 124), RdNr. 100.
[150] Vgl. zu erneuerbaren Energien auch KOM(2009) 192 endg. sowie K(2010) 2557.

die Beihilfeintensität 60% der beihilfefähigen Kosten nicht überschreiten. Beihilfefähig sind nur die Mehrkosten, die der Beihilfeempfänger im Vergleich zu einem herkömmlichen Kraftwerk oder Heizsystem mit derselben Kapazität in Bezug auf die tatsächliche Energieerzeugung aufbringen muss. Operative Gewinne und Verluste in den ersten fünf Jahren sind zu berücksichtigen. Für Beihilfen an KMU kann die Beihilfeintensität allerdings um 10% bei mittleren und um 20% bei kleinen Unternehmen angehoben werden.

84 Im Falle einer Gewährung im Rahmen einer ordnungsgemäßen **Ausschreibung** kann sich die Beihilfe auf 100% der beihilfefähigen Kosten belaufen. Bezüglich der Gewährung dieser Beihilfen können die Mitgliedstaaten aus **drei Optionen** wählen. **Betriebsbeihilfen** zur Förderung erneuerbarer Energien können gerechtfertigt sein, um die Differenz zwischen den Erzeugungskosten und dem Marktpreis des betreffenden Energieerzeugnisses auszugleichen. Bei der Bestimmung der Höhe der Betriebsbeihilfe müssen etwaige Investitionsbeihilfen, die an das betreffende Unternehmen für die Errichtung seiner Anlage bezahlt werden, von den Produktionskosten abgezogen werden. Eine Ausnahme bilden Investitionskosten bei Biomasse, da diese relativ gering sind. Im Gegenzug fallen allerdings höhere Betriebskosten an. Aus diesem Grund kann die Kommission Betriebsbeihilfen für die Erzeugung von erneuerbarer Energie aus Biomasse akzeptieren, die über die Investitionskosten hinausgehen. Die Mitgliedstaaten müssen jedoch nachweisen, dass die Gesamtkosten der Unternehmen nach der Abschreibung der Anlagen immer noch über den Preisen am Energiemarkt liegen.[151] Eine zweite Möglichkeit der Mitgliedstaaten besteht darin, erneuerbare Energien durch Marktinstrumente wie **Umweltzertifikate** oder **Ausschreibungen** zu fördern. Stellen diese Instrumente Beihilfen dar, kann die Kommission diese für einen Zeitraum von zehn Jahren genehmigen, wenn die Mitgliedstaaten nachweisen können, dass ohne die Förderung die Rentabilität des betreffenden erneuerbaren Energieträgers nicht gewährleistet wäre, dass die Förderung insgesamt keine Überkompensation zur Folge hat und die Erzeuger nicht davon abhält, ihre Wettbewerbsfähigkeit zu steigern.[152] Als letzte Möglichkeit können die Mitgliedstaaten **Betriebsbeihilfen** gewähren, welche im Falle einer degressiven Staffelung im ersten Jahr 100% der Mehrkosten betragen können, aber bis zum Ende des fünften Jahres linear auf 0% zurückgeführt werden müssen. Wird die Beihilfe nicht degressiv gestaffelt, so darf ihre Intensität 50% der Mehrkosten nicht übersteigen.[153]

85 **Investitionsbeihilfen für Kraft-Wärme-Kopplung** werden von der Kommission als mit dem Gemeinsamen Markt vereinbar angesehen, wenn der neue KWK-Block insgesamt weniger Primärenergie verbraucht, als eine getrennte Erzeugung im Sinne der RL 2004/8[154] und der Kommissionsentscheidung 2007/74.[155] Dasselbe gilt, wenn die Verbesserung eines vorhandenen KWK-Blocks oder die Umrüstung eines vorhandenen Kraftwerks in einen KWK-Block im Vergleich zur Ausgangssituation zu Primärenergieeinsparungen führt.[156] Die Beihilfeintensität darf 60% der beihilfefähigen Investitionskosten nicht überschreiten.[157] Für Beihilfen an **KMU** kann ein Aufschlag um 10% bei mittleren und um 20% bei kleinen Unternehmen gewährt werden.

86 Wird die Investitionsbeihilfe im Rahmen einer ordnungsgemäßen **Ausschreibung** gewährt, so kann sich die Beihilfe auf 100% der beihilfefähigen Investitionskosten belaufen. Betriebsbeihilfen für die hocheffiziente Kraft-Wärme-Kopplung können nach Maßgabe der Bestimmungen für Betriebsbeihilfen für die Energieerzeugung aus erneuerbaren Energieträgern gewährt werden. Dies gilt zum einen für Unternehmen, die Strom und Wärme für die Allgemeinheit liefern, wenn die Kosten für deren Erzeugung über den Marktpreisen liegen und zum anderen für den Einsatz der Kraft-Wärme-Kopplung in der Industrie, wenn nachgewiesen werden kann, dass die Kosten für die Produktion einer Energieeinheit mit dieser Technik über dem Marktpreis einer Einheit für herkömmliche Energie liegen.[158]

87 Eine **Betriebsbeihilfe für Kraft-Wärme-Kopplung** ortete die Kommission bspw. in ihrer Entscheidung über eine staatliche Beihilfe, die **Polen** im Rahmen der langfristigen Strombezugsvereinbarungen gewährt hat, sowie über eine staatliche Beihilfe, die Polen im Rahmen der Aus-

---

[151] Option 1, Vgl. Leitlinien 2008 (Fn. 124), RdNr. 109.
[152] Option 2, Vgl. Leitlinien 2008 (Fn. 124), RdNr. 110.
[153] Option 3, Vgl. Leitlinien 2008 (Fn. 124), RdNr. 111, gekoppelt an die Voraussetzungen der RdNr. 100.
[154] RL 2004/8, ABl. 2004 L 52/50.
[155] Vgl. Kom., ABl. 2007 L 32/183.
[156] Vgl. dazu auch KOM(2008) 771 endg.
[157] Daran scheiterte beispielsweise eine griechische Beihilfemaßnahme; vgl. Kom., ABl. 2008 L 244/11 – Griechenland, Steuerfreie Rücklagen.
[158] Vgl. Leitlinien 2008 (Fn. 124), RdNr. 119.

gleichszahlung bei freiwilliger Kündigung der langfristigen Strombezugsvereinbarungen gewähren wollte. Einige der fraglichen Erzeuger hatten Wärme und Strom produziert. Allerdings hatten weder die polnischen Behörden noch die Erzeuger selbst nachgewiesen, dass ihre Unternehmen die in den Umweltschutzleitlinien geforderten Rentabilitätskriterien vollständig erfüllten. Die der Kommission von Polen vorgelegten Daten belegten vielmehr, dass nur ein begrenzter Teil der überprüften Produktion diese Kriterien erfüllte. Deshalb konnte nach Auffassung der Kommission, auf der Grundlage der erörterten Bestimmungen, keine Beihilfe genehmigt werden, die sich auf die gesamte Produktion dieser Unternehmen bezog.[159]

Beihilfen für effiziente Fernwärme können als mit dem Gemeinsamen Markt vereinbar **88** angesehen werden, wenn die begünstigte Anlage weniger Primärenergie verbraucht, wenn es sich um energieeffiziente Fernwärme handelt oder wenn entweder der kombinierte Betrieb zur Erzeugung von Wärme (und Strom im Falle der Kraft-Wärme-Kopplung) und zur Verteilung der Wärme zu Primärenergieeinsparungen führt, oder die Investition für die Nutzung und Verteilung von Abwärme zum Zwecke der Fernwärmeversorgung gedacht ist. In diesen Fällen darf die Beihilfeintensität 50% der beihilfefähigen Investitionskosten nicht überschreiten. Ist die Beihilfe nur für die Wärmeerzeugung bestimmt, gelten für energieeffiziente Fernwärmeanlagen, in denen erneuerbare Energien oder KWK-Techniken zum Einsatz kommen, die diesbezüglichen Bestimmungen. Für Beihilfen an **KMU** darf die Intensität um 10% für mittlere und um 20% für kleine Unternehmen erhöht werden. Im Falle der Gewährung der Beihilfe im Rahmen einer ordnungsgemäßen Ausschreibung kann sich die Beihilfe auf 100% der beihilfefähigen Kosten belaufen.

Investitionsbeihilfen für Unternehmen, die eine Beeinträchtigung der Qualität des Bodens, **89** des Oberflächen- oder des Grundwassers **(Umweltschäden)** sanieren, gelten als mit dem Gemeinsamen Markt vereinbar, sofern dadurch der Umweltschutz verbessert wird. Kann der für die Umweltschäden Verantwortliche eindeutig ermittelt werden, so muss dieser aufgrund des **Verursacherprinzips** ohne staatliche Beihilfe finanziell für die Sanierung aufkommen. Daran scheiterte eine **griechische Beihilfemaßnahme**, welche die Gewährung der Beihilfe nicht von der Ermittlung des für die Verschmutzung Verantwortlichen oder von der Möglichkeit, ihn zur Rechenschaft zu ziehen, abhängig machte.[160]

Kann der **Verursacher** nicht festgestellt werden oder nicht zur Übernahme der Kosten heran- **90** gezogen werden, so kann der für die Arbeiten zuständigen Person eine Beihilfe von bis zu 100% der beihilfefähigen Kosten gewährt werden. Dabei handelt es sich um die Kosten der Sanierungsarbeiten abzüglich der Wertsteigerung des Grundstücks. Auf keinen Fall darf der Gesamtbeihilfebetrag die tatsächlichen Ausgaben des Unternehmens überschreiten.[161] Die Kommission prüfte bspw., ob die **italienische Maßnahme** zur Unterstützung des integrierten Kraftwerks in **Sulcis** als Umweltschutzbeihilfe nach den Leitlinien der Gemeinschaft für staatliche Umweltschutzbeihilfen für vereinbar mit dem Gemeinsamen Markt erklärt werden konnte. Die italienischen Behörden wiesen jedoch nicht nach, dass die Bestimmungen dieser Leitlinien in Bezug auf Energiesparmaßnahmen, auf die frühzeitige Anpassung an künftige Gemeinschaftsnormen oder auf die Sanierung schadstoffbelasteter Standorte eingehalten wurden.[162]

Investitionsbeihilfen für Standortverlegungen gelten als mit dem Gemeinsamen Markt **91** vereinbar, sofern die Verlegung aus Gründen des Umweltschutzes oder aus Präventionsgründen erfolgt und sich aus einer Verwaltungs- oder Gerichtsentscheidung oder einer Vereinbarung zwischen dem Unternehmen und der zuständigen Behörde ergibt, in der die Verlegung angeordnet wird. Zudem muss sich das Unternehmen an seinem neuen Standort nach dem Recht richten, das die strengsten Umweltschutznormen vorsieht.[163] Als Beihilfeempfänger kommen Unternehmen in einem **Stadtgebiet** oder einem **Natura 2000** Gebiet,[164] welche rechtmäßig einer Tätigkeit nachgehen, die eine größere Umweltbelastung verursacht und deshalb ihren Standort in ein besser geeignetes Gebiet verlegen müssen oder Betriebe und Anlagen im Sinne der Seveso II-Richtlinie in Betracht.[165] Die Beihilfeintensität darf 50% der beihilfefähigen Kosten, welche anhand von Kosten-Nutzen-Faktoren[166] bestimmt werden, nicht übersteigen. Für

---

[159] Vgl. Kom., ABl. 2009 L 83/1 – Polen, Langfristige Strombezugsvereinbarungen.
[160] Vgl. Kom., ABl. 2008 L 244/11 – Griechenland, Steuerfreie Rücklagen.
[161] Vgl. Leitlinien 2008 (Fn. 124), RdNr. 133.
[162] Vgl. Kom., ABl. 2008 C 240/14 – Integriertes Kraftwerk im Sulcis.
[163] Vgl. Leitlinien 2008 (Fn. 124), RdNr. 135.
[164] Vgl. RL 92/43, ABl. 1992 L 206/7.
[165] RL 96/82, ABl. 1997 L 10/13.
[166] Vgl. Leitlinien 2008 (Fn. 124), RdNr. 138.

Beihilfen an KMU kann die Intensität um 10% bei mittleren und um 20% bei kleineren Unternehmen erhöht werden.[167]

92   Eine **griechische Maßnahme** in Form **steuerfreier Rücklagen** machte die Gewährung der Beihilfe nicht von den zuvor angeführten Einschränkungen bezüglich einer obligatorischen Standortverlegung und der beihilfefähigen Kosten abhängig. Zudem sah die Maßnahme nicht die Einhaltung der Beihilfehöchstintensität (30%) für Großunternehmen vor und schloss Betriebsbeihilfen für die Verlagerung nicht aus.[168]

93   **Umweltschutzbeihilfen für Investitionen in die Bewirtschaftung von Abfällen** anderer Unternehmen, einschließlich Wiederverwendung, Recycling und Rückgewinnung gelten als mit dem Gemeinsamen Markt vereinbar, wenn bei der Abfallbewirtschaftung die Rangfolge der Bewirtschaftungsprioritäten eingehalten wird und die folgenden fünf Voraussetzungen kumulativ erfüllt sind. Ziel der Investition muss die Reduzierung der von anderen Unternehmen und nicht der vom Beihilfeempfänger verursachten Umweltbelastung sein, die Verursacher dürfen durch die Beihilfe nicht indirekt von einer Last befreit werden, die sie nach Gemeinschaftsrecht tragen müssten und die als normaler Unternehmensaufwand anzusehen ist und die Investition muss über den Stand der Technik hinausgehen oder herkömmliche Technologien innovativ einsetzen. Darüber hinaus müssen die behandelten Stoffe andernfalls entsorgt oder in einer weniger umweltschonenden Weise behandelt werden und die Investition darf nicht dazu führen, dass sich lediglich die Nachfrage nach verwertbaren Stoffen erhöht, ohne dass dafür gesorgt wird, dass ein größerer Teil dieser Stoffe gesammelt wird.[169]

94   Die Beihilfeintensität darf 50% der beihilfefähigen **Investitionskosten** nicht überschreiten. Für Beihilfen an **KMU** kann die Intensität um 10% für mittlere und um 20% für kleine Unternehmen hinaufgesetzt werden. Beihilfefähig sind allerdings nur die Mehrkosten, die der Beihilfeempfänger im Vergleich zu einer Referenzinvestition für eine Investition in die Abfallbewirtschaftung aufbringen muss. Die Kosten einer solchen Referenzinvestition müssen bei der Berechnung der beihilfefähigen Kosten ebenso wie operative Gewinne und Kosten in den ersten fünf Lebensjahren berücksichtigt werden.[170]

95   Staatliche Beihilfen im Bereich der **handelbaren Umweltzertifikate** gelten als mit dem Gemeinsamen Markt vereinbar, sofern die Regelungen für handelbare Zertifikate so beschaffen sind, dass Umweltschutzziele erreicht werden, die über die Ziele hinausgehen, die auf der Grundlage der für die begünstigten Unternehmen verbindlichen Gemeinschaftsnormen zu erreichen sind. Des weiteren muss die Zuteilung in transparenter Weise, auf der Grundlage objektiver Kriterien und bestmöglicher Datenquellen erfolgen und die Gesamtzahl der Zertifikate, die einem Unternehmen zu einem Preis unter dem Marktwert zugeteilt werden, darf nicht höher sein als der Bedarf, den das Unternehmen voraussichtlich ohne das Handelssystem hätte. Die Zuteilungsmethode darf nicht bestimmte Unternehmen oder Sektoren begünstigen, es sei denn, dies ist durch eine dem System innewohnende Logik gerechtfertigt oder für die Übereinstimmung mit anderen Umweltpolitiken notwendig. Zu guter Letzt dürfen Zertifikate neuen Anbietern grundsätzlich nicht zu günstigeren Bedingungen zugeteilt werden, als den bereits auf dem Markt vertretenen Unternehmen.

96   Durch die Zuteilung einer höheren Zahl von Zertifikaten an bereits etablierte Unternehmen darf der Marktzugang nicht unangemessen beschränkt werden. Darüber hinaus dürfen derartige Beihilfen, mit Ausnahme jener des **EU-Emissionshandelssystems**, grundsätzlich für alle Wettbewerber im relevanten Markt, die sich in einer ähnlichen Lage befinden, in derselben Weise gewährt werden und die Beihilfeempfänger sind anhand objektiver und transparenter Kriterien auszuwählen. Für derartige Beihilfen muss die vollständige Versteigerung einen erheblichen Anstieg der Produktionskosten in dem betreffenden Wirtschaftszweig bzw. in der Gruppe von Beihilfeempfängern zur Folge haben und der Anstieg kann nicht an die Abnehmer weitergegeben werden, ohne dass es zu deutlichen Absatzeinbußen kommt. Schließlich darf es für einzelne Unternehmen in dem betreffenden Wirtschaftszweig nicht möglich sein, den Schadstoffausstoß so zu verringern, dass der Zertifikatspreis tragbar ist.[171]

97   **b) Beihilfen in Form von Umweltsteuerermäßigungen oder -befreiungen. Beihilfen in Form von Umweltsteuerermäßigungen oder -befreiungen** werden im Sinne von

---

[167] Vgl. Leitlinien 2008 (Fn. 124), RdNr. 137.
[168] Vgl. Kom., ABl. 2008 L 244/11 – Griechenland, Steuerfreie Rücklagen.
[169] Vgl. Leitlinien 2008 (Fn. 124), RdNr. 127 lit. e.
[170] Vgl. Leitlinien 2008 (Fn. 124), RdNr. 130 f.
[171] Vgl. Leitlinien 2008 (Fn. 124), RdNr. 141.

Art. 107 Abs. 3 lit. c AEUV als mit dem Binnenmarkt vereinbar angesehen, wenn sie zumindest mittelbar eine Verbesserung des Umweltschutzes bewirken und dem allgemeinen Ziel nicht zuwiderlaufen. Eine niederländische Maßnahme zugunsten der Keramikindustrie scheiterte indes an der Geltendmachung der Vereinbarkeit mit den Leitlinien.[172]

Derartige Beihilfen können für die Dauer von zehn Jahren genehmigt werden, wenn der **98** Beihilfeempfänger entweder mindestens die in der maßgeblichen Richtlinie festgelegten gemeinschaftlichen **Mindeststeuerbeträge** entrichtet oder die **Notwendigkeit und Verhältnismäßigkeit** der Beihilfe gegeben ist. Eine Beihilfe wird von der Kommission als **notwendig** angesehen, wenn kumulativ folgende Voraussetzungen erfüllt sind: Die Beihilfeempfänger müssen anhand objektiver und transparenter Kriterien ausgewählt werden und die Beihilfen müssen grundsätzlich für alle Wettbewerber in dem selben relevanten Markt, die sich in einer ähnlichen Lage befinden, in derselben Weise gewährt werden. Als weiteres Kriterium muss die Umweltsteuer ohne die Ermäßigung einen erheblichen Anstieg der Produktionskosten zur Folge haben. Dieser darf nicht an die Abnehmer weitergegeben werden können, ohne dass es zu erheblichen Absatzeinbußen kommt. Eine Beihilfe wird als **verhältnismäßig** angesehen, wenn entweder die Kriterien festgelegt sind, die sicherstellen, dass jeder Beihilfeempfänger einen Anteil der nationalen Steuer zahlt, der weitgehend seiner Leistung entspricht und auf eine Ermäßigung in Höhe der Produktionsmehrkosten begrenzt ist, die nicht an die Abnehmer weitergegeben werden können oder die Beihilfeempfänger mindestens 20% der nationalen Steuer entrichten oder die Ermäßigungen oder Befreiungen an die Bedingung geknüpft sind, dass der Mitgliedstaat und die Begünstigten Vereinbarungen schließen, welche letztere zur Erreichung von Umweltschutzzielen verpflichten, sofern Inhalt, Ziele und Zeitplan für die Erreichung dieser Ziele durch die Mitgliedstaaten festgelegt werden, eine unabhängige (öffentlichen oder privaten) Stelle eingerichtet wird, welche die Einhaltung der Verpflichtung überprüft und die Vereinbarungen regelmäßig dem Stand der Entwicklung angepasst werden und wirksame Sanktionen für den Fall der Nichteinhaltung sichergestellt werden.[173]

c) Eingehende Prüfung der Beihilfen. Nach den Leitlinien ist eine **eingehende Prüfung** **99** **größerer Beihilfebeträge** vorgesehen.[174] Damit die Kommission ihrer Prüfungspflicht nachkommen kann, wird für bestimmte Maßnahmen eine **Anmeldepflicht** vorgesehen. Darunter fallen Maßnahmen, welche unter eine GVO fallen, sofern diese die Einzelanmeldung der Beihilfe zwingend vorsieht. Für unter die Umweltschutzleitlinien fallende Einzelbeihilfen werden **Schwellenwerte** eingeführt. So sind **Investitionsbeihilfen** anzumelden, wenn der Beihilfebetrag 7,5 Mio. Euro für ein Unternehmen überschreitet. Der Schwellenwert für **Betriebsbeihilfen** für Energiesparmaßnahmen liegt bei einem Beihilfebetrag von 5 Mio. Euro für ein einzelnes Unternehmen in fünf Jahren. Betriebsbeihilfen für die Erzeugung von Strom und/oder die kombinierte Erzeugung von Wärme aus erneuerbaren Energien sind anzumelden, wenn die Beihilfe für Anlagen zur Erzeugung von Strom aus erneuerbaren Energien an Standorten mit einer Stromerzeugungskapazität von mehr als 125 Megawatt gewährt wird. Das selbe gilt für **Betriebsbeihilfen für die Erzeugung von Biokraftstoff**, wenn die Beihilfe für Anlagen an Standorten mit einer Produktionskapazität von mehr als 150 000 Tonnen jährlich gewährt wird und für Betriebsbeihilfen für Kraft-Wärme-Kopplung, wenn die Beihilfe für KWK-Anlagen mit einer Stromerzeugungskapazität von mehr als 200 Megawatt gewährt wird. Betriebsbeihilfen für neue Anlagen zur Erzeugung von Energie aus erneuerbaren Energieträgern sind auf Grundlage der vermiedenen externen Kosten zu berechnen. Übersteigt die den Erzeugern gewährte Beihilfe den Betrag, der sich aus Option 1 für Betriebsbeihilfen für erneuerbare Energien ergibt, so muss die überschüssige Beihilfe in jedem Fall in erneuerbare Energien reinvestiert werden.[175]

Kriterien für die Prüfung bestimmter **Einzelfälle** nach **wirtschaftlichen Gesichtspunkten** **100** sind zum einen die positiven Auswirkungen der Beihilfe, das Vorliegen eines Marktversagens, die Geeignetheit des Instruments, der Anreizeffekt sowie die Notwendigkeit und Verhältnismäßigkeit der Beihilfe. Der Anreizeffekt und die Notwendigkeit der Beihilfe wird anhand der kontrafaktischen Situation,[176] des voraussichtlichen umweltentlastenden Effekts,[177] der Produk-

---

172 Vgl. Kom., ABl. 2009 C 96/16 – Niederlande, Keramikindustrie.
173 Vgl. Leitlinien 2008 (Fn. 124), RdNr. 159.
174 Vgl. dazu weiterführend *Madner*, Leitlinien der Gemeinschaft für staatliche Umweltschutzbeihilfen, RdU 2008, 25.
175 Vgl. Leitlinien 2008 (Fn. 124), RdNr. 162.
176 Vgl. Leitlinien 2008 (Fn. 124), RdNr. 172 lit. a.
177 Vgl. Leitlinien 2008 (Fn. 124), RdNr. 172 lit. b.

tionsvorteile,[178] der Marktbedingungen,[179] möglicher künftiger verbindlicher Normen,[180] Risiko[181] und Rentabilität[182] geprüft. Im Rahmen der **Verhältnismäßigkeitsprüfung** nimmt die Kommission besonders auf die ordnungsgemäße Berechnung der beihilfefähigen Kosten,[183] den Auswahlprozess[184] und die Frage, ob sich die Beihilfe auf das Mindestmaß beschränkt,[185] Bedacht. Die voraussichtlichen **Auswirkungen auf den Wettbewerb** werden anhand der Senkung oder Kompensierung der Produktionsstückkosten,[186] einem umweltfreundlicheren Produktionsverfahren[187] und der Herstellung eines neuen Erzeugnisses[188] beurteilt.

101   Zum anderen werden **Wettbewerbs- und Handelsverzerrungen** und **dynamische Anreize** bzw. Verdrängungseffekte[189] analysiert, die Weiterführung unrentabler Unternehmen,[190] Marktmacht bzw. wettbewerbsausschließendes Verhalten[191] sowie Auswirkungen auf den Handel und den Standort[192] geprüft. Im Rahmen der dynamischen Anreize bzw. Verdrängungseffekte prüft die Kommission die Höhe,[193] Häufigkeit[194] und Laufzeit[195] der Beihilfe sowie deren degressive Staffelung[196] sowie die Bereitschaft der Unternehmen zur Erfüllung künftiger Normen,[197] das Niveau der gesetzlich vorgeschriebenen Umweltnormen im Verhältnis zu den Umweltzielen,[198] die Gefahr von Quersubventionierungen,[199] technologische Neutralität[200] und Innovationswettbewerb.[201]

102   Während die Kommission anerkennt, dass Umweltschutzbeihilfen als **Übergangslösung** gerechtfertigt sein können, so sollen sie nicht dazu dienen, Unternehmen unnötig zu unterstützen. Aus diesem Grund prüft die Kommission die Situation des begünstigten Unternehmens,[202] Überkapazitäten[203] und normales Geschäftsgebaren in dem Wirtschaftszweig, in dem die Beihilfe vergeben werden soll,[204] den relativen Umfang der Beihilfe,[205] den Auswahlprozess[206] und die Selektivität der Beihilfe,[207] um zu vermeiden, dass **unrentable Unternehmen** künstlich am Leben erhalten werden. Im Rahmen der Prüfung der Marktmacht bzw. des wettbewerbsausschließenden Verhaltens des Unternehmens prüft die Kommission die Marktmacht des Begünstigten sowie die Marktstruktur,[208] die Möglichkeit des Marktzutritts neuer Anbieter,[209] Produktdifferenzierung und Preisdiskriminierung[210] sowie Nachfragemacht.[211] Auf Märkten, auf denen jeder einzelne Beihilfeempfänger einen Anteil von weniger als 25% hält, und auf Märkten mit einem **Marktkon-**

---

[178] Vgl. Leitlinien 2008 (Fn. 124), RdNr. 172 lit. c.
[179] Vgl. Leitlinien 2008 (Fn. 124), RdNr. 172 lit. d.
[180] Vgl. Leitlinien 2008 (Fn. 124), RdNr. 172 lit. e.
[181] Vgl. Leitlinien 2008 (Fn. 124), RdNr. 172 lit. f.
[182] Vgl. Leitlinien 2008 (Fn. 124), RdNr. 172 lit. g.
[183] Vgl. Leitlinien 2008 (Fn. 124), RdNr. 174 lit. a.
[184] Vgl. Leitlinien 2008 (Fn. 124), RdNr. 174 lit. b.
[185] Vgl. Leitlinien 2008 (Fn. 124), RdNr. 174 lit. c.
[186] Vgl. Leitlinien 2008 (Fn. 124), RdNr. 177 lit. a.
[187] Vgl. Leitlinien 2008 (Fn. 124), RdNr. 177 lit. b.
[188] Vgl. Leitlinien 2008 (Fn. 124), RdNr. 177 lit. c.
[189] Vgl. Leitlinien 2008 (Fn. 124), RdNr. 178 f.
[190] Vgl. Leitlinien 2008 (Fn. 124), RdNr. 180.
[191] Vgl. Leitlinien 2008 (Fn. 124), RdNr. 181.
[192] Vgl. Leitlinien 2008 (Fn. 124), RdNr. 182–185.
[193] Vgl. Leitlinien 2008 (Fn. 124), RdNr. 179 lit. a.
[194] Vgl. Leitlinien 2008 (Fn. 124), RdNr. 179 lit. b.
[195] Vgl. Leitlinien 2008 (Fn. 124), RdNr. 179 lit. c.
[196] Vgl. Leitlinien 2008 (Fn. 124), RdNr. 179 lit. d.
[197] Vgl. Leitlinien 2008 (Fn. 124), RdNr. 179 lit. e.
[198] Vgl. Leitlinien 2008 (Fn. 124), RdNr. 179 lit. f.
[199] Vgl. Leitlinien 2008 (Fn. 124), RdNr. 179 lit. g.
[200] Vgl. Leitlinien 2008 (Fn. 124), RdNr. 179 lit. h.
[201] Vgl. Leitlinien 2008 (Fn. 124), RdNr. 179 lit. i.
[202] Vgl. Leitlinien 2008 (Fn. 124), RdNr. 180 lit. a.
[203] Vgl. Leitlinien 2008 (Fn. 124), RdNr. 180 lit. b.
[204] Vgl. Leitlinien 2008 (Fn. 124), RdNr. 180 lit. c.
[205] Vgl. Leitlinien 2008 (Fn. 124), RdNr. 180 lit. d.
[206] Vgl. Leitlinien 2008 (Fn. 124), RdNr. 180 lit. e.
[207] Vgl. Leitlinien 2008 (Fn. 124), RdNr. 180 lit. f.
[208] Vgl. Leitlinien 2008 (Fn. 124), RdNr. 182 lit. a.
[209] Vgl. Leitlinien 2008 (Fn. 124), RdNr. 182 lit. b.
[210] Vgl. Leitlinien 2008 (Fn. 124), RdNr. 182 lit. c.
[211] Vgl. Leitlinien 2008 (Fn. 124), RdNr. 182 lit. d.

zentrationsindex von unter 2000 (Herfindahl-Hirschmann-Index) dürfen aus Sicht der Kommission kaum Bedenken aus Gründen der Marktmacht bestehen.[212]

Schließlich wägt die Kommission **Vor- und Nachteile** der Maßnahme ab, um festzustellen, **103** ob die Wettbewerbsverfälschung die Handelsbedingungen in einem dem gemeinsamen Interesse zuwiderlaufenden Maße beeinträchtigt.[213] Je höher der Nutzen für die Umwelt und je eindeutiger erwiesen ist, dass sich der Beihilfebetrag auf das erforderliche Mindestmaß beschränkt, desto größer ist die Wahrscheinlichkeit, dass die Prüfung positiv ausfällt.[214]

Die in diesen Leitlinien genannten **Beihilfeobergrenzen** gelten unabhängig davon, ob das **104** Beihilfevorhaben ganz aus staatlichen Mitteln oder teilweise aus Gemeinschaftsmitteln finanziert wird.[215] Eine Kumulierung von Beihilfen ist mit Ausnahme von **De-minimis Beihilfen** grundsätzlich möglich, solange die nach diesen Leitlinien höchstzulässige Beihilfeintensität gewahrt bleibt.[216]

Die Kommission kann ohne Einleitung eines **förmlichen Prüfverfahrens** entscheiden, **105** gegen eine angemeldete Beihilfe keine Einwände zu erheben, oder sie kann ein solches einleiten.[217] Zur **Anmeldung** von Beihilfevorhaben ist ein verbindliches Formular vorgesehen.[218]

Abschnitt 5. KMU-Beihilfen für die Inanspruchnahme von Beratungsdiensten und für die Teilnahme an Messen

Art. 26 KMU-Beihilfen für die Inanspruchnahme von Beratungsdiensten

(1) Beihilfen zugunsten von KMU für die Inanspruchnahme von Beratungsdiensten sind im Sinne von Artikel 87 Absatz 3 EG-Vertrag mit dem Gemeinsamen Markt vereinbar und von der Anmeldepflicht gemäß Artikel 88 Absatz 3 EG-Vertrag freigestellt, wenn die Voraussetzungen der Absätze 2 und 3 dieses Artikels erfüllt sind.

(2) Die Beihilfeintensität darf 50% der beihilfefähigen Kosten nicht überschreiten.

(3) Beihilfefähig sind die Kosten für Beratungsleistungen externer Berater.

Dabei darf es sich nicht um Dienstleistungen handeln, die fortlaufend oder in regelmäßigen Abständen in Anspruch genommen werden oder die zu den gewöhnlichen Betriebskosten des Unternehmens gehören, wie routinemäßige Steuer- oder Rechtsberatung oder Werbung.

Art. 27 KMU-Beihilfen für die Teilnahme an Messen

(1) Beihilfen zugunsten von KMU für die Teilnahme an Messen sind im Sinne von Artikel 87 Absatz 3 EG-Vertrag mit dem Gemeinsamen Markt vereinbar und von der Anmeldepflicht gemäß Artikel 88 Absatz 3 EG-Vertrag freigestellt, wenn die Voraussetzungen der Absätze 2 und 3 dieses Artikels erfüllt sind.

(2) Die Beihilfeintensität darf 50% der beihilfefähigen Kosten nicht überschreiten.

(3) Beihilfefähig sind die Kosten für Miete, Aufbau und Betrieb eines Stands bei der ersten Teilnahme des Unternehmens an einer bestimmten Messe oder Ausstellung.

Beihilfen für die Inanspruchnahme von Beratungsdienstleistungen und die Teilnahme an **1** Messen muss nicht bei der Kommission angemeldet werden, es sei denn es handelt sich um eine

---

[212] Vgl. Leitlinien 2008 (Fn. 124), RdNr. 181 f.
[213] Vgl. Leitlinien 2008 (Fn. 124), RdNr. 186.
[214] Vgl. Leitlinien 2008 (Fn. 124), RdNr. 187.
[215] Vgl. Leitlinien 2008 (Fn. 124), RdNr. 189.
[216] Vgl. Leitlinien 2008 (Fn. 124), RdNr. 189–191.
[217] Vgl. Leitlinien 2008 (Fn. 124), RdNr. 188.
[218] VO 1147/2008, ABl. 2008 L 313/1.

Einzelmaßnahme mit einem Umfang von über 2 Mio. EUR.[1] Hintergrund der Regelung ist es, KMU den Zugang zum Markt zu erleichtern. Art. 26 und 27 ersetzt den praktisch inhaltsgleichen Art. 5 VO 70/2001. Geändert wurde aus Gründen der Klarheit allein die Aufspaltung des Art. 5 VO 70/2001 in zwei separate Vorschriften. Zudem wurde die Höchstgrenze auf 2 Mio. EUR einheitlich festgelegt, was inhaltlich der bisherigen Regelung entspricht.[2]

2   Die Beihilfeintensität darf 50% der der Kosten für Beratungsleistungen durch externe Berater nicht überschreiten. Bei der Beratung darf es sich nicht um regelmäßig in Anspruch genommene oder fortlaufende Dienstleistungen handeln. Auch Kosten infolge von Dienstleistungen, die zu den gewöhnlichen Betriebsausgaben des Unternehmens gehören, sind nicht beihilfefähig, zB. Steuer- oder Rechtsberatung und Werbung.[3]

3   Beihilfen für die erstmalige Teilnahme an einer bestimmten Messe und Ausstellung dürfen maximal 50% der beihilfefähigen Kosten betragen. Beihilfefähig sind Kosten für Miete, Aufbau und Betrieb eines Messestandes.[4] Die Beihilfen können demselben Unternehmen für die Teilnahme an verschiedenen Messen, aber nicht für die wiederholte Teilnahme an derselben Messen gewährt werden.[5]

Abschnitt 6. Risikokapitalbeihilfen

Art. 28 Begriffsbestimmungen

Für diesen Abschnitt gelten folgende Begriffsbestimmungen:

1. „Eigenkapital" (Equity): Eigentumsrechte an einem Unternehmen, die in den an die Investoren ausgegebenen Anteilen verkörpert sind;
2. „eigenkapitalähnliche Mittel" (Quasi Equity): Finanzierungsinstrumente, bei denen sich die Rendite für den Inhaber überwiegend nach den Gewinnen oder Verlusten des Zielunternehmens bemisst und die im Falle der Zahlungsunfähigkeit des Zielunternehmens nicht gesichert sind;
3. „privates Beteiligungskapital" (Private Equity): private – im Gegensatz zu öffentliche – Investition in die Finanzierung nicht börsennotierter Unternehmen mit Eigenkapital oder eigenkapitalähnlichen Mitteln einschließlich Wagniskapital (Venture Capital);
4. „Seed-Finanzierung": zur Prüfung, Bewertung und Entwicklung einer innovativen Geschäftsidee vor der Start-up-Phase bereitgestellte Finanzmittel;
5. „Start-up-Finanzierung": zur Produktentwicklung und Markteinführung bereitgestellte Finanzmittel für Unternehmen, die ihr Produkt oder ihre Dienstleistung noch nicht vermarktet und noch keinen Gewinn erwirtschaftet haben;
6. „Expansionsfinanzierung": Bereitstellung von Finanzmitteln für Wachstum und Expansion eines Unternehmens – unabhängig davon, ob es kostendeckend oder mit Gewinn arbeitet oder nicht – durch Steigerung der Produktionskapazitäten, Markt- und Produktentwicklung und Bereitstellung zusätzlichen Betriebskapitals;
7. „Ausstiegsstrategie" (Exit): Strategie für die Auflösung von Beteiligungen durch Wagniskapital- oder Private-Equity-Fonds anhand eines Plans zur Renditemaximierung; hierzu zählen die Veräußerung des Unternehmens als Ganzes oder in Teilen, dessen vollständige Abwicklung, die Rückzahlung von Vorzugsanteilen oder Darlehen sowie die Veräußerung an andere Wagniskapitalgeber, an Finanzinstitute und im Wege öffentlicher Zeichnungsangebote (einschließlich Börsengang);
8. „Zielunternehmen": Unternehmen, in das ein Investor oder ein Investmentfonds investieren möchte.

---

[1] Art. 2 Nr. 27 VO 800/2008 und Art. 6 Abs. 1 lit. c, d.

[2] 25 Mio. EUR × 50% × 15% (Bruttobeihilfeintensität für kleine Unternehmen gemäß Art. 6 lit. a i) iVm. Art. 4 Abs. 2 lit. a VO 70/2001) = 1,875 Mio. EUR.

[3] ZB.: Beratung von Unternehmen in finanziellen und organisatorischen Fragen; juristische Beratung über Fragen des internationalen Handels (Zoll-, Aus- und Einfuhrbestimmungen), Erstellung von Machbarkeits- und Effizienzstudien, Erstellung von Studien zur Markterschließung einschließlich Marketingstudien.

[4] Art. 27 Abs. 3.

[5] Kom., Gemeinschaftsvorschriften für staatliche Beihilfen zugunsten von KMU – Ein praktisches Handbuch, 31, (Fn. 3).

Art. 29 Risikokapitalbeihilfen

(1) Risikokapitalbeihilferegelungen zugunsten von KMU sind im Sinne von Artikel 87 Absatz 3 EG-Vertrag mit dem Gemeinsamen Markt vereinbar und von der Anmeldepflicht gemäß Artikel 88 Absatz 3 EG-Vertrag freigestellt, wenn die Voraussetzungen der Absätze 2 bis 8 dieses Artikels erfüllt sind.

(2) Die Risikokapitalbeihilfe erfolgt in Form einer Beteiligung an einem gewinnorientierten, nach wirtschaftlichen Grundsätzen verwalteten Private-Equity-Fonds.

(3) Die von einem Investmentfonds bereitgestellten Anlagetranchen dürfen 1,5 Mio. EUR je Zwölfmonatszeitraum und Zielunternehmen nicht überschreiten.

(4) Für KMU in Fördergebieten sowie für kleine Unternehmen außerhalb eines Fördergebiets ist die Risikokapitalbeihilfe auf die Seed-, Start-up- und/oder Expansionsfinanzierung beschränkt. Für mittlere Unternehmen außerhalb eines Fördergebiets ist die Risikokapitalbeihilfe auf die Seed- und/oder Start-up-Finanzierung beschränkt, d. h. eine Expansionsfinanzierung ist nicht zulässig.

(5) Der Investmentfonds muss mindestens 70% seines in Ziel-KMU investierten Gesamtbudgets in Form von Eigenkapital oder eigenkapitalähnlichen Mitteln zur Verfügung stellen.

(6) Mindestens 50% der von Investmentfonds geleisteten Finanzierung müssen von privaten Investoren bereitgestellt werden. Bei Investmentfonds, die ausschließlich auf KMU in Fördergebieten zielen, müssen es mindestens 30% sein.

(7) Damit gewährleistet ist, dass die Risikokapitalbeihilfe gewinnorientiert ist, müssen folgende Voraussetzungen erfüllt sein:

a) Für jede Investition muss ein Unternehmensplan mit Einzelheiten über die Produkt-, Absatz- und Rentabilitätsplanung vorliegen, aus dem die Zukunftsfähigkeit des Vorhabens hervorgeht;

b) für jede Investition muss eine klare und realistische Ausstiegsstrategie vorhanden sein.

(8) Damit gewährleistet ist, dass der Investmentfonds nach wirtschaftlichen Grundsätzen verwaltet wird, müssen folgende Voraussetzungen erfüllt sein:

a) Es muss eine Vereinbarung zwischen den Fondsmitgliedern und einem professionellen Fondsmanager bestehen, nach der der Manager eine erfolgsbezogene Vergütung erhält und in der die Ziele des Fonds und der Anlagezeitplan festgelegt sind;

b) private Investoren müssen, beispielsweise durch einen Investoren- oder beratenden Ausschuss, an der Entscheidungsfindung beteiligt sein;

c) das Fondsmanagement erfolgt auf der Grundlage bewährter Verfahren und unterliegt einer behördlichen Aufsicht.

Übersicht

Schrifttum: *Frenz,* Handbuch Europarecht, Bd. 3, 2007, 332; *Ghoreishi/Rojo* in: *Sanchez Rydelski* (Hrsg.), The EC State Aid Regime, 2006, 231; *Hancher/Ottervanger/Slot,* EC State Aids, 3. Aufl., 2006, 128; *Horacek/Jarosz-Friis* in *Mederer/Pesaresi/van Hoof* (Hrsg.), EU Competition Law, Volume IV, State Aid, Book Two, 2008, 963; *Koenig/Kühling/Ritter,* EG-Beihilfenrecht, 2. Aufl., 2005, 226; *Kreuschitz/Rawlinson* in *Lenz/Borchardt* (Hrsg.), 4. Aufl., 2006, Art. 107 RdNr. 73; *Mestmäcker/Schweitzer,* Europäisches Wettbewerbsrecht, 2. Aufl., 2004, 1123; *Niemeyer/Boger* in *Heidenhain* (Hrsg.), European State Aid Law – A Handbook, 2009, § 17 E; *Quigley,* European State Aid Law: Second Edition, S. 228; *Triantafyllou* in *Schröter/Jakob/Mederer* (Hrsg.), Kommentar zum Europäischen Wettbewerbsrecht, 2003, Art. 107 Abs. 1 RdNr. 11; *Zuleger,* Risikokapital und staatliche Beihilfen, EWS 2006, 481, *ders.,* State aid and Risk Capital, ECLR 2006 , 166.

I. Allgemeine Grundlagen

1   Risikokapitalbeihilfen sind Beihilfen in Form von Beteiligungen oder beteiligungsähnlicher Finanzierung von Unternehmen in ihren frühen Wachstumsphasen (Seed-, Start-up- und Expansionsphase).[1]

2   Risikokapitalbeihilfen sind eine vergleichsweise junge Beihilfekategorie der horizontalen Beihilfen und wurden erstmals mit der Risikokapitalmitteilung aus dem Jahr 2001 näher geregelt.[2] Hintergrund war eine seit Ende der 90er Jahre betriebene Politik der Kommission, Risikokapitalaktivitäten in der Gemeinschaft zu fördern.[3] Nach Auffassung der Kommission sind Formen der Beteiligungsfinanzierung für bestimmte Arten oder in bestimmten Entwicklungsstufen von Unternehmen besser geeignet als Kreditfinanzierung, da mit dem Schuldendienst erhebliche Kosten verbunden sind und viele Kreditinstitute sich scheuen, Risiken einzugehen. Risikokapitalförderung wurde vom Europäischen Rat in Lissabon am 23. und 24. März 2000[4] zu einem allgemeinen Ziel der Gemeinschaft erklärt und als Frist für die Durchführung des Risikokapital-Aktionsplans das Jahr 2003 festgelegt. Der Europäische Rat regte dazu an, die finanzielle Förderung stärker auf die Unterstützung von neugegründeten Unternehmen, Spitzentechnologiefirmen und Kleinstunternehmen auszurichten. In der Folge wurde in den Strukturfondsvorschriften die Möglichkeit der Kofinanzierung des EFRE und des ESF für Risikokapitalmaßnahmen eröffnet.[5] Zwar hatte die Kommission auch in ihrer vorherigen Entscheidungspraxis Risikokapitalbeihilfen genehmigt, dabei aber häufig Schwierigkeiten bei der Anwendung der für das EG-Beihilferecht klassischen Prinzipien auf derartige Beteiligungen oder beteiligungsähnlichen Finanzierungen bei der Verknüpfung mit beihilfefähigen Kosten und der Bestimmung eines Zuschussäquivalents.[6] Zudem beinhalteten diese Maßnahmen in aller Regel potentielle Beihilfeempfänger auf mehreren Ebenen, was vergleichsweise untypisch war.[7] Dies und das parallel entstehende Bestreben, derartige Maßnahmen verstärkt mit EG-Strukturfondsmitteln zu unterstützen, waren die Gründe für die Schaffung der Risikokapitalmitteilung in 2001.[8]

3   Die Risikokapitalmitteilung legte einerseits die Anwendung des Beihilfebegriffs auf häufig mehrstufige Risikokapitalmaßnahmen aus[9] und enthielt Vereinbarkeitskriterien für solche Risikokapitalmaßnahmen, die eine Beihilfe gemäß Art. 107 Abs. 1 AEUV darstellten.[10] Dabei unterstellte die Kommission zwar kein allgemeines Marktversagen der Risikokapitalmärkte, nahm aber gewisse Eigenkapitallücken bei einigen Formen von Beteiligungen für frühe Entwicklungsphasen von KMU an.[11] Diese Eigenkapitallücke sah die Kommission insbesondere für

---

[1] Art. 2 Nr. 27 VO 800/2008 und Ziff. 2.2. lit. k der Leitlinien „Risikokapitalbeihilfen".

[2] ABl. 2001 C 235/3.

[3] Vgl. das Kommissionspapier „Risikokapital: Schlüssel zur Schaffung von Arbeitsplätzen in der Europäischen Union", SEK(1998) 552 endg. v. 31. 3. 1998.

[4] http://www.consilium.europa.eu/ueDocs/cms_Data/docs/pressData/de/ec/00100-r1.d0.htm.

[5] VO 1685/2000 der Kommission v. 28. Juli 2000 mit Durchführungsbestimmungen zur VO 1260/1999 des Rates hinsichtlich der Zuschussfähigkeit der Ausgaben für von den Strukturfonds kofinanzierte Operationen.

[6] S. zB. Kom., Staatliche Beihilfe N 705/1999, ABl. 2000 C 315/22 – Vereinigtes Königreich: UK High Technology Growth Funds; Staatliche Beihilfe C 46/2000, ABl. 2001 L 144/23 – Vereinigtes Königreich: Viridian Growth Funds; Staatliche Beihilfe N 707/2000, ABl. 2001 C 149/8 – Deutschland: Innovationsfonds der IBG – Innovations- und Beteiligungsgesellschaft mbH Sachsen-Anhalt.

[7] S. insbesondere EuGH, C-156/98, Slg. 2000, I-6857 – Deutschland/Kommission sowie die dem Urteil zugrunde liegende Kommissionsentscheidung Kom., Staatliche Beihilfe C 16/1997, ABl. 1998 L 212/50 – Deutschland: Steuervergünstigung aufgrund des § 53 Abs. 8 EStG; sowie die unter Fn. 7 zitierten Fälle.

[8] ABl. 2001 C 235/3. S ausf. *Ghoreishi/Rojo,* aaO, u. *Zuleger,* aaO.

[9] Ziff. IV. der Risikokapitalmitteilung.

[10] Ziff. VIII. der Risikokapitalmittelung.

[11] Ziff. VI. der Risikokapitalmitteilung.

Finanzierungen von bis zu 500 000 EUR bzw. 750 000 EUR in Fördergebieten nach Art. 107 Abs. 3 lit. c AEUV und 1 Mio. EUR in Fördergebieten nach Art. 107 Abs. 3 lit. a AEUV (sog. „safe harbour" – Schwellenwerte).[12] Sie sah dies durch unvollständige oder asymmetrische Informationen potenzieller Kapitalgeber über die Geschäftsaussichten eines KMU und hohe Transaktionskosten für kleine Investitionen gerechtfertigt.[13] Soweit ein Mitgliedstaat eine größere Eigenkapitallücke nachwies, konnten im Rahmen eines förmlichen Prüfverfahrens auch höhere Finanzierungstranchen genehmigt werden.[14] Die weitere Prüfung erfolgte in Abwägung der in der Risikokapitalmitteilung genannten positiven und negativen Vereinbarkeitskriterien.[15]

In der Praxis ist die Bereitstellung von Beteiligungsfinanzierung in Form von Risikokapital **4** heute eine wichtige und innovative Alternative für nationale Behörden, um staatliche Beihilfen an KMU zu gewähren.[16] Dabei besteht Kohärenz mit den Zielen der EG-Strukturfonds, die für derartige Maßnahmen weiterhin EU-Strukturfondsmittel zur Kofinanzierung nationaler Maßnahmen bereitstellen.[17] Die strategischen Kohäsionsleitlinien der Gemeinschaft betonen: „Privates Beteiligungskapital und Risikokapital sowie Darlehensfonds für die Gründung innovativer Unternehmen sollten als Motor für unternehmerische Initiative, Innovation und die Schaffung von Arbeitsplätzen eine wesentliche Rolle spielen."[18] Die Strukturfonds können im Rahmen eines operationellen Programms Ausgaben im Zusammenhang mit einem Vorhaben finanzieren, das Beiträge zur Unterstützung von Finanzierungsinstrumenten für Unternehmen, vor allem KMU, wie beispielsweise Risikokapitalfonds, einschließt.[19] Für den Mitgliedstaat hat der Einsatz von Strukturfondsmitteln für innovative Finanzierungsinstrumente wie Risikokapitalfonds mehrere Vorteile gegenüber einer klassischen Zuschussfinanzierung: Es besteht eine sofortige Erstattungsfähigkeit gegenüber der EU[20] und die Rückflüsse können über den Förderzeitraum hinaus in der Region verbleiben, müssen aber zugunsten von Finanzierungsinstrumenten für KMU (Zinsertrag) bzw. zugunsten von KMU (sonstige Mittel) wieder verwendet werden.[21] In ihrer Mitteilung für die Frühjahrstagung des Europäischen Rates „Zusammenarbeit für Wachstum und Arbeitsplätze – Ein Neubeginn für die Strategie von Lissabon",[22] hat die Kommission festgestellt, dass es immer noch an Risikokapital für innovative junge Unternehmen in der Anlaufphase fehlt. Die Kommission hat sich mit der Frage der Risikokapitalfinanzierung auch in ihrer Mitteilung „Die Finanzierung des Wachstums von KMU – Der besondere Beitrag Europas" befasst.[23] Danach müssten staatliche Beihilfen abgebaut und dorthin umgelenkt werden, wo sie das Versagen des Marktes ausgleichen, damit die Wirtschaft effizienter funktioniert und Forschung, Entwicklung und Innovation angeregt werden. In diesem Zusammenhang verpflichtete sich die Kommission zu einer Reform der Regelungen über staatliche Beihilfen, um den Zugang zu Finanzierungsquellen und Risikokapital zu erleichtern. Ziel war dabei eine Flexibilisierung der Regelungen für Risikokapitalbeihilfen.[24] Nach einer im März 2005 durchgeführten Konsultation, legte die Kommission im Sommer 2006 einen neuen Rechtstext zur Beurteilung von Risikokapitalbeihilfen vor, die Leitlinien der Gemeinschaft für staatliche Beihilfen zur Förderung von Risikokapitalinvestitionen in kleine und mittlere Unternehmen[25] (hiernach: „Leitlinien Risikokapitalbeihilfen"). In der VO 800/2008 folgte erstmals eine Möglichkeit der Freistellung von Risikokapitalmaßnahmen von der Anmeldepflicht des Art. 108 Abs. 3 AEUV. In

---

[12] Ziff. VI.5 u. VIII.3. der Risikokapitalmitteilung.

[13] Ziff. VI.3. der Risikokapitalmitteilung.

[14] Kom., Staatliche Beihilfe C 72/2003, ABl. 2005 L 236/14 – Vereinigtes Königreich: Invest Northern Ireland Venture 2003; Staatliche Beihilfe C 17/2004, ABl. 2006 L 91/16 – Vereinigtes Königreich: Enterprise Capital Funds.

[15] Ziff. VIII. der Risikokapitalmitteilung.

[16] S. bereits Mitteilung der Kommission an den Rat und das Europäische Parlament über die Umsetzung des Risikokapital-Aktionsplans, KOM(2003) 654 endg.; vgl. Ziff. 1.1. der Leitlinien „Risikokapitalbeihilfen".

[17] S. Ziff. 1.2.4. der strategischen Kohäsionsleitlinien der Gemeinschaft 2007–2013, ABl. 2006 L 291/11.

[18] AaO.

[19] Art. 44 Abs. 1 VO 1083/2006. Besondere Vorschriften für innovative Finanzierungsinstrumente einschließlich Risikokapitalfonds sind in Art. 43 VO 1828/2006 (Durchführungsverordnung) geregelt.

[20] Art. 78 Abs. 6 der VO 1083/2006.

[21] Art. 78 Abs. 7 UAbs. 1 und 2 VO 1083/2006.

[22] KOM(2005) 24 endg.

[23] KOM(2006) 349 endg.

[24] AaO, Ziff. 4.

[25] ABl. C 2006 C 194/2.

ihrer Strategie „Europa 2020" hat die Kom. noch einmal betont, dass auch die Beihilfenpflicht aktiv und positiv zu den Zielen von Europa 2020 beitragen kann, indem sie Initiativen zugunsten innovativerer, effizienterer und umweltfreundlicherer Technologien anregt und fördert und den Zugang zu staatlicher Förderung von Investitionen, Wagniskapital und Forschung und Entwicklung erleichtert.[26] Die Leitlinien „Risikokapitalbeihilfen" und die Freistellungsmöglichkeiten für Risikokapitalmaßnahmen der VO 800/2008 werden dabei eine wichtige Rolle spielen.

II. Art. 28, 29

5 **1. Einleitung.** Risikokapitalbeihilfen zugunsten von KMU ist eine neu freigestellte Beihilfekategorie. Die Kategorie einer horizontalen Beihilfe ist in der Verordnungsermächtigung VO 994/1998 nicht ausdrücklich erwähnt und ist daher al s eine KMU-Beihilfe anzusehen und als solche von der Ermächtigung der VO 994/1998 erfasst.

6 **2. Begriffsbestimmungen.** Art. 2 Nr. 27 u. Art. 28 der AGVO beinhalten zunächst die maßgeblichen Begriffsbestimmungen für Risikokapitalbeihilfen, die bereits aus Ziff. 2.2. der Leitlinien „Risikokapitalbeihilfen" bekannt sind und unter IV. dargelegt werden.

7 **3. Freigestellte Risikokapitalbeihilfen.** Die eigentliche Freistellung von Risikokapitalbeihilfen von der Anmeldepflicht des Art. 108 Abs. 3 AEUV ist in Art. 29 enthalten. Sie gilt ausschließlich für „Risikokapitalbeihilfen" in Form der Beteiligung an einem gewinnorientierten, nach wirtschaftlichen Grundsätzen verwalteten Private-Equity-Fonds,[27] dem Hauptanwendungsfall einer Risikokapitalbeihilfe unter Ziff. 4.3. lit. a der Leitlinien „Risikokapitalbeihilfen". Der Begriff Private-Equity-Fonds ist in diesem Zusammenhang vor dem Hintergrund der Definition von Private Equity als privates Beteiligungskapital zu verstehen, dh. eine private – im Gegensatz zu einer öffentlichen – Investition in die Finanzierung nicht börsennotierter Unternehmen mit Eigenkapital oder eigenkapitalähnlichen Mitteln einschließlich Wagniskapital (Venture Capital),[28] und meint daher insbesondere Wagniskapitalfonds. Die Begrenzung auf Private-Equity-Fonds, mithin „privates Beteiligungskapital" und die Formulierung „Beteiligung an Fonds" anstatt „Errichtung von Fonds" in Ziff. 4.2. lit. a der „Risikokapitalbeihilfen" lässt darauf schließen, dass unter der VO 800/2008 keine 100% öffentlichen Fonds freigestellt werden können, sondern der Fonds in privater Hand errichtet werden muss, bevor sich die öffentliche Hand daran beteiligt. Mit der Beschränkung der Anwendung der AGVO auf Beteiligungen des Staates an einem gewinnorientierten, nach wirtschaftlichen Grundsätzen verwalteten Private-Equity-Fonds will die Kom. offenbar unter der AGVO komplexe Prüfung des Vorliegens einer Beihilfe auf verschiedenen Ebenen einer Risikokapitalmaßnahme wie unter den Leitlinien vermeiden. Sie erreicht damit aber auch eine Verwischung zum Privatinvestortest, da solche Beteiligungen an gewinnorientierten, nach wirtschaftlichen Grundsätzen arbeitenden Unternehmen als klassische Anwendungsfälle des Privatinvestortests angesehen werden können. Dies gilt umso mehr, wenn grds. 50% der Mittel von privaten Investoren beigetragen werden sollen. Diese ungenaue Abgrenzung zum Privatinvestortest muss als ein Grundproblem der Risiko-Kapitalbeihilfebestimmungen angesehen werden.[29]

8 Die weiteren Freistellungskriterien des Art. 29 Abs. 3 bis 7 entsprechen den Vereinbarkeitskriterien der Ziff. 4.3.1 bis 4.3.6. der Leitlinien „Risikokapitalbeihilfen", mit der Ausnahme dass zum Nachweis des Managements anhand kaufmännischer Grundsätze nicht nur marktwirtschaftlich handelnde private Investoren beispielsweise durch einen Investoren oder beratenden Ausschuss an der Entscheidungsfindung beteiligt sein müssen, sondern private Investoren. Dies kann jedoch auch durch eine Beteiligung auf Unternehmensebene erfolgen, da dann die Entscheidung der öffentlichen Investoren auf Fondsebene durch die geforderte private Beteiligung auf Unternehmensebene gleichermaßen von privaten Investoren abhängig ist. Für die Darlegung der Freistellungskriterien im Einzelnen wird auf die Darlegung der Ziff. 4.3.1 bis 4.3.6 der Leitlinien „Risikokapitalbeihilfen" verwiesen.

---

[26] Ziff. 3.1 Abs. 6 der Mitteilung der Kommission „Europa 2020: Eine Strategie für intelligentes, nachhaltiges und integratives Wachstum", KOM(2010)2020 endg. v. 3. 3. 2010.

[27] Art. 28 Nr. 3.

[28] Art. 29 Abs. 2.

[29] S. hierzu ausf. RdNr. 23.

III. Leitlinien der Gemeinschaft für staatliche Beihilfen zur Förderung von Risikokapitalinvestitionen in kleine und mittlere Unternehmen

Die Leitlinien „Risikokapitalbeihilfen" sind am 18. 8. 2006 in Kraft getretenen und wurden **9** in 2008 durch ein neues Notifizierungsformular[30] sowie die Möglichkeit der Freistellung auf Grundlage der AGVO[31] ergänzt. Die Leitlinien „Risikokapitalbeihilfen" ersetzen die bisherige Risikokapitalmitteilung aus dem Jahr 2001. Obwohl nunmehr als Leitlinien bezeichnet, haben die Leitlinien „Risikokapitalbeihilfen" und die Risikokapitalmitteilung den gleichen Regelungsumfang, setzen dabei aber unterschiedliche Schwerpunkte. Während die Risikokapitalmitteilung ihren Schwerpunkt auf der Anwendung des Art. 107 Abs. 1 AEUV auf Risikokapitalmaßnahmen sah, aber gleichwohl auch Abwägungskriterien für die Genehmigung derartiger Beihilfen unter Art. 107 Abs. 3 lit. c AEUV definierte, bilden in den Leitlinien „Risikokapitalbeihilfen" vor dem Hintergrund der umfangreichen Entscheidungspraxis der Kommission mit Risikokapitalmaßnahmen auf Grundlage der Risikokapitalmitteilung nunmehr die Genehmigungskriterien nach Art. 107 Abs. 3 lit. c AEUV ein deutliches Übergewicht, auch wenn weiterhin Kriterien für die Anwendung des Art. 107 Abs. 1 AEUV aufgestellt werden. Dabei muss man bedenken, dass die diesbezüglichen Ausführungen der Leitlinien einen anderen Rechtscharakter haben als die Bestimmungen, die das Ermessen der Kom. im Bereich von Art. 107 Abs. 3 AEUV ausfüllen.[32] Da die Risikokapitalmitteilung hinsichtlich der Anwendung des Art. 107 Abs. 1 AEUV auf Risikokapitalmaßnahmen ausführlicher als die Leitlinien „Risikokapitalbeihilfen" sind, ist davon auszugehen, dass diese in Zweifelsfragen weiterhin als Auslegungshilfe hinzugezogen werden können. Bei der Gestaltung der Leitlinien „Risikokapitalbeihilfen" konnte die umfangreiche Entscheidungspraxis der Kommission zur Risikokapitalmitteilung Einfluss finden. Die Leitlinien „Risikokapitalbeihilfen" setzen im Übrigen das Konzept einer „verfeinerten ökonomischen Analyse" des Aktionsplans Staatliche Beihilfen[33] um,[34] das aber bereits in der Risikokapitalmitteilung angelegt war.[35]

Auch unter den Leitlinien „Risikokapitalbeihilfen" unterstellt die Kommission auf dem Risi- **10** kokapitalmarkt weiterhin eine „Eigenkapitallücke", d. h. eine anhaltende Kapitalmarktinsuffizienz, die zur Folge hat, dass das Angebot die Nachfrage nicht zu einem für beide Seiten annehmbaren Preis befriedigen kann, was zu Lasten der KMU in Europa geht.[36] Die Lücke tut sich vor allem für innovative, meistenteils junge High-Tech-Unternehmen mit einem hohen Wachstumspotenzial auf. Betroffen sein können aber auch eine Reihe anderer Unternehmen mit einem geringeren Wachstumspotenzial, die unterschiedlich lange bestehen und verschiedenen Wirtschaftszweigen angehören, deren Expansionspläne ohne Risikokapital von außen ebenfalls beeinträchtigt sein können. Unter bestimmten, eng umschriebenen Umständen kann nach Auffassung der Kommission bei Bestehen einer solchen Kapitalmarktlücke die Gewährung staatlicher Beihilfen gerechtfertigt sein. Sie betont, dass bei einer richtigen Ausrichtung staatliche Beihilfen zur Förderung der Bereitstellung von Risikokapital wirksam eingesetzt werden können, um das festgestellte Marktversagen in diesem Bereich zu beheben und privates Kapital zu mobilisieren. Vor dem Erfahrungshintergrund der Entscheidungspraxis auf Grundlage der Risikokapitalmitteilung verfolgen die Leitlinien „Risikokapitalbeihilfen" einen flexibleren Ansatz in bestimmten Fällen, der den Mitgliedstaaten die Möglichkeit geben soll, ihre Risikokapitalbeihilfen gezielter auf das jeweilige Marktversagen ausrichten zu können.[37]

IV. Anwendungsbereich und Begriffsbestimmungen

1. Anwendungsbereich. Die Leitlinien „Risikokapitalbeihilfen" finden ausschließlich auf **11** Beihilferegelungen für KMU Anwendung,[38] die eine Gewährung von Risikokapitalbeihilfen

---

[30] VO 271/2008 zur Änderung der VO 794/2004 zur Durchführung der VO 659/1999. Das Formular ist unter http://ec.europa.eu/competition/state_aid/legislation/forms_docs/sis_ra_annex_11_de.doc abrufbar.
[31] ABl. 2008 L 214/3.
[32] Zum Rechtscharakter von Art. 107 Abs. 3 AEUV ausfüllenden Kommissionsmitteilungen s. EuGH, C-83/98P, Slg. 2000, I-3271, RdNr. 25 – Frankreich/Landbroke Racing.
[33] KOM(2005) 107 endg.
[34] Ziff. 1.3. der Leitlinien „Risikokapitalbeihilfen".
[35] Vgl. Ziff. VI–VIII der Risikokapitalmitteilung.
[36] Ziff. 1.3.2. der Leitlinien „Risikokapitalbeihilfen".
[37] KOM(2003) 654 endg.
[38] Ziff. 2.1. der Leitlinien „Risikokapitalbeihilfen".

vorsehen. Ad-hoc-Maßnahmen und Risikokapitalmaßnahmen zugunsten großer Unternehmen sind vom Anwendungsbereich ausgeschlossen. In der Entscheidungspraxis der Kommission zur Risikokapitalmitteilung wurden die dort geregelten Rechtsgrundsätze besonders für die Prüfung von Beihilfen auf mehreren Ebenen von Beihilfeempfängern entsprechend auch in anderen Bereichen angewandt, etwa für Infrastrukturmaßnahmen.[39] Eine vergleichbare entsprechende Anwendung der Grundsätze der Leitlinien „Risikokapitalbeihilfen" zur Auslegung von Art. 107 Abs. 1 AEUV ist bisher nicht bekannt, für vergleichbare innovative Maßnahmen aber vorstellbar.

12   Um unter den Leitlinien „Risikokapitalbeihilfen" genehmigt werden zu können, müssen die Beihilferegelungen ausdrücklich die Finanzierung von Unternehmen in Schwierigkeiten ausschließen.[40] Für Beihilfen an Unternehmen in Schwierigkeiten gelten ausschließlich die Rettungs- und Umstrukturierungsleitlinien.[41] Üblicherweise sollte der Ausschluss von Unternehmen in Schwierigkeiten keine Probleme bereiten, da neu gegründete Unternehmen, die Hauptzielgruppe von Risikokapitalmaßnahmen, in den ersten drei Jahren nach Aufnahme ihrer Geschäftstätigkeit ohnehin vom Anwendungsbereich der Rettungs- und Umstrukturierungsleitlinien ausgeschlossen sind.[42] Bei älteren Zielunternehmen einer Risikokapitalbeihilfe ist eine im Einzelfall erforderliche nähere Abgrenzung von Unternehmen in Schwierigkeiten jedoch nicht ausgeschlossen, besonders bei der Finanzierung von späteren Unternehmensphasen wie einer Turnaround-Finanzierung, dh. die Finanzierung eines Unternehmens, das sich nach Überwindung von Schwierigkeiten (zB. Absatzprobleme) wieder aufwärts entwickeln soll.[43] Die Schwierigkeiten eines Unternehmens, die zu einer solchen Turnaround-Finanzierung führen, müssen jedoch nicht gleichbedeutend mit der Definition eines Unternehmens in Schwierigkeiten nach Ziff. 9 ff. der Rettungs- und Umstrukturierungsleitlinien sein,[44] so dass im Einzelfall eine Risikokapitalbeihilfe möglich ist.

13   Weiterhin vom Anwendungsbereich einer Risikokapitalbeihilfe auszuschließen sind Unternehmen der Industriezweige Schiffbau, Kohle und Stahl sowie exportbezogene Tätigkeiten.[45] Der Ausschluss exportbezogener Tätigkeiten meint dabei namentlich solche, die unmittelbar mit den Exportmengen, dem Aufbau und Betrieb eines Vertriebsnetzes oder anderen laufenden, mit der Ausfuhr verbundenen Ausgaben im Zusammenhang stehen, sowie Beihilfen, die von der Verwendung heimischer Erzeugnisse zu Lasten von Importwaren abhängig gemacht werden.[46] Diese Definition einer exportbezogenen Tätigkeit orientiert sich offenbar an dem WTO-Übereinkommen über Subventionen und Ausgleichsmaßnahmen.[47] Sie umfasst aber nicht sog. Internationalisierungsbeihilfen, die Auslandsinvestitionen etwa in Form der Gründung eines Joint Ventures oder einer Tochterfirma fördern sollen.[48] Auf derartige Maßnahmen bezogene Risikokapitalbeihilfen hat die Kommission vielmehr bereits auf Grundlage der früheren Risikokapitalmitteilung im Einzelfall genehmigt.[49]

14   Die Anwendung anderer Leitlinien, Gemeinschaftsrahmen oder Verordnungen bleiben von den Leitlinien „Risikokapitalbeihilfen" unberührt.[50] Genehmigungen von Risikokapitalmaßnahmen etwa auf Grundlage des F&E&I-Gemeinschaftsrahmens[51] sind in der Entscheidungspraxis der Kommission daher möglich.[52]

---

[39] Vgl. Ziff. 4.3. des Arbeitspapiers der Kommission zur staatlichen Beihilfenkontrolle und der Regeneration benachteiligter Gebiete unter http://ec.europa.eu/competition/state_aid/studies_reports/vademecum.pdf.

[40] Ziff. 2.1. der Leitlinien „Risikokapitalbeihilfen".

[41] ABl. 2004 C 244/2.

[42] Ziff. 12 der Rettungs- und Umstrukturierungsleitlinien.

[43] S. Kom., Staatliche Beihilfe N 344/2006, ABl. 2007 157/8 – Deutschland: SBG Sächsische Beteiligungsgesellschaft mbH, RdNr. 27–30 und 40.

[44] AaO.

[45] Ziff. 2.1. der Leitlinien „Risikokapitalbeihilfen".

[46] Ziff 2.1. letzter UAbs. der Leitlinien „Risikokapitalbeihilfen".

[47] ABl. 1994 L 336/156. Vgl. zu Exportbeihilfen und EU-Beihilfenkotrolle *Martenczuk*, Export Aid and EC State Aid Control, in: Flett (Hrsg.), EC State Aid Law, Liber Amicorum Francisco Santaollala Gadea, 2008, 169.

[48] Vgl. zur Abgrenzung Heidenhain/*Repplinger-Hach* § 17 RdNr. 193–194.

[49] Kom., Staatliche Beihilfe N 188/2004, ABl 2005 C 131/14 – Finnland: South-East Finland Risk Capital Fund.

[50] Ziff. 2.1. der Leitlinien „Risikokapitalbeihilfen".

[51] ABl. 2006 C 323/1.

[52] Kom., Staatliche Beihilfe N 15/2008, ABl. 2008 C 180/4 – Vereinigtes Königreich: National Endowment for Science, Technology and the Arts – Young Innovative Enterprise Scheme (NESTA YIE); Staatliche

2. Begriffsbestimmungen. Die in den Leitlinien „Risikokapitalbeihilfen" enthalten Be- **15** griffsbestimmungen[53] der Risikokapitalfinanzierung stimmen im Wesentlichen mit den Definitionen der European Private Equity and Venture Capital Association (EVCA) bzw. ihres deutschen Mitgliedsverbandes, dem Bundesverband Deutscher Kapitalbeteiligungsgesellschaften (BVK) überein.[54] Der Begriff **Risikokapital**[55] umfasst unter den Leitlinien „Risikokapitalbeihilfen" Beteiligungen oder beteiligungsähnliche Finanzierung von Unternehmen in ihren frühen Wachstumsphasen (Seed-, Start-up- und Expansionsphase). Dies schließt informelle Investitionen von Business Angels, Wagniskapital und alternative Aktienmärkte, die auf KMU einschließlich Wachstumsunternehmen spezialisiert sind („Anlageinstrumente"), ein. Business Angels sind vermögende Privatpersonen, die unmittelbar in neue aufstrebende, nicht börsennotierte Unternehmen investieren (Bereitstellung von Seed-Kapital) und ihre Erfahrungen an sie weitergeben. Im Gegenzug erhalten sie dafür in der Regel Beteiligungen an dem Unternehmen, sind aber häufig auch bereit, das Unternehmen langfristig zu finanzieren.[56]

Da ausschließlich Beteiligungen und beteiligungsähnliche Finanzierungsinstrumente von **16** diesem Risikokapitalbegriff umfasst sind, werden diese von den Leitlinien „Risikokapitalbeihilfen" näher bestimmt. Der Begriff **Beteiligung**[57] meint Anteilseigentum an einem Unternehmen, bestehend aus den an Investoren ausgegebenen Anteilen, der Begriff „private Beteiligung"[58] im Gegensatz zum Aktienkapital Beteiligung am Eigenkapital nicht börsennotierter Unternehmen einschl. Wagniskapital, Ersatzfinanzierung und Übernahme eines Unternehmens (Buy-Out). Der Begriff **beteiligungsähnliche Finanzierungsinstrumente**[59] umfasst Instrumente, bei denen sich die Rendite für den Inhaber (Investor/Kreditgeber) überwiegend nach den Gewinnen oder Verlusten des Zielunternehmens bemisst und die im Falle der Zahlungsunfähigkeit des Zielunternehmens nicht gesichert sind. Davon abzugrenzen ist der Begriff **Kreditfinanzierungsinstrument,**[60] der Darlehen oder sonstige Finanzinstrumente meint, die dem Kreditgeber/Investor in erster Linie eine feste Mindestrendite garantieren und zumindest teilweise gesichert sind. Die Unterschiede lassen sich wie folgt gegenüber stellen:[61]

Beteiligungsähnliche Finanzierung	Kreditfinanzierung
Gewinnabhängige Vergütung (zumindest überwiegend)	Festvergütung (zumindest überwiegend)
Keine Besicherung oder schlechter Rang bei Insolvenz	Besicherung oder vergleichsweise guter Rang bei Insolvenz
Umwandlung in Eigenkapital möglich	Keine Umwandlung in Eigenkapital möglich
Ggf. Einstufung als Eigenkapital gemäß Rechts-, Finanz- und Rechnungslegungsvorschriften	Ggf. Einstufung als Fremdkapital gemäß Rechts-, Finanz- und Rechnungslegungsvorschriften

Die Leitlinien „Risikokapitalbeihilfen" betonen, dass die Abgrenzung dieser beiden Begriffe **17** auf einem **Substance-Over-Form-Ansatz**[62] beruht, dh. die Kommission wird bei der beihilferechtlichen Überprüfung dieser Finanzinstrumente in erster Linie ihren wirtschaftlichen

---

Beihilfe N 373/2007, ABl. 2008 C 67/5 – Vereinigtes Königreich: Northern Ireland Spinouts (NISPO): the Young Innovative Enterprise (YIE) Scheme; Staatliche Beihilfe N 309/2007, ABl. 2007 C 30/7 – Finnland: Support for Young Innovative Enterprises; Staatliche Beihilfe N 512/2006, ABl. 2007 C 151/2 – Österreich: Förderung von Gründung und Aufbau junger innovativer technologieorientierter Unternehmen; Staatliche Beihilfe N 779/2006, ABl. 2007 C 41/1 – Vereinigtes Königreich: Northern Ireland R&D Challenge Fund.

[53] Ziff. 2.2. der Leitlinien „Risikokapitalbeihilfen".
[54] S. das Glossar der EVCA unter http://www.evca.eu.
[55] Ziff. 2.2. lit. k der Leitlinien „Risikokapitalbeihilfen".
[56] Ziff. 2.2. lit. s der Leitlinien „Risikokapitalbeihilfen".
[57] Ziff. 2.2. lit. a der Leitlinien „Risikokapitalbeihilfen".
[58] Ziff. 2.2. lit. b der Leitlinien „Risikokapitalbeihilfen."
[59] Ziff. 2.2. lit. b der Leitlinien „Risikokapitalbeihilfen".
[60] Ziff. 2.2. lit. d der Leitlinien „Risikokapitalbeihilfen".
[61] Ziff. 4.3.3. der Leitlinien „Risikokapitalbeihilfen".
[62] Ziff. 2.2. lit. c und d jeweils Satz 2 der Leitlinien „Risikokapitalbeihilfen".

Gehalt heranziehen und sich weniger von ihrer Bezeichnung oder ihrer Einstufung durch den Investor leiten lassen.[63] Diese Einzelfallprüfung bereitete der Kommission in ihre Entscheidungspraxis vor allem bei der in Deutschland bestehenden Gestaltungsvielfalt bei stillen Beteiligungen (zB. typisch und atypisch stille Beteiligungen, stille Beteiligungen mit Wandlungsoption etc.)[64] mitunter Schwierigkeiten.[65] In ihrer einzelfallabhängigen Entscheidungspraxis zu den deutschen stillen Beteiligungen ordnete die Kommission stille Beteiligungen mit Wandlungsoption als darlehensähnliche Finanzierung ein,[66] typisch stille Beteiligungen als darlehensähnliche Finanzierung,[67] atypisch stille Beteiligungen als beteiligungsähnliche Finanzierung[68] und tendiert offenbar bei stillen Beteiligungen ohne näheres Unterscheidungsmerkmal dazu, diese als beteiligungsähnliche Finanzierung anzusehen.[69] Die Leitlinien enthalten keine weiteren Bestimmungen für die beihilferechtliche Einordnung von Kreditfinanzierungsinstrumenten. Diese gelten als beihilfefrei, soweit sie die Referenzinsmitteilung der Kommission berücksichtigen,[70] insbesondere soweit ihre Konditionen mindestens 400 Basispunkte über dem Referenzzinssatz der EU liegen.[71]

18   Der Begriff Risikokapital umfasst nach der vorgenannten Definition der Leitlinien „Risikokapitalbeihilfen" ausschließlich frühe Wachstumsphasen. Dabei werden folgende frühe Wachstumsphasen einer Risikokapitalmaßnahme begrifflich unterschieden: Nicht in den Leitlinien „Risikokapitalbeihilfen" genannt, aber in der Entscheidungspraxis der Kommission relevant ist das der Seed-Phase vorgelagerte sog. **Pre-Seed-Kapital.**[72] In ihrer Entscheidungspraxis hat die Kommission auch in dieser frühesten Unternehmensphase eine Eigenkapitallücke anerkannt, die entsteht, weil sich diese KMU noch in einem Stadium befinden, in dem sich ihr Konzept noch bewähren muss und in dem sich private Anleger noch in Investitionszurückhaltung üben (sog. Frühstphasen-Kapital).[73] Der Begriff **Frühphasen-Kapital**[74] umfasst im Übrigen Seed- und Start-up-Kapital. **Seed-Kapital**[75] sind für die Untersuchung, Ausreifung und Entwicklung einer Geschäftsidee vor der Start-up-Phase bereitgestellte Finanzmittel. **Start-up-Kapital**[76] sind für Unternehmen zur Produktentwicklung und Markteinführung bereitgestellte Finanzmittel. Die Leitlinien „Risikokapitalbeihilfen" setzen dabei voraus, dass die Unternehmen ihr Produkt oder ihre Dienstleistung noch nicht vermarktet haben und damit noch keinen Gewinn erwirtschaften. Der Begriff **Expansionskapital**[77] umfasst für Wachstum und Expansion eines Unternehmens mit oder nach Erreichen der Gewinnschwelle bereitgestellte Finanzmittel. Das Kapital kann für zusätzliche Produktionskapazitäten, für Markt- und Produktentwicklung und für die Bereitstellung zusätzlichen Betriebskapitals eingesetzt werden. Nicht mehr vom Risikokapitalbegriff der Leitlinien „Risikokapitalbeihilfen" umfasst und daher nicht darunter genehmigungsfähig sind spätere Finanzierungsphasen, wie die sog. **Later-Stage-Phase.** Diese beinhaltet im Wesentlichen die Finanzierung von Börsengängen und von Buy-Outs. **Börsengang (Initial Public Offering – IPO)**[78] meint die Börseneinführung eines Unternehmens und die als Über-

---

[63] Ziff. 4.3.3. Satz 2 der Leitlinien „Risikokapitalbeihilfen".

[64] Vgl. die Kommentarliteratur zu §§ 230 ff. HGB.

[65] S. zuletzt Kom., Staatliche Beihilfe C 33/2007, ABl. 2009 L 111/23 – Deutschland: IBG Sachsen-Anhalt.

[66] Kom., Staatliche Beihilfe N 34/2005, ABl. 2005 C 138/2 – Deutschland: Hightech-Gründerfonds.

[67] S. zB. Kom., Staatliche Beihilfe C 33/2007, ABl. 2009 L 111/23 – Deutschland: IBG-Sachsen-Anhalt; Staatliche Beihilfe N 344/2006, ABl. 2007 C 157/8 – Deutschland: SBG Sächsische Beteiligungsgesellschaft mbH; Staatliche Beihilfe N 580/2007, ABl. 2008 C 126/1 – Deutschland: Innovationsfonds Rheinland-Pfalz.

[68] S. zB. Kom., Staatliche Beihilfe N 263/2007, ABl. 2008 C 93/1 – Deutschland: Technologiegründerfonds Sachsen (TGFS).

[69] S. Kom., Staatliche Beihilfe N 330/2006, ABl. 2007 C 67/9 – Deutschland: Berlin Kapital Fonds.

[70] ABl. 2008 C 14/6.

[71] S. zB. Kom., Staatliche Beihilfe N 389/2007, ABl. 2008 C 145/1 – Deutschland: Beteiligungsfonds des Landes Niedersachsen im Rahmen der Strukturfondsförderung 2007–2013; Staatliche Beihilfe N 344/2006, ABl. 2007 C 157/8 – Deutschland: SBG Sächsische Beteiligungsgesellschaft mbH; Staatliche Beihilfe N 500/2007, ABl. 2007 C 50/5 – Deutschland: VC Fonds Technologiewirtschaft Berlin.

[72] S. die Definition der EVCA unter http://www.evca.eu.

[73] S. die Presseerklärung der Kommission IP/05/1317 zur Genehmigung der staatlichen Beihilfe NN 81/2005 – Vereinigtes Königreich: NESTA Invention and Innovation Programme.

[74] Ziff. 2.2. lit. g der Leitlinien „Risikokapitalbeihilfen".

[75] Ziff. 2.2. lit. e der Leitlinien „Risikokapitalbeihilfen".

[76] Ziff. 2.2. lit. f der Leitlinien „Risikokapitalbeihilfen".

[77] Ziff. 2.2. lit. h der Leitlinien „Risikokapitalbeihilfen".

[78] Ziff. 2.2. lit. m der Leitlinien „Risikokapitalbeihilfen".

brückungsfinanzierung bereitgestellten finanziellen Mittel, die einem Unternehmen zur Vorbereitung des Börsengangs vor allem mit dem Ziel der Verbesserung der Eigenkapitalquote zur Verfügung gestellt werden.[79] Der Begriff **Buy-Out**[80] meint den Erwerb einer zumindest beherrschenden Beteiligung an einem Unternehmen durch Übernahme von Aktiva oder Geschäftsteilen von den bisherigen Anteilseignern durch Verhandlungen oder im Wege eines Übernahmeangebots. Er umfasst sowohl Management-Buy-Outs (MBO)[81] wie Management-Buy-Ins (MBI)[82] und meint wohl auch sog. Leveraged Buy-Outs (LBO), d.h. den überwiegend fremdkapitalfinanzierten Unternehmenskauf.[83]

Zu der für das weitere Verständnis der Leitlinien „Risikokapitalbeihilfen" und der Entscheidungspraxis der Kommission wichtige Unterscheidung der Finanzierungsphasen folgende Übersicht:[84] **19**

Finanzierungs-phase	Frühst- u. Frühphase			Expan-sionsphase	Later-Stage-Phase	
	Pree-Seed	Seed	Start-up	Expansion	IPO	Buy-Outs
Unternehmens-phase	Erstellung des Konzepts der Produkt-idee und Proof of concept	Unter-suchung, Ausreifung und Ent-wicklung einer Ge-schäftsidee	Noch keine Ver-marktung und keine Erwirt-schaftung eines Ge-winns	Wachstum und Ex-pansion mit oder nach Er-reichen der Ge-winn-schwelle	Vorberei-tung eines Börsen-gangs oder Verkauf an industriel-len In-vestor	Über-nahme durch vor-handenes (MBO) oder ex-ternes (MBI) Manage-ment
Anwendbarkeit der Leitlinien „Risikokapital-beihilfen"	+	+	+	+	–	–

Als dem Oberbegriff Risikokapital unterfallend definieren die Leitlinien „Risikokapitalbeihil- **20** fen" den Begriff **Wagniskapital**[85] als Investitionen in nicht börsennotierte Unternehmen durch Investmentfonds, sog. Wagniskapitalfonds, die als Eigenhändler („principal") fungieren und Gelder von privaten und institutionellen Anlegern oder fondseigene Gelder verwalten. Dies schließt laut Definition der Kommission Frühphasen- und Expansionsphasen, nicht aber Ersatzfinanzierungen und Buy-outs mit ein. Dies ist eine für die Praxis bedeutsame Einschränkung des Wagniskapitalbegriffs, der in der Entscheidungspraxis der Kommission unter der Risikokapitalmitteilung noch Buy-outs mit umfasste.[86]

V. Anwendungsbereich von Art. 107 Abs. 1 AEUV

1. Anwendbare allgemeine Regeln. Die Kommission hat bereits eine Reihe von Texten **21** veröffentlicht, welche für Risikokapitalbeihilfen relevant sein können und die Interpretationshilfen bieten, wenn zu bestimmen gilt, ob einzelne Maßnahmen eine staatliche Beihilfe gemäß

---

[79] S. die Definition der EVCA im Glossar unter http://www.evca.eu sowie des BVK im Glossar unter http://www.bvkap.de.

[80] Ziff. 2.2. lit. o der Leitlinien „Risikokapitalbeihilfen".

[81] Übernahme eines Unternehmens durch das vorhandene Management, in der Regel mit Hilfe von Eigenkapitalinvestoren; vgl. die Definition des BVK im Glossar unter http://www.bvkap.de.

[82] Übernahme eines Unternehmens durch ein externes Management mit der (finanziellen) Unterstützung von Eigenkapitalinvestoren; vgl. die Definition des BVK im Glossar unter http://www.bvkap.de.

[83] S. die Definition des BVK im Glossar unter http://www.bvkap.de.

[84] S. die ausf. Darstellung der Finanzierungsphasen einer Risikokapitalfinanzierung bei *Schefczyk*, Finanzieren mit Venture Capital und Private Equity, 2006, 26.

[85] Ziff. 2.2. lit. i der Leitlinien „Risikokapitalbeihilfen".

[86] S. zB. Kom., Staatliche Beihilfe N 349/2001, ABl. 2002 C 62/41, RdNr. 2.7.2. – Deutschland: SBG Sächsische Beteiligungsgesellschaft mbH.

Art. 107 Abs. 1 AEUV darstellen.[87] Die Leitlinien „Risikokapitalbeihilfen" zählen hierzu die Mitteilung über Kapitalzuführungen durch den Staat von 1984[88] (hiernach: Beteiligungsmitteilung), die Bekanntmachung über die Anwendung der Beihilfevorschriften auf Maßnahmen im Zusammenhang mit der direkten Besteuerung von Unternehmen von 1998[89] und die Mitteilung über die Anwendung der Art. 107 und 108 AEUV auf staatliche Beihilfen in Form von Haftungsverpflichtungen und Bürgschaften.[90] Die Kom. will bei Prüfung des Vorliegens einer Beihilfe diese allgemeinen Regeln auch bei Risikokapitalmaßnahmen weiter anwenden, die auf Grundlage der Leitlinien „Risikokapitalbeihilfen" geprüft werden.[91]

22 Die Leitlinien „Risikokapitalbeihilfen" befassen sich im Schwerpunkt mit den Voraussetzungen, unter denen Risikokapitalbeihilfen vom allgemeinen Beihilfenverbot freigestellt werden können. Sie beschränken sich aber nicht ausdrücklich darauf, sondern enthalten auch Aussagen über das Vorlgen einer tatbestandlichen Beihilfe iSv. Art. 107 Abs. 1 AEUV. Insoweit muss man berücksichtigen, dass die diesbezüglichen Ausführungen der Leitlinien einen anderen Rechtscharakter haben als die Regelungen, die die Ausfüllung des Ermessens der Kommission im Bereich von Art. 107 Abs. 3 AEUV betreffen.[92]

23 **2. Beihilfen auf drei Ebenen.** Bei der Vergabe eines Zuschusses oder eines Kredites ist bei der Prüfung, ob es sich um eine staatliche Beihilfe handelt, in der Regel klar, welches Unternehmen durch die betreffende Maßnahme begünstigt würde.[93] Bestimmte Konstruktionen zur Risikokapitalförderung sind jedoch komplexer, denn staatliche Stellen schaffen Anreize dafür, dass die einen Wirtschaftsakteure (die Kapitalgeber) den anderen Wirtschaftsakteuren (die Zielunternehmen) Finanzierung bieten.[94] Je nachdem, wie die Maßnahme gestaltet ist, können Unternehmen der einen „Ebene" oder beider „Ebenen" Begünstigte staatlicher Beihilfen sein. Dies gilt selbst dann, wenn die staatlichen Stellen lediglich die Absicht haben, der letzteren Gruppe von Wirtschaftsakteuren Vorteile zukommen zu lassen, da Art. 107 Abs. 1 AEUV nicht zwischen staatlichen Beihilfemaßnahmen nach Maßgabe ihrer Ursachen oder Ziele differenziert, sondern sie anhand ihrer Wirkung definiert.[95] In manchen Fällen kann es sich zudem so verhalten, dass die Maßnahme die Errichtung eines Fonds oder eines anderen Anlageinstruments vorsieht, welcher unabhängig von den Kapitalgebern und den zu finanzierenden Unternehmen existiert. In derlei Fällen prüft die Kommission daher auch, ob der Fonds oder das Anlageinstrument als ein Unternehmen anzusehen ist, das durch eine staatliche Beihilfe begünstigt wird.[96] Aufgrund dieser Besonderheiten und der Komplexität der Beurteilung des Vorliegens einer staatlichen Beihilfe bei Risikokapitalmaßnahmen enthalten die Leitlinien „Risikokapitalbeihilfen" in ihrem Abschn. 3 Ausführungen für die Prüfung des Vorliegens einer staatlichen Beihilfe bei Risikokapitalmaßnahmen. Die Prüfung möglicher Beihilfe iSv. Art. 107 Abs. 1 AEUV erfolgt bei Risikokapitalmaßnahmen idR. auf den folgenden drei Ebenen:
– Ebene der Beihilfen an Investoren;
– Ebene der Beihilfen an zwischengeschaltete Fonds/Fondsmanagement;
– Ebene der Beihilfe zugunsten des zu finanzierenden Unternehmens („Zielunternehmen").

24 Damit orientieren sich die Leitlinien „Risikokapitalbeihilfen" an den beiden folgenden klassischen Fondsmodellen[97] einer Risikokapitalmaßnahme, dem klassischen Fondsmodell, in dem die Fondsgesellschaft unmittelbar in Zielunternehmen investiert, und dem Fonds-in-Fonds-Modell, in dem die Fondsgesellschaft mittelbar über weitere Finanzintermediäre (nachfolgend „Zielfonds") in die Zielunternehmen investiert:

---

[87] S. Ziff. 3.1 der Leitlinien „Risikokapitalbeihilfen". S. auch EuGH, C-156/98, Slg. 2000, I-6857 – Deutschland/Kommission, betr. eine Steuervergünstigung aufgrund des § 53 Abs. 8 EStG; Ziff. 3.1. der Leitlinien „Risikokapitalbeihilfen".

[88] Bulletin EG 9-1984.

[89] ABl. 1998 C 384/3.

[90] ABl. 2000 C 71/14, zwischenzeitlich durch eine Neufassung in 2008 ersetzt, ABl. 2008 C 155/10.

[91] Ziff. 3.1 der Leitlinien „Risikokapitalbeihilfen".

[92] Zum Rechtscharakter des Beihilfenbegriffs ausfüllender Kommissionsmitteilungen s. EuGH, C-83/87 P, Slg. 2000, I-3271, RdNr. 25 – Frankreich/Ladbroke Racing; s. näher *Heidenhain/Repplinger-Hach* § 17 RdNr. 128 mwN.

[93] S. zum Folgenden grundlegend Ziff. IV der Risikokapitalmitteilung.

[94] Ziff. 3.2. UAbs. 1 der Leitlinien „Risikokapitalbeihilfen".

[95] EuGH, 173/73, Slg. 1974, 709 – Italien/Kommission.

[96] Ziff. 3.2 der Leitlinien, „Risikokapitalbeihilfen".

[97] S. auch *Vollmer/Elser*, Kommentar zum Unternehmensbeteiligungsgesellschaftsgesetz, 2005, 259.

Die Prüfebenen der Kommission beim klassischen Fondsmodell lassen sich vereinfacht wie folgt darstellen:

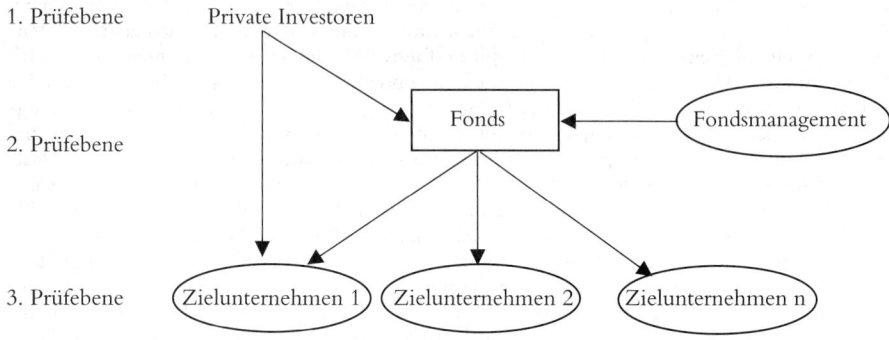

Die Prüfebenen der Kommission beim Fonds-in-Fonds-Modell lassen sich vereinfacht wie folgt darstellen:

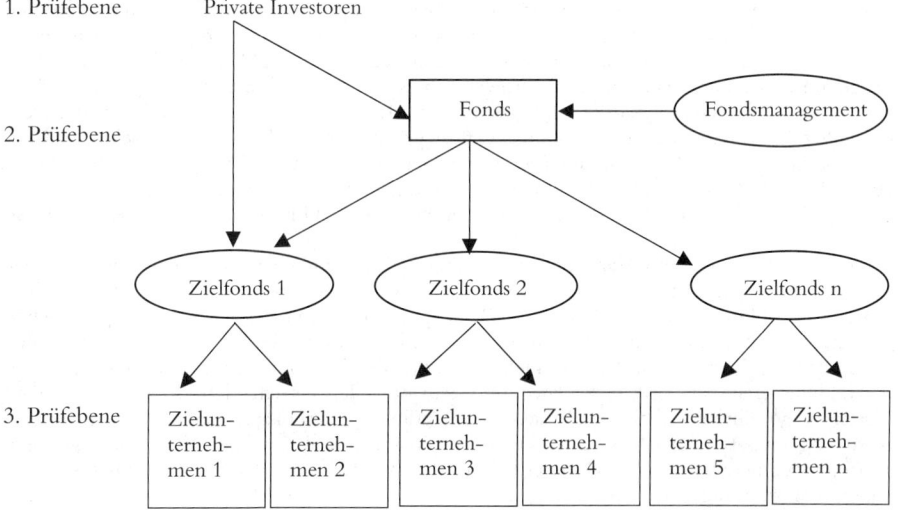

Beachte: „n" bedeutet jeweils, dass die Zahl der weiteren Zielunternehmen oder Zielfonds **25** unbegrenzt ist!

Die Kommission prüft den Beihilfebegriff auf jeder dieser Ebenen. Der Beihilfecharakter einer Risikokapitalmaßnahme hängt dabei wesentlich von der Ausgestaltung der jeweiligen Risikokapitalmaßnahme ab, da beispielsweise private Investoren sowohl auf Fondsebene wie auf der Ebene der Zielunternehmen investieren können.

Damit eine Maßnahme unter Art. 107 Abs. 1 AEUV fällt, müssen die vier Kriterien staatliche **26** oder aus staatlichen Mitteln gewährte Beihilfen, Begünstigung bestimmter Unternehmen sowie die Merkmale der Wettbewerbsverfälschung und der Handelsbeeinträchtigung kumulativ erfüllt sein.[98]

Der Einsatz staatlicher Mittel ist bei direkter finanzieller Beteiligung staatlicher Stellen an Ri- **27** sikokapitalmaßnahmen und bei steuerlichen Anreizen für Kapitalgeber in der Regel klar ersichtlich. Dies schließt EU-Strukturfondsmittel mit ein, die nach der Entscheidungspraxis der Kommission als öffentliche und damit staatliche Mittel angesehen werden.[99] Unter Zugrundelegung

---

[98] S. zum Beihilfebegriff allg. siehe oben, Art. 107 AEUV RdNr. 101 ff.
[99] Kom., Staatliche Beihilfe N 364/2004, ABl. 2005 C 307/4, RdNr. 4.1.1. – Deutschland: EFRE-Wachstumsfonds Sachsen.

der Rechtsprechung der Unionsgerichte[100] zum Begriff staatliche Mittel ist diese Auslegung aufgrund der staatlichen Verfügbarkeit und staatlichen Zurechenbarkeit dieser in der Verwaltung des jeweiligen Mitgliedstaates stehenden Mittel zutreffend.[101] Nach der Entscheidungspraxis der Kommission unterliegen auch Wagniskapitalfonds, die von den Mitgliedstaaten in Zusammenarbeit mit dem Europäischen Investitionsfonds im Rahmen des Instruments JEREMIE (Joint European REsources for MIcro to medium Enterprises),[102] einer gemeinsamen Initiative von Kommission, EIF und EIB zur Entwicklung des Zugangs von KMU zu Finanzierungsmöglichkeiten, weiterhin dem staatlichen Beihilferecht, da hier stets EU-Strukturfondsmittel und nationale Mittel zum Einsatz kommen.[103] Gleichermaßen klar ersichtlich wie das Vorliegen staatlicher Mittel sind idR. die Merkmale der Wettbewerbsverfälschung und Handelsbeeinträchtigung, da die Anlage von Kapital eine Tätigkeit ist, die als Dienstleistung in sehr hohem Maße zwischen Mitgliedstaaten gehandelt wird.[104] Da jegliche Maßnahme, die Kapitalgebern Vorteile bietet, das erklärte Ziel hat, deren Anlageentscheidungen zu beeinflussen, nimmt die Kommission normalerweise an, dass dieses Kriterium bei Risikokapitalmaßnahmen zugunsten von Kapitalgebern erfüllt ist.[105] Bei der Würdigung etwaiger Auswirkungen auf den Handel beurteilt die Kommission die Auswirkungen auf die Kapitalmärkte generell, dh. es genügt ihr nicht, lediglich zu prüfen, ob die Kapitalgeber bereits zuvor auf dem Markt für die Bereitstellung von Beteiligungskapital an die Unternehmen, auf die die Maßnahme abzielt, tätig waren oder nicht.[106] Entsprechend geht die Kommission davon aus, dass die Merkmale auf allen Ebenen erfüllt sind, sofern nicht gezeigt werden kann, dass sämtliche Beteiligungen in Unternehmen vorgenommen werden, deren Tätigkeit nicht dem Handel zwischen Mitgliedstaaten unterliegt.[107] Im Falle eines Beihilfeprogramms kann sich die Kommission dabei darauf beschränken, die Merkmale dieses Programms zu untersuchen, um zu beurteilen, ob es wegen hoher Beihilfebeträge oder -sätze, wegen der Merkmale der geförderten Investitionen oder wegen anderer in dem Programm vorgesehener Modalitäten den Beihilfeempfängern gegenüber ihren Wettbewerbern einen spürbaren Vorteil sichert und so beschaffen ist, dass es seinem Wesen nach vor allem Unternehmen zugute kommt, die sich am Handel zwischen den Mitgliedstaaten beteiligen.[108]

28   Die Prüfung des Kriteriums der Begünstigung bestimmter Unternehmen ist dagegen auf den drei Prüfebenen komplexer:

29   Auf der **Prüfungsebene der Investoren**[109] wird eine Beihilfe angenommen, wenn diese einen privaten Investor in die Lage versetzt, sich am Kapital eines Unternehmens oder einer Gruppe von Unternehmen in Form von Beteiligungsinvestitionen oder beteiligungsähnlichen Investitionen zu günstigeren Bedingungen als öffentliche Investoren oder als bei einem Fehlen dieser Beihilfe zu beteiligen. Dies ist auch dann noch der Fall, wenn der private Investor durch die Beihilfe veranlasst wird, selbst wiederum dem oder den betreffenden Unternehmen einen Vorteil zu gewähren. Dabei konkretisieren die Leitlinien „Risikokapitalbeihilfen" den sog. pari passu – Grundsatz. Danach ist eine Risikokapitalmaßnahme beihilfefrei, die zu den gleichen Bedingungen bereitgestellt wird, wie es bei privaten Kapitalgebern der Fall wäre. Dies ist unabhängig von der Frage, auf welcher Ebene die privaten Investoren Mittel beibringen. Dies kann auf Fonds- oder Unternehmensebene oder auf beiden Ebenen erfolgen:[110]

30   Der hinter dem pari passu – Prinzip stehende Grundsatz des marktwirtschaftlich handelnden Kapitalgebers bleibt dagegen in den Leitlinien „Risikokapitalbeihilfen" unerwähnt. Die **Risi-**

---

[100] Siehe insbesondere EuGH, C-482/99, Slg. 2002, I-4379 – Frankreich/Kommission („Stardust Marine"), aber auch EuGH, C-83/98 P, Slg. 2000, I-3271 – Frankreich/Ladbroke Racing und Kommission; C-379/98, Slg. 2001, I-2099 – PreussenElektra/Schleswag; EuG, T-67/94, Slg. 1998, II-1 – Ladbroke Racing/Kommission; EuGH, T-358/94, Slg. 1996, II-2109 – Air France/Kommission.

[101] *Zuleger*, EG-Strukturfondspolitik und EG-Beihilferecht – Sind Strukturfondsmittel staatliche Mittel i. S. von Art. 87 Abs. 1 EG?, EWS 2008, 369.

[102] S. http://www.eif_org/jeremie.

[103] S. Kom., Staatliche Beihilfe N 355/2008, ABl. 2009 C 23/6 – Ungarn: Hungarian JEREMIE risk capital measure; Staatliche Beihilfe N 700/2007, ABl. 2008 C 331/2 – Vereinigtes Königreich: Finance Wales JEREMIE Fund.

[104] EuGH, C-156/98, Slg. 2000, I-6857 – Deutschland/Kom.

[105] Ziff. 3.2 letzter UAbs. der Leitlinien „Risikokapitalbeihilfen".

[106] AaO.

[107] AaO.

[108] EuGH, 248/84, Slg. 1987, 4013, RdNr. 18 – Deutschland/Kommission.

[109] Ziff. 3.2. UAbs. 4 der Leitlinien „Risikokapitalbeihilfen".

[110] S. auch *Horacek/Jarosz-Friis*, aaO, RdNr. 4.783.

kokapitalmitteilung[111] leitete dagegen das pari passu – Prinzip aus dem Grundsatz des marktwirtschaftlich handelnden Kapitalgebers ab und führte aus, dass nach der Rechtsprechung des Gerichtshofs die Kommission zu vermuten hat, dass wahrscheinlich eine staatliche Beihilfe vorliegt, sobald staatliche Mittel auf eine Weise eingesetzt werden, die für einen privaten Kapitalgeber unter normalen marktwirtschaftlichen Bedingungen nicht annehmbar wäre.[112] Setzen hingegen staatliche Stellen Kapital zu Bedingungen ein, die für einen solchen privaten Kapitalgeber akzeptabel wären, so liege keine Vorteilsübertragung und daher auch keine staatliche Beihilfe vor.[113] Erst hieraus folgte die Risikokapitalmitteilung:[114] Werden staatliche Mittel zu denselben Bedingungen bereitgestellt, wie es bei privaten Kapitalgebern der Fall wäre („pari passu"), so ist in der Regel darauf zu schließen, dass die Maßnahme keinen Vorteil mit sich bringt. Werden die staatlichen Mittel jedoch zu günstigern Bedingungen zur Verfügung gestellt, so ist in der Regel ein Vorteil gegeben. In der Entscheidungspraxis der Kommission unter der Risikokapitalmitteilung wurden daher Risikokapitalmaßnahmen *insgesamt* – dh. auf allen Ebenen der Maßnahme – als beihilfefrei, da dem pari passu – Prinzip entsprechend genehmigt, die private Beteiligungen zwischen 30% bis 50% beinhalteten.[115]

Die **Beteiligungsmitteilung**,[116] die nach den Leitlinien „Risikokapitalbeihilfen" weiterhin **31** zur Beurteilung des Vorliegens einer Beihilfe herangezogen wird,[117] erkennt a priori als beihilfefrei an, wenn neues Kapital für Unternehmen unter Umständen bereitgestellt wird, die für einen privaten Kapitalgeber, der unter normalen marktwirtschaftlichen Bedingungen sein Geld anlegt, annehmbar wären.[118] Sie sieht diesen Fall a priori insbesondere
– bei der Gründung neuer Unternehmen, sei es mit einer 100%-igen, einer Mehrheits- oder einer Minderheitsbeteiligung des Staates, sofern die öffentliche Hand die Kriterien eines Kapitalgebers unter normalen marktwirtschaftlichen Bedingungen anwendet,[119]
– wenn die Beteiligung mit Rücksicht auf den strategischen Charakter der Investition (Absatzmärkte, Versorgung) dem normalen Verhalten eines Kapitalgebers gleichgestellt werden kann, obwohl die Investition erst zu einem späteren Zeitpunkt rentabel werden wird[120] oder
– wenn die Beteiligungen mit Rücksicht auf die Entwicklungsmöglichkeiten des durch die Kapitalbereitstellung begünstigten Unternehmens in Verbindung mit den sich aus den Investitionen, gleich welcher Art, ergebenden Innovationsmöglichkeiten als eine Anlage angesehen werden können, die mit einem besonderen Risiko behaftet ist, bei der jedoch letztlich mit einer Rendite zu rechnen ist.[121]
Gerade letzterer Fall dürfte für Risikokapitalinvestitionen des Staates in Fällen der Leitlinien „Risikokapitalbeihilfen" die Regel sein.

Das Vorliegen einer staatlichen Beihilfe unterstellt die Beteiligungsmitteilung dagegen nur **32** dann, wenn Kapital für Unternehmen unter Umständen bereitgestellt wird, die für einen privaten Kapitalgeber, der unter normalen marktwirtschaftlichen Bedingungen sein Geld anlegt, nicht annehmbar wären.[122] Dies ist insbesondere der Fall,
– wenn das Unternehmen wegen nicht ausreichender Selbstfinanzierungsmöglichkeiten nicht in der Lage ist, am Kapitalmarkt die zur Durchführung eines Investitionsprogramms erforderlichen langfristigen Finanzmittel zu erhalten[123] oder

---

[111] Vgl. Ziff. IV. der Risikokapitalmitteilung.
[112] Ziff. IV.3 ii) der Risikokapitalmitteilung.
[113] AaO. unter Hinweis auf Kom., Staatliche Beihilfe N 172/2000, ABl. C 2001 C 37/48 – Irland: Seed and Venture Capital Fund Scheme.
[114] AaO.
[115] Kom., Staatliche Beihilfe N 172/2000, ABl. 2001 C 37/484 – Irland: Seed and Venture Capital Fund Scheme; Staatliche Beihilfe N 403/2002, ABl. 2003 C 138/4 – Österreich: Venture Capital Scheme for the Land of Styria; Staatliche Beihilfe N 344/2005, ABl. 2006 C 14/12 – Spanien: Neotec Risk Capital Fund; Staatliche Beihilfe N 511/2002, ABl. 2003 C 269/22 – Italien: Fonds de Capital Risque Sardaigne; Staatliche Beihilfe N 677/2002, ABl. 2003 C 143/12 – Österreich: Fund for the Participation in the Equity of SMEs in Burgenland.
[116] Bulletin EG 9-1984.
[117] Ziff. 3.1. der Leitlinien „Risikokapitalbeihilfen".
[118] Ziff. 3.2. der Beteiligungsmitteilung.
[119] Ziff. 3.2. (i) der Beteiligungsmitteilung.
[120] Ziff. 3.2. (v) der Beteiligungsmitteilung.
[121] Ziff. 3.2. (vi) der Beteiligungsmitteilung.
[122] Ziff. 3.3. der Beteiligungsmitteilung.
[123] Ziff. 3.3. (ii) der Beteiligungsmitteilung.

– bei der Bereitstellung von Kapital für Unternehmen, deren Kapital von privaten und öffentlichen Anlegern gehalten wird, die staatliche Beteiligung erheblich höher ausfällt als bei der ursprünglichen Aufteilung und die im Verhältnis geringere Beteiligung der privaten Anteilseigner im Wesentlichen den schlechten Rentabilitätsaussichten des Unternehmens zuzuschreiben ist.[124]

33   Selbst im letzten Fall gilt nach der Beteiligungsmitteilung eine Privilegierung von KMU dergestalt, dass eine gegenüber den privaten Anteilseignern höhere staatliche Kapitalbeteiligung beihilferechtlich unbedenklich sein soll, soweit die Mittel KMU zur Verfügung gestellt werden, die wegen ihrer geringeren Größe keine hinreichenden Garantien für den privaten Kapitalmarkt bieten, deren Aussichten jedoch eine staatliche Beteiligung rechtfertigen. Die Höhe der staatlichen Beteiligung kann dann sogar die Nettoaktiva des Unternehmens übersteigen.[125]

34   Dieser Hintergrund des pari passu – Grundsatzes wird in den Leitlinien „Risikokapitalbeihilfen" zu einer starren Regel, wonach das aus dem Grundsatz des marktwirtschaftlich handelnden Kapitalgebers abgeleitete pari passu – Prinzip nur dann zur Beihilfefreiheit einer Risikokapitalmaßnahme führt, wenn öffentliche und private Investoren identische Aufwärts- und Abwärtsrisiken und Vergütungen teilen und einer identischen Nachrangigkeitsregelung unterliegen, und grundsätzlich wenn die Maßnahme zu mindestens 50% von privaten Investoren finanziert wird.[126] Diese grundsätzlich geforderten 50% werden in der Entscheidungspraxis jedoch als zwingend angenommen und jegliche Beiträge privater Investoren unter 50% – bei ansonsten identischen Investitionsbedingungen – werden als eine staatliche Beihilfe zugunsten der privaten Investoren angesehen. Die Kommission unterstellt in diesen Fällen,[127] dass die privaten Investoren durch die Maßnahme einen Größenvorteil erhalten und kann nicht ausschließen, dass die Möglichkeit der geringeren Investition zulasten staatlicher Mittel einen den privaten Investoren zugute kommenden Vorteil im Sinne des Art. 107 Abs. 1 AEUV darstellt. Sofern nur eine bestimmte Anzahl von Koinvestoren in den Fonds investieren, wird darüber hinaus die Selektivität der Maßnahme und damit eine Beihilfe zugunsten der Investoren unterstellt. Dies ist eine deutlich strengere Anwendung des pari passu – Prinzips und damit des Grundsatzes des marktwirtschaftlich handelnden Investors durch die Kommission. Da der Grundsatz des marktwirtschaftlich handelnden Investors jedoch ein allg. und durch EU-Gerichte bestätigter Grundsatz ist, empfiehlt sich in derartigen Fällen für einen notifizierenden Mitgliedstaat ggf. ein Hinweis auf den Grundsatz des marktwirtschaftlich handelnden Investors bzw. den Privatinvestortest.

35   Auf der **Prüfungsebene des Investmentfonds/Fondsmanagements**[128] ist die Differenzierung zwischen Fonds und Fondsmanagement eine wichtige Neuerung der Leitlinien „Risikokapitalbeihilfen". Unter der Risikokapitalmitteilung wurde lediglich das Vorliegen einer Beihilfe zugunsten des Fonds geprüft.

36   Nach Auffassung der Kommission ist ein Investmentfonds oder ein Anlageinstrument im Allgemeinen ein zwischengeschaltetes Instrument, mit dem die Beihilfen an Investoren und/oder Unternehmen, in die investiert wird, weitergeleitet werden, das aber selbst nicht Beihilfeempfänger ist. Beihilfen zugunsten des Fonds oder Anlageinstruments werden von der Kommission jedoch insbesondere angenommen, wenn diese den Charakter eines unabhängigen Unternehmens haben,[129] es sei denn, die Investition erfolgt zu Bedingungen, die für einen marktwirtschaftlich handelnden Investor akzeptabel sind,[130] wobei die jeweilige Ausgestaltung der Maßnahme zu beachten ist.[131]

37   Eine Beihilfe an das Fondsmanagement kann dann vorliegen, wenn ihre Vergütung der jeweils aktuellen marktüblichen Vergütung bei einer vergleichbaren Sachlage nicht vollkommen

---

[124] Ziff. 3.3. (v) der Beteiligungsmitteilung.

[125] Ziff. 3.3. (iv) der Beteiligungsmitteilung.

[126] Ziff. 3.2. UAbs. 4 der Leitlinien „Risikokapitalbeihilfen".

[127] Kom., Staatliche Beihilfe N 511/2008, ABl. 2009 C 109/2, RdNr. 71 – Deutschland: Risikokapitalfonds BFB II; Staatliche Beihilfe N 481/2008, ABl. 2009 C 109/2, RdNr. 90 – Deutschland: Clusterfonds Innovation GmbH & Co. KG; Staatliche Beihilfe N 401/2009, ABl. 2010 C 108/2 – Deutschland: „ERP-Staatfonds".

[128] Ziff. 3.2. UAbs. 5 der Leitlinien „Risikokapitalbeihilfen".

[129] S. zB. Kom., Staatliche Beihilfe C 33/2007, ABl. 2007 C 246/20, RdNr. 70–73 – Deutschland: IBG-Sachsen-Anhalt; Staatliche Beihilfe N 683/2009, ABl. 2010 C 70/24 – Spanien: „Entrepreneurs Network Program".

[130] S. zB. Kom., Staatliche Beihilfe N 481/2008, ABl. 2009 C 109/2 – Deutschland: Clusterfonds Innovation GmbH & Co. KG.

[131] S. zB. Kom., Staatliche Beihilfe N 401/2009, ABl. 2010 C 108/2 – Deutschland: ERP-Staatfonds.

entspricht.[132] Andererseits unterstellt die Kommission, dass keine Beihilfe zugunsten des Fondsmanagements bzw. der Fondsmanagementgesellschaft vorliegt, wenn die Wahl des Managements oder der Managementgesellschaft über eine offene und transparente öffentliche Ausschreibung erfolgt oder wenn sie keine weiteren Vorteile vom Staat erhalten.[133] Die Kommission prüft dabei idR. zunächst das Vorliegen eines Ausschreibungsverfahrens, wobei in aller Regel keine inzidente Prüfung des EU-Vergaberechts nach der Matra-Rechtsprechung[134] erfolgt, sondern es nach dem sog. Double Guichet-Prinzip, wonach dieselbe Maßnahme Gegenstand verschiedener Bestimmungen der Gemeinschaftspolitiken sein kann,[135] der Verantwortung des Mitgliedstaates überlassen bleibt, vergaberechtliche Bestimmungen zu prüfen und einzuhalten.[136] In der Praxis spricht dabei viel für eine Vergabepflicht zumindest für staatl. Fonds mit einer Beteiligung privater Investoren. Das Management eines Wagniskapitalfonds unterfällt grundsätzlich dem Anwendungsbereich der Richtlinie 2004/18.[137] Die „In-house"-Rechtsprechung[138] setzt ein gewisses Weisungsverhältnis des Auftraggebers (hier: der öffentlichen Hand) voraus. Damit ein Rechtsgeschäft als „im Hause bleibend" angesehen werden kann, muss über die betreffende Gesellschaft eine Kontrolle ausgeübt werden wie über eine eigene Dienststelle, und der selbständige Rechtsträger muss zudem seine Tätigkeit im Wesentlichen für den oder die öffentlichen Stellen, die seine Anteile innehaben, ausüben.[139] Da die Leitlinien „Risikokapitalbeihilfen" ein unabhängiges Fondsmanagement und einen unabhängigen Investitionsausschuss verlangen, die sich ausschließlich anhand kaufmännischer Grundsätze und an der Gewinnorientierung der Investitionsentscheidungen auszurichten haben,[140] wird dies für Risikokapitalmaßnahmen in der Praxis nur in Ausnahmefällen vorliegen.[141] Bei einer Fondsbeteiligung privater Investoren und deren Mitbestimmung dürfte eine Berufung auf die In-house-Rechtsprechung daher ausgeschlossen sein.

Auf der **Prüfungsebene der Zielunternehmen**[142] unterstellt die Kommission grundsätzlich **38** das Vorliegen einer staatlichen Beihilfe, wenn insbesondere eine Beihilfe auf einer der vorgenannten Prüfungsebenen vorliegt, indem diese zumindest teilweise an die Zielunternehmen weitergereicht wird und somit auch auf deren Ebene vorliegt. Dies ist laut Leitlinien „Risikokapitalbeihilfen" selbst dann der Fall, wenn die Fondsmanager die Investitionsentscheidungen nach rein kaufmännischen Grundsätzen treffen. Unter der Risikokapitalmitteilung waren der Kommission dagegen noch Fälle unterschiedlichster Art geläufig: Maßnahmen, die auf der Ebene der Kapitalgeber eine allgemeine Wirkung haben, aber auf der Ebene der einzelnen Unternehmen Beihilfen darstellten;[143] Maßnahmen, durch die Kapitalgebern Beihilfen gewährt wurden, aber nicht dem Fonds und den Zielunternehmen, und zwar über die Anwendung des pari passu-

---

[132] Eine Beihilfe zugunsten des Fondsmanagements wurde zB. bejaht in Kom., Staatliche Beihilfe N 330/2006, ABl. 2007 C 67/9 – Deutschland: Berlin Kapital Fonds.

[133] S. zB. Kom., Staatliche Beihilfe N 511/2008, ABl. 2009 C 109/2 – Deutschland: Risikokapitalfonds BFB II; Kom., Staatliche Beihilfe N 263/2007, ABl. 2008 C 93/1 – Deutschland: Technologiegründerfonds Sachsen sowie Staatliche Beihilfe N 408/2008, ABl. 2009 C 52/1 – Deutschland – Technologiefonds Mecklenburg-Vorpommern.

[134] EuGH, 73/79, Slg. 1980, 1533, RdNr. 11 – Kommission/Italien; C-225/91, Slg. 1993, I-3203, RdNr. 41, Matra/Kommission; C-156/98, Slg. 2000, I-6857, RdNr. 78 – Deutschland/Kommission.

[135] EuGH, C-134/91 und C-135/91, Slg. 1992, I-5699 – Kerafina und Vioktimatiki; EuG, T-184/97, Slg. 2000, II-3145, RdNr. 55 – BP Chemicals Ltd/Kommission; T-387/04, Slg. 2007, II-1195, RdNr. 134, EnBW Energie Baden-Württemberg AG/Kommission.

[136] Vgl. insbesondere Kom., Staatliche Beihilfe N 212/2004, ABl. 2005 C 95/8 – Deutschland: EFRE-Risikokapitalfonds Berlin; Staatliche Beihilfe N 266/2004, ABl. 2005 C 95/9 – Deutschland: EFRE-Risikokapitalfonds Thüringen; Staatliche Beihilfe N 310/2004, ABl. 2006 C 79/25 – Deutschland: EFRE-Risikokapitalfonds Brandenburg, wo jeweils unter der letzten Ziffer jeweils auf die eigene Verantwortung des Mitgliedstaates bei der Beachtung des Vergaberechts hingewiesen wurde. Daran hat sich auch unter den Leitlinien „Risikokapitalbeihilfen" nichts geändert.

[137] ABl. 2004 L 134/114.

[138] Grdl. EuGH, C107/98, Slg. 1999, I-8121 – Teckal.

[139] AaO, RdNr. 50. S. zum Thema auch *Siegel*, Wie rechtssicher sind In-House-Geschäfte?, NVwZ 2008, 7. Zu In-House-Geschäften, siehe auch unten, § 99 GWB RdNr. 41 ff.

[140] Vgl. Ziff. 4.3.5., 4.3.6.,5.2.3.1. und 5.2.3.2. der Leitlinien „Risikokapitalbeihilfen".

[141] S. aber Kom., Staatliche Beihilfe N 481/2008, ABl. 2009 C 109/2, RdNr. 68 – Deutschland: Clusterfonds Innovation GmbH & Co. KG (Risikokapitalfonds) u. Staatliche Beihilfe N 406/2009, ABl. 2010 C 158/1 – Deutschland: „Clusterfonds Seed GmbH & Co. KG" hinsichtlich eines zu 100% im Eigentum einer Landesförderanstalt stehenden Fonds ohne Fondsbeteiligung privater Investoren.

[142] Ziff. 3.2. UAbs. 6 der Leitlinien „Risikokapitalbeihilfen".

[143] EuGH, C-156/98, Slg. 2000, I-6857 – Deutschland/Kommission.

Grundsatzes,[144] und Maßnahmen, durch die auf mehr als einer Ebene Beihilfen gewährt wurden.[145]

39   In Fällen, in denen die Investition zu Bedingungen erfolgt, die für einen marktwirtschaftlich handelnden privaten Investor ohne staatliches Eingreifen akzeptabel wären, werden die Unternehmen, in die investiert wird, nicht als Beihilfenempfänger angesehen.[146] In diesen Fällen prüft die Kommission auf Ebene der Zielunternehmen, ob solche Investitionsentscheidungen ausschließlich gewinnorientiert sind, auf einem sinnvollen Unternehmensplan und plausiblen Projektionen beruhen sowie eine klare und realistische Ausstiegsstrategie beinhalten. Wahl und Anlagemandat der Fondsmanager oder Managementgesellschaft sowie der prozentuale Anteil und Umfang der Beteiligung der privaten Investoren sind ebenfalls wichtig. Mithin prüft die Kommission die Beihilfefreiheit auf der Ebene der Zielunternehmen anhand von Kriterien, die sie in ähnlicher Form unter Abschnitt 4 und 5 der Leitlinien „Risikokapitalbeihilfen" als Vereinbarkeitskriterien bei Vorliegen einer Beihilfe prüft.[147] Wenn diese Vereinbarkeitskriterien jedoch für die Prüfung des Grundsatzes des marktwirtschaftlich handelnden Investors herangezogen werden können, stellt sich die grundsätzliche Frage, ob die in Abschnitt 4 und 5 aufgestellten Vereinbarkeitskriterien nicht generell Ausprägungen des Grundsatzes des marktwirtschaftlich handelnden Investors sind und somit alle Fälle, die die Kriterien erfüllen, als beihilfefrei einzustufen sind. Die gleichzeitige Verwendung derselben Kriterien für die Prüfung des Vorliegens einer Beihilfe zugunsten der Zielunternehmen einer Risikokapitalmaßnahme nach dem Grundsatz des marktwirtschaftlich handelnden Investors nach Art. 107 Abs. 1 AEUV einerseits und für die Prüfung der Vereinbarkeit nach Art. 107 Abs. 3 lit. c AEUV andererseits erscheint jedenfalls bemerkenswert.

40   **3. De-minimis-Beträge.** Die Leitlinien „Risikokapitalbeihilfen" stellen in Ziff. 3.3. das Verhältnis zur De-minimis-VO[148] klar. Wenn die gesamte den Beihilfeempfängern in Form von Risikokapital gewährte Finanzierung unter die VO 1998/2006 fällt, so wird davon ausgegangen, dass Art. 107 Abs. 1 AEUV nicht auf sie anwendbar ist. Bei Risikokapitalbeihilfen wird die Anwendung der De-minimis-Regel durch Schwierigkeiten bei der Berechnung der Beihilfen sowie durch den Umstand erschwert, dass durch die Beihilfe unter Umständen nicht nur den Zielunternehmen, sondern auch den Investoren zugute kommt. Soweit diese Schwierigkeiten überwunden werden können, bleibt die De-minimis-Regel jedoch anwendbar. Wir nach einer Regelung über einen Zeitraum von drei Jahren einzelnen Unternehmen Kapital nur bis zum relevanten De-minimis-Schwellenwert zur Verfügung gestellt, so steht fest, dass die diesen Unternehmen und/oder diesen Investoren gewährten Beihilfen innerhalb der vorgeschriebenen Grenzen liegen. Unter der VO 1998/2006 bedeutet dies, dass Beihilfen in Form von Risikokapitalmaßnahmen nicht als sog. transparente De-minimis-Beihilfen gelten und damit nicht freigestellt werden können, es sei denn, die betreffende Risikokapitalregelung sieht vor, dass jedem Unternehmen nur Kapital bis in Höhe des De-minimis-Höchstbetrags von 200 000 EUR innerhalb eines Drei-Jahreszeitraums zur Verfügung gestellt wird.[149] Im Übrigen findet die VO 1998/2006 keine Anwendung für die Verbürgung von Risikokapitalbeihilfen, da ihre Bürgschaftsbestimmungen nur für Darlehen gelten.[150]

VI. Überprüfung der Vereinbarkeit von Risikokapitalbeihilfen nach Art. 107 Abs. 3 lit. c AEUV

41   **1. Allgemeine Grundsätze.** Die Kommission prüft Risikokapitalmaßnahmen auf Grundlage der Leitlinien „Risikokapitalbeihilfen" auf ihre Vereinbarkeit mit Art. 107 Abs. 3 lit. c AEUV. Liegt der Kommission eine vollständige Anmeldung vor, aus der hervorgeht, dass alle in Abschnitt 4 der Leitlinien „Risikokapitalbeihilfen" aufgeführten Voraussetzungen erfüllt sind, kündigt sie an, sich um eine rasche Überprüfung der Beihilfe innerhalb der in der VO 659/1999[151]

---

[144] Kom., Staatliche Beihilfe N 705/1999, ABl. 2000 C 315/21 – Vereinigtes Königreich: High Technology Funds.
[145] Ziff. IV.6. der Risikokapitalmitteilung. S. die ausf. Darstellung bei *Ghoreishi/Rojo* aaO, 241.
[146] Ziff. 3.2. UAbs. 6 der Leitlinien „Risikokapitalbeihilfen".
[147] Kom., Staatliche Beihilfe N 481/2008, ABl. 2009 C 109/2 – Deutschland: Clusterfonds Innovation GmbH & Co. KG; Staatliche Beihilfe N 511/2008, ABl. 2009 C 109/2 – Deutschland: Risikokapitalfonds BFB II.
[148] VO 1998/2006, ABl. 2006 L 379/5.
[149] Art. 2 Abs. 4 lit. c VO 1998/2006.
[150] Art. 2 Abs. 4 lit. d VO 1998/2006. S. auch *Horacek/Jarosz-Friis* RdNr. 4.760.
[151] ABl. 1999 L 83/1.

auferlegten Frist zu bemühen. Die Einhaltung dieser Verfahrensfristen sollte dabei selbstverständlich sein. Bei bestimmten Arten von Beihilfen, die die Voraussetzungen des Abschnitts 4 der Leitlinien „Risikokapitalbeihilfen" nicht erfüllen, kündigt die Kommission an, die betreffenden Risikokapitalbeihilfen nach den ausführlichen Vorgaben in Abschnitt 5 der Leitlinien „Risikokapitalbeihilfen" eingehender zu prüfen. Auch hierfür gelten dieselben Verfahrensfristen wie einer Prüfung nach Abschnitt 4, es sei denn, es wir ausnahmsweise ein förmliches Prüfverfahren eröffnet. Die Vereinbarkeitskriterien nach Abschnitt 4 wurden für den Hauptanwendungsfall der Wagniskapitalfonds in die AGVO überführt, so dass derartige Beihilfen nunmehr auch freigestellt werden können. Die Vereinbarkeitskriterien wurden zwischenzeitlich teilweise im Rahmen der Mitteilung der Kommission – Vorübergehender Gemeinschaftsrahmen für staatliche Beihilfen zur Erleichterung des Zugangs zu Finanzierungsmitteln in der gegenwärtigen Finanz- und Wirtschaftskrise[152] (hiernach: „Vorübergehender Gemeinschaftsrahmen") zumindest bis zum 31. 12. 2010 vereinfacht. Sie gelten jedoch nicht für unter der AGVO freigestellte Risikokapitalbeihilfen. Im Übrigen können Risikokapitalbeihilfen, die alle Voraussetzungen von Abschnitt 4 der Leitlinien „Risikokapitalbeihilfen" erfüllen, unter der Mitteilung der Kommission über ein vereinfachtes Verfahren für die Würdigung bestimmter Kategorien staatlicher Beihilfen[153] bei der Kommission unter den dort genannten Voraussetzungen in einem vereinfachten Notifizierungsverfahren angemeldet werden.[154]

Die Leitlinien „Risikokapitalbeihilfen" unterscheiden in Anwendung der verfeinerten ökonomischen Analyse nach dem Aktionsplan staatliche Beihilfen zwei Prüfphasen, nämlich eine **„einfache" Prüfung** bei Vorliegen aller Voraussetzungen des Abschnitts 4 der Leitlinien „Risikokapitalbeihilfen" und eine **„eingehende" Prüfung** unter Abschnitt 5 der Leitlinien „Risikokapitalbeihilfen" bei Nichtvorliegen aller Voraussetzungen nach Abschnitt 4. **42**

2. Form der Beihilfe. Die Leitlinien „Risikokapitalbeihilfen" unterscheiden nach ihrer **43** Ziff. 4.2. folgende Formen der Beihilfe:

a) Errichtung von Investmentfonds („Wagniskapitalfonds"), an denen der Staat als Teilhaber, Investor oder in anderer Form beteiligt ist, selbst wenn dies zu weniger günstigen Bedingungen als bei anderen Investoren geschieht;

b) Sicherheiten wie Garantien oder Bürgschaften, durch die Risikokapitalanleger oder Wagniskapitalfonds teilweise gegen Verluste aus ihren Beteiligungen geschützt werden, oder Sicherheiten für Kredite an Investoren/Fonds, die Risikokapitalinvestitionen vornehmen, sofern die staatliche Absicherung potenzieller Verluste 50% des Nennwerts der gesicherten Investition nicht übersteigt;[155] beinhaltet die Beihilferegelung auch Kreditfinanzierungselemente, ist eine Prüfung auf Grundlage der Bürgschaftsmitteilung denkbar;[156]

c) Sonstige Finanzinstrumente zugunsten von Risikokapitalanlegern oder Wagniskapitalfonds, über die zusätzliches Kapital für Beteiligungszwecke beschafft wird. Aus der Praxis zu nennen sind hier insbesondere die Finanzierung von Business Angels Netzwerken, die Finanzierung von Kosten von Business Angels zur gezielten Suche nach Unternehmen zu Investitionszwecken (sog. Scouting-Kosten)[157] oder auch die Einrichtung eines elektronischen Marktplatzes für den Kauf und Verkauf von Anteilen von Unternehmen in ihrer Seed- und Start-up-Phase;[158]

d) Steuerliche Anreize für Investmentfonds und/oder ihre Verwalter oder für Investoren, Risikokapitalinvestitionen vorzunehmen.[159]

---

[152] ABl. 2009 C 16/1, geändert durch ABl. 2009 C 83/1.

[153] ABl. 2009 C 136/3.

[154] S. Ziff. 2. a) i) der Mitteilung der Kommission über ein vereinfachtes Verfahren für die Würdigung bestimmter Kategorien staatlicher Beihilfen, aaO.

[155] S. zB. Kom., Staatliche Beihilfe N 836/2006, ABl. 2008 C 67/1 – Deutschland: Mittelstandsfonds Schleswig-Holstein, Staatliche Beihilfe N 160/2007, ABl. 2007 C 288/3 – Österreich: Eigenkapitalgarantie; Staatliche Beihilfe N 772/2006, ABl. 2008 C 226/1 – Deutschland: Beihilferegelung „Richtlinie des Landes Niedersachsen für Garantien zur Beteiligung an kleinen und mittleren Unternehmen der gewerblichen Wirtschaft".

[156] S. zB. Kom., Staatliche Beihilfe N 131/2006, ABl. 2006 C 291/15 – Niederlande: Default Guarantees Scheme "Growth Facility".

[157] Kom., Staatliche Beihilfe N 9/2006, ABl. 2006 C 218/9 – Italien: Risk capital funds in favour of innovative SME located in Mezzogiorno.

[158] Kom., Staatliche Beihilfe C 36/2005, ABl. 2008 L 45/1 – Vereinigtes Königreich: Investbx.

[159] S. zB. Kom., Staatliche Beihilfe N 287/2007, ABl. 2007 C 238/4 – Irland: BES und SCS; Staatliche Beihilfe C 2/2009, ABl. 2010 L 6/32 – Deutschland: MoRaKG sowie Kom., Staatliche Beihilfe NN42a/

44 **3. Voraussetzungen für die Vereinbarkeit.** Im Rahmen der einfachen Prüfung nach Abschnitt 4 der Leitlinien „Risikokapitalbeihilfen" gelten folgende Vereinbarkeitskriterien:

45 Als **maximaler Umfang der Investitionstranchen**[160] dürfen die bei einer Risikokapitalbeihilfe vorgesehenen – ganz oder teilweise durch staatliche Beihilfen finanzierten – Finanzierungstranchen 1,5 Mio. EUR je Zwölfmonatszeitraum und Zielunternehmen nicht überschreiten. Bei Ausschöpfung der 1,5 Mio. EUR sind folglich nach Ablauf eines Zwölfmonatszeitraums jeweils Anschlussfinanzierungen bis zu einer erneuten Finanzierungstranche von 1,5 Mio. EUR möglich. Dies kann auch mehrfach erfolgen, da eine Obergrenze der Anschlussfinanzierungen nicht gesetzt ist. Im Rahmen des Vorübergehenden Gemeinschaftsrahmens gilt zumindest bis zum 31. 12. 2010 ein erhöhter Schwellenwert von 2,5 Mio. EUR, wovon in den Mitgliedstaaten auch Gebrauch gemacht wird.[161]

46 Die Risikokapitalbeihilfe muss auf KMU[162] begrenzt sein. Darüber hinaus gilt folgende **Beschränkung auf Seed-, Start-up- und Expansionsfinanzierung:**[163] Für kleine Unternehmen muss die Risikokapitalbeihilfe auf die Finanzierung der Phasen bis zur Expansionsphase beschränkt sein. Bei Risikokapitalbeihilfen für mittlere Unternehmen ist zwischen Fördergebieten, dh. Gebieten, die unter die Ausnahmeregelung des Art. 107 Abs. 3 lit. a oder c AEUV fallen,[164] und anderen Gebieten zu unterscheiden: In Fördergebieten muss die Risikokapitalbeihilfe auf die Finanzierung der Phasen bis zur Expansionsphase beschränkt sein, in anderen Gebieten dagegen bereits auf die Phasen bis zur Start-up-Phase.

47 Es gilt ein **Vorrang von Beteiligungen und beteiligungsähnlichen Finanzierungsinstrumenten**[165] dergestalt, dass im Rahmen einer Risikokapitalmaßnahme mindestens 70% des Gesamtbudgets den Zielunternehmen in Form von Beteiligungen[166] oder beteiligungsähnlichen Finanzierungsinstrumenten[167] zur Verfügung gestellt werden müssen.[168] Für die beihilferechtliche Überprüfung dieser Instrumente zieht die Kommission in erster Linie den wirtschaftlichen Gehalt eines Finanzierungsinstruments heran und lässt sich weniger von ihrer Bezeichnung oder ihrer Einstufung durch den Investor leiten (sog. Substance-over-form-Ansatz).[169] Da bereits unter der früheren Entscheidungspraxis der Kommission beihilfefreie Kreditinstrumente nicht in die Beihilfeprüfung auf Grundlage der Risikokapitalmitteilung einbezogen wurden, ist davon auszugehen, dass auch unter der Risikokapitalmitteilung beihilfefreie Kreditinstrumente gesondert beurteilt werden können und daher nicht in der ansonsten möglichen 30%-ige Kreditfinanzierung berücksichtigt werden müssen.[170] Kredit- oder kreditähnliche Finanzierungen, die im Rahmen einer Risikokapitalbeihilfe bis zu 30% des Gesamtbudgets der Risikokapitalmaßnahe gewährt werden, können bei entsprechender Ausgestaltung der Notifizierung als beihilfefrei genehmigt werden, so dass von der Kommission bei der Ausgestaltung der Konditionen dieser

---

2007, ABl. 2009 C 145/6 – Vereinigtes Königreich: Enterprise Investment Scheme and Corporate Venturing Scheme und Staatliche Beihilfe NN 42b/2007 – Vereinigtes Königreich: Venture Capital Trusts.

[160] Ziff. 4.3.1. der Leitlinien „Risikokapitalbeihilfen".

[161] S. zB. Kom., Staatliche Beihilfe N 39/2009, ABl. 2009 80/5 – Deutschland: Bundesrahmenprogramm Risikokapital.

[162] Ziff. 4.3.2. u. 2.2. lit. g der Leitlinien „Risikokapitalbeihilfen".

[163] Ziff. 4.3.2. der Leitlinien „Risikokapitalbeihilfen".

[164] Ziff. 2.2. lit. t der Leitlinien „Risikokapitalbeihilfen".

[165] Ziff. 4.3.3. der Leitlinien „Risikokapitalbeihilfen".

[166] Ziff. 2.2. lit. a der Leitlinien.

[167] Ziff. 2.2 lit. c der Leitlinien.

[168] Die deutsche Fassung der Leitlinien „Risikokapitalbeihilfen" ist hier sprachlich ungenau und verlangt, dass „den Zielunternehmen mindestens 70% ihres Gesamtbudgets in Form von Beteiligungen oder beteiligungsähnlichen Finanzierungsinstrumenten zur Verfügung gestellt werden" muss. In der englischen und französischen Fassung als weitere Arbeitssprachen der Europäischen Kommission, in denen die Leitlinien erarbeitet wurden, heißt es jedoch: „The risk capital measure must provide at least 70% of its total budget in form of equity and quasi-equity investment instruments into target SMEs." bzw. „Les instruments d'investissment en fonds propres ou quasi-fonds propres dans les PME cibles doivent représenter 70% du budget total de la measure de capital-investissment." Anders als die deutsche Fassung der Leitlinien „Risikokapitalbeihilfen" Nahe legt, muss also nicht jedes Zielunternehmen mindestens 70% seines Gesamtbudgets in Form von Beteiligungen oder beteiligungsähnlichen Instrumenten erhalten, sondern die *Risikokapitalmaßnahme*, d.h. zB. der Wagniskapitalfonds, muss 70% ihres Gesamtbudgets in Form von Beteiligungen oder beteiligungsähnlichen Finanzierungsinstrumenten investieren. Ebenso, da von der englischsprachigen Fassung ausgehend, *Horacek/Jaross-Friis* aaO, RdNr. 4.788.

[169] S. oben RdNr. 13 zur Abgrenzung beteiligungsähnlicher Finanzierungsinstrumente von Kreditinstrumenten.

[170] So auch *Horacek/Jaros-Friis,* aaO, RdNr. 4.780.

Finanzierungsinstrumente dann keine 400 Basispunkte über dem Referenzzinssatz verlangt werden.[171]

Es muss sich um eine **Beteiligung privater Investoren**[172] von 30% in Fördergebieten und **48** von 50% in anderen Gebieten handeln. Im Rahmen des Vorübergehenden Gemeinschaftsrahmens gilt zumindest bis zum 31. 12. 2010 sowohl innerhalb als auch außerhalb von Fördergebieten ein Beitrag von privaten Investoren von 30%. Dies setzt zunächst voraus, dass es sich um einen Investor handelt, der Eigenkapital oder eigenkapitalähnliche Mittel investiert, nicht etwa um einen Kreditgeber. Zum anderen muss es sich um einen privaten Investor handeln. Als Finanzierung von privaten Investoren wird dabei jede Finanzierung angesehen, die nicht durch staatliche Mittel iSv. Art. 107 Abs. 1 AEUV erfolgt.[173] Dabei werden die Finanzierung der Europäischen Investitionsbank und des Europäischen Investitionsfonds ausdrücklich als Finanzierungen privater Investoren anerkannt.[174] Beiträge nationaler öffentlicher Banken werden in der Entscheidungspraxis der Kommission nicht als Beiträge privater Investoren nach Ziffer 4.3.4. der Leitlinien gewertet, sondern unter Abschnitt 5 einer eingehenden Würdigung unterzogen. Dabei können die Mittel öffentlicher Banken wie ein Beitrag privater Investoren behandelt werden, soweit sie den Grundsatz des marktwirtschaftlich handelnden Investors erfüllen.[175] Schließlich muss der private Investor unabhängig von den Unternehmen sein, in die sie investieren.[176] Eigentümer der Zielunternehmen gelten daher nicht als private Investoren.[177]

Als weiteres Vereinbarkeitskriterium fordern die Leitlinien „Risikokapitalbeihilfen" eine **49** **Gewinnorientierung der Investitionsentscheidungen.**[178] Dies wir in den Leitlinien „Risikokapitalbeihilfen" dann unterstellt, wenn die Investitionsentscheidung von den Aussichten eines nennenswerten Gewinnpotenzials und einer stetigen Unterstützung der Zielunternehmen motiviert ist. Dieses Kriterium gilt unter den Leitlinien „Risikokapitalbeihilfen" als erfüllt, wenn

a) eine erhebliche Beteiligung privater Investoren vorliegt, sofern Investitionen nach kaufmännischen Grundsätzen (d.h. ausschließlich zur Gewinnzielung) unmittelbar oder mittelbar in die Beteiligungen an Zielunternehmen erfolgen. Die Unterscheidung in unmittelbare oder mittelbare Beteiligungen macht dabei die beiden Möglichkeiten einer Beteiligung des privaten Investors entweder auf Ebene des Zielunternehmens, also unmittelbar, oder auf Ebene eines Wagniskapitalfonds, also mittelbar, deutlich. Da dieses Kriterium faktisch bereits im Rahmen der Ziff. 4.3.4. der Leitlinien „Risikokapitalbeihilfen" enthalten ist, ist es in Art. 29 Abs. 7 nicht mehr gesondert aufgeführt;

b) für jede Investition ein Unternehmensplan („Businessplan") mit Einzelheiten über die Produkt-, Absatz- oder Rentabilitätsplanung vorliegt, aus dem die Zukunftsfähigkeit des Vorhabens hervorgeht und

c) eine klare realistische Ausstiegsstrategie für jede Beteiligung vorliegt.

Um ein **Management anhand kaufmännischer Grundsätze**[179] zu gewährleisten, müssen **50** Risikokapitalbeihilfen oder Risikokapitalfonds nach kaufmännischen Grundsätzen verwaltet werden. Die Leitlinien „Risikokapitalbeihilfen" fordern, dass sich das Management-Team einer Risikokapitalbeihilfe wie Verwalter im Privatsektor verhalten und bestrebt sein muss, den Gewinn für ihre Investoren zu optimieren. Dieses Vereinbarkeitskriterium gilt unter der Voraussetzung erfüllt, dass

a) eine Vereinbarung zwischen einem professionellen Fondsmanager oder einer Verwaltungsgesellschaft und den Fondsbeteiligten besteht, nach der die Vergütung des Verwalters an die erzielte Rendite geknüpft wird und in der die Ziele des Fonds und der Anlagezeitplan festgelegt sind;

b) marktwirtschaftlich handelnde private Investoren beispielsweise durch einen Investoren- oder beratenden Ausschuss an der Entscheidungsfindung beteiligt sind und

---

[171] Kom., Staatliche Beihilfe N 263/2007, ABl. 2008 C 93/1 – Deutschland: Technologiegründerfonds Sachsen (TGFS); Staatliche Beihilfe N 836/2006, ABl. 2008 C 67/1 – Deutschland: Mittelstandsfonds Schleswig-Holstein.

[172] Ziff. 4.3.4. der Leitlinien „Risikokapitalbeihilfen".

[173] Ziff. 3.2. UAbs. 2 der Leitlinien „Risikokapitalbeihilfen".

[174] Ziff. 3.2. UAbs. 2 Satz 2 der Leitlinien „Risikokapitalbeihilfen".

[175] Kom., Staatliche Beihilfe N 263/2007, ABl. 2008 C 93/1 – Deutschland: Technologiegründerfonds Sachsen (TGFS).

[176] Ziff. 3.2. UAbs. 4 letzter Halbsatz der Leitlinien.

[177] S. zB. Kom., Staatliche Beihilfe N 521/2007, ABl. 2008 C 100/2 – Deutschland: Clusterfonds „Start up!".

[178] Ziff. 4.3.5. der Leitlinien „Risikokapitalbeihilfen".

[179] Ziff. 4.3.6. der Leitlinien „Risikokapitalbeihilfen".

c) sich das Fondsmanagement auf bewährte Verfahren stützt und einer Aufsicht durch eine Regulierungsbehörde unterliegt. Als bewährte Verfahren gelten dabei insbesondere die Leitlinien der EVCA[180] oder derer nationaler Mitgliedsverbände,[181] bei Garantieprogrammen u. U. auch banktübliche Sorgfaltsmaßstäbe.[182] Als Aufsicht durch eine Regulierungsbehörde hat die Kommission in ihrer Entscheidungspraxis insbesondere u. a. die Aufsicht durch das zuständige Ministerium für Wirtschaft,[183] die Aufsicht nach dem dt. Unternehmensbeteiligungsgesellschaftsgesetz[184] oder durch den Anteilseiger und den zuständigen Rechnungshof[185] anerkannt, bei steuerlichen Risikokapitalbeihilfen darüber hinaus durch die Finanzverwaltung.[186]

51   Da sich auch private Risikokapitalfinanzierungen auf bestimmte innovative Technologien oder Wirtschaftszweige (wie zB. Gesundheit, Informationstechnologie, Biotechnologie) konzentrieren, kann die Kommission unter den Leitlinien „Risikokapitalbeihilfen" eine **Ausrichtung auf bestimmte Wirtschaftszweige**[187] akzeptieren, sofern die jeweilige Beihilfe nach Ziff. 2.1. in den Anwendungsbereich der vorliegenden Leitlinien fällt.

VII. Eingehende Prüfung der Vereinbarkeit der Beihilfe

52   Eine eingehende Prüfung der Vereinbarkeit einer Risikokapitalbeihilfe erfolgt anhand der Vereinbarkeitskriterien des Abschnitts 5 der Leitlinien „Risikokapitalbeihilfen", sofern eine Maßnahme nicht alle Vereinbarkeitskriterien des Abschnitts 4 der Leitlinien „Risikokapitalbeihilfen" erfüllt.[188] In dieser eingehenden Vereinbarkeitsprüfung erfolgt eine vertiefte Prüfung des Vorliegens von Marktversagen, das anders als bei Vorliegen aller Vereinbarkeitskriterien des Abschnitts 4 der Leitlinien „Risikokapitalbeihilfen" von der Kommission nicht mehr per se unterstellt wird. Zur Bewertung, ob das jeweilige Marktversagen gezielt eingegangen wird und ob ein höheres Risiko einer Verdrängung privater Investoren und der Wettbewerbsverzerrung besteht, stützt sich die eingehende Vereinbarkeitsprüfung auf eine Reihe positiver und negativer Faktoren.[189] Eine vergleichbare Abwägungsprüfung war bereits in der früheren Risikokapitalmitteilung enthalten,[190] wurde jedoch unter den Leitlinien „Risikokapitalbeihilfen" weiterentwickelt und unter Anwendung der verfeinerten ökonomischen Analyse des Aktionsplans staatliche Beihilfen neu interpretiert. Die Mitgliedstaaten haben alle Faktoren vorzutragen und alle Belege beizubringen, die sie für die Bewertung der Beihilfe als sachdienlich erachten.[191] Der Umfang der verlangten Belege und die Bewertung der Kommission hängen von den besonderen Umständen jedes einzelnen Falls sowie vom Umfang des zu behebenden Marktversagens und dem Risiko der Verdrängung privater Investoren ab. Hauptunterschied zwischen einer Prüfung nach Abschnitt 4 und 5 der Leitlinien „Risikokapitalbeihilfen" ist die im Einzelfall höhere Beweislast des Mitgliedstaates. Aufgrund der Komplexität der Prüfung der Vereinbarkeit

[180] S. zB. Kom., Staatliche Beihilfe N 263/2007, ABl. 2008 C 93/1 – Deutschland: Technologiegründerfonds Sachsen sowie die derzeit noch nicht veröffentlichte Entscheidung Staatliche Beihilfe N 408/2008 – Deutschland: Technologiefonds Mecklenburg-Vorpommern.

[181] Kom., Staatliche Beihilfe N 700/2007, ABl. 2008 C 331/2 – Vereinigtes Königreich: Finance Wales JEREMIE Fund.

[182] S. zB. Kom., Staatliche Beihilfe N160/2007, ABl. 2007 C 288/3 – Österreich: Risikokapital-Regelung „Eigenkapitalgarantie".

[183] Kom., Staatliche Beihilfe N 395/2007, ABl. 2009 C 88/1 – Finnland: Risk Capital Scheme of Start-up Fund Vera Ltd; Staatliche Beihilfe N 401/2009, ABl. 2010 C 108/2 – Deutschland: ERP-Staatsfonds.

[184] Kom., Staatliche Beihilfe N 263/2007, ABl. 2008 C 93/1 – Deutschland: Technologiegründerfonds Sachsen.

[185] Kom., Staatliche Beihilfe N481/2008, ABl. 2009 C 109/2 – Deutschland: Clusterfonds Innovation GmbH & Co. KG.

[186] Kom., Staatliche Beihilfe N 621/2007, ABl. 2008 C 134/2 – Österreich: Steuervergünstigungen bei Mittelstandsfinanzierungsgesellschaften.

[187] Ziff. 4.3.7. der Leitlinien „Risikokapitalbeihilfen". S. zB. Kom., Staatliche Beihilfe N 344/2008, ABl. 2009 C 62/12 – Niederlande: Life Science Fund Amsterdam BV i. o. – Risk Capital Scheme; Staatliche Beihilfe N 732/2006, ABl. 2007 C 159/1 – Niederlande: Risk Capital Scheme „BioGeneration Venture Fund"; Staatliche Beihilfe N 496/2006, ABl. 2007 C 45/1 – Belgien: Fonds d'investissement CultuurInvest; Staatliche Beihilfe N 683/2009, ABl. 2010 C 70/24 – Spanien „Entrepreneurs Network Program".

[188] Ziff. 5 UAbs. 1 der Leitlinien.

[189] Ziff. 5 UAbs. 2 der Leitlinien.

[190] Ziff. VIII. der Risikokapitalmitteilung.

[191] Ziff. 5 UAbs. 3 der Leitlinien.

derartiger Maßnahmen mit den Leitlinien „Risikokapitalbeihilfen" empfiehlt sich in derartigen Fällen ein Vornotifizierungsgespräch auf Arbeitsebene mit den Kommissionsdienststellen.[192]

1. Eingehend zu würdigende Maßnahmen. Ziff. 5.1. der Leitlinien „Risikokapitalbei- **53** hilfen" sieht für folgende Maßnahmen eine eingehende Würdigung vor:

a) Beihilfen über dem Schwellenwert von 1,5 Mio. EUR[193] je Zwölfmonatszeitraum und Zielunternehmen;[194]

b) Beihilfen zur Finanzierung der Expansionsphase für mittlere Unternehmen in Nicht-Fördergebieten;[195]

c) Beihilfen zu Anschlussfinanzierungen[196] für Zielunternehmen, die bereits Kapital in Form von Beihilfen erhalten haben, zur Finanzierung weiterer Finanzierungsrunden sogar über die allgemeine Safe-Harbour-Schwellenwerte und über die Wachstumsfinanzierung in einem frühen Stadium hinaus;

d) Beihilfen mit einer Beteiligung privater Investoren von weniger als 30% in Fördergebieten oder weniger als 50%[197] in anderen Gebieten;[198]

e) Beihilferegelungen zur Bereitstellung von Seed-Kapital für Kleinst- und Kleinunternehmen mit i) einer geringeren oder keiner privaten Beteiligungsfinanzierung durch private Investoren und/oder ii) vorrangig mit Kreditfinanzierungsinstrumenten anstelle von Beteiligungs- oder beteiligungsähnlichen Finanzierungsinstrumenten;[199]

f) Beihilfen, die eigens auf Anlageinstrumente ausgerichtet sind;[200]

g) Kosten, die mit einer ersten gezielten Suche nach Unternehmen zu Investitionszwecken verbunden sind, bis zur Phase der Prüfung der verkehrsüblichen Sorgfalt (sog. Scouting-Kosten).[201]

Nicht in der Liste aufgeführte Maßnahmen sind auf direkter Grundlage von Art. 107 Abs. 3 lit. c AEUV zu prüfen.

2. Positive Auswirkungen der Beihilfe. Die möglichen positiven Auswirkungen der Bei- **54** hilfe prüft die Kommission unter Abschnitt 5 der Leitlinien anhand folgender Vereinbarkeitskriterien:

Es muss **Marktversagen**[202] vorliegen und nachweisbar sein. Die Vorlage einer Studie zum **55** Nachweis von Marktversagen wird dabei grds. nur in besonderen Konstellationen gefordert, insbesondere bei Risikokapitalbeihilfen, die über die Finanzierungstranchen von 1,5 Mio. EUR[203] je Zwölfmonatszeitraum je Zielunternehmen hinausgehen, bei Anschlussfinanzierungen über

---

[192] S. auch Mitteilung der Kommission: Verhaltenskodex für die Durchführung von Beihilfeverfahren, ABl. 2009 C 136/13, RdNr. 10.

[193] Im Rahmen des Vorübergehenden Gemeinschaftsrahmens gilt zumindest bis zum 31. 12. 2010 auch in Nicht-Fördegebieten ein Schwellenwert von 2,5 Mio. EUR.

[194] S. Kom., Staatliche Beihilfe N 700/2007, ABl. 2008 C 331/2 – Vereinigtes Königreich: Finance Wales JEREMIE Fund; Staatliche Beihilfe N 596 a/2007, ABl. 2008 C 99/1 – Frankreich: Investissement dans les PME; Staatliche Beihilfen NN 42 a/2007 u. NN 42 b/2007, ABl. 2009 C 145/6 – Vereinigtes Königreich: Enterprise Investment Scheme and Corporate Venturing Scheme sowie Venture Capital Trusts.

[195] S. Kom., Staatliche Beihilfe N 596 a/2007, ABl. 2008 C 99/1 – Frankreich: Investissement dans les PME.

[196] Ziff. 2.2. lit. n der Leitlinien „Risikokapitalbeihilfen".

[197] Im Rahmen des Vorübergehenden Gemeinschaftsrahmens gilt zumindest bis zum 31. 12. 2010 ein privater Anteil von 30%, unabhängig von der Frage, ob das Vorhaben innerhalb oder außerhalb eines Fördergebiets liegt.

[198] S. Kom., Staatliche Beihilfe N 263/2007, ABl. 2008 C 93/1 – Deutschland: Technologiegründerfonds Sachsen; Staatliche Beihilfe N 629/2007, ABl. 2009 C 206/1 – Frankreich: Regime cache d'intervention publiques en capital-investment regional.

[199] S. Kom., Staatliche Beihilfe N 263/2007, ABl. 2008 C 93/1 – Deutschland: Technologiegründerfonds Sachsen sowie bereits die Entscheidungspraxis der Kommission unter der Risikokapitalmitteilung: Kom., Staatliche Beihilfe NN 81/2005, ABl. 2006 C 85/3 – Vereinigtes Königreich: NESTA Invention and Innovation Programme; Staatliche Beihilfe N 281/2005, ABl. 2006 C 14/12 – Belgien: Vlaams Innovatiefonds (VINNOF); Staatliche Beihilfe N 406/2009, ABl. 2010 C 158/1 – Deutschland: „Clusterfonds Seed GmbH & Co. KG".

[200] Kom., Staatliche Beihilfe C 36/2005, ABl. 2008 L 45/1 – Vereinigtes Königreich: Investbx.

[201] Kom., Staatliche Beihilfe N 9/2006, ABl. 2006 C 218/9 – Italien: Risk capital funds in favour of innovative SME located in Mezzogiorno.

[202] Ziff. 5.2.1. der Leitlinien „Risikokapitalbeihilfen".

[203] Im Rahmen des Vorübergehenden Gemeinschaftsrahmens gilt zumindest bis zum 31. 12. 2010 ein Schwellenwert von 2,5 Mio. EUR.

diesen Betrag hinaus, bei Finanzierungen mittlerer Unternehmen in Nicht-Fördergebieten in der Expansionsphase sowie bei Beihilfen, die sich eigens auf Anlageinstrumente beziehen. Eine Ausweitung der Vorlagepflicht von Studien ist in der Prüfungspraxis der Kom. aber nicht ausgeschlossen.[204] Die für einen solchen Fall geforderten Angaben sind unter Ziff. 5.2.1. der Leitlinien „Risikokapitalbeihilfen" detailliert ausgeführt.

56   Die zu prüfende Risikokapitalmaßnahme muss im Rahmen einer Prüfung der **Geeignetheit**[205] als geeignetes Instrument zur Förderung privater Risikokapitalinvestitionen betrachtet werden können. Dabei berücksichtigt die Kommission Folgenabschätzungen des Mitgliedstaates. Wenn der Mitgliedstaat Alternativen geprüft und die Vorteile eines selektiven Instruments wie einer staatlichen Beihilfe nachgewiesen hat und diese der Kommission mitgeteilt wurden, werden die betreffenden Maßnahmen als geeignetes Instrument angesehen. Die Leitlinien „Risikokapitalbeihilfen" nennen als allgemeine strukturelle Maßnahmen, die zu einem verstärkten Risikokapitalangebot führen können: Förderung des Unternehmertums, Einführung einer neutralen Besteuerung der verschiedenen Arten der Finanzierung von KMU (zB. neues Beteiligungskapital, einbehaltene Gewinne, Kreditfinanzierung), Verbesserung der Marktintegration und Schaffung besserer gesetzlicher Rahmenbedingungen beispielsweise durch Aufhebung der Beschränkungen der Anlagetätigkeit von bestimmten Arten von Finanzinstituten (zB. Pensionsfonds) und durch Verringerung des Verwaltungsaufwands bei Gründung eines Unternehmens.[206]

57   Eng zusammen mit der Prüfung der Geeignetheit hängt die Prüfung von **Anreizeffekt und Erforderlichkeit der Beihilfe.**[207] Beide werden bei Vorliegen aller Kriterien von Abschnitt 4 der Leitlinien „Risikokapitalbeihilfen" unterstellt, müssen unter Abschnitt 5 der Leitlinien „Risikokapitalbeihilfen" aber gesondert geprüft werden, da der Anreizeffekt bei den in diesem Abschnitt erfassten Beihilfen weniger offensichtlich erscheint. Dabei prüft die Kommission die folgenden Vereinbarkeitskriterien, die verdeutlichen sollen, dass die Investitionsentscheidungen gewinnorientiert getroffen werden und die Beihilfe nach kaufmännischen Grundsätzen verwaltet werden muss.

58   Zunächst prüft die Kommission vertieft und zusätzlich zu den Kriterien nach Ziff. 4.3.6. der Leitlinien „Risikokapitalbeihilfen", ob ein **Management anhand kaufmännischer Grundsätze**[208] vorliegt. Die Kommission bewertet es positiv, wenn die Risikokapitalbeihilfe bzw. der Fonds von Fachleuten aus der Privatwirtschaft verwaltet wird oder von unabhängigen Fachleuten, die durch ein transparentes, nicht diskriminierungsfreies Verfahren ausgewählt werden, vorzugsweise durch eine offene Ausschreibung,[209] und die nachweislich über Erfahrungen mit Kapitalmarktinvestitionen, im Idealfall im selben Wirtschaftszweig bzw. in denselben Wirtschaftszweige, sowie über ein für die Investition nötiges Hintergrundwissen über die einschlägigen Rechts- und Rechnungslegungsvorschriften verfügen.

59   Als ein weiterer positiver Faktor wird das **Bestehen eines Investitionsausschusses**[210] angesehen, der von der Fondsverwaltungsgesellschaft unabhängig ist. Diesem Investitions- oder Beteiligungsausschuss können unabhängige Fachleute aus der Privatwirtschaft mit umfangreicher Erfahrung im Zielwirtschaftszweig und vorzugsweise auch Investorenvertreter angehören. Die unabhängigen Fachleute können durch ein transparentes, nicht diskriminierendes Verfahren ausgewählt werden, vorzugsweise durch eine offene Ausschreibung. Laut Leitlinien „Risikokapitalbeihilfen" haben diese Fachleute keine Entscheidungsbefugnis, sondern würden die Fondsmanager bzw. die Verwaltungsgesellschaft mit Analysen zur bestehenden Marktlage und zu den künftigen Marktaussichten versorgen und ihnen nach entsprechender Prüfung potenzielle Zielunternehmen mit guten Investitionsaussichten vorschlagen. In der Entscheidungspraxis der Kommission anerkannt und besonders bei Beteiligung von privaten Investoren die Regel ist jedoch ein sog. Beteiligungsausschuss, bei dem die Mitglieder letztlich über die Inves-

---

[204] Vgl. zB. Kom., Staatliche Beihilfe N 406/2009, ABl. 2010 C 158/1 – Deutschland: „Clusterfonds Seed GmbH & Co. KG".

[205] Ziff. 5.2.2. der Leitlinien „Risikokapitalbeihilfen".

[206] Ziff. 1.3.3. der Leitlinien „Risikokapitalbeihilfen".

[207] Ziff. 5.2.3. der Leitlinien „Risikokapitalbeihilfen".

[208] Ziff. 5.2.3.1. der Leitlinien „Risikokapitalbeihilfen".

[209] S. zB. Kom., Staatliche Beihilfe N 478/2008, ABl. 2009 C 98/4 – Deutschland: Hannover Beteiligungsfonds (HBF); Staatliche Beihilfe N 263/2007, ABl. 2008 C 93/1 – Deutschland: Technologiegründerfonds Sachsen (TGFS) sowie Staatliche Beihilfe N 408/2008, ABl. 2009 C 116/1 – Deutschland: Technologiefonds Mecklenburg-Vorpommern.

[210] Ziff. 5.2.3.2. der Leitlinien „Risikokapitalbeihilfen".

tition zu entscheiden haben, die ihnen vom Fondsmanagement zuvor präsentiert und vorge-schlagen wurden.[211]

Weiteres Beurteilungskriterium der Kommission ist der **Umfang der Beihilfe/des** 60 **Fonds.**[212] Die Kommission wertet es positiv, wenn bei einer Risikokapitalbeihilfe genügend Mittel für Investitionen in KMU vorgesehen sind, um bei der Fondsverwaltung Größenvorteile erzielen und die Risiken über eine ausreichende Zahl von Investitionen streuen zu können. Laut Leitlinien „Risikokapitalbeihilfen" sollte die Größe des Fonds sicherstellen, dass die hohen Transaktionskosten aller Wahrscheinlichkeit absorbiert und/oder die späteren rentableren Pha-sen der Zielunternehmensfinanzierung bestritten werden können. Größere Fonds werden auch unter Berücksichtigung des Zielsektors positiv gewertet, sofern das Risiko einer Verdrängung privater Investitionen und einer Verzerrung des Wettbewerbs möglichst gering gehalten wird.

Schließlich wertet die Kommission bei Seed-Kapital-Beihilfen eine unmittelbare oder mittel- 61 bare Beteiligung von **Business Angels**[213] an Investitionen in der Seed-Phase positiv, da der Markt nach Auffassung der Kom. in dieser Phase stärker versagt. Gleiches gilt für die Mitwir-kung von Coaches in den Zielunternehmen.[214] Die Kommission ist unter diesen Umständen sogar bereit, eine Beihilfe, bei der Kreditfinanzierungsinstrumente überwiegen, bei denen die staatlichen Mittel nachrangig sind und ein Erstentnahmerecht für Business Angels besteht oder eine höhere Rendite für das von ihnen bereitgestellte Kapital sowie eine aktive Beteiligung an der Verwaltung der Beihilfe/des Fonds und/oder des Unternehmens vorgesehen ist für mit dem Gemeinsamen Markt vereinbar zu erklären.

Die Vereinbarkeitsprüfung nach Abschnitt 5 der Leitlinien „Risikokapitalbeihilfen" setzt die 62 **Angemessenheit**[215] der Beihilfe voraus, d. h. der Beihilfebetrag muss auf das erforderliche Mini-mum beschränkt sein. Auf welche Weise dieser Aspekt der Verhältnismäßigkeit erreicht werden kann, hängt zwangsläufig von der Form der betreffenden Beihilfe ab. Fehlt allerdings jegliche Re-gelung, um zu verhindern, dass einzelne Investoren eine zu hohe Vergütung erhalten, oder wird das Verlustrisiko vollständig vom öffentlichen Sektor getragen und/oder fließen die Vorteile aus-schließlich den anderen Investoren zu, wird eine Beihilfe als unangemessen und somit unverhält-nismäßig angesehen. Als positive Faktoren bei der Prüfung der Angemessenheit werden von der Kommission als bewährte Verfahren gewertet, wenn eine allgemeine Ausschreibung für Verwalter (Manager) bzw. der Verwaltungsgesellschaft (Managementgesellschaft), die die bestmögliche Kombination aus Qualität und Preis sicherstellt, und/oder eine Aufforderung zur Angebotsab-gabe oder öffentliche Ausschreibung für Investoren erfolgt. Letzteres kann beispielsweise in Form einer öffentlichen Ausschreibung, an der sich Investoren bei der Errichtung eines Investmentfonds (Wagniskapitalfonds) oder Anlageinstrument beteiligen können, oder eines Programms (zB. eines Einlagensicherungssytems) erfolgen, das über längere Zeit Neuzugängen offen steht.

3. Negative Auswirkungen der Beihilfe – Analyse der Wettbewerbs- und Handelsver- 63 **zerrungen.** Bei der Bewertung der Vereinbarkeit der Risikokapitalbeihilfen wägt die Kommis-sion unter Ziff. 5.3. der Leitlinien „Risikokapitalbeihilfen" potenzielle negative Auswirkungen in Form des Risikos der Verdrängung privater Investitionen und von sonstigen Wettbewerbs-verzerrungen gegen die vorgenannten positiven Auswirkungen ab. Die potenziell negativen Auswirkungen müssen auf allen drei Ebenen, auf denen eine Beihilfe vorliegen kann, geprüft werden.

Auf der Ebene des Risikokapitalmarkts können staatliche Beihilfen eine **Verdrängung**[216] 64 privater Investitionen bewirken. Dies könnte dazu führen, dass private Investoren weniger An-reiz sehen, Kapital für die Zielunternehmen bereitzustellen, und sie dazu veranlassen, abzuwar-ten, bis der Staat solche Investitionen fördert. Die Bedeutung dieses Risikos wächst mit der Höhe der Investition in ein Unternehmen, mit der Unternehmensgröße und mit der Phase der Unternehmensentwicklung, da die Verfügbarkeit von privaten Risikokapital unter diesen Um-ständen progressiv zunimmt. Die Kommission verlangt daher besondere Nachweise in Bezug

---

[211] S. zB. Kom., Staatliche Beihilfe N 263/2007, ABl. 2008 C 93/1 – Deutschland: Technologiegründer-fonds Sachsen (TGFS); Staatliche Beihilfe N 406/2009, ABl. 2010 C 158/1 – Deutschland: „Clusterfonds Seed GmbH & Co. KG".

[212] Ziff. 5.2.3.3. der Leitlinien „Risikokapitalbeihilfen".

[213] Ziff. 5.2.3.4. der Leitlinien „Risikokapitalbeihilfen". S. zB. Staatliche Beihilfe N 406/2009, ABl. 2010 C 158/1 – Deutschland: „Clusterfonds Seed GmbH &Co. KG", RdNr. 137 ff.

[214] Kom., Staatliche Beihilfe N 406/2009, ABl. 2010 C 158/1 – Deutschland: „Clusterfonds Seed GmbH & Co. KG", RdNr. 139 f.

[215] Ziff. 5.2.4. der Leitlinien „Risikokapitalbeihilfen".

[216] Ziff. 5.3.1. der Leitlinien „Risikokapitalbeihilfen".

auf das Verdrängungsrisiko für Beihilfen mit höheren Investitionstranchen an Zielunternehmen, für Anschlussinvestitionen oder für die Finanzierung der Expansionsphase mittlerer Unternehmen in Nicht-Fördergebieten oder für Beihilfen mit einer geringen Beteiligung von privaten Investoren oder Beihilfen, die eigens auf Anlageinstrumente ausgerichtet sind. Außerdem müssen die Mitgliedstaaten Nachweise erbringen, dass kein Verdrängungsrisiko speziell für den Bereich, den Wirtschaftszweig und/oder die Branchenstruktur besteht, auf die die Beihilfe abzielt. Folgende Angaben können relevant sein:

a) die Anzahl der Wagniskapitalfirmen/-fonds/-anlageinstrumente, die im betreffenden Land oder bei regionalen Fonds im betreffenden Gebiet vertreten sind, und die Bereiche, in denen sie tätig sind,

b) Zielunternehmen in Bezug auf Unternehmensgröße, Wachstumsphase und Branche,

c) Das durchschnittliche Transaktionsvolumen und gegebenenfalls Mindestvolumen, ab dem die Fonds oder Investoren Transaktionen genauer prüfen werden,

d) Der Gesamtbetrag des für die Zielunternehmen zur Verfügung stehenden Wagniskapitals sowie Branche und Phase, in der die Maßnahme greifen soll.

65   Das Ausmaß **sonstiger Wettbewerbsverzerrungen**[217] ist bei Risikokapitalmaßnahmen insofern meist gering, da es sich bei den Zielunternehmen zumeist um neu gegründete KMU handelt, so dass diese kaum über erhebliche Marktmacht verfügen und es daher kaum zu einer erheblichen Wettbewerbsverzerrung kommen dürfte. Dennoch befürchtet die Kommission, dass Risikokapitalbeihilfen dazu führen können, dass ineffiziente Unternehmen oder Wirtschaftszweige, die andernfalls nicht überleben könnten, über Wasser gehalten werden. Weiterhin befürchtet die Kommission, dass ein Überangebot an Risikokapital für die Finanzierung ineffizienter Unternehmen deren Bewertung künstlich in die Höhe treiben und so den Risikokapitalmarkt auf der Ebene der Investoren verzerren könnten, da diese dann höhere Preise für diese Unternehmen zahlen müssten. Auf bestimmte Wirtschaftszweige ausgerichtete Beihilfen könnten außerdem dazu beitragen, die Produktion in nicht wettbewerbsfähigen Sektoren aufrechtzuerhalten, während regionale Beihilfen eine ineffiziente Produktionsfaktorenallokation zwischen den Regionen zur Folge haben könnten. Bei der Auswertung dieser Risiken prüft die Kommission insbesondere folgende Faktoren:

a) Gesamtrentabilität und Rentabilitätsaussichten der Unternehmen, in die in einem bestimmten Zeitraum investiert wird,

b) Konkursquote bei den Zielunternehmen der Beihilfe,

c) maximale Investitionstranche der Beihilfe im Verhältnis zu Umsatz und Kosten der Zielunternehmen,

d) Überkapazität im Wirtschaftszweig, dem die Beihilfe zugute kommt.

66   **4. Abwägung und Entscheidung.** In ihrer Prüfung wägt die Kommission die vorgenannten positiven und negativen Kriterien gegeneinander ab, um festzustellen, ob die daraus resultierenden Verzerrungen den Handel in einem Maße beeinträchtigen, das dem Gemeinsamen Interesse zuwiderläuft.[218] Anders als noch unter der Risikokapitalmitteilung[219] ist eine Genehmigung bei Nichterfüllen aller Vereinbarkeitskriterien nach Abschnitt 4 der Leitlinien „Risikokapitalbeihilfen", etwa im Hinblick auf höhere Finanzierungstranchen, außerhalb eines förmlichen Prüfverfahrens möglich. Nach Eröffnung eines förmlichen Prüfverfahrens kann die Kommission das Verfahren mit einer mit Bedingungen und Auflagen versehenen Entscheidung nach Art. 7 Abs. 4 VO 659/1999 abschließen. Die Leitlinien „Risikokapitalbeihilfen" enthalten in ihrer Ziff. 5.4. eine Auflistung möglicher Bedingungen und Auflagen für den Fall einer solchen mit Bedingungen und Auflagen zu versehenden endgültigen Entscheidung nach Abschluss eines förmlichen Prüfverfahrens, die jedoch nicht abschließend ist.

VIII. Kumulierung

67   Unter Ziff. 6 der Leitlinien „Risikokapitalbeihilfen" werden die Kumulierungsvorschriften für Risikokapitalbeihilfen dargelegt. Kumulierung von Beihilfen meint die Anwendung von

---

[217] Ziff. 5.3.2. der Leitlinien „Risikokapitalbeihilfen".
[218] Ziff. 5.4. der Leitlinien „Risikokapitalbeihilfen".
[219] Vgl. Kom., Staatliche Beihilfe C 72/2003, ABl. 2005 L 236/14 – Vereinigtes Königreich: Invest Northern Ireland Venture 2003; Staatliche Beihilfe C 17/2004, ABl. 2006 L 91/16 – Vereinigtes Königreich: Enterprise Capital Funds.

mehr als einer Beihilferegelung auf ein Vorhaben mit den gleichen förderbaren Kosten.[220] Sind die Ausgaben nicht nur für einen Beihilfezweck, sondern auch vollständig oder teilweise für andere Zwecke förderbar, gilt für den gemeinsamen Anteil der förderbaren Kosten die günstigste Obergrenze der anwendbaren Beihilfebestimmungen. Die Anwendung dieser allgemeinen Kumulierungsregel kann jedoch auf Risikokapitalbeihilfen keine Anwendung finden, da sie vom Prinzip der förderbaren Kosten abweichen. In ihrer Entscheidungspraxis unter der Risikokapitalmitteilung zeigte die Kommission Flexibilität bei der Festlegung einer Kumulierungsregel und verlangte teilweise keine Kumulierungsregel,[221] den Ausschluss jeglicher weiterer Investitionsförderung[222] oder als Mittelweg eine Reduzierung künftiger Regional- und KMU-Beihilfen um 50% in Nicht-Fördergebieten[223] und um 20% in Fördergebieten.[224] Die letztgenannte Kumulierungsregel hat die Kommission in die Leitlinien „Risikokapitalbeihilfen" übernommen und damit eine besondere Kumulierungsregel geschaffen: Wird das Kapital, das einem Zielunternehmen durch eine Risikokapitalbeihilfe nach den vorliegenden Leitlinien zur Verfügung gestellt wird, zur Finanzierung von Erstinvestitionen genutzt oder zur Tragung anderer Kosten, die nach anderen Gruppenfreistellungsverordnungen, Leitlinien, Beihilferahmen oder sonstigen Dokumenten über staatliche Beihilfen beihilfefähig sind, so werden die betreffenden Beihilfehöchstgrenzen bzw. beihilfefähigen Höchstbeträge in den ersten drei Jahren der ersten Risikokapitalinvestition bis zum erhaltenen Gesamtbetrag grundsätzlich um 50% und bei Zielunternehmen in Fördergebieten um 20% abgesenkt. Die grundsätzliche Beihilfereduzierung um 50% einer nach einer Risikokapitalbeihilfe gewährten anderen Beihilfe findet also folgende Einschränkungen: 1. Bei Zielunternehmen in Fördergebieten gilt lediglich eine Reduzierung um 20%. 2. Die Reduzierung gilt, bezogen auf den erhaltenen Gesamtbetrag und damit sowohl für den staatlichen wie den privaten Anteil der Risikokapitalbeihilfe. Dies muss gleichgültig vor der Frage gelten, ob die private Beteiligung auf Fonds- oder auf Unternehmensebene erfolgt. 3. Die Reduzierung gilt nur in den ersten drei Jahren der ersten Risikokapitalinvestition. Anschlussfinanzierungen sind von der Kumulierungsregel nicht betroffen. 4. Die Reduzierung gilt für die betreffenden Beihilfehöchstgrenzen und umfassen damit – anders als unter der Entscheidungspraxis der Kommission unter der Risikokapitalmitteilung – auch den KMU-Bonus.[225] 5. Die Reduzierung gilt nicht für F&E&I-Beihilfen. 6. Die Reduzierung gilt nur für Kapital, das einem Zielunternehmen zur Finanzierung von Erstinvestitionen oder zur Tragung anderer Kosten gewährt wird, die nach anderen Gruppenfreistellungsverordnungen, Leitlinien, Beihilferahmen oder sonstigen Dokumenten über staatliche Beihilfen beihilfefähig sind. Sind derartige Zwecke bei der Risikokapitalbeihilfengewährung ausgeschlossen oder werden die Mittel nicht für derartige Zwecke eingesetzt muss keine Reduzierung erfolgen. Dies betrifft vor allem Ausgaben für Betriebsmittel (zB. Markterschließung; Vertrieb; Marketing), die anderweitig häufig nicht beihilfefähig sind. 7. Die Reduzierung gilt nur bis zur Höhe des erhaltenen Gesamtbetrags der Risikokapitalbeihilfe.[226]

Mit dieser besonderen Kumulierungsregel hat die Kommission die früheren allgemeinen Erwägungen der Risikokapitalmitteilung und die darauf ergangene flexible Entscheidungspraxis **68**

---

[220] Siehe Mitteilung der Kommission von 1985, ABl.1985 C 3/2.

[221] S. zB. Kom., Staatliche Beihilfe N 349/2001, ABl. 2002 C 62/41 – Deutschland: SBG Sächsische Beteiligungsgesellschaft; Staatliche Beihilfe N 280/2003, ABl. 2004 C 67/9 – Deutschland: IBG Sachsen-Anhalt.

[222] Kom., Staatliche Beihilfe N 448/2000, ABl. 2001 C 38/5 – Frankreich: Fonds de capital investment; Staatliche Beihilfe N 630/2001, ABl. 2002 C 32/18 – Spanien: Förderung technologieorientierter Unternehmen.

[223] Kom., Staatliche Beihilfe N 722/2000, ABl. 2002 C 133/11 – Vereinigtes Königreich: Coalfields Enterprise Fund; Staatliche Beihilfe N 606/2001, ABl. 2002 C 133/10 – Vereinigtes Königreich: Community Development Venture Fund.

[224] S. zB. Kom., Staatliche Beihilfe N 212/2004, ABl. 2005 C 95/8 – Deutschland: EFRE-Risikokapitalfonds Berlin; Staatliche Beihilfe N 310/2004, ABl. 2006 C 79/25 – Deutschland: EFRE-Risikokapitalfonds Brandenburg; Staatliche Beihilfe N 266/2004, ABl. 2005 C 95/9 – Deutschland: EFRE-Risikokapitalfonds Thüringen; Staatliche Beihilfe N 345/2005, ABl. 2005 C 325/16 – Deutschland: EFRE-Risikokapitalfonds Schleswig-Holstein; Staatliche Beihilfe N 364/2004, ABl. 2005 C 307/4 – Deutschland: EFRE-Wachstumsfonds Mittelstand Sachsen.

[225] Zur Entscheidungspraxis der Kom. unter der Risikokapitalmitteilung, s. insbes. *Ghoreishi/Rojo,* aaO, s. *Zuleger,* aaO.

[226] Die deutsche Fassung der Leitlinien „Risikokapitalbeihilfen" spricht hier sprachlich ungenau von einer Reduzierung „bezogen auf den erhaltenen Gesamtbetrag", die englische Fassung ebenso wie die französische Fassung als weitere Arbeitssprachen der Europäischen Kommission dagegen genauer von einer Reduzierung „up to the total amount received" bzw. „à la totalité du montant perçu".

kodifiziert. Damit hat sie sich jedoch gleichzeitig ihrer Flexibilität beraubt, unterschiedliche Beihilferegelungen unter den Leitlinien „Risikokapitalbeihilfen" angemessen zu beurteilen. Insofern
ist daher das Ziel der Erhaltung von Flexibilität bei der Beurteilung von Risikokapitalbeihilfen,
das bei der Schaffung der Leitlinien „Risikokapitalbeihilfen" verfolgt wurde, bei der Kumulierungsregel aufgegeben worden. Zudem setzt die Kumulierungsregel streng genommen bei Vorhandensein mehrerer Beihilfegeber ein Überwachungssystem vergleichbar den De-minimis-
Beihilfen voraus.

IX. Schlussbestimmungen

69   Die Schlussbestimmungen der Leitlinien „Risikokapitalbeihilfen" konkretisieren zunächst die
Aufsicht und Vorlage von Berichten[227] an die Kommission gemäß der VO 659/1999 und der
VO 794/2004. In Bezug auf Risikokapitalbeihilfen müssen die Berichte eine zusammenfassende
Tabelle mit einer Aufstellung der Investitionen enthalten, die von dem betreffenden Fonds oder
im Rahmen der Risikokapitalbeihilfe durchgeführt wurden, einschließlich einer Liste aller Un-
ternehmen, die Risikokapitalbeihilfen empfangen haben. Der Bericht muss darüber hinaus eine
Kurzbeschreibung der Geschäftstätigkeit von Investmentfonds mit Einzelheiten zu den geprüf-
ten potentiellen Abmachungen und den letztlich abgeschlossenen Transaktionen sowie der
Wertentwicklung der Anlageinstrumente mit zusätzlichen Informationen über das durch diese
Instrumente beigesteuerte Kapital enthalten. Die Kommission kann zusätzliche Informationen in
Bezug auf gewährte Beihilfen anfordern, um zu prüfen, ob die in der Genehmigungsentschei-
dung der Kommission enthaltenen Bedingungen eingehalten wurden. Der Jahresbericht wird
auf der Website der Kommission veröffentlicht.

70   Zur Verbesserung der Transparenz[228] verlangt die Kommission darüber hinaus, dass der
Wortlaut der einschlägigen Regelungen über Risikokapitalbeihilfen von den Mitgliedstaaten
veröffentlicht wird. Eine entsprechende Zusage wird dem Mitgliedstaat im Rahmen der Notifizierung einer Risikokapitalbeihilfe abverlangt. Bei Risikokapitalbeihilfen stellt dies im Gegensatz zu sonstigen Beihilfen häufig ein Problem dar, da diese üblicherweise keine staatlichen Förderrichtlinien sind. Vielmehr entscheidet gerade bei Wagniskapitalfonds das Fondsmanagement
in Abstimmung mit den Investoren über das Eingehen einer Risikokapitalinvestition. Daher
können hier nur die Beteiligungsgrundsätze des Fonds gemeint sein, die dann auf der Website
des Fonds zu veröffentlichen sind. Vor einer Veröffentlichung darf die Regelung nicht angewendet werden.

71   Die Mitgliedstaaten müssen ausführliche Aufzeichnungen über sämtliche Risikokapitalbeihilfen bereit halten. Diese Aufzeichnungen müssen alle Informationen enthalten, die erforderlich
sind, um feststellen zu können, dass die Voraussetzungen der Leitlinien eingehalten wurden,
insbesondere in Bezug auf die Größe der Tranche, die Größe der Unternehmen (kleines oder
mittleres Unternehmen), die Entwicklungsphase des Unternehmens (Seed, Start-up, Expansion),
seinen Tätigkeitsbereich (vorzugsweise auf der vierstelligen Ebene des NACE-Codes) sowie
Informationen über die Verwaltung des Fonds oder andere Kriterien nach den Leitlinien „Risikokapitalbeihilfen". Diese Informationen müssen zehn Jahre lang ab dem Zeitpunkt der Beihilfegewährung aufbewahrt werden.

72   Die Kommission kündigt in den Leitlinien an, dass sie die Mitgliedstaaten auffordern wird,
diese Informationen zur Verfügung zu stellen, um drei Jahre nach Inkrafttreten der Leitlinien
eine Folgenabschätzung der Leitlinien durchführen zu können.[229]

73   Die Leitlinien sind am 18. 8. 2006 mit ihrer Veröffentlichung im Amtsblatt der Europäischen
Union in Kraft getreten und verlieren ihre Gültigkeit am 31. 12. 2013.[230] Drei Jahre nach Inkrafttreten wird die Kommission die Leitlinien überprüfen. Änderungen oder Klarstellungen der
Leitlinien sind nach Anhörung der Mitgliedstaaten nicht ausgeschlossen. Im Zuge der Finanzmarktkrise wurden die Leitlinien „Risikokapitalbeihilfen" durch den sog. Vorübergehenden Gemeinschaftsrahmen ein erstes Mal befristet geändert. Diese Änderungen beinhalten eine Erhöhung
des max. Umfangs der Investitionstranchen auf 2,5 Mio. EUR und die Absenkung der erforderlichen Beteiligung privater Investoren außerhalb von Fördergebieten auf mindestens 30%.
Bei einer Überprüfung der Leitlinien läge es nahe, diese befristeten Änderungen aufgrund des
sog. Vorübergehenden Gemeinschaftsrahmens zu entfristen, da durch die Änderungen keine

---

[227] Ziff. 7.1. der Leitlinien „Risikokapitalbeihilfen".
[228] AaO.
[229] AaO.
[230] Ziff. 7.2. der Leitlinien „Risikokapitalbeihilfen".

größeren negativen Wettbewerbsbeeinträchtigungen entstanden zu sein scheinen. Alsbald geklärt werden sollte daneben das Verhältnis zum Grundsatz des marktwirtschaftlich handelnden Investors bzw. zum Privatinvestortest, entweder im Rahmen der Leitlinien „Rückkapitalbeihilfen" oder im Rahmen einer dringend erforderlichen eigenen neuen Mitteilung zum Grundsatz des marktwirtschaftlich handelnden Investors bzw. zum Privatinvestortest.

Als zweckdienliche Maßnahmen[231] gemäß Art. 108 Abs. 1 AEUV sind die Leitlinien „Risiko- **74** kapitalbeihilfen" mit einem Vorschlag zur Anpassung bestehender Risikokapitalbeihilferegelungen durch die Mitgliedstaaten an die Leitlinien innerhalb von zwölf Monaten nach Inkrafttreten, mithin bis zum 18. 8. 2007 verbunden. Die Mitgliedstaaten haben diesem Vorschlag zweckdienlicher Maßnahmen der Kommission zugestimmt.

Abschnitt 7. Beihilfen für Forschung und Entwicklung und Innovation

Art. 30 Begriffsbestimmungen

Für diesen Abschnitt gelten folgende Begriffsbestimmungen:

1. **„Forschungseinrichtung": Einrichtungen wie Hochschulen oder Forschungsinstitute unabhängig von ihrer Rechtsform (öffentlich- oder privatrechtlich) oder Finanzierungsweise, deren Hauptaufgabe in Grundlagenforschung, industrieller Forschung oder experimenteller Entwicklung besteht und die deren Ergebnisse durch Lehre, Veröffentlichung und Technologietransfer verbreiten. Sämtliche Gewinne müssen in diese Aktivitäten, die Verbreitung ihrer Ergebnisse oder die Lehre reinvestiert werden. Unternehmen, die beispielsweise als Anteilseigner oder Mitglieder Einfluss auf eine solche Einrichtung ausüben können, genießen keinen bevorzugten Zugang zu den Forschungskapazitäten der Einrichtung oder den von ihr erzielten Forschungsergebnissen;**

2. **„Grundlagenforschung": experimentelle oder theoretische Arbeiten, die in erster Linie dem Erwerb neuen Grundlagenwissens ohne erkennbare direkte praktische Anwendungsmöglichkeiten dienen;**

3. **„industrielle Forschung": planmäßiges Forschen oder kritisches Erforschen zur Gewinnung neuer Kenntnisse und Fertigkeiten mit dem Ziel, neue Produkte, Verfahren oder Dienstleistungen zu entwickeln oder zur Verwirklichung erheblicher Verbesserungen bei bestehenden Produkten, Verfahren oder Dienstleistungen nutzen zu können. Hierzu zählt auch die Entwicklung von Teilen komplexer Systeme, die für die industrielle Forschung und insbesondere die Validierung von technologischen Grundlagen notwendig sind, mit Ausnahme von Prototypen;**

4. **„experimentelle Entwicklung": Erwerb, Kombination, Gestaltung und Verwendung vorhandener wissenschaftlicher, technischer, wirtschaftlicher und sonstiger einschlägiger Kenntnisse und Fertigkeiten zur Erarbeitung von Plänen und Schemata oder Entwürfen für neue, veränderte oder verbesserte Produkte, Verfahren oder Dienstleistungen. Dazu zählen zum Beispiel auch Tätigkeiten im Hinblick auf die Konzeption, Planung und Dokumentation neuer Produkte, Verfahren und Dienstleistungen. Diese Tätigkeiten können die Erstellung von Entwürfen, Zeichnungen, Plänen und anderem Dokumentationsmaterial umfassen, soweit sie nicht für kommerzielle Zwecke bestimmt sind.**
Die Entwicklung von kommerziell nutzbaren Prototypen und Pilotprojekten ist ebenfalls eingeschlossen, wenn es sich bei dem Prototyp notwendigerweise um das kommerzielle Endprodukt handelt und seine Herstellung allein für Demonstrations- und Auswertungszwecke zu teuer wäre. Bei einer anschließenden kommerziellen Nutzung von Demonstrations- oder Pilotprojekten sind die daraus erzielten Einnahmen von den beihilfefähigen Kosten abzuziehen.
Die experimentelle Produktion und Erprobung von Produkten, Verfahren und Dienstleistungen sind ebenfalls beihilfefähig, soweit sie nicht in industriellen Anwendungen oder kommerziell genutzt oder für solche Zwecke umgewandelt werden können.

---

[231] Ziff. 7.3. der Leitlinien „Risikokapitalbeihilfen".

Experimentelle Entwicklung umfasst keine routinemäßigen oder regelmäßigen Änderungen an Produkten, Produktionslinien, Produktionsverfahren, bestehenden Dienstleistungen oder anderen laufenden betrieblichen Prozessen, selbst wenn diese Änderungen Verbesserungen darstellen sollten;

5. „Hochqualifiziertes Personal" bezeichnet Forscher, Ingenieure, Designer und Marketingspezialisten mit Universitätsabschluss und wenigstens fünf Jahren einschlägiger Berufserfahrung; eine Promotionstätigkeit kann als Berufserfahrung zählen;

6. „Abordnung" bezeichnet die vorübergehende Beschäftigung von Personal durch einen Beihilfeempfänger während eines bestimmten Zeitraums, nach dem das Personal das Recht hat, wieder zu seinem vorherigen Arbeitgeber zurückzukehren.

Art. 31 Beihilfen für Forschungs- und Entwicklungsvorhaben

1. Beihilfen für Forschungs- und Entwicklungsvorhaben sind im Sinne von Artikel 87 Absatz 3 EG-Vertrag mit dem Gemeinsamen Markt vereinbar und von der Anmeldepflicht gemäß Artikel 88 Absatz 3 EG-Vertrag freigestellt, wenn die Voraussetzungen der Absätze 2 bis 5 dieses Artikels erfüllt sind.

2. Der geförderte Teil des Forschungs- und Entwicklungsvorhabens muss vollständig einer oder mehreren der folgenden Forschungskategorien zuzuordnen sein:
   a) Grundlagenforschung;
   b) industrielle Forschung;
   c) experimentelle Entwicklung.
   Ist ein Vorhaben in unterschiedliche Teile untergliedert, wird jeder Teil einer der in Unterabsatz 1 genannten Forschungskategorien oder keiner dieser Forschungskategorien zugeordnet.

3. Die Beihilfeintensität darf folgende Werte nicht überschreiten:
   a) 100% der beihilfefähigen Kosten bei der Grundlagenforschung;
   b) 50% der beihilfefähigen Kosten bei der industriellen Forschung;
   c) 25% der beihilfefähigen Kosten bei der experimentellen Entwicklung.
   Die Beihilfeintensität muss auch bei einem Kooperationsvorhaben im Sinne von Absatz 4 Buchstabe b Ziffer i für jeden Beihilfeempfänger einzeln ermittelt werden.
   Bei Beihilfen für ein Forschungs- und Entwicklungsvorhaben, das in Zusammenarbeit zwischen Forschungseinrichtungen und Unternehmen durchgeführt wird, darf die kombinierte Beihilfe, die sich aus der direkten staatlichen Unterstützung für ein bestimmtes Vorhaben und, soweit es sich dabei um Beihilfen handelt, den Beiträgen von Forschungseinrichtungen zu diesem Vorhaben ergibt, für jedes begünstigte Unternehmen die geltenden Beihilfeintensitäten nicht übersteigen.

4. Die Beihilfeintensitäten für industrielle Forschung und experimentelle Entwicklung in Absatz 3 können wie folgt erhöht werden:
   a) Im Falle von KMU-Beihilfen kann die Intensität bei mittleren Unternehmen um 10 Prozentpunkte und bei kleinen Unternehmen um 20 Prozentpunkte erhöht werden;
   b) ein Aufschlag von 15 Prozentpunkten ist bis zu einer Beihilfehöchstintensität von 80% der beihilfefähigen Kosten zulässig, wenn
      i) das Vorhaben die effektive Zusammenarbeit zwischen mindestens zwei eigenständigen Unternehmen betrifft und folgende Voraussetzungen erfüllt sind:
         – kein Unternehmen trägt allein mehr als 70% der beihilfefähigen Kosten des Kooperationsvorhabens,
         – an dem Vorhaben ist mindestens ein KMU beteiligt, oder das Vorhaben wird in mindestens zwei Mitgliedstaaten ausgeführt, oder
      ii) das Vorhaben die Zusammenarbeit zwischen einem Unternehmen und einer Forschungseinrichtung betrifft und folgende Voraussetzungen erfüllt sind:
         – die Forschungseinrichtung trägt mindestens 10% der beihilfefähigen Projektkosten;
         – die Forschungseinrichtung hat das Recht, die Ergebnisse des Forschungsprojekts zu veröffentlichen, soweit sie von der Forschung stammen, die von der Einrichtung durchgeführt wurde; oder

iii) bei der industriellen Forschung die Ergebnisse des Vorhabens auf technischen oder wissenschaftlichen Konferenzen oder durch Veröffentlichung in wissenschaftlichen und technischen Zeitschriften weit verbreitet werden oder in offenen Informationsträgern (Datenbanken, bei denen jedermann Zugang zu den unbearbeiteten Forschungsdaten hat) oder durch gebührenfreie bzw. Open-Source-Software zugänglich sind.

Im Rahmen von Buchstabe b Ziffern i und ii gilt die Untervergabe von Aufträgen nicht als Zusammenarbeit.

5. Beihilfefähige Kosten sind:

a) Personalkosten (Forscher, Techniker und sonstige unterstützende Personen, soweit diese für das Forschungsvorhaben angestellt sind);

b) Kosten für Instrumente und Ausrüstung, soweit und solange sie für das Forschungsvorhaben genutzt werden. Werden diese Instrumente und Ausrüstungen nicht während ihrer gesamten Lebensdauer für das Forschungsvorhaben verwendet, gilt nur die nach den Grundsätzen ordnungsgemäßer Buchführung ermittelte Wertminderung während der Dauer des Forschungsvorhabens als beihilfefähig;

c) Kosten für Gebäude und Grundstücke, sofern und solange sie für das Forschungsvorhaben genutzt werden. Bei Gebäuden gilt nur die nach den Grundsätzen ordnungsgemäßer Buchführung ermittelte Wertminderung während der Dauer des Forschungsvorhabens als beihilfefähig. Bei Grundstücken sind die Kosten der kommerziellen Übertragung oder die tatsächlich entstandenen Kapitalkosten beihilfefähig;

d) Kosten für Auftragsforschung, technisches Wissen und zu Marktpreisen von Dritten direkt oder in Lizenz erworbene Patente, sofern die Transaktion zu Marktbedingungen durchgeführt wurde und keine Absprachen vorliegen, sowie Kosten für Beratung und gleichwertige Dienstleistungen, die ausschließlich der Forschungstätigkeit dienen;

e) zusätzliche Gemeinkosten, die unmittelbar durch das Forschungsvorhaben entstehen;

f) sonstige Betriebskosten (wie Material, Bedarfsmittel und dergleichen), die unmittelbar durch die Forschungstätigkeit entstehen.

6. Alle beihilfefähigen Kosten werden einer bestimmten Forschungs- und Entwicklungskategorie zugeordnet.

Art. 32 Beihilfen für technische Durchführbarkeitsstudien

(1) Beihilfen für technische Durchführbarkeitsstudien im Vorfeld der industriellen Forschung oder experimentellen Entwicklung sind im Sinne von Artikel 87 Absatz 3 EG-Vertrag mit dem Gemeinsamen Markt vereinbar und von der Anmeldepflicht gemäß Artikel 88 Absatz 3 EG-Vertrag freigestellt, wenn die Voraussetzungen der Absätze 2 und 3 dieses Artikels erfüllt sind.

(2) Die Beihilfeintensität darf folgende Werte nicht überschreiten:

a) bei KMU: 75% der beihilfefähigen Kosten für Studien im Vorfeld der industriellen Forschung und 50% der beihilfefähigen Kosten für Studien im Vorfeld der experimentellen Entwicklung;

b) bei Großunternehmen: 65% der beihilfefähigen Kosten für Studien im Vorfeld der industriellen Forschung und 40% der beihilfefähigen Kosten für Studien im Vorfeld der experimentellen Entwicklung.

(3) Beihilfefähige Kosten sind die Kosten der Studie.

Art. 33 Beihilfen für KMU zu den Kosten gewerblicher Schutzrechte

(1) KMU-Beihilfen für die Kosten im Zusammenhang mit der Erlangung und Aufrechterhaltung von Patenten und anderen gewerblichen Schutzrechten sind im Sinne von Artikel 87 Absatz 3 EG-Vertrag mit dem Gemeinsamen Markt vereinbar und von der Anmeldepflicht gemäß Artikel 88 Absatz 3 EG-Vertrag freigestellt, wenn die Voraussetzungen der Absätze 2 und 3 dieses Artikels erfüllt sind.

(2) Die Beihilfeintensität darf nicht höher sein als die Intensität, bis zu der Beihilfen nach Artikel 31 Absätze 3 und 4 für die den gewerblichen Schutzrechten vorausgehenden Forschungstätigkeiten in Betracht gekommen wären.

(3) Folgende Kosten sind beihilfefähig:

a) sämtliche Kosten, die der Erteilung des gewerblichen Schutzrechts in der ersten Rechtsordnung vorausgehen, einschließlich der Kosten für Vorbereitung, Einreichung und Durchführung der Anmeldung sowie der Kosten für die Erneuerung der Anmeldung vor Erteilung des Schutzrechts;

b) die Kosten für die Übersetzung und sonstige im Hinblick auf die Erlangung oder Aufrechterhaltung des Schutzrechts in anderen Rechtsordnungen anfallende Kosten;

c) zur Aufrechterhaltung des Schutzrechts während des amtlichen Prüfverfahrens und bei etwaigen Einspruchsverfahren anfallende Kosten, selbst wenn diese nach der Erteilung des Schutzrechts entstehen.

Art. 34 Forschungs- und Entwicklungsbeihilfen im Agrarsektor und in der Fischerei

(1) Forschungs- und Entwicklungsbeihilfen für Erzeugnisse des Anhangs I EG-Vertrag sind im Sinne von Artikel 87 Absatz 3 EG-Vertrag mit dem Gemeinsamen Markt vereinbar und von der Anmeldepflicht gemäß Artikel 88 Absatz 3 EG-Vertrag freigestellt, wenn die Voraussetzungen der Absätze 2 bis 5 dieses Artikels erfüllt sind.

(2) Die Beihilfen müssen für alle Wirtschaftsbeteiligten in dem betreffenden Wirtschaftszweig oder Teilsektor von Interesse sein.

(3) Vor Beginn der Forschungsarbeiten wird im Internet ein Hinweis auf die Durchführung von Forschungsarbeiten und deren Zweck veröffentlicht. Gleichzeitig ist anzugeben, wann ungefähr mit den Forschungsergebnissen zu rechnen ist und wo sie im Internet veröffentlicht werden, und es ist darauf hinzuweisen, dass die Ergebnisse unentgeltlich zur Verfügung gestellt werden.

Die Forschungsergebnisse werden für einen Zeitraum von mindestens fünf Jahren im Internet zur Verfügung gestellt. Ihre Veröffentlichung im Internet erfolgt nicht später als die Unterrichtung von Mitgliedern betroffener Einrichtungen.

(4) Die Beihilfen müssen der Forschungseinrichtung oder Stelle direkt gewährt werden; die direkte Gewährung von anderen als Forschungsbeihilfen für ein Unternehmen, das landwirtschaftliche Erzeugnisse herstellt, verarbeitet oder vermarktet, und die Preisstützung für Hersteller dieser Erzeugnisse sind nicht zulässig.

(5) Die Beihilfeintensität darf 100% der beihilfefähigen Kosten nicht überschreiten.

(6) Beihilfefähig sind die in Artikel 31 Absatz 5 genannten Kosten.

(7) Forschungs- und Entwicklungsbeihilfen für Erzeugnisse des Anhangs I EG-Vertrag, die nicht die Voraussetzungen dieses Artikels erfüllen, sind im Sinne von Artikel 87 Absatz 3 Buchstabe c EG-Vertrag mit dem Gemeinsamen Markt vereinbar und von der Anmeldepflicht gemäß Artikel 88 Absatz 3 EG-Vertrag freigestellt, wenn die Voraussetzungen der Artikel 30, 31 und 32 dieser Verordnung erfüllt sind.

Art. 35 Beihilfen für junge, innovative Unternehmen

(1) Beihilfen für junge, innovative Unternehmen sind im Sinne von Artikel 87 Absatz 3 EG-Vertrag mit dem Gemeinsamen Markt vereinbar und von der Anmeldepflicht gemäß Artikel 88 Absatz 3 EG-Vertrag freigestellt, wenn die Voraussetzungen der Absätze 2 bis 5 dieses Artikels erfüllt sind.

(2) Bei dem Beihilfeempfänger handelt es sich um ein kleines Unternehmen, das zum Bewilligungszeitpunkt seit weniger als 6 Jahren existiert.

(3) Die Forschungs- und Entwicklungskosten des Beihilfeempfängers machen zumindest in einem der drei Jahre vor Bewilligung der Beihilfe oder, im Falle eines neu gegründeten Unternehmens ohne abgeschlossenes Geschäftsjahr, im Rahmen des Au-

dits des laufenden Geschäftsjahres mindestens 15% seiner gesamten von einem externen Rechnungsprüfer beglaubigten Betriebsausgaben aus.

(4) Der Beihilfebetrag darf 1 Mio. EUR nicht überschreiten.

In Fördergebieten, die unter die Ausnahmeregelung nach Artikel 87 Absatz 3 Buchstabe a EG-Vertrag bzw. nach Artikel 87 Absatz 3 Buchstabe c EG-Vertrag fallen, gilt allerdings, dass der Beihilfebetrag 1,5 Mio. EUR bzw. 1,25 Mio. EUR nicht überschreiten darf.

(5) Der Beihilfeempfänger darf die Beihilfe nur einmal in dem Zeitraum erhalten, in dem er als junges, innovatives Unternehmen gilt.

Art. 36 Beihilfen für Innovationsberatungsdienste und innovationsunterstützende Dienstleistungen

(1) Beihilfen für Innovationsberatungsdienste und innovationsunterstützende Dienstleistungen sind im Sinne von Artikel 87 Absatz 3 EG-Vertrag mit dem Gemeinsamen Markt vereinbar und von der Anmeldepflicht gemäß Artikel 88 Absatz 3 EG-Vertrag freigestellt, wenn die in Absätzen 2 bis 6 dieses Artikels niedergelegten Voraussetzungen erfüllt sind.

(2) Bei dem Begünstigten muss es sich um ein KMU handeln.

(3) Der Beihilfebetrag darf sich in einem Zeitraum von drei Jahren nicht auf mehr als 200 000 EUR pro Begünstigten belaufen.

(4) Der Dienstleistungserbringer muss über eine nationale oder europäische Zertifizierung verfügen. Andernfalls darf die Beihilfeintensität 75% der beihilfefähigen Kosten nicht überschreiten.

(5) Der Begünstigte muss die Beihilfen dazu verwenden, um die Leistungen zu Marktpreisen zu erwerben, oder, wenn es sich bei dem Dienstleistungserbringer um eine nicht gewinnorientierte Einrichtung handelt, zu einem Preis, der dessen Kosten zuzüglich einer angemessenen Spanne deckt.

(6) Beihilfefähige Kosten sind:

a) bei Innovationsberatungsdiensten: die Kosten für Betriebsführungsberatung, technische Unterstützung, Technologietransferdienste, Ausbildung, Beratung im Zusammenhang mit dem Erwerb und dem Schutz von sowie dem Handel mit Rechten des geistigen Eigentums und im Zusammenhang mit Lizenzvereinbarungen, Beratung bei der Nutzung von Normen;

b) bei innovationsunterstützenden Dienstleistungen: die Kosten für Büroflächen, Datenbanken, Fachbüchereien, Marktforschung, Nutzung von Laboratorien, Gütezeichen, Tests und Zertifizierung.

Art. 37 Beihilfen für das Ausleihen hochqualifizierten Personals

(1) Beihilfen für das Ausleihen hochqualifizierten Personals, das von einer Forschungseinrichtung oder einem Großunternehmen an ein KMU abgeordnet wird, sind im Sinne von Artikel 87 Absatz 3 EG-Vertrag mit dem Gemeinsamen Markt vereinbar und von der Anmeldepflicht gemäß Artikel 88 Absatz 3 EG-Vertrag freigestellt, wenn die in Absätzen 2 bis 5 dieses Artikels niedergelegten Voraussetzungen erfüllt sind.

(2) Das ausgeliehene Personal darf kein anderes Personal ersetzen, sondern ist in einer neu geschaffenen Funktion in dem begünstigten Unternehmen zu beschäftigen und muss zuvor wenigstens zwei Jahre in der Forschungseinrichtung oder dem Großunternehmen, die das Personal ausleihen, beschäftigt gewesen sein.

Das abgeordnete Personal muss innerhalb des begünstigten KMU in dem Bereich Forschung und Entwicklung und Innovation arbeiten.

(3) Die Beihilfeintensität darf 50% der beihilfefähigen Kosten für einen Zeitraum von höchstens drei Jahren je Unternehmen und ausgeliehener Person nicht überschreiten.

(4) Beihilfefähige Kosten sind sämtliche Personalkosten für das Ausleihen und die Beschäftigung hochqualifizierten Personals einschließlich der Kosten für das Einschalten einer Vermittlungseinrichtung und für das Zahlen einer Mobilitätszulage für das abgeordnete Personal.

(5) Dieser Artikel findet auf Beratungskosten, auf die Artikel 26 verweist, keine Anwendung.

Anhang II

Formular für die Kurzbeschreibung von Forschungs- und Entwicklungsbeihilfen, die der Berichtspflicht nach Artikel 9 Absatz 4 unterliegen

1. Beihilfe zugunsten von (Name des/der begünstigten Unternehmen(s) – KMU oder sonstige):
2. Nummer der Beihilferegelung (von der Kommission zugewiesene Nummer der bestehenden Regelung(en), auf deren Grundlage die Beihilfe gewährt wird):
3. Bewilligungsbehörde(n) (Name und Anschrift der Behörde(n), die die Beihilfe gewährt/gewähren):
4. Mitgliedstaat, in dem das geförderte Vorhaben oder die geförderte Maßnahme durchgeführt wird:
5. Art des Vorhabens oder der Maßnahme:
6. Kurzbeschreibung des Vorhabens oder der Maßnahme:
7. Gegebenenfalls beihilfefähige Kosten (in EUR):
8. Abgezinster Beihilfebetrag (brutto) in EUR:
9. Beihilfeintensität (in %, ausgedrückt als BSÄ):
10. Mit der geplanten Beihilfe gegebenenfalls verbundene Auflagen:
11. Geplanter Beginn und Abschluss des Vorhabens oder der Maßnahme:
12. Datum der Bewilligung:

Formular für die Kurzbeschreibung von Beihilfen für große Investitionsvorhaben, die der Berichtspflicht nach Artikel 9 Absatz 4 unterliegen

1. Beihilfe zugunsten von (Name des/der begünstigten Unternehmen(s)):
2. Nummer der Beihilferegelung (von der Kommission zugewiesene Nummer der bestehenden Regelung(en), auf deren Grundlage die Beihilfe gewährt wird):
3. Bewilligungsbehörde(n) (Name und Anschrift der Behörde(n), die die Beihilfe gewährt/gewähren):
4. Mitgliedstaat, in dem die Investition getätigt wird:
5. Region (NUTS-3-Ebene), in der die Investition getätigt wird:
6. Gemeinde (früher NUTS-5-Ebene, jetzt LAU 2), in der die Investition getätigt wird:
7. Art des Vorhabens (Errichtung einer neuen Betriebsstätte, Erweiterung einer bestehenden Betriebsstätte, Diversifizierung der Produktion einer Betriebsstätte in neue, zusätzliche Produkte oder grundlegende Änderung des gesamten Produktionsverfahrens einer bestehenden Betriebsstätte):
8. Im Rahmen des Investitionsvorhabens gefertigte Erzeugnisse oder erbrachte Dienstleistungen (PRODCOM/NACE-Systematik oder CPA-Klassifikation für Vorhaben in den Dienstleistungssektoren):
9. Kurzbeschreibung des Investitionsvorhabens:
10. Abgezinste beihilfefähige Kosten des Investitionsvorhabens (in EUR):
11. Abgezinster Beihilfebetrag (brutto) in EUR:
12. Beihilfeintensität (in %, ausgedrückt als BSÄ):
13. Mit der geplanten Beihilfe gegebenenfalls verbundene Auflagen:
14. Geplanter Beginn und Abschluss des Vorhabens:
15. Datum der Bewilligung:

Übersicht

Schrifttum: *Allibert/Ottervanger*, Research and Development Aid, in: *Hancher/Ottervanger/Slot* (Hrsg.), EC State Aids, 2006, § 21; *Cremer*, Mitgliedstaatliche Forschungsförderung und Gemeinschaftsrecht, EWS 1996, 379; *Eisermann*, Gemeinschaftsrechtliche Beihilfenkontrolle bei staatlich unterstützten Forschungs- und Entwicklungsvorhaben, EuZW 1996, 683; *Frenz/Kühl*, Der neue Gemeinschaftsrahmen Forschung, Entwicklung und Innovation EuZW 2007, 172; *Hildebrandt/Castillon*, Finanzierung von Investitionsvorhaben durch F&E-Beihilfen, EWS 2006, 17; *Huber/Prikoszovits*, Universitäre Drittmittelforschung und EG-Beihilferecht, EuZW 2008, 171; *Kiethe*, Projektförderung durch Forschungs- und Entwicklungsbeihilfen der Europäischen Union, EWS 2006, 246; *Mederer* in *Schröter/Jakob/Mederer* (Hrsg.), Kommentar zum Europäischen Wettbewerbsrecht, 2003, Art. 87 Abs. 3, RdNr. 199; *Núnes Müller*, The Community Framework for State Aid for Research and Development: The Recent Practice of the Court and the Commission, in: *Bilal/Nicolaides* (Hrsg.), Understanding State Aid Policy in European Community, Perspectives on Rules and Practice, 1999, 101; *Quigley*, European State Aid Law and Policy, 2009, 251; *ders.* in *Sanchez-Rydelski* (Hrsg.), The EC State Aid Regime, 2006, 271; *Repplinger-Hach*, Forschungs- und Entwicklungsbeihilfen, in *Heidenhain* (Hrsg.), Handbuch des Europäischen Beihilfenrechts, 2003, § 17 B; *Rubin de Cervin/Siaterli*, State aid to Research, Development and Innovation, in *Mederer/Pesaresi/van Hoof* (Hrsg.), EU Competition Law, Volume IV, State Aid, Book Two, 2008, 797; *Rubin de Cervin/Zuleger*, Large R&D projects: Commission Practice under the R&D Framework from 1996 to 2006, EStAL 2006, 15.

I. Allgemeine Grundlagen

Seit der EEA gehört die Förderung von Forschung und technologischer Entwicklung (hier- **1** nach: F&E) zu den Unionszielen der EU.[1] Die Politik der Gemeinschaft im Bereich der Beihilfen zugunsten von Forschung, Entwicklung und Innovation (hiernach: F&E&I) steht daher im

---

[1] S. Art. 4 Abs. 3 und Art. 179 ff. AEUV.

Spannungsverhältnis zwischen Wettbewerbspolitik und Forschungspolitik.[2] Während die Wettbewerbspolitik in Gestalt der Beihilfenkontrolle darauf abzielt, Wettbewerbsverzerrungen durch staatliche Subventionierung einzelner Unternehmen oder Sektoren zu verhindern, zielt die Forschungspolitik der EU auf die Förderung von F&E in der Union ab, was Anreize in Gestalt der Finanzierung der F&E&I-Aktivitäten einschließt. In der Einleitung des Gemeinschaftsrahmens für staatliche Beihilfen für Forschung, Entwicklung und Innovation[3] (hiernach: Gemeinschaftsrahmen „F&E&I-Beihilfen") weist die Kom. auf die Zielsetzung des Art. 179 AEUV hin, der die Union und den Mitgliedstaaten die Beförderung der Wettbewerbsfähigkeit der Industrie der EU zur Aufgabe macht. Die Festlegung der Beihilferegeln für die Förderung von F&E&I trägt auch den Zielsetzungen anderer Politikbereiche Rechnung. Im Vergleich zu anderen Beihilferegeln fallen dabei die relativ hohen Beihilfeintensitäten auf, die die AGVO u. der Gemeinschaftsrahmen „F&E&I-Beihilfen" zulassen. Diese erklären sich aus der Anerkennung der Bedeutung der F&E&I für die wirtschaftliche Entwicklung insgesamt, einerseits, und der vergleichsweise geringen wettbewerbsverzerrenden Wirkung, die den F&E&I-Beihilfen zugemessen wird, andererseits.

2   Die besonders positive Bewertung von F&E&I-Beihilfen wird auch in den Schlussfolgerungen des Europäischen Rates von Lissabon aus dem März 2000 unterstrichen. Darin ruft der Europäische Rat die Mitgliedstaaten dazu auf, die staatlichen Beihilfen insgesamt weiter zu reduzieren, indem der Nachdruck von der Förderung einzelner Unternehmen oder Sektoren auf Querschnittsaufgaben von gemeinschaftlichem Interesse, also horizontale Beihilfen wie zB. F&E&I-Beihilfen, verlagert wird.[4] Diese Zielsetzung wurde von Europäischen Rat von Stockholm nochmals betont.[5] Der Europäische Rat von Barcelona beschloss im März 2002, dass die Gesamtausgaben für F&E&I in der EU bis zum Jahre 2010 auf 3% des BIP (von 1,9% des BIP im Jahre 2000) erhöht werden sollen, um den Rückstand der EU ggü. ihren Hauptkonkurrenten in diesem Bereich aufzuholen. Auch im Rahmen dieser Zielsetzung werden F&E&I-Beihilfen eine Rolle spielen, wenn auch bereits die Schlussfolgerungen selbst unterstreichen, dass 2/3 der Neuinvestitionen von der Privatwirtschaft finanziert werden sollen.[6] Auch die EU selbst widmet einen wachsenden Teil ihres Budgets der Finanzierung von F&E&I-Aktivitäten, etwa im Rahmen ihres Siebten Forschungsrahmenprogramms mit einem Budget von 51,5 Mrd. EUR für den Zeitraum bis Ende 2013[7] oder der EU-Strukturfondsförderung, die verstärkt zur Kofinanzierung nationaler F&E&I-Förderprogramme eingesetzt wird.[8] In ihrer Strategie „Europa 2020" hat die Kom. noch einmal hervorgehoben, dass auch die Beihilfepolitik aktiv u. positiv zu den Zielen von Europa 2020 beitragen kann, indem sie Investitionen zugunsten innovativer, effizienter und umweltfreundlicher Technologien anregt und fördert und den Zugang zu staatlicher Förderung von Investition, Wagniskapital u. F&E erleichtert.[9]

II. Art. 30–37

3   **1. Einleitung.** Die F&E&I-Vorschriften der AGVO sind von Abschnitt 5 des Gemeinschaftsrahmens „F&E&I-Beihilfen"[10] inspiriert. Anders als noch unter der VO 70/2001[11] in der durch die VO 364/2004[12] geänderten Fassung können im Rahmen der AGVO nunmehr aber auch F&E-Beihilfen für große Unternehmen freigestellt werden, vorausgesetzt die einschlägigen Freistellungskriterien werden beachtet. Im Vergleich zur Entwurfsfassung[13] enthält die AGVO nunmehr auch Freistellungsmöglichkeiten für Innovationsbeihilfen. Die Ergänzung dieser Innovationsbeihilfen erscheint nachvollziehbar, da ihre Prüfung nach dem Gemeinschaftsrahmen

---

[2] Vgl. Lenz/*Mönig* Art. 163 EG RdNr. 16.
[3] ABl. 2006 C 323/1.
[4] Europäischer Rat (Lissabon) 23./24. März 2000, Schlussfolgerungen des Vorsitzes, RdNr. 17.
[5] Europäischer Rat (Stockholm) 23./24. März 2001, Schlussfolgerungen des Vorsitzes, RdNr. 20.
[6] Europäischer Rat (Barcelona) 15./16. März 2002, Schlussfolgerungen des Vorsitzes, RdNr. 47.
[7] ABl. 2006 L 412/1.
[8] S. die Ent. des Rates v. 6. Oktober 2006 über strategische Kohäsionsleitlinien der Gemeinschaft; ABl. 2006 L 291/11.
[9] Ziff. 3.1 Abs. 6 der Mitteilung der Kommission „Europa 2020: Eine Strategie für intelligentes, nachhaltiges und integratives Wachstum", KOM (2010) 2020 endg. v. 3. 3. 2010.
[10] ABl. 2006 C 323/1.
[11] ABl. 2001 L 10/33.
[12] ABl. 2004 L 63/22.
[13] ABl. 2007 C 210/14.

„F&E&I-Beihilfen" keiner eingehenden Würdigung bedarf und von der Kommission ein Anreizeffekt vermutet wird, so lange der Beihilfeempfänger vor Projektbeginn einen Antrag auf Gewährung der Beihilfe an die zuständigen Behörden des Mitgliedstaates übersandt hat.

2. Begriffsbestimmungen. In Art. 30 finden dieselben Begriffsbestimmungen wie unter **4** Ziff. 2.2. des Gemeinschaftsrahmens „F&E&I-Beihilfen" Anwendung. Auf die entsprechenden Ausführungen wird verwiesen.

3. Freigestellte F&E&I-Beihilfen. a) F&E-Beihilfen. In Art. 31 bis 34 VO 800/2008 **5** werden Beihilfen für F&E-Vorhaben, Beihilfen für technische Durchführbarkeitsstudien und Beihilfen für KMU zu den Kosten gewerblicher Schutzrechte freigestellt. Die Freistellungskriterien entsprechend dabei im Wesentlichen den Vereinbarkeitskriterien dieser Beihilfen unter Ziff. 5.1. bis 5.3. und Ziff. 9. des Gemeinschaftsrahmens „F&E&I-Beihilfen". Lediglich F&E-Beihilfen in Form eines rückzahlbaren Vorschusses nach Ziff. 5.1.5, steuerliche Regelungen gemäß Ziff. 5.1.6. und die Entsprechungsklausel nach Ziff. 5.1.7. des Gemeinschaftsrahmens „F&E&I-Beihilfen" finden keine Anwendung und müssen weiter notifiziert werden. Auf die diesbezüglichen Ausführungen wird verwiesen.

b) Innovationsbeihilfen. Die freigestellten Beihilfen für Beihilfen für junge, innovative Unternehmen **6** (Art. 35), Beihilfen für Innovationsberatungsdienste und innovationsunterstützende Dienstleistungen (Art. 36) und Beihilfen für das Ausleihen hochqualifizierten Personals (Art. 37) entsprechend den Ziff. 5.4., 5.5. und 5.6. des Gemeinschaftsrahmens „F&E&I-Beihilfen". Auf die diesbezüglichen Ausführungen wird verwiesen.

III. Gemeinschaftsrahmen für staatliche Beihilfen für Forschung, Entwicklung und Innovation

Der Gemeinschaftsrahmen „F&E&I-Beihilfen" gilt seit dem 1. 1. 2007[14] und wurde zwischen- **7** zeitlich ergänzt um ein Notifizierungsformular[15] sowie die Möglichkeit der Freistellung auf Grundlage der AGVO. Er folgt den Gemeinschaftsrahmen „F&E-Beihilfen" von 1986[16] und 1996,[17] der 1998 um eine Sonderregelung für den Agrarbereich erweitert wurde,[18] (hiernach: „Gemeinschaftsrahmen „F&E-Beihilfen") nach. Der aktuelle Gemeinschaftsrahmen umfasst erstmals Innovationsbeihilfen. Die Vorgängerregelung sah diese nur dann als genehmigungsfähig an, wenn sie mit der Politik der Kom. im Bereich der Investitionsbeihilfen im Einklang standen.[19] Die Kom. verzichtet in dem Gemeinschaftsrahmen „F&E&I-Beihilfen" jedoch auf eine abstraktere Definition des Innovationsbegriffs, sondern definiert genehmigungsfähige Innovationsbeihilfen nur iVm. präzisen Maßnahmen, die eindeutig der Behebung eines innovationshemmenden Marktversagens so dass die positiven Wirkungen staatlicher Innovationsbeihilfen voraussichtlich die möglichen Schäden für Wettbewerb und Handel überwiegen.[20]

Der Gemeinschaftsrahmen „F&E&I-Beihilfen" füllt im Rahmen von Art. 107 Abs. 3 lit. b und **8** lit. c AEUV das weite Ermessen der Kom. aus, staatliche Beihilfen zugunsten von F&E&I von Beihilfenverbot des Art. 107 Abs. 1 AEUV auszunehmen und als mit dem Gemeinsamen Markt vereinbar zu genehmigen; er bewirkt damit eine Selbstbindung der Kom. für die Beurteilung von unter den Rahmen fallenden neuen Beihilfevorhaben.[21]

Der Gemeinschaftsrahmen „F&E&I-Beihilfen" ist vor dem Hintergrund des Aktionsplans **9** staatliche Beihilfen zu sehen, in dem die Kom. weniger und besser ausgerichtete staatliche Beihilfen als Ziel ihrer Beihilfekontrollpolitik und eine Abwägungsprüfung für die Würdigung von Beihilfen zur Erreichung dieses Ziel ankündigte. Stärker als seine Vorgängerregelung betont der

---

[14] Ziff. 10.3. des Gemeinschaftsrahmens „F&E&I-Beihilfen".
[15] VO 271/2008 zur Änderung der VO 794/2004 zur Durchführung der VO 659/1999. S. http://ec.europa.eu/competition/state_aid/legislation/forms_docs/sis_ra_annex_6a_de.rtf u. http://ec.europa.eu/competition/state_aid/legislation/forms_docs/sis_ra_annex_6b_de.rtf.
[16] ABl. 1986 C 83/2.
[17] ABl. 1996 C 45/5.
[18] ABl. 1998 C 48/2.
[19] Ziff. 2.3. des Gemeinschaftsrahmens „F&E-Beihilfen" 1996.
[20] Ziff. 1.2 des Gemeinschaftsrahmens „F&E&I-Beihilfen".
[21] Vgl. zum Rechtscharakter der Gemeinschaftsrahmen und -leitlinien grds. § 14. Zur Bindungswirkung des F&E-Rahmens 1996 s. *Núñez-Müller*, aaO, 108; zum weiten Ermessen der Kommission EuGH, C-310/99, Slg. 2002, I-2289, RdNr. 52 mwN. – *Italien/Kom.*; EuG, T-126/99, Slg. 2002, II-2427, RdNr. 32 mwN. – Graphischer Maschinenbau/Kom.

Gemeinschaftsrahmen „F&E&I-Beihilfen" daher, dass staatliche F&E&I-Beihilfen nur dann mit dem Gemeinsamen Markt vereinbar sind, wenn von ihnen angenommen werden kann, dass sie zu zusätzlicher F&E&I-Tätigkeit führen und der Wettbewerb nicht in einem dem gemeinsamen Interesse zuwiderlaufenden Ausmaß beeinträchtigt wird, wobei die Kom. für den Gemeinschaftsrahmen „F&E&I-Beihilfen" dieses Interesse mit wirtschaftlicher Effizienz gleichsetzt. Der Gemeinschaftsrahmen „F&E&I-Beihilfen" soll die Verwirklichung dieses Ziels gewährleisten und den Mitgliedstaaten das gezieltere Zuschneiden der Beihilfen auf das festgestellte Marktversagen erleichtern. Ein „Marktversagen" liegt vor, wenn der Markt auf sich selbst gestellt kein wirtschaftlich effizientes Ergebnis erbringt. In solchen Fällen kann die Intervention des Staates einschließlich der Gewährung von Beihilfen das Marktergebnis in Form von Preisen, Produktion und Ressourcennutzung verbessern helfen. In einer Abwägungsprüfung wird daher die Vereinbarkeit von F&E&I-Beihilfen mittels dreier Schritte geprüft, von denen die ersten beiden die positiven Folgen und der dritte die negativen Auswirkungen und die Gewichtung der positiven und der negativen Folgen betreffen. Diese Abwägungsprüfung ist sowohl bei der Ausarbeitung von Beihilferegeln als auch bei der Würdigung von Einzelfällen anzuwenden. Ihre Anwendung auf F&E&I-Beihilfen wird unter lit. h) näher ausgeführt. Sie entspricht der im Aktionsplan staatliche Beihilfen dargelegten verfeinerten ökonomischen Analyse.

IV. Anwendungsbereich und Begriffsbestimmungen des Gemeinschaftsrahmens

10 **1. Geltungsbereich des Gemeinschaftsrahmens.** Der Gemeinschaftsrahmen „F&E&I-Beihilfen" findet auf staatliche Beihilfen für F&E&I Anwendung.[22] Seine Anwendung erfolgt im Einklang mit anderen Politiken der Union im Beihilfesektor, anderen Bestimmungen der EU-Verträge und dem auf der Grundlage dieser Verträge erlassenen abgeleiteten Recht.

11 Gem. den allgemeinen Grundsätzen des AEUV können staatliche F&E-Beihilfen nicht genehmigt werden, wenn Andere in einem Ausmaß benachteiligt werden, das durch den Beihilfezweck nicht gerechtfertigt wird.[23] Im Hinblick auf F&E&I betont der Gemeinschaftsrahmen daher, dass die Kom. keine Beihilfemaßnahme genehmigen kann, durch die eine Nutzung von F&E&I-Ergebnissen in anderen Mitgliedstaaten ausgeschlossen wird.[24] Als diskriminierend werden auch Beihilferegelungen angesehen, deren Empfänger in dem jeweiligen Mitgliedstaaten oder der jeweiligen Region ihren Sitz haben müssen, weswegen in Beihilferegelungen regelmäßig auf den Sitz und die Niederlassung des Beihilfeempfängers abgestellt werden muss.[25]

12 Der Staat kann F&E-Aufträge an Unternehmen vergeben oder F&E-Ergebnisse von ihnen erwerben. Wird hierfür nicht der Marktpreis gezahlt, unterstellt die Kom. idR. eine staatliche Beihilfe iSd. Art. 107 Abs. 1 AEUV.[26] Eine Vergabe unter marktüblichen Bedingungen wird insbes. bei Durchführung eines Vergabeverfahrens nach den einschlägigen Richtlinien über öffentliches Auftragswesen angenommen.

13 Der Gemeinschaftsrahmen gilt für F&E&I-Beihilfen in sämtlichen Wirtschaftszweigen, die unter den AEUV fallen.[27] Er gilt auch für die Sektoren, für die die Union eigene Beihilfevorschriften erlassen hat, soweit darin nichts Anderes bestimmt ist.[28] Ziff. 9 des Gemeinschaftsrahmens „F&E&I-Beihilfen" enthält Sonderregelungen für die Landwirtschaft und Fischerei.

14 Der Gemeinschaftsrahmen „F&E&I-Beihilfen" gilt auch für F&E&I im Umweltschutz und ist insoweit spezieller als die Leitlinien der Gemeinschaft für staatliche Umweltschutzbeihilfen.[29] Bei der Förderung von Pilotprojekten im Bereich des Umweltschutzes ist indes im Einzelfall zu untersuchen, ob das Vorhaben noch in die F&E-Stufe der experimentellen Entwicklung fällt, oder ob eine Förderung nach den Umweltleitlinien in Frage kommt. Eine Abgrenzung kann im

---

[22] Ziff. 2.1. UAbs. 1 des Gemeinschaftsrahmens „F&E&I-Beihilfen".
[23] Ziff. 2.1. UAbs. 2 des Gemeinschaftsrahmens „F&E&I-Beihilfen".
[24] AaO. S. EuGH, C-39/04, Slg. 2005, I-2057 – Laboratoires Fournies SA/Direction des vérifications nationales et internationales.
[25] Vgl. EuGH, C-156/98, Slg. 2000, I-6587, RdNr. 72–88 – Deutschland/Kom. S. auch *Rubin de Cervin/Siaterli,* aaO, RdNr. 4.239.
[26] Ziff. 2.1. UAbs. 3 des Gemeinschaftsrahmens „F&E&I-Beihilfen".
[27] Ziff. 2.1. UAbs. 4 des Gemeinschaftsrahmens „F&E&I-Beihilfen".
[28] AaO.
[29] Ziff. 2.1. UAbs. 5 des Gemeinschaftsrahmens „F&E&I-Beihilfen"; RdNr. 63 der Leitlinien „Umweltbeihilfen".

Einzelfall schwierig sein.[30] Die Förderung von Öko-Innovation fällt jedoch unter die Leitlinien „Umweltbeihilfen".[31]

F&E&I-Beihilfen sind unter den in der AGVO dargelegten Voraussetzungen von der Anmel- **15** depflicht befreit. Die Mitgliedstaaten sind jedoch berechtigt, solche Beihilfen weiterhin anzumelden.[32] Alle angemeldeten F&E&I-Beihilfen werden auf der Grundlage des Gemeinschaftsrahmens geprüft.

Während Personalkosten bei zahlreichen unter diesen Gemeinschaftsrahmen fallenden Maß- **16** nahmen beihilfefähig sind und außerdem eine Maßnahme über Beihilfen für das Ausleihen von hochqualifiziertem Personal eingeführt wurde, fallen allgemeine Beschäftigungs- und Ausbildungsbeihilfen für Forscher weiterhin unter die einschlägigen Beihilfevorschriften für Beschäftigungs- und Ausbildungsbeihilfen; es gilt die AGVO.[33] Grds. sind F&E-Beihilfen unter dem Rahmen projektbezogen und nicht auf reine Investitionsbeihilfen anwendbar.[34] Allerdings sind auch Investitionskosten als Teil der Projektkosten förderbar.[35] Investitionsbeihilfen im F&E&I-Bereich können darüber hinaus nach der AGVO oder gem. den Regionalleitlinien[36] gefördert werden. Gleichermaßen ist es zulässig, für KMU im Anschluss an ein F&E-Projekt Beihilfen nach der AGVO zur Unterstützung von Tätigkeiten zu gewähren, die ihrerseits nicht mehr in die Forschungsstufe der vorwettbewerblichen Entwicklung fallen, sondern bereits marktnäher sind.

F&E&I-Beihilfen an Unternehmen in Schwierigkeiten iSd. Rettungs- und Umstrukturie- **17** rungsleitlinien[37] können nicht unter dem Gemeinschaftsrahmen gewährt werden.[38]

2. Begriffsbestimmungen des Gemeinschaftsrahmens. Der Gemeinschaftsrahmen **18** „F&E&I-Beihilfen" enthält in seiner Ziff. 2.2. Begriffsbestimmungen. Die beihilferechtlichen Begriffsbestimmungen[39] entsprechen den Begriffsbestimmungen anderer Beihilferechtstexte. Die forschungsspezifischen Begriffsbestimmungen[40] entsprechen weitgehend den bereits aus dem Gemeinschaftsrahmen „F&E-Beihilfen" von 1996 bekannten Begriffen. Die beim Gemeinschaftsrahmen „F&E-Beihilfen" von 1996 noch als Anl. I enthaltenen Definitionen der beihilfefähigen Forschungsstufen wurden in Ziff. 2.2. des Gemeinschaftsrahmen „F&E&I-Beihilfen" als lit. e bis g integriert. Dabei wurde die frühere Forschungsstufe der vorwettbewerblichen Entwicklung in experimentelle Entwicklung umbenannt und die Einbeziehung von kommerziell nutzbaren Prototypen und Pilotprojekten klargestellt. Diese werden als von der experimentellen Entwicklung umfasst angesehen, wenn es sich bei dem Prototyp notwendigerweise um das kommerzielle Endprodukt handelt und seine Herstellung allein für Demonstrations- und Auswertungszwecke zu teuer wäre. Bei einer anschließenden kommerziellen Nutzung von Demonstrations- oder Pilotprojekten sind die daraus erzielten Einnahmen von den förderbaren Kosten abzuziehen.[41] Bei der Einstufung der verschiedenen Tätigkeiten stützt sich die Kom. auf ihre eigene Verwaltungspraxis sowie auf die Erläuterungen des Frascati-Handbuchs.[42] Die Begriffsbestimmungen umfassen weiterhin innovationsbezogenen Begriffe,[43] die teilweise[44] dem OSLO-Handbuch[45] entstammen.

---

[30] S. zB. Komm., Staatliche Beihilfe N 4/2008, ABl. 2008 C 125/3 – Dänemark: Ecoinnovation scheme Denmark; Staatliche Beihilfe N 307/2005, ABl. 2005 C 316/2 – Deutschland: Nordpower Innovationspark Lübeck; Staatliche Beihilfe N 74/2009, ABl. 2009 C302/2 – Vereinigtes Königreich: CCS Demonstration Competition – FEED; Staatliche Beihilfe N 450/2009, ABl. 2010 C 94/9 – Deutschland: TOP Gas Recycling (TGR) Projekt.
[31] RdNr. 63 der Leitlinien „Umweltbeihilfen". S. hierzu Art. 17–25 AGVO RdNr. 76.
[32] Ziff. 2.1. UAbs. 6 des Gemeinschaftsrahmens „F&E&I-Beihilfen".
[33] Ziff. 2.1. UAbs. 7 des Gemeinschaftsrahmens „F&E&I-Beihilfen".
[34] Vgl. Ziff. 5.1.4. des Gemeinschaftsrahmens „F&E&I-Beihilfen".
[35] S. Kom., Staatliche Beihilfe N 539/2005, ABl. 2006 C 222/4 – Deutschland: Forschungsplattform Nanoelektronik Dresden.
[36] ABl. 2006 C 54/13.
[37] ABl. 2004 C 244/2.
[38] Ziff. 2.1. UAbs. 8 des Gemeinschaftsrahmens „F&E&I-Beihilfen".
[39] Ziff. 2.2. lit. a bis c des Gemeinschaftsrahmens „F&E&I-Beihilfen".
[40] Ziff. 2.2. lit. d bis h des Gemeinschaftsrahmens „F&E&I-Beihilfen".
[41] Ziff. 2.2. lit. g des Gemeinschaftsrahmens „F&E&I-Beihilfen".
[42] OECD, Frascati-Manual „The Measurement of Scientific and technological Activities, Proposed Standard Practice for Surveys on Research and Experimental Development", 2002. Vgl. Ziff. 5.11 des Gemeinschaftsrahmens.
[43] Ziff. 2.2. lit. i bis m des Gemeinschaftsrahmens „F&E&I-Beihilfen".
[44] Ziff. 2.2. lit. i und j des Gemeinschaftsrahmens „F&E&I-Beihilfen".
[45] OECD, OSLO-Manual „Guidelines for Collecting and Interpreting Innovation Data", 3. Aufl. 2005.

V. Vorliegen von Beihilfen iSd. Art. 107 Abs. 1 AEUV

19   Der Gemeinschaftsrahmen befasst sich im Schwerpunkt mit den Voraussetzungen, unter denen F&E&I-Beihilfen von allgemeinen Beihilfenverbot freigestellt werden können. Er beschränkt sich, anders als zB. die Rettungs- und Umstrukturierungsleitlinien, aber nicht ausdrücklich darauf, sondern enthält auch Aussagen über das Vorliegen einer tatbestandlichen Beihilfe iSd. Art. 107 Abs. 1 AEUV. Insoweit muss man bedenken, dass die diesbezüglichen Ausführungen des Gemeinschaftsrahmens einen anderen Rechtscharakter haben als die Regelungen, die das Ermessen der Kom. im Bereich von Art. 107 Abs. 3 AEUV ausfüllen.[46]

20   Der Gemeinschaftsrahmen „F&E&I-Beihilfen" beleuchtet typischerweise auftretende Situationen, bei denen das Vorliegen einer staatlichen Beihilfe iSd. Art. 107 Abs. 1 AEUV fraglich ist. Dies sind Situationen, in denen besonders Forschungseinrichtungen involviert sind. Der Gemeinschaftsrahmen „F&E-Beihilfen" aus 1996 enthielt in seiner Ziff. 2.4. einige Unschärfen, die der Gemeinschaftsrahmen „F&E&I-Beihilfen" nunmehr klarer zu fassen sucht.[47]

21   **1. Forschungseinrichtungen und Innovationsmittler als Empfänger staatlicher Beihilfen.** Gem. Art. 107 Abs. 1 AEUV und der Rspr. der Gemeinschaftsgerichte gilt eine staatliche Finanzierung der F&E&I-Tätigkeiten von Forschungseinrichtungen als staatliche Beihilfe, sofern sämtliche Voraussetzungen des Art. 107 Abs. 1 AEUV erfüllt sind. Forschungseinrichtungen umfassen nach der Begriffsbestimmung in Ziff. 2.2. lit. d des Gemeinschaftsrahmens „F&E&I-Beihilfen" sowohl Hochschulen wie Forschungsinstitute unabhängig von ihrer Rechtsform (öffentlich oder privatrechtlich) oder Finanzierungsweise, deren Hauptaufgabe in Forschungstätigkeiten besteht und deren Ergebnisse durch Lehre, Veröffentlichungen und Technologietransfer verbreitet werden; sämtliche Einnahmen werden in die Forschung, die Verbreitung von Forschungsergebnissen oder die Lehre reinvestiert. Unternehmen, die etwa als Anteilseigner oder Mitglieder Einfluss auf eine solche Einrichtung ausüben können, dürfen keinen bevorzugten Zugang zu den Forschungskapazitäten der Einrichtung oder den von ihr erzielten Forschungsergebnissen genießen.

22   Bei der Prüfung des Vorliegens einer staatlichen Beihilfe kommt es darauf an, ob es sich bei der Forschungseinrichtung um ein Unternehmen handelt und somit das Merkmal der Begünstigung bestimmter Unternehmen oder Produktionszweige erfüllt ist. Dies richtet sich nach dem allgemeinen Unternehmensbegriff.[48] Voraussetzung ist, dass es sich um wirtschaftlich tätig werdende Einheiten handelt. Auf die Rechtsform kommt es dabei nicht an. Auch die fehlende Gewinnerzielungsabsicht schließt nicht aus, dass es sich um ein Unternehmen handelt, sofern es einen Markt gibt, in dem mehrere Teilnehmer zueinander in einem Wettbewerbsverhältnis stehen.[49] Es kommt allein darauf an, ob die Forschungseinrichtung eine wirtschaftliche Tätigkeit ausübt, dh. Waren und/oder Dienstleistungen auf einem bestimmten Markt anbietet.[50] In einem solchen Fall fällt die staatliche Finanzierung wirtschaftlicher Tätigkeiten unter Art. 107 Abs. 1 AEUV, wenn auch alle übrigen Voraussetzungen des Beihilfebegriffs erfüllt sind. Gleiches gilt für sog. Innovationsmittler, wie etwa Technologiezentren, Gründerzentren und Handelskammern.[51]

23   Ausgangspunkt für eine Beihilfefreiheit der staatlichen Finanzierung nicht-wirtschaftlicher Tätigkeiten ist zunächst eine eindeutige Trennung von wirtschaftlichen und nicht-wirtschaftlichen Tätigkeiten einer Forschungseinrichtung zur Vermeidung von Quersubventionierungen.[52] Die Forschungseinrichtungen müssen dabei ihre wirtschaftlichen und nichtwirtschaftlichen Tätigkeiten in Bezug auf Kosten und Finanzierung trennen.[53] Der Nachweis, dass die Kosten korrekt

---

[46] S. zum Rechtscharakter von Art. 107 Abs. 3 AEUV ausfüllenden Kommissionsmitteilungen EuGH, C-83/98 P, Slg. 2000, I-3271, RdNr. 25 – Frankreich/Ladbroke Racing; s. auch *Heidenhain/Repplinger-Hach*, aaO, § 17 Fn. 186.

[47] S. *Heidenhain/Repplinger-Hach*, aaO, § 17 RdNr. 131.

[48] Zum Unternehmensbegriff s. oben Band 1, Einl. RdNr. 1590 ff.

[49] Vgl. Kom., ABl. 1998 L 159/58 – Gemeinnützige Abfallverwertung; Staatliche Beihilfe C 44/02, ABl. 2002 C 279/14 – Luxemburg: Subventionen zugunsten der Gesellschaft Service de l'entente de las Moselle luxemougeise sarl.

[50] EuGH, 118/85, Slg. 1987, 2599, RdNr. 7 – Kom./Italien; C-35/96, Slg. 1998, I-3851, RdNr. 36 – Kom./Italien (CNSD), C-309/99, Slg. 2002, I-1577, RdNr. 46 – Wouters.

[51] Vgl. Ziff. 3.1.2. UAbs. 1 des Gemeinschaftsrahmens „F&E&I-Beihilfen".

[52] S. Ziff. 3.1.1. des Gemeinschaftsrahmens „F&E&I-Beihilfen".

[53] Ziff. 3.1.1. UAbs. 1 des Gemeinschaftsrahmens „F&E&I-Beihilfen"; s. Kom., Staatliche Beihilfe N 365/2007, ABl. 2008 C 91/10 – Deutschland: Errichtung des Fraunhofer Center for Silicon Photovoltaics; Staat-

zugeordnet worden sind, kann im Jahresabschluss der Forschungseinrichtungen geführt werden.[54]

Während zu den wirtschaftlichen Tätigkeiten allgemein zB. Forschungstätigkeiten in Ausführ- **24** rung von Verträgen mit der gewerblichen Wirtschaft, die Vermietung von Forschungsinfrastruktur und Beratungstätigkeit gehören,[55] hat die Kom. für die nicht-wirtschaftlichen Tätigkeiten von Forschungseinrichtungen Regelbeispiele einer im Einzelfall widerlegbaren Vermutung entwickelt.[56] Danach betrachtet die Kom. idR. die wesentlichen Tätigkeiten von Forschungseinrichtungen als nicht-wirtschaftliche Tätigkeiten, dh.:
– Ausbildung von mehr und besser qualifizierten Humanressourcen,
– unabhängige F&E, auch im Verbund, zur Erweiterung des Wissens und des Verständnisses,
– Verbreitung der Forschungsergebnisse sowie
– Technologietransfer (Lizenzierung, Gründung von Spin-offs oder andere Formen des Managements von der Forschungsorganisation geschaffenem Wissen), soweit diese Tätigkeit interner Natur ist und alle Einnahmen daraus wieder in die Haupttätigkeiten der Forschungseinrichtungen investiert werden. Unter interner Natur versteht die Kom. einen Sachverhalt, wobei das Wissensmanagement der Forschungsorganisation durch eine Abteilung oder eine Untergliederung oder gemeinsam mit anderen Forschungsorganisationen durchgeführt wird.[57] Die vertragliche Übertragung bestimmter Dienstleistungen an Dritte im Wege offener Ausschreibung steht dem internen Charakter dieser Tätigkeit nicht entgegen.

Bei allen anderen Formen des staatlich unterstützten Technologietransfers sah sich die Kom. **25** zum Zeitpunkt der Verabschiedung des Gemeinschaftsrahmens „F&E&I-Beihilfen" nicht in der Lage, auf der Grundlage ihres damaligen Wissensstandes generell zu entscheiden, ob die Finanzierung derartiger Tätigkeiten als staatliche Beihilfe anzusehen ist oder nicht.[58] Sie weist im Gemeinschaftsrahmen „F&E&I-Beihilfen" daher darauf hin, dass die Mitgliedstaaten nach Art. 108 Abs. 3 AEUV verpflichtet sind, den Charakter solcher Maßnahmen in jedem Einzelfall zu prüfen und sie bei der Kom. anzumelden, wenn sie zu dem Ergebnis kommen, dass es sich um staatliche Beihilfe handelt,[59] wobei Mitgliedstaaten aus Gründen der Rechtssicherheit auch solche Maßnahmen anmelden können, die ihrer Ansicht nach keine staatliche Beihilfe darstellen.[60]

Unter Anwendung der og. Grundsätze genehmigte die Kom. die Errichtung des Fraunhofer **26** Center for Silicon Photovoltaics[61] als beihilfefrei, da aufgrund des angewandten detaillierten Kostenrechnungssystems und einer projektbezogenen Bewirtschaftung die Forschungseinrichtung in der Lage sei, all ihre Aktivitäten, deren Kosten und Finanzierung voneinander abzugrenzen.[62] Die Finanzierung beschränkte sich dabei auf nicht-wirtschaftliche Tätigkeiten, namentlich die Ausbildung von mehr und besser qualifizierten Humanressourcen, unabhängige F&E, auch im Verbund, zur Erweiterung des Wissens und des Verständnisses und die Verbreitung der Forschungsergebnisse. Ähnlich argumentiert die Kom. auch in einem weiteren Fraunhofer-Fall.[63] Auch in einem zypriotischen Fall nahm die Kom. eine korrekte Trennung von wirtschaftlichen und nicht-wirtschaftlichen Tätigkeiten an und genehmigte die Errichtung einer Forschungseinrichtung als beihilfefrei.[64] In der Entscheidungspraxis der Kom. wurde auch eine Erklärung der Forschungseinrichtungen bei Antragstellung über ihre wirtschaftlichen und nicht-

---

liche Beihilfe N 543/2006, ABl. 2007 C 171/2 Zypern: Creation of the Energy, Environment and Water Research Centre (EEWRC); Staatliche Beihilfe N 780/2007, ABl. 2008 C 202/5, RdNr. 9 ff. – Portugal: S I I&DT Support scheme for research and technological development.

[54] Ziff. 3.1.1. UAbs. 1 des Gemeinschaftsrahmens „F&E&I-Beihilfen".
[55] S. Fn. 24 des Gemeinschaftsrahmens F&E&I-Beihilfen.
[56] Ziff. 3.1.1. des F&E&I-Gemeinschaftsrahmens.
[57] Fn. 25 des Gemeinschaftsrahmens „F&E&I-Beihilfen".
[58] Fn. 26 des Gemeinschaftsrahmens „F&E&I-Beihilfen".
[59] AaO.
[60] Vgl. Art. 3 Abs. 2 VO 659/1999.
[61] Kom., Staatliche Beihilfe N 365/2007, ABl. 2008 C 91/10 – Deutschland: Errichtung des Fraunhofer Center for Silicon Photovoltaics.
[62] Ziff. 2.5.5. der Entscheidung.
[63] Kom., Staatliche Beihilfe NN 47/2009, ABl. 2010 C 40/3 – Deutschland: Angebliche staatliche Beihilfe für das Fraunhofer Institut für Mikroelektronische Schaltungen u. Systeme Duisburg, allerdings auf Grundlage des Gemeinschaftsrahmens „F&E-Beihilfen" 1996 untersucht.
[64] S. Kom., Staatliche Beihilfe N 543/2006, ABl. 2007 C 171/2 – Zypern: Creation of the Energy, Environment and Water Research Centre (EEWRC).

wirtschaftlichen Tätigkeiten und spätere Vorlage von Bescheinigungen der Finanzbehörden als Nachweis der Kostentrennung anerkannt.[65] In einem französischen Fall hatte die Kom. dagegen Zweifel an der effizienten buchhalterischen Trennung der wirtschaftlichen und nicht-wirtschaftlichen Tätigkeiten eines Forschungsinstituts und eröffnete ein förmliches Prüfverfahren, da sie eine Quersubventionierung und damit zumindest die teilweise Finanzierung wirtschaftlicher Tätigkeiten vermutete.[66] Eine private Eigenständigkeit ist zunächst dann unerheblich, wenn ein spezieller Status u. eine Pflicht „zur Arbeit für das Wohl der Allgemeinheit" besteht.[67]

27   Als wirtschaftliche Tätigkeiten[68] von Forschungseinrichtungen und Innovationsmittlern sieht die Kom. dagegen die Vermietung von Infrastruktur, Dienstleistungen für gewerbliche Unternehmen oder Auftragsforschung an. Diese Tätigkeiten sollten daher zu marktüblichen Bedingungen erfolgen. Die öffentliche Finanzierung dieser Tätigkeiten wird grds. als Beihilfe betrachtet, es sei denn die staatlichen Mittel werden an andere Endempfänger weitergegeben und es wird nachgewiesen, dass der Mittler daraus keinen Vorteil zieht.

28   **2. Mittelbare staatliche Beihilfen an Unternehmen durch staatlich finanzierte öffentliche Forschungseinrichtungen.** Als mögliche Quellen mittelbarer staatlicher Beihilfen iSd. Art. 107 Abs. 1 AEUV sieht die Kom. die Auftragsforschung oder Forschungsdienstleistungen öffentlicher Forschungseinrichtungen, einerseits, und die Zusammenarbeit von Unternehmen und Forschungseinrichtungen, andererseits, an. Im Einklang mit der Stardust Marine-Rspr. des EuGH[69] ist dabei insbes. zu prüfen, inwieweit die Tätigkeit der Forschungseinrichtungen dem Staat zugerechnet werden kann.

29   Bei der **Auftragsforschung oder Forschungsdienstleistung**[70] unterstellt die Kom., dass in der Regel keine staatliche Beihilfe vorliegt, wenn entweder die Forschungseinrichtung ihre Dienstleistung zum Marktpreis erbringt oder, sofern es keinen Marktpreis gibt, die Forschungseinrichtung ihre Dienstleistung zu einem Preis erbringt, der sowohl sämtliche Kosten als auch eine angemessene Gewinnspanne enthält. Die Höhe der Gewinnspanne bleibt sowohl im Gemeinschaftsrahmen wie in der Entscheidungspraxis der Kom. unklar. Eine Zusage des Mitgliedstaates reicht meist aus, dass Marktpreise beachtet werden oder, sofern keine Marktpreise existieren, die Forschungseinrichtung ihre Dienstleistung zu einem Preis erbringt, der sämtliche Kosten als auch eine angemessene Gewinnspanne enthält.[71]

30   Bei **Kooperationsprojekten**[72] von Unternehmen und Forschungseinrichtungen liegt keine Beihilfe vor, wenn
– die beteiligten Unternehmen sämtliche Kosten des Vorhabens tragen,
– die Ergebnisse, für die keine Rechte des geistigen Eigentums begründet werden, weit verbreitet werden können, wohingegen derartige Rechte an solchen F&E&I-Ergebnissen, die aus der Tätigkeit der Forschungseinrichtung hervorgegangen sind, in vollem Umfang dieser Einrichtung zugeordnet werden, dh. die Forschungseinrichtung die uneingeschränkte Verfügungsgewalt über diese Rechte inne hat und somit sämtlichen wirtschaftlichen Nutzen aus ihnen zieht, oder
– die Forschungseinrichtungen von den beteiligten Unternehmen für die Rechte des geistigen Eigentums, die sich aus den von der Forschungseinrichtung im Rahmen des Vorhabens ausgeführten Forschungsarbeiten ergeben und auf die beteiligten Unternehmen übertragen wer-

---

[65] S. Kom., Staatliche Beihilfe N 667/2007, ABl. 2008 C 126/2 RdNr. 13 und 74 – Deutschland: Richtlinie zur F&E&I.

[66] Kom., Staatliche Beihilfe C 51/2005, ABl. 2006 C 42/5 – Beihilfe für das „Institut francais du Pétrole". Die Maßnahme wurde mit Ent. Kom., ABl. 2009 L 53/13 als mit dem Gemeinsamen Markt vereinbar erklärt.

[67] Kom., Staatliche Beihilfe N 617/2008, ABl. 2009 C 165/1 – Dänemark: Technology Transfer Instituts.

[68] Ziff. 3.1.2. des Gemeinschaftsrahmens „F&E&I-Beihilfen".

[69] Vergl. EuGH, C-482/99, Slg. 2002, I-4397 – Frankreich/Kom.

[70] Ziff. 3.2.1. des Gemeinschaftsrahmens „F&E&I-Beihilfen".

[71] S. zB. Kom., Staatliche Beihilfe N 193/2008, ABl. 2008 C 253/5, RdNr. 36 – Spanien: „INNOTEK-Programme"; Staatliche Beihilfe N 194/2008, ABl. 2008 C 253/6, RdNr. 35 – Spanien: „NET-Programme"; Staatliche Beihilfe N 4/2008, ABl. 2008 C 125/3, RdNr. 32 – Dänemark: Ecoinnovation Scheme Denmark; Staatliche Beihilfe N 421/2007, ABl. 2008 C 7/4 – Österreich: F&E&I-Programm „ZIT08plus"; Staatliche Beihilfe N 532/2007, ABl. 2008 C 91/3 – Österreich: Tiroler Zukunftsstiftung sowie Kom., Staatliche Beihilfe NN 47/2009, ABl. 1010 C 40/3 – Deutschland: Angebliche staatliche Beihilfe für das Fraunhofer Institut für Mikroelektronische Schaltungen u. Systeme Duisburg, allerdings auf Grundlage des Gemeinschaftsrahmens „F&E-Beihilfen" 1996 untersucht.

[72] Ziff. 3.2.2. des Gemeinschaftsrahmens „F&E&I-Beihilfen". S. zB. Kom., Staatliche Beihilfe N 405/2007, ABl. 2008 C 7/3, RdNr. 43 – Niederlande: Bioterials.

den, ein marktübliches Entgelt erhalten. Finanzielle Beiträge der beteiligten Unternehmen zu den Kosten der Forschungseinrichtung können von diesem Entgelt abgezogen werden.

Ist keine der vorgenannten Voraussetzungen erfüllt, kann der Mitgliedstaat eine Einzelfallbe-   **31** wertung des Zusammenarbeitsprojekts durchführen. Eine staatliche Beihilfe kann bspw. auch dann ausgeschlossen werden, wenn die Würdigung der vertraglichen Vereinbarungen zwischen den Partnern zu der Schlussfolgerung führt, dass die Rechte an geistigem Eigentum und der Zugang zu den Ergebnissen gemessen an ihren jeweiligen Interessen, ihrem Arbeitsaufwand sowie ihren finanziellen und sonstigen Beiträgen zu dem Vorhaben ausgewogen auf die beteiligten Partner aufgeteilt werden. Bereits in dem Fall Forschungsplattform Nanoelektronik Dresden erkannte die Kom. an, dass die beiden Industriepartner der Forschungseinrichtung zwar keine Marktpreise für die Leistungen der Forschungseinrichtungen zahlen mussten, würdigte aber, dass diese beträchtliche eigene Mittel beisteuerten, wodurch „eventuelle Vorteile in gewisser Weise aufgewogen wurden".[73] In einem dänischen Fall[74] akzeptierte die Kom., dass die koopierenden Unternehmen nicht nur ihre eigenen Kosten, sondern auch wenigstens 50% der gesamten Projektkosten tragen und die Rechte des geistigen Eigentums vollständig den Forschungsgesellschaften zustanden, es sei denn, die Unternehmen zahlten Marktpreise für die Rechte des geistigen Eigentums.

Liegt keine der genannten Voraussetzungen vor, stuft die Kom. den Gesamtwert des Beitrags   **32** der Forschungseinrichtung zum Zusammenarbeitsprojekt als indirekte Beihilfe für die zusammenarbeitenden Unternehmen ein.[75] In diesem Fall darf die kombinierte Beihilfe, die sich aus der direkten staatlichen Unterstützung für ein bestimmtes Forschungsvorhaben und den Beiträgen von Forschungseinrichtungen zu diesem Forschungsvorhaben ergibt, für jedes begünstigte Unternehmen die Beihilfeintensitäten des Gemeinschaftsrahmens „F&E&I-Beihilfen" nicht übersteigen.[76] In einem niederländischen Fall,[77] stellte die Kom. eine solche indirekte Beihilfe fest. Der Fall betraf das niederländische „Genomic centres"-Konsortiums, das von Universitäten und Forschungseinrichtungen betrieben wird, die ausschließlich nicht-wirtschaftliche Tätigkeiten ausüben. Großunternehmen und KMU können jedoch beitreten, sei es als Teil des Genomics centres oder bloßes Mitglied einer Nutzerplattform. Obwohl die Kriterien der Ziff. 3.2.2. des Gemeinschaftsrahmens „F&E&I-Beihilfen" dem Wortlaut nach erfüllt waren, erkannte die Kom. „ein gewisses Element einer indirekten Beihilfe" zugunsten solcher Unternehmen, die als Teil des Genomics centres an Forschungsvorhaben partizipierten, insbes. da Einblicke in laufende und vorgeschlagene Forschungsvorhaben, frühen Zugang zu Informationen, mögliche Kosteneinsparungen oder Weiterbildung von Personal nicht völlig ausgeschlossen werden konnten. Diese indirekte Beihilfe konnte dann aber als F&E-Beihilfe unter dem Gemeinschaftsrahmen genehmigt werden. Dieser Fall veranschaulicht den Charakter des Kriteriums der Ziff. 3 des Gemeinschaftsrahmens als widerlegbare Vermutung, aber auch die Gefahr von Rechtsunsicherheit bei einer vermiedenen Festlegung, ob eine staatliche Beihilfe vorliegt oder nicht.

VI. Vereinbarkeit von Beihilfen nach Art. 107 Abs. 3 lit. b AEUV

Der Gemeinschaftsrahmen „F&E&I-Beihilfen" stützt sich nicht nur auf Art. 107 Abs. 3 lit. c   **33** AEUV, auf dessen Grundlage die ganz überwiegende Zahl der F&E-Beihilfen genehmigt wird, sondern auch auf Art. 107 Abs. 3 lit. b AEUV, wonach Vorhaben von gemeinsamen europäischen Interesse als mit dem Gemeinsamen Markt vereinbar angesehen werden können.[78] Der Rahmen verlangt, dass die Anmeldung eines F&E&I-Beihilfe nach Art. 107 Abs. 3 lit. b AEUV eine präzise Beschreibung des Forschungsvorhabens, der Durchführungskonditionen, der Beteiligten und der Ziele enthält. Es muss sich um ein einzelnes Forschungsvorhaben oder eine Gruppe von Vorhaben, die zusammen als ein Vorhaben betrachtet werden können, handeln. Beihilferegelungen sind nach der Entscheidungspraxis der Kom. dagegen unter Art. 107 Abs. 3 lit. b AEUV nicht genehmigungsfähig.[79] Das Vorhaben muss von gemeinsamem europäischem

---

[73] Kom., Staatliche Beihilfe N 539/2005, ABl. 2006 C 222/4, 16 – Deutschland: Forschungsplattform Nanoelektronik Dresden.

[74] Kom., Staatliche Beihilfe N 617/2008, ABl. 2009 C 165/1 – Dänemark: Technology Transfer Instituts.

[75] Ziff. 3.2.2. des Gemeinschaftsrahmens „F&E&I-Beihilfen", letzter UAbs.

[76] Ziff. 5.1.2. letzter UAbs. des Gemeinschaftsrahmens „F&E&I-Beihilfen".

[77] Kom., Staatliche Beihilfe N 769/2007, ABl. 2008 C 102/5, RdNr. 56–70 – Niederlande: Genomics Centres.

[78] Ziff. 4 des Gemeinschaftsrahmens „F&E&I-Beihilfen".

[79] Kom., Staatliche Beihilfen N 837/2000, ABl. 2001 C 128/11 – Frankreich: Beihilferegelung für das Programm MEDEA+.

Interesse, die Beihilfe notwendig, um das angestrebte Ziel von gemeinsamen Interesse zu erreichen, und das Vorhaben von seiner Art und seinem Umfang her von besonderer Bedeutung sein.[80] Damit die Kom. die geplante Beihilfe angemessen würdigen kann, muss das gemeinsame europäische Interesse in praktischer Form veranschaulicht werden. So ist bspw. nachzuweisen, dass das Vorhaben erhebliche Fortschritte bei der Verwirklichung spezifischer Gemeinschaftsziele erwarten lässt.

34   Die Bestimmungen des Gemeinschaftsrahmens „F&E&I-Beihilfen" enthalten für die Genehmigung nach Art. 107 Abs. 3 lit. b AEUV keine Höchstintensitäten. Die Kom. weist jedoch darauf hin, dass sie angemeldete Vorhaben günstiger beurteilen wird, wenn der Begünstigte einen beträchtlichen Eigenbeitrag leistet.[81] Ob damit die Beihilfehöchstintensitäten des Gemeinschaftsrahmens „F&E&I-Beihilfen" für unter Art. 107 Abs. 3 lit. c AEUV genehmigte Beihilfen überschritten werden können, bleibt in der Entscheidungspraxis der Kom. abzuwarten. Unter dem früheren Gemeinschaftsrahmen „F&E-Beihilfen" wurde die Höchstintensität auch bei einer Genehmigung unter Art. 107 Abs. 3 lit. b AEUV nicht überschritten.[82] Ausnahmen sind unter dem Gemeinschaftsrahmen „F&E&I-Beihilfen" für Vorhaben denkbar, an denen Unternehmen oder Forschungseinrichtungen aus mehreren Mitgliedstaaten beteiligt sind, da diese von der Kom. günstiger beurteilt werden.[83]

35   Zwar stellen F&E-Beihilfen einen wesentlichen Anwendungsfall von Art. 107 Abs. 3 lit. b AEUV dar, es sind aber bereits seit dem Gemeinschaftsrahmen „F&E-Beihilfen" aus dem Jahr 1996 kaum Beihilfen auf dieser Grundlage genehmigt worden.[84] Auch Eureka-Projekte wurden zunehmend auf Grundlage von Art. 107 Abs. 3 lit. c AEUV genehmigt.[85] Für weitere Vorhaben stellte sie fest, dass die Voraussetzungen von Art. 107 Abs. 3 lit. b AEUV gegeben gewesen wären, der Mitgliedstaat sich aber nicht darauf berufen habe, und genehmigte die Vorhaben auf der Grundlage von Art. 107 Abs. 3 lit. c AEUV.[86] Es erscheint allerdings fraglich, dass es für die Anwendung der Genehmigungsgrundlage des Art. 107 Abs. 3 lit. b AEUV Voraussetzung sein soll, dass sich der Mitgliedstaat auf die Vorschrift beruft.[87] Vielmehr sollte es genügen, dass der Mitgliedstaat in der Notifizierung das Beihilfevorhaben in tatsächlicher Hinsicht in einer Weise beschreibt, die für die Kom. eine Prüfung als Vorhaben von gemeinsamem Interesse nahe legt.[88]

VII. Voraussetzungen für die Genehmigung von Forschungs-, Entwicklungs- und Innovationsbeihilfen nach Art. 107 Abs. 3 lit. c AEUV

36   Bei der Prüfung eine F&E&I-Beihilfe nach Art. 107 Abs. 3 lit. c AEUV ist zu unterscheiden:[89]
  – Die Kom. prüft jede angemeldete Beihilfe zunächst nach den Voraussetzungen in Kap. 5 des Gemeinschaftsrahmens „F&E&I-Beihilfen". In diesem Kap. nennt die Kom. eine Reihe von Maßnahmen, bei denen sie von vornherein davon ausgeht, dass diesbezügliche staatliche Beihilfen ein spezifisches F&E&I-hemmendes Marktversagen beheben. Die Kom. hat darin zudem eine Reihe von Voraussetzungen und Parametern formuliert, um sicherzustellen, dass staatliche Beihilfen zugunsten solcher Maßnahmen tatsächlich einen Anreizeffekt haben und verhältnismäßig sind und dass sich ihre negativen Auswirkungen auf Wettbewerb und Handel in Grenzen halten. Kap. 5 des Gemeinschaftsrahmens „F&E&I-Beihilfen" enthält folglich Parameter für die geförderte Tätigkeit, die Beihilfeintensität und die Voraussetzungen für die Vereinbarkeit. Gem. dem Gemeinschaftsrahmen „F&E&I-Beihilfen" können grds. nur dieje-

---

[80] Ziff. 4 des Gemeinschaftsrahmens „F&E&I-Beihilfen".

[81] AaO.

[82] Kom., Staatliche Beihilfe N 702/A/2001, ABl. 2002 C 133/10 – Frankreich: Einzelfälle im Rahmen des MEDEA+-Programms (T 201, T 301 und T 304); Staatliche Beihilfe N 702/B/2001, ABl. 2002 C 292/6, Einzelfall A 404.

[83] Ziff. 4 UAbs. 3 des Gemeinschaftsrahmens „F&E&I-Beihilfen".

[84] S. Ziff. 3.4. des F&E-Rahmens von 1996. S. hierzu auch *Schroeter/Jakob/Mederer/Mederer* Art. 87 Abs. 3 EG RdNr. 189 und 206 und *Heidenhain/Repplinger-Hach*, aaO, § 17 RdNr. 135.

[85] Vgl. Kom., Bericht über die Wettbewerbspolitik 1998, 282 ff.; Bericht über die Wettbewerbspolitik 1999, 297.

[86] S. Kom., Staatliche Beihilfe N 430/2001, ABl. 2002 C 5/3, 11 – Niederlande: Extatic; Staatliche Beihilfe N 692/2001, ABl. 2002 C 127/7, 23 f. – Deutschland: Verbundprojekt „MEDEA+ Projekt T 401, 157 nm-Lithographie.

[87] So auch *Heidenhain/Repplinger-Hach,* aaO, § 17 RdNr. 135.

[88] Vgl. EuGH, C-382/99, Slg. 2002, I-5163, RdNr. 81 ff. – Niederlande/Kom. („Tankstellen").

[89] Vgl. Ziff. 1.4. des Gemeinschaftsrahmens „F&E&I-Beihilfen".

nigen Maßnahmen nach Art. 107 Abs. 3 lit. c AEUV als mit dem Gemeinsamen Markt vereinbar angesehen werden, die die in Kap. 5 genannten Kriterien erfüllen. Diese Kriterien wurden daher auch weitgehend in die AGVO übernommen.

F&E-Beihilferegelungen sowie Innovationsbeihilfen nach Ziff. 5.4., 5.6. und 5.7. des Gemeinschaftsrahmens „F&E&I-Beihilfen" werden von der Kom. idR. ausschließlich auf Grundlage von Kap. 5 des Gemeinschaftsrahmens „F&E&I-Beihilfen" genehmigt, sofern das geförderte F&E&I-Vorhaben nicht vor dem Stellen eines Beihilfeantrags begonnen wurde. Bei F&E-Beihilferegelungen muss der Mitgliedstaat darüber hinaus gewährleisten und zusagen, dass F&E-Projektbeihilfen für Großunternehmen sowie für KMU für Beihilfen über EUR 7,5 Mio. im Einklang mit Kap. 6 des Gemeinschaftsrahmens „F&E&I-Beihilfen" einen Anreizeffekt haben werden, der in den Jahresberichten darzulegen ist,[90] die Voraussetzungen in Ziff. 7.1 des Gemeinschaftsrahmens „F&E&I-Beihilfen" zur Einzelanmeldung von Vorhaben, die bestimmte Schwellenwerte überschreiten, erfüllt werden, bei Kumulierung mit anderen Beihilfen die Voraussetzungen in Kap. 8 des Gemeinschaftsrahmens „FuEuI-Beihilfen" und die in Abschnitt 10 des FuEuI-Rahmens festgelegten Voraussetzungen zur Berichterstattung und zur Transparenz der Regelung eingehalten werden.

– In Kap. 6 des Gemeinschaftsrahmens „F&E&I-Beihilfen" legt die Kom. ausführlicher dar, wie sie Anreizeffekt und Notwendigkeit der Beihilfe würdigen wird. Der Nachweis von Anreizeffekt und Notwendigkeit der Beihilfe ist für F&E-Beihilfen für Großunternehmen und für KMU für Beihilfen über 7,5 Mio. EUR, für Beihilfen für Prozess- und Betriebsinnovation im Dienstleistungssektor sowie für Beihilfen für Innovationskerne erforderlich.[91] Kap. 6 des Gemeinschaftsrahmens „F&E&I-Beihilfen" wird unter VIII. näher dargelegt.

– Kap. 7 des Gemeinschaftsrahmens „F&E&I-Beihilfen" enthält genauere Angaben dazu, in welchen Fällen und wie die Kom. eine ausführliche Einzelfallbewertung für Beihilfen vornehmen wird, deren Betrag die unter Ziff. 7.1. des Gemeinschaftsrahmens „F&E&I-Beihilfen" festgelegten Schwellenwerte übersteigt. Diese Maßnahmen werden daher auf der Grundlage der Kap. 5 und 7 des Gemeinschaftsrahmens „F&E&I-Beihilfen" nur dann als mit dem Gemeinsamen Markt vereinbar erklärt, wenn sie alle in Kap. 5 des Gemeinschaftsrahmens „F&E&I-Beihilfen" genannten Voraussetzungen erfüllen und die Abwägungsprüfung gem. Kap. 7 zu einem insgesamt positiven Ergebnis führt.[92] Kap. 7 des Gemeinschaftsrahmens „F&E&I-Beihilfen" wird unter IX. näher dargelegt.

Im Folgenden werden zunächst die Voraussetzungen von Kap. 5 des Gemeinschaftsrahmens **37** „F&E&I-Beihilfen" erläutert:

1. Beihilfen für F&E-Vorhaben. Die Forschungs- und Entwicklungsbeihilfen umfassen **38** Beihilfen für F&E-Vorhaben, Beihilfen für einem F&E-Vorhaben vorgelagerte technische Durchführbarkeitsstudien sowie Beihilfen für einem F&E-Vorhaben nachgelagerten Erwerb gewerblicher Schutzrechte, die im Folgenden anhand ihrer Vereinbarkeitskriterien gemeinsam behandelt werden.

Der geförderte Teil von **F&E-Vorhaben** muss vollständig einer oder mehreren der **For-** **39** **schungskategorien** Grundlagenforschung,[93] industrielle Forschung[94] oder experimentelle Entwicklung[95] angehören.[96] Dabei wurde die frühere Forschungsstufe der vorwettbewerblichen Entwicklung entspr. dem Frascati-Handbuch[97] der OECD in experimentelle Entwicklung umbenannt und die Einbeziehung von kommerziell nutzbaren Prototypen und Pilotprojekten klargestellt. Diese werden als von der experimentellen Entwicklung umfasst angesehen, wenn es sich bei dem Prototyp notwendigerweise um das kommerzielle Endprodukt handelt und seine Herstellung allein für Demonstrations- und Auswertungszwecke zu teuer wäre. Bei einer anschließenden kommerziellen Nutzung von Demonstrations- oder Pilotprojekten sind die daraus erzielten Einnahmen von den förderbaren Kosten abzuziehen.[98] Die Einbringung von kommer-

---

[90] Ziff. 6 letzter UAbs. des Gemeinschaftsrahmens „F&E&I-Beihilfen".
[91] Ziff. 6 UAbs. 4 des Gemeinschaftsrahmens „F&E&I-Beihilfen".
[92] Ziff. 1.4. letzter UAbs.
[93] Ziff. 2.2. lit. e des Gemeinschaftsrahmens „F&E&I-Beihilfen".
[94] Ziff. 2.2. lit. f des Gemeinschaftsrahmens „F&E&I-Beihilfen".
[95] Ziff. 2.2. lit. g des Gemeinschaftsrahmens „F&E&I-Beihilfen".
[96] Ziff. 5.1.1. des Gemeinschaftsrahmens „F&E&I-Beihilfen".
[97] Frascati Manual, The Measurement of Scientific and technological Activities, Proposed Standard Practice for Surveys on Research and Experimental Development, OECD 2002.
[98] Ziff. 2.2. lit. g des Gemeinschaftsrahmens „F&E&I-Beihilfen".

ziell nutzbaren Pilotprojekten war unter dem früheren Gemeinschaftsrahmen „F&E-Beihilfen" ausgeschlossen.[99] Ist ein Vorhaben in unterschiedliche Teile untergliedert, müssen diese einzeln den Kategorien zugeordnet oder als nicht unter eine dieser Kategorien fallend eingestuft werden. Bei der Einstufung der verschiedenen Tätigkeiten stützt sich die Kom. auf ihre eigene Verwaltungspraxis sowie auf die Beispiele und Erläuterungen des Frascati-Handbuchs, die jedoch bereits bei der Definition der Forschungskategorien berücksichtigt wurden. Der Gemeinschaftsrahmen „F&E&I-Beihilfen" enthält wie seine Vorgängerregelung keine thematische Begrenzung.

40   Die Zuordnung zu den F&E-Kategorien ist unabdingbar und kann nicht durch die allgemeine Beschreibung der förderfähigen Projekte als „innovativ" o.ä. ersetzt werden. Entspr. muss bei der Notifizierung einer Beihilferegelung Angaben enthalten, die es der Kom. ermöglicht zu überprüfen, dass alle förderfähigen Vorhaben als F&E zu qualifizieren sind. Bei der Anmeldung von Einzelbeihilfen kommt der Beschreibung des Forschungsgehalts des Projekts weiterhin besondere Bedeutung zu, da in diesem Fall die Kom. die Subsumption unmittelbar überprüft und Verfahrenseröffnungen häufig auch mit Zweifeln an der Einordnung in die Forschungsstufen begründet werden.[100] Wie detailliert die Angaben sein müssen, hängt zunächst davon ab, ob die höchstzulässige Beihilfeintensität ausgeschöpft werden soll: Überschreitet die Beihilfeintensität die niedrigste Schwelle von 25% nicht, so reicht es, wenn das Vorhaben eindeutig als F&E – also mindestens als experimentelle Entwicklung – zu qualifizieren ist, und die Zuordnung zu einer bestimmten Forschungsstufe kann dahinstehen.[101] Ein großes Forschungsvorhaben mag in verschiedene F&E-Stufen fallen. Der zeitliche Ablauf der F&E muss nicht zwingend von Grundlagenforschung hin zu experimenteller Entwicklung verlaufen; es ist auch denkbar, dass zu einem späteren Zeitpunkt noch Projektteile durchgeführt werden, die der industriellen Forschung zuzuordnen sind, nachdem bereits experimentelle Entwicklung durchgeführt wurde. Der Mitgliedstaat wird dies zu substantiieren haben. Die Angaben müssen umso detaillierter sein, je schwieriger die Einordnung ist. Angesichts der Schwierigkeit dieser Würdigung bedienen sich die Kommissionsdienststellen zur Qualifizierung der F&E-Stufe im Rahmen von Einzelbeihilfen – und zur Feststellung des Anreizeffekts – sowohl des kommissionsinternen Knowhows als auch ggf. eines externen unabhängigen Sachverständigen.[102] Bei der Anmeldung von Beihilfeprogrammen wird es die Genehmigung erleichtern, wenn der Mitgliedstaat – ggf. unter Verweis auf das Frascati-Handbuch – zusätzlich zur Bezugnahme auf die Definition der F&E-Stufen beispielhafte F&E-Projekte benennt, die unter einer bestimmten F&E-Stufe jeweils gefördert werden sollen, und dadurch substantiiert, dass die Einordnung der Projekte unter die konkrete F&E-Stufe auch in richtiger Anwendung der Definitionen geschehen wird. Die Kom. bewertet es positiv, wenn den Anmeldungen Evaluierungen von Beihilfemaßnahmen beigefügt werden.[103]

41   Die **zulässige Förderintensität bei F&E-Beihilfen** richtet sich nach der jeweiligen F&E-Stufe, der das Vorhaben unterfällt: 100% für Grundlagenforschung, 50% für industrielle Forschung und 25% für experiementelle Entwicklung.[104] Die Kom. wendet diese Intensitäten als

---

[99] S. die vormalige Definition der Forschungskategorie „vorwettbewerbliche Entwicklung" in Anl. I des früheren Gemeinschaftsrahmens „F&E-Beihilfen".

[100] S. zB. Kom., Staatliche Beihilfe C 9/2007, ABl. 2009 L 66/3 – Spanien: Large R&D aid to ITP – Trent 1000; Staatliche Beihilfe N 854/2006, ABl. 2007 C 182/5 – Frankreich: TVMS L; Staatliche Beihilfe N 89/2007, ABl. 2007 C 275/3 – Frankreich: HOMES; Staatliche Beihilfe N 112/2007, ABl. 2007 C 227/8 – Deutschland: THESEUS; Staatliche Beihilfe N 349/2007, ABl. 2007 C 304/5 – Frankreich: OSIRIS.

[101] So zB. in Kom., Staatliche Beihilfe N 430/2001, ABl. 2002 C 5/3, 11 – Niederlande Extatic.

[102] Vgl. Kom, Staatliche Beihilfe N 120/01, ABl. 2002 C 67/33, S. 2, 8 – Vereinigtes Königreich: Beihilfe an Rolls-Royce für die Entwicklung von Motoren (der Sachverständige beurteilte auch den Anreizeffekt); Staatliche Beihilfe N 234/01, ABl. 2002 C 133/10, S. 2, 7 – Frankreich: Forschungs- und Entwicklungsbeihilfen für SNECMA; Staatliche Beihilfe C 41/2000, ABl. 2001, ABl. L 292/58, RdNr. 36 – Italien: IVECO. S. auch Kom., Staatliche Beihilfe N 801/2000, ABl. 2001 C 333/8 – Deutschland: EUV-Lithographie. Soweit möglich, finden derartige Studien auch bei vergleichbaren anderen Fällen Anwendung, vgl. Kom., Staatliche Beihilfe N 539/2005, ABl. 2006 C 222/4, RdNr. 97 – Deutschland: Forschungsplattform Nanoelektronik Dresden, in der auf eine unabhängige Studie, die von der Kom. im Zusammenhang mit der staatlichen Beihilfe N 39/2003, ABl. 2004 C 6/21 – Frankreich: Forschungsplattform LETI in Grenoble durchgeführt wurde, verwiesen wird.

[103] Ziff. 5. des Gemeinschaftsrahmens „F&E&I-Beihilfen". S. zB. Kom., Staatliche Beihilfe N 769/2007, ABl. 2008 C 102/5 RdNr. 8, 41 – Niederlande: Genomics Centres.

[104] Ziff. 5.1.2. des Gemeinschaftsrahmens „F&E&I-Beihilfen".

feststehenden Maßstab an. Die so genannte Entsprechungsklausel[105] erlaubt es allerdings, die Schwellenwerte zu überschreiten, damit die Beihilfe einer in einem Drittstaat gewährten Förderung entsprechen kann. Soweit ersichtlich wurde sie aber bisher nicht angewendet.

Beihilfen für technische Durchführbarkeitsstudien[106] im Vorfeld der industriellen For-   **42** schung oder experimentellen Entwicklung sind nach dem Gemeinschaftsrahmen „F&E&I-Beihilfen" beihilfefähig, sofern die anhand der Studienkosten errechnete Beihilfeintensität die Intensitäten von 75% für Studien zur Vorbereitung der industriellen Forschung und von 50% für Studien zur Vorbereitung der experimentellen Entwicklung bei KMU nicht überschreiten. Für Großunternehmen gelten um 10%-Punkte abgesenkte Höchstsätze. Die im Vergleich zur eigentlichen Forschung höheren Beihilfeintensitäten anerkennen, dass die Durchführbarkeitsstudien der eigentlichen Forschungsaktivität vorgelagert sind und dadurch eine größere Marktferne haben.[107]

Beihilfen für die Kosten von KMU zum Erwerb gewerblicher Schutzrechte[108] sind   **43** bis zur Beihilfeintensität der F&E-Beihilfen beihilfefähig, die für die den Patenten vorausgehenden Forschungstätigkeit in Betracht gekommen wäre und zu den betreffenden gewerblichen Schutzrechten geführt haben. Großunternehmen sind von der Förderung ausgeschlossen, da unterstellt wird, dass diese in der Lage sind, die Kosten zum Erwerb gewerblicher Schutzrechte selbst zu tragen.

Die Intensität berechnet sich im Verhältnis zu den **förderfähigen Kosten der F&E-Bei-   44 hilfen**. Deren Definition bestimmt, welche der Kosten des in die festgestellte Forschungskategorie fallenden Beihilfevorhabens berücksichtigungsfähig sind. Über die zulässige Förderintensität lässt sich der maximale Förderbetrag als Anteil der förderfähigen Kosten berechnen. Der Gemeinschaftsrahmen „F&E&I-Beihilfen" definiert die förderfähigen Kosten in seiner Ziff. 5.1.4. Die gesamten Projektkosten sind förderfähig, wenn sie sich den dort genannten Kostenpositionen zuordnen lassen. Sofern das Projekt Investitionen erforderlich macht, sind diese unter Umständen nur anteilig förderfähig. Zur Berechnung wird man allgemein steuerliche Abschreibungsregeln heranziehen können.[109] Der Rahmen enthält keinerlei Einschränkungen im Hinblick auf die Kostenverteilung auf die einzelnen Kategorien. Unter dem Gemeinschaftsrahmen „F&E-Beihilfen" aus 1996 hatte die Kom. jedoch in einem spanischen Fall Zweifel an der Förderfähigkeit von „zusätzlichen Gemein- und sonstigen Betriebskosten", weil diese sich auf über 60% der förderfähigen Kosten beliefen und damit die allgemein für diese Art von F&E-Projekten anerkannten Beträge weit überstiegen.[110] Zweifel, ob es sich tatsächlich um ein F&E-Vorhaben des Beihilfeempfängers handelt, erscheinen daher angebracht, wenn die Kosten für Dienstleistungen Dritter, inkl. Forschung, den Schwerpunkt darstellen.[111]

Förderfähige Kosten für Beihilfen für die Kosten von KMU zum Erwerb gewerb-   45 licher Schutzrechte sind sämtliche Kosten, die der Erteilung des gewerblichen Schutzrechts in der ersten Rechtsordnung vorausgehen, Kosten für die Übersetzung und sonstige im Hinblick auf die Erteilung oder Validierung des gewerblichen Schutzrechts in anderen Rechtsordnungen sowie die Kosten zur Aufrechterhaltung des Rechts während des amtlichen Prüfverfahrens und bei etwaigen Einspruchsverfahren anfallende Kosten, selbst wenn diese nach der Erteilung des Rechtes entstehen. Kosten einer Verlängerung eines gewerblichen Schutzrechts sind dagegen anders als beim früheren Gemeinschaftsrahmen „F&E-Beihilfen" ausgeschlossen. Beihilfen für Großunternehmen sind ausgeschlossen, da ausreichende Ressourcen zum Erwerb gewerblicher

---

[105] Ziff. 5.1.7. des Gemeinschaftsrahmens „F&E&I-Beihilfen".

[106] Ziff. 5.2. des Gemeinschaftsrahmens „F&E&I-Beihilfen".

[107] Zu technischen Durchführbarkeitsstudien im Pharmaziesektor s. insbes. Kom., Staatliche Beihilfe N 213/2002, ABl. 2003 C 110/2 bzgl. einer Beihilfe zugunsten des Unternehmens „Industria Farmaceutica Cesare Serono S. p. A." und Staatliche Beihilfe C 8/2003, ABl. 2004 L 61/82 bzgl. einer Beihilfe zugunsten des Unternehmens „Industria Farmaceutica Cesare Serono S. p. A." sowie Kom., Staatliche Beihilfe N 126/2005, ABl. 2005 C 275/3 bzgl. einer Einzelbeihilfe zugunsten des Unternehmens „Portela & Cª S. A. (BIAL)".

[108] Ziff. 5.3. des Gemeinschaftsrahmens „F&E&I-Beihilfen".

[109] S. Kom., Staatliche Beihilfe N 539/2005, ABl. 2006 C 222/4 – Deutschland: Forschungsplattform Nanoelektronik Dresden; Staatliche Beihilfe N 694/2000, ABl. 2001 C 185/58 – Deutschland: Gesundheitsforschung – Forschung für den Menschen.

[110] S. die Ent. zur Eröffnung eines förmlichen Prüfverfahrens Kom., ABl. 2001 C 274/2 und 2003 C 147/6 sowie die endg. Ent. Kom., Staatliche Beihilfe C 38/01, ABl. 2004 L 61/87, S. 5 – F&E-Beihilfe für den Standort Zamudio (Baskenland).

[111] S. auch *Heidenhain/Repplinger-Hach*, aaO, § 17 RdNr. 138.

Schutzrechte unterstellt und daher kein Marktversagen angenommen wird. Kosten zum Erwerb gewerblicher Schutzrechte sind nicht zu verwechseln mit den Kosten zum Erwerb von Patenten von Dritten, sei es direkt oder in Lizenz, die bereits Teil der förderfähigen Kosten sein können, sofern sie ausschließlich der Forschungstätigkeit dienen.[112]

46   F&E-Beihilfen können in allen **Beihilfeformen** gewährt werden, solange nur die Beihilfeintensität ermittelt werden kann. Aus der Entscheidungspraxis der Kom. zu **steuerlichen Beihilfen** unter dem Gemeinschaftsrahmen „F&E&I-Beihilfen" sind die Entsch. zu einem italienischen Fall und einem spanischen Fall hervorzuheben,[113] die aufgrund ihres allgemeinen Charakters und unter Hinweis auf die ältere Kommissionspraxis[114] sowie die *Mitteilung über Steuervergünstigungen zugunsten von F&E*[115] als beihilfefrei anerkannt wurden. Dagegen wurden eine slowenische steuerliche F&E-Maßnahme, die regionale Differenzierungen beinhaltete, und eine britische steuerliche F&E-Beihilfe, die sektorale Differenzierungen enthielt, als F&E-Beihilfen angesehen und genehmigt.[116] Bei der Notifizierung von steuerlichen F&E-Regelungen fordert die Kom. die Vorlage von Auswertungsstudien und geht dann davon aus, dass steuerliche F&E&I-Beihilferegelungen Anreizeffekte haben, indem sie die Unternehmen zu höheren F&E&I-Aufwendungen veranlassen.[117] Das ERP-Innovationsprogramm 2005 wurde bereits unter dem Gemeinschaftsrahmen „F&E-Beihilfen" von 1996 als **F&E-Darlehensprogramm** genehmigt.[118] Unter dem Gemeinschaftsrahmen „F&E&I-Beihilfen" wurden unter Anwendung der aktuellen Mitteilung der Kom. über die Änderung der Methode zur Festsetzung der Referenz- und Abzinsungssätze[119] Fälle aus dem Luftfahrtsektor genehmigt.[120] Eine Sonderregel enthält der Rahmen für Vorhabensdarlehen in Form des sog **rückzahlbaren Vorschusses,** das in Tranchen ausgezahlt wird und dessen Rückzahlungsbedingungen von Ergebnis des F&E&I-Vorhabens abhängen.[121] Für Vorhaben der experimentellen Entwicklung kann bis zu höchstens 40% der förderbaren Kosten, für die industrielle Forschungsphase bis zu 60% des Vorhabens genehmigt werden, wobei Zuschläge zulässig sind. Dabei ist zu beachten, dass dies nicht einer Beihilfeintensität in gleicher Höhe entspricht, da das Darlehen im Erfolgsfall voll zurückzuzahlen ist, uU sogar mit Gewinn für den Staat, sofern der Erfolg das als erfolgreich definierte Ergebnis sogar übertrifft. Für den rückzahlbaren Vorschuss gibt der Gemeinschaftsrahmen „F&E&I-Beihilfen" auf Grundlage der ständigen Entscheidungspraxis der Kom. besonders zu F&E-Beihilfen im Luftfahrtsektor vor, dass die Maßnahmen eingehende Bestimmungen über die Rückzahlung im Erfolgsfall vorsehen und eindeutig festlegen muss, was als erfolgreiches Ergebnis der Forschungstätigkeiten anzusehen ist.[122]

---

[112] S. Ziff. 5.1.4. lit. d des Gemeinschaftsrahmens „F&E&I-Beihilfen".

[113] Kom., Staatliche Beihilfe N 480/2007, ABl. 2008 C 80/3 – Spanien: The reduction of tax from intangible assets.

[114] S. Kom., Staatliche Beihilfe N 445/96 – Dänemark: Beschäftigung ausländischer Forscher und Manager, Staatliche Beihilfe N 806/96 – Niederlande: Ausnahme von Sozialabgaben für Forschungspersonal, Staatliche Beihilfe N 18/97 – Niederlande: Beschleunigte Abschreibung von F&E-Labors, Staatliche Beihilfe N 629/99 – Schweden: Steuerliche Ausnahmen für ausländische Experten. Aus neuer Zeit s. Kom., Staatliche Beihilfe N 603/2003, ABl. 2006 C 126/5 – Belgien: Steuervergünstigung für Personal, das in Teams oder bei Nacht arbeitet oder Kom., Staatliche Beihilfe N 649/2005 – Belgien: Lohnsteuerverringerung für Forschungspersonal.

[115] KOM(2006) 728, v. 22. 11. 2006. S. insbes. Abschnitt 1.2 zur Vereinbarkeit mit staatlichen Beihilfevorschriften.

[116] Kom., Staatliche Beihilfe N 177/2007, ABl. 2007 C 231/1 – Slowenien: Tax allowance for research and development in Slovenia.

[117] Ziff. 5.1.6. des Gemeinschaftsrahmens „F&E&I-Beihilfen".

[118] Kom., Staatliche Beihilfe N 333/2005, ABl. 2006 C 21/5 – Deutschland: ERP-Innovationsprogramm 2005.

[119] ABl. C 2008 C 14/6.

[120] Kom., Staatliche Beihilfe N 101/08, ABl. 2008 C 184/2, RdNr. 23 und 58 – Italien: R&D aid to the aeronautic sector. S. auch Staatliche Beihilfe N 296/2009 u. N 297/2009, ABl. 2010 C 70/22 – Deutschland: ERP-Innovationsprogramm 2005.

[121] Ziff. 2.2. h und Ziff. 5.1.5. des Gemeinschaftsrahmens „F&E&I-Beihilfen".

[122] Kom., Staatliche Beihilfe N 120/01, ABl. 2002 C 67/33 – Vereinigtes Königreich: Beihilfe an Rolls-Royce für die Entwicklung von Motoren; Staatliche Beihilfe N 234/2001, ABl. 2002 C 133/10, S. 11 – Frankreich: Forschungs- und Entwicklungsbeihilfen für SNECMA; Staatliche Beihilfe N 2/2005, ABl. 2006 C 12/2 – Deutschland: F&E-Beihilfe zugunsten der Diehl Avionik Systeme GmbH; Staatliche Beihilfe N 583/2002, ABl. 2003 C 186/19 – Deutschland: F&E-Beihilfe zugunsten der MTU Aero Engines GmbH. S. auch Kom., Staatliche Beihilfe N 447/2007, ABl. 2008 C 94/10 – Frankreich: „Turbomeca"; Staatliche Beihilfe N 679/2007, ABl. 2009 C 2/18 – Frankreich: „DEFI Composite"; Staatliche Beihilfe N 709/2007, ABl. 2009 C 35/3 – Frankreich: „Soutien de l'agence de l'innovation industrielle en faveur du Programme

Diese Elemente sind der Kom. in der Notifizierung mitzuteilen. Bei einem erfolgreichen Ergebnis des Vorhabens ist das Darlehen zum Referenzzinssatz zu verzinsen.[123] Der Mitgliedstaat kann auch eine eigene Methode zur Berechnung des Bruttosubventionsäquivalents einer in Form eines rückzahlbaren Vorschusses gewährten Beihilfe gesondert notifizieren und von der Kom. genehmigen lassen.[124] Einige britische Beihilfeprogramme belegen, dass auch die Finanzierung von F&E-Beihilfen mit **Beteiligungskapital** über Einzweckgesellschaften unter dem Gemeinschaftsrahmen „F&E&I-Beihilfen" genehmigungsfähig ist.[125]

Zusätzlich zu den zuvor genannten Intensitäten erlaubt der Rahmen, dass sich für Vorhaben **47** im Bereich der industriellen Forschung und experimentellen Entwicklung die Förderintensität durch **Aufschläge** auf maximal 80% bzw. 60% erhöht, die teilweise dem Siebten Forschungsrahmenprogramm der EU[126] entlehnt sind. Folgende Zuschläge sind erlaubt:[127]

– 10%-Punkte für mittlere und 20%-Punkte für kleine Unternehmen iSd. Unionsdefinition.
– Bis zu einer Obergrenze von 80% ist ein Aufschlag von 15%-Punkten zulässig, wenn
  – das Vorhaben die Zusammenarbeit zwischen wenigstens zwei eigenständigen Unternehmen betrifft und folgende Voraussetzungen erfüllt sind:
    – kein einzelnes Unternehmen darf mehr als 70% der förderbaren Kosten bestreiten;
    – das Vorhaben muss die Zusammenarbeit mit mindestens einem KMU beinhalten oder grenzübergreifend sein.
  – das Vorhaben die Zusammenarbeit zwischen einem Unternehmen und einer Forschungseinrichtung, insbes. im Rahmen der Koordinierung nationaler F&E-Maßnahmen, betrifft und folgende Voraussetzungen erfüllt sind:
    – die Forschungseinrichtung trägt mindestens 10% der förderbaren Kosten;
    – die Forschungseinrichtung hat das Recht, die Ergebnisse der Arbeiten zu veröffentlichen, soweit sie von der Einrichtung durchgeführt wurden.
  Gem. dem Siebten Forschungsrahmenprogramm der EU[128] finanzierte Vorhaben kommen automatisch für einen Aufschlag für Zusammenarbeit wegen der Mindestvoraussetzungen für die Teilnahme an solchen Vorhaben in Betracht;[129]
– Nur im Falle der industriellen Forschung: wenn die Ergebnisse des Vorhabens auf technischen oder wissenschaftlichen Konferenzen weit verbreitet oder in wissenschaftlichen und technischen Zeitschriften veröffentlicht werden oder in Informationsträgern (Datenbanken, bei denen jedermann Zugang zu den unbearbeiteten Forschungsdaten hat) oder durch gebührenfreie bzw. Open-source-Software zugänglich sind.

Die Untervergabe von Aufträgen gilt nicht als Zusammenarbeit.[130] Im Falle der Zusammen- **48** arbeit zwischen einem Unternehmen und einer Forschungseinrichtung gelten die Beihilfehöchstintensitäten und Aufschläge nicht für die Forschungseinrichtung.[131]

2. Beihilfen für technische Durchführbarkeitsstudien. Beihilfen für technische Durch- **49** führbarkeitsstudien[132] im Vorfeld der industriellen Forschung oder experimentellen Entwicklung sind nach dem Gemeinschaftsrahmen „F&E&I-Beihilfen" beihilfefähig, sofern die anhand

---

mobilisateur pour l'innovation industrielle ADNA" Staatliche Beihilfe N 5/2009, ABl. 2009 C 170/2 – Frankreich: „CARMAT"; Staatliche Beihilfe N 541/2008 – Frankreich: „Biointelligence"; Staatliche Beihilfe N 274/2008 – Frankreich: „Solar Nano Crystal"; Staatliche Beihilfe N 733/2007 – Frankreich: „ISEULT-INUMAC"; Staatliche Beihilfe N 525/2009, ABl. 2010 C 178/2 – Frankreich: Projet MLGB; Staatliche Beihilfe N 527/2009, ABl. 2010 C 178/2 – Frankreich: Projet MLGD; Staatliche Beihilfe N 296/2009 u. N 297/2009, ABl. 2010 C 70/22 – Deutschland: F2F u. Airducts; Staatliche Beihilfe N 654/2009, ABl. 2009 C 298/2 – Vereinigtes Königreich: Aid to Short Brothers PLG; Staatliche Beihilfe N 357/2009, ABl. 2009 C 305/4 – Vereinigtes Königreich: Individual R&D aid to GKN ASL.

[123] S. Kom., Staatliche Beihilfe N 101/08, ABl. 2008 C 184/2, RdNr. 23 und 58 – Italien: R&D aid to the aeronautic sector.

[124] S. Kom., Staatliche Beihilfe N 447/2007, ABl. 2008 C 94/10 – Frankreich: „Turbomeca".

[125] S. Kom., Staatliche Beihilfe N 82/2008, ABl. 2008 C 226/4 – Vereinigtes Königreich: Directed Research in Low Carbon Technology; Staatliche Beihilfe N 761/2007, ABl. 2008 C 87/2 – Vereinigtes Königreich: Northern Ireland R&D Challenge Fund.

[126] ABl. 2006 L 412/1.

[127] Ziff. 5.1.3. des Gemeinschaftsrahmens „F&E&I-Beihilfen".

[128] ABl. 2006 L 412/1.

[129] Fn. 32 des Gemeinschaftsrahmens „F&E&I-Beihilfen".

[130] Ziff 5.1.3. letzter UAbs. des Gemeinschaftsrahmens „F&E&I-Beihilfen".

[131] AaO.

[132] Ziff. 5.2. des Gemeinschaftsrahmens „F&E&I-Beihilfen".

der Studienkosten errechnete Beihilfeintensität die Intensitäten von 75 % für Studien zur Vorbereitung der industriellen Forschung und von 50% für Studien zur Vorbereitung der experimentellen Entwicklung bei KMU nicht überschreiten. Für Großunternehmen gelten um 10%-Punkte abgesenkte Höchstsätze. Die im Vergleich zur eigentlichen Forschung höheren Beihilfeintensitäten anerkennt, dass die Durchführbarkeitsstudien der eigentlichen Forschungsaktivität vorgelagert sind und dadurch eine größere Marktferne haben.

50   **3. Beihilfen für die Kosten von KMU zum Erwerb gewerblicher Schutzrechte.** Beihilfen für die Kosten von KMU zum Erwerb gewerblicher Schutzrechte[133] sind beihilfefähig, sofern ihre Beihilfeintensität nicht über die Intensität hinaus geht, bis zu der F&E-Beihilfen für die den Patenten vorausgehenden Forschungstätigkeiten in Betracht gekommen wäre, die zu den betreffenden gewerblichen Schutzrechten geführt haben. Förderfähige Kosten sind sämtliche Kosten, die der Erteilung des gewerblichen Schutzrechts in der ersten Rechtsordnung vorausgehen, Kosten für die Übersetzung und sonstige im Hinblick auf die Erteilung oder Validierung des gewerblichen Schutzrechts in anderen Rechtsordnungen sowie die Kosten zur Aufrechterhaltung des Rechts während des amtlichen Prüfverfahrens und bei etwaigen Einspruchsverfahren anfallende Kosten, selbst wenn diese nach der Erteilung des Rechtes entstehen. Kosten einer Verlängerung eines gewerblichen Schutzrechts sind dagegen anders als beim Gemeinschaftsrahmen „F&E-Beihilfen" von 1996 ausgeschlossen. Beihilfen für Großunternehmen sind ebenfalls ausgeschlossen, da ausreichende Ressourcen zum Erwerb gewerblicher Schutzrechte unterstellt und daher kein Marktversagen angenommen wird.

51   **4. Beihilfen für junge innovative Unternehmen.** Nach dem Vorbild des US-amerikanischen Small Business Innovation Research Programme (SBIR)[134] wurde im Gemeinschaftsrahmen „F&E&I-Beihilfen" eine flexible Möglichkeit zur Gewährung von Beihilfen für junge innovative Unternehmen eingefügt.[135] Sofern es sich um ein kleines Unternehmen, das zum Zeitpunkt der Beihilfengewährung weniger als sechs Jahre bestanden hat, und um ein innovatives Unternehmen handelt, kann eine Beihilfe von bis zu 1 Mio. EUR gewährt werden, in Fördergebieten nach Art. 107 Abs. 3 lit. c AEUV bis zu 1,25 Mio. EUR und in Fördergebieten nach Art. 107 Abs. 3 lit. a AEUV bis zu 1,5 Mio. EUR. Der Gemeinschaftsrahmen „F&E&I-Beihilfen" definiert dabei keine förderfähigen Kosten, so dass in Beihilferegelungen der Mitgliedstaaten selbst die Gewährung in einem Pauschalbetrag möglich wäre. Die Definition förderfähiger Kosten durch den Mitgliedstaat wird in der Entscheidungspraxis der Kom. jedoch positiv gewertet.[136] Die Ausgestaltung als rückzahlbare Finanzierung ist möglich, so dass bspw. auch Risikokapitalmaßnahmen zugunsten junger innovativer Unternehmen etwa in der Pre-Seed- oder Seed-Phase statt unter den Risikokapitalleitlinien unter dem Gemeinschaftsrahmen „F&E&I-Beihilfen" gefördert werden können,[137] der keine private Beteiligung oder ein Management anhand kaufmännischer Grundsätze verlangt.[138] Einziges „hartes" Kriterium für die Förderfähigkeit ist die Beachtung der Definition eines innovativen Unternehmens.

---

[133] Ziff. 5.3. des Gemeinschaftsrahmens „F&E&I-Beihilfen".

[134] S. http://www.sbir.gov/.

[135] Ziff. 5.4. des Gemeinschaftsrahmens „F&E&I-Beihilfen".

[136] Ziff. 5.4. des Gemeinschaftsrahmens „F&E&I-Beihilfen". S. zB. Kom., Staatliche Beihilfe N 512/2006, ABl. 2007 C 151/2 – Österreich: Richtlinien zur Förderung von Gründung und Aufbau junger innovativer technologieorientierter Unternehmen; Staatliche Beihilfe N 373/2007, ABl. 2008 C 67/5 – Vereinigtes Königreich: Northern Ireland Spinouts (NISPO): The Young Innovative Enterprise (YIE) Scheme; Staatliche Beihilfe N 15/2008, ABl. 2008 C 180/4 – Vereinigtes Königreich: National Endowment for Science, Technology and the Arts – Young Innovative Enterprise Scheme (NESTA YIE); Staatliche Beihilfe N 82/2008, ABl. 2008 C 226/4 – Vereinigtes Königreich: Directed Research in Low Carbon Technology; Staatliche Beihilfe N 258/2008, ABl. 2008 C 331/3 – Deutschland: Richtlinien zur Gewährung von Beihilfen für Forschung, Entwicklung und Innovation im Saarland – EFI-Programm; Staatliche Beihilfe N 147/2008, ABl. 2009 C 23/4 – Deutschland: Förderung des Unternehmergeists und der Gründung junger innovativer Unternehmen im Freistaat Sachsen; Staatliche Beihilfe N 102/2008, ABl. 2009 C 71/14 – Belgien: VINNOF – Innovation.

[137] S. zB. Kom., Staatliche Beihilfe N 82/2008, ABl. 2008 C 226/4 – Vereinigtes Königreich: „Directed Research in Low Carbon Technology"; Staatliche Beihilfe N 15/2008, ABl. 2008 C 180/4 – Vereinigtes Königreich: „National Endowment for Science, Technology and the Art – Young Innovative Enterprise Scheme (NESTA YIE)"; Staatliche Beihilfe N 373/2007, ABl. 2008 C 67/5 – Vereinigtes Königreich: „Northern Ireland Spinouts (NISPO): the Young Innovative Enterprise (YIE) Scheme"; Staatliche Beihilfe N 102/2008, ABl. 2009 C 71/14 – Belgien: VINNOF – Innovation.

[138] S. für Risikokapitalbeihilfen Ziff. 4.3.4., 4.3.5. und 4.3.6. der Leitlinien „Risikokapitalbeihilfen". S. Kapitel VIII.4.

Der Nachweis eines innovativen Unternehmens kann auf zweierlei Weise erfolgen:[139]   **52**
– Entweder der Mitgliedstaat weist mittels eines Gutachtens von einem externen Sachverständigen ua. auf der Grundlage eines Geschäftsplans nach, dass der Begünstigte in absehbarer Zukunft Produkte, Dienstleistungen oder Verfahren entwickelt, die technisch neu oder verglichen mit dem Stand der Technik in dem jeweiligen Wirtschaftszweig in der Union wesentlich verbessert sind, und die das Risiko eines technischen oder industriellen Misserfolges in sich tragen; oder
– die F&E-Aufwendungen des Begünstigten machen zumindest in einem der drei Jahre vor Gewährung der Beihilfe oder im Falle eines neu gegründeten Unternehmens ohne abgeschlossenes Geschäftsjahr im Rahmen des Audit des laufenden Geschäftsjahres, mindestens 15% seiner gesamten von einem externen Rechnungsprüfer beglaubigten Betriebsausgaben aus.

Da der Vergleich der ersten Alternative auf den Stand der Innovation in der Union abzielt,   **53**
der schwierig zu belegen sein wird, dürfte in der Praxis häufig die zweite Alternative Anwendung finden. Um die Unabhängigkeit der externen Sachverständigen und Rechnungsprüfer ggü. dem Innovationsvorhaben und dem jungen innovativen Unternehmen sicherzustellen, empfiehlt sich möglicherweise die Einrichtung eines externen Expertenpools im Wege einer Ausschreibung. Unter den Leitlinien „Risikokapitalbeihilfen" wird ein mit unabhängigen Experten besetzter Beteiligungsausschuss bei Risikokapitalmaßnahmen positiv bewertet.[140]

Aufgrund der nicht definierten förderfähigen Kosten und Beihilfeintensitäten gilt nach   **54**
Ziff. 5.4. des Gemeinschaftsrahmens „F&E&I-Beihilfen" eine besondere Kumulierungsregel für Beihilfen für junge innovative Unternehmen. Der Begünstigte darf die Beihilfe nur einmal in dem Zeitraum empfangen, in dem er als junges innovatives Unternehmen anzusehen ist. Andere als F&E&I- o. Risikokapitalbeihilfen dürfen dem Beihilfeempfänger erst drei Jahre nach Gewährung der Beihilfe für junge innovative Unternehmen gewährt werden. Eine Gewährung in mehreren Tranchen ist möglich.[141] Die Auszahlung der Tranchen ist nach einer Entsch. in einem finnischen Fall noch acht Jahre nach Gründung des jungen innovativen Unternehmens möglich.[142]

5. Beihilfen für Prozess- und Betriebsinnovation im Dienstleistungssektor. Dienst-   **55**
leistungen sind nicht immer unter definierte Forschungskategorien des Gemeinschaftsrahmens „F&E&I-Beihilfen" zu fassen. Sie werden typischerweise weniger systematisch vorgenommen und entstehen häufig durch die Interaktion mit Kunden, die Marktnachfrage, die Übernahme von Geschäfts- und Betriebsmodellen und -praktiken aus innovativeren Sektoren oder anderen ähnlichen Bereichen. Daher enthält der Gemeinschaftsrahmen „F&E&I-Beihilfen" im Einklang mit dem Oslo-Manual[143] unter bestimmten Voraussetzungen und unter Ausschluss von routinemäßig erfolgenden Änderungen eine gesonderte Möglichkeit für Beihilfen für Prozess- und Betriebsinnovationen im Dienstleistungssektor.[144] Förderfähig sind grds. die gleichen Kosten wie bei Beihilfen für F&E-Projekte, jedoch mit folgenden niedrigeren Beihilfeintensitäten: 15% für Großunternehmen, 25% für mittlere Unternehmen und 35% für kleine Unternehmen. Großunternehmen kommen für derartige Beihilfen allerdings nur in Betracht, wenn sie in der geförderten Tätigkeit mit KMU zusammenarbeiten, wobei das beteiligte KMU zumindest 30% der gesamten förderbaren Kosten bestreiten muss. Folgende Voraussetzungen müssen erfüllt sein:
– Die Betriebsinnovationen müssen stets an die Verwendung und Nutzung von Informations- und Kommunikationstechniken zur Änderung der Abläufe geknüpft sein;
– Die Innovation ist als ein Projekt mit einem benannten und geeigneten Projektleiter und ausgewiesenen Projektkosten zu formulieren;

---

[139] Ziff. 5.4. lit. b des Gemeinschaftsrahmens „F&E&I-Beihilfen".
[140] S. Ziff. 5.2.3.2. der Risikokapitalleitlinien.
[141] S. zB. Kom., Staatliche Beihilfe N 309/2007, ABl. 2008 C 30/7 – Finnland: Aid for Young Innovative Enterprises; Staatliche Beihilfe N 512/2006, ABl. 2007 C 151/2 – Österreich: Richtlinien zur Förderung von Gründung und Aufbau junger innovativer technologieorientierter Unternehmen.
[142] S. zB. Kom., Staatliche Beihilfe N 309/2007, ABl. 2008 C 30/7 RdNr. 23 – Finnland: Aid for Young Innovative Enterprises.
[143] OECD, OSLO-Handbuch „Guidelines for Collecting and Interpreting Innovation Data", 3. Aufl. 2005.
[144] Ziff. 5.5. des Gemeinschaftsrahmens „F&E&I-Beihilfen". S. zB. Kom., Staatliche Beihilfe N 421/2007, ABl. 2008 C 7/4 – Österreich: F&E&I-Beihilferegelung „ZIT08plus"; Staatliche Beihilfe N 258/2008, ABl. 2008 C 331/3 – Deutschland: Richtlinien zur Gewährung von Beihilfen für Forschung, Entwicklung und Innovation im Saarland – EFI-Programm.

– Das geförderte Projekt muss zur Entwicklung einer Norm, eines Geschäftsmodells, eines Verfahrens oder Konzepts führen, das systematisch wiederholt, möglicherweise zertifiziert und ggf. patentiert werden kann;
– Die Prozess- und Betriebsinnovation muss gemessen an dem Stand der Technik in dem jeweiligen Wirtschaftszweig in der Gemeinschaft neu oder wesentlich verbessert sein. Die Neuerung kann von dem Mitgliedstaat zB. anhand einer genauen Beschreibung der Innovation nachgewiesen werden, um sie mit dem Stand der Verfahren oder betrieblichen Techniken zu vergleichen, die von anderen Unternehmen in demselben Wirtschaftszweig angewandt werden;
– Das Prozess- oder Betriebsinnovationsprojekt muss ein eindeutiges Maß an Risiko in sich tragen. Dieses Risiko kann von dem Mitgliedstaat zB. anhand der Projektkosten bezogen auf den Unternehmensumsatz, der für die Entwicklung der Prozessinnovation erwarteten Gewinne verglichen mit den Vorhabenskosten und der Wahrscheinlichkeit eines Fehlschlags nachgewiesen werden.

56   **6. Beihilfen für Innovationsberatungsdienste und innovationsunterstützende Dienstleistungen.** Da Marktversagen durch imperfekte Information und Koordinierungsprobleme den Transfer und die Verbreitung von Wissen und Technologie besonders für KMU behindern, hat die Kom. die Möglichkeit eröffnet, Beihilfen für Innovationsberatungsdienste und innovationsunterstützende Dienstleistungen zugunsten von KMU bis zu 200 000 EUR in einem Zeitraum von drei Jahren pro Begünstigten zu gewähren.[145] Dies gilt unbeschadet etwaiger Deminimis-Beihilfen für andere förderfähige Kosten.[146]

57   Förderfähige Kosten sind bei Innovationsberatungsdiensten die Kosten für Betriebsführungsberatung, technische Unterstützung, Technologietransferdienste, Ausbildung, Übernahmeberatung, Schutz des geistigen Eigentums und Handel mit entspr. Rechten und Lizenzvereinbarungen sowie Beratung bei der Nutzung von Normen. Förderfähige Kosten bei innovationsunterstützenden Dienstleistungen sind die Kosten für Büroflächen, Datenbanken, Fachbüchereien, Marktforschung, Nutzung von Laboratorien, Gütezeichen, Tests und Zertifizierungen.

58   Die zulässige Beihilfehöchstintensität kann 100% der förderfähigen Kosten betragen, sofern der Dienstleistungserbringer über eine nationale oder europäische Zertifizierung verfügt. Anderenfalls darf sicht die Beihilfe auf höchstens 75% der förderfähigen Kosten erstrecken. Der Begünstigte muss die staatlichen Beihilfen dazu verwenden, um die Leistungen zu Marktpreisen (oder, wenn es sich bei dem Dienstleistungserbringer um eine nicht gewinnorientierte Einrichtung handelt, zu einem Preis, der dessen Kosten zuzüglich einer angemessenen Spanne deckt) zu erwerben.

59   Handelt es sich beim Erbringer der Dienstleistung um eine nicht gewinnorientierte Einrichtung, kann die Beihilfe in Form eines Preisnachlasses als Differenz zwischen dem gezahlten und dem Marktpreis (oder einem Preis, der die tatsächlichen Kosten sowie eine angemessene Gewinnspanne einschließt) gewährt werden. In diesem Fall muss der Mitgliedstaat ein System schaffen, das die vollständige Transparenz der Kosten für die erbrachte Innovationsberatung und innovationsunterstützende Dienstleistung sowie des von Begünstigten in etwa gezahlten Preises gewährleistet, so dass die Beihilfe von der Kom. beziffert und geprüft werden kann.

60   Mit der Möglichkeit einer Gewährung von Beihilfen für Innovationsberatungsdienste und innovationsunterstützende Dienstleistungen reagiert die Kom. auf bisherige Schwierigkeiten bei der Genehmigung von Beihilferegelungen, die Technologiezentren und Inkubatoren involvierten. In der früheren Entscheidungspraxis musste in diesen Fällen hinsichtlich etwaiger indirekter Beihilfen an KMU, die Dienste dieser zwischengeschalteten Vehikel in Anspruch nahmen, entweder eine Beihilfefreiheit nachgewiesen oder die indirekten Beihilfen auf KMU-Beratungs-

---

[145] Ziff. 5.6. des Gemeinschaftsrahmens „F&E&I-Beihilfen". S. zB. Kom., Staatliche Beihilfe N 512/2006, ABl. 2007 C 151/2 – Österreich: Richtlinien zur Unterstützung der Gründung und des Wachstums von jungen, innovativen, technologieorientierten Unternehmen; Staatliche Beihilfe N 268/2007, ABl. 2007 C 270/3 – Deutschland: Richtlinien zur Förderung des Wissens- und Technologietransfers; Staatliche Beihilfe N 613/2007, ABl. 2008 C 67/2 – Deutschland: F&E&I-Beihilferegelung „Innovationsberatung und -unterstützung"; Staatliche Beihilfe N 258/2008, ABl. 2008 C 331/3 – Deutschland: Richtlinien zur Gewährung von Beihilfen zur Forschung, Entwicklung und Innovation im Saarland – EFI-Programm; Staatliche Beihilfe N 147/2008, ABl. 2009 C 23/4 – Deutschland: Förderung des Unternehmergeists und der Gründung junger innovativer Unternehmen im Freistaat Sachsen; Staatliche Beihilfe N 502/2009, ABl. 2010 C 47/18 – Deutschland: „F&E&I-Beihilferegelung für Forschungseinrichtungen u. KMU.

[146] Fn. 37 des Gemeinschaftsrahmens „F&E&I-Beihilfen".

beihilfen beschränkt werden.[147] Unter dem Gemeinschaftsrahmen können derartige indirekten Beihilfen zugunsten von KMU, die von den Dienstleistungen solcher zwischengeschalteter Forschungseinrichtungen oder Innovationsmittler zu Marktpreisen[148] geleistet werden, nunmehr als (indirekte) Innovationsberatungsbeihilfen oder innovationsunterstützende Dienstleistungen gewährt werden.[149]

In ihrer bisherigen Entscheidungspraxis akzeptierte die Kom. in einem österreichischen Fall[150] **61** die Prüfung des Mitgliedstaates, ob der Marktpreis für Innovationsberatungsdienstleistungen gezahlt wird, anhand der von der zuständigen Wirtschaftskammer festgesetzten Standardsätze, nachdem der Mitgliedstaat versichert hatte, dass diese Sätze in Zusammenarbeit mit externen Innovationsexperten festgesetzt werden und die durchführende Behörde sich auf die Erfahrungen stützen wird, die mit einer Vielzahl bisheriger Beihilfeanträge gesammelt wurden. Auf Grundlage dieser Informationen wurden Tagessätze von 700–1000 EUR genehmigt. In einem deutschen Fall[151] wurden Innovationsberatungsbeihilfen vor der Gründung eines Unternehmens als beihilfefrei akzeptiert, da die Gründer noch keine wirtschaftliche Tätigkeit ausübten.

7. Beihilfen für das Ausleihen hochqualifizierten Personals. Die Kom. erachtet das Feh- **62** len hochqualifizierten Personals als eines der Haupthindernisse für Innovationen bei KMU und entschloss sich daher zur Einführung neuer Beihilfemöglichkeiten für das Ausleihen hochqualifizierten Personals von Forschungseinrichtungen oder Großunternehmen an KMU.[152] Der Begriff „hochqualifiziertes Personal" umfasst dabei Forscher, Ingenieure, Designer und Marketingspezialisten mit Universitätsabschluss und wenigstens fünf Jahren einschlägiger Berufserfahrung, wobei eine Promotionstätigkeit bereits als Berufserfahrung gilt.[153] Das hochqualifizierte Personal muss von einer Forschungseinrichtung gem. Ziff. 2.2. lit. d des Gemeinschaftsrahmens „F&E&I-Beihilfen" oder einem großen Unternehmen gem. Ziffer 2.2. lit. b des Gemeinschaftsrahmens „F&E&I-Beihilfen" an ein KMU gem. Ziff. 2.2. lit. a des Gemeinschaftsrahmens „F&E&I-Beihilfen" abgeordnet werden. „Abordnung" bezeichnet die vorübergehende Beschäftigung von Personal durch einen Beihilfeempfänger während eines bestimmten Zeitraums, nach dem das Personal das Recht hat, wieder zu seinem vorherigen Arbeitgeber zurückzukehren.[154] Das ausgeliehene Personal darf kein anderes Personal ersetzen, sondern ist in einer neu geschaffenen Funktion in dem begünstigten Unternehmen zu beschäftigen und muss zuvor wenigstens zwei Jahre in der Forschungseinrichtung oder dem Großunternehmen, die das Personal ausleihen, beschäftigt gewesen sein. Das abgeordnete Personal muss innerhalb des KMU in dem Bereich F&E&I arbeiten. Förderfähig sind sämtliche Personalkosten für das Ausleihen und die Beschäftigung hochqualifizierten Personals einschließlich der Kosten für das Einschalten einer Vermittlungseinrichtung sowie einer Mobilitätszulage für das abgeordnete Personal. Die Beihilfehöchstintensität beträgt 50% der förderfähigen Kosten für einen Zeitraum von höchsten drei Jahren je Unternehmen und ausgeliehener Person. Diese Beihilfeintensität entspricht den Bestimmungen des Marie Curie-Fellowships unter dem Siebten Forschungsrahmenprogramm der EU.[155] Der Gemeinschaftsrahmen stellt klar, dass sich diese Bestimmungen nicht auf eigentliche Beratungskosten, dh. die Bezahlung von Leistungen, die von einem Experten erbracht werden, der in dem Unternehmen nicht beschäftigt ist, bezieht, die unter die Regeln für KMU-Beihilfen fallen.[156] In der Entschei-

---

[147] S. Kom., Staatliche Beihilfe N 558/2001, ABl. 2002 C 170/16 – Deutschland: Richtlinie des Freistaates Sachsen für Technologietransfer; Staatliche Beihilfe C 3/2004, ABl. 2005 L 295/44 – Deutschland: Technologiezentren; Staatliche Beihilfe N 318/2003, ABl. 2004 C 67/9 – Deutschland: Förderung von Technologiezentren in Sachsen-Anhalt.
[148] S. Ziff. 3.1.2. des Gemeinschaftsrahmens „F&E&I-Beihilfen".
[149] Kom., Staatliche Beihilfe N 268/2007, ABl. 2007 C 270/3 – Deutschland: Richtlinie zur Förderung des Wissens- und Technologietransfers; Staatliche Beihilfe N 502/2009, ABl. 2010 C 47/18 – Deutschland: „F&E&I-Beihilfen" für Forschungseinrichtungen u. KMU.
[150] Kom., Staatliche Beihilfe N 421/2007, ABl. 2008 C 7/4, RdNr. 38 – Österreich: ‚ZIT08plus'.
[151] Kom., Staatliche Beihilfe N 147/2008, ABl. 2009 C 23/4 – Deutschland: Förderung des Unternehmergeists und der Gründung junger innovativer Unternehmen im Freistaat Sachsen.
[152] Ziff. 5.7. des Gemeinschaftsrahmens „F&E&I-Beihilfen". S. zB. Kom., Staatliche Beihilfe N 258/2008, ABl. 2008 C 331/3 – Deutschland: Richtlinien zur Gewährung von Beihilfen zur Forschung, Entwicklung und Innovation im Saarland – EFI-Programm.
[153] Ziff. 2.2. lit. k des Gemeinschaftsrahmens „F&E&I-Beihilfen".
[154] Ziff. 2.2. lit. l des Gemeinschaftsrahmens „F&E&I-Beihilfen".
[155] ABl. 2006 L 412/1.
[156] Nunmehr VO 800/2008.

dungspraxis der Kom. wird diese neue Beihilfemöglichkeit idR. im Zusammenhang mit F&E-Beihilferegelungen vorgesehen.[157]

63   **8. Beihilfen für Innovationskerne.** Die Beihilfen für Innovationskerne wurden wie die weiteren Innovationsbeihilfen mit dem Gemeinschaftsrahmen „F&E&I-Beihilfen" neu geschaffen.[158] Der Begriff Innovationskerne bezeichnet gem. Ziff. 2.2. lit. m des Gemeinschaftsrahmens „F&E&I-Beihilfen" Gruppierungen von eigenständigen Unternehmen – innovative Neugründungen, kleine, mittlere und große Unternehmen sowie Forschungseinrichtungen –, die in einem bestimmten Sektor und einer bestimmten Region tätig sind und Innovationstätigkeiten durch die Förderung intensiver gegenseitiger Befruchtung, die gemeinsame Nutzung von Einrichtungen, den Austausch von Wissen und Kenntnissen und durch einen wirksamen Beitrag zum Technologietransfer, zur Netzwerkbildung und Informationsverbreitung unter den beteiligten Unternehmen anregen sollen. Der betreffende Mitgliedstaat sollte betrebt sein, ein ausgewogenes Verhältnis von an dem Kern teilnehmenden KMU zu Großunternehmen zu schaffen, um eine bestimmte kritische Masse insbes. durch die Spezialisierung in einem bestimmten F&E&I-Bereich zu erreichen, wobei er die in dem Mitgliedstaat und auf Gemeinschaftsebene bereits bestehenden Innovationskerne berücksichtigen sollte. In der englischen Fassung des Gemeinschaftsrahmens „F&E&I-Beihilfen" ist daher wohl auch zutreffender von Innovationsclustern die Rede. Studien der Generaldirektion Unternehmen und der Generaldirektion Forschung und technologische Entwicklung[159] sowie ein Kolloquium zu Innovationsbeihilfen[160] betonten einhellig die Schlüsselrolle von Clustern zur Unterstützung von F&E&I durch das Zusammenspiel von Forschung, Networking und Wissenstransfer. In ihrer ständigen Entscheidungspraxis hatte die Kom. jedoch Schwierigkeiten, etwa Beihilfen für Inkubatoren von Universitäten oder Technologie- und Technologiegründerzentren zu genehmigen, die auch Investitions- und Betriebsbeihilfen für derartige Einrichtungen beinhalteten.[161] Diese Gründe trugen offenbar dazu bei, dass der Gemeinschaftsrahmen „F&E&I-Beihilfen" nunmehr auch Beihilfen zugunsten des Betreibers bzw. Verwalters eines Innovationskerns vorsieht. Dies umfasst Investitionsbeihilfen für den Aufbau, die Erweiterung und Belebung von Innovationskernen zugunsten der den Innovationskern betreibenden juristischen Person als auch Betriebsbeihilfen zur Belebung von Innovationskernen zugunsten der den Innovationskern verwaltenden juristischen Person. Da die den Innovationskern betreibende juristische Person in Ziff. 5.8. UAbs. 1 des Gemeinschaftsrahmens als diejenige juristische Person beschrieben wird, der die Verwaltung der Räumlichkeiten, Anlagen und Tätigkeiten des Innovationskerns im Hinblick auf Nutzung und Zugang obliegt, ist davon auszugehen, dass beide juristischen Personen im Regelfall identisch sein werden. Bei der Anmeldung sowohl der Investitions- wie der Betriebsbeihilfen muss der Mitgliedstaat eine Analyse der technischen Spezialisierung des Innovationskernes, des vorhandenen Potenzials in der Region, der bestehenden Forschungskapazität, des Vorhandenseins von Investitionskernen in der Gemeinschaft mit ähnlicher Ausrichtung und des potenziellen Marktvolumens der Tätigkeiten des Investitionskernes beifügen.

64   **Investitionsbeihilfen** können bis zu einer Beihilfehöchstintensität von 15% für Ausbildungseinrichtungen und Forschungszentren, frei zugängliche Forschungsinfrastrukturen, namentlich Laboratorien und Prüfeinrichtungen, sowie Breitbandnetzwerk-Infrastrukturen gewährt werden. Erhöhte Beihilfeintensitäten von bis zu 50% gelten für Fördergebiete gem. Art. 107 Abs. 3 lit. a AEUV und Gebiete in äußerster Randlage in Abhängigkeit von dem durchschnittlichen Pro-

---

[157] S. zB. Kom., Staatliche Beihilfe N 94/2008, ABl. 2008 C 328/7 – Deutschland: Regelung zur Förderung von Personal in F&E.

[158] Ziff. 5.8. des Gemeinschaftsrahmens „F&E&I-Beihilfen". S. zB. Kom., Staatliche Beihilfe N 616/2007, ABl. 2008 C 118/2 – Deutschland: F&E&I-Beihilferegelung „Leading-edge Cluster Contest"; Staatliche Beihilfe N 615/2007, ABl. 2008 C 126/2 – Deutschland: F&E&I-Beihilferegelung „Technology Networks"; Staatliche Beihilfe N 336/2007, ABl. 2007 C 262/6 – Italien: Innovationskerne; Staatliche Beihilfe N 502/2009, ABl. 2010 C 47/18 – Deutschland: „F&E&I-Beihilfen" für Forschungseinrichtungen u. KMU; Staatliche Beihilfe N 543/2009, ABl. 2010 C 57/5 – Deutschland: Richtlinien des Landes Hessen zur Innovationsforschung, Teil II Nr. 2: Aufbau, Erweiterung und Belebung von Innovationskernen.

[159] „Creating an Innovative Europe", Bericht der im Anschluss an das Hampton Court-Gipfeltreffen der europäischen Staats- und Regierungschefs im November 2005 bestellten unabhängigen Expertengruppe zu F&E und Innovation, Januar 2006; Clusters of innovation: Regional Foundation of US Competitiveness, Pr. Michael E. Porter, ontheFrontier, Council of Competitiveness.

[160] Die Ergebnisse sind unter http://ec.europa.eu/comm/competition/state_aid/reform/archive_docs/conferences.html veröffentlicht.

[161] Kom., Staatliche Beihilfe C 3/2004, ABl. 2005 L 295/44 – Deutschland: Technologiezentren.

Kopf-BIP der EU-25. Innovationskerne in vom statistischen Effekt betroffenen Regionen, können mit einer Beihilfeintensität von 20% gefördert werden. Bei Beihilfen an KMU werden die Beihilfehöchstintensitäten um 20%-Punkte für kleine und um 10%-Punkte für mittlere Unternehmen angehoben. Im Einklang mit der KMU-Gemeinschaftsdefinition,[162] finden die letztgenannten KMU-Zuschläge keine Anwendung, sofern die jeweilige Einrichtung von einer Gemeinde, einem Landkreis oder einer öffentlichen Hochschule betrieben wird. Förderfähige Kosten sind die Kosten für Investitionen in Grundstücke, Gebäude, Maschinen und Ausrüstungen.

Betriebsbeihilfen zur Belebung von Innovationskernen müssen zeitlich begrenzt und **65** grds. degressiv sein, so dass sie einen Anreiz darstellen, um innerhalb eines angemessenen Zeitraums den Grundsatz der Preiswahrheit und –klarheit zu respektieren. Derartige Beihilfen sind auf fünf Jahre zu befristen, wenn sie degressiv gestaffelt sind. Die Beihilfeintensität darf im ersten Jahr 100% betragen, muss aber linear bis Ende des fünften Jahres auf Null zurückgehen. Nicht degressive Beihilfen dürfen ebenfalls für bis zu fünf Jahre gewährt werden, aber ihre Intensität muss sich auf 50% der förderbaren Kosten beschränken. In ausreichend begründeten Fällen, in denen der anmeldende Mitgliedstaat aussagekräftige Beweise vorlegt, dürfen derartige Betriebsbeihilfen auch für einen längeren Zeitraum von bis zu zehn Jahren gewährt werden. Die förderbaren Kosten umfassen die Kosten für Personal und Verwaltung soweit sie in unmittelbarem Zusammenhang mit der Werbung, um neue Unternehmen zur Mitwirkung zu gewinnen, der Verwaltung der frei zugänglichen Anlagen oder der Organisation von Bildungsmaßnahmen, Workshops und Konferenzen zur Wissensvermittlung und zur Vernetzung der Mitglieder stehen.[163]

Der Gemeinschaftsrahmen definiert nicht die Einrichtungen, die einen Innovationskern be- **66** treiben. In der Entscheidungspraxis der Kom. zeigt sich aber, dass derartige Innvoationskerne häufig um Forschungseinrichtungen gebildet werden und mit weiteren Innovationsbeihilfen kombiniert werden können, besonders mit Beihilfen für Innovationsberatungsdienste und innovationsunterstützende Dienstleistungen.[164] In der ständigen Entscheidungspraxis der Kom. vor dem Inkrafttreten des Gemeinschaftsrahmens „F&E&I-Beihilfen" wurden indirekte Beihilfen durch Innovationsintermediäre wie Inkubatoren oder Technologie- und Technologiegründerzentren an KMU unmittelbar auf Grundlage von Art. 107 Abs. 3 lit. c AEUV genehmigt.[165] Es wird davon ausgegangen, dass derartige Einrichtung unter dem Gemeinschaftsrahmen „F&E&I-Beihilfen" als Innovationskerne angesehen werden können.

VIII. Anreizeffekt und Notwendigkeit der Beihilfe

Für alle Beihilfen gem. Art. 107 Abs. 3 AEUV gilt der Grundsatz, dass die Beihilfe notwendig **67** sein muss, um die in Abs. 3 vorgesehenen Ziele zu erreichen.[166] Für F&E&I-Beihilfen konkretisiert Kap. 6 des Gemeinschaftsrahmens „F&E&I-Beihilfen" dieses Erfordernis in Gestalt des sog. Anreizeffekts und der Notwendigkeit der Beihilfe.[167] Anreizeffekt und Notwendigkeit der Beihilfe werden als gegeben angenommen, wenn die Beihilfe dazu führt, dass die F&E&I-Tätigkeit von Umfang, Reichweite, den aufgewendeten Mitteln oder der Geschwindigkeit her gesteigert wird.[168] Die Kom. schließt einen solchen Anreizeffekt aus, wenn die F&E&I-Tätigkeit bereits begonnen wurde, bevor der Begünstigte bei den nationalen Behörden einen Beihilfeantrag einreichte. Bei Berücksichtigung dieses Kriteriums wird der Anreizeffekt automatisch als gegeben angenommen bei Projektbeihilfen und Durchführbarkeitsstudien von KMU, bei denen der Beihilfebetrag je KMU und Vorhaben unter 7,5 Mio. EUR liegt, bei Beihilfen für von KMU

---

[162] ABl. 2003 L 124/36.
[163] S. zB. Kom., Staatliche Beihilfe N 336/2007, ABl. 2007 C 262/6 – Italien: Innovationskerne.
[164] S. Kom., Staatliche Beihilfe N 616/2007, ABl. 2008 C 118/2 – Deutschland: F&E&I-Beihilferegelung „Spitzencluster-Wettbewerb"; Staatliche Beihilfe N 336/2007, ABl. 2007 C 262/6 – Italien: Innovation clusters; Staatliche Beihilfe N 615/2007, ABl. 2008 C 126/2 – Deutschland: F&E&I-Regelung „Technologieorientierte Netzwerke"; Staatliche Beihilfe N 612/2007, ABl. 2008 C 67/2 – Deutschland: INNO-WATT; Staatliche Beihilfe N 502/2009, ABl. 2010 C 47/18 – Deutschland: F&E&I-Beihilferegelung für Forschungseinrichtungen u. KMU.
[165] Kom., Staatliche Beihilfe C 3/2004, ABl. 2005 L 295/44 – Deutschland: Technologietransferzentren; Staatliche Beihilfe N 558/2001, ABl. 2002 C 170/16 – Deutschland: Förderung des Technologietransfers.
[166] Vgl. EuGH, 730/79, Slg. 1980, 2671, RdNr. 16 f. – Philip Morris/Kom.; *Schroeter/Jakob/Mederer/Mederer* RdNr. 148.
[167] Ziff. 6. des Gemeinschaftsrahmens „F&E&I-Beihilfen".
[168] AaO.

zu tragende Kosten für gewerbliche Schutzrechte und bei den Innovationsbeihilfen mit Ausnahme der Beihilfen für Prozess- und Betriebsinnovation im Dienstleistungssektor[169] und der Beihilfen für Innovationskerne.[170] Dies gilt auch für Beihilferegelungen, die auf diese Beihilfen beschränkt sind. Der Gemeinschaftsrahmen „F&E&I-Beihilfen" stellt insoweit nicht auf die Genehmigung der Beihilfe durch die Kom. ab, sondern wählt mit dem Zeitpunkt der Beantragung zugunsten des Begünstigten einen frühen Zeitpunkt. Beginnt der Begünstigte nach Antragstellung bei der nationalen Verwaltung mit dem Vorhaben, so wird ihm dies nicht als Argument dafür entgegengehalten werden können, dass die Beihilfe nicht notwendig sei. Nach der Rspr. des Gerichts kann aus der Tatsache, dass ein Unternehmen vor der Notifzierung mit dem Vorhaben begonnen hat, nicht geschlossen werden, dass die Beihilfe einen Anreizeffekt habe. Vielmehr müsse die Kom. aufgrund der Umstände des Einzelfalls ermitteln, ob die Aussicht auf Gewährung der Beihilfe begründet genug sei, um dem Anreizkriterium zu genügen.[171]

68   Für Projektbeihilfen für Großunternehmen, für Projektbeihilfen für KMU über 7,5 Mio. EUR, für Beihilfen für Prozess- und Orgainsiationsinnovation im Dienstleistungssektor und für Beihilfen für Innovationskerne verlangt die Kom. den Nachweis des Anreizeffekts.[172] Der Gemeinschaftsrahmen „F&E&I-Beihilfen" sieht für sämtliche von der Kom. zu prüfende Einzelmaßnahmen vor, dass sich die Kom. bei der Prüfung des Anreizeffekts auf bestimmte quantitative und qualitative Kriterien stützt, deren Vorhandensein der Mitgliedstaat in der Notifzierung in einer Ex-ante-Bewertung darzulegen hat.[173] Diese Ex-ante-Bewertung basiert auf einem Vergleich der Situation ohne Beihilfe mit der Situation nach der Beihilfegewährung.[174] Dabei können, zusammen mit sonstigen Zahlenangaben u./o. qualitativen Faktoren, die von anmeldenden Mitgliedstaat vorgelegt werden, folgende Kriterien herangezogen werden:[175]
– Erhöhung des Projektumfangs: Erhöhung der Gesamtkosten des Vorhabens (ohne die Ausgabenminderung des Begünstigten im Verhältnis zur Durchführung des Vorhabens ohne Beihilfe); Anstieg der Zahl der in F&E&I tätigen Mitarbeiter;
– Erhöhung der Projektreichweite: Zunahme der erwarteten Projektergebnisse; ehrgeizigere Projektziele, zB. größere Wahrscheinlichkeit eines wissenschaftlichen oder technologischen Durchbruchs oder einer größeren Gefahr des Scheiterns (wegen der höheren Risiken des Vorhabens, seiner Langfristigkeit oder der Ungewissheit der Ergebnisse);
– Beschleunigung des Vorhabens: früherer Projektabschluss ggü. einer Durchführung ohne Beihilfe;
– Aufstockung der Gesamtaufwendungen für F&E&I: Erhöhung der Gesamtaufwendungen für F&E&I durch den Begünstigten, Änderung des Mittelansatzes (ohne dass die Mittel für andere Vorhaben entspr. verringert werden); vermehrte F&E&I-Aufwendungen des Begünstigten im Verhältnis zum Gesamtumsatz.

69   Sofern zumindest bei einem dieser Faktoren signifikante Veränderungen unter Berücksichtigung des normalen Verhaltens eines Unternehmens in dem betreffenden Wirtschaftszweig nachgewiesen werden können, nimmt die Kom. idR. an, dass die geplante Beihilfe einen Anreizeffekt aufweist.[176] Grds. empfiehlt es sich jedoch, in einer Notifizierung auf das Vorliegen mehrerer dieser Kriterien abzustellen.[177]

70   Bei Beihilferegelungen, die auch Beihilfen umfassen, für die der Anreizeffekt nachzuweisen ist, muss sich der Mitgliedstaat verpflichten, Einzelbeihilfen im Rahmen einer genehmigten Beihilferegelung nur zu gewähren, nachdem er sich vergewissert hat, dass ein Anreizeffekt vorliegt.[178] Über die Durchführung der genehmigten Beihilfe sind dann jährliche Bericht vorzulegen, in denen der Mitgliedstaat den Anreizeffekt der Beihilfe vor ihrer Gewährung unter Heranziehung der genannten quanitativen und qualitativen Kriterien geprüft hat.[179]

---

[169] Ziff. 5.5. des Gemeinschaftsrahmens „F&E&I-Beihilfen".
[170] Ziff. 5.8. des Gemeinschaftsrahmens „F&E&I-Beihilfen".
[171] Vgl. EuG, T-126/99, Slg. 2002, II-2427, RdNr. 43, 54 ff. – Graphischer Maschinenbau/Kom. S. näher *Heidenhain/Repplinger-Hach* § 17 B Fn. 280.
[172] Fn. 41 des Gemeinschaftsrahmens „F&E&I-Beihilfen".
[173] Ziff. 6 des Gemeinschaftsrahmens „F&E&I-Beihilfen".
[174] AaO.
[175] AaO.
[176] AaO.
[177] S. zB. Kom., Staatliche Beihilfe N 279/2007, ABl. 2007 C 240/2 – Slowakei: F&E-Beihilfen zugunsten von VUJE, a. s.
[178] Ziff. 6 des Gemeinschaftsrahmens „F&E&I-Beihilfen".
[179] Ziff. 6 letzter UAbs. des Gemeinschaftsrahmens „F&E&I-Beihilfen".

Im Falle einer eingehenden Würdigung einer Einzelmaßnahme reichen diese Indikatoren **71**
zum Nachweis des Anreizeffekts nicht aus, so dass die Kom. zusätzlicher Belege bedarf.[180]

IX. Eingehende Würdigung der Vereinbarkeit der Beihilfe

Die eingehende Würdigung nach Kap. 7 des Gemeinschaftsrahmens „F&E&I-Beihilfen" der **72**
Maßnahme besteht in einer im Aktionsplan staatliche Beihilfen[181] entwickelten Abwägungsprüfung, die auf den umfangreichen Angaben des Mitgliedstaats in der Notifizierung beruht.[182]

Mit der eingehenden Würdigung soll gewährleistet werden, dass die hohen Beträge der **73**
F&E&I-Beihilfe den Wettbewerb nicht in einer dem gemeinsamen Interesse zuwiderlaufenden
Weise verfälschen, sondern das gemeinsame Interesse fördern.[183] Dies wird dann als gegeben
angenommen, wenn der Nutzen der staatlichen Beihilfe durch zusätzliche F&E&I die Gefahren
für Wettbewerb und Handel überwiegt. Bezugsgröße für die Würdigung ist das jeweilige wettbewerbsverfälschende Potenzial einer Beihilfe. Die Tatsache, dass eine eingehende Würdigung
durchgeführt wird, bedeutet daher nicht, dass ein förmliches Prüfverfahren eingeleitet werden
muss. Im Einzelfall kann dies jedoch erforderlich sein. Die Kom. betont, dass sie sich um einen
raschen Abschluss ihrer Prüfung bemüht, sofern die Mitgliedstaaten uneingeschränkt zusammenarbeiten und ausreichende Informationen bereitstellen.[184]

1. Eingehend zu würdigende Maßnahmen. Der Nachweis eines Anreizeffekts einer Einzelmaßnahme reicht dann nicht aus, wenn es sich um einen Fall mit höheren Risiken einer **74**
Wettbewerbsverfälschung handelt, für die eine eingehende Würdigung vorgesehen ist.[185] Die
Kom. unterstellt ein höheres Risiko einer Wettbewerbsverfälschung und unternimmt eine eingehende Würdigung einer Einzelmaßnahme nach erfolgter Einzelanmeldung der Beihilfemaßnahme unter dem Gemeinschaftsrahmen „F&E&I-Beihilfen", wenn folgende Beihilfebeträge je
Unternehmen und Vorhaben überschritten werden:[186]
– 20 Mio. EUR bei Projektbeihilfen und Durchführbarkeitsstudien, die überwiegend die
  Grundlagenforschung betreffen,
– 10 Mio. EUR bei Projekten, die überwiegend die industrielle Forschung betreffen,
– 7,5 Mio. EUR bei allen anderen Projekten,
– 5 Mio. EUR im Falle von Prozess- oder Betriebsinnovation im Dienstleistungssektor und
– 5 Mio. EUR bei Innovationskernen.

Eine eingehende Würdigung erfolgt auch dann, wenn die Maßnahme unter einer Gruppen- **75**
freistellungsverordnung einzeln angemeldet werden muss. Grundlage der Prüfung ist dann der
Gemeinschaftsrahmen „F&E&I-Beihilfen".[187]

2. Verfahren der eingehenden Würdigung: F&E&I-Kriterien für die wirtschaftliche **76**
Bewertung bestimmter Einzelfälle. Die eingehende Würdigung erfolgt anhand der folgenden positiven und negativen Elemente, die zusätzlich zu den in Kap. 5 des Gemeinschaftsrahmens „F&E&I-Beihilfen" dargelegten Kriterien gewürdigt werden.[188] In einigen Fällen können
die Anwendbarkeit und die Gewichtung dieser Elemente von der Art oder dem Zweck der
Beihilfe abhängen.[189] Das Ausmaß der vorzunehmenden Bewertung hängt von dem Risiko der
Wettbewerbsverfälschung ab.[190] Deshalb hängt der Umfang der Untersuchung von den Gegebenheiten des Falles ab.[191] Staatliche Beihilfen für von Markt weit entfernte Tätigkeiten unterliegen daher in geringerem Maße einer eingehenden Würdigung.[192]

---

[180] Ziff. 6 UAbs. 11 des Gemeinschaftsrahmens „F&E&I-Beihilfen".
[181] Aktionsplan Staatliche Beihilfen, KOM(2005) 107 endg.
[182] Zur Prüfung großer F&E&I-Beihilfen unter dem Gemeinschaftsrahmen „F&E-Beihilfen" 1996 s.
Rubin de Cervin/Zuleger EStAL 2006, 15. Zur Prüfung großer F&E&I-Beihilfen unter dem Gemeinschaftsrahmen „F&E&I-Beihilfen" s. auch *Rubin de Cervin/Siaterli* RdNr. 4.310.
[183] Ziff. 7.1. des Gemeinschaftsrahmens „F&E&I-Beihilfen".
[184] Ziff. 7.1. letzter UAbs. des Gemeinschaftsrahmens „F&E&I-Beihilfen".
[185] Ziff. 7.1. des Gemeinschaftsrahmens „F&E&I-Beihilfen".
[186] AaO.
[187] Ziff. 7.1. UAbs. 2 des Gemeinschaftsrahmens „F&E&I-Beihilfen".
[188] Ziff. 7.2. des Gemeinschaftsrahmens „F&E&I-Beihilfen".
[189] AaO.
[190] AaO.
[191] AaO.
[192] AaO.

77   Die Kom. fordert die Mitgliedstaaten auf, ihr alle Elemente vorzulegen, die sie für die Würdigung eines Falles für nützlich halten.[193] Dies können Auswertungen früherer Beihilferegelungen oder -maßnahmen, von der gewährenden Behörde erstellte Auswirkungsanalysen, Risikobewertungen, Jahresabschlüsse, interne Geschäftspläne, die von den Unternehmen für wichtige Vorhaben umgesetzt werden sollen, Stellungnahmen von Sachverständigen und sonstige F&E&I-bezogene Studien sein. Eigene Studien bleiben der Kom. unbenommen.

78   In der Abwägungsprüfung sind folgende positiven und negativen Auswirkungen der Beihilfe gegeneinander abzuwägen:

79   **3. Positive Auswirkungen der Beihilfe.** Als wichtigste **positive Auswirkung der Beihilfe**[194] sieht die Kom. die Tatsache, wenn die Beihilfe Unternehmen veranlasst, F&E&I-Tätigkeiten in der Union zu betreiben, die sie ohne die Beihilfe nicht unternommen hätten. Hierbei berücksichtigt sie insbes. Folgendes:
– die Nettozunahme der von dem Unternehmen unternommenen F&E&I,
– den Beitrag der Maßnahme zur allg. Verbesserung der F&E&I-Maßnahmen in dem betreffenden Sektor und
– den Beitrag der Maßnahme zur Verbesserung der Lage von F&E&I in der Union im internationalen Kontext.

80   In diesem Zusammenhang kann die Kom. auch andere positive Effekte wie den Beitrag des Vorhabens zur Entwicklung einer umweltfreundlichen Technologie[195] oder der Durchführung des Vorhabens in einem Regionalfördergebiet[196] berücksichtigen.[197]

81   Die Kom. prüft das **Vorliegen von Marktersagen** für den der eingehenden Würdigung unterliegenden Einzelfall anhand der detaillierten Angaben des anmeldenden Mitgliedstaates.[198] Je nach in Rede stehendem spezifischen Marktversagen berücksichtigt die Kom. folgende Elemente:
– Wissens-Spillover: Die Kom. erkennt Wissens-Spillover als wichtigen Grund für das Vorliegen von Marktversagen an, da F&E&I oftmals durch die unintendierte Verbreitung von Wissen (Wissens-Spillover) Nutzen für die gesamte Gesellschaft bringt.[199] Bei ihrer Prüfung berücksichtigt die Kom. auch auf Grundlage von Studien[200] das Ausmaß der geplanten Verbreitung von Informationen, die Besonderheit des erworbenen Wissens und das Vorhandensein von Rechten zum Schutz des geistigen Eigentums.[201] In ihrer Entscheidungspraxis sieht die Kom. die Einbeziehung von Forschungseinrichtungen positiv.[202] Bei besonders innovativen, risikoreichen und strategischen Projekten kann die mögliche Vorbildfunktion des Vorhabens für andere Unternehmen von Bedeutung sein;[203]
– Unvollständige und asymmetrische Informationen: Da F&E&I mit viel Risiko und Ungewissheit verbunden ist, können private Anleger wegen unzureichender und asymmetrischer Information davor zurückschrecken, sinnvolle Projekte zu fördern.[204] Die Kom. berücksichtigt bei ihrer Prüfung der Charakteristika des Projekts und des Unternehmens die Höhe des Risikos und der Komplexität der Forschung, den Bedarf an Fremdfinanzierung und besondere Anforderungen des Begünstigten an Fremdfinanzierung.[205] In diesem Zusam-

---

[193] AaO.

[194] Ziff. 7.3. des Gemeinschaftsrahmens „F&E&I-Beihilfen".

[195] Kom., Staatliche Beihilfe N 674/2006, ABl. 2007 C 120/2 – Frankreich: „NeoVal".

[196] S. Kom., Staatliche Beihilfe C 9/2007 (u. N 608/2000), ABl. 2009 L 66/3 u. ABl. 2007 C 108/18 – Spanien: „ITP".

[197] S. näher *Rubin de Cervin/Siaterli*, aaO, RdNr. 4.317.

[198] Ziff. 7.3.1. des Gemeinschaftsrahmens „F&E&I-Beihilfen".

[199] S. Ziff. 1.3.2. des Gemeinschaftsrahmens „F&E&I-Beihilfen".

[200] Vgl. Komm., Staatliche Beihilfe N 654/2008, ABl. 2009 C 298/2 – Vereinigtes Königreich: Shorts Brothers (Bombardier).

[201] Ziff. 7.3.1. des Gemeinschaftsrahmens „F&E&I-Beihilfen"; s. unten Komm., Staatliche Beihilfe N 654/2008, ABl. 2009, C 298/2 – Vereinigtes Königreich: Shorts Brothers (Bombardier).

[202] S. etwa Kom., Staatliche Beihilfe N 887/2006, ABl. 2007 C 200/2 – Frankreich: Bernin 2010.

[203] Kom., Staatliche Beihilfe N 887/2006, ABl. 2007 C 200/2 – Frankreich: Bernin 2010; Staatliche Beihilfe N 185/2007, ABl. 2007 C 284/3 – Frankreich: „NANOSMART"; Staatliche Beihilfe N 349/2007, ABl. 2007 304/5 – Frankreich: „OSIRIS".

[204] S. Ziff. 1.3.2. des Gemeinschaftsrahmens „F&E&I-Beihilfen".

[205] Ziff. 7.3.1. des Gemeinschaftsrahmens „F&E&I-Beihilfen". S. zB. Kom., Staatliche Beihilfe C 9/2007, ABl. 2009 L 66/3 – Spanien: Beihilfe zugunsten von Industria de Turbo Propulsores.

menhang erkennt die Kom. nicht nur technologische Risiken,[206] sondern auch wirtschaftliche[207] und regulatorische Risiken[208] eines Vorhabens an und berücksichtigt auch die besonderen Schwierigkeiten jüngerer Unternehmen,[209] und einzelner Sektoren;[210]
– Koordinationsversagen: Damit anerkennt die Kom., dass die Fähigkeit von Unternehmen, ihre F&E&I-Vorhaben zu koordinieren oder wenigstens zusammenzuarbeiten und die Vorhaben so erfolgreich zum Abschluss zu bringen, beeinträchtigt sein können.[211] Die Kom. prüft in diesem Zusammenhang die Anzahl der zusammenarbeitenden Unternehmen, den Kooperationsgrad, abweichende Interessen der Kooperationspartner, Schwierigkeiten bei der Gestaltung von Verträgen und Schwierigkeiten von Dritten bei der Koordinierung der Kooperation.[212] In ihrer Entscheidungspraxis hat die Kom. anerkannt, dass es bei besonders ambitionierten Vorhaben schwierig sein kann, eine strukturierte Kooperation zwischen einer Vielzahl an Unternehmen von unterschiedlichen Sektoren mit fehlender Kooperationserfahrung umzusetzen.[213]

In der Entscheidungspraxis hat die Kom. auch ein Kapitalmarktversagen hinsichtlich von Ent- **82** wicklungsvorhaben im Triebwerksektor anerkannt, wobei interne Dokumente über die gescheiterten Bemühungen um eine Finanzierung über den privaten Kapitalmarkt als Beleg vorgelegt wurden.[214] Die mit der Durchführung des Vorhabens in einem Fördergebiet verbundene regionale Benachteiligung kann das Marktversagen erhöhen, besonders was das Fehlen von technologisch entwickelten Zulieferern betrifft, die sonst als Partner Risiken mittragen könnten.[215]

Bei der Vereinbarkeit mit Unionszielen wie den im Aktionsplan eEurope 2005[216] festgelegten **83** Zielen wird das Vorliegen von Marktversagen von der Kom. unterstellt.[217]

Nach Ziff. 7.3.2. des Gemeinschaftsrahmens „F&E&I-Beihilfen" prüft die Kom. die **Geeig-** **84** **netheit des Instruments,** dh. ob und in welchem Ausmaß staatliche F&E&I-Beihilfen als ein geeignetes Instrument zur Steigerung der F&E&I-Tätigkeiten angesehen werden können, wenn mit anderen, weniger wettbewerbsverfälschenden Mitteln die gleichen Ergebnisse erzielt werden können.[218] Bei der Würdigung der Vereinbarkeit berücksichtigt die Kom. insbes. Folgenabschätzungen, die der betreffende Mitgliedstaat möglicherweise für die geplante Maßnahme durchgeführt hat. Eine der Kom. vorgelegte Maßnahmen, bei der der Mitgliedstaat andere Vorgehensweisen erwogen hat und festgestellt hat, dass die Anwendung eines selektiven Instruments wie eine staatliche Beihilfe Vorteile bringt, gilt als geeignetes Instrument. Die Gewährung von rückzahlbaren Vorschüssen für die marktnahen Teile eines Vorhabens wird ebenfalls positiv gewertet.[219]

Im Rahmen der eingehenden Würdigung müssen **Anreizeffekt und Notwendigkeit der** **85** **Beihilfe** genauer dargelegt werden, um unzulässige Verfälschungen des Wettbewerbs zu verhin-

---

[206] Kom., Staatliche Beihilfe N 887/2006, ABl. 2007 C 200/2, RdNr. 68 – Frankreich: Bernin 2010; Staatliche Beihilfe N 185/2007, ABl. 2007 C 284/3, RdNr. 109 und 111 – Frankreich: „NANOSMART"; Staatliche Beihilfe N 854/2006, ABl. 2007 C 182/5, RdNr. 52, 53 – Frankreich: „Télévision Mobile Sans Limite".

[207] Kom., Staatliche Beihilfe N 887/2006, ABl. 2007 C 200/2, RdNr. 70 – Frankreich: Bernin 2010; Staatliche Beihilfe N 185/2007, ABl. 2007 C 284/3, RdNr. 110 – Frankreich: „NANOSMART"; Staatliche Beihilfe C 9/2007, ABl. 2009 L 66/3 – Spanien: Beihilfe zugunsten von Industria de Turbo Propulsores.

[208] Staatliche Beihilfe N 854/2006, ABl. 2007 C 182/5 – Frankreich: „Télévision Mobile Sans Limite", RdNr. 54.

[209] Kom., Staatliche Beihilfe C 9/2007, ABl. 2009 L 66/3 – Spanien: Beihilfe zugunsten von Industria de Turbo Propulsores.

[210] Kom., Staatliche Beihilfe N 654/2008, ABl. 2009, C 298/2 – Vereinigtes Königreich: Shorts Brothers (Bombardier); Staatliche Beihilfe N 357/2009, ABl. 2009 C 305/4 – Vereinigtes Königreich: GKN Aerospace Services Limited (GKN ASL).

[211] Ziff. 1.3.2. des Gemeinschaftsrahmens „F&E&I-Beihilfen".

[212] Ziff. 7.3.1. des Gemeinschaftsrahmens „F&E&I-Beihilfen".

[213] Kom., Staatliche Beihilfe N 89/2007, ABl. 2007 C 275/3 – Frankreich: „HOMES"; S. auch Kom., Staatliche Beihilfe N 854/2007, ABl. 2007 C 182/5 – Frankreich: „TVSML".

[214] S. Kom., Staatliche Beihilfe N 195/2007, ABl. 2008 C 118/1, RdNr. 92–97 mwN. – Rolls-Royce Deutschland.

[215] Kom., Staatliche Beihilfe C 9/2007, ABl. 2009 L 66/3, RdNr. 85 – Spanien: Beihilfe zugunsten von Industria de Turbo Propulsores; Staatliche Beihilfe N 195/2007, ABl. 2008 C 118/1, RdNr. 98 – Rolls-Royce Deutschland; Staatliche Beihilfe N 654/2008, ABl. 2009 C 298/2 – Vereinigtes Königreich: Shorts Brothers (Bombardier).

[216] Vgl. KOM(2002) 263 endg.; KOM(2003) 541 endg.; KOM(2005) 204 endg.

[217] Kom., Staatliche Beihilfe N 107/2007, ABl. 2007 C 246/2 – Italien: Beihilfen für iDTV und digitale Decoder.

[218] Ziff. 7.3.2. des Gemeinschaftsrahmens „F&E&I-Beihilfen".

[219] Kom., Staatliche Beihilfe N 674/2006, ABl. 2007 C 120/7 – Frankreich: „NeoVal".

dern. [220] Neben den in Kap. 6 des Gemeinschaftsrahmens „F&E&I-Beihilfen" dargelegten Kriterien prüft die Kom. im Rahmen der eingehenden Würdigung außerdem:

– Die Spezifizierung der beabsichtigten Veränderung (Auslösung eines neuen Vorhabens, Reichweite, Umfang und Durchführungszeit eines geförderten Vorhabens);
– Die kontrafaktische Analyse: Die Kom. nimmt im Rahmen einer sog. kontrafaktischen Analyse einen Vergleich der Situation mit Beihilfe und der Situation ohne Beihilfe vor. Die Verhaltensänderung muss durch folgende kontrafaktische Analyse erhärtet werden: Welches wäre der Umfang der beabsichtigten Forschungstätigkeit mit und ohne Beihilfe? Der Unterschied zwischen den beiden Varianten gilt als die Auswirkung der Beihilfemaßnahme und beschreibt den Anreizeffekt. Dies setzt voraus, dass der Beihilfeempfänger darstellt und substantiiert, was er ohne die Beihilfe getan hätte.[221]
– Höhe der Rentabilität: Die Rentabilitätserwartung spielt bereits für die kontrafaktische Analyse eine bedeutende Rolle. Wenn ein Vorhaben für ein Unternehmen nicht rentabel, für die Gesellschaft aber von großem Nutzen wäre, ist die Wahrscheinlichkeit größer, dass die Beihilfe einen Anreizeffekt hat.[222] Um die Gesamtrentabilität (oder deren Fehlen) des Vorhabens zu ermitteln, können Auswertungsmethoden angewandt werden, die in dem betreffenden Wirtschaftszweig üblicherweise zur Anwendung kommen. Hierzu zählt die Kom. Methoden zur Auswertung des Nettogegenwartswerts des Vorhabens, dh. die Summe der abgezinsten, erwarteten Einnahmen, die sich aus den Investitionen abzüglich der Investitionskosten ergeben, die interne Rentabilitätsziffer (IRR) oder der Gewinn aus dem eingesetzten Kapital (ROCE).[223] Als Nachweis können dienen: Jahresabschlüsse und interne Geschäftspläne, die Informationen zu Nachfragevorausschätzungen enthalten, Kostenvorhersagen, Finanzvorhersagen (zB. NPV, IRR, ROCE), Dokumente, die einen Investitionsausschuss vorgelegt werden und in denen die verschiedenen Investitionsvarianten ausgearbeitet sind, oder Dokumente, die Analysten auf den Finanzmärkten vorgelegt werden.
– Investitionsbetrag und Zeithorizont der Rückflüsse: Die Kom. bewertet hohe Anfangsinvestitionen, einen niedrigen Betrag des aneigbaren Rückflusses und einen beträchtlichen Anteil von Einnahmen, die erst in sehr ferner Zukunft entstehen, als positive Elemente bei der Ermittlung der Anreizwirkung.[224]
– Ausmaß des mit einem Forschungsvorhaben verbundenen Risikos: Anhand zB. von Durchführbarkeitsstudien, Risikobewertungen und Sachverständigengutachten ist bei der Bewertung des Risikos insbes. die Endgültigkeit der Investition, die Wahrscheinlichkeit des geschäftlichen Misserfolgs, das Risiko, dass das Vorhaben weniger produktiv als erwartet ausfallen wird, das Risiko, dass die Durchführung des Vorhabens andere Tätigkeiten schwächen könnte und das Risiko, dass die Vorhabenskosten die finanzielle Rentabilität des Unternehmens schwächen, zu berücksichtigen.[225] Bei staatlichen Beihilfen für F&E&I-Projekte in Fördergebieten berücksichtigt die Kom. auch die Nachteile, die durch die Randlage oder sonstige regionale Besonderheiten entstehen und sich negativ auf das mit dem Forschungsvorhaben verbundene Risiko auswirken.[226]
– Fortlaufende Auswertung: Maßnahmen, für die Pilotprojekte vorgesehen sind oder in denen bestimmte Eckwerte definiert sind, bei deren Erreichen ein erfolgloses Vorhaben abgebrochen

---

[220] Ziff. 7.3.3. des Gemeinschaftsrahmens „F&E&I-Beihilfen".

[221] S. zB. Kom., Staatliche Beihilfe N 887/2006, ABl. 2007 C 200/2 – Frankreich: Bernin 2010; Staatliche Beihilfe N 349/2007, ABl. 2007 304/5 – Frankreich: „OSIRIS"; Staatliche Beihilfe N 185/2007, ABl. 2007 C 284/3 – Frankreich: „NANOSMART"; Staatliche Beihilfe N 674/2006, ABl. 2007 C 120/2 – Frankreich: „NeoVal". S. auch Kom., Staatliche Beihilfe C 9/2007 (u. N 608/2006), ABl. 2009 L 66/3 u. ABl. 2007 C 108/18 – Spanien: „ITP".

[222] S. zB. Kom., Staatliche Beihilfe N 674/2006, ABl. 2007 C 120/2 – Frankreich: „NeoVal"; Staatliche Beihilfe N 854/2006, ABl. 2007 C 182/5 – Frankreich: „Télévision Mobile Sans Limite".

[223] Fn. 45 des Gemeinschaftsrahmens „F&E&I-Beihilfen".

[224] Kom., Staatliche Beihilfe N 447/2007, ABl. 2008 C 94/10 – Frankreich: „Turbomeca".

[225] Kom., Staatliche Beihilfe N 185/2007, ABl. 2007 C 284/3 – Frankreich: „NANOSMART"; Staatliche Beihilfe N 435/2007, ABl. 2008 137/1 – Frankreich: „MINimage"; Staatliche Beihilfe N 447/2007, ABl. 2008 C 94/10 – Frankreich: „Turbomeca"; Staatliche Beihilfe N 854/2006, ABl. 2007 C 182/5 – Frankreich: „Télévision Mobile Sans Limite"; Staatliche Beihilfe N 887/2006, ABl. 2007 C 200/2 – Frankreich: Bernin 2010; Staatliche Beihilfe N 349/2007, ABl. 2007 304/5 – Frankreich: „OSIRIS".

[226] S. die Ent. zur Eröffnung eines förmlichen Prüfverfahrens Kom., Staatliche Beihilfe N 608/2006, ABl. 2007 C 108/18 – Spanien: „ITP".

wird und die eine öffentlich zugängliche Ex-post-Überwachung vorsehen, werden bei der Bewertung des Anreizeffekts von der Kom. positiv eingestuft.[227]

Zur **Verhältnismäßigkeit der Beihilfe** gehört zunächst die Einhaltung der Beihilfehöchst- **86** intensitäten nach Kap. 5 des Gemeinschaftsrahmens „F&E&I-Beihilfen".[228] Bei der Prüfung der Verhältnismäßigkeit der Beihilfe sieht die Kom. auch die Vergabe des F&E&I-Vorhabens im Rahmen eines offenen Auswahlverfahrens,[229] die Begrenzung der Beihilfe auf den für das F&E&I-Vorhaben erforderlichen Mindestbetrag,[230] die Form der Beihilfe als rückzahlbarer Vorschuss[231] und die marktferne der Forschungsstufe[232] als positive Elemente an.

4. Analyse der Wettbewerbs- und Handelsverzerrungen. Etwaige negative Auswir- **87** kungen der Beihilfe[233] werden in einer Analyse der Wettbewerbs- und Handelsverzerrungen geprüft. Nach Auffassung der Kom. können sich F&E&I-Beihilfen auf zwei Ebenen auf den Wettbewerb auswirken, nämlich im Innovationsprozess und auf den Produktmärkten, auf denen die Ergebnisse der F&E&I-Tätigkeiten genutzt werden. Die Kom. konzentriert sich in ihrer Untersuchung besonders auf den Wettbewerb zwischen Unternehmen in den Produktmärkten und prüft hier etwaige Verzerrungen der dynamischen Investitionsanreize für die Marktteilnehmer (Verdrängungseffekt), die Schaffung oder Aufrechterhaltung von Marktmacht anhand der Marktmacht des Beihilfebegünstigten und der Marktstrukturen, der Höhe der Zutrittsschranken, der Nachfragemacht und des Auswahlprozesses sowie die Festigung ineffizienter Marktstrukturen durch F&E&I-Beihilfen. Die Kom. betont, dass staatliche Beihilfen auch nachteilige Auswirkungen auf den Handel im Gemeinsamen Markt haben können, vor allem wenn F&E&I-Beihilfen zum Herausdrängen von Wettbewerbern führen, so dass es zur Verlagerung von Handelsströmen und Produktionsstandorten kommen kann. Soweit möglich greift die Kom. bei der Analyse der Wettbewerbs- und Handelsverzerrungen auf bestehende Marktdefinition etwa aus dem Fusionsbereich zurück.[234]

Die Kom. prüft eine mögliche **Verzerrung dynamischer Anreize** und unterstellt dabei, **88** dass es in der Zukunft zu einer stärkeren Präsenz auf den Produktmärkten führt, wenn ein Unternehmen F&E&I-Beihilfen erhält.[235] Sie vermutet, dass diese verstärkte Präsenz die Wettbewerber veranlassen kann, den Umfang ihrer ursprünglichen Investitionspläne zu verringern (Verdrängungswirkung). Daher prüft die Kom.:

– Den Beihilfebetrag, gemessen an den gesamten privaten F&E&I-Ausgaben in dem betreffenden Sektor und den von den Hauptanbietern aufgewendeten Beträgen;[236]

– Die Marktnähe/Beihilfeart, da nach Auffassung der Kom. mit zunehmender Marktnähe der durch eine Beihilfe geförderten F&E&I-Tätigkeit die Wahrscheinlichkeit zunimmt, dass erhebliche Verdrängungswirkungen entstehen;[237]

– Das Vorliegen eines offenen Auswahlverfahrens, wobei die Gewährung der Beihilfe auf der Grundlage objektiver und nicht diskriminierender Kriterien von der Kom. positiv bewertet wird;[238]

– Austrittsschranken: Nach Auffassung der Kom. werden die Wettbewerber eher geneigt sein, ihre Investitionen aufrechtzuerhalten oder sogar zu erhöhen, wenn die Schranken zur Aufgabe des Innovationsprozesses hoch sind. Dies kann der Fall sein, wenn ein Großteil der frühe-

---

[227] Kom., Staatliche Beihilfe N 195/2007, ABl. 2008 C 118/1 – Rolls-Royce Deutschland.

[228] Ziff. 7.3.4. des Gemeinschaftsrahmens „F&E&I-Beihilfen".

[229] Kom., Staatliche Beihilfe N 195/2007, ABl. 2008 C 118/1 – Rolls-Royce Deutschland.

[230] Kom., Staatliche Beihilfe N 195/2007, ABl. 2008 C 118/1 – Rolls-Royce Deutschland.

[231] Kom., Staatliche Beihilfe N 674/2006, ABl. 2007 C 120/2 – Frankreich: „NeoVal"; Staatliche Beihilfe N 185/2007, ABl. 2007 C 284/3 – Frankreich: „NANOSMART"; Staatliche Beihilfe N 854/2006, ABl. 2007 C 182/5 – Frankreich: „Télévision Mobile Sans Limite", Osiris.

[232] Kom., Staatliche Beihilfe N 674/2006, ABl. 2007 C 120/2 – Frankreich: „NeoVal"; Staatliche Beihilfe N 185/2007, ABl. 2007 C 284/3 – Frankreich: „NANOSMART".

[233] Ziff. 7.4. des Gemeinschaftsrahmens „F&E&I-Beihilfen".

[234] Kom., Staatliche Beihilfe N 674/2006, ABl. 2007 C 120/2 – Frankreich: „NeoVal"; Staatliche Beihilfe N 89/2007, ABl. 2007 C 2755/3 – Frankreich: „HOMES". Vgl. *Rubin de Cervin/Siaterli,* aaO, RdNr. 4.343.

[235] Ziff. 7.4.1. des Gemeinschaftsrahmens „F&E&I-Beihilfen".

[236] Kom., Staatliche Beihilfe N 854/2006, ABl. 2007 C 182/5 – Frankreich: „Télévision Mobile Sans Limite"; Staatliche Beihilfe N 349/2007, ABl. 2007 304/5 – Frankreich: „OSIRIS"; Staatliche Beihilfe N 435/2007, ABl. 2008 137/1 – Frankreich: „MINimage".

[237] Kom., Staatliche Beihilfe N 185/2007, ABl. 2007 C 284/3 – Frankreich: „NANOSMART"; Staatliche Beihilfe N 349/2007, ABl. 2007 304/5 – Frankreich: „OSIRIS"

[238] Kom., Staatliche Beihilfe N 195/2007, ABl. 2008 C 118/1 – Rolls-Royce Deutschland.

ren Investitionsausgaben des Wettbewerbers in eine bestimmte F&E&I-Technologie gebunden sind;
– Wettbewerbsanreize für einen zukünftigen Markt: F&E&I-Beihilfen können laut Kom. dazu führen, dass die Wettbewerber des Begünstigten auf den Wettbewerb um einen zukünftigen Markt verzichten, da die mit der Beihilfe verbundenen Vorteile die Rentabilität eines zukünftigen Markteintritts für die Wettbewerber verringern;[239]
– Produktdifferenzierung und Intensität des Wettbewerbs: Richtet sich die Produktinnovation auf die Entwicklung differenzierter Produkte, sind Wettbewerber davon idR. weniger stark betroffen. Dass. gilt, wenn viele effektive Wettbewerber auf dem Markt vertreten sind.[240]

89 Die Kom. untersucht auch, ob die Beihilfe zur **Schaffung von Marktmacht** beiträgt.[241] Als Markmacht betrachtet die Kom. das Vermögen, die Marktpreise, die Produktion, die Vielfalt oder Qualität von Waren und Dienstleistungen und sonstige Parameter des Wettbewerbs über einen erheblichen Zeitraum zum Nachteil der Verbraucher zu beeinflussen. Die Kom. betrachtet diejenigen F&E&I-Maßnahmen mit besonderer Sorge, die es dem Begünstigten ermöglichen, Markmacht, die er in bestehenden Produktmärkten ausübt, auf zukünftige Produktmärkte zu übertragen oder sogar zu verstärken. Deshalb ist es nach Auffassung der Kom. unwahrscheinlich, dass in Märkten, in denen jeder Beihilfebegünstigte einen Anteil von weniger als 25% hält und in Märkten mit einer Marktkonzentration entspr. einem Herfindahl-Hirschmann-Index[242] (HHI), einer Kennzahl zur Messung des Konzentrationsrisikos nach den Ökonomen *Orris C. Herfindahl* und *Albert O. Hirschman*, von unter 2000 (sog. „safe harbour") Wettbewerbsbedenken hinsichtlich Marktmacht ausgemacht werden. Während von dem 25%-Kriterium bereits mehrfach Gebrauch gemacht wurde, hat die Kom. soweit ersichtlich in ihrer bisherigen Entscheidungspraxis den HHI noch nicht angewandt.[243] Die Kom. prüft das Ausmaß der Marktmacht zum Zeitpunkt der Gewährung der Beihilfe und die als Ergebnis der Beihilfe zu erwartende Änderung der Marktmacht. Bei ihrer Bewertung berücksichtigt die Kom. Folgendes:
– Marktmacht des Beihilfebegünstigten und Marktstruktur: Wenn der Begünstigte bereits eine beherrschende Stellung in einem Produktmarkt einnimmt, könnte die Beihilfe diese Marktbeherrschung durch eine weitere Schwächung der Gegenmacht stärken, die die Wettbewerber des begünstigten Unternehmens ausüben. Außerdem können Beihilfen spürbare Auswirkungen in oligopolistischen Märkten haben, auf denen nur wenige Anbieter vertreten sind;
– Höhe der Zutrittsschranken, dh. insbes. Rechte des geistigen Eigentums, Größen- und Verbundvorteile, Schranken beim Zugang zu Netzwerken und Infrastrukturen sowie sonstige strategische Schranken für den Markteintritt oder das Wachstum;
– Nachfragemacht: Das Vorhandensein starker Abnehmer kann bewirken, dass die Feststellung einer starken Markstellung abzuschwächen ist, wenn man davon ausgehen kann, dass die Käufer versuchen werden, ausreichend Wettbewerb im Markt zu erlangen;
– Auswahlprozess: Beihilfen, die es den Unternehmen mit starker Marktstellung ermöglichen, den Auswahlprozess zu beeinflussen, zB. wenn sie das Recht haben, Unternehmen im Auswahlprozess zu empfehlen oder den Forschungspfad auf eine Weise zu beeinflussen, die alternative Pfade ungerechtfertigt benachteiligt, können Wettbewerbsbedenken aufwerfen.

90 F&E&I-Beihilfen, die nicht hinreichend zielgerichtet sind, können ineffiziente Unternehmen fördern und dadurch Marktstrukturen schaffen, in denen viele Teilnehmer weit unterhalb einer effizienten Größe agieren und damit zur **Aufrechterhaltung ineffizienter Marktstrukturen** führen.[244] Bei ihrer eingehenden Würdigung prüft die Kom., ob die Beihilfe in Märkten mit Überschusskapazitäten, für schrumpfende Wirtschaftszweige oder in sensiblen Sektoren gewährt wird. F&E&I-Beihilfen für Wachstumsmärkte werden dagegen positiv gewertet.[245]

---

[239] Kom., Staatliche Beihilfe N 854/2006, ABl. 2007 C 182/5 – Frankreich: „Télévision Mobile Sans Limite"; Staatliche Beihilfe N 435/2007, ABl. 2008 137/1 – Frankreich: „MINimage".
[240] Kom., Staatliche Beihilfe N 854/2006, ABl. 2007 C 182/5 – Frankreich: „Télévision Mobile Sans Limite".
[241] Ziff. 7.4.2. des Gemeinschaftsrahmens F&E&I-Beihilfen.
[242] S. zum Herfindahl-Hirschmann-Index Band 1, Art. 2 FKVO RdNr. 77 mwN.
[243] HOMES. S. auch *Rubin de Cervin/Siaterli*, aaO, RdNr. 4.355.
[244] Ziff. 7.4.3. des Gemeinschaftsrahmens „F&E&I-Beihilfen".
[245] Kom., Staatliche Beihilfe N 674/2006, ABl. 2007 C 120/2 – Frankreich: „NeoVal"; Staatliche Beihilfe N 854/2006, ABl. 2007 C 182/5 – Frankreich: „Télévision Mobile Sans Limite"; Staatliche Beihilfe N 887/2006, ABl. 2007 C 200/2 – Frankreich: Bernin 2010; Staatliche Beihilfe N 185/2007, ABl. 2007 C 284/3 – Frankreich: „NANOSMART"; Staatliche Beihilfe N 349/2007, ABl. 2007 304/5 – Frankreich: „OSIRIS".

5. Abwägung und Entscheidung. Anhand der positiven und negativen Elemente trifft die **91** Kom. eine **Abwägung und Entscheidung**[246] zwischen den Auswirkungen der Maßnahmen, um festzustellen, ob die Wettbewerbsverfälschungen die Handelsbedingungen in einem dem gemeinsamen Interesse zuwiderlaufenden Maße beeinträchtigen. Die Abwägung beruht in jedem Einzelfall auf einer Gesamtwürdigung der absehbaren positiven und negativen Auswirkungen der staatlichen Beihilfe. Dabei kündigt die Kom. an, die in den Ziff. 7.3. und 7.4. des Gemeinschaftsrahmens „F&E&I-Beihilfen" dargelegten Kriterien nicht mechanisch anzuwenden, sondern eine Gesamtwürdigung gem. dem Grundsatz der Verhältnismäßigkeit vorzunehmen.

Ein Großteil der Entsch. der Kom. mit eingehender Würdigung betrifft neben Beihilfen zu- **92** gunsten der Luftfahrtindustrie[247] Fälle, die von der franz. Agentur für industrielle Innovation finanziert werden.[248] Die „Agence de l'innovation industrielle" wurde im August 2005 infolge eines Berichts gegründet, den der Verwaltungsvorsitzende des Unternehmens Saint-Gobain, *Jean-Louis Beffa*, im Januar 2005 dem damaligen franz. Präsidenten *Jacques Chirac* vorlegte. Die Agentur hat den Auftrag, groß angelegte strategische Programme auszuwählen, zu finanzieren und zu bewerten, an denen auf Initiative eines federführenden Unternehmens große Industrieunternehmen, KMU und Forschungsinstitute gemeinsam teilnehmen. Diese Programme betreffen Investitionen von mehreren 100 Mio. EUR und beinhalten eine umfangreiche Innovationskomponente in Form der Einführung wissenschaftlicher Neuheiten oder der Verknüpfung mehrerer komplexer Technologien. Ziel ist jeweils die Einführung eines neuen Hochtechnologieprodukts oder einer neuen Hochtechnologiedienstleistung innerhalb eines Zeitraums von fünf bis zehn Jahren. Die Agentur verfügt über jährliche Mittel von 1 Mrd. EUR für einen Zeitraum von zunächst sechs Jahren. Auf Grundlage dieses Programms gab es bereits eine Vielzahl an Entscheid. der Kom. über Projekte der Agentur, die aufgrund ihres Projektumfangs gesondert zu notifizieren und im Rahmen einer eingehenden Würdigung zu prüfen waren.[249] Vergleicht man diese Entsch. mit den Genehmigungen unter dem früheren Gemeinschaftsrahmen „F&E-Beihilfen", ist vor allem die intensive Auseinandersetzung mit den von dem Forschungsvorhaben tangierten Märkten und den möglichen Wettbewerbsbeeinträchtigungen hervorzuheben.[250]

Erlässt die Kom. im Einzelfall eine Entsch. nach Art. 7 Abs. 4 der VO 659/1999 nach Eröff- **93** nung eines förmlichen Prüfverfahrens, so kann sie diese besonders mit den folgenden Bedingungen versehen, die Verfälschungen des Wettbewerbs oder Auswirkungen auf den Handel verringern sollen und verhältnismäßig sein müssen:[251]
– niedrigere als die in Kap. 5 des Gemeinschaftsrahmens „F&E&I-Beihilfen" vorgesehenen zulässigen Beihilfeintensitäten einschließlich Rückforderungsmechanismen und verschiedene Bedingungen zur Rückzahlung von rückzahlbaren Vorschüssen;
– Verbreitung von Ergebnissen, Zusammenarbeit und sonstige Verhaltenszusagen;
– Trennung der Bücher, um eine Überkreuzsubventionierung zwischen Märkten zu verhindern, wenn der Begünstigte in mehreren Märkten tätig ist;
– Keine Diskriminierung anderer potenzieller Begünstigter (Verringerung der Selektivität).

---

[246] Ziff. 7.5. des Gemeinschaftsrahmens „F&E&I-Beihilfen".

[247] S. zB. Kom., Staatliche Beihilfe C 61/2003, ABl. 2008 L 234/1 – Italien: Beihilfe zugunsten des Luftfahrtsektors; Staatliche Beihilfe C 33/2008, ABl. 2009 L 301/41 – Schweden: Nano Crystal; Staatliche Beihilfe N 5/2009, ABl. 2009 C 176/2 – Frankreich: Soutien d'OSEO INNOVATION au programme CARMAT; Staatliche Beihilfe N 525/2009, ABl. 2010 C 178/2 – Frankreich, Projet MLGB; Staatliche Beihilfe N 527/2009, ABl. 2010 C 178/2 – Frankreich: Projet MLGB.

[248] Kom., Staatliche Beihilfe N 121/2006, ABl. 2006 C 218/9 – Frankreich: Beihilferegelung der franz. Agence de l'innovation industrielle zugunsten innovationsfördernder Maßnahmen.

[249] S. zB. Kom., Staatliche Beihilfe N 602/2007, ABl. 2008 C 177/3 – Frankreich: „MaXSSIMM"; Staatliche Beihilfe N 603/2007, ABl. 2009 C 35/3 – Frankreich: „GENESIS"; Staatliche Beihilfe N 597/2007, ABl. 2008 C 299/6 – Frankreich: „LOwCO₂MOTION"; Staatliche Beihilfe N 469/2007, ABl. 2008 C 243/13 – Frankreich: „QUAERO"; Staatliche Beihilfe N 112/2007, ABl. 2007 C 227/8 – Deutschland: „THESEUS"; Staatliche Beihilfe N 435/2007, ABl. 2008 137/1 – Frankreich: „MINimage"; Staatliche Beihilfe N 349/2007, ABl. 2007 304/5 – Frankreich: „OSIRIS"; Staatliche Beihilfe N 185/2007, ABl. 2007 C 284/3 – Frankreich: „NANOSMART"; Staatliche Beihilfe N 89/2007, ABl. 2007 C 275/3 – Frankreich: „HOMES"; Staatliche Beihilfe N 854/2006, ABl. 2007 C 182/5 – Frankreich: „TMS"; Staatliche Beihilfe N 708/2006, ABl. 2007 C 67/11 – Frankreich: „BioHub"; Staatliche Beihilfe N 674/2006, ABl. 2007 C 120/2 – Frankreich: „NeoVal"; Staatliche Beihilfe N 274/2008, ABl. 2009 C 112/2 – Frankreich: Solar.

[250] Zur Entscheidungspraxis der Kom. unter dem F&E-Gemeinschaftsrahmen 2006 s. insbes. *Rubin de Cervin/Zuleger*, aaO.

[251] Ziff. 7.5. UAbs. 2 des Gemeinschaftsrahmens „F&E&I-Beihilfen".

94   Eine solche abschließende Entsch. hat die Kom. kurz vor Inkrafttreten des Gemeinschaftsrahmens „F&E&I-Beihilfen" in einem belgischen Fall getroffen und eine Mustervereinbarung mit Rückzahlungsmodalitäten für einen rückzahlbaren Vorschuss in der Luftfahrtindustrie vorgegeben.[252] Eine abschließende Entsch. mit Rückforderungen gegen einzelne Beihilfen, die auf Grundlage einer italienische Beihilferegelung im Luftfahrtsektor gewährt wurden, basierte auf den früheren Gemeinschaftsrahmen „F&E-Beihilfen" von 1986 und 1996, da ausschließlich nichtnotifizierte Beihilfen betroffen waren, die vor dem 1. 1. 2007 gewährt wurden.[253] In den bisherigen abschließenden Entsch. auf Grundlage des Gemeinschaftsrahmens „F&E&I-Beihilfen" wurden die Beihilfen als mit dem Gemeinsamen Markt vereinbar erklärt.[254] In einem schwedischen Fall kam der notifizierende Mitgliedstaat einer abschließenden Entsch. der Kom. mit Bedingungen zuvor, indem er die ursprüngliche Notifizierung anpasste und insbes. den vorgesehenen Beihilfebetrag reduzierte.[255] In den bisherigen Fällen, in denen die Kom. ein förmliches Prüfverfahren eröffnete, hatte sie idR. Zweifel am Vorliegen von Marktversagen und eines Anreizeffekts,[256] während bei Vorliegen eines begründeten Marktversagens und eines Anreizeffekts bei der Abwägungsprüfung das Überwiegen der positiven Elemente der Beihilfe festgestellt wurde.[257]

X. Kumulierung

95   Bei der Kumulierung von Beihilfen gelten die Obergrenzen des Gemeinschaftsrahmens „F&E&I-Beihilfen" unabhängig dav., ob die Förderung des Vorhabens ausschließlich aus staatlichen Quellen oder zum Teil von der Gemeinschaft finanziert wird.[258] Dies schließt EU-Strukturfondsmittel ein, die unter Zugrundelegung der Rspr. der Unionsgerichte[259] zum Begriff staatliche Mittel aufgrund der staatlichen Verfügbarkeit und staatlichen Zurechenbarkeit dieser in der Verwaltung des jeweiligen Mitgliedstaates stehenden Mittel als staatliche Mittel gem. Art. 107 Abs. 1 AEUV angesehen werden müssen.[260] Etwas anderes gilt für Unionsfinanzierungen im Rahmen der jeweiligen Forschungsrahmenprogramme der EU,[261] die gem. Titel XIX. des AEUV bzw. Titel II des Euratom-Vertrags erlassen werden, da diese aus Unionsmitteln finanziert werden, deren Vergabe ausschließlich der Kom. zuzurechnen ist.[262] Sie können daher unbegrenzt mit staatlichen Beihilfen kumuliert werden und unterfallen selbst nicht dem EU-Beihilferecht.

96   Sind die Ausgaben nicht nur für F&E&I, sondern auch vollständig oder teilweise für andere Zwecke förderbar, gilt nach den allg. Grundsätzen für den gemeinsamen Anteil die höhere Beihilfeobergrenze der anwendbaren Bestimmungen.[263] Diese Begrenzung gilt nicht für Beihilfen nach den Leitlinien "Risikokapitalbeihilfen".[264]

97   Der Gemeinschaftsrahmen „F&E&I-Beihilfen" stellt darüber hinaus klar, dass Beihilfen für F&E&I nicht mit einer De-minimis-Förderung *der gleichen förderbaren Kosten* kumuliert werden dürfen, um die mit diesem Gemeinschaftsrahmen festgelegten Beihilfehöchstintensitäten zu um-

---

[252] Kom., Staatliche Beihilfe C 27/2006, ABl. 2007 L 90/73 – Belgien: F&E-Beihilfen im Luftfahrtsektor.

[253] Kom., Staatliche Beihilfe C 61/2003, ABl. 2008 L 284/1 – Italien: Staatliche Beihilfe Italiens zugunsten der Luftfahrtindustrie.

[254] Kom., Staatliche Beihilfe C 51/2005, ABl. 2009 L 53/13 – Frankreich: Beihilfe zugunsten der IFP-Gruppe; Staatliche Beihilfe C 9/2007, ABl. 2009 L 66/3 – Spanien: Beihilfe zugunsten von Industria de Turbo Propulsores.

[255] Kom., Staatliche Beihilfe C 33/2008, ABl. 2009 L 301/41 – Schweden: Beihilfe zugunsten von Volvo Aero Corporation zur Entwicklung von GEnx-Komponenten.

[256] S. insbes. die in Fn. 255 genannte Entscheidung.

[257] S. neben den in Fn. 255 genannte Entscheidung insbes. auch Kom., Staatliche Beihilfe N 107/2007, ABl. 2007 C 247/2 – Italien: Beihilfe für iDTV und digitale Decoder; Staatliche Beihilfe N 195/2007, ABl. 2008 C 118/1 – Rolls-Royce Deutschland.

[258] Ziff. 8 UAbs. 1 des Gemeinschaftsrahmens „F&E&I-Beihilfen".

[259] S. insbes. EuGH, C-482/99, Slg. 2002, I-4379 – Frankreich/Kommission („Stardust Marine"), aber auch EuGH, C-83/98 P, Slg. 2000, I-3271 – Frankreich/Ladbroke Racing und Kommission; C-379/98, Slg. 2001, I-2099 – PreussenElektra/Schleswag; EuG, T-67/94, Slg. 1998, II-1 – Ladbroke Racing/Kommission; EuG, T-358/94, Slg. 1996, II-2109 – Air France/Kommission.

[260] S. näher *Zuleger*, EG-Strukturfondspolitik und EG-Beihilferecht – Sind Strukturfondsmittel staatliche Mittel i. S. von Art. 87 Abs. 1 EG?, EWS 2008, 369.

[261] S. ABl. 2006 L 412/1 zum aktuellen Siebten Forschungsrahmenprogramm.

[262] Zur Zurechenbarkeit s. EuGH, C-482/99, Slg. 2002, I-4397, Frankreich/Kom. („Stardust Marine").

[263] Ziff. 8 UAbs. 2 des Gemeinschaftsrahmens „F&E&I-Beihilfen".

[264] ABl. 2006 C 194/2. S. hierzu Kapitel VIII.4.

gehen.[265] Dieses Kumulierungsverbot ergibt sich aber ohnehin schon aus der De-minimis-Verordnung.[266] Da die Kumulierungsregel für alle F&E&I-Beihilfen gilt, müssen auch die Beihilfen für junge innovative Unternehmen umfasst sein, obwohl diese keine Definition förderbarer Kosten vorsehen. Um hier eine Abgrenzung zwischen De-minimis-Beihilfen und Beihilfen für junge innovative Unternehmen zu ermöglichen, sollten die Mitgliedstaaten daher auch für Beihilfen für junge innovative Unternehmen förderfähige Kosten definieren, selbst wenn der Gemeinschaftsrahmen dies in seiner Ziff. 5.4. nicht verlangt. In der Entscheidungspraxis der Kom. wird die Definition solcher förderfähigen Kosten für Beihilfen für junge innovative Unternehmen positiv gewertet.[267] Für Beihilfen für Innovationsberatungsdienste und innovationsunterstützende Dienstleistungen regelt der Gemeinschaftsrahmen, dass der Beihilfebetrag von bis zu 200000 EUR innerhalb von drei Jahren unbeschadet etwaiger De-minimis-Beihilfen für andere förderfähige Kosten gilt.[268]

XI. Besondere Regeln für die Landwirtschaft und Fischerei

Für F&E&I-Beihilfen für die in Anhang I des AEUV aufgeführten Produkte erlaubt der Ge- **98** meinschaftsrahmen abweichend von seinen üblichen Intensitätsbeschränkungen oder Ergänzungen weiterhin eine Beihilfeintensität von bis zu 100% der beihilfefähigen Kosten. Voraussetzung für diese Privilegierung ist, dass in jedem Einzelfall die folgenden vier Kriterien erfüllt sind:
– Die F&E&I-Beihilfen sind von allg. Interesse für den betreffenden Wirtschaftszweig oder Teilsektor;
– Informationen über die Durchführung der Forschungsarbeiten und deren Zweck werden vor Beginn der Arbeiten im Internet veröffentlicht. Hinzuzufügen ist das ungefähre Datum der zu erwartenden Ergebnisse mit Internet-Adresse sowie der Vermerk, dass die Ergebnisse unentgeltlich zur Verfügung gestellt werden;
– Die Forschungsergebnisse werden für einen Zeitraum von mindestens fünf Jahren im Internet einsehbar gemacht. Sie sind dort nicht später als andere Informationen zu veröffentlichen, die Mitgliedern einer beliebigen Einrichtung bekannt gegeben werden;
– Die Beihilfen müssen der Forschungseinrichtung oder der Behörde direkt gewährt werden; die direkte Gewährung von anderen als Forschungsbeihilfen an ein Unternehmen, das landwirtschaftliche Erzeugnisse herstellt, verarbeitet oder vermarktet, und die Preisstützung für Hersteller dieser Erzeugnisse ist nicht zulässig.

Zuständig für die Bearbeitung reiner landwirtschaftlicher F&E&I-Beihilfefälle ist kommissi- **99** onsintern die Generaldirektion Landwirtschaft, für die Bearbeitung reiner F&E&I-Beihilfefälle im Fischereisektor die Generaldirektion Fischereipolitik. Die Generaldirektion Wettbewerb wird dann im internen Konsultationsverfahren der Kom. beteiligt. Ist die Gewährung von F&E&I-Beihilfen im Landwirtschafts- und Fischereisektor lediglich ein Annex der Förderung anderer Sektoren, bleibt es hingegen bei der Zuständigkeit der Generaldirektion Wettbewerb. Die Generaldirektionen Landwirtschaft und Firschereipolitik werden dann im internen Konsultationsverfahren der Kom. beteiligt.

XII. Schlussbestimmungen

Eine **Notifizierung** unter dem Gemeinschaftsrahmen „F&E&I-Beihilfen" muss grds. alle **100** sachdienlichen Auskünfte umfassen. Für F&E&I-Beihilfen ist seit Inkrafttreten der VO 271/ 2008[269] ein besonderes Standardnotifizierungsformular zu verwenden. Die Sonderregeln für die Refinanzierung u./oder Verlängerung von Beihilferegelungen unter dem Gemeinschaftsrahmen „F&E-Beihilfen" von 1996 sind seit Inkrafttreten der VO 794/2004 obsolet und daher nicht mehr im Gemeinschaftsrahmen „F&E&I-Beihilfen" enthalten. Beihilfen für junge innovative Unternehmen, Beihilfen für Innovationskerne und Beihilfen für Prozess- und Betriebsinnovation im Dienstleistungssektor sind, soweit sie die Voraussetzungen von Kap. 5 des Gemeinschaftsrahmens „F&E&I-Beihilfen" erfüllen (für Beihilfen für Prozess- und Betriebsinnovation

---

[265] Ziff. 8 UAbs. 3 des Gemeinschaftsrahmens „F&E&I-Beihilfen".
[266] Art. 2 Abs. 5 der VO 1998/2006.
[267] Kom., Staatliche Beihilfe N 309/2007, ABl. 2008 C 30/7 – Finnland: Aid for Young Innovative Enterprises; Staatliche Beihilfe N 512/2006, ABl. 2007 C 151/2 – Österreich: Richtlinien zur Förderung von Gründung und Aufbau junger innovativer technologieorientierter Unternehmen.
[268] S. Fn. 37 des Gemeinschaftsrahmens „F&E&I-Beihilfen".
[269] ABl. 2008 L 82/1.

im Dienstleistungssektor außerdem die Voraussetzungen von Ziff. 7.1. des Gemeinschaftsrahmens „F&E&I-Beihilfen"), unter der Mitteilung der Kom. für ein vereinfachtes Verfahren über die Behandlung bestimmter Kategorien staatlicher Beihilfen[270] grds. für die Anwendung des vereinfachten Verfahrens geeignet.[271] Eine Vornotifizierung ist erforderlich.[272]

101   Einzelbeihilfen müssen auch unter genehmigten Programmen notifiziert werden, wenn Beihilfebeträge je Unternehmen und Vorhaben von 20 Mio. EUR bei Projektbeihilfen und Durchführbarkeitsstudien, die überwiegend die Grundlagenforschung betreffen, von 10 Mio. EUR bei Projekten, die überwiegend die industrielle Forschung betreffen, von 7,5 Mio. EUR bei allen anderen Projekten, von 5 Mio. EUR im Falle von Prozess- oder Betriebsinnovation im Dienstleistungssektor und von 5 Mio. EUR bei Innovationskernen überschritten werden.[273] Für große F&E&I-Vorhaben, die Gegenstand einer eingehenden Würdigung nach Kap. 7 des Gemeinschaftsrahmens „F&E&I-Beihilfen" sind, sind Vornotifizierungsgespräche zwischen Vertretern des Mitgliedstaates, ggf. unter Beteiligung des potentiellen Beihilfeempfängers, auf der einen Seite und Vertretern der Kommissionsdienststellen auf der anderen Seite ratsam.[274] Vornotifizierungsgespräche geben den Kommissionsdienststellen und dem anmeldenden Mitgliedstaat die Möglichkeit, die rechtlichen und wirtschaftlichen Aspekte eines geplanten Beihilfevorhabens im Vorfeld der Anmeldung auf vertrauensvoller Grundlage informell zu erörtern, was sich auf Qualität und Vollständigkeit der förmlichen Anmeldungen positiv auswirkt. In diesem Rahmen können der betreffende Mitgliedstaat und die Kommissionsdienststellen auch problematische Aspekte einer geplanten Beihilfemaßnahme vorab erörtern. Die Voranmeldephase schafft somit die Voraussetzungen für eine beschleunigte Prüfung der Anmeldungen nach ihrer förmlichen Übermittlung an die Kom.

102   Um die Überwachungstätigkeit der Kom. zielgenauer auszurichten und die Ex-post-Kontrolle von F&E&I-Beihilfen zu verbessern, enthält der Gemeinschaftsrahmen in Ziff. 10.1. detaillierte **Berichterstattungs- und Überwachungspflichten sowie Transparenzmaßnahmen.** Zusätzlich zu der Verpflichtung zur Jahresberichterstattung gem. Art. 21 der VO 659/1999[275] und Art. 5ff. der VO 794/2004[276] müssen die Jahresberichte über F&E&I-Beihilfen für jede Maßnahme einschließlich der Gewährung von Beihilfen im Rahmen einer genemigten Beihilferegelung den Namen des Begünstigten, den Beihilfebetrag je Begünstigten, die Beihilfeintensität und die Wirtschaftszweige, in denen die geförderten Vorhaben durchgeführt werden, enthalten. Zusätzliche Anforderungen gelten für steuerliche Beihilfen und für Beihilfen für Innovationskerne. Bei Beihilfen für Großunternehmen im Rahmen einer genehmigten Beihilferegelung müssen die Mitgliedstaaten im Jahresbericht ua. mittels in Kapital 6 des Gemeinschaftsrahmens „F&E&I-Beihilfen" dargelegten Indikatoren und Kriterien erläutern, wie der Anreizeffekt für die Beihilfen gewährleistet wurde, die diesen Unternehmen gewährt werden.

103   Als Maßnahmen zur Verbesserung der Transparenz von staatlichen Beihilfen in der Gemeinschaft sieht die Kom. die Veröffentlichung der Jahresberichte auf der Website der Kom. sowie die Verpflichtung nach Ziff. 10.1.2. des Gemeinschaftsrahmens „F&E&I-Beihilfen" zur Veröffentlichung der Beihilferegelungen auf einer Website des Mitgliedstaates an. Die entspr. Internet-Adresse ist der Kom. üblicherweise bereits im Rahmen der Notifzierungsverfahren mitzuteilen. Die Regelung darf nicht vor ihrer Veröffentlichung im Internet angewendet werden.

104   Ziff. 10.1.3. des Gemeinschaftsrahmens „F&E&I-Beihilfen" sieht eine erweiterte Berichtsverpflichtung für Einzelbeihilfen in Höhe von über 3 Mio. EUR vor. Derartige im Rahmen einer Beihilferegelung gewährten Einzelbeihilfen müssen der Kom. binnen 20 Arbeitstagen von der Gewährung der Beihilfe durch die zuständige Behörde des Mitgliedstaates in Form von Informationsblättern gemeldet werden. Ein Standardformblatt ist dem Gemeinschaftsrahmen „F&E&I-Beihilfen" als Anhang beigefügt. Dieses Verfahren zur Intensivierung der Ex-post-Kontrolle ist aus den Regionalleitlinien für nicht anmeldepflichtige große Investitionsvorhaben[277] bekannt und auf den Gemeinschaftsrahmen übertragen.

---

[270] ABl. 2009 C 136/3.

[271] Ziff. 2 lit. a der Mitteilung.

[272] Ziff. 3 der Mitteilung.

[273] Ziff. 7.1. des Gemeinschaftrahmens „F&E&I-Beihilfen".

[274] Vgl. RdNr. 10 der Mitteilung der Kommission: Verhaltenskodex für die Durchführung von Beihilfeverfahren, ABl. 2009 C136/13.

[275] ABl. 1999 L 83/1.

[276] ABl. 2004 L 140/1. Geändert durch die VO 1627/2006, ABl. 2006 L 302/10.

[277] S. Ziff. 65 der Leitlinien für staatliche Beihilfen mit regionaler Zielsetzung 2007–2013, ABl. 2006 C 54/13.

Der Gemeinschaftsrahmen „F&E&I-Beihilfen" ist in seiner Ziff. 10.2. mit **zweckdienlichen** 105
Maßnahmen gem. Art. 18 und 19 VO 659/1999[278] betreffend bestehende F&E-Beihilferegelungen verbunden. Danach müssen die Mitgliedstaaten ihre betreffenden Regelungen grds. innerhalb von 12 Monaten nach Inkrafttreten des Gemeinschaftsrahmens ändern. Ausnahmsweise gilt für Regelungen, die unter Ziff. 3.1.1 des Gemeinschaftsrahmens „F&E&I-Beihilfen" fallen, eine Übergangsfrist von 24 Monaten. Die neue Obergrenze für große Einzelvorhaben gilt bereits ab Inkrafttreten des Gemeinschaftsrahmens, die Verpflichtung zur Vorlage eingehenderer Jahresberichte und die Verpflichtung, gem. Ziff. 10.1.3. Informationsblätter vorzulegen, für bestehende Beihilferegelungen 6 Monate nach Inkrafttreten.

Der Gemeinschaftsrahmen „F&E&I-Beihilfen" gilt zunächst bis zum 31. 12. 2013.[279] Die Kom. 106
beabsichtigt, den Gemeinschaftsrahmen bereits drei Jahre nach seinem Inkrafttreten zu überprüfen.
Er gilt für alle notifizierten Beihilfen, über die die Kom. in diesem Zeitpunkt eine Entsch. trifft. Für
nicht notifizierte Beihilfen entspricht es der ständigen Praxis der Kom., dass die Entsch. über die
Vereinbarkeit anhand des zum Zeitpunkt der Gewährung der Beihilfe geltenden Gemeinschaftsrahmens getroffen wird. Diese Praxis hat die Kom. im Jahr 2002 in ihrer Mitteilung über die zur
Beurteilung unrechtmäßiger staatlicher Beihilfen anzuwendenden Regeln bestätigt.[280]

Abschnitt 8. Ausbildungsbeihilfen

Art. 38 Begriffsbestimmungen

Für diesen Abschnitt gelten folgende Begriffsbestimmungen:

1. **„spezifische Ausbildungsmaßnahmen": Ausbildungsmaßnahmen, die in erster Linie unmittelbar den gegenwärtigen oder zukünftigen Arbeitsplatz des Beschäftigten in dem begünstigten Unternehmen betreffen und mit denen Qualifikationen vermittelt werden, die nicht oder nur in begrenztem Umfang auf andere Unternehmen oder Arbeitsbereiche übertragbar sind;**
2. **„allgemeine Ausbildungsmaßnahmen": Ausbildungsmaßnahmen, die nicht ausschließlich oder in erster Linie den gegenwärtigen oder zukünftigen Arbeitsplatz des Beschäftigten in dem begünstigten Unternehmen betreffen, sondern die Qualifikationen vermitteln, die in hohem Maß auf andere Unternehmen und Arbeitsfelder übertragbar sind. Eine Ausbildungsmaßnahme gilt beispielsweise als allgemeine Ausbildungsmaßnahme, wenn:**
   a) **sie von mehreren unabhängigen Unternehmen gemeinsam organisiert wird oder von den Beschäftigten verschiedener Unternehmen in Anspruch genommen werden kann, oder**
   b) **sie von einer Behörde oder einer öffentlichen Einrichtung oder sonstigen Stelle, die hierzu von einem Mitgliedstaat oder der Gemeinschaft ermächtigt wurde, anerkannt, bescheinigt oder validiert wurde.**

Art. 39 Ausbildungsbeihilfen

(1) Ausbildungsbeihilfen sind im Sinne von Artikel 87 Absatz 3 EG-Vertrag mit dem Gemeinsamen Markt vereinbar und von der Anmeldepflicht gemäß Artikel 88 Absatz 3 EG-Vertrag freigestellt, wenn die Voraussetzungen der Absätze 2, 3 und 4 dieses Artikels erfüllt sind.

(2) Die Beihilfeintensität darf folgende Werte nicht überschreiten:
a) **25% der beihilfefähigen Kosten für spezifische Ausbildungsmaßnahmen und**
b) **60% der beihilfefähigen Kosten für allgemeine Ausbildungsmaßnahmen.**

Die Beihilfeintensität kann jedoch wie folgt auf maximal 80% der beihilfefähigen Kosten erhöht werden:
a) **um 10 Prozentpunkte bei Ausbildungsmaßnahmen zugunsten behinderter oder benachteiligter Arbeitnehmer;**
b) **um 10 Prozentpunkte bei Beihilfen zugunsten mittlerer Unternehmen und um 20 Prozentpunkte bei Beihilfen zugunsten kleiner Unternehmen.**

---

[278] ABl. 1999 L 83/1.
[279] Ziff. 10.3. des Gemeinschaftsrahmens „F&E&I-Beihilfen".
[280] ABl. 2002 C 119/22.

Im Bereich des Seeverkehrs dürfen Beihilfen unabhängig davon, ob sie für allgemeine oder spezifische Ausbildungsmaßnahmen bestimmt sind, bis zu einer Intensität von 100% der beihilfefähigen Kosten gewährt werden, wenn folgende Bedingungen erfüllt sind:

a) der Auszubildende darf kein aktives, sondern muss ein zusätzliches Besatzungsmitglied sein;

b) die Ausbildung muss an Bord von Schiffen, die im Gemeinschaftsregister eingetragen sind, durchgeführt werden.

(3) Wird die Beihilfe für eine Ausbildungsmaßnahme gewährt, die sowohl spezifische als auch allgemeine Ausbildungsbestandteile enthält, die eine gesonderte Berechnung der Beihilfeintensität nicht zulassen, oder lässt sich nicht genau bestimmen, ob es sich bei dem Vorhaben um eine spezifische oder eine allgemeine Ausbildungsmaßnahme handelt, werden die Beihilfeintensitäten für spezifische Ausbildungsmaßnahmen herangezogen.

(4) Folgende Kosten eines Ausbildungsvorhabens sind beihilfefähig:

a) Personalkosten für die Ausbilder;

b) Reise- und Aufenthaltskosten der Ausbilder und der Ausbildungsteilnehmer;

c) sonstige laufende Aufwendungen wie unmittelbar mit dem Vorhaben zusammenhängende Materialien und Ausstattung;

d) Abschreibung von Werkzeugen und Ausrüstungsgegenständen, soweit sie ausschließlich für das Ausbildungsvorhaben verwendet werden;

e) Kosten für Beratungsdienste betreffend die Ausbildungsmaßnahme;

f) Personalkosten für Ausbildungsteilnehmer und allgemeine indirekte Kosten (Verwaltungskosten, Miete, Gemeinkosten) bis zur Höhe der Gesamtsumme der unter den Buchstaben a bis e genannten sonstigen beihilfefähigen Kosten. In Bezug auf die Personalkosten für Ausbildungsteilnehmer dürfen nur die tatsächlich abgeleisteten Ausbildungsstunden nach Abzug der produktiven Stunden berücksichtigt werden.

Übersicht

Schrifttum: *Deiberova/Nyssens*, The new General Block Exemption (GBER): What changed?, EStAL 2009, 27; *Evans/Nyssens,* Economics in state aid: soon as routine as dentistry?, abrufbar unter http://ec.europa.eu/competition/speeches/text/sp2007_14_en.pdf; *Garcia Bermudez/Galand*, Recent training aid cases in the car industry, Competition Policy Newsletter 1/2007, 104; *Nicolaides*, Incentive effect: Is State Aid necessary when investment is unnecessary?, EStAL 2008, 230;

I. Normzweck

1   Ausbildungsmaßnahmen wirken sich im Allgemeinen **vorteilhaft** auf die gesamte **Gesellschaft** aus, da sie das Angebot an qualifizierten Fachkräften erweitern. Sie stärken die Wettbewerbsfähigkeit der europäischen Wirtschaft und sind ein wichtiges Element der **Beschäftigungsstrategie** der Gemeinschaft. Auch nimmt die Ausbildung der Arbeitnehmer eine wichtige Rolle bei dem Erwerb und der Verbreitung von Wissen ein, was die Innovativität und die Produktivität des Wirtschaftsraumes fördert.[1]

---

[1] AGVO, Tz. 62; siehe auch Kriterien für die Vereinbarkeit einzeln anzumeldender Ausbildungsbeihilfen mit dem Gemeinsamen Markt, veröffentlicht unter http://ec.europa.eu/competition/state_aid/reform/training_aid_de.pdf, RdNr. 1.

Die **Unternehmen** in der Gemeinschaft **investieren** nach Ansicht der Kommission **zu we-** 2 **nig** in die Arbeitnehmerausbildung, insbesondere wenn diese nicht zu einem unmittelbaren Vorteil für das jeweilige Unternehmen führen würde. Vor allem die Gefahr, den selbst ausgebildeten Arbeitnehmer an andere Unternehmen verlieren zu können, die durch dessen Einstellung letztlich von den Maßnahmen profitieren könnten, hält viele Unternehmen davon ab, ausreichend in die Ausbildung ihrer Arbeitnehmer zu investieren. Insbesondere im Bereich der auf andere Unternehmen übertragbaren Fertigkeiten bieten Unternehmen wegen dieser Wirkungen auf dem Arbeitsmarkt (sog. positive externe Effekte) nicht das für die Gemeinschaft wünschenswerte Ausbildungsniveau an.[2] Regelmäßig sind die Unternehmen nur dann bereit, ihren Beschäftigten eine ausreichende Ausbildung anzubieten, wenn diese sich schnell für das Unternehmen bezahlt macht, einen spezifischen Bedarf des Unternehmens deckt oder der Arbeitnehmer vertraglich daran gehindert ist, das Unternehmen vor der Amortisation oder Erstattung der Kosten zu verlassen.[3] Dagegen berücksichtigen die Unternehmen in der Regel nicht den Nutzen der Ausbildungsmaßnahme für die Gesellschaft insgesamt. Sie werden im Gegenteil häufig für sich preiswertere Alternativen wie etwa die Einstellung bereits ausgebildeter Arbeitnehmer, unter Umständen auch zu Lasten ihrer aktuellen Beschäftigten, in Betracht ziehen.[4]

Wegen unsicherer Aussichten und höherer Kosten bieten die Unternehmen **benachteiligten** 3 **und behinderten Arbeitnehmern**[5] tendenziell noch weniger Ausbildungsmaßnahmen an, obwohl solche Maßnahmen regelmäßig gesamtgesellschaftlich positive Effekte aufweisen.[6]

Auch die **Arbeitnehmer selbst investieren nur beschränkt** in ihre eigene Ausbildung, sei 4 es aus finanziellen Gründen oder weil sie ihrem künftigen Arbeitgeber ihre erworbenen Kenntnisse nur unzureichend darlegen können.[7]

Staatliche Fördermaßnahmen können dieses **Investitionsdefizit** durch die Unternehmen 5 und auch durch die Arbeitnehmer in der Gemeinschaft teilweise ausgleichen.[8]

II. Rechtstatsachen

Die Verfügbarkeit qualifizierter Arbeitskräfte ist bei der unternehmerischen **Standortent-** 6 **scheidung** ein wichtiger Faktor. Dadurch entfaltet der Bereich der Ausbildung nicht nur für den einzelnen Arbeitnehmer und seine berufliche Entwicklung, sondern auch für die gesamtwirtschaftliche Entwicklung eine zentrale Rolle.[9]

Statistiken belegen, dass ein direkter Zusammenhang zwischen der Größe eines Unterneh- 7 mens und der Wahrscheinlichkeit der Ausbildung seiner Arbeitnehmer besteht.[10] Entsprechend soll das besondere Defizit bei KMU[11] durch die Erhöhung der möglichen Beihilfeintensität ausgeglichen werden (siehe unter RdNr. 24).

III. Entstehungsgeschichte

Bereits im **Weißbuch** des Jahres 1993[12] wurde die wichtige Rolle der Ausbildung für die 8 Stärkung der Wettbewerbsfähigkeit und die Schaffung und Aufrechterhaltung von Arbeitsplätzen betont.

Im Jahre 1998 erließ die Kommission einen **Gemeinschaftsrahmen** für Ausbildungsbeihil- 9 fen,[13] der auf den in der Folgezeit neu in den EG-Vertrag aufzunehmenden Titel zur Beschäf-

---

[2] Siehe dazu AGVO, Tz. 62.
[3] Kriterien für die Vereinbarkeit einzeln anzumeldender Ausbildungsbeihilfen mit dem Gemeinsamen Markt (Fn. 1), RdNr. 6.
[4] *Garcia Bermudez/Galand* 104, 106.
[5] Siehe dazu die Definition in Art. 2 Nr. 18–20 AGVO.
[6] Kriterien für die Vereinbarkeit einzeln anzumeldender Ausbildungsbeihilfen mit dem Gemeinsamen Markt (Fn. 1), RdNr. 8.
[7] Kriterien für die Vereinbarkeit einzeln anzumeldender Ausbildungsbeihilfen mit dem Gemeinsamen Markt (Fn. 1), RdNr. 5.
[8] Siehe dazu AGVO, Tz. 62.
[9] Gemeinschaftsrahmen für Ausbildungsbeihilfen, ABl. 1998 C 343/10, RdNr. 3.
[10] Eurostat, Statistics in Focus, Population and social conditions, 1996, Nr. 7, Tabelle 2.
[11] Siehe zu diesen Begriffen Art. 2 Nr. 7 iVm. Anhang I.
[12] Wachstum, Wettbewerbsfähigkeit, Beschäftigung – Herausforderungen der Gegenwart und Wege ins 21. Jahrhundert – Weißbuch KOM(93) 700, Dezember 1993.
[13] ABl. 1998 C 343/10.

tigung Bezug nahm (jetzt Art. 145 bis 150 AEUV). Der Gemeinschaftsrahmen verwendete bereits die auch in der Allgemeinen Gruppenfreistellungsverordnung (AGVO) wieder zu findende Begrifflichkeit der spezifischen und allgemeinen Ausbildungsmaßnahme, auf die noch einzugehen sein wird (siehe unter RdNr. 18 ff.). Auch wenn es in den Begriffbestimmungen leichte Unterschiede zwischen dem Gemeinschaftsrahmen und der Allgemeinen Gruppenfreistellungsverordnung gibt, so stimmen die Abgrenzungskriterien für allgemeine und spezifische Ausbildungsmaßnahmen inhaltlich doch bereits weitgehend überein. Auch in anderen Details bestand schon weitgehende Kongruenz mit der aktuellen Verordnung, siehe dazu etwa die nahezu deckungsgleiche Aufzählung der beihilfefähigen Kosten. Andererseits wurden im Detail auch Änderungen, wie etwa die Aufnahme „allgemeiner indirekter Kosten" in die beihilfefähigen Kosten, vorgenommen.[14]

10 Im Jahre **2001** übernahm eine **Verordnung** der Kommission über die Anwendung der Art. 107 und 108 AEUV auf Ausbildungsbeihilfen[15] den Inhalt des Gemeinschaftsrahmens, der mit dem Inkrafttreten der neuen Verordnung durch diese ersetzt wurde. Die neue Verordnung regelte die Voraussetzungen, unter denen Ausbildungsbeihilfen mit dem Gemeinsamen Markt vereinbar waren und nicht der Anmeldungspflicht des Art. 108 Abs. 3 AEUV unterlagen. Obwohl weitgehende Parallelen zwischen VO 68/2001 und der Allgemeinen Gruppenfreistellungsverordnung bestehen, gibt es auch relevante Unterschiede wie etwa den unterschiedlichen Schwellenwert, bis zu welchem Volumen die Anmeldungsfreiheit besteht (siehe dazu unter RdNr. 42).

IV. Anwendungsbereich

11 **1. Sachlicher Anwendungsbereich.** Die Allgemeine Gruppenfreistellungsverordnung gilt für **jede öffentliche Förderung** von Ausbildungsmaßnahmen zugunsten von einem oder mehreren Unternehmen oder von Wirtschaftszweigen, die zu einer Verringerung derjenigen Kosten führt, die diese normalerweise zu tragen hätten, wenn sie ihren Mitarbeitern neue Fertigkeiten vermitteln wollen.[16] Sie gilt für Maßnahmen, die von den Unternehmen selbst oder von öffentlichen oder privaten Ausbildungszentren angeboten werden.[17] Große Unternehmen verfügen häufig über eigene Ausbildungsabteilungen und nehmen daher seltener externe Beratungsdienste in Anspruch. Die Kommission vertritt die Ansicht, dass **große Unternehmen** diskriminiert würden, wenn die durch ihre eigenen Abteilungen durchgeführten Maßnahmen keine Beratungsdienste im Sinne der Verordnung wären.[18] Gegen diese Argumentation ist einzuwenden, dass KMU[19] in allen einschlägigen Verordnungen und Richtlinien überdurchschnittlich begünstigt wurden, weil sie verletzlicher durch Marktversagen und weniger gut in der Lage sind, bürokratische Anforderungen zu bewältigen.[20] Der Tatsache, dass KMU mit besonderen Nachteilen konfrontiert sind und bei Ausbildungsinvestitionen relativ gesehen höhere Kosten zu tragen haben, trägt auch die Kommission ausdrücklich durch die erhöhte Beihilfeintensität (dazu siehe unter Rdnr. 25) Rechnung.[21]

12 Die Allgemeine Gruppenfreistellungsverordnung erfasst Ausbildungsbeihilfen auch in den grundsätzlich von der Verordnung ausgenommenen Wirtschaftsbereichen der **Fischerei** und der **Aquakultur**, welche unter die VO 104/2000[22] fallen, der **Primärerzeugung** landwirtschaftlicher Erzeugnisse, soweit die Ausbildungsbeihilfe nicht unter die VO 1857/2006[23] fällt, und des **Steinkohlenbergbaus**.[24]

---

[14] Siehe dazu den Gemeinschaftsrahmen, ABl. 1998 C 343/10, RdNr. 30 mit Art. 39 Abs. 4 AGVO.

[15] VO 68/2001, ABl. 2001 L 10/20, ergangen auf der Grundlage der VO 994/98, ABl. 1998 L 142/1.

[16] Vademecum EG-Beihilfenrecht v. 30. 9. 2008, veröffentlicht unter http://ec.europa.eu/competition/state_aid/studies_reports/vademecum_on_rules_09_2008_de.pdf, 51; siehe dazu etwa Kom., ABl. 2003 L 235/24, Tz. 13 – Volvo Cars NV Gent.

[17] Vademekum EG-Beihilfenrecht v. 30. 9. 2008 (Fn. 16), 51.

[18] Kom., ABl. 2006 L 366/32, Tz. 25 – Ford Genk, betreffend die Anwendung von Art. 4 Abs. 7 lit. e der VO 68/2001, ABl. 2001 10/20, der dem Art 39 Abs. 4 lit. e der AGVO entspricht.

[19] Siehe zu diesen Begriffen Art. 2 Nr. 7 iVm. Anhang I AGVO.

[20] *Nicolaides* EStAL 2/2008, 230, 232.

[21] AGVO, Tz. 62.

[22] ABl. 2000 L 17/22.

[23] ABl. 2006 L 358/3.

[24] Siehe zu diesem Anwendungsbereich Art. 1 Abs. 3 AGVO.

2. Zeitlicher Anwendungsbereich. Die VO 68/2001[25] galt nach ihrer Verlängerung[26] bis **13** zum 30. Juni 2008. Gemäß ihrem Art. 8 Abs. 2 blieben die danach freigestellten Beihilferegelungen noch während einer sechsmonatigen Anpassungsfrist freigestellt.

Die Allgemeine Gruppenfreistellungsverordnung ersetzt im Interesse einer wirksamen Beihil- **14** fenkontrolle und der Einfachheit halber unter anderem diese Verordnung[27] und trat am 29. 8. 2008 in Kraft, wobei die Übergangsbestimmung in Art. 44 Abs. 2 die Regelung trifft, dass in der Übergangszeit bis zum 31. 12. 2008 bewilligte Beihilfen, welche die Voraussetzungen der VO 68/2001, nicht aber die der Allgemeinen Gruppenfreistellungsverordnung erfüllen, noch mit dem Gemeinsamen Markt vereinbar und von der Anmeldepflicht freigestellt sind.

V. Die Voraussetzungen der Freistellung im Einzelnen

1. Vorliegen einer Beihilfe. Gemäß Art. 1, 2 Nr. 1 findet die Allgemeine Gruppenfreistel- **15** lungsverordnung auf Beihilfen im Sinne des Art. 107 Abs. 1 AEUV Anwendung. Es gelten die allgemeinen Voraussetzungen für den Beihilfenbegriff, auf die hier nicht näher eingegangen werden kann. Zu beachten sind für Ausbildungsbeihilfen jedoch folgende Besonderheiten. Im Erwägungsgrund 6 der durch die Allgemeine Gruppenfreistellungsverordnung ersetzten **16** VO 68/2001[28] weist die Kommission der Klarheit halber darauf hin, dass **viele Ausbildungsmaßnahmen keine Beihilfen** in diesem Sinne sind. Die Beispiele lassen sich ohne Weiteres auf die Allgemeine Gruppenfreistellungsverordnung übertragen: Maßnahmen, die unterschiedslos für alle Unternehmen, gleich welcher Branche, gelten und bei deren Gewährung kein Ermessen eingeräumt wird, zB. Steuervergünstigungen für alle in die Ausbildung ihrer Mitarbeiter investierenden Unternehmen, sind keine Beihilfen. Auch Maßnahmen, welche die Personen unmittelbar und nicht ein Unternehmen oder einen Wirtschaftszweig begünstigen, fallen nicht unter den Beihilfebegriff, so etwa Schul- und Erstausbildungsmaßnahmen, Ausbildungsangebote für Arbeitslose oder Maßnahmen zur Weiterbildung, die an die Arbeitnehmer selbst gerichtet sind. Andererseits können auch allgemein anwendbare Maßnahmen in der Praxis, zB. wenn der durchführenden Behörde ein Ermessensspielraum zusteht, bestimmte Unternehmen oder Produktionszweige begünstigen und eine Beihilfe im Sinne des Art. 107 Abs. 1 AEUV darstellen.[29]

2. Beihilfeintensität. Die zulässige Intensität der Beihilfe (zu diesem Begriff siehe Art. 2 **17** Nr. 5) wird für den Bereich der Ausbildung durch Art. 39 Abs. 2, 3 geregelt und ist von verschiedenen Kriterien, in erster Linie von der Klassifizierung als allgemeine oder spezifische Ausbildungsmaßnahme, abhängig.

Diese Begriffe, die bereits im Gemeinschaftsrahmen für Ausbildungsbeihilfen[30] und in der **18** VO 68/2001[31] verwendet wurden, werden in Art. 38 definiert.

a) Spezifische Ausbildungsmaßnahmen. Spezifische Ausbildungsmaßnahmen sind da- **19** nach solche, „die in erster Linie unmittelbar den gegenwärtigen oder zukünftigen Arbeitsplatz des Beschäftigten in dem begünstigten Unternehmen betreffen und mit denen Qualifikationen vermittelt werden, die **nicht oder nur in begrenztem Umfang auf andere Unternehmen oder Arbeitsbereiche übertragbar** sind" (Art. 38 Nr. 1).

Die Beihilfeintensität für spezifische Ausbildungsmaßnahmen darf grundsätzlich 25% der bei- **20** hilfefähigen Kosten nicht überschreiten. Zu möglichen Erhöhungen siehe unter iii.

b) Allgemeine Ausbildungsmaßnahmen. Allgemeine Ausbildungsmaßnahmen sind dage- **21** gen solche Maßnahmen, die nicht ausschließlich oder in erster Linie den gegenwärtigen oder zukünftigen Arbeitsplatz des Beschäftigten in dem begünstigten Unternehmen betreffen, sondern solche Qualifikationen vermitteln, die **in hohem Maß auf andere Unternehmen und Arbeitsfelder übertragbar** sind. Eine Ausbildungsmaßnahme gilt beispielsweise als Allgemeine, wenn sie von mehreren unabhängigen Unternehmen gemeinsam organisiert wird oder von den Beschäftigten verschiedener Unternehmen in Anspruch genommen werden kann oder wenn sie

---

[25] VO 68/2001, ABl. 2001 L 10/20.

[26] Durch VO 1040/2006, ABl. 2006 L 187/8 bis zum 31. 12. 2007 und durch VO 1976/2006, ABl. 2006 L 368/85 bis zum 30. 6. 2008.

[27] AGVO, Tz. 4.

[28] VO 68/2001, ABl. 2001 L 10/20.

[29] *Von der Groeben/Schwarze-van Ysendyck/Mederer* Art. 87 EG RdNr. 292 zu VO 68/2001, ABl. 2001 L 10/20; siehe dazu auch EuGH, C-241/94, Slg. 1996, I-04551 – Frankreich/Kommission.

[30] ABl. 1998 C 343/10.

[31] VO 68/2001, ABl. 2001 L 10/20, Art. 2 lit. d, e.

von einer Behörde oder einer öffentlichen Einrichtung oder sonstigen Stelle, die hierzu von einem Mitgliedstaat oder der Gemeinschaft ermächtigt wurde, anerkannt, bescheinigt oder validiert wurde (siehe Art. 38 Nr. 2).

22   Die Beihilfeintensität für allgemeine Ausbildungsmaßnahmen darf nach der durch die Allgemeine Gruppenfreistellungsverordnung vorgenommenen Erhöhung gegenüber der Vorgängerverordnung grundsätzlich 60% der beihilfefähigen Kosten nicht überschreiten. Zu möglichen Erhöhungen siehe unter iii.

23   Als allgemeine Ausbildungsmaßnahmen sollen auch solche Ausbildungsmaßnahmen angesehen werden, die sich auf Umweltmanagement, Öko-Investitionen oder die soziale Verantwortung von Unternehmen beziehen und damit den Begünstigten darin fördern, zur Erreichung der allgemeinen Ziele im **Umweltbereich** beizutragen.[32]

24   **c) Erhöhung der Beihilfeintensität.** Die Beihilfeintensität kann auf maximal 80% der beihilfefähigen Kosten (siehe unter RdNr. 32) erhöht werden, und zwar um zehn Prozentpunkte bei Maßnahmen zugunsten **benachteiligter oder behinderter Arbeitnehmer**[33] sowie zugunsten **mittlerer Unternehmen** und um 20 Prozentpunkte zugunsten **kleiner Unternehmen.**[34] Eine noch höhere Intensität scheidet, vorbehaltlich der Ausnahme im Seeverkehr (siehe sogleich), aus, um eine minimale Beteiligung der Begünstigten sicherzustellen.[35]

25   Die erhöhte Beihilfeintensität für KMU[36] erklärt sich daraus, dass diese mit besonderen Nachteilen konfrontiert sind und bei Ausbildungsinvestitionen relativ gesehen höhere Kosten zu tragen haben.[37]

26   Im Bereich des **Seeverkehrs** ist eine Beihilfeintensität bis zu 100% möglich, wenn der Auszubildende kein aktives, sondern ein zusätzliches Besatzungsmitglied ist und die Ausbildung an Bord von Schiffen, die im Gemeinschaftsregister eingetragen sind, durchgeführt wird, siehe Art. 39 Abs. 2 Unterabschn. 2.

27   **d) Überschneidungen und Probleme der Begriffe.** Die mögliche Beihilfeintensität **bei allgemeinen Maßnahmen** ist deutlich **höher** als bei den spezifischen Maßnahmen, weil ausweislich der Erwägungsgründe der Kommission die allgemeinen Maßnahmen durch die Vermittlung übertragbarer Qualifikationen den **Wettbewerb weniger verzerren** als die Spezifischen, welche in erster Linie dem jeweiligen ausbildenden Unternehmen zugute kommen.[38] Die Theorie geht somit davon aus, dass eine umso höhere Förderintensität erlaubt ist, je mehr ein Anreiz für den Unternehmer erforderlich scheint, eine Maßnahme zu finanzieren, die erhebliche externe Effekte entfaltet.[39] Indes mag bei spezifischer Ausbildung häufig die Vermutung nahe liegen, dass der Arbeitgeber sie auch ohne Gewährung der Beihilfe durchführen würde.[40]

28   Wird die Beihilfe für eine Ausbildungsmaßnahme gewährt, die **sowohl spezifische als auch allgemeine Ausbildungsbestandteile** enthält, die eine gesonderte Berechnung der Beihilfeintensität nicht zulassen, oder lässt sich nicht genau bestimmen, ob es sich bei dem Vorhaben um eine spezifische oder eine allgemeine Ausbildungsmaßnahme handelt, werden die Beihilfeintensitäten für spezifische Ausbildungsmaßnahmen herangezogen, Art. 39 Abs. 3.

29   In der Praxis ist die Unterscheidung zwischen spezifischen Ausbildungsmaßnahmen häufig weniger eindeutig als in der Theorie und führt zu **Abgrenzungsproblemen**, die sich auch in der Kommissionspraxis widerspiegeln.[41]

30   So ist es insbesondere – anders als in mitgliedstaatlicher Argumentation bereits geschehen – nicht möglich, spezifische Maßnahmen wegen ihrer **Verstärkung** auch **allgemeiner Fähigkeiten** als allgemeine Maßnahmen zu qualifizieren. Vielmehr ist auf die Übertragbarkeit der Fertigkeiten abzustellen;[42] die Erhöhung etwa technischer Befähigungen im Allgemeinen kann schon deshalb nicht von Relevanz sein, weil eine Trennung zwischen allgemeinen und spezifi-

---

[32] AGVO, Tz. 63.
[33] Siehe dazu die Definition in Art. 2 Nr. 18–20 AGVO.
[34] Siehe zu diesen Begriffen Art. 2 Nr. 7 iVm. Anhang I AGVO.
[35] Memorandum on the draft general block exemption regulation v. 11. 6. 2007, veröffentlicht unter http://ec.europa.eu/competition/state_aid/reform/archive_docs/final_memorandum_gber.pdf, RdNr. 65.
[36] Siehe zu diesen Begriffen Art. 2 Nr. 7 iVm. Anhang I AGVO.
[37] AGVO, Tz. 62.
[38] AGVO, Tz. 63.
[39] *Heidenhain/Repplinger-Hach* § 22 RdNr. 20.
[40] *Heidenhain/Repplinger-Hach* § 22 RdNr. 20.
[41] *Immenga/Mestmäcker/Ehricke*, EG-WettbR, nach Art. 89 EG RdNr. 134.
[42] Kom., ABl. 2003 L 55/65, Tz. 41 ff. – Opel Portugal.

schen Maßnahmen bei anderer Sichtweise nicht mehr möglich wäre, da neben dem primären Lerninhalt immer auch allgemeine Fähigkeiten verbessert werden.[43]

Vor dem Hintergrund von Abgrenzungs- und insbesondere auch Kontrollschwierigkeiten **31** und damit verbundenen **Umgehungsgefahren** wurde zu Geltungszeiten der VO 68/2001[44] in Frage gestellt, ob die Beibehaltung der Unterscheidung zwischen allgemeiner und spezifischer Ausbildung gerechtfertigt erscheine.[45] Zur Umgehungsgefahr wurde angeführt, dass durch die Differenzierung zwischen allgemeinen und spezifischen Ausbildungsmaßnahmen die Freistellungsvoraussetzungen unterlaufen werden könnten, weil ein förderungswilliger Staat eine Maßnahme durch eine öffentlich ermächtigte Stelle zu einer allgemeinen Förderungsmaßnahme erheben könne.[46] Trotz dieser Zweifel wurden die Begriffe und zugrunde liegenden Definitionen fast wortgleich und mit großer inhaltlicher Übereinstimmung auch in die Allgemeine Gruppenfreistellungsverordnung übernommen.[47] Die minimalen Änderungen sollen dazu beitragen, jede Maßnahme einer der beiden Kategorien zuordnen zu können, sodass sich diese nunmehr vollständig ergänzen sollen.[48] Durch die Übernahme der Begriffe wirken die angesprochenen Abgrenzungsfragen, welche unter der VO 68/2001[49] bestanden, fort.

e) Beihilfefähige Kosten. Folgende Kosten eines Ausbildungsvorhabens sind beihilfefähig: **32** Personalkosten für die Ausbilder, Reise- und Aufenthaltskosten der Ausbilder und der Ausbildungsteilnehmer, sonstige laufende Aufwendungen wie unmittelbar mit dem Vorhaben zusammenhängende Materialien und Ausstattung, Abschreibung von Werkzeugen und Ausrüstungsgegenständen, soweit sie ausschließlich für das Ausbildungsvorhaben verwendet werden, Kosten für Beratungsdienste betreffend die Ausbildungsmaßnahme sowie Personalkosten für Ausbildungsteilnehmer und allgemeine indirekte Kosten (Verwaltungskosten, Miete, Gemeinkosten) bis zur Höhe der Gesamtsumme der genannten sonstigen beihilfefähigen Kosten. Die neue Aufnahme **genereller indirekter Kosten** bietet zusätzliche Flexibilität für die Mitgliedstaaten, während ein Missbrauch dieser neuen Kategorie durch die genannte Obergrenze verhindert wird.[50] In Bezug auf die Personalkosten für Ausbildungsteilnehmer dürfen nur die tatsächlich abgeleisteten Ausbildungsstunden nach Abzug der produktiven Stunden berücksichtigt werden (Art. 39 Abs. 4).

Der **Begünstigte der Ausbildungsbeihilfe** ist der Arbeitgeber des Auszubildenden, auch **33** wenn in Einzelfällen aus Vereinfachungsgründen die Zahlungen an einen externen Schulungsveranstalter erfolgen und sie dem Arbeitgeber nur mittelbar, durch reduzierte Schulungskosten, zugute kommen.[51]

3. Anreizeffekt. Gemäß Art. 8 Abs. 1 sind nur solche Beihilfen freigestellt, die einen An- **34** reizeffekt haben. Eine staatliche Beihilfe muss das begünstigte Unternehmen dazu veranlassen, eine Maßnahme zu ergreifen, die zur Erreichung eines im öffentlichen Interesse liegenden Ziels beiträgt und die das Unternehmen ohne die Förderung nicht, in kleinerem Umfang oder anders (Zunahme der Intensität oder der Qualität) ausgeführt hätte (näher dazu die Kommentierung der Allgemeinen Vorschriften unter Art. 1–12 RdNr. 41 ff.).[52] Insbesondere kann eine Maßnahme dadurch erweitert werden, dass benachteiligte oder behinderte Arbeitnehmer häufiger einbezogen werden, dass also eine Erweiterung der Zielgruppe stattgefunden hat.[53] Auch die Vertiefung einer jährlichen Routineausbildung und die Erfassung von Mitarbeitern, die daran üblicherweise nicht teilnehmen, können einen Anreizeffekt belegen.[54]

---

[43] *Heidenhain/Repplinger-Hach* § 22 RdNr. 20.

[44] VO 68/2001, ABl. 2001 L 10/20.

[45] *Heidenhain/Repplinger-Hach* § 22 RdNr. 22.

[46] *Immenga/Mestmäcker/Ehricke*, EG-WettbR, nach Art. 89 EG RdNr. 134.

[47] Siehe dazu Art. 38 AGVO mit VO 68/2001, ABl. 2001 L 10/20, Art. 2 d) und e).

[48] Memorandum on the draft general block exemption regulation (Fn. 35), RdNr. 64.

[49] VO 68/2001, ABl. 2001 L 10/20.

[50] *Deiberova/Nyssens* EStAL 2009, 27, 36.

[51] *Heidenhain/Repplinger-Hach* § 22 RdNr. 25.

[52] Siehe dazu Allgemeine Grundsätze für eine ökonomisch ausgerichtete Prüfung der Vereinbarkeit staatlicher Beihilfen nach Art. 87 Abs. 3 EG-Vertrag, veröffentlicht unter http://ec.europa.eu/competition/ state_aid/reform/economic_assessment_de.pdf, RdNr. 32 ff.

[53] Kriterien für die Vereinbarkeit einzeln anzumeldender Ausbildungsbeihilfen mit dem Gemeinsamen Markt (Fn. 1), RdNr. 14.

[54] Kom., ABl. 2008 L 236/50, Tz. 40 – Vauxhall.

35 Es findet ein Vergleich der Situation bei Gewährung der Beihilfe mit der Situation ohne eine solche statt, sog. Kontrafaktische Analyse.[55] Wenn die jeweilige Beihilfe – wie es bei Ausbildungsbeihilfen der Fall ist – Effizienzzielen dient, muss der Mitgliedstaat nachweisen, dass ein Anreizeffekt besteht, indem er darlegt, dass ein **Marktversagen behoben** und das Marktergebnis verbessert wird.[56] Bezogen auf die Ausbildungsbeihilfen muss demnach ein insgesamt **besseres Ausbildungsangebot** dargelegt werden.[57] Dieses muss als Ausgleich für das Marktversagen im Bereich der Ausbildungsbeihilfen dienen, welches sich in einem Defizit von Unternehmensmaßnahmen äußert, besonders in dem Bereich der Ausbildung in übertragbaren Fertigkeiten. Hier sehen – wie bereits dargestellt – die Unternehmen die Gefahr, nach einer auf ihre Kosten durchgeführten Ausbildungsmaßnahme einen Abgang der fortgebildeten Arbeitnehmer zu erleiden, wodurch letztlich andere Marktteilnehmer von der Maßnahme profitieren würden.[58]

36 Durch das Erfordernis des Anreizeffektes ist klargestellt, dass mit einer Ausbildungsbeihilfe keine Maßnahmen finanziert werden dürfen, die das begünstigte Unternehmen **aus betrieblichen Gründen** ohnehin durchführen müsste.[59] Das Kriterium des Anreizeffektes hat im Bereich der Ausbildungsbeihilfen in der jüngsten Vergangenheit an Bedeutung gewonnen.[60] Dies zeigte sich vor allem in der **Automobilindustrie**, was an zunehmendem Wettbewerb auch innerhalb von Werken, die zu einer Gruppe bzw. einem Hersteller gehören, liegt.[61] Dieser Umstand wiederum erklärt sich insbesondere aus der Konkurrenz um die Produzierung neuer Modelle.[62] Der Anreizeffekt wurde in neueren Entscheidungen durch die Kommission verschiedentlich explizit geprüft. Sie hat dargelegt, dass diese neue Vorgehensweise auf der Grundlage einer verfeinerten wirtschaftlichen Betrachtungsweise erfolge.[63] Mehrfach wurde der erforderliche Anreizeffekt verneint, wie die folgenden Beispiele zeigen:

37 Die erfolgreiche Einführung eines neuen Modells in der Automobilbranche etwa erfolgt regelmäßig, um keine Marktanteile zu verlieren und die Wirtschaftlichkeit zu erhalten. Da ein neues Modell die entsprechende Schulung der Mitarbeiter erfordert, tragen Automobilhersteller die mit der **Einführung eines neuen Modells** zusammenhängenden Ausbildungskosten allein aufgrund eines wirtschaftlichen Anreizes.[64]

38 Ein anderes Beispiel aus der Kommissionspraxis ist der Entschluss eines Unternehmens, einen Teil seines Personals zu entlassen, woraufhin es für die Kontinuität der Produktion die verbleibenden Arbeitnehmer ausbilden muss, um das **Know-how der entlassenen Arbeitnehmer** zu ersetzen. Auch hier muss das Unternehmen die Kosten für diese Maßnahmen ebenfalls selbst tragen. Denn eine Beihilfe würde nur dazu dienen, die normalen und unerlässlichen Umstrukturierungskosten des Unternehmens zu reduzieren, die es ohnehin hätte tragen müssen.[65] Der Vollständigkeit halber sei erwähnt, dass die zuletzt dargestellte Beihilfe auch mit dem Ziel der Allgemeinen Gruppenfreistellungsverordnung unvereinbar wäre, den Bestand qualifizierter Fachkräfte zu erhöhen, weil die Umstrukturierung gerade zu einer Verkleinerung des Reservoirs an Arbeitnehmern führte.[66]

39 Aber auch in einem Fall, der nicht die Automobilindustrie betraf, wurde der Anreizeffekt für Ausbildungsbeihilfen verneint. So kam die Kommission in der *DHL*-Entscheidung zu dem

---

[55] Kriterien für die Vereinbarkeit einzeln anzumeldender Ausbildungsbeihilfen mit dem Gemeinsamen Markt (Fn. 1), RdNr. 13.

[56] Allgemeine Grundsätze für eine ökonomisch ausgerichtete Prüfung der Vereinbarkeit staatlicher Beihilfen nach Art. 87 Absatz 3 EG-Vertrag (vor Art. 1 ff. Fn. 6), RdNr. 34.

[57] Allgemeine Grundsätze für eine ökonomisch ausgerichtete Prüfung der Vereinbarkeit staatlicher Beihilfen nach Art. 87 Absatz 3 EG-Vertrag (vor Art. 1 ff. Fn. 6), RdNr. 34.

[58] Siehe oben unter 1.; siehe dazu AGVO, Tz. 62.

[59] Allgemeine Grundsätze für eine ökonomisch ausgerichtete Prüfung der Vereinbarkeit staatlicher Beihilfen nach Art. 87 Absatz 3 EG-Vertrag (vor Art. 1 ff. Fn. 6), Fn. 27; siehe dazu auch *Garcia Bermudez/Galand,* 105.

[60] *Evans/Nyssens* RdNr. 16; *Garcia Bermudez/Galand* CPN 1/2007, 104, 106.

[61] Siehe dazu *Evans/Nyssens* RdNr. 17.

[62] *Evans/Nyssens* RdNr. 17; siehe dazu auch *Garcia Bermudez/Galand,* CPN 1/2007, 104, 106.

[63] Kom., ABl. 2008 L 312/31, Tz. 60 – DHL.

[64] Kom., ABl. 2007 L 243/71, RdNr. 34 – General Motors Antwerpen; siehe auch Kom., ABl. 2006 L 366/32, Tz. 35 – Ford Genk; siehe auch Kom., ABl. 2006, C 177/26 – Auto Europa, Aufforderung zur Abgabe einer Stellungnahme, in der Folgezeit wurde die Anmeldung zurückgenommen, sodass eine endgültige Entscheidung unterblieb.

[65] Kom., ABl. 2006 L 366/32, Tz. 29 – Ford Genk.

[66] Kom., ABl. 2006 L 366/32, Tz. 30 – Ford Genk, vgl. oben unter 1. und VO 800/2008, ABl. 2008 L 214/12, Tz. 62, wobei die zugrunde liegende Entscheidung sich auf VO 68/2001 stützte, in deren Tz. 10 jedoch entsprechende Ausführungen enthalten waren.

Schluss, dass die betreffenden Beihilfen zu einem Großteil ohnehin hätten durchgeführt werden müssen: Erstens sei die Ausbildung der Mitarbeiter notwendig, um den **Betrieb** des betreffenden Luftlogistikzentrums **aufnehmen zu können**, zweitens seien die Ausbildungsmaßnahmen zum großen Teil **gesetzlich vorgeschrieben.**[67] Die Kommission wendete in diesem Fall die Grundsätze aus den eben dargestellten Fällen *Ford Genk* und *GM Antwerpen* an, obgleich es sich im *DHL*-Fall nicht um bestehende Produktionsstätten, sondern um einen neu errichteten Betrieb handelte. Auch hier sei entscheidend, dass es sich um Maßnahmen handele, die ohnehin hätten durchgeführt werden müssen.[68] Jedoch besteht die Gefahr, dass diese Gleichbehandlung den Unterschieden in solchen Konstellationen je nach individueller Fallgestaltung zu wenig Rechnung trägt. Es handelt sich bei der Entscheidung, einen neuen Automodelltyp herzustellen, häufig um eine notwendige Entscheidung eines Unternehmens, um im Geschäft zu bleiben. Dagegen betrifft die Errichtung einer neuen Betriebsstätte, zB. des neuen Luftlogistikzentrums im *DHL*-Fall, die Entscheidung über das „Ob" und das „Wo" des neuen Betriebs. Beide Entscheidungen sind aber in vielen Fällen reversibel. Denn im Falle etwa schlechter Erträge des vorgesehenen neuen Betriebs ist die Abstandnahme davon unter gleichzeitigem Verbleib im Geschäft möglich.[69]

In einem weiteren Fall aus der neueren Kommissionspraxis kam es wegen Bedenken über das **40** Vorliegen des Anreizeffektes zu der Einleitung von Untersuchungen, woraufhin der Mitgliedstaat bereits das Beihilfevolumen reduzierte.[70] In anderen Fällen wurden Anreiz bzw. Notwendigkeit der Beihilfe jedoch angenommen.[71]

4. Rechtsfolge. Ausbildungsbeihilfen sind im Sinne von Art. 107 Abs. 3 AEUV mit dem **41** Gemeinsamen Markt vereinbar und von der Anmeldpflicht gemäß Art. 108 Abs. 3 AEUV freigestellt, wenn sie die dargestellten Voraussetzungen erfüllen, Art. 39 Abs. 1.

VI. Nicht von der AGVO erfasste Ausbildungsbeihilfen

In Art. 5 der VO 68/2001[72] war geregelt, dass die Freistellung nicht für Beihilfen galt, deren **42** Höhe für ein einzelnes Ausbildungsvorhaben eine Mio. EUR überstieg. Nunmehr liegt der **Schwellenwert** für Einzelbeihilfen bei zwei Mio. EUR pro Ausbildungsvorhaben.[73] Bei der Überprüfung des Schwellenwertes wird der Gesamtbetrag der öffentlichen Förderung, unabhängig davon, ob es sich um lokale, regionale, nationale oder Gemeinschaftsmittel handelt, berücksichtigt, siehe dazu die allgemeine Kumulierungsvorschrift des Art. 7 Abs. 1.

Zu den allgemein von der Allgemeinen Gruppenfreistellungsverordnung nicht erfassten Bei- **43** hilfen vgl. Art. 1–12, RdNr. 9.

Kriterien für die Vereinbarkeit **einzeln anzumeldender Ausbildungsbeihilfen** mit dem **44** Gemeinsamen Markt bietet der gleichnamige Leitfaden der Kommission.[74]

Abschnitt 9. Beihilfen für benachteiligte und behinderte Arbeitnehmer

Vorbemerkung zu den Art. 40 ff.

I. Normzweck

Die Art. 40–42 dienen der Förderung von Arbeits- und Ausbildungsplätzen für benachteiligte **1** und behinderte Personen. Die Beschäftigung von benachteiligten und behinderten Arbeitneh-

---

[67] Kom., ABl. 2008 L 312/31, Tz. 64 ff. – DHL.
[68] Kom., ABl. 2008 L 312/31, Tz. 61 – DHL.
[69] Siehe dazu genauer *Nicolaides*, EStAL 2008, 230, 236.
[70] Aufforderung zur Abgabe einer Stellungnahme gemäß Artikel 88 Absatz 2 des EG-Vertrags zu der staatlichen Beihilfe C 35/07 — Ausbildungsbeihilfe für Volvo Cars Gent, Belgien, ABl. 2007 C 265/21.
[71] Kom., ABl. 2008 L 236/50, Tz. 36 ff. – Vauxhall; Kommission vom 13. 6. 2007 – Fiat, abrufbar unter http://ec.europa.eu/competition/state_aid/register/ii/doc/N-541-2006-WLWL-EN-13. 6. 2007.pdf, insbesondere Tz. 30; Kommission vom 16. 5. 2006 — Webasto, abrufbar unter http://ec.europa.eu/competition/state_aid/register/ii/doc/N%20653-05-WLWL-EN-16%2005%202006.pdf, Tz. 20 ff.; zu der uneinheitlichen Verwendung der Begriffe Anreizeffekt und Notwendigkeit der Beihilfe siehe die Kommentierung der Allgemeinen Vorschriften der AGVO unter 11 d).
[72] VO 68/2001, ABl. 2001 L 10/20.
[73] Art. 6 Abs. 1 lit. g.
[74] Veröffentlicht unter http://ec.europa.eu/competition/state_aid/reform/training_aid_de.pdf.

mern als Teil der Förderung des sozialen Zusammenhalts ist ein Schwerpunkt der Wirtschafts- und Sozialpolitik der Gemeinschaft und ihrer Mitgliedstaaten eine Schlüsselposition ein.[1] Für benachteiligte und behinderte Arbeitnehmer ist der Eintritt in den Arbeitsmarkt sowie der Zugang zu Ausbildungsplätzen jedoch mit besonderen Schwierigkeiten verbunden, da sie von Arbeitgebern als weniger leistungsfähig angesehen werden oder Vorurteile bestehen.[2] Die (vermeidlich) geringere wird häufig von Unternehmen entweder mit mangelnder Berufserfahrung (bei Langzeitarbeitslosen) oder mit einer Behinderung in Verbindung gebracht.[3] Um Mehrkosten infolge tatsächliche geringerer Leistungsfähigkeit auszugleichen und Anreize für Unternehmen zur Beschäftigung dieser Gruppen von Arbeitnehmern zu schaffen, werden insbesondere Beihilfen für Lohnkostenzuschüsse freigestellt.

2   Beihilfen in Form von Lohnkostenzuschüssen können zu Wettbewerbsverzerrungen unterschiedlicher Art führen: Zum einem können Substitutions- und Verlagerungseffekte auftreten, zB. wenn Arbeitsplätze für eine bestimmte Gruppe von Arbeitnehmern durch Arbeitsplätze für andere Arbeitnehmergruppen ersetzt werden. Ferner besteht die Gefahr, dass Unternehmen schrittweise nichtsubventionierte Arbeitnehmer durch subventionierte Arbeitnehmer in bestimmten Unternehmensbereichen ersetzen. Beihilfen in Form von Lohnkostenzuschüssen können uU. zum Verlust von Arbeitsplätzen in anderen Unternehmen führen, die mit dem Begünstigten Unternehmen auf denselben oder benachbarten Märkten konkurrieren. Gerechtfertigt werden diese Wettbewerbsverzerrungen mit dem Ziel die Nachfrage nach benachteiligten und behinderten Arbeitnehmern auf dem Arbeitsmarkt zu erhöht, um für diese so den Berufseinstieg oder Verbleib auf dem Arbeitsmarkt zu erleichtern.

II. Rechtstatsachen

3   Arbeitslosigkeit ist nach wie vor ein ernstes Problem der Gemeinschaft und ihrer Mitgliedsstaaten. Die Gemeinschaft möchte mit der Europäischen Beschäftigungsstrategie (EBS) die Schaffung neuer und besserer Arbeitsplätze für Unionsbürger fördern.[4]

4   In einer Befragung im Jahr 2002 von Personen im erwerbsfähigen Alter (16–64 Jahre) gaben fast 45 Mio., dh. jeder Sechste (15,7%) an, ein lang andauerndes Gesundheitsproblem oder eine Behinderung zu haben, wobei das Verhältnis zwischen Männern und Frauen relativ ausgeglichen war.[5] Im Jahr 2000 waren in der EU 78% der Schwerstbehinderten und 49% der Schwerbehinderten im erwerbsfähigen Alter nicht erwerbstätig, während es bei den nichtbehinderten Erwerbspersonen lediglich 27% waren. Dementsprechend war auch Arbeitslosenquote bei schwerst- und schwerbehinderten Erwerbspersonen mit 12,8% bzw. 10,9% deutlich höher als bei Nichtbehinderten (7,2%).[6] Trotz dieser Erwerbssituation erhielten nur etwa 15,7% und in den beitretenden Ländern nur 11,4% aller erwerbstätigen Behinderten mit eingeschränkter Arbeitsfähigkeit irgendeine Unterstützung zur Ausübung einer Erwerbstätigkeit.[7]

III. Entwicklung

5   Art. 40–42 ersetzen die GruppenfreistellungsVO (VO 2204/2002) vom 2. 1. 2003 für Beschäftigungsbeihilfen.[8] Die bisherige VO 2204/2002 wurde bislang nicht aufgehoben, aber Bezugnahmen auf sie gelten als Bezugnahmen auf die VO 800/2008.[9]

6   Die VO 2204/2002 galt bis zum 30. 6. 2008.[10] Freigestellte Beihilferegelungen bleiben auch nach diesem Datum für weitere sechs Monate freigestellt.[11] Beihilfen, die vor dem 31. Dezem-

---

[1] AGVO, Tz. 61.

[2] AGVO, Tz. 61.

[3] VO 2204/2002, ABl. 2002 L 337/3, Tz. 23.

[4] Siehe Broschüre der Kommission: Die Europäischen Beschäftigungsstrategie – Mehr und bessere Jobs für alle, abrufbar unter: http://ec.europa.eu/social/main.jsp?catId=101&langId=de&furtherPubs=yes.

[5] Eurostat, Beschäftigung behinderter Menschen in Europa 2002, abrufbar unter: http://epp.eurostat.ec.europa.eu/cache/ITY_OFFPUB/KS-NK-03-026/DE/KS-NK-03-026-DE.PDF.

[6] Eurostat, Abschlussveranstaltung zum Europäischen Jahr der Menschen mit Behinderungen, abrufbar unter: http://epp.eurostat.ec.europa.eu/cache/ITY_PUBLIC/3-05122003-AP/DE/3-05122003-AP-DE.HTML.

[7] Ebenda.

[8] VO 2204/2002, ABl. 2002 L 337/3.

[9] Art. 43.

[10] Art. 1 VO 1976/2006, ABl. L 368/85.

[11] Art. 11 Abs. 3 VO 2204/2002, ABl. 2002 L 337/3.

ber 2008 auf Grundlage der VO 2204/2002 bewilligt wurden, sind daher mit dem Gemeinsamen Markt vereinbar, auch die Voraussetzungen der Art. 40–42 nicht vorliegen.[12]

Aus Gründen der Klarheit wurden die Beihilfen für benachteiligte und behinderte Arbeit- **7** nehmer in der neuen AGVO in zwei getrennte Art. aufgespalten.[13] Damit wurde auch der Zeitraum, für den die Beihilfe gewährt werden kann (12 bzw. 24 Monate für benachteiligte Arbeitnehmer und unbegrenzt für behinderte Arbeitnehmer) klargestellt, was unter der VO 2204/ 2002 bisweilen zu Problemen geführt hat.[14]

Eine weitere wesentlichen Veränderung im Vergleich zur Vorgängervorschrift besteht darin, **8** dass die Beihilferegelungen nicht mehr die zusätzlichen Voraussetzungen der Art. 4 Abs. 2–4 VO 2204/2002 erfüllen müssen. Diese bezogen sich auf die Schaffung von Arbeitsplätzen und führten zur Überschneidungen mit den Vorschriften über Beschäftigungsbeihilfen für KMU[15] und Regionalförderung.[16] Diese Überschneidungen wurden im Rahmen der Zusammenführung der Verordnungen zur allgemeinen Gruppenfreistellungsverordnung beseitigt.

IV. Anwendungsbereich

Die Art. 40-42 stellen spezifische Beschäftigungsbeihilfen vom Anmeldeerfordernis frei. Sie **9** erfassen Beschäftigungsbeihilfen zur in Form von Lohnkostenzuschüssen für die Einstellung benachteiligter und behinderter Arbeitnehmer sowie Beihilfen zur Deckung von Mehrkosten durch die Beschäftigung behinderter Arbeitnehmer.

Beihilfen in Form von Lohnkostenzuschüssen für die Schaffung von Arbeitsplätzen werden **10** überdies auch bei Regionalbeihilfen,[17] bei Beschäftigungs- und Innovationsbeihilfen für KMU[18] sowie für neu gegründete Frauenunternehmen[19] vom Anmeldeerfordernis freigestellt. Das Verhältnis zwischen den einzelnen Beihilfen war vor der Zusammenführung der einzelnen GruppenfreistellungsVO in der AGVO nicht immer eindeutig.[20] Der Wortlaut der AGVO stellt nunmehr klar, dass die Freistellungen für Regionalbeihilfen sowie Frauenunternehmen subsidiär zu den anderen Freistellungen sind. Wie auch bislang unter Anwendung der VO 70/2001 sowie VO 2204/2002 stehen die Freistellungsregelungen für Beschäftigungsbeihilfen für KMU und die für benachteiligte und behinderte Arbeitnehmer nebeneinander.[21]

Art. 40–42 gelten grundsätzlich für alle von der AGVO erfassten Wirtschaftbereich ein- **11** schließlich der ansonsten ausgenommen Wirtschaftsbereich der Fischerei und Aquakultur im Sinne von VO 104/2000[22] sowie für die Primärerzeugung landwirtschaftlicher Erzeugnisse,[23] soweit dies Beihilfen nicht unter die VO 1857/2006 fallen, welche staatliche Beihilfen an kleine und mittlere in der Erzeugung von landwirtschaftlichen Erzeugnissen tätige Unternehmen betrifft. Ausgenommen bleiben weiterhin Beihilfe im Rahmen der Verarbeitung und Vermarktung landwirtschaftlicher Erzeugnisse sowie für Regionalbeihilfen im Steinkohlebergbau, der Stahlindustrie, im Schiffbau und Kunstfasersektor.

Art. 40 Beihilfen in Form von Lohnkostenzuschüssen für die Einstellung benachteiligter Arbeitnehmer

(1) Beihilferegelungen für die Einstellung benachteiligter Arbeitnehmer in Form von Lohnkostenzuschüssen sind im Sinne von Artikel 87 Absatz 3 EG-Vertrag mit dem Gemeinsamen Markt vereinbar und von der Anmeldpflicht gemäß Artikel 88 Absatz 3 EG-Vertrag freigestellt, wenn die Voraussetzungen der Absätze 2 bis 5 dieses Artikels erfüllt sind.

---

[12] Art. 44 Abs. 2.
[13] Früher Art. 5 VO 2204/2002, ABl. 2002 L 337/3.
[14] Memorandum on the draft general block exemption regulation v. 11. 6. 2007, S. 18, abrufbar unter: http://ec.europa.eu/competition/state_aid/reform/archive_docs/final_memorandum_gber.pdf.
[15] Art. 15 VO 70/2001, ABl. 2001 L 10/33.
[16] Art. 13, 14.
[17] Art. 14 Abs. 5 lit. d.
[18] Art. 15 Abs. 3 lit. b.
[19] Art. 16 Abs. 5 lit. d.
[20] *Heidenhain/Repplinger-Hach* § 22 RdNr. 10.
[21] Ebenda.
[22] Art. 1 Abs. 3 lit. a.
[23] Art. 2 Nr. 18.

(2) Die Beihilfeintensität darf 50% der beihilfefähigen Kosten nicht überschreiten.

(3) Beihilfefähig sind die Lohnkosten über einen Zeitraum von höchstens 12 Monaten nach der Einstellung.

Im Falle stark benachteiligter Arbeitnehmer sind beihilfefähige Kosten die Lohnkosten über einen Zeitraum von höchstens 24 Monaten nach der Einstellung.

(4) Hat die Einstellung in dem betreffenden Unternehmen keinen Nettozuwachs an Beschäftigten im Vergleich zur durchschnittlichen Beschäftigtenzahl in den vorausgegangenen zwölf Monaten zur Folge, muss (müssen) die Stelle(n) im Anschluss an das freiwillige Ausscheiden, die Invalidisierung, den Eintritt in den Ruhestand aus Altersgründen, die freiwillige Reduzierung der Arbeitszeit oder die rechtmäßige Entlassung eines Mitarbeiters wegen Fehlverhaltens und nicht infolge des Abbaus von Arbeitsplätzen frei geworden sein.

(5) Außer bei rechtmäßiger Entlassung wegen Fehlverhaltens hat der benachteiligte Arbeitnehmer Anspruch auf eine dauerhafte Beschäftigung über den Mindestzeitraum, der in den einschlägigen einzelstaatlichen Rechtsvorschriften oder in Tarifvereinbarungen über Beschäftigungsverträge niedergelegt ist.

Ist der Beschäftigungszeitraum kürzer als 12 oder gegebenenfalls 24 Monate, wird die Beihilfe entsprechend gekürzt.

I. Benachteiligte Arbeitnehmer

1   Die AGVO unterscheidet zwischen benachteiligten Arbeitnehmern und stark benachteiligten Arbeitnehmern. Es gibt sechs alternative Möglichkeiten, wann eine Person als benachteiligter Arbeitnehmer einzustufen ist:

2   Benachteiligte Arbeitnehmer sind danach Personen, (1) die in den vorangegangenen sechs Monaten keiner regulären Bezahlten Beschäftigung nachgegangen. Ferner sind auch Personen, (2) die über keinen Abschluss der Sekundarstufe II bzw. keinen Berufsabschluss verfügen (IS-CED 3) und (3) Personen, die älter als 50 Jahre sind. Als benachteiligte Arbeitnehmer gelten außerdem (4) Erwachsene, die allein leben und mindestens einer Person unterhaltsverpflichtet sind, sowie Personen, (5) die in einem Wirtschaftszweig oder einem Beruf in einem Mitgliedsaat arbeiten, wo das Ungleichgewicht zwischen Männern und Frauen mindestens 25% höher ist als das als das durchschnittliche Ungleichgewicht zwischen Männern und Frauen, das in dem betreffenden Mitgliedstaat in allen Wirtschaftszweigen insgesamt verzeichnet wird, und zu der betreffenden Minderheit gehören. (6) Auch Angehörige ethnischer Minderheiten in einem Mitgliedstaat, die ihre sprachlichen oder beruflichen Fertigkeiten ausbauen oder mehr Berufserfahrung sammeln müssen, damit sie bessere Aussichten auf eine dauerhafte Beschäftigung haben, sind benachteiligte Arbeitnehmer. Stark benachteiligte Arbeitnehmer sind Personen, die seit mindestens 24 Monaten ohne Beschäftigung sind.[1]

3   Die obige Definition ist wesentlich vereinfacht verglichen mit den bisherigen Definitionen in VO 68/2001[2] und VO 2204/2002,[3] die jeweils insgesamt elf alternative Fälle vorsahen, in denen einer Person als benachteiligter Arbeitnehmer einzustufen war. Nicht mehr als benachteiligte Arbeitnehmern gelten danach u.a. Personen unter 25 Jahren ohne reguläre Ersteinstellung, Wanderarbeiter, aktive und ehemalige Suchtkranke, ehemalige Gefängnisinsassen, Frauen aus NUTS II-Regionen.

---

[1] Art. 2 Nr. 19.
[2] Art. 2 lit. g VO 68/2001, ABl. L 10/20.
[3] Art. 2 lit. f VO 2204/2002, ABl. 2002 L 337/3.

II. Beihilfeintensität und beihilfefähige Kosten

Bei benachteiligten Arbeitnehmern darf die Beihilfe nicht mehr als 50% der Lohnkosten für 4 einen Zeitraum von höchstens zwölf Monaten nach der Einstellung betragen. Bei stark benachteiligten Arbeitnehmer gilt ein Zeitraum von höchsten 24 Monaten.[4]

Beihilfefähige Kosten sind die Bruttolohnkosten also alle Kosten, die der Beihilfeempfänger 5 für den geschaffenen Arbeitsplatz tragen muss, dh. Bruttolohn, Pflichtbeiträge wie Sozialversicherungsbeiträge sowie ggf. Kosten für die Betreuung von Kindern und die Pflege von Eltern.[5]

III. Nettozuwachs an Arbeitsplätzen

Ziel von Art. 40 ist es, dass sich Beschäftigungsbeihilfen für benachteiligte Arbeitnehmer po- 6 sitiv auf das Beschäftigungsniveau bei diesen Gruppen auswirken und den Unternehmen nicht nur dazu verhelfen, Kosten einzusparen.[6] Um Missbrauch der Freistellung auszuschließen, muss die Beihilfe zu einem Nettozuwachs an Beschäftigten im Vergleich zur durchschnittlichen Beschäftigungszahl in den vorausgegangenen zwölf Monaten zur Folge haben.[7]

Ohne Nettozuwachs fällt eine Beihilfe nur dann unter Art. 40, wenn der Arbeitsplatz, auf 7 dem der benachteiligte Arbeitnehmer zukünftig eingesetzt wird, durch Invalidisierung, Eintritt in den Ruhestand aus Altersgründen, freiwillige Reduzierung von Arbeitszeit oder rechtmäßige Entlassung wegen Fehlverhaltens frei geworden ist. Der Arbeitsplatz darf nicht infolge des Abbaus von Arbeitsplätzen entstanden bzw. frei geworden sein. Fehlt es an einen Nettozuwachs von benachteiligten Arbeitnehmern in dem begünstigten Unternehmen, hat die Beihilfe gem. Art. 8 Abs. 5 keinen Anreizeffekt und ist nicht vom Anmeldeerfordernis freigestellt.[8]

IV. Anspruch des Arbeitnehmers auf dauerhafte Beschäftigung (Abs. 5)

Der benachteiligte Arbeitnehmer hat einen Anspruch auf eine dauerhafte Beschäftigung über 8 den Mindestzeitraum, der in den einzelstaatlichen Vorschriften oder in Tarifvereinbarungen über Beschäftigungsverträge niedergelegt ist. Dies gilt nicht bei rechtmäßiger Entlassung wegen Fehlverhaltens.

Bei Beschäftigungszeiträumen, die kürzer als zwölf Monate (bei stark benachteiligten Arbeits- 9 nehmern 24 Monate) sind, wird die Beihilfe entsprechend gekürzt. Dies stellt eine Neuregelung im Vergleich zur VO 2204/2002 dar,[9] welche für größere Flexibilität zugunsten der Arbeitnehmer sorgen soll.[10]

V. Nicht von Art. 40 freigestellte Beihilfen

Die Höchstgrenze für die Einstellung benachteiligter Arbeitnehmer beträgt 5 Mio. EUR pro 10 Unternehmen pro Jahr.[11] Dies entspricht in der Höhe der bisherigen Regelung, die eine Anmeldepflicht bei Beihilfen an ein einzelnes Unternehmen oder Betrieb mit einem Gesamtvolumen in einem Dreijahreszeitraum von 15 Mio. EUR brutto vorsah.[12] Die Verengung des Fokus auf einen Einjahreszeitraum dient der Vorbeugung von Marktverzerrungen durch einmalige hohe Beihilfeleistungen. Die alte Regelung war insoweit problematisch, als dass sie neben dem Unternehmen auch den Betrieb nannte.[13] Daraus resultierende Unklarheiten wurde mit der neuen AGVO indes beseitigt.

In den Erwägungsgründen der VO 2204/2002 wurde ferner klargestellt, dass nur Beihilfen 11 für die Schaffung von neuen Arbeitsplätze aber nicht Beihilfen zur Erhaltung von bereits bestehenden Arbeitsplätzen freistellt sind.[14] Nicht freigestellt werden sollten überdies auch Beihilfen für die Umwandlung befristeter Arbeitsverträge oder von Zeitarbeitsverträgen in unbefristete

---

[4] Art. 40 Abs. 2, 3.
[5] Art. 2 Nr. 15.
[6] AGVO, Tz. 61.
[7] Art. 40 Abs. 4.
[8] Art. 8 Abs. 1.
[9] Art. 5 Abs. 3 lit. b VO 2204/2002, ABl. 2002 L 337/3.
[10] Memorandum on the draft general block exemption regulation v. 11. 6. 2007, S. 19 (Art. 39 Fn. 14).
[11] Art. 6 Abs. 1 lit. h.
[12] Art. 9 Abs. 2 VO 2204/2002, ABl. 2002 L 337/3.
[13] *Heidenhain/Repplinger-Hach* § 22 RdNr. 20.
[14] VO 2204/2002, ABl. 2002 L 337/3, Tz. 19.

Beschäftigungsverhältnisse[15] und sonstige Beihilfen mit politischer Zielsetzung.[16] Die neue AGVO verzichtet in ihren Erwägungsgründen darauf, solche Beihilfen ausdrücklich aus ihrem Anwendungsbereich zu nehmen. Die amtliche Überschrift von Art. 40 AGVO machte indes bereits deutlich, dass dieser nur die Einstellung fördern will und andere Beihilfenregelungen auch weiterhin nicht freigestellt sind.

Art. 41 Beihilfen in Form von Lohnkostenzuschüssen für die Beschäftigung behinderter Arbeitnehmer

(1) Beihilfen in Form von Lohnkostenzuschüssen für die Beschäftigung behinderter Arbeitnehmer sind im Sinne von Art. 87 Absatz 3 EG-Vertrag mit dem Gemeinsamen Markt vereinbar und von der Anmeldepflicht gemäß Art. 88 Absatz 3 EG-Vertrag freigestellt, wenn die Voraussetzungen der Absätze 2 bis 5 dieses Artikels erfüllt sind.

(2) Die Beihilfeintensität darf 75% der beihilfefähigen Kosten nicht überschreiten.

(3) Beihilfefähig sind die Lohnkosten, die während der Beschäftigung des behinderten Arbeitnehmers anfallen.

(4) Hat die Einstellung in dem betreffenden Unternehmen keinen Nettozuwachs an Beschäftigten im Vergleich zur durchschnittlichen Beschäftigtenzahl in den vorausgegangenen zwölf Monaten zur Folge, muss (müssen) die Stelle(n) im Anschluss an das freiwillige Ausscheiden, die Invalidisierung, den Eintritt in den Ruhestand aus Altersgründen, die freiwillige Reduzierung der Arbeitszeit oder die rechtmäßige Entlassung eines Mitarbeiters wegen Fehlverhaltens und nicht infolge des Abbaus von Arbeitsplätzen frei geworden sein.

(5) Außer bei rechtmäßiger Entlassung wegen Fehlverhaltens haben die Arbeitnehmer Anspruch auf eine dauerhafte Beschäftigung über den Mindestzeitraum, der in den einschlägigen einzelstaatlichen Rechtsvorschriften oder in Tarifvereinbarungen über Beschäftigungsverträge niedergelegt ist.

Ist der Beschäftigungszeitraum kürzer als 12 Monate, wird die Beihilfe entsprechend gekürzt.

Übersicht

I. Behinderte Arbeitnehmer

1 Behinderte Arbeitnehmer iSd. AGVO sind alle Personen, die nach nationalem Recht als Behinderte gelten oder Personen mit anerkannten körperlichen, geistigen oder seelischen Beeinträchtigungen.[1] Die Definition in der AGVO ist damit identisch mit der aus VO 2204/2002.[2]

II. Beihilfeintensität und beihilfefähige Kosten

2 Beihilfefähig sind die Lohnkosten, die während der gesamten Dauer der Beschäftigung des behinderten Arbeitnehmers anfallen.[3] Lohnkosten werden in Art. 15 Nr. 15 definiert. Die Beihilfe darf 75% dieser Kosten nicht überschreiten.[4] Die Beihilfeintensität wurde damit um

---

[15] VO 2204/2002, ABl. 2002 L 337/3, Tz. 20.
[16] VO 2204/2002, ABl. 2002 L 337/3, Tz. 30.
[1] Art. 2 Nr. 20 VO 800/2008, ABl. 2008 L 214/3.
[2] Art. 2 lit. g VO 2204/2002, ABl. 2002 L 337/3.
[3] Art. 41 Abs. 3.
[4] Art. 41 Abs. 2.

15 Prozentpunkte erhöht.[5] Anders als bei den Beschäftigungsbeihilfen für benachteiligte Arbeitnehmer sind Lohnkosten unbefristet beihilfefähig.

III. Nettozuwachs an Arbeitsplätzen

Die Beihilfe muss zu einem Nettozuwachs an Beschäftigten im Vergleich zur durchschnittli- **3** chen Beschäftigungszahl in den vorausgegangenen zwölf Monaten zur Folge haben.[6] Hat kein Nettozuwachs stattgefunden, kann die Beihilfe ausnahmsweise nach Art. 41 Abs. 4 freigestellt sein. Dieser ist identisch mit Art. 40 Abs. 4.[7]

Die Beihilfe ist nur vom Anmeldeerfordernis freigestellt, wenn sie einen Anreizeffekt hat.[8] **4** Ein Anreizeffekt liegt nur bei einem Nettozuwachs an behinderten Arbeitnehmern in dem begünstigten Unternehmen vor.[9] Fehlt es an einen Nettozuwachs an benachteiligten Arbeitnehmern in dem begünstigten Unternehmen, hat die Beihilfe gem. Art. 8 Abs. 5 keinen Anreizeffekt und ist nicht vom Anmeldeerfordernis freigestellt.

IV. Anspruch des Arbeitnehmers auf dauerhafte Beschäftigung

Der behinderte Arbeitnehmer hat einen Anspruch auf eine dauerhafte Beschäftigung über **5** den Mindestzeitraum, der in den einzelstaatlichen Vorschriften oder in Tarifvereinbarungen über Beschäftigungsverträge niedergelegt ist. Dies gilt nicht bei rechtmäßiger Entlassung wegen Fehlverhaltens. Bei Beschäftigungszeiträumen, die kürzer als zwölf Monate sind, wird die Beihilfe entsprechend gekürzt.[10]

V. Nicht von Art. 41 freigestellte Beihilfen

Die Höchstgrenze für Einzelbeihilfen beträgt 10 Mio. EUR pro Unternehmen und Jahr.[11] **6** Für die Beschäftigung benachteiligter und behinderter Arbeitnehmer somit – anders als unter der VO 2204/2002 – andere Schwellenwerte. Anders als Art. 40 beschränkt sich Art. 41 AGVO ausweislich seiner Überschrift nicht bloß auf Beihilfen für die Einstellung, sondern für die Beschäftigung behinderter Arbeitnehmer im Allgemeinen.

VI. Ausnahme bei der Kumulierung gemäß Art. 7 Abs. 4

Entsprechend dem Kumulierungsverbot des Art. 7 Abs. 3 darf eine nach der AGVO freige- **7** stellte Beihilfe nicht mit anderen nach der AGVO freigestellten Beihilfen und De-minimis-Beihilfen kumuliert werden, wenn dadurch die entsprechende Beihilfeintensität bzw. der entsprechende Beihilfehöchstbetrag überschritten wird. Von diesem Verbot macht Art. 7 Abs. 4 AGVO eine Ausnahme für Beihilfen zugunsten behinderter Arbeitnehmer gemäß Art. 41 und 42 AGVO, solange die Beihilfeintensität aufgrund dessen 100% der anfallenden Kosten nicht übersteigt.

Art. 42 Beihilfen zum Ausgleich der Mehrkosten durch die Beschäftigung behinderter Arbeitnehmer

(1) Beihilfen zum Ausgleich der durch die Beschäftigung von behinderten Arbeitnehmern verursachten Mehrkosten sind im Sinne von Artikel 87 Absatz 3 EG-Vertrag mit dem Gemeinsamen Markt vereinbar und von der Anmeldepflicht gemäß Art. 88 Absatz 3 EG-Vertrag freigestellt, wenn die Voraussetzungen der Absätze 2 und 3 dieses Artikels erfüllt sind.

(2) Die Beihilfeintensität darf 100% der beihilfefähigen Kosten nicht überschreiten.

(3) Beihilfefähig sind andere Kosten als die unter Art. 41 fallenden Lohnkosten, die während der Beschäftigung des betreffenden Arbeitnehmers zusätzlich zu den Kos-

---

[5] Art. 5 Abs. 2 VO 2204/2002, ABl. 2002 L 337/3.
[6] Art. 41 Abs. 4.
[7] Siehe oben Art. 40 RdNr. 6.
[8] Art. 8 Abs. 1.
[9] Art. 8 Abs. 5.
[10] Art. 41 Abs. 5.
[11] Art. 6 Abs. 1 lit. j.

ten zu tragen sind, die dem Unternehmen bei Beschäftigung eines nicht behinderten Arbeitnehmers entstehen würden.

Beihilfefähige Kosten sind:

a) Kosten für eine behindertengerechte Umgestaltung der Räumlichkeiten;
b) Kosten für die Beschäftigung von Personal ausschließlich zur Unterstützung der behinderten Arbeitnehmer;
c) Kosten für die Anschaffung behindertengerechter Ausrüstung bzw. für die Umrüstung der Ausrüstung oder Kosten für die Anschaffung und Validierung von Software für behinderte Arbeitnehmer einschließlich adaptierter oder unterstützender Technologien, die zu den Kosten hinzukommen, die dem Unternehmen bei Beschäftigung eines nicht behinderten Arbeitnehmers entstehen würden;
d) bei einem Beihilfeempfänger, der geschützte Beschäftigungsverhältnisse anbietet: die Kosten für den Bau, die Ausstattung oder Erweiterung der Betriebsstätte sowie die Verwaltungs- und Beförderungskosten, die direkt aus der Beschäftigung behinderter Arbeitnehmer entstehen.

1   Art. 42 dient dazu Mehrkosten, die Unternehmen infolge der Beschäftigung behinderter Arbeitnehmer entstehen, auszugleichen und dadurch Hemmnisse bei der Beschäftigung diese Arbeitnehmer abzubauen und sie für Unternehmen attraktiver zu machen.

2   Die Beihilfen kann dabei bis zu 100% der Mehrkosten betragen.[1] Mehrkosten iSd. sind alle Kosten, die das Unternehmen zusätzlich tragen muss, weil es einen behinderten Arbeitnehmer anstelle eines Arbeitnehmers ohne Behinderung eingestellt hat.[2] Dies sind Kosten für die behindertengerechte Umgestaltung der Räumlichkeiten, Kosten für die Beschäftigung von Personal zur ausschließlich zur Unterstützung der behinderten Arbeitnehmer, Kosten für die Anschaffung behindertengerechter Ausrüstung und unterstützender Technologien bzw. für die Umrüstung bestehender Ausrüsten.[3] Die Vorschrift entspricht damit im Wesentlichen der frühren VO 2204/2002.[4]

3   Zu den Mehrkosten zählen nicht die Lohnkosten. Fraglich ist, ob auch Kosten infolge der verminderten Leistungsfähigkeit des behinderten Arbeitnehmers beihilfefähig sind. Gemäß Art. 6 Abs. 2 VO 2204/2002 „durften die gewährten Beihilfen nicht über das Maß hinausgehen, das erforderlich ist, eine etwaige behinderungsbedingte Verminderung der Leistungsfähigkeit des oder der Arbeitnehmer" auszugleichen. Teilweise wurde daraus geschlossen, dass die verminderte Produktivität des behinderten Arbeitsnehmers beihilfefähige Kosten sein, wobei ggf. geringere Lohnkosten zu berücksichtigen wären.[5] Andere sehen die verminderte Leistungsfähigkeit als entgangenen Gewinn und nicht als Kosten an, so dass bereits das Tatbestandsmerkmal „Mehrkosten" nicht erfüllt werde.[6] Nachletzterer Ansicht ist die verminderte Leistungsfähigkeit allein für das Merkmal der Erforderlichkeit des Beihilfe relevant. Die neue AGVO spricht die verminderte Leistungsfähigkeit bei den beihilfefähigen Kosten nicht mehr an, sie könnten jedoch unter Art. 42 Abs. 3 fallen, wenn man sie als Mehrkosten im Vergleich zur Beschäftigung eine nichtbehinderten Arbeitsnehmers verstehen würde. Dann allerdings enthielte Art. 42 Abs. 3 eine Generaldefinition der beihilfefähigen Kosten und lit. a–d nur eine beispielhafte Aufzählung. Dagegen spricht indes der Wortlaut, nach dem die Aufzählung in lit. a–d abschließend zu sein scheint. Sobald eine Aufzählung nicht abschließend ist, hat die Kommission, wie zB. in Art. 5, das Wort „insbesondere" verwendet.

4   Für Beihilfen gemäß Art. 42 gilt eine Ausnahme vom Kumulierungsverbot des Art. 7 Abs. 3, solange aufgrund der Kumulierung die Beihilfeintensität nicht 100% der anfallenden Kosten übersteigt.[7]

5   Bei Unternehmen, die mindestens 50% behinderte Arbeitnehmer beschäftigen (geschützte Beschäftigungsverhältnisse),[8] umfassen die beihilfefähigen Kosten auch den Bau, die Ausstattung

---

[1] Art. 42 Abs. 2.
[2] Art. 42 Abs. 3.
[3] Art. 42 Abs. 3 lit. a–c.
[4] Art. 6 VO 2204/2002, ABl. 2002 L 337/3.
[5] *Heidenhain/Repplinger-Hach* § 23 RdNr. 33.
[6] *Immenga/Mestmäcker/Ehricke,* EG-WettbR, nach Art. 89 EG – Gruppenfreistellungsverordnungen, RdNr. 172.
[7] Art. 7 Abs. 4.
[8] Art. 2 Nr. 21.

und die Erweiterung der Betriebsstätte sowie die zusätzlichen Verwaltungs- und Beförderungs-kosten, die direkt aus der Beschäftigung der behinderten Arbeitnehmer entstehen.[9]

Kapitel III. Schlussbestimmungen

Art. 43 Aufhebung von Rechtsakten

Verordnung (EG) Nr. 1628/2006 wird aufgehoben.
Bezugnahmen auf die aufgehobene Verordnung und auf die Verordnungen (EG) Nr. 68/2001, 70/2001 und 2204/2002 gelten als Bezugnahmen auf diese Verordnung.

Die Verordnung über die Anwendung der Art. 107 und 108 AEUV auf regionale Investi-   **1** tionsbeihilfen (VO 1628/2006 wird aufgehoben). Für Regionalbeihilfen gelten nun Kapitel II Abschnitt 1 der AGVO.[1] An sich sollte die Freistellungsverordnung für regionale Investitions-beihilfen bis zum 31. 12. 2013 gelten.[2]

Bezugnahmen auf die VO 1628/2006 sowie auf die Freistellungsverordnungen für Ausbil-   **2** dungsbeihilfen,[3] KMU-Beihilfen[4] sowie Beschäftigungsbeihilfen[5] gelten als Bezugnahmen auf die AGVO. Diese Verordnungen werden nicht aufgehoben, da ihr Anwendungsbereich nach zweimaliger Verlängerung bis zum 31. 12. 2007 sowie 30. 6. 2008 ohnehin bis zum 31. 12. 2008 zeitlich beschränkt war.

Art. 44 Übergangsbestimmungen

(1) Diese Verordnung gilt für Einzelbeihilfen, die vor ihrem Inkrafttreten bewilligt wurden, sofern diese Beihilfen sämtliche Voraussetzungen dieser Verordnung mit Ausnahme des Artikels 9 erfüllen.

(2) Vor dem 31. Dezember 2008 bewilligte Beihilfen, die nicht die Voraussetzungen dieser Verordnung, aber die Voraussetzungen der Verordnung (EG) Nr. 70/2001, der Verordnung (EG) Nr. 68/2001, der Verordnung (EG) Nr. 2204/2002 oder der Verordnung (EG) Nr. 1628/2006 erfüllen, sind mit dem Gemeinsamen Markt vereinbar und von der Anmeldepflicht gemäß Art. 88 Absatz 3 EG-Vertrag freigestellt.

Vor Inkrafttreten dieser Verordnung bewilligte Beihilfen, die weder die Vorausset-zungen dieser Verordnung noch die Voraussetzungen einer der in Unterabsatz 1 ge-nannten Verordnungen erfüllen, werden von der Kommission nach den geltenden Gemeinschaftsrahmen, Leitlinien, Mitteilungen und Bekanntmachungen geprüft.

(3) Nach Ablauf der Geltungsdauer dieser Verordnung bleiben die auf der Grund-lage dieser Verordnung freigestellten Beihilferegelungen noch während einer Anpas-sungsfrist von sechs Monaten freigestellt; dies gilt nicht für Regionalbeihilferegelun-gen. Die Freistellung der Regionalbeihilferegelungen endet an dem Tag, an dem die Geltungsdauer der genehmigten Fördergebietskarten endet.

Die AGVO gilt für Einzelbeihilfe, die vor dem Inkrafttreten (Art. 45), sofern diese Beihilfe   **1** sämtliche Voraussetzungen der AGVO mit Ausnahme der Transparenzerfordernisse gemäß Art. 9[1*] erfüllt (Abs. 1).

Beihilfen, die vor dem 31. 12. 2008 bewilligt wurden und die Voraussetzungen der aufgeho-   **2** benen bzw. am 31. 12. 2008 ausgelaufenen Freistellungsverordnungen erfüllen, sind mit dem gemeinsamen Markt vereinbar und von der Anmeldepflicht gemäß Art. 108 Abs. 3 AEUV frei-gestellt. Folglich werden bewilligte Beihilfen, die weder die Voraussetzungen der alten Freistel-lungsverordnungen noch die der neuen AGVO erfüllen, nach den jeweils geltenden Gemein-schaftsrahmen, Leitlinien, Mitteilungen und Bekanntmachungen geprüft (Abs. 2).

---

[9] Art 42 Abs. 3 lit. d.
[1] Vgl. Art. 13, 14.
[2] Art. 9 Abs. 1 VO 1628/2006, ABl. 2006 L 302/29.
[3] VO 68/2001, ABl. 2001 L 10/20.
[4] VO 70/2001, ABl. 2001 L 10/33.
[5] VO 2204/2002, ABl. 2002 L 337/3.
[1*] Vgl. Art. 9.

3   Wie bereits bei den bisherigen Freistellungsverordnungen,[2] bleiben die auf der Grundlage dieser Verordnung freigestellten Beihilferegelungen auch nach Ablauf der Geltungsdauer der AGVO am 31. 12. 2013 (Art. 45) noch während einer Anpassungsfrist von sechs Monaten freigestellt, soweit es sich nicht um Regionalbeihilferegelungen handelt. Die Freistellung der Regionalbeihilferegelungen endet an dem Tag, an dem die Geltungsdauer der genehmigten Fördergebietskarten endet.

Art. 45 Inkrafttreten und Geltungsdauer

Diese Verordnung tritt am zwanzigsten Tag nach ihrer Veröffentlichung im *Amtsblatt der Europäischen Union* in Kraft.
Sie gilt bis zum 31. Dezember 2013.

Die AGVO ist am 20 Tag nach ihrer Veröffentlichung im Amtsblatt also am 9. 8. 2008 in Kraft getreten. Sie gilt vorerst bis zum 31. 12. 2013.

Anhang I

Anhang

Definition der kleinen und mittleren Unternehmen

Art. 1 Unternehmen

Als Unternehmen gilt jede Einheit, unabhängig von ihrer Rechtsform, die eine wirtschaftliche Tätigkeit ausübt. Dazu gehören insbesondere auch jene Einheiten, die eine handwerkliche Tätigkeit oder andere Tätigkeiten als Einpersonen- oder Familienbetriebe ausüben, sowie Personengesellschaften oder Vereinigungen, die regelmäßig einer wirtschaftlichen Tätigkeit nachgehen.

Art. 2 Mitarbeiterzahlen und finanzielle Schwellenwerte zur Definition der Unternehmensklassen

(1) Die Größenklasse der Kleinstunternehmen sowie der kleinen und mittleren Unternehmen (KMU) setzt sich aus Unternehmen zusammen, die weniger als 250 Personen beschäftigen und die entweder einen Jahresumsatz von höchstens 50 Mio. EUR erzielen oder deren Jahresbilanzsumme sich auf höchstens 43 Mio. EUR beläuft.

(2) Innerhalb der Kategorie der KMU wird ein kleines Unternehmen als ein Unternehmen definiert, das weniger als 50 Personen beschäftigt und dessen Jahresumsatz bzw. Jahresbilanz 10 Mio. EUR nicht übersteigt.

(3) Innerhalb der Kategorie der KMU wird ein Kleinstunternehmen als ein Unternehmen definiert, das weniger als 10 Personen beschäftigt und dessen Jahresumsatz bzw. Jahresbilanz 2 Mio. EUR nicht überschreitet.

Art. 3 Bei der Berechnung der Mitarbeiterzahlen und der finanziellen Schwellenwerte berücksichtigte Unternehmenstypen

(1) Ein „eigenständiges Unternehmen" ist jedes Unternehmen, das nicht als Partnerunternehmen im Sinne von Absatz 2 oder als verbundenes Unternehmen im Sinne von Absatz 3 gilt.

(2) „Partnerunternehmen" sind alle Unternehmen, die nicht als verbundene Unternehmen im Sinne von Absatz 3 gelten und zwischen denen folgende Beziehung

---

[2] ZB. Art. 8 Abs. 2 VO 68/2001, ABl. 2001 L 10/20; Art. 11. Abs. 3 VO 2204/2002, ABl. 2002 L 337/3.

besteht: Ein Unternehmen (das vorgeschaltete Unternehmen) hält – allein oder gemeinsam mit einem oder mehreren verbundenen Unternehmen im Sinne von Absatz 3 – 25% oder mehr des Kapitals oder der Stimmrechte eines anderen Unternehmens (des nachgeschalteten Unternehmens).

Ein Unternehmen gilt jedoch weiterhin als eigenständig, auch wenn der Schwellenwert von 25% erreicht oder überschritten wird, sofern es sich um folgende Kategorien von Investoren handelt und unter der Bedingung, dass diese Investoren nicht im Sinne von Absatz 3 einzeln oder gemeinsam mit dem betroffenen Unternehmen verbunden sind:

a) Staatliche Beteiligungsgesellschaften, Risikokapitalgesellschaften, natürliche Personen bzw. Gruppen natürlicher Personen, die regelmäßig im Bereich der Risikokapitalinvestition tätig sind („Business Angels") und die Eigenkapital in nicht börsennotierte Unternehmen investieren, sofern der Gesamtbetrag der Investition der genannten „Business Angels" in ein und dasselbe Unternehmen 1 250 000 EUR nicht überschreitet;

b) Universitäten oder Forschungszentren ohne Gewinnzweck;

c) institutionelle Anleger einschließlich regionaler Entwicklungsfonds;

d) autonome Gebietskörperschaften mit einem Jahreshaushalt von weniger als 10 Mio. EUR und weniger als 5000 Einwohnern.

(3) „Verbundene Unternehmen" sind Unternehmen, die zueinander in einer der folgenden Beziehungen stehen:

a) Ein Unternehmen hält die Mehrheit der Stimmrechte der Aktionäre oder Gesellschafter eines anderen Unternehmens;

b) ein Unternehmen ist berechtigt, die Mehrheit der Mitglieder des Verwaltungs-, Leitungs- oder Aufsichtsgremiums eines anderen Unternehmens zu bestellen oder abzuberufen;

c) ein Unternehmen ist gemäß einem mit einem anderen Unternehmen abgeschlossenen Vertrag oder aufgrund einer Klausel in dessen Satzung berechtigt, einen beherrschenden Einfluss auf dieses Unternehmen auszuüben;

d) ein Unternehmen, das Aktionär oder Gesellschafter eines anderen Unternehmens ist, übt gemäß einer mit anderen Aktionären oder Gesellschaftern dieses anderen Unternehmens getroffenen Vereinbarung die alleinige Kontrolle über die Mehrheit der Stimmrechte von dessen Aktionären oder Gesellschaftern aus.

Es besteht die Vermutung, dass kein beherrschender Einfluss ausgeübt wird, sofern sich die in Absatz 2 Unterabsatz 2 genannten Investoren nicht direkt oder indirekt in die Verwaltung des betroffenen Unternehmens einmischen – unbeschadet der Rechte, die sie in ihrer Eigenschaft als Aktionäre oder Gesellschafter besitzen.

Unternehmen, die durch ein oder mehrere andere Unternehmen, oder einen der in Absatz 2 genannten Investoren untereinander in einer der in Unterabsatz 1 genannten Beziehungen stehen, gelten ebenfalls als verbunden.

Unternehmen, die durch eine natürliche Person oder eine gemeinsam handelnde Gruppe natürlicher Personen miteinander in einer dieser Beziehungen stehen, gelten gleichermaßen als verbundene Unternehmen, sofern diese Unternehmen ganz oder teilweise in demselben Markt oder in benachbarten Märkten tätig sind.

Als „benachbarter Markt" gilt der Markt für ein Produkt oder eine Dienstleistung, der dem betreffenden Markt unmittelbar vor- oder nachgeschaltet ist.

(4) Außer den in Absatz 2 Unterabsatz 2 angeführten Fällen kann ein Unternehmen nicht als KMU angesehen werden, wenn 25% oder mehr seines Kapitals oder seiner Stimmrechte direkt oder indirekt von einer oder mehreren öffentlichen Stellen oder Körperschaften des öffentlichen Rechts einzeln oder gemeinsam kontrolliert werden.

(5) Die Unternehmen können eine Erklärung zu ihrer Qualität als eigenständiges Unternehmen, Partnerunternehmen oder verbundenes Unternehmen sowie zu den Daten über die in Artikel 2 angeführten Schwellenwerte abgeben. Diese Erklärung kann selbst dann vorgelegt werden, wenn sich die Anteilseigner aufgrund der Kapitalstreuung nicht genau feststellen lassen, wobei das Unternehmen nach Treu und Glauben erklärt, es könne mit Recht davon ausgehen, dass es sich nicht zu 25% oder

mehr im Besitz eines Unternehmens oder im gemeinsamen Besitz von miteinander bzw. über natürliche Personen oder eine Gruppe natürlicher Personen verbundenen Unternehmen befindet. Solche Erklärungen werden unbeschadet der aufgrund nationaler oder gemeinschaftlicher Regelungen vorgesehenen Kontrollen oder Überprüfungen abgegeben.

Art. 4 Für die Mitarbeiterzahl und die finanziellen Schwellenwerte sowie für den Berichtszeitraum zugrunde zu legende Daten

(1) Die Angaben, die für die Berechnung der Mitarbeiterzahl und der finanziellen Schwellenwerte herangezogen werden, beziehen sich auf den letzten Rechnungsabschluss und werden auf Jahresbasis berechnet. Sie werden vom Stichtag des Rechnungsabschlusses an berücksichtigt. Die Höhe des herangezogenen Umsatzes wird abzüglich der Mehrwertsteuer (MwSt) und sonstiger indirekter Steuern oder Abgaben berechnet.

(2) Stellt ein Unternehmen am Stichtag des Rechnungsabschlusses fest, dass es auf Jahresbasis die in Artikel 2 genannten Schwellenwerte für die Mitarbeiterzahl oder die Bilanzsumme über- oder unterschreitet, so verliert bzw. erwirbt es dadurch den Status eines mittleren Unternehmens, eines kleinen Unternehmens bzw. eines Kleinstunternehmens erst dann, wenn es in zwei aufeinanderfolgenden Geschäftsjahren zu einer Über- oder Unterschreitung kommt.

(3) Bei einem neu gegründeten Unternehmen, das noch keinen Jahresabschluss vorlegen kann, werden die entsprechenden Daten im Laufe des Geschäftsjahres nach Treu und Glauben geschätzt.

Art. 5 Mitarbeiterzahl

Die Mitarbeiterzahl entspricht der Zahl der Jahresarbeitseinheiten (JAE), d. h. der Zahl der Personen, die in dem betroffenen Unternehmen oder auf Rechnung dieses Unternehmens während des gesamten Berichtsjahres einer Vollzeitbeschäftigung nachgegangen sind. Für die Arbeit von Personen, die nicht das ganze Jahr gearbeitet haben oder die im Rahmen einer Teilzeitregelung tätig waren, und für Saisonarbeit wird der jeweilige Bruchteil an JAE gezählt. In die Mitarbeiterzahl gehen ein:

a) Lohn- und Gehaltsempfänger,
b) für das Unternehmen tätige Personen, die in einem Unterordnungsverhältnis zu diesem stehen und nach nationalem Recht Arbeitnehmern gleichgestellt sind,
c) mitarbeitende Eigentümer,
d) Teilhaber, die eine regelmäßige Tätigkeit in dem Unternehmen ausüben und finanzielle Vorteile aus dem Unternehmen ziehen.

Auszubildende oder in der beruflichen Ausbildung stehende Personen, die einen Lehr- bzw. Berufsausbildungsvertrag haben, sind in der Mitarbeiterzahl nicht berücksichtigt. Die Dauer des Mutterschafts- bzw. Elternurlaubs wird nicht mitgerechnet.

Art. 6 Erstellung der Daten des Unternehmens

(1) Im Falle eines eigenständigen Unternehmens werden die Daten einschließlich der Mitarbeiterzahl ausschließlich auf der Grundlage der Jahresabschlüsse dieses Unternehmens erstellt.

(2) Die Daten – einschließlich der Mitarbeiterzahl – eines Unternehmens, das Partnerunternehmen oder verbundene Unternehmen hat, werden auf der Grundlage der Jahresabschlüsse und sonstiger Daten des Unternehmens erstellt oder – sofern vorhanden – anhand der konsolidierten Jahresabschlüsse des Unternehmens bzw. der konsolidierten Jahresabschlüsse, in die das Unternehmen durch Konsolidierung eingeht.

Zu den in Unterabsatz 1 genannten Daten werden die Daten der eventuell vorhandenen Partnerunternehmen des betroffenen Unternehmens, die diesem unmittelbar vor- oder nachgeschaltet sind, hinzugerechnet. Die Anrechnung erfolgt proportional zu dem Anteil der Beteiligung am Kapital oder an den Stimmrechten (wobei der höhere dieser beiden Anteile zugrunde gelegt wird). Bei wechselseitiger Kapitalbeteiligung wird der höhere dieser Anteile herangezogen.

Zu den in den Unterabsätzen 2 und 3 genannten Daten werden gegebenenfalls 100% der Daten derjenigen direkt oder indirekt mit dem betroffenen Unternehmen verbundenen Unternehmen addiert, die in den konsolidierten Jahresabschlüssen noch nicht berücksichtigt wurden.

(3) Bei der Anwendung von Absatz 2 gehen die Daten der Partnerunternehmen des betroffenen Unternehmens aus den Jahresabschlüssen und sonstigen Daten (sofern vorhanden in konsolidierter Form) hervor, zu denen 100% der Daten der mit diesen Partnerunternehmen verbundenen Unternehmen addiert werden, sofern ihre Daten noch nicht durch Konsolidierung erfasst wurden.

Bei der Anwendung von Absatz 2 sind die Daten der mit den betroffenen Unternehmen verbundenen Unternehmen aus ihren Jahresabschlüssen und sonstigen Angaben, sofern vorhanden in konsolidierter Form, zu entnehmen. Zu diesen Daten werden ggf. die Daten der Partnerunternehmen dieser verbundenen Unternehmen, die diesen unmittelbar vor- oder nachgeschaltet sind, anteilsmäßig hinzugerechnet, sofern sie in den konsolidierten Jahresabschlüssen nicht bereits anteilsmäßig so erfasst wurden, dass der entsprechende Wert mindestens dem unter dem in Absatz 2 Unterabsatz 2 genannten Anteil entspricht.

(4) In den Fällen, in denen die Mitarbeiterzahl eines bestimmten Unternehmens in den konsolidierten Jahresabschlüssen nicht ausgewiesen ist, wird die Mitarbeiterzahl berechnet, indem die Daten der Unternehmen, die Partnerunternehmen dieses Unternehmens sind, anteilsmäßig hinzugerechnet und die Daten der Unternehmen, mit denen dieses Unternehmen verbunden ist, addiert werden.

Anhang II. Formulare nach Artikel 9 Abs. 4 ist abgedruckt nach Art. 37

Anhang III. Formular für die Übermittlung von Kurzbeschreibungen im Rahmen der Berichtspflicht gemäß Artikel 9 Absatz 1 (nicht abgedruckt)

C. Rettungs- und Umstrukturierungsbeihilfen

Übersicht

Schrifttum: *Ehricke,* Staatliche Beihilfen zur Unternehmenssanierung und Europäisches Beihilferecht – zu den neuen Leitlinien der Gemeinschaft für staatliche Beihilfen zur Rettung und Umstrukturierung von Unternehmen in Schwierigkeiten, in: *Koenig/Roth/Schön,* Aktuelle Fragen des Beihilfenrechts, 2001, S. 176 ff.; *Fehr,* Die neuen Leitlinien für staatliche Beihilfen zur Rettung und Umstrukturierung von Unternehmen in Schwierigkeiten, ZIP 2004, 2123; *Heidenhain/v. Donat,* Handbook of State Aid Law, 2nd. Edition 2009, § 17 A; *Hermann-Strobelt,* Die Gewährung von Beihilfen für Unternehmen in Schwierigkeiten, 2007; *Koenig/Pickart,* Stolpersteine in Brüssel umgehen: Genehmigungsfähige staatliche Umstrukturierungsbeihilfen müssen gut vorbereitet sein, BB 2001, 633; *Lienemeyer,* State aid to companies in difficulty the rescue and restructuring guidelines, in: *Sanchez-Rydelski* (Hrsg.), The EC State Aid Regime: Distortive Effects on Competition and Trade, 2006, S. 183; *ders.,* State aid for restructuring the steel industry in the new Member States, Competition Policy Newsletter 1/2005, 94; *ders.,* Clarification of the procedure for terminating rescue aid where the presentation of a restructuring plan does not justify the prolongation – comment on the decisions in case of rescue aid to CIT and Ottana, Competition Policy Newsletter 1/2007, 127; *London Economics,* Ex-post Evaluation of the Impact of Rescue and Restructuring Aid on the International Competitiveness of the Sector(s) Affected by Such Aid, Final Report to the European Commission – Enterprise Directorate General, 2004; *McLaughlin/Maloney,* The European Automobile Industry: multi-level governance, policy and politics, 1999; *Petrovic/Tutsch,* National Rescue Measures in Response to the Current Financial Crisis, European Central Bank Legal Working Paper Series No. 8, July 2009; *Quigley,* European State Aid Law and Policy (2nd ed. 2009), Chapter 13 – Rescue and Restructuring Aid; *Samuel-Lajeunesse,* Aides d'État et entreprises défaillantes : L'intervention de l'APE en matière d'aides au sauvetage et à la restructuration, Concurrences N° 1 – 2006, 97; *Strobelt,* Die Gewährung von Beihilfen für Unternehmen in Schwierigkeiten, 2007; *Valle/Van de Casteele,* Revision of the State aid Rescue and Restructuring Guidelines, Competition Policy Newsletter 3/2004, 58.

I. Einleitung

Rettungs- und Umstrukturierungsbeihilfen werden einer besonders kritischen Prüfung unterzogen, weil die von ihnen ausgehenden **Wettbewerbsverzerrungen** weitreichender sind als die anderer Beihilfen. Unternehmen, die in Schwierigkeiten geraten sind und nur mit staatlicher Hilfe überleben können, würden am Markt nicht überleben, sondern anderen Unternehmen Platz machen, die ihre Stelle einnehmen. Wird das Unternehmen dennoch künstlich am Leben gehalten, so wird der normale Ausleseprozess unterbrochen. Zudem wird durch die Zufuhr von staatlichen Mitteln das Unternehmen in die Lage versetzt, seine Versäumnisse nachzuholen und wieder wettbewerbsfähig zu werden. Solche Beihilfen zählen zu denen, die den Wettbewerb am meisten verzerren, und waren in der Vergangenheit am stärksten umstritten.[1] Soweit die reine Lehre. **1**

In der Praxis stellt sich die Lage oft anders dar, und die Unternehmen sind unter Umständen nicht aus eigenem Verschulden in Schwierigkeiten geraten. Ob das mangelnde Voraussehen von Entwicklungen des Marktes Teil des vom Unternehmen zu tragenden Risikos ist, oder aber eine solche unvorhersehbare Entwicklung ein Eingreifen des Staates erfordert, bleibt umstritten. Ein Eingreifen des Staates kann aber, nach der Logik der Leitlinien, aufgrund eines **„überwiegenden Interesses"** gerechtfertigt sein. Ein solches überwiegendes Interesse wird oft durch die Auswirkungen auf die direkten und indirekten Arbeitsplätze des Unternehmens und die **Auswirkungen auf den Arbeitsmarkt der Region**[2] gerechtfertigt. In jedem Fall ist eine Abwägung erforderlich, bei der die negativen Aspekte ebenso zu beurteilen sind wie die positiven Aspekte. Die meist festzustellende Verfälschung des Wettbewerbs wird zu den negativen Aspekten gezählt, während der Erhalt von Arbeitsplätzen oder der Erhalt einer wertvollen Technologie, die bei Unterbleiben des Eingreifens durch den Staat vollständig in andere Regionen (insbesondere außerhalb der EU) abwandern würde, zu den positiven Aspekten gerechnet wird. In seltenen Fällen kann die Wettbewerbsstruktur im Markt die Gewährung von Beihilfen erleichtern, etwa wenn das Ausscheiden des Unternehmens die Marktstruktur verschlechtern würde; in solchen Fällen sind die Maßnahmen zur Begrenzung der Auswirkungen auf den Wettbewerb weniger einschneidend.[3] Allerdings ist eine Genehmigung von Umstrukturierungsbeihilfen nicht zwingend, selbst wenn das umzustrukturierende Unternehmen sonst aus dem Markt ausschiede und dadurch eine Monopol- oder enge Oligopolstruktur im Markt entstünde.[4] Die Kom. muss die Marktstruktur analysieren und entscheiden, ob das Überleben des Unterneh- **2**

---

[1] Vgl. Kom., Bericht über die Wettbewerbspolitik 2004, Tz. 358.

[2] Kom., ABl. 2002 L 31/80 – KHK Verbindetechnik GmbH Botterode.

[3] S. dazu unten RdNr. 174 ff.

[4] EuG, T-198/01, Slg. 2004, II-2717, RdNr. 172 – Technische Glaswerke Ilmenau/Kommission.

mens aufgrund der Umstrukturierungsbeihilfe dazu beiträgt, eine gesündere Marktstruktur zu erhalten,[5] oder ob dem Gemeinschaftsinteresse mehr damit gedient ist, dass das Unternehmen ausscheidet.[6] Würde durch die Beihilfe ein zum Überleben auf dem Markt unfähiges Unternehmen nur künstlich am Leben erhalten, stünde dies dem Gemeinschaftsinteresse eindeutig entgegen. Dabei können die Ursachen für das mangelnde Überleben trotz kohärenten Umstrukturierungsplans im eigenen Gesellschafterkreis liegen. Im Falle der Insolvenz eines Unternehmens, das einen plausiblen Umstrukturierungsplan nicht durchgeführt hat, sind daher die gewährten Beihilfen zurückzufordern[7].

3   Die Europäische Kom. hat sich den Rettungs- und Umstrukturierungsbeihilfen bereits frühzeitig durch den **Erlass von Leitlinien** gewidmet.[8] Diese Leitlinien **binden** die Kom. und, soweit sie den Mitgliedstaaten als zweckdienliche Maßnahme vorgeschlagen und von den Mitgliedstaaten akzeptiert worden sind, auch die Mitgliedstaaten,[9] sie stellen aber keine Ausnahmeregelung zu Art. 107 AEUV dar[10] und dürfen von den grundlegenden Regeln auch nicht abweichen.[11] Die Kom. hat zuletzt durch die Leitlinien „Umstrukturierung"[12] von 2004 ihre Maßstäbe für die Prüfung dieser Beihilfen niedergelegt. Im Jahre 2008 wurde im Wege einer öffentlichen Anhörung im Internet und insbesondere in Diskussionen mit den Mitgliedstaaten eine Überprüfung dieser in den Leitlinien „Umstrukturierung" niedergelegten Grundsätze eingeleitet. Diese Überprüfung hat jedoch noch nicht zu einer Überarbeitung geführt. Die Leitlinien „Umstrukturierung" sind zwischenzeitlich bis zum 9. Oktober 2012 verlängert worden.[13] Aufgrund der im Herbst 2008 eingetretenen Finanzkrise, die in eine Krise der Realwirtschaft mündete, ist der Erlass neuer Leitlinien derzeit keine Priorität, mit Ausnahme angepasster Leitlinien für die Rettung und Umstrukturierung von Finanzinstituten, die als **Mitteilung der Kommission über die Wiederherstellung der Rentabilität und die Bewertung von Umstrukturierungsmaßnahmen im Finanzsektor im Rahmen der derzeitigen Krise gemäß den Beihilfevorschriften** am 19. August 2009 veröffentlicht wurden.[14]

4   Rettungs- und Umstrukturierungsbeihilfen werden von der Kom. in einer **einheitlichen Leitlinie** behandelt, weil diese Beihilfetypen zwar in unterschiedlichen Formen gewährt werden, sie jedoch eine Reihe von Gemeinsamkeiten aufweisen. Zudem münden die meisten Rettungsbeihilfen in Umstrukturierungsbeihilfen[15] und den Umstrukturierungsbeihilfen geht häufig die Gewährung von Rettungsbeihilfen voraus.

5   Rettungs- und Umstrukturierungsbeihilfen werden **typischerweise nach Art. 107 Abs. 3 lit. c AEUV geprüft** und ggf. genehmigt, wonach die Förderung „der Entwicklung gewisser Wirtschaftszweige" möglich ist, „soweit sie die Handelsbedingungen nicht in einer Weise verändern, die dem gemeinsamen Interesse zuwiderläuft." Zwar werden solche Beihilfen individuellen Unternehmen gegeben, und nicht den „Wirtschaftszweigen" als solchen. Die Kom. legt die Vorschrift aber so aus, dass auch die Rettung und Umstrukturierung eines einzelnen Unter-

---

[5] EuG, T-110/97, Slg. 1999, II-2881, RdNr. 97 – Kneissl Dachstein/Kommission; EuG, T-349/03, Slg. 2005, II-2197, RdNr. 211 – Corsica Ferries/Kommission.

[6] Vgl. dazu EuGH, 323/82, Slg. 1984, 3809, RdNr. 39 – Intermills; EuG, verb. T-371/94 und T-394/94, Slg. 1998, II-2405, RdNr. 209 – British Airways et al./Kommission; EuG, T-123/97, Slg. 1999, II-2925, RdNr. 99–101 – Salomon/Kommission.

[7] Vgl. Kom., ABl. 2000 L 165/25 – Gooding Consumer Electronics Ltd.

[8] Erstmals mit den Leitlinien für die Beurteilung von staatlichen Beihilfen zur Rettung und Umstrukturierung von Unternehmen in Schwierigkeiten von 1994, ABl. 1994 C 368/12, verlängert ABl. 1998, C 74/31, sodann durch die Neufassung der Leitlinien im Jahre 1999, ABl. 1999 C 288/2.

[9] Vgl. GA Cosmas, C-288/96, Slg. 2000, I-8237, RdNr. 117 ff. – Deutschland/Kommission (Jadekost), der weiterführend auf EuGH C-311/94, Slg. 1996, I-5023, RdNr. 36 bis 44 – Ijssel Vliet – verweist; vgl. ferner EuG T-35/99, Slg. 2002, II-261, RdNr. 77 – Keller/Kommission.

[10] EuG, T-110/97, Slg. 1999, II-2881, RdNr. 51 – Kneissl Dachstein/Kommission.

[11] EuG, T-35/99, Slg. 2002, II-261, RdNr. 77 – Keller/Kommission.

[12] ABl. 2004 C 244/2.

[13] ABl. 2009 C 156/3.

[14] ABl. 2009 C 195/9. S. dazu unten Sektoren RdNr. 371 ff.

[15] Ausnahmen sind zB. die Gewährung von Rettungsbeihilfen für Sabena, wo aufgrund des Grundsatz der Einmaligkeit von Rettungs- und Umstrukturierungsbeihilfen keine Umstrukturierungsbeihilfen mehr gewährt werden durften, s. Pressemitteilung der Kom. IP/01/1432 vom 17. 10. 2001, wo die Kom. dies ausdrücklich betont, und die Entscheidung der Kom. zur Genehmigung einer Rettungsbeihilfe für die Lloyd Werft, wo die Rettungsbeihilfe aufgrund einer Liquiditätsklemme notwendig war, die durch einen Unglücksfall ausgelöst wurde, aufgrund dessen ein Reeder eine fällige Zahlung verweigerte, vgl. Kom., Staatliche Beihilfe NN37/04 – Lloyd Werft.

nehmens zur „Förderung … gewisser Wirtschaftszweige" führt, die nach Art. 107 Abs. 3 lit. c AEUV genehmigt werden kann. Dabei steht nicht die Begünstigung des einzelnen Unternehmens im Vordergrund, sondern die **Aufrechterhaltung einer wettbewerbsfähigen Marktstruktur.**[16]

Andere Vorschriften kommen nach Auffassung der Kom. für die Rettung und Umstrukturie- **6** rung normalerweise nicht in Betracht.[17] Hinsichtlich der **Finanzkrise** hat die Kom. aufgrund des systemischen Charakters der betroffenen Institute und der Auswirkungen auf die Volkswirtschaften der betroffenen Mitgliedstaaten für die Gewährung von Rettungsbeihilfen auch Art.107 Abs. 3 lit. b AEUV angewandt,[18] und zwar auf der Grundlage, dass die betroffenen Institute von systemischer Bedeutung waren und daher ein Zusammenbruch eines Instituts zu schweren Störungen im Wirtschaftsleben des betreffenden Mitgliedstaates führen würde. Im Gegensatz zu Banken und Finanzinstituten wurde hingegen eine Anwendung von Art. 107 Abs. 3 lit. b AEUV auf die Realwirtschaft bei Einzelbeihilfen zugunsten von großen Unternehmen abgelehnt, mit Ausnahme solcher Unternehmen, die für einen Mitgliedstaat von systemischer Bedeutung sind, wie Volvo[19] und Saab[20] in Schweden. Die Kom. hat aber für die Realwirtschaft einen vorübergehenden Rahmen geschaffen,[21] der auf Art. 107 Abs. 3 lit. b AEUV gestützt ist und der Erleichterung der Finanzierung dienen soll.

Befindet sich der Sitz des Unternehmens in Schwierigkeiten in einem **regionalen Förder-** **7** **gebiet**, so werden die regionalen Auswirkungen unter Anwendung von Art. 107 Abs. 3 lit. a oder Art. 107 Abs. 3 lit. c in die Prüfung einbezogen.[22] Dies kann eine Genehmigung der Umstrukturierungsbeihilfe erleichtern und Kompensationsmaßnahmen einschränken.[23]

II. Gemeinsame Vorschriften

Für Rettungs- und Umstrukturierungsbeihilfen gelten eine Reihe gemeinsamer Vorschriften **8** und Grundsätze, die zweckmäßigerweise gemeinsam dargestellt werden sollen. Dazu zählt insbesondere die Definition des Begriffs „Unternehmen in Schwierigkeiten". Fällt ein Unternehmen in diese Kategorie, so bringt dies eine Reihe von Rechtsfolgen mit sich, die sogleich näher darzustellen sind.

1. Definition des Unternehmens in Schwierigkeiten. Der Begriff des Unternehmens in **9** Schwierigkeiten ist ein Schlüsselbegriff des Beihilferechts. Umso bedauernswerter ist es, dass das Gemeinschaftsrecht **keine klare und eindeutige Bestimmung** des Begriffs „Unternehmen in Schwierigkeiten" enthält, wie der Europäische Gerichtshof festgestellt hat.[24] Auch die Leitlinien „Umstrukturierung" enttäuschen insoweit und führen nur einige Kriterien auf, bei deren Vorliegen die Kom. entweder davon ausgeht, dass das Unternehmen in Schwierigkeiten ist, oder aber davon ausgehen **kann**, dass das Unternehmen als in Schwierigkeiten befindlich anzusehen ist.

Die Bestimmung des Begriffs „Unternehmen in Schwierigkeiten" ist aber deswegen von gro- **10** ßer Bedeutung, weil er weitreichende Konsequenzen des Unternehmens mit sich bringt. Nur Unternehmen in Schwierigkeiten kommen als **Begünstigte von Rettungs- und Umstrukturierungsbeihilfen** in Betracht, nur ihnen darf mit staatlichen Mitteln Hilfestellung in der Krise gewährt werden. Unternehmen, die nicht im Sinne der Leitlinien „Umstrukturierung" als „in Schwierigkeiten" anzusehen sind – sei es, dass die Unternehmensgruppe in der Lage ist, die Schwierigkeiten aus eigenen Mitteln zu bewältigen, sei es dass das Unternehmen ein neu gegründetes ist, dem noch keine Hilfestellung gegeben werden darf – scheiden als Empfänger von Rettungs- und Umstrukturierungsbeihilfen aus.

Umgekehrt führt die Einordnung als „Unternehmen in Schwierigkeiten" dazu, dass dem Un- **11** ternehmen die Gewährung **anderer Beihilfearten versagt** ist, weil nach ständiger Rechtspre-

---

[16] EuG, T-110/97, Slg. 1999, II-2881, RdNr. 60 – Kneissl Dachstein/Kommission.

[17] Leitlinien „Umstrukturierung" Tz. 19.

[18] Rettungs- und Umstrukturierungsbeihilfen an Finanzinstitute im Rahmen der Finanzkrise von 2008 werden im Einzelnen unten Sektoren RdNr. 371 ff. behandelt.

[19] Kom., Staatliche Beihilfe N 80/2009 – Volvo Personvagnar AB.

[20] Kom., Staatliche Beihilfe N 541/2009 – Saab Automobile AB.

[21] Mitteilung der Kommission — Vorübergehender Gemeinschaftsrahmen für staatliche Beihilfen zur Erleichterung des Zugangs zu Finanzierungsmitteln in der gegenwärtigen Finanz- und Wirtschaftskrise, ABl. 2009 C 83/1.

[22] Leitlinien „Umstrukturierung" Tz. 20.

[23] S. dazu unten RdNr. 173.

[24] EuG, T-349/03, Slg. 2005, II-2197, Tz. 183 – Corsica Ferries/Kommission.

chung Beihilfen zugunsten von Unternehmen in Schwierigkeiten nur dann mit dem Gemeinsamen Markt vereinbar sein können, wenn sie mit einem kohärenten Umstrukturierungsplan verbunden sind.[25] Auch sieht die Kom. jede Gewährung von Beihilfen an Unternehmen in Schwierigkeiten als Rettungs- oder Umstrukturierungsbeihilfe an und hält eine Vereinbarkeit der Beihilfe mit dem gemeinsamen Markt auf anderer Grundlage für ausgeschlossen.[26] Deswegen enthalten die allgemeine GVO sowie andere Leitlinien und Gemeinschaftsrahmen ausdrücklich Klauseln, die die Gewährung der betreffenden Beihilfeart an Unternehmen in Schwierigkeiten verbieten.[27] Der Hintergrund dafür ist, dass die Kom. die Umgehung der Leitlinien „Umstrukturierung" verhindern will und daher alle Beihilfen an Unternehmen in Schwierigkeiten nur nach Maßgabe der Leitlinien „Umstrukturierung" prüft. Dies war keineswegs immer so; in ihren Leitlinien für die Beurteilung von staatlichen Beihilfen zur Rettung und Umstrukturierung von Unternehmen in Schwierigkeiten von 1994[28] lässt die Kom. beispielsweise noch Beihilfen für Neuinvestitionen, die für die Umstrukturierung nicht erforderlich sind, zu, soweit diese die für Regionalbeihilfen genehmigten Grenzen nicht überschreiten;[29] die seinerzeitigen Regionalbeihilfeleitlinien[30] gestatteten die Gewährung von Regionalbeihilfen für Investitionen, die für die Umstrukturierung nicht erforderlich waren.

12   Die früher mögliche Unterscheidung nach Zielsetzungen der Beihilfe hat die Kom. aufgegeben. Inzwischen ist davon auszugehen, dass **jede Beihilfe, die an ein Unternehmen in Schwierigkeiten gewährt wird, als „Umstrukturierungsbeihilfe" qualifiziert wird.**[31] Dies macht die Definition des Unternehmens in Schwierigkeiten umso bedeutsamer, weil ein Unternehmen, das sich selbst nicht in Schwierigkeiten wähnt, von der Kom. als „in Schwierigkeiten" angesehen werden kann, weil es bestimmte Beihilfen erhalten hat – und zwar auch **Beihilfen anderer Zielsetzung**, die oft aus allgemein genehmigten Programmen gewährt werden, wie etwa Regionalbeihilfen – und das Unternehmen die Investitionen ohne die Beihilfen nicht hätte durchführen können. Im Falle KAHLA/Thüringen Porzellan GmbH[32] hatte ein privater Investor unter Einsatz seines Privatvermögens das Unternehmen neu gegründet und den Unternehmenskern des insolventen Vorgängerunternehmens übernommen. Dabei gab das Land Thüringen verschiedene Hilfestellungen, durch Kapitalbeteiligungen, Gesellschafterdarlehen, Investitionszuschüsse etc. Die Kom. vertrat die Auffassung, dass Kahla als Unternehmen in Schwierigkeiten anzusehen war. Zwar hat die Kom. Kahla nicht als „Rechtsnachfolger" des insolventen Unternehmens angesehen und auch nicht festgestellt, dass die Gesellschaft nur zur Umgehung von Rückforderungen gegründet wäre, sie behandelt Kahla aber aufgrund einiger weniger Indikatoren als Unternehmen in Schwierigkeiten, andere Indikatoren ließ sie außer Acht. Damit konnte die Beteiligung und das Darlehen Thüringens, das zu **marktwirtschaftlichen Konditionen** gewährt war, nicht mehr als beihilfefrei angesehen werden; die Investitionszuschüsse durften ebenfalls nicht gewährt werden, weil die Kom. ihre Leitlinien für Regio-

---

[25] EuG, T-297/02, Slg. 2009, II- [noch nicht veröffentlicht] RdNr. 137 – ACEA SpA/Kommission, unter Verweis auf EuGH, C-17/99, Slg. 2001, I-2481, RdNr. 45 – Frankreich/Kommission; ebenso EuG, T-189/03, Slg. 2009, II-[noch nicht veröffentlicht] RdNr. 116 f. – ASM Brescia SpA/Kommission; EuG, T-301/02, Slg. 2009, II-[noch nicht veröffentlicht] RdNr. 141 – AEM SpA/Kommission.

[26] AGVO, Tz. 15 für alle unter die allgemeine GVO fallenden Beihilfen. St. Praxis der Kom., die sich in den anderen Gemeinschaftsrahmen und Leitlinien durch einen Ausschluss der Gewährung von Beihilfen – auch solchen aus genehmigten Programmen – an Unternehmen in Schwierigkeiten niederschlägt. Vgl. Tz. 16 der Leitlinien „Umstrukturierung", nach der jede Beihilfe, die einem Unternehmen gewährt wird, nachdem für einen Umstrukturierungs- oder Liquidationsplan Beihilfen genehmigt wurden, als Umstrukturierungsbeihilfe gelten und nur noch nach der Leitlinien „Umstrukturierung" beurteilt werden können.

[27] S. Tz. 9 der Leitlinien für staatliche Beihilfen mit regionaler Zielsetzung, ABl. 2004 C 54/13. Vgl. EuG, T-189/03, Slg. 2009 II-[noch nicht veröffentlicht] RdNr. 116 f. – ASM Brescia SpA/Kommission.

[28] Kom., ABl. 1994 C 368/12.

[29] Kom., ABl. 1994 C 368/12, Tz. 3.2.3 aE.

[30] Mitteilung der Kommission an die Mitgliedstaaten und andere Betroffene über eine Änderung des Abschnitts II in der Mitteilung der Kommission über die Methode zur Anwendung von Artikel 92 Absatz 3 Buchstaben a) und c) auf Regionalbeihilfen, ABl. 1994 C 364/8.

[31] EuG, T-20/03, Slg. 2008-II [noch nicht veröffentlicht], RdNr. 108 ff., KAHLA/Thüringen Porzellan GmbH/Kommission; vgl. ferner EuG, T-297/02 Slg. 2009, II-[noch nicht veröffentlicht] RdNr. 137 – ACEA SpA/Kommission, unter Verweis auf EuGH, C-17/99, Slg. 2001, I-2481, RdNr. 45 – Frankreich/Kommission; ebenso EuG, T-189/03, Slg. 2009, II-[noch nicht veröffentlicht] RdNr. 116 f. – ASM Brescia SpA/Kommission; EuG, T-301/02, Slg. 2009, II-[noch nicht veröffentlicht] RdNr. 141 – AEM SpA/Kommission.

[32] Kom., ABl. 2003 L 227/12 – KAHLA/Thüringen Porzellan GmbH/Kommission.

nalbeihilfen eng auslegte. Von diesem Ansatz ist die Kom. in späteren Entscheidungen abgewichen, wie sich an der Entscheidung CMR zeigt.[33] Dort wurde die Anwendung der Leitlinien „Umstrukturierung" abgelehnt, weil das Unternehmen nicht die Verbindlichkeiten des Vorgängerunternehmens übernommen hatte und daher nicht dessen Schwierigkeiten übernommen hatte; die Kom. genehmigte Investitions- und Ausbildungsbeihilfen, aber nicht die beantragte Umstrukturierungsbeihilfe.

Die Rechtsprechung des Europäischen Gerichtshofs zum Vorliegen des Begriffs des Unter- **13** nehmens in Schwierigkeiten verwässert den Begriff weiter, statt ihn klarer zu definieren. In der Rechtssache *KAHLA/Thüringen Porzellan GmbH*[34] lässt das EuG die Anwendung des Begriffs des Unternehmens in Schwierigkeiten auch auf **neu gegründete Unternehmen** zu, die nach den Leitlinien „Umstrukturierung" ausdrücklich vom Begriff des Unternehmens in Schwierigkeiten ausgeschlossen sind. Die grundlegende Voraussetzung für ein Unternehmen in Schwierigkeiten wird dabei vom EuG auf die Generalformel eines Unternehmens, das **„sich nicht aus eigener Kraft oder mit Mitteln der Anteilseigner oder mit Fremdkapital erholen"** kann, reduziert.[35] Der vom EuG bei allen wirtschaftlich komplexen Sachverhalten angewandte Grundsatz, nur „offensichtliche Beurteilungsfehler" der Kom. als Aufhebungsgrund für eine Entscheidung gelten zu lassen, gibt der Kom. bei der Definition des Unternehmens in Schwierigkeiten sehr große Freiheiten.

a) Grundsatz. Die Kom. geht davon aus, dass sich ein Unternehmen in Schwierigkeiten be- **14** findet, wenn es „nicht in der Lage ist, mit eigenen finanziellen Mitteln oder Fremdmitteln, die ihm von seinen Eigentümern/Anteilseignern oder Gläubigern zur Verfügung gestellt werden, Verluste aufzufangen, die das Unternehmen auf kurze oder mittlere Sicht so gut wie sicher in den wirtschaftlichen Untergang treiben werden, wenn der Staat nicht eingreift".[36]

Danach muss es sich zunächst einmal um ein Unternehmen handeln, das Verluste macht. **15** Sind **keine Verluste** aufzufangen, kann das Unternehmen sich nach der vorgenannten Definition **nicht in Schwierigkeiten** befinden. Woher die Verluste rühren, ist unerheblich. Insbesondere kann es sich auch um reine Buchverluste handeln, die beispielsweise aus der Anwendung von Sonderabschreibungen herrühren. Es ist nicht notwendig, dass es sich um operative Verluste handelt.[37]

Die Verluste dürfen **nicht nur vorübergehend** auftreten, sondern müssen über eine längere **16** Zeit hinweg vorliegen. Ein Unternehmen, das vorübergehende Probleme hat, ist nicht notwendigerweise ein Unternehmen in Schwierigkeiten im Sinne der Leitlinien.

Wesentlich ist weiter, dass das Unternehmen **auf einen Eingriff des Staates angewiesen** **17** ist. Dabei kann leicht ein Teufelskreis entstehen. Hat sich der Staat bereit erklärt, bestimmte Mittel bereit zu stellen und funktioniert das Unternehmenskonzept des Unternehmens nur unter Zugrundelegen dieser Mittel, so kann dies zur Annahme führen, dass das Unternehmen in Schwierigkeiten ist, mit der Folge, dass Eigenmittel, die ein staatliches Unternehmen zur Verfügung stellt, nicht mehr als marktwirtschaftliches Handeln anzusehen sind, sondern – weil es sich ja um ein Unternehmen in Schwierigkeiten handelt – als staatliche Beihilfe.[38]

Neben dem vorstehenden Grundsatz sind stets die verschiedenen **Kriterien** zu prüfen, die **18** von der Kom. für die Bestimmung eines Unternehmens in Schwierigkeiten angewandt werden. Dabei sind harte und weiche Kriterien zu unterscheiden. In vielen Fällen prüft die Kom. allerdings alle Kriterien,[39] sei es auch nur, um die Feststellung, es handele sich um ein Unternehmen in Schwierigkeiten, klarer zu belegen.

aa) Harte Kriterien. Die Leitlinien „Umstrukturierung" enthält in Tz. 10 einige wenige **19** Kriterien, bei deren Erfüllung das Unternehmen nahezu sicher[40] als ein solches in Schwierigkeiten anzusehen ist. Diese Kriterien werden gelegentlich als „statische Kriterien" bezeichnet;[41] die

---

[33] ABl. 2005 L 100/26, Tz. 70 ff. – Compagnie Marseille Réparation (CMR)/Kommission.
[34] EuG, T-20/03, Slg. 2008, II-[noch nicht veröffentlicht], KAHLA/Thüringen Porzellan GmbH/Kommission.
[35] EuG, T-20/03, Slg. 2008, II-[noch nicht veröffentlicht], RdNr. 128, KAHLA/Thüringen Porzellan GmbH/Kommission.
[36] Tz. 9 Leitlinien „Umstrukturierung".
[37] Kom., ABl. 2003 L 227/12 Tz. 114 – KAHLA/Thüringen Porzellan GmbH.
[38] Kom., ABl. 2003 L 227/12 Tz. 97 ff. – KAHLA/Thüringen Porzellan GmbH.
[39] Vgl. Kom., Staatliche Beihilfe N 370/04, Tz. 41 ff., 45 f. – Imprimerie Nationale.
[40] *Sanchez-Rydelski/Lienemeyer* 189, geht davon aus, dass diese Bestimmung im Sinne einer widerlegbaren Vermutung anzuwenden sei.
[41] *Herrmann-Strobelt* 129 f.; *Ehricke* 190.

Bezeichnung ist wenig glücklich, weil die Ermittlung dieser sehr klaren – harten – Kriterien keineswegs ein statischer Prozess ist. Die harten Kriterien sind folgende:

Der **Verzehr der Hälfte des gezeichneten Eigenkapitals** einer Gesellschaft mit beschränkter Haftung (darunter fallen alle Gesellschaften, bei denen die Haftung auf das Kapital beschränkt ist, also AG, GmbH & Co KG) und ein Verzehr von mehr als ein Viertel dieses Kapitals während der letzten zwölf Monate;

Bei Gesellschaften, bei denen mindestens einige Gesellschafter unbeschränkt für die Schulden der Gesellschaft haften, der Verzehr von mehr als der **Hälfte der in den Geschäftsbüchern ausgewiesenen Eigenmittel** und ein Verzehr von mehr als ein Viertel dieser Mittel während der letzten zwölf Monate; oder

Die Erfüllung der **Voraussetzungen für die Eröffnung eines Insolvenzverfahrens;**
Die **Einleitung eines Insolvenzverfahrens** durch ein Unternehmen.

20   Von den vorstehenden Kriterien lassen sich jedenfalls die ersten beiden sowie das vierte Kriterium auf den ersten Blick einwandfrei und leicht bestimmen. *Heidenhain/v. Donat* weist allerdings zurecht darauf hin, dass ein **schleichender Verzehr** des Kapitals, der sich über mehrere Jahre erstreckt, diese Kriterien nicht erfüllen wird,[42] so dass sodann anhand der weichen Kriterien weiter geprüft werden muss, ob ein Unternehmen in Schwierigkeiten vorliegt. Dabei kommt es darauf an, ob tatsächlich das **Stammkapital** angegriffen wurde.[43] Hat das Unternehmen **Verluste** gehabt, die zwar betragsmäßig höher waren als die Hälfte des gezeichneten Eigenkapitals, waren aber **ausreichend Reserven** vorhanden, so ist das harte Kriterium des Verzehrs des Eigenkapitals nicht erfüllt. Diese auf den ersten Blick einleuchtende Auslegung war von der Kom. nicht angewandt worden.[44] Die Kom. hatte vielmehr zunächst die Auffassung vertreten, ein Unternehmen sei in Schwierigkeiten, wenn seine Verluste betragsmäßig die Hälfte des Eigenkapitals überstiegen, obwohl das gezeichnete Eigenkapital nicht angegriffen war. Dies wurde – nach Klage des Unternehmens vor dem EuG und bevor dazu ein Urteil erging – durch eine ergänzende Entscheidung der Kom. revidiert.[45]

21   Das dritte Kriterium – die Voraussetzung für die Eröffnung eines Insolvenzverfahrens – ist im deutschen Recht erfüllt, wenn **Zahlungsunfähigkeit** vorliegt, oder Zahlungsunfähigkeit droht und der Schuldner die Eröffnung des Insolvenzverfahrens beantragt – beide Kriterien sind für Vorstand/Geschäftsführung klar abzuschätzen.[46] Der dritte Eröffnungsgrund ist – bei juristischen Personen – die Überschuldung des Unternehmens.[47] Die Leitlinien „Umstrukturierung" geben insoweit keine Hilfestellung, wie die **Überschuldung** des Unternehmens zu ermitteln ist, insbesondere, ob für den Wertansatz der Bilanzpositionen der **Fortführungswert oder der Liquidationswert** angesetzt werden sollte.

22   Geht ein Unternehmen davon aus, dass es seine vorhandenen Schwierigkeiten ohne staatliche Hilfe meistern kann (und lediglich Beihilfen aus genehmigten Programmen in Anspruch nehmen will, etwa um Investitionen mit Hilfe von Regionalbeihilfen zu finanzieren), so ist es sicher zutreffend, zur Bewertung des Kapitals des Unternehmens **Fortführungswerte** anzusetzen. Das kann zur Annahme führen, dass jedenfalls das Kriterium der „Voraussetzungen für die Eröffnung eines Insolvenzverfahrens" nicht erfüllt und das Unternehmen insoweit nicht anhand der harten Kriterien als „in Schwierigkeiten" einzustufen ist. Die anderen – weichen – Kriterien der Leitlinien „Umstrukturierung" sind aber in jedem Fall ebenfalls zu prüfen.

23   Will das Unternehmen Rettungs- oder Umstrukturierungsbeihilfen beantragen, so geht es davon aus, dass es **ohne die Inanspruchnahme staatlicher Hilfen nicht überlebensfähig**[48] ist, weil es sich am Markt nicht mehr oder nicht zu angemessenen Zinsen finanzieren kann.[49] In diesem Fall erscheint es angemessen, die Bewertung des Kapitals des Unternehmens **nach Liquidationswerten** vorzunehmen und anhand dieser Bewertung zu prüfen, ob die Voraussetzungen für die Eröffnung eines Insolvenzverfahrens auch hinsichtlich des Tatbestands der Überschuldung vorliegen. Damit wird die Prüfung der weichen Kriterien entbehrlich.

---

[42] *Heidenhain/v. Donat* RdNr. 21.

[43] Tz. 10 (a) Leitlinien „Umstrukturierung" spricht von „gezeichnetem Kapital". Vgl. ABl. 2006 L 366/40, Tz. 31 ff. – KG Holding.

[44] Kom., ABl. 2007 L 244/20 – Chupa Chups.

[45] Kom., ABl. 2008 L 235/10 – Chupa Chups II.

[46] § 17, 18 Insolvenzordnung.

[47] § 19 Insolvenzordnung.

[48] EuG, T-20/03, Slg. 2008, II-02305, RdNr. 128 – KAHLA/Thüringen Porzellan GmbH.

[49] Vgl. *Ehricke* 191.

Die Einordnung als Unternehmen in Schwierigkeiten erfolgt jeweils nach **objektiven Kriterien**, und nicht danach, ob das Unternehmen der Auffassung ist, kein Unternehmen in Schwierigkeiten zu sein und seine Schwierigkeiten selbst meistern zu wollen. Für die Einordnung als „Unternehmen in Schwierigkeiten" reicht es nämlich, dass das Unternehmen „sich nicht aus eigener Kraft oder mit Mitteln der Anteilseigner oder mit Fremdkapital erholen kann" – die **Beihilfen**, die das Unternehmen **aus genehmigten Programmen** in Anspruch nehmen kann, dürfen dabei offenkundig **nicht als eigene Mittel mitgezählt** werden.[50] Im Falle KAHLA/Thüringen Porzellan führte dies zu einem Teufelskreis – die Einordnung als Unternehmen in Schwierigkeiten versagte der Kapitalbeteiligung und dem Gesellschafterdarlehen des Freistaats Thüringen die Einordnung als „marktwirtschaftliches Handeln", obwohl das Unternehmen mit diesen Mitteln – die als Mittel der Anteilseigner anzusehen sind – durchaus in der Lage war, seine Schwierigkeiten selbst zu meistern; zudem war aufgrund der Einordnung als Unternehmen in Schwierigkeiten die Gewährung von Investitionszuschüssen aus einem genehmigten Regionalbeihilfe-Programm ausgeschlossen. **24**

Schwierigkeiten bei der Anwendung der harten Kriterien können dann entstehen, wenn ein Unternehmen ein Gläubigerschutzverfahren eingeleitet hatte, im Laufe des Verfahrens aber alle Gläubiger befriedigt und zur Profitabilität zurückkehrt. Hier wird man davon ausgehen können, dass spätestens mit der Eröffnung des Verfahrens das Unternehmen „in Schwierigkeiten" ist. Ist das **Insolvenz- oder Gläubigerschutzverfahren aus formellen Gründen noch nicht abgeschlossen**, erwirtschaftet das Unternehmen aber wieder Gewinn und ist aus eigener Kraft lebensfähig, so ist es (nach den weichen Kriterien) nicht mehr als Unternehmen in Schwierigkeiten anzusehen. Damit dürfte das Unternehmen sich **nicht mehr „in Schwierigkeiten"** befinden, obwohl das Insolvenzverfahren (aus formellen Gründen) noch läuft. Auch das sehr formell erscheinende Kriterium des Insolvenzverfahrens kann also in Einzelfällen **widerlegt** werden. Das ist insbesondere dann relevant, wenn das Unternehmen während der Insolvenz keine Rettungs- oder Umstrukturierungsbeihilfen erhalten hat, nunmehr aber neue Investitionen durchführen will, für die es Investitionsbeihilfen (Regionalförderung) benötigt. Wäre das Unternehmen noch „in Schwierigkeiten", so wäre ihm die Gewährung solcher Beihilfen aus genehmigten Programmen versagt. Dies erscheint unbillig, wenn lediglich formelle Gründe vorliegen, aufgrund derer das Verfahren noch nicht beendet worden ist. **25**

bb) Weiche Kriterien. Neben den vorgenannten Kriterien führen die Leitlinien „Umstrukturierung" noch eine Reihe weiterer Gesichtspunkte auf, bei deren Vorliegen ein Unternehmen als in Schwierigkeiten angesehen werden kann. Da diese Kriterien – auch in Kombination – nicht zwingend zum Vorliegen eines Unternehmens in Schwierigkeiten führen, sind sie als weiche Kriterien anzusehen, hinsichtlich derer die Kom. einen **weiten Beurteilungsspielraum** hat. Nach Tz. 11 der Leitlinien „Umstrukturierung" handelt es sich um die **„typischen Symptome"** eines Unternehmens in Schwierigkeiten. Diese bestehen aus folgenden Elementen: **26**
– Steigende Verluste
– Sinkende Umsätze
– Wachsende Lagerbestände
– Überkapazitäten
– Verminderter Cashflow
– Zunehmende Verschuldung und Zinsbelastung
– Abnahme des Reinvermögenswertes.

Viele dieser Gesichtspunkte werden für sich allein jeweils nicht ausreichen, um den Begriff des Unternehmens in Schwierigkeiten zu erfüllen. Die einzelnen Symptome sind vielmehr im Lichte der Ausgangsfrage zu sehen – führen diese Symptome dazu, dass das Unternehmen **kurz vor dem Untergang** steht, vor dem es nur durch das Eingreifen des Staates bewahrt werden kann? Ist anhand der Symptome der Tz. 11 der Leitlinien „Umstrukturierung" diese Frage zu bejahen, so ist das Unternehmen als „in Schwierigkeiten" anzusehen.[51] **27**

Die Kom. hat bei der Beurteilung dieser Kriterien einen weiten Beurteilungsspielraum. So ist es unerheblich, dass beispielsweise Verluste nur aufgrund der Inanspruchnahme von **Sonderabschreibungen** ausgewiesen wurden, während das Unternehmen **operative Gewinne** erwirtschaftete.[52] **28**

---

[50] EuG, T-20/03, Slg. 2008, II-02305, RdNr. 124 ff. – KAHLA/Thüringen Porzellan GmbH.
[51] Vgl. Kom., Staatliche Beihilfe N 92/2008, Tz. 19 – Der Bäcker Legat.
[52] EuG, aaO., RdNr. 132 – KAHLA/Thüringen Porzellan GmbH.

29   Nicht jede **Strategiekrise** oder Ergebniskrise eines Unternehmens[53] führt zur Annahme eines Unternehmens in Schwierigkeiten. Dies zeigt deutlich der Fall Chupa Chups,[54] bei dem zwar erhebliche Verluste angefallen waren, diese aber durch die Reserven des Unternehmens abgedeckt waren. Vielmehr müssen die Probleme des Unternehmens bereits so weit fortgeschritten sein, dass das Unternehmen nicht mehr ausreichend Finanzmittel am Markt erhält.[55] Wie oben gezeigt, sind dabei allerdings Beihilfen aus genehmigten Programmen auszuklammern: kann sich das Unternehmen mithilfe solcher **genehmigten Beihilfen** selbst aus der Krise führen, wäre dies aber ohne die (genehmigten) Beihilfen nicht möglich, so ist es als in Schwierigkeiten anzusehen.[56]

30   Sind die Schwierigkeiten augenfällig und wird die Einordnung als „Unternehmen in Schwierigkeiten" von keinem der Beteiligten bestritten, so nimmt die Kom. keine ausführliche Prüfung aller Kriterien vor. So hat die Kom. Alstom[57] als Unternehmen in Schwierigkeiten eingeordnet, weil das Unternehmen binnen zwei Jahren von einem positiven Nettogewinn auf einen Verlust von 1 Mrd. EUR abgesackt und das Eigenkapital von mehr als 2 Mrd. EUR auf 800 Mio. reduziert worden war. In manchen Fällen geht die Kom. vom Vorliegen der Voraussetzungen aus, ohne dies im einzelnen näher auszuführen.[58] Wird hingegen die Einordnung bestritten, muss die Kom. auf die Kriterien eingehen. Im Falle Biria[59] ließ die Kom. es genügen, dass ein Tochterunternehmen in zwei aufeinanderfolgenden Jahren Verluste machte, die von Biria zu übernehmen waren, und das Tochterunternehmen auch mit Liquiditätsproblemen konfrontiert war, um damit die Gruppe insgesamt als Unternehmen in Schwierigkeiten einzustufen; auch hinsichtlich Biria selbst waren die **Liquiditätsprobleme** der einzige Grund, das Unternehmen als in Schwierigkeiten einzuordnen. Bemerkenswerterweise waren einige Banken aber bereit gewesen, auf einen Teil ihrer Forderung zu verzichten.[60]

31   **cc) Ausschluss von neugegründeten Unternehmen.** Unternehmen gelten **innerhalb der ersten drei Jahre** nach ihrer Gründung nicht als Unternehmen in Schwierigkeiten.[61] Solche Unternehmen können also **keine Rettungs- und Umstrukturierungsbeihilfen** in Anspruch nehmen. Logischerweise dürften solche Unternehmen während dieses Zeitraums hingegen selbst dann, wenn sie die harten und/oder weichen Kriterien erfüllen, Beihilfen aus genehmigten Beihilfeprogrammen in Anspruch nehmen, was ausgeschlossen wäre, wenn sie als Unternehmen in Schwierigkeiten einzuordnen sind. Dementsprechend hat die Kom. im Falle CMR Regional- und Investitionsbeihilfen genehmigt, nachdem sie die Anwendbarkeit der Leitlinien „Umstrukturierung" wegen des Vorliegens eines neu gegründeten Unternehmens abgelehnt hatte.[62]

32   Mit dieser Neuregelung werden grundsätzlich auch **Auffanggesellschaften** vom Begriff des Unternehmens in Schwierigkeiten ausgeschlossen, die als echte Neugründung anzusehen sind, also keine Fortführung der unternehmerischen Einheit eines Unternehmens in Schwierigkeiten darstellen. Etwas anderes soll dann gelten, wenn ein Unternehmen in Schwierigkeiten eine Tochtergesellschaft gründet und auf diese den **Unternehmenskern mit seinen Aktiva und Passiva** überträgt.[63] In einem solchen Fall werden Mutter- und Tochtergesellschaft gemeinsam als „in Schwierigkeiten" angesehen. Rettungs- und Umstrukturierungsbeihilfen können dann nach Maßgabe der Leitlinien gewährt werden. **Pachtet** ein neu gegründetes Unternehmen die

---

[53] Vgl. dazu *Herrmann-Strobelt* 133 f.

[54] Kom., ABl. 2008 L 235/10 – Chupa Chups II.

[55] EuG, aaO.; vgl. auch *Herrmann-Strobelt* 133 f.

[56] Vgl. EuG, aaO.

[57] Kom., ABl. 2005 L 150/24, Tz. 149 – Alstom.

[58] Kom., ABl. 2005 L 116/1, Tz. 156 f. – Bankgesellschaft Berlin. Noch deutlicher Kom., ABl. 2005 L 342/81 – Bull, wo offenbar die zuvor eingetretenen Schwierigkeiten, die bereits zu einer Umstrukturierungsbeihilfe geführt hatten, ausreichten. Eine eigene Prüfung, ob Bull ein Unternehmen in Schwierigkeiten war, sucht man in der Entscheidung vergeblich (vgl. aber Tz. 41, wo angesprochen ist, worauf die Schwierigkeiten beruhen); vgl. ferner ABl. 2005 L 142/26, Tz. 13–17 und 309 ff. – British Energy, wo zwar eine Reihe von Tatsachenfeststellungen getroffen werden, aber eine Subsumtion unter den Begriff des Unternehmens in Schwierigkeiten nur konkludent aus den Ausführungen zur Rückkehr zur Rentabilität geschlossen werden kann.

[59] Kom., ABl. 2007 L 183/27, Tz. 66–69 – Biria.

[60] Die Entscheidung Biria wurde wegen Begründungsmangels aufgehoben, EuG, T-102/07, Slg. 2010, II – [noch nicht veröffentlicht] – Freistaat Sachsen/Kommission.

[61] Leitlinien „Umstrukturierung", Tz. 12.

[62] Kom., ABl. 2005 L 100/26, Tz. 70 ff. – CMR.

[63] Leitlinien „Umstrukturierung", Tz. 13, 2. Satz.

Vermögensgegenstände eines insolventen Unternehmens, kommt es aber nicht zu einem Erwerb, so kommen Umstrukturierungsbeihilfen nicht in Betracht.[64]

Die Gewährung von Rettungs- und Umstrukturierungsbeihilfen ist möglich, wenn ein Unternehmen in **Insolvenz** geraten ist und aus der Insolvenz heraus eine Umstrukturierung vornimmt, wobei oftmals das Modell einer Auffanggesellschaft[65] für den Unternehmenskern gewählt wird, die sodann – nach Erhalt der Umstrukturierungsbeihilfen – veräußert wird; die Alternative wäre die Beendigung des Insolvenzverfahrens im Zuge der Umsetzung des Umstrukturierungsplans.[66] Die Kom. geht dabei von einem **funktionalen Unternehmensbegriff**[67] aus. Das ist für die Prüfung der Voraussetzungen eines Unternehmens in Schwierigkeiten und die Anwendung der Leitlinien „Umstrukturierung" der richtige Ansatz. Für die Kom. kommt es dabei darauf an, dass das übernehmende Unternehmen nicht nur die Tätigkeit des Vorgängerunternehmens übernommen hat, sondern auch dessen „Schwierigkeiten". Dafür ist Voraussetzung, dass die **Verbindlichkeiten** mit übernommen werden. Das ist bei einem Erwerb der Geschäftsanteile an einem Unternehmen stets der Fall, weil keine Änderung der Rechtspersönlichkeit vorliegt. **33**

Erwirbt aber eine vom Investor **neu gegründete Gesellschaft** nur die Aktiva im Wege des **Asset Deal**, führt dies allein nicht dazu, dass das neue Unternehmen mit den in den Umstrukturierungsleitlinien beschriebenen Schwierigkeiten konfrontiert wird,[68] und das neue Unternehmen kann nach Tz. 3.2.2 der Leitlinien „Umstrukturierung" **keine Umstrukturierungsbeihilfen** erhalten. Die Übernahme von Aktiva und Belegschaft, selbst die Übernahme bestimmter Aufwendungen im Bereich der sozialen Sicherheit, und die Tätigkeit im selben Sektor wie das liquidierte Unternehmen, aber ohne Übernahme der Schulden zeugt nach Auffassung der Kom. von einem Kontinuitätsbruch,[69] der Umstrukturierungsbeihilfen ausschließt. Bemerkenswert ist insoweit, dass die Kom. die Übernahme der Belegschaft den Aktiva zurechnet, weil die Kosten für die Einstellung und Ausbildung neuer Mitarbeiter erspart wird.[70] **34**

Wenn ein Unternehmen **alle Aktiva und Passiva**, ja sogar den Unternehmenskern, von einem Unternehmen in Schwierigkeiten im Wege eines Asset Deals zum **Marktpreis** erwirbt, dürfte daher nach der Übernahme eine **unternehmerische Identität** mit dem Vorgängerunternehmen vorliegen, so dass auch die neue Einheit als Unternehmen in Schwierigkeiten anzusehen sein und Umstrukturierungsbeihilfen in Anspruch nehmen kann. Allerdings schließt der Erwerb zum Marktpreis eine Rückforderung von etwaigen rechtswidrigen oder mit dem gemeinsamen Markt unvereinbaren Beihilfen vom Erwerber aus, die das Vorgängerunternehmen erhalten hat. Denn aufgrund des Entrichtens des Marktpreises für die Aktiva und Passiva durch den Erwerber sind die Vorteile der Beihilfe mit abgegolten und verbleiben beim veräußernden Unternehmen. **35**

Zur weiteren Abgrenzung von Ausgründungen und Auffanggesellschaften und deren Einordnung siehe unten RdNr. 217 ff. **36**

b) Zugehörigkeit zu einer Unternehmensgruppe. Nach Tz. 13 der Leitlinien „Umstrukturierung" kann ein Unternehmen in Schwierigkeiten, das einer „größeren Unternehmensgruppe" angehört oder im Begriff ist, von einer Unternehmensgruppe übernommen zu werden, nur dann Rettungs- oder Umstrukturierungsbeihilfen bekommen, wenn es sich nachweislich um **Schwierigkeiten des Unternehmens selbst** handelt und dies nicht auf eine **willkürliche Kostenverteilung** innerhalb der Gruppe zurückgeht. Außerdem müssen die Schwierigkeiten so gravierend sein, dass die Gruppe diese nicht selbst bewältigen kann. **37**

Umgekehrt ist es möglich, dass die gesamte **Unternehmensgruppe als „in Schwierigkeiten"** anzusehen ist, wie etwa in den Fällen Alstom,[71] Bankgesellschaft Berlin[72] oder Herlitz.[73] Dann erstreckt sich der Umstrukturierungsplan im Regelfall auf die gesamte Unternehmensgruppe, und nicht nur auf ein einzelnes Unternehmen.[74] Es ist dabei aber auch denkbar, dass **38**

---

[64] Kom., ABl. 2005 L 342/71, Tz. 62–80 – Jahnke.

[65] Dazu unten RdNr. 216 ff.

[66] *Heidenhain/von Donat* RdNr. 25.

[67] Kom., ABl. 1986, L 230/1, Tz. 99 f. – Polypropylen, wo die Kom. in einem Kartellfall von einer „Unternehmensidentität" ausgeht.

[68] Kom., ABl. 2005 L 100/26, Tz. 75 – CMR.

[69] Kom., aaO, Tz. 78 – CMR.

[70] Kom., aaO, Tz. 84 – CMR.

[71] Kom., ABl. 2005 L 150/24, Tz. 24 ff. – Alstom.

[72] Kom., ABl. 2005 L 116/1, Tz. 10 ff. – Bankgesellschaft Berlin.

[73] Kom., ABl. 2005, L 324/64 – Herlitz.

[74] Vgl. Kom., ABl. 2005 L 324/64 Tz. 102 – Herlitz.

zwar alle Unternehmen der Unternehmensgruppe in Schwierigkeiten sind, die Unternehmen jedoch einzeln behandelt werden, entweder weil nicht für alle Unternehmen ein kohärenter Umstrukturierungsplan vorgelegt werden kann und es nur eine Bereitschaft gibt, Beihilfen für die Umstrukturierung bestimmter Unternehmen zu gewähren, oder aber weil die Umstrukturierungspläne sinnvollerweise getrennt zu behandeln sind und die Unternehmensgruppe im Zuge der Umstrukturierung zerschlagen wird.[75]

39   **aa) Begriff der Unternehmensgruppe.** Aus rein beihilferechtlicher Sicht können mehrere Unternehmen, die aus finanzieller und industrieller Sicht als ein zusammenhängendes Ganzes angesehen werden, auch als eine einheitliche Gruppe behandelt und die Vereinbarkeit der Beihilfe entsprechend beurteilt werden. Dies hat der EuGH in der Rechtssache *Intermills* klargestellt,[76] und dieser Grundsatz wird seither von der Kom. angewandt. Im Falle *Intermills* ging es um drei getrennte Gesellschaften, die die Produktionsanlagen von Intermills übernommen hatten und zwar rechtlich getrennt, aber wirtschaftlich nach wie vor als Einheit operierten. Auch waren alle Gesellschaften von einem Gesellschafter kontrolliert. Der EuGH musste sich indes nicht im Detail mit den Beteiligungsverhältnissen auseinandersetzen, sondern konnte davon ausgehen, dass die „Kontrolle" über alle Unternehmen in einer Hand lag und die rechtlich getrennten Gesellschaften **wirtschaftlich und industriell eine Einheit** bildeten.[77] Der EuGH hat daher die einheitliche Beurteilung aller beteiligten Gesellschaften als eine Unternehmensgruppe für die Zwecke der Anwendung des Art. 107 AEUV (damals Art. 92 EWG-Vertrag) ausdrücklich gebilligt.

40   Die Definition, was eine Unternehmensgruppe darstellt, wird nicht in der Leitlinien „Umstrukturierung" vorgenommen, mit Ausnahme des Verweises darauf, dass die Gründung einer Tochtergesellschaft eines in Schwierigkeiten befindlichen Unternehmens dazu führt, dass Mutter- und Tochtergesellschaft als in Schwierigkeiten anzusehen sind. In Fußnote 4 der Leitlinien „Umstrukturierung" wird zur „Klärung" der Frage, „ob ein Unternehmen unabhängig ist oder einer bestimmten Gruppe zugehört", auf die Kriterien von Anhang I der VO Nr. 68/2001[78] verwiesen. Dies ist die – inzwischen aufgehobene – Verordnung zu Ausbildungsbeihilfen, die als Anhang I die Bestimmung kleiner und mittlerer Unternehmen hat und dafür auf den Text der sog. KMU-Empfehlung zurückgreift. Durch den Anhang zur Verordnung zu Ausbildungsbeihilfen wird einem Teil des Textes der KMU-Empfehlung dadurch wenigstens Rechtsnormcharakter verliehen. Inhaltlich wirft diese Verweisung allerdings eine Reihe von Fragen auf. Insbesondere definiert die KMU-Empfehlung nicht den Begriff der Unternehmensgruppe.

41   Allerdings stellt sie klar, dass als eigenständiges Unternehmen alle Unternehmen gelten, bei denen kein Gesellschafter mehr als 25% der Stimmrechte oder Anteile hält. Fraglich ist insoweit allerdings, ob die Verweisung in Fußnote 4 der Leitlinien „Umstrukturierung" wirklich nur auf Artikel I der KMU-Empfehlung verweisen wollte, oder ob nicht die Prüfung, ob ein eigenständiges Unternehmen vorliegt, insgesamt anhand der relevanten Kriterien der KMU-Empfehlung zu erfolgen hat.

42   Die KMU-Empfehlung definiert ein **eigenständiges Unternehmen** in Art. 3 Abs. 1 Anhang KMU-Empfehlung als ein solches, das selbst nicht 25% oder mehr der Stimmrechte an einem anderen Unternehmen ausübt und an dem kein Unternehmen mit 25% oder mehr beteiligt ist.

43   Bei **bestimmten Gruppen von Investoren**, darunter öffentliche Beteiligungsgesellschaften, Risikogesellschaften und institutionelle Anleger, erfolgt keine Zurechnung, wenn sie **weder einzeln noch gemeinsam Kontrolle** über das Unternehmen ausüben. Die in Art. 3 Abs. 3 Unterabsatz 2 Anhang KMU-Empfehlung enthaltene Vermutung, dass „… kein beherrschender Einfluss ausgeübt wird, sofern sich die in Abs. 2 Unterabsatz 2 genannten Investoren nicht direkt oder indirekt in die Verwaltung des betroffenen Unternehmens einmischen – unbeschadet der Rechte, die sie in ihrer Eigenschaft als Aktionäre oder Gesellschafter besitzen." ist allerdings aufgrund der Verweisung in Fußnote 4 der Leitlinien „Umstrukturierung" nicht einbezogen.

44   Hat also ein Unternehmen Finanzinvestoren, wie etwa **Private Equity** Unternehmen oder **Hedge-Fonds** als Mehrheitsgesellschafter, so ist zunächst zu prüfen, ob diese sich **tatsächlich in die Verwaltung des Unternehmens** einmischen. Kann dies ausgeschlossen werden, unterbleibt die Zurechnung zum Gesellschafter. Das Unternehmen wird dann für sich betrachtet,

---

[75] Kom., Staatliche Beihilfe N703b/2002 – BBP Service.
[76] EuGH, 323/82, Slg. 1984, 3809, Tz. 11f. – Intermills.
[77] Ebenda.
[78] Kom., ABl. 2001 L 10/20.

es liegt keine Unternehmensgruppe vor. Die Frage, ob die Schwierigkeiten aus eigener Kraft bewältigt werden können, ist nur anhand der eigenen finanziellen Resourcen des Unternehmens zu beantworten.

In der Entscheidung *Herlitz* hat die Kom. die gesamte Unternehmensgruppe als Beihilfebegünstigten angesehen, aufgrund der „**engen Verflechtungen innerhalb der Gruppe** und der systematischen Zuteilung von Aufgaben und Vermögenswerten zwischen den beiden Hauptgesellschaften Herlitz AG und Herlitz PBS AG und ihren Tochtergesellschaften."[79] Der Auftritt im Markt als ein einziges Unternehmen war mit entscheidend für die Betrachtung der Unternehmensgruppe. Ähnlich ist die Kom. im Falle *Brittany Ferries* verfahren, wo sie verschiedene Gesellschaften zu einer Unternehmensgruppe zusammengefasst und einheitlich behandelt hat.[80]

bb) Folgen der Zuordnung zur Unternehmensgruppe. Gehört ein Unternehmen in Schwierigkeiten zu einer Unternehmensgruppe, ist zunächst zu untersuchen, ob die Voraussetzungen der Leitlinien „Umstrukturierung" für die **Unternehmensgruppe insgesamt** anwendbar sind, ob also die Unternehmensgruppe als solche als das „Unternehmen in Schwierigkeiten" anzusehen ist.[81] Wird nicht die gesamte Unternehmensgruppe als „Unternehmen in Schwierigkeiten" angesehen, sondern nur ein einzelnes Unternehmen, das zu einer Unternehmensgruppe gehört, so sind zwei zusätzliche Voraussetzungen aufgestellt, bevor der Anwendungsbereich der Leitlinien „Umstrukturierung" für die Gewährung von Rettungs- oder Umstrukturierungsbeihilfen eröffnet ist. Es muss sich um **Schwierigkeiten des Unternehmens selbst** handeln, und die Schwierigkeiten müssen so gravierend sein, dass die Unternehmensgruppe sie **nicht allein bewältigen** kann.[82]

Die erste zusätzliche Voraussetzung ist nahe liegend. Bei einer Unternehmensgruppe besteht theoretisch immer die Möglichkeit, dass aufgrund von Kostenverteilungen ein Unternehmen zugunsten der Gruppe oder der Muttergesellschaft ausgesaugt wird.[83] Ein eindeutiges Beispiel ist der Fall der Pilz Albrechts GmbH, die ein Werk in Thüringen baute. Schon beim Bau berechneten verbundene Unternehmen überhöhte Preise, und später produzierte Pilz Albrechts GmbH CD's im Auftrag der Pilz Gruppe. Alle Verluste blieben bei Pilz Albrechts hängen, die sodann in Schwierigkeiten geriet, später in die Insolvenz.

Unklar ist insoweit, wie der Begriff der **willkürlichen Kostenverteilung** zu interpretieren ist. In der Praxis muss die Zuordnung von Kosten zwischen unterschiedlichen Teilen einer Unternehmensgruppe schon aus steuerlichen Gründen nach Kriterien erfolgen, wie sie zwischen fremden Dritten üblich sind, anderenfalls kann eine verdeckte Gewinnausschüttung oder eine verdeckte Einlage vorliegen. Zudem erfolgt die Zuordnung von Aufgaben und Kosten aufgrund unternehmerischer Entscheidungen, die keineswegs „willkürlich" sind, sondern der Maximierung des Nutzens der Unternehmensgruppe dienen werden. Damit wird deutlich, was die Kom. in Wirklichkeit abgrenzen will: für die Bestimmung des Begriffs „Unternehmen in Schwierigkeiten" soll es darauf ankommen, ob die unternehmerische Einheit, die beurteilt werden soll, aus ihrer eigenen unternehmerischen Tätigkeit heraus und ohne Rücksichtnahme auf andere Gesellschaften der Gruppe in Schwierigkeiten geraten ist. Wenn und soweit sachliche Gründe vorliegen, aufgrund derer ein Unternehmen bestimmte Leistungen bei seiner Muttergesellschaft bezieht, liegt keine willkürliche Kostenverteilung vor.[84]

Hingegen dürften Schwierigkeiten eines Tochterunternehmens, die auf unternehmerische Entscheidungen der Obergesellschaft der Unternehmensgruppe zurückzuführen sind, nicht als „Schwierigkeiten des Unternehmens selbst" anzusehen sein.[85] Solche Unternehmensentscheidungen sind insbesondere im **grenzüberschreitenden Kontext** denkbar: trifft die in einem Mitgliedstaat ansässige Obergesellschaft der Unternehmensgruppe die Entscheidung, bestimmte Produkte nicht mehr bei ihrer Tochtergesellschaft in einem anderen Mitgliedstaat fertigen zu

---

[79] Kom., ABl. 2005 L 324/64 Tz. 102 – Herlitz.
[80] Kom., ABl. 2002 L 12/33 Tz. 187 ff. – Brittany Ferries.
[81] So im Falle Herlitz, Kom., aaO., Tz. 105–107.
[82] Vgl. Kom., ABl. 2005 C 324/23, Tz. 30 – Ernault; Kom., ABl. 2003, L 103/50 – Ambau.
[83] Vgl. Kom., ABl. 2000 L 318/62 – CDA; EuG, T-318/00, Slg. 2005, II-4179 – Freistaat Thüringen und T-324/00 Slg. 2005, II-4309 – CDA Datenträger Albrechts.
[84] Vgl. EuG, T-126/99, Slg. 2002, II-2427, RdNr. 76 ff., – Graphischer Maschinenbau, sowie nachfolgend Kom., ABl. 2004 L 100/35, Tz. 37 ff. – Graphischer Maschinenbau, zur Durchführung von Konstruktions- und Entwicklungsarbeiten durch die Muttergesellschaft.
[85] So auch *Herrmann-Strobelt* 148. Vgl. aber Kom., Staatliche Beihilfe N 81/2009, Tz. 6 – Eybl Austria, wo die Schwierigkeiten auf die Muttergesellschaft zurückzuführen waren und dennoch eine Rettungsbeihilfe für mit dem gemeinsamen Markt vereinbar angesehen wurde.

lassen, so sind die daraus entstehenden Schwierigkeiten kaum als solche anzusehen, die dem Unternehmen selbst zuzuschreiben sind. Zwar hat das Tochterunternehmen wirklich selbst die Schwierigkeiten, diese beruhen aber nicht auf seiner eigenen unternehmerischen Entscheidung, sondern auf der Entscheidung der Obergesellschaft. Bemerkenswerterweise würde eine solche Konstellation nicht den Tatbestand der **„willkürlichen Kostenverteilung"** erfüllen, weil gerade keine Kosten verteilt werden, sondern die verlängerte Werkbank schlicht ihre Daseinsberechtigung verliert und aufgrund des Interesses der Unternehmensgruppe kaum Möglichkeiten hat, eine solche Situation aufzufangen. Es erscheint zweifelhaft, ob in einer solchen Konstellation die in Schwierigkeiten befindliche Tochtergesellschaft Umstrukturierungsbeihilfen soll erhalten können – es sei denn, die Verbindung zur Obergesellschaft werde gekappt und die Verbindung zur Unternehmensgruppe durchbrochen.

50   Ein weiteres Beispiel von Schwierigkeiten, die kaum als Schwierigkeiten des Unternehmens selbst angesehen werden konnten, ist der Fall der Bremer Vulkan Verbund AG und ihrer Tochtergesellschaften. Die Bremer Vulkan Verbund AG betrieb eine Reihe von Werften in Bremen und Bremerhaven, eine Reederei (Senator-Linie), ein Maschinenbauunternehmen sowie eine Reihe weiterer Unternehmen. In den Jahren ab 1992 erwarb die Bremer Vulkan AG eine Reihe von Unternehmen von der Treuhandanstalt, die sämtlich Unternehmen in Schwierigkeiten gewesen waren und Umstrukturierungsbeihilfen in erheblichem Umfang erhalten hatten, die über Treuhandkonten nach Bedarf den Unternehmen zur Verfügung gestellt wurden. Alle Unternehmen der Gruppe wurden durch ein **Cash Concentration System** zusammengeschlossen, so dass zunächst die gesamte Liquidität aller Unternehmen gebündelt und dann nach Bedarf den am Cash Concentration System teilhabenden Unternehmen zur Verfügung gestellt wurden. In dieses System flossen auch die Beihilfen, die jeweils nach Vorliegen der Voraussetzungen ausgezahlt wurden. Aufgrund des Missmanagements der Unternehmensgruppe wurde erhebliche Liquidität von einigen teilnehmenden Unternehmen, wie der Senator Linie und den Maschinenbauunternehmen, absorbiert. Im Herbst 1995 geriet die Bremer Vulkan AG in finanzielle Engpässe, die schließlich Anfang 1996 zur Insolvenz führten. Dies hatte zur Folge, dass die zur Gruppe gehörenden ostdeutschen Werften, die sich in Umstrukturierung befanden und nahezu ihrer gesamten Liquidität beraubt wurden, erneut in Schwierigkeiten gerieten und ein zweites Mal privatisiert wurden.[86] Da diese Schwierigkeiten nicht von den Unternehmen selbst verursacht worden waren, hat die Kom. – um künftigen Fällen vorzubeugen – den entsprechenden Passus in die Leitlinien „Umstrukturierung" aufgenommen. Denn gerät ein Unternehmen aufgrund solchen Fehlwirtschaftens in Schwierigkeiten, soll dies nicht durch staatliche Hilfen wettgemacht werden.

51   Die **zweite zusätzliche Voraussetzung** – die Unternehmensgruppe ist **nicht in der Lage, die Schwierigkeiten aus eigener Kraft zu meistern** – ist weniger offensichtlich. Sie wurde auch erst durch die Leitlinien „Umstrukturierung" eingeführt. In früheren Jahren war die Umstrukturierung von Tochterunternehmen großer Unternehmensgruppen möglich.[87] Nunmehr wird geprüft, ob die Unternehmensgruppe in der Lage wäre, die Umstrukturierung allein zu meistern. Von großen Unternehmen wird also nicht nur ein deutlich größerer Eigenbeitrag gefordert, vielmehr soll nach der Vorstellung der Kom. eine Unternehmensgruppe grundsätzlich die Schwierigkeiten selbst bewältigen können.[88]

52   Die Kriterien, anhand derer gemessen wird, ob ein Unternehmen in der Lage ist, die Schwierigkeiten eines Unternehmens innerhalb der Gruppe selbst zu meistern, werden nur in wenigen Entscheidungen klargestellt. Sie umfassen eine Analyse der Gewinn- und Verlustsituation des Unternehmens, des Cash Flow, der Liquiditätsreserven,[89] der **Innenfinanzierung der Gruppe** unter Berücksichtigung der Nettoinvestitionen und Nettoschulden,[90] der Möglichkeit, über den Verkauf von Aktiva Mittel flüssig zu machen[91] oder Kapital am Markt aufzunehmen.[92] Befindet sich die Obergesellschaft selbst in Schwierigkeiten, taucht das Problem nicht auf, weil dann die gesamte Unternehmensgruppe – oder jedenfalls die Obergesellschaft und ihr in Schwierigkeiten

---

[86] Kom., ABl. 1999 L 108/34 – MTW Schiffswerft GmbH und Volkswerft Stralsund GmbH.

[87] Kom., ABl. 1996 L 88/7 – SEAT.

[88] Kom., ABl. 2005 C324/23 – Ernault; Kom., ABl. 2003 L 103/50 – Ambau.

[89] Kom., ABl. 2005 L 116/55 Tz. 155 – Mobilcom.

[90] Kom., Staatliche Beihilfe N 386/2004 Tz. 148 – SNCF Frêt.

[91] Kom., Staatliche Beihilfe N 386/2004 Tz. 150 – SNCF Frêt; vgl. Kom., ABl. 2005 L 116/55, Tz. 155 – Mobilcom.

[92] Kom., ABl. 2005 L 116/55 Tz. 157 – Mobilcom.

befindliches Tochterunternehmen – als „in Schwierigkeiten" angesehen werden kann. Ist die Obergesellschaft wirtschaftlich gesund, hat aber ihre finanziellen Ressourcen anderweitig verplant, stehen zwar möglicherweise keine Mittel zur Verfügung – zu prüfen bliebe aber, ob die Obergesellschaft durch **Aufnahme weiterer Kredite** der in Schwierigkeiten befindlichen Tochtergesellschaft die für eine Umstrukturierung notwendigen Mittel zuführen kann.[93]

Eine Verpflichtung von Obergesellschaften, ihre Beteiligungsunternehmen stets finanziell zu **53** versorgen, besteht allenfalls in Konzernen, die mit ihren Tochtergesellschaften **Ergebnisübernahme- und Beherrschungsverträge** abgeschlossen haben, oder aber im qualifizierten faktischen Konzern. Denn in diesen Fällen hat die Obergesellschaft die Verluste des Beteiligungsunternehmen zu ersetzen. Eine solche Verpflichtung kann aber nicht auf die von den Leitlinien „Umstrukturierung" angesprochenen Unternehmensgruppen erstreckt werden, die letztlich nach den Verweisen auf die KMU-Definition alle Unternehmen erfasst, zwischen denen eine bestimmte **kapitalmäßige Verbindung von 25% oder mehr** besteht und die daher nicht als „unabhängig" gelten. Deswegen ist es auch verfehlt, anzunehmen, die Obergesellschaft werde im Falle der Gewährung von Umstrukturierungsbeihilfen an ein Beteiligungsunternehmen „von Lasten und Verpflichtungen befreit, die [sie] normalerweise zu tragen hätte".[94]

Die Voraussetzung, die Unternehmensgruppe müsse die Schwierigkeiten des Unternehmens **54** – die ja nur solche des Unternehmens selbst sein dürfen – **aus eigener Kraft bewältigen**, widerspricht im übrigen dem sonst in der Leitlinien „Umstrukturierung" vertretenen Ansatz, dass Beihilfen nur in Betracht kommen, wenn die Schwierigkeiten gerade nicht auf die Unternehmensgruppe zurückzuführen sind. Entscheidet eine Obergesellschaft, dass sie einer in Schwierigkeiten befindlichen Beteiligungsgesellschaft nicht mehr unbeschränkt weitere Mittel zuführen will oder kann, wäre dies das Aus für das betreffende Unternehmen. Die Kom. hatte sich zwar im Rahmen der Überarbeitung der alten Leitlinien zur „Umstrukturierung" die Frage gestellt, wie verfahren werden soll, wenn sich ein **Tochterunternehmen in einem anderen Mitgliedstaat** in Schwierigkeiten befindet, die Muttergesellschaft jedoch die Unterstützung verweigert.[95] Eine wirkliche Antwort darauf geben die Leitlinien „Umstrukturierung" nicht. Tatsächlich kann es im Interesse der Gemeinschaft sein, ein Unternehmen, das sich nicht aus eigener Kraft (unter Einschluss der Finanzierungsmöglichkeiten der Muttergesellschaft) aus seinen Schwierigkeiten befreien kann, durch Umstrukturierungsbeihilfen wieder rentabel zu machen. Dabei ist die Gewährung der Umstrukturierungsbeihilfe ohnedies von einem Eigenbeitrag von mindestens 50% (bei Unternehmen, die nicht KMU sind) abhängig. Ist das Mutterunternehmen bereit, diese 50% bereitzustellen, und liegen die anderen Voraussetzungen für eine Gewährung der Umstrukturierungsbeihilfe vor, so sollte die Beihilfe genehmigt werden können.

Die Situation einer bestehenden Gruppe ist zudem zu unterscheiden von der Situation, in der **55** ein **Investor ein in Schwierigkeiten befindliches Unternehmen erwirbt**. In einer solchen Lage erwartet die Kom., dass der Investor, der ein Unternehmen in seine eigene Gesellschaft eingliedert, die Umstrukturierung aus eigenen Mitteln oder mit Fremdfinanzierung finanziert.[96] Grundsätzlich ist es sicher zutreffend, dass ein Investor für ein erworbenes Unternehmen allein verantwortlich ist. Der Ansatz geht aber an der Realität vorbei. Entweder haben die lokalen/regionalen Behörden kein Interesse daran, die Umstrukturierung des in Schwierigkeiten befindlichen Unternehmens zu fördern – etwa, weil es der Region zu wenig dauerhafte Beschäftigung bringt oder aus anderen Gründen nicht förderwürdig erscheint. In diesem Fall wird ein Investor dies bei seinem Preis berücksichtigen, und die Kosten der Umstrukturierung dadurch einpreisen und auf eigene Kosten durchführen. Handelt es sich aber um ein Unternehmen in Schwierigkeiten, das für eine Region von besonderer Bedeutung ist, so wird die Entscheidung zugunsten der Gewährung einer Umstrukturierungsbeihilfe gefallen sein, noch bevor der Investor sein Angebot abgegeben hat – und der Beitrag des Investors wird dann als Eigenbeitrag in die Umstrukturierung einfließen. Auch in diesem Fall wird der Investor die Bereitschaft zur Beihilfegewährung einpreisen oder berücksichtigen. Der Ansatz der Kom. widerspricht im übrigen gänzlich der **Privatisierungspraxis** der ehemals zur Treuhandanstalt gehörenden Unternehmen in Ostdeutschland, bei denen regelmäßig Umstrukturierungsbeihilfen gewährt wurden, und der jeweilige Investor sich zu bestimmten Beiträgen verpflichtete.

---

[93] Kom., ABl. 2005 L 116/55, Tz. 155 ff. – Mobilcom; Kom., ABl. 2009 L 160/11, Tz. 38 – Fagor Brandt.
[94] So aber *Herrmann-Strobelt* 149.
[95] KOM (2003) 636 endg. v. 29. 10. 2003.
[96] Kom., ABl. 2003 L 103/50 Tz. 50 – Ambau.

56   Im Falle SNCF Frêt[97] hatte die Kom. einen **Unternehmensbereich** zu prüfen, der **gesellschaftsrechtlich ein Bestandteil** von SNCF war. Die Kom. hat dies wie eine Gruppe behandelt und zunächst festgestellt, dass die Schwierigkeiten von SNCF Frêt tatsächlich eigene Schwierigkeiten dieses Unternehmensbereich waren, der von den restlichen Tätigkeiten der SNCF zu trennen waren. Hinsichtlich der Fähigkeit von SNCF, die Verluste und Probleme von SNCF Frêt selbst zu bewältigen, stellte die Kom. fest, dass die Verluste des Jahres 2001 bewältigt werden konnten, nicht aber die des Jahres 2002. Die Finanzlage von SNCF war zudem nicht stabil. Seine **Eigenfinanzierungsmarge** war unzureichend, um die Investitionskosten für die Erneuerung von Anlagen im Industriegüterbereich selbst zu decken. Zudem war SNCF dabei, seine eigene Finanzlage zu stabilisieren.

57   In diesem Zusammenhang können **regionale Aspekte** zusätzlich berücksichtigt werden – allerdings nicht bei der Frage, ob die Unternehmensgruppe die Schwierigkeiten aus eigener Kraft meistern kann. Bei der Frage des Eigenbeitrags war die Kom. vor Einführung der Leitlinien „Umstrukturierung" geneigt, den Umstand, dass sich das Unternehmen in einer Region nach Art. Abs. 87 Abs. 3 lit. a befand, „mildernd" zu berücksichtigen. Dafür ist in den Leitlinien „Umstrukturierung" kaum noch Platz; regionale Aspekte werden vorwiegend im Rahmen der Gegenleistung berücksichtigt.[98]

58   **c) Bewältigen der Schwierigkeiten aus eigener Kraft.** Rettungs- und Umstrukturierungsbeihilfen kommen nur in Betracht, wenn das Unternehmen nicht in der Lage ist, die Schwierigkeiten selbst – im Falle der Zugehörigkeit zu einer Unternehmensgruppe, unter Hinzuziehung der Ressourcen der Unternehmensgruppe – zu bewältigen, Leitlinien „Umstrukturierung" Tz. 9. Dabei wird sowohl auf die **Eigenmittel** des Unternehmens abgestellt, wie auf die Möglichkeit der **Fremdfinanzierung durch Banken**. Solange ein Unternehmen noch Kredite erhält, ist es somit nicht als Unternehmen in Schwierigkeiten anzusehen sein.

59   Die Kom. prüft dabei, wie der **Liquiditätsbedarf** des Unternehmens gedeckt wird, und ob dieser durch die vorhandenen Eigenmittel, Liquiditätsreserven oder Kreditlinien gesichert werden kann.[99] Dies schließt eine Prüfung ein, ob eine **Kapitalaufnahme am Markt** (Einstieg eines Investors) möglich ist, die Verwertung von nicht-betriebsnotwendigen Vermögensgegenständen den Liquiditätsbedarf decken kann und Sicherheiten vorhanden sind, die eine Gewährung von Krediten ermöglichen könnten.[100]

60   **2. Sonderbestimmungen des vorübergehenden Gemeinschaftsrahmens für die Realwirtschaft.** Im Zuge der Finanzkrise hat die Kom. eine Reihe von Leitfäden erarbeitet, an denen sie sich bei bestimmten **Rettungs- und Umstrukturierungsmaßnahmen für Finanzinstitute** orientiert. Im Dezember 2008 hat sie den „vorübergehenden Gemeinschaftsrahmen für staatliche Beihilfen zur Erleichterung des Zugangs zu Finanzierungsmitteln in der gegenwärtigen Finanz- und Wirtschaftskrise" (Mitt. „Gemeinschaftsrahmen Beihilfen") erlassen (ergänzt und angepasst am 28. Februar 2009),[101] der es den Mitgliedstaaten ermöglicht, bestimmte ergänzende Beihilferegelungen zugunsten der **Realwirtschaft** einzuführen. Die Mitt. Gemeinschaftsrahmen gilt für Maßnahmen bis Ende 2010, wobei die Vergünstigungen teilweise darüber hinaus Geltung haben (zB. Absicherung von Krediten durch Bürgschaften), sofern die grundlegende Finanzierungsmaßnahme vor dem 31. Dezember 2010 in Anspruch genommen worden ist.

61   **a) Maßnahmen nach der Mitt. „Gemeinschaftsrahmen Beihilfen".** Die Mitt. „Gemeinschaftsrahmen Beihilfen" erlaubt vier Formen von Beihilfen, die auch an Unternehmen gewährt werden können, die sich inzwischen in Schwierigkeiten befinden oder sogar insolvent sind, soweit sie am 1. Juli 2008 nicht als Unternehmen in Schwierigkeiten anzusehen waren.[102] Diese vier Beihilfeformen sind folgende: (i) begrenzte Beihilfen bis zu EUR 500 000 aus einem Beihilfeprogramm, (ii) Beihilfen in Form von Garantien, (iii) Beihilfen in Form von Zinszuschüssen und (iv) Beihilfen für die Herstellung „grüner" Produkte.[103]

62   **aa) Mit dem Gemeinsamen Markt vereinbare begrenzte Beihilfen.** Abschnitt 4.2 der Mitt. „Gemeinschaftsrahmen Beihilfen" gestattet die **Gewährung von begrenzten Beihilfen,**

---

[97] Kom., Staatliche Beihilfe N 386/2004 – SNCF Frêt.

[98] Dazu unten RdNr. 165 ff, 173.

[99] Kom., ABl. 2005 L 116/55 Tz. 149–164 – Mobilcom.

[100] Kom., ABl. 2005 L 116/55 Tz. 157-163 – Mobilcom.

[101] ABl. 2009 C 83/1.

[102] Zu dieser Voraussetzung siehe unten RdNr. 72 ff.

[103] Abschnitt 4.2, 4.3, 4.4 und 4.5 der Mitt. „Gemeinschaftsrahmen Beihilfen".

welche die Beträge der *De-Minimis*-Verordnung[104] übersteigen. Der Betrag darf einen Brutto-Barwert von EUR 500 000 nicht überschreiten, muss in Form eines Beihilfeprogramms gewährt werden (also nicht als *ad hoc* Beihilfe), darf keine Ausfuhrbeihilfe darstellen oder heimische Erzeugnisse gegenüber Importwaren begünstigen (um damit die WTO-Regeln einzuhalten) und darf nicht später als am 31. Dezember 2010 gewährt werden. Primärproduktion landwirtschaftlicher Erzeugnisse und der Fischereisektor sind ausgeschlossen. *De-Minimis* Beihilfen sowie Beihilfen nach dieser Regelung der Mitt. „Gemeinschaftsrahmen Beihilfen" müssen kumuliert werden und dürfen zusammen den Höchstbetrag nicht überschreiten.

Der wesentliche Unterschied zwischen *De-Minimis-Beihilfen* und den begrenzten Beihilfen **63** nach der Mitt. „Gemeinschaftsrahmen Beihilfen" liegt darin, dass letztere als **genehmigte Beihilfen** anzusehen sind, während *De-Minimis*-Beihilfen nicht unter Art. 107 AEUV fallen.

bb) Beihilfen in Form von Garantien. Die bestehenden Regelungen der Mitteilung der **64** Kom. über die Anwendung der Art. 107 und 108 AEUV auf staatliche Beihilfen in Form von **Haftungsübernahmen und Bürgschaften** werden durch Abschnitt 4.3 der Mitt. „Gemeinschaftsrahmen Beihilfen" erleichtert, indem die erforderlichen Prämien für solche Garantien und Bürgschaften reduziert werden und die zulässige **Deckung auf 90% des gewährten Kredites** – statt der sonst zulässigen 80% – angehoben wird. Zudem werden durch den Anhang die Safe-Harbour-Bestimmungen, die sonst für Bürgschaften an KMU gelten, für die Zwecke der Mitt. „Gemeinschaftsrahmen Beihilfen" angepasst und nach Maßgabe der Besicherung differenziert. Die im Anhang der Mitt. „Gemeinschaftsrahmen Beihilfen" aufgeführten Risikoprämien gelten in allen Mitgliedstaaten, unabhängig davon, welche Referenzzinssätze dort gelten.

KMU können eine **Ermäßigung** von 25% der Prämie erhalten, die sich anhand des Anhangs **65** der Mitt. „Gemeinschaftsrahmen Beihilfen" ergeben würde, bei anderen Unternehmen ist die Ermäßigung 15%. Hat ein Mitgliedstaat für Bürgschaftsregelungen eine Berechnungsmethode für die Ermittlung des Beihilfewertes von Bürgschaften festgelegt und mit der Kom. abgestimmt, kann die Ermäßigung von den sich aus dieser Berechnungsmethode ergebenden Sätzen vorgenommen werden.

Eine wichtige Einschränkung, insbesondere für Unternehmen in Schwierigkeiten, ist die Begrenzung des verbürgten oder garantierten Kreditbetrages auf die **Lohnsumme des Unternehmens** im Jahre 2008. **66**

Die Garantien müssen bis spätestens 31. Dezember 2010 gewährt werden. Sie dürfen über die **67** **gesamte Laufzeit des Kredites** höchstens 90% des Kreditbetrages absichern. Die Garantieprämienermäßigung gilt für höchstens zwei Jahre ab Gewährung der Garantie. Für anschließende weitere höchstens acht Jahre dürfen die Mitgliedstaaten dann die sich aus dem Anhang ergebenden Safe Harbour Prämien anwenden. Im Zeitraum danach – also bei Krediten mit einer Laufzeit von mehr als zehn Jahren – muss die Risikoprämie nach dem Ablauf der vorgenannten Frist marktgerecht ausgestaltet werden, damit sie beihilfefrei ist.

Es steht den Mitgliedstaaten und den Unternehmen frei, anstelle der Methode nach der Mitt. **68** „Gemeinschaftsrahmen Beihilfen" die Methode anzuwenden, die sich aus der **Mitteilung der Kom. zu Haftungsübernahmen und Bürgschaften** ergibt. Je nach Rating des Unternehmens, der angebotenen Besicherung und dem für den entsprechenden Mitgliedstaat geltenden Referenzzins kann die letztgenannte Methode günstiger sein. Bei Unternehmen, die **Rettungsbeihilfen** in Anspruch nehmen wollen, gilt dies vor allem dann, wenn für den Mitgliedstaat ein niedriger Referenzzins gilt, weil der Aufschlag bei Rettungsbeihilfen nach der Mitteilung der Kom. zu Haftungsübernahmen und Bürgschaften nur 100 Basispunkte beträgt.

cc) Beihilfen in Form von Zinszuschüssen. Die Mitteilung der Kom. über die Ände- **69** rung der **Methode zur Festsetzung der Referenz- und Abzinsungssätze**[105] hat eine Methode zur Berechnung des Referenzzinssatzes eingeführt. Die Mitt. „Gemeinschaftsrahmen Beihilfen" erlaubt nunmehr eine abweichende Berechnung des Zinssatzes, der mindestens dem Tagesgeldsatz der Zentralbank entsprechen muss, zuzüglich einer Prämie entsprechend der Differenz zwischen dem durchschnittlichen Inter-Banken-Satz für ein Jahr und dem durchschnittlichen Tagesgeldsatz der Zentralbank für den Zeitraum vom 1. Januar 2007 bis 30. Juni 2008, zuzüglich einer Kreditrisikoprämie, die dem Risikoprofil des Begünstigten entspricht.

Das sich so ergebende Beihilfeelement, das sich aus dem Vergleich zwischen der Mitteilung **70** der Kom. über Referenz- und Abzinsungssätze einerseits und der Methode nach der Mitt.

---

[104] VO 1998/2006, ABl. 2006 L 379/5.
[105] ABl. 2008 C 14/6.

„Gemeinschaftsrahmen Beihilfen" andererseits ergibt, darf für Kreditverträge angewandt werden, die bis zum 31. Dezember 2010 abgeschlossen wurden. Die Laufzeit der Kreditverträge ist nicht begrenzt, jedoch muss nach dem 31. Dezember 2012 ein Zinssatz zugrunde gelegt werden, der mindestens dem sich aus der Mitteilung der Kom. über Referenz- und Abzinsungssätze ergebenden Zinssatz entspricht.

71 **dd) Beihilfen für die Herstellung grüner Produkte.** Die Finanz- und Wirtschaftskrise ließ die Befürchtung aufkommen, die Investitionstätigkeit der Unternehmen könnte zum Erliegen kommen. Um Investitionen anzukurbeln und diese auf umweltfreundliche Produkte und Produktionsverfahren zu lenken, enthält die Mitt. „Gemeinschaftsrahmen Beihilfen" auch eine Maßnahme, die es erlaubt, **Investitionskredite** zur Finanzierung eines Projektes durch Zinssatzermäßigungen zu begünstigen, das auf die Herstellung neuer Produkte zielt, die den Umweltschutz erheblich verbessern. Dabei ist ein Anreizeffekt nachzuweisen und noch nicht geltende strengere Produktnormen der Gemeinschaft müssen frühzeitig erfüllt werden oder das Vorhaben muss über diese Normen hinausgehen. Begünstigt sind Investitionen in materielle und immaterielle Vermögenswerte, mit gewissen Ausnahmen bei Produkten für Märkte, bei denen der sichtbare Verbrauch unterdurchschnittlich wuchs. Die Kredite müssen bis zum 31. Dezember 2010 vergeben werden. Der Zinszuschuß beträgt 50% bei KMU, 25% bei anderen Unternehmen, und darf während höchstens zwei Jahren gewährt werden.

72 **b) Kein Unternehmen in Schwierigkeiten am 1. Juli 2008.** Eine wesentliche Voraussetzung für die Anwendung des vorübergehenden Rahmens ist, dass das begünstigte Unternehmen nicht am 1. Juli 2008 ein Unternehmen in Schwierigkeiten gewesen sein darf. Hintergrund dieser Regelung ist die Überlegung, dass Unternehmen, welche am 1. Juli 2008 als gesunde Unternehmen im Sinne der Leitlinien „Umstrukturierung" anzusehen waren, etwaige spätere Schwierigkeiten beim Zugang zu Finanzierungen nicht wegen einer strukturellen Schwäche, die im Unternehmen selbst begründet liegt, erleiden, sondern als Folge der Finanzkrise. Bei Unternehmen hingegen, die bereits am 1. Juli 2008 als Unternehmen in Schwierigkeiten im Sinne der Leitlinien „Umstrukturierung" anzusehen waren, sind die Schwierigkeiten beim Zugang zur Finanzierung auf **eigene strukturelle Schwächen** zurückzuführen und rechtfertigen es nicht, von den Erleichterungen des vorübergehenden Rahmens zu profitieren.

73 Das Abstellen auf den 1. Juli 2008 als maßgeblichen Stichtag ist eine bedeutsame Abweichung von den sonst geltenden Regelungen. Die entsprechenden Sonderregelungen in der Mitt. „Gemeinschaftsrahmen Beihilfen" – Abschnitte 4.3.2 lit. i, 4.4.2 lit. b uns 4.5.2 lit. j – erlauben ausdrücklich die Gewährung von Beihilfen nach diesen Bestimmungen an Unternehmen, die inzwischen als Unternehmen in Schwierigkeiten anzusehen sind, die aber am 1. Juli 2008 die entsprechenden Kriterien der Leitlinien „Umstrukturierung" nicht erfüllten. Damit wird durch die Mitt. „Gemeinschaftsrahmen Beihilfen" eine **Ausnahme vom Grundsatz der Leitlinien „Umstrukturierung"** geschaffen, dass Unternehmen in Schwierigkeiten etwaige Beihilfen nur nach Maßgabe der Leitlinien „Umstrukturierung" gewährt werden dürfen.[106] Diese Ausnahme gilt allerdings nur für die aufgeführten Beihilfeformen aus der Mitt. „Gemeinschaftsrahmen Beihilfen", hinsichtlich derer eine abweichende Handhabung nach Art. 107 Abs. 3 lit. b AEUV zur „Behebung einer beträchtlichen Störung im Wirtschaftsleben eines Mitgliedstaats" gerechtfertigt erscheint. Durch die Mitt. „Gemeinschaftsrahmen Beihilfen" wird daher Unternehmen, die am 1. Juli 2008 nicht als Unternehmen in Schwierigkeiten anzusehen waren, inzwischen aber unter diese Kategorie fallen, **nicht der Erhalt von Beihilfen nach der allgemeinen GVO** ermöglicht, die eine Gewährung auch aus genehmigten Programmen für Unternehmen in Schwierigkeiten ausschließt.

74 Die Mitt. „Gemeinschaftsrahmen Beihilfen" stellt keine Genehmigung von bestimmten Beihilfen dar, sondern erlaubt den Mitgliedstaaten lediglich, auf der Grundlage der Mitt. „Gemeinschaftsrahmen Beihilfen" Beihilfeprogramme aufzustellen, die dann der Kom. zu notifizieren sind und von ihr genehmigt werden, wenn die Bedingungen der Mitt. „Gemeinschaftsrahmen Beihilfen" erfüllt sind.

75 Für Unternehmen, die am 1. Juli 2008 nicht als Unternehmen in Schwierigkeiten anzusehen waren, inzwischen aber insolvent geworden sind, gibt die Mitt. „Gemeinschaftsrahmen Beihilfen" neue Spielräume, wenn der betreffende Mitgliedstaat genehmigte Beihilfeprogramme zur Verfügung hat. Ist ein **insolventes Unternehmen** sonst darauf angewiesen, sich mit Rettungs-

---

[106] Tz. 16, 21 Leitlinien „Umstrukturierung"; vgl. EuG, T-189/03, Slg. 2009 II-1831, RdNr. 116 – ASM Brescia SpA.

beihilfen zu begnügen, so erlaubt die Mitt. „Gemeinschaftsrahmen Beihilfen" eine großzügigere Finanzierung dieser Unternehmen.

Allerdings ist erforderlich, zu prüfen, auf welcher Grundlage Beihilfen gewährt werden sollen. **76** Denn sobald ein Mitgliedstaat einem Unternehmen Rettungs- oder Umstrukturierungsbeihilfen gewährt, gelten die Leitlinien „Umstrukturierung". Dies hat zur Folge, dass **Rettungsbeihilfen nur in den strengen Grenzen der Leitlinien „Umstrukturierung"** gewährt werden dürfen: es darf allenfalls der Liquiditätsbedarf für ein halbes Jahr gedeckt werden, und die Voraussetzungen für die Vereinbarkeit der Rettungsbeihilfe müssen gegeben sein. Ferner greift der Grundsatz der einmaligen Beihilfe. Sofern eine Umstrukturierungsbeihilfe gewährt wird, ist auch eine Kompensation in Form der Reduzierung von Marktpräsenz vorzunehmen. Wird dem Unternehmen hingegen auf der Grundlage der Mitt. „Gemeinschaftsrahmen Beihilfen" eine Beihilfe gewährt, so gelten die Regeln der Leitlinien „Umstrukturierung" nicht, sofern nur das Unternehmen am 1. Juli 2008 nicht als Unternehmen in Schwierigkeiten anzusehen war.

Diese auf den ersten Blick inkonsistent erscheinende Regelung wird durch Art. 107 Abs. 3 **77** lit. b AEUV gerechtfertigt, um die Finanz- und Wirtschaftskrise – eine erhebliche Störung im Wirtschaftsleben eines Mitgliedstaates (bzw. praktisch aller Mitgliedstaaten der EU) – zu bewältigen. Da die Mitt. „Gemeinschaftsrahmen Beihilfen" zeitlich befristet ist, besteht auch nicht die Gefahr der Aufweichung der Leitlinien „Umstrukturierung". Dennoch stellt die Anwendung der Mitt. „Gemeinschaftsrahmen Beihilfen" die Kom., die Mitgliedstaaten und die betroffenen Unternehmen vor einige Herausforderungen. Im Rahmen ihres weiten Ermessens wird die Kom. eingehend prüfen können, ob ein inzwischen insolventes Unternehmen nicht doch bereits am 1. Juli 2008 als „in Schwierigkeiten" anzusehen gewesen ist; sie wird dabei aber darauf zu achten haben, dass sie alle Kriterien aus *ex ante* Sicht beurteilt.

3. Geltungsbereich der Leitlinien und Sonderregelungen. Die Leitlinien „Umstruktu- **78** rierung" gelten grundsätzlich für alle Anwendungsbereiche des Beihilferechts. Sonderregeln bestehen lediglich für die Realwirtschaft in den Bereichen **Steinkohlenbergbau** und **Stahlindustrie**, ferner für den **Luftverkehr** und die **Fischerei**. Im Bereich der **Finanzinstitute** wurden im Zuge der Sondermaßnahmen wegen der Finanzkrise im Herbst 2008 und Anfang 2009 vorübergehende „Wegleitungen" (Guidance) und Mitteilungen von der Kom. erlassen, die den Besonderheiten der Finanzwirtschaft im Vergleich zur Realwirtschaft Rechnung tragen.[107] Diese wurde im August 2009 ergänzt um die Mitteilung der Kom. über die Wiederherstellung der Rentabilität und die Bewertung von Umstrukturierungsmaßnahmen im Finanzsektor im Rahmen der gegenwärtigen Krise gemäß den Beihilfevorschriften.[108]

Die früher vom EGKS-Vertrag erfassten Produkte werden heute in gesonderten Leitlinien er- **79** fasst. Im Bereich des Steinkohlenbergbaus gilt die VO 1407/2002.[109] Für die **Stahlindustrie** gilt die Mitteilung der Kom. Rettungs- und Umstrukturierungsbeihilfen und Schließungsbeihilfen für die Stahlindustrie.[110] Im Stahlbereich sind darüber hinaus für die **Tschechische Republik** das **Protokoll Nr. 2** zum Europa-Abkommen zwischen den Europäischen Gemeinschaften und ihren Mitgliedstaaten und der Tschechischen Republik[111] sowie für **Polen** das **Protokoll Nr. 8** zum Europa-Abkommen zwischen den Europäischen Gemeinschaften und ihren Mitgliedstaaten einerseits und der Republik Polen andererseits[112] von Bedeutung, in denen jeweils Sonderregelungen für die Umstrukturierung von Stahlunternehmen in diesen Ländern vorgesehen sind. Die für die Umstrukturierung von Stahlunternehmen in diesen Ländern vor dem Beitritt zur Europäischen Union gewährten Beihilfen unterliegen somit speziellen Vorschriften. In **Rumänien** gelten Sonderregelungen gemäß Annex VII Abschnitt 4 lit. b zum Beitrittsvertrag.[113] Der Hintergrund dafür ist die Tatsache, dass diese Länder über lange Jahre Beitrittskandidaten zur Europäischen Union waren und in dieser Zeit selbst nach den Europa-Abkommen dafür Sorge zu tragen hatten, dass die Umstrukturierungen von Unternehmen den Regeln der EU angeglichen werden. Zum Zeitpunkt des Beitritts am 1. Mai 2004 bzw. 1. Januar 2007 wa-

---

[107] Mitteilung der Kom. zur Anwendung der Vorschriften für staatliche Beihilfen auf Maßnahmen zur Stützung von Finanzinstituten im Kontext der derzeitigen globalen Finanzkrise, ABl. 2008 C 270/8, Mitteilung der Kom. zur Rekapitalisierung von Finanzinstituten, ABl. 2009 C 10/2 und Mitteilung der Kom. zur Behandlung wertgeminderter Aktiva, ABl. 2009 C 72/1; s. dazu unten Sektoren RdNr. 371 ff.
[108] ABl. 2009 C 195/9.
[109] ABl. 2002 L 205/1. S. dazu unten Sektoren RdNr. 296 ff.
[110] ABl. 2002 C 70/21. S. dazu ausführlich unten Sektoren RdNr. 938 ff.
[111] ABl. 1994 L 360/2.
[112] ABl. 1993 L 348/2.
[113] ABl. 2005 L 157/138, 145 ff.

ren viele Umstrukturierungsprozesse bereits weit fortgeschritten. Die Rolle der Kom. beschränkte sich sodann darauf, die Einhaltung der Umstrukturierungspläne zu überwachen oder etwaige Anpassungen zu den Umstrukturierungsplänen zu prüfen und zu genehmigen.[114] In anderen Fällen führte die Überprüfung der Beihilfegewährung und der Umstrukturierungspläne zu Feststellungen von missbräuchlichen Verwendungen von Beihilfen.[115]

80 **4. Prinzip „einmalige Beihilfe".** Für Rettungs- und Umstrukturierungsbeihilfen gilt der Grundsatz der einmaligen Beihilfe. Das bedeutet, dass innerhalb eines **Zeitraums von zehn Jahren** eine solche Beihilfe nur einmal gewährt werden darf.[116] Gerechnet wird dies vom Zeitpunkt der Beendigung der Umstrukturierung oder der Aufgabe des Umstrukturierungsplans, je nachdem, was als letztes stattfand.[117] Eine weitere Rettungs- oder Umstrukturierungsbeihilfe darf im Normalfall innerhalb des Zeitraums nicht gewährt werden. Gemeint ist damit jeweils die Beihilfegewährung für einen **einheitlichen Rettungs- und Umstrukturierungsvorgang**, die nachträgliche Genehmigung einer zusätzlichen Beihilfe im Wege der Anpassung der Beihilfenhöhe für denselben Umstrukturierungsvorgang stellt keinen Verstoß gegen den Grundsatz der einmaligen Beihilfe dar,[118] setzt aber eine Anpassung des Umstrukturierungsplans sowie der Gegenleistung voraus.[119]

81 Der Grundsatz der einmaligen Beihilfe gilt seit Einführung der Leitlinien „Umstrukturierung" jeweils für Rettungs- und Umstrukturierungsbeihilfen, das bedeutet, dass auch nach Gewährung einer Rettungsbeihilfe (ohne anschließende Umstrukturierungsbeihilfe) für zehn Jahre **weder eine Rettungs- noch eine Umstrukturierungsbeihilfe** gewährt werden darf. Ein zusammenhängender wirtschaftlicher Umstrukturierungsprozeß, der mit einer Rettungsbeihilfe eingeleitet wird und dann in eine Umstrukturierungsbeihilfe mündet, wobei die Rettungsbeihilfe oftmals nicht zurückgezahlt, sondern Teil der Umstrukturierungsbeihilfe wird, wird dabei einheitlich und als ein Vorgang gewertet.

82 Das Prinzip der einmaligen Beihilfe hat zur Folge, dass Unternehmen und Mitgliedstaaten sehr zögerlich sind, auf das Instrument der Rettungs- oder Umstrukturierungsbeihilfe zurückzugreifen, weil dieses die Zukunft des Unternehmens und seine Handlungsfreiheit einschränkt. Dieser **Abschreckungseffekt** hat somit das positive (und wohl auch gewünschte) Ergebnis, dass der Gewährung solcher Beihilfen eine sorgfältige Abwägungsprozess vorangeht. Der negative Effekt davon ist allerdings, dass Rettungsmaßnahmen dadurch riskieren, und dem letzten Moment verschoben zu werden, was den Eingriff einerseits teurer macht, andererseits die Risiken eines Scheiterns deutlich erhöht.[120]

83 Tritt nach einer begrenzten Zeit der Bedarf für weitere Umstrukturierungsbeihilfen auf, die **zum selben Umstrukturierungsplan** gehören, so besteht für die Kom. die Möglichkeit, das alte **Verfahren wieder zu eröffnen,** wenn ihr nicht alle Tatsachen bekannt waren und tatsächlich die neuen und vollständigen Tatsachen eine andere Beurteilung ermöglichen. Der Fall Crédit Lyonnais ist ein prominentes Beispiel für ein solches Vorgehen.[121] Dabei ist indes nicht zu verkennen, dass es sich um einen Sonderfall handelt. Die Kom. wird im Normalfall nicht zu der verfahrensrechtlichen Möglichkeit greifen, das alte Verfahren wieder zu eröffnen, wenn sich der Sachverhalt weitgehend unverändert darstellt und die Notwendigkeit weiterer Beihilfen nur auf einer Fehlplanung oder auf schlechtem Wirtschaften beruht. Vielmehr besteht dann nur die Möglichkeit der **Anpassung des Umstrukturierungsplanes**, mit einer Anpassung der Beihilfenhöhe, die sodann zwingend eine Anpassung der Ausgleichsmaßnahmen mit sich bringt.[122]

84 In außergewöhnlichen Fällen kann es möglich sein, von der Regel eine Ausnahme zuzulassen. Die Leitlinien sehen eine Ausnahme nur in Fällen vor,
– wenn sich die Umstrukturierungsbeihilfe an eine Rettungsbeihilfe als Teil eines einzigen Umstrukturierungsvorgangs anschließt;
– wenn eine Rettungsbeihilfe gewährt worden ist und keine staatlich geförderte Umstrukturierung gefolgt ist, falls das Unternehmen nach der Rettungsbeihilfe langfristig wirtschaftlich

---

[114] Kom., Staatliche Beihilfe N-350a/2006, Mittal Steel Ostrawa.
[115] Kom., ABl. 2008 L 143/31 – Arcelor Huta Warszawa.
[116] Leitlinien „Umstrukturierung", Tz. 73.
[117] Vgl. *Quigley* 297 unter Hinweis auf Kom., ABl. 2002 L 329/1 – Grupo de Empresas Alvarez.
[118] So auch *Heidenhain/von Donat* RdNr. 34.
[119] Zur Anpassung von Umstrukturierungsplänen s. unten RdNr. 198 ff.
[120] *Samuel-Lajeunesse* 97, 98.
[121] Dazu ausführlich unten Sektoren RdNr. 345 ff.
[122] S. dazu unten RdNr. 166 ff.

tragfähig ist und neue Rettungs- oder Umstrukturierungsbeihilfen frühestens nach 5 Jahren aufgrund von außergewöhnlichen, nicht vorhersehbaren Umständen erforderlich werden, die das Unternehmen nicht zu vertreten hat; sowie

– in **außergewöhnlichen und unvorhersehbaren** Fällen, für die das Unternehmen **nicht verantwortlich** ist.

Die erste als Ausnahmefall aufgeführte Konstellation ist per se kein Fall des Durchbrechens **85** des Grundsatzes der einmaligen Beihilfe, weil die Leitlinien „Umstrukturierung" diese Abfolge – erst Rettungsbeihilfe, dann Umstrukturierungsbeihilfe – ausdrücklich vorsehen.

Der zweite Ausnahmefall verkürzt im Ergebnis lediglich die Sperrfrist, die normalerweise **86** zehn Jahre beträgt, auf fünf Jahre, für Fälle, bei denen nur eine Rettungsbeihilfe gewährt worden war, aber keine Umstrukturierungsbeihilfe. Voraussetzung für die erneute Gewährung einer Rettungsbeihilfe oder die erstmalige Gewährung einer Umstrukturierungsbeihilfe ist dann, dass die Beihilfe aufgrund von außergewöhnlichen, nicht vorhersehbaren Umständen erforderlich wird, die das Unternehmen nicht zu vertreten hat. Diese Voraussetzungen unterscheiden sich kaum von den Voraussetzungen der dritten Kategorie, die ebenfalls auf die Begriffe „außergewöhnlich und nicht vorhersehbar" abstellt, wobei es dort um „Fälle", bei der zweiten Ausnahme um „Umstände" geht, und diese bei der zweiten Ausnahme vom Unternehmen „nicht zu vertreten" sein müssen, während bei der dritten Ausnahme das Unternehmen dafür „nicht verantwortlich" sein darf. Der Begriff „unvorhersehbar" wird dabei definiert als Umstände, „die von der Leitung des Unternehmens bei der Ausarbeitung des Umstrukturierungsplans **unmöglich vorhergesehen** werden konnten und die **nicht auf Fahrlässigkeit oder Irrtümer der Unternehmensleitung oder Entscheidungen der Unternehmensgruppe,** zu der das betroffene Unternehmen gehört, zurückzuführen sind".[123]

Das engt den Ausnahmebereich naturgemäß sehr stark ein. Umstände wie die **Weiterent-** **87** **wicklung der Märkte,** beispielsweise der Austausch bestimmter Produkte durch Weiterentwicklung, wird schwerlich „unmöglich vorherzusehen" sein. Für Unternehmen der Realwirtschaft dürfte allerdings die aufgrund des Zusammenbruchs von Lehman Brothers ausgelöste Finanzkrise, die zu einer **Kreditklemme** führte und auch eine weltweite Wirtschaftskrise auslöste, „unmöglich vorherzusehen" gewesen sein. Banken, die durch die Finanzkrise betroffen wurden, weil die von ihr erworbenen Papiere und Schuldverschreibungen wertlos geworden sind, dürften allerdings nicht in den Genuss der Ausnahme kommen, weil die **Fehlbewertung** der Papiere „auf Fahrlässigkeit oder Irrtümer der Unternehmensleitung" zurückzuführen sind, also vermeidbar und damit vom Unternehmen zu vertreten waren.

Unter die zweite Ausnahme dürfte auch der Fall gerechnet werden, dass die Rettungsbeihilfe **88** nicht durch strukturelle Probleme des Unternehmens selbst erforderlich wurde, sondern durch ein **von außen wirkendes Ereignis,** wie zB. ein Naturereignis, der ein Unternehmen in Schieflage gebracht hat.[124] Die Kom. erkennt jedenfalls an, dass es Situationen gibt, bei denen Unternehmen in Schwierigkeiten geraten sind, ohne dies selbst verschuldet zu haben. In ihrer Mitt. „Gemeinschaftsrahmen Beihilfen"[125] stellt die Kom. beispielsweise für die Beurteilung der Voraussetzungen der Sondermaßnahme darauf ab, ob das Unternehmen am 1. Juli 2008 – also vor Erkennbarwerden der Finanzkrise – sich in Schwierigkeiten befunden hat, oder aber ob seine Schwierigkeiten durch Faktoren von außen – die Finanzkrise ab Herbst 2008 – verursacht worden sind; letzteres wird durch den Stichtagsbezug im Wege der Fiktion festgelegt, denn eine Möglichkeit, nachzuweisen, dass die angeblich erkennbaren Schwierigkeiten nicht durch die Finanzkrise verursacht wurden, kennt die Mitt. „Gemeinschaftsrahmen Beihilfen" nicht.

Die dritte und allgemeine Ausnahme gestattet, dass in **außergewöhnlichen und unvorher-** **89** **sehbaren Fällen** eine Umstrukturierungsbeihilfe gewährt werden kann, die das Unternehmen nicht zu vertreten hat.[126] Ein prominentes Beispiel einer solchen Ausnahme ist die im Dezember 2004 genehmigte Umstrukturierungsbeihilfe für Bull.[127] Dort war dem Unternehmen im Jahre 1994 eine Umstrukturierungsbeihilfe gewährt worden. Im Jahre 2002 gewährte Frankreich sodann eine Rettungsbeihilfe an Bull, was nach den damals geltenden Leitlinien für die

---

[123] Leitlinien „Umstrukturierung", Tz. 73 Fn. 2.
[124] S. als Beispiel Kom., Staatliche Beihilfe NN 37/04 – Lloyd Werft.
[125] ABl. 2009 C 83/1.
[126] Vgl. Kom., ABl. 2007 L 183/27 Tz. 107 – Biria, wo die Kom. wegen des Fehlens außergewöhnlicher Umstände einen Verstoß gegen den Grundsatz der einmaligen Beihilfe sah und die Genehmigung einer weiteren Beihilfe ablehnte.
[127] Kom., ABl. 2005 L342/81 Tz. 69–75 – Bull.

Gewährung von Rettungs- und Umstrukturierungsbeihilfen von 1999[128] ohne Verletzung des Grundsatzes der einmaligen Beihilfegewährung möglich war, weil seinerzeit Rettungsbeihilfen streng getrennt von Umstrukturierungsbeihilfen behandelt wurden; die einheitliche Betrachtung, nach der eine Rettungsbeihilfe in 2002 grundsätzlich nicht möglich gewesen wäre, wurde erst mit den Leitlinien „Umstrukturierung" eingeführt. Die Genehmigung der Umstrukturierungsbeihilfe im Jahre 2004 – innerhalb der Zehn-Jahres-Frist des Grundsatzes der einmaligen Gewährung von Beihilfen – und die Abweichung vom Grundsatz der einmaligen Beihilfe begründete die Kom. damit, dass das Ausmaß der Entwicklung der Krise im Sektor der Informationstechnologien und der Kommunikation im Jahr 2001 außergewöhnlich, nicht vorhersehbar und von Bull nicht zu vertreten gewesen sei. Zwar sei die Krise als solche „weder außergewöhnlich noch unvorhersehbar" gewesen,[129] wohl aber der Umfang der Krise. Als einen weiteren Faktor nannte die Kom. die „Rasanz, mit der sich im Sektor technologische Entwicklungen vollziehen".[130] Diese Feststellung ist zwar zutreffend, stellt aber eine Erkenntnis dar, die jedem Unternehmen in diesem Sektor gegenwärtig war, weswegen erhebliche Zweifel bestehen, dass dieser Aspekt „unvorhersehbar" war. Die Kom. lässt es daher auch nicht bei der Feststellung bewenden, dass die Voraussetzungen erfüllt sind, sondern weist ferner darauf hin, dass der vorherige Umstrukturierungsplan gewissenhaft umgesetzt worden sei, und dass die nunmehr aufgetretenen **Schwierigkeiten anderer Natur** seien und auf anderen Ursachen beruhten als diejenigen, die zur ersten Umstrukturierung geführt hatten. Daraus leitet die Kom. dann ab, dass der hinter dem Grundsatz der einmaligen Gewährung von Beihilfen stehende Gedanke, dass eine missbräuchliche Förderung von nicht lebensfähigen Unternehmen verhindert werden soll, respektiert werde, selbst wenn eine zweite Umstrukturierungsbeihilfe innerhalb des Zehn-Jahres-Zeitraums gewährt werde.[131]

90 Der Grundsatz der einmaligen Beihilfe knüpft dabei an „das Unternehmen" an, unabhängig von seiner Rechtsform. In RdNr. 74 Leitlinien „Umstrukturierung" wird ausdrücklich klargestellt, dass **Änderungen in den Eigentumsverhältnissen** des Unternehmens nach der Genehmigung einer Beihilfe ebenso wenig von Belang sind wie die Durchführung eines Gerichtsoder Verwaltungsverfahren (Konkurs, Insolvenz), das die Sanierung der Bilanz, die Reduzierung der Schulden oder die Begleichung seiner Altschulden zur Folge hat. Der Begriff des Unternehmens wird dabei nicht näher definiert. Dem Sinn und Zweck nach dürfte die **betriebliche Einheit** gemeint sein, die sich in Schwierigkeiten befunden hat und für deren Rettung oder Umstrukturierung die Beihilfe gewährt worden ist.

91 Besteht das Unternehmen aus verschiedenen Betrieben und wird ein Teil der Betriebe im Zuge der Umstrukturierung veräußert, so sind diese **veräußerten Betriebe oder Betriebsteile** von der Gewährung der Rettungs- oder Umstrukturierungsbeihilfe nicht erfasst; ein Erwerber wird also nicht gehindert sein, für diese Betriebe eine Rettungs- oder Umstrukturierungsbeihilfe auch vor Ablauf der Zehn-Jahres-Frist zu beantragen, vorausgesetzt, das Unternehmen kann nach RdNr. 12 Leitlinien „Umstrukturierung" als Unternehmen in Schwierigkeiten anzusehen sein (also nicht in den ersten drei Jahren nach Erwerb).

92 Problematischer ist der Fall, dass ein Unternehmen, das Rettungs- und Umstrukturierungsbeihilfen erhalten hat, später einen Betrieb oder Betriebsteil (der von der Beihilfe profitiert hat) veräußert. Erfolgt die Veräußerung des Betriebes zum Marktwert, so wird die Beihilfe nicht an den Erwerber weiter geleitet; allerdings ist fraglich, ob der Betrieb oder Betriebsteil nach wie vor als begünstigt von der Beihilfe anzusehen ist und daher der Sperre der einmaligen Beihilfe unterliegt. Die Kom. unterscheidet dabei danach, ob das Unternehmen durch einen Erwerb von Geschäftsanteilen oder Aktien erworben wurde, oder durch den Erwerb von Vermögensgegenständen. Siehe dazu näher unten RdNr. 217 ff., 222 ff.

III. Rettungsbeihilfen

93 Verschlechtert sich die wirtschaftliche Situation eines Unternehmens und wird es schwierig, Finanzierungen zu erhalten, tritt häufig ein Misstrauen **im Markt** hinzu. Dies kann rasch dazu führen, dass das Unternehmen in Schwierigkeiten gerät, weil Lieferanten statt der üblicherweise eingeräumten Zahlungsziele von 30, 60 oder gar 90 Tagen plötzlich für weitere Zulieferungen **Vorkasse** verlangen und damit ein Teil des normalen Wirtschaftskreislaufs eines Unternehmens

---

[128] ABl. 1999 C 288/2, Corrigendum ABl. 2000 C 121/9.
[129] Kom., aaO., Tz. 71.
[130] Ebenda.
[131] Kom., aaO., Tz. 73.

zusätzlich finanziert werden muss. In wirtschaftlichen Krisenzeiten gehen umgekehrt marktstarke Unternehmen dazu über, ihren Lieferanten zu „verordnen", längere Zahlungsziele zu akzeptieren. Dadurch können diese Lieferanten in Bedrängnis geraten, weil deren Zahlungsbilanz sich erheblich verschlechtert. Typischerweise gerät ein Unternehmen somit nicht langsam und geordnet in Schwierigkeiten. Vielmehr treten Schwierigkeiten entweder plötzlich auf, weil ein Kunde die Zahlung verweigert[132] oder wegen der Anforderungen der Zulieferer die Liquidität so knapp wird, dass das Unternehmen der Zahlungsunfähigkeit nahe kommt.

In dieser Situation hat das Unternehmen selten einen fertigen Plan in der Hand, aufgrund **94** dessen eine Umstrukturierung eingeleitet werden kann. Vielmehr muss erst eine **Bestandsaufnahme der Stärken und Schwächen** und ein Zukunftskonzept erstellt werden, was Zeit und Sorgfalt erfordert. Möglicherweise kommt auch nur eine Liquidation des Unternehmens in Betracht; diese ist ebenso sorgsam zu planen. In jedem Fall **benötigt das Unternehmen sofort Liquidität**. Deswegen plante die Kom. zunächst, die Rettungsbeihilfen als **„Sofortbeihilfen"** zu bezeichnen; sie hat aber davon Abstand genommen – vermutlich, weil sowohl der von ihr benötigte Zeitraum für die Prüfung kaum den Begriff „Sofortbeihilfe" rechtfertigen würde, aber auch, weil die Mitgliedstaaten sich anderenfalls ermutigt sehen könnten, eine solche Beihilfe „sofort" zu gewähren, ohne dies der Kom. zuvor mitzuteilen. Aufgrund des häufig vorherrschenden Zeitdrucks ist es bei Rettungsbeihilfen ohnedies eher die Regel als die Ausnahme, die Rettungsbeihilfe schon zu gewähren, bevor die endgültige Entscheidung der Kom. vorliegt.

Rettungsbeihilfen und Umstrukturierungsbeihilfen sind voneinander zunächst unabhängig. **95** Ein Unternehmen kann eine Rettungsbeihilfe erhalten, ohne anschließend eine Umstrukturierung durchführen zu müssen, insbesondere dann, wenn die Schwierigkeiten des Unternehmens externer Natur sind und nicht auf Schwächen des Unternehmens beruhen.[133] In der Vergangenheit, wo für Rettungsbeihilfen und Umstrukturierungsbeihilfen der Grundsatz der einmaligen Beihilfe angewandt wurde, konnten Unternehmen eine Rettungsbeihilfe erhalten, wenn sie zuvor zwar schon eine Umstrukturierungsbeihilfe erhalten hatten, nicht aber eine Rettungsbeihilfe.[134] Im Regelfall folgt allerdings auf die Rettungsbeihilfe eine Umstrukturierungsphase, die oftmals mit Umstrukturierungsbeihilfen gefördert wird.

Um dem Unternehmen diese Möglichkeit einzuräumen und für diesen Zeitraum ausreichend **96** Liquidität zur Verfügung zu haben, besteht die Möglichkeit der Gewährung von Rettungsbeihilfen[135] Diese dienen nur der Überbrückung, um dem Unternehmen die Luft zu verschaffen, dass es die **Ursachen seiner Schwierigkeiten eingehend prüfen** und die beste Lösung finden kann. Der Natur nach ist die Rettungsbeihilfe somit vorübergehend und darf nur für **längstens sechs Monate** gewährt werden. Sie muss reversibel sein und darf grundsätzlich **nicht für strukturelle Maßnahmen** verwendet werden, Tz. 15 Leitlinien „Umstrukturierung".

Anders als nach den früheren Fassungen der Leitlinien „Umstrukturierung" darf die Ret **97** tungsbeihilfe allerdings für Sofortmaßnahmen eingesetzt werden, etwa die **Schließung eines stark verlustbringenden Geschäftszweiges** (sog. Cash Fresser), um die Belastung des Cash Flow in der Orientierungsphase zu verringern.[136] Diese Maßnahmen sind zwar struktureller Natur. Da sie aber auf einen **Rückzug vom Markt** ausgerichtet sind, sind die Auswirkungen auf den Wettbewerb gering und eher positiv. Sie können ergriffen werden, sobald das Unternehmen seine Orientierungsphase durchlaufen und einen ersten Umstrukturierungs- oder Liquidationsplan erstellt hat, der die Schließung bestimmter Geschäftsbereiche als sofortige Maßnahme vorsieht.

Wird binnen der Sechs-Monats-Frist kein Umstrukturierungs- oder Liquidationsplan vorge **98** legt, muss die **Rettungsbeihilfe zurückgezahlt** werden; anderenfalls kann das Unternehmen die Maßnahme bis zum Abschluss des Prüfungsverfahrens durch die Kom. weiternutzen. Genehmigt die Kom. die Umstrukturierungsbeihilfe, so wird dabei die Rettungsbeihilfe mit berücksichtigt.

Sobald ein Umstrukturierungs- oder Liquidationsplan erstellt worden ist und durchgeführt **99** wird, gilt jede weitere Beihilfe als Umstrukturierungsbeihilfe.[137] Das betrifft sämtliche Beihilfen, einschließlich solcher aus genehmigten Beihilferegelungen. Ein Unternehmen kann also ohne

---

[132] Kom., Staatliche Beihilfe NN37/04 – Lloyd Werft.
[133] Ebenda.
[134] Kom., IP/01/1432 v. 17. 10. 2001 – Sabena; vgl. Kom., ABl. 2008 C 184/34 – Alitalia.
[135] Leitlinien „Umstrukturierung", Tz. 15.
[136] Leitlinien „Umstrukturierung", Tz. 16.
[137] Leitlinien „Umstrukturierung", Tz. 16.

Genehmigung der Kom. **in der Phase der Durchführung des Umstrukturierungs- oder Liquidationsplans keine andere Beihilfe** (Ausbildungsbeihilfe, Umweltbeihilfe etc.) erhalten, selbst wenn diese entweder der Gruppenfreistellungsverordnung unterfallen oder sonst aus genehmigten Programmen bereitgestellt werden. Den Mitgliedstaaten kann sogar aufgegeben werden, während der Umstrukturierungsphase überhaupt keine weiteren Beihilfen an das Unternehmen zu gewähren.[138]

100   Die Leitlinien „Umstrukturierung" stellen eine Reihe von Voraussetzungen für die Genehmigung einer Rettungsbeihilfe auf, die nachstehend näher betrachtet werden. Aufgrund der Finanz- und Wirtschaftskrise, die im Herbst 2008 ausbrach, haben eine Reihe von Mitgliedstaaten Maßnahmen zur Stützung ihrer Banken vorgenommen, die von der Kom. auf der Grundlage von Art. 107 Abs. 3 lit. b AEUV genehmigt wurden[139] und für die die nachstehenden Voraussetzungen mit Abweichungen gelten, s. dazu unten Sektoren RdNr. 371 ff.

101   **1. Voraussetzungen. a) Unternehmen in Schwierigkeiten.** Nur Unternehmen in Schwierigkeiten kommen für die Gewährung einer Rettungsbeihilfe in Betracht. Die Gewährung von Rettungsbeihilfen an Unternehmen, die seit weniger als drei Jahren im Markt tätig sind, ist allerdings ausgeschlossen, denn diese Unternehmen gelten als „neu gegründet" und können daher keine Rettungs- oder Umstrukturierungsbeihilfen nach den Leitlinien „Umstrukturierung" in Anspruch nehmen,[140] wenn sie alle Symptome aufweisen, die für ein Unternehmen in Schwierigkeiten typisch sind. Sinn und Zweck dieser Einschränkung ist es, zu verhindern, dass Unternehmen, die gar nicht erst erfolgreich auf dem Markt tätig waren, Beihilfen zugewandt werden. Rettungsbeihilfen sollen nur solchen Unternehmen zugute kommen, die seit längerer Zeit auf dem Markt tätig sind, sich in wirtschaftlichen Schwierigkeiten befinden und Zeit benötigen, um sich aus diesen wirtschaftlichen Schwierigkeiten zu befreien.

102   Neu gegründete Unternehmen, die die **Symptome eines Unternehmens in Schwierigkeiten** aufweisen, werden somit von der Leitlinien „Umstrukturierung" doppelt getroffen: sie kommen nicht für Rettungs- oder Umstrukturierungsbeihilfen in Betracht, zugleich dürfen aber auch **keine Beihilfen aus Beihilferegelungen** gewährt werden, die Unternehmen in Schwierigkeiten ausschließen. So ist die Gewährung von Regionalbeihilfen für Investitionen in Fördergebieten an Unternehmen in Schwierigkeiten ausdrücklich nur im Rahmen der Leitlinien „Umstrukturierung" möglich – und damit für neu gegründete Unternehmen in Schwierigkeiten ausgeschlossen.[141]

103   **b) Liquiditätshilfe aus akuten sozialen Gründen.** Rettungsbeihilfen dürfen nur gewährt werden, wenn die Liquiditätshilfe aus akuten sozialen Gründen gerechtfertigt ist.[142] Das bedeutet insbesondere, dass durch die Rettungsbeihilfe verhindert werden soll, die Arbeitnehmer arbeitslos werden zu lassen, solange noch eine Chance besteht, dass das Unternehmen sich von seinen Schwierigkeiten erholt und durch eine spätere Umstrukturierung seine Lebensfähigkeit wieder erreicht oder aber eine andere, sozialverträgliche Lösung gefunden wird. Bei der Beurteilung der **sozialen Komponente der Rettungsbeihilfe** wird die **Arbeitslosenquote in der entsprechenden Region** mit herangezogen.[143] Ebenso wird berücksichtigt, ob es sich um ein Fördergebiet nach Art. 107 Abs. 3 lit. a[144] oder lit. c AEUV[145] handelt. Gerät der größte Arbeitgeber in einer Region in eine Krise, können ernsthafte soziale Probleme folgen, wenn das Unternehmen sofort und unkontrolliert in Konkurs geht.[146] Die Rettungsbeihilfe kann in einer solchen Situation die sozialen Folgen abfedern. Zudem wird berücksichtigt, ob im Falle einer Insolvenz des Unternehmens bei Nichtgewährung der Beihilfe andere Unternehmen in der Region die Arbeitnehmer übernehmen würden.[147] Ebenso werden die indirekten Auswirkungen geprüft, beispielsweise Arbeitslosigkeit bei Zulieferern.[148]

---

[138] Leitlinien „Umstrukturierung", Tz. 46.
[139] S. dazu näher unten Sektoren RdNr. 371 ff., sowie *Petrovic/Tutsch*, National Rescue Measures in Response to the Current Financial Crisis, European Central Bank Legal Working Paper Series No. 8, July 2009.
[140] Leitlinien „Umstrukturierung", Tz. 12.
[141] Kom., ABl. 2006 C 54/13 Tz. 9 – Leitlinien für staatliche Beihilfen mit regionaler Zielsetzung.
[142] Leitlinien „Umstrukturierung", Tz. 25 b).
[143] Kom., Staatliche Beihilfe N 28/2006 Tz. 25 – Techmatrans; s. auch *Heidenhain/von Donat* Tz. 46 c.
[144] Kom., Staatliche Beihilfe N 636/2007 Tz. 16 – Kalofolias.
[145] Kom., Staatliche Beihilfe N 28/2007 Tz. 12 – Cantieri Navali di Tremoli; Kom., Staatliche Beihilfe N 28/2006 Tz. 25 – Techmatrans.
[146] Kom., ABl. 2003 L 14/56 Tz. 91 – Koninklijke Schelde Group.
[147] *Heidenhain/von Donat* aaO.
[148] Kom., Staatliche Beihilfe N 287/2008 Tz. 19, 42 – TV2 Danmark A/S.

In der Praxis wird ein Insolvenzverwalter nicht benötigte Arbeitnehmer des Unternehmens **104** kündigen. Eine mögliche Lösung ist dann die Gründung einer **Beschäftigungs- und Qualifizierungsgesellschaft**, in welcher die gekündigten Arbeitnehmer aufgenommen werden. In dieser Beschäftigungs- und Qualifizierungsgesellschaft werden dann Umschulungen und Qualifizierungsmaßnahmen angeboten. Die Finanzierung dieser Maßnahmen erfolgt nicht über eine Rettungsbeihilfe an das Unternehmen, sondern wird vielmehr unmittelbar seitens des Staates finanziert. Da die Beschäftigungs- und Qualifizierungsgesellschaft nicht werbend am Markt tätig ist, kann dies beihilfefrei erfolgen, weil diese Gesellschaft **nicht als „Unternehmen" im Sinne des Art. 107 AEUV** anzusehen ist. Allerdings ist eine solche Gestaltung nur denkbar, wenn die Arbeitnehmer tatsächlich bei dem in Schwierigkeiten geratenen Unternehmen ausgeschieden sind, denn anderenfalls würde es sich um Maßnahmen handeln, die diesem Unternehmen zugute kommen – und damit eine Beihilfe, die der Genehmigung bedürfte.

Sollen die Arbeitnehmer zwar im Unternehmen gehalten werden, etwa weil eine Kernmann- **105** schaft für die Umstrukturierung benötigt wird, so kommt das Instrument der **konjunkturellen Kurzarbeit** in Betracht. Dabei erhalten die Arbeitnehmer aus allgemeinen Regelungen, die für alle Unternehmen gleichermaßen gelten – also beihilfefrei – Kurzarbeitergeld. Das Unternehmen muss allerdings einen Teil der Sozialversicherungsabgaben tragen; diese Aufwendungen können durch Rettungsbeihilfen finanziert werden.

c) Keine unverhältnismäßig gravierenden Ausstrahlungseffekte. Da die Rettungsbei- **106** hilfe ein Instrument ist, mit dem einem Unternehmen nur vorübergehend geholfen werden soll, bis es in der Lage war, einen Umstrukturierungsplan zu erstellen, müssen die Auswirkungen der Rettungsbeihilfe begrenzt sein und dürfen **keine unverhältnismäßig gravierenden Ausstrahlungseffekte** haben.[149] Der Begriff „spill-over"[150] ist in diesem Zusammenhang nicht angebracht und irreführend; unter spill-over wird typischerweise das Weiterreichen von Beihilfen in indirekter Form, etwa durch überhöhte Verrechnungspreise zwischen zwei Unternehmen derselben Gruppe verstanden. Derartige indirekte Begünstigungen verbieten sich ohnedies. Die von den Leitlinien „Umstrukturierung" angesprochenen unverhältnismäßig gravierenden Ausstrahlungseffekte beziehen sich hingegen nur auf die negativen Auswirkungen, die von der Rettungsbeihilfe auf die Wettbewerber ausgeht.[151] Die Vermeidung solcher Ausstrahlungseffekte ist eine wichtige Vorgabe bei der Gewährung von Rettungsbeihilfen, die daher auch keinen **dauerhaften Charakter** haben und **nicht zur finanziellen Umstrukturierung** des Unternehmens dienen dürfen. Zuschüsse verbieten sich daher im Normalfall ebenso wie strukturelle Maßnahmen (wie zB. Kapitalerhöhungen), es sind nur Darlehen zulässig, die zudem zu Marktkonditionen gewährt werden müssen. Anderes gilt nur bei Banken und Finanzinstituten, die zur Aufrechterhaltung der erforderlichen Solvabilität unter Umständen auch strukturelle Hilfe benötigen.[152] Eine weitere Ausnahme erlaubt die Finanzierung von Sofortmaßnahmen von Unternehmen durch Rettungsbeihilfen, wie die Finanzierung des Rückzugs aus defizitären Geschäftsfeldern; diese ist aber erst zulässig, nachdem das Unternehmen einen Umstrukturierungsplan erarbeitet hat.[153]

Da eine Rettungsbeihilfe den natürlichen Selektionsprozess im Markt außer Kraft setzt und im **107** Zuge der Gewährung dieser Überbrückungsmaßnahme weder feststeht, aus welchen Gründen das Unternehmen in Schwierigkeiten geriet, ob und wie es umstrukturiert werden kann, und ob und ggf. in welcher Form die Auswirkungen auf den Wettbewerb verringert werden können, hat eine Rettungsbeihilfe negative Ausstrahlungseffekte, die hingenommen werden. Sie dürfen nach der Leitlinien „Umstrukturierung" nur nicht „unverhältnismäßig gravierend" sein. Ein gewisses Maß wird hingenommen, denn anderenfalls ließen sich Rettungsbeihilfen gar nicht genehmigen. Ist ein Unternehmen nur auf seinem Heimatmarkt tätig und sind nur **geringe grenzüberschreitende Auswirkungen** zu erwarten,[154] oder hat das Unternehmen einen **geringen Marktanteil**[155] oder nur eine **geringe Produktion**,[156] so erleichtert dies die Erfüllung des Kriteriums, dass keine unverhältnismäßig gravierenden Ausstrahlungseffekte vorliegen dürfen.

---

[149] Leitlinien „Umstrukturierung", Tz. 25 b).
[150] *Herrmann-Strobelt* 166.
[151] Vgl. Kom., ABl. 2003 L 14/56 Tz. 91 – Koninklijke Schelde Group.
[152] Leitlinien „Umstrukturierung", Fn. 3 zu Tz. 25; siehe dazu näher unten Sektoren RdNr. 371 ff.
[153] Leitlinien „Umstrukturierung", Tz. 16.
[154] Kom., aaO., Tz. 42 – TV2 Danmark A/S; Kom., aaO., Tz. 16 – Kalofolias.
[155] Kom., aaO., Tz. 12 – Cantieri Navali di Tremoli; Kom., aaO., Tz. 25 – Techmatrans.
[156] Kom., Staatliche Beihilfe N 802/2006, Tz. 16 – Sandretto.

108 Die Rettungsbeihilfe muss zudem zweckgebunden für den **Erhalt der Liquidität** des Unternehmens in der Phase der Vorbereitung eines Umstrukturierungs- oder Liquidationsplans gewährt werden. Die Gewährung einer Beihilfe an ein Unternehmen in Schwierigkeiten ohne jede Bedingung oder Auflage wäre nämlich eine Betriebsbeihilfe,[157] die erst durch die zusätzlichen Voraussetzungen für eine Rettungsbeihilfe genehmigungsfähig wird.

109 **d) Zeitliche Befristung.** Rettungsbeihilfen müssen **binnen sechs Monaten wieder zurückgezahlt** werden; die Leitlinien „Umstrukturierung" sind insoweit strenger als die zuvor geltende Regelung, bei der die Sechs-Monats-Frist nicht als zwingend angesehen wurde.[158] Bereitet das Unternehmen einen Umstrukturierungsplan vor, so muss dieser Plan binnen der Sechs-Monats-Frist vorgelegt werden. Die Rettungsbeihilfe wird dann verlängert, bis die Kom. über den Umstrukturierungsplan und die damit verbundenen Beihilfen entschieden hat;[159] die zunächst als Rettungsbeihilfe gewährte Beihilfe wird dabei regelmäßig in eine Umstrukturierungsbeihilfe umgewandelt. Eine **Verlängerung der Frist ohne Vorlage des Umstrukturierungsplans ist nicht zulässig.** Die Kom. kann es auch ablehnen, die Beihilfe zu verlängern, wenn der Umstrukturierungsplan unzureichend ist und keine Verlängerung rechtfertigt. Im Falle CIT[160] hatte Italien dem Unternehmen eine Rettungsbeihilfe gewährt, die von der Kom. genehmigt wurde. Nach Ablauf der Sechs-Monats-Frist, für die die Rettungsbeihilfe genehmigt worden war, legte Italien eine Notifizierung vor, in der mitgeteilt wurde, dass der Umstrukturierungsplan weitere fünf Monate später vorgelegt werden würde. Die Kom. entschied darauf hin, dass die von Italien vorgelegten Dokumente nicht als Umstrukturierungsplan anzusehen seien und keine Verlängerung der Frist nach Tz. 26 der Leitlinien „Umstrukturierung" rechtfertigen, weil sie die Kom. nicht in die Lage versetzten, eine ernsthafte Prüfung vorzunehmen und festzustellen, ob das Unternehmen seine Profitabilität wieder erlangen könnte.[161]

110 Erfolgt binnen sechs Monaten weder eine Rückzahlung der Rettungsbeihilfe noch die Vorlage eines Umstrukturierungsplans, oder ist der Umstrukturierungsplan unzureichend, so dass eine Verlängerung der Beihilfe nicht gerechtfertigt ist, so kann die Kom. das Verfahren nach Tz. 27 der Leitlinien „Umstrukturierung" zur **Rückforderung der Beihilfe** einleiten.[162] Die Rettungsbeihilfe gilt dann als **missbräuchlich verwendet** und rechtswidrig.[163] Sie kann allerdings auch die Verlängerung der Rettungsbeihilfe ablehnen und den Mitgliedstaat auffordern, die Beihilfe zu beenden.

111 Die Leitlinien „Umstrukturierung" legen fest, dass die **Sechs-Monats-Frist mit der Genehmigung** der Rettungsbeihilfe durch die Kom. zu laufen beginnt, im Falle **nicht angemeldeter Beihilfen mit der ersten Auszahlung.** Da Rettungsbeihilfen oftmals erst ausgereicht und sodann deren Genehmigung beantragt wird, würde dem Unternehmen und dem Mitgliedstaat de facto erheblich mehr Zeit für die Vorbereitung des Umstrukturierungs- oder Liquidationsplans zur Verfügung stehen, wenn man nur auf den Zeitpunkt der Genehmigung abstellen wollte. Sinn und Zweck der Rettungsbeihilfe ist es, dem Unternehmen liquiditätsmäßig eine Atempause zu verschaffen, so dass es seine Zukunft richtig planen kann; dafür hat es sechs Monate Zeit. Die Atempause wird aber bereits verschafft, wenn dem Unternehmen die Beihilfe tatsächlich zur Verfügung steht, mag die Genehmigung auch erst später erteilt werden.[164] Daher beginnt die Sechs-Monats-Frist bei nicht angemeldeten Beihilfen mit der ersten Auszahlung der Rettungsbeihilfe.[165] Dabei ist zu beachten, dass für die Zeitdauer der rechtswidrigen Gewährung der Rettungsbeihilfe – also zwischen Auszahlung und Genehmigung – **Zinsen** erhoben werden müssen.[166] Da die Rettungsbeihilfe ohnedies nur in Form verzinslicher Darlehen gewährt wer-

---

[157] EuG, T-214/95, Slg. 1998 II-717, RdNr. 94 – Vlaamse Gewest; vgl. auch EuGH, C-288/96, Slg. 2000 I-8237, RdNr. 48 – Deutschland/Kommission (Jadekost).

[158] EuG T-110/97, Slg. 1999 II-2881, RdNr. 71 – Kneissl Dachstein.

[159] Leitlinien „Umstrukturierung", Tz. 26.

[160] Kom., ABl. 2006 C 244/14 – CIT.

[161] Dazu näher *Lienemeyer*, Competition Policy Newsletter 2007, 127, 128.

[162] Kom., ABl. 2008 C 317/13 – Perigord.

[163] Kom., ABl. 2008 C 137/12 – Sandretto.

[164] Vgl. Kom., ABl. 2006 C 244/14 – CIT, wo die Kom. die Rettungsbeihilfe erst rd. zwei Wochen vor Ablauf der Sechs-Monats-Frist genehmigte.

[165] Leitlinien „Umstrukturierung", Tz. 26.

[166] Nach der Rechtsprechung des EuGH in den Rechtssachen C-199/06, Slg. 2008 I-469 CELF – und C-384/07, Slg. 2008 I-469 – Wienstrom – ist eine Rückforderung des Hauptbetrags der rechtswidrigen, aber später genehmigten Beihilfe nicht erforderlich; in jedem Fall sind aber für die Zeit zwischen Gewährung und Genehmigung Zinsen zu entrichten.

den darf, darf allerdings für die Zeitdauer vor Genehmigung der Rettungsbeihilfe nicht der günstige Zinssatz von Referenzzinssatz plus 100 Basispunkten zugrunde gelegt werden, der typischerweise für die Rettungsbeihilfe Anwendung findet, sondern mindestens der Referenzzinssatz zuzüglich 1000 Basispunkten, weil es sich um ein Unternehmen in Schwierigkeiten handelt und nicht die Sonderregelung für Rettungsbeihilfen greift, solange diese nicht genehmigt ist.[167]

e) Begrenzung der Höhe. Für die Berechnung der Höhe sehen die Leitlinien „Umstruk- **112** turierung" eine Formel vor,[168] die auf den **Cash Flow des vorangegangenen Geschäftsjahres** abstellt und diesen fortschreibt, um daraus den Liquiditätsbedarf für den Zeitraum von sechs Monaten zu ermitteln, für den die Rettungsbeihilfe gewährt werden darf. Daraus ergibt sich der **Regelbedarf** des Unternehmens für die Dauer der Rettungsbeihilfe. Will das Unternehmen eine höhere Rettungsbeihilfe erhalten, so muss der Mitgliedstaat der Kom. darlegen, woraus sich der erhöhte Liquiditätsbedarf des Unternehmens ergibt und warum der durchschnittliche Cash Flow des vorangegangenen Geschäftsjahres keine ausreichende Basis darstellt. Hat ein Unternehmen beispielsweise große Projekte zu finanzieren – wie etwa Neubauprojekte im Schiffbau – so kann der Liquiditätsbedarf in einem Geschäftsjahr durchaus nennenswert vom durchschnittlichen Cash Flow des vorangegangenen Jahres abweichen. Hat sich die Erlössituation durch einen Nachfrageeinbruch drastisch verschlechtert, so kann ebenfalls ein höherer Liquiditätsbedarf erforderlich sein. In jedem Fall muss ein höherer Liquiditätsbedarf als der, der sich aus der Formel ergibt, eingehend begründet werden.[169]

Will das Unternehmen bereits in der Phase der Rettungsbeihilfe erste **Sofortmaßnahmen** **113** durchführen, beispielsweise stark defizitäre Bereiche schließen, so können die damit verbundenen Kosten im Rahmen der Rettungsbeihilfe berücksichtigt werden.[170] Dies kann also eine höhere Rettungsbeihilfe rechtfertigen als den Betrag, der sich aus der Formel ergibt. Da die Rettungsbeihilfe aber sehr früh beantragt wird, stehen die mit derartigen Maßnahmen zusammenhängenden Kosten oftmals noch nicht fest. Dies kann somit dazu führen, dass nachträglich eine Anpassung der Höhe der Rettungsbeihilfe erforderlich werden kann.

2. Zulässige Formen von Rettungsbeihilfen. a) Darlehensbürgschaften und Darle- **114 hen.** Rettungsbeihilfen dürfen nur in Form von Darlehen oder Darlehensbürgschaften gewährt werden, mit denen es dem Unternehmen ermöglicht wird, von einer Bank einen Kredit zu erhalten, Tz. 25 lit. a Leitlinien „Umstrukturierung". Darlehen müssen grundsätzlich zu „**Marktkonditionen**" vergeben werden. Das ist bei Rettungsbeihilfen allerdings in strikter Form nicht möglich, weil Unternehmen in Schwierigkeiten regelmäßig ohne staatliche Unterstützung keine Darlehen mehr von Banken bekommen, sondern eine staatliche Garantie oder Bürgschaft benötigen. Die „Marktkonditionen" sind in diesem Zusammenhang daher so zu verstehen, dass das Darlehen von der Bank zu Konditionen gegeben werden soll, wie sie einem gesunden Unternehmen anstelle des Unternehmens in Schwierigkeiten gewährt würde, unter Berücksichtigung der sonstigen Besicherung, der Laufzeit und der normalerweise anwendbaren Zinssätze.

b) Zinsen und Vergütung für Bürgschaften/Garantien. Da die normalerweise anzu- **115** wendenden Marktkonditionen für Unternehmen in Schwierigkeiten schwer zu ermitteln sind, geht die Kom. davon aus, dass im Normalfall die Rettungsbeihilfe ausgereichten Darlehen zum **Referenzzinssatz zuzüglich 100 Basispunkten** zu verzinsen sein müssen.[171] Angesichts dessen, dass der Referenzzins für Unternehmen in Schwierigkeiten selbst bei guter Absicherung um 400 Basispunkte anzuheben ist und bei geringer Besicherung ein Zuschlag von 1000 Basispunkten vorzunehmen ist, erscheint die Anforderung der Verzinsung von Rettungsbeihilfen mit Referenzzins plus 100 Basispunkte ungewöhnlich vorteilhaft. Das gilt umso mehr, als die Kom. außerhalb des Bereichs der Rettungs- und Umstrukturierungsbeihilfen den **Beihilfewert einer Bürgschaft** für ein Unternehmen in Schwierigkeiten regelmäßig in der vollen Höhe der verbürgten Darlehenssumme annimmt. Der Weg über die Rettungsbeihilfe, die der Kom. notifiziert und von ihr genehmigt werden muss, wird somit durch günstigere Konditionen belohnt.

---

[167] Art. 9 VO 794/2004, ABl. 2004 L 140/1 iVm. Mitteilung der Kom. über die Änderung der Methode zur Festsetzung der Referenz- und Abzinsungssätze, ABl. 2008 C 14/6, insb. S. 8.
[168] Leitlinien „Umstrukturierung", Anhang.
[169] Tz. 25 lit. d Leitlinien „Umstrukturierung".
[170] Tz. 25 lit. d iVm. Tz. 16 Leitlinien „Umstrukturierung".
[171] Vgl. Mitteilung der Kom. über die Änderung der Methode zur Festsetzung der Referenz- und Abzinsungssätze, ABl. 2008 C 14/6, insb. S. 8, Fn. 1.

116 Aus der Mitteilung der Kom. über die Änderung der Methode zur Festsetzung der Referenz- und Abzinsungssätze wird indes nicht deutlich, ob neben der geforderten Verzinsung für das Darlehen selbst auch eine **Avalprovision** für die Staatsbürgschaft/Garantie gefordert werden muss. Da hinsichtlich der Rettungsbeihilfe in der genannten Mitteilung der Kom. jedoch mit einer Fiktion gearbeitet wird, dass der Referenzzinssatz zuzüglich 100 Basispunkten dem Marktwert entspricht, den das Unternehmen anderenfalls (zu Marktkonditionen) zu entrichten hätte, ist zu schließen, dass es sich hier um eine Gesamtvergütung handeln soll. Denn eine Rettungsbeihilfe setzt voraus, dass das Unternehmen sich nicht ohne staatliche Bürgschaft oder Garantie finanzieren kann – dieser Umstand ist somit bereits in die Bewertung eingegangen. Wenn und soweit die private Bank, die das Darlehen ausreicht, einen geringeren Zinssatz anwendet als den Referenzzinssatz plus 100 Basispunkte, muss dann der Mitgliedstaat die Differenz als Avalprovision erheben, um der Anforderung an die Verzinsung der Rettungsbeihilfe zu Marktkonditionen Rechnung zu tragen.

117 **3. Rückzahlung der Rettungsbeihilfe oder Übergang zu Umstrukturierungsbeihilfen.** Die Sechs-Monats-Frist, während der die Rettungsbeihilfe dem Unternehmen zur Verfügung steht, muss genutzt werden, um einen Liquidations- oder Umstrukturierungsplan vorzubereiten und der Kom. vorzulegen. Erfolgt keine Vorlage eines solchen Planes, muss die Rückzahlung erfolgen. Beginnt das Unternehmen erst am Ende der Frist mit der Ausarbeitung eines Umstrukturierungsplans, so ist dies unzureichend; der Mitgliedstaat muss dann die Rückforderung der Rettungsbeihilfe betreiben.[172]

118 Dies bedeutet für die Unternehmen, dass sie unmittelbar nach Erhalt der ersten Mittel, nachdem sie in Schwierigkeiten geraten sind, mit der Ausarbeitung eines schlüssigen Konzeptes zur Umstrukturierung oder Liquidation beginnen müssen. Denn die Sechs-Monats-Frist beginnt mit der ersten Auszahlung einer Tranche der Rettungsbeihilfe. Jede Beihilfe, die ein Mitgliedstaat einem Unternehmen in Schwierigkeiten zur Verfügung stellt, könnte von der Kom. als Rettungsbeihilfe angesehen werden – mag der Mitgliedstaat anfangs auch argumentieren wollen, die Mittel seien nach dem Grundsatz des marktwirtschaftlichen Investors gewährt worden. In der Praxis wendet sich ein Unternehmen an den Mitgliedstaat und bittet um Unterstützung um seine finanziellen Engpässe zu überwinden. Ob das Unternehmen schon als „in Schwierigkeiten" anzusehen ist, muss dabei genau geprüft werden, denn falls es so ist, liegt es nahe, dass schon die erste Hilfestellung als Rettungsbeihilfe an ein Unternehmen in Schwierigkeiten anzusehen ist. In manchen Fällen ergeht die Genehmigung der Rettungsbeihilfe sogar erst, nachdem die Sechs-Monats-Frist schon abgelaufen ist.[173]

119 Nach Ablauf der Sechs-Monats-Frist ist der Kom. ein Umstrukturierungskonzept vorzulegen, das jedenfalls die wesentlichen Elemente eines Umstrukturierungsplans enthält. Einzelne Aspekte können sicher noch nachgereicht werden, wichtig ist, dass ein **schlüssiges Konzept** vorliegt. Ist dies der Fall, so kann die Rettungsbeihilfe dem Unternehmen zunächst verbleiben, bis der Umstrukturierungsplan von der Kom. abschließend beurteilt worden ist. Wird die Umstrukturierung genehmigt, wird die so verlängerte Rettungsbeihilfe Teil der genehmigten Umstrukturierungsbeihilfe; anderenfalls muss die Rückzahlung erfolgen. Ist der Umstrukturierungsplan nicht schlüssig, so erfolgt keine Verlängerung der Rettungsbeihilfe.[174] Das schließt allerdings eine spätere **Nachbesserung** und anschließende Genehmigung einer Umstrukturierungsbeihilfe nicht aus.[175] Die Rettungsbeihilfe, deren Verlängerung wegen des unzureichenden Umstrukturierungsplans nicht gestattet wurde, bleibt zwar rechtswidrig, kann aber gleichwohl als Umstrukturierungsbeihilfe genehmigt werden.[176]

IV. Umstrukturierungsbeihilfen

120 Umstrukturierungsbeihilfen bedürfen aufgrund ihrer Schädlichkeit für den Wettbewerb einer genauen Prüfung durch die Kom. Dabei sind drei Kernpunkte hervorzuheben: der Umstrukturierungsplan muss die **Wiederherstellung der langfristigen Rentabilität** belegen, die **Auswirkungen auf den Wettbewerb** müssen so gering wie möglich gehalten werden, und die Beihilfe ist auf ein **Mindestmaß** zu begrenzen. Die Genehmigung von Umstrukturierungsbei-

---

[172] Vgl. dazu *Lienemeyer*, Competition Policy Newsletter 1/2007, 127.
[173] Vgl. Kom., Staatliche Beihilfe NN 16/2006, Tz. 29 – Compagnia Italiana Turísmo (CIT).
[174] Kom., Staatliche Beihilfe NN 14/2006, Tz. 26 ff. – Ottana Energia.
[175] Kom., Staatliche Beihilfe C 11/2007 – Ottana Energia.
[176] Kom., aaO, Tz. 37 ff. – Ottana Energia.

hilfen erfolgt im Normalfall auf der Grundlage des Art. 107 Abs. 3 lit. c AEUV, der die Förderung gewisser Wirtschaftszweige ausdrücklich gestattet.

Im Rahmen der Finanz- und Wirtschaftskrise hat die Kom. für den Bankensektor auf der **121** Grundlage von Art. 107 Abs. 3 lit. b AEUV eine Mitteilung erlassen, auf deren Grundlage die Wiederherstellung der Rentabilität und die Bewertung von Umstrukturierungsmaßnahmen im Finanzsektor im Rahmen der derzeitigen Krise gemäß den Beihilfevorschriften[177] erfolgt. Die sich daraus ergebenden Besonderheiten werden nicht nachstehend, sondern in Kapitel F Abschnitt V (3) abgehandelt.

1. Wiederherstellung der langfristigen Rentabilität. a) Tragfähiger Umstrukturie- **122** **rungsplan.** Die Vereinbarkeit einer Umstrukturierungsbeihilfe mit dem gemeinsamen Markt setzt zwingend das Vorliegen eines tragfähigen, kohärenten Umstrukturierungsplanes voraus, mit dem die Aktivitäten des Unternehmens verringert oder neu ausgerichtet werden müssen.[178] Die Voraussetzungen sind in den Leitlinien „Umstrukturierung" näher präzisiert worden. Insbesondere ist erforderlich, dass ein Unternehmensplan unter Mitwirkung **fachkundiger externer Berater** erstellt wird. Damit soll verhindert werden, dass Unternehmen in Schwierigkeiten wettbewerbsverzerrende Beihilfen für wenig durchdachte Konzepte gewähr werden, die sich letztlich als nicht tragfähig erweisen. Die Leitlinien „Umstrukturierung" stellen in Tz. 34 ff. klar, unter welchen Voraussetzungen eine Umstrukturierungsbeihilfe für mit dem gemeinsamen Markt vereinbar angesehen werden kann. Diese Anforderungen, die im Kern schon in der Vorgängerversion enthalten waren, sind vom EuGH ausdrücklich gutgeheißen worden[179] Danach ist erforderlich, dass das Unternehmen einen Umstrukturierungsplan in Kraft setzt, welcher darauf abzielt, die Aktivitäten des Unternehmens zu verringern oder neu auszurichten. Dieser Plan muss der Kom. mit allen notwendigen Klarstellungen vorgelegt werden. Er muss es dem Unternehmen ermöglichen, binnen angemessener Zeit und auf der Grundlage realistischer Annahmen hinsichtlich seiner künftigen Tätigkeit die langfristige Lebensfähigkeit herzustellen.[180] Hinsichtlich der realistischen Annahmen sollte eine finanzielle Vorausschau für die gesamte Umstrukturierungsperiode vorgelegt werden, die alle notwendigen Angaben (erwarteter Umsatz, EBITDA, EBIT, Cash Flow, Gewinn oder Verlust) für die einzelnen Jahre auflistet und dabei die Kosten nicht auf der Grundlage konstanter Größen berücksichtigt, sondern eine nachvollziehbare Preissteigerungsrate (sowohl hinsichtlich des Materials als auch hinsichtlich der Lohnkosten) enthält, sowie etwaige Wechselkursschwankungen (oder die Kosten der Absicherung gegen solche Schwankungen). Das ist besonders bedeutsam bei Umstrukturierungsvorhaben in den neuen Mitgliedstaaten, die zwar derzeit noch von einem günstigeren Lohnniveau profitieren, wo jedoch höhere Anpassungen von Löhnen und Gehältern zu erwarten sein können als in den alten Mitgliedstaaten.

Dabei müssen **nachteilige Auswirkungen auf Wettbewerber** soweit möglich vermieden **123** werden und die Beihilfe muss im Verhältnis zu Kosten und Nutzen der Umstrukturierung stehen. Der Umstrukturierungsplan muss vollständig umgesetzt werden, er wird von der Kom. überwacht, der regelmäßige Berichte vorzulegen sind.

Befindet sich ein Unternehmen in Schwierigkeiten und werden Beihilfen an das Unterneh- **124** men gegeben, um die Umstrukturierung zu begünstigen, ohne dass dem ein tragfähiger Umstrukturierungsplan zugrunde liegt, erkennt die Kom. die entsprechenden Beihilfen als nicht vereinbar mit dem gemeinsamen Markt an und ordnet die Rückforderung der erhaltenen Beihilfen an.[181] Der Gerichtshof sieht solche Maßnahmen zur Unterstützung eines Unternehmens in Schwierigkeiten ohne Umstrukturierungsplan wie eine Rettungsbeihilfe an, die nicht nach-

---

[177] Kom., ABl. 2009 C 195/9 – Mitteilung der Kommission über die Wiederherstellung der Rentabilität und die Bewertung von Umstrukturierungsmaßnahmen im Finanzsektor im Rahmen der derzeitigen Krise gemäß den Beihilfevorschriften.

[178] EuGH, Verb. C-278/92 und C-280/92, Slg. 1994, I-4103, RdNr. 67 – Spanien/Kommission (Hytasa); EuG, Verb. T-126/96 und T-127/96, Slg. 1998, II-3437, RdNr. 98 – BFM und EFIM/Kommission; EuG, T-73/98, Slg. 2001, II-867, RdNr. 70 – Prayon-Rupel/Kommission; EuG, T-171/02, Slg. 2005, II-2123, RdNr. 126 – Regione autonoma della Sardegna/Kommission; EuG, T-17/03, Slg. 2006, II-1139, RdNr. 43 – Schmitz Gotha Fahrzeugwerke/Kommission.

[179] EuGH, C-17/99, Slg. 2001, I-2481, RdNr. 45 f. – Frankreich/Kommission; EuG, T-73/98, Slg. 2001, II-867, RdNr. 71 – Prayon-Rupel/Kommission; EuG, T-152/99, Slg. 2002, II-3049, RdNr. 114 – HAMSA/Kommission.

[180] Vgl. Kom., Staatliche Beihilfe N 85/2008, Tz. 8 – Garantien für KMUs in der Region Salzburg.

[181] Kom., ABl. 2003 L 337/14, Tz. 140–142, Hilados y Tejidos Puigneró SA/Kommission; vgl. EuGH, C-17/99, Slg. 2001, I-2481, RdNr. 48 f. – Frankreich/Kommission.

haltig zur Entwicklung der Region beiträgt;[182] die Gewährung der Beihilfe liegt somit nicht im gemeinsamen Interesse.[183]

125 Die Vorbereitung eines tragfähigen Umstrukturierungsplans setzt daher eine gründliche Vorbereitung voraus und seine Erstellung nimmt typischerweise mehrere Monate in Anspruch. Die Kom. erwartet dabei, dass das Unternehmen eine **Marktstudie** erstellen lässt, die auch die Stellung des Unternehmens im Markt (auch dessen Marktanteile) wiedergibt.[184] In komplexen Fällen lässt die Kom. Analysen des Marktes und der Auswirkungen der geplanten Beihilfen durch von ihr selbst beauftragte externe Berater durchführen.[185]

126 Das Beihilferecht ist dabei neutral, was die **Ursachen für die Schwierigkeiten** betrifft: ob es sich um ungünstige Marktentwicklung handelt, die nicht vorhersehbar waren, oder ob die Schwierigkeiten auf Schwächen im Management zurückzuführen sind,[186] das die Marktentwicklungen nicht ausreichend verfolgt oder unzutreffend eingeschätzt hat, ist für die Beurteilung zunächst einmal unerheblich. Es ist aber eine Aufbereitung der Schwächen des Unternehmens erforderlich, insbesondere eine Analyse, welche Faktoren besonders dazu beigetragen haben, dass sich das Unternehmen in Schwierigkeiten befindet.[187] Fehlt es daran, liegt kein echter Umstrukturierungsplan vor.[188]

127 Die **Verbesserung der Rentabilität** muss vor allem durch unternehmensinterne Maßnahmen herbeigeführt werden, die im Umstrukturierungsplan vorgesehen sind.[189] Das bedeutet, dass das Unternehmen sich nicht nur auf eine bessere Marktentwicklung oder auf andere externe Faktoren verlassen darf, um eine Verbesserung seiner Rentabilität zu erreichen. Vielmehr muss der Umstrukturierungsplan auf die **Lösung der eigenen Probleme des Unternehmens** ausgerichtet sein;[190] Erfahrungen, die andere Unternehmen in unterschiedlichen wirtschaftlichen und politischen Zusammenhängen gemacht haben, können irrelevant sein.[191] Wenn die Marktprognosen allgemein anerkannt sind – wie das festgestellt wird, bleibt offen – dürfen Preis- oder Nachfrageschwankungen einbezogen werden, sonst müssen diese bei der Rentabilitätserwartung ausgeklammert werden. Hat sich der Sektor insgesamt erholt und besteht keine Überkapazität mehr, können die Umstrukturierungsmaßnahmen weniger einschneidend sein als dies anderenfalls erforderlich wäre.[192]

128 Umstrukturierungspläne sind die Konzepte der Unternehmen, die geeignet sein müssen, ihre Schwierigkeiten zu überwinden und eine **Rückkehr zur Profitabilität** zu ermöglichen, so dass das Unternehmen auf Dauer **ohne staatliche Beihilfe** wirtschaften kann. Nur unter diesen Voraussetzungen kann eine Umstrukturierungsbeihilfe überhaupt genehmigt werden. Der Plan muss die Ursachen, die zu den Schwierigkeiten des Unternehmens geführt haben, ermitteln und die besten Schritte darlegen, um die Schwierigkeiten zu überwinden. Die Umstrukturierungsmaßnahmen müssen dabei konkret beschrieben sein, einen klaren Zeitplan für die Umsetzung enthalten und darlegen, welche Bereiche sie genau betreffen.[193]

129 Dies bedeutet typischerweise, dass ein Unternehmen mindestens in vier Bereichen erhebliche Veränderungen vornehmen muss:[194] im Bereich der **Marktausrichtung** und dem Produktspektrum, insbesondere der Marketing- und Absatzstrategie, im Bereich der **Technolo-**

---

[182] EuGH, C-305/89, Slg. 1991, I-1603, RdNr. 36 – Italien/Kommission.

[183] EuG, Verb. T-298/97, T-312/97, T-313/97, T-315/97, T-600/97 bis T-607/97, T-1/98, T-3/98 bis T-6/98 und T-23/98, Slg. 2000, II-2319, RdNr. 131 f. – Alzetta Mauro et al./Kommission; EuG, T-288/97, Slg. 2001, II-1169, RdNr. 75 f – Regione Fruili Venezia Giulia/Kommission.

[184] Kom., ABl. 2005 L 116/55, Tz. 29 – Mobilcom; Kom., ABl. 2005 L 116/1, Tz. 179 ff. – Bankgesellschaft Berlin; Kom., ABl. 2005 L 142/26 Tz. 327 ff. – British Energy; vgl. ferner Kom., ABl. 2002 L 12/44, Tz. 79 – Brittany Ferries; Kom., ABl. 2009 L 160/11, Tz. 57, 88 ff., wo auf Marktstudien unabhängiger Institute abgestellt wird.

[185] Vgl. Kom., ABl. 2005 L 150/24, Tz. 104 ff. – Alstom.

[186] Vgl. Kom., ABl. 2007 L 187/34, Tz. 72 f. – Daewoo FSO.

[187] S. zu den möglichen Ursachen *London Economics* 16, Abschnitt 2.3.3.

[188] EuG, Verb. T-126/96 und T-127/96, Slg. 1998, II-3437, RdNr. 88 – Breda Fucine Meridionali/Kommission.

[189] Leitlinien „Umstrukturierung", Tz. 35.

[190] EuG, T-123/97, Slg. 1999, II-2925, RdNr. 96 – Salomon/Kommission; vgl. Kom., ABl. 2008 L 29/7, Tz. 52 – Novoles Straza.

[191] EuG, Verb. T-371/94 und T-394/94, Slg. 1998, II-2405, RdNr. 135 – British Airways et. al./Kommission.

[192] EuG, aaO. RdNr. 286.

[193] Vgl. dazu Kom. ABl. 2006 L 112/14 Tz. 140 – Frucona a. s.

[194] Vgl. Kom., ABl. 2008 L 29/16 Tz. 12 ff. – Javor Pivka.

gie,[195] bei **Organisation**[196] und Personal sowie im Bereich der **Finanzierung** des Unternehmens.[197] In vielen Fällen ist die Umstrukturierung mit einem erheblichen **Abbau von Personal und Kapazitäten** verbunden, gelegentlich mit der Verlegung von Produktionsstätten – stets mit dem Ziel, die Kosten erheblich zu senken.[198] Wichtig ist auch, dass in den Umstrukturierungsplänen alle geplanten notwendigen Investitionen und deren Finanzierung detailliert dargestellt werden. Kann die Finanzierung nicht gewährleistet werden, wird der Umstrukturierungsplan nicht als ausreichend angesehen werden, um die langfristige Rentabilität wieder herzustellen.[199]

Umstrukturierungspläne, die lediglich darauf abzielen, ein Liquiditätsproblem zu lösen, die **130** aber weder eine Analyse enthalten, worauf die Schwierigkeiten des Unternehmens beruhen, noch wie diese Schwierigkeiten überwunden werden können, sind unzureichend.[200] Das Fehlen konkreter Schritte zur Umstrukturierung um die Ursachen der Schwierigkeiten des Unternehmens zu beheben führt dazu, die geplante Umstrukturierung als eine **rein finanzielle Neuordnung der Finanzen** des Unternehmens anzusehen, für die keine Umstrukturierungsbeihilfe gewährt werden kann. Wie weitgehend die Einschnitte und Umstrukturierungsmaßnahmen zu sein haben, ist nach den Leitlinien „Umstrukturierung" nicht ausdrücklich festgelegt; die Wiederherstellung der Rentabilität des Unternehmens muss aber gewährleistet sein. Die Durchführung einer Kapitalerhöhung eines Unternehmens allein belegt noch nicht, dass der Markt an eine Wiederherstellung der Rentabilität des Unternehmens glaubt; erhält ein Unternehmen nach wie vor keine Kredite von Banken, so ist dies ein starkes Indiz dafür, dass die Schwierigkeiten noch nicht überwunden sind.[201]

Werden Teile des Unternehmens neu ausgerichtet, bei denen keine Notwendigkeit für eine **131** Neuordnung bestand – werden beispielsweise Produktionsanlagen verkauft und die Produktion auf gemieteten Anlagen fortgesetzt – so deutet dies keineswegs darauf hin, dass eine sinnvolle Umstrukturierung stattfand. Auch gewöhnliche Maßnahmen im Rahmen des ordnungsgemäßen Geschäftsbetriebs sind nicht als Umstrukturierungsmaßnahmen anzusehen, wie etwa die Veräußerung von Unternehmensbereichen[202] oder auch nur von alten Einrichtungen und Fahrzeugen. Solche Verkäufe können dazu beitragen, den Eigenbeitrag des Unternehmens zu den Kosten der Umstrukturierung zu erbringen, und sind von daher nützlich; wirkliche Umstrukturierungsmaßnahmen stellen sie indes nicht dar.[203]

aa) Marktanalyse. Die Leitlinien „Umstrukturierung" erfordern einen Umstrukturierungs- **132** plan, der auf einer Marktanalyse beruht, die insbesondere bei größeren Unternehmen detailliert sein muss.[204] Ohne eine solche Marktanalyse lässt sich weder die Stellung des Unternehmens im Markt verlässlich bestimmen, noch lassen sich dessen Aussichten wirklich beurteilen.[205] Dabei muss die Analyse eine **Bestandsaufnahme von Angebot und Nachfrage** auf den jeweiligen Produktmärkten enthalten,[206] verbunden mit einer **Prognose der weiteren Entwicklung des Marktes.** Dabei ist ein optimistisches Scenario (**„Best Case"**), ein pessimistisches Scenario (**„Worst Case"**) und ein vermittelndes Scenario (**„Realistic Case"**) zu entwerfen[207] und die

---

[195] Beispielsweise auch durch den Erwerb von Lizenzen zur Fertigung bestimmter Produkte, vgl. Kom., ABl. 2007 L 187/34, Tz. 70 ff. – Daewoo FSO.

[196] Kom., ABL. 2005 L 150/24, Tz. 34 ff. – Alstom.

[197] Kom., ABL. 2005 L 150/24, Tz. 37 ff. – Alstom; Kom., ABl. 2007 L 91/37, Tz. 39 – Konas; Kom., ABl. 2007 L 187/30, Tz. 37 – Daewoo FSO; Kom., ABl. 2008 L 29/16, Tz. 17 – Javor Pivka; Kom., ABl. 2008 L 29/7, Tz. 16 – Novoles Straza; S. dazu auch London Economics, 22, Abschnitt 2.3.8.

[198] Kom., Staatliche Beihilfe N 82/2008, Tz. 8 – Der Bäcker Legat; Kom., ABl. 2002 L 314/45, Tz. 25 – Hiltex.

[199] Kom., ABl. 2005 L 342/71, Tz. 84 f. – Jahnke.

[200] Vgl. Kom., aaO., Tz. 136 – Frucona; Kom., ABl. 2007 L 91/37 Tz. 80 – Konas.

[201] Vgl. Kom., aaO., Tz. 138 – Frucona.

[202] Kom., ABl. 2005 L 150/24, Tz. 33 – Alstom.

[203] Vgl. Kom., aaO., Tz. 139 – Frucona.

[204] Kom., ABl. 2005 L 116/55, Tz. 29 – Mobilcom; Kom., ABl. 2005 L 116/1, Tz. 179 ff. – Bankgesellschaft Berlin; Kom., ABl. 2005 L 142/26, Tz. 327 ff. – British Energy; vgl. ferner Kom., ABl. 2002 L 12/44, Tz. 79 – Brittany Ferries; Kom., ABl. 2009 L 160/11, Tz. 57, 88 ff.; Kom., ABl. 2008 L 49/25, Tz. 122 – Cyprus Airways.

[205] Kom., ABl. 2008 L 29/16, Tz. 25 lit. c – Javor Pivka, wo das Fehlen einer Marktstudie zur Eröffnung des Hauptprüfverfahrens führte.

[206] Vgl. Kom., ABl. 2008 L 29/7, Tz. 38 f. – Novoles Straza.

[207] Vgl. Kom., ABl. 2008 L 301/14, Tz. 62 – NGP SIMPE; Dies ist offenbar nicht zwingend, denn in einigen Fällen läßt die Entscheidung der Kom. nicht erkennen, dass tatsächlich unterschiedliche Szenarios geprüft wurden, vgl. Kom., ABl. 2008 L 86/28, Tz. 42 ff. – Techmatrans.

Entwicklung des umzustrukturierenden Unternehmens zu prognostizieren.[208] Marktanteile der betroffenen Wettbewerber sind aufzuführen, und Angebots- und Nachfragetrends, einschließlich voraussichtlicher Entwicklung von Kapazitäten und Preisen in der EU darzulegen, und zwar für einen Prognosezeitraum von fünf Jahren.[209]

133 Fehlt es an einer Marktanalyse, so springt meist auch der Umstrukturierungsplan zu kurz und bedarf häufiger Anpassungen und Korrekturen; die Kom. wird dann schwer oder gar nicht zu überzeugen sein, dass ein solcher unvollständiger Umstrukturierungsplan die Lebensfähigkeit des Unternehmens und seine Rentabilität wieder herstellt und die Umstrukturierungsbeihilfe somit positiv zu beurteilen ist.[210] Ist dann die Beihilfe schon ausgereicht worden, so wird die Rückforderung angeordnet – der Todesstoß für das Unternehmen. Die Marktanalyse stellt auf die **Situation des Unternehmens zu Beginn des Umstrukturierungszeitraums** ab; spätere Abweichungen bleiben außer Betracht[211] oder können ggf. als Anpassung des Umstrukturierungsplans während des laufenden Prüfverfahrens durch die Kom. noch berücksichtigt werden.

134 **bb) Neuausrichtung des Unternehmens und Marketingstrategie.** Die Marktveränderungen, denen Unternehmen unterworfen sind, machen **regelmäßige Anpassungen in der Ausrichtung des Unternehmens** erforderlich; dies wird von Tz. 34 der Leitlinien „Umstrukturierung" ausdrücklich verlangt. Das bringt zugleich eine Anpassung der Marketingstrategie mit sich.[212] Importe aus Drittländern können dazu führen, dass traditionelle Absatzmärkte wegbrechen, weil ein Unternehmen dort nicht mehr wettbewerbsfähig ist.[213] In solchen Fällen besteht die Neuausrichtung oft darin, auf **Produkte mit höherem Wertschöpfungsanteil** umzustellen[214] und einfachere Massenprodukte aufzugeben oder von Dritten zu beziehen.[215] In anderen Fällen wird die **Konzentration auf das Kerngeschäft** als erfolgversprechende Umstrukturierung angesehen,[216] was einher geht mit der Aufgabe von Geschäftsfeldern[217] oder dem Abbau von Kapazitäten[218] Bei letzterem ist zwischen dem Kapazitätsabbau zu unterscheiden, den das Unternehmen vornimmt, um wettbewerbsfähig zu werden, und den notwendig werdenden Kompensationsmaßnahmen, s. dazu unten RdNr. 166ff.

135 **cc) Technologische Umstrukturierung.** Der Bereich der technologischen Umstrukturierung ist oftmals mit der **Durchführung erheblicher Investitionen** verbunden. Veraltete Maschinen sind durch neue, produktivere Anlagen zu ersetzen.[219] Im Rahmen der Privatisierung und Umstrukturierung der Werftenindustrie wurden nahezu komplett neue Anlagen erstellt. Anstelle großer, weitläufiger Produktionsanlagen mit langen Wegen zwischen den einzelnen Produktionsstationen wurden Kompaktwerften geschaffen, bei denen die einzelnen Produktionsstationen eng miteinander verzahnt und auf engerem Raum komprimiert wurden, was die Transportzeiten für die einzelnen Teile erheblich verkürzt und die Fertigung erheblich produktiver macht.

136 Die damit verbundene erhebliche Beihilfegewährung wurde erheblich kritisiert, weil die Unternehmen nahezu komplett neue Produktionsanlagen auf Kosten des Staates errichteten und damit gegenüber ihren Wettbewerber in der Gemeinschaft einen erheblichen Vorteil hatten. Um die wettbewerbsverfälschenden Effekte zu begrenzen, wurden daher **Kompensationsmaßnahmen** auferlegt, in Form eines erheblichen Abbaus von Fertigungskapazitäten[220] oder der Veräußerung von Tätigkeitsfeldern.

137 Zur Neuausrichtung im Bereich der Technologie gehört auch der **Erwerb von Patenten oder Lizenzen** für die Fertigung bestimmter Produkte, die eine höhere Profitabilität erwarten lassen.[221]

---

[208] Vgl. Kom., ABl. 2009 L 160/11, Tz. 68 – Fagor Brandt.

[209] Kom., ABl. 2003 L 337/14, Tz. 142 – Hilados y Tejidos Puigneró SA.

[210] Vgl. Kom., ABl. 2005 L 342/71 – Jahnke.

[211] Vgl. Kom., ABl. 2008 L 29/7, Tz. 51 – Novoles Straza.

[212] Vgl. Kom., ABl. 2008 L 29/7, Tz. 17 f. – Novoles Straza.

[213] Vgl. Kom., ABl. 2008 L 29/16, Tz. 11 – Javor Pivka.

[214] Kom., ABl. 2007 C 275/18, Tz. 11 ff. i. V. m. Kom., ABl. 2009 L 160/11, Tz. 51 – Fagor Brandt.

[215] Kom., aaO., Tz. 15 – Javor Pivka; Kom., Staatliche Beihilfe N 82/2008, Tz. 13 – Der Bäcker Legat.

[216] Kom., ABl. 2005 L324/64, Tz. 115 – Herlitz. Nach *London Economics* war die Konzentration auf das Kerngeschäft in der Hälfte der untersuchten Fälle ein wesentlicher Teil des Umstrukturierungsplans.

[217] Kom., ABl. 2005 L 150/24, Tz. 33 – Alstom.

[218] Kom., ABl. 2005 L 324/64, Tz. 115 – Herlitz.

[219] Kom., ABl. 2008 L 86/28, Tz. 10 f. – Techmatrans; Vgl. Kom., ABl. 2008 L 29/7, Tz. 18 f. – Novoles Straza; Kom., ABl. 2008 L 29/16, Tz. 13 – Javor Pivka; Kom., ABl. 2007 L 91/37, Tz. 39 f. – Konas.

[220] Siehe dazu unten RdNr. 177 ff.

[221] Kom., ABl. 2008 L 86/28, Tz. 11 – Techmatrans; Kom., ABl. 2007 L 187/30 – Daewoo FSO.

Die technologische Umstrukturierung ist ein wesentliches Element der Umstrukturierung, und das Nicht-Durchführen von Investitionen führt regelmäßig zu Rückforderungen seitens der Kom.

dd) Organisatorische und personelle Umstrukturierung. Viele Unternehmen in **138** Schwierigkeiten leiden unter einem zu hohen Personalbestand, oder jedenfalls zu hohen Personalkosten, so dass ein Arbeitsplatz- und Personalabbau meist unvermeidlich ist. Auch eine **Reorganisation des Management und der Organisation** kann erforderlich sein.[222] Der Umstrukturierungsplan muss dazu ein schlüssiges Konzept enthalten und nachweisen, welcher Personalbestand tatsächlich in den einzelnen Bereichen wie Produktion, Vertrieb und Verwaltung benötigt wird. Die personelle Umstrukturierung betrifft dabei nicht nur das Kernunternehmen, wo der Personalbestand oft ganz erheblich reduziert wird, sondern auch die im Zuge der Umstrukturierung abgegebenen Geschäftsbereiche.[223]

Die Nichteinhaltung des vorgesehenen **Personalabbaus** bedeutet eine teilweise Nicht- **139** Umsetzung des Umstrukturierungsplans und damit formell betrachtet eine Abweichung von der Genehmigung der Kom., was zu einer teilweisen Rückforderung der Umstrukturierungsbeihilfen führen könnte. Die unternehmerischen Interessen an einem zügigen Abbau des Personals stehen dabei im Spannungsverhältnis zur beihilfegewährenden öffentlichen Hand, der an einem Erhalt eines möglichst großen Teils der Arbeitsplätze gelegen ist und die zumeist nur deswegen bereit ist, Umstrukturierungsbeihilfen zu gewähren. Da der Personalabbau aber im Umstrukturierungskonzept enthalten ist und dieses auch die Grundlage der Beihilfegewährung darstellt, muss das Unternehmen sicherstellen, dass es tatsächlich den Personalabbau wie vorgesehen durchführt. Wird aufgrund nicht vorhersehbarer Entwicklungen eine Anpassung des Umstrukturierungsplans erforderlich, so muss diese der Kom. zur Genehmigung vorgelegt werden.[224]

Neben dem Personalabbau kann eine Reorganisation des Management – also eine personelle **140** Umstrukturierung der Führungsebene – sowie der gesamten Organisation des Unternehmens erforderlich werden, um den Anforderungen des Umstrukturierungsplans gerecht zu werden.

ee) Finanzielle Umstrukturierung. Neben der Durchführung von Investitionen und der **141** personellen Restrukturierung ist die **finanzielle Umstrukturierung eines der Schlüsselelemente** bei der Umstrukturierung. Die Reduzierung von Schulden, Abbau negativen Cash Flows, eine **gesündere Kapitalstruktur** (insbesondere ein verbessertes Verhältnis zwischen Eigenmitteln und Fremdkapital), insbesondere die Zuführung frischen Kapitals, sowie eine Verminderung der Risikopositionen sind dabei die Kernelemente.[225] Bei Banken ist das Erreichen einer ausreichenden Kernkapitalquote wesentlich,[226] wobei bei der Bankgesellschaft Berlin wegen der staatlichen Beteiligung am Unternehmen eine Begrenzung auf 6% vorgesehen wurde.

Die finanzielle Umstrukturierung hängt stets eng mit dem **Eigenbeitrag des Unterneh- 142 mens** einerseits und der Beihilfegewährung andererseits zusammen. So werden Beiträge, die aus sich heraus eine Entlastung der finanziellen Bürden des Unternehmens mit sich bringen, stets als Eigenbeitrag anerkannt. Dazu zählen etwa der Verzicht (ganz oder teilweise) von Gläubigern auf einen Teil ihrer Forderungen oder das Einlegen von Kapital durch die Gesellschafter. Zum Eigenbeitrag siehe unten RdNr. 146 ff.

b) Rückkehr zur Profitabilität binnen angemessener Frist. Eine der wesentlichen Vor- **143** aussetzungen für die Vereinbarkeit von Umstrukturierungsbeihilfen ist das Wiedererreichen der Profitabilität des Unternehmens innerhalb des Umstrukturierungszeitraums. Der Umstrukturierungszeitraum soll „**so kurz wie möglich**" bemessen sein, die Profitabilität muss innerhalb einer angemessenen Frist erreicht werden.[227] Drei Jahre sind dabei kein unangemessen langer Zeitraum.[228] Eine feste Grenze gibt es nicht. Bei Alstom wurden vier Jahre zugrunde gelegt,[229] bei Javor

---

[222] Kom., ABl. 2005 L 150/24, Tz. 34 – Alstom; Kom., ABl. 2005 L 116/1, Tz. 193 – Bankgesellschaft Berlin.

[223] Abbau des Personals um 27% bei Alstom, Kom., aaO. Tz. 33, und mehr als 50% bei Bankgesellschaft Berlin, Kom., aaO., Tz. 193, 210.

[224] Siehe dazu unten RdNr. 198 ff.

[225] Vgl. insoweit die Maßnahmen bei Alstom, Kom., aaO., Tz. 37, 189, und bei Bankgesellschaft Berlin, Kom., aaO. Tz. 211 ff. und zu den Risikopositionen Tz. 223 ff.

[226] Vgl. Kom., ABl. 2005 L 116/1, Tz. 219, 306 ff. – Bankgesellschaft Berlin.

[227] Kom., ABl. 2007 L 187/30, Tz. 77 – Daewoo FSO (ohne Angabe einer Frist). S. dazu auch *Heidenhain/v. Donat* Fn. 118.

[228] EuG, T-123/97, Slg. 1999, II-2925, RdNr. 94 – Salomon/Kommission.

[229] Kom., ABl. 2005 L 150/24 – Alstom.

Pivka und Novoles Straza fünf Jahre,[230] bei Bankgesellschaft Berlin waren es insgesamt sechs Jahre,[231] wobei nach drei Jahren neue Erkenntnisse zu berücksichtigen waren. Überarbeitungen am Umstrukturierungsplan führten auch bei Techmatrans zu einem längeren Umstrukturierungszeitraum.[232] Es muss gewährleistet sein, dass das Unternehmen **auf Dauer ohne Beihilfe aus sich heraus lebensfähig** ist.[233] Es muss all seine Kosten, einschließlich Abschreibungen und Finanzierungskosten, decken und darüber hinaus eine angemessene Kapitalrendite erzielen, um aus eigener Kraft im Wettbewerb bestehen zu können.[234] Dabei bezieht sich die angemessene Rendite auf die Wirtschaftskraft des umzustrukturierenden Unternehmens, es ist nicht erforderlich, dass der beihilfegebende Staat eine Rendite auf die von ihm eingesetzte Beihilfe erzielt.[235]

144   Genaue Vorgaben hinsichtlich der Profitabilität machen die Leitlinien „Umstrukturierung" nicht. Lediglich im Stahlbereich hatte die Kom. bestimmte Vorgaben durchgesetzt, die von den Leitlinien „Umstrukturierung" abweichen.[236] Dies erfordert zum einen eine operative Marge (EBITDA im Verhältnis zum Umsatz) von 10% für Stahlhütten und 13,5% für integrierte Stahlwerke (mit Walzwerken) sowie eine Mindest-Umsatzrendite, die nicht weniger als 1,5% vom Umsatz sein darf. Das Zugrundelegen von Umsatzrendite (EBIT in Bezug zum Umsatz)[237] und operativer Marge (**EBITDA** in Bezug zum Umsatz)[238] erscheint sinnvoll, weil diese Kenngrößen objektiv ermittelbar sind und den wirtschaftlichen Erfolg des Unternehmens zutreffend widerspiegeln, hingegen die **Kapitalrendite** stärker beeinflusst werden kann. Gesellschafter könnten somit versucht sein, dem Unternehmen weniger Kapital zur Verfügung zu stellen, was die Umstrukturierung nicht gerade fördert.[239] Im Stahlbereich hat die Kom. zudem einige zusätzliche „Sicherheiten" eingebaut, die zu geringen Investitionen (mit dem Ziel kurzfristiger Steigerungen der Ergebnisse) entgegenwirken sollen und verlangt, dass Mindestsätze für Abschreibungen und Finanzierungskosten vorgesehen werden.[240] Insgesamt erscheint der Ansatz, den die Kom. bei der Kontrolle Umstrukturierung der polnischen und tschechischen Stahlindustrie zugrunde legt, fortschrittlicher als die in der Leitlinien „Umstrukturierung" vorgesehenen Mindestkriterien.

145   Hat ein Unternehmen mehrere Tätigkeitsbereiche, die sich in Schwierigkeiten befinden, so können Umstrukturierungsbeihilfen auch dann genehmigt werden, wenn ein Bereich zwar innerhalb des Umstrukturierungszeitraums keine Rückkehr zur Profitabilität aus eigener Kraft sicherstellt, insoweit aber **weitere Umstrukturierungsbemühungen** auferlegt werden können, insbesondere in Zusammenarbeit mit einem weiteren industriellen Partner.[241] Die **industrielle Partnerschaft** kann erforderlich sein, um Zweifel an der langfristigen Rentabilität auszuräumen.[242] So wurde im Falle Alstom die Umstrukturierungsbeihilfe für das Gesamtunternehmen genehmigt, obwohl der Marinebereich (Bau von Kreuzfahrtschiffen) im Umstrukturierungsplan des Unternehmens auch zum Ende der Umstrukturierungsperiode nur eine sehr geringe Profitabilität aufwies, die für eine eigenständige Lebensfähigkeit dieses Bereichs unzureichend schien. Die Beihilfe wurde genehmigt unter der Auflage weiterer Umstrukturierungsbemühungen im Schiffbaubereich,[243] insbesondere unter Einbeziehung eines industriellen Partners. Der Schiffbaubereich von Alstom wurde später an Aker Yards ASA verkauft.[244]

---

[230] Kom., ABl. L. 2008 L 29/16, Tz. 50 – Javor Pivka; Kom., ABl. 2008 L 29/7, Tz. 50 – Novoles Straza.

[231] Kom., ABl. 2005 L 116/1, Tz. 173 – Bankgesellschaft Berlin.

[232] Kom., ABl. 2008 L 86/28, Tz. 41 ff. – Techmatrans.

[233] Verneint bei Kom., ABl. 2002 L 314/45, Tz. 82 ff. – Hiltex; Kom., ABl. 2005 L 342/71, Tz. 81 ff. – Jahnke.

[234] Leitlinien „Umstrukturierung", Tz. 37.

[235] EuG, T-110/97, Slg. 1999, II-2881, RdNr. 76 f. – Kneissl Dachstein/Kommission.

[236] Annex 3 zum Protokoll zur Umstrukturierung der Polnischen und Tschechischen Stahlindustrie, s. die Nachweise oben RdNr. 78.

[237] Kom., ABl. 2005 L 116/1, Tz. 44 – Bankgesellschaft Berlin.

[238] Kom., ABl. 2005 L 150/24, Tz. 189 – Alstom.

[239] Irrig insoweit die Auffassung von *Herrmann-Strobelt* 184 f., die zum einen den Begriff Umsatzrendite verkennt und zum anderen nicht berücksichtigt, dass Gesellschafter Mittel auch auf andere Weise als durch Einlage von Kapital zur Verfügung stellen können, um damit das Ergebnis „Kapitalrendite" positiv zu beeinflussen.

[240] S. auch *Lienemeyer* CPN 2005, 94, 96.

[241] Kom., aaO., Tz. 190 ff. – Alstom.

[242] Kom., aaO., Tz. 194 – Alstom.

[243] Kom., ABl. 2005 L 150/24 Tz. 168 ff. – Alstom.

[244] Aker Yards wurde inzwischen von der koreanischen STX-Gruppe übernommen.

**2. Vermeidung unzumutbarer Wettbewerbsverfälschungen. a) Begrenzung auf Min- 146
destmaß/Eigenanteil.** Die Umstrukturierungsbeihilfe ist nach den Leitlinien „Umstrukturierung" auf das absolut notwendige Mindestmaß zu begrenzen.[245] Neben einer **Begrenzung der
Beihilfenhöhe** insgesamt – bei großen Unternehmen höchstens 50% der Umstrukturierungskosten – bedeutet dies eine Begrenzung des jeweiligen Liquiditätszuflusses, der jeweils nur be-
darfsgerecht erfolgen darf. Anderenfalls könnte das Unternehmen in die Lage versetzt werden,
seine Produkte oder Dienstleistungen am Markt zu Konditionen anzubieten, mit denen die
Preise von Wettbewerbern unterboten werden; dadurch würde der Wettbewerb erheblich verfälscht. Bei der Bemessung des Betrags der Beihilfe sind alle Zuflüsse zu berücksichtigen, die bei
der Realisierung des Umstrukturierungsplans erzielt werden.[246] Dazu zählen insbesondere die
Zuflüsse aus der Liquidation oder Veräußerung von Geschäftsbereichen.[247] Die Beihilfe muss in
einem **angemessenen Verhältnis zur Höhe der Umstrukturierungskosten** stehen[248] und
darf nicht den Mindestbetrag übersteigen, der erforderlich ist, um die Umstrukturierung erfolgreich zu machen. Bei Banken mit staatlicher Beteiligung hatte die Kom. die Grenze der Erforderlichkeit für die Kernkapitalquote bei 6% angesetzt, geht aber inzwischen von höheren Werten aus.[249] Die Kom. kann dabei die erwarteten Umstrukturierungskosten insgesamt abschätzen,
sie ist nicht zu einer Prüfung der einzelnen Kostenpositionen verpflichtet, die ohnedies unsicher
sind, weil sie zukunftsgerichtete Ausgaben betreffen; bekannte Kosten oder Erlöse müssen mit
dem tatsächlichen Wert berücksichtigt werden.[250]

aa) Eigenanteil. Der Eigenanteil des Unternehmens an den Kosten der Umstrukturierung 147
muss nach den Leitlinien „Umstrukturierung" erheblich sein und bei großen Unternehmen
mindestens 50% der Gesamtkosten der Umstrukturierung betragen (25% bei kleinen Unternehmen, 40% bei mittleren Unternehmen).[251] In früheren Entscheidungen, die nach den
früher geltenden Leitlinien zu beurteilen waren, hatte die Kom. noch geringere Eigenbeiträge
akzeptiert, etwa im Falle ABX Logistics einen Eigenbeitrag von 43,4%, dem allerdings erhebliche Kapazitätsreduzierungen gegenüber standen.[252] Der Eigenbeitrag kann entweder durch das
Unternehmen selbst erbracht werden, durch seine Gesellschafter oder durch Dritte. Der Eigenbeitrag kann darin bestehen, dass das Unternehmen **Eigenmittel** zugeführt bekommt,[253] Darlehen seiner Gesellschafter[254] oder **Darlehen von Banken**[255] erhält, die ohne Beihilfeelemente
gegeben werden (also ohne staatliche Garantie oder Ausfallhaftung),[256] oder nicht-betriebsnot-
wendiges Vermögen veräußert.[257]

Als Eigenbeitrag kommt neben der Gewährung von beihilfefreien Darlehen auch der **Ver- 148
zicht auf Forderungen** durch Dritte in Betracht, seien es Banken, Lieferanten oder andere
Gläubiger.[258] Die Kom. vertritt die Auffassung, dass solche Leistungen ebenso wie Verzichte der
Arbeitnehmer auf Lohn oder Nebenleistungen nicht als Nebenleistung in Betracht kommen.[259]
Durch diese Verzichte werde nach Auffassung der Kom. kein Kapital und keine Liquidität zu-

---

[245] Leitlinien „Umstrukturierung", Tz. 43 ff.

[246] EuG, T-349/03, Slg. 2005, II-2197, RdNr. 313 – Corsica Ferries France/Kommission.

[247] Kom., ABl. 2005 L 116/1, Tz. 205 – Bankgesellschaft Berlin.

[248] EuG, T-110/97, Slg. 1999, II-2881, RdNr. 111 – Kneissl Dachstein/Kommission; EuG, T-123/97,
Slg. 1999, II-2925, RdNr. 129 f. – Salomon/Kommission.

[249] Kom., ABl. 2005 L 116/1, Tz. 306 ff. – Bankgesellschaft Berlin. S. ferner unten Sektoren
RdNr. 371 ff.

[250] EuG, T-349/03, Slg. 2005, II-2197, RdNr. 272 ff., 278, 282 f. – Corsica Ferries France/Kommission.

[251] Die Leitlinien von 1999 sahen nur einen „erheblichen" Eigenbeitrag vor, jedoch keine Bezifferung.

[252] Kom., ABl. 2006 L 383/21 – ABX Logistics; vgl. Kom., ABl. 2000 L 150/32 – CBW Chemie, wo
ein Eigenbeitrag von 19% bei einem Management Buy-out für ausreichend angesehen wurde. Vgl. *Quigley*
306.

[253] Vgl. Kom., Staatliche Beihilfe N 289/2007, Tz. 12 – Fiem S. R. L.; Kom., Staatliche Beihilfe N 323/
2007, Tz. 39 – Vanyera 3; Kom., ABl. 2002 L 314/45, Tz. 42 ff. – Hiltex; Kom., ABl. 2007 L 91/37 Tz. 90
– Konas; Kom., ABl. 2007 L 112/14 Tz. 30, 137 – Frucona; Kom., ABl. 2005 L 150/24, Tz. 50 – Alstom.

[254] Nicht ausreichend angesehen in Kom., ABl. 2002 L 314/45, Tz. 96 – Hiltex.

[255] Kom., ABl. 2007 L 91/37, Tz. 90 – Konas; Kom., ABl. 2002 L 314/45, Tz. 45 f. – Hiltex; nicht ausreichend bei Kom., ABl. 2007 L 112/14 Tz. 30 – Frucona.

[256] Vgl. Kom. aaO., Tz. 12 – Fiem S. R. L.; Kom., ABl. 2007 L 112/14, Tz. 30, 140 – Frucona; Kom.,
ABl. 2005 L 150/24, Tz. 33, 2105 – Alstom; Kom., ABl. 2005 L 116/1, Tz. 47 – Bankgesellschaft Berlin.

[257] Kom., aaO., Tz. 12 – Fiem S. R. L.

[258] Kom., ABl. 2007 L 187/30, Tz. 91 – Daewoo FSO; Kom., ABl. 2005 L 150/24, Tz. 45 – Alstom; im
Ergebnis als nicht ausreichend angesehen bei Kom., ABl. 2007 L 112/14, Tz. 140 – Frucona.

[259] Vgl. Kom., ABl. 2002 L 307/28, Tz. 43 – Hoch- und Ingenieurbau GmbH.

geführt.[260] Das ist nicht richtig. So verbessert ein Verzicht von Arbeitnehmern auf Urlaub, Urlaubsgeld oder andere Gratifikationen und Boni die **bilanzielle Situation des Unternehmens** erheblich, weil die entsprechenden Rückstellungen reduziert werden können. Auch der laufende Aufwand des Unternehmens wird durch Lohnverzicht oder Verzicht auf sonstige Nebenleistungen reduziert. Dies stellt eine **Verbesserung des Cash Flows des Unternehmens aus eigenen Mitteln** dar, die ausschließlich auf die Leistungen der Arbeitnehmer zurückgehen und nicht durch Beihilfen bedingt sind.

149 Zudem verzichten Arbeitnehmer nur deswegen auf die ihnen zustehenden Leistungen, weil sie dadurch hoffen, ihren Arbeitsplatz auf Dauer zu erhalten. Sie „investieren", indem sie ihre Arbeitskraft weiter dem Unternehmen zur Verfügung stellen, dafür aber eine **geringere Gegenleistung** verlangen. Das Unternehmen hat aufgrund dieser Verzichte einen eindeutigen Vorteil, nämlich geringere Kosten und eine geringere Belastung des Cash Flows. Dieser Vorteil beruht nicht auf staatlichen Mitteln. Deswegen sind auch die Verzichte der Belegschaft eindeutig dem Eigenbeitrag zuzurechnen, und nicht durch eine Kürzung der Umstrukturierungskosten zu berücksichtigen.

150 Dasselbe gilt für alle **Leistungen von Lieferanten und anderen Gläubigern**, die durch ihren (Teil-) Verzicht einerseits ihre Überzeugung zum Ausdruck bringen, dass das Unternehmen lebensfähig ist, andererseits zur Umstrukturierung einen erheblichen Beitrag leisten, weil sich sowohl die **bilanzielle Situation verbessert** als auch eine positive Auswirkung auf den Cash Flow festzustellen ist.[261]

151 Die Nichtberücksichtigung dieser Leistungen als Eigenbeitrag durch einfache „Kürzung" der Umstrukturierungskosten trägt auch der Wirklichkeit nicht Rechnung, dass jedenfalls bei den (Teil-)Verzichten von Gläubigern zumeist ein Besserungsschein vereinbart wird. Damit wird der Umstrukturierungsaufwand nicht gekürzt.

152 Ist der Staat ebenfalls Gläubiger des Unternehmens und nimmt am Verzicht teil, so kann dies als Eigenbeitrag des Unternehmens angesehen werden, soweit der Verzicht dem **Grundsatz des marktwirtschaftlich handelnden Kreditgebers** oder Gläubigers entspricht.[262] Hat aber der Staat aufgrund seiner Position und seiner Besicherung auf mehr verzichtet als es ein privater Gläubiger täte, liegt eine staatliche Beihilfe vor, der Verzicht kann dann nicht als Eigenleistung des Unternehmens angesehen werden.[263]

153 **bb) Zuführung von Gesellschaftermitteln.** Die ideale Form des Eigenbeitrags zur Umstrukturierung ist die Zuführung von **Eigenmitteln,** die sowohl die Bilanz des Unternehmens verbessert als den Liquiditätsbestand erhöht.[264] Dabei ist nicht nur die Zufuhr von Eigenkapital (Stammeinlagen), sondern auch jede **Zuführung kapitalersetzender Mittel** – Gesellschaftereinlagen, stille Einlagen, nachrangige Darlehen – als Eigenbeitrag anzusehen. Die Vereinbarung einer Verzinsung des zugeführten frischen Geldes steht der Einordnung als Eigenbeitrag im Sinne der Leitlinien „Umstrukturierung" nicht entgegen.

154 Zweifelhaft und von der Kom. teilweise als Eigenbeitrag abgelehnt ist der **Verzicht von Gesellschaftern auf ihre Forderungen,** weil dadurch keine Liquidität zugeführt wird. Dieser Ansatz ist abzulehnen, soweit er sich auf Forderungen bezieht, die nicht bereits kapitalersetzenden Charakter haben. Ein Verzicht auf Forderungen, die nicht kapitalersetzend sind, gegenüber der Gesellschaft ist ebenfalls als Eigenbeitrag anzusehen. Richtigerweise dürfte die Rückführung solcher Darlehen der Gesellschafter – ebenso wie die Reduzierung anderer Verbindlichkeiten – als Teil der finanziellen Umstrukturierung anzusehen sein und stellt damit einen Teil der Gesamt-Umstrukturierungskosten dar. Der Verzicht auf die Rückzahlung ist dann logischerweise Teil des Eigenbeitrags.

155 Anders hingegen dürften **kapitalersetzende Darlehen** zu bewerten sein. Diese Mittel haben die Gesellschafter dem Unternehmen bereits zur Verfügung gestellt, sie stellen keinen Beitrag zu den Kosten der Umstrukturierung dar, weil solche Darlehen nicht der finanziellen Umstrukturierung unterfallen. Da die Gelder dem Unternehmen wie Kapital zur Verfügung stehen, besteht keine Notwendigkeit einer finanziellen Umstrukturierung und die Rückführung kapitalersetzender Darlehen ist nicht als Kosten der Umstrukturierung anzusehen.

---

[260] Kom., Staatliche Beihilfe N 323/2007, Tz. 40 – Vanyera 3.

[261] Kom., ABl. 2005 L 150/24, Tz. 45 – Alstom.

[262] Kom., Staatliche Beihilfe N 92/2008, Tz. 17 – Bäcker Legat.

[263] Kom., ABl. 2007 L 112/14, Tz. 74 ff. – Frucona.

[264] Kom., Staatliche Beihilfe N 289/2007, Tz. 12 – Fiem S. R. L.; Kom., Staatliche Beihilfe N 323/2007, Tz. 39 – Vanyera 3; Kom., ABl. 2002 L 314/45, Tz. 42 ff. – Hiltex; Kom., ABl. 2007 L 91/37, Tz. 90 – Konas; Kom., ABl. 2007 L 112/14, Tz. 30, 137 – Frucona; Kom., ABl. 2005 L 150/24, Tz. 50 – Alstom.

cc) Beihilfefreie Darlehen. **Beihilfefreie Darlehen**, also insbesondere Darlehen, die von **156** Banken oder Finanzinstituten gewährt werden, zählen zum Eigenbeitrag des Unternehmens.[265] Zweifelhaft ist hingegen, ob dasselbe für **Kredite von Lieferanten** gilt. In dieser Hinsicht hat die Kom. im Falle Frucona[266] entschieden, dass dies nur dann gelten soll, wenn kurzfristige Darlehen prolongiert werden, also anstelle der laufenden Finanzierung des Geschäftsbetriebs aufgrund der gewöhnlichen Lieferantenverbindung ein zusätzliches Entgegenkommen des Lieferanten gezeigt wird. Denn nur dann stehen dem Unternehmen zusätzliche Mittel (gegenüber der normalen Situation) für die Umstrukturierung zur Verfügung, und nur dann kann die Darlehensgewährung als ein Zeichen angesehen werden, dass der Markt in die Wiederherstellung der Rentabilität des Unternehmens glaubt.[267]

dd) Veräußerungen von nicht benötigten Vermögensgegenständen. Mit der Um- **157** strukturierung ist in den meisten Fällen eine Aufgabe bestimmter Tätigkeiten verbunden, insbesondere von Tätigkeitsfeldern, die verlustbringend sind. Die dabei erzielten Erlöse wirken sich auf den cash flow des Unternehmens aus und decken einen Teil der Umstrukturierungskosten. Die aus der Aufgabe von Tätigkeiten erzielten Einnahmen können daher als Eigenbeitrag zu den Umstrukturierungskosten angesehen werden.[268] Nicht angerechnet wird die **Aufgabe von verlustträchtigen Tätigkeitsfeldern** hingegen im Bereich der Kompensationsmaßnahmen, weil davon auszugehen ist, dass die verlustbringende Tätigkeit ohnedies eingestellt wird und daher kein Opfer des Unternehmens darstellt[269] (s. dazu unten RdNr. 196 ff.).

Neben der Aufgabe bestimmter Tätigkeitsgebiete und der Liquidation damit verbundener Ver- **158** mögensgegenstände kommt auch der **Verkauf von nicht betriebsnotwendigem Vermögen** in Betracht, also derjenigen Gegenstände, die das Unternehmen für die Fortführung des Betriebs nach Umstrukturierung nicht zwingend benötigt. Oftmals handelt es sich dabei um das „Speckpolster" des Unternehmens, wie zB. Immobilien zur Unterbringung von Arbeitnehmern, die nützlich für das Unternehmen sind, die aber für die eigentliche Produktion nicht zwingend benötigt werden.

Bei der Privatisierung ostdeutscher Unternehmen war das Zurückbehalten nicht betriebs- **159** notwendiger Immobilien, wie Arbeiterwohnheime oder Freizeitimmobilien, teilweise sogar unternehmenseigene Hotels, Gegenstand intensiver Verhandlungen, weil teilweise die Unterbringungsmöglichkeiten in der Nähe des Werkes nicht günstig waren. Damals wie heute gilt allerdings, dass für die eigentliche Fertigung das Unternehmen nicht selbst Eigentümer der entsprechenden Immobilien sein muss; vielmehr kann dem anerkennenswerten Bedürfnis nach dem Bereitstellen von Wohnungen für Arbeitnehmer in der Nähe des Betriebes auch durch einen Dritten Rechnung getragen werden, der dann die Immobilie bewirtschaftet. Das Versilbern solcher nicht betriebsnotwendiger Vermögensgegenstände, insbesondere Immobilien, ist ein wichtiger Beitrag zu den Umstrukturierungskosten und als Eigenanteil anzurechnen. Die dabei möglicherweise entstehenden zusätzlichen laufenden Kosten für die Drittbewirtschaftung von Einrichtungen, die dem Personal kostenlos oder zu vergünstigten Konditionen zur Verfügung gestellt werden, ist im Rahmen der operativen Kosten des Unternehmens mit zu berücksichtigen und geht daher in den Umstrukturierungsaufwand ein.

ee) Berücksichtigung von Cash Flow, Abschreibungen? Die Kom. steht auf dem **160** Standpunkt, dass **Abschreibungen** sowie der vom Unternehmen erwirtschaftete Cash Flow nicht bei der Ermittlung des Eigenbeitrags des Unternehmens berücksichtigt werden können. Die Erwirtschaftung sei oft nicht vorhersehbar, zudem sei der Betrieb des Unternehmens nur mithilfe der Beihilfegewährung möglich gemacht worden, daher soll jeder **Cash Flow durch Beihilfen beeinflusst** sein und nicht als Eigenleistung anzuerkennen sein.[270] Richtigerweise ist zwischen den unterschiedlichen Quellen des Cash Flow zu unterscheiden.

Hinsichtlich des Cash Flows, der aus der **Veräußerung von Unternehmensvermögen** er- **161** zielt wird, erkennt die Kom. normalerweise den Eigenbeitragscharakter an, s. oben RdNr. 156 ff.

---

[265] Kom., ABl. 2005 L 150/24, Tz. 216 – Alstom; Kom., ABl. 2002 L 314/45, Tz. 45 f. – Hiltex; Kom., ABl. 2007 L 91/37, Tz. 90 – Konas; Kom., ABl. 2009 L 160/11, Tz. 99 – Fagor Brandt.

[266] Kom., ABl. 2007 L 112/14 – Frucona.

[267] Kom., aaO., Tz. 147 – Frucona.

[268] ABl. 2005 L 150/24, Tz. 33, 215 – Alstom; Kom., ABl. 2005 L 116/1, Tz. 47 – Bankgesellschaft Berlin; Kom., ABl. 2007 L 112/14, Tz. 30, 140 – Frucona; Kom., ABl. 2008 L 29/7, Tz. 55 – Novoles Straza; Kom., ABl. 2008 L 29/16, Tz. 58 – Javor Pivka; Kom., ABl. 2009 L 160/11, Tz. 80 f. – Fagor Brandt.

[269] Kom., ABl. 2009 L 160/11, Tz. 82 – Fagor Brandt.

[270] Kom., Staatliche Beihilfe N 464/05, Tz. 17 – AB Kauno; Kom., ABl. 2008 L 29/7, Tz. 56 – Novoles Straza; Kom., ABl. 2008 L 29/16, Tz. 57 – Javor Pivka.

Die Veräußerung von Vermögensteilen führt dem Unternehmen tatsächlich zusätzliche Liquidität zu.

162   Im Fall *British Energy*[271] hat die Kom. zudem auch den von diesem Unternehmen erwirtschafteten **operativen Cash Flow als Eigenbeitrag** anerkannt. Dies ist in der Entscheidung nicht als Ausnahme von der Regel kenntlich gemacht, soll offenbar aber eine Ausnahme sein – bei British Energy als Staatsunternehmen wäre sonst ein Eigenbeitrag offenbar nicht nachzuweisen gewesen.

163   Die Argumentation, welche die Berücksichtigung des (operativen) Cash Flows insgesamt ablehnt, greift zu kurz. Richtig ist, dass derjenige Teil des Cash Flows, der sich aus solchen Abschreibungen ergibt, die mithilfe von Beihilfen entstanden sind – also die Abschreibungen auf die beihilfefinanzierten Investitionen – in Höhe der Beihilfenquote aus Beihilfen resultiert. Die übrigen Abschreibungen beziehen sich allerdings auf Vermögensgegenstände, über die das Unternehmen schon vor der Umstrukturierung verfügte; warum dieser Teil des Cash Flows nicht als Eigenbeitrag in Ansatz gebracht wird, ist nicht verständlich. Auch das operative positive Ergebnis des Unternehmens ist zu einem Teil durch Beihilfen beeinflusst, zu einem großen Teil aber durch die Neuausrichtung des Unternehmens, die vom Unternehmen selbst aufgrund der Managementleistung und der Leistung der Belegschaft bewirkt wird. Eine anteilige Berücksichtigung jedenfalls des Gewinns des Unternehmens, aber auch eines Teils des Cash Flows wäre daher angemessen und systemgerecht.

164   **ff) Berücksichtigung von Verzichten seitens Drittgläubigern.** Bei **Forderungsverzichten** geben Gläubiger einen Teil ihres Vermögens dafür auf, dass das Unternehmen seine Umstrukturierung durchführen kann. Auch diese Verzichte verbessern die bilanzielle Situation sowie die laufenden Lasten des Unternehmens. Solche Verzichte sind hinsichtlich der Gläubiger meist mit **Besserungsscheinen** versehen, die es ihnen ermöglichen, bei Erreichen der Profitabilität einen Teil des von ihnen durch Verzicht geleisteten Betrages zurückzuerhalten. Der Gläubiger leistet seinen Verzicht aus freien Stücken, in Erwartung eines späteren teilweisen Rückflusses, und bestätigt zugleich seine Überzeugung, dass das umzustrukturierende Unternehmen überlebensfähig ist.[272] Der Verzicht wird dabei entweder mit dem Ziel der Schadensbegrenzung erteilt – nach dem Grundsatz des marktwirtschaftlich handelnden Gläubigers, der lieber einen geringeren Teil der Forderung realisieren, wenn das Unternehmen fortgeführt wird, als in der Insolvenz alles verlieren würde – oder er ist dadurch motiviert, dass das Unternehmen ein hohes wirtschaftliches Interesse am Fortbestand des umzustrukturierenden Unternehmens hat (etwa als Zulieferer oder Händler des Unternehmens). Damit sind die Verzichte von Gläubigern sicher als „Eigenbeitrag" im Sinne der Leitlinien „Umstrukturierung" anzusehen.

165   Für **Verzichte des Staates** auf seine Forderungen gegen das Unternehmen wird darauf abgestellt, ob er sich wie ein privater Gläubiger verhalten hat.[273] Das ist insbesondere bei Insolvenzverfahren von Bedeutung, wo der Staat eine **privilegierte Gläubigerstellung** innehaben kann. Ist dies der Fall, so ist ein *pari passu* Verzicht des Staates nicht dem Verzicht der übrigen, nicht bevorrechtigten Gläubigern gleichzusetzen, sondern stellt eine Beihilfe dar.[274] Das **Verhalten des marktwirtschaftlichen Gläubigers** ist also Richtgröße für die Abgrenzung zwischen Beihilfe und Nichtbeihilfe. Infolge dessen ist es nur konsequent, einen Verzicht der marktwirtschaftlich handelnden Gläubiger im Rahmen einer Umstrukturierung als „Eigenbeitrag" zu betrachten. Denn der Eigenbeitrag des Unternehmens ist wiederum das Gegenstück zur Beihilfe: die Kosten der Umstrukturierung werden nur aus zwei Quellen gespeist, der Beihilfe und den anderen Mitteln, die als Eigenbeitrag zu qualifizieren sind.

166   **b) Ausgleichsmaßnahmen. aa) Notwendigkeit von Ausgleichsmaßnahmen.** Da die Beihilfe für die Umstrukturierung eines Unternehmens dazu führt, ein Unternehmen am Leben zu erhalten, das anderenfalls aus dem Markt ausgeschieden wäre und anderen Unternehmen somit Platz gemacht hätte, sich weiter zu entfalten, wird seit langem die Notwendigkeit anerkannt, von den Unternehmen eine **„Gegenleistung"** oder Kompensation in Form von Ausgleichsmaßnahmen zu verlangen, also im Gegenzug ein Stück Markt zu opfern, damit das mit Beihilfen geförderte Unternehmen nicht seine Marktstellung auf Kosten der Wettbewerber ausbauen oder beibehalten kann, sondern seine Präsenz im Markt vermindert wird.[275] Sinn und

---

[271] Kom., ABl. 2005 L 142/26 – British Energy.
[272] Kom., ABl. 2005 150/24, Tz. 45 – Alstom; Kom., ABl. 2007 L 187/30, Tz. 91 – Daewoo FSO.
[273] Kom., ABl. 2007 L 91/37 – Konas.
[274] Kom., ABl. 2005 L 324/64, Tz. 87 ff. – Herlitz.
[275] Ausführlich dazu Kom., ABl. 2009 L 160/11, Tz. 72 ff. – Fagor Brandt.

Zweck der Ausgleichsmaßnahme ist es, eine **Balance** zwischen der Beihilfegewährung einerseits und den negativen Auswirkungen der Beihilfe andererseits zu erreichen, so dass per Saldo die Beihilfegewährung aus der Sicht der Gemeinschaft vereinbar ist und **dem gemeinsamen Interesse nicht zuwider läuft.**[276] In diese Gesamtbetrachtung werden **marktbezogene und marktfremde Elemente** einbezogen.

Die Ausgleichsmaßnahmen stehen daher in einem Abhängigkeitsverhältnis zur **Marktstel-** **167** **lung des Unternehmens** einerseits, und zur **Beihilfehöhe** andererseits. Da bei kleinen und mittleren Unternehmen unterstellt wird, dass die Beihilfegewährung die Handelsbedingungen nicht besonders beeinträchtigen wird, wird bei **KMUs** entweder gar keine Ausgleichsmaßnahme verlangt,[277] oder sie ist wesentlich geringer.[278] Ist der Marktanteil gering, ist eine Ausgleichsmaßnahme ebenfalls verzichtbar.[279]

Die Marktstellung wird anhand der Marktstudie ermittelt, die Teil des Umstrukturierungs- **168** plans ist, oder durch externe Berater der Kom.[280] Das umfasst die **Untersuchung der Marktstruktur** und die Stellung des Unternehmens im Markt. Insbesondere wird berücksichtigt, ob ein Ausscheiden des umzustrukturierenden Unternehmens im konterfaktischen Szenario – also ohne Gewährung der Beihilfe – zu einer Verschlechterung der Marktstruktur, vor allem zum Entstehen einer **Monopolstellung von Wettbewerbern** führen würde;[281] in einem solchen Fall werden geringere Ausgleichsmaßnahmen gefordert. Diesen Grundsatz hat die Kom. in ihrer Entscheidung zu Brittany Ferries ausdrücklich angewandt.[282] Dort hätte das Ausscheiden von Brittany Ferries dazu geführt, dass auf zwei Strecken eine Monopolsituation zugunsten der jeweiligen Wettbewerber entstanden wäre. Zudem hatte Brittany Ferries bereits einen gewissen Abbau der Kapazität vorgenommen, was als Ausgleichsmaßnahme anerkannt wurde. Im Fall KataLeuna hat die Kom. den Aufbau neuer Kapazitäten für bestimmte neue Katalysatorentypen als Ersatzinvestition für andere Katalysatoren (deren Fertigung eingestellt wurde) akzeptiert, weil die Ersatzinvestition für die Erreichung der Rentabilität erforderlich war und sich bei einem Ausscheiden von KataLeuna die oligopolistische Marktstruktur weiter verschlechtert hätte.[283]

Je höher die Beihilfe für ein Unternehmen, je weiter also die **Intensität der Umstrukturie-** **169** **rungsbeihilfe** sich dem 50% Niveau nähert, umso drastischer sollten die Ausgleichsmaßnahmen ausfallen. Märkte, **die sensible Sektoren** betreffen, erfordern – soweit nicht die Gewährung von Umstrukturierungsbeihilfen per se ausgeschlossen ist – besonders einschneidende Maßnahmen,[284] vor allem wenn die Märkte von **strukturellen Überkapazitäten** geprägt sind, was wiederholt für die Sektoren Textil,[285] Schiffbau[286] und Automobile[287] anzunehmen war. Das Vorliegen struktureller Überkapazitäten wird auch in anderen Märkten geprüft.[288]

Im Zuge der Privatisierung der ostdeutschen **Werften**, bei denen eine Beihilfeintensität von **170** 36% nur für Betriebsbeihilfen zugestanden wurde (neben Investitionsbeihilfen und Stillegungsbeihilfen für Personalabbau), wurde eine Ausgleichsmaßnahme in Höhe von 40% der vorhandenen Schiffbaukapazität verlangt, verbunden mit einer für 10 Jahre festgeschriebenen Kapazitätsbegrenzung, die das reduzierte Niveau somit auf lange Sicht festschrieb.[289]

---

[276] Art. 107 Abs. 3 lit. c AEUV; Leitlinien „Umstrukturierung" Tz. 19; vgl. Kom., ABl. 2005 L 150/24, Tz. 195 – Alstom.

[277] Vgl. Kom., Staatliche Beihilfe N 289/2007, Tz. 20 – FIEM; Kom., ABl. 2008 L 29/16, Tz. 55 – Javor Pivka.

[278] Vgl. Kom., ABl. 2007 L 91/37, Tz. 93 – Konas; Kom., ABl. 2008 L 86/28, Tz. 56 ff. – Techmatrans.

[279] Kom., ABl. 2008 L 29/7, Tz. 59 ff. – Novoles Straza.

[280] Kom., ABl. 2005 L 150/24, Tz. 160 – Alstom; Kom., ABl. 2005 L 116/1, Tz. 179 – Bankgesellschaft Berlin.

[281] Abgelehnt bei Kom., ABl. 2005 L 116/1, Tz. 159 ff. – Bankgesellschaft Berlin.

[282] Kom., ABl. 2002 L12/33, Tz. 281.

[283] Kom., ABl. 2001 L 245/26, Tz. 62–85 – KataLeuna.

[284] Kom., ABl. 2003 L 337/14, Tz. 145 – Hilados y Tejidos Puigneró SA.

[285] Kom., ABl. 2002 L 314/45, Tz. 90 ff – Hiltex; Kom., ABl. 2003 L 337/14, Tz. 145 – Hilados y Tejidos Puigneró SA.

[286] Kom., ABl. 2005 L 100/26, Tz. 62 ff. – CMR; Kom., Staatliche Beihilfe C-17/2005 – Stocznia Gdynia.

[287] Kom., ABl. 2007 L 187/30, Tz. 78, 81 – Daewoo FSO.

[288] Kom., ABl. 2005 L 150/24, Tz. 195 ff. – Alstom; Kom., ABl. 2005 L 116/1, Tz. 259 – Bankgesellschaft Berlin; Kom., ABl. 2005 L 342/71, Tz. 89 – Jahnke.

[289] S. Wettbewerbsbericht 1995, S. 218. Die Auslegung Kapazitätsbegrenzung war Gegenstand eines Rechtsstreits zwischen Kvaerner Warnow Werft und der Kom., der zugunsten der Werft entschieden wurde, vgl. EuG, T-134/00, Slg. 2002, II-1205 – Kvaerner Warnow Werft/Kommission, bestätigt durch EuGH, C-181/02 P, Slg. 2004, I-5703.

171   Im Rahmen der Umstrukturierung von Fluglinien muss eine **Fluggesellschaft** entweder Landerechte auf bestimmten Strecken aufgeben, einen Teil des Unternehmens mit den dazugehörigen Landerechten an einen Dritten veräußern oder aber die Sitzplatzkapazität auf bestimmten Strecken reduzieren.[290] Die Verkleinerung oder Begrenzung der Flotte, verbunden mit Begrenzungen für den Erwerb neuen Fluggeräts wird dabei zumeist parallel mit auferlegt.

172   Im **Automobilsektor** können die Ausgleichsmaßnahmen auf verschiedene Weise erreicht werden: Reduzierung der Produktionskapazität für Automobile durch (Teil-)Stilllegung von Produktionsanlagen, zB. einer Lackiererei, verbunden mit einer Reduzierung und Begrenzung der insgesamt vorhandenen Fertigungskapazität für Automobile. Bei der Umstrukturierung von SEAT wurde dabei – neben der Schließung der Lackiererei in einem Werk und einer Begrenzung der Kapazität für SEAT selbst – die Gesamtkapazität auf Konzernebene für alle Gesellschaften des VW-Konzerns zusammen auf 11.883 Automobile pro Tag für eine bestimmte Zeitdauer festgeschrieben.[291] Dies betraf naturgemäß nicht nur Spanien, in dem das umzustrukturierende Unternehmen tätig war, sondern wurde auf EU-Ebene betrachtet. Im Falle Rover wurde eine Kapazitätsreduzierung um 30% als erforderlich angesehen.[292]

173   Ausgleichsmaßnahmen sind oftmals der schwierigste Punkt im Umstrukturierungsvorhaben eines Unternehmens, weil das Unternehmen möglichst alle Bereiche fortführen will, mit denen Gewinn erwirtschaftet wird. Wird ein in Umstrukturierung befindliches Unternehmen von einem **neuen Investor** übernommen, so will dieser zumeist die Kapazität und die Präsenz in bestimmten **Märkten ausbauen**, nicht einschränken. Dies steht einer Kapazitätsbeschränkung diametral entgegen. Die Kom. berücksichtigt die Auswirkungen des Kapazitätsabbaus und der Ausgleichsmaßnahmen auf die Wiederherstellung der Rentabilität des Unternehmens.[293]

174   Neben den marktbezogenen Kriterien, die auf die Marktstellung des Unternehmens und die Marktstruktur ohne Beihilfengewährung im Vergleich zur Struktur mit Beihilfengewährung abstellen, werden im Rahmen der Ausgleichsmaßnahmen auch andere – marktfremde – Erwägungen berücksichtigt, nämlich insbesondere, ob das Unternehmen sich in einem **Fördergebiet** befindet. In diesem Fall dürfen die Ausgleichsmaßnahmen weniger strikt sein, weil durch die Umstrukturierung die wirtschaftliche Entwicklung in der Region mit gefördert wird, Arbeitsplätze erhalten werden und daher die Gewährung der Beihilfe dem gemeinsamen Interesse im Sinne des Art. 107 AEUV nicht zuwider läuft.[294]

175   **bb) Abhängigkeit von Marktstellung des Unternehmens.** Ausgleichsmaßnahmen sind der Regelfall bei der Gewährung von Umstrukturierungsbeihilfen. Eine Ausnahme ist in zwei Fallkonstellationen denkbar:
– Das Unternehmen hat einen sehr geringen Marktanteil.
– Die Ausgleichsmaßnahme würde letztlich dazu führen, dass – wegen des Ausscheidens eines Wettbewerbers – der Wettbewerb geschwächt wird.

176   In verschiedenen Entscheidungen hat die Kom. bestätigt, was sie in den Leitlinien „Umstrukturierung" bereits verankert hat, dass nämlich ein Unternehmen mit **geringer Marktpräsenz** keine Ausgleichsmaßnahmen vorzunehmen braucht. Hintergrund ist die Überlegung, dass bei einem Unternehmen mit geringem Marktanteil die Auswirkungen der Wettbewerbsverfälschung gering sind und es daher einer Ausgleichsmaßnahme nicht bedarf.[295]

177   Der andere Fall ist weitaus seltener und praktisch nur in Märkten denkbar, in denen eine **oligopolistische Struktur** vorherrscht[296] oder der Rückzug oder die Begrenzung der Tätigkeit des umstrukturierten Unternehmens ein **Monopol** (zugunsten des verbleibenden Wettbewerbers) schaffen würde.[297] Ist der Markt beispielsweise von drei sehr starken Teilnehmern geprägt, kann es wettbewerbspolitisch gewünscht sein, dass der vierte Teilnehmer, der sich in Umstrukturierung befindet, tatsächlich im Markt erhalten bleibt und seine Marktstellung nicht

---

[290] Kom., ABl. L 2008 L 49/25, Tz. 125 ff. – Cyprus Airways. Vgl. Kom., ABl. 1994 L 254/73 – Air France und EuG, T-371/94 & T-394/94 Slg. 1998, II-2405 – British Airways und British Midland/Kommission.

[291] Kom., ABl. 1996 L 88/7, Tz. VIII.2 sowie Art. 1 lit. d – SEAT.

[292] Kom., ABl 1989 L 25/89 – Rover. S. dazu ferner *McLaughlin/Maloney* 131 ff.

[293] Kom., ABl. 2005 L 116/1, Tz. 238 ff, 252 ff – Bankgesellschaft Berlin; Kom., ABl. 2009 L 160/11, Tz. 67 ff – Fagor Brandt.

[294] Leitlinien „Umstrukturierung", Tz. 19; Kom., ABl. 2002 L 12/44, Tz. 282 ff. – Brittany Ferries; Kom., ABl. 2008 L 49/25, Tz. 132 – Cyprus Airways.

[295] Kom., ABl. 2008 L 29/7, Tz. 59 ff. – Novoles Straza.

[296] Von der Kom. geprüft, aber abgelehnt in ABl. 2005 L 116/1, Tz. 159 ff. – Bankgesellschaft Berlin.

[297] Kom., ABl. 2002 L12/33, Tz. 281 – Brittany Ferries.

durch Ausgleichsmaßnahmen geschwächt wird.[298] In einem solchen Fall ist sogar denkbar, dass ein Unternehmen in einem neuen Marktsegment Kapazitäten aufbaut, während in einem älteren Segment Kapazitäten abgebaut werden. Im Falle KataLeuna war das Unternehmen in der Fertigung bestimmter Typen von Katalysatoren tätig, die allerdings auf einer veralteten Technologie beruhten und durch eine neue Generation von Katalysatorentypen abgelöst wurden. Der Aufbau einer Fertigung der neuen Generation – also die Schaffung einer neuen Kapazität – wurde von der Kom. zugelassen, verbunden mit dem Abbau der obsoleten Technologie, weil die drei Wettbewerber von KataLeuna besonders marktstarke Unternehmen waren, und der Eintritt von KataLeuna den Wettbewerb zwischen den Unternehmen förderte. Diese Entscheidung ist sicher eine Ausnahme und sollte heute mit noch größerer Vorsicht betrachtet werden, zumal im Gegensatz zu damals heute der Abbau einer obsoleten Technologie überhaupt nicht in die Kompensationsbetrachtungen einbezogen würde. Lag damals per saldo ein geringfügiger Aufbau von Kapazität vor (nach Saldierung mit dem Abbau der obsoleten Technologie), so würde aus Sicht der Leitlinien „Umstrukturierung" heute ein erheblicher Aufbau von Kapazitäten vorliegen, weil der Abbau nicht rentabler Tätigkeitsfelder keine Kompensation darstellt.

c) Strukturelle Ausgleichsmaßnahmen: Kapazitätsabbau/Kapazitätsbegrenzung. Um **178** die Auswirkungen der Beihilfe auf den Markt zu reduzieren, ist eine **Reduzierung der Marktpräsenz** als Kompensationsmaßnahme vonnöten und als Gegenleistung des Unternehmens angemessen.[299] Wettbewerber mit dem umstrukturierten Unternehmen erhalten dadurch die Möglichkeit, an der Marktentwicklung und dem Marktausbau zu partizipieren, während das umstrukturierte Unternehmen durch die Begrenzung der Kapazitäten gehindert wird, seine Position mit der erhaltenen Beihilfe weiter auszubauen. Dabei wird sehr häufig eine echte Reduktion der Produktionskapazität gefordert, die „irreversibel" sein muss. Gemeint ist damit allerdings keine „absolute" Irreversibilität, vielmehr soll es dem Unternehmen erschwert werden, innerhalb des Umstrukturierungszeitraums oder relativ bald danach mit geringem Aufwand die Kapazität wieder zu erreichen, die es zuvor innegehabt hat. Im Schiffbausektor gilt dabei eine Zehn-Jahres-Frist, binnen derer eine geschlossene Kapazität, die von Beihilfen profitiert hat, geschlossen bleiben muss.[300]

Die Reduzierung von Kapazität bedeutet dabei meist den **Abbau von technischen Pro-** **179** **duktionsanlagen**, mit denen das Unternehmen seine Fertigung betreibt. Dies kann erreicht werden durch die Aufgabe der Fertigung bestimmter Produkte[301] oder die **Stilllegung** von Produktionsanlagen. Dabei ist Kapazitätsabbau in der Regel nicht nur der Abbau von Arbeitsplätzen,[302] sondern setzt eine Reduzierung der Produktionsanlagen voraus. Anderes gilt nur in besonders personalintensiven Wirtschaftszweigen, wie beispielsweise der Bauindustrie[303] oder im Bereich der Schiffsreparatur, wo der Abbau von Arbeitsplätzen einen Abbau der Marktpräsenz des Unternehmens bedeutet. Der Kapazitätsabbau und die Kapazitätsbegrenzung ist somit streng zu unterscheiden von der Produktion: **Kapazitätsbegrenzung ist nicht gleichbedeutend mit Produktionsbegrenzung.**[304]

Der Begriff der Kapazität wird dabei interpretiert als die technische Einrichtung, die es er- **180** laubt, unter normal günstigen Voraussetzungen eine bestimmte Menge eines Produktes zu fertigen.[305] Die Kapazität ist somit eine rein theoretische Größe. Bei weniger günstigen Voraussetzungen wird die Produktion die Kapazität nicht voll ausschöpfen; umgekehrt ist es möglich, dass bei Vorliegen besonders günstiger Voraussetzungen die tatsächliche Produktion höher ist als die technische Kapazität. Will die Kom. verhindern, dass tatsächlich nicht mehr produziert wird, als der Kapazität entspricht, kommt sie um das Auferlegen einer **Produktionsbeschränkung** oder der Begrenzung der Verkaufswege nicht herum.[306] Die gegenteilige Auffassung der Kom.,[307] die aus der Auferlegung einer Kapazitätsbegrenzung zugleich eine Produktionsbe-

---

[298] Kom., ABl. 2001 L 245/26, Tz. 62–85 – KataLeuna.
[299] EuG, T-149/95, Slg. 1997, II-2031, RdNr. 67 – Ducros/Kommission.
[300] Mitt. Schiffbau, Tz. 21. Vgl. ferner Kom., ABl. 2010, L 81/19 – Stocznia Gdansk.
[301] EuG, T-123/97, Slg. 1999, II-2925, RdNr. 98–101 – Salomon/Kommission.
[302] EuG, T-110/97, Slg. 1999, II-2881, RdNr. 93 – Kneissl Dachstein/Kommission.
[303] Kom., ABl. 2001 L 248/66, Tz. 103 ff – Philip Holzmann.
[304] EuGH, C-181/02 P, Slg. 2004, I-5703, RdNr. 37 – Kommission/Kvaerner Warnow Werft, mit Hinweis auf EuGH, 244/81, Slg. 1983, 1451, RdNr. 22 f. – Klöckner-Werke.
[305] EuG, T-134/00, Slg. 2002, II-1205, RdNr. 104 – Kvaerner Warnow Werft/Kommission.
[306] Vgl. Kom., ABl. 2007 L 187/30, Tz. 82–85 – Daewoo FSO.
[307] ABl. 1999 L 274/23 geändert durch ABl. 2000 L 120/12 – Kvaerner Warnow Werft.

schränkung folgerte, wurde in Sachen Kvaerner Warnow Werft in zwei Instanzen vom EuG[308] und dem EuGH[309] zurückgewiesen.

181   Wie allen ostdeutschen Werften war der Kvaerner Warnow Werft im Rahmen der Gewährung der Umstrukturierungsbeihilfe auferlegt worden, die technische Kapazität insbesondere durch **technische Bottlenecks** und andere „Durchlaufbegrenzer" auf einen bestimmten Wert zu begrenzen, der anhand eines geplanten Fertigungsmix unter normalen Umständen für den Umstrukturierungszeitraum ermittelt worden war. Die Kapazitätsbegrenzung galt für zehn Jahre ab Ende der Umstrukturierungsphase, die 1995 endete. Kvaerner Warnow Werft hatte stets alle technischen Begrenzungen eingehalten, aber im Zuge der Umstrukturierung und danach seine **Fertigungsabläufe immer weiter optimiert**. Die Kom. hatte durch regelmäßige Monitoring-Besuche auf den ostdeutschen Werften nicht nur die Einhaltung der technischen Begrenzungen, sondern zunehmend auch die tatsächlichen Mengen geprüft. Im Jahre 1998 hatte Kvaerner Warnow Werft dann im Zuge der Fertigung einer Serie von Schwesterschiffen aufgrund der günstigen Rahmenbedingungen und **gesteigerter Produktivität** insgesamt mehr an Schiffen produziert, als nach der Kapazitätsbegrenzung vorgesehen war. Die Kom. hatte dies als eine Verletzung der Kapazitätsbegrenzung angesehen und die Rückforderung eines erheblichen Teils der Umstrukturierungsbeihilfe angeordnet. Im anschließenden Klageverfahren hat das EuG die Unterscheidung zwischen den Begriffen der Kapazitätsbegrenzung und der Produktionsbegrenzung betont und auch hervorgehoben, dass es genügt hätte, auf letztere abzustellen. Allerdings war Sinn und Zweck der Umstrukturierung auch eine Optimierung der Abläufe in den Unternehmen und das Wiederherstellen der Wettbewerbsfähigkeit mit den asiatischen Wettbewerbern. Deswegen musste die technische Kapazitätsbegrenzung auch einschränkend ausgelegt und durfte nicht im Sinne einer Produktionsbeschränkung angewandt werden. Die Handhabung der Kom. nach Genehmigung der Beihilfe, also insbesondere die Kontrollen, die auf eine Überprüfung der tatsächlichen Produktion abzielten, führten nicht zu einer Abänderung der ursprünglichen Entscheidungen und konnten nicht so ausgelegt werden, dass die Kom. in Wirklichkeit eine Produktionsbeschränkung auferlegt hatte.[310] Der klare Wortlaut der Entscheidungen und die zahlreichen technischen Untersuchungen, die die Kom. hatte vor der Genehmigung vornehmen lassen, ließen die Beschränkung eindeutig als Kapazitätsbegrenzung erscheinen. Das Urteil des EuG, das von der Kom. angefochten worden war, wurde vom EuGH uneingeschränkt bestätigt.

182   Die Reduzierung der Kapazität wird meist durch einen **physischen Rückbau oder ein Unbrauchbarmachen** von Anlagen bewirkt. Bei Werften kommt ein Unbrauchbarmachen der Helgen (zB. durch Zubetonieren, so dass technisch kein Stapellauf mehr stattfinden kann) oder die Schließung eines Docks (vorzugsweise durch tatsächliches Verfüllen mit Sand, ggf. nur durch Zuschweißen der Öffnungen) in Betracht. Im Automobilbau kann eine Lackiererei oder Endmontageanlagen abgebaut oder unbrauchbar gemacht werden. Mit diesen Schritten, die eine weitere Fertigung unmöglich machen (müssen), wird die entsprechende Fertigungskapazität tatsächlich „vom Markt genommen", mit der Folge, dass vorhandene Überkapazitäten reduziert werden.

183   Die Kapazitätsreduzierung muss vom Unternehmen als eine „Gegenleistung" für die Gewährung der Beihilfe vorgenommen werden. Begrenzungen des Verkaufsnetzes, Begrenzung von Kapazitäten oder der Abriss von technischen Anlagen, die im Zuge der Umstrukturierung ohnehin vorgenommen werden müssen, kommen als Kompensationsmaßnahme nicht in Betracht,[311] es muss sich um zusätzliche Maßnahmen handeln.

184   Anstelle der Schließung, des Rückbaus oder des Unbrauchbarmachens von Anlagen kommt ggf. auch eine **Veräußerung von Kapazitäten** an andere Wettbewerber in Betracht, s. dazu sogleich Ziff. 191 ff. Das ist insbesondere dann geboten, wenn Kapazitätsbegrenzungen, wie etwa bei Banken, nicht vorgesehen oder deren Einhaltung nur schwer überprüft werden können.[312] Auch im Falle Alstom wurde der Veräußerung von Geschäftsbereichen gegenüber der Kapazitätsreduzierung oder -begrenzung der Vorzug gegeben.[313] Damit wird zwar nicht eine Überkapazität reduziert, aber immerhin wird den Wettbewerbern die Möglichkeit gegeben, die

---

[308] EuG, T-134/00, Slg. 2002, II-1205 – Kvaerner Warnow Werft/Kommission.
[309] EuGH, C-181/02 P, Slg. 2004, I-5703 – Kommission/Kvaerner Warnow Werft.
[310] EuG, T-134/00, Slg. 2002, II-1205, RdNr. 101 – Kvaerner Warnow Werft/Kommission.
[311] Kom., ABl. 2007 L 187/30, Tz. 82–85 – Daewoo FSO.
[312] Kom., ABl. 2005 L 116/1, Tz. 260 – Bankgesellschaft Berlin.
[313] Kom., ABl. 2005 L 150/24, Tz. 202 – Alstom.

Schütte

Kapazität an sich zu nehmen; auch dadurch lassen sich Verfälschungen des Wettbewerbs reduzieren, wenn auch weniger als durch den wirklichen Abbau von Kapazitäten. Die Veräußerung von Kapazitäten ist überdies einfach zu überwachen und läßt zudem Produktivitätssteigerungen nur beim Wettbewerber eintreten.

Da eine wirklich „irreversible" Reduzierung von Kapazitäten meist nur mit unverhält- **185** nismäßigem Aufwand möglich ist (etwa durch vollständiges Zerstören der Einrichtung), nimmt die Kom. eine technisch theoretisch mögliche Wiederherstellung der Kapazität hin, solange sichergestellt ist, dass dies nicht vor Ablauf der vorgesehenen Fristen geschieht, und ferner, dass dies nicht einfach mit geringem Aufwand wieder erreicht werden kann. Dabei geht es nicht nur darum, konkret abgebaute Anlagen wieder zu beleben, sondern auch ein **Ausbau auf eine erheblich höhere Kapazität** mit geringem Investitionsaufwand ist zu verhindern. Vorstellbar ist, dass ein Unternehmen eine neue Fertigung aufbaut und dabei die Fertigungshallen so auslegt, dass erhebliche räumliche Reserven vorhanden sind, die anschließend mit geringem zusätzlichem Aufwand – Erwerb einiger weniger zusätzlicher Maschinen – erweitert werden können: solche „Kapazitätsreserven" in den vorhandenen Anlagen, die für die Dauer der Beschränkung durch „Bottlenecks" auf eine bestimmte technische Kapazität reduziert werden können, sind nicht zulässig und werden im Rahmen des Umstrukturierungsplans nicht akzeptiert. Vielmehr muss das Unternehmen seine Fertigungsanlagen so ausrichten, dass damit die zugelassene Kapazität ausgeschöpft wird; eingebaute Reserven werden von der Kom. nicht akzeptiert.[314]

d) Verhaltensbezogene Ausgleichsmaßnahmen. Neben dem Kapazitätsabbau – also einer **186** strukturellen Maßnahme – kommen auch verhaltensbezogene Ausgleichsmaßnahmen in Betracht. Dabei sind insbesondere zu nennen das **Verbot der Quersubventionierung** von Geschäftsfeldern (insbesondere bei marktstarken Unternehmen oder Monopolisten), die **Beschränkung von Vermarktungstätigkeiten** oder bestimmte Internetangebote,[315] Verbote von Preisunterbietungen, regionale Begrenzungen für Verkäufe[316] und das Auferlegen von Produktionsbeschränkungen.[317]

Im Falle British Energy[318] wurde als eine der Ausgleichsmaßnahmen das Verbot verankert, **187** andere **Tätigkeitsfelder** als die Kernenergie, die durch die Umstrukturierungsbeihilfe allein gefördert werden sollte, quer zu subventionieren. Es bestand nämlich die Besorgnis, dass die hohen Beihilfen, die der späteren Entsorgung von nuklearem Material dienen sollte, dazu eingesetzt werden könnte, konventionell erzeugte Energie besonders billig anzubieten und damit den Wettbewerbern in diesem Bereich zu schaden. Deswegen wurde das Verbot der Quersubventionierung kombiniert mit der Auflage, die entsprechenden **Tätigkeitsbereiche strikt rechtlich und organisatorisch voneinander zu trennen,** so dass eine Überwachung des Verbots der **Quersubventionierung** erleichtert wurde. Als zweite Ausgleichsmaßnahme wurde British Energy verboten, seine Energieerzeugungskapazitäten zu erweitern, mit Ausnahme erneuerbarer Energien. Als dritte Ausgleichsmaßnahme – und in Ergänzung zum Verbot der Quersubventionierung – wurde das Verbot auferlegt, den gewerblichen Kunden für die Dauer von sechs Jahren Preise anzubieten, die niedriger wären als die Großhandelsmarktpreise.

Diese Art von verhaltensbezogener Ausgleichsmaßnahme ist keineswegs neu. Bei der Privati- **188** sierung der ostdeutschen Schiffswerften wurde ebenfalls ein Verbot der Quersubventionierung („„Spill-Over" von Beihilfen) des jeweils die Unternehmen erwerbenden Investors festgeschrieben. Die Einhaltung wurde durch regelmäßige Wirtschaftsprüferberichte überwacht, die über die Verwendung der Beihilfen Rechenschaft ablegten und die Liefer- und Abrechnungsbeziehungen zwischen der ostdeutschen Werft und seinem Investor daraufhin prüfte, ob die Leistungen zu unter fremden Dritten üblichen Konditionen vorgenommen wurden. Den Mißbrauch von Beihilfen durch die Einrichtung einer **Cash Concentration,** aufgrund derer Mittel vom ostdeutschen Unternehmen an die westdeutsche Muttergesellschaft flossen, vermochte dies nicht zu verhindern, weil oberflächlich die Bedingungen der Cash Concentration den unter Fremden üblichen Bedingungen entsprachen, was die Verzinsung anging – nicht aber hinsicht-

---

[314] So hatte die Kom. darauf bestanden, dass bei der Umstrukturierung der MTW Schiffswerft die vorgesehene Länge des Trockendocks erheblich reduziert wird, weil sonst die spätere Kapazität bei Wegfall anderer Bottlenecks mit geringen Mitteln erheblich hätte gesteigert werden können.

[315] Kom., ABl. 2005 L 116/55, Tz. 188 – Mobilcom.

[316] Kom., ABl. 2009 L 160/11, Tz. 84 ff – Fagor Brandt.

[317] Kom., ABl. 2007 L 187/30, Tz. 76 – Daewoo FSO. S. ferner Kom., ABl. 2010, L 81/19 – Stocznia Gdansk, wo neben einer Kapazitätsgrenze eine Produktionsbeschränkung auferlegt wurde.

[318] Kom., ABl. 2005 L 142/26 – British Energy.

lich der Absicherung. Auch die Vermeidung von Unterbietungen von Wettbewerbern war bei der Privatisierung ostdeutscher Werften verankert, und in einem Verdachtsfall von der Kom. auch untersucht, allerdings ohne Befund.

189 Das **Verbot der Quersubventionierung** – flankiert durch rechtliche und organisatorische Trennung der unterschiedlichen Unternehmensbereiche – wurde auch im Falle der Imprimerie Nationale[319] auferlegt. Dort unterlag ein Teilbereich der Tätigkeit, der Druck fälschungssicherer Dokumente, einem nationalen Monopol, das Unternehmen war daneben aber auch in Wettbewerbsbereichen tätig. Ein unabhängiger Sachverständiger wurde beauftragt, vor der Trennung der Bereiche die Rechnungslegung des Unternehmens sowie die Modalitäten der Lastenverteilung zwischen den Unternehmensbereichen zu prüfen und zu bestätigen, dass keine Quersubventionierung vorliegt **(Monitoring)**. Die dem Monopol unterliegenden Aufgaben waren in einer erschöpfenden Liste aufzuführen. Des weiteren wurde ein Rückzug aus bestimmten (im Wettbewerb stehenden) Geschäftsfeldern vorgesehen, und das Unternehmen sollte sich auf sein Kerngeschäft, nämlich den Druck fälschungssicherer Dokumente konzentrieren.

190 Im Falle Mobilcom[320] wurde dem Unternehmen auferlegt, für die Dauer von sieben Monaten den Online-**Direktvertrieb** von bestimmten Angebote einzustellen. Ähnliche Beschränkungen, insbesondere das Verbot mit der Tatsache zu werben, dass die Bank durch staatliche Garantien gestützt wird (und dadurch Einlagen bei diesen Banken besonders sicher erscheinen), wurden auch den Banken auferlegt, die im Rahmen der Bewältigung der Finanzkrise staatliche Garantien und Kapitalzufuhren erhielten.[321]

191 Zwei eher ungewöhnliche Ausgleichsmaßnahmen, die verhaltensbezogen und nicht oder nur teilweise struktureller Natur sind, wurden im Falle Alstom auferlegt. Dazu zählen die Gründung eines Gemeinschaftsunternehmens und der **Abschluss von Industriepartnerschaften**, denen nach Auffassung der Kom. deswegen der Charakter einer Ausgleichsmaßnahme zukommt, weil damit Wettbewerbern die Möglichkeit gegeben wurde, sich an bestimmten Geschäftsgebieten von Alstom zu beteiligen und damit an der Entwicklung (und letztlich den Auswirkungen der Beihilfe) teilzuhaben.[322] Die Maßnahmen Frankreichs zur **Öffnung des französischen Marktes**[323] für rollendes Eisenbahnmaterial ist eine der eher seltenen Maßnahmen, die vom beihilfegewährenden Mitgliedstaat selbst, und nicht vom Unternehmen vorzunehmen sind; die Verpflichtungen, das beihilfebegünstigte (staatliche) Unternehmen zu veräußern ist in einigen Fällen ebenfalls auferlegt worden. Diese Art Ausgleichsmaßnahme ist eine Erinnerung daran, dass Beihilfeverfahren eben Verfahren zwischen Kom. und Mitgliedstaat sind, bei denen dem Unternehmen die Rolle des „Informationsbeschaffers" zukommt. Der Regelfall der Ausgleichsmaßnahme trifft allerdings stets das Unternehmen.

192 **e) Veräußerung von Produktionskapazität.** Anstelle der Vernichtung oder Schließung vorhandener Produktionskapazitäten wird von den Leitlinien „Umstrukturierung" auch die **Veräußerung von Produktionskapazität** als Gegenleistung akzeptiert. Ziel der Ausgleichsmaßnahmen ist stets die Reduzierung der Marktpräsenz von Unternehmen. Solche Ausgleichsmaßnahmen finden sich insbesondere bei den Umstrukturierungsfällen großer Banken, insbesondere im Fall Credit Lyonnais,[324] wo das Unternehmen eine große Zahl von Filialen abzugeben oder zu schließen hatte, ferner im Fall der Bankgesellschaft Berlin[325] („BGB"), aber auch bei anderen großen Umstrukturierungen wie etwa im Fall Alstom.[326]

193 Bei der BGB wurde ein umfangreiches Paket von Veräußerungszusagen zusammengestellt. Dies betraf die Veräußerung der Berliner Bank, den Verkauf einer der beiden Retailbanking-Marken der BGB, die Abgabe eines Teils des Kreditkartengeschäfts, die Ausgliederung der Tochtergesellschaften im Immobiliengeschäft (von dem die Ursache für die Krise ausging), die Veräußerung der Weberbank und der Verkauf oder die Schließung von deutschen und ausländischen Tochtergesellschaften und Niederlassungen. Darüber hinaus war der Verkauf der BGB selbst vorgesehen, sowie damit einhergehend die geplante Veräußerung von BerlinHyp, einer

---

[319] Kom., Staatliche Beihilfe N 370/2004 – Imprimerie Nationale.
[320] Kom., ABl. 2005 L 116/55, Art. 2 Abs. 1 – Mobilcom.
[321] Kom., Staatliche Beihilfe N 244/09 Tz. 110 – Commerzbank; s. dazu ausführlicher unten Sektoren RdNr. 374 ff.
[322] Kom., ABl. 2005 L 150/24, Tz. 206 – Alstom.
[323] Ausdrücklich vorgesehen in der Leitlinien „Umstrukturierung", Tz. 39.
[324] Kom., ABl. 1998 L 221/28 – Credit Lyonnais.
[325] Kom., ABl. 2005 L 116/1 – Bankgesellschaft Berlin.
[326] Kom., ABl. 2005 L 150/24, Tz. 202 – Alstom.

Immobilienfinanzierungsgesellschaft. Die aus diesen Ausgleichsmaßnahmen resultierende Verringerung der Marktpräsenz betrug etwa ein Drittel (gemessen am Marktanteil im Privatkundengeschäft), die Bilanzsumme der BGB wurde dadurch von 189 Mrd. EUR auf 124 Mrd. EUR reduziert.

Im Falle Alstom war die Veräußerung und Aufgabe verschiedener Aktivitäten aufgegeben **194** worden, unter anderem eines französischen Werks für Güterzuglokomotiven, aber auch die Veräußerung von Aktivitäten in Australien und Neuseeland.[327] Daneben wurde Alstom auferlegt, weitere Aktivitäten erheblichen Umfangs zu veräußern. Insgesamt beliefen sich die Verpflichtungen zur Veräußerung von Tätigkeitsfeldern auf rd. 30% des Umsatzes von Alstom.[328]

Die Verpflichtung zur Veräußerung von Tätigkeitsfeldern wurde flankiert mit verhaltensbe- **195** zogenen Verpflichtungen. So musste Alstom sicherstellen, dass die Aktivitäten bis zu ihrer Veräußerung nach den Grundsätzen wirtschaftlicher Haushaltsführung betrieben wurden und somit keine Minderung der Werte eintreten konnte, auch die immateriellen Wirtschaftsgüter, wie Patente, Lizenzen, Genehmigungen etc. waren zu erhalten. Ein speziell eingesetztes Managementteam hatte für den reibungslosen Ablauf zu sorgen, und der ganze Prozess wurde durch einen **Treuhänder** begleitet und überwacht.[329]

f) Opfer des Unternehmens. Eine Ausgleichsmaßnahme wird von der Kom. nur aner- **196** kannt, wenn sie ein echtes Opfer des Unternehmens darstellt und nicht ohnedies durchgeführt würde.[330] Nach den Leitlinien „Umstrukturierung" wird der freiwillige Abbau von ohnehin unrentablen oder wenig rentablen Unternehmensbereichen nicht mitgezählt, auch wenn dadurch die Marktpräsenz des Unternehmens reduziert wird. Es müssen also **auch profitable Geschäftsbereiche** reduziert werden, was durch die Veräußerung der entsprechenden Unternehmensbereiche erreicht werden kann. Die daraus erzielten Erlöse stellen einen Eigenbeitrag des Unternehmens zu den Umstrukturierungskosten dar. Der Abbau von unrentablen Bereichen wird hingegen im Regelfall Kosten verursachen (insbesondere für Personalabbau, möglicherweise auch für die Beseitigung von Umweltverunreinigungen und Rückbau nicht mehr genutzter Anlagen) und keine nennenswerten Erlöse mit sich bringen.

3. Durchführung des Umstrukturierungsplans und Einhaltung von Bedingungen **197** **und Auflagen.** Die Durchführung von Umstrukturierungsplänen ist stets die Voraussetzung für die Genehmigung der Umstrukturierungsbeihilfe.[331] Wird ein Umstrukturierungsplan nicht so durchgeführt, wie er der Kom. vorgelegt wurde, geht die Vereinbarkeitsentscheidung am Sachverhalt vorbei und deckt inhaltlich die Umstrukturierung nicht mehr. Wie jeder Business Plan eines Unternehmens sind indes auch Umstrukturierungspläne den Veränderungen des wirtschaftlichen Umfelds unterworfen. Dieser Wirklichkeit verschließt sich auch das Gemeinschaftsrecht nicht, es erfordert lediglich, dass die Kom. von den geplanten Änderungen unterrichtet wird und diese beurteilen kann (Art. 108 Abs. 1 AEUV).

Wird ein Umstrukturierungsplan zunächst nicht durchgeführt und die Beihilfe für die finan- **198** zielle Umstrukturierung verwendet, und später eine erhebliche Änderung des Umstrukturierungsplanes vorgenommen, so sieht die Kom. dies als **Missbrauch der genehmigten Beihilfe** an und fordert diese zurück.[332] Ist die Kom. der Auffassung, dass die genehmigte Beihilfe den zur Umstrukturierung erforderlichen Betrag überstiegen hat, so fordert sie die zuviel gewährte Beihilfe zurück.[333] Eine Regelung, nach der ein Investor die **Chancen und Risiken** der Umstrukturierung komplett übernimmt und daher etwaige höhere Verluste zu tragen hat, ihm aber – als Anreiz – die ex ante ermittelte und genehmigte Beihilfe verbleibt, selbst wenn das Unternehmen ex post (und aufgrund der Umstrukturierungsbemühungen des Investors) geringere Verluste erwirtschaftet als geplant, wird von der Kom. nicht akzeptiert. Das ist insbesondere bei Privatisierungen von Bedeutung, wo beide Seiten vorzugsweise abschließende Regelungen

---

[327] Kom., ABl. 2005 L 150/24, Tz. 198 – Alstom.

[328] Kom., ABl. 2005 L 150/24, Tz. 201 – Alstom.

[329] Kom., ABl. 2005 L 150/24, Tz. 197 ff. – Alstom.

[330] Kom., ABl. 2007 L 187/30, Tz. 82–85 – Daewoo FSO.

[331] Leitlinien „Umstrukturierung", Tz. 47 ff.; vgl. ferner statt vieler: Kom., Staatliche Beihilfe N 48/2008, Tz. 8 – Beihilfeprogramm für die Umstrukturierung kleiner Unternehmen in Hamburg; Kom., ABl. 2009 L 160/11, Tz. 104 – Fagor Brandt.

[332] Kom., ABl. 2008 L 143/31 – Arcelor Huta Warszawa.

[333] Kom., ABl. 2005 L 120/21 – Kvaerner Warnow Werft; aufgehoben durch EuG, T-68/05, Slg. 2009, II-355 – Aker Warnow Werft und Kværner asa/Kommission, weil die Kom. auch eine aus einem allgemeinen Programm genehmigte, nicht rückzahlbare Beihilfe bei der Berechnung berücksichtigt und zurückgefordert hatte.

treffen wollen.[334] Somit sind nur Regelungen denkbar, die entweder einseitig eine Rückzahlung von nicht verwendeten Beihilfen vorsehen, oder aber einen Ausgleich von Verlusten nach tatsächlichem Aufwand (der allerdings den von der Kom. genehmigten Beihilfebetrag nicht übersteigen darf). Wird weniger an Beihilfen benötigt als von der Kom. genehmigt, ist die Differenz entweder nicht auszuzahlen oder, sofern schon ausgezahlt, zurückzugewähren.[335]

199   **a) Anpassungen von Umstrukturierungsplänen.** Bei der Erstellung der Umstrukturierungspläne haben die Unternehmen zwar eine gründliche Untersuchung des Marktes vorzunehmen, aber vor abweichenden Marktentwicklungen ist kein Unternehmen gefeit. Kommt es zu abweichenden Marktentwicklungen oder zu anderen Abweichungen vom Umstrukturierungsplan, so ist zu prüfen, welche Auswirkungen dies auf den Umstrukturierungsplan hat, ob es erforderlich ist, den Umstrukturierungsplan anzupassen und ob die Kom. davon zu unterrichten und die Änderung von ihr zu genehmigen ist, s. Tz. 52–54 Leitlinien „Umstrukturierung". Die Änderungen können verschiedene Bereiche betreffen:

– Abweichungen von den **Umstrukturierungsmaßnahmen** (Personalabbau, finanzielle Umstrukturierung, organisatorische Umstrukturierung, Anpassung des Produktprogramms, Änderungen des Investitionsprogramms etc.);

– Abweichungen von den **finanziellen Parametern** (Umsatz, Höhe des Gewinns/Verlustes, Höhe der Beihilfe, zusätzlich geplante Beihilfen aus anderen Programmen); und

– Abweichungen bei den **Kompensationsmaßnahmen** (zB. Kapazitätsreduzierungen, Veräußerungen von Betriebsstätten, Aufgabe von Produktionsfeldern, etc.).

200   Das EuG legt das Erfordernis einer Neuvorlage so aus, dass **jede wichtige Änderung** eines von der Kom. gebilligten Umstrukturierungsplans die Vorlage eines revidierten Planes „mit allen erforderlichen Angaben" erforderlich macht.[336] Daraus folgt, dass jedenfalls dann, wenn die Kernaussagen des ursprünglichen Umstrukturierungsplans zur Rentabilität, zu Umstrukturierungsschritten, aber ebenso hinsichtlich der geplanten Beihilfehöhe sowie der Einhaltung von Bedingungen und Auflagen aus der Genehmigungsentscheidung nicht mehr zutreffen, eine **formelle Vorlage eines neuen Umstrukturierungsplans** durch den Mitgliedstaat vorzusehen ist. Eine nur informelle Ankündigung reicht nicht aus, vielmehr müssen **Details** zu den zugrunde liegenden Annahmen, Daten, Voraussagen sowie zu den geänderten Umstrukturierungsmaßnahmen der Kom. formell zur Genehmigung vorgelegt werden.[337] Die Kom. kann bei Abweichungen von Bedingungen aus der Genehmigungsentscheidung nur dann informell und ohne Einleitung eines förmlichen Verfahrens entscheiden, wenn die Abweichung relativ geringfügig ist, ansonsten muss sie ein formelles Hauptprüfverfahren aufnehmen.[338] Wird die Form der Beihilfe geändert, etwa von einem Darlehen durch einen Debt-Equity-Swap in eine Beteiligung, so kann dies bereits zu einer gründlicheren Untersuchung führen.[339]

201   Der Fall Olympic Airways zeigt dabei, dass die dynamische Entwicklung der Abläufe im Unternehmen und die beständigen Anpassungen an die unternehmerischen Anforderungen es schwer machen, den beihilfe- und verfahrensrechtlichen Anforderungen zu genügen. Die Übereinstimmung zwischen der griechischen Regierung und der Kom. hinsichtlich der Notwendigkeit der zum wiederholten Male vorzunehmenden Anpassung des Umstrukturierungsplanes ließ sowohl Regierung als auch Unternehmen dem Trugschluss aufsitzen, man habe den Anforderungen an die Vorgaben Genüge getan; die Kom. hielt die gemachten Angaben für unzureichend und wurde darin durch das EuG bestätigt.[340] Was sich aus der Sicht des Unternehmens als eine logische, verlängerte **laufende Anpassung** der Umstrukturierung ansah, war in Wirklichkeit eine mehrfache Änderung des genehmigten Umstrukturierungsplanes, die jeweils **formell mitgeteilt** und einer gründlichen Überprüfung durch die Kom. hätte unterzogen werden müssen.[341]

202   Die Ankündigung einer **Privatisierung** eines in staatlicher Hand befindlichen Unternehmens kann allein nicht als eine formelle Mitteilung einer Änderung des Umstrukturierungsplans angesehen werden, jedenfalls nicht, solange nicht die vollständigen für die Prüfung der Ände-

---

[334] Kom., ABl. 2005 L 120/21, Tz. 42 ff. – Kvaerner Warnow Werft.

[335] Kom., Staatliche Beihilfe N 350 a/2006, Tz. 48 – Mittal Steel Ostrawa.

[336] EuG T-68/03, Slg. 2007, II- 2911, RdNr. 91, Olympiaki Aeroporia Ypiresies AE/Kommission.

[337] EuG T-126/96 und T-127/96, Slg. 1998 II-3437, RdNr. 88, 98–100 – BFM und EFIM/Kommission.

[338] EuG T-68/03, Slg. 2007, II-2911, RdNr. 92 – Olympiaki Aeroporia Ypiresies AE/Kommission.

[339] Kom., ABl. 2007 C 298/10 – Huta Stalowa Wola.

[340] EuG, T-68/03, aaO., RdNr. 95–100 – Olympiaki Aeroporia Ypiresies AE/Kommission.

[341] EuG, T-68/03, aaO – Olympiaki Aeroporia Ypiresies AE/Kommission.

rung des Umstrukturierungsplanes notwendigen Angaben und Unterlagen vorgelegt wurden. Die geplante Durchführung einer Privatisierung kann für sich genommen nicht als Umstrukturierungsplan angesehen werden.[342] Zwar kann durch die Privatisierung das Hauptziel der Umstrukturierung, nämlich die langfristige Rentabilität, eventuell schneller und sicherer erreicht werden; es genügt aber nicht, die Kom. nur über den Fortschritt bei den Privatisierungsbemühungen zu berichten. Vielmehr müssen **detaillierte Angaben und ein formeller Antrag** vorgelegt werden, in welcher Weise durch die Privatisierung der Umstrukturierungsplan konkret abgeändert werden soll. Diese Angaben müssen der Kom. die Prüfung ermöglichen, dass die Umstrukturierungsbeihilfe auch weiterhin mit dem gemeinsamen Markt als vereinbar angesehen werden kann. Im Falle Alstom hat die Kom. den Ausstieg des Staates nach Erreichen des „Investment Grade" ausdrücklich auferlegt.[343]

Abweichungen von den vorgesehenen Kompensationsmaßnahmen, beispielsweise die   **203** Einführung von Engpässen (bottlenecks) statt eines völligen Rückbaus einer Anlage, ist der Kom. mitzuteilen und wird von dieser nur genehmigt, wenn der vorgesehene Kapazitätsabbau damit ebenso wirksam bewirkt werden kann.[344]

aa) Abweichende Marktentwicklungen. Typische Abweichungen betreffen beispielsweise   **204** die Entwicklungen auf dem Markt. Hat ein Stahlbauunternehmen seinen Umstrukturierungsplan auf die Fertigung bestimmter Produkte – zB. Lukendeckel – ausgerichtet, und fällt dieser Produktmarkt in die Hände ausländischer Lieferanten, die vergleichbare Produkte erheblich billiger (evtl. zu Dumpingpreisen) anbieten, so kann dies eine Anpassung des Umstrukturierungsplans erforderlich machen.[345] Das gilt insbesondere dann, wenn die betroffene Sparte des umzustrukturierenden Unternehmens einen erheblichen Teil des Umsatzes und geplanten Gewinns erwirtschaften sollte.

Das Unternehmen muss dann seinen Umstrukturierungsplan anpassen. Die Kom. ist über den   **205** Mitgliedstaat von der Abweichung zu informieren. Wenn die Abweichung bestimmte **Eckdaten der Genehmigungsentscheidung** über die Umstrukturierungsbeihilfe berührt, insbesondere was die Beihilfehöhe, -intensität oder die Kompensationsmaßnahmen angeht, wird eine **Ergänzungsentscheidung** der Kom. erforderlich, denn der umgesetzte Umstrukturierungsplan ist mit dem der Entscheidung der Kom. zugrunde gelegten Plan nicht mehr identisch.[346] Das bedeutet, dass – wenn der Umstrukturierungsplan nicht mehr von der Genehmigung gedeckt ist – eine noch auszuzahlende Beihilfe als nicht genehmigte, neue Beihilfe gilt oder hinsichtlich der bereits ausgereichten Beihilfen eine missbräuchliche Verwendung anzunehmen sein kann.

Das gilt auch dann, wenn die **Ersatzprodukte**, die das Unternehmen dann fertigen will, die   **206** übrigen Eckdaten des Umstrukturierungsplans unverändert lassen, also das Ergebnis sich nicht drastisch verschlechtert, der Umsatz weitgehend gleichbleibt und auch die Anzahl der Mitarbeiter nicht erheblich abweicht. Die Kom. muss in die Lage versetzt werden, festzustellen, ob die Umstrukturierungsbeihilfe, die bei einer solchen Umstellung einen anderen Produktmarkt betrifft als den, der der Entscheidung zugrunde lag, den Wettbewerb erheblich verfälschen wird und ob sich daraus Zweifel an der Vereinbarkeit der Beihilfe ergeben könnten.

Die **Abweichungen der Marktentwicklung** müssen **weder unvorhersehbar noch dra-**   **207** **matisch** sein, andererseits werden geringe Abweichungen bei den Kennzahlen des Umstrukturierungsplans nicht notwendigerweise eine Anpassung mit sich bringen, die von der Kom. zu genehmigen wäre: solange die tatsächliche Umsetzung noch legitimerweise unter den Umstrukturierungsplan subsumiert werden kann, liegt keine relevante Abweichung vor. Es muss sich vielmehr um wichtige Änderungen des Umstrukturierungsplanes handeln.[347]

In einer Reihe von Fällen betreffend die Stahlindustrie wurden aufgrund neuer Marktent-   **208** wicklung andere Investitionen vorgenommen als zunächst vorgesehen; auch diese waren von der Kom. zu genehmigen. Das entscheidende Kriterium für die Genehmigung war dabei, ob die Investitionen für die erfolgreiche Umstrukturierung erforderlich waren.[348]

---

[342] Vgl. dazu EuG, T-68/03, aaO., RdNr. 101–134 – Olympiaki Aeroporia Ypiresies AE/Kommission.
[343] Kom., ABl. 2005 L 150/24, Tz. 98, 217 – Alstom.
[344] Kom., Staatliche Beihilfe N 350a/2006, Tz. 32ff – Mittal Steel Ostrawa.
[345] Kom., ABl. 1999 L 144/21 – Neptun Industrie Rostock.
[346] Kom., ABl. 2007 C 298/10 – Huta Stalowa Wola; genehmigt, vgl. Kom., IP/09/378.
[347] EuG T-68/03, Slg. 2007, II-2911, RdNr. 91 – Olympiaki Aeroporia Ypiresies AE/Kommission.
[348] Kom., Staatliche Beihilfe N 350b/2006, Tz. 21ff. – VPFM; Staatliche Beihilfe N 186/2005, Tz. 39ff.
– Mittal Steel Poland; Kom., ABl. 2008 L 143/31 Tz. 119ff. – Arcelor Huta Warszawa.

209   **bb) Fehleinschätzungen des Unternehmens.** Beruht die notwendig gewordene Abweichung auf einer vorhersehbaren Marktentwicklung, die vom Management des Unternehmens falsch eingeschätzt worden ist, so kann dies die Genehmigungsfähigkeit einer genehmigungspflichtigen Anpassung des Umstrukturierungsplans beeinträchtigen. Eine Pflicht zur Unterrichtung der Kom. besteht, soweit sich die Parameter des Umstrukturierungsplanes ändern; ob die Anpassung der Genehmigung durch die Kom. bedarf, hängt von deren Auswirkungen ab, insbesondere davon, ob die **Wiederherstellung der dauerhaften Überlebensfähigkeit des Unternehmens ohne weitere Beihilfen** noch möglich ist.[349] Läßt sich dies erreichen und ist dafür eine Verlängerung des Umstrukturierungszeitraums erforderlich, ohne dass weitere Beihilfen erforderlich sind, so wird sich die Kom. einer Genehmigung im Regelfall nicht verschließen. Ist aber ein Erreichen der dauerhaften Überlebensfähigkeit ohne Beihilfen aufgrund der Fehleinschätzung des Unternehmens zweifelhaft geworden, ist ein Widerruf der Genehmigung und eine negative Entscheidung der Kom. mit Rückforderung der bereits gewährten Beihilfen zu gewärtigen.

210   Im Falle Daewoo FSO hat die Kom. in der Genehmigung der Umstrukturierungsbeihilfe vorsorglich bereits verankert, dass etwaige **Veränderungen bei der Lizenzvergabe** von Automobilunternehmen (für die FSO Lizenzfertigung betrieb) nicht als unvorhersehbare Umstände angesehen werden würden[350] – das Unternehmen nahm also schon bei der Genehmigung der Beihilfe in Kauf, dass ein künftiges Versagen der Lizenzen keine Möglichkeit bieten würde, eine Anpassung der Umstrukturierungsbeihilfe zu beantragen. Eine diesbezügliche Fehleinschätzung der Unternehmensleitung, die auf die Lizenzvergabe vertraute, wäre also kein Grund für eine Genehmigung der Anpassung des Umstrukturierungsplans.

211   **cc) Abweichungen von Kernpunkten.** Werden wichtige Teile des Umstrukturierungsplanes nicht umgesetzt – vorgesehene Investitionen, Personalabbau – so kann dies eine **Rückforderung von Beihilfen** nach sich ziehen.[351] Werden Kompensationsmaßnahmen nicht durchgeführt oder diesbezügliche Verpflichtungen nicht eingehalten, führt dies stets zu einer Rückforderung von Beihilfen,[352] sofern nicht ein anderweitiger Ausgleich erfolgen kann.[353] Streitig bleibt dann allenfalls, ob die Beihilfen insgesamt zurückgefordert werden oder nur teilweise.

212   **b) Rückforderungen bei Nichteinhaltung.** Wird der Umstrukturierungsplan nicht wie geplant durchgeführt, so kann die Kom. die genehmigte Umstrukturierungsbeihilfe **für ganz oder teilweise mit dem gemeinsamen Markt unvereinbar erklären** und eine entsprechende Rückforderung der ausgezahlten Beihilfe anordnen. Dasselbe gilt, wenn Bedingungen und Auflagen der Genehmigungsentscheidung nicht eingehalten werden; Zusagen, die eine Regierung im Rahmen eines informellen Prüfverfahrens nach Art. 108 AEUV gegeben hat, werden von den europäischen Gerichten ebenso behandelt wie Genehmigungen und Auflagen.[354] Ist der Umstrukturierungsplan geändert worden und diese Änderung von der Kom. genehmigt worden, wird der so geänderte Umstrukturierungsplan zugrunde gelegt.

213   Hintergrund der Unvereinbarkeit der Umstrukturierungsbeihilfe, wenn der Umstrukturierungsplan nicht durchgeführt wurde oder scheitert, ist der Gedanke der **Zweckverfehlung**: die Beihilfe wird gewährt, um die langfristige Lebensfähigkeit des Unternehmens wiederherzustellen. Lässt sich dieses Ziel nicht erreichen, weil das Unternehmen nicht lebensfähig wird, sondern auch über den Umstrukturierungszeitraum hinaus Verluste schreibt, so ist eine Beihilfe nicht mit Art. 107 Abs. 3 lit. c AEUV zu vereinbaren. Tatsächlich hat in diesen Fällen die Beihilfe den **Charakter einer reinen Betriebsbeihilfe**, die nicht mit dem gemeinsamen Markt vereinbar ist; die Verwendung der Umstrukturierungsbeihilfe zur Abdeckung von Verlusten,

---

[349] Vgl. Kom Staatliche Beihilfe N 350 a/2006, Tz. 40 ff. – Mittal Steel Ostrawa.

[350] Kom., ABl. 2007 L 187/30, Tz. 76 – Daewoo FSO.

[351] Kom., ABl. 2008 L 143/31 – Arcelor Huta Warszawa.

[352] Kom., ABl. 1999 L 274/23, abgeändert durch Kom. ABl. 2000 L 156/41, aufgehoben durch EuG, T-227/99 und T-134/00, Slg. 2002, II-1205 – Kvaerner Warnow Werft/Kommission, bestätigt durch EuGH, C-181/02 P Slg. 2004, I-5703 – Kommission/Kvaerner Warnow Werft.

[353] Kom., Staatliche Beihilfe N 350 a/2006, Tz. 40 ff. – Mittal Steel Ostrawa.

[354] Im Rahmen des informellen Verfahrens kann die Kom. keine Auflagen oder Bedingungen auferlegen, sondern nur die Beihilfe in der notifizierten Form beurteilen; anderenfalls müssten auch die betroffenen Unternehmen Gelegenheit zur Stellungnahme erhalten, was nur im Verfahren nach Art. 108 Abs. 2 AEUV möglich ist. Ein Mitgliedstaat kann aber eine Zusage geben, dass bestimmte Vorgaben eingehalten werden. Diese Zusage wird dann Voraussetzung für die Genehmigungsentscheidung und hat damit de facto denselben Stellenwert wie eine Bedingung oder Auflage.

ohne dass die Umstrukturierung durchgeführt wurde, wird als **missbräuchliche Verwendung** der Beihilfe angesehen.[355] In Fällen, in denen die Umstrukturierung scheitert, wird daher die Beihilfe insgesamt für mit dem gemeinsamen Markt unvereinbar erklärt und zurückgefordert – da das Unternehmen dann meist insolvent ist, wird die entsprechende Rückforderung im Rahmen des Insolvenzverfahrens geltend zu machen sein.

Stellt sich heraus, dass das Unternehmen den Umstrukturierungsplan nicht eingehalten hat, **214** kehrt es aber zur Lebensfähigkeit zurück, dann ist die Gewährung von Beihilfen ebenfalls nicht mit dem gemeinsamen Markt zu vereinbaren; das Unternehmen kam offenbar ohne die Beihilfen aus und muss diese daher zurückzahlen.[356] Abweichungen vom Unternehmensplan können von der Kom. – auch nachträglich – genehmigt werden, so dass auch eine Anpassungsentscheidung der Kom. in Betracht kommt.

Werden **Bedingungen und Auflagen** nicht eingehalten, kommt je nach Schwere und **215** Dauer des Verstoßes eine ganze oder teilweise **Rückzahlung der genehmigten Beihilfen** in Betracht. Bedingungen und Auflagen betreffen zumeist die sog. Kompensationsmaßnahmen, die darin bestehen, dass die Marktpräsenz des Unternehmens reduziert oder begrenzt wird. In Frage kommen insbesondere Kapazitäts- oder Produktionsbegrenzungen, die Aufgabe oder Veräußerung von Unternehmensteilen oder der Fertigung von Produkten, etc. Neben den Kompensationsmaßnahmen sind, insbesondere bei Investoren aus derselben Branche, Auflagen nicht unüblich, die Beihilfen nur für das umzustrukturierende Unternehmen zu verwenden und jeden spill-over auf andere Unternehmen der Unternehmensgruppe zu vermeiden. Das umstrukturierte Unternehmen muss dann nachweisen, dass seine geschäftlichen Beziehungen zur Muttergesellschaft und verbundenen Unternehmen so gestaltet wurde, wie unter fremden Dritten üblich.

Für die Aufgabe oder Veräußerung wird dem Unternehmen typischerweise eine bestimmte **216** Frist eingeräumt, binnen derer es dieser Auflage oder Bedingung nachzukommen hat. Kapazitäts- oder Produktionsbegrenzungen sowie Auflagen zur Kontrolle der Verwendung von Beihilfen werden normalerweise für die gesamte Dauer des Umstrukturierungszeitraums, ggf. auch darüber hinaus, auferlegt.

4. Auffanggesellschaften. In vielen Fällen kann trotz der Gewährung von Rettungsbeihil- **217** fen eine Insolvenz nicht vermieden werden. In anderen Fällen gerät ein Unternehmen trotz vorangegangener Umstrukturierung (und Unterstützung mit Umstrukturierungsbeihilfen) erneut in Schwierigkeiten. In diesen Fällen ist wegen des Grundsatzes der einmaligen Beihilfe[357] eine nochmalige Gewährung von Umstrukturierungsbeihilfen ausgeschlossen; eine Insolvenz ist dann unvermeidlich. Wird ein **Insolvenzverfahren** eingeleitet, so wird der Insolvenzverwalter versuchen, das Unternehmen oder seinen Kernbereich fortzuführen. Oftmals geschieht dies durch Gründung einer **Auffanggesellschaft als Tochterunternehmen** des insolventen Unternehmens, die dann später an einen Investor verkauft werden kann.[358] Beihilferechtlich sind zwei Situationen zu unterscheiden: (i) soweit der Grundsatz der einmaligen Gewährung von Rettungs- und Umstrukturierungsbeihilfen dies nicht ausschließt, kann die Leitlinien „Umstrukturierung" auch auf Beihilfen Anwendung finden, die im Rahmen eines solchen Verfahrens zur Weiterführung des Unternehmens gewährt werden, die unternehmerische Einheit muss dabei fortgeführt und umstrukturiert werden und die Voraussetzungen für Umstrukturierungsbeihilfen erfüllen; (ii) ist die Gewährung von Umstrukturierungsbeihilfen wegen des Grundsatzes der einmaligen Gewährung von Rettungs- oder Umstrukturierungsbeihilfen ausgeschlossen, so kommt nur ein Verkauf der Vermögensgegenstände des Unternehmens in Betracht, der beihilfefrei strukturiert werden muss,[359] um Probleme für den Erwerber zu vermeiden. Ein neu gegründetes Unternehmen, welches aus der Abwicklung oder der Übernahme von Vermögenswerten eines anderen Unternehmens hervorgegangen ist, kann keine Umstrukturierungsbeihilfen erhalten, selbst wenn seine finanzielle Situation prekär ist, Tz. 12 Leitlinien „Umstrukturierung".

Die Problematik von Auffanggesellschaften spielte oftmals im Zuge der **Rückforderung 218 von Beihilfen** eine große Rolle: einem Unternehmen wurden in einer Situation Beihilfen gewährt, in der seine Lage zweifelhaft war, sodann ging das Unternehmen in Insolvenz. Wegen mangelnden Eigenbeitrags kam eine Umstrukturierungsbeihilfe für das Unternehmen nicht in Betracht, vielmehr wurden die dem insolventen Unternehmen gewährten Beihilfen zurück-

---

[355] Kom., ABl. 2003 L 132/1, Tz. 73 ff. – Olympic Airways.
[356] Kom., ABl. 2008 L 143/31 – Arcelor Huta Warszawa.
[357] s. dazu oben RdNr. 79 ff.
[358] Vgl. statt vieler Kom., ABl. 2002 L 282/48 – Erba Lautex/Neue Erba Lautex.
[359] s. dazu Kom., Staatliche Beihilfe N 510/2008 – Alitalia.

Schütte

gefordert. In der Insolvenz wurden sodann die Vermögensgegenstände des Unternehmens zu Marktwerten an ein anderes Unternehmen übertragen, damit wurde der beihilferechtliche Vorteil durchschnitten. Das fortführende Unternehmen musste die Beihilfen nicht zurückzahlen.[360]

219   **a) Umstrukturierung des Unternehmenskerns aus Insolvenz.** Eine wichtige Fallgruppe betrifft Unternehmen, die innerhalb einer kurzen Zeit in Insolvenz geraten, ohne dass sie Gelegenheit haben, gestützt durch Rettungsbeihilfen einen Umstrukturierungsplan zu erstellen und sodann die Umstrukturierung vorzubereiten und mithilfe von Umstrukturierungsbeihilfen durchzuführen. Denkbar sind indes auch Konstellationen, bei denen der notwendige Eigenbeitrag für eine Umstrukturierung vom Unternehmen und den Investoren nicht beigebracht werden kann, so dass die **Insolvenz mit anschließender Umstrukturierung des Unternehmenskerns** eine Lösung darstellt. Hat das Unternehmen eine namhafte Zahl an Mitarbeitern, wird oftmals der Staat bereit sein, Umstrukturierungsbeihilfen für ein solches Projekt zu gewähren. Voraussetzung für die Genehmigung einer Umstrukturierungsbeihilfe ist in einem solchen Fall, das Überleben eines funktionalen Unternehmens zu sichern.[361]

220   Dieses Ergebnis kann auf zweierlei Weise erreicht werden: entweder durch eine **Beendigung des Insolvenzverfahrens innerhalb des Umstrukturierungsplans,** oder aber die Übertragung aller wesentlichen Vermögensgegenstände auf eine Auffanggesellschaft als **Tochtergesellschaft des insolventen Unternehmens,** die sodann bei funktionaler und wirtschaftlicher Betrachtung im Kern die unternehmerische Einheit des zuvor in Schwierigkeiten befindlichen, insolvent gewordenen Unternehmens fortsetzt.[362] Diese Möglichkeit wird durch Tz. 13 der Leitlinien „Umstrukturierung" ausdrücklich eröffnet.

221   Wird hingegen eine vom insolventen **unabhängige Gesellschaft neu gegründet,** kommt diese als neu gegründetes Unternehmen nicht für Umstrukturierungsbeihilfen in Betracht.[363] In diesem Fall kann lediglich ein Erwerb von Vermögensgegenständen ohne gleichzeitige verpflichtende Übernahme von Arbeitnehmern und anderer Elemente vorgesehen werden. Erfolgt dieser Verkauf zum Marktpreis, so wird eine Fortsetzung der unternehmerischen Einheit durchbrochen und eine zuvor gewährte beihilferechtliche Begünstigung des insolventen Unternehmens nicht auf das erwerbende Unternehmen übertragen.[364] In dieser Konstellation ist die Gewährung von anderen Beihilfen aus genehmigten Beihilfeprogrammen möglich, nicht aber die Gewährung von Rettungs- oder Umstrukturierungsbeihilfen.

222   **b) Beihilfefreier Verkauf von Vermögensgegenständen.** Wird von einem Unternehmen, das sich in Schwierigkeiten oder schon in Insolvenz befindet, der **Unternehmenskern zum Marktpreis veräußert,** so verbleiben die etwaigen Begünstigungen aus früher gewährten Beihilfen bei dem übertragenden Unternehmen.[365] Dies gilt, solange nicht nachgewiesen werden kann, dass die Veräußerung lediglich zum Zwecke der **Vereitelung der Rückforderung** von Beihilfen vorgenommen wurde.[366] Letzteres wurde vom EuGH angenommen im Falle der Übernahme der Aktiva (jedoch nicht der Verbindlichkeiten) von Olympic Airways durch Olympic Airlines,[367] weil damit der Zweck der auferlegten Rückforderung vereitelt würde.

223   Der Verkauf von Vermögensgegenständen durch ein Unternehmen, das rechtswidrige Beihilfen erhalten hat und einer Rückforderungsanordnung unterliegt, ist beihilfefrei möglich, sofern eine Reihe von Voraussetzungen beachtet werden. Dies hat die Kom. in den Fällen Olympic Airlines[368] und Alitalia[369] entschieden. Voraussetzung dabei war die Feststellung, dass der **Ver-**

---

[360] EuGH C-277/00 Slg. 2004, I-3925, Bundesrepublik Deutschland/Kommission (SMI/SIMI); T-318/00 Slg. 2005, II-4179 – Freistaat Thüringen/Kommission und T-324/00, Slg. 2005, II-4309 – CDA Datenträger Albrechts/Kommission.

[361] Kom., ABl. 1986 L230/1, Tz. 99–100 – *Polypropylen.*

[362] Vgl. *Heidenhain/von Donat,* Tz. 25.

[363] Kom., ABl. 2005 L 100/26, Tz. 70 ff. – *CMR.*

[364] Kom., Staatliche Beihilfe N 510/2008 – Verkauf von Vermögensgegenständen der Alitalia Fluglinie; s. ferner Kom., Staatliche Beihilfe N 321–323/2008 und N 83/2009, 17. 9. 2008 – Olympic Airlines/Olympic Airways Services.

[365] EuGH, C-328/99 und C-399/00, Slg. 2003, I-4035 RdNr. 83 – Italien und Sim2 Multimedia/Kommission, unter Verweis auf EuGH, C-390/98 Slg. 2001, I-6117, RdNr. 77 und 78 – Banks; EuGH, C-277/00, Slg. 2004, I-3925 Tz. 80 ff. – Bundesrepublik Deutschland/Kommission (SMI/SIMI).

[366] EuG, T-318/00 Slg. 2005, II-4179 – Freistaat Thüringen/Kommission und T-324/00 Slg. 2005, II-4309 – CDA Datenträger Albrechts/Kommission.

[367] EuGH, C-415/03 Slg. 2005, I-3875 RdNr. 32 ff. – Kommission/Griechenland.

[368] Kom., Staatliche Beihilfe N 83/2009 – Verkauf von Vermögensgegenständen von Olympic Airlines.

[369] Kom., Staatliche Beihilfe N 510/2008 – Verkauf von Vermögensgegenständen von Alitalia.

kauf der Vermögensgegenstände zum Marktpreis erfolgte[370] und in dem Verkaufsverfahren keine Bedingungen enthalten waren, die den Interessen der öffentlichen Hand entspringen, wie etwa das Auferlegen von Beschäftigungsverpflichtungen oder Mindestinvestitionen.[371]

In seinem Urteil *Seleco*[372] hat der EuGH festgestellt, dass die Übertragung aller Aktiva und **224** Passiva auf ein anderes Unternehmen, das demselben Gesellschafter gehört, unter dem Marktpreis und zu undurchschaubaren Bedingungen darauf gerichtet sein kann, die Aktiva den Folgen der Entscheidung der Kom. zu entziehen und die betreffende wirtschaftliche Tätigkeit unendlich fortzusetzen.[373] Bemerkenswert ist allerdings, dass der EuGH die Schlußfolgerung der Kom., die Rückforderung auch gegenüber dem erwerbenden Unternehmen geltend zu machen, nicht mit getragen hat, weil die Begründung unzureichend war. Der EuGH schloss insoweit nicht aus, dass das verkaufende Unternehmen einen **Marktpreis** hätte erzielen können und damit das **verkaufende Unternehmen den Vorteil behalten** haben könnte.[374] Folgerichtig hat der EuGH sodann in der Rechtssache SMI[375] festgestellt, dass ein Unternehmen, das fortbesteht und seine Rechtspersönlichkeit behält weiterhin von der gewährten Beihilfe profitiert, auch wenn das eigentliche Geschäft in eine Tochtergesellschaft ausgegründet und diese sodann zum Marktpreis im Wege des Share Deal veräußert wurde; die Rückforderung kann in einem solchen Fall nicht vom Erwerber verlangt werden. In gleicher Weise hat das EuG in der Rechtssache CDA[376] entschieden, dass – wenn die **Übertragung eines Unternehmens zum Marktpreis** an ein anderes Unternehmen erfolgt – eine Ausdehnung der Rückforderung auf das erwerbende Unternehmen ausgeschlossen ist, es sei denn die Kom. weise nach, dass die Übertragung zum Zwecke der Umgehung der Rückforderung erfolgte.

Der EuGH und das EuG gehen davon aus, dass bei einer Veräußerung eines Unternehmens **225** zum Marktwert – und zwar gleich, ob im Wege des Share Deal[377] oder des Asset Deal[378] – der **aus der Beihilfe resultierende Vorteil in die Transaktion „eingepreist"** wird und daher vom Erwerber abgegolten wurde, und somit beim Veräußerer – und nicht etwa beim veräußerten Unternehmen – verbleibt. Die Möglichkeit, dass eine Begünstigung der Auffanggesellschaft bestehen könnte, wird vom EuGH ausdrücklich eingeräumt, jedoch muss die Kom. nachweisen, dass entweder eine tatsächliche Begünstigung der Auffanggesellschaft durch die Beihilfen erfolgte, oder aber dass durch die Gestaltung eine Umgehung der Rückforderung bewirkt werden sollte.[379]

Die Kom. setzte sich bei Alitalia weiter mit der Frage auseinander, ob die Erwerber wirt- **226** schaftlich als **Unternehmensnachfolger** von Alitalia anzusehen wären. Dies sollte nach der Feststellung des Marktpreises überflüssig sein, weil damit eine Begünstigung der Erwerber auszuschließen ist. Dabei zieht die Kom. den Verkauf von Vermögensgegenständen zum höchsten Preis im Wege eines transparenten, nicht-diskriminierenden Bietungsverfahrens vor, sie akzeptiert aber auch den freihändigen Verkauf, sofern gewährleistet erscheint, dass auch auf diesem Weg ein **Marktpreis** erzielt wird. Dabei ist eine **Bewertung durch einen unabhängigen Gutachter** möglich.[380] Sie prüft weiter, ob nicht beim Verkauf öffentliche Belange eine Rolle gespielt haben, wie etwa die Verpflichtung, die Mitarbeiter zu übernehmen, das Geschäft in einer bestimmten Größe fortzuführen oder bestimmte Investitionen vorzunehmen.[381]

Die Kom. macht aber bei diesen Voraussetzungen nicht halt, sondern verlangt darüber hin- **227** aus, dass die unternehmerische Einheit zerschlagen und durch die Veräußerung von Vermö-

---

[370] Kom., Staatliche Beihilfe N 510/2008, Tz. 92 – Verkauf von Vermögensgegenständen von Alitalia.

[371] Kom., Staatliche Beihilfe N 510/2008, Tz. 93, 118 ff. – Verkauf von Vermögensgegenständen von Alitalia. Zum Einfluss solcher Bedingungen auf den Kaufpreis s. auch Kom., ABl. 2008 L 239/12, Tz. 55 ff., 85 ff. – Privatisierung Automobile Craiova.

[372] EuGH, C-328/99 und C-399/00, Slg. 2003, I-4035, RdNr. 78 – Italien/Kommission (Seleco).

[373] EuGH, aaO., RdNr. 69 – Italien/Kommission (Seleco).

[374] EuGH, aaO., RdNr. 83 – Italien/Kommission (Seleco).

[375] EuGH, C-277/00, Slg. 2004, I-3925, RdNr. 80 ff. – Deutschland/Kommission (SMI/SiMI).

[376] EuG, T-318/00, Slg. 2005, II-4179 – Freistaat Thüringen/Kommission und T-324/00 Slg. 2005, II-4309 – CDA Datenträger Albrechts/Kommission.

[377] EuGH, C-277/00, aaO., RdNr. 78–80 – Deutschland/Kommission (SMI/SiMI) unter Hinweis auf EuGH, C-390/98, Slg. 2001, I-6117, RdNr. 77 – Banks.

[378] EuG, T-318/00 Slg. 2005, II-4179 – Freistaat Thüringen/Kommission und T-324/00, Slg. 2005, II-4309 – CDA Datenträger Albrechts/Kommission.

[379] EuGH, C-277/00, aaO., RdNr. 86 – Deutschland/Kommission (SMI/SiMI).

[380] Kom., Staatliche Beihilfe N 510/2008, Tz. 105 ff. – Alitalia sowie Fn. 25 zum Vergleich mit Kom., ABl. 1997 C 209/3 – Mitteilung der Kommission betreffend Elemente staatlicher Beihilfe bei Verkäufen von Bauten oder Grundstücken durch die öffentliche Hand.

[381] Kom., staatliche Beihilfe N 510/2008 Tz. 118 ff. – Alitalia.

gensgegenständen nicht das Unternehmen als solches fortgesetzt wird. Trotz einer Übertragung von etwa 69% des Passagiergeschäfts von Alitalia (gemessen an Passagierkilometern) gelangte die Kom. zum Ergebnis, dass keine Übertragung des Unternehmens(-kerns) vorlag, weil (i) der Käufer frei war, das Personal zu übernehmen oder nicht zu übernehmen, und die tariflichen Bedingungen mit dem Personal frei auszuhandeln, ohne an Vorgaben des Staates gebunden zu sein, (ii) nur bestimmte Aktiva, aber keine Passiva übernommen wurden, (iv) die Aktionärsstruktur sich deutlich von der zuvor bestehenden Aktionärsstruktur unterschied, und (v) die auferlegten Verpflichtungen, wie etwa das Vermeiden einer Unterbrechung der Flugverbindungen, nicht etwa gemeinwirtschaftliche Verpflichtungen darstellen, sondern „angemessen" erscheinen angesichts der betroffenen Aktivität und seiner Bedeutung für die italienische Wirtschaft. Auch liege die Aufrechterhaltung des Verkehrs und der Slots im eigenen Interesse des Erwerbers und schließt erheblichen Goodwill ein; zudem waren diese Bedingungen allen Erwerbern bekannt.

228   In anderen Fällen hat die Tatsache, dass **Verpflichtungen allen potentiellen Erwerbern bekannt** waren, indes den möglichen Beihilfecharakter nicht ausgeschlossen.[382] Die Kom. weist im Falle Alitalia weiter darauf hin, dass der Erwerber nach dem Erwerb der Vermögensgegenstände die Flotte deutlich verjüngen will, die Flugstunden des fliegenden Personals erheblich erhöhen will und insgesamt eine eigene industrielle Strategie verfolgt. Die herangezogenen Elemente erinnern stark an einen Umstrukturierungsplan, den der Erwerber verfolgt, und der Hinweis darauf, dass in der Weiterführung von nur 69% des bisherigen Verkehrsaufkommen eine erhebliche Reduzierung der Kapazität liegt, verstärkt diesen Eindruck. Eine nochmalige Umstrukturierung mit Beihilfen wäre im Falle Alitalia am Prinzip der einmaligen Beihilfe gescheitert.

229   Neben der Ermittlung des Marktwertes der Vermögenswerte, die von Alitalia zu erwerben waren, durch einen Gutachter, der dem „Commissaire extraordinaire" (eine Art Insolvenzverwalter) zur Seite steht, bestand die Möglichkeit zur weiteren **Überprüfung der Werte durch einen weiteren unabhängigen Experten.** Schließlich bestand die Kom. auf der Einsetzung eines **Monitoring Trustee**, der die gesamten Verpflichtungen und den Prozess von Preisfindung und Übertragung überwacht und monatlich an die Kom. zu berichten hat.

230   Die Gesamtheit aller dieser Bedingungen und Auflagen ließ die Kom. zur Schlussfolgerung gelangen, dass mit der Übertragung **keine Beihilfen an den Erwerber** weitergereicht werden (im Falle Alitalia waren 300 Millionen Euro an rechtswidrigen Beihilfen gewährt worden) und somit die erworbenen Vermögensgegenstände beihilfefrei erworben werden und der Erwerber und die Gesellschaft, die das Geschäft aus den übernommenen Gegenständen neu aufbaut, keiner Rückforderung unterliegt.

231   Die Alitalia-Entscheidung baut auf die Entscheidung der Kom. vom 17. September 2008 zu Olympic Airlines/Olympic Airways Services, die allerdings nicht zugänglich ist. Auch bei Olympic wurden die Vermögensgegenstände ohne vorherige Gruppierung verkauft, wenngleich letztendlich in Bündeln, die wirtschaftlich Sinn machen – zumal Slots ohnehin nicht ohne das dazugehörige Geschäft und Gerät übertragen werden können. In beiden sowie in vergleichbaren Fällen wäre der traditionelle Weg einer Umstrukturierungsbeihilfe nicht gangbar gewesen, weil entweder der Eigenbeitrag des Unternehmens nicht ausreichend hoch gewesen wäre oder aber die Kompensationsmaßnahmen eine Weiterführung des Unternehmens nicht ermöglicht hätten. Bei Olympic und Alitalia stand zudem der Grundsatz der einmaligen Umstrukturierungsbeihilfe einer nochmaligen Beihilfegewährung entgegen.

V. Notifizierung und Berichtspflichten

232   **1. Notifizierungspflichten.** Die Notifizierung von Beihilferegelungen im Bereich der Rettungs- und Umstrukturierungsbeihilfen wird in Abschnitt 4 der Leitlinien „Umstrukturierung" geregelt. Danach kann die Kom. solche **Beihilferegelungen für kleine und mittlere Unternehmen** genehmigen. Verschiedene Mitgliedstaaten haben von dieser Möglichkeit Gebrauch gemacht.[383] Soweit die Voraussetzungen der Beihilferegelung erfüllt sind, ist die Maßnahme von der Beihilferegelung gedeckt und mit dem gemeinsamen Markt vereinbar. Die entsprechenden Regelungen nehmen die in der Leitlinien „Umstrukturierung" enthaltenen Grundsätze und Bedingungen auf. Es obliegt dann dem Mitgliedstaat, über die Einhaltung dieser Bedingungen

---

[382] Kom., ABl. 2008 L 239/12 – Automobile Craiova.
[383] Vgl. Kom., Staatliche Beihilfe N 218/2005 – Brandenburg; N 386/2005 – Friuli Venezia Giulia (Landwirtschaft); N 773/2006 – Kärnten; N 777/2006 – Baskenland; N 499/2007 – Niederösterreich; N 21/2008 – Polen; N 48/2008 – Hamburg; N 81/2008 – Oberösterreich; N 254/2008 – Slowenien.

zu wachen; der Kom. ist jeweils zu berichten. Der Höchstbetrag aus solchen Beihilferegelungen beträgt EUR 10 Mio. (kumuliert mit Beihilfen aus allen anderen Quellen), Tz. 83 Leitlinien „Umstrukturierung".

Im Zuge der **Sondermaßnahmen aufgrund der Finanzkrise 2008** haben eine Reihe von   **233** Mitgliedstaaten Beihilferegelungen zur Gewährung von Rettungsbeihilfen an Finanzinstitute in Kraft gesetzt und von der Kom. genehmigen lassen.[384] Auch im Bereich der Realwirtschaft wurden auf der Grundlage des Vorübergehenden Rahmens in zahlreichen Mitgliedstaaten Bürgschaftsprogramme, Zinsvergünstigungsprogramme und ähnliche Beihilferegelungen erlassen, die von der Kom. genehmigt wurden.[385]

Alle Beihilfen, die nicht vollständig von den genehmigten Beihilferegelungen gedeckt wer-   **234** den, sowie alle Beihilfen zugunsten großer Unternehmen müssen der Kom. einzeln notifiziert und von dieser genehmigt werden. **Unternehmen in Schwierigkeiten dürfen nicht von Beihilferegelungen profitieren**, die nach der Allgemeinen Gruppenfreistellungsverordnung oder nach Maßgabe der Leitlinien für Regionalbeihilfen gewährt werden.[386]

Die inhaltlichen Angaben, die für die Notifizierung einer Rettungs- oder Umstrukturie-   **235** rungsbeihilfe gemacht werden müssen, sind in der **VO 794/2004**[387] **Teil III.7 (Rettungsbeihilfen) und III.8 (Umstrukturierungsbeihilfen)** niedergelegt, die eine Reihe von Einzelpunkten aufführen. Bei Umstrukturierungsbeihilfen ist naturgemäß der Umstrukturierungsplan ein Kernstück der Notifizierung, ferner die Marktstudie, Angaben zu den Märkten und Marktanteilen sowie den Kapazitäten des Unternehmens, sowie ob im Markt Überkapazitäten bestehen oder nicht. Die wichtigsten Wettbewerber sind aufzuführen, und es ist eine Prognose mit vorzulegen, wie sich die Märkte in den kommenden Jahren entwickeln werden. Diese Angabe ist typischerweise Teil der Marktstudie, die von externen Experten zu erstellen ist. Naturgemäß gehört zur Notifizierung auch die Angabe, auf welche Höhe sich die Umstrukturierungskosten belaufen werden, und aus welchen Quellen diese gedeckt werden sollen, aufgeteilt nach Beiträgen des Unternehmens selbst, der Gesellschafter, Dritter wie Banken etc., sowie schließlich die Angabe nach Art und Höhe der beantragten Beihilfe. Die Umstrukturierungsmaßnahmen sind im einzelnen zu beschreiben und sollten alle oben in RdNr. 132–145 angesprochenen Bereiche berühren.

2. Vereinfachtes Verfahren. Für **Rettungsbeihilfen**, die bestimmte Beträge nicht über-   **236** schreiten, gilt ein **vereinfachtes Verfahren.** Die Formel zur Ermittlung des maximalen Betrages ist im Anhang zu den Leitlinien „Umstrukturierung" abgedruckt. Der Betrag der erforderlichen Rettungsbeihilfe wird anhand des EBIT ermittelt, der um den absoluten Betrag der Abschreibungen zu erhöhen und sodann um die Veränderung des Nettoumlaufvermögens im vergangenen Jahr anzupassen ist und **10 Mio. EUR nicht überschreiten darf.** Die abgedruckte Formel ist insoweit irreführend, denn sie addiert die Abschreibungen zum EBIT. Da die Abschreibungen aber negativ sind, würde die Addition des Negativbetrags das EBIT vermindern und nicht vermehren. Das ist aber nicht gemeint, wie dem anschließend im Anhang aufgeführten Beispiel zu entnehmen ist: dort werden die Abschreibungen zunächst mit negativem Vorzeichen aufgeführt, der Betrag wird aber dann zum EBIT addiert. Nur das macht Sinn, wenn der Cash Flow ermittelt werden soll, denn die Abschreibungen haben das Ergebnis vermindert, ohne dabei die Liquidität zu schmälern. Deswegen muss das EBIT um den absoluten Betrag der Abschreibungen erhöht werden. Denn die Formel dient der Ermittlung des negativen Cash Flows für ein Jahr.

Der so ermittelte Betrag wird sodann halbiert, weil die Rettungsbeihilfe grundsätzlich nur **für**   **237** **sechs Monate** gewährt wird. Ist das EBIT positiv und wird es auch durch die Veränderung des Nettoumlaufvermögens nicht negativ, ist zweifelhaft, ob eine Rettungsbeihilfe gewährt werden kann, weil das Unternehmen möglicherweise nicht als Unternehmen in Schwierigkeiten zu qualifizieren ist; in diesem Fall muss ausgeführt werden, warum das Unternehmen als in Schwierigkeiten anzusehen ist, und wie sich der Betrag der beantragten Rettungsbeihilfe errechnet und warum dieser Betrag erforderlich ist. Beträgt die nach dieser Formel ermittelte **Rettungsbeihilfe weniger als 10 Mio. EUR**, so kann das vereinfachte Verfahren Anwen-

---

[384] S. dazu *Petrovic/Tutsch*, National Rescue Measures in Response to the Current Financial Crisis, European Central Bank Legal Working Paper Series No. 8, July 2009.

[385] S. die Auflistung auf der Website der Kom. http://ec.europa.eu/competition/state_aid/overview/tackling_economic_crisis.html.

[386] S. dazu oben RdNr. 10 ff.

[387] ABl. 2004 L 140/1.

dung finden. Dies bedeutet eine vereinfachte und abgekürzte Prüfung und eine schnellere Entscheidung der Kom. In komplexeren Fällen und wann immer das vereinfachte Verfahren nicht angewendet werden kann, ist eine gewöhnliche Notifizierung und ein normales Verfahren erforderlich.

238   **3. Berichtspflichten an die Kom.** Die Genehmigung von Rettungs- und Umstrukturierungsbeihilfen wird stets davon abhängig gemacht, dass die Mitgliedstaaten der Kom. über die Verwendung der Beihilfe und die weitere Entwicklung berichten. Bei **Rettungsbeihilfen** ist regelmäßig erforderlich, dass der Mitgliedstaat nachweist und die Kom. unterrichtet, dass die Beihilfe **nach Ablauf von sechs Monaten zurückgezahlt** wurde, oder aber, dass binnen der Sechs-Monats-Frist ein **kohärenter Umstrukturierungsplan vorgelegt** wurde und die Rettungsbeihilfe damit automatisch verlängert wird, bis die Kom. die Umstrukturierungsbeihilfe geprüft hat. Wird die Umstrukturierungsbeihilfe genehmigt, wird die Rettungsbeihilfe in die Umstrukturierungsbeihilfe übergeleitet.

239   Bei **Umstrukturierungsbeihilfen** müssen die Unternehmen über den Fortschritt der Umstrukturierung berichten, insbesondere die finanzielle Entwicklung, die Maßnahmen in den einzelnen Bereichen (Personalabbau, Technische Umstrukturierung, Neuausrichtung des Produktprogramms etc.), die durchzuführenden Investitionen, die Gewährung aller Arten von Beihilfen während des Berichtszeitraums,[388] das Bereitstellen des Eigenbeitrags des Unternehmens und die Umsetzung der Kompensationsmaßnahmen (Schließungen von Einrichtungen, Veräußerungen, Kapazitätsabbau). Dabei ist erforderlich, dass die Unternehmen dem Mitgliedstaat die notwendigen Angaben und Unterlagen zur Verfügung stellen.[389]

240   Wird die Umstrukturierung nicht wie im Umstrukturierungsplan vorgesehen durchgeführt, kann die Kom. eine Rückforderung der Beihilfe anordnen.[390] Diesbezüglich wird in Entscheidungen der Kom. häufiger davon gesprochen, dass die Beihilfe **vollständig zurückgefordert** werden könnte. Aus diesem Grund lässt sich die Kom. **jährliche Berichte** vorlegen, aus denen sich der Hergang der Umstrukturierung und die Entwicklung der Beihilfegewährung ableiten lässt. Fraglich ist dann, ob die Kom. eine Pflicht trifft, Maßnahmen zu ergreifen, wenn sie aus den Berichten erkennen kann, dass die Umstrukturierung nicht so umgesetzt worden ist, wie dies geplant war, oder dass es Abweichungen in einzelnen Punkten gegeben hat. Da Sinn der Berichtspflicht ist, die Kom. laufend zu unterrichten, ob ihre Entscheidung zur Genehmigung der Beihilfe eingehalten wurde, dürfte auch eine Handlungspflicht der Kom. zu bejahen sein, wenn sie Abweichungen feststellt. Insoweit könnte eine längere Untätigkeit der Kom., eine Abweichung aufzugreifen, ein verspätetes Tätigwerden ausschließen.

241   Hat die Abweichung aber dazu geführt, dass die Umstrukturierungsbeihilfe nicht mehr von der Genehmigungsentscheidung der Kom. gedeckt ist, wird sich der Beihilfeempfänger nicht auf **Vertrauensschutz** berufen können, selbst wenn die Kom. längere Zeit untätig geblieben ist, wie im Falle Salzgitter,[391] wo der Kom. über Jahre hinweg jährliche Berichte des Unternehmens übermittelt wurden (allerdings im Rahmen der Überwachung des Stahlmarktes, nicht einer Umstrukturierungsbeihilfe) und die Berichte die aufgrund eines Rechtsirrtums des Landes rechtswidrig an Salzgitter ausgezahlten Beihilfen auswiesen. Das EuG hatte die Rückforderungsentscheidung der Kom. auf der Grundlage des Vertrauensschutzes für nichtig erklärt. Das Verfahren ist vom EuGH an das EuG zurückverwiesen worden.

242   Die **Berichtspflicht** beginnt mit der Genehmigung der Beihilfe und endet mit dem Abschluss der Umstrukturierung, wobei jeweils die Jahresabschlüsse des betreffenden Zeitraums vorzulegen sind. Ist das Ziel der Umstrukturierung erreicht, bevor der in der Entscheidung der Kom. zugrunde gelegte Umstrukturierungszeitraum abgelaufen ist, sollte der **Abschlussbericht** auf diesen Umstand gesondert hinweisen und die Kom. aufgefordert werden, zu bestätigen, dass der Umstrukturierungszeitraum vorzeitig endete. Dies ist insbesondere von Bedeutung, wenn das Unternehmen für anschließende Investitionen oder andere Maßnahmen Beihilfen aus genehmigten Beihilfeprogrammen in Anspruch nehmen will.[392]

243   Ist die Umstrukturierung nicht innerhalb des vorgesehenen Zeitraums abgeschlossen, sollte eine **Verlängerung des Umstrukturierungszeitraumes** sowie eine Anpassung des Um-

---

[388] Leitlinien „Umstrukturierung" Tz. 50, 68–71.
[389] *Heidenhain/v. Donat* RdNr. 104.
[390] S. dazu oben RdNr. 197 f.
[391] Vgl. dazu EuGH, C-408/04 P, ABl. 2008 C 142/2, Kommission/Salzgitter, mit dem der EuGH das Urteil des EuG, T-308/00, aufhob.
[392] Vgl. Leitlinien „Umstrukturierung", Tz. 69 ff.

strukturierungsplans vorgelegt werden,[393] um eine Rückforderung von Beihilfen zu vermeiden.

Für KMUs gelten vereinfachte Berichtspflichten. Da die Mitgliedstaaten bei genehmig-   **244**
ten Regelungen die Durchführung des Umstrukturierungsplanes überwachen, genügen hier
summarische Berichte des Mitgliedstaates über die jeweils genehmigten Beihilfeprogramme,
Leitlinien „Umstrukturierung" Tz. 86.

---

[393] S. dazu oben RdNr. 198 ff.

D. Finanzielle Transfers und Transaktionen

Übersicht

I. Staatliche Kapitalzuführungen

Schrifttum: *Canaris*, Drittwirkung der gemeinschaftsrechtlichen Grundfreiheiten, FS Schmidt, 2002, 44; *Dreher*, Die staatliche Eigenkapitalzufuhr an Gesellschaften als Beihilfe im Sinne des EG-Vertrages, GS-Knobbe-Keuk, 1997, 587; *Ehlers*, Verwaltungshandeln in Privatrechtsform, 1984; *Friederiszick/Tröge*, Applying the Market Economy Investor Principle to State Owned Companies- Lessons Learned from the German Landesbanken cases, Competition Policy Newsletter 1/2006, 105; *Giesberts/Streit*, Anforderungen an den „Private Investor Test" im Beihilferecht, EuzW 2009, 484; *Kahl*, Das öffentliche Unternehmen im Gegenwind des Beihilferegimes, NVwZ 1996, 1082; *Lesguillons*, L'état actionnaire et le principe de l'investisseur privé, IBLJ 2003, 363; *Manthey*, Bindung und Schutz öffentlicher Unternehmen durch die Grundfreiheiten des Europäischen Gemeinschaftsrechts, 2001; *Müller-Graff*, Die Erscheinungsformen der Leistungssubventionstatbestände aus wirtschaftsrechtlicher Sicht, ZHR 1988, 403; *Parish*, On the Private Investor Principle, ELRev 2003, 70; *Püttner*, Die öffentlichen Unternehmen, 1985, 23; *Simon*, The Application of the Market Investor Principle in the German Landesbanken Cases, EStAL 2007, 499; *Waldheim*, Dienstleistungsfreiheit und Herkunftslandprinzip, 2008.

1 **1. Einführung.** Grundsätzlich lässt sich unter den staatlichen Kapitalzuführungen an Unternehmen zwischen der Gewährung von **Fremd-** und der Beteiligung durch **Eigenkapital** der öffentlichen Hand unterscheiden. Die erste Alternative erfolgt in der Regel durch günstige Darlehen, verlorene (Zins-) Zuschüsse oder auch verbilligte Kredite. Ihre beihilfenrechtliche Zuordnung ist – zumindest unter dem Aspekt der Begünstigung (Art. 107 Abs. 1 AEUV) – in der Regel eindeutig, soweit eine marktgerechte Gegenleistung häufig zugunsten der (teils vorgeblichen) Förderung des Allgemeinwohls ausbleibt.

2 Einer Eigenkapitalbeteiligung steht demgegenüber als Gegenleistung zunächst das erworbene Anteilseigentum am Unternehmen als **wirtschaftliches Surrogat** gegenüber, so dass ihre Zielsetzung ohne weiteres zumindest auch unternehmerischer Natur ist. Inwiefern das unternehmerische Engagement, der auf das Allgemeinwohl bedachten öffentlichen Hand, parallel wirtschafts- und sozialpolitische Zielsetzungen verwirklicht, ist für die beihilferechtliche Beurteilung *prima facie* irrelevant. Der Staat darf Unternehmer sein.

3 Es stellt sich deshalb umso dringlicher die Frage, ob die staatliche Zuführung finanzieller Mittel – sei es an öffentliche oder an private Unternehmen – eine unerlaubte Beihilfe iSd. Art. 107 Abs. 1 AEUV darstellt. Bejaht werden muss dies allgemein, wenn staatliche oder aus staatlichen Mitteln gewährte Beihilfen gleich welcher Art, durch die Begünstigung bestimmter Unternehmen oder Produktionszweige, den Wettbewerb verfälschen oder zu verfälschen drohen und dadurch der Handel zwischen den Mitgliedstaaten beeinträchtigt wird.

4 Dies betrifft nicht nur Sanierungsfälle, in denen die öffentliche Hand durch Kapitalmaßnahmen oft erstmals zum Gesellschafter wird, sondern zB. auch Neugründungen von Unternehmen, die Übertragung von Eigentumsrechten, oder auch Kapitalerhöhungen.[1] Häufig wird dabei das Merkmal der Begünstigung im Sinne des Art. 107 Abs. 1 AEUV fraglich sein. Dieses setzt im Kern ein Ungleichgewicht zwischen Leistung und (marktgerechter bzw. marktüblicher) Gegenleistung voraus.[2] Bezugspunkt ist damit ein **„Als-Ob-Vergleich"** mit hypothetisch marktwirtschaftlichem Verhalten.

5 **2. Das Prinzip des marktwirtschaftlich handelnden Kapitalgebers. a) Allgemeines.** In der gefestigten Rechtsprechung der Gemeinschaftsgerichte und Praxis der Kommission hat sich zum Zwecke der Durchführung dieses „Als-Ob-Vergleichs" der Vergleichsmaßstab des **marktwirtschaftlich handelnden Kapitalgebers** (auch „private investor test" oder „market

---

[1] Vgl. Standpunkt der Kommission zu Beteiligungen der öffentlichen Hand am Kapital von Unternehmen, EG-Bulletin 9/1984, 104; Mitteilung der Kommission an die Mitgliedstaaten zur Anwendung der Art. 92 und 93 EG und des Art. 5 der RL 80/723 über öffentliche Unternehmen in der verarbeitenden Industrie, ABl. 1993 C 307, 3, 6.

[2] *Callies/Ruffert/Cremer* Art. 87 EG RdNr. 9; *Koenig/Kühling/Ritter* RdNr. 67; *Immenga/Mestmäcker/Ehricke*, Art. 87 Abs. 1 EG RdNr. 42 ff.; *Müller-Graff* ZHR 1988, 403, 418.

economy investor test") durchgesetzt.[3] Gefragt wird im Prinzip[4] danach, ob ein in der fraglichen Situation nach sachgerechten wirtschaftlichen Überlegungen handelnder Privatinvestor (zB. eine Bank) Kapitalmittel (in dieser Höhe) zur Verfügung gestellt hätte. Die Beantwortung dieser Frage wird sich regelmäßig daran zu orientieren haben, ob im Zeitpunkt der Investitionsentscheidung[5] der Verwaltungseinrichtung des öffentlichen Sektors eine in Höhe und Bestand **ausreichende Kapitalrendite** zu erwarten war. Die Kommission nimmt dies an, wenn die gegenwärtig erwarteten zukünftigen Dividendenzahlungen und/oder Kapitalzuwächse unter Berücksichtigung etwaiger Risikoprämien (der Gegenstandswert[6] des zukünftigen „cash flows") den eingesetzten Investitionsbetrag übersteigen.[7] Ein gemessen an diesem Maßstab „schlechtes" Geschäft für die öffentliche Hand deutet *prima facie* auf eine Beihilfe hin, „gute" Geschäfte indizieren indessen zulässiges staatliches Handeln.

Das Prinzip vom marktwirtschaftlich handelnden Kapitalgeber folgt dem markttheoretischen **6** Grundgedanken, dass private Kapitalgeber ihr finanzielles Engagement an den Gesichtspunkten der **Werthaltigkeit,** der **Renditeaussicht** und der **Risikointensität** des Kapitaleinsatzes ausrichten. Investitionen mit unterbewerteten Gegenleistungen, mangelhaften Ertragschancen oder unverhältnismäßigen Risiken werden „vernünftige" Privatinvestoren bei entsprechender Finanz- und in vergleichbarer Wettbewerbslage in aller Regel ablehnen. Für die Qualifizierung staatlichen Kapitaleinsatzes als Begünstigung im Sinne von Art. 107 Abs. 1 AEUV soll dann grundsätzlich nichts anderes gelten.[8] Entweder entspricht staatliches Handeln dem eines Privatinvestors oder es führt anderenfalls zu einer beihilferelevanten Begünstigung.[9] Stellt der Staat einem Unternehmen (haftendes) (Eigen-)Kapital unter Umständen und zu Konditionen bereit, „die für einen Kapitalgeber unter normalen marktwirtschaftlichen Bedingungen nicht annehmbar wären",[10] liegt eine Beihilfe vor, und zwar gegebenenfalls in Höhe der **Differenz** zu den aus Privatinvestorsicht angezeigten Bedingungen.

Diese hypothetische Vergleichsbetrachtung zwischen der Investitionsentscheidung einer Einrichtung der öffentlichen Hand und derjenigen – hypothetischen – eines privaten Investors andererseits ist im Einzelfall freilich weder prognose- noch wertungsfrei. Gleichwohl dürfen Gemeinschaftsgerichte und Europäische Kommission im Rahmen der Beihilfenkontrolle eigene **Rentabilitätsprognosen** nur begrenzt anstellen. Die Kommission ist sich insoweit darüber im klaren, „dass die Risikoanalyse von öffentlichen [...] genauso wie von privaten Unternehmen den Einsatz von unternehmerischen Fähigkeiten erfordert und naturgemäß eine weite Bandbreite der Beurteilungsmöglichkeiten durch den Investor beinhaltet. Innerhalb dieser weiten Bandbreite der Beurteilungsmöglichkeiten kann von der Entscheidung des Investors nicht auf das Vorliegen von unzulässigen Beihilfen geschlossen werden".[11] Der danach bestehende Beurteilungsspielraum im Rahmen der Rentabilitätsprognose einer staatlichen Kapitalführung ist vor diesem Hintergrund nur nach Maßgabe der allgemeinen verwaltungsrechtlichen Grundsätze zur Kontrolle tatbestandlichen Ermessens[12] auf Beurteilungsfehler hin überprüfbar.[13]

Der Privatinvestortest ist – mehr noch als das Beihilfemoment, das er zu begründen sucht[14] – **8** kein statischer Begriff, sondern erheblichen Wandlungen unterworfen. Die Entscheidungspraxis

---

[3] Kom., Mitteilung über öffentliche Unternehmen, ABl. 1993 C 307/3 und 12; EuGH, Slg. 1985, 809 (823 f.) = NJW 1985, 2887 – Leeuwarder Papierfabrik; 1986, 2263 (2286) – Belgien/Kommission; C-305/89, Slg. 1991 I-1603, RdNr. 13 – Alfa Romeo; Slg. 2000, II-3871 – Alitalia; EuG, T-228/99 und T-233/99, Slg. 2003, II-435-WestLB; *Immenga/Mestmäcker/Ehricke*, Art. 87 Abs. 1 EG RdNr. 37; *Kahl* NVwZ 1996, 1082, 1084; *Koenig/Kühling/Ritter* RdNr. 74; *Lesguillons* RDAI/IBLJ, Nr. 4 (2003), 363 ff.
[4] Einzelheiten hierzu sogleich unter RdNr. 21 ff.
[5] Der Zeitpunkt der Investitionsentscheidung kann nur der allein maßgebliche Zeitpunkt sein, siehe zB. *Kahl*, NVwZ 1996, 1082, 1085; Mitteilung über öffentliche Unternehmen, ABl. 1993 C 307/10, Tz. 28.
[6] Zukünftiger cash flow dikontiert mit dem internen Zinsfluss des Unternehmens.
[7] Mitteilung über öffentliche Unternehmen, ABl. 1993 C 307/12.
[8] *Immenga/Mestmäcker/Ehricke* Art. 87 Abs. 1 EG RdNr. 37.
[9] *Giesberts/Streit* EuZW 2009, 484.
[10] Kom., EG-Bulletin 9/1984, 104.
[11] Kom., Mitteilung über öffentliche Unternehmen, ABl. 1993 C 307/10.
[12] Ausführlich auch zum „undogmatischen" Ansatz des EuGH in dieser Frage *Schoch/Schmidt-Aßmann/Pietzner/Gerhardt* Vor § 113 VwGO RdNr. 30 ff.
[13] EuGH, C-328/99, Slg. 2003, I-4035, RdNr. 39 – Italien/Kommission; EuG, T-152/99, Slg. 2002, II-3049, RdNr. 126 – Hijos de Andrés Molina/Kommission; *Calliess/Ruffert/Cremer* Art. 87 EG RdNr. 10 mwN.; im Einzelnen auch nachfolgend 3. und 4., RdNr. 49 ff.
[14] Vgl. *Grabitz/Hilf/v. Wallenberg* Art. 87 EG RdNr. 6.

der Kommission und der Gemeinschaftsgerichte mündete im Jahre 1993 in die **Mitteilung über öffentliche Unternehmen,**[15] in der das Prinzip – in seinem Anwendungsbereich freilich noch beschränkt – erstmals umfassend schriftlich niedergelegt wurde. Seither hat der Privatinvestortest in der einschlägigen Fallpraxis[16] zahlreiche Erweiterungen, Einschränkungen und Konkretisierungen erfahren, auf welche nachfolgend im Einzelnen eingegangen wird.

9 **b) Anwendungsbereich. aa) Eigen- und Fremdkapital.** Die Kommission ging ursprünglich davon aus, dass der Privatinvestortest in erster Linie im Zusammenhang mit der Bereitstellung von **Eigenkapital** durchzuführen sei. Diese Einschätzung fußte auf der Beobachtung, dass haftendes Eigenkapital durch einen privaten Investor in der Regel dann nicht zur Verfügung gestellt wird, wenn „unter Berücksichtigung der Finanzlage des Unternehmens, insbesondere der Struktur und des Umfangs der Verschuldung, es nicht gerechtfertigt erscheint, innerhalb einer angemessenen Frist eine normale Rendite (in Form von Dividenden oder Kapitalzuwachs) zu erwarten".[17]

10 Inzwischen entspricht es jedoch zu Recht ständiger Kommissionspraxis und gängiger Rechtsprechung, **sämtliche Finanzierungsformen** dem Test des marktwirtschaftlich handelnden Kapitalgebers zu unterziehen.[18] Alleine dieses Verständnis wird der Vorgabe des EuGH gerecht, wonach es für die Qualifizierung einer Maßnahme als Beihilfe nicht auf deren rechtliche Ausgestaltung, sondern auf die wettbewerbsverfälschende Wirkung ankommt.[19] Daher – so der EuGH – „gehe es nicht an, eine grundsätzliche Unterscheidung zwischen Beihilfen in Form von Darlehen und Beihilfen in Form Kapitalbeteiligungen an Unternehmen zu treffen".[20] Gerade bei der Gewährung von Fremdmitteln (Kredite, Darlehen etc.) kann die Versuchung der öffentlichen Hand besonders groß sein, kurzfristig zu „helfen". Das unternehmerische Element rückt in den Hintergrund, da insofern lediglich Ausfallrisiken bei Insolvenz des Schuldners, nicht aber Haftungsrisiken des staatlichen Kapitalgebers drohen. Auch die Gewährung von Fremdkapital unterliegt daher beihilferechtlich dem Privatinvestortest.

11 **bb) Öffentliche und private Unternehmen.** Die Mitteilung der Kommission über öffentliche Unternehmen aus dem Jahre 1993 und der darin festgeschriebene Privatinvestortest bezogen sich zunächst nur auf **öffentliche Unternehmen.**[21] Auch ging der Gerichtshof zB. im Fall *Boch* davon aus, dass in Fällen, in denen „sich das Gesellschaftskapital fast völlig im Besitz der öffentlichen Hand" befindet, insbesondere zu prüfen ist, „ob ein privater Gesellschafter in einer vergleichbaren Lage unter Zugrundelegung der Rentabilitätsaussichten und unabhängig von allen sozialen oder regionalpolitischen [...] Erwägungen einer sektorbezogenen Politik eine solche Kapitalhilfe gewährt hätte".[22]

12 Als öffentliche Unternehmen werden gemeinhin diejenigen Einheiten angesehen, auf die (in Anlehnung an Art. 2 Abs. 1 der **Transparenzrichtlinie** der Kommission)[23] die öffentliche Hand aufgrund Eigentums, finanzieller Beteiligung, Satzung oder sonstiger Bestimmungen unmittelbar oder mittelbar beherrschenden Einfluss hat.[24] Werden staatliche Kapitalmaßnahmen an öffentliche Unternehmen gewährt, steht das „Ob" der Anwendung des Privatinvestortests nicht in Frage. In diesem Fall einer privilegierten Beziehung von Unternehmen und öffentlichem Anteilseigner spricht schon diese privilegierte Beziehung für die Gefahr, dass die öffentliche Hand

---

[15] ABl. 1993 C 307/12.

[16] Vergleiche hierzu nur Kom., ABl. 1994 L 386/1 – Bull; EuGH, C-305/89, Slg. 1991 I-1603 – Alfa Romeo; EuGH, 40/85, Slg. 1986, 2321 – Boch; EuGH, C-303/88, Slg. 1991, I-1433 – ENI/Lanerossi; EuGH, 323/82, Slg. 1984, 3809 - Intermills SA; EuGH, 234/86, Slg. 1986, 2263 – Meura; EuG, T-129/95, Slg. 1999, II-17 – Neue Maxhütte; EuG, T-228/99 und T-233/99, Slg. 2003, II-435 – WestLB.

[17] Standpunkt der Kom., EG-Bulletin 9/1984; Mitteilung über öffentliche Unternehmen, ABl. 1993 C 307/3 RdNr. 16.

[18] Mitteilung über öffentliche Unternehmen, ABl. 1993 C 307/3, RdNr. 1. So die Kommission in ihrer Mitteilung über öffentliche Unternehmen, in der sie in erster Linie auf Kapitalzuführungen Bezug nimmt, unter denen sie die Bereitstellung von Eigenkapital versteht.

[19] St. Rspr., siehe zB. EuG, T-228/99 und T-233/99, Slg. 2003, II-435 – WestLB; aus der Literatur ferner *Mestmäcker/Schweitzer* § 43 RdNr. 4.

[20] EuGH, 323/82, Slg. 1984, 3809 – Intermills SA; siehe auch Kom, ABl.1987 L 20, 30, 31 – Brauereibedarf.

[21] Mitteilung über öffentliche Unternehmen, ABl. 1993 C 307/3, RdNr. 22.

[22] EuGH, 40/85, Slg. 1986, 2321 – Boch.

[23] ABl. 1980, L 195/35, zuletzt geändert durch Richtlinie 2006/111/EG der Kommission vom 16. 11. 2006, ABl. 2006 L 318/17.

[24] *Manthey,* 36 ff.; zum leicht divergierenden nationalen Maßstab *Püttner* 23 ff.; *Ehlers* 9 f.

dem öffentlichen Unternehmen bei Bedarf Kapitalmittel zu Bedingungen zur Verfügung stellt, die über ihre Rolle als Eigentümer hinausgehen.[25] Die Anwendung des Privatinvestortests auf öffentliche Unternehmen zielt daher vor allem auf den Grundsatz der **Gleichbehandlung** aller Unternehmen vor den Wettbewerbsregeln der Gemeinschaft.[26] Art. 345 AEUV steht dem nicht entgegen, da hierdurch keine systematische Ausnahme zum Beihilfeverbot geschaffen werden sollte.[27]

Prägend für die Konkretisierung und Ausgestaltung des Privatinvestortests durch Gemein- **13** schaftsgerichte und Kommission waren speziell im Bereich öffentlicher Unternehmen aber auch darüber hinaus die beihilferechtliche Auseinandersetzung über Kapitalmaßnahmen, die die Bundesländer (in der Zeit vor der **Finanzkrise des Jahres 2008**) zugunsten ihrer **Landesbanken** vorgenommen hatten. Zentrale Bedeutung hat hier der Fall WestLB, zu dem im Jahr 1999 eine erste Entscheidung der Kommission erging, der dann nach Aufhebung durch das Gericht erster Instanz inzwischen: „Gericht" im Jahr 2003 eine zweite Aufheidung folgte.[28] Weitere Fälle zu einer Reihe anderer Landesbanken stehen im engen Kontext hierzu und haben zu einer weiteren Verfeinerung der für den Privatinvestortest maßgeblichen Kriterien, so etwa für spezielle Finanzierungsformen wie stille Einlagen, geführt.[29]

Im Übrigen findet das Prinzip des marktwirtschaftlich handelnden Kapitalgebers nach aktuel- **14** ler Praxis von Rechtsprechung und Kommission auch auf die Beurteilung der Bereitstellung staatlicher Mittel an **private Unternehmen** Anwendung. Hier steht weniger die Vermeidung von Ungleichbehandlungen zwischen öffentlichen und privaten Unternehmen im Vordergrund, sondern vielmehr die Verhinderung von Wettbewerbsverfälschungen durch Investitionen der öffentlichen Hand gerade auch im Verhältnis Privater untereinander.

In diesem Sinne hat die Kommission den Privatinvestortest zB. in der Entscheidung Ryanair/ **15** Charleroi angewendet. Fraglich war dort, ob der privaten irischen Fluggesellschaft Ryanair von der belgischen Region Wallonien bzw. der von ihr kontrollierten Betreibergesellschaft Brussels South Charleroi Airport (BSCA) eine Begünstigung gewährt worden war.[30] Die Kommission hatte dies mit Blick auf die Vorteile, die BSCA Ryanair im Zusammenhang mit der Eröffnung von deren Heimatbasis in Charleroi gewährte (finanzielle Beteiligung an den Entwicklungskosten, kostenlose Bereitstellung von Infrastruktur etc.) bejaht, da sie für den Zeitpunkt des Vertragsschlusses eine hinreichende Aussicht auf eine angemessene Investitionsrendite auf Seiten BSCAs verneint hatte.[31]

Die Entscheidung der Kommission ist zwischenzeitlich zwar durch das Gericht erster Instanz **16** aufgehoben worden,[32] die Anwendung des Privatinvestortests auf Kapitalzuführungen an private Unternehmen wird dadurch aber eher bestätigt, da der Gerichtshof klargestellt hat, dass die öffentliche Hand selbstverständlich auch dann dem Kriterium des privaten Vergleichinvestors genügen muss, wenn sie bei der Gewährung einer Vergünstigung **sowohl als Regulierer als auch als privater Kapitalgeber** auftrete. Die von der Kommission vertretene gegenteilige Argumentation, der Staat könne nicht gleichzeitig hoheitlich und als privater Investor handeln, würde letztlich darauf hinauslaufen, dass sich die öffentliche Hand der Beihilfekontrolle entziehen könnte. Entscheidend ist demnach, wie auch nach Ansicht des Gerichts erster Instanz, ob die zu prü-fende **Maßnahme in ihrer Gesamtheit** als wirtschaftliche Tätigkeit im Sinne des Wettbewerbsrechts anzusehen ist. Dies ist wohl auch dann anzunehmen, wenn Tätigkeiten von einer Behörde im öffentlichen Bereich geleistet werden (z.B. Bereitstellung von Flughafeninfrastrukturleistungen gegen Entgelt), aber nicht allein deswegen zur Ausübung hoheitlicher Befugnisse gehören.

---

[25] Mitteilung über öffentliche Unternehmen, ABl. 1993 C 307/3, RdNr. 11 und 23.

[26] EuG, T-228/99 und T-233/99, Slg. 2003, II-435, RdNr. 193 – WestLB; *Koenig/Kühling/Ritter* RdNr. 74; Kom., Mitteilung zur Finanzierung von Flughäfen, ABl.2005 C 312/1, Tz. 42 ff.; Schlussanträge GA *Geelhoed* v. 25. 9. 2003, zu EuGH, C 278/00 – AGNO.

[27] EuG, T-228/99 und T-233/99, Slg. 2003, II-435, RdNr. 193 – WestLB mwN.; *Mestmäcker/Schweitzer* § 43 RdNr. 27; *Dreher*, GS-Knobbe-Keuk, 587.

[28] Kom., ABl. 2000 L 150/1, EuG, T-228/99 und T-233/99, Slg. 2003 II-435 – WestLB, Kom., ABl. 2006, L 307/22.

[29] EuG, T-163/05 v. 3. 3. 2010 – *Helaba*; Kom., ABl. 2006 L 307/159 – Landesbank Hessen-Thüringen; ABl. 2006 L 307/134 – Landesbank Schleswig-Holstein (jetzt HSH Nordbank); Aufforderung der Kom. zur Abgabe einer Stellungnahme, ABl. 2003 C 81/13 – Bayerische Landesbank; ABl. 2003 C 81/24 – Hamburgische Landesbank; EuG, T-228/99 und T-233/99, Slg. 2003, II-435 – WestLB;

[30] Kom., ABl. 2004 L 137/1 – Ryanair/Charleroi.

[31] Kom., ABl. 2004 L 137/1, Tz. 237 – Ryanair/Charleroi.

[32] EuG, T-196/04 v. 17. 12. 2008.

17 Schließlich differenziert der Vertrag über die Arbeitsweise der Europäischen Union im Hinblick auf wettbewerbsverfälschende Beihilfen nicht zwischen den in Art. 106 AEUV angesprochenen öffentlichen und den sonstigen Unternehmen, die im Binnenmarkt tätig sind.[33] Im Gegenteil verlangen gerade die Art. 106, 107 Abs. 1 AEUV im Zusammenspiel mit den Art. 2, 3 Abs. 1 lit. g EG (jetzt Art. 3 AEUV) nachdrücklich die Anwendung des Privatinvestortests. Die in ihrem Anwendungsbereich noch beschränkte Mitteilung über öffentliche Unternehmen und der darin kodifizierte Privatinvestortest wollte demgegenüber lediglich eine Besserstellung öffentlicher Unternehmen verhindern, da private Unternehmen weder die gleichen Verbindungen zur öffentlichen Hand noch den gleichen Zugang zu öffentlichen Mittel haben.[34] Eine Diskriminierung öffentlicher gegenüber privaten Unternehmen war hingegen durch die Mitteilung niemals bezweckt.[35]

18 **cc) Rentable Unternehmen.** Ursprünglich standen bei der Anwendung des Privatinvestortests **Sanierungsfälle** im Vordergrund, dh. die Beurteilung von Kapitalmaßnahmen zugunsten von Unternehmen in wirtschaftlichen Schwierigkeiten oder in einer Verlustsituation. Infolge dessen wurde die (undifferenzierte) Anwendbarkeit des Prinzips des marktwirtschaftlich handelnden Kapitalgebers auf **rentable Unternehmen**, die als wirtschaftlich gesund einzustufen sind und eine positive Rendite erwirtschaften, verschiedentlich in Frage gestellt. Hintergrund hierfür war insbesondere die Überlegung, dass bei einem (dauerhaft) rentabel wirtschaftenden Unternehmen jedenfalls *prima facie* von einer marktüblichen Verzinsung des eingebrachten Kapitals (etwa durch Dividendenzahlungen oder den Wertzuwachs einer Kapitalbeteiligung) ausgegangen werden könne.[36]

19 Das Europäische Gericht erster Instanz hat hierzu in seiner Entscheidung in Sachen WestLB Stellung genommen und die **Anwendung des Privatinvestortests auch auf rentable Unternehmen** bejaht.[37] Das Gericht hat zunächst auf die Mitteilung der Kommission aus dem Jahr 1993 verwiesen und betont, dass die Kommission schon zu diesem Zeitpunkt von der Anwendbarkeit des Privatinvestortests „auf (öffentliche) Unternehmen in allen Situationen, nicht lediglich in Verlustsituationen" ausgegangen ist.[38] Unabhängig davon sei letztlich maßgeblich, ob das begünstigte Unternehmen eine wirtschaftliche Vergünstigung erhält, die es unter normalen Marktbedingungen nicht erhalten hätte und damit eine Wettbewerbsverfälschung droht. Für diese Frage sei es hingegen für sich genommen nicht ausschlaggebend, ob das begünstigte Unternehmen rentabel ist oder nicht; die gewerbliche Rentabilität sei jedoch bei der Frage nach dem marktgerechten Verhalten des öffentlichen Kapitalgebers, mithin bei der Anwendung des Privatinvestortests, nicht beim „Ob", sondern beim „Wie" zu berücksichtigen.

20 Die Anwendung des Privatinvestortests auf rentable Unternehmen ist damit geklärt. Hinter diesem Aspekt steht aber letztlich die entscheidende und aktuelle Frage, welche konkreten Anforderungen an die Renditeerwartungen eines öffentlichen Kapitalgebers zu stellen sind, wie etwa die Frage nach einer **Bandbreite marktkonformer Verzinsung**, innerhalb derer sich der öffentliche Kapitalgeber bewegen darf.

21 **c) Angemessenheit und Marktüblichkeit der Gegenleistung. aa) Bestimmung eines „Referenzinvestors".** Ausgangspunkt bei Anwendung des Privatinvestortests ist die Bestimmung eines maßgeblichen hypothetischen Referenzinvestors. Kommission und Rechtsprechung verlangen, dass die fragliche Maßnahme der öffentlichen Hand der eines privaten Wirtschaftsteilnehmers „von vergleichbarer Größe und Lage" entspricht.[39] Die Anwendung dieses Kriteriums bestimmt sich nach den Umständen des jeweils zu entscheidenden Einzelfalls und ist in seinen Konturen nach wie vor recht unscharf.

22 Zunächst muss nicht zwingend ein solcher Investor maßgeblich sein, der sein Kapital ausschließlich zum Zweck mehr oder weniger kurzfristiger Rentabilisierung anlegt. Maßgeblich kann auch das Verhalten einer **privaten Holding** oder Unternehmensgruppe sein, die eine das unterstützte Unternehmen bestimmende Beteiligung besitzt oder zu besitzen beabsichtigt und

---

[33] *Mestmäcker/Schweitzer* § 43 RdNr. 33, die von einem „allgemeinen beihilferechtlichen Grundsatz" sprechen;, insb. Fn. 358.

[34] Vgl. *Waldheim* 82, 85.

[35] Mitteilung über öffentliche Unternehmen, ABl. 1993 C 307/3, RdNr. 23.

[36] Vgl. EuG, T-228/99 und T-233/99, Slg. 2003, II-435, Tz. 200 – WestLB.

[37] EuG, T-228/99 und T-233/99, Slg. 2003, II-435, Tz. 206 ff. – WestLB.

[38] EuG, T-228/99 und T-233/99, Slg. 2003, II-435, Tz. 206 – WestLB; vgl. auch Kommission, ABl. 2006 L 307/159 RdNr. 120 – Helaba.

[39] EuGH, C-305/89, Slg. 1991 I-1603, RdNr. 19 – Alfa Romeo; EuGH, C-482/99, Slg. 2002, I-4397 – Stardust Marine; EuG, T-129/95, T-2/96 und T-97/96, Slg. 1999, II-17, RdNr. 111 – Neue Maxhütte.

daher eine globale oder sektorale Strukturpolitik verfolgt, innerhalb derer sie sich von **länger-fristigen Rentabilitätsaussichten,**[40] **strategischen Geschäftsplanungen,**[41] oder auch Aspekten der **Imagepflege**[42] leiten lässt.[43] Dazu gehört auch, dass eine Muttergesellschaft während eines beschränkten Zeitraums die **Verluste** ihrer Tochtergesellschaft übernimmt, damit diese, gegebenenfalls nach einer Umstrukturierung, ihre Rentabilität zurück gewinnen kann. Sehen öffentliche Kapitalanlagen aber auch langfristig von jeder Ertragsaussicht ab, so sind sie als staatliche Beihilfe anzusehen.[44] Für die beihilferechtliche Bewertung ist allerdings von zentraler Bedeutung, dass es dabei nicht um die Feststellung geht, ob die öffentliche Hand mit der fraglichen Maßnahme die höchstmögliche Rendite erzielt hat oder demgegenüber durch eine andere Ausgestaltung der Investition oder durch Investition in ein anderes Unternehmen eine höhere Rendite hätte erzielen können; letztlich entscheidend ist vielmehr, ob dem betroffenen Unternehmen ein Vorteil zuwächst, den es anderweitig nicht hätte erlangen können.[45] Dabei zwingt die vom Gericht in den Vordergrund gestellte „Interaktion der verschiedenen Wirtschaftsteilnehmer" zur Prüfung, inwieweit die konkrete Ausgestaltung der Investitionsmaßnahme auf die eigene Entscheidung des öffentlichen Investors zurückgeht.[46]

Ein unmittelbarer Vergleich zu einem tatsächlich vorhandenen Wirtschaftsteilnehmer in vergleichbarer Lage bietet sich nur dann, wenn – wie in den zitierten Entscheidungen – Kapitalzuführungen an Unternehmen zu beurteilen sind, bei welchen Anteilseigner gleichermaßen privater und öffentlicher Natur sind. Nur dann lässt sich die öffentliche Kapitalzufuhr tatsächlich mit dem parallelen Verhalten privater Investoren vergleichen, die sich vor allem in Sanierungsfällen ihrerseits vor den Alternativen „Kapitalzufuhr" oder „Liquidation" sehen. Hier wiederum ist streng zwischen den finanziellen Verpflichtungen zu unterscheiden, die der **Staat als Eigentümer der Anteile** an einer Gesellschaft zu übernehmen hat, und den Verpflichtungen oder Zwängen, denen er **als Träger der öffentlichen Gewalt** unterliegt.[47] Erstere müssen bei der Investitionsentscheidung und damit der Anwendung des Privatinvestortests berücksichtigt werden, letztere wie etwa Folgekosten einer Liquidation für das Sozialversicherungssystem oder strukturpolitische Überlegungen fallen grundsätzlich nicht ins Gewicht. 23

Fehlt eine unmittelbare Vergleichsmöglichkeit mit der parallelen Zurverfügungstellung von Kapital durch private Investoren, muss auf einen hypothetischen Vergleichsinvestor ausgewichen werden. Dies öffnet **Beurteilungsspielräume** auf Kosten der Vorhersehbarkeit der Entscheidungen und führt zu nicht unerheblichen Rechtsunsicherheiten.[48] Es ist nicht nur schwierig, das Verhalten eines „vernünftigen" Privatinvestors zu typisieren. Auch in den Fällen, in denen ein adäquater Vergleichsmarkt existiert, ist das Marktverhalten der Teilnehmer in der Regel ambivalent, lässt sich ein „idealer" Privatinvestor doch schwerlich finden.[49] Während für die Mehrzahl der privaten Kapitalgeber die Gewinnmaximierung eine entscheidende Rolle spielt, lassen sich private Investoren gelegentlich auch von anderen als finanziellen Motiven leiten oder beeinflussen, selbst wenn dies gängigem Marktverhalten zuwiderläuft.[50] 24

Dennoch ist das Prinzip des privaten Kapitalgebers nicht grundsätzlich in Frage zu stellen. Im Unterschied zu privaten finanziellen Engagements unterliegen staatliche, aus öffentlichen (Steuer-)Mitteln finanzierte Kapitalzuführungen der Beihilfekontrolle, um das Ziel eines unverfälschten Wettbewerbs im Binnenmarkt sicherzustellen.[51] Private Kapitalgeber mögen sich für ihre Investitionsentscheidungen im Rahmen der ihnen zustehenden Privatautonomie ohne weiteres von beliebigen anderen Zielen als der reinen Gewinnmaximierung leiten lassen.[52] Ob bei der 25

---

[40] EuGH, C-305/89, Slg. 1991 I-1603 RdNr. 20 – Alfa Romeo.

[41] Kom., ABl. 1994 L 386/1 – Bull.

[42] EuGH, C-303/88, Slg. 1991 I-1433, RdNr. 21 – ENI/Lanerossi.

[43] Instruktiv hierzu auch Schlussanträge des GA *van Gerven* vom 10. 1. 1991 in der Rs. C-305/89, Slg. 1991 I-1603, RdNr. 11 – Alfa Romeo.

[44] EuG, T-129/95, T-2/96 und T-97/96, Slg. 1999, II-17, RdNr. 111 – Neue Maxhütte; EuGH, C-303/88, Slg. 1991 I-1433, RdNr. 21 – Italien/Kommission (ENI/Lanerossi).

[45] EuG, T-163/05 v. 3. 3. 2010, RdNr. 58 – *Helaba.*

[46] EuG, T-163/05 v. 3. 3. 2010, RdNr. 65 f., 254, 277 – *Helaba.*

[47] EuG, T-129/95, T-2/96 und T-97/96, Slg. 1999, II-17, RdNr. 119 – Neue Maxhütte.

[48] Vgl. hierzu bereits oben RdNr. 7; ebenso *Heidenhain/Montag/Leibenath* § 6 RdNr. 70; entschieden ablehnend deshalb *Parish* ELRev 2003, 70 ff.

[49] *Parish* ELRev 2005, 70, 73.

[50] Vertiefend hierzu: *Parish* ELRev 2005, 70 ff.

[51] Vgl. EuG, T-228/99 und T-233/99, Slg. 2003 II-435 – WestLB.

[52] *Canaris*, FS Schmidt, 2002, 44.

Investitionsentscheidung persönliche, soziale oder regionale Überlegungen einer sektorbezogenen Politik eine Rolle spielen, kann daher bei privaten Kapitalzuführungen unberücksichtigt bleiben, nicht jedoch bei staatlichen.[53]

26   Demnach sind Einwände gegen den Privatinvestortest, die sich auf die Vielschichtigkeit (und gegebenenfalls nicht ausschließliche gewinnmaximierende Motivation) privater Investitionsentscheidungen begründen, letztlich nicht stichhaltig. Auch wenn sich Unschärfen häufig nicht vermeiden lassen, ist im konkreten Fall ein marktkonformes Verhalten doch im Kern zu identifizieren. Gilt es wettbewerbsverfälschende Eingriffe der öffentlichen Hand auf Grundlage von Art. 107 AEUV zu verhindern, muss dies als **Orientierungspunkt** genügen. Bei der Beurteilung im Einzelfall ist allerdings anzuerkennen, „dass für unternehmerische Investitionsentscheidungen ein großer Ermessensspielraum notwendig ist".[54]

27   Nach Auffassung des EuGH kann es schließlich Fälle geben, in denen auch die Heranziehung eines hypothetischen privaten Vergleichsinvestors nicht in Frage kommt. So hatte die französische LaPoste – ein **staatliches Unternehmen mit Monopolstellung** – ihrem Tochterunternehmen – der privatrechtlich organisierten SFMI-Chronopost - logistische und kommerzielle Unterstützung gewährt. Es stellte sich die Frage, ob LaPoste in diesem Fall mit einem privaten Anbieter, der unter normalen Marktbedingungen tätig wird, zu vergleichen ist. Daraufhin urteilte das Gericht, dass es unmöglich sei, die spezifische „Situation der Post mit der einer privaten Unternehmensgruppe zu vergleichen, die keine Monopolstellung hat".[55] Der Test, ob ein privater Wirtschaftsteilnehmer eine ähnliche Unterstützung gewährt hätte, ist nicht durchzuführen, wenn hierfür auf einen privaten Wirtschaftsteilnehmer abgestellt werden muss, den es in Wirklichkeit nicht gibt und der daher eine solche Prüfung unrealistisch machen würde.[56]

28   **bb) Bestimmung des Beihilfeelements. α) Kosten-Wert-Verhältnis.** In der von der Kommission im Jahr 1993 veröffentlichten Mitteilung über öffentliche Unternehmen geht diese davon aus, dass ein marktwirtschaftlich handelnder Kapitalgeber in der Regel dann Kapital bereitstellt, wenn der Gegenwartswert des erwarteten zukünftigen **Cash Flows** aus dem Finanzierungsvorhaben, das dem Investor über Dividendenzahlungen und bzw. oder Kapitalzuwächse unter Berücksichtigung der Risikoprämie erwächst, den eingesetzten Investitionsbetrag übersteigt.[57] Das Beihilfeelement besteht aus dem jeweils auf den Gegenwartswert abgezinsten *Kosten* der Investition abzüglich des *Wertes* der Investition.

29   **β) Ermittlung der zu erwartenden Mindestvergütung.** Die erwartete **Rendite** und das **Risiko** einer Investition sind die entscheidenden Parameter der Investitionsentscheidung des marktwirtschaftlich handelnden Kapitalgebers. Ein marktwirtschaftlich handelnder Kapitalgeber wird eine Investition nur dann tätigen, wenn sie im Verhältnis zur nächst besten Alternativverwendung des eingesetzten Kapital eine höhere Rendite oder ein geringeres Risiko verspricht.[58] Entsprechend ging die Kommission in der WestLB-Entscheidung davon aus, dass das zur Verfügung gestellte Kapital, auch wenn es an ein gesundes Unternehmen fließe, mindestens eine **durchschnittliche Verzinsung** erwirtschaften müsse, um nicht Beihilfe zu sein. Zur Berechnung der angemessenen Mindestvergütung bediente sich die Kommission des in der Finanztheorie vorherrschenden *Capital Asset Pricing Model* (CAPM). Bei diesem Preismodell für Kapitalgüter wird der Vergütung eines risikofreien Basissatzes (etwa einer Schuldverschreibung) eine Risikoprämie des Marktes multipliziert mit einem sog. Betafaktor (als Ausdruck des Risikos des Unternehmens relativ zum Gesamtrisiko aller Unternehmen) hinzugefügt *(Mindestrendite = risikofreier Basissatz + Marktrisikoprämie × Beta).*[59] Im zu entscheidenden Fall ergab sich auf dieser Basis eine zu fordernde Mindestrendite des eingesetzten Kapitals zwischen 10% und 13%.

30   **γ) Zum Erfordernis einer Durchschnittsrendite.** Gegen die Verpflichtung auf eine durchschnittliche Rendite lässt sich ausführen, dass so die vielfältigen Anlagemöglichkeiten pri-

---

[53] EuG, T-129/95, T-2/96 und T-97/96, Slg. 1999, II-17, RdNr. 2 – Neue Maxhütte.

[54] Mitteilung über öffentliche Unternehmen, ABl. 1993 C 307/3, RdNr. 29.

[55] EuGH, C-83/01 P, C-93/01 P und C-94/01 P, Slg. 2003, I-6993, RdNr. 38 ff. – La Poste / SFMI-Chronopost; zur Ermittlung des Beihilfeelements in diesen Fällen vergleiche Kapitel „Beihilferechtlicher Prüfungsmaßstab bei Quersubventionen"

[56] Schlussanträge des Generalanwalts Tizzano, C-83/01 P, C-93/01 P und C-94/01 P, Slg. 2003, I-6993, RdNr. 45 ff. – La Poste/SFMI-Chronopost

[57] Mitteilung über öffentliche Unternehmen, ABl. 1993 C 307/3, RdNr. 35.

[58] Kom., ABl. L 307/22, RdNr. 215 – WestLB.

[59] Vgl. *Friederiszick/Tröge* 105 ff.; *Simon* EStAL 2007, 499, 503; Kom., ABl. 2004 L 307/22, RdNr. 217 – WestLB.

vater Investoren außer Betracht gelassen werden, die dem Grundsatz der **Risikodiversifizierung** folgend durch eine Streuung der Mittel am Markt auch in nur unterdurchschnittlich rentable Unternehmen investierten.[60] Wäre demgegenüber stets die Durchschnittsrendite des betreffenden Marktes der Maßstab, würde dies letztlich zu einer wettbewerbsschädlichen Monopolisierung führen, denn jede Kapitalzufuhr in mindestens durchschnittlich rentable Unternehmen würde die Durchschnittsrendite erhöhen, während gleichzeitig die Zahl der Unternehmen, die diese Rendite noch bieten könnten zurückgehen würde bis schlussendlich nur noch ein Unternehmen übrig bliebe.

Das EuG hat sich diesen Argumenten in der angefochtenen Entscheidung nicht grundsätzlich **31** verschlossen und angemerkt, dass das Erfordernis einer Durchschnittsrendite der Kommission lediglich als ein Kriterium im Rahmen der Anwendung des Art. 107 Abs. 1 AEUV dienen dürfe. Es könne aber keinesfalls automatisches Kriterium dafür sein, ob und in welcher Höhe staatliche Beihilfe vorliege.[61] So entbinde es die Kommission insbesondere nicht von ihrer Pflicht, „alle maßgeblichen Aspekte des streitigen Vorgangs und seinen Kontext, einschließlich der Lage des begünstigten Unternehmens und des betroffenen Marktes, zu prüfen, um festzustellen, ob das begünstigte Unternehmen eine wirtschaftliche Vergünstigung erhält, die es unter normalen Marktbedingungen nicht erhalten hätte".[62] Weitere Kriterien zur Bestimmung des Beihilfeelements sind die **Ertragslage** des Unternehmens und seine **Entwicklungstendenz**, das **Verhältnis von Schulden zu Eigenkapital** (Finanzlage) im Vergleich zu den üblichen Durchschnittszahlen des Wirtschaftszweiges bzw. der direkten Wettbewerber, die **Finanzplanung** sowie die generelle **Marktumfeld**.[63]

Unter Berücksichtigung dieser Vorgaben sind staatliche Mittel, die einem Unternehmen mit **32** maroder Finanzverfassung gewährt werden, in der Regel dann als Beihilfe zu qualifizieren, wenn es unter Berücksichtigung der Finanzlage des Unternehmens, insbesondere der Struktur und des Ausmaßes der Verschuldung nicht gerechtfertigt erscheint, innerhalb einer angemessenen Frist eine normale Rendite der angelegten Kapitalmittel zu erwarten.[64] Ferner gilt dies dann, wenn die öffentliche Beteiligung die Wiederaufnahme oder die weitere gänzliche oder teilweise Betreibung der unrentablen Tätigkeit eines sich in Schwierigkeiten befindlichen Unternehmens über die Gründung einer neuen juristischen Einheit verfolgt.[65] Schließlich ist grundsätzlich auch dann von einer beihilferelevanten Begünstigung auszugehen, wenn das Unternehmen mangels ausreichender Selbstfinanzierungsmöglichkeiten nicht in der Lage ist, am Kapitalmarkt die zur Durchführung eines Investitionsprogramms erforderlichen langfristigen Finanzmittel zu erhalten.

Insbesondere für Unternehmen, welche seit Jahren ununterbrochen Verluste erwirtschaften, **33** ist zusätzlich zu berücksichtigen, dass ein marktwirtschaftlich handelnder Kapitalgeber wohl nur dann Investitionen in das Unternehmen tätigen wird, wenn dieses einen glaubhaften und **realistischen Umstrukturierungsplan** vorweisen kann.[66] Nur anhand eines solchen Umstrukturierungsplans kann ein „vernünftiger" privater Investor davon überzeugt werden, dass das Unternehmen möglicherweise tatsächlich noch saniert werden kann und dass eine neue Einlage nützlich ist.

Handelt es sich hingegen um ein Unternehmen, welches sich nur vorübergehend in Schwie **34** rigkeiten befindet, so kann diesem Kapital zugeführt werden, wenn dies zur Sicherstellung seines Fortbestandes erforderlich ist und im Zeitpunkt der Investition glaubhafte Anhaltspunkte dafür bestehen, dass seine Rentabilität – gegebenenfalls nach einer Umstrukturierung – wieder zurück gewonnen werden kann (Prognoseentscheidung).[67] Ferner dürfte eine Rolle spielen, ob es sich um ein Unternehmen handelt dessen Erzeugnisse auf einem durch Überproduktion gekennzeichneten Markt abgesetzt werden mussten.[68]

---

[60] Vergleiche hierzu auch *Heidenhain/Montag/Leibenath* § 6 RdNr. 65 und EuG, T-228/99 und T-233/99, Slg. 2003, II-435, RdNr. 217 – WestLB.

[61] EuG, T-228/99 und T-233/99, Slg. 2003, II-435, RdNr. 250 f. – WestLB.

[62] EuG, T-228/99 und T-233/99, Slg. 2003, II-435, RdNr. 251 – WestLB.

[63] Vgl. Mitteilung über öffentliche Unternehmen, ABl. 1993 C 307/3, RdNr. 37.

[64] Beteiligungsmitteilung, Bull. EG 9-1984, Ziff. 3.3, 1. Spiegelstrich.

[65] Beteiligungsmitteilung, Bull. EG 9-1984, Ziff. 3.3, 1. Spiegelstrich.

[66] EuG, T-36/99, Slg. 2004, II-3697, RdNr. 160 – Sniace; so der EuGH jedenfalls für den Fall, dass der Staat gegenüber dem säumigen und unrentablen Unternehmen auf die Geltendmachung einer Forderung verzichtete.

[67] EuGH, 234/84, Slg. 1986, 2263, RdNr. 15.

[68] EuGH, 234/84, Slg. 1986, 2263, RdNr. 15.

35 δ) **Kapitalerhöhungen/Nachschusspflichten/Beteiligung der Beschäftigten.** Eine Kapitalzufuhr aus öffentlichen Mitteln stellt keine Beihilfe dar, wenn sie mit einer Kapitalzufuhr eines privaten Investors einhergeht, die unter vergleichbaren Bedingungen erfolgt.[69] Ausgenommen vom Beihilfetatbestand sind damit zunächst **Kapitalerhöhungen** an Unternehmen, bei welchen die Bereitstellung von Kapital anteilsmäßig den Gesellschaftsanteilen entspricht und gleichzeitig mit der Bereitstellung von Mitteln durch private Anteilseigner erfolgt.[70]

36 Demgegenüber vermag eine **gesetzliche Nachschusspflicht** für den Fall, dass das Kapital des Beteiligungsunternehmens infolge andauernder Verluste unter eine bestimmte Schwelle gesunken ist, ein Beihilfeelement jedenfalls nicht ohne weiteres auszuschließen.[71] Ein kaufmännisch handelnder Investor muss insoweit auch die Beendigung oder Reduzierung seines Investments in Betracht ziehen, wenn es sich um den finanzwirtschaftlich vernünftigeren Weg handelt. Ebenso stellt die **Beteiligung der Beschäftigten** des Beteiligungsunternehmens an dessen Kapital, etwa in Form von Gehaltskürzungen oder Aktienpaketen, jedenfalls dann kein taugliches Referenzinvestment eines Privaten dar, wenn dies aus Angst um den Erhalt der Arbeitsplätze erfolgt und damit letztlich durch Erwägungen der Überlebensfähigkeit des Unternehmens und weniger durch Rentabilitätsaussichten motiviert sind.[72]

37 ε) **Investition von „realer wirtschaftlicher Bedeutung".** In diesem Zusammenhang hat die Kommission die Auffassung vertreten, dass die Beteiligung des Referenzinvestors von „**realer wirtschaftlicher Bedeutung"** sein muss.[73] Dieses Kriterium ist Konsequenz der anzustellenden wirtschaftlichen Gesamtbetrachtung. Insofern ist von Bedeutung, ob es sich um eine Investition von relativ bedeutsamem Wert im Vergleich zum investierten Gesamtbetrag der anderen Anteilseigner oder wenigstens um eine bedeutsame Investition für das investierende private Unternehmen handelt.[74] Ist dies unter Berücksichtigung der gesamten finanziellen Aktiva des Vergleichinvestors, seiner Gesamtinvestitionen in finanzielle Aktiva im letzten Geschäftsjahr und gegebenenfalls strategischer Überlegungen wie der Sicherung des Marktzutritts zu bejahen, kann mit Hilfe eines danach wirtschaftlich bedeutsamen Vergleichinvestments der Beihilfecharakter der staatlichen Kapitalzuführungen auszuschließen sein. Private Kapitalzuführungen in Höhe von 3 bis 4% des Gesamtvolumens der laufenden Kapitalzuführungen an das begünstigte Unternehmen bzw. der Gesamtinvestition des Investors in finanzielle Aktiva im laufenden Geschäftsjahr wurden als nicht relevant erachtet.[75]

38 cc) **Sonderfall: Risikokapital.** Für die Bereitstellung von **Risiko- oder Wagniskapital** hat die Kommission eigene Leitlinien erlassen, nach denen in diesem Bereich teilweise Beihilfen schon tatbestandlich ausscheiden, teilweise Risikokapitalbeihilfen nach Art. 107 Abs. 3 lit. c AEUV gerechtfertigt erscheinen.[76] Hintergrund dieser Leitlinien war die Überlegung, dass staatliche Beihilfen die Bereitstellung von Risikokapital fördern, gleichzeitig aber auch mit dem Beihilferecht kollidieren können.[77] Um hier einen angemessenen Interessenausgleich zu erzielen, muss die Unterstützung von Risikokapitalinvestitionen durch öffentliche Finanzmittel deshalb auf Fälle beschränkt bleiben, in denen zuvor ein Versagen der Kapitalmärkte festgestellt wurde. Hier können **staatliche Anreize** privates Kapital mobilisieren und dadurch gesamtwirtschaftlich positive Effekte erzeugen.[78] Dies gilt insbesondere vor dem Hintergrund, dass Risikokapital typischerweise im Zusammenhang mit der Beteiligungsfinanzierung von innovativen High-Tech Unternehmen mit anerkannt hohen Wachstums- und Ertragschancen in ihren frühen Wachstumsphasen (sog. Start-Up-Unternehmen) zu sehen ist.[79] Hier besteht zuweilen eine **Kapitalmarktlücke,** da diese neu gegründeten bzw. kleinen und mittleren Unternehmen

---

[69] EuG, Slg. 2000, II-3871 RdNr. 81 – Alitalia.

[70] Beteiligungsmitteilung, Bull. 9-1984, 105.

[71] Mitteilung über öffentliche Unternehmen, ABl. 1993 C 307/3, RdNr. 36.

[72] EuG, Slg. 2000, II-3871 RdNr. 84 – Alitalia.

[73] Kom., ABl. 1994 L 386/1 – Bull.

[74] Kom., ABl. 1994 L 386/1 – Bull; EuG, T-296/97, Slg. 2000, II-3871, RdNr. 81 – Alitalia; EuG, T-358/94, Slg. 1996, II-2109, RdNr. 70 – Air France.

[75] Kom., ABl. 1994 L 386/1 – Bull.

[76] Leitlinien der Gemeinschaft für staatliche Beihilfen zur Förderung von Risikokapitalinvestitionen in kleine und mittlere Unternehmen (KMU), ABl. C 194/2 ff. v. 18. 8. 2006. Diese Leitlinien gelten unmittelbar nur für KMU, jedoch lassen sich die grundsätzlichen Aussagen auch auf andere Risikokapitalinvestitionen übertragen.

[77] *Grabitz/Hilf/v. Wallenberg* Art. 87 EG RdNr. 100; Leitlinien Risikokapitalinvestitionen, ABl. C 194/3.

[78] Leitlinien Risikokapitalinvestitionen, ABl. 2006 C 194/3.

[79] Vgl. *Heidenhain/Montag/Leibenath* § 6 RdNr. 17.

(KMU), häufig keinen hineichenden Zugang zu den Kapitalmärkten haben.[80] Da gleichzeitig gerade diese Unternehmen oft die Forschung und Entwicklung anregen, bzw. die Wirtschaft effizienter gestalten, ist die Risikokapitalfinanzierung erklärtes Gemeinschaftsziel[81] und demnach eine differenzierte beihilferechtliche Erfassung solcher Kapitalzuführungen angezeigt.[82]

Risikokapitalmaßnahmen folgen zunächst dem bekannten Schema des **Privatinvestortests**.   **39** Eine Beihilfe liegt demnach nicht vor, wenn die finanzielle Beteiligungen mit Rücksicht auf die Entwicklungsmöglichkeiten des durch die Kapitalbereitstellung begünstigten Unternehmens in Verbindung mit den sich aus den Investitionen ergebenden Innovationsmöglichkeiten als eine Anlage gesehen werden kann, die, obschon mit einem besonderen Risiko behaftet, letztlich zu einer angemessenen Rendite führen wird.[83]

In ihren **Leitlinien Risikokapitalinvestitionen**[84] hat die Kommission diesen beihilferecht-   **40** lichen Grundgedanken entsprechend den Eigenheiten des Risikokapitalbereichs modifiziert und um eine „De-minimis"-Regelung ergänzt. Darüber hinaus finden sich in den Leitlinien die Voraussetzungen, unter denen die Kommission im Allgemeinen von ihrem Ermessen Gebrauch machen wird, Beihilfen in Form von Risikokapital als mit dem Gemeinsamen Markt vereinbar zu betrachten, Art. 107 Abs. 3 lit. c) AEUV. Ob wegen des höheren Risikos auch eine höhere Rendite zu erwarten sein muss, ist nicht abschließend geklärt, wohl aber anzunehmen.[85]

Trotz häufig komplexer staatlicher Konstruktionen zur Risikokapitalförderung (staatliche An-   **41** reizfunktion) lassen sich **Risikokapitalbeihilfen** im Allgemeinen **auf drei Ebenen** des Marktgeschehens verorten:

Erstens kann eine **Beihilfe an private Investoren** zu bejahen sein, wenn staatliche Stellen   **42** (zB. Fonds oder andere Anlageinstrumente) diese in die Lage versetzen, sich am Kapital eines Unternehmens oder einer Unternehmensgruppe zu günstigeren Konditionen als öffentliche Investoren oder als in Abwesenheit der Förderung zu beteiligen. Dies gilt auch dann, wenn der private Investor durch die Förderung veranlasst wird, selbst wiederum dem oder den begünstigten Unternehmen einen Vorteil zu gewähren.[86]

Der Grundsatz des marktwirtschaftlichen Kapitalgebers ist indes dann gewahrt und eine Bei-   **43** hilfe folglich zu verneinen, wenn die Bedingungen, zu denen der private Investor seine Beteiligungsinvestition vornimmt, auch ohne jegliche staatliche Investition akzeptable wären. Letzteres nimmt die Kommission an, wenn kumulativ *(i)* öffentliche und private Investoren identische Aufwärts- und Abwärtsrisiken und Vergütungen teilen, *(ii)* beide Investoren einer identischen Nachrangigkeitsregelung unterliegen und *(iii)* wenn die Maßnahme zu mindestens 50% von privaten Investoren finanziert wird, die unabhängig von den Unternehmen sind, in die sie investieren.[87] Inwiefern eine Beteiligung zwischen öffentlichen und privaten Investoren zu gleichen Bedingungen (*pari passu*) auch unter- bzw. überhalb der 50%igen Anteilsschwelle anzunehmen sein kann, ist nicht abschließend geklärt.[88] Maßgeblich sollte hier eine Gesamtbetrachtung die Verteilung von Chancen und Risiken sowie von Lasten und Ertrag im Einzelfall sein.

Zweitens kann eine **Beihilfe an die Unternehmen, in die investiert wird** angenommen   **44** werden. Dies liegt nach Auffassung der Kommission insbesondere nahe, wenn bereits eine Beihilfe auf Ebene der privaten Investoren zu bejahen ist (s.o.), da in diesem Fall vermutet wird, dass diese Beihilfe zumindest teilweise an die Zielunternehmen weitergereicht wird. Dies soll auch dann gelten, wenn die Fondsmanager ihre Investitionsentscheidungen nach rein kaufmännischen Grundsätzen treffen.[89] Der Grundsatz des marktwirtschaftliche handelnden Kapitalge-

---

[80] Leitlinien Risikokapitalinvestitionen, ABl. 2006 C 194/3.

[81] Economic Reform: Report on the functioning of Community product and capital markets, KOM (1999) 10 v. 20. 1. 1999; s. auch Europäischer Rat (Lissabon) v. 23./24. 3. 2000.

[82] Leitlinien Risikokapitalinvestitionen, ABl. 2006 C 194/2; *Grabitz/Hilf/v. Wallenberg* Art. 87 EG RdNr. 100.

[83] Beteiligungsmitteilung, Bull. 9–1984, Ziff. 3.2, 6. Spiegelstrich.

[84] Vgl. oben, Fn. 110; daneben gelten weiter die Beteiligungsmitteilung (aaO, Fn. 99), die Bekanntmachung über die Anwendung der Beihilfevorschriften auf Maßnahmen im Zusammenhang mit der direkten Besteuerung von Unternehmen von 1998, ABl. 1998 C 384/3 und die Mitteilung über die Anwendung der Art. 87 und 88 EG-Vertrag auf staatlichen Beihilfen in Form von Haftungsverpflichtungen und Bürgschaften, ABl. C 71/14.

[85] *Friederiszick/Tröge* 105, 106.

[86] Leitlinien Risikokapitalinvestitionen, ABl. 2006 C 194/8.

[87] Siehe Leitlinien Risikokapitalinvestitionen, ABl. 2006 C 194/8.

[88] Offen formuliert („grundsätzlich") insoweit Leitlinien Risikokapitalinvestitionen, ABl. 2006 C 194/8.

[89] Leitlinien Risikokapitalinvestitionen, ABl. 2006 C 194/9.

bers kommt indes zum Tragen, wenn die Investitionsentscheidung *(i)* ausschließlich gewinnorientiert erfolgt, *(ii)* auf einem sinnvollen Unternehmensplan und plausiblen Projektionen beruht und *(iii)* eine klare und realistische Ausstiegsstrategie („exit") enthält.[90]

45 Meistens sehen Risikokapitalbeihilfen die Auflage eines Fonds o.ä. Anlageinstruments vor, welcher unabhängig von den Investoren (häufig ebenfalls Fondsgesellschaften) und den Zielunternehmen besteht und von professionellen Fondsverwaltern gemanagt wird. In derlei Fällen muss deshalb – drittens – auch geprüft werden, ob der Fonds oder das **Anlageinstrument selbst Beihilfeempfänger** sein kann. Unabhängig von der Frage, ob ein unabhängiges, aber staatlich finanziertes Anlageinstrument den beihilferechtlichen Unternehmensbegriff erfüllt, geht die Kommission jedenfalls davon aus, dass solche Instrumente im Allgemeinen keine Beihilfe empfangen, weil sie nur als zwischengeschaltete Instrument dienen, das die Beihilfen an die Investoren und/oder Zielgesellschaften weiterleiten.[91] Schließlich ist in diesem Zusammenhang auch zu berücksichtigen, dass insbesondere Finanzierungen durch die Europäische Investitionsbank und den Europäischen Investitionsfonds nicht als „staatliche" Finanzierung, sondern als Finanzierung von Privatinvestoren angesehen werden, die damit nicht unter Art. 107 Abs. 1 AEUV fallen.

46 **d) Beurteilungszeitpunkt und Beurteilungsmaßstab.** Entscheidender Zeitpunkt für die Beurteilung ob es sich bei der betreffenden Kapitalzufuhr um eine Beihilfe handelt, kann nach übereinstimmender Auffassung der Gemeinschaftsorgane nur der Zeitpunkt sein, zu dem die **Investitions- oder Finanzierungsentscheidung** zu treffen war („*ex ante*-Sichtweise").[92] Für die Frage, ob sich der Staat wirtschaftlich vernünftig verhalten hat, ist nicht das Ergebnis entscheidend, sondern die – gegebenenfalls nachträgliche anzustellende – **Prognose** im Zeitpunkt der ursprünglichen Investitionsentscheidung.[93] Dabei wird man sich vornehmlich von objektiven Rentabilitätserwartungen, gegebenenfalls ergänzt um die subjektive Geschäftsgrundlage (Geschäftsplan etc.) leiten lassen müssen.[94]

47 Keinesfalls darf durch eine Beurteilung im Rückblick darauf abgestellt werden, ob sich die zum Zeitpunkt der Investitionsentscheidung stehende Renditeerwartung tatsächlich realisiert hat. Es liegt auf der Hand, dass wegen des mit allen Investitionsentscheidungen verbundenen Risikos nicht alle Vorhaben erfolgreich sind, sondern manche nur eine unterdurchschnittliche Rendite aufweisen oder auch vollständig scheitern.[95] Dem trägt die Kommission insoweit Rechnung, als sie sich in einigen Fällen des *Capital Asset Pricing Model* (CAPM) bedient, um auch rückblickend noch Aussagen zu den damaligen Risiken und Wahrscheinlichkeiten der Renditeerwartung von Eigenkapital treffen zu können.[96]

48 Schwierigkeiten hinsichtlich des Beurteilungszeitpunktes können sich insbesondere in Fällen ergeben, in denen der Staat eine Vorreiterrolle hinsichtlich **neuartiger Investitionsmöglichkeiten** einnimmt. Insbesondere die zeitweise noch nicht verbreitete der Zuführung von Eigenkapital (über gewisse Grenzwerte hinaus) an Banken durch das Instrument der stillen Einlage oder andere **hybrider Finanzinstrumente** führte teilweise zu erhöhtem Beurteilungsaufwand sowie zu einer gewissen Gegenkontrolle durch Vergleichstransaktionen privater Investoren, die erst nach dem Gewährungszeitpunkt der zu überprüfenden Kapitalzufuhr statt fanden.[97] In diesen Fällen ist von besonderer Bedeutung, dass sich die Kommission bei ihrer Beurteilung tatsächlich in den Zeitpunkt der Kapitalgewährung zurückversetzt hat. Insofern wird auch zu berücksichtigen sein, dass der Staat – ebenso wie vergleichbare Privatinvestoren – sich als Marktpionier betätigen darf, wie nunmehr durch das Gericht im Fall der Landesbank Hessen-Thüringen begt,[98] insbesondere dann, wenn im unmittelbaren zeitlichen Zusammenhang private Kapitalgeber gleichartige Investitionen vornehmen.

---

[90] Vgl. Leitlinien Risikokapitalinvestitionen, ABl. 2006 C 194/2.

[91] Leitlinien Risikokapitalinvestitionen, ABl. 2006 C 194/8.

[92] EuGH, Slg. 2002, I-4397 – Stardust Marine; Mitteilung über öffentliche Unternehmen, ABl. 1993 C 307/3, RdNr. 28.

[93] *Giesberts/Streit* EuZW 2009, 484, 486.

[94] EuG, T-358/94, Slg. 1996 II-2109, RdNr. 79 – Air France/Kommission; Mitteilung über öffentliche Unternehmen, ABl. 1993 C 307/3, RdNr. 31; *Frenz* RdNr. 211; kritisch *Giesberts/Streit* EuZW 2009, 484, 487 ff.

[95] Mitteilung über öffentliche Unternehmen, ABl. 1993 C 307/3, RdNr. 28.

[96] Vgl. oben RdNr. 29; Kom., ABl. 2006 L 307/159 – Helaba; zu den von der Kommission entwickelten Kriterien im Einzelnen vergleiche oben, RdNr. 28 ff.

[97] Kom., ABl. 2006 L 307/159.

[98] EuG, T-163/05 v. 3. 3. 2010, RdNr. 250, 256 – *Helaba*.

3. Umfang der Kontrolle staatlicher Investitionsentscheidung durch die Kommission. Die *ex-ante*-Betrachtung staatlicher Kapitalzuführungen erfordert die Bewertung einer Prognoseentscheidung über die zum Zeitpunkt der Investitionsentscheidung zu erwartenden Rentabilitätsaussichten. Bei der Frage, ob ein privater Investor zum maßgeblichen Beurteilungszeitpunkt dieselbe Investitionsentscheidung wie der öffentliche Kapitalgeber getroffen hätte, geht die Kommission davon aus, dass diese Risikoanalyse von öffentlichen Unternehmen, genauso wie von privaten Unternehmen, den Einsatz von unternehmerischen Fähigkeiten erfordert und naturgemäß eine **weite Bandbreite der Beurteilungsmöglichkeiten** durch den Investor beinhaltet. Innerhalb dieser weiten Bandbreite der Beurteilungsmöglichkeiten kann von der Entscheidung des Investors nicht auf das Vorliegen von staatlichen Beihilfen geschlossen werden.[99]

Obwohl den Ausführungen der Kommission im Grundsatz zuzustimmen ist, stellt sich die Frage, wie weit die Kommission in der Praxis tatsächlich die Bandbreite zulässiger Beurteilungsmöglichkeiten zieht. Insbesondere die **jüngere Entscheidungspraxis** der Kommission zeigt eher eine **höhere Kontrolldichte.** Sie äußert sich vor allem durch Anwendung des CAPM, mit Hilfe dessen die Kommission Aussagen darüber trifft, welche Rendite der Investor, unter Zugrundelegung der damaligen Unternehmensparameter aller Wahrscheinlichkeit nach erwarten konnte. Hingegen beruht die Investitionsentscheidung eines privaten Investors in ein Unternehmen häufig nicht oder nicht ausschließlich auf ausdifferenzierten ökonomischen Berechnungsmodellen, sondern folgt auch weniger komplexen Marktanalysen und persönlichen Einschätzungen. Da durch das von der Kommission gewählte Prüfverfahren bereits die Entscheidungsparameter vorgegeben werden, wird dem eigentlich eingeräumten Ermessensspielraum bezüglich Investitionsentscheidungen praktische keine Rechnung getragen.

Unter Zugrundelegung des CAPM ermittelt die Kommission die zu erwartende Mindest- und Maximalrendite. Hieraus ergibt sich eine prozentuale Bandbreite, innerhalb derer nach Auffassung der Kommission der Mittelwert maßgeblich ist. Nach Ansicht der Kommission würde nämlich ein umsichtiger privater Kapitalgeber bei der Berechnung der für seine Anlage zu erwartenden angemessenen Vergütung grundsätzlich eine Mindestrendite in Höhe der Durchschnittsrendite im betreffenden Sektor verlangen.[100] Entspricht die vereinbarte Vergütung zwischen Kapitalgeber und Zielunternehmen nicht der **Branchendurchschnittsrendite** so ist die Kapitalzufuhr als Beihilfe zu qualifizieren. Inwiefern das Verlangen der Kommission, dass eine Investition mindestens eine Branchendurchschnittsrendite erwirtschaften muss, mit dem von der Kommission selbst zugestandenen weiten Ermessensspielraum vereinbar ist, ist fraglich.

4. Umfang der gerichtlichen Kontrolle der Kommissionsentscheidungen. Die Kontrolldichte der europäischen Gerichte beschränkt sich bei der Überprüfung der korrekten Anwendung des Privatinvestortests durch die Kommission darauf, ob die Vorschriften über das Verfahren und die Begründung eingehalten worden sind, ob keine Rechtsfehler vorliegen, ob der Sachverhalt zutreffend festgestellt wurde und ob keine offensichtlich fehlerhafte Würdigung dieses Sachverhaltes oder ein Ermessensmissbrauch vorliegt.[101] Der danach bestehende Beurteilungsspielraum der Kommission im Rahmen der Rentabilitätsprognose einer staatlichen Kapitalzuführung ist demnach nur nach Maßgabe der **allgemeinen verwaltungsrechtlichen Grundsätze** zur Kontrolle tatbestandlichens Ermessens[102] auf Beurteilungsfehler hin überprüfbar.[103] Insbesondere darf das Gericht die wirtschaftliche Beurteilung des Urhebers der Investitionsentscheidung nicht durch seine eigene Beurteilung ersetzen.[104]

49

50

51

52

---

[99] Mitteilung über öffentliche Unternehmen, ABl. 1993 C 307/3, RdNr. 27.

[100] EuG, T-228/99 und T-233/99, Slg. 2003, II-435, RdNr. 11 – WestLB.

[101] EuG, T-196/04 vom 17. 12. 2008, RdNr. 41 – Ryanair Slg. 2008, II-2643.

[102] Ausführlich auch zum „undogmatischen" Ansatz des EuGH in dieser Frage in *Schoch/Schmidt-Aßmann/Pietzner/Gerhardt* Vor § 113 VwGO RdNr. 30 ff.

[103] EuGH, C-328/99, Slg. 2003, I-4035, RdNr. 39 – Italien/Kommission; EuG, T-152/99, Slg. 2002, II-3049, RdNr. 126 – Hijos de Andrés Molina/Kommission; *Calliess/Ruffert/Cremer* Art. 87 EG RdNr. 10 mwN.

[104] EuGH, C-323/00 P, Slg. 2002, I-3919, RdNr. 43 – DSG/Kommission; T-152/99, Slg. 2002, II-3049, RdNr. 127 – HAMSA/Kommission.

II. Finanzielle Transfers an öffentliche Unternehmen – Transparenz-RL

Schrifttum: *Badura*, Das öffentliche Unternehmen im europäischen Binnenmarkt, ZGR 1997, 291; *Ehlers*, Verwaltung in Privatrechtsform, 1984; *Eilmansberger*, Quersubventionen, marktwirtschaftlich handelnde Kapitalgeber und das EG-Wettbewerbsrecht, RIW 2001, 902; *Faulhaber*, Cross-subsidization: Pricing in Public Enterprises, American Economic Review 1975, 966; *Giesberts/Streit*, Anforderungen an den „Private Investor Test" im Beihilferecht, EuzW 2009, 484; *Kahl*, Das öffentliche Unternehmen im Gegenwind des europäischen Beihilferechts, NVwZ 1996, 1082; *Püttner*, Die öffentlichen Unternehmen, 1985; *Simon*, The Application of the Market Economy Investor Principle in the German Landesbanken cases, EStAL 2007, 499; *Spannowsky*, Der Einfluss öffentlich-rechtlicher Zielsetzungen auf das Statut privatrechtlicher Eigengesellschaften in öffentlicher Hand, ZGR 1996, 400; *Waldheim*, Dienstleistungsfreiheit und Herkunftslandprinzip, 2008; *Weiß*, Öffentliche Unternehmen und EGV, EuR 2003, 165.

53   **1. Öffentliche Unternehmen.** Der AEUV enthält sich einer Definition öffentlicher Unternehmen. Der Begriff taucht in Art. 106 Abs. 1 AEUV in wettbewerbsrechtlichem, das heißt grundsätzlich unternehmens- nicht staatengerichtetem Regelungszusammenhang auf. Es herrscht indes Einigkeit, dass der Norm exemplarische Bedeutung für den gesamten Vertrag über die Arbeitsweise der EU zukommt und dass für eine Annäherung an den Begriff des öffentlichen Unternehmens in Art. 106 Abs. 1 AEUV auf die Legaldefinition in Art. 2 Abs. 1 lit. b der Transparenzrichtlinie der Kommission[1] zurückgegriffen werden kann, obwohl diese Bestimmung nicht bezweckt, den primärrechtlichen Begriff des „öffentlichen Unternehmens" in Art. 106 AEUV zu definieren.[2]

54   Unternehmen sind danach öffentlich, wenn die öffentliche Hand aufgrund Eigentums, finanzieller Beteiligung, Satzung oder sonstiger Bestimmungen unmittelbar oder mittelbar **beherrschenden Einfluss** ausübt. Ausreichend aber auch erforderlich ist eine Mehrheitsbeteiligung des Staates, weil bereits damit über das Unternehmen und seine Tätigkeit verfügt werden kann.[3] Minderheitsbeteiligungen, auch solche die eine aktienrechtliche Sperrminorität begründen, reichen nicht aus.[4] Vermutet wird ein beherrschender Einfluss, wenn der Staat unmittelbar oder mittelbar über die Mehrheit des gezeichneten Kapitals oder der Stimmrechte des Unternehmens verfügt, oder die Mehrzahl der Mitglieder der Verwaltungs-, Leitungs- oder Aufsichtsorgane bestellt.[5] Maßgeblich ist die Direktionsgewalt der öffentlichen Hand.[6]

55   Die (private oder öffentliche) Rechtsform des Unternehmens ist nicht entscheidend. Der wettbewerbsrechtliche Begriff des Unternehmens umfasst „jede eine **wirtschaftliche Tätigkeit** ausübende Einheit, unabhängig von ihrer Rechtsform und der Art ihrer Finanzierung".[7] Von diesem **funktionalen Verständnis** erfasst sind selbst Einheiten ohne eigenständige Rechtspersönlichkeit, die in die staatliche Verwaltung integriert sind, wenn der Staat durch sie wirtschaftliche Tätigkeiten ausübt, „die darin bestehen, Güter oder Dienstleistungen auf dem Markt anzubieten".[8] Entscheidend ist die Abgrenzung hoheitlicher zu wirtschaftlicher Tätigkeit, die nicht anzunehmen ist, wenn die fragliche Einrichtung allein „im öffentlichen Interesse und nicht zu Erwerbszwecken tätig wird".[9]

56   **Nicht wirtschaftlich** sind damit Tätigkeiten, die – im Allgemeininteresse liegend – der Erfüllung wesentlicher Staatsaufgaben wie der Wahrung der inneren und äußeren Sicherheit, der Justizverwaltung oder der Überwachung des Luftraums dienen.[10] Auch die Verwaltung eines Systems der sozialen Sicherheit durch die gesetzlichen Krankenkassen soll als Tätigkeit von

---

[1] RL 80/273 über die Transparenz der finanziellen Beziehungen zwischen den Mitgliedstaaten und den öffentlichen Unternehmen, ABl. L 195/35, zuletzt geändert durch RL 2006/111, ABl. L 318/17 (im Folgenden: „Transparenzrichtlinie").

[2] EuGH, verb. 188–190/80, Slg. 1982, 2545 – Transparenzrichtlinie; *Heidenhain/Montag/Leibenath* § 24 RdNr. 5; *Grabitz/Hilf/Pernice/Wernicke* Art. 86 EG RdNr. 21; *Mestmäcker/Schweitzer* § 33 RdNr. 40 ff.

[3] *Weiß* EuR 2003, 165, 168.

[4] *Kahl* NVwZ 1996, 1082, 1083; zum insoweit gegebenenfalls divergierenden nationalen Maßstab etwa *Ehlers*, 1984, 9 f.; *Püttner* 23 ff.

[5] Art. 2 Abs. 1 lit. b)–iii) Transparenzrichtlinie.

[6] *Heidenhain/Montag/Leibenath* § 24 RdNr. 5.

[7] EuGH, C-41/90, Slg. 1991, I-1979, RdNr. 21 – Höfner und Elser; st. Rspr.

[8] EuGH, Rs. 118/85, Slg. 1987, 2599, RdNr. 7 – Kommission/Italien; C-69/91, Slg. 1993, I-5335, RdNr. 15 – Decoster.

[9] So bereits EuGH, Rs. 94/74, Slg. 1975, 699, RdNr. 33 – IGAV.

[10] EuGH, C-364/92, Slg. 1994, I-0043, RdNr. 30 – SAT/Eurocontrol; C-343/95, Slg. 1997, I-1547, RdNr. 22 – Diego Cali & Figli; *Heidenhain/Montag/Leibenath* § 24 RdNr. 4.

rein sozialer Zielsetzung nicht wirtschaftlicher Art sein.[11] Die Erfüllung öffentlicher Aufgaben ist also kein Kriterium für die Einstufung als öffentliches Unternehmen, sondern für die Unterscheidung wirtschaftlicher von nicht wirtschaftlicher Tätigkeit. Angesprochen sind in Deutschland die von öffentlich-rechtlichen Körperschaften getragenen Regie- und Eigenbetriebe, ebenso wie privatrechtlich organisierte Eigengesellschaften, gemischt-öffentliche, von mehreren Hoheitsträgern getragene Unternehmen und gemischt wirtschaftliche Unternehmen, das heißt Unternehmen, die von öffentlich-rechtlichen Körperschaften gemeinsam mit Privaten gehalten werden.[12]

Durch Art. 106 Abs. 1 AEUV sind schließlich die dort genannten Unternehmen, denen die **57** Mitgliedstaaten besondere oder ausschließliche Rechte gewähren, den öffentlichen Unternehmen gleichgestellt.[13] Die Gewährung solcher monopolartiger Rechten entzieht die privilegierten Unternehmen nicht nur (weitgehend) dem Wettbewerbsdruck der nicht privilegierten Unternehmen, sondern versetzt diese umgekehrt auch in eine Abhängigkeit zum rechtegewährenden Staat, die derjenigen öffentlicher Unternehmen ähnlich ist.[14] Deshalb sollen die Mitgliedstaaten ebenso wie bei öffentlichen Unternehmen gehindert sein, ihren besonderen Einfluss auf diese Unternehmen zu nutzen, um Pflichten zu umgehen, die sie als Hoheitsträger nach dem Vertrag über die Arbeitsweise der Europäischen Union treffen.[15]

2. Finanzielle Transfers. Finanzielle Transfers an öffentliche Unternehmen kommen schon **58** aufgrund der in diesem Bereich engen Verflechtung öffentlicher und privater Mittel in den verschiedensten Formen vor. Abgesehen von denjenigen finanziellen Verpflichtungen, die der Staat als Gesellschafter des Unternehmens etwa in Form einer anteilsgemäßen Kapitalerhöhung zu tragen hat und die regelmäßig keine Beihilfe darstellen, sind beihilferechtlich relevant jede unmittelbare Bereitstellung öffentlicher Mittel *für* öffentliche Unternehmen und jede mittelbare Bereitstellung öffentlicher Mittel *über* öffentliche Unternehmen oder Finanzinstitute an andere öffentliche Unternehmen.[16]

Solche unmittelbaren oder mittelbaren finanziellen Zuwendung müssen sich am **Prinzip des** **59** **marktwirtschaftlich handelnden Kapitalgebers** messen lassen.[17] Dieses Prinzip, welches den Staat, der nicht hoheitlich handelt, dem Kalkül des Marktes unterwirft, ist Ausfluss der Vorgabe in Art. 106 Abs. 1 AEUV, wonach die Mitgliedstaaten auch in Bezug auf öffentlichen Unternehmen keine den Wettbewerbsregeln der Gemeinschaft zuwiderlaufende Maßnahmen treffen oder beibehalten dürfen.

Die **Transparenzrichtlinie**[18] nennt als finanzielle Beziehungen zwischen der öffentlichen **60** Hand und den durch sie kontrollierten Unternehmen, deren Transparenz nach dieser Richtlinie zu gewährleisten ist, den Ausgleich von Betriebsverlusten, Kapitaleinlagen und Kapitalausstattungen, verlorene Zuschüsse oder Darlehen zu Vorzugsbedingungen, finanzielle Vergünstigungen durch Verzicht auf Gewinne oder Nichteinziehung von Schuldforderungen, den Verzicht auf eine normale Verzinsung der eingesetzten öffentlichen Mittel und den Ausgleich von Belastungen, die dem Unternehmen durch die öffentliche Hand (im Allgemeininteresse) auferlegt wurden.

Ausnahmen hierzu ergeben sich im Lichte der *Altmark Trans*-Rechtsprechung des EuGH, **61** wonach unter bestimmten Voraussetzungen Ausgleichszahlungen für öffentliche Dienstleistungen keine staatlichen Beihilfen im Sinne von Art. 107 Abs. 1 AEUV darstellen.[19] Als Reaktion auf diese Rechtsprechung hat die Kommission im Jahre 2005 die bis dahin auf staatliche *Beihilfen* beschränkte Pflicht zur getrennten Buchführung für Unternehmen, denen der Staat ausschließliche oder besondere Rechte im Sinne von Art. 106 Abs. 1 AEUV gewährt und die mit Dienstleistungen von allgemeinem wirtschaftlichen Interesse im Sinne von Art. 106 Abs. 2

---

[11] EuGH, verb. C-264/01 u.a., Slg. 2004, I-2493, RdNr. 45 ff. – AOK Bundesverband; vgl. auch C-205/03 P, Slg. 2006, I-6295, RdNr. 25 f. – FENIN.

[12] *Heidenhain/Montag/Leibenath* § 24 RdNr. 5.

[13] Für einen Überblick über die in Betracht kommenden „besonderen oder ausschließlichen Rechte" siehe Kommentierung zu Art. 106 AEUV in diesem Band.

[14] *Calliess/Ruffert/Jung* Art. 86 EG RdNr. 14.

[15] *Mestmäcker/Schweitzer* § 33 RdNr. 1.

[16] Vgl. Art. 1 Abs. 1 TransparenzRL.

[17] Dazu RdNr. 5 ff.

[18] RL 80/273 über die Transparenz der finanziellen Beziehungen zwischen den Mitgliedstaaten und den öffentlichen Unternehmen, ABl. L 195/35, zuletzt geändert durch RL 2006/111, ABl. L 318/17 (im Folgenden: „Transparenzrichtlinie").

[19] EuGH, C-280/00, Slg. 2003, I-7747, RdNr. 87 – Altmark Trans.

AEUV betraut sind,[20] auf *jegliche Art von Ausgleichszahlungen* für (monopolisierte) öffentliche Dienstleistungen ausgeweitet.[21]

62 Unerheblich ist dabei, ob es sich bei dem mit besonderen oder ausschließlichen Rechten ausgestatteten Dienstleistungserbringer um ein öffentliches oder ein privates Unternehmen handelt.[22] Bereits RL 2000/52 vom 26. 7. 2000 hatte insoweit festgestellt, dass bestimmte Wirtschaftssektoren, die sich in der Vergangenheit durch nationale, regionale oder örtliche Monopole auszeichneten (zB. Telekommunikation, Postwesen, Eisenbahnverkehr) inzwischen teilweise oder vollständig privatisiert und dem Wettbewerb geöffnet wurden.[23] Insoweit stand die Kommission vor der Aufgabe, dem unterschiedlichen **Grad der Marktliberalisierung** in den Mitgliedstaaten und folglich der Problematik Rechnung zu tragen, dass öffentliche wie private Unternehmen sowohl in wettbewerbsfreien Sonderbereichen nach Art. 106 Abs. 1 und 2 AEUV, als auch in anderen Geschäftsbereichen im Wettbewerb mit Dritten tätig sind (sog. Wettbewerbsbereiche).[24]

63 Der beihilferechtlichen Gefahr, dass Leistungen, die im Wettbewerb mit anderen Unternehmen erbracht werden, durch Einnahmen (quer-) subventioniert werden, die aus wettbewerbsfreien Sonderbereichen stammen, für die staatliche Ausgleichszahlungen fließen,[25] wird durch eine umfassende Offenlegungspflicht der internen Kosten und Erlöse in den verschiedenen Geschäftsbereichen begegnet.[26] Diese Pflicht trifft öffentliche und mit besonderen Pflichten betraute private Unternehmen gleichermaßen und gleichviel, ob es sich bei dem staatlichen Finanztransfer um eine Beihilfe im Sinne des Art. 107 Abs. 1 AEUV oder um eine Ausgleichszahlung im Sinne der *Altmark Trans*-Rechtsprechung handelt.

64 **3. Öffentliche Unternehmen und EU-Beihilferecht. a) Rahmenbedingungen.** Der Vertrag über die Arbeitsweise der Europäischen Union verhält sich gegenüber der Eigentumsordnung der Mitgliedstaaten neutral, Art. 345 AEUV. Es ist den Mitgliedstaaten daher gemeinschaftsrechtlich erlaubt, öffentliche Unternehmen zu gründen, zu erweitern oder zu privatisieren und privatwirtschaftlich geführte Unternehmen in Staatseigentum zu überführen.[27] Gerade letzterer Aspekt wurde im Zuge der aktuellen Finanzmarktkrise wieder aktuell. Die Verstaatlichung von in Vermögensverfall geratenen Banken ist in diesem Zusammenhang aber ein Problem der Eigentumsgarantie der nationalen Verfassungen, nicht des Art. 345 AEUV.[28]

65 Der AEUV stellt insofern andere Anforderungen. Aus Art. 106 Abs. 1 AEUV, wonach die Mitgliedstaaten den öffentlichen Unternehmen und den Unternehmen, denen sie besondere oder ausschließliche Rechte gewähren, **keine dem AEUV und insbesondere dessen Wettbewerbsregeln zuwiderlaufende Vorteile** gewähren dürfen, folgt unmittelbar, dass die Mitgliedstaaten bestehende und zukünftige öffentliche Unternehmen nicht der EU-Beihilfekontrolle entziehen dürfen.[29] Mittelbar folgt hieraus der **Grundsatz der Gleichbehandlung** öffentlicher und privater Unternehmen,[30] auch wenn der AEUV nirgends eine Ausnahme für öffentliche Unternehmen statuiert und insofern die Gleichbehandlung bereits unabhängig von Art. 106 Abs. 1 AEUV vorauszusetzen scheint.[31]

66 Die sich aus Art. 106 Abs. 1 AEUV ergebende Forderung nach einer Gleichbehandlung öffentlicher und privater Unternehmen vor dem EU-Beihilferecht (Art. 107 Abs. 1 AEUV) steht

---

[20] Vgl. insoweit bereits Art. 2 Abs. 1 lit. d RL 2000/52, ABl. L 193/75.

[21] RL 2005/81 zur Änderung der Richtlinie 80/723 über die Transparenz der finanziellen Beziehungen zwischen den Mitgliedstaaten und den öffentlichen Unternehmen sowie über die finanzielle Transparenz innerhalb bestimmter Unternehmen, ABl. L 312/47; Erwägungsgrund 3; *Wiedemann/Dohms* § 35 RdNr. 613.

[22] *Wiedemann/Dohms* § 35 RdNr. 613.

[23] RL 2000/52, ABl. L 193/75, Erwägungsgrund 2.

[24] *Heidenhain/Montag/Leibenath* § 27 RdNr. 2; *Wiedemann/Dohms* § 35 RdNr. 613.

[25] Siehe dazu näher unter RdNr. 73 ff.

[26] RL 2000/52, ABl. L 193/75, Erwägungsgrund 6 und Art. 2 Abs. 1 lit. d; *Grabitz/Hilf v. Wallenberg* Art. 87 EG RdNr. 199.

[27] *Immenga/Mestmäcker/Mestmäcker/Schweitzer*, EG-WettbR, Art. 86 EG im System des EGV RdNr. 16.

[28] Vgl. in Deutschland Art. 14 Abs. 1 GG.

[29] *Heidenhain/Montag/Leibenath* § 24 RdNr. 8.

[30] Mitteilung der Kommission vom 20. 9. 2000 über Leistungen der Daseinsvorsorge in Europa, KOM (2000) 580 endg., RdNr. 21; *Grabitz/Hilf/Pernice/Wernicke* Art. 86 RdNr. 5; *Calliess/Ruffert/Jung* Art. 86 EG RdNr. 3; GA *Reischl*, Schlussanträge zu 188–190/80, Slg. 1982, 2588 – Transparenzrichtlinie.

[31] In diese Richtung etwa Jungbluth in *Langen/Bunte* Art. 86 EG RdNr. 12; ebenso rekurriert der EuGH nicht explizit auf Art. 86 EG, sondern geht schlicht von der Gleichbehandlung öffentlicher und privater Unternehmen vor den Wettbewerbsregeln der Gemeinschaft aus, vgl. EuGH, verb. 188–190/80, Slg. 1982, 2545, RdNr. 20 f. – Transparenzrichtlinie; C-303/88, Slg. 1991, I-1433, RdNr. 16 ff. – ENI/Lanerossi.

somit in einem gewissen **Spannungsverhältnis zu Art. 345 AEUV**, der die Eigentumsordnung der Mitgliedstaaten unberührt lässt. Während Art. 107 Abs. 1 AEUV finanzielle Transferleistungen des Staates an öffentliche Unternehmen den gleichen Rentabilitätserwägungen unterwirft, die ein „vernünftiger" privater Investor mutmaßlich anstellen würde, folgt aus Art. 345 AEUV, dass die Mitgliedstaaten ihre Allgemeinwohlinteressen in Gestalt öffentlicher Unternehmen wahrnehmen können und nicht etwa auf die klassischen Lenkungsformen der Ge- und Verbote beschränkt sind. Die Beihilfekontrolle darf die Mietgliedstaaten nicht daran hindern, über Art und Ausmaß öffentlicher Wirtschaftsbetätigung in ihrem Hoheitsgebiet zu entscheiden.[32]

Dieses Spannungsverhältnis resultiert aus der **Doppelrolle des Staates**, der über öffentliche   **67**
Unternehmen in einem „an sich staatsfrei vorgestellten Raum"[33] tätig wird: Der Staat ist gleichzeitig Unternehmer (Eigentümer) und Hoheitsträger.[34] Aufgabe der Beihilfekontrolle ist es insoweit, zwischen dem Tätigwerden des Staates als öffentliche Hand und als Unternehmenseigentümer einen angemessenen Ausgleich zu finden.[35] Für die Zuordnung finanzieller Transfers zu der einen oder anderen Kategorie hat die Transparenzrichtlinie der Kommission[36] einen wertvollen Beitrag geleistet.

b) Finanzielle Transfers an öffentliche Unternehmen als Beihilfe. aa) Allgemein.   **68**
Im Gegensatz zu ihrer *Gründung*, sind die Mitgliedstaaten bei der *Finanzierung* öffentlicher Unternehmen nicht frei. Die **Mittelausstattung öffentlicher Unternehmen unterliegt der europäischen Beihilfekontrolle**. Danach müssen öffentliche und private Unternehmen gleichen Zugang zu Finanzmitteln haben.[37] Beschaffen sich öffentliche Unternehmen frisches Kapital nicht – wie Private – auf den Kapitalmärkten, sondern mittels ihrer privilegierten Beziehung zum Staat unmittelbar (zB. durch Übertragung von Vermögenswerten)[38] oder mittelbar (zB. durch Schuldverzicht oder Staatsgarantien)[39] aus öffentlichen Haushaltsmitteln, können solche finanziellen Transfers den Beihilfetatbestand in Art. 107 Abs. 1 AEUV erfüllen.

Dabei kommt es aus Sicht des EU-Beihilferechts nicht auf den internen Staatsaufbau der Mit-   **69**
gliedstaaten an.[40] Beihilfen können auf **kommunaler, Landes- oder Bundesebene** fließen und direkt aus Haushaltsmitteln oder indirekt über vom Staat benannte oder errichtete öffentliche oder private Einrichtungen (zB. Körperschaften, Anstalten, Stiftungen etc.) gewährt werden.[41] Auch die öffentliche oder private Handlungsform der Mittelvergabe ist hierbei nicht entscheidend. Denkbar ist auch, dass die Beteiligten einen zivilrechtlichen Mittelzuweisungsvertrag schließen.

Maßstab für die Frage, ob eine selektive Begünstigung des bezuschussten öffentlichen Unter-   **70**
nehmens und damit eine Wettbewerbsverzerrung gegenüber der privaten Konkurrenz vorliegt, ist das **Prinzip des marktwirtschaftlich handelnden Kapitalgebers**.[42] Ein privater Investor wird Finanzmittel oder Garantien in der Regel nur gegen Entgelt zur Verfügung stellen. Entscheidend ist deshalb im Einzelfall die Berechnung des Beihilfeelements durch einen Vergleich zu ähnlichen finanziellen Transfers unter Markbedingungen.[43]

Bei **direkten** Finanzspritzen wie Vermögensübertragungen, Kapitaleinlagen, Darlehen oder   **71**
dem Ausgleich von Betriebsverlusten, kommt es hierbei auf eine marktkonforme Verzinsung des eingesetzten Kapitals bzw. die zu erwartende Rendite unter Berücksichtigung des Insol-

---

[32] *Badura* ZGR 1997, 291, 296.

[33] *Spannowsky* ZGR 25 (1996), 400, 404; vgl. zum Ganzen auch *Waldheim* 82 f.

[34] *Heidenhain/Montag/Leibenath* § 24 RdNr. 10.

[35] Transparenzrichtlinie, ABl. 2006 L 318/17, Erwägungsgrund Nr. 8; *Heidenhain/Montag/Leibenath* § 24 RdNr. 15.

[36] ABl. 2006 L 318/17; näher dazu unten 4.

[37] *Heidenhain/Montag/Leibenath* § 24 RdNr. 12.

[38] Vgl. EuG, verb. T-228/99 und T-233/99, Slg. 2003, II-435 – WestLB und Kom., ABl. 2006 L 307/22 – WestLB.

[39] In diesem Sinne wurde die „Anstaltslast- und Gewährträgerhaftung" der öffentliches Eigentümer der Landesbanken eingeordnet, vgl. Kom., E 10/2000 – Deutschland; Mitteilung der Kommission über die Anwendung der Art. 87 und 88 EG auf staatliche Beihilfen in Form von Haftungsverpflichtungen und Bürgschaften, ABl. 2000 C 71/14 (im Folgenden: „Garantiemitteilung").

[40] *Koenig/Kühling/Ritter* RdNr. 154 f.

[41] Vgl. zB. EuGH, verb. C-52/97 u. a., Slg. 1998, I-2629, RdNr. 13 – Viscido; verb. C-72/91 und C-73/91, Slg. 1993, I-887, RdNr. 19 – Sloman Neptun; *Koenig/Kühling/Ritter* RdNr. 154 f. mwN.

[42] Siehe dazu RdNr. 5 ff.

[43] Im Einzelnen RdNr. 28 ff.

venzrisikos des Schuldners im Zeitpunkt der Investitions- oder Finanzierungsentscheidung an („*ex ante*-Sichtweise).[44] Die ökonomischen Erfolgsaussichten der finanziellen Transferleistung beurteilt die Kommission dabei nach objektiven Rentabilitätserwartungen, wobei gegebenenfalls auch zu berücksichtigen sein soll, ob diese Erwartungen zumindest in gutem Glauben angenommen werden durften.[45] Im Hinblick auf das Beihilfeäquivalent abzugsfähig sind nach Maßgabe der *Altmark Trans*-Rechtsprechung Ausgleichszahlungen für verlustträchtige Dienstleistungen von allgemeinem wirtschaftlichem Interesse, sofern diese Zuschüsse objektive und transparent berechnet werden und nicht über das hinausgehen, was erforderlich ist, um die Kosten der Erfüllung gemeinwirtschaftlicher Verpflichtungen unter Berücksichtigung der dabei erzielten Einnahmen und eines angemessenen Gewinns ganz oder teilweise zu decken.[46]

72   **Indirekte** Finanztransfers, die die Marktposition des Beihilfeempfängers durch eine Risikoabsicherung im Markt verbessern, müssen unter Bezugnahme auf die Einzelheiten der Garantie oder der sonstigen finanziellen Verpflichtung mit Risikoträgerfunktion beurteilt werden. Ausschlaggebend sind dabei insbesondere Laufzeit und Höhe des indirekten Finanztransfers, das Ausfallrisiko des Kreditnehmers, der von dem Kreditnehmer für die Garantie zu entrichtende Preis, die Beschaffenheit etwaiger Sicherheiten, die Modalitäten und der Zeitpunkt einer etwaigen Inanspruchnahme des Staates zur Zahlung einer Verbindlichkeit und die dem Staat zur Verfügung stehenden Mittel zur Beitreibung des Betrages vom Kreditnehmer nach Inanspruchnahme der Garantie (zB. durch Konkurserklärung).[47] Die Kommission stellt hier verschiedene Verfahren zur Verfügung, anhand derer sich im Einzelfall das **Barzuschussäquivalent** berechnen lässt.[48] Genauso wie bei direkten Finanztransfers kommt es auf die Berechnung der Differenz zwischen der tatsächlichen (Zins-)Belastung des Beihilfeempfängers und der (hypothetischen) Belastung für vergleichbare Transaktionen auf Marktniveau an.

73   **bb) Im Speziellen: Quersubventionierungen.** Auch **Quersubventionierungen** innerhalb des Konzernverbundes fallen nach diesen Maßstäben grundsätzlich unter das Beihilfeverbot in Art. 107 AEUV, soweit ihnen keine marktkonforme Gegenleistung gegenüber steht.[49] Die Kommission versteht unter dem Begriff der Quersubventionierung, dass ein Unternehmen die in einem räumlichen oder sachlichen Markt anfallenden Kosten ganz oder teilweise auf einen anderen räumlichen oder sachlichen Markt abwälzt.[50] Anders ausgedrückt bedeutet Quersubventionierung, dass eine Unternehmensgruppe intern die Kosten eines oder mehrerer Geschäftsbereiche ganz oder teilweise durch Einnahmen aus anderen Geschäftsbereichen (mit-)finanziert.[51]

74   Innerhalb privater Unternehmensgruppen ist die Quersubventionierung von defizitären Geschäftsbereichen aus beihilferechtlicher Sicht nicht zu beanstanden. Es handelt hierbei nicht um „staatliche oder aus staatlichen Mitteln gewährte Beihilfen", Art. 107 Abs. 1 AEUV. Anders ist liegen die Dinge hingegen im Falle finanzieller Transfers innerhalb öffentlicher oder von einem öffentlichen zu einem privaten Unternehmen derselben Gruppe. Hier kann die Quersubventionierung unter bestimmten Umständen zu **Wettbewerbsverzerrungen** führen, nämlich dann, wenn die **Gelder aus der Tätigkeit in reservierten, dem Wettbewerb verschlossenen (Monopol-) Märkten stammen** und die bezuschussten Unternehmen ihrerseits auf Märkten agieren, in denen sie im Wettbewerb zur privaten Konkurrenz stehen.

75   Diese Konstellation tritt vornehmlich im Zusammenhang mit der **Liberalisierung ehemaliger Staatsmonopole** zB. in den Bereichen Telekommunikation, Post, Eisenbahn auf, da die

---

[44] EuGH, Slg. 2002, I-4397 – Stardust Marine; Mitteilung der Kommission über die Anwendung der Art. 92 und 93 EWG und des Art. 5 der Kommissionsrichtlinie 80/723 über öffentliche Unternehmen in der verarbeitenden Industrie, ABl. 1993 C 307/3, RdNr. 28 (im Folgenden: „Mitteilung über öffentliche Unternehmen"); Garantiemitteilung, ABl. 2000 C 71/14, Ziff. 2.1.2.; siehe auch Kapitel 1, „staatliche Kapitalzuführungen", dort RdNr. 46.

[45] Mitteilung über öffentliche Unternehmen, ABl. 1993 C 307/3, RdNr. 28.; kritisch *Giesberts/Streit* EuZW 2009, 484, 486 ff.

[46] EuGH, C-280/00, Slg. 2003, I-7747, RdNr. 87 ff. – Altmark Trans.

[47] Garantiemitteilung, ABl. 2000 C 71/14.

[48] Mitteilung der Kom., ABl. 2000 C 71/14, 15.

[49] *Heidenhain/Montag/Leibenath* § 27 RdNr. 12.

[50] Bekanntmachung über die Anwendung der Wettbewerbsregeln auf dem Postsektor und über die Beurteilung bestimmter staatlicher Maßnahmen betreffend Postdienste, ABl. 1998 C 39/2, Tz. 3.1.; ebenso Leitlinien für die Anwendung der EG-Wettbewerbsregeln im Telekommunikationsbereich, ABl. 1991 C 233/2, Tz. 102.

[51] *Heidenhain/Montag/Leibenath* § 27 RdNr. 1.

ehemaligen, heute teilprivatisierten Monopolunternehmen neben ihrer Tätigkeit in nunmehr liberalisierten Märkten (den sog. Wettbewerbsmärkten), weiterhin über reservierte Monopolbereiche verfügen. Die Quersubventionierung derjenigen Kosten, die den Ex-Monopolisten (oder ihren Töchtern) in den Wettbewerbsmärkten entstehen, durch Einnahmen, die aus einer (staatlich garantierten) Monopolstellung heraus generiert werden, kann hier dazu führen, dass Wettbewerber durch Angebote ausgeschaltet werden, die nicht auf Effizienz und Leistungsfähigkeit zurückzuführen sind.[52]

Subventioniert eine öffentliche, auf einem Monopolmarkt tätige Muttergesellschaft ihre im **76** Wettbewerb zur privaten Konkurrenz aktiven, privatrechtlichen Töchter,[53] so ist deshalb das Beihilfeverbot des Art. 107 Abs. 1 AEUV (und gegebenenfalls auch Art. 102 AEUV)[54] einschlägig.

Nach vorzugswürdiger Auffassung müssen diese Grundsätze auch gelten, wenn es zu **Quer-** **77** **subventionen zwischen verschiedenen Geschäftsbereichen** desselben öffentlichen Unternehmens kommt.[55] Stammen die übertragenen Finanzmittel aus einem reservierten Geschäftsbereich, darf die europäische Beihilfekontrolle nicht von dem Zufall abhängen, ob die subventionierte Tätigkeit im Wettbewerbsgeschäft eine auch rechtlich oder nur organisatorisch verselbstständigte Einheit innerhalb der Konzernstruktur darstellt. Hierfür streitet bereits der funktionale Unternehmensbegriff des EuGH.

Zu unterscheiden ist hiervon die umgekehrte Konstellation, dass Einnahmen aus Tätigkeiten **78** in Wettbewerbsmärkten zur Subventionierung von Kosten in Monopolmärkten herangezogen werden. Dies ist aus wettbewerbsrechtlicher Sicht nicht zu beanstanden. Ebenso beihilferechtlich unproblematisch sind schließlich Quersubventionierungen innerhalb zweier verschiedener Monopolbereiche.[56]

cc) Der anzulegende rechtliche Maßstab bei Quersubventionierungen durch öf- **79** **fentliche Monopolunternehmen.** Fraglich war lange Zeit der für die beihilferechtliche Beurteilung von Quersubventionierungen anzulegende **Vergleichsmaßstab**, wenn ein öffentliches Monopolunternehmen eine im Wettbewerb mit der privaten Konkurrenz stehende Tochter unterstützt.[57] Im Kern ging es um die Frage, ob im Rahmen einer marktgerechten Vergütung des eingesetzten Kapitals nur diejenigen Kosten maßgeblich sind, die dem Monopolunternehmen, das in dem reservierten Bereich gerade keinem Wettbewerb ausgesetzt ist, tatsächlich entstanden sind, oder ob daneben als *tertium comparationis* auch die fiktiven Kosten herangezogen werden dürfen, die einem Privatunternehmen, das keine Monopolstellung innehat, für die erbrachten Leistungen entstanden wären.

Ausgangspunkt der aufgetretenen Rechtsunsicherheiten war die Aussage des Gerichtshofes in **80** seiner grundlegenden Entscheidung vom 11. 7. 1996 in der Rechtssache *SFEI*, wonach im Rahmen der Prüfung des Privatinvestortests „*das nationale Gericht die normale Vergütung für die betreffenden Leistungen zu bestimmen [hat]*". Eine solche Bewertung setze „*eine wirtschaftliche Analyse voraus, die allen Faktoren Rechnung trägt, die ein unter normalen Marktbedingungen tätiges Unternehmen bei der Festsetzung des Entgelts für die erbrachte Dienstleistungen hätte berücksichtigen müssen*" (hier: logistische und kommerzielle Unterstützung der französischen Post für ihre im Expresszustellgeschäft tätige private Tochter SFMI-Chronopost). Offen blieb danach, ob bzw. wie bei einer solchen Analyse im Hinblick auf die Gefahr der Quersubventionierung zu berücksichtigen ist, dass das fraglich Geschäft zwischen einem auf einem ausschließlichen Markt tätigen Unternehmen und seiner im freien Wettbewerb tätigen Tochter stattfindet. Zwei Positionen standen sich anfänglich gegenüber:

Die Kommission, die der Auffassung war, dass nach den zitierten Vorgaben des Gerichtshofes **81** keine unterschiedlichen Maßstäbe zu gelten hätten, wenn eines der beteiligten Unternehmen eine Monopolstellung innehat, beschränkte sich demzufolge in der angefochtenen Entscheidung *SFMI-Chronopost* darauf, zu prüfen, welche Kosten der französischen Post für die logistische und

---

[52] Bekanntmachung der Kommission über die Anwendung der Wettbewerbsregeln auf dem Postsektor und über die Beurteilung bestimmter staatlicher Maßnahmen betreffend Postdienste, ABl. 1998 C 39/2, Tz. 3.1.
[53] So der Fall in EuGH, verb. C-83/01 P u. a., Slg. 2003, I-6993 – Chronopost/LaPoste.
[54] Unter dem Aspekt des Missbrauchs zB. Kom., 2001/354 vom 20. 3. 2001 in der Sache COMP/35.141 – Deutsche Post AG.
[55] *Eilmansberger* RIW 2001, 901, 905; *Heidenhain/Montag/Leibenath* § 27 RdNr. 12.
[56] Zum Ganzen *Heidenhain/Montag/Leibenath* § 27 RdNr. 2 ff.
[57] EuGH, C-39/94, Slg. 1996, I-3547 – SFEI; Kom., ABl. L 164/37 – SMFI-Chronopost; EuG, T-613/97, Slg. 2000, II-4055 – Ufex; EuGH, verb. C-83/01 P u. a., Slg. 2003, I-6993 – SMFI-Chronopost.

kommerzielle Unterstützung ihrer Tochter entstanden waren und inwieweit die SFMI diese erstattet hatte. Sie vertrat die Auffassung, dass die internen Preise für den Austausch von Waren und Dienstleistungen zwischen zwei derselben Gruppe angehörigen Unternehmen keinen finanziellen Vorteil mit sich brächten, wenn diese Preise auf der Grundlage der vollständigen Kosten (das heißt Gesamtkosten plus Eigenkapitalverzinsung) kalkuliert würden.[58] Ob das die Unterstützung gewährende Unternehmen über eine Monopolstellung verfüge, sei für diese Betrachtung irrelevant.

82   Diese Einschätzung nahm das Gericht erster Instanz zum Anlass, die Entscheidung der Kommission aufzuheben, mit der Begründung, die Kommission habe sich nicht, wie in dem Urteil *SFEI* verlangt, auf eine umfassende wirtschaftliche Untersuchung gestützt.[59] Im Rahmen einer solchen Analyse hätte die Kommission nämlich zumindest auch untersuchen müssen, ob die von der Post empfangene Gegenleistung mit derjenigen vergleichbar sei, die eine private Finanzgesellschaft oder eine private Unternehmensgruppe, die keine Monopolstellung innehat, gefordert hätte, da die Post möglicherweise dank ihrer Stellung als öffentliches Monopolunternehmen in der Lage gewesen sei, die gewährte Unterstützung billiger zu gewähren als ein privates Unternehmen, das keine entsprechende Stellung hat.[60] Insofern habe die Kommission den Begriff der staatlichen Beihilfe falsch ausgelegt.

83   Diese Feststellungen des Gerichts erster Instanz, die von dem anerkennenswerten Bestreben gekennzeichnet sind, Wettbewerbsverzerrungen, die aus Quersubventionierungen resultieren, einzudämmen, führen bei näherem Hinsehen zu gerade jener Ungleichbehandlung von öffentlichen gegenüber privaten Unternehmen, die der Privatinvestortest zu verhindern sucht. Indem das Gericht erster Instanz auf einen privaten Investor abstellen will, der keine Monopolstellung innehat, wird als Vergleichobjekt ein Unternehmen gewählt, das mit der französischen Post nicht vergleichbar ist.[61] Das Gericht legt ein Verständnis von „normalen Marktbedingungen" zugrunde, anhand dessen nicht öffentliche mit privaten Monopolunternehmen, die zB. über ein Ausschließlichkeitsrecht verfügen, sondern öffentliche Monopolisten mit privaten Nicht-Monopolisten zu vergleichen sind. Eine solche Auslegung läuft aber auf einen Zwang hinaus, Unvergleichbares miteinander zu vergleichen,[62] so dass in der Praxis öffentliche Monopolunternehmen daran gehindert wären, sich auch auf solchen Märkten zu betätigen, die dem Wettbewerb offen stehen.

84   Darüber hinaus verkennt das Gericht erster Instanz, dass die Post mit einer Dienstleistung von allgemeinem wirtschaftlichen Interesse im Sinne von Art. 106 Abs. 2 AEUV betraut ist, so dass es schon von daher unmöglich ist, ihre Situation mit derjenigen einer privaten Unternehmensgruppe zu vergleichen, die keine Monopolstellung innehat.[63] Nicht zuletzt aufgrund dieser Überlegung wurde das Urteil des Gerichts erster Instanz daher im Beschwerdeverfahren vor dem EuGH aufgehoben und zur erneuten Entscheidung an das Gericht erster Instanz unter Berücksichtigung der Rechtsauffassung des EuGH zurückverwiesen.[64] Dort stand sodann auch nur noch ein etwaiger Begründungsfehler der Kommission bzw. die angewandte Berechnungsmethode auf dem Prüfstand.[65]

85   **dd) Ökonomische Ansätze zur Ermittlung des Beihilfeelements der Quersubventionierung.** In der Ökonomie existieren verschiedene **Kostenansätze zur Ermittlung des Beihilfeelements bei Quersubventionierungen.**[66] Die Kommission scheint in ihrer Spruchpraxis dem betriebswirtschaftlichen **Vollkostenansatz** zuzuneigen. Danach sind in eine marktgerechte Vergütung alle Kosten einzubeziehen, die aus der dem Tochterunternehmen gewährten Leistung entstehen *(„fully distributed cost method")*. Neben den (variablen) zusätzlichen Kosten, die sich aus der Abwicklung eines größeren Stück- oder Umsatzvolumens oder aus einem sonstigen, in der Unterstützungsmaßnahme begründeten Zusatzaufwand ergeben, muss demnach auch ein anteiliger, „angemessener" Beitrag zu den gemeinsamen Fixkosten des Unternehmens oder der Unternehmensgruppe geleistet werden, um eine nach Art. 107 Abs. 1

---

[58] Kom., 98/365, ABl. 1997 L 164/37, 45 – SMFI-Chronopost.
[59] EuG, T-613/97, Slg. 2000, II-4055, RdNr. 70 ff. – Ufex.
[60] EuG, T-613/97, Slg. 2000, II-4055, RdNr. 74 f. – Ufex.
[61] EuGH, verb. C-83/01 P u. a., Slg. 2003, I-6993, RdNr. 33 ff. – SMFI-Chronopost.
[62] *Heidenhain/Montag/Leibenath* § 27 RdNr. 19.
[63] EuGH, verb. C-83/01 P u. a., Slg. 2003, I-6993, RdNr. 34 – SMFI-Chronopost.
[64] EuGH, verb. C-83/01 P u. a., Slg. 2003, I-6993, RdNr. 44 – SMFI-Chronopost.
[65] EuG, T-613–97, Slg. 2006, II-1531 – Ufex.
[66] Vgl. *Heidenhain/Montag/Leibenath* § 27 RdNr. 6 ff.

AEUV verbotene Quersubventionierung auszuschließen.[67] Dabei sollen *„objektive Kriterien wie Absatz, (Arbeits-) Aufwand oder Nutzungsintensität […] angewandt werden, um diesen angemessenen Anteil zu bestimmen.*[68]

In einer jüngeren Entscheidung zu Art. 102 AEUV geht die Kommission davon aus, dass eine **86** Quersubventionierung dann vorliegt, wenn die Erlöse einer Dienstleistung nicht zur Deckung der auf diese Dienstleistung entfallenden spezifischen **Zusatzkosten** *(incremental costs)* ausreichen und gleichzeitig eine andere Dienstleistung oder ein anderer Geschäftsbereich existiert, dessen Erlöse die **„Stand-alone-Kosten"** übersteigen. *„Die Überdeckung der Stand-alone-Kosten zeigt die Quelle der Quersubvention an, die Unterdeckung der leistungsspezifischen Zusatzkosten deren Ziel".*

Dieser Ansatz kann im Ergebnis zu anderen Ergebnissen führen, da nicht mehr die vollen **87** Kosten nach dem Vollkostenansatz einzubeziehen, sondern für die Quersubventionierung von einem Preis zwischen den leistungsspezifischen Zusatzkosten und den Stand-alone-Kosten ausgegangen wird (sog. *Faulhaber-Formel*).[69] Letztlich lässt diese abweichende Entscheidung der Kommission zu Art. 102 AEUV aber wohl nicht den Schluss auf eine geänderte Spruchpraxis zu Art. 107 AEUV zu, zumal in dem zu entscheidenden Fall die Erlöse der Deutschen Post im fraglichen Paketdienstebereich bereits unterhalb der leistungsspezifischen Zusatzkosten lagen, so dass es auf eine darüber hinaus gehende Beteiligung an den Fixkosten im Sinne des Vollkostenansatzes oder auf eine Überdeckung der Stand-alone-Kosten im Sinne *Faulhabers* nicht mehr ankam.[70]

Anzumerken ist schließlich, dass der EuGH nach Maßgabe der *Altmark Trans*-Entscheidung **88** unter bestimmten Voraussetzungen Ausgleichszahlungen für verlustträchtige Dienstleistungen von allgemeinem wirtschaftlichem Interesse bereits auf Tatbestandsebene ausscheidet, so dass sich in diesen Fällen ein näheres Eingehen auf die richtige ökonomische Berechnungsmethode des Beihilfeelements der Quersubventionierung bereits anfänglich erübrigt.[71]

c) Aktuelle Entwicklungen. In den Blickpunkt geriet die Beihilfekontrolle über Finanz- **89** transfers an öffentliche Unternehmen in jüngerer Vergangenheit vor allem im Zusammenhang mit der **Risikoimmunisierung staatlicher Landesbanken.** Neben der sog. Anstaltslast und Gewährträgerhaftung, die einer staatlichen Garantie für Bestand und Liquidität der insgesamt 11 deutschen Landesbanken gleichkam, beschäftigte die Kommission und das Gericht erster Instanz in einem Musterverfahren gegen die WestLB vor allem die Einbringung öffentlicher Vermögenswerte durch Übertragung des Vermögens der Wohnungsbauförderungsanstalt (WfA) und die dadurch bewirkte Erhöhung der Eigenmittel der WestLB.

Was die **Anstaltslast und Gewährträgerhaftung** der öffentlichen Eigentümer der Landes- **90** banken (Länder, Landschaftsverbände, Sparkassen- und Giroverbände) anging, stellte sich als problematisch vor allem die Berechnung des Beihilfeäquivalents heraus, da vergleichbare Finanzierungsformen auf dem privaten Sektor nicht existierten.[72] Die Feststellung, dass eine Beihilfe vorliege, bereitete insofern weniger Schwierigkeiten, als vielmehr die Berechnung der Höhe dieser Beihilfe. In einer Marktwirtschaft stellt niemand Garantien zum Nulltarif; doch wie soll die marktkonforme Vergütung berechnet werden, wenn es einen vergleichbaren Markt für Risiko- und Haftungsimmunisierungen in der Privatwirtschaft nicht gibt?

In den deutschen Landesbanken-Fällen, in denen dieses Problem erstmals praktisch auftauch- **91** te, kam es nicht zu einer Entscheidung, nachdem Deutschland sich auf Vorschlag der Kommission hin verpflichtete, die Anstaltslast und Gewährträgerhaftung der öffentlichen Eigentümer der Landesbanken unter Gewährung einer Übergangsfrist abzuschaffen. Ähnliche Modelle wurden in Österreich und Frankreich eingestellt.

In den übrigen Fällen, in denen ein tauglicher Referenzmarkt tatsächlich nicht besteht, wird **92** man sich an den oben wiedergegebenen Kriterien der Garantiemitteilung der Kommission zu orientieren haben, um das Barzuschussäquivalent auszuwerfen.[73] Spezifische Richtlinien für die angemessene Vergütung staatlicher Garantien existieren nicht. Die Kommission bedient sich

---

[67] Vgl. Kom., ABl. 1997 L 164/37, 45 – SMFI-Chronopost;

[68] Postbekanntmachung der Kom., ABl. C 39/2, Ziff. 3.4.

[69] *Faulhaber* American Economic Review 65 (1975), 967 ff.; vgl. auch *Heidenhain/Montag/Leibenath* § 27 RdNr. 6 ff.

[70] In diesem Sinne auch *Heidenhain/Montag/Leibenath* § 27 RdNr. 11.

[71] Vgl. im Einzelnen EuGH, C-280/00, Slg. 2003, I-7747, RdNr. 87 ff. – Altmark Trans und oben, RdNr. 61.

[72] Siehe etwa *Simon* EStAL 2007, 499, 500 zur sog. Anstaltslast und Gewährträgerhaftung der öffentlichen Eigentümer der Landesbanken; dazu auch Kommission, staatliche Beihilfen, E 10/2000 – Deutschland.

[73] Vgl. oben RdNr. 68 ff., 72.

hierzu in der Praxis verstärkt wirtschaftswissenschaftlicher Sachverständigengutachten oder der Stellungnahmen von Wirtschaftsprüfern, die die Kommission freilich nicht binden, sondern ihr lediglich als Orientierungshilfe dienen.

93   **4. Transparenz-Richtlinie. a) Zweck und Entwicklung.** Die Transparenzrichtlinie der Europäischen Kommission bezweckte in ihrer ursprünglichen Fassung vom 25. 6. 1980[74] die transparente Gestaltung der finanziellen Beziehungen der öffentlichen Hand zu den öffentlichen Unternehmen, um *„dafür Sorge zu tragen, dass die Mietgliedstaaten weder öffentlichen noch privaten Unternehmen Beihilfen gewähren, die mit dem Gemeinsamen Markt unvereinbar sind.".*[75] Formelles Anliegen der Transparenzrichtlinie ist es, der Kommission ein effizientes Mittel an die Hand zu geben, um im Rahmen der Beihilfekontrolle über öffentliche Unternehmen eindeutig **zwischen der Tätigkeit des Staates als öffentliche Hand und als Eigentümer zu unterscheiden.**[76] Materiell bezweckt die Transparenzrichtlinie – hierauf aufbauend – die Gleichbehandlung öffentlicher und privater Unternehmen.[77]

94   Art. 1 Abs. 1 der Transparenzrichtlinie verpflichtet die Mitgliedstaaten deshalb, jede unmittelbare Bereitstellung öffentlicher Mittel durch die öffentliche Hand *für* öffentliche Unternehmen und jede mittelbare Bereitstellung öffentlicher Mittel durch die öffentliche Hand *über* öffentliche Unternehmen oder Finanzinstitute sowie die tatsächliche Verwendung dieser Mittel offen zu legen. An dieser grundlegenden Transparenzpflicht hat sich bis heute nichts geändert, allerdings ist der Adressatenkreis das Pflichtenprogramm im Anwendungsbereich der Transparenzrichtlinie über die Jahre erheblich ausgeweitet worden.

95   Zunächst wurde in 1985 anhand einer ersten Änderungsrichtlinie[78] den veränderten Rahmenbedingungen auf den vormals dem Wettbewerb verschlossenen Gebieten der Wasser-, und Energieversorgung, des Post-, und Fernmeldewesens sowie des Verkehrs Rechnung getragen und die bis dahin in diesen Bereichen bestehenden Ausnahmen für öffentliche Unternehmen abgeschafft. Zeitgleich wurden die Ausnahmen zugunsten öffentlicher Kreditinstitute erheblich eingeschränkt und auf die nationalen Zentralbanken bzw. diejenigen öffentlichen Kreditanstalten begrenzt, hinsichtlich derer die Anlage öffentlicher Mittel seitens der öffentlichen Hand zu normalen Marktbedingungen erfolgt.[79]

96   In Folge der Verwirklichung des Binnenmarktes zum 1. 1. 1993 und des damit einhergehenden erhöhten Wettbewerbsdrucks auch im Verhältnis öffentlicher zu privaten Unternehmen, stellte die Kommission mit der zweite Änderungsrichtlinie[80] aus dem Jahre 1993 die bis dahin geltende fünfjährige Dokumentationspflicht über finanzielle Beziehungen im Sinne von Art. 1 Transparenzrichtlinie auf ein **aktives Berichterstattungssystem** auf jährlicher Basis um.[81] Diese Pflicht betrifft allerdings nur öffentliche Unternehmen des verarbeitenden Gewerbes im Sinne von Abschnitt D (Unterabschnitte DA bis einschließlich DN) der NACE-Klassifizierung, deren Umsatz im jeweils letzten Geschäftsjahr € 250 Mio. überschritten hat.[82]

97   Mit der dritten Änderungsrichtlinie[83] aus dem Jahr 2000 wurde die **Pflicht zur getrennten Buchführung** eingeführt. Diese Pflicht gilt für alle Unternehmen (egal, ob öffentliche oder private), denen die Mitgliedstaaten besondere oder ausschließliche Rechte im Sinne von Art. 106 Abs. 1 AEUV, oder die mit Dienstleistungen von allgemeinem wirtschaftlichen Interesse im Sinne von Art. 106 Abs. 2 AEUV betraut sind gleichermaßen.[84] Damit wurde der zunächst auf die Transparenz der Außenbeziehungen solcher Unternehmen zu anderen Marktteil-

---

[74] RL 80/723 der Kommission über die Transparenz der finanziellen Beziehungen zwischen den Mitgliedstaaten und den öffentlichen Unternehmen, ABl. 1980 L 195/35 (im Folgenden: „Transparenzrichtlinie").

[75] Transparenzrichtlinie, Begründungserwägung 3.

[76] Dem Staat kommt im Bereich öffentlicher Unternehmen eine Doppelrolle zu, vgl. oben RdNr. 67.

[77] *Immenga/Mestmäcker/Mestmäcker/Schweitzer,* EG-WettbR, Art. 86 Abs. 3 EG RdNr. 19.

[78] RL 85/413 der Kommission v. 24. 7. 1985 zur Änderung der Transparenzrichtlinie, ABl. 1985 L 229/20 (im Folgenden: „erste Änderungsrichtlinie").

[79] Vgl. Art. 1 Änderungsrichtlinie, ABl. 1985 L 229/20.

[80] RL 93/84 der Kommission v. 30. 9. 1993 zur Änderung der Transparenzrichtlinie, ABl. 1993 L 254/16 (im Folgenden: „zweite Änderungsrichtlinie").

[81] Vgl. den durch die zweite Änderungsrichtlinie (aaO Fn. 81) neu eingefügten Art. 5a Abs. 1 Transparenzrichtlinie.

[82] Art. 1 Nr. 1 zweite Änderungsrichtlinie und Art. 5a Abs. 3 Transparenzrichtlinie (Art. 8 Abs. 4 in der aktuellen Fassung).

[83] RL 2000/52 der Kommission vom 26. 7. 2000 zur Änderung der Transparenzrichtlinie, ABl. 2000 L 193/75 (im Folgenden „dritte Änderungsrichtlinie").

[84] Art. 2 Abs. 1 d dritte Änderungsrichtlinie.

nehmern beschränkte Zweck der Transparenzrichtlinie auf die Sicherstellung der Transparenz innerhalb der verpflichteten Unternehmen ausgeweitet.[85] Die Kommission sollte dadurch in die Lage versetzt werden, die internen Finanzströme der verpflichteten Unternehmen nachzuvollziehen. Dies war notwendig geworden, um im Zuge der Liberalisierung bestimmter Wirtschaftssektoren, die sich in der Vergangenheit durch nationale, regionale oder örtliche Monopole auszeichneten, die Gefahr von Quersubventionierungen innerhalb einer (teils mit besonderen Rechten ausgestatteten) Unternehmensgruppe einzudämmen.[86]

Dementsprechend gilt die Verpflichtung, getrennte Bücher zu führen, nicht für Unternehmen, deren Tätigkeit auf die Erbringung von Dienstleistungen von allgemeinem wirtschaftlichen Interesse beschränkt ist, die also keine Tätigkeiten außerhalb dieser Dienstleistungen erbringen.[87] Ebensowenig gilt die Pflicht zur getrennten Buchführung – zur Vermeidung eines übermäßigen Verwaltungsaufwandes – für Unternehmen mit einem Jahresnettoumsatz von weniger als € 40 Mio. in den beiden vorangegangenen Rechnungsjahren (Bagatellklausel). Bei öffentlichen Kreditanstalten entspricht diese Grenze einer Bilanzsumme von € 800 Mio.[88] **98**

Als **problematisch** hat sich nach Erlass der dritten Änderungsrichtlinie herausgestellt, dass **99** nach deren Art. 2 lit. d Unternehmen, die zu einer getrennten Buchführung verpflichtet sind, nur solche sind, die als Ausgleich für die Leistungserbringung auf Grundlage besonderer oder ausschließlicher Rechte oder für die Erbringung von Dienstleistungen von allgemeinem wirtschaftlichen Interesse *staatliche Beihilfen* erhalten. Diese Definition hatte sich mit Erlass des viel zitierten *Altmark Trans*-Urteils des EuGH überholt, wonach nicht mehr alle Finanztransfers an solche Unternehmen den Tatbestand der Beihilfe erfüllten, sondern unter bestimmten Voraussetzungen Ausgleichszahlungen für öffentliche Dienstleistungen (vornehmlich im Bereich der Daseinsvorsorge) schon auf Tatbestandsebene aus dem Begriff der Beihilfe im Sinne von Art. 107 Abs. 1 AEUV auszusondern sind.[89]

Dieser Umstand hat die Kommission im Jahre 2005 bewogen, die Transparenzrichtlinie ein **100** viertes Mal zu ändern und die Verpflichtung zur getrennten Buchführung **unabhängig von der rechtlichen Qualifizierung der Ausgleichszahlung** zu gestalten.[90] Vor diesem Hintergrund wurde Art. 2 Abs. 1 d) der Transparenzrichtlinie in der Fassung der dritten Änderungsrichtlinie dahingehend geändert, dass die oben genannten Unternehmen, zur getrennten Buchführung verpflichtet sind, soweit sie *„eine Vergütung in unterschiedlicher Form in Bezug auf diese Dienstleistung erhalten haben"* und soweit sie *„andere Tätigkeiten ausüben"*.[91]

Mit Erlass der aktuell gültigen Transparenzrichtlinie in der Fassung vom 16. 11. 2006[92] gin- **101** gen schließlich keine wesentlichen materiell-rechtlichen Änderungen einher. Wie die Kommission in Erwägungsgrund 1 der genannten Richtlinie ausführt, schien es jedoch aus Gründen der Übersichtlichkeit und der Klarheit geboten, die oben wiedergegebenen Änderungen einheitlich zu kodifizieren.

b) Adressaten. Obschon sich unter anderem die Berichtspflichten oder auch die Pflicht zur **102** getrennten Buchführung unmittelbar im Alltagsgeschäft der betroffenen (teils privaten) Unternehmen auswirken, verpflichtet die Transparenzrichtlinie nach allgemeinen Grundsätzen (Art. 288 Abs. 3 AEUV) unmittelbar zunächst nur die Mitgliedstaaten und die Länder, sowie alle regionalen und lokalen Gebietskörperschaften und nicht private Unternehmen. Allerdings ist **„Staat" im Sinne der Rechtsprechung des EuGH** auch jede *„Einrichtung, die unabhängig von ihrer Rechtsform kraft staatlichen Rechtsakts unter staatlicher Aufsicht eine Dienstleistung im öffentlichen Interesse zu erbringen hat und die hierzu mit besonderen Rechten ausgestattet ist, die über das hinausgehen, was für die Beziehungen zwischen Privatpersonen gilt",[93]* im konkreten Fall die Rechts-

---

[85] *Immenga/Mestmäcker/Mestmäcker/Schweitzer*, EG-WettbR, Art. 86 Abs. 3 EG RdNr. 20.

[86] Dazu oben RdNr. 73.

[87] Dritte Änderungsrichtlinie (aaO Fn. 84), Erwägungsgrund 7.

[88] Siehe Art. 4 Abs. 2 lit. b in der Fassung der dritten Änderungsrichtlinie (jetzt Art. 5 Abs. 1 lit. d).

[89] EuGH, C-280/00, Slg. 2003, I-7747, RdNr. 87 – Altmark Trans.

[90] RL 2005/81 der Kommission vom 28. 11. 2005 zur Änderung der RL 80/723 über die Transparenz der finanziellen Beziehungen zwischen den Mitgliedstaaten und den öffentlichen Unternehmen sowie über die finanzielle Transparenz innerhalb bestimmter Unternehmen, ABl. 2005 L 312/47 (im Folgenden: vierte Änderungsrichtlinie), Erwägungsgründe 3 f.

[91] Art. 1 vierte Änderungsrichtlinie, Art. 2 Abs. 1 lit. d in der aktuellen Fassung.

[92] RL 2006/111 vom 16. 11. 2006 über die Transparenz der finanziellen Beziehungen zwischen den Mitgliedstaaten und den öffentlichen Unternehmen sowie über die finanzielle Transparenz innerhalb bestimmter Unternehmen, ABl. 2006 L 318/17.

[93] EuGH, C 188/89, Slg. 1990 I-3313 – Foster/British Gas.

nachfolgerin eines staatlichen Energieversorgungs-Monopolunternehmens. Auch **nach Art. 106 Abs. 1 und 2 AEUV verpflichtete Unternehmen** zählen mithin zu diesem funktionalen Staatsverständnis des EuGH.[94] Erst recht gilt dies für die **öffentlich-rechtlichen Körperschaften** und **Anstalten** als Träger mittelbarer Staatsverwaltung.[95]

103 **c) Erfasste finanzielle Transfers.** Die Bereitstellung öffentlicher Mittel für öffentliche Unternehmen kann sowohl **unmittelbar** durch die öffentliche Hand (vgl. Art. 1 Abs. 1 lit. a Transparenzrichtlinie) als auch **mittelbar** über andere öffentliche Unternehmen oder Kreditinstitute erfolgen (vgl. Art. 1 Abs. 1 lit. b Transparenzrichtlinie). Dementsprechend ist bei der Ermittlung der finanziellen Beziehungen, welche offen zu legen sind, nach Herkunft und Eigenart der Mittel, sowie nach ihrer tatsächlichen Verwendung zu unterscheiden (vgl. Art. 1 Abs. 1 lit. c Transparenzrichtlinie).[96]

104 Zu den erfassten finanziellen Beziehungen zählt Art. 3 der Transparenzrichtlinie beispielhaft den **Ausgleich von Betriebsverlusten, Kapitaleinlagen** und **Kapitalausstattungen, verlorene Zuschüsse** oder **Darlehen zu Vorzugsbedingungen, finanzielle Vergünstigungen durch Verzicht auf Gewinne** oder **Nichteinziehung von Schuldforderungen**, den **Verzicht auf eine normale Verzinsung** der eingesetzten öffentlichen Mittel und den **Ausgleich von Belastungen**, die dem Unternehmen durch die öffentliche Hand (im Allgemeininteresse) auferlegt wurden.

105 Diese Aufzählung ist nicht abschließend („insbesondere"). Erfasst sind alle finanziellen Transfers, deren Ursprung direkt oder indirekt auf Mittel der öffentlichen Hand zurückzuführen ist, gleichviel, ob es sich um finanzielle Transfers zwischen den Mitgliedstaaten und den öffentlichen Unternehmen oder um solche innerhalb der Unternehmen, die mit besonderen oder ausschließlichen Rechten im Sinne von Art. 106 Abs. 1 AEUV ausgestattet sind oder die Dienstleistungen im Sinne von Art. 106 Abs. 2 AEUV erbringen, handelt.

106 **d) Transparenzpflichten. aa) Dokumentation und Berichterstattung.** Gemäß Art. 6 Abs. 1 iVm. Art. 1 Abs. 1 Transparenzrichtlinie sind die Mitgliedstaaten verpflichtet, finanzielle Transfers im oben genannten Sinne zu **dokumentieren** und dafür Sorge zu tragen, dass diese der Kommission **fünf Jahre** lang ab dem Ende des Rechnungsjahres gerechnet, in dem die Mittel zur Verfügung gestellt wurden, zur Verfügung stehen. Wurden die Mittel nicht in demselben Rechnungsjahr tatsächlich verwendet, in dem sie zur Verfügung gestellt wurden, so ist für die Berechnung des Fünfjahreszeitraums das Ende des Rechnungsjahres maßgeblich, in dem die Mittel tatsächlich verwendet wurden.

107 **Ausgenommen** von der Dokumentationspflicht gemäß Art. 1 Abs. 1 Transparenzrichtlinie sind gemäß Art. 5 Abs. 1:
– Öffentliche Unternehmen, welche die Erbringung von Dienstleistungen betreffen, die den Handel zwischen den Mitgliedstaaten nicht merklich zu beeinträchtigen geeignet sind (lit. a)
– Zentralbanken (lit. b)
– Öffentliche Kreditanstalten hinsichtlich der Anlage öffentlicher Mittel seitens der öffentlichen Hand zu normalen Marktbedingungen (lit. c).
– Öffentlichen Unternehmen mit einem Jahresnettoumsatz von weniger als insgesamt € 40 Mio. in den beiden Rechnungsjahren, die der Bereitstellung oder der Verwendung der in Artikel 1 Abs. 1 genannten Mittel vorangehen. Bei öffentlichen Kreditanstalten entspricht diese Grenze einer Bilanzsumme von € 800 Mio (lit. d).

108 Die Dokumentationspflicht ist eine passive Pflicht. Öffentliche Unternehmen des verarbeitenden Gewerbes im Sinne von Abschnitt D (Unterabschnitte DA bis einschließlich DN) der NACE-Klassifizierung trifft demgegenüber eine **aktive Berichterstattungspflicht** auf jährlicher Basis (Art. 8 Abs. 1 und 5 Transparenzrichtlinie). Die in Art. 8 Abs. 2 und 3 Transparenzrichtlinie näher bestimmten Informationen (betreffend unter anderem den Lagebericht und den **Jahresabschluss des Unternehmens**, darüber hinaus evtl. Informationen über die Bereitstellung von Aktienkapital oder eigenkapitalähnlichem Quasikapital und über ausgeschüttete Dividenden etc.) sind der Kommission gemäß Abs. 5 **binnen 15 Arbeitstagen nach dem Zeitpunkt der Veröffentlichung** des Lageberichts vorzulegen. Veröffentlicht das betreffende Unternehmen keinen Lagebericht, so sind die Informationen in jedem Fall **spätestens neun Monate nach dem Ende des Geschäftsjahres** des betreffenden Unternehmens vorzulegen.

---

[94] Vgl. im Kontext der Bindung öffentlicher Unternehmen an die Grundfreiheiten mwN *Waldheim*, 82 ff.
[95] *Immenga/Mestmäcker/Mestmäcker/Schweitzer*, EG-WettbR, Art. 86 Abs. 3 EG RdNr. 22; EuGH, 248/84, Slg. 1987, 4013, RdNr. 17 – Deutschland/Kommission.
[96] *Immenga/Mestmäcker/Mestmäcker/Schweitzer*, EG-WettbR, Art. 86 Abs. 3 EG RdNr. 24.

Dieser erweiterte Pflichtenkreis für öffentliche Unternehmen des verarbeitenden Gewerbes **109** geht auf die zweite Änderungsrichtlinie aus dem Jahre 1993 zurück,[97] nachdem die Kommission in diesem Bereich eine besonders ausgeprägte Beihilfepraxis festgestellt hatte.[98] Sie trifft allerdings nur solche öffentlichen Unternehmen, deren Umsatz im letzten Geschäftsjahr € 250 Mio. überschritten hat.

Besondere Informations- und Berichtspflichten gelten überdies für staatliche Beihilfen, die **110** zur **Finanzierung von Dienstleistungen im allgemeinen wirtschaftlichen Interesse** gezahlt werden. Diese gründen auf einer Entscheidung der Kommission aus dem Jahre 2005,[99] in der die Voraussetzungen bestimmt sind, unter denen staatliche Beihilfen, die Unternehmen, welche mit gemeinwirtschaftlichen Aufgaben betraut sind, als Ausgleich gewährt werden, als mit dem Gemeinsamen Markt vereinbar angesehen und dementsprechend von der Notifizierungspflicht in Art. 108 Abs. 3 AEUV freigestellt werden können.[100] Korrespondierend hierzu, haben die Mitgliedstaaten die Pflicht, sämtliche Unterlagen, anhand derer sich feststellen lässt, ob die Beihilfen mit dem Bestimmungen dieser Entscheidung vereinbar sind, für einen Zeitraum von mindestens **zehn Jahren aufzubewahren** und auf Verlangen der Kommission hin dieser zu übermitteln.[101]

Zu beachten ist allerdings, dass diese Pflichten nur insoweit greifen, als es sich bei dem finan- **111** ziellen Transfer nach Maßgabe der *Altmark Trans*-Entscheidung[102] um eine Beihilfe und nicht um eine tatbestandslose Ausgleichszahlung im Sinne dieser Rechtsprechung handelt.[103]

bb) Getrennte Buchführung. Weder Art. 1 Abs. 2, noch Art. 4 Abs. 1 der Transparenz- **112** richtlinie schreiben den Mitgliedstaaten die Einführung eines bestimmten Kosten- und Leistungsrechnungssystems vor.[104] Die **Pflicht zur getrennten Buchführung** wird unbeschadet des angewandten Kostenrechnungssystems durch folgende Maßnahmen erfüllt:[105]
– Eine nach Geschäftsbereichen getrennte Führung der internen Konten des Unternehmens
– Die korrekte Zuordnung und Zuweisung aller Kosten und Erlöse auf der Grundlage einheitlich angewandter und objektiver Kostenrechnungsgrundsätze
– Die eindeutige Bestimmung und Angabe derjenigen Kostenrechnungsgrundsätze, die der getrennten Buchführung zugrunde liegen.

Soweit bestimmte gemeinschaftsrechtliche Spezialvorschriften bestehen, gehen diese der **113** Transparenzrichtlinie vor, Art. 4 Abs. 2 Transparenzrichtlinie. Gemäß Art. 5 Abs. 2 Transparenzrichtlinie gilt die Pflicht zur getrennten Buchführung überdies nicht für
– Unternehmen, welche die Erbringung von Dienstleistungen betreffen, die den Handel zwischen den Mitgliedstaaten nicht merklich zu beeinträchtigen geeignet sind (lit. a)
– Unternehmen mit einem Jahresnettoumsatz von weniger als € 40 Mio. in den beiden Rechnungsjahren, die einem Jahr vorangehen, in dem sie ein von einem Mitgliedstaat gewährtes besonderes oder ausschließliches Recht im Sinne von Art. 106 Abs. 1 AEUV hatten oder mit der Erbringung einer Dienstleistung von allgemeinem wirtschaftlichem Interesse gemäß Art. 106 Abs. 2 AEUV betraut waren; bei öffentlichen Kreditanstalten entspricht diese Grenze einer Bilanzsumme von € 800 Mio. (lit. b)
– Unternehmen, die mit der Erbringung von Dienstleistungen von allgemeinem wirtschaftlichem Interesse im Sinne von Art. 106 Abs. 2 AEUV betraut wurden, sofern der ihnen gewährte Ausgleich in jeglicher Form für einen angemessenen Zeitraum im Rahmen eines offenen, transparenten und nicht diskriminierenden Verfahrens festgesetzt wurde (lit. c).

e) Rechtsgrundlage und Verhältnis zu Art. 109 AEUV. Die Transparenzrichtlinie der **114** Kommission findet ihre Rechtsgrundlage in Art. 106 Abs. 3 AEUV. Dem steht nicht entgegen, dass gemäß Art. 109 AEUV der Rat *„alle zweckdienlichen Durchführungsverordnungen zu den Art. 107 und 108"* erlässt. Dagegen spricht schon, dass die beiden Normen unterschiedliche

---

[97] Dazu oben, Fn. 81.
[98] *Immenga/Mestmäcker/Mestmäcker/Schweitzer*, EG-WettbR., Art. 86 Abs. 3 EG RdNr. 25.
[99] Entscheidung der Kommission vom 28. 11. 2005 über die Anwendung von Art. 86 Abs. 2 EG auf staatliche Beihilfen, die bestimmten mit der Erbringung von Dienstleistungen von allgemeinem wirtschaftlichem Interesse betrauten Unternehmen als Ausgleich gewährt werden, ABl. 2005 L 312/67.
[100] Entscheidung der Kom., ABl. 2005 L 312/67, Art. 3.
[101] Entscheidung der Kom., 28. 11. 2005, ABl. 2005 L 312/67, Art. 7.
[102] EuGH, C-280/00, Slg. 2003, I-7747, RdNr. 87 – Altmark Trans.
[103] Entscheidung der Kom., ABl. 2005. L 312/67, Erwägungsgründe 4 und 5.
[104] *Grabitz/Hilf/v. Wallenberg* Art. 87 EG RdNr. 202.
[105] Vgl. Art. 1 Abs. 2 dritte Änderungsrichtlinie, nunmehr Art. 4 Abs. 1 in der aktuellen Fassung.

Regelungsgegenstände aufweisen, nämlich die öffentlichen Unternehmen einerseits und staatliche Beihilfen andererseits.[106] Im Übrigen lässt sich festhalten, dass Rat und Kommission nach diesen beiden Bestimmungen unter unterschiedlichen Voraussetzungen tätig werden: Während der Rat, wenn er es für zweckdienlich hält, generelle Durchführungsverordnungen zu den Beihilfevorschriften erlässt, hängt die Befugnis der Kommission nach Art. 106 Abs. 3 AEUV speziell von den Erfordernissen ab, die sich aus ihrer Überwachungsaufgabe nach Art. 106 AEUV ergeben.[107]

III. Privatisierung

Schrifttum: *Arhold,* The Case Law of the European Court of Justice and the Court of First Instance on State Aids in 1998–2008, EStAL 2002, 2; 2003, 145; 2004, 167; 2005, 175; 2006, 215 & 465; 2007, 151 & 435; 2008, 441; *ders.,* Beihilfenrückforderung nach Unternehmensveräußerung – Zugleich Anmerkung zum Urteil des Gerichts erster Instanz in der Sache T-324/00 – CDA, EuZW 2006, 42; *Evans,* Privatisation and State Aid Control in E. C. Law, E. C. L. R. 1997, 259; *Heidenhain,* Handbuch des Europäischen Beihilfenrechts; *Jäger,* Gemeinschaftsrechtliche Probleme einer Privatisierung, EuZW 2007; *ders.,* Neue Parameter für Privatisierungen? – Die Entscheidung Bank Burgenland der Kommission, EuZW 2008, 686; *ders.,* Gemeinschaftsrechtliche Probleme einer Privatisierung, EuZW 2007, 499; *Kahl,* Das öffentliche Unternehmen im Gegenwind des europäischen Beihilfenregimes, NVwZ 1996, 1082; *König,* EG-beihilfenrechtskonforme Beteiligung privater Gesellschaften an gemischt öffentlich-privaten Gemeinschaftsunternehmen, EuZW 2006, 203; *König/Hasenkamp,* EG-beihilfenrechtskonforme Unternehmungsbewertung im Rahmen der Veräußerung von Unternehmensanteilen durch kommunale Körperschaften, DVBL 1. November 2008, 1340; *König/Braun/Lekar,* Erfüllen die Einstandspflichten des Bundes für die betrieblichen Altersversorgungssysteme der privatisierten Bahn- und Postunternehmen den Beihilfentatbestand des Art. 92 EGV? – Ein Anstoß zur kritischen Betrachtung des EG-Beihilfenrechts im Zusammenhang mit Privatisierungen, EuZW 1998, 5; *König/Kühling,* Grundstücksveräußerungen der öffentlichen Hand, planerischer Wandel und EG-Beihilfenrecht, NZBau 2001, 409; *Kristoferitsch,* Eine „vergaberechtliche Interpretation" des Bietverfahrens bei Privatisierungen? – Zum Rechtsschutz für unterlegene Bieter in Privatisierungsverfahren, EuZW 2006, 428; *Lübbig,* Die Bedeutung der europäischen Beihilfenaufsicht für die privatrechtliche Transaktions- und Privatisierungspraxis, EWS 2001, 517; *Maier/Luhe,* Beihilfenrechtliche Probleme beim Unternehmenskauf, DB 2003, 1207; *Möschel,* Teilprivatisierung der Landesbank Baden-Württemberg (LBBW), WM 2001, 1009; *Papadias,* OTE is calling: Who's going to pick up the call? Is it for the State? Reflexions on the recent Commission's State aid decision, Competition Newsletter 2007, 28; *Petritsi,* Warranty/ indemnity clauses in Sales and Purchase Agreements: State per se or invalid, 605; *Schröder,* Privatisierung öffentlicher Unternehmen und Beihilfenrecht, EWS 2002, 174; *Schütte/Hix,* The application of the EC State aid rules to privatisations; the East German example CMLR 1995, 215; *Simonsson,* Privatisation and State aid – Time for a new policy, E. C. L. R. 2005, 460; *Siragusa,* Privatisation and EC competition law, Fordham International Law Journal 1995/1002; *Szyszczak,* The Regulation of the State in Competitive Markets in the EU, Oxford, 2007; *Soltész,* Beihilfenrecht als Privatisierungsbremse, EuZW 2008, 353; *Soltész/Bielesz,* Privatisierungen im Licht des Europäischen Beihilfenrechts – Von der Kommission gerne gesehen – aber nicht um jeden Preis, EuZW 2004, 391; *Soltész/Kühlmann,* „Dulde und Liquidiere!" – Schadensersatzansprüche eines von Rückforderungen betroffenen Unternehmens, EWS 2010, 513; *Soltész/ Schädle,* How to Deal with the Risk of State Aid Recovery in M&A Practice-Reps and Warranties in Conflict with the EC State Aid Regime, 139; *von Buttlar/Wagner/Mdghoul,* State aid issues in the privatisation of public undertakings – some recent decisions, Competition Policy Newsletter 2008, 77; *Witte/Rafiqpoor,* Privatisierung öffentlich-rechtlicher Kreditinstitute, WM 2003, 1885.

115   **1. Allgemeines.** Die Privatisierung eines öffentlichen Unternehmens kann Beihilfenelemente enthalten, wenn der Erwerber oder das zu veräußernde Unternehmen im Rahmen oder durch den Verkauf in den Genuss marktunüblicher Vorteile gelangt, zB. weil sich der Staat nicht wie ein marktwirtschaftlich handelnder Wirtschaftsteilnehmer verhält und er das Unternehmen unter Marktpreis veräußert. Im Rahmen der Prüfung, ob die Privatisierungsmaßnahme einen wirtschaftlichen Vorteil im Sinne des Art. 107 Abs. 1 AEUV darstellt, ist nämlich zu fragen, ob auch ein nach marktwirtschaftlichen Kriterien handelnder Veräußerer zu demselben Preis und zu denselben Konditionen veräußert hätte[1] (sog. **Private-Vendor-Test**).[2] Dies ist

---

[106] EuGH, verb. 188–190/80, Slg. 1982, 2545, RdNr. 12 – Transparenzrichtlinie I.; *Immenga/Mestmäcker/ Mestmäcker/Schweitzer,* EG-WettbR, Art. 86 Abs. 3 EG RdNr. 27.

[107] EuGH, verb. 188–190/80, Slg. 1982, 2545, RdNr. 14 – Transparenzrichtlinie I.

[1] EuG, T-129/95, T-2/96 und T-97/96, Slg. 1999, II-17, RdNr. 104, 105 – Neue Maxhütte Stahlwerke; EuGH, C-278/92, C-279/92 und C-280/92, Slg. 1994, I-4103, RdNr. 21 – Königreich Spanien gegen Kommission (Hytasa), *Schröder* EWS 2002, 174, 177; *Szyszczak* 192.

[2] Zum Begriff siehe erstmals *Arhold* EStAL 2005, 175, 185.

zB. nicht der Fall, wenn der Staat den Verkauf des Unternehmens an Bedingungen knüpft, die sich negativ auf den erzielbaren Verkaufserlös auswirken, beispielsweise die Verpflichtung, ohne oder sogar entgegen den betriebswirtschaftlichen Notwendigkeiten eine bestimmte Anzahl von Arbeitsplätzen aufrecht zu erhalten.[3]

Die Mitgliedstaaten sind demnach gehalten, Privatisierungen beihilfenfrei zu gestalten oder **116** aber der Kommission zur Genehmigung nach Art. 108 AEUV vorzulegen. Eine davon zu unterscheidende Frage ist, ob die Kommission das Beihilfenrecht benutzen kann, um die Mitgliedstaaten zu einer Privatisierung von Staatsunternehmen zu drängen. Diese Frage ist grundsätzlich zu verneinen. Bereits aus dem Primärrecht ergibt sich eine **Neutralitätspflicht** der Unionsorgane. Danach muss die Europäische Union die Eigentumsordnung der Mitgliedstaaten unangetastet lassen (Art. 345 AEUV). Das impliziert, dass die Existenz öffentlicher Unternehmen hinzunehmen ist und diese nicht diskriminiert werden dürfen. Die Vorschrift fand sich bereits im römischen Ursprungsvertrag und ging auf den Umstand zurück, dass die Wirtschaft bestimmter Mitgliedstaaten in den 50er Jahren noch stärker als heute öffentlich durch staatliche Industrieunternehmen beherrscht wurde.[4] Entsprechend ist es der Kommission grundsätzlich untersagt, die Genehmigung von Beihilfen von der Privatisierung eines Unternehmens abhängig zu machen, jedenfalls solange der Rückzug der öffentlichen Anteilseigner nicht aus Gründen gerechtfertigt ist, die einen privaten Anteilseigner genauso getroffen hätten.[5] Dies wird in der Kommissionspraxis nicht immer hinreichend deutlich.[6] In der Regel nimmt die Kommission zugesagte Privatisierungsabsichten im Rahmen von Umstrukturierungsplänen für Unternehmen in Schwierigkeiten jedenfalls bei der Beurteilung der zukünftigen Rentabilität wohlwollend zur Kenntnis, wenn sie dies nicht sogar zur Auflage macht.[7]

Unabhängig davon kann konstatiert werden, dass das Beihilfenrecht faktisch als **Privatisie-** **117** **rungshebel** wirkt. Wenn aufgrund des grundsätzlichen Beihilfenverbots auch für öffentliche Unternehmen die staatlichen Verlustdeckungsquellen versiegen, treten die tatsächlichen Gesetze der Marktwirtschaft offen zu Tage und die Unternehmen stehen nicht selten vor der Entscheidung, über eine Liquidation oder eine (Teil-)Privatisierung nachdenken zu müssen.[8]

2. Rechtsrahmen. Bis Anfang der 90er Jahre war die beihilfenrechtliche Fallpraxis spärlich. **118** Die Kommission hatte nur vereinzelte Fälle auf ad hoc-Basis und ohne klare dogmatische Linie beschieden.[9] Nach dem Beitritt der Länder der ehemaligen DDR zum Staatsgebiet der Bundesrepublik Deutschland und damit zum Geltungsbereich des E(W)G-Vetrags im Oktober 1990 kam es zu einer massiven Privatisierungswelle. Da die meisten der ehemaligen Staatsbetriebe der DDR nicht oder nur zu einem negativen Kaufpreis (d.h. unter Vereinbarung von Investitionszuschüssen, Verlustausgleichen und anderen finanziellen Anreizen seitens der veräußernden Treuhandanstalt) verkäuflich waren, war die Europäische Kommission mit einer Vielzahl von beihilfenrechtlich relevanten Privatisierungen konfrontiert. In den sogenannten **Treuhand-Entscheidungen**[10] legte die Kommission aus Praktikabilitätsgründen Schwellenwerte (bezüglich Beihilfenhöhe und Größe der zu privatisierenden Unternehmen) fest, bei deren Überschreiten ihr ostdeutsche Privatisierungsfälle zu notifizieren waren. Ein Großteil der ehemaligen Staatsbetriebe konnte danach ohne Befassung der Kommission abgewickelt oder privatisiert werden.[11]

---

[3] So zB. in Kom., ABl. 2000 L 265/15, Tz. 91 – Centrale del Latte di Roma.

[4] Streinz/*König*/*Kühling* Art. 295 EG RdNr. 2 und 3; Calliess/Ruffert/*Kingreen* Art. 295 EG RdNr. 2.; von der Groeben/Schwarze/*Bär-Bouyssière* Art. 295 EG RdNr. 1.

[5] Zu den wettbewerbspolitischen Gründen, die für eine aktive Privatisierungspolitik sprechen, vgl. *Simonsson* ECLR 1995, 460, sowie Siragusa, Fordham International Law Journal 1995, 1002, 1083–1085.

[6] Siehe bereits Kom., ABl. 1995 L 308/92 – Bank Crédit Lyonnais.

[7] Für erstere Variante siehe zB. Kom., ABl. 2002 L 126/1, Tz. 95 – Istituto Poligrafico e Zecca dello Stato bzw. Kom., ABl. 2005 L 116/1, Tz. 285 – Bankgesellschaft Berlin; für die zweite Variante siehe zB. Kom., ABl. 1999 L 129/30, unter III. ii) – Società Italiana per Condotte d'Acqua SpA, vgl. ferner weiter unten RdNr. [172–173].

[8] Siehe hierzu *Kahl* NVwZ 1996, 1082, 1088.

[9] ZB. Kom., ABl. 1989 L 25/92 – Rover Group, sowie ABl. 1993 L 143/7 – Rover Group/British Aerospace.

[10] Erstes Treuhandregime: Kom., Staatliche Beihilfe NN 108/91, Schreiben SG (91) D/17 825 v. 26. 9. 1991; zweites Treuhandregime: Schreiben SG (92) D/17 613 v. 8. 12. 1992. Zum Treuhandregime vgl. auch *Siragusa*, Fordham International Law Journal 1995, 1002, 1095–1097 sowie *Schütte*/*Hix* CMLR 1995, 215.

[11] Vgl. XXIII. Bericht über die Wettbewerbspolitik 1993, RdNr. 405 (im Folgenden: XXIII. Wettbewerbsbericht) sowie XXI. Bericht über die Wettbewerbspolitik 1991, RdNr. 249, 250 und XXII. Bericht über die Wettbewerbspolitik 1992, RdNr. 19, 349, 416, 466.

119   Für die größeren Privatisierungsfälle hat die Kommission die Grundsätze ihrer beihilfenrechtlichen Überprüfung 1993 im XXIII. Wettbewerbsbericht in den sog. **Privatisierungsrichtli-
nien** präzisiert. Diese werden noch heute angewandt.

120   **a) XXIII. Wettbewerbsbericht der Kommission (Privatisierungsleitlinien).** Die im
XXIII. Wettbewerbsbericht veröffentlichten **Privatisierungsleitlinien**[12] enthalten im Wesentlichen die Grundsätze, nach denen die Kommission überprüft, ob eine Privatisierung überhaupt
Beihilfenelemente enthält. Danach kommt es entscheidend darauf an, nach welchen Modalitäten die Privatisierung erfolgt:

> *„Geschieht die Privatisierung durch den Verkauf von Aktien über die Börse, wird generell davon ausge-
> gangen, dass die Veräußerung zu Marktbedingungen erfolgt und kein Beihilfeelement enthalten ist. Werden
> vor der Veräußerung Schulden abgeschrieben oder vermindert, entsteht solange keine Beihilfevermutung wie
> der Erlös der Veräußerung die Schuldenreduzierung übersteigt.*

121   *Wird das Unternehmen nicht über die Börse privatisiert, sondern als Ganzes oder in Teilen an andere
> Unternehmen verkauft, sind folgende Bedingungen einzuhalten, damit ohne weitere Prüfung davon ausge-
> gangen werden kann, dass kein Beihilfeelement enthalten ist:*
> *– Es muss ein Ausschreibungswettbewerb stattfinden, der allen offensteht, transparent ist und an keine
> weiteren Bedingungen geknüpft ist wie den Erwerb anderer Vermögenswerte, für die nicht geboten wird,
> oder die Weiterführung bestimmter Geschäftstätigkeiten;*
> *– das Unternehmen muss an den Meistbietenden veräußert werden und*
> *– die Bieter müssen über genügend Zeit und Informationen verfügen, um eine angemessene Bewertung der
> Vermögenswerte vornehmen zu können, auf die sich ihr Angebot stützt.*

122   *Privatisierungen, die durch Börsenverkauf oder Ausschreibungswettbewerb zu den oben genannten Bedin-
> gungen erfolgen, müssen der Kommission nicht im voraus zur Prüfung möglicher Beihilfenelemente mitge-
> teilt werden; allerdings können die Mitgliedstaaten eine Mitteilung machen, wenn sie zusätzliche Rechtssi-
> cherheit wünschen. In anderen Fällen müssen Verkäufe auf etwaige Beihilfenelemente überprüft und deshalb
> notifiziert werden. Dies gilt insbesondere für folgende Fälle:*
> *– Verkäufe nach Verhandlungen mit einem einzigen potentiellen Käufer oder einigen ausgewählten Bietern;*
> *– Verkäufe, denen eine Schuldentilgung durch den Staat, sonstige öffentliche Unternehmen oder eine öffent-
> liche Körperschaft vorausging;*
> *– Verkäufe, denen eine Umwandlung der Schulden in Aktienkapital oder Kapitalaufstückungen vorausgin-
> gen und*
> *– Verkäufe zu Bedingungen, die bei vergleichbaren Transaktionen zwischen Privatparteien nicht üblich
> sind.*
> *In diesen Fällen darf keine Diskriminierung potentieller Käufer aufgrund der Staatsangehörigkeit vorge-
> nommen werden.*
> *Jeder Verkauf zu Bedingungen, die nicht als handelsüblich betrachtet werden können, muss zunächst von
> unabhängigen Beratern bewertet werden. Privatisierungsvorhaben in sensiblen Sektoren (Kunstfasern, Tex-
> til, Kraftfahrzeuge usw.) müssen der Kommission im voraus mitgeteilt werden.“*

123   **b) Grundstücksmitteilung der Kommission.** Die Kommission wendet darüber hinaus
seit der Entscheidung im Fall Centrale del Latte di **Roma** Grundgedanken ihrer Grundstücksmitteilung aus dem Jahr 1997[13] auf Privatisierungen ergänzend an.[14]

124   **3. (Nicht-)Vorliegen von Beihilfen.** Der Aufbau dieser Kommentierung orientiert sich an
den genannten Privatisierungsleitlinien. Wo immer sinnvoll, wird auf die Grundstücksmitteilung hingewiesen.

125   **a) Börsenverkauf.** Bei der Veräußerung eines staatlichen Unternehmens über die Börse bestehen nach Ansicht der Kommission grundsätzlich keine beihilfenrechtlichen Bedenken.[15]
Denn der an der Börse erzielte Preis entspricht dem **Marktpreis,** sodass der Erwerber keinen
wirtschaftlichen Vorteil im Sinne des Art. 107 Abs. 1 AEUV erhält. Dies gilt selbst dann, wenn
vor der Veräußerung Schulden abgeschrieben oder vermindert werden, jedenfalls solange wie
der Erlös der Veräußerung die Schuldenreduzierung übersteigt.[16]

---

[12] XXIII. Wettbewerbsbericht, RdNr. 402 ff.
[13] Mitteilung der Kommission betreffend Elemente staatlicher Beihilfe bei Verkäufen von Bauten oder
Grundstücken durch die öffentliche Hand, ABl. 1997 C 209/03 (im Folgenden: Grundstücksmitteilung);
vgl. hierzu auch unten RdNr. 292 ff. *Núñez Müller* Verkauf von öffentlichen Grundstücken.
[14] Kom., ABl. 2000 L 265/15, Tz. 85, 87 – Centrale del Latte di Roma.
[15] XXIII. Wettbewerbsbericht, Ziff. 403 Abs. 3.
[16] XXIII. Wettbewerbsbericht, Ziff. 403 Abs. 3.

Allerdings stellt sich die Frage, ob der Umstand des Börsengangs auch dann ausreicht, um das **126** Vorliegen von Beihilfen auszuschließen, wenn dem zu privatisierenden Unternehmen bestimmte Verhaltensvorgaben (beispielsweise Arbeitsplatzgarantien) auferlegt werden, die im Verkaufsprospekt kenntlich gemacht worden sind und in Folge den Marktwert des Unternehmens reduzieren. Es lässt sich vertreten, dass der Staat in einem solchen Fall gerade nicht wie ein an Profitmaximierung orientierter privater Marktteilnehmer handelt und der Private-Vendor-Test nicht erfüllt ist. Richtigerweise wäre in einem solchen Fall auf Ziff. 403 Abs. 5 vierter Spiegelstrich der Privatisierungsleitlinien abzustellen, wonach Verkäufe zu **„Bedingungen, die bei vergleichbaren Transaktionen zwischen Privatparteien nicht üblich sind"**, der Kommission notifiziert werden müssen. In solchen Fällen wird sich ein Beihilfeelement gerade nicht a priori ausschließen lassen.

b) Ausschreibungsverfahren. Privatisierungen, die nicht über die Börse abgewickelt wer- **127** den, enthalten nicht zwangsläufig Beihilfenelemente. Der XXIII. Wettbewerbsbericht der Kommission nennt als eine alternative beihilfenfreie Veräußerung ein für alle interessierte Investoren **offenes, transparentes** und **diskriminierungsfreies Ausschreibungsverfahren,** bei dem der Verkauf nicht an Bedingungen geknüpft sein darf, die bei vergleichbaren Geschäften zwischen Privaten nicht üblich sind und die zu einem niedrigeren Kaufpreis führen könnten. Außerdem muss das Unternehmen an den **Meistbietenden** verkauft werden. Schließlich müssen allen Bietern ausreichend Zeit und Informationen zur Verfügung gestellt werden, um das zum Verkauf stehende Unternehmen bewerten und ein angemessenes Angebot abgeben zu können.

aa) Offenheit. Das Bietverfahren muss allen Interessenten **(auch aus anderen Branchen)** **128** offen stehen. Es ist nicht Sache des Verkäufers, das Interesse potentieller Erwerber an einem Kauf des Unternehmens zu beurteilen.[17] Um alle potentiellen Interessenten zu erreichen und einen für alle Bewerber offenen Ausschreibungswettbewerb ins Leben zu rufen, muss das Privatisierungsvorhaben hinreichend publiziert werden. Die öffentliche Hand als Verkäufer darf den Kreis der potentiellen Käufer nicht im Vorfeld einschränken, indem sie die Ausschreibungsmodalitäten so wählt, dass bestimmte Interessenten nicht informiert und damit von dem jeweiligen Verfahren ausgeschlossen werden.[18] Die Privatisierung sollte daher typischerweise in **Publikationen** bekanntgemacht werden, die **regelmäßig international** Beachtung finden. Daneben bietet sich die Veröffentlichung im Amtsblatt sowie die Einschaltung von auf Privatisierungen spezialisierten Investmentbanken an. Die Direktansprache durch beauftragte Investmentbanken allein reicht normalerweise nicht.[19]

Es gibt keine allgemein gültigen konkreten Anforderungen an die Bekanntmachung. **129** Maßgeblich sind die **Besonderheiten des Einzelfalls**. Abzustellen sein dürfte auf die Größe und wirtschaftliche Relevanz des zu privatisierenden Unternehmens, den betroffenen Industriesektor und die dortigen Gebräuche. Auf die Internationalität der Ansprache sollte in jedem Fall geachtet werden. Zur Illustration: Im Fall Gröditzer Stahlwerke-Georgsmarienhütte wurde folgende durch den Insolvenzverwalter durchgeführte Privatisierungsausschreibung akzeptiert:
– Ausschreibung in überregionaler und internationaler Presse,
– weltweite Direktkontaktierung von etwa 120 potentiellen Interessenten.[20]

Hingegen wurde die Veröffentlichung in zwei großen nationalen Tageszeitungen im italienischen Centrale del Latte di Roma Fall als unzureichend bewertet.[21]

Die Offenheit des Verfahrens dient der Durchsetzung des Marktpreises. Nur bei Ansprache **130** und Zulassung aller potentiellen Käufer kann der veräußernde Mitgliedstaat sicher sein, dass für ihn wirtschaftlich günstigste Angebot zu erhalten. Die Offenheit bezieht sich demnach auf alle **potentiellen Käufer**, also auch auf solche **aus Drittstaaten** außerhalb der EU.[22]

---

[17] Kom., ABl. 1999 L103/19 – Société Occidentale; Kom., ABl. 2000 L 206/20, Tz. 66 – Stardust Marine sowie Kristoferitsch, EuZW 2006, 428, 429.

[18] Kom., ABl. 2000 L 206/20, Tz. 67 – Stardust Marine.

[19] Kom., ABl. 2002 L 314/62, Tz. 29 – Gothaer Fahrzeugtechnik; Kom., ABl 1999 L 198/1 – Société Marsaillaise de Credit; vgl. aber auch Kom., ABl. 1997 L 25/26 – HTM, in der die Kommission einer Ansprache von 40 potentiellen Interessenten dieselbe Wirkung zubilligte „wie einer normalen öffentlichen Ausschreibung".

[20] Kom., ABl. 2002 L 105/33, Tz. 15, 42 – Georgsmarienhütte.

[21] Kom., ABl. 2000 L 265/15, Tz. 82 – Centrale del Latte di Roma.

[22] Kom., ABl. 2008 L 239/32, Tz. 29–31, 141–143 – Bank Burgenland.

131   Ein Ausschluss von Unternehmen aus anderen Mitgliedstaaten der Gemeinschaft ist darüber hinaus verdächtig, zusätzlich gegen andere primärrechtliche Vorschriften des AEUV zu verstoßen,[23] beispielsweise gegen die **Grundsätze des freien Kapitalverkehrs und der Niederlassungsfreiheit**[24] **sowie des Diskriminierungsverbots.**[25] Es reicht daher nicht aus, das Unternehmen lediglich einigen nationalen Wettbewerbern anzubieten.[26] Entsprechend hat die Kommission im Fall Stardust Marine gerügt, dass eine direkte Kontaktaufnahme nur mit einigen wenigen potentiellen Kaufinteressenten erfolgt war.[27] Zudem erhielt die Kommission Kenntnis von einem internen Vermerk, der vorsah, dass französische Wettbewerber bevorzugt werden sollten, was die Kommission als Verstoß gegen den Offenheitsgrundsatz und die Grundfreiheiten qualifizierte.[28]

132   **bb) Transparenz und Nichtdiskriminierung.** Das Ausschreibungsverfahren muss mit einem offenen Aufruf zur **Abgabe von verbindlichen Angeboten im Rahmen präziser Vorgaben** eröffnet werden. Es reicht nicht aus, wenn lediglich eine Einladung zur Aufnahme individueller Verhandlungen ausgesprochen wird.[29]

133   Zudem dürfen die in der Ausschreibung angegeben Grundsätze der Unternehmensbewertung und der Festsetzung der vom Käufer notwendigerweise zu erbringenden Leistungen (zB. Rekapitalisierungsmaßnahmen) nicht im Laufe des Bieterverfahrens geändert werden. Sollte dies dennoch erforderlich sein, müssen alle Interessenten entsprechend informiert werden, um ihnen Gelegenheit zu geben, das Unternehmen neu zu bewerten und ein neues Angebot abzugeben. Um keinen der potentiellen Bieter zu benachteiligen, muss bei **Änderung der anfänglichen Angebotsvoraussetzungen** das Privatisierungsvorhaben grundsätzlich neu ausgeschrieben werden.[30]

134   Grundsätzlich sollte der Katalog der Bewertungskriterien abschließend sein und die **Gewichtung der einzelnen Kriterien** deutlich gemacht werden.[31]

135   Gleichwohl hat die Kommission in der Vergangenheit Ausschreibungsverfahren gebilligt, in denen unter den Interesse bekundenden Bietern zunächst anhand objektiver Kriterien eine **Vorauswahl** erfolgte. So akzeptierte die Kommission ein Ausschreibungsverfahren, bei dem 20 Kapitalgeber vorab ihr Interesse bekundeten, 13 von ihnen das Interesse bestätigt und daraufhin Informationsunterlagen zugesandt bekommen hatten und letztlich von den zwei in die engere Wahl gekommenen Interessenten nur einer ein verbindliches Angebot abgegeben hatte.[32] Eine Vorauswahl kann insbesondere aufgrund von objektiven Eignungskriterien zur erfolgreichen Fortführung des Unternehmens erfolgen, um mögliche Nachhaftungsrisiken des Veräußerers zu minimieren.

136   Außerdem hat die Kommission akzeptiert, dass informelle Vorgespräche mit mehreren potenziellen Investoren geführt werden, um vorläufige Informationen über Marktnachfrage, Mindestverkaufspreise usw. zu erhalten. Die Kommission erkennt an, dass derartige Beratungen und **Vorgespräche** mit potenziellen Investoren vor der Veröffentlichung der Privatisierungsbekanntmachung als üblich angesehen werden können, sofern diese Gespräche nicht mit dem Ziel oder der Folge der Festlegung von individualisierten Ausschreibungsbedingungen geführt werden.[33]

137   Die Kommission hat in ihrer Entscheidungspraxis klargestellt, dass ein Ausschreibungsverfahren insbesondere nicht so angelegt sein darf, dass die Verpflichtungen, die der Käufer übernehmen soll, erst im **Laufe eines individuellen Verhandlungsprozesses** zwischen Verkäufer und Interessent konkretisiert und zur Grundlage gemacht werden. Wenn es von individuellen Verhandlungen abhängt, welche Konditionen dem Verkauf tatsächlich zugrunde gelegt werden, und diese nicht im Vorfeld für alle Bieter feststehen, kann es zur Diskriminierung der Mitinte-

---

[23] Kom., ABl. 1999 L 103/19, S. 25 – Société de Banque Occidentale; Kom., ABl. 2000 L 206/6, Tz. 73 f. – Stardust Marine.

[24] Vgl. *Jäger* EuZW 2007, 499, 502.

[25] Vgl. *Soltész/Bielesz* EuZW 2004, 391, 393; Kom., ABl. L 103/19, 25 – Société de Banque Occidentale.

[26] Kom., ABl. 1999 L 103/19–32 – Société de Banque Occidentale.

[27] Kom., ABl. 2000 L 206/6, Tz. 66, 67 – Stardust Marine.

[28] Kom., ABl. 2000 L 206/6, Tz. 73, 74 – Stardust Marine.

[29] Kom., ABl. 1999 L 292/27, Tz. 88, 90 – Gröditzer Stahlwerke; Kom., ABl. 2000 L 206/6, Tz. 66, 67 – Stardust Marine.

[30] Kom., ABl. 1999 L 103/19, S. 25, 26 – Société de Banque Occidentale.

[31] Kom., ABl. 2008 L 239/32, Tz. 43 – Bank Burgenland.

[32] Kom. ABl. 1999 L 129/30, Abschnitt III. ii) – Società Italiana per Condotte d'Acqua SpA.

[33] Kom., ABl. 2008 L 239/12, Tz. 69 – Automobile Craiova.

ressenten kommen. Denn in diesem Fall würden diejenigen Bieter bevorzugt, die eine letzte Möglichkeit zur Endverhandlung und zur Anpassung ihres Angebots an die vom Verkäufer gestellten Anforderungen erhalten haben.[34] Davon zu unterscheiden ist die Änderung sonstiger Vertragsbedingungen in der Verhandlungsphase. Diese ist zulässig, wenn sie der gängigen Geschäftspraxis entspricht, also insbesondere bei Verhandlungen auf der Grundlage endgültiger, verbesserter und unwiderruflicher Angebote. [35]

Dies bedeutet nicht, dass Privatisierungen, in denen andere Vertragsbedingungen noch auf **138** dem Verhandlungswege im Endstadium der Verkaufsverhandlungen mit dem übrig gebliebenen Bieter angepasst werden, automatisch Beihilfenelemente enthalten. Ein solches Verfahren ist zwar nicht geeignet, a priori das Vorliegen einer Beihilfe auszuschließen. Dem betroffenen Mitgliedstaat bleibt es aber unbenommen, darzulegen, dass die in Frage stehende Änderung auch von einem Private Vendor vorgenommen worden wäre.[36]

Dasselbe gilt für **Vertragsänderungen nach Abschluss des Privatisierungsverfahrens.** **139** Auf die Einhaltung des Privatisierungsvertrages wird der öffentliche Unternehmensveräußerer bereits aus beihilfenrechtlichen Gründen bestehen müssen, es sei denn, ein privater Veräußerer würde unter den Umständen des konkreten Falles der Vertragsänderung zustimmen. Dies dürfte sich nach den Grundsätzen des Private Creditor Tests beurteilen.[37] Rechtlich interessant ist eine Konstellation, in der der Erwerber eine Klausel streichen lassen will, an der ein privater Veräußerer bereits ursprünglich kein wirtschaftliches Interesse gehabt und an deren Aufrechterhaltung er entsprechend auch kein solches Interesse hätte (beispielsweise eine Arbeitsplatzgarantie). Nach dem Private Creditor Test sollte eine Streichung möglich sein. Nach dem Private Vendor Test scheint dies jedenfalls dann fraglich, wenn die Klausel einen spürbaren Einfluss auf die Höhe des Kaufpreises hatte.

cc) Bedingungsfreiheit. Der bedingungsfreie Charakter der Ausschreibung ist eine ganz **140** wesentliche Voraussetzung für die Vermutung der Beihilfenfreiheit.[38]

Indem der Staat als Verkäufer dem Käufer bestimmte Bedingungen auferlegt, verringert er den **141** Kaufpreis potentiell und verzichtet auf zusätzliche Mittel. Außerdem können Bedingungen potentiell interessierte Investoren von vornherein von der Abgabe eines Gebots abhalten, so dass das eingereichte Umfeld des Verkaufsverfahrens gestört wird und selbst das höchste letztendlich eingereichte Angebot nicht notwendiger Weise den tatsächlichen Marktwert repräsentiert.[39]

Zunächst muss also die Ausschreibung so gestaltet werden, dass grundsätzlich **jeder Käufer unabhängig von seinem gewerblichen Tätigkeitsbereich** das Unternehmen erwerben und für seinen wirtschaftlichen Zweck nutzen darf.[40]

Darüber hinaus darf die Ausschreibung keine Bedingungen enthalten, die den Veräuße- **142** rungswert des Unternehmens schmälern und daher von einem Private Vendor nicht gestellt worden wären. Hierzu zählen Bedingungen, die auf nichtwirtschaftlichen Erwägungen beispielsweise der Industrie- oder Arbeitsmarktpolitik oder der regionalen Entwicklungspolitik basieren, wie zB. der Bedingung, der Erwerber müsse ein **bestimmtes Investitions-, Produktions- oder Beschäftigungsniveau** aufrechterhalten[41] oder **Rohstoffe ausschließlich von regionalen Lieferanten** abnehmen.[42] Beihilfenrechtlich bedenklich sind derartige Bedingungen, weil das am Ende des Verfahrens abgegebene Höchstgebot nicht mehr den Marktpreis des Unternehmens widerspiegelt. Zum einen können solche Bedingungen potentielle Interes-

---

[34] Kom., ABl. 1999 L 292/27, Tz. 88, 89 – Gröditzer Stahlwerke; Kom., ABl. L 103/19, S. 25, 26 – Société de Banque Occidentale.

[35] Kom., ABl. 2008 L 239/12, Tz. 77 – Automobile Craiova.

[36] So in der Entscheidung Kom., ABl. 2008 L 239/12, Tz. 77–79 – Automobile Craiova.

[37] Siehe hierzu oben Art. 107 AEUV RdNr. 192 ff.

[38] Siehe zum Beispiel Kom., ABl. 2001 L 1/10 – Dessauer Geräteindustrie; Kom., ABl. 2001 L 301/37 – SKET Walzwerkstechnik; Kom., ABl. 2002 L 314/62 – Gothaer Fahrzeugtechnik.

[39] Kom., ABl. 2010 L 59/1, Tz. 184 – Austrian Airlines.

[40] Kom., ABl. 1999 L 292/27, Tz. 87 – Gröditzer Stahlwerke; Kom., ABl. 2008 L 239/12, Tz. 58, 60 – Automobile Craiova.

[41] Kom., ABl. 2008 L 239/12, Tz. 55–60 – Automobile Craiova; Kom., ABl. 2000 L 265/15, Tz. 91 – Centrale del Latte di Roma; Kom., ABl. 1999 L 292/27, Tz. 87 – Gröditzer Stahlwerke; Kom., ABl. 1997 L 25/26 – Head Tyrolia Mares.

[42] Kom., ABl. 2000 L 265/15, Tz. 91 – Centrale del Latte di Roma; Kom., ABl. 2008 L 239/12, Tz. 49 – Automobile Craiova: „die bei vergleichbaren Geschäften zwischen Privaten nicht üblich sind und zu einem niedrigeren Kaufpreises führen können."

senten davon abhalten, ein Angebot einzureichen.[43] Zum anderen mindert sich aus der Sicht der potentiellen Käufer der Wert des Unternehmens, wenn sie hierdurch in ihrer **unternehmerischen Entscheidungsfreiheit** eingeschränkt werden. Der Staat, der auf einen Teil seiner möglichen Einnahmen verzichtet, verhält sich nicht wie ein Private Vendor, der ausschließlich daran interessiert ist, den höchstmöglichen Preis zu erzielen. Wie der Erwerber mit dem Unternehmen in Zukunft verfährt, ist dem Private Vendor grundsätzlich egal.[44] Die Kommission ist der Auffassung, dass ein marktwirtschaftlich handelnde Akteur das Unternehmen an den Höchstbietenden verkaufen würde, der dann frei über die Zukunft des erworbenen Unternehmens entscheiden kann.[45] Ohne Vorliegen besonderer wirtschaftlicher Gründe geht es ihm insbesondere nicht um die Sicherung eines bestimmten Beschäftigungsniveaus, zumal dann, wenn er nicht selbst am Unternehmen beteiligt bleibt.[46] Diese Bedingungen haben einen ähnlichen Einfluss auf das wirtschaftliche Verhalten des Unternehmens wie eine direkte Beihilfe oder staatliche Maßnahmen, durch die die üblicherweise von den Unternehmen getragenen Kosten gesenkt werden, da die Vorgaben **unmittelbar Kaufpreis reduzierend** wirken.[47]

143 Sie sind nicht nur unzulässig, wenn sie explizit als zwingende Bedingungen festgelegt werden. Die Kommission prüft auch, ob das Bieterverfahren so programmiert ist, dass de facto nur derjenige Bieter eine Zuschlagschance hat, der ein entsprechendes Geschäftsmodell vorsieht und/ oder entsprechende (freiwillige) Zusagen macht. Dies lässt sich in der Regel von der privatisierenden Stelle durch eine darauf ausgerichtete **Bewertungsmethode** steuern. So wurden im Fall Automobile Craiova die verschiedenen Nutzungsmöglichkeiten bei der endgültigen Verkaufsentscheidung von der rumänischen Privatisierungsagentur unterschiedlich gewichtet.[48] Im Bewertungsbogen war vorgesehen, dass der gebotene Preis nur 35% der Gesamtpunktzahl ausmachte, während die Gesamtinvestitionen mit 25%, das Erreichen eines Integrationsniveaus von der Produktion von 60% im vierten Jahr mit 20% und die Zusage, im vierten Jahr eine Produktion von 200 000 Fahrzeugen zu erreichen, ebenfalls mit 20% berücksichtigt wurden. Diese Gewichtung führte dazu, dass ein Bieter das Ausschreibungsverfahren faktisch nicht mehr gewinnen konnte, wenn er das Unternehmen anderweitig als vom Verkäufer vorgesehen hätte verwenden wollen, es sei denn, er hätte die Nichterfüllung dieser Bedingung mit einem irrational hohen Aufschlag beim Kaufpreis ausgeglichen. Die Kommission hielt dies für eine unzulässige Bedingung, die die Wettbewerbsposition potentieller Investoren im Ausschreibungsverfahren erheblich beeinträchtigen bzw. sie ganz davon abhalten konnte, ein Angebot abzugeben.[49]

144 Dies bedeutet jedoch nicht, dass alle Bedingungen, an die eine Privatisierung geknüpft ist, automatisch zum Vorliegen einer Beihilfe führen. Erstens stellen die **Bedingungen, die üblicherweise auch bei Geschäften zwischen Privaten zu finden sind**, kein Problem dar.[50] Hierzu zählt die Kommission zB. Standardformen der Entschädigung wegen der Solvenz des Bieters oder die Einhaltung des inländischen Arbeitsrechts[51] ebenso wie Sicherheiten für bestimmte Verbindlichkeiten, die kein Investor auf der Grundlage der Due-Diligence-Prüfung bewerten und berechnen könnte.[52] Hierzu haben auch die sonst typischen Haftungsklauseln (Reps and Warranties) zu zählen, soweit sie sich nicht gerade auf die Vereinbarkeit der Privatisierung mit dem Beihilfenrecht beziehen.[53]

145 Nach dem Private-Vendor-Test muss darüber hinaus in Bezug auf jede einzelne Klausel gefragt werden, ob sie in Bezug auf die konkrete Transaktion so auch von einem privaten Verkäufer gestellt worden wäre. Zu denken wäre im Einzelfall etwa an Bedingungen, die an die **Fähigkeit des Erwerbers** gestellt werden, **das Unternehmen erfolgreich weiter zu führen**, zumal dann, wenn der Veräußerer (hier die öffentliche Hand) noch für einen bestimmten **Zeitraum der Nachhaftung** unterliegt. Die Auslese der Investoren kann sinnvoll auch bereits auf der vorgezogenen Ebene einer Vorauswahl aufgrund geeigneter Eignungskriterien erfolgen. Eine Abwälzung der potentiellen Nachhaftungskosten auf das erwerbende Unternehmen wird

---

[43] So zB. in Kom., ABl. 2008 L 239/12, Tz. 60 – Automobile Craiova.
[44] Kom., ABl. 2008 L 263/5, Tz. 37, 39, 40 – Tractorul.
[45] Kom., ABl. 2010 L 59/1, Tz. 185 – Austrian Airlines.
[46] Kom., ABl. 1997 L 25/26, Abschnitt 7.2.6 – Head Tyrolia Mares.
[47] Kom., ABl. 2008 L 239/12, Tz. 59 – Automobile Craiova.
[48] Vgl. Kom., ABl. 2008 L 239/12, Tz. 17, 56 – Automobile Craiova.
[49] Kom., ABl. 2008 L 239/12, Tz. 56–60 – Automobile Craiova.
[50] Siehe Privatisierungsleitlinien, XXIII. Wettbewerbsbericht, Ziff. 403 Abs. 5, 4. Spiegelstrich.
[51] Kom., ABl. 2008 L 239/12, Tz. 54 – Automobile Craiova.
[52] Kom., ABl. 2008 L 239/12, Tz. 75 – Automobile Craiova.
[53] Hierzu vgl. weiter unten unter RdNr. 188–190.

in der Regel nur schwer möglich sein. Eine Möglichkeit, die Nachhaftung in die Auswahlentscheidung mit einfließen zu lassen, wäre die Analyse, wie die Kapitalmärkte eine Haftung „einpreisen". Ausgangspunkt der Analyse könnte die Annahme sein, dass sich die öffentliche Hand auf dem Kapitalmarkt gegen das Haftungsrisiko durch einen Credit-Default-Swap absichert. Je nach Bonität und Expertise des Bieters würden die Kosten für eine derartige Absicherung variieren und könnten dann entsprechend bei der Bewertung der Angebote berücksichtigt werden. Eine andere Möglichkeit besteht darin, unmittelbar die Haftungskosten und die Wahrscheinlichkeit des Eintritts des Haftungsfalles je Bieter zu ermitteln und zum Kaufpreis ins Verhältnis zu setzen.[54]

Die Kommission vertritt allerdings die Auffassung, dass **nur solche Risiken** bei der Nach- **146** haftung berücksichtigt werden dürfen, **die auch ein privater Marktteilnehmer eingegangen wäre**. Dies soll beispielsweise nicht für wirtschaftliche Risiken gelten, die aus nicht ausgeschriebenen Aufträgen für Militärgüter an die eigene öffentliche Rüstungsindustrie resultieren. Hier soll der Mitgliedstaat zur Rechtfertigung von Beihilfen bei der Privatisierung des Rüstungsunternehmens nicht geltend machen dürfen, er verhalte sich wie ein Private Purchaser, weil er versuche, die Kosten zu minimieren, die ihn aus der Nichtlieferung bei Liquidation des Unternehmens treffen würden.[55]

Entsprechend sollen auch **Risiken**, die **aus früheren Beihilfemaßnahmen** resultieren, **147** nicht berücksichtigungsfähig sein, beispielsweise Risken aus der österreichischen Ausfallhaftung oder der entsprechenden deutschen **Anstaltslast/Gewährträgerhaftung**.[56] Würden diese Risiken berücksichtigt, würde die Rolle der öffentlichen Hand als Beihilfengeber und als Verkäufer der Bank vermischt. Es soll dabei keine Rolle spielen, ob die in Frage stehende Maßnahme eine rechtmäßige bestehende Beihilfe sei oder nicht. Die Kommission ist der Auffassung, dass alle bisherigen Gerichtsentscheidungen diesen Grundsatz bestätigt hätten.[57] Zwar habe der Gerichtshof in der Sache Gröditzer Stahlwerke nur befunden, dass Haftungen, die als *rechtswidrige* Beihilfen eingestuft wurden, bei der Berechnung der zu erwartenden Liquidationskosten nicht berücksichtigt werden dürften,[58] dies bedeute aber umgekehrt nicht, dass eine bestehende *rechtmäßige* Beihilfe berücksichtigt werden dürfe. Nach Auffassung der Kommission ist es nicht relevant, ob es sich um eine rechtswidrige oder um eine bestehende Beihilfe handelt: „Solange die Maßnahme als staatliche Beihilfe einzustufen ist, hätte kein marktwirtschaftlich handelnder Verkäufer sie zugestanden und somit eine solche Maßnahme nicht berücksichtigt".[59] Die Richtigkeit der Kommissionsauffassung ist in Bezug auf mögliche Belastungen aus rechtmäßigen Beihilfen zu hinterfragen.[60] Sie wäre ein echtes Privatisierungshindernis. Hat der Mitgliedstaat rechtmäßiger Weise einmal Beihilfen gewährt, muss er auch in der Lage sein, die sich daraus ergebenden Risiken im Rahmen einer Privatisierung so zu berücksichtigen wie dies auch ein Private Vendor in derselben Situation tun würde. Dies gilt jedenfalls für solche Beihilfen, die erkennbar nicht im Zusammenhang mit der Privatisierung stehen. Entgegen der Angaben der Kommission gibt es Rechtsprechung, die diesen differenzierten Ansatz verfolgt. Im Urteil Linde[61] hat das Gericht Belastungen der öffentlichen Hand, die aus einer früheren (rechtmäßigen) Beihilfengewährung herrührten, berücksichtigt.[62]

Gelegentlich haben sich die Mitgliedstaaten bei der Rekapitalisierung öffentlicher Unter- **148** nehmen auch auf Gründe der **Wahrung der Marktreputation (Image)** berufen, um zu rechtfertigen, dass nicht die an Zahlen gemessen wirtschaftlichste Option gewählt wurde.[63] Die Gemeinschaftsgerichte haben ein solches Vorgehen nicht grundsätzlich zurückgewiesen,[64] aller-

[54] Präferiert in Kom., ABl. 2008 L 239/32, Tz. 157 – Bank Burgenland.
[55] Kom., ABl. 2003 L 14/56, Tz. 78 – Koninklijke Schelde Groep.
[56] Für die Gewährträgerhaftung vgl. Kom., ABl. 2009 L 104/34, Tz. 32 – Sachsen LB.
[57] Kom., ABl. 2008 L 239/32, Tz. 137 – Bank Burgenland unter Verweis auf EuGH, C-334/99, Slg. 2003, I-1139, RdNr. 138 – Deutschland/Kommission (Gröditzer Stahlwerke).
[58] EuGH, C-334/99, Slg. 2003, I-1139, RdNr. 138 – Deutschland/Kommission (Gröditzer Stahlwerke).
[59] Kom., ABl. 2008 L 239/32, Tz. 137 – Bank Burgenland unter Verweis auf EuG, T-11/95, Slg. 1998, II-3235, RdNrn. 170–171, 179–180 – BP Chemicals.
[60] Kritisch auch *Soltesz* EuZW 2008, 353, sowie *Jäger* EuZW 2007, 499, 501 und EuZW 2008, 686, 688.
[61] EuG, T-98/00, Slg. 2002, II-3961 – Linde AG/Kommission.
[62] Vgl. hierzu genauer *Arhold* in diesem Kommentar Kapitel A.II.1., RdNr. 153.
[63] Vgl. Kom., ABl. 2008 L 263/5, Tz. 45 – Tractorul; Kom., ABl. 1996 L 198/40, Teil IV, Abs. 14 – Neue Maxhütte.
[64] EuG, T-129/95, T-2/96 u. T-97/96, Slg. 1999, II-17, RdNr. 124–127 – Neue Maxhütte Stahlwerke GmbH und Lech-Stahlwerke GmbH/Kommission.

dings – soweit ersichtlich – bislang auch noch in keinem konkreten Einzelfall akzeptiert, dass ein privater Marktteilnehmer in der Situation des Mitgliedstaates aus Gründen der Imagepflege die fragliche Maßnahme getroffen hätte.

149   Zweitens führen auch die Bedingungen, die bei Geschäften zwischen Privaten nicht üblich zu sein scheinen, **nur insoweit** zum Vorliegen einer staatlichen **Beihilfe, als sie zu einem niedrigeren Kaufpreis führen** und einen Vorteil begründen können. Das ist im Einzelfall nachzuweisen.[65] So entschied die Kommission im Fall Tractorul, dass die hier von Veräußererseite gestellten Bedingungen – Weiterführung der Geschäftstätigkeit für 10 Jahre und vorrangige (Wieder-)Einstellung ehemaliger Mitarbeiter im Falle der Liquidation – sich nicht mindernd auf den Kaufpreis ausgewirkt hätten, da sie **keine (rechtlich verbindlichen) wirtschaftlichen Belastungen** darstellten und dies auch für alle potentiellen Käufer aus den Ausschreibungsunterlagen eindeutig zu entnehmen war.[66] Denn bei der ersten Bedingung handelte es sich um eine bloß formale Anforderung, die sich auf die Eintragung des Geschäftszwecks ins Handelsregister bezog. Sie verpflichtete den Käufer aber keinesfalls, die bisherige Produktion tatsächlich fortzusetzen, und tatsächlich hatte der Erwerber auch nicht vor, die Produktion aufrecht zu erhalten,[67] und auch die zweite Bedingung wurde lediglich als ein unverbindlicher Appell an den Erwerber, sich „nach Kräften" um eine vorrangige Einstellung der ehemaligen Beschäftigten zu bemühen, qualifiziert.[68] Eine solche „Best effort"-Klausel in Bezug auf den Erhalt von Arbeitsplätzen wurde von der Kommission auch beim Verkauf der Austrian Airlines an Lufthansa akzeptiert.[69] Darüber hinaus soll die **Einrichtung eines „Gremiums zur Wahrung der österreichischen Standortinteressen"** ebenfalls keinen Einfluss auf den Kaufpreis gehabt haben, da das Gremium nur beratender Art war und keine Entscheidungsbefugnis besaß.[70]

150   Auch im Fall Automobile Craiova hatte Rumänien versucht zu argumentieren, allen potenziellen Investoren sei bekannt gewesen, dass über die Bedingungen habe verhandelt werden können, und dies sei auch leicht den Ausschreibungsunterlagen zu entnehmen gewesen, weshalb sich die Bedingungen nicht auf den Kaufpreis hätten auswirken können. Von der Kommission konnte dies jedoch nur für den Entwurf des Kaufvertrages, der lediglich der Information und als Verhandlungsgrundlage diente, nicht aber für die **Kriterien im Bewertungsbogen** festgestellt werden. Zu Recht stellte die Kommission fest, dass die Bewertungsmethode jede praktische Bedeutung verlieren würde, wenn sie hätte verhandelt werden können.[71]

151   Die Frage stellt sich, welchem Zweck die Benutzung solcher „Best effort" Klauseln, die nicht rechtlich verbindlich sind und insbesondere weder in die Geeignetheitsprüfung des Bieters noch in die Bewertung des Angebots einfließen, überhaupt dienen (der Beruhigung von Gewerkschaften oder der Öffentlichkeit?),[72] und ob sie sich nicht doch auf den Kaufpreis auswirken, weil der Bieter davon ausgehen muss, dass die Kriterien unterschwellig berücksichtigt werden und er sich jedenfalls politisch in Zukunft an seinen im Gebot getätigten Aussagen wird messen lassen müssen.

152   Die Privatisierung der Berliner Gewerbesiedlungs-Gesellschaft mbH (GSG) ist ein gutes Beispiel dafür, wann generell bedenkliche Bedingungen **wegen der konkreten Marktlage keinen Einfluss auf den Kaufpreis** haben. Als besondere Bedingung wurde hier die Pflicht zur Einhaltung bestimmter Mietpreisbindungen gestellt, wonach für geförderte Objekte eine kostendeckende Miete verlangt werden musste, und ein bestimmter Schwellenkorridor weder über noch unterschritten werden durfte. Außerdem waren bei Gewerberäumen, für die keine Fördermittel in Anspruch genommen worden waren, die Mieten bis zu einem bestimmten Jahr auf

---

[65] Kom., ABl. 2008 L 239/12, Tz. 54 – Automobile Craiova.

[66] Kom., ABl. 2008 L 263/5, Tz. 46 – Tractorul.

[67] Kom., ABl. 2008 L 263/5, Tz. 43 – Tractorul.

[68] Kom., ABl. 2008 L 263/5, Tz. 44 – Tractorul. Auch in der Sache Bank Burgenland hatte die Kommission keine „Beweise oder Hinweise gefunden, die die Schlussfolgerung rechtfertigen würden, dass ein Verfahren, das einen Verkauf der BB unter Zugrundelegung ihres vollen Potenzials ermöglicht hätte, zu einem höheren Angebot geführt hätte", Kom., ABl. 2008 L 239/32, Tz. 143 – Bank Burgenland. Allerdings hatte sie hier die Beihilfenqualität bereits aus anderen Gründen bejaht und daher offensichtlich auf eine vertiefte Prüfung verzichtet.

[69] Kom., ABl. 2010, L 59/1, Tz. 221 – Austrian Airlines.

[70] Kom., ABl. 2010, L 59/1, Tz. 222 – Austrian Airlines.

[71] Kom., ABl. 2008 L 239/12, Tz. 56–60 – Automobile Craiova.

[72] Kom., ABl. 2008 L 263/5, Tz. 45 – Tractorul: „Nach Angaben der rumänischen Behörden wollte die AVAS mit diesen symbolischen Bedingungen lediglich den guten Ruf des Unternehmens und der Produkte, die noch in großer Zahl auf dem rumänischen Markt vorhanden sind, schützen."

die Kosten zu beschränken. Bedingungen dieser Art könnten sich nach Auffassung der Kommission zwar grds. auf den Kaufpreis auswirken, da die GSG daran gehindert wurde, höhere Mieten zu erheben. Angesichts des Umstandes, dass zum Zeitpunkt der Privatisierung und beihilfenrechtlichen Prüfung der Marktpreis auf dem Berliner Immobilienmarkt wegen der hohen Leerstandsquote effektiv unter den Kosten lag und in den nächsten Jahren keine Änderung dieser Lage erwartet wurde, war anzunehmen, dass diese Bedingung keinen Einfluss auf den Kaufpreis hatte.[73]

Auch **regulatorische und ordnungspolitische Besonderheiten eines Marktes** können **153** ansonsten unzulässige Bedingungen wirtschaftlich rechtfertigen. So war die Bedingung der Aufrechterhaltung einer österreichischen Entscheidungszentrale und Kernaktionärsstruktur im Privatisierungsverfahren Austrian Airlines keine Belastung, sondern kommerziell notwendig, um die bilateralen Verkehrsrechte mit bestimmten Drittstaaten und damit die Erträge des Unternehmens zu sichern. Allen potentiellen Bietern sei die Relevanz klar und wichtig gewesen.[74]

Die Frage des möglichen negativen Einflusses von Bedingungen auf den erzielbaren Kaufpreis **154** stellte sich auch bei der Privatisierung der Centrale del Latte di Roma. Die italienischen Behörden haben die Veräußerung des Unternehmens von mehreren Bedingungen abhängig gemacht: Erhalt von 200 der insgesamt 392 Arbeitsplätze, Durchführung eines Unternehmensplans mit Investitionen in bestimmter Höhe, Verpflichtung mindestens 80% der Milch von lokalen Produzenten abzunehmen, die Verpflichtung, den Standort innerhalb der nächsten 5 Jahre nicht zu verlegen. In ihrer Entscheidung wies die Kommission darauf hin, dass ein an besondere Bedingungen geknüpfter Verkauf gemeinschaftsrechtlich zulässig sei, wenn keiner der potentiellen Käufer dadurch diskriminiert wird und die Bedingung nicht zu einem Verkauf des Unternehmens unter Wert führt. Bezüglich der zweiten Voraussetzung vertrat die Kommission zunächst die Auffassung, „dass einige dieser Bedingungen den tatsächlichen Marktwert des Unternehmens beeinflussen könnten." Sie stimmte jedoch sodann „mit den italienischen Behörden dahingehend überein, dass die **Auswirkungen dieser Bedingungen auf den Marktwert nicht berechnet werden können** und dass sie durch die Tatsache, dass das Angebot des ausgewählten Bewerbers wesentlich **über dem von einem unabhängigen Gutachter ermittelten Wert des Unternehmens** lag (42%), ausgeglichen werden können."[75] Die Begründung der Kommission bedarf der Klarstellung: Richtigerweise kann die Diskriminierungsfreiheit nicht als solche zur Beihilfefreiheit führen, wenn Bedingungen gestellt werden, die unter Privaten unüblich sind. Sie ist vielmehr Vorbedingung. Streng genommen hätte die Kommission über das Unternehmenswertgutachten hinaus ein Gutachten über die Frage verlangen müssen, ob das Angebot ohne die gestellten Bedingungen nicht höher ausgefallen wäre. Dies ging im vorliegenden Fall wohl deshalb nicht, weil sich die konkreten Bedingungen als Resultat eines mit mehreren Bietern durchgeführten Verhandlungsverfahrens ergaben, und das siegreiche Angebot die oben dargelegten Bedingungen selbst vorgeschlagen und auch den höchsten Kaufpreis beinhaltet hatte, und die Kommission entsprechend nicht ausschließen wollte, dass die letztlich vom Unternehmen selbst vorgeschlagenen Auflagen den betriebswirtschaftlichen Notwendigkeiten entsprachen. Insoweit war fraglich, ob sich diese Bedingungen überhaupt Kaufpreis mindernd ausgewirkt haben konnten. Letztlich war die Kommissionsanalyse von einer gewissen Großzügigkeit geprägt. In der Austrian Airlines Entscheidung hat die Kommission ganz grundsätzlich die Möglichkeit eingeräumt, bei der Verwendung von zwischen Privaten unüblichen Bedingungen die Frage der Auswirkung auf den Kaufpreis durch ein **Sachverständigengutachten über den Buchwert (Going-Concern Value) des Unternehmens unter normalen Bedingungen** zu entscheiden.[76] Allerdings hat die Kommission das gutachterliche Ergebnis durch eine qualitative Bewertung der gestellten Bedingungen abgesichert.[77]

dd) Ausreichende Fristen für die Unternehmensbewertung und Angebotserstel- **155** **lung.** Weitere in den Privatisierungsleitlinien vorgesehene Voraussetzung ist, dass den interessierten Bietern ausreichend Zeit und Informationen zur Verfügung gestellt werden, um das Un-

---

[73] Kom., ABl. 2002 C 67/33 – Verkauf von Anteilen an der GSG – Land Berlin, herunterzuladen unter http://ec.europa.eu/community_law/state_aids/comp-2000/n804–00.pdf.

[74] Kom., ABl. 2010 L 59/1, Tz. 223–227.

[75] Kom., ABl. 2000 L 265/15, Tz. 91 – Centrale del Latte di Roma.

[76] Kom., ABl. 2000 L 59/1, Tz. 186 – Austrian Airlines unter Verweis auf Punkt 43 der Mitteilung der Kommission zur Anwendung der Artikel 92 und 93 des EG-Vertrages auf staatliche Beihilfen im Luftverkehr („Luftverkehrsleitlinien"), ABl. 1994 C 350/5.

[77] Kom., ABl. 2000 C 59/1, Tz. 220 ff. – Austrian Airlines.

ternehmen ordnungsgemäß bewerten und ein Angebot erstellen zu können.[78] Welche Frist angemessen ist, ist eine Frage des Einzelfalls. Bei größeren Unternehmen ist eine **Frist von vierzehn Tagen** jedenfalls **unzureichend.** In Société de Banque Occidentale („SDBO") wurde eine Gruppe von potentiellen Interessenten angeschrieben und aufgefordert, innerhalb einer Frist von je nach Zugang des Schreibens 8–11 Tagen ihr Interesse an der Übernahme der SDBO zu bekunden. Bereits drei Tage nach Fristende stellte das mit der Veräußerung betraute Institut offiziell fest, dass kein zufriedenstellendes Angebot abgegeben worden sei. Die Kommission bezweifelte, dass die angesprochenen Banken die Möglichkeit hatten, das Angebot unter zumutbaren Bedingungen prüfen zu können. Frankreich konnte auch nicht nachweisen, dass eine längere Frist die Dauer des Veräußerungsverfahrens spürbar verlängert und damit der SDBO Schaden zugefügt hätte.[79]

156   In der Literatur wird teilweise vorgebracht, allen zugelassenen Bietern die Möglichkeit einer Due Dilligence einzuräumen, sei weder mit Vertraulichkeits- noch mit Kostenaspekten vereinbar, weshalb in Privatisierungsfällen die Möglichkeit der in der Praxis vorherrschenden „kontrollierten Auktion" d. h. der gezielten Ansprache ausgewählter potentieller Bieter bestehen sollte.[80] Natürlich bleibt eine solche Vorgehensweise möglich. Sie ist nur für sich nicht ausreichend, um den Beihilfentatbestand sicher auszuschließen, so dass in solchen Fällen ein ex-ante Kaufpreis–Wertgutachten angefertigt werden sollte.[81]

157   **ee) Zwingender Verkauf an den Meistbietenden.** Am Ende des Ausschreibungswettbewerbs muss der Bieter mit dem höchsten Angebot den Zuschlag erhalten. In der Bank Burgenland-Entscheidung hat die Kommission dazu festgehalten, dass, wenn einmal das offene Ausschreibungsverfahren gewählt wurde, die **Wahl des zweithöchsten Angebots nicht mit einem Wertgutachten gerechtfertigt werden kann,** auch wenn dies die Marktkonformität des zweithöchsten Angebots bestätigt.[82] Der Ausschreibungswettbewerb dient ja gerade der Ermittlung des Marktwertes. Ein Gutachten, das unterhalb des tatsächlich am Markt gebotenen Preises bleibt, bestätigt lediglich die Ungenauigkeit, die Unternehmensbewertungsgutachten immanent ist.[83] Selbst im Falle eines Grundstückverkaufs geht aus dem Wortlaut und der Struktur der Mitteilung über Grundstücksverkäufe hervor, dass ein Mitgliedstaat den Verkauf an eine andere Person als den Meistbietenden nicht durch ein Gutachten rechtfertigen kann.[84]

158   Auf der anderen Seite bedeutet Verkauf an den Meistbietenden nicht, dass automatisch derjenige, der den höchsten Kaufpreis bietet, den Zuschlag erhalten muss, wenn neben dem Kaufpreis noch weitere – zulässige! – Bewertungskriterien existieren und auch die Gewichtung dieser Bewertungskriterien aus Private Vendor Sicht gerechtfertigt ist. In einem solchen Fall wird die ausschreibende Stelle eine Bewertung derart durchführen können, dass das nach den festgelegten Bewertungskriterien **wirtschaftlich attraktivste Angebot** angenommen werden darf.[85] In der Entscheidung Bank Burgenland hat die Kommission hierzu festgestellt, dass „ein nach marktwirtschaftlichen Grundsätzen handelnder Wirtschaftsteilnehmer [...] sich dennoch ausnahmsweise für das niedrigere Angebot entscheiden könne, wenn
– es erstens offensichtlich ist, dass der Verkauf an den Meistbietenden nicht durchführbar ist, und
– es zweitens gerechtfertigt ist, auch anderen Faktoren als dem Preis Rechnung zu tragen. Die Tatsache, dass nicht der Meistbietende den Zuschlag erhalten hat, ist an sich kein unwiderleglicher Beweis für eine Beihilfe. Der Begriff des Meistbietenden kann weiter ausgelegt werden,

---

[78] Kom., ABl. 2008 L 239/12, Tz. 61 – Automobile Craiova.

[79] Kom., ABl. 1999 L 103/19, 25 – Société de Banque Occidentale.

[80] *Simonsson* ECLR 2005, 460, 465.

[81] So beispielsweise in KOM., ABl. 2000 L 272/29, Tz. 45–48 – TASQ; direkte Ansprache von etwa 20 potentiellen nationalen und internationalen Erwerbern nach Einholung eines Wertgutachtens.

[82] Kom., ABl. 2008 L 239/32, Tz. 108, 110, 112 – Bank Burgenland. So auch *Jäger* EuZW 2008, 686, 687; und *Kristoferitsch* EuZW 2006, 428, 430. Anders noch Kom., ABl. 2000 L 206/6, Tz. 77 ff. – Stardust Marine, wo die Kommission jedoch neben dem Gutachten auch maßgeblich auf die außerbilanzmäßigen Risiken des Höchstbietenden abstellte.

[83] Vgl. bereits Kom., ABl. 1994 L 379/13, Abschnitt IV – Koninklijke Luchtvaartmaatschapijng (KLM): „Die Bestimmung des Marktwertes eines Unternehmens ist immer eine subjektive und schwierige Angelegenheit."

[84] Kom., ABl. 2008 L 239/32, Tz. 109 – Bank Burgenland.

[85] Die Annahme des wirtschaftlich attraktivsten Angebots mit dem nur zweithöchsten Kaufpreis sollte daher noch nicht *per se* die Eröffnung des förmlichen Prüfverfahrens rechtfertigen. So aber Kom., ABl. 2008 L 239/32, Tz. 104 – Bank Burgenland.

wenn die Unterschiede in den außerbilanziellen Risiken zwischen den Angeboten berücksichtigt werden."[86]

Bei dem ersten Aspekt geht es im Wesentlichen darum, ob [der Verkäufer] sich […] darauf **159** verlassen [kann], dass [er] die Kaufpreiszahlung tatsächlich [erhält] (dies wird im Allgemeinen als Transaktionssicherheit bezeichnet – erstes Element),[87] und ob davon ausgegangen werden [kann], dass [der Bieter] [etwaige] erforderliche [behördliche] Genehmigungen erhalten würde (zweites Element)". Zu denken wäre hier neben der im Fall Bank Burgenland in Frage stehenden Genehmigung der Finanzaufsichtsbehörde beispielsweise an die Genehmigung der Fusionskontrollbehörden oder eine Genehmigung nach dem deutschen AWG. Die Verweigerung der Genehmigung muss so gut wie sicher feststehen. Bloße Zweifel an der Genehmigungsfähigkeit reichen nicht.[88] Ebenso reicht es nicht aus, wenn die behördlichen Genehmigungsverfahren bei bestimmten Bietern deshalb mehr Zeit in Anspruch nehmen, weil diese Bieter nicht aus dem privatisierenden Staat kommen, da dies „einer Diskriminierung aller Bieter außerhalb der Europäischen Union und möglicherweise auch von Bietern aus einem anderen Mitgliedstaat gleichkommen"[89] würde.

„Bei dem zweiten Aspekt geht es darum, ob es andere Faktoren wie Haftungen oder außerbi- **160** lanzielle Risiken gibt, die [der] staatliche Verkäufer berücksichtigen kann und die den Preisunterschied im Vergleich zum höchsten Angebot aufwiegen […]."[90] Wie dargelegt sind danach **alle nach dem Private Vendor Test zulässigen Bewertungskriterien** bei der Angebotsbewertung zu berücksichtigen.

c) Gutachten zur Bestimmung des Marktwertes. Auch wenn die Privatisierung nicht **161** über die Börse oder über ein bedingungsfreies Bieterverfahren abgewickelt wird,[91] kann sie beihilfenrechtlich unbedenklich sein, wenn vor den Verkaufsverhandlungen der Wert des Unternehmens durch einen unabhängigen Sachverständigen ermittelt wurde. Diese Voraussetzung ist der Grundstücksmitteilung der Kommission aus dem Jahr 1997[92] entnommen, deren Grundgedanken die Kommission seit der Entscheidung im Fall Centrale del Latte analog auch auf Privatisierungen öffentlicher Unternehmen anwendet.[93] Die klarstellenden Bemerkungen hierzu in der Bank Burgenland-Entscheidung[94] sind nicht so zu verstehen, als seien Wertgutachten nicht mehr zulässig.[95] Vielmehr sind sie lediglich ein weiterer Beleg für das, was in der Literatur unter Verweis auf die beihilfenrechtlichen Ausführungen der Kommission bezüglich der Vergabe von Infrastrukturaufträgen im XXIX. Wettbewerbsbericht[96] vertreten wird: dass bei Unternehmensveräußerungen eine **Präferenz der Kommission für Bieterverfahren gegenüber Wertgutachten** zur Ermittlung des Marktpreises besteht.[97] Richtiger Weise weist die Kommission in neueren Entscheidungen darauf hin, dass Wertgutachten bei der Unternehmensveräußerung aufgrund der „Komplexität einer solchen Bewertung von geringerem Wert als beim Verkauf von Immobilien" sind.[98] Dem ist grundsätzlich zuzustimmen. Insbesondere Unternehmensveräußerungen, bei denen die öffentliche Hand scheinbar grundlos auf ein Bieterverfahren verzichtet, wird die Kommission deshalb regelmäßig kritisch gegenüber stehen und das entsprechende Wertgutachten besonders gründlich prüfen und gegebenenfalls Gegengutachten in Auftrag geben.[99] Sobald sich der Mitgliedstaat für ein Bieterverfahren entschieden und dieses durchgeführt hat, kann er von den Ergebnissen des Bieterverfahrens nicht mehr unter

---

[86] Kom., ABl. 2008 L 239/32, Tz. 121–122 – Bank Burgenland. Vgl. hierzu auch Kom., ABl. 2000 L 272/29, Tz. 46 – TASQ: „Das höchste Gebot wurde aufgrund seiner problematischen Finanzierung nicht gewählt, die vorgelegte Finanzierungsgarantie war nicht gesetzeskonform."

[87] Kom., ABl. 2008 L 239/32, Tz. 123 – Bank Burgenland: „Von keinem marktwirtschaftlich handelnden Verkäufer kann erwartet werden, sich für einen Käufer zu entscheiden, bei dem die realistische Möglichkeit besteht, dass er den Kaufpreis nicht zahlt".

[88] Kom., ABl. 2008 L 239/32, Tz. 129 – Bank Burgenland.

[89] Kom., ABl. 2008 L 239/32, Tz. 130 – Bank Burgenland.

[90] Kom., ABl. 2008 L 239/32, Tz. 122 – Bank Burgenland.

[91] Zu den möglichen Gründen siehe *Simonsson* ECCR 2005, 460.

[92] Grundstücksmitteilung, ABl. 1997 C 209/03.

[93] Kom., ABl. 2000 L 265/15, Tz. 85 – Centrale del Latte di Roma.

[94] Kom., ABl. 2008 L 239/32, Tz. 107–111.

[95] Zweifelnd: *Jäger* EuZW 2008, 686, 687. Vgl. nur Kom., ABl. 2010 L 59/1, Tz. 219 – Austrian Airlines.

[96] Kom. 1999 SEK (2000) 720 endg., RdNr. 235.

[97] In diesem Sinn *König* EuZW 2006, 203, 204.

[98] Kom., Staatliche Beihilfe N 90/2008, Tz. 17 – Energie AG Oberösterreich.

[99] Siehe zB. Kom., ABl. 2003 L 14/56, Tz. 79 – Koninklijke Schelde Groep.; Kom., ABl. 1994 L 384/1, Abschnitt IV – Volvo/Mitsubishi.

Hinweis auf ein Wertgutachten wieder abrücken und zu einem niedrigeren Kaufpreis veräußern. Insoweit besteht ein **Vorrang der Ergebnisse des Bieterverfahrens.**[100] Zu Recht: Das Ergebnis des Bieterverfahrens hat in einem solchen Fall die Fehlerhaftigkeit des Wertgutachtens gerade aufgedeckt.[101] Allerdings sind die Ergebnisse eines Bieterverfahrens nicht über den Abschluss desselben hinaus den Unternehmenswert zu bestimmen geeignet,[102] so dass insbesondere nach abgebrochener Ausschreibung eine Neubewertung des Unternehmens erfolgen muss, entweder im Rahmen eines neuen Bieterverfahrens oder durch ein Wertgutachten. Letzteres wird nicht ohne besondere Begründung unterhalb des im abgebrochenen Bieterverfahren ermittelten Preises bleiben können.

162 **aa) Ermittlung des Unternehmenswertes.** Durch einen unabhängigen Sachverständigen muss der Unternehmenswert auf der Grundlage allgemein anerkannter Marktindikatoren und Bewertungsstandards festgestellt werden.[103] Aufgabe des Sachverständigen ist es, den Preis zu ermitteln, der zum Zeitpunkt der Bewertung zwischen zwei privaten Vertragspartnern zu erzielen wäre, wenn das Unternehmen frei am Markt zum Verkauf angeboten würde.[104] Der so bestimmte Marktwert des Unternehmens kann als Mindestkaufpreis vereinbart werden, ohne dass beihilfenrechtliche Bedenken bestehen.[105] Wegen der Ungenauigkeit von Wertgutachten bietet es sich bei entsprechend großen Unternehmen an, mehrere Gutachten in Auftrag zu geben und möglicherweise zusätzlich ein späteres Kontrollgutachten, auf dessen Basis eine Kaufpreisanpassung vorgenommen werden kann.[106] Als unterste Grenze für den Unternehmenswert ist der **Liquidationswert** anzusetzen.[107] Eine sichere Möglichkeit besteht darin, sowohl ein auf den Anlagenwert des Unternehmens wie auch ein auf die Ertragsaussichten **(Fortführungswert)** gestütztes Gutachten zu erstellen, wobei der Marktwert der höhere von beiden ist.[108] In der Regel wird das Abstellen allein auf den häufig irreführenden[109] Anlagenwert nicht hinreichend sein.

163 **bb) Besondere Verpflichtungen.** Nach der Grundstücksmitteilung können **besondere Verpflichtungen,** die mit dem Gebäude oder Grundstück und nicht mit dem Käufer oder seinen Wirtschaftstätigkeiten verbunden sind, **im öffentlichen Interesse** an den Verkauf geknüpft werden, solange jeder potentielle Käufer sie unabhängig davon, ob und in welcher Branche er gewerblich tätig ist, zu erfüllen hätte und grundsätzlich erfüllen könnte. Der wirtschaftliche Nachteil solcher Verpflichtungen sollte nicht getrennt bewertet und kann mit dem Kaufpreis verrechnet werden. Bei der Bewertung sind Verpflichtungen zu berücksichtigen, die ein Unternehmen auch im eigenen Interesse (Werbung, (Kultur- und Sport-) Sponsoring, Image, Verbesserung des eigenen Umfelds, Erholung der eigenen Mitarbeiter) übernimmt. Die wirtschaftlichen Belastungen, die an Verpflichtungen geknüpft ist, die nach allgemeinem Recht jeden Grundstückseigner treffen, sind nicht vom Kaufpreis abzuziehen (Pflege und Erhaltung des Geländes im Rahmen der allgemeinen Sozialbindung des Eigentums, Entrichtung von Steuern und sonstigen Abgaben). In Centrale del Latte hat die Kommission auf diese Möglichkeit der diskriminierungsfreien besonderen Verpflichtungen im Sinne der Grundstücksmitteilung hingewiesen,[110] um dann festzustellen, dass auch die an besondere Bedingungen geknüpfte Privatisierung „gemäß dem Gemeinschaftsrecht zulässig ist, sofern diese Bedingungen keine Diskriminierung zwischen den Käufern bewirken".[111] Diese Begründung ist missverständlich. Städte- und bauplanungs- sowie bauordnungsrechtlich motivierte Ausnahmen beim Grundstücksverkauf können nicht weiteres auf Privatisierungen übertragen werden. Bei Grundstücksverkäufen sind die objektbezogenen nicht diskriminierenden Bedingungen aus überge-

---

[100] Kom., ABl. 2008 L 239/32, Tz. 112 – Bank Burgenland.
[101] Siehe hierzu oben unter 1.b.ee, RdNr. 157.
[102] So auch *Jäger* EuZW 2008, 686, 688.
[103] Grundstücksmitteilung, Nr. II 2. lit. a, S. 1; *Szyszczak,* S. 191.
[104] Vgl. dazu Grundstücksmitteilung, Nr. II 2. lit. a, S. 6.
[105] *König/Kühling* NZBau 2001, 409, 410.
[106] Vgl. hierzu Kom., ABl. 2002 C 67/33 – Verkauf von Anteilen an der GSG – Land Berlin. Vgl. ferner Kom., Staatliche Beihilfe N 90/2008, Tz. 17 ff. – Energie AG Oberösterreich.
[107] Kom., ABl. 1994 L 379/13, Abschnitt IV – Koninklijke Luchtvaartmaatschappij (KLM).
[108] Kom., ABl. 1994 L. 385/1, Abschnitt IV – Investitionen des Volkswagen-Konzerns in den neuen Bundesländern. Grundsätzlich für ertragswertbasierte Unternehmensbewertungsverfahren *König/Hassenkamp* DVBl. 2008, 1340, 1346. Siehe hierzu auch Kom., ABl. 2010 L 59/1, Tz. 188–219 – Austrian Airlines.
[109] *Evans* ECLR 1997, 259, 262.
[110] Kom., ABl. 2000 L 265/15, Tz. 87 – Centrale del Latte di Roma.
[111] Kom., ABl. 2000 L 265/15, Tz. 91 – Centrale del Latte di Roma.

ordneten Gründen öffentlicher Planungshoheit gerechtfertigt.[112] In den Grundstücksveräußerungsfällen ist entsprechend zwischen der planungsrechtlichen Funktion des Staates und seiner Rolle als Grundstücksveräußerer zu unterscheiden. Bei den für Unternehmensverkäufe typischen und auch in Centrale del Latte in Frage stehenden Bedingungen (Arbeitnehmeranzahl, Investitionsverpflichtungen, regionale Präferenz) ist eine solche Unterscheidung nicht möglich. Bedingungen dieser Art führen regelmäßig zur selektiven Begünstigung des privatisierten Unternehmens und sind daher beihilfenrechtlich relevant. Tatsächlich hat die Kommission die Entscheidung in Centrale del Latte auch weniger mit dem öffentlichen Interesse an den Bedingungen als damit gerechtfertigt, dass wegen der spezifischen Umstände des Falles ein Einfluss der Bedingungen auf die Höhe des Kaufpreises nicht nachgewiesen werden konnte.[113] In den jüngsten Entscheidungen Automobile Craiova[114] und Tractorul[115] hat die Kommission den Begründungsansatz der besonderen, nicht diskriminierenden Verpflichtungen nicht weiter verfolgt.

cc) Börsenpreis als Indikator. Abschließend stellt sich die Frage, ob sich auch in Fällen, in **164** denen das Unternehmen nicht über die Börse veräußert wird, der Marktpreis des Unternehmens mit einem Vergleich zwischen dem tatsächlich gezahlten Kaufpreis und dem Börsenwert der Aktien des Unternehmens begründen lässt. Dies hat die Kommission in der Entscheidung Automobile Craiova ausdrücklich verneint. Denn einerseits ist bei dem Erwerb einer Mehrheitsbeteiligung der Wert der Aktien höher als die Summe des Preises der Einzelaktien (sog. Kontrollprämie).[116] Andererseits spiegelt der Börsenpreis nicht zwangsläufig den tatsächlichen Wert des Unternehmens wider, insbesondere wenn nur ein sehr geringer Teil der Aktien auf dem Markt tatsächlich verfügbar ist,[117] oder wenn der Aktienpreis im Vorfeld der Privatisierung durch Spekulationsgeschäfte verfälscht wird.[118]

Dagegen sollte es jedenfalls grundsätzlich möglich sein, Kosten, die sich aus dem Unterneh **165** men auferlegten **gemeinwirtschaftlichen Verpflichtungen im Sinne von Art. 106(2) AEUV** ergeben, bei der Berechnung des Kaufpreises in Abzug zu bringen,[119] jedenfalls insoweit, wie die Altmark-Kriterien[120] erfüllt werden können, was im Einzelfall Probleme bereiten wird.

dd) Beweislast. Die Kommission darf sich zur Begründung einer (Negativ-)Entscheidung, **166** mit der sie die Veräußerung als nicht beihilfenkonform ablehnt, nicht darauf berufen, dass die ihr überlieferte Informationsmaterial unvollständig gewesen ist, wenn sie es versäumt hat, die ihr zur Verfügung stehenden eigenen Möglichkeiten der Informationsbeschaffung auszuschöpfen.[121] In der Praxis wird die Kommission danach selbst externe Unternehmensbewerter einschalten müssen, um ein vom Mitgliedstaat vorgelegtes Gutachten zu entkräften.[122]

d) Vermutung für das Vorliegen von Beihilfen bei nicht marktgerechten Bedin **167** **gungen.** Alle übrigen Fälle sind nach der in den Privatisierungsleitlinien dargelegten Kommissionsauffassung prima facie beihilfenverdächtig. Verdachtsfälle sind nach der Kommissionsleitlinien insbesondere:[123]
– der Verkauf mittels eingeschränktem Veräußerungsverfahren, zB. bei individuellen Verhandlungen mit einigen ausgewählten Bietern;
– Fälle, in denen der Veräußerung eine Schuldentilgung durch den Staat vorausging;
– Fälle, in denen der Veräußerung eine Schuldenumwandlung vorausging;

---

[112] Siehe hierzu Kom., ABl 1996 L 283/43 – Pat Malekopf sowie *König/Kühling* NZBau 2001, 409, 413–414.
[113] Siehe oben unter RdNr. 154.
[114] Kom., ABl. 2008 L 239/12, Tz. 55–60 – Automobile Craiova.
[115] Kom., ABl. 2008 L 263/5, Tz. 46 – Tractorul.
[116] Vgl. hierzu auch Kom., 2010 L 59/1, Tz. 201 – Austrian Airlines.
[117] Kom., ABl. 2008 L 239/12, Tz. 64 – Automobile Craiova.
[118] Siehe hierzu, Kom., 2010 L 59/1, Tz. 216 – Austrian Airlines.
[119] Siehe hierzu Kom., ABl. 1994 L 379/13, Abschnitt IV – Koninklije Luchtvaartmaatschappig (KLM).
[120] EuGH, C-280/00, Slg. 2003, I-7747, zweiter Leitsatz – Altmark Trans GmbH und Regierungspräsidium Magdeburg.
[121] Vgl. *Hancher/Ottervanger/Slot* RdNr. 8–049; EuG, T-274/01, Slg. 2004, II-3145, RdNr. 60 – Valmont Nederland BV; EuG, T-366/00, Slg. 2001, II-797, RdNr. 108, 116 sowie 144–155 – Scott SA. Die zitierte Rechtsprechung ist zwar in Bezug auf Grundstücksveräußerungen ergangen, folgt aber aus der grds. Beweislastverteilung und dürfte daher auch auf Unternehmensveräußerungen anwendbar sein.
[122] EuG, T-366/00, Slg. 2001, II-797, RdNr. 137, 138 – Scott SA.
[123] Privatisierungsleitlinien, Ziff. 403 Abs. 5, bestätigt durch Kom., ABl. 2000 L 206/6, Tz. 62 – Stardust Marine.

– der Verkauf unter Bedingungen, die bei einer entsprechenden Veräußerung unter Privaten nicht gestellt worden wären.

168   In diesen Fällen soll nach den Kommissionsleitlinien eine Pflicht des betroffenen Mitgliedstaats zur Notifizierung der Privatisierung bestehen. Dies ist rechtsirrig. Kommissionsleitlinien und -mitteilungen können weder den Gerichtshof noch die Mitgliedstaaten rechtlich binden.[124] Eine Rechtspflicht zur vorherigen Notifizierung einer Privatisierung nach Art. 108 Abs. 3 AEUV besteht nur, wenn die Privatisierung tatsächlich Beihilfen im Sinne von Art. 107 Abs. 1 AEUV beinhaltet, nicht bereits bei einem solchen Verdacht. Allerdings wird es regelmäßig im Interesse aller Beteiligten sein, Zweifelsfälle vorab (und sei es nur informell) zu klären, zumal die Kommission ein Prüfverfahren ex officio eröffnen kann.

169   Problematisch ist zB. eine von der Regierung gemachte **Zusicherung des Ausgleichs für alle unbekannten Forderungen**, dh. zB. für Zahlungsverpflichtungen, die im Falle von Rechtsstreitigkeiten aus den das privatisierte Unternehmen betreffenden allfälligen oder unbekannten rechtshängigen Forderungen innerhalb einer bestimmten Frist nach Privatisierung treffen können.[125] Ein marktwirtschaftlich handelnder Verkäufer würde im Kaufvertrag zumindest einen **Grenzwert** festsetzen, mit dem er die Höhe der eventuellen Auszahlungen an den Käufer, die aufgrund der Verpflichtung entstanden sind, vorhersehbar machen würde. Ein Private Vendor würde keine unbegrenzte Risikotragung akzeptieren, selbst wenn er weiß, dass die Wahrscheinlichkeit ihres Eintritts gering ist.[126] Nach Auffassung der Kommission würde ein Private Vendor einer Risikoübernahme maximal bis zur Höhe des Geschäftswerts zustimmen.[127] Der Wert einer in der Höhe unbegrenzten Bürgschaft könne jedoch gar nicht genau bemessen werden.

170   Wie sich bereits aus der entsprechenden Bestimmung zur Börsenprivatisierung in den Privatisierungsleitlinien ergibt, besteht keine Vermutung für eine Beihilfefreiheit wenn das Unternehmen eingedenk einer vorherigen Schuldenabschreibung oder Reduzierung zu einem **negativen Kaufpreis** veräußert wird.[128] Die Veräußerung zu einem negativen Kaufpreis entspricht nicht dem Verhalten eines Private Vendors[129] und kann auch nicht aus Gründen der Imagepflege gerechtfertigt werden: „[E]ine Muttergesellschaft [kann] während eines beschränkten Zeitraums auch Verluste einer ihrer Tochtergesellschaften übernehmen, um dieser die Einstellung ihrer Tätigkeit unter möglichst günstigen Bedingungen zu ermöglichen. Solche Entscheidungen können nicht nur mit der Wahrscheinlichkeit eines mittelbaren materiellen Gewinns begründet werden, sondern auch mit anderen Erwägungen, etwa dem Bemühen um Imagepflege des Konzerns oder um Neuorientierung seiner Tätigkeit. „[..E]in privater Investor, der eine von langfristigen Rentabilitätsgesichtspunkten geleitete umfassende oder sektorale Strukturpolitik verfolgt, [kann sich] vernünftigerweise nicht erlauben, nach Jahren ununterbrochener Verluste eine Kapitalzuführung vorzunehmen, die sich wirtschaftlich nicht nur kostspieliger als eine Liquidation der Aktiva erweist, sondern auch noch im Zusammenhang mit dem Verkauf des Unternehmens steht, was ihm – selbst längerfristig jede Gewinnaussicht nimmt.“[130]

171   Das gilt auch für Privatisierungen im Rahmen von Bieterverfahren und auch dann, wenn der Bieter den Zuschlag erhalten hat, der den (relativ gesehen) höchsten Kaufpreis (bzw. niedrigsten negativen Kaufpreis) geboten hat: „Sicherlich ist die unbestrittene Tatsache, dass [das zu privatisierende Unternehmen] als Ergebnis eines ordnungsgemäß abgelaufenen Ausschreibungsverfahrens an den Bieter mit dem höchsten Angebot verkauft wurde, unerheblich. Dass andere Unternehmen nicht bereit waren, [das Unternehmen] zu übernehmen, sofern nicht ein höherer Betrag öffentlicher Finanzierung als Anreiz angeboten worden wäre, beweist nicht, dass die mit dem erfolgreichen Bieter vereinbarten Bedingungen keine staatliche Beihilfe umfass-

---

[124] Kom., ABl. 2001 L 44/39, Tz. 24 – Kali und Salz.

[125] Kom., ABl. 2009 L 62/14, Tz. 8 – Erste Bank Hungary.

[126] Kom., ABl. 2009 L 62/14, Tz. 57 – Erste Bank Hungary. Siehe auch Kom., AB. 1993 C 349/2 – EFIM.

[127] Kom., ABl. 2009 L 62/14, Tz. 59 – Erste Bank Hungary.

[128] Veräußerungen zu einem symbolischen Preis sind leichter zu rechtfertigen, wenn dem übernommenen Unternehmen erhebliche Risiken anhaften.

[129] Kom., ABl. 2009 L 62/14, Tz. 69 – Erste Bank Hungary – mit Verweis auf Urteil des EuGH, C-334/99, Slg. 2003, I-1139, RdNr. 133–142 – Deutschland/Kommission (Gröditzer Stahlwerke). Kom., ABl. 1989 L 25/92, Abschnitt V – Rover Group.

[130] EuGH, C-278–280/9, Slg. 1994, I-4103, RdNr. 24–26 – Spanien/Kommission (Hytasa) unter Hinweis auf EuGH, C-303/88, Slg. 1991, I-1433, RdNr. 21 – Italien/Kommission. Vgl. auch EuG, T-129/95, T-2/96 u. T-97/96, Slg. 1999, II-17, RdNr. 124–127 – Neue Maxhütte Stahlwerke GmbH und Lech-Stahlwerke GmbH/Kommission.

ten."[131] Insbesondere bei Umstrukturierungsfällen müssen die Privatisierung und die vor dem Verkauf durchgeführten staatlichen Maßnahmen zur Umstrukturierung des Unternehmens zusammen bewertet werden, um zu beurteilen, ob ein negativer Kaufpreis vorliegt. Ein negativer Kaufpreis kann nur dann akzeptiert werden, wenn er niedriger ist als die Kosten der Liquidation des staatlichen Unternehmens:[132] **Umstrukturierungskosten – Privatisierungserlös – Liquidationskosten.**[133] Bei den Liquidationskosten ist genau zu unterscheiden „zwischen den Verpflichtungen [...], die der Staat als Eigentümer der Anteile einer Gesellschaft zu übernehmen hat, und den Verpflichtungen, die ihm als Träger der öffentlichen Gewalt obliegen. [...] Daraus folgt, dass die Belastungen, die sich aus der Entlassung der Arbeitnehmer, aus der Zahlung von Arbeitslosenunterstützung und aus anderen Sozialleistungen ergeben, bei der Anwendung des Kriteriums des privaten Investors nicht berücksichtigt werden".[134] Für die Berechnung der Liquidationskosten dürfen darüber hinaus nur jene Verbindlichkeiten berücksichtigt werden, die von einem marktwirtschaftlich handelnden Investor eingegangen worden wären. Das können beispielsweise auch Kosten aus freiwillig eingegangenen Sozialplänen sein. Die Kommission hat anerkannt, dass große Unternehmensgruppen aus Imagegründen gezwungen sein können, entsprechende freiwillige Leistungen zu erbringen.[135]

(Potentielle) Verbindlichkeiten aus der Gewährträgerhaftung sollen möglicherweise nicht berücksichtigungsfähig sein.[136] Ganz grundsätzlich dürfen nur solche Kosten Berücksichtigung finden, die auch einem privaten Investor entstanden wären, so dass zB. Kosten, die aus einer nicht rechtzeitigen Liquidation entstehen, nicht berücksichtigt werden dürfen. Zu fragen ist daher, ob ein privater Investor früher eingeschritten wäre.[137] Fraglich ist, ob zum Kaufpreis mögliche Kostenersparungen des Staates hinzugerechnet werden können, die sich aus dem Umstand ergeben, dass dem privatisierenden Unternehmen gemeinwirtschaftliche Verpflichtungen auferlegt sind, die zu einer Reduzierung des Kaufpreises geführt haben.[138] Dies lässt sich nicht *a priori* ausschließen, dürfte aber nur dann akzeptiert werden können, wenn die Altmark-Kriterien[139] eingehalten sind, was praktische Probleme aufwerfen dürfte.

172

e) Staatlicher (Teil-)Ausgleich der das ehemalige Staatsunternehmen treffenden Sonderlasten. Ein Sonderproblem stellt der staatliche (Teil-)Ausgleich von Sonderlasten des zu privatisierenden Unternehmens dar, die sich gerade aus dessen Status als (ehemaliges) Staatsunternehmen ergeben. Diese Lasten können sich insbesondere aus beamtenrechtlichen Sonderrechten der Mitarbeiter ergeben wie zB. hohe Pensionsansprüche, besondere Kündigungsschutzrechte, usw.

173

aa) Beihilfe im Sinne von Art. 107 Abs. 1 AEUV? Nach der Combus-Rechtsprechung des EuG soll in solchen Fällen bereits tatbestandlich keine Beihilfe im Sinne von Art. 107 Abs. 1 AEUV vorliegen, wenn es sich lediglich um den Ausgleich struktureller Nachteile handelt, die ein privates Unternehmen von vornherein nicht zu tragen gehabt hätte. Im Zuge der Privatisierung des ehemals staatlichen Unternehmens Combus leistete Dänemark Ausgleichszahlungen, mit denen die für ein privatvertragliches Arbeitsverhältnis optierenden Beamten belohnt werden sollten. Die Mitarbeiter sollten aus staatlichen Mitteln eine Gratifikation erhalten als Anreiz zum Wechsel vom Beamtenstatus in ein privatrechtliches Arbeitsverhältnis. Das Gericht bestätigte die Auffassung der Kommission, die die Zahlung nicht als staatliche Beihilfe im Sinne von Art. 107 Abs. 1 AEUV zugunsten des Busunternehmens qualifiziert hatte, da sie nur die für ein vertragli-

174

---

[131] Schlussanträge des Generalanwalts Jacobs in C–278–280/9, Slg. 1994, I-4103, RdNr. 30 – Spanien/Kommission (Hytasa).

[132] Kom., ABl. 2009 L 62/14, Tz. 72 – Erste Bank Hungary. Vgl. bereits Kom., ABl. 1992 L 172/76 – Imepiel.

[133] Nach der Entscheidung Kom., ABl. 2010 L 118/80, Tz. 43 – Hellenic Vehicle Industry SA kann der Erlass von Steuerschulden in einer solchen Rechnung nicht als Umstrukturierungskosten berücksichtigt werden, sondern stets als Beihilfe angesehen werden, da sich der Staat eines Mittels bedient, das einem Private Vendor gar nicht zur Verfügung steht. Diese Auffassung ist seit dem EDF-Urteil (Rs. T-156/04) in Frage zu stellen, vgl. hierzu auch *Arhold* in diesem Kommentar, Kapitel A.II.1, RdNr. 157.

[134] EuGH, C-278–280/9, Slg. 1994, I-4103, RdNr. 75 u. 22 – Spanien/Kommission (Hytasa); EuG, T-129/95, T-2/96 und T-97/96, Slg. 1999, II-17, RdNr. 119 – Neue Maxhütte Stahlwerke GmbH und Lech-Stahlwerke GmbH/Kommission.

[135] Kom., ABl. 2009 L 225/180, Tz. 267–278 SNCM.

[136] Kom., ABl. 2009 L 104/34, Tz. 32 – Sachsen LB.

[137] *Evans* ECLR 1997, 259, 261 unter Hinweis auf Kom., ABl. 1993 C 349/2 – EFIM.

[138] Siehe hierzu Kom., ABl. 1994 L 379/13, Abschnitt IV – Koninklije Luchtvaartmaatschappig (KLM).

[139] EuGH, C – 280/00, Slg. 2003 I – 7747, zweiter Leitsatz – Altmark Trans GmbH und Regierungspräsidium Magdeburg.

ches Arbeitsverhältnis optierenden Combus-Mitarbeiter begünstigte. Das Gericht stellte fest, dass mit der Maßnahme der privilegierte und kostenaufwendige Status der bei dem Unternehmen eingesetzten Beamten durch ein vertragliches Arbeitsverhältnis, wie es auch die Mitarbeiter konkurrierender Busunternehmen haben, abgelöst werden sollte: „Folglich handelte es sich darum, [das Unternehmen] von einem strukturellen Nachteil im Vergleich zu privaten Konkurrenten zu befreien. Die Bestimmung des [Art. 107 Abs. 1 AEUV] hat aber nur zum Zweck, Vorteile zu untersagen, durch die bestimmte Unternehmen begünstigt werden, da der Begriff der Beihilfe nur Interventionen erfasst, die die normalen Belastungen eines Unternehmens mindern und die als ein wirtschaftlicher Vorteil anzusehen sind, den das begünstigte Unternehmen unter normalen Marktbedingungen nicht erlangt hätte."[140]

175   In einer frühen Entscheidung hat auch die Kommission die **Übernahme von Rentenverpflichtungen,** die sich auf die Vergangenheit beziehen, d. h. auf Rentenansprüche, die vor dem Übergang an den neuen Eigentümer entstanden sind, nicht als Beihilfe angesehen.[141] Von diesem Ansatz ist die Kommission in den EDF[142] und La Poste[143]-Entscheidungen jedoch wieder abgewichen, indem sie staatliche Maßnahmen Frankreichs, die diese Unternehmen von sektorspezifischen Pensionsverpflichtungen entlasteten, die über die allgemeinen Rentenverpflichtungen hinausgehen und zu einer Zeit festgelegt worden waren, als die Unternehmen ein Monopol innehatten,[144] als Beihilfe im Sinne des Artikel 107 Abs. 1 AEUV einstufte, sie aber letztlich als für mit dem Binnenmarkt gemäß Artikel 107 Abs. 3 lit. c AEUV vereinbar ansah, da sie wichtige Schritte zur Anpassung der Unternehmen an und mit Blick auf die vollständige Liberalisierung dieser Märkte waren.[145] In der La Poste-Entscheidung hat die Kommission deutlich gemacht, dass sie die Combus-Rechtsprechung des Gerichts, wenn überhaupt, nur sehr restriktiv anwenden wird. Zwar erkennt sie an, dass „ein Begriff der „Sonderlast" definiert werden [könne], der in einer zusätzlichen Last zu diesen normalen Belastungen besteht. Die Befreiung von einer solchen Sonderlast durch eine Rechtsvorschrift würde dem Begünstigten keinen Vorteil gewähren und somit keine Beihilfe darstellen."[146] Die Einstufung als „normale Last" oder „Sonderlast" setze aber die Existenz eines Bezugs- oder Vergleichsrahmens voraus. Bei Fehlen exogener Vergleichssysteme käme als Bezugsrahmen nur die Situation des geförderten Unternehmens vor der Maßnahme in Betracht. Privatrechtliche Mitarbeiter der Wettbewerber können nach Auffassung der Kommission aber grundsätzlich nicht mit Beamten der staatlichen Unternehmen verglichen werden,[147] so dass Befreiungen von aus dem Beamtenverhältnis resultierender Mehrbelastungen nicht mit Hinblick auf einen privatrechtlichen Vergleichsrahmen aus dem Anwendungsbereich des Artikel 107 Abs. 1 AEUV fallen können. Die Combus-Rechtsprechung sei nicht vom Gerichtshof bestätigt[148] und schon deshalb nicht anwendbar, weil die Unterstützungsleistungen im Combus-Fall dem Wechsel vom Beamtenverhältnis in ein privatrechtliches Angestelltenverhältnis dienen sollten und unmittelbar den wechselnden Beamten zu Gute kamen.[149] Im La Poste-Fall ging es um Zuschüsse zur Pensionsbelastung des Unternehmens ohne Statuswechsel. Eine auch von der Kommission akzeptierte Alternativlösung, das betreffende Unternehmen schnell von den Pensionsleistungen zu befreien, ist eine einmalige Abschlagszahlung an den Staat. Entspricht diese der Höhe des Kapitalwerts der Pensionsbelastungen, ist das Unternehmen nicht begünstigt und es liegt keine Beihilfe vor.

176   Auch die **staatliche Finanzierung einer freiwilligen Vorruhestandsregelung** für die griechische Fernmeldegesellschaft OTE wurde von der Kommission nicht ausdrücklich als beihilfenneutral anerkannt.[150] Mit der neuen Regelung sollten die faktisch unkündbaren Beschäf-

---

[140] EuG, T-157/01, Slg. 2004, II-917, RdNr. 57 (mwN.) – Danske Busvognmænd.

[141] Kom., ABl. 1994 L 379/13, Abschnitt IV – Koninklijke Luchtvaartmaatschappij (KLM). Ebenso wohl Kom., Entsch. v. 10. 5. 1995 bzgl. der Privatisierung der Lufthansa, IP/95/456, zitiert von König/Braun/Lekar EuZW 1998, 5, Fn. 68.

[142] Kom., ABl. 2005 L 49/9 – EDF.

[143] Kom., ABl. 2008 L 63/16 – La Poste.

[144] Kom., ABl. 2008 L 63/16, Tz. 188 – La Poste.

[145] Kom., ABl. 2008 L 63/16, Tz. 174 – La Poste, unter Verweis auf Kom., ABl. 2008 L 243/7 – OTE.

[146] Kom., ABl. 2008 L 63/16, Tz. 119 – La Poste.

[147] Kom., ABl. 2008 L 63/16, Tz. 120–124 – La Poste. Ebenso Kom., ABl. 2009 L 327/21, Tz. 84–105 – RATP.

[148] Vgl. aber EuGH, C-237/04, Slg. 2006, I-2843 – Enirisorse, sowie Kapitel A.II.1., RdNr. 133.

[149] Kom., ABl. 2008 L 63/16, Tz. 144–150 – La Poste. Ebenso Kom., ABl. 2009 L 327/21, Tz. 106–109 – RATP.

[150] Kom., ABl. 2008 L 243/7 – OTE.

tigten des ehemals staatlichen Unternehmens zum Berufsaustritt bewegt werden, um Kosten zu sparen und mehr Flexibilität für das Unternehmen zu erreichen. Von staatlicher Seite sollten dafür 4% des Aktienkapitals der OTE auf die Versicherungskasse für das Personal der OTE, eine juristische Person des öffentlichen Rechts, übertragen werden. Die Kommission war der Ansicht, dass Griechenland sich nicht wie ein privater Investor verhalten habe. Denn einerseits habe der Staat mit dieser Regelung Pflichten übernommen, die er als *normaler* Aktionär nicht hätte tragen müssen.[151] Andererseits hätte er keinerlei Entschädigung für die der Gesellschaft gewährte Finanzhilfe, etwa in der Form einer höheren Beteiligung an der Gesellschaft, von den anderen Aktionären erhalten, was normaler Weise zu erwarten gewesen wäre.[152] Wegen der Ähnlichkeit zur Combus-Regelung ließ die Kommission die Einstufung der Maßnahme als Beihilfe aber offen.[153]

Ihrer Prüfung im Falle des ehemaligen finnischen Straßenbaumonopolisten Tieliikelaitos (später Destia) legte die Kommission ebenfalls eine sehr restriktive Interpretation der Combus-Rechtsprechung zu Grunde.[154] Immerhin konsidierte sie, dass die **vorrangige Neubesetzung von Beamtenstellen** durch Angehörige von Destia zum Zwecke des Personalabbaus bei Destia jedenfalls dann keine Beihilfe darstellen würde, wenn die Posten ohnehin neu besetzt würden und die Besetzung durch Destia-Mitarbeiter zu keinen Mehrkosten für den Staat führt.[155] Alle anderen Maßnahmen zur Unterstützung des Personalabbaus aber wurden als Beihilfen eingestuft.

bb) Vereinbarkeit mit dem Gemeinsamen Markt. Soweit die Kommission in solchen 178 staatlichen Unterstützungsmaßnahmen – wie regelmäßig – das Vorliegen von Beihilfenelementen jedenfalls nicht ausschließen will, stellt sich die Frage ihrer Vereinbarkeit mit dem Binnenmarkt. Diese wird in der Regel bejaht, wenn die Maßnahme für die Privatisierung des Staatsunternehmens notwendig ist[156] und sie lediglich die Wettbewerbsnachteile des zu privatisierenden Unternehmens gegenüber seinen privaten Konkurrenten ausgleicht.[157] So genehmigte sie auch gem. Art. 107 Abs. 3 lit. c AEUV die Unterstützung der Vorruhestandsregelung der OTE.[158] Denn die geplante Einführung einer freiwilligen Vorruhestandsregelung sei insgesamt ein notwendiger Schritt in Richtung vollständige Privatisierung des ehemaligen Staatsunternehmens OTE. Daher sei die Regelung im Ergebnis eine notwendige und verhältnismäßige Maßnahme, die überwiegend positive Auswirkungen auf den Telekommunikationsmarkt habe und dem Abbau von Wettbewerbshindernissen förderlich sei.[159] Auch die Unterstützung des Personalabbaus im Fall Destia wurde genehmigt, weil sie dem Ziel diente, den finnischen Markt für Dienstleistungen im Straßensektor zu liberalisieren.[160]

4. Genehmigung von Beihilfen im Rahmen von Privatisierungen. Soweit Privatisie- 179 rungen Beihilfenelemente enthalten, sind diese zunächst von der Kommission zu prüfen und gegebenenfalls für mit dem Binnenmarkt vereinbar zu erklären, bevor sie gewährt werden dürfen.[161] Hierzu ist in der Regel eine Einzelnotifizierung nach Art. 108(3) AEUV notwendig. Etwas anderes gilt nur dann, wenn die Beihilfen bereits unter eine genehmigte nationale Beihilfenregelung fallen oder von einer Gruppenfreistellungsverordnung der Kommission gedeckt sind.[162] Im Rahmen einer Einzelnotifizierung hat die Kommission zu prüfen, ob die Beihilfe nach einem der Ausnahmetatbestände des Primärrechts gegebenenfalls in Verbindung mit entsprechenden Mitteilungen freigestellt werden kann.

---

[151] Kom., ABl. 2008 L 243/7, Tz. 85 – OTE.

[152] Kom., ABl. 2008 L 243/7, Tz. 87 – OTE.

[153] Kom., ABl. 2008 L 243/7, Tz 102 – OTE. Vgl. hierzu auch *Papadias* Competition Newsletter 2007, 28.

[154] Kom., ABl. 2008 L 270/1, Tz. 247–248 – Tieliikelaitos/Destia.

[155] Kom., ABl. 2008 L 270/1, Tz. 250–253 – Tieliikelaitos/Destia.

[156] Zur Herstellung gleicher Wettbewerbsbedingungen in einem liberalisierten Wirtschaftssektor, vgl. hierzu Kom., ABl. 2008 L 63/16 – La Poste.

[157] Kom., ABl. 2008 L 63/16, Tz.190 – La Poste. Ebenso Kom., ABl. 2009 L 327/21, Tz. 142 – RATP.

[158] Kom., ABl. 2008 L 243/7, Tz. 103 ff. – OTE.

[159] Kom., ABl. 2008 L 243/7, Tz. 142, 144, 146 – OTE. Im förmlichen Prüfverfahren befindet sich aktuell die Finanzierungsreform für die Ruhegehälter der bei der France Télécom beschäftigten Beamten, siehe Kom., ABl. 2008 C 213/11.

[160] Kom., ABl. 2008 L 270/1, Tz. 307–311 – Tieliikelaitos/Destia.

[161] Zur Genehmigung von staatlichen Finanzierungen von Sonderbelastungen siehe bereits oben unter Punkt III.5.b).

[162] VO 1998/2006, ABl. 2006 L 379/52 – De-minimis-Beihilfen; VO 800/2008, ABl. 2008 L 214/3 – allgemeine Gruppenfreistellungsverordnung; VO 994/98, ABl. 1998 L 142/1 – horizontale Beihilfen.

180   Bei Privatisierungen sind insbesondere die Leitlinien für Rettungs- oder **Umstrukturierungsbeihilfen** von Bedeutung.[163] Umgekehrt ist die Gewährung von Umstrukturierungsbeihilfen an öffentliche Unternehmen ist in der Tat oftmals an die (Teil-)Privatisierung der sich in Schwierigkeiten befindenden öffentlichen Unternehmen gekoppelt.[164] Die Kommission hat es in einigen Fällen zur ausdrücklichen Bedingung der Genehmigung der Umstrukturierungsbeihilfe gemacht, dass das begünstigte Unternehmen privatisiert wird.[165] Teils forderte sie dies als Gegenleistung für die durch die staatliche Bezuschussung bewirkten Wettbewerbsverzerrungen,[166] teils zur Darstellung des nach den Rettungs- und Umstrukturierungsleitlinien notwendigen Eigenbetrags,[167] in der Regel aber zur Gewährleistung der Tragfähigkeit des Geschäftsmodells (Qualität des Umstrukturierungsplans, Rückkehr zur Rentabilität).[168] Dem liegt die Überlegung zu Grunde, dass die Einbeziehung eines privaten Investors zum einen ein Art Lackmustest für die Tragfähigkeit des Umstrukturierungskonzepts ist, und dass durch den privaten Investor die Wahrscheinlichkeit weiterer Umstrukturierungsbeihilfen jedenfalls deutlich verringert wird.[169]

181   **5. Rückforderung rechtswidriger Beihilfen.** Soweit die Privatisierung Beihilfenelemente enthält, die nicht mit dem Binnenmarkt vereinbar sind, aber bereits gewährt wurden, stellt sich die Frage der Rückforderung. Die Rückforderung unrechtmäßig gewährter Beihilfen nach Art. 14 der VO (EG) Nr. 659/1999 ist die logische Konsequenz der Feststellung ihrer Unvereinbarkeit mit dem Binnenmarkt und daher von der Kommission zu veranlassen, es sei denn es liegen außergewöhnliche Umstände vor, die beim Beihilfenempfänger die berechtigte Erwartung des Behaltendürfens geweckt haben.[170] Für die Rückforderungsentscheidung ist die Höhe der zurückzuzahlenden Beihilfe und der Beihilfenempfänger zu ermitteln.

182   **a) Kalkulierung des Beihilfenwerts/der Rückforderungsschuld.** Die Beihilfe entspricht der Differenz zwischen dem Marktwert des Unternehmens (höchstmöglicher erzielbarer Preis) und dem tatsächlich erhaltenen Preis.[171] Die Kommission trägt die Beweislast für das Vorliegen und die Höhe der Beihilfe.[172]

183   Findet ein bedingungsfreies, offenes und nicht diskriminierendes Bieterverfahren statt, und wird nicht das beste Angebot vom Staat angenommen, dürfte die Beihilfenhöhe regelmäßig der **Differenz zwischen bestem und tatsächlich angenommenem Angebot** entsprechen.[173] Das gilt auch dann, wenn die Privatisierung unter Bedingungen erfolgte, die von einem Private Vendor nicht vereinbart worden wären, diese sich aber nicht auf den Kaufpreis ausgewirkt haben.[174] Unterscheiden sich die beiden Angebote in ihren vertraglichen Nebenabreden, entspricht die Beihilfenhöhe nicht einfach dem nominalen Differenzbetrag zwischen den beiden Angeboten. Im Interesse einer uneingeschränkten Vergleichbarkeit der beiden Angebote müssen dann vielmehr die Nebenbedingungen quantifiziert und jeweils mit den entsprechenden Bedingungen im Angebot des anderen Bieters verglichen werden.[175]

---

[163] Mitteilung über Leitlinien für staatliche Beihilfen zur Rettung und Umstrukturierung von Unternehmen in Schwierigkeiten, ABl. 2004 C 244/2; sowie Mitteilung über deren Verlängerung, ABl. 2009 C 156/3.

[164] Kom., ABl. 1996 L 28/18, Absch. IV 3. – Enichem Agricoltura SpA; Kom.; ABl. 1995 L 300/23, Absch. IV 3. – Iritecna SpA.

[165] Vgl. zB. Kom., ABl. 1995 L 300/23 – Iritecna SpA; Kom., ABl. 2006 L 383/21 – ABX Logistics; Kom., ABl. 1996 L 28/18 – Enichem Agricoltura SpA; vgl. auch; *Schröder* EWS 2002, 174, 179; *Soltész/Bielesz* EuZW 2004, 391. Siehe auch oben unter RdNr. 116.

[166] *Soltész/Bielesz* EuZW 2004, 391.

[167] Kom., ABl. 1996 L 28/18, Abschnitt III.5 Enichem Agricultura.

[168] Kom., ABl. 2009 L 104/34, Tz. 106, 108, Kom., ABl. 2006 L 263/8, Tz. 87 – Bank Burgenland, Umstrukturierung; Kom., ABl. 2008 L 239/32, Tz. 26 – Bank Burgenland, Privatisierung; Kom., ABl. 2006 L 307/22, – WestLB; Kom., ABl. 2006 L 383/21, Tz. 234 – ABX Logistics, Kom., ABl. 1995 L 300/23, Abschn. IV 3. – Iritecna SpA; zu den Anforderungen an die Genehmigungsfähigkeit von Umstrukturierungs- oder Rettungsbeihilfen vgl. *Schütte* Kapitel C in diesem Kommentar.

[169] *Evans* ECLR 1997, 259, 263 unter Verweis auf Kom., ABl. 1996 L 28/18 – Enichem, und Kom., ABl. 1996 L 121/16 – Irish Steel.

[170] Siehe hierzu *Klein/Karpenstein,* in diesem Kommentar Kapitel H, Anhang zu Art. 14 BeihilfenverfahrensVO.

[171] Kom., ABl. 2008 L 239/12, Tz. 84 – Automobile Craiova.

[172] EuG, T-455/05, Slg. 2008, II-336 (gekürzt) – Componenta Oy/Kommmission.

[173] Kom., ABl. 2008 L 239/32, Tz. 140 – Bank Burgenland.

[174] Kom., ABl. 2008 L 239/32, Tz. 143 – Bank Burgenland.

[175] Kom., ABl. 2008 L 239/32, Tz. 167 – Bank Burgenland.

Schwieriger sind die Fälle zu beurteilen, in denen unzulässige Bedingungen zu einem ver- **184** fälschten Kaufpreis geführt haben. Die Beihilfe wäre hier die Differenz zwischen dem besten Kaufangebot mit und ohne die unzulässigen Bedingungen. Auch die Kommission ist der Auffassung, dass als Marktwert des Unternehmens der Preis anzusehen ist, den ein privater Käufer ohne jegliche Auflagen gezahlt hätte.[176] Doch wie lässt sich herausfinden, wie hoch das Angebot bei einem entsprechend bedingungsfreien Bieterverfahren tatsächlich gewesen wäre? Ohne **Wiederholung des Bieterverfahrens** scheint eine solche Feststellung schwierig bis unmöglich.[177] Ob die Kommission die Kompetenz hat, den Mitgliedstaat zur Wiederholung des Bieterverfahrens oder wenigstens zur Rückabwicklung der Unternehmensveräußerung zu zwingen, ist fraglich.[178] Bislang haben die Gemeinschaftsgerichte nur bestätigt, dass die Kommission unrechtmäßige Beihilfen zurückfordern darf. Dies hat entsprechend Eingang in Artikel 14 der VO (EG) Nr. 659/1999 gefunden. Die Rückabwicklung der Unternehmensveräußerung ginge über die bloße Rückforderung der Beihilfe hinaus. Entsprechend behilft sich die Kommission in der Praxis damit, den Marktwert des Unternehmens durch **Gutachten** festzustellen, im Fall Automobile Craiova unter Heranziehung des Nettowertes des Vermögens des veräußerten Unternehmens **(Buchwert-Methode).**[179]

Ein Gutachten ist auch regelmäßig notwendig, wenn das Unternehmen freihändig unter Markt- **185** wert veräußert wurde. Als unterste Grenze für den Unternehmenswert ist hierbei der **Liquidationswert** anzusetzen, so dass es dem Erwerber bei positiven Liquidationswert nicht möglich ist, zu argumentieren, das Unternehmen habe einen negativen **(Fortführungs)Wert.**[180]

b) Bestimmung des Beihilfenempfängers/Rückforderungsschuldners. aa) Rückfor- **186** **derung vom privatisierten Unternehmen.** Wenn die Bedingungen, die der Privatisierung Beihilfencharakter geben, mit Kosten für den Erwerber verbunden sind, der deshalb einen entsprechend reduzierten Kaufpreis zahlt, ist in der Regel nicht der Erwerber, sondern das privatisierte Unternehmen selbst als Beihilfenempfänger anzusehen.[181] So sind beispielsweise Bedingungen wie im Fall Automobile Craiova, also Auflagen bzgl. der Aufrechterhaltung eines bestimmten Produktions-, Beschäftigungs- oder Investitionsniveaus auf Staatskosten (Verzicht auf höheren Kaufpreis) finanzierte Vorteile für das Zielunternehmen.[182] Dasselbe gilt für andere Umstrukturierungsmaßnahmen, die zu einem negativen Kaufpreis führen können.[183] Für den Erwerber macht das nur im Fall eines Share Deals einen Unterschied. Beim Asset Deal haftet er voll.[184]

bb) Rückforderung vom Erwerber. Liegt die Beihilfe dagegen nicht in einer durch Be- **187** dingungen verursachten Kaufpreisminderung, sondern darin, dass der Mitgliedstaat aus anderen Gründen nicht das bestmögliche Angebot, sondern ein niedrigeres Kaufgebot annimmt, ist der Käufer und nicht das privatisierte Unternehmen der wahre Beihilfenempfänger und der von ihm gezahlte Kaufpreis ist niedriger als der Unternehmenswert und er ist entsprechend in Höhe der **Differenz zwischen dem höchsten Angebot** (bzw. dem gutachtlich festgestellten Unternehmenswert) **und dem Kaufpreis** begünstigt.[185]

---

[176] Kom., ABl. 2000 L 265/15, Tz. 36 – Centrale del Latte di Roma.

[177] Kom., ABl. 2008 L 239/12, Tz. 85 – Automobile Craiova: „Natürlich ist es schwer, den Preis zu schätzen, der in einem offenen, transparenten, diskriminierungsfreien und bedingungsfreien Ausschreibungsverfahren zu erzielen gewesen wäre. Die beste Lösung wäre, die Ausschreibungsergebnis zu annullieren und die Privatisierung neu, und zwar ohne Bedingungen, zu organisieren und so sicherzustellen, dass keine staatlichen Beihilfen gewährt werden. Diese Lösung wurde den rumänischen Behörden vorgeschlagen, von diesen jedoch nicht akzeptiert."

[178] Bei einem Verstoß gegen die Stillhalteverpflichtung nach Art. 108 Abs. 1 S. 3 AEUV könnte daran gedacht werden, dass der Vertrag nach der bisherigen BGH-Rechtsprechung gemäß § 134 BGB als nichtig anzusehen ist, vgl. hierzu *Soltesz* EuZW 2008, 353. Allerdings bezog sich die Rechtsprechung des BGH nicht auf komplexe Privatisierungsfälle. Darüber hinaus ist in der Rechtsprechung des EuGH eine Tendenz zur Aufweichung von Art. 108 Abs. 3 S. 3 EUV festzustellen, siehe hierzu EuGH, C 199/06, Slg. 2008 I-469 – CELF. Relativierend EuGH, Urt. v. 11. 3. 2010, C-1/09, noch nicht in der amtlichen Sammlung – CELF en liquidation.

[179] Kom., ABl. 2008 L 239/12, Tz. 86 – Automobile Craiova.

[180] Kom., ABl. 1994 L 379/13, Abschnitt IV – Koninklijke Luchtvaartmaatschappij (KLM).

[181] So zB. Kom., ABl. 2008 L 239/12, Tz. 109 – Automobile Craiova.

[182] Kom., ABl. 2008 L 239/12, Tz. 59 – Automobile Craiova.

[183] Siehe Kom., ABl. 2010, L 59/16, Tz. 230–231 – Austrian Airlines.

[184] Zur Beihilfenrückforderung nach Unternehmensveräußerung vgl. *Arhold* EuZW 2006, 42.

[185] Kom., ABl. 2008 L 239/32, Tz. 166 – Bank Burgenland.

188   **c) Beihilfenrechtliche Gewährleistungsklauseln/Reps and warranties.** Angesichts der vielschichtigen beihilfenrechtlichen Probleme bei der Privatisierung von Staatsunternehmen stellt sich die Frage, wie sich die Erwerber gegen mögliche Rückforderungsentscheidungen der Kommission schützen können. Häufig lassen sich die Erwerber in einer Klausel im Kaufvertrag zusichern, dass der Kaufvertrag die Beihilfevorschriften nicht verletzt. Die Klausel soll dem Erwerber einen Anspruch darauf geben, dass der öffentliche Veräußerer ihm den Betrag erstattet, dessen Rückforderung die Kommission in einer Negativentscheidung anordnet.[186] Sollte aufgrund der Beihilfevorschriften eine solche Anpassung des Kaufpreises nicht möglich sein, besteht die Möglichkeit, dem Erwerber hilfsweise mit einem Rücktrittsrecht auszustatten.[187] Eine eindeutige gemeinschaftsrechtliche Regelung über die Wirksamkeit derartiger Gewährleistungsklauseln gibt es bislang nicht. Die Kommission steht solchen Klauseln allerdings sehr negativ gegenüber.[188] So hat sie sich in verschiedenen Entscheidungen auf den Standpunkt gestellt, dass derartige Klauseln im Zusammenhang mit Privatisierungen generell unzulässig sind, weil sie die Rückforderungsentscheidung neutralisieren und die unzulässige Wettbewerbsverzerrung letztlich fortbestehen ließen: „Der Kaufvertrag sieht vor, da(ss) bedeutende finanzielle Ereignisse aufgrund von in die Zeit vor dem Verkauf des Unternehmens fallenden Handlungen vom Verkäufer getragen werden. Diese Klausel würde es dem spanischen Staat erlauben, den Käufer für etwaige Beihilferückzahlungen zu entschädigen, die von der Kommission verlangt werden könnten, wenn diese entscheidet, da(ss) alle oder ein Teil der gewährten Beihilfen mit dem Gemeinschaftsrecht unvereinbar sind. **Dies würde die Entscheidung der Kommission ihrer Substanz berauben und insbesondere die durch die Beihilfe geschaffene unzulässige Wettbewerbsverzerrung fortbestehen lassen.** Diese Klausel ist somit wie jede andere, ähnlich lautende Vorschrift des nationalen Rechts geeignet, die Vertragsvorschriften zu umgehen und sie so ihrer Wirkung zu berauben. Sie vermag deshalb das in Absatz 1 des Artikels 92 EWG-Vertrag [jetzt Art. 107 AEUV] ausgesprochene Verbot nicht auszuräumen und darf aufgrund des Vorrangs des Gemeinschaftsrechts nicht zur Ausführung gebracht werden".[189] Dies steht nach Auffassung der Kommission eindeutig im Widerspruch zu der Verpflichtung der Mitgliedstaaten, Kommissionsentscheidungen umzusetzen und mit der Kommission zusammenzuarbeiten. Daher darf eine solche Klausel nicht angewandt werden, da dem Erwerber ansonsten eine neue staatliche Beihilfe gewährt würde.[190] Interessengerecht scheint das nur für den Schadensersatzanspruch, nicht für das Rücktrittsrecht.[191]

189   In der Literatur wird dies mit dem Hinweis kritisiert, dass derartige Gewährleistungsklauseln bei Unternehmensverkäufen zwischen Privaten Usus seien und dort keinerlei Wirksamkeitsbedenken begegnen.[192] Zum Teil wird vertreten es sei unsachgemäß, allein dem zur Rückzahlung verpflichteten Unternehmen die finanziellen Bürden einer Negativentscheidung aufzubürden, wenn den Mitgliedstaat ein Mitverschulden trifft.[193]

190   Gegen die generelle Nichtigkeit derartiger Klauseln bei Privatisierungen wird angeführt, dass sie, da sie im normalen Geschäftsleben bei Unternehmenskäufen üblich sind, grundsätzlich auch die Anforderungen des Private Investor-Tests erfüllen können.[194] Kein privater Investor würde in ein neu erworbenes Unternehmen investieren, ohne sein eigenes Haftungsrisiko für unerwartete Altverbindlichkeiten des Unternehmens vorher vertraglich eingegrenzt zu haben.[195] Derartige Klauseln würden zudem ihrer Rechtnatur nach letztlich nichts anderes als eine vertraglich vereinbarte Mängelgewährleistungshaftung darstellen und daher – der Rechtsprechung des EuGH in der Rechtssache Asteris[196] folgend – nicht als staatliche Beihilfenmaßnahme qualifi-

---

[186] Für die Möglichkeit einer Kaufpreisanpassung: *Simonsson* ECLR 2005 460, 462: „perfectly legitimate as a contractual remedy against recovery".
[187] So Kom., ABl. 2008 L 239/32, Tz. 38 – Bank Burgenland.
[188] Vgl. im Einzelnen *Soltész/Schädle* E. C. L. R. 2008, 141, m. w. N.
[189] Kom., ABl. 1992 L 171/54, Abschn. VII – Hytasa I, sowie Kom., ABl. 1997 L 96/30, Abschn. IV – Hytasa II. – Siehe ferner Kom., ABl. 2007, C 28/8 – Aufforderung zur Stellungnahme im Verfahren Bank Burgenland.
[190] Kom., ABl. 2008 L 239/32, Tz. 158 – Bank Burgenland.
[191] Für die Möglichkeit der Vertragsaufhebung auch *Soltesz/Bielesz* EuZW 2004, 391, 395.
[192] *Petrisi* EStAL 2007, 605, 611; *Soltész/Schädle* E. C. L. R. 2008, 140.
[193] In diesem Sinne auch *Soltész/Kühlmann* EWS 2010, 515, 516.
[194] Vgl. Petrisi EStAL 2007, 611; *Soltész/Schädle* E. C. L. R. 2008, 141. Vgl. auch *Maier/Luke* DB 2003, 1209.
[195] *Soltész/Schädle* E. C. L. R. 2008, 141, mit Verweis auf Kom., ABl. 2006 C 236/40, Tz. 169 – Hellenic Shipyards.
[196] EuGH, verb. Rs. 106 bis 120/87, Slg. 1988, 5515 – Asteris AE u. a./Griechenland.

ziert werden können.[197] Im Fall Asteris ging es jedoch nicht um den Ausgleich von aus Beihilfenrückforderungen erwachsenen Schäden. Eine extensive Zulassung von Haftungsklauseln würde der beihilfenrechtlichen Kontrolle in der Tat die Wirksamkeit nehmen und ist daher abzulehnen. Dagegen sollte es beihilfenrechtlich zulässig sein, die Haftung des Erwerbers für Rückforderungen von Beihilfen zu Gunsten des Zielunternehmens im Going Concern Asset Deal auf den Wert des Zielunternehmens zu beschränken. Hat sich der Wert des übernommenen Unternehmens auf null reduziert, verbleibt dem Erwerber kein wirtschaftlicher Vorteil.

IV. Staatliche Bürgschaften

Schrifttum: *Altmeyer,* Gemeinschaftsrechtswidrige staatliche Beihilfen, 1999; *Arhold,* Globale Finanzkrise und europäisches Beihilfenrecht, EuZW 2008, 713; *Ax/Grundacker,* Kommunale Darlehen und Bürgschaften im Lichte des Vergabe- und Beihilfenrechts, VR 2009, 298; *Bartosch,* Das Risikopotenzial der Beihilferechtswidrigkeit staatlicher Bürgschaften für den Kreditgeber, EuZW 2001, 650; *Berg,* Materiell-rechtliche Konsequenzen einer möglichen Europarechtswidrigkeit von § 14 des Finanzmarktstabilisierungsfondsgesetzes, IStR 2009, 459; *Domansky,* Öffentliche Bürgschaften und das EU-Beihilferecht – Überarbeitete Anwendungshilfe für Kommunen, BWGZ 2008, 678; *Eilmannsberger,* Zur Anwendung des EG-Beihilfeverbots auf staatliche Kreditbürgschaften, ÖZW 2000, 1; *Fischer,* Rechtsfolgen des Beihilfeverbots für öffentliche Bürgschaften, WM 2001, 277; *Frenz/Götzkes,* Fall Opel: Beihilfe durch einen europäischen öffentlichrechtlichen Vertrag?, EWS 2009, 19; *Gellermann,* Verwaltungsvertragliche Subventionsverhältnisse im Spannungsfeld zwischen Beihilfekontrolle und Verwaltungsverfahrensrecht, DVBl. 2003, 481; *Habersack,* Staatsbürgschaften und EG-vertragliches Beihilfeverbot, ZHR 159 (1995), 663; *Hadding,* Die Bürgschaft der öffentlichen Hand bei einem Verstoß gegen das Durchführungsverbot von Beihilfen, WM 2005, 485; *Heidenhain,* Rechtswidrige Staatsbürgschaften, EuZW 2007, 193 f.; *Heider/Holz,* Auswirkungen der neuen „de minimis"-Beihilfenverordnung und des „Monti-Pakets" auf Kommunalbürgschaften, Gemeindehaushalt 2007, 60; *Hopt/Mestmäcker,* Die Rückforderung staatlicher Beihilfen nach europäischem und deutschem Recht, WM 1996, 753; *Immenga/Rodo,* Die Beurteilung von Gewährträgerhaftung und Anstaltslast der Sparkassen und Landesbanken nach dem EU-Beihilfenrecht, 1997; *Jaeger,* Zivilrechtliche Instrumente der Finanzmarktstabilisierung und Gemeinschaftsrecht, GPR 2009, 54; *Jaeger,* Vertragsdeterminierung durch Wettbewerbsrecht am Beispiel Opel, GPR 2009, 192; *Jennert/Manz,* Kommunalbürgschaften und EU-Beihilferecht, ZKF 2009, 217; *Jestaedt/Wiemann,* Anwendung des EU-Beihilfenrechts in der Finanzmarktkrise – Wettbewerbspolitisches Regulativ, Hemmschuh oder Feigenblatt, WuW 2009, 606; *Kampe,* Die Staatsbürgschaft im Europäischen Beihilfenrecht, 2008; *Kessler/Dahlke,* Die Auswirkungen der Finanzkrise auf das europäische Beihilferecht, EWS 2009, 79; *Koenig/Haratsch,* Staatliche und kommunale Bürgschaften auf dem Prüfstand des EG-Beihilfenrechts – Neue Tendenzen, ZHR 169 (2005) 77; *ders./ders.,* EG-beihilfenrechtliche Anforderungen an staatliche globale Kreditbürgschaften, WM 2005, 1005; *Martín-Ehlers,* Die Rechtsfolge von Verstößen gegen Art. 88 Abs. 3 EG-Vertrag bei Beihilfen, WM 2003, 1491; *Meier,* Prüfungsschema zur Vereinbarkeit kommunaler Bürgschaftsgewährungen mit den Vorgaben des EU-Beihilferechts, ZKF 2008, 169; *Mestmäcker,* Die Rückforderung staatlicher Beihilfen nach europäischem und deutschem Recht, WM 1996, 801; *Niggemann,* Staatsbürgschaften und europäisches Beihilfenrecht, 2001; *Pampel,* Rechtsnatur und Rechtswirkungen von Mitteilungen der Kommission im europäischen Wettbewerbsrecht, EuZW 2005, 11; *Pütz,* EG-Beihilfenrecht und § 134 BGB, NJW 2004, 2199; *Remmert,* Nichtigkeit von Verwaltungsverträgen wegen Verstoßes gegen das EG-Beihilfenrecht, EuR 2000, 469; *Schütte/Kirchhof,* Staatliche Bürgschaften und EG-Beihilfenrecht, EWS 1996, 189; *Simon,* The application of the market economy investor principle in the German Landesbanken cases, EStAL 2007, 499; *Soltész,* Gemeinschaftsrechtswidrige Staatsbürgschaften – Geht die Bank leer aus?, WM 2005, 2265; *Soltész/v. Köckritz,* Der „vorübergehende Gemeinschaftsrahmen" für staatliche Beihilfen – Die Antwort der Kommission auf die Krise der Realwirtschaft, EuZW 2010, 167; *Steindorff,* Nichtigkeitsrisiko bei Staatsbürgschaften, EuZW 1997, 7; *Stern,* Anstaltslast und Gewährträgerhaftung im Sparkassenrecht, Festschrift Maurer, 2001, 815; *Thomas,* Die Bindungswirkung von Mitteilungen, Bekanntmachungen und Leitlinien der EG-Kommission, EuR 2009, 423; *Tiedtke/Langheim,* Zur Wirksamkeit von Staatsbürgschaften, die unter Verstoß gegen Europäisches Beihilfenrecht erteilt worden sind, ZIP 2006, 2251; *Tollmann,* Das Nichtigkeitsrisiko von Staatsbürgschaften for dem Hintergrund des EG-Beihilfeverbots, WM 2000, 2030; *von Friesen,* Staatliche Haftungszusagen für öffentliche Kreditinstitute aus europarechtlicher Sicht 1998; *ders.,* Umgestaltung des öffentlichrechtlichen Bankensektors angesichts des Europäischen Beihilfenrechts, EuZW 1999, 581.

1. Einführung. Während staatliche Barzuschüsse unmittelbar zu haushalterischen Belastun-　**191** gen führen, sind Garantien eine den Haushalt schonende Beihilfeform. Zwar muss der Garantiegeber je nach Ausfallrisiko bemessene Rückstellungen bilden. Zu einem Mittelabfluss führt indes nur der Eintritt des Garantiefalls. Vor diesem Hintergrund ist nachvollziehbar, dass Garantien zu den praktisch häufigsten Beihilfeformen gehören.

---

[197] *Soltész/Schädle* E. C. L. R. 2008, 141; *Soltész/Kühlmann* EWS 2010, 515, 516.

192   Anders als bei den meisten anderen Beihilfeformen zeichnet sich die staatliche Bürgschaft durch ein Dreipersonenverhältnis (Dreiecksverhältnis) aus. Typischerweise[1] gibt die öffentliche Hand eine Bürgschaftszusage an ein begünstigtes Unternehmen (Valutaverhältnis). In Vollziehung der Bürgschaftszusage wird ein Bürgschaftsvertrag zwischen der öffentlichen Hand und einem Kreditgeber geschlossen (Deckungsverhältnis). Aufgrund des durch die Bürgschaft besicherten Darlehensvertrages (Ausführungsverhältnis) erfolgt die Auszahlung des Darlehens durch den Kreditgeber an ein Unternehmen.[2] Ungeachtet dieser Kategorisierung, die im deutschen Schrifttum vor allem vor dem Hintergrund der Diskussion um die Reichweite einer Nichtigkeit der Staatsbürgschaft steht, darf nicht verkannt werden, dass das EU-Beihilfenrecht als Unionsrecht ein selbständiges Rechtsgebiet darstellt, das sich nicht nach den zivilrechtlichen Kategorien des nationalen Rechts richtet und daher in seinem Ansatz vor allem an faktisch-wirtschaftlichen Wirkungen orientiert ist. Nur letztere determinieren folglich die Anwendbarkeit der beihilferechtlichen Bürgschaftsregeln, nicht aber die Bezeichnung oder rechtsdogmatische Einordnung eines Rechtsgeschäfts als „Bürgschaft".

193   **2. Garantie-Mitteilung von 2008. a) Hintergrund.** Die Mitteilung der Kommission über die Anwendung der Artikel 87 und 88 des EG-Vertrags auf staatliche Beihilfen in Form von Haftungsverpflichtungen und Bürgschaften von 2008[3] (im folgenden „Garantie-Mitteilung") ersetzt die gleichgerichtete Mitteilung von 2000.[4] Sie soll im Vergleich zu ihrer Vorgängerin die Transparenz erhöhen, indem sie insbesondere klare, vorhersehbare und transparente Kriterien für die Ermittlung etwaiger Beihilfen und deren Berechnung enthält. Dies gilt ua. für kleine und mittlere Unternehmen (KMU), für die die Mitteilung sog. Safe Harbour-Prämien vorsieht, die je nach der Bonität des betreffenden KMU gestaffelt sind und deren Entrichtung (bei Erfüllung weiterer Bedingungen) sicherstellt, dass eine staatliche Garantie beihilfenfrei ist; die Erhebung geringerer als der Safe Harbour-Prämien führt demgegenüber regelmäßig zu der Annahme einer Begünstigung iSv. Art. 107 Abs. 1 AEUV.[5]

194   Die Mitteilung bezieht sich auf „Garantien" als Oberbegriff zu „Haftungsverpflichtungen" und „Bürgschaften".[6]

195   **b) Rechtsnatur und zeitlicher Anwendungsbereich.** Wie die zahlreichen anderen Mitteilungen der Kommission im Bereich des Wettbewerbsrechts gehört die Garantie-Mitteilung nicht zu den Rechtsakten der EU iSv. Art. 288 AEUV, sondern ist ein Akt *sui generis*.[7] Sie erzielt ihre Wirkung dadurch, dass die Kommission durch ihren Erlass ihr eigenes Ermessen gebunden hat; sie darf folglich in ihren Entscheidungen nicht von den in der Mitteilung zum Ausdruck gebrachten Einschätzungen und Kriterien abweichen, soweit diese nicht gegen Art. 107 f. AEUV verstoßen.[8]

196   Da die Mitteilung nur eine Selbstbindung der Kommission bewirkt, bindet sie die Unionsgerichte nicht; soweit diese eine Mitteilung nicht für primärrechtswidrig halten, werden sie eine angefochtene Kommissionsentscheidung an den in der Mitteilung enthaltenen Grundsätzen und damit auf eine Beachtung der Selbstbindung hin prüfen.[9]

197   Die Garantie-Mitteilung von 2008 ersetzt diejenige von 2000, die ihrerseits zwei frühere Schreiben der Kommission von 1989 zur beihilferechtlichen Bewertung von Garantien ersetzt hatte.[10] Indes bleiben die Schreiben von 1989 anwendbar auf nicht notifizierte Beihilfen, die

---

[1] Wie nachfolgend unter RdNr. 188 ff., beschränkt sich das Beihilferecht unter dem Rubrum „Bürgschaft" indes keineswegs nur auf die staatliche Besicherung von Kreditverträgen. Vielmehr erfassen die beihilferechtlichen Begriffe Staatsbürgschaft bzw. staatliche Garantie oder Haftungsübernahme einen weiten Kreis von Formen, denen die Übernahme finanzieller (Ausfall-)Risiken bzw. eine Haftungsübernahme durch den Staat, seine Untergliederungen oder – soweit zurechenbar – öffentliche Unternehmen gemeinsam ist.

[2] Vgl. dazu *Tiedtke/Langheim* ZIP 2006, 2251, 2252 mwN.

[3] ABl. 2008 C 155/10.

[4] ABl. 2000 C 71/14.

[5] Vgl. Ziff. 1.1 der Garantie-Mitteilung.

[6] S. u. Abschnitt 2.c.

[7] Vgl. *Pampel* EuZW 2005, 11, 12; *Thomas* EuR 2009, 423; aA. – Empfehlung oder Stellungnahme iSv. Art. 288 Abs. 5 AEUV – etwa *Frenz* RdNr. 220.

[8] Vgl. EuGH, C-288/96, Slg. 2000, I-8237, RdNr. 62 – Jadekost mwN.; zu den Anforderungen an die Begründung bei Qualifizierung einer Garantie als Beihilfe vgl. auch EuG, T-323/99, Slg. 2002, II-545, RdNr. 65 ff. – INMA.

[9] Vgl. *Calliess/Ruffert/Cremer* Art. 87 EG RdNr. 3 mwN.

[10] Vgl. die Schreiben SG (89) D/4328 v. 5. 4. 1989 und SG (89) D/12772 v. 12. 10. 1989; vgl. dazu auch Ziff. 1.4 der Garantie-Mitteilung von 2000.

vor Geltungsbeginn der Garantie-Mitteilung von 2000 gewährt wurden.[11] Ebenso bleibt die Garantie-Mitteilung von 2000 anwendbar auf Beihilfen, die im Zeitraum zwischen dem 1. 3. 2000 und dem 20. 6. 2008 gewährt wurden. Soweit Maßnahmen von der Kommission vor dem 20. 6. 2008 genehmigt und dadurch zu bestehenden Beihilfen wurden, waren sie von den betreffenden Mitgliedstaaten bis zum 1. 10. 2010 an die Garantie-Mitteilung von 2008 anzupassen.[12]

c) Erfasste Garantieformen. Die Garantie-Mitteilung enthält eine – ausdrücklich nicht ab- **198** schließende – Auflistung diverser Garantieformen, die von ihr erfasst werden. Diesen Garantien ist in der Regel gemeinsam, dass sie von staatlichen Einrichtungen oder Unternehmen für Kredite oder sonstige Verpflichtungen übernommen werden, die ein Kreditnehmer mit Kreditgebern eingehen will. Dabei bestätigt die Mitteilung erneut, dass staatliche Garantien nicht nur zu einer Begünstigung des Kreditnehmers, sondern auch zu einer Beihilfe an den Kreditgeber führen können.[13]

Gemeinsam ist allen von der Mitteilung erfassten Garantien, dass sie eine Risikoübertragung **199** auf den Garanten beinhalten. Eine solche Risikoübertragung mag auch bei atypischen Garantien vorliegen, die nicht als solche bezeichnet werden und auch nicht alle Merkmale typischer Garantien aufweisen (wie im Falle von Versicherungsbürgschaften oder staatlichen Kapitalinvestitionen). Hier ist jeweils im Wege einer Einzelfallprüfung – und zwar nicht anhand der Bezeichnung oder Ziele, sondern allein anhand der objektiven wirtschaftlichen Wirkung[14] – festzustellen, ob es zu einer Begünstigung kommt; im Rahmen dieser Einzelfallprüfung sind dann erforderlichenfalls die maßgeblichen Abschnitte der Garantie-Mitteilung bzw. die darin dargelegten Methoden anzuwenden.[15] Als Garantie hat die Kommission etwa eine Rahmenvereinbarung gewertet, in der sich ein (staatlich gehaltener) Flughafen gegenüber seinem Hauptnutzer verpflichtet hatte, diesem eine permanente („24/7") Nutzung des Flughafens zu ermöglichen und damit das Risiko der ununterbrochenen Nutzbarkeit des Flughafens übernommen hatte;[16] als Garantie ist auch ein Vertrag zu werten, mit dem ein kommunaler Wohnungsvermieter dem gewerblichen Wohnungseigentümer langfristige, jährlich indexierte Fixentgelte zusichert, die unabhängig von den niedrigeren, tatsächlich erzielten Mieteinnahmen sind, womit zugleich das Mietausfallrisiko übernommen wird.[17] Die Kommission ist verpflichtet, im Rahmen ihrer Entscheidungen zu begründen, weshalb sie bestimmte Maßnahmen als Bürgschaften bzw. Beihilfen einstuft.[18]

Die Mitteilung unterscheidet zwischen Einzelgarantien und Garantieregelungen, die – ggf. **200** beschränkt nach Laufzeit, Betrag, besichertem Transaktionstyp oder besichertem Unternehmen – die Voraussetzungen für die unmittelbare Gewährung mehrerer Einzelgarantien regeln[19] und deren Genehmigung die Kommission grundsätzlich daran hindert, die unter der genehmigten Garantieregelung ausgereichten Garantien direkt anhand der Garantie-Mitteilung und Art. 107 Abs. 1 AEUV zu messen.[20]

Je nach Rechtsgrundlage, Transaktionstyp, Laufzeit und Bezugspunkt erfasst die Garantie- **201** Mitteilung eine breite Palette staatlicher Garantien. Dazu gehören ua. (i) allgemeine Garantien für ein Unternehmen ebenso wie an eine bestimmte Transaktion geknüpfte Garantien, (ii) Garantien, die an eine bestimmte Rechtsform eines Unternehmens gebunden sind, und Garantien, die durch ein bestimmtes Instrument bereitgestellt werden, (iii) unmittelbare Erstgarantien ebenso wie Rückgarantien, die für den Erstbürgen übernommen werden,[21] (iv) unbeschränkte

---

[11] Vgl. Kom., ABl. 2005 L 335/48, RdNr. 33 f. – Greußener Salamifabrik.
[12] Vgl. Ziff. 7 der Garantie-Mitteilung.
[13] Vgl. Ziff. 2.3 der Garantie-Mitteilung.
[14] Vgl. EuG, verb. Rs. T-204 u. 270/97, Slg. 2000, II-2267, RdNr. 76 – EPAC.
[15] Vgl. Ziff. 1.4 der Garantie-Mitteilung.
[16] Vgl. Kom., ABl. 2008 L 346/1 – DHL.
[17] Vgl. dazu EuG, T-409/07 (noch anhängig) – Neuwoges; vgl. allgemein zu Kommunalbürgschaften und Beihilfenrecht *Ax/Grundacker* VR 2009, 298; *Domansky* BWGZ 2008, 678; *Jennert/Manz* ZKF 2009, 217; *Meier* ZKF 2008, 169 sowie *Heider/Holz* Gemeindehaushalt 2007, 60 unter besonderer Berücksichtigung der „de-minimis"-GVO.
[18] Vgl. EuG, T-323/99, Slg. 2002, II-545, RdNr. 65 ff., 94 ff. – INMA.
[19] Zum Begriff der Beihilferegelung vgl. Art. 1 lit. d der VO 659/1999 über besondere Vorschriften für die Anwendung von Artikel 93 des EG-Vertrags (sog. BeihilfeverfahrensVO), ABl. 1999 L 83/1.
[20] Zur beschränkten Prüfungskompetenz der Kommission bei genehmigten Beihilfen vgl. i. E. EuG, verb. Rs. T-102 u. 120/07, Slg. 2010, II-0000, RdNr. 59 f. – Biria.
[21] Zu Rückbürgschaften vgl. etwa Kom., ABl. 2005 L 150/24, RdNr. 137 ff. – Alstom; *Koenig/Haratsch*, WM 2005, 1005.

Garantien (einschließlich Rechtsformen von Unternehmen, die deren Insolvenz ausschließen[22] oder ihnen eine staatliche Garantie oder Verlustübernahme verschaffen, und einschließlich des Erwerbs staatlicher Beteiligungen, die zu einer unbegrenzten Haftung des staatlichen Gesellschafters führen)[23] ebenso wie zeitlich und/oder betragsmäßig beschränkte Garantien, (v) Garantien, die mittels Vertrag, Satzung, Gesetz oder anderen bestimmten Instrumenten gewährt werden, ebenso wie Garantien, deren Gewährung weniger eindeutig bestimmt ist (wie etwa mündliche Zusagen, Begleitschreiben, ua.).[24] In dem Begleit-Memorandum zur neuen Garantie-Mitteilung stellt die Kommission ausdrücklich klar, dass eine Garantie auch in „letters of comfort" oder in politischen (auch mündlichen) Zusagen liegen kann, wenn diese dem Kreditnehmer mitteilen, dass er sich auf die staatliche Unterstützung verlassen könne;[25] dasselbe gilt auch dann, wenn diese „comfort letters" vom Staat an Kunden des Kreditnehmers gesandt werden.[26]

202 Angesichts der eigentumsrechtlichen Neutralität des Unionsrechts (Art. 345 AEUV) stellt die Mitteilung andererseits klar, dass der Umstand, dass sich ein Unternehmen weitgehend im Eigentum der öffentlichen Hand befindet, für sich genommen nicht ausreicht, um auf das Vorliegen einer staatlichen Beihilfe zu schließen.[27]

203 Die Garantie-Mitteilung gilt grundsätzlich für alle Wirtschaftszweige (einschließlich Verkehr, Landwirtschaft und Fischerei), schließt aber den Erlass vorrangiger sektoraler Sonderregelungen nicht aus. Sie gilt freilich nicht für Exportkreditgarantien.[28]

204 **d) Vorliegen einer Beihilfe im Sinne von Art. 107 Abs. 1 AEUV. aa) Allgemeines.** Die Garantie-Mitteilung beschränkt sich im Kontext des Art. 107 Abs. 1 AEUV auf die Normierung von Kriterien, anhand derer eine beihilfenrechtlich relevante Begünstigung festgestellt werden kann. Für die Feststellung der – für die Anwendung des Art. 107 Abs. 1 AEUV ebenfalls erforderlichen – Staatlichkeit und (potentiellen) Wettbewerbs- sowie Handelsbeeinträchtigung enthält sie keine Kriterien; insoweit ist auf die allgemeinen Grundsätze und die insoweit ergangene Rechtsprechung zurückzugreifen; dabei reicht eine bloß potentielle Beeinträchtigung aus, die im Rahmen eines EU-weit liberalisierten Marktes vermutet wird.[29] Allerdings stellt die Garantie-Mitteilung unter Rückgriff auf die einschlägige Rechtsprechung klar, dass Art. 107 Abs. 1 AEUV nicht nur auf Garantien staatlicher Stellen selbst, sondern auch auf Garantien anwendbar ist, die von anderen staatlich kontrollierten Einrichtungen (etwa öffentlichen Unternehmen, wie staatlichen Bürgschafts- oder Förderbanken) gewährt werden und i. S. d. *Stardust*-Rechtsprechung[30] dem Staat zugerechnet werden können.[31]

205 **bb) Maßgeblicher Zeitpunkt der Bewertung.** Die Garantie-Mitteilung stellt klar, dass die beihilferechtliche Bewertung einer Garantie nicht davon abhängt, ob diese in Anspruch genommen wurde, es also zu Garantiezahlungen gekommen ist. Vielmehr wird schon die bloße Gewährung der Garantie – unabhängig von ihrer Inanspruchnahme – unter den in der Mitteilung genannten Voraussetzungen als Beihilfe bewertet.[32]

---

[22] Vgl. Kom., ABl. 2005 L 49/9, RdNr. 57 – EDF; Kom., ABl. 2006 L 140/1, RdNr. 161 – Sernam; ähnlich auch die Anstaltslast und Gewährträgerhaftung bei deutschen Landesbanken, die nach langem Streit erst im Wege einer tatsächlichen Verständigung zwischen Kommission und Bundesregierung abgeschafft (Anstaltslast) bzw. umgewandelt wurden (Gewährträgerhaftung); vgl. dazu auch *Hancher/Ottervanger/Slot* RdNr. 9-003; *Frenz* RdNr. 243 ff.; *Lübbig/Martín-Ehlers* RdNr. 435 ff.; *von Friesen* EuZW 1999, 581; zu der Gewährträgerhaftung nach § 40 PostVerfG, wonach Schuldurkunden der Post denen des Bundes gleichgestellt sind, vgl. Kom., ABl. 2007 C 245/21 – Deutsche Post; vgl. auch das Verfahren C-56/2007, in dem die Kommission mit Entscheidung vom 26. 1. 2010 die unbeschränkte, rechtsformbedingte Staatsbürgschaft zugunsten der französischen Post ohne Rückforderung untersagte, vgl. IP/10/51; zur Bestands- und Entwicklungsgarantie sowie zum ungeschriebenen Grundsatz der Anstaltslast bei öffentlich-rechtlichen Rundfunkanstalten in Deutschland vgl. Kom., ABl. 2007 C 185/1 und Staatliche Beihilfe E 3/2005 – Finanzierung der öffentlich-rechtlichen Rundfunkanstalten in Deutschland.

[23] Vgl. Kom., ABl. 1992 L 183/30, 31 – IOR; Kom., ABl. 1993 C 349/2, RdNr. 5 – EFIM.

[24] Vgl. Ziff. 1.2 der Garantie-Mitteilung.

[25] Vgl. MEMO/08/313 vom 20. 5. 2008, S. 2.

[26] Vgl. Kom., ABl. 2005 L 150/24, RdNr. 128 ff. – Alstom.

[27] Vgl. Ziff. 1.5 der Garantie-Mitteilung.

[28] Vgl. Ziff. 1.3 Abs. 4, 5 der Garantie-Mitteilung.

[29] Vgl. Kom., ABl. 2008 L 83/7, RdNr. 122 ff. – BAWAG; ausführlich dazu *Heidenhain* EuZW 2007, 193 f.

[30] Vgl. EuGH, C-482/99, Slg. 2002, I-4397 – Stardust.

[31] Vgl. Ziff. 2.1 der Garantie-Mitteilung; vgl. Kom., ABl. 2008 L 346/1, RdNr. 225 ff. – DHL zu Garantien des Flughafens Leipzig/Halle gegenüber DHL; vgl. dazu auch EuG, T-452/08 v. 7. 10. 2010 – DHL.

[32] Vgl. dazu auch in: *von der Groeben/Schwarze/van Ysendyck* Art. 87 Abs. 1 EG, RdNr. 82.

Daraus folgt zugleich, dass der für die Bewertung der Maßnahme relevante Zeitpunkt derje- 206
nige der Übernahme der Garantie ist. Dies gilt sowohl für das „Ob" des Vorliegens einer Beihilfe als auch für die Bemessung des etwaigen Beihilfebetrages.[33]

Indes enthält die Mitteilung keine Aussage dazu, wie langfristig Garantien, die ursprünglich 207
beihilfenfrei gewährt wurden, sein dürfen, um über die gesamte Laufzeit als beihilfenfrei gelten
zu können.

cc) Beihilfen für Kreditnehmer und/oder Kreditgeber. α) Begünstigter einer Garantie 208
ist regelmäßig der Kreditnehmer, dessen Refinanzierungslasten durch die Garantie sinken (indem er nur einen niedrigeren Kreditzinssatz zahlen und/oder eine geringere Besicherung beibringen muss) oder der durch die Garantie überhaupt erst in die Lage versetzt wird, Kapital
aufzunehmen.[34] Diese Begünstigung ist vor allem dann beihilfenrelevant, wenn der Kreditnehmer für die Garantie keine oder nur eine – gemessen am Marktüblichen – zu niedrige Prämie
(etwa Avalprovision) entrichten muss.

β) Indes kann die Garantie zugleich oder statt dessen auch zu einer Begünstigung des Kredit- 209
gebers führen.[35] Dies ist etwa dann der Fall, wenn die staatliche Garantie nachträglich für eine
bereits bestehende finanzielle Verpflichtung des Kreditnehmers herausgegeben wird, ohne dass
die Konditionen dieser Verpflichtung entsprechend angepasst werden; gleiches gilt, wenn die
Garantie den Kreditnehmer in die Lage versetzt, einen anderen, nicht durch staatliche Garantie
besicherten Kredit zu tilgen. In beiden Fällen führt die Garantie zu einem wirtschaftlichen Vorteil des Kreditgebers, der entweder eine bessere Besicherung erhält oder sein Ausfallrisiko (erheblich) mindert.[36] Dasselbe gilt auch dann, wenn die Garantie wegen Verstoßes gegen Art. 108
Abs. 3 S. 3 AEUV iVm. § 134 BGB nichtig ist, der Garantiegeber indes trotz Nichtbestehens
einer rechtlich durchsetzbaren Verpflichtung gleichwohl auf die Garantie an den Kreditgeber
leistet.[37]

Im Schrifttum wird zum Teil vertreten, dass eine beihilferelevante Begünstigung des Kredit- 210
gebers auch in seiner – durch die Garantie (und dem dadurch ermöglichten Absehen von einer
Unterlegung des Kredits durch Eigenkapital) ermöglichten – Kredit- und Geschäftsausweitung
liegt;[38] indes würde ein solches Erfassen auch mittelbarer Vorteile, die sich letztlich eher aus den
Eigenkapitalvorschriften für Banken ergeben, zu einer Überdehnung des Kreises der Begünstigten führen, soweit die Garantie nicht gezielt und unmittelbar die objektive Position des Kreditgebers verbessert.

Umgekehrt wird argumentiert, dass eine Beihilfe an den Kreditgeber schon deshalb nicht an- 211
genommen werden könne, weil die Bürgschaft nicht aus staatlichen Haushaltsmittel gewährt
werde.[39] Indes verkennt diese Ansicht, dass die Garantie mit einer staatlichen Ausgleichszusage
unterlegt ist, die im Garantiefall notwendig aus Haushaltsmitteln zu erfüllen ist, und dass der
Beihilfebegriff eben nicht auf den Zufluss von Geldmitteln beschränkt ist, sondern sich auf jed-
weden objektiven wirtschaftlichen Vorteil erstreckt.

Stellt eine Garantie eine Beihilfe zugunsten des Kreditgebers dar, ist sie regelmäßig als Be- 212
triebsbeihilfe zu werten und daher grundsätzlich nicht genehmigungsfähig.[40]

dd) Umstände, die das Vorliegen einer Beihilfe ausschließen. α) **Allgemeines.** Maß- 213
stab für die entscheidende Frage, ob eine Garantie zu einer beihilferechtlichen Begünstigung führt,
ist der Grundsatz des marktwirtschaftlich handelnden Kapitalgebers. Dabei werden freilich nicht
die Optionen des Garantiegebers, sondern diejenigen des Kreditnehmers geprüft; dieser wird
durch die Garantie dann nicht begünstigt, wenn die Garantie zu keiner für ihn positiveren Gestal-

---

[33] Vgl. Ziff. 2.1 der Garantie-Mitteilung; EuGH, C-482/99, Slg. 2002, I-4397, RdNr. 71 ff. – Stardust
Marine.
[34] Vgl. dazu auch *Eilmannsberger* ÖZW 2000, 1, 2 mwN.
[35] Zur Entwicklung der entsprechenden Kommissionspraxis vgl. *Bartosch* EuZW 2001, 650, 651 ff. mwN.
[36] Vgl. Ziff. 2.3.1 der Garantie-Mitteilung; grundsätzlich ablehnend mangels staatlicher Mittelherkunft
Lübbig/Martín-Ehlers RdNr. 417 ff. mwN.
[37] Vgl. *Hancher/Ottervanger/Slot* RdNr. 9-007 mwN.
[38] Vgl. dazu *Niggemann*, 214, 223 ff.; ablehnend Heidenhain/*Leibenath*, European State Aid Law, § 7
RdNr. 21 f.; *Lübbig/Martín-Ehlers* RdNr. 423 ff.; zum Streitstand und zur historischen Entwicklung umfassend *Bartosch* EuZW 2001, 650, 651 ff.; je mwN.
[39] Vgl. *Lübbig/Martín-Ehlers* RdNr. 417 ff. Im Ergebnis ebenfalls ablehnend: *Habersack* ZHR 159 (1995),
663 ff.
[40] Vgl. Ziff. 2.3.1 aE. der Garantie-Mitteilung; von der Groeben/Schwarze/*van Ysendyck* Art. 87 Abs. 1
EG RdNr. 90.

tung der Kreditkonditionen führt;[41] die Garantie-Mitteilung drückt dies etwas ungenauer aus, indem sie darauf abstellt, ob dem potentiell begünstigten Unternehmen eine neue Finanzierungsquelle zu Bedingungen zugänglich gemacht wird, die unter normalen wirtschaftlichen Bedingungen für einen privaten Marktteilnehmer annehmbar wären.[42] Dies entspricht auch der (vorherigen) Rechtsprechung des Gerichtshofs; danach war bei staatlichen Bürgschaften zu prüfen, ob das begünstigte Unternehmen das betreffende Darlehen auf dem Kapitalmarkt auch ohne die Bürgschaft hätte erhalten können.[43] Ebenso ist Prüfungsleitbild auch der Kommission, ob ein privater Marktteilnehmer eine Bürgschaft unter und mit denselben Bedingungen wie der Staat gewährt hätte.[44]

214   Die sich aus der Anwendung des Grundsatzes des marktwirtschaftlich handelnden Kapitalgebers ergebenden Einzelkriterien für die beihilferechtliche Bewertung einer Garantie werden in Ziff. 3.2 bis 3.5 der Mitteilung breit – wenngleich nicht abschließend – dargelegt.

215   Dabei stellt Ziff. 3.6 der Garantie-Mitteilung klar, dass die Nichterfüllung der in Ziff. 3.2 bis 3.5 genannten Voraussetzungen nicht etwa automatisch und zwingend zu einer Einstufung der Garantie(regelung) als Beihilfe führt. Vielmehr soll die Maßnahme dann bei der Kommission notifiziert werden.

216   **β) Einzelgarantien.** Der Mitteilung zufolge führt eine Einzelgarantie dann nicht zu einer Begünstigung iSv. Art. 107 Abs. 1 AEUV, wenn die folgenden Bedingungen kumulativ erfüllt sind: der Kreditnehmer befindet sich nicht in finanziellen Schwierigkeiten; der Umfang der Garantie kann vorab bestimmt werden; die Garantie ist grundsätzlich auf höchstens 80% der ausstehenden finanziellen Verpflichtung des Kreditnehmers beschränkt; und für die Garantie wird ein marktübliches Entgelt gezahlt.[45]

217   (1) Dass sich der Kreditnehmer nicht in finanziellen Schwierigkeiten befinden darf, ist Ausfluss der – ua. in den Leitlinien für Rettungs- und Umstrukturierungsbeihilfen zum Ausdruck kommenden – Grundauffassung der Kommission, dass das Ausscheiden leistungsschwacher Unternehmen ein normaler Vorgang am Markt ist und solche Unternehmen daher nur ausnahmsweise vom Staat gerettet werden dürfen.[46]

218   Ob sich ein Kreditnehmer in finanziellen Schwierigkeiten befindet, bemisst sich grundsätzlich nach den in den Leitlinien für Rettungs- und Umstrukturierungsbeihilfen („R&U-Leitlinien")[47] enthaltenen Kriterien. Danach gilt ein Unternehmen als „Unternehmen in Schwierigkeiten", wenn es nicht in der Lage ist, mit eigenen finanziellen Mitteln oder Fremdmitteln, die ihm von seinen Anteilseignern oder Gläubigern zur Verfügung gestellt werden, Verluste aufzufangen, die das Unternehmen kurz- oder mittelfristig so gut wie sicher in den Untergang treiben werden, wenn der Staat nicht eingreift. Dies ist etwa[48] dann der Fall, wenn (i) bei Gesellschaften mit beschränkter Haftung mehr als 50% des gezeichneten Kapitals verschwunden und mehr als 25% dieses Kapitals in den letzten 12 Monaten verschwunden ist, (ii) bei Gesellschaften, bei denen mindestens einige Gesellschafter unbeschränkt für die Schulden der Gesellschaften haften, mehr als 50% des ausgewiesenen Eigenkapitals verschwunden und mehr als 25% dieses Eigenkapitals in den letzten 12 Monaten verschwunden ist, (iii) die Voraussetzungen für die Eröffnung des Insolvenzverfahrens vorliegen, oder (iv) typische Symptome wie steigende Verluste, sinkende Umsätze, wachsende Lagerbestände, Überkapazitäten, verminderter Cash Flow, zunehmende Verschuldung und Zinsbelastung, Abnahme oder gar Verlust des Reinvermögenswerts vorliegen.[49]

---

[41] Vgl. ABl. 2005 L 296/9, RdNr. 107 – Chemische Werke Piesteritz; das Abstellen auf die (idR. nicht staatlich festgesetzten) Darlehenskonditionen anstatt eines Abhebens nur auf die Angemessenheit der Avalprovision wird grundsätzlich abgelehnt von *Lübbig/Martín-Ehlers* RdNr. 393, 402 ff. mwN.

[42] Vgl. Ziff. 3.1 der Garantie-Mitteilung.

[43] Vgl. EuGH, C-288/96, Slg. 2000, I-8237, RdNr. 30 – Jadekost, unter Hinweis EuGH, C-301/87, Slg. 1990, I-307, RdNr. 39 – Boussac EuGH, C-142/87, Slg. 1990, I-959, RdNr. 26 – Tubemeuse, die freilich nicht zu Bürgschaften erging.

[44] Vgl. ABl. 2005 L 116/55, RdNr. 125 ff. – MobilCom; EuG, verb. Rs. T-207 und 270/97, Slg. 2000, II-2267, RdNr. 68 ff. – EPAC.

[45] Vgl. Ziff. 3.2 der Mitteilung.

[46] Vgl. Ziff. 4 der Leitlinien der Gemeinschaft für staatliche Beihilfen zur Rettung und Umstrukturierung von Unternehmen in Schwierigkeiten, ABl. 2004 C 244/2; die Leitlinien gelten bis zum 9. 12. 2012, ABl. 2009 C 156/3.

[47] Leitlinien der Gemeinschaft für staatliche Beihilfen zur Rettung und Umstrukturierung von Unternehmen in Schwierigkeiten, ABl. 2004 C 244/2; die Leitlinien gelten bis zum 9. 12. 2012, ABl. 2009 C 156/3.

[48] Die Aufzählung der entsprechenden Indikatoren ist nicht abschließend; ggf. ist eine umfassende Analyse anhand auch anderer als der in der Mitteilung ausdrücklich genannten Indikatoren vorzunehmen; vgl. etwa EuG, verb. Rs. T-102 und 120/07, Slg. 2010, II-0000, RdNr. 105, 133, 137 mwN. – Biria.

[49] Vgl. Ziff. 2.1 der R&U-Leitlinien.

Im Hinblick auf KMU stellt die Garantie-Mitteilung freilich klar, dass diese – nur für Zwecke **219** dieser Mitteilung – in den ersten 3 Jahren nach ihrer Gründung nicht als Unternehmen in Schwierigkeiten gelten.[50] Letzteres gilt grundsätzlich auch dann, wenn diese KMU ansonsten die og. Symptome für Unternehmen in Schwierigkeiten aufweisen. Allerdings stellt die Garantie-Mitteilung insoweit auch nur eine widerlegbare Vermutung auf; sollte ein junges KMU gleichwohl die og. Kriterien in einer nachhaltig verfestigten Form aufweisen und *a priori* in einem Markt mit Überkapazitäten tätig sein, wird man auch bei diesem KMU davon ausgehen müssen, dass es in wirtschaftlichen Schwierigkeiten ist und die staatliche Garantierung eines Kredits an ein solches Unternehmen zu einer beihilferechtlich relevanten Begünstigung des KMU führt.

Hinsichtlich der komplexen Einschätzung, ob ein Unternehmen eines in finanziellen Schwie- **220** rigkeiten ist, kommt der Kommission nach ständiger Rechtsprechung ein weiter Beurteilungsspielraum zu, der einer gerichtlichen Überprüfung nur begrenzt zugänglich ist.[51]

(2) Ob zum Zeitpunkt ihrer Übernahme der Umfang einer Garantie bestimmt werden kann, **221** ist dann zu bejahen, wenn die Garantie an eine bestimmte finanzielle Transaktion geknüpft ist, auf einen festen Höchstbetrag beschränkt ist und eine begrenzte Laufzeit aufweist.[52] Mangels Transaktionsbindung stellen mithin Garantien, die an die Gesellschaftsform des potentiell begünstigten Unternehmens anknüpfen und diese Gesellschaftsform für insolvenzunfähig erklären oder in den Genuss einer staatlichen Verlustübernahme oder Garantie kommen lassen, grundsätzlich eine beihilferechtlich relevante Begünstigung dar.[53] Dasselbe gilt für betraglich und/oder zeitlich unbeschränkte Garantien.

Der Sinn dieser Vorgabe besteht darin, zum einen die kontinuierliche Subventionierung **222** nicht wettbewerbsfähiger Unternehmen zu erschweren und zum anderen der Kommission eine Berechnung des Ausfallrisikos und damit der zur Vermeidung einer Beihilfe zu zahlenden Prämie zu erleichtern.[54]

(3) Die Nichtanwendbarkeit des Art. 107 Abs. 1 AEUV setzt ferner voraus, dass die Garantie **223** höchstens 80% der ausstehenden finanziellen Verpflichtung des Schuldners deckt.[55] Wird die 80%-Grenze überschritten, liegt der beihilferechtliche Vorteil in dem abgesicherten Anteil, der die zulässigen 80% übersteigt.[56]

Die 80%-Grenze soll den Kreditgeber motiviert halten, das Kreditvergaberisiko zu minimie- **224** ren und hierzu insbesondere die Bonität des Kreditnehmers zu prüfen. Eine durch höhere oder gar betragsmäßig unbeschränkte Garantien reduzierte Neigung von Kreditgebern zur Prüfung würde im Ergebnis dazu führen, dass das Volumen riskanter Kredite steigt und sich damit auch der Anteil hochgradig risikobehafteter Garantien erhöht.

Die Einhaltung der 80%-Grenze setzt auch voraus, dass der Garantiebetrag in dem Maße **225** sinkt, in dem der garantierte Betrag (etwa durch Tilgung) sinkt. Ferner fordert die Garantie-Mitteilung, dass Verluste anteilig und gleichrangig vom Kreditnehmer getragen werden und Gewinne anteilig dem Garanten zugute kommen. Eine Garantie des Inhalts, dass Verluste zunächst dem Garanten und nur im übrigen dem Kreditnehmer zugewiesen werden, führt zu der Vermutung, dass die betreffende Garantie eine Beihilfe zugunsten des Kreditnehmers enthält.[57]

Allerdings stellt die Garantie-Mitteilung auch klar, dass eine Überschreitung der 80%-Grenze **226** nicht zwingend zur Annahme einer staatlichen Beihilfe führt. Sie zwingt lediglich zur Notifizierung der Garantie, damit die Kommission aufgrund der Besonderheiten des Einzelfalles prüfen kann, ob eine beihilferechtliche Begünstigung vorliegt.[58] Auch wenn der Wortlaut der Garantie-Mitteilung die Notifizierung lediglich zu empfehlen scheint,[59] ergibt sich die Verpflichtung einerseits rechtlich aus Art. 108 Abs. 3 S. 1 AEUV, andererseits wirtschaftlich aus dem Umstand, dass die Beteiligten ein Interesse daran haben, eine Nichtigkeit der Garantie nach Art. 108 Abs. 3 S. 3 AEUV iVm. § 134 BGB zu vermeiden.

---

[50] Vgl. Ziff. 3.2 lit. a der Garantie-Mitteilung.
[51] Vgl. EuG, T-20/03, Slg. 2008, II-2305, RdNr. 115 – Kahla mwN.
[52] Vgl. Ziff. 3.2 lit. b der Garantie-Mitteilung.
[53] Vgl. Ziff. 1.2, 4. Spstr. der Garantie-Mitteilung.
[54] Vgl. Heidenhain/*Leibenath* § 7 RdNr. 7.
[55] Vgl. Kom., ABl. 2005 L 150/24, RdNr. 137 ff. – Alstom.
[56] Vgl. *Frenz* RdNr. 229.
[57] Vgl. Ziff. 3.2 lit. c Abs. 4 der Garantie-Mitteilung.
[58] Vgl. Ziff. 3.2 lit. c Abs. 5 der Garantie-Mitteilung.
[59] So auch Heidenhain/*Leibenath* § 7 RdNr. 9.

227   Diese 80%-Begrenzung gilt freilich in zwei Fällen ausdrücklich nicht: zum einen nicht bei Garantien für Schuldtitel iSv. Art. 2 Abs. 1 lit. b der sog. Transparenz-Richtlinie (Richtlinie 2004/109/EG),[60] also für Schuldverschreibungen oder andere übertragbare Forderungen in verbriefter Form, mit Ausnahme von Wertpapieren, die Aktien gleichzustellen sind oder die bei Umwandlung oder Ausübung der durch sie verbrieften Rechte zum Erwerb von Aktien oder Aktien gleichzustellenden Wertpapieren berechtigen.[61]

228   Zum anderen gilt die 80%-Begrenzung auch nicht für staatliche Garantien zur Finanzierung von Unternehmen, deren Tätigkeit sich auf die Erbringung einer gemeinwirtschaftlichen Dienstleistung iSv. Art. 106 Abs. 2 AEUV beschränkt. Allerdings gilt diese Befreiung von der 80%-Begrenzung auch bei solchen Unternehmen nur dann, wenn diese einerseits mit der gemeinwirtschaftlichen Leistung ordnungsgemäß betraut wurden und es andererseits um eine Garantie gerade derjenigen Behörde geht, die den gemeinwirtschaftlichen Auftrag erteilt hat. Umgekehrt gilt die 80%-Begrenzung indes dann wieder, wenn das betreffende Unternehmen entweder mehrere gemeinwirtschaftliche Dienstleistungen erbringt oder neben gemeinwirtschaftlichen Dienstleistungen auch noch andere wirtschaftliche Tätigkeiten verfolgt.[62]

229   Kommission und Unionsgerichte gewähren den Mitgliedstaaten einen weiten Ermessensspielraum bei der Definition dessen, was sie für eine gemeinwirtschaftliche Dienstleistung halten. Der erforderliche Betrauungsakt mag auch in der Bürgschaftszusage an den Kreditnehmer liegen, etwa soweit diese es dem Kreditnehmer auferlegt, das besicherte Darlehen zur Finanzierung einer Dienstleistung von allgemeinem wirtschaftlichen Interesse zu verwenden. Soweit (auch) der Kreditgeber durch die staatliche Bürgschaft begünstigt wird, wird er sich auf den og. Wegfall der 80%-Begrenzung nur ausnahmsweise berufen können.[63]

230   (4) Eine Garantie ist grundsätzlich nur dann beihilfenfrei, wenn für sie ein marktübliches Entgelt (Garantieprämie, Avalprovision) gezahlt wird. Für dessen Ermittlung lässt es die Kommission nicht ausreichen, dass eine prozentuale Garantieprämie als branchenüblich charakterisiert wird.[64]

231   Vielmehr ist zur Ermittlung des marktüblichen Entgelts auf die Finanzmärkte zu rekurrieren. Lässt sich der Vergleichsmaßstab dort nicht ermitteln, wird auf das marktübliche Entgelt für einen vergleichbaren, nicht garantierten Kredit abgestellt und dieses mit den gesamten Finanzierungskosten (einschließlich Kreditzinsen und Garantieprämie) des garantierten Kredits verglichen. In beiden Fällen muss die Vergleichbarkeit gewahrt sein; eine marktübliche Vergleichsprämie kann sich folglich nur bei einer Betrachtung von Transaktionen ergeben, die nach Betrag, Laufzeit, Sicherheiten, Ausfallwahrscheinlichkeit, Geschäftsbereich des Kreditnehmers, Prognosen und anderen wirtschaftlichen Faktoren vergleichbar sind. Diese Vergleichbarkeit kann hergestellt werden durch ein Heranziehen von Ratings (von Rating-Agenturen oder der kreditgebenden Bank selbst), die für Unternehmen in unterschiedlichen Situationen gelten, diese in bestimmte Risikoklassen einordnen und die dementsprechend angepasste Entgeltaufschläge zur Folge haben.[65]

232   **γ) Garantieregelungen.** Wie bei Einzelgarantien setzt auch die Beihilfefreiheit von Garantieregelungen grundsätzlich voraus, dass der Kreditnehmer sich nicht in finanziellen Schwierigkeiten befindet, der Umfang der Garantie nach Laufzeit, Höchstbetrag und Garantiefall bestimmbar ist und die Garantie höchstens 80% des jeweils ausstehenden Kreditbetrages abdeckt. Zusätzlich müssen aber folgende weitere Voraussetzungen erfüllt sein:

Zum einen muss anhand der tatsächlichen Ausfallquote mindestens einmal jährlich ermittelt werden, ob sich die Regelung finanziell selbst trägt, ob also die Höhe der Garantieprämien angemessen ist. Ist dies nicht der Fall, muss die Prämie angepasst werden; dabei muss sich die Anpassung auf alle künftigen Garantien, ggf. darüber hinaus auch auf alle bereits übernommenen Garantien beziehen.[66]

---

[60] Vgl. Ziff. 3.2 lit. c der Garantie-Mitteilung; Richtlinie 2004/109/EG zur Harmonisierung der Transparenzanforderungen in Bezug auf Informationen über Emittenten, deren Wertpapiere zum Handel auf einem geregelten Markt zugelassen sind, und zur Änderung der Richtlinie 2001/34/EG, ABl. 2004 L 390/38; in Deutschland umgesetzt durch das Transparenz-Richtlinie-Umsetzungsgesetz, BGBl. 2007 I S. 10.

[61] Vgl. Art. 2 Abs. 1 lit. b der Richtlinie 2004/109/EG.

[62] Vgl. Ziff. 3.2 lit. c Abs. 3 der Garantie-Mitteilung; vgl. dazu *Koenig/Haratsch* ZHR 169 (2005) 77, 80 ff. mwN.

[63] Vgl. dazu i. E. *Koenig/Haratsch* ZHR 169 (2005) 77, 81 f.

[64] Vgl. Ziff. 3.2 lit. d Abs. 4 der Garantie-Mitteilung.

[65] Vgl. Ziff. 3.2 lit. d Abs. 3 der Garantie-Mitteilung.

[66] Vgl. Ziff. 3.4 lit. e der Garantie-Mitteilung.

Zum anderen muss in der Regelung festgelegt sein, unter welchen Bedingungen künftige Garan- 233
tien übernommen werden. Die Regelung muss im Interesse der Transparenz folglich Bestimmungen zur Förderfähigkeit von Unternehmen nach Maßgabe einerseits deren Bonität, Geschäftsbereichs und Größe, andererseits der Laufzeit und des Höchstbetrages der Garantien enthalten.[67]

Drittens müssen die Prämien neben den normalen Risiken auch die Verwaltungskosten (ein- 234
schließlich mindestens der Kosten für Risikobewertung, -überwachung und -management) und
die jährliche Vergütung eines angemessenen Kapitalbetrags abdecken;[68] dies gilt auch dann,
wenn das Kapital gar nicht hinterlegt wird. Der angemessene Kapitalbetrag (als Bemessungsgrundlage) beläuft sich grundsätzlich auf mindestens 8% der ausstehenden Garantien, kann aber
bei potentiell garantiebegünstigten Unternehmen mit einem Rating von mindestens AA- (A-)
auf 2% (4%) abgesenkt werden; dieser Kapitalbetrag ist sodann zu vergüten mit einer Risikoprämie (in Höhe von grundsätzlich 400 bp)[69] sowie einem risikofreien Zinssatz (grundsätzlich in
Höhe der Rendite einer zehnjährigen Staatsanleihe); letzterer kann entfallen, wenn für die Garantieregelung aktuell kein Kapital zur Verfügung gestellt wird.[70] In letztgenanntem Fall beträgt
die jährliche Vergütung der Garantie max. (8% × 4% =) 0,32% des Garantiebetrags.[71]

Soweit die Kommission eine Garantieregelung mit einer darin vorgesehenen Prämie bestandskräftig genehmigt, kann diese Prämie von der Kommission oder Beschwerdeführern anschließend nicht mehr als unangemessen niedrig und beihilfehaft angegriffen werden.[72]

δ) **Sonderfall KMU.** (1) Um bei KMU[73] die Ermittlung der marktüblichen Prämie für Ein- 235
zelgarantien zu erleichtern, sieht die Garantie-Mitteilung insoweit sog. „safe harbour"-Prämien
vor, die von der Bonitätseinstufung des Kreditnehmers abhängig sind, auf den tatsächlich garantierten Betrag zu entrichten sind und je nach Bonitätsstufe von der Kommission vorgegeben
werden.[74] Die „safe harbour"-Prämien schwanken zwischen 0,4% bei KMU der höchsten Bonitätsstufe und 6,3% für KMU, deren Bonität wahrscheinlich durch nachteilige Entwicklungen
beeinflusst wird. Für KMU, die keine Bonitätsgeschichte und kein auf dem Bilanzansatz basie-
rendes Rating haben (etwa bei „start ups"), beträgt die „safe harbour"-Prämie 3,8%, soweit
nicht die hypothetisch auf die Muttergesellschaft anwendbare Prämie höher wäre.[75] Für diejenigen KMU, deren Bonität von anhaltend günstigen Bedingungen abhängt oder die gar in oder
nahe eines Zahlungsverzugs sind, entfallen „safe harbour"-Prämien und muss die marktübliche
Garantie-Prämie dementsprechend nach dem og. Verfahren für Nicht-KMU ermittelt werden.

Die „safe harbour"-Prämien sind Mindestprämien, deren Einhaltung nur dann zur Beihilfe- 236
freiheit führt, wenn das potentiell begünstigte KMU tatsächlich die der Prämie jeweils zugeordnete Bonität aufweist.

Die „safe harbour"-Prämien beziehen sich auf den zu Beginn eines jeden Jahres tatsächlich 237
(rück-)garantierten Betrag. Sie sind daher grundsätzlich während der Laufzeit der Garantie jährlich zu entrichten. Werden sie in einer einzigen Zahlung vorab entrichtet, muss diese Zahlung
mindestens dem abgezinsten Gegenwartswert aller künftig während der Laufzeit der Garantie
fälligen Prämien entsprechen.

Die „safe harbour"-Prämien entbinden nicht von der Erfüllung der anderen Voraussetzun- 238
gen, unter denen nach Ziff. 3.2 lit. a–c der Garantie-Mitteilung eine Garantie als beihilfefrei
angesehen werden kann.

(2) Bei Garantieregelungen für KMU sieht die Garantie-Mitteilung die Alternative zwischen 239
einer „safe harbour"-Prämie und einer Einheitsprämie vor.

---

[67] Vgl. Ziff. 3.5 lit. g der Garantie-Mitteilung.

[68] Insoweit geht die Garantie-Mitteilung über die vorherige Mitteilung hinaus, da diese in Ziff. 4.3 lit. f
keine Kapitalvergütung vorgesehen hatte; vgl. dazu auch *Frenz* RdNr. 223 mwN.

[69] Zur Pflicht der Kommission, im Rahmen ihrer Begründungspflicht aus Art. 296 AEUV die Höhe der
von ihr für erforderlich gehaltenen Risikoprämie darzulegen und zur Aufhebung von Kommissionsentscheidungen wegen eines entsprechenden Begründungsmangels vgl. EuG, verb. Rs. T-102 und 120/07, Slg.
2010, II-0000, RdNr. 209 ff. – Biria.

[70] Vgl. Ziff. 3.4 lit. f der Garantie-Mitteilung.

[71] Vgl. MEMO/08/313 der Kommission v. 20. 5. 2008, S. 6.

[72] Vgl. EuG, T-388/02, Slg. 2008, II-305, RdNr. 145 – Kronoply.

[73] Zur Definition vgl. Art. 2 Nr. 7 iVm. Anhang I der VO (EG) 800/2008 zur Erklärung der Vereinbarkeit bestimmter Gruppen von Beihilfen mit dem Gemeinsamen Markt in Anwendung der Artikel 87 und 88
EG-Vertrag, ABl. 2008 L 214/3, sog. Allgemeine Gruppenfreistellungs-Verordnung/AGVO.

[74] Vgl. die Tabelle der „safe harbour"-Prämien im Corrigendum zur Garantie-Mitteilung, ABl. 2008
C 244/32.

[75] Vgl. Ziff. 3.3 Abs. 5 der Garantie-Mitteilung.

240   Die „safe harbour"-Prämie entspricht grundsätzlich derjenigen bei Einzelgarantien.[76] Zusätzlich muss das für Garantieregelungen ohnehin geltende Transparenzgebot eingehalten werden.

241   Die Einheitsprämie entbindet von der Notwendigkeit einer individuellen Risikoprüfung der einzelnen Kreditbegünstigten. Sie kommt daher nur in Betracht, wenn die Garantieregelung nur Garantien an KMU vorsieht und der garantierte Betrag EUR 2,5 Mio. je KMU nicht überschreitet. Ferner muss sich die Regelung selbst tragen und bleiben daher zahlreiche allgemeine Anforderungen an Garantieregelungen auch für KMU anwendbar.[77]

242   **ee) Umstände, die das Vorliegen einer Beihilfe indizieren.** Ausweislich Ziff. 3.6 der Garantie-Mitteilung führt die Nichterfüllung einer oder mehrerer derjenigen Voraussetzungen, unter denen die Kommission in der Regel das Vorliegen einer beihilferechtlichen Begünstigung verneint, nicht automatisch und zwingend dazu, dass die betreffende Einzelgarantie oder Garantieregelung als im Sinne von Art. 107 Abs. 1 AEUV begünstigend eingestuft wird. Vielmehr empfiehlt die Kommission in diesem Fall lediglich, die Maßnahme zu notifizieren.

243   Dessen ungeachtet ist angesichts der detaillierten Regelungen der Ziff. 3.2 bis 3.5 der Garantie-Mitteilung davon auszugehen, dass die Nichterfüllung mehrerer der dort genannten Voraussetzungen die widerlegbare Vermutung begründet, dass die Maßnahme eine Begünstigung impliziert. Diese Vermutung kann durch den Nachweis widerlegt werden, dass die Maßnahme aus anderen Gründen mit dem Grundsatz des marktwirtschaftlich handelnden Kapitalgebers vereinbar ist.[78]

244   **e) Berechnung des Beihilfenelements.** Ist eine Garantiemaßnahme nicht mit dem Grundsatz des marktwirtschaftlich handelnden Kapitalgebers vereinbar, wird vermutet, dass sie eine staatliche Beihilfe beinhaltet. Dementsprechend ist zunächst das Beihilfeelement zu berechnen, um prüfen zu können, ob die Maßnahme freigestellt oder genehmigungsfähig ist.[79]

245   Das Beihilfeelement entspricht im Grundsatz der Differenz zwischen (i) dem marktüblichen Entgelt für die Einzelgarantie oder der im Rahmen einer Garantieregelung gewährte Garantie und (ii) dem tatsächlich gezahlten Entgelt für diese Maßnahme.

246   Im Einzelnen ist zwischen Einzelgarantien und Garantieregelungen sowie Maßnahmen für KMU bzw. andere Unternehmen zu unterscheiden:

247   **aa) Allgemeines.** Vorbehaltlich einer spezifischen Berücksichtigung von Besonderheiten einer Garantie[80] berücksichtigt die Kommission zunächst im Allgemeinen, ob
– sich der Kreditnehmer im og. Sinne in finanziellen Schwierigkeiten befindet oder – bei Garantieregelungen – ob Unternehmen in Schwierigkeiten von der Garantieförderung ausgeschlossen sind. Bei Unternehmen in Schwierigkeiten und dem damit verbundenen, hohen Ausfallrisiko stellt sich zunächst die Frage, ob eine marktübliche Garantieprämie überhaupt noch ermittelbar ist. In Ausnahmefällen kann das Beihilfeelement der Garantie genau so hoch sein wie die Garantiesumme.[81]
– der Umfang der Garantie zum Zeitpunkt ihrer Übernahme ermittelbar ist, d.h. also die Garantie nach Garantiefall, Laufzeit und Höchstbetrag beschränkt ist.[82]
– die Garantie mehr als 80% der jeweils ausstehenden finanziellen Verpflichtung deckt.[83]
– die besonderen Merkmale von Garantie und garantierter Verpflichtung bei der Ermittlung der marktüblichen Garantieprämie berücksichtigt wurden.[84]

248   **bb) Einzelgarantien.** Das Bar-Subventionsäquivalent (BSÄ) entspricht grundsätzlich der Differenz zwischen dem marktüblichen und dem tatsächlich gezahlten Entgelt.[85]

---

[76] Zu den Abweichungen vgl. Ziff. 3.5 der Garantie-Mitteilung.

[77] Vgl. im Einzelnen Ziff. 3.5 der Garantie-Mitteilung.

[78] Vgl. auch Ziff. 4.1 Abs. 1 der Garantie-Mitteilung.

[79] Ungenau demgegenüber die Formulierung in Ziff. 4.1 der Garantie-Mitteilung, wonach zu prüfen sei, ob die Beihilfe aufgrund bestimmter Freistellungsbestimmungen als mit dem Gemeinsamen Markt vereinbar angesehen werden könne.

[80] Vgl. Kom., ABl. 2008 L 83/7, RdNr. 136 ff. – BAWAG.

[81] Vgl. Ziff. 4.1 lit. a der Garantie-Mitteilung; ebenso die Kommission bereits in diversen Entscheidungen, etwa in Kom., ABl. 2005 L 296/19, RdNr. 107 f. – Chemische Werke Pisteritz und in Kom., ABl. 2005 L 335/48, RdNr. 36 – Greußener Salamifabrik; EuGH, C-288/96, Slg. 2000, I-8237, RdNr. 31 – Jadekost; Kom., ABl. 1994 L 273/22, 31 – Olympic Airways; Kom., ABl. 2005 L 150/24, RdNr. 137 ff. – Alstom; vgl. auch *Hancher/Ottervanger/Slot* RdNr. 9–001 f. mwN.

[82] Vgl. Ziff. 4.1 lit. b der Garantie-Mitteilung.

[83] Vgl. Ziff. 4.1 lit. c der Garantie-Mitteilung.

[84] Vgl. Ziff. 4.1 lit. d der Garantie-Mitteilung.

[85] Vgl. Ziff. 4.2 der Garantie-Mitteilung.

In Ermangelung marktüblicher Entgelte wird das BSÄ so wie bei zinsvergünstigten Darlehen **249** berechnet, ie. als Differenz zwischen dem hypothetischen marktüblichen Zinssatz ohne Garantie und dem tatsächlich angewandten Zinssatz (abzüglich etwaiger, tatsächlich gezahlter Garantieprämien).[86] In Ermangelung eines marktüblichen Zinssatzes kann auf den von der Kommission publizierten Referenzzinssatz (zzgl. Aufschlägen je nach Risikoprofil, Garantienehmer und geleisteter Sicherheit) abgestellt werden.

cc) Garantieregelungen. Bei Garantieregelungen eröffnet die Kommission grundsätzlich **250** zwei Berechnungsmethoden.

Das Beihilfenelement entspricht entweder dem BSÄ jeder unter der Regelung gewährten **251** Garantie, ist also die Differenz zwischen den ggf. tatsächlich in Rechnung gestellten Prämien (oder in Ermangelung solcher: der sich aus den Bestimmungen der Regelung ergebenden Prämien) und den hypothetischen, beihilfenfreien Prämien bei Anwendung von Ziff. 3.4 der Garantie-Mitteilung. Die Berechnungsformel lautet: „Beihilfenelement = (Garantiesumme × Risiko) − Prämienzahlungen".[87]

Alternativ kann das Beihilfenelement auch nach Methoden berechnet werden, die der Kom- **252** mission notifiziert und von ihr genehmigt wurden. Dabei geht es v. a. um Methoden, die nach der auf Agrar-KMU anwendbaren VO (EG) 1857/2006[88] oder als regionale Investitionsbeihilfen nach der AGVO genehmigt wurden.[89]

Dritte Berechnungsmethoden können von der Kommission genehmigt werden, sofern sie ei- **253** nen risikogestützten Ansatz verfolgen.[90]

dd) Berechnung des Beihilfenelements an den Kreditgeber. Soweit die Garantie **254** (auch) eine Beihilfe an den Kreditgeber darstellt, liegt dessen Begünstigung darin, dass dieser höhere Zinssätze bzw. günstigere Kreditkonditionen beibehält, als angesichts der Garantie und des dadurch verminderten Ausfallrisikos marktüblich ist; dahinter steht die Erwartung, dass der Kreditgeber die Garantievorteile an den Kreditnehmer weiterreichen muss.[91] Der Beihilfevorteil besteht also in der Gewinngarantie bzw. der garantiebedingt höheren Gewinnspanne, nicht aber in der bloßen Ausweitung des Geschäftsvolumens.[92]

Höher liegt das Beihilfenelement freilich dann, wenn erst die Garantie es dem Kreditnehmer **255** ermöglicht, seinen Kredit zurückzuzahlen, etwa wenn der Kreditgeber infolge Insolvenz des Kreditnehmers ohne Garantie ein umfassenderes Ausfallrisiko erleiden würde.[93]

ee) Berechnung des Beihilfenelements bei KMU. α) Einzelgarantien. Bei KMU kann **256** − sofern nach Bonität vorhanden − auf die „safe harbour"-Prämien abgestellt werden. Liegt die tatsächlich in Rechnung gestellte Prämie unter der „safe harbour"-Mindestprämie, ist die Differenz zwischen beiden Prämien das Beihilfenelement.

Soweit die Garantie sich über mehr als ein Jahr erstreckt, werden zur Ermittlung des Bei- **257** hilfenelements der Gesamtmaßnahme die jährlichen Differenzbeträge ermittelt und mit Hilfe des jeweils geltenden Referenzzinssatzes auf den Zeitpunkt der Garantieübernahme abgezinst.

Eine von den og. Regelungen abweichende Gestaltung wird die Kommission nur in Aus- **258** nahmefällen akzeptieren.[94]

β) Garantieregelungen. Die Berechnung des Beihilfeelements bei Garantieregelungen für **259** KMU kann grundsätzlich nach Maßgabe der allgemeinen Berechnungsmodi für Garantierege-

---

[86] Kritisch zum Abstellen auf die (nicht *per se* staatlichen) Darlehenszinsen *Lübbig/Martín-Ehlers* RdNr. 393, 402 ff. mwN.

[87] Vgl. Ziff. 4.4 mit Fn. 23 der Garantie-Mitteilung.

[88] VO (EG) Nr. 1857/2006 der Kommission vom 15. Dezember 2006 über die Anwendung der Artikel 87 und 88 EG-Vertrag auf staatliche Beihilfen an kleine und mittlere in der Erzeugung von landwirtschaftlichen Erzeugnissen tätige Unternehmen und zur Änderung der VO (EG) Nr. 70/2001, ABl. L 358/3.

[89] Vgl. Ziff. 4.4 der Garantie-Mitteilung; die aaO. ebenfalls in Bezug genommene VO 1628/2006 wurde durch Art. 43 AGVO aufgehoben; nach Art. 43 Abs. 2 AGVO gelten Bezugnahmen auf VO 1628/2006 freilich als solche der AGVO.

[90] Vgl. Ziff. 4.4 Abs. 4 der Garantie-Mitteilung; vgl. etwa Kom., ABl. 2007 C 248/3 und Staatliche Beihilfe N 197/2007 − Deutschland: Methode zur Berechnung der Beihilfeintensität von Bürgschaften.

[91] Vgl. *Frenz* RdNr. 232 ff. mwN.

[92] Vgl. *Frenz* RdNr. 234; *Habersack* ZHR 159 (1995), 663, 676; je mwN.

[93] Vgl. *Frenz* RdNr. 235 ff. mwN.

[94] Vgl. Ziff. 4.3 der Garantie-Mitteilung.

lungen[95] erfolgen, die insoweit die Wahl zwischen „safe harbour"-Prämien und Einheitsprämien belassen. Dabei sind freilich folgende Besonderheiten zu beachten:

Als Beihilfeelement gilt grundsätzlich die Differenz zwischen der anwendbaren „safe harbour"-Prämie und der tatsächlich fakturierten Prämie. Soweit sich die Garantie über mehr als ein Jahr erstreckt, werden die Beihilfeelemente jährlich ermittelt und mit Hilfe des Referenzzinssatzes auf den Zeitpunkt der Garantieübernahme abgezinst.[96] Die Berechnungsformel lautet: „Beihilfenelement = Garantiesumme × („safe harbour"-Prämie – tatsächlich gezahlter Prämie)".[97]

260   Soweit eine Garantieregelung nur auf KMU anwendbar ist und sich die Garantie nur auf max. EUR 2,5 Mio. je KMU beschränkt, verzichtet die Kommission darauf, das Gesamt-BSÄ durch Addition der BSÄ der einzelnen, unter der Regelung gewährten Garantien zu ermitteln. Statt dessen kann – unabhängig von der Risikoklasse – das Beihilfeelement nach der Formel ermittelt werden: „(ausstehende Garantiesumme x Risikofaktor der Garantieregelung) – Prämienzahlungen". Der Risikofaktor ist dabei die Wahrscheinlichkeit der Zahlungsunfähigkeit nach Einbeziehung aller Verwaltungs- und Kapitalkosten.[98]

261   **f) Genehmigungsfähigkeit von Garantien im Sinne von Art. 107 Abs. 2, Abs. 3 AEUV.** Die Garantie-Mitteilung nennt selbst nicht die Voraussetzungen für eine Genehmigung von Garantiebeihilfen, sondern verweist insoweit auf die Vereinbarkeitskriterien, die sie in allgemeinen Gemeinschaftsrahmen und Leitlinien niedergelegt hat.[99] Weitere Vereinbarkeitskriterien ergeben sich aus den anwendbaren Freistellungs-Verordnungen[100] sowie der Entscheidungspraxis und Rechtsprechung zu Art. 107 Abs. 2, Abs. 3 AEUV.[101]

262   Zu beachten ist dabei allgemein, dass die Rechtsprechung der Kommission im Rahmen des Art. 107 Abs. 3 AEUV ein weites Ermessen zubilligt, das gerichtlich nur beschränkt – nämlich etwa auf offensichtliche Beurteilungsfehler der Kommission – überprüfbar ist.[102]

263   Allerdings enthält die Garantie-Mitteilung punktuelle Klarstellungen. So wird die Kommission unbeschränkte Garantien grundsätzlich nicht für vereinbar erklären.[103]

264   Soweit die Kommission eine Garantie genehmigt hat, gilt die Genehmigung nur für die notifizierten Garantiebedingungen. Werden diese nachträglich geändert, gilt dies als neue Beihilfe und löst erneut die Notifizierungspflicht nach Art. 108 Abs. 3 S. 1 AEUV aus.[104]

265   **g) Berichtspflichten.** Die Genehmigung von Garantieregelungen erfolgt unter der Auflage kontinuierlicher Berichtspflichten der Mitgliedstaaten, um der Kommission eine laufende Überprüfung zu ermöglichen.[105] Dabei geht die Kommission freilich davon aus, dass diese Berichtspflichten nicht jährlich bestehen.[106]

266   **3. Sonderregeln. a) Krisenunabhängige Sonderregeln.** Nach der Gruppenfreistellungs-Verordnung für „De-minimis"-Beihilfen („De-minimis"-GVO),[107] sind transparente[108] Beihil-

---

[95] Vgl. Ziff. 4.5, 3.5 der Garantie-Mitteilung.

[96] Vgl. Ziff. 4.5 Abs. 2 der Garantie-Mitteilung.

[97] Vgl. Ziff. 4.5 mit Fn. 27 der Garantie-Mitteilung.

[98] Vgl. Ziff. 4.5 mit Fn. 29 der Garantie-Mitteilung.

[99] Vgl. Ziff. 5.2 der Garantie-Mitteilung; zur Prüfung anhand der Leitlinien zu Rettungs- und Umstrukturierungsbeihilfen vgl. etwa EuG, verb. Rs. T-207 und 270/97, Slg. 2000, II-2267, RdNr. 97 ff. – EPAC und Kom., ABl. 2005 L 150/24, RdNr. 150 ff., 158 ff. – Alstom sowie Kom., Staatliche Beihilfe C 13/2007 – New Interline, in der eine unvereinbare Bürgschaft untersagt und zurückgefordert wurde, die die Vorgaben für Rettungs- und Umstrukturierungsbeihilfen nicht erfüllte.

[100] Vgl. das MEMO/08/313 der Kommission v. 20. 5. 2008.

[101] Vgl. etwa Kom., ABl. 2006 C 191/2 und Staatliche Beihilfe N 99/2006 – Österreich: Beihilfevergabe Schadenswiedergutmachung Hochwasser 2005 – Tourismus, mit der die Kommission eine Garantieregelung nach Art. 107 Abs. 2 lit. b AEUV (Naturkatastrophen) genehmigte.

[102] Vgl. EuG, verb. Rs. T-102 und 120/07, Slg. 2010, II-0000, RdNr. 143, 152, 168 – Biria.

[103] Vgl. Ziff. 4.1 lit. b der Garantie-Mitteilung; aaO. Ziff. 4.1 lit. c erklärt die Kommission, dass sie solche Garantien jedenfalls generell eingehender prüfen werde; in Kom., Staatliche Beihilfe N 706/2001, RdNr. 78 ff. – Channel Tunnel Rail genehmigte die Kommission gleichwohl eine Garantie von möglicherweise 100%; ebenso – unter Auflagen – Kom., ABl. 2005 L 150/24, RdNr. 137 ff., 223 ff. – Alstom; anders Kommission und EuGH im Verfahren Jadekost, vgl. EuGH, C-288/96, Slg. 2000, I-8237 – Jadekost.

[104] Vgl. Ziff. 5.3 der Garantie-Mitteilung.

[105] Vgl. zu den Einzelheiten Ziff. 6 der Garantie-Mitteilung.

[106] Vgl. MEMO/08/313 der Kommission v. 20. 5. 2008, S. 7.

[107] VO (EG) Nr. 1998/2006 der Kom. vom 15. 12. 2006 über die Anwendung der Artikel 87 und 88 EG-Vertrag auf „De-minimis"-Beihilfen, ABl. 2006 L 379/5.

[108] Vgl. dazu Art. 2 Abs. 4 der „De minimis"-GVO.

fen bis zu einer Obergrenze von EUR 200 000 in drei Steuerjahren freistellt (Art. 2 Abs. 2). Für Bürgschaften bestimmt Art. 2 Abs. 4 lit. d der „De-minimis"-GVO, dass auf der Grundlage einer Bürgschaftsregelung gewährte Einzelbeihilfen an Unternehmen, die nicht in Schwierigkeiten sind, dann als transparente Beihilfen gelten und von der Notifizierungspflicht nach Art. 108 Abs. 3 S. 1 AEUV freigestellt sind, wenn der verbürgte Teil des Darlehens (max. 80%) den Betrag von EUR 1,5 Mio. je Unternehmen (EUR 750 000 im Straßentransport) nicht übersteigt (Art. 2 Abs. 4 lit. d). Diese Obergrenze ist nicht anwendbar auf Einzelbeihilfen außerhalb einer Bürgschaftsregelung, auf Bürgschaften zugunsten Unternehmen in Schwierigkeiten und auf Bürgschaften für Transaktionen, die nicht auf einem Darlehensverhältnis beruhen.[109] Die og. Betragsgrenze von EUR 1,5 Mio. beruht auf einer angenommenen Nettoausfallquote von 13%. Die Mitgliedstaaten können andere Methoden zur Bestimmung des Bruttosubventionsäquivalents (BSÄ) bei der Kommission notifizieren; werden diese anderen Methoden von der Kommission genehmigt, kann der maximale Bürgschaftsbetrag auch über EUR 1,5 Mio. liegen, sofern das BSÄ nach der genehmigten Methode den Betrag von EUR 200 000 nicht übersteigt.[110]

Nach Art. 5 Abs. 1 lit. c (ii) AGVO gelten Beihilfen in Form von Garantieregelungen als **267** transparent und damit u. U. freistellungsfähig nach der AGVO, wenn Begünstigter ein KMU ist und das BSÄ auf der Grundlage der og. „safe harbour"-Prämien berechnet wird. Nach Art. 5 Abs. 1 lit. c (i) AGVO gilt dasselbe, wenn die BSÄ-Berechnungsmethode bei der Kommission notifiziert und von ihr genehmigt wurde sowie diese Methode ausdrücklich auf die Art der Garantien und die Art der zu Grunde liegenden Transaktionen Bezug nimmt. Diese letztgenannte Regelung ist von Deutschland vielfach in Anspruch genommen worden: so hat die Kommission etwa die deutschen Methoden zur Berechnung der Beihilfenintensität von Bürgschaften für Kredite zur Finanzierung von Investitionsausgaben nebst Ausweitungen auf Bürgschaften für Betriebsmittelkredite, Spezialfinanzierungen (Projektgesellschaften oder Unternehmen in der Frühentwicklungsphase und auf Rückbürgschaften jeweils genehmigt).[111]

b) Sonderregeln in der Wirtschafts- und Finanzkrise. Schon vor Beginn der Weltwirt- **268** schaftskrise 2008 waren staatliche Bürgschaften eine der wichtigsten staatlichen Beihilfeformen für Unternehmen in Schwierigkeiten; die Leitlinien für staatliche Beihilfen zur Rettung und Umstrukturierung von Unternehmen in Schwierigkeiten („R&U"-Leitlinien)[112] sehen als zulässige Form von Rettungsbeihilfen, die ihrem Wesen nach vorübergehende, reversible Unterstützungsmaßnahmen sind, nur Darlehensbürgschaften oder Darlehen zu Referenzzinsen vor.[113]

Die R&U-Leitlinien erwiesen sich in der vorliegenden Form als nicht geeignet zur Bewälti- **269** gung der Finanzkrise. Die Kommission hat daher die og. Kriterien für die Anerkennung von Bürgschaften als beihilfenfrei in mehrfacher Hinsicht an die Anforderungen der Finanzkrise angepasst.[114] Diese Anpassungen kamen nicht nur der Kreditwirtschaft, sondern in Form des – einstweilen bis zum 31. 12. 2010 befristeten – sog. „Vorübergehenden Wirtschaftsrahmens" auch der Realwirtschaft zugute.[115] Zweck der Anpassungen war insbesondere, durch befristete Aufweichung der in der Garantie-Mitteilung enthaltenen Kriterien die Risikoaversion der Banken zu verringern und die Verfügbarkeit der Finanzmittel zugunsten von Unternehmen zu verbessern.[116]

Allerdings gelten diejenigen Bürgschaften, die die in der Garantie-Mitteilung genannten Kri- **270** terien für eine Beihilfefreiheit nicht erfüllen, wohl aber die erleichterten Kriterien des Vorüber-

---

[109] Vgl. RdNr. 15 der Erwägungsgründe der „De minimis"-GVO.
[110] Vgl. Art. 2 Abs. 4 lit. d und RdNr. 15 der Erwägungsgründe der „De minimis"-GVO.
[111] Vgl. Kom., Staatliche Beihilfe N 197/2007; Kom., Staatliche Beihilfe N 541/2007; Kom., Staatliche Beihilfe N 762/2007; Kom., Staatliche Beihilfe N 365/2009.
[112] Vgl. ABl. 2004 C 244/2; verlängert bis zum 9. 12. 2012, ABl. 2009 C 156/3.
[113] Vgl. RdNr. 15, 25 der R&U-Leitlinien.
[114] Zu den Auswirkungen der Finanzkrise auf das europäische Beihilfenrecht vgl. auch *Kessler/Dahlke* EWS 2009, 79; *Arhold* EuZW 2008, 713.
[115] Vorübergehender Gemeinschaftsrahmen für staatliche Beihilfen zur Erleichterung des Zugangs zu Finanzmitteln in der gegenwärtigen Finanz- und Wirtschaftskrise, konsolidierte Fassung in ABl. 2009 C 83/1, weitere Änderungen in ABl. 2009 C 261/2 und ABl. 2009 C 303/6; seit 17. 3. 2010 führte die Kommission bei den Marktteilnehmern eine Konsultation über die eventuelle Verlängerung des Vorübergehenden Gemeinschaftsrahmens durch; zum Vorübergehenden Gemeinschaftsrahmen vgl. auch *Soltész/ v. Köckritz* EuZW 2010, 167; nach Maßgabe von Ziff. 4.3.2 des Vorübergehenden Gemeinschaftsrahmens haben Bund und Länder zahlreiche Bürgschaftsprogramme erlassen, etwa die „Befristete Regelung Bürgschaften" des Bundes v. 16. 2. 2009.
[116] Vgl. Ziff. 4.3.2 Abs. 1 des Vorübergehenden Gemeinschaftsrahmens.

gehenden Gemeinschaftsrahmens erfüllen, nicht als beihilfefrei, sondern als gemäß Art. 107 Abs. 3 lit. b AEUV von der Kommission genehmigt. In der Praxis ist damit stets zu prüfen, ob eine Garantie – auch unter Berücksichtigung beihilfefreier Kompensationen für gemeinwirtschaftliche Leistungen – eine Beihilfe darstellt und, wenn ja, nach einer der Bestimmungen des Art. 107 Abs. 2, Abs. 3 AEUV genehmigt werden kann.[117]

271   Die Genehmigungsvoraussetzungen des Vorübergehenden Gemeinschaftsrahmens sind in Ziff. 4.3.2 lit. a–i aufgelistet. Sie gelten nur, soweit das beihilfebegünstigte Unternehmen sich am 1. 7. 2008 nicht in Schwierigkeiten befand, und sind anwendbar auf Garantien, die bis zum 31. 12. 2010 gewährt werden.

272   Zu den Erleichterungen gehört v. a., dass der Anteil des zu jeder Zeit maximal verbürgten Kreditbetrags von 80% auf 90% steigt; allerdings schreckt auch ein verbleibendes Ausfallrisiko von 10% viele Kreditgeber ab, zumal diese nach der Garantie-Mitteilung auch weiterhin an etwaigen Verlusten partizipieren und etwaige Verwertungserlöse mit dem Garantiegeber teilen müssen.

273   Ferner dürfen die Garantien nicht nur für Investitions-, sondern auch für Betriebsmittelkredite gewährt werden. Damit schließt der Vorübergehende Gemeinschaftsrahmen nach seinem Wortlaut Garantien auf andere Verbindlichkeiten und unternehmerische Finanzierungsformen (stille Einlagen, hybride Instrumente, etc.) aus.[118]

274   Eine Erleichterung wird auch bei den Garantieprämien gewährt, und zwar für bis zu 2 Jahre ab Gewährung der Garantie (also bis Ende 2012 bei einer Ende 2010 gewährten Bürgschaft): die jährlichen „safe harbour"-Prämien für KMU[119] dürfen um bis zu 25% reduziert werden. Für große Unternehmen darf die Prämiensenkung bis zu 15% betragen, sofern die Prämie unter Beachtung der dem Vorübergehenden Gemeinschaftsrahmen beigefügten, gesonderten „safe harbour"-Tabelle berechnet wurde.[120] Soweit der verbürgte Kredit eine Laufzeit von mehr als 2 Jahren hat, entfallen nach Ablauf von 2 Jahren zwar die vorgenannten Ermäßigungen; allerdings sind die Mitgliedstaaten für einen Zeitraum von weiteren 8 Jahren befugt, die im Anhang zum Vorübergehenden Gemeinschaftsrahmen genannten „safe harbour"-Prämien anzuwenden. Problematisch ist insoweit freilich, dass die Kommission für die Anwendung der „safe harbour"-Prämien und das in den jeweiligen Tabellen angegebene Rating de facto nicht auf den 1. 7. 2008 als Beginn der Krise, sondern auf den Tag der Garantievereinbarung abhebt. Angesichts des krisenbedingten Absturzes vieler Unternehmen in den einschlägigen Ratings führt dies sinnwidrig zu einer deutlich höheren Garantieprämie als vor Ausbruch der Krise; die Absenkung der erlaubten Prämien um 25% (KMU) bzw. 15% wird dadurch mehr als konterkariert.[121]

275   Eine wichtige Bedingung enthält Ziff. 4.3.2 lit. d des Vorübergehenden Gemeinschaftsrahmens. Danach muss der Betrag des staatlich garantierten Kreditbetrags beschränkt sein: als Grenze gilt grundsätzlich die Lohnsumme[122] des begünstigten Unternehmens in 2008; bei erst ab 2008 neu gegründeten Unternehmen wird das Limit verdoppelt auf die voraussichtliche Lohnsumme der ersten beiden Betriebsjahre. Seit Ende 2009 dürfen Mitgliedstaaten entscheiden, den maximal zulässigen Kreditbetrag auf der Grundlage der durchschnittlichen jährlichen Lohnkosten in der EU-27 festzulegen.[123] Diese Regel begünstigt – wohl aus arbeitsmarktpolitischen Gründen – Unternehmen mit hoher Mitarbeiterzahl. Nach Auffassung der Kommission können bei Anwendung der Lohnsummengrenze nur Arbeitsplätze im Staatsgebiet des garantierenden Mitgliedstaates berücksichtigt werden; Arbeitsplätze im EU-Ausland sollen nur dann zu einer Erhöhung des garantierten Kreditbetrages führen können, wenn – de facto häufig schwer durchsetzbar – die anderen Mitgliedstaaten, in denen die betreffenden Mitarbeiter tätig sind, zustimmen.[124]

---

[117] So hat die Kommission etwa mit Entscheidung vom 8. 2. 2010 die staatliche Garantie für einen umfangreichen EIB-Kredit zugunsten des schwedischen Kfz-Herstellers Saab teils für marktüblich und damit beihilfefrei und im übrigen mit den Vorgaben des Vorübergehenden Gemeinschaftsrahmens vereinbar und damit nach Art. 107 Abs. 3 lit. b AEUV genehmigt erklärt, vgl. IP/10/139.

[118] So auch Soltész /v. Köckritz EuZW 2010, 167, 168 mwN.

[119] Vgl. die Tabelle der „safe harbour"-Prämien im Corrigendum zur Garantie-Mitteilung, ABl. 2008 C 244/32.

[120] Entsprechende Prämienreduzierungen gelten auch dann, wenn das Beihilfeelement nach einer von der Kommission genehmigten, anderen Methode berechnet wird; vgl. Ziff. 4.3.2 lit. c) des Vorübergehenden Gemeinschaftsrahmens.

[121] Kritisch deshalb auch Soltész/v. Köckritz EuZW 2010, 167, 168.

[122] Einschließlich Sozialversicherungsbeiträgen und Kosten für Personal, die am Standort des begünstigten Unternehmens arbeiten, aber auf der Lohn-/Gehaltsliste von Subunternehmen stehen.

[123] Vgl. Ziff. 2.1 der Änderung zum Vorübergehenden Gemeinschaftsrahmen, ABl. 2009 C 303/6.

[124] Vgl. Soltész/v. Köckritz EuZW 2010, 167, 168 f.

Ein Teil des Schrifttums kritisiert den Vorübergehenden Gemeinschaftsrahmen daher im Er- **276** gebnis als zu restriktiv und im Vergleich zu den R&U-Leitlinien als zu unflexibel.[125] Man wird der Kommission indes nach wie vor zugute halten müssen, dass die Krise sie nicht von der Pflicht entbunden hat, eine effektive Beihilfenkontrolle auszuüben. Im übrigen stellt der Vor- übergehende Gemeinschaftsrahmen nur einen Katalog von Kriterien für eine Genehmigung nach Art. 107 Abs. 3 lit. b AEUV vor; eine flexiblere, ggf. großzügigere Genehmigung nach Art. 107 Abs. 3 lit. c AEUV ist damit nicht ausgeschlossen, wird aber nur durch Berufung auf Gründe außerhalb der Finanzkrise zu begründen sein.[126]

4. Rechtsfolgen einer Nichtigkeit der Garantie im Dreiecksverhältnis zwischen Ga- **277** **rantiegeber, Kreditnehmer und Kreditgeber.** Zu Recht weist die Garantie-Mitteilung darauf hin, dass sich die Rechtsfolgen, die sich aus der formellen Rechtswidrigkeit der gegen Art. 108 Abs. 3 S. 3 AEUV verstoßenden Gewährung einer Garantie ergeben, nach nationalem Recht richten. Dies gilt sowohl für die Frage, ob das Rechtsverhältnis zu dem Dritten (Kredit- geber) berührt ist, als bejahendenfalls auch für die Feststellung der rechtlichen Konsequenzen (etwa der Frage, ob die Leistung aus der gewährten Garantie noch erzwungen werden kann). Kreditgebern stehen zur Bewertung der beihilfenrechtlichen Unbedenklichkeit von Garantien verschiedene Möglichkeiten zur Verfügung: sie können die Haftung verlagern, indem sie dies- bezüglich ein externes Gutachten einholen; oder sie können – wenngleich nach der Formulie- rung der Garantie-Mitteilung nicht direkt, sondern über die Regierung des betroffenen Mit- gliedstaates – an die Kommission herantreten, um eine Fallnummer (mit der sie auf der Webseite der GD Wettbewerb nach Verfahrensdaten bzw. einer Entscheidung der Kommission suchen können)[127] oder gar den nichtvertraulichen Wortlaut der betreffenden Kommissionsent- scheidung zu erhalten.[128] Die Kommission verpflichtet sich in der Mitteilung ausdrücklich, alles zu unternehmen, um Informationen zu von ihr genehmigten Garantien verfügbar zu machen.[129]

Im Rahmen des danach auf die Folgen einer Verletzung des Art. 108 Abs. 3 S. 3 AEUV an- **278** wendbaren nationalen (deutschen) Rechts ist streitig, ob das Vorliegen einer Beihilfe Auswir- kungen auf den rechtlichen Bestand der Bürgschaft hat.[130] Zu unterscheiden ist dabei zwischen den Fällen einer Beihilfe an den Kreditnehmer einerseits bzw. den Kreditgeber andererseits. Die Garantie-Mitteilung enthält insoweit keine Hinweise, sondern verweist auf das anwendbare nationale Recht.[131]

Die Diskussion steht vor dem Hintergrund der seit 2003 ständigen Rechtsprechung des **279** BGH, dass Art. 108 Abs. 3 S. 3 AEUV ein Verbotsgesetz i. S. d. § 134 BGB ist. Folglich sind alle Rechtsgeschäfte nichtig, die neue (i. e. nicht i. S. v. Art. 108 Abs. 1 AEUV, Art. 1 lit. b VO 659/1999 bestehende) und nicht genehmigte (oder freigestellte) Beihilfen enthalten und die ohne (bzw. vor) einer erforderlichen Kommissionsgenehmigung geschlossen werden.[132] Diese Rechtsprechung hat in der deutschen Kommentarliteratur zu einer Flut von Äußerungen zu daraus folgenden Einzelproblemen geführt.[133]

Dabei wird freilich häufig übersehen, dass diese BGH-Rechtsprechung weder isoliert steht **280** noch überraschend kam. Vielmehr urteilt der EuGH seit spätestens Anfang der 1990er Jahre, dass die Verletzung des – unmittelbar anwendbaren – Art. 108 Abs. 3 S. 3 AEUV die „Gültig- keit" der Rechtsakte zur Durchführung von Beihilfemaßnahmen beeinträchtigt und die natio- nalen Gerichte daraus zugunsten derjenigen Parteien, die sich auf eine solche Verletzung beru- fen, sämtliche Folgerungen ziehen müssen, die sich nach ihrem nationalen Recht daraus

---

[125] Vgl. *Soltész/v. Köckritz* EuZW 2010, 167, 169.

[126] Vgl. zum Verhältnis von FMStFG und europäischem Beihilfenrecht: *Berg* IStR 2009, 459; *Jaeger* GPR 2009, 54; *Jestaedt/Wiemann* WuW 2009, 606.

[127] Die entsprechende Suchmaske findet sich unter: http://ec.europa.eu/competition/elojade/isef/index.cfm?clear=1&policy_area_id=3.

[128] Vgl. Ziff. 2.3.2 der Garantie-Mitteilung.

[129] Vgl. Ziff. 2.3.2 aE. der Garantie-Mitteilung.

[130] Zum Streitstand vgl. etwa *Hadding* WM 2005, 485; *Tiedtke/Langheim* ZIP 2006, 2251; je mwN.

[131] Vgl. Ziff. 2.3.2 der Garantie-Mitteilung.

[132] Vgl. BGH WM 2003, 1491; WM 2004, 693; WM 2004, 468; OVG Berlin, EuZW 2006, 91, 93; vgl. dazu *Martín-Ehlers* WM 2003, 1598; *Pütz* NJW 2004, 2199; *Tiedtke/Langheim* ZIP 2006, 2251, 2251 f.; je mwN.

[133] Etwa zu der Frage, ob die Nichtigkeit nur das Verpflichtungs- oder auch das Erfüllungsgeschäft erfasst, ob sie nach § 139 BGB beschränkt werden kann, ob eine Bestätigung des nichtigen Rechtsgeschäfts nach § 141 BGB möglich ist oder ausnahmsweise nach § 242 BGB Einwände gegen die (Berufung auf die) Nich- tigkeit erhoben werden können.

ergeben. Dies bedeutet, dass in der Regel von einem nationalen Gericht auch die Rückerstattung einer formell rechtswidrigen Beihilfe angeordnet werden muss.[134] Eine solche Rückforderung ist unionsrechtlich noch nicht einmal dann ausgeschlossen, wenn die Kommission die betreffende Beihilfe nachträglich genehmigt hat.[135]

281   **a) Bei Beihilfe an den Kreditnehmer. aa) Nichtigkeit nur der Bürgschaftszusage, nicht des Bürgschaftsvertrages?** Die wohl h. M. beschränkt die Nichtigkeit auf die Bürgschaftszusage im Valutaverhältnis. Sie verweist insoweit auf die zum Subventionsrecht entwickelte „Zwei-Stufen-Theorie", der zufolge das öffentlich-rechtliche Grund- oder Valutaverhältnis zwischen Staat und Kreditnehmer strikt zu trennen sei von dem Deckungsverhältnis, also dem Bürgschaftsverhältnis zwischen Staat und Kreditgeber; die Rechtswidrigkeit des Grundverhältnisses und damit die Nichtigkeit der Bürgschaftszusage schlage daher nicht *per se* auf das Deckungsverhältnis durch, so dass der Bürgschaftsvertrag im Verhältnis Staat – Kreditgeber intakt bleibe. Denn der Bürgschaftsvertrag sei nur Mittel zum Zweck und führe – anders als die Bürgschaftszusage im Valutaverhältnis – nicht zu einer eigenständigen Wettbewerbsverzerrung.[136]

282   Hinsichtlich der Nichtigkeit der Bürgschaftszusage ist dabei zu differenzieren: ist die Bürgschaftszusage durch privates Rechtsgeschäft erfolgt, gilt § 134 BGB unmittelbar; erfolgte sie durch öffentlich-rechtlichen Vertrag, findet § 134 BGB über § 59 VwVfG Anwendung.[137] Erfolgte die Zusage indes in Form eines Verwaltungsakts, so ist dieser aufgrund des Verstoßes gegen Art. 108 Abs. 3 S. 3 AEUV rechtswidrig i. S. v. § 48 VwVfG, nicht aber nichtig gemäß § 44 Abs. 1 VwVfG und folglich durch einen *actus contrarius* zurückzunehmen.[138] Im Anschluss an eine Rücknahme der Bürgschaftszusage sind die bereits gewährten Leistungen festzusetzen und gemäß § 49a Abs. 1 S. 1 VwVfG rückzuerstatten. Als effektivste Möglichkeit der Rückforderung gilt die staatliche Aufforderung an den Kreditgeber, den Kreditvertrag zu kündigen und die Darlehensvaluta nebst Zinsen zurückzufordern;[139] die Bürgschaftsrichtlinien von Bund und Ländern sehen deshalb eine Verpflichtung der Bank vor, auf Verlangen der öffentlichen Hand vom Kreditnehmer die Darlehensrückzahlung zu verlangen.[140]

283   Wird anschließend das Darlehen zurückgezahlt, erlischt die akzessorische Bürgschaft gemäß § 767 Abs. 1 BGB; kann es nicht zurückgezahlt werden, tritt der Bürgschaftsfall ein und kann die Bank den staatlichen Bürgen in Anspruch nehmen.

284   **bb) Gegenargumente.** Der oben dargestellten h. M. wird zum Teil nachhaltig widersprochen. Dabei wird zum einen darauf verwiesen, dass der im Markt sich auswirkende Wettbewerbsvorteil des Kreditnehmers, also niedrigere Zinsen und geringere Sicherheiten, nicht aus der Bürgschaftszusage, sondern aus dem Bürgschaftsvertrag rührt, da das Darlehen im Vertrauen des Kreditgebers auf den mit ihm geschlossenen Bürgschaftsvertrag und nicht auf die Zusage ausgezahlt wird.[141]

285   Hinzu kommt, dass die separate Betrachtung der einzelnen Rechtsbeziehungen im klassischen Bürgschafts-Dreiecksverhältnis im nationalen (deutschen) Recht wurzelt, indes aus Sicht des vorrangigen EU-Beihilfenrechts irrelevant ist.[142] Vielmehr gilt der Grundsatz des *effet utile* auch für das Beihilfenrecht, mit der Folge, dass nationale Rechtsgrundsätze einer effektiven Durchsetzung der Art. 107 f. AEUV nicht entgegenstehen dürfen. Dabei unterliegt die Feststellung einer beihilferechtlichen Begünstigung einer objektiven, auf wirtschaftliche Wirkungen gerichteten Betrachtung, die das Vorliegen von Vorteilen nicht auf bestimmte Rechtsbeziehungen beschränkt. Aus Art. 108 Abs. 3 S. 3 AEUV folgt ferner das an die Mitgliedstaaten gerichtete Ge-

---

[134] Vgl. EuGH, C-354/90, Slg. 1991, I-5505, RdNr. 12 ff. – FNCE; EuGH, C-39/94, Slg. 1996, I-3547, RdNr. 40 – SFEI; EuGH, C-261/01, Slg. 2003, I-12249, RdNr. 64 – van Calster; EuGH, C-368/04, Slg. 2006, I-9957, RdNr. 47, 70; EuGH, C-199/06, Slg. 2008, I-469, RdNr. 39 ff. – CELF; EuGH, C-384/07, Slg. 2008, I-10393, RdNr. 27 ff. – Wienstrom.

[135] Vgl. EuGH, C-199/06, Slg. 2008, I-469, RdNr. 53 ff. – CELF; EuGH, C-384/07, Slg. 2008, I-10393, RdNr. 29 f. – Wienstrom.

[136] Vgl. *Hadding* WM 2005, 485, 487; *Koenig/Haratsch* ZHR 169 (2005) 77, 86; *Fischer* WM 2001, 277, 284; *Hopt/Mestmäcker* WM 1996, 801, 807; je mwN.

[137] Vgl. dazu auch *Gellermann* DVBl. 2003, 481, 483 ff.; *Remmert* EuZW 2000, 469, 473 ff. je mwN.

[138] Vgl. *Koenig/Haratsch* ZHR 169 (2005) 77, 87; *Hopt/Mestmäcker* WM 1996, 801, 803 ff.; je mwN.

[139] Vgl. *Hopt/Mestmäcker*, WM 1996, 801, 808; *Schütte/Kirchhoff* EWS 1996, 189, 190; je mwN.

[140] Vgl. *Tiedtke/Langheim* ZIP 2006, 2251, 2253 mwN.

[141] Vgl. *Tiedtke/Langheim* ZIP 2006, 2251, 2253; *Hadding* WM 2005, 485, 487; *Soltész* WM 2005, 2265, 2268; je mwN.

[142] So zu Recht *Heidenhain* EuZW 2007, 193 f.; ähnlich *Hancher/Ottervanger/Slot* RdNr. 9–007; *Soltész* WM 2005, 2265, 2267.

bot, Wettbewerbsvorteile aus einer Beihilfegewährung vor oder ohne Kommissionsgenehmigung effizient auszuschließen.

Zum Teil wird daher aus dem Grundsatz des *effet utile* des Beihilfenrechts (hier des Art. 108 **286** Abs. 3 S. 3 AEUV) abgeleitet, dass die Nichtigkeit auf das Deckungsverhältnis (die Bürgschaft) durchschlage, da der Kreditnehmer ansonsten im Genuss der garantiebedingt günstigeren Kreditkonditionen bliebe.[143]

Dem wird entgegengehalten, dass diese Ansicht dazu führe, dem Kreditgeber das Risiko einer **287** Insolvenz des Kreditnehmers aufzubürden, ohne dass sich an den Wettbewerbsverzerrungen im Verhältnis zwischen Kreditnehmer und seinen Konkurrenten etwas ändere.[144] Ferner sei in diesem Zusammenhang auch der gemeinschaftsrechtliche Grundsatz der Verhältnismäßigkeit zu beachten. Danach dürfe eine Sanktion nicht die Grenzen dessen überschreiten, was erforderlich ist, um das gemeinschaftsrechtlich verfolgte Ziel zu erreichen.[145] Der Bürgschaftsvertrag leite den ursprünglich mit der Bürgschaftszusage vermittelten Vorteil lediglich wettbewerbsneutral an den Kreditnehmer weiter.[146]

Andererseits haben die Unionsgerichte, etwa in der portugiesischen Sache *EPAC*, einige der **288** vorgenannten Einwände für nicht stichhaltig erachtet.[147] Insbesondere könne aus dem Grundsatz der Verhältnismäßigkeit kein Hindernis für die beihilferechtlich gebotene Wiederherstellung des *status quo ante* abgeleitet werden. Auf Gutgläubigkeit könnten sich die bürgschaftsbesicherten Banken nicht berufen, da sie Nachforschungen zur formellen Rechtswidrigkeit der Bürgschaft hätten anstellen müssen.[148]

In diesem Kontext wird auch vorgeschlagen, dass der garantierende Staat, der durch Beihilfe- **289** gewährung das primär an ihn gerichtete Verbot des Art. 108 Abs. 3 S. 3 AEUV verletzt, sich für den Fall einer Nichtigkeit der Garantie Schadensersatzansprüchen des Kreditgebers aus §§ 311 Abs. 2 Nr. 1, 280 Abs. 1, 241 Abs. 2 BGB (c.i.c.) aussetzt, wenn dieser auf den Bestand der Garantie vertraut hat.[149] Allerdings steht einer solchen Haftung typischerweise schon entgegen, dass sich der Kreditgeber auf ein solches Vertrauen nur dann berufen kann, wenn er sich von der ordnungsgemäßen Notifizierung und Genehmigung der Maßnahme überzeugt hat.[150]

Umgekehrt stellt sich die Frage, ob der Garantiegeber sich gegenüber dem Kreditnehmer **290** bzw. Kreditgeber selbst auf die beihilferechtliche Nichtigkeit der Garantie berufen kann. Dies wird im Schrifttum bejaht; der Mangel an Vertrauensschutz auf Seiten des Kreditnehmers/ -gebers wird – in Anlehnung an die *Alcan II*-Rechtsprechung[151] – daraus abgeleitet, dass letztere nicht sichergestellt (oder sich zumindest davon überzeugt) haben, dass die Garantie notifiziert und genehmigt wurde.[152]

b) Bei Beihilfe an den Kreditgeber. Für den Fall, dass nach der Garantie-Mitteilung die **291** Bürgschaft indes eine Beihilfe an den Kreditgeber darstellt (etwa bei nachträglicher Bürgschaft), geht die h.M. davon aus, dass ein Verstoß gegen Art. 108 Abs. 3 S. 3 AEUV gemäß § 134 BGB zur Nichtigkeit auch des Bürgschaftsvertrages im Deckungsverhältnis führt.[153]

V. Öffentliche Grundstücksgeschäfte

Schrifttum: *Dietlein*, Anteils- und Grundstücksveräußerungen als Herausforderung für das Vergaberecht, NZBau 2004, 472; *Dörr*, Infrastrukturförderung (nur) nach Ausschreibung, NZBau 2005, 617; *ders./*

---

[143] So zu Recht *Heidenhain* EuZW 2007, 193 f. unter zutreffendem Hinweis darauf, dass dogmatische Unterscheidungen nach deutschem Recht unionsrechtlich und bei Anwendung der Garantie-Mitteilung unerheblich sind; ähnlich *Hancher/Ottervanger/Slot* RdNr. 9-007; *Steindorff* EuZW 1997, 7, 9 f., 13; *Tollmann* WM 2000, 2030, 2036 ff.; je mwN.

[144] Vgl. ua. *Kampe* 125 ff.; *Niggemann* 370 f.; *Lübbig/Martín-Ehlers* RdNr. 1090 f.; je mwN.

[145] Vgl. etwa *Bartosch* EuZW 2001, 650, 655 f.

[146] Vgl. *Koenig/Haratsch* ZHR 169 (2005) 71, 89.

[147] Vgl. EuGH, C-404/97, Slg. 2000, I-4897 – Kommission/Portugal; EuG, verb. Rs. T-204 u. 270/97, Slg. 2000, II-2267 – EPAC.

[148] Vgl. EuGH, C-404/97, Slg. 2000, I-4897, RdNr. 32, 51 ff. – Kommission/Portugal; Generalanwalt Cosmas in verb. Rs. C-329/93, C-62 u. 63/95, Slg. 1996, I-5151, Tz. 98 ff. – HIBEG; dazu ablehnend *Tiedtke/Langheim* ZIP 2006, 2251, 2255 f.; zustimmend *Soltész* WM 2005, 2265, 2267.

[149] Vgl. *Hopt/Mestmäcker* WM 1996, 801, 809; *Fischer* WM 2001, 277, 285 f.; je mwN.

[150] Vgl. *Tollmann* WM 2000, 2030, 2037; aA. *Fischer* WM 2001, 277, 285 ff.

[151] Vgl. EuGH, C-24/95, Slg. 1997, I-1591, RdNr. 28 – Alcan II.

[152] Vgl. *Hancher/Ottervanger/Slot* RdNr. 9-006.

[153] Vgl. dazu *Tiedtke/Langheim* ZIP 2006, 2251, 2257 f.; *Koenig/Haratsch* ZHR 169 (2005) 77, 92; *Fischer* WM 2001, 277, 281; aA. *Hadding*, WM 2005, 485, 488 f.; *Bartosch* EuZW 2001, 650, 656 f.; je mwN.

Heinemann, Kommunale Infrastrukturförderung unter dem Einfluss von europäischem Beihilfe- und Vergaberecht, KommJur 2006, 241; *Eggers/Malmendier,* Strukturierte Bieterverfahren der öffentlichen Hand –
Rechtliche Grundlagen, Vorgaben an Verfahren und Zuschlag, Rechtsschutz, NJW 2003, 780; *Gehse,* Die
Veräußerung von landwirtschaftlichem Grundbesitz unter besonderer Berücksichtigung öffentlicher Subventionen, RNotZ 2007, 61; *Groteloh,* Das Flächenerwerbsprogramm und die Ermittlung der Verkehrswer-
te durch die Bodenverwertungs- und -verwaltungs GmbH (BVVG), AUR 2008, 366; *Grziwotz,* Neuerungen des BAG Bau, Städtebauliche Verträge und Grundstücksverkehr, DNotZ 2004, 674; *Höfinghoff,*
Notarrelevante Probleme des Europäischen Beihilfenrechts, RNotZ 2005, 387; *Jasper/Seidel,* Neue Dissonanzen beim Verkauf kommunaler Grundstücke, NZBau 2008, 427; *Jennert/Pauka,* EU-Beihilfenrechtliche
Risiken in der kommunalen Praxis, KommJur 2009, 321; *Koenig,* EG-beihilfenrechtskonforme Verkehrswertbestimmung bei Verkäufen landwirtschaftlicher Flächen durch die BVVG Bodenverwertungs- und
-verwaltungs GmbH, AuR 2009, 86; *ders.,* EG-beihilfenrechtliche Bewertung des Vergleichspreissystems
der BVVG zur Bestimmung des Verkehrswertes (Marktwertes) für Direktverkäufe und EALG-Verkäufe
landwirtschaftlicher Flächen, NL-BzAR 2008, 403; *ders.,* EG-rechtskonforme Wertermittlung nach § 194
BauGB bei Grundstücksverkäufen der öffentlichen Hand in wechselhaften Zeiten zwischen Stagnation und
Preisdynamik, DS 2008, 370; *ders.,* EG-beihilfenrechtskonforme Beteiligung privater Gesellschaften an
gemischt öffentlich-privaten Gemeinschaftsunternehmen, EuZW 2006, 203; *ders./Kühling,* Grundstücksveräußerungen der öffentlichen Hand, planerischer Wandel und EG-Beihilfenrecht, NZBau 2001, 409;
ders./Paul, Die Parameter für die EG-beihilfenrechtliche Bewertung von Grundstücksgeschäften der öffentlichen Hand, EWS 2008, 113; *Schütterle,* EG-Beihilfenkontrolle und kommunale Grundstücksverkäufe,
EuZW 1993, 625; *Stapper,* Erwerb staatlicher Grundstücke vor dem Hintergrund des EG-Beihilfenrechts,
DB 1999, 2399; *Zentner,* Die Bedeutung der Beihilfevorschriften des EG-Vertrages für die Vermögenspriva-
tisierung (2008).

292   **1. Einführung.** Die öffentliche Hand (also staatliche Einheiten wie auch öffentliche Unternehmen iSv. Art. 106 Abs. 1 AEUV, deren Verhalten dem Staat iSd. *Stardust*-Rechtsprechung[1]
zugerechnet werden kann) ist regelmäßig Partei von Grundstücksgeschäften, sei es als Verkäufer
oder Vermieter/Verpächter, sei es als Erwerber oder Mieter/Pächter von Immobilien oder Im-
mobilienrechten (etwa Erbbaurechten). Betroffen sind dabei gleichermaßen bebaute, unbebaute
und noch zu bebauende Grundstücke.

293   Regelmäßig stellt sich bei diesen Transaktionen die Frage, ob der vereinbarte Preis (oder andere Vertragskonditionen) dem Marktwert entspricht oder aber eine Begünstigung iSv. Art. 107
Abs. 1 AEUV enthält. Grundstückstransaktionen standen daher schon immer im Fokus der beihilferechtlichen Prüfung der Kommission.[2]

294   Im Zuge des zunehmend schärferen Wettbewerbs zwischen Marktteilnehmern um Kostenvorteile wie auch des ebenso verschärften Wettbewerbs zwischen staatlichen Einheiten (va.
Kommunen) um die Ansiedlung attraktiver Unternehmen hat sich die beihilferechtliche Entscheidungspraxis und Judikatur zu Immobilientransaktionen in den vergangenen Jahren erheblich entwickelt.

295   Parallel dazu steht die beihilferechtliche Bewertung von Infrastruktur- und Erschließungsmaßnahmen. Sie weist zahlreiche Berührungspunkte in der Sache auf (weil es etwa bei Unternehmensansiedlungen häufig um den Verkauf staatlich erschlossener oder zu erschließender
Grundstücke geht), unterliegt aber nur teilweise denselben beihilferechtlichen Kriterien wie
Immobilientransaktionen.[3]

296   Die beihilferechtliche Relevanz von Immobilientransaktionen wird noch gesteigert durch
mehrere Elemente:
– das Risiko der Nichtigkeit beihilfekontaminierter Grundstücksverträge nach § 134 BGB iVm.
   Art. 108 Abs. 3 S. 3 AEUV im Sinne der einschlägigen, anhand von Immobilientransaktionen
   entwickelten Rechtsprechung des BGH[4]
– die Verbindung mit vergaberechtlichen Ausschreibungspflichten, die insbesondere das OLG
   Düsseldorf seit 2007 in erheblichem Maße auch auf reine Grundstücksveräußerungen der öf-

---

[1] Vgl. EuGH, C-482/99, Slg. 2002, I-4397, RdNr. 52 ff. – Stardust Marine; Kom., ABl. 2001 L 86/43,
RdNr. 17 – SCI Systems (Kauf einer Immobilie von öffentlichem Unternehmen, das zuvor für die Erschließung zuständig war).
[2] Vgl. schon ABl. 125 vom 17. 8. 1963, S. 2235/63; Kom., Bericht über die Wettbewerbspolitik 1993,
RdNr. 402 ff.
[3] Vgl. dazu etwa *Heidenhain,* European State Aid Law (2010), § 9 RdNr. 1 ff.; *Dörr* NZBau 2005, 617;
Dörr/Heinemann KommJur 2006, 241; Dauses/*Götz/Martínez-Soria* H. III RdNr. 102 ff.; je mwN.
[4] BGH EuZW 2003, 444; BGH EuZW 2004, 252; BGH NJW-RR 2007, 1693; vgl. dazu ua. *Schmidt-
Räntsch* NJW 2005, 106; *Striewi/Werner* JuS 2006, 106; *Pütz* NJW 2004, 2199; *Heidenhain* EuZW 2007, 623;
Pechstein EuZW 2003, 444; *Knapp* MittBayNot 2004, 250; *Buß/Rosenkötter* NZM 2004, 561.

fentlichen Hand ausgeweitet,[5] allerdings nunmehr aufgegeben hat[6] und die über § 101b GWB (§ 13 VgV aF.) ebenfalls das Risiko einer Nichtigkeit von Grundstücksverträgen birgt, die unter Verletzung vergaberechtlicher Vorgaben geschlossen wurden.[7] Allerdings hat der Gesetzgeber (§ 99 Abs. 3 GWB nF.)[8] jüngst klargestellt, dass Grundstücksverträge nur dann vergaberechtlich als Bauaufträge zu werten sind, wenn die vertraglich oder faktisch vorgesehene Bebauung dem öffentlichen Auftraggeber selbst und unmittelbar zugute kommt; dies entspricht der nunmehrigen Rechtsprechung des EuGH.[9]

– das Risiko einer Zwangsverzinsung von Beihilfevorteilen eines Grundstücksvertrages selbst dann, wenn die Kommission die betreffenden Beihilfen nachträglich genehmigt[10]
– das Risiko einer Geltendmachung von Unterlassungsansprüchen und ggf. Schadensersatzansprüchen potentieller Wettbewerber des begünstigten Unternehmens gemäß §§ 1004 Abs. 1, 823 Abs. 2 BGB iVm. Art. 108 Abs. 3 S. 3 AEUV im Hinblick auf die Verletzung der Pflicht zur Nichtgewährung von Beihilfen bis zu deren Genehmigung durch die Kommission.[11]

Die Kommission hat für im Rahmen von Immobilientransaktionen gewährte Beihilfen keine   **297** allgemeinen Genehmigungskriterien bekannt gemacht. Sie hat in ihrer – sogleich beschriebenen – sog. Grundstücksmitteilung von 1997 freilich zwei Verfahren (Bietverfahren, Sachverständigengutachten) vorgestellt, deren Einhaltung das Vorhandensein von Beihilfen im Sinne von Art. 107 Abs. 1 AEUV ausschließt. Alternativ können Beihilfen bei Immobilientransaktionen auch dadurch vermieden werden, dass die Vorgaben des sog. Privatinvestortests beachtet werden.

2. Grundstücksmitteilung der Kommission. a) Einführung. Mit dem Erlass ihrer   **298** „Mitteilung betreffend Elemente staatlicher Beihilfe bei Verkäufen von Bauten oder Grundstücken durch die öffentliche Hand"[12] hat die Kommission 1997 ihre seinerzeitige Entscheidungspraxis[13] zu diesem für Unternehmensansiedlungen wichtigen Bereich zusammengefasst und zugleich ein Grundmuster für beihilfenfreie Privatisierungen oder Verstaatlichungen vorgegeben, das weit über den ursprünglichen Anwendungsbereich der Grundstücksmitteilung hinaus zentrale Bedeutung für die Feststellung einer „Begünstigung" iSv. Art. 107 Abs. 1 AEUV gewonnen hat.

Die Mitteilung gibt an, nur ein „Leitfaden" für die Mitgliedstaaten zu sein.[14] Sie ist freilich – wie andere Mitteilungen der Kommission auch – in erster Linie eine Niederschrift beihilferechtlicher Bewertungskriterien, zu deren Einhaltung sich die Kommission im Wege der Selbstbindung der Verwaltung verpflichtet hat.[15] Die Mitteilung will den Mitgliedstaaten ein einfaches beihilferechtliches Bewertungsverfahren zum Ausschluss von Beihilfen an die Hand

---

[5] OLG Düsseldorf NZBau 2007, 530; OLG Düsseldorf NZBau 2008, 138; OLG Düsseldorf NZBau 2008, 271; vgl. dazu auch *Fehr/Wichardt* ZfIR 2008, 221.

[6] Vgl. OLG Düsseldorf, Beschl. v. 9. 6. 2010, Az. VII Verg 9/10.

[7] Vgl. dazu ausführlich *Koenig/Paul* EWS 2008, 113.

[8] Nach § 99 Abs. 3 GWB steht nunmehr fest, dass ein Bauauftrag nur noch dann vorliegt, wenn die in Rede stehende Bauleistung dem öffentlichen Auftraggeber „unmittelbar wirtschaftlich zugute" kommt; damit sollen aus dem Begriff des öffentlichen Bauauftrags all diejenigen Grundstücksgeschäfte ausgeschlossen werden, bei denen die öffentliche Hand lediglich vertraglich eine Bebauung vorschreibt oder für den Fall der Nichtbebauung ein Rücktritts- oder Rückkaufrecht gewährt; vgl. dazu auch *Jasper/Seidel* NZBau 2008, 427.

[9] Vgl. EuGH, C-451/08, Slg. 2010, I-0000, RdNr. 49 ff. – Müller; Generalanwalt *Mengozzi* in Rs. C-451/08, Schlussanträge, [noch nicht in der amtlichen Sammlung veröffentlicht], RdNr. 46 ff., 108 – Müller.

[10] Zu dieser sog. CELF-Rechtsprechung des EuGH vgl. C-199/06, Slg. 2008, I-469 – CELF; C-384/07, Slg. 2008, I-10393 – Wienstrom.

[11] Derartige Unterlassungsansprüche hängen rechtlich davon ab, ob Art. 108 Abs. 3 S. 3 AEUV ein Schutzgesetz iSv. § 823 Abs. 2 BGB ist; dies ist in hohem Maße streitig: verneinend etwa OLG Schleswig (Urt. v. 20. 5. 2008 – 6 U 54/06 i. S. Flughafen Lübeck vs. Air Berlin); OLG Koblenz (Urt. v. 25. 2. 2009 – 4 U 759/07 i. S. Lufthansa vs. Flughafen Frankfurt/Hahn), OLG Berlin-Brandenburg (Urt. i. S. Germania vs. Flughafen Berlin-Schönefeld), OLG München EuZW 2004, 125 m. abl. Anm. *Maier/Nordmann;* bejahend die ganz hM. im Schrifttum.

[12] ABl. 1997 C 209/3.

[13] Vgl. schon Bericht über die Wettbewerbspolitik 1993, RdNr. 402 ff.; ABl. 125 vom 17. 8. 1963, S. 2235/63.

[14] Vgl. Abschnitt I der Mitteilung.

[15] Zum Grundsatz der Selbstbindung der Verwaltung vgl. EuGH, C-510/6 P, Slg. 2009, I-0000, RdNr. 60 f. – Archer; Generalanwalt *Trestnjak,* C-510/06 P, Schlussanträge, Slg. 2009, I-0000 [noch nicht in der amtlichen Sammlung veröffentlicht], RdNr. 35 – Archer; *Demetriou/Gray* CMLR 2007, 1429, 1452.

geben;[16] ihrem Wortlaut zufolge will die Kommission Prüfverfahren dann einstellen, wenn der Mitgliedstaat nachweist, dass die in der Mitteilung enthaltenen Grundsätze der Wertermittlung eingehalten wurden.[17] Ferner geht die Kommission von einer Vermutungswirkung dergestalt aus, dass bei Einhaltung der Vorgaben der Mitteilung das Nichtvorliegen einer Beihilfe vermutet wird.[18]

299   Angesichts der vielfachen, vom Gericht gebilligten Versuche der Kommission in den letzten Jahren, sowohl beim Bietverfahren wie auch bei den Sachverständigengutachten eine nachträgliche, korrigierende Überprüfung vorzunehmen,[19] darf das Ziel der Arbeitserleichterung nur als teilweise erreicht gelten. Dass die Mitteilung darüber hinaus die notifizierungspflichtigen Maßnahmen eindeutig bezeichnen will,[20] ergänzt die beihilferechtliche Abgrenzung von Beihilfen und „no aid"-Maßnahmen lediglich um den Verweis auf Art. 108 Abs. 3 AEUV.

300   Zu recht verweist die Mitteilung auf die haushaltsrechtlichen Vorschriften vieler Mitgliedstaaten und deren Untergliederungen, wonach – wenngleich nicht zur Vermeidung von Wettbewerbsbeeinträchtigungen, sondern unter dem Gebot der sparsamen und wirtschaftlichen Haushaltsführung – öffentliches Vermögen nicht unter Marktwert veräußert werden soll.[21]

301   Die Mitteilung lässt ausdrücklich die besonderen Vorschriften bzw. Verfahrensweisen der Mitgliedstaaten unberührt, welche Zugang zu und Qualität des sozialen Wohnungsbaus fördern sollen.[22]

302   **b) Anwendungsbereich. aa) Sachlich.** Die Mitteilung bezieht sich ausdrücklich nur auf „Verkäufe", nicht aber den „Erwerb" oder „Abtretung" oder „Vermietung" durch die öffentliche Hand.[23] Gleichwohl hat die Kommission in ihrer Entscheidungspraxis die Anwendung der Mitteilung auf zahlreiche weitere Transaktionstypen erstreckt; so gilt die Mitteilung analog auch für Vermietung/Verpachtung[24] und Kauf[25] durch die öffentliche Hand. Ferner wendet die Kommission die Mitteilung (bzw. deren Grundsätze) analog auch auf Veräußerungen industriell genutzten Anlage- und Umlaufvermögens,[26] (jedenfalls bis jüngst) die Privatisierung ganzer Unternehmen[27] und auf die Durchführung von Infrastrukturvorhaben[28] an.

303   Andererseits hat die Kommission eine analoge Anwendung der Mitteilung abgelehnt in den Fällen der günstigeren Weitervermietung einer zu einem höheren Mietzins angemieteten Immobilie[29] sowie einer kostenlosen Grundstücksnutzung durch ein Unternehmen, das die Immobilie zu einem späteren Zeitpunkt erwerben soll.[30]

304   Zu beachten ist ferner, dass die Kommission bei einer Mehrzahl zusammenhängender Transaktionen i. d. R. eine Gesamtbetrachtung vornimmt. Dies gilt auch dann, wenn Transaktionspartei etwa unterschiedliche staatliche Einheiten sind (zB. bei der ansiedlungsbedingten

---

[16] Vgl. Abschnitt I Abs. 2 der Mitteilung.

[17] Vgl. Abschnitt II. 4 der Mitteilung.

[18] Ibid.; vgl. auch Kom., ABl. 1999 L 292/1, Abschnitt V.2.2 – DEMESA.

[19] Vgl. EuG, T-274/01, Slg. 2004, II-3145, RdNr. 45 ff., 72 ff. – Valmont; EuG, T-366/00, Slg. 2007, II-797, RdNr. 91 ff., 137 f. – Scott Paper; EuG, T-127/99, Slg. 2002, II-1275, RdNr. 63 ff. – Diputación Foral de Álava.

[20] Vgl. Abschnitt I Abs. 2, 2. SpStr. der Mitteilung.

[21] Vgl. in Deutschland etwa § 63 Abs. 3 BHO auf Bundesebene bzw. § 90 Abs. 3 S. 2 Gemeindeordnung NRW auf Landesebene; vgl. dazu *Dietlein* NZBau 2004, 472, 473 ff. mwN.

[22] Vgl. Abschnitt I Abs. 5 der Mitteilung.

[23] Vgl. Abschnitt I Abs. 4 der Mitteilung.

[24] Kom., ABl. 2003 L 66/36 RdNr. 30 – LEG Thüringen; Kom., ABl. 1999 C 280/8, RdNr. 5.2, 5.4 – LEG Thüringen.

[25] Kom., ABl. 2002 L 307/1 RdNr. 34, 86 – Graf von Henneberg; Kom., ABl. 1999 L 108/44 – Draiswerke (allerdings ohne ausdrücklichen Hinweis auf die Mitteilung); Kom., ABl. 2003 L 91/23 – Terra Mítica; Kom., ABl. 1999 C 213/12, RdNr. 2.3.1 und 3.1 – Dessauer Geräteindustrie; Kom., Bericht über die Wettbewerbspolitik 1995, RdNr. 157; anders aber (keine Anwendung der Mitteilung auf Grundstückskauf durch die öffentliche Hand) Kom., ABl. 2005 L 247/32, RdNr. 19 – Aircraft Services Lemwerder.

[26] Kom., ABl. 2000 L 318/62, RdNr. 102 f. – CDA Albrechts.

[27] Kom., ABl. 2000 L 265/15, RdNr. 86 ff. – Latte di Roma; Kom., ABl. 2002 L 314/62, RdNr. 28 ff. – Gothaer Fahrzeugtechnik; *Heidenhain* § 9 RdNr. 8 mwN.; *Zentner*, passim; *Jaeger* EuZW 2007, 499; die analoge Anwendung der Mitteilung auf Privatisierungen wird von der Kommission neuerdings freilich wieder bezweifelt, vgl. dazu Kom., ABl. 2008 L 239/32, RdNr. 108 ff. – Bank Burgenland.

[28] *Streinz/Koenig/Kühling* RdNr. 40 m. Fn. 127; *Dörr/Heinemann* KommJur 2006, 241; *Dörr* NZBau 2005, 617; je mwN.

[29] Kom., ABl. 2001 L 186/43, RdNr. 21 ff., 72 ff. – SCI Systems.

[30] Kom., ABl. 1999 L 292/1, RdNr. V.2.1 und ABl. 1998 C 103/3, RdNr. 5.2.2 – DEMESA; EuG, verb. Rs. T-127/99, T-129/99, T-148/99, Slg. 2006, II-12756, RdNr. 93 ff. – Territorio histórico de Alava.

Veräußerung von verschiedenen, benachbarten Grundstücksparzellen durch unterschiedliche Gemeinden, Land oder Bund).[31]

Der in der Mitteilung verwendete Begriff „öffentliche Hand" schließt öffentliche Unternehmen iSv. Art. 106 Abs. 1 AEUV mit ein; auch diese sind daher an die Maßstäbe der Mitteilung gebunden,[32] sofern ihr Handeln nach den Maßstäben des *Stardust Marine*-Urteils einer staatlichen Einheit zuzurechnen ist.[33]   **305**

bb) Zeitlich. Die Kommission hat die Mitteilung ausdrücklich auch auf Immobilientransaktionen angewandt, die vor Inkrafttreten der Mitteilung erfolgten. Zur Begründung hat sie angeführt, dass die Mitteilung nur eine Entscheidungspraxis zusammenfasst, die zum Zeitpunkt ihres Inkrafttretens schon seit mehr als zehn Jahren bestand.[34] Angesichts der damals noch begrenzten Rechtsprechung zu diesen Fragen hat die Kommission indes anerkannt, dass Transaktionen aus der Zeit vor der Bekanntmachung der Mitteilung am 10. 7. 1997 nicht alle Vorgaben der Mitteilung erfüllen mussten.[35] Im Hinblick auf die 10-jährige Verfolgungsverjährung in Art. 15 der VO 659/1999[36] dürfte diese Frage indes kaum noch praktische Relevanz haben.   **306**

c) Ausschluss von Beihilfeelementen. Der Mitteilung zufolge können bei einer Immobilientransaktion Beihilfeelemente dadurch ausgeschlossen werden, dass entweder ein auktionsartiges Bietverfahren durchgeführt oder vorab ein Wertgutachten erstellt wird. Die Kommission vertritt dabei die Auffassung, dass ein offenes und bedingungsfreies Bietverfahren die Bestimmung des Marktwerts mit größter Genauigkeit (dh. mit größerer Genauigkeit als ein Wertgutachten) ermöglicht.[37]   **307**

Andererseits weist die Kommission immer wieder darauf hin, dass die Mitgliedstaaten unionsrechtlich nicht verpflichtet sind, ein bedingungsfreies Bietverfahren bei Transaktionen unter Beteiligung öffentlicher Einheiten durchzuführen.[38] Sie können daher jederzeit mit einem oder mehreren frei ausgewählten Dritten über Veräußerung/Verpachtung oder Erwerb/Pacht von Vermögen verhandeln; die Kommission verlangt lediglich, dass der ausgehandelte Preis keine staatliche Beihilfen enthält, sondern dem jeweiligen Marktwert entspricht. Dies kann auch durch das in der Mitteilung beschriebene Sachverständigengutachten oder eine anderweitig nachweisbare Einhaltung des sog. Privatinvestortests belegt werden.   **308**

aa) Offenes, transparentes, bedingungsfreies Bietverfahren. Der Mitteilung zufolge ist eine Beihilfe „grundsätzlich" dann ausgeschlossen, wenn die Transaktion „nach einem hinreichend publizierten, allgemeinen und bedingungsfreien Bietverfahren (ähnlich einer Versteigerung) und die darauf folgende Veräußerung an den meistbietenden oder den einzigen Bieter" erfolgt.[39]   **309**

α) Offen und transparent. „Hinreichend publiziert" ist ein Angebot, dass über einen Zeitraum von mindestens zwei Monaten mehrfach in der nationalen Presse, Immobilienanzeigern oder sonstigen geeigneten Veröffentlichungen und durch Makler, die für eine große Anzahl potentieller Interessenten tätig sind, bekannt gemacht wurde und so allen Käufern zur Kenntnis gelangen konnte.   **310**

Der Wortlaut der Mitteilung stellt zunächst klar, dass die Bekanntmachung sowohl mehrfach in Publikationen als auch durch Makler erfolgen muss.[40] Für Immobilien, die für ausländische Investoren von Interesse sein könnten, soll die Bekanntmachung in internationalen Publikationen und durch international tätige Makler erfolgen.[41] Eine bloße Direktansprache potentieller   **311**

---

[31] Vgl. *Koenig/Paul* EWS 2008, 113, 117 f.

[32] Vgl. Kom., ABl. 2001 L 86/43, RdNr. 17 – SCI Systems (Kauf einer Immobilie von öffentlichem Unternehmen, das zuvor für die Erschließung zuständig war).

[33] Vgl. dazu EuGH, C-482/99, Slg. 2002, I-4397, RdNr. 52 ff. – Stardust Marine.

[34] Kom., ABl. 2003 L 66/36, RdNr. 29 – LEG Thüringen; Kom., ABl. 2002 L 48/20, RdNr. 15 – Valmont, unter Hinweis auf die Beantwortung einer schriftlichen Anfrage aus dem Jahre 1963, ABl. 125 vom 17. 8. 1963, S. 2235/63; Kom., ABl. 2002 L 12/1, RdNr. 135 – Scott Paper.

[35] Ibid.

[36] VO 659/1999 über besondere Vorschriften für die Anwendung von Artikel 93 des EG-Vertrags, ABl. 1999 L 83/1.

[37] Kom., ABl. 1998 L 171/36, RdNr. VI.B.3 – Delfzijl; Kom., ABl. 1996 L 283/43, RdNr. IV Abs. 3 – Fort Malakoff; Kom., ABl. 1994 C 21/4 – Fresenius; vgl. *Koenig/Paul* EWS 2008, 113, 116 mwN.; bei Privatisierungen ausdrücklich auch in Kom., ABl. 2008 L 239/32, RdNr. 108 ff. – Bank Burgenland.

[38] Kom., ABl. 2000 L 265/15, RdNr. 88 – Latte di Roma; Kom., ABl. 1999 L 292/1, Abschnitt V. 2. 2 Abs. 1 – Daewoo.

[39] Vgl. Abschnitt II. 1. der Mitteilung.

[40] Vgl. Kom., ABl. 2002 L 12/1, RdNr. 140 – Scott Paper.

[41] Vgl. Abschnitt II. 1. a der Mitteilung.

Interessenten durch Makler und/oder Berater reicht demgegenüber nicht, weil sie zu einer Vorabeinschränkung des Bieterkreises führt und andere potentielle Bieter ausschließt.[42]

312 Gelegentlich hält die Kommission die Publikation freilich auch dann für hinreichend, wenn die entsprechende Immobilientransaktion auf einem Bauschild und zusätzlich in einem Prospekt, einer Internet-Anzeige oder auf (regionalen) Messen bekannt gemacht wird.[43] Dies entspricht zwar nicht der von der Mitteilung intendierten, breiten Publikation eines Bietverfahrens, zeigt aber den pragmatisch-flexiblen Umgang der Kommission mit ihrer Mitteilung.

313 Inhaltlich muss die Bekanntmachung die wertbestimmenden Faktoren, also va. Größe, genaue Lage, Beschaffenheit, etwa vorhandene Anlagen und Werks- und Lagergebäude näher beschreiben.[44] Nicht ausreichend sind demgegenüber generelle Werbeaussagen, die sich allgemein auf die Region, aber nicht spezifisch auf die betreffende Immobilie beziehen.[45]

314 β) **Bedingungsfrei.** Als „bedingungsfrei" gilt nur die Ausschreibung, die grundsätzlich allen Interessenten – unabhängig von Tätigkeit und Branche – den Abschluss der Transaktion und im Fall von Erwerb, Pacht oder Miete die Nutzung der Immobilie für eigene wirtschaftliche Zwecke ermöglicht. Dem Wortlaut der Mitteilung zufolge sind nur solche Bedingungen zulässig, die aus Gründen des Raumordnungsrechts, des Nachbar- oder Umweltschutzes sowie zur Vermeidung spekulativer Gebote allgemein und für jeden Vertragspartner gelten.[46]

315 Ein Angebot ist trotz besonderer Verpflichtungen des Vertragspartners dann bedingungsfrei, wenn (i) entweder diese Verpflichtungen sich aus allgemeinem Recht, allgemeinen Entscheidungen der Planungsbehörden oder dem allgemeinen Umwelt- oder Gesundheitsschutz zugunsten der öffentlichen Hand oder der Allgemeinheit ergeben[47] oder aber (ii) alle potentiellen Vertragspartner – unabhängig davon, ob und welche wirtschaftliche Tätigkeit sie ausüben – imstande wären und verpflichtet werden würden, diese Verpflichtung zu erfüllen.[48] Das Schrifttum sieht diese Regelung teilweise kritisch, da es der öffentlichen Hand möglich sein müsse, Immobilien zu Bedingungen zu verkaufen etc., die nicht von allen oder gar nur von einem potentiellen Erwerber erfüllt werden können.[49] Richtig ist ferner, dass ein Bietverfahren, bei dem Bedingungen an die Transaktion geknüpft werden, nur dann als bedingungsfrei i. S. d. Mitteilung gelten kann, wenn eine hinreichende Anzahl von potentiellen Bietern die Bedingungen erfüllen kann und somit sichergestellt ist, dass der am Ende des Bietverfahrens ergehende Zuschlag tatsächlich zum Marktwert erfolgt.[50] Wenn hingegen nur ein potentieller Bieter oder nur sehr wenige potentielle Bieter in der Lage wären, die Bedingungen zu erfüllen, kann ein beihilfefreier Preis nicht durch ein Bietverfahren, sondern allenfalls durch ein Sachverständigengutachten oder nach den Maßstäben des sog. Privatinvestortests sichergestellt werden. Freilich geht die pragmatische Praxis der Kommission davon aus, dass eine hinreichende Bedingungsfreiheit auch dann gewahrt ist, wenn die gestellten Bedingungen (z. B. Fortsetzung des bisherigen Geschäftsbetriebs mit den auf der Immobilie stehenden Gebäuden und Anlagen, sonstige Standort- oder Beschäftigungssicherungsklauseln) nur von Unternehmen einer bestimmten Branche erfüllt werden können.[51]

316 Zu Unrecht geht ein Teil des Schrifttums davon aus, dass diese Voraussetzung der Bedingungsfreiheit *a priori* im Sinne des Diskriminierungsverbots zu verstehen sei;[52] dies gilt indes nach der Entscheidungspraxis der Kommission nur für die „besonderen Verpflichtungen" iSv. Abschnitt II.2,[53] nicht aber für die Bedingungsfreiheit nach II.1.c der Mitteilung. Richtig ist

---

[42] Vgl. Kom., ABl. 2000 L 206/6, RdNr. 66 f. – Stardust Marine; Kom., ABl. 1999 L 292/27, RdNr. 84 ff. – Grödlitzer Stahlwerke; jeweils zu Privatinvestoren.

[43] Kom., ABl. 2003 L 66/36, RdNr. 32 – LEG Thüringen.

[44] Kom., ABl. 2002 L 12/1, RdNr. 146 – Scott Paper.

[45] Kom., ABl. 2002 L 12/1, RdNr. 146 – Scott Paper.

[46] Vgl. Abschnitt II. 1. b der Mitteilung.

[47] Weitergehend die französische Fassung von Abschnitt II. 1. c der Mitteilung, wonach auch Bedingungen zulässig sind, „qui servent les pouvoirs publics ou l'intérêt collectif en général"; ebenso auch die spanische Fassung: „o en beneficio de los poderes públicos o del interés público general", während die englische und deutsche Fassung die Bindung an das öffentliche Interesse auf alle zulässigen besonderen Verpflichtungen beziehen.

[48] Vgl. Abschnitt II. 1. c der Mitteilung; die deutsche Fassung enthält ein „nicht" zuviel, was den Sinn entstellt; der Sinn der Regelung ergibt sich aus der englischen Fassung; vgl. dazu auch *Heidenhain* § 9 RdNr. 7.

[49] *Heidenhain* § 9 RdNr. 7.

[50] Vgl. *Heidenhain* § 9 RdNr. 17.

[51] Vgl. dazu etwa Kom., ABl. 2000 L 265/15, RdNr. 82, 91 – Latte di Roma.

[52] *Koenig/Paul* EWS 2008, 113, 116.

[53] Vgl. dazu etwa Kom., ABl. 2000 L 265/15, RdNr. 91 – Latte di Roma.

freilich, dass einem Bietverfahren die vorgeschriebene Offenheit und Transparenz fehlt, wenn die öffentliche Hand etwa einige Bieter dadurch diskriminiert, dass sie Informationen ungleich verteilt, Fristen ungleich oder zu kurz setzt, bestimmte Bedingungen nur einigen, nicht aber allen Bietern auferlegt, etc.

γ) Einziger Bieter. Ausweislich des eindeutigen Wortlauts der Mitteilung ist bei einem hin- 317
reichend publizierten, bedingungsfreien und allgemeinen Bietverfahren ein beihilfefreier Preis auch dann sichergestellt, wenn nur ein einziger Bieter ein Angebot abgibt oder in Angebotsverhandlungen eintritt.[54] Dies gilt auch dann, wenn dieser Bieter einen Preis anbietet, der unter dem Wert liegt, den eine zuvor durchgeführte Objektbewertung ermittelt hat.[55] Gleichzeitig wird die Kommission *de facto* die Existenz nur eines Bieters freilich zum Anlass nehmen, besonders kritisch zu prüfen, ob die Anforderungen an das Bietverfahren erfüllt wurden.

bb) Sachverständigengutachten. Sofern der Marktwert nicht durch Bietverfahren festge- 318
stellt wird, kann er der Mitteilung zufolge alternativ auch durch ein unabhängiges Sachverständigengutachten festgestellt werden. Dieses Gutachten muss vor Beginn der Verhandlungen, unabhängig und durch einen unabhängigen Sachverständigen sowie auf der Grundlage allgemein anerkannter Marktindikatoren und Bewertungsstandards erstellt werden.[56]

Als Marktwert gilt bei dieser Alternative derjenige Preis, der zum Zeitpunkt der Bewertung 319
aufgrund eines privatrechtlichen Vertrages über bebaute oder unbebaute Immobilien zwischen einem verkaufswilligen Verkäufer und einem ihm nicht verbundenen Käufer unter den Voraussetzungen zu erzielen ist, wobei die Immobilie offen am Markt angeboten wurde, die Marktverhältnisse einer ordnungsgemäßen Veräußerung nicht im Wege stehen und eine der Bedeutung des Objekts angemessene Verhandlungszeit zur Verfügung stand.[57]

Maßgeblich ist dabei der Wert des Grundstücks für die intendierte Nutzung (zB. Freizeit- 320
park); dass bei einer anderen Nutzung (z.B. Appartementbau) ggf. ein höherer Marktwert bestünde, ist demgegenüber unerheblich.[58]

α) Qualifikation des Gutachters. Der Gutachter muss zunächst über einen einwandfreien 321
Leumund sowie über eine geeignete Qualifikation und über die erforderliche Sachkunde und Erfahrung bei der Ermittlung des Werts von Vermögensgegenständen der in Rede stehenden Art verfügen.[59]

Die geeignete Qualifikation kann durch einen geeigneten Abschluss an einer anerkannten Aus- 322
bildungsstätte oder Hochschule erworben werden. Wenn der Mitgliedstaat über letzteres nicht verfügt, kann sie auch durch Mitgliedschaft in einem anerkannten Fachorgan für Wertermittlung nachgewiesen werden; zusätzlich soll der Gutachter dann allerdings (i) durch ein Gericht oder die zuständige Behörde bestellt werden oder (ii) mindestens über eine abgeschlossene höhere Schulbildung, ein ausreichendes Ausbildungsniveau mit mindestens dreijähriger praktischer Erfahrung sowie über ortspezifische Kenntnisse bei der Wertermittlung von Immobilien verfügen.[60]

β) Unabhängigkeit des Gutachters. Der Gutachter muss außerdem unabhängig sein und 323
seine Aufgaben unabhängig ausüben. Letzteres gilt dann als gewahrt, wenn die öffentliche Hand nicht berechtigt ist, ihm hinsichtlich des Ermittlungsergebnisses Anweisungen zu erteilen. Sofern eine solche Einflussnahme effektiv ausgeschlossen ist, kann der Gutachter sogar Angehöriger eines staatlichen Bewertungsbüros, Beamter oder Angestellter des öffentlichen Dienstes sein.[61] Die Eigenschaft als „staatliches Immobilienbüro" vermittelt demgegenüber ebenso wenig *per se* eine hinreichende Unabhängigkeit wie die Eigenschaft als öffentlicher Beurkunder oder Notar.[62]

---

[54] Abschnitt II. 1 der Mitteilung.

[55] Vgl. dazu auch *Stapper* DB 1999, 2399, 2401; *Schütterle* EuZW 1993, 625, 626; *Höfinghoff* RNotZ 2005, 387, 403.

[56] Vgl. Abschnitt II. 2. a der Mitteilung.

[57] Vgl. Abschnitt II. 2. a Abs. 5 der Mitteilung.

[58] Kom., ABl. 2003 L 91/23, RdNr. 70 – Terra Mitica.

[59] Vgl. Abschnitt II. 2. a Abs. 2 der Mitteilung.

[60] Vgl. Abschnitt II. 2. a Abs. 3 der Mitteilung.

[61] Vgl. Abschnitt II. 2. a Abs. 4 der Mitteilung; vgl. auch Kom., ABl. 2002 C 246/14, Abschnitt 3 A – Space Park Bremen und Kom., Staatliche Beihilfe NN 128/99 – Valensina, in denen die Kommission jeweils die Behörde „Kataster und Vermessung Bremen" (KV Bremen; heute: „GeoInformation Bremen") als unabhängigen Gutachter anerkannt hat.

[62] Kom., ABl. 2002 L 307/1, RdNr. 34, 86 – Graf von Henneberg Porzellan; Kom., ABl. 2002 L 105/ 19, RdNr. 37 – Ojala-Yhtymä; anders noch Kom., ABl. 2001 L 304/20, RdNr. 42, 46 – Ojala-Yhtymä (hinreichende Unabhängigkeit eines für den potentiell Begünstigten tätigen Notars).

324   Zuweilen lässt die Kommission es für die Unabhängigkeit genügen, dass der Gutachter öffentlich bestellt und vereidigt wurde und im übrigen gelegentlich für Kommission und EuGH als zertifizierter Gutachter tätig ist.[63]

325   Soweit der Gutachter in seiner Bewertung unabhängig war, entfällt seine Unabhängigkeit bemerkenswerter Weise nicht schon dadurch, dass er von einem Gesellschafter des Käufers benannt wurde.[64] Unschädlich ist auch eine Benennung durch öffentliche Körperschaften wie etwa eine Industrie- und Handelskammer.[65] Gutachterausschüsse nach §§ 192 f. BauGB werden *in casu* als unabhängig anerkannt;[66] dies heißt freilich nicht, dass die Kommission automatisch alle kommunalen Gutachterausschüsse als hinreichend unabhängig anerkennen wird.[67] Vielmehr wird die Kommission in jedem Einzelfall prüfen, ob der Gutachter generell unabhängig ist und fallbezogen das betreffende Gutachten auch unabhängig, d. h. weisungsfrei erstellt hat.

326   Bestehen Zweifel an der Unabhängigkeit des Gutachters, überprüft die Kommission das Wertgutachten auch inhaltlich.[68] Dabei hat die Kommission früher zumeist den betroffenen Mitgliedstaat aufgefordert, ein unabhängiges Zweitgutachten vorzulegen.[69] In jüngerer Zeit ist die Kommission demgegenüber vielfach dazu übergegangen, eigene Sachverständige mit der Erstellung von Gutachten zu dem fraglichen Marktwert oder mit der Erstellung von Obergutachten zu beauftragen;[70] da diese Gutachtenaufträge indes zumeist von der Kommission ausgeschrieben werden müssen, ist mit diesem Vorgehen der Kommission eine erhebliche Verzögerung des Prüfverfahrens verbunden.[71] Ungeachtet von ihr selbst in Auftrag gegebener Wertgutachten kann die Kommission zudem die Ermittlung des Marktwertes nicht vollständig ihren Gutachtern überlassen, sondern muss sich dazu eine eigene Auffassung bilden und daher dann auch diese Gutachten ihrer eigenen Sachverständigen kritisch prüfen.[72]

327   γ) **Vorab- und nachträgliche Gutachten.** Ausweislich der Mitteilung muss das Wertgutachten vor Beginn der Verhandlungen erstellt worden sein.

328   Wird das Gutachten erst nachträglich, dh. nach Beginn der Verhandlungen, möglicherweise sogar erst nach Vertragsschluss erstellt, überprüft die Kommission das Gutachten nicht mehr nur auf die Einhaltung der prozeduralen Vorgaben (Unabhängigkeit des Gutachters, Anwendung anerkannter Kriterien, etc.), sondern inhaltlich auf seine Richtigkeit.[73] Die vorherige, gegenteilige Auffassung der Kommission[74] wurde vom Gericht im Verfahren *Valmont* abgelehnt.[75] Die zwingende, inhaltliche Überprüfung nachträglicher Wertgutachten wird va. mit deren „aleatorischen Charakter" begründet.[76]

329   Umgekehrt verstößt es gegen das Willkürverbot, wenn die Kommission einem von mehreren nachträglichen Gutachten einen höheren Beweiswert hinsichtlich des Grundstückswerts zumisst als den anderen nachträglichen Gutachten.[77]

330   δ) **Bewertungskriterien.** Die Begutachtung durch den Sachverständigen muss auf der Grundlage allgemein anerkannter Marktindikatoren und Bewertungsstandards erfolgen.[78] In der deutschen Praxis rekurriren die Gutachter dabei in der Regel auf die nach § 194 BauGB, der Wertermittlungsverordnung (WertV) und die einschlägigen Wertermittlungsrichtlinien entwickelten Kriterien. Danach ist der Verkehrswert einer Immobilie durch den Preis bestimmt, der

---

[63] Kom., ABl. 2005 L 247/32, RdNr. 20 – Aircraft Services Lemwerder.

[64] Kom., ABl. 2003 L 91/23, RdNr. 68 – Terra Mitica; Kom., ABl. 2001 C 300/2, RdNr. 56 Abs. 7 – Terra Mitica.

[65] Kom., ABl. 1999 C 213/12, Fn. 8 – Dessauer Geräteindustrie.

[66] Kom., ABl. 1999 L 108/44, 47 – Draiswerke (zum Gutachterausschuss Mannheim).

[67] So aber *Jennert/Pauka* KommJur 2009, 321, 327; *Höfinghoff* RNotZ 2005, 387, 403 f.; je mwN.

[68] Kom., ABl. 1992 L 263/15, Abschnitt V. – Daimler Benz.

[69] Ibid.

[70] So etwa in diversen Verfahren zu deutschen Flughäfen (Lübeck, Dortmund, Berlin-Brandenburg), in denen von der Kommission jeweils ein niederländisches Unternehmen als Gutachter der Kommission bestellt wurde.

[71] Kritisch zu diesem Ansatz der Kommission auch *Heidenhain* § 9 RdNr. 12 f. mwN.

[72] Vgl. dazu etwa EuG, T-274/01, Slg. 2004, II-3145, RdNr. 72 – Valmont.

[73] Kom., ABl. 2005 L 247/32, RdNr. 20 – Aircraft Services Lemwerder.

[74] Vgl. dazu etwa EuG, T-274/01, Slg. 2004, II-3145, RdNr. 34 f. – Valmont.

[75] EuG, T-274/01, Slg. 2004, II-3145, RdNr. 45 ff. – Valmont.

[76] EuG, T-366/00, Slg. 2007, II-797, RdNr. 93 – Scott Paper; EuG, T-274/01, Slg. 2004, II-3145, RdNr. 45 – Valmont; vgl. auch EuG, verb. Rs. T-127, 129 und 148/99, Slg. 2002, II-1275 RdNr. 75 ff. – Diputación Foral de Alava; EuG, Rs. T-198/01, Slg. 2004, II-2717, RdNr. 124 ff. – Technische Glaswerke Ilmenau.

[77] EuG, Verb. Rs. T-127, 129 und 148/99, Slg. 2002, II-1275 RdNr. 75–92 – Diputación Foral de Alava.

[78] Vgl. Abschnitt II. 2. a Abs. 1 der Mitteilung.

zum Bewertungsstichtag[79] im gewöhnlichen Geschäftsverkehr (dh. auf einem freien Markt, auf dem allein objektive Maßstäbe preisbestimmend sind und keine Vertragspartei unter Zeitdruck, Zwang oder Not steht) nach den tatsächlichen Eigenheiten des Grundstücks zu erzielen wäre. Nach der WertV kann der Verkehrswert nach dem Vergleichswert-, Ertragswert- oder Sachwertverfahren bestimmt werden, jeweils unter Berücksichtigung aller Umstände des Einzelfalles und aller relevanten Gepflogenheiten.

In der Praxis findet bei renditeorientierten Immobilien (Miet- und Geschäftsobjekte) vornehmlich das Ertragswertverfahren Anwendung. Das Vergleichwertverfahren dient vornehmlich der Ermittlung des Bodenwerts und das Sachwertverfahren der Ermittlung des Werts von Grundstücken, die nicht primär der Renditeerzielung dienen.[80] **331**

Bei unterschiedlichen Ergebnissen des Vergleichswert-, Ertragswert- bzw. Sachwertverfahrens wird eine Begünstigung dann sicher ausgeschlossen, wenn der für das Unternehmen ungünstigste Wert herangezogen wird.[81] **332**

Maßgeblich sind ferner die Bodenrichtwerte, die von kommunalen Gutachterausschüssen auf der Grundlage gesammelter Kaufpreisinformationen ermittelt werden. In Ermangelung von Bodenrichtwerten kann der Verkehrswert auch anhand von Durchschnittswerten vergleichbarer Kommunen festgestellt werden.[82] **333**

Ein Wertgutachten ist nur dann beihilferechtlich belastbar, wenn der Gutachter alle wertbildenden Faktoren des Grundstücks[83] und des von der öffentlichen Hand zu schließenden Vertrages[84] eingepreist hat; ist dies nicht (hinreichend) erfolgt, ist ggf. eine Nachbegutachtung erforderlich, um den Marktwert des Transaktionsobjekts festzulegen. **334**

Veränderungen des Marktwertes, die durch die öffentliche Hand selbst herbeigeführt werden, müssen bei der Ermittlung des „wahren", unbeeinflussten Marktwertes außer Betracht bleiben.[85] **335**

Der Beihilfeprüfung unterliegen nicht nur der Kaufpreis oder Mietzins, sondern alle vertraglichen Konditionen. So kann etwa auch die teilweise Vorauszahlung eines an sich unbedenklichen Kaufpreises dann eine Beihilfe darstellen, wenn der Empfänger insolvenzgefährdet ist und keine Sicherheiten gestellt werden.[86] **336**

ε) Marktwert und Toleranz. Der in vorgenanntem Gutachten ermittelte Wert gilt als beihilfefreier Marktwert, sofern die Vertragsparteien einander nicht persönlich verbunden sind, einen privatrechtlichen Vertrag schließen, das Grundstück offen am Markt angeboten wurde, die Marktverhältnisse einer ordnungsgemäßen Veräußerung nicht im Wege standen und eine der Bedeutung des Objekts angemessene Verhandlungszeit zur Verfügung stand.[87] **337**

Soweit eine zu erwartende Änderung des Flächennutzungsplans zu einer erheblichen Wertsteigerung des Grundstücks führen wird, muss auch letztere in den Marktwert einfließen.[88] Nicht einfließen dürfen freilich ansiedlungsbedingt höhere Steuereinnahmen (oder ersparte Sozialleistungen für vormals Arbeitslose) der öffentlichen Hand, da diese einem vergleichbaren Privatinvestor nicht zur Verfügung stünden.[89] **338**

Soweit die Immobilientransaktion zu dem vorgenannten Marktwert trotz vernünftiger Bemühungen nicht abgeschlossen werden kann, kann eine Toleranzmarge von bis zu 5% noch als marktkonform und damit beihilfefrei betrachtet werden.[90] *De facto* hat die Kommission gelegentlich auch einen Abschlag von bis zu 10% noch als marktüblich anerkannt.[91] Kann der Ver- **339**

---

[79] Zur Problematik der Wertbestimmung bei noch nicht in den Bodenrichtwerten berücksichtigten, aktuellen Preisbewegungen vgl. *Koenig* DS 2008, 370.

[80] Vgl. dazu *Koenig/Paul* EWS 2008, 113, 119 f.; zur Verkehrswertbestimmung bei Verkäufen landwirtschaftlicher Flächen vgl. *Koenig* AuR 2009, 86; *Groteloh* AuR 2008, 366; *Koenig* NL-BzAR 2008, 403; *Gehse* RNotZ 2007, 61; je mwN.

[81] Vgl. Kom., ABl. 1999 L 108/44, Abschnitt 4.2 aE. – Draiswerke.

[82] Vgl. dazu *Koenig/Paul* EWS 2008, 113, 119 mwN.

[83] Wie Größe, Lage, Qualität der Bebauung und Erschließung, Marktsituation, etc.

[84] Einschließlich aller in Aussicht genommenen Nebenabreden betr. etwa Altlastenhaftung, Wartung und Restaurierung von Gebäuden, Übernahme von Vertragskosten, Übernahme von Garantien, etc.

[85] So etwa ein Preisverfall durch massive Grundstücksverkäufe der öffentlichen Hand; vgl. dazu Kom., ABl. 2003 L 66/36, RdNr. 36 f. – LEG Thüringen.

[86] Kom., ABl. 2002 L 307/1, RdNr. 86 – Graf von Henneberg.

[87] Vgl. Abschnitt II. 2. a Abs. 5 der Mitteilung.

[88] Kom., ABl. 2001 L 186/43, RdNr. 60 – SCI Systems.

[89] Kom., ABl. 2002 L 12/1, RdNr. 150 – Scott Paper; Kom., ABl. 1996 L 283/43, Abschnitt IV – Fort Malakoff; EuGH, verb. Rs. C-278, 275, 280/92, Slg. 2004, I-4103, RdNr. 22 – Hytasa.

[90] Vgl. Abschnitt II.2.b der Mitteilung.

[91] Kom., ABl. 1998 L 171/36, Abschnitt VI. B.3 – Delfzijl; Kom., ABl. 1994 C 21/4, 7 – Fresenius.

trag bezüglich dieser Immobilie auch nach dieser Preisanpassung nicht binnen angemessener Zeit abgeschlossen werden, kann eine Neubewertung erfolgen, bei der dann die Erfahrungen und Angebote des vorhergehenden Verfahrens berücksichtigt werden können.[92]

340   Während die Mitteilung für den Fall des Bietverfahrens ausdrücklich auch den Verkauf an den einzigen Bieter als zum Marktwert erfolgt anerkennt, sofern nur die prozeduralen Vorgaben erfüllt wurden, enthält sie für den Fall eines Sachverständigen-Gutachtens keine derartige Festlegung. Ein Teil des Schrifttums folgert daraus, dass die Kommission den vom einzigen Bieter angebotenen Preis nicht als marktgerecht und damit beihilfenfrei anerkenne.[93] Dies ist indes keineswegs zwingend, da bei Erfüllung aller Anforderungen an ein Sachverständigen-Gutachten eben auch ein dem gutachterlich ermittelten Wert entsprechendes Angebot eines einzigen Bieters marktgerecht ist.

341   ζ) **Besondere Verpflichtungen.** Besondere Verpflichtungen, die mit der Immobilie und nicht mit dem Vertragspartner der öffentlichen Hand verbunden sind (zB. Erhaltung denkmalgeschützter Gebäude),[94] dürfen an den Vertragsschluss geknüpft werden, sofern sie im öffentlichen Interesse liegen und jeder Vertragspartner sie unabhängig von seiner Branche erfüllen kann und muss. Dazu gehören auch Verpflichtungen, deren Erfüllung zum Teil im eigenen Interesse des Vertragspartners liegt.[95] Der aus diesen besonderen Verpflichtungen erwachsende wirtschaftliche Nachteil soll getrennt bewertet und kann mit dem Preis verrechnet werden.

342   Darüber hinausgehend hat die Kommission zuweilen auch keine Bedenken gegen besondere Verkaufsbedingungen erhoben, die branchenspezifisch (zB. Weiterbetrieb eines bestimmten und damit branchengebundenen Unternehmens)[96] oder sogar tätigkeitsspezifisch (Errichtung eines Geschäftshauses für ein Vertriebs- und Ausbildungszentrum nebst Vermietung an ein bestimmtes Unternehmen)[97] waren.

343   Demgegenüber können wirtschaftliche Belastungen, die auf Verpflichtungen anfallen, die nach allgemeinen Grundsätzen jeden Grundstückseigner treffen, nicht vom ermittelten Marktwert abgezogen werden.[98] Ebenso müssen wirtschaftliche Auswirkungen einer Akquisition bzw. Unternehmensansiedlung (zB. Erhöhung des Steueraufkommens, Senkung von Soziallasten aufgrund Schaffung von Arbeitsplätzen, etc.) außer Betracht bleiben, da sie auch bei Transaktionen zwischen Privaten unerheblich wären.[99] Abzüge sind ferner nicht gerechtfertigt für Kosten, die der potentiell Begünstigte an seine Kunden abwälzen kann.[100] Demgegenüber können öffentlich-rechtliche Verpflichtungen, die ein Unternehmen im Rahmen eines Gesamtpakets von Grundstücks- und Unternehmenserwerb übernommen hat und die den Marktwert des Erhaltenen übersteigen, ggf. eine Begünstigung ausschließen.[101]

344   Das Schrifttum sieht auch diese Regelung kritisch, da es der öffentlichen Hand möglich sein müsse, Immobilien zu Bedingungen zu verkaufen, die nicht von allen oder gar nur von einem potentiellen Erwerber erfüllt werden können.[102] Die Kommission geht mit der Bestimmung pragmatisch um: danach sollen etwa Bedingungen, die nur Vertreter einer bestimmten Branche erfüllen können (etwa die Fortführung eines bestimmten Unternehmensbetriebes), zum Ausschluss der Mitteilungsregeln zum Bietverfahren führen;[103] andererseits legt sie im Rahmen des Gutachterverfahrens die Mitteilungsbestimmungen zu besonderen Verkaufsbedingungen im Sinne eines allgemeinen Diskriminierungsverbots aus und hält dementsprechend Bedingungen, die zu keiner Diskriminierung zwischen potentiellen Käufern führen, für zulässig.[104]

---

[92] Vgl. Abschnitt II. 2. b der Mitteilung; kritisch dazu *Heidenhain,* European State Aid, § 9 RdNr. 26; *Höfinghoff* RNotZ 2005, 387, 405; je mwN.

[93] Vgl. *Heidenhain* § 9 RdNr. 18 mwN.

[94] Kom., ABl. 1993 C 216/5, 8 – Sony.

[95] Vgl. Abschnitt II. 2. c Abs. 1 der Mitteilung, die insoweit auf Verpflichtungen betreffend Werbung, Sponsoring, Image, Verbesserung des eigenen Umfelds und Erholung der eigenen Mitarbeiter verweist.

[96] Kom., ABl. 2000 L 265/15, RdNr. 91 – Latte di Roma (Fortführung eines milchverarbeitenden Unternehmens, lokale Rohstoff-Bezugsverpflichtung, Erhaltung von Arbeitsplätzen).

[97] Kom., ABl. 1996 L 283/43, Abschnitt IV. – Fort Malakoff.

[98] Vgl. Abschnitt II. 2. c Abs. 2 der Mitteilung, die insoweit auf Kosten der allgemeinen Pflege und Erhaltung der Immobilie im Interesse der allgemeinen Sozialbindung des Eigentums sowie auf immobilienbezogene Steuern und Abgaben verweist; ähnlich zur Nichtabziehbarkeit von Rekultivierungskosten vom Grundstückskaufpreis: EuG, T-198/01, Slg. 2004, II-2717, RdNr. 109 ff. – Technische Glaswerke Ilmenau.

[99] Kom., ABl. 2002 L 12/1, RdNr. 149 f. – Scott Paper.

[100] Kom., ABl. 2001 L 186/43, RdNr. 60 – SCI Systems.

[101] Vgl. EuG, T-291/06, Slg. 2009, II-2275, RdNr. 69 – Operator ARP.

[102] *Heidenhain* § 9 RdNr. 7.

[103] Kom., ABl. 2000 L 265/15, RdNr. 86 – Latte di Roma.

[104] Kom., ABl. 2000 L 265/15, RdNr. 91 – Latte di Roma.

η) Gestehungskosten der öffentlichen Hand als Indikator des Marktwerts. Die Pri- 345
märkosten, die der öffentlichen Hand beim vorangegangenen Erwerb der betreffenden Immobilie entstanden sind, können als Indikator des Marktwertes der Immobilie herangezogen und
dürfen nicht unterschritten werden, wenn die Immobilie binnen drei Jahren nach dem Erwerb
von der öffentlichen Hand wieder veräußert wird.[105]

Eine Ausnahme gilt nur dann, wenn der unabhängige Sachverständige auf dem relevanten Im- 346
mobilienmarkt allgemein sinkende Preise festgestellt hat.[106] Für den Fall des Erwerbs eines bebau-
ten Grundstücks durch die öffentliche Hand, des Abrisses der Gebäude und der anschließenden
Weiterveräußerung des unbebauten Grundstücks zu einem Preis unter Einstandskosten hat die
Kommission ebenfalls keine *de facto*-Bedenken geltend gemacht;[107] auch wenn dieses Vorgehen
wie eine Umgehung beihilferechtlicher Anforderungen wirkt, war die betreffende Entscheidung
der Kommission gleichwohl zutreffend, da bei ausschließlicher Betrachtung des Marktwerts städtebauliche und andere Vorhaben der öffentlichen Hand nicht durchführbar wären.[108]

d) Potentielle Beeinträchtigung des Wettbewerbs und des innerstaatlichen Handels. 347
Die Kommission geht bei Immobilientransaktionen auch dann von einer zumindest potentiellen
Beeinträchtigung von Wettbewerb und innergemeinschaftlichem Handel aus, wenn die Transaktion nur lokale Bedeutung hat. Dies galt jedenfalls dann, wenn die auf der Immobilie voraussichtlich ausgeübten Tätigkeiten wettbewerbsrelevant sind und grenzüberschreitende Wirkung haben.[109] Angesichts der EU-weiten Liberalisierung des Marktes für Immobilien- und Kapitalanlagen
gilt heute eine Vermutung dahingehend, dass eine staatliche Beihilfe zumindest potentiell dazu
führt, dass Wettbewerb und innergemeinschaftlicher Handel beeinträchtigt werden.[110]

e) Notifizierungspflicht und Nichtigkeitsrisiko. Alle Transaktionen, deren Preis den 348
nach og. Grundsätzen ermittelten Wert überschreitet (bei Kauf, Pacht, Miete etc. der öffentlichen Hand) bzw. unterschreitet (bei Verkauf, Verpachtung, Vermietung etc. durch die öffentliche Hand), unterfallen der Notifizierungspflicht nach Art. 108 Abs. 3 AEUV, es sei denn, die
Differenz zwischen Preis und Wert bleibt innerhalb der *de minimis*-Margen, beträgt also grundsätzlich nicht mehr als € 200 000.[111]

Eine Notifizierungspflicht besteht ferner dann, wenn eine Immobilientransaktion ohne vor- 349
heriges offenes und bedingungsfreies Bietverfahren und ohne vorherige Einholung eines Wertgutachtens in og. Sinne erfolgt. Dies gilt jedenfalls dann, wenn nicht offenkundig ist, dass der
Transaktionspreis dem – alternativ ermittelten – Marktwert entspricht.

Ein unter Verstoß gegen das *stand still*-Gebot iSv. Gewährungsverbot nach Art. 108 Abs. 3 350
S. 3 AEUV gleichwohl abgeschlossener (Kauf-, Pacht-, Miet- oder ähnlicher) Vertrag ist nach
der einschlägigen Rechtsprechung des BGH gem. § 134 BGB iVm. Art. 108 Abs. 3 S. 3 AEUV
nichtig.[112] Nach der *van Calster*-Rechtsprechung des Gerichtshofes kann nicht mehr davon ausgegangen werden, dass ein Verstoß gegen Art. 108 Abs. 3 S. 3 AEUV nur zur schwebenden
Unwirksamkeit der betreffenden Verträge führt und diese im Falle einer nachträglichen Genehmigung durch die Kommission etwa wirksam würden.[113]

Streitig ist im Einzelnen noch die Reichweite der Nichtigkeit, also ihre Erstreckung auf das 351
gesamte Verpflichtungs-[114] und ggf. sogar Erfüllungsgeschäft;[115] da das Beihilferecht und damit

---

[105] Vgl. dazu auch Kom., ABl. 2003 C 69/4 li. Sp. – Jachthäfen ohne Erwerbscharakter.

[106] Vgl. Abschnitt II.2.d der Mitteilung.

[107] Kom., ABl. 1996 L 283/43, Abschnitt IV. – Fort Malakoff.

[108] Vgl. *Heidenhain* § 9 RdNr. 20.

[109] Vgl. Kom, ABl. 2001 L 186/43, RdNr. 68 – SCI Systems; *Heidenhain* § 9 RdNr. 21 mwN.

[110] Vgl. EuGH, C-409/00, Slg. 2003, I-1487, RdNr. 75 f. – Spanien/Kommission.

[111] Vgl. Abschnitt II.3 der Mitteilung; zu den derzeitige de minimis-Margen vgl. Art. 2 der VO 1998/2006
über die Anwendung der Artikel 87 und 88 EG-Vertrag auf De-minimis-Beihilfen, ABl. 2006 L 379/5. Zu recht
weisen *Jennert/Pauka* KommJur 2009, 321, 326 darauf hin, dass die Kommission in der Vergangenheit auch
Grundstücksbeihilfen zurückgefordert hat, deren Betrag nur unwesentlich über den de minimis-Schwellen lag.

[112] BGH, EuZW 2003, 444; BGH EuZW 2004, 252; BGH NJW-RR 2007, 1693; vgl. dazu ua. *Schmidt-
Räntsch*, NJW 2005, 106; *Strievi/Werner* JuS 2006, 106; *Pütz* NJW 2004, 2199; *Heidenhain* EuZW 2007,
623; *Pechstein* EuZW 2003, 444; *Knapp* MittBayNot 2004, 250; *Buß/Rosenkötter* NZM 2004, 561.

[113] EuGH, Verb. Rs. C-261 und 262/01, Slg. 2003, I-12 249, RdNr. 72 ff. – van Calster; vgl. dazu
Höfinghoff RNotZ 2005, 387, 397 ff. mwN.

[114] Vgl. dazu *Höfinghoff* RNotZ 2005, 387, 398 ff.; *Martín-Ehlers* WM 2003, 1598, 1603 ff.; *Heidenhain* EuZW
2005, 135, 138; *Verse/Wurmnest* AcP 204 (2004), 855, 864 ff.; *Tryantafyllou* DÖV 1999, 51, 56; je mwN.

[115] Für die Nichtigkeit auch des Erfüllungsgeschäfts vgl. etwa: *Pechstein* EuZW 2003, 447, 447 f.; *ders.*
EuZW 1998, 495, 496; *Gotzen* KommJur 2005, 161, 164; für die Wirksamkeit des Erfüllungsgeschäfts vgl.

auch das Gewährungsverbot des Art. 108 Abs. 3 S. 3 AEUV indes alle Wettbewerbsvorteile eines Begünstigten aus ungenehmigten staatlichen Beihilfen effektiv ausschließen will, wird man jedenfalls davon ausgehen müssen, dass sich die Nichtigkeit auch auf das Erfüllungsgeschäft erstreckt, da ansonsten die rechtlich nicht gewollte Begünstigung (zunächst) eintritt und deren Beseitigung abhängig wäre von der – ggf. unterlassenen, jedenfalls aber zeitraubenden – Geltendmachung eines Rückforderungs- bzw. Kondiktionsanspruchs.

352   Der beurkundende Notar muss in Fällen einer eindeutigen Unwirksamkeit des beabsichtigten Vertrages dessen Beurkundung ablehnen (§ 4 BeurkG, § 14 BNotO); im Falle einer bloß möglichen Unwirksamkeit muss er jedenfalls einen sog. Zweifelsvermerk (§ 17 Abs. 2 BeurkG) in den Vertrag aufnehmen.[116]

353   **f) Genehmigungskriterien.** Die Mitteilung enthält selbst keine gesonderten Kriterien für eine Genehmigung der betr. grundstücksbezogenen Beihilfen nach Art. 107 Abs. 2, Abs. 3 AEUV. Die Genehmigung unterliegt damit den in anderweitigen Gemeinschaftsrahmen, Leitlinien oder Mitteilungen bzw. in der Rechtsprechung zu Art. 107 Abs. 2, Abs. 3 AEUV entwickelten Genehmigungskriterien.[117]

354   Bei der tatsächlich häufigsten Prüfung nach Art. 107 Abs. 3 lit. c AEUV unterscheidet die Kommission streng zwischen den zu prüfenden Maßnahmen und ihrem Zweck; so wird etwa bei Unternehmensansiedlungen der Vorzugspreis für das Grundstück als – wenn außerhalb eines Beihilfenprogramms erfolgt – ad hoc-Investitionsbeihilfe, der anschließende Vorzugstarif für Ver- und Entsorgung als Betriebsbeihilfe gewertet. Soweit dann das Grundstück außerhalb eines Fördergebiets nach Art. 107 Abs. 3 lit. a, c AEUV liegt, scheidet eine Genehmigung als regionale Investitionsbeihilfe aus.[118] Eine Betriebsbeihilfe zur Minderung der Kosten der laufenden Geschäftstätigkeit mag demgegenüber zwar ausnahmsweise und vorübergehend gewährt werden, um Betriebsverluste in Fördergebieten nach Art. 107 Abs. 3 lit. a AEUV aufzufangen, ist außerhalb solcher Fördergebiete indes ebenfalls nicht genehmigungsfähig.[119]

355   Auch insoweit geht die Rechtsprechung der Unionsgerichte davon aus, dass die Prüfung der Vereinbarkeit der Beihilfen eine umfassende wirtschaftliche Würdigung erfordert, bei der der Kommission ein weiter und gerichtlich nur beschränkt – nämlich darauf, ob der Sachverhalt zutreffend festgestellt und nicht offensichtlich fehlerhaft gewürdigt wurde und kein Ermessensmissbrauch vorliegt – überprüfbarer Ermessensspielraum zusteht.[120]

356   **3. Beihilferechtliche Bewertung von Grundstückstransaktionen außerhalb der Grundstücksmitteilung.** Soweit die öffentliche Hand die og. Methoden der Grundstücks-Mitteilung zur Marktwertermittlung nicht anwendet, hat sie den Marktwert anderweitig zu ermitteln und dabei festzustellen, welcher Preis unter normalen Marktbedingungen bei einer Transaktion unter Privaten erzielt werden könnte.[121] Anzuwenden ist der Grundsatz des unter Marktbedingungen handelnden privaten Investors. Im Fall einer Grundstücksveräußerung durch die öffentliche Hand liegt eine Beihilfe also dann vor, wenn der von dem Begünstigten tatsächlich gezahlte Preis unter dem Preis liegt, den er im gleichen Zeitraum für den Ankauf eines vergleichbaren Grundstücks von einem privaten Verkäufer unter normalen Marktbedingungen bezahlen müsste.[122] Die eigenen Ankaufs- und Erschließungskosten der öffentlichen Hand können dabei nur einen sekundären oder indirekten Anhaltspunkt auf den Marktwert liefern, stellen aber nicht den stichhaltigsten Beweis für diesen Wert dar;[123] dies gilt um so mehr, wenn zwischen Ankauf/Erschließung und Verkauf mehrere Jahre vergangen sind.

---

etwa: *Höfinghoff* RNotZ 2005, 387, 399 ff.; *Kiethe* RIW 2003, 782, 785; *Martín-Ehlers* WM 2003, 1598, 1601; *Schmidt-Räntsch* NJW 2005, 106, 109.

[116] Vgl. dazu *Höfinghoff* RNotZ 2005, 387, 406 ff. mwN.

[117] Zu einer Genehmigung nach Art. 107 Abs. 3 lit. d AEUV vgl. Kom., Staatliche Beihilfe N 564/2009, RdNr. 58 ff. – lettische Denkmalschutzbeihilfen.

[118] Vgl. Kom., ABl. 2002 L 12/1, RdNr. 207 ff. – Scott Paper; zur Rückforderung vgl. EuGH, C-210/09, Slg. 2010, I-0000, RdNr. 18 ff. – Scott.

[119] Ibid. RdNr. 214 ff.

[120] Vgl. EuG, verb. Rs. T-127, 129 und 148/99, Slg. 2002, II-1275 RdNr. 273 – Diputación Foral de Álava mwN.

[121] Vgl. EuG, dazu Rs. T-366/00, Slg. 2007, II-797, RdNr. 93 – Scott Paper; EuG, verb. Rs. T-127, 129 und 148/99, Slg. 2002, II-1275 RdNr. 73 – Diputación Foral de Alava; je mwN.

[122] Vgl. EuG, T-366/00, Slg. 2007, II-797, RdNr. 105 – Scott Paper.

[123] Vgl. EuG, T-366/00, Slg. 2007, II-797, RdNr. 106 – Scott Paper.

Nach dem erstinstanzlichen Urteil „*Scott Paper*",[124] gegen das die Kommission freilich Revisi- **357** on eingelegt hat,[125] muss die Kommission im Rahmen ihrer beihilferechtlichen Prüfung entsprechend und in Anwendung des Privatinvestortests klären, ob der vermeintlich Begünstigte den vereinbarten Preis auch unter normalen Marktbedingungen hätte erzielen können. Im Rahmen ihrer Verpflichtung zur sorgfältigen und unvoreingenommenen Prüfung aller ihr übermittelten Informationen darf die Kommission sich weder auf annäherungsweise Schätzungen der Marktverhältnisse, noch allein auf nachträgliche Wertgutachten oder mehrere Jahre zurück liegende Einstandskosten der öffentlichen Hand stützen.[126] Vielmehr muss die Kommission in Anwendung des Privatinvestortests und in Ermangelung hinreichender Informationen selbst den Preis schätzen, der bei einer Transaktion zu normalen Marktbedingungen erzielt worden wäre.[127] Sie darf sich dabei nicht ohne weiteres auf Durchschnittspreise stützen, sondern muss die Schätzung so konkret und sachverhaltsgenau wie möglich und unter Berücksichtigung aller für den Transaktionszeitraum geltenden einschlägigen Daten durchführen.[128] Die Kommission ist dabei zwar nicht verpflichtet, kann aber eigene externe Sachverständige oder örtliche Immobilien-Experten mit der Ermittlung des sachlich und zeitlich relevanten Marktwerts betrauen.[129] Darüber hinaus muss sie alle verfügbaren, auch nur möglicherweise relevanten Daten und Dokumente, die sie von den Beteiligten erhalten hat, berücksichtigen (etwa nachträgliche Sachverständigen-Gutachten, Bewertung von Steuerprüfern, etc.).[130]

Im Rahmen der Ermittlung des Marktwerts von Grundstücken zur Ansiedlung von Unter- **358** nehmen im Rahmen eines Gewerbeparks o. ä. kann einem sog. *Anchor*-Käufer oder -Mieter ein geringerer Kaufpreis oder Mietzins als nachfolgenden Erwerbern/Mietern unter dem Gesichtspunkt gestellt werden, dass er die Attraktivität des Gewerbeparks erheblich erhöht und andere Unternehmen nachziehen werden.[131]

Die Unionsgerichte gehen davon aus, dass die Kommission im Rahmen der Anwendung des **359** Privatinvestor- oder Privatgläubiger-Tests eine komplexe wirtschaftliche Beurteilung vornehmen muss, bei der sie über ein weites Ermessen verfügt. Die gerichtliche Kontrolle beschränkt sich insoweit darauf, ob die Vorschriften über Verfahren und Begründung eingehalten wurden, ob kein Rechtsfehler begangen und der zugrunde liegende Sachverhalt zutreffend festgestellt wurde, und ob der Sachverhalt offensichtlich fehlerhaft gewürdigt wurde oder ein Ermessensmissbrauch vorliegt. Dabei dürfen die Unionsgerichte die wirtschaftliche Beurteilung der Kommission nicht durch eine eigene Beurteilung ersetzen.[132]

Die Maßstäbe des Privatinvestor-Tests finden auch auf kostenlose Grundstücksüberlassungen **360** (etwa im Vorfeld des nachträglich abgeschlossenen Kaufvertrags) Anwendung. Demgegenüber kann nicht etwa schon aus einer kostenlosen Grundstücksüberlassung auf das Vorliegen einer Beihilfe geschlossen werden; vielmehr muss nach Maßgabe des Privatinvestortests geprüft werden, ob dem Grundstücksbesitzer etwa Einreden (etwa wegen Besitzstörung) zustehen, die auch im allgemeinen Privatverkehr gültig wären.[133]

Allgemein müssen öffentliche Hand, Kommission und Gemeinschaftsgerichte unterschied- **361** liche Beihilfeelemente separat prüfen. Dabei darf das Gericht dann eine Kommissionsentscheidung über verschiedene separate Beihilfeelemente nicht schon dann insgesamt aufheben, weil es hinsichtlich eines einzigen Elements eine von der Kommission abweichende Auffassung vertritt.[134]

---

[124] EuG, T-366/00, Slg. 2007, II-797 – Scott Paper.

[125] Vgl. EuGH, C-290/07 P; mit Schlussanträgen vom 23. 2. 2010 hat Generalanwalt *Mengozzi* die Aufhebung des EuG-Urteils vorgeschlagen.

[126] EuG, T-366/00, Slg. 2007, II-797, RdNr. 91 ff. – Scott Paper.

[127] Ibid. RdNr. 106, 108.

[128] Ibid. RdNr. 115 ff.

[129] Ibid. RdNr. 137 mwN.

[130] Ibid. RdNr. 124 ff. mwN.

[131] Kom., ABl. 2001 L 38/33, RdNr. 39 – Lenzing Lyocell.

[132] Vgl. EuG, T-198/01, Slg. 2004, II-2717, RdNr. 97 – Technische Glaswerke Ilmenau.

[133] Vgl. EuG, verb. Rs. T-127, 129 und 148/99, Slg. 2002, II-1275 RdNr. 99 ff. – Diputación Foral de Álava.

[134] Vgl. EuGH, C-295/07 P, Slg. 2008, 9363, RdNr. 110 – Départment du Loiret (hier hatte das Gericht erstinstanzlich die betr. Kommissionsentscheidung wegen fehlerhafter Zinseszinsberechnung insgesamt aufgehoben, obwohl die Feststellungen der Kommission zu Beihilfeelementen eines Grundstücksgeschäfts davon separat waren).

362   **4. Beihilferelevante Steuervorteile.** Die beihilferechtliche Bewertung von Steuervorteilen im Immobilienbereich richtet sich v. a. nach den fiskalischen Steuerregeln.[135] Danach können Steuervorteile beihilfefrei sein, wenn sie sich in die Logik des allgemeinen Steuersystems einfügen.[136]

363   **5. Grundstücksbeihilfen im EWR.** Entsprechende Regeln gelten auch nach Art. 61 ff. EWR-Vertrag.[137] Tatsächlich prüft die EFTA Überwachungsbehörde häufiger Grundstücksverkäufe staatlicher Einheiten auf ihre Vereinbarkeit mit dem Beihilfenverbot nach Art. 61 EWRV.[138]

VI. Exportbeihilfen

Schrifttum: *Battista/v. d. Casteele,* Export Credit Insurance, in: *Mederer/Pesaresi/van Hoof,* EU Competition Law, Vol. IV, State Aid, Book One (2008), § 2.879; *Flett/Jessen/Talaber-Ritz,* The Relationship between WTO Subsidies Law and EC State Aid Law, Festschrift Santaolalla, 2008; *Götz/Martinez-Soria,* in: *Dauses,* Handbuch des EU-Wirtschaftsrechts, 23. Ergänzungslieferung 2008, Kap. H. III. 7. c) dd) Ausfuhrförderung (Exportkredite, Exportkreditversicherung); *Hahn,* in: *Callies/Ruffert,* Das Verfassungsrecht der Europäischen Union, 3. Aufl. 2007, Art. 132 EGV; *Koenig/Müller,* Der strafrechtliche Subventionstatbestand des § 264 VII StGB am Beispiel langfristiger staatlicher Ausfuhrgewährleistungen (sog. Hermes-Deckungen); *Hancher,* Export Aid, in: *Hancher/Ottervanger/Slot,* EC State Aid, London 2006, 124; *Martenczuk,* Export Aid and EC State Aid Control, Festschrift Santaolalla, 2008, 169; *Mederer,* Ausfuhrbeihilfen, in: von der Groeben/Schwarze, Vertrag über die Europäische Union und Vertrag zur Gründung der Europäischen Gemeinschaft, 6. Aufl. 2003, Art. 87 Absatz 3 EG; RdNr. 345; *Moltrecht,* Kommission eröffnet Beihilfekontrollverfahren gegen Frankreich wegen einer staatlichen Exportkreditgarantie für den Bau eines Kernkraftwerks in Finnland, EuZW 2007, 418; *Müller-Ibold,* Ausfuhrförderung aus der Sicht der EG, in: *Ehlers,* Rechtsfragen der Ausfuhrförderung, 2003; *Ohlhoff,* Verbotene Beihilfen nach dem Subventionsabkommen der WTO im Lichte aktueller Rechtsprechung, EuZW 2000, 645; *Perini,* No export aid to large firms outside the EU, Competition Policy Newsletter, 2005, 69; *Repplinger-Hach,* Ausfuhrbeihilfen, in: *Heidenhain,* Handbuch des Europäischen Beihilfenrechts, 2003, § 17 D; *Scheibe,* Garantien & Bürgschaften von A–Z – Lexikon der Ausfuhrgewährleistungen des Bundes, 2002; *Scheibe/Moltrecht/Kuhn,* Garantien & Bürgschaften – Exportkreditgarantien des Bundes und Rechtsverfolgung im Ausland, Loseblatt, Stand 4/2009; *Zuleger,* Export Aid, in: *Heidenhain,* European State Aid Law (2010), 296.

364   **1. Einführung, Definitionen, Anwendungsbereich. a) Hintergrund, Sinn und Zweck.** Ausfuhrbeihilfen gehören in nahezu allen Exportwirtschaften der Welt zum staatlichen Instrumentarium. Sie sollen aus der Sicht des exportfördernden Staates eigene Unternehmen gegenüber ausländischen Kunden und Konkurrenten stützen und vor wirtschaftlichen, politischen oder rechtlichen Risiken in den Ausfuhrländern schützen. Typische Förderinstrumente sind Exportkreditversicherungen und -garantien; nahezu alle Mitgliedstaaten unterhalten zum Zweck ihrer Gewährung spezielle öffentliche Einrichtungen.[1]

365   **b) Formen, Hermes-Deckungen.** Ausfuhrbeihilfen kommen in der Praxis in derselben Vielfalt vor wie sonstige Beihilfen. Ihre Ausrichtung liegt in der Förderung von Exporten nach oder Investitionen in anderen Mitgliedstaaten oder Drittstaaten. Typische Formen sind Exportkredite und Exportkreditversicherungen; daneben geht es um Steuervorteile, Werbungskostenzuschüsse, Wechselkursgarantien, Investitionszuschüsse, Zuschüsse für Messeteilnahmen, Beratungsmaßnahmen, Produktlancierung uvm.

---

[135] Vgl. Mitteilung der Kommission über die Anwendung der Vorschriften über staatliche Beihilfen auf Maßnahmen im Bereich der direkten Unternehmensbesteuerung, ABl. 1998 C 384/3.

[136] Vgl. Kom., Staatliche Beihilfe N 131/2009, RdNr. 22 ff. – Finnische REIT; vgl. in diesem Band auch *Th. Jaeger,* Abschn. E – Steuerliche Maßnahmen, RdNr. 51 ff. mwN.

[137] Abkommen über den Europäischen Wirtschaftsraum, ABl. 1994 L 1/3.

[138] Vgl. Entscheidung der EFTA-Überwachungsbehörde v. 16. 12. 2009 über die Eröffnung des förmlichen Prüfverfahrens im Hinblick auf die Veräußerung von Grundstücken durch die norwegische Gemeinde Asker an Asker Brygge AS, PR(09)95; Entscheidung der EFTA-Überwachungsbehörde vom 26. 11. 2008 über beihilfefreie Grundstücksveräußerungen an das norwegische Fischereiunternehmen H. Ostervold AS, Dec. No. 729/08/COL; weitere Beihilfeentscheidungen finden sich auf der Webseite der EFTA-Überwachungsbehörde unter http://www.eftasurv.int/state-aid/state-aid-register/.

[1] Vgl. die Liste der Exportkreditagenturen in der EU unter http://ec.europa.eu/trade/issues/sectoral/export_cred/ecas.htm; in Deutschland ist dies die bekannte Euler Hermes Kreditversicherungs-AG; zu deren Leistungsangebot (auch nach dem Konjunkturpaket II im Rahmen der globalen Wirtschafts- und Finanzkrise) vgl. http://www.agaportal.de/pages/aga/index.html.

Ziel von Ausfuhrbeihilfen ist im Kern häufig die Besicherung von Forderungen des inländi- **366** schen Exporteurs gegen einen im Ausland ansässigen Schuldner. Diese Forderungen des Exporteurs sind verschiedenen Risiken ausgesetzt: dazu gehören naturgemäß das Wechselkursrisiko sowie verschiedene wirtschaftliche (Insolvenz, Zahlungsverzug des Schuldners) und politische (Devisenknappheit, Devisenausfuhrbeschränkungen) Länderrisiken.

In Deutschland bietet der Bund, vertreten durch die Euler-Hermes KreditversicherungsAG **367** hier verschiedene Ausfuhrgewährleistungen (sog. Hermes-Deckungen) an; diese erfolgen v. a. in der Form von Ausfuhrbürgschaften, Ausfuhrgarantien und Ausfuhr-Pauschal-Gewährleistungen (APG).

Bei Ausfuhrbürgschaften übernimmt der Bund zugunsten deutscher Exporteure und Kredit- **368** institute die Deckung auslandsbezogener Risiken, wenn der ausländische Vertragspartner des deutschen Deckungsnehmers (oder ein aufgrund von Gesetzen oder durch Garantieübernahme für das Forderungsrisiko voll haftender Garant) ein Staat, eine Gebietskörperschaft oder vergleichbare Institution ist.[2] Ausfuhrbürgschaften sind nicht akzessorisch und daher keine Bürgschaften i. S. d. BGB. Sie entsprechen inhaltlich den Ausfuhrgarantien.

Bei Ausfuhrgarantien übernimmt der Bund die Deckung, wenn der ausländische Vertrags- **369** partner eine Privatperson oder eine nach zivil- oder handelsrechtlichen Vorschriften organisierte Gesellschaft ist.[3] Garantien schließen das Insolvenzrisiko mit ein (das bei staatlichen Schuldnern mangels Insolvenzfähigkeit fehlt) und sind daher idR. teurer als Ausfuhrbürgschaften. Der Unterschied zur Ausfuhrbürgschaft ist nicht inhaltlich, sondern liegt in der privaten (statt staatlichen) Natur des Schuldners.

Bei Ausfuhr-Pauschal-Gewährleistungen (APG) kann ein deutscher Exporteur, der mehrere **370** Besteller in verschiedenen Ländern beliefert, Forderungen mit einer Kreditlaufzeit von bis zu 12 Monaten absichern. Die APG bietet Schutz gegen Zahlungsausfall, insbesondere aufgrund Insolvenz des Bestellers, der Nichtzahlung der Forderung innerhalb von 6 Monaten nach Fälligkeit, staatlicher Maßnahmen und kriegerischer Ereignisse, der Nichtkonvertierung/-transferierung von Beträgen in Landeswährung, der Beschlagnahme von Waren infolge politischer Umstände oder der Unmöglichkeit der Vertragserfüllung infolge politischer Umstände.

Die og. Hermes-Deckungen beruhen letztlich auf dem Haushaltsgesetz des Bundes iVm. den **371** Übernahmerichtlinien. Sie werden dem Grunde nach öffentlich-rechtlich, der Höhe nach zivilrechtlich gewährt.[4] Die Berechnung der Deckungsprämie orientiert sich am sog. OECD-Konsensus.[5]

Hermes-Deckungen sollen nur mittel- und langfristige Risiken decken. Dabei handelt es sich **372** um Risiken mit einer Höchstrisikodauer von über 2 Jahren sowie um andere, nicht als marktfähig angesehene Risiken. In diesem Bereich erfolgt grundsätzlich keine Beihilfenkontrolle durch die Kommission, da im Bereich der langfristigen Exportkreditfinanzierung offenbar kein Wettbewerb zwischen öffentlichen und privaten Exportkreditversicherern besteht und daher durch staatliche Maßnahmen auch keine Wettbewerbsverzerrungen iSv. Art. 107 Abs. 1 AEUV drohen.[6]

c) Definitionen. In verschiedenen, in 2008 durch die AGVO[7] ersetzten GVO wurden Ex- **373** portbeihilfen, i. e. Beihilfen für exportbezogene Tätigkeiten, definiert als „Beihilfen, die unmittelbar mit den ausgeführten Mengen, der Errichtung und dem Betrieb eines Vertriebsnetzes oder den laufenden Ausgaben einer Exporttätigkeit in Zusammenhang stehen".[8] Die AGVO hat diese Definition im wesentlichen übernommen;[9] sie enthält freilich keine abschließende Definition, sondern ist auf Beihilfen für „ausfuhrbezogene Tätigkeiten" nicht anwendbar; darunter fallen „insbesondere" Maßnahmen, die unmittelbar mit den ausgeführten Mengen, der Errichtung und dem Betrieb eines Vertriebsnetzes oder anderen laufenden Ausgaben in Verbindung mit der Ausfuhrtätigkeit zusammenhängen.[10]

---

[2] Vgl. Ziff. 1.1.1. der Richtlinien für die Übernahme von Ausfuhrgewährleistungen („Übernahmerichtlinien") vom 30. 12. 1983, BAnz. Nr. 42 vom 29. 2. 1984, 1861.

[3] Vgl. Ziff. 1.1.2. der Übernahmerichtlinien.

[4] Zu den Einzelheiten vgl. *Koenig/Müller* 610.

[5] Ibid.; Übereinkommen über Leitlinien für öffentlich unterstützte Exportkredite vom 10. 7. 1997, durch Entscheidung des Rates Nr. 2001/76/EG vom 22. 12. 2000 in EU-Recht umgesetzt, ABl. 2001 L 32/1.

[6] Vgl. *Koenig/Müller* 610 f.

[7] VO 800/2008 (Allgemeine Gruppenfreistellungsverordnung), ABl. 2008 L 214/3.

[8] Vgl. Art. 1 lit. b VO 69/2001 De minimis-GVO), ABl. 2001 L 10/30; Art. 5 VO 70/2001 (KMU-GVO), ABl. 2001 L 10/33; dazu auch *Repplinger-Hach* RdNr. 192; *Heidenhain/Zuleger* RdNr. 239 f.

[9] Art. 1 Abs. 2 lit. a AGVO.

[10] Art. 1 Abs. 2 lit. a AGVO.

374   In den Erwägungsgründen der og. GVO wurde freilich erläutert, dass Beihilfen, die die Teilnahme an Messen, die Durchführung von Studien oder die Inanspruchnahme von Beratungsdiensten zwecks Lancierung eines neuen Produkts (oder eines bestehenden Produkts auf einem neuen Markt) ermöglichen sollen, in der Regel keine Ausfuhrbeihilfen darstellen.[11] Auch die AGVO nimmt diese Kategorie von Beihilfen aus dem Begriff der Ausfuhrbeihilfen aus.[12] Danach gelten KMU-Beihilfen bis zu € 2 Mio. pro Unternehmen und Vorhaben für die Teilnahme an Messen sowie für entsprechende Beratungsdienste als mit dem Gemeinsamen Markt vereinbar und von der Notifizierungspflicht nach Art. 108 Abs. 3 AEUV freigestellt.[13] Die Kommission hat die Abgrenzung zwischen Ausfuhrbeihilfen und nicht exportorientierten Beihilfen in verschiedenen Entscheidungen behandelt.[14]

375   Auch der GATT-Subventionskodex[15] enthält keine abschließende präzise Bestimmung des Begriffs „Subvention", sondern verweist in Anhang I auf Beispiele für Ausfuhrsubventionen.[16] In Anhang I lit. j und k werden Ausfuhrsubventionen beschrieben als (j) *„Exportrisikogarantien und -versicherungen durch den Staat (oder von ihm kontrollierte Sondereinrichtungen), von Versicherungs- oder Garantieprogrammen zum Schutz vor Preissteigerungen bei Waren für die Ausfuhr oder von Programmen zur Abdeckung von Währungsrisiken zu Prämiensätzen, die offensichtlich nicht ausreichen, um die Betriebskosten und Verluste bei der Ausführung der betreffenden Programme auf lange Sicht zu decken"* bzw. (k) *„Gewährung von Exportkrediten durch den Staat (oder von ihm kontrollierte und/oder ihm unterstellte Sondereinrichtungen) zu Sätzen, die unter jenen liegen, welche die Exporteure zahlen müssen, um sich die Mittel zu verschaffen, die sie dafür aufwenden (oder zahlen müssten, wenn sie internationale Kapitalmärkte in Anspruch nähmen, um Gelder derselben Fälligkeit und auf dieselbe Währung wie der Exportkredit lautend zu erhalten), oder staatliche Übernahme aller oder eines Teiles der Kosten, die den Exporteuren oder den Finanzinstituten bei der Beschaffung von Krediten erwachsen, soweit sie dazu dienen, auf dem Gebiet der Exportkreditbedingungen einen wesentlichen Vorteil zu erlangen."*

376   Der Begriff Ausfuhrbeihilfen setzt freilich voraus, dass es bei der betreffenden Maßnahme um die Förderung des Exports aus dem gewährenden EU-Mitgliedstaat, nicht aber um die Förderung von Ausfuhren zwischen Drittstaaten geht.[17] Soweit ein Mitgliedstaat eine im Sinne von Art. 108 Abs. 1 AEUV bestehende Ausfuhrförderung geographisch ausweitet, bedarf diese Erweiterung des Anwendungsbereichs keiner erneuten Notifizierung und Genehmigung durch die Kommission.[18]

377   **d) Systematik.** Im Hinblick auf den freien Handel im Binnenmarkt unterscheiden die Regelungen zu Ausfuhrbeihilfen kategorial zwischen Beihilfen zur Ausfuhr in andere Mitgliedstaaten (grundsätzlich nicht genehmigungsfähig) und solchen zur Ausfuhr in Drittstaaten (grundsätzlich genehmigungsfähig). Der Außenhandelsbezug der Beihilfen führt dazu, dass außenhandelsrechtliche und beihilfenrechtliche Regelungen parallel anwendbar sein können. Die daraus folgende Komplexität der Materie wird durch diverse außenhandelsrechtliche Vereinbarungen, denen die EG auf Ebene der WTO und OECD beigetreten ist, noch erhöht.[19]

378   Ferner wird differenziert zwischen kurzfristigen Ausfuhrbeihilfen von bis zu 2 Jahren Dauer und mittel- bzw. langfristigen Exportbeihilfen. Nur für erstere hat die Kommission im Wege der Mitteilung zur Anwendung des Beihilfenrechts auf kurzfristige Exportkreditversicherungen eine Regelung verabschiedet.[20] Dies bedeutet freilich nicht, dass sich die Beihilfenkontrolle nicht auch auf längerfristige Maßnahmen erstrecken kann.

---

[11] Vgl. VO 69/2001, 4. Erwägungsgrund; VO 70/2001, 16. Erwägungsgrund.

[12] Vgl. VO 800/2008, 8. Erwägungsgrund.

[13] Vgl. Art. 1 Abs. 1 lit. e, Art. 6 Abs. 1 lit. c, d, Art. 27 VO 800/2008.

[14] Kom., ABl. 2002 C 170/2 und L 202/15 – Exportbeihilfen Mecklenburg-Vorpommern; vgl. näher *Repplinger-Hach* RdNr. 192 m. Fn. 439.

[15] „Agreement on Interpretation and Application of Articles VI, XVI and XXIII of the General Agreement on Tariffs and Trade" vom 12. 4. 1979; online unter www.wto.org.

[16] Anhang I – Illustrative List of Export Subsidies.

[17] Vgl. EuG, T-190/00, Slg. 2003, II-5015, RdNr. 115 f. – Regione Siciliana.

[18] Vgl. EuGH, C-44/93, Slg. 1994, I-3929 – Namur.

[19] Etwa WTO Agreement on Subsidies and Countervailing Measures (sog. SCM-Übk.); OECD Übereinkommen über Leitlinien öffentlich unterstützter Exportkredite (1978) – sog. OECD-Konsensus, den die EG mit Entscheidung des Rates vom 4. 4. 1978 in innergemeinschaftliches Recht überführt hat, vgl. dazu auch die anschließenden, modifizierenden Entscheidungen des Rates in ABl. 1993 L 44/1 und 1997 L 216/77; diverse OECD-Leitlinien.

[20] Vgl. ABl. 1997 C 281/4.

2. Verhältnis zur gemeinschaftlichen Handelspolitik. a) Außenhandelsrecht und 379
Ausfuhrbeihilfen. Nach Art. 132 Abs. 1 EG a. F. vereinheitlichten die Mitgliedstaaten ihre für Exporte in Drittstaaten bestehenden Beihilfesysteme (mit Ausnahme bestimmter Rückvergütungen iSv. Art. 132 Abs. 2 EG a. F.), soweit dies zur Vermeidung einer Verfälschung des Wettbewerbs zwischen Gemeinschaftsunternehmen erforderlich ist. Der Rat erlässt die dazu erforderlichen Rechtsakte nach Art. 207 AEUV, so etwa – nachdem zuvor verschiedene Richtlinien und Beschlüsse des Rates nicht umgesetzt worden waren[21] – die Richtlinie Nr. 98/29/EG zur Harmonisierung der wichtigsten Bestimmungen über die Exportkreditversicherung zur Deckung mittel- und langfristiger Geschäfte,[22] deren Risiken weitgehend nicht als marktfähig angesehen werden.[23]

Mehrere von der EG nach Art. 207 AEUV geschlossene internationale Abkommen befassen 380 sich ebenfalls mit Exportbeihilfen. So sind warenbezogene Subventionen in Art. VI, XVI GATT 1994 geregelt und untersagt das Subventionsabkommen der WTO (sog. SCM-Abkommen) von 1994[24] ausdrücklich Ausfuhrbeihilfen,[25] ist aber auf landwirtschaftliche Exportbeihilfen nicht anwendbar.[26] Beiden völkerrechtlichen Verträgen ist die EG – neben den Mitgliedstaaten – beigetreten, so dass sie nach Art. 216 Abs. 2 AEUV für die EU und ihre Mitgliedstaaten verbindlich sind. Dessen ungeachtet sind diese Abkommen für die Auslegung des Beihilfebegriffs nach Art. 107 Abs. 1 AEUV ohne Bedeutung,[27] können also nicht zu einer einschränkenden Auslegung des Beihilfebegriffs führen.

Verboten sind nach dem SCM-Abkommen Subventionen, deren Vergabe an die Ausfuhr 381 von Waren oder an die Verwendung inländischer Waren gebunden ist.[28] Durch andere WTO-Mitgliedstaaten anfechtbar sind Subventionen, die sich nachteilig auf deren Interessen, d. h. deren inländische Wirtschaft auswirken.[29] Erlaubt sind hingegen Beihilfen, die nicht spezifisch iSv. Art. 2 SCM-Abkommen sind oder die zu Forschungszwecken, zur Unterstützung benachteiligter Regionen oder zur Anpassung an neue Umweltvorschriften gewährt werden.[30] Verstöße gegen das SCM-Abkommen können zu einem entsprechenden Streitbeilegungsverfahren der betreffenden Staaten oder zu einseitigen Ausgleichszöllen des betroffenen Staates führen. Der Begriff der Subvention iSd. SCM-Abkommens ähnelt Art. 107 Abs. 1 AEUV, indem er finanzielle Zuwendungen bzw. Einkommens- oder Preisstützungen durch staatliche Einheiten erfasst, durch die spezifischen Empfängern Vorteile eingeräumt werden.[31]

Detaillierte Regelungen enthält auch der OECD-Konsensus,[32] der freilich unverbindlich ist 382 und der Umsetzung durch Entscheidung des Rates der EG bedurfte.[33] Er regelt die Bedingungen für öffentlich unterstützte Exportkredite mit einer Laufzeit von mindestens zwei Jahren. Der OECD-Konsensus soll einen Wettbewerb zwischen den Exporteuren der OECD-Exportländer fördern, der nicht auf den günstigsten öffentlich unterstützten Bedingungen, sondern auf Qualität und Preis der exportierten Waren und Dienstleistungen beruht.[34] Öffentliche Unterstützung (etwa Direktkredite, Refinanzierungen, Zinszuschüsse, Entwicklungshilfefinanzierung, Exportkreditversicherungen und -garantien) sollen durch Referenzwerte (für Mindestprämien, Mindestanzahlungen, max. Kreditlaufzeiten, Mindestkreditzinssätze) beschränkt werden. Aufgrund seiner Umsetzung gemäß Ratsentscheidung 2001/76/EG sind die Leitlinien des OECD-Konsensus in der Gemeinschaft anwendbar.[35]

---

[21] Vgl. dazu *Calliess/Ruffert/Hahn* Art. 132 EG RdNr. 9 mwN.

[22] ABl. 1998 L 148/22.

[23] Vgl. *Götz/Martínez-Soria* RdNr. 225.

[24] WTO Agreement on Subsidies and Countervailing Measures, Text unter http://www.wto.org/english/docs_e/legal_e/24-scm.pdf; zum SCM-Abkommen vgl. ausführlich Ohlhoff, EuZW 2000, 645 ff.

[25] Vgl. Art. 3.1 und Fn. 4 des SCM-Übk. der WTO.

[26] Zu landwirtschaftlichen Ausfuhrbeihilfen vgl. das im Rahmen des GATT 1994 geschlossene Agreement on Agriculture (AoA), das Landwirtschaftsabkommen des GATT, nach dem selbst Exportbeihilfen nicht generell verboten sind, sondern lediglich schrittweise abgebaut werden sollen.

[27] Vgl. EuG, T-55/99, Slg. 2000, II-3207, RdNr. 50 – CETM.

[28] Art. 3 SCM-Abkommen.

[29] Art. 5 f., 15 f. SCM-Abkommen.

[30] Art. 8 Abs. 1 lit. a, Abs. 2 SCM-Abkommen.

[31] Vgl. Art. 1.1 SCM-Abkommen; vgl. zu den einzelnen Tatbestandsmerkmalen und der WTO-Entscheidungspraxis *Ohlhoff* EuZW 2000, 645, 647 f.

[32] OECD-Übereinkommen über öffentlich unterstützte Exportkredite von 1978.

[33] Vgl. etwa Entscheidung des Rates 2001/76 vom 22. 12. 2000, ABl. 2001 L 21/1.

[34] Vgl. *Götz/Martínez-Soria* RdNr. 224.

[35] Ibid.

383   Ferner hat die Gemeinschaft verschiedene autonome, von internationalen Handelsabkommen unabhängige Sekundärrechtsakte erlassen. Dazu gehören etwa die Richtlinie 98/29/EG zur Harmonisierung der wichtigsten Bestimmungen über die Exportkreditversicherung zur Deckung mittel- und langfristiger Geschäfte[36] sowie andere Richtlinien bzw. Entscheidungen.[37]

384   Die vorgenannten außenhandelsrechtlichen Regelungen – Gemeinschaftsregelungen ebenso wie internationale Abkommen – sind auf Exporte zwischen Mitgliedstaaten nicht anwendbar; denn insoweit liegt gemeinschaftsrechtlich Binnen- und nicht Außenhandel vor. Auch soweit sie anwendbar sind, schließen sie – nach ständiger Rechtsprechung und Entscheidungspraxis – die Anwendbarkeit der Art. 107 f. AEUV nicht aus.[38] Die außenhandelsrechtlichen Regelungen zielen primär auf die Vermeidung von Wettbewerbsverzerrungen in Drittstaaten; die beihilfenrechtlichen Regelungen schützen Wettbewerb und Handel im Binnenmarkt vor Beeinträchtigungen, die innerhalb der EG auch bei der Förderung von Exporten in Drittstaaten auftreten können.[39]

385   Im Schrifttum wird gelegentlich angenommen, dass sich die Beihilfekontrolle grundsätzlich auf Beihilfen zur Abdeckung kurzfristiger Risiken beschränken und längerfristige Risiken allein den Regelungen von WTO und OECD überlassen solle, da insoweit kein Vergleichsmarkt vorliege.[40] Die Kommission hat sich dem nicht angeschlossen, sondern etwa im Hinblick auf eine Exportgarantie der französischen Ausfuhrkreditversicherungsanstalt Coface das förmliche Prüfverfahren eröffnet, freilich schließlich entschieden, dass keine Beihilfe nach Art. 107 Abs. 1 AEUV vorliege, da die staatliche Garantie nicht zu einer Reduzierung der Finanzierungskosten im Vergleich mit nicht verbürgten Darlehen führe.[41]

386   **b) Beihilfen zur Ausfuhr innerhalb und außerhalb der EG.** Anders als die vorgenannten, auf den Außenhandel, also die Ausfuhr in Drittstaaten beschränkten handelsrechtlichen Regelungen findet das Beihilfenrecht der Art. 107 f. AEUV sowohl auf die Förderung von Ausfuhren in Drittstaaten wie – erst recht – auf solche in andere Mitgliedstaaten Anwendung. Allerdings wird die Vereinbarkeit und damit Genehmigungsfähigkeit der Beihilfen unterschiedlich bewertet: Beihilfen zur Förderung des Exports in Drittstaaten sind grundsätzlich genehmigungsfähig; demgegenüber scheidet eine Genehmigung von Beihilfen zur Förderung der Ausfuhr in andere Mitgliedstaaten grundsätzlich aus.

387   **3. Regelungen. a) Mitteilung über kurzfristige Exportkreditversicherung.** Die 1997 beschlossene Mitteilung der Kommission zur Anwendung des Beihilfenrechts auf die kurzfristige Exportkreditversicherung ist verschiedentlich modifiziert und ihre Geltung verlängert worden (zuletzt bis Ende 2010).[42] Sie zielt auf die Beseitigung von beihilfeinduzierten Wettbewerbsverzerrungen in dem Segment des Exportkreditversicherungsgeschäfts, in dem private und staatliche Versicherer um die Versicherung sog. marktfähiger Risiken konkurrieren.

388   Die Mitteilung ist anwendbar nur auf kurzfristige Exportkreditversicherungen mit einer Dauer von bis zu 2 Jahren;[43] längerfristige staatliche Maßnahmen fallen nicht unter die Mitteilung, da die Kommission grundsätzlich davon ausgeht, dass insoweit keine privaten Versicherer im Wettbewerb mit staatlichen Einrichtungen stehen. Die Mitteilung zielt also nur auf die Beseitigung von Wettbewerbsverzerrungen in dem Sektor des Exportkreditversicherungsgeschäfts, in dem staatliche und private Versicherer konkurrieren. Die Wettbewerbsverzerrungen können dabei zwischen Exporteuren verschiedener Mitgliedstaaten oder zwischen Exportkreditversicherern auftreten.[44] Ungeachtet des beschränkten Anwendungsbereichs der Mitteilung sind Art. 107 f. AEUV natürlich auch in dem Bereich anwendbar, in dem zwar nicht private mit staatlichen Exportkreditversicherern, wohl aber staatliche Versicherer untereinander konkurrieren.

---

[36] ABl. 1998 L 148/22.

[37] Vgl. etwa RL 71/86 sowie Entscheidungen 82/854, 84/568, 2006/789 etc.; vgl. iE. *Martenczuk* 173 f.

[38] Vgl. EuGH, C-142/87, Slg. 1990, I-959 – Tubemeuse RdNr. 32; Kom., ABl. 1982 L 159/44 – Zinsbeihilfen; Kom., ABl. 1984 L 230/25 – Risikoschirm; Kom., ABl. 2007 L 89/15 – Teollisuuden, Tz. 53.

[39] Vgl. EuGH, 142/87, Slg. 1990, I-959, RdNr. 31 ff. – Tubemeuse.

[40] Vgl. *Moltrech* EuZW 2007, 418; *Martenczuk* 171 f. mwN.

[41] Kom., ABl. 2008 L 89/15, Art. 1 und RdNr. 80 der Erwägungsgründe – Teollisuuden.

[42] Mitteilung der Kommission an die Mitgliedstaaten nach Artikel 93 Absatz 1 EG-Vertrag zur Anwendung der Artikel 92 und 93 EG-Vertrag auf die kurzfristige Exportkreditversicherung, ABl. 1997 C 281/4; zu Änderungen und Verlängerungen vgl. ABl. 2001 C 217/2, 2004 C 307/12, 2005 C 325/22; vgl. dazu auch *Mederer* RdNr. 348 ff.; *Heidenhain/Zuleger,* RdNr. 246 ff.; je mwN.

[43] Vgl. Ziff. 2.5 der Mitteilung.

[44] Vgl. Ziff. 1.3 der Mitteilung.

In ihrer Grundaussage untersagt die Mitteilung im Bereich der Exportkreditversicherung **389** marktfähige dh. kurzfristiger Risiken die staatliche Begünstigung von Exportkreditversicherern durch staatliche Kredit- oder Verlustgarantien oder Steuerbefreiungen.[45]

Soweit bestehende Beihilfen iSv. Art. 108 Abs. 1 AEUV vorlagen, hat die Kommission in der **390** Mitteilung die Mitgliedstaaten aufgefordert, die Beihilfen binnen eines Jahres abzuschaffen.[46]

aa) Marktfähige Risiken. Die Mitteilung bezieht sich auf die Versicherung „marktfähiger" **391** Risiken; dabei handelt es sich um definierte „wirtschaftliche" Risiken nichtöffentlicher Schuldner mit Sitz überwiegend in EU- bzw. OECD-Staaten und einer Höchstrisikodauer von weniger als 2 Jahren; diese wirtschaftlichen Risiken umfassen den willkürlichen Vertragsrücktritt des Schuldners, die willkürliche Annahmeverweigerung, die Zahlungsunfähigkeit des Schuldners sowie wie den dauernden Zahlungsverzug.[47] Den marktfähigen wirtschaftlichen Risiken stehen einerseits politische Risiken, andererseits wirtschaftliche Risiken in Bezug auf nicht im Anhang der Mitteilung genannte Staaten gegenüber;[48] diese werden als noch nicht marktfähig angesehen.

Dabei geht die Kommission seit 2001 davon aus, dass die Definition der marktfähigen **392** Risiken veränderlich ist und angepasst werden kann. Ferner ist die Kommission bereit, bestimmte Risiken als vorübergehend nicht marktfähig zu betrachten; dies gilt seit Ende 2005 etwa für KMU, in deren Sitzstaat (dies gilt insbesondere für die Beitrittsstaaten von 2005/2007) keine angemessene Deckung von Ausfuhrrisiken angeboten wird.[49]

Die Kommission geht davon aus, dass staatliche Kredit- oder Verlustgarantien, Steuerbefrei- **393** ungen oder sonstige Beihilfen in diesem Bereich den Wettbewerb – sowohl zwischen staatlichen und privaten Versicherern, wie zwischen versicherten Exportunternehmen – sowie den zwischenstaatlichen Handel beeinträchtigen.[50] Sie forderte mithin bereits in der ursprünglichen Fassung der Mitteilung die Mitgliedstaaten im Wege des Vorschlages einer zweckdienlichen Maßnahme nach Art. 108 Abs. 1 AEUV auf, bestimmte Beihilfearten in ihren Exportversicherungssystemen zu beseitigen (wie etwa Verlustgarantien, Steuerbefreiungen uÄ.).[51]

Seit 2006 gelten wirtschaftliche und politische Risiken von Schuldnern, die KMU sind und **394** einen Ausfuhrumsatz von max. € 2 Mio. erzielen, vorübergehend als nicht marktfähig; die Mitteilung ist auf Exportkreditversicherungen zugunsten solcher Schuldner daher einstweilen nicht anwendbar.[52] Dasselbe gilt, soweit nachweislich (Rück-)Versicherungskapazitäten fehlen, so dass staatliche Exportversicherer marktfähige Risiken nicht übernehmen; diese Risiken werden dann vorübergehend als nicht marktfähig angesehen und staatliche Versicherungsmaßnahmen von der Anwendung der Mitteilung ausgenommen.[53]

bb) Beihilfenempfänger. Die Mitteilung zielt ausschließlich auf Exportkreditversicherer als **395** Empfänger von Beihilfen. Sie führt aus, dass der Wettbewerb zwischen staatlichen und privaten Exportkreditversicherern durch staatliche Kredit- und Verlustgarantien, unterschiedliche Rückstellungsverpflichtungen zulasten privater Versicherer, Steuerbefreiungen, Kapitalhilfen zu nicht marktkonformen Bedingungen, uä. verfälscht werden kann.[54]

cc) Feststellung und Genehmigung staatlicher Beihilfen. Die Mitteilung unterscheidet **396** nicht deutlich zwischen Feststellung und Genehmigung staatlicher Beihilfen. Sie deutet freilich an, dass Beihilfen für die Versicherung marktfähiger Risiken nicht den Ausnahmeregelungen des Art. 107 AEUV unterfallen und daher nicht genehmigungsfähig sind.[55]

Ferner folgt aus dem Umstand, dass bestimmte Risiken und Maßnahmen nicht in den An- **397** wendungsbereich der Mitteilung fallen, nicht etwa, dass die Kommission insoweit das Vorliegen staatlicher Beihilfen stets verneint.[56]

---

[45] Vgl. Ziff. 3.1, 3.2 der Mitteilung.
[46] Vgl. Ziff. 4.2 der Mitteilung.
[47] Vgl. RdNr. 2.5 und Anhang.
[48] Im Anhang der Mitteilung werden neben den EG-Mitgliedstaaten die OECD-Mitgliedstaaten Australien, Kanada, Island, Japan, Neuseeland, Norwegen, Schweiz und USA genannt.
[49] Vgl. die Änderungsmitteilung von 2005, ABl. 2005 C 325/22.
[50] Vgl. RdNr. 3.2, 3.1.
[51] Vgl. RdNr. 4.2.
[52] Vgl. RdNr. 2.5 idFd. Mitteilung vom 22. 12. 2005, ABl. 2005 C 325/22.
[53] Vgl. RdNr. 4.4; vgl. dazu Kom., ABl. 2007 C 205/19 – tschechische Exportkreditversicherung für KMU.
[54] Vgl. RdNr. 3.1.
[55] Vgl. RdNr. 3.2.
[56] Vgl. *Martenczuk* 177 f.

398 **b) Ausfuhrbeihilfen in anderen Leitlinien und in GVO.** Zahlreiche Verordnungen und Leitlinien behandeln Exportbeihilfen ausdrücklich.

399 **aa) Schiffbau.** Nach dem mehrfach verlängerten Gemeinschaftsrahmen für Schiffbaubeihilfen können staatlich geförderte Schiffbaukredite an in- oder ausländische Eigentümer oder an Dritte[57] als mit dem Binnenmarkt vereinbar gelten, wenn sie mit den Bestimmungen des OECD-Übereinkommens von 1998 über Leitlinien für öffentlich unterstützte Exportkredite für Schiffe oder mit Folgevorschriften in Einklang stehen.[58] Dasselbe gilt für Schiffsbaubeihilfen an ein Entwicklungsland.[59] In beiden Fällen hängt mithin die eigentlich nur gemeinschaftsrechtlich determinierte Vereinbarkeitsprüfung von einem internationalen Abkommen in seiner jeweiligen Fassung ab. Im Fall von Schiffbaukrediten gilt dies sogar für innergemeinschaftliche Ausfuhren, also den Bau von Schiffen für Abnehmer aus anderen Mitgliedstaaten.[60]

400 **bb) Regionalbeihilfen.** Unterschiedslos für intra- wie extra-EU-Exporte gelten auch die Regionalbeihilfe-Leitlinien, die freilich Betriebsbeihilfen zur Förderung von Ausfuhren für nicht genehmigungsfähig erklären.[61]

401 **cc) AGVO.** Die AGVO nimmt Ausfuhrbeihilfen ausdrücklich von ihrem Anwendungsbereich aus.[62] Dasselbe galt schon für die vorherigen Regelungen in den GVO für Beschäftigungsbeihilfen, KMU und landwirtschaftliche KMU und gilt – ungeachtet ihres *a priori* beschränkten Betrages – auch nach der GVO für *de minimis*-Beihilfen (mit Ausnahme der Förderung von Export-Studien oder Messen oder Beratungsleistungen für Produktlancierungen).[63]

402 **dd) Garantien.** Auch die Mitteilung über staatliche Garantien und Bürgschaften gilt ausdrücklich nicht für Exportkreditgarantien,[64] mit Ausnahme derjenigen, die ausschließlich das exportierende Unternehmen begünstigen, ohne direkt dessen Ausfuhren zu fördern.[65]

403 **ee) Exportbeihilfen in der Wirtschafts- und Finanzkrise.** Ausfuhrbeihilfen können bis Ende 2010 auch nach dem Vorübergehenden Gemeinschaftsrahmen für staatliche Beihilfen zur Erleichterung des Zugangs zu Finanzierungsmitteln in der gegenwärtigen Finanz- und Wirtschaftskrise[66] genehmigt werden. Der Vorübergehende Gemeinschaftsrahmen geht ausdrücklich davon aus, dass aufgrund der Finanzkrise in einigen Mitgliedstaaten Versicherungs- oder Rückversicherungskapazitäten fehlen und daher für marktfähige Risiken iSd. Mitteilung zur kurzfristigen Exportkreditversicherung vorübergehend keine Deckung zur Verfügung steht; er sieht unter diesen Umständen vor, dass staatliche Exportkreditversicherer vorübergehend diese nicht marktfähigen Risiken übernehmen können, wobei der Versicherer seine Prämien an diejenigen der privaten Exportversicherer anpassen muss. Zugunsten des Export versichernden Mitgliedstaates wird seine Beweislast für das Fehlen privater Exportkreditsicherung reduziert; er muss nur noch Aussagen von Exportkreditversicherern und Exporteuren beibringen.[67]

404 Dementsprechend hat die Kommission eine deutsche Regelung zur Verbesserung der sog. Hermes-Deckungen genehmigt. Die genehmigte Regelung sieht für finanziell solide Auslandsgeschäfte von in Deutschland niedergelassenen Unternehmen, die auf dem privaten Markt keine Versicherungsdeckung für ihre Exportrisiken finden, eine Bereitstellung der erforderlichen kurzfristigen Exportkreditgarantien vor. Voraussetzung einer solchen Exportkreditgarantie ist,

---

[57] Werft-, Lieferanten- und Bestellerkredite.

[58] Vgl. Rahmenbestimmungen für Beihilfen an den Schiffbau, ABl. EG 2003 C 317/11, RdNr. 23; zuletzt verlängert bis Ende 2011, ABl. 2008 C 173/3; vgl. auch *Heidenhain/von Donat* § 18 RdNr. 207.

[59] Ibid. RdNr. 24 f.; vgl. iE. *Heidenhain/von Donat* § 18 RdNr. 208 mwN.

[60] Vgl. *Martenczuk* 178 f.

[61] Leitlinien für staatliche Beihilfen mit regionaler Zielsetzung 2007–2013, ABl. 54/13, RdNr. 78; anders noch die zuvor geltenden Regionalbeihilfe-Leitlinien von 1998, ABl. C 74/9, RdNr. 4.17, die zwischen extra- und intra-EU-Ausfuhren differenzierten.

[62] VO 800/2008 der Kom. vom 6. August 2008 zur Erklärung der Vereinbarkeit bestimmter Gruppen von Beihilfen mit dem Gemeinsamen Markt in Anwendung der Artikel 87 und 88 EG-Vertrag (allgemeine Gruppenfreistellungsverordnung), ABl. 2008 L 214/3, Art. 1 Abs. 2 lit. a und RdNr. 8 der Erwägungsgründe.

[63] VO 1998/2006 der Kom. vom 15. Dezember 2006 über die Anwendung der Artikel 87 und 88 EG-Vertrag auf De-minimis-Beihilfen, ABl. 2006 L 379/5, Art. 1 Abs. 1 lit. d, e und RdNr. 6 der Erwägungsgründe.

[64] Mitteilung der Kom. über die Anwendung der Artikel 87 und 88 des EG-Vertrags auf staatliche Beihilfen in Form von Haftungsverpflichtungen und Bürgschaften, ABl. 2008 C 155/10, RdNr. 1.3 aE.

[65] Vgl. Kom., ABl. 2007 C 214/3 – Skarb Panstwa; *Martenczuk* 180.

[66] ABl. 2009 C 83/1.

[67] Ibid. Ziff. 5.1.

dass das Exportunternehmen einen beträchtlichen Teil des Risikos selbst trägt. Die Kommission stellte fest, dass aufgrund der Finanzkrise auf dem privaten Versicherungsmarkt keine ausreichende Risikodeckung mehr zur Verfügung gestellt wird. Deutschland sagte ferner zu, die zu zahlenden Prämien an jene des privaten Marktes anzupassen; dies soll sicherstellen, dass es im Interesse der Exportunternehmen liegt, sich wieder an private Versicherer zu wenden, sobald der private Markt wieder ausreichenden Versicherungsschutz anbieten kann.[68]

4. Ausfuhrbeihilfen und Beihilfentatbestand nach Art. 107 Abs. 1 AEUV. a) Be- **405** **günstigung.** Ob Exportbeihilfen tatsächlich zu einer Begünstigung führen, ist insbesondere in den Fällen schwer zu beurteilen, in denen die Konditionen staatlicher und privater Exportkreditversicherungen oder -garantien vergleichbar sind, in denen also die staatliche Maßnahme zu keiner Besserstellung gegenüber marktüblichen Bedingungen führt. Soweit private – anders als staatliche – Versicherungs- oder Garantiegeber eine bestimmte Maßnahme nicht anbieten, führt die staatliche Ausfuhrförderung immer zu einer Besserstellung und damit Begünstigung des betroffenen Unternehmens. Soweit indes sowohl private wie staatliche Anbieter eine Ausfuhrförderung anbieten, ist anhand eines Vergleichs der jeweiligen Konditionen (Prämie, Besicherung, etc.) zu prüfen, ob die staatliche Förderung ihre Adressaten gegenüber den Marktbedingungen besser stellt und damit begünstigt. Ist dies nicht der Fall, unterfällt eine Ausfuhrmaßnahme auch dann nicht dem Art. 107 Abs. 1 AEUV, wenn sie innergemeinschaftliche Exporte fördert.

Dabei ist – wie bei Garantien üblich – auf der Ebene der Begünstigung jeweils auch zu unter- **406** scheiden zwischen einer Begünstigung des Exportunternehmens und einer Begünstigung Kredit gewährender Banken oder gar der (öffentlichen) Exportkreditversicherungen selbst; soweit letztere wirtschaftlich tätig sind und daher funktional als Unternehmen zu gelten haben, kommen auch sie als Begünstigte einer staatlichen Beihilfe in Betracht.

b) Selektivität. Im Hinblick auf generelle Ausfuhrfördermaßnahmen, die allen Unterneh- **407** men offen stehen, wird zuweilen bestritten, dass sie zu einer selektiven Begünstigung spezifischer Unternehmen oder Branchen führen könnten. Dem ist indes der Gerichtshof mehrfach entgegen getreten; danach reicht für eine hinreichende Selektivität aus, dass eine solche Maßnahme – etwa Steuervorteile – einer bestimmten, abgrenzbaren Unternehmensgruppe, etwa exportierenden Unternehmen zugute kommen; nicht maßgeblich ist demgegenüber, ob die zuständige nationale Behörde bei der Gewährung solcher Maßnahmen über ein Ermessen verfügt oder aber zur Förderung verpflichtet ist.[69] Die selektive Begünstigung liegt schon darin, dass eine Maßnahme (nur) exportierenden Unternehmen zugute kommt.[70]

c) Wettbewerbs- und Handelsbeeinträchtigung. Um den Tatbestand einer staatlichen **408** Beihilfe zu erfüllen, muss die selektive Förderung eines Unternehmens nach Art. 107 Abs. 1 AEUV auch aktuell oder potentiell Wettbewerb und zwischenstaatlichen Handel beeinträchtigen. Auch bei Ausfuhrbeihilfen ist dieses Tatbestandsmerkmal zumeist erfüllt, da eben eine bloß mögliche Beeinträchtigung ausreicht und der Gerichtshof darüber hinaus eine solche Beeinträchtigung in den Bereichen, die gemeinschaftsrechtlich liberalisiert sind, sogar vermutet.[71] Dabei kommt es weder auf den Betrag der Beihilfe noch auf die Größe des begünstigten Unternehmens an.[72]

Dementsprechend wird bei Beihilfen, die innergemeinschaftliche Ausfuhren begünstigen, ty- **409** pischerweise auch eine Beeinträchtigung von Wettbewerb und zwischenstaatlichem Handel vorliegen. Nichts anderes gilt für die Förderung von Exporten in Drittstaaten; denn auch diese kommt primär Unternehmen in der Gemeinschaft zugute, die im Wettbewerb mit anderen EU-Unternehmen stehen.[73] Entgegen gelegentlicher Stimmen in der Literatur sind die Ge-

---

[68] Kom., Entscheidung vom 5. 8. 2009 im Verfahren N 384/2009, IP/09/1222 vom 5. 8. 2009; ebenso Kom., Staatliche Beihilfe N 91/2010 – Germany/Short-term export-credit insurance; Kom., Entscheidung vom 10. 6. 2010 im Verfahren N 84/2009 – Lettland; vgl. auch *v. d. Casteole*, Comp. Pol. Newsletter 2010 – 1, S. 9 mwN.

[69] EuGH, C-501/00, Slg. 2004, I-6717, RdNr. 120 f. – Diputación Foral de Alava; EuGH, 57/86, Slg. 1988, 2855, RdNr. 8 und Leitsatz 1 – Griechenland/Kommission; EuGH, verb. Rs. 6 und 11/69, Slg. 1969, 523, RdNr. 20 ff. – Kommission/Frankreich.

[70] Kom., Entscheidung 2005/919, ABl. 2005 L 335/39, RdNr. 24 ff. – italienische Messeteilnehmer; zu weiteren Beispielen aus der Rechtsprechung vgl. *Martenczuk* 182.

[71] EuGH, C-494/06 P, Slg. 2009, I-3639, Rn. 53, 62 – WAM.

[72] Vgl. EuGH, C-172/03, Slg. 2005, I-1627, RdNr. 32 f. – Heiser.

[73] Vgl. EuGH, C-142/87, Slg. 1990, I-959, RdNr. 35 ff. – Tubemeuse; EuG, T-369/06, Slg. 2009, II-33/3, RdNr. 45 ff. – Holland Malt.

meinschaftsgerichte von dieser Linie bislang nicht abgewichen; auch in den jüngsten, viel zitierten Urteilen in Sachen „WAM" haben EuG und EuGH die betreffende Kommissions-Entscheidung – welche italienische Zinsvergütungen für ein nach Asien exportierendes, aber auch in anderen Mitgliedstaaten präsentes und dort gegen einheimische Unternehmen konkurrierendes Unternehmen als mit dem Gemeinsamen Markt unvereinbar untersagt hatte[74] – nicht mangels Wettbewerbs- oder Handelsbeeinträchtigung, sondern wegen eines Begründungsfehlers iSv. Art. 296 AEUV aufgehoben.[75] Dies entspricht der auch bei Ausfuhrbeihilfen geltenden Rechtsprechung, wonach eine Entscheidung der Kommission auch bei Export- und Entwicklungshilfen das Vorliegen einer zumindest potentiellen Wettbewerbs- und Handelsbeeinträchtigung nachvollziehbar begründen muss.[76]

410   **5. Genehmigung von Ausfuhrbeihilfen. a) Allgemeines.** Traditionell fußte die Genehmigung von Ausfuhrbeihilfen auf der weit gefassten Vorschrift des Art. 107 Abs. 3 lit. c AEUV, der zufolge Beihilfen zur Förderung der Entwicklung gewisser Wirtschaftszweige mit dem Gemeinsamen Markt angesehen werden können, soweit sie nicht die Handelsbedingungen in einer Weise verändern, die dem gemeinsamen Interesse zuwiderläuft.

411   Indes steht in Zeiten der weltweiten Wirtschafts- und Finanzkrise als Genehmigungsnorm auch der Art. 107 Abs. 3 lit. b AEUV zur Verfügung, wonach Beihilfen zur Behebung einer beträchtlichen Störung im Wirtschaftsleben eines Mitgliedstaats ebenfalls für vereinbar erklärt werden können. So hat die Kommission etwa mehrere staatliche Exportkreditversicherungssysteme nach Maßgabe des sog. „Vorübergehenden Gemeinschaftsrahmens"[77] genehmigt, da der erforderliche Versicherungsschutz auf dem privaten Versicherungsmarkt nicht mehr angeboten wurde; sie hat die Genehmigung ferner darauf gestützt, dass die Versicherungsprämien an jene des privaten Marktes bis zur Finanzkrise angepasst waren und und so hoch lagen, dass ein Anreiz besteht, nach Wiederaufleben des privaten Marktes wieder dort Versicherungsschutz zu suchen.[78] Ebenso hat die Kommission – nach Maßgabe der sog. Banken-Stützungs-Mitteilung[79] – eine deutsche Regelung zur Abfederung der Finanz- und Wirtschaftskrise auf die Bereitstellung von Exportkrediten genehmigt, der zufolge die KfW bestehende Exportkredite von Banken erwerben und damit die den Export finanzierenden Banken refinanzieren soll.[80]

412   Ebenso hat die Kommission Ausfuhrbeihilfen nach Art. 107 Abs. 3 lit. d AEUV genehmigt, dem zufolge Beihilfen zur Förderung der Kultur und der Erhaltung des kulturellen Erbes für vereinbar erklärt werden können.[81]

413   Auch Art. 106 Abs. 2 AEUV, wonach Unternehmen, die mit Dienstleistungen von allgemeinem wirtschaftlichen Interesse betraut sind, unter bestimmten Umständen von der Anwendung der Wettbewerbsregeln des Vertrages entbunden sind, war schon Grundlage für Entscheidungen der Kommission zu Ausfuhrbeihilfen.[82]

414   **b) Genehmigung nach Art. 107 Abs. 3 lit. c AEUV. aa) Ausfuhren innerhalb der EU.** Beihilfen zur Förderung innergemeinschaftlicher Ausfuhren werden von Kommission und Gemeinschaftsgerichten für grundsätzlich nicht genehmigungsfähig erachtet, da sie dem einheitlichen Binnenmarkt zuwiderlaufen und die darin geltenden Wettbewerbsbedingungen verzer-

---

[74] Kom., ABl. 2006 L 63/11 – WAM.

[75] Vgl. EuG, verb. Rs. T-04/04 und 316/04, Slg. 2006, II-64, RdNr. 63 ff. – WAM; EuGH, C-494/06 P, Slg. 2009, I-3639, RdNr. 48–65 – WAM; aA. *Martenczuk*, 183 f.

[76] Vgl. EuG, T-34/02, Slg. 2006, II-267, RdNr. 117 ff. – Le Levant.

[77] Vorübergehender Gemeinschaftsrahmen für staatliche Beihilfen zur Erleichterung des Zugangs zu Finanzierungsmitteln in der gegenwärtigen Finanz- und Wirtschaftskrise, ABl. 2009 C 83/1.

[78] Vgl. Kom., Entscheidung vom 5. 10. 2009 – CAP Export (N 384/2009), IP/09/1422; Kom., Entscheidung vom 2. 10. 2009 – niederländische Exportversicherung (N 409/2009), IP/09/1405.

[79] Mitteilung der Kommission – Die Anwendung der Vorschriften für staatliche Beihilfen auf Maßnahmen zur Stützung von Finanzinstituten im Kontext der derzeitigen globalen Finanzkrise, ABl. 2008 C 270/2.

[80] Kom., Entscheidung vom 15. 9. 2009 – Exportkredite (N 456/2009), IP/09/1319.

[81] Vgl. die Entscheidungen der Kommission zu Beihilfen an Ausfuhrkommissionäre zur Förderung des Absatzes französischsprachiger Bücher im Ausland, etwa Kom., Entscheidung 2005/262, ABl. 2005 L 85/27 – CELF; diese Entscheidung wurde freilich vom EuG aufgehoben, vgl. EuG, T-348/2004, Slg. 2008, II-625 – SIDE; zur Rückforderung ist nunmehr beim EuGH ein Vorlageverfahren anhängig, C-1/09.

[82] Vgl. Kom., ABl. 2005 C 256/25 – Chaîne française d'information internationale (N 54/2005); der französische TV-Sender CFII, ein Gemeinschaftsunternehmen von TF1 und France Télévision, soll französischsprachige Nachrichten im Ausland senden; letzteres anerkannte die Kommission als Dienstleistung im allgemeinen wirtschaftlichen Interesse und genehmigte die Förderung von CFII, da ein Überausgleich der öffentlichen Kosten des Senders ausgeschlossen war.

ren.[83] Dies kommt nun auch in der Mitteilung zur kurzfristigen Exportkreditversicherung zum Ausdruck.[84] Dahinter steht offenkundig die Furcht vor einem Subventionswettlauf der Mitgliedstaaten, der letztlich den gemeinsamen Binnenmarkt zerstören würde.

bb) Ausfuhren außerhalb der EU. Die Entscheidungspraxis der Kommission hinsichtlich **415** Beihilfen zur Förderung von Exporten in Drittländern ist weniger einheitlich.[85] Angesichts des intensiven Wettbewerbs von EU-Unternehmen auf Drittlandsmärkten akzeptiert die Kommission den Förderungszweck „Export in Drittstaaten" nicht als a priori zu einer Genehmigung führend. Vielmehr muss die individuelle Maßnahme (etwa Forschungs- oder Ausbildungsbeihilfen) auf ihre Vereinbarkeit mit dem Gemeinsamen Markt geprüft werden.

Dabei berücksichtigt die Kommission auch ihre Verpflichtungen aus internationalen Ab- **416** kommen, wie etwa dem SCM-Abkommen der WTO, dessen Art. 3 Exportbeihilfen grundsätzlich untersagt; dies gilt auch dann, wenn die Ausfuhrbeihilfen zum Ausgleich WTO-widriger Ausfuhrbeihilfen anderer WTO-Mitgliedstaaten gewährt werden.[86] Im Bereich Schiffbau wendet die Kommission zudem die OECD-Sektorvereinbarung über Exportkredite für Schiffe an.[87]

Im übrigen genehmigt die Kommission auch Exportbeihilfen nur dann nach Art. 107 Abs. 3 **417** lit. c AEUV, wenn sämtliche Voraussetzungen dieser Bestimmung erfüllt sind. Eine bloße Förderung mit dem Ziel, die Belastungen exportierender Unternehmen zu verringern, ist als Betriebsbeihilfe nicht genehmigungsfähig.[88] Zu den danach in der Vergangenheit nicht genehmigungsfähigen Ausfuhrbeihilfen zählten etwa Preisgarantiesysteme, Vorzugsrediskontsätze, Steuervorteile für Auslandsniederlassungen, Zuschüsse für Werbung im Ausland, Beihilfen für Exportkredite und Wechselkursgarantien sowie Rückvergütungen für andere als direkte Abgaben.[89]

cc) Internationalisierungsbeihilfen. Teilweise werden im Schrifttum die sog. Internatio- **418** nalisierungsbeihilfen als weitere Kategorie von Exportbeihilfen geführt; dabei handelt es sich um Beihilfen, die gemeinschaftsansässige Unternehmen ermutigen sollen, in Drittstaaten zu investieren, während Ausfuhrbeihilfen primär von den Kosten der Exporttätigkeiten entlasten sollen und daher eigentlich Betriebsbeihilfen darstellen.[90] Soweit man diese Beihilfen für Direktinvestitionen in Drittstaaten überhaupt begrifflich von den Ausfuhrbeihilfen trennen will, gelten insoweit jedenfalls die og. Genehmigungsvoraussetzungen. Diese sind für KMU geringer als für Großunternehmen; bei letzteren verneint die Kommission den Beitrag zur Entwicklung bestimmter Wirtschaftszweige im Sinne von Art. 107 Abs. 3 lit. c AEUV und damit die Genehmigungsfähigkeit, wenn davon ausgegangen werden kann, dass das Großunternehmen die Investition auch ohne die Beihilfe getätigt hätte, der Beihilfe also der Anreizeffekt fehlt.[91]

6. Ausblick. Zuweilen wird im Schrifttum vertreten, dass nicht nur Beihilfen zur Förderung **419** des Exports in andere Mitgliedstaaten, sondern alle Exportbeihilfen grundsätzlich nicht genehmigt werden sollten; die einzige Chance, solche Beihilfen zu gewähren, liege darin, schon das Vorliegen des Beihilfetatbestands nach Art. 107 Abs. 1 AEUV zu verneinen, etwa weil ein mit

---

[83] Vgl. EuGH, 6/69, Slg. 1969, 523, RdNr. 20 f. – Kommission/Frankreich (Vorzugsrediskontsatz für Ausfuhren); Kom., Entscheidung 2008/718/EG, ABl. 2008 L 239/26, RdNr. 45 f. – Ausfuhrkreditbürgschaften für ungarische KMU; Kom., ABl. 2003 L 202/15, Art. 2 und RdNr. 56 f. – Absatz- und Exportunterstützung für Produkte aus Mecklenburg-Vorpommern; Kom., ABl. 2001 L 60/57 – körperschaftssteuerliche Vorteile für spanische Exportunternehmen; 16. WB (1986), Tz. 257 – vergünstigter Exportkredit im innergemeinschaftlichen Handel; 6. WB (1976), Tz. 241 ff. – subventionierte Werbekampagne in anderem Mitgliedstaat.
[84] Vgl. ABl. 1997 C 281/4, RdNr. 1.2; VIII. Wettbewerbsbericht der Kommission (1977), RdNr. 242; Kom., ABl. 1973 L 253/10 – französische Steuervergünstigungen für die Errichtung von Auslandsniederlassungen; Kom., ABl. 2003 L 181/46 – italienische Beihilfen zur internationalen Ausrichtung sizilianischer Unternehmen.
[85] Vgl. *Martenczuk* 186 f. mwN. zur Entscheidungspraxis der Kommission.
[86] Zum Verhältnis zwischen Beihilfen- und WTO-Recht vgl. auch *Flett/Jessen/Talaber-Ritz* 441 ff.
[87] Vgl. oben Abschnitt C. II.1; *Heidenhain/von Donat* § 18 RdNr. 207 f. mwN.
[88] Vgl. Kom., Entscheidung 2005/919, ABl. 2005 L 335/39, RdNr. 40 – italienische Steueranreize für Unternehmen, die im Ausland an Messen teilnehmen.
[89] Vgl. *Mederer* RdNr. 345 mwN.
[90] Vgl. etwa *Repplinger-Hach* RdNr. 191 mwN.; *Hancher* RdNr. 4-039.
[91] Vgl. Kom., Entscheidung 1999/365/EG, ABl. 1999 L 142/32 – LiftgmbH betr. Förderung der Errichtung einer Produktionsanlage für Skilifte in China; kritisch dazu *Erhart*, Förderungsverbot für Skilifte in China, ecolex 1999, 224.

staatlichen Maßnahmen vergleichbarer Markt fehle.[92] Ebenso hat die Kommission in 2004 im Rahmen der WTO die Abschaffung aller Exportbeihilfen angeboten, sofern auch anderen Exportländer (wie etwa die USA) sich dem anschließen würden. Da sich letzteres nicht abzeichnet, werden Exportbeihilfen auch in der EU nach wie vor genehmigt werden können, sofern sie die og. Voraussetzungen erfüllen.

---

[92] Vgl. *Martenczuk* 188 f.

Núñez Müller

E. Steuerliche Maßnahmen

Schrifttum: *Althuber,* Gemeinschaftsrechtliche Anforderungen an das nationale Abgabenverfahrensrecht, in: *Althuber/Toifl* (Hrsg.), Rückforderung rechtswidrig erhobener Abgaben – Grundsätze, Praxisfragen und Gestaltungsmöglichkeiten, 2005, 37; *Arhold,* Steuerhoheit auf regionaler oder lokaler Ebene und der europäische Beihilfenbegriff – wie weit reicht das Konzept von der regionalen Selektivität, EuZW 2006, 717; *Armesto,* The ECJ's Judgement regarding the Tax Autonomy to the Basque Country, European Taxation 2009, 11; *Bartlett,* The End of Tax Expenditures As We Know Them?, Tax Notes 92 (2001), 413; *Bartosch,* Selektivität der Begünstigung, in: *Bartosch* (Hrsg.), EU-Beihilfenrecht-Kommentar, 2009; *ders.,* Is there a need for a Rule of Reason in European State aid law?, CMLRev. 2010, 729; *ders.,* The EdF Ruling, EStAL 2010, 267; *Beiser,* Steuern: Ein systematischer Grundriss, 5. Aufl. 2007; *Biondi,* Some reflections on the notion of „State resources" in European Community State Aid Law, Fordh.am Int. L. J. 30 (2007), 1426; *Biondi/Eeckhout/Flynn* (Hrsg.), The Law of State Aid in the European Union, 2004; *Birkenmaier,* Die Vorgaben der Beihilfevorschriften des EG-Vertrages für die direkte Unternehmensbesteuerung, 2007; *Boeshertz,* Community state aid policy and energy taxation, EC Tax Rev. 2003, 214; *Bousin/Piernas,* Developments in the Notion of Selectivity, EStAL 2008, 634; *da Cruz Vilaça,* Material and Geographical Selectivity in State Aid Matters, in: Collected Conference Materials for the EStALI Conference „Selectivity – BUPA – Fundamental Freedoms", 5 December 2008, Luxembourg, 17; *de Weerth,* Deutsche Gewerbesteuer und europäisches Beihilferecht – Anmerkung zum Urteil des EuGH vom 11. 9. 2008, C-428-436/06, UGT Rioja u. a., IStR 2008, 732; *Di Bucci,* Some Brief Comments on the Court's Judgment in Case C-88/03, Portugal v. Commission (Azores), in: New developments in European State aid law 2006: proceedings of the 4th Experts' Forum held in Brussels on 18 and 19 May 2006, 2006, 53; *ders.,* Brief Comments on Material and Regional Selectivity, in: Collected Conference Materials for the EStALI Conference „Selectivity – BUPA – Fundamental Freedoms", 5 December 2008, Luxembourg, 27; *Doralt/Ruppe,* Grundriß des österreichischen Steuerrechts I, 9. Aufl. 2007 und II, 5. Aufl. 2006; *Eimermann,* OECD-Arbeiten zum schädlichen Steuerwettbewerb – ein Zwischenstand, IStR 2001, 81; *Flett/Walkerova,* An Ecotax under the State Aid Spotlight: The UK Aggregates Levy, in: EC State Aid Law – Liber Amicorum Francisco Santaolalla Gadea, 2008, 223; *Frenz/Roth,* Steuer- und Abgabebefreiungen als Beihilfen – Aktuelle Rechtsprechung und Entwicklung (Energiesteuer), DStZ 2006, 465; *Frick,* Einkommensteuerliche Steuervergünstigungen und Beihilfeverbot nach dem EG-Vertrag, 1994; *Gambaro/Nucara/Prete,* Pearle: so much Unsaid!, EStAL 2005, 3; *Gassner,* Die Unternehmensbesteuerung im Ministerialentwurf zur „Steuerreform 2000", SWK 1999, 283; *Geburtig,* Konkurrentenrechtsschutz aus Art. 88 Abs. 3 Satz 3 EGV am Beispiel von Steuervergünstigungen, 2004; *Götz,* Parafiskalische Abgaben im europäischen Gemeinschaftsrecht, in: *Wendt* (Hrsg.), Festschrift für Karl Heinrich Friauf, 1996, 37; *Gross,* Subventionsrecht und „schädlicher Steuerwettbewerb": Selektivität von Steuervergünstigungen als gemeinsames Kriterium, RIW 2002, 46; *Grube,* Der Einfluss des EU-Beihilfenrechts auf das deutsche Steuerrecht, DStZ 2007, 371; *Hancher/Ottervanger/Slot,* EC State Aids, 3. Aufl. 2006; *Hasberger/Busta,* Abgaben auf Telekommunikationsinfrastruktur unzulässig?, ecolex 2006, 160; *Heidenbauer,* Selektivität im Lichte regionaler Autonomie: Die Dimension des Bezugsrahmens steuerlicher Beihilfen, in: *Jaeger* (Hrsg.), Jahrbuch Beihilferecht 09, 2009, 307; *Heidenhain,* Handbuch des Europäischen Beihilfenrechts, 2003; *ders.,* Verwendung des Aufkommens parafiskalischer Abgaben, EuZW 2005, 6; *Helios,* Steuerliche Gemeinnützigkeit und EG-Beihilfenrecht, 2005; *Ipsen,* Europäisches Gemeinschaftsrecht, 1972; *Jann,* Nationale Steuern und das EG-Beihilfenverbot – ein Überblick, in: *Monti/Prinz von und zu Liechtenstein* (Hrsg.), Festschrift für Carl Baudenbacher, 2007, 419; *Jaeger,* Beihilfen durch Steuern und parafiskalische Abgaben, 2006; *ders.,* Beihilfe- und Förderungsrecht, in: Holoubek/Potacs (Hrsg.), Öffentliches Wirtschaftsrecht I, 2. Aufl. 2007, 681; *ders.,* Der Rückforderungsanspruch der Kommission im Beihilfenrecht und Abgabenverfahrensrecht, in: *Holoubek/Lang* (Hrsg.), Abgabenverfahrensrecht und Gemeinschaftsrecht, 2006, 145; *ders.,* Ende der „Organisationsblindheit" der Gemeinschaft im Beihilferecht: Neue automatische Selektivität regionaler Steuermaßnahmen, RIW 2007, 120; *ders.,* Neues zu Agrarmarketingbeiträgen und Gemeinschaftsrecht: Eine Zwischenbilanz, ZfV 2007, 18; *ders.,* Rechtsfolgen beihilferelevanter Abgabenbefreiungen, wbl 2006, 541; *Jestaedt,* § 8 Taxes and Duties, 118, in: *Heidenhain* (Hrsg.), European State Aid Law Handbook, 2010; *Kaye,* The gentle art of corporate seduction: Tax incentives in the United States and the European Union, Kansas Law Rev. 57 (2008), 93; *Kirchhof,* in: *Isensee/Kirchhof* (Hrsg.), Handbuch des Staatsrechts der Bundesrepublik Deutschland V, 2007; *Koenig/Kühling,* EG-beihilfenrechtliche Beurteilung mitgliedstaatlicher Infrastrukturförderung im Zeichen zunehmender Privatisierung, DÖV 2001, 881; *dies.,* Reform des EG-Beihilfenrechts aus der Perspektive des mitgliedstaatlichen Systemwettbewerbs – Zeit für eine Neuausrichtung?, EuZW 1999, 517; *Koenig/Kühling/Ritter,* EG-Beihilfenrecht, 2. Aufl. 2005; *Koller,* Grenzen der staatlichen Zurechenbarkeit im Beihilfenrecht, EuG-Urteil vom 5. 4. 2006, T-351/02, Deutsche Bahn; *ders.,* Neues zum Begünstigungsbegriff und zur Wertermittlung, in: *Jaeger* (Hrsg.), Jahrbuch Beihilferecht 08, 2008, 201; *Koschyk,* Steuervergünstigungen als Beihilfen nach Artikel 92 EG-Vertrag – Grundsätze zur Beurteilung steuerlicher Beihilfen, 1999; *Kreibohm,* Der Begriff der Steuer im Europäischen Gemeinschaftsrecht, 2004; *Kube,* National Tax Law and the Transnational Control of State Aids, EUI Working Paper, LAW 9/2001; *Kurcz/Vallindas,* Can general measures be ... selective? Some thoughts on the interpretation of a state aid definition, CMLRev. 2008, 159; *Lang,* Systematisierung der Steuervergünstigungen, 1974; *Laule,* Die Rückforderung gemeinschaftsrechtswidriger Abgaben im deutschen Steuerrecht, in: *Althuber/Toifl* (Hrsg.), Rückforderung rechtswidrig erhobener Abgaben – Grundsätze, Praxisfragen und Gestaltungsmöglichkeiten, 2005, 61; *Linn*, Die Anwendung des Beihilfeverbots im Unternehmenssteuerrecht, IStR 2008, 601; *Luja*, Assessment and Recovery of Tax Incentives in the EC and the WTO: A View on State Aids, Trade Subsidies and Direct Taxation, 2003; *ders.*, Harmful Tax Policy: When Political Objectives Interfere with State Aid Rules, Intertax 2003, 484; *Mamut*, Aktuelle Fragen im Bereich der Steuerbeihilfen – Mitgliedstaaten zwischen Steuerwettbewerb und Systemimmanenz steuerlicher Beihilfen, in: *Jaeger* (Hrsg.), Jahrbuch Beihilferecht 08, 2008, 177; *ders.*, Privatinvestorgrundsatz und Steuerbeihilfen, in: *Jaeger* (Hrsg.), Jahrbuch Beihilferecht 09, 2009, 329; *Mamut/Schlager*, Beihilfen und Steuern – Das EuGH-Urteil vom 5. 10. 2006, C-368/04, Transalpine, in: *Jaeger* (Hrsg.), Jahrbuch Beihilferecht 07, 2007, 187; *Mehta*, Tax Harmonisation and State Aid – A Warning for the Future?, EStAL 2007, 257; *Meyer*, Die Bewertung parafiskalischer Abgaben aus der Sicht des europäischen Beihilferechts, 2007; *Micheau*, Tax selectivity in State aid review: a debatable case practice, EC Tax Review 2008, 276; *Moreno Gonzalez*, Regional Fiscal Autonomy from a State Aid Perspective: The ECJ's Judgment in Portugal v. Commission, European Taxation 2007, 328; *Nettesheim*, Recent Developments in 'Selectivity in State Aid Matters', in: Collected Conference Materials for the EStALI Conference „Selectivity – BUPA – Fundamental Freedoms", 5 December 2008, Luxembourg, 23; *Nicolaides*, The Boundaries of Tax Autonomy, EStAL 2006, 119; *ders.*, Developments in Fiscal Aid: New Interpretations and New Problems with the Concept of Selectivity, EStAL 2007, 43; *Nußbaum*, Parafiskalische Abgaben und EG-Wettbewerbsrecht, Nr. 303, in: *Ress/Stein* (Hrsg.), Vorträge, Reden und Berichte aus dem Europa-Institut der Universität des Saarlandes, 1993; *Peeters*, European Guidelines for Federal Member States Granting Fiscal Competences c. q. Tax Autonomy to Subnational Authorities, EC Tax Review 2009, 50; *Raschauer*, Verfassungsrechtliche Rahmenbedingungen, in: WiR (Hrsg.), Beihilfenrecht, 2004, 1; *Renner-Loquenz*, State Aid in Energy Taxation Measures: First Experiences from Applying the Environmental Aid Guidelines 2001, EStAL 2003, 21; *Rode*, Steuervergünstigungen, Beihilfen und Steuerwettbewerb, 2006; *Rossi-Maccanico*, Commentary on State Aid Review of Multinational Tax Regimes, EStAL 2007, 25; *ders.*, Gibraltar and the unsettled limits of selectivity in fiscal aids, EStAL 2009, 72; *ders.*, State Aid Review of Business Tax Measures – Proposals for State Aid Control of Direct Business Tax Measures, EStAL 2007, 215; *ders.*, State Aid Review of Member States' Measures Relating to Direct Business Taxation, EStAL 2004, 229; *Ruppe*, § 3 F-VG, in: *Korinek/Holoubek* (Hrsg.), Bundesverfassungsrecht IV, 3. Erg.Lfg. 2000; *Sánchez Rydelski*, Geographically limited national tax rate variations and State aid, ELR 2006, 402; *ders.*, Handbuch EU-Beihilferecht, 2003; *Schernthanner*, Das materielle Beihilfeaufsichtsrecht nach dem EWG-Vertrag, 1993; *Schön*, Der freie Warenverkehr, die Steuerhoheit der Mitgliedstaaten und der Systemgedanke im europäischen Steuerrecht, EuR 2001, 216 (Teil I) und 341 (Teil II); *ders.*, Special Charges – A Gap in European Competition Law?, EStAL 2006, 495; *ders.*, Steuerliche Beihilfen, in: *Koenig/Roth/Schön* (Hrsg.), Aktuelle Fragen des EG-Beihilfenrechts, Beiheft der ZHR 69 (2001), 106; *ders.*, Taxation and State Aid Law in the European Union, CMLRev. 1999, 911; *ders.*, State aid in the area of taxation, 241, in: *Hancher/Ottervanger/Slot*, (Hrsg.), EC State Aids, 3. Auflage, 2006; *Shannon*, The Tax Expenditure Concept in the United States and Germany: A Comparison, Tax Notes 33 (1986), 201; *Staringer*, Das Durchführungsverbot im Beihilfenrecht und das Abgabenverfahrensrecht, in: Holoubek/Lang (Hrsg.), Abgabenverfahrensrecht und Gemeinschaftsrecht, 2006, 361; *Stein*, Regionale Steuersenkungen auf dem Prüfstand des Beihilfenrechts – das EuGH-Urteil Portugal/Kommission („Azoren"), EWS 2006, 493; *Stricker*, Die Vereinbarkeit von Regelungen des Internationalen Steuerrechts mit dem Subventionsrecht der Welthandelsorganisation, 2007; *Strüber*, Steuerliche Beihilfen, 2006; *Surrey*, Pathways to Tax Reform, 1973; *Sutter*, Das EG-Beihilfenverbot und sein Durchführungsverbot in Steuersachen, 2005; *ders.*, Die DBA Freistellungsmethode als unzulässige Beihilfe iSd Art 87 EG?, SWI 2004, 4; *Thuronyi*, Tax Expenditures: A Reassessment, Duke LJ 1988, 1155; *Triantafyllou*, La fiscalité façonnée par la discipline des aides d'État, in: EC State Aid Law – Liber Amicorum Francisco Santaolalla Gadea, 2008, 409; *Urraca Caviedes*, La sélectivité régionale, in: EC State Aid Law – Liber Amicorum Francisco Santaolalla Gadea, 2008, 125; *van Calster*, Greening the E. C.'s State Aid Tax Regimes, ECLR 2000, 294; *van Vliet*, State Resources and PreussenElektra: When is a State Aid Not a State Aid, in: EC State Aid Law – Liber Amicorum Francisco Santaolalla Gadea, 2008, 65; *Vautrot-Schwarz*, Appréciation de la sélectivité d'une mesure fiscale régionale, Revue de droit fiscal 2008, Comm. 599, 49; *Visser*, Commission expresses its view on the relation between state aid and tax measures, EC Tax Rev. 1999, 224; *Wilms*, Überlegungen zur Reform des Föderalismus in Deutschland, ZRP 2003, 86; *Winter*, Note to Case C-88/03, CMLRev. 2008, 183.

Übersicht

I. Allgemeines

1. Keine Ausnahme für Steuern vom Beihilfeverbot. Steuerliche Maßnahmen der Mit- **1** gliedstaaten unterliegen uneingeschränkt der Beihilfekontrolle.[2] Der mitunter als Variante eines **Fiskalföderalismus**[3] bezeichnete[4] Respekt des Gemeinschaftsrechts für die Finanz- und Steuerhoheit der Mitgliedstaaten[5] bedingt daher **keine besondere Ausnahme** für steuerliche Maßnahmen von den Regeln des Wettbewerbsrechts.[6] Den Mitgliedstaaten kommt zwar das Recht zu, über Art und Umfang der von ihnen zu erhebenden Steuern und Abgaben frei zu entscheiden.[7] Wenn aber steuerliche Regelungen die sechs kumulativen Tatbestandsmerkmale (Staatlichkeit, Begünstigung, Selektivität, Unternehmenseigenschaft der Empfänger, Wettbe-

---

[1] Für die unterschiedlichen Formen von Steuervergünstigungen vgl. RdNr. 4 und 13f., unten.

[2] Vgl. schon EuGH, 173/73, Slg. 1974, 709, RdNr. 26–28 – Italien/Kommission; in diesem Sinne auch schon EuGH, 30/59, Slg. 1961, 3, 42 – De Gezamenlijke Steenkolenmijnen; Antwort auf die Schriftliche Anfrage Nr. 48 von Herrn *Burgbacher* an die Kommission der Europäischen Wirtschaftsgemeinschaft, ABl. vom 17. 8. 1963, 2235; nunmehr auch Mitteilung der Kommission über die Anwendung der Vorschriften über staatliche Beihilfen auf Maßnahmen im Bereich der direkten Unternehmenssteuerung, ABl. 1998 C 384/3, Tz. 8.

[3] Vgl. vor allem *Oates*, Fiscal Federalism, 1972; *Musgrave*, The theory of public finance, 1959; *Musgrave* (Hrsg.), Essays in fiscal federalism, 1965.

[4] So zB. *Vaneecloo/Badriotti/Fornasini*, Fiscal Federalism in the European Union and Its Countries: A confrontation between Theories and Facts, 2006; spezifisch beihilfebezogen *Jaeger*, Beihilfen, RdNr. 1; *Hancher/Ottervanger/Slot* RdNr. 10–003.

[5] Vgl. zB. EuGH, verb. 142/80 und 143/80, Slg. 1981, 1413, RdNr. 21 – Salerno (Branntweinsteuer); EuGH, 140/79, Slg. 1981, 1, RdNr. 14 – Chemical Farmaceutici (Äthylalkoholsteuer); EuG, T-67/94, Slg. 1998, II-1, RdNr. 54 – Ladbroke Racing (Einkommensteuer). Näher zB. *Schön* EuR 2001, 216 und 341, 350–351; *ders*. RIW 2004, 50, 52; *ders.*, Beiheft der ZHR 69 (2001), 106, 110; *Mamut*, Jahrbuch Beihilferecht 2008, 178.

[6] Vgl. zB. auch *Dauses/Voß* Abschnitt J RdNr. 68; *Strüber* 101; *Jaeger*, Beihilfen, RdNr. 2; *Birkenmaier* 53; *Mestmäcker/Schweitzer* § 43 RdNr. 56; *von der Groeben/Schwarze/Bär-Boussière* Art. 295 EG RdNr. 41; *Bartosch* RdNr. 74.

[7] Vgl. zB. EuGH, verb. 142/80 und 143/80, Slg. 1981, 1413, RdNr. 21 – Salerno (Branntweinsteuer); EuGH, 140/79, Slg. 1981, 1, RdNr. 14 – Chemical Farmaceutici (Äthylalkoholsteuer); EuG, T-67/94, Slg. 1998, II-1, RdNr. 54 – Ladbroke Racing (Einkommensteuer).

werbsverfälschung, Handelsbeeinträchtigung) des Art. 107 Abs. 1 AEUV erfüllen, sind sie nach dieser Norm zunächst verboten und müssen von der Kommission nach dem dafür vorgesehenen Verfahren[8] genehmigt werden.[9]

2 Es besteht also ein Gebot zur gegenseitigen Rücksichtnahme bei der Abwägung des Schutzes der nationalen Steuerhoheit gegenüber dem Schutz des EWR-Markts vor steuerbedingten Störungen.[10] Generalanwalt *Poiares Maduro* hat dies zutreffend als **Regel der doppelten Neutralität** formuliert. Demnach müssen einerseits „die nationalen Steuerbestimmungen im Verhältnis zur Ausübung der Verkehrsfreiheiten neutral sein. [...] Zum anderen muss jedoch die Auslegung der Verkehrsfreiheiten so neutral wie möglich für die Steuerregelungen der Mitgliedstaaten sein.“[11] Verstößt eine der beiden Rechtsordnungen gegen das ihr auferlegte steuerliche Neutralitätsgebot, so kommt es zu der hier in der Folge interessierenden Abgrenzungsproblematik, inwieweit die jeweils zustehenden Kompetenzen einseitig überschritten wurden. Wurden die Kompetenzen nicht überschritten und liegen dennoch steuerliche Diskriminierungen oder einseitige steuerliche Vorteile vor, die sich aus dem bloßen Umstand des Nebeneinanders getrennter nationaler Steuersysteme und der Abweichungen zwischen diesen Systemen ergeben, so unterliegen diese keiner Korrektur durch das Gemeinschaftsrecht.[12] Sie können nur im Weg der Harmonisierung beseitigt werden, aber nicht über eine Anwendung der Verbote des AEUV.[13]

3 Die Tatbestandsmerkmale des Beihilfeverbots folgen also einem funktionalen Ansatz. Dem entsprechend ist bei der Anwendung des gemeinschaftsrechtlichen Beihilfeverbots zunächst auch nicht danach zu unterscheiden, ob es sich bei einer Maßnahme nach nationalem Verständnis um eine **Steuer im engeren Sinne** (die also voraussetzungslos geschuldet wird)[14] handelt, um eine **Gebühr**, einen **Beitrag**, eine **parafiskalische Abgabe** bzw. Sonderabgabe oder dergleichen mehr.[15] Selbst **Sozialversicherungsbeiträge** lassen sich im weitesten Sinne noch zum Kreis der steuerlichen Maßnahmen zählen.[16] Die Zuordnung zu einer bestimmten Kategorie kann erst dadurch indirekte Bedeutung für die Beihilfeprüfung erlangen, dass die Ausgestaltung einer bestimmten Maßnahme uU besondere Schwerpunktsetzungen im Rahmen der Tatbestands- oder Vereinbarkeitsprüfung bedingt. Dies gilt vor allem bei der praktisch wichtigen Gruppe der parafiskalischen Abgaben, die daher hier gesondert behandelt werden. Dagegen gelten etwa für Gebühren und Sozialversicherungsabgaben in aller Regel (dh. ungeachtet möglicher Sonderkonstellationen, zB. von staatlich beauftragten oder konzessionierten Privaten eingehobene Ge-

---

[8] Vgl. Art. 108 AEUV; VO 659/1999, ABl. 1999 L 83/1.

[9] Vgl. zB. EuGH, C-387/92, Slg. 1994, I-877, RdNr. 14 – Banco Exterior de España; EuGH, C-156/98, Slg. 2000, I-6857, RdNr. 26 – Deutschland/Kommission (§ 52 Abs. 8 EStG); Mitteilung der Kommission über die Förderung des verantwortungsvollen Handelns im Steuerbereich, Kom(2009) 201 endg., 6. Nichts anderes gilt im Anwendungsbereich des EWR-Abkommens, vgl. zB. EFTA-Überwachungsbehörde, Nr. 21/04/COL, Abschnitt II – ITCs (vgl. auch EFTA-Gerichtshof, E-2/05, EFTA Court Report 2005, 205, RdNr. 19 – EFTA-Überwachungsbehörde/Island, betreffend die Bestätigung der Gültigkeit der Entscheidung im Rückforderungsverfahren); EFTA-Gerichtshof, E-6/98, EFTA Court Report 1999, 74, RdNr. 26 = CMLRev. 1999, 825 – Norwegen/EFTA-Überwachungsbehörde.

[10] Vgl. zB. auch EuGH, C-501/00, Slg. 2004, I-6717, RdNr. 123 – Spanien/Kommission; EuGH, C-391/97, Slg. 1999, I-5451, RdNr. 20 – Gschwind.

[11] EuGH, Schlussanträge von Generalanwalt Poiares Maduro, C-446/03, Slg. 2005, I-10837, RdNr. 67 – Marks & Spencer; ähnlich EFTA-Gerichtshof, E-1/04, EFTA Court Report 2004, 15, RdNr. 20 mwN. – Fokus Bank.

[12] In diesem Sinne zB. EuGH, C-336/96, Slg. 1998, I-2793, RdNr. 23 – Gilly; EuGH, C-403/03, Slg. 2005, I-6421, RdNr. 45 – Schempp; EuGH, C-365/02, Slg. 2004, I-7183, RdNr. 34 – Lindfors; vgl. weiters die Harmonisierungsinitiativen im Rahmen der OECD, näher etwa OECD, Tax Cooperation: Towards a Level Playing Field, 2006; OECD, The OECD's Project on Harmful Tax Practices: 2006 Update on Progress in Member Countries, 2006; *Eimermann* IStR 2001, 81; weiterführend *Mehta* EStAL 2007, 257, passim; *Kaye* Kansas Law Rev. 57 (2008), 93, 104–113; vgl. weiters zur WTO *Stricker* passim.

[13] Vgl. etwa EuGH, C-431/01, Slg. 2002, I-7073, RdNr. 36 – Mertens; EuGH, 81/87, Slg. 1988, 5483, RdNr. 23 – Daily Mail.

[14] Vgl. für das deutsche Recht *Pahlke/Koenig*, Kommentar zur Abgabenordnung, 2004, § 3 RdNr. 10–19; *Selmer*, Steuer und parafiskalische Sonderabgabe, Gewerbe-Archiv 1981, 41; *Kreibohm* 5–22; weiterführend zur Kategorisierung *Kirchhof* § 119 passim; für das österreichische Recht *Doralt/Ruppe*, I, 2; *Beiser* 17; *Mamut*, Jahrbuch Beihilferecht 09, Abschnitt III.2; für das EG-Recht, *Kreibohm* 69–240.

[15] Vgl. auch *Jaeger*, Beihilfen, RdNr. 11.

[16] Vgl. etwa EuGH, C-276/02, Slg. 2004, I-8091, RdNr. 24 – Spanien/Kommission; Kom., ABl. 2001 L 244/32, Tz. 18 – Schwedische Sozialversicherungsbeiträge; auch *Jaeger*, Beihilfen, RdNr. 148; *Pahlke/Koenig* (Fn. 14) § 3 RdNr. 43; *Henseler*, Die Künstlersozialabgabe im System der öffentlichen Abgaben, NJW 1987, 3103, 3104; *Osterloh*, Verfassungsfragen der Künstlersozialabgabe, NJW 1982, 1617, 1619.

bühren) dieselben Beurteilungsmaßstäbe wie für Steuern im engeren Sinne, sodass auf diese Gruppen hier auch im Folgenden nicht mehr eigens hingewiesen wird. Auch die begriffliche Einordnung einer bestimmten Maßnahme innerhalb des Bereichs der Steuern im engeren Sinne, also etwa als Verbrauchs- oder Verkehrssteuer, hat keine Relevanz für die Beurteilung der Tatbestandsmäßigkeit.[17]

2. Beurteilungsgrundlagen. a) Steuervergünstigungsbegriff und Methodik. Steuerre- 4 gelungen enthalten typischerweise **Differenzierungen zur unterschiedlichen Verteilung der Steuerlast** auf die Steuerpflichtigen. Die Gesichtspunkte, nach denen die Steuerlast verteilt wird, sind vielfältig. Sie können von Gleichheits- und Gerechtigkeitserwägungen (so zB. beim Leistungsfähigkeitsprinzip[18] der Einkommensbesteuerung) über die Anknüpfung an bestimmte steuerrelevante Wirtschaftsvorgänge (zB. bei Verbrauchs- und Verkehrssteuern), die Verhaltenssteuerung (zB. bei Umweltsteuern) oder die Abgeltung bestimmter öffentlicher Leistungen (bei Gebühren oder parafiskalischen Abgaben) bis hin zum schlichten Fiskalzweck der Maximierung des Steueraufkommens zur Finanzierung der Staatsaufgaben reichen. Die meisten steuerlichen Unterschiede in der Höhe und persönlichen bzw. sachlichen Reichweite der Belastung verfolgen somit auch steuerlogische Zwecke und gerade keinen steuerfremden **Subventionszweck.** Mitunter wird eine Differenzierung aber nur, oder auch, vorgenommen, um Unternehmen oder Sektoren im Wettbewerb zu stärken.[19] Beihilferelevant ist nur die letztgenannte Kategorie der **Steuervergünstigungen mit Subventionszweck** (echte Steuervergünstigungen), weil diese eine reale wirtschaftliche Besserstellung bewirken.

In der **Abgrenzung** beihilferelevanter gegenüber nicht beihilferelevanten steuerlichen Diffe- 5 renzierungen liegt die hauptsächliche Schwierigkeit der beihilferechtlichen Beurteilung von Steuern. Entsprechend finden sich dazu im Schrifttum mehrere Ansätze,[20] von denen zwei als wesentlich hervorzuheben sind: Nach der in den USA begründeten und bei der Budgetplanung angewandten Theorie vom **Steueraufwand** (tax expenditure)[21] finden sich innerhalb eines Steuersystems typischerweise sowohl Normen, die zum Funktionieren des Systems beitragen und deren Existenz sich also aus dieser Funktion innerhalb des Systems logisch ergibt, als auch aus Normen, für deren Existenz es gerade keine steuersystemimmanente Erklärung gibt. Differenzierungen aufgrund nicht zwingend steuersystemimmanenter Normen sind demnach stets subventiv in dem Sinn, dass die öffentliche Hand aus außersteuerlichen Gründen bewusst oder Einnahmen verzichtet. Diese Differenzierungen sind daher auch wirtschaftlich direkten Finanztransfers gleichzusetzen und ausgabenseitig im öffentlichen Budget zu berücksichtigen. Gegen die Theorie vom Steueraufwand wurde im Schrifttum, meines Erachtens zu Unrecht, vorgebracht, sie sei über die Einkommensteuer hinaus nicht verallgemeinerungsfähig.[22] Zumindest in Deutschland und Österreich ist dagegen die Theorie vom **Ausnahmecharakter**[23] als herrschend anzusehen. Sie versucht, zunächst die steuerartbegründenden Prinzipien innerhalb einer Regelungsgruppe festzumachen und untersucht sodann, ob eine bestimmte Differenzierung auf einem solchen Prinzip beruht oder etwa als Ausnahme davon zu sehen ist. Im Vergleich zur direkt auf die Systemlogik abstellenden Theorie vom Steueraufwand geht die Theorie vom Ausnahmecharakter den dogmatisch wohl saubereren, aber letztlich wenig praktikablen Umweg über die Identifikation eines steuerartbegründenden Prinzips. Dies bildet auch den zentralen Kritikpunkt im Schrifttum.[24] Letztlich gelangen aber beide Konzepte zur Frage der Systemlogik

---

[17] Ebenso *Rode* 168.

[18] Näher zB. *Pahlke/Koenig* (Fn. 14) § 3 RdNr. 75; *Birk*, Das Leistungsfähigkeitsprinzip als Maßstab der Steuernormen, 1983, 66 und 123.

[19] Zu den Wettbewerbswirkungen von Steuervergünstigungen ausführlich *Birkenmaier* 55.

[20] Vgl. im Überblick zB. *Rode* 86.

[21] Vgl. grundlegend *Surrey*, Pathways to Tax Reform, 1973, 6 und 126; näher auch *Shannon*, The Tax Expenditure Concept in the United States and Germany: A Comparison, Tax Notes 1986, 201, 202; *Thuronyi*, Tax Expenditures: A Reassessment, Duke LJ 1988, 1155; *Bartlett*, The End of Tax Expenditures As We Know Them?, Tax Notes, 2001, 413, 414; *Luja*, Tax Incentives, 29; *Jaeger*, Beihilfen, RdNr. 221; *Koschyk* 108.

[22] So *Rode* 96.

[23] Vgl. grundlegend *Lang*, Systematisierung der Steuervergünstigungen, 1974, 74; näher auch *Jatzke*, Das System des deutschen Verbrauchsteuerrechts, 1997, 106; auch *Rode* 93; *Bongartz/Schröer-Schallenberg*, Die Stromsteuer – Verstoß gegen Gemeinschaftsrecht und nationales Verfassungsrecht?, DStR 1999, 962, 969; *Koschyk* 107–108; *Jaeger*, Beihilfen, RdNr. 224–225; *Frick* 27; *Kube*, National Tax Law, 1; *Sutter* SWI 2004, bei Fn. 14; *Doralt/Ruppe*, I, 474–478, II, 35, 58–67, 83–84.

[24] Vgl. (bezogen auf die Anwendung dieser Kriterien in der Praxis) *Strüber* 227; *Schön* Beiheft der ZHR 69 (2001), 106, 117; *Birkenmaier* 101; *Hancher/Ottervanger/Slot* RdNr. 10-020.

bzw. **Systemimmanenz als ausschlaggebendem Beurteilungsmerkmal** einer Differenzierung.[25] Im Schrifttum[26] wurde insoweit zutreffend hervorgehoben, dass die Systemimmanenzprüfung stark dem in der deutschen und österreichischen Doktrin zum Gleichheitssatz bekannten Gebot der **Folgerichtigkeit**[27] ähnelt, wonach also der Gesetzgeber, wenn er sich einmal für ein bestimmtes Prinzip entschieden hat, der Systementscheidung auch in der Ausgestaltung von Einzelfragen treu bleiben muss. Umgelegt auf die Beihilfekontrolle bei Steuermaßnahmen wäre die Kommission also darauf beschränkt, eine nationale Norm nur auf ihre folgerichtige Ausgestaltung in Bezug auf das Normalmaß der Besteuerung zu überprüfen und darüber hinaus keine eigenen Wertungen einfließen zu lassen.[28] Dies gilt freilich nur unter dem Vorbehalt eines gemeinschaftsrechtskonformen Verständnisses von Gleichheitssatz und Folgerichtigkeitsdoktrin: Dies bedeutet, dass der maßgebliche Steuersystemgrundsatz sowie jede seiner folgerichtigen Ausgestaltungen mit dem gemeinschaftsrechtlichen Diskriminierungsverbot in seinen unterschiedlichen Ausformungen[29] und, darüber hinaus, mit den Beschränkungsverboten der Grundfreiheiten in Einklang stehen müssen.[30]

6   Die **Kommission** und der **EuGH** haben in der Anwendungspraxis bereits sowohl auf die Theorie vom Steueraufwand[31] als auch auf jene vom Ausnahmecharakter[32] zurückgegriffen.[33] Dies legitimiert, wie unten ausführlich dargestellt wird,[34] zwar wohl die praktische Anwendung der aus diesen Theorien ableitbaren Systemimmanenzprüfung bzw. des erweiterten Gebots der Folgerichtigkeit; eine konzeptuelle Festlegung zugunsten eines bestimmten Ansatzes ist dem aber nicht zu entnehmen. Vielmehr verwirklicht die Anwendungspraxis einen verbindenden, an den effektiven Wirkungen einer Besteuerungsnorm auf das gesamte Steuersystem und das Verhalten der Steuersubjekte orientierten **funktionalen Ansatz**.[35]

7   Die ganz überwiegende Anwendungspraxis[36] und ein Teil des Schrifttums[37] behandeln die Systemimmanenzprüfung als **Frage der Selektivität** der Steuernorm. Dies folgt der Logik eines Ausnahmecharakters der Steuervergünstigung gegenüber dem allgemeinen System.[38] Die Aus-

---

[25] So auch *Birkenmaier* 57–58; *Jaeger* Beihilfen, RdNr. 226; aA. offenbar *Rode* 96.

[26] Vgl. *Birkenmaier* 118; ähnlich bereits *Schön* Beiheft der ZHR 69 (2001), 106, 115.

[27] Näher zB. für Deutschland *Heuermann/Ratschow*, Blümich Kommentar zu EStG, KStG und GewStG, 101. Erg.Lfg. 2008, § 2 EStG RdNr. 6; *Kirchhof* § 118 RdNr. 95 und 178, je mwN; für Österreich *Stoll*, Wirtschaftliches Eigentum und Verfassungsordnung, JBl 1986, 273, Abschnitt IV mwN.

[28] So zutreffend *Birkenmaier* 123.

[29] Vgl. neben Art. 18 (allgemeines Diskriminierungsverbot) insbesondere die Art. 21 (Unionsbürgerschaft), 30 (zollgleiche Abgaben) und 110 (indirekte Steuern) AEUV.

[30] Vgl. *Birkenmaier* 120; *Jaeger* Beihilfen RdNr. 242–243; ähnlich *Schön* EuR 2001, 341; *Strüber* 305.

[31] Vgl. Kom., ABl. 2002 L 329/22, Tz. 39 – Versicherungsgesellschaften der Åland-Inseln; ähnlich Mitteilung der Kommission über die Anwendung der Vorschriften über staatliche Beihilfen auf Maßnahmen im Bereich der direkten Unternehmenssteuerung, ABl. 1998 C 384/3, Tz. 10; EuGH, C-156/98, Slg. 2000, I-6857, RdNr. 26 – Deutschland/Kommission (§ 52 Abs. 8 EStG); EuG, T-93/02, Slg. 2005, II-143, RdNr. 95 – Confédération nationale du Crédit mutuel; näher *Jaeger* Beihilfen, RdNr. 223.

[32] Vgl. EuGH, C-75/97, Slg. 1999, I-3671, RdNr. 33 – Maribel; EuGH, C-501/00, Slg. 2004, I-6717, RdNr. 122 – Spanien/Kommission (Ausfuhrbeihilfen für Stahlunternehmen); EuG, T-308/00, Slg. 2004, II-1933, RdNr. 81–82 – Salzgitter; EuG, T-67/94, Slg. 1998, II-1, RdNr. 74 – Ladbroke Racing; Kom., ABl. 2003 L 282/25, Tz. 82 – Belgische Koordinierungsstellen I; Kom., ABl. 2005 L 29/24, Tz. 66 – Berechtigte Unternehmen in Gibraltar; ähnlich Mitteilung der Kommission über die Anwendung der Vorschriften über staatliche Beihilfen auf Maßnahmen im Bereich der direkten Unternehmenssteuerung, ABl. 1998 C 384/3, Tz. 16; näher *Jaeger* Beihilfen, RdNr. 225.

[33] Im Überblick zB. *Rode* 73.

[34] Vgl. RdNr. 69 ff., unten.

[35] Vgl. auch *Schön* Beiheft der ZHR 69 (2001), 106, 115; *Jaeger,* Beihilfen, RdNr. 227; *Lang* 117; *Frick* 28; *Koschyk* 108; *Micheau* EC Tax Review 2008, 276, passim.

[36] Vgl., statt vieler, EuGH, C-88/03, Slg. 2006, I-7115, RdNr. 79 – Portugal/Kommission (Azoren); EuGH, C-143/99, Slg. 2001, I-8365, RdNr. 42 – Adria-Wien Pipeline; EuG, verb. T-346/99 bis T-348/99, Slg. 2002, II-4259, RdNr. 58 – Diputación Foral de Álava; Kom., ABl. 1996 L 146/42, Abschnitt V – Abschreibungsregelung zugunsten der deutschen Luftverkehrsunternehmen; Mitteilung der Kommission über die Anwendung der Vorschriften über staatliche Beihilfen auf Maßnahmen im Bereich der direkten Unternehmenssteuerung, ABl. 1998 C 384/3, Tz. 12.

[37] So zB. *Koenig/Kühling/Ritter* RdNr. 174–175; *Plender,* in: *Bondi/Eeckhout/Flynn,* Law of State Aid, 29–30; *Sánchez Rydelski,* Handbuch EU-Beihilferecht, 70–71; *Geburtig* Konkurrentenrechtsschutz 30; *Heidenhain/Heidenhain* § 4 RdNr. 59; *Heidenhain/Jestaedt* § 8 RdNr. 8; *Quigley/Collins,* EC State Aid Law and Policy, 2003, 54; aA. bzw. dieser Zuordnung gegenüber kritisch *Schön* CMLRev. 1999, 927; *Rossi-Maccanico* EStAL 2007, 224; *Strüber* 227; *Frick* 40; *Jaeger,* Beihilfen, RdNr. 246; *Luja,* Tax Incentives, 51.

[38] Vgl. auch *Strüber* 216.

nahme begünstigt demnach also – im Vergleich zur allgemeinen Belastung im Rahmen der Regelung – nur bestimmte Unternehmen. Dieser Ansatz ist unpraktikabel, weil in den allermeisten Fällen nicht nur die Ausnahme, sondern bereits die Grundregel der Besteuerung selektiv ist:[39] Die Besteuerung muss notwendig an bestimmten Steuergegenständen anknüpfen. Dagegen belegt die Theorie vom Steueraufwand, dass steuerliche Differenzierungen in Wahrheit eine **Frage der wirtschaftlichen Begünstigung** sind: Steuerlogisch differenzierende Steuernormen stellen Belastungsgleichheit erst her. Was in einem bestimmten Regelungskontext unter Belastungsgleichheit zu verstehen ist, ergibt sich aus dem spezifischen Besteuerungszweck.[40] Beim Leistungsfähigkeitsprinzip ist das Ziel zB. die Gleichförmigkeit der effektiven wirtschaftlichen Belastung über progressive Steuersätze; bei Verbrauchsteuern werden die Steuersubjekte abhängig vom Verbrauch gleichmäßig belastet, bei Umweltsteuern[41] abhängig von der Inanspruchnahme umweltsensibler Ressourcen, bei Verkehrssteuern abhängig von der Vornahme bestimmter Rechtsgeschäfte etc. Mit der Selektivität wird der Blick daher auf ein ungeeignetes Prüfkriterium gelenkt.

Diese zunächst dogmatische Schwäche bewirkt ein **Rechtsschutzdefizit** bei der Tatbe- 8 standsprüfung, wo sie sich verkürzend auf die Untersuchung der Beihilfemerkmale auswirkt.[42] So werden die beiden an sich eigenständigen Tatbestandsmerkmale der Begünstigung und der Selektivität – durch Umlenkung der Begünstigungsaspekte zur Selektivitätsprüfung – de facto zu einer einheitlichen Prüfung verbunden: Die für die Begünstigung maßgeblichen Gesichtspunkte werden im Rahmen der Selektivität behandelt, die eigentlichen Selektivitätsmerkmale (Begünstigtenkreis, Territorium etc.) treten demgegenüber in den Hintergrund. Eine Verneinung dieser eigentlichen Selektivitätsmerkmale (etwa nach dem Gesichtspunkt der Diskriminierungswirkung der Regelung oder iS der jüngeren Rechtsprechung zur föderalen Steuerautonomie)[43] schließt die Tatbestandsmäßigkeit der Maßnahme an sich aus. Im herrschenden Ansatz überlagert aber die Begünstigungsprüfung diese tatbestandsausschließende Wirkung, sodass im Ergebnis keine vollwertige Selektivitätsprüfung erfolgt.[44] Daher wäre beispielsweise eine systemfremde Steuervergünstigung einer regional autonomen Körperschaft (zB. Halbierung des Satzes der Vergnügungssteuer oder der Spielbankabgabe in einem österreichischen oder deutschen Bundesland) bei getrennter Prüfung der Elemente keine Beihilfe (weil zwar begünstigend, aber nicht selektiv), nach dem Ansatz der älteren Anwendungspraxis dagegen sehr wohl (weil die mangelnde regionale Selektivität durch die Systemfremdheit der Maßnahme überlagert wird). Ähnlich verhält es sich bei nichtdiskriminierenden Steuerregelungen, wo die Verneinung der Diskriminierung zum Ausschluss der Selektivität führen kann. Beides illustriert, dass der herrschende Ansatz das rechtliche Gehör der Parteien beschneiden und mit der Begründungspflicht der Kommission in Konflikt geraten kann. Dem stehen keine ersichtlichen Vorteile dieses Ansatzes gegenüber.

Daher ist auch die bislang noch vereinzelt gebliebene, **jüngere Kommissionspraxis** zu be- 9 grüßen, die Systemimmanenz im Rahmen der Begünstigung zu prüfen. Im Fall *Schweizerische Körperschaftssteuerregelungen*[45] erlaubte die Verlagerung der Systemimmanenzprüfung auf die Begünstigungsebene[46] eine eigenständige und vollwertige Würdigung der Diskriminierungswirkung der Maßnahme im Rahmen der Selektivitätsprüfung.[47] Wenngleich diese Prüfung

---

[39] Vgl. zum weiten Selektivitätsbegriff des EuGH, C-143/99, Slg. 2001, I-8365, RdNr. 35 – Adria-Wien Pipeline.

[40] Ähnlich *Hancher/Ottervanger/Slot* RdNr. 10-027; *Rode* 95–96; *Schön* EuR 2001, 341, 358.

[41] Vgl. hierzu unten RdNr. 63 f.; *Flett/Walkerova*, FS Santaolalla Gadea, passim; *Boeshertz* EC Tax Rev. 2003, 214, passim; *Renner-Loquenz* EStAL 2003, 21, passim.

[42] Ebenso *Rossi-Maccanico* EStAL 2007, 224; ähnlich kritisch *Strüber* 227.

[43] Vgl. EuGH, C-88/03, Slg. 2006, I-7115, RdNr. 56, 62 und 65 – Portugal/Kommission (Azoren); EuGH, verb. C-428/06 bis C-434/06, noch nicht in Slg. veröffentlicht, RdNr. 144 – UGT-Rioja.

[44] Vgl. als Negativbeispiel EFTA-Überwachungsbehörde, Nr. 21/04/COL, Abschnitt II – ITCs (bestätigt durch EFTA-Gerichtshof, E-2/05, EFTA Court Report 2005, 205, RdNr. 19 – EFTA-Überwachungsbehörde/Island). Die Vermengung der Kriterien verhinderte dort sowohl eine vollwertige Begünstigungs- als auch eine vollwertige Selektivitätsprüfung.

[45] Vgl. vor allem Kom., C(2007) 411 endgültig – Unvereinbarkeit bestimmter schweizerischer Körperschaftssteuerregelungen mit dem Abkommen zwischen der Europäischen Wirtschaftsgemeinschaft und der Schweizerischen Eidgenossenschaft vom 22. Juli 1972.

[46] Vgl. Kom., C(2007) 411 endgültig, Tz. 35 – Unvereinbarkeit bestimmter schweizerischer Körperschaftssteuerregelungen mit dem Abkommen zwischen der Europäischen Wirtschaftsgemeinschaft und der Schweizerischen Eidgenossenschaft vom 22. Juli 1972.

[47] Vgl. Kom., C(2007) 411 endgültig, Tz. 46 – Unvereinbarkeit bestimmter schweizerischer Körperschaftssteuerregelungen mit dem Abkommen zwischen der Europäischen Wirtschaftsgemeinschaft und der Schweizerischen Eidgenossenschaft vom 22. Juli 1972.

im konkreten Fall nicht zur Verneinung der Tatbestandsebene führte, wurde dadurch doch eine zusätzliche Prüfebene gewonnen, die nach dem herrschenden Ansatz in aller Regel untergeht.

10   **b) Rechtsrahmen im Überblick.** Ab den späten 1990er Jahren haben die Kommission und der Rat begonnen, dem bis dahin lange tolerierten,[48] schädlichen Steuerwettbewerb im Binnenmarkt entgegenzutreten.[49] Die Grundzüge dieser Strategie sind in einem **Verhaltenskodex für die Unternehmensbesteuerung**[50] dargelegt. Als schädlich gelten dabei Rechtsvorschriften oder Verwaltungspraktiken, die „gemessen an den üblicherweise in dem betreffenden Mitgliedstaat geltenden Besteuerungsniveaus eine deutlich niedrigere Effektivbesteuerung [...] bewirken"[51] und typischerweise ohne Vorliegen nennenswerter wirtschaftlicher Aktivitäten im Inland, also unter Abschottung von der eigenen Wirtschaft ausschließlich oder überwiegend an Gebietsfremde, gewährt werden.[52] Da die begünstigten Unternehmen also effektiv im Ausland tätig sind, entsteht ein Ungleichgewicht zwischen den von der Besteuerung der wirtschaftlichen Aktivität profitierenden Staaten und den mit den Kosten dieser Aktivität belasteten Staaten.[53] Eines der Instrumente zur Eindämmung schädlichen Steuerwettbewerbs ist die Beihilfekontrolle im Rahmen der **Art. 107 und 108** AEUV.[54] Die Beurteilung einer Steuermaßnahme als schädlich iS des Verhaltenskodex ist dabei zwar keine Voraussetzung für ihre Einstufung als Beihilfe,[55] sie wird aber wohl im Rahmen der Tatbestandsprüfung als Indiz gegen die Zulässigkeit der steuerlichen Differenzierung zu werten sein und im Rahmen der Vereinbarkeitsprüfung die Genehmigungsfähigkeit zumeist wohl ausschließen.

11   In Umsetzung der Vorgaben des Verhaltenskodex im Beihilfebereich hat die Kommission eine **Mitteilung zur direkten Unternehmensbesteuerung**[56] veröffentlicht, in der sie die die wichtigsten Grundsätze der beihilferechtlichen Tatbestands- und Vereinbarkeitsbeurteilung von Steuerregelungen anführt. Die Unternehmensbesteuerungsmitteilung gilt grundsätzlich für alle Arten von allgemeinen steuerlichen Regelungen. Bei besonderen Beihilfearten erfolgt die Prüfung dagegen primär nach dem **für die Art der Maßnahme einschlägigen Auslegungsdokument** (also zB. für Steuervergünstigungen im Rahmen von Regionalbeihilfen nach dem Regionalbeihilfeteil der AGVO[57] und den RegionalbeihilfeLL,[58] bei *De Minimis*-Steuerbeihilfen nach der *De Minimis*-GVO[59] etc.).[60] Dabei enthalten besonders die Dokumente zur Beurteilung von Umweltbeihilfen,[61]

---

[48] Vgl. dazu nur die Saga zur Änderung der Kommissionspolitik gegenüber den Steuervergünstigungen für Konzernzentralen in zahlreichen Mitgliedstaaten, näher EuG, T-276/02, Slg. 2003, II-2075, RdNr. 8 – Forum 187 ASBL; EuGH, verb. C-182/03 und C-217/03, Slg. 2006, I-5479, RdNr. 66 – Belgien und Forum 187 ASBL; *Luja* Intertax 2003, 484; *Rode* 431; *Jaeger,* Beihilfen, RdNr. 107; *Strüber* 279.

[49] Näher *Hancher/Ottervanger/Slot* RdNr. 10-040; *Luja* Intertax 2003, 484; *Rode* 353; *Gross* RIW 2002, 46; *Mestmäcker/Schweitzer* § 43 RdNr. 55; *Jaeger,* Beihilfen, RdNr. 21; *Birkenmaier* 74; *Grube* DStZ 2007, 371, 373. Vgl. zuletzt auch Mitteilung der Kommission über die Förderung des verantwortungsvollen Handelns im Steuerbereich, KOM(2009) 201 endg.

[50] Entschließung des Rats über einen Verhaltenskodex für die Unternehmensbesteuerung, ABl. 1998 C 2/1.

[51] Entschließung des Rats über einen Verhaltenskodex für die Unternehmensbesteuerung, ABl. 1998 C 2/1, Abschnitt B des Anhangs.

[52] Vgl. auch *Gross* RIW 2002, 48; *Schön,* Beiheft der ZHR 69 (2001), 106, 107; *Strüber* 250–251; *Mestmäcker/Schweitzer* § 43 RdNr. 55; *Hancher/Ottervanger/Slot* RdNr. 10–041.

[53] Vgl. *Mestmäcker/Schweitzer* § 43 RdNr. 55; *Hancher/Ottervanger/Slot* RdNr. 10–041.

[54] Vgl. Entschließung des Rats über einen Verhaltenskodex für die Unternehmensbesteuerung, ABl. 1998 C 2/1, Abschnitt J des Anhangs.

[55] Vgl. Mitteilung der Kommission über die Anwendung der Vorschriften über staatliche Beihilfen auf Maßnahmen im Bereich der direkten Unternehmenssteuerung, ABl. 1998 C 384/3, Tz. 30 und 33; auch *Strüber* 259–260; *Jaeger,* Beihilfen, RdNr. 474; *Birkenmaier* 82–83.

[56] Mitteilung der Kommission über die Anwendung der Vorschriften über staatliche Beihilfen auf Maßnahmen im Bereich der direkten Unternehmenssteuerung, ABl. 1998 C 384/3. Dazu ausführlich zB. *von der Groeben/Schwarze/Triantafyllou* Art. 87 EG RdNr. 92, *Linn* IStR 2008, 604.

[57] Vgl. Art. 13 ff. AGVO.

[58] Leitlinien für staatliche Beihilfen mit regionaler Zielsetzung 2007–2013, ABl. 2006 C 54/13, Tz. 37 und 78.

[59] VO 1998/2006, ABl. 2006 L 379/5.

[60] Für einen Überblick über die bestehenden Auslegungsdokumente vgl. das Vademecum über die Regeln für staatliche Beihilfen, in der jeweils aktuellen Fassung abrufbar auf den Internetseiten der GD Wettbewerb unter http://ec.europa.eu/comm/competition/state_aid/legislation/legislation.html.

[61] Vgl. Art. 8 Abs. 5 und 25 VO 800/2008; Leitlinien der Gemeinschaft für staatliche Umweltschutzbeihilfen, ABl. 2008 C 82/1, Abschnitte 1. 5. 12. und 4.

FuEuI-Beihilfen,[62] Beihilfen zu audiovisuellen Werken[63] und im Postsektor[64] sehr ausführliche Sonderbestimmungen für Steuermaßnahmen. In einzelnen Auslegungsdokumenten ist allerdings auch eine parallele Anwendung mit der Unternehmensbesteuerungsmitteilung angeordnet, so etwa bei Risikokapitalbeihilfen.[65]

Berührt eine steuerliche Regelung neben dem Beihilfeverbot noch andere Bestimmungen des **12** Vertrages, so greifen diese Bestimmungen grundsätzlich zusätzlich zu Art. 107 Abs. 1 AEUV ein.[66] Eine Steuerregelung darf daher im Ergebnis nur durchgeführt werden, wenn sie mit allen einschlägigen Bestimmungen vereinbar ist. Zu denken ist hier im Bereich der direkten Steuern besonders an die Kapitalverkehrs- **(Art. 63 AEUV),**[67] Dienstleistungs- **(Art. 56 AEUV)**[68] und Niederlassungsfreiheiten **(Art. 49 AEUV),**[69] sowie an die Arbeitnehmerfreizügigkeit **(Art. 45 AEUV).**[70] Bei den indirekten Steuern und in Bezug auf parafiskalische Abgaben sind vorrangig die Verbote zollgleicher **(Art. 30 AEUV)**[71] oder[72] diskriminierender **(Art. 110 AEUV)**[73] Abgaben relevant.[74] Nur ausnahmsweise kommt bei Steuern dagegen eine Anwendung der Warenverkehrsfreiheit **(Art. 34 AEUV)** in Betracht,[75] da diese Bestimmung üblicherweise im Steuerbereich von den spezielleren warenverkehrsrelevanten Normen der Art. 30 und 110 AEUV verdrängt wird.[76] Ist Art. 34 AEUV verdrängt, können auch die Rechtfertigungsgründe des Art. 36 AEUV nicht herangezogen werden.[77] Vom Beihilfeverbot verdrängt ist schließlich auch das allgemeine Verbot der Diskriminierung aus Gründen der Staatsangehörigkeit **(Art. 18 AEUV),** soweit man der hier[78] vertretenen Ansicht folgt, dass Art. 107 Abs. 1 AEUV ein eigenständiges, spezielleres Diskriminierungsverbot enthält.[79] Im beihilferechtlichen Kontext wir-

---

[62] Vgl. Gemeinschaftsrahmen für staatliche Beihilfen für Forschung, Entwicklung und Innovation, ABl. 2006 C 323/1, Abschnitt 5.1.6.

[63] Vgl. Mitteilung der Kommission an den Rat, das Europäische Parlament, den Wirtschafts- und Sozialausschuß und den Ausschuß der Regionen zu bestimmten Rechtsfragen im Zusammenhang mit Kinofilmen und anderen audiovisuellen Werken, ABl. 2002 C 43/6, Abschnitt 5.

[64] Vgl. Bekanntmachung der Kommission über die Anwendung der Wettbewerbsregeln auf den Postsektor und über die Beurteilung bestimmter staatlicher Maßnahmen betreffend Postdienste, ABl. 1998 C 39/2, Abschnitt 7.

[65] Vgl. Leitlinien der Gemeinschaft für staatliche Beihilfen zur Förderung von Risikokapitalinvestitionen in kleine und mittlere Unternehmen, ABl. 2006 C 194/2, Abschnitt 3.1.

[66] Vgl. für einen aktuellen Überblick zB. für direkte Steuern *Ecker/Stürzlinger,* in: *Eilmansberger/Herzig* (Hrsg.), Jahrbuch Europarecht 08, 2008, 261; für indirekte Steuern *Schellmann/Tumpel,* in: *Eilmansberger/Herzig* (Hrsg.), Jahrbuch Europarecht 08, 2008, 287; außerdem *Strüber* 91; *Schön* EuR 2001, 216 und 341 (je passim).

[67] Vgl., statt vieler, EuGH, C-315/02, Slg. 2004, I-7063, RdNr. 49 – Lenz (KESt).

[68] Vgl., statt vieler, EuGH, C-234/01, Slg. 2003, I-5954, RdNr. 55 – Gerritse (ESt).

[69] Vgl., statt vieler, EuGH, C-80/94, Slg. 1995, I-2508, RdNr. 27 – Wielockx (ESt).

[70] Vgl., statt vieler, EuGH, C-279/93, Slg. 1995, I-249, RdNr. 26 – Schumacker (ESt).

[71] Vgl., statt vieler, EuGH, 94/74, Slg. 1975, 699, RdNr. 14 – IGAV (parafiskalische Abgabe auf Papier und Pappe).

[72] Die Bestimmungen schließen einander gegenseitig aus, vgl. zB. EuGH, C-101/00, Slg. 2002, I-7487, RdNr. 115 – Tulliasiamies und Siilin (Besteuerung eingeführter Gebrauchtfahrzeuge).

[73] Vgl., statt vieler, EuGH, verb. C-78/90 bis C-83/90, Slg. 1992, I-1847, RdNr. 25 und 27 – Compagnie Commerciale de l'Ouest (parafiskalische Abgabe auf Erdölerzeugnisse).

[74] Näher zu diesen Normen im Anwendungsbereich des Beihilfeverbots *Jaeger,* Beihilfen, RdNr. 388; *Meyer* 213; *Strüber* 91; *Schön* EuR 2001, 216, 218.

[75] Vgl. zB. EuGH, 47/88, Slg. 1990, I-4509, RdNr. 11 – Kommission/Dänemark (KFZ-Zulassungssteuer auf Neuwagen bei fehlender inländischer Produktion).

[76] Vgl. EuGH, 74/76, Slg. 1977, 557, RdNr. 9–10 – Ianelli & Volpi (parafiskalische Abgabe auf Papier und Pappe); weiters EuGH, 222/82, Slg. 1983, 4083, RdNr. 30 – Apple and Pear Development Council (parafiskalische Abgabe zur Förderung der Erzeugung und Vermarktung); EuGH, verb. C-78/90 bis C-83/90, Slg. 1992, I-1847, RdNr. 21 – Compagnie Commerciale de l'Ouest (parafiskalische Abgabe auf Erdölerzeugnisse); EuGH, C-17/91, Slg. 1992, I-6523, RdNr. 25–26 – Lornoy (Pflichtbeiträge zugunsten eines Fonds für die Tiergesundheit und die Tiererzeugung); EuGH, C-266/91, Slg. 1993, I-4337, RdNr. 26–27 – CELBI (parafiskalische Abgabe auf chemische Pasten); EuGH, verb. C-34/01 bis C-38/01, Slg. 2003, I-14 243, RdNr. 56 – Enirisorse (Hafennutzungsgebühr).

[77] Vgl. schon EuGH, 29/72, Slg. 1972, 1309, RdNr. 4–5 – Marimex (Gebühren für gesundheitspolizeiliche Kontrollen); EuGH, 46/76, Slg. 1977, 5, RdNr. 12 – Bauhuis (Gebühren für gesundheitspolizeiliche Kontrollen); EuGH, verb. C-78/90 bis C-83/90, Slg. 1992, I-1847, RdNr. 29 – Compagnie Commerciale de l'Ouest (parafiskalische Abgabe auf Erdölerzeugnisse).

[78] Vgl. unten RdNr. 46; aA. *Mestmäcker/Schweitzer* § 43 RdNr. 45.

[79] Vgl. dazu zB. EuGH, C-179/90, Slg. 1991, I-5889, RdNr. 11 – Porto di Genova; EuGH, C-379/92, Slg. 1994, I-3453, RdNr. 18 – Peralta; EuG, T-158/99, Slg. 2004, II-1, RdNr. 146 – Thermenhotel Stoiser.

ken die geschilderten Konkurrenzverhältnisse je nach Prüfschritt unterschiedlich. Auf die **Tat-bestandsbeurteilung**, deren Merkmale in Art. 107 Abs. 1 AEUV abschließend definiert sind, hat ein allfälliger Verstoß gegen eine dieser anderen Vertragsbestimmungen keinen Einfluss. Bei der **Rechtfertigungsprüfung** im Rahmen von Art. 107 Abs. 3 AEUV hat die Kommission dagegen diese Normen umfassend zu berücksichtigen und das Vorliegen der jeweils einschlägigen Rechtfertigungsgründe zu prüfen. Kommt eine Rechtfertigung nicht in Frage, ist auch die Beihilfegenehmigung zu versagen:[80] Das Beihilfeprüfverfahren darf nämlich zu keinem Ergebnis führen, das zu den besonderen Vorschriften des AEUV im Widerspruch steht.[81] Nur soweit die eigentliche Beihilfe und die sonstige Primärrechtswidrigkeit voneinander unabhängig funktionieren und sich daher trennen lassen, kann die Beihilfe separat genehmigt werden.[82] Diese Abgrenzung einzelner Teile innerhalb einer Gesamtmaßnahme ist besonders bei parafiskalischen Abgaben von großer praktischer Bedeutung.

13   **3. Formen von Steuervergünstigungen.** Steuerbeihilfen nehmen die unterschiedlichsten Formen an. Die Kommission nennt als häufige Gewährungsarten etwa eine „Minderung der Steuerbemessungsgrundlage (besonderer Steuerabzug, außergewöhnliche oder beschleunigte Abschreibung, Aufnahme von Rücklagen in die Bilanz etc.); [eine] vollständige oder teilweise Ermäßigung des Steuerbetrags (Steuerbefreiung, Steuergutschrift etc.); [einen] Zahlungsaufschub, [eine] Aufhebung der Steuerschuld oder außergewöhnliche Vereinbarung über die Abzahlung der Steuerschuld in Raten.“[83] Steuerbeihilfen können daher in allen Abschnitten des Besteuerungsverfahrens auftreten:[84] So bezieht sich eine Vielzahl von Maßnahmen schon auf die **Festlegung des Steuertatbestands**. Die Kommission nennt hier als große Gruppe Maßnahmen zur Minderung der Steuerbemessungsgrundlage, wozu außer Abschreibungen und Rücklagen zB. auch die Erlaubnis von Pauschalierungen und Rundungen bei der Einkommens- bzw. Gewinnermittlung,[85] die gewinnmindernde Übertragung stiller Reserven,[86] die Anerkennung von Sonderausgaben oder Bewertungsfreiheiten zählen. Aber auch die ganz einfachen und daher in der Praxis besonders häufigen Formen persönlich[87] oder sachlich[88] definierter Freistellungen vom Steuertatbestand gehören hier her. Andere Steuervergünstigungen treten erst bei Anwendung eines (an sich beihilfefreien) Steuertatbestands auf, also im Rahmen der **Steuerfestsetzung**. Der von der Kommission in diesem Zusammenhang genannte Effekt der Ermäßigung des Steuerbetrags kann sich auf zweierlei Weise ergeben: Häufig ist erstens eine Ermäßigung auf den Steuersatz, sodass statt dem Regelsteuersatz ein geringerer Satz auf den im Übrigen steuerpflichtigen Sachverhalt zur Anwendung gebracht wird. Als Steuerschuld entsteht sodann nur der ermäßigte Betrag. Zweitens kommen Maßnahmen in Frage, die eine bereits entstandene Steuerschuld nachträglich mindern, und zwar durch besondere Befreiungen, Gutschriften oder Anrechnungen. Schließlich kann auch schlicht auf die **Steuererhebung** bzw. -vollstreckung verzichtet werden, neben den von der Kommission genannten Beispielen des Zahlungsaufschubs, der Aufhebung oder Ratenzahlungsvereinbarungen etwa auch über Steueramnestien.[89]

---

[80] Vgl. für ein Beispiel Kom., ABl. 1998 L 20/30, Abschnitt VI – Schifffahrtssektor in Sardinien.

[81] Vgl. EuGH, 73/79, Slg. 1980, 1533, RdNr. 11 – Kommission/Italien; EuGH, C-225/91, Slg. 1993, I-3203, RdNr. 41 – Matra; EuGH, C-156/98, Slg. 2000, I-6857, RdNr. 78 – Deutschland/Kommission; EuGH, C-234/99, Slg. 2002, I-3657, RdNr. 54 – Nygård; EuGH, verb. C-261/01 und C-262/01, Slg. 2003, I-12 249, RdNr. 48–49 – van Calster; EuGH, verb. C-128/03 und C-129/03, Slg. 2005, I-2861, RdNr. 45 – AEM.

[82] Vgl. zB. EuGH, 74/76, Slg. 1977, 557, RdNr. 14 – Ianelli & Volpi; EuGH, C-174/02, Slg. 2005, I-85, RdNr. 26 – SWNB; EuGH, C-175/02, Slg. 2005, I-127, RdNr. 15 – Pape; EuGH, verb. C-128/03 und C-129/03, Slg. 2005, I-2861, RdNr. 46 – AEM.

[83] Mitteilung der Kommission über die Anwendung der Vorschriften über staatliche Beihilfen auf Maßnahmen im Bereich der direkten Unternehmenssteuerung, ABl. 1998 C 384/3, Tz. 9.

[84] Vgl. zum Folgenden auch *Koschyk* 125; *Strüber* 130; *Jaeger,* Beihilfen, RdNr. 149. Nach Steuerarten gegliederte Steuervergünstigungsbeispiele finden sich bei *Rode* 143 (ESt), 151 (KöSt), 166 (GewerbeSt), 171 (USt) etc.

[85] So etwa bei der im Rahmen der Koordinierungszentren-Saga (s. dazu auch Fn. 48) häufig verwendeten Kostenaufschlagsmethode (cost plus-method). Vgl., statt vieler, Kom., ABl. 2004 L 23/14, Tz. 15 – US Foreign Sales Corporations.

[86] Vgl. EuGH, C-156/98, Slg. 2000, I-6857, RdNr. 8–9 – Deutschland/Kommission.

[87] Vgl. zB. EuGH, C-387/92, Slg. 1994, I-877, RdNr. 14 – Banco Exterior de España; Kom., ABl. 2003 L 17/20, Tz. 9 – Neu gegründete Unternehmen in Alava.

[88] Vgl. zB. Kom., ABl. 2003 L 204/51, Tz. 7 – Irische Auslandseinkünfte; Kom., ABl. 2003 L 91/47, Tz. 9 – Finanzdienstleistungs- und Versicherungszentrum Triest.

[89] Vgl. zu letzteren besonders *Lang/Herdin,* Die verfassungsrechtlichen Rahmenbedingungen für Steueramnestien, JRP 2005, 52.

Eine Sonderform der Beihilfegewährung ist das schlichte **Behördenermessen** im Besteue- 14
rungsverfahren. Rechtsvorschriften, die formell beihilfefrei ausgestaltet sind, der Behörde aber
bei ihrer Anwendung einen weitgehenden Freiraum zu einer diskriminierenden oder selektiv
bevorzugenden Anwendung belassen, sind ebenfalls vom Beihilfeverbot erfasst.[90] Ein Nachweis,
dass dieser Ermessensspielraum auch tatsächlich beihilferechtswidrig ausgeübt wird, ist nicht
erforderlich.[91] Auch die schlicht unrichtige Anwendung von (an sich beihilfefreien) nationalen
Normen in der **Behördenpraxis** kann beihilferelevant sein, wenn diese Praxis allgemein verfestigt ist.[92]

4. Besonderheiten parafiskalischer Abgaben. Parafiskalische Abgaben lassen sich von 15
Steuern im engeren Sinne durch mehrere zentrale Merkmale unterscheiden.[93] Unter dem **Begriff** der parafiskalischen Abgaben werden vor allem hoheitliche **Zwangsabgaben mit spezifischer Zweckwidmung** zusammengefasst. Die Zweckwidmung kommt schon in der häufigen Verankerung dieser Abgaben in außersteuerlichen Rechtsgrundlagen oder Sondergesetzen
zum Ausdruck. Sie bedingt es auch, dass die Abgabenschuldner in aller Regel eine homogene,
nach sachlichen Merkmalen definierte Gruppe bilden. Die Zweckwidmung bildet damit das
wesentliche Unterscheidungsmerkmal gegenüber den Steuern im engeren Sinne: Während das
Abgabenaufkommen bei Steuern im engeren Sinne grundsätzlich in das allgemeine Budget (Fiskus) fließt und *ex ante* jeder öffentlichen Verwendung zugeordnet werden kann, bleiben parafiskalischen Abgaben von vornherein für besondere Zwecke reserviert und werden gegenüber
dem allgemeinen Budget gesondert ausgewiesen oder verwaltet (Parafiskus). Das **Unionsrecht**
kennt keine einheitliche Definition der parafiskalischen Abgaben.[94] Soweit in der Anwendungspraxis, wo der Begriff häufig verwendet wird,[95] eine Definition versucht wurde, bildet die
Zweckwidmung das maßgebliche Merkmal.[96] Auch für die Abgaben parafiskalischer Art in den
Mitgliedstaaten ist das Merkmal der Zweckwidmung in der Praxis wesentlich, wenngleich es
dort keine einheitliche Voraussetzung der Zuordnung zum parafiskalischen Abgabentypus bildet.[97] An Beispielen lassen sich die deutschen Sonderabgaben[98] nennen, wie auch die öffentlichen Abgaben[99] österreichischen, die taxes parafiscales[100] französischen oder die Abgaben an
Nicht-Gebietskörperschaften[101] italienischen Verständnisses.

Aus der typologischen Besonderheit parafiskalischer Abgaben folgt, dass auch für die Beihilfe- 16
prüfung parafiskalischer Abgaben einige gegenüber Steuern im engeren Sinne **abweichende**

---

[90] Vgl. Mitteilung der Kommission über die Anwendung der Vorschriften über staatliche Beihilfen auf
Maßnahmen im Bereich der direkten Unternehmensbesteuerung, ABl. 1998 C 384/3, Tz. 14; auch EuGH,
C-241/94, Slg. 1996, I-4551, RdNr. 23–24 – Frankreich/Kommission (Kimberley Clark); EuGH, C-200/
97, Slg. 1998, I-7907, RdNr. 40 – Ecotrade; EuGH, C-295/97, Slg. 1999, I-3735, RdNr. 39 – Piaggio;
EuG, T-36/99, Slg. 2004, II-3597, RdNr. 129 – Lenzing; EuG, verb. T-92/00 und T-103/00, Slg. 2002,
II-1385, RdNr. 35 – Territorio Histórico de Álava; EuGH, C-278/03, Slg. 2005, I-3747, RdNr. 13 –
Kommission/Italien; EuGH, C-212/99, Slg. 2001, I-4923, RdNr. 31 – Kommission/Italien.
[91] Vgl. EuG, verb. T-127/99, T-129/99 und T-148/99, Slg. 2002, II-1275, RdNr. 154 – Territorio
Histórico de Álava; *Bartosch* RdNr. 101.
[92] Vgl. EuGH, C-287/03, Slg. 2005, I-3761, RdNr. 29 – Kommission/Belgien; EuGH, C-387/99, Slg.
2004, I-3751, RdNr. 42 – Kommission/Deutschland; EuGH, C-494/01, Slg. 2005, I-3331, RdNr. 28 –
Kommission/Irland; EuGH, 21/84, Slg. 1985, 1355, RdNr. 13 und 15 – Kommission/Frankreich; EuGH,
C-187/96, Slg. 1998, I-1095, RdNr. 23 – Kommission/Griechenland; EuGH, C-185/96, Slg. 1998, I-6601,
RdNr. 35 – Kommission/Griechenland.
[93] Näher *Götz* in FS Friauf, 37 und 45; *Jaeger* Beihilfen, RdNr. 279 und 289–290; *Nußbaum,* in: *Ress/
Stein,* 3; *Meyer* 61 und 315.
[94] Vgl. auch *Jaeger,* Beihilfen, RdNr. 279; *Meyer* 62.
[95] Vgl., zuletzt EuGH, C-128/03 und C-129/03, Slg. 2005, I-2861, RdNr. 46 – AEM; Kom., ABl.
2007 L 32/29, Tz. 61 – Absatzförderung und Werbung für landwirtschaftliche Erzeugnisse in Sizilien; oder
EFTA-Überwachungsbehörde, ABl. 2008 L 189/36, Abschnitt 3.2.3.
[96] Vgl. vor allem EuGH, Schlussanträge von Generalanwalt Poiares Pessoa Maduro, verb. C-34/01 bis
C-38/01, Slg. 2003, I-14243, RdNr. 167 – Enirisorse; auch Kom., ABl. 2004 L 137/62, Tz. 146 – Charleroi.
[97] Vgl. im Überblick *Jaeger,* Beihilfen, RdNr. 282.
[98] Vgl. zB. deutsches BVerfG, 2 BvF 3/77, NJW 1981, 329, 331; näher auch *Kilian,* Nebenhaushalte des
Bundes, 1993, 568 und 860; *Sacksofsky,* Verfolgung ökologischer und anderer öffentlicher Zwecke durch
Instrumente des Abgabenrechts, NJW 2000, 2619, 2625 mwN; *Kügel,* Sonderabfallabgaben und Altlasten,
NVwZ 1994, 535.
[99] Vgl. zB. österreichischer VfGH, B 1408/01, Vf. Slg. 16 454/2002, Abschnitt III.1.2; *Binder,* Wirtschaftsrecht, 2. Aufl. 1999, RdNr. 894; *Doralt/Ruppe,* II, 159–162.
[100] Vgl. *Götz,* FS Friauf, 41–42 mwN.
[101] Vgl. *Götz,* FS Friauf, 39–40 mwN.

Probleme stellen.[102] So ist schon der **Ansatzpunkt der Untersuchung** bei Steuern im engeren Sinne und parafiskalischen Abgaben unterschiedlich: Für erstere liegt der Fokus auf den Modalitäten der Erhebung, da das Vorliegen eines beihilferelevanten Einnahmenverzicht anhand von Abweichungen von den üblichen Erhebungsmodalitäten festgestellt wird. Bei parafiskalischen Abgaben ist demgegenüber grundsätzlich nur die Abgabenverwendung Gegenstand der beihilferechtlichen Untersuchung. Sie ähneln damit also eher herkömmlichen Direktzahlungen; ein Einnahmenverzicht liegt zumeist nicht vor. Die Modalitäten der Abgabenerhebung sind dagegen nur ausnahmsweise relevant für die Beihilfeprüfung.[103] Daher stellt sich auch die Frage nach der Rückwirkung einer beihilferelevanten Abgabenverwendung auf die Erhebung (sog. **Verwendungszusammenhang**) in der Weise, dass schon die Abgabenerhebung vom Beihilfeverbot erfasst ist, effektiv nur bei parafiskalischen Abgaben. Die Kriterien für den Verwendungszusammenhang schließen eine Anwendung bei Steuern im engeren Sinne aus.[104] Weiters können sich bei parafiskalischen Abgaben aufgrund der vielfältigen Erhebungsweisen (etwa über Fonds oder Berufs- und Branchenverbände) Zweifel im Hinblick auf die **Staatlichkeit** des Systems ergeben, während diese bei Steuern im engeren Sinne regelmäßig ohne weiteres zu bejahen ist.[105] Der umgekehrte Befund gilt im Hinblick auf das Tatbestandsmerkmal der **Selektivität:** Während dieses bei Steuern im engeren Sinne oft besonders schwierig zu prüfen ist, spielt es bei parafiskalischen Abgaben praktisch kaum eine Rolle, da die Zweckwidmung in der Regel auch eine implizite Bezeichnung der Begünstigten bedingt.[106] Auch bei der **Begünstigung** werden andere Gesichtspunkte geprüft als bei Steuern im engeren Sinne: Anders[107] als letztere sind parafiskalische Abgaben gerade nicht voraussetzungslos geschuldet, sodass sich auch nur hier die Frage nach dem Erhalt einer marktadäquaten (beihilfeausschließenden) Gegenleistung stellen kann.[108] Schließlich wird auch die Prüfung einer (beihilfeausschließenden) **Systemimmanenz** bei parafiskalischen Maßnahmen zumeist scheitern und daher verzichtbar sein, da diese Maßnahmen definitionsgemäß von außerfiskalischen (parafiskalischen) Gesichtspunkten getragene Belastungen vorsehen.[109] Parafiskalische Sonderregelungen enthalten daher zumeist keine folgerichtige oder gar zwingende Fortsetzung eines dem allgemeinen Steuersystem (Fiskus) entnommenen Grundsatzes. Eine detaillierte Diskussion der hier angesprochenen Punkte findet sich an den entsprechenden Stellen unten.[110]

17   Dass der **EuGH** zwischen Steuern im engeren Sinne und parafiskalischen Abgaben keine klare Unterscheidung trifft, erweist sich angesichts dieser weitreichenden Besonderheiten als unvorteilhaft. Klare Prüfmaßstäbe für die jeweilige Maßnahmenkategorie könnten die Entscheidungsbegründungen konziser und transparenter ausfallen lassen.

II. Staatliche Zurechnung

18   **1. Steuerzurechnung im Grundsatz.** Das Tatbestandselement der Staatlichkeit besteht aus zwei kumulativen Bestandteilen: der Zurechnung der Gewährungsentscheidung **(Willensbildung)** zu einer staatlichen Stelle[111] und der Zurechnung der Finanzierung **(Budgetwirksamkeit).**[112]

---

[102] Vgl. auch *Jaeger* Beihilfen, RdNr. 291.

[103] Vgl. zB. EuGH, C-266/04 bis C-270/04, C-276/04 und C-321/04 bis C-325/04, Slg. 2005, I-9481, RdNr. 40 – Nazairdis; EuGH, C-174/02, Slg. 2005, I-85, RdNr. 26 – SWNB; EuGH, C-526/04, Slg. 2006, I-7529, RdNr. 44 – Laboatoires Boiron; näher auch *Jaeger* wbl 2006, 543; *ders.* ZfV 2007, 23.

[104] Vgl. in diesem Sinne zB. EuGH, C-393/04 und C-41/05, Slg. 2006, I-5293, RdNr. 47 – Air Liquide; EuGH, C-333/07, noch nicht in Slg. veröffentlicht, RdNr. 99–100 – Regie Networks; auch *Jaeger* Beihilfen, RdNr. 357; *Meyer* 286.

[105] Vgl. auch *Jaeger,* Beihilfen, RdNr. 297; *Meyer* 83 und 315–316.

[106] Vgl. *Jaeger,* Beihilfen, RdNr. 290–291; ähnlich *Meyer* 170–171 und 316.

[107] Vgl. die Nachweise in Fn. 14.

[108] Scheinbar anders zuletzt jedoch EuG, T-156/04, nicht in Slg. veröf., RdNr. 221 ff. – EDF; EuG T-427/04 und T-17/05, nicht in Slg. veröf., RdNr. 207 – Frankreich/Kommission; zum hier vertretenen Ansatz näher etwa auch *Jaeger,* Beihilfen, RdNr. 335; *Meyer* 142 und 316; ähnlich *Schön* EuR 2001, 216, 232.

[109] Näher *Jaeger,* Beihilfen, RdNr. 375.

[110] Vgl. RdNr. 75 und 82 ff., unten.

[111] Zum Staatsbegriff s. oben Art. 107 AEUV RdNr. 239 ff.; vgl. auch *Koller* 177–182.

[112] Vgl. zB. EuGH, C-345/02, Slg. 2004, I-7139, RdNr. 35 – Pearle; EuGH, C-303/88, Slg. 1991, I-1433, RdNr. 11 – Italien/Kommission; EuGH, C-482/99, Slg. 2002, I-4397, RdNr. 24 – Frankreich/Kommission (Stardust Marine); EuGH, C-126/01, Slg. 2003, I-13769, RdNr. 24 – GEMO.

In der Praxis sind beide Bestandteile nur bei parafiskalischen Abgaben näher zu prüfen, hin- 19 gegen **bei Steuern im engeren Sinne unproblematisch** erfüllt:[113] Jede Steuererhebung bedarf im Rechtsstaat einer normativen Grundlage und wird von staatlichen Organen im Rahmen der Hoheitsverwaltung selbst vollzogen. Vergünstigungen gegenüber dem allgemeinen Steuerregime können daher ebenfalls nur vom Staat gewährt werden, müssen also auf eine (legislative oder exekutive) Form staatlicher Willensbildung zurückgehen.[114] Weiters mindert der Verzicht auf Steuern unmittelbar jene Einnahmen, die bei regelkonformer Besteuerung (also ohne Anwendung der Ausnahme) erzielt hätten werden können.[115] Der Steuerverzicht wirkt sich bei Steuern im engeren Sinne also immer direkt auf das öffentliche Budget aus. Eine Ausnahme zum Regelfall der staatlichen Zurechnung steuerlicher Maßnahmen im engeren Sinne bildet aber die sogleich besprochene allgemeine Kausalitätsgrenze der Budgetwirksamkeit.

2. Budgetwirksamkeit bei Sonderlasten und Verschonungssubventionen. Eine ge- 20 wisse Ausnahme von der grundsätzlichen Budgetwirksamkeit bei Steuermaßnahmen bilden steuerliche Sonderlasten und die sog. Verschonungssubventionen.[116] So können, spiegelbildlich zu Vergünstigungen gegenüber der Normalbesteuerung (tax incentives), auch selektive Mehrbesteuerungen (tax disincentives) eine beihilferelevante Begünstigungswirkung für jene Steuerpflichtigen entfalten, denen die Mehrbelastung nicht auferlegt wird. Fraglich ist dabei vor allem zweierlei: Erstens, ist der Umstand, dass eine Steuerregelung bloß selektiv verschärft wird, als Einnahmenverzicht der öffentlichen Hand zu sehen, weil diese auch eine breitere Regelung hätte wählen können? Ein solches Verbot von **Sonderlasten** („special charges") enthielt das Beihilfeverbot des mittlerweile außer Kraft getretenen Art. 4 lit. c EGKS.[117] Der EuGH lehnte die Übertragung dieses weiten Verbotstatbestands auf Art. 107 Abs. 1 AEUV jedoch ab und betonte, dass die Begriffe der Sonderlast und der Beihilfe voneinander zu unterscheiden sind.[118] Der AEUV enthält daher kein allgemeines Verbot von steuerlichen Sonderlasten, sodass eine teilweise verbleibende geringere Besteuerung keinen beihilferelevanten Einnahmenverzicht darstellt.[119] Sonderlasten sind daher allenfalls nach anderen Bestimmungen des AEUV, etwa dem allgemeinen Diskriminierungsverbot oder den Grundfreiheiten, zu untersuchen.

Zweitens aber können (beihilfeirrelevante) Sonderlasten in (beihilferelevante) **Verscho-** 21 **nungssubventionen** umschlagen.[120] Ein Abgrenzungsmerkmal ist hier zunächst die Anzahl der neu belasteten Unternehmen gegenüber den verschonten, da bei lediglich wenigen verschonten Unternehmen die höhere Belastung den neuen Regelfall, nicht mehr einen Sonderfall (ergo eine Sonderbelastung), darstellt.[121] Eine Verschonungssubvention kann aber auch dann vorliegen, wenn die Zahl der belasteten Unternehmen geringer ist als jene der begünstigten, die Belastung aber nach diskriminierenden oder systemfremden Gesichtspunkten auferlegt wurde.[122] Es gelten dabei die weiter unten dargestellten[123] Kriterien für die Diskriminierungs- und die Systemimmanenzprüfung. So kommt es nach der Rechtsprechung für die Anwendung des Beihilfeverbots gerade nicht darauf an, „ob sich die Situation [eines Unternehmens] im Vergleich zur vorherigen Rechtslage verbessert oder verschlechtert hat", sondern lediglich darauf, ob die Maßnahme geeignet ist, „bestimmte Unternehmen […] gegenüber anderen Unternehmen, die sich […] in einer vergleichbaren tatsächlichen und rechtlichen Situation befinden, zu begünsti-

---

[113] So auch *Visser* EC Tax Rev. 1999, 226; *Schön* CMLRev. 1999, 920; *Boeshertz* EC Tax Rev. 2003, 214; *Jaeger* Beihilfen, RdNr. 181; *Birkenmaier* 142; *Strüber* 125.
[114] Vgl. auch *Birkenmaier* 136.
[115] Ständige Rechtsprechung, vgl. zB. EuGH, C-156/98, Slg. 2000, I-6857, RdNr. 26 – Deutschland/Kommission; EuGH, C-387/92, Slg. 1994, I-877, RdNr. 14 – Banco Exterior de España; EuGH, C-200/97, Slg. 1998, I-7907, RdNr. 34 – Ecotrade; EuGH, C-6/97, Slg. 1999, I-2981, RdNr. 15 – Italien/Kommission; EuG, T-106/95, Slg. 1997, II-229, RdNr. 167 – FFSA.
[116] Dazu auch *Jaeger,* Beihilfen, RdNr. 273; *Hancher/Ottervanger/Slot* RdNr. 10–012; *Schön* CMLRev. 1999, 921–922; *Koschyk* 56 mwN und 140–141.
[117] Zum Begriff etwa EuGH, verb. 7/54 und 9/54, Slg. 1955/56, 55, 92 – Groupement des industries sidérurgiques.
[118] Vgl. EuGH, C-390/98, Slg. 2001, I-6117, RdNr. 33–34 – Banks; weiterführend *Schön* EStAL 2006, 495, passim; *Bartosch* RdNr. 95.
[119] Vgl. auch EuGH, 132/88, Slg. 1990, 1567, RdNr. 17 – Kommission/Griechenland; EuGH, C-143/99, Slg. 2001, I-8365, RdNr. 41 – Adria-Wien Pipeline.
[120] Vgl. *Koschyk* 56; *Jaeger,* Beihilfen, RdNr. 276.
[121] In diesem Sinne auch EuGH, C-308/01, Slg. 2004, I-4777, RdNr. 65 – GIL Insurance; Kom., ABl. 1989 L 394/1, Abschnitt III – Einmalige Sondersteuer für Unternehmen.
[122] Vgl. in diesem Sinne Kom., ABl. 2003 L 282/25, Tz. 81 – Belgische Koordinierungsstellen I.
[123] Vgl. RdNr. 46 ff. und 51 ff., unten.

gen".[124] Daher kann auch eine Belastung gegenüber einer nicht belasteten Mehrheit begünstigend wirken, wenn die Belastung nach diskriminierenden oder systemfremden Gesichtspunkten auferlegt wird. Die diskriminierende oder systemfremde Verschonung von Unternehmen im Zuge einer Belastungserhöhung ist weiters auch als budgetrelevanter Verzicht der öffentlichen Hand auf Mehreinnahmen anzusehen, die sie bei einer nichtdiskriminierenden oder steuerlogischen Vorgehensweise erzielt hätte.

22 **3. Allgemeine Kausalitätsgrenze der Budgetwirksamkeit.** Nach der Rechtsprechung zu Art. 107 Abs. 1 AEUV erfüllt nicht jede staatliche Maßnahme, die zu Steuermindereinnahmen führt, das Tatbestandsmerkmal der Budgetwirksamkeit.[125] So ist der Übergang von nicht budgetwirksamen Maßnahmen zu budgetwirksamen Maßnahmen in der Praxis fließend. Das Beihilfeverbot greift aber erst oberhalb einer gewissen Wesentlichkeits- bzw. Spürbarkeitsschwelle ein. Die so gezogene Grenze ist nicht quantitativer Natur – sie hängt also nicht vom möglichen Ausmaß des Steuerverlusts ab –, sondern qualitativer Natur: Es handelt sich um eine dem Staatlichkeitselement inhärente **Kausalitätsgrenze**, die danach fragt, ob die staatliche Maßnahme und die daraus resultierende budgetäre Wirkung in einem **greifbaren Zusammenhang** stehen.[126]

23 Ungewisse oder **inzidente Steuerverluste**, bzw. ein bloß inzidenter Aufwand öffentlicher Mittel aufgrund der Maßnahme, bleiben außer Betracht. Eine vergleichbare Systematik lässt sich bei den Grundfreiheiten beobachten, wo bestimmte Beschränkungen, die zur staatlichen Maßnahme keinerlei greifbaren Bezug mehr aufweisen, ebenfalls außer Betracht bleiben.[127] So hat der EuGH zB. für mögliche einnahmenseitige Effekte von **Mindestpreisregelungen** (inzidente Steuerverluste durch Absatzrückgang)[128] sowie für **bestimmte Befreiungen** von sozial-[129] oder umweltgesetzlichen[130] Auflagen oder sonstigen gesetzlichen Bindungen[131] (jeweils: Überwälzung der externen Kosten auf die öffentliche Hand)[132] das Vorliegen von Beihilfen verneint. Der inzidente Steuerverlust ist vielmehr einer „solchen gesetzlichen Regelung immanent, [...] ohne daß daraus zwangsläufig auf eine zusätzliche finanzielle Belastung zu schließen wäre, die unmittelbar oder mittelbar zu Lasten der öffentlichen Hand geht und den betroffenen Unternehmen eine bestimmte Vergünstigung gewähren soll."[133] Irrelevant ist es daher auch ganz generell, inwieweit ein Mitgliedstaat es in der Hand hätte, durch eine Umgestaltung seiner Steuergesetze insgesamt höhere Steuereinnahmen zu erzielen.[134]

24 Die Kausalitätsgrenze ist ein Instrument dafür, in **Grenzfällen der Budgetwirksamkeit** zu zweckgerechten Lösungen zu gelangen. Sie erlaubt es, Beihilfemaßnahmen von solchen allgemeinen Regelungen zu trennen, bei denen weder das Ziel noch eine spürbare Wirkung darin besteht, Unternehmen im Wettbewerb zu bevorzugen, die aber dennoch inzidente Wettbewerbseffekte nach sich ziehen. Die Kausalitätsgrenze erlaubt m.a.W. eine **Feinprüfung** der Budgetwirksamkeit. Allerdings ist meines Erachtens eine **restriktive Handhabe** der Kausalitätsgrenze geboten. Besonders in Fällen, in denen die **Externalisierung von Kosten** ein klares Ziel der Maßnahme ist und sich diese Kosten auch einigermaßen genau beziffern lassen, wird ein greifbarer Zusammenhang zwischen der Befreiung und den auf das öffentliche Budget überwälzten Kosten kaum zu verneinen sein. Wäre daher zB. ein Unternehmen nach dem Verursacherprinzip für Umweltschäden haftbar, besteht zwischen einer Befreiung von dieser Haf-

---

[124] Beide Zitate EuGH, C-143/99, Slg. 2001, I-8365, RdNr. 41 – Adria-Wien Pipeline; vgl. *Heidenhain/Jestaedt* § 8 RdNr. 4; *Bartosch* RdNr. 83; *Renner-Loquenz* EStAL 2003, 21, 22–23.

[125] Dazu auch *Rode* 245; *Jaeger* Beihilfen, RdNr. 71; *Birkenmaier* 135.

[126] Vgl. *Jaeger*, Beihilfen, RdNr. 81.

[127] Vgl. zB. EuGH, C-249/97, Slg. 1999, I-5295, RdNr. 32 – Gruber (betreffend Art. 39 EG).

[128] So zB. EuGH, C-379/98, Slg. 2001, I-2099, RdNr. 62 – PreussenElektra; in diesem Sinne auch schon EuGH, 82/77, Slg. 1978, 25, RdNr. 23 – van Tiggele.

[129] So zB. EuGH, verb. C-72/91 und C-73/91, Slg. 1993, I-6185, RdNr. 21 – Sloman Neptun; in diesem Sinne auch schon EuGH, C-189/91, Slg. 1993, I-6185, RdNr. 17–18 – Kirshammer-Hack; EuGH, verb. C-52/97, C-53/97 und C-54/97, Slg. 1998, I-2629, RdNr. 14 – Viscidio.

[130] Vgl. in diesem Sinne Aufforderung zur Stellungnahme im Verfahren C 68/97, ABl. 1998 C 49/2, 7 – SNIACE.

[131] So zB. EuGH, C-200/97, Slg. 1998, I-7907, RdNr. 36 – Ecotrade; in diesem Sinne auch EuGH, C-237/04, Slg. 2006, I-2843, RdNr. 46 – Enirisorse.

[132] Dazu kritisch *Soltész*, Die „Belastung des Staatshaushalts" als Tatbestandsmerkmal einer Beihilfe iS. des Art. 92 I EGV, EuZW 1998, 747, 752; *Quigley/Collins*, EC State Aid Law and Policy, 2003, 11.

[133] EuGH, C-200/97, Slg. 1998, I-7907, RdNr. 36 – Ecotrade; ebenso schon EuGH, verb. C-72/91 und C-73/91, Slg. 1993, I-6185, RdNr. 21 – Sloman Neptun.

[134] Vgl. auch *Birkenmaier* 142.

tung und einem späteren Aufwand öffentlicher Mittel zur Behebung der Schäden ein direkter kausaler Zusammenhang.[135] Bei Zugrundelegung dieses restriktiven Maßstabs wären allerdings manche[136] der in der **Rechtsprechung** als nicht budgetwirksam angesehenen Sachverhalte anders zu entscheiden gewesen. Der EuGH ist damit bei der Anwendung der Kausalitätsgrenze bislang großzügiger.

Die Forderung nach einer restriktiven Handhabe der Kausalitätsgrenze steht darüber hinaus **25** im Gegensatz zu der von Teilen des Schrifttums[137] vertretenen These, wonach im Rahmen der Budgetwirksamkeitsprüfung ein Kriterium der **Übertragung staatlicher Mittel** Angelpunkt der Abgrenzung sein soll. Diese These lässt eine Berücksichtigung von Fällen der bloßen Externalisierung von Kosten gerade nicht zu. Auch bei der Staatlichkeitsbeurteilung von Finanzierungspflichten, die privaten wie öffentlichen Unternehmen gleichermaßen gesetzlich auferlegt sind, führt die Übertragungsthese zu ungerechtfertigten (diskriminierenden) Ergebnissen.[138] Die Übertragungsthese ist damit zur Entscheidung von Grenzfällen der Budgetwirksamkeit nicht geeignet. Im Hinblick auf ihren klaren Widerspruch zur Rechtsprechung[139] ist sie meines Erachtens aber auch ganz **generell abzulehnen**.

4. Staatlichkeit parafiskalischer Abgaben. Bei parafiskalischen Abgaben ist die Prüfung **26** der staatlichen Zurechnung komplexer als bei Steuern im engeren Sinne. Dies ist auf die **Vielzahl an Ausgestaltungsmöglichkeiten** parafiskalischer Systeme zurückzuführen. **Fokus** der Untersuchung der relevanten Gesichtspunkte für die staatliche Zurechnung ist dabei stets die **Verwendung** der parafiskalischen Abgaben. Sie bildet die eigentliche Beihilfe. Die Modalitäten der Abgabenerhebung sind dagegen nur ausnahmsweise relevant für die Beihilfeprüfung (näher unten beim Verwendungszusammenhang).[140]

a) Regelfall: Staatlichkeit. Im häufigsten Fall wird das Aufkommen aus parafiskalischen **27** Abgaben **von der öffentlichen Hand selbst verteilt** (und auch eingehoben).[141] Dazu zählen sowohl Fälle der Verteilung durch eine direkt in die Verwaltung eingegliederte Stelle (zB. ein Ministerium, eine Ministerialabteilung oder eine Gemeinde) als auch durch eine ausgegliederte,

---

[135] So auch EuGH, Schlussanträge von Generalanwalt Jacobs, C-126/01, Slg. 2003, I-3769, RdNr. 69 – GEMO; Kom., ABl. 1992 L 170/34, Abschnitt III – Beseitigung von Gülle; Kom., ABl. 1999 L 83/72, Abschnitt VI – Georgsmarienhütte; vgl. außerdem *Soltész* (Fn. 132) EuZW 1998, 747, 752; *Quigley/Collins*, EC State Aid Law and Policy, 2003, 11.

[136] So wohl vor allem EuGH, C-189/91, Slg. 1993, I-6185 – Kirshammer-Hack (Befreiung von einer Kündigungsschutzregelung und von Prozesskosten); EuGH, verb. C-52/97, C-53/97 und C-54/97, Slg. 1998, I-2629 – Viscido (Erlaubnis zur befristeten Beschäftigung von Arbeitnehmern); EuGH, C-200/97, Slg. 1998, I-7907 – Ecotrade (Fortsetzung des Unternehmensbetriebs trotz Überschuldung); nicht jedoch zB. EuGH, C-237/04, Slg. 2006, I-2843 – Enirisorse (Sonderaustrittsrecht für Aktionäre); EuGH, C-379/98, Slg. 2001, I-2099 – PreussenElektra (Abnahmepflicht für Strom zum Mindestpreis); EuGH, 82/77, Slg. 1978, 25 – van Tiggele (Mindestpreis für Alkohol); EuGH, verb. C-72/91 und C-73/91, Slg. 1993, I-6185 – Sloman Neptun (geringere Entlohnung für Drittstaatsangehörige).

[137] So etwa *Strüber* 114; *Heidenhain/Heidenhain* § 4 RdNr. 43; *Mestmäcker/Schweitzer* § 43 RdNr. 60–61; *Arhold* EuZW 2006, 717; *Koenig/Sander*, Die verbrauchervermittelte Unternehmensbegünstigung auf dem Prüfstand des EG-Beihilfenrechts, EuR 2000, 743, 761.

[138] Näher *Jaeger*, Beihilfen, RdNr. 82–83.

[139] Vgl. EuGH, C-482/99, Slg. 2002, I-4397, RdNr. 36 – Frankreich/Kommission (Stardust Marine): „Erstens muss nach ständiger Rechtsprechung nicht in jedem Fall festgestellt werden, dass eine Übertragung staatlicher Mittel stattgefunden hat, damit der einem oder mehreren Unternehmen gewährte Vorteil als eine staatliche Beihilfe im Sinne des Art. 107 Abs. 1 AEUV angesehen werden kann". Ähnlich EuGH, C-387/92, Slg. 1994, I-877, RdNr. 14 – Banco Exterior de España; EuGH, C-6/97, Slg. 1999, I-2981, RdNr. 16 – Italien/Kommission; Kom., ABl. 2002 L 184/27, Tz. 42 – Konsolidierung des Italienischen Bankensektors.

[140] Vgl. RdNr. 100 ff., unten, sowie die Nachweise in Fn. 103.

[141] Vgl., neben der im Folgenden noch zitierten Rechtsprechung, zB. auch EuGH, C-72/92, Slg. 1993, I-5509, RdNr. 18 – Scharbatke; EuGH, C-266/91, Slg. 1993, I-4337, RdNr. 22 – CELBI; EuGH, verb. C-144/91 und C-145/91, Slg. 1992, I-6613, RdNr. 24 – Demoor; EuGH, C-114/91, Slg. 1992, I-6559, RdNr. 21 – Claeys; EuGH, C-17/91, Slg. 1992, I-6523, RdNr. 28 – Lornoy; EuGH, 290/83, Slg. 1985, 39, RdNr. 15 – Kommission/Frankreich (Solidaritätsleistung für Landwirte); EuGH, verb. C-78/90 bis C-83/90, Slg. 1992, I-1847, RdNr. 32 – Compagnie Commerciale de l'Ouest; EuGH, verb. C-149/91 und C-150/91, Slg. 1992, I-3899, RdNr. 24 – Sanders; Kom., ABl. 1985 L 217/20, Abschnitt III – DEFI; Kom., ABl. 1983 L 286/48, Abschnitt III – Parafiskalische Abgaben der französischen Textil- und Bekleidungsindustrie; Kom., ABl. 1990 L 105/15, Abschnitt IV – Viehhaltungsbetriebe mit Getreideerzeugung in Frankreich; Kom., ABl. 1991 L 5/18, Abschnitt IV.II – MAGEFESA; Kom., ABl. 2000 L 63/27, Abschnitt V – Griechisches Amt für Baumwollproduktion.

zum Teil hinsichtlich der Erhebung der Abgaben auch mit hoheitlichen Befugnissen ausgestattete Einrichtung (zB. eine Marktordnungsstelle,[142] einen Fonds oder eine vergleichbare branchenspezifische Einrichtung).

28   Gerade **Branchen- und Fondsabgaben** bilden das typische Beispiel für staatliche parafiskalische Finanzierungssysteme.[143] Sie werden ganz überwiegend durch den jeweiligen Fonds bzw.
die branchenspezifische Einrichtung selbst verwendet bzw. verteilt. Die Tätigkeit dieser Einrichtungen dient häufig der Absatzförderung,[144] der Qualitätskontrolle,[145] der branchenspezifi-
schen Forschung,[146] der Erbringung branchenspezifischer Hilfsdienste[147] oder etwa auch der
Preis- und Produktionsregulierung.[148] Die Fonds und vergleichbaren Einrichtungen fungieren
dabei in den allermeisten Fällen als verlängerter Arm des Staates,[149] sind also problemlos dem
Staat zuzurechnen: Die Staatlichkeit ergibt sich dabei aus bei solchen Fonds und Einrichtungen
häufig vorliegenden Merkmalen, wie der öffentlichen Gründung und der Einrichtung als
Körperschaft des öffentlichen Rechts,[150] einer öffentlichen (zB. ministeriellen) Aufsicht über die
Geschäftsführung,[151] der Unterwerfung unter die für öffentliche Einrichtungen typische Rech-
nungshofkontrolle,[152] oder auch aus dem Umstand, dass die Errichtung durch öffentliche Hand
nur mit Blick auf die Erfüllung des parafiskalischen Zweck erfolgt ist und der Aufgabenbereich
sich auch in der Erfüllung dieses Zwecks erschöpft (also keine weiteren wirtschaftlichen Interessen verfolgt werden).[153] Die Zurechnung von Branchen- und Fondsabgaben zum Staat erfolgt
daher anhand derselben Indizien, wie sie sogleich auch unten für die Sonderformen der staatlichen Zurechnung parafiskalischer Abgaben dargestellt werden. Der einzige Unterschied zu den
dargestellten Sonderformen besteht darin, dass diese Indizien bei öffentlichen Fonds und vergleichbaren Einrichtungen im Regelfall ohne Zweifel für die Staatlichkeit sprechen. Liegen die
genannten Indizien bei einem Fonds oder einer vergleichbaren Einrichtung ausnahmsweise
nicht vor und besteht daher Anlass für Zweifel an der Staatlichkeit der Einrichtung, so erfolgt
die Prüfung wie für die Sonderformen unten dargestellt. Die Abgabenerhebung erfolgt auch in
Branchen- und Fondsmodellen oft durch eine Verwaltungsbehörde, welche das Aufkommen
erst zur weiteren Verwendung an den Fonds überweist.[154] Seltener erfolgt auch die Erhebung
durch den Fonds selbst.[155] Für die Beurteilung der Staatlichkeit von Fondsabgaben macht die
Erhebungsweise aber keinen Unterschied.

29   Diese Regelfälle der direkten öffentlichen Einhebung parafiskalischer Abgaben erlauben eine
ähnlich unproblematische staatliche Zurechnung wie im Fall der Steuern im engeren Sin-

---

[142] So beispielsweise in Österreich die unter Aufsicht des Landwirtschaftsministers stehende Agrarmarkt
Austria, vgl. § 25 AMA-Gesetz 1992, österr. BGBl. Nr. 376/1992.

[143] Vgl. auch *Meyer* 102; *Jaeger*, Beihilfen, RdNr. 292.

[144] So zB. in EuGH, 47/69, Slg. 1970, 487 – Frankreich/Kommission; EuGH, 78/76, Slg. 1977, 595 –
Steinike & Weinling; Kom., ABl. 1969 L 220/1 – Strukturverbesserungen auf dem Textilsektor.

[145] So zB. in Kom., ABl. 1974 L 14/23, 23 – Centres techniques.

[146] So zB. in EuGH, 47/69, Slg. 1970, 487 – Frankreich/Kommission; EuGH, 78/76, Slg. 1977, 595 –
Steinike & Weinling; Kom., ABl. 1969 L 220/1 – Strukturverbesserungen auf dem Textilsektor; Kom., ABl.
1972 L 297/32, 33 – Beihilferegelung für die Zellstofferzeugung; Kom., ABl. 1974 L 14/23, 23 – Centres
techniques.

[147] So zB. in EuGH, C-126/01, Slg. 2003, I-3769 – GEMO; EuGH, C-355/00, Slg. 2003, I-5263 –
Freskot; Kom., ABl. 1972 L 297/32, 33 – Beihilferegelung für die Zellstofferzeugung.

[148] So zB. in EuGH, 77/72, Slg. 1973, 611 – Capolongo; EuGH, 94/74, Slg. 1975, 699 – IGAV; EuGH,
74/76, Slg. 1977, 557 – Ianelli & Volpi; Kom., ABl. 1976 L 185/32 – ENCC II; Kom., ABl. 1990 L 114/
25 – ENCC III; Kom., ABl. 1992 L 47/19 – ENCC IV.

[149] Vgl. auch schon EuGH, 78/76, Slg. 1977, 595, RdNr. 21 – Steinike & Weinling.

[150] Vgl. zB. EuGH, 74/76, Slg. 1977, 557, RdNr. 2 und 9–10 – Ianelli & Volpi; EuGH, 78/76, Slg.
1977, 595, RdNr. 1 – Steinike & Weinling; EuGH, 259/85, Slg. 1987, 4393, RdNr. 2 – Frankreich/
Kommission (DEFI); Kom., ABl. 2002 L 272/25, Tz. 25 – Belgische Diamantarbeiter.

[151] Vgl. zB. Kom., ABl. 2002 L 272/25, Tz. 25 – Belgische Diamantarbeiter.

[152] Vgl. dazu zB. (die zwar Vergaberecht betreffende, in diesem Punkt aber unverändert einschlägige)
EuGH, C-44/96, Slg. 1998, I-73, RdNr. 80 – Mannesmann Anlagenbau.

[153] Vgl. zB. EuGH, 94/74, Slg. 1975, 699, RdNr. 8–9 – IGAV; EuGH, 74/76, Slg. 1977, 557, RdNr. 2
und 9–10 – Ianelli & Volpi; EuGH, 78/76, Slg. 1977, 595, RdNr. 1 – Steinike & Weinling.

[154] Vgl. zB. EuGH, 78/76, Slg. 1977, 595, RdNr. 1 und 22 – Steinike & Weinling; EuGH, C-53/00, Slg.
2001, I-9067, RdNr. 5. und 29 – Ferring SA/ACOSS; EuGH, verb. C-34/01 bis C-38/01, Slg. 2003,
I-14243, RdNr. 3 und 26 – Enirisorse; EuGH, C-126/01, Slg. 2003, I-13769, RdNr. 3. und 24 – GEMO;
EuGH, C-355/00, Slg. 2003, I-5263, RdNr. 5 und 81 – Freskot.

[155] Vgl. zB. EuGH, C-234/99, Slg. 2002, I-3657, RdNr. 10 – Nygård; EuGH, verb. C-261/01 und
C-262/01, Slg. 2003, I-12249, RdNr. 31 – van Calster.

ne.[156] So erfolgt die **Willensbildung** in Bezug auf die Abgabenverwendung typischerweise bei der betreffenden öffentlichen Einrichtung selbst, die in aller Regel auf Grundlage entsprechender gesetzlicher Vorgaben entscheidet. Der Grad der gesetzlichen Determinierung des **Verwendungsermessens** spielt grundsätzlich keine Rolle. Lediglich in dem Fall, dass in Bezug auf die Abgabenverwendung jedwedes Ermessen gesetzlich ausgeschlossen ist, könnte, wie unten im Rahmen der Sonderformen der Willensbildung besprochen, anderes gelten.[157] Weiters stehen die für die Verwendung herangezogenen (häufig auch: selbst erhobenen) Abgaben in der **Verfügungsgewalt** der öffentlichen Einrichtung und sind damit Teil des öffentlichen Haushalts.[158] Dass dabei zumeist keine Vermischung des parafiskalischen Abgabenaufkommens mit dem allgemeinen Budget erfolgt, ist unerheblich: Die Zweckbindung der Abgabe und ihre allfällige gesonderte Budgetierung ändern nichts an der prinzipiellen staatlichen Verfügungsgewalt über die Mittel. Werden diese Mittel einem beihilferelevanten Zweck zugeführt, so liegt **Budgetwirksamkeit** iS einer Schmälerung des öffentlichen Haushalts vor.

b) Sonderformen staatlicher Zurechnung. Abweichend von diesen typischen Konstella- **30** tionen kann die parafiskalische Abgabenerhebung aber auch so ausgestaltet sein, dass die öffentliche Hand keine Verfügungsgewalt über die parafiskalisch erhobenen Mittel erwirbt oder die Willensbildung in Bezug auf deren Verwendung einer unabhängigen Einrichtung obliegt. Für diese Sonderformen parafiskalischer Systeme gilt die eben konstatierte Staatlichkeitsvermutung gerade nicht. Sie bedürfen einer **Einzelfallbeurteilung** nach den sogleich dargestellten Grundsätzen.

Gemeinsam ist allen Sonderformen, dass jedenfalls die **gesetzliche Anordnung** der Abga- **31** benerhebung oder der Abgabenverwendung **alleine nicht ausreicht**, um eine staatliche Zurechnung zu begründen.[159] Vielmehr müssen zur gesetzlichen Anordnung weitere Gesichtspunkte hinzutreten, die eine staatliche Zurechnung der Gewährungsentscheidung oder der Verfügungsgewalt über die Mittel erlauben.

aa) Willensbildung bei Unternehmen und Verbänden. Problematisch ist die Zurech- **32** nung der Willensbildung bei der Abgabenverwendung nur bei solchen Einrichtungen, die **vom Staat unabhängige Willensbildung** aufweisen. Diese Vermutung wird in aller Regel nur begründet sein, wenn die Einrichtung neben dem parafiskalischen Zweck noch weitere, eigene wirtschaftliche Interessen verfolgt (also im Rahmen **eigener wirtschaftlicher Betätigung**) oder von solchen (etwa über vom Staat **unabhängige Mitglieder** vermittelte) Interessen geleitet wird.[160] Zu denken ist in erster Linie an private oder öffentliche Unternehmen (eigene wirtschaftliche Betätigung) und berufliche Interessensverbände (unabhängige Mitglieder), die parafiskalische Abgaben zugewiesen bekommen (und zum Teil auch selbst erheben) und selbst verteilen dürfen. Fehlen dagegen über den parafiskalischen Zweck hinausgehende, eigenständige eigene oder über Mitglieder vermittelte Interessen, wird die Verteilung des Abgabenaufkommens so gut wie immer im Rahmen jener staatlich definierten Politik erfolgen, die auch der Grund für die Einrichtung des parafiskalischen Systems (also für die hoheitlich bewehrte Abgabenpolitik) war.[161] Es ist zwar denkbar, dass auch rein auf die Erfüllung des parafiskalischen Zwecks ausgerichtete Einrichtungen, also zB. die zuvor diskutierten Fonds und vergleichbare branchenspezifische Einrichtungen, eine vom Staat unabhängige Willensbildung aufweisen und dazu über organisatorische Unabhängigkeitsgarantien verfügen. Eine solche Unabhängigkeit bei der Verwaltung öffentlicher (parafiskalischer) Gelder ist aber weder sachzweckgemäß, noch üblich.[162] Daher läge es nahe, eine Einräumung von Unabhängigkeitsgarantien für eine im Übrigen rein auf staatliche Initiative und staatliche Zwecke beschränkte Einrichtung,

---

[156] Vgl. auch *Meyer* 72; *Jaeger,* Beihilfen, RdNr. 324.
[157] Vgl. dazu EuGH, Schlussanträge von Generalanwältin Kokott, C-283/03, Slg. 2005, I-4255, RdNr. 72–73 – Kuipers. Anders aber EuGH, C-206/06, noch nicht in Slg. veröffentlicht, RdNr. 69 – Essent Netwerk.
[158] Vgl. zB. EuGH, C-345/02, Slg. 2004, I-7139, RdNr. 36 – Pearle; auch die (nicht parafiskalische Abgaben betreffende, in diesem Punkt aber unverändert einschlägige) Leitentscheidung in EuGH, C-83/98 P, Slg. 2000, I-3271, RdNr. 48 – Ladbroke Racing.
[159] Vgl. EuGH, C-379/98, Slg. 2001, I-2099, RdNr. 61 – Preussen Elektra; in diesem Sinne auch EuGH, C-345/02, Slg. 2004, I-7139, RdNr. 36–37 – Pearle; EuGH, 82/77, Slg. 1978, 25, RdNr. 23 – van Tiggele. Unpräzise bzw. obsolet daher zB. Kom., ABl. 1995 L 265/30, Abschnitt IV – Griechische Beihilferegelung für den Pharmasektor.
[160] Vgl. auch *Jaeger,* Beihilfen, RdNr. 319; *Meyer* 85.
[161] Vgl. in diesem Sinne EuGH, C-345/02, Slg. 2004, I-7139, RdNr. 37 – Pearle.
[162] AA. offenbar *Meyer* 90–91.

prima facie als bloß zum Schein und **Umgehung**[163] des Beihilfeverbots zu werten. Eine solche, rein formelle Umgehungskonstruktion wäre auch kaum geeignet, diese Einrichtung der Anwendung des Beihilfeverbots zu entziehen, da die Zurechnung zum Staat aufgrund einer Gesamtbeurteilung aller Indizien (also zB. auch: Gründungsinitiative, Zweck und Interessenslage, Organbesetzung etc.) erfolgt.[164]

33   Nach der Leitentscheidung *Stardust Marine* wird in Bezug auf die Willensbildung der genannten Unternehmen und Verbände grundsätzlich deren **Unabhängigkeit vermutet**.[165] So genügt insbesondere bei öffentlichen Unternehmen die Tatsache des öffentlichen (auch: Mehrheits- oder Allein-)Eigentums und der daraus folgenden, prinzipiellen gesellschaftsrechtlichen Kontrolle des Staates nicht, um die Entscheidungen der Unternehmensgeschäftsführung automatisch dem Staat zuzurechnen. Vielmehr muss in jedem Einzelfall „geprüft werden, ob davon auszugehen ist, dass die Behörden in irgendeiner Weise am Erlass dieser Maßnahmen beteiligt waren".[166] Umso weniger kann daher auch bei einem Interessensverband, dessen Mitglieder private Wirtschaftreibende sind und die mit ihren Interessen auf das Gebaren des Verbands Einfluss nehmen, eine automatische Zurechnung von Abgabenverwendungsentscheidungen erfolgen.[167]

34   Die Prüfung, ob eine Verwendungsentscheidung im Einzelfall der öffentlichen Hand zuzurechnen ist, orientiert der EuGH an **Indizien**, und zwar insbesondere an den folgenden: Die fragliche Einrichtung konnte die beanstandete Entscheidung nicht treffen, ohne den Anforderungen der öffentlichen Stellen Rechnung zu tragen; das betreffende Unternehmen hatte Richtlinien eines der Körperschaft zuordenbaren Gremiums zu beachten; die Eingliederung in die Strukturen der öffentlichen Verwaltung; die Art seiner Tätigkeit und deren Ausübung auf dem Markt unter normalen Bedingungen des Wettbewerbs mit privaten Wirtschaftsteilnehmern; der Rechtsstatus des Unternehmens, ob es also dem öffentlichen Recht oder dem allgemeinen Gesellschaftsrecht unterliegt; die Intensität der behördlichen Aufsicht über die Unternehmensführung; „oder jedes andere Indiz, das im konkreten Fall auf eine Beteiligung der Behörden oder auf die Unwahrscheinlichkeit einer fehlenden Beteiligung am Erlass einer Maßnahme hinweist, wobei auch deren Umfang, ihr Inhalt oder ihre Bedingungen zu berücksichtigen sind".[168] Die Anwendung dieser Grundsätze bei parafiskalischen Abgaben lässt sich anhand des Urteils *Pearle*[169] aus dem Jahre 2004 illustrieren. *Pearle* betraf Zwangsabgaben an den auf gesetzlicher Grundlage eingerichteten Berufsverband der niederländischen Optiker (HBA). Die HBA konnte neben Abgaben zur Deckung der laufenden Ausgaben auch zweckgebundene Zwangsabgaben für besondere Verwendungen vorschreiben. Auf Initiative eines ihrer Mitglieder, einer privaten Optikervereinigung, erhob die HBA über fünf Jahre eine solche Sonderabgabe, um damit eine kollektive Werbekampagne zu finanzieren. Der Gerichtshof prüfte diese Abgabe im Rahmen eines Vorabentscheidungsverfahrens auf ihre Beihilfeeigenschaft, verneinte aber eine Zurechnung zum Staat. Die Werbekampagne gehe auf private Initiative zurück und die dafür erhobenen Mittel seien vollständig für die Kampagne verwendet worden. Für eine Beteiligung der öffentlichen Hand an der Verwendung der Zwangsabgaben zugunsten der Kampagne bestünden keine Anhaltspunkte.[170] Die HBA habe vielmehr nicht dem Staat, sondern der privaten Optikervereinigung, von der die Initiative für die Kampagne ausgegangen war, „nur als Instrument für die Erhebung und Verwendung der eingenommenen Mittel zugunsten eines von den Angehörigen des betreffenden Berufszweigs im Voraus festgelegten kommerziellen Zieles [gedient], das in keiner Weise Teil einer von den niederländischen Behörden definierten Politik war."[171]

---

[163] Vgl. dazu zB. EuG, verb. T-12/99 und T-63/99, Slg. 2001, II-2153, RdNr. 102 – UK Coal; Kom., ABl. 2004 L 61/66, Tz. 28 – Space Park Development.

[164] Vgl. grundlegend EuGH, C-482/99, Slg. 2002, I-4397, RdNr. 54 – Frankreich/Kommission (Stardust Marine).

[165] Vgl. EuGH, C-482/99, Slg. 2002, I-4397, RdNr. 51 – Frankreich/Kommission (Stardust Marine).

[166] EuGH, C-482/99, Slg. 2002, I-4397, RdNr. 52 – Frankreich/Kommission (Stardust Marine).

[167] Vgl. dazu auch EuGH, C-345/02, Slg. 2004, I-7139, RdNr. 35 – Pearle.

[168] EuGH, C-482/99, Slg. 2002, I-4397, RdNr. 55–56 – Frankreich/Kommission (Stardust Marine).

[169] EuGH, C-345/02, Slg. 2004, I-7139 – Pearle; dazu auch *Gambaro/Nucara/Prete* EStAL 2005, passim; *Jaeger* EuZW 2004, passim; *Heidenhain* EuZW 2005, passim; *Alexis*, La Cour de justice précise les notions de ressources d'État et d'imputabilité à l'État: l'affaire Pearle BV, Competition Policy Newsletter 3/2004, 24, passim.

[170] Vgl. auch *Alexis* (Fn. 169) Competition Policy Newsletter 3/2004, 24, 27–28.

[171] EuGH, C-345/02, Slg. 2004, I-7139, RdNr. 37 – Pearle; vgl. auch EuGH, C-206/06, noch nicht in Slg. veröffentlicht, RdNr. 72–73 – Essent Netwerk; Kom., ABl. 2002 L 68/18, Tz. 70 – Entsorgung von Altautos in den Niederlanden.

bb) Parafiskalische Finanzierung bei Unternehmen und Verbänden. Ganz ähnliche 35
Grundsätze, wie sie für die Willensbildung bei vom Staat unabhängigen Einrichtungen dargestellt
wurden,[172] gelten auch im Rahmen der Zurechnung des zur Finanzierung der Beihilfe herangezogenen Abgabenaufkommens zum Staat. Kernelement dieser Zurechnung ist die Frage, ob die öffentliche Hand zu irgendeinem Zeitpunkt in der Kette von der Erhebung zur Verwendung Kontrolle über das Abgabenaufkommen hatte.[173] Bestand eine solche **Dispositionsbefugnis über die**
Mittel, sind sie dem Staat zuzurechnen, denn der Staat hätte sie sich dann auch selbst zueignen können, anstatt sie der unabhängigen Stelle zur Beihilfefinanzierung zu überlassen.[174] Fingiert wird also,
dass sich die Nichtzueignung schmälernd auf den öffentlichen Haushalt auswirkt. Wie auch bereits
an anderer Stelle oben diskutiert,[175] kommt es daher entgegen einem Teil des Schrifttums[176] gerade
nicht auf die Frage einer besonderen Übertragung von Mitteln an die fragliche Einrichtung an, sondern alleine auf die effektive Zugriffsmöglichkeit der öffentlichen Hand.[177]

Erfolgt die Mittelverwendung nicht durch eine vom Staat unabhängige Stelle, so stellt sich, wie 36
auch im Rahmen der Willensbildung, die Zurechnungsfrage erst gar nicht, da solche Mittel dann
direkt staatlich iSv. Art. 107 Abs. 1 AEUV sind. Ein Abgrenzungsbedarf ergibt sich in der Praxis also
wiederum nur bei privaten oder öffentlichen Unternehmen (eigene wirtschaftliche Betätigung)
und beruflichen Interessensverbände (unabhängige Mitglieder). Anders als bei der Willensbildung
ist es für die Zurechnung der Mittel zusätzlich erforderlich, dass die fraglichen Unternehmen und
Verbände die parafiskalischen Abgaben **selbst einheben oder** dass die Mittel **direkt zwischen**
Privaten überwiesen werden. Der Grund dafür ist, dass im Fall einer Einhebung durch eine staatliche Stelle oder bei Zwischenschaltung einer staatlichen Stelle zur Weiterüberweisung der Mittel
in aller Regel[178] bereits eine staatliche Verfügungsgewalt über die Mittel bestanden hätte. Daher
würde schon der Überweisungsakt vom Staat weg oder weiter die Budgetwirksamkeit begründen.
Dies zeigt auch auf, warum die Staatlichkeitsbedingung aus zwei Elementen besteht, der Willenszurechnung und der Mittelzurechnung, denn die Entscheidung über die Gewährung einer Beihilfe
und der staatliche Verzicht auf die dazu verwendeten Mittel müssen zeitlich nicht zusammenfallen.
Werden Abgaben an eine unabhängige Stelle zur weiteren Verwendung überwiesen, muss darin
noch keine Beihilfe für diese Einrichtung selbst liegen. Eine Beihilfe wird erst im Rahmen der Weiterverwendung der Abgaben durch die Einrichtung gewährt; dabei ist die staatliche Einflussnahme
auf die Gewährungsentscheidung nachzuweisen. Die Budgetwirksamkeit geht also in diesem Fall
der eigentlichen Beihilfegewährung zeitlich voran, sodass es zweckmäßig ist, die Verfügungsgewalt
über die Mittel und die Einflussnahme auf die Einrichtung getrennt zu prüfen. Fehlt eine der beiden
Komponenten der Staatlichkeitsprüfung, liegt keine Beihilfe vor.

Eine Dispositionsbefugnis über die öffentlichen Mittel fehlte etwa in der diesbezüglichen 37
Leitentscheidung *PreussenElektra*[179] aus dem Jahre 2003. In diesem Fall waren die Versorgungs

---

[172] Vgl. RdNr. 27 ff., oben.

[173] Vgl. EuGH, C-83/98 P, Slg. 2000, I-3271, RdNr. 50 – Ladbroke Racing; EuGH, C-482/99, Slg.
2002, I-4397, RdNr. 37 – Frankreich/Kommission (Stardust Marine); EuGH, C-379/98, Slg. 2001, I-2099,
RdNr. 58 – PreussenElektra.

[174] Vgl. auch EuGH, C-345/02, Slg. 2004, I-7139, RdNr. 36 – Pearle: „Auch wenn die HBA eine öffentliche Einrichtung ist, verhält es sich im vorliegenden Fall offenkundig nicht so, dass die Werbekampagne
aus Mitteln finanziert wurde, die staatlichen Stellen zur Verfügung belassen wurden."

[175] Vgl. RdNr. 25, oben.

[176] Vgl. die Nachweise in Fn. 137.

[177] Vgl. auch EuGH, C-482/99, Slg. 2002, I-4397, RdNr. 36 – Frankreich/Kommission (Stardust Marine).

[178] Anders bei den im Anschluss diskutierten Schlussanträgen EuGH, Schlussanträge von Generalanwältin
Kokott, C-283/03, Slg. 2005, I-4255, RdNr. 72–73 – Kuipers.

[179] EuGH, C-379/98, Slg. 2001, I-2099 – PreussenElektra; vgl. dazu auch *Koenig/Kühling*, How to cut a
long story short: Das PreussenElektra-Urteil des EuGH und die EG-Beihilfenkontrolle über das deutsche
Rundfunkgebührensystem, ZUM 2001, 537, passim; *dies.*, Das PreussenElektra-Urteil des EuGH: Freibrief
für Abnahme- und Vergütungspflichten in der Energiewirtschaft, NVwZ 2001, 768, passim; *dies.*, EC
Control of aid granted through State resources, EStAL 2002, 7, passim; *Kreiner*, Luxembourg Goes Astray:
Finds Government Compulsion to Subsidise Competitors Allowable under Community Law, The European
legal forum 2001, 312, passim; *Bartosch*, Neues zum Tatbestandsmerkmal der „Belastung des Staatshaushalts"
i. S. des Art. 87 I EG, NVwZ 2001, 643, passim; *Kruse*, Das Merkmal der „Staatlichkeit" der Beihilfe nach
Art. 87 Abs. 1 EG, ZHR 2001, 576, passim; *Kuhn*, Implications of the „Preussen Elektra" Judgment of the
European Court of Justice on the Community Rules on State Aid and the Free Movement of Goods, Legal
Issues of Economic Integration 2001, 361, passim; *Biondi* Fordham Int. L. J. 30 (2007), 1426, passim; *van*
Vliet, FS Santaolalla Gadea, 82–87.

netzbetreiber gesetzlich verpflichtet, die in privaten Ökostromanlagen erzeugte Energie zu einem über dem Marktwert liegenden Mindestpreis abzunehmen. Eine Umverteilung durch den Staat, die Zwischenschaltung eines Fonds oder einer Abwicklungsstelle oder dergleichen fand dabei nicht statt,[180] vielmehr flossen die Beiträge direkt von den Verpflichteten an die Berechtigten. Der EuGH stellte fest, dass ein solches System als bloße **Belastungsverschiebung zwischen Privaten** budgetneutral ist und daher keine Beihilfe darstellt.[181] Auch andere Mindestpreisfälle hatte der EuGH in der Vergangenheit bereits gleich entschieden.[182] Keine Abweichung von dieser Rechtsprechung bildet auch das jüngere Urteil *Essent Netwerk*, wo der EuGH einen von den privaten Abnehmern bestrittenen Stromtarifaufschlag zugunsten einer indirekt öffentlich kontrollierten Übertragungsnetzbetreiberin als Inanspruchnahme staatlicher Mittel beurteilte.[183] Die dort ohne Auseinandersetzung mit der *PreussenElektra*-Rechtsprechung gewählte Begründung, eine Inanspruchnahme staatlicher Mittel liege alleine deswegen vor, weil der Tarifaufschlag zuvor als Abgabe im Sinne der Art. 30 und 110 AEUV eingestuft worden war, ist wohl zumindest irreführend, im Ergebnis dürfte die Einstufung als staatlich aber dennoch richtig gewesen sein, da ja eine Überweisung an ein öffentliches, und in Bezug auf die Verwendung der fraglichen Abgaben auch öffentlich determiniertes,[184] Unternehmen erfolgte und daher gerade keine Belastungsverschiebung zwischen Privaten vorlag. Dagegen bildet dagegen das zuvor erwähnte Urteil *Pearle* sehr wohl ein weiteres Beispiel einer Belastungsverschiebung zwischen Privaten ohne öffentliche Dispositionsbefugnis: Der dortige Berufsverband hob die Sonderabgabe selbst ein und entschied selbst über ihre Verwendung, ohne dass die öffentliche Hand (schon wegen der Zweckbindung der Mittel) darauf zugreifen konnte.[185]

38   Auch im Fall *Kuipers*[186] aus dem Jahre 2005, den der EuGH allerdings ohne Würdigung jener Frage entschied, wurde von der Generalanwältin ein Fehlen der staatlichen Dispositionsbefugnis vertreten, und zwar obwohl dort eine öffentliche Stelle zwischen die privaten Belasteten und die Begünstigten geschaltet war. *Kuipers* betraf ein System von qualitätsabhängigen Preisabschlägen und Preiszuschlägen für Rohmilch, die zwischen den Lieferanten umverteilt wurden. Die Verrechnung der Zu- und Abschläge oblag einem öffentlich-rechtlichen Milchwirtschaftsverband. Allerdings waren die gesetzlichen Vorgaben für die Berechnung der Zu- und Abschläge anhand der in der Milch festgestellten Rückstände dabei offenbar so genau, dass der öffentlichen Stelle **keinerlei Verteilungsermessen** zukam. Es sprechen daher gute Gründe dafür, diesen Fall wie ein herkömmliches gesetzliches Preisregelungssystem[187] oder als bloße Belastungsverschiebung zwischen Privaten zu behandeln und die rein organisatorisch bedingte Zwischenschaltung einer die Preisregelung ermessensfrei exekutierenden Abwicklungsstelle außer Betracht zu lassen.[188] Immerhin kann es für die beihilferechtliche Würdigung keinen Unterschied machen, ob ein gesetzlicher Mindestabnahmepreis für ein Produkt zahlenmäßig festgeschrieben wird, oder ob das Gesetz lediglich die Parameter für die Preisbemessung abschließend festlegt, deren Vorliegen von der Behörde für den Einzelfall ermessensfrei überprüft wird. Dem steht auch das erwähnte Urteil *Essent Netwerk* nicht entgegen, obwohl dort das Fehlen jeglichen Verwendungsermessens in Bezug auf die Mittel gerade als Indiz für die Staatlichkeit der Mittel gewertet wurde.[189] Der wesentliche Unterschied zu *Kuipers* bestand aber darin, dass die Umverteilung auf gesetzlicher Grundlage in *Essent Netwerk* gerade nicht zwischen Privaten, sondern hin zur öffentlichen Übertragungsnetzbetreiberin erfolgte.[190]

---

[180] So aber zB. in der ebenfalls die Strompreisregulierung (Zugangsgebühren) betreffenden EuGH, verb. C-128/03 und C-129/03, Slg. 2005, I-2861, RdNr. 47 – AEM; ebenso (zur österr. Ökostromförderung) Kom., ABl. 2006 C 221/8, Tz. 35 des Genehmigungsschreibens – KWK-Förderung und Unterstützungstarif; Kom., ABl. 2006 C 221/8, Tz. 48 und 56 des Genehmigungsschreibens – Einspeisetarife.

[181] Vgl. EuGH, C-379/98, Slg. 2001, I-2099, RdNr. 60 – PreussenElektra.

[182] Vgl. EuGH, 82/77, Slg. 1978, 25, RdNr. 23 – van Tiggele.

[183] EuGH, C-206/06, noch nicht in Slg. veröffentlicht, RdNr. 66 – Essent Netwerk.

[184] Vgl. besonders EuGH, C-206/06, noch nicht in Slg. veröffentlicht, RdNr. 69–70 – Essent Netwerk.

[185] Vgl. EuGH, C-345/02, Slg. 2004, I-7139, RdNr. 36 – Pearle; auch EuGH, C-206/06, noch nicht in Slg. veröffentlicht, RdNr. 72–73 – Essent Netwerk.

[186] Vgl. EuGH, C-283/03, Slg. 2005, I-4255 – Kuipers.

[187] So etwa EuGH, C-379/98, Slg. 2001, I-2099, RdNr. 60 – PreussenElektra; EuGH, 82/77, Slg. 1978, 25, RdNr. 23 – van Tiggele.

[188] So auch EuGH, Schlussanträge von Generalanwältin Kokott, C-283/03, Slg. 2005, I-4255, RdNr. 72–73 – Kuipers.

[189] Vgl. EuGH, C-206/06, noch nicht in Slg. veröffentlicht, RdNr. 69 – Essent Netwerk.

[190] Vgl. EuGH, C-206/06, noch nicht in Slg. veröffentlicht, RdNr. 69–70 – Essent Netwerk.

Ein staatlichkeitsausschließendes Element soll nach Ansicht der Kommission schließlich auch **39** dann vorliegen, wenn das parafiskalische System für die Belasteten keinen zwingenden Charakter besitzt. Der Zwangscharakter der Abgabenerhebung iS einer individuellen **Unentrinnbarkeit** ist demnach ein Kernelement der staatlichen Zurechnung. Fehlt dieser Zwangscharakter, etwa weil alternativ die Mitgliedschaft in gleichwertigen privaten Systemen zu wirtschaftlich zumutbaren Bedingungen möglich ist, sei das Aufkommen aus einer solchen (optionalen) Abgabe nicht als staatlich anzusehen.[191] An der Richtigkeit dieser Auffassung ist meines Erachtens aber zu zweifeln, da die Freiwilligkeit nichts daran ändert, dass die öffentliche Hand *de facto* Einnahmen lukriert hat. Verwendet sie diese zur Förderung bestimmter Unternehmen oder Tätigkeiten, so wirkt sich dies auf den öffentlichen Haushalt aus.

III. Selektivität

1. Gegenstand und Probleme der Selektivitätsprüfung. Das Tatbestandsmerkmal der **40** Selektivität bildet eine der Hauptschwierigkeiten bei der beihilferechtlichen Beurteilung steuerlicher Maßnahmen.[192] Der selektive Charakter einer Norm kann sich aus drei Gesichtspunkten ergeben: aus der **sachlichen Einschränkung** des Regelungsgegenstands, aus der **territorialen Beschränkung** des Geltungsbereichs oder aus dem einer Verwaltungsbehörde bei der Anwendung einer neutral formulierten Regelung belassenen **Ermessen**. Letzteres ist keine Besonderheit von Steuernormen[193] und wird daher im vorliegenden Zusammenhang nicht eigens besprochen.[194] Die folgenden Ausführungen beschränken sich daher auf die materiellen und regionalen Selektivitätsgesichtspunkte.

Selektivität meint, dass die Adressaten einer Beihilfemaßnahme hinreichend spezifisch ermit- **41** telbar sind.[195] Dieses Kriterium soll daher im Grunde generell-abstrakte staatliche Maßnahmen vom Anwendungsbereich eines auf individuelle oder zumindest **individualisierbare Begünstigungen** beschränkten Beihilfeverbots ausscheiden. In der Eingrenzung jenes Kreises an Normen, die gerade noch als individualisierbare Begünstigungen anzusehen sind, gegenüber echten generell-abstrakten Regelungen mit bloß wirtschaftlich günstiger Wirkung liegt die große Schwierigkeit der Selektivitätsprüfung. Sie ergibt sich in besonderem Maße bei der Beihilfebeurteilung von **Steuern**, die zumeist generell-abstrakt gefasst sind und durch die notwendigerweise enthaltenen Differenzierungen stets einzelne Steuerpflichtige gegenüber anderen besserstellen[196] Bei **parafiskalischen Abgaben** ist die Selektivitätsprüfung dagegen kaum problematisch, da diesen Abgaben innewohnende Zweckwidmung regelmäßig eine klare Individualisierbarkeit der Empfänger zur Folge hat.[197]

Der **Gerichtshof** ist dem Problem, praktikable Kriterien für die Eingrenzung der selektiven **42** Wirkung generell-abstrakter Maßnahmen bereitzustellen bislang dadurch ausgewichen, dass er dem Tatbestandsmerkmal der Selektivität in ständiger Rechtsprechung ein fast uferlos **weites Verständnis** zugrunde legt.[198] Zweifellos beihilfefrei sind demnach letztlich nur noch solche Maßnahmen, die „unterschiedslos [alle] Unternehmen im Inland"[199] erfassen.[200] Nicht selektiv sind auch Regelungen, bei denen der Kreis der Begünstigten im Zeitpunkt des Erlasses der Regelung noch überhaupt nicht, also auch nicht abstrakt, feststeht.[201] Dagegen wirkt, vorbehaltlich der nachgenannten Eingrenzungen, nach dieser Rechtsprechung im Grunde jegliche Art der

---

[191] Vgl. Kom., ABl. 2002 L 68/18, Tz. 70 – Entsorgung von Altautos in den Niederlanden.

[192] Vgl. auch *Geburtig* 30; *Koenig/Kühling/Ritter* RdNr. 170.

[193] Art. 107 RdNr. 306 ff.

[194] Vgl. dazu aber zB. EuGH, C-241/94, Slg. 1996, I-4551, RdNr. 23–24 – Frankreich/Kommission (Kimberley Clark); EuGH, C-200/97, Slg. 1998, I-7907, RdNr. 40 – Ecotrade; EuGH, C-295/97, Slg. 1999, I-3735, RdNr. 39 – Piaggio; EuG, T-92/00, Slg. 2002, II-1385, RdNr. 35 – Territorio Histórico de Álava; EuG, T-36/99, Slg. 2004, II-3597, RdNr. 129 – Lenzing.

[195] Vgl. zB. EuGH, C-241/94, Slg. 1996, I-4551, RdNr. 24 – Frankreich/Kommission (Kimberley Clark); EuGH, C-200/97, Slg. 1998, I-7907, RdNr. 40–41 – Ecotrade; EuGH, C-75/97, Slg. 1999, I-3671, RdNr. 26 – Belgien/Kommission (Maribel); EuG, T-55/99, Slg. 2000, II-3207, RdNr. 40 – CETM.

[196] Vgl. auch *Geburtig* 30; *Nettesheim* RdNr. 1; *Linn* IStR 2008, 602; *Rossi-Maccanico* EStAL 2004, 236.

[197] Ebenso *Jann* 428.

[198] Kritisch daher auch *Kurcz/Vallindas* CMLRev. 2008, 175.

[199] EuGH, C-143/99, Slg. 2001, I-8365, RdNr. 35 – Adria-Wien Pipeline; vgl. auch EuGH, C-156/98, Slg. 2000, I-6857, RdNr. 22 – Deutschland/Kommission.

[200] Vgl. auch Mitteilung der Kommission über die Anwendung der Vorschriften über staatliche Beihilfen auf Maßnahmen im Bereich der direkten Unternehmenssteuerung, ABl. 1998 C 384/3, Tz. 13.

[201] Vgl. *Bartosch* RdNr. 99 mwN.

materiellen oder territorialen Einschränkung einer Norm selektiv iSv. Art. 107 Abs. 1 AEUV. Regelungen können daher selektiv sein, ohne dass es etwa darauf ankäme, wie groß die Zahl der Begünstigten ist[202] oder ob diese Zahl *ex ante* überhaupt ermittelbar ist,[203] ob im Einzelfall ein ganzer Wirtschaftszweig[204] oder auch mehrere Wirtschaftszweige[205] begünstigt sind, ob sich die Einschränkung auf bestimmte Unternehmen oder Branchen aus objektiv formulierten Kriterien ergibt[206] oder ob zB. die Art und Bedeutung der von ein und derselben Maßnahme begünstigten Wirtschaftszweige sehr unterschiedlich ist.[207] Aus solchen „Umständen folgt lediglich, dass die fragliche Maßnahme keine individuelle Beihilfe ist. Sie stehen jedoch nicht der Beurteilung der fraglichen staatlichen Intervention als eine Beihilferegelung entgegen, die eine selektive und damit spezifische Maßnahme begründet, sofern sie nach ihren Anwendungsvoraussetzungen bestimmten Unternehmen oder Branchen unter Ausschluss anderer eine Vergünstigung gewährt."[208]

43   Vom eben dargestellten weiten Selektivitätsverständnis bestehen lediglich zwei generelle Eingrenzungen bzw. **Ausnahmen**, die von der Rechtsprechung beide für den Bereich der Steuernormen entwickelt wurden. Bei Steuern würde ein reines Abstellen auf sachliche Differenzierungen im Tatbestand zur Folge haben, dass im Grunde jede, nicht unterschiedslos allen Unternehmen eines Mitgliedstaats in gleicher Weise auferlegte Steuernorm selektiv iSv. Art. 107 Abs. 1 AEUV und damit *prima facie* beihilfeverdächtig wäre. Die Ausnahmen dienen dem Zweck, dieses ebenso unpraktikable wie steuerrechtlich widersinnige Ergebnis abzufedern. Im Bereich der materiellen Selektivität sind demnach solche Einschränkungen des Adressatenkreises einer Steuernorm als nicht selektiv anzusehen, die sich aus der Natur oder dem inneren Aufbau bzw. aus der inneren Logik des Steuersystems ergeben (**Systemimmanenz**).[209] In territorialer Hinsicht hat die jüngere Rechtsprechung einen Teilaspekt[210] der Systemimmanenzprüfung, und zwar Fälle echter regionaler Steuerautonomie, vom Selektivitätskriterium ausgenommen (***Azoren*-Test**).[211] Beide Ausnahmen werden an anderer Stelle näher dargestellt.[212]

44   Die weite Rechtsprechung setzt sich der **Kritik** aus, die Selektivitätsprüfung inhaltlich auszuhöhlen. Tatsächlich würde eine als Grobfilter verstandene Selektivitätsprüfung, die nach rein formalen Kriterien lediglich die Frage der unterschiedslosen Anwendbarkeit[213] einer Norm abfragt, keine praktikable Unterscheidung zwischen generell-abstrakten gegenüber individuell-konkreten Regelungen liefern. Überlegungen[214] zu einem **Abgehen vom Selektivitätskriterium** als eigenständigem Prüfschritt und seiner Zusammenziehung mit dem Tatbestandsmerk-

---

[202] Vgl. zB. EuGH, C-143/99, Slg. 2001, I-8365, RdNr. 48 – Adria-Wien Pipeline; EuGH, C-172/03, Slg. 2005, I-1627, RdNr. 42 – Heiser.

[203] Vgl. zB. EuG, T-55/99, Slg. 2000, II-3207, RdNr. 40 – CETM.

[204] Vgl. zB. EuGH, C-75/97, Slg. 1999, I-3671, RdNr. 33 – Belgien/Kommission (Maribel); EuGH, C-148/04, Slg. 2005, I-11137, RdNr. 45 – Unicredito; EuGH, C-143/99, Slg. 2001, I-8365, RdNr. 35 – Adria-Wien Pipeline.

[205] Vgl. EuGH, C-172/03, Slg. 2005, I-1627, RdNr. 42 – Heiser.

[206] Vgl. zB. EuG, T-55/99, Slg. 2000, II-3207, RdNr. 40 – CETM.

[207] Vgl. zB. EuGH, C-75/97, Slg. 1999, I-3671, RdNr. 32 – Belgien/Kommission (Maribel); EuGH, C-143/99, Slg. 2001, I-8365, RdNr. 48 – Adria-Wien Pipeline; *Bartosch* RdNr. 97–98 mwN.

[208] EuG, T-55/99, Slg. 2000, II-3207, RdNr. 40 – CETM.

[209] Ständige Rechtsprechung, zB. EuGH, C-88/03, Slg. 2006, I-7115, RdNr. 52 – Portugal/Kommission (Azoren); EuGH, C-75/97, Slg. 1999, I-3671, RdNr. 39 – Belgien/Kommission (Maribel); EuGH, C-501/00, Slg. 2004, I-6717, RdNr. 122 – Spanien/Kommission; EuGH, 173/73, Slg. 1974, 709, RdNr. 33 – Italien/Kommission; EuGH, C-148/04, Slg. 2005, I-11137, RdNr. 51 – Unicredito; EuG, verb. T-127/99, T-129/99 und T-148/99, Slg. 2002, II-1275, RdNr. 164 – Diputación Foral de Álava I; EuG, verb. T-92/00 und T-103/00, Slg. 2002, II-1385, RdNr. 60 – Diputación Foral de Álava II; EuG, T-233/04, noch nicht in Slg. veröffentlicht, RdNr. 97 – Kommission/Niederlande.

[210] Vgl. EuG, verb. T-211/04 und T-215/04, noch nicht in Slg. veröffentlicht, RdNr. 79 und 143 – Gibraltar/Kommission; dazu *Rossi-Maccanico* EStAL 2009, 63.

[211] Vgl. grundlegend EuGH, C-88/03, Slg. 2006, I-7115, RdNr. 58 und 62 – Portugal/Kommission (Azoren); auch EuGH, verb. C-428/06 bis C-434/06, noch nicht in Slg. veröffentlicht, RdNr. 46 – UGT-Rioja; EuGH, verb. T-211/04 und T-215/04, noch nicht in Slg. veröffentlicht, RdNr. 76 – Gibraltar/Kommission.

[212] Vgl. RdNr. 51 ff. und 54 ff., unten.

[213] Vgl. in diesem Sinne EuGH, C-143/99, Slg. 2001, I-8365, RdNr. 35 – Adria-Wien Pipeline.

[214] Vgl. *da Cruz Vilaça* Selectivity, RdNr. 24; ähnlich bereits *Koenig/Kühling* EuZW 1999, 520; im Ergebnis ebenso (Wettbewerbswirkung, nicht Diskriminierungswirkung als maßgebliches Kriterium) *Mestmäcker/Schweitzer* § 43 RdNr. 46; kritisch etwa *Calliess/Ruffert/Cremer* Art. 87 EG RdNr. 22 in Fn. 165; *Kurcz/Vallindas* CMLRev. 2008, 175.

mal der Wettbewerbsverfälschung erklären sich vor diesem Hintergrund. Auch gegenüber dem Tatbestandsmerkmal der Begünstigung ist die Abgrenzung der Selektivitätsprüfung, wie gerade die an anderer Stelle besprochene Systemimmanenzprüfung bei Steuern zeigt, zum Teil fließend, sodass insoweit ähnlich argumentiert werden könnte. Der Wegfall oder die Fusionierung des Tatbestandselements der Selektivität steht aber nicht nur in Widerspruch zur geltenden Rechtsprechung, wonach sämtliche sechs Tatbestandsmerkmale des Art. 107 Abs. 1 AEUV zur Annahme einer Beihilfe eigenständig zu prüfen und zu bejahen sind,[215] vielmehr ist derlei vor allem auch als Verkürzung der im Vertrag vorgesehenen Verteidigungsmittel der Mitgliedstaaten gegenüber der Kommission abzulehnen. Zielführender als ein Abgehen von der Selektivität als eigenständigem Prüfschritt scheint es daher, angemessene Abgrenzungskriterien für selektive Maßnahmen zu entwickeln. Einen Schritt in diese Richtung geht die erwähnte jüngere Rechtsprechung des Gerichtshofs zur regionalen Steuerautonomie,[216] im Bereich der materiellen Selektivitätsprüfung stehen Vorgaben der Rechtsprechung aber noch aus.[217] Dies gilt gerade in Bezug auf Steuern, da die Systemimmanenzprüfung nach der meines Erachtens überzeugenden, an der entsprechenden Stelle unten[218] diskutierten Ansicht im Schrifttum[219] im Kern Fragen der Belastungsgleichheit und damit der Begünstigungswirkung betrifft und sich auch unter diesem Gesichtspunkt eher sachgerecht durchführen lässt, als im Rahmen der Selektivitätsprüfung. Ein solches Abgrenzungskriterium für den Bereich der materiellen Selektivität könnte das – in der Rechtsprechung bereits grundgelegte und hier nachfolgend näher diskutierte – Kriterium der Diskriminierungswirkung bieten.

2. Eingrenzung des selektiven Charakters bei Steuern. Die zitierte[220] allgemeine und   **45** sehr **weite Rechtsprechung zum selektiven Charakter** kann bei Steuermaßnahmen das Recht der Mitgliedstaaten, über Art und Umfang der von ihnen zu erhebenden Steuern und Abgaben frei zu entscheiden (**Steuerautonomie**),[221] stark beschneiden.[222] Nach dieser Rechtsprechung wären nur Steuernormen, die alle Unternehmen eines Mitgliedstaats ohne Unterscheidung nach Steuersubjekt und Steuergegenstand erfassen zweifelsfrei nicht selektiv, jedwede steuerimmanente Differenzierung dagegen als *prima facie* beihilferelevant anzusehen. Für den Steuerbereich muss die allgemeine Rechtsprechung daher adaptiert, dh. eingeschränkt, werden. Der Gerichtshof hat dies, wie nachfolgend besprochen, zum Teil auch bereits unternommen.

a) Selektivität als Diskriminierungsprüfung. Für den EuGH bildet die Diskriminie-   **46** rungsfrage nach ständiger Rechtsprechung[223] den Ausgangspunkt der Selektivitätsprüfung.[224]

---

[215] Vgl. zB. EuGH, C-280/00, Slg. 2003, I-7747, RdNr. 74 – AltmarkTrans; EuGH, verb. C-182/03 und C-217/03, Slg. 2006, I-5479, RdNr. 84 – Forum 187 ASBL; EuGH, C-142/87, Slg. 1990, I-959, RdNr. 25 – Belgien/Kommission (Tubemeuse); EuGH, verb. C-278/92 bis C-280/92, Slg. 1994, I-4103, RdNr. 20 – Spanien/Kommission; EuGH, C-482/99, Slg. 2002, I-4397, RdNr. 68 – Frankreich/Kommission.

[216] In diesem Sinne auch *da Cruz Vilaça* RdNr. 28.

[217] Vgl. auch *da Cruz Vilaça* RdNr. 1 und 28.

[218] Vgl. RdNr. 69, unten.

[219] Vgl. vor allem *Rossi-Maccanico* EStAL 2007, 224; weiters *Frick* 40; *Luja*, Tax Incentives, 51; ebenso schon *Jaeger* Beihilfen, RdNr. 246.

[220] Vgl. die Nachweise in Fn. 199 bis 208.

[221] Vgl. dazu schon RdNr. 1, oben.

[222] Ähnlich *Hancher/Ottervanger/Slot* RdNr. 10–005; *Linn* IStR 2008, 605. Anders naturgemäß Mitteilung der Kommission über die Anwendung der Vorschriften über staatliche Beihilfen auf Maßnahmen im Bereich der direkten Unternehmenssteuerung, ABl. 1998 C 384/3, Tz. 13.

[223] Vgl. zB. EuGH, C-487/06 P, noch nicht in Slg. veröffentlicht, RdNr. 82 – British Aggregates; EuGH, C-88/03, Slg. 2006, I-7115, RdNr. 56 – Portugal/Kommission (Azoren); EuGH, C-428/06 bis C-434/06, noch nicht in Slg. veröffentlicht, RdNr. 46 – UGT-Rioja; EuGH, C-182/03 und C-217/03, Slg. 2006, I-5479, RdNr. 119 – Forum 187 ASBL; EuGH, C-143/99, Slg. 2001, I-8365, RdNr. 41– Adria-Wien Pipeline; EuGH, C-351/98, Slg. 2002, I-8031, RdNr. 40 und 57 – Spanien/Kommission; EuGH, C-409/00, Slg. 2003, I-1487, RdNr. 47 – Spanien/Kommission; EuGH, C-308/01, Slg. 2004, I-4777, RdNr. 68 – GIL Insurance; EuGH, C-172/03, Slg. 2005, I-1627, RdNr. 40 – Heiser; in diesem Sinne auch schon EuGH, C-75/97, Slg. 1999, I-3671, RdNr. 26 und 28–31 – Belgien/Kommission (Maribel); EuGH, C-200/97, Slg. 1998, I-7907, RdNr. 41 – Ecotrade; weiters zB. EuG, T-233/04, noch nicht in Slg. veröffentlicht, RdNr. 84 und 86 – Niederlande/Kommission (NOx-Emissionsrechte); EuG, T-211/04 und T-215/04, noch nicht in Slg. veröffentlicht, RdNr. 78 – Gibraltar/Kommission. Ebenso Mitteilung der Kommission über die Anwendung der Vorschriften über staatliche Beihilfen auf Maßnahmen im Bereich der direkten Unternehmenssteuerung, ABl. 1998 C 384/3, Tz. 12.

[224] Vgl. auch *Ipsen* 669; *Schön*, Steuerliche Beihilfen, 111; *Kurcz/Vallindas* CMLRev. 2008, 175; *Linn* IStR 2008, 604–605; *Hancher/Ottervanger/Slot* RdNr. 3–042; *von der Groeben/Schwarze/Mederer* Art. 87 EG

Demnach ist „zur Beurteilung der Selektivität einer steuerlichen Maßnahme zu prüfen, ob sie im Rahmen einer bestimmten rechtlichen Regelung bestimmte Unternehmen gegenüber anderen Unternehmen, die sich in einer **vergleichbaren tatsächlichen und rechtlichen Situation** befinden, begünstigt."[225] Im AEUV[226] einschließlich des Wettbewerbskapitels,[227] sind Diskriminierungstatbestände häufige Normbestandteile, doch lassen sich zwei unterschiedliche Gruppen definieren: Es sind dies rein an die Mitgliedstaaten gerichtete Verbote der Diskriminierung aus Gründen der Staatsangehörigkeit[228] gegenüber Verboten sonstiger Diskriminierungen, die sich neben den Mitgliedstaaten auch oder nur an Private richten.[229] Das Beihilfeverbot passt dabei in keine der bekannten Gruppen. So dürfte zumindest das EuG Art. 107 Abs. 1 AEUV als reines Verbot der **Diskriminierung auf einem bestimmten Markt** verstehen, dh. dass „Diskriminierungen nicht in Verbindung mit der Staatsangehörigkeit der angeblich betroffenen Unternehmen, sondern nach Maßgabe des jeweiligen sektorbezogenen geografischen Marktes"[230] erfasst sein sollen.[231] Die Kommission hat das Tatbestandsmerkmal der Selektivität in der Vergangenheit aber auch bereits als eigenständiges[232] Verbot der **Diskriminierung aus Gründen der Staatsangehörigkeit** ausgelegt.[233] Das Beihilfeverbot ähnelt damit Art. 106 Abs. 1, AEUV, dessen Diskriminierungsverbot ebenfalls nur die öffentliche Hand oder öffentliche Einrichtungen (und nicht auch, wie zB. die Art. 19 und 157 AEUV, Private) bindet und diese dabei über die reine Staatsangehörigkeit hinaus zur umfassenden Nichtdiskriminierung verpflichtet.[234] Ein solches weites Verständnis[235] des Diskriminierungsverbots im Rahmen der Selektivitätsprüfung steht daher zwar uU im Widerspruch zur zitierten Rechtsprechung des EuG,[236] ist in Anbetracht der Parallele zu Art. 106 Abs. 1 AEUV aber systematisch homogen und darüber hinaus in Einklang mit dem allgemeinen, wirkungsbezogenen Ansatz[237] der Beihilfekontrolle.

47 Der **EuGH** hat Bedeutung, Reichweite und Inhalt einer Diskriminierungsprüfung im Rahmen von Art. 107 Abs. 1 AEUV bislang allerdings kaum vorgegeben.[238] Wohl deswegen wird

RdNr. 38, mit Verweis auf EuGH, C-351/98, Slg. 2002, I-8031, RdNr. 57 – Spanien/Kommission; aA. jedoch *Mestmäcker/Schweitzer* § 43 RdNr. 45.

[225] EuGH, C-428/06 bis C-434/06, noch nicht in Slg. veröffentlicht, RdNr. 46 – UGT-Rioja, Hervorhebung des Autors; ständige Rechtsprechung.

[226] Vgl. neben den Art. 18 (allgemeines Diskriminierungsverbot) und 19 (Antidiskriminierung) AEUV zB. die (nunmehr freilich zu Beschränkungsverboten ausgebauten) Grundfreiheiten sowie die Art. 110 (indirekte Steuern) und 157 (Gleichbehandlung von Männern und Frauen) AEUV.

[227] Vgl. besonders Art. 101 Abs. 1 lit. d, 102 Abs. 2 lit. c und 106 Abs. 1 AEUV; ausführlich zB. MünchKommEUWettbR/*Wollmann/Schedl* Art. 81 EG RdNr. 132; MünchKommEUWettbR/*Eilmansberger* Art. 82 EG RdNr. 264.

[228] Hiezu gehören die Art. 18 und 110 AEUV sowie die Grundfreiheiten.

[229] Hiezu gehören vor allem die Art. 19 und 157 AEUV sowie die kartell- und missbrauchsrechtlichen Diskriminierungsverbote. Eine Ausnahme bildet Art. 196 Abs. 1 AEUV, der nur die öffentliche Hand sowie dieser zurechenbare Einrichtungen verpflichtet, sachlich aber über das Verbot der Diskriminierung aus Gründen der Staatsangehörigkeit weit hinaus geht, vgl. zB. EuGH, C-18/88, Slg. 1991, I-5941, RdNr. 20–21 – RTT/GB Inno BM; EuGH, C-323/93, Slg. 1994, I-5077, RdNr. 17 – Centre d'insémination de la Crespelle; EuGH, C-179/90, Slg. 1991, I-5889, RdNr. 17 – Porto di Genova; EuGH, C-180/98 bis C-184/98, Slg. 2000, I-6451, RdNr. 130 – Pavlov.

[230] EuG, T-158/99, Slg. 2004, II-1, RdNr. 147 – Thermenhotel Stoiser; kritisch aber *Hancher/Ottervanger/Slot* RdNr. 2–088.

[231] In diesem Sinne auch EuG, T-20/03, noch nicht in Slg. veröffentlicht, RdNr. 199 – Kahla Thüringen; EuG, T-233/04, noch nicht in Slg. veröffentlicht, RdNr. 84 – Niederlande/Kommission (NOx-Emissionsrechte).

[232] Andernfalls wäre Art. 18 AEUV anzuwenden gewesen, da nach der Rechtsprechung nur entweder Art. 18 AEUV oder die entsprechende spezifische Ausformung des Diskriminierungsverbots auf einen Sachverhalt Anwendung finden kann, vgl. zB. EuGH, C-179/90, Slg. 1991, I-5889, RdNr. 11 – Porto di Genova; EuGH, C-379/92, Slg. 1994, I-3453, RdNr. 18 – Peralta; EuG, T-158/99, Slg. 2004, II-1, RdNr. 146 – Thermenhotel Stoiser.

[233] Vgl. etwa Kom., K(2007) 411 endgültig, nicht im ABl. veröffentlicht, Tz. 46 – Unvereinbarkeit bestimmter schweizerischer Körperschaftssteuerregelungen mit dem EWR-Abkommen.

[234] Vgl. die Nachweise in Fn. 229; auch *Linn* IStR 2008, 605.

[235] Vgl. dazu auch EuGH, Schlussanträge von Generalanwalt Darmon, verb. C-72/91 und C-73/91, Slg. 1993, I-887, RdNr. 61–62 – Sloman Neptun, wonach es gerade nicht erforderlich ist, dass die fragliche Diskriminierung aus Gründen der Staatsangehörigkeit erfolgt.

[236] Zu dieser kritisch auch *Hancher/Ottervanger/Slot* RdNr. 2–088.

[237] Vgl., statt vieler, EuGH, 290/83, Slg. 1985, 439, RdNr. 17–18 – Kommission/Frankreich (Solidaritätsleistung für Landwirte).

[238] Ähnlich *Linn* IStR 2008, 605; *da Cruz Vilaça* RdNr. 1.

im **Schrifttum** zum Teil auch verneint, dass Art. 107 Abs. 1 AEUV überhaupt ein Diskriminierungselement enthalte.[239] Allerdings fußen nach der zitierten Rechtsprechung zumindest die beiden[240] für Steuermaßnahmen entwickelten, spezifischen Tests der materiellen (**Systemimmanenzprüfung**)[241] und der regionalen (***Azoren*-Test**)[242] Selektivität unzweifelhaft auf dem Diskriminierungsgedanken.[243] Schon daraus, dass Maßnahmen, die einen der beiden aus dem Diskriminierungsgedanken entwickelten Tests bestehen, nicht als Beihilfen anzusehen sind, folgt daher, dass die Sachlichkeit einer Differenzierung grundsätzlich tatbestandsausschließend wirken können muss.[244] Allerdings ist zu dieser Rechtsprechung **kritisch** anzumerken, dass die Systemimmanenzprüfung und der *Azoren*-Test bislang auch die einzigen praktischen Anwendungsfälle des Diskriminierungsgedankens bilden, und zwar obwohl sich meines Erachtens beide nur bedingt zu einer tatsächlichen Klärung der Diskriminierungsfrage eignen. So lässt sich die Systemimmanenzprüfung, wie unten besprochen,[245] aus steuerrechtlicher gleichwie ökonomischer Sicht leichter als Begünstigungsproblem begreifen. Der ebenfalls unten[246] besprochene *Azoren*-Test wiederum berührt nur mit der ersten seiner beiden Ausformungen (Fälle symmetrischer Kompetenzverteilung)[247] die Frage der Diskriminierung (fehlender einheitlicher Bezugsrahmen, daher keine Diskriminierung). Die zweite und in der Praxis vermutlich auch relevantere Ausformung (Fälle asymmetrischer Kompetenzverteilung, aber vollwertiger Steuerautonomie)[248] lässt sich dagegen aus einem Diskriminierungsblickwinkel nicht mehr erklären: Die in diesem Fall bestehende Ungleichbehandlung der Steuerpflichtigen einer autonomen Region gegenüber jenen in anderen Regionen wird vom Gemeinschaftsrecht zugunsten der mitgliedstaatlichen Verfassungsorganisation und Steuerautonomie hingenommen.[249] Aus alldem folgt, dass nach wie vor Raum und Bedarf dafür besteht, im Rahmen von Art. 107 Abs. 1 AEUV eine vollwertige Diskriminierungsprüfung zu entwickeln.[250] Dies würde sowohl den Kreis der mitgliedstaatlichen Verteidigungsargumente im Verfahren vor der Kommission erweitern als auch das Tatbestandsmerkmal der Selektivität aufwerten und insbesondere von der Begünstigungsprüfung emanzipieren (und umgekehrt).[251]

Vereinzelt lassen sich der Rechtsprechung auch Hinweise auf einen über Systemimmanenz **48** und *Azoren*-Test hinausgehenden, **alleinstehenden Anwendungsbereich einer Diskriminierungsprüfung** entnehmen.[252] Die eigenständige Diskriminierungsprüfung und die anwendbaren Kriterien sind in der Rechtsprechung allerdings kaum entwickelt. Den Inhalt dieser eigenständigen Diskriminierungsprüfung müsste die Frage bilden, inwieweit Differenzierungen

---

[239] So *Mestmäcker/Schweitzer* § 43 RdNr. 45; ähnlich (*e contrario* aus dem Tatbestand des Art. 107 Abs. 2 lit. a AEUV abgeleitet) *Hancher/Ottervanger/Slot* RdNr. 10-005; zu Recht aA. *Linn* IStR 2008, 605; *Ipsen* 669; *Schön*, Steuerliche Beihilfen, 111.

[240] Der *Azoren*-Test bildet eigentlich einen Unterfall der Systemimmanenzprüfung, vgl. auch EuG, verb. T-211/04 und T-215/04, noch nicht in Slg. veröffentlicht, RdNr. 78 und 143 – Gibraltar/Kommission. Der besseren Verständlichkeit wegen wird hier aber von zwei Tests gesprochen.

[241] So zB. in EuGH, C-487/06 P, noch nicht in Slg. veröffentlicht, RdNr. 82–83 – British Aggregates; EuGH, verb. C-182/03 und C-217/03, Slg. 2006, I-5479, RdNr. 119 – Forum 187 ASBL; EuGH, C-143/99, Slg. 2001, I-8365, RdNr. 41 – Adria-Wien Pipeline; EuGH, C-409/00, Slg. 2003, I-1487, RdNr. 47 – Spanien/Kommission; EuGH, C-172/03, Slg. 2005, I-1627, RdNr. 40 – Heiser; EuGH, C-308/01, Slg. 2004, I-4777, RdNr. 68 – GIL Insurance.

[242] So zB. in EuGH, C-88/03, Slg. 2006, I-7115, RdNr. 56 – Portugal/Kommission (Azoren); EuGH, verb. C-428/06 bis C-434/06, noch nicht in Slg. veröffentlicht, RdNr. 46 – UGT Rioja.

[243] Vgl. dazu die Nachweise in Fn. 223.

[244] Unzutreffend daher *Mestmäcker/Schweitzer* § 43 RdNr. 45, und entsprechende Lesarten von EuGH, C-351/98, Slg. 2002, I-8031, RdNr. 57 – Spanien/Kommission.

[245] Vgl. RdNr. 69 ff., unten.

[246] Vgl. RdNr. 55 ff., unten.

[247] Vgl. EuGH, C-88/03, Slg. 2006, I-7115, RdNr. 64 – Portugal/Kommission (Azoren).

[248] Vgl. EuGH, C-88/03, Slg. 2006, I-7115, RdNr. 65 – Portugal/Kommission (Azoren); EuGH, C-428/06 bis C-434/06, noch nicht in Slg. veröffentlicht, RdNr. 48 und 86 – UGT Rioja.

[249] Vgl. besonders EuGH, C-88/03, Slg. 2006, I-7115, RdNr. 58, 62 und 67 – Portugal/Kommission (Azoren); näher auch *Jaeger* RIW 2007, passim; *Vautrot-Schwarz* Revue de droit fiscal 2008, Comm. 599, 49, 54–55.

[250] In diesem Sinne auch *Rossi-Maccanico* EStAL 2007, 224; *Calliess/Ruffert/Cremer* Art. 87 EG RdNr. 22 in Fn. 165; *Linn* IStR 2008, 605.

[251] Vgl. auch auch *Rossi-Maccanico* EStAL 2007, 224.

[252] So zB. in EuGH, C-75/97, Slg. 1999, I-3671, RdNr. 26 und 32 – Belgien/Kommission (Maribel); EuG, T-158/99, Slg. 2004, II-1, RdNr. 146–147 – Thermenhotel Stoiser; EuG, T-233/04, noch nicht in Slg. veröffentlicht, RdNr. 84 – Niederlande/Kommission.

einer Steuernorm – etwa in Bezug auf die Steuersubjekte oder -objekte, den Steuersatz, Abschreibungsregeln etc. – sich aus der Notwendigkeit erklären lassen, gleiche Sachverhalte gleich sowie ungleiche Sachverhalte ungleich zu behandeln.[253] Im Einklang mit der zitierten Anwendungspraxis[254] wären dabei sowohl marktbezogene Diskriminierungen (also mit Wirkung für Marktzugang, Marktchancen, Marktverhalten etc.) beachtlich als auch Diskriminierungen nach der Staatsangehörigkeit.[255] Eine solche vollwertige Diskriminierungsprüfung wäre daher auch wesentlich breiter angelegt, als die gegenwärtig unter dem Diskriminierungsgesichtspunkt vorgenommene Systemimmanenzprüfung. Die Systemimmanenzprüfung unterstellt eine sachlich gerechtfertigte (Un-)Gleichbehandlung dann, wenn die Differenzierung aufgrund der Logik des Steuersystems geboten ist. Andere, also **steuersystemexterne Differenzierungsgründe** werden bei dieser Prüfung nicht berücksichtigt,[256] und zwar obwohl der rechtliche und volkswirtschaftliche Rahmen, in den eine Steuernorm faktisch eingebettet ist, auf die Ausgestaltung der Steuernorm uU ebenso großen Einfluss nehmen kann, wie streng steuerlogische Erwägungen im eigentlichen Sinn.[257] Eine über die Systemimmanenzfrage hinausgehende oder gar von dieser losgelöste, vollwertige Diskriminierungsprüfung hätte meines Erachtens also primär nach der Interaktion[258] der fraglichen Steuernorm mit sonstigen nicht steuerlichen Normen in Bezug auf denselben Sachverhalt zu fragen.

49 Als **Beispiele** lassen sich hier etwa die Funktion der Steuernorm zum Ausgleich diskriminierender Effekte des allgemeinen Regelungsrahmens (zB. des Raumordnungs- oder Gewerberechts) oder im Rahmen einer breiteren Sektorregelung, bei besonderen Formen der Selbstverwaltung, bei Überschneidung der Regelungskompetenz verschiedener Gebietskörperschaften und dergleichen mehr nennen. Zulässige Differenzierungsgründe könnten auch zB. der Beitrag der Steuernorm zur Verteilung oder Steuerung von externen Kosten oder Allgemeinkosten (also zB. für Unterschiede in der Nutzung von öffentlicher Infrastruktur je Region oder Sektor) oder zum Ausgleich von Effekten einer verfassungsgesetzlich vorgesehenen Umverteilung zwischen Zentralverwaltung und Regionen oder Gemeinden sein. Differenzierungsgründen politischer Natur (zB. Stimulierung von Wettbewerb oder Wettbewerbsfähigkeit, Regionalentwicklung, Beschäftigung etc.) kann dabei aber, wie im Beihilferecht allgemein,[259] keine beihilfebefreiende Wirkung zukommen, dh. sie taugen nicht zur Erklärung der in einer Steuernorm enthaltenen Differenzierungen.[260]

50 Der tatsächliche Regelungszusammenhang wird gegenwärtig zumeist erst auf der Rechtfertigungsebene des Art. 107 Abs. 3 AEUV berücksichtigt,[261] im Rahmen einer vollwertigen Diskriminierungsprüfung könnten diese Argumente aber schon **auf der Tatbestandsebene Berücksichtigung** finden. Die vollwertige Diskriminierungsprüfung unter soll die gegenwärtige Systemimmanenzprüfung nicht verdrängen, sondern ergänzen. Dies gilt auch dann, wenn, anders als hier vertreten, die reine Frage der Übereinstimmung der Differenzierung mit der Besteuerungslogik nicht in die Begünstigungsprüfung verlagert wird. Generell ist für die praktische Handhabe der vollwertigen Diskriminierungsprüfung schließlich eine **Beweislastumkehr**

---

[253] Vgl. dazu die Nachweise in Fn. 223.

[254] Vgl. die Nachweise in Fn. 230, 231, 233 und 235.

[255] Vgl. auch *Linn* IStR 2008, 605.

[256] Vgl. zB. auch EuG, T-127/99, T-129/99 und T-148/99, Slg. 2002, II-1275, RdNr. 167 – Territorio Histórico de Álava; EuG, T-346/99 bis T-348/99, Slg. 2002, II-4259, RdNr. 63 – Diputación Foral de Álava; Kom., ABl. 2000 L 318/36, Tz. 93 – Ramondín; Mitteilung der Kommission über die Anwendung der Vorschriften über staatliche Beihilfen auf Maßnahmen im Bereich der direkten Unternehmenssteuerung, ABl. 1998 C 384/3, Tz. 26.

[257] In diesem Sinne auch *Di Bucci*, Comments 2008, RdNr. 4.

[258] Vgl. in diesem Zusammenhang auch das ähnliche, allerdings nur auf steuersystemimmanente Differenzierungen angewandte, Konzept sog. „aptiver" (systembereinigender) Vergünstigungen nach *Lang* 118; näher auch *Jaeger* Beihilfen, RdNr. 231.

[259] Vgl. hier vor allem die Nichtberücksichtigung politischer Ziele im Rahmen des Privatinvestortests der Begünstigungsprüfung, zB. EuG, T-14/96, Slg. 1999, II-139, RdNr. 81 – BAI I; weiters *Mayer/Sutter*, Art. 87 EG RdNr. 34; *Schernthanner* Beihilfeaufsichtsrecht, 31; *Jaeger*, Beihilfe- und Förderungsrecht, 701.

[260] Vgl. in diesem Sinne auch EuGH, C-487/06 P, noch nicht in Slg. veröffentlicht, RdNr. 84 – British Aggregates; EuG, T-127/99, T-129/99 und T-148/99, Slg. 2002, II-1275, RdNr. 167 – Territorio Histórico de Álava; EuG, T-346/99 bis T-348/99, Slg. 2002, II-4259, RdNr. 63 – Diputación Foral de Álava; Kom., ABl. 2000 L 318/36, Tz. 100 – Ramondín; Kom., ABl. 2003 L 180/52, Tz. 95 – Niederländische Unternehmen mit internationalen Finanzierungstätigkeiten.

[261] Vgl. auch EuG, T-14/96, Slg. 1999, II-139, RdNr. 81 – BAI I; *von der Groeben/Schwarze/Triantafyllou* Art. 87 EG RdNr. 109.

denkbar, wonach also die diskriminierende Wirkung einer Steuerdifferenzierung zu vermuten wäre, die Mitgliedstaaten diese Annahme aber durch geeignete Argumente widerlegen könnten.[262]

b) Systemimmanenzprüfung. aa) Gegenstand und Schwierigkeiten der Prüfung. 51 Nach ständiger Rechtsprechung fallen in Steuerbestimmungen vorgenommene Differenzierungen nicht unter das Beihilfeverbot, wenn sie Folge der **inneren Logik des Steuersystems**, also systemimmanent vorgegeben, sind.[263] Die von den Unionsgerichten für diesen Test verwendete Terminologie ist uneinheitlich, neben der „innere[n] Logik"[264] wird zB. auch von „Natur oder dem inneren Aufbau",[265] „der Systematik"[266] oder dem „Wesen oder [den] allgemeinen Zwecke[n]"[267] des Steuersystems als Gegenstand der Prüfung gesprochen. Allerdings sind Begriffe wie Logik, Aufbau oder gar Zweck, nicht nur in der deutschen Sprachfassung,[268] durchaus nicht bedeutungsgleich und austauschbar. Hinzu kommt, dass die Systemimmanenzprüfung in der Rechtsprechung vielfach als Rechtfertigungsprüfung bezeichnet wird,[269] obwohl sie tatsächlich einen Bestandteil der Tatbestandsprüfung bildet und vom Gerichtshof, wie im vorstehenden Abschnitt erörtert, als Diskriminierungstest im Rahmen der Selektivitätsprüfung angelegt ist.[270] Der Begriff Rechtfertigung deutet aber meines Erachtens fälschlich[271] auf ein Ermessen[272] in Bezug auf den Gegenstand und die Kriterien der Systemimmanenzprüfung hin und trägt dadurch zu einer weiteren Aufweichung dieser Kriterien bei, obwohl sie als Teil der Tatbestandsprüfung an sich objektiv[273] und daher möglichst genau zu definieren wären.

Diese terminologischen **Unschärfen** deuten bereits auf das Kernproblem der Systemimmanenzprüfung hin, bzw. sind sie selbst auch die zumindest teilweise Ursache des Problems: Auch der genauere Gegenstand dieser Prüfung ist in der Rechtsprechung bislang nur höchst unscharf umrissen. Nicht geklärt sind vor allem der maßgebliche Referenzrahmen (welches Steuersystem bzw. welcher Kreis an Steuernormen sind vergleichstauglich) und die Abgrenzung steuerlogi- 52

---

[262] In diesem Sinne auch EuGH, C-351/98, Slg. 2002, I-8031, RdNr. 57 – Spanien/Kommission.

[263] Vgl. zB. EuGH, C-88/03, Slg. 2006, I-7115, RdNr. 52 – Portugal/Kommission (Azoren); EuGH, C-143/99, Slg. 2001, I-8365, RdNr. 42 – Adria-Wien Pipeline; EuGH, C-75/97, Slg. 1999, I-3671, RdNr. 39 – Belgien/Kommission (Maribel); EuGH, 173/73, Slg. 1974, 709, RdNr. 33–35 – Italien/Kommission; EuGH, C-501/00, Slg. 2004, I-6717, RdNr. 122 – Spanien/Kommission; EuGH, C-148/04, Slg. 2005, I-11137, RdNr. 51 – Unicredito; EuG, T-127/99, T-129/99 und T-148/99, Slg. 2002, II-1275, RdNr. 164 – Diputación Foral de Álava I; EuG, T-92/00 und T-103/00, Slg. 2002, II-1385, RdNr. 60 – Diputación Foral de Álava II; EuG, T-210/02, Slg. 2006, II-2789, RdNr. 152 – British Aggregates; EuG, T-233/04, noch nicht in Slg. veröffentlicht, RdNr. 97–98 – Kommission/Niederlande. Näher, statt vieler, *Mamut*, Jahrbuch Beihilferecht 08, 186; *Triantafyllou*, FS Santaolalla Gadea, 416–417.

[264] EuG, T-210/02, Slg. 2006, II-2789, RdNr. 152 – British Aggregates; in der englischen Sprachfassung: „internal logic".

[265] EuGH, C-88/03, Slg. 2006, I-7115, RdNr. 52 – Portugal/Kommission (Azoren); in der englischen Sprachfassung: „nature or […] overall structure".

[266] EuGH, C-501/00, Slg. 2004, I-6717, RdNr. 122 – Spanien/Kommission; in der englischen Sprachfassung: „organisation".

[267] EuGH, C-143/99, Slg. 2001, I-8365, RdNr. 42 – Adria-Wien Pipeline; in der englischen Sprachfassung: „nature or general scheme".

[268] Vgl. die Nachweise in Fn. 264 bis 267.

[269] Vgl. zB. EuGH, C-148/04, Slg. 2005, I-11137, RdNr. 51 – Unicredito; EuGH, C-143/99, Slg. 2001, I-8365, RdNr. 42 – Adria-Wien Pipeline; EuGH, C-88/03, Slg. 2006, I-7115, RdNr. 53 – Portugal/Kommission (Azoren); EuGH, C-501/00, Slg. 2004, I-6717, RdNr. 122 – Spanien/Kommission.

[270] Vgl. dazu die Nachweise in Fn. 223.

[271] Ein Ermessensspielraum bei der Auslegung der objektiv definierten Tatbestandsmerkmale besteht nur ganz ausnahmsweise, etwa bei der Bewertung komplexer wirtschaftlicher Zusammenhänge, vgl. zB. EuG, T-20/03, noch nicht in Slg. veröffentlicht, RdNr. 239 – Kahla Thüringen; EuG, T-266/02, noch nicht in Slg. veröffentlicht, RdNr. 90 – Deutsche Post; EuG, T-268/06, noch nicht in Slg. veröffentlicht, RdNr. 285 – Olympiaki Aeroporia Ypiresies; EuG, T-289/03, noch nicht in Slg. veröffentlicht, RdNr. 214 und 220 – BUPA; auch EuG, T-106/95, Slg. 1997, II-229, RdNr. 100 – FFSA; EuG, T-196/04, noch nicht in Slg. veröffentlicht, RdNr. 41 – Ryanair.

[272] Im Bereich der Rechtfertigungsprüfung verfügt die Kommission nach ständiger Rechtsprechung über ein weites Ermessen, vgl. zB. EuGH, 78/76, Slg. 1977, 595, RdNr. 8 – Steinike & Weinling; EuGH, C-142/87, Slg. 1990, I-959, RdNr. 56–57 – Tubemeuse; EuGH, C-301/87, Slg. 1990, I-307, RdNr. 15 – Frankreich/Kommission (Boussac).

[273] Vgl. zB. EuG, T-268/06, noch nicht in Slg. veröffentlicht, RdNr. 284 – Olympiaki Aeroporia Ypiresies; EuG, T-266/02, noch nicht in Slg. veröffentlicht, RdNr. 90 – Deutsche Post; EuG, T-196/04, noch nicht in Slg. veröffentlicht, RdNr. 40 – Ryanair; EuG, verb. T-211/04 und T-215/04, noch nicht in Slg. veröffentlicht, RdNr. 142 – Gibraltar/Kommission.

scher Prinzipien von normspezifischen Zwecksetzungen (welche normspezifischen Zwecke können als systemimmanent angesehen werden). Erschwert wird die methodische Eingrenzung zudem durch jene vereinzelte Rechtsprechung,[274] mit der die Systemimmanenzprüfung auch außerhalb des Bereichs der Steuern angewandt wird.[275]

53   Die Systemimmanenz bildet nach dem gegenwärtigen Stand der Rechtsprechung also einen inhaltlich **offenen Begriff**, der eine flexible Anpassung der Reichweite des Beihilfeverbots an steuerliche Einzelfälle erlaubt und schon dadurch große praktische Bedeutung aufweist, aber gleichzeitig kaum Rechtssicherheit vermittelt oder in planerische Entscheidungen der Rechtsunterworfenen mit einbezogen werden kann. Vor diesem Hintergrund überzeugt meines Erachtens der Vorschlag im Schrifttum,[276] dem offenen Rechtsbegriff der Systemimmanenz eine **inhaltlich offene Beweisprüfung**, nach dem Modell des ersten *Altmark*-Kriteriums[277] bei Daseinsvorsorgeleistungen, gegenüberzustellen. Demnach wären die Mitgliedstaaten grundsätzlich zur Eingrenzung des maßgeblichen Referenzsystems und zur Definition der darin maßgeblichen Besteuerungsprinzipien zuständig, während die Kommission und die Gemeinschaftsgerichte darüber lediglich eine nachprüfende Grobkontrolle zur Korrektur offenkundiger Fehlzuordnungen ausüben würden. Dieser Gedanke wird unten im Zusammenhang mit der Definition steuerlogischer Prinzipien näher erörtert.[278] Er scheint darüber hinaus für alle Bereiche der Systemimmanenzprüfung, insbesondere für die Eingrenzung des materiellen Referenzrahmens, brauchbar und wäre geeignet, den geäußerten Bedenken der Rechts- und Planungssicherheit wesentlich entgegenzutreten.

54   **bb) Struktur der Prüfung.** Die Systemimmanenzprüfung besteht, je nach Sachverhalt, aus **bis zu vier Schritten:**[279] In einem ersten Schritt muss das für die weitere Prüfung maßgebliche **territoriale Referenzsystem** festgelegt werden. Bestehen dahin keine Zweifel oder wurde diese Prüfung durchgeführt, ist innerhalb des maßgeblichen territorialen Referenzsystems die relevante Materie (das **materielle Referenzsystem**) und der Kreis der ihr zugehörigen Normen einzugrenzen. Diese Eingrenzung muss so genau erfolgen, dass es in einem dritten Schritt sodann möglich ist, jene **steuerlogischen Prinzipien** zu definieren, die für diese Materie bestimmend sind. Werden daher bei der Eingrenzung des materiellen Referenzsystems verwandte Normen mit uU atypischen Regelungen übersehen, so kann auch die Beurteilung von Differenzierungen in der zu prüfenden Steuernorm sachlich unrichtig sein. Die Eingrenzung sowohl des materiellen Referenzsystems als auch der spezifisch materienlogischen Prinzipien kann entfallen, wenn die fragliche Differenzierung mit allgemeinen Grundsätzen der Steuerrechtsordnung gerechtfertigt werden soll. In einem vierten Schritt ist schließlich die endgültige Zulässigkeit der Regelung zu prüfen, dh. ob die fraglichen allgemein-steuerlichen bzw. materienlogischen Grundsätze in einer konkreten Regelung **sachlich richtig verwirklicht** wurden.

55   **cc) Territoriales Referenzsystem (Territoriale Selektivität).** Die Systemimmanenz einer Maßnahme lässt sich nur mit Bezug auf ein bestimmtes System entscheiden, das daher zuvor festgelegt werden muss.[280] Diese Frage hat zwei Dimensionen: eine territoriale und eine materielle. Bei regional oder lokal begrenzten Steuermaßnahmen ist die territoriale Dimension als erster Teilaspekt der Systemimmanenzprüfung zuerst zu klären. Sie fragt danach, ob bei dezentralen Steuermaßnahmen zwingend das **Steuersystem des Zentralstaats** den maßgeblichen Referenzrahmen bilden muss oder ob auch **regionale bzw. lokale Systeme** als Referenzrahmen herangezogen werden können. Diese Frage hat der Gerichtshof in der nachfolgend erörterten *Azoren*-Rechtsprechung[281] grundsätzlich positiv beantwortet, soweit die zugleich

---

[274] Vgl. EuG, T-233/04, noch nicht in Slg. veröffentlicht, RdNr. 97 – Niederlande/Kommission (Einnahmenverzicht bei NOx-Emissionshandelszertifikaten); EuG, T-475/04, Slg. 2007, II-2097, RdNr. 106 – Bouygues (Einnahmenverzicht bei UMTS-Lizenzen).

[275] Kritisch auch *Bousin/Piernas* EStAL 2008, 641; *Koller*, Jahrbuch Beihilferecht 08, 205.

[276] Vgl. *Nettesheim* RdNr. 19.

[277] Vgl. EuGH, C-280/00, Slg. 2003, I-7747, RdNr. 89 – AltmarkTrans.

[278] Vgl. RdNr. 65 ff., unten.

[279] Vgl. auch EuG, verb. T-211/04 und T-215/04, noch nicht in Slg. veröffentlicht, RdNr. 80 und 143 – Gibraltar/Kommission. Näher auch *Mamut*, Jahrbuch Beihilferecht 08, 193; *Bousin/Piernas* EStAL 2008, 634 und 640; *Bartosch*, CMLRev. 2010, 741.

[280] So auch EuG, T-211/04 und T-215/04, noch nicht in Slg. veröffentlicht, RdNr. 80 und 143 – Gibraltar/Kommission; ähnlich EuGH, C-88/03, Slg. 2006, I-7115, RdNr. 56 – Portugal/Kommission (Azoren).

[281] Vgl. EuGH, C-88/03, Slg. 2006, I-7115, RdNr. 65 – Portugal/Kommission (Azoren); EuGH, C-428/06 bis C-434/06, noch nicht in Slg. veröffentlicht, RdNr. 48 und 86 – UGT-Rioja; daraus staatliche Handlungsmaximen ableitend *Peeters* EC Tax Review 2009, 50, passim.

definierten strukturellen Bedingungen erfüllt sind. Ergeben diese Kriterien, dass das regionale Steuersystem maßgeblich ist, so sind innerhalb der Region unterschiedslos anwendbare[282] Maßnahmen nicht selektiv. Ist die Maßnahme innerhalb der Region nicht unterschiedslos anwendbar, so ist die nachfolgend besprochene materielle Dimension mit Bezug auf das regionale Steuersystem zu untersuchen.[283]

Die ältere Anwendungspraxis der **Kommission** ging dahin, im Fall von nur regional anwendbaren Steuermaßnahmen stets das Steuersystem des Zentralstaats als maßgeblich anzusehen und regionale Abweichungen von diesem als selektiv zu beurteilen.[284] Dem hat der Gerichtshof mit der *Azoren*-Rechtsprechung[285] aus dem Jahr 2006 ein Ende gesetzt. Nach dem darin entwickelten, sog. *Azoren*-**Test** ist eine Steuermaßnahme nicht schon allein wegen ihrer regionalen Beschränkung selektiv, wenn einer von zwei alternativen Fällen vorliegt: entweder eine symmetrische Steuerkompetenzverteilung oder echte Steuerautonomie.[286] In beiden[287] Fällen besteht im fraglichen Mitgliedstaat in Wahrheit überhaupt **kein Referenzrahmen für die territoriale Systemimmanenzprüfung**, sodass es also mit anderen Worten „nicht möglich ist, ein normales Besteuerungsniveau zu bestimmen, das als Bezugsgröße herangezogen werden könnte."[288] Territorial unterschiedslos anwendbare[289] Maßnahmen sind in einem solchen Fall daher stets beihilfefrei, für alle anderen Maßnahmen kann die Systemimmanenzprüfung nach deren materiellen Gesichtspunkten[290] fortgesetzt werden. Jeder der beiden Teile des Tests ist ebenso notwendig wie ausreichend, um die regionale Selektivität zu verneinen; im Urteil *Azoren* nicht genannte Vor- oder Zusatzbedingungen für die Anwendbarkeit des *Azoren*-Tests bestehen nicht.[291]   **56**

Mit **symmetrischer Kompetenzverteilung** als erstem Fall des *Azoren*-Tests ist gemeint, dass die Steuerhoheit im betreffenden Mitgliedstaat so aufgeteilt ist, dass „alle lokalen Körperschaften einer bestimmten Ebene (Regionen, Bezirke oder andere) in den Grenzen der ihnen verliehenen Zuständigkeiten befugt sind, den Steuersatz für ihr Zuständigkeitsgebiet frei festzusetzen."[292] Auf welche Organisationsebene für diese Beurteilung abzustellen ist, ergibt sich aus dem nationalen Recht. Nicht ausschlaggebend ist es dagegen, ob auf dieser Ebene eine einzelne   **57**

---

[282] Vgl. EuGH, C-143/99, Slg. 2001, I-8365, RdNr. 35 – Adria-Wien Pipeline; EuGH, C-156/98, Slg. 2000, I-6857, RdNr. 22 – Deutschland/Kommission.

[283] Vgl. auch EuG, T-211/04 und T-215/04, noch nicht in Slg. veröffentlicht, RdNr. 80 und 143 – Gibraltar/Kommission; ähnlich EuGH, C-88/03, Slg. 2006, I-7115, RdNr. 56 – Portugal/Kommission (Azoren).

[284] Vgl. zB. EuG, T-211/04 und T-215/04, noch nicht in Slg. veröffentlicht, RdNr. 82 – Gibraltar/Kommission; Kom., ABl. 2003 L 150/52, Tz. 26 – Einkommensteuersenkungen auf den Azoren; Kom., ABl. 2005 L 85/1, Tz. 104 – Körperschaftsteuerreform in Gibraltar; ähnlich Kom., ABl. 2005 L 29/24, Tz. 49 und 67 – Berechtigte Unternehmen in Gibraltar; in diesem Sinne auch EuGH, Schlussanträge von Generalanwalt Saggio, C-400/97 bis C-402/97, Slg. 2000, I-1073, RdNr. 37–38 – Juntas Generales de Guipúzcoa. Dazu auch *Arhold* EuZW 2006, 718; *Nettesheim* RdNr. 9; *Urraca Caviedes*, FS Santaolalla Gadea, 126, mwN.

[285] Grundlegend EuGH, C-88/03, Slg. 2006, I-7115, RdNr. 65 – Portugal/Kommission (Azoren); bestätigt durch EuGH, C-428/06 bis C-434/06, noch nicht in Slg. veröffentlicht, RdNr. 48 und 86 – UGT-Rioja; EuG, T-211/04 und T-215/04, noch nicht in Slg. veröffentlicht, RdNr. 83 – Gibraltar/Kommission. In Abweichung von der Kommissionspraxis befürwortend bereits EuGH, Schlussanträge von Generalanwalt Geelhoed, C-88/03, Slg. 2006, I-7115, RdNr. 51 – Portugal/Kommission (Azoren).

[286] Näher auch *Nicolaides* EStAL 2006, 119; *Heidenbauer*, Jahrbuch Beihilferecht 09, passim; *Bousin/Piernas* EStAL 2008, 643; *Sánchez Rydelski* ELR 2006 402; *Stein* EWS 2006, 493; *Arhold* EuZW 2006, 717; *Di Bucci*, Comments 2006, 53; ders., Comments 2008, RdNr. 4; *Nettesheim* Developments, RdNr. 7; *da Cruz Vilaça* RdNr. 28; *Jaeger* RIW 2007, 120; *Moreno Gonzalez* European Taxation 2007, 328; *Winter* CMLRev. 2008, 183; zum Grad der Autonomie einzelner Regionen vgl. zu Deutschland und Österreich näher RdNr. 61, unten; zum Baskenland *Armesto* European Taxation 2009, 11, 12–20; im Übrigen *Vautrot-Schwarz* Revue de droit fiscal 2008, Comm. 599, 49, 53–54.

[287] Vgl. zur Gleichsetzung von symmetrischer Kompetenzverteilung und echter Steuerautonomie in Bezug auf das Fehlen eines einheitlichen Bezugsrahmens EuGH, Schlussanträge von Generalanwältin Kokott, verb. C-428/06 bis C-434/06, noch nicht in Slg. veröffentlicht, RdNr. 51 – UGT-Rioja.

[288] EuGH, C-88/03, Slg. 2006, I-7115, RdNr. 64 – Portugal/Kommission (Azoren).

[289] Vgl. EuGH, C-143/99, Slg. 2001, I-8365, RdNr. 35 – Adria-Wien Pipeline; EuGH, C-156/98, Slg. 2000, I-6857, RdNr. 22 – Deutschland/Kommission.

[290] Vgl. RdNr. 62 ff., unten.

[291] So ausdrücklich EuGH, verb. C-428/06 bis C-434/06, noch nicht in Slg. veröffentlicht, RdNr. 53 – UGT-Rioja; EuG, verb. T-211/04 und T-215/04, noch nicht in Slg. veröffentlicht, RdNr. 87–88 und 103 – Gibraltar/Kommission.

[292] EuGH, C-88/03, Slg. 2006, I-7115, RdNr. 64 – Portugal/Kommission (Azoren); näher auch EuGH, Schlussanträge von Generalanwalt Geelhoed, C-88/03, Slg. 2006, I-7115, RdNr. 52–53 – Portugal/Kommision (Azoren); EuGH, Schlussanträge von Generalanwältin Kokott, C-428/06 bis C-434/06, noch nicht in Slg. veröffentlicht, RdNr. 45 und 47 – UGT-Rioja.

Einrichtung handelt, oder ob die Besteuerungskompetenz im Einzelfall auch nur durch ein Zusammenwirken mehrerer regionaler Körperschaften ausgeübt werden kann, deren Befugnisse dann gemeinsam zu betrachten sind.[293]

58   Unter **echter Steuerautonomie** als zweitem Fall des *Azoren*-Tests ist demgegenüber zu verstehen, dass die fragliche Körperschaft „aufgrund ihrer Stellung und ihrer Befugnisse eine grundlegende Rolle bei der Festlegung des politischen und wirtschaftlichen Umfelds"[294] einnimmt und sie daher die Wettbewerbsbedingungen für die Unternehmen ihres Zuständigkeitsgebiets durch eigene[295] Maßnahmen grundlegend beeinflussen kann. Echte Steuerautonomie ist demnach nur zu bejahen, wenn sie auf drei, kumulativ zu prüfenden, Ebenen Verwirklichung findet: der institutionell-administrativen, der prozeduralen und der budgetären.

59   **Institutionelle und prozedurale Autonomie** bedeutet, dass die fragliche Körperschaft „befugt ist, in ihrem Zuständigkeitsgebiet Steuersenkungen ohne jede Rücksichtnahme auf das Verhalten des Zentralstaats zu erlassen".[296] Zum Beleg der institutionellen Autonomie dürfte in aller Regel eine formelle Prüfung der Kompetenzbestimmungen der Verfassung, der Finanzverfassung sowie eines allfälligen Autonomiestatuts genügen, aus denen hervorgehen muss, dass es sich um eine „autonome Region mit eigenem politisch-administrativem Status und eigenen Regierungsorganen"[297] handelt.[298] Für die Frage der prozeduralen Autonomie legt der EuGH dagegen einen wirkungsbezogenen Maßstab an, bei dem es alleine auf die **Unabhängigkeit bei der Entscheidungsfindung und Beschlussfassung** ankommt.[299] Zu prüfen ist daher, ob „die Zentralregierung die Möglichkeit hatte, [den] Inhalt [der Steuernormen] unmittelbar zu beeinflussen."[300] Allgemeine Verfassungsgrundsätze, etwa der Grundsatz gegenseitiger Solidarität oder Gebote zur Rücksichtnahme auf das wirtschaftliche Gleichgewicht, auf die Einheitlichkeit des Wirtschaftsgebiets oder zur Vermeidung zu großer Unterschiede im Besteuerungsniveau, können die prozedurale Autonomie beeinträchtigen, haben aber nicht automatisch diese Wirkung.[301] Eine gegenseitige Abstimmung zwischen Zentral- und Regionalregierung mit dem Ziel der Konfliktvermeidung bei Steuernormen schadet der Autonomie auch dann nicht, wenn sie formell institutionalisiert ist.[302] Unerheblich für die Frage der administrativen und prozeduralen Autonomie ist es weiters, welchen Rang im innerstaatlichen Stufenbau der Rechtsordnung die von der Körperschaft erlassenen Normen einnehmen oder dass diese Normen einer gerichtlichen Rechtmäßigkeitskontrolle unterliegen.[303] Schließlich schadet auch eine verbleibende Gesetzgebungsbefugnis der Zentralregierung, die tatsächlich nicht oder nur selten ausgeübt wird, der Annahme prozeduraler Autonomie nicht.[304]

60   Das Kriterium der **budgetären Autonomie** fragt danach, ob die Region die wirtschaftlichen Auswirkungen der Maßnahme vollständig alleine trägt.[305] Voraussetzung ist daher, dass die Re-

---

[293] Vgl. EuGH, verb. C-428/06 bis C-434/06, noch nicht in Slg. veröffentlicht, RdNr. 56 – UGT-Rioja; EuGH, Schlussanträge von Generalanwältin Kokott, C-428/06 bis C-434/06, noch nicht in Slg. veröffentlicht, RdNr. 72 – UGT-Rioja.

[294] EuGH, C-88/03, Slg. 2006, I-7115, RdNr. 66 – Portugal/Kommission (Azoren); vgl. auch EuG, T-211/04 und T-215/04, noch nicht in Slg. veröffentlicht, RdNr. 87 – Gibraltar/Kommission; EuGH, Schlussanträge von Generalanwalt Geelhoed, C-88/03, Slg. 2006, I-7115, RdNr. 54 – Portugal/Kommission (Azoren).

[295] So EuGH, C-88/03, Slg. 2006, I-7115, RdNr. 58 – Portugal/Kommission (Azoren); EuGH, Schlussanträge von Generalanwältin Kokott, C-428/06 bis C-434/06, noch nicht in Slg. veröffentlicht, RdNr. 69 – UGT-Rioja.

[296] EuGH, C-88/03, Slg. 2006, I-7115, RdNr. 68 – Portugal/Kommission (Azoren).

[297] EuGH, C-88/03, Slg. 2006, I-7115, RdNr. 70 – Portugal/Kommission (Azoren).

[298] Vgl. EuGH, C-428/06 bis C-434/06, noch nicht in Slg. veröffentlicht, RdNr. 87 – UGT-Rioja; EuGH, C-88/03, Slg. 2006, I-7115, RdNr. 70 – Portugal/Kommission (Azoren); EuG, T-211/04 und T-215/04, noch nicht in Slg. veröffentlicht, RdNr. 93 – Gibraltar/Kommission.

[299] Vgl. EuGH, C-428/06 bis C-434/06, noch nicht in Slg. veröffentlicht, RdNr. 107 – UGT-Rioja; EuGH, C-88/03, Slg. 2006, I-7115, RdNr. 67 – Portugal/Kommission (Azoren).

[300] EuGH, C-428/06 bis C-434/06, noch nicht in Slg. veröffentlicht, RdNr. 95 – UGT-Rioja; ähnlich EuGH, C-88/03, Slg. 2006, I-7115, RdNr. 67 – Portugal/Kommission (Azoren).

[301] Vgl. EuGH, C-428/06 bis C-434/06, noch nicht in Slg. veröffentlicht, RdNr. 102–106 – UGT-Rioja; *Bartosch* RdNr. 91.

[302] Vgl. EuGH, C-428/06 bis C-434/06, noch nicht in Slg. veröffentlicht, RdNr. 96 – UGT-Rioja; *Vautrot-Schwarz* Revue de droit fiscal 2008, Comm. 599, 49, 52.

[303] Vgl. EuGH, C-428/06 bis C-434/06, noch nicht in Slg. veröffentlicht, RdNr. 76 – UGT-Rioja; *Bartosch* RdNr. 89.

[304] Vgl. EuG, T-211/04 und T-215/04, noch nicht in Slg. veröffentlicht, RdNr. 95 – Gibraltar/Kommission.

[305] Vgl. EuGH, C-88/03, Slg. 2006, I-7115, RdNr. 68 – Portugal/Kommission (Azoren).

gion überhaupt eine „Hoheit über die Einnahmen und Ausgaben"[306] besitzt. Eine **selbständige Kostentragung** durch die Region liegt nicht vor, wenn der Einnahmenverlust aufgrund einer Steuersenkung durch „Zuschüsse oder Subventionen aus den anderen Regionen oder von der Zentralregierung ausgeglichen"[307] wird. Ausgleich bedeutet, dass allfällige Zuwendungen an die Region speziell mit Blick auf deren Steuermaßnahme erfolgen und daher ein offener oder verdeckter **Kausalzusammenhang** zwischen beiden Vorgängen besteht.[308] Ein allgemeiner, zB. finanzverfassungsgesetzlich vorgesehener, Finanzausgleich zwischen einzelnen Gebietskörperschaften schadet demnach nicht.[309] Kausalität liegt aber sehr wohl vor, wenn die steuersenkende Entscheidung aufgrund der Modalitäten des Finanzausgleichs oder der verwendeten Berechnungsmethode rein faktisch eine Erhöhung der Finanzzuweisungen zu ihren Gunsten zur Folge hat.[310] Da es nach der *Azoren*-Rechtsprechung auf eine umfassende Beurteilung der Rolle der Regionalkörperschaft bei der Festlegung der wirtschaftlichen Bedingungen für Unternehmen in ihrem Wirkungsbereich ankommt, umfassen die Prüfungen der wirtschaftlichen Autonomie und der Kausalität von Ausgleichszahlungen „eine Analyse aller Mechanismen von Finanztransfers und Solidaritätsmechanismen, selbst wenn sie sich nicht als solche darstell[en]".[311] Dies bedeutet, dass Ausgleichswirkungen etwa durch Zuzahlungen des Zentralstaats zu Sozialleistungen oder aufgrund der Bereitstellung öffentlicher Dienstleistungen im Einzelfall ebenfalls beachtlich sein können.[312]

In **Deutschland und Österreich** hat der *Azoren*-Test für die wichtigsten Steuern (ESt, USt, **61** KöSt, Lohnsteuer, Einfuhrumsatzsteuer, Gewerbesteuer,[313] Grundsteuer, KESt etc.) keine Relevanz: Hier liegt die Legislativkompetenz jeweils beim Bund;[314] dass den Ländern (*qua* Bundesrat) in Deutschland in Bezug auf die wichtigsten Steuerarten (ESt, KöSt, USt) ein Zustimmungsrecht zukommt[315] ändert an diesem Befund nichts. Für andere, von der Bundeskompetenz nicht erfasste, Steuern dürfte in der Praxis vor allem die erste Komponente des *Azoren*-Tests, dh. die **symmetrische Kompetenzverteilung** in Steuersachen, Bedeutung besitzen. So verfügen in Deutschland und Österreich auch Länder und Gemeinden jeweils über autonome Steuergesetzgebungskompetenzen, die sie in LandesabgabenG und GemeindeabgabenO wahrnehmen. Landesabgaben sind in Deutschland zB. die in Art. 105 Abs. 2a GG (örtliche Verbrauch- und Aufwandsteuern) und in Art. 106 Abs. 2 GG (Erbschaftsteuer, bestimmte Verkehrsteuern, Biersteuer, Spielbankenabgabe sowie theoretisch die Vermögensteuer) genannten Abgaben. Landes- bzw. Gemeindeabgaben in Österreich sind gem. § 14 Abs. 1 FinanzausgleichsG[316] zB. Grundsteuer, Kommunalsteuer, Fremdenverkehrsabgaben, Jagd- und Fischereiabgaben, Mautabgaben, Lustbarkeitsabgaben (Vergnügungsteuern), Abgaben von freiwilligen Feilbietungen, Abgaben für den Gebrauch von öffentlichem Grund oder Luftraum in den Gemeinden, Gebühren für die Benützung von Gemeindeeinrichtungen und -anlagen, Landes- und Gemeindeverwaltungsabgaben oder auch Parkgebühren, um nur einige potentiell beihilferelevante Beispiele zu nennen. In Österreich ist gem. § 3 Abs. 2 FinanzverfassungsG der Kreis der Landes- und Gemeindeabgaben durch Landesgesetzgebung zudem beliebig erweiterbar (Steuer-

---

[306] EuGH, C-428/06 bis C-434/06, noch nicht in Slg. veröffentlicht, RdNr. 67 – UGT-Rioja.
[307] Vgl. EuGH, C-88/03, Slg. 2006, I-7115, RdNr. 67 – Portugal/Kommission (Azoren); ähnlich EuGH, C-428/06 bis C-434/06, noch nicht in Slg. veröffentlicht, RdNr. 123 – UGT-Rioja.
[308] Vgl. EuGH, C-428/06 bis C-434/06, noch nicht in Slg. veröffentlicht, RdNr. 129 – UGT-Rioja; EuG, T-211/04 und T-215/04, noch nicht in Slg. veröffentlicht, RdNr. 106 – Gibraltar/Kommission; EuGH, C-88/03, Slg. 2006, I-7115, RdNr. 76; *Bartosch* RdNr. 92.
[309] Ähnlich EuGH, Schlussanträge von Generalanwältin Kokott, C-428/06 bis C-434/06, noch nicht in Slg. veröffentlicht, RdNr. 109 – UGT-Rioja.
[310] So etwa EuGH, C-88/03, Slg. 2006, I-7115, RdNr. 76 – Portugal/Kommission (Azoren); vgl. auch EuGH, C-428/06 bis C-434/06, noch nicht in Slg. veröffentlicht, RdNr. 134 – UGT-Rioja.
[311] EuGH, C-428/06 bis C-434/06, noch nicht in Slg. veröffentlicht, RdNr. 118 – UGT-Rioja; weiterführend *Urraca Caviedes*, FS Santaolalla Gadea, 133–134.
[312] Vgl. EuGH, C-428/06 bis C-434/06, noch nicht in Slg. veröffentlicht, RdNr. 137 – UGT-Rioja; EuG, T-211/04 und T-215/04, noch nicht in Slg. veröffentlicht, RdNr. 103 und 107 – Gibraltar/Kommission.
[313] Für eine Anwendbarkeit des *Azoren*-Tests zumindest in Bezug auf die deutschen Gewerbesteuerhebesätze allerdings *Arhold* EuZW 2006, 717, 721; *de Weerth* IStR 2008, 732, 734.
[314] Vgl. für Deutschland: Art. 30 iVm. 105 GG, dazu zB. *Wilms* ZRP 2003, 88–89 mwN; für Österreich: §§ 3 Abs. 1 und 7 Abs. 1 FinanzverfassungsG, BGBl. Nr. 45/1948, iVm. § 8 Abs. 1 FinanzausgleichsG 2008, BGBl. BGBl. I Nr. 103/2007, dazu zB. *Ruppe* § 3 F-VG RdNr. 2; *Jaeger* RIW 2007, 125.
[315] Vgl. Art. 105 Abs. 3 iVm. 106 Abs. 3 GG; dazu *Wilms* ZRP 2003, 88.
[316] BGBl. I Nr. 103/2007.

findungsrecht der Länder).[317] In all diesen Fällen müsste die erste Komponente des *Azoren*-Tests meines Erachtens greifen, da die Steuergesetzgebungskompetenz auf „alle lokalen Körperschaften einer bestimmten Ebene" symmetrisch verteilt ist und diese befugt sind, „den Steuersatz für ihr Zuständigkeitsgebiet frei festzusetzen."[318] Der Bezugsrahmen für die Systemimmanenzprüfung wäre bei diesen Steuern daher das jeweilige Land bzw. die Gemeinde.[319] Angesichts dessen, dass die symmetrische Kompetenzverteilung in Deutschland und Österreich den verfassungsgesetzlichen Regelfall bildet, besitzt die zweite Komponente des *Azoren*-Tests, dh. die Frage echter Steuerautonomie, hier keine ersichtliche Relevanz. Zwar werden auch in Deutschland und Österreich bestimmte Gebiete ausnahmsweise steuerlich anders behandelt, zB. die Zollanschlussgebiete Jungholz und Mittelberg (Kleines Walsertal) in Bezug auf die Einfuhrumsatzsteuer oder das Zollfreigebiet Helgoland, allerdings liegt die Regelungsbefugnis für die von der abweichenden Behandlung betroffene Materie dabei beim Zentralstaat. Die Autonomiekriterien der zweiten Komponente des *Azoren*-Tests liegen hier daher gerade nicht vor.

62   **dd) Materielles Referenzsystem.** Die Systemimmanenzprüfung erfordert weiters eine Klärung, welche materiellen Normen und Grundsätze der Steuerrechtsordnung für den Vergleich maßgeblich sein sollen und welche nicht (mehr). Für die allgemeinen Grundsätze bzw. **Grundprinzipien der Steuerrechtsordnung** gilt insoweit stets davon auszugehen, dass sie als relevanter Maßstab herangezogen werden können.[320] Der Beweis, dass eine bestimmte Differenzierung in einem Materiengesetz eines dieser Grundprinzipien verwirklicht, muss daher stets zulässig sein.[321]

63   Im Urteil *British Aggregates* hat es der Gerichtshof zuletzt abgelehnt, zumindest die **individuelle Gesetzeslogik** als Bezugspunkt der Systemimmanenzprüfung zuzulassen. Demnach steht es den Mitgliedstaaten im Rahmen einer Umweltsteuerregelung nicht „frei, bei der Abwägung der verschiedenen bestehenden Interessen ihre Prioritäten im Umweltschutz zu definieren und entsprechend die Güter oder Dienstleistungen zu bestimmen, die sie einer Ökoabgabe [...] unterwerfen[. Daher lässt] der bloße Umstand, dass eine Ökoabgabe nicht für sämtliche ähnliche Tätigkeiten mit vergleichbarer Umweltauswirkung [gilt,] die Annahme [zu,] dass ähnliche, dieser Ökoabgabe nicht unterliegende Tätigkeiten von einem selektiven Vorteil profitier[e]n."[322] Sinngemäß stellte der Gerichtshof fest, dass eine Anerkennung jedweder Gesetzeslogik als Referenzpunkt darauf hinauslaufen würde, dass die Selektivität im Ergebnis stets zu verneinen wäre.[323] Spezifische Regelungsziele müssen demnach grundsätzlich auf der Ebene der Rechtfertigungsprüfung Berücksichtigung finden.[324]

64   Von der individuellen Gesetzeslogik zu unterscheiden – und wohl auch nach dem Urteil *British Aggregates* weiterhin zulässig – ist dagegen eine Systemimmanenzprüfung nach der **Materienlogik**, also nach der übereinstimmenden Systematik aller Gesetze mit ähnlicher Zielsetzung.[325] So haben die Gemeinschaftsgerichte und die Kommission in der Vergangenheit wiederholt die Übereinstimmung ökologisch motivierter Steuerdifferenzierungen mit der Materienlogik des allgemeinen Systems zur Förderung vor allem des Umweltschutzes,[326] aber auch

---

[317] Vgl. *Ruppe* § 3 F-VG RdNr. 5. Für ein jüngeres, potentiell beihilferelevantes Beispiel (Mobilfunkmastensteuer) vgl. *Hasberger/Busta* ecolex 2006, 160.

[318] Beide Zitate EuGH, C-88/03, Slg. 2006, I-7115, RdNr. 64 – Portugal/Kommission (Azoren).

[319] Vgl. auch *Jaeger* RIW 2007, 125.

[320] Vgl. zB. EuGH, 173/73, Slg. 1974, 709, RdNr. 29–32 – Italien/Kommission; EuG, T-127/99, T-129/99 und T-148/99, Slg. 2002, II-1275, RdNr. 166 – Territorio Histórico de Álava; auch EuGH, Schlussanträge von Generalanwalt Colomer, C-6/97, Slg. 1999, I-2981, RdNr. 27 in Fn. 18 – Italien/Kommission; EuGH, Schlussanträge von Generalanwalt La Pérgola, C-75/97, Slg. 1999, I-3671, RdNr. 8 – Belgien/Kommission (Maribel).

[321] In diesem Sinne auch *Hancher/Ottervanger/Slot* RdNr. 10–021.

[322] EuGH, C-487/06 P, noch nicht in Slg. veröffentlicht, RdNr. 86 – British Aggregates; weiterführend *Flett/Walkerova*, FS Santaolalla Gadea, 232–237; *Bartosch* CMLRev 2010, 737 ff.

[323] Vgl. in diesem Sinne EuGH, C-487/06 P, noch nicht in Slg. veröffentlicht, RdNr. 87 – British Aggregates.

[324] Vgl. EuGH, C-487/06 P, noch nicht in Slg. veröffentlicht, RdNr. 92 – British Aggregates; dazu *Flett/Walkerova*, FS Santaolalla Gadea, 233–234.

[325] In diesem Sinne auch schon EuGH, Schlussanträge von Generalanwalt Colomer, C-6/97, Slg. 1999, I-2981, RdNr. 27 –Italien/Kommission; weiters *Mamut*, Jahrbuch Beihilfenrecht 08, 189; *Rossi-Maccanico* EStAL 2004, 245; *ders.* EStAL 2007, 26; *ders.* EStAL 2007, 217; ähnlich (Anwendung einer „Rule of Reason") auch *Bartosch* CMLRev 2010, 745 ff. und 752.

[326] Vgl. zB. EuGH, C-143/99, Slg. 2001, I-8365, RdNr. 49 und 53 – Adria-Wien Pipeline; EuG, T-55/99, Slg. 2000, II-3207, RdNr. 51 – PRI; EuG, T-210/02, Slg. 2006, II-2789, RdNr. 153 – British

anderer spezifischer Zwecke eines bestimmten Maßnahmenpakets,[327] geprüft. Demnach bilden den Referenzrahmen jene „Grundsätze, denen die allgemeine Regelung folgt".[328] Entsprechend stellt auch die Unternehmensbesteuerungsmitteilung Differenzierungen, die gerade das spezifische steuerliche Ziel einer Regelung („zB. Forschung und Entwicklung, Umweltschutz, Ausbildung, Beschäftigung")[329] verwirklichen sollen, beihilfefrei. Darauf, dass diese Anwendungspraxis auch nach *British Aggregates* nicht obsolet ist, deutet schon *British Aggregates* selbst hin. In *British Aggregates* wird zumindest eine Differenzierung nach den Umweltauswirkungen als zulässig angesehen,[330] eine Regelung, die diese Logik verletzt, ist dagegen selektiv. Die Differenzierung nach den Umweltauswirkungen ist aber kein allgemeines Grundprinzip der Steuerrechtsordnung, sondern vielmehr ein spezifisches Prinzip der Materie Umweltschutz. Aus *British Aggregates* ergibt sich daher keine grundsätzliche Ablehnung der Zielhoheit der Mitgliedstaaten, sondern das Urteil verlangt lediglich eine strenge Sachlichkeitsprüfung in Bezug auf die Festlegung materienlogischer Differenzierungen bei der Verfolgung dieser Ziele.

　　ee) Steuerlogische Prinzipien. Innerhalb des maßgeblichen Referenzrahmens müssen in ei-　**65** nem nächsten Schritt die grundlegenden steuerlogischen Prinzipien des Referenzsystems festgemacht und die beihilfeverdächtigen Differenzierungen sodann mit diesen abgeglichen werden.[331] Eine Differenzierung nach Grundprinzipen der Steuerrechtsordnung muss stets als zulässig erachtet werden. Der Kreis der Grundprinzipien ist zwar absolut begrenzt. Da allerdings über die Grundprinzipien hinaus auch die Materienlogik als grundsätzlich zulässiger Referenzrahmen anerkannt ist,[332] ist letztlich dennoch von einem **offenen Katalog** steuerlogischer Prinzipien auszugehen.[333] Die Mitgliedstaaten können daher im Grunde wohl jedwede für eine bestimmte Materie prägende und in einer zugehörigen Steuernorm bzw. Normgruppe konsequent verwirklichte (also: materienlogische) Differenzierung als Gegenstand der Systemimmanenzprüfung anführen, soweit diese Differenzierung nicht ihrerseits dem Gemeinschaftsrecht widerspricht. Der vom EuGH im Urteil *British Aggregates* angesprochene Notifikations- und Rechtfertigungsbedarf[334] besteht daher nur für solche Differenzierungen, die sich nicht materienlogisch ergeben oder die an einem seinerseits gemeinschaftsrechtswidrigen Ziel ausgerichtet sind. Anders als bei der zuvor[335] besprochenen allgemeinen Diskriminierungsprüfung nach steuersystemexternen Gesichtspunkten, wo politische Ziele keine Berücksichtigung finden sollen, folgt aus der grundsätzlich mitgliedstaatlichen Kompetenz zur Festlegung von Steuernormen und Besteuerungszielen und dem damit zusammenhängenden Gebot der doppelten Neutralität,[336] dass im Steuerbereich auch oder gerade **politische Ziele als systemlogische Prinzipien** Anerkennung finden können.[337]

　　Allerdings ist, ähnlich wie bei anderen offenen Katalogen öffentlicher Interessen im Unions-　**66** recht,[338] davon auszugehen, dass auch der offene Katalog steuerlogischer Prinzipien einer nach-

---

Aggregates (wegen diskriminierender Ausgestaltung der Umweltbesteuerung jedoch aufgehoben durch EuGH, C-487/06 P, noch nicht in Slg. veröffentlicht, RdNr. 86 – British Aggregates); Kom., ABl. 2001 L 130/42, Tz. 22–23 – Niederländische Mineralstoffabgabe; Kom., ABl. 2005 L 190/13, Tz. 53 – Österreichische Energieabgabenvergütung.

[327] Vgl. zB. EuG, T-55/99, Slg. 2000, II-3207, RdNr. 51 – PRI (Verkehrssicherheit); EuGH, C-308/01, Slg. 2004, I-4777, RdNr. 73 – GIL Insurance (System der Versicherungsbesteuerung); EuG, T-475/04, Slg. II-2097, RdNr. 112 – Bouygues (System der gemeinschaftsrechtlichen Regelungsvorgaben bei UMTS-Lizenzen).

[328] Kom., ABl. 2000 L 318/36, Tz. 90 – Ramondín.

[329] Mitteilung der Kommission über die Anwendung der Vorschriften über staatliche Beihilfen auf Maßnahmen im Bereich der direkten Unternehmensbesteuerung, ABl. 1998 C 384/3, Tz. 13.

[330] Vgl. EuGH, C-487/06 P, noch nicht in Slg. veröffentlicht, RdNr. 86 – British Aggregates.

[331] So auch EuG, verb. T-211/04 und T-215/04, noch nicht in Slg. veröffentlicht, RdNr. 143 – Gibraltar/Kommission; *Hancher/Ottervanger/Slot* RdNr. 10–021; ähnlich *Bartosch* CMLRev 2010, 745 ff.

[332] Vgl. die Nachweise in Fn. 325 bis 329.

[333] In diesem Sinne auch *Mamut*, Jahrbuch Beihilferecht 08, 189; *Kurcz/Vallindas* CMLRev. 2008, 175; *Rossi-Maccanico* EStAL 2004, 245; *ders.* EStAL 2007, 26; *ders.* EStAL 2007, 217; ähnlich *Bartosch* CMLRev 2010, 747.

[334] Vgl. EuGH, C-487/06 P, noch nicht in Slg. veröffentlicht, RdNr. 92 – British Aggregates.

[335] Vgl. RdNr. 46 ff., oben.

[336] Vgl. RdNr. 2, oben.

[337] Vgl. in diesem Sinne zB. EuGH, C-308/01, Slg. 2004, I-4777, RdNr. 75 – GIL Insurance; EuG, T-55/99, Slg. 2000, II-3207, RdNr. 51 – PRI; EuGH, C-143/99, Slg. 2001, I-8365, RdNr. 49 – Adria-Wien Pipeline.

[338] So etwa bei der mitgliedstaatlichen Definition von Leistungen im allgemeinen wirtschaftlichen Interesse, vgl. zB. EuG, Urteil T-442/03, noch nicht in Slg. veröffentlicht, RdNr. 195 – SIC; EuG, T-289/03, noch nicht in Slg. veröffentlicht, RdNr. 166 und 172 – BUPA; EuG, T-309/04, T-317/04, T-329/04 und T-336/04, noch nicht in Slg. veröffentlicht, RdNr. 101 – TV2; EuG, T-17/02, Slg. 2005, II-2031, RdNr. 216 – Olsen. Ähnlich bei der Frage der Anerkennung zwingender Erfordernisse des öffentlichen

prüfenden Grobkontrolle der Gemeinschaftsorgane zur **Korrektur offenkundiger Fehlzu-ordnungen** (dh. bei der Systemimmanenzprüfung übergangen) unterliegt.[339] Gemeinschaftsrechtswidrige Ziele und insbesondere Ziele, die auf eine Umgehung oder Untergrabung des Beihilfeverbots hinauslaufen, sind dadurch ausgeschlossen. Daher können beispielsweise Differenzierungen nach der Staatsangehörigkeit oder Differenzierungen,[340] deren einziges Ziel in der wettbewerbsverzerrenden Begünstigung bestimmter Unternehmen besteht,[341] niemals zulässige steuerlogische Prinzipien sein. Der Gerichtshof hat es sich darüber hinaus bereits vorbehalten, Einzelheiten der Materienlogik selbst (konkret: die Definition steuerpflichtiger Vorgänge bei einer Umweltsteuer) auf ihre objektive sachliche Rechtfertigung hin zu prüfen.[342] Dabei kann die Grenze zwischen der mitgliedstaatlichen Definitionsfreiheit im Hinblick auf das steuerliche Ziel (zB. ökologische Ressourcenschonung) und einer objektiven gerichtlichen Überprüfung der daraus folgenden Materienlogik (zB. geringere Besteuerung bestimmter Ressourcen) ohne Eingriff in diese Definitionsfreiheit mitunter schwierig zu ziehen sein.[343] Zu einem Ersatz des mitgliedstaatlichen Ermessens bei der Festlegung der steuerlichen Ziele durch das Ermessen der Gemeinschaftsgerichte darf dies meines Erachtens aber keinesfalls führen.[344]

67   Bestimmte steuerlogische Prinzipien haben in der Anwendungspraxis Anerkennung gefunden. Steuerlogische Prinzipien, die sich schon aus den Grundprinzipien der Steuerrechtsordnung ergeben, sind demnach insbesondere das Prinzip der Steuer- bzw. **Normbereinigung**,[345] der **Fiskalzweck** von Steuern,[346] die Sicherung und der Erhalt der **Leistungsfähigkeit des Steuersystems**,[347] der allgemeine **Gleichheitsgrundsatz**,[348] das **Leistungsfähigkeitsprinzip**[349] sowie **Progression**[350] und **Umverteilung**[351] bei der Einkommensbesteuerung, die Ge-

---

Interesses im Rahmen von Art. 30 EG und der anderen Grundfreiheiten, vgl. grundlegend EuGH, 120/78, Slg. 1979, 649, RdNr. 8 – Rewe-Zentral („Cassis de Dijon"), sowie zB. bei der Beurteilung von Handelsmonopolen nach Art. 31 EG, vgl. EuGH, C-189/95, Slg. 1997, I-5909, RdNr. 39 – Franzén; EuGH, Schlussanträge von Generalanwalt Léger, C-438/02, Slg. 2005, I-4551, RdNr. 73–74 – Hanner. In diesem Sinne bereits *Nettesheim* RdNr. 19.

[339] Vgl. in diesem Sinne auch EuGH, C-501/00, Slg. 2004, I-6717, RdNr. 124 – Spanien/Kommission; EuGH, C-487/06 P, noch nicht in Slg. veröffentlicht, RdNr. 86 – British Aggregates.

[340] Vgl. Mitteilung der Kommission über die Anwendung der Vorschriften über staatliche Beihilfen auf Maßnahmen im Bereich der direkten Unternehmenssteuerung, ABl. 1998 C 384/3, Tz. 26.

[341] In diesem Sinne auch EuGH, C-501/00, Slg. 2004, I-6717, RdNr. 124–143 – Spanien/Kommission; EuGH, C-148/04, Slg. 2005, I-11137, RdNr. 51 – Unicredito; EuG, T-92/00 und T-103/00, Slg. 2002, II-1385, RdNr. 61–62 – Diputación Foral de Álava II.

[342] Vgl. EuGH, C-487/06 P, noch nicht in Slg. veröffentlicht, RdNr. 86 und 142 – British Aggregates.

[343] Vgl. für ein Beispiel EuG, T-210/02, Slg. 2006, II-2789, RdNr. 153 – British Aggregates, und dessen Aufhebung durch EuGH, C-487/06 P, noch nicht in Slg. veröffentlicht, RdNr. 86 – British Aggregates.

[344] Problematisch daher EuGH, C-487/06 P, noch nicht in Slg. veröffentlicht, RdNr. 86, 89 und 92 – British Aggregates.

[345] Vgl. zB. EuGH, 173/73, Slg. 1974, 709, RdNr. 29–32 – Italien/Kommission; Mitteilung der Kommission über die Anwendung der Vorschriften über staatliche Beihilfen auf Maßnahmen im Bereich der direkten Unternehmenssteuerung, ABl. 1998 C 384/3, Tz. 13; dazu (aptive Steuervergünstigungen) auch *Lang* 118.

[346] Vgl. zB. EuG, T-127/99, T-129/99 und T-148/99, Slg. 2002, II-1275, RdNr. 165 – Territorio Histórico de Álava; EuG, T-92/00 und T-103/00, Slg. 2002, II-1385, RdNr. 62 – Diputación Foral de Álava II; Kom., ABl. 1993 L 300/15, Abschnitt V.3 – PMU; Kom., ABl. 2005 L 190/13, Tz. 53 – Österreichische Energieabgabenvergütung II.

[347] Vgl. EuG, T-127/99, T-129/99 und T-148/99, Slg. 2002, II-1275, RdNr. 165 – Territorio Histórico de Álava; Kom., ABl. 2004 L 23/1, Tz. 68 – Französische Verwaltungs- und Logistikzentren.

[348] Vgl. zB. Kom., ABl. 1996 L 146/42, Abschnitt V – Abschreibungsregelung zugunsten der deutschen Luftverkehrsunternehmen; EuGH, Schlussanträge von Generalanwalt La Pérgola, C-75/97, Slg. 1999, I-3671, RdNr. 8 – Belgien/Kommission (Maribel).

[349] Vgl. zB. Kom., ABl. 1996 L 146/42, Abschnitt V – Abschreibungsregelung zugunsten der deutschen Luftverkehrsunternehmen; EuGH, Schlussanträge von Generalanwalt Colomer, C-6/97, Slg. 1999, I-2981, RdNr. 27 in Fn. 18 – Italien/Kommission; EuGH, Schlussanträge von Generalanwalt La Pérgola, C-75/97, Slg. 1999, I-3671, RdNr. 8 – Belgien/Kommission (Maribel); Mitteilung der Kommission über die Anwendung der Vorschriften über staatliche Beihilfen auf Maßnahmen im Bereich der direkten Unternehmenssteuerung, ABl. 1998 C 384/3, Tz. 24.

[350] Vgl. zB. EuG, T-92/00 und T-103/00, Slg. 2002, II-1385, RdNr. 60 – Diputación Foral de Álava II; EuG, T-127/99, T-129/99 und T-148/99, Slg. 2002, II-1275, RdNr. 166 – Territorio Histórico de Álava; Mitteilung der Kommission über die Anwendung der Vorschriften über staatliche Beihilfen auf Maßnahmen im Bereich der direkten Unternehmenssteuerung, ABl. 1998 C 384/3, Tz. 24.

[351] Vgl. EuG, T-92/00 und T-103/00, Slg. 2002, II-1385, RdNr. 60 – Diputación Foral de Álava II; EuG, T-127/99, T-129/99 und T-148/99, Slg. 2002, II-1275, RdNr. 166 – Territorio Histórico de Álava;

winnbezogenheit der Einkommensbesteuerung,[352] sowie ganz allgemein die individuelle **Verhaltenssteuerung**[353] mit steuerlichen Mitteln zur Erreichung eines legitimen Zieles oder Besteuerungszwecks.[354] Materien, deren innere Logik besondere Besteuerungsprinzipien vorgeben kann, sind etwa der **Umweltschutz**,[355] der **Verbraucherschutz**,[356] das **Sozialversicherungsrecht**,[357] die **Verkehrssicherheit**[358] sowie generell die Bindung an **Vorgaben des Gemeinschaftsrechts**.[359] Die Unternehmensbesteuerungsmitteilung ist wohl dahin zu verstehen, dass überdies bestimmte Aspekte des **Sachenrechts**,[360] des **Landwirtschaftsrechts**[361] und der **KMU-**,[362] der **Forschungs- und Entwicklungs-**[363] sowie der **Ausbildungs- und Beschäftigungsförderung**[364] im Grunde ebenfalls Systemprinzipien begründen können.

Dass diese Materien im Grunde zur Herausbildung steuerlogischer Prinzipien hinreichend   **68** kohärent sind, ist aber noch kein Garant für die Zulässigkeit konkreter Differenzierungen in einer materienspezifischen Steuernorm. Als letzter Schritt der Systemimmanenzprüfung ist vielmehr zu untersuchen, ob die von einer solchen Materie vorgegebenen steuerlogischen Prinzipien durch eine bestimmte Differenzierung auch bei objektiver Betrachtung **sachlich richtig verwirklicht** sind.[365]

c) Systemimmanenz: Selektivität oder Begünstigung? Die ständige Rechtsprechung[366]   **69** und überwiegende Anwendungspraxis[367] sowie ein Teil der Lehre[368] ordnen die Systemimma-

---

Mitteilung der Kommission über die Anwendung der Vorschriften über staatliche Beihilfen auf Maßnahmen im Bereich der direkten Unternehmenssteuerung, ABl. 1998 C 384/3, Tz. 24.

[352] Vgl. EuG, T-67/94, Slg. 1998, II-1, RdNr. 89 – Ladbroke Racing; Kom., ABl. 2003 L 55/56, Tz. 59 – Italienische Bankenstiftungen; Mitteilung der Kommission über die Anwendung der Vorschriften über staatliche Beihilfen auf Maßnahmen im Bereich der direkten Unternehmenssteuerung, ABl. 1998 C 384/3, Tz. 25.

[353] Vgl. EuGH, C-308/01, Slg. 2004, I-4777, RdNr. 75 – GIL Insurance.

[354] Vgl. auch *Hancher/Ottervanger/Slot* RdNr. 10–021.

[355] Vgl. zB. EuG, T-233/04, noch nicht in Slg. veröffentlicht, RdNr. 99 – Kommission/Niederlande; EuG, T-210/02, Slg. 2006, II-2789, RdNr. 153 – British Aggregates (wegen diskriminierender Ausgestaltung der Umweltbesteuerung jedoch aufgehoben durch EuGH, C-487/06 P, noch nicht in Slg. veröffentlicht, RdNr. 86, 89 und 92 – British Aggregates); EuG, T-55/99, Slg. 2000, II-3207, RdNr. 51 – PRI; EuGH, C-143/99, Slg. 2001, I-8365, RdNr. 49 – Adria-Wien Pipeline; Kom., ABl. 2001 L 130/42, Tz. 22–23 – Niederländische Mineralstoffabgabe; auch Mitteilung der Kommission über die Anwendung der Vorschriften über staatliche Beihilfen auf Maßnahmen im Bereich der direkten Unternehmenssteuerung, ABl. 1998 C 384/3, Tz. 13.

[356] Vgl. EuGH, C-308/01, Slg. 2004, I-4777, RdNr. 75 – GIL Insurance.

[357] Vgl. EuGH, 173/73, Slg. 1974, 709, RdNr. 33–35 – Italien/Kommission; EuGH, C-75/97, Slg. 1999, I-3671, RdNr. 37 – Belgien/Kommission (Maribel).

[358] Vgl. EuG, T-55/99, Slg. 2000, II-3207, RdNr. 51 – PRI.

[359] Vgl. EuG, T-475/04, Slg. II-2097, RdNr. 112 – Bouygues; ausführlich *Koller*, Jahrbuch Beihilferecht 08, 205.

[360] Vgl. Mitteilung der Kommission über die Anwendung der Vorschriften über staatliche Beihilfen auf Maßnahmen im Bereich der direkten Unternehmenssteuerung, ABl. 1998 C 384/3, Tz. 27.

[361] Vgl. Mitteilung der Kommission über die Anwendung der Vorschriften über staatliche Beihilfen auf Maßnahmen im Bereich der direkten Unternehmenssteuerung, ABl. 1998 C 384/3, Tz. 27.

[362] Vgl. Mitteilung der Kommission über die Anwendung der Vorschriften über staatliche Beihilfen auf Maßnahmen im Bereich der direkten Unternehmenssteuerung, ABl. 1998 C 384/3, Tz. 27.

[363] Vgl. Mitteilung der Kommission über die Anwendung der Vorschriften über staatliche Beihilfen auf Maßnahmen im Bereich der direkten Unternehmenssteuerung, ABl. 1998 C 384/3, Tz. 13.

[364] Vgl. Mitteilung der Kommission über die Anwendung der Vorschriften über staatliche Beihilfen auf Maßnahmen im Bereich der direkten Unternehmenssteuerung, ABl. 1998 C 384/3, Tz. 13.

[365] Vgl. auch EuGH, C-487/06 P, noch nicht in Slg. veröffentlicht, RdNr. 86 – British Aggregates.

[366] Vgl. die Nachweise in Fn. 241.

[367] Vgl. zB. Kom., ABl. 1996 L 146/42, Abschnitt V – Abschreibungsregelung zugunsten der deutschen Luftverkehrsunternehmen; Mitteilung der Kommission über die Anwendung der Vorschriften über staatliche Beihilfen auf Maßnahmen im Bereich der direkten Unternehmenssteuerung, ABl. 1998 C 384/3, Tz. 12; anders Kom., C(2007) 411 endgültig, Tz. 31 – Unvereinbarkeit bestimmter schweizerischer Körperschaftssteuerregelungen mit dem Abkommen zwischen der Europäischen Wirtschaftsgemeinschaft und der Schweizerischen Eidgenossenschaft vom 22. Juli 1972.

[368] So *Plender* in *Biondi/Eeckhout/Flynn*, Law of State Aid, 29–30; *von der Groeben/Schwarze/Mederer* Art. 87 EG RdNr. 37; *Koenig/Kühling/Ritter* RdNr. 174–175; *Sánchez Rydelski* 70–71; *Geburtig* 30; *Heidenhain/Heidenhain* § 4 RdNr. 59; *Heidenhain/Jestaedt* § 8 RdNr. 8; *Quigley/Collins*, EC State Aid Law and Policy, 2003, 54; aA bzw. differenzierend dagegen *Mamut*, Jahrbuch Beihilferecht 08, 187–188; *Schön* CMLRev. 1999, 911, 927; *Rossi-Maccanico* EStAL 2007, 215, 224; *Jaeger*, Beihilfen, RdNr. 246; *Frick* 40; *Luja*, Tax Incentives, 51.

nenzprüfung dem Tatbestandsmerkmal der Selektivität zu. Allerdings lässt sich die Systemimmanenz **alternativ** zur Selektivität auch im Rahmen des Tatbestandsmerkmals der Begünstigung prüfen. Im Gegenzug kann die Selektivität vollständig für die erweiterte Diskriminierungsprüfung[369] geöffnet werden,[370] was als Verbreiterung der mitgliedstaatlichen Verteidigungsbasis im Beihilfeverfahren meines Erachtens zu begrüßen wäre.

70 Wie die Rechtsprechung des EuGH zur Systemimmanenz verdeutlicht, sind Differenzierungen im Steuersystem zuallererst ein **Gleichheitsproblem**, also ein Problem der Gleichbehandlung vergleichbarer Gruppen von Steuerpflichtigen bzw. Steuersachverhalten. Sachlich nicht gerechtfertigte Ungleichbehandlungen bestimmter Unternehmen gegenüber anderen haben zur Folge, dass auch die Belastungsverteilung im Steuersystem ungleich bzw. diskriminierend ist. Die Systemimmanenzprüfung lässt sich daher auch als Frage nach der **Belastungsgleichheit** begreifen: Systemfremde Differenzierungen hebeln die steuerliche Belastungsgleichheit aus und bewirken dadurch beihilferelevante wirtschaftliche Begünstigungen.[371]

71 Den Zusammenhang zwischen einer als Frage nach der Belastungsgleichheit verstandenen Systemimmanenzprüfung und dem Tatbestandsmerkmal der Begünstigung (und gerade nicht der Selektivität) illustriert die sog. *tax expenditure*-**Theorie** (Theorie vom Steueraufwand).[372] Sie teilt das Steuerrecht in Normen, die zum Funktionieren des Systems insgesamt beitragen und deren Existenz sich also aus ihrer Funktion im Steuersystem selbst erklärt, gegenüber Normen, deren Existenz gerade nicht auf eine solche innere Notwendigkeit zurückzuführen ist und die daher auf steuersystemexterne Gründe zurückzuführen sein müssen. Diese zweite Gruppe von Normen ist den eigentlichen Steuernormen gewissermaßen künstlich aufgepfropft und gehört demnach nicht zum Steuersystem im eigentlichen Sinn.[373] Die *tax expenditure*-Theorie geht dabei von der Annahme aus, dass Differenzierungen auf Grundlage echter Steuernormen Belastungsgleichheit bzw. steuerliche Gleichbehandlung überhaupt erst bewirken (so zB. beim Leistungsfähigkeitsprinzip). Dagegen schaffen Normen, die steuersystemfremde Differenzierungen enthalten, Belastungsungleichheit und damit eine ökonomische Begünstigung. Nach der *tax expenditure*-Theorie sind solche wesensfremden Steuerdifferenzierungen daher auch direkten Finanztransfers aus Steuermitteln ökonomisch gleichzusetzen.

72 Durch die Herausnahme von systemfremden Kosten *(tax expenditures)* aus dem Bereich der Steuernormen unterscheidet sich die *tax expenditure*-Theorie insbesondere vom im österreichischen und deutschen Schrifttum zum Teil vertretenen,[374] und auch in der Rechtsprechung[375] der Gemeinschaftsgerichte vereinzelt anklingenden, **Ausnahmecharakter-Konzept**. Demnach sind Steuervergünstigungen zwar als Sondernormen des Steuersystems, aber doch als Teil desselben anzusehen. Das Ausnahmecharakter-Konzept lässt daher eine der *tax expenditure*-Theorie vergleichbar klare Unterscheidung von steuersystemimmanenten und steuersystemexternen Differenzierungsgründen gerade nicht zu. Anders als die *tax expenditure*-Theorie erklärt das Ausnahmecharakter-Konzept insbesondere nicht den Zusammenhang zwischen systemfremdem Steueraufwand auf der einen und individueller wirtschaftlicher Begünstigung auf der anderen Seite und verwischt somit die Abgrenzung zu den allgemeinen Diskriminierungsfragen im Rahmen der Selektivitätsprüfung. Gerade eine solche Abgrenzung ist meines Erachtens aber zur besseren Beschreibung des Systemimmanenzkonzepts und seiner Kriterien vonnöten.

73 Die *tax expenditure*-Theorie wurde für Formen der **Einkommensbesteuerung** entwickelt,[376] wo der Zusammenhang von Belastungsgleichheit und Begünstigung besonders evident

---

[369] Vgl. näher RdNr. 46 ff., oben.

[370] So etwa in Kom., C(2007) 411 endgültig, Tz. 31 – Unvereinbarkeit bestimmter schweizerischer Körperschaftssteuerregelungen mit dem Abkommen zwischen der Europäischen Wirtschaftsgemeinschaft und der Schweizerischen Eidgenossenschaft vom 22. Juli 1972.

[371] Näher auch *Jaeger* Beihilfen, RdNr. 246.

[372] Grundlegend *Surrey*, Tax Reform, 6–7 und 126; außerdem auch *Jaeger* Beihilfen, RdNr. 221; *Koschyk* 108; *Shannon* Tax Notes 1986, 202; *Bartlett* Tax Notes 2001, 414; *Thuronyi* Duke LJ 1988, 1155; *Luja*, Tax Incentives, 29.

[373] Vgl. *Surrey*, Tax Reform, 6.

[374] Vgl. zu Österreich *Sutter* SWI 2004, 4, bei Fn. 14 mwN; *Gassner* SWK 1999, 283, in Abschnitt V.3; ähnlich *Doralt/Ruppe*, I, 474–487, sowie II, 35, 58–67, 83–84. Zu Deutschland vgl. *von der Groeben/Schwarze/Mederer* Art. 87 EG RdNr. 39; *Kube*, EUI Working Paper LAW 9/2001, 1.

[375] Vgl. zB. EuGH, C-75/97, Slg. 1999, I-3671, RdNr. 18 – Belgien/Kommission (Maribel); EuGH, C-501/00, Slg. 2004, I-6717, RdNr. 122 – Spanien/Kommission; EuG, T-276/02, Slg. 2003, II-2075, RdNr. 120 – Forum 187 ASBL.

[376] Vgl. *Surrey*, Tax Reform, 6.

ist. Gleiches gilt für sämtliche Steuerarten, die nach den für die Einkommensbesteuerung charakteristischen Prinzipien, insbesondere also dem Leistungsfähigkeitsprinzip, der Progression oder der Umverteilung, funktionieren. So liegt etwa das Leistungsfähigkeitsprinzip zum Teil auch bestimmten Verkehrs- (zB. der als Luxussteuer bezeichneten, erhöhten MwSt. auf hochwertige Produkte) und Verbrauchssteuern (zB. auf Tabak, Spirituosen etc.) zugrunde. Darüber hinaus lässt sich die *tax expenditure*-These, dass systemfremde Differenzierungen eine Finanzierung beihilferelevanter Zuschüsse darstellen, aber auf **sämtliche territorialen und materiellen Differenzierungen im Steuersystem** übertragen. So enthalten (rein) territoriale Differenzierungen, bei denen der *Azoren*-Test[377] greift, deswegen keine Begünstigung, weil entweder innerhalb des maßgeblichen (regionalen) Referenzrahmens die Belastungswirkung gleich verteilt ist (echte Steuerautonomie) oder dieser einheitliche Referenzrahmen überhaupt fehlt und „[d]ie Regelungen [daher] ohne einen gemeinsamen Bezugsrahmen nebeneinander"[378] stehen (symmetrische Kompetenzverteilung).[379] Bei materiellen Differenzierungen wiederum ergibt sich die Begünstigung entweder aus der systemfremden Abweichung von einem Grundprinzip der Steuerrechtsordnung oder von der jeweiligen Materienlogik.[380] In all diesen Fällen gilt, dass die systemfremde territoriale oder materielle Differenzierung den jeweiligen Besteuerungsnormen aufgepfropft ist, dass sie das bestehende territoriale oder materienlogische Belastungsgleichgewicht verändert und daher iS der *tax expenditure*-Theorie als aus dem Steueraufwand finanzierte Begünstigung angesehen werden kann.

Die *tax expenditure*-Theorie wird seit den frühen 1970er Jahren vom **US Treasury De-** **74**
partment herangezogen[381] und beeinflusste in jüngerer Zeit auch die Anwendungspraxis der
EFTA-Überwachungsbehörde[382] und der **Kommission**.[383] Letztere Behörden bedienen sich dieser Theorie bislang allerdings nur, um die Budgetwirksamkeit steuerlicher Maßnahmen zu untermauern und schöpfen damit das Potential der *tax expenditure*-Theorie zu einer besseren konzeptuellen Eingrenzung der Systemimmanenz nicht aus. Von einer gesicherten Zulässigkeit einer alternativen Durchführung der Systemimmanenzprüfung im Rahmen des Tatbestandsmerkmals der Begünstigung, statt jenem der Selektivität, kann damit, trotz des damit verbundenen, auch einleitend schon betonten, Vorteils einer wechselseitigen Aufwertung von Selektivitäts- und Begünstigungsprüfung bei Steuern im Ergebnis nicht gesprochen werden.[384]

IV. Begünstigung

1. Steuervergünstigungen.[385.] **a) Keine echte Begünstigungsprüfung bei Steuern im** **75**
engeren Sinne. Das Tatbestandsmerkmal der Begünstigung ist einer jener Bereiche, bei dem die Beurteilung von Steuermaßnahmen im engeren Sinne besonders stark gegenüber jener von parafiskalischen Abgaben abweicht. Da Steuern voraussetzungslos geschuldet werden,[386] stellt sich hierin aller Regel[387] nicht die Frage nach einer möglichen Gegenleistung bzw. nach einem durch den Empfänger geleisteten wirtschaftlichen Ausgleich für eine Vergünstigung. Die Begünstigungsprüfung bei Steuern erschöpft sich in der Praxis daher in der Feststellung, dass eine **Abweichung** **vom steuerlichen Regelfall** vorliegt.[388] Das Empfängerunternehmen erlangt somit bereits durch

---

[377] Vgl. dazu RdNr. 55 ff., oben.

[378] EuGH, Schlussanträge von Generalanwältin Kokott, C-428/06 bis C-434/06, noch nicht in Slg. veröffentlicht, RdNr. 51 – UGT-Rioja.

[379] Vgl. auch *Di Bucci*, Comments 2008, RdNr. 3.

[380] Vgl. dazu RdNr. 65 ff., oben.

[381] Vgl. *Bartlett* Tax Notes 2001, 414; *Thuronyi* Duke LJ 1988, 1155.

[382] Vgl. Aufforderung zur Stellungnahme im Verfahren 597/07/KOL, ABl. 2008 C 146/2, Abschnitt 2.1 – Norwegische CO₂-Steuerbefreiung.

[383] Vgl. Kom., ABl. 2002 L 329/22, Tz. 39 – Captive Versicherungsgesellschaften der Åland-Inseln.

[384] Vgl. allerdings die *de facto*-Verlagerung der Systemimmanenz zur Begünstigungsprüfung in Kom., C(2007) 411 endgültig, Tz. 31 – Unvereinbarkeit bestimmter schweizerischer Körperschaftssteuerregelungen mit dem Abkommen zwischen der Europäischen Wirtschaftsgemeinschaft und der Schweizerischen Eidgenossenschaft vom 22. Juli 1972.

[385] Für die unterschiedlichen Formen von Steuervergünstigungen RdNr. 4 und 13 f., oben.

[386] Vgl. die Nachweise in Fn. 14.

[387] Vgl. aber RdNr. 79 ff., unten.

[388] Vgl. zB. EuGH, C-501/00, Slg. 2004, I-6717, RdNr. 115 – Spanien/Kommission; EuGH, C-387/92, Slg. 1994, I-877, RdNr. 14 – Banco Exterior de España; EuGH, C-182/03 und C-217/03, Slg. 2006, I-5479, RdNr. 95 – Forum 187 ASBL; EuGH, C-393/04 und C-41/05, Slg. 2006, I-5293, RdNr. 30 – Air Liquide; EuGH, C-222/04, Slg. 2006, I-289, RdNr. 132 – Cassa di Risparmio di Firenze; EuGH, C-66/

das bloße Bestehen einer solchen Abweichung einen wirtschaftlichen Vorteil in Form einer **Belastungsminderung**,[389] die das Tatbestandsmerkmal der Begünstigung stets erfüllt.[390]

76   Die Anwendungspraxis nimmt also bei Steuermaßnahmen derzeit keine echte Begünstigungsprüfung vor, da in Wahrheit schon der Bestand der zu prüfenden Maßnahme selbst als zur Bejahung dieses Tatbestandselements hinreichend angesehen wird, ohne dass zu dieser Prüfung weitere Elemente hinzuträten. Ein solches weiteres Element könnte aber die eben diskutierte **Systemimmanenz** bilden, wenn man diese Prüfung von der Selektivität auf die Ebene der Begünstigung verlagert. Es würde dann nicht mehr jede Abweichung vom steuerlichen Regelfall zur Bejahung der Begünstigung hinreichen, sondern es müsste geprüft werden, ob eine Differenzierung eine echte Vergünstigung darstellt, weil sie systemfremd ist, oder ob es sich um eine **bloß scheinbare Vergünstigung** handelt, weil die Differenzierung systemimmanent vorgegeben ist. Eine Entschlackung um die Systemimmanenzprüfung würde, wie gezeigt,[391] überdies auch das Tatbestandsmerkmal der Selektivität aufwerten.

77   **b) Einzelfragen. aa) Verschonungssubventionen vs. Ausgleich von Sonderbelastungen.** Beim Tatbestandsmerkmal der staatlichen Zurechnung, oben,[392] wurde ausführlich dargelegt, dass auch **Verschonungssubventionen** eine beihilferelevante Begünstigung bewirken können. Auf diese Ausführungen kann hier verwiesen werden. Die Abgrenzung richtet sich einerseits nach der Zahl der begünstigten gegenüber den belasteten Unternehmen,[393] andererseits danach, ob die Belastung nach diskriminierenden oder systemfremden Gesichtspunkten auferlegt wurde.[394] Dabei gelten die ebenfalls oben dargestellten[395] Kriterien für die Diskriminierungs- und die Systemimmanenzprüfung. Umgekehrt stellt es aus demselben Grund keine beihilferelevante Begünstigung dar, wenn eine Vergünstigung gerade eine **Sonderbelastung ausgleichen**, also „dem Umstand abhelfen soll, dass das begünstigte Unternehmen zusätzliche Belastungen zu tragen hat, die sich aus einer Ausnahmeregelung ergeben, die für Konkurrenzunternehmen, die dem allgemeinen Recht unter normalen Marktbedingungen unterliegen, nicht gilt."[396]

78   **bb) Rückerstattung zu Unrecht erhobener Abgaben vs. Umgehung des Beihilfeverbots.** Keine Beihilfe enthalten auch Maßnahmen zur direkten oder indirekten Rückerstattung von Abgaben, die **rechtswidrig oder rechtsgrundlos erhoben** wurden, zB. weil ihre Erhebung gemeinschaftsrechtswidrig war. „Eine einzelstaatliche Abgabenregelung, nach der ein Abgabenpflichtiger gegen eine Abgabe vorgehen oder ihre Rückerstattung verlangen kann, stellt somit keine Beihilfe […] dar."[397] Umgekehrt können Steuererstattungsregelungen oder Steuerrückzahlungen, die nicht auf bereicherungs- oder schadenersatzrechtlichen Ansprüchen beruhen oder umfänglich über solche Ansprüche hinausgehen, eine **Umgehung** des Beihilfeverbots darstellen.[398] Die Begünstigung besteht dann darin, dass diese Erstattung bei normaler Anwendung des (Zivil- oder Steuer-)Rechts nicht erfolgt wäre. Eine Abgabenerstattung ohne Rechtsanspruch ist daher grundsätzlich eine eigenständige Beihilfe.

79   **cc) Privatinvestortest bei Steuervergünstigungen.** Eine Methode zur Ermittlung der Marktangemessenheit und damit des Begünstigungselements bei staatlichen Maßnahmen ist der sog. Privatinvestortest.[399] Eine Anwendung dieses Tests auf Steuern würde mangels Begünstigungselements solche Steuervergünstigungen vom Beihilfeverbot ausnehmen, die einen der

---

02, Slg. 2005, I-10901, RdNr. 78 – Italien/Kommission. Näher auch *Hancher/Ottervanger/Slot* RdNr. 10–011 mwN.

[389] Vgl. statt vieler, EuGH, C-501/00, Slg. 2004, I-6717, RdNr. 115–116 – Spanien/Kommission.

[390] Vgl. auch *Rode* 73; *Birkenmaier* 88; *Helios* 108–109; *Strüber* 129.

[391] Vgl. näher RdNr. 69 und 74, oben.

[392] RdNr. 21, oben.

[393] Vgl. EuGH, C-308/01, Slg. 2004, I-4777, RdNr. 65 – GIL Insurance; Kom., ABl. 1989 L 394/1, Abschnitt III – Einmalige Sondersteuer für Unternehmen.

[394] Vgl. EuGH, C-143/99, Slg. 2001, I-8365, RdNr. 41 – Adria-Wien Pipeline; Kom., ABl. 2003 L 282/25, Tz. 81 – Belgische Koordinierungsstellen I.

[395] RdNr. 46 ff. und RdNr. 51 ff.

[396] EuG, T-254/00, T-270/00, T-277/00, noch nicht in Slg. veröffentlicht, RdNr. 186 – Hôtel Cipriani; ebenso zB. EuGH, C-237/04, Slg. 2006, I-2843, RdNr. 32 – Enirisorse.

[397] EuGH, 61/79, Slg. 1980, 1205, RdNr. 31 – Denkavit Italiana; ebenso EuGH, 811/79, Slg. 1980, 2545, RdNr. 15 – Ariete.

[398] Vgl. (allerdings zu vertraglichen Haftungsklauseln) zB. Kom., ABl. 1997 L 96/30, Abschnitt IV – Hytasa; Kom., C(2008) 3118 endgültig, Tz. 328 und 333 – HSY; Kom., ABl. 2008 L 239/32, Tz. 158 – Bank Burgenland.

[399] Ausführlich dazu Art. 107 RdNr. 147.

Höhe nach angemessenen Ausgleich für eine Gegenleistung des Zielunternehmens bilden sollen. Diese Frage kann sich zB. bei Daseinsvorsorgeleistungen und im Verhältnis zu öffentlichen Unternehmen stellen.[400] Nach der Rechtsprechung und der Anwendungspraxis ist der Privatinvestortest allerdings auf **hoheitliche Maßnahmen** grundsätzlich nicht anwendbar.[401] Im Fall von Steuern geht eine Argumentation mit dem Privatinvestortest daher ins Leere, soweit es sich um Vergünstigungen im Rahmen der hoheitlichen **Festlegung der Besteuerungsgrundlagen und** bei der **Steuerbemessung**[402] handelt.[403] Dem souveränen staatlichen Besteuerungsanspruch sind jene Merkmale unbekannt, welche die den privaten Investoren zur Verfügung stehenden zivilrechtlichen Handlungsformen gerade prägen, sodass ein Vergleich mit dem privaten Markt schlicht nicht möglich ist.[404]

Diese grundsätzliche Unanwendbarkeit des Privatinvestortests auf die hoheitlichen Teile der **80** Steuererhebung präjudiziert aber nicht auch die Beurteilung von nicht-hoheitlichen Rand-, Ergänzungs- oder Sondertätigkeiten der öffentlichen Hand. So wird in der Rechtsprechung[405] und im Schrifttum[406] vertreten, dass Forderungen der **öffentlichen Hand als Steuergläubigerin**, dh. nach Abschluss des Steuerbemessungsverfahrens und nach Entstehen des Rechtsanspruchs, den Forderungen privater Gläubiger gleichzuhalten sein sollen.[407] Die öffentliche Hand soll daher über diese Forderungen disponieren können, wie ein Privater, sodass zB. ein Zahlungsaufschub, ein Forderungserlass oder eine Gegenaufrechnung rechtskräftiger Steuerforderungen am Privatinvestortest zu messen sein soll. Aus wirtschaftlicher Perspektive scheint eine solche Gleichsetzung von Steuerforderungen und privaten Forderungen zunächst gerechtfertigt. Es darf aber nicht übersehen werden, dass auch die Durchsetzung von Steuerforderungen aufgrund des nationalen Rechts in aller Regel im Verwaltungs- und gerade nicht im Zivilrechtsweg erfolgt. Dies bedeutet, dass hier ein höherer Formalisierungsgrad des Verfahrens vorliegt, die Bindung an das Legalitätsprinzip[408] fortbesteht und das Ermessen der öffentlichen Hand in Bezug auf eine Disposition über die Forderung daher insgesamt eingeschränkt und mit dem eines Privaten *de facto* wiederum nur eingeschränkt vergleichbar ist.[409]

Von einer Anwendung des Privatinvestortests auf Steuern zu unterscheiden ist der Fall, dass **81** eine Vergünstigung als **Ausgleich für eine besondere Belastung** bestimmter Unternehmen oder Sektoren (zB. durch einen Daseinsvorsorgeauftrag oder vergleichbare Leistungen im Allgemeininteresse) gewährt wird.[410] Ist dieser Ausgleich in einer allgemeinen Steuerregelung ver-

---

[400] Vgl. zB. EuG, T-156/04, nicht in Slg. veröff., RdNr. 221 ff. – EDF; EuG, T-427/04 und T-17/05, nicht in Slg. veröff., RdNr. 207 – Frankreich/Kommission; Aufforderung zur Stellungnahme im Verfahren C13/2002, ABl. 2003 C 57/5, Tz. 87–88 – France Télécom.

[401] Vgl. EuGH, C-355/00, Slg. 2003, I-5263, RdNr. 55 – Freskot; EuG, T-196/04, noch nicht in Slg. veröffentlicht, RdNr. 85 – Ryanair; Kom., ABl. 2000 L 260/37, Tz. 58 – Dublin Customs House Docks Area; Kom., ABl. 1997 L 106/22, Abschnitt IV – Steueranrechnung im gewerblichen Güterkraftverkehr; näher *Hancher/Ottervanger/Slot* RdNr. 10-015; *Mamut*, Jahrbuch Beihilferecht 09, Abschnitt III.2; *Jaeger* Beihilfen, RdNr. 194.

[402] Vgl. zu diesen Vergünstigungsformen näher oben RdNr. 4.

[403] Vgl. EuGH, C-355/00, Slg. 2003, I-5263, RdNr. 55 – Freskot; EuG, T-196/04, noch nicht in Slg. veröffentlicht, RdNr. 85 – Ryanair; Kom., ABl. 2000 L 260/37, Tz. 58 – Dublin Customs House Docks Area; Kom., ABl. 1997 L 106/22, Abschnitt IV – Steueranrechnung im gewerblichen Güterkraftverkehr; näher *Hancher/Ottervanger/Slot* RdNr. 10-015 und 10-016; *Mamut*, Jahrbuch Beihilferecht 09, Abschnitt III.2; *Jaeger* Beihilfen, RdNr. 194.

[404] Vgl. auch *Hancher/Ottervanger/Slot* RdNr. 10-015 und 10–016; *Mamut*, Jahrbuch Beihilferecht 09, Abschnitt III.2; *Bartosch* RdNr. 73.

[405] Zuletzt ausdrücklich (für Sozialversicherungsbeiträge) EuGH, C-525/04 P, Slg. 2007, I-9947, RdNr. 43 und 59 – Lenzing; weiters EuGH, C-256/97, Slg. 1999, I-3913, RdNr. 22 – DMT; EuGH, C-480/98, Slg. 2000, I-8717, RdNr. 13 – Spanien/Kommission (Magefesa); EuGH, C-342/96, Slg. 1999, I-2459, RdNr. 46 – Spanien/Kommission (Fogasa); EuGH, C-295/97, Slg. 1999, I-3735, RdNr. 40–41 – Piaggio; EuGH, C-276/02, Slg. 2004, I-8091, RdNr. 31 – Spanien/Kommission; EuG, T-156/04, nicht in Slg. veröff., RdNr. 221 ff. – EDF; EuG, T-427/04 und T-17/05, nicht in Slg. veröff., RdNr. 207 – Frankreich/Kommission.

[406] Vgl. *Hancher/Ottervanger/Slot* RdNr. 10–015; *Rode* 195; *Mamut*, Jahrbuch Beihilferecht 09, Abschnitt III.2; *Sutter* 85; *Strüber* 191; *Bartosch* EStAL 2010, 267 f.

[407] Vgl. ausführlich EuGH, Schlussanträge von Generalanwalt Poiares Pessoa Maduro, C-276/02, Slg. 2004, I-8091, RdNr. 21 – Spanien/Kommission.

[408] Näher zB. *Raschauer* 24–25 mwN; *Jaeger*, in: *Holoubek/Potacs*, 693 und 740.

[409] So auch *Mamut*, Jahrbuch Beihilferecht 09, Abschnitt III. 2.

[410] Vgl. EuG, T-427/04 und T-17/05, nicht in Slg. veröff., RdNr. 205 ff. – Frankreich/Kommission; auch *Mamut*, Jahrbuch Beihilferecht 09, Abschnitt IV. 3.

ankert, so kann jene Rechtsprechung anzuwenden sein, wonach eine im Vergleich zu unter normalen Marktbedingungen agierenden Konkurrenzunternehmen bestehende Sonderbelastung beihilfefrei ausgeglichen werden kann.[411] Wie gezeigt, ist der Privatinvestortest auf hoheitliche Maßnahmen nicht anwendbar. Beim Ausgleich von Sonderbelastungen handelt es sich daher vielmehr um einen Anwendungsfall der Grundsätze der steuerlichen Gleichbehandlung und des Leistungsfähigkeitsprinzips.[412] Daraus, dass der Ausgleich von Sonderbelastungen einer steuerlichen und nicht einer privatwirtschaftlichen Logik folgt, ergibt sich aber auch, dass er seine Grundlage außerhalb eines direkten Leistungs-/Gegenleistungs-Zusammenhangs finden muss. Ein steuerlicher Sonderausgleich ist daher schon im Rahmen der hoheitlichen Festsetzung der Besteuerungsgrundlagen oder der Steuerbemessung zu verankern. Eine *ad hoc*-Beihilfe für ein Daseinsvorsorgeunternehmen lässt sich mit dieser Logik nicht rechtfertigen.[413]

82 **2. Parafiskalische Finanzierung. a) Allgemeines.** Die Begünstigungsprüfung für parafiskalische Abgabensysteme richtet sich im Vergleich zu den ohne Gegenleistung[414] geschuldeten Steuern nach völlig anderen Grundsätzen. Der Grund dafür ist der oben[415] besprochene Umstand, dass parafiskalische Abgaben stets für einen bestimmten Finanzierungszweck erhoben werden und daher typischerweise ein **Gegenleistungsverhältnis** vorliegt bzw. von einem fehlenden Gegenleistungsverhältnis auf eine beihilferelevante Begünstigung geschlossen werden kann. Entsprechend ist für die Begünstigungsprüfung bei parafiskalischen Abgaben im Folgenden danach zu unterscheiden, ob den mit der Abgabe Belasteten eine Leistung rückgewährt wird oder nicht (also eine Leistung für Dritte finanziert wird).[416]

83 Parafiskalische Abgaben sind gleich Steuern hoheitliche Maßnahmen. Dennoch sind sie dem Privatinvestortest, anders als Steuern,[417] nicht grundsätzlich entzogen: Parafiskalische Abgaben sind zumeist **Teil einer wirtschaftlichen Tätigkeit**[418] der öffentlichen Hand oder einer ihr nahestehenden Einrichtung, dienen also typischerweise der Finanzierung von marktbezogenen Leistungen. Der unmittelbare Zusammenhang zwischen der Erhebung der parafiskalischen Abgabe und der daraus finanzierten wirtschaftlichen Leistung bedingt es auch, dass die Verwendung daher ungeachtet des hoheitlichen Charakters der Abgabe am Privatinvestortest gemessen werden kann.[419] Gleiches gilt für die im Urteil *Altmark* entwickelten Kriterien für den beihilfefreien Ausgleich der Mehrkosten einer Daseinsvorsorgeerbringung,[420] die ebenfalls auf parafiskalische Abgaben Anwendung finden können.[421] Finanziert die parafiskalische Abgabe ausnahmsweise eine nichtwirtschaftliche Tätigkeit,[422] so unterliegt diese Finanzierung auch nicht der Beihilfekontrolle.

84 **b) Kreislaufsysteme.** Parafiskalische Abgaben bilden häufig die Grundlage für Systeme zur Bereitstellung von Leistungen, die im spezifischen Interesse der Abgabenpflichtigen liegen (Merkmal der **Gruppennützigkeit**).[423] In diesen Systemen sind daher die Belasteten *prima facie* identisch mit den Nutznießern aus der parafiskalisch finanzierten Leistung. Nach der Rechtsprechung[424] ist daher bei parafiskalischen Abgaben zu prüfen ob die Gegenleistung aufgrund der

---

[411] Vgl. EuG, verb. T-254/00, T-270/00, T-277/00, noch nicht in Slg. veröffentlicht, RdNr. 186 – Hôtel Capriani; EuGH, C-237/04, Slg. 2006, I-2843, RdNr. 32 – Enirisorse.

[412] So auch *Hancher/Ottervanger/Slot* RdNr. 10-014; *Mamut*, Jahrbuch Beihilferecht 09, Abschnitt IV.2; ähnlich *Helios* 261.

[413] So im Ergebnis auch *Mamut*, Jahrbuch Beihilferecht 09, Abschnitt IV.3; abzulehnen daher auch EuG, T-427/04 und T-17/05 nicht in Slg. veröff., RdNr. 205 ff.

[414] Vgl. die Nachweise in Fn. 14.

[415] Vgl. RdNr. 15 ff., oben.

[416] Vgl. auch *Meyer* 152; *Jaeger*, Beihilfen, RdNr. 336.

[417] Vgl. EuGH, C-355/00, Slg. 2003, I-5263, RdNr. 55 – Freskot; EuG, T-196/04, noch nicht in Slg. veröffentlicht, RdNr. 85 – Ryanair; Kom., ABl. 2000 L 260/37, Tz. 58 – Dublin Customs House Dock Area; Kom., ABl. 1997 L 106/22, Abschnitt IV – Steueranrechnung im gewerblichen Güterkraftverkehr.

[418] Vgl. zum Begriff näher oben, Band 1, Einl., RdNr. 1600 ff.

[419] Vgl. EuG, T-196/04, noch nicht in Slg. veröffentlicht, RdNr. 88 – Ryanair; ähnlich schon EuG, T-128/98, Slg. 2000, II-3929, RdNr. 107 und 121 – Aéroports de Paris.

[420] Vgl. oben, Art.107 RdNr. 222 ff.

[421] Vgl. EuGH, verb. C-34/01 bis C-38/01, Slg. 2003, I-14243, RdNr. 31 – Enirisorse; EuGH, C-206/06, noch nicht in Slg. veröffentlicht, RdNr. 80 – Essent Netwerk; *Bartosch* RdNr. 75.

[422] Vgl. zB. EuGH, C-364/92, Slg. 1994, I-43, RdNr. 28 – Eurocontrol.

[423] Vgl. näher RdNr. 15 ff., oben.

[424] Vgl. EuGH, C-355/00, Slg. 2003, I-5263, RdNr. 84 – Freskot; ähnlich EuGH, C-126/01, Slg. 2003, I-13769, RdNr. 29 – GEMO.

Abgabe dem Wert des geleisteten Beitrags entspricht, also **Leistungsäquivalenz** besteht.[425] Zu prüfen ist demnach „inwieweit die Abgabe dem tatsächlichen wirtschaftlichen Aufwand für die [...] erbrachten Leistungen"[426] entspricht. Bejahendenfalls tritt weder auf Seiten des Erbringers der parafiskalisch finanzierten Leistung noch auf Seiten der Leistungsempfänger ein beihilferelevanter Vorteil ein.

Die Leistungsäquivalenz ist allerdings nicht individuell zu prüfen, sondern bezogen auf das **85** Gesamtsystem. Parafiskalischen Finanzierungssystemen wohnt nämlich typischerweise ein gewisses **Umverteilungselement** inne, dh. dass nicht jeder Abgabepflichtige aus jeder einzelnen Leistung der bereitgestellten Palette denselben Nutzen zieht. Die Bereitstellung eines am Bedarf der Gesamtgruppe und nicht am Individuum ausgerichteten Leistungsangebots gleicht dabei die zB. nach Lobbying-Macht, Marktmacht, Marktausrichtung etc. divergierenden Interessen der Abgabepflichtigen aus. Ein solches System ist im Gleichgewicht und die Leistungsäquivalenz nicht beeinträchtigt, solange diese Umverteilung **solidarisch** erfolgt.[427] Der solidarische Charakter des Systems zeichnet sich dadurch aus, dass schon bei objektiver *ex ante*-Betrachtung der Definition der Aufgaben- und Leistungspalette des Systems bzw. seines Trägers alle Abgabepflichtigen potentiell auch alle Leistungsarten des Systems in Anspruch nehmen können. Maßgeblich ist daher die **Ausgewogenheit** der Leistungspalette im Hinblick auf die Bedürfnisse der Abgabepflichtigen. Diese Ausgewogenheit der Kammerleistungen kann zB. durch die Verankerung repräsentativer Mitbestimmung, eines Gleichbehandlungsgrundsatzes oder von ausdrücklichen Interessensausgleichspflichten angestrebt werden.[428]

Weist die Leistungsdefinition daher schon *ex ante* bestimmte Abgabepflichtige als Haupt- **86** nutznießer aus, ist die Leistungsäquivalenz gestört. Der solidarische Charakter kann sich aber auch bei im Grunde neutraler Leistungsdefinition als *de facto* gestört erweisen, wenn konkrete Indizien darauf hindeuten, dass im System einzelne Unternehmen einseitig und permanent gegenüber anderen begünstigt werden (sog. **strukturelle Nettogewinner**).[429] Eine Beihilfe kann weiters dann vorliegen, wenn zwar alle Abgabepflichtigen gleichförmig begünstigt werden, die Leistungsäquivalenz aber deswegen gestört ist, weil ein nicht unerheblicher Teil der Beiträge beim Leistungsträger bzw. Leistungserbringer hängenbleibt und nicht an die Abgabepflichtigen zurückgereicht wird.[430] Daher ist zB. die **Finanzierung eigener Wettbewerbstätigkeiten** der Trägereinrichtung über das parafiskalische Abgabenaufkommen grundsätzlich beihilferelevant.

Bei der **Beurteilung des Leistungswerts** ist schon deswegen ein objektiver Maßstab anzu- **87** legen, weil der Beihilfebegriff ein objektiv definierter Rechtsbegriff ist.[431] Soweit der bereitgestellten Leistung daher ein objektiver Marktwert zukommt, ist der Einwand Einzelner, die Leistung werde subjektiv nicht benötigt (praktisch häufig zB. im Fall von Branchenwerbung), unerheblich.[432] Aus demselben Grund geht daher auch der Einwand ins Leere, dass die fraglichen Leistungen faktisch nicht beansprucht wurden, soweit dem Betreffenden deren In-

[425] Näher *Jaeger,* Beihilfen, RdNr. 342; *Meyer* 153; *Bartosch* RdNr. 75.
[426] EuGH, C-355/00, Slg. 2003, I-5263, RdNr. 84 – Freskot.
[427] Vgl. in diesem Sinne EuGH, C-355/00, Slg. 2003, I-5263, RdNr. 86 – Freskot; weiters EuGH, Schlussanträge von Generalanwältin Stix-Hackl, C-355/00, Slg. 2003, I-5263, RdNr. 76–77 – Freskot; EuGH, Schlussanträge von Generalanwältin Stix-Hackl, C-266/04 bis C-270/04, C-276/04 und C-321/04 bis C-325/04, Slg. 2005, I-9481, RdNr. 51 – Nazairdis.
[428] Vgl. für ein Beispiel die Organisation der wirtschaftlichen Selbstverwaltung in Österreich nach Art. 120c B-VG, österreichisches BGBl. Nr. 1/1930 i. d. g. F., und §§ 1 Abs. 1, 4 oder 59 WirtschaftskammerG, österreichisches BGBl. I Nr. 103/1998 i. d. g. F.
[429] Vgl. zu diesem Konzept EuGH, Schlussanträge von Generalanwältin Stix-Hackl, C-355/00, Slg. 2003, I-5263, RdNr. 76–77 – Freskot; EuGH, Schlussanträge von Generalanwältin Stix-Hackl, C-266/04 bis C-270/04, C-276/04 und C-321/04 bis C-325/04, Slg. 2005, I-9481, RdNr. 51 – Nazairdis; ebenso auch die mittlerweile ständige Rechtsprechung des österreichischen Verwaltungsgerichtshofs, vgl. VwGH vom 26. 2. 2003, 99/17/0023, Abschnitt 4; VwGH vom 20. 3. 2003, 2000/17/0084, Abschnitte 3.2.5 und 3.4.2.1; VwGH vom 24. 1. 2005, 2003/17/0023, Abschnitt 2.3.5; VwGH vom 20. 3. 2006, 2005/17/0230, Abschnitt 2.2.2.
[430] In diesem Sinne auch der österreichische Verwaltungsgerichtshof, VwGH vom 21. 3. 2005, 2004/17/0237, Abschnitt 2.9.
[431] Vgl., statt vieler, EuG, T-158/99, Slg. 2004, II-1, RdNr. 106 mwN – Thermenhotel Stoiser.
[432] So ausdrücklich (allerdings in Bezug auf Art. 90 EG) EuGH, C-266/91, Slg. 1993, I-4337, RdNr. 6 und 17–18 – CELBI; ähnlich für das Beihilfeverbot EuG, T-14/96, Slg. 1999, II-139, RdNr. 79 – BAI I; EuG, T-116/01 und T-118/01, Slg. 2003, II-2957, RdNr. 118 – BAI II; EuG, T-158/99, Slg. 2004, II-1, RdNr. 108 – Thermenhotel Stoiser.

anspruchnahme grundsätzlich möglich gewesen wäre. Keinen maßgeblichen Gesichtspunkt dürften schließlich auch die **Effizienz** der Trägereinrichtung und die Frage bilden, ob die bereitgestellten Leistungen am privaten Markt günstiger angeboten werden, da die Rechtsprechung den „tatsächlichen wirtschaftlichen Aufwand"[433] des Trägers als Maßstab anzusetzen scheint.

88   Die hier skizzierte Äquivalenzprüfung ist insbesondere bei parafiskalisch finanzierten **Daseinsvorsorgeleistungen** gangbar und dort meines Erachtens dem vergleichsweise komplexeren *Altmark*-Test[434] vorzuziehen. Die belegt nicht zuletzt die eher umständliche Anwendung des *Altmark*-Tests auf ein Risikoausgleichssystem in der privaten Krankenversicherung im jüngeren Urteil *BUPA*,[435] wo eine Beihilfefreiheit stattdessen wohl auch mit Verweis auf den solidarischen Charakter des Systems und seine *ex ante*-Offenheit gegenüber allen Anbietern mit einem bestimmten Risikoprofil erreicht werden hätte können. Auch die von der Anwendungspraxis[436] nach dem *Altmark*-Test als Beihilfe eingestufte Rundfunkfinanzierung lässt sich noch als Grenzfall eines Kreislaufsystems begreifen und auch nach dem Gesichtspunkt der parafiskalischen Leistungsäquivalenz untersuchen.

89   **c) Finanzierung Dritter.** Parafiskalische Abgaben können auch zugunsten Dritter erhoben werden, dh. dass Abgabenbelastete und Nutznießer der Leistung unterschiedliche Gruppen sind. Soweit man die Rundfunkfinanzierung nicht mehr als Kreislaufsystem ansehen will, lässt sie sich hier als Beispiel anführen (Hörer und Seher an Rundfunkunternehmen).[437] Auch die Ökostromförderung (konventionelle Stromerzeuger an Ökostromerzeuger) oder *stranded costs*-Zuschläge (Endkunden an Infrastrukturinhaber) sind solche Formen parafiskalischer Drittfinanzierung.[438] Diese Fälle direkter Begünstigung unterscheiden sich ungeachtet ihrer parafiskalischen Finanzierungsgrundlage (bei der Begünstigungsprüfung; anderes kann für die Staatlichkeit gelten, siehe dazu dort) nicht von herkömmlichen Direktzuwendungen oder Zuschüssen an Unternehmen. Da bei der Drittfinanzierung eine **direkte Gegenleistung fehlt**, ist hier nach den allgemeinen Grundsätzen der Marktangemessenheitsprüfung[439] stets vom Vorliegen einer beihilferelevanten Begünstigung beim Empfänger des Abgabenaufkommens auszugehen.[440]

90   Dieser Befund gilt auch dann, wenn im Finanzierungssystem ein **beihilfeneutraler Leistungserbringer zwischengeschaltet** ist, mit den Abgaben also eine Leistung für einen Dritten zu marktgerechten Konditionen zugekauft wird.[441] Diesfalls tritt die Begünstigung nicht beim marktgerecht entlohnten Leistungserbringer sondern beim Endempfänger der Leistung ein. Ein Leistungskauf zu marktgerechten Konditionen liegt beispielsweise dann vor, wenn mit den parafiskalischen eine Daseinsvorsorgeleistung finanziert wird und die Finanzierung den *Altmark*-Kriterien[442] entspricht.[443] Der Daseinsvorsorgeerbringer erhält dabei keinen beihilferelevanten Vorteil. Der Vorteil tritt vielmehr erst bei den Empfängern der Daseinsvorsorgeleistung ein. Sind diese Empfänger Endverbraucher,[444] ist diese Finanzierungsweise wiederum beihilfefrei. Als Beispiel für eine solche Konstellation lässt sich hier einmal mehr die (nicht als Kreislaufsystem begriffene) Rundfunkfinanzierung nennen.

V. Empfängerkreis: Unternehmen

91   Zur Tatbestandsvoraussetzung des Art. 107 Abs. 1 AEUV, wonach Beihilfeempfänger nur Unternehmen iS des Gemeinschaftsrechts sein können, bestehen für **Steuervergünstigungen**

---

[433] EuGH, C-355/00, Slg. 2003, I-5263, RdNr. 84 – Freskot; ähnlich EuGH, C-83/01 P, C-93/01 P und C-94/01 P, Slg. 2003, I-6639, RdNr. 38 – Chronopost I.

[434] Vgl. oben, Art. 107 RdNr. 222.

[435] Vgl. EuG, T-289/03, noch nicht in Slg. veröffentlicht, RdNr. 166 – BUPA.

[436] Vgl. zuletzt zB. EuG, T-242/03, noch nicht in Slg. veröffentlicht, RdNr. 93 – SIC III; EuG, T-309/04, T-317/04, T-329/04 und T-336/04, noch nicht in Slg. veröffentlicht, RdNr. 155 – TV2.

[437] So offenbar auch das Verständnis der Rundfunkgebühren bei *Meyer*, Bewertung, 162.

[438] Vgl. zuletzt EuGH, C-206/06, noch nicht in Slg. veröffentlicht, RdNr. 58–96 – Essent Netwerk.

[439] Vgl. oben, Art. 107 RdNr. 142.

[440] Vgl. EuGH, C-126/01, Slg. 2003, I-13769, RdNr. 30 – GEMO; auch *Meyer*, Bewertung, 161–162; *Jaeger* Beihilfen, RdNr. 337.

[441] Näher auch *Jaeger*, Beihilfen, RdNr. 338; *Meyer*, Bewertung, 162.

[442] Vgl. oben, Art.107 RdNr. 224.

[443] Vgl. EuGH, C-34/01 bis C-38/01, Slg. 2003, I-14243, RdNr. 31 – Enirisorse; EuGH, C-206/06, noch nicht in Slg. veröffentlicht, RdNr. 80 – Essent Netwerk.

[444] Vgl. oben, Band 1, Einl. RdNr. 1590 ff.

keine Besonderheiten.[445] Es gilt daher das allgemeine Regime.[446] Viele Steuern werden zudem nur im Zusammenhang mit wirtschaftlicher Tätigkeit erhoben (so vor allem Einkommens-, Körperschafts- oder Gewerbesteuern sowie die Umsatzsteuer), sodass Vergünstigungen auf solche Steuern stets nur an Unternehmen gerichtet sein können.

Nichts anderes ist für die Begünstigung durch **parafiskalische Abgaben** festzustellen, auch **92** hier gelten die allgemeinen Grundsätze zur Feststellung der Unternehmenseigenschaft[447] weitgehend ohne Besonderheiten.[448] Wie oben[449] diskutiert, besitzen viele parafiskalische Kreislaufsysteme solidarischen oder redistributiven Charakter. Daher ist besonders auf jene Rechtsprechung des EuGH hinzuweisen, wonach auf dem Grundsatz der Solidarität beruhende Systeme der sozialen Sicherheit und deren Träger für den Kernbereich ihrer Tätigkeit vom Unternehmensbegriff ausgenommen sind.[450] Charakteristisch für solche **nichtwirtschaftlichen Solidarsysteme** sind die Zwangsmitgliedschaft, der soziale Zweck (etwa: Umverteilung und Anspruchsberechtigung auch bei Pflichtverletzung) und das Fehlen direkter Proportionalität zwischen der Beitragshöhe und den Beitragsgrundlagen (zB. Risikoprofil, Einkommenshöhe etc.) einerseits und der Anspruchsberechtigung und Anspruchshöhe andererseits (dh. keine Kapitalisierung der Beiträge).[451] Wie der Gerichtshof in der Vergangenheit auch bereits bestätigt hat, ist es bei Anwendung dieser Grundsätze möglich, die Unternehmenseigenschaft der Trägereinrichtung mancher parafiskalischer Kreislaufsysteme zu verneinen.[452] Dies schließt es allerdings nicht aus, dass sich unter den am System beteiligten Abgabenpflichtigen Beihilfeempfänger befinden.[453] Zudem dürften die Grenzen der Anwendbarkeit der Ausnahme für Träger des Systems der sozialen Sicherheit eher eng gezogen sein. So hat das EuG im jüngeren Urteil *BUPA* die Möglichkeit nicht einmal erwogen, inwieweit den Trägern eines privaten Krankenversicherungssystems die Unternehmenseigenschaft abzusprechen sein könnte.[454]

VI. Schädlichkeit: Wettbewerbsverfälschung, Handelsbeeinträchtigung und Vereinbarkeit

Sowohl Steuervergünstigungen als auch parafiskalische Finanzierungen werden ganz über-**93** wiegend[455] als regelmäßig wiederkehrende Leistungen gewährt und bilden damit Zuschüsse zum laufenden Betrieb des Unternehmens. Solche **Betriebsbeihilfen**[456] erachtet die Kommission als besonders wettbewerbsschädlich, da sie es den Empfängern erlauben ihre Fixkosten zu senken und damit direkten Einfluss auf die Preisbildung nehmen.[457] Nach der Rechtsprechung besteht sogar die „Vermutung, dass Betriebsbeihilfen *per se* den Wettbewerb verfälschen",[458] die

---

[445] Vgl. auch *Helios* 76; *Jaeger*, Beihilfen, RdNr. 48; *Birkenmaier* 143.

[446] Vgl. oben, Art. 107 RdNr. 308 ff. sowie Band 1 Einl. RdNr. 1590 ff.

[447] Vgl. oben, Art. 107 RdNr. 308 ff.

[448] Vgl. auch *Jaeger*, Beihilfen, RdNr. 48; *Meyer*, Bewertung, 168–169.

[449] Vgl. näher RdNr. 84 ff., oben.

[450] Vgl. EuGH, C-159/91 und C-160/91, Slg. 1993, I-637, RdNr. 6 – Poucet; EuGH, C-218/00, Slg. 2002, I-691, RdNr. 31 – Cisal; EuGH, C-67/96, Slg. 1999, I-5751, RdNr. 71 – Albany; EuGH, C-244/94, Slg. 1995, I-4013, RdNr. 15 – FFSA; EuGH, C-350/07, noch nicht in Slg. veröffentlicht, RdNr. 33 – Kattner; auch EuGH, C-158/96, Slg. 1998, I-1931, RdNr. 17 – Kohll; EuGH, C-157/99, Slg. 2001, I-5473, RdNr. 44 – Smits und Peerbooms; EuGH, C-372/04, Slg. 2006, I-4325, RdNr. 92 – Watts.

[451] Vgl. EuGH, C-159/91 und C-160/91, Slg. 1993, I-637, RdNr. 9 – Poucet; EuGH, C-244/94, Slg. 1995, I-4013, RdNr. 17 – FFSA; EuGH, C-218/00, Slg. 2002, I-691, RdNr. 34 – Cisal; EuGH, C-67/96, Slg. 1999, I-5751, RdNr. 78 – Albany; EuGH, C-350/07, noch nicht in Slg. veröffentlicht, RdNr. 38 und 44 – Kattner.

[452] Vgl. EuGH, C-355/00, Slg. 2003, I-5263, RdNr. 78–79 – Freskot.

[453] Vgl. EuGH, C-355/00, Slg. 2003, I-5263, RdNr. 80 – Freskot.

[454] Vgl. EuG, T-289/03, noch nicht in Slg. veröffentlicht, RdNr. 166 – BUPA.

[455] Näher *Birkenmeier*, Vorgaben, 182–183; *Jaeger*, Beihilfen, RdNr. 125.

[456] Vgl. oben, Art. 107 RdNr. 741 ff.

[457] Vgl. zB. Kom., ABl. 1992 L 207/47, Abschnitt III – Steuerliche Maßnahmen der industriellen Umstrukturierung; Kom., ABl. 2003 L 180/52, Tz. 30 und 108 – Niederländische Unternehmen mit internationalen Finanzierungstätigkeiten; Kom., ABl. 1992 L 207/47, Abschnitt IV – Steuerliche Maßnahmen zur Förderung der industriellen Umstrukturierung; Kom., ABl. 1984 L 230/25, Abschnitt III – Wechselkursversicherung für französische Exporteure; Kom., ABl. 1994 L 258/26, Abschnitt IX – Air France; Kom., ABl. 1992 L 183/30, Abschnitt VII – IOR; Kom., ABl. 1993 L 61/55, Abschnitt V – Destillation von Wein.

[458] EuGH, C-288/96, Slg. 2000, I-8237, RdNr. 77 – Deutschland/Kommission; ebenso EuGH, C-156/98, Slg. 2000, I-6857, RdNr. 30 – Deutschland/Kommission; EuG, T-55/99, Slg. 2000, II-3207, RdNr. 83 – CETM („PRI"); EuG, T-459/83, Slg. 1995, II-1675, RdNr. 48 und 76–77 – Siemens; EuG, T-214/95,

sich im Beihilfeprüfungsverfahren für die Kommission beweiserleichternd auswirkt. Daher begegnen Steuern und parafiskalische Abgaben sowohl auf der Ebene der Tatbestandsprüfung (Wettbewerbsverfälschung und Handelsbeeinträchtigung)[459] als auch bei der Prüfung der Vereinbarkeit der Beihilfewirkungen mit dem Gemeinsamen Markt nach Art. 107 Abs. 3 AEUV [460] tendenziell hohen Hürden.[461] Nach der Unternehmensbesteuerungsmitteilung sind Betriebsbeihilfen sogar „grundsätzlich untersagt" und werden lediglich „ausnahmsweise" genehmigt.[462] Soweit Steuervergünstigungen jedoch als bloß einmalige Zuschüsse zu bestimmten Investitionen (Investitionsbeihilfen) gewährt werden, gelten diese Bedenken nicht.[463]

94   Steuervergünstigungen und parafiskalische Finanzierungen sind überdies sehr häufig **Beihilferegelungen**, also Regelungen, mit denen „Unternehmen, die in der Regelung in einer allgemeinen und abstrakten Weise definiert werden, ohne nähere Durchführungsmaßnahmen Einzelbeihilfen [oder] nicht an ein bestimmtes Vorhaben gebundene Beihilfen für unbestimmte Zeit und/oder in unbestimmter Höhe gewährt werden können".[464] Beihilferegelungen weisen typischerweise einen höheren Grad an Abstraktion in Bezug auf die Empfängerunternehmen auf als Einzelbeihilfen und müssen zudem in ihren Wirkungen auch für absehbare künftige Marktentwicklungen während ihrer Laufzeit geeignet sein. Daher sehen etwa GVO oder besondere Auslegungsdokumente wie Mitteilungen oder LL häufig die Bedingung vor, dass Unternehmen in sensiblen oder wettbewerbsintensiven Sektoren, Unternehmen in Schwierigkeiten oder auch Unternehmen, die einer Rückforderungsanordnung aufgrund einer früheren Kommissionsentscheidung nicht nachgekommen sind, bereits in der jeweiligen Rechtsgrundlage vom Beihilfevorteil ausgeschlossen sind.[465] Beinhaltet eine Beihilferegelung solche Ausschlüsse nicht, so sind zunächst diese GVO oder Auslegungsdokumente nicht anwendbar. Gleichzeitig ist dann das wettbewerbsverfälschende Potential solcher Regelungen tendenziell hoch anzusetzen, was für eine von GVO oder Auslegungsdokumenten losgelöste Vereinbarkeitsprüfung insgesamt hohe Hürden aufstellt. Bestehen solche Bedenken für eine konkrete Beihilferegelung aber nicht, so bleiben ausnahmsweise anders gelagerte Einzelfälle aber unberücksichtigt: Ein Nachweis der konkreten Wettbewerbswirkungen der aufgrund der Regelung tatsächlich gewährten Einzelbeihilfen muss nicht erfolgen.[466]

VII. Rechtsfolgen: Sistierung und Erstattung bei untrennbarem Zusammenhang

95   **1. Allgemeines.** Aus der Einstufung einer steuerlichen oder parafiskalischen Regelung als Beihilfe ergibt sich zunächst nur, dass die Beihilfe selbst nicht weiter durchgeführt werden darf[467] und dass bereits gewährte Vergünstigungen nach Maßgabe einer Kommissionsentscheidung oder eines nationalen Gerichtsurteils rückabzuwickeln sind.[468] Art. 108 Abs. 3 letzter Satz AEUV verbietet also nur den unmittelbaren Steuerverzicht bzw. die unmittelbare Abgabenver-

---

Slg. 1998, II-717, RdNr. 43 – Vlaams Gewest; EuGH, C-86/89, Slg. 1990, I-3891, RdNr. 18 – Italien/Kommission.

[459] Dazu *Meyer* 171; *Rode* 329; *Birkenmeier* 171; *Strüber* 232 und 262; *Jaeger,* Beihilfen, RdNr. 104; *Helios* 175.

[460] Dazu *van Calster* ECLR 2000, 302; *Helios* 194; *Birkenmeier* 181; *Meyer* 182; *Jaeger* Beihilfen, RdNr. 491.

[461] Ausführlich *Jaeger,* Beihilfen, RdNr. 124.

[462] Beide Zitate Mitteilung der Kommission über die Anwendung der Vorschriften über staatliche Beihilfen auf Maßnahmen im Bereich der direkten Unternehmenssteuerung, ABl. 1998 C 384/3, Tz. 32. Für ein Beispiel vgl. die Genehmigungsvoraussetzungen der Leitlinien der Gemeinschaft für staatliche Umweltschutzbeihilfen, ABl. 2008 C 82 1. 4. 2008/1, Tz. 57 und 151. Näher auch *van Calster* ECLR 2000, 302–303.

[463] Vgl. dazu zB. die Leitlinien für staatliche Beihilfen mit regionaler Zielsetzung 2007–2013, ABl. 2006 C 54/13, Tz. 37.

[464] Art. 1 lit. d VO 659/1999, ABl. 1999 L 83/1.

[465] Vgl., statt vieler, zuletzt Art. 1 Abs. 3 bis 6 AGVO, ABl. 2008 L 314/3; auch Art. 1 Abs. 1 *De Minimis*-GVO, ABl. 2006 L 379/5.

[466] Vgl. etwa 248/84, Slg. 1987, 4013, RdNr. 18 – Deutschland/Kommission; C-75/97, Slg. 1999, I-3671, RdNr. 48 – Belgien/Kommission (‚Maribel'); C-15/98 und C-105/99, Slg. 2000, I-8855, RdNr. 51 – Sardegna Lines.

[467] Vgl. unten, Art.108 RdNr. 118 ff.; vgl. speziell zu Steuern und Abgaben *Staringer* Durchführungsverbot, 373–380.

[468] Vgl. unten, Anh. zu Art. 14 WertVO ua. Karpenstein, passim; vgl. speziell zu Steuern und Abgaben *Althuber* 51–53; *Laule* 62–87; *Mamut/Schlager,* Jahrbuch Beihilferecht 07, 187, passim.

wendung. Davon zu trennen ist die Frage nach dem **Fortbestand der Entrichtungspflicht** und einer möglichen Erstattung bereits entrichteter Abgaben der in ein System eingebundenen, nicht beihilfebegünstigten Steuer- oder Abgabenunterworfenen. Für Steuern und parafiskalische Abgaben gelten hier entgegengesetzte Vermutungsgrundsätze.[469]

Bei Befreiungen gilt der **Grundsatz der getrennten Betrachtungsweise**: So können sich **96** nach ständiger Rechtsprechung „die Schuldner einer Abgabe sich i. a. R. nicht darauf berufen, dass die Befreiung anderer Unternehmen eine staatliche Beihilfe darstelle, um sich der Zahlung dieser Abgabe zu entziehen".[470] In der Praxis betrifft dies ganz überwiegend Vergünstigungen auf (dh.: Befreiungen von) **Steuern**. Bei beihilferelevanten Steuervergünstigungen kommt es daher typischerweise zu keiner Sistierung der Steuerpflicht im Rahmen der jeweiligen Regelung und zu keinen Steuererstattungen.

Bei **parafiskalischen Abgaben** kommen beihilfeverdächtige Befreiungen in der Praxis we- **97** niger häufig vor, ein etwaiger Beihilfezweck wird hier typischerweise durch Umverteilung des Abgabenaufkommens verwirklicht. In erster Linie problematisch ist es bei parafiskalischen Abgaben daher, ob eine Verwendung des Abgabenaufkommens als Beihilfe auf die Erhebung der Abgabe zurückwirkt und diese unzulässig macht. Nach der Rechtsprechung gilt hier der **Grundsatz der einheitlichen Betrachtungsweise**. Danach umfasst das Beihilfeverbot bei parafiskalischen Abgaben in aller Regel nicht nur die „Verwendung ihres Aufkommens […] sondern auch die Erhebung eines Beitrags selbst".[471] Bei der beihilferelevanten Verwendung parafiskalischer Abgaben ist daher grundsätzlich die normative Grundlage der Abgabenerhebung mit zu untersuchen und die Erhebung nach Maßgabe ihres Anteils an der Beihilfe auszusetzen und sind bereits entrichtete Abgaben zu erstatten.

Beide Grundsätze haben den Charakter von Vermutungsregeln und sind **widerleglich**. Es **98** kommt dabei ein für Steuern und für parafiskalische Abgaben (also für Befreiungen gleichwie für beihilferelevante Abgabenverwendungen) ähnlicher Test zur Anwendung, der danach fragt, ob der Eintritt der Beihilfewirkung direkt von der Art abhängt, in der die Steuer- bzw. Abgabenerhebung geregelt ist. Kann die **Beihilfe nur aufgrund der besonderen Erhebungsweise** durchgeführt werden, so ist die Beihilfe untrennbar mit der Erhebungsweise verbunden und letztere daher vom Durchführungsverbot miterfasst.

Einheitlich sind die **Rechtsfolgen** bei beihilferelevanten Abgabenverwendungen und bei Be- **99** freiungen: Wird ein untrennbarer Zusammenhang festgestellt, so ergibt sich schon aus dem Durchführungsverbot des Art. 108 Abs. 3 letzter Satz AEUV, dass die Steuer oder Abgabe nicht weiter erhoben werden darf. Darüber hinaus hat „jeder zur Zahlung der Abgabe gezwungene Wirtschaftsteilnehmer das Recht, die Rückerstattung jenes Teils der Abgabe geltend zu machen, der […] für mit dem Gemeinschaftsrecht unvereinbare Zwecke verwendet wird".[472] Zweitens darf auch die Kommission eine Beihilfe nicht genehmigen, wenn die Art der Erhebung gegen Gemeinschaftsrecht verstößt (zB. gegen das Diskriminierungsverbot, die Bestimmungen über Zölle und indirekte Steuern oder die Grundfreiheiten).[473]

2. Zusammenhang von Erhebung und Verwendung. Bei der Verwendung von Ab- **100** gaben als Beihilfen ist danach zu fragen, ob „ein **zwingender Verwendungszusammenhang** in dem Sinne besteht, dass das Aufkommen aus der Abgabe notwendig für die Finanzierung der

---

[469] Näher *Meyer* 286; *Jaeger* wbl 2006, 543; *Jaeger,* Beihilfen, RdNr. 355.
[470] EuGH, C-368/04, Slg. 2006, I-9957, RdNr. 51 – Transalpine; ebenso zB. EuGH, C-390/98, Slg. 2001, I-6117, RdNr. 80 – Banks; EuGH, C-430/99 und C-431/99, Slg. 2002, I-5235, RdNr. 47 – Nedlloyd Lijnen; EuGH, C-266/04 bis C-270/04, C-276/04 und C-321/04 bis C-325/04, Slg. 2005, I-9481, RdNr. 42 – Nazairdis; EuGH, C-393/04 und C-41/05, Slg. 2006, I-5293, RdNr. 43 – Air Liquide; EuGH, C-437/97, Slg. 2000, I-1157, RdNr. 51 – Wein&Co.; EuGH, C-36/99, Slg. 2000, I-6049, RdNr. 26 – Idéal tourisme.
[471] EuGH, C-34/01 bis C-38/01, Slg. 2003, I-14243, RdNr. 43 – Enirisorse; ähnlich EuGH, C-128/03 und C-129/03, Slg. 2005, I-2861, RdNr. 45 – AEM; EuGH, C-175/02, Slg. 2005, I-127, RdNr. 14 – Pape; EuGH, C-174/02, Slg. 2005, I-85, RdNr. 23 – SWNB; EuGH, C-261/01 und C-262/01, Slg. 2003, I-12249, RdNr. 49 – van Calster; EuGH, C-526/04, Slg. 2006, I-7529, RdNr. 44 – Laboratoires Boiron.
[472] EuGH, 177/78, Slg. 1979, 2161, RdNr. 25 – Pigs and Bacon Commission; vgl. weiters EuGH, 222/82, Slg. 1983, 4083, RdNr. 32 und 40 – Apple and Pear Development Council; EuGH, C-72/92, Slg. 1993, I-5509, RdNr. 20 – Scharbatke; EuGH, C-34/01 bis C-38/01, Slg. 2003, I-14243, RdNr. 45 – Enirisorse.
[473] Ständige Rechtsprechung, vgl. zB. EuGH, C-261/01 und C-262/01, Slg. 2003, I-12249, RdNr. 49 – van Calster; EuGH, C-34/01 bis C-38/01, Slg. 2003, I-14243, RdNr. 44 – Enirisorse; EuGH, C-128/03 und C-129/03, Slg. 2005, I-2861, RdNr. 45 – AEM.

Beihilfe verwendet wird".[474] Es genügt daher nicht schon jeder kausale Finanzierungszusammenhang zwischen Erhebung und Verwendung aus, dieser Zusammenhang muss vielmehr hinreichend greifbar, dh. zwingend, sein.

101 Aus der Anwendungspraxis lassen sich einige **Indizien** für das Vorliegen eines untrennbaren Zusammenhangs zwischen Abgabenerhebung und -verwendung ableiten. So wertete es der Gerichtshof als Indizien für das Vorliegen eines Verwendungszusammenhangs, dass die Abgabenerhebung

– „zur Verwirklichung [des] Zwecks [der Beihilfe] oder zu ihrem Funktionieren aber […] unerlässlich"[475] bzw. ein wesentlicher „Bestandteil der Beihilfe"[476] ist;

– „speziell und ausschließlich zur Finanzierung der Beihilfe dient";[477] oder

– „das Abgabenaufkommen unmittelbar den Umfang der Beihilfe"[478] beeinflusst.

Daher ist eine Rückwirkung der Verwendung auf die Erhebung tendenziell ausgeschlossen, wenn zB. das Wegfallen der Beihilfemaßnahme nicht auch zum Entfall der Abgabe führen würde,[479] das Abgabenaufkommen nicht ausschließlich für die besondere Beihilfemaßnahme bestimmt ist[480] oder keine zwingende gesetzliche Bindung zwischen Erhebung und Verwendungszweck besteht.[481] Ein Indiz für eine wechselseitige Verknüpfung von Erhebung und Verwendung kann aber auch darin zu sehen sein, dass „sich das Gefüge von Abgabe und Beihilfemaßnahme auf die Wettbewerbsbeziehungen im betroffenen (Sub-)Sektor oder der betroffenen Branche auswirkt."[482] Besonders wenn „die kombinierte Wirkung von Abgabe und Beihilfe erhebliche Auswirkungen auf die Wettbewerbsbeziehungen in dem betreffenden Sektor hat, kann ohne weiteres von einem unmittelbaren und untrennbaren Zusammenhang ausgegangen werden."[483] Dieses Kriterium der kombinierten Wettbewerbswirkungen wird vom Gerichtshof vor allem bei den sogleich besprochenen Befreiungen angewandt,[484] es kann aber auch bei beihilferelevanten Abgabenverwendungen Aussagekraft besitzen.

102 Die Verwendung des Aufkommens von **Steuern** erfüllt diese Kriterien für das Vorliegen eines zwingenden Verwendungszusammenhangs in aller Regel nicht, sodass daher eine Sistierung und Erstattung zumeist ausscheiden muss. Das Aufkommen aus Steuern fließt in den allgemeinen Haushalt und kann für eine Vielzahl von Zwecken verwendet werden. Sind einzelne Unternehmen von einer allgemeinen Steuer befreit, belastet dieser Beihilfevorteil grundsätzlich den allgemeinen Haushalt, aber nicht unmittelbar bzw. zwingend oder wechselseitig jene Unternehmen, die die fragliche Steuer abführen. Je unterschiedlicher also die Zahl der Zwecke, auf die das Aufkommen aus einer Abgabe verwendet werden kann, desto geringer sind die konkret auf die Befreiung anderer zurückzuführenden Negativwirkungen für die belasteten Unternehmen. Bei einem unkonkreten Zusammenhang von Finanzierung und Leistung besteht vielmehr die Gefahr, dass die Erstattung von Beiträgen für sich eine wettbewerbsverzerrende Wirkung entfalten könnte. Umgekehrtes gilt entsprechend für **parafiskalische Abgaben**, die typischerweise nur wenigen, klar vorherbestimmten Finanzierungszwecken dienen. Auch bei parafiskalischen Abgaben kann aber zB. ein breites Verwendungsermessen der zuständigen Stellen die

---

[474] EuGH, C-526/04, Slg. 2006, I-7529, RdNr. 44 – Laboratoires Boiron, Hervorhebung des Autors; weiters zB. EuGH, C-206/06, noch nicht in Slg. veröffentlicht, RdNr. 93 – Essent Netwerk; weiterführend *Frenz/Roth* DStZ 2006, 465, 472–473.

[475] EuGH, 74/76, Slg. 1977, 557, RdNr. 14 – Ianelli & Volpi.

[476] EuGH, C-261/01 und C-262/01, Slg. 2003, I-12249, RdNr. 54 – van Calster; ebenso EuGH, C-34/01 bis C-38/01, Slg. 2003, I-14243, RdNr. 44 – Enirisorse; EuGH, C-526/04, Slg. 2006, I-7529, RdNr. 45 – Laboratoires Boiron.

[477] EuGH, C-261/01 und C-262/01, Slg. 2003, I-12249, RdNr. 44 und gleichlautend 55 – van Calster; EuGH, C-526/04, Slg. 2006, I-7529, RdNr. 43 – Laboratoires Boiron.

[478] EuGH, C-174/02, Slg. 2005, I-85, RdNr. 26 – SWNB; fast gleichlautend EuGH, C-266/04 bis C-270/04, C-276/04 und C-321/04 bis C-325/04, Slg. 2005, I-9481, RdNr. 40 – Nazairdis.

[479] Vgl. EuGH, Schlussanträge von Generalanwalt Geelhoed, C-174/02 und C-175/02, Slg. 2005, I-85, RdNr. 32 – SWNB und Pape.

[480] Vgl. EuGH, Schlussanträge von Generalanwalt Geelhoed, C-174/02 und C-175/02, Slg. 2005, I-85, RdNr. 36 – SWNB und Pape.

[481] Vgl. EuGH, Schlussanträge von Generalanwalt Geelhoed, C-174/02 und C-175/02, Slg. 2005, I-85, RdNr. 36 – SWNB und Pape.

[482] EuGH, Schlussanträge von Generalanwalt Geelhoed, C-174/02 und C-175/02, Slg. 2005, I-85, RdNr. 35 – SWNB und Pape.

[483] EuGH, Schlussanträge von Generalanwalt Geelhoed, C-174/02 und C-175/02, Slg. 2005, I-85, RdNr. 36 – SWNB und Pape.

[484] Vgl. EuGH, C-526/04, Slg. 2006, I-7529, RdNr. 33–34 – Laboratoires.

Annahme eines zwingenden Zusammenhangs ausschließen (zB. bei Marketingabgaben). Gleiches gilt für parafiskalische Abgaben mit sehr heterogenen Zweckbindungen (zB. Kammerbeiträge).

3. Zusammenhang von Steuerpflicht und Befreiung. Bei Befreiungen führt die finan- **103** zierungsbezogene Betrachtungsweise der Abgabenverwendungsfälle zu keinem sinnvollen Ergebnis, da wohl nur ganz ausnahmsweise anzunehmen sein wird, dass die Abgabe der Belasteten die Befreiung der Begünstigten unmittelbar oder zwingend finanziert. Der Gerichtshof hat hier daher, nach einer Sistierungen und Erstattungen bei Befreiungen lange Zeit generell ablehnenden Rechtsprechung,[485] zuletzt doch ebenfalls das Kriterium des untrennbaren Zusammenhangs akzeptiert. Zu untersuchen ist demnach, ob es sich bei der Abgabenregelung und der Befreiung ausnahmsweise um „die beiden **untrennbaren Bestandteile ein- und derselben fiskalischen Maßnahme**"[486] handelt.

Das bisher einzige vom EuGH akzeptierte **Indiz** für das Vorliegen eines solchen untrennbaren **104** Zusammenhangs bei Befreiungen ist das Vorliegen einer **asymmetrischen Belastung trotz enger Wettbewerbsbeziehungen** im betroffenen Sektor. Im Leiturteil *Laboratoires Boiron* erachtete es der Gerichtshof zur Bejahung einer Rückwirkung der Befreiung auf die Abgabenerhebung als relevant, dass für die Abgabe „nur eine von zwei miteinander in Wettbewerb stehenden Kategorien von Wirtschaftsteilnehmern herangezogen"[487] wurde. Beachtlich war es weiters, dass diese „asymmetrisch[e] Heranziehung zu einer Abgabe […] in einem unmittelbaren Wettbewerbsverhältnis […] im Übrigen gewollt ist, ja sogar das Hauptziel der [A]bgabe darstellt."[488] Der untrennbare Zusammenhang ergibt sich also daraus, dass die Befreiung erst in Kombination mit der Belastung ihre vollständige begünstigende und wettbewerbsverzerrende Wirkung entfaltet.[489] Das Kriterium der asymmetrischen Belastung trotz enger Wettbewerbsbeziehungen gilt für Befreiungen von Steuern und Befreiungen von parafiskalischen Abgaben gleichermaßen, Steuerbefreiungen sind aber praktisch häufiger als Befreiungen von parafiskalischen Abgaben.

Voraussetzung des verpönten beihilfeverstärkenden Effekts eine Steuer- oder Abgabenbefrei- **105** ung ist die enge Wettbewerbsbeziehung. Keine hinreichend **enge Wettbewerbsbeziehung** soll zB. bei einer Abgabe zu Lasten der Bierbrauer im Verhältnis zu nicht belasteten Weinerzeugern, einer Abgabe zu Lasten von Verkehrsunternehmen im Verhältnis zu nicht belasteten Eisenbahnunternehmen oder einer Abgabe für Kinobetreiber im Verhältnis zu nicht belasteten Theatern bestehen.[490] Dagegen wurde die Wettbewerbsbeziehung zwischen Großhändlern und Pharmaherstellern in der Rechtsprechung als hinreichend eng angesehen.[491] Generell wird der Wettbewerbszusammenhang innerhalb derselben Branche wohl zumeist hinreichend eng sein.[492] Auch der Umstand, dass die Einführung der parafiskalischen Abgabe den Befreiten Unternehmen eine Gewinnung von Marktanteilen erlaubt hat, dürfte auf hinreichend enge Wettbewerbsbeziehungen schließen lassen.[493]

---

[485] Vgl. EuGH, C-390/98, Slg. 2001, I-6117, RdNr. 80 – Banks; EuGH, C-430/99 und C-431/99, Slg. 2002, I-5235, RdNr. 47 – Nedlloyd Lijnen; EuGH, C-266/04 bis C-270/04, C-276/04 und C-321/04 bis C-325/04, Slg. 2005, I-9481, RdNr. 45 – Nazairdis; EuGH, C-393/04 und C-41/05, Slg. 2006, I-5293, RdNr. 46 – Air-Liquide; EuGH, C-437/97, Slg. 2000, I-1157, RdNr. 51 – Wein&Co.; EuGH, C-36/99, Slg. 2000, I-6049, RdNr. 26 – Idéal tourisme; anders aber schon EuGH, C-53/00, Slg. 2001, I-9067, RdNr. 27 – Ferring SA/ACOSS.

[486] EuGH, C-526/04, Slg. 2006, I-7529, RdNr. 45 – Laboratoires Boiron, Hervorhebung des Autors.

[487] EuGH, C-526/04, Slg. 2006, I-7529, RdNr. 33 – Laboratoires Boiron; ähnlich schon EuGH, C-53/00, Slg. 2001, I-9067, RdNr. 27 – Ferring SA/ACOSS; weiterführend *Nicolaides* EStAL 2007, 43, 48–49.

[488] EuGH, C-526/04, Slg. 2006, I-7529, RdNr. 34–35 – Laboratoires Boiron; vgl. in diesem Sinne schon EuGH, Schlussanträge von Generalanwalt Geelhoed, C-174/02 und C-175/02, Slg. 2005, I-85, RdNr. 35–36 – SWNB und Pape.

[489] Vgl. auch EuGH, Schlussanträge von Generalanwalt Geelhoed, C-174/02 und C-175/02, Slg. 2005, I-85, RdNr. 36 – SWNB und Pape.

[490] Vgl. EuGH, Schlussanträge von Generalanwalt Tizzano, C-53/00, Slg. 2001, I-9067, RdNr. 36 – Ferring SA/ACOSS.

[491] Vgl. EuGH, C-526/04, Slg. 2006, I-7529, RdNr. 33–34 – Laboratoires Boiron; EuGH, C-53/00, Slg. 2001, I-9067, RdNr. 27 – Ferring SA/ACOSS.

[492] Vgl. dazu die Beispiele in EuGH, Schlussanträge von Generalanwalt Tizzano, C-53/00, Slg. 2001, I-9067, RdNr. 38 – Ferring SA/ACOSS; weiters Kom., ABl. 2005 L 176/1, Tz. 166–167 – Französische Tierkörperbeseitigungsabgabe; österr. VwGH vom 21. 3. 2005, 2004/17/0188, Abschnitt 2.2 – Altlastensanierungsbeitrag.

[493] Vgl. in diesem Sinne EuGH, C-53/00, Slg. 2001, I-9067, RdNr. 19 – Ferring SA/ACOSS.

F. Regeln für die Beurteilung staatlicher Beihilfen in bestimmten Sektoren

Übersicht

I. Telekommunikation

Schrifttum: *v. Eimeren/Frees*, Der Internetnutzer 2009 – multimedial und total vernetzt, Media Perspektiven 2009, 334; *Fijnvandraat/Bouwman*, Flexibility and Broadband Evolution, Science Direct 2006, 424; *Gaál/Papadias/Riedl*, Municipal Wireless Networks and State Aid Rules: Insight from Wireless Prague, Competition Policy Newsletter 2007, 116; *Geppert/Piepenbrock/Schütz/Schuster* (Hrsg.), Beck'scher TKG-Kommentar, 3. Aufl. 2006; *Gongolsky/Gründel/Kuhl*, Hörfunk der Zukunft – Technik, Entwicklung, Marktchancen, 2002; *Haack*, Kommunales W-LAN als Daseinsvorsorge, Verwaltungsarchiv 2008, 197; *Hahn/Vesting* (Hrsg.), Beck'scher Kommentar zum Rundfunkrecht, 2. Aufl. 2008; *Heidenhain*, Mittelbare Beihilfen, EuZW 2007, 623; *Hencsey/Reymond/Riedl/Santamato/Westerhof*, State Aid Rules and Public Funding of Broadband, Competition Policy Newsletter 2005, 8; *Hesse*, Rundfunkrecht, 3. Aufl. 2003; *Hobbelen/Harris/Dominguez*, The Increasing Importance of EC State Aid Rules in the Communications and Media Sectors, ECLR 2007, 101; *Holznagel/Deckers*, Breites Band im weiten Land – Neue Herausforderungen für die Daseinsvorsorge im föderalen Bundesstaat, DVBl. 2009, 482; *Klotz/Grewe*, Der Wettbewerb auf dem deutschen Breitbandmarkt – Eine kritische Bestandsaufnahme, K&R 2005, 102; *Koenig*, Zu guter Letzt ..., N&R 2009, 136; *ders./Bartosch/Braun/Romes* (Hrsg), EC Competition and Telecommunications Law, 2. Aufl. 2009; *ders./Haratsch*, Ring frei im DVB-T-Beihilfenstreit vor der Europäischen Kommission – Terrestrischer digitaler Rundfunk vor dem Aus?, ZUM 2005, 275; *ders./Husi*, Public Funding of Digital Broadcasting under EC State Aid Law, EStAL 2004, 605; *ders./Kühling*, EG-beihilfenrechtlicher „Switch-Off" für das digitale terrestrische Fernsehen (DVB-T)? – Zugleich ein Beitrag zur EG-beihilfenrechtlichen Qualifikation staatlich benannter Einrichtungen, K&R 2004, 201; *ders./Trias*, A New Sound Approach to EC State Aid Control of Airport Infrastructure Funding – What Can We Learn from the Draft Broadband Guidelines?, EStAL 2009, 299; *Kopf*, Digitale Dividende – ökonomische und politische Chance für Europa, MMR 2007, 681; *Ladeur*, Europäisches Telekommunikationsrecht im Jahre 2008, K&R 2009, 299; *ders.* Europäisches Telekommunikationsrecht im Jahre 2007, K&R, 2008, 265; *ders.*, Europäisches Telekommunikationsrecht im Jahre 2006, K&R 2007, 187; *ders.*, Europäisches Telekommunikationsrecht im Jahre 2005, K&R 2006, 197; *ders.*, Europäisches Telekommunikationsrecht im Jahre 2004, K&R 2005, 198; *ders.*, Europäisches Telekommunikationsrecht im Jahre 2003, K&R 2004, 153; *ders;.* Europäisches Telekommunikationsrecht im Jahre 2002, K&R 2003, 153; *ders.*, Europäisches Telekommunikationsrecht im Jahre 2001, K&R 2002, 110; *McGraw/Hill*, DTV Handbook – The Revolution in Digital Video, 3. Auflage 2001; *Mederer/Pesaresi/Van Hoof* (Hrsg), EU Competition Law, Bd. IV State Aid, 2008; *Nicolaides/Kleis*, Where is the Advantage? The Case of Public Funding Infrastructure and Broadband Networks, EStAL 2007, 615; *Nordlander/Melin*, Switching to Action: Commission applies State Aid Action Plan to Digital Switchover, EStAL 2006, 257; *Papadias/Riedl/Westerhof*, Public Funding for Broadband Networks – Recent Developments, Competition Policy Newsletter 2006, 13; *Reimers*, DVB – The Family of International Standards for Digital Video Broadcasting, 2. Auflage 2005; *Santamo/Salto*, State aid to digital decoders: proportionality is needed to meet common interest, Competition Policy Newsletter 2006, 97; *Scheurle/Mayen* (Hrsg.), TKG-Kommentar, 2. Aufl. 2008; *Schoser*, Commission rules subsidy for digital terrestrial television (DVB-T) in

Berlin-Brandenburg illegal, Competition Policy Newsletter 2006, 93; *Schose/Santamato*, The Comission's State Aid Policy on the Digital Switchover, Competition Policy Newsletter 2006, 23; *Taylor*, Article 90 and Telecommunications Monopolies, ECLR 1994, 322; *Tosics/Gaal*, Public procurement and State aid control – the issue of economic advantage, Competition Policy Newsletter 2007, 15; *Wissmann/Kreitlow*, Der EU-Telekommunikationssektor – Entwicklungen im Jahre 2003/2004, EWS 2004, 247.

Übersicht

1. Einleitung. Telekommunikation wird heutzutage allg. definiert als der Austausch v. **1** Daten zu Kommunikationszwecken über eine Distanz hinweg unter Verwendung von Elektrotechnik, Elektronik und anderer moderner Technologien.[1] Telekommunikation, Informationstechnologien und Medien konvergieren dabei immer mehr und erreichen den Empfänger zunehmend über **verschiedenartige Plattformen und Technologien,**[2] die ua. Breitbandnetzwerke und das Digitalfernsehen einschließen.[3]

Die EU hat einen Rechtsrahmen für die **Regulierung elektronischer Kommunikations- 2 dienste** erlassen, mit dem die regulatorischen Bedingungen für einen wirksamen Wettbewerb im Telekommunikationssektor geschaffen werden sollen. Im Dezember 2009 wurde der bis dahin bestehende Rechtsrahmen[4] durch ein Telekommunikation-Reformpaket geändert bzw. ergänzt. Dieses Paket besteht aus zwei neuen Richtlinien zur Stärkung des Verbraucherschutzes

---

[1] RL 2002/21, ABl. 2002 L 108/33, Art. 1 Abs. 2 lit. a.; zur Definition auf nationaler Ebene vgl. § 3 Nr. 22 TKG, erläutert in Scheurle/Mayen TKG-Komm./*Lünenbürger*, § 3 RdNr. 51.

[2] Mitt. KOM(2006) 129 endg., 7; KOM(2005) 229 endg., 3–4; KOM(2002) 263 endg., 8; *Fijnvandraat/Bouwman* Science Direct 2006, 424–433. S. auch *v. Eimeren/Frees* Media Perspektiven 2009, 334, 342–344, 346–347.

[3] Mitt. KOM(2006) 129 endg., 7, vgl. auch 19–21; KOM(2002) 263 endg., 8.

[4] RL 2002/21, ABl. 2002 L 108/33; RL 2002/19, ABl. 2002 L 108/7; RL 2002/20, ABl. 2002 L 108/21; RL 2002/22, ABl. 2002 L 108/51; RL 2002/77, ABl. 2002 L 249/21; RL 2002/58, ABl. 2002 L 201/37; RL 87/372, ABl. 1987 L 196/85, VO 2887/2000, ABl. 2000 L 336/4; VO 717/2007, ABl. 2009 L 171/32; VO 544/2009, ABl. 2009 L 167/12; Entsch. 2002/676, ABl. 2002 L 108/1, Zur Überarbeitung dieses Rechtsrahmens vgl. *Ladeur* K&R 2009, 299.

bzw. Förderung des wirksamen und grenzüberschreitenden Wettbewerbs[5] und einer Verordnung zur Einsetzung des neuen Gremiums Europäischer Regulierungsstellen für elektronische Kommunikatin (GEREK).[6] Begleitend wurden neue bzw. ergänzende Regelung bzgl. der Funkfrequenzen im Mobilfunkbereich getroffen.[7]

3 Neben dem Rechtsrahmen gelten die **allg. Wettbewerbsregeln**[8] einschließlich des Beihilfenrechts.[9] Die Anwendung des Beihilfenrechts im Bereich der Telekommunikation ist dabei ein relativ neuer, stetig an Bedeutung gewinnender Vorgang.[10] Vor der v. der EU initiierten **Liberalisierung** des Telekommunikationssektors wurden in beinahe allen Mitgliedstaaten Telekommunikationsdienste von staatseigenen Unternehmen erbracht, die über ein breites Spektrum v. Privilegien und Exklusivrechten verfügten.[11] Das Beihilfenrecht konnte deshalb keine Anwendung finden, weil im Telekommunikationssektor kein Wettbewerb bestand, das Verbot des Art. 107 Abs. 1 AEUV aber nur für die dem Wettbewerb geöffneten Wirtschaftszweige gilt.[12] Im Zuge der Liberalisierung entstand seit dem Jahre 2003 im Telekommunikationssektor eine extensive beihilferechtliche Entscheidungspraxis. Von praktischer Bedeutung sind hier insbes. Maßnahmen im Bereich der **Breitbandnetzwerke** und des **Digitalfernsehens.** In beiden Bereichen ist die Entscheidungspraxis durch die sog. verfeinerte wirtschaftliche Betrachtungsweise geprägt, die die Kommission der Beihilfenkontrolle seit ihrem sog. Aktionsplan Staatliche Beihilfen von 2005[13] zugrunde legt. Daneben gibt es im Telekommunikationssektor **weitere beihilferechtliche Entscheidungen,** die allerdings keine telekommunikations- bzw. sektorspezifischen technischen oder ökonomischen Sachverhalte betreffen.[14]

4 **2. Breitband.** Ein **Breitbandanschluss** ist ein Zugang zum Internet mit ständiger Verbindung und verhältnismäßig hoher Datenübertragungsrate mit einem Vielfachen der Geschwindigkeit älterer Zugangstechniken, wie der Telefonmodem- oder ISDN-Einwahl, die im Unterschied als Schmalbandtechniken bezeichnet werden.[15] Es existiert keine allg., statische Definition, ab wann ein Breitbandanschluss vorliegt. Vielmehr findet mit der steten Erhöhung der Übertragungsrate der Telekommunikation auch die Definition des Breitbandanschlusses eine fortlaufende Anpassung.[16] Eine breitbandige Verbindung kann über **verschiedene Zugangswege bzw. Technologien** hergestellt werden. So bestehen Breitbandnetzwerke typischerweise aus einem nationalen Hauptstrang und einem regionalen sowie einem lokalen Zugangsnetz. Die höchste Bandbreite kann derzeit über die Verwendung optischer Glasfasern erreicht wer-

---

[5] RL 2009/136, ABl. 2009 L 337/11; RL 2009/140, ABl. 2009 L 337/37.

[6] VO 1211/2009, ABl. 2009 L 337/1.

[7] RL 2009/114, ABl. 2009 L 274/25; Entsch. 2009/766, ABl. 2009 L 274/32.

[8] Vgl. etwa zum Bereich der Breitbandnetzwerke das Positionspapier d. BKartA vom 19. 1. 2010 „Hinweise zur wettbewerblichen Bewertung von Kooperationen beim Glasfaserausbau in Deutschland", http:// www.bundeskartellamt.de/wDeutsch/download/pdf/Stellungnahmen/100119Hinweise_Breitbandkooperation.pdf.

[9] S. dazu BeckTKG-Komm./*Grussmann*, Kap. B, RdNr. 55–68; *Wissmann/Kreitlow* EWS 2004, 247, 251–254; *Ladeur* K&R 2009, 299, 305–308; *ders.* K&R 2008, 265, 269–273; *ders.* K&R 2007, 187, 189–196; *ders.* K&R 2006, 197, 204–205; *ders.* K&R 2005, 198, 203–207; *ders.* K&R 2004, 153, 158–160; *ders.* K&R 2003, 153, 158–160; *ders.* K&R 2002, 110, 118–120.

[10] *Hobbelen/Harris/Dominguez* ECLR 2007, 101; EC Competition and Telecommunications Law/ *Papadias*, 153.

[11] EC Competition and Telecommunications Law/*Papadias*, 153–154; *Taylor* ECLR 1994, 322.

[12] EuG, Verb. T-298/97, T-312/97, T-313/97, T-315/97, T 600/97 bis 607/97, T-1/98, T-3/98 bis T-6/ 98 und T-23/98, Slg. 2000, II-2319, RdNr. 143 – Alzetta ua./Kom.

[13] Kom. Konsultationspapier „Aktionsplan Staatliche Beihilfen. Weniger und besser ausgerichtete Beihilfen – Roadmap zur Reform des Beihilfenrechts 2005–2009", SEK(2005) 795.

[14] EuGH, C-441/06, Slg. 2007, I-8887, RdNr. 45–52 – Kom./Frankreich; EuG, T-475/04, Slg. 2007, II-2097 – Bouygues/Kom. ua.; Kom., Staatliche Beihilfe N 245/2009 – Mobile telephony Bolzano; Kom., ABl. 2003 C 80/5 – MobilCom; Kom., ABl. 2005 L 116/55 – MobilCom; Kom., ABl. 2006 L 257/11 – France Télécom; Kom., ABl. 2005 C 275/3 – Orange et SFR; Kom., ABl. 2007 C 171/1 – Czech UMTS licence; Kom., ABl. 2008 L 243/7 – OTE; Kom., ABl. 2006 C 305/11 – Belgacom; Kom., ABl. 2009 L 242/21 – BT; Kom., ABl. 2008 C 213/11 – France Télécom. S. dazu EU Competition Law/*Riedl* IV Kap. 11 RdNr. 4.1793, Fn. 4206; EC Competition and Telecommunications Law/*Papadias*, 174–184, 189–193, *Wissmann/Kreitlow* EWS 2004, 247, 254; *Ladeur* K&R 2007, 187, 195.

[15] *Hencsey/Reymond/Riedl/Santamato/Westerhof* Competition Policy Newsletter 2005, 8. Ausführlich zu den technischen und wirtschaftlichen Hintergründen der Breitbandversorgung *Holznagel/Deckers* DVBl. 2009, 482–489.

[16] Zur gegenwärtigen Definition, s. Breitbandatlas 2009, Teil I des Berichts zum Atlas für Breitbandinternet des Bundesministeriums für Wirtschaft und Technologie, Stand 17. 6. 2009, S. 1.

den. Diese Technologie stellt auch das etablierte Medium dar, das für nationale und regionale Netzwerke verwendet wird. Die Verbindung zum **Endnutzer** (last mile) kann durch nachgerüstete Kabelfernsehnetze, drahtlose Lösungen, maßgeschneiderte direkte Glasfaserzugänge (fibre to the basement, fibre to the home) oder Kupfertelefonnetze hergestellt werden.[17] Daneben kommen beispielsweise Verbindungen über Mobilfunknetze, derzeitige Rundfunkfrequenzen, das Stromnetz und Satelliten in Betracht.[18]

In der EU bestehen bei Angebot und Inanspruchnahme elektronischer Dienstleistungen und des **5** schnellen, hochwertigen Internetzugangs große Unterschiede zwischen den Mitgliedstaaten einerseits und zwischen ländlichen Gebieten und Ballungsräumen innerhalb der Mitgliedstaaten andererseits.[19] Es existiert in der EU, aber auch in den einzelnen Mitgliedstaaten damit eine sog. **digitale Kluft,** dh. ein Gefälle zwischen Personen bzw. Gemeinschaften, die Zugang zu Informations- und Kommunikationstechnologien haben, und solchen, die einen derartigen Zugang nicht haben.[20]

Die Kom. betrachtet Breitbandanschlüsse als ein Schlüsselelement für die Entwicklung, Ein- **6** führung und Nutzung von Informations- und Kommunikationstechnologien in Wirtschaft und Gesellschaft. ISd. Strategie von Lissabon setzt sich die Kom. für die flächendeckende Verfügbarkeit von Breitbanddiensten für alle Bürger Europas ein. Die **Breitbandstrategie** ist auch ein wichtiger Teil des von der Kom. im November 2008 angenommenen Europäischen Konjunkturprogramms,[21] mit dem insbes. Investitionen in bestimmte strategisch relevante Sektoren in der EU gefördert werden sollen.[22] Als Teil des Konjunkturprogramms und mit dem Ziel, bis 2010 für alle Bürger eine 100%ige Abdeckung mit leistungsfähigen Internetanschlüssen zu erreichen, hat die Kom. beschlossen, 1 Mrd. EUR für Breitbandinfrastrukturprojekte zur Verfügung zu stellen.[23] Die Bundesregierung hat im Februar 2009 eine Breitbandstrategie veröffentlicht, die ebenfalls eine flächendeckende Versorgung mit Breitbandanschlüssen zum Ziel hat.[24]

Für die Bewertung von staatlichen Beihilfen im Breitbandsektor hat die Kom. in einer Mittei- **7** lung am 30. September 2009 „**Leitlinien der Gemeinschaft für die Anwendung der Vorschriften über staatliche Beihilfen im Zusammenhang mit dem schnellen Breitbandausbau**" veröffentlicht.[25] Diese fassen zum einen die bisherige Entscheidungspraxis der Kom. bei der Anwendung der Beihilfevorschriften auf Maßnahmen, die dem Ausbau **herkömmlicher Breitbandnetze** dienen, zusammen. Zum anderen behandeln sie Fragen im Zusammenhang mit staatlichen Fördermaßnahmen, die dem Aufbau von hochleistungsfähigen Zugangsnetzen der nächsten Generation (sog. **Next Generation Access – NGA**) dienen.[26] Als NGA-Netze bezeichnet die Kom. drahtgebundene Zugangsnetze, die teilw. oder vollständig aus optischen Bauelementen bestehen und daher Hochleistungs-Breitbanddienste ermöglichen.[27]

a) Herkömmliche Breitbandnetze. Während die Kom. Maßnahmen zur Förderung von **8** Breitbandvorhaben in ländlichen und diesbezüglich unterversorgten Gebieten fast ausnahmslos billigte, schätzte sie Beihilfemaßnahmen für Regionen, in denen bereits eine Breitbandinfrastruktur vorhanden war und Wettbewerb[28] herrschte, kritischer ein.[29]

aa) Art. 107 Abs. 1 AEUV: Vorliegen einer Beihilfe. α) Für Maßnahmen im Breit- **9** bandsektor werden idR. **staatliche Mittel** eingesetzt, insbes. indem Regierungen,[30] Regio-

---

[17] *Hencsey/Reymond/Riedl/Santamato/Westerhof* Competition Policy Newsletter 2005, 8.

[18] *Holznagel/Deckers* DVBl. 2009, 482, 484–486.

[19] Mitt. KOM(2009) 103 endg., 1.

[20] Leitlinien „Breitbandausbau", RdNr. 4, Fn. 7.

[21] Mitt. KOM(2008) 800, insbes. 14 und 18; s. auch KOM(2009) 103 endg., 2; Pressemitteilung v. 26. 11. 2008, IP/08/1771; MEMO 08/735.

[22] Pressemitteilung v. 26. 11. 2006, IP/08/1771, und v. 28. 1. 2009, IP/09/142.

[23] Pressemitteilung v. 28. 1. 2009, IP/09/142; MEMO/09/35; s. auch Pressemitteilung v. 29. 9. 2009, IP/09/1373.

[24] Breitbandstrategie der Bundesregierung, Februar 2009, http://www.bmwi.de/Dateien/BBA/PDF/ breitbandstrategie-der-bundesregierung,property=pdf,bereich= bmwi,sprache=de,rwb=true.pdf; s. hierzu MK, Sondergutachten „Telekommunikation 2009: Klaren Wettbewerbskurs halten", http://www.monopol-kommission.de/sg_56/s56_volltext.pdf.

[25] Leitlinien „Breitbandausbau".

[26] Leitlinien „Breitbandausbau", RdNr. 7.

[27] Leitlinien „Breitbandausbau", RdNr. 3, Fn. 5; RdNr. 53, Fn. 60.

[28] Zum Wettbewerb auf dem deutschen Breitbandmarkt s. *Klotz/Grewe* K&R 2005, 102–108.

[29] Leitlinien „Breitbandausbau", RdNr. 9. Zur Übersicht der Fallpraxis der Kom. im Breitbandsektor: http://ec.europa.eu/competition/sectors/telecommunications/broadband_decisions.pdf; Stand 12. 2. 2010.

[30] Kom., Staatliche Beihilfe N 131/05, Tz. 29 – Wales. S. dazu auch *Hobbelen/Harris/Dominguez* ECLR 101, 113–114.

nen[31] oder Kommunen[32] Breitbandvorhaben durch Subventionen, Steuervergünstigungen oder auf andere Art unterstützen.[33] Auch Mittel zur Kofinanzierung aus dem Europäischen Landwirtschaftsfonds für die Entwicklung des ländlichen Raums stellen Beihilfen dar, sobald sie der Kontrolle eines Mitgliedstaates unterliegen.[34]

10   β) Unternehmen erwächst durch staatliche Maßnahmen zur Förderung von Vorhaben zur Gewährleistung der Breitbandversorgung im Allgemeinen auch ein **wirtschaftlicher Vorteil,** weil diese Maßnahmen auf die Ausübung einer wirtschaftlichen Tätigkeit gerichtet sind.[35] Lediglich in Ausnahmefällen entsteht den Unternehmen hierdurch kein wirtschaftlicher Vorteil. Dies kann zum einen der Fall sein, wenn das derart finanzierte Netz nicht kommerziellen Zwecken dient, dh. Breitbandzugang lediglich zu nicht gewerblich genutzten Websites, Diensten und Informationen bietet.[36] Zum anderen wurde die Gewährung eines wirtschaftlichen Vorteils von der Kom. verneint, weil ein den gemeinschaftsrechtlichen Vorschriften entsprechendes Vergabeverfahren durchgeführt wurde.[37] In fast allen Fällen nimmt die Kom. allerdings trotz Durchführung eines im Einklang mit dem Vergaberecht stehenden **Auswahlverfahrens** an, dass dem ausgewählten Betreiber ein wirtschaftlicher Vorteil gewährt wird. Die Durchführung des Auswahlverfahrens wird in diesen Fällen lediglich insofern positiv berücksichtigt, als derjenige Betreiber ausgewählt wird, der die geringste Beihilfe beantragt.[38] Diese unterschiedliche Behandlung von Auswahlverfahren, die in der allg. Entscheidungspraxis als Beleg für das Fehlen marktüblicher Konditionen und somit einer Beihilfe angesehen werden,[39] wird teilw. als widersprüchlich, zumindest aber unklar kritisiert.[40] Entscheidend muss letztlich die Beurteilung im Einzelfall sein. Danach ist zu fragen, ob für eine staatliche Maßnahme eine marktgerechte Gegenleistung erbracht wird. Wenn und soweit dies nicht der Fall ist, wird ein wirtschaftlicher Vorteil gewährt.

11   Ein **wirtschaftlicher Vorteil** kommt idR. direkt den, meist im Wege des Ausschreibungsverfahrens ausgewählten, **Investoren in das Netz** zu.[41] Nur in einem Fall genehmigte die Kom. bisher eine Beihilfemaßnahme, die Steuergutschriften für die Einrichtung von Breitbanddiensten in unterversorgten Gebieten vorsah.[42] Ein vom Beihilfeverbot erfasster wirtschaftlicher Vorteil kann nach Auffassung der Kom. auch den **indirekt Begünstigten** erwachsen. Zu diesen gehören zum einen Drittbetreiber, denen der Zugang zum so geschaffenen Netz auf Vorleistungsebene eröffnet wird. Zum anderen kommen gewerbliche Nutzer in Betracht, die Breitbandanschlüsse zu günstigeren Bedingungen erhalten, als dies ohne den staatlichen Eingriff der Fall wäre.[43] Die Annahme einer mittelbaren Begünstigung von Netzbetreibern ist ferner im

---

[31] Kom., Staatliche Beihilfe N 264/06, Tz. 21 – Tuscany.

[32] S. zB. Kom., Staatliche Beihilfe NN 24/07, Tz. 27 – Prague; Kom., Staatliche Beihilfe N 570/07, Tz. 23 – Baden-Württemberg; Kom., Staatliche Beihilfe N 237/2008, Tz. 9 – Niedersachsen. In N 266/2008 wurden die öffentlichen Mittel für einzelne Projekte v. den Gemeinden und dem Freistaat Bayern gewährt.

[33] Leitlinien „Breitbandausbau", RdNr. 12.

[34] Kom., Staatliche Beihilfe N 157/06, Tz. 29 – South Yorkshire; Kom., Staatliche Beihilfe N 201/06, Tz. 37 – Underserved territories in Greece. Zu N 201/06 s. auch *Papadias/Riedl/Westerhof* Competition Policy Newsletter 2006, 13–15.

[35] Leitlinien „Breitbandausbau", RdNr. 13. Kom., Staatliche Beihilfe N 263/05, Tz. 25 – Kärnten; Kom., Staatliche Beihilfe N 412/05, Tz. 38 – Piemonte.

[36] Leitlinien „Breitbandausbau", RdNr. 13. Kom., Staatliche Beihilfe NN 24/07, Tz. 28–35 – Prague. Zur Entscheidung und insbes. dieser Frage s. auch *Gaál/Papadias/Riedl* Competition Policy Newsletter 2007, 116; EU Competition Law/*Riedl* IV Kap. 11 RdNr. 4.1819–4.1821.

[37] Kom., Staatliche Beihilfe N 46/2007, Tz. 18. – Welsh Public Sector Network Scheme. S. dazu auch *Tosics/Gaál* Competition Policy Newsletter 2007, 15–18; EU Competition Law/*Riedl* IV Kap. 11 RdNr. 4.1815–4.1817.

[38] S. ua. Kom., Staatliche Beihilfe N 746/2006, Tz. 30, 44 – NYNET; Kom., Staatliche Beihilfe N 264/06, Tz. 43 – Tuscany; Kom., Staatliche Beihilfe N 508/08, Tz. 43 – Northern Ireland; Kom., Staatliche Beihilfe N 475/07, Tz. 45 – NBS; Kom., Staatliche Beihilfe N 157/06, Tz. 51 – South Yorkshire; Kom., Staatliche Beihilfe N 115/2008, Tz. 51 – Deutschland.

[39] Leitlinien „Privatisierung", Kom., Bericht über die Wettbewerbspolitik 1993, Tz. 403; Grundstücksmitteilung, ABl. 1997 C 209/3.

[40] *Koenig* N&R 2009, 136.

[41] Leitlinien „Breitbandausbau", RdNr. 14; S. zB. Kom., Staatliche Beihilfe NN 24/07, Tz. 29 – Prague.

[42] Kom., Staatliche Beihilfe N 398/05, Tz. 9–10, 34–49 – Development tax benefit.

[43] Leitlinien „Breitbandausbau", RdNr. 14. S. insbes. Kom., Staatliche Beihilfe N 282/03, Tz. 3.2.2 – Cumbria broadband; Kom., Staatliche Beihilfe N 570/07, Tz. 25 – Baden-Württemberg; Kom., Staatliche Beihilfe N 157/06, Tz. 32 – South Yorkshire; Kom., Staatliche Beihilfe N 264/06, Tz. 23 f. – Tuscany;

Falle einer Unterstützung der Endverbraucher mit staatlichen Mitteln denkbar. Die Ausweitung des Beihilfentatbestandes auf mittelbare Begünstigungen erscheint indes rechtlich fragwürdig und wird in der Literatur als uferlos bzw. willkürlich kritisiert.[44]

Die Begünstigung privater Nutzer stellt hingegen nach allgemeinen Grundsätzen keine Ge- **12** währung eines wirtschaftlichen Vorteils dar, weil diese weder Unternehmen noch Wirtschaftsbeteiligte iSd. Art. 107 Abs. 1 AEUV sind.[45] Gleiches gilt für Endnutzer, die Bestandteil der öffentlichen Verwaltung sind und öffentliche Funktionen ausüben, die keinen wirtschaftlichen Charakter haben.[46]

Auch im Telekommunikationssektor spielt der **Grundsatz des marktwirtschaftlich han- 13 delnden Kapitalgebers** eine entscheidende Rolle für die Prüfung des Vorliegens einer Beihilfe.[47] Unter Anwendung dieses Grundsatzes im Breitbandsektor verneinte die Kom. in der sog. Amsterdam-Entsch. das Vorliegen einer Beihilfe.[48] Allerdings wird der Grundsatz des marktwirtschaftlich handelnden Kapitalgebers im Bereich des Breitbandsektors nur selten zur Anwendung kommen, weil öffentliche Maßnahmen gerade aufgrund eines Marktversagens ergriffen werden.[49]

γ) Maßnahmen zur Förderung des Ausbaus von Breitbandnetzen sind ihrem Wesen nach **selek- 14 tiv**, weil sie auf Unternehmen gerichtet sind, die nur in bestimmten Regionen bzw. Segmenten des gesamten Marktes für elektronische Kommunikationsdienste tätig sind.[50] Demgegenüber handelt es sich um eine **allg. Infrastrukturmaßnahme,** wenn eine Einrichtung für die Erbringung eines Dienstes, der in die Verantwortung des Staates ggü. der Allgemeinheit fällt, benötigt wird und auf die Schaffung der Voraussetzungen für diesen Dienst beschränkt bleibt. Zudem muss es sich dabei um eine Infrastruktur handeln, deren Bereitstellung durch den Markt unwahrscheinlich ist, weil Errichtung und Betrieb wirtschaftlich unrentabel wären. Auch darf sie nicht in der Weise betrieben werden, dass ausschließlich ein bestimmtes Unternehmen begünstigt wird.[51] Die Einstufung von Breitbandnetzen als allg. Infrastruktur hat die Kom. bisher in keinem Fall angenommen. Angesichts der auch von der Kom. anerkannten Bedeutung des Breitbandsektors als Schlüsselelement für die Informations- und Kommunikationstechnologien in Wirtschaft und Gesellschaft kommt ein Vergleich mit anderen Verkehrsinfrastrukturen (Straßennetze, Flughäfen etc.) aber grundsätzlich in Betracht. Eine dem Beihilfentatbestand entzogene allgemeine Infrastrukturmaßnahme setzt voraus, dass der Bau oder Ausbau von Infrastrukturanlagen nicht auf die spezifische Nutzung durch ein oder mehrere Unternehmen fokussiert ist.[52]

δ) Nach Ansicht der Kom. verändert staatliches Handeln im Breitbandsektor tendenziell be- **15** stehende Marktbedingungen und bewirkt eine **Wettbewerbsverfälschung.**[53]

Kom., Staatliche Beihilfe N 201/06, Tz. 39 f. – Underserved territories in Greece; Kom., Staatliche Beihilfe N 131/05, Tz. 32 f. – Wales; Kom., Staatliche Beihilfe N 398/05, Tz. 26 f – Development tax benefit; Kom., Staatliche Beihilfe N 57/05, Tz. 26 – Wales; Kom., Staatliche Beihilfe N 746/06, Tz. 28 – NYNET.

[44] *Heidenhain* EuZW 2007, 623, 624.

[45] In Bezug auf Breitbandentscheidungen s. zB. Kom., Staatliche Beihilfe N 398/05, Tz. 27 – Development tax benefit; Kom., Staatliche Beihilfe N 201/06, Tz. 38 – Underserved territories in Greece; Kom., Staatliche Beihilfe N 264/06, Tz. 24 – Tuscany; Kom., ABl. 2007 L 86/1, Tz. 58 – Appingedam; Kom., Staatliche Beihilfe N 282/03, Tz. 3.2.2 – Cumbria broadband. EU Competition Law/*Riedl* IV Kap. 11 RdNr. 4.1827.

[46] Kom., Staatliche Beihilfe N 46/07, Tz. 17 – Welsh public sector network scheme; Kom., Staatliche Beihilfen N 117/05, Tz. 13 – Scotland. S. dazu auch *Hobbelen/Harris/Dominguez* ECLR 2007, 101, 111–112.

[47] Vgl. Art. 107 RdNr. 143–180.

[48] Kom., ABl. 2008 L 247/27, Tz. 87–177 – Glasvezelnet Amsterdam. S. auch Leitlinien „Breitbandausbau", RdNr. 19, Fn. 20. S. dazu auch *Gaál/Papadias/Riedl* Competition Policy Newsletter 2008, 82–85.

[49] *Gaál/Papadias/Riedl* Competition Policy Newsletter 2008, 82; *Hencsey/Reymond/Riedl/Santamato/ Westerhof* Competition Policy Newsletter 2005, 8.

[50] Leitlinien „Breitbandausbau", RdNr. 15. S. auch Kom., Staatliche Beihilfe N 264/06, Tz. 27 – Tuscany. S. auch *Hencsey/Reymond/Riedl/Santamato/Westerhof* Competition Policy Newsletter 2005, 8, 13.

[51] Kom., ABl. 2007 L 86/1, Tz. 33 – Appingedam; Kom., Staatliche Beihilfen N 284/05 Tz. 35 – MANs; Kom., Staatliche Beihilfe N 213/03, Tz. 32 – ATLAS. S. dazu auch *Papadias/Riedl/Westerhof* Competition Policy Newsletter 2006, 13, 15–16; EU Competition Law/*Riedl* IV Kap. 11 RdNr. 4.1823. Zu N 284/05 und N 213/03 s. *Nicolaides/Kleis* EStAL 2007, 615, 627–631. Grds. zur Frage, ob kommunales W-LAN einen Bereich der Daseinsvorsorge darstellt, *Haack* VerwA 2008, 197, 208–211.

[52] Vgl. bspw. zur Bewertung von Infrastrukturmaßnahmen im Flughafensektor Leitlinien „Flughäfen", Tz. 53.

[53] Leitlinien „Breitbandausbau", RdNr. 15. Kom., Staatliche Beihilfe N 57/05, Tz. 28 – Wales; Kom., Staatliche Beihilfe N 267/05, Tz. 24 – Rural broadband access project.

16   Die Kom. geht bei staatlichen Eingriffen ferner davon aus, dass diese auch Folgen für Betreiber in anderen Mitgliedstaaten haben und eine **Handelsbeeinträchtigung** darstellen, weil die Märkte für elektronische Kommunikationsdienste für den Wettbewerb zwischen Betreibern und Dienstanbietern geöffnet sind.[54] Die Kom. verweist zudem gelegentlich darauf, dass auch Folgen für den Wettbewerb zwischen Unternehmen, die Breitbanddienste nutzen, und deren Wettbewerbern in andern Mitgliedstaaten bestehen können.[55] Im Hinblick auf **lokale öffentliche Endnutzer,** die nicht international tätig waren, sollte es dagegen idR. an der Beeinträchtigung des zwischenstaatlichen Handels fehlen.[56] In Übereinstimmung mit den allg. Regeln liegt auch dann keine Beihilfe iSd. Art. 107 Abs. 1 AEUV vor, wenn es sich um De-Minimis-Beihilfen handelt.[57]

17   ε) Die **Altmark-Rechtsprechung,** wonach ein finanzieller Ausgleich für die Erbringung von Dienstleistungen von allg. wirtschaftlichem Interesse unter bestimmten Voraussetzungen keine Beihilfe darstellt,[58] ist im Breitbandsektor von großer praktischer Relevanz.[59] Die Auseinandersetzung mit dem Vorliegen einer Dienstleistung von allg. wirtschaftlichem Interesse findet in der bisherigen Entscheidungspraxis der Kom. daher bereits auf der Tatbestandsebene des Art. 107 Abs. 1 AEUV statt und nicht erst im Rahmen von Art. 106 Abs. 2 AEUV.

18   In drei Entscheidungen im Zusammenhang mit Breitbandmaßnahmen regionaler Gebietskörperschaften in Frankreich kam die Kom. zu dem Schluss, dass die Altmark-Voraussetzungen erfüllt seien und somit keine Beihilfe vorliege.[60] In anderen Fällen stellte die Kom. fest, dass keine **Dienstleistung von allg. wirtschaftlichem Interesse** vorliege, weil die Maßnahmen eher auf eine Partnerschaft zwischen privaten und öffentlichen Unternehmen hindeuteten als auf die Beauftragung eines Unternehmens mit der Erbringung einer Dienstleistung von allg. wirtschaftlichem Interesse.[61] Das Vorliegen einer Dienstleistung von allg. wirtschaftlichem Interesse wurde auch für eine Maßnahme verneint, die ausschließlich die Bereitstellung von Breitbandanschlüssen für Wirtschaftsparks und öffentliche Einrichtungen, nicht aber für Privathaushalte betraf.[62]

19   Nach den Leitlinien „Breitbandausbau" ist der Ausbau einer parallelen, wettbewerbsbestimmten, öffentlich geförderten Breitbandinfrastruktur in Gebieten, in denen private Investoren bereits in eine Breitbandinfrastruktur investiert haben (oder ihre Netzinfrastruktur derzeit ausbauen) und bereits Breitbanddienste zu Marktbedingungen mit einer angemessenen Breitbandabdeckung anbieten, weder als öffentlicher Dienst iSd. Altmark-Rechtsprechung noch als Dienstleistung von allg. wirtschaftlichem Interesse iSd. Art. 106 Abs. 2 AEUV anzusehen.[63] Kann hingegen nachgewiesen werden, dass private Investoren möglicherweise nicht in der Lage sind, in naher Zukunft, dh. in einem Zeitraum von drei Jahren, eine angemessene Breitbandabdeckung für alle Bürger oder Nutzer bereitzustellen, und dass damit ein beträchtlicher Teil der

---

[54] Leitlinien „Breitbandausbau", RdNr. 16. Kom., Staatliche Beihilfe N 237/08, Tz. 32 – Niedersachsen; Kom., Staatliche Beihilfe N 398/05, Tz. 31 – Development tax benefit; Kom., Staatliche Beihilfe N 570/07, Tz. 29 – Baden-Württemberg; Kom., Staatliche Beihilfe N 131/05, Tz. 37 – Wales; Kom., Staatliche Beihilfe N 201/06, Tz. 44 – Underserved territories in Greece; Kom., Staatliche Beihilfe N 264/06, Tz. 28 – Tuscany.

[55] Kom., Staatliche Beihilfe N 398/05, Tz. 31 – Development tax benefit; Kom., Staatliche Beihilfe N 201/06, Tz. 44 – Underserved territories in Greece; Kom., Staatliche Beihilfe N 264/06, Tz. 28 – Tuscany.

[56] Kom., Staatliche Beihilfe N 117/2005, Tz. 13 – Scotland; vgl. hierzu auch Positionspapier d. BKartA zur wettbewerbsrechtlichen Beurteilung von Kooperationen beim Glasfaserausbau v. 19. 1. 2010, RdNr. 73 (Fn. 25).

[57] S. VO 1998/2006, ABl. 2006 L 379/5, Art. 2 Abs. 1. Für den Breitbandsektor s. Kom., Staatliche Beihilfen N 201/2006, Tz. 35 – Broadband access development in underserved territories; Kom., Staatliche Beihilfe N 570/07, Tz. 20–21 – Baden-Württemberg; Kom., Staatliche Beihilfe N 237/2008, Tz. 23 – Niedersachsen; Kom., Staatliche Beihilfe N 266/2008, Tz. 19 – Bayern.

[58] Vgl. Art. 107 RdNr. 222–238.

[59] S. dazu *Nicolaides/Kleis* EStAL 2007, 615, 631.

[60] S. Kom., Staatliche Beihilfe N 381/04, Tz. 44–87 – Pyrénées-Atlantiques; Kom., Staatliche Beihilfe N 382/04, Tz. 32–79 – DORSAL; Kom., Staatliche Beihilfe N 331/08 – Hauts-de-Seine, Pressemitteilung v. 30. 9. 2009, IP/09/1391. S. dazu auch EU Competition Law/*Riedl* IV Kap. 11 RdNr. 4.1805–4.1814; *Hencsey/Reymond/Riedl/Santamato/Westerhof* Competition Policy Newsletter 2005, 8, 10–12. Zu N 381/04 s. *Nicolaides/Kleis* EStAL 2007, 615, 628–629. Gegen die Entscheidung N 382/04 legte ein anderes Netzunternehmen Nichtigkeitsklage ein (s. ABl. 2005 C 315/15–16), deren Streichung allerdings später angeordnet wurde (s. ABl. 2009 C 19/36).

[61] Kom., ABl. 2007 L 86/1, Tz. 40 – Appingedam.; Kom., Staatliche Beihilfe N 284/05, Tz. 23, 37–40 – MANs. S. zu diesen Fällen auch *Papadias/Riedl/Westerhof* Competition Policy Newsletter 2006, 13, 15–18.

[62] Kom., Staatliche Beihilfe N 890/06, Tz. 35 – Sicoval.

[63] Leitlinien „Breitbandausbau", RdNr. 24.

Bevölkerung unangebunden bliebe, kann ein mit der Erbringung einer Dienstleistung von allg. wirtschaftlichen Interesse beauftragtes Unternehmen Ausgleichszahlungen für öffentliche Dienstleistungen erhalten, sofern die vier Altmark-Kriterien erfüllt sind, deren Anwendung auf den Breitbandsektor in den Leitlinien konkretisiert wird.[64]

Bei dem Kriterium des universalen und obligatorischen Charakters des Dienstes sollte sicher- **20** gestellt sein, dass die geplante Breitbandinfrastruktur eine **universelle Breitbandanbindung für** alle Nutzer eines bestimmten Gebiets, also sowohl für private als auch für gewerbliche, bieten soll.[65] Der obligatorische Charakter impliziert auch, dass der Betreiber des geplanten Netzes den Zugang zur Infrastruktur nicht nach eigenem Ermessen und/oder in diskriminierender Weise verweigern kann.[66] Die Anerkennung einer Dienstleistung von allg. wirtschaftlichem Interesse für den Ausbau von Breitbandnetzen sollte auf der Bereitstellung einer passiven, **technologieneutralen Infrastruktur** mit offenem Zugang basieren.[67] Der Auftrag für den Ausbau eines Breitbandnetzes sollte ausschließlich den Ausbau eines Breitbandnetzes mit universeller Breitbandanbindung und die Bereitstellung der damit verbundenen Dienste auf **Vorleistungsebene,** nicht aber Kommunikationsdienste für Endkunden umfassen.[68]

Zur Erfüllung des Auftrags der Bereitstellung einer universellen Breitbandanbindung muss der **21** mit der Dienstleistung im allg. wirtschaftlichem Interesse beauftragte Betreiber möglicherweise nicht nur in Gebieten eine Netzinfrastruktur schaffen, in denen dies nicht rentabel ist, sondern auch in **Gebieten mit Rentabilitätspotenzial,** dh. in Gebieten, in denen andere Betreiber eventuell bereits eine eigene Netzinfrastruktur geschaffen haben oder dies in naher Zukunft planen. Ausgleichszahlungen sollten in diesem Fall nur die Kosten für die Erweiterung einer Infrastruktur auf nicht rentable Gebiete decken.[69] Basiert eine Dienstleistung von allg. wirtschaftlichem Interesse für den Ausbau von Breitbandnetzen nicht auf dem Ausbau einer Infrastruktur der öffentlichen Hand, sollten eine angemessene Überprüfung und **Rückforderungsmechanismen** vorgesehen werden, um zu vermeiden, dass dem mit der Dienstleistung von allg. wirtschaftlichem Interesse beauftragten Betreiber kein ungebührlicher Vorteil daraus erwächst, dass er nach Ende der Konzession für die Erbringung einer Dienstleistung von allg. wirtschaftlichem Interesse Eigentümer des mit öffentlichen Mitteln finanzierten Netzes wird.[70] Die Ausgleichszahlungen für die Erbringung einer Dienstleistung von allg. wirtschaftlichem Interesse sollten grundsätzlich im Wege einer **offenen, transparenten, nichtdiskriminierenden Ausschreibung** vergeben werden, bei der alle Bewerber gehalten sind, sowohl die rentablen als auch die nichtrentablen Gebiete in transparenter Weise zu bestimmen, eine Schätzung der erwarteten Einnahmen abzugeben und die Ausgleichssumme anzugeben, die sie für unbedingt erforderlich halten, so dass eine Überkompensation ausgeschlossen werden kann.[71]

bb) Art. 106 Abs. 2 AEUV: Dienstleistung von allg. wirtschaftlichem Interesse. 22 Sind die Altmark-Kriterien nicht erfüllt und die Tatbestandsmerkmale des Art. 107 Abs. 1 AEUV vollständig zu bejahen, kann eine Anmeldung der Beihilfe bei der Kom. nach Art. 108 AEUV gleichwohl unterbleiben, wenn die Voraussetzung von Art. 106 Abs. 2 AEUV erfüllt ist. Diese Voraussetzung hat die Kom. in der Entsch. v. 28. November 2005 über die Anwendung von Art. 86 Abs. 2 EG (jetzt Art. 106 Abs. 2 AEUV) auf staatliche Beihilfen, die bestimmten mit der Erbringung von Dienstleistungen von allg. wirtschaftlichen Interesse betrauten Unternehmen gewährt werden, konkretisiert.[72] Sind die Voraussetzungen gegeben, kann eine Beihilfe in Form einer Ausgleichszahlung für öffentliche Dienstleistungen zugunsten eines mit der Erbringung von Dienstleistungen von allg. wirtschaftlichem Interesse beauftragten Unternehmens als mit dem Binnenmarkt vereinbar und von der Anmeldepflicht gem. Art. 108 Abs. 3 AEUV freigestellt angesehen werden.[73] Art. 106 Abs. 2 AEUV (ex-Art. 86 Abs. 2 EG) hat allerdings in der Entscheidungspraxis der Kom. bislang keine besondere Rolle gespielt.

---

[64] Leitlinien „Breitbandausbau", RdNr. 24–29.

[65] Leitlinien „Breitbandausbau", RdNr. 26.

[66] Leitlinien „Breitbandausbau", RdNr. 26.

[67] Leitlinien „Breitbandausbau", RdNr. 27.

[68] Leitlinien „Breitbandausbau", RdNr. 27. S. auch Kom., Staatliche Beihilfe N 307/04, S. 11 – Scotland; Kom., Staatliche Beihilfe N 126/04, Tz. 45 – Lincolnshire.

[69] Leitlinien „Breitbandausbau", RdNr. 29.

[70] Leitlinien „Breitbandausbau", RdNr. 29.

[71] Leitlinien „Breitbandausbau", RdNr. 29.

[72] Kom., Entscheidung 2005/842, ABl. 2005 L 312/67.

[73] Leitlinien „Breitbandausbau", RdNr. 30. Zur Anwendung v. Art. 106 AEUV auf Monopole im Telekommunikationssektor s. *Taylor* ECLR 1994, 322–334.

23 cc) Art. 107 Abs. 3 AEUV: Vereinbarkeit mit dem Binnenmarkt.[74] Wenn eine Maßnahme von der Kom. als Beihilfe iSd. Art. 107 Abs. 1 AEUV eingestuft wurde, prüfte sie die Vereinbarkeit des Vorhabens mit den beihilferechtlichen Regelungen bislang unmittelbar auf der Grundlage von **Art. 107 Abs. 3 lit. c AEUV**.[75] Sind Gebiete, in denen Breitbandvorhaben mit Beihilfen gefördert werden, gleichzeitig Fördergebiete iSd. Art. 107 Abs. 3 lit. a und lit. c AEUV und der **Regionalbeihilfeleitlinien,**[76] können sie auch als Beihilfen für Erstinvestitionen im Sinne dieser Leitlinien gelten. Zielen die Maßnahmen allerdings auch auf Nichtfördergebiete ab oder liegt die Beihilfeintensität über der für Regionalbeihilfen zulässigen Schwelle, kann die Kom. die Maßnahmen nicht nach den Regionalbeihilfeleitlinien bewerten.[77]

24 Bei der Prüfung, ob eine Beihilfemaßnahme als mit dem Binnenmarkt vereinbar angesehen werden kann, nimmt die Kom. eine **Abwägung** zwischen dem positiven Beitrag der Beihilfemaßnahme zur Erreichung eines Ziels von gemeinsamem Interesse ggü. den potenziellen negativen Auswirkungen vor, dh. den Wettbewerbsverzerrungen und Handelsbeeinträchtigungen.[78] Dabei ist dreierlei zu prüfen:[79] Erstens, ob die Beihilfemaßnahme einem klar definierten Ziel von gemeinsamem Interesse **(Gemeinschaftsziel)** dient, dh. der Beseitigung des Marktversagens oder anderen Zielen.[80] Zweitens, ob die Beihilfemaßnahme eine **zielführende Ausgestaltung** besitzt, und drittens, ob die Wettbewerbsverzerrungen und Handelsbeeinträchtigungen so gering sind, dass die **Gesamtbilanz** positiv ausfällt.[81]

25 α) Nach den Leitlinien „Breitbandausbau" kann davon ausgegangen werden, dass Breitbandanschlüsse von zentraler und strategischer Bedeutung für Wachstum und Innovation in allen Wirtschaftszweigen sind,[82] den Zugang aller Mitglieder der Gesellschaft zu einem wesentlichen Kommunikationsmittel verbessern und damit zum **sozialen und territorialen Zusammenhalt** beitragen.[83] In den Leitlinien „Breitbandausbau" wird zudem festgestellt, dass Investitionen in die Breitbandversorgung aus marktökonomischer Sicht nicht immer rentabel sind und mit Beihilfen ein **Marktversagen,** dh. eine Situation, in der einzelne Marktinvestoren keine Investitionen tätigen, behoben werden kann.[84]

26 Dabei wird von der Kom. eine Unterscheidung zwischen den Zielgebieten je nach **Grad der vorhandenen Breitbandversorgung getroffen.**[85] Unterschieden wird zwischen Gebieten, in

---

[74] S. EU Competition Law/*Riedl* IV Kap. 11 RdNr. 4.1830–4.1848.

[75] Leitlinien „Breitbandausbau", RdNr. 31. S. auch zB. Kom., Staatliche Beihilfe N 115/2008, Tz. 41 – Deutschland; Kom., Staatliche Beihilfe N 570/07, Tz. 33 – Baden-Württemberg; Kom., Staatliche Beihilfe N 131/05, Tz. 41 – Wales.

[76] „Leitlinien für staatliche Beihilfen mit regionaler Zielsetzung 2007–2013", ABl. 2006 C 54/13.

[77] Leitlinien „Breitbandausbau", RdNr. 32. S. auch Kom., Staatliche Beihilfe N 398/05, Tz. 34 – Development tax benefit; Kom., Staatliche Beihilfe N 131/05, Tz. 40 – Wales; Kom., Staatliche Beihilfe N 201/06, Tz. 47 f. – Underserved territories in Greece; Kom., Staatliche Beihilfe N 264/06, Tz. 31 – Tuscany.

[78] Leitlinien „Breitbandausbau", RdNr. 34. S. auch Kom., Staatliche Beihilfe N 267/05, Tz. 39 – Rural broadband access project; Kom., Staatliche Beihilfe N 250/08, Tz. 28 – Alto Adige II.

[79] Leitlinien „Breitbandausbau", RdNr. 35. S. auch Kom., Staatliche Beihilfe N 398/05, Tz. 36 – Development tax benefit; Kom., Staatliche Beihilfe N 570/07, Tz. 34 – Baden-Württemberg; Kom., Staatliche Beihilfe N 131/05, Tz. 43 – Wales; Kom., Staatliche Beihilfe N 201/06, Tz. 49 – Underserved territories in Greece; Kom., Staatliche Beihilfe N 264/06, Tz. 33 – Tuscany; Kom., ABl. 2007 L 86/1, Tz. 71 – Appingedam.

[80] Leitlinien „Breitbandausbau", RdNr. 35. S. auch Kom., Staatliche Beihilfe N 508/08, Tz. 34–38 – Northern Ireland; Kom., Staatliche Beihilfe N 201/06, Tz. 50–53 – Underserved territories in Greece; Kom., Staatliche Beihilfe N 118/06, Tz. 36–40 – Development of broadband communication networks in rural areas; Kom., Staatliche Beihilfe N 398/05, Tz. 37–39 – Development tax benefit. Zu N 201/06 s. *Papadias/Riedl/Westerhof* Competition Policy Newsletter 2006, 13, 14.

[81] Leitlinien „Breitbandausbau", RdNr. 35. zB. Kom., Staatliche Beihilfe N 398/05, Tz. 36 – Development tax benefit; Kom., Staatliche Beihilfe N 570/07, Tz. 34 – Baden-Württemberg; Kom., Staatliche Beihilfe N 131/05, Tz. 43 – Wales; Kom., Staatliche Beihilfe N 201/06, Tz. 49 – Underserved territories in Greece; Kom., Staatliche Beihilfe N 264/06, Tz. 33 – Tuscany; Kom., ABl. 2007 L 86/1, Tz. 71 – Appingedam.

[82] Auf den positiven Effekt stellen auch *Hencsey/Reymond/Riedl/Santamato/Westerhof* Competition Policy Newsletter 2005, 8, 13, unter Verweis auf US- und OECD-Studien ab. S. auch die Verweise bei *Holznagel/ Deckers* DVBl. 2009, 482.

[83] Leitlinien „Breitbandausbau", RdNr. 1, 37–39. Zur Förderung der Breitbandkommunikation als Ziel der Gemeinschaftspolitik s. auch Kom., Staatliche Beihilfe N 570/07, Tz. 35 – Baden-Württemberg; Kom., Staatliche Beihilfe N 131/05, Tz. 44–47 – Wales; Kom., Staatliche Beihilfe N 201/06, Tz. 50–53 – Underserved territories in Greece; Kom., Staatliche Beihilfe N 264/06, Tz. 34–36 – Tuscany.

[84] Leitlinien „Breitbandausbau", RdNr. 38. S. auch Kom., Staatliche Beihilfe N 398/05, Tz. 38 – Development tax benefit; Kom., Staatliche Beihilfe N 570/07, Tz. 36 f – Baden-Württemberg.

[85] S. dazu EU Competition Law/*Riedl* IV Kap. 11 RdNr. 4.1843–4.1848.

denen überhaupt keine Breitbandinfrastruktur vorhanden bzw. in naher Zukunft keine dahingehende Entwicklung zu erwarten ist („weiße Flecken"), solchen, in denen es nur einen Breitbandnetzbetreiber gibt („graue Flecken"), und Gegenden, in denen bereits mindestens zwei Breitbandnetzbetreiber tätig sind („schwarze Flecken").[86]

Bzgl. „**weißer Flecken**" wird von der Kom. das Vorliegen eines Marktversagens anerkannt, **27** weil für eine flächendeckende Versorgung die Unterstützung des Staates erforderlich ist. Nach Auffassung der Kom. verfolgen die Mitgliedstaaten Kohäsions- und Entwicklungsziele, staatliche Eingriffe dienen daher dem gemeinsamen Interesse.[87] Für die „**schwarzen Flecken**", in denen Breitbanddienste unter Wettbewerbsbedingungen angeboten werden (infrastrukturbasierter Wettbewerb), kann ein Marktversagen dagegen nicht angenommen werden. Die Kom. geht davon aus, dass staatliche Maßnahmen für die Finanzierung des Aufbaus zusätzlicher Breitbandnetze grds. zu einer unannehmbaren Verzerrung des Wettbewerbs führen und private Investoren verdrängen. Infolgedessen werden derartige Maßnahmen negativ beurteilt, sofern nicht ein eindeutiges Marktversagen nachgewiesen ist.[88] Im Fall **Appingedam** untersuchte die Kom. erstmalig eine Maßnahme zur Breitbandförderung in einem „schwarzen Fleck" und erklärte diese mangels Vorliegens eines Gemeinschaftsziels als unvereinbar mit dem Binnenmarkt.[89]

Staatliche Maßnahmen für den Ausbau von Breitbandnetzen in „**grauen Flecken**" werden **28** von der Kom. einer eingehenden Prüfung unterzogen.[90] Beihilfen können genehmigt werden, wenn keine erschwinglichen oder angemessenen Dienste zur Deckung des Bedarfs von Bürgern und Unternehmen angeboten werden und dieselben Ziele nicht mit weniger wettbewerbsverzerrenden Mitteln erreicht werden können.[91]

Die Entscheidungspraxis der Kom. und insbes. die Einteilung in „weiße", „graue" und **29** „schwarze" Fördergebiete wird teilw. als formalistisch und unpräzise **kritisiert**.[92] Trotz des von der Kom. entwickelten dreistufigen Abwägungstests werde die Beihilfenkontrolle lediglich kursorisch durchgeführt und orientiere sich zu wenig an den tatsächlichen Effekten einer Breitbandförderung. Erforderlich und entscheidend für die Erreichung gesamtwirtschaftlich sinnvoller Förderziele sei vielmehr, das regulatorisch-ökonomische Zusammenspiel zwischen Ex-ante-Regulierung und Ausschreibungsmechanismus präzise zu justieren.[93]

β) Hinsichtlich der **Ausgestaltung der Maßnahme** ist zu prüfen, ob staatliche Beihilfen ein **30** **geeignetes Instrument** zur Lösung des Problems sind oder ob andere, **besser geeignete Mittel** in Frage kommen. Insoweit hat die Kom. festgestellt, dass die Vorabregulierung zwar vielfach den Ausbau von Breitbandnetzen in städtischen und dicht bevölkerten Gebieten erleichtert hat, aber möglicherweise gerade in unterversorgten Gegenden, in denen Investitionen wenig rentabel sind, nicht zur Sicherung der Breitbandversorgung ausreicht.[94] Auch nachfrageseitige Maßnahmen zur Förderung des Breitbandzugangs (zB. Gutscheine für Endnutzer) können Lücken in der Breitbandversorgung nicht immer schließen und dürften in den meisten Fäl-

---

[86] Leitlinien „Breitbandausbau", RdNr. 40. S. auch Kom., Staatliche Beihilfe N 201/06, Tz. 16 – Underserved territories in Greece; Kom., Staatliche Beihilfe N 115/08, Tz. 8 – Deutschland. Zu N 201/06 *Papadias/Riedl/Westerhof* Competition Policy Newsletter 2006, 13, 13. Krit. zu dieser Einteilung *Koenig* N&R 2009, 136, 136. Zur Übertragbarkeit der Kriterien auf Beihilfen im Bereich des Flughafen(aus)baus, *Koenig/Trias* EStAL 2009, 299, 309–310.
[87] Leitlinien „Breitbandausbau", RdNr. 41 f. S. Kom., Staatliche Beihilfe N 118/06, Tz. 13, 45 – Development of broadband communication networks in rural areas.
[88] Leitlinien „Breitbandausbau", RdNr. 43. S. auch Kom., ABl. 2007 L 86/1, Tz. 84 – Appingedam. S. dazu *Papadias/Riedl/Westerhof* Competition Policy Newsletter 2006, 13, 17–18.
[89] Kom., ABl. 2007 L 86/1, Tz. 72–83 – Appingedam. S. dazu auch *Papadias/Riedl/Westerhof* Competition Policy Newsletter 2006, 13, 17–18; EU Competition Law/*Riedl* IV Kap. 11 RdNr. 4.1847.
[90] Leitlinien „Breitbandausbau", RdNr. 44–46.
[91] Leitlinien „Breitbandausbau", RdNr. 46.
[92] *Koenig* N&R 2009, 136.
[93] *Koenig* N&R 2009, 136.
[94] Leitlinien „Breitbandausbau", RdNr. 49. S. ua. Kom., Staatliche Beihilfe N 473/07 – Alto Adige. S. auch Kom., Staatliche Beihilfe N 398/05, Tz. 41 – Development tax benefit; Kom., Staatliche Beihilfe N 264/06, Tz. 38 – Tuscany; Kom., Staatliche Beihilfe N 570/07, Tz. 40 – Baden-Württemberg; Kom., Staatliche Beihilfe N 131/05, Tz. 48 – Wales; Kom., Staatliche Beihilfe N 284/05, Tz. 68–71 – MANs; Kom., Staatliche Beihilfe N 118/06, Tz. 42 – Development of broadband communication networks in rural areas; Kom., Staatliche Beihilfe N 157/06, Tz. 47 – South Yorkshire; Kom., Staatliche Beihilfe N 150/08, Tz. 45 – Sachsen. Zu N 284/05 s. *Papadias/Riedl/Westerhof* Competition Policy Newsletter 2006, 13, 16.

len den etablierten Betreiber begünstigen.[95] Für die Bewertung des **Anreizeffekts** einer Maßnahme kommt es darauf an, ob die betreffende Investition in das Breitbandnetz innerhalb des gleichen Zeitraums nicht auch ohne staatliche Beihilfe unternommen worden wäre.[96] Bei der Beurteilung der **Verhältnismäßigkeit**[97] angemeldeter Beihilfen für „weiße" oder „graue Flecken" müssen eine Reihe von **Bedingungen** erfüllt sein, um die staatlichen Mittel und die potenziellen Wettbewerbsverzerrungen auf ein Minimum zu beschränken.[98] Dazu zählen die Erstellung einer detaillierten Breitbandkarte und Analyse der Breitbandabdeckung (Marktanalyse),[99] ein offenes Ausschreibungsverfahren,[100] die Priorität für das wirtschaftlich günstigste Angebot, Technologieneutralität,[101] die Nutzung bestehender Infrastrukturen,[102] ein offener Zugang auf Vorleistungsebene,[103] Preisbenchmarking[104] und ein Rückforderungsmechanismus zur Vermeidung von Überkompensationen.[105] Ist eine der Bedingungen nicht erfüllt, sieht die Kom. eine eingehendere, normalerweise im Rahmen eines Verfahrens nach Art. 108 Abs. 2 AEUV erfolgende Prüfung als erforderlich und die Wahrscheinlichkeit als groß an, dass die Beihilfe nicht mit dem Gemeinsamen Markt vereinbar ist.[106]

31   γ) Als dritten Prüfungspunkt verlangt die Kom. nach dem in den Leitlinien und der Entscheidungspraxis[107] verfolgten Prüfungsschema, dass die Wettbewerbsverzerrungen und Handelsbeeinträchtigungen so gering sind, dass die **Gesamtbilanz** der gewährten Beihilfe positiv ausfällt. Zu dieser Abwägungsfrage finden sich in den Leitlinien keinerlei Ausführungen, obwohl es sich um ein zentrales Element der beihilferechtlichen Prüfung handelt. Die Leitlinien spiegeln insofern die bisherige Entscheidungspraxis der Kom. zum Breitbandsektor wieder. Eine detaillierte, auf ökonomischen Daten oder Marktuntersuchungen beruhende Gesamtabwägung kann den Entscheidungsbegründungen der Kom. idR. nicht entnommen werden. Die Entsch. begnügen sich mit der Feststellung, dass die Wettbewerbsverzerrungen und Handelsbeeinträchtigungen gering seien, so dass die Gesamtbilanz positiv ausfalle.[108] Die Wettbewerbsverzerrun-

---

[95] Leitlinien „Breitbandausbau", RdNr. 49. S. ua. Kom., Staatliche Beihilfe N 222/06, Tz. 42 – Sardinia; Kom., Staatliche Beihilfe N 398/05, Tz. 42 – Development tax benefit; Kom., Staatliche Beihilfe N 264/06, Tz. 39 – Tuscany; Kom., Staatliche Beihilfe N 284/05, Tz. 72 – MANs.

[96] Leitlinien „Breitbandausbau", RdNr. 50.

[97] Allg. zu den Voraussetzungen der Verhältnismäßigkeit *Hencsey/Reymond/Riedl/Santamato/Westerhof* Competition Policy Newsletter 2005, 8, 14–15.

[98] Leitlinien „Breitbandausbau", RdNr. 51. S. auch Kom., Staatliche Beihilfe N 570/07, Tz. 43 – Baden-Württemberg; Kom., Staatliche Beihilfe N 131/05, Tz. 52 – Wales; Kom., Staatliche Beihilfe N 201/06, Tz. 58 – Underserved territories in Greece; Kom., Staatliche Beihilfe N 264/06, Tz. 43 – Tuscany; Kom., Staatliche Beihilfe N 284/05, Tz. 72 – MANs.

[99] S. ua. Kom., Staatliche Beihilfe N 264/06 – *Tuscany*; Kom., Staatliche Beihilfe N 475/07, Tz. 45 – NBS; Kom., Staatliche Beihilfe N 115/08, Tz. 51 – Deutschland; Kom., Staatliche Beihilfe N 14/08, Tz. 57 – Scotland.

[100] S. ua. Kom., Staatliche Beihilfe N 264/06, Tz. 43 – Tuscany; Kom., Staatliche Beihilfe N 508/08, Tz. 43 – Northern Ireland; Kom., Staatliche Beihilfe N 475/07, Tz. 45 – NBS; Kom., Staatliche Beihilfe N 157/06, Tz. 51 – South Yorkshire; Kom., Staatliche Beihilfe N 282/03, Tz. 3.3.2. – Cumbria broadband; Kom., Staatliche Beihilfe N 497/07, Tz. 33 – Lazdijai and Alytus; Kom., Staatliche Beihilfe N 115/2008, Tz. 51 – Deutschland.

[101] Kom., Staatliche Beihilfe N 282/03, Tz. 3.3.2. – Cumbria broadband; Kom., Staatliche Beihilfe N 199/04, Tz. 41 – Broadband business fund. Bislang hat die Kom. nach eigener Einschätzung nur in einem einzigen Fall den begründeten Einsatz einer bestimmten technischen Lösung akzeptiert, s. Leitlinien „Breitbandausbau", RdNr. 51, Fn. 56, mit Verweis auf Kom., Staatliche Beihilfe N 222/06, Tz. 45 – Sardinia.

[102] Kom., Staatliche Beihilfe N 213/03, Tz. 47 – ATLAS.

[103] Kom., Staatliche Beihilfe N 263/05, Tz. 46 – Kärnten.

[104] Kom., Staatliche Beihilfe N 57/05, Tz. 43 – Wales.

[105] Kom., Staatliche Beihilfe N 126/04, Tz. 42 – Lincolnshire; Kom., Staatliche Beihilfe N 267/05, Tz. 40 – Rural broadband access project.

[106] Leitlinien „Breitbandausbau", RdNr. 51.

[107] Kom., Staatliche Beihilfe N 398/05, Tz. 36 – Development tax benefit; Kom., Staatliche Beihilfe N 570/07, Tz. 34 – Baden-Württemberg; Kom., Staatliche Beihilfe N 131/05, Tz. 43 – Wales; Kom., Staatliche Beihilfe N 201/06, Tz. 44 – Underserved territories in Greece; Kom., Staatliche Beihilfe N 264/06, Tz. 33 – Tuscany; Kom., ABl. 2007 L 86/1, Tz. 71 – Appingedam.

[108] Kom., Staatliche Beihilfe N 398/05, Tz. 46–48 – Development tax benefit; Kom., Staatliche Beihilfe N 131/05, Tz. 53–54 – Wales; Kom., Staatliche Beihilfe N 264/06, Tz. 44–46 – Toscany; Kom., Staatliche Beihilfe N 570/07, Tz. 44–46 – Baden-Württemberg; Kom., Staatliche Beihilfe N 115/08, Tz. 52–53 – Deutschland; Kom., Staatliche Beihilfe N 150/08, Tz. 50–51 – Sachsen; Kom., Staatliche Beihilfe N 237/08, Tz. 49–50 – Niedersachsen; Kom., Staatliche Beihilfe N 266/08, Tz. 44–45 – Bayern; Kom., Staatliche Beihilfe N 746/06, Tz. 45–46 – NYNET; Kom., Staatliche Beihilfe N 890/06, Tz. 55–57 – Sicoval; Kom.,

gen und Handelsbeeinträchtigungen werden dabei nicht – schon gar nicht in qualitativ oder quantitativ ansprechender Weise – identifiziert. Die Kom. lässt idR. nicht erkennen, auf welcher ökonomisch-empirischen Basis sie ihre Abwägung trifft. Ein Verweis auf eigene Marktuntersuchungen wie auch Statistiken, Untersuchungen oder Studien Dritter ist nicht zu beobachten. Eine inhaltliche Abwägung ieS., dh. ein konkretes Gegenüberstellen identifizierter negativer Auswirkungen mit den positiven Effekten der Beihilfe erfolgt nicht. Die einzige Entsch., in der bislang eine ausführlichere Gesamtabwägung stattfand, ist der Fall **MANs.**[109] Auch dort ist die Abwägung aber nicht erkennbar auf eine Marktuntersuchung oder ökonomische Studien gestützt. Das Fehlen einer ausführlichen Gesamtabwägung kann darauf zurückgeführt werden, dass die Kom. den Schwerpunkt ihrer Prüfung auf die Identifizierung des Gemeinschaftsziels und die Ausgestaltung der Beihilfe legt. Wenngleich die beiden letztgenannten Komplexe zumindest verwandte, ggf. auch für die Gesamtabwägung relevante Elemente enthalten, können sie eine sachgemäße Abwägung im dritten Prüfungsschritt allerdings nicht ersetzen. Eine derartige Abwägung ist bereits nach den Grundsätzen der Transparenz und guten Verwaltung sowie der Pflicht zur nachvollziehbaren Begründung von Rechtsakten zu fordern. Anderenfalls ist es für Betroffene wie auch die Unionsgerichte nur schwerlich möglich, eine getroffene Entsch. in allen entscheidungsrelevanten Punkten auf ihre Rechtmäßigkeit hin zu überprüfen. Es handelt sich dabei allerdings nicht um ein allein den Breitbandsektor betreffendes, sondern ein allg. Merkmal der Entscheidungspraxis der Kom. In der gesamten Beihilfenkontrolle kann beobachtet werden, dass die Kom. regelmäßig keine substantiierte Gesamtabwägung negativer und positiver Effekte einer Beihilfe vornimmt. Dies ist nicht nur im Lichte der og. Grundsätze zu kritisieren, sondern bleibt auch hinter den juristischen wie ökonomischen Standards zurück, die die Kom. in kartellrechtlichen und fusionskontrollrechtlichen Verfahren – nicht zuletzt durch die Intervention der Unionsgerichte – entwickelt hat.

b) NGA-Netze. NGA-Netze verfügen über Übertragungsraten und Kapazitäten für die 32 Übertragung künftiger hochauflösender Inhalte (Video oder TV), unterstützen On-Demand-Anwendungen mit hohem Bandbreitenbedarf und stellen Unternehmen bezahlbare symmetrische Breitbandanschlüsse bereit, die gegenwärtig lediglich für Großunternehmen verfügbar sind.[110] Die Kom. hat bereits mehrere Notifizierungen geprüft, die den Ausbau von Glasfasernetzen betrafen. Gegenstand der Beihilfen war entweder der Ausbau eines regionalen NGA-Kernnetzes[111] oder die Bereitstellung von Glasfaseranschlüssen für eine begrenzte Anzahl gewerblicher Nutzer.[112] Staatliche Unterstützung für den Ausbau eines NGA-Zugangsnetzes, das Glasfaseranschlüsse für das Marktsegment von Privatnutzern bereitstellt, ist bisher lediglich in zwei Fällen, **Appingedam** und **Amsterdam,** gewährt worden.[113]

aa) Art. 107 Abs. 1 AEUV: Vorliegen einer Beihilfe. Bzgl. des **Beihilfecharakters** 33 verweist die Kom. darauf, dass nicht alle staatlichen Maßnahmen zur Förderung des Ausbaus von NGA-Netzen zwangsläufig mit Beihilfen iSd. Art. 107 Abs. 1 AEUV verbunden sind. Das Vorliegen einer Beihilfe kann dadurch ausgeschlossen werden, dass zusätzliche Kosten für Baumaßnahmen vermieden wurden, indem die Netzbetreiber ihre Bauarbeiten abstimmen und/oder Teile ihrer Infrastruktur gemeinsam nutzen oder bei jeglichen Bauarbeiten (einschließlich der Wasser-, Energie- und Abwasserentsorgung oder bei Verkehrsbauten) und/oder Neubauten ein Glasfaseranschluss vorzusehen ist.[114] Das gleiche gilt, wenn die Mitgliedstaaten einzelne Baumaßnahmen (Ausheben von Erdreich auf öffentlichem Grund, Verlegung von Leerrohren) ausführen, um den Ausbau eigener Netzkomponenten durch die Betreiber zu er-

---

Staatliche Beihilfe N 157/06, Tz. 52–53 – South Yorkshire; Kom., Staatliche Beihilfe N 201/06, Tz. 59–61 – Underserved territories in Greece; Kom., Staatliche Beihilfe N 118/06, Tz. 48 – Latvia; Kom., Staatliche Beihilfe N 222/06 Tz. 46–49 – Sardinia; Kom., Staatliche Beihilfe N 475/07, Tz. 46–48 – NBS.

[109] Kom., Staatliche Beihilfe N 284/05, Tz. 76–84 – MANs.

[110] Leitlinien „Breitbandausbau", RdNr. 54.

[111] Leitlinien „Breitbandausbau", RdNr. 55. Kom., Staatliche Beihilfe N 157/06 – South Yorkshire; Allg. hierzu *Papadias/Riedl/Westerhof* Competition Policy Newsletter 2006, 13, 15–16.

[112] Leitlinien „Breitbandausbau", RdNr. 55.

[113] Leitlinien „Breitbandausbau", RdNr. 55, Fn. 62. S. Kom., ABl. 2007 L 86/1 – Appingedam, Kom. ABl. 2008 L 247/27 – Glasvezelnet Amsterdam. Zu Appingedam s. *Papadias/Riedl/Westerhof* Competition Policy Newsletter 2006, 13, 17–18; zu Amsterdam s. *Gaál/Papadias/Riedl* Competition Policy Newsletter 2008, 82–85; die Fälle vergleichend *Gaál/Papadias/Riedl* Competition Policy Newsletter 2008, 82, 84–85.

[114] Leitlinien „Breitbandausbau", RdNr. 60–61.

möglichen oder zu beschleunigen.[115] Weder die Baumaßnahmen durch die Mitgliedstaaten noch die Vorgaben für die Bauarbeiten durch Private dürfen allerdings branchen- oder sektorspezifisch sein, weil ansonsten von einem dem Beihilfenverbot unterliegenden selektiven Vorteil iSd. Art. 107 Abs. 1 AEUV auszugehen ist.[116]

34   **bb) Art. 107 Abs. 3 AEUV: Vereinbarkeit mit dem Binnenmarkt.** Im Hinblick auf die Vereinbarkeit mit dem Binnenmarkt ist nach den Leitlinien „Breitbandausbau" auch bei NGA-Netzen zwischen „weißen", „grauen" und „schwarzen Flecken" zu unterscheiden. Dabei geht die Kom. davon aus, dass NGA-Netze die bestehenden herkömmlichen Netze für die Breitbandversorgung auf längere Sicht ablösen werden.[117]

35   Vor diesem Hintergrund werden in den Leitlinien die Gebiete, in denen gegenwärtig noch keine NGA-Netze existieren, und die auch in naher Zukunft, dh. innerhalb von drei Jahren, von privaten Investoren nicht ausgebaut und somit nicht einsatzbereit sein werden, als **„weiße NGA-Flecken"** definiert.[118] Damit kann ein „weißer NGA-Fleck" ein Gebiet ohne Infrastruktur für eine Breitbandgrundversorgung (herkömmlicher „weißer Fleck") sein, aber auch ein Gebiet, in dem ein einzelner Anbieter (herkömmlicher „grauer Fleck") bzw. mehrere Anbieter von Breitbandgrundversorgung (herkömmlicher „schwarzer Fleck") tätig sind.[119] **„Graue NGA-Flecken"** sind die Gebiete, in denen innerhalb der nächsten drei Jahre lediglich ein NGA-Netz verfügbar sein oder ausgebaut werden wird und kein anderer Betreiber den Ausbau eines weiteren NGA-Netzes in diesem Zeitraum plant.[120] „Graue NGA-Flecken" sind damit sowohl Gebiete, in denen neben dem NGA-Netz keine andere, herkömmliche Breitbandinfrastruktur vorhanden ist, als auch solche, in denen neben dem NGA-Netz ein oder mehrere Breitbandanbieter tätig sind (herkömmliche „graue" oder „schwarze Flecken").[121] Sofern in einem bestimmten Gebiet mehr als ein NGA-Netz existiert oder in den kommenden drei Jahren ausgebaut werden soll, ist dieses als **„schwarzer NGA-Fleck"** anzusehen.[122] Ein „schwarzer NGA-Fleck" kann ebenfalls ein Gebiet mit einem (herkömmlicher „grauer Fleck") oder mehreren Breitbandanbietern (herkömmlicher „schwarzer Fleck") sein.[123]

36   Da zwischen Breitbanddiensten, die über herkömmliche Breitbandnetze angeboten werden, und solchen, die über NGA-Netze angeboten werden, nach Ansicht der Kom. ein gewisses Maß an Substituierbarkeit besteht, sollen bei der Beurteilung der Vereinbarkeit einer Beihilfe für den Ausbau von NGA-Netzen auch die Auswirkungen dieser Beihilfen auf vorhandene Breitbandnetze zu berücksichtigen sein.[124] Bei der Vereinbarkeitsbewertung von NGA-Netzen mit dem Beihilfenrecht ist ferner die o. bei den herkömmlichen Breitbandnetzen beschriebene **Abwägungs- und Verhältnismäßigkeitsprüfung** durchzuführen.[125] Hinsichtlich der Beurteilung von NGA-Netzen gibt es allerdings Besonderheiten.

37   α) **„Weiße NGA-Flecken": Unterstützung für den Ausbau von NGA-Netzen in unterversorgten Gebieten.** Sofern die Bedingungen bzgl. der bei den herkömmlichen Breitbandnetzen durchzuführenden Verhältnismäßigkeitsprüfung erfüllt sind, können Maßnahmen als mit dem Binnenmarkt vereinbar angesehen werden, die der Förderung des Aufbaus von NGA-Netzen in Gebieten dienen, in denen bislang keine Infrastruktur existierte bzw. die Gebieten zugute kommen, in denen die vorhandenen Breitbandanbieter den Ausbau solcher Netze für nicht rentabel halten.[126] Bei „weißen NGA-Flecken" mit einem bereits existierenden Netz für die herkömmliche Breitbandgrundversorgung (herkömmliche „graue Flecken") muss der Mitgliedstaat nachweisen, dass die über das fragliche Netz angebotenen Breitbanddienste (auch unter der Berücksichtigung einer evtl. geplanten Modernisierung) in dem betreffenden Gebiet nicht zur Deckung des Bedarfs von Bürgern und Unternehmen ausreichen und dass dieselben Ziele nicht mit weniger wettbewerbsverzerrenden Mitteln erreicht werden können.[127]

---

[115] Leitlinien „Breitbandausbau", RdNr. 60–61.
[116] Leitlinien „Breitbandausbau", RdNr. 61.
[117] Leitlinien „Breitbandausbau", RdNr. 66.
[118] Leitlinien „Breitbandausbau", RdNr. 68.
[119] Leitlinien „Breitbandausbau", RdNr. 68, Fn. 69.
[120] Leitlinien „Breitbandausbau", RdNr. 68.
[121] Leitlinien „Breitbandausbau", RdNr. 69, Fn. 71.
[122] Leitlinien „Breitbandausbau", RdNr. 70.
[123] Leitlinien „Breitbandausbau", RdNr. 70, Fn. 72.
[124] Leitlinien „Breitbandausbau", RdNr. 71.
[125] Leitlinien „Breitbandausbau", RdNr. 71.
[126] Leitlinien „Breitbandausbau", RdNr. 72.
[127] Leitlinien „Breitbandausbau", RdNr. 73.

β) „Graue NGA-Flecken": Notwendigkeit einer detaillierten Analyse. In Gebieten, **38** in denen ein privater Investor bereits ein NGA-Netz aufgebaut hat oder möglicherweise in den nächsten drei Jahren aufbauen wird und kein privater Investor innerhalb dieses Zeitraums den Aufbau eines zweiten NGA-Netzes plant („graue NGA-Flecken"), ist nach Auffassung der Kom. zur Bewertung der Genehmigungsfähigkeit einer Beihilfe eine detailliertere Analyse notwendig, um wettbewerbsschädliche Auswirkungen bspw. auf bereits getätigte Investitionen auszuschließen.[128] Insofern muss der betreffende Mitgliedstaat erstens nachweisen, dass das bestehende oder geplante NGA-Netz nicht zur Deckung des Bedarfs der Bürger und Unternehmen in den betreffenden Gebieten ausreicht bzw. ausreichen würde, und zweitens, die angestrebten Ziele nicht mit weniger wettbewerbsverzerrenden Mitteln (einschließlich Vorabregulierung) erreicht werden können.[129]

γ) „Schwarze NGA-Flecken": Staatliches Handeln nicht erforderlich. In Gebieten **39** mit „schwarzen NGA-Flecken" sind nach den Leitlinien „Breitbandausbau" Beihilfen mit dem Binnenmarkt unvereinbar.[130]

δ) Sonderfall: Herkömmliche „Schwarze Flecken". In herkömmlichen „schwarzen **40** Flecken" bestehen nach Ansicht der Kom. genügend Anreize, die vorhandenen herkömmlichen Breitbandnetze zu hochleistungsfähigen NGA-Netzen auszubauen. Für staatliche Fördermaßnahmen fehlt es daher an der Erforderlichkeit.[131] Den Mitgliedstaaten obliegt dann eine erhöhte Nachweispflicht, dass ein staatliches Handeln ausnahmsweise erforderlich ist.[132]

ε) Begrenzung etwaiger Wettbewerbsverzerrungen. In ihren Leitlinien „Breitbandaus- **41** bau" weist die Kom. ferner darauf hin, dass eine Reihe grundlegender Bedingungen erfüllt sein muss, damit staatliche Beihilfen für den Ausbau von NGA-Netzen als mit dem Binnenmarkt vereinbar angesehen werden können, sofern es sich nicht um „weiße NGA-Flecken" handelt, in denen auch keine ausreichende Breitbandgrundversorgung gegeben ist.[133] Zu den grundlegenden Bedingungen zählt die Verpflichtung des Begünstigten, Netzzugang auf Vorleistungsebene zu gewähren, was auch dazu dienen soll, die Frage der zeitweiligen Substituierbarkeit zwischen bereits vorhandenen herkömmlichen Breitbandnetzen und NGA-Netzen zu lösen. Die Festlegung der Bedingungen für den Netzzugang auf Vorleistungsebene durch die Mitgliedstaaten soll unter Beteiligung der zuständigen Regulierungsbehörde erfolgen, von der erwartet wird, dass sie entweder für eine Vorabregulierung sorgt oder ggf. Abhilfemaßnahmen zum Schutz des Wettbewerbs ergreift. Die BNetzA hat insofern die von ihr definierten Anforderungen an die Regulierung im Hinblick auf Zugangsgewährung und Entgeltgestaltung in ihrem Konsultationsentwurf der „Eckpunkte über die regulatorischen Rahmenbedingungen für die Weiterentwicklung moderner Telekommunikationsnetze und die Schaffung einer leistungsfähigen Breitbandinfrastruktur" formuliert.[134] Darin weist sie auch auf diverse Förderinstrumente auf Bundes- und Landesebene hin.[135] Zu den Bedingungen für die Vereinbarkeit mit dem Binnenmarkt gehört ferner, dass die geförderte NGA-Netzarchitektur technologieneutral ausgestaltet ist und alle verschiedenen Arten von Netzzugängen bietet, die die Betreiber nachfragen könnten.

c) Bewertung. Mit den Leitlinien zur Breitbandförderung hat die Kom. ihre **Entschei-** **42** **dungspraxis** aus den Jahren 2003 bis 2009 zusammengefasst. Diese bezog sich im Wesentlichen auf die Förderung herkömmlicher Breitbandverbindungen für private Endnutzer oder fortgeschrittene Breitbandleistungen für Unternehmen in entlegenen oder unterentwickelten Regionen.[136] Mit einer einzigen Ausnahme[137] wurden alle Vorhaben als beihilferechtskonform bewertet. Der rasante technologische Fortschritt im Breitbandsektor und dessen ökonomisch stetig zunehmende Bedeutung als Schlüsseltechnologie für Kommunikation und Innovation werden den politischen, aber auch den regulatorischen und beihilferechtlichen Fokus zukünftig verstärkt auf die Bewertung von Netzwerken der nächsten Generation lenken. Die politischen Entscheidungsträger und die Regulierungsbehörden werden in diesem Wachstumsfeld eine äußerst

---

[128] Leitlinien „Breitbandausbau", RdNr. 72.
[129] Leitlinien „Breitbandausbau", RdNr. 75.
[130] Leitlinien „Breitbandausbau", RdNr. 76.
[131] Leitlinien „Breitbandausbau", RdNr. 77.
[132] Leitlinien „Breitbandausbau", RdNr. 78.
[133] Leitlinien „Breitbandausbau", RdNr. 79.
[134] BNetzA, ABl. BNetzA 2009, 2451, 2469.
[135] BNetzA, ABl. BNetzA 2009, 2451, 2472–2473.
[136] EU Competition Law/*Riedl* IV Kap. 11 RdNr. 4.1852.
[137] Kom., ABl. 2007 L 86/1 – Appingedam.

wichtige Rolle für die technologische wie ökonomische Entwicklung spielen.[138] Gleiches gilt allerdings auch für die beihilferechtliche Kontrolle durch die Kom., die mit ihren Leitlinien den Rahmen für die Kontrolle der staatlichen Förderung von NGA-Netzen vorgegeben hat. Aufgrund der geringen Entscheidungspraxis der Kom. in diesem Bereich fehlen bislang allerdings die notwendigen Erfahrungswerte mit diesen Regelungen, um eine ökonomisch wie beihilferechtlich praktikable Anwendung zu garantieren. Es bleibt abzuwarten, wie die Kom. die Leitlinien im Einzelfall anwenden wird und ob die von der herkömmlichen Breitbandförderung übernommene Dreiteilung in „weiße", „graue" und „schwarze NGA-Flecken" ein tragfähiges ökonomisches wie beihilferechtliches Konzept darstellt. Interessant wird insbes. die Bewertung von Maßnahmen zugunsten „weißer NGA-Flecken" sein, in denen bereits ein oder mehrere herkömmliche Breitbandnetze existieren, da insofern zumindest zeitweise ein Wettbewerb zwischen den herkömmlichen Breitbandnetzen und den dann staatlich geförderten neuen NGA-Netzen bestehen dürfte.

43 Öffentliche Maßnahmen zur Breitbandförderung wie auch im Bereich des Digitalfernsehens zählen zu den ersten Maßnahmen, auf die die **verfeinerte wirtschaftliche Betrachtungsweise**[139] angewendet wurde.[140] Es zeigt sich allerdings, dass bzgl. der elementaren Gesamtabwägung der negativen und positiven Effekte einer Beihilfe die Kom. eine wirtschaftliche, auf ökonomischen Daten beruhende Betrachtungsweise gerade nicht einnimmt, sondern ihre Entsch. auf idR. kurz gehaltene Feststellungen ohne empirische Substantiierung stützt. Dies ist nicht nur mit Blick auf juristische und ökonomische Standards zu bedauern, sondern steht auch im Widerspruch zum ausdrücklich gewählten Ansatz der Kom., auch im Beihilfenrecht eine stärker ökonomisch ausgerichtete Prüfung und Beurteilung vorzunehmen.

44 **3. Digitalfernsehen. Radio- und Fernsehsignale werden auf verschiedenen Übertragungswegen verbreitet,** dh. im Allgemeinen über Kabel, Satellit oder auf terrestrische Weise.[141] Zusätzlich und mit wachsender Bedeutung können Radio- und Fernsehinhalte durch Breitbandverbindungen über das Internet zugänglich gemacht werden.[142] Bei der terrestrischen (erdgebundenen) Übertragung werden Inhalte v. Sender als modulierte elektromagnetische Wellen ausgestrahlt und auf Haus- oder Zimmerantennen übertragen. Die Übertragungstechnik bei den herkömmlichen Ausstrahlungsarten kann entweder **analoger oder digitaler** Natur sein.[143] Während bei der analogen Übertragung eines Radio- oder Fernsehsenders ein bestimmtes Frequenzband verwendet wird, lassen sich diese bei der digitalen Ausstrahlung effizienter nutzen, da mehrere Sender pro Frequenzband übertragen werden können.[144] Empfänger haben auf diesem Wege Zugang zu einer größeren Zahl von Radio- und Fernsehsendern sowie besserer Ton- und Bildqualität. Digitaler terrestrischer Rundfunk wird auch als **DVB-T (Digital Video Broadcasting – Terrestrial)** bezeichnet, die Verbreitung digitaler Rundfunksignale durch Satellit als **DVB-S (Satellite)** und die durch Kabel als **DVB-C (Cable).**[145]

45 Die EU-Mitgliedstaaten führen gegenwärtig digitales Fernsehen ein, welches das analoge Fernsehen letztlich ersetzen wird.[146] Dieser Umstellungsprozess von analoger zu digitaler Ausstrahlung wird **digital switchover** genannt.[147] Die effizientere Nutzung von Frequenzspektren, die gegenwärtig noch v. analogen terrestrischen Fernsehen genutzt werden und die durch die Digitalisierung des Rundfunks für andere Dienste frei werden, wird als digitale Dividende **(digital dividend)** bezeichnet.[148]

46 Die Kom. spielt bei der Entwicklung des digitalen Fernsehens und für die Zukunft des digitalen Rundfunks eine aktive Rolle, was vor allem die Koordinierung der Umsetzungsmaßnahmen

---

[138] EU Competition Law/*Riedl* IV Kap. 11 RdNr. 4.1853.

[139] Vgl. Einl. RdNr. 90–168.

[140] EU Competition Law/*Riedl* IV Kap. 11 RdNr. 4.1830–4.1831.

[141] Allg. hierzu *McGraw/Hill* DTV Handbook, 4–22; *Reimers* DVB, 1–3; für den Bereich des Rundfunks s. auch *Gongolsky/Gründel/Kuhl* Hörfunk der Zukunft.

[142] S. hierzu insbes. Kommission für Zulassung und Aufsicht der Landesmedienanstalten, Digitalisierungsbericht 2009, 13–33; *Schoser/Santamato* Competition Policy Newsletter 2006, 23.

[143] *Schoser/Santamato* Competition Policy Newsletter 2006, 23, 23–24.

[144] Beck'scher Komm. zum Rundfunkrecht/*Hahn* § 52a RStV RdNr. 3–3a; BeckTKG-Komm/*Korehnke/Tewes* Vorbem. zu §§ 52 ff TKG RdNr. 44. Allg. zu den Vorteilen der Datenreduzierung *Reimers* DVB, 11–17.

[145] *Reimers,* DVB, 16–17.

[146] Zum aktuellen Stand der Digitalisierung in Deutschland und Europa s. Kommission für Zulassung und Aufsicht der Landesmedienanstalten, Digitalisierungsbericht 2009, 46–60.

[147] Beck'scher TKG-Komm./*Göddel* § 63 TKG RdNr. 8; Mitt., KOM(2005) 204 final (englische Version).

[148] *Kopf* MMR 2007, 681, 681.

auf Ebene der Mitgliedstaaten betrifft. In einer Mitteilung über den Übergang vom analogen zum digitalen Rundfunk hat die Kom. die Bedeutung des digital switchover für den Binnenmarkt und die Verwirklichung der Lissabon-Strategie[149] dargelegt.[150] Darin nimmt sie auch ausführlich zur Frage des staatlichen Eingreifens zur Beschleunigung des Umstellungsprozesses Stellung, das sie unter zwei Voraussetzungen für gerechtfertigt hält: Zum einen müssen potenzielle Vorteile und/oder Nachteile für die Gesellschaft als Ganzes gegenüber Vor- oder Nachteilen für bestimmte Gruppen existieren. Zum anderen muss ein Marktversagen vorliegen.[151] Vom Vorliegen eines Marktversagens geht die Kom. zumindest beim terrestrischen Fernsehen und Hörfunk aufgrund struktureller Mängel aus.[152] Als Grundsätze für staatliche Regulierungsmaßnahmen werden von der Kom. definiert: die Definition klarer politischer Ziele, die Beschränkung auf das zur Erreichung dieser Ziele erforderliche Mindestmaß, die Verbesserung der Rechtssicherheit in einem dynamischen Markt, Technologieneutralität und die Regelung so nah wie möglich an der Ebene der betroffenen Aktivität.[153]

In einer weiteren Mitteilung über die Beschleunigung des Übergangs v. analogen zum digita- **47** len Rundfunk hat die Kom. als Termin für den Abschluss der Abschaltung analogen Fernsehens (sog. **switch-off**) in allen Mitgliedstaaten der EU Anfang 2012 vorgeschlagen.[154]

Seit dem Jahre 2004 hat die Kom. mehrere Einzelfallentscheidungen zu staatlichen Maß- **48** nahmen im Bereich der Förderung des digital switchover erlassen.[155] Soweit die Entsch. der Kom. von den Unionsgerichten überprüft worden sind, haben die Gerichte die Kom. bislang bestätigt.

a) Art. 107 Abs. 1 AEUV: Vorliegen einer Beihilfe. Mitgliedstaaten bedienen sich ver- **49** schiedener, beispielsweise regulatorischer, informatorischer oder finanzieller Mittel, um die Umstellung auf den digitalen Rundfunk zu erleichtern oder zu fördern.[156] Mit Ausnahme von zwei Fällen[157] kam die Kom. bisher allerdings in sämtlichen durchgeführten Verfahren zu dem Schluss, dass eine Beihilfe gem. Art. 107 Abs. 1 AEUV vorlag.

aa) Staatliche Mittel. Nach Ansicht der Kom. stellte die finanzielle Förderung durch die **50** Landesmedienanstalten in NRW, Bayern und Berlin-Brandenburg, die den Rundfunkanbietern für die digitale terrestrische Übertragung ihrer Programme gewährt werden sollte, eine **aus staatlichen Mittel gewährte und dem Staat zurechenbare Maßnahme** dar.[158]

Deutschland argumentierte hingegen jeweils, unter Bezugnahme auf die Rs. PreussenElektra, **51** Sloman Neptun und Pearle, dass die Förderung nicht aus **staatlichen Mitteln** betrieben werde, weil sie aus den v. einzelnen Zuschauern entrichteten Rundfunkgebühren bestritten werde und somit keine Belastung des Staatshaushaltes darstelle.[159] Die Kom. stellte dazu fest, dass die Her-

---

[149] Nach der Lissabon-Strategie soll die EU bis 2010 der wettbewerbsfähigste und dynamischste wissensgestützte Wirtschaftsraum der Welt sein; vg. Mitt., KOM(2005) 229 endg. v. 1. 6. 2005.

[150] Mitt. KOM(2003) 541 endg., insbes. 7–15; s. auch *Nordlander/Melin* EStAL 2006, 257, 262; *Schoser/Santamato* Competition Policy Newsletter 2006, 23–27.

[151] Mitt. KOM(2003) 541 endg., 11.

[152] Mitt. KOM(2003) 541 endg., 12.

[153] Mitt. KOM(2003) 541 endg., 13.

[154] Mitt. KOM(2005) 204 endg., 3; KOM(2007) 700 endg., 3. S. auch Pressemitteilung v. 16. 2. 2009, IP/09/266; *Kopf* MMR 2007, 681, 681.

[155] Zur Übersicht der Fallpraxis der Kom. im Bereich des Digital-TV s. http://ec.europa.eu/competition/sectors/telecommunications/digital_tv_decisions.pdf, Stand 30. 10. 2008.

[156] S. *Schoser/Santamato* Competition Policy Newsletter 2006, 23, 24, 27; EU Competition Law/*Riedl* IV Kap. 11 RdNr. 4.1888–4.1889.

[157] Kom., Staatliche Beihilfe NN 64/05, Tz. 19–24 – Digital replacement licences; Kom., ABl. 2007 L 112/77, Tz. 99–126 – Digital terrestrial television.

[158] Kom., ABl. 2008 L 236/10, Tz. 61–69 – Nordrhein-Westfalen; Kom., ABl. 2006 L 200/14, Tz. 50–54 – Berlin-Brandenburg; Kom., ABl. 2006 C 202/18, Tz. 23–27 – Bayern. Zum Fall Berlin-Brandenburg, *Koenig/Husi* EStAL 2004, 605–612; *Koenig/Haratsch* ZUM 2005, 275–283; *Schoser* Competition Policy Newsletter 2006, 93–96; *Nordlander/Melin* EStAL 2006, 257, 258–260, 263–264, die den Fall als wegweisend für die zukünftige Praxis der Kom. ansehen. S. auch *Ladeur* K&R 2006, 197, 204. Zu der staatlichen Herkunft der Mittel insbes. im Fall Berlin-Brandenburg *Koenig/Kühling* K&R 2004, 201, 202–205; insbes. im Fall Berlin-Brandenburg *Koenig/Haratsch* ZUM 2005, 275, 276–278. Die Negativentscheidungen in den Fällen Nordrhein-Westfalen und Berlin-Brandenburg waren Gegenstand von vier erfolglosen Nichtigkeitsklagen vor dem EuG, T-2/08 – Landesmedienanstalt NRW/Kom., T-8/06 – FAB/Kom., T-21/06 – Deutschland/Kom., T-24/06 – MABB/Kom., alle noch nicht in Slg. veröffentlicht.

[159] Kom., ABl. 2008 L 236/10, Tz. 62 – Nordrhein-Westfalen; Kom., ABl. 2006 L 200/14, Tz. 51 – Berlin-Brandenburg; Kom., ABl. 2006 C 202/18, Tz. 24 – Bayern.

kunft der Mittel der Landesmedienanstalten, zumindest ab dem Zeitpunkt, in dem sie in ihren Haushalt fließen, nichts an der Einstufung als staatliche Mittel ändere. Es reiche aus, dass diese aus dem Haushalt einer öffentlichen Einrichtung gezahlt würden. Die Rundfunkgebühren seien zudem eine gesetzliche Abgabe, die staatlich kontrolliert und ähnlich wie Steuern eingezogen werde und daher als staatliche Mittel anzusehen sei.[160] Im Schrifttum wurde als Beleg für die Staatlichkeit der Mittel der Landesmedienanstalt Berlin-Brandenburgs auch darauf abgestellt, dass der Anteil am Gebührenaufkommen nicht deren einzige Einnahmequelle sei, sondern sich diese auch aus von ihr erhobenen Verwaltungsgebühren finanziere. Diese von der Landesmedienanstalt auf hoheitlicher Grundlage erhobenen und in ihren Haushalt fließenden Verwaltungsgebühren stellten jedenfalls staatliche Mittel dar.[161]

52 Zudem machte Deutschland mit Verweis auf die Rs. Stardust Marine und Pearle geltend, dass die fragliche Maßnahme nicht dem Staat **zurechenbar** sei. Dieser habe wegen der im deutschen Recht begründeten Staatsferne der Landesmedienanstalten keine Hoheit über das Vorhaben.[162] Die Kom. wies jedoch darauf hin, dass die Maßnahmen von den Landesmedienanstalten im Rahmen ihrer öffentlichen Aufgaben gewährt würden und deren Ermessensspielraum im Bereich der zur Verfügung stehenden Mittel gering sei. Ungeachtet der Autonomie handele es sich um eine öffentliche Einrichtung, deren Tätigkeit eindeutig von den Grundsätzen der öffentlichen Ordnung geleitet werde. Im Schrifttum wurde darauf hingewiesen, dass die Grundsätze der Stardust Marine-Rechtsprechung auf Landesmedienanstalten nicht anwendbar seien.[163] Es handele sich nicht um eine staatlich benannte Einrichtung, sondern um eine behördliche bzw. staatliche Einrichtung, die mit staatlicher Hoheitsgewalt ausgestattet sei.[164] Eine besondere Zurechnung der konkret-individuellen Finanztransaktion an den Staat sei daher nicht erforderlich.[165]

53 Das EuG bestätigte die Rechtsauffassung der Kom. in den Verfahren zur Förderung in NRW und Berlin-Brandenburg.[166] Im Beihilfenkontrollverfahren zur Förderung in Bayern wurde die Maßnahme zurückgenommen und das Beihilfekontrollverfahren dadurch gegenstandslos.[167] Das Gericht betrachtete die Haushaltsmittel der betroffenen Landesmedienanstalten als staatliche Mittel iSd. Art. 107 Abs. 1 AEUV und verzichtete daher auf eine Zurechenbarkeitsprüfung. Nach Auffassung des Gerichts stellt die Landesmedienanstalt Nordrhein-Westfalen eine Behörde dar, „die im Sinne von Art. 87 EG [Art. 107 AEUV] in die Verwaltungsorganisation des Landes Nordrhein-Westfalen und somit des Staates eingegliedert ist".[168] Die Medienanstalt Berlin-Brandenburg wird vom Gericht „als eine zur Organisation der betreffenden Länder und somit des Staates im Sinne von Art. 87 EG [Art. 107 AEUV] gehörende Behörde" angesehen.[169] Aufgrund dieser Behördeneigenschaft verneinte das Gericht auch eine eigene Klagebefugnis der betroffenen Landesmedienanstalten mangels individueller Betroffenheit iSd. ex-Art. 230 Abs. 4 EG [Art. 256 Abs. AEUV], weil die Landesmedienanstalten in Bezug auf die Beihilfenregelung keine eigenen, über die von den Interessen der BRD und der jeweiligen Bundesländer hinausgehenden Ziele verfolgten. Diese Bewertung führt zu einer bedenklichen Reduzierung der Rechtsschutzmöglichkeiten und stimmt nicht mit dem innerstaatlichen Schutzniveau überein. Das deutsche Grundgesetz verlangt eine staatsferne Organisation des Rundfunks und seiner Infrastruktur. Diesem Gebot der Staatsferne[170] entsprechend sieht das BVerfG eine Landesmedienanstalt als ein externes, vom Staat unabhängiges Organ an und folglich nicht als eine in den Verwaltungsaufbau integrierte Behörde.[171] Die Landesmedienanstalten werden daher nicht nur als Träger der Rechte aus Art. 10 Abs. 1 EMRK und Art. 11 der Grundrechte-Charta, sondern

---

[160] Kom., ABl. 2008 L 236/10, Tz. 64–66 – Nordrhein-Westfalen; Kom., ABl. 2006 L 200/14, Tz. 52 – Berlin-Brandenburg; Kom., ABl. 2006 C 202/18, Tz. 25–26 – Bayern.

[161] *Koenig/Haratsch* ZUM 2005, 275, 276.

[162] Kom., ABl. 2008 L 236/10, Tz. 67–68 – Nordrhein-Westfalen; Kom., ABl. 2006 L 200/14, Tz. 51 – Berlin-Brandenburg; Kom., ABl. 2008 § 9 RdNr. 245 ff., ABl. 2006 C 202/18, Tz. 24 – Bayern.

[163] *Koenig/Haratsch* ZUM 2005, 275, 277–278.

[164] *Koenig/Haratsch* ZUM 2005, 275, 278.

[165] *Koenig/Haratsch* ZUM 2005, 275, 278; *Koenig/Kühling* K&R 2004, 201, 204–205.

[166] EuG, T-2/08, RdNr. 40 – Landesmedienanstalt NRW/Kom., T-8/06, RdNr. 50 – FAB/Kom., T-24/06, RdNr. 50 – MABB/Kom., alle noch nicht in Slg. veröffentlicht.

[167] Kom., ABl. 2006 L 222/5, RdNr. 9–11.

[168] EuG, T-2/08, RdNr. 38 – Landesmedienanstalt NRW/Kom., noch nicht in Slg. veröffentlicht.

[169] EuG, T-24/06, RdNr. 53 – MABB/Kom., noch nicht in Slg. veröffentlicht.

[170] BVerfGE 12, 205, 262–263.

[171] BVerfGE 73, 118 – LS 2.

auch als Träger des Grundrechts der Rundfreiheit aus Art. 5 Abs. 1 GG angesehen,[172] was für eine staatliche Behörde nicht der Fall sein kann. Das EuG hält dies aber nicht für maßgeblich, da nach seiner Auffassung Art. 5 GG „vor allem die Informationsfreiheit gewährleisten soll".[173]

bb) Wirtschaftlicher Vorteil. In den Entscheidungen zur Einführung des digitalen terrest- **54** rischen Fernsehens in Deutschland wurde ein **wirtschaftlicher Vorteil** jedenfalls zugunsten der am DVB-T teilnehmenden **Rundfunkanbieter** angenommen. Diese seien unmittelbar begünstigt, weil die Förderung sie von Aufwendungen entlaste, die Teil der normalen Betriebskosten seien.[174] Als **mittelbar Begünstigte** wurden in zwei der drei Verfahren auch die **Betreiber des DVB-Netzes** angesehen, weil durch die Maßnahme die von den Rundfunkanbietern an den Netzbetreiber entrichteten Übertragungsentgelte gefördert würden und dieser dadurch höhere Einnahmen als ohne die Maßnahme erzielen könne.[175]

Bei Maßnahmen zugunsten der Förderung digitaler Decoder ist für die Annahme eines wirt- **55** schaftlichen Vorteils entscheidend, wer der **Begünstigte** ist. **Endverbraucher** kommen nach allg. Grundsätzen trotz unmittelbarer Begünstigung durch Zuschüsse zu Kauf oder Miete eines Decoders mangels Unternehmenseigenschaft **nicht** als Träger eines wirtschaftlichen Vorteils in Betracht.[176] Erlangen **allerdings Unternehmen** durch die Förderung digitaler Decoder einen direkten oder indirekten wirtschaftlichen Vorteil, kann das Tatbestandsmerkmal zu bejahen sein.[177] Welche Marktteilnehmer dabei begünstigt werden, ist von der jeweiligen Konstellation abhängig. In staatlichen Zuschüssen für private Nutzer, die einen Decoder zum Empfang digital übertragener Fernsehsignale über terrestrische Antenne kauften oder mieteten, sah die Kom. einen indirekten Vorteil für die Fernsehsender, die digitale Plattformen oder Kabelplattformen betrieben, die Netzbetreiber, die das Signal übertrugen und die Decoderhersteller.[178] Dies ist bezüglich des italienischen Zuschusses zum Kauf oder zur Anmietung digitaler terrestrischer Decoder vom EuG bestätigt worden.[179] In einem Fall, in dem Zuschüsse den Endverbrauchern nur bei Kauf oder Miete eines digitalen Decoders mit offenen Standards gewährt wurden, betrachtete die Kommmission neben den Herstellern von Geräten mit offenen Standards nur die Rundfunkanbieter und Pay-TV-Anbieter, deren Dienste auf Decodern mit offenen Diensten beruhten, als Begünstigte eines wirtschaftlichen Vorteils.[180] Auch finanzielle Anreize für Verbraucher für einen frühzeitigen Umstieg und die Förderung der Anschaffung von Endgeräten durch kaufkraftschwache Verbraucher sollen (indirekte) Beihilfen für Netzwerkbetreiber und Endgerätehersteller darstellen können.[181]

Das Vorliegen eines wirtschaftlichen Vorteils für Unternehmen wurde in zwei Fällen von der **56** Kom. abgelehnt. In dem einen Verfahren ging es um die Bewertung der finanziellen Bedingun-

---

[172] *Hesse* Rundfunkrecht, 220.
[173] EuG, T-2/08, RdNr. 35 – Landesmedienanstalt NRW/Kom., noch nicht in Slg. veröffentlicht; zur Frage der Kompetenz des EuG, nationales Recht eigenständig auszulegen, vgl. etwa EuGH, C-50/00 P, Slg. 2002, I-6719, RdNr. 43, *Schwarze*, Art. 220 EGV, RdNr. 34.
[174] Kom., ABl. 2008 L 236/10, Tz. 71–79 – Nordrhein-Westfalen; Kom., ABl. 2006 L 200/14, Tz. 56–61 – Berlin-Brandenburg; Kom., ABl. 2006 C 202/18, Tz. 29 – Bayern. Zu dem Fall Berlin-Brandenburg *Koenig/Husi* EStAL 2004, 605, 608–609; *Koenig/Kühling* K&R 2004, 201, 205.
[175] Kom., ABl. 2008 L 236/10, Tz. 83–88 – Nordrhein-Westfalen; Kom., ABl. 2006 C 202/18, Tz. 30–31 – Bayern; Kom., ABl. 2006 L 200/14, Tz. 63 – Berlin-Brandenburg. S. dazu auch *Nordlander/Melin* EStAL 2006, 257, 259; *Schoser* Competition Policy Newsletter 2006, 93, 94–95.
[176] S. auch Kom., Staatliche Beihilfe N 622/03, Tz. 16 – Digitalisierungsfonds; Kom., ABl. 2007 L 147/1, Tz. 81 – Contributi ai decoder digitali; Kom., Staatliche Beihilfe N 270/06, Tz. 29 – Subsidies to digital decoders with open API; Kom., Staatliche Beihilfe N 107/07, Tz. 21 – Subsidy for iDTV and digital decoders; Kom., Staatliche Beihilfe N 103/07, Tz. 24 – Soria. Zur Eröffnung des förmlichen Verfahrens in Contributi ai decoder digitali s. *Santamato/Salto* Competition Policy Newsletter 2006, 97–99. Die Entscheidung wurde mit einer Nichtigkeitsklage v. der Telecom Italia Media angegriffen (ABl. 2007 C 117/32–33), aber dann in der Hauptsache für erledigt erklärt (ABl. 2009 C 113/35).
[177] S. Kom., Staatliche Beihilfe N 622/03, Tz. 16 – Digitalisierungsfonds; Kom., Staatliche Beihilfen N 103/07, Tz. 25 – Soria.
[178] Kom., ABl. 2007 L 147/1, Tz. 7, 81–99 – Contributi ai decoder digitali. S. auch Kom., Staatliche Beihilfe N 270/06, Tz. 30–45 – Subsidies to digital decoders with open API; Kom., Staatliche Beihilfe N 103/07, Tz. 26–33 – Soria.
[179] EuG, T-177/07 RdNr. 79 – Mediaset SpA/Kom., noch nicht in Slg. veröffentlicht.
[180] Kom., Staatliche Beihilfe N 270/06, Tz. 33–47 – Subsidies to digital decoders with open API. S. auch Kom., Staatliche Beihilfe N 107/07, Tz. 22–29 – Subsidy for iDTV and digital decoders.
[181] Kom., Staatliche Beihilfe N 622/03, Tz. 16 f. – Digitalisierungsfonds; zur Kritik an dieser Ausweitung des Beihilfenbegriffs vgl. etwa *Heidenhain* EuZW 2007, 623–626.

gen für die **Verleihung sog. digitaler Ersatzlizenzen** (digital replacement licences).[182] Im Vereinigten Königreich verlieh die Regulierungsbehörde mehreren Anbietern terrestrischen Rundfunks neue Lizenzen, die existierende Lizenzen ersetzen sollten und verschiedene Verpflichtungen bzgl. der Umstellung von analogem terrestrischem Fernsehen auf digitales terrestrisches Fernsehen enthielten. Im Gegenzug hatten die Rundfunkanbieter Lizenzgebühren zu zahlen, deren finanzielle Bedingungen nach Vorgaben der Regulierungsbehörde dem Marktwert entsprechen sollten und auf Antrag der Lizenznehmer überprüft werden konnten.[183] Vor diesem Hintergrund kam die Kom. zu dem Schluss, dass den **Lizenznehmern** kein wirtschaftlicher Vorteil gewährt werde.[184] Gegenstand in dem anderen Verfahren waren angebliche indirekte und direkte finanzielle Unterstützungsmaßnahmen, die der Staat Schweden dem schwedischen Betreiber des terrestrischen Netzes und einigen seiner Tochtergesellschaften im Zusammenhang mit der Einführung des digitalen terrestrischen Fernsehens in Schweden gewährt haben soll. Die Kom. gelangte nach einer relativ ausführlichen ökonomischen Bewertung zu dem Ergebnis, dass keine der in Rede stehenden Maßnahmen dem **Betreiber oder seinen Tochtergesellschaften** einen wirtschaftlichen Vorteil gewährte.[185]

57   **cc) Selektivität und Wettbewerbsverfälschung.** Maßnahmen zur Förderung des digitalen Fernsehens sind bspw. dann **selektiv,** wenn sie auf Unternehmen ausgerichtet sind, die in mit der Fernsehdigitalisierung verbundenen Sektoren (zB. Rundfunkveranstalter) oder auf dem Markt für digitale Übertragungsdienste tätig sind.[186] Selektivität kann auch dadurch bestehen, dass durch eine Maßnahme nur den terrestrischen Sendern und den Betreibern von Bezahlfernsehen via Kabel ein Vorteil gewährt wird, nicht aber Sendern, die allein auf der Satellitenplattform präsent sind.[187] In der Entsch. zum digitalen terrestrischen Fernsehen in Nordrhein-Westfalen stellte die Kom. insoweit fest, dass die Förderung der terrestrischen Technik sowohl in Bezug auf die Nachfrageseite (die Rundfunkanbieter, die ihre Programme digital-terrestrisch verbreiteten) als auch die Angebotsseite (den Betreiber des digitalen terrestrischen Netzes) selektiv sei.[188] Im Schrifttum wird bezüglich des digitalen terrestrischen Fernsehens darauf verwiesen, dass die Selektivität der Begünstigung allenfalls dann ausgeschlossen werden könne, wenn die Förderung einer Infrastruktur technologieneutral ausgestaltet werde.[189] Dies sei zum einen dann der Fall, wenn die Förderung bei Vorliegen von mehreren im Wettbewerb befindlichen Infrastrukturen allen gleichermaßen zugute komme. Zum anderen sei die Förderung einer Infrastruktur technologieneutral, wenn noch keine Infrastruktur vorhanden sei und sich die Förderung auf die von vornherein am besten geeignete beschränke.[190] Es ist allerdings fraglich, ob mit der Technologieneutralität ein tragfähiges Kriterium zum Verneinen der Selektivität gefunden ist. Damit könnte allenfalls die Selektivität und Wettbewerbsverfälschung in Bezug auf die im Wettbewerb stehenden verschiedenen Infrastrukturen verneint werden, gleichwohl käme die Fördermaßnahme damit nicht den Unternehmen aller Wirtschaftszweige, sondern nur bestimmten Produktionszweigen, dh. der Gesamtheit der jeweiligen Infrastrukturen, zugute und wäre damit gleichwohl selektiv.

58   Da die verschiedenen Übertragungswege für Rundfunksignale (Kabel, Satellit, Terrestrik und zunehmend auch IPTV) in direktem Wettbewerb zueinander stünden, sei diese Förderung auch **wettbewerbsverfälschend.**[191] Zudem könnten die Rundfunkanbieter mithilfe der Förderung ein größeres Publikum erreichen und Werbekunden von anderen Medien abwerben, so dass sich die Förderung von DVB-T nachteilig auf eine Reihe von Unternehmen in anderen Medienbranchen auswirken könne.[192] Bzgl. des Netzwerkbetreibers könne die Förderung des

---

[182] Kom., Staatliche Beihilfe NN 64/05 – Digital replacement licences. S. dazu auch EU Competition Law/*Riedl* IV Kap. 11 RdNr. 4.1864.

[183] Kom., Staatliche Beihilfe NN 64/05, Tz. 4–6 – Digital replacement licences.

[184] Kom., Staatliche Beihilfe NN 64/05, Tz. 19–24 – Digital replacement licences.

[185] Kom., ABl. 2007 L 112/77, Tz. 99–126 – Digital terrestrial television. S. dazu *Ladeur* K&R 2007, 187, 195; *Koenig/Husi* EStAL 2004, 605, 606, 609.

[186] Kom., Staatliche Beihilfen N 622/03, Tz. 16 – Digitalisierungsfonds.

[187] Kom., ABl. 2007 L 147/1, Tz. 100 – Contributi ai decoder digitali.

[188] Kom., ABl. 2008 L 236/10, Tz. 113 – Nordrhein-Westfalen. S. auch Kom., ABl. 2006 L 200/14, Tz. 74–76 – Berlin-Brandenburg; Kom., ABl. 2006 C 202/18, Tz. 42–44 – Bayern.

[189] *Koenig/Kühling* K&R 2004, 201, 204–205.

[190] *Koenig/Kühling* K&R 2004, 201, 204–205.

[191] Kom., ABl. 2008 L 236/10, Tz. 114–115 – Nordrhein-Westfalen. S. auch *Koenig/Kühling* K&R 2004, 201, 205–206.

[192] Kom., ABl. 2008 L 236/10, Tz. 116 – Nordrhein-Westfalen. S. auch Kom., ABl. 2006 L 200/14, Tz. 75 – Berlin-Brandenburg; Kom., ABl. 2008 L 222/5, Tz. 43 – Bayern.

DVB-T-Netzwerks möglicherweise auch für neue Märkte, zB. für über das DVB-T-Netzwerk anzubietende Pay-TV-Dienste, von Belang sein.[193] Eine Wettbewerbsverfälschung sei zudem insoweit zwischen den verschiedenen Rundfunkanbietern, die ihre Programme über die DVB-T-Plattform verbreiteten, gegeben, als der Anteil der geförderten Übertragungsentgelte nicht für alle Rundfunkanbieter gleich hoch sei.[194]

Selektivität und Wettbewerbsverfälschung wurden von der Kom. auch in den Verfahren zur **59** Förderung des Kaufs oder der Miete von Decodern durch Endverbraucher bejaht und zugunsten derjenigen angenommen, die von der Förderung im Gegensatz zu ihrer Konkurrenz profitierten.[195] Dies ist bezüglich des italienischen Zuschusses zum Kauf oder zur Anmietung digitaler terrestrischer Decoder vom EuG bestätigt worden.[196]

dd) Handelsbeeinträchtigung. Die Kom. geht bei staatlichen Eingriffen ferner davon aus, **60** dass diese auch Auswirkungen auf den **Handel zwischen den Mitgliedstaaten** haben. Die Märkte für Rundfunk- und Netzdienste seien für den internationalen Wettbewerb geöffnet, die Rundfunkanbieter international tätig und die Netzbetreiber im Wettbewerb mit internationalen Kabelnetzbetreibern, Medienkonzernen und Satellitenbetreibern, so dass der Wettbewerb zu Lasten der Unternehmen aus anderen Mitgliedstaaten verfälscht werde.[197]

ee) Altmark-Kriterien. Im Fall Nordrhein-Westfalen argumentierte Deutschland, dass die **61** vier Voraussetzungen der **Altmark-Rechtsprechung** erfüllt seien und die Förderung deshalb keine Beihilfe iSd. Art. 107 Abs. 1 AEUV darstelle.[198] Die Kom. verneinte das Vorliegen eines der vier Kriterien, setzte sich aber insbes. mit der Frage auseinander, ob ein öffentlicher Versorgungsauftrag mit klar definierten Aufgaben und Pflichten vorlag.[199] Die Kom. erkannte an, dass die Digitalisierung des Rundfunks zwar im öffentlichen Interesse liege, dies aber nicht ausreiche, die Ausstrahlung von Programmen durch private Rundfunkanbieter über die digitale terrestrische Plattform in Nordrhein-Westfalen als **öffentlichen Versorgungsauftrag** zu werten. Ein öffentlicher Versorgungsauftrag sei weder definiert noch in der Übertragung der Programme zu sehen. Vielmehr handele es sich dabei um ein gewöhnliches gewerbliches Angebot privater Rundfunkanbieter.[200] In Teilen des Schrifttums wurde das Vorliegen der Altmark-Kriterien hinsichtlich der Einführung des terrestrischen digitalen Rundfunks in Berlin-Brandenburg insbesondere unter Verweis auf den Nettomehrkostentest verneint.[201]

b) Art. 106 Abs. 2 AEUV: Dienstleistung von allg. wirtschaftlichem Interesse. Sind **62** die Altmark-Kriterien nicht erfüllt, aber der Tatbestand des Art. 107 Abs. 1 AEUV, liegt eine Beihilfe vor. Sie kann in Form einer Ausgleichszahlung für öffentliche Dienstleistungen zugunsten eines mit der **Erbringung von Dienstleistungen von allg. wirtschaftlichem Interesse** beauftragten Unternehmens als mit dem Binnenmarkt vereinbar angesehen werden und ist von der Anmeldepflicht gem. Art. 108 Abs. 3 AEUV freigestellt, wenn die Voraussetzung der Entsch.[202] der Kom. v. 28. November 2005 über die Anwendung von **Art. 86 Abs. 2 EG** (jetzt Art. 106 Abs. 2 AEUV) auf staatliche Beihilfen, die bestimmten mit der Erbringung von Dienstleistungen von allg. wirtschaftlichem Interesse betrauten Unternehmen gewährt werden, erfüllt sind.

Dies wurde etwa **von Deutschland in den Verfahren zur Einführung des digitalen** **63** **terrestrischen Fernsehens vorgetragen.** Die Dienstleistung von allg. wirtschaftlichem Interesse iSd. Art. 106 Abs. 2 AEUV bestehe darin, den Umstieg von der analogen zur digitalen Übertragung zu erreichen, technische Innovationen des mobilen und portablen Empfangs zu

---

[193] Kom., ABl. 2008 L 236/10, Tz. 117 – Nordrhein-Westfalen. S. auch Kom., ABl. 2006 L 200/14, Tz. 82 – Berlin-Brandenburg; Kom., ABl. 2006 C 202/18, Tz. 44–48 – Bayern.

[194] Kom., ABl. 2008 L 236/10, Tz. 118–124 – Nordrhein-Westfalen. S. auch Kom., ABl. 2006 L 200/14, Tz. 71–73 – Berlin-Brandenburg; Kom., ABl. 2006 C 202/18, Tz. 39–41 – Bayern.

[195] Kom., ABl. 2007 L 147/1, Tz. 7, 81–99 – Contributi ai decoder digitali; Kom., Staatliche Beihilfe N 270/06, Tz. 46–56 – Subsidies to digital decoders with open API. S. auch Kom., Staatliche Beihilfe N 107/07, Tz. 30–34 – Subsidy for iDTV and digital decoders.

[196] EuG, T-177/07, RdNr. 86–11 – Mediaset SpA/Kom., noch nicht in Slg. veröffentlicht.

[197] Kom., ABl. 2007 L 147/1, Tz. 113 – Contributi ai decoder digitali; Kom., Staatliche Beihilfe N 622/03, Tz. 19 – Digitalisierungsfonds; Kom., ABl. 2008 L 236/10, Tz. 125–129 – Nordrhein-Westfalen; Kom., ABl. 2006 L 200/14, Tz. 84 – Berlin-Brandenburg; Kom., ABl. 2008 L 222/5, Tz. 49 – Bayern.

[198] Kom., ABl. 2008 L 236/10, Tz. 53, 89–101 – Nordrhein-Westfalen.

[199] Kom., ABl. 2008 L 236/10, Tz. 89–101 – Nordrhein-Westfalen.

[200] Kom., ABl. 2008 L 236/10, Tz. 93–96 – Nordrhein-Westfalen.

[201] Koenig/Haratsch ZUM 2005, 275, 279–283.

[202] Kom., ABl. 2005 L 312/67.

unterstützen, den Infrastrukturwettbewerb zwischen den verschiedenen Übertragungswegen zu erhalten und Angebots- und Meinungsvielfalt zu fördern.[203] Die Beihilfe speziell an die privaten Rundfunkanbieter rechtfertigte Deutschland damit, dass diese als Ausgleich für die Teilnahme am digitalen Übergang und die Ausstrahlung der Programme über die digitale Terrestrik diene. Die privaten Anbieter seien durch öffentlich-rechtliche Verträge über die Zuweisung der Übertragungskapazitäten und die Festlegung der finanziellen Förderung mit der Erbringung dieser Dienstleistungen betraut worden.[204] **Sämtliche dieser Argumente wurden indes von der Kom. abgelehnt.** Im Gegensatz zu den öffentlich-rechtlichen Rundfunkanstalten seien die privaten Rundfunkanbieter nicht mit öffentlichen Aufgaben betraut. Zur Gewährleistung der Meinungsvielfalt seien die alternativen Plattformen von Kabel und Satellit besser geeignet. Innovative Dienste würden durch die Maßnahmen weder unmittelbar finanziell unterstützt, noch von den geförderten privaten Rundfunkanbietern erbracht oder mit hinreichender Klarheit definiert. Es gebe zudem keinerlei Hinweise auf Schwierigkeiten beim Infrastrukturwettbewerb, wodurch die Verteilung von Inhalten beeinträchtigt oder die Meinungsvielfalt bedroht würde.[205] Im Verfahren zum terrestrischen Rundfunk in Nordrhein-Westfalen stellte die Kom. zudem darauf ab, dass die Ausgleichszahlungen weder nach objektiven Kriterien festgelegt worden seien noch die Einnahmen der Rundfunkanbieter berücksichtigten.[206] Auch im Verfahren zum Zuschuss zur Anschaffung von Digitaldecodern stellte die Kom. fest, dass Italien keine Dienstleistung von allg. wirtschaftlichem Interesse festgelegt und diese bestimmten Unternehmen auferlegt habe. Bzgl. des öffentlich-rechtlichen Senders RAI seien die Kosten nicht präzise ausgewiesen worden.[207]

64   Im Gegensatz dazu erkannte die Kom. im Verfahren zu den Digitalisierungskosten von Channel 4 an, dass der Sender mit einer Dienstleistung von allg. wirtschaftlichem Interesse betraut war.[208] Die Kom. bezweifelte lediglich, ob die finanziellen Maßnahmen erforderlich und verhältnismäßig iSd. Rundfunkmitteilung seien.[209] Inzwischen wurde die Anmeldung der Beihilfe zurückgenommen.[210]

65   **c) Art. 107 Abs. 2 und 3 AEUV: Vereinbarkeit mit dem Binnenmarkt.**[211] Wenn eine Maßnahme von der Kom. als Beihilfe iSd. Art. 107 Abs. 1 AEUV eingestuft worden ist, kann sie nach Art. 107 Abs. 2 AEUV mit dem Binnenmarkt vereinbar sein oder nach Art. 107 Abs. 3 AEUV als mit dem Binnenmarkt vereinbar angesehen werden. **In der Entscheidungspraxis der Kom. wurden als Rechtsgrundlage für die Vereinbarkeit mit dem Binnenmarkt Art. 107 Abs. 2 lit. a, Abs. 3 lit. b, lit. c und lit. d AEUV (ex-Art. 87 Abs. 2 lit. a, Abs. 3 lit. b, lit. c und lit. d EG) erörtert.**

66   **aa) Art. 107 Abs. 2 lit. a AEUV.** Mit dem Binnenmarkt vereinbar sind nach Art. 107 Abs. 2 lit. a AEUV Beihilfen sozialer Art, wenn sie ohne Diskriminierung nach der Herkunft der Waren gewährt werden. Dazu muss eine Beihilfe erstens einzelnen Verbrauchern zugute kommen, zweitens sozialer Art sein und darf drittens keine Diskriminierung im Hinblick auf die Herkunft des Produktes vorsehen.[212] Diese Voraussetzungen sah die Kom. bzgl. Fördermaßnahmen zur Umstellung von analoger auf digitale Ausstrahlung in **Österreich** und **Frankreich** als **erfüllt** an.[213] Die Maßnahmen waren auf Bürger mit geringerem Einkommen ausgerichtet und sollten ihnen mit aufgerüstetem analogem Fernsehen den Zugang zum digitalen Fernsehen ermöglichen, sobald der analoge Betrieb in absehbarer Zeit abgeschaltet würde. Hinsichtlich des italienischen Zuschusses zur Anschaffung von Digitaldecodern und der französischen Hilfe zu-

---

[203] Kom., ABl. 2006, L 200/14, Tz. 123 – Berlin-Brandenburg; Kom., ABl. 2006 C 202/18, Tz. 66–67 – Bayern. S. auch Kom., ABl. 2008 L 236/10, Tz. 198 – Nordrhein-Westfalen.

[204] Kom., ABl. 2006, L 200/14, Tz. 123 – Berlin-Brandenburg; Kom., ABl. 2006 C 202/18, Tz. 68–69 – Bayern. S. auch Kom., ABl. 2008 L 236/10, Tz. 198 – Nordrhein-Westfalen.

[205] Kom., ABl. 2006, L 200/14, Tz. 125–128 – Berlin-Brandenburg. S. auch Kom., ABl. 2008 L 236/10, Tz. 199–204 – Nordrhein-Westfalen.

[206] Kom., ABl. 2008 L 236/10, Tz. 202 – Nordrhein-Westfalen.

[207] Kom., ABl. 2007 L 147/1, Tz. 175 – Contributi ai decoder digitali.

[208] Kom., ABl. 2008 C 317/16, Tz. 57 – Channel 4.

[209] Kom., ABl. 2008 C 317/16, Tz. 57–74 – Channel 4.

[210] Kom., Staatliche Beihilfe C 13/2008 – Channel 4.

[211] S. EU Competition Law/*Riedl* IV Kap. 11 RdNr. 4.1830–4.1848.

[212] Vgl. Art. 107 RdNr. 482–486.

[213] Kom., Staatliche Beihilfe N 622/03, Tz. 23 – Digitalisierungsfonds; Kom., Staatliche Beihilfe N 546/06, Tz. 25–29 – Fonds d'aide à des particuliers sous conditions de ressources dans la perspective de la fin de la radiodiffusion analogique.

gunsten des TNT lehnte die Kom. die Anwendung von Art. 107 Abs. 2 lit. a AEUV hingegen ab, weil sie weder eine direkte noch eine indirekte Wirkung der Maßnahme zugunsten ärmerer Haushalte feststellen konnte.[214]

bb) Art. 107 Abs. 3 lit. b AEUV. Nach Art. 107 Abs. 3 lit. b AEUV können Beihilfen **67** zur Förderung wichtiger Vorhaben von gemeinsamem europäischem Interesse als mit dem Binnenmarkt vereinbar betrachtet werden. Hierzu vertraten Deutschland, Italien und Österreich die Auffassung, dass die Umstellung auf digitale Übertragung ein derartiges wichtiges Vorhaben von gemeinsamem europäischem Interesse darstelle.[215] Nach Ansicht der Kom. muss das mit der Maßnahme durchgeführte Vorhaben allerdings nicht nur von gemeinsamem europäischem Interesse sein, sondern auch eine **europäische Dimension** aufweisen und **Teil eines transnationalen europäischen Programms** sein, das entweder von mehreren Regierungen der Mitgliedstaaten gemeinsam finanziert wird oder aber aus einer konzertierten Aktion verschiedener neuer Mitgliedstaaten hervorgegangen ist.[216] Die Kom. stellte bzgl. des italienischen Verfahrens fest, dass es sich um die Einzelinitiative eines Mitgliedstaates handele, die nicht als Teil eines eng umgrenzten Vorhabens betrachtet werden könne, das mit anderen Mitgliedstaaten so abgesprochen oder koordiniert worden sei, dass negative Auswirkungen auf den Handel und auf den Wettbewerb ausgeschlossen werden könnten und damit die Durchführung eines Vorhabens von gemeinsamem europäischen Interesse gewährleistet werde.[217] In ähnlicher Weise argumentierte die Kom. in den deutschen Fällen. Die Fördermaßnahmen seien nicht Teil eines zwischenstaatlichen Projekts, die Förderung nur der Terrestrik leiste keinen qualitativen Beitrag zum technologischen Fortschritt der ganzen Gemeinschaft.

cc) Art. 107 Abs. 3 lit. c AEUV. Die Entscheidungen der Kom. zur deutschen Förderung des **68** digitalen terrestrischen Umstiegs enthalten einige wichtige Aussagen zum **Prüfungsmaßstab** von Art. 107 Abs. 3 lit.c AEUV und zu der Bedeutung von **Marktversagen** und **Anreizeffekt.** Im Rahmen ihrer Prüfung stellte die Kom. maßgeblich auf das Prinzip der **Technologieneutralität** ab, ohne allerdings dessen spezifische beihilfenrechtliche Relevanz im Einzelnen darzulegen.[218] Das Kriterium der Technologieneutralität soll aus Sicht der Kom. gewährleisten, dass der digitale Übergang grundsätzlich marktgetrieben erfolgt und jedes Netz in der Lage sein sollte, aus eigenen Kräften zu konkurrieren.[219] Das Kriterium betont also – das grundsätzlich ohnehin bestehende – Prinzip des unverfälschten Wettbewerbs zwischen verschiedenen Übertragungstechnologien.[220] Ausgangspunkt der Vereinbarkeitsprüfung der Kom. ist daher die Frage, ob im Einzelfall eine gerechtfertigte Abweichung vom Grundsatz der Technologieneutralität vorliegt.

Der Begriff der Technologieneutralität taucht in der Mitt. der Kom. zum digitalen Übergang **69** auf und scheint der telekommunikationsrechtlichen Regulierung entnommen zu sein. Dort verpflichtet der Grundsatz der Technologieneutralität allerdings die zuständige Regulierungsbehörde zu einer Frequenzregulierung iSd. Ermöglichung neuer und innovativer Technologien. Diese frequenztechnischen regulatorischen Aspekte stehen den ökonomischen und wettbewerbspolitischen Aspekten gegenüber, mit denen sie in Einklang zu bringen sind.[221] Im Sinne der Frequenzregulierung müsste der Grundsatz der Technologieneutralität daher so verstanden werden, dass er neue und innovative Technologien ermöglichen muss und somit für und nicht gegen die staatliche Unterstützung des Umstiegs einer bedeutungslosen analogen Terrestrik auf eine mit vielen Innovationspotenzialen verbundene digitale Terrestrik sprechen sollte. Darüber hinaus stellt sich die Frage, wie im Rahmen einer Einzelbeihilfe Technologieneutralität praktisch realisiert werden soll, da eine solche Maßnahme notwendigerweise auf eine einzige Technologie abzielt. Außerdem erscheint die Vereinbarkeit des Grundsatzes der Technologieneutralität mit der Förderung der Breitbandtechnologie durch die Kom. und die Mitgliedstaaten fraglich.

---

[214] Kom., ABl. 2007 L 147/1, Tz. 125–127 – Contributi ai decoder digitali; Kom., Staatliche Beihilfe N 111/06, Tz. 26 – Aides à la TNT dans les régions sans simulcast.

[215] Kom., ABl. 2008 L 236/10, Tz. 190 – Nordrhein-Westfalen; Kom., Staatliche Beihilfe N 622/03, Tz. 26 – Digitalisierungsfonds; Kom., ABl. 2007 147/1, Tz. 129 – Contributi ai decoder digitali.

[216] Kom., ABl. 2008 L 236/10, Tz. 191 – Nordrhein-Westfalen; Kom., Staatliche Beihilfe N 622/03, Tz. 27 – Digitalisierungsfonds; Kom., ABl. 2007 147/1, Tz. 129 – Contributi ai decoder digitali.

[217] Kom., ABl. 2007 147/1, Tz. 131 – Contributi ai decoder digitali.

[218] Kom., ABl. 2006 L 200/14, Tz. 86 – Berlin-Brandenburg; Kom., ABl. 2008 L 236/10, Tz. 134 – Nordrhein-Westfalen.

[219] Kom., ABl. 2008 L 236/10, Tz. 143 – Nordrhein-Westfalen.

[220] Vgl. Kom., Staatliche Beihilfe N 622/03, Tz. 40 – Digitalisierungsfonds.

[221] *Scheurle/Mayen* TKG-Kom./*Hahn/Hartel* vor § 52 RdNr. 31.

70 Für die Prüfung von Art. 107 Abs. 3 lit. c AEUV unterscheidet die Kom. zwischen der Notwendigkeit und der Verhältnismäßigkeit der Beihilfe, wobei sie eine uneinheitliche Terminologie verwendet.[222] Ausgangspunkt der Prüfung ist die Frage, ob ein wirkliches **Marktversagen** vorliegt. Im zweiten Schritt untersucht die Kom., ob die konkreten Beihilfen das geeignete Mittel sind, um das Marktversagen zu beheben. Drittens wird geprüft, ob die Beihilfe den zur Behebung notwendigen Mindestbeitrag nicht überschreitet. Diese in der Entsch. zum terrestrischen Rundfunk in Berlin-Brandenburg dargelegte Prüfungsreihenfolge[223] hat die Kom. im Parallelverfahren zum terrestrischen Rundfunk in Nordrhein-Westfalen noch verfeinert. Danach ist zusätzlich zur Prüfung der Geeignetheit der Beihilfemaßnahme zu fragen, ob sie einen **Anreizeffekt** hat, dh. das Verhalten von Unternehmen ändert und ob dieselbe Verhaltensänderung, dh. derselbe Anreizeffekt, auch mit einer geringeren Beihilfe erreicht werden könnte. Schließlich ist zu prüfen, ob die Verfälschungen von Wettbewerb und Handel in ihren Auswirkungen so begrenzt sind, dass die Gesamtbilanz der Auswirkungen positiv ist.[224]

71 Die Kom. hält verschiedene Arten von Marktversagen bei der Entwicklung des digitalen terrestrischen Rundfunks für möglich. Zunächst können **Koordinierungsprobleme** zwischen den Marktteilnehmern bestehen, deren Einigung auf einen einheitlichen Zeitplan für die Umstellung erforderlich ist, um möglichst kurze Umstiegsfristen zu erreichen, da das Frequenzspektrum für eine gleichzeitige Übertragung analoger und digitaler Fernsehsignale nicht ausreicht.[225] Darüber hinaus können **positive externe Effekte** entstehen, dh. Marktteilnehmer lassen die positiven Wirkungen des digitalen Umstiegs auf die Gesellschaft als Ganzes unberücksichtigt, weil sie dazu nicht die richtigen Anreize haben.[226] Als weitere Arten von Marktversagen benennt die Kom. das Vorliegen von **Marktmacht**,[227] die den marktgetriebene Digitalisierung der Rundfunkübertragung behindern kann, **den Rückzug privater Rundfunkanbieter** aus der terrestrischen Übertragung, da ua. die terrestrische Übertragung gegenüber der Rundfunkübertragung per Kabel und Satellit weitestgehend an Bedeutung verloren hat,[228] und **Unsicherheiten,** die Innovationen und die Entwicklung neuer Dienstleistungen beeinträchtigen können.[229] Zur Behebung eines wirklichen Marktversagens kommen aus Sicht der Kom. staatliche Eingriffe in Form von Koordinierungsmechanismen, Informationskampagnen, regulatorischen Mitteln und finanzieller Förderung in Betracht.

72 In den Verfahren zum terrestrischen Rundfunk in Berlin-Brandenburg und Nordrhein-Westfalen akzeptierte die Kom. – in Übereinstimmung mit der Mitt. über den Übergang vom analogen zum digitalen Rundfunk[230] – das Vorliegen von zwei potenziellen Marktversagen beim digitalen Umstieg der terrestrischen Plattform: Koordinierungsprobleme zwischen den verschiedenen Marktteilnehmern und positive externe Effekte durch die Freigabe von Frequenzspektren.[231] In beiden Fällen ging die Kom. jedoch davon aus, dass die verfahrensgegenständliche Förderung der über die analoge Terrestrik ausstrahlenden privaten Rundfunkanbieter nicht das geeignete Mittel waren, die identifizierten Marktversagen zu beheben, obwohl nach der Mitt. über den Übergang vom analogen zum digitalen Rundfunk gerade bei diesen Rundfunksendern von einer geringen Motivation zur Beteiligung an der Umstellung grundsätzlich auszugehen ist.[232] Das Koordinierungsproblem hätten „die Behörden" nach Auffassung der Kom. durch entsprechende regulatorische Maßnahmen, dh. die Festsetzung eines einheitlichen Auslauftermins für alle analogen Lizenzen lösen können.[233] In gleicher Weise hätte eine „entsprechende regulatorische Handhabung der Rundfunklizenzen" eine zügigere Abschaltung der analogen terrestrischen Übertragung herbeiführen und Frequenzen freimachen können, als dies

---

[222] Kom., ABl. 2006 L 200/14, Tz. 94 – Berlin-Brandenburg; Kom., ABl. 2008 L 236/10, Tz. 151, 184 – Nordrhein-Westfalen.

[223] Kom., ABl. 2006 L 200/14, Tz. 100 – Berlin-Brandenburg.

[224] Kom., ABl. 2008 L 236/10, Tz. 141 – Nordrhein-Westfalen.

[225] Kom., ABl. 2006 L 200/14, Tz. 95 – Berlin-Brandenburg; Kom., ABl. 2008 L 236/10, Tz. 174 – Nordrhein-Westfalen.

[226] Kom., ABl. 2006 L 200/14, Tz. 96 – Berlin-Brandenburg.

[227] Kom., ABl. 2006 L 200/14, Tz. 97 – Berlin-Brandenburg.

[228] Kom., ABl. 2006 L 200/14, Tz. 98 – Berlin-Brandenburg.

[229] Kom., ABl. 2006 L 200/14, Tz. 99 – Berlin-Brandenburg.

[230] Mitt. KOM(2003) 541 endg., 12.

[231] Kom., ABl. 2006 L 200/14, Tz. 120 – Berlin-Brandenburg; Kom., ABl. 2008 L 236/10, Tz. 174 ff. – Nordrhein-Westfalen.

[232] Mitt. KOM(2003) 541 endg., 12.

[233] Kom., ABl. 2006 L 200/14, Tz. 102 – Berlin-Brandenburg.

von den Beihilfen zu den Übertragungskosten der Rundfunkanbieter erwartet werden konnte.[234] Die Kom. bemängelte somit unzureichende regulatorische Maßnahmen zur Vermeidung von konkreten finanziellen Fördermaßnahmen. Sie prüfte nicht die Notwendigkeit und Verhältnismäßigkeit auf der Grundlage der bestehenden Regulierung, sondern stellte die zugrunde liegende Regulierung selbst infrage. In gleicher Weise wies die Kom. in der Entsch. zum terrestrischen Rundfunk in Berlin-Brandenburg darauf hin, dass statt einer Förderung der Rundfunkanbieter „eine Beihilfe an den Netzbetreiber ein transparenteres Mittel gewesen" wäre, „um die Entwicklung der digitalen terrestrischen Plattform zu unterstützen".[235]

Im Ergebnis erließ die Kom. in beiden Fällen Negativentscheidungen, da sie nicht von der **73** Notwendigkeit und Verhältnismäßigkeit der Beihilfen überzeugt war, um Marktversagen in bestimmten Bereichen zu beheben und eine Abweichung vom Grundsatz der Technologieneutralität zu rechtfertigen.[236] Die Kom. übte ihr im Rahmen von Art. 107 Abs. 3 AEUV eingeräumtes Ermessen dahingehend aus, trotz der relativ geringen Beihilfenbeträge und der eher begrenzten Wettbewerbsverzerrung zwischen den geförderten Rundfunkanbietern der Vermeidung einer Ungleichbehandlung der verschiedenen Übertragungsnetze den Vorrang einzuräumen. Angesichts der von der Kom. grundsätzlich anerkannten großen Bedeutung des digitalen Umstiegs für die Wettbewerbsfähigkeit des Binnenmarktes und der in den Mitteilungen über den Übergang vom analogen zum digitalen Rundfunk und zur Beschleunigung des Übergangs vom analogen zum digitalen Rundfunk[237] geforderten schnellen Umstellung zu möglichst geringen Kosten für die Verbraucher hätte das Ermessen der Kom. ohne Rechtsverletzung auch anders ausgeübt werden können.

Prüfungsmaßstab und Prüfungsergebnis in den Verfahren zum terrestrischen Rundfunk in **74** Berlin-Brandenburg und Nordrhein-Westfalen wurden von den betroffenen Landesmedienanstalten und der Bundesregierung zum Gegenstand von Nichtigkeitsklagen vor dem Gericht gemacht.[238]

Deutschland begründete seiner Klage insbesondere damit, dass die Kom. Art. 107 Abs. 3 lit. c **75** AEUV ermessensfehlerhaft geprüft habe, weil sie ein neues Prüfungsschema zum Marktversagen erprobt habe. Das neue Prüfungsschema zum Marktversagen entstamme dem „Aktionsplan staatliche Beihilfen". Danach sei zu prüfen, ob ein Marktversagen, zu dessen Beseitigung im Einzelfall Beihilfen gerechtfertigt sein könnten, auch durch weniger wettbewerbsschädigende Maßnahmen behoben werden könne.[239] Das Beurteilungskriterium des Markversagens sei ermessensfehlerhaft, weil es sich nicht zur Kontrolle der Vereinbarkeit einer Einzelbeihilfe mit dem Binnenmarkt eigne. Das Beurteilungskriterium des Marktversagens führe zu einem strukturellen Ermessensausfall bzw. Ermessensnichtgebrauch, weil die Kom. keine Abwägung zwischen dem Ziel der Fördermaßnahme und deren Auswirkungen auf die Wettbewerbsbedingungen vornehme. Dadurch werde die Beihilfenkontrolle zweckentfremdet, deren Sinn und Zweck nach ständiger Rechtsprechung des Gerichtshofes ausschließlich darin bestehe, unverhältnismäßige Wettbewerbsverzerrungen durch Vorteilsgewährungen aus staatlichen Mitteln zu unterbinden. Dieser Zweck werde verfehlt, wenn bei der Kom. zur Prüfung angemeldete Beihilfen dahingehend untersucht würden, ob sie durch alternative Maßnahmen kostengünstiger erreicht werden könnten. Derartigen fiskalischen Aspekten sei aber keine Aussage zu entnehmen, ob die konkrete Maßnahme mit dem Binnenmarkt vereinbar sei. Dies gelte insbesondere auch für die vorliegende Frage der Förderung des digitalen Umstiegs, die nach Auffassung der Kom. „weitestgehend der politischen Beurteilung durch die zuständigen Behörden" der Mitgliedstaaten unterliegen.[240] Das neue Prüfungsschema führe daher zu einer ständigen Überschreitung des Kom. durch Art. 107 Abs. 3 AEUV eingeräumten Ermessens, weil es sachfremde fiskalische und regulierungspolitische Aspekte in den Mittelpunkt der Beihilfenprüfung rücke. Eine Abwägung zwischen den positiven und den wettbewerbsverfälschenden Effekten im Rahmen von Art. 107

---

[234] Kom., ABl. 2006 L 200/14, Tz. 107 – Berlin-Brandenburg.

[235] Kom., ABl. 2006 L 200/14, Tz. 111 – Berlin-Brandenburg.

[236] Kom., ABl. 2006 L 200/14, Tz. 120 – Berlin-Brandenburg; Kom., ABl. 2008 L 236/10, Tz. 187 – Nordrhein-Westfalen.

[237] Mitt. KOM(2005) 204 endg.

[238] ABl. 2006 C 86/32; ABl. 2006 C 86/31; ABl. 2008 C 64/54.

[239] S. KOM(2005) 107 endg. v. 7. 6. 2005, 8: „Dass die staatliche Beihilfe auf ein Marktversagen abstellt, ist allein jedoch nicht ausreichend. Bevor auf das Mittel der staatlichen Beihilfe zurückgegriffen wird, das in der Regel nur die ,zweitbeste Lösung' für eine optimale Ressourcenverteilung darstellt, ist zu prüfen, ob das Marktversagen auch durch weniger wettbewerbsschädigende Maßnahmen behoben werden kann".

[240] Mitt. KOM(2003) 541 endg., 11–12.

Abs. 3 lit. c AEUV finde regelmäßig nicht statt, wenn die Kom. bereits auf der zweiten Stufe ihrer Verhältnismäßigkeitsprüfung zu dem Ergebnis gekommen sei, dass ein Marktversagen oder eine andere Zielsetzung von gemeinsamen Interesse auf anderem Wege, etwa durch Regulierungsmaßnahmen, erreicht werden könne.

76 Das Gericht schloss sich der Rechtsauffassung Deutschlands nicht an und wies die Klage mit Entsch. vom 6. Oktober 2009 ab.[241] Nach Auffassung des Gerichts war das von der Kom. angewandte Prüfkriterium des Marktversagens weder neu noch grundsätzlich ermessensfehlerhaft.[242] Auch bezüglich des italienischen Zuschusses zum Kauf oder zur Anmietung digitaler terrestrischer Decoder verneinte das EuG eine Verletzung von ex-Art. 87 Abs. 3 lit. b EG (Art. 107 Abs. 3 lit. b AEUV).[243]

77 **dd) Art. 107 Abs. 3 lit. d AEUV.** Gem. Art. 107 Abs. 3 lit. d AEUV können Beihilfen als mit dem Binnenmarkt vereinbar angesehen werden, die der Förderung der Kultur und der Erhaltung des kulturellen Erbes dienen, soweit sie die Handels- und Wettbewerbsbedingungen in der Union nicht in einem Maße beeinträchtigen, das dem gemeinsamen Interesse zuwiderläuft. **Deutschland** machte im Zusammenhang mit der Einführung des digitalen terrestrischen Fernsehens geltend, dass die Errichtung eines pluralistischen Rundfunksystems Teil der Kulturhoheit der Mitgliedstaaten sei, der die Kom. nach Art. 167 Abs. 4 AEUV in Beihilfeverfahren Rechnung tragen müsse.[244] Nach Ansicht der Kom. betrifft die Ausnahme allerdings nur Fälle, in denen das Kulturgut eindeutig identifiziert oder identifizierbar ist. Außerdem sei das Kulturgut auf den Inhalt und die Art des fraglichen Produkts und nicht auf das Medium oder seine Verbreitung per se anzuwenden.[245] **Dies verneinte die Kom. in den genannten Fällen.** Zum einen fördere die Beihilfe allein die Übertragung von Rundfunksignalen und stehe in keinerlei Zusammenhang mit einem bestimmten Kulturinhalt. Zum anderen sei das staatliche Vorhaben auch nicht auf eine bestimmte Art von Rundfunkanbietern beschränkt, die ansonsten nicht auf der terrestrischen Plattform vertreten wären.[246]

78 **Italien** machte im Verfahren zum Zuschuss zur Anschaffung von Digitaldecodern geltend, dass die Maßnahme angesichts der vielen lokalen terrestrischen Sender, die geschützt werden sollten, nach Art. 107 Abs. 3 lit. d AEUV mit dem Beihilfenrecht vereinbar sei, weil sie mit positiven Auswirkungen auf die kulturelle Vielfalt verbunden sei. Da die satellitengestützte Übertragung nicht bes. gut für die Bereitstellung lokaler Fernsehdienste geeignet sei, brauche der Zuschuss auch nicht für Satellitendecoder gewährt zu werden.[247] Die Kom. hingegen stellte fest, dass die Maßnahme weder ausdrücklich für die Förderung kultureller Ziele bestimmt sei, noch die kulturelle Vielfalt durch die alleinige Begünstigung der lokalen Sender, die ohne das Vorhaben nicht auf dem Markt wären, zu stärken beabsichtige, denn sie begünstige grds. die terrestrischen Sender und die Kabelsender, die Bezahlfernsehen anböten.[248]

79 **d) Bewertung.** Im Rahmen ihrer Beihilfenkontrolle tut sich die Kommission schwer damit, der **nicht nur wirtschaftlichen, sondern auch sozialen und politischen Bedeutung des Rundfunks für eine moderne demokratische Gesellschaft** Rechnung zu tragen, obwohl diese Bedeutung in anderem Zusammenhang von der Kom. ausdrücklich anerkannt wird.[249] In den Vordergrund ihrer Beihilfenkontrolle stellt die Kom. den Wettbewerb zwischen den Netzbetreibern und nicht die mit dem digital switchover verbunden übergeordneten Ziele. Eine Auseinandersetzung mit den eigenen Mitteilungen über den Übergang bzw. die Beschleunigung des Übergangs vom analogen zum digitalen Rundfunk findet in der Entscheidungspraxis nur in eingeschränktem Umfang statt. So werden im Ergebnis zwar Kabel- und Satellitennetzbetreiber vor einer möglichen Ungleichbehandlung wegen der Förderung des digitalen terrestrischen

---

[241] EuG, T-21/06 – Deutschland/Kom., noch nicht in Slg. veröffentlicht.

[242] EuG, T-21/06, RdNr. 57 – Deutschland/Kom., noch nicht in Slg. veröffentlicht. Gegen die Entscheidung des Gerichts hat Deutschland Rechtsmittel zum Gerichtshof eingelegt, über das bei Abschluss des Manuskripts noch nicht entschieden war.

[243] EuG, T-177/07, RdNr. 118–153 – Mediaset SpA/Kom., noch nicht in Slg. veröffentlicht.

[244] Kom., ABl. 2006 L 200/14, Tz. 121 – Berlin-Brandenburg; Kom., ABl. 2006 C 202/18, Tz. 64 – Bayern; Kom., ABl. 2008 L 236/10, Tz. 193–194 – Nordrhein-Westfalen.

[245] Kom., ABl. 2006 L 200/14, Tz. 122 – Berlin-Brandenburg; Kom., ABl. 2008 L 236/10, Tz. 195 – Nordrhein-Westfalen.

[246] Kom., ABl. 2006 L 200/14, Tz. 122 – Berlin-Brandenburg; Kom., ABl. 2006 C 202/18, Tz. 65 – Bayern; Kom., ABl. 2008 L 236/10, Tz. 196 – Nordrhein-Westfalen.

[247] Kom., ABl. 2007 147/1, Tz. 172 – Contributi ai decoder digitali.

[248] Kom., ABl. 2007 147/1, Tz. 173 – Contributi ai decoder digitali.

[249] Mitt. KOM(2003) 541 endg., 12.

Rundfunks bewahrt, den mit einer Förderung verbundenen Vorteilen für den Wettbewerb und für den digitalen Übergang als Ganzes (digital dividend) und somit für die Lissabon-Strategie selbst sowie den Auswirkungen auf den von der Kommission empfohlenen Termin für den switch-off aber nicht ausreichend Rechnung getragen. Die Förderung und Koordinierung des digital switchover in den Mitgliedstaaten durch die Kommission einerseits und die Beihilfenkontrolle der Kommission über mitgliedstaatliche Maßnahmen zur Verwirklichung des digital switchover andererseits stehen daher nicht im Einklang miteinander.

4. Weitere Entscheidungen zum Telekommunikationssektor. Neben der Entschei- **80** dungspraxis zum Ausbau von Breitbandnetzen und der Digitalisierung des Rundfunks gibt es weitere beihilferechtliche Entscheidungen zum Telekommunikationssektor, die allerdings keine telekommunikations- bzw. sektorspezifischen Themen betreffen.[250]

So erklärte die Kom. im Fall **MobilCom** zunächst die von der Bundesregierung gewährte **81** Garantie für ein von der Kreditanstalt für Wiederaufbau gewährtes Überbrückungsdarlehen über 50 Mio. € als befristete Rettungsbeihilfe nach Art. 107 Abs. 3 lit. c AEUV und der Mitt. „Rettungs- und Umstrukturierungsleitlinien" für mit dem Gemeinsamen Markt vereinbar, da die Kredite selbst marktgerecht vergütet waren.[251] Auch die darüber hinaus vom Bund und vom Land Schleswig-Holstein an MobilCom gewährte 80%ige Ausfallbürgschaft für ein neues Darlehen in Höhe von 112 Mio. € untersuchte die Kommission nach den Kriterien für Rettungs- und Umstrukturierungsbeihilfen, genehmigte diese aber nur unter Bedingungen.[252]

In einem weiteren Verfahren erklärte die Kom. eine **Kapitalerhöhung** v. 9 Mrd. € im Jahre **82** 2002 mittels Aktionärsvorschusses durch Frankreich zugunsten der **France Télécom** für unvereinbar mit europäischem Beihilferecht.[253] Sie verzichtete jedoch auf die Anordnung der Rückforderung. Die Entscheidung wurde inzwischen vom EuG aufgehoben, das keine Übertragung öffentlicher Mittel als gegeben sah.[254] Die Kom. hielt ebenso **steuerliche Bevorzugungen** der France Télécom im Zeitraum von 1994 bis 2002 mit europäischem Beihilferecht für unvereinbar und ordnete die Rückforderung der Beihilfen an.[255] Nachdem Frankreich jegliche Mithilfe bei der Berechnung der zurückzufordernden Beihilfe ablehnte, stellte das EuG im Rahmen eines Vertragsverletzungsverfahrens im Jahre 2007 fest, dass Frankreich aufgrund der Nichterfüllung seiner Rückforderungspflicht gegen die Beihilfevorschriften verstoße.[256] Darüber hinaus bestätigte das EuG mit Urteil vom 30. 11. 2009 die Rückforderungsentscheidung der Kom.[257]

Im Zusammenhang mit der **Verteilung von UMTS-Lizenzen** stellte die Kom. im Fall **83** **Orange** (ehemals France Télécom) und **SFR** fest, dass die nachträgliche Herabsetzung von UMTS Gebühren in Frankreich keine Beihilfe iSd Art. 107 Abs. 1 AEUV darstelle und daher mit dem Beihilfenrecht vereinbar sei.[258] Die von dem Wettbewerber **Bouygues** hiergegen erhobene Nichtigkeitsklage wurde vom Gericht mit Urteil v. 4. 7. 2007 abgewiesen.[259]

Ebenso wenig sah die Kommission in der **Festsetzung eines niedrigeren Preises für die** **84** **dritte UMTS-Lizenz** in der Tschechischen Republik die Voraussetzungen des Art. 107 Abs. 1 AEUV erfüllt und verneinte einen Verstoß gegen das Beihilfeverbot.[260]

Zudem erklärte die Kom. den Beitrag der griechischen Regierung zur **freiwilligen Vor-** **85** **ruhestandsregelung** (fVRR) des griechischen Telekommunikationsunternehmens **OTE** für beihilferechtlich unbedenklich. Um das Unternehmen vor Mehrkosten zu entlasten, die ihm

[250] EU Competition Law/*Riedl* Chapter 11 RdNr. 4.1793, Fn. 4206.

[251] Kom., ABl. 2003 C 80/5 – MobilCom.

[252] Kom., ABl. 2005 L 116/55, Tz. 194–199, 208 – MobilCom; *Wissmann/Kreitlow* EWS 2004, 247, 254.

[253] Kom. ABl. 2006 L 257/11.

[254] EuG T-425/04, T-444/04, T-450/04 u. T-456/04 – Frankreich ua./Kommission, noch nicht in Slg. veröffentlicht.

[255] Kom. ABl. 2005 269/30 – France Télécom. S. auch BeckTKG-Komm./*Grussmann* B Grundlagen RdNr. 68; EC Competition and Telecommunications Law/*Papadias* 174–178; *Wissmann/Kreitlow* EWS 2004, 247, 254.

[256] EuG, C-441/06, Tz. 45–52 – Kommission/Frankreich.

[257] EuG, T-427/04 u. 17/05 – Frankreich/Kommission, noch nicht in Slg. veröffentlicht.

[258] Kom., Staatliche Beihilfe NN 42/04 – Orange et SFR.

[259] EuG, T-475/04, Slg. 2007, II-2097 – Bouygues/Kommission ua. S. auch EC Competition and Telecommunications Law/*Papadias*, 189–192. Auch der Antrag Bouygues auf Aufhebung dieses Urteils scheiterte, EuGH, C-431/07 P.

[260] Kom., Staatliche Beihilfe NN 76/06 – Award of the third UMTS licence. S. auch EC Competition and Telecommunications Law/*Papadias*, 192–193; *Ladeur* K&R 2007, 187, 195.

aufgrund des beamtenähnlichen Status seiner Mitarbeiter entstehen, beabsichtigte die griechische Regierung, 4% ihrer Anteile an OTE auf den OTE-Pensionsfonds zu übertragen.[261]

86 Während die Kom. auch Umstrukturierungen im **Pensionssystem der Belgacom** für mit dem Beihilfenrecht vereinbar hielt,[262] war sie der Ansicht, dass **staatliche Bürgschaften für Pensionsfonds** von **BT plc** gegen das Beihilfenrecht verstoßen.[263]

87 In einem weiteren Fall leitete die Kom. das Verfahren gem. Art. 108 Abs. 2 AEUV zur Prüfung der Vereinbarkeit einer **Finanzierungsreform für die Ruhegehälter** der bei der **France Télécom** beschäftigten Beamten ein.[264]

II. Post

Schrifttum: *Abbamonte*, Cross-subsidiation and Community Competition Rules: Efficient Pricing Versus Equity?, European Law Review 1998, 414; *Badura/v. Danwitz/Herdegen/Sedemund/Stern*, Beck'scher PostG-Kommentar, 2. Auflage, München 2004; *Bartosch*, Has the Commission Practice Applied Double Standards?, European State Aid Law 2003, 345; *Britz*, Staatliche Förderung gemeinwirtschaftlicher Dienstleistungen in liberalisierten Märkten und Europäisches Wettbewerbsrecht, DVBl. 2000, 1641; *Eilmansberger*, Quersubventionen, marktwirtschaftlich handelnde Kapitalgeber und das EG-Wettbewerbsrecht, RIW 2001, 902; *ders.*, Neues zur beihilferechtlichen Beurteilung von Quersubventionen: Das Chronopost-Urteil des EuGH, Wirtschaftsrechtliche Blätter (wbl) 2004, 101; *Faulhaber*, Cross-Subsidization: Pricing in Public Enterprises, American Law Review 1975, 966; *Frenz*, Grenzen der Quersubventionierung durch Gemeinschaftsrecht, EWS 2007, 211; *Giesen*, Statutory Monopolies and EC Competition Law: The Belgian Post Monopoly Case, ECLR 1993, 279; *Grave*, Weder Verbot noch Gebot zur Quersubventionierung von Dienstleistungen im allgemeinen wirtschaftlichen Interesse, EuZW 2001, 709; *Koenig/Kühling*, Das PreussenElektra-Urteil des EuGH: Freibrief für Abnahme- und Vergütungspflichten in der Energiewirtschaft, NVwZ 2001, 768; *Leibenath*, Anmerkung zu Urteil La Poste/SFMI Chronopost: Bestimmung einer Beihilfe bei nicht unter normalen Marktbedingungen tätigem Unternehmen, EuZW 2003, 509; *Riesenkampff*, Quersubventionierung im Spannungsfeld des freien Wettbewerbs, EWS 2007, 492; *Ruge*, Anmerkungen zu Urteil Preussen-Elektra AG/Schleswag AG, Deutsches Stromeinspeisungsgesetz enthält keine Beihilferegelung, EuZW 2001, 247; *ders.*, Das Beihilfe-Merkmal der staatlichen Zurechenbarkeit in der Rechtsprechung des EuGH am Beispiel des Stromeinspeisungsgesetzes, WuW 2001, 560; *Schnelle/Bartosch*, Umfang und Grenzen des EG-wettbewerbsrechtlichen Verbots der Quersubventionierung, EWS 2001, 411; *Soltész*, Die „Belastung des Staatshaushalts" als Tatbestandsmerkmal einer Beihilfe i. S. des Art. 92 I EGV, EuZW 1998, 747; *Stambach*, EuGH bestätigt die Ausnahme von Beihilfeverbot für La Poste, European Law Reporter, 1998, 275; *Strunz*, Privatisierung von postalischen Universaldiensten führt nicht automatisch zur Mehrwertsteuerpflicht, European Law Reporter, 2009, 228; *Thyri*, Der Kommissionsvorschlag zur Behandlung von Ausgleichsbeihilfen in der Daseinsvorsorge, EWS 2004, 444; *Vesterdorf*, Joined Cases C-341/06 P & C-342/06 P, Chronopost SA and La Poste v. Uniom francaise de l'express (UFEX) and Others, judgement of the Court (Grand chamber) of 1 July 2008; *Weiss*, Europarecht und Privatisierung, AöR 128 (2003), 91.

Übersicht

88 **1. Einleitung. Postdienstleistungen** sind als wesentliches Mittel der Nachrichtenübermittlung und des Handels für alle wirtschaftlichen und sozialen Aktivitäten nicht nur im euro-

---

[261] Kom., ABl. 2008 L 243/7 – OTE. S. auch EC Competition and Telecommunications Law/*Papadias*, 178–184.

[262] Kom., Staatliche Beihilfe N 567/03 – Belgacom.

[263] Kom., ABl. 2009 L 242/21 – BT.

[264] Kom., ABl. 2008 C 213/11 – France Télécom.

päischen Binnenmarkt von **existentieller Bedeutung.**[1] In der Europäischen Union werden jährlich ca. 135 Milliarden Postsendungen zugestellt. Hierbei wird ein Umsatz von ca. 90 Milliarden Euro oder rund 1% des Bruttoinlandsprodukts der Gemeinschaft erwirtschaftet. Die Umsätze verteilen sich zu ca. zwei Dritteln auf Briefdienstleistungen und zu einem Drittel auf Paket- und Expressdienste.[2]

Die Beihilfenkontrolle spielte im Postsektor ursprünglich keine Rolle, da der Sektor dem **89** Wettbewerb entzogen war[3] und bei staatlichen Maßnahmen daher keine Wettbewerbsverfälschung drohte. Seit 1997 wurde der Postsektor schrittweise liberalisiert.[4] Mit der 1. Postrichtlinie wurden erstmals gemeinsame Preis- und Gewichtsgrenzen für sog. **reservierbare Dienste** festgesetzt.[5] Bei reservierbaren Diensten handelt es sich um bestimmte Arten bzw. Bereiche von Postdienstleistungen, die dem Wettbewerb entzogen sind. Postunternehmen werden für diese Bereiche eine (zeitlich begrenzte) staatlich geschützte monopolartige Stellung zugewiesen, ohne dass die öffentliche Hand Einfluss auf betriebsinterne Entscheidungen nimmt.[6] Dies dient der Gewährleistung der Erbringung von sog. **Universaldiensten.**[7] Der Begriff des Universaldienstes wird allgemein definiert als „ein Mindestangebot an Diensten von bestimmter Qualität, das allen Nutzern und Verbrauchern gemessen an den landesspezifischen Bedingungen zu einem erschwinglichen Preis zur Verfügung steht."[8]

Mit der 2. und 3. Postrichtlinie[9] wurde der Liberalisierungsprozess weiter vorangetrieben, die **90** genannten exklusiven Rechte, mit denen Postdienstleistern reservierbare Dienste übertragen werden konnten, wurden stetig reduziert.[10] Zum 1. Januar 2011 bzw. 2013 soll grundsätzlich die vollständige Liberalisierung des Postsektors in der Europäischen Union und damit die vollständige Abschaffung reservierter Dienste erreicht werden.[11] Unter Anwendung der in Art. 7 Abs. 2 bis 4 der 1. Postrichtlinie genannten oder „anderer mit dem Vertrag in Einklang stehender Verfahren" können die Mitgliedstaaten allerdings weiterhin die Bereitstellung von Universaldiensten finanzieren.[12]

Bestandteil der 1997 eingeleiteten Liberalisierungsmaßnahmen auf europäischer Ebene war **91** die **Bekanntmachung der Kom. über die Anwendung der Wettbewerbsregeln auf den Postsektor und über die Beurteilung bestimmter staatlicher Maßnahmen betreffend Postdienste**[13] von 1998. In der Bekanntmachung erläutert die Kom., nach welchen Leitlinien sie die Wettbewerbsvorschriften des Unionsrechts auf den Postsektor „unter Beachtung der Bedürfnisse des Universaldienstes" anwendet. Sie enthält insbesondere Erläuterungen zum Problem der Quersubventionierung,[14] zu öffentlichen Unternehmen und der Gewährung besonderer oder ausschließlicher Rechte (reservierbare Dienste)[15] sowie zu Dienstleistungen von allg. wirtschaftlichem Interesse in Bezug auf die Erbringung von Universaldienstleistungen.[16] Die Bekanntmachung geht auf den Anwendungsbereich des Beihilfenverbots im Postsektor ein,[17] bleibt jedoch hinsichtlich der Regelungstiefe weit hinter dem sonstigen Sekundärrecht zum Beihilfenrecht zurück. Die Bekanntmachung ist nach wie vor anwendbar. Die seit der

---

[1] Bekanntmachung „Post", ABl. 1998 C 39/2.

[2] http://ec.europa.eu/internal_market/post/index_de.htm.

[3] *Koenig/Kühling/Ritter,* EG-Beihilfenrecht, RdNr. 9.

[4] RL 97/67 (1. Postrichtlinie), ABl. 1998 L 15/14; RL 2002/39 (2. Postrichtlinie), ABl. 2002 L 176/21; RL 2008/06 (3. Postrichtlinie), ABl. 2008 L 52/3.

[5] Art. 7 Abs. 1 der RL 97/67, ABl. L 15/14, 20; dazu EuGH, C-240/02, Slg. 2004, I 2461 – Asempre.

[6] Vgl. dazu *Riesenkampff* EWS 2007, 492; *Weiss* AöR 128 (2003), 123.

[7] RL 97/67, ABl. 1998 L 15/14, Tz. 16; zum Begriff des Universaldienstes vgl. Art. 3 der RL 97/67, ABl. 1998 L 15/14; Mitt. „Daseinsvorsorge", ABl. 2001 C 17/4, Anhang II.

[8] Mitt. „Daseinsvorsorge", Anhang II.

[9] RL 2002/39, ABl. 2002 L 176/21 (2. Postrichtlinie); RL 2008/06, ABl. 2008 L 52/3 (3. Postrichtlinie); vgl. auch die Zusammenstellung der gesamten EU-Rechtsvorschriften für den Postsektor unter http://ec.europa.eu/internal_market/post/legislation_de.htm#legislative.

[10] Vgl. Art. 7 Abs. 1 der RL 97/67, ABl. 1998 L 15/14, 20; geändert durch RL 2002/39, ABl. 2002 L 176/21, 23f. und RL 2008/06, ABl. 2008 L 52/3, 13f.

[11] Art. 7 Abs. 1 der RL 97/67, ABl. 1998 L 15/14, 20, in der Fassung der RL 2008/06, ABl. L 52/3, 13, 20.

[12] Art. 7 der RL 97/67, ABl. 1998 L 15/14, 20; geändert durch RL 2008/06, ABl. 2008 L 52/3, 13f.

[13] Bekanntmachung „Post", ABl. 1998 C 39/2.

[14] ABl. 1998 C 39/2, Ziff. 3.

[15] Fn. 14, Ziff. 4.

[16] Fn. 14, Ziff. 8.

[17] Fn. 14, Ziff. 7.

kontrollierten Öffnung des Postsektors einsetzende Entscheidungspraxis von Kom.[18] und Unionsgerichten[19] haben allerdings zu einer Vielzahl von Konkretisierungen und Klärungen bei der Frage der Anwendung des Beihilfenrechts auf den Postsektor geführt.

92 **2. Vorliegen einer Beihilfe nach Art. 107 Abs. 1 AEUV.** Das **Beihilfenverbot** des Art. 107 Abs. 1 AEUV gilt für sämtliche privaten und öffentlichen Unternehmen im Postsektor[20] und damit auch für Universaldienstanbieter.[21] Maßnahmen zugunsten von Postdienstleistern, die diesen besondere oder ausschließliche Rechte gewähren, sind als Maßnahmen iSd. Art. 106 Abs. 1 AEUV anzusehen[22] und haben daher ebenfalls unter Einhaltung der Wettbewerbsvorschriften des AEUV zu erfolgen.[23] Das Vorliegen einer Beihilfe iSd. Art. 107 Abs. 1 AEUV setzt eine selektive Begünstigung von Unternehmen oder Produktionszweigen voraus, die staatlich oder aus staatlichen Mitteln gewährt wird, und den Wettbewerb verfälscht oder zu verfälschen droht sowie den innergemeinschaftlichen Handel beeinträchtigt. Als Beihilfen zugunsten von Postunternehmen kommen insbesondere staatliche Kredite[24] und Darlehen,[25] Garantien bzw. Bürgschaften,[26] Kapitalzuschüsse[27] und Ausgleichszahlungen,[28] die logistische und kommerzielle Unterstützung einer Tochtergesellschaft[29] sowie die Gewährung von Steuervergünstigungen[30] in Betracht.

93 **a) Vorliegen einer Begünstigung.** Charakteristisch für die Begünstigung ist der wirtschaftliche Vorteil, der durch die staatliche Maßnahme entsteht.[31] Eine staatliche Maßnahme ist daher

---

[18] Kom., ABl. 1990 L 10/47 – Niederlande – PTT-POST BV; Kom., ABl. 1998 L 164/37 – SFMI-Chronopost; Kom., ABl. 2002 L 282/29 – Poste Italiane; Kom., ABl. 2002 L 247/27 – Dt. Post; Kom., ABl. 2007 C 43/01 – An Post; Kom., ABl. 2003 C 269/22 – Urban Post Office Network, UK; Kom., ABl. 2009 C 176/17 – La Poste Belge; Kom., Staatliche Beihilfe N 784/2002 – Post Office Limited (POL); Kom., ABl. 2003 C 187/9 – Posten AB; Kom. ABl. 2003 C 241/13 – La Poste; Kom., ABl. 2003 C 269/22 – POL/Consignia; Kom., ABl. 2005 C 274/14 – Poczta Polska; Kom., ABl. 2007 C 284/2 – Poczta Polska; Kom., ABl. 2006 C 141/2 – POL; Kom., ABl. 2006 C 141/2 – ELTA; Kom., ABl. 2006 C 223/11 – Poczta Polska; Kom., ABl. 2007 C 33/9 – Poczta Polska; Kom., ABl. 2007 C 80/5 – POL; Kom., ABl. 2007 C 245/21 – Deutsche Post AG; Kom., ABl. 2008 L 63/16 – La Poste; Kom., ABl. 2009 L 64/4 und L 189/3 – Poste Italiane; Kom., ABl. 2008 L 346/1 – DHL und Flughafen Leipzig/Halle; Kom., ABl. 2009 L 189/3 – Poste Italiane; Kom., ABl. 2009 L 210/16 – Royal Mail; Kom., ABl. 2008 L 312/31 – DHL; Kom., ABl. 2007 C 245/21, – Dt. Post; Kom., ABl. 2008 C 14/19 – POL; Kom., ABl. 2008 C 135/7 – La Poste; Kom., ABl. 2008 C 145/3 – Poste Italiane; Kom., Staatliche Beihilfe C 21/2005 – Poczta Polska (IP/09/1931); Kom., ABl. 2007 C 31/11 – Poste Italiane.

[19] EuGH, Verb. Rs. C-48/90 u. C-66/90, Slg 1992, I-565 – Niederlande ua.; EuGH, C-320/91, Slg. 1993, I-2533 – Corbeau; EuGH, C-39/94, Slg. 1996, I-3547 – SFEI; EuGH, C-174/97 P, Slg. 1998, I-1303 – FFSA; EuGH, C-52/97, C-53/97, C-54/97, Slg. 1998, I-2629 – Viscido ua.; EuGH, C-340/99, Slg. 2001, I-4109 – TNT Traco; EuGH, C-83/01 P, C-93/01 P, C-94/01 P, Slg. 2003, I-6993 – Chronopost; EuGH, C-367/04 P, Slg. 2006, I-26 – Dt. Post und DHL; EuGH, C-341/06 P, C-342/06 P – Chronopost, noch nicht in Slg. veröffentlicht); EuGH, C-357/07, EuZW 2009, 380 – TNT Post UK; EuG, T-613/97, Slg. 2000, II-4055 – Ufex; EuG, T-266/02, Slg. 2008, II-1233 – Dt. Post (derzeit Rechtsmittel anhängig, C-399/08 P); EuG, T-358/02, Slg. 2004, II-1565 – Dt. Post und DHL; EuG, T-343/03, Slg. 2005, II-19 – Dt. Post und Securicor Omega Express; EuG, T-388/03, Slg. 2009, II-199 – La Poste (derzeit Rechtsmittel anhängig, C-148/09 P); EuG, T-421/07, ABl. 2008 C 22/46 – Dt. Post/Kommission). Weit. Anmerkungen zum größten Teil dieser Entscheidungen sind unter http://curia.europa.eu/jcms/jcms/Jo2_7083/zugänglich.

[20] EuGH, C-387/92, Slg. 1994, I-902, RdNr. 11 – Banco Exterior de España SA; EuGH, 78/76, Slg. 1977, 595, RdNr. 18 – Steinike & Weinling.

[21] BeckPostG-Komm/*v.Danwitz*, EUGrdl, RdNr. 88.

[22] EuGH, C-320/91, Slg. 1993, I-2533, RdNr. 8 – Corbeau; EuGH, C-340/99, Slg. 2001, I-4109, RdNr. 43 –TNT Traco; EuGH, Bekanntmachung „Post", Ziff. 4.2.

[23] EuGH, C-320/91, Slg. 1993, I-2533, RdNr. 12 – Corbeau.

[24] Kom., ABl. 2007 C 91/34, – Royal Mail and POL.

[25] Kom., ABl. 2009 L 210/16 – Royal Mail.

[26] Kom., ABl. 2008 C 135/7 – La Poste; Kom., Staatliche Beihilfe E 12/2005 – Poland.

[27] Kom., ABl. 2002 L 282/29 – Poste Italiane SpA; Kom., Staatliche Beihilfe N 650/2001 – An Post.

[28] EuG, T-266/02, Slg. 2008, II-1233 – Dt. Post (derzeit Rechtsmittel anhängig, C 399/08 P); Kom., Staatliche Beihilfe N 166/2005 – POL 2006–2008; Kom., Staatliche Beihilfe N 388/2007 – POL.

[29] EuGH, C-39/94, Slg. 1996, I-3547 – SFEI; EuGH, C-83/01 P, C-93/01 P, C-94/01 P, Slg. 2003, I-6993 – Chronopost; EuGH, C-341/06 P, C-342/06 P – Chronopost, noch nicht in Slg. veröffentlicht; EuG, T-613/97, Slg. 2000, II-4055 – Ufex; Kom., ABl. 1998 L 164/37 – SFMI-Chronopost.

[30] EuGH, C-174/97 P, Slg. 1998, I-1303 – FFSA ua.; EuG, T-106/95, Slg. 1997, II-229 – FFSA; s. dazu: *Stambach* ELR 1998, 275; vgl außerdem zur MwSt.-Befreiung: EuGH, C-357/07, EuZW 2009, 380 – TNT Post UK und Kom., ABl. 2002 L 282/29, – Poste Italiane SpA sowie *Strunz* ELR 2009, 228 und *Frenz* EWS 2007, 211.

[31] EuG, T-266/02, Slg. 2008, II-1233, RdNr. 71 mwN. – Dt. Post (derzeit Rechtsmittel anhängig, C-399/08 P).

dann als Begünstigung iSd. Beihilfeverbots anzusehen, wenn ein Unternehmen eine Leistung ohne angemessene, dh. marktübliche Gegenleistung erlangt, wobei nicht die Motivation für die Gewährung, sondern die ökonomische Wirkung maßgeblich ist.[32] Als Begünstigungen werden daher auch Verschonungssubventionen angesehen, dh. staatliche Maßnahmen, die Belastungen mindern, die ein Unternehmen normalerweise zu tragen hat und somit zwar keine Subventionen im strengen Sinn des Wortes darstellen, diesen aber nach Art und Wirkung gleichstehen.[33]

aa) Vergleichsmaßstab des marktwirtschaftlich handelnden Kapitalgebers. Das Vor- **94** liegen einer Begünstigung ist auch im Postsektor grundsätzlich anhand des Vergleichsmaßstabs des marktwirtschaftlich handelnden Kapitalgebers („private market investor")[34] zu beurteilen.[35] Nach ständiger Rspr. der Gemeinschaftsgerichte erfordert die Anwendung dieses Vergleichsmaßstabs eine **komplexe wirtschaftliche Beurteilung,** bei der die Kom. über einen weiten Beurteilungsspielraum verfügt. Die von der Kom. vorzunehmende Beurteilung kann auch nicht von den Unionsgerichten durch ihre eigene ersetzt werden.[36] Die gerichtliche Kontrolle der Kom. ist deshalb insoweit auf die Überprüfung beschränkt, ob die Vorschriften über das Verfahren und die Begründung eingehalten worden sind, der Sachverhalt zutreffend festgestellt worden ist und keine offensichtlich fehlerhafte Würdigung des Sachverhalts oder ein Ermessensmissbrauch vorliegt.

Diese Grundsätze gelten uneingeschränkt auch für den Postsektor.[37] Im Postsektor kommt al- **95** lerdings erschwerend die Besonderheit hinzu, dass Postunternehmen, die dem Wettbewerb entzogene Universaldienste erbringen, gleichzeitig in Bereichen, die bereits dem Wettbewerb unterliegen, tätig sind. Derartige Konstellationen sind anfällig für den Vorwurf einer vom Beihilfeverbot erfassten **Quersubventionierung,** dh der unternehmens- oder konzerninternen Subventionierung von im Wettbewerb erbrachten Tätigkeiten durch Einnahmen aus der Erbringung von Universaldiensten. Es war jedoch lange Zeit unklar, wie der Maßstab des privatwirtschaftlich handelnden Kapitalgebers im Fall von Quersubventionierungen anzuwenden ist.[38]

bb) Quersubventionierung. Eine Quersubventionierung ist anzunehmen, wenn ein Un- **96** ternehmen die in einem räumlichen oder sachlichen Markt anfallenden Kosten ganz oder teilw. auf einen anderen räumlichen oder sachlichen Markt abwälzt.[39] Zum Nachweis einer Quersubventionierung kommt es daher insbesondere darauf an, welche Kosten der Preis der vermeintlich quersubventionierten Leistung decken muss, dh. ob Kosten eines Produkt- oder Geschäftsbereichs einem anderen Produkt- oder Geschäftsbereich zugeordnet werden.[40] Dafür wurden verschiedene Konzepte entwickelt.[41] Kom. und Unionsgerichte neigen dem sog. **Vollkostenansatz** („fully distributed cost method")[42] zu. Nach diesem Ansatz sind alle Kosten, die durch die von dem vermeintlich quersubventionierten Unternehmensteil oder Tochterunternehmen erbrachte Leistung verursacht werden, in die Vergütung einzubeziehen.[43] Neben den leistungsbezogenen Zusatzkosten muss auch ein anteiliger Beitrag zu den gemeinsamen Fixkosten des Unternehmens oder der Unternehmensgruppe geleistet werden.[44] Um den angemessenen Kostenanteil zu bestimmen, sollen objektive Kriterien wie Absatz, (Arbeits-)Aufwand oder Nutzungsintensität herangezogen werden. Wegen der häufig nicht eindeutig zurechenbaren Gemeinkosten verlangt die Kom., dass der Preis von den dem Wettbewerb unterliegenden Diensten grundsätzlich mindestens den durchschnittlichen Gesamtkosten für die Bereitstellung des Dienstes entspricht. Dies bedeutet, dass in diesem Preis die direkten Kosten und auch die

---

[32] *Bartosch* Art. 87 EG RdNr. 1.

[33] St. Rspr. seit EuGH, 30/59, Slg. 1961, 3, 43 – De Gezamenlijke Steekolenmijnen; *Bartosch* Art. 87 EG, RdNr. 1 mwN.

[34] Vgl. § 8 RdNr. 143–180.

[35] Kom., ABl. 2009 L 210/16 Tz. 66 ff. – Royal Mail.

[36] Statt vieler vgl. EuG, T-613/97, Slg. 2006, II-1531, RdNr. 128 mwN. – Ufex II.

[37] EuG, T-613/97, Slg. 2006, II-1531, RdNr. 128 – Ufex II.

[38] *Eilmannsberger* RIW 2001, 902, 905.

[39] Bekanntmachung „Post", ABl. 1998 C 39/2, Ziff. 3.1.

[40] *Riesenkampff* EWS 2007, 492, 493.

[41] *Abbamonte* ELR 1998, 414; *Riesenkampff* EWS 2007, 492; *Heidenhain/Montag/Leibenath,* § 27 RdNr. 6 ff.; *Faulhaber* AER 1975, 967; vgl. auch die zusammenfassende Darstellung bei *Leibenath* EuZW 2003, 509.

[42] Vgl. Kom., Staatliche Beihilfe N 388/2007, Tz. 63 – POL; Bekanntmachung „Post", Ziff. 3.4.

[43] Zur Vorgehensweise im Einzelnen vgl. *Riesenkampff* EWS 2007, 492, 495.

[44] *Abbamonte* ELR 1998, 414, 416.

Gemein- und Fixkosten des Betreibers mit einem angemessenen Anteil mit eingerechnet werden sollen.[45]

97 Eine unzulässige Quersubventionierung liegt nur vor, wenn Gewinnüberschüsse aus reservierten bzw. regulierten Diensten zur Subventionierung von nicht reservierten Bereichen verwendet werden. Die Quersubventionierung zwischen nicht reservierten Bereichen ist wie die zwischen reservierten Bereichen grundsätzlich unproblematisch. Das gleiche gilt für die Subventionierung reservierter Dienste mit Gewinnen aus liberalisierten Tätigkeitsbereichen.[46] Nach der Bekanntmachung „Post" soll eine Quersubventionierung ferner dann zulässig sein, wenn sie diskriminierungsfrei Postsendungen kulturellen Inhalts oder Dienstleistungen für sozial, gesundheitlich und wirtschaftlich benachteiligte Personen betrifft.[47]

98 **cc) Transparenzpflichten.** Die Einhaltung des Verbotes von Quersubventionen soll durch besondere Transparenzpflichten der Unternehmen überprüfbar gemacht werden, was der Kom. ihre Kontrolle erleichtern soll.[48] Aufgrund der sog. Transparenzrichtlinie[49] und der 1. Postrichtlinie[50] unterliegen die Postbetreiber besonderen **Rechnungsführungspflichten.**[51] Hierzu zählt insbesondere die Pflicht einer getrennten und aussagekräftigen Buchführung[52] für jeden Dienst der reservierten und nichtreservierten Bereiche. Zudem soll bei den Konten für die nichtreservierten Dienste eine eindeutige Unterscheidung zwischen Universaldiensten und anderen Diensten vorgenommen werden.[53] Hinsichtlich der Wahl der geeigneten Methode für die Feststellung, ob eine Quersubventionierung zugunsten von Tätigkeiten im Wettbewerbsbereich vorliegt, gewährt die Unionsgerichtsbarkeit der Kom. zudem einen gewissen Beurteilungsspielraum.[54]

99 **dd) Rs. Chronopost.** Zur Anwendung des Maßstabs des privatwirtschaftlich handelnden Kapitalgebers im Fall von Quersubventionierungen haben die Entscheidungen von Kom. und Unionsgerichten im Fall **Chronopost**[55] wichtige Klarstellungen herbeigeführt. Gegenstand dieses auch verfahrensrechtlich bemerkenswerten Falles waren logistische und kommerzielle Unterstützungsmaßnahmen des mit exklusiven Rechten ausgestatteten öffentlichen Unternehmens La Poste zugunsten seiner privatrechtlichen Tochter SFMI, die Expresszustelldienste anbot.

100 **α) Die Kom.** vertrat in ihrer Entsch. vom 1. Oktober 1997 die Auffassung, dass es nicht darauf ankommen könne, ob SMFI für die gewährte Unterstützung durch La Poste einen „normalen Marktpreis" als Vergütung bezahle, sondern auf das Verhältnis zwischen Mutter- und Tochtergesellschaft abgestellt werden müsse.[56] Insofern stellte die Kom. fest, „daß die internen Preise für den Austausch von Waren und Dienstleistungen zwischen zwei derselben Gruppe angehörenden Unternehmen keinen finanziellen Vorteil welcher Art auch immer mit sich bringen, wenn diese Preise auf der Grundlage der Gesamtkosten (dh. Gesamtkosten plus Eigenkapitalverzinsung) kalkuliert werden".[57] Im Ergebnis sah die Kom. die an „La Poste" für die Unterstützung entrichtete Vergütung als kostendeckend an und verneinte das Vorliegen einer Begünstigung.[58] Der Umstand, dass der Leistungsaustausch zwischen einem im **reservierten Bereich** tätigen Unternehmen und seiner Tochtergesellschaft stattfand, die eine dem Wettbewerb offenstehende Tätigkeit ausübte, wurde von der Kom. ausdrücklich als irrelevant angesehen und blieb daher unberücksichtigt.[59]

101 **β) Das EuG** erklärte die Entsch. der Kom. in seinem ersten Urt. in der Rs. **Ufex** vom 14. Dezember 2000 für nichtig und zog unter Bezugnahme auf die Entsch. des EuGH **SFEI** als

[45] Bekanntmachung „Post", Ziff. 3.4., vgl. auch *Abbamonte* ELR 1998, 414, 416.
[46] Bekanntmachung „Post", Ziff. 3.2.
[47] Fn. 47, Ziff. 3.4.
[48] *Mestmäcker/Schweitzer* § 43 RdNr. 39.
[49] RL 80/723, ABl. 1980 L 150/35, geändert durch RL 2000/52, ABl. 2000 L 193/75.
[50] RL 97/67, ABl. 1998 L 15/14.
[51] Fn. 48, Ziff. 7 und 8 lit. b (vi).
[52] RL 80/723, ABl. 1980 L 150/35, geändert durch RL 2000/52, ABl. 2000 L 193/75, Art. 1 Abs. 2 iVm Art. 2 Abs. 1 lit. d und Art. 3 a Abs. 1.
[53] RL 97/67, ABl. 1998 L 15/14, Art. 14 Abs. 2.
[54] EuG, T-106/95, Slg. 1997, II-229, RdNr. 187 – FFSA.
[55] EuGH, verb. Rs. C-83/01 P, C-93/01 P u. C-94/01 P, Slg. 2003, I-6993 – Chronopost; s. dazu: *Eilmansberger* wbl 2004, 101.
[56] Kom., ABl. 1998 L 164/37, 45 – SFMI-Chronopost.
[57] Kom., ABl. 1998 L 164/37, 45 – SFMI-Chronopost.
[58] Kom., ABl. 1998 L 164/37, insbesondere 43 ff. – SFMI-Chronopost.
[59] Kom., ABl. 1998 L 164/37, 45 – SFMI-Chronopost.

Vergleichsmaßstab für die Beurteilung der Kosten von La Poste „eine private Finanzgesellschaft oder eine private Unternehmensgruppe" heran, welche „keine Monopolstellung hat und eine längerfristige globale oder sektorale Strukturpolitik verfolgt".[60] Im Urt. SFEI vom 11. Juli 1996 hatte der EuGH entschieden, dass für den Leistungsaustausch im öffentlichen Unternehmensverbund darauf abzustellen sei, ob das begünstigte Unternehmen eine wirtschaftliche Vergünstigung erhält, die es unter „normalen Marktbedingungen" nicht erhalten hätte.[61]

γ) Der **EuGH** seinerseits hob die Entsch. des EuG mit Urt. vom 3. Juli 2003 auf und verwies **102** die Sache zurück, da es für die beihilferechtliche Beurteilung von „logistischen und kommerziellen" Unterstützungsmaßnahmen zugunsten eines im Wettbewerb tätigen Tochterunternehmens im Postbereich **unmöglich sei, als Vergleichsmaßstab eine private Unternehmensgruppe heranzuziehen, die keine Monopolstellung** habe. Das EuG habe verkannt, „dass sich ein Unternehmen wie die Post in einer ganz anderen Situation befindet als ein privates Unternehmen, das unter normalen Marktbedingungen tätig ist".[62] Dies ergebe sich insbesondere aus der Abhängigkeit der zu erbringenden Dienstleistungen von einem **funktionierenden Post-Infrastrukturnetz**, welches so wie in der in Frankreich existierenden Form niemals von einem privaten Unternehmen errichtet worden wäre, da **Errichtung und Aufrechterhaltung des Netzes nicht rein kommerziellen Erwägungen gehorchten.**[63] Könne das marktgerechte Verhalten mangels Existenz eines privaten Vergleichsinvestors mit Monopolstellung nicht ermittelt werden, sei für die Beurteilung der hypothetischen Marktgerechtigkeit des Handelns des staatlichen Monopolisten vielmehr auf die **„verfügbaren objektiven und nachprüfbaren Faktoren"** abzustellen,[64] welche in den Aufwendungen des Mutterkonzerns für die logistische und kommerzielle Unterstützung des Tochterunternehmens zu sehen gewesen seien.[65] Nach dem EuGH war daher eine Begünstigung auszuschließen, „wenn zum einen festgestellt wird, dass die verlangte Gegenleistung vereinbarungsgemäß alle variablen Zusatzkosten, die durch die Gewährung der logistischen und kommerziellen Unterstützung entstanden sind, einen angemessenen Beitrag zu den Festkosten infolge der Nutzung des öffentlichen Postnetzes und eine angemessene Vergütung des Eigenkapitals" umfasst, und „zum anderen kein Grund zu der Annahme besteht, dass die betreffenden Faktoren unterschätzt oder willkürlich festgesetzt worden sind".[66]

δ) Auf die Zurückverweisung erging am 7. Juni 2006 ein zweites Urt. des **EuG**,[67] in dem es **103** die Entsch. der Kom. erneut für nichtig erklärte. Zur Begründung führte das Gericht aus, dass die angefochtene Entsch. der Kom. bzgl. der vom EuGH verlangten Prüfung der Höhe der variablen Zusatzkosten, des angemessenen Beitrags zu den Festkosten und der angemessenen Vergütung des eingesetzten Eigenkapital dem Begründungserfordernis des Art. 296 Abs. 2 AEUV (ex-Art. 253 Abs. 2 EGV) nicht genüge. Es sei weder eine eingehende Untersuchung der einzelnen Schritte zur Berechnung der Vergütung für die in Rede stehende Unterstützung oder der dieser Unterstützung zuzurechnenden Infrastrukturkosten noch eine bezifferte Analyse dieser Kosten in der Entsch. enthalten.[68] Darüber hinaus entschied das EuG, dass die Kom. mit der Annahme, die Übergabe eines Kundenstammes an die Tochtergesellschaft ohne Vergütung brächte keinen geldwerten Vorteil mit sich und stelle deshalb keine staatliche Beihilfe dar, einen Rechtsfehler begangen habe und die Entsch. auch insoweit nichtig sei.[69]

ε) Der **EuGH** hob jedoch auch diese zweite Entsch. des EuG mit Urt. vom 1. Juli 2008 auf **104** und **wies die Klage gegen die Kommissionsentscheidung endgültig ab.** Die Entsch. der Kom. sei gem. Art. 296 Abs. 2 AEUV (ex-Art. 253 Abs. 2 EGV) formell rechtmäßig, da die Begründung die Erwägungen der Kom. klar und eindeutig erkennen lasse und eine gerichtliche

---

[60] Vgl. EuG, T-613/97, Slg. 2000, II-4057, RdNr. 75 – Ufex I.

[61] EuGH, C-39/94, Slg. 1996, I-3547, RdNr. 62 – SFEI, dazu auch *Eilmannsberger* RIW 2001, 902, 905.

[62] EuGH, verb. Rs. C-83/01 P, C-93/01 P u. C-94/01 P, Slg. 2003, I-6993, RdNr. 33 – Chronopost.

[63] EuGH, verb. Rs. C-83/01 P, C-93/01 P u. C-94/01 P, Slg. 2003, I-6993, 7042, RdNr. 35 f. – Chronopost.

[64] EuGH, verb. Rs. C-83/01 P, C-93/01 P u. C-94/01 P, Slg. 2003, I-6993, RdNr. 38 – Chronopost; EuGH, C-341/06 P, C-342/06 P, RdNr. 148 – Chronopost.

[65] EuGH, verb. Rs. C-83/01 P, C-93/01 P u. C-94/01 P, Slg. 2003, I-6993, RdNr. 39 – Chronopost.

[66] EuGH, verb. Rs. C-83/01 P, C-93/01 P u. C-94/01 P, Slg. 2003, I-6993, RdNr. 40 – Chronopost; kritisch dazu *Leibenath* EuZW 2003, 509, 510.

[67] EuG, T-613/97, Slg. 2000, II-4058, – Ufex II.

[68] EuG, T-613/97, Slg. 2006, II-1531, RdNr. 94 ff. – Ufex II.

[69] EuG, T-613/97, Slg. 2006, II-1531, RdNr. 165 ff. – Ufex II.

Nachprüfung ermögliche.[70] Es ließe sich mit keiner der vom EuG angeführten Erwägungen begründen, dass die streitige Entsch. wegen eines Begründungsmangels für nichtig zu erklären war.[71] Bzgl. der Übergabe des Kundenstammes von „La Poste" an ihre Tochtergesellschaft sah es der EuGH als Rechtsfehler des EuG an, dass die rechtlichen und wirtschaftlichen Bedingungen der Übergabe über die Beteiligungen von „La Poste" an ihrer Tochtergesellschaft und die darüber mögliche Berücksichtigung des Wertes der übertragenen materiellen und immateriellen Vermögensgegenstände außer Betracht geblieben seien.[72]

105 ζ) Nach den Entsch. des EuGH ist daher festzuhalten, dass bei der Prüfung einer Begünstigung iSd. Art. 107 Abs. 1 AEUV zugunsten von Postdienstleistern der Maßstab des marktwirtschaftlich handelnden Kapitalgebers nicht losgelöst von dem tatsächlichen Marktumfeld betrachtet werden darf. Kann kein adäquater Vergleichsmaßstab gefunden werden, ist auf andere belastbare Kriterien zur Bestimmung eines Vorteils bzw. zur Berechnung einer marktgerechten Gegenleistung abzustellen.[73]

106 **ee) Altmark Trans-Kriterien.** Auch für den – im Postsektor relevanten – staatlichen Ausgleich von Kosten für die Erfüllung gemeinwirtschaftlicher Aufgaben gelten nach der Altmark Trans-Entsch.[74] vom 24. Juli 2003 Einschränkungen für die Anwendung des Maßstabs des privatwirtschaftlichen Kapitalgebers. Sind die Altmark Trans-Kriterien erfüllt, **kommt der Vergleichsmaßstab des privatwirtschaftlichen Kapitalgebers nicht zum Tragen.**

107 Werden staatliche Mittel zum Ausgleich von Mehrkosten im Zusammenhang mit der Erfüllung gemeinwirtschaftlicher Pflichten, wie etwa des postalischen Universaldienstes,[75] unter Einhaltung der Altmark Trans-Kriterien gewährt,[76] können die gewährten Mittel nicht als staatliche Beihilfe iSd. Art. 107 Abs. 1 AEUV qualifiziert werden, wenn der Gesamtbetrag der Mittel hinter den Mehrkosten zurückbleibt, die durch die Erfüllung der gemeinwirtschaftlichen Pflicht entstehen.[77] Denn dann ist davon auszugehen, dass die unterstützten Unternehmen keinen finanziellen Vorteil erhalten und die genannte Maßnahme sie somit nicht gegenüber den mit ihnen im Wettbewerb stehenden Unternehmen in eine günstigere Wettbewerbsposition versetzt.[78]

108 In einer Entsch. bzgl. der **Deutschen Post AG (DPAG)** nahm die Kom. an, dass der gewährte staatliche Ausgleich – in Form von Transferzahlungen gem. § 37 Abs. 3 PostVerfG – auch solche Mehrkosten abdecke, die in keinem ursächlichen Zusammenhang mit der Erfüllung gemeinwirtschaftlicher Pflichten standen, wie die Mehrkosten für die Rabattpolitik bzgl. des dem Wettbewerb offen stehenden **Haus-zu-Haus-Paketdienstes.**[79] Der Sache nach ging sie damit von einer entsprechenden Quersubventionierung aus. Diese Annahme beruhte indes nur darauf, dass die DPAG nach Auffassung der Kom. den Nachweis schuldig geblieben sei, dass sie die angeblichen Nettomehrkosten, die ihr durch die genannte **Rabattpolitik** entstanden seien, mit Hilfe anderer Mittel als den **Transferzahlungen** gedeckt habe.[80]

109 Diese Sichtweise hielt der gerichtlichen Überprüfung nicht stand. Das EuG erklärte die Entsch. für nichtig, weil die Kom. nicht geprüft hatte, ob die Transferzahlungen die **unstreitigen Nettomehrkosten für die Erfüllung gemeinwirtschaftlicher Pflichten** überstiegen, für die sie einen Ausgleich unter den in der Entsch. Altmark Trans vorgesehen Voraussetzungen

---

[70] EuGH, verb. Rs C-341/06 P und C-342/06 P, Slg. 2008, I-4777, RdNr. 88 ff. – Chronopost II.

[71] EuGH, verb. Rs C-341/06 P und C-342/06 P, Slg. 2008, I-04777, RdNr. 113. – Chronopost II.

[72] EuGH, verb. Rs C-341/06 P und C-342/06 P, Slg. 2008, I-04777, RdNr. 121 ff. v.a. 128 – Chronopost II.

[73] EuGH, C-83/01 P, C-93/01 P, C-94/01 P, Slg. 2003, I-6993, RdNr. 38 – Chronopost; EuGH, C-341/06 P, C-342/06 P, RdNr. 148 – Chronopost; Kom., ABl. 2008 L 63/16, RdNr. 133–136 – La Poste.

[74] EuGH, C-280/00, Slg. 2003, I–7747 – Altmark Trans; Art. 107 RdNr. 222–238.

[75] EuGH, C-320/91, Slg. 1993, I-2533, RdNr. 15 – Corbeau; Kom., Staatliche Beihilfe NN 24/08 – Poste Italiane SpA; *Schröter/Jakob/Mederer/Hochbaum* Art. 86 EG RdNr. 94.

[76] So zB. Kom., ABl. 2009 L 189/3, Tz. 186 – Poste Italiane.

[77] EuG, T-106/95, Slg. 1997, II-229, RdNr. 188 – FFSA; EuGH, C-53/00, Slg. 2001, I-9067, RdNr. 33; Kom., ABl. 2002 L 247/27, Tz. 66 – Dt. Post.

[78] EuGH, C-280/00, Slg. 2003, I-7747, RdNr. 87 f. – Altmark Trans; EuGH, C-34/01 bis 38/01, Slg. 2003, I-14 243, RdNr. 31 – Enirisorse; Kom., Staatliche Beihilfe N 252/2002, Tz. 59 und 65 – POL/Consignia.

[79] Kom., ABl. 2002 L 247/27, Tz. 66 ff. – Dt. Post.

[80] Vgl. hierzu die aufschlussreiche Darstellung des EuG, T-266/02, Slg. 2008, II-1233, RdNr. 78 – Dt. Post, derzeit Rechtsmittel anhängig, C 399/08 P.

hätte beanspruchen können.[81] Blieben die Transferzahlungen hinter diesen Mehrkosten zurück, folge schon allein daraus, dass die betreffenden Transferzahlungen keinen Vorteil verschaffen könnten.[82] Eines zusätzlichen Nachweises, dass Nettomehrkosten aus einem nicht gemeinwirtschaftlichen Geschäftsbereich nicht mit Ausgleichszahlungen quersubventioniert worden sind, bedurfte es somit nicht.

Die Kom. hat daraufhin mit Beschl. vom 12. Juli 2007 ein neues Verfahren zur Prüfung einer **110** Querfinanzierung kommerzieller Dienstleistungen auf liberalisierten Märkten durch Ausgleichszahlungen für die Finanzierung der Kosten der Universaldienstleistungen an die DPAG eingeleitet.[83] Dessen Ergebnis bzw. der Ausgang der dagegen gerichteten Klage der DPAG[84] bleiben abzuwarten.

ff) Verhältnis Altmark Trans-Rspr. zu Chronopost-Rspr. Ungeklärt ist weiterhin die **111** Frage, wie sich die Altmark Trans-Rspr. zu der oben ebenfalls dargestellten Chronopost-Rechtsprechung[85] verhält. In Chronopost hatte der EuGH entschieden, dass bzgl. der Zurverfügungstellung einer mit staatlichen Mitteln errichteten und zur Erfüllung einer bestimmten Gemeinwohlverpflichtung bestimmten Infrastruktur kein Marktvergleich gangbar sei, da kein Privater eine derartige Infrastruktur unter Rentabilitätsgesichtspunkten errichtet hätte.[86] Das vierte Altmark Trans-Kriterium stellt dagegen für die Kostenanalyse auf den Vergleich mit einem durchschnittlichen, gut geführten Unternehmen ab.[87] Die Kom. hat die Frage des Verhältnisses der genannten Entsch. zueinander bisher nicht ausdrücklich beantwortet, aber in anderem Zusammenhang die Nichtvergleichbarkeit der Kosten bestimmter öffentlicher Betreiber mit denjenigen privater Wettbewerber abgelehnt.[88] Es bleibt daher abzuwarten, wie gerade im Postsektor mit der Aussage der Chronopost-Rspr. umgegangen werden wird, dass in bestimmten Fallkonstellationen der Vergleich der Kosten eines öffentlichen Betreibers mit einem hypothetischen privaten, gut geführten Unternehmen gerade nicht möglich ist.[89]

gg) Hoheitliches Handeln. Ausgeschlossen ist die Anwendung des Maßstabs des privat- **112** wirtschaftlichen Kapitalgebers ferner im Fall rein hoheitlichen Handelns.[90] Dies betrifft insbesondere die Beurteilung von **steuerlichen Maßnahmen.** In diesem Zusammenhang hat sich im Postsektor wiederholt die Frage gestellt, wie Mehrwertsteuerprivilegien[91] ehemaliger Staatskonzerne und andere Steuerbegünstigungen[92] beihilferechtlich zu beurteilen sind.

Die Monopolkommission hat in einem Sondergutachten zur Wettbewerbssituation auf den **113** Postmärkten vom 14. Dezember 2009 die existierende Mehrwertsteuerbefreiung der Deutsche Post AG (DPAG) als wettbewerbshemmend angesehen. Bereits im Koalitionsvertrag der Bundesregierung der 17. Legislaturperiode vom 26. Oktober 2009 ist die umgehende Beseitigung steuerlicher Ungleichbehandlung unter Hinweis auf die Rspr. der Unionsgerichte festgeschrieben worden. In einem Vorlageverfahren zur Auslegung der **sechsten Mehrwertsteuerrichtlinie**[93] entschied der EuGH, dass eine Steuerbegünstigung zulässig ist, aber im Fall ihres Bestehens **allen öffentlichen oder privaten Unternehmen offenstehen** muss, die den Universalpostdienst ganz oder teilweise gewährleisten.[94] In Deutschland liegt daher ein Gesetzent-

---

[81] EuG, T-266/02, Slg. 2008, II-1233, RdNr. 94 – Dt. Post (derzeit Rechtsmittel anhängig, C 399/08 P).

[82] EuG, T-266/02, Slg. 2008, II-1233 – Dt. Post (derzeit Rechtsmittel anhängig), C 399/08 P.

[83] Kom., ABl. 2007 C 245/21, – Dt. Post.

[84] EuG, T-421/07, ABl. 2008 C 22/46 – Dt. Post/Kommission.

[85] § 15 RdNr. 787.

[86] EuGH, C-83/01 P, C-93/01 P, C-94/01 P, Slg. 2003, I-6993, RdNr. 36 – Chronopost.

[87] Art. 107 RdNr. 235.

[88] Kom., Staatliche Beihilfe E 3/2005, Tz. 168 – Finanzierung der öffentlich-rechtlichen Rundfunkanstalten in Deutschland.

[89] Vgl. *Bartosch* EStAL 2003, 375, 384 f.; *Thyri* EWS 2004, 444, 447; *Immenga/Mestmäcker/Ehricke* EG-WettbR, Art. 87 EG RdNr. 60.

[90] *Bartosch* Art. 87 Abs. 1 EG RdNr. 73.

[91] Zur MWSt.-Befreiung: EuGH, 107/84, Slg. 1985, 2655, RdNr. 16 – Kommission/Deutschland; EuGH, C-357/07, RdNr. 36, EuZW 2009, 380 – TNT Post UK; vgl. auch die förmlichen Auskunftsverlangen der Kom. zur Umsatzsteuerbefreiung von Postdienstleistungen in Schweden (Az. 2006/2046), Großbritannien (Az. 2006/2047) und Deutschland (Az. 2006/2048) v. 10. 4. 2006.

[92] Kom., Staatliche Beihilfe N 763/2002 – La Poste; aufgehoben durch EuG, T-388/03, Slg. 2009, II-199 – La Poste (derzeit Rechtsmittel anhängig); C-148/09 P; Eröffnung des neuen Verfahrens vor der Kom. mit Beschl. v. 13. 7. 2009, C-20/09, ABl. 2009 C 176/17 – La Poste.

[93] RL 77/388, ABl. 1977 L 145/1.

[94] EuGH, C-357/07, EuZW 2009, 380 – TNT Post UK.

wurf[95] vor, der eine Umsatzsteuerbefreiung für Universaldienstleistungen[96] unabhängig vom Anbieter vorsieht, wodurch die Mehrwertsteuerbefreiung der DPAG auf alle in Betracht kommenden Universaldienstleister ausgeweitet wird.

114 **b) Selektivität.** Eine Begünstigung ist nur dann beihilferechtlich relevant, wenn sie selektiv gewährt wird, also nur bestimmte Untenehmen und Produktionszweige Vorteile erlangen.[97] Im Postsektor wurde dieses Tatbestandsmerkmal etwa bei der staatlichen Unterstützung ehemaliger Staatskonzerne bei der Erfüllung ihrer **Rentenverpflichtungen** relevant.[98] Hierzu untersuchte die Kom., ob diese Unterstützung zu einer Entlastung von Kosten führte, die das Unternehmen normalerweise aus seinen Eigenmitteln hätte bestreiten müssen oder eine Befreiung von einer „Sonderlast" darstellt, die in einer zusätzlichen Last zu normalen Belastungen besteht. Denn eine Befreiung von einer solchen Sonderlast würde dem Begünstigten keinen Vorteil gewähren und somit keine Beihilfe darstellen.[99] Im Ergebnis wurde von der Kom. ein selektiver Vorteil zwar angenommen, die Beihilfe jedoch als mit dem gemeinsamen Markt vereinbar angesehen.[100]

115 **c) Staatlichkeit der Mittel.** Nur „staatliche oder aus staatlichen Mitteln" gewährte Beihilfen unterfallen dem Beihilfenverbot des Art. 107 Abs. 1 AEUV.[101] Nach der Rspr. des EuGH[102] kann diese Staatlichkeit einer Beihilfe aber nur dann bejaht werden, wenn sie zu einer unmittelbaren oder mittelbaren Belastung des Haushalts des Mitgliedstaates oder einer vom Staat benannten oder errichteten öffentlichen oder privaten Einrichtung führt[103] und die Gewährung der Mittel dem Staat im engeren Sinne zurechenbar ist.[104] Dies wurde beispielsweise angenommen bei **staatlichen Kapitalbeihilfen zugunsten des Postfilialnetzes** im Vereinigten Königreich[105] sowie dem **Verzicht des französischen Staates auf Steuereinnahmen** zugunsten der französischen La Poste.[106] Die Belastung eines staatlichen Haushaltes wurde hingegen **abgelehnt** bei einer gesetzlichen Bestimmung, welche die Ente Poste Italiane von der Einhaltung einer allgemein für befristete Arbeitsverträge geltenden Vorschrift befreit.[107]

116 Schwierig kann das Vorliegen einer staatlichen oder aus staatlichen Mitteln gewährten Beihilfe im Fall von **Quersubventionen** zu beurteilen sein. Wie die Definition der Quersubvention zeigt, die eine unternehmens- oder konzerninterne Kostenabwälzung zwischen Geschäftstätigkeiten in sachlich oder räumlich getrennten Märkten voraussetzt,[108] ist der Einsatz staatlicher Mittel bei Quersubventionen nicht konstituierend und kann daher auch nicht ohne weiteres angenommen werden.[109] Für die Frage, ob die im Wettbewerb erbrachten Dienstleistungen mit staatlichen oder aus staatlichen Mitteln gewährten Beihilfen gefördert werden,[110] sind prinzipiell **zwei Fallgestaltungen** zu unterscheiden: In der ersten Konstellation gewährt ein Mitgliedsstaat oder eine ihm zurechenbare Einrichtung einem Unternehmen Mittel, um die Kosten für die von dem Unternehmen erbrachte Universaldienstleistung auszugleichen. Das begünstigte Unternehmen verwendet die gewährten Mittel jedoch zur Finanzierung einer im Wettbewerb

---

[95] Vgl. Art. 5 Nr. 2 des Entwurf des Gesetzes zur Umsetzung steuerlicher EU-Vorgaben sowie zur Änderung steuerlicher Vorschriften, BT-Drucks. 17/07, 506 v. 25. 1. 2010, zur Ausgestaltung der Umsatzsteuerbefreiung vgl. auch MK, Sondergutachten 57 „Post 2009: Auf Wettbewerbskurs gehen", S. 61 ff.

[96] Vgl. Art. 3 der RL 97/67 (1. Postrichtlinie), ABl. 1998 L 15/14, zuletzt geändert durch RL 2008/06 (3. Postrichtlinie), ABl. 2008 L 52/3 in der jeweils geltenden Fassung.

[97] Vgl. auch Art. 107 RdNr. 306–307; *Bartosch* Art. 87 EG RdNr. 83 ff.; EuGH, C-143/99, Slg. 2001, I-8365, RdNr. 41 ff. – Adria-Wien Pipeline GmbH und Wietersdorfer & Peggauer Zementwerke.

[98] Kom., ABl. 2008 L 63/16 – La Poste; Kom., ABl. 2009 L 210/16 – Royal Mail.

[99] Kom., ABl. 2008 L 63/16, Tz. 118 f. – La Poste.

[100] Vgl. Kom., ABl. 2008 L 63/16, Tz. 118–143 – La Poste, vgl. auch das entsprechende Ergebnis in Kom., ABl. 2009 L 210/16, Tz. 120 – Royal Mail.

[101] EuGH, C-52/97, C-53/97 und C-54/97, Slg 1998, I-2629, RdNr. 13 – Poste Italiane; dazu *Soltész* EuZW 1998, 747 ff; *Lübbig/Martin-Ehlers/Lübbig* RdNr. 98 ff.; vgl. allg. Art. 107 RdNr. 239–301.

[102] EuGH, C-379/98, Slg 2001, I-2099 – PreussenElektra.

[103] EuGH, C-379/98, Slg 2001, I-2099, RdNr. 58 – PreussenElektra.

[104] EuGH, C-482/99, Slg. 2002, I-4397, RdNr. 50 ff. – Stardust Marine.

[105] Kom., Staatliche Beihilfe N 252/2002, Tz. 51 – POL/Consignia.

[106] Kom., ABl. 2008 L 63/16, RdNr. 110 – La Poste; vgl. ebenso: EuG, T-67/94, Slg. 1998, II-1, RdNr. 109 – Ladbroke/Kommission.

[107] EuGH, C-52/97, C-53/97 und C-54/97, Slg. 1998, I-2629 – Viscido ua.; s. dazu: *Stambach* ELR 1998, 275; *Rodger* ECLR 1999, 251; *Soltész* EuZW 1998, 747.

[108] Bekanntmachung „Post", ABl. 1998 C 39/2, Ziff. 3.1.

[109] *Riesenkampff* EWS 2007, 492, 493; *Lübbig/Martin-Ehlers* RdNr. 157.

[110] Bekanntmachung „Post", ABl. 1998 C 39/2, Ziff. 3.4.; *Heidenhain/Montag/Leibenath* § 31 RdNr. 11; *Schröter/Jakob/Mederer/Hochbaum* Art. 86 EG RdNr. 94; *Koenig/Kühling/Ritter* RdNr. 164.

erbrachten Dienstleistung. In der zweiten Konstellation nutzt ein Postunternehmen seine in einem reservierten Bereich erzielten Einkünfte zur Finanzierung von im Wettbewerb erbrachten Tätigkeiten.

aa) Für die erste Konstellation gilt, dass die zum Ausgleich der Kosten der Universaldiensterbringung vorgesehenen Mittel nach den allg. Kriterien als staatlich einzustufen sind. Die Verwendung der staatlichen Mittel durch das begünstigte Unternehmen zur Quersubventionierung einer im Wettbewerb erbrachten Tätigkeit vermag an der staatlichen Natur der gewährten Mittel nichts zu ändern. In einem Verfahren der Kom. gegen die Deutsche Post AG (DPAG)[111] ging die Kom. in diesem Sinne von staatlichen Beihilfen aus. Sie sah die aufgrund von § 37 Abs. 3 PostVerfG geleisteten **Transferzahlungen** der Deutschen Bundespost Telekom (DB-Telekom) an die DPAG als staatliche und dem Staat zurechenbare Mittel an,[112] die die DPAG zum Ausgleich der durch die Erfüllung gemeinwirtschaftlicher Pflichten entstandenen Kosten erhalten sollte, welche sie aber zumindest teilweise zur Finanzierung ihrer Rabattpolitik des im offenen Wettbewerb erbrachten Haus-zu-Haus-Paketdienstes verwendet haben soll.[113] § 37 Abs. 3 PostVerfG sah vor, dass dem Rechtsnachfolger der ehemaligen Deutschen Bundespost, der seine Aufwendungen aufgrund des ihm übertragenen öffentlichen Versorgungsauftrags nicht aus eigenen Erträgen decken kann, ein Anspruch auf Finanzausgleich durch einen anderen, Gewinn erwirtschaftenden Rechtsnachfolger der Deutschen Bundespost zusteht.[114] Die Staatlichkeit wurde von der Kom. damit begründet, dass die Mittel für diese Transferzahlungen **unmittelbar der Kontrolle des Staates** unterlagen, weil sie den zuständigen nationalen Behörden kraft gesetzlicher Regelung zur Verfügung gestanden hätten, um die DPAG finanziell zu unterstützen. Die Kom. wies außerdem darauf hin, dass die Vorschriften über staatliche Beihilfen nicht damit umgangen werden könnten, dass unabhängige Einrichtungen geschaffen werden, denen die Verteilung der Beihilfen übertragen wird. Der Staat hätte nach Auffassung der Kom. die Unterstützung der DPAG ohne die Regelung des § 37 Abs. 3 PostVerfG aus allg. Haushaltsmitteln selbst vornehmen müssen.[115]

bb) In der zweiten Konstellation ist das Kriterium der „Staatlichkeit" problematischer. Für die **Zurechenbarkeit** einer beihilferelevanten Zuwendung zum Staat genügt es nicht, wenn eine solche Maßnahme von einem öffentlichen Unternehmen getroffen wurde. Auch wenn der Staat in der Lage ist, solche Unternehmen zu kontrollieren und einen beherrschenden Einfluss auf sie auszuüben, kann nicht ohne weiteres vermutet werden, dass diese Kontrolle in dem konkreten Fall auch tatsächlich ausgeübt wurde.[116] Vielmehr muss die Zurechenbarkeit einer Beihilfemaßnahme an den Staat aus einem **Komplex von Indizien** abgeleitet werden, die sich aus den Umständen des konkreten Falls und aus dem Kontext ergeben, in dem die Maßnahme ergangen ist.[117] Im Ergebnis muss sich damit ein beherrschender Einfluss des Staates auf die relevante öffentliche oder private Einrichtung bzw. auf die Steuerung der Verwendung ihrer Mittel zugunsten von Vorteilen anderer Unternehmen feststellen lassen. Hinzu kommt, dass nach der **PreussenElektra-Entsch.** des EuGH das Vorliegen einer staatlich oder aus staatlichen Mitteln gewährten Beihilfe eine unmittelbare oder mittelbare Belastung des Haushalts eines Mitgliedstaates oder einer vom Staat benannten oder errichteten öffentlichen oder privaten Einrichtung voraussetzt.[118] Das Urt. stellt damit klar, dass eine erweiternde Auslegung des Beihilfentatbestandes auf subventionsgleiche Regelungen ohne korrespondierende finanzielle Belastung des Staatshaushaltes ausscheidet.[119]

Im Schrifttum wurde dieses Urt. teilweise so verstanden, dass die Anwendung des Beihilfentatbestandes auf die staatliche Genehmigung oder Festsetzung von Tarifen oder Dienstleistungsentgelten im Bereich der Versorgungswirtschaft oder des Postwesens schlechthin keinen Bestand mehr haben könne.[120] Für den Postsektor ist insoweit relevant, dass jedenfalls die Einräumung

---

[111] Kom., ABl. 2002 L 247/27 – Dt. Post.
[112] Kom., ABl. 2002 L 247/27, Tz. 92–95 – Dt. Post.
[113] Kom., ABl. 2002 L 247/27, Tz. 107 – Dt. Post.
[114] Kom., ABl. 2002 L 247/27, Tz. 17 f. – Dt. Post; s. o. RdNr. 93, 108.
[115] Kom., ABl. 2002 L 247/27, Tz. 93–95 – Dt. Post; wegen der erneuten Einleitung einer Prüfung vgl. Kom., ABl. 2007 C 245/21, – Dt. Post.
[116] EuGH, C-482/99, Slg. 2002, I-4397, RdNr. 50 ff. – Stardust Marine.
[117] EuGH, C-482/99, Slg. 2002, I-4397, RdNr. 52 iVm. 55. – Stardust Marine.
[118] EuGH, C-379/98, Slg. 2001, I-2099, RdNr. 58 – PreussenElektra.
[119] So *Lübbig/Martin-Ehlers/Lübbig* RdNr. 123.
[120] Ruge EuZW 2001, 247, 247 f.; vgl. auch *Britz* DVBl. 2000, 1641, 1642 ff.

gesetzlicher **Exklusivlizenzen** als solche – wie etwa durch § 51 PostG iVm. der staatlichen Entgeltgenehmigung gem. §§ 19 ff. PostG – nach der dargestellten Rspr. **PreussenElektra**[121] keine staatliche oder aus staatlichen Mitteln gewährte Beihilfe darstellen dürfte, da es hier an der Belastung des öffentlichen Haushaltes fehlt.[122]

120 Liegen somit keine direkten staatlichen Mittelzuflüsse vor, kommt nur das mit der Exklusivlizenz bedachte Postdienstleistungsunternehmen selbst als „staatlicher Beihilfengeber" in Betracht.[123] Dabei ist für die beihilferechtliche Beurteilung entscheidend, ob der reservierte Geschäftsbereich, in dem die Mittel erwirtschaftet werden, die an den im offenen Wettbewerb tätigen Geschäftsbereich fließen, als staatlicher Haushalt im Sinne der Unionsrspr. angesehen[124] bzw. dem Staat zugerechnet werden kann.[125] Die Quersubventionierung von Wettbewerbsdienstleistungen durch Einkünfte aus einem reservierten Bereich ist demzufolge jedenfalls dann beihilferechtlich unbedenklich, wenn sie aufgrund einer unabhängigen, von staatlichen Stellen unbeeinflussten Unternehmensentscheidung erfolgt.[126] Gleichwohl erhob die Kom. in dem bereits erwähnten Verfahren gegen die DPAG den Vorwurf, die DPAG verwende Einkünfte aus dem ihr reservierten Briefpostmonopol[127] unter Verstoß gegen Art. 107 Abs. 1 AEUV zur Finanzierung ihres Paketdienstes,[128] worüber im Ergebnis aber nicht entschieden wurde.[129]

121 **d) Wettbewerbsverfälschung und Handelsbeeinträchtigung.** Auch beim Tatbestandsmerkmal der Wettbewerbsverfälschung[130] sind die tatsächlichen und rechtlichen Rahmenbedingungen auf dem sich im Liberalisierungsprozess befindlichen Postsektor zu berücksichtigen. So stellte der EuGH in der Chronopost-Entsch. vom 1. Juli 2008[131] unter Hinweis auf die besondere Situation eines staatlichen Monopolunternehmens fest, dass die Übertragung des Kundenstamms auf ein sich im Wettbewerb befindendes Tochterunternehmen zu keiner Wettbewerbsverfälschung führt, wenn die Übergabe **keine Veränderung der Strukturen des betreffenden Marktes** zur Folge hat.[132] Dies sei jedenfalls dann anzunehmen, wenn der auf das Tochterunternehmen ausgegliederte Expresszustelldienst zuvor unmittelbar vom staatlichen Mutterkonzern betrieben wurde und die Übertragung dem europarechtlich vorgegebenen Liberalisierungsprozess geschuldet war.[133]

122 Zum Tatbestandsmerkmal der **Beeinträchtigung des innergemeinschaftlichen Handels**[134] sind von der Rspr. und Kom. bislang – soweit ersichtlich – keine besonderen Kriterien für den Postsektor entwickelt worden.

123 **3. Die Bereichsausnahme des Art. 106 Abs. 2 AEUV. a) Dienstleistungen von allg. wirtschaftlichem Interesse.** Beihilfen zugunsten von Unternehmen, die mit Dienstleistungen von allg. wirtschaftlichem Interesse betraut sind, können nach Art. 106 Abs. 2 AEUV mit dem gemeinsamen Markt vereinbar sein. Gem. Art. 106 Abs. 2 AEUV gelten die Vorschriften der europäischen Verträge, insbesondere die Wettbewerbsregeln, nicht für Unternehmen, die mit Dienstleistungen von allg. wirtschaftlichem Interesse beauftragt sind oder den Charakter eines Finanzmonopols haben, soweit die Anwendung dieser Vorschriften die Erfüllung der ihnen übertragenen Aufgaben rechtlich oder tatsächlich verhindert. Dienstleistungen von allg. wirtschaftlichem Interesse sind nach der Mitt. „Daseinsvorsorge" der Kom. „marktbezogene oder nichtmarktbezogene Tätigkeiten, die im Interesse der Allgemeinheit erbracht und daher von den Mitgliedstaaten mit spezifischen Gemeinwohlverpflichtungen verknüpft werden".[135] Dabei kommt den Mitglied-

---

[121] EuGH, C-379/98, Slg 2001, I-2099, RdNr. 58 – PreussenElektra; s. o. RdNr. 118; Art. 107 RdNr. 270–279.

[122] So BeckPostG-Komm/*v. Danwitz*, EUGrdl, RdNr. 118; *Koenig/Kühling/Ritter* RdNr. 164.

[123] BeckPostG-Komm/*v. Danwitz*, EuGrdl, RdNr. 117; *Eilmannsberger* RIW 2001, 902, 904; *Mederer/Pesaresi/Hoof/Boeshertz/Icardi*, Chapter 9 RdNr. 4.1429.

[124] *Schnelle/Bartosch* EWS 2001, 411, 413.

[125] *Koenig/Kühling/Ritter* RdNr. 158; *Koenig/Kühling* NVwZ 2001, 768, 769.

[126] BeckPostG-Komm/*v. Danwitz*, EuGrdl, RdNr. 119.

[127] Zu reservierbaren Diensten vgl. RdNr. 89.

[128] Kom., ABl. 2002 L 247/27, Tz. 7, 62 – Dt. Post.

[129] Insoweit klarstellend EuG, T-266/02, Slg. 2008, II-1233, RdNr. 76 – Dt. Post (derzeit Rechtsmittel anhängig, C 399/08 P).

[130] Vgl. allg. Art. 107 RdNr. 404–439.

[131] EuGH, C-341/06 P, C-342/06 P, Slg. 2008, I-4777 – Chronopost II.

[132] EuGH, C-341/06 P, C-342/06 P, Slg. 2008, I-4777, RdNr. 130 – Chronopost II.

[133] EuGH, C-341/06 P, C-342/06 P, Slg. 2008, I-4777, RdNr. 131 – Chronopost II.

[134] Vgl. allg. Art. 107 RdNr. 440–478.

[135] Mitt. „Daseinsvorsorge", ABl. 2001 C 17/4, Anhang II.

staaten bei der Festlegung solcher Dienste eine generelle Gestaltungsfreiheit zu, die von Kom. im Sinne einer „Rahmenkontrolle" nur auf offenkundige Fehler beschränkt überprüfbar ist.[136]

Nach der Bekanntmachung „Post" und der gemeinschaftsgerichtlichen Rspr. gelten die **posta-** **lischen Universaldienste** als Dienstleistungen von allg. wirtschaftlichem Interesse.[137] Für den Postbereich konkretisiert die 1. Postrichtlinie den Begriff des Universaldienstes als einen allen Nutzern zur Verfügung stehenden Dienst, „der ständig flächendeckend postalische Dienstleistungen einer bestimmten Qualität zu tragbaren Preisen für alle Nutzer bietet."[138] Bereits in der Rs. **Corbeau**[139] entschied der EuGH, dass das Einsammeln, Befördern und die Zustellung von Postsendungen zu einheitlichen Tarifen in gleichmäßiger Qualität sowie ohne Rücksicht auf Sonderfälle und die Wirtschaftlichkeit der einzelnen Leistung eine Dienstleistung von allg. wirtschaftlichem Interesse sei, für die Art. 106 Abs. 2 AEUV eine Ausnahme vom grundsätzlichen Beihilfenverbot vorsehe.[140] Entsprechendes gilt, trotz vereinzelter Kritik in der Literatur,[141] für die Erfüllung der Verpflichtung aus dem Weltpostvertrag, insbesondere die Zustellung eingehender Auslandspost.[142]

Die den Postunternehmen durch die Erfüllung der Gemeinwohlverpflichtung verursachten **124** Kosten können daher durch staatliche Maßnahmen ausgeglichen werden. Die **Ausgleichszah-** **lungen** stellen solange keine mit dem Binnenmarkt unvereinbare Beihilfe dar, wie sie die Kosten der Gemeinwohlverpflichtung nicht überschreiten.[143] **125**

Zur Bejahung des Tatbestandsmerkmals **der rechtlichen oder tatsächlichen Verhinde-** **126** **rung der Erfüllung der übertragenen Aufgaben** ist es nicht erforderlich, dass das Überleben des Unternehmens bedroht ist. Es genügt vielmehr, wenn die Anwendung der genannten Vorschriften die Erfüllung der besonderen Verpflichtungen, die diesem Unternehmen obliegen, sachlich oder rechtlich gefährden würde.[144]

Die Frage, ob eine Beeinträchtigung der Entwicklung des **Handelsverkehrs zwischen den** **127** **Mitgliedstaaten** in einem Ausmaß vorliegt, das dem Interesse der Union zuwiderläuft, beinhaltet nach ständiger Praxis der Kom. eine Prüfung der **Verhältnismäßigkeit**.[145] Danach stellen Ausgleichszahlungen solange keine mit dem Binnenmarkt unvereinbare Beihilfe dar, als sie **er-** **forderlich** sind, um die **Kosten der Gemeinwohlverpflichtung** zu decken.[146] Wenn diese Voraussetzungen nicht vollständig vorliegen, kann die Genehmigung einer Beihilfe auch unter

---

[136] Mitt. „Daseinsvorsorge", ABl. 2001 C 17/4, RdNr. 22; vgl. dazu auch EuGH, 127/73, Slg. 1974, 313 – BRT; EuGH, 66/86, Slg. 1989, 803 RdNr. 55 – Ahmed saeed Flughafen; vgl. auch EuG, T-17/02, Slg. 2005, II-2031, RdNr. 216 – Olsen; EuG, T-289/03, Slg. 2008, II-81, RdNr. 166 f. – BUPA.

[137] Ziff. 8. lit. a) der Bekanntmachung „Post"; EuGH, C-320/91, Slg. 1993, I-2533, RdNr. 15 – Corbeau; EuGH, C-340/99, Slg. 2001, I-4109 RdNr. 53 – TNT Traco; Kom., Staatliche Beihilfe NN 51/2006 – Poste Italiane SpA; *Schröter/Jakob/Mederer/Hochbaum* Art. 86 EG RdNr. 94.

[138] Art. 3 Abs. 1 der RL 97/67, ABl. 1998 L 15/14, 19; konkretisiert durch Einfügung eines neuen Anhang I Teil A „Definition der Universaldienstverpflichtungen" durch Art. 1 Nr. 25 der 3. Postrichtlinie, RL 2008/06, ABl. 2008 L 52/3, 19.

[139] EuGH, C-320/91, Slg. 1993, I-2533 – Corbeau; s. dazu: *Giesen* ECLR 1993, 279; *Grave* EuZW 2001, 709.

[140] EuGH, C-320/91, Slg. 1993, I-2533, RdNr. 13 ff. – Corbeau; Kom., Staatliche Beihilfe NN 51/06 – Poste Italiane SpA; *Schröter/Jakob/Mederer/Hochbaum* Art. 86 EG RdNr. 94.

[141] Vgl. *Bartosch* NJW 2000, 2251, 2252.

[142] EuGH, C-147/97 und 148/97, Slg. 2000, I-825, RdNr. 44 und 54. – Deutsche Post AG.

[143] Entsch. 2005/842 v. 28. 11. 2005, ABl. 2005 L 312/67, Art. 5 Abs. 1 UAbs. 1; Gemeinschaftsrahmen ABl. 2005 C 297/04, Ziff. 14; Kom., ABl. 2002 L 282/29, Tz. 133 – Poste Italiane SpA; Kom., Staatliche Beihilfe N 514/2001 – UBS Post Office Limited; Kom., Staatliche Beihilfe N 252/2002, Tz. 60 und 65 – POL/Consignia; Kom., Staatliche Beihilfe N 784/2002 – UK; Kom., ABl. 2005 C 274/14 – Poczta Polska N C21 und 22/2005; Kom., Staatliche Beihilfe N 822/2006 – POL; Kom., Staatliche Beihilfe N 388/2007 – POL; Kom., Staatliche Beihilfe NN 24/2008, Tz. 103–105 – Poste Italiane SpA.

[144] EuGH, C-159/94, Slg. 1997, I-5815 – Frankreich; EuGH, C-340/99, Slg. 2001, I-4109 RdNr. 54 – TNT Traco.

[145] *Lübbig/Martin-Ehlers/Martin-Ehlers* RdNr. 494.

[146] Kom., ABl. 2002 L 282/29, Tz. 133 – Poste Italiane SpA; Kom., Staatliche Beihilfe N 514/2001 – UBS Post Office Limited; Kom., Staatliche Beihilfe N 252/2002, Tz. 60 u. 65 – POL/Consignia; Kom., Staatliche Beihilfe N 784/2002 – UK; Kom., ABl. 2005 C 274/14, – Poczta Polska; Kom., Staatliche Beihilfe N 822/2006, Tz. 27 u. 50 – POL; Kom., Staatliche Beihilfe N 388/2007, Tz. 34 u. 81 – POL; Kom., Staatliche Beihilfe NN 24/2008, Tz. 105 – Poste Italiane SpA; Kom., Staatliche Beihilfe N 642/2005, Tz. 31 ff. – Posten AB; zur Verhältnismäßigkeit bzgl. der Höhe des Ausgleichs vgl. auch die Mitteilung „Daseinsvorsorge", ABl. 2001 C 17/4, Tz. 23; Art. 5 Abs. 1 der Entsch. Kom. 2005/842, ABl. 2005 L 312/67; Gemeinschaftsrahmen ABl. 2005 C 297/04, Ziff. 14; vgl. auch EuGH, C-340/99, Slg. 2001, I-4109, RdNr. 57 – TNT Traco.

Bedingungen erfolgen. Auf diese Weise genehmigte die Kom. mit Beschl. vom 15. Dezember 2009 die polnische Regelung zum Ausgleich der Nettoverluste, die der polnischen Post bei der Erfüllung ihres öffentlichen Auftrags zwischen 2006 und 2011 entstehen.[147] Die Genehmigung erfolgte insbesondere unter der Bedingung, dass die Übertragung des öffentlichen Auftrags präziser geregelt und sichergestellt werden muss, dass wesentliche Änderungen der Methode, nach der Kosten im Hinblick auf Ausgleichszahlungen zugerechnet werden, mit den Kostenrechnungsbestimmungen von Art. 14 der 1. Postrichtlinie[148] im Einklang stehen.[149]

128   **b) Bereichsausnahme.** Art. 106 Abs. 2 AEUV wird in ständiger Rspr. und Kommissionspraxis als **Ausnahmeregel vom Verbotstatbestand des Art. 107 Abs. 1 AEUV** behandelt.[150] Dabei war die Beurteilung des Verhältnisses dieser Vorschriften zueinander in der Vergangenheit uneinheitlich. Für die von Art. 106 Abs. 2 AEUV erfassten Fälle wurde teilweise schon von einem Ausschluss des Beihilfetatbestandes („Tatbestandslösung") ausgegangen, überwiegend wird indes inzwischen eine Ausnahme von der Rechtsfolge des Art. 107 Abs. 1 AEUV angenommen („Rechtfertigungslösung").[151] Maßgeblichen Anteil daran hatte die bereits dargestellte **Altmark Trans-Rspr.**[152] zur Frage des Vorliegens einer Begünstigung. Unterschiede zwischen dem Anwendungsbereich von Art. 106 Abs. 2 AEUV und den vier Altmark Trans-Kriterien bestehen hinsichtlich des zweiten und vierten Kriteriums,[153] die im Rahmen des Art. 106 Abs. 2 AEUV nur eingeschränkt geprüft werden. Insoweit legt die Kom. lediglich – ex post – die Mehrkosten des beauftragten Unternehmens für die Erbringung der Dienstleistungen von allg. wirtschaftlichem Interesse zugrunde und stellt die Frage, ob diese mit den staatlichen Ausgleichszahlungen evtl. überkompensiert worden sind. Damit müssen – anders als nach den Altmark Trans-Kriterien – weder ex ante Berechnungsparameter für den Ausgleich bestimmt werden,[154] noch ist ein subjektiver Bewertungsmaßstab hinsichtlich eines durchschnittlichen, gut geführten Unternehmens relevant.[155]

129   Die Stellung des Art. 106 Abs. 2 AEUV im System der Beihilfenkontrolle kann seit dem Erlass der sog. Freistellungsentsch. der Kom. am 28. November 2005[156] im Nachgang zur Altmark Trans-Rspr. als geklärt angesehen werden. Mit der auf Art. 106 Abs. 3 AEUV gestützten Entscheidung erklärte die Kom. Beihilfen, die mit der Erbringung von Dienstleistungen von allg. wirtschaftlichem Interesse betrauten Unternehmen als Ausgleich gewährt werden, als automatisch mit dem Binnenmarkt vereinbar und befreite sie somit von der Notifizierungspflicht gem. Art. 108 Abs. 3 AEUV.

130   In der Kommissionspraxis hat sich die Haltung durchgesetzt, dass auf die Ausgleichsmechanismen, die den Anforderungen des zweiten und vierten der Altmark Trans-Kriterien nicht genügen, zumindest die Bereichsausnahmevorschrift des Art. 106 Abs. 2 AEUV Anwendung finden müsse, um sie jedenfalls für mit dem Binnenmarkt vereinbar erklären zu können. Die Kom. prüft daher in den Fällen, in denen sie das Vorliegen einer Begünstigung mangels Erfüllung der vier Altmark Trans-Kriterien bejaht, unmittelbar anschließend die Voraussetzungen des Art. 106 Abs. 2 AEUV.[157] Auch für den Postsektor gibt es daher aus der Kommissionspraxis Beispiele, in denen die Erfüllung der Altmark Trans-Kriterien negativ ausgefiel, die Bereichsausnahme des Art. 106 Abs. 2 AEUV aber bejaht wurde.[158]

---

[147] Kom., Staatliche Beihilfe C 21/2005, noch nicht veröffentlicht, vgl. http://ec.europa.eu/competition/elojade/isef/case_details.cfm?proc_code=3_C21_2005, vgl. auch Kom., Pressemitteilung IP/09/1931.

[148] RL 97/67, ABl. 1998 L 15/14, geändert durch RL 2002/39, ABl. 2002 L 176/21, und RL 2008/06, ABl. 2008 L 52/3.

[149] Kom., Pressemitteilung IP/09/1931.

[150] *Bartosch* Art. 86 Abs. 2 EG RdNr. 1.

[151] Vgl. die insoweit zusammenfassende Darstellung bei *Bartosch* Art. 86 EG RdNr. 1 f. mwN; vgl. dazu auch *Lübbig/Martin-Ehlers/Martin-Ehlers* RdNr. 458 ff.

[152] S. o. RdNr. 106.

[153] Kom., Staatliche Beihilfe E 3/2005, Tz. 163, 227, 236 – Finanzierung der öffentlich-rechtlichen Rundfunkanstalten in Deutschland.

[154] Zweites Altmark Trans-Kriterium, vgl. Art. 107 RdNr. 233.

[155] Viertes Altmark Trans-Kriterium, vgl. Art. 107 RdNr. 234.

[156] Kom., ABl. 2005 L 312/67.

[157] Vgl. *Bartosch* Art. 87 EG Abs. 1 RdNr. 71 f.

[158] Kom., ABl. 2003 C 271/47 – BBC digital Curriculum; Kom., ABl. 2005 L 142/1 – RTP; Kom. ABl. 2004 L 119/1 – RAI; Kom., ABl. 2004 L 361/21 – France 2 und France 3; für den Postsektor: Kom. Staatliche Beihilfe N 822/2006, Tz. 27 und 50 – POL; Kom.; Staatliche Beihilfe N 388/2007, Tz. 27, 34 und 81 – POL; Kom., Staatliche Beihilfe NN 24/2008, Tz. 105 – Poste Italiane SpA.

4. Vereinbarkeit mit dem Binnenmarkt. Hinsichtlich der Anwendung der **Art. 107 Abs. 2**   **131** **und 3 AEUV** ergeben sich keine postspezifischen Besonderheiten.[159] Insofern kann auf die allg. Grundsätze für die Anwendung dieser Ausnahmevorschriften zum Beihilfeverbot des Art. 107 Abs. 1 AEUV verwiesen werden.[160] Allerdings ist zumindest bei der Prüfung der Vereinbarkeit einer Beihilfe mit dem Binnenmarkt nach Art. 107 Abs. 3 lit. c AEUV der besonderen Situation des sich im Liberalisierungsprozess befindlichen Postsektors Rechnung zu tragen. Danach kann sich die Förderung der weiteren Liberalisierung des Postsektors positiv auf die Genehmigungsfähigkeit einer Beihilfe auswirken. Dies entschied die Kom. im Fall Royal Mail, in dem sie staatliche Maßnahmen zugunsten der Finanzierung der **Rentenansprüche** der bei der ehemals staatlichen britischen Royal Mail Beschäftigten nach Art. 107 Abs. 3 AEUV für vereinbar mit dem Binnenmarkt erklärte.[161] Hierbei verwies sie, trotz Unterschieden in den Rentensystemen Frankreichs und des Vereinigten Königreichs,[162] auf ihre Entsch. zu staatlichen Beihilfen, welche Frankreich bei der Finanzierungsreform für die Ruhegehälter der bei La Poste beschäftigten Beamten gewährte.[163] Demnach können Maßnahmen nach Art. 107 Abs. 3 AEUV mit dem Binnenmarkt vereinbar sein, wenn sie streng darauf beschränkt sind, „gleiche Wettbewerbsbedingungen hinsichtlich Sozialversicherungsbeiträgen und Steuern zu schaffen, und damit schließlich die Entwicklung des Wettbewerbs und die weitere Liberalisierung des Postsektors fördern würden."[164]

5. Ausblick. Die Beihilfenkontrolle hat im Zuge der Liberalisierung des Postsektors deutlich   **132** an Bedeutung gewonnen. Nach Abschluss des Liberalisierungsprozesses werden staatliche Maßnahmen zugunsten von Postdienstleistern beihilferechtlich grundsätzlich genauso zu behandeln sein wie in jedem anderen Wettbewerbsbereich des Europäischen Binnenmarktes. Eine postspezifische Beihilfenkontrolle sollte sich dann zunehmend erübrigen. Es ist zurzeit allerdings nicht absehbar, dass kurzfristig eine vollständige Liberalisierung in allen Mitgliedstaaten erfolgen wird und sämtliche Mitgliedstaaten die Erbringung von Postdienstleistungen ausschließlich den Kräften des Marktes überlassen werden. Hervorzuheben ist insofern die geplante Abschaffung des Mehrwertsteuerprivilegs der Deutsche Post AG. Nach einem Kabinettsbeschluss vom 16. Dezember 2009 soll der Deutsche Post AG die Umsatzsteuerbefreiung für Brief- und Paketversand zwar weiterhin erhalten bleiben, diese jedoch ab dem 30. Juni 2010 auch Wettbewerbern zustehen, die Post-Universaldienste anbieten.

Solange der Liberalisierungsprozess andauert, können staatliche Maßnahmen nicht losgelöst   **133** von den besonderen tatsächlichen und rechtlichen Rahmenbedingungen im Postsektor betrachtet werden. Dies gilt insbesondere für die Verpflichtung zur Erbringung von unprofitablen Universaldienstleistungen. Soweit staatliche Ausgleichsleistungen die durch die Universaldiensterbringung verursachten Kosten nicht übersteigen, sollte eine direkte oder durch Quersubventionierung verursachte Wettbewerbsverfälschung auszuschließen sein. Ausgleichsleistungen können damit auch nach einer vollständigen Marktöffnung aufgrund der einschlägigen Ausnahmetatbestände weiterhin vom grundsätzlichen Beihilfeverbot des AEUV befreit und zulässig sein. Allerdings dürften Kom. und Unionsgerichte auch in der Zukunft darüber zu befinden haben, welche Kosten auf welche Weise in die Prüfung einer Überkompensierung durch die empfangene Ausgleichsleistung im Einzelfall einzubeziehen sind.

III. Rundfunk und Fernsehen

Schrifttum: *Dias/Antoniadis*, Increased Transparency and Efficiency in Public Service Broadcasting. Recent Cases in Spain and Germany, Competition Policy Newsletter 2/2007, 67; *König/Haratsch*, The Licence-Fee-Based Financing of Public Service Broadcastung in Germany after the Altmark Trans Judgment, EStAL 2003, 569; *Meyer*, Ende gut, alles gut? Zum Abschluss der Beihilfeprüfung der deutschen Rundfunkgebühren durch die Europäische Kommission, EWS 2007, 341; *Mortensen*, Altmark, Article 86(2) and Public Service Broadcasting, EStAL 2008, 239; *Sumrada/Nohlen*, Control of State Aid for Public Service Broadcasting: Analysis of the European Commission's Recent Policy, EStAL 2005, 609; *Tigchelaar*, Staid Aid to Public Broadcasting – Revisited, EStAL 2003, 169; *Wiedemann*, Public Service Broadcasting, State Aid, and the Internet: Emerging EU Law, EStAL 2004, 595.

---

[159] Vgl. für den Postsektor zB. Kom., ABl. 2008 L 346/1 – DHL und Flughafen Leipzig/Halle; Kom., ABl. 2008 L 312/31 – DHL.
[160] Art. 107 RdNr. 13–14.
[161] Kom., ABl. 2009 L 210/16 – Royal Mail.
[162] Vgl. Kom., ABl. 2009 L 210/16, Tz. 112 – Royal Mail.
[163] Kom., ABl. 2008 L 63/16 – La Poste.
[164] Kom., ABl. 2009 L 210/16, Tz. 110 – Royal Mail; vgl. Kom., ABl. 2008 L 63/16 Tz. 174–179 und 184 – La Poste.

134   **1. Übersicht über die Beihilfepolitik im Rundfunksektor.** Bis in die achtziger Jahre des letzten Jahrhunderts war der Rundfunk in den Mitgliedstaaten der EU im Wesentlichen staatlich beziehungsweise öffentlich-rechtlich organisiert und finanziert.[1] Die Gründe hierfür waren zum einen die begrenzte Verfügbarkeit von Frequenzen und die hohen Einstiegshürden, die einem Außenpluralismus wie bei den Printmedien entgegenstanden, und zum anderen die überragende Bedeutung des Mediums für die öffentliche Meinungsbildung. Es verwundert daher nicht, dass die Beihilfevorschriften in diesem Sektor zunächst keine Anwendung fanden. Dies änderte sich erst, nachdem die technologischen und wirtschaftlichen Entwicklungen eine Liberalisierung möglich gemacht und zum Auftreten von privaten Anbietern geführt hatte. Anfang der neunziger Jahre beschwerten sich die ersten privaten Anbieter bei der Kommission über die staatliche Finanzierung der öffentlich-rechtlichen Rundfunkanstalten in Spanien, Frankreich, Italien und Portugal und kritisierten dabei insbesondere das Recht dieser Anstalten, kommerzielle Programme und Werbung auszustrahlen.[2] Für eine Beurteilung und abschließende Entscheidung dieser politisch sehr sensiblen Fälle gab es damals jedoch überhaupt keine anwendbaren Leitlinien oder Präzedenzfälle.[3] Die Kommission blieb daher in diesen Fällen über mehrere Jahre untätig und wurde vom EuG Ende der neunziger Jahre wegen dieser Untätigkeit in zwei Fällen verurteilt.[4] Lediglich im Fall der portugiesischen Rundfunkanstalt RTP traf sie im November 1996 eine Entscheidung, die jedoch vom EuG später aufgehoben wurde.[5]

135   Anstatt die anhängigen Beschwerden zu verfolgen, konzentrierte sich die Kommission zunächst darauf, allgemeine Leitlinien für die Anwendung der Beihilfevorschriften im Bereich des öffentlich-rechtlichen Rundfunks zu entwickeln. 1995 legte sie einen ersten Entwurf für solche Leitlinien vor, der jedoch von den Mitgliedstaaten als zu weitgehend kritisiert wurde. Um dieser Kritik auch rechtlich Nachdruck zu verleihen, ergänzten die Mitgliedstaaten den damaligen EGV im Rahmen des Amsterdamer Vertrages vom Oktober 1997 um ein Protokoll über den öffentlich-rechtlichen Rundfunk in den Mitgliedstaaten. Dieses Amsterdamer Protokoll besagte:

136   „Die Bestimmungen des Vertrags zur Gründung der Europäischen Gemeinschaft berühren nicht die Befugnis der Mitgliedstaaten, den öffentlich-rechtlichen Rundfunk zu finanzieren, sofern die Finanzierung der Rundfunkanstalten dem öffentlich-rechtlichen Auftrag, wie er von den Mitgliedstaaten den Anstalten übertragen, festgelegt und ausgestaltet wird, dient und die Handels- und Wettbewerbsbedingungen in der Gemeinschaft nicht in einem Ausmaß beeinträchtigt, das dem gemeinsamen Interesse zuwiderläuft, wobei den Erfordernissen der Erfüllung des öffentlich-rechtlichen Auftrags Rechnung zu tragen ist."

137   Als Primärrecht bindet das – im Rahmen des Lissaboner Vertrags[6] als Protokoll Nr. 29 fortgeltende – Amsterdamer Protokoll die Kommission bei der Anwendung der Beihilfevorschriften im Bereich des öffentlich-rechtlichen Rundfunks. Diese Bindungswirkung betrifft vor allem zwei Punkte. Erstens wird das Recht der Mitgliedstaaten bekräftigt, den öffentlich-rechtlichen Auftrag der Rundfunkanstalten festzulegen und auszugestalten, wobei sie nach der Rechtspre-

---

[1] *Tigchelaar* EStAL 2003, 169, 169.
[2] Mederer/*Antoniadis* RdNr. 4.1634; *Tigchelaar* EStAL 2003, 169, 170.
[3] *Tigchelaar* EStAL 2003, 169, 170.
[4] EuG, T-95/96, Slg. 1998, II-3407 – Gestevision Telecinco; EuG, T-17/96, Slg. 1999, II-1757 – TF 1.
[5] EuG, T-46/97, Slg. 2000, II-2125 – SIC.
[6] ABl. 2007 C 306/1. Konsolidierte Fassungen des Vertrags über die Europäische Union und des Vertrags über die Arbeitsweise der Europäischen Union veröffentlicht in ABl. 2010 C 83/1.

chung der europäischen Gerichte über ein weites Ermessen verfügen, das von der Kommission nur auf offensichtliche Fehler überprüft werden kann.[7] Zweitens wird im Grundsatz das Recht der Mitgliedstaaten festgeschrieben, ihre öffentlich-rechtlichen Rundfunkanstalten dauerhaft mit Betriebsbeihilfen in Form von Rundfunkgebühren oder ähnlichen regelmäßigen Mittelzuweisungen zu unterstützen. Ein solches Privileg genießt kein anderer Wirtschaftssektor, was zeigt, welche Bedeutung die Mitgliedstaaten dem öffentlich-rechtlichen Rundfunk für die „demokratischen, sozialen und kulturellen Bedürfnisse jeder Gesellschaft" zumessen. Insgesamt wird damit die – in Deutschland auch als duale Rundfunkordnung bezeichnete – Koexistenz von öffentlich-rechtlichen und privaten Rundfunkanbietern anerkannt und die Kommission verpflichtet, die Beihilfevorschriften in diesem Sektor dementsprechend anzuwenden.

Kurz nach dem Inkrafttreten des Amsterdamer Protokolls am 1. Januar 1999 ergänzte der Rat **138** dessen politische Wirkung noch durch eine – rechtlich allerdings unverbindliche – Resolution, in der das Recht der öffentlich-rechtlichen Rundfunkanstalten betont wird, den technologischen Fortschritt zu nutzen und der Öffentlichkeit die Vorteile der neuen audiovisuellen Dienste und Informationsdienste sowie der neuen Technologien nahezubringen.[8]

Vor diesem Hintergrund verabschiedete die Kommission im November 2001 eine Mitteilung **139** über die Anwendung der Vorschriften über staatliche Beihilfen auf den öffentlich-rechtlichen Rundfunk.[9] Darin legte sie die Bedingungen fest, unter denen solche Beihilfen als mit dem Gemeinsamen Markt vereinbar angesehen werden können. Diese Rundfunkmitteilung 2001 beachtete nicht nur die rechtlichen Vorgaben des Amsterdamer Protokolls, sondern lag auch auf dessen politischer Linie, den Mitgliedstaaten bei der Organisation des öffentlich-rechtlichen Rundfunks einen weiten Gestaltungsspielraum einzuräumen. Hierzu gehörte auch die Möglichkeit der Mischfinanzierung aus öffentlichen Mitteln und Werbeeinnahmen, die die Kommission bereits wenige Monate zuvor in ihrer Mitteilung über Leistungen der Daseinsvorsorge in Europa ausdrücklich anerkannt hatte.[10]

Auf der Grundlage der Rundfunkmitteilung 2001 traf die Kommission dann zwischen 2003 **140** und 2008 eine ganze Reihe von Einzelentscheidungen über die ihr aufgrund von Beschwerden oder förmlichen Anmeldungen unterbreiteten Finanzierungsmaßnahmen der Mitgliedstaaten zugunsten ihrer öffentlich-rechtlichen Rundfunkanstalten.[11] In fast allen Fällen erklärte die Kommission die betreffenden Maßnahmen für mit dem Gemeinsamen Markt vereinbar. Nur in den Fällen der dänischen Rundfunkanstalt TV2[12] und der niederländischen Rundfunkanstalten[13] kam die Kommission zu dem Ergebnis, dass ein Teil der Finanzierung als Überkompensierung mit dem Gemeinsamen Markt unvereinbar und von den Empfängern zurückzuzahlen war. Die Entscheidung im Fall TV2 wurde vom EuG mit Urteil vom Oktober 2008 aufgehoben,[14] während entsprechende Nichtigkeitsklagen gegen die Entscheidung im Fall der niederländischen Rundfunkanstalten noch anhängig sind.[15]

Einige der von der Kommission entschiedenen Fälle zeigten jedoch auch, dass sich nicht alle **141** darin aufgeworfenen Rechts- und Sachfragen allein auf der Grundlage der Rundfunkmitteilung 2001 zufriedenstellend beantworten ließen.[16] In ihrem Aktionsplan staatliche Beihilfen vom Juni 2005 kündigte die Kommission daher an, die Rundfunkmitteilung 2001 zu überarbeiten, „da sich auf diesem Gebiet speziell infolge der Fortschritte in der Digitaltechnik und der Verbreitung von Internet-gestützten Leistungen neue Probleme in Bezug auf den Umfang des öffentlich-rechtlichen Auftrags ergeben haben".[17] Nach umfangreicher Konsultation aller interessierter Parteien verabschiedete die Kommission daraufhin im Juli 2009 eine überarbeitete Rundfunkmitteilung,[18] die die festgestellten Regelungslücken schließen und die bis dahin geltenden Bedingungen für die Genehmigung von staatlichen Beihilfen im Rundfunksektor an die rechtlichen und technologischen Entwicklungen anpassen soll. In politischer Hinsicht unterscheidet

---

[7] EuG, T-442/03, Slg. 2008, II-1161, RdNr. 195–201.
[8] ABl. 1999 C 30/1.
[9] ABl. 2001 C 320/5 – im folgenden Rundfunkmitteilung 2001.
[10] ABl. 2001 C 17/4, Tz. 23.
[11] Überblick bei Mederer/*Antoniadis* RdNr. 4.1638–4.1643.
[12] ABl. 2006 L 85/1.
[13] ABl. 2008 L 49/1.
[14] EuG, T-309/04, T-317/04, T-329/04 und T-336/04, Slg. 2008, II-2935.
[15] EuG, T-231/06 und T-237/06, noch nicht entschieden.
[16] Siehe auch *Sumrada/Nohlen* EStAL 2005, 609, 620.
[17] KOM(2005) 107 endg., Tz. 42.
[18] ABl. 2009 C 257/1 – im folgenden Rundfunkmitteilung 2009.

sich diese Rundfunkmitteilung 2009 von ihrer Vorgängerin vor allem dadurch, dass sie eine größere Flexibilität hinsichtlich der von den öffentlich-rechtlichen Rundfunkanstalten erbrachten Dienstleistungen durch verstärkte Aufsichtspflichten der Mitgliedstaaten auszugleichen versucht.

142   Die Rundfunkmitteilung 2009 ist ausweislich der Tz. 99 und 100 anwendbar auf alle angemeldeten Beihilfemaßnahmen, über die die Kommission zum Zeitpunkt der Veröffentlichung der Mitteilung im Amtsblatt der Europäischen Union noch nicht abschließend entschieden hat, selbst wenn diese Maßnahmen bereits vorher angemeldet wurden, sowie auf alle nicht angemeldeten Beihilfen, die nach diesem Zeitpunkt gewährt wurden. Auf nicht angemeldete Beihilfen, die vorher gewährt wurden, findet weiterhin die Rundfunkmitteilung 2001 Anwendung. Die erste Entscheidung, die die Kommission auf der Grundlage der neuen Rundfunkmitteilung 2009 erlassen hat, betrifft die österreichische Rundfunkanstalt ÖRF.[19]

143   **2. Anwendbarkeit der Beihilfevorschriften im Rundfunksektor. a) Einordnung als staatliche Beihilfen.** Die von der Kommission bisher untersuchten Finanzierungsmaßnahmen lassen sich im Wesentlichen in zwei Kategorien unterteilen:
– zum einen die auf Dauer angelegten Maßnahmen, mit denen der allgemeine Finanzbedarf der öffentlich-rechtlichen Rundfunkanstalten ganz oder teilweise gedeckt werden soll. Hierzu gehören vor allem die Rundfunkgebühren, wie sie etwa, wenngleich in unterschiedlicher Form, in Dänemark,[20] Deutschland,[21] Frankreich,[22] Irland,[23] Italien[24] und dem Vereinigten Königreich[25] erhoben werden, sowie direkte Mittelzuweisungen aus den staatlichen Haushalten[26] oder aus speziell eingerichteten Medienfonds.[27] Hinzu kommen staatliche Garantien und mehr oder weniger weitreichende Freistellungen von Steuern und Abgaben;
– zum anderen *ad-hoc* Finanzierungsmaßnahmen, mit denen eine punktuelle finanzielle Unterversorgung einzelner öffentlich-rechtlicher Rundfunkanstalten ausgeglichen werden soll. Hierzu gehören vor allem staatliche Kapitalzuführungen und andere Zuschüsse sowie Schuldbefreiungen beziehungsweise -übernahmen zugunsten von TV2,[28] RTVE,[29] France 2 und France 3,[30] RAI[31] und RTP[32] sowie die *ad hoc* Maßnahmen zugunsten der öffentlich-rechtlichen Rundfunkanstalten in den Niederlanden.[33]

144 In den meisten Fällen bereitete die Einordnung der betreffenden Maßnahmen als staatliche Beihilfen keine Probleme.

145   Was die Wettbewerbsverfälschung und die Beeinträchtigung des innergemeinschaftlichen Handels angeht, führte die Kommission bereits in Tz. 18 der Rundfunkmitteilung 2001 allgemein aus, dass „generell davon auszugehen [ist], dass eine staatliche Finanzierung öffentlich-rechtlicher Rundfunkanstalten den Handel zwischen den Mitgliedstaaten beeinträchtigt. Dies gilt klar für den – häufig international abgewickelten – Erwerb und Verkauf von Programmrechten. Auch die Werbung – für diejenigen öffentlich-rechtlichen Anstalten, die Sendeplatz für Werbung verkaufen dürfen – hat eine grenzüberschreitende Wirkung, vor allem in grenznahen Gebieten, in denen beiderseits der Landesgrenze dieselbe Sprache gesprochen wird. Außerdem kann sich die Eigentumsstruktur kommerzieller Rundfunksender auf mehr als einen Mitgliedstaat erstrecken." Diese allgemeinen Erwägungen werden in den Einzelentscheidungen regelmäßig wiederholt und zum Teil näher ausgeführt.[34] Hieran hält auch die Rundfunkmitteilung 2009 unverändert fest.

---

[19] Kom., Staatliche Beihilfe E 2/2008.

[20] Kom., ABl. 2006 L 85/1 – TV2.

[21] Kom., Staatliche Beihilfe E 3/2005 – Öffentlich-rechtliche Rundfunkanstalten in Deutschland.

[22] Kom., Staatliche Beihilfe E 10/2005 – France Télévision.

[23] Kom., Staatliche Beihilfe E 4/2005 – RTÉ und TG4.

[24] Kom., Staatliche Beihilfe E 9/2005 – RAI.

[25] Kom., Staatliche Beihilfe N 631/2001 – BBC.

[26] Kom., Staatliche Beihilfe E 8/2005 – RTVE; Kom., Staatliche Beihilfe E 14/2005 – RTP.

[27] Kom., Staatliche Beihilfe E 5/2005 – Öffentlich-rechtliche Rundfunkanstalten in den Niederlanden.

[28] Kom., Staatliche Beihilfe N 313/2004.

[29] Kom., Staatliche Beihilfe NN 8/2007.

[30] Kom., ABl. 2004 L 361/21.

[31] Kom., ABl. 2004 L 119/1.

[32] Kom., ABl. 2005 L 142/1; Kom., Staatliche Beihilfe NN 31/2006.

[33] Kom., ABl. 2008 L 49/1.

[34] Siehe insbesondere Kom., Staatliche Beihilfe E 3/2005, Tz. 181–190 – Öffentlich-rechtliche Rundfunkanstalten in Deutschland; *Tigchelaar* EStAL 2003, 169, 171; aA. *Meyer* EWS 2007, 341, 346 f.

In einigen Fällen bestritten die Mitgliedstaaten die Einordnung ihrer Maßnahmen als staatli- **146** che Beihilfen allerdings mit der Begründung, dass es sich dabei nicht um staatliche Mittel handelte oder den betreffenden Rundfunkanstalten dadurch keine Begünstigung gewährt würde.

aa) Staatliche Mittel. Die Frage, ob die Maßnahmen aus staatlichen Mitteln finanziert wurden, **147** stellte sich vor allem bei den Rundfunkgebühren in Dänemark und Deutschland.[35] In diesen Fällen hatte der jeweilige Gesetzgeber den öffentlich-rechtlichen Rundfunkanstalten das Recht übertragen, die Gebühren direkt von den Besitzern von Radio- oder Fernsehgeräten einzuziehen, und eine unmittelbare Belastung der staatlichen Haushalte damit ausgeschlossen. Trotzdem stufte die Kommission die Gebühren als staatliche Mittel im Sinne des Artikels 107 Abs. 1 AEUV ein. Zur Begründung führte sie im Wesentlichen aus, dass es sich dabei um staatliche Zwangsabgaben handele, mit denen die Staaten ihre Verpflichtung zur Finanzierung des öffentlich-rechtlichen Rundfunks erfüllten. Staatliche Stellen entschieden über die Verpflichtung zur Zahlung der Gebühren sowie über deren Höhe und Verteilung. Daher ständen die Einnahmen ständig unter staatlicher Kontrolle. Die Einziehung der Gebühren erfolge zudem – ähnlich wie bei Steuern und anderen öffentlichen Abgaben – mit den Mitteln des Verwaltungs- und Verwaltungsvollstreckungsrechts und nicht denen des Privatrechts. Schließlich sei diese Form der Gebührenfinanzierung – entgegen der von den beiden Regierungen vorgetragenen Auffassung – nicht mit dem der Rechtssache PreussenElektra[36] zugrundeliegenden System von Mindestpreisen und Abnahmeverpflichtungen vergleichbar, da zwischen den Rundfunkanstalten und den Gebührenschuldnern keine konkreten Vertragsbeziehungen über den Austausch bestimmter Leistungen bestünden.[37]

Diese Auffassung der Kommission wurde vom EuG in der Rechtssache TV2 sowohl im Ergebnis **148** als auch in der Begründung bestätigt.[38] Weitere Unterstützung erhält die Kommission, wenngleich nur indirekt, durch das Urteil des EuGH in der Rechtssache Bayerischer Rundfunk,[39] in dem der EuGH die Rundfunkgebühren in Deutschland als staatliche Finanzierung im Sinne der gemeinschaftlichen Richtlinie über die Vergabe öffentlicher Dienstleistungsaufträge qualifizierte.

Sogenannte *must-carry* Verpflichtungen, aufgrund derer beispielsweise die (privaten) Betreiber **149** von Kabelnetzen verpflichtet sind, die Programme öffentlich-rechtlicher Rundfunkanstalten kostenlos zu verbreiten, binden hingegen keine staatlichen Mittel und sind daher keine staatlichen Beihilfen im Sinne des Artikels 107 Abs. 1 AEUV.[40]

bb) Begünstigung. Die unter den öffentlich-rechtlichen Sendeauftrag fallenden Tätigkeiten **150** der öffentlich-rechtlichen Rundfunkanstalten sind normalerweise Dienstleistungen von allgemeinem wirtschaftlichem Interesse im Sinne des Artikels 14 AEUV. Daher stellte sich in den von der Kommission untersuchten Fällen regelmäßig die Frage, ob die zur Erfüllung dieses Auftrags gewährten Ausgleichszahlungen überhaupt eine Begünstigung der Rundfunkanstalten darstellen. Die Antworten, die die Kommission in den einzelnen Fällen auf diese Frage gab, hingen maßgeblich von der Entwicklung der einschlägigen Rechtsprechung der europäischen Gerichte ab.

Ursprünglich war die Kommission der Auffassung, dass staatliche Ausgleichszahlungen, die **151** nicht über die mit der Erbringung solcher Dienstleistungen verbundenen Mehrkosten hinausgingen, den betreffenden Unternehmen keine Begünstigung verschafften und damit keine staatlichen Beihilfen waren.[41] Diesen sogenannten Ausgleichsansatz wandte sie auch in ihrer ersten Entscheidung im Rundfunksektor im Fall der portugiesischen Rundfunkanstalt RTP an.[42] Auf die Klage des Beschwerdeführers hin hob das EuG diese Entscheidung jedoch mit der Begründung auf, dass auch auf den Ausgleich solcher Mehrkosten begrenzte Zahlungen staatliche Beihilfen im Sinne des Artikels 107 Abs. 1 AEUV sein könnten.[43] Diesen sogenannten Beihilfeansatz legte die Kommission dann auch ihrer Rundfunkmitteilung 2001 zugrunde.[44]

---

[35] *Tigchelaar* EStAL 2003, 169, 171–172 mwN.

[36] EuGH, C-379/98, Slg. 2001, I-2099.

[37] Siehe Kom., ABl. 2006 L 85/1, Tz. 57–60 – TV2; Kom., Staatliche Beihilfe E 3/2005, Tz. 142–151 – Öffentlich-rechtliche Rundfunkanstalten in Deutschland; *Tigchelaar* EStAL 2003, 169, 171–173 mwN; Kom., Staatliche Beihilfe E 2/2008, Tz. 101–108 – Finanzierung des ÖRF; aA *Meyer* EWS 2007, 341, 345–346.

[38] EuG, T-309/04, T-317/04, T-329/04 und T-336/04, Slg. 2008, II-2935, RdNr. 158–159.

[39] EuGH, C-337/06, Slg. 2007, I-11193.

[40] Siehe Kom., ABl. 2006 L 85/1, Tz. 68 – TV2.

[41] Heidenhain/*Montag*/Leibenath § 30 RdNr. 58.

[42] *Tigchelaar* EStAL 2003, 169, 173.

[43] EuG, T-46/97, Slg. 2000, II-2125, RdNr. 82–84 – SIC, unter Verweis auf EuG, T-106/95, Slg. 1997, II-229 – FFSA.

[44] ABl. 2001 C 320/5, Tz. 19. Siehe auch *Tigchelaar* EStAL 2003, 169, 173–174.

152   Nur wenige Tage nach Veröffentlichung der Rundfunkmitteilung 2001 entschied sich der
EuGH in der Rechtssache Ferring[45] für den Ausgleichsansatz und zwang damit auch die Kommission zur erneuten Änderung ihrer Haltung. So entschied die Kommission im Fall BBC licence fee, dass die Finanzierung der neuen Digitalkanäle der BBC durch die britische Rundfunkgebühr keine staatliche Beihilfe darstellte.[46]

153   In der Rechtssache Altmark Trans[47] schränkte der EuGH die Reichweite des Ausgleichsan-
satzes jedoch wieder ein, indem er entschied, dass Ausgleichszahlungen für die Erbringung von
Dienstleistungen von allgemeinem wirtschaftlichen Interesse nur dann keine staatlichen Beihil-
fen im Sinne des Artikels 107 Abs. 1 AEUV sind, wenn sie die folgenden vier Voraussetzungen
erfüllen:
– Erstens ist das begünstigte Unternehmen tatsächlich mit der Erfüllung gemeinwirtschaftlicher
  Verpflichtungen betraut worden, und diese Verpflichtungen sind klar definiert worden.
– Zweitens sind die Parameter, anhand deren der Ausgleich berechnet wird, zuvor objektiv und
  transparent aufgestellt worden.
– Drittens geht der Ausgleich nicht über das hinaus, was erforderlich ist, um die Kosten der
  Erfüllung der gemeinwirtschaftlichen Verpflichtungen unter Berücksichtigung der dabei erzielten Einnahmen und eines angemessenen Gewinns aus der Erfüllung dieser Verpflichtungen ganz oder teilweise zu decken.
– Viertens ist die Höhe des erforderlichen Ausgleichs, wenn die Wahl des Unternehmens, das
  mit der Erfüllung gemeinwirtschaftlicher Verpflichtungen betraut werden soll, nicht im Rahmen eines Verfahrens zur Vergabe öffentlicher Aufträge erfolgt, auf der Grundlage einer Analyse der Kosten bestimmt worden, die ein durchschnittliches, gut geführtes Unternehmen bei
  der Erfüllung der betreffenden Verpflichtungen hätte, wobei die dabei erzielten Einnahmen
  und ein angemessener Gewinn aus der Erfüllung dieser Verpflichtungen zu berücksichtigen
  sind.

154   Das Altmark-Urteil bildete die Grundlage für die weitere Entscheidungspraxis der Kommission zur Frage der Begünstigung im Rundfunksektor. Dabei kam die Kommission in allen
Fällen, in denen sich der Mitgliedstaat auf dieses Urteil berief, zu dem Schluss, dass zumindest
die zweite und die vierte Voraussetzung des Urteils nicht erfüllt seien.[48] Zur Begründung führte
sie im Fall der öffentlich-rechtlichen Rundfunkanstalten in Deutschland etwa aus, dass die
Parameter zur Berechnung des Ausgleichs eine Begrenzung dieses Ausgleichs auf die mit der
Erfüllung des öffentlich-rechtlichen Sendeauftrags verbundenen Mehrkosten nicht gewährleisten. Zudem werde die Höhe des Ausgleichs nicht automatisch anhand dieser Parameter, sondern letztlich von den Länderparlamenten festgesetzt. Schließlich habe Deutschland trotz der
ihm insoweit obliegenden Beweispflicht nicht nachgewiesen, dass der Ausgleich aufgrund einer
Analyse der Kosten eines effizienten privaten Wettbewerbers berechnet werde.[49] Ähnliche Erwägungen finden sich in zum Teil sehr gedrängter Form auch in den übrigen Entscheidungen
der Kommission.[50]

155   Diese eher restriktive Interpretation der Altmark-Voraussetzungen wird jedoch durch das Urteil des EuG im Fall der dänischen Rundfunkanstalt TV2 in Frage gestellt.[51] In diesem Fall hob
das EuG die Entscheidung der Kommission mit der Begründung auf, die Kommission habe bei
der Frage, ob es sich bei den betreffenden Maßnahmen um staatliche Beihilfen handelte, die ihr
von Dänemark unterbreiteten Informationen nicht ordnungsgemäß und unvoreingenommen
untersucht und dementsprechend ihre Entscheidung unter Verstoß gegen Artikel 296 AEUV
nicht hinreichend begründet. Bei diesen Informationen handelte es sich vor allem um zwei
wirtschaftliche Gutachten, die eine Wirtschaftsprüfungsgesellschaft mit Hilfe von externen Experten, zu denen auch Wettbewerber von TV2 gehörten, erstellt hatte. Diese Gutachten waren
wiederum die Grundlage von zwei unter der Kontrolle des dänischen Parlaments zustande ge-

---

[45] EuGH, C-53/00, Slg. 2001, I-9067, RdNr. 27–29.
[46] Kom., Staatliche Beihilfe N 631/2001; *Tigchelaar* EStAL 2003, 169, 174–175; *Sumrada/Nohlen* EStAL
2005, 609, 611.
[47] EuGH, C-280/00, Slg. 2003, I-7747.
[48] *Mortensen* EStAL 2008, 239, 239–240; *Sumrada/Nohlen* EStAL 2005, 609, 613–614.
[49] Kom., Staatliche Beihilfe E 3/2005, Tz. 163–168; aA *König/Haratsch* EStAL 2003, 569, 576–577.
[50] Kom., ABl. 2006 L 85/1, Tz. 71 – TV2; Kom., ABl. 2008 L 49/1, Tz. 96–98 – *Ad hoc* Finanzierung
öffentlich-rechtlicher Rundfunkanstalten in den Niederlanden; Kom., ABl. 2004 L 361/21, Tz. 55–56 –
France 2 und France 3; Kom., Staatliche Beihilfe E 8/2005, Tz. 45–46 – RTVE; Kom., Staatliche Beihilfe
E 9/2005, Tz. 23 – RAI; Kom., Staatliche Beihilfe E 10/2005, Tz. 24–25 – France Télévision.
[51] EuG, T-309/04, T-317/04, T-329/04 und T-336/04, Slg. 2008, II-2935, RdNr. 188–233.

kommenen „media agreements", die ihrerseits den rechtlichen Rahmen für die Festlegung der Ausgleichszahlungen zugunsten von TV2 bildeten. Bemerkenswert ist in diesem Zusammenhang weniger der vom EuG festgestellte Verstoß gegen die Begründungspflicht des Artikels 296 AEUV, als vielmehr die Tatsache, dass das EuG in seinen Urteilsgründen wiederholt andeutet, die besagten „media agreements" könnten zusammen mit den Gutachten der Wirtschaftsprüfungsgesellschaft eventuell ausreichend sein, um die zweite und vierte Voraussetzung des Altmark-Urteils zu erfüllen.[52]

Es bleibt abzuwarten, ob das Urteil des EuG ein Einzelfall bleibt oder den Grundstein für **156** eine flexiblere Auslegung und Anwendung der Altmark-Voraussetzungen durch die europäischen Gerichte und die Kommission legt. Sicherlich wird es denjenigen Stimmen Auftrieb geben, die im Gegensatz zu der Kommission die Auffassung vertreten, dass die Rundfunkgebühren in Deutschland diese Voraussetzungen erfüllten und damit keine staatlichen Beihilfen seien.[53] Dieser Streit ist jedoch angesichts der Tatsache, dass die Entscheidung der Kommission zur Finanzierung der öffentlich-rechtlichen Rundfunkanstalten in Deutschland weder von der deutschen Bundesregierung noch von den Rundfunkanstalten selbst vor dem EuG angefochten und damit akzeptiert worden ist, kaum noch von praktischer Relevanz. In der Rundfunkmitteilung 2009 setzt sich die Kommission jedenfalls nicht mit den möglichen Auswirkungen des TV2-Urteils auseinander, sondern beschränkt sich auf einen allgemeinen Verweis auf die vier Voraussetzungen des Altmark-Urteils. Dies deutet darauf hin, dass die Kommission das TV2-Urteil letztlich für eine Einzelfallentscheidung hält, aus der sich keine allgemeine Orientierung für die Anwendung dieser Voraussetzungen ableiten lässt.

In den Fällen, in denen die öffentlich-rechtlichen Rundfunkanstalten mit *ad hoc* Kapitalzuführ- **157** rungen unterstützt wurden, machten die Mitgliedstaaten zudem geltend, dass diese Unterstützungen dem Grundsatz des marktwirtschaftlich handelnden Kapitalgebers entsprächen und aus diesem Grund keine staatlichen Beihilfen seien. Die Kommission wies dieses Argument regelmäßig unter Hinweis auf die schwache finanzielle Situation der betreffenden Anstalt zurück.[54] Lediglich im Fall der Rekapitalisierung von TV2/Danmark A/S kam sie zu dem Ergebnis, dass die beabsichtigte Kapitalzuführung mit dem Verhalten eines marktwirtschaftlich handelnden Kapitalgebers vergleichbar sein könnte. Angesichts der Tatsache, dass die Rekapitalisierung unmittelbar nach der Rückzahlung rechtswidrig gewährter Beihilfen durchgeführt und die Anstalt anschließend privatisiert werden sollte, war dies nach Auffassung der Kommission jedoch nicht ausreichend, um das Vorhandensein von Beihilfeelementen vollständig auszuschließen. Aus diesem Grund prüfte und bejahte die Kommission hilfsweise die Vereinbarkeit der Rekapitalisierung mit dem Gemeinsamen Markt auf der Grundlage des Artikels 106 Abs. 2 AEUV.[55]

Bemerkenswert an diesen Entscheidungen ist weniger das Ergebnis als vielmehr die Tatsache, **158** dass die Kommission den Grundsatz des marktwirtschaftlich handelnden Kapitalgebers im Fall von öffentlich-rechtlichen Rundfunkanstalten wie RAI oder France 2 und France 3 offenbar überhaupt für anwendbar hielt. Diese Anstalten wurden nämlich zum Zeitpunkt der Kapitalzuführungen weiterhin hauptsächlich durch Rundfunkgebühren finanziert. Es ist jedoch schwer nachzuvollziehen, wie eine staatliche Kapitalzuführung als langfristig gewinnbringende Geldanlage in einem Unternehmen angesehen werden kann, wenn der Staat dieses Unternehmen gleichzeitig durch dauerhaft angelegte Betriebsbeihilfen unterstützt. Nur im Fall der Rekapitalisierung von TV2/Danmark A/S war die Prüfung des Grundsatzes des marktwirtschaftlich handelnden Kapitalgebers folgerichtig, weil TV2 in eine privatrechtliche Gesellschaft umgewandelt worden war und die Gebührenfinanzierung wenige Monate nach der Kommissionsentscheidung auslaufen sollte.[56]

b) Neue oder bestehende Beihilfen. Die meisten Finanzierungssysteme für den öffent- **159** lich-rechtlichen Rundfunk wurden jedenfalls in ihren Grundzügen vor dem Inkrafttreten der Gründungsverträge in dem betreffenden Mitgliedstaat eingerichtet. Damit stellt sich die Frage, ob es sich bei den im Rahmen dieser Systeme gezahlten Beihilfen um bestehende Beihilfen im Sinne des Artikels 1 lit. b) der VO 659/1999[57] handelt. Von der Beantwortung dieser Frage

---

[52] EuG, T-309/04, T-317/04, T-329/04 und T-336/04, Slg. 2008, II-2935, RdNr. 225–228 und 232.
[53] *König/Haratsch* EStAL 2003, 569; *Meyer* EWS 2007, 341.
[54] Kom., ABl. 2004 L 361/21, Tz. 50–53 – France 2 und France 3; Kom., ABl. 2004 L 119/1, Tz. 83–88 – RAI.
[55] Kom., Staatliche Beihilfe N 313/2004. Siehe auch *Hancher/Ottervanger/Slot* RdNr. 17–004.
[56] Kom., Staatliche Beihilfe N 313/2004, Tz. 6–10.
[57] ABl. 1999 L 83/1 – im folgenden BeihilfeverfahrensVO.

hängen die bei der Kontrolle der Beihilfen zu beachtenden Verfahrensregeln sowie die Möglichkeit ab, rechtswidrige Beihilfen von dem Empfänger zurückzufordern. Bei bestehenden Beihilferegelungen richtet sich das Verfahren zu deren Kontrolle nach den Artikeln 17–19 der BeihilfeverfahrensVO und eine Rückforderung der gewährten Beihilfen ist ausgeschlossen.[58]

160   Gemäß Artikel 1 lit. b der BeihilfeverfahrensVO sind bestehende Beihilfen „alle Beihilfen, die vor Inkrafttreten des Vertrages in dem entsprechenden Mitgliedstaat bestanden, also Beihilferegelungen und Einzelbeihilfen, die vor Inkrafttreten des Vertrages eingeführt worden sind und auch nach dessen Inkrafttreten noch anwendbar sind". Änderungen bestehender Beihilfen sind nach lit. c hingegen als neue Beihilfen einzustufen. Die Änderung einer bestehenden Beihilfe wird in Art. 4 Abs. 1 der VO 794/2004[59] wiederum definiert als „jede Änderung, außer einer Änderung rein formaler oder verwaltungstechnischer Art, die keinen Einfluss auf die Würdigung der Vereinbarkeit der Beihilfemaßnahme mit dem Gemeinsamen Markt haben kann."

161   Bei der Anwendung dieser Vorschriften ist zudem die Rechtsprechung der europäischen Gerichte zu beachten. Danach ist es unbeachtlich, welche Bedeutung die Beihilfe für den Empfänger im Lauf des Bestehens jeweils hatte und insbesondere wie hoch sie jeweils war. Maßstab für die Einstufung einer Beihilfe als neue oder bestehende Beihilfe sind vielmehr die Bestimmungen, in denen sie vorgesehen ist, sowie die dort vorgesehenen Modalitäten und Beschränkungen.[60] Ferner wird eine bestehende Beihilferegelung durch eine Änderung nur dann in eine neue Beihilferegelung umgewandelt, wenn die Änderung sie in ihrem Kern betrifft. Dies ist nicht der Fall, wenn sich die durch die Änderung neu eingefügten Elemente eindeutig von der ursprünglichen Regelung trennen lassen.[61]

162   In Anbetracht dieser rechtlichen Vorgaben sieht die Rundfunkmitteilung 2009 in Tz. 31 eine Prüfung in drei Schritten vor:
– Erstens, ob es sich bei der ursprünglichen Finanzierungsregelung für öffentlich-rechtliche Rundfunkanstalten um eine bestehende Beihilfe im Sinne des Artikels 1 der BeihilfeverfahrensVO handelt,
– zweitens, ob etwaige spätere Änderungen die Maßnahme in ihrem Kern betreffen, das heißt die Art des Vorteils oder die Finanzierungsquelle, das Ziel der Beihilfe, den Kreis der Begünstigten oder die Tätigkeitsbereiche der Begünstigten ändern, oder ob es sich dabei um rein formale oder verwaltungstechnische Änderungen handelt, und
– drittens, ob sich die späteren Änderungen, sofern sie wesentlicher Natur sind, von der ursprünglichen Maßnahme trennen lassen, so dass sie getrennt beurteilt werden können, oder ob sie sich nicht von der ursprünglichen Maßnahme trennen lassen, so dass die ursprüngliche Maßnahme insgesamt zu einer neuen Beihilfe wird.

163   Die Rundfunkmitteilung 2009 konsolidiert damit die von der Kommission in ihrer bisherigen Entscheidungspraxis entwickelten Grundsätze. So handelte es sich bei den *ad-hoc* Finanzierungsmaßnahmen regelmäßig um neue Beihilfen, da diese Maßnahmen erst nach dem Inkrafttreten der Gründungsverträge in den betreffenden Mitgliedstaat eingeführt wurden.[62] Die meisten Rundfunkgebühren und andere auf Dauer angelegten Maßnahmen wurden von der Kommission hingegen als bestehende Beihilfen angesehen.[63] Dabei erachtete die Kommission Änderungen hinsichtlich der Verfahren zur Feststellung des Finanzbedarfs, zur Erhebung der Rundfunkgebühren oder zu ihrer Aufteilung zwischen den begünstigten Anstalten als formale oder verwaltungstechnische Änderungen, die das betreffende Finanzierungssystem nicht in seinem Kern betrafen. Auch die Erhöhung der Rundfunkgebühren selbst sowie die Möglichkeit, die existierenden Programme und Dienste über neue Plattformen zu verbreiten oder pro-

---

[58] Siehe *Köster* VO 659/1999, RdNr. 213–225.
[59] ABl. 2004 L 140/1 – im folgenden DurchführungsVO.
[60] EuGH, C-44/93, Slg. 1994, I-3829, RdNr. 28 – Namur-Les Assurances du Crédit SA.
[61] EuG, T-195/01 und T-207/01, Slg. 2002, II-2309, RdNr. 111 – Gibraltar.
[62] Kom., Staatliche Beihilfe NN 8/2007 – RTVE; Kom., ABl. 2004 L 361/21 – France 2 und France 3; Kom., ABl. 2004 L 119/1 – RAI; Kom., ABl. 2005 L 142/1 – RTP; Kom., ABl. 2008 L 49/1 – *Ad-hoc* Finanzierung öffentlich-rechtlicher Rundfunkanstalten in den Niederlanden. In dem zuletzt genannten Fall wird die Auffassung der Kommission allerdings von den Klägerinnen in den Rechtssachen T-231/06 und T-237/06 bestritten (ABl. 2006 C 261/21 und ABl. 2006 C 294/51).
[63] Kom., Staatliche Beihilfe E 3/2005 – Öffentlich-rechtliche Rundfunkanstalten in Deutschland; Kom., Staatliche Beihilfe E 4/2005 – RTÉ und TG4; Kom., Staatliche Beihilfe E 10/2005 – France Télévision; Kom., Staatliche Beihilfe E 9/2005 – RAI; Kom., Staatliche Beihilfe E 8/2005 – RTVE; Kom., Staatliche Beihilfe E 14/2005 – RTP.

grammbezogene und -begleitende Online-Dienste anzubieten, sah die Kommission nicht als wesentliche Änderungen an.[64] Lediglich in den Fällen, in denen die Rundfunkgebühren zur Finanzierung neuer Programme oder sonstiger Vorhaben eingesetzt wurden und sich diese Programme oder Vorhaben klar von den bisherigen Aktivitäten der betreffenden Anstalt unterschieden, stufte die Kommission die Maßnahmen als neue Beihilfen ein.[65]

Insgesamt beruhen die Entscheidungen der Kommission zu den Rundfunkgebühren auf einer **164** recht weiten Auslegung des Begriffs der bestehenden Beihilfen, was deren Kontrolle im Rahmen eines einheitlichen und kohärenten Verfahrens ermöglichte. Dies zeigt vor allem der Fall der öffentlich-rechtlichen Rundfunkanstalten in Deutschland, in dem die Kommission auch die Ausweitung der Gebührenfinanzierung auf das erst 1961 gegründete ZDF und auf die Rundfunkanstalten in der ehemaligen DDR als bestehende Beihilfen qualifizierte.[66] Ob diese Entscheidungspraxis jedoch auch auf andere Wirtschaftsbereiche übertragbar ist, erscheint eher fraglich.

3. Vereinbarkeit mit dem Gemeinsamen Markt (Freistellung). a) Überblick. Als **165** mögliche Rechtsgrundlagen für eine Freistellung staatlicher Beihilfen für öffentlich-rechtliche Rundfunkanstalten kommen nach der Rundfunkmitteilung 2009[67] grundsätzlich die Artikel 106 Abs. 2 und 107 Abs. 3 lit. d AEUV in Betracht. Allerdings kann die zuletzt genannte Vorschrift nach Auffassung der Kommission nur zur Anwendung kommen, wenn die betreffende Maßnahme ausschließlich der Förderung kultureller Ziele dient und das zu fördernde Kulturgut darin eindeutig identifiziert oder identifizierbar ist. Wird bei der Maßnahme hingegen nicht zwischen den demokratischen, bildungsbezogenen und kulturellen Bedürfnissen der Gesellschaft unterschieden, was bei der Förderung öffentlich-rechtlicher Rundfunkanstalten regelmäßig der Fall ist, kann eine Freistellung nur auf Artikel 106 Abs. 2 AEUV gestützt werden.

Angesichts dieser restriktiven Auslegung des Artikels 107 Abs. 3 lit. d AEUV ist es nicht verwunderlich, dass die Kommission bei allen bisherigen Freistellungsentscheidungen zugunsten **166** öffentlich-rechtlicher Rundfunkanstalten allein Artikel 106 Abs. 2 AEUV als Rechtsgrundlage herangezogen hat. Dies gilt auch für die Finanzierung von Spartenprogrammen, in denen beispielsweise ausschließlich Kindersendungen, Nachrichten oder Dokumentationen gezeigt werden.[68]

b) Art. 106 Abs. 2 AEUV. Hinsichtlich der Freistellungsmöglichkeit staatlicher Beihilfen **167** für öffentlich-rechtliche Rundfunkanstalten nach Art. 106 Abs. 2 AEUV verweist die Rundfunkmitteilung 2009 in Tz. 37 zunächst auf die ständige Rechtsprechung des EuGH, wonach eine Maßnahme nur dann unter diese Regelung fällt, wenn die folgenden drei Voraussetzungen erfüllt sind:

– Erstens muss die betreffende Dienstleistung eine Dienstleistung von allgemeinem wirtschaftlichem Interesse und vom Mitgliedstaat klar als solche definiert worden sein (Definition).
– Zweitens muss das betreffende Unternehmen von dem Mitgliedstaat ausdrücklich mit der Erbringung dieser Dienstleistung betraut worden sein (Betrauung).
– Drittens muss die Anwendung des Beihilfenverbots die Erfüllung der dem Unternehmen übertragenen besonderen Aufgaben verhindern, und die Freistellung von diesem Verbot darf die Entwicklung des Handelsverkehrs nicht in einem Ausmaß beeinträchtigen, das dem Interesse der EU zuwiderläuft (Verhältnismäßigkeit).

Die detaillierten Ausführungen in der Rundfunkmitteilung 2009 zu der Auslegung und Anwendung **168** dieser drei Voraussetzungen im Bereich des öffentlich-rechtlichen Rundfunks entsprechen zwar in weiten Teilen der Rundfunkmitteilung 2001 und der darauf beruhenden bisherigen Entscheidungspraxis der Kommission, enthalten jedoch auch einige neue Regelungen. Bei Beihilfemaßnahmen, die unter die Rundfunkmitteilung 2009 fallen,[69] ist daher jeweils im Einzelfall zu prüfen, ob die in der bisherigen Entscheidungspraxis entwickelten Kriterien bei der Beurteilung dieser Maßnahmen herangezogen werden können oder von den besagten neuen Regelungen verdrängt werden.

---

[64] Siehe beispielsweise Kom., Staatliche Beihilfe E 3/2005, Tz. 200–216 – Öffentlich-rechtliche Rundfunkanstalten in Deutschland; Kom., Staatliche Beihilfe E 2/2008, Tz. 127–134 – Finanzierung des ÖRF.

[65] Kom., Staatliche Beihilfe NN 70/98 – Kinderkanal/Phönix; Kom., Staatliche Beihilfe N 37/2003 – BBC digital curriculum.

[66] Kom., Staatliche Beihilfe E 3/2005, Tz. 201 und 204.

[67] Tz. 32–35. Ebenso schon Tz. 25–27 der Rundfunkmitteilung 2001.

[68] Kom., Staatliche Beihilfe NN 70/98 – Kinderkanal/Phönix; Kom., Staatliche Beihilfe NN 88/98 – BBC 24 hours news channel; Kom., Staatliche Beihilfe N 54/2005 – Chaine française d'information internationale. Der von Deutschland und Frankreich gegründete europäische Fernsehkulturkanal ARTE ist bisher nicht Gegenstand einer gesonderten Freistellungsentscheidung.

[69] Siehe oben RdNr. 142.

169 **aa) Definition.** Bei dem Begriff der Dienstleistungen von allgemeinem wirtschaftlichem Interesse handelt es sich zwar um einen europarechtlichen Begriff, der der Auslegung durch die europäischen Gerichte zugänglich ist. Mangels einer entsprechenden Harmonisierung auf EU-Ebene ist es jedoch grundsätzlich Sache der Mitgliedstaaten, die von den öffentlich-rechtlichen Rundfunkanstalten zu erbringenden Dienstleistungen von allgemeinem wirtschaftlichem Interesse zu definieren. Angesichts der Besonderheiten des Rundfunksektors und der Notwendigkeit, die redaktionelle Unabhängigkeit der Anstalten zu schützen, kann diese Definition des öffentlich-rechtlichen Auftrags nach der Rundfunkmitteilung 2009 weit gefasst sein und auf qualitativen Kriterien beruhen, denen zufolge die betreffende Anstalt damit betraut wird, „ein großes Programmspektrum und ein ausgewogenes und abwechslungsreiches Programm zu bieten". Dementsprechend beschränkt sich die Rolle der Kommission darauf, die Definition auf offensichtliche Fehler zu überprüfen. Ein solcher offensichtlicher Fehler bestände insbesondere darin, kommerzielle Tätigkeiten wie Werbung, elektronischen Handel, Teleshopping, Sponsoring oder Merchandising in den öffentlich-rechtlichen Auftrag einzubeziehen.[70] Im Fall der öffentlich-rechtlichen Rundfunkanstalten in Deutschland weist die Kommission allerdings zu Recht darauf hin, dass ein offensichtlicher Fehler nicht allein aufgrund der Nutzung neuer Übertragungswege vorliegt, sofern der Inhalt über die neuen Plattformen unter identischen oder ähnlichen Bedingungen verbreitet wird wie beim herkömmlichen Fernsehen.[71]

170 Mit diesen allgemeinen Ausführungen zur Definition folgt die Rundfunkmitteilung 2009 ihrer Vorgängerin von 2001[72] sowie der bisherigen, vom EuG in den Rechtssachen SIC[73] und TV2[74] für rechtens befundenen Entscheidungspraxis der Kommission. In der Tat stellte die Kommission in den von ihr bisher entschiedenen Fällen keine hohen Anforderungen an die Definition des öffentlich-rechtlichen Auftrags und akzeptierte regelmäßig breit gefasste Definitionen, die die betreffenden Rundfunkanstalten allgemein verpflichteten, umfassende, objektive und ausgewogene (Voll)Programme anzubieten, die auch Sport- und Unterhaltungssendungen umfassen können.[75] Die Einstufung solcher Programme als Dienstleistungen von allgemeinem wirtschaftlichem Interesse wird nach Auffassung der Kommission auch nicht dadurch in Frage gestellt, dass die privaten Anbieter ähnlichen Verpflichtungen unterliegen wie die öffentlich-rechtlichen Rundfunkanstalten und in der Praxis weitgehend vergleichbare Produkte anbieten.[76] Allerdings müssen auch derart weite Definitionen klar gefasst sein, da die Kommission sie anderenfalls nicht auf offensichtliche Fehler überprüfen kann. Eine allgemeine Verpflichtung der betreffenden Rundfunkanstalt zur Erbringung sonstiger Dienstleistungen, die auf *ad hoc* Basis bestimmt werden, ist daher unzulässig.[77]

171 Keine Probleme bereitete die Definition des öffentlich-rechtlichen Auftrags auch bei den von der Kommission bisher untersuchten Spartenprogrammen, wobei jedoch darauf hinzuweisen ist, dass diese Programme öffentlich und unentgeltlich zugänglich waren.[78] In dem gleich gelagerten Fall der Chaine française d'information internationale stützte die Kommission ihre Freistellungsentscheidung allerdings unmittelbar auf Art. 106 Abs. 2 AEUV und nicht auf die damals geltende Rundfunkmitteilung 2001, weil das Programm nicht in Frankreich selbst, sondern nur in Drittländern ausgestrahlt werden sollte und damit nicht zur Befriedigung der demokratischen, sozialen und kulturellen Bedürfnissen der französischen Gesellschaft diente.[79]

---

[70] Tz. 47–48 der Rundfunkmitteilung 2009.

[71] Kom., Staatliche Beihilfe E 3/2005, Tz. 240. Siehe auch *Wiedemann* EStAL 2004, 595; *Sumrada/Nohlen* EStAL 205, 609, 615.

[72] Tz. 33–36 der Rundfunkmitteilung 2001.

[73] EuG, T-442/03, Slg. 2008, II-1161, RdNr. 195–201.

[74] EuG, T-309/04, T-317/04, T-329/04 und T-336/04, Slg. 2008, II-2935 RdNr. 101–124.

[75] Siehe beispielsweise Kom., ABl. 2005 L 142/1, Tz. 161–166 – RTP; Kom., ABl. 2006 L 85/1, Tz. 83–91 – TV2. Zur Frage des zulässigen Anteils von Sportsendungen am Gesamtprogramm siehe insbesondere Kom., ABl. 2008 L 49/1, Tz. 120–121 – *Ad hoc* Finanzierung öffentlich-rechtlicher Rundfunkanstalten in den Niederlanden, und Kom., Staatliche Beihilfe E 3/2005, Tz. 289–306 – Öffentlich-rechtliche Rundfunkanstalten in Deutschland. Siehe auch *Wiedemann* EStAL 2004, 595, 595–597.

[76] Kom., ABl. 2006 L 85/1, Tz. 87 – TV2. Diese Auffassung der Kommission wurde vom EuG in der Rechtssache TV2 ausdrücklich für zutreffend erachtet (T-309/04, T-317/04, T-329/04 und T-336/04, Slg. 2008, II-2935, RdNr. 120–123). Siehe auch *Tigchelaar* EStAL 2003, 169, 176–177.

[77] Kom., ABl. 2005 L 142/1, Tz. 171 – RTP.

[78] Kom., Staatliche Beihilfe NN 70/98 – Kinderkanal/Phönix; Kom., Staatliche Beihilfe NN 88/98 – BBC 24 hours news channel; Kom., Staatliche Beihilfe N 631/2001 – BBC licence fee.

[79] Kom., Staatliche Beihilfe N 54/2005, Tz. 39–40. Gleiches gilt auch für die Entscheidung der Kommission im Fall N 37/2003 – BBC digital curriculum.

Strengere Anforderungen stellt die Kommission hingegen an die Einbeziehung „neuer" Me- **172**
diendienste in den öffentlich-rechtlichen Auftrag, wenngleich die Rundfunkmitteilung 2009 im
Vergleich zu früheren Freistellungsentscheidungen in dieser Hinsicht eine größere Flexibilität
erkennen lässt.

Die Rundfunkmitteilung 2001 verwies in Tz. 34 nur kurz darauf, dass der öffentlich-recht- **173**
liche Auftrag auch Dienste wie Online-Informationsdienste umfassen könnte, die keine „Programme" im traditionellen Sinn sind, sofern diese – auch unter Berücksichtigung der Entwicklung und Diversifizierung der Tätigkeiten im digitalen Zeitalter – den selben demokratischen,
sozialen und kulturellen Bedürfnissen der Gesellschaft dienen.[80] Auf dieser Grundlage akzeptierte die Kommission im Fall der dänischen Rundfunkanstalt TV2, dass diese im Rahmen ihres
öffentlich-rechtlichen Auftrags eine Website betrieb, auf der die Benutzer über die öffentlich-
rechtlichen Fernsehprogramme von TV2 informiert wurden. Hingegen stufte sie die von TV2
ebenfalls betriebene kommerzielle Website mit Spielen, Chatrooms und anderen interaktiven
Produkten für den individuellen Bedarf als rein kommerzielle Tätigkeit ein, die nicht den demokratischen, sozialen und kulturellen Bedürfnissen der Gesellschaft diente und daher nicht als
Dienstleistung von allgemeinem wirtschaftlichem Interesse im Sinne der Artikels 106 Abs. 2
AEUV betrachtet werden konnte.[81] Auch in ihrer Entscheidung zur Eröffnung des Hauptver-
fahrens hinsichtlich der *ad hoc* Finanzierung öffentlich-rechtlicher Rundfunkanstalten in den
Niederlanden deutete die Kommission an, dass nur solche neuen Mediendienste, die eng mit
den herkömmlichen Rundfunktätigkeiten verbunden seien, auf der Grundlage der Rundfunkmitteilung 2001 in den öffentlich-rechtlichen Auftrag einbezogen werden könnten.[82]

Detaillierte Vorgaben zu Umfang und Grenzen der Einbeziehung „neuer" Mediendienste **174**
und digitaler Zusatzkanäle in den öffentlich-rechtlichen Auftrag finden sich erstmals in der Freistellungsentscheidung im Fall der öffentlich-rechtlichen Rundfunkanstalten in Deutschland.
Darin vertrat die Kommission zunächst die Auffassung, dass die im damaligen deutschen Rundfunkrecht vorgesehene Beschränkung der zulässigen „neuen" Mediendienste auf „programmbe-
zogene" und „programmbegleitende" Angebote nicht hinreichend konkret und präzise sei, als
dass diese Angebote als Dienstleistungen von allgemeinem wirtschaftlichem Interesse im Sinne
des Artikels 106 Abs. 2 VFEU angesehen werden könnten.[83] Auch die für die digitalen Zusatzkanäle geltende Vorgabe einer Schwerpunktsetzung auf Kultur, Information und Bildung sei
nicht hinreichend abgegrenzt.[84] Die von Deutschland zur Verbesserung der Definition des öffentlich-rechtlichen Auftrags gemachten Zusagen waren jedoch der Kommission zufolge geeignet, die Vereinbarkeit der untersuchten Finanzierungsmaßnahmen mit dem Gemeinsamen
Markt in Zukunft zu gewährleisten. Diese Zusagen umfassten zum einen eine Konkretisierung
des öffentlich-rechtlichen Auftrags hinsichtlich der Zulässigkeit neuer Dienste, einschließlich
einer Positiv/Negativ-Liste mit illustrativem Charakter und einer Beschränkung auf „journalis-
tisch-redaktionelle Angebote", und zum anderen die Einführung eines dreistufigen Prüfverfahrens für die Beauftragung der Rundfunkanstalten mit solchen Diensten sowie die Beteiligung
Dritter, die Gelegenheit zur Stellungnahme erhalten sollten.[85] Ähnliche Erwägungen und Vorgaben finden sich auch in der Freistellungsentscheidung zugunsten der irischen Rundfunkanstalten RTÉ und TG4.[86]

Die in diesen beiden Fällen entwickelten Vorgaben zur Einbeziehung „neuer" Mediendienste in **175**
den öffentlich-rechtlichen Auftrag werden in den Tz. 80–91 der Rundfunkmitteilung 2009 weitgehend übernommen und weiterentwickelt. Darin heißt es, dass die öffentlich-rechtlichen Rundfunkanstalten in der Lage sein sollten, die Möglichkeiten, die sich im Zuge der Digitalisierung und
der Diversifizierung der Verbreitungsplattformen bieten, nach dem Grundsatz der Technologieneutralität zum Wohle der Gesellschaft zu nutzen. Deshalb dürften die Rundfunkanstalten staatliche Beihilfen einsetzen, um über neue Verbreitungsplattformen audiovisuelle Dienste bereitzustellen, die sich an die Allgemeinheit oder an Gruppen mit besonderen Interessen richten, sofern diese
Dienste den demokratischen, sozialen und kulturellen Bedürfnissen der jeweiligen Gesellschaft

---

[80] Siehe auch *Wiedemann* EStAL 2004, 595.

[81] ABl. 2006 L 85/1, Tz. 88–92 – TV2. Siehe auch *Sumrada/Nohlen* EStAL 2005, 609, 616–617; *Wiedemann* EStAL 2004, 595, 599–602.

[82] ABl. 2004 C 61/8, Tz. 82–86. Dieser Aspekt spielte jedoch in der endgültigen Entscheidung keine
Rolle mehr (ABl. 2008 L 491). AA. *Wiedemann* EStAL 2004, 595, 601–603.

[83] Kom., Staatliche Beihilfe E 3/2005, Tz. 229–236.

[84] Kom., Staatliche Beihilfe E 3/2005, Tz. 225–228.

[85] Kom., Staatliche Beihilfe E 3/2005, Tz. 327–343 und 359–367.

[86] Kom., Staatliche Beihilfe E 4/2005, Tz. 131–134 und 141 ff.

entsprächen und keine unverhältnismäßigen und bei der Erfüllung des öffentlich-rechtlichen Auftrags vermeidbaren Auswirkungen auf den Markt hätten. Hierzu können nach Auffassung der Kommission grundsätzlich auch Dienste gehören, die gegen Bezahlung bereitgestellt werden, sofern das Entgeltelement nicht die besondere Charakteristik des öffentlich-rechtlichen Dienstes in Frage stelle, die in der Befriedigung demokratischer, sozialer und kultureller Bedürfnisse der Gesellschaft bestehe und anhand deren sich der öffentlich-rechtliche Dienst von rein kommerziellen Tätigkeiten unterscheide. Das Entgeltelement sei jedoch einer der Faktoren, die bei der Beurteilung der Frage, ob ein bestimmter Dienst in den öffentlich-rechtlichen Auftrag aufgenommen werden könne, zu berücksichtigen seien, weil es die Universalität und die allgemeine Gestaltung des Dienstes sowie dessen Auswirkungen auf den Markt beeinflussen könne. Als Beispiel eines in diesem Sinne akzeptablen Dienstes nennt die Kommission die Übermittlung eines ausgewogenen und abwechslungsreichen Programms über neue Plattformen wie Mobilgeräte gegen Erhebung eines reinen Übertragungsentgelts, während die Bereitstellung eines speziellen Premiuminhalteangebots gegen direkte Bezahlung in der Regel eine kommerzielle Tätigkeit sei und nicht in den öffentlich-rechtlichen Auftrag einbezogen werden könne.

176   Die Frage, ob ein in diesem Sinne „neuer" Mediendienst in den öffentlich-rechtlichen Auftrag einbezogen und dementsprechend durch staatliche Beihilfen finanziert werden dürfe, haben die Mitgliedstaaten nach der Rundfunkmitteilung 2009 im Wege eines vorherigen Beurteilungsverfahrens zu prüfen, das sich auf eine öffentliche Anhörung stützt, in deren Rahmen die Betroffenen die Möglichkeit haben, zu der geplanten Einbeziehung des Dienstes Stellung zu nehmen. Dieses Prüfungsverfahren müsse von einer Stelle durchgeführt werden, die von der Geschäftsführung der betreffenden Rundfunkanstalt effektiv unabhängig sei, und die Gesamtauswirkungen des geplanten Dienstes auf den Markt untersuchen, indem es die Situation bei dessen Bestehen mit der Situation ohne ihn vergleicht. Im Rahmen der Prüfung der Auswirkungen auf den Markt seien beispielsweise folgende Aspekte zu untersuchen: das Vorhandensein ähnlicher beziehungsweise substituierbarer Angebote, der publizistische Wettbewerb, die Marktstruktur, die Marktstellung der betreffenden öffentlich-rechtlichen Rundfunkanstalt, der Grad des Wettbewerbs und die potenziellen Auswirkungen auf Initiativen privater Marktteilnehmer. Diese Auswirkungen müssten gegen den Wert abgewogen werden, die der geplante Dienst für die Gesellschaft hat.

177   Die Kommission verbindet mit diesen Vorgaben eine größere inhaltliche Flexibilität hinsichtlich derjenigen „neuen" Mediendienste, die für eine Einbeziehung grundsätzlich in Betracht kommen, mit detaillierten prozeduralen Regelungen für deren Auswahl durch die Mitgliedstaaten. Dieser Ansatz ist konzeptionell richtig. Er trägt zum einen der Dynamik bei der Entwicklung dieser Dienste Rechnung, die es der Kommission unmöglich macht, die diesbezüglichen Grenzen des öffentlich-rechtlichen Auftrags für einen längeren Zeitraum europaweit positivrechtlich zu normieren. Zum anderen enthält er mit den prozeduralen Regelungen ein Korrektiv gegen eine Ausweitung des öffentlich-rechtlichen Auftrags, die die Handels- und Wettbewerbsbedingungen in der EU in einem Ausmaß beeinträchtigen würde, das dem gemeinsamen Interesse zuwiderläuft. Ob dieses Korrektiv seine Funktion in der Praxis auch zufriedenstellend erfüllt, bleibt jedoch abzuwarten. Dabei wird es vor allem darauf ankommen, ob die Mitgliedstaaten das vorgeschriebene Prüfungsverfahren – wie von der Kommission beabsichtigt – unparteiisch und ergebnisoffen durchführen oder nur als Formsache zur Rechtfertigung eines bereits vorher feststehenden Ergebnisses benutzen.

178   **bb) Beauftragung.** Nach den Tz. 50–52 der Rundfunkmitteilung 2009 muss die Rundfunkanstalt durch Rechtsakt, Vertrag oder bindende Aufgabenbeschreibung förmlich mit ihrem öffentlich-rechtlichen Auftrag betraut werden. Wird der Auftrag erweitert, beispielsweise durch die Einbeziehung „neuer" Mediendienste, muss auch der Betrauungsakt – gegebenenfalls im Wege einer nachträglichen Konsolidierung – entsprechend angepasst werden.

179   In der Praxis stellte die Kommission bisher auch an dieses Erfordernis eher geringe Anforderungen und akzeptierte etwa, dass der ursprüngliche Betrauungsakt durch nachrangige Dokumente wie beispielsweise Pflichtenhefte oder Ministererlaubnisse konkretisiert wurde.[87] Eine Ermächtigungsklausel, die der öffentlich-rechtlichen Rundfunkanstalt nur die Möglichkeit einräumt, einen bestimmten Dienst anzubieten, sie dazu aber nicht verpflichtet, hielt die Kommission jedoch nicht für ausreichend.[88] Dasselbe gilt für eine reine Selbstbindung der Rundfunkan-

---

[87] Siehe etwa Kom., ABl. 2004 L 361/21, Tz. 76 – France 2 und France 3; Kom., Staatliche Beihilfe NN 8/2007, Tz. 43 – RTVE; Kom., Staatliche Beihilfe E 4/2005, Tz. 141–150 und 175 – RTÉ und TG4.

[88] Kom., Staatliche Beihilfe E 3/2005, Tz. 247 mwN. – Öffentlich-rechtliche Rundfunkanstalten in Deutschland. *Dias/Antoniadis* CPN 2/2007, 67, 68.

stalt, solange diese Selbstbindung nicht von der für die Beauftragung zuständigen Stelle geprüft und akzeptiert und damit in den öffentlich-rechtlichen Auftrag einbezogen worden ist.[89]

　Allerdings weist die Kommission in beiden Rundfunkmitteilungen zu Recht darauf hin, dass **180** sie ihre Kontrollfunktion im Rahmen des Beihilferechts nicht erfüllen und dementsprechend auch keine Freistellungen erteilen kann, wenn sie keine hinreichende Gewissheit hat, dass die betreffende Rundfunkanstalt ihren öffentlich-rechtlichen Auftrag auch tatsächlich gemäß seiner Definition erfüllt. Da es jedoch nicht die Aufgabe der Kommission sein kann, dies in jedem Einzelfall zu überprüfen, obliegt es den Mitgliedstaaten, geeignete Maßnahmen zur Sicherstellung einer wirksamen Kontrolle der Tätigkeiten ihrer öffentlich-rechtlichen Rundfunkanstalten zu schaffen.[90]

　Die konkrete Ausgestaltung dieser Kontrollmaßnahmen liegt zwar in den Händen der Mit- **181** gliedstaaten. Nach Ansicht der Kommission muss die mit der Kontrolle beauftragte Stelle allerdings von den zu kontrollierenden Rundfunkanstalten unabhängig sein. In der Praxis akzeptierte die Kommission als in diesem Sinne unabhängige Stelle sowohl das jeweilige Parlament,[91] die Regierung[92] als auch eine speziell zu diesem Zweck eingerichtete Institution,[93] wobei die Kontrolle zum Teil von mehreren Stellen gemeinsam ausgeübt wurde und neben der Erfüllung des öffentlich-rechtlichen Auftrags auch die Finanzen der Rundfunkanstalten umfasste.

　Probleme bereitete das Kriterium der Unabhängigkeit der Kontrollstelle vor allem im Fall der **182** öffentlich-rechtlichen Rundfunkanstalten in Deutschland, weil es sich bei den für die inhaltliche Kontrolle zuständigen Rundfunk- beziehungsweise Fernsehräten um anstaltsinterne Organe handelte, die sowohl für die Festlegung der Programmleitlinien als auch für deren Einhaltung zuständig waren. Da die Rundfunkanstalten jedoch zusätzlich der Rechtsaufsicht der Länder sowie in finanzieller Hinsicht der Kontrolle durch die Länderparlamente unterlagen, hielt die Kommission die in Deutschland bestehenden externen Kontrollmechanismen letztlich für ausreichend und vermied damit einen Konflikt zwischen der Beihilfekontrolle und dem verfassungsrechtlichen Grundsatz der Staatsferne des öffentlich-rechtlichen Rundfunks.[94]

cc) Verhältnismäßigkeit. Nach der Rundfunkmitteilung 2009 sind Beihilfemaßnahmen **183** zugunsten öffentlich-rechtlicher Rundfunkanstalten nur dann verhältnismäßig, wenn sie **erstens** nicht zu einer Überkompensierung führen (Tz. 70–79) und die Rundfunkanstalten **zweitens** keine wettbewerbsschädlichen Praktiken verfolgen, die unangemessene und bei der Erfüllung des öffentlich-rechtlichen Auftrags vermeidbare Wettbewerbsverzerrungen hervorrufen (Tz. 92–97). Die Rundfunkmitteilung 2009 konsolidiert insoweit die bisherige Entscheidungspraxis der Kommission, die ihrerseits zwar auf der Rundfunkmitteilung 2001 beruht, deren recht allgemein gehaltene Ausführungen zur Verhältnismäßigkeit jedoch in einigen wichtigen Punkten weiterentwickelt.

α) Überkompensierung. Die Frage, ob eine Überkompensierung besteht, beurteilt die **184** Kommission nach dem Nettokostenprinzip. Danach darf der Betrag der öffentlichen Ausgleichszahlungen grundsätzlich die Nettokosten des öffentlich-rechtlichen Auftrags auch unter Berücksichtigung anderer direkter oder indirekter Einnahmen aus diesem Auftrag nicht übersteigen. Folglich werden bei der Berechnung der Nettokosten des öffentlich-rechtlichen Auftrags die Nettogewinne aus kommerziellen Tätigkeiten, die mit den öffentlich-rechtlichen Tätigkeiten in Verbindung stehen, berücksichtigt.[95]

　Bei der Berechnung sind auf der Seite der öffentlichen Ausgleichszahlungen sowohl die **185** Rundfunkgebühren und ähnliche regelmäßige Mitteilzuweisungen als auch *ad hoc* Finanzierungsmaßnahmen einzustellen. Befreiungen von Steuern, Abgaben oder anderen Belastungen können nach Auffassung der Kommission hingegen unberücksichtigt bleiben, da solche Befreiungen als Ausgleich für Kosten anzusehen sind, die sonst hätten finanziert werden müssen. Wä-

---

[89] Kom., Staatliche Beihilfe E 3/2005, Tz. 248, 370–372 – Öffentlich-rechtliche Rundfunkanstalten in Deutschland.

[90] Rundfunkmitteilung 2009, Tz. 53–54, unter Hinweis auf die Kommissionsmitteilung KOM(1999) 657 endg. über die Grundsätze und Leitlinien für die audiovisuelle Politik der Gemeinschaft im digitalen Zeitalter.

[91] Kom., Staatliche Beihilfe E 8/2205, Tz. 61 – RTVE.

[92] Kom., ABl. 2004 L 361/21, Tz. 77 – France 2 und France 3; Kom., ABl. 2005 L 142/1, Tz. 179 – RTP.

[93] Kom., Staatliche Beihilfe E 4/2005, Tz. 151–153 und 176 – RTÉ und TG4.

[94] Kom., Staatliche Beihilfe E 3/2005, Tz. 257, 373–374 – Öffentlich-rechtliche Rundfunkanstalten in Deutschland. Siehe auch *Dias/Antoniadis* CPN 2/2007, 67, 68.

[95] Rundfunkmitteilung 2009, Tz. 71.

ren derartige zusätzliche Kosten nämlich angefallen, hätte dies zu einer entsprechenden Erhöhung der anfänglichen Kosten des öffentlich-rechtlichen Auftrags geführt. Allerdings muss dabei gewährleistet sein, dass nur die öffentlich-rechtlichen und nicht auch die kommerziellen Tätigkeiten der jeweiligen Rundfunkanstalt von den Befreiungen profitieren.[96]

186   Ausgleichsfähig sind die der jeweiligen öffentlich-rechtlichen Rundfunkanstalt tatsächlich entstandenen Nettokosten. Die Ausgleichsfähigkeit ist also nicht auf diejenigen Kosten beschränkt, die einem effizient arbeitenden Unternehmen entstanden wären.[97] Eine solche Beschränkung würde nämlich in der Regel dazu führen, dass die Ausgleichszahlungen nach dem Altmark-Urteil[98] keine staatlichen Beihilfen wären und deshalb auch keiner Freistellung vom Beihilfeverbot bedürften.

187   Hinsichtlich der Ermittlung der Einnahmen und Ausgaben verweist die Kommission in den Tz. 60–69 der Rundfunkmitteilung 2009 darauf, dass die öffentlich-rechtlichen Rundfunkanstalten den Transparenzanforderungen der RL 2006/111/EG[99] unterliegen und deshalb zur getrennten Buchführung für öffentlich-rechtliche und sonstige Tätigkeiten verpflichtet sind. Probleme bereitet die getrennte Buchführung im Rundfunkbereich vor allem auf der Ausgabenseite, da die Mitgliedstaaten im Allgemeinen das gesamte Programmangebot der Rundfunkanstalten in deren öffentlich-rechtlichen Auftrag einbeziehen und gleichzeitig seine kommerzielle Nutzung durch den Verkauf von Werbezeiten gestatten. Grundsätzlich sollen Ausgaben für die gleichzeitige Entwicklung von Tätigkeiten innerhalb und außerhalb des öffentlich-rechtlichen Auftrags zwar verhältnismäßig gemäß ihrem jeweiligen Anteil den öffentlich-rechtlichen und sonstigen Tätigkeiten zugewiesen werden. Wenn dies jedoch nicht mit hinreichender Genauigkeit möglich ist, sollen die Ausgaben anhand der Differenz zwischen den Gesamtkosten der jeweiligen Rundfunkanstalt mit den und ohne die sonstigen Tätigkeiten zugewiesen werden. Dies bedeutet insbesondere, dass die Kosten für die Produktion von Programmen in voller Höhe den öffentlich-rechtlichen Tätigkeiten zugewiesen werden können und nicht zwischen diesen und den sonstigen Tätigkeiten aufgeteilt werden müssen. Die Kommission räumt selbst ein, mit diesem Ansatz von den Gepflogenheiten in anderen Bereichen der Daseinsvorsorge abzuweichen, und begründet dies mit einem kurzen Verweis auf die „Besonderheiten des öffentlich-rechtlichen Rundfunksektors".

188   Ein weiterer Unterschied zwischen dem öffentlich-rechtlichen Rundfunk und anderen Bereichen der Daseinsvorsorge[100] besteht darin, dass die Rundfunkanstalten in den finanziellen Ausgleich für die Erfüllung ihres öffentlich-rechtlichen Auftrags kein Gewinnelement einbeziehen dürfen. Die Kommission begründet dies mit dem Hinweis, dass die meisten Rundfunkanstalten nicht gewinnorientiert sind beziehungsweise keine Kapitalrendite erzielen müssen.[101]

189   Allerdings dürfen die Rundfunkanstalten eine über die Nettokosten des öffentlich-rechtlichen Auftrags hinausgehende Überkompensierung von maximal 10% der im Rahmen dieses Auftrags veranschlagten jährlichen Ausgaben einbehalten, um Kosten- und Einnahmenschwankungen auffangen zu können. Diese Möglichkeit war in der Rundfunkmitteilung 2001 noch nicht vorgesehen, entspricht aber der bisherigen Entscheidungspraxis der Kommission[102] sowie der in Artikel 6 (2) der Kommissionsentscheidung 2005/842/EG enthaltenen allgemeinen Regelung für andere Bereiche der Daseinsvorsorge.[103] In hinreichend begründeten Ausnahmefällen kann es den Rundfunkanstalten sogar gestattet werden, Beträge einzubehalten, die die besagte 10%-Grenze übersteigen. Dies ist jedoch nur dann zulässig, wenn die Beträge vorab verbindlich zur Finanzierung einer bestimmten nicht wiederkehrenden, erheblichen Ausgabe vorgemerkt werden, die für die Erfüllung des öffentlich-rechtlichen Auftrags erforderlich ist.[104]

---

[96] Kom., ABl. 2006 L 85/1, Tz. 110 – TV2, unter Verweis auf Kom., ABl. 2004 L 119/1 – RAI.

[97] Mederer/*Antoniadis* RdNr. 4.1737.

[98] Siehe oben, RdNr. 153.

[99] ABl. 2006 L 318/17.

[100] Siehe Artikel 5(2)(c) der Entscheidung der Kommission 2005/842 über die Anwendung von Artikel 86 Absatz 2 EG-Vertrag auf staatliche Beihilfen, die bestimmten mit der Erbringung von Dienstleistungen von allgemeinem wirtschaftlichem Interesse betrauten Unternehmen als Ausgleich gewährt werden, ABl. 2005 L 312/67.

[101] Rundfunkmitteilung 2009, Tz. 72.

[102] Siehe etwa Kom., Staatliche Beihilfe E 3/2005, Tz. 281, 317 und 385 – Öffentlich-rechtliche Rundfunkanstalten in Deutschland; Kom., Staatliche Beihilfe E 4/2005, Tz. 112 und 184 – RTÉ und TG4.

[103] ABl. 2005 L 312/67.

[104] Rundfunkmitteilung 2009, Tz. 73–74.

Die im Rahmen dieser Regelungen einbehaltenen Beträge dürfen ausschließlich für die Fi- **190** nanzierung öffentlich-rechtlicher Tätigkeiten und nicht zur Quersubventionierung kommerzieller Tätigkeiten verwendet werden.[105]

Staatliche Ausgleichszahlungen, die über das nach der Rundfunkmitteilung 2009 zulässige Maß **191** hinausgehen, sind grundsätzlich mit dem Gemeinsamen Markt unvereinbar und daher an den Staat zurückzuzahlen. Dies gilt unabhängig davon, ob die betreffende öffentlich-rechtliche Rundfunkanstalt die ihr zu viel gezahlten Beihilfen für wettbewerbsschädliche Praktiken genutzt hat oder nicht.

Um sicherzustellen, dass es nicht zu einer nach diesen Regelungen unzulässigen Überkompen- **192** sierung der öffentlich-rechtlichen Rundfunkanstalten kommt beziehungsweise diese an den Staat zurückgezahlt wird, haben die Mitgliedstaaten geeignete Kontrollmechanismen einzurichten.[106] Die Existenz solcher Kontrollmechanismen ist vor allem in den Fällen wichtig, in denen es sich bei den Ausgleichszahlungen um bestehende Beihilfen handelt, da die Kommission die Mitgliedstaaten in diesen Fällen – anders als bei neuen Beihilfen – nicht verpflichten kann, unzulässige Überkompensierungen von den Rundfunkanstalten zurückzufordern. Dementsprechend hat die Kommission die bisherigen Verfahren zu bestehenden Beihilfen erst gemäß den Artikeln 18 und 19 der BeihilfeverfahrensVO eingestellt, nachdem sich die betreffenden Mitgliedstaaten zur Einrichtung von Kontrollmechanismen zur Vermeidung von Überkompensierungen verpflichtet hatten.[107] Im Fall von neuen Beihilfen muss die Kommission hingegen immer selbst prüfen, ob es zu einer unzulässigen Überkompensierung gekommen ist, selbst wenn in dem betreffenden Mitgliedstaat bereits entsprechende Kontrollmechanismen bestehen. Dies gilt insbesondere auch im Fall von Beschwerden von Wettbewerbern und anderen Beteiligten nach Art. 20 Abs. 2 der BeihilfeverfahrensVO.[108]

Nach Auffassung der Kommission sollte eine externe, von der jeweiligen öffentlich-recht- **193** lichen Rundfunkanstalt unabhängige Stelle mit den innerstaatlichen Kontrollen beauftragt werden. Die Kontrollen selbst sollten am besten jährlich sowie zum Ende eines jeden Finanzierungszeitraums durchgeführt werden. Zu diesem Zeitpunkt bestehende „Rücklagen für öffentlich-rechtliche Tätigkeiten" sind bei der Ermittlung des Finanzbedarfs der Rundfunkanstalt für den folgenden Finanzierungszeitraum zu berücksichtigen.[109]

β) Wettbewerbsschädliche Praktiken. Die Finanzierung des öffentlich-rechtlichen Rund- **194** funks mit Betriebsbeihilfen in Form von Rundfunkgebühren oder ähnlichen regelmäßigen Mittelzuweisungen birgt die Gefahr in sich, dass die Rundfunkanstalten diese Mittel für wettbewerbsschädliche Praktiken zur Schwächung der Marktposition ihrer Wettbewerber nutzen. Die Rundfunkmitteilung 2009 verpflichtet die Mitgliedstaaten daher, solche wettbewerbsschädlichen Praktiken zu verhindern beziehungsweise zu unterbinden, und nennt in den Tz. 92 und 94 zwei konkrete Beispiele.

Erstens dürfen die öffentlich-rechtlichen Rundfunkanstalten die Preise für Werbung und an- **195** dere kommerzielle Angebote nicht unter ein Niveau drücken, das vernünftigerweise als marktüblich angesehen werden kann, um so die Einnahmen ihrer Wettbewerber zu schmälern. Dieses Beispiel findet sich bereits in Tz. 58 der Rundfunkmitteilung 2001, die insoweit auf das Niveau abstellte, „das ein effizienter kommerzieller Anbieter in einer ähnlichen Situation zur Deckung seiner Kosten für die isolierte Erzeugung der entsprechenden Tätigkeit benötigen würde". In der Praxis bereitete die Anwendung dieses Tests der Kommission jedoch zuweilen Probleme. So war die Kommission im Fall TV2 der Auffassung, dass der Test mangels eines effizienten kommerziellen Anbieters in einer ähnlichen Situation wie TV2 nicht aufschlussreich sein würde. Als Alternative untersuchte sie daher die Preispolitik von TV2 und die ihr vorliegenden Daten über den dänischen Werbemarkt daraufhin, ob TV2 versucht hatte, seine Werbeeinnahmen zu maximieren.[110] Aus diesem Grund legt sich die Kommission in der Rundfunkmitteilung 2009 nicht mehr auf einen konkreten Test fest, sondern verweist in Tz. 95 lediglich darauf, dass die Frage der Preisunterbietung „unter Berücksichtigung der Besonderheiten der betreffenden Märkte und Dienste im Einzelfall zu prüfen" sei.

---

[105] Rundfunkmitteilung 2009, Tz. 76.
[106] Rundfunkmitteilung 2009, Tz. 77.
[107] Mederer/*Antoniadis* RdNr. 4.1742–4.1750 mwN. Siehe ferner Kom., Staatliche Beihilfe C 2/2008, Tz. 237–239 – Finanzierung des ÖRF.
[108] Vgl. auch EuG, T-167/04, Slg. 2007, II-2379, RdNr. 75–78 – Asklepios Kliniken.
[109] Rundfunkmitteilung 2009, Tz. 78–79.
[110] ABl. 2006 L 85/1, Tz. 132–162. Siehe auch Kom., ABl. 2008 L 49/1, Tz. 174 – *Ad hoc* Finanzierung öffentlich-rechtlicher Rundfunkanstalten in den Niederlanden.

196   Zweitens müssen die öffentlich-rechtlichen Rundfunkanstalten die von ihnen erworbenen exklusiven Premiumrechte, etwa zur Übertragung wichtiger Sportveranstaltungen, entweder selber nutzen oder rechtzeitig und in transparenter Weise als Sublizenzierung anbieten. Der Erwerb solcher Premiumrechte ohne anschließende Verwertung kann nämlich keinen anderen Zweck haben, als die Marktposition der Wettbewerber zu schwächen.[111] Die Rundfunkmitteilung 2001 enthielt zwar noch keine entsprechenden Vorgaben. Allerdings musste sich die Kommission in einigen der von ihr entschiedenen Fälle mit den Vorwürfen der Beschwerdeführer auseinandersetzen, die öffentlich-rechtlichen Rundfunkanstalten würden Rechte zur Übertragung von Sportveranstaltungen zu überhöhten Preisen erwerben[112] oder ungenutzt lassen.[113]

197   Um sicherzustellen, dass die öffentlich-rechtlichen Rundfunkanstalten diese Vorgaben einhalten, haben die Mitgliedstaaten auch insoweit geeignete Kontrollmechanismen einzurichten. Unbeschadet der Existenz solcher Kontrollmechanismen behält sich die Kommission in Tz. 97 der Rundfunkmitteilung 2009 jedoch ausdrücklich das Recht vor, nötigenfalls auf der Grundlage der Artikel 101, 102, 106 und 107 AEUV gegen wettbewerbsschädliche Praktiken vorzugehen. Im Fall von rechtswidrigen Beihilfen ist sie dazu sogar verpflichtet. Details nennt sie in diesem Zusammenhang allerdings nicht. Insbesondere bleibt unklar, welche Rechtsfolgen wettbewerbsschädliche Praktiken bei einem Vorgehen der Kommission aufgrund der Beihilfevorschriften der Artikel 106 und 107 AEUV haben können. Konsequent wäre es, die öffentlichen Ausgleichszahlungen in Höhe des Betrags, den die betreffende öffentlich-rechtliche Rundfunkanstalt zur Finanzierung solcher Praktiken aufgewandt beziehungsweise aufgrund solcher Praktiken nicht eingenommen hat, als zur Erfüllung ihres öffentlich-rechtlichen Auftrags nicht erforderlich und daher mit dem Gemeinsamen Markt unvereinbar anzusehen. Wenn es sich bei den Ausgleichszahlungen um neue Beihilfen handelt, wäre der Betrag dementsprechend von der Rundfunkanstalt zurückzufordern. In der Praxis wird die Berechnung des zurückzufordernden Betrages häufig allerdings alles andere als einfach sein.

198   **4. Schlussbetrachtung.** Innerhalb der Beihilfepolitik der EU nimmt der Rundfunksektor, wie die Kommission in den Tz. 9–10 ihrer Rundfunkmitteilung 2009 selbst einräumt, eine Sonderstellung ein. Diese Sonderstellung wird vor allem dadurch geprägt, dass das europäische Primärrecht in Gestalt des Amsterdamer Protokolls den Mitgliedstaaten die Möglichkeit einräumt, ihren öffentlich-rechtlichen Rundfunkanstalten einen breit gefassten Programmauftrag zu übertragen und sie zum Ausgleich dauerhaft mit Betriebsbeihilfen in Form von Rundfunkgebühren oder ähnlichen regelmäßigen Mittelzuweisungen zu unterstützen. Die Tatsache, dass dieses Protokoll im Rahmen des Lissaboner Vertrags als Protokoll Nr. 29 unverändert übernommen worden ist, zeigt den Willen der Mitgliedstaaten, von dieser Möglichkeit weiterhin Gebrauch zu machen und dabei auch die durch die technologische Entwicklung hervorgebrachten „neuen" Mediendienste in den öffentlich-rechtlichen Programmauftrag einbeziehen zu können.

199   Nach Auffassung der Kommission schreibt das Amsterdamer Protokoll darüber hinaus auch das Recht der Mitgliedstaaten fest, ihre öffentlich-rechtlichen Rundfunkanstalten durch eine Mischfinanzierung aus öffentlichen Mitteln und Einnahmen aus kommerziellen Tätigkeiten wie insbesondere Werbung zu finanzieren.[114] Aus dem Wortlaut des Protokolls ergibt sich dies zwar nicht. Angesichts der Tatsache, dass eine solche Mischfinanzierung bereits vor dem Inkrafttreten des Protokolls in den damaligen Mitgliedstaaten weit verbreitet war, wäre ein allgemeines Verbot der Mischfinanzierung durch die Kommission jedoch kaum mit dem „Geist" des Protokolls vereinbar. Vielmehr ist in jedem Einzelfall einer Mischfinanzierung zu prüfen, ob deren konkrete Ausgestaltung die Handels- und Wettbewerbsbedingungen in der EU nicht in einem Ausmaß beeinträchtigt, das dem gemeinschaftlichen Interesse zuwiderläuft, und damit unverhältnismäßig ist. Im Übrigen wäre eine darüber hinausgehende Einschränkung oder gar ein generelles Verbot der Mischfinanzierung wohl auch politisch nicht durchsetzbar.

200   Vor diesem Hintergrund ist der von der Kommission mit der Rundfunkmitteilung 2009 verfolgte Ansatz, den Mitgliedstaaten einerseits eine größere Flexibilität bei der Einbeziehung

---

[111] Rundfunkmitteilung 2009, Tz. 92.

[112] Kom., ABl. 2008 L 49/1, Tz. 175–177 – *Ad hoc* Finanzierung öffentlich-rechtlicher Rundfunkanstalten in den Niederlanden.

[113] Kom., Staatliche Beihilfe E 3/2005, Tz. 289–306, 355 und 394–396 – Öffentlich-rechtliche Rundfunkanstalten in Deutschland.

[114] Rundfunkmitteilung 2009, Tz. 58.

„neuer" Mediendienste in den öffentlich-rechtlichen Auftrag ihrer Rundfunkanstalten einzuräumen und ihnen zum Ausgleich verstärkte Aufsichtspflichten aufzuerlegen, konzeptionell richtig. Ob dieser Ansatz in der Praxis allerdings den gewünschten Effekt eines fairen Ausgleichs zwischen den öffentlich-rechtlichen Rundfunkanstalten und ihren privaten Wettbewerbern haben wird, hängt davon ab, inwieweit die zuständigen nationalen Stellen ihre Aufsichtspflichten unparteiisch und ergebnisoffen wahrnehmen und die entsprechenden Prüfungsverfahren nicht nur als Formsache zur Rechtfertigung eines bereits vorher feststehenden Ergebnisses betrachten. Vor allem muss diesen Stellen ausreichend ökonomischer und wettbewerbspolitischer Sachverstand zur Verfügung stehen, damit sie, wie von der Kommission gefordert, die Gesamtauswirkungen eines „neuen" Mediendienstes auf den Markt untersuchen und beurteilen können. Die personelle und sachliche Ausstattung der Stellen wird daher von entscheidender Bedeutung sein.

Weitere wesentliche Änderungen der Beihilfepolitik im Bereich des öffentlich-rechtlichen **201** Rundfunks sind in den nächsten Jahren voraussichtlich nicht zu erwarten. Die Kommission hat mit der Rundfunkmitteilung 2009 einen auf Kontinuität ausgerichteten rechtlichen Rahmen für die Kontrolle staatlicher Beihilfen zugunsten der öffentlich-rechtlichen Rundfunkanstalten geschaffen, und auch der Lissaboner Vertrag ändert nichts an dem bisherigen *status quo*. Anders als in anderen Wirtschaftssektoren wie etwa der Telekommunikation werden die Wettbewerbsvorschriften des AEUV im Rundfunkbereich daher auch weiterhin kein Katalysator für strukturelle Veränderungen sein.

IV. Energie/Kohle

Schrifttum: *Allibert/Sikora,* La Commission applique pour la première fois la jurisprudence Altmark dans le domaine d'électricité, Competition Policy Newspaper 2004, 83; *Bacon,* European Community Law of State Aid, Oxford University Press 2009, 399; *Cremer,* Staatlich geförderter Klimaschutz und Gemeinschaftsrecht – Sind das Erneuerbare-Energien-Gesetz (EEG) und das Kraft-Wärme-Kopplungsgesetz (KWKG) seit dem 1. 7. 2007 gemeinschaftswidrig?, EuZW 2007, 591; *Cusack,* A tale of two treaties, an assessment of the Euratom Treaty in relation to the EC Treaty, CMLR 2003, 117; *Danner,* Europäisches Energierecht, Stand 64. Ergänzungslieferung 2009; *Ehrke,* Österreichische Energieabgabenvergütung als Beihilfe im Sinne von Art. 87 Abs. 1 EGV nF. (Art. 92 Abs. 1 EGV a. F.), IStR 2002, 677; *Ericke/Hackländer,* Europäische Energiepolitik auf der Grundlage der neuen Bestimmungen des Vertrages von Lissabon, ZEuS 2008, 584; *Frenz,* ZHR 167 (2003), 459; *Faull/Nikpay,* The EC law of Competition, 1999; *Fort/Allibert,* Commission launches formal investigation procedure into restructuring aid in favour of British Energy plc, Competition Policy Newspaper 2003, 73; *Gündisch,* Preisgarantie für Strom aus Windkraftanlagen keine Beihilfe, NJW 2001, 3686; *Grunewald,* Das Energierecht der Europäischen Gemeinschaften, 2003; *Hancher,* Long-term Contracts and State aid – A new Application of the EU State aid regime or a Special Case?, EStAL 2010, 285; *Hancher/Slot/Ottervanger,* European State Aids, 2006, Kapitel 19; *Heidenhain,* European State Aid Law, 2010, 294; *Heidenhain,* Handbuch des Europäischen Beihilfenrechts, 2003, 354; *Hobe,* Energiepolitik, EuR 2009, 219; *König/Kühling,* Das PreussenElektra-Urteil: Freibrief für Abnahme- und Vergütungspflichten in der Energiewirtschaft, NVwZ 2001, 768; *Könings,* Emission trading – why State aid is involved: NOx trading scheme, Competition Policy Newsletter 2003, 77; *Mederer/Paresi/Hof* (Hrsg), EU Competition Law Volume IV State Aid II, 2008; *Jungnickel/Dulce,* Die Zulässigkeit der (teilweisen) Versteigerung von Emissionsberechtigungen aus europarechtlicher Sicht, NVwZ 2009, 623; *Kahl,* Die Kompetenzen der EU in der Energiepolitik nach Lissabon, EuR 2009, 601; *Koenig/Kühling,* Das Preussen Elektra-Urteil des EuGH: Freibrief für Abnahme- und Vergütungspflichten in der Energiewirtschaft, NVwZ 2001, 768; *Osborne/van Haasteren,* European Energy Sector-Quo Vadis? First Results of the Sector Inquiry, Competition Policy Newsletter, 2006, 12; *Pechstein,* Elektrizitätsbinnenmarkt und Beihilfenkontrolle im Anwendungsbereich des Euratom-Vertrages, EuZW 2001, 307; *Renner-Loquenz,* State aid aspects in the implementation of the Emission Trading Scheme, Competition Policy Newsletter, 2005, 16; dies. State aid in feed-in tariffs for green electricity, Competition Policy Newsletter, 2006, 61; *Reuter/Busch,* Einführung eines EU-weiten Emissionshandels – Die Richtlinie 2003/87/EG, EuZW 2004, 39; *Reuter/Kindereit,* EG Emissionshandelsrichtlinie und Beihilfenrecht am Beispiel prozessbedingter Emissionen, DVBl 2004, 537; *Scheel,* Klimaschutz durch Umweltschutz- und Energiebeihilfen: Neue Leitlinien der Europäischen Gemeinschaft, DÖV 2009, 529; *Shirvani,* Rechtsschutz gegen Zuteilungsentscheidungen im Emissionshandelsrecht, NVWZ 2005, 868; *Seinen,* State aid aspects of EU Emission Trading Scheme: the scond tarding period, Competition Policy Newspaper 2007, 100; *Wegener,* Die Novelle des EU-Emissionshandelssystems, ZUR 2009, 283; *Winterstein/Schwarz,* Helping combat climate change: new State aid guidelines for environmental protection, Competition Policy Newspaper 2008, 12.

Übersicht

202   **1. Allgemeines.** Die Beihilfevorschriften sind für den Energiesektor von erheblicher Bedeutung, da dieser von den Regierungen der Mitgliedstaaten traditionell stark beeinflusst wird.[1] Das liegt zum einen daran, dass die größten und wichtigsten Unternehmen dieses Sektors vor der Liberalisierung des Energiebinnenmarktes in der Regel in staatlicher Hand waren. Zum anderen zählt die Versorgung mit Energie zu den Grundbedürfnissen einer jeden Gesellschaft, sodass die Mitgliedstaaten auch nach der Liberalisierung des Energiebinnenmarkts ein Interesse daran haben, diesen Bereich mit zu gestalten, zB durch die staatliche Überwachung der Marktöffnung oder durch den Abschluss von Verträgen, die die Instandhaltung der Netze und damit auch die Versorgungssicherheit garantieren.

203   Die Liberalisierung des Energiebinnenmarktes ist noch nicht vollendet. Eine von der Kommission im Jahr 2005 eingeleitete Untersuchung des Energiesektors hat ergeben, dass bei den Gas- und Elektrizitätsmärkten immer noch erhebliche Handelshemmnisse bestehen.[2] Der Europäische Energiemarkt ist weiterhin überwiegend durch nationale oder regionale Gas- und Elektrizitätsmärkte geprägt, die im Regelfall durch einen oder wenige Erzeuger beherrscht werden.[3] Nach Auffassung der Kommission können die energiepolitischen Hauptziele (wettbewerbsfähige Preise, Versorgungssicherheit und effiziente Reduzierung von schädlichen Umwelteinflüssen) ohne vollständige Liberalisierung nicht erreicht werden.[4] Ein wichtiger Schritt dorthin ist das **dritte Energiebinnenmarktpaket,** das am 25. Juni 2009 vom Rat angenommen wurde.[5]

---

[1] *Hancher/Slot/Ottervanger* 457; ähnlich *Danner* RdNr. 90.

[2] Kom., Mitteilung zur Untersuchung der europäischen Gas- und Elektrizitätssektoren gemäß Artikel 17 der Verordnung (EG) Nr. 1/2003 (Abschlussbericht) KOM/2006/0851 endg.

[3] Kom., Mitteilung zur Untersuchung der europäischen Gas- und Elektrizitätssektoren, gemäß Artikel 17 der Verordnung (EG) Nr. 1/2003 (Abschlussbericht) KOM/2006/0851 endg., RdNr. 14, 21.

[4] *Osborne/van Haasteren*, Competition Policy Newsletter 2006, 12.

[5] VO 713/2009, ABl. 2009 L 211/1 (Gründung einer Agentur für die Zusammenarbeit der Energieregulierungsbehörden); VO 714/2009, ABl. 2009 L 211/15 (Netzzugangsbedingungen für den grenzüberschreitenden Stromhandel); VO 715/2009, ABl. 2009 L 211/36 (Bedingungen für den Zugang zu den Erdgas-

Darin sind die Gründung einer Agentur für die Zusammenarbeit der Energieregulierungsbehörden, Bedingungen für den Zugang zu grenzüberschreitendem Stromhandel und für den Zugang zu den Erdgasfernleitungsnetzen sowie gemeinsame Vorschriften für den Elektrizitäts- und Erdgasbinnenmarkt geregelt, die am 3. März 2011 in Kraft treten werden. Außerdem hat die Kommission im Jahr 2008 ein **Klima- und Energiepaket** verabschiedet, das die Senkung der Treibhausgasemissionen, die Steigerung der Nutzung erneuerbarer Energien und die Senkung des Energieverbrauchs zum Ziel hat. Die neuen Leitlinien der Gemeinschaft für staatliche Umweltschutzbeihilfen sind Bestandteil dieses Pakets.[6] Damit versucht die Europäische Union, ein kohärentes und umfassendes System zu entwickeln, mit dem sie bei internationalen Verhandlungsprozessen eine gewichtigere Position einnehmen kann. Dies wird auch durch den erstmals eingefügten eigenen Titel XXI, „Energie", im Vertrag von Lissabon deutlich. Art. 194 Abs. 2 Unterabsatz 1 AEUV überträgt der Union eine spezifische Energiekompetenz, deren Reichweite allerdings umstritten ist.[7]

Die Bestrebungen der Gemeinschaft, die nationalen Energiemärkte aufzubrechen und zu liberalisieren, haben auch **Auswirkungen auf die Anwendung des Beihilfenrechts** in diesem Sektor. Die Liberalisierung des Energiesektors kann in verschiedener Hinsicht mit den beihilfenrechtlichen Vorschriften korrelieren. Die Liberalisierung kann darüber hinaus bestehende Verträge wirtschaftlich sinnlos machen und zu sogenannten verlorenen Kosten führen. Daneben kommt die Förderung Energie produzierender Unternehmen oftmals auch unter Gesichtspunkten des Umweltschutzes in Betracht. So können Unternehmen staatliche Förderung für Maßnahmen zum Schutz der Umwelt, zur Förderung von erneuerbaren Energien oder zur Erleichterung des Übergangs zu CO_2-ärmeren Kraftstoffen erhalten. Dazu bieten sich steuerliche oder parafiskalische Instrumente an, die wiederum den beihilferechtlichen Anforderungen genügen müssen.   **204**

Öffentliche Energieversorger können auch selbst Beihilfen gewähren, zB. in Form von Sondertarifen. Bei der Anwendung der Beihilfevorschriften im Energiesektor muss daher zwischen den verschiedenen Beihilfeempfängern unterschieden werden. Von beihilfenrechtlicher Relevanz ist einerseits die Förderung Energie erzeugender Unternehmen, zB in Form garantierter Mindestpreise oder Abnahmemengen sowie des Ausgleiches verlorener (Investitions-)Kosten. Dies ist Gegenstand des folgenden Abschnitts II. Andererseits muss auch die Förderung Energie verbrauchender Unternehmen den beihilfenrechtlichen Vorgaben genügen (hierzu unter Abschnitt III).   **205**

2. Beihilfen zu Gunsten der Energiewirtschaft. a) Beihilfentatbestand. Eine Beihilfe im Sinne von Art. 107 Abs. 1 AEUV liegt vor, wenn Mittel gewährt werden, die durch die Begünstigung bestimmter Unternehmen oder Produktionszweige den Wettbewerb verfälschen oder zu verfälschen drohen und dadurch den Handel zwischen den Mitgliedstaaten beeinträchtigen. Das Vorliegen der Tatbestandsmerkmale des Art. 107 Abs. 1 AEUV ist im Energiebereich auf Grund der komplexen Regulierung und Liberalisierung von besonderer Bedeutung.[8]   **206**

aa) Begünstigung. Ein Unternehmen wird begünstigt, wenn es von Belastungen befreit wird, die es normalerweise zu tragen hat, oder wenn es für seine Leistung oder sein Produkt eine marktunüblich hohe Gegenleistung erhält. Letzteres beurteilt sich auch im Energiebereich danach, ob ein marktwirtschaftlich orientierter Wirtschaftsteilnehmer unter den gegebenen Umständen dazu bereit gewesen wäre, sie zu erbringen (**„Market Economy Investor-Test" (MEIT)**).[9]   **207**

Eine besondere Rolle spielte der MEIT in den ungarischen und polnischen PPA-Fällen. In zwei Entscheidungen zum ungarischen und polnischen Elektrizitätsmarkt hat die Kommission die Auffassung vertreten, **Abnahmeverpflichtungen in langfristigen Bezugsverträgen** zwischen dem staatlichen Monopolversorgungsunternehmen und Energieerzeugern könnten auf   **208**

---

fernleitungsnetzen); RL 2009/72, ABl. 2009 L 211/55 Gemeinsame Vorschriften für den Elektrizitätsbinnenmarkt); RL 2009/73, ABl. 2009 L 211/94 (Gemeinsame Vorschriften für den Erdgasbinnenmarkt).

[6] Kom., ABl. 2008 C 082/1 – (Überarbeitete) Leitlinien der Gemeinschaft für staatliche Umweltschutzbeihilfen.

[7] Vgl. dazu *Kahl* EuR 2009, 609; zur Kompetenz auch *Hobe* EuR 2009, 226.

[8] Vgl. *Hancher/Slot/Ottervanger* 457, 464.

[9] Kom., ABl. 2001 L 95/18 – Electricité de France. Für die Neuverhandlung von Lieferverträgen für Brennstäbe und deren Entsorgung siehe Kom., ABl. 2003 C 180/5 – Aufforderung zur Abgabe einer Stellungnahme gemäß Artikel 88 Absatz 2 EG-Vertrag zur Beihilfe C 52/03 (ex NN 45/03) (Umstrukturierungsbeihilfe für British Energy plc).

Grund ihrer Garantiewirkung unabhängig von der Frage, ob die unter den Verträgen zu zahlenden Preise oder der von den Unternehmern erzielte Profit oberhalb des Marktniveaus liegt, Begünstigungen darstellen. In den 90er Jahren hatten diese beiden Staaten internationale Energieunternehmen dazu bewogen, in ihre maroden Stromerzeugungsanlagen und Infrastruktur zu investieren; zu einer Zeit, in der die betroffenen Strommärkte noch nicht liberalisiert, sondern durch einen staatlichen Monopolaufkäufer geprägt waren (Single Buyer Systeme). Wie bei solchen Großprojekten üblich, ließen die Unternehmen ihre Investitionen durch langfristige Strombezugsverträge über eine Mischung aus Verfügbarkeitsentgelten, die die fixen Kosten und die Kapitalkosten abdecken, und den Energieentgelten zur Deckung der variablen Kosten absichern. Darüber hinaus waren in den PPA besondere Bonus-Malus-Regelungen, die die Stromerzeuger zum kosteneffizienten Betrieb veranlassen sollten, vorgesehen. Nach Beitritt der neuen Mitgliedstaaten zum (liberalisierten) EU-Elektrizitätsmarkt war absehbar, dass die Verpflichtungen des staatlichen Single Buyers unter den PPA zu Verlusten führen würden, wenn seine Kunden aufgrund des neuen Wettbewerbs niedrigere Preise mit dem ehemaligen Monopolisten verhandeln konnten. Folgerichtig meldete Polen eine Regelung zur Deckung der verlorenen Kosten des Single Buyers an. Die PPAs deckten die betroffenen Märkte allerdings weitgehend ab,[10] so dass die Kommission befürchtete, durch die Genehmigung von Kompensationsregelungen zu Gunsten des Single Buyer die von den PPAs bewirkte Marktabschottung zu verstetigen. Wohl aus diesem Grund hat die Kommission die PPAs selbst als mit dem gemeinsamen Markt unvereinbare Beihilfen angesehen und ihre Beendigung verlangt.[11] Die Entscheidungen der Kommission arbeiten nicht sauber heraus, worin der marktunübliche wirtschaftliche Vorteil der Investoren liegen soll, der entsprechend auch nicht von der Kommission beziffert werden konnte. Zum anderen untersucht die Kommission nicht, ob die PPAs zum Zeitpunkt ihres Abschlusses Beihilfen enthielten,[12] sondern zum Beitrittszeitpunkt, offensichtlich in Reaktion auf den Umstand, dass die PPAs zu einer Zeit geschlossen wurden, als die Märkte noch nicht liberalisiert waren, und ihr Abschluss zu diesem Zeitpunkt auch aus Sicht des Single Buyers notwendig war, um das notwendige Kapital für private Investitionen in die marode Energiewirtschaft zu akquirieren. Die Stromerzeuger in Polen wurden durch eine großzügige Regelung zum Ausgleich der verlorenen Kosten entschädigt, die ungarischen Investoren zunächst nicht, so dass sie die entsprechende Kommissionsentscheidung angefochten haben.[13] Erst im Dezember 2009 notifizierte die ungarische Regierung eine Regelung zur Deckung der verlorenen Kosten der Stromerzeuger, die mittlerweile auch von der Kommission genehmigt worden ist.[14]

209 Auch die **staatliche Finanzierung von Infrastruktur** kann eine wirtschaftliche Begünstigung bedeuten. Im Energiebereich kann insbesondere die staatliche Förderung von Pipelines eine Rolle spielen. So stufte die Kommission Zuschüsse zum Bau einer Kerosin-Pipeline zum Flughafen von Athen als Begünstigung ein, da das Kerosin einer bestimmten Gruppe von Nutzern diente und diese damit bevorzugte.[15] Die Beihilfe konnte aber über Art. 107 Abs. 3 lit. a AEUV gerechtfertigt werden, da es sich um die sicherste und umweltfreundlichste Transportmethode handelte, die zudem den Straßenverkehr entlastete (zuvor wurde das Kerosin in Tankwagen transportiert) und deutlich unter dem Höchstsatz für Regionalbeihilfen in der Region Attika lag.

210 **bb) Selektivität.** Abgrenzungsfragen können sich im Rahmen des Tatbestandsmerkmals der Selektivität insbesondere bei Steuerregelungen stellen, zumal bei der unterschiedlichen Besteuerung von Energieträgern, oder auch bei der Einführung von Emissionshandelssystemen.[16] So können Sonderabgaben auf die Verwendung bestimmter Materialien (zB Energieträger) oder eine bestimmte Fertigung Unternehmen, die *nicht* von der Sonderabgabe betroffen sind, selektiv begünstigen. In diesen Fällen ist oftmals die Reichweite der rule of reason streitig, nach der

---

[10] In Ungarn zu 80%, vgl. Kom., ABl. 2009 L 225/33, Tz. 43 – Ungarn, Beihilfe mittels langfristiger Strombezugsverträge.

[11] Kom., ABl. 2009, L 83/1 – Beihilfe, die Polen im Rahmen der langfristigen Strombezugsvereinbarungen gewährt hat, sowie über die staatliche Beihilfe, die Polen im Rahmen der Ausgleichszahlung bei freiwilliger Kündigung der langfristigen Strombezugsvereinbarungen gewähren will; Kom., ABl. 2009 L 225/33 – Ungarn, Beihilfe mittels langfristiger Strombezugsverträge.

[12] Beim MEIT ist normalerweise der Zeitpunkt der Vornahme der Maßnahme, hier also des Vertragsabschlusses entscheidend, siehe hierzu oben Art. 107 AEUV RdNr. 105 ff.

[13] Rs. T-80/06; T 352/08; T-370/08; T-468/08; T-179/09; T-182/09.

[14] Kom., Staatliche Beihilfe N691/2009 – Ungarn, Beihilfe mittels langfristiger Strombezugsverträge, zu diesen Fällen vgl. auch *Hancher* EStAL 2010, 285.

[15] Kom, Staatliche Beihilfe N 527/2002 – Griechenland, Kerosin-Pipeline zum Athener Flughafen.

[16] Zu Letzterem siehe unten unter Punkt 4., RdNr. 277 ff.

keine Selektivität besteht, soweit der Anwendungsbereich der Abgabe durch die **Logik und die Natur der Abgaberegelung** gerechtfertigt ist. Dies vertrat die Kommission in Bezug auf die schrittweise Einführung einer Granulatabgabe in Nordirland,[17] obwohl die Beschwerdeführer die Auffassung vertreten hatten, der Ausschluss bestimmter Materialien von der Sonderabgabe sei Wettbewerb verfälschend. Das Gericht erster Instanz wies die Klage der Beschwerdeführer ab, da es den Mitgliedstaaten, die beim gegenwärtigen Stand des Gemeinschaftsrechts mangels einer Koordination auf diesem Gebiet nach wie vor für die Umweltpolitik zuständig sind, freistehe, **sektorielle Ökoabgaben** einzuführen, um bestimmte Umweltziele zu erreichen. Insbesondere könnten sie bei der Abwägung der verschiedenen bestehenden Interessen ihre Prioritäten im Umweltschutz definieren und entsprechend die Gegenstände oder Dienstleistungen bestimmen, die sie einer Ökoabgabe unterwerfen. Der bloße Umstand, dass eine Ökoabgabe eine punktuelle Maßnahme darstelle, die bestimmte Gegenstände oder spezifische Dienstleistungen beträfe und nicht auf ein allgemeines Abgabensystem zurückgeführt werden könne, das für sämtliche ähnliche Tätigkeiten mit vergleichbarer Umweltauswirkung gälte, ließe daher grundsätzlich nicht die Annahme zu, dass ähnliche, dieser Ökoabgabe nicht unterliegende Tätigkeiten von einem selektiven Vorteil profitierten und die Maßnahme daher selektiv sei.[18] Die Kommission habe bei der Prüfung des Beihilfentatbestandes insbesondere auch die primärrechtliche Verankerung des Umweltschutzes zu berücksichtigen.[19] Das Urteil des Gerichts ließ darauf schließen, dass das Tatbestandsmerkmal der Selektivität für Fälle der Einführung von Ökoabgaben restriktiver auszulegen war, um den Mitgliedstaaten mehr Spielraum für die schrittweise Einführung solcher Abgaben einzuräumen.[20] Dieser Ansatz hätte weitgehende Folgen nach sich ziehen können, wäre doch zB die Auferlegung von höheren Abgaben auf die Verwendung ungrüner Energieträger der Beihilfenkontrolle der Kommission weitgehend entzogen gewesen. Auf das hiergegen von den Klägern eingelegte Rechtsmittel kassierte der Gerichtshof den neuen Ansatz und verwies die Sache an das Gericht zurück, wobei er auf die bis dato bestehenden Grundsätze verwies, nach denen die mit staatlichen Maßnahmen verfolgten Ziele nicht genügen, um diese von vornherein von der Einordnung als „Beihilfen" im Sinne von Art. 107 AEUV auszunehmen. Art. 107 Abs. 1 AEUV unterscheidet nämlich **nicht nach den Gründen oder Zielen** der staatlichen Maßnahmen, sondern beschreibt diese nach ihren Wirkungen. Das habe das Gericht verkannt, als es entschieden hat, es stehe den Mitgliedstaaten frei, bei der Abwägung der verschiedenen bestehenden Interessen ihre Prioritäten im Umweltschutz zu definieren und entsprechend die Güter oder Dienstleistungen zu bestimmen, die sie einer Ökoabgabe unterwerfen.[21] Die Notwendigkeit, die Erfordernisse des Umweltschutzes zu berücksichtigen, so legitim diese auch sein mögen, rechtfertige nicht die Nichteinbeziehung selektiver Maßnahmen, mögen sie auch so spezifisch sein wie Ökoabgaben, in den Anwendungsbereich von Art. 107 Abs. 1 AEUV, da eine zweckdienliche Berücksichtigung der Umweltschutzziele auf jeden Fall bei der Beurteilung der Vereinbarkeit der staatlichen Beihilfemaßnahme mit dem Binnenmarkt gemäß Art. 107 Abs. 3 AEUV erfolgen könne.[22] Eine Differenzierung zwischen Unternehmen könne höchstens dann als durch Wesen oder Struktur des Systems gerechtfertigt betrachtet werden, in das sie sich einfügt, wenn die Unternehmen in Bezug auf das Ziel der Regelung eindeutig unterschiedlich positioniert seien. Dies war in Bezug auf die irische Sonderabgabe nicht der Fall, da bestimmte Inkohärenzen zwischen ihrem Anwendungsbereich und dem verfolgten Umweltziel durch Gründe gerechtfertigt werden sollten, die nicht zum Umweltschutz gehörten, wie das Bemühen um die Erhaltung der internationalen Wettbewerbsfähigkeit bestimmter Sektoren.[23]

Eine im Rahmen des dänischen „grünen Energiepakets" erhobene nationale **Abgabe auf überschüssige Abwärme** (von Unternehmen erzeugte Wärme, die nicht von ihnen in der Produktion verwendet wird), wurde dagegen von der Kommission als nicht selektiv eingeordnet, da die Abgabe allen Unternehmen auferlegt wurde, die überschüssige Abwärme verkauften.[24]   **211**

---

[17] Kom., Staatliche Beihilfe N 863/2001, Tz. 43 – Vereinigtes Königreich, Granulatabgabe.
[18] EuG, T-210/02, Slg. 2006, II-2789, RdNr. 115 – BAA/Kommission.
[19] EuG, T-210/02, Slg. 2006, II-2789, RdNr. 117 – BAA/Kommission.
[20] In diesem Sinne argumentierte bereits Generalanwalt Mischo in der Rechtssache Adria Wien, Schlussanträge des Generalanwalts Mischo EuGH, C-143/99, Slg. 2001, I-8365, RdNr. 72 – Adria-Wien Pipeline. Zum Umweltschutz vgl. näher unten unter RdNr. 224 ff.
[21] EuGH, C-487/06 P, Slg. 2008, I-10 505, RdNr. 84–86 mwN. – BAA/Kommission.
[22] EuGH, C-487/06 P, Slg. 2008, I-10 505, RdNr. 92 – BAA/Kommission.
[23] EuGH, C-487/06 P, Slg. 2008, I-10 505, RdNr. 88 – BAA/Kommission.
[24] Kom., Staatliche Beihilfe N 271/2006 – Dänemark, Tax Relief for Supply of Surplus Heating.

212   Nicht selektiv soll auch die bestimmten Unternehmen auferlegte erhöhte Zugangsgebühr zum Elektrizitätsnetz sein, wenn dies nach Natur und Struktur der Entgeltregelung insoweit gerechtfertigt ist, als die vorübergehend erhobene Abgabe das Ziel verfolgt, lediglich die Vorteile abzuschöpfen, die diesen Unternehmen durch die Liberalisierung des Elektrizitätsmarktes infolge der Umsetzung einer EU-Richtlinie entstanden sind. In diesem Fall ist die Nichtbelastung aller anderen Unternehmen nicht als eine Beihilfe zu deren Gunsten anzusehen. Entschieden wurde dies für die Sondergebühren zu Lasten der italienischen Wasser – und Erdwärme Kraftwerke. Nach der Übergangsregelung für die erste Phase der Liberalisierung hatten diese Unternehmen bestimmte Lasten, die andere Unternehmen trafen, nicht zu tragen. Der Gerichtshof kam zu dem Schluss, dass der Vorteil nicht auf einer Änderung der Parameter Effizienz und Wettbewerbsfähigkeit zurückging, sondern allein auf die Änderung des rechtlichen Rahmens. Da die Differenzierung zwischen den Unternehmen somit aus der Natur und dem inneren Aufbau der fraglichen Lastenregelung folgte, war sie nicht selektiv.[25]

213   **cc) Aus staatlichen Mitteln. α) Transfer staatlicher Mittel.** Das Merkmal „aus staatlichen Mitteln" erfordert einen dem Staat zurechenbaren Transfer staatlicher Mittel. Hierzu bedarf es nicht in jedem Fall einer positiven Übertragung staatlicher Mittel.[26] Vielmehr reicht eine passive Belastung des Staates, beispielsweise im Sinne eines Einnahmeverzichts, aus.[27] Eine andere Frage ist, ob es für den Transfer staatlicher Mittel ausreicht, wenn die Begünstigung durch ein Gesetz begründet wird, das den direkten **Transfer von Mitteln zwischen privaten Marktteilnehmern** regelt. Der Gerichtshof hat diese Frage im Urteil **PreussenElektra**[28] in Bezug auf eine energierechtliche Regelung verneint und diese Rechtssprechung in der Folge auf andere Wirtschaftsbereiche übertragen.[29] In der Sache ging es um das deutsche Stromeinspeisegesetz, das Elektrizitätsversorgungsunternehmen verpflichtete, den in ihrem Versorgungsgebiet erzeugten Strom aus erneuerbaren Energien zu festgelegten Mindestpreisen abzunehmen. Außerdem wurde den Erzeugen konventioneller Energie auferlegt, den Versorgern die mit der Abnahmeverpflichtung verbundenen Mehrkosten anteilig zu erstatten. Der Gerichtshof sah darin keine Übertragung staatlicher Mittel. Denn die Unterscheidung zwischen „staatlichen" und „aus staatlichen Mitteln gewährten" Beihilfen bedeutet nicht, „dass alle von einem Staat gewährten Vorteile unabhängig davon Beihilfen darstellen, ob sie aus staatlichen Mitteln finanziert werden." Sie dient vielmehr nur dazu, „in den Beihilfebegriff die unmittelbar vom Staat gewährten Vorteile sowie diejenigen, die über eine vom Staat benannte oder errichtete öffentliche oder private Einrichtung gewährt werden, einzubeziehen."[30] Die sich aus der eingeführten Abnahmeverpflichtung ergebenden finanziellen Belastungen zwischen den Lieferunternehmen und den privaten Betreibern der vorgelagerten Stromnetze führt zu keiner unmittelbaren oder mittelbaren Übertragung staatlicher Mittel auf die Unternehmen, die diesen Strom erzeugen. Die Mittel fließen nicht durch den öffentlichen Haushalt. Allein der Umstand, dass die Begünstigung der Erzeuger erneuerbarer Energien auf einem Gesetz beruht, das diesen unbestreitbare Vorteile gewährt, kann der Regelung nicht den Charakter einer staatlichen Beihilfe im Sinne von Art. 107 Abs. 1 AEUV verleihen.[31] Das Argument, dass sich die durch die Abnahmepflicht zu Mindestpreisen ergebende finanzielle Belastung negativ auf das wirtschaftliche Ergebnis der abnahmeverpflichteten Unternehmen auswirken und sich damit auch die Steuereinnahmen des Staates verringern könnte, führt nach Auffassung des Gerichtshofs zu keinem anderen Ergebnis. Denn „(d)iese Folge ist einer derartigen Regelung immanent und kann nicht als Mittel angesehen werden, den Erzeugern von Strom aus erneuerbaren Energiequellen auf Kosten des Staates einen bestimmten Vorteil zu gewähren."[32] Damit folgt er dem bereits im Sloman Neptun

---

[25] EuGH, verb. Rs. C-128/03 und C-129/03, Slg. 2005, I-2861, RdNr. 38–42 – AEM SpA und AEM Torino SpA.

[26] EuGH, C-482/99, Slg. 2002, I-4397, RdNr. 36, Frankreich/Kommission.

[27] EuGH, verb. Rs. C-72/91 und C-73/91, Slg. 1993, I-887, RdNr. 21– Sloman Neptun; EuGH, C-189/91, Slg. 1993, I-6185, RdNr. 17 – Kirsammer-Hack/Nurhan Sidal.

[28] EuGH, C 379/09, Slg. 2001, I-2099 – Preussen Elektra. Siehe hierzu *Gündisch* NJW 2001, 3686; *König/Kühling* NVwZ 2001, 768.

[29] Siehe zB.: EuGH, C-345/02, Slg. 2004, I-7139, RdNr. 34–39 – Pearle BV ua.; EuGH, C-126/01, Slg. 2003, I-13769, RdNr. 23–26 – GEMO; EuG, T-136/05, Slg. 2007, II-4063 RdNr. 130, 139 – EARL Salvat père & fils ua.; EuG, T-95/03, Slg. 2006, II-4739, RdNr. 104 – Asociación de Empresarios de Estaciones de Servicio de la Comunidad Autónoma de Madrid und Federación Catalana de Estaciones de Servicio/Kommission.

[30] EuGH, C 379/09, Slg. 2001, I-2099, RdNr. 58 – PreussenElektra.

[31] EuGH, C 379/09, Slg. 2001, I-2099, RdNr. 61 – PreussenElektra.

[32] EuGH, C 379/09, Slg. 2001, I-2099, RdNr. 62 – PreussenElektra.

Urteil entwickelten Konzept.[33] Darüber hinaus war es fragwürdig, ob diese Steuerausfälle nicht durch die Steuern kompensiert wurden, die die Verwender erneuerbarer Energie auf ihre (höheren) Gewinne zu zahlen hatten.[34]

Davon zu unterscheiden sind **Regelungen, bei denen der Staat die zur Finanzierung** 214 **der Stromerzeugung aus erneuerbarer Energie notwendigen Mittel zunächst selbst erhebt.** Im Fall PreussenElektra wurde der Beschaffungstarif unmittelbar von Privatunternehmen finanziert, die den Strom von den Stromerzeugern zu einem über den Marktwert liegenden Preis kaufen mussten. Wenn die Zuschläge auf den Marktpreis zunächst über eine Sonderabgabe an eine öffentliche Stelle geflossen wären, bevor sie den endbegünstigten Energieproduzenten zuflossen, wäre ein Transfer staatlicher Mittel dagegen möglicherweise zu bejahen gewesen. Entsprechend entschied die Kommission zB. in Bezug auf einen **Sonderstromtarif,** den Italien eingeführt hatte. Die Kosten hierfür wurden von allen Stromverbrauchern in Italien über eine **steuerähnliche Abgabe,** die von der Ausgleichkasse erhoben wurde, getragen. Da die Ausgleichkasse eine öffentlich-rechtliche Einrichtung war, die ihren Auftrag anhand von präzisen Weisungen aufgrund von Beschlüssen der italienischen Strom- und Gasregulierungsbehörde aufgrund von entsprechenden Rechts- und Verwaltungsvorschriften wahrnahm, kam die Kommission zu dem Schluss, dass die Mittel hier – anders als im Fall PreussenElektra – über eine öffentliche Stelle geleitet wurden, und es sich damit um einen Transfer staatlicher Mittel handelte,[35] obwohl Italien dasselbe wirtschaftliche Ergebnis mit einem Dekret hätte erzielen können, nach dem die Stromversorger gegenüber den begünstigten Unternehmen einen niedrigeren Tarif hätten anwenden müssen. Die Kommission verfolgt offensichtlich einen strikt **formalen Ansatz,** um die Wirkungen des PreussenElektra Urteils möglichst eingrenzen zu können. Vergleichbar formalistisch entschied die Kommission in Bezug auf eine Maßnahme Sloweniens zur Förderung grüner Energie und Kraft-Wärme-Kopplung.[36] Erzeugern grüner Energie wurde die Option eingeräumt, den zuständigen Netzbetreibern ihre gesamte Produktionsmenge zu einem staatlich festgesetzten und jährlich angepassten Preis, der über dem Marktpreis lag, zu verkaufen. Bei Direktabsatz auf dem freien Markt (der zweiten Option) erhielten sie eine staatliche Prämie, die den Unterschied zu dem bei Verkauf an den Netzbetreiber garantieren Erlös ausglich. Für den Ausgleich der den Netzbetreibern durch die Abnahmeverpflichtung entstandenen Verluste bzw. für die Bezahlung der Prämien wurde ein **gesetzlicher Fonds** errichtet, der mit Zuflüssen aus einer steuerähnlichen Abgabe für den Stromverbrauch gespeist wurde, die alle Stromverbraucher in Slowenien bezahlen mussten. Die Kommission stellte klar, dass das slowenische System einen anderen Finanzierungsmechanismus beinhaltet als im Fall Preussen-Elektra. Denn dort wurde der Beschaffungstarif unmittelbar von den Netzbetreibern finanziert, ohne dass diese hierfür einen Ausgleich aus staatlichen Mitteln erhielten. Bei der slowenischen Regelung wurden dagegen die durch den Beschaffungstarif bewirkten Kosten mit einer steuerähnlichen Abgabe finanziert.[37] Die Zuflüsse aus der Abgabe sollten anschließend auf einem von öffentlichen Behörden verwalteten Konto gesammelt und nach einem gesetzlich festgelegten Schema verteilt werden.[38] Dieselbe Abgrenzung erfolgte bei einer luxemburgischen Regelung, die eine Ökostrom-Ankaufsverpflichtung für alle in Luxemburg tätigen Stromversorgungsunternehmen sowie die Schaffung eines **Ausgleichsfonds** für damit verbundene Sonderabgaben vorsah. Der Preis für den Ökostrom wurde fortlaufend gesetzlich über Marktwert festgesetzt. Der Staat verpflichtete die Verbraucher für einen Zeitraum von acht Jahren zur Zahlung von Beiträgen, die über die Versorgungsunternehmen an die Ökostromerzeuger weitergeleitet werden sollten. Die Ausgleichszahlungen wurden von dem durch den luxemburgischen Staat eingerichteten Ausgleichsfonds verwaltet. Anders als im Fall PreussenElektra standen bei der luxemburgischen Regelung die Mittel **zumindest vorübergehend unter staatlicher Kontrolle.** Das genügte der Kommission, um sie als staatliche Mittel zu qualifizieren.[39] Ob das auch dann

---

[33] EuGH, verb. Rs. C-72/91 und C-73/91, Slg. 1993, I-887 – Sloman Neptun.

[34] Zur Vereinbarkeit solcher Systeme mit der Warenverkehrsfreiheit vgl. *Cremer* EuZW 2007, 591.

[35] Kom., ABl. 2008 L 144/37, Tz. 105 – Beihilfe zugunsten von ThyssenKrupp, Cementir und Nuova Terni Industrie Chimiche; diesen Grundsätzen folgend auch die Entscheidungen der Kommission Kom., ABl. 2002 C 30/4 – belgische Maßnahme zur Förderung umweltfreundlichen Stroms („grüne Zertifikate") sowie Kom., ABl. 2003 C 120/3 – Maßnahme zur Förderung der Stromerzeugung aus erneuerbaren Energiequellen (Umweltzertifikate).

[36] Kom., ABl. 2007 L 219/9 – Slowenische Maßnahme zugunsten qualifizierter Erzeuger von Energie.

[37] Kom., ABl. 2007 L 219/9, Tz. 67 – Slowenische Maßnahme zugunsten qualifizierter Erzeuger von Energie.

[38] Kom., ABl. 2007 L 219/9, Tz. 68 – Slowenische Maßnahme zugunsten qualifizierter Erzeuger von Energie.

[39] Kom., ABl. 2009 L 159/11, Tz. 56 – Luxemburgischer Ausgleichsfonds.

reicht, wenn den entsprechenden staatlichen Sonderfonds **lediglich** eine **Mittlerrolle** mit ausschließlich buchhalterischen Funktionen zukommt, so dass er die Mittel nicht anders als für den Kostenausgleich zwischen den privaten Erzeugern und Netzbetreibern einsetzen darf, ist bislang ungeklärt.[40] In seltenen Fällen können **Gemeinschaftsbeihilfen** so in einem vom begünstigten Mitgliedstaat unabhängigen Fonds zusammengefasst werden, dass sie nicht zu staatlichen Mitteln werden und ihre Verwendung daher nicht unter Art. 107 Abs. 1 AEUV fällt.[41]

215   **β) Zurechenbarkeit.** Die Zurechenbarkeit ist bei vom Staat auferlegten Abgaben und vom Staat kontrollierten Fonds unproblematisch gegeben.[42] In der Entscheidung zum luxemburgischen Ausgleichsfonds sah die Kommission die Zurechenbarkeit zum Staat beispielsweise deshalb als gegeben an, weil die luxemburgische **Energieregulierungsbehörde** die Mittel für jeden Begünstigten anhand einer **gesetzlich festgelegten Formel** berechnen und zuteilen musste. Damit übt der Staat „mittels der Gesetzgebung nicht nur die Kontrolle über die verteilten Beträge und die Begünstigten, sondern auch über die Mittelgewährung aus".[43]

216   **dd) Wettbewerbsverfälschung.** Nachdem die Liberalisierung der nationalen Strommärkte weiter fortgeschritten ist, wird es in der Regel nicht an einer jedenfalls potentiellen Wettbewerbsverfälschung fehlen, wenn Stromerzeuger selektiv begünstigt werden. Vor der Liberalisierung war das anders zu beurteilen und auf den jeweiligen Öffnungsgrad, die konkrete Marktstruktur[44] und die Positionierung des betroffenen Unternehmens[45] abzustellen.

217   **ee) Handelsbeeinträchtigung.** Für das Vorliegen einer Handelsbeeinträchtigung ist nicht allein maßgeblich, ob ein Unternehmen den größten Teil seiner erzeugten Energie auf dem nationalen Markt absetzt.[46] Es ist auch darauf abzustellen, in welchen unternehmerischen Gesamtzusammenhang der betreffende Stromerzeuger eingebunden ist. Ist er **Teil einer internationalen Gruppe,** die in verschiedenen Wirtschaftssektoren aktiv ist, muss dies für die Frage einer möglichen Handelsbeeinträchtigung berücksichtigt werden. Denn die einem Betrieb oder einer Branche gewährten Betriebsbeihilfen können auch zur Finanzierung anderer Unternehmen der Gruppe verwendet werden, die ihrerseits in Sektoren tätig sind, die am innergemeinschaftlichen Handel teilnehmen.[47]

218   Wenn ein Unternehmen im Wettbewerb mit Erzeugnissen aus anderen Mitgliedstaaten steht, ohne selbst an den Ausfuhren teilzunehmen, kann eine Beeinträchtigung angenommen werden, wenn durch die Beihilfe die **regionale Position des Unternehmens** gestärkt wird, und die Exportchancen anderer Unternehmen hierdurch reduziert werden.[48]

219   Die Öffnung des Strommarktes bewirkt, dass auch Stromerzeuger in **geographisch isolierten Regionen der EU** zumindest **potentiell** am Handel zwischen den Mitgliedstaaten teilnehmen können. Bezogen auf den schottischen Markt geht die Kommission trotz seiner Insellage und der eingeschränkten Verbindung davon aus, dass „sich die relative Isolierung des schottischen Marktes (...) verringern und zu einer größeren Verflechtung der Märkte mit einer Zunahme des Stromaustausches zwischen den Mitgliedstaaten führen" wird. Sie hat auf dieser Grundlage eine Handelsbeeinträchtigung bejaht.[49]

---

[40] Offengelassen in EuG, T- 25/07, Slg. 2009, II-245, RdNr. 29 – Iride/Commission. Insgesamt und speziell zur österreichischen Regelung vgl. *Renner-Loquenz*, Competition Policy Newsletter, 2006, 61.

[41] Siehe hierzu Kom., Staatliche Beihilfe N 764/2007 – Litauen, Construction of a 400 MW Combined Cycle Gas Turbine Plant at AB Lietuvos Elektriné.

[42] Kom., ABl. 2007 L 219/9, Tz. 69 – Slowenische Maßnahme zugunsten qualifizierter Erzeuger von Energie.

[43] Kom., ABl. 2009 L 159/11, Tz. 57 – Luxemburgischer Ausgleichsfond. Vgl. auch Kom., ABl. 2007 C 219/9, Tz. 73 – Slowenische Maßnahmen zugunsten qualifizierter Erzeuger von Energie.

[44] Vgl. dazu beispielsweise bereits Presseerklärung IP/90/267 vom 28. März 1990 bzgl. der Genehmigung der Beihilfen für den britischen Atomenergiesektor, abrufbar unter: http://europa.eu/rapid/pressReleasesAction.do?reference=IP/90/267&format=HTML&aged=1& language=EN&guiLanguage=en.

[45] EuG, Rs T-156/04, noch nicht in der amtlichen Sammlung, RdNr. 149 f. – EDF/Kommission.

[46] EuG, Rs T-156/04, noch nicht in der amtlichen Sammlung, RdNr. 151 – EDF/Kommission.

[47] Kom., ABl. 2008 L 144/37, Tz. 110 – Beihilfe zugunsten von ThyssenKrupp, Cementir und Nuova Terni Industrie Chimiche.

[48] Kom., ABl. 2008 L 144/37, Tz. 111 – Beihilfe zugunsten von ThyssenKrupp, Cementir und Nuova Terni Industrie Chimiche.

[49] Kom., ABl. 1991 L 178/31, Tz. 31 – Scottish Nuclear, Kernenergievereinbarung. Dies ist eine kartellrechtliche Entscheidung, in der es um die Anwendung von Art. 101 AEUV auf die schottische Elektrizitätswirtschaft ging. Da die Kernenergievereinbarung die Voraussetzungen des Art. 101(3) AEUV erfüllte, wurde sie im Ergebnis vom Verbot des Art. 101 Abs. 1 AEUV freigestellt.

b) Rechtfertigung. Rechtfertigungen sind nach Art. 107 Abs. 2 AEUV, Art. 107 Abs. 3 **220** AEUV und (für den Energiesektor von besonderer Bedeutung) Art. 106 (2) AEUV denkbar. Für Beihilfen zu Gunsten der Energiewirtschaft sind grundsätzlich die zur Ausgestaltung der Ausnahmebestimmung des Art. 107 Abs. 3 AEUV von der Kommission veröffentlichten Leitlinien für Regional-, Forschungs- und Umweltschutzbeihilfen sowie die Mitteilung der Kommission über die Analyse staatlicher Beihilfen in Verbindung mit verlorenen Kosten relevant. Zudem können über Art. 106 (2) AEUV Beihilfen, die der Versorgungssicherheit dienen, gerechtfertigt sein.

aa) Art. 107 Abs. 3 lit. a AEUV – Regionalbeihilfen. Nach Art. 107 Abs. 3 lit. a AEUV **221** können Beihilfen zur Förderung von Gebieten, in denen eine ungewöhnlich niedrige Lebenshaltung oder Unterbeschäftigung herrschen, gerechtfertigt sein. Die zur Umsetzung dieser Ausnahmebestimmung ergangenen **Leitlinien für Regionalbeihilfen**[50] sind bis auf wenige Ausnahmen[51] auf alle Industriebereiche, dh. auch auf den Energiesektor anwendbar.[52]

Regionalbeihilfen sollten grundsätzlich für alle Firmen, die in den betroffenen Gebieten tätig **222** sind, offen stehen. **Ad hoc Beihilfen** an individuelle Firmen oder Regelungen für bestimmte Wirtschaftszweige werden nach Kommissionspraxis und Rechtsprechung des Gerichts grundsätzlich nicht erfasst.[53] Entsprechend kritisch wurde eine Beihilfe zugunsten eines Kombikraftwerks und einer Wiederverdampfungsanlage in Bilbao untersucht, die gemäß dem Multisektoralen Beihilferahmen für große Investitionsvorhaben[54] angemeldet wurde,[55] aber nicht unter eine allgemeine Regionalbeihilferegelung fiel. Die Beihilfen sollten *ad hoc* in Form eines nicht rückzahlbaren Zuschusses erfolgen. Die Kommission erkannte an, dass die Beihilfen den Vorgaben des Multisektoralen Beihilferahmens entsprachen, hatte aber Zweifel hinsichtlich deren Vereinbarkeit mit den Leitlinien für Regionalbeihilfen, da es sich um *ad hoc* Beihilfen handelte, und der spanische Energiemarkt nicht im Abschwung zu sein schien. Nach Punkt 2 Absatz 2 und 3 der Leitlinien von 1998,[56] der in Punkt 11 der neuen Leitlinien teilweise übernommen wurde, können ad hoc Beihilfen grundsätzlich nur dann unter dem multisektoralen Beihilferahmen gewährt werden, wenn dargelegt wird, dass die Vorteile der Beihilfengewährung den Nachteil der Wettbewerbsverfälschung überwiegen. Aufgrund von mehreren Stromausfällen im Winter 2001 und der kaum wachsenden Elektrizitätsnachfrage in Spanien billigte die Kommission am Ende die Beihilfe. Eine ad-hoc-Beihilfe Spaniens zur Förderung des Elektrizitätsnetzes in Murcia wurde ebenfalls genehmigt, da die Verbesserung der Infrastruktur die Nachteile der Wettbewerbsverfälschung überwogen.[57] Die Genehmigung regionaler Beihilferegelungen für den Energiesektor bereitet der Kommission weniger Schwierigkeiten als individuelle ad hoc Beihilfen.[58]

Auch **außerhalb des Anwendungsbereichs der Leitlinien** für Regionalbeihilfen kann die **223** spezielle regionale Situation bei der Genehmigungsprüfung herangezogen werden, um die Förderung spezieller Energieträger zu rechtfertigen. So zog die Kommission neben Umweltschutzerwägungen auch die besondere regionale Situation als Argument heran, um Beihilfen für die verstärkte Nutzung von Erdgas in Nordirland nach Art. 107 Abs. 3 lit. c AEUV zu rechtfertigen.[59]

bb) Art. 107 Abs. 3 lit. c AEUV – Umweltschutz. Nach der Richtlinie 2001/77/EG[60] **224** sollten die Mitgliedstaaten erstmals Ziele für die Nutzung erneuerbarer Elektrizität in Form von definierten Bezugswerten festsetzen. Um die höheren Kosten im Vergleich zu traditionellen Energieformen wie Kohle oder Kernenergie auszugleichen, sollten die Mitgliedstaaten Beihilfen

---

[50] Leitlinien für staatliche Beihilfen mit regionaler Zielsetzung 2007–2013, ABl. 2006 C 54/13.

[51] Leitlinien für staatliche Beihilfen mit regionaler Zielsetzung 2007–2013, ABl. 2006 C 54/13, Tz. 8, 9.

[52] Vgl. Für eine Regionalbeihilfe im Energiesektor vgl. Kom., Staatliche Beihilfen N 907/2006 – Ungarn, Matrai Eromu.

[53] EuG, T-152/99 Slg. 2002, II-3049, RdNr. 203–206 – Hijos de Andrés Molina, SA (HAMSA).

[54] Multisektoraler Beihilferahmen für große Investitionsvorhaben, ABl. 1998 C 107/7.

[55] Kom., ABl. 2002, L 329/10 – Bilbao.

[56] Leitlinien für staatliche Beihilfen mit regionaler Zielsetzung, ABL. 1998, C 74/9.

[57] Kom., Staatliche Beihilfen N 889/2006 – Spanien, Aid to Iberdrola for the improvement of the electrical service.

[58] Beispiele: Kom, Staatliche Beihilfe N 609/2007 – Spanien, Plan de Gasificación de la Comunidad Valenciana. Kom., Staatliche Beihilfe N 197/2008 – Litauen, Sectorial measure for Energy.

[59] Kom., Staatliche Beihilfen N 660/A/2000 – Vereinigtes Königreich, Nordirland.

[60] RL 2001/77/EC, ABl. 2001 L 283/33.

gewähren dürfen. Basis für die beihilfenrechtliche Beurteilung waren die Leitlinien (der „Gemeinschaftsrahmen")[61] für staatliche Umweltschutzbeihilfen von 2001,[62] welche 2008 überarbeitet wurden. Die neuen Leitlinien (hiernach „Umweltschutzleitlinien")[63] sehen insbesondere neue Regelungen für Umweltstudien, für Kraft-Wärme-Kopplung und Fernwärme vor.[64] Zusätzlich werden gewisse Umweltschutzbeihilfen von der 2008 in Kraft getretenen Allgemeinen Gruppenfreistellungsverordnung [65] („AGVO") erfasst. Die AGVO wurde auf Basis der Erfahrungen mit den 2001er Leitlinien entwickelt und steht im Einklang mit den neuen Leitlinien von 2008. Sie gilt zunächst bis Dezember 2013.

225   Die Umweltschutzleitlinien unterscheiden zwischen Investitions- und Betriebsbeihilfen. **Investitionsbeihilfen** sind dann mit Art. 107 Abs. 3 lit. c AEUV vereinbar, wenn das Unternehmen durch sie einen Standard des Umweltschutzes erreicht, der über den von der Gemeinschaft vorgegebenen hinausgeht. **Betriebsbeihilfen** werden grundsätzlich als den Wettbewerb verfälschend angesehen, können aber nach den Leitlinien unter bestimmten Voraussetzungen gerechtfertigt werden, wenn es sich um Beihilfen für Energiesparmaßnahmen,[66] zur Förderung erneuerbarer Energien[67] oder zur Förderung der Kraft-Wärme-Kopplung[68] handelt.[69]

226   Bei der Förderung **erneuerbarer Energien** und der **Kraft-Wärme-Kopplung** muss der Ausgleich genau definiert sein und auf objektiven Kriterien beruhen. Das Förderniveau muss unterhalb der Amortisation liegen und möglichen Investitionsbeihilfen ist Rechnung zu tragen. Dem entspricht das österreichische Ökostromgesetz, nach dem die Finanzierung auf zwei Säulen beruht: Auf den von den Stromhändlern zu zahlenden Verrechnungspreisen und auf einen Förderbetrag.[70] Eine auf dem österreichischen Ökostromgesetz basierende Investitionsbeihilfe für hoch effiziente Kraft-Wärme Koppelungsanlagen und mittlere Wasserkraftanlagen wurde ebenfalls genehmigt.[71] Ein weiteres Beispiel ist eine slowenische Regelung,[72] die Stromerzeugung aus erneuerbaren Energien und Kraftwerke mit überdurchschnittlicher Kraft-Wärme-Kopplung fördert. Die Förderung erfolgt in Form einer Zusage, die gesamte Produktionsmenge zu einem jährlich festgelegten Preis, der über dem Marktpreis liegt, abzukaufen. Die dadurch entstehenden Verluste der Netzbetreiber werden von einem gesetzlich errichteten Fonds gedeckt, der durch Zuflüsse aus einer steuerähnlichen Abgabe gespeist wird. Die Kriterien der Leitlinien sind erfüllt, da sich der Ausgleich lediglich auf die zusätzlichen Kosten bezieht, der Unterschied zwischen dem Marktpreis und den Erzeugungskosten für alle betroffenen Kraftwerke die Höhe der Ausgleichszahlung übersteigt, und etwaige Investitionsbeihilfen in Abzug gebracht werden. Die Förderung eines neuen Kraft-Wärmekopplungskraftwerkes in Mellach, Österreich, wurde ebenfalls genehmigt, da die dargelegten Kriterien erfüllt und die Beihilfe als Anreiz für den Bau erforderlich war.[73] Grundsätzlich ist zu beachten, dass das **Anreizkriterium** in der Kommissionspraxis eine immer wichtigere Rolle spielt.[74]

---

[61] Die Kommission verwendet beide Begriffe, sie werden in den Entscheidungen ebenfalls austauschbar verwendet.

[62] Leitlinien der Gemeinschaft für staatliche Umweltschutzbeihilfen, ABl. 2001 C 37/3.

[63] Leitlinien der Gemeinschaft für staatliche Umweltschutzbeihilfen, ABl. 2008 C 82/1.

[64] Für mehr Details siehe *Scheel* DÖV 2009, 529, sowie *Winterstein/Schwarz*, Competition Policy Newsletter 2008, 12.

[65] VO 800/2008, ABl. 2008 L 214/3, Artikel 17–29.

[66] Leitlinien der Gemeinschaft für staatliche Umweltschutzbeihilfen, ABl. 2008 C 82/2, Tz. 3.1.5.2.

[67] Leitlinien der Gemeinschaft für staatliche Umweltschutzbeihilfen, ABl. 2008 C 82/2, Tz. 3.1.6.2.

[68] Leitlinien der Gemeinschaft für staatliche Umweltschutzbeihilfen, ABl. 2008 C 82/2, Tz. 3.1.7.2.

[69] Im Folgenden näher zu der Bedeutung der Umweltschutzleitlinien für den Energiesektor. Für darüber hinausgehende Hinweise zu den Umweltschutzleitlinien und den Umweltschutzbestimmungen der AGVO vgl. auch Art. 17–25 AGVO.

[70] Kom., Staatliche Beihilfen NN 162/A/2003 und N 317/A/2006 – Österreich; Kom., Staatliche Beihilfen NN 162/B/2003 und N 317/B/2006 – Österreich, Förderung der Kraft-Wärme-Kopplung (KWK) im Rahmen des Österreichischen Ökostromgesetzes (Unterstützungstarif).

[71] Kom., Staatliche Beihilfe N 809/2006 – Österreich, Investitionsbeihilfe für die Errichtung von KWK und Wasserkraftanlagen.

[72] Kom., ABl. 2007 L 219/9 – Beihilfemaßnahme, die Slowenien im Rahmen seiner Gesetzgebung über qualifizierte Erzeuger von Energie durchführt.

[73] Kom., Staatliche Beihilfe N 295/2008 – Österreich, Investitionsbeihilfe für Mellach KWK Kraftwerk, Pressemitteilung IP 10/350 vom 24. März 2010.

[74] Nunmehr ausdrücklich geregelt in den Leitlinien der Gemeinschaft für staatliche Umweltschutzbeihilfen, ABl. 2008 C 82/2, Tz. 3.2.

Beispiele für weitere von der Kommission genehmigte Vorhaben: 227
- Britische Regelung zur Förderung des Bezugs von grünem Strom durch Energieversorger sowie der Herstellung grüner Energie (80% der Beihilfe) und von Investitionen in neue Technologien zur Nutzung erneuerbarer Energie.[75]
- Erweiterung des Beihilfenprogramms zur verstärkten Förderung der Energieerzeugung durch Wellen- und Gezeitenkraft in Schottland.[76]
- Schwedisches Investitionsbeihilfeprogramm zur Förderung von Windenergie an den Küsten und zur Förderung eines sparsameren Heiznetzwerks; später noch erweitert um die Förderung von Windenergie.[77]
- Investitionsbeihilfe für ein Modellprojekt in den Niederlanden betreffend die Verwendung von Abwärme aus Abwasserrohren zu Beheizungszwecken.[78]
- Zypriotisches System[79] zur Förderung der Elektrizitätsherstellung aus Biomasse und Deponiegas in Form von erhöhten Einspeisungstarifen.
- Niederländisches System zur Förderung der Elektrizitätsherstellung aus Biomasse durch Verbrennung von Abfallholz.[80]
- Deutsches Programm zur Förderung der Stromgewinnung aus Biomasse.[81]
- Regionale italienische Regelung zur Fernwärme-Förderung.[82]
- Förderung eines „Clean Fossil Projects" in den Niederlanden, das dem Sammeln und der Speicherung der CO_2 Abgase durch Verbrennung fossiler Brennstoffe dienen soll.[83]
- Dänische Regelungen zur Förderung der Stromerzeugung aus Windkraft und Biogas.[84]
- Niederländisches System zur Förderung der Energieerzeugung aus Erdwärme.[85]
- Estnisches Fernwärmeprojekt.[86]

cc) Art. 107 Abs. 3 lit. c AEUV – Forschung und Entwicklung. Um den Herausfor-   228
derungen der mit der Verbrennung fossiler Energieträger zusammenhängenden globalen Erwärmung gerecht zu werden, kommt es nicht nur auf die Förderung des Einsatzes alternativer Energiequellen, sondern auch der Erforschung und Weiterentwicklung umweltfreundlicher Energie an. Dies ist den Mitgliedstaaten im Rahmen und unter den Voraussetzungen des Gemeinschaftsrahmens für staatliche Beihilfen für Forschung, Entwicklung und Innovation (sog. **„FuEuI–Gemeinschaftsrahmen")**[87] nicht nur gestattet; der FuEuI-Gemeinschaftsrahmen soll die Mitgliedstaaten sogar dazu bewegen, einen größeren Anteil ihrer Beihilfen für FuEuI einzusetzen. Der Gemeinschaftsrahmen basiert auf dem überarbeiten **wirtschaftlichen Ansatz** des Aktionsplans.[88] Für die Genehmigung einer FuEuI-Beihilfemaßnahme müssen die folgenden drei Kriterien vorliegen:
- Die Beihilfe muss ein **konkretes Marktversagen** beheben.
- Die Beihilfe muss **zielgerichtet** sein, dh. sie muss ein geeignetes Instrument darstellen, einen Anreizeffekt enthalten und gemessen am anzugehendem Problem verhältnismäßig sein.

---

[75] Kom., Staatliche Beihilfe N 504/2000 – Vereinigtes Königreich, Renewables Obligation and Capital Grants for Renewable Technologies.
[76] Kom., Staatliche Beihilfe N 851/2006 – Vereinigtes Königreich, Renewables Obligation (Scotland) – amendments to existing scheme.
[77] Kom., Staatliche Beihilfe N 761/2006 – Schweden, Amendment to Efficient and Environmentally Friendly Energy Supply Scheme, sowie Kom., Staatliche Beihilfe N 631/2002 – Schweden, Efficient and Environmentally Friendly Energy Supply.
[78] Kom., Staatliche Beihilfe N 96/2006 – Niederlande, Eneco renewable Energy.
[79] Kom., Staatliche Beihilfe N 432/2006 – Zypern, Support scheme for electricity production from biomass and landfill gas.
[80] Kom., Staatliche Beihilfe N 823/2006 – Niederlande, BioEnergy Twente.
[81] Kom., Staatliche Beihilfen N 680/2000 und N 71/2007 – Deutschland, Biomasse und Energie.
[82] Kom., Staatliche Beihilfe N 455/06 – Italien, Promotion of District Heating, Lombardy.
[83] Kom., Staatliche Beihilfe N 861/06 – Niederlande, Clean Fossil.
[84] Kom., Staatliche Beihilfe N 354/2008 – Dänemark, Modification of the scheme support to environmentally friendly electricity production" (N 604/2004), sowie Kom., Staatliche Beihilfe N 356/2008 – Dänemark, Dänemark, Modification of the scheme support to environmentally friendly electricity production" (N 602/2004), supplements for electiricty generated with bio gas.
[85] Kom., Staatliche Beihilfe N 442/2009 – Niederlande, Guarante facility for geotermal energy.
[86] Kom., Staatliche Beihilfe N 707/2007 – Estland, Individual aid to Company AS Sillamäe SEJ for Reconstruction of Distriuct Heating Infrastructure.
[87] ABl. 2006 C 323/1. Allgemein zum FuEuI-Gemeinschaftsrahmen siehe oben Art. 30–37 AGVO.
[88] So genannter „more economic approach".

– Die wettbewerbs- und handelsverzerrenden Folgen der Beihilfemaßnahme müssen begrenzt sein, sodass in der **Gesamtbetrachtung** die positiven Folgen überwiegen.

229 In dem Gemeinschaftsrahmen werden die wichtigsten Marktversagen aufgeführt, die FuEuI-Tätigkeiten beeinträchtigen: Wissens-Spillover, unzureichende und asymmetrische Informationen, Koordinations- und Netzwerkversagen. Anschließend werden Leitlinien zu verschiedenen Arten von Beihilfemaßnahmen genannt, die diese Marktversagen ohne übermäßige Verfälschung von Wettbewerb und Handel beheben sollen, beispielsweise Zuschüsse zu FuE-Vorhaben, technische Machbarkeitsstudien oder Innovationskerne.

230 Auf Basis des FuEuI-Gemeinschaftsrahmens hat die Kommission beispielsweise eine französische Beihilfe in Höhe von EUR 46,5 Mio. für das Forschungs- und Entwicklungsprogramm „Solar Nano Crystal" genehmigt. Ziel des Programms, das von einem Konsortium privater und öffentlicher Unternehmen (ua. EDF) durchgeführt wird, ist die Entwicklung der gesamten solaren Wertschöpfungskette von der Siliziumproduktion bis zu fertigen Solarenergiemodulen. Die Kommission war der Auffassung, dass das FuE-Vorhaben, das auf eine bessere Nutzung und Diversifizierung nachhaltiger Energiequellen abzielt, ohne die Beihilfe nicht durchgeführt worden wäre.[89] Die Bedeutung dieses **Anreizkriterium**s ist durch den überarbeiteten wirtschaftlichen Ansatz des Aktionsplans noch einmal erheblich aufgewertet worden. Das haben insbesondere auch die Automobilhersteller in Hinblick auf von ihnen geforderte Beihilfen zu Gunsten der Entwicklung von Hybrid-Fahrzeugen feststellen müssen. Bzgl. einer notifizierten französischen FuE-Beihilfe an Peugeot-Citroën für die Entwicklung eines Hybrid-Diesel-Antriebes in Höhe von fast EUR 100 Mio. eröffnete die Kommission das förmliche Prüfverfahren, da Peugeot-Citroën nach Kommissionsauffassung das Vorhaben auch ohne staatliche Unterstützung begonnen hätte, zumal andere Hersteller ähnliche Projekte angekündigt hatten.[90]

231 Andere von der Kommission auf Grundlage des FuEuI-Gemeinschaftsrahmens genehmigte Vorhaben im Energiebereich betrafen Machbarkeitsstudien in Bezug auf **Tiefsee-Windenergieanlagen**,[91] Entwicklung einer **Wasserstoffenergiekette** („H2E-Programm"),[92] und die Entwicklung von Technologien zur Herstellung von **Kfz-Biokraftstoffen** der zweiten Generation.[93]

232 **dd) Art. 107 Abs. 3 lit. c AEUV – Verlorene Kosten.** Bei der beihilfenrechtlichen Prüfung des Ausgleichs für verlorene Kosten wird Art. 107 Abs. 3 lit. c AEUV in Verbindung mit der **Mitteilung über die Methode für die Analyse staatlicher Beihilfen in Verbindung mit verlorenen Kosten in der Elektrizitätswirtschaft („Mitteilung")**[94] herangezogen. Die Mitteilung wurde von der Kommission im Jahr 2001 entwickelt, nachdem Art. 24 der ersten Binnenmarktrichtlinie[95] in der Praxis kaum Anwendung gefunden hatte, und die Mitgliedstaaten die Kommission um Orientierung gebeten hatten, wie die im Rahmen der Liberalisierung entstandenen verlorenen Kosten in beihilfenrechtlich zulässiger Weise ausgeglichen werden dürften.

233 **α) Regulatorischer Hintergrund.** Aufgrund der Liberalisierung des Strommarktes in den 90er Jahren kam es zu Änderungen der Struktur des Energiesektors, die für die Unternehmen nicht vorhersehbar waren. Die betroffenen Unternehmen verlangten daher einen Ausgleich der sogenannten „verlorenen Kosten", die sich daraus ergaben, dass bestimmte Investitionen oder Verpflichtungen durch die Liberalisierung unwirtschaftlich geworden waren. Typische Fälle sind

---

[89] Kom., Staatliche Beihilfe N 274/2008 – Frankreich, programme Solar Nani Crystal.

[90] Siehe Presseerklärung IP/07/1679 vom 13. November 2007. Die Aussichten auf eine Genehmigung waren wohl so gering, dass Frankreich die Notifizierung zurückgezogen hat, vermutlich auch auf Druck des Automobilkonzerns, dem sicher nicht daran gelegen war, Einzelheiten seines Entwicklungsprojekts offenlegen und mit Konkurrenten im Rahmen des förmlichen Prüfverfahrens diskutieren zu müssen, siehe Kom., Staatliche Beihilfe C 51/07 (ex N 530/07), ABL. 2008 C 189/14, – Unterstützung der „Agence de l'innovation industrielle" zugunsten des Programms VHD.

[91] Kom., Staatliche Beihilfe N 31/2005 – Großbritannien, Individual R&D aid to Talisman Energy (UK) Ltd. for renewable and sustainable energy – Deepwater offshore windmill farm.

[92] Kom., Staatliche Beihilfe N1/2008 – Frankreich, Soutien de l'Agence de l'Innovation industrielle en faveur du Programme „H2E".

[93] Kom., Staatliche Beihilfe N 493/2009 – Frankreich, Projekt GAYA.

[94] Diese Mitteilung wurde am 26. 7. 2001 von der Kommission verabschiedet, durch Commission letter SG (2001) D/290869 of 6. 8. 2001. Sie wurde nie im ABl. veröffentlicht, ist aber auf der Website der Kommission abrufbar unter http://ec.europa.eu/competition/state_aid/legislation/stranded_costs_de.pdf.

[95] RL 96/92/EG, ABl. 1997 L 27/20.

Langzeitverträge, Investitionen in Projekte außerhalb des allgemeinen Tätigkeitsbereichs des Unternehmens sowie Investitionen unter bestimmten Abnahmezusagen.

Nach **Art. 24 der ersten Binnenmarktrichtlinie 1996**[96] hatten die Mitgliedstaaten für **234** einen Übergangszeitraum die Möglichkeit, die aufgrund der Umsetzung der Richtlinie entstandenen oder entstehenden „verlorenen Kosten" auszugleichen. Hinsichtlich der Art der Verpflichtungen bzw. Betriebsgarantien[97] setzten Art. 24 Abs. 1 und 2 den Nachweis voraus, dass eine vor dem 20. Februar 1997 erteilte Betriebsgarantie bzw. auferlegte Verpflichtung und ein Kausalzusammenhang zwischen dem Inkrafttreten der Binnenmarktrichtlinie und der Nichterfüllbarkeit dieser Verpflichtung bestand.[98]

Mögliche Ausgleichsmaßnahmen beschränkten sich auf **Ausnahmen zu den in den Kapiteln IV, VI und VII der Binnenmarktrichtlinie** vorgesehenen Verpflichtungen. Der Numerus Clausus der zulässigen Ausgleichsmaßnahmen führte zur **Ablehnung zahlreicher Anträge.** Ein Antrag Deutschlands hatte Erfolg: Er betraf eine Übergangsregelung, nach der eine langfristig garantierte Mindestabnahme als Gegenleistung für eine Investitionsverpflichtung länger Bestand haben durfte.[99] Eine österreichische Ausgleichsregelung für Betriebsgarantien für drei Wasserkraftwerke und einen langfristigen Bezugsvertrag mit einem Kraftwerk für inländische Braunkohle wurde nicht genehmigt, da es sich um einfache **Kompensationszahlungen** und nicht um Ausnahmeregelungen zu den Kapiteln IV, VI und VII der Binnenmarktrichtlinie handelte.[100] Anträge von England,[101] Frankreich,[102] den Niederlanden,[103] Spanien[104] sowie Dänemark[105] wurden mit derselben Begründung abgelehnt.

In allen Entscheidungen wurde darauf verwiesen, dass die notifizierten Maßnahmen unter **236** den **allgemeinen Ausnahmebestimmungen des Art. 107 Abs. 3 lit. c AEUV** geprüft werden könnten. Dazu musste die Übergangsregelung zeitlich begrenzt und an das Auslaufen der jeweiligen Verpflichtungen bzw. Betriebsgarantien gebunden sein. Zudem musste es sich um die am wenigsten restriktive Maßnahme handeln, die zur Verwirklichung der jeweils genehmigungsfähigen Ziele erforderlich war. Bei der Beurteilung dieser Kriterien berücksichtigte die Kommission unter anderem die Dimension und den Verbundgrad des Systems sowie die Struktur der Elektrizitätsindustrie des betreffenden Mitgliedstaates.

Art. 24 Abs. 3 der Binnenmarktrichtlinie galt nur für kleine isolierte Netze;[106] mit dem- **237** selben restriktiven Kanon zulässiger Ausgleichsmaßnahmen. Der Anwendungsbereich dieser Regelung blieb entsprechend gering.[107] Lediglich Luxemburg, als Spezialfall in Art. 24 Abs. 3 der Binnenmarktrichtlinie ausdrücklich erwähnt, erwirkte nach dieser Regelung für das Unter-

---

[96] RL 96/92/EG, ABl. 1997 L 27/20.

[97] Vgl. zB. Kom., ABl. 1999 L 319/18 – Antrag Deutschlands auf eine Übergangsregelung gemäß Artikel 24 der Richtlinie 96/92/EG.

[98] Ein Antrag Luxemburgs scheiterte am Kausalitätserfordernis, da die Kommission der Auffassung war, dass keine hinreichenden Belege vorlagen, dass das Unternehmen Cedegel infolge des Inkrafttretens der Richtlinie nicht mehr in der Lage sein könnte, seine Verpflichtungen zu erfüllen, vgl. Kom., ABl. 1999 L 319/12, Tz. 21. – Antrag Luxemburgs auf Anwendung einer Übergangsregelung gemäß Artikel 24 der Richtlinie 96/92/EG.

[99] Kom. ABl. 1999 L 319/18, Tz. 27, 28 – Antrag Deutschlands auf Anwendung einer Übergangsregelung gemäß Artikel 24 der Richtlinie 96/92/EG.

[100] Kom. ABl. 1999, L 319/30, Tz. 21 – Antrag Österreichs auf Anwendung einer Übergangsregelung gemäß Artikel 24 der Richtlinie 96/92/EG.

[101] Kom. ABl. 1999, L 319/1, Tz. 30 – Antrag Englands auf Anwendung einer Übergangsregelung gemäß Artikel 24 der Richtlinie 96/92/EG.

[102] Kom. ABl. 1999, L 319/6, Tz. 32 – Antrag Frankreichs auf Anwendung einer Übergangsregelung gemäß Artikel 24 der Richtlinie 96/92/EG.

[103] Kom. ABl. 1999, L 319/34, Tz. 39 – Antrag der Niederlanden auf Anwendung einer Übergangsregelung gemäß Artikel 24 der Richtlinie 96/92/EG.

[104] Kom., ABl. 1999, L 319/41, Tz. 19 – Antrag Spaniens auf Anwendung einer Übergangsregelung gemäß Artikel 24 der Richtlinie 96/92/EG.

[105] Kom., ABl. 1999, L 319/47, Tz. 45 – Antrag Dänemarks auf Anwendung einer Übergangsregelung gemäß Artikel 24 der Richtlinie 96/92/EG.

[106] Dies setzte nach Artikel 2 Punkt 23 der Richtlinie voraus, dass das Netz einen Verbrauch von weniger als 2500 GWh im Jahr 1996 hatte und bis zu einem Wert von weniger als 5% seines Jahresverbrauchs mit anderen Netzen in Verbund geschaltet werden konnte.

[107] So lehnte die Kommission spanische Regelungen für die Inselgebiete ab, da es sich nicht um Ausnahmen zu den genannten Richtlinienbestimmungen handelte, siehe Kom., ABl. 1999 L 319/41, Tz. 31 – Antrag Spaniens auf Anwendung einer Übergangsregelung gemäß Artikel 24 der Richtlinie 96/92/EG.

nehmen Cedegel einen zeitweiligen Dispens von der Verpflichtung zur Veröffentlichung separater Bilanzen und Ergebnisrechnungen.[108]

238 Nachdem die von den Mitgliedstaaten geplanten Maßnahmen ganz überwiegend nicht von Art. 24 der Binnenmarktrichtlinie erfasst waren, veröffentlichte die Kommission auf Wunsch der Mitgliedstaaten eine Mitteilung, die die Vorgaben für Beihilfen zum Ausgleich der verlorenen Kosten näher präzisierte.

239 Seit der **2. Elektrizitätsbinnenmarktrichtlinie 2003**[109] besteht keine ausdrückliche sekundärrechtliche Ausnahmeregelung mehr.[110] Soweit Ausgleichsmaßnahmen Beihilfen darstellen, richtet sich ihre Genehmigungsfähigkeit allein nach der Mitteilung der Kommission zu den verlorenen Kosten.

240 **β) Mitteilung über die Analyse staatlicher Beihilfen in Verbindung mit verlorenen Kosten.** Die Mitteilung aus 2001 bleibt auch nach Veröffentlichung der neuen Umweltschutzleitlinien anwendbar, da die Umweltleitlinien auf verlorene Kosten nicht anwendbar sind.[111] Die Mitteilung findet **keine Anwendung auf den Gassektor,** da es nicht ersichtlich ist, dass die Anlagen, in die Gasunternehmen vor der Liberalisierung investiert haben (insbesondere Pipelines), nach der Liberalisierung verlorene Kosten erzeugen.[112] Allerdings genehmigte die Kommission Beihilfen hinsichtlich italienischer Gaslieferungsverträge insoweit, als diese Kosten ausgleichen sollten, die direkt mit verlorenen Kosten im Elektrizitätssektor verbunden waren.[113]

241 Grundsätzlich kann der Ersatz verlorener Kosten nur dann genehmigt werden, wenn er den **Übergang zum Wettbewerb** fördert. Österreichische Beihilfen zu Gunsten eines Braunkohlekraftwerkes taten dies nicht, da das Kraftwerk auf einem liberalisierten Markt nicht lebensfähig gewesen wäre (es sollte daher auch wenige Jahre nach Antragsstellung geschlossen werden).[114] Das Erfordernis der Förderung des Übergangs zum Wettbewerb hätte möglicherweise auch der Entschädigung der polnischen und ungarischen staatlichen Single Buyer in den Fällen langfristiger Bezugsverträge[115] entgegen gestanden, da eine solche Entschädigung zur Manifestierung der Abschottung auf den betroffenen nationalen Märkten geführt hätte. Die Kommission vertrat die Auffassung, dass als verlorene Kosten nicht die Kosten aus den für die Single Buyer nicht mehr wirtschaftlichen Abnahmeverpflichtungen anzusehen waren, sondern die unter Vertrauen auf die Bestandskraft der abgeschlossenen langfristigen Bezugsverträge getätigten Investitionen der Stromerzeuger.

242 Die Mitteilung sieht zwei Prüfschritte vor. Zunächst werden gemäß Abschnitt 3 die ausgleichsfähigen Kosten bestimmt. In einem zweiten Schritt wird gemäß Abschnitt 4 die tatsächliche Höhe der Ausgleichszahlung unter Berücksichtigung der tatsächlichen künftigen Entwicklung des Marktwettbewerbs berechnet. Nach Schritt 1 müssen **verlorene Kosten im Sinne der Definition in Abschnitt 3** der Mitteilung vorliegen.[116] Die Definition sieht zwölf kumulative Kriterien vor, die darauf abzielen, den Ausgleich verlorener Kosten sowohl zeitlich als auch dem Umfang nach zu beschränken. **Zeitlich** müssen die Verpflichtungen oder Betriebsgarantien, durch die verlorene Kosten entstehen können, **vor dem 19. Februar 1997** (Inkrafttreten der Binnenmarktrichtlinie) auferlegt bzw. erteilt worden sein.[117] Es reicht aus, wenn vor dem Stichtag im Rahmen der Baugenehmigung für ein Kraftwerk auch eine Notwendigkeitsprüfung und darauf aufbauend eine Betriebsgarantie erteilt wurde.[118] Kosten die vor der Umsetzung der Binnenmarktrichtlinie in nationales Recht abgeschrieben worden sind, stellen keine verlorenen Kosten dar. Allerdings können vorgesehene Rückstellungen oder in die Bilanz der betreffenden Unternehmen aufgenommene Wertminderungen von Aktiva dann akzeptiert werden, wenn sie ausdrücklich den Zweck hatten, die voraussichtlichen Auswirkungen der Richtlinie zu berücksichtigen.[119] Grundsätzlich können Kosten, die bestimmten Unternehmen über

---

[108] Kom., ABl. 1999 L 319/12, Tz. 44 – Antrag Luxemburgs auf Anwendung einer Übergangsregelung gemäß Artikel 24 der Richtlinie 96/92/EG.

[109] RL 2003/54, ABl. 2003 L 176/37.

[110] Siehe auch 3. Binnenmarktrichtlinie RL 2009/72, ABl. 2009 L 211/55.

[111] Leitlinien der Gemeinschaft für staatliche Umweltschutzbeihilfen, ABl. 2008 C 82/1, Tz. 66.

[112] *Allibert/Jones,* in: *Mederer/Paresi/Hof,* Tz. 4.622.

[113] Kom., ABl. 2003 L 91/39 – Italien, Verringerung der Energiekosten kleiner und mittlerer Unternehmen der Region Sardinien.

[114] Kom., Staatliche Beihilfe N 34/1999, Punkt 2.4 – Österreich, Ersatz von „Stranded Costs".

[115] Siehe oben unter RdNr. 208.

[116] Punkt 3 der Mitteilung.

[117] Punkt 3.1 der Mitteilung.

[118] Kom., Staatliche Beihilfe N 34/1999, Punkt 2.3 – Österreich, Ersatz von „Stranded Costs".

[119] Punkt 3.10 der Mitteilung.

den Horizont der Richtlinie hinaus (**18. Februar 2006**) entstehen, keine zulässigen verlorenen Kosten darstellen.[120] Hierzu bestehen folgende **Ausnahmen:**

Erstens können **Investitionen,** die aufgrund der Liberalisierung nicht erstattungsfähig oder **243** wirtschaftlich nicht tragfähig sind, verlorene Kosten darstellen, auch wenn deren Lebensdauer über das Jahr 2006 hinausgeht.[121] Anerkannt wurde eine polnische Regelung, nach der die Verbraucher eine Abgabe zum Ausgleich für Investitionen in Kraftwerke zu zahlen hatten, die wegen der Liberalisierung des Elektrizitätsbinnenmarkts nicht rentabel waren.[122] Eine Maßnahme Portugals[123] hinsichtlich des Ausgleichs verlorener Kosten durch langfristige Energiebezugsverträge, die sehr hohe und verlustträchtige Investitionen darstellten, erfüllte diese Voraussetzung ebenfalls. Dasselbe galt für eine Maßnahme Griechenlands, die vorsah, die Kosten für den Betrieb von durch die Liberalisierung unrentabel gewordenen Wasserkraftanlagen auszugleichen, obwohl das Ausgleichssystem bis 2015 laufen sollte.[124]

Zweitens können Verpflichtungen oder Garantien auch über den 18. Februar 2006 hinaus als **244** verlorene Kosten angesehen werden, um anderweitig bestehende **große Risiken** für den Umweltschutz, die Sicherheit von Personen, den sozialen Schutz von Arbeitnehmern oder die Sicherheit des Elektrizitätsnetzes zu vermeiden.[125] Ein von Belgien angemeldetes Rentensystem für Beschäftigte des Elektrizitätssektors erfüllte diese Voraussetzungen nicht.[126] Die Kommission bejahte das Vorliegen dieser Voraussetzungen allerdings hinsichtlich einer zweiten Maßnahme Belgiens. Hierbei handelte es sich um Ausgleichszahlungen für die von den Unternehmen eingegangene Verpflichtung, sich an der Stilllegung eines Kernforschungszentrums zu beteiligen. Ohne die Ausgleichszahlungen wären erhebliche Umweltrisiken zu befürchten gewesen.[127]

Drittens kann die Kommission die genannten Verpflichtungen oder Garantien gegebenenfalls **245** rechtzeitig im Zusammenhang mit der **nächsten Liberalisierungsstufe** als verlorene Kosten berücksichtigen.[128]

Viertens können bei Mitgliedstaaten, die ihren Elektrizitätsmarkt **schneller als in der** **246** **Richtlinie vorgeschrieben** öffnen, verlorene Kosten berücksichtigt werden, die über den 18. Februar 2006 hinaus entstehen, soweit die zugrundeliegenden Verpflichtungen oder Garantien die weiteren in den Punkten 3.1 bis 3.12 der Mitteilung niedergelegten Kriterien erfüllen und auf einen Zeitraum bis höchstens 31. Dezember 2010 beschränkt werden.[129] In Anwendung dieser Regelung wurde für Ausgleichsleistungen zu Gunsten österreichischer Wasserkraftwerke eine Fristverlängerung bis zum 31. Dezember 2009 gewährt, da Österreich eine vollständige Liberalisierung seines Elektrizitätsmarktes bereits zum 1. Oktober 2001 verwirklicht hatte.[130]

Der **Umfang der verlorenen Kosten** muss den tatsächlich investierten oder aufgrund der **247** eingegangen Verpflichtungen oder Garantien zu zahlenden Beträge entsprechen.[131] Pauschalbewertungen sind nicht akzeptabel. Aus den Investitionen oder Verpflichtungen resultierende Einnahmen, Gewinne oder Wertschöpfungen müssen abgezogen werden;[132] ebenso wie alle für die betreffenden Vermögenswerte (noch zu) erhaltenen Beihilfen.[133] Bei der Berechnung der verlorenen Kosten ist die Entwicklung der Wirtschafts- und Wettbewerbsbedingungen auf den nationalen Elektrizitätsmärkten und dem gemeinschaftlichen Elektrizitätsmarkt, insbesondere die

---

[120] Punkt 3.12 der Mitteilung.

[121] Fußnote 5 der Mitteilung.

[122] Kom., ABl. 2009 L 83/1, Tz. 361 – Beihilfe, die Polen im Rahmen der langfristigen Strombezugsvereinbarungen gewährt hat, sowie über die staatliche Beihilfe, die Polen im Rahmen der Ausgleichszahlung bei freiwilliger Kündigung der langfristigen Strombezugsvereinbarungen gewähren will.

[123] Kom., Staatliche Beihilfe N 161/04 – Stranded Costs in Portugal.

[124] Kom., Staatliche Beihilfe N 133/01 – Griechenland, Regelung zur Kompensierung verlorener Kosten in Griechenland.

[125] Fn. 5 der Mitteilung.

[126] Kom., Staatliche Beihilfe, C 31/2002, ABl. 2002 C 222/1 – Belgien, Régime transitoire du marché de l'électricité. Die Anmeldung des Beihilfevorhaben wurde nach Eröffnung des förmlichen Prüfverfahrens durch die Kommission zurückgezogen.

[127] Kom., Staatliche Beihilfe, C 31/2002, ABl. 2002 C 222/1 – Belgien, Régime transitoire du marché de l'électricité.

[128] Punkt 3.12 der Mitteilung.

[129] Punkt 3.12 der Mitteilung.

[130] Kom., Staatliche Beihilfe N 34/1999, Punkt 2.3 (S. 11) – Österreich, Ersatz von „Stranded Costs".

[131] Punkt 3.6 der Mitteilung.

[132] Punkt 3.7 der Mitteilung.

[133] Punkt 3.8 der Mitteilung.

Preisentwicklung zu berücksichtigen.[134] Die verlorenen Kosten werden auf Basis der wirtschaftlichsten Lösung für die betroffen Unternehmen berechnet und dürfen den so kalkulierten Mindestbetrag nicht überschreiten.[135]

248 Die **Art der verlorenen Kosten** richtet sich zunächst nach den gesetzlichen und vertraglichen Verpflichtungen, sowie nach dem Regelungszusammenhang, zu dem sie zum Verpflichtungszeitpunkt gehören.[136] An diesen Voraussetzungen scheiterte das von Belgien angemeldete Rentensystem für Beschäftigte des Elektrizitätssektors, nach dem der Staat für die unzureichenden Rückstellungen von Electrabel und SPE aufkommen sollte, um den Übergang von einem umlagefinanzierten zu einem kapitalgedeckten Rentensystem zu ermöglichen. Die Kommission konnte nicht feststellen, auf welche Verpflichtung oder Betriebsgarantie dieser Gesellschaften sich die Regelung bezog.[137] Die Rentenverpflichtungen entsprachen nicht der Definition der verlorenen Kosten, da sie sowohl vor als auch nach der Liberalisierung entstehen konnten und daher nicht typisch für den Liberalisierungsprozess waren.[138] Zwischen dem Inkrafttreten der Binnenmarktrichtlinie und der Schwierigkeit der betreffenden Unternehmen, die Verpflichtungen oder Garantien zu erfüllen, muss ein **Kausalzusammenhang** bestehen.[139] Kriterien sind dabei insbesondere das Sinken der Elektrizitätspreise oder das Verlieren von Marktanteilen der betreffenden Unternehmen. Verlorene Kosten können in der Praxis in ganz unterschiedlicher Form auftreten: langfristige Bezugsverträge, Investitionen mit einer impliziten oder expliziten Absatzgarantie, Investitionen, die über den normalen Geschäftsverlauf hinausgehen, usw. Im Fall der langfristigen Strombezugsvereinbarungen („PPA") zwischen den polnischen Single Buyers und den Elektri-zitätserzeugern hat die Kommission die durch die Auflösung der PPAs frustrierten Investitionen in die Modernisierung bzw. den Ausbau von Kraftwerken als verlorene Kosten angesehen (den PPAs kam die Rolle einer direkten Absatzgarantie zu). Dabei handelte es sich um bedeutende Investitionen, die sehr große Verluste verursachen konnten. Nach Auffassung der Kommission hätten diese Verluste aufgrund ihres Ausmaßes ohne einen Ausgleich die Lebensfähigkeit der betreffenden Unternehmen gefährden können. Das bewies auch die Reaktion der Finanzinstitute, die die Investitionen finanziert und gegenüber der Kommission deutlich gemacht hatten, dass das Fehlen eines entsprechenden Ausgleichs wegen des hohen Insolvenzrisikos der betreffenden Unternehmen als Verletzung der Finanzierungsverträge gewertet werden würde.[140] Die Verpflichtungen oder Garantien müssen unwiderruflich sein.[141] Ausgeschlossen sind Verpflichtungen oder Garantien, die ein und demselben Konzern angehörende Unternehmen untereinander haben.[142]

249 Sind die verlorenen Kosten entsprechend bestimmt, ist die **Höhe der notwendigen Ausgleichszahlung** nach Abschnitt 4 der Mitteilung zu ermitteln.[143] Diese bemisst sich nach vier Kriterien:[144]

– Zunächst muss die Beihilfe dazu dienen, **klar abgegrenzte und individualisierte verlorene Kosten** auszugleichen. Sie darf die in Frage kommenden verlorenen Kosten nicht übersteigen.[145]

– Der Zahlungsmechanismus der Beihilfe muss die **tatsächliche künftige Entwicklung des Wettbewerbs** berücksichtigen. Wichtige Faktoren sind die zu erwartenden Preise, Marktanteile sowie sonstige vom Mitgliedstaat anzugebende beweiskräftige Faktoren.[146]

– Der Kommission ist ein **Jahresbericht** zu übermitteln, der die Entwicklung des Wettbewerbs auf dem nationalen Elektrizitätsmarkt und die festgestellten Schwankungen der quantifizierba-

---

[134] Punkt 3.9 der Mitteilung.
[135] Punkt 3.11 der Mitteilung.
[136] Punkt 3.2 der Mitteilung.
[137] Kom., Staatliche Beihilfe C 31/2002, ABl. 2002, C 222/1 – Belgien, Régime transitoire du marché de l'électricité.
[138] Kom., Staatliche Beihilfe C 31/2002, ABl. 2002, C 222/1 – Belgien, Régime transitoire du marché de l'électricité.
[139] Punkt 3.3 der Mitteilung.
[140] Kom., ABl. 2009 L 83/1, Tz. 346–352 – Beihilfe, die Polen im Rahmen der langfristigen Strombezugsvereinbarungen gewährt hat, sowie über die staatliche Beihilfe, die Polen im Rahmen der Ausgleichszahlung bei freiwilliger Kündigung der langfristigen Strombezugsvereinbarungen gewähren will.
[141] Punkt 3.4 der Mitteilung.
[142] Punkt 3.5 der Mitteilung.
[143] Punkt 4 der Mitteilung.
[144] Punkte 4.1, 4.2, 4.3 und 4.5 der Mitteilung.
[145] Punkt 4.1 der Mitteilung.
[146] Punkt 4.2 der Mitteilung.

ren beweiskräftigen Faktoren enthält. Außerdem müssen die jeweils aufgetretenen verlorenen Kosten und die entsprechend ausbezahlten Ausgleichsbeträge im Einzelnen aufgeführt werden.[147] Den Vorgaben kann beispielsweise dadurch entsprochen werden, dass die Begünstigten jedes Jahr bei der zuständigen Behörde Anträge auf Ausgleichzahlungen stellen müssen.[148] Die belgische Förderung der Umstellung der Rentensysteme der belgischen Elektrizitätsunternehmen berücksichtigte die künftige Entwicklung des Wettbewerbs nicht, bezog bei der Berechnung insbesondere quantifizierbare Faktoren wie die tatsächliche Entwicklung des Elektrizitätsmarktpreises nicht mit ein, so dass der Zahlungsmodus nicht an die Entwicklung des Wettbewerbs angepasst werden konnte. Dies war einer der Gründe, warum die Beihilfe nicht genehmigt werden konnte.[149]

– Schließlich müssen ein **Beihilfehöchstbetrag, die genauen Berechnungs- und Finanzierungsmodalitäten** sowie die **Höchstdauer** im Voraus festgelegt werden.[150] Dabei muss der Wettbewerbsentwicklung Rechnung getragen werden.

Die **Degressivität** der Ausgleichszahlungen wird von der Kommission positiv bewertet, ist **250** aber nicht zwingend notwendig.[151] Tatsächlich hat die Kommission in der Praxis auch nicht degressive Regelungen genehmigt.[152]

Unternehmen, die Beihilfen für verlorene Kosten erhalten, dürfen **keine Rettungs- oder 251 Umstrukturierungsbeihilfen** gewährt werden.[153] Ausgleichszahlungen für verlorene Investitionen bei Investitionen in Vermögenswerte ohne langfristige Rentabilitätsaussichten werden nicht vom Anwendungsbereich der Mitteilung erfasst.

Alle Beihilfen, die über die hier skizzierten Grenzen hinausgehen, sind verdächtig, den auf **252** dem liberalisierten Markt einsetzenden Wettbewerb nachhaltig zu verfälschen und daher inakzeptabel.[154] Das trifft insbesondere auf solche Beihilfen zu, die dazu dienen, das **vor Inkrafttreten der Binnenmarktrichtlinie erzielte Einnahmeniveau** ganz oder teilweise aufrechtzuerhalten.

Nach Abschnitt 5 der Mitteilung dürfen die Finanzierungsmechanismen der Beihilfe keine **253** Wirkungen haben, die dem Gemeinschaftsinteresse zuwiderlaufen, wobei das **Gemeinschaftsinteresse** in erster Linie in der Verwirklichung des liberalisierten Wettbewerbs besteht. Dies mag ein Grund dafür sein, dass die Kommission in den ungarischen und polnischen PPA-Fällen nicht die (ursprünglich von Polen notifizierte) Regelung des Ausgleichs der dem Single Buyer aus der Bedienung der langfristigen Bezugsverträge entstehenden verlorenen Kosten genehmigen wollte und stattdessen die Verträge selbst als nicht von der Mitteilung abgedeckte Beihilfen eingestuft hat.[155] Ausgleichszahlungen zu Gunsten des Single Buyer hätten den Veränderungsdruck geschmälert und dadurch zu einer Verstetigung der bestehenden Bezugsverträge beigetragen. Da diese Verträge einen Großteil des polnischen Verbrauchs abdeckten, hätte dies zu einer lang anhaltenden Abschottung des polnischen Marktes geführt.

Eine von Italien geplante Erstattung verlorener Kosten im Energiesektor zugunsten von AEM **254** Torino, einem Stadtwerk, das vorrangig im Energiesektor tätig war, erfüllte nach Auffassung der Kommission zwar alle Vorgaben der Mitteilung für die Berechnung der verlorenen Kosten und der Ausgleichsmaßnahmen.[156] Allerdings berief sich die Kommission auf die **Deggendorf Doktrin**[157] und verlangte, dass Italien zunächst eine frühere rechtswidrige Beihilfe zurückfordern musste, bevor die neue Beihilfe ausgezahlt werden könnte.[158]

---

[147] Punkt 4.3 der Mitteilung.
[148] Kom., Staatliche Beihilfe N 34/1999, Punkt 2.3 (S. 12) – Österreich, Ersatz von „Stranded Costs".
[149] Kom., Staatliche Beihilfe C 31/2002, ABl. 2002, C 222/1 – Belgien, Régime transitoire du marché de l'électricité.
[150] Punkt 4.5 der Mitteilung.
[151] Punkt 4.4 der Mitteilung.
[152] Kom., Staatliche Beihilfe N 34/1999, Punkt 2.3 (S. 12) – Österreich, Ersatz von „Stranded Costs".
[153] Punkt 4.6 der Mitteilung.
[154] Punkt 4.7 der Mitteilung.
[155] Kom., ABl. 2009 L 225/33, Tz. 427 – Ungarn, Beihilfe mittels langfristiger Strombezugsverträge, sowie auch Kom., ABl. 2009 L 83/1 – Beihilfe, die Polen im Rahmen der langfristigen Strombezugsvereinbarungen gewährt hat, sowie über die staatliche Beihilfe, die Polen im Rahmen der Ausgleichszahlung bei freiwilliger Kündigung der langfristigen Strombezugsvereinbarungen gewähren will.
[156] Kom., ABl. 2006 L 366/62 – AEM Torino.
[157] EuGH, C-355/95, Slg. 1997, I-2549, RdNr. 25–26 – TWD/Kommission („Deggendorf").
[158] Kom., ABl. 2006 L 366/62, Tz. 26 ff – AEM Torino; bestätigt durch EuG, T- 25/07, Slg. 2009, II-245 – Iride/Kommission.

255   **ee) Art. 106 Abs. 2/Art. 107 Abs. 3 lit. c AEUV – Versorgungssicherheit.** Soweit Stromerzeugern nach der Liberalisierung Verluste entstehen, weil sie nicht wettbewerbsfähige **heimische Primärenergieträger** nutzen, können Ausgleichszahlungen, selbst wenn die Voraussetzungen der Mitteilung über verlorene Kosten nicht erfüllt sind, nach Art. 106 Abs. 2 AEUV genehmigungsfähig sein, wenn sie für die Aufrechterhaltung der Versorgungssicherheit notwendig sind.[159] Art. 3 Abs. 2 der Binnenmarktrichtlinie räumt den Mitgliedstaaten das Recht ein, den Elektrizitätsunternehmen gemeinwirtschaftliche Verpflichtungen im Allgemeininteresse aufzuerlegen, die sich auf die Sicherheit, einschließlich der Versorgungssicherheit, die Regelmäßigkeit, die Qualität und den Preis der Lieferungen sowie auf den Umweltschutz beziehen können. Die bevorzugte Nutzung einheimischer Primärenergieträger aus Gründen der Versorgungssicherheit ist gemäß **Art. 8 Abs. 4 der Binnenmarktrichtlinie** jedoch **auf 15% des jährlichen nationalen Gesamtelektrizitätsverbrauchs begrenzt.** Ausgleichszahlungen zu Gunsten einer darüber hinaus gehenden Energieerzeugung sind entsprechend bereits aus sekundärrechtlichen Gründen nicht genehmigungsfähig. Im übrigen müssen die primärrechtlichen Vorgaben des Art. 106 Abs. 2 AEUV eingehalten werden. Art. 106 Abs. 2 AEUV setzt zunächst voraus, dass die Beihilfe die Kosten der Erbringung einer Dienstleistung von allgemeinem wirtschaftlichem Interesse kompensiert. Die Gewährleistung der Versorgungssicherheit ist eine solche Dienstleistung.[160] Des Weiteren muss der Beihilfeempfänger gesetzlich mit dieser Dienstleistung betraut sein und die Ausgleichszahlungen müssen dem Grundsatz der Verhältnismäßigkeit entsprechen. Auch darf der Handelsverkehr nicht in einem Maß beeinträchtigt werden, das dem Interesse der Gemeinschaft zuwiderläuft.[161] Das Vorliegen dieser Voraussetzungen wurde von der Kommission im Falle der Ausgleichszahlungen zu Gunsten eines österreichischen Braunkohlekraftwerkes bejaht, da es sich um eine Erzeugungsanlage handelte, die aus Gründen der Versorgungssicherheit einheimische Primärenergieträger als Brennstoffe einsetzte. Bau und Betrieb des Braunkohlekraftwerks wurden per Regierungsbeschluss auferlegt. Die Ausgleichszahlungen deckten nur einen Teil der durch die Dienstleistung von allgemeinem wirtschaftlichem Interesse entstehenden tatsächlichen zusätzlichen Kosten. Nach der österreichischen Regelung wurden Ausgleichszahlungen nur für eine Produktion von bis zu 3% des in Österreich verbrauchten Stroms gewährt, was weit unter den der Binnenmarktrichtlinie verankerten 15% lag.[162]

256   In jüngster Zeit hat die Kommission **Maßnahmen zur Gewährleistung der Versorgungssicherheit auch unter Art. 107 Abs. 3 lit. c AEUV** genehmigt. In einer Entscheidung zur Förderung des polnischen Erdgasnetzes kam die Kommission zu dem Schluss, dass die Beihilfe nicht von den Umweltschutzlinien erfasst war und auch keine klassische Regionalbeihilfe war, da die Förderung dem **Ausbau des gesamteuropäischen Erdgasnetzes** und damit der Versorgungssicherheit Europas diente und deshalb direkt nach Art. 107 Abs. 3 lit. c AEUV beurteilt werden musste.[163] Dabei war nach den allgemeinen Kriterien zu prüfen, ob das Ziel der Maßnahme im gemeinsamen Interesse lag und die Beihilfe dazu diente, dieses Interesse zu verwirklichen, während Handel und Wettbewerb nicht in einer das Gemeinschaftsinteresse überwiegenden Weise beeinträchtigt würden. Unter dem Aspekt der **Versorgungssicherheit Europas** wurde auch eine lettische Beihilfenregelung zu Gunsten des Baus und Betriebes eines Wärmekraftwerks geprüft und nach Art. 107 Abs. 3 lit. c AEUV genehmigt.[164] Die Maßnahme diente der Verringerung der Abhängigkeit vom russischen Erdgas. Die Kommission hat im Rahmen der neuen gemeinschaftlichen Energiepolitik nach dem Lissaboner Vertrag die europäische Versorgungssicherheit zu definieren und zu gewährleisten. Je mehr ihr dies gelingt, desto weniger werden sich die Mitgliedstaaten in Zukunft auf eine rein national definierte Versorgungssicherheit zur Rechtfertigung von staatlichen Beihilfen berufen können.

---

[159] Kom., Staatliche Beihilfe N 34/1999, Punkt 2.4 – Österreich, Ersatz von „Stranded Costs".

[160] In ihrem Grünbuch „Hin zu einer europäischen Strategie für Energieversorgungssicherheit" hat die Kommission den Stellenwert der Versorgungssicherheit unterstrichen (KOM(2000) 769 endg., S. 84, Abs. 4: „Die Versorgungssicherheit muss genauso wie der Umweltschutz als eines der wesentlichen Ziele einer gemeinwirtschaftlich ausgerichteten Politik anerkannt werden").

[161] Kom., Staatliche Beihilfe N 34/1999, Punkt 2.4 (S. 14) – Österreich, Ersatz von „Stranded Costs".

[162] Kom., Staatliche Beihilfe N 34/1999, Punkt 2.4 (S. 15–16) – Österreich, Ersatz von „Stranded Costs".

[163] Kom., Staatliche Beihilfen N 594/2009, Tz. 45, 46 – Beihilfe an Gaz-System SA für Gasverteilernetzwerke in Polen.

[164] Kom., Staatliche Beihilfen N 675/2009 – Lettland, Beihilfe für Wärmekraftwerk.

Soweit die **Altmark-Kriterien**[165] erfüllt sind, fällt der Ausgleich der zur Aufrechterhaltung **257** der Versorgungssicherheit notwendigen Mehrkosten bereits aus dem Tatbestand des Art. 107 Abs. 1 AEUV und braucht nicht separat notifiziert werden.

3. Beihilfen zu Gunsten der Energieverbraucher. a) Beihilfen an private Verbrau- **258** **cher.** Nach Art. 107 Abs. 1 AEUV sind nur Beihilfen verboten, die bestimmte Unternehmen oder Industriezweige begünstigen. Zuschüsse an private Personen fallen daher grundsätzlich nicht unter Art. 107 Abs. 1 AEUV. Dies gilt zumindest dann, wenn sie keine mittelbare Begünstigung bestimmter Unternehmen/Sektoren bewirken, was der Fall sein kann, wenn die Zuschüsse nur für den Erwerb bestimmter Produkte gewährt werden. Doch selbst dann kann die Beihilfe als **Ver-braucherbeihilfe** nach Art. 107 Abs. 2a) AEUV freigestellt sein. Danach sind Beihilfen sozialer Art an einzelne Verbraucher mit dem Binnenmarkt vereinbar, wenn sie ohne Diskriminierung nach der Herkunft der Waren gewährt werden. Hierfür ist entscheidend, ob den Verbrauchern die fragliche Beihilfe unabhängig davon zugute kommt, welches Unternehmen die Ware liefert oder die Dienstleistung erbringt, mit der sich das von dem betreffenden Mitgliedstaat angeführte soziale Ziel erreichen lässt.[166] Die Abgrenzung kann im Einzelfall Schwierigkeiten bereiten. So hat die Kommission ein österreichisches Beihilfenprogramm, nach dem die Installation von Anlagen mit erneuerbaren Energiequellen wie Wind, Sonne, Erdwärme, Wellen- und Gezeitenenergie, Was-serkraft, Biomasse und Deponiegas durch natürliche Personen und Unternehmen gefördert wer-den sollte, als beihilfenfrei eingestuft, soweit natürliche Personen Antragsteller waren, da sie nicht bestimmte Unternehmen oder Produktionszweige der Wirtschaft begünstigten,[167] obwohl die Hersteller der Ökoanlagen von den Maßnahmen profitierten.[168] Typischerweise **beihilfenfrei** ist die Förderung sozial schwacher Verbraucher durch Sondertarife.

b) Beihilfen an Unternehmen. aa) Beihilfen in Form von Sondertarifen und Ermä- **259** **ßigung/Erlass von (Energieverbrauchs-)Steuern.** Energie bezogene Beihilfemaßnahmen können zB. die Gestalt von Sondertarifen oder einer selektiv niedrigeren Besteuerung des Ener-gieverbrauchs haben. Regulierte Stromtarife können zum einen das Ziel haben, sozial schwache Verbraucher vor Preiserhöhungen zu schützen. Dann fallen sie in der Regel bereits aus dem Beihilfenbegriff heraus. Sie können aber auch so ausgestaltet sein, dass sie die nationale Industrie durch bestimmte Preismechanismen für energieintensive Produktionszweige wie zum Beispiel die Stahl- oder Papierindustrie begünstigen. Dann besteht eine Vermutung für das Vorliegen einer nur schwer zu rechtfertigenden Betriebsbeihilfe.

Eine Begünstigung kann für ein Energie verbrauchendes Unternehmen darin bestehen, dass **260** es in den Genuss eines Tarifs kommt, der niedriger als der normalerweise auf dem Markt ange-botene Preis ist.[169] Es reicht aus, wenn der Mitgliedstaat oder die von ihm beherrschte Einrich-tung/Unternehmen damit auf Gewinne verzichtet, die er üblicherweise hätte erzielen können **(forgone revenue).** Denn in einer solchen Situation wird der Tarif nicht in einer wirtschaft-lich gerechtfertigten Weise erhoben, sondern dazu benutzt, Energieverbrauchern einen finan-ziellen Vorteil zukommen zu lassen.[170] Bei einem **Vorzugstarif** für bestimmte Unternehmen oder Industriezweige ist a priori von einer Beihilfemaßnahme auszugehen, wenn der Tarif für diese Unternehmen nachgibt, ohne dass diese Entwicklung bei den Tarifen für Unternehmen, die nicht zu diesem Sektor gehören, eine Parallele findet.[171] Wenn allerdings nachgewiesen werden kann, dass der jeweilige Vorzugstarif im Kontext des betreffenden Marktes **objektiv durch wirtschaftliche Gründe** gerechtfertigt ist, schließt dies das Bestehen einer Beihilfe aus. Das mag dann der Fall sein, wenn der betreffende Vorzugstarif im Kontext des betreffenden Marktes durch die Notwendigkeit gerechtfertigt ist, im Preiswettbewerb mit anderen Energie-

---

[165] Siehe hierzu *Allibert/Sikora*, Competition Policy Newsletter 2004, 83. Allgemein zu den Altmark-Kriterien siehe *Arhold*, in diesem Kommentar Kapitel A. II. 1, RdNr. 218 ff.

[166] EuG, verb. Rs. T-116/01 und T-118/01, Slg. 2003, II-2957, RdNr. 163 – P & O European Ferries (Vizcaya).

[167] Kom., Staatliche Beihilfe N 241/04, Punkt 3 – Wiener Programm „Förderung von Ökoanlagen".

[168] Siehe umgekehrt die Zweifel der EFTA-Überwachungsbehörde, die eine mittelbare Beihilfe zu Guns-ten der Gerätehersteller bei der Anwendung einer norwegischen Regelung zur Förderung alternativer er-neuerbarer Heiz- und Stromsparmaßnahmen in privaten Haushalten nicht ausschließen will, ABl. 2008 C 96/14.

[169] Ein Sondertarif kann unter Umständen als Entschädigung für eine zuvor erfolgte Enteignung gerecht-fertigt sein, siehe EuG, Rs. T-62/08, noch nicht in der amtlichen Sammlung, RdNr. 55 ff. – ThyssenKrupp Acciai Speciali Terni/Kommission.

[170] EuGH, verb. Rs. 67, 68 und 70/85, Slg. 1988, 219, RdNr. 28 – Van der Kooy.

[171] EuGH, verb. Rs. 67, 68 und 70/85, Slg. 1988, 219, RdNr. 29 – Van der Kooy.

quellen zu bestehen.[172] Für die Beurteilung, ob ein solcher Wettbewerb wirklich vorliegt, sind nicht nur das jeweilige Preisniveau, sondern auch die Kosten für eine mögliche Umstellung auf neue Energiequellen zu berücksichtigen, wie auch die Kosten für den Ersatz und die Abschreibung der notwendigen Anlagen.[173]

261   Daraus folgt, dass eine Beihilfe ausscheidet, wenn der Mitgliedstaat nachweisen kann, dass ein privates Elektrizitätsunternehmen denselben Tarif angeboten hätte (**sog. Private Supplier Test**).[174] Beispielsweise kann die Einführung von Sondertarifen für gewerbliche Großabnehmer unter Umständen als Reaktion auf bestehenden Wettbewerb gerechtfertigt sein. So verhielt es sich bei den von der staatlichen niederländischen Gasunie angebotenen Sondertarifen für die Erzeuger von Stickstoffdünger, da die Stickstoffhersteller zur Aufrechterhaltung ihrer Produktion in den Niederlanden einen niedrigeren Gaspreis benötigten und der Gasindustrie ansonsten ein wichtiger Kundenkreis verloren gegangen wäre. Die Gasunie hatte sich damit mit ihrem den niederländischen Stickstoffdüngemittelerzeugern gewährten Sondertarif unter den gegebenen Marktbedingungen nicht anders verhalten als ein privatwirtschaftliches Unternehmen.[175] Dieser Argumentation kann allerdings nur mit der gebotenen Vorsicht und nur in besonderen Situationen gefolgt werden, denn die politische Motivationszulage der öffentlichen Energieversorger geht regelmäßig dahin, der besonders energieintensiven heimischen Industrie Vorzugstarife zu gewähren, um sie auf dem Binnenmarkt und darüber hinaus wettbewerbsfähiger zu machen. Dieses Ziel ist nicht dazu geeignet, die Maßnahme aus den Beihilfentatbestand fallen zu lassen.[176] Hat der Mitgliedstaat allerdings nachgewiesen, dass ein Private Supplier genauso gehandelt hätte, ist es für die Qualifizierung als beihilfefreie Maßnahme unschädlich, wenn sich herausstellt, dass mit dem Sondertarif **auch politische Ziele** verfolgt wurden.[177] Denn Art. 107 Abs. 1 AEUV unterscheidet nicht nach den Gründen oder Zielen der jeweiligen Maßnahme, sondern beschreibt diese nach ihren Wirkungen.[178]

262   In einem bemerkenswerten Fall hatte das öffentliche französische Energieunternehmen Electricité de France (EDF) fünf in Frankreich niedergelassenen Papierfabriken Preisnachlässe gewährt. Dabei handelte es sich um Vorschusszahlungen für die Installierung von elektrischen Infrarot-Papiertrockenanlagen, die für die vorgesehene Vertragslaufzeit von sechs Jahren in einen Preisnachlass für den von der Trockenanlage verbrauchten Strom umgerechnet wurden. Die Kommission kam zu dem Schluss, dass diese Maßnahme keine staatliche Beihilfe darstellte, da sie vor der Öffnung des Stromsektors für den Wettbewerb gewährt worden war, und der französische Markt seinerzeit unter **Überkapazitäten** litt.[179] EDF habe in dieser Situation nicht anders gehandelt als ein privater Anbieter unter denselben Umständen, da trotz der Preisnachlässe die variablen Kosten sowie im Schnitt 57% ihrer Festkosten gedeckt waren. Ein privater Anbieter würde nach Ansicht der Kommission eher zusätzliche als gar keine Stromeinheiten verkaufen, auch wenn die Gesamtkosten nicht zu 100% gedeckt sind. Aus kaufmännischer Sicht war das Vorgehen der EDF daher nicht zu beanstanden. Die Kommission hob allerdings hervor, dass die Entscheidung vor dem Hintergrund der besonderen Situation auf dem französischen Strommarkt in der Vergangenheit zu sehen war, und keinesfalls eine Untersuchung der Produktion von Überkapazitäten und deren Folgen im Rahmen der derzeitigen Liberalisierung des Strommarktes präjudiziere.

263   Tatsächlich hat die Kommission in 2007 ein **Prüfverfahren wegen potenzieller Beihilfen in Form von künstlich auf niedrigem Niveau festgesetzten gewerblichen Stromtarifen** zugunsten bestimmter großer und mittlerer Unternehmen in zwei Mitgliedstaaten eingeleitet. Die Verfahren folgten der Bestätigung der Existenz ernsthafter Wettbewerbsprobleme im Energiesektor im Abschlußbericht der Kommission zur Sektoruntersuchung.[180] Ein Verfahren

---

[172] EuGH, verb. Rs. 67, 68 und 70/85, Slg. 1988, 219, RdNr. 30 – Van der Kooy.

[173] EuGH, verb. Rs. 67, 68 und 70/85, Slg. 1988, 219, RdNr. 30 – Van der Kooy.

[174] Siehe hierzu *Arhold* in diesem Kommentar Kapitel A. II. 1, RdNrn. 203 ff.

[175] EuGH, C-56/93, Slg. 1996, I-723, Belgien/Kommission.

[176] Vgl. hierzu den Sondertarif für einen griechischen Aluminiumhersteller, Kom., Staatliche Beihilfe C 2/10 (ex NN 62/09), Aufforderung zur Stellungnahme, ABl. 2010 C 96/7 – Staatliche Beihilfe für Aluminium of Greece S. A.

[177] EuGH, C-56/93, Slg. 1996, I-723, Belgien/Kommission – RdNr. 78–79.

[178] Ständige Rechtsprechung, vgl. zB. EuGH, Rs. 173/73, Slg. 1974, 709 – Italien/Kommission, sowie Rs. 310/85, Slg. 1987, 901, RdNr. 8 – Deufil/Kommission.

[179] Kom., ABl. 2001 L 95/18 – Electricité de France.

[180] Kom., Mitteilung zur Untersuchung der europäischen Gas- und Elektrizitätssektoren gemäß Artikel 17 der Verordnung (EG) Nr. 1/2003 (Abschlußbericht) KOM/2006/0851 endg.

betrifft die Festsetzung so niedriger Tarife in Spanien, dass hierdurch das spanische Elektrizitäts-system im Jahr 2005 ein Minus von EUR 3,8 Mrd. erwirtschaftete, das von allen spanischen Verbrauchern in den nächsten 14 Jahren durch einen Zuschlag auf ihre Stromrechnungen aus-geglichen werden muss. Die Kommission prüft, ob die Stromtarife von 2005 als Beihilfe zugunsten von energieintensiven großen und mittleren Unternehmen und zugunsten der etab-lierten Stromversorger anzusehen sind.[181] Das andere Verfahren betrifft die so genannten franzö-sischen **Rückkehrtarife:** In Frankreich können die Verbraucher ihren Strom entweder auf dem liberalisierten oder auf dem regulierten Markt beziehen. Auf dem regulierten Markt erwerben sie den Strom zu regulierten Preisen von Anbietern, die der französische Staat benannt hat. Die regulierten Preise sind derzeit deutlich niedriger als die Strompreise auf dem liberalisierten Markt. Seit Anfang 2007 können Kunden, die zum liberalisierten Markt gewechselt waren, wieder zum regulierten Markt zurückkehren. Dort zahlen sie Strompreise, die zwar höher als die ursprünglichen regulierten Preise sind, aber immer noch niedriger als die Marktpreise. Das System wird offensichtlich hauptsächlich von der staatlichen französischen Elektrizitätsgesell-schaft „Electricité de France" (EDF) und mit vom Staat verwalteten parafiskalischen Abgaben finanziert, die sämtliche Stromverbraucher in Frankreich zahlen müssen. Die wettbewerbsrecht-lichen Bedenken der Kommission beziehen sich insbesondere auf die möglichen Wettbewerbs-verzerrungen durch die besonders niedrigen Rückkehrtarife für mittlere und große Unterneh-men, die sich vor allem auf den Wettbewerb bei Produkten energieintensiver Unternehmen auswirken können.[182] Mittlerweile ist das Verfahren erweitert wurden, da das französische Par-lament am 4. August 2008 ein Gesetz verabschiedet hat, mit dem es die Gültigkeit der Rück-kehrtarife bis zum 30. Juni 2010 verlängert hat. Außerdem öffnet dieses Gesetz das System auch für neue Kunden, denen es seit dem 1. Juli 2007 verschlossen war.[183]

Eine beihilfenrechtliche Begünstigung ist regelmäßig auch bei **unterschiedlichen Steuer-** **264** **sätzen auf den Energieverbrauch** gegeben. Dort stellt sich eher die Frage, ob die Begünsti-gung selektiv ist. Die Gewährung eines Rabatts auf Energieabgaben für bestimmte Unterneh-men ist in der Regel selektiv.[184] Es reicht aus, wenn die Sonderregelung nur für Unternehmen gilt, deren Schwerpunkt nachweislich in der Herstellung von körperlichen Wirtschaftsgütern liegt.[185] Eine Maßnahme ist nicht bereits aufgrund der großen Zahl der begünstigten Unter-nehmen oder der Verschiedenartigkeit und der Bedeutung der Wirtschaftszweige, zu denen diese Unternehmen gehören, als eine nicht selektive allgemeine wirtschaftspolitische Maßnahme anzusehen.[186] Es reicht im übrigen aus, wenn die Maßnahme sektorunabhängig nur für be-stimmte Gebiete eines Mietgliedstaates gilt (sog. **regionale Selektivität**), beispielsweise nur für den Norden Schwedens (Ausgleich der **klimabedingt höheren Energiekosten**).[187]

Allerdings ist die Maßnahme nicht selektiv, wenn sie zwar einen Vorteil für den Begünstigten **265** darstellt, aber durch das **Wesen oder die allgemeinen Zwecke des Systems,** zu dem sie gehört, gerechtfertigt ist.[188] Die Rechtsprechung des Gerichtshofs hierzu ist eher restriktiv. So hat der EuGH entgegen den Schlussanträgen von Generalanwalt Mischo entschieden, dass eine Unterscheidung zwischen Unternehmen, die Dienstleistungen erbringen, und Unternehmen, die körperliche Güter herstellen, nicht aus Gründen des Umweltschutzes gerechtfertigt sein kann, weil erstere genauso Energiegroßverbraucher sein können wie letztere, und ihr Energie-verbrauch gleichermaßen schädlich für die Umwelt ist.[189] Generalanwalt Mischo hatte hingegen die Auffassung vertreten, eine selektive Begünstigung könne schon deshalb nicht vorliegen, weil

---

[181] Kom., Staatliche Beihilfe C 3/07 (ex NN 66/06) – Spanien – Regulated electricity tariffs in Spain, siehe Bekanntmachung der Eröffnung des förmlichen Prüfverfahren in ABl. 2007 C 43/9.

[182] Staatliche Beihilfe C 17/07 (ex NN 19/07) – Regulierte Stromtarife in Frankreich, siehe Aufforde-rung zur Abgabe einer Stellungnahme, ABl. 2007 C 164/9.

[183] Vgl. ABl. 2009 C 96/18.

[184] EuGH, C-143/99, Slg. 2001, I-8365 – Adria-Wien Pipeline GmbH.

[185] EuGH, C-143/99, Slg. 2001, I-8365, RdNr. 38 – Adria-Wien Pipeline GmbH – unter Bezugnahme auf die Urteile EuGH, Rs. 30/59, Slg. 1961, 3, 43 – De Gezamenlijke Steenkolenmijne; EuGH, C-387/92, Slg. 1994, I-877, RdNr. 13 – Banco Exterior de España; EuGH, C-200/97, Slg. 1998, I-7907, RdNr. 34 – Ecotrade.

[186] EuGH, C-143/99, Slg. 2001, I-8365, RdNr. 48 – Adria-Wien Pipeline GmbH.

[187] Kom., Staatliche Beihilfe N 187/2007 – Schweden, Modification of Regionally Differentiated Energy Tax for the Service Sector.

[188] EuGH, C-143/99, Slg. 2001, I-8365, RdNr. 42 – Adria-Wien Pipeline GmbH; unter Hinweis auf die Urteile EuGH, Rs. 173/73, Slg. 1974, 709, RdNr. 33 – Italien/Kommission; EuGH, C-75/97, Slg. 1999, I-3671, RdNr. 33 – Belgien/Kommission.

[189] EuGH, C-143/99, Slg. 2001, I-8365, RdNr. 52 – Adria-Wien Pipeline GmbH.

sich sekundärer und tertiärer Sektor nicht im Wettbewerb miteinander befänden, und eine Wettbewerbsverfälschung gegenüber Unternehmen in anderen Mitgliedstaaten auszuschließen war, weil es sich hier um die Einführung einer neuen Belastung handelte.[190] Ein Mitgliedstaat, der ökologische Abgaben einführt, ohne dazu durch eine gemeinschaftsrechtliche Vorschrift verpflichtet zu sein, sei außerdem zu einem vorsichtigen Vorgehen, das heißt zur besonderen Behandlung von Sektoren in besonders intensivem internationalen Wettbewerb, durchaus berechtigt.[191] Soweit ersichtlich hat die Kommissionspraxis die Überlegungen von Generalanwalt Mischo nicht übernommen und bejaht die Selektivität unterschiedlicher Energiebesteuerung relativ schnell, beispielsweise auch bei Vorliegen sog. regionaler Selektivität, dh. wenn eine neu eingeführte Energiesteuer für Unternehmen in bestimmten (benachteiligten) Gebieten eines Mitgliedstaates niedriger ist. So wurde ein niedriger Tarif für den Norden Schwedens als selektiv betrachtet, da die Reduzierung nicht dem Umweltschutz diente, sondern den Norden Schwedens von seinen klimabedingt höheren Heizkosten entlasten sollte.[192]

266   **bb) Mögliche Rechtfertigung.** Beihilfen in Form diskriminierender Stromtarife sind nur schwer zu rechtfertigen[193] Für Beihilfen in Form von Umweltsteuermäßigungen oder -Befreiungen kommen immerhin die **Umweltschutzleitlinien**[194] in Betracht, die diesen Beihilfen ein eigenes Kapitel (Tz. 151–159) widmen. Dieses unterscheidet zwischen Steuerermäßigungen oder -befreiungen im Falle unionsrechtlich geregelter und unionsrechtlich nicht geregelter Steuern.

267   Steuerermäßigungen oder -befreiungen im Falle **unionsrechtlich insbesondere durch die Richtlinie 2003/96/EG**[195] **geregelter Steuern** sind nur dann mit Art. 107 AEUV vereinbar, wenn sie gemäß den einschlägigen Unionsvorschriften zulässig sind und den dort festgelegten Grenzen und Bedingungen entsprechen.[196] Mit der Richtlinie 2003/96/EG hat die Europäische Union die Regelung zur Mindestbesteuerung von Energieerzeugnissen, die lange nur für Mineralöle galt, auf Kohle, Erdgas und elektrischen Strom ausgedehnt. Es werden Mindeststeuersätze für Energieerzeugnisse, die als Kraft- oder Heizstoff verwendet werden, sowie für elektrischen Strom festgelegt. Diese Regelung soll ein besseres Funktionieren des Binnenmarkts ermöglichen, indem sie die Wettbewerbsverzerrungen zwischen Mineralölen und anderen Energieerzeugnissen verringert. Um die umweltpolitischen Ziele der Union und des Kyoto-Protokolls zu erreichen, fördert die neue Regelung die effizientere Energienutzung. Dies soll die Abhängigkeit von importierter Energie und die Treibhausgasemissionen verringern. Im Interesse des Umweltschutzes können die Mitgliedstaaten Unternehmen, die gezielte Maßnahmen zur Reduzierung ihrer Emissionen vorsehen, Steuervergünstigungen gewähren. Wegen internationaler Verpflichtungen sowie des Erhalts der Wettbewerbsfähigkeit von Unternehmen in der Union sieht **Art. 14 der Richtlinie** bestimmte **gemeinschaftliche Steuerbefreiungen für Energieprodukte** zur Verwendung beispielsweise in der Luftfahrt[197] vor, von denen die Mitgliedstaaten nur beschränkt abweichen können. Da diese Vorschriften die Mitgliedstaaten verpflichten, ist die diese Verpflichtung umsetzende nationale Vorschrift nicht dem Mitgliedstaat zuzurechnen, sondern auf einen Rechtsakt des Unionsgesetzgebers zurückzuführen, so dass die

---

[190] Schlussanträge des Generalanwalts Mischo EuGH, C-143/99, Slg. 2001, I-8365, RdNr. 68 – Adria-Wien Pipeline.

[191] Schlussanträge des Generalanwalts Mischo EuGH, C-143/99, Slg. 2001, I-8365, RdNr. 72 – Adria-Wien Pipeline.

[192] Kom., Staatliche Beihilfe N 187/2007 – Schweden, Modification of regionally differentiated Energy Tax for the Service Sector.

[193] Für einen solchen Fall siehe Staatliche Beihilfe C 2/2010 (ex NN62/2009) – Griechenland, Alleged State aid to Alumnimium of Greece s. A., Entscheidung zur Eröffnung der förmlichen Prüfverfahrens noch nicht veröffentlicht.

[194] Leitlinien der Gemeinschaft für staatliche Umweltschutzbeihilfen, ABl. 2008 C 82/1.

[195] Richtlinie 2003/96/EG des Rates zur Restrukturierung der gemeinschaftlichen Rahmenvorschriften zur Besteuerung von Energieerzeugnissen und elektrischem Strom, ABl. 2003 L 283/51. Für die Zeit vor Inkrafttreten der Richtlinie siehe EuG, Verb. Rs. T-50/06, T-56/06, T-60/06, T-62/06 und T-69/06, Slg. 2007, II-172 (abgekürzte Veröffentlichung), Irland (T-50/06), Französische Republik (T-56/06), Italienische Republik (T-60/06), Eurallumina SpA (T-62/06) und Aughinish Alumina Ltd (T-69/06)/Kommission.

[196] Leitlinien der Gemeinschaft für staatliche Umweltschutzbeihilfen, ABl. 2008 C 82/1, Tz. 152.

[197] Angesichts der internationalen Praxis der Befreiung von Flugbenzin von Verbrauchsteuern, die im Abkommen von Chicago über die internationale Zivilluftfahrt vom 7. Dezember 1944 und in bilateralen Abkommen zwischen Staaten ihre Grundlage findet, würde der Wettbewerb zwischen Flugtransportanbietern aus der Union und aus Drittstaaten verfälscht, wenn der Unionsgesetzgeber einseitig Verbrauchsteuern für Flugbenzin vorsehen würde.

Befreiung keine notifizierungspflichtige Beihilfe darstellt.[198] Tatsächlich sind die Befreiungsbestimmungen so genau und unbedingt, dass sich ein Einzelner vor den nationalen Gerichten in einem Rechtsstreit mit den Zollbehörden dieses Staates unmittelbar auf sie berufen kann, damit eine mit ihr unvereinbare nationale Regelung unangewandt bleibt, und er mithin die Erstattung einer unter Verstoß gegen diese Bestimmung erhobenen Steuer erwirken kann. Der Umstand, dass Art. 14 Abs. 1 den Mitgliedstaaten in einem ersten Satzteil einen Gestaltungsspielraum hinsichtlich der Voraussetzungen zur Sicherstellung der korrekten und einfachen Anwendung der Befreiung einräumt, ist nicht geeignet, die Unbedingtheit der Verpflichtung zur Steuerbefreiung in Frage zu stellen. Diesem Ergebnis steht nicht die in Art. 14 Abs. 1 lit. a Satz 2 der Richtlinie vorgesehene Möglichkeit der Mitgliedstaaten entgegen, die in Rede stehenden Erzeugnisse aus umweltpolitischen Gründen zu besteuern, da diese Ausnahme von der Befreiungsverpflichtung nur Eventualcharakter hat.[199]

Anders liegt es bei den unter bestimmten Voraussetzungen **im Ermessen der Mitgliedstaa-** 268 **ten stehenden Möglichkeit bestimmter Steuerermäßigungen oder Befreiungen.** Die Einhaltung der Grenzen und Bedingungen der Richtlinie ist Voraussetzung für die Genehmigungsfähigkeit der vorgesehenen Beihilfen und macht als solche eine Notifizierung der Beihilfe nicht überflüssig, genauso wenig wie die in der Richtlinie vorgesehene Notwendigkeit, bestimmte nationale Maßnahmen nach einem bestimmten Verfahren anzumelden.[200]

Gemäß **Art. 5 der Richtlinie** 2003/96/EG können die Mitgliedstaaten in den nachstehend 269 aufgeführten Fällen gestaffelte Steuersätze anwenden, soweit diese die in dieser Richtlinie vorgesehenen Mindeststeuerbeträge nicht unterschreiten:
– Es besteht ein direkter Zusammenhang zwischen den gestaffelten Steuersätzen und der Quali- 270 tät der Erzeugnisse;
– Die gestaffelten Steuersätze richten sich nach dem Verbrauch an elektrischem Strom und sonstigen Energieerzeugnissen, die als Heizstoff verwendet werden;
– Die Steuersätze gelten für den öffentlichen Personennahverkehr (einschließlich Taxis), die Müllabfuhr, die Streitkräfte und öffentliche Verwaltung, Menschen mit Behinderung oder Krankenwagen;
– Bei den genannten Energieerzeugnissen bzw. bei elektrischem Strom wird zwischen betrieblicher und nicht betrieblicher Verwendung unterschieden.

Darüber hinaus können die Mitgliedstaaten unter den Voraussetzungen der **Art. 15–17 der** 271 **Richtlinie** zahlreiche Steuerbefreiungen oder Steuerermäßigungen gewähren, beispielsweise für:
– Energieerzeugnisse, die unter Steueraufsicht bei Projekten zur Entwicklung umweltverträglicherer Produkte oder in Verbindung mit erneuerbaren Energiequellen verwendet werden;
– Biokraftstoffe;
– Energieformen wie Sonnenenergie, Windkraft, Wellen- oder Gezeitenenergie oder Erdwärme oder aus der „Biomasse" oder Abfallstoffen gewonnene Energieformen;
– Energieerzeugnisse und elektrischen Strom zur Verwendung als Kraftstoff für den Personen- und Gütertransport im Eisenbahn-, U-Bahn-, Straßenbahn- und Oberleitungsbusverkehr;
– Lieferungen von Energieerzeugnissen zur Verwendung als Kraftstoff für die Schifffahrt in Binnengewässern der Union (einschließlich des Fischfangs), mit Ausnahme der privaten nicht gewerblichen Schifffahrt, und an Bord von Schiffen erzeugter elektrischer Strom;
– Erdgas und Flüssiggas, die als Kraftstoff verwendet werden;
– energieintensive Betriebe.

Daneben galten gemäß **Art. 18 sowie Anhänge II und III der Richtlinie** 127 nationale 272 Ausnahmeregelungen, die jedoch zum 31. Dezember 2006 ausgelaufen sind[201] und nur insoweit aufrecht erhalten werden können als sie nicht unter die Richtlinie fallen, im Einklang mit den allgemeinen Ausnahmeregelungen stehen oder individuell vom Rat auf Vorschlag der Kommission gemäß **Art. 19 der Richtlinie** genehmigt worden sind.[202]

---

[198] EuG, T-351/02, Slg. 2006 Seite II-1047, RdNr. 99–104 – Deutsche Bahn/Kommission.

[199] EuGH, C-226/07, Slg. 2008, I-5999, RdNr. 31–33, 39 und Tenor – Flughafen Köln.

[200] Richtlinie 2003/96/EG des Rates zur Restrukturierung der gemeinschaftlichen Rahmenvorschriften zur Besteuerung von Energieerzeugnissen und elektrischem Strom, ABl. 2003 L 283/51, Erwägungsgrund 32. Siehe hierzu zB. Kom., Staatliche Beihilfe N 187/2007 – Schweden, Modification of the regionally differeniated Energy Tax for the Service Sector.

[201] Siehe hierzu im Einzelnen Kom., Mitteilung an den Rat, Überprüfung der Ende 2006 auslaufenden Ausnahmeregelungen in den Anhängen II und III der Richtlinie 2003/96/EG, KOM(2006)342 endg.

[202] Zu nationalen Regelungen, bei denen sich die Kommission bereits geweigert hat, dem Rat einen Vorschlag zu unterbreiten vgl. beispielsweise Kom., Mitteilung der Kommission an den Rat gemäß Artikel 19

273   Beihilfen in Form von Steuerermäßigungen oder -befreiungen im Falle von **unionsrechtlich geregelten Umweltsteuern** werden für eine Dauer von 10 Jahren genehmigt, wenn die Beihilfeempfänger mindestens die in der maßgeblichen Richtlinie festgelegten gemeinschaftlichen **Mindeststeuerbeträge** entrichten.[203]

274   Alle **anderen Umweltsteuerermäßigungen oder -befreiungen,** also solche, die nicht unter die Rechtsvorschriften der Union fallen oder die zu einer Besteuerung unterhalb des gemeinschaftlichen Mindeststeuerbetrags führen. werden für die Dauer von 10 Jahren genehmigt, wenn sie notwendig und verhältnismäßig sind.[204]

275   Die Beihilfe ist **notwendig,** wenn die folgenden Voraussetzungen erfüllt sind:
– Die Beihilfeempfänger müssen anhand objektiver und transparenter Kriterien ausgewählt werden, und die Beihilfen müssen grundsätzlich für alle Wettbewerber in demselben Wirtschaftszweig/relevanten Markt, die sich in einer ähnlichen Lage befinden, in derselben Weise gewährt werden.
– Die Umweltsteuer muss ohne die Ermäßigung einen erheblichen Anstieg der Produktionskosten in dem betreffenden Wirtschaftszweig bzw. in der betreffenden Gruppe von Beihilfeempfängern zur Folge haben. Im Falle von Energieerzeugnissen und elektrischem Strom wird bei „energieintensiven Betrieben" im Sinne von Artikel 17 Absatz 1 Buchstabe a der Richtlinie 2003/96/EG davon ausgegangen, dass dieses Kriterium erfüllt ist, solange die genannte Bestimmung in Kraft ist.
– Der erhebliche Anstieg der Produktionskosten kann nicht an die Abnehmer weitergegeben werden, ohne dass es zu deutlichen Absatzeinbußen kommt.[205]

276   Die Beihilfe ist bereits dann als **verhältnismäßig** anzusehen, wenn lediglich eine der nachstehend genannten Voraussetzungen erfüllt ist:[206]
– In der Regelung sind Kriterien festgelegt, die sicherstellen, dass jeder Beihilfeempfänger einen Anteil der nationalen Steuer zahlt, der weitgehend seiner ökologischen Leistung im Vergleich zu der Leistung bei Einsatz der wirksamsten Technik im EWR entspricht **(konkreter Ansatz).**
– Beihilfeempfänger entrichten mindestens 20% der nationalen Steuer, außer wenn sich ein niedrigerer Satz rechtfertigen lässt, weil es nur zu einer begrenzten Verfälschung des Wettbewerbs kommt **(Pauschalansatz).**
– Die Beihilfen sind an die Bedingung geknüpft, dass der Mitgliedstaat und die begünstigten Unternehmen(svereinigungen) Vereinbarungen schließen, in denen sich letztere zur Erreichung von Umweltschutzzielen verpflichten, die dieselbe Wirkung wie die ersten beiden Alternativen oder das Zugrundelegen der gemeinschaftlichen Mindeststeuerbetrags haben, zB. in Form der Senkung des Energieverbrauchs oder der Emissionen oder anderer umweltschonender Maßnahmen, soweit bestimmte weitere Verfahrens- und Kontrollvoraussetzungen erfüllt sind **(Verhandlungs- bzw. Kompensationsansatz).**

277   **4. Zertifikatehandel.** Zertifikatehandel findet sowohl auf mitgliedstaatlicher als auch auf europäischer Ebene statt. Dabei können Zertifikate für alle möglichen Arten von Emissionen gehandelt werden. Für den emissionsintensiven Energiesektor spielt der Zertifikatehandel naturgemäß eine besonders große Rolle und wird daher in diesem Kapitel gesondert erwähnt. Völkerrechtliche Basis für das **gemeinschaftliche CO_2-Zertifikatesystem** war das Kyoto Protokoll, das von der Europäischen Gemeinschaft am 25. April 2002 ratifiziert wurde.[207] Am 1. Januar 2005 wurde der Handel mit Treibhausgasemissionszertifikaten durch die Emissionshandelsrichtlinie 2003/87/EG[208] verbindlich für alle Mitgliedstaaten.[209] Das System umfasst

---

Absatz 1 der Richtlinie Nr. 2003/96/EWG des Rates (öffentlicher Personennahverkehr, Streitkräfte, öffentliche Verwaltung, Krankenwagen), KOM(2006)741 endg.; Mitteilung der Kommission an den Rat gemäß Artikel 19 Absatz 1 der Richtlinie Nr. 2003/96/EWG des Rates (regionale Ausnahmeregelungen) KOM (2006) 795 endg.

[203] Leitlinien der Gemeinschaft für staatliche Umweltschutzbeihilfen, ABl. 2008 C 82/1, Tz. 153.

[204] Leitlinien der Gemeinschaft für staatliche Umweltschutzbeihilfen, ABl. 2008 C 82/1, Tz. 154–157. Bei der Prüfung stützt sich die Kommission auf die von den Mitgliedstaaten nach Tz. 156 beizubringenden umfangreichen Angaben.

[205] Leitlinien der Gemeinschaft für staatliche Umweltschutzbeihilfen, ABl. 2008 C 82/1, Tz. 158.

[206] Leitlinien der Gemeinschaft für staatliche Umweltschutzbeihilfen, ABl. 2008 C 82/1, Tz. 159.

[207] Rat, ABl. 2002 L 130/1 – Entscheidung 2002/358/EG über die Genehmigung des Protokolls von Kyoto.

[208] RL 2003/87/EG. ABl. 2003 L 275/32; geändert durch RL 2004/101/EG, ABl. 2004 L 338/18; geändert durch RL 2009/29/EG, ABl. 2009 L 140/63.

[209] Zum Rechtssystem: *Wegener* ZUR 2009, 283–287.

lediglich CO_2 Emissionen, da diese eine besondere Bedeutung bei der Entstehung des Treibhauseffektes haben.[210] Eckpfeiler des Europäischen Emissionshandelssystems sind sogenannte Nationale Zuteilungspläne. Diese geben an, wie viele Emissionshandelszertifikate ein Mitgliedstaat vergeben möchte und wie diese vergeben werden. Die erste Zuteilungsperiode fand in den Jahren 2005–2007 statt, die zweite Zuteilungsperiode begann 2008 und endet 2012. Für die dritte Periode von 2013 bis 2020 wurden bereits rechtliche Rahmenbedingungen vereinbart.

Neben diesem gemeinschaftlichen Emissionszertifikatehandel bestehen für andere Emissionen **278** verschiedene **nationale Handelssysteme.** Auch diese können beihilfenrechtliche Probleme aufwerfen.

a) Mögliche Beihilfen in Zertifikatehandelssystemen. Beihilfenrechtliche Fragen stellen **279** sich dann, wenn Zertifikate nicht zum Marktpreis versteigert, sondern den Teilnehmern des jeweiligen Systems zu einem günstigeren Preis oder umsonst zur Verfügung gestellt werden. Nationale Zertifikatehandelssysteme bestanden bereits vor Einführung des Europäischen Emissionshandelssystems und wurden entsprechend früher der Beihilfenkontrolle unterzogen. In drei Entscheidungen,[211] von denen zwei nationale Emissionshandelssysteme vor Bestehen des Europäischen Emissionshandelssystems betrafen[212] und eine sich auf besondere nationale Zertifikate für Stickstoffoxide bezog,[213] stellte die Europäische Kommission klar, dass ein **Emissionszertifikat ein Immaterialgut** darstellt, dessen Wert sich durch den Markt bestimmt. Damit stellt das kostenlose Zuteilen des Zertifikats einen Vorteil dar. Die Kommission entschied bei allen drei Systemen, dass der Vorteil aus staatlichen Mitteln stammte, da der Staat die Zertifikate nicht verkauft bzw. versteigert und damit auf Mittel verzichtet hatte. Dieser Vorteil war nach Ansicht der Kommission grundsätzlich selektiv, da nur bestimmte Unternehmen eine bestimmte Anzahl Zertifikate erhielten. Im Urteil betreffend das niederländische Handelssystem für Stickstoffoxid-Emissionen bestätigte das Gericht die Auffassung der Kommission hinsichtlich der Tatbestandsmerkmale der Begünstigung und des Transfers staatlicher Mitte, bezweifelte aber das Vorliegen der Selektivität, da nur die dem System unterworfenen großen Stickstoffoxidemittenten Zertifikate zugeteilt bekamen, darin aber gleich behandelt wurden.[214] Die Kommission hat Rechtsmittel gegen das Urteil eingelegt.[215]

In der Literatur wird zum Teil vertreten, es läge in solchen Fällen schon keine Begünstigung **280** vor.[216] Den Zertifikaten käme nach Entstehen eines Marktes zwar ein Geldwert zu, dem Empfänger flössen dadurch aber keine Mittel zu, da die Zertifikate erst dann handelbar würden, wenn der Inhaber **Emissionen auf eigene Kosten und eigenes Risiko reduziert** hätte.[217] Auch stamme der Vorteil nicht aus staatlichen Mitteln, da der Vorteil aus der Handelbarkeit der Zertifikate nur durch den Handel zwischen Privaten entstehe.[218] Hinsichtlich des Europäischen Emissionshandelssystems wird in der Literatur zudem die Zurechenbarkeit bezweifelt, da etwaige Begünstigungen durch Unionsrecht und Handlungen von Unionsorganen veranlasst würden.[219] Letztere Argumentation könnte allerdings nur dann greifen, wenn die unionsrechtliche Regelung den Mitgliedstaat gerade zur entgeltlosen Zuteilung verpflichten würde.[220]

b) Mögliche Rechtfertigung. Die 1994er Umweltleitlinien[221] hatten überhaupt noch **281** keine Vorschriften über Zertifikatehandel vorgesehen und konnten insofern keine Orientierung

---

[210] Erwägung Nr. 10 des Richtlinien-Vorschlags der Kommission, KOM (2001) 581 endg.

[211] Kom., Staatliche Beihilfe N 653/1999 – Dänemark, CO2 Kontingente; Kom., Staatliche Beihilfe N 416/2001 – Großbritannien, Emissionshandelsregelung; Kom., Staatliche Beihilfe N 35/2003 – Niederlande, System für den Handel mit Stickoxidemissionen.

[212] Kom., Staatliche Beihilfe N 653/1999 – Dänemark, CO2 Kontingente; Kom., Staatliche Beihilfe N 416/2001 – Großbritannien, Emissionshandelsregelung.

[213] Kom., Staatliche Beihilfe N 35/2003 – Niederlande, System für den Handel mit Stickoxidemissionen.

[214] EuG, T-233/04, Slg. 2008, II-591 – Niederlande/Kommission (NOx). Vgl. auch *Könings*, Competition Policy Newsletter 2003, 77.

[215] Die Kommission rügt, das Gericht sei zu Unrecht zu dem Ergebnis gekommen, dass die streitige Maßnahme nicht selektiv sei; außerdem habe das Gericht fälschlicher Weise angenommen, dass selbst dann, wenn die Maßnahme selektiv sei, sie doch wegen ihres Zwecks keine staatliche Beihilfe darstelle, und dass diese Maßnahme durch das Wesen und die allgemeinen Zwecke des Systems gerechtfertigt sei, anhängige Rs. C-279/08 P, ABl. 2008 C 223/30.

[216] *Frenz* ZHR 167 (2003), 459.

[217] *Reuter/Busch* EuZW 2004, 39 Tz. 43.

[218] *Reuter/Busch*, EuZW 2004, 39, Tz. 43.

[219] *Reuter/Kindereit* DVBl. 2004, 539.

[220] Zur Frage der Zurechenbarkeit bei Gemeinschaftsregelungen vgl. *Seinen* Competition Policy Newsletter 2007, 100.

[221] Kom., ABl. 1994 C 72/3 – Gemeinschaftsrahmen für staatliche Umweltschutzbeihilfen.

geben. Die Kommission genehmigte entsprechende nationale Systeme unmittelbar nach Art. 107 Abs. 3 lit. c AEUV unter dem Gesichtspunkt des Umweltschutzes. Die dem dänischen CO_2-Handelssystem immanente Beschränkung auf Elektrizitätsproduzenten hielt sie wegen der besonders starken Emissionen dieses Sektors für gerechtfertigt, vor allem auch deswegen, weil das System angepasst werden konnte, wenn andere Mitgliedstaaten ähnliche Systeme einführen würden. Zudem war es zeitlich beschränkt, und die dänischen Behörden mussten einen Jahresbericht sowie mögliche Änderungen der Kommission vorlegen.[222] Auch das englische Emissionshandelssystem wurde von der Kommission im Jahr 2000 mangels eines bindenden europäischen Emissionshandelssystems (und damit eines gemeinsamen Europäischen Interesses) nicht unter Art. 107 Abs. 3 lit. b, sondern unter Art. 107 Abs. 3 lit. c AEUV in Verbindung mit dem mittlerweile in Kraft getretenen 2001er Gemeinschaftsrahmen[223] genehmigt, vor allem, weil das System der Durchsetzung eines höheren als des damals rechtlich verbindlichen Umweltschutzniveaus diente, und es als erstes auf mehrere Sektoren bezogenes Emissionshandelssystem durch sein Inkrafttreten vor dem Bestehen europaweiter Regelungen wertvolle Einblicke in die Funktionsfähigkeit solcher Systeme bot.[224] Das niederländische Emissionshandelssystem für die nicht vom europäischen Emissionshandelssystem erfassten Stickstoffoxide genehmigte die Kommission nach Art. 107 Abs. 3 lit. c AEUV, da das System darauf abzielte, den Richtwert der Richtlinie 2001/81/EG[225] zu unterschreiten.[226]

282   Auch Beihilfen bei der Zuteilung der Zertifikate des **Europäischen Emissionshandelssystems** können mit dem Binnenmarkt vereinbar sein, wenn die Voraussetzungen des **Art. 107 Abs. 3 AEUV** erfüllt sind.[227] Bei der Prüfung der nationalen Zuteilungspläne für den Zeitraum 2008 bis 2012 hat die Kommission bestimmte Prüfungskriterien entwickelt. Beispielsweise wurde der deutsche Zuteilungsplan[228] zunächst dahingehend bemängelt, dass neuere Anlagen mit langfristigen Zuteilungsgarantien in den Genuss eines weniger strengen Erfüllungsfaktors kamen und dadurch bevorzugt wurden.[229] Die Kommission ging in einer ersten Entscheidung davon aus, dass etwaige Beihilfen einer Prüfung nach Art. 107 und 108 AEUV nicht standhalten würden.[230] Deutschland beseitigte die Mängel und der Plan wurde in einer späteren Entscheidung angenommen.[231] Grundsätzlich sind Entscheidungen der Kommission nach Art. 9 Abs. 3 der Richtlinie 2003/87/EG keine beihilfenrechtlichen Entscheidungen. Sie kann zwar, wie sie den Mitgliedstaaten auch mitgeteilt hat,[232] etwaige Beihilfenaspekte im Zusammenhang mit der Emissionshandelsrichtlinie untersuchen, und wegen eines möglichen Verstoßes gegen Beihilfenrecht ihre Zustimmung zu den nationalen Zuteilungsplänen verweigern, da die Vereinbarkeit mit Beihilfenrecht ein Genehmigungskriterium des Anhangs III der Richtlinie ist. Umgekehrt kann eine Entscheidung nach Art. 9 Abs. 3 der Richtlinie aber nicht vom allgemeinen Beihilfenverbot des Art. 107 Abs. 1 AEUV freistellen. Eine solche Freistellung kann nur im Rahmen eines Beihilfenprüfverfahrens erfolgen.[233]

283   In die aktuellen **Umweltschutzleitlinien** sind diese Erkenntnisse mit eingeflossen.[234] Die Regelungen müssen so beschaffen sein, dass Umweltschutzziele erreicht werden, die über die

---

[222] Kom., Staatliche Beihilfe N 653/1999 – Dänemark, CO_2 Kontingente.

[223] Gemeinschaftsrahmen für staatliche Umweltschutzbeihilfen, ABl. 2001 C 37/3.

[224] Kom., Staatliche Beihilfen N 416/2001 – Großbritannien, Emissionshandelsregelung.

[225] RL 2001/81/EG, ABl. 2001 L 309/22.

[226] Kom., Staatliche Beihilfe N 35/2003 – Niederlande, System für den Handel mit Stickoxidemissionen.

[227] Kommissionsentscheidung C (2004) 2515/4 hinsichtlich des deutschen Zuteilungsplans, RdNr. 9; Entscheidung C(2004) 2515/3 hinsichtlich des Österreichischen Zuteilungsplans, RdNr. 6.

[228] Überblick über alle Entscheidungen in der ersten Handelsphase, siehe ABl. 2005 C 226/2.

[229] Entscheidung der Kommission vom 29. November 2006 über den nationalen Plan zur Zuteilung von Treibhausgasemissionszertifikaten, den Deutschland gemäß der Richtlinie 2003/87/EG des Europäischen Parlaments und des Rates übermittelt hat, RdNr. 20–22.

[230] Entscheidung der Kommission vom 29. November 2006 über den nationalen Plan zur Zuteilung von Treibhausgasemissionszertifikaten, den Deutschland gemäß der Richtlinie 2003/87/EG des Europäischen Parlaments und des Rates übermittelt hat, RdNr. 23.

[231] Entscheidung der Kommission vom 26. Oktober 2007 über die von Deutschland gemäß Artikel 3 Absatz 3 der Entscheidung K(2006)5609 endg. der Kommission vom 29. November 2006 über den nationalen Plan zur Zuteilung von Treibhausgasemissionszertifikaten, den Deutschland gemäß der Richtlinie 2003/87/EG des Europäischen Parlaments und des Rates übermittelt hat, angezeigte Änderung des betreffenden Plans.

[232] *Renner-Loquenz*, Competition Policy Newsletter 2005, 17, sowie EuG, T-387/04, Slg. 2007, II-1155, RdNr. 66 – EnBW/Kommission.

[233] EuG, T-387/04, Slg. 2007, II-1195, RdNr. 134 – ENBW/Kommission.

[234] Leitlinien der Gemeinschaft für staatliche Umweltschutzbeihilfen, ABl. 2008 C 82/1 RdNr. 140.

verbindlichen Gemeinschaftsnormen hinausgehen. Die Zuteilung muss transparent und nach objektiven Kriterien erfolgen und darf nur dann bestimmte Sektoren bevorzugen, wenn dies gerechtfertigt ist. Außerdem dürfen Zertifikate einerseits neuen Anbietern nicht zu günstigeren Bedingungen angeboten werden als den bereits auf dem Markt aktiven Anbietern, andererseits darf den neuen Anbietern der Marktzugang nicht erschwert werden durch Zuteilung einer höheren Anzahl von Zertifikaten an bereits etablierte Unternehmen.

Weitere in den Umweltschutzleitlinien vorgesehene Voraussetzungen sind bis zum 31. De- **284** zember 2013 lediglich auf nationale Systeme anwendbar, da sie nicht für den zweiten Handelszeitraum des europäischen Emissionshandelssystems gelten.[235] Ob sie für das Europäische Emissionshandelssystem ab 2013 Anwendung finden werden, wird davon abhängen, ob die von der Kommission beabsichtigte Neuregelung des Emissionshandelssystems voll harmonisierte Zuteilungsregeln umfassen wird, deren Umsetzung dann bereits wegen fehlender staatlicher Zurechenbarkeit aus dem Beihilfentatbestand fallen würde.[236] Soweit das Emissionshandelssystem den Mitgliedstaaten ein Ermessen belässt, wären sie an die auch für die nationalen Systeme geltenden Grundsätze gebunden, wonach die Begünstigung einer unentgeltlichen Zuteilung nach objektiven Kriterien ausgewählt, und die Beihilfen allen Wettbewerbern in ähnlicher Lage in einem Wirtschaftszweig in derselben Weise gewährt werden müssen. Eine unentgeltliche Vergabe wäre nur zulässig, wenn der Mitgliedstaat darlegen kann, dass die Versteigerung einen erheblichen Anstieg der Produktionskosten zur Folge hätte und dieser Anstieg nicht ohne deutliche Absatzeinbußen an die Verbraucher weitergeben werden könnte.

5. Atomenergie. Die **Euratom,** die neben der EG zu den Europäischen Gemeinschaften **285** gehörte, bleibt auch nach dem Vertrag von Lissabon als eigenständige Organisation bestehen, wird jedoch in Bezug auf Strukturen und Organe an die EU angepasst. Auch der Euratom-Vertrag („EAGV"), der durch den ursprünglich vereinbarten Verfassungsvertrag aufgehoben werden sollte und nach dem Vertrag von Lissabon unverändert weiter existieren. Die praktischen Unterschiede sind gering, da sich die Kompetenzen der Euratom ohnehin weitestgehend nach dem AEUV bestimmen.

Der Euratom-Vertrag enthält selbst keine Regelungen für die Beihilfenkontrolle. Vor In- **286** krafttreten des Vertrags von Lissabon war der Euratom-Vertrag gemäß Art. 305 Abs. 2 EGV grundsätzlich lex specialis im Verhältnis zu den allgemeinen Regeln des EGV. Der Vertrag von Lissabon hat diese Regelung gestrichen. Ob der neue Art. 194 AEUV, der der Europäischen Union zum ersten Mal umfassende Befugnisse hinsichtlich allgemeiner Energiepolitik einräumt, auch Maßnahmen im Kernenergiebereich abdeckt oder ob insofern allein der Euratom-Vertrag maßgeblich ist, ist zweifelhaft.[237]

Hinsichtlich der Gewährung von Beihilfen war bereits nach der alten Regelung der **Vorrang** **287** **des Euratom-Vertrags umstritten.** Der Europäische Gerichtshof hat dazu nie explizit Stellung genommen. In einem frühen Urteil[238] ging der Gerichtshof zwar auf den unterschiedlichen Wortlaut der zwei Absätze des Art. 305 EGV ein, der nach Absatz 1 die Bestimmungen des Kohlevertrags nicht „ändern", während er nach Absatz 2 die Vorschriften des Euratom-Vertrag lediglich nicht „beeinträchtigen" sollte. In dem konkreten Rechtsstreit kam es allerdings nicht auf die genaue Abgrenzung an. Generalanwalt Reischl hatte in seinen Schlussanträgen für eine Anwendung der EG-Regeln zur Beihilfenkontrolle auch im Euratom-Bereich plädiert. Die Stellungnahme des Gerichts in einem Beschluss aus dem Jahr 1978, dass es sich bei den Regelungen des Euratom-Vertrag im Zusammenhang mit dem damals gültigen EWG-Vertrag um eine „Bloße Ausformung der Rechtsvorstellungen, von denen das Gefüge des allgemeinen gemeinsamen Marktes getragen wird, auf einem hoch spezialisierten Gebiet" handelte,[239] deutet zwar darauf hin, dass die Beihilfenvorschriften Anwendung finden können, bietet aber ebenfalls keine endgültige Orientierung.[240]

---

[235] Leitlinien der Gemeinschaft für staatliche Umweltschutzbeihilfen, ABl. 2008 C 82/1 RdNr. 140; *Heidenhain* 24 RdNr. 209.

[236] *Allibert/Jones,* in: *Mederer/Paresi/Hof,* RdNr. 4.568.

[237] Hierzu *Ericke/Hackländer* ZEuS 2008, 584.

[238] EuGH, C-188–190/80, Slg. 1982, I-2545, RdNr. 30. – Frankreich, Italien und Vereinigtes Königreich/Kommission.

[239] EuGH, Beschluss 1–78, Slg. 1978, 2151, RdNr. 4 – Entwurf der Internationalen Atomenergieorganisation zu einem Übereinkommen über den Objektschutz von Kernmaterial, kerntechnischen Anlagen und Nukleartransporten.

[240] Auch in der Literatur ist die Abgrenzung zwischen (jetzt) AEUV und EAGV im Beihilfenbereich umstritten. Nur auf den EAGV abstellend: *Grunewald* 235, *Cusack* CMLR 2003, 117. Die Anwendbarkeit der gemeinschaftlichen Beihilfenregeln bejahend: *Faull/Nikpay* 374; *Pechstein* EuZW 2001, 307.

288 Ungeachtet der grundsätzlichen Kompetenzfrage hat die Kommission verschiedentlich **Beihilfenentscheidungen im Nuklearbereich** getroffen, ohne endgültig zum Verhältnis von Art. 107 AEUV und Euratom-Vertrag Stellung zu nehmen. Zunächst fielen nach ihrer Beurteilung viele Maßnahmen nicht unter den Beihilfenbegriff. So zum Beispiel mangels Selektivität eine deutsche Steuerbefreiungsregelung. Nach Auffassung der Kommission wichen die Vorschriften, unter denen die Kernkraftwerkbetreiber Rückstellungen für die Stilllegung ihrer Anlagen und die Endlagerung der Abfälle bilden konnten, nicht von der allgemeinen Steuerregelung für Rückstellungen ab und stellten daher keine Ausnahme von der Anwendung des allgemein geltenden Steuersystems zugunsten bestimmter Unternehmen dar.[241] Diese Beurteilung wurde vom Gericht erster Instanz bestätigt.[242] Das Rechtsmittel der Kläger blieb ohne Erfolg.[243] In einem anderen sowohl Atom- als auch andere Energiequellen betreffenden Fall entschied die Kommission, dass die Beihilfenentscheidung den Euratom-Vertrag jedenfalls nicht beeinträchtigte und ihm auch nicht vorgriff.[244]

289 In der Entscheidung British Energy[245] befasste sich die Kommission ausführlicher mit der Problematik der Anwendbarkeit des AEUV neben dem EAG und stellte klar, dass Maßnahmen, die unter den damaligen Euratom-Vertrag fielen, nach diesem Vertrag zu beurteilen waren. Soweit sie allerdings **über die Ziele des EAGV hinaus**gingen, zu deren Erreichung nicht nötig waren oder den Wettbewerb zu verfälschen drohten, mussten sie nach dem EG-Vertrag (jetzt AEUV) beurteilt werden.[246] Das Vereinte Königreich hatte 2002 ein Hilfspaket bei der Kommission zugunsten British Energy angemeldet, dem einzigen privaten Betreiber von Kernkraftwerken. Die Unterstützung wurde mit allgemein sinkenden Strompreisen, der fehlenden Absicherung von British Energy und den hohen, nicht vermeidbaren Kosten begründet. Die meisten Teile des Restrukturierungspakets wurden von der Kommission nicht als Beihilfen eingeordnet, hauptsächlich weil sie nicht auf staatlichen Mitteln beruhten. Lediglich die Übernahme eines Teils der Verantwortlichkeiten von British Energy gegenüber British Nuclear Fuel Limited durch die britische Regierung fiel unter Art. 107 Abs. 1 AEUV, wurde aber nach Art. 107 Abs. 3 lit. c AEUV als für mit dem gemeinsamen Markt vereinbar erklärt.

290 Eine spätere Entscheidung betraf das **Verursacherprinzip im Sinne des Art. 191 AEUV.** Das Vereinte Königreich notifizierte der Kommission 2003 die beihilferechtlichen Elemente des Gesetzentwurfes über die Einrichtung der Agentur für die Stilllegung kerntechnischer Anlagen (NDA, Nuclear Decommissioning Authority).[247] British Nuclear Fuel Limited wollte Anlagen auf die NDA übertragen. Da die Kosten für die Stilllegung allerdings den Wert der übertragenen Anlagen überstiegen, garantierte die Regierung die Deckung der Differenz. Nach dem Verursacherprinzip hätten eigentlich die Betreiber die Kosten für die Stilllegung ihrer Werke tragen müssen. Allerdings war es schwierig festzustellen, welcher der nachfolgenden Betreiber den Vorteil in Form der Befreiung von den Verursacherkosten erhielt, da kein europaweites System für die Zuordnung der Stilllegungskosten an die nachfolgenden Betreiber bestand. Beide von der Kommission vorgeschlagenen Alternativen führten zu dem Ergebnis, dass NDA und nicht British Nuclear Fuel Limited eine Beihilfe erhielt. Auch hier konnte die Beihilfe unter bestimmten Voraussetzungen nach Art. 107 Abs. 3 lit. c AEUV genehmigt werden.

291 **6. Kohle. a) Allgemeines.** Der Vertrag über die Gründung der Europäischen Gemeinschaft für Kohle und Stahl (EGKS V) wurde am 18. April 1951 in Paris als erster Gemeinschaftsvertrag von Belgien, Frankreich, Deutschland, Italien, Luxemburg und den Niederlanden unterzeichnet. Ziel der EGKS war die Verwirklichung der Schuman-Erklärung vom 9. Mai 1950, nach der die gesamte Kohle- und Stahlproduktion Frankreichs und Deutschlands einer gemeinsamen

---

[241] Kom., Staatliche Beihilfe NN 137/2001 – Deutschland, Rückstellungen für die Entsorgung und Stilllegung von Kernkraftwerken.

[242] EuG T-92/02, Slg. 2006, II-11 (abgekürzte Veröffentlichung), RdNr. 108 – Stadtwerke Schwäbisch Hall v. a./Kommission.

[243] EuGH, C-176/06, Slg. 2007, I-170. Der Gerichtshof entschied, dass die Klagen gegen die Kommissionsentscheidung wegen fehlender individueller Betroffenheit bereits unzulässig gewesen seien, hob das Gerichtsurteil insoweit auf und wies die Klagen zurück, ohne auf die Kommissionsbegründung näher eingehen zu müssen.

[244] Kom., ABl. 2005 L-49/09 – EDF und französische Strom- und Gaswirtschaft, bzw. Aufforderung zur Stellungnahme in diesem Prüfverfahren, Kom., ABl. 2003 C 164/7, Tz. 60 – EdF.

[245] Siehe hierzu *Fort/Allibert,* Competition Policy Newsletter 2003, 73.

[246] Kom., ABl. 2005 L 142/26, Tz. 239 – British Energy plc.

[247] Kom., ABl. 2006 L 268/37 – Großbritannien, Einrichtung der Agentur für die Stilllegung kerntechnischer Anlagen.

Hohen Behörde unterstellt werden sollte. Heute spielt Kohle zwar nicht mehr die gleiche sicherheitspolitische Rolle wie kurz nach dem Zweiten Weltkrieg, wohl aber eine Rolle in Bezug auf die **Versorgungssicherheit**. Die heimische Kohleförderung verringert die Abhängigkeit der Europäischen Union von Energieeinfuhren und trägt zur Diversifizierung der Versorgungsquellen bei. Steinkohle kann nach Auffassung der Kommission auch Teil eines künftigen Konzepts für Energieträger mit niedrigem CO_2-Ausstoß sein, sofern die erforderlichen Technologien dafür entwickelt werden. Nach Auffassung der Kommission sollte die Europäische Union daher einen Kohlesockel beibehalten, der im Falle ernster Krisen einen Zugang zu den Kohlereserven gestatten würde, bei gleichzeitig fortlaufender Optimierung der Förder- und Verarbeitungstechnologien.

Seit dem Beitritt Rumäniens und Bulgariens bauen elf Mitgliedstaaten[248] Steinkohle ab und **292** verwenden diese vorwiegend zur Erzeugung von Strom, Stahl und Wärme. Im Hinblick auf die **Wettbewerbssituation** der einzelnen Kohlebergwerke in Europa bestehen große Unterschiede. In Deutschland, Spanien und Ungarn liegen die Produktionskosten des Steinkohlenbergbaus über dem Doppelten des Weltmarktpreises für Kohle, weshalb der Sektor dort von Betriebsbeihilfen abhängig ist. Auf der anderen Seite sind die Bergwerke in der Tschechischen Republik, Polen, dem Vereinigten Königreich und der Slowakei auf dem Weltmarkt weitgehend wettbewerbsfähig. Sie erhalten entweder überhaupt keine Beihilfen oder nur Investitionsbeihilfen und/oder Beihilfen für Altlasten. Die Europäische Union muss fortlaufend prüfen, ob ihr Kohlekonzept zur Gewährleistung der Versorgungssicherheit noch mit dem in der Richtlinie über die Liberalisierung des Elektrizitätsmarktes vorgesehenen Rahmen vereinbar ist.[249]

b) Zuständigkeit. Bis 1965 war die Hohe Behörde für die Beihilfenkontrolle zuständig. Sie **293** bestand als unabhängiges Exekutivorgan aus 9 Mitgliedern. Durch den sogenannten „Fusionsvertrag" oder Vertrag von Brüssel wurden 1965 die drei Ministerräte (EWG, EGKS und Euratom), die beiden Kommissionen (EWG, Euratom) und die Hohe Behörde (EGKS) durch einen gemeinsamen Rat bzw. eine gemeinsame Kommission ersetzt und ein gemeinsamer Verwaltungshaushalt eingeführt. Folglich war die Europäische Kommission ab 1965 auch für die Beihilfenkontrolle im Kohlesektor zuständig. Innerhalb der Kommission war bis zum Inkrafttreten des Lissabon-Vertrags die Generaldirektion Energie und Verkehr zuständig. Durch den Lissabonvertrag wurde die **GD Energie** von der Generaldirektion Transport getrennt und hat seitdem die alleinige Kompetenz für die Beihilfenkontrolle im Kohlesektor nach der Definition des EGKS V. Damit ist der Kohlesektor neben dem Agrar- und Fischereisektor der einzige Sektor, für den die Beihilfenkontrolle nicht von der GD Wettbewerb durchgeführt wird. Dies gilt allerdings nur für Beihilfen, die unmittelbar der Kohleförderung zu Gute kommen. Beispielsweise bleibt die GD Wettbewerb zuständig für Beihilfen zu Gunsten der Kohle verarbeitenden Elektrizitätswirtschaft, auch wenn diese so ausgestaltet sind, dass sie nur zu Gunsten der einheimischen Kohleförderung wirken.[250]

c) Anwendbarer Rechtsrahmen. Das **Verhältnis des EGKS V zum EGV** regelte **294** **Art. 305** Abs. 2 EGV. Dadurch ergab sich ein eindeutiger Vorrang des EGKS V für den Beihilfenbereich, wobei der Begriff der Beihilfe in beiden Verträgen identisch war.[251] Art. 4 lit. c EGKS V untersagte jegliche staatliche Beihilfen. Art. 67 EGKS V regelt die Ausnahmen. Die Kommission hatte über Art. 95 Abs. 1 EGKS die Möglichkeit, mit Zustimmung des Rates zur Erreichung der Ziele der Art. 2 bis 4 des EGKS-Vertrags Entscheidungen zu treffen oder Empfehlungen abzugeben und machte von dieser Möglichkeit auch im Beihilfenbereich Gebrauch. Bis zum Auslaufen des Vertrags ergingen verschiedene Kommissionsentscheidungen, die den Beihilfenbegriff konkretisierten und ein System der Anmeldung und Überwachung einführten. Bis zum 23. Juli 2002 richtete sich die Beihilfenkontrolle nach der **Entscheidung 3632/93/EGKS**.[252]

Seit Außerkrafttreten des EGKS V sind die Art. 107 und 108 AEUV sowie die nach Art. 107 **295** Abs. 3 lit. e AEUV erlassene Verordnung EG 1407/2002 (**„Kohleverordnung"**),[253] die am 24. Juli 2002 in Kraft getreten ist, anzuwenden. Es ist das Verfahrensrecht anzuwenden, das bei

---

[248] Bulgarien, die Tschechische Republik, Deutschland, Ungarn, Italien, Polen, Rumänien, Slowenien, die Slowakei, Spanien und das Vereinigte Königreich.

[249] Grünbuch, „Hin zu einer europäischen Strategie für Energieversorgungssicherheit" KOM(2000) 769 endg., S. 46, Absatz 5.

[250] Siehe hierzu unten unter RdNr. 310.

[251] EuG, T-25/04, Slg. 2007 II-3121, RdNr. 55 – González y Díez SA/Kommission.

[252] Kom., Entscheidung 3632/93/EGKS, ABl. 1993 L 329/12.

[253] VO 1407/2002, ABl. L 2002 L 205/1.

Durchführung des betreffenden Verfahrensschritts in Kraft ist,[254] also seit dem 24. Juli 2002 die Vorschriften der beihilfenrechtlichen VerfahrensVO 659/1999.[255] Für alle Sachverhalte aus der Zeit vor dem 24. Juli 2002 hat die Kommission auch bei Geltung der VerfahrensVO weiterhin die materiellen Vorschriften der Entscheidung Nr. 3632/93/EGKS anzuwenden.[256] Nach Art. 14 der Kohleverordnung war es den Mitgliedstaaten für den Zeitraum vom 24. Juli 2002 bis zum 31. Dezember 2002 jedoch noch gestattet, Beihilfen nach den Vorschriften der Kohleentscheidung 3632/93/EGKS zu gewähren. Alle Mitgliedstaaten, die in diesem Zeitraum Beihilfen gewährt haben, nutzten diese Möglichkeit.[257] Daher begann die Anwendung der Kohleverordnung *de facto* erst am 1. Januar 2003.

296   **aa) Verordnung (EG) Nr. 1407/2002 des Rates vom 23. Juli 2002 über staatliche Beihilfen für den Steinkohlebergbau („Kohleverordnung").**[258] Die Kohleverordnung wurde auf Basis von Art. 107 Abs. 3 lit. e AEUV erlassen und ist bis zum 31. Dezember 2010 gültig. In dem nach Artikel 11 der Kohleverordnung vorzulegenden Bericht kam die Kommission im Jahr 2007 zu dem Schluss, dass die durch die Beihilfen verursachten Wettbewerbsverzerrungen auf dem Binnenmarkt begrenzt sind.[259] Neben Polen und in geringerem Umfang der Tschechischen Republik ist kein Mitgliedstaat Kohleexporteur, was auf einen sehr geringen direkten Wettbewerb zwischen den einzelnen Mitgliedstaaten schließen lässt.[260] Bei niedrig inkohlten Sorten sind die Auswirkungen staatlicher Beihilfen auf den innergemeinschaftlichen Handel ohnehin deshalb gering, weil die Transportkosten für diese Kohle hoch sind, und der größte Teil der Produktion in nahe gelegenen Kraftwerken verbraucht wird. Um Ausstrahlungseffekte der staatlichen Beihilfen für die Kohleindustrie auf den Strommarkt und die Märkte für Koksproduktion und Stahl zu verhindern, wurden Sicherungsklauseln in Art. 4 der Kohleverordnung aufgenommen, die es nach Auffassung der Kommission ermöglichen, diese Auswirkungen auch zukünftig unter Kontrolle zu halten, wobei die Kommission davon ausgeht, dass sich die staatlichen Beihilfen zur Zeit lediglich auf die Entscheidung darüber auswirken, heimische Kohle oder Importkohle einzukaufen, und daher keinen erheblichen Einfluss auf die Zusammensetzung des Brennstoffmix insgesamt haben.[261] Die Kommission war in ihrem Bericht daher zunächst zu dem Schluss gekommen, dass es nicht erforderlich ist, Änderungen an der Kohleverordnung vorzuschlagen, so dass lediglich eine **Verlängerung der Verordnung** erfolgen sollte.[262] Nach dem Ende der Kohleförderung in Frankreich im Jahr 2004 verbleiben jetzt noch 11 Mitgliedstaaten, auf deren Kohleförderung die Kohleverordnung Anwendung findet. Unter den beitrittswilligen Ländern produzieren die Türkei und die ehemalige jugoslawische Republik Mazedonien Kohle, die unter die Kohleverordnung fällt.

297   **α) Anwendungsbereich.** Gemäß Art. 2 lit. a der Kohleverordnung fallen **nur die höher und mittel inkohlten Kohlesorten sowie die niedriger inkohlten „A"- und „B"-Sorten** im Sinne des internationalen Kohle-Klassifizierungssystems der UN-Wirtschaftskommission für Europa unter die Verordnung, nicht jedoch die niedrig inkohlten „C"-Sorten und andere feste heimische fossile Brennstoffe, zB. Ölschiefer, Teersande und Torf. Alle letztgenannten Brennstoffe unterliegen den allgemeinen Vorschriften für staatliche Beihilfen. Die Abgrenzung kann im Einzelfall Schwierigkeiten machen. Die noch im Rahmen der EKGS getroffene Unter-

---

[254] Kom., ABl. C 2002/5, Tz. 26 – Mitteilung der Kommission über bestimmte Aspekte der Behandlung von Wettbewerbsfällen nach Auslaufen des EGKS-Vertrages.

[255] VO 659/1999, ABl. 1999 L 83/1 Tz. 45.

[256] EuG, T-24/04, Slg. 2007, II-3121, RdNr. 68, 75 – González y Díez SA/Kommission.

[257] Es handelt sich um Spanien (vgl. Kom., Staatliche Beihilfe C 17/2003 (C17/2003 (ex. NN 108/2002) – State aid to the coal sector in Castilla Leon, 2000–2002, vgl. Entscheidung zur Eröffnung des förmlichen Prüfverfahrens, ABL. 2003 C 105/2); Frankreich (Kom., Staatliche Beihilfe N 551/2002 – Aide à l'industrie houillère – 2002), Deutschland (Kom., Staatliche Beihilfe N 550/2002 – Staatliche Beihilfen für den Steinkohlenbergbau) und das Vereinigte Königreich (vgl. Entscheidung N 740/2002 – UK Coal July-December 2002).

[258] VO 1407/2002, ABl. L 2002 L 205/1.

[259] Bericht der Kommission über die Anwendung der Verordnung (EG) Nr. 1407/2002 des Rates über staatliche Beihilfen für den Steinkohlenbergbau, KOM(2007) 253 endg., S. 9.

[260] Lediglich zwischen Polen und der Tschechischen Republik einerseits und Deutschland andererseits, das einen Teil seiner heimischen Kohle durch Importe ersetzt, scheint ein gewisser Handel zu bestehen.

[261] Bericht der Kommission über die Anwendung der Verordnung (EG) Nr. 1407/2002 des Rates über staatliche Beihilfen für den Steinkohlenbergbau, KOM(2007) 253 endg.

[262] Bericht der Kommission über die Anwendung der Verordnung (EG) Nr. 1407/2002 des Rates über staatliche Beihilfen für den Steinkohlenbergbau, KOM(2007) 253 endg., Punkt 3. Zum Stand der Reform der Kohleverordnung siehe unter RdNr. 307 ff.

scheidung zwischen „Steinkohle" und „Rohbraunkohle"[263] reicht zur genauen Abgrenzung der Kohlequalitäten nicht aus. Die Kommission akzeptiert jedenfalls für Mitgliedstaaten, die nicht mehr der EGKS angehört haben, geologische Analysen zum Beweis dafür, dass bestimmte Bergwerke entweder niedrig inkohlte B-Sorten oder niedrig inkohlte C-Sorten produzieren.[264]

β) Zulässige Beihilfen. Die Verordnung hat zum Ziel, ein **Gleichgewicht zwischen** **298** **Versorgungssicherheit und Umstrukturierung** des Steinkohlebergbaus herzustellen.[265] Nach Art. 1 der Kohleverordnung müssen Beihilfen den sozialen und regionalen Aspekten der Umstrukturierung des Steinkohlenbergbaus Rechnung tragen sowie einen Mindestumfang an heimischer Steinkohleproduktion aufrecht erhalten.

Gemäß Art. 3 Abs. 1 erste Alternative können **Beihilfen nach Maßgabe der Art. 4 bis 8** **299** genehmigt werden. Danach sind Beihilfen zur Rücknahme der Fördertätigkeit (Art. 4), Investitionsbeihilfen (Art. 5 Absatz 2) und Betriebsbeihilfen (Art. 5 Abs. 3) für den Zugang zu Steinkohlevorkommen sowie Beihilfen für außergewöhnliche Belastungen („Altlastenbeihilfen") (Art. 7) unter bestimmten Voraussetzungen möglich. Generell müssen alle Beihilfen die Voraussetzungen des Art. 8 erfüllen, insbesondere muss jede von einem Unternehmen erhaltene Beihilfe getrennt als Einnahme ausgewiesen und die Mittel müssen separat verbucht werden, falls ein Unternehmen zusätzlich zum Steinkohlesektor in anderen Bereichen tätig ist. Nach Art. 3 Abs. 1 2. Alternative bleiben **Beihilfen für Forschung, technologische Entwicklung, Umwelt und Ausbildung unabhängig von der Kohleverordnung** möglich.[266] Förderfähig ist nur die Produktion von Steinkohle, die zur Erzeugung von Elektrizität, zur kombinierten Erzeugung von Elektrizität und Wärme, zur Koksproduktion sowie in den Hochöfen der Stahlindustrie in der Gemeinschaft eingesetzt werden soll (Art. 3 Abs. 2 Kohleverordnung).

Stilllegungsbeihilfen nach Art. 4 zur Deckung von Verlusten bei der laufenden Förderung **300** in Produktionseinheiten konnten nur dann genehmigt werden, wenn der Betrieb der betreffenden Produktionseinheiten in einen Stilllegungsplan einbezogen war, der nicht über den 31. Dezember 2007 hinausging. Nicht immer wurden die Stilllegungspläne von den Mitgliedstaaten dann auch entsprechend umgesetzt. In solchen Fällen droht die Wiederaufnahme des Verfahrens und eine Rückforderung der Beihilfen.[267] Da Beihilfen nach Art. 4 nach dem 31. Dezember 2007 nicht mehr gewährt werden dürfen (Art. 6 Abs. 2), ist der Artikel mittlerweile obsolet.[268]

Art. 5 betrifft **Beihilfen zur Förderung des Zugangs zu Steinkohlevorhaben** und unter- **301** scheidet zwischen Investitionsbeihilfen nach Absatz 2 und Betriebsbeihilfen nach Absatz 3. Für beide Beihilfearten, die nicht kumuliert werden dürfen, ist es notwendig, dass die Mitgliedstaaten zunächst entsprechend Art. 9 der Kohleverordnung Gesamtpläne zur Restrukturierung des nationalen Steinkohlesektors inklusive entsprechender Angaben zu wirtschaftlichen, ökologischen und

---

[263] Kom., ABl. 1986 C 254/2 – Mitteilung zur Auslegung der in der Anlage I des Vertrages über die Gründung der Europäischen Gemeinschaft für Kohle und Stahl aufgeführten Begriffe „Steinkohle" und „Rohbraunkohle".

[264] Vgl. Kom., Staatliche Beihilfe N 92/2005 – Staatliche Beihilfen zugunsten des ungarischen Kohlenbergbaus; Staatliche Beihilfe N 27 und N 53/2005 – Staatliche Beihilfen für den slowakischen Kohlebergbau; Staatliche Beihilfe NN 9/2006 – Slowakei, Bergwerk Bana Dolin; Staatliche Beihilfe NN 597/2004 – Tschechische Republik, Lignite Hodonin s. r. o.

[265] VO 1407/2002, ABl. L 2002 L 205/1, Tz. 7.

[266] Kom., ABl. 2005 L 48/30, Tz. 51–63 – Castilla Leon.

[267] Beispielsweise hatte Spanien seine Verpflichtung nicht eingehalten, Bergwerke stillzulegen, die Stilllegungsbeihilfen erhalten hatten. In ihrer Entscheidung C 14/04 zum Umstrukturierungsplan für den spanischen Kohlebergbau und die staatlichen Beihilfen für den Zeitraum 2003–2005 ging die Kommission ausführlich auf diese Probleme ein; Staatliche Beihilfe C 14/04 – Spanien Umstrukturierungsplan für den spanischen Steinkohlenbergbau und staatliche Beihilfen für die Jahre 2003–2005, die Genehmigungsentscheidung vom 21. 12. 2005 ist immer noch nicht im Amtsblatt veröffentlicht; die Aufforderung zur Abgabe einer Stellungnahme gemäß Art. 108(2) AEUV ist veröffentlicht in ABl. 2004 C 182/3.

[268] Deutschland, Spanien und mehrere Interessengruppen hatten im Rahmen der Konsultationsrunde zum Kommissionsbericht von 2007 dafür plädiert, diese Stilllegungsbeihilfen bis 2010 zu verlängern. Bei der Prüfung der bis 2010 reichenden Umstrukturierungspläne, die auch Stilllegungen vorsahen, konnte die Kommission allerdings keine Verlängerungsnotwendigkeit feststellen, da alle für die Durchführung der Stilllegungen notwendigen staatlichen Beihilfen ohnehin aufgrund von Art. 5 und Art. 7 der Kohleverordnung genehmigt werden können. Sie hat sich daher zunächst gegen eine Verlängerung ausgesprochen, siehe Bericht der Kommission über die Anwendung der Verordnung (EG) Nr. 1407/2002 des Rates über staatliche Beihilfen für den Steinkohlenbergbau, KOM(2007) 253 endg., Punkt 3.2, zur Reform Kohleverordnung siehe unten unter RdNr. 307 ff.

sozialen Aspekten und der vorgesehenen Beihilfen notifizieren. Dabei muss gemäß Art. 6 Abs. 1 der Kohleverordnung das Gesamtvolumen der Betriebsbeihilfen einem abnehmenden Trend folgen, der zu einem nennenswerten Abbau dieser Beihilfen führt, und das Gesamtvolumen der gemäß Art. 5 gewährten Beihilfen darf gemäß Art. 6 Abs. 2 jährlich das Volumen der von der Kommission nach den Art. 3 und 4 der EGKS Entscheidung 3632/93/EGKS für das Jahr 2001 (für die zum 1. Mai 2004 beigetretenen Staaten gilt das Referenzjahr 2004,[269] für die in 2007 neu beigetretenen Staaten das Referenzjahr 2007)[270] genehmigten Beihilfen nicht übersteigen. Die Kommission hat die Pläne für den Zugang zu den Steinkohlevorkommen und die Stilllegungspläne für alle Mitgliedstaaten bis zum Jahr 2010 genehmigt, mittlerweile auch für die erst 2007 beigetretenen Mitgliedstaaten.[271] Danach lassen sich unter den Mitgliedstaaten 3 Gruppen unterscheiden:
– Mitgliedstaaten, die produzierenden Bergwerken keine Beihilfen mehr gewähren (Tschechische Republik, Frankreich, Italien),[272]
– Mitgliedstaaten, die Investitionsbeihilfen zahlen (Polen, Slowakei und Vereinigtes Königreich), und
– Mitgliedstaaten, die Betriebsbeihilfen gewähren (Bulgarien, Deutschland, Ungarn, Rumänien, Slowenien, Spanien).

302   Die Gewährung von **Investitionsbeihilfen** nach Art. 5 Abs. 2 der Kohleverordnung unterliegt den auch für Stilllegungsbeihilfen geltenden allgemeinen Sicherungsklauseln sowie weiteren besonderen Voraussetzungen nach Art. 5 Abs. 2 Kohleverordnung:
– Der Betrag der Beihilfe je Tonne Steinkohleneinheit darf nicht dazu führen, dass für Kohle aus der Union niedrigere Preise gezahlt werden als für Kohle ähnlicher Qualität aus Drittländern (Art. 4 lit. c).
– Die Beihilfen dürfen keine Wettbewerbsverzerrungen zwischen den Käufern und den Verbrauchern von Kohle in der Union verursachen (Art. 4 lit. d).
– Die Beihilfen dürfen keine Wettbewerbsverzerrungen auf dem Elektrizitätsmarkt, dem Markt der kombinierten Wärme- und Elektrizitätsproduktion, dem Koksproduktionsmarkt und dem Stahlmarkt verursachen (Art. 4 lit. e).
– Beschränkung der Beihilfen auf bestehende Produktionseinheiten, für die noch keine Beihilfe nach Art. 3 der Entscheidung 3632/93/EGKS gezahlt wurde oder für die gemäß Art. 3 von der Kommission genehmigte Beihilfen deshalb gezahlt wurden, weil sie nachweislich in der Lage waren, die Wettbewerbsfähigkeit gegenüber den Preisen für Steinkohle ähnlicher Qualität aus Drittländern zu erreichen. (Art. 5 Abs. 2 lit. a).
– Förder- und Finanzplan, aus dem sich ergibt, dass Beihilfe und Investition notwendig für die wirtschaftliche Tragfähigkeit der Produktionseinheit sind (Art. 5 Abs. 2 lit. b).
– Beschränkung auf 30% der Investitionskosten (Art. 5 Abs. 2 lit. c).
– Das Investitionsvorhaben soll es der Produktionseinheit ermöglichen, mit den Preisen für Steinkohle ähnlicher Qualität aus Drittländern zu konkurrieren.

---

[269] Siehe Verordnung (EG) Nr. 1791/2006 des Rates vom 20. November 2006 zur Anpassung einiger Verordnungen, Beschlüsse und Entscheidungen in den Bereichen freier Warenverkehr, Freizügigkeit, Gesellschaftsrecht, Wettbewerbspolitik, Landwirtschaft (einschließlich des Veterinär- und Pflanzenschutzrechts), Verkehrspolitik, Steuerwesen, Statistik, Energie, Umwelt, Zusammenarbeit in den Bereichen Justiz und Inneres, Zollunion, Außenbeziehungen, Gemeinsame Außen- und Sicherheitspolitik und Organe anlässlich des Beitritts Bulgariens und Rumäniens, ABl. 2006 L 363/1.
[270] Siehe Verordnung (EG) Nr. 1791/2006 des Rates vom 20. November 2006 zur Anpassung einiger Verordnungen, Beschlüsse und Entscheidungen in den Bereichen freier Warenverkehr, Freizügigkeit, Gesellschaftsrecht, Wettbewerbspolitik, Landwirtschaft (einschließlich des Veterinär- und Pflanzenschutzrechts), Verkehrspolitik, Steuerwesen, Statistik, Energie, Umwelt, Zusammenarbeit in den Bereichen Justiz und Inneres, Zollunion, Außenbeziehungen, Gemeinsame Außen- und Sicherheitspolitik und Organe anlässlich des Beitritts Bulgariens und Rumäniens, ABl. 2006 L 363/1.
[271] Kom., Staatliche Beihilfe N261/2007 – Bulgarien, Coal sector (8 companies), und Staatliche Beihilfe N 239/2007 – Rumänien, CN Huilei SA Petrosani.
[272] In Frankreich wurde das letzte Bergwerk im Jahr 2004 stillgelegt. 2006 erteilte Frankreich einem Privatunternehmen, das keinerlei Beihilfen erhalten wird, die Genehmigung zur Aufnahme der Gewinnung in einem neuen Braunkohletagebau im Gebiet von L'arc (Gardanne). Die Tschechische Republik hat ihre früher staatlichen Kohlebergwerke privatisiert und beschlossen, die Beihilfen einzustellen. Dies führte zu einem erheblichen Rückgang der Produktionsleistung sowie der Beschäftigung. Das privatisierte Unternehmen OKD behauptet sich heute erfolgreich auf dem Weltmarkt. Italien verfügt noch über ein arbeitendes Bergwerk auf Sardinien, für das bislang keine staatlichen Beihilfen gemeldet wurden, siehe Bericht der Kommission über die Anwendung der Verordnung (EG) Nr. 1407/2002 des Rates über staatliche Beihilfen für den Steinkohlenbergbau, KOM(2007) 253 endg., Punkt 2.1.1.

Zur Deckung von Verlusten bei der laufenden Produktion (**Betriebsbeihilfen**) bestimmte **303** Beihilfen können nur dann genehmigt werden, wenn die allgemeinen Sicherungsklauseln erfüllt, und darüber hinaus die folgenden Bedingungen eingehalten sind:
– Die notifizierte Beihilfe je Tonne Steinkohleneinheit darf den Unterschied zwischen den voraussichtlichen Produktionskosten und den voraussichtlichen Erlösen eines Geschäftsjahres nicht übersteigen. Die tatsächlich gezahlte Beihilfe unterliegt einer jährlichen Berichtigung aufgrund der tatsächlichen Kosten und Erlöse (Art. 4 lit. b);
– Betrieb im Rahmen eines Plans für den Zugang zu den Steinkohlevorkommen (Art. 5 Abs. 3 lit. a).
– Die Beihilfen werden für Produktionseinheiten gezahlt, die die besten wirtschaftlichen Aussichten bieten (Art. 5 Abs. 3 lit. b).
– Nachweis der rückläufigen Tendenz der Produktionskosten der geförderten Produktionseinheit.[273]

Im Rahmen des deutschen Umstrukturierungsplans 2006–2010 wurden von der Kommission **304** für die Jahre 2010,[274] 2009,[275] 2008,[276] 2007[277] und 2006[278] Betriebsbeihilfen genehmigt. Die Bewertung des Plans zum Zugang zu den Steinkohlevorkommen selbst erfolgte nach Art. 9 der Kohleverordnung im Jahr 2005.[279]

Beihilfen für außergewöhnliche Belastungen ("Altlastenbeihilfen") gemäß Art. 7 der **305** Kohleverordnung unterliegen anders als Beihilfen gemäß Art. 4 und 5 keiner Obergrenze oder Forderung nach Rückläufigkeit. Altlastenbeihilfen dienen der Deckung derjenigen Kosten, die durch die Rationalisierung oder Umstrukturierung des Steinkohlenbergbaus verursacht werden oder wurden und nicht mit der laufenden Förderung in Zusammenhang stehen ("Altlasten"). Die förderfähigen Kosten sind in der Anlage zur Kohleverordnung näher definiert. Danach sind förderfähig:
– Kosten und Rückstellungen der Unternehmen, die Umstrukturierungen und Rationalisierungen vornehmen oder vorgenommen haben. Der Anhang enthält einen Numerus Clausus von 11 Kostengruppen wie zB. Belastungen durch Zahlung von Sozialleistungen und anderen außergewöhnlichen Ausgaben, soweit sie auf die Auflösung von Arbeitsverhältnissen als Folge von Umstrukturierungen und Rationalisierungsmaßnahmen zurückzuführen sind;[280]
verbleibende Belastungen aufgrund von behördlichen, gesetzlichen oder steuerlichen Bestimmungen;[281]
durch die Stilllegung von Produktionseinheiten verursachte zusätzliche Sicherheitsarbeiten unter Tage;
Aufwendungen für die Sanierung ehemaliger Bergwerke;
– Kosten und Rückstellungen wegen der Erhöhung der Beiträge zur Deckung der Soziallasten außerhalb des gesetzlichen Systems, soweit diese Erhöhung auf eine Verminderung der Anzahl der Beitragspflichtigen infolge von Umstrukturierungen zurückzuführen ist;

---

[273] Laut der Kohleentscheidung 3632/93/EGKS musste jedes Bergwerk, das Betriebsbeihilfen erhielt, „eine tendenzielle Senkung der Produktionskosten" erkennen lassen. Diese Bedingung wurde nicht in die Kohleverordnung übernommen. In ihrer Entscheidung „Staatliche Beihilfe N 552/2005 – staatliche Beihilfen für den deutschen Steinkohlenbergbau im Jahr 2006" entschied die Kommission, dass diese Voraussetzung trotzdem weiterhin anwendbar sei, und dass sie auch aufgrund der Verordnung keine Betriebsbeihilfen unabhängig von der Entwicklung der Produktionskosten genehmigen könne, also vor allem nicht bei einem Anstieg dieser Kosten.

[274] Kom., Staatliche Beihilfe N 592/2009 – Deutschland, Staatliche Beihilfen für den Steinkohlenbergbau 2010.

[275] Kom., Staatliche Beihilfe N 563/2008 – Deutschland, Staatliche Beihilfen für den Steinkohlenbergbau 2009.

[276] Kom., Staatliche Beihilfe N 631/2007 – Deutschland, Staatliche Beihilfen für den Steinkohlenbergbau 2008.

[277] Kom., Staatliche Beihilfe N 726/2006 – Deutschland, Staatliche Beihilfen für den Steinkohlenbergbau 2007.

[278] Kom., Staatliche Beihilfe N 552/2005 – Deutschland, Staatliche Beihilfen für den Steinkohlenbergbau 2006.

[279] Kom., Staatliche Beihilfe N 320/2004 – Umstrukturierungsplan für den deutschen Steinkohlenbergbau 2006–2010.

[280] Zu den Kosten für die Reintegration von Arbeitnehmern siehe bspw. Kom., Staatliche Beihilfe N 20/2003 – Großbritannien, Schließung des Selby Complex; Kom., Staatliche Beihilfe, N 321/2004 – Frankreich, Aide à l'industrie houillère française destinée à couvrir les coûts de fermeture pour l'exercice 2004.

[281] Die Kommission bemängelt die zu weite Fassung dieser Kategorie, siehe Bericht der Kommission über die Anwendung der Verordnung (EG) Nr. 1407/2002 des Rates über staatliche Beihilfen für den Steinkohlenbergbau, KOM(2007) 253 endg., Punkt 2.3.4.

durch Umstrukturierungen verursachte Aufwendungen für die Wasserversorgung und Abwasserentsorgung;
Erhöhung der Beiträge zu Verbänden, die der Wasserversorgung und der Abwasserentsorgung dienen, soweit diese Erhöhung auf einem Rückgang der beitragspflichtigen Steinkohlenförderung nach einer Umstrukturierung beruht.

306   Die Kommission ist darum bemüht, die im Anhang aufgelisteten Kategorien eher eng auszulegen, da sie der Auffassung ist, die dort genannten Kosten stünden mitunter ohnehin nur indirekt oder gar nicht in Zusammenhang mit der Umstrukturierung des Kohlenbergbaus. Dies könne zur Folge haben, dass den betroffenen Unternehmen Beihilfen gewährt würden, ohne sie zu motivieren, die Umstrukturierungen voranzutreiben.[282] So hat sie beispielsweise die Erstellung von Schächten und anderen Einrichtungen zur Bewetterung des Bereichs Tres Hermanos, welche nach Auffassung Spaniens erst durch die Restrukturierung und Verkleinerung des betroffenen Steinkohlenbergbau notwendig geworden war, als nicht nach Art. 5 Abs. 2 Kohleverordnung förderfähige Investitionsbeihilfen angesehen.[283] Die Entscheidung ist vom Gericht weitestgehend bestätigt worden.[284]

307   **bb) Reform der Kohleverordnung.** Die Kohleverordnung tritt am 31. Dezember 2010 außer Kraft. Angesichts des geringen Beitrags der subventionierten Steinkohle zum europäischen Gesamtenergiemix ist es nach Auffassung der Kommission nicht mehr gerechtfertigt, Subventionen beizubehalten, um die Energieversorgung in der EU zu sichern. Mit Außerkrafttreten der Kohleverordnung werden einige Mitgliedstaaten gezwungen sein, ihre Steinkohlebergwerke zu schließen, und dann die sozialen und regionalen Folgen bewältigen müssen. Die Kommission hat daher am 20. 7. 2010 einen **Verordnungsvorschlag über staatliche Beihilfen zur Erleichterung der Stilllegung nicht wettbewerbsfähiger Steinkohlebergwerke**[285] dem Rat vorgelegt. Sie hat darin den bisherigen Erfahrungen mit der Kohleverordnung, die gezeigt haben, dass die vorgeschriebene Degressivität und die Bedingungen nicht ausreichten, um eine wirksame Umstrukturierung der Kohleindustrie zu gewährleisten, insoweit Rechnung getragen, als nunmehr nur noch zwei Arten von Beihilfen zulässig sein sollen:
– Stilllegungsbeihilfen, sowie
– Beihilfen zur Deckung mit der Stilllegung zusammenhängender außergewöhnlicher Kosten.
Damit entfallen insbesondere die bislang nach Art. 5 der Kohleverordnung zulässigen Investitions- und Betriebsbeihilfen für den Zugang zu Steinkohlevorkommen. **Stilllegungsbeihilfen** sind Betriebsbeihilfen zur Deckung von Verlusten aus der laufenden Produktion in Produktionseinheiten, deren Stilllegung bereits geplant ist. Sie ermöglichen die schrittweise Stilllegung nicht wettbewerbsfähiger Bergwerke und waren bereits nach Art. 4 der Kohleverordnung lediglich zeitlich begrenzt zulässig. Ihre Zulässigkeit sollte nach dem Kommissionsvorschlag nur noch bis zum 1. Oktober 2014 verlängert werden, vorausgesetzt, dass die betroffenen Produktionseinheiten nach den Vorgaben des Stilllegungsplans definitiv geschlossen werden. Werden die Produktionseinheiten, für die eine Stilllegungsbeihilfe gewährt wird, nicht zu dem in dem von der Kommission genehmigten Stilllegungsplan festgesetzten Termin geschlossen, muss der betreffende Mitgliedstaat den gesamten gewährten Beihilfebetrag zurückfordern. **Beihilfen zur Deckung außergewöhnlicher Kosten** sollen Kosten decken helfen, die nicht mit der laufenden Produktion in Zusammenhang stehen, sondern in Verbindung mit Bergwerksstilllegungen anfallen, sogenannte soziale und ökologische „Altlasten" (bislang von Art. 7 der Kohleverordnung gedeckt). Im Anhang zur vorgeschlagenen Verordnung sind alle Arten von förderfähigen Kosten aufgeführt; diese entsprechen weitestgehend den bislang bereits gedeckten Kosten. Die neue Verordnung soll bis zum 31. Dezember 2026 in Kraft bleiben. Solange wären dann mindestens die „Altlasten-Beihilfen" zulässig.

308   Der Vorschlag sollte sicherstellen, dass nicht wettbewerbsfähige Bergwerke auf jeden Fall bis zum 1. Oktober 2014 stillgelegt sind. Der Übergangszeitraum ist deutlich kürzer als derjenige des in Deutschland mühsam gefundenen „Kohlekompromisses" aus 2007, nach dem die Kohlesubventionen erst 2018 auslaufen sollen. Der Kommissionsvorschlag war daher von der deutschen

---

[282] Bericht der Kommission über die Anwendung der Verordnung (EG) Nr. 1407/2002 des Rates über staatliche Beihilfen für den Steinkohlenbergbau, KOM(2007) 253 endg., Punkt 2.3.4.
[283] Kom., ABl. 2003, L 119/26, Tz. 83 – González y Díez.
[284] EuG, T-24/04, Slg. 2007 II-3121, RdNr. 212–220 – González y Díez SA/Kommission.
[285] KOM(2010) 372 endg.

Kanzlerin Merkel (CDU) kritisiert worden. Pikant dabei ist, dass der für die Beihilfenkontrolle zuständige Kommissar Oettinger (CDU) den Vorschlag wesentlich mit zu verantworten hat. Am 23. November 2010 hat das Europäische Parlament eine Entschließung angenommen, in welcher es eine Verlängerung der Beihilfen bis 2018 fordert. Über die Hälfte der EU-Steinkohle wird in Polen produziert, der Rest stammt im Wesentlichen aus Deutschland, Großbritannien, der Tschechischen Republik und Spanien. Von der Schließung betroffen sind vor allem unrentable Kohlebergwerke im deutschen Ruhrgebiet sowie in Spanien und Rumänien. Die gebündelten Interessen dieser drei Staaten haben ausgereicht, eine Fristverlängerung durchzusetzen. Am 8. Dezember 2010 hat die Kommission einen geänderten Vorschlag präsentiert, nach dem die Stilllegungsbeihilfen degressiv bis Ende 2018 auslaufen. Der Rat hat diesen Vorschlag am 10. Dezember 2010 angenommen.[286] Fraglich ist, ob nach Auslaufen der Übergangsfrist Kohlesubventionen in vergleichbarer Höhe auf andere Ausnahmebestimmungen des AEUV gestützt werden können,[287] beispielsweise auf Art. 106 Abs. 2 AEUV in Verbindung mit dem Aspekt der Versorgungssicherheit. Auf diesen Aspekt hat die Kommission zwar kürzlich die Genehmigung von Beihilfen zu Gunsten der spanischen Kohleförderung gestützt.[288] Auf der anderen Seite sieht die Kommission die Kohleförderung aber gerade nicht mehr als notwendig zur Sicherung der europäischen Energieversorgung an.

c) Beihilfen außerhalb des Anwendungsbereichs der Kohleverordnung. Nicht erfasst **309** werden von der Kohleverordnung **niedrig inkohlte „C"-Sorten und andere feste heimische fossile Brennstoffe, zB. Ölschiefer und Teersande.** Sie unterliegen den allgemeinen Vorschriften für staatliche Beihilfen. So fiel eine *ad hoc* Beihilfe der Slowakei für einen zusätzlichen Minenschacht für eine Mine, die **Kohle der Sorte „C"** förderte, nicht in den Anwendungsbereich der Verordnung.[289] Hier ebenso wie in einem tschechischen Fall[290] wendete die Kommission die allgemeinen Vorschriften an und genehmigte die Beihilfen nach Art. 107 Abs. 3 lit. a AEUV als **Regionalbeihilfen.** Auch Art. 107 Abs. 3 lit. c AEUV kommt unter Umständen als Genehmigungsgrundlage in Betracht.[291] Für Beihilfen zu Gunsten von Kohlesorten außerhalb des Anwendungsbereichs der Kohleverordnung zeichnet nicht die GD Energie, sondern die GD Wettbewerb verantwortlich.

Beihilfen für den Steinkohlesektor können auch auf Ausnahmebestimmungen außerhalb der **310** Kohleverordnung gestützt werden, denn gemäß Art. 3 Abs. 1, 2. Halbsatz der Kohleverordnung gilt die Verordnung unbeschadet der Regelungen für staatliche Beihilfen in den Bereichen Forschung und technologische Entwicklung, Umwelt und Ausbildung. Zuständig für die Anwendungen dieser Bestimmungen auf den Kohlesektor ist die GD Energie.[292] Darüber hinaus können die nationalen Kohlebergwerke auch mittelbar Begünstigte von Beihilfe zu Gunsten der heimischen Kohlekraftwerke sein. Mehrfach hat die Kommission grünes Licht für den Ausgleich gegeben, den die Mitgliedstaaten Stromerzeugern zur Deckung der Kosten für die Erfüllung der gemeinwirtschaftlichen Verpflichtung, eine bestimmte Menge Strom aus einheimischer Kohle zu erzeugen, leisten wollten.[293] Nach den einschlägigen Binnenmarktrichtlinien dürfen Mitgliedstaaten aus Gründen der Versorgungssicherheit derartige gemeinwirtschaftliche Verpflichtungen auferlegen, allerdings nur bis zu einer Menge von maximal 15% des nationalen Elektrizi-

---

[286] Beide Texte sind noch unveröffentlicht.

[287] Nach dem 5. Erwägungsgrund und Art. 5 Abs. 2 des aktuellen Verordnungsvorschlags dürfen Kohlebergwerke nach den allgemeinen, nicht sektorspezifischen Beihilferegelungen gefördert werden, wobei eine solche Förderung nicht mit einer sektorspezifischen Förderung so kombiniert werden darf, dass für dieselben beihilfefähigen Kosten der Beihilfebetrag den nach der sektorspezifischen Verordnung zulässigen Höchstbetrag überschreitet.

[288] Siehe hierzu unten unter RdNr. 309.

[289] Kom., Staatliche Beihilfe N 500/2008 – Slowakei, Aid to Ba a áry a. s. (lignite mining).

[290] Kom., Staatliche Beihilfe N597/2004 – Tschechische Republik Lignit Hodonín, s. r. o.

[291] Vgl. hierzu Kom., Staatliche Beihilfe C 1/09 (ex NN 69/08) – Mutmaßliche Beihilfe für MOL – Aufforderung zur Stellungnahme gemäß Art. 108(2) AEUV, ABl. 2009 C 74/63.

[292] Siehe Kom. Entscheidungen Kom., Staatliche Beihilfe N 131/08 – Castilla-Leon – Aides aux mines de charbon (habilitation).

[293] Zuletzt durch Entscheidung vom 29. September 2010 in Kom., Staatliche Beihilfe N 178/2010 – Spanien – Preferential dispatch of indigenous coal plants; vgl. zuvor schon: Kom., Staatliche Beihilfe NN 49/1999 – Spanien, Régime des Coûts de Transition à la Concurrence; Kom., Staatliche Beihilfe N 34/1999 – Österreich, Ersatz von Stranded Costs, allerdings in Bezug auf Braunkohle; Kom., Staatliche Beihilfe N 6/A/2001 – Irland, Public Service Obligations imposed on the Electricity Supply Board with respect to the generation of electricity out of peat, allerdings bezogen auf Torf als Verbrennungsmaterial.

tätsverbrauchs.[294] Die staatliche Unterstützung ist mit den EU-Beihilfevorschriften über den Ausgleich für gemeinwirtschaftliche Verpflichtungen dann vereinbar, wenn sie nicht zu einer Überkompensation der Kosten für die Erfüllung der den Stromerzeugern auferlegten Verpflichtung führt. In diesen Fällen handelt es sich unmittelbar um Beihilfen zu Gunsten der Elektrizitätswirtschaft zum Ausgleich der Mehrkosten, die daraus folgen, dass sie zum Schutz der Versorgungssicherheit gezwungen ist, bestimmte nationale Energieträger zu verwenden. Mittelbar stellt dies eine Beihilfe zu Gunsten der heimischen Energieträger dar. Zuständig ist jedoch die GD Wettbewerb.

V. Banken

Schrifttum: *Ahlborn/Piccinin*, The Application of the Principles of Restructuring Aid to Banks during the Financial Crisis, EStAL 2010, 1; *Amelio/Siotis*, Applying EU Competition Rules during Testing Times: Some Issues, Concurrences, Competition Policy in Times of Crisis Nr. 2/2009, 3; *Arhold*, Globale Finanzkrise und europäisches Beihilfenrecht – Die (neuen) Spielregeln für Beihilfen an Finanzinstitute und ihre praktische Anwendung, EuZW 2008, 713; *Barets*, Le droit des aides d'État appliqué aux secteurs de la banque et de l'assurance: Articulation avec les règles prudentielles et reconnaissance de l'intérêt public en droit communautaire, Concurrences, Banque, Finance & Concurrence, Nr. 1/2007, 13; *Bartosch*, Beihilfenkontrolle in der Krise als Maxime des Politischen, RIW 2009, 1; *Behnsen/Ewer*, Staatshilfe für Staatsbanken? Inanspruchnahme von Maßnahmen nach dem FMStFG durch Landesbanken und ihr Vereinbarkeit mit dem höherrangigem Recht, BB 2008, 2582; *Behr*, Staatsbürgschaften, Banken und EU-Beihilfenverbot, RIW 1995, 708; *Beyer*, Gewährträgerhaftung ohne Gewähr?, NVwZ 1999, 1085; *Bufton*, Where state guarantees supporting commercial banking activities distort competition, they must be abolished: the case of CDC IXIS, Competition Policy Newsletter 2003, 26; *Campo*, The new State Aid temporary framework, Competition Policy Newsletter 1/2009, 21; *Colson*, Éléments relatifs à l'activité passée et future de la Commission européenne dans le domaine du contrôle des aides aux banques, Concurrences: Banque, Finance & Concurrence, Nr. 1/2007, 9; *Deselaers/Küpper*, Umstrukturierungsbeihilfen für Banken in der Finanzkrise – neue Welt, alter Standard?, EWS 2009, 212; *D'Sa*, „Instant" State Aid Law in a Financial Crisis – A U-Turn?, EStAL 2009, 139; *Engels*, „Lex Hypo Real Estate" – Das Finanzmarktstabilisierungsergänzungsgesetz auf verfassungsrechtlichem Prüfstand, BKR 2009, 365; *Foecking/Ohrlander/Ferdinandusse*, Competition and the Financial Markets: The Role of Competition Policy in Financial Sector Rescue and Restructuring, Competition Policy Newsletter 1/2009, 7; *Friederiszick/Tröge*, Applying the Market Economy Investor Principle to State Owned Companies – Lessons Learned from the German Landesbanken Cases, Competition Policy Newsletter 2006, 105; *Gärtner*, Die Transparenz der Finanzbeziehungen innerhalb der öffentlich-rechtlichen Kreditinstitute, ZBB 1998, 6; *Genner/Lienemeyer/Walkner*, The Commerzbank Recapitalisation Decision: Providing legal certainty in Times of Crisis and Guidance for Future Restructuring, Competition Policy Newsletter, 2/2009, 35; *Giolito*, Aides D'État, Concurrences, Aides D'État, Chroniques, Nr. 4/2008, 104; *Gruson*, Zum Fortbestehen von Anstaltslast und Gewährträgerhaftung zur Sicherung der Anleihen von Landesbanken, EuZW 1997, 357; *Gruson*, Noch einmal zum Fortbestehen von Anstaltslast und Gewährträgerhaftung für die Sicherung von Anleihen der Landesbanken, EuZW 1997, 429; *Günther*, Systemrelevanz von Finanzinstituten, WM 2010, 825; *Herrmann*, Beihilfenrecht als Schönwetterrecht? Die Beihilfenüberwachung in der Europäischen Union während der Finanz- und Wirtschaftskrise, WiVerw, 2010, 36; *Hopt*, Auf dem Weg zu einer neuen Finanzmarktarchitektur, EuZW 2009, 513; *Hopt/Fleckner/Kumpan/Steffek*, Kontrollerlangung über systemrelevante Banken nach dem Finanzstabilisierungsgesetzen (FMStG/GMStErgG), WM 2009, 821; *Horn*, Einfluss der EU-Vorgaben bei der Anwendung des Finanzstabilisierungsgesetzes, BB 2009, 450; *Jestaedt/Wiemann*, Anwendung des EU-Beihilfenrechts in der Finanzmarktkrise – Wettbewerbspolitisches Regulativ, Hemmschuh oder Feigenblatt? WuW 2009, 606; *Keßler/Dahlke*, Die Auswirkungen der Finanzkrise auf das europäische Beihilfenrecht, EWS 2009, 79; *Koenig*, „Instant State Aid Law" in a Financial Crisis, State of Emergency or Turmoil, EStAL 2008, 627; *ders.*, Die Privilegien öffentlich-rechtlicher Einstandspflichten zugunsten der Landesbanken vor den Schranken der EG-Beihilfenaufsicht, EWS 1998, 149; *ders.*, Öffentlich-rechtliche Anstaltslast und Gewährträgerhaftung als Staatliche Beihilfen gem. Art. 92 EGV?, EuZW 1995, 595; *ders./Sander*, Zur Beihilfenaufsicht über Anstaltslast und Gewährträgerhaftung nach Art. 93 EGV, EuZW 1997, 363; *Lübbig/Martin-Ehlers*, Beihilfenrecht der EU, 2. Auflage 2009; *Magnus/Crome/Samsel/Löffler/Lienemeyer*, The WestLB Restructuring Decision, Competition Policy Newsletter 2/2009, 35; *Martin-Ehlers*, Anstaltslast und Gewährträgerhaftung – Much ado about nothing?, EWS 2001, 263; *Merola/Colomo*, Aides d'État et secteur bancaire: Une étude des effets de la réforme, Concurrences: Revue des droits de la concurrence, Banque, Finance & Concurrence, Colloque 2007, 20; *Mock*, Richtlinienwidriges Finanzmarktstabilisierungsrecht – Zur Europarechtswidrigkeit der aktienrechtlichen Sondervorschriften des FMStBG, EuR 2009, 693; *Moser/Pesaresi/Soukup*, State Guarantees to German Public Banks: A New Step in the Enforcement of State Aid Discipline to Financial Services in the Community,

---

[294] Art. 3 Abs. 2 und Art. 11 Abs. 4 der zweiten Elektrizitätsmarkt-Richtlinie (2003/54/EG), sowie Art. 3 Abs. 2 und Art. 15 Abs. 4 der dritten Elektrizitätsmarkt-Richtlinie (2009/72/EG), die ab März 2011 Anwendung findet. Siehe hierzu auch oben unter RdNr. 255-256.

Competition Policy Newsletter, 2/2002, 1; *Möllers,* Verfassungsrechtliche Bewertung des FMStErgG, ZBB-Report 2009, 149; *Möschel,* Die zukünftige Rolle des Staates in der deutschen Kreditwirtschaft, Die Bank 2000, 84; *Müller-Graff,* Finanzmarktkrise und Wirtschaftsordnungsrecht: Aufwind für den „Regulierungsstaat"?, EWS 2009, 201; *Niemeyer,* Anstaltslast und Gewährträgerhaftung bei Sparkassen und die Zwischenstaatlichkeitsklausel in Art. 87 EG, EuZW 2000, 364; *Ohler,* Bankensanierung als staatliche Aufgabe, WiVerw 2010, 47; *Quardt,* Zur Abschaffung von Anstaltslast und Gewährträgerhaftung, EuZW 2002, 424; *Rau,* Finanzmarktstabilisierung, 3. Akt: „Bad Banks" zur Entlastung der Bilanzen, NJW 2009, 2401; *Savvides/Antoniou,* Ailing Financial Institutions: EC State Aid Policy Revisited: World Competition 2009, 347; *Schneider/Busch,* Anstaltslast und Gewährträgerhaftung als Beihilfen im Sinne von Art. 92 EGV?, EuZW 1995, 602; *Soltész/v. Köckritz,* Die Europäische Kommission und staatlich unterstützte Banken – Umgestaltung der europäischen Bankenlandschaft durch das EG-Beihilfenrecht, WM 2010, 241; *dies.,* Der „vorübergehende Gemeinschaftsrahmen" für staatliche Beihilfen – die Antwort der Kommission auf die Krise in der Realwirtschaft, EuZW 2010, 167; *Thode,* Anstaltslast und Gewährträgerhaftung bei kommunalen Sparkassen und Landesbanken, BB 1997, 1749; *Vollmöller,* Öffentlichrechtliche Kreditinstitute und EU-Beihilfenrecht, NJW 1998, 716; *Von Friesen,* Umgestaltung des öffentlichrechtlichen Bankensektors angesichts des Europäischen Beihilfenrechts, EuZW 1999, 581; *Weber/Grünewald,* Finanzkrise und Wirtschaftspolitik: Herausforderungen für das Europäische Wettbewerbsrecht, EuZW 2009, 58; *Werner/Maier,* Procedure in Crisis?, EStAL 2009, 177; *Wolfers/Rau,* Enteignung zur Stabilisierung des Finanzmarktes: Das Rettungsübernahmegesetz, NJW 2009, 1297; *Zimmer/Rengier,* Entflechtung, Fusionskontrolle oder Sonderregulierung für systemrelevante Banken?, ZWeR 2010, 105.

Übersicht

310   **1. Einleitung.** Die Beihilfenkontrolle im Bankensektor hat bis zum Ausbruch der Finanzkrise im Jahr 2007 zumindest in quantitativer Hinsicht keine besondere Rolle gespielt, was sich auch im Fehlen besonderer sektorspezifischer Regelungen zeigt. Dies kann nicht weiter überraschen, da in einer funktionierenden Marktwirtschaft Kreditinstitute typischerweise nicht Empfänger von staatlichen Beihilfen sein sollten. Gleichwohl haben Kom. und Unionsgerichte bereits vor der Finanzkrise mehrere prominente Beihilfenfälle aus dem Bankensektor beschäftigt. Dabei handelte es sich zum einen um die Auseinandersetzung der Kom. mit **öffentlich-rechtlichen Banken**[1] und deren Haftungsinstituten in Deutschland. Zum anderen ging es um die Beurteilung von **Rettungs- und Umstrukturierungsbeihilfen** für Banken in verschiedenen Mitgliedstaaten.

311   Die Bedeutung der Beihilfenkontrolle im Bankensektor hat sich seit dem Ausbruch der **Finanzkrise** grdl. geändert. Das Beihilfenregime der EU erlebt in der Finanzkrise seine „Feuerprobe". Seit dem Ausbruch der US-amerikanischen Immobilienkrise (sog. „subprime crisis") und deren Zuspitzung durch den Zusammenbruch der US-Investmentbank Lehman Brothers im September 2008 hatte die Kom. über staatliche Beihilferegelungen und Einzelmaßnahmen zur Rettung von Finanzinstituten und Stabilisierung der Finanzmärkte von **über 4000 Mrd. EUR** zu entscheiden, was mehr als 24% des BIP der EU entspricht.[2] Die gigantischen Beihilfenbeträge und der enge Zeitrahmen für den Erlass von Entsch. von zum Teil größter Tragweite sind in der bisherigen Kommissionspraxis beispiellos. Dies verdeutlicht das jährliche Beihilfenvolumen in der EU vor der Finanzkrise, das nach dem Anzeiger für staatliche Beihilfen der Kom. im Jahr 2007 ca. 65 Mrd. EUR bzw. 0,53% des BIP der EU betrug.[3] Auch die im Vergleich zur ex ante-Kontrolle nach dem EU-Fusionskontrollregime behäbige Kommissionspraxis der Beihilfenkontrollverfahren und die VO 659/1999,[4] die einen eher rudimentären Katalog von beihilferechtlichen Verfahrensregeln enthält, waren nicht das geeignete Rüstzeug für den Umgang mit der größten Finanz- und Wirtschaftskrise seit 100 Jahren.

312   Seit Oktober 2008 hat die Kom. daher innerhalb v. weniger als zehn Monaten vier Mitt. erlassen, um einen **einheitlichen Rechtsrahmen** für die Anwendung der Beihilfenvorschriften auf Stützungsmaßnahmen für Finanzinstitute in der Finanzkrise zu schaffen.[5] Primärrechtliche Grundlage dieses Rechtsrahmens ist **Art. 107 Abs. 3 lit. b 2. Alt. AEUV,** wonach Beihilfen zur Behebung einer beträchtlichen Störung im Wirtschaftsleben eines Mitgliedstaates mit dem Binnenmarkt vereinbar sein können. Diese Vorschrift war bis zur ihrer Anwendung im Rahmen der Finanzkrise praktisch bedeutungslos und wurde lediglich im Fall ernsthafter wirtschaftlicher Schwierigkeiten Griechenlands Mitte der 1980er Jahre v. der Kom. angewendet.[6] Auch verfahrensrechtlich reagierte die Kom. auf die Krisensituation und sicherte den betroffenen Banken und ihren Eigentümern den Erlass von Rettungsentsch. innerhalb kürzester Zeit und

---

[1] Vgl. hierzu *Vollmöller* NJW 1998, 716; *Von Friesen* EuZW 1999, 581.

[2] KOM(2010) 255, Bericht der Kom., Anzeiger für staatliche Beihilfen – Frühjahrsausgabe 2010 – Bericht über aktuelle Entwicklungen bei den Krisenbeihilfen für den Finanzsektor, 8.

[3] KOM(2008) 751 endg., 4.

[4] ABl. 1999 L 83/1.

[5] *Soltész/von Köckritz* WM 2010, 242; KOM(2009) 164, 11.

[6] KOM(2009) 164, 5; *Schwarze* DVBl. 2009, 1407.

über das Wochenende zu (24-Stunden-Service),[7] was personelle und organisatorische Veränderungen, wie die Gründung einer Task Force Financial Crisis, innerhalb der Generaldirektion Wettbewerb nach sich zog. Nicht zuletzt wurden im Innenhof der Generaldirektion Wettbewerb der Kom. vorübergehend Container als Besprechungsräume aufgestellt, um die Vielzahl von Bankenfällen mit den Beteiligten verhandeln zu können.

Ziel der Beihilfenkontrolle in der Finanzkrise ist es, einen **Subventionswettlauf zwischen** **313** **den Mitgliedstaaten** zu verhindern und übermäßige Wettbewerbsverzerrungen im Binnenmarkt zu vermeiden.[8] Die Gefahr eines solchen Wettlaufes wurde bes. deutlich, als die irische Regierung am 30. Dezember 2008 bekannt gab, eine Garantie für alle Einlagen und Verbindlichkeiten von sechs irischen Banken und deren ausländischen Tochtergesellschaften zu stellen. In Reaktion darauf zog eine Vielzahl englischer Verbraucher Kapital bei englischen Banken ab, um es bei irischen Banken bzw. deren in England tätigen Tochtergesellschaften einzuzahlen.[9] Der Europäische Rat forderte anlässlich seines Gipfeltreffens am 15. und 16. Oktober 2008 die Kom. daher ausdrücklich zur Ausübung ihrer Kompetenzen zur Kontrolle mitgliedstaatlicher Beihilfen auf.[10] Die uneingeschränkte Anwendung der Beihilfenregeln in der Finanzkrise ist angesichts des Ausmaßes der Krise und der Notwendigkeit kurzfristiger gigantischer Rettungsmaßnahmen indes keine Selbstverständlichkeit. Die Mitgliedstaaten hätten sich nach Art. 108 Abs. 2 S. 3 AEUV auch darauf verständigen können, die mitgliedstaatlichen Rettungsmaßnahmen einstimmig zu genehmigen.

Die beihilfenrechtliche Krisenbewältigung hält noch an. Zahlreiche Einzelverfahren sind **314** noch nicht abgeschlossen. Die den Kreditinstituten im Zusammenhang mit der Genehmigung von Rettungsbeihilfen auferlegte Umstrukturierung wird noch mehrere Jahre in Anspruch nehmen und unter Umständen weitere Beihilfeverfahren nach sich ziehen.[11] Eine Bewertung der Beihilfenkontrolle in der Finanzkrise steht daher noch aus. Diese Auswertung wird zum einen zeigen, ob sich die von der Kom. geforderten weitreichenden Umstrukturierungen zahlreicher Kreditinstitute, die die Änderungen des Geschäftsmodells, die 50%ige Reduzierung der Bilanzsumme und auch einen Eigentümerwechsel für die gerettete Bank umfassen,[12] in rechtlicher und wettbewerblicher Hinsicht bewährt haben. Zum anderen wird es interessant sein zu sehen, wie sich die Entscheidungspraxis der Kom. in der Finanzkrise in verfahrens- und materiellrechtlicher Hinsicht auf die zur Normalität zurückgekehrte Beihilfenkontrolle auswirken wird.

2. Beihilfenkontrolle vor der Finanzkrise. Aus der Zeit vor der Finanzkrise existieren **315** keine sektorspezifischen Regeln für den Bankensektor. Die Kommission prüfte Beihilfen zugunsten von Banken anhand allg. Vorschriften und Grundsätze des Beihilfenrechts. Diese Grundsätze wandte die Kom. ua. auf die zugunsten von öffentlich-rechtlichen Kreditinstituten in Deutschland bestehende **Anstaltslast und Gewährträgerhaftung, Kapitalzufuhren** durch öffentliche Träger bzw. Eigentümer von Banken und eine Reihe von aufsehenerregenden **Umstrukturierungsbeihilfen** für Banken in verschiedenen Mitgliedstaaten an, was nachfolgend dargestellt wird.

a) Anstaltslast und Gewährträgerhaftung. aa) Begriff der Anstaltslast und Gewähr- **316** **trägerhaftung.** Unter Anstaltslast wird die Verpflichtung des Gewährträgers verstanden, „die wirtschaftliche Basis einer Anstalt zu sichern, sie für die gesamte Dauer ihres Bestehens funktionsfähig zu erhalten und etwaige finanzielle Lücken durch Zuschüsse oder auf andere geeignete Weise auszugleichen."[13] Eine Insolvenz der jeweiligen Anstalt wird dadurch praktisch ausgeschlossen. Die Anstaltslast wurde in Deutschland bereits im Jahr 1897 in einem Urt. des preußischen OVG als allg. Grundsatz des Verwaltungsrechts anerkannt; dieser Grundsatz war seitdem von den obersten deutschen Bundesgerichten mehrfach bekräftigt worden.[14] Die An-

---

7 Bankenmitt., ABl. 2008 C 270/8 Tz. 53; vgl auch *Werner/Maier* EStAL 2009, 177.
8 KOM(2009) 164, 3.
9 Kom., Staatliche Beihilfe NN 48/2008, 21 – Irland.
10 Schlussfolgerungen des Vorsitzes, 14 368/08.
11 *Soltész/von Köckritz* WM 2010, 241.
12 Kom., ABl. 2009 L 345/1, Anhang 2.1 – WestLB.
13 Kom., C(2002) 1286, Staatliche Beihilfe E 10/2000, 4.
14 PrOVG, 4. 6. 1897, PrOVBl. Nr. 12 (1897/1898), 280, 281; BGHZ 90, 161, 169; BVerfGE 75, 197; näher zur historischen Entwicklung *Wehber* Kreditwesen 2005, 752. Auch die herrschende Meinung in der Literatur sah die Anstaltslast als zwingend an, so etwa *Kirchhof* NVwZ 1994, 1042; *Schneider* ZfK 1982, 588; aA. *Koenig* WM 1995, 828.

staltslast resultiert aus der Auslagerung einer spezifischen Aufgabe von der betreffenden Körperschaft in eine rechtlich selbständige Anstalt.[15]

317 Gewährträgerhaftung bedeutet die Verpflichtung der öffentlich-rechtlichen Einrichtung, die die Anstaltslast trägt, ggü. Gläubigern der Anstalt für alle Verbindlichkeiten einzustehen. Sie ist damit das Gegenstück der Anstaltslast im Außenverhältnis[16] und ist zu ihr subsidiär.[17] Die Gewährträgerhaftung stellte keinen allg. Rechtsgrundsatz dar, sondern bedurfte einer ausdrücklichen gesetzlichen Regelung.[18]

318 **bb) Beihilfenrechtliche Bewertung.** Die Kom. befasste sich erstmals im Jahr 1995 mit den deutschen Haftungsinstituten für Landesbanken und Sparkassen und stufte in einem Non-Paper Anstaltslast und Gewährträgerhaftung als Beihilfen ein.[19] Dem schloss sich die Monopolkommission in ihrem elften Hauptgutachten an. Sie quantifizierte den Wettbewerbsvorteil der öffentlichen Banken auf Beträge zwischen 250 und 500 Mio. DM pro Jahr.[20] In der Literatur wurde die Frage kontrovers diskutiert.[21]

319 Deutschland versuchte daraufhin in den Verhandlungen über den Amsterdamer Vertrag einen unionsrechtlichen Bestandsschutz für das öffentliche Bankensystem in Deutschland zu erzielen, was aber nur zu einer unverbindlichen Protokollerklärung zum Amsterdamer Vertrag von 1997 führte.[22] Den dort erwähnten Bericht zu öffentlich-rechtlichen Kreditinstituten in den Mitgliedstaaten legte die Kom. dem Ministerrat Ende 1998 vor.[23] Darin kam sie zu dem Ergebnis, dass Anstaltslast und Gewährträgerhaftung nicht durch Art. 345 AEUV gedeckt seien und unzulässige Beihilfen darstellten, soweit sie sich auf Aufgaben bezögen, die nicht als Dienstleistungen von allg. wirtschaftlichem Interesse anzusehen sind. Diese Auffassung findet sich auch in ihrer Bürgschaftsmitteilung[24] aus dem Jahr 2000. Die Kom. erörterte folgende Fallgruppen als mögliche Dienstleistungen von allg. wirtschaftlichem Interesse:

– die flächendeckende Bereitstellung einer grundlegenden Finanzinfrastruktur;

– die Ausführung bestimmter konkreter Aufgaben durch Kreditinstitute für den betreffenden Mitgliedstaat (Förderung von KMU, Gewährung oder Absicherung von Exportkrediten, Darlehen für den sozialen Wohnungsbau, Gemeindefinanzierung, Finanzierung von Infrastrukturvorhaben, Regionalentwicklung); sowie

– die Mittelbeschaffung ausschließlich für einen Mitgliedstaat.

320 Die Prüfung dieser Fallgruppen erfolgte im Rahmen eines konkreten Beihilfenkontrollverfahrens der Kom.

---

[15] Vgl. hierzu *Lübbig/Martin-Ehlers* RdNr. 436 f.; *Schneider*, FS Riesenfeld, 237, 244.

[16] *Lübbig/Martin-Ehlers* RdNr. 441.

[17] *Lübbig/Martin-Ehlers* RdNr. 443; *Thode/Peres* BB 1997, 1749.

[18] Vgl. auch *Schimansky/Bunte/Lwowski/Bunte*, Bankrechts-Handbuch, § 142 RdNr. 54; vgl. zB für die WestLB die Regelungen in § 39 Abs. 3 Satz 1 SparkassenGNRW und in § 5 Abs. 2 der Satzung der WestLB.

[19] Kom., Non-Paper on the treatment of Anstaltslast and Gewährträgerhaftung of public legal form credit institutions in Germany in view of Art. 92(1) of the Treaty, Dezember 1995.

[20] Elftes Hauptgutachten der MK 1994/1995, BT-Drucks. 13/5309, 39, RdNr. 112–114.

[21] Gegen Beihilfenrechtswidrigkeit *Schneider/Busch* EuZW 1995, 602; *Scherer/Schödermeier* ZBB 1996, 165, 173 ff.; *Martin-Ehlers* EWS 2001, 263, 267; dafür *Koenig* EuZW 1995, 595; *Koenig/Sander* EuZW 1997, 363; *Koenig* EWS 1998, 149; *Vollmöller* NJW 1998, 716, 719; *von Friesen* EuZW 1999, 581; differenzierend *Kruse* NVwZ 2000, 721; *Immenga/Rudo*, Die Beurteilung von Gewährträgerhaftung und Anstaltslast der Sparkassen und Landesbanken nach dem EU-Beihilferecht, 1997.

[22] Die entsprechende Erklärung 37 lautet: „Die Konferenz nimmt die Auffassung der Kom. zur Kenntnis, dass die bestehenden Wettbewerbsregeln der Gemeinschaft es zulassen, Dienstleistungen von allgemeinem wirtschaftlichen Interesse, welche die in Deutschland bestehenden öffentlich-rechtlichen Kreditinstitute erfüllen, sowie ihnen zum Ausgleich für die mit diesen Leistungen verbundenen Lasten gewährte Fazilität voll zu berücksichtigen. Dabei bleibt es der Organisation dieses Mitgliedstaats überlassen, auf welche Weise er insoweit den Gebietskörperschaften die Erfüllung ihrer Aufgabe ermöglicht, in ihren Regionen eine flächendeckende und leistungsfähige Finanzinfrastruktur zur Verfügung zu stellen. Diese Fazilitäten dürfen die Wettbewerbsbedingung nicht in einem Ausmaß beeinflussen, das über das zur Erfüllung der besonderen Aufgaben erforderliche Maß hinausgeht und zugleich dem Interesse der Gemeinschaft entgegenwirkt." Zu dieser Erklärung *Koenig* WM 1997, 1279; *Beyer* NVwZ 1999, 1086.

[23] Bericht über „Dienstleistungen von allgemeinem wirtschaftlichen Interesse im Bankensektor" v. 17. 6. 1998, hierzu *Heidenhain/Montag/Leibenath* § 7 RdNr. 60 f.; *Lübbig/Martin-Ehlers* RdNr. 453.

[24] Mitt. über die Anwendung der Art. 87 und 88 EG-Vertrag auf staatliche Beihilfen in Form von Haftungsverpflichtungen und Bürgschaften, ABl. 2000 C 71/14, RdNr. 2.1.3.

cc) Das Verfahren gegen Anstaltslast und Gewährträgerhaftung. Am 21. Dezember 321
1999 reichte die Europäische Bankenvereinigung eine Beschwerde gegen Anstaltslast und Ge-
währträgerhaftung bei der Kom. ein. Diese eröffnete am 26. Januar 2001 das Verfahren nach
Art. 108 Abs. 1 AEUV iVm. Art. 17 VO 659/1999 für bestehende Beihilfen und schlug der
Bundesrepublik am 8. Mai 2001 zweckdienliche Maßnahmen vor. Diese Vorschläge sahen vor,
dass die Bundesrepublik bis zum 31. März 2002 die beiden Institute entweder abschafft oder
Maßnahmen zur Vereinbarkeit mit Unionsrecht trifft. Als Begründung führte die Kom. aus:
– Anstaltslast und Gewährträgerhaftung sind **staatliche Bürgschaften,** die den Bürgschafts-
  schuldner begünstigen. Die Kom. verweist insoweit auf ihre Bekanntmachung zu Haftungsverpflichtungen und Bürgschaften.
– Die Einstufung als Beihilfe verstößt nicht gegen die Eigentumsgarantie des Art. 345 AEUV.
  Jedem Staat ist es freigestellt, Kreditinstitute auch durch öffentliche Eigentümer betreiben zu
  lassen. Allerdings dürfen dann in den Bereichen, in denen Wettbewerb besteht, durch Beihilfen keine Wettbewerbsverzerrungen bewirkt werden.
– Die Beihilfen können auch nicht unter Hinweis auf Art. 106 Abs. 2 AEUV gerechtfertigt
  werden. Die Kom. zweifelt bereits daran, dass öffentliche Kreditinstitute iSd. Art. 106 Abs. 2
  AEUV mit einer öffentlichen Aufgabe betraut sind. Jedenfalls habe die Bundesregierung nicht
  dargetan, wie hoch die Kosten der Erledigung der öffentlichen Aufgabe sind und inwieweit
  diese Kosten durch Anstaltslast und Gewährträgerhaftung kompensiert werden.
  In den folgenden Verhandlungen zwischen der Kom. und Vertretern der Bundesregierung 322
wurden zwei politische Kompromisse (sog. Verständigung I und II) erzielt, die am 27. März
2002 in eine Entsch. umgestaltet wurden.[25]
  Die erste Verständigung v. 17. Juli 2001 (Verständigung I) regelt die Abschaffung der Ge- 323
währträgerhaftung und die Ersetzung der Anstaltslast durch eine wirtschaftliche Eigentümerbeziehung nach marktwirtschaftlichen Grundsätzen für Landesbanken und Sparkassen. Die zweite
Verständigung v. 27. März 2002 (Verständigung II) regelt die Fortgeltung staatlicher Haftungs-
institute für Förderinstitute. Die Kom. hatte damit im Ergebnis ihre Rechtsvorstellung auf ganzer Linie durchgesetzt.[26] Der damalige Wettbewerbskommissar Mario Monti kommentierte die
Verständigungen mit den Worten: „Der Weg ist nun frei, um das deutsche Haftungssystem für
öffentlich-rechtliche Kreditinstitute mit den Bestimmungen des EG-Vertrages über staatliche
Beihilfen in Einklang zu bringen und somit eine seit langem bestehende Wettbewerbsverzerrung im Kern des deutschen und europäischen Finanzsystems zu beseitigen."[27]

α) Die Verständigung I. Nach der Verständigung I unterwerfen sich alle Landesbanken 324
und Sparkassen, einschließlich ihrer öffentlich-rechtlichen Tochterunternehmen, dem sog.
„Plattform"-Modell, das in der Abschaffung der Gewährträgerhaftung und der Umgestaltung
der Anstaltslast nach folgenden Grundsätzen besteht:
– Die finanzielle Beziehung zwischen dem öffentlichen Eigner und dem öffentlichen Kreditinstitut darf sich nicht von einer normalen wirtschaftlichen Eigentümerbeziehung gemäß marktwirtschaftlichen Grundsätzen unterscheiden, so wie der zwischen einem privaten Anteilseigner und einem Unternehmen in einer Gesellschaftsform mit beschränkter Haftung.
– Jegliche Verpflichtung des öffentlichen Eigners zu wirtschaftlicher Unterstützung des öffentlichen Kreditinstituts und jeglicher Automatismus wirtschaftlicher Unterstützung durch den Eigner zugunsten des öffentlichen Kreditinstituts ist ausgeschlossen. Es besteht keine unbeschränkte
  Haftung des Eigners für Verbindlichkeiten des öffentlichen Kreditinstituts. Es gibt keine Ab-
  sichtserklärung oder Garantie, den Bestand des öffentlichen Kreditinstituts sicherzustellen.
– Die öffentlichen Kreditinstitute werden den gleichen Regeln für den Insolvenzfall wie private
  Kreditinstitute unterworfen, ihre Gläubiger werden somit in ihrer Position denen privater
  Kreditinstitute gleichgestellt.
– Diese Grundsätze gelten unbeschadet der Möglichkeit des Eigners, wirtschaftliche Unterstüt-
  zung in Einklang mit den Beihilferegelungen des EG-Vertrags zu gewähren.
  Die der Verständigung I zugrunde liegende beihilfenrechtliche Bewertung der staatlichen 325
Haftungsregeln in Deutschland durch die Kom. ist aufgrund der Einigung v. 17. Juli 2001, die

---

[25] Zu Verfahren und Inhalt der Verhandlungen siehe Kom., C(2002) 1286, Staatliche Beihilfe E 10/2000,
1 f.; *Quardt* EuZW 2002, 424, 425 f.
[26] So auch *Heidenhain/Montag/Leibenath* § 7 RdNr. 63; *Schimansky/Bunte/Lwowski/Bunte* Bankrechts-
Handbuch, § 142 RdNr. 54.
[27] IP 02/634; hierzu auch IP 03/49; zum Kompromiss und dem Verfahren aus Sicht der Kom. vgl.
Moser/Pesaresi/Soukoup CPN 2/2002, 1.

als politischer Kompromiss das beihilferechtliche Prüfverfahren der Kom. beendete, nicht mehr gerichtlich überprüft worden. Es ist daher unklar, ob die Rechtsansicht der Kom. von den Unionsgerichten gebilligt worden wäre.[28] Klarheit besteht aber darüber, dass die Verständigung I keine abschließende Erledigung aller mit öffentlichen Kreditinstituten (möglicherweise) verbundenen beihilferechtlichen Fragen bewirkt hat. Im Gegenteil ergibt sich sowohl aus dem Sinn und Zweck der Verständigung I und ihrem unmissverständlichen Wortlaut als auch den allg. Grundsätzen des Beihilfenrechts, dass die Beziehung des Staates zu öffentlichen Kreditinstituten grundsätzlich – auch gegebenenfalls über die Verständigung I hinaus – der Beihilfenkontrolle unterliegt. Der Kom. obliegt es daher nicht nur, die Umsetzung der Verständigung I in nationales Recht zu überwachen, sondern auch die allg. Einhaltung des Beihilferechts im deutschen Finanzsektor zu kontrollieren.[29]

326   Für die Umsetzung der Verpflichtungen aus der Verständigung I war eine vierjährige Übergangsfrist bis zum 18. Juli 2005 vorgesehen. Die Sparkassen- und Landesbankgesetze der deutschen Bundesländer mussten bis Ende 2002 entsprechend geändert werden, was auch erfolgt ist.[30] Hinsichtlich der Gewährträgerhaftung wurde ferner aus Gründen des Gläubigerschutzes eine gestaffelte Übergangsregelung (**sog. „Grandfathering"**) vereinbart. Bis zum 18. Juli 2005 entstandene Verbindlichkeiten sind nach den Übergangsregelungen weiterhin von der Gewährträgerhaftung gedeckt, wenn ihre Laufzeit nicht über den 31. Dezember 2015 hinausgeht. Für Verbindlichkeiten, die vor dem 18. Juli 2001 entstanden sind, gilt die Gewährträgerhaftung zeitlich unbegrenzt fort.[31]

327   **β) Die Verständigung II.** Nach der ursprünglichen Auffassung der Kom. galt die Verständigung I nicht nur für die Sparkassen und Landesbanken, sondern auch für reine **Förderbanken** wie die Landesaufbaubanken oder die Kreditanstalt für Wiederaufbau (KfW).[32] Aus dieser Problematik ergaben sich weitere Verhandlungen, deren Ergebnis in der Verständigung II gesondert geregelt worden sind. Diese führt aus, unter welchen Voraussetzungen **Anstaltslast und Gewährträgerhaftung für Förderbanken** aufrecht erhalten bleiben dürfen.[33]

328   Die Bestimmung der beihilferechtlich zulässigen Grenzen für die Tätigkeiten einer Förderbank erfordert eine Definition der Fördermaßnahme. Diese werden in Wahrnehmung öffentlicher Aufgaben durchgeführt und sind der Staatssphäre zuzurechnen. Es handelt sich damit nicht um privatwirtschaftliche bzw. kommerzielle Tätigkeiten. Beihilferechtlich wird man eine Fördertätigkeit nur so verstehen können, dass sie zu Vorzugsbedingungen, dh. zu besseren als Marktkonditionen erfolgt. Es handelt sich gerade nicht um eine Maßnahme, bei der Leistung und Gegenleistung ausgeglichen sind. Eine Fördermaßnahme führt grundsätzlich immer zu einem wirtschaftlichen Vorteil, der durch keine angemessene Gegenleistung kompensiert wird, und stellt somit eine Begünstigung iSd. Art. 107 Abs. 1 AEUV dar. Beihilferechtlich ist die Tätigkeit einer Förderbank daher auf **Komplementärfunktionen zum Wettbewerbsbereich** beschränkt. Fördertätigkeiten sind auch nicht mit **Dienstleistungen von allg. wirtschaftlichem Interesse** gleichzusetzen. Denn hierbei handelt es sich um Leistungen, die grundsätzlich durch den Wettbewerb bzw. den freien Markt erbracht werden könnten. Fördertätigkeiten können dagegen nicht v. Markt erbracht werden, da Leistungswettbewerb insoweit nicht funktioniert.

329   Eine Konkretisierung der beihilferechtlich zulässigen Tätigkeiten eines Förderinstituts ist den in Ziffer 2 des dritten Teils der Verständigung II aufgeführten Förderbereichen zu entnehmen.[34] Zum Förderauftrag können danach folgende fünf Bereiche gehören:
– Durchführung von öffentlichen Förderaufgaben;
– Beteiligung an Projekten im Gemeinschaftsinteresse, die von der Europäischen Investitionsbank oder ähnlichen Finanzierungsinstituten mitfinanziert werden;

---

[28] Kritisch zur Rechtsansicht der Kom. *Heidenhain/Montag/Leibenath* § 7 RdNr. 71; *Quardt* EuZW 2002, 424, 426 f.; *Lübbig/Martin-Ehlers* RdNr. 464 f.

[29] IP/03/49; *Schöne/Tillmann/Gerhards* DVBl. 2002, 1258, 1259 f.

[30] Näher zu den Folgen für die öffentlich-rechtlichen Kreditinstitute *Witte/Rafiqpoor* WM 2003, 1885; für Nachweise zu den einzelnen Änderungsgesetzen vgl. *Heidenhain/Montag/Leibenath* § 7 RdNr. 66 Fn. 106 a.

[31] Kom., C(2002) 1286, Staatliche Beihilfe E 10/2000, 2 f.

[32] *Lübbig/Martin-Ehlers* RdNr. 457; *Quardt* EuZW 2002, 426.

[33] Die Ebene zwischen Förderbank und Förderungsempfänger, also die Frage, ob der Empfänger beihilfenrechtlich überhaupt gefördert werden durfte, bleibt von der Verständigung II unberührt und unterliegt der allgemeinen beihilferechtlichen Kontrolle der Kom.; vgl. hierzu Kom., C(2002) 1286, Staatliche Beihilfe E 10/2000, 11, Ziff. 2, Abs. 2, 1.

[34] Kom., C(2002) 1286, Staatliche Beihilfe E 10/2000, 11 f.

– Gewährung von Darlehen und anderen Finanzierungsformen an Gebietskörperschaften und öffentlich-rechtliche Zweckverbände;
– Maßnahmen rein sozialer Art;
– Exportfinanzierung außerhalb der Europäischen Union, des Europäischen Wirtschaftsraumes und von Ländern mit offiziellem Status als EU-Beitrittskandidat, soweit diese im Einklang mit den für die Gemeinschaft bindenden internationalen Handelsabkommen, insbes. den WTO-Abkommen stehen.

Die Aufzählung der zulässigen **Förderbereiche** ist vor dem Hintergrund des Ziels der beiden **330** Verständigungen und ihrer Entstehung als politische Kompromisse zur Beendigung eines Beihilfeverfahrens als **abschließend** anzusehen. Nur in den genannten fünf Bereichen dürfen „die den staatlichen Haftungsinstituten Anstaltslast und/oder Gewährträgerhaftung und/oder Refinanzierungsgarantien für die Förderinstitute immanenten Vorteile [...] eingesetzt werden".[35] Für die übrigen Geschäftsbereiche verlangt die Verständigung II, dass diese Bereiche aufgegeben oder auf ein rechtlich selbständiges Unternehmen ohne öffentliche Unterstützung ausgegliedert werden. Eine Fortführung dieser Tätigkeiten durch die Förderbank ist nicht vorgesehen.

b) Kapitalzufuhren. aa) Die Übertragung von Wohnungsbauförderdarlehen, Teilen 331 oder der Gesamtheit von Wohnungsbaukreditanstalten und Wohnungsbauförderungsanstalten. Am 20. Oktober 2004 schloss die Kom. nach langjährigen Untersuchungen sieben Beihilfeprüfungsverfahren gegen Deutschland ab und forderte Deutschland auf, 3 Mrd. EUR plus Zinsen von den Beihilfeempfängern zurückzufordern, da die nicht genehmigten Beihilfemaßnahmen unter Verstoß gegen Art. 108 Abs. 3 AEUV gewährt worden waren. Die betroffenen Banken waren sieben deutsche Landesbanken: die WestLB, die Landesbank Berlin, die NordLB, die Landesbank Schleswig-Holstein, die Bayerische Landesbank, die Hamburgische Landesbank und die Landesbank Hessen-Thüringen.[36]

Gegenstand der Verfahren waren Vermögensübertragungen durch die Bundesländer auf öf- **332** fentlich-rechtliche Kreditinstitute. Diese fanden Anfang der 90er Jahre aufgrund der Anpassung an die neuen Anforderungen der Solvabilitäts- und Eigenmittelrichtlinien[37] statt. In diesen Richtlinien war vorgesehen, dass das haftende Kapital von Banken auf 8% des risikogewichteten Aktiva erhöht werde sollte, wobei mindestens 4 Prozentpunkte davon sog. Kernkapital darstellen musste. Die betroffenen Landesbanken, deren Anteile zu dieser Zeit idR v. jeweiligen Bundesland und den regionalen Sparkassenverbänden gehalten wurden, waren zu dem Zeitpunkt verhältnismäßig schwach mit haftendem Kapital ausgestattet.[38] Zum Zweck der Kapitalerhöhung übertrugen die Länder ihren Landesbanken landeseigene Treuhandstellen,[39] Baudarlehensforderungen in Form von Wohnungsbauförderdarlehen[40] sowie Wohnungsbaukreditanstalten[41] bzw. Wohnungsbauförderungsanstalten.[42] Dagegen legte der Bundesverband deutscher Banken (BdB) Beschwerden bei der Kom. ein, da die Privatbanken ihr Eigenkapitalquote ebenfalls erhöhen mussten, allerdings ohne die Unterstützung von staatlichen Trägern.

Das Vorliegen einer v. Beihilfenverbot des Art. 107 Abs. 1 AEUV erfassten Begünstigung **333** prüfte die Kom. anhand des **Vergleichsmaßstabs des „marktwirtschaftlich handelnden Kapitalgebers",**[43] dessen Anwendung auf die betroffenen Landesbanken von der Kom. ausdrücklich bejaht wurde.[44] Im Rahmen ihrer Prüfung untersuchte die Kom. insbes., ob in Folge der Kapitalzufuhren Änderungen in der Eigentümerstruktur gegeben hatte, und, nach Ermittlung der Kapitalbasis für die Berechnung der Vergütung, ob eine angemessene Vergütung für das Kapital geleistet worden war. Sie kam zu dem Schluss, dass die vereinbarten Zahlungen

---

[35] Kom., C(2002) 1286, Staatliche Beihilfe E 10/2000, 11.

[36] Kom., ABl. 2006 L 307/22 – Westdeutsche Landesbank; Kom., ABl. 2006 L 307/1 – Landesbank Berlin; Kom., ABl. 2006 L 307/58 – Norddeutsche Landesbank; Kom., ABl. 2006 L 307/134 – Landesbank Schleswig-Holstein; Kom., ABl. 2006 L 307/81, Tz. 100 – Bayerische Landesbank; Kom., ABl. 2006 L 307/110 – Hamburgische Landesbank; Kom., ABl. 2006 L 307/159 – Landesbank Hessen-Thüringen.

[37] RL 89/647/EWG, ABl. 1989 L 386/14, aufgehoben und ersetzt durch RL 2000/12, ABl. 2000 L 126/1; RL 89/299/EWG, ABl. 1989 L 124/16, aufgehoben und ersetzt durch RL 2000/12/EG, ABl. 2000 L 126/1.

[38] Kom., ABl. 2006 L 307/58; Kom., ABl. 2006 L 307/81, Tz. 25.

[39] Kom., ABl. 2006 L 307/58, Tz. 1.

[40] Kom., ABl. 2006 L 307/81, Tz. 100.

[41] Kom., ABl. 2006 L 307/110 und Kom., ABl. 2006 L 307/134.

[42] Kom., ABl. 2006 L 307/22.

[43] Kom., ABl. 2006 L 307/58.

[44] Kom., ABl. 2006 L 307/134, Tz. 122.

für die Vermögensübertragungen sehr niedrig waren (unter 1%) und deshalb nicht mit dem Grundsatz des marktwirtschaftlich handelnden Kapitalgebers im Einklang standen. Die Anlagerendite, die von einem privaten Investor erwartet worden wäre, schätzte die Kom. auf 6–7%.[45]

334   Im Fall der Landesbank Hessen-Thüringen (Helaba), bei welcher Sondervermögen als unbefristete stille Vermögenseinlage in das Kapital der Helaba eingebracht worden ist und für welches diese eine Festvergütung als Gegenleistung zu zahlen hatte, die in den ersten vier Jahren nach der Transaktion nicht auf den vollen Wert des übertragenen Vermögens, sondern auf in jährlichen Schritten ansteigende Tranchen zu entrichten war, erhob der Bundesverband deutscher Banken Klage gegen die Bewertung der Vermögensübertragung durch die Kom.[46] Er war der Meinung, dass die Einlage in vollem Umfang als staatliche Beihilfe hätte eingeordnet werden müssen. Das Gericht entschied jedoch, dass die für das Vermögen gezahlte Vergütung angemessen war. Es stellte dabei fest, dass es sich bei der Zahlung für das eingebrachte Sondervermögen um ein besonderes Instrument gehandelt habe, welches aber mit stillen Einlagen vergleichbar sei. Es berücksichtigte diese Besonderheiten bei der Beurteilung der Höhe der Vergütung insbes. in Bezug auf die zusätzlichen Risiken wie das Volumen der Transaktion aber auch die zusätzlichen Kosten, die der Helaba aufgrund der fehlenden Liquidität entstanden waren.

335   **bb) Kapitalerhöhungen zum Ausgleich für den Wegfall von Anstaltslast und Gewährträgerhaftung.** Nur kurze Zeit später hatte sich die Kom. erneut mit Kapitalzufuhren bei deutschen Landesbanken zu beschäftigen, die getroffen wurden, um den Wegfall von Anstaltslast und Gewährträgerhaftung zu kompensieren. Mit den Maßnahmen der Kapitalerhöhung wurde jeweils eine qualitative Verbesserung der Kapitalbasis bezweckt. In zwei Fällen aus dem Jahr 2005 und in zwei weiteren Fällen aus dem Jahr 2007 entschied die Kom. diesmal, dass die den Landesbanken gewährten Kapitalzuführungen mit den Beihilfevorschriften im Einklang standen. Im Fall der HSH Nordbank AG[47] genehmigte sie eine Erhöhung des Stammkapitals um 556 Mio. EUR und im Fall der Bayern LB[48] von 640 Mio. EUR. In gleicher Weise stimmte sie der Kapitalzufuhr in Höhe von 6,2 Mrd. EUR für die West LB[49] und in Höhe von 2,9 Mrd. EUR für die Nord/LB[50] zu.

336   Wie bereits in ihren Entsch. zu den Landesbanken v. 20. Oktober 2004 untersuchte die Kom. das Vorliegen einer Beihilfe anhand des „**Private Investor Test**". Dabei kam sie zu dem Schluss, dass die Eigenkapitalerhöhungen in allen vier Fällen zu Bedingungen erfolgten, die von einem marktwirtschaftlich handelnden Kapitalgeber akzeptiert würden. Ausschlaggebend war für die Kom., ob die erwartete Gesamtrendite der Investition der Vergütung entspricht, die ein Kapitalgeber für vergleichbare Investitionen in Stamm- und Vorzugsaktien erwarten würde.[51] Im Fall der HSH Nordbank prüfte die Kom. die Cashflowbewertung in verschiedenen Szenarien mit und ohne Kapitalerhöhung und stellte fest, dass die Wertsteigerung in allen Bewertungsszenarien über der Eigenkapitalerhöhung lag, also nicht nur die Kosten deckte, sondern einen Mehrwert für die Investoren generierte.[52] Auch im Fall der BayernLB wurden Szenarien mit und ohne Kapitalzufuhr durchgespielt, woraufhin die Kom. es als erwiesen ansah, dass der durch die Investition entstehende (über die Erwirtschaftung der Eigenkapitalkosten von 9,2% bis 2009 und 10,5% ab 2010 hinausgehende) Wertzuwachs die Kapitalinvestition von 640 Mio. EUR übertraf und somit der Grundsatz des marktwirtschaftlich handelnden Kapitalgebers als erfüllt anzusehen war.[53]

337   Im Fall der WestLB ergab sowohl die Analyse der Vergütung für die stillen Einlagen, dass die Bedingungen, unter denen die stillen Einlagen erfolgten, marktkonform waren, als auch die Beurteilung der Kapitalerhöhung, dass diese sich positiv auf die Renditeerwartung auswirkte.[54] Schließlich stellte im Fall der NordLB die stille Einlage nach Auffassung der Kom. keinen wirtschaftlichen Vorteil iSd. Art. 107 Abs. 1 AEUV dar. Auch die Kapitalerhöhung generierte für

---

[45] IP/04/1262.

[46] EuG, T-163/05, Entsch. v. 3. 3. 2010 – Bundesverband deutscher Banken e. V./KOM – Helaba, ABl. 2010 C 100/36.

[47] Kom., Staatliche Beihilfe NN 71/2005 – HSH Nordbank AG.

[48] Kom., Staatliche Beihilfe NN 72/2005 – Kapitalerhöhung BayernLB.

[49] Kom., Staatliche Beihilfe NN 19/2006 – WestLB AG.

[50] Kom., Staatliche Beihilfe NN 34/2007 – Kapitalzuführung Nord/LB.

[51] Kom., Staatliche Beihilfe NN 71/2005, Tz. 29 – HSH Nordbank AG.

[52] Kom., Staatliche Beihilfe NN 71/2005, Tz. 51 – HSH Nordbank AG.

[53] Kom., Staatliche Beihilfe NN 72/2005, Tz. 52 – BayernLB.

[54] Kom., Staatliche Beihilfe NN 19/2006, Tz. 97, 103 – WestLB.

die Investoren einen Mehrwert, was zu einem positiven Ergebnis bei der Anwendung des „Private Investor Test" führte.[55]

In allen vier Fällen trug die Kom. bei ihrer Prüfung dem Umstand positiv Rechnung, dass die **338** Banken die staatlichen Beihilfen, die am 20. Oktober 2004 von der Kom. für rechtswidrig erklärt worden waren, inzwischen vollständig zurückgezahlt hatten.

cc) Staatliche Mittel. Im Zusammenhang mit der beihilfenrechtlichen Beurteilung von **339** Kapitalzufuhren für Landesbanken stellt sich die Frage nach der Staatlichkeit der Zufuhren iSd. Art. 107 Abs. 1 AEUV. Nur wenn das Tatbestandsmerkmal der staatlichen Herkunft der Mittel zu bejahen ist, kann es auf die Frage der Begünstigung bzw. der Marktkonformität der Mittelverwendung ankommen. Eine wirtschaftlich noch so unvernünftige Kapitalmaßnahme ist beihilferechtlich irrelevant, wenn es sich um privates Kapital handelt. Dies führt tendenziell zu einer **Ungleichbehandlung zwischen privaten und staatlichen Kapitalgebern** bzw. zu erhöhten Anforderungen an staatliche Kapitalmaßnahmen. Dies mag aus allgemeinen Erwägungen zu begrüßen sein; es stellt sich aber die Frage, ob dies der Aufgabe des Beihilferechtes entspricht und nicht anderen Rechtsinstrumenten wie dem Haushalts- und Vergaberecht überlassen bleiben sollte.

Bei der staatlichen Herkunft der eingesetzten Mittel ist, wie die Formulierung des Tatbestandsmerkmals („staatliche oder aus staatlichen Mitteln gewährte Beihilfen") verdeutlicht, zwischen staatlichen Mitteln einerseits und Maßnahmen, die dem Staat zurechenbar sind, andererseits zu unterscheiden. Die insofern maßgebliche Rspr. in Sachen **Stardust Marine** verweist in diesem Zusammenhang auf die sog. Transparenzverordnung, die in Art. 2 zwischen der „öffentlichen Hand" (alle Bereiche der öffentlichen Hand, inklusive Staat sowie regionale, lokale und alle anderen Gebietskörperschaften) und „öffentlichen Unternehmen" (jedes Unternehmen, auf das die öffentliche Hand aufgrund Eigentums, finanzieller Beteiligung, Satzung oder sonstiger Bestimmungen, die die Tätigkeit des Unternehmens regeln, unmittelbar oder mittelbar einen beherrschenden Einfluss ausüben kann) unterscheidet.[56] Finanzielle Maßnahmen der öffentlichen Hand im zitierten Sinne, dh. zB eines Bundeslandes oder einer Kommune, erfüllen daher stets das Tatbestandsmerkmal der staatlichen Herkunft iSd. Art. 107 Abs. 1 AEUV.

Bei öffentlichen Unternehmen und sonstigen öffentlichen oder privaten Einrichtungen, die **341** als Beihilfegeber in Betracht kommen, ist dagegen zunächst darauf abzustellen, dass der Staat einen kontrollierenden bzw. beherrschenden Einfluss auf das Unternehmen bzw. die Einrichtung ausüben kann. Darüber hinaus muss aber auch die Mittelverwendung im konkreten Fall dem Staat zurechenbar sein bzw. der grundsätzlich bestehenden staatlichen Kontrolle unterliegen.[57] Diese **Zurechenbarkeit** darf sich nach der Entsch. Stardust Marine nicht bereits allein aus der öffentlich-rechtlichen Organisationsform der relevanten Einrichtung ableiten. Für finanzielle Maßnahmen eines öffentlichen Unternehmens darf daher die staatliche Herkunft der Mittel nicht bereits deshalb bejaht werden, weil es sich um ein öffentliches Unternehmen handelt. In diesen Fällen ist die Zurechenbarkeit vielmehr iE. anhand verschiedener Kriterien festzustellen. Dieser „Komplex von Indizien" kann sich nach der Stardust Marine-Rspr. aus dem konkreten Fall und dem Kontext, in den die Maßnahme ergangen ist, ergeben. Hierzu zählt der Umstand, dass die beanstandete Entsch. nicht getroffen werden konnte, ohne den Anforderungen der öffentlichen Stellen Rechnung zu tragen. Weitere Indizien können sein: die Eingliederung in die Strukturen der öffentlichen Verwaltung, die Art der Tätigkeit und der Ausübung auf dem Markt unter normalen Bedingungen des Wettbewerbs mit privaten Wirtschaftsteilnehmern, der Rechtsstatus des Unternehmens, ob es also dem öffentlichen oder dem allg. Gesellschaftsrecht unterliegt, die Intensität der behördlichen Aufsicht über die Unternehmensführung oder jedes andere Indiz, das im konkreten Fall auf eine Beteiligung der Behörden oder auf die Unwahrscheinlichkeit einer fehlenden Beteiligung am Erlass einer Maßnahme hinweist.

Neben den Kriterien der staatlichen Kontrolle und der Zurechenbarkeit prüfen die Unions- **342** gerichte auch, ob die Verwendung der staatlichen Mittel mit einer staatlichen Budgetbelastung korrespondiert, wobei die Prüfung hier uneinheitlich erfolgt. So ist in der Rs. **Pearle** das Vorliegen einer Beihilfe deshalb verneint worden, weil es sich bei der staatlichen Stelle, die die

---

[55] Kom., Staatliche Beihilfe NN 34/2007, Tz. 43, 50 – Nord/LB.

[56] EuGH, C-72/91 und C-73/91, Slg. 1993, I-887, Tz. 19 – Sloman Neptun; EuGH, 290/83, Slg. 1985, 439, Tz. 14 – CNCA; EuGH, 67, 68 und 70/85, Slg. 1988, 219, Tz. 35 – van der Kooy.

[57] EuGH, C-482/99, Slg. 2002, I-4397, Tz. 24 – Stardust Marine; EuGH, C-83/98 P, Slg. 2000, I-3271, Tz. 50 – LadbrokeRacing; EuG, T-351/02, Slg. 2006, II-1047, Tz. 101 f. – Deutsche Bahn; *Bartosch* Art. 87 EG Abs. 1 RdNr. 124; *Koenig/Kühling/Ritter* RdNr. 160.

Kontrolle über die von Privaten eingebrachten Mittel ausüben konnte, lediglich um eine Umverteilungsstelle bzw. eine Treuhänderin handelte. Eine Belastung öffentlicher Finanzen wurde daher verneint, da der Staat weder zusätzliche Gelder in das System einspeisen noch auf irgendwelche Einnahmen, welche ihm ansonsten zugestanden hätten, verzichten musste. Die gleichen Überlegungen liegen der Entsch. in der Rs. **Preussen Elektra** zugrunde.

343   Betrachtet man die Kommissionspraxis zu den Landesbankenfällen, ist festzustellen, dass die Kom. Kapitalmaßnahmen der Sparkassenverbände aufgrund ihrer Organisationsform der öffentlichen Hand zuordnet und dadurch auf die Zurechenbarkeitsproblematik verzichtet. Dies wird besonders anhand der verschiedenen Verfahren zur WestLB deutlich. In der Entsch. der Kom. v. 18. Juli 2007 zu den Kapitalzuführungen, die der WestLB nach der Neustrukturierung in den Jahren 2002 bis 2005 gewährt wurden, stellte die Kom. die Herkunft staatlicher Mittel in Bezug auf die beiden nordrhein-westfälischen Sparkassenverbände (RSGV und WLSGV) fest. Dies begründete sie auf die folgende Weise: „Die in diesem Fall zu beurteilenden Kapitalzuführungen wurden ganz oder teilw. v. Land NRW, der Landesbank NRW, den Landschaftsverbänden und den Sparkassenverbänden gezeichnet. [...] Die Sparkassen- und Giroverbände RSGV und WLSGV sind Körperschaften des öffentlichen Rechts, ihre Eigentümer sind staatliche Einrichtungen. Daher vertritt die Kom. die Auffassung, dass alle zuvor genannten Kapitalzuführungen aus Quellen erfolgten, die entweder direkt oder indirekt von öffentlichen Körperschaften kontrolliert werden.“[58] Diese pauschale Gleichsetzung eines Sparkassenverbandes mit dem Staat bzw. der öffentlichen Hand führt dazu, dass letztlich alle finanziellen Maßnahmen eines Sparkassenverbandes als staatliche Mittel anzusehen sind und in den Anwendungsbereich des Art. 107 Abs. 1 AEUV fallen, sofern die Mittelverwendung keine Begünstigung darstellt, dh. als „marktkonform" zu bewerten wäre, was nicht überzeugen kann. Aus diesem Grund verneinte die Kom. in der Entsch. v. 18. Juli 2007 auch das Vorliegen einer Beihilfe in Bezug auf die von den beiden Sparkassenverbänden gegründeten Reservefonds, die sie als marktüblich bewertete. Nach Auffassung der Kom. stellten die beiden Reservefonds eine Ergänzung zu den bestehenden Sicherheitsrücklagen des Deutschen Sparkassen- und Giroverbands dar und entsprachen in ihrer konkreten Ausgestaltung der Zielsetzung anderer Einlegerschutzmaßnahmen.[59] Diese Bewertung kann auch aus der Verständigung I zur Abschaffung von Anstaltslast und Gewährträgerhaftung abgeleitet werden, die ua. die Frage der Nachschusspflicht von Trägern der Sparkassen in einigen Ländern hinsichtlich Institutssicherungsfonds betraf. In der Verständigung I ist hierzu die Abschaffung jeglicher Verpflichtungen von Trägern oder anderen öffentlichen Stellen vorgesehen, finanzielle Mittel an Institutssicherungsfonds von Sparkassenverbänden in den Ländern, wo dies anwendbar ist, zur Verfügung zu stellen,[60] was im Umkehrschluss bedeutet, dass institutssichernde Systeme, die ausschließlich von den Instituten selbst getragen und dotiert werden, beihilferechtlich grundsätzlich nicht zu beanstanden sind.

344   Auch in ihrer Entsch. v. 30. April 2008, mit der die Kom. einen von den Eigentümern der WestLB aufgespannten Risikoschirm als Rettungsbeihilfe vorübergehend genehmigte, wurde das Vorliegen staatlicher Mittel hinsichtlich der beteiligten Sparkassenverbände mit deren öffentlich-rechtlicher Organisationsform begründet, ohne eine besondere Zurechenbarkeit oder die Belastung staatlicher Haushalte zu prüfen.[61]

345   **c) Umstrukturierungsfälle. aa) Allgemeines.** Bereits vor Ausbruch der Finanzkrise hatte sich die Kom. im Rahmen ihrer Beihilfenkontrolle mit der Sanierung von Banken aus verschiedenen Mitgliedstaaten zu beschäftigen. Hierzu zählen insbes. die Fälle Crédit Lyonnais I und II,[62] Société Marseillaise de Crédit,[63] Banco di Napoli,[64] Banco di Sicilia,[65] Bankgesellschaft Berlin[66] und Bank Burgenland.[67] Die Unterstützungsmaßnahmen wurden von der Kom. anhand ihrer Rettungs- & Umstrukturierungsleitlinien[68] geprüft und nach Art. 107 Abs. 3 lit. c AEUV für mit dem Binnenmarkt vereinbar erklärt. Im Gegenzug mussten die betroffenen Ban-

---

[58] Kom., Staatliche Beihilfe NN 19/2006, Tz. 65 – WestLB.
[59] Kom., Staatliche Beihilfe NN 19/2006, Tz. 42 – WestLB.
[60] Verständigung I, Schreiben der Kom. v. 23. 3. 2002, S. 8, Ziff. 3.
[61] Kom., Staatliche Beihilfe NN 25/2008, Tz. 29 – WestLB.
[62] Kom., ABl. 1995 L 308/9 – Crédit Lyonnais I; Kom., ABl. 1998 L 221/28 – Crédit Lyonnais II.
[63] Kom., ABl. 1999 L 198/1 – Société Marseillaise de crédit.
[64] Kom., ABl. 1999 L 116/36 – Banco di Napoli.
[65] Kom., ABl. 2000 L 256/21 – Banco di Sicilia bzw. Sicilcassa.
[66] Kom., C 28/2002, ABl. 2005 L 116/1 – Bankgesellschaft Berlin.
[67] Kom., ABl. 2008 L 239/32 – Bank Burgenland.
[68] ABl. 2004 C 244/2.

ken erhebliche Umstrukturierungen durchführen, die die Aufgabe einzelner Niederlassungen und Geschäftsbereiche bis hin zur Privatisierung umfasste.[69]

bb) Crédit Lyonnais I und II. α) Crédit Lyonnais I. Die staatliche Bank Crédit Lyon- **346** nais (CL) war Ende 1993 die führende europäische Bankengruppe mit mehr als 71.000 Beschäftigten weltweit und einem umfangreichen Angebot bankbezogener Dienstleistungen.[70] Neben der Präsenz in Frankreich besaß die CL 900 Zweigstellen im europäischen und 800 Zweigstellen im außereuropäischen Ausland.[71] Der französische Staat war mit 55% des Grundkapitals Hauptaktionär der CL.

In den Jahren 1992 und 1993 verzeichnete die CL gemessen an den Eigenmitteln sehr hohe **347** Verluste. Um eine Senkung des Solvabilitätskoeffizienten der Bank unter 8% zu verhindern,[72] vollzog der französische Staat 1994 eine Kapitalerhöhung von 4,9 Mrd. FF und übernahm 18,4 Mrd. FF der 42 Mrd. FF unrentabler Aktiva. Nachdem die CL im Jahr 1995 erneut Verluste zu verzeichnen hatte, gründete der französische Staat als Rettungsmechanismus die Ausgliederungsgesellschaft „Consortium de Réalisations" (CDR), die als 100%ige Tochter der CL fast 190 Mrd. FF Vermögenswerte der Bank kaufte, um diese anschließend vollständig zu veräußern oder zu liquidieren. Zur Finanzierung des Erwerbs der Vermögenswerte erhielt das CDR von der Société de Participation Banque-Industrie (SPBI) ein Darlehen in Höhe von 135 Mrd. FF.

Die Kom. bewilligte am 26. Juli 1995 den Sanierungsplan für die CL. Die vorgenommenen **348** Rettungsmaßnahmen erhielten nach Auffassung der Kom. erhebliche Elemente staatlicher Beihilfe, die jedoch gem. Art. 107 Abs. 3 lit. c AEUV als mit dem Binnenmarkt vereinbar angesehen werden konnten, wobei die Kom. ihre Genehmigung von einer weitgehenden Umstrukturierung abhängig machte.[73] Die CL musste ihre Geschäftspräsenz im Ausland einschließlich des europäischen Bankennetzes bis Ende 1998 um mindestens 35% reduzieren. Sie durfte zudem ihre übertragenen Industriebeteiligungen nur zu dem Preis zurückkaufen, zu dem sie dem CDR übertragen wurden oder zu einem über dem Übertragungspreis liegenden Marktpreis. Zwischen dem CDR und der CL sollte eine strengere Trennung hinsichtlich der Führungskräfte vollzogen werden und die Unabhängigkeit der Direktionsausschüsse der ausgegliederten Gesellschaften sollten ggü. dem CL gewährleistet werden.[74] Den Erlös aus den Veräußerungen sollte die CL zur Umstrukturierung der nicht ertragreichen Vermögenswerte und Aktivitäten verwenden. Damit sollte unter anderem eine Investition des Erlöses in den Rücklauf der industriellen und finanziellen Beteiligungen verhindert werden. Die Kom. verlangte außerdem, dass die Beteiligungsgesellschaft SPBI sowohl die Erlöse aus der Privatisierung der CL als auch einen substantiellen Teil der von der Bank erzielten Gewinne erhalten sollte. Ferner wurden die französischen Behörden zur Vorlage halbjährlicher Zwischenberichte über die veräußerten Bank- und Nichtbankaktiva des CL verpflichtet.

In ihrer Entsch. hatte die Kom. der Erklärung der französischen Behörden Rechnung getra- **349** gen, wonach der CL das Ziel der Privatisierung vorgegeben wurde.[75] Aufgrund der zu erwartenden Sanierung sollte die CL nach Ansicht der Kom. binnen fünf Jahren für eine Privatisierung bereit sein.

β) Crédit Lyonnais II. Als sich die finanzielle Lage der CL bereits kurze Zeit nach der **350** Entsch. der Kom. weiterhin verschlechterte, kündigten die französischen Behörden im September 1996 Sofortmaßnahmen in Form von Rettungsbeihilfen über knapp 4 Mrd. FF an.[76] Die Kom. beschloss am 26. September 1996, das beihilferechtliche Prüfverfahren einzuleiten, um die Vereinbarkeit sämtlicher Umstrukturierungsmaßnahmen zugunsten der CL mit dem Binnenmarkt zu prüfen. Gegenstand des Verfahrens waren insbes. die weitere Kapitalerhöhung in Höhe von insgesamt 4 Mrd. FF und das v. CL an das CDR gewährte Darlehen, das sich nur auf eine Höhe von 135 Mrd. FF und nicht – wie vorgesehen – auf 145 Mrd. FF belief. Infolgedessen erhielt das EPFR nicht die für Zeichnung der Nullkupon-Anleihe benötigten 10 Mrd. FF.

---

[69] Vgl. *Lübbig/Martin/Ehlers* RdNr. 573 ff.; *Soltész/von Köckritz* WM 2010, 241; *Jaestedt/Wiemann* WUW 2009, 607 f.

[70] Kom., ABl. 1995 L 308/92, Tz. 1 – Crédit Lyonnais I.

[71] Kom., ABl. 1995 L 308/92, Tz. 1 – Crédit Lyonnais I.

[72] RL 89/647, ABl. 1989 L 386/14.

[73] Kom., ABl. 1995 L 308/92, Tz 7.1 – Crédit Lyonnais I.

[74] Kom., ABl. 1995 L 308/92, Tz. 7.3 – Crédit Lyonnais I.

[75] Kom., ABl. 1995 L 308/92, Tz. 7.1. – Crédit Lyonnais I.

[76] Kom., ABl. 1998 L 221/28, Tz. 1 – Crédit Lyonnais II.

Darüber hinaus prüfte die Kom. die vollständige Neutralisierung der Netto-Refinanzierungskosten des Darlehens, das die CL dem EPFR gewährt hatte. Dadurch sollte die CL in Bezug auf das fragliche Darlehen vollständig entlastet werden.

351 Mit Entsch. v. 20. Mai 1998 genehmigte die Kom. die Gewährung der zusätzlichen Maßnahmen der französischen Behörden, wobei die Beihilfen unter Berücksichtigung der Kosten für die Auffangstruktur mit 53 bis 98 Mrd. FF veranschlagt wurden.[77] Im Gegenzug hierzu musste sich Frankreich dazu verpflichten, die CL bis spätestens Oktober 1999 zu privatisieren. Nach der Privatisierung sollten 58% des Unternehmensergebnisses bis zum Jahr 2003 in Form von Dividenden ausgeschüttet werden und das Wachstum der Bank jährlich auf 3,2% beschränkt werden. Darüber hinaus verlangte die Kom. die Verkleinerung des Netzes der CL in Frankreich auf 1.850 Geschäftsstellen und die Veräußerung und Liquidierung von 620 Mrd. FF der in seiner Bilanz zum 31. Dezember 1994 ausgewiesenen Aktiva.[78] Die Kom. begründete ihre Entsch. ua. damit, dass die Beihilfen, trotz ihres außerordentlichen Umfangs, auf das für die Existenzfähigkeit des CL notwendige Mindestmaß begrenzt sei.[79]

352 **cc) Société Marseillaise de Crédit.** Bei der Société Marseillaise de Crédit (SMC) handelt es sich um eine v. französischen Staat kontrollierte, ausschließlich in Frankreich agierende Bank, die ab dem Jahr 1991 erhebliche Verluste (konsolidiert insgesamt 6.110 Mio. FF) verzeichnete.[80] Zur Erfüllung der europäischen Solvabilitätsnormen stockte der Staat in den Jahren 1993, 1994, 1995 und 1997 wiederholt das Kapital der SMC um einen Betrag v. insgesamt 5.868 Mio. FF auf. Im Jahr 1998 wurde die Bank durch den Verkauf an die Banque Chaix, eine Tochterbank der französischen privaten Bankengruppe Crédit Commercial de France (CCF), privatisiert. Vor der Veräußerung erhöhte der Staat das Kapital der SMC letztmalig in Höhe von 2.909 Mio. FF. Zudem wurde eine zusätzliche Bürgschaft zugunsten des Erwerbers zur Deckung etwaiger Bürgschaftsleistungen in Höhe von 423 Mio. FF gewährt.[81]

353 Bereits am 18. September 1996 hatte die Kom. ein förmliches Prüfverfahren nach Art. 108 Abs. 2 AEUV gegen die Französische Republik eröffnet. Gegenstand des Verfahrens waren sowohl die für das Jahr 1996 geplanten Unterstützungsmaßnahmen als auch die Kapitalzufuhren aus den Jahren 1993 und 1994. Die Prüfung der Kom. erfolgte anhand ihrer Leitlinien für die Beurteilung von staatlichen Beihilfen zur Rettung und Umstrukturierungen von Unternehmen in Schwierigkeiten.[82]

354 Am 14. Oktober 1998 erklärte die Kom. die Umstrukturierungsbeihilfen zur Privatisierung der SMC in Höhe von 6.291 Mio. FF für vereinbar mit dem Binnenmarkt. Die Genehmigung war an die vollständige Umsetzung des vorgelegten Umstrukturierungsplans einschließlich der Beschränkung der Geschäftsaktivitäten der Bank geknüpft. Die SMC sollte fünf ihrer Geschäftsbereiche vollständig aufgeben, wozu die Veräußerung der international agierenden GP Banque und die Einstellung des Immobilienleasinggeschäfts gehörte.[83] Die Kom. begründete ihre Entsch. damit, dass die SMC weiterhin überlebensfähig sei, sofern die Unterstützungsmaßnahmen fortgeführt werden würden. Zudem verfügte die Bank nach Ansicht der Kom. über ausreichendes Eigenkapital, um ihren Verpflichtungen nachgehen zu können.

355 **dd) Banco di Napoli.** Der Bankkonzern Banco di Napoli war ein italienisches öffentlich-rechtliches Kreditinstitut. Zur Steigerung der Wettbewerbsfähigkeit erfolgte im Jahr 1990 durch das sog. Amato-Gesetz (Gesetzesdekret Nr. 218 v. 30. Juli 1990) eine erste formale Umstrukturierung. Das konventionelle Bankgeschäft wurde einer Aktiengesellschaft übertragen. Die gemeinnützigen Aufgaben wurden von einer Stiftung wahrgenommen, die gleichzeitig das Kapital der Bankaktiengesellschaft hielt.

356 Als siebtgrößte Bank Italiens geriet das Unternehmen in den Jahren 1994 und 1995 durch selbst verschuldete beträchtliche Verluste im Kreditgeschäft und eine ineffiziente Verwaltung zunehmend in Zahlungsschwierigkeiten, so dass Ende 1996 ein Liquidationsverfahren drohte. Um dieses abzuwenden, erließ die italienische Regierung am 27. März 1996 im Dringlichkeitsverfahren ein Gesetzesdekret zur Sanierung, Umstrukturierung und Privatisierung der Bank (Gesetzesdekret Nr. 163 v. 27. März 1996), das mehrfach, letztmalig durch das Gesetzesdekret

[77] Kom., ABl. 1998 L 221/28, Tz. 11 – Crédit Lyonnais II.
[78] Kom., ABl. 1998 L 221/28, Tz. 11 – Crédit Lyonnais II.
[79] Kom., ABl. 1998 L 221/28, Tz. 11 – Crédit Lyonnais II.
[80] Kom., ABl. 1999 L 198/1, Tz. 2.1 – Société Marseillaise.
[81] Kom., ABl. 1999 L 198/1, Tz. 2.1 – Société Marseillaise.
[82] Kom., ABl. 1994 C 368/12 ; Kom., ABl. 1998 C 74/31.
[83] Kom., ABl. 1999 L 198/1, Tz. 5.3.2 – Société Marseillaise.

Nr. 497 v. 24. September 1996 abgeändert und schließlich in das Gesetzesdekret Nr. 588 v. 19. November 1996 umgewandelt wurde. Im März 1996 wurde die Kom. über dieses Gesetzesvorhaben und deren Änderungen informiert.

Mit Beschluss v. 30. Juli 1996 leitete die Kom. ein förmliches Beihilfeverfahren gem. **357** Art. 108 Abs. 2 AEUV gegen einige in dem Dekret Nr. 588 enthaltene Maßnahmen ein. Fraglich war, ob eine Kapitalaufstockung durch das Schatzamt in Höhe von 2.000 Mrd. ITL, mehrere Vorschusszahlungen der Banca d'Italia und die gewährten Steuererleichterungen mit dem Binnenmarkt vereinbare staatliche Beihilfen darstellten. Daneben wurden im Januar 1997 nach einer im Herbst 1996 erfolgten Ausschreibung 60% des staatlichen Aktienanteils einer privaten Gesellschaft zugesprochen, die zu 51% v. Instituto Nazionale per le Assicurazioni und zu 49% von der Banca Nazionale del Lavoro beherrscht wurde.

Obwohl alle Maßnahmen bereits vollzogen waren, genehmigte die Kom. mit Entsch. v. **358** 29. Juli 1998 sie unter der Bedingung, dass unter Vorlage von halbjährlichen Berichten bis Ende 1998 18 Zweigstellen in Nord- und Mittelitalien sowie die Niederlassung in Madrid geschlossen bzw. verkauft, die Vorgaben des Umstrukturierungsplans eingehalten und keine Aktiva aus der freiwilligen Liquidation der Tochtergesellschaft Isveimer im April 1996 erworben wurden.[84]

In ihrer Begründung führte die Kom. aus, dass die Vorschüsse der Banca d'Italia, die im **359** Rahmen der Liquidation der Isveimer gezahlt wurden, keine staatlichen Beihilfen waren, da sie lediglich dem Schutz anderer Gläubiger dienten und der Banco di Napoli keinen ungebührenden Vorteil verschafften.[85] Die Zahlungen beruhten auf dem Ministerialerlass des Schatzministers v. 27. September 1974, der vorsieht, dass die Banca d'Italia zugunsten der Banken, die Verbindlichkeiten von in Zwangsliquidation befindlichen Banken übernehmen, 24-monatige Vorschüsse auf Schatzanweisungen zum Zinssatz v. 1% gewähren kann. Die übrigen Maßnahmen, deren geschätzte Nettokosten für den Staat 2217 Mrd. ITL mit einer Obergrenze v. 11 895 Mrd. ITL betrugen, wurden als staatliche Beihilfen iSd. Art. 107 Abs. 1 AEUV qualifiziert. Nach Auffassung der Kom. waren die Beihilfen weder sozialer Art, noch dienten sie der Entwicklungsförderung bestimmter Regionen bzw. der Behebung einer tiefgreifenden wirtschaftlichen Störung und konnten nicht als in gemeinsamem europäischem Interesse liegend betrachtet werden.[86] Die Kom. bejahte dagegen das Vorliegen eines realistischen Umstrukturierungsplans, die Verhältnismäßigkeit und die Kompensation durch ausreichende Ausgleichsmaßnahmen iS. einer Reduzierung der Marktpräsenz, so dass die Voraussetzungen der Rettungs- und Umstrukturierungsleitlinien vorlagen.[87] Die staatlichen Beihilfen wurden von der Kom. gem. Art. 107 Abs. 3 lit. c AEUV und Art. 61 Abs. 3 lit. c EWR-Abkommen genehmigt.[88]

ee) Banco di Sicilia und Sicilcassa. Die Banco di Sicilia ist ein italienisches ehemals öf- **360** fentlich-rechtliches Kreditinstitut, das gemäß dem Amato-Gesetz (Gesetzesdekret Nr. 218 v. 30. Juli 1990) in eine Aktiengesellschaft und eine Stiftung aufgespalten wurde. Die Sicilcassa war ein unter Zwangsverwaltung stehendes italienisches Kreditinstitut, dessen Aktiva und Passiva im Rahmen ihrer Liquidation entsprechend Art. 90 des italienischen Bankgesetzes mit Genehmigung der Banca d'Italia für den symbolischen Betrag von einer Lira an die Banco di Sicilia abgetreten wurden.

Mit Beschluss v. 7. Mai 1998 leitete die Kom. ein förmliches Beihilfeverfahren gem. Art. 108 **361** Abs. 2 AEUV gegen staatliche Maßnahmen ein, die im Rahmen der Liquidation der Sicilcassa und ihrer Abtretung an die Banco di Sicilia im September 1997 erfolgt waren. Fraglich war, ob (i) die Intervention des Fondo Interbancario di Tutela di Depositi an die Banco di Sicilia in Höhe v. 1000 Mrd. ITL, (ii) die Kredite, die die Banca d'Italia gemäß dem Erlass des Schatzministers v. 27. September 1974 der Banco di Sicilia gewährt hatte, (iii) die der Mediocredito Centrale vorbehaltene Kapitalaufstockung der Banco di Sicilia in Höhe v. 1000 Mrd. ITL und (iv) das Einbringen von Beteiligungen des Schatzamtes an Irfis – Mediocredito della Sicilia iHv. 52% in die Banco di Sicilia mit dem Binnenmarkt vereinbare staatliche Beihilfen zugunsten der Banco die Sicilia oder der Sicilcassa darstellten. Die Kom. lehnte dies für die Intervention des Fondo Interbancario di Tutela di Depositi ab, da die Fondo Interbancario di Tutela di Depositi ihren Beschluss zu einem Zeitpunkt fasste, zu dem Privatbanken die Mehrheit der Stim-

---

[84] Kom., ABl. 1999 L 116/36, 55 – Banco di Napoli.
[85] Kom., ABl. 1999 L 116/36, 43, 55 – Banco di Napoli.
[86] Kom., ABl. 1999 L 116/36, 48 – Banco di Napoli.
[87] Mitt. „Leitlinien der Gemeinschaft zur Rettung und Umstrukturierung von Unternehmen in Schwierigkeiten", ABl. 2004 C 244/02.
[88] Kom., ABl. 1999 L 116/36, 55 – Banco di Napoli.

men im Verwaltungsrat hielten. Für die übrigen Maßnahmen bejahte die Kom. das Vorliegen einer Beihilfe, da die Maßnahmen ohne ausreichende Rentabilitätsaussichten gewährt wurden und daher nicht als marktkonform betrachtet werden konnten.[89] Mit Entsch. v. 10. November 1999 genehmigte die Kom. die Maßnahmen in Höhe von 4.618 Mrd. ITL unter der Bedingung, dass der notifizierte Umstrukturierungsplan für die Bank unter halbjährlicher Berichterstattung erfüllt wurde, die Banco di Sicilia keine Aktiva aus der Liquidation der Sicilcassa und keine Steuergutschriften bzgl. der Kapitalaufstockung durch die Mediocredito Centrale erwarb, 55 Geschäftsstellen geschlossen und bis Ende 2002 keine neuen Geschäftsstellen eröffnet wurden.[90]

362   **ff) Bankgesellschaft Berlin.** Die Bankgesellschaft Berlin AG, die am 14. Juli 2006 in Landesbank Berlin Holding AG umfirmierte, wurde zum 1. Januar 1994 als Holdinggesellschaft der Kreditinstitute Landesbank Berlin, Berliner Hypotheken- und Pfandbriefbank AG sowie Berliner Bank AG gegründet. Gegen diese Zusammenführung äußerte das LAG Berlin in einem Beschl. v. 27. Oktober 1995 verfassungsrechtliche Bedenken, da die Landesbank Berlin als öffentlich-rechtliche Anstalt auf Grund des Demokratieprinzips gem. Art. 20 Abs. 3 GG nicht in einen solchen privatrechtlichen Konzern eingebunden werden könne.[91]

363   Durch Geschäfte im Bereich der Immobilienfinanzierung, die zu mehreren Ermittlungs- und Strafverfahren sowie einem parlamentarischen Untersuchungsausschuss des Abgeordnetenhauses Berlin führten, geriet die Bankengruppe im Jahr 2001 in finanzielle Schwierigkeiten.[92] Das Land Berlin gewährte im August 2001 eine Kapitalzufuhr in Höhe v. 1,755 Mrd. Euro, die die Kom. als Rettungsbeihilfe mit Entsch. v. 25. Juli 2001 genehmigte.[93] Weitere 245 Mio. Euro erhielt die Bankgesellschaft Berlin AG von anderen Unternehmen (zB. NordLB, Parion) und Kleinaktionären.

364   Bereits im Dezember 2001 wurde jedoch eine weitere Risikoabschirmung mit einem nominalen Höchstbetrag von 21,6 Mrd. Euro erforderlich. Zusätzlich verpflichtete sich das Land Berlin zur Zahlung eines Sanierungszuschusses in Höhe v. max. 1,8 Mrd. Euro. Dieser Zuschuss diente dem Ausgleich von Verlusten, die durch den Rückforderungsanspruch aus dem zum damaligen Zeitpunkt noch anhängigen Beihilfeverfahren C 48/2002 herrührten.[94]

365   Mit Entsch. v. 18. Februar 2004 genehmigte die Kom. unter Änderung ihrer Entsch. v. 25. Juli 2001 die v. Land Berlin gewährten Maßnahmen auf der Grundlage folgender Zusagen Deutschlands:
– Veräußerung des Anteils des Landes Berlin an der Bankgesellschaft Berlin nach Vorlage des Konzernabschlusses für das Jahr 2005 bis zum 31. Dezember 2007 in einem offenen, transparenten und diskriminierungsfreien Verfahren;
– Veräußerung oder Liquidierung aller Beteiligungen der Bankgesellschaft Berlin an den von der Risikoabschirmung umfassten Immobiliendienstleistungsgesellschaften bis zum 31. Dezember 2005;
– Herauslösung der Investitionsbank Berlin aus der Landesbank Berlin und Übertragung auf eine neu zu gründende, eigenständige Landesbank bis zum 31. Dezember 2004;
– Veräußerung der zur Landesbank Berlin gehörenden Abteilung Berliner Bank bis zum 1. Februar 2007 sowie
– Liquidierung der Beteiligungen an der Bankgesellschaft Berlin Irland plc. bis zum 31. Dezember 2005.[95]

366   Am 26. April 2006 wurde die Entsch. im Hinblick auf eine Veräußerung von Berliner Bank Portfolien ergänzt.[96]

367   An der Anteilsveräußerung des Landes Berlin beteiligten sich 19 nationale und internationale Bieter, darunter der Deutsche Sparkassen- und Giroverband, die Bayerische Landesbank, die

[89] Kom., ABl. 2000 L 256/21, 30, 34, 41 – Banco di Sicilia, Sicilcassa; Mitt. Kom. an die Mitgliedstaaten über die Anwendung der Art. 92 und 93 EWGV und des Art. 5 der RL 80/723 über öffentliche Unternehmen in der verarbeitenden Industrie, ABl. 1993 C 307/3.
[90] Kom., ABl. 2000 L 256/21 – Banco di Sicilia, Sicilcassa.
[91] LAG Berlin, Beschl. v. 27. 10. 1995, Az. 6 TaBV 1/95, Tz. 2.2.2.2.2.
[92] LG Berlin, Urt. v. 21. 3. 2007, Az. (526) 2 StB Js 215/01 (13/04); Abschlussbericht v. 5. 5. 2006 des parlamentarischen Untersuchungsausschusses des Abgeordnetenhauses zur Aufklärung der Vorgänge bei der Bankgesellschaft AG, der Landesbank Berlin und des Umgangs mit Parteispenden, Drucks. 15/4900.
[93] KOM, ABl. 2002 C 130/5 – Bankgesellschaft Berlin (BGB).
[94] KOM, ABl. 2006 L 307/1 – Landesbank Berlin – Girozentrale.
[95] KOM, ABl. 2005 L 116/1, 52 – Bankgesellschaft Berlin AG.
[96] KOM, ABl. 2006 C 144/8 – Bankgesellschaft Berlin AG.

Landesbank Baden-Württemberg sowie die Commerzbank. Im Zuge des Verfahrens stellte sich in Bezug auf die zur Landesbank Berlin gehörende Berliner Sparkasse die Frage, ob § 40 KWG, der einen Schutz für die Bezeichnung „Sparkasse" als ein am Gemeinwohl orientiertes, öffentlich-rechtliches Kreditinstitut vorsieht, der Niederlassungsfreiheit nach Art. 49 AEUV und der Kapitalverkehrsfreiheit nach Art. 63 AEUV entgegen steht, sofern ein privater Investor die Bezeichnung „Sparkasse" nicht fortführen dürfe und somit nicht v. Geschäftswert des Namens profitieren könne. Die Kommission nahm wegen dieser Frage am 28. Juni 2006 ein seit dem Jahr 2003 ruhendes Vertragsverletzungsverfahren gemäß Art. 258 Abs. 1 AEUV wieder auf.[97] In ihrer an Deutschland gerichteten, mit Gründen versehenen Stellungnahme ging die Kom. von einem Verstoß gegen die genannten Grundfreiheiten aus, die auch nicht durch zwingende Gründe des Allgemeinwohls gerechtfertigt wären.[98] Im Hinblick auf den von Deutschland angeführten Verbraucherschutz sei zweifelhaft, ob ein Verbraucher auch nach Wegfall der Anstaltslast und Gewährträgerhaftung zum 18. Juli 2005 auf eine besondere Einlagensicherheit oder gesetzliche Servicestandards der Sparkassen vertraue oder nicht vielmehr eine rechtsformunabhängige Normierung von Standards den Verbraucherinteressen entspräche.[99] Art. 345 AEUV, der die EU zur Neutralität gegenüber den mitgliedstaatlichen Eigentumsordnungen verpflichtet, stünde dem nicht entgegen, da Deutschland im Hinblick auf seine frei wählbare Eigentumsordnung zwar nicht verpflichtet sei, die öffentlich-rechtlichen Sparkassen zu privatisieren.[100] Erfolge jedoch eine Privatisierung, so seien die europarechtlichen Vorgaben, insbesondere die Grundfreiheiten, zu beachten.[101]

Die Kommission und Deutschland legten am 6. Dezember 2006 ihren Streit einvernehmlich **368** durch Vereinbarung einer Reihe von Grundsätzen zum gesetzlichen Bezeichnungsschutz „Sparkasse" bei.[102] Das Vertragsverletzungsverfahren wurde eingestellt. Laut der Vereinbarung erfordere das Unionsrecht keine Sparkassenprivatisierung und stehe dieser nicht entgegen. Eine Privatisierung liege im Ermessen der Mitgliedstaaten und könne mit bestimmten Gemeinwohlverpflichtungen verbunden werden. Folglich könne die sparkassentypische Pflicht auferlegt werden, eine flächendeckende Versorgung wirtschaftlich schwächerer Bevölkerungskreise und der mittelständischen Wirtschaft sowie die Gewährleistung des Regionalprinzips sicher zu stellen. § 40 KWG sei europarechtskonform auszulegen, so dass er §§ 3, 8 des Berliner Sparkassengesetz v. 28. Juni 2005 in Bezug auf die Fortführung der Bezeichnung „Berliner Sparkasse" nicht entgegenstehe.[103]

Das Landgericht Berlin urteilte am 19. Dezember 2006, dass auch nach einer Privatisierung **369** ein Recht zur Nutzung der dem Deutschen Sparkassen- und Giroverband gehörenden Marke „Sparkasse" bestehe, sofern eine öffentlich-rechtliche Beleihung erfolge.[104]

Alle rechtlichen Bedenken wurden am 15. Juni 2007 hinfällig, als der Deutsche Sparkassen- **370** und Giroverband den Zuschlag für die Anteile des Landes Berlin erhielt und damit die Berliner Sparkasse in öffentlicher Hand verblieb. Im Gegenzug zahlte der Verband 4,62 Mrd. Euro und übernahm eine stille Einlage des Landes Berlin iHV. 723 Mio. Euro. Die Frage einer Privatisierung der Berliner Sparkasse könnte sich aber im Jahr 2017 wieder stellen, wenn die vertragliche Pflicht des Deutschen Sparkassen- und Giroverbandes zum Einbehalt der Aktien endet.

3. Beihilfenkontrolle in der Finanzkrise. a) Die Finanzkrise. Auslöser der Finanzkrise **371** waren Probleme auf dem US-amerikanischen Immobilienmarkt (sog. Subprime-Krise) Mitte 2007. Dies führte zu einer **Vertrauenskrise** im Bankensektor, wodurch der Interbankenmarkt austrocknete. Durch den Zusammenbruch der Investmentbank Lehman Brothers im September 2008 spitzte sich die Krise an den internationalen Finanzmärkten, zu der neben den Problemen des US-Immobilienmarktes auch die weltweite Eintrübung der konjunkturellen Aussichten beitrug, noch einmal zu. Der **Zusammenbruch von Lehman Brothers** verstärkte die Risikoaversion der Marktteilnehmer, was zu kräftigen Kurseinbußen an den Aktienmärkten, einem weiteren Preisverfall risikobehafteter Vermögenstitel und einer starken Anspannung an den Geld- und Kapitalmärkten führte. Die Vertrauenskrise zwischen den Kreditinstituten bewirkte

---

[97] IP/06/870.
[98] IP/06/870.
[99] BT-Drucks. 16/1238, S. 2 v. 12. 4. 2006; *Witte/Gregoritza* WM 2007, 151, 156.
[100] IP/06/870; *Calliess/Ruffert/Kingreen* Art. 295 EG RdNr. 11.
[101] EuGH, C-503/99, Slg. 2002, I-04809, RdNr. 44 – KOM/Belgien.
[102] IP/06/1692.
[103] IP/06/1692.
[104] LG Berlin, Urt. v. 19. 12. 2006, 16 O 14/06.

einen erheblichen Druck auf die Liquiditätspolster vieler Kreditinstitute, insbes. der Hypothekenbanken, weil der Geldhandel zwischen den Instituten stark eingeschränkt wurde. Zusätzlich gerieten Kreditinstitute durch Wertberichtigungsbedarf auf Positionen im Eigenanlagenbestand unter Druck. Als Folge dieser Gesamtsituation erhöhten sich die Risikoprämien und die Kreditvergabe wurde stark eingeschränkt. **Ratingverschlechterungen** führten zur Notwendigkeit höherer Eigenkapitalunterlegungen, wodurch sich die zur Verfügung stehenden Eigenmittel der Banken reduzierten.

372 Von der Subprime-Krise in den USA waren in Europa in erster Linie Finanzinstitute mit erheblichen CDO-Risiken (collateralized debt obligations) betroffen. Um die Insolvenz mehrerer Banken zu vermeiden und negative Spill-over-Effekte abzuwenden, wurden erste staatliche Rettungsmaßnahmen für einzelne Banken ergriffen. Zu den betroffenen Finanzinstituten in Deutschland zählten die SachsenLB,[105] die IKB[106] und die WestLB;[107] in Großbritannien waren dies die britischen Hypothekenbanken Northern Rock[108] sowie Bear Stearns[109] und in Dänemark die Roskilde Bank.[110]

373 Als sich durch die Insolvenz von Lehman Brothers die weltweite Finanzkrise noch verschärfte und weitere europäische Banken in Mitleidenschaft gezogen wurden, zu denen insbes. die britische Hypothekenbank Bradford & Bingley[111] und die deutsche Hypo Real Estate[112] gehörten, verständigten sich die Mitgliedstaaten auf der Tagung des Ecofin-Rates in Luxemburg am 7. Oktober 2008 auf Eckpunkte für Aktionen der Mitgliedstaaten.[113] Wenige Tage später, am 12. Oktober 2008, beschlossen die Staaten der Euro-Zone und die Europäische Zentralbank einen konkreteren **„gemeinsamen Aktionsplan",**[114] wonach die Mitgliedstaaten zur erleichterten Refinanzierung der Banken Garantien gewähren sollten, ohne aber den Wettbewerb zu verzerren.[115] Dieser Aktionsplan wurde in den Schlussfolgerungen zum Gipfeltreffen des Europäischen Rates v. 15. und 16. Oktober 2008 ausdrücklich für alle Mitgliedstaaten übernommen.[116]

374 **b) Der neue Rechtsrahmen der Beihilfenkontrolle.** Dies war der Auftakt für den Erlass von vier Mitt. der Kom., um die Anwendung der Beihilfenregeln auf Rettungsaktionen der Mitgliedstaaten in Form von Beihilferegelungen und Einzelmaßnahmen zu erläutern und zu konkretisieren. Am 13. Oktober 2008 erließ die Kom. die Mitt. über die Anwendung der Vorschriften für staatliche Beihilfen auf Maßnahmen zur Stützung von Finanzinstituten im Kontext der derzeitigen globalen Finanzkrise **(Bankenmitt.).**[117] Darin beschreibt die Kom. die allg. Voraussetzungen für die Gewährung von Beihilfen für Banken, insbes. in Form von Staatsgarantien, und die erforderlichen Vorkehrungen zur Vermeidung von Wettbewerbsverzerrungen und nachteiligen Spill-over-Effekten auf andere Branchen oder Mitgliedstaaten.[118] In der Bankenmitt. wurde außerdem Art. 107 Abs. 3 lit. b 2. Alt. AEUV als geeignete Rechtsgrundlage für staatliche Stützungsmaßnahmen für Banken angesehen, nachdem die Kom. in den ersten Fällen nach Ausbruch der Subprime-Krise zunächst die Anwendung der Vorschrift ausdrücklich abgelehnt hatte.[119] Am 5. Dezember 2008 folgte die **Rekapitalisierungmitt.** („Die Rekapitalisierung von Finanzinstituten in der derzeitigen Finanzkrise: Beschränkung der Hilfe auf das erforderliche Minimum und Vorkehrungen gegen unverhältnismäßige Wettbewerbsverzerrungen").[120] Durch diese zweite Mitt. wurde die Bankenmitt. konkretisiert und die Vereinbarkeit bestimmter Formen der Rekapitalisierung von Banken mit den Unionsvorschriften iE. darge-

---

[105] Kom., ABl. 2009 L 104/34 – SachsenLB.

[106] Kom., C 10/2008, ABl. 2008 C 76/5 – IKB I.

[107] Kom., Staatliche Beihilfe NN 25/08 – WestLB Risikoabschirmung.

[108] Kom., Staatliche Beihilfe NN 70/2007, C 14/2008, ABl. 2008 C 135/21 – Northern Rock.

[109] KOM(2009) 164, 7.

[110] Kom., Staatliche Beihilfe NN 36/2008 – Roskilde Bank.

[111] Kom., Staatliche Beihilfe NN 41/2008 – Bradford & Bingley.

[112] Kom., Staatliche Beihilfen NN 44/2008 – Hypo Real Estate.

[113] Tagung des Rates Wirtschaft und Finanzen (Ecofin), Luxemburg, den 7. 10. 2008, Mitt. an die Presse 13784/08 (Presse 729); siehe hierzu Bankenmitt., ABl. 2008 C 270/8 Fn 1.

[114] Gipfeltreffen der Länder des Euro-Währungsgebiets – Erklärung zu einem abgestimmten Aktionsplan der Länder des Euro-Währungsgebiets, Dok. 14239/08.

[115] *Arhold* EuZW 2008, 714.

[116] Schlussfolgerungen des Vorsitzes 14368/08.

[117] Bankenmitt., ABl. 2008 C 270/8.

[118] Bankenmitt., Tz. 15.

[119] Vgl. Kom., ABl. 2009 L 104/34 – SachsenLB, und ABl. 2009 L 345/1 – WestLB.

[120] Rekapitalisierungmitt., ABl. 2009 C 10/2.

legt. Dies betrifft insbes. die Frage der angemessenen Vergütung für staatliche Kapitalzuschüsse in Abhängigkeit v. Risikoprofil der begünstigten Bank.[121]

Während die Rekapitalisierung vor allem dem Bedürfnis der Mitgliedstaaten Rechnung tra- **375** gen sollte, vorsorglich Rekapitalisierungen durchzuführen, um die Kreditversorgung der Realwirtschaft zu sichern, sahen viele Mitgliedstaaten Ende 2008 die Notwendigkeit, ihre bisherigen Stützungsmaßnahmen durch Entlastungsmaßnahmen für wertgeminderte Aktiva zu ergänzen.[122] Daraufhin erließ die Kom. am 25. Februar 2009 die Mitt. über die Behandlung wertgeminderter Aktiva im Bankensektor der Gemeinschaft **(Impaired-Asset-Mitt.)**.[123] Diese Mitt. konkretisiert die Vorgaben der Bankenmitt. mit detaillierten Regelungen für staatliche Entlastungsmaßnahmen für Risikoaktiva. Dies betrifft insbes. die erforderliche Offenlegung und Bewertung von „toxischen" Aktiva sowie die Bewertung der Aktiva, die von den staatlichen Entlastungsmaßnahmen erfasst werden sollen, auf der Grundlage einheitlicher Grundsätze. Schließlich erließ die Kom. am 23. Juli 2009 die Mitt. über die Wiederherstellung der Rentabilität und die Bewertung von Umstrukturierungsmaßnahmen im Finanzsektor im Rahmen der derzeitigen Krise gemäß den Beihilfenvorschriften **(Umstrukturierungsmitt.)**.[124] Darin sind die Anforderungen an eine Umstrukturierung von Banken geregelt, die nach den Vorschriften der anderen drei Mitt. erforderlich ist. Für den Umfang der Umstrukturierung kommt es vor allem auf die Marktstellung und das Risikoprofil der begünstigten Bank, die von der Bank zu zahlende Vergütung für die Beihilfemaßnahme und die Gesamthöhe aller gewährten Beihilfen in absoluten Zahlen und im Verhältnis zum Wert der risikogewichteten Aktiva der Bank an.[125] Allen vier Mitt. gemeinsam ist die grundlegende Unterscheidung der Kom. zwischen **„grundsätzlich gesunden Banken" und notleidenden Banken.** Als grundsätzlich gesunde Banken sind Kreditinstitute anzusehen, die ausschließlich durch die Krise in Liquiditätsschwierigkeiten geraten sind.[126] Notleidende Banken sollen dagegen weitergehende endogene Probleme aufgrund von ineffizienten oder riskanten Geschäftsstrategien haben, die durch die Krise nur aufgedeckt oder verschlimmert wurden.[127] Die Rettung notleidender Banken soll nach Auffassung der Kom. tiefgreifende Umstrukturierungen nach sich ziehen, während grundsätzlich gesunde Banken aufgrund ihres geringeren Risikoprofils mit weniger strengen Voraussetzungen für eine Genehmigung von Beihilfen rechnen müssen. Aufgrund der im Einzelfall nicht einfachen Abgrenzung der beiden Bankentypen hat die Kom. in der Impaired-Asset-Mitt. allerdings einen differenzierteren Ansatz gewählt.[128]

**aa) Art. 107 Abs. 3 lit. b 2. Alt. AEUV. α) Anwendung von Art. 107 Abs. 3 lit. b 376
2. Alt. AEUV vor der Finanzkrise.** Vor dem Ausbruch der Finanzkrise kam Art. 107 Abs. 3 lit. b 2. Alt. AEUV nur einmal zur Anwendung. Zwar hatten sich Mitgliedstaaten immer wieder auf die Vorschrift berufen, die Kom. eine Anwendung aber nur in Ausnahmefällen anerkannt. Dies wurde auf den systematischen Zusammenhang der Vorschrift sowie auf den Grundsatz gestützt, dass Art. 107 Abs. 3 lit. b 2. Alt. AEUV als Ausnahmevorschriften eng auszulegen sei.[129] Für eine beträchtliche Störung im Wirtschaftsleben eines Mitgliedstaates wurde verlangt, dass die Störung das gesamte Wirtschaftsleben des betreffenden Mitgliedstaates beeinträchtigen müsse.[130] Als nicht ausreichend angesehen wurde, dass lediglich ein einzelnes Unternehmen[131] oder das Wirtschaftsleben in Gebieten, Regionen bzw. Gebietsteilen[132] betroffen war. Die Annahme einer beträchtlichen Störung im Wirtschaftsleben eines Mitgliedstaates wurde auch an der wirtschaftlichen Situation in den anderen Mitgliedstaaten gemessen. Eine Anwendung von Art. 107 Abs. 3 lit. b 2. Alt. AEUV wurde beispielsweise aus dem Grund abgelehnt, dass die Wirtschaftslage in dem betroffenen Mitgliedstaat günstiger als in den anderen Mitgliedstaaten war[133]

---

[121] Rekapitalisierungmitt., Tz. 22–30.
[122] KOM(2009) 164, 13.
[123] Impaired-Asset-Mitt., ABl. 2009 C 72/1.
[124] Umstrukturierungmitt., ABl. 2009 C 195/9.
[125] Umstrukturierungmitt., Tz. 31 ff.
[126] Bankenmitt., Tz. 14, 33.
[127] Rekapitalisierungmitt., Tz. 6.
[128] *Jaestedt/Wiemann* WuW 2009, 606, 611.
[129] EuG, T-132/96 u. T-143/96, Slg. 1999, II-3663, RdNr. 167; Kom., ABl. 1984 L 283/42, Tz. III – Polypropylen/Belgien; Kom., ABl. 1988 L 76/18, Tz. V – Industriebeihilfen Griechenland.
[130] EuGH, C-57/00 P u. C-61/00 P, Slg. 2003, I-9975, RdNr. 97 – Sachsen/Kom.
[131] Kom., ABl. 1988 L 229/37, Tz. VI – Harvester/Tenneco.
[132] EuGH, Rs. C-57/00 P u. C-61/00 P, Slg. 2003, I-9975, RdNr. 97 f.
[133] EuGH, 730/79, Slg. 1980, 2671, RdNr. 25.

bzw. die schweren sozialen und wirtschaftlichen Schwierigkeiten, mit denen ein Mitgliedstaat zu kämpfen hatte, nicht die gravierendsten in der Gemeinschaft waren.[134]

377 Seit Beginn der 1980er Jahre erkannte die Kom. – soweit ersichtlich – lediglich in einem Fall das Vorliegen einer beträchtlichen Störung im Wirtschaftsleben eines Mitgliedstaates an.[135] Die Kom. betonte dabei, dass Beihilfen, die ursprünglich gesunden, aber in Existenz bedrohende Schwierigkeiten geratenen Unternehmen gewährt werden, die begünstigten Unternehmen nach der Sanierungsmaßnahme gegenüber ihren Wettbewerbern nicht in eine günstigere Lage versetzen dürfen, als sie ohne diese Schwierigkeiten wären. Die Beihilfe dürfe weder zu einer Ausweitung der Produktionskapazitäten beitragen noch das Problem an eine andere Stelle verlagern, ohne zu einer umfassenden Lösung der sozialen und industriellen Probleme der Union beizutragen oder sogar zu einer mittel- oder langfristigen Verschlechterung der Lage zu führen.

378 Was den Bankensektor betrifft, wurde die Anwendung von Art. 107 Abs. 3 lit. b 2. Alt. AEUV im Falle der Crédit Lyonais in Übereinstimmung mit den oben genannten Grundsätzen aus dem Grunde abgelehnt, dass die Beihilfe darauf abziele, die Schwierigkeiten eines einzigen Begünstigten, dh. der Crédit Lyonais, und nicht des gesamten Wirtschaftszweigs zu beheben.[136] Auch bezüglich der Bankgesellschaft Berlin wurde eine Anwendung von Art. 107 Abs. 3 lit. b 2. Alt. AEUV abgelehnt.[137] Auf Maßnahmen zugunsten eines Finanzinstitutes fand Art. 107 Abs. 3 lit. b 2. Alt. AEUV bis zur weltweiten Finanzkrise niemals Anwendung.

379 β) **Anwendung von Art. 107 Abs. 3 lit. b 2. Alt. AEUV im Rahmen der Finanzkrise.** Erst im Rahmen der globalen Wirtschafts- und Finanzkrise kommt die Vorschrift des Art. 107 Abs. 3 lit. b 2. Alt. AEUV regelmäßig und systematisch zur Anwendung. Die Kom. stützte nicht nur zahlreiche Entscheidungen zu Einzelbeihilfen und Beihilfenregelungen im Finanzsektor auf diese Norm, sondern auch ihre vier Mitteilungen zu Maßnahmen im Finanz- bzw. Bankensektor der Union[138] sowie ihre auf die Realwirtschaft abzielende Mitteilung zum vorübergehenden Gemeinschaftsrahmen für staatliche Beihilfen zur Erleichterung des Zugangs zu Finanzierungsmitteln in der gegenwärtigen Finanz- und Wirtschaftskrise.[139]

380 Bis in den Oktober 2008 hinein allerdings lehnte die Kom. die Anwendung von Art. 107 Abs. 3 lit. b 2. Alt. AEUV – beispielsweise in den Verfahren zur SachsenLB, zur IKB, zur Roskilde Bank, zu Northern Rock und zur WestLB – entweder ab[140] oder erörterte die Anwendung erst gar nicht.[141] In den Verfahren, in denen sie die Anwendung von Art. 107 Abs. 3 lit. b 2. Alt. AEUV ablehnte, begründete sie dies zum einen damit, dass die Finanzkrise zumindest zu dem Zeitpunkt, als die betreffenden Maßnahmen ergriffen worden waren, nicht zu einer ernsthaften Störung des Wirtschaftslebens geführt habe.[142] Zum anderen wies die Kom. darauf hin, dass die Behörden des jeweils beteiligten Mitgliedstaats keine Beweise dafür vorgelegt hätten, dass die Nichtgewährung staatlicher Beihilfen zu einer beträchtlichen Störung im Wirtschaftsleben geführt hätte.[143] In diesen Verfahren wurden Entsch. daher nach auf Grund von Art. 107 Abs. 3 lit. c AEUV und anhand der Rettung- und Umstrukturierungsleitlinien getroffen.

381 Erst ab Mitte Oktober 2008, dh. ab dem 13. Oktober 2008, brachte die Kom. Art. 107 Abs. 3 lit. b 2. Alt. AEUV zur Anwendung, als sie zum einen die britischen und irischen Rettungspakete für Finanzinstitute als nach Art. 107 Abs. 3 lit. b 2. Alt. AEUV für mit dem Binnenmarkt vereinbar erklärte[144] und zum anderen ihre erste Mitteilung zur Anwendung der Bei-

---

[134] Kom., ABl. 1984 L 283/42, Tz. III – Polypropylen/Belgien.

[135] Kom., ABl. 1988 L 76/18, Tz. V. – Industriebeihilfen Griechenland.

[136] Kom., ABl. 1998 L 221/28, Tz. 10.1. – Crédit Lyonnais.

[137] KOM, ABl. 2005 L 116/1, Tz. 153 – Bankgesellschaft Berlin.

[138] ABl. 2008 C 270/8; ABl. 2009 C 10/2; ABl. 2009 C 72/1; ABl. 2009 C 195/9.

[139] ABl. 2009 C83/1; ABl. 2009 C 261/2; ABl. 2009 C 303/6; *Soltész/v. Köckritz* EuZW 2010, 167; *Campo* CPN 1/2009, 21.

[140] Kom., ABl. 2008 C 322/16, Tz. 44 – WestLB; Kom., ABl. 2009 L 104/34, Tz. 95 – SachsenLB; Kom., ABl. 2009 L 278/32, Tz. 94 – IKB; Kom., Staatliche Beihilfe NN 36/2008, Tz. 40 – Roskilde Bank; Kom., ABl. 2008 C 135/21, Tz. 101 – Northern Rock.

[141] Kom., Staatliche Beihilfe NN 44/2008, Tz. 24 ff. – Hypo Real Estate; Kom., Staatliche Beihilfe NN 41/2008, Tz. 39 ff. – Bradford & Bangley.

[142] Kom., ABl. 2008 C 322/16, Tz. 44 – WestLB; Kom., ABl. 2008 L104/34, Tz. 75 – SachsenLB; Kom., ABl. 2009 L 278/32, Tz. 94 – IKB; Kom., Staatliche Beihilfen NN 36/2008, Tz. 40 – Roskilde Bank.

[143] Kom., ABl. 2008 C 322/16, Tz. 44 – WestLB; Kom., Staatliche Beihilfen NN 25/08, Tz. 41 – WestLB; Kom., ABl. 2009 L 104/34, Tz. 95 – SachsenLB; ABl. 2009 L 278/32, Tz. 94 – IKB; Kom., ABl. 2008 C 135/21, Tz. 101 – Northern Rock.

[144] Kom., Staatliche Beihilfen NN 48/2008, Tz. 54 ff. – Irland; Kom., Staatliche Beihilfen N 507/2008, Tz. 42 ff. – Vereinigtes Königreich.

hilfenvorschriften auf Stützungsmaßnahmen für Finanzinstituten in der globalen Finanzkrise (sog. Bankenmitt.) auf ihrer Webseite veröffentlichte.[145] Sämtliche nachfolgenden Entsch. zu Einzelbeihilfen und Beihilfenregelungen zugunsten von Finanzinstituten wurden auf Art. 107 Abs. 3 lit. b 2. Alt. AEUV gestützt.[146]

γ) Bewertung der Anwendung von Art. 107 Abs. 3 lit. b 2. Alt. AEUV. Die Anwen-   **382** dung von Art. 107 Abs. 3 lit. b 2. Alt. AEUV als Rechtsgrundlage für die Vereinbarkeit von Beihilfen für Finanzinstitute im Rahmen der globalen Finanz- und Wirtschaftskrise ist sachgerecht. Neben Art. 107 Abs. 3 lit. b 2. Alt. AEUV wären lediglich Art. 107 Abs. 2 lit. b 2. Alt. AEUV oder Art. 107 Abs. 3 lit. c AEUV als Rechtsgrundlagen in Betracht gekommen. Art. 107 Abs. 2 lit. b 2. Alt. AEUV wäre zwar nach seinem Wortlaut durchaus anwendbar, da die den Finanzinstituten gewährten Beihilfen zur Beseitigung von Schäden dienen, die auf einem außergewöhnlichen Ereignis beruhen, nämlich einer in Schwere wie Ausmaß auch in längeren Zeiträumen extrem selten auftretenden weltweiten Finanz- und Wirtschaftskrise. Die außergewöhnlichen Ereignisse in Art. 107 Abs. 2 lit. b 2. Alt. AEUV werden allerdings im tatbestandlichen Zusammenhang mit Naturkatastrophen genannt. Dies könnte dafür sprechen, dass nur Ereignisse erfasst werden, deren Eintritt wie der von Naturkatastrophen außerhalb gewöhnlicher menschlicher Beherrschungsgewalt liegt. Als ein durch Handeln der finanzwirtschaftlichen Akteure erzeugtes und damit letztlich aus der Finanzwirtschaft stammendes (wenngleich auf diese gleichzeitig und auch unkontrolliert zurückwirkendes) Ereignis würde die weltweite Finanz- und Wirtschaftskrise dazu nicht zählen.[147] Die Anwendung von Art. 107 Abs. 2 lit. b 2. Alt. AEUV hätte zudem die Rechtsfolge, dass alle den Tatbestand erfüllenden Beihilfen im Rahmen der Legalausnahme von Art. 107 Abs. 2 AEUV automatisch freigestellt wären. Dies käme wenngleich nicht formaljuristisch, so doch in der Wirkungsweise einer Aussetzung der Beihilfenkontrolle im Rahmen der Finanz- und Wirtschaftskrise gleich. Es verwundert auch aus diesem Grunde nicht, dass die Kom. die Maßnahmen im Kontext der Finanz- und Wirtschaftskrise nicht anhand von Art. 107 Abs. 2 lit. b AEUV beurteilt hat, weil sie sich damit ihres im Rahmen von Art. 107 Abs. 3 AEUV bestehenden Ermessens auf der Rechtsfolgenseite begeben hätte.[148]

Auch Art. 107 Abs. 3 lit. c AEUV in Verbindung mit den Rettungs- und Umstrukturie-   **383** rungsleitlinien wäre keine geeignete Rechtsgrundlage für die Bewertung der Beihilfen für den Finanzsektor im Rahmen der Krise. Diese Regeln erfassen einen anderen Sachverhalt und verfolgen eine andere Zielrichtung als die den Finanzinstituten in der Krise gewährten Beihilfen. Die Rettungs- und Umstrukturierungsleitlinien betreffen Beihilfen, die für die Rettung bzw. Umstrukturierung einzelner Unternehmen gewährt werden, die sich in finanziellen Schwierigkeiten befinden. Derartige Beihilfen können nur unter bestimmten Voraussetzungen gerechtfertigt werden, beispielsweise „aus sozial- oder regionalpolitischen Gründen oder weil die positive Rolle der kleinen und mittleren Unternehmen für die Volkswirtschaft zu berücksichtigen ist oder in Ausnahmefällen, weil eine wettbewerbsbestimmte Marktstruktur erhalten bleiben soll und das Verschwinden von Unternehmen zu einer Monopolsituation oder zu einem anderen Oligopol führen könnte".[149] Bei Rettungs- und Umstrukturierungsbeihilfen geht es um Beihilfen im Sinne von Art. 107 Abs. 3 lit. c AEUV zur Förderung der Entwicklung gewisser Wirtschaftszweige oder Wirtschaftsgebiete, die nur dann als mit dem Binnenmarkt vereinbar angesehen werden können, soweit sie die Handelsbedingungen nicht in einer Weise verändern, die dem gemeinsamen Interesse, dh. dem Interesse der EU, zuwiderläuft. Letztlich geht es um die Beurteilung von staatlichen Maßnahmen zur Rettung bzw. Umstrukturierung eines einzelnen insolvenzbedrohten Unternehmens in einem grundsätzlich gesunden Marktumfeld. Der Vorrang des unverfälschten Wettbewerbs wird ausnahmsweise nur insoweit eingeschränkt, als dies positive sozial-, regional- oder marktstrukturpolitische Wirkungen der Beihilfe rechtfertigen und die Handelsbeeinträchtigungen nicht so stark sind, dass sie dem gemeinsamen Interesse zuwiderlaufen. Die im Rahmen der Finanz- und Wirtschaftskrise an Finanzinstitute gewährten Maßnahmen hingegen dienen dem gemeinsamen Ziel, durch Stabilisierung der jeweiligen Finanzinstitute einen Zusammenbruch des Finanzsystems und nachfolgend auch der Realwirtschaft in den

---

[145] IP/08/1495; Kom., ABl. 2008 C 270/8.
[146] Übersicht zu getroffenen Entscheidungen und noch anhängigen Beihilfenkontrollverfahren mit Stand vom 27. Mai 2010 KOM(2010) 255.
[147] So mit weiteren Überlegungen und Nachweisen auch *Schwarze* DVBl. 2009, 1401, 1406 f.
[148] *Schwarze* DVBl. 2009, 1401, 1408.
[149] ABl. 2004 C 244/2, Tz. 8.

jeweiligen Mitgliedstaaten zu verhindern. Aufgrund der existentiellen Bedeutung der Finanzinstitute für den Zahlungsverkehr und die gesamte Realwirtschaft zielen diese Maßnahmen weder auf Rettung einzelner Unternehmen in einem ansonsten grundsätzlich gesunden Marktumfeld noch auf Förderung der Entwicklung gewisser Wirtschaftszweige oder Wirtschaftsgebiete iSd. Art. 107 Abs. 3 lit. c AEUV. Die Beseitigung der gesamtwirtschaftlichen Störung eines Mitgliedstaates iSd. Art. 107 Abs. 3 lit. b AEUV dient vielmehr dem gemeinsamen Interesse an der Aufrechterhaltung und Sicherstellung der Funktionsfähigkeit der Gesamtwirtschaft der Mitgliedstaaten.

384   Offensichtlich zielten auch die von den Mitgliedstaaten in der Finanzkrise ergriffenen Rettungsmaßnahmen für Finanzinstitute auf die Aufrechterhaltung ihrer Wirtschaftssysteme und die Vermeidung der Wiederholung des Zusammenbruches eines weiteren Kreditinstitutes wie der Lehman Brothers Bank. Gegen die Anwendung von Art. 107 Abs. 3 lit. b 2. Alt. AEUV könnte zwar die frühere, oben erwähnte Entscheidungspraxis von Unionsgerichten und Kom. sprechen, wonach die Wirtschaftslage in dem betroffenen Mitgliedstaat nicht günstiger als in anderen Mitgliedstaaten sein darf. Das würde allerdings voraussetzen, dass Art. 107 Abs. 3 lit. b 2. Alt. AEUV nur bei der Behebung von Störungen anwendbar ist, wenn diese im Wirtschaftsleben *eines* Mitgliedstaates, nicht aber *mehrer* oder *aller* Mitgliedstaaten bestehen.[150] Sinn und Zweck von Art. 107 Abs. 3 lit. b 2. Alt. AEUV bestehen jedoch gerade darin, den Mitgliedstaaten bei der Bekämpfung einer beträchtlichen Störung in ihrem Wirtschaftleben zu helfen und ein wirkungsvolles Mittel zur Verfügung zu stellen. Dieser Zweck wird nicht dadurch ausgeschlossen, dass eine vergleichbare oder sogar eine nach Grund und Auswirkungen identische Störung im Wirtschaftsleben auch anderer oder sogar aller Mitgliedstaaten vorliegt.[151] Dies muss zumindest dann gelten, wenn wie im Rahmen der Finanz- und Wirtschaftskrise kein im Wesentlichen gesundes Marktumfeld mehr vorhanden ist. Dieses Auslegungsergebnis lässt sich auch im Wege eines Erst-recht-Schlusses *(argumentum a fortiori)* aus Art. 107 Abs. 3 lit. b 1. Alt. AEUV gewinnen, wonach Beihilfen zur Förderung wichtiger Vorhaben von gemeinsamem europäischem Interesse mit dem Binnenmarkt als vereinbar angesehen werden können. Die Behebung der Störungen im Wirtschaftsleben der einzelnen Mitgliedstaaten diente auch dem Schutz des europäischen Binnenmarktes sowie der europäischen wie globalen Finanz- und Realwirtschaft und der Verhinderung von negativen Auswirkungen und Ausstrahlungen auf das Wirtschaftsleben anderer Mitgliedstaaten. Dass die Rettung und Stabilisierung gerade systemisch relevanter und oftmals auch in anderen Mitgliedstaaten aktiver Finanzinstitute auch im europäischen Interesse lag und liegt, dürfte daher unzweifelhaft sein. Fraglich ist vielmehr, ob die Maßnahmen nicht auch als Beihilfen zur Förderung wichtiger Vorhaben von gemeinsamen europäischen Interesse iSd. Art. 107 Abs. 3 lit. b 1. Alt. AEUV betrachtet werden können. Dagegen dürfte aber sprechen, dass es sich bei der Bekämpfung der Finanz- und Wirtschaftskrise um reaktive und im Einzelnen nicht koordinierte einzelstaatliche Maßnahmen nach Eintritt eines Ereignisses handelte, während der Begriff der Förderung eines Vorhabens ein proaktiv betriebenes und planerisch festgelegtes Projekt nahelegt.

385   Mit Art. 107 Abs. 3 lit. b 2. Alt. AEUV hat die Kom. – wenn auch mit zeitlicher Verzögerung – daher die sachgerechte Rechtsgrundlage gewählt, die das Unionsrecht für derartige Ausnahmesituationen – in weiser Voraussicht seiner Gründungsväter – vorsieht. In der konkreten Anwendung der Norm zeigt sich allerdings, dass die Kom. sich weitgehend von den Grundsätzen ihrer Rettungs- und Umstrukturierungsleitlinien leiten lässt.[152] Dies wirft die Frage auf, ob diese Anwendung Inhalt und Normstruktur von Art. 107 Abs. 3 lit. b 2. Alt. AEUV gerecht wird und der zwischen Art. 107 Abs. 3 lit. b 2. Alt. AEUV und den auf Art. 107 Abs. 3 lit. c AEUV gestützten Rettungs- und Umstrukturierungsleitlinien bestehende Normenhierarchie entspricht. Eine Inhaltsidentität von Art. 107 Abs. 3 lit. b 2. Alt. AEUV und Art. 107 Abs. 3 lit. c AEUV findet bereits in deren Wortlaut keine Stütze. Art. 107 Abs. 3 lit. c AEUV sieht eine Vereinbarkeit mit dem Binnenmarkt ausdrücklich nur dann vor, soweit die Beihilfen „die Handelsbedingungen nicht in einem Maß beeinträchtigen, das dem gemeinsamen Interesse zuwiderläuft". Aus guten Gründen enthält Art. 107 Abs. 3 lit. b 2. Alt. AEUV eine derartige Einschränkung gerade nicht. Beide Vorschriften beruhen vielmehr auf den oben dargestellten unterschiedlichen Zielen und einem divergierenden Schutzniveau. Bei der Beseitigung einer gesamtwirtschaftlichen Störung iSd. Art. 107 Abs. 3 lit. b 2. Alt. AEUV handelt es sich um ein

---

[150] *Schwarze* DVBl. 2009, 1401, 1408.
[151] *Schwarze* DVBl. 2009, 1401, 1408.
[152] *Ahlborn/Piccinin* EStAL 2010, 1.

Ziel von überragendem Interesse. Ihm kommt eine weitaus höhere Bedeutung zu als dem Ziel der Förderung einzelner Wirtschaftszweige oder Wirtschaftsgebiete iSd. Art. 107 Abs. 3 lit. c AEUV. Eine Entscheidung, die von einer Zweckidentität beider Vorschriften ausgeht, müsste daher zwangsläufig an einer fehlerhaften Gewichtung der unterschiedlichen positiven und negativen Effekte der in Rede stehenden Beihilfe leiden.

bb) Die Bankenmitt. α) Allgemeines. Die Kom. erklärt in der Bankenmitt. in Anbe- **386** tracht der Finanzkrise und deren möglichen Auswirkungen auf die Gesamtwirtschaft der Mitgliedstaaten **Art. 107 Abs. 3 lit. b AEUV** auf Maßnahmen zur Bewältigung der Krise für anwendbar.[153] Der Rückgriff auf diese Vorschrift soll allerdings nur für die Dauer der Krise möglich sein. Auch *Ad-hoc*-Interventionen von Mitgliedstaaten (zB Notinterventionen, den Schutz von Rechten Dritter und Rettungsmaßnahmen, die eine Dauer von sechs Monaten überschreiten) können nach der Bankenmitt. genehmigungsfähig sein.

Die Kom. unterscheidet zwischen **illiquiden, aber grundsätzlich gesunden Finanzinsti- 387 tuten und solchen Finanzinstituten, die durch endogene Schwierigkeiten** gekennzeichnet sind. Im ersten Falle seien Funktionsstörungen exogen verursacht und in erster Linie Folge der Finanzkrise anstelle von Ineffizienz oder exzessiver Risikoübernahme. Daher werden Wettbewerbsverzerrungen, die von diesbezüglichen Stützungsmaßnahmen herrühren, als „normalerweise begrenzt" bewertet, so dass sie eine weniger einschneidende Umstrukturierung erfordern. Im Gegensatz dazu unterfallen nach der Bankenmitt. Finanzinstitute, die wahrscheinlich besonders von Verlusten durch Ineffizienzen, schlechtem Haftungsmanagement oder Risikostrategien betroffen sind, dem normalen Rahmen der Rettungs- und Umstrukturierungsleitlinien. Für diese Institute seien daher weitreichende Umstrukturierungen und Ausgleichsmaßnahmen erforderlich, um Wettbewerbsverzerrungen zu vermeiden.[154] Ein fester Stichtag zur Feststellung, ob die Schwierigkeiten bereits vor der Finanzkrise bestanden, wird allerdings nicht benannt.[155]

β) Garantien zur Deckung von Verbindlichkeiten von Finanzinstituten.[156] Allg. Ga- **388** rantien zum Schutz von Kleinkundenanlagen sind grundsätzlich zulässig. Garantien zum Schutz anderer Schulden und Verbindlichkeiten müssen auf die spezifische Problemursache ausgerichtet und auf das erforderliche Maß begrenzt werden. Das auf dem Vertrauensverlust zwischen Finanzinstituten basierende Austrocknen von Interbanken-Krediten kann auch Garantien für bestimmte Arten von Großkundeneinlagen und kurz- und mittelfristige Schuldinstrumente rechtfertigen, soweit diese nicht bereits auf andere Weise angemessen geschützt sind. Ob darüber hinaus Garantien für andere Schuldinstrumente zulässig sind, bedarf einer näheren Untersuchung.

Umfang und Dauer von Garantien für andere als Kleinkundenanlagen sind auf das erforder- **389** liche Mindestmaß zu beschränken. Alle sechs Monate sollen die Mitgliedstaaten eine Überprüfung der Notwendigkeit der Maßnahmen durchführen und deren Ergebnis der Kom. mitteilen. Die Garantien können auf dieser Grundlage für einen Zeitraum von bis zu zwei Jahren genehmigt werden, je nach Fortgang der Finanzkrise auch darüber hinaus.

Die Mitgliedstaaten müssen geeignete Maßnahmen treffen, um einen wesentlichen Beitrag **390** der Beihilfeempfänger und/oder des Finanzsektors zu den Kosten der Garantie und, sofern erforderlich, der Rückzahlung der Garantien sicherzustellen.[157] Die Kom. hält eine Kombination von einigen oder allen der nicht abschließend aufgezählten Kriterien für angemessen: Ein angemessenes, einem Marktpreis vergleichbares Entgelt als Grundlage für die Garantieregelung; die Übernahme eines wesentlichen Teils der Verbindlichkeiten durch den Privatsektor und, sofern eine sofortige Beteiligung an den Kosten nicht möglich ist, die Leistung eines späteren Beitrags *(clawback/better fortunes clause)*.

Das Hilfssystem muss geeignete Mechanismen enthalten, um Wettbewerbsverzerrungen **391** durch und das Risiko potentiellen Missbrauchs von Staatsgarantien zu minimieren. Geeignete Maßnahmen können Restriktionen in Bezug auf das Geschäftsverhalten, die Begrenzung der Bilanzsumme der begünstigten Institute oder das Verbot bestimmter Handlungsweisen wie Aktienrückkauf durch die begünstigten Banken sein.[158] Garantieregelungen werden von der Kom.

---

[153] Bankenmitt., Tz. 6.
[154] Bankenmitt., Tz. 14.
[155] *Jestaedt/Wiemann* WuW 2009, 606, 611.
[156] Bankenmitt., Tz. 19 ff.
[157] Bankenmitt., Tz. 25.
[158] Bankenmitt., Tz. 27.

nur als kurzfristige Rettungsmaßnahmen betrachtet, denen notwendige Anpassungsmaßnahmen für den gesamten Sektor und/oder die Umstrukturierung bzw. Liquidation einzelner Beihilfeempfänger nachfolgen müssen.[159]

392 Die Anwendung der Garantieregelung zugunsten einzelner Beihilfeempfänger muss, sobald es die Krise erlaubt, aus Gründen des Wettbewerbsschutzes geeignete Schritte zur Umstrukturierung oder Liquidation des Beihilfeempfängers nach sich ziehen. Dies bedarf der Anmeldung eines Umstrukturierungs- oder Liquidationsplanes, der von der Kom. gesondert auf seine Vereinbarkeit mit den Beihilfevorschriften beurteilt wird. Bei der Beurteilung des Umstrukturierungsplanes wendet die Kom. die gleichen Kriterien an, die auch in „normalen" Umstrukturierungsfällen gelten: die Wiederherstellung der langfristigen Überlebensfähigkeit des betreffenden Finanzinstituts, die Beschränkung der Beihilfe auf das Mindestmaß und eine substantielle private Beteiligung an den Kosten der Umstrukturierung sowie die Vermeidung unzumutbarer Wettbewerbsverzerrungen.

393 γ) **Rekapitalisierung von Finanzinstituten.**[160] Die oben genannten Kriterien für Garantieregelungen gelten grundsätzlich auch für allg. Regelungen über die Rekapitalisierung von Finanzinstituten: der Beihilfeberechtigung sollen objektive Kriterien zugrunde liegen, die nicht zu ungerechtfertigter Diskriminierung führen; die Kapitalspritze darf nicht über das erforderliche Mindestmaß hinausgehen; und die Begünstigten sollen einen so hoch wie möglichen Eigenbeitrag leisten. Abhängig von dem gewählten Instrument sollen den Mitgliedstaaten prinzipiell Rechte eingeräumt werden, die dem Wert ihrer Beteiligung an der Rekapitalisierung entsprechen.

394 δ) **Kontrollierte Liquidation von Finanzinstituten.**[161] Auch für die Liquidation von Finanzinstituten gelten, *mutatis mutandis*, die Erwägungen zu Garantieregelungen. Gesellschafter und bestimmte Arten von Gläubigern sollen von den Vorteilen einer Unterstützung, die im Rahmen der Liquidation gewährt wird, ausgeschlossen werden. Die Liquidationsphase soll strikt auf den zeitlich erforderlichen Zeitraum beschränkt werden und die Banklizenz so schnell wie möglich entzogen werden. Um sicherzustellen, dass dem Käufer des Finanzinstitutes oder seinem Verkäufer keine Beihilfe gewährt wird, ist der Verkaufsprozess offen und nichtdiskriminierend zu gestalten, der Verkauf sollte zu Marktkonditionen erfolgen, und das Finanzinstitut oder – je nach gewählter Struktur – die Regierung einen maximalen Verkaufspreis erzielen. Sollte dem zu verkaufenden Geschäftsbereich notwendigerweise eine Beihilfe zu gewähren sein, führt dies zu einer individuellen Untersuchung entsprechend den Prinzipien der Rettungs- und Umstrukturierungsleitlinien. Sofern die Anwendung dieser Kriterien zum Vorliegen einer Beihilfe für den Käufer oder den verkauften Bereich führt, bedarf es einer separaten Prüfung der Rechtmäßigkeit dieser Beihilfe.

395 ε) **Bereitstellung anderer Formen von Liquiditätshilfe.**[162] Sonstige Maßnahmen, die nicht der Stützung einzelner Finanzinstitute dienen, sondern allen Marktteilnehmern zugute kommen, unterliegen idR mangels spezifischer Begünstigung nicht der Beihilfenkontrolle. Handelt es sich dagegen um eine Beihilfe, prüft die Kom. deren Vereinbarkeit anhand der Rettungs- und Umstrukturierungsleitlinien.

396 ζ) **Zügige Bearbeitung von Beihilfeuntersuchungen.**[163] Die Kom. betont ihre Kooperationsbereitschaft mit den Mitgliedstaaten und die große Bedeutung, von den Mitgliedstaaten so früh und umfassend wie möglich über Vorhaben zur Gewährung von Hilfen informiert zu werden. Die Bankenmitt. enthält die Zusage der Kom, wenn notwendig innerhalb von 24 Stunden und über das Wochenende Genehmigungsentsch. zu erlassen, sofern eine vollständige Anmeldung vorliegt.

397 cc) **Rekapitalisierungsmitt.** α) **Allg.** Die Rekapitalisierungsmitt. präzisiert die Angaben der Bankenmitt. in wichtigen Punkten. An die in der Bankenmitt. eingeführte Unterscheidung zwischen „grundsätzlich gesunden" und „notleidenden" Banken werden in der Rekapitalisierungsmitt. weitreichende Folgen geknüpft, insbes. was die Pflicht zum Vorlegen eines Umstrukturierungsplans angeht. Dies ist in der Literatur verbreitet kritisiert worden; es erfordere bereits eine äußerst komplexe Analyse im Vorfeld,[164] und mit der Bezeichnung als „notleidender" Bank sei ein gewisser Stigmatisierungseffekt verbunden.[165]

---

[159] Bankenmitt., Tz. 28 f.
[160] Bankenmitt., Tz. 34 ff.
[161] Bankenmitt., Tz. 43 ff.
[162] Bankenmitt., Tz. 51 f.
[163] Bankenmitt., Tz. 53.
[164] *Arhold* EuZW 2008, 713, 715, *Jestaedt/Wiemann* WuW 2009, 606, 611; *Deselaers/Küpper* EWS 2009, 212, 213; *Zimmer/Blaschczok* WuW 2010, 142, 149.
[165] *Jestaedt/Wiemann* WuW 2009, 606, 611.

Die Unterscheidung zwischen gesunden und notleidenden Banken erfolgt anhand des Risi- **398**
koprofils, das sich aufgrund verschiedener Parameter bestimmt, die sich aus dem Anhang der
Mitteilung ergeben: Kapitaladäquanz, Umfang der Rekapitalisierung (für die Gesundheit der
Bank soll es sprechen, wenn die Rekapitalisierung nicht mehr als 2% der risikogewichteten Ak-
tiva der Bank ausmacht), CDS-Spreads, und Beurteilung durch Rating-Agenturen vor der
Krise.[166]

β) **Rekapitalisierung grundsätzlich gesunder Banken.**[167] αα) **Allgemeines.** In der **399**
Vergütung für die zur Rekapitalisierung bereitgestellten Mittel müssen laut Kom. folgende Elemente angemessen berücksichtigt werden: Das aktuelle Risikoprofil der begünstigten Bank; die
Merkmale des gewählten Instruments; vorgesehene Ausstiegsanreize sowie ein angemessener
risikofreier Referenzzinssatz. Aufgrund der untypischen Marktverhältnisse zum Zeitpunkt der
Veröffentlichung der Rekapitalisierungsmitt. hält die Kom. auch Vergütungssätze für akzeptabel, die unter den entsprechenden Marktsätzen liegen. Dennoch sollte für Rekapitalisierungen
die erwartete Gesamtrendite für den Staat „nicht zu stark" von Marktsätzen abweichen, damit
private Investoren nicht verdrängt werden und die Normalisierung des Marktgeschehens gefördert wird. Die Kom. akzeptiert die vereinbarte Vergütung ohne weiteres, wenn die Kapitalzuführung mindestens zu 30% durch private Investoren erfolgt.

ββ) **Einstiegvergütungen für Rekapitalisierungen.**[168] In Bezug auf das Vergütungsni- **400**
veau für Rekapitalisierungen grundsätzlich gesunder Banken richtet sich die Mitteilung nach
den Empfehlungen der EZB v. 20. November 2008. Für die Rendite, die der Staat bei der Rekapitalisierung erzielen muss, wird ein „Vergütungskorridor" abgesteckt, dessen unterer Grenzwert die erforderliche Rendite bei nachrangigen Verbindlichkeiten und dessen oberer Grenzwert die erforderliche Rendite bei Stammaktien bildet. Daraus ergibt sich ein Korridor mit
einer erforderlichen Durchschnittsrendite von 7% bei Vorzugsaktien, die nachrangigen Verbindlichkeiten ähnlich sind, und eine erforderliche Durchschnittsrendite von 9,3% bei Stammaktien in Bezug auf Banken des Euroraums. Diese Mindestvergütung wird sodann nach der
gewählten Kapitalform, einem angemessenen risikofreien Referenzzinssatz sowie dem individuellen Risikoprofil aller förderungswürdigen Banken auf nationaler Ebene angepasst. Berechnungsmethoden, die höhere Vergütungen ergeben, sind nicht ausgeschlossen.

γγ) **Anreize zur Rückzahlung des staatlichen Kapitals.**[169] Die Kom. hält es für sinnvoll, **401**
durch die Wahl entsprechend hoher Vergütung der Rekapitalisierung die Banken dazu anzuhalten, nach privaten Alternativen Ausschau zu halten. Insofern seien auch Call-Optionen oder die
Bindung der Ausschüttung von Dividenden an eine mit der Zeit steigende Pflichtvergütung ein
geeignetes Mittel. Um sicherzustellen, dass die staatliche Unterstützung befristet bleibt, könne
auch die Dividendenausschüttung mit Auflagen versehen oder befristet werden. Allgemein sei
die Festlegung eines klaren Ausstiegsmechanismus umso wichtiger, je umfangreicher die Rekapitalisierung und je höher das Risikoprofil der begünstigten Bank sei.

δδ) **Überprüfung.**[170] Wie schon in der Bankenmitt. ausgeführt,[171] müssen die Mitgliedsstaa- **402**
ten der Kom. alle sechs Monate einen Bericht über die getroffenen Maßnahmen vorlegen. Dieser soll Angaben zu folgenden Punkten enthalten: Eine Einschätzung des Risikoprofils der reka-
pitalisierten Banken; von diesen Banken aufgenommene Mittel und die Bedingungen, unter
denen die Rekapitalisierung erfolgt ist; Verwendung des zugeführten Kapitals; Ausstiegsanreize
und sonstige Auflagen und Sicherheitsvorkehrungen; sowie die geplanten Schritte, um die Abhängigkeit von staatlichem Kapital zu beenden.

γ) **Rekapitalisierung notleidender Banken.**[172] Die Vergütung zur Rekapitalisierung not- **403**
leidender Banken soll höher sein als im Fall grds. gesunder Banken. Staatliche Kapitalzuführungen sind darüber hinaus nur genehmigungsfähig, wenn es zu einer Liquidation der Bank kommt
oder weitreichende Umstrukturierungsmaßnahmen ergriffen werden. Daher muss bei notleidenden Banken spätestens sechs Monate nach der Rekapitalisierung ein Umstrukturierungsplan
vorgelegt werden, was wie erwähnt bei „gesunden" Banken grds. nicht der Fall sein soll. Die

---

[166] Rekapitalisierungsmitt., Tz. 12 f.
[167] Rekapitalisierungsmitt., Tz. 22 ff.
[168] Rekapitalisierungsmitt., Tz. 26 ff.
[169] Rekapitalisierungsmitt., Tz. 31 ff.
[170] Bankenmitt., Tz. 40 f.
[171] Bankenmitt., Tz. 42.
[172] Rekapitalisierungsmitt., Tz. 43 ff.

Kom. schlägt für die Rettungs- bzw. Umstrukturierungsphase folgende Verhaltensmaßregeln vor: restriktive Dividendenpolitik, Einschränkung von Bonuszahlungen, Erreichung eines höheren Solvabilitätskoeffizienten und Zeitplan für die Rückzahlung des staatlichen Kapitals.

404   **dd) Impaired-Asset-Mitt. α) Allg.** Die Impaired-Asset-Mitt. ergänzt und konkretisiert die beiden vorhergehenden Mitteilungen im Hinblick auf die Auslagerung wertgeminderter Aktiva. Zu den wertgeminderten Aktiva gehören insbesondere, aber nicht ausschließlich, sog. toxische Papiere (dh. mit zweitklassigen US-Hypotheken unterlegte Wertpapiere). Die Impaired-Asset-Mitt. betrifft die mitgliedstaatlichen Regelungen zur Gründung von sog. „Bad Banks" und die damit verbundenen Entlastungswirkungen. Sie gilt grds. für alle Banken, dh. nicht nur für solche mit endogenen Problemen.[173] Nach Anhang II der Mitteilung sind zwei grundlegende Ansätze für Entlastungsmaßnahmen denkbar, nämlich zum einen eine Trennung der wertgeminderten Vermögenswerte von den anderen Vermögenswerten innerhalb einer Bank oder des gesamten Bankensektors und zum anderen eine Versicherungslösung, die vorsieht, dass die Banken die wertgeminderten Aktiva weiterhin in ihren Bilanzen führen, aber im Falle von Ausfällen vom Staat entschädigt werden.[174]

405   **β) Leitlinien für die Anwendung der beihilferechtlichen Vorschriften auf staatliche Entlastungsmaßnahmen.[175] αα) Offenlegung der Wertminderungen.** Vor der Auslagerung wertgeminderter Vermögenswerte ist eine zweifache Prüfung erforderlich. Zum einen muss in Bezug auf die von der Auslagerung betroffenen Aktiva deren Wertminderung offengelegt werden. Dies hat auf der Basis einer adäquaten Bewertung zu erfolgen, die in Übereinstimmung mit den in der Mitteilung niedergelegten Bewertungsprinzipien von anerkannten unabhängigen Experten zu bescheinigen und von den zuständigen Aufsichtsbehörden für gültig zu erklären ist. Zum anderen ist eine vollständige Überprüfung der Geschäftsaktivitäten und Bilanzen der Bank erforderlich, um ihre Kapitaleignung und zukünftige Rentabilität zu bewerten. Die Ergebnisse dieser Bewertung werden bei der Bestimmung notwendiger Folgemaßnahmen[176] berücksichtigt.

406   **ββ) Kostentragung.** Grundsätzlich hat die Bank die mit den wertgeminderten Vermögenswerten verbundenen Kosten im größtmöglichen Umfang selbst zu tragen, was eine angemessene Vergütung für die Auslagerungsmaßnahme beinhaltet. Wenn nach der Bewertung der Aktiva Verluste identifiziert werden, die ohne Staatsintervention zur technischen Insolvenz führen würden, sollte die Bank in Einklang mit Gemeinschaftsrecht und nationalem Recht entweder unter Verwaltung gestellt oder ordentlich abgewickelt werden. Sofern dieses Vorgehen aus Gründen der finanziellen Stabilität nicht anzuraten ist, kann die Bank Beihilfen in Form einer Garantie oder eines Erwerbs von Aktiva erhalten, die streng auf das zur Umstrukturierung oder zur ordentlichen Abwicklung Erforderliche zu begrenzen sind. Gründe der finanziellen Stabilität können vorliegen, wenn wegen der Größe oder der Art von Geschäftsaktivitäten der Bank ein administratives oder gerichtliches Verfahren oder eine ordentliche Abwicklung nicht ohne gefährliche systemische Auswirkungen auf anderen Finanzinstitute oder die Kreditvergabe an die Realwirtschaft möglich ist.[177] In dieser Situation erwartet die Kom. von den Eigentümern, dass sie Verluste bis zu einer Grenze tragen, in der die regulatorische Voraussetzung der Mindestkapitalausstattung erreicht sind. Auch Verstaatlichungsoptionen können in derartigen Situationen in Erwägung gezogen werden. Wenn keine vorherige vollständige Kostenteilung erreicht werden kann, sollte die Bank zusätzlich zu einem späteren Zeitpunkt am Verlust oder der Risikoübernahme beteiligt werden. Als generelle Regel gilt, dass der Beitrag der Eigentümer umso höher ausfallen muss, je geringer der im Vorfeld geleistete Beitrag ist.

407   **γγ) Teilnahme.** Grds. ist eine Beteiligung an Auslagerungsprogrammen nur innerhalb eines Zeitraums von sechs Monaten nach Initiierung des Programms durch die jeweilige Regierung möglich. Ggf. ist – beispielsweise durch die zwangsweise Beteiligung an Auslagerungsprogrammen – sicherzustellen, dass die Banken, die am stärksten auf die Auslagerung wertgeminderter Vermögenswerte angewiesen sind, am Regierungsprogramm teilnehmen.

---

[173] *Jestaedt/Wiemann* WuW 2009, 606, 614.

[174] Anhang II enthält außerdem eine Zusammenfassung der bisher weltweit mit Bad Banks gemachten Erfahrungen.

[175] Impaired-Asset-Mitt., Tz. 15 ff.

[176] Siehe dazu RdNr. 412–426.

[177] Die Auslegung des Kriteriums der Systemrelevanz in der Praxis wird zT als zu weit kritisiert, vgl. *Zimmer/Blaschczok* WuW 2010, 142, 152; *Deselaers/Küpper* EWS 2009, 212, 214; *Günther* WM 2010, 825.

δδ) **Teilnahmeberechtigung wertgeminderter Vermögenswerte.** Die Teilnahmebe- **408**
rechtigung an Auslagerungsprogrammen ist nicht auf sog. toxische Wertpapiere beschränkt. Um
unionsweite Konsistenz zu erreichen, sollen Kategorien („Körbe") für wertgeminderte Vermögenswerte entwickelt werden, welche die vorhandene Wertminderung widerspiegeln.[178] Die
Kom. wird keine wertgeminderten Vermögenswerte berücksichtigen, die nach einem bestimmten Stichtag vor der Ankündigung des Entlastungsprogramms in der Bilanz einer Bank eingestellt worden sind; die Kom. schlägt hierfür das Jahresende 2008 vor. Grundsätzlich ist zu beachten, dass die Umstrukturierung und Ausgleichsmaßnahmen umso umfassender sein müssen, je
weiter die Kategorien zur Entlastungsfähigkeit gefasst werden.

εε) **Bewertung teilnahmeberechtigter wertgeminderter Vermögenswerte und Preis-** **409**
festsetzung. Die Bewertung wertgeminderter Vermögenswerte folgt einer allg. auf Gemeinschaftsebene entwickelten und von der Kom. im Vorfeld koordinierten Methodologie. Sofern
die Bewertung wertgeminderter Vermögenswerte besonders komplex ist, können alternative
Ansätze in Erwägung gezogen werden. Dazu zählt auch die Gründung einer **sog. Good Bank,**
über die der Staat die soliden und nicht die wertgeminderten Vermögenswerte erwerben würde. Auch das öffentliche Eigentum inklusive der Verstaatlichung kann mit Blick auf die Durchführung der Bewertung im Rahmen einer Umstrukturierung oder ordentlichen Abwicklung
eine Alternative darstellen.

Die Bewertung der wertgeminderten Vermögenswerte ist auf deren gegenwärtigen Markt- **410**
wert zu stützen, der – sofern ein Marktwert überhaupt feststellbar ist – stark vom Bilanzwert
abweichen kann. Jede Auslagerung, bei der die Bewertung über dem Marktpreis liegt, stellt eine
Beihilfe dar. Allerdings wird der Wert, der den wertgeminderten Vermögenswerten im Rahmen eines Auslagerungsprogramms zugeordnet wird (der sog. Übertragungswert), unvermeidlich über dem gegenwärtigen Marktpreis liegen, um den Entlastungseffekt zu erreichen. Die
Kom. sieht dabei einen Übertragungswert als akzeptablen Bezugspunkt an, der dem zugrundeliegenden langfristigen „tatsächlichen wirtschaftlichen Wert" der wertgeminderten Vermögenswerte auf Basis des zugrundeliegenden Cashflows und der längerfristigen Aussichten entspricht.[179]

Es liegt im Ermessen der Mitgliedstaaten, das am besten geeignete Modell für die Auslagerung **411**
zu wählen. Die Mitteilung nennt als mögliche Modelle den Erwerb, die Absicherung und den
Tausch von Vermögenswerten sowie Mischformen dieser Modelle. Grundsätzlich sollen alle
Programme auf eine 50%ige Beteiligung der betroffenen Banken am erlittenen Verlust hinauslaufen.[180]

γ) **Folgemaßnahmen.**[181] In Bezug auf Folgemaßnahmen nach Teilnahme an einem Ausla- **412**
gerungsprogramm verweist die Kom. auf ihre Rettungs- und Umstrukturierungsleitlinien; insoweit gelten die allg. Kriterien, nämlich Leistung eines angemessenen Beitrags des Beihilfeempfängers zu den Kosten des Auslagerungsprogramms und Maßnahmen zur Wiederherstellung der
Rentabilität sowie zum Ausgleich von Wettbewerbsverzerrungen.

αα) **Angemessener Beitrag.** Die erste Voraussetzung wird als erfüllt angesehen, wenn die **413**
genannten Anforderungen der Impaired-Asset-Mitt. erfüllt worden sind; der Beihilfeempfänger
soll dabei mindestens 50% der maximalen staatlichen Haftung tragen.

ββ) **Wiederherstellung der Rentabilität.** Die Einschätzung der Kom. zum notwendigen **414**
Umfang der Umstrukturierung erfolgt auf Grundlage der Kriterien in der Rekapitalisierungsmitt.[182] und anhand des Anteils der auszulagernden Vermögenswerte an den Gesamtaktiva der
Bank, eines Vergleiches des Transferwertes mit dem Marktwert, der Besonderheiten der wertgeminderten Vermögenswerte, von Art und Ursprung der Probleme des Beihilfeempfängers,
der Solidität des Geschäftsmodells und der Investmentstrategie der Bank. Insoweit weicht die
Kom. hier von der bloßen Unterscheidung zwischen „grundsätzlich gesunden" und „ungesun-
den" Banken zugunsten einer differenzierteren Abwägung ab.[183] Die Notwendigkeit für eine
umfassende Umstrukturierung wird angenommen, wenn eine angemessene Bewertung der
wertgeminderten Vermögenswerte ohne Staatsintervention zu der Feststellung einer negativen

---

[178] Erläuterungen hierzu finden sich in Anhang III der Impaired-Asset-Mitt.
[179] Anhang IV der Impaired-Asset-Mitt. enthält Details zu Prinzipien und Verfahren der Bewertung.
[180] Impaired-Asset-Mitt., Tz. 44 ff.
[181] Impaired-Asset-Mitt., Tz. 48 ff.
[182] Siehe hierzu RdNr. 397–403.
[183] *Jestaedt/Wiemann* WuW 2009, 606, 611. Unklar erscheint allerdings, ob dieser Ansatz auch außerhalb
des Anwendungsbereichs der Impaired-Asset-Mitt. Anwendung finden soll; vgl. *Jestaedt/Wiemann* ebda.

Eigenkapitalbilanz bzw. der technischen Insolvenz führt, wenn der Staat nicht interveniert. Eine umfassende Umstrukturierung ist auch erforderlich, wenn die Bank bereits Beihilfen erhalten hat, die entweder dem Ausgleich oder Vermeidung von Verlusten dienen oder die Grenze von 2% der gesamten risikobewerteten Wertpapiere überschreitet.

415 **γγ) Ausgleichsmaßnahmen für Wettbewerbsverzerrungen.** Ausgleichsmaßnahmen können in der Verkleinerung und Veräußerung profitabler Geschäftseinheiten oder Tochtergesellschaften oder auch in Verhaltenszusagen zur Vermeidung einer Geschäftsexpansion bestehen. Die Notwendigkeit für Ausgleichsmaßnahmen wird angenommen, wenn die Bank nicht die vorgenannten Verpflichtungen zur Offenlegung, Bewertung, Preisfestsetzung und Lastenverteilung übernimmt. Der Umfang der Ausgleichsmaßnahmen erfolgt auf der Grundlage einer Reihe von Kriterien wie dem Umfang der Beihilfe, dem Umfang der wertgeminderten Vermögenswerte, der generellen Bonität der Bank, und der Qualität des Risikomanagements der Bank.

416 **ee) Umstrukturierungsmitt. α) Allgemeines.** Die Umstrukturierungsmitt. erläutert, wie die nach der Rekapitalisierungsmitt. vorzulegenden Umstrukturierungspläne für Finanzinstitute vor dem Hintergrund der Systemkrise auf ihre Vereinbarkeit mit Art. 107 Abs. 3 lit. b AEUV geprüft werden.[184] Sie gilt für Beihilfen, die vor dem 31. 12. 2010 angemeldet bzw. gewährt werden.[185] Die Umstrukturierungsmitt. soll in der Finanzkrise anstelle der Rettungs- und Umstrukturierungsleitlinien auf Umstrukturierungsbeihilfen für Unternehmen in wirtschaftlichen Schwierigkeiten Anwendung finden.[186]

417 **β) Wiederherstellung der langfristigen Rentabilität.**[187] Die Anforderungen an die vorzulegenden Umstrukturierungspläne sind iE. im Anhang zur Umstrukturierungsmitt. aufgeführt. Umstrukturierungspläne sollen insbesondere die nachfolgenden Informationen enthalten: Einen Nachweis, dass die langfristige Rentabilität so schnell wie möglich wiederhergestellt wird; einen Vergleich mit alternativen Handlungsoptionen, inklusive einer Aufspaltung, einer Übernahme durch eine andere Bank oder einer Liquidation; die Identifizierung der Ursachen der Schwierigkeiten und Schwächen der Bank und einen Nachweis, wie die Umstrukturierungsmaßnahmen diese beseitigen können; Informationen zum Geschäftsmodell des Beihilfeempfängers, insbesondere zu Organisation, Finanzierung, Corporate Government, Risikomanagement, Cash-Flow-Generierung, außerbilanziellen Verpflichtungen sowie gegenwärtiger und zukünftiger Kapitaladäquanz und Analyse der Rentabilität für jede Geschäftsaktivität und jeden Ertragsbereich.

418 Die erwarteten Ergebnisse der geplanten Umstrukturierung sind sowohl aufgrund eines „Base Case"-Szenarios als auch für „Stress-Szenarien" (einschließlich dem einer langen, weltweiten Rezession) nachzuweisen. Da in der gegenwärtigen Krise die Rekapitalisierung durch Mitgliedstaaten zu nicht marktgerechten Bedingungen erfolgt, müssen erhaltene Beihilfen entweder langfristig amortisiert oder zu normalen Marktkonditionen vergütet werden. Die Kom. behält sich weiter vor, die Umsetzung struktureller Maßnahmen über einen längeren Zeitraum vorzusehen, als dies normalerweise der Fall ist, insbesondere um Notverkäufe *(Fire Sales)* zu vermeiden. Gleichwohl soll eine Umstrukturierung innerhalb von höchstens fünf Jahren erfolgen.

419 Ein besonderer Abschnitt der Mitteilung ist dem Verkauf einer notleidenden Bank an eine andere Bank gewidmet. Dies kann der Wiederherstellung der langfristigen Rentabilität dienen, sofern der Erwerber rentabel und in der Lage ist, die Aufnahme der notleidenden Bank zu bewältigen. Ein transparentes, neutrales, bedingungsloses und nichtdiskriminierendes Bieterverfahren soll grds. gewährleistet werden, um für alle potentiellen Bieter gleiche Bedingungen zu schaffen.

420 Unter Verweis auf die Entscheidung im Verfahren der Sachsen LB stellt die Kom. fest, dass der Kauf einer Bank ebenfalls eine staatliche Beihilfe zugunsten des Erwerbers oder des verkauften Geschäftsbereichs beinhalten kann. Sofern der Verkauf durch ein offenes und bedingungsloses Bieterverfahren erfolgt und der Meistbietende den Zuschlag erhält, wird der Verkaufspreis als Marktpreis betrachtet und eine Beihilfe zugunsten des Käufers ausgeschlossen.

421 **γ) Eigenbeitrag des Beihilfeempfängers (Lastenverteilung).**[188] Die Beihilfe soll auf das erforderliche Minimum begrenzt sein, und der Beihilfeempfänger soll einen angemessenen Eigenbeitrag zu den Umstrukturierungskosten leisten. Die Umstrukturierungsbeihilfe soll auf die

---

[184] Umstrukturierungsmitt., Tz. 4.
[185] Umstrukturierungsmitt., Tz. 49.
[186] Umstrukturierungsmitt., Tz. 5.
[187] Umstrukturierungsmitt., Tz. 9 ff.
[188] Umstrukturierungsmitt., Tz. 22 ff.

Kosten beschränkt sein, die zur Wiederherstellung langfristiger Rentabilität erforderlich sind.[189] Unternehmen sollen zuerst ihre eigenen Ressourcen zur Finanzierung der Umstrukturierung nutzen, zB durch den Verkauf von Vermögenswerten. Staatliche Unterstützung soll auf der Grundlage einer angemessenen Lastenverteilung der Kosten erfolgen. Die Kosten der Umstrukturierung sollen nicht allein vom Staat, sondern auch von denen getragen werden, die in die Bank investiert haben, indem Verluste durch verfügbares Kapital aufgefangen und angemessene Vergütungen für die staatliche Intervention gezahlt werden. Gleichwohl betrachtet die Kom. ex ante festgesetzte Grenzwerte für die Lastenverteilung im Kontext der gegenwärtigen systemischen Krise als nicht geeignet angesichts des Ziels, den Zugang zu privatem Kapital und die Rückkehr zu normalen Marktbedingungen zu erleichtern. Jede Abweichung von einer angemessenen Lastenverteilung ex ante, die ggf. ausnahmsweise in der Rettungsphase gewährt wurde, muss zu einem späteren Zeitpunkt der Umstrukturierung kompensiert werden.

Banken sollen in der Lage sein, aus ihren Geschäftsgewinnen eine angemessene Vergütung **422** für das Kapital zu zahlen. Sie sollen Beihilfen aber nicht dazu nutzen, Eigenmittel zu vergüten, wenn diese Aktivitäten nicht ausreichend Gewinn generieren. Daher ist in einem Umstrukturierungskontext der Ausgleich von Verlusten, um Zahlungen auf Dividenden und Genussscheine zu garantieren, prinzipiell nicht mit dem Ziel der Lastenverteilung vereinbar, sofern keine Rechtspflicht zum Verlustausgleich besteht. Die Kom. verweist insoweit auf ihre Entscheidung vom 18. Dezember 2008 in Sachen BayernLB.

δ) **Begrenzung von Wettbewerbsbeschränkungen und Gewährleistung eines wett-** **423** **bewerbsfähigen Bankensektors.**[190] Maßnahmen zur Begrenzung von Wettbewerbsverzerrungen sollen auf die auf den jeweiligen Märkten identifizierten Probleme zugeschnitten sein. Die Art und Form solcher Maßnahmen hängen zum einen vom Beihilfebetrag und den Umständen ab, unter denen die Beihilfe gewährt wurde. Zum anderen sind Art und Form der Maßnahmen von den Märkten abhängig, auf denen der Beihilfeempfänger tätig sein wird. Was das erste Kriterium betrifft, so wird der Beihilfebetrag sowohl nach absoluten Maßstäben als auch im Verhältnis zu den risikogewichteten Aktiva der Bank bewertet. Die Kom. berücksichtigt ferner den eigenen Beitrag des Beihilfeempfängers und die Lastenteilung im Umstrukturierungszeitraum. Je höher Eigenbeitrag und Lastenverteilung sind, desto geringer sollen idR die negativen Folgen eines moralischen Risikos (sog. **Moral Hazard**) sein.[191] Bezüglich des zweiten Kriteriums untersucht die Kom. die wahrscheinlichen Auswirkungen der Beihilfe auf den Märkten, auf denen der Empfänger tätig ist. Dabei werden insbesondere die Größe und relative Bedeutung der jeweiligen Bank auf dem Markt nach Wiederherstellung der Rentabilität bewertet. In einigen Bereichen kann die Begrenzung des organischen Wachstums ausreichen; in anderen können Veräußerungen notwendig sein.

Strukturelle Maßnahmen, also der Verkauf von Tochtergesellschaften oder anderer Aktiva, **424** sollen den Markteintritt von Wettbewerbern und grenzüberschreitende Aktivitäten fördern. Ist es objektiv schwierig, einen Erwerber zu finden, wird die Kom. den Zeitrahmen für die Umsetzung solcher Maßnahmen erweitern, sofern ein Zeitplan für die Reduzierung von Geschäftsaktivitäten vorgelegt wird. Ein solcher Zeitrahmen soll jedoch die Dauer von fünf Jahren nicht überschreiten.

Beihilfen dürfen schließlich nicht zum Nachteil von Wettbewerbern eingesetzt werden, die **425** keine ähnliche öffentliche Unterstützung erfahren. So sollen Beihilfen für eine Dauer von mindestens drei Jahren, ggf. auch über den gesamten Umstrukturierungszeitraum, nicht zum Erwerb konkurrierender Unternehmen eingesetzt werden können. Sofern Beihilfeempfänger aufgefordert werden, bestimmte Bedingungen in Bezug auf die Kreditvergabe an die Realwirtschaft zu erfüllen, müssen die gewährten Kredite Marktbedingungen entsprechen. Beihilfen dürfen grundsätzlich nicht dazu verwendet werden, Bedingungen anzubieten, die von Wettbewerbern, die keine Beihilfen erhalten, nicht angeboten werden.[192]

ε) **Überwachung und Verfahrensfragen.**[193] Die Kom. verlangt regelmäßige Berichte über **426** die Umsetzung eines genehmigten Umstrukturierungsplans. Unmittelbar nach Notifizierung des

---

[189] Umstrukturierungsmitt., Tz. 23.

[190] Umstrukturierungsmitt., Tz. 28 ff.

[191] Umstrukturierungsmitt., Tz. 31; zum Begriff des Moral Hazard s. auch *Zimmer/Rengier* ZWeR 2010, 105, 109.

[192] Kritisch im Hinblick auf die Behandlung von strukturellen Maßnahmen und Expansionsbeschränkungen *Zimmer/Blaschczok* WuW 2010, 142, 150.

[193] Umstrukturierungsmitt., Tz. 46 ff.

Umstrukturierungsplans muss die Kom. bewerten, ob der Plan wahrscheinlich die langfristige Rentabilität wiederherstellt und Wettbewerbsverzerrungen in angemessener Weise begrenzt. Wenn die Kom. ernsthafte Zweifel an der Vereinbarkeit des Umstrukturierungsplans mit den einschlägigen Anforderungen hat, leitet die Kom. ein förmliches Prüfverfahren ein.

427   **c) Entscheidungspraxis der Kom.** Seit den Anfängen der Finanzkrise im Sommer 2007 hat die Kom. über 160 Entsch. getroffen, die Beihilferegelungen und Einzelmaßnahmen in 21 Mitgliedstaaten betrafen.[194] In keinem einzigen Fall im Zusammenhang mit der Finanzkrise hat die Kom. bislang die Rettung einer Bank an den Vorgaben des Beihilfenrechts scheitern lassen. In einer Vielzahl von Umstrukturierungsverfahren stehen die abschließenden Entsch. allerdings noch aus.

428   **aa) Beihilfenregelungen.** Die Kom hat seit dem Ausbruch der Finanzkrise Beihilfenregelungen von 21 Mitgliedstaaten genehmigt, wobei es sich um neunzehn Garantieregelungen, vierzehn Rekapitalisierungsregelungen sowie einzelne Regelungen für Liquiditätshilfen und Entlastungen für wertgeminderte Vermögenswerte handelte.[195] Das von der Kom. genehmigte maximale Garantievolumen betrug insgesamt 2 747 Mrd. EUR. Dabei stellte Dänemark die größte Garantieregelung mit 580 Mrd. EUR. Die von der Kom. genehmigten Rekapitalisierungsregelungen betrugen insgesamt ca. 338 Mrd. EUR.

429   Das **deutsche Rettungspaket** für Kreditinstitute wurde durch das Gesetz zur Umsetzung eines Maßnahmenpakets zur Stabilisierung des Finanzmarktes (Finanzmarktstabilisierungsgesetz – FMStG) v. 17. Oktober 2008 geschaffen.[196] Das FMStG sieht in Art. 1 das Gesetz zur Errichtung eines Finanzmarktstabilisierungsfonds (**Finanzmarktstabilisierungsfondsgesetz** – FMStFG) vor. Das Gesetz regelt die Errichtung eines Fonds des Bundes unter der Bezeichnung „Finanzmarktstabilisierungsfonds – FMS", der der Stabilisierung des Finanzmarktes durch Überwindung von Liquiditätsengpässen und durch Schaffung der Rahmenbedingungen für eine Stärkung der Eigenkapitalbasis von Kreditinstituten, Versicherungsunternehmen und Pensionsfonds sowie weiterer Betroffenen dient.[197] Auf der Grundlage des FMStFG erließ die BReg. am 20. Oktober 2008 die Finanzmarktstabilisierungsfonds-Verordnung zur Durchführung des FMStFG, die die Übertragung des FMS auf die durch das FMStFG errichtete „Finanzmarktstabilisierungsanstalt – FMSA" als unselbständige Anstalt des öffentlichen Rechts bei der Deutschen Bundesbank vorsieht und weitere Regelungen zu Stabilisierungsmaßnahmen enthält. Das FMStFG wurde durch das Gesetz zur weiteren Stabilisierung des Finanzmarktes („Finanzmarktstabilisierungsergänzungsgesetz – FMStErG") v. 7. April 2009[198] und das Gesetz zur Fortentwicklung der Finanzmarktstabilisierung v. 7. Juli 2009[199] weiterentwickelt und ergänzt. Durch das Gesetz zur Fortentwicklung der Finanzmarktstabilisierung hat der Bundesgesetzgeber den deutschen Kreditinstituten erstmals die Gründung **sog. „Bad Banks"** ermöglicht.[200] Das FMStFG und seine Ergänzungen wurden bei der Kom. angemeldet und von der Kom. jeweils gem. Art. 107 Abs. 3 lit. b 2. Alt. AEUV im Rahmen des vorläufigen Prüfverfahrens genehmigt.[201]

430   Das deutsche Rettungspaket unterscheidet zwischen verschiedenen Formen von Stützungsmaßnahmen. Nach § 6 FMStFG (**Garantieermächtigung**) kann der Fonds Garantien für neu gegebene Schuldtitel und sonstige Verbindlichkeiten von Finanzunternehmen abgeben, um Liquiditätsengpässe zu beheben und die Refinanzierung am Kapitalmarkt zu unterstützen. Die Laufzeit der abzusichernden Verbindlichkeiten darf 60 Monate nicht und 36 Monate nur in begründeten Ausnahmefällen und für maximal ein Drittel der einem Unternehmen gewährten Garantien übersteigen. Die Garantiegewährung setzt eine angemessene Eigenmittelausstattung des begünstigten Finanzinstituts voraus, wobei sich die Obergrenze an der Eigenmittelausstat-

---

[194] KOM(2010), 255 Anzeiger für staatliche Beihilfen – Frühjahrsausgabe 2010, 6.

[195] Belgien, Dänemark, Deutschland, Irland, Griechenland, Spanien, Frankreich, Italien, Zypern, Lettland, Luxemburg, Ungarn, Niederlande, Österreich, Polen, Portugal, Slowakei, Slowenien, Finnland, Schweden, Vereinigtes Königreich; KOM(2010) 255, 7–15.

[196] BGBl. 2008, I-46, 1982; hierzu *Behnsen/Ewer* BB 2008, 2582; *Mock* EuR 2009, 693; *Horn* BB 2009, 450; *Engels* BKR 2009, 365; *Hopt* EuZW 2009, 513; *Horn*, Einfluss der EU-Vorgaben bei der Anwendung des Finanzstabilisierungsgesetzes, BB 2009, 450; zu den sonstigen Maßnahmen Deutschlands in Reaktion auf die Finanzkrise vgl. *Schwarze* DVBl. 2009, 1401, 1404.

[197] §§ 1 u. 2 FMStFG.

[198] BGBl. 2009 I-18 725; hierzu *Brück* BB 2009, 1306; *Wolfers/Rau* NJW 2009, 1297; *Möllers* ZBB-Report 2009, 149; *Hopt/Fleckner/Kumpan/Steffek* WM 2009, 821.

[199] BGBl. 2009 I S. 1980.

[200] *Karpenstein* ZBB 2009, 413; *Wolfers/Rau* NJW 2009, 2401.

[201] Kom., ABl. 2008 C 293/2, ABl. 2009 C 143/1, ABl. 2009 C 160/4 und ABl. 2009 C 199/3.

tung des Unternehmens einschließlich der verbundenen Unternehmen orientiert. Für die Gewährung der Garantie erhebt der Fonds einen individuellen Prozentsatz des garantierten Höchstbetrages, der das Ausfallrisiko nebst einer Marge abbildet.

Ziel der in § 7 FMStFG geregelten **Rekapitalisierung** ist eine angemessene Eigenmittelausstattung des Finanzunternehmens. Diese kann durch neu ausgegebene Aktien, stille Beteiligungen oder durch die Übernahme sonstiger Bestandteile der Eigenmittel hergestellt werden. Der Fonds kann über 2012 hinaus Eigenkapitalbeteiligungen halten und verkaufen. Die Obergrenze für die Rekapitalisierung beträgt pro Unternehmen einschließlich verbundener Unternehmen – vorbehaltlich der Entsch. des Lenkungsausschusses des Fonds – 10 Mrd. EUR. Für Kapitaleinlagen ist dem Fonds eine marktgerechte Vergütung zu zahlen. **431**

§ 8 FMStFG sieht eine **Risikoübernahme** vor, wonach der Fonds von Finanzinstituten Risikopositionen, zB Forderungen und Wertpapiere, übernehmen kann, die von den Finanzunternehmen vor dem 13. Oktober 2008 erworben wurden. Im Gegenzug überträgt der Fonds den Finanzunternehmen Schuldtitel des Bundes. Die Obergrenze für die Risikoübernahme pro Unternehmen einschließlich verbundener Unternehmen liegt – vorbehaltlich der Entsch. des Lenkungsausschusses – bei 5 Mrd. EUR. Für die Risikoübernahme verlangt der Fonds eine Verzinsung, die dem übernommenen Risiko angemessen ist, mindestens aber die Refinanzierungskosten des Fonds deckt. **432**

Nach § 6a FMStFG **(Garantien an Zweckgesellschaften)** haben Finanzinstitute die Möglichkeit, strukturierte Wertpapiere an eine für den jeweiligen Begünstigten gegründete Zweckgesellschaft (sog. „special purpose vehicle"), bei der es sich nicht um ein Kreditinstitut iSd. KWG handelt, zu übertragen, wobei sie im Gegenzug v. SoFFin garantierte Anleihen erhalten (sog. SPV-Modell). Die Maßnahme bewirkt eine bilanzielle und regulatorische Entlastung beim übertragenden Institut, da etwaige Abschreibungen sowie die Bildung einer Risikovorsorge vermieden werden können und die übertragenen Vermögenswerte nicht mit Eigenkapital unterlegt werden müssen. Bis zum 31. Dezember 2008 erworbene strukturierte Wertpapiere können zu 90% ihres Buchwertes v. 30. Juni 2008, zu 90% des Buchwertes zu verschiedenen Stichtagen oder zum tatsächlichen wirtschaftlichen Wert bis zur Höhe des Buchwertes zu einem Stichtag übertragen werden, ohne dass durch diesen Abschlag die Kernkapitalquote der übertragenden Bank von 7% unterschritten werden darf. Im Gegenzug für die Übertragung erhält die übertragende Bank in gleicher Höhe eine v. SoFFin garantierte Schuldverschreibung, für die eine marktgerechte Garantiegebühr auf den Differenzbetrag zwischen Übertragungswert und Fundamentalwert zu zahlen ist. Während der Garantielaufzeit muss das übertragende Unternehmen aus den an die Anteilseigner auszuschüttenden Beträgen einen Ausgleichsbetrag an die SPV in Höhe des Differenzbetrages zwischen Übertragungswert und Fundamentalwert zahlen. Nach maximal 20 Jahren besteht die zeitlich unbeschränkte Verpflichtung zum weiteren Verlustausgleich. **433**

§ 8a FMStFG **(Bundesrechtliche Abwicklungsanstalt)** sieht schließlich ein sog. Konsolidierungsmodell vor, wonach Banken neben strukturierten Wertpapieren weitere Risikopositionen und nicht-strategische Geschäftsbereiche auf eine Abwicklungsanstalt übertragen können. Die Eigentümer der übertragenden Bank werden an der Abwicklungsanstalt beteiligt. Bei der Abwicklungsanstalt handelt es sich um eine teilrechtsfähige, wirtschaftlich und organisatorisch selbständige Einheit innerhalb der FMSA. Es handelt sich wiederum nicht um ein Kreditinstitut iSd. KWG. Anders als beim SPV-Modell besteht v. ersten Tag eine Pflicht zum Ausgleich von Verlusten der Abwicklungsanstalt durch die unmittelbaren oder mittelbaren Eigentümer der übertragenden Bank, die im Außenverhältnis grundsätzlich als Gesamtschuldner haften, sofern zu den Eigentümern nicht ein Bundesland gehört. Auch für Sparkassen als Eigentümer von Landesbanken ist eine Sonderregelung für die Haftung vorgesehen.[202] Darüber hinaus sieht das FMStFG in § 8b auch die Errichtung einer **landesrechtlichen Abwicklungsanstalt** vor. Die Errichtung einer bundesrechtlichen Abwicklungsanstalt erfolgte erstmals zugunsten der WestLB durch die Gründung der sog. Ersten Abwicklungsanstalt (EAA).[203] **434**

bb) Einzelbeihilfen. Die Kom. hat seit 2008 über staatliche Stützungsmaßnahmen für über 30 europäische Banken entschieden, wobei zahlreiche dieser Verfahren noch nicht endgültig abgeschlossen sind.[204] Die bislang erfolgten Genehmigungen betrafen die folgenden Kategorien von Maßnahmen: **435**

---

[202] § 8a Abs. 4 Nr. 1a FMStFG.
[203] Kom., ABl. 2010 C 66/15, Tz. 17–24 – Zusätzliche Beihilfen für die WestLB AG im Rahmen der Auslagerung von Vermögenswerten.
[204] KOM(2009) 164, 3–5.

436 **α) Rekapitalisierungen.** Rekapitalisierungsmaßnahmen waren beispielsweise Gegenstand der Beihilfeverfahren zur Anglo Irish Bank,[205] KBC Gruppe,[206] Carnegie Bank,[207] SNS REAAL,[208] Aegon[209] und ING.[210] Die Maßnahmen wurden auf die Bankenmitt. und – sofern diese im Genehmigungszeitpunkt bereits erlassen war – die Rekapitalisierungsmitt. der Kom. gestützt. Die Kom. stellte jeweils fest, dass die Rekapitalisierungsmaßnahmen erforderlich, angemessen und verhältnismäßig waren. Die Erforderlichkeit wurde bejaht, weil die jeweilige Bank auf dem jeweiligen staatlichen Finanzsektor eine wichtige Rolle spielte und bei einem Vertrauensverlust in die Bank bzw. deren Insolvenz negative Auswirkungen für die Gesamtwirtschaft drohten. Die Angemessenheit wurde mit einem ausreichenden Eigenbeitrag der begünstigten Bank begründet. Die Verhältnismäßigkeit der Beihilfen, dh. auf ein Mindestmaß beschränkte Wettbewerbsverfälschungen konnten durch Verhaltensmaßregeln gewährleistet werden. Schließlich stellte die Kom. in den Genehmigungsentsch. fest, dass innerhalb von sechs Monaten ein Umstrukturierungsplan vorgelegt werden sollte. Die Vorlage eines Umstrukturierungsplans wurde allerdings nicht im Beihilfeverfahren zur KBC Gruppe verlangt. Das lässt sich damit erklären, dass die Beihilfe erst nach Veröffentlichung der Rekapitalisierungsmitt. genehmigt und die KBC Gruppe als sog. grds. gesunde Bank eingestuft wurde. Anders als nach den Vorgaben der Bankenmitt. sind nach der Rekapitalisierungsmitt. für sog. grds. gesunde Banken keine Umstrukturierungen mehr vorgesehen.

437 **β) Garantien.** Garantien waren Gegenstand in den Beihilfeverfahren zu Kaupthing,[211] Dexia,[212] JS C Parex Banka,[213] Fortis[214] und Sicherungsgesellschaft deutscher Banken mbH (SdB).[215] Die Maßnahmen wurden auf die Bankenmitt. der Kom. gestützt. Wie in den Beihilfeverfahren zu Rekapitalisierungsmaßnahmen stellte die Kom. jeweils fest, dass die Maßnahmen erforderlich, angemessen und verhältnismäßig waren. Im Fall Dexia verlangte die Kom. die Vorlage eines Umstrukturierungs- oder Liquidationsplans innerhalb von sechs Monaten, obwohl Prüfung und Genehmigung auf der Grundlage der Bankenmitt. erfolgten. Eine Beschränkung der Genehmigung auf sechs Monate wurde auch im Verfahren zur JS C Parex Banka vorgenommen. Danach hat Lettland die Unterstützung zu beenden oder einen neuen Vorschlag zu einer Entsch. vorzulegen. In dem Beihilfeverfahren zur Fortis Bank wurde – in Übereinstimmung mit der Bankenmitt. – eine Umstrukturierung nur für den Fall einer Inanspruchnahme der Garantie gefordert.

438 **γ) Maßnahmenbündel.** Die Kom. hat auch mitgliedstaatliche Beihilfen genehmigt, in denen mehrere Maßnahmen gebündelt werden. Dabei wurden etwa Kapitalzufuhren mit einer Risikoabschirmung kombiniert. Genehmigungsentsch. für solche Maßnahmenbündel wurden ua. in den Fällen Northern Rock,[216] Bradford & Bingley,[217] Fortis,[218] Hypo Real Estate,[219] HSH Nordbank,[220] BayernLB,[221] IKB,[222] Commerzbank[223] und LBBW[224] erlassen. Mit den Beihilfen gingen auch Maßnahmen zur teilweisen Verstaatlichung oder Veräußerung der Anteile einher.[225]

439 **δ) Liquidation.** Ein Maßnahmepaket zur Abwicklung einer Bank wurde im Beihilfeverfahren zur dänischen Roskilde Bank[226] im November 2008 genehmigt. Am 31. Juli 2008 war eine

[205] Kom., Staatliche Beihilfe N 9/2009 und N 356/2009 – Anglo Irish Bank.
[206] Kom., Staatliche Beihilfe N 602/2008 – KBC Group.
[207] Kom., Staatliche Beihilfe NN 64/2008 – Carnegie.
[208] Kom., Staatliche Beihilfe N 611/2008 – SNS REAAL N. V.
[209] Kom., Staatliche Beihilfe N 569/2008 – Aegon N. V.
[210] Kom., Staatliche Beihilfe N 528/2008 – ING.
[211] Kom., Staatliche Beihilfe NN 2/2009 – Kaupthing.
[212] Kom., Staatliche Beihilfe N 583/2009 – Garantie Dexia.
[213] Kom., Staatliche Beihilfe N 68/2008, NN 3/2009, N 189/2009 – JS C Parex Banka.
[214] Kom., Staatliche Beihilfe N 574/2008 und 255/2009 – Fortis.
[215] Kom., Staatliche Beihilfe N 17/2009 – Sicherungseinrichtung deutscher Banken.
[216] Kom., Staatliche Beihilfe NN 70/2007 – Northern Rock.
[217] Kom., Staatliche Beihilfe NN 41/2008 – Bradford & Bingley.
[218] Kom., Staatliche Beihilfe NN 42–46–53A/2008 und N 274/2009 – Fortis.
[219] Kom., ABl. 2010 C 13/58 – Hypo Real Estate.
[220] Kom., ABl. 2009 C 281/42.
[221] Kom., ABl. 2009 C 134/31.
[222] Kom., ABl. 2009 L 278/32.
[223] Kom., Staatliche Beihilfe N 244/2009 – Commerzbank.
[224] Kom., Staatliche Beihilfe C 17/2009 – LBBW.
[225] Kom., Staatliche Beihilfe C 29/2009 Tz. 23 ff. – HSH Nordbank.
[226] Kom., Staatliche Beihilfe NN 39/2008 – Roskilde Bank, ABl. 2008 C 238/5.

Rettungsbeihilfe für die Roskilde Bank auf Grundlage von Art. 107 Abs. 3 lit. c AEUV und Rettungs-Umstrukturierungsleitlinien von der Kom. für vereinbar mit dem Binnenmarkt erklärt worden. Die Genehmigung verlangte auch die Vorlage eines Umstrukturierungs- oder Liquidationsplans innerhalb von sechs Monaten. Die anschließend – anstelle einer Umstrukturierung – erfolgte Liquidation wurde am 7. Oktober 2008 angemeldet und von der Kom. anders als die Rettungsbeihilfe nicht nach Art. 107 Abs. 3 lit. c und den Rettungs- und Umstrukturierungsleitlinien, sondern Art. 107 Abs. 3 lit. b AEUV und der Bankenmitt. genehmigt.

ε) **Der Fall SachsenLB.** Die Landesbank Sachsen Girozentrale (SachsenLB), die sich in ge-   **440** meinsamer Trägerschaft v. Freistaat Sachsen und von der Sachsenfinanzgruppe befand, gehörte zu den ersten Banken, die aufgrund der US-Subprime-Krise in eine Schieflage gerieten. Betroffen war insbes. eine **außerbilanzielle Zweckgesellschaft** der SachsenLB mit Sitz in Irland. Auf derartige Zweckgesellschaften wurde vor dem Ausbruch der Finanzkrise regelmäßig zurückgegriffen, weil sie bilanzneutral sind und von den Banken nicht konsolidiert werden müssen.[227] Über die betroffene Zweckgesellschaft finanzierte die SachsenLB Investitionen in forderungsgesicherte Wertpapiere (asset-backed securities – ABS), zu denen auch amerikanische hypothekarisch gesicherte Wertpapiere gehörten. Die Refinanzierung dieser Investitionen erfolgte durch die Zweckgesellschaft durch die Aufnahme von Kapital am Markt für kurzfristige forderungsgesicherte Schuldtitel (so genannte „commercial papers" – CP). Etwaige Liquiditätsengpässe der Zweckgesellschaft, die auch aus dem nicht rechtzeitigen Verkauf aller CP entstehen konnten, sollten mit Kreditlinien bei Geschäftsbanken überbrückt werden. Infolge der Subprime-Krise verschlechterten sich die Marktbedingungen aber derart, dass die hypothekarisch gesicherten Wertpapiere von den wichtigsten Rating-Agenturen heruntergestuft wurden, was eine schlechtere Bewertung der ABS nach sich zog. Im Ergebnis konnte sich die Zweckgesellschaft am Markt für kurzfristige forderungsgesicherte CP nicht mehr refinanzieren. Im August 2007 lag daher der Liquiditätsbedarf der Zweckgesellschaft bei ca. 17 Mrd. EUR.[228]

Um einen Konkurs der SachsenLB zu vermeiden, verständigten sich kurzfristig und vorüber-   **441** gehend zehn deutsche Landesbanken und die DekaBank auf einen Bankenpool, der sich zum Ankauf der von der Zweckgesellschaft begebenen CP zu einem Gegenwert von bis zu 17,1 Mrd. EUR verpflichtete (**Liquiditätsfazilität**), um eine Refinanzierung kurzfristig zu garantieren.[229] Darüber hinaus verkauften die Träger die SachsenLB kurzfristig an die Landesbank Baden-Württemberg (LBBW).[230] Bestandteil der Verkaufskonditionen war eine v. Freistaat Sachsen gestellte Garantie in Höhe von 2,75 Mrd. EUR, ohne die die LBBW nicht zur Übernahme der SachsenLB bereit gewesen wäre. Die Garantie diente zur Absicherung eines Portfolios strukturierter Investitionen in Höhe v. 17,5 Mrd. EUR (Nominalwert) mit einem geringen mark-to-market-Wert, die vor dem Verkauf der SachsenLB in eine Zweckgesellschaft überführt wurden und bis zur Endfälligkeit gehalten werden sollten. Die Refinanzierung des Portfolios, die zur Überführung in das Super-S IV erforderlich war, wurde durch die erwähnte Garantie des Freistaat Sachsen, von der LBBW und von anderen Landesbanken übernommen, die sich auch an der Liquiditätsfazilität in Form des Poolvertrages beteiligt hatten, die dem Verkauf der SachsenLB vorausgegangen ist. Mit Entsch. v. 4. Juni 2008 erklärte die Kom. die Liquiditätsfazilität und die Garantie des Freistaates Sachsen für mit dem Gemeinsamen Markt vereinbar und machte diese Vereinbarkeit von verschiedenen Bedingungen und Verpflichtungen im Zusammenhang mit der Umstrukturierung der SachsenLB und der Eingliederung der SachsenLB in die LBBW abhängig.[231] Die Entsch. war auf Art. 107 Abs. 3 lit. c AEUV gestützt, da zu diesem Zeitpunkt die Kom. die Anwendung des Art. 107 Abs. 3 lit. b AEUV noch ablehnte. Diese Ablehnung begründete sie damit, dass die Probleme der SachsenLB auf unternehmensspezifische Ereignisse zurückzuführen seien und die von Deutschland vorgelegten Informationen die Kom. nicht v. Vorliegen der Tatbestandsmerkmale des Art. 107 Abs. 3 lit. c AEUV („beträchtliche Störung im Wirtschaftsleben eines Mitgliedstaates") überzeugt hätten.[232] Deutschland hatte in den Verfahren insbes. argumentiert, dass der Verkauf der SachsenLB unter Berücksichtigung der gewährten Garantie in Höhe v. 2,75 Mrd. EUR insgesamt zu einem positiven Kaufpreis erfolgt sei und eine Insolvenz der SachsenLB aufgrund der bestehenden Ge-

---

[227] Kom., ABl. 2009 L 104/34, Tz. 7 – SachsenLB.
[228] Kom., ABl. 2009 L 104/34, Tz. 10 – SachsenLB.
[229] Kom., ABl. 2009 L 104/34, Tz. 19 – SachsenLB.
[230] Kom., ABl. 2009 L 104/34, Tz. 23 – SachsenLB.
[231] Kom., ABl. 2009 L 104/34 Tz. 129 – SachsenLB.
[232] Kom., ABl. 2009 L 104/34, Tz. 95 – SachsenLB.

währträgerverbindlichkeiten zu erheblichen Kosten für die Träger geführt hätte.[233] Die Kom. stellte in ihrer Bewertung des Verkaufs der LBBW zum einen auf das Vorliegen einer Beihilfe zugunsten der Käuferin im Falle eines zu niedrigen Kaufpreises und zum anderen auf eine Beihilfe zugunsten der SachsenLB im Fall einer kostengünstigeren Liquidation der Bank im Vergleich zum Verkauf mit der gewährten Garantie ab.[234] Während die Kom. eine Beihilfe zugunsten der Käuferin ablehnte, bejahte sie eine Beihilfe zugunsten der SachsenLB, weil deren Liquidation kostengünstiger gewesen wäre als der Verkauf einschließlich der gewährten Garantie. Für die Berechnung der Liquidationskosten berücksichtigte die Kom. nur Verbindlichkeiten, „die von einem marktwirtschaftlich handelnden Investor eingegangen worden wären".[235] Davon nahm sie unter Verweis auf die Rspr. des EuGH in der Rs. Gröditzer Stahlwerke[236] und die Entsch. im Fall Bank Burgenland[237] Verbindlichkeiten aus staatlichen Beihilfen aus, da diese nicht von einem marktwirtschaftlich handelnden Investor übernommen worden wären. Dazu zählte die Kom. die Gewährträgerhaftung, da es sich nach ihrer Auffassung um eine bestehende Beihilfe handelte, zu deren Abschaffung sie entsprechende Maßnahmen vorgeschlagen habe.[238] Auch wenn der Freistaat Sachsen durch die Gewährung der Garantie als Bestandteil des Verkaufs der SachsenLB die für ihn deutlich günstigere und damit wirtschaftlich vorteilhaftere Lösung gewählt hatte, sollte dies nach Auffassung der Kom. somit keine Berücksichtigung finden. Dies wirft zum einen die Frage auf, ob die Gewährträgerhaftung bei der Anwendung des „Private Investor Test" tatsächlich unberücksichtigt bleiben musste. Nach dem in der Verständigung I vorgesehenen **Grandfathering** sind bis zum 18. Juli 2005 entstandene Verbindlichkeiten, deren Laufzeit nicht über den 31. Dezember 2015 hinausgeht, weiterhin von der Gewährträgerhaftung gedeckt, während für Verbindlichkeiten, die vor dem 18. Juli 2001 entstanden sind, die Gewährträgerhaftung zeitlich unbegrenzt fortgilt. Soweit die Gewährträgerhaftung im Rahmen dieser gestaffelten Übergangsphase bis zu ihrer Abschaffung in zulässiger Weise besteht, ist nicht ersichtlich, warum ein marktwirtschaftlich handelnder Investor dies nicht bei seiner Entsch. zwischen der Gewährung einer Garantie zur Vermeidung von Investitionskosten und der Liquidation berücksichtigen sollte. Darüber hinaus ist auch fraglich, ob die uneingeschränkte Anwendung des Vergleichsmaßstabes des privatwirtschaftlich handelnden Investors in der konkreten Situation mit der Chronopost-Rspr. des EuGH in Einklang steht. Die früheren Institute von Anstaltslast und Gewährträgerhaftung waren Ausdruck der Verpflichtung des Trägers der Bank, diese mit den für eine funktionsgerechte Aufgabenerfüllung erforderlichen Mitteln auszustatten. Es erscheint daher nicht fernliegend, diese besondere Trägerschaft mit einer Situation zu vergleichen, in der ein privater Investor niemals in die Vorhaltung einer nicht kostendeckenden Infrastruktur investiert hätte.

442 Bemerkenswert ist ferner, dass die Kom. die Refinanzierung des Super-SIV durch die LBBW und die anderen Landesbanken nicht als staatliche Beihilfen ansah. Es bestünde ihn diesem ganz spezifischen Fall kein Grund, die Refinanzierung nicht als nach marktwirtschaftlichen Grundsätzen erfolgt zu betrachten, da der LBBW und den anderen Landesbanken marktübliche Zinsen gezahlt wurden, das eingegangene Risiko als begrenzt angesehen werden konnte und sich ein marktwirtschaftlich handelnder Investor, der sich in der Lage dieser Kreditinstitute befunden hätte, ebenso gehandelt hätte. Für diese vergleichbare Lage stellte die Kom. insbes. auf die eingegangene Ankaufsverpflichtung der Landesbanken im Rahmen des Poolvertrages ab, der dem Verkauf der SachsenLB vorausgegangen war. Die Ankaufsverpflichtung war zu nicht marktkonformen Konditionen eingegangen worden und diente der Behebung eines Marktversagens, da es keine Interessenten mehr gab, in die von der Ankaufsverpflichtung betroffenen Conduits zu investieren. Letzlich erfolgte daher die Refinanzierung auch mit dem Ziel, den Poolvertrag mit seinen negativen Konditionen, der von der Kom. als (Rettungs-)Beihilfe angesehen worden war, abzulösen.

443 ζ) **Der Fall Fortis.** Fortis ist der erste Fall, in dem die Kom. Umstrukturierungsbeihilfen auf der Grundlage von Art. 107 Abs. 3 lit. b AEUV genehmigt hat. Gegenstand des Verfahrens war ein gemeinsam von Belgien, Luxemburg und den Niederlanden gewährtes Rettungspaket für Fortis. Bestandteil dieses Rettungspaketes waren zunächst Kapitalerhöhungen der drei Staaten,

---

[233] Kom., ABl. 2009 L 104/34, Tz. 67 – SachsenLB.
[234] Kom., ABl. 2009 L 104/34, Tz. 75 – SachsenLB.
[235] Kom., ABl. 2009 L 104/34, Tz. 82 – SachsenLB.
[236] EuGH, C-334/99, Slg. 2003, I-1139, RdNr. 133 ff.
[237] Kom., ABl. 2008 L 239/32 – Bank Burgenland.
[238] RdNr. 321–330.

wodurch sie 49% der Anteile an der Fortis-Bank erwarben. Im Anschluss daran wurde von Belgien eine Liquiditätshilfe von mehreren Mrd. EUR gewährt, das niederländische Geschäft der Fortis-Bank inklusive der ABN AMRO an den niederländischen Staat verkauft, die restliche Bank v. belgischen Staat übernommen und unmittelbar anschließend 75% der Anteile an der Bank an die französische BNP Paribas veräußert. Als weitere Maßnahmen wurden die von der Subprime-Krise betroffenen Portfolien auf eine Zweckgesellschaft ausgegliedert, sowie auf dem belgischen Markt die Verpflichtung eingegangen, für zwei Jahre nicht als Preisführer aufzutreten.[239] Mit ihrer Entsch. v. 3. Dezember 2008 erklärte die Kom. dieses Maßnahmenpaket für vereinbar mit dem Binnenmarkt.[240] In Anwendung der Bankenmitt. sah sie die gewährten Beihilfen für geeignet und notwendig an, die Systemkrise bzw. ihre Verschärfung durch die Wiederherstellung bzw. Sicherstellung der langfristigen Rentabilität von Fortis abzuwenden. Aufgrund der verschiedenen Verhaltenszusagen, wie insbes. die Preisführerklausel für den belgischen Markt, waren die Beihilfen nach Auffassung der Kom. auch auf ein notwendiges Mindestmaß begrenzt. Bemerkenswert ist in diesem Zusammenhang, dass die Schieflage der Fortis-Bank auch dadurch verursacht wurde, dass sie sich mit dem Erwerb der ABN AMRO übernommen hatte. Dieser Erwerb wurde im Rahmen des Rettungspaketes durch den Verkauf des niederländischen ABN-Geschäfts wieder rückgängig gemacht. Die Kom. begründete die Anwendung von Art. 107 Abs. 3 lit. b AEUV damit, dass der Zusammenbruch von Fortis „bedenkliche Folgen für die Wirtschaftssysteme mehrerer Mitgliedstaaten" mit sich gebracht hätte.

η) Der Fall Commerzbank. Ein weiterer Fall, in dem die Übernahme eines Wettbewerbers zu der Schieflage einer Bank führte, die anschließend mit staatlichen Beihilfen gerettet werden musste, ist die Commerzbank. Die Commerzbank hatte aufgrund eines vor dem Zusammenbruch der amerikanischen Investmentbank Lehman Brothers abgeschlossenen Unternehmenskaufvertrages v. August 2008 die Dresdner Bank AG von der Allianz per Januar 2009 erworben, wodurch die zweitgrößte deutsche Bank mit einer Bilanzsumme von 1.100 Mrd. EUR entstehen sollte. Im Dezember 2008 gewährte der Finanzmarktstabilisierungsfonds (SoF-Fin) aufgrund des deutschen Rettungspaketes zunächst eine Rekapitalisierung in Höhe von 8,2 Mrd. EUR und Garantierahmen für Schuldverschreibungen über bis zu 15 Mrd. EUR in Form einer stillen Einlage mit einer festen Verzinsung des gesamten Betrages v. 9% jährlich.[241] Als Vergütung für die Übernahme der Garantie zahlte die Commerzbank 0,5% per annum bei Garantielaufzeiten zwischen drei und zwölf Monaten bzw. 0,048% per annum bei Laufzeiten ab zwölf Monaten. Da diese Maßnahmen auf das von der Kom. bereits genehmigte deutsche Rettungspaket für Finanzinstitute gestützt war, wurden die Maßnahmen der Kom. nicht gesondert notifiziert. Zusätzlich wurde der Commerzbank eine weitere Kapitalzufuhr in Höhe von 10 Mrd. EUR gewährt, die sich aus einer weiteren stillen Einlage in Höhe von 8,2 Mrd. EUR und einer Kapitalerhöhung in Höhe von 25% plus eine Aktie gegen Zahlung von 1,8 Mrd. EUR zusammensetzte.

Mit Entsch. v. 7. Mai 2009 erklärte die Kom. das zweite Rettungspaket gem. Art. 107 Abs. 3 lit. b AEUV für mit dem Binnenmarkt vereinbar.[242] Grundlage für diese Entsch. war ein von Deutschland und der Commerzbank vorgelegter Umstrukturierungsplan, der eine Vielzahl von Maßnahmen vorsah: die Aufgabe von Geschäftsfeldern wie das Investmentbanking und Commercial Real Estate, die **Reduzierung der Bilanzsumme um 45%,** die Reduzierung der Marktpräsenz in verschiedenen Geschäftsfeldern durch die Verringerung von Fillialen ua., das Verbot des Wiederaufbaus eines Geschäftsfeldes bis zur Rückzahlung der stillen Einlagen, das grundsätzliche Verbot der Übernahme anderer Finanzinstitute oder sonstiger potenzieller Konkurrenten bis zum 30. April 2012, die Veräußerung verschiedener Beteiligungen (Kleinwort Benson Private Bank, Dresdner Van Moer Courtens S. A., Dresdner VPVNV, Privat Investbank AG, Reuschel & Co. KG, Allianz Dresdner Bauspar AG und Euro Hypo), das Verbot der Ausschüttung einer gewinnabhängigen Vergütung auf **eigenkapitalähnliche Instrumente (Hybridkapital),** sofern hierzu keine rechtliche Verpflichtung besteht, das **Verbot der „Preisführerschaft"** in Segmenten, in denen ein Marktanteil von mehr als 5% besteht (dh. das Verbot, günstigere Konditionen als Wettbewerber anzubieten) und die Rückzahlung der Beihilfen. Im Ergebnis wird durch die im Umstrukturierungsplan berücksichtigten Vorgaben der

---

[239] IP/08/1746; vgl. auch IP/09/743.
[240] Kom. Staatliche Beihilfen NN 42/2008, RdNr. 78 ff. – Fortis.
[241] Kom., Staatliche Beihilfe N 244/2009, Tz. 1 – Commerzbank, hierzu *Genner/Lienemeyer/Walkner* CPN 1/2009, 35.
[242] Kom., Staatliche Beihilfe N 244/2009, Tz. 1 – Commerzbank.

Kom. die Bilanzsumme der Commerzbank mehr oder weniger auf das Niveau vor dem Erwerb der Dresdner Bank reduziert. Die Bilanzsumme der Commerzbank betrug vor dem Erwerb der Dresdner Bank 625 Mrd. EUR (Stand 31. Dezember 2008) und soll nach dem von der Kom. genehmigten Umstrukturierungsplan auf rund 600 Mrd. EUR verringert werden. Es stellt sich daher die Frage, ob der Erwerb der Dresdner Bank durch die Commerzbank im Rahmen einer Finanzkrise durch den Einsatz staatlicher Mittel von ca. 18 Mrd. EUR gerettet werden musste.

446 In verfahrensrechtlicher Hinsicht ist erwähnenswert, dass die Kom. ihre Entsch. im Rahmen des vorläufigen Prüfverfahrens gem. Art. 4 Abs. 3 VO 659/1999 erlassen hat. Die Prüfung des Umstrukturierungsplans, die idR eine äußerst komplexe Beurteilung verlangt, fand daher ohne die Einleitung eines förmlichen Prüfverfahrens statt, die Dritten Gelegenheit zur Abgabe von Stellungnahmen eingeräumt hätte. Durch eine „Entscheidung, keine Einwände zu erheben" wurde ferner die Feststellung vermieden, dass es sich bei der Commerzbank um ein Unternehmen in Schwierigkeiten handelt, was die Voraussetzung für die Gewährung einer Umstrukturierungsbeihilfe darstellt. Aus diesem Grunde konnte allerdings an dem Vorliegen dieses Tatbestandsmerkmals auch kein Zweifel bestehen.

447 θ) **Der Fall Dexia.** Bei dem von der Kom. zur prüfenden Rettungspaket für die Bankengruppe Dexia handelt es sich um einen weiteren Fall, in dem Belgien, Frankreich und Luxemburg gemeinsam Maßnahmen ergriffen. Das Rettungspaket bestand aus einer Kapitalzufuhr von 6 Mrd. EUR, einer Garantie Belgiens, Frankreichs und Luxemburgs für bestimmte Verbindlichkeiten von Dexia für zunächst bis zu 150 Mrd. EUR, ab dem 1. November 2009 bis zu 100 Mrd. EUR, eine Liquiditätshilfe seitens der Banque Nationale de Belgique, für die der belgische Staat eine Garantie übernahm und eine Garantie des belgischen und französischen Staates für wertgeminderte Vermögenswerte vom Financial Security Issuance Asset Management in Höhe von nominal 16,6 Mrd. USD am 30. Januar 2009.[243] Der von den betroffenen Mitgliedstaaten eingereichte Umstrukturierungsplan für Dexia wurde von der Kom. anhand der Impaired-Asset-Mitt. und der Umstrukturierungsmitt. geprüft. Der Umstrukturierungsplan sah ua. eine Reduzierung der Bank auf ihr Kerngeschäft und ihre traditionellen Märkte in Belgien, Frankreich und Luxemburg vor. Die Kom. genehmigte die Umstrukturierungsbeihilfen auf der Grundlage von Art. 107 Abs. 3 lit. b AEUV und erließ am 26. Februar 2010 eine Entsch. nach Art. 7 Abs. 4 VO 659/1999, wonach die Genehmigungsentsch. unter dem Vorbehalt der Einhaltung diverser Bedingungen steht. Diese Bedingungen betreffen die Verpflichtung zur Reduzierung der Bilanzsumme der Bank, die Einhaltung festgelegter Liquiditätsquoten und die Durchführung der vereinbarten Umstrukturierungsmaßnahmen.[244]

448 ι) **Der Fall ING.** In einem Verfahren in Bezug auf den Allfinanzkonzern ING genehmigte die Kom. nach Art. 107 Abs. 3 lit. b AEUV ein aus mehreren Teilen bestehendes Rettungspaket der niederländischen Regierung.[245] Dieses Paket bestand aus einer am 22. Oktober 2008 gewährten Kapitalzufuhr in Höhe v. 10 Mrd. EUR, die allerdings vorzeitig in Höhe v. 5 Mrd. EUR bis Ende 2009 zurückgezahlt wurde, einer Garantie in Höhe v. 12 Mrd. EUR zur Liquiditätsbeschaffung, die im Rahmen der von der Kom. genehmigten Beihilfenregelung gewährt wurde, sowie eine Stützungsfazilität, die 80% eines Portfolios im Wert v. 39 Mrd. USD abdeckt. Der von der Kom. genehmigte Umstrukturierungsplan sah ua. eine Reduzierung der Bilanzsumme der Bank um 45% (zum Stand 30. September 2008) bis Ende 2013, die Ausgliederung der Westland Uitrecht Hypotheekbank (WUH), das Verbot der Preisführerschaft und der vorläufigen Übernahme anderer Unternehmen sowie die vollständige Rückzahlung der Kapitalzufuhren vor.[246] Die Kom. setzte ferner durch, dass die ING ohne förmliche Genehmigung der Kom. keine nachrangigen Schuldtitel und hybride Kapitalinstrumente zurückzahlen darf. Diese Verpflichtung besteht entweder für drei Jahre oder endet vorzeitig bei vollständiger Rückzahlung der Kapitalzufuhr an die niederländische Regierung. Die Bedenken der Kom. im Hinblick auf die Stützungsfazilität wurde ferner durch eine Reihe von Verpflichtungszusagen der niederländischen Regierung ausgeräumt. Dies betraf insb. die Zusage, die von der ING für die Transaktion zu entrichtende Vergütung durch eine zusätzliche Zahlung um 1,3 Mrd. Euro zu erhöhen.[247] Die Genehmigungsentscheidung enthält im Anhang einen mehrseitigen Zusagenkatalog.

---

[243] IP/10/201.
[244] Kom., Staatliche Beihilfe C 9/2009 – Umstrukturierung Dexia.
[245] Kom., Staatliche Beihilfe C 10/2009 – ING.
[246] IP 09/1729.
[247] IP 09/1729.

κ) **Der Fall WestLB.** Eine besondere Stellung in den Bankenfällen der Finanzkrise nimmt **449** das Verfahren zur WestLB ein. Es handelt sich um eines der ersten Verfahren der Kom. in der Finanzkrise, dessen endgültiger Abschluss aber immer noch aussteht. An dem Verfahren lassen sich daher auch die Schwierigkeiten der Kom. im Umgang mit der Finanzkrise ablesen. Die Kom. lehnte in ihrer Rettungsbeihilfenentsch. v. 30. April 2008[248] die Anwendung v. Art. 107 Abs. 3 lit. b AEUV ab, während die nachfolgende Umstrukturierungsentsch. v. 12. Mai 2009[249] auf der Grundlage dieser Norm erfolgte. Die Umstrukturierungsentsch., eine der ersten Genehmigungsentsch. eines Umstrukturierungsplanes nach Durchführung eines förmlichen Prüfverfahrens, ist außerdem nicht auf Zusagen der deutschen Seite gestützt, sondern sieht verschiedene Bedingungen iSd. Art. 7 Abs. 4 VO 659/1999 für die Vereinbarkeit mit dem Binnenmarkt vor. Das Verfahren ist auch deshalb bemerkenswert, weil die Kom. trotz der in der Finanzkrise vergleichsweise geringen Beihilfen, die zunächst ausschließlich von den Eigentümern ohne Inanspruchnahme des nationalen Rettungspakets gewährt wurden, sehr weitreichende Umstrukturierungsmaßnahmen forderte, die einen Eigentümerwechsel umfassten. Es handelt sich bei dem WestLB-Verfahren daher auch um den ersten Fall, in dem eine Entsch. der Kom. im Rahmen der Finanzkrise vor den Unionsgerichten angefochten worden ist.[250]

Gegenstand des Verfahrens der Kom. war zunächst ein von den Eigentümern der WestLB **450** aufgespannter Risikoschirm zur Absicherung der Übertragung eines strukturierten Wertpapierportfolios der WestLB mit einem Nominalwert v. 23 Mrd. EUR auf eine Zweckgesellschaft. Der Risikoschirm sah im Kern eine Garantie des Landes NRW in Höhe v. 5 Mrd. EUR sowie eine Rückgarantie in Höhe v. 2 Mrd. EUR der übrigen Anteilseigner entsprechend deren Beteiligung an der WestLB vor. Die Kom. genehmigte dies mit Entsch. v. 30. April 2008[251] als vorübergehende Rettungsbeihilfe, wobei sie die Anwendung von Art. 107 Abs. 3 lit. b AEUV ablehnte. Die Umwandlung der vorübergehenden Rettungsbeihilfe in eine dauerhafte Umstrukturierungsbeihilfe machte die Kom. in ihrer Entsch. v. 12. Mai 2009,[252] die sie diesmal auf Art. 107 Abs. 3 lit. b AEUV stützte, von einer Vielzahl von Bedingungen abhängig, die sich im Anhang zur Entsch. befinden. Diese Bedingungen umfassen die 50%ige Reduzierung der Bilanzsumme und der risikogewichteten Aktiva der WestLB, die Entflechtung der Bank auf drei Kerngeschäftsaktivitäten, die Schließung zahlreicher Standorte, Niederlassungen und Repräsentanzen im In- und Ausland, die Veräußerung des überwiegenden Teils der Beteiligungen der WestLB, die **Veräußerung der WestLB im Ganzen oder in Teilen in einem offenen, transparenten und diskriminierungsfreien Bieterverfahren,** wobei die bisherigen Eigentümer mindestens ihre Kontrollmehrheit abgeben müssen, das Verbot externen Wachstums in den entflochtenen Kerngeschäftsaktivitäten, die Einstellung des Eigenhandels der WestLB und das Verbot der Zahlung auf hybride Kapitalinstrumente im Verlustfall bis zur Veräußerung der WestLB. Vorbehaltlich der Einhaltung dieser Bedingungen erklärte die Kom. die der WestLB gewährte Beihilfe in Höhe v. 5 Mrd. EUR für mit dem Binnenmarkt vereinbar. Diese Entsch. beruhte auf der Einschätzung, „dass aus dem geänderten Umstrukturierungsplan eindeutig hervorgeht, dass die WestLB ihre langfristige Rentabilität wieder herstellen kann."[253]

Am 23. September 2009 meldete Deutschland eine vorübergehende Erhöhung der Garantie **451** des gesicherten Portfolios strukturierter Wertpapiere in Höhe von 6,4 Mrd. EUR an, die v. SoFFin gewährt wurde.[254] Diese vorübergehende Garantie wurde von der Kom. als notwendig angesehen, um die Bedingungen der Entsch. v. 12. Mai 2009 zu erfüllen und daher mit Entsch. v. 7. Oktober 2009[255] im Rahmen des vorläufigen Prüfverfahrens für vereinbar mit dem Binnenmarkt gem. Art. 107 Abs. 3 lit. b AEUV erklärt.

Am 10. Dezember 2009 notifizierte Deutschland weitere Maßnahmen bei der Kom., die die **452** Gründung der Ersten Abwicklungsanstalt nach dem deutschen Finanzmarktstabilisierungsfondsgesetz vorsahen, auf die Vermögenswerte der WestLB mit einem Nominalwert von 85,1 Mrd. EUR übertragen werden sollte. Diese Gründung einer Bad Bank diente der dauerhaften Umsetzung der von der Kom. in ihrer Entsch. v. 12. Mai 2009 aufgestellten Bedingun-

---

[248] Kom., Staatliche Beihilfe NN 25/08, RdNr. 42 – WestLB Risikoabschirmung.
[249] Kom., ABl. 2009 L 345/1 – WestLB.
[250] EuG, T-457/09, ABl. 2010 C 11/35.
[251] Kom., ABl. 2008 C 189/3 – WestLB Risikoabschirmung.
[252] Kom., ABl. 2009 L 345/1 – WestLB; hierzu *Magnus/Crome/Samsel/Löffler/Lienemeyer* CPN 1/2009, 35.
[253] Kom., ABl. 2009 L 345/1, Tz. 74. – WestLB.
[254] IP/09/1434.
[255] Kom., ABl. 2009 C 305/4 – Risikoübernahme für WestLB.

gen. Die Maßnahmen sahen iE eine Rekapitalisierung der WestLB in Höhe v. 3 Mrd. EUR durch Deutschland und eine von den Eigentümern der WestLB geplante Garantie über 1 Mrd. EUR vor. Zur **Gründung der Bad Bank** wurden die Vermögenswerte der WestLB aufgespalten, wobei ein Portfolio v. ca. 85 Mrd. EUR auf die Bad Bank ausgelagert werden sollte. Um zukünftige Verluste der Bad Bank abzudecken, für die das Eigenkapital nicht ausreicht, wurde eine Garantie der bisherigen Eigentümer der WestLB vereinbart, die in Bezug auf zwei der Eigentümer, die beiden nordrhein-westfälischen Sparkassenverbände, begrenzt ist.

453 Mit Entsch. v. 22. Dezember 2009[256] genehmigte die Kom. die Maßnahmen vorläufig für einen Zeitraum von sechs Monaten und eröffnete gleichzeitig das förmliche Prüfverfahren gem. Art. 108 Abs. 3 AEUV. In der Entsch. äußerte die Kom. Zweifel an der Vereinbarkeit der Kapitalentlastungsmaßnahmen mit ihrer Impaired-Asset-Mitt. und an der Eignung des notifizierten Umstrukturierungsplanes zur Wiederherstellung der Lebensfähigkeit der WestLB.[257] Die Kom. erhob auch Zweifel hinsichtlich der Lastenverteilung in Bezug auf die Haftungsbegrenzung der beiden Sparkassenverbände und kündigte die Rückforderung etwaiger rechtswidriger und unvereinbarer Beihilfen von den Sparkassenverbänden an, sollte Deutschland keine geeigneten Maßnahmen für die **Lastenverteilung der Sparkassen** vorschlagen.[258] Mit Entsch. v. 22. Juni 2010 verlängerte die Kom. die Genehmigung bis zum Vorliegen einer endgültigen Einsch.[259] Eine abschließende Entsch. der Kom. steht noch aus.

454 **d) Bewertung.** Für eine Bewertung der Beihilfenkontrolle in der Finanzkrise ist es noch zu früh. In einer Vielzahl von Umstrukturierungsverfahren, insbes. zu den deutschen Landesbanken[260] und zur Hypo Real Estate,[261] stehen die abschließenden Entsch. noch aus. Darüber hinaus bleibt die Umsetzung der weitreichenden Umstrukturierungsmaßnahmen durch die betroffenen Banken und ihre Eigentümer abzuwarten.

455 Die grundsätzliche Anwendung der Beihilfenkontrolle auf staatliche Stützungsmaßnahmen in der Finanzkrise wird nicht mehr infrage gestellt.[262] Sicherlich hat die Beihilfenkontrolle ihr primäres Ziel erreicht, einen Subventionswettlauf zwischen den Mitgliedstaaten zu verhindern.[263] Die Kom. hat auch mit dem Erlass ihrer vier Mitt. schnell und angemessen auf die Herausforderungen im Finanzsektor reagiert und den Mitgliedstaaten und betroffenen Banken die erforderlichen Leitlinien für die in Betracht kommenden und sich im Verlauf der Krise ändernden Rettungsmaßnahmen gegeben.[264] Dadurch konnte sie insbes. die verschiedenen Bankenrettungsprogramme der Mitgliedstaaten aufeinander abgleichen und ihre beihilferechtlichen Kompetenzen als wettbewerbspolitisches Regulativ einsetzen.[265]

456 Allerdings ist die Beihilfenkontrolle in der Finanzkrise auch an ihre Grenzen gestoßen. An die Stelle einer **ex ante-Kontrolle** von Beihilfen vor deren Auszahlung ist die sehr kurzfristige – zum Teil quasi über Nacht erteilte – Genehmigung von milliardenschweren Rettungsmaßnahmen getreten, der sich langwierige Umstrukturierungsverfahren anschließen, in denen um das zukünftige Geschäftsmodell und die Größe der geretteten Bank zwischen den beteiligten Parteien und der Kom. gerungen wird. Die kurzfristige Genehmigung von Rettungsbeihilfen

---

[256] Kom., ABl. 2010 C 66/15 – Zusätzliche Beihilfen für die WestLB AG im Rahmen der Auslagerung von Vermögenswerten.

[257] Kom., ABl. 2010 C 66/15, Tz. 70, 83 – Zusätzliche Beihilfen für die WestLB AG im Rahmen der Auslagerung von Vermögenswerten.

[258] Kom., ABl. 2010 C 66/15, Tz. 77 – Zusätzliche Beihilfen für die WestLB AG im Rahmen der Auslagerung von Vermögenswerten.

[259] IP/10/774.

[260] Kom. ABl. 2009 C 281/42 – HSH Nordbank; Kom., ABl. 2009 C 134/31 – BayernLB; Kom., ABl. 2010 C 66/15 – Zusätzliche Beihilfen für die WestLB AG im Rahmen der Auslagerung von Vermögenswerten.

[261] Kom., ABl. 2010 C 13/58 – Hypo Real Estate.

[262] Vgl. *Weber/Grünewald* EuZ 2009, 58; *D'Sa* EStAL 2009, 139, 144. *Savvides/Antoniou* World Competition 2009, 347; *Müller-Graff* EWS 2009, 201; *Bartosch* RIW 2009, 1; *Herrmann* WiVerw 2010, 36; *Keßler/Dahlke* EWS 2009, 79.

[263] Vgl. etwa die Rede von Bundeskanzlerin Dr. Merkel beim „Wirtschaftsgespräch 2010" des Landes Nordrhein-Westfalen am 18. 1. 2010 in Düsseldorf: „Stellen Sie sich einmal vor, Brüssel und die Wettbewerbskommission hätte während dieser Krise nicht gegeben. Ich möchte mir nicht ausrechnen, wie viel Protektionismus in Europa dann geherrscht hätte. Ich weiß, dass wir manchmal auf die Wettbewerbskommission auch sauer sind; das habe ich schon selber miterlebt. aber insgesamt hat sie dafür gesorgt, dass in Europa der freie Handel und der Binnenmarkt einigermaßen funktionieren konnten." http://www.bundesregierung.de/nn_1514/Content/DE/Bulletin/2010/01/04-2-bk-wirtschaftsgespraech.html.

[264] *Arhold* EuZW 2008, 713, 718.

[265] *Jaestedt/Wiemann* WuW 2009, 606, 618.

für systemische Banken wird man angesichts des Ausmaßes der Finanz- und Wirtschaftskrise als alternativlos ansehen können.[266] Sie führt zu der in der Literatur geforderten **praktischen Konkordanz** bei der Handhabung der Beihilfenvorschriften zwischen ihrer Durchsetzung auch in schwierigen Krisenzeiten und der Rücksichtnahme auf die Effizienz mitgliedstaatlichen Handels, die durch unangemessen lange Prüfverfahren der Kom. verloren gehen kann.[267]

In den bislang getroffenen Umstrukturierungsentsch. der Kom. hat sich jedoch gezeigt, dass **457** die Kom. ihre Genehmigungen der dauerhaften Umwandlung der kurzfristig genehmigten Rettungsbeihilfen in langfristige Umstrukturierungsbeihilfen von sehr weitreichenden Umstrukturierungen der betroffenen Banken abhängig gemacht hat, ohne dass hier ein deutlicher Unterschied zu der Handhabung von Umstrukturierungsfällen in normalen Zeiten erkennbar geworden wäre. Dies zeigen insbes. die Entsch. in den Fällen WestLB und Commerzbank im Mai 2009, in denen die Kom. Bilanzsummenreduktionen von 50% und 45% durchgesetzt hat.[268] Es ist daher auch die Kritik geäußert worden, dass die Kom. ihr weites Ermessen dazu ausnutze, ihre politischen Vorstellungen über die zukünftige Geschäftstätigkeit und Größe der betroffenen Banken durchzusetzen und den europäischen Bankensektor in weiten Teilen umzuorganisieren.[269] Jedenfalls in Bezug auf das Dreisäulenmodell in Deutschland und die deutschen Landesbanken hat die ehemalige Wettbewerbskommissarin Neelie Kroes dies mehrfach ausdrücklich geäußert.[270] Diese Kritik ist mit der Befürchtung verbunden worden, dass die Forderungen der Kom. wegen der zu weitreichenden und sich zum Teil widersprechenden Umstrukturierungsmaßnahmen möglicherweise neue Beihilfenfälle nach sich ziehen. In diesem Zusammenhang stellt sich auch die Frage, ob die Übertragung der Grundsätze für die Beurteilung von Rettungs- und Umstrukturierungsbeihilfen außerhalb von Krisen nach Art. 107 Abs. 3 lit. c AEUV auf den Anwendungsbereich von Art. 107 Abs. 3 lit. b 2. Alt. AEUV und die Beurteilung von Rettungsbeihilfen in der Finanzkrise rechtmäßig ist. Die Rettung einer systemischen Bank in einer durch eine Vertrauenskrise und das Austrocknen des Interbankenmarktes ausgelösten Finanzkrise zur Vermeidung schwerer Störungen des gesamten Wirtschaftslebens eines Mitgliedstaates bzw. wesentlicher Teile des europäischen Binnenmarktes sollte jedenfalls eine andere Beurteilung erlauben als die Rettung eines einzelnen Kreditinstituts oder Industrieunternehmens in einem grundsätzlich gesunden Marktumfeld. Es stellt sich in diesem Zusammenhang auch die Frage der Verlässlichkeit der Prognoseentsch. der Kom. in einem von staatlichen Beihilfen verzerrten Marktumfeld.

Über die Rechtmäßigkeit der Anwendung der Beihilfenkontrolle durch die Kom. in den einzel- **458** nen Verfahren im Rahmen der Finanzkrise werden die Unionsgerichte zu befinden haben. Dazu wird es angesichts der Vielzahl und Tragweite der Kommissionsentsch. in der Finanzkrise auch Anlass geben. Im Zusammenhang mit dem WestLB-Verfahren ist die erste Klage gegen eine Umstrukturierungsentsch. der Kom. erhoben worden. Der Sparkassenverband Westfalen-Lippe hat in seiner Funktion als Eigentümer der WestLB Nichtigkeitsklage gegen die Kommissionsentsch. v. 12. Mai 2009 erlassen,[271] die ua. den Eigentümerwechsel als Bedingung für die Vereinbarkeit des von den Eigentümer aufgestellten Risikoschirms mit dem Binnenmarkt festschreibt. Die Klage wird ua. damit begründet, dass die weitreichenden Bedingungen von der Entscheidungsgrundlage des Art. 107 Abs. 3 lit. b 2. Alt. AEUV nicht gedeckt sind. In diesem Zusammenhang wird auch eine Verletzung des Gleichbehandlungsgebots im Vergleich zu anderen Verfahren gerügt. Darüber hinaus wird ein Verstoß gegen Art. 346 AEUV aufgrund des geforderten Eigentümerwechsels geltend gemacht. Diesbezüglich wird auch geltend gemacht, dass Art. 7 Abs. 4 VO 659/1999 keine hinreichend bestimmte Ermächtigungsgrundlage für den einseitigen Eingriff der Kom. in die Eigentümerposition des klagenden Sparkassenverbandes darstellt.

Auch der Fall ING ist inzwischen bei den Gemeinschaftsgerichten anhängig. Mit ihren Kla- **459** gen wenden sich die ING und die niederländische Regierung gegen die von der Kom. geforderten Modalitäten für die Rückzahlung der gewährten Beihilfen. Die ING hatte im Zuge der Finanzkrise v. Staat unter anderem eine Kapitalzufuhr von 10 Mrd. EUR erhalten.[272] Die Hälfte

---

[266] *Arhold* EuZW 2008, 713, 718.
[267] *Schwarze* DVBl. 2009, 1407, 1409.
[268] *Deselaers/Hüpper* EWS 2009, 212, 216.
[269] *Soltész/von Köckritz* WM 2010, 241, 246.
[270] *Neelie Kroes* „Das deutsche Bankensystem ist überholt", Süddeutsche Zeitung v. 3. 6. 2009, http://www.sueddeutsche.de/geld/neelie-kroes-im-gespraech-das-deutsche-bankensystem-ist-ueberholt-1.449090.
[271] EuG, T-457/09, ABl. 2010 C 11/35.
[272] Kom. Staatliche Beihilfe N 528/2008 – ING; Staatliche Beihilfe C 10/2009 – ING.

der staatlichen Kapitalzufuhr zahlte die ING im Dezember 2009 zurück, wobei die niederländische Regierung eine Erleichterung der Rückzahlungsbedingungen gewährte, was im Ergebnis zu einer Ermäßigung führte. Die Kom. bewertete diese Ermäßigung als zusätzliche Staatshilfe im Wert von rund 2 Mrd. EUR. Diese Bewertung ist Gegenstand der Klagen der ING und der niederländischen Regierung. Darüber hinaus rügt die ING die Verletzung des Verhältnismäßigkeitsgrundsatzes, weil die ING hinsichtlich der geforderten Umstrukturierung von der Kom. schlechter behandelt werde als andere Banken.[273]

460   Die Klageverfahren verdeutlichen die Schwierigkeiten bei den **Prognoseentsch.**, die die Kom. im Zusammenhang mit der Genehmigung von Umstrukturierungsbeihilfen zu treffen hat. Voraussetzung der Vereinbarkeit einer Umstrukturierungsbeihilfe mit dem Binnenmarkt ist nach den Rettungs- und Umstrukturierungsleitlinien der Kom., deren Grundsätze sie auch im Rahmen von Art. 107 Abs. 3 lit. b AEUV anwendet, dass die im Zusammenhang mit der Umstrukturierungsbeihilfe zu erfolgende Umstrukturierung des Beihilfenempfängers dessen langfristige Rentabilität gewährleistet. Die Prognose hierüber sollte schon in einem einfachen Marktumfeld nicht einfach zu treffen sein. Im Rahmen der größten Finanz- und Wirtschaftskrise seit über hundert Jahren ist dies noch schwieriger. Diese Probleme werden auch dadurch deutlich, dass in einer Vielzahl von Verfahren trotz bereits genehmigter Umstrukturierungsbeihilfen zusätzliche Beihilfen gewährt wurden bzw. Umstrukturierungspläne nachgebessert werden mussten. Dies betrifft etwa die Fälle IKB, WestLB, Northern Rock und Fortis. Im Fall SachsenLB wurde nach Auffassung der Kom. die langfristige Rentabilität der geretteten Bank insbes. durch deren Übernahme durch die LBBW sichergestellt, die dann ihrerseits wenige Monate später staatliche Beihilfen erhalten musste, um eine Insolvenz abzuwenden. Es stellt sich in diesem Zusammenhang auch die Frage nach der Einheitlichkeit der Wertungen der Kom. bzw. der Einhaltung des Gleichbehandlungsgrundsatzes. Im Fall SachsenLB bewertete die Kom. den Verkauf der Bank an die LBBW als beihilfefrei, aber die nach Vertragsschluss gewährte Garantie des die Bank verkaufenden Freistaates Sachsen zur Vermeidung des Scheiterns des Verkaufes als Beihilfe, deren Vereinbarkeit von der Umstrukturierung der Bank abhängig war. Im Fall Fortis wurden im Rahmen des von der Kom. bereits als Umstrukturierungsbeihilfe genehmigten Verkaufs v. 75% der Anteile der Fortis-Bank an BNP Paribas zusätzliche umfangreiche Maßnahmen Belgiens erforderlich, um den Verkauf nicht zu gefährden. Diese Beihilfen wurden von der Kom. genehmigt, ohne daran zusätzliche Forderungen zu knüpfen.[274]

VI. Landverkehr, insb. Straßenverkehr

Schrifttum: *Albrecht/Gabriel*, Die geplante neue EU-Verordnung zum ÖPNV, DÖV 2007, 907; *Barth*, Ausschreibungswettbewerb im ÖPNV, NZBau 2007, 159; *Bartosch*, Die Kommissionspraxis nach dem Urteil des EuGH in der Rechtssache Altmark – Worin liegt das Neue?, EuZW 2004, 295; *ders.* The Ruling in BUPA – Clarification or Modification of Altmark?, EStAL 2008, 211; *ders.*, Öffentlichrechtliche Rundfunkfinanzierung und EG-Beihilfenrecht – zehn Jahre später, EuZW 2009, 684; *Bauer*, Die mitgliedstaatliche Finanzierung von Aufgaben der Daseinsvorsorge und das Beihilfeverbot des EG-Vertrages, 2008; *Bauer*, Rechtssicherheit bei der Finanzierung gemeinwirtschaftlicher Leistungen? – Zum Verhältnis zwischen Art. 87 Abs. 1 EG und Art. 86 Abs. 2 EG nach der Altmark-Entscheidung des EuGH, EuZW 2006, 7; *Berschin/Fehling*, Beihilfenrecht und Grundrechte als Motor für Wettbewerb im ÖPNV? Kritische Anmerkungen zum Urteil des BVerwG vom 19. 10. 2006 – 3 C 33/05, EuZW 2007, 263; *Boysen/Neukirchen*, Europäisches Beihilferecht und mitgliedstaatliche Daseinsvorsorge, 2007; *Brandenberg*, Entwicklungen in der Eisenbahnregulierung aus europäischer Sicht, EuZW 2009, 359; *Buendía Sierra*, Finding the Right Balance: State Aid and Services of General Economic Interest, in: EC State Aid Law, *Liber Amicorum* für Francisco Santaolalla, 2008, 191; *Chassagne*, Overview of State Aid Control Policy in Transport, in: *Sánchez Rydelski*, The EC State Aid Regime, 2006, 389; *Clergerie*, La légalité d'une contrepartie d'obligation de service public, Recueil Dalloz 2003, 2814; *Czerny*, Die beihilfenrechtliche Beurteilung der staatlichen Finanzierung von Dienstleistungen im allgemeinen wirtschaftlichen Interesse, 2009; *Derenne/Kaczmarek*, Syndicat mixte (Bayonne), e-Competitions July 2008, 1; *Deuster*, Endspurt zur VO (EG) Nr. 1370/2007: Neue Regeln für beihilfenrechtskonforme Ausgleichsleistungen (Teil 2), IR 2009, 346; *Dupéron*, Le régime des services publics en droit communautaire: des précisions apportées par la Cour de justice des Communautés européennes, Petites affiches 2003, Nr. 229, 6; *Ende/Kaiser*, Wie weit ist die Liberalisierung der Schiene?, WuW 2004, 26; *Fehling/Niehnus*, Der europäische Fahrplan für einen kontrollierten Ausschreibungswettbewerb im ÖPNV, DÖV 2008, 662; *Fassenko*, Elena Avtotransport, e-Competitions November 2006, 1; *Fiebelkorn/Petzold*, Altmark-Trans vs. MwSt-System-Richtlinie – Skylla und Charybdis auf europäisch, BB 2008, 2544; *Fiedler/Wachinger*, Das Recht des straßengebundenen Verkehrs in den Jahren 2008/2009, N&R

---

[273] EuG T-29/10, ABl. 2010 C 80/38; EuG, T-33/10, ABl. 2010 C 80/40.
[274] IP/09/743.

2009, 173; *Franzius*, Auf dem Weg zu mehr Wettbewerb im ÖPNV – Zum „Altmark Trans" Urteil des EuGH, NJW 2003, 3029; *Frenz*, Freistellung von Beihilfen für gemeinwohlbezogene Dienstleistungen, Gemeindehaushalt 2007, 28; *Gommlich/Wittig/Schimanek*, Zuschussverträge im Bereich des Bus- und Eisenbahnverkehrs-Direktvergabe oder europaweite Ausschreibung?, NZBau 2006, 473; *Greb/Kaelble*, Die beihilfenrechtliche Unwirksamkeit der *de-facto*-Vergabe öffentlicher Aufträge über Marktpreis, WuW 2006, 1011; *Hancher*, T-157/01 Danske Busvognmaend v. Commission, EStAL 2004, 455; *Heidenhain*, Beihilfen für Binnenschiffer und Handwerker?, EuZW 2006, 225; *Heidenhain*, Mittelbare Beihilfen, EuZW 2007, 623; *Heinze*, Linienbus-Wettbewerb – causa finita?, NVwZ 2007, 417; *Heinze*, Genehmigungen und Zuschüsse für den Kraftfahrzeug-Linienverkehr nach dem „Altmark-Urteil" des EuGH vom 24. Juli 2003, DÖV 2004, 428; *Heinze*, Zur Rechtslage des ÖPNV nach dem Altmark-Streit, TranspR 2005, 373; *Heiß*, Die neue EG-Verordnung über den öffentlichen Personenverkehr – ein Überblick unter Berücksichtigung der Situation in Deutschland, VerwArch 100 (2009), 113; *Jennert*, Finanzierung und Wettbewerb in der Daseinsvorsorge nach Altmark Trans, NVwZ 2004, 425; *Jennert/Pauka*, EU-beihilfenrechtliche Risiken in der kommunalen Praxis, KommJur 2009, 321; *Kämmerer*, Strategien zur Daseinsvorsorge – Dienste im allgemeinen Interesse nach der „Altmark"-Entscheidung des EuGH, NVwZ 2004, 28; *Karpenschif*, Qu'est-ce qu'une compensation d'obligations de service public?, Petites affiches 2004, No. 64, 4; *Kaufmann/Lübbig/Prieß/Pünder*, EG VO 1370/2007 – Verordnung über öffentliche Personenverkehrsdienste auf Schiene und Straße, 2010; *Kekelekis/Nicolaides*, Public Financing of Urban Transport: The Application of EC State Aid Rules, World Competition 2008, 421; *Knauff*, Marktzugang im ÖPNV: Die Revolution bleibt aus, NZV 2007, 556; *Koenig*, Die neuen EG-beihilfenrechtlichen Kompensationsmaßstäbe in der Daseinsvorsorge – das Altmark Trans-Urteil in der Praxis, BB 2003, 2195; *Koenig*, Die Wiedergeburt von Art. 86 Abs. 2 EG in der RAI-Entscheidung der Europäischen Kommission, ZUM 2004, 122; *Koenig/Kühling*, Diskriminierungsfreiheit, Transparenz und Wettbewerbsoffenheit des Ausschreibungsverfahrens – Konvergenz von EG-Beihilfenrecht und Vergaberecht, NVwZ 2003, 779; *Kühling/Wachinger*, Das Altmark Trans-Urteil des EuGH – Weichenstellung für oder Bremse gegen mehr Wettbewerb im deutschen ÖPNV?, NVwZ 2003, 1202; *Lenz*, Genehmigung eigenwirtschaftlicher Verkehre im ÖPNV, NJW 2007, 1181; *Lübbig*, Anmerkung zum Urteil des VG Gelsenkirchen vom 19. 12. 2008 – 14 K 2147/07, DVBl. 2009, 469; *Metz*, Ausgleichszahlungen im Öffentlichen Personennahverkehr (ÖPNV) nach dem sekundären Gemeinschaftsrecht, IR 2009, 199; *Metz*, Richtungsweisender Beschluss der EU-Kommission für den Öffentlichen Personennahverkehr, IR 2008, 224; *Meyer*, Zur Rechtslage des ÖPNV nach dem Altmark Trans-Urteil des EuGH, WuW 2004, 1012; *Mietzsch*, Der Beschluss des EU-Verkehrsministerrates für eine neue ÖPNV-Verordnung, ZögV 2007, 196; *Mortensen*, Altmark, Article 86(2) and Public Service Broadcasting, EStAL 2008, 239; *Nettesheim*, Das neue Dienstleistungsrecht des ÖPNV – Die Verordnung (EG) Nr. 1370/2007, NVwZ 2009, 1449; *Oertel*, Financing of Land Passenger Transport and State Aid Law Enforcement – Experiences in Germany, EPPPL 2009, 147; *Otting/Soltész/Melcher*, Verkehrsverträge vor dem Hintergrund des Europäischen Beihilferechts – Verwaltungsrichter weisen Brüssel in die Schranken, EuZW 2009, 444; *Pöcker*, Der EuGH, das Beihilferecht und die Prozeduralisierung, EuZW 2007, 167; *Richer*, Droit communs, droit spécial et contrats de service public de transport de voyageurs, AJDA 2009 1023; *Rodrigues*, Les subventions aux entreprises de service public ne sont plus nécessairement des aides d'État, AJDA 2003, 1739; *Saxinger*, Genehmigungen und Ausgleichsleistungen im Personenbeförderungsrecht vor dem Hintergrund der neuen Verordnung (EG) Nr. 1370/2007, DVBl. 2008, 688; *Schnelle*, Bidding Procedures in EC State Aid Surveillance over Public Services after Altmark Trans, EStAL 2003, 411; *Sellmann*, Die Entwicklung des öffentlichen Verkehrsrechts, NVwZ 2009, 149; *Sinnaeve*, State Financing of Public Services: The Court's Dilemma in the Altmark Case, EStAL 2003, 351; *Tödtmann/Schauer*, Aktuelle Rechtsfragen zum öffentlichen Personennahverkehr, NJW 2008, 1; *Travers*, Public Service Obligations and State Aid: Is all really clear after Altmark?, EStAL 2003, 387; *von Wallenberg*, Der Mautkompromiß auf dem Prüfstand des europäischen Beihilferechts, TranspR 2007, 398; *Wachinger*, Rechtssicherheit für den deutschen ÖPNV?, NVwZ 2007, 401; *Winnes/Schwarz/Mietzsch*, Zu den Auswirkungen der VO 1370/2007 für den öffentlichen Nahverkehr in Deutschland, EUR 2009, 290; *Zeiss*, Schülerbeförderung – tickende Zeitbombe im ÖPNV? Von unerkannten Ausschreibungspflichten und verdeckten Subventionen, BayVBl. 2007, 198; *Zeiss*, ÖPNV auf dem Prüfstand – Grundsatzentscheidung des EuGH zu Zuschüssen im Verkehrssektor („Altmark-Trans"-Fall), ZfBR 2003, 749; *Zeiss*, ÖPNV auf dem Prüfstand – Grundsatzentscheidung des EuGH zu Zuschüssen im Verkehrssektor („Altmark-Trans"-Fall), ZfBR 2003, 749; *Ziekow*, Die Direktvergabe von Personenverkehrsdiensten nach der Verordnung (EG) Nr. 1370/2007 und die Zukunft eigenwirtschaftlicher Verkehre, NVwZ 2009, 865.

Übersicht

461   **1. Einführung.** Aufgrund der Liberalisierung des Transportsektors in den vergangenen 20 Jahren haben die die einen fairen Wettbewerb sichernden Beihilferegeln in diesem Bereich erheblich an Bedeutung gewonnen. Auf national abgeschotteten Verkehrsmärkten konnte die Kommission zuvor regelmäßig nicht annehmen, dass staatliche Hilfe auch den zwischenstaatlichen Handel beeinträchtige, und musste daher häufig das Vorliegen staatlicher Beihilfen iSv. Art. 107 Abs. 1 AEUV verneinen. Auf liberalisierten Märkten kann hingegen vermutet werden, dass staatliche Beihilfen zu einer Beeinträchtigung des zwischenstaatlichen Handels führen können,[1] und besteht daher die Notwendigkeit einer strikten Wettbewerbssicherung durch Beihilfekontrolle.[2]

462   **2. Verkehrspolitik und Liberalisierung. a) Verkehrspolitik.** Gemäß Art. 100 Abs. 1 AEUV gilt das Verkehrsrecht der Art. 90–99 AEUV nur für den Eisenbahn-, Straßen- und Binnenschiffsverkehr,[3] nicht aber für Luft- und Seeverkehr (Art. 100 Abs. 2 AEUV).[4] Dementsprechend finden auch Art. 93, 96 AEUV nur auf den Eisenbahn-, Straßen- und Binnenschiffsverkehr Anwendung: nach Art. 93 AEUV sind Beihilfen, die den Erfordernissen der Verkehrskoordinierung oder der Abgeltung bestimmter, mit dem Begriff des öffentlichen Dienstes zusammenhängender Leistungen entsprechen, mit den Verträgen vereinbar; gemäß Art. 96 AEUV sind von einem Mitgliedstaat auferlegte Beförderungsbedingungen zur Förderung anderer Unternehmen oder Industrien demgegenüber verboten. Einzelheiten ergeben sich aus der VO 1370/2007.[5]

463   Ungeachtet der Sonderregeln der Art. 93, 96 AEUV unterliegen auch der Eisenbahn-, Straßen- und Binnenschiffsverkehr den allgemeinen Regeln des AEUV, einschließlich der beihilferechtlichen Vorschriften der Art. 107 f. AEUV.[6]

464   Entsprechendes gilt auch für den See- und Luftverkehr. Auch wenn das Verkehrsrecht des AEUV auf diese Verkehrsmodi keine Anwendung findet, bleibt es bei der Anwendbarkeit der allgemeinen Regeln des AEUV, einschließlich der Regeln über Freizügigkeit, Niederlassung und Wettbewerb.[7]

465   Beihilferechtlich relevante Ziele der Verkehrspolitik der Kommission in den vergangenen Jahren waren v. a. die Entlastung des Straßentransports und die Entwicklung umweltverträglicher Beförderungsmodalitäten.[8]

---

[1] Vgl. EuGH, C-494/06 P, Slg. 2009, I-3639, RdNr. 53 – Wam; EuGH, C-222/04, Slg. 2006, I-289, RdNr. 142 – Cassa di Risparmio; EuGH, C-409/00, Slg. 2003, I-1487, RdNr. 75 – Spanien/Kommission.

[2] Vgl. *Sánchez Rydelski/Chassagne*, Overview of State Aid Control Policy in Transport, 389.

[3] Hinzu kommen insbesondere die zur Zeit des EWG-Vertrags noch nicht vorgesehenen intermodalen Verkehre sowie die entsprechenden Infrastrukturen (etwa Binnenhäfen).

[4] Zu den nach Art. 100 Abs. 2 AEUV erlassenen Maßnahmen im See- und Luftverkehr vgl. *Lenz/Borchardt/Mückenhausen* Art. 100 AEUV RdNr. 7 ff. mwN.

[5] Verordnung (EG) Nr. 1370/2007 des Europäischen Parlaments und des Rates über öffentliche Personenverkehrsdienste auf Schiene und Straße und zur Aufhebung der Verordnungen (EWG) Nr. 1191/69 und (EWG) Nr. 1107/70, ABl. 2007 L 315/1.

[6] Vgl. EuGH, 156/77, Slg. 1978, 1881, RdNr. 9 ff. – Kommission/Belgien.

[7] Vgl. EuGH, 167/73, Slg. 1974, 359, RdNr. 19 ff. – Kommission/Frankreich; EuGH, 209 bis 213/84, Slg. 1986, 1425, RdNr. 32 – Asjes; EuGH, 66/86, Slg. 1989, 803 – Ahmed Saeed.

[8] Vgl. *Hancher/Ottervanger/Slot* RdNr. 16–003 mwN.

b) Begriff „Verkehr". Der Begriff „Verkehr" ist weit zu verstehen. Er bezieht sich neben **466** den bekannten Verkehrsformen des Transports von Personen und Gütern auf Schiene, Straße und Binnenschiff auch auf den Verkehr regelnde Eingriffe, innerbetriebliche Beförderungen, Verkehrsinfrastrukturmaßnahmen und verkehrsbezogene Begleitmaßnahmen (etwa zur Förderung von Umweltschutz, Forschung und Verkehrssicherheit).[9]

c) Liberalisierung. Die EU-weite Liberalisierung der einzelnen Transportmodi, dh. das **467** Recht EU-ausländischer Unternehmen, ihre Transportdienstleistungen auch im Verkehr mit oder von einem anderen EU-Mitgliedstaat oder gar in diesem anderen Mitgliedstaat (Kabotage) zu erbringen, entwickelte sich in den vergangenen 20 Jahren wie folgt:

Im Straßenverkehr ist seit 1993 der grenzüberschreitende Güterkraftverkehr innerhalb der **468** EU (VO 881/92)[10] und seit Juli 1998 der Kabotageverkehr, i. e. der Gütertransport innerhalb eines anderen Mitgliedstaats (VO 3118/93)[11] liberalisiert. Die Personenbeförderung ist im grenzüberschreitenden Verkehr seit 1992 (VO 684/92),[12] im Kabotageverkehr seit 1996 (VO 2454/92)[13] zunehmend liberalisiert worden.[14]

Der Binnenschiffsverkehr ist seit 1993 hinsichtlich der Kabotage (VO 3921/91)[15] und seit **469** 1996 für den grenzüberschreitenden Verkehr mit oder durch andere EU-Mitgliedstaaten liberalisiert (VO 1356/96).[16] Anders als in anderen Verkehrsbereichen erfolgte hier also die Öffnung des Kabotageverkehrs sogar vor der Öffnung des grenzüberschreitenden Transports.[17] Hinzu kam Richtlinie 96/75,[18] die ua. ein Rotations-Befrachtungssystem einführte und die freie Verhandlung der Frachtraten regelte und die Liberalisierung des Sektors per 1. 1. 2000 abschloss.[19]

Der Schienenverkehr wurde in verschiedenen Liberalisierungs-Paketen geöffnet.[20] Ein erster **470** Anlauf trennte Infrastruktur und Transportleistung und eröffnete in der EU zugelassenen Eisenbahnunternehmen ab 1993 Rechte auf Zugang zur Infrastruktur.[21] Im sog. ersten Eisenbahnpa-

---

[9] Vgl. *Dauses/Epiney*, Handbuch des EU-Wirtschaftsrechts, Abschnitt L – Verkehrsrecht, RdNr. 37 ff.; *Heidenhain/Schmidt-Kötters* RdNr. 58.

[10] Verordnung (EWG) Nr. 881/92 des Rates über den Zugang zum Güterkraftverkehrsmarkt in der Gemeinschaft für Beförderungen aus oder nach einem Mitgliedstaat oder durch einen oder mehrere Mitgliedstaaten, ABl. 1999 L 95/1; ersetzt ab 4. 12. 2011 durch Verordnung (EG) Nr. 1027/2009 des Europäischen Parlaments und des Rates vom 21. 10. 2009 über gemeinsame Regeln für den Zugang zum Markt des grenzüberschreitenden Güterkraftverkehrs, ABl. 2009 L 300/72 (vgl. Art. 18, 19 VO 1027/2009).

[11] Verordnung (EWG) Nr. 3118/93 des Rates zur Festlegung der Bedingungen für die Zulassung von Verkehrsunternehmen zum Güterkraftverkehr innerhalb eines Mitgliedstaats, in dem sie nicht ansässig sind, ABl. 1993 L 279/1; ersetzt ab 4. 12. 2011 durch Verordnung (EG) Nr. 1027/2009 des Europäischen Parlaments und des Rates vom 21. 10. 2009 über gemeinsame Regeln für den Zugang zum Markt des grenzüberschreitenden Güterkraftverkehrs, ABl. 2009 L 300/72 (vgl. Art. 18, 19 VO 1027/2009).

[12] Verordnung (EWG) Nr. 684/92 des Rates zur Einführung gemeinsamer Regeln für den grenzüberschreitenden Personenverkehr mit Kraftomnibussen, ABl. 1992 L 74/1.

[13] Verordnung (EWG) Nr. 2454/92 des Rates zur Festlegung der Bedingungen für die Zulassung von Verkehrsunternehmen zum Personenverkehr mit Kraftomnibussen innerhalb eines Mitgliedstaats, in dem sie nicht ansässig sind, ABl. 1992 L 251/1.

[14] Vgl. dazu *Dauses/Epiney*, Abschnitt L – Verkehrsrecht, RdNr. 291 ff., 300 ff.; zur Marktabschottung in den nationalen Personenverkehren auf der Straße; vgl. aber Kom., Bericht über die Wettbewerbspolitik 2007, RdNr. 71.

[15] Verordnung (EWG) Nr. 3921/91 des Rates über die Bedingungen für die Zulassung von Verkehrsunternehmen zum Binnenschiffsgüter- und -personenverkehr innerhalb eines Mitgliedstaats, in dem sie nicht ansässig sind, ABl. 1991 L 373/1.

[16] Verordnung (EWG) Nr. 1356/96 des Rates über gemeinsame Regeln zur Verwirklichung der Dienstleistungsfreiheit im Binnenschiffsgüter- und -personenverkehr zwischen Mitgliedstaaten, ABl. 1996 L 175/7; vgl. *Dauses/Epiney*, Abschnitt L – Verkehrsrecht, RdNr. 453 ff. mwN.

[17] Zu berücksichtigen ist dabei, dass durch internationale Abkommen (zB Mannheimer Akte für die Rheinschifffahrt) international bereits weitgehend eine Marktöffnung bestand; vgl. *Hancher/Ottervanger/Slot* RdNr. 16–018.

[18] Richtlinie 96/75/EG des Rates über die Einzelheiten der Befrachtung und der Frachtratenbildung im innerstaatlichen und grenzüberschreitenden Binnenschiffsgüterverkehr in der Gemeinschaft, ABl. 1996 L 304/12.

[19] Vgl. dazu auch unten RdNr. 621.

[20] Vgl. dazu *Brandenberg* EuZW 2009, 359; *Ende/Kaiser* WuW 2004, 26; *Koenig/Neumann/Schellberg* WuW 2006, 139.

[21] Richtlinie Nr. 91/440/EWG zur Entwicklung der Eisenbahnunternehmen der Gemeinschaft, ABl. 1991 L 237/25; Richtlinie Nr. 95/18/EG über die Erteilung von Genehmigungen an Eisenbahnunternehmen, ABl. 1995 L 143/74; Richtlinie Nr. 95/19/EG des Rates über die Zuweisung von Fahrwegkapazität der Eisenbahn und die Berechnung von Wegeentgelten, ABl. 1995 L 143/78.

ket ab 2001 wurde sodann ua. der nicht-diskriminierende Zugang zur Eisenbahninfrastruktur sichergestellt, der Markt der grenzüberschreitenden Güterverkehre auf dem transeuropäischen Güternetz für alle Eisenbahnverkehrsunternehmen (EVU) geöffnet und die EVU-Zulassungsregeln harmonisiert.[22] Das sog. zweite Eisenbahnpaket zielte auf die weitere Öffnung der Eisenbahnmärkte in der EU (grenzüberschreitend ab 2006, im Kabotagefrachtverkehr ab 2007).[23] Das dritte Paket aus 2007 schließlich regelt ua. die Vergabe von öffentlichen Personenverkehrsdiensten, die Zuweisung von Fahrwegkapazitäten und die Erhebung von Infrastrukturnutzungsentgelten.[24]

471 Der Seeverkehr wurde ebenfalls in verschiedenen Etappen liberalisiert. Ab 1990 erfolgte sukzessive die Liberalisierung des internationalen Seeverkehrs zwischen EU-Mitgliedstaaten sowie diesen und Drittländern, zunächst für Schiffe unter der Flagge eines EU-Mitgliedstaates, später auch für Schiffe unter drittländischer Flagge (VO 4055/86).[25] In einem zweiten Paket wurden anschließend die Kabotageverkehre zwischen 1993 und 1999 liberalisiert (VO 3577/92).[26]

472 Der Luftverkehr schließlich wurde – im Anschluss an ein EuGH-Urteil von 1986[27] – durch verschiedene Gesetzgebungspakete zwischen 1990 und 1997 liberalisiert.[28]

473 Neben der Finanzierung der verschiedenen Transportmodalitäten ist in den letzten Jahren zunehmend auch die Finanzierung der betreffenden Infrastrukturen in den beihilferechtlichen Fokus geraten, sei es bei Flughäfen,[29] Häfen,[30] Eisenbahntrassen[31] uä., sei es in der Regelung von Mautsystemen.[32]

474 Angesichts des grenzüberschreitenden Charakters der Verkehrsleistungen gab es schließlich verschiedene Anläufe, die Steuerbelastungen zu harmonisieren. Gleichwohl unterliegen die verschiedenen Verkehrsunternehmen je nach Verkehrsmodalität nach wie vor unterschiedlichen Steuersätzen; dies gilt sowohl für die Besteuerung des Kraftstoffs, wie auch für die Mehrwertsteuerlast.[33]

---

[22] Vgl. Richtlinie 2001/12/EG zur Änderung der Richtlinie 91/440/EWG zur Entwicklung der Eisenbahnunternehmen der Gemeinschaft, ABl. 2001 L 75/1; Richtlinie 2001/13/EG zur Änderung der Richtlinie 95/18/EG über die Erteilung von Genehmigungen an Eisenbahnunternehmen, ABl. 2001 L 75/26; Richtlinie 2001/14/EG über die Zuweisung von Fahrwegkapazitäten der Eisenbahn, die Erhebung von Entgelten für die Nutzung von Eisenbahninfrastruktur und die Sicherheitsbescheinigung, ABl. 2001 L 75/29.

[23] Vgl. Richtlinie 2004/49/EG zur Eisenbahnsicherheit in der Gemeinschaft, ABl. 2004 L 164/44; Richtlinie 2004/50/EG zur Änderung der Richtlinie 96/48/EG über die Interoperabilität des konventionellen transeuropäischen Eisenbahnsystems, ABl. 2004 L 164/114; Richtlinie 2004/51/EG zur Änderung der Richtlinie 91/440/EWG zur Entwicklung der Eisenbahnunternehmen der Gemeinschaft, ABl. 2004 L 164/58; Verordnung (EG) Nr. 881/2004 zur Errichtung der Europäischen Eisenbahnagentur, ABl. 2004 L 220/3.

[24] Vgl. Verordnung (EG) Nr. 1370/2007 über öffentliche Personenverkehrsdienste auf Schiene und Strasse, ABl. 2007 L 315/1; Verordnung (EG) Nr. 1371/2007 über die Rechte und Pflichten der Fahrgäste im Eisenbahnverkehr, ABl. 2007 L 315/14; Richtlinie 2007/58/EG zur Änderung der Richtlinie 91/440/EWG zur Entwicklung der Eisenbahnunternehmen der Gemeinschaft sowie der Richtlinie 2001/14/EG über die Zuweisung von Fahrwegkapazität der Eisenbahn und die Erhebung von Entgelten für die Nutzung der Eisenbahninfrastruktur, ABl. 2007 L 315/44; Richtlinie 2007/59/EG über die Zertifizierung von Triebfahrzeugführern, die Lokomotiven und Züge im Eisenbahnsystem in der Gemeinschaft führen, ABl. 2007 L 315/51; dazu auch unten RdNr. 559 f.

[25] Verordnung (EWG) Nr. 4055/86 des Rates zur Anwendung des Grundsatzes des freien Dienstleistungsverkehrs auf die Seeschifffahrt zwischen Mitgliedstaaten sowie zwischen Mitgliedstaaten und Drittländern, ABl. 1986 L 378/1.

[26] Verordnung (EWG) Nr. 3577/92 des Rates zur Anwendung des Grundsatzes des freien Dienstleistungsverkehrs auf den Seeverkehr in den Mitgliedstaaten (Seekabotage), ABl. 1992 L 364/7; vgl. dazu auch unten RdNr. 696 ff.; vgl. dazu auch EuGH, Urt. v. 28. 10. 2010, C-508/08 – Kommission/Malta.

[27] Vgl. EuGH, 209 bis 213/84, Slg. 1986, 1425 – Asjes.

[28] Vgl. dazu in diesem Band unten RdNr. 825 ff.; *Sánchez Rydelski/Chassagne*, 392 f. mwN.

[29] Vgl. Gemeinschaftliche Leitlinien für die Finanzierung von Flughäfen und die Gewährung staatlicher Anlaufbeihilfen für Luftfahrtunternehmen auf Regionalflughäfen, ABl. 2005 C 312/1.

[30] Vgl. unten RdNr. 773 ff.

[31] Vgl. dazu *Brandenberg* EuZW 2009, 359, 361 ff. mwN.

[32] Vgl. Richtlinie 1999/62/EG des Europäischen Parlaments und des Rates über die Erhebung von Gebühren für die Benutzung bestimmter Verkehrswege durch schwere Nutzfahrzeuge, ABl. 1999 L 187/42; geändert durch VO 2006/38/EG, ABl. 2006 L 157/8; vgl. *Hancher/Ottervanger/Slot* RdNr. 16–029; vgl. Kom., ABl. 2009 L 50/30, RdNr. 78 ff. – deutsches Mautsystem; vgl. dazu auch *von Wallenberg* TranspR 2007, 398.

[33] Auch Richtlinie 2003/96/EG des Rates zur Restrukturierung der gemeinschaftlichen Rahmenvorschriften zur Besteuerung von Energieerzeugnissen und elektrischem Strom, ABl. 2003 L 283/51, befreit nur den

Ebenso tritt zunehmend in den Vordergrund die Frage, inwieweit die Gewährung von Bei- **474a** hilfen nicht nur Wettbewerber im selben Transportmodus, sondern ggf. auch Unternehmen anderer Verkehrsmodi beeinträchtigen. Die Kommission hat diesen Punkt teilweise aufgegriffen,[34] aber noch keine allgemeine Regelung vorgeschlagen.

3. Beihilferechtliche Grundlagen. Die Bestimmungen des AEUV über gemeinwirtschaft- **475** liche Dienstleistungen und staatliche Beihilfen (Art. 106 ff. AEUV) sind auf den Verkehrssektor, einschließlich des Straßenverkehrs grundsätzlich anwendbar.[35] Darüber hinaus enthält Art. 93 AEUV beihilfenrechtliche Sonderregelungen: nach Art. 93 AEUV sind Beihilfen, die den Erfordernissen der Verkehrskoordinierung oder der Abgeltung bestimmter, mit dem Begriff des öffentlichen Dienstes[36] zusammenhängender Leistungen entsprechen, mit dem AEUV vereinbar; eine Konkretisierung des Art. 93 AEUV ist für den Bereich des öffentlichen Personenverkehrs zunächst durch VO 1191/69[37] und VO 1107/70,[38] sowie anschließend in Gestalt der VO (EG) Nr. 1370/2007[39] erfolgt, die am 3. 12. 2009 in Kraft getreten ist und VO 1191/91 und VO 1107/70 aufgehoben hat (Art. 10, 12 VO 1370/2007); allerdings ist VO 1191/69 noch bis 3. 12. 2012 auf Güterbeförderungsdienste anwendbar (Art. 10 Abs. 1 VO 1370/2007).

Weitere beihilferechtliche Sonderregelungen enthalten Art. 96 AEUV (Verbot wettbewerbs- **475a** schädlicher staatlicher Frachten und Beförderungsbedingungen) und Art. 170 f. AEUV (Förderung der Transeuropäischen Netze).

a) Primärrecht. aa) Art. 107 ff. AEUV. Die allgemeinen Beihilferegeln der Art. 107 ff. **476** AEUV sind auch auf die Verkehrsmodi nach Art. 100 Abs. 1 AEUV anwendbar, also auf die Beförderung per Straße, Schiene und Binnenschiff. Praktische Bedeutung haben die Vorschriften insbesondere in dem Bereich der Infrastrukturförderung sowie der Förderung des Gütertransports, also außerhalb des Anwendungsbereichs der VO 1370/2007 bzw. (zuvor) der VO 1191/69 und VO 1107/70.[40]

bb) Art. 106 Abs. 2 AEUV und „Altmark". α) Art. 106 Abs. 2 AEUV. Nach Art. 106 **476a** Abs. 2 AEUV, der unmittelbar innerstaatlich anwendbar ist,[41] gelten die Vorschriften des AEUV, insbesondere die Wettbewerbsvorschriften, für Unternehmen, die mit Dienstleistungen von allgemeinem wirtschaftlichen Interesse betraut sind oder den Charakter eines Finanzmonopols haben, soweit die Anwendung dieser Vorschriften nicht die Erfüllung der ihnen übertragenen besonderen Aufgaben rechtlich oder tatsächlich verhindert; dabei darf die Entwicklung des Handelsverkehrs nicht in einem Ausmaß beeinträchtigt werden, das dem Interesse der EU zuwiderläuft.

Der Begriff dieser Dienstleistungen ist weit auszulegen und beschränkt sich nicht auf die in **477** Art. 57 AEUV genannten Tätigkeiten. Art. 14 AEUV verpflichtet die EU und die Mitgliedstaaten – ausdrücklich unbeschadet der Art. 93, 106 und 107 AEUV –, im Rahmen ihrer Befugnisse dazu beizutragen, dass die Grundsätze und Bedingungen, insbesondere jene wirtschaftlicher und finanzieller Art, für das Funktionieren dieser Dienste so ausgestaltet sind, dass diese ihren Aufgaben nachkommen können.[42]

Luft- und Seeverkehr (vgl. Art. 14 lit. b, c), nicht aber den Strassen- und Binnenschiffverkehr von der Energiebesteuerung. Ebenso unterliegen trotz aller MWSt-Harmonisierungen nach wie vor zB Autobahngebühren der MwSt., während keine MwSt. erhoben wird auf Flugtickets, vgl. *Sánchez Rydelski/Chassagne*, S. 393 f. mwN.

[34] Vgl. Ziff. 75 der Flughafen-Leitlinien 2005, wonach Anlaufbeihilfen an Fluggesellschaften dann nicht gewährt werden dürfen, wenn entsprechende Hochgeschwindigkeitszugverbindungen bestehen.

[35] Vgl. EuGH, 156/77, Slg. 1978, 1881, RdNr. 9 ff. – Kommission/Belgien; *Grabitz/Hilf/Boeing* Vorb. Art. 73 RdNr. 10 ff.

[36] Missverständliche Übersetzung des französischen Begriffs „service public". Der Zweck der Vorschrift wird nach deutscher Terminologie besser mit dem Begriff „gemeinwirtschaftliche Verpflichtungen" erfasst (vgl. *Grabitz/Hilf/Boeing* Art. 73 RdNr. 4).

[37] Verordnung (EWG) Nr. 1191/69 des Rates vom 26. Juni 1969 über das Vorgehen der Mitgliedstaaten bei mit dem Begriff des öffentlichen Dienstes verbundenen Verpflichtungen auf dem Gebiet des Eisenbahn-, Straßen- und Binnenschiffsverkehrs, ABl. 1969, 156/1.

[38] Verordnung (EWG) Nr. 1107/70 des Rates vom 4. Juni 1970 über Beihilfen im Eisenbahn, Straßen- und Binnenschiffsverkehr, ABl. 1970 L 130/1.

[39] Verordnung (EG) Nr. 1370/2007 des Europäischen Parlaments und des Rates vom 23. Oktober 2007 über öffentliche Personenverkehrsdienste auf Schiene und Straße und zur Aufhebung der Verordnungen (EWG) Nr. 1191/69 und (EWG) Nr. 1107/70 des Rates, ABl. 2007 L 315/1.

[40] Vgl. dazu unten Abschnitt 4.

[41] Vgl. EuGH, 127/73, Slg. 1974, 313, RdNr. 19 ff. – BRTS/SABAM; EuGH, 66/88, Slg. 1989, 803, RdNr. 55 ff. – Ahmed Saeed; EuGH, C-393/92, Slg. 1994, I-1477, RdNr. 50 – Almelo.

[42] Vgl. dazu *Lenz/Borchardt/Grill* Art. 106 EG RdNr. 23; *Lenz/Borchardt* Art. 14 EG RdNr. 2 ff.; je mwN.

478   Art. 106 Abs. 2 und Art. 107 AEUV stehen im Spannungsfeld zwischen der Gewährung von (ggf. beihilfefreien) Kompensationen für gemeinwirtschaftliche Leistungen einerseits und der für den Binnenmarkt essentiellen Beihilfenkontrolle andererseits. Die Kategorisierung und Abgrenzung von Kompensationen gegenüber Beihilfen war Gegenstand zahlreicher Urteile der Unionsgerichte,[43] die letztlich (einstweilen) in das Grundsatzurteil Altmark Trans gemündet haben.[44] Kern der Debatte war dabei die Frage, ob Kompensationen – mangels Begünstigung iSv. Art. 107 Abs. 1 AEUV – beihilfefrei sind oder ob sie der Beihilfenkontrolle unterliegen und Art. 106 Abs. 2 AEUV insoweit nur eine besondere Rechtfertigungs- oder Genehmigungsnorm darstellt.[45]

479   **β) Altmark Trans. αα) Handelsbeeinträchtigung im ÖPNV.** In seiner Leitentscheidung *Altmark Trans* hat der EuGH zunächst klargestellt, dass es für das Vorliegen einer Beeinträchtigung des Handels zwischen den Mitgliedstaaten nicht auf den örtlichen oder regionalen Charakter der erbrachten Verkehrsdienste oder die Größe des betreffenden Tätigkeitsgebiets ankommt; auch schließen weder der verhältnismäßig geringe Umfang einer Beihilfe noch die verhältnismäßig geringe Größe des begünstigten Unternehmens von vornherein die Möglichkeit einer Beeinträchtigung des Handels zwischen Mitgliedstaaten aus.[46] Nach dieser Entscheidung muss daher davon ausgegangen werden, dass die grenzüberschreitende Handelsbeeinträchtigung bei Beihilfen an Unternehmen im öffentlichen Personenverkehr – insbesondere auch im öffentlichen Personennahverkehr (ÖPNV) – generell anzunehmen ist.[47]

480   **ββ) Beihilfefreie Kompensationen.** Im Altmark-Urteil hat der EuGH darüber hinaus eine in seiner Bedeutung weit über den Straßenverkehrssektor hinausreichende Entscheidung darüber getroffen, inwieweit öffentliche Zuschüsse an Verkehrsunternehmen zum Ausgleich für die Kosten der Erfüllung gemeinwirtschaftlicher Verpflichtungen der Beihilfenkontrolle unterliegen. Art. 106 Abs. 2 AEUV legt nahe, dass vom Beihilfeverbot des Art. 107 Abs. 1 AEUV suspendiert wird, wenn eine Zahlung notwendig ist, um die Dienstleistung von allgemeinem wirtschaftlichem Interesse aufgabenadäquat zu erbringen; die Zahlung wäre mithin gem. Art. 106 Abs. 2 AEUV gerechtfertigt. Nach diesem sog. **„Beihilfenansatz"** (Rechtfertigungslösung) stellt jede öffentliche Finanzierung einer Gemeinwohlverpflichtung eine staatliche Beihilfe im Sinne von Art. 107 Abs. 1 AEUV dar, kann aber nach Art. 93, 106 Abs. 2, 107 Abs. 2 und 3 AEUV für mit dem Binnenmarkt vereinbar erklärt werden. Nach dem sog. **„Ausgleichsansatz"** (Tatbestandslösung) stellen Ausgleichszahlungen für Gemeinwohlverpflichtungen unter bestimmten Voraussetzungen schon tatbestandlich keine Beihilfen dar.

481   Der EuGH hat sich in der Rs. *Altmark* die letztgenannte Auffassung zu eigen gemacht.[48] Er entschied, dass Ausgleichszahlungen, die ausdrücklich mit Gemeinwohlverpflichtungen betrauten Unternehmen gewährt werden, um die bei der Erfüllung dieser Verpflichtungen entstehenden Kosten auszugleichen, nicht unter Art. 107 Abs. 1 AEUV fallen, sofern die folgenden vier Voraussetzungen (kumulativ) erfüllt sind:[49]

---

[43] Vgl. EuGH, 240/83, Slg. 1985, 531, RdNr. 18 – Used Oils; EuGH, C-387/92, Slg. 1994, I-877, RdNr. 17, 21 – Banco Exterior; EuG, T-106/95, Slg. 1997, II-229, RdNr. 117 ff. – La Poste; EuGH, C-53/00, Slg. 2001, I-9067, RdNr. 27 ff. – Ferring; *Buendía Sierra* 194 ff. mwN.

[44] EuGH, C-280/00, Slg. 2003, I-7747 – Altmark Trans.

[45] Vgl. dazu auch die zweiten Schlussanträge von Generalanwalt Léger in EuGH, C-280/00, Slg. 2003, I-7747 – Altmark.

[46] EuGH, C-280/00, Slg. 2003, I-7747, RdNr. 77 ff. – Altmark Trans; ebenso schon EuG, T-55/99, Slg. 2000, II-3207, RdNr. 92 – CETM.

[47] Vgl. *Winnes/Schwarz/Mietzsch* EUR 2009, 290 f.; vgl. aus der Kommissionspraxis nur Kom., Staatliche Beihilfe NN 53/2006, RdNr. 62 – Maltesische Busse; zur vorherigen, zT gegenteiligen Entscheidungspraxis der Kommission vgl. *Frohnmeyer/Mückenhausen/Nemitz*, VO 1107/70, RdNr. 51 f. mwN.

[48] EuGH, C-280/00, Slg. 2003, I-7747 – Altmark Trans; vgl. hierzu aus der umfangreichen Literatur *Bartosch* EuZW 2004, 295; *Franzius* NJW 2003, 3029; *Heinze* DÖV 2004, 428; *Franzius* TranspR 2005, 373; *Jennert* NVwZ 2004, 425; *Kämmerer* NVwZ 2004, 28; *Koenig* BB 2003, 2195; *Kühling/Wachinger* NVwZ 2003, 1202; *Meyer* WuW 2004, 1012; *Zeiss* ZfBR 2003, 749.

[49] EuGH, C-280/00, Slg. 2003, I-7747, RdNr. 88 ff. – Altmark Trans. Insofern hat der EuGH sein Urteil in der Rs. Ferring (EuGH, C-53/00, Slg. 2001, I-9067 = EuZW 2002, 48 m. Anm. Ruge) im Grundsatz bestätigt und ist nicht den Schlussanträgen des Generalanwalts Léger vom 14. 1. 2003 und 19. 3. 2002 gefolgt. Dieser hatte sich an Stelle der vom EuGH bereits in der Rs. Ferring vertretenen beihilferechtlichen Tatbestandslösung für eine Rechtfertigungslösung ausgesprochen, nach der öffentliche Zuschüsse im ÖPNV grundsätzlich als staatliche Beihilfen zu qualifizieren gewesen wären, die auf Grund von Art. 106 Abs. 2 AEUV gerechtfertigt sein könnten. Vgl. zur Entwicklung der Rechtsprechung auch die Schlussanträge des Generalanwalts *Jääskinen* vom 24. 3. 2010 in der Rs. C-399/08 P, Slg. 2010, I-0000, RdNr. 34 ff. – Deutsche Post.

- Erstens ist das begünstigte Unternehmen tatsächlich mit der Erfüllung gemeinwirtschaftlicher Verpflichtungen betraut und sind diese Verpflichtungen klar definiert worden;[50]
- Zweitens sind die Parameter, anhand derer der Ausgleich berechnet wird, zuvor objektiv und transparent aufgestellt worden;
- Drittens geht der Ausgleich nicht über das hinaus, was erforderlich ist, um die Kosten der Erfüllung der gemeinwirtschaftlichen Verpflichtungen unter Berücksichtigung der dabei erzielten Einnahmen und eines angemessenen Gewinns aus der Erfüllung dieser Verpflichtungen ganz oder teilweise zu decken;
- Viertens ist die Höhe des erforderlichen Ausgleichs, wenn die Wahl des Unternehmens, das mit der Erfüllung gemeinwirtschaftlicher Verpflichtungen betraut werden soll, nicht im Rahmen eines Verfahrens zur Vergabe öffentlicher Aufträge erfolgt, auf der Grundlage einer Analyse der Kosten bestimmt worden, die ein durchschnittliches, gut geführtes Unternehmen, das so angemessen mit Transportmitteln ausgestattet ist, dass es den gestellten gemeinwirtschaftlichen Anforderungen genügen kann, bei der Erfüllung der betreffenden Verpflichtungen hätte, wobei die dabei erzielten Einnahmen und ein angemessener Gewinn aus der Erfüllung dieser Verpflichtungen zu berücksichtigen sind.

Sind diese vier Voraussetzungen erfüllt, stellt der Ausgleich (Kompensation) keine staatliche Beihilfe dar, so dass Art. 107 und 108 AEUV nicht anwendbar sind und die Ausgleichszahlungen auch nicht der Notifizierungspflicht des Art. 108 Abs. 3 AEUV unterliegen. Sind diese Voraussetzungen dagegen nicht gegeben und ist der Tatbestand des Art. 107 Abs. 1 AEUV erfüllt, dann stellt der Ausgleich eine staatliche Beihilfe dar. Diese Kompensationsbeihilfe mag gleichwohl unter bestimmten, sekundärrechtlichen Voraussetzungen von der Notifizierungspflicht nach Art. 108 Abs. 3 AEUV befreit und *ex lege* mit dem Binnenmarkt vereinbar sein.[51]   **482**

Das EuG hat in der Rs. *BUPA*[52] jüngst den Kontrollumfang der Kommission in Bezug auf   **483** die Altmark-Kriterien zurückgenommen und den Mitgliedstaaten einen weiten Beurteilungsspielraum eingeräumt. Danach steht den Mitgliedstaaten bei der Definition und Ausgestaltung der Durchführung gemeinwirtschaftlicher Aufgaben ein weites Ermessen zu, so dass die diesbezügliche Kontrolle von Kommission und Unionsgerichten auf offenkundige Fehler begrenzt ist;[53] zum anderen verfügen die Mitgliedstaaten auch bei der Bestimmung des Ausgleichs der Kosten über einen weiten Beurteilungsspielraum.[54]

In der Praxis sollte die Frage, ob staatliche Ausgleichszahlungen nach den Altmark-Kriterien   **484** staatliche Beihilfe darstellen, gerade im Straßenverkehrssektor nicht überbewertet werden. Die meisten beihilferechtlichen Fälle im Straßenverkehrssektor lassen sich derzeit auf sekundärrechtlicher Grundlage bzw. aufgrund von Leitlinien und Mitteilungen der Kommission einer Lösung zuführen, so dass ein Verstoß gegen die Altmark-Kriterien nicht zwangsläufig zu einer Unvereinbarkeit der staatlichen Maßnahmen mit dem Binnenmarkt führt; auch sehen die einschlägigen sekundärrechtlichen Regelungen bei Vorliegen einer Beihilfe teilweise eine Befreiung von der Notifizierungspflicht des Art. 108 Abs. 3 AEUV vor.[55]

cc) Art. 93 AEUV. Nach Art. 93 AEUV sind diejenigen Beihilfen mit den Verträgen vereinbar,   **485** die den Erfordernissen der Koordinierung des Verkehrs oder der Abgeltung bestimmter, mit dem Begriff des öffentlichen Dienstes zusammenhängender Leistungen entsprechen. Die Vorschrift enthält – wie Art. 107 Abs. 2 AEUV – einen Katalog der von Vertrags wegen zulässigen Beihilfen. Art. 93 AEUV ist neben Art. 107 Abs. 2, Abs. 3 AEUV,[56] aber nur auf Beihilfen nach Art. 107 Abs. 1 AEUV, nicht indes auf Maßnahmen nach Art. 96, 171 AEUV anwendbar.[57]

---

[50] Zu den umsatzsteuerlichen Nachteilen einer klar definierten Betrauung vgl. *Fiebelkorn/Petzold*, BB 2008, 2544.
[51] Vgl. dazu einerseits die sog. Freistellungsentscheidung, Entscheidung Nr. 2005/842/EG der Kommission über die Anwendung von Artikel 86 Absatz 2 EG-Vertrag auf staatliche Beihilfen, die bestimmten mit der Erbringung von Dienstleistungen von allgemeinem wirtschaftlichem Interesse betrauten Unternehmen als Ausgleich gewährt werden, ABl. 2005 L 312/67, und andererseits Art. 9 Abs. 1 VO 1370/2007.
[52] EuG, T-289/03, Slg. 2008, II-81 – BUPA.
[53] Vgl. dazu auch schon EuG, T-17/02, Slg. 2005, II-2031, RdNr. 216 – Olsen; EuG, T-442/03, Slg. 2008, II-1165, RdNr. 195 – SIV; EuG, Urt. v. 6. 10. 2009, T-8/06, RdNr. 63ff. – FAB.
[54] EuG. T-289/03, Slg. 2008, II-81, RdNr. 214, 222 – BUPA; vgl. hierzu *Bartosch* EStAL 2008, 211.
[55] Vgl. Art. 9 Abs. 1 VO 1370/2007.
[56] Vgl. EuGH, 56/78, Slg. 1978, 1881 – Kommission/Belgien.
[57] Vgl. *Grabitz/Hilf/Boeing* Art. 73 EG RdNr. 1 mwN.

486 Der Anwendungsbereich wird durch verschiedene sekundärrechtliche Regelungen konkretisiert. Während die VO 1107/70,[58] die im Bereich der sog. Landverkehre die Beihilfetatbestände des Art. 93 AEUV näher regelte, per 3. 12. 2009 aufgehoben wurde,[59] eröffnet VO 1370/2007 seit 3. 12. 2009 Möglichkeiten für eine direkte Anwendung des Art. 93 AEUV im Einzelfall.[60] Praktische Bedeutung hat dies v. a. für Eisenbahn und kombinierten Verkehr; nach Art. 1 Abs. 2 der VO 1370/2007 können die Mitgliedstaaten freilich die VO 1370/2007 auch auf die Binnenschiff-Personenbeförderung anwenden.

487 Vor Inkrafttreten der VO 1370/2007 war lange Zeit streitig, ob Art. 93 AEUV auch direkt, dh. ungeachtet der etwaigen gleichzeitigen Anwendbarkeit der VO 1191/69 oder VO 1107/70 anwendbar sei. Die wohl hM lehnte dies ab, während die Gegenauffassung darauf verwies, dass der Anwendungsbereich von Primärrecht nicht durch Sekundärrecht abschließend geregelt werden könne.[61] Der EuGH entschied dazu in „Altmark", dass Mitgliedstaaten sich nur im Rahmen der VO 1107/70 auf Art. 93 AEUV berufen dürften.[62]

488 **α) Beihilfen zur Koordinierung des Verkehrs.** Beihilfen zur Koordinierung des Verkehrs iSv. Art. 93 AEUV sollen eine sinnvolle Aufgabenteilung zwischen den Verkehrsträgern sicherstellen und Wettbewerbsverzerrungen zwischen Verkehrsunternehmen ausgleichen. Anders als bei Art. 107 Abs. 3 AEUV geht es nicht um die Entwicklung bestimmter Wirtschaftszweige, sondern um Förderung im Rahmen staatlicher Planung; die zunehmende Liberalisierung der Verkehrsbereiche macht eine staatliche Koordinierung nebst begleitender Förderung freilich in wachsendem Maße obsolet, so dass Art. 93 AEUV als Rechtsgrundlage für eine Genehmigung von Koordinierungsbeihilfen zunehmend ausscheidet.[63]

489 Eine Erläuterung des Begriffs Koordinierungsbeihilfen geben für den Schienenverkehr die Eisenbahn-Leitlinien der Kommission;[64] danach handelt es sich um Maßnahmen, mit denen der Staat im Interesse der Allgemeinheit lenkend in den Verkehrssektor eingreift.[65] Beispiele für Koordinierungsbeihilfen enthält Kapitel 6 der Eisenbahn-Leitlinien; danach sind etwa Beihilfen für die Nutzung der Infrastruktur, zur Verringerung externer Kosten, zur Förderung der Interoperabilität und Verbesserung der Sicherheit sowie bestimmte F&E-Beihilfen als mit Art. 93 AEUV vereinbar anzusehen, soweit sie notwendig und verhältnismäßig sind und somit den Wettbewerb nicht in einer Weise verändern, die dem gemeinsamen Interesse zuwiderläuft.[66]

490 VO 1192/69[67] sieht Koordinierungsbeihilfen zum Ausgleich historischer Lasten vor, durch die Eisenbahnunternehmen benachteiligt werden.[68]

491 Auch Art. 9 Abs. 2 der VO 1370/2007 enthält Regelungen für verschiedene staatliche Koordinierungsbeihilfen. Danach können Mitgliedstaaten unbeschadet der Art. 93, 106–108 AEUV weiterhin andere als in dieser Verordnung erfassten Beihilfen für den Verkehrssektor gewähren, die den Erfordernissen der Koordinierung des Verkehrs oder der Abgeltung bestimmter, mit dem Begriff des öffentlichen Dienstes zusammenhängender Leistungen entsprechen; dies gilt insbesondere für Beihilfen zur Deckung von Infrastrukturkosten wie für Forschungs- bzw. Entwicklungsbeihilfen zur Entwicklung wirtschaftlicherer Verkehrssysteme und -technologien. Allerdings strebt Art. 9 Abs. 2 VO 1370/2007 insoweit keine abschließende Regelung solcher Beihilfen an, sondern überlässt dies der Bestimmung im Einzelfall.[69]

492 Die Kommission geht in ihrer Entscheidungspraxis davon aus, dass Koordinierungsbeihilfen nach Art. 93 AEUV nur dann genehmigt sind, wenn die Beihilfe (i) zur Durchführung der Maßnahmen im gemeinschaftlichen Interesse erforderlich und verhältnismäßig ist, (ii) diskrimi-

---

[58] Verordnung (EWG) Nr. 1107/70 über Beihilfen im Eisenbahn-, Straßen- und Binnenschiffsverkehr, ABl. 1970 L 130/1.

[59] Vgl. Art. 10, 12 der VO 1370/2007.

[60] Vgl. Erwägungsgrund 37 der VO 1370/2007; *Heiß*, VerwArch 100 (2009) 113, 129; *Lenz/Borchardt/Mückenhausen* Art. 93 AEUV RdNr. 2.

[61] Vgl. *Grabitz/Hilf/Boeing* Art. 73 EG RdNr. 8; *Streinz/Schäfer* Art. 73 EGV RdNr. 11; je mwN.

[62] Vgl. EuGH, C-280/00, Slg. 2003, I-7747, RdNr. 107 – Altmark.

[63] Vgl. dazu etwa Kom., Staatliche Beihilfe N 574/2006, RdNr. 36 mwN – italienische Beihilfen zur Errichtung einer Frachtautobahn.

[64] Leitlinien der Kommission für staatliche Beihilfen an Eisenbahnunternehmen, ABl. 2008 C 184/13.

[65] Vgl. Kap. 6 der Eisenbahn-Leitlinien.

[66] Vgl. RdNr. 112 der Eisenbahn-Leitlinien.

[67] Verordnung (EWG) Nr. 1192/69 des Rates über gemeinsame Regeln für die Normalisierung der Konten der Eisenbahnunternehmen, ABl. 1969 L 156/8.

[68] Vgl. dazu unten RdNr. 576 ff.; *Dauses/Epiney*, Abschnitt L – Verkehrsrecht, RdNr. 285.

[69] Vgl. *Lenz/Mückenhausen* Art. 93 AEUV RdNr. 5.

nierungsfrei gewährt wird und (iii) zu keiner Wettbewerbsverfälschung führt, die aufgrund ihres Umfangs dem gemeinschaftlichen Interesse zuwiderläuft.[70]

β) Beihilfen zur Abgeltung von Sonderlasten des öffentlichen Dienstes. Beihilfen **493** „zur Abgeltung bestimmter, mit dem Begriff des öffentlichen Dienstes zusammenhängender Leistungen" iSv. Art. 93 AEUV sind staatliche Kompensationen für Sonderlasten gemeinwirtschaftlicher Leistungen, die ein Unternehmen bei rein betriebswirtschaftlicher Betrachtung im eigenen Interesse nicht, nicht im gleichen Umfang oder nicht zu den gleichen Bedingungen übernehmen würde. Die potentiell wettbewerbsverzerrende Wirkung solcher Kompensationen und der entsprechende Regelungsbedarf wurden von Rat und Kommission früh erkannt.[71]

Die zum 3. 12. 2009 aufgehobene VO 1191/69 definierte gemeinwirtschaftliche Leistungen **494** als Betriebs-, Beförderungs- und Tarifpflichten.[72]

Seit dem EuGH-Urteil „Altmark"[73] ist freilich unklar, ob Art. 93 AEUV insoweit überhaupt **495** noch einen eigenständigen Anwendungsbereich hat. Nach „Altmark" stellen öffentliche Zuschüsse, die den Betrieb von Liniendiensten ermöglichen sollen, unter bestimmten Umständen keine Beihilfe iSv. Art. 107 Abs. 1 AEUV dar, nämlich wenn (i) das begünstigte Unternehmen tatsächlich mit der Erfüllung gemeinwirtschaftlicher Dienstleistungen betraut worden ist und diese Verpflichtungen vorab klar definiert worden sind; (ii) die Parameter zur Ausgleichsberechnung zuvor objektiv und transparent aufgestellt wurden; (iii) der Zuschuss nicht über das hinausgeht, was erforderlich ist, um die Kosten der Erfüllung der gemeinwirtschaftlichen Verpflichtungen unter Berücksichtigung der dabei erzielten Einnahmen und eines angemessenen Gewinns aus der Erfüllung der Verpflichtungen ganz oder teilweise zu decken; und (iv) die Höhe des erforderlichen Ausgleichs entweder im Rahmen eines Verfahrens zur Vergabe öffentlicher Aufträge erfolgt oder aufgrund einer Analyse der Kosten bestimmt worden ist, die ein durchschnittliches, gut geführtes Unternehmen, das so angemessen mit Transportmitteln ausgestattet ist, dass es den gestellten gemeinwirtschaftlichen Anforderungen genügen kann, bei der Erfüllung der betreffenden Verpflichtungen hätte, wobei die dabei erzielten Einnahmen und ein angemessener Gewinn aus der Erfüllung dieser Verpflichtungen zu berücksichtigen sind.

Sind die o. g. Anforderungen sämtlich erfüllt, liegt keine staatliche Beihilfe, sondern eine bei- **496** hilfefreie Kompensation vor. Sind dagegen nicht alle og. Anforderungen erfüllt, liegt eine staatliche Beihilfe iSv. Art. 107 Abs. 1 AEUV vor, die ggf. nach Art. 93 AEUV (oder aber nach Art. 107 Abs. 3 AEUV) genehmigt werden kann; im Rahmen der Entscheidung nach Art. 93 AEUV kann idR nur auf die oben unter (iv) genannte Anforderung verzichtet werden, während die Anforderungen nach (i)–(iii) auch hier erfüllt sein müssen.[74]

Die VO 1370/2007 lässt nicht erkennen, inwieweit sie die von ihr geregelten Kompensatio- **497** nen als Beihilfen iSv. Art. 93 AEUV ansieht. Anders als hinsichtlich der Koordinierungsbeihilfen nennt sie keine Kriterien für die Bewertung von Ausgleichszahlungen.[75]

Die Eisenbahn-Leitlinien verweisen insoweit lediglich auf das Fehlen einer entsprechenden **498** Entscheidungspraxis der Kommission.[76]

γ) Notifizierung und Verfahren. Art. 108 AEUV ist auf Beihilfen nach Art. 93 AEUV grund- **499** sätzlich anwendbar.[77] Allerdings befreien verschiedene sekundärrechtliche Regelungen Beihilfen nach Art. 93 AEUV von der Notifizierungspflicht. So sind etwa nach Maßgabe der VO 1370/2007 gewährten Ausgleichsleistungen für gemeinwirtschaftliche Verpflichtungen von der Pflicht zur Vorab-Notifizierung nach Art. 108 Abs. 3 AEUV befreit.[78] Gleiches gilt für Ausgleichszahlungen nach VO 1192/69;[79] die Verordnung verpflichtet die Mitgliedstaaten insoweit nur, die Kommission *ex post* über nach dieser Verordnung gezahlte Ausgleichsbeträge zu unterrichten.

Eine sektorunabhängige Notifizierungsbefreiung für Kompensationsbeihilfen enthält schließ- **500** lich auch die Gruppenfreistellungsentscheidung für Ausgleichszahlungen.[80] Diese ist zwar auf

---

[70] Vgl. Kom., ABl. 2009 L 50/30, RdNr. 78 ff. – deutsches Mautsystem; vgl. dazu auch *von Wallenberg* TranspR 2007, 398.

[71] Vgl. Rat, ABl. 1965, 88/1500; *Hancher/Ottervanger/Slot* RdNr. 16–004 mwN.

[72] Vgl. Art. 2 VO 1191/69; *Frohnmeyer/Mückenhausen/Küpper* RdNr. 26 ff. mwN.

[73] Vgl. Rs. C-280/00, Slg. 2003, I-7747 – Altmark Trans.

[74] Vgl. *Lenz/Mückenhausen* Art. 93 AEUV RdNr. 8 aE.

[75] Vgl. *Lenz/Mückenhausen* Art. 93 AEUV RdNr. 9 mwN.

[76] Vgl. RdNr. 21 aE. der Eisenbahn-Leitlinien.

[77] Vgl. EuGH, 156/77, Slg. 1978, 1881 – Kommission/Belgien.

[78] Vgl. Art. 9 Abs. 1 und Erwägungsgrund 35 der VO 1370/2007.

[79] Vgl. Art. 13 Abs. 2 VO 1192/69.

[80] Vgl. Art. 3 der Entscheidung Nr. 2005/842/EG, ABl. 2005 L 312/67.

Kompensationen für die Erbringung gemeinwirtschaftlicher Beförderungsdienste auf dem Landweg nicht anwendbar;[81] dies hindert allerdings nicht ihre Anwendung auf Kompensationen, die zwar verkehrs-, aber nicht unmittelbar beförderungsbezogen sind (etwa auf Infrastrukturmaßnahmen).[82]

501   **dd) Art. 96 AEUV.** Nach Art. 96 Abs. 1 AEUV sind – soweit nicht von der Kommission genehmigt – im Verkehr innerhalb der EU die von einem Mitgliedstaat auferlegten Frachten und Beförderungsbedingungen (mit Ausnahme der Wettbewerbstarife, Art. 96 Abs. 3 AEUV) verboten, die der Unterstützung oder dem Schutz bestimmter Unternehmen oder Industrien dienen. Art. 96 Abs. 2 AEUV bestimmt, dass die Kommission diese Maßnahmen *ex officio* oder auf Antrag eines Mitgliedstaates prüfen kann; ferner muss sie bei ihrer Entscheidung insbesondere die Erfordernisse einer angemessenen Standortpolitik, unterentwickelter oder durch politische Umstände schwer getroffener Gebiete als auch die Auswirkungen dieser Maßnahmen auf den Wettbewerb zwischen den Verkehrsarten berücksichtigen.[83]

502   Art. 96 AEUV ist eine Sondervorschrift zu Art. 107 AEUV. Zwar betrifft sie nach ihrem Wortlaut nur „Tarife"; sie ist aber nach ihrem Sinn weit auszulegen und erfasst daher alle auf staatliche Einwirkung zurückzuführenden Preise, die bestimmte Unternehmen oder Industrien potentiell begünstigen.[84]

503   Die Entscheidung der Kommission, die entweder einen Verstoß gegen Art. 96 Abs. 1 AEUV feststellen oder die Maßnahme genehmigen kann, liegt in deren Ermessen. Eine Ausnahmegenehmigung kann auch befristet werden, um strukturelle Anpassungen zu erzwingen.[85] Im Rahmen ihrer Entscheidung muss die Kommission regionalpolitische Gesichtspunkte ebenso wie wettbewerbliche Auswirkungen (auch zwischen Verkehrsmodi) berücksichtigen.

504   **ee) Art. 170, 171 AEUV.** Im Rahmen der Bestimmungen zu Transeuropäischen Netzen (TEN) zielt die EU ua. im Rahmen eines Systems offener und wettbewerbsorientierter Märkte auf die Förderung des Verbundes und der Interoperabilität der einzelstaatlichen Netze (Art. 170 Abs. 2 AEUV). Dabei kann die Kommission ua. von den Mitgliedstaaten unterstützte Vorhaben von gemeinsamem Interesse ebenfalls aus EU-Mitteln unterstützen (Art. 171 Abs. 1, 3. Spstr. AEUV). Die mitgliedstaatlichen Maßnahmen können Beihilfen iSv. Art. 107 Abs. 1 AEUV darstellen und werden dann zumeist, da Vorhaben von gemeinsamem europäischen Interesse betreffend, gemäß Art. 107 Abs. 3 lit. b AEUV genehmigungsfähig sein.[86] Allerdings grenzt die Kommission insoweit nicht immer scharf ab zwischen der Genehmigung nach Art. 107 Abs. 3 lit. b) AEUV und der Frage, ob überhaupt eine Beihilfe iSv. Art. 107 Abs. 1 AEUV vorliegt.[87]

505   **b) Sekundärrechtliche Konkretisierungen.** Wesentliche Konkretisierungen des Art. 93 AEUV enthielten die Verordnungen 1107/70[88] und 1191/69.[89] Beide wurden grundsätzlich durch VO 1370/2007[90] mit Wirkung zum 3.12.2009 aufgehoben, wobei VO 1191/69 bis zum 3. 12. 2012 auf Güterbeförderungsdienste anwendbar bleibt,[91] da die VO 1370/2007 insoweit nicht anwendbar ist.

506   **aa) VO 1191/69.** Die VO 1191/69 über das Vorgehen der Mitgliedstaaten bei mit dem Begriff des öffentlichen Dienstes verbundenen Verpflichtungen auf dem Gebiet des Eisenbahn-,

---

[81] Vgl. Art. 2 Abs. 2 UAbs. 2 der Entscheidung Nr. 2005/842/EG.

[82] Vgl. Kom., Staatliche Beihilfe N 562/2005, RdNr. 77 ff. – SITMB; Kom., Staatliche Beihilfe N 362/2009, RdNr. 49 Fn. 18 – französische Autobahnkonzessionen.

[83] Vgl. *Hancher/Ottervanger/Slot* RdNr. 16–001.

[84] Vgl. *Lenz/Borchardt/Mückenhausen* Art. 96 AEUV RdNr. 2 mwN.

[85] Vgl. EuGH, 1/69, Slg. 1969, 277, 285 – Italien/Kommission.

[86] Vgl. *Lenz/Borchardt/Neumann* Art. 171 AEUV RdNr. 47 mwN; *Koenig/Scholz* EWS 2003, 229.

[87] Hinsichtlich der Finanzierung der Planung für das Projekt „Feste Fehmarnbelt-Querung" ging die Kommission grundsätzlich davon aus, dass die Zuwendungen an das staatliche Vorbereitungsunternehmen keine Beihilfe darstellten, erklärte die Maßnahmen aber zugleich als „ohnehin" mit Art. 107 Abs. 3 lit. b AEUV vereinbar: Kom., Staatliche Beihilfe N 157/2009, RdNr. 23 ff., 34 ff. – Fehmarnbelt-Querung.

[88] Verordnung (EWG) Nr. 1107/70 über Beihilfen im Eisenbahn-, Straßen- und Binnenschiffsverkehr, ABl. 1970 L 130/1.

[89] Verordnung (EWG) Nr. 1191/69 des Rates über das Vorgehen der Mitgliedstaaten bei mit dem Begriff des öffentlichen Dienstes verbundenen Verpflichtungen auf dem Gebiet des Eisenbahn-, Straßen- und Binnenschiffsverkehrs, ABl. 1969 L 156/1.

[90] Verordnung (EG) Nr. 1370/2007 des Europäischen Parlaments und des Rates über öffentliche Personenverkehrsdienste auf Schiene und Straße und zur Aufhebung der Verordnungen (EWG) Nr. 1191/69 und (EWG) Nr. 1107/70 des Rates, ABl. 2007 L 315/1.

[91] Vgl. Art. 10 der VO 1370/2007.

Straßen- und Binnenschiffsverkehrs regelte die Aufhebung bzw. Aufrechterhaltung gemeinwirtschaftlicher Dienste im Landverkehr[92] und die dafür zulässigen Kompensationen.[93]

Gemeinwirtschaftliche Dienste (Verpflichtungen des öffentlichen Dienstes/*service public*) waren danach ursprünglich hoheitlich auferlegte, nunmehr in Verkehrsverträgen geregelte[94] Verpflichtungen, die ein Verkehrsunternehmen im eigenen wirtschaftlichen Interesse nicht oder nicht im gleichen Umfang und nicht unter den gleichen Bedingungen übernommen hätte, sondern die bestimmten volkswirtschaftlichen, sozialen oder kulturellen Bedürfnissen entsprangen.[95] Solche Verpflichtungen waren die Betriebspflicht (Pflicht zur Sicherstellung bestimmter Verkehre nebst Unterhaltung der erforderlichen Fahrzeuge, Anlagen und Infrastruktur), die Beförderungspflicht (Kontrahierungszwang zur Annahme aller Personen- und Güterbeförderungen zu bestimmten Entgelten und Bedingungen) sowie die Tarifpflicht (Pflicht zur Anwendung behördlich festgesetzter, niedriger und damit unwirtschaftlicher Entgelte).[96] **507**

Im Hinblick auf die aus der Wahrnehmung dieser Pflichten erwachsenden wirtschaftlichen Nachteile[97] konnten die Verkehrsunternehmen einerseits die Aufhebung der gemeinwirtschaftlichen Verpflichtungen beantragen[98] und mussten die zuständigen Behörden andererseits ua. entsprechende Kompensationen gewähren.[99] Die Kompensationen waren von der Notifizierung nach Art. 108 Abs. 3 AEUV befreit.[100] Für Unternehmen mit sowohl eigen- wie gemeinwirtschaftlichen Diensten bestand das Gebot der getrennten Rechnungsführung und das Verbot der Quersubventionierung zwischen beiden Bereichen.[101] **508**

Art. 14 VO 1191/69 normierte insbesondere den Inhalt von Verträgen, die Ausgleichsleistungen für die Erfüllung gemeinwirtschaftlicher Verpflichtungen im Verkehrsbereich vorsahen. Die Vorschrift legte freilich nicht im Detail fest, unter welchen Bedingungen eine staatliche Ausgleichszahlung für die Erfüllung gemeinwirtschaftlicher Verpflichtungen als mit dem Gemeinsamen Markt vereinbar erklärt werden konnte.[102] Die Kommission griff daher insoweit auf die allgemeinen Grundsätze zurück, die sich aus dem Vertrag, der Rechtsprechung der Unionsgerichte und der Praxis der Kommission in anderen Bereichen als dem öffentlichen Verkehr ergaben;[103] dazu gehör- **509**

---

[92] Nach Art. 1 Abs. 1 UAbs. 2 konnten die Mitgliedstaaten jedoch die Unternehmen, deren Tätigkeit ausschließlich auf den Betrieb von Stadt-, Vorort- und Regionalverkehrsdiensten beschränkt ist, vom Anwendungsbereich der Verordnung ausnehmen. Bis zum 31. 12. 1995 machte Deutschland von dieser Ausnahme zunächst dadurch Gebrauch, dass es in der nationalen Regelung die Anwendung der Verordnung auf Unternehmen des Stadt-, Vorort- und Regionalverkehrs ausdrücklich ausschloss. Seit dem 1. 1. 1996 enthält die deutsche Regelung keine solche ausdrückliche Ausnahme mehr. Die Verordnung (EWG) Nr. 1191/69 wurde vielmehr durch § 8 Abs. 4 S. 3 und § 13 a PBefG für anwendbar erklärt auf die Erteilung von Genehmigungen gemeinwirtschaftlicher Verkehrsleistungen mit Omnibussen in Deutschland. Die deutschen Vorschriften regelten jedoch nicht ausdrücklich, ob die Verordnung auch für die Erteilung von Genehmigungen eigenwirtschaftlicher Verkehrsleistungen mit Omnibussen gilt. Der EuGH musste diese Frage in der Rs. Altmark dahin stehen lassen, da er nicht über die Auslegung nationalen Rechts zu befinden hatte. Die Kommission geht seit dem Verfahren N 604/2005 (Landkreis Wittenberg) von einem implizit in § 8 Abs. 4 S. 3 PBefG vorgesehenen Ausschluss der Anwendung der Verordnung 1191/69 auf eigenwirtschaftlich erbrachte Verkehrsdienste aus (Kom., Staatliche Beihilfe N 604/2005, RdNr. 70 – Landkreis Wittenberg I).

[93] Vgl. *Saxinger* DVBl. 2008, 688, 695.

[94] Vgl. Art. 1 Abs. 3, Abs. 4, Art. 14 VO 1191/69; *Frohnmeyer/Mückenhausen/Küpper*, EG-Verkehrsrecht, VO 1191/91, RdNr. 24, 38 mwN; zum Ermessen der Mitgliedstaaten bei der Entscheidung über die Aufhebung von hoheitlich auferlegten Verpflichtungen vgl. EuGH, C-412/96, Slg. 1998, I-5141, RdNr. 25 ff., 35 f. – Kainuun Lükenne; *Streinz/Schäfer* Art. 73 EG RdNr. 14 mwN.

[95] Vgl. *Frohnmeyer/Mückenhausen/Küpper* RdNr. 12 ff. mwN.

[96] Vgl. Art. 2 VO 1191/69; *Frohnmeyer/Mückenhausen/Küpper* RdNr. 26 ff. mwN.

[97] Vgl. dazu Art. 5 VO 1191/69.

[98] Vgl. Art. 4 VO 1191/69.

[99] Vgl. Art. 6 Abs. 2, Art. 9–13, 14 Abs. 6 VO 1191/69.

[100] Vgl. Art. 17 Abs. 2 VO 1191/69.

[101] Vgl. Art. 1 Abs. 5 UAbs. 2 VO 1191/69; zu Quersubventionierung und Querverbünden zwischen kommunalen Energie- und Verkehrsbetrieben vgl. *Streinz/Schäfer* Art. 73 EG RdNr. 16; zur Nichterfüllung der Altmark-Kriterien durch Querverbünde vgl. *Tödtmann/Schauer* NVwZ 2008, 1, 4 f.; je mwN.

[102] Art. 10 bis 13 VO 1191/69 sahen für die Höhe von Ausgleichszahlungen zwar eine Berechnung nach „gemeinsamen Ausgleichsmethoden" vor, die den Altmark-Kriterien ähnelten. Diese Methoden waren allerdings nur für die Berechnung des Ausgleichs im Falle einseitiger Auferlegung von Verkehrsdiensten gem. Art. 1 Abs. 5 der Verordnung anzuwenden, nicht aber im Rahmen von Verkehrsverträgen nach Art. 14 der Verordnung (vgl. EuG, T-157/01, Slg. 2004, II-917, RdNr. 75 ff. – Danske Busvognmaend).

[103] Kom., ABl. 2009 L 97/14, RdNr. 106 ff. – südmährische Busse; Kom., ABl. 2009 L 306/26, RdNr. 112 ff. – Postbus Lienz; Kom., Staatliche Beihilfe N 350/2007, RdNr. 52 ff. – Buserwerbe Tschechien; Kom., Staatliche Beihilfe C 47/2007 (ex NN 22/2005), RdNr. 141 ff. – DB Regio.

ten insbesondere (i) die Gruppenfreistellungsentscheidung[104] sowie (ii) der Gemeinschaftsrahmen für Ausgleichsleistungen für die Erbringung öffentlicher Dienstleistungen.[105] Die Gruppenfreistellungsentscheidung erklärt bestimmte Ausgleichsleistungen, die nicht beihilfefrei sind, als mit dem Binnenmarkt vereinbar und stellt sie von der Notifizierungspflicht nach Art. 108 Abs. 3 AEUV frei; dazu gehören ua. Kompensationen an Unternehmen mit einem Jahresumsatz von weniger als € 100 Mio. und einer Kompensation von weniger als € 30 Mio.[106] Der Gemeinschaftsrahmen regelt die Voraussetzungen, unter denen die Kompensationen, die staatliche Beihilfen darstellen, aber nicht der Gruppenfreistellungsentscheidung unterfallen, genehmigt werden können.[107]

510   Nach diesen allgemeinen Grundsätzen entschied die Kommission entweder, dass die Ausgleichsleistungen nach den Altmark-Kriterien bereits tatbestandlich keine Beihilfe darstellten[108] oder aufgrund der VO 1191/69 und dem entsprechend heranzuziehenden Gemeinschaftsrahmen mit dem Gemeinsamen Markt vereinbar waren;[109] in einem Fall hat die Kommission eine Ausgleichsleistung gemäß Art. 107 Abs. 3 lit. c AEUV für mit dem Binnenmarkt vereinbar erklärt.[110] Eine Negativentscheidung ist im Hinblick auf Ausgleichsleistungen für die Erfüllung gemeinwirtschaftlicher Verpflichtungen im öffentlichen Personenverkehr bislang – soweit ersichtlich – nicht ergangen.[111]

511   Unter der Geltung der VO 1191/69 war streitig, ob die Befreiung von der Notifizierungspflicht nach Art. 17 Abs. 2 auch für öffentliche Dienstleistungsaufträge (Verträge) im Sinne von Art. 14 der Verordnung galt.[112] Die Kommission verneinte dies:[113] der in Art. 17 Abs. 2 enthaltene Begriff der Ausgleichszahlungen sei sehr eng auszulegen und beschränke sich in dem Regelungszusammenhang der Verordnung auf – nach Art. 10–13 der Verordnung berechnete – Ausgleichszahlungen für einseitig und hoheitlich auferlegte gemeinwirtschaftliche Verpflichtungen.[114] Demgegenüber meint das VG Gelsenkirchen – zu Recht im Hinblick auf den weiten

---

[104] Entscheidung Nr. 2005/842/EG der Kommission über die Anwendung von Artikel 86 Absatz 2 EG-Vertrag auf staatliche Beihilfen, die bestimmten mit der Erbringung von Dienstleistungen von allgemeinem wirtschaftlichem Interesse betrauten Unternehmen als Ausgleich gewährt werden, ABl. 2005 L 312/67.

[105] Gemeinschaftsrahmen für staatliche Beihilfen, die als Ausgleich für die Erbringung öffentlicher Dienstleistungen gewährt werden, ABl. 2005 C 297/4. Ziffer 14 dieses Gemeinschaftsrahmens sieht insbesondere vor, dass die Höhe des Ausgleichs nicht über das hinausgehen darf, was erforderlich ist, um die durch die Erfüllung der Gemeinwohlverpflichtung verursachten Kosten unter Berücksichtigung der dabei erzielten Einnahmen und einer angemessenen Rendite aus der Erfüllung dieser Verpflichtung abzudecken. Darin enthalten sind sämtliche vom Staat oder aus staatlichen Mitteln in jedweder Form gewährten Vorteile.

[106] Vgl. Art. 1, 2 Abs. 1 lit. a, 3 der Entscheidung Nr. 2005/842/EG.

[107] Vgl. RdNr. 2 des Gemeinschaftsrahmens.

[108] Kom., Staatliche Beihilfe N 207/2009 – Landkreis Wittenberg II; Kom., Staatliche Beihilfe N 206/2009 – Landkreis Anhalt-Bitterfeld.

[109] Kom., ABl. 2009 L 306/26 – Postbus Lienz; Kom., ABl. 2009 L 97/14, – südmährische Busse; Kom., Staatliche Beihilfe N 350/2007 – Buserwerbe Tschechien; Kom., Staatliche Beihilfe NN 53/2006 – Maltesische Busse. In allen Entscheidungen wurde zuvor das Vorliegen des vierten Altmark-Kriteriums verneint. In der Entscheidung Kom., Staatliche Beihilfe N 332/2008 – Kompensationen für dänische Fernbusbetreiber hat die Kommission dagegen bereits das dritte Altmark-Kriterium verneint, die Beihilfe dann aber als soziale Verbraucherbeihilfen auf Grundlage der VO 1191/91 unter Berücksichtigung des Art. 107 Abs. 2 lit. a AEUV für mit dem Binnenmarkt vereinbar erklärt.

[110] Kom., Staatliche Beihilfe N 604/2005 – Landkreis Wittenberg I. Mit dieser Entscheidung setzt sie sich allerdings in Widerspruch zu ihrer sonstigen Entscheidungspraxis, nach der Art. 93 AEUV *lex specialis* zu Art. 106 Abs. 2, 107 Abs. 2 und 3 AEUV ist (vgl. unten II., insbesondere Fn. 37). Nicht zutreffend ist die Feststellung in Kom., ABl. 2008 C 174/13, Staatliche Beihilfe C 54/07 (ex NN 55/2007), RdNr. 131 – Emsländische Eisenbahn, nach der die Zahlungen im Fall Landkreis Wittenberg I nicht dem Ausgleich für gemeinwirtschaftliche Verpflichtungen dienten. Die Kommission hat nämlich in dem – soweit hier relevant – identischen Fall Landkreis Wittenberg II (Kom., Staatliche Beihilfe N 207/2009) völlig zu Recht das Gegenteil angenommen; vgl. *Metz* IR 2008, 224, 225 f.

[111] Einen Sonderfall stellt die Entscheidung Kom., ABl. 2009 L 345/28 – Restrukturierung Combus A/S dar, die nach Aufhebung einer früheren Kommissionsentscheidung durch das EuG (T-157/01, Slg. 2004, II-917 – Danske Busvognmænd) erging und in der es materiell im Wesentlichen nicht um Ausgleichsleistungen für die Erbringung gemeinwirtschaftlicher Verpflichtungen ging (vgl. RdNrn. 76 ff. des genannten Urteils), sondern um die (im Ergebnis verneinte) Vereinbarkeit von Umstrukturierungsbeihilfen mit Art. 107 Abs. 3 lit. c AEUV (vgl. hierzu Fn. 42).

[112] Vgl. hierzu *Hellriegel/Schmitt*, IR 2009, 259.

[113] Kom., Beschluss zur Einleitung des förmlichen Prüfverfahrens in Verfahren C 47/07 (ex NN 22/2005), ABl. 2008 C 35/13, RdNr. 135 ff. – DB Regio.

[114] Dies hätte in Deutschland für bestehende, aber nicht notifizierte Dienstleistungsverträge gravierende Auswirkungen. Denn ein Verstoß gegen das unionsrechtliche Vollzugsverbot des Art. 108 Abs. 3 S. 3 AEUV

Wortlaut des Art. 17 Abs. 2 VO 1191/69, der sich auf alle Ausgleichszahlungen nach dieser Verordnung bezieht –, dass auch öffentliche Dienstleistungsaufträge im Sinne von Art. 14 VO 1191/69 gem. Art. 17 Abs. 2 VO 1191/69 von der Notifizierungspflicht befreit sind.[115]

Die Frage war und ist von erheblicher praktischer Bedeutung: da nach mittlerweile ständiger **512** Rechtsprechung des BGH der Verstoß gegen Art. 108 Abs. 3 S. 3 AEUV gemäß § 134 BGB zur Nichtigkeit des nicht notifizierten und genehmigten Rechtsgeschäfts führt, mag es in Deutschland zahlreiche Dienstleistungsaufträge geben, deren Kompensationen fälschlich für nicht notifizierungsbedürftig gehalten wurden und daher nichtig sind.

Die Frage ist auch nach Aufhebung der VO 1191/69 weiterhin relevant, falls die Befreiung **513** von der Notifizierungspflicht in Art. 9 Abs. 1 VO 1370/2007 nicht für Altverträge gilt. Teilweise wird zur Vermeidung der drohenden Nichtigkeit von Altverträgen auf die Übergangsvorschrift des Art. 8 Abs. 3 VO 1370/2007 abgestellt, wonach solche Altverträge für bestimmte Übergangszeiten „gültig bleiben";[116] dieser Ansatz übersieht freilich, dass Art. 8 Abs. 3 eine Übergangsregelung zu Art. 8 Abs. 2 VO 1370/2007 darstellt und sich daher nur auf die vergaberechtliche Gültigkeit beziehen kann.

bb) VO 1107/70. Die – zum 3. 12. 2009 vollständig aufgehobene[117] und gegenüber VO **514** 1191/69 nachrangige[118] – VO 1107/70 über Beihilfen im Eisenbahn-, Straßen- und Binnenschiffverkehr bezog sich auf verkehrsspezifische Beihilfen und erklärte insoweit die Art. 107 ff. AEUV für anwendbar.[119] Für Beihilfen zur Verkehrskoordinierung oder zur Abgeltung gemeinwirtschaftlicher Leistungen iSv. Art. 93 AEUV enthielt Art. 3 VO 1107/70 einen Numerus Clausus mit der Folge, dass die Genehmigung solcher Beihilfen nicht mehr direkt auf Art. 93 AEUV gestützt werden, sondern nur nach Art. 3 VO 1107/70 bzw. Art. 107 Abs. 2, Abs. 3 AEUV erfolgen konnte.[120]

Art. 3 Nr. 1 VO 1107/70 sah eine Genehmigung folgender Koordinierungsbeihilfen vor: **515** Beihilfen an Eisenbahnen zum Ausgleich bestimmter Mehrbelastungen; an alle Landverkehrsunternehmen wegen der Anlastung von Wegekosten[121] oder für Forschungs- und Entwicklungsmaßnahmen oder zur Beseitigung von Überkapazitäten.[122] Art. 3 Nr. 2 VO 1107/70 ermöglichte die Gewährung von Beihilfen zur Abgeltung gemeinwirtschaftlicher Dienstleistungen, insbesondere zur Abgeltung von Tarifpflichten oder in von der Anwendung der VO 1191/69 ausgenommenen Verkehren.[123]

Die nach Art. 3 VO 1107/70 gewährten Beihilfen unterlagen grundsätzlich der Notifizie- **516** rungspflicht nach Art. 108 Abs. 3 AEUV.[124]

cc) VO 1370/2007. Die VO 1370/2007 über öffentliche Personenverkehrsdienste auf **517** Schiene und Straße regelt zum einen Vergabe und Inhalt öffentlicher Dienstleistungsaufträge, zum anderen die Bedingungen, unter denen Ausgleichsleistungen[125] für Sonderlasten, die mit der Erfüllung gemeinwirtschaftlicher Verpflichtungen verbunden sind, gewährt werden dürfen.

---

führt nach der Rechtsprechung des BGH zur Nichtigkeit des Verkehrsvertrags gem. § 134 BGB, vgl. BGH EuZW 2003, 444, 445; BGH EuZW 2004, 254, 255.

[115] VG Gelsenkirchen, Urteil vom 19. 12. 2008 – 14 K 2147/07 (juris), RdNr. 180 ff.; so auch *Hellriegel/Schmitt*, IR 2009, 259, 262 f.; *Lübbig*, DVBl. 2009, 469, 472; *Otting/Soltész/Melcher* EuZW 2009, 444, 444 ff.

[116] Vgl. *Winnes/Schwarz/Mietzsch* EuR 2009, 290, 294 f.

[117] Vgl. Art. 10 Abs. 2 der VO 1370/2007.

[118] Vgl. dazu *Frohnmeyer/Mückenhausen/Nemitz*, VO 1107/70, RdNr. 44.

[119] Vgl. Art. 1, 2 der VO 1107/70.

[120] Arg. „nur in folgenden Fällen und unter nachstehenden Voraussetzungen", Art. 3 S. 1 der VO 1107/70; vgl. dazu auch EuGH, C-280/00, Slg. 2003, I-7747, RdNr. 107 – Altmark; *Frohnmeyer/Mückenhausen/Nemitz* RdNr. 16 ff., 25 ff. mwN.

[121] Vgl. dazu und zu den in der Entscheidungspraxis der Kommission entwickelten, ungeschriebenen Genehmigungsvoraussetzungen etwa Kom., Staatliche Beihilfe N 574/2006, RdNr. 39 ff. – italienische Beihilfen zur Errichtung einer Frachtautobahn.

[122] Befristete Genehmigungsmöglichkeiten für Koordinierungsbeihilfen im kombinierten Verkehr und in der Binnenschifffahrt nach Art. 3 Nr. 1 lit. e, f VO 1107/70 liefen 1997 bzw. 1999 aus; zur Genehmigungspraxis der Kommission nach Art. 3 Nr. 1 VO 1107/70 vgl. *Frohnmeyer/Mückenhausen/Nemitz* RdNr. 54 ff. mwN.

[123] Vgl. *Frohnmeyer/Mückenhausen/Nemitz* RdNr. 75 ff.

[124] Vgl. Art. 5 der VO 1107/70.

[125] In Art. 2 lit. g VO 1370/2007 weit definiert als jeder Vorteil, der (mittelbar) von einer zuständigen Behörde aus öffentlichen Mitteln in Verbindung mit der Erfüllung einer gemeinwirtschaftlichen Verpflichtung gewährt wird.

518   Anders als noch VO 1191/69 macht VO 1370/2007 in Bezug auf die Vereinbarkeit von Ausgleichszahlungen mit dem Binnenmarkt einen Rückgriff auf die allgemeinen Grundsätze des Unionsrechts nunmehr entbehrlich, da sie diese Fragen ausdrücklich regelt. Sie schafft damit in gewissem Rahmen Rechtssicherheit.

519   α) **Erfasste Verkehre.** Der sachliche Anwendungsbereich der VO 1370/2007 ist erheblich enger als derjenige der von ihr aufgehobenen Verordnungen 1191/69 und 1107/70. Die VO 1370/2007 gilt nur für den innerstaatlichen und grenzüberschreitenden Personenverkehr auf Schiene und Straße.[126] Erfasst wird damit der gesamte Bereich des öffentlichen Personenverkehrs (insbesondere der ÖPNV).[127]

520   Verkehrsdienste, die hauptsächlich aufgrund ihres historischen Interesses oder zu touristischen Zwecken betrieben werden, und öffentliche Baukonzessionen sind vom Anwendungsbereich der VO 1370/2007 ausgenommen (Art. 1 Abs. 2 S. 1 und Abs. 3).

521   Ausgenommen ist ferner der gesamte Güterverkehr[128] (insoweit gilt VO 1191/69 – ungeachtet ihrer Aufhebung – noch bis zum 3. 12. 2012)[129] sowie die Binnenschifffahrt. Den Mitgliedstaaten steht es allerdings frei, die VO 1370/2007 auch auf den Binnenschiffspersonenverkehr anzuwenden;[130] soweit sie dies nicht tun und im Hinblick auf den Gütertransport per Binnenschiff bleibt es bei der Anwendung der allgemeinen Grundsätze des AEUV.[131]

522   β) **Vergabe öffentlicher Dienstleistungsaufträge.** Öffentliche Dienstleistungsaufträge, mit denen Betreiber von Öffentlichen Personenverkehrsdiensten mit Verwaltung und Erbringung solcher ÖPV betraut werden, die gemeinwirtschaftlichen Verpflichtungen unterliegen, sind grundsätzlich nach der VO 1370/2007 zu vergeben. Nur ÖPV-Dienste mit Bussen und Straßenbahnen werden, soweit es sich nicht um Dienstleistungskonzessionen handelt, nach den Vergabe-Richtlinien[132] vergeben;[133] handelt es sich dagegen um Dienstleistungskonzessionen, erfolgt die Vergabe wiederum nach VO 1370/2007.[134]

523   Soweit danach VO 1370/2007 auf die Vergabe öffentlicher Dienstleistungsaufträge anwendbar ist, werden die Aufträge grundsätzlich in einem vergabeähnlichen wettbewerblichen Verfahren vergeben, das offen, fair, transparent und nicht-diskriminierend sein muss.[135] Allerdings darf die öffentliche Hand die Verkehrsdienste auch selbst erbringen oder direkt an von ihr kontrollierte Einheiten vergeben („In-house-Vergabe").[136] Eine Direktvergabe an Dritte kommt nur dann in Betracht, wenn es um „de minimis"-Aufträge (Volumen unter € 1 Mio. oder 300 000 km),[137] Notmaßnahmen oder – praktisch besonders relevant – Dienstleistungsaufträge im Eisenbahnverkehr (unter Ausschluss anderer schienengestützter Verkehrsträger) geht.[138]

---

[126] Vgl. Art. 1 Abs. 2 S. 1 VO 1370/2007.

[127] Diejenigen Ausgleichsleistungen, die nach Art. 3 Abs. 3 VO 1370/2007 durch einen Mitgliedstaat aus dem Anwendungsbereich der VO 1370/2007 ausgenommen worden sind, werden beihilferechtlich nicht nach der VO 1370/2007 beurteilt, sondern, wie Art. 3 Abs. 3 ausdrücklich betont, nach dem primären Beihilferecht. Gleiches gilt für Ausgleichsleistungen im Verkehrssektor, die nach Art. 9 Abs. 2 VO 1370/2007 von der VO von vornherein nicht erfasst werden.

[128] Zu den Güterbeförderungsdiensten s. u. Abschnitt C. III.; die Herausnahme der Güterbeförderung aus der VO 1370/2007 erfolgte, um die schrittweise Einstellung der von der Kommission nicht genehmigten Ausgleichsleistungen im Bereich des Güterverkehrs zu erleichtern, vgl. Erwägungsgrund 36 der VO 1370/2007.

[129] Vgl. Art. 10 Abs. 1 VO 1370/2007.

[130] Vgl. Art. 1 Abs. 2 S. 2 VO 1370/2007.

[131] Vgl. Erwägungsgrund 10 der VO 1370/2007.

[132] Vgl. Richtlinie 2004/17/EG des Europäischen Parlaments und des Rates vom 31. März 2004 zur Koordinierung der Zuschlagserteilung durch Auftraggeber im Bereich der Wasser-, Energie- und Verkehrsversorgung sowie der Postdienste, ABl. 2004 L 134/1, und Richtlinie 2004/18/EG des Europäischen Parlaments und des Rates vom 31. März 2004 über die Koordinierung der Verfahren zur Vergabe öffentlicher Bauaufträge, Lieferaufträge und Dienstleistungsaufträge, ABl. 2004 L 134/114.

[133] Vgl. Art. 5 VO 1370/2007.

[134] Vgl. *Kaufmann/Lübbig/Prieß/Pünder* Art. 5 RdNr. 1; zum Verhältnis der allgemeinen Vergaberegeln zu denjenigen nach VO 1370/2007 vgl. ausführlich *Heiß* VerwArch 100 (2009), 113; *Saxinger* DVBl. 2008, 688, 695 f.

[135] Vgl. Art. 5 Abs. 3 VO 1370/2007.

[136] Vgl. dazu *Ziekow* NVwZ 2009, 865.

[137] Vgl. Art. 5 Abs. 4 VO 1370/2007 mit einer Verdoppelung dieser Schwellen für KMU mit höchstens 23 Fahrzeugen.

[138] Vgl. Art. 5 Abs. 5, Abs. 6 VO 1370/2007.

Ab 3. 12. 2019 muss die Vergabe von Aufträgen für den öffentlichen Verkehr auf Schiene 524
und Straße den og. Grundsätzen des Art. 5 VO 1370/2007 entsprechen.[139] Für längerfristige
Altverträge gelten gestufte Übergangsregelungen.[140]

γ) Ausgleichsleistungen. Nach Art. 3 Abs. 1 der VO 1370/2007 dürfen Ausgleichsleistun- 525
gen für die Erfüllung gemeinwirtschaftlicher Verpflichtungen im ÖPV grundsätzlich nur im
Rahmen eines Dienstleistungsauftrags gewährt werden. Dieser muss klar umrissen sein und eine
Überkompensierung ausschließen (Art. 4 Abs. 1).

Bei der Bemessung der Kompensation unterscheidet die Verordnung danach, wie die ge- 526
meinwirtschaftliche Verpflichtung, für die ein Ausgleich gewährt werden soll, zustande gekommen ist:

(i) Bei Durchführung eines Vergabeverfahrens nach allgemeinem Vergaberecht (Art. 5 Abs. 1
   S. 2, 3) oder im Rahmen eines wettbewerblichen Verfahrens (Art. 5 Abs. 3) geht die VO
   1370/2007 davon aus, dass das Verfahren sicherstellt, dass eine der Höhe nach angemessene
   Ausgleichsleistung zustande kommt. Unabhängig gilt auch insoweit ausdrücklich, dass die
   aufgrund eines solchen Verfahrens geschlossenen Verträge die Parameter für die Kompen-
   sationsberechnung nennen und eine beihilferechtlich unzulässige Überkompensierung
   vermeiden müssen (Art. 6 Abs. 1 S. 1, Art. 4 Abs. 1 lit. b) i) S. 1).

(ii) Soweit gemeinwirtschaftliche Verpflichtungen in Form von Höchsttarifen durch allgemeine Vorschriften festgesetzt werden, unterliegt die Gewährung einer Ausgleichsleistung den
   Grundsätzen der Art. 4, 6 und des Anhangs der Verordnung sowie dem Verbot übermäßi-
   ger Kompensation (Art. 3 Abs. 2, Art. 6 Abs. 1 S. 2). Bei bestimmten Personengruppen
   (Schüler, Behinderte, ua.) können die Mitgliedstaaten freilich entscheiden, in allgemeinen
   Vorschriften festgesetzte Kompensationen aus dem Anwendungsbereich der VO 1370/
   2007 herauszunehmen; sie unterliegen dann allerdings der Notifizierungspflicht nach
   Art. 108 Abs. 3 AEUV (Art. 3 Abs. 3 VO 1370/2007).

(iii) Bei nach Art. 5 Abs. 2 und Abs. 4 bis 6 direkt vergebenen öffentlichen Dienstleistungsaufträgen sind für die Berechnung der Höhe der Ausgleichsleistung ebenfalls Art. 4 Abs. 1 lit.
   b S. 2 und Art. 6 Abs. 1 S. 2 iVm. dem Anhang der VO 1370/2007 zu beachten. Danach
   dürfen die Ausgleichsleistungen den Betrag nicht übersteigen, der dem finanziellen Nettoeffekt der Summe aller (positiven oder negativen) Auswirkungen der Erfüllung der gemeinwirtschaftlichen Verpflichtung auf die Kosten und Einnahmen des Betreibers eines öffentlichen Dienstes entspricht, wobei ein angemessener Gewinn zu berücksichtigen ist.[141]
   Durch diese weitergehende Bestimmungen soll verhindert werden, dass dem Betreiber, der
   die Ausgleichszahlung ohne Durchführung eines wettbewerblichen Vergabeverfahrens erhält, eine der Höhe nach übermäßige Ausgleichszahlung gewährt wird.[142]

(iv) Die nach den Vorgaben der VO 1370/2007 gewährten Ausgleichsleistungen gelten als mit
   dem Binnenmarkt vereinbar und unterliegen nicht mehr der Notifizierungspflicht nach
   Art. 108 Abs. 3 AEUV (Art. 9 Abs. 1 VO 1370/2007). Zwar spricht die deutsche Fassung
   des Art. 9 Abs. 1 VO 1370/2007 davon, dass eine Ausgleichsleistung mit dem Gemeinsamen Markt vereinbar sein „muss" und legt damit eine über die Voraussetzungen der Verordnung hinausgehende Prüfungspflicht nahe. Der Wortlaut ist jedoch missverständlich,
   wie sich aus einem Vergleich mit anderen Sprachfassungen ergibt: Aus diesen Sprachfassungen[143] und dem Zweck einer jeden beihilferechtlichen Gruppenfreistellungsverordnung,
   Rechtsklarheit zu schaffen,[144] wird deutlich, dass Ausgleichsleistungen, die mit der Verordnung in Einklang stehen, stets mit dem Gemeinsamen Markt vereinbar sind. Besonders im
   Hinblick auf die Durchführung von Ausschreibungsverfahren dürfte damit größere Rechtssicherheit als nach allgemeinen beihilferechtlichen Grundsätzen bestehen. Denn nach der
   allgemeinen beihilferechtlichen Entscheidungspraxis der Kommission bietet ein ordnungsgemäß durchgeführtes Vergabeverfahren zwar im Regelfall die Gewähr dafür, dass eine

---

[139] Zum Zusammenhang zwischen Vergabeverfahren und Beihilferecht im ÖPNV vgl. *Berschin/Fehling*,
EuZW 2007, 263 ff.; *Gommlich/Wittig/Schimanek* NZBau 2006, 473 ff.

[140] Vgl. Art. 8 Abs. 2, Abs. 3 VO 1370/2007.

[141] Vgl. im Einzelnen hierzu *Kaufmann/Lübbig/Prieß/Pünder* VO 1370/2007, Anhang; *Deuster* IR 2009,
346, 349 ff.; *Heiß* VerwArch 100 (2009), 113, 126 ff.

[142] *Kaufmann/Lübbig/Prieß/Pünder* VO 1370/2007, Anhang RdNr. 1; vgl. auch Erwägungsgrund 28.

[143] Französisch: „est compatible"; Italienisch: „sono compatibili"; Spanisch: „serán compatibles"; Englisch: „shall be compatible"; vgl. auch *Kaufmann/Lübbig/Prieß/Pünder/Lübbig* VO (EG) 1370/2007, Art. 9
RdNr. 4.

[144] *Deuster* IR 2009, 346, 347.

Überkompensation nicht stattfindet; jedoch sei im Einzelfall eine Überkompensierung nicht auszuschließen.[145] Nunmehr steht aufgrund von Art. 9 Abs. 1 im Anwendungsbereich der VO 1370/2007 fest, dass bei Durchführung eines ordnungsgemäßen Ausschreibungsverfahrens, welches die Vorschriften der Verordnung beachtet, die unwiderlegliche Vermutung besteht, dass eine Überkompensierung nicht stattgefunden hat.

Eine ausdrückliche Festlegung, ob Zahlungen, welche die Voraussetzungen der VO 1370/2007 erfüllen, tatbestandsmäßige Beihilfen darstellen, findet sich in der VO nicht. Indem Art. 9 Abs. 1 S. 1 allerdings der Verordnung gemäße Ausgleichsleistungen als mit dem Gemeinsamen Markt *vereinbar* erklärt, scheint sich der europäische Gesetzgeber für eine Rechtfertigungslösung entschieden zu haben (vgl. Art. 93 und 107 Abs. 2 und 3 AEUV).[146] Zwingend ist diese Schlussfolgerung jedoch nicht. Da die Ausgleichsleistungen nach der VO 1370/2007, die in ihrem beihilferechtlichen Teil im Wesentlichen die Rechtsprechung des EuGH in der Rs. Altmark Trans übernimmt, nur die gemeinwirtschaftlich bedingten Verluste kompensieren dürfen, sprechen gute Gründe dafür, bereits den Tatbestand einer Beihilfe zu verneinen.[147] Aufgrund der Befreiung von der Notifizierungspflicht (Art. 9 Abs. 1 S. 2) kommt dieser Frage jedoch keine praktische Bedeutung zu.

(v) Soweit die Verordnung zwingend auf den Anhang der Verordnung verweist, stellt die Einhaltung der dort genannten Bemessungskriterien einen Beweis dafür dar, dass eine Überkompensation vermieden wurde.[148]

527 Andererseits sichert die Einhaltung der im Anhang vorgegebenen Kriterien auch die zivilrechtliche Wirksamkeit des Dienstleistungsauftrags. Da (nur) diejenigen Ausgleichszahlungen, die dem Anhang der Verordnung entsprechen, gemäß Art. 9 Abs. 1 VO 1370/2007 von der Notifizierungspflicht nach Art. 108 Abs. 3 AEUV befreit sind, führt die Nichteinhaltung des Anhangs bei direkt vergebenen Dienstleistungsaufträgen – nach der einschlägigen Rechtsprechung des BGH zu § 134 BGB iVm. Art. 108 Abs. 3 AEUV – zur Nichtigkeit des Auftrags.[149]

528 **δ) Inkrafttreten.** Die Bestimmungen der Verordnung sind am 3. 12. 2009 in Kraft getreten (Art. 12 VO 1370/2007). Allerdings enthält Art. 8 Übergangsregelungen für die Vergabe öffentlicher Dienstleistungsaufträge.[150] Die Vergabe muss erst ab 3. 12. 2019 im Einklang mit Art. 5 VO 1370/2007 stehen; die übrigen Regelungen der Verordnung und damit auch der beihilfenrechtliche Teil der Verordnung, also die Vorschriften aus Art. 4 und des Anhangs für die Berechnung der Ausgleichsleistungen, gelten dagegen für alle in den Anwendungsbereich der VO 1370/2007 fallenden Verkehre unmittelbar mit Inkrafttreten am 3. 12. 2009.[151] Ob die beihilfenrechtlichen Bestimmungen der Verordnung ab diesem Zeitpunkt auch für Altverträge gelten, ist umstritten.[152] Da die Vorgaben des EuGH in der Rs. Altmark Trans im Wesentlichen deckungsgleich mit den beihilferechtlichen Vorgaben der VO sind, kommt diesem Streit jedoch kaum praktische Bedeutung zu.[153]

529 **ε) Abschließender Charakter.** Nicht endgültig geklärt, aber von praktisch geringer Relevanz ist die Frage, ob die VO 1370/2007 Ausgleichszahlungen im Bereich der öffentlichen Per-

---

[145] Vgl. Kom., Staatliche Beihilfe N 562/2005, RdNr. 54 ff. – Landkreis Wittenberg I.

[146] Darauf deuten auch die Erwägungsgründe 33 f. der VO 1370/2007 hin, wonach nur die Erfüllung der Altmark-Bedingungen die Anwendbarkeit des Art. 107 Abs. 1 AEUV vermeidet; vgl. auch *Kaufmann/Lübbig/Prieß/Pünder/Lübbig* VO (EG) 1370/2007, Art. 9 RdNr. 5. Der Kommissionsvorschlag vom 20. 7. 2005 (Kom., geänderter Vorschlag vom 20. 7. 2005, KOM (2005) 319 endgültig) brachte dies noch deutlicher zum Ausdruck, indem er vorsah, dass eine Ausgleichsleistung, die eine staatliche Beihilfe im Sinne von Art. 87 Abs. 1 EG darstellt, nur dann mit dem Gemeinsamen Markt vereinbar ist, wenn sie in Übereinstimmung mit der Verordnung gewährt wird.

[147] So bereits für die Vorgänger-VO 1191/69 *Calliess/Ruffert/Jung* Art. 73 EG RdNr. 4.

[148] Vgl. Erwägungsgrund 28 der VO 1370/2007.

[149] Vgl. *Kaufmann/Lübbig/Prieß/Pünder/Lübbig* Anhang RdNr. 2; *Greb/Kaelble*, WuW 2006, 1011; zur BGH-Rechtsprechung vgl. BGH EuZW 2003, 444; BGH EuZW 2004, 252; BGH NVwZ 2007, 973; BGH NJW-RR 2008, 429; zur beihilferechtlichen Nichtigkeit von Schülerbeförderungsverträgen vgl. *Zeiss* BayVBl. 2007, 198, 201 ff.

[150] Vgl. hierzu *Saxinger* EuZW 2009, 449.

[151] Vgl. *Winnes/Schwarz/Mietzsch* EUR 2009, 290, 294; *Kaufmann/Lübbig/Prieß/Pünder* VO (EG) 1370/2007, Art. 8 RdNr. 2.

[152] Vgl. *Winnes/Schwarz/Mietzsch* EUR 2009, 290, 294 f.; bejahend *Nettesheim* NVwZ 2009, 1449, 1454; jedenfalls die Kommission hat sich in ihrer jüngsten Entscheidung zu Ausgleichszahlungen im Schienenpersonenverkehr auf die VO 1370/2007 gestützt, vgl. Kom., Entscheidung vom 24. 2. 2010, Verfahren C 41/08 (ex NN 35/2008) – Danske Statsbaner.

[153] Vgl. *Winnes/Schwarz/Mietzsch* EUR 2009, 290, 294 f.

sonenverkehrsdienste **abschließend** regelt, oder ob daneben eine Prüfung der Beihilfenqualität der Ausgleichszahlungen stattfindet sowie eine „ersatzweise" Rechtfertigung von gegen die VO verstoßende Ausgleichszahlungen gemäß Art. 93, 106 Abs. 2 oder 107 Abs. 2 und 3 AEUV in Betracht kommt.[154]

Nach der Rechtsprechung des EuGH waren Ausgleichsleistungen im Anwendungsbereich   **530** der Vorgängerverordnung 1191/69 nur an dieser und nicht anhand der Vertragsbestimmungen über staatliche Beihilfen zu prüfen.[155] Die Entscheidungen betrafen zwar lediglich die Anwendbarkeit von Art. 107 Abs. 1 und Art. 93 AEUV, doch die Wortwahl des EuGH schloss auch Art. 106 Abs. 2 und Art. 107 Abs. 2 und 3 AEUV ein. Gegen diese Rechtsprechung wurden von Seiten der Literatur Bedenken geäußert, da sekundäres Unionsrecht den Anwendungsbereich des AEUV weder bindend beschränken noch verändern könne.[156] Jedenfalls die Nichtanwendbarkeit der Art. 106 Abs. 2 und 107 Abs. 2 und 3 AEUV kann allerdings damit begründet werden, dass Art. 93 AEUV eine *lex specialis* zu Art. 106 Abs. 2, 107 Abs. 2 und 3 AEUV im Bereich der Ausgleichsleistungen im Landverkehr darstellt.[157]

Letztlich dürfte die Frage des abschließenden Charakters der VO 1370/2007 kaum jemals   **531** praxisrelevant werden. Da Art. 9 Abs. 1 S. 2 der VO Ausgleichsleistungen, die im Einklang mit der VO gewährt werden, von der Anmeldepflicht befreit, kommt der Prüfung, ob nach den Altmark-Kriterien eine tatbestandliche Beihilfe iSd. Art. 107 Abs. 1 AEUV vorliegt, kein Mehrwert zu, da die VO weniger strenge Anforderungen insbesondere in Bezug auf das vierte Altmark-Kriterium aufstellt.[158] Eine „ersatzweise" Rechtfertigung nach Art. 93, 106 Abs. 2, 107 Abs. 2 und 3 AEUV dürfte schon deshalb unwahrscheinlich sein, weil Ausgleichszahlungen, die die Voraussetzungen der VO 1370/2007 nicht erfüllen, kaum gemäß Art. 93, 106 Abs. 2, 107 Abs. 2 und 3 AEUV und den dafür geltenden Durchführungsvorschriften mit dem Binnenmarkt vereinbar sein können.[159]

Außerhalb des Anwendungsbereichs der VO 1370/2007 wird den Mitgliedstaaten im Zuge   **532** der Aufhebung der VO 1191/70 und der VO 1107/70 durch Art. 10 VO 1370/2007 allerdings wieder die allgemeine Möglichkeit zur Gewährung von Beihilfen gemäß Art. 93 AEUV ermöglicht.[160] Nach der Rechtsprechung der Unionsgerichte konnte vor Inkrafttreten der VO 1370/2007 Art. 93 AEUV außerhalb der im abgeleiteten Unionsrecht (VO 1191/69 und VO 1107/70) genannten Fälle nicht unmittelbar als Grundlage für die Rechtfertigung einer Beihilfe herangezogen werden.[161] Erhalten Unternehmen im öffentlichen Personenverkehr daher staatliche Beihilfen, die keine Ausgleichsleistungen im Sinne der VO 1370/2007 darstellen (zB im Rahmen der Behebung nicht speziell sektorieller Defizite), ist eine Rechtfertigung dieser Beihilfen nicht nur unter Rückgriff auf Art. 107 Abs. 3 AEUV[162] sondern auch unter Rückgriff auf

---

[154] Vgl. *Heiß* VerwArch 100 (2009), 113, 129; *Otting/Soltész/Melcher* EuZW 2009, 444, 449; *Winnes/Schwarz/Mietzsch* EUR 2009, 290, 291 f.; zur Vorgängerverordnung 1191/69 *Albrecht/Gabriel* DÖV 2007, 907, 909; *Calliess/Ruffert/Jung* Art. 73 EG RdNr. 4.

[155] EuGH, C-280/00, Slg. 2003, I-7747, RdNr. 37, 66 – Altmark Trans; EuGH, C-504/07, Slg. 2009, I-3867, RdNr. 28 – Antrop; dazu *Metz* IR 2009, 199 ff.; *Fiedler/Wachinger* N&R 2009, 173, 174 f.

[156] Vgl. *Calliess/Ruffert/Jung* Art. 73 EG RdNr. 12; *Grabitz/Hilf/Boeing* Art. 73 EG RdNr. 8.

[157] So für Art. 106 Abs. 2 AEUV ausdrücklich Erwägungsgrund 3 zu VO 1370/2007; Erwägungsgrund 17 f. der zur Konkretisierung von Art. 106 Abs. 2 dienenden Gruppenfreistellungsentscheidung 2005/842/EG; Kom., ABl. 2007 C 74/18, Staatliche Beihilfe C 58/06 (ex NN 98/2005), RdNr. 119 – Stadt Monheim; Kom., ABl. 2008 C 35/13, Staatliche Beihilfe C 47/07 (ex NN 22/2005), RdNr. 151 – DB Regio; für Art. 107 Abs. 2 und 3 AEUV Kom., Staatliche Beihilfe NN 53/2006, RdNr. 89 – Kompensationen Busbetreiber Malta; für Art. 106 Abs. 2, 107 Abs. 2 und 3 AEUV Kom., N 332/2008, RdNr. 42 – Kompensationen dänische Fernbusbetreiber; Kom., ABl. 2009 L 97/14, RdNr. 90 – südmährische Busunternehmen; Kom., Staatliche Beihilfe N 350/2007, RdNr. 41 – tschechische Buserwerbe.

[158] Unter der Vorgängerverordnung 1191/69 prüfte die Kommission trotzdem auch im Anwendungsbereich der Verordnung zuvor regelmäßig, ob nach den Altmark-Kriterien eine tatbestandliche Beihilfe vorlag (vgl. nur Kom., ABl. 2009 L 306/26 – Postbus Lienz; siehe hierzu auch *Otting/Soltész/Melcher* EuZW 2009, 444.

[159] Vgl. (allerdings ohne Bezug auf die damals noch nicht existierende VO 1370/2007) *Sinnaeve* EStAL 2003, 351, 359.

[160] Erwägungsgrund 37 VO 1370/2007.

[161] Vgl. EuGH, C-280/00, Slg. 2003, I-7747, RdNr. 37, 66, 107 – Altmark Trans; EuG, T-157/01, Slg. 2004, II-917, RdNr. 100, 114 – Danske Busvognmaend; vgl. *Calliess/Ruffert/Jung* Art. 73 EG RdNr. 1. In Art. 3 der alten VO 1107/70 hatten die Mitgliedstaaten eine erschöpfende Liste der Beihilfen aufgestellt, die sie nach Art. 93 AEUV erlassen wollten, und festgelegt, sich auf diese sowie jene gemäß VO 1191/69 zu beschränken.

[162] Vgl. noch zur alten Rechtslage Kom., ABl. 2008 C 174/13, Staatliche Beihilfe C 54/07 (ex NN 55/2007), RdNr. 131 – Emsländische Eisenbahnen; vgl. auch EuG, Rs. T-157/01, Slg. 2004, II-917,

Art. 93 AEUV möglich. An Erlaubnistatbeständen jenseits der VO nennt Art. 9 Abs. 2 lit. a und lit. b VO 1370/2007 beispielhaft Beihilfen für die Entwicklung neuer Technologien sowie für einseitig von den Empfängern zu tragende Infrastrukturkosten.[163]

533 **4. Beihilfen außerhalb des öffentlichen Personenverkehrs.** Außerhalb des Anwendungsbereichs der VO 1370/2007, also jenseits von Kompensationen für die Erbringung gemeinwirtschaftlicher ÖPV-Leistungen, sind staatliche Unterstützungsmaßnahmen im Straßenverkehrssektor nach allgemeinen beihilferechtlichen Maßstäben zu beurteilen. Insbesondere können staatliche Beihilfen neben Art. 93 AEUV auch auf Grundlage von Art. 106 Abs. 2 und 107 Abs. 2 (insbesondere im Hinblick auf soziale Verbraucherbeihilfen)[164] und Abs. 3 AEUV mit dem Binnenmarkt vereinbar sein.[165]

534 **a) Straßenverkehrsinfrastruktur.** In der Entscheidungspraxis der Kommission spielen insbesondere staatliche Maßnahmen im Rahmen der Errichtung und des Betriebs von **Straßeninfrastruktur** eine Rolle. Nach Auffassung der Kommission stellt die Errichtung bzw. Finanzierung einer Verkehrsinfrastruktur durch die öffentliche Hand selbst keine wirtschaftliche Tätigkeit im Sinne des Art. 107 Abs. 1 AEUV dar, wenn die Verkehrsinfrastruktur allen potentiellen Nutzern auf gleicher und diskriminierungsfreier Basis zugänglich ist.[166] Sofern eine Verkehrsinfrastruktur dagegen durch ein privates Unternehmen (zB im Rahmen einer Public-Private-Partnership oder einer staatlichen Konzession) errichtet oder betrieben wird, liegt eine wirtschaftliche Tätigkeit im Sinne des Art. 107 Abs. 1 AEUV vor, so dass die Vorschriften über staatliche Beihilfen anwendbar sind.[167]

535 Falls die Errichtung und der Betrieb der Verkehrsinfrastruktur im gemeinwirtschaftlichen Interesse liegen,[168] ist in einem ersten Schritt zu prüfen, ob die staatlichen (Ausgleichs-)Zahlungen die vier Voraussetzungen, die der EuGH in der Rs. Altmark aufgestellt hat, erfüllen. Sind diese Voraussetzungen erfüllt, stellt der Ausgleich keine staatliche Beihilfe dar, so dass Art. 107 und 108 AEUV nicht anwendbar sind. Sind diese Voraussetzungen nicht gegeben und ist der Tatbestand des Art. 107 Abs. 1 AEUV erfüllt, dann stellt der Ausgleich eine staatliche Beihilfe dar.

536 Staatliche Ausgleichszahlungen für die Erfüllung gemeinwirtschaftlicher Verpflichtungen, welche die Altmark-Kriterien nicht erfüllen, können jedoch nach **Art. 106 Abs. 2 AEUV** gerechtfertigt sein.[169] Die Befürchtung von Generalanwalt Léger in seinen Schlussanträgen in der Rs. Altmark, dass Art. 106 Abs. 2 AEUV seiner Anwendbarkeit im Bereich der staatlichen

---

RdNr. 86, 100 ff. – Danske Busvognmænd. In der dem Urteil zugrunde liegenden Entscheidung hatte die Kommission eine Kapitalzuführung, die der dänische Staat der Combus A/S im Zuge ihrer Restrukturierung gewährt hatte, als mit dem Gemeinsamen Markt vereinbar befunden, da sie entweder gemäß Art. 73 EG oder Art. 87 Abs. 3 lit. c EG iVm. den Gemeinschaftsleitlinien für Staatliche Beihilfen zur Rettung und Umstrukturierung von Unternehmen in Schwierigkeiten gerechtfertigt sei. Das EuG hat die Entscheidung aufgehoben, da sich die Mitgliedstaaten nach dem Urteil des EuGH in der Rs. Altmark Trans außerhalb der im abgeleiteten Gemeinschaftsrecht genannten Fälle nicht unmittelbar auf Art. 73 EG berufen könnten (RdNr. 100) und die Ausführungen der Kommission zur Rechtfertigung nach Art. 87 Abs. 3 lit. c EG ungewiss und mehrdeutig seien, womit es an einer unbedingten Genehmigung nach dieser Vorschrift fehle (RdNr. 111 ff.). In dem neu eröffneten Verfahren hat die Kommission eine Rechtfertigung nach Art. 87 Abs. 3 lit. c EG abgelehnt, da sie die Voraussetzungen der Gemeinschaftsleitlinien nicht als erfüllt ansah (Kom., ABl. 2009 L 345/28, – Restrukturierung Combus). Vgl. auch *Calliess/Ruffert/Jung* Art. 73 EG RdNr. 6, 12.

[163] *Heiß* VerwArch 100 (2009), 113, 129 f.

[164] Vgl. Kom., Staatliche Beihilfe N 332/2008, RdNr. 54 – Dänische Fernbusse.

[165] Vgl. EuGH, Rs. 156/77, Slg. 1978, 1881, RdNr. 9/13 – Kommission/Belgien; *Calliess/Ruffert/Jung* Art. 73 EG RdNr. 6.

[166] Kom., Staatliche Beihilfe N 149/2006, RdNr. 31 – M3 Clonee; Kom., Staatliche Beihilfe N 355/2004, RdNr. 34 – PPP Tunnel Antwerpen; Kom., Staatliche Beihilfe N 550/2001, RdNr. 24 – belgische PPP Umschlagsanlagen.

[167] Kom., Staatliche Beihilfe Verfahren N 149/2006, RdNr. 32 ff. – M3 Clonee; Kom., Staatliche Beihilfe N 264/2002, RdNr. 73 ff. – London Underground PPP; Kom., Staatliche Beihilfe N 362/2009, RdNr. 25 ff. – französische Autobahnkonzessionen; Kom., Staatliche Beihilfe N 562/2005, RdNr. 62 ff. – SITMB.

[168] Im Straßenverkehrssektor hat die Kommission dies seit der Altmark-Entscheidung bei Errichtung und Betrieb der französischen Autobahnen und dem Mont-Blanc- sowie Maurice-Lemaire-Tunnel angenommen (vgl. Kom., Staatliche Beihilfe N 362/2009 – französische Autobahnkonzessionen; Kom., Staatliche Beihilfe N 562/2005 – SITMB; Kom., Staatliche Beihilfe N 420/2005 – ATMB; Kom., Staatliche Beihilfe N 540/2000 – französische Autobahnen).

[169] Vgl. Kom., Staatliche Beihilfe N 540/2000, RdNr. 20 ff. – Reform der Nutzung der französischen Autobahnkonzessionen.

Beihilfen beraubt würde, wenn staatliche Ausgleichszahlungen aufgrund von Überkompensation als Beihilfen zu qualifizieren seien, da eine über das erforderliche Maß hinausgehende Ausgleichszahlung nicht als notwendig im Sinne des Art. 106 Abs. 2 AEUV betrachtet werden könne, hat sich nicht bewahrheitet. Denn Art. 107 Abs. 1 AEUV und Art. 106 Abs. 2 AEUV haben eigenständige Tatbestandsvoraussetzungen und unterschiedliche Zielrichtungen.[170] Der EuGH hat sich bei der Aufstellung seiner Altmark-Kriterien zwar ersichtlich an Art. 106 Abs. 2 AEUV orientiert[171] und auch das EuG hat jüngst festgestellt, dass sich die Bedeutung der Altmark-Kriterien weitgehend mit derjenigen der Kriterien des Art. 106 Abs. 2 AEUV deckt;[172] insbesondere der Begriff der gemeinwirtschaftlichen Verpflichtungen iSd. ersten Altmark-Kriteriums entspreche dem der Dienstleistungen von allgemeinem wirtschaftlichem Interesse iSd. Art. 106 Abs. 2 AEUV[173] und das dritte Altmark-Kriterium stimme weitgehend mit dem Kriterium der Verhältnismäßigkeit überein, wie es die Unionsgerichte bei der Anwendung des Art. 106 Abs. 2 AEUV heranziehen.[174] Das zweite und vierte Altmark-Kriterium finden in der vom EuGH aufgestellten Schärfe jedoch keine unmittelbare Entsprechung in Art. 106 Abs. 2 AEUV.[175] Demgemäß hat die Kommission im Anschluss an das Altmark-Urteil des EuGH in ersten Entscheidungen staatliche Beihilfen nach Art. 106 Abs. 2 AEUV genehmigt, obwohl nicht alle Altmark-Kriterien erfüllt waren.[176]

Diese Auffassung hat sich die Kommission nun auch in ihrer sektorübergreifenden Gruppenfreistellungsentscheidung Nr. 2005/842/EG[177] und in ihrem Gemeinschaftsrahmen für staatliche Beihilfen, die als Ausgleich für die Erbringung öffentlicher Dienstleistungen gewährt werden[178] ausdrücklich zu eigen gemacht. Dort stellt sie klar, unter welchen Voraussetzungen Zahlungen an Unternehmen als Ausgleich für die Erbringung öffentlicher Dienstleistungen mit Art. 106 Abs. 2 AEUV vereinbar sind, obwohl sie nach den Altmark-Kriterien staatliche Beihilfen darstellen. Die Freistellungsentscheidung gilt in Bezug auf den Straßenverkehr[179] insbesondere für Ausgleichszahlungen unter 30 Mio. EUR pro Jahr an Begünstigte mit einem Jahresumsatz von weniger als 100 Mio. EUR (Art. 2 Abs. 1 lit. a) und sieht bei Erfüllung der dort genannten Voraussetzungen eine Befreiung von der Notifizierungspflicht vor. Der Gemeinschaftsrahmen gilt für diejenigen Beihilfen, welche nach der Gruppenfreistellungsverordnung nicht automatisch freigestellt sind, sondern weiterhin notifiziert werden müssen.[180] Die Voraussetzungen der Gruppenfreistellungsverordnung und des Gemeinschaftsrahmens entsprechen im Wesentlichen den ersten drei Altmark-Kriterien. Lediglich das vierte Altmark-Kriterium, nach dem die erforderliche Ausgleichshöhe mittels Durchführung eines Vergabeverfahrens oder ex ante anhand einer Vergleichsanalyse mit einem durchschnittlichen, gut geführten Unternehmens ermittelt werden muss, findet keine Entsprechung. Die Gruppenfreistellungsentscheidung und der Ge-

---

[170] Vgl. *Bauer* EuZW 2006, 7, 9; *Sinnaeve* EStAL 2003, 351, 357 ff.; *Bartosch* EuZW 2004, 295, 300; *Koenig* ZUM 2004, 122; s. auch *Jennert* NVwZ 2004, 425, 428 f. (auch zum Streit um die generelle Einordnung des Art. 106 Abs. 2 AEUV); *Kämmerer* NVwZ 2004, 28, 33.

[171] Vgl. bereits *Sinnaeve* EStAL 2003, 351, 357.

[172] EuG, T-289/03, Slg. 2008, II-81, RdNr. 160 – BUPA.

[173] EuG, T-289/03, Slg. 2008, II-81, RdNr. 162 – BUPA.

[174] EuG, T-289/03, Slg. 2008, II-81, RdNr. 224 – BUPA.

[175] Vgl. zum Ganzen *Sinnaeve* EStAL 2003, 351.

[176] Vgl. Kom., Staatliche Beihilfe N 362/2009, RdNr. 32 ff., 45 ff. mwN – Verlängerung der französischen Autobahnkonzessionen; vgl. auch Überblick bei *Mortensen* EStAL 2008, 239; *Bauer* EuZW 2006, 7.

[177] Entscheidung der Kommission vom 28. November 2005 über die Anwendung von Art. 86 Abs. 2 EG-Vertrag auf staatliche Beihilfen, die bestimmten mit der Erbringung von Dienstleistungen von allgemeinem wirtschaftlichem Interesse betrauten Unternehmen als Ausgleich gewährt werden (2005/842/EG), ABl. 2005 L 312/67; vgl. *Frenz* Gemeindehaushalt 2007, 28.

[178] ABl. 2005 C 297/04.

[179] Die Entscheidung nimmt von ihrem Anwendungsbereich lediglich den Straßengüter- und Straßenpersonenverkehr aus (Art. 2 Abs. 2 UAbs. 2 und Erwägungsgrund 17). Von dieser Ausnahme werden insbesondere Maßnahmen im Bereich der Straßenverkehrsinfrastruktur nicht erfasst, vgl. Kom., Staatliche Beihilfe N 562/2005, RdNr. 77 ff. – SITMB; Kom., Staatliche Beihilfe N 362/2009, RdNr. 49 Fn. 18 – französische Autobahnkonzessionen.

[180] Der Gemeinschaftsrahmen soll zwar nach dessen Ziffer 3 nicht im Verkehrssektor gelten; da der Gemeinschaftsrahmen aber auf der Gruppenfreistellungsentscheidung aufbaut (Ziffer 2 des Gemeinschaftsrahmens) und diese unter Bezugnahme auf das Urteil des EuGH in der Rs. Altmark lediglich den Straßengüter- und Straßenpersonenverkehr aus ihrem Anwendungsbereich ausnimmt, ist der Ausschluss des Verkehrssektors im Gemeinschaftsrahmen auch nur in diesem Umfang gerechtfertigt. Die Kommission wendet den Gemeinschaftsrahmen in jedem Fall auf Straßenverkehrsinfrastrukturprojekte an (vgl. Kom., Staatliche Beihilfe N 362/2009, RdNr. 49 – französische Autobahnkonzessionen).

meinschaftsrahmen ermöglichen eine Rechtfertigung nach Art. 106 Abs. 2 AEUV im Ergebnis daher nur für den Fall, dass die ersten drei Altmark-Kriterien erfüllt sind.[181] Die Entscheidungspraxis der Kommission im Bereich von Straßeninfrastrukturprojekten bestätigt dies. Die Kommission hat in drei jüngeren Entscheidungen die Verlängerung einer staatlichen Konzession zum Betreiben einer Verkehrsinfrastruktur als gemäß Art. 106 Abs. 2 AEUV (iVm. der Gruppenfreistellungsentscheidung bzw. dem Gemeinschaftsrahmen) mit dem Gemeinsamen Markt vereinbar angesehen, wobei sie vorher den Tatbestand einer staatlichen Beihilfe aufgrund des fehlenden Vorliegens des vierten Altmark-Kriteriums bejahte.[182]

538   Das EuG hat in einer Entscheidung vom 11. März 2009 nunmehr auch ausdrücklich bestätigt, dass Art. 106 Abs. 2 AEUV neben den Altmark-Kriterien anwendbar bleibt.[183] Das EuG stützt sich im Wesentlichen darauf, dass die vier Altmark-Kriterien einzig und allein die Qualifizierung der fraglichen Maßnahme als staatliche Beihilfe und genauer gesagt die Feststellung eines vorhandenen Vorteils ermöglichen sollen und der EuGH in seiner Entscheidung deutlich zwischen der Frage der Qualifizierung einer Maßnahme als staatliche Beihilfe anhand der Altmark-Kriterien und der Frage ihrer Vereinbarkeit mit dem Binnenmarkt anhand Art. 93 AEUV unterscheide; diese Überlegungen des EuGH zur Anwendung von Art. 93 AEUV seien im vollen Umfang auf die Anwendbarkeit von Art. 106 Abs. 2 AEUV übertragbar.[184]

539   Sofern staatliche Maßnahmen keine Ausgleichsleistungen für die Errichtung und den Betrieb einer im gemeinwirtschaftlichen Interesse liegenden Verkehrsinfrastruktur darstellen,[185] wird der Tatbestand einer staatlichen Beihilfe in der Regel dadurch vermieden werden können, dass ein ordnungsgemäßes Vergabeverfahren durchgeführt wird.[186] Im Übrigen ist eine Rechtfertigung der Beihilfe nach Art. 107 Abs. 3 AEUV möglich.[187] Im Bereich der Straßenverkehrsinfrastruktur hat die Kommission in einer jüngeren Entscheidung die Leitlinien für die Finanzierung von Flughäfen und die Gewährung staatlicher Anlaufbeihilfen für Luftfahrtunternehmen auf Regionalflughäfen[188] herangezogen.[189] Nach deren Ziffer 61 kann eine Infrastrukturbeihilfe insbesondere unter folgenden Voraussetzungen mit dem Binnenmarkt vereinbar sein:
– Der Bau und Betrieb der Infrastruktur dient einem klar definierten Ziel von allgemeinem Interesse (Regionalentwicklung, Zugänglichkeit usw.).
– Die Infrastruktur ist für die Erreichung des beabsichtigten Ziels notwendig und angemessen.
– Die mittelfristigen Perspektiven für die Nutzung der Infrastruktur, insbesondere der bestehenden, sind zufriedenstellend.
– Alle potenziellen Nutzer erhalten einheitlichen und diskriminierungsfreien Zugang zu der Infrastruktur.

---

[181] *Bauer* EuZW 2006, 7, 9. Auch *Sinnaeve* EStAL 2003, 351, 359 weist bereits darauf hin, dass eine Rechtfertigung nach Art. 106 Abs. 2 und Art. 107 Abs. 3 AEUV in der Praxis nicht in Betracht kommen dürfte, sofern die in Frage stehende Maßnahme gegen eines der ersten drei Altmark-Kriterien verstößt.

[182] Kom., Staatliche Beihilfe N 362/2009 – französische Autobahnkonzessionen; Kom., Staatliche Beihilfe N 420/2005 – ATMB; Kom., Staatliche Beihilfe N 562/2005 – SITMB; vgl. aus der Kommissionspraxis vor dem Altmark-Urteil Kom., Staatliche Beihilfe N 540/2000, RdNr. 20 ff. – französische Autobahnen. In einigen Entscheidungen im Rundfunkbereich hat die Kommission dagegen eine Rechtfertigung nach Art. 106 Abs. 2 AEUV auch für den Fall angenommen, dass das zweite Altmark-Kriterium (vorherige transparente Aufstellung der Parameter für den Ausgleich) nicht erfüllt war. Diese Entscheidungen ergingen jedoch vor Inkrafttreten der Gruppenfreistellungsentscheidung und des Gemeinschaftsrahmens und sind nicht ohne weiteres auf andere Sektoren als den Rundfunkbereich zu übertragen (vgl. *Bauer* EuZW 2006, 7, 9).

[183] EuG, T-354/05, Slg. 2009, II-471, RdNr. 130 ff. – TF1.

[184] EuG, aaO.

[185] Eine klare Grenzziehung durch die Kommission fehlt bisher. Die Mitteilung der Kommission zu den Leistungen der Daseinsvorsorge in Europa (ABl. 2001 C 17/4) lässt sich im Bereich der Straßeninfrastruktur nur bedingt heranziehen. Während die Kommission in einigen Fällen ein gemeinwirtschaftliches Interesse iSd. Altmark-Urteils bzw. eine Dienstleistung von allgemeinem wirtschaftlichem Interesse iSd. Art. 106 Abs. 2 AEUV annimmt, geht sie in vergleichbaren anderen Fällen auf diese Punkte überhaupt nicht ein und beurteilt die in Frage stehenden Maßnahmen nach allgemeinen beihilferechtlichen Maßstäben (vgl. Kom., Staatliche Beihilfe N 149/2006 – M3 Clonee; Kom., Staatliche Beihilfe N 566/2007 – korinthische Autobahnen).

[186] Kom., Staatliche Beihilfe N 264/2002, RdNr. 79 – London Underground PPP; Kom., Staatliche Beihilfe N 149/2006, RdNr. 38 – M3 Clonee; vgl. auch Mitteilung betreffend Elemente staatlicher Beihilfe bei Verkäufen von Bauten oder Grundstücken durch die öffentliche Hand (ABl. 1997 C 209/3).

[187] Kom., Staatliche Beihilfe N 149/2006 – M3 Clonee; vgl. auch *Sinnaeve* EStAL 2003, 351, 358 f.

[188] ABl. 2005 C 312/1.

[189] Kom., Staatliche Beihilfe N 149/2006, RdNr. 46 ff. – M3 Clonee.

– Die Entwicklung des Handelsverkehrs wird nicht in einem Ausmaß beeinträchtigt, das dem gemeinschaftlichen Interesse zuwiderläuft.

Auf Grundlage dieser Bestimmungen hat die Kommission eine staatliche Beihilfe im Rahmen   **540** eines Straßenbauprojekts genehmigt, durch das verschiedene irische Regionen besser miteinander vernetzt wurden.[190]

b) Verkehrsinformationssysteme. Die Förderung der Entwicklung und Einrichtung intel-   **541** ligenter Verkehrsinformations- und -leitsysteme wird von der Kommission wohlwollend bewertet und mag gelegentlich nicht nur genehmigt werden, sondern – mangels wirtschaftlicher Tätigkeit oder Begünstigung – von vornherein schon aus dem Beihilfebegriff des Art. 107 Abs. 1 AEUV herausfallen.[191]

c) KMU-Beihilfen. Die Kommission genehmigt idR Investitionsbeihilfen an KMU, die im   **542** Passagier- oder Güterkraftverkehr tätig sind, nach Art. 107 Abs. 3 lit. c AEUV, soweit die KMU diese zur Effizienzverbesserung oder für Kooperationen einsetzen.[192]

d) Umweltschutz. Eines der wichtigsten Ziele der Gemeinsamen Verkehrspolitik ist die   **543** Förderung umweltfreundlicher Verkehrsträger, um eine Verringerung der negativen Auswirkungen des Verkehrs zu erreichen.[193] Bei der Anwendung der Beihilfenregelungen auf den Straßenverkehrssektor verfolgt die Kommission daher die Strategie, Beihilfen zur Förderung der Einführung sauberer Technologien, insbesondere im Zusammenhang mit Altfahrzeugen, zu genehmigen.[194] Die Kommission erklärt **Umweltschutzbeihilfen** für die Anschaffung emissionsarmer Fahrzeuge regelmäßig als gemäß Art. 107 Abs. 3 lit. c AEUV mit dem Binnenmarkt vereinbar, wenn die Voraussetzungen erfüllt sind, die die Kommission in den Leitlinien der Gemeinschaft für staatliche Umweltschutzbeihilfen[195] aufgestellt hat.[196]

Nach Abschnitt 3.1.1 und 3.1.2 der Leitlinien gelten insbesondere Beihilfen für die Anschaffung   **544** neuer Fahrzeuge[197] oder für die Nachrüstung alter Fahrzeuge,[198] die über die Anforderungen der Gemeinschaftsnormen hinausgehen[199] oder durch die bei Fehlen solcher Normen der Umweltschutz verbessert wird, unter bestimmten weiteren Voraussetzungen als gemäß Art. 107 Abs. 3 lit. c AEUV mit dem Gemeinsamen Markt vereinbar. Dabei darf die Beihilfeintensität grundsätzlich 50% der in den Leitlinien näher definierten Investitionskosten nicht überschreiten.[200] Beihilfefähig sind ausnahmsweise auch Kosten für die Anschaffung von Fahrzeugen, die EU-Umweltnormen entsprechen, welche bereits angenommen, aber noch nicht in Kraft getreten sind.

Als mit dem Gemeinsamen Markt vereinbar hat die Kommission auch eine staatliche Beihilfe   **545** angesehen, durch die die italienische Region Piemonte Autobahngebühren kompensiert hat, die den Güterkraftverkehrsunternehmen im Rahmen einer Umlenkung des Verkehrs zum Zwecke der Entlastung touristischer Regionen auferlegt wurden.[201] Ebenso hat die Kommission keine

---

[190] Kom., Staatliche Beihilfe N 149/2006 – M3 Clonee.

[191] Vgl. Kom., Staatliche Beihilfe N 673/99, Abschnitt III – ASETRA.

[192] Vgl. Bericht über die Wettbewerbspolitik 2000, RdNr. 382.

[193] Vgl. Bericht über die Wettbewerbspolitik 2005, RdNr. 427.

[194] Vgl. Bericht über die Wettbewerbspolitik 2007, RdNr. 71.

[195] ABl. 2008 C 82/01. Diese Leitlinien ersetzen den Gemeinschaftsrahmen für staatliche Umweltschutzbeihilfen (ABl. 2001 C 37/03) und sind ausweislich ihrer Ziff. 59 auf den Verkehrssektor anwendbar.

[196] Vgl. aus der umfangreichen Kommissionspraxis Kom., Staatliche Beihilfe N 517/2009 – Green Bus Fund; Kom., Staatliche Beihilfe N 457/2009 – deutsche Hybrid-Busse; Kom., Staatliche Beihilfe N 387/2008 – ADEME; Kom., Staatliche Beihilfe N 463/2007 – italienische Umweltbeihilfen; Kom., Staatliche Beihilfe N 607/2006 – Fercam; Kom., Staatliche Beihilfe N 212/2007 – Umweltmaßnahmen Castilla-León; Kom., Staatliche Beihilfe N 649/2006 – deutsche Förderung emissionsarmer Nutzfahrzeuge; Kom., Staatliche Beihilfe N 400/2006 – italienische Dieselfilter.

[197] Die Kommission geht dabei davon aus, dass diese Beihilfen nicht nur den Erwerber, sondern ggf. auch den Hersteller solcher umweltschonender Fahrzeuge begünstigen; derartige indirekte Beihilfen an die Hersteller unterliegen der Genehmigung nach Art. 107 Abs. 3 lit. c AEUV (anstelle der Umwelt-Leitlinien), vgl. Kom, Staatliche Beihilfe N 457/2009, RdNr. 38 f., 50 ff.

[198] Vgl. RdNr. 85 f. der Leitlinien.

[199] Nach Ziff. 85 der Leitlinien sind beihilfefähig dabei ausnahmsweise auch Kosten für die Anschaffung von Fahrzeugen, die EU-Umweltnormen entsprechen, welche bereits angenommen, aber noch nicht in Kraft getreten sind.

[200] Ziff. 76 der Leitlinien. Ausnahmen gelten nach Ziff. 77 ff. der Leitlinien für Beihilfen, die im Rahmen einer ordnungsgemäßen Ausschreibung anhand eindeutiger, transparenter und diskriminierungsfreier Kriterien (Beihilfeintensität bis 100%), zum Erwerb ökoinnovativer Vermögenswerte (+ 10 Prozentpunkte) oder an KMU (bis 80%) gewährt werden; vgl. etwa Kom., Staatliche Beihilfe N 457/2009, RdNr. 41–49.

[201] Kom., Staatliche Beihilfe N 740/2006 – SS 33.

Bedenken in Bezug auf die Befreiung maltesischer Busunternehmer von Gebühren für die Fahrzeugzulassung bei der Ersetzung alter Busse durch neue (umweltfreundlichere) Busse erhoben.[202]

546 **e) Straßengütertransport.** Nicht von der VO 1370/2007 erfasst wird der Straßengütertransport (Art. 1 Abs. 1 und 2 VO 1370/2007). Für ihn gilt gemäß Art. 10 Abs. 1 S. 2 VO 1370/2007 für einen Zeitraum von drei Jahren nach Inkrafttreten der VO 1370/2007, dh. bis zum 3.12.2012, weiterhin die VO 1191/69. Nach Ablauf dieser Übergangsfrist richtet sich die Zulässigkeit von Beihilfen in diesem Bereich nach allgemeinen beihilferechtlichen Grundsätzen, dh. unter direktem Rückgriff auf das primärrechtliche Beihilfenrecht und nicht sektorspezifisches Sekundärrecht. Die Gruppenfreistellungsentscheidung 2005/842/EG und der Gemeinschaftsrahmen für staatliche Beihilfen, die als Ausgleich für die Erbringung öffentlicher Dienstleistungen gewährt werden, sind auf den Straßengütertransport jedoch nicht anwendbar.[203]

547 **f) Gruppenfreistellungsverordnungen.** Auf den Straßenverkehrssektor ist seit dem 1. Januar 2007 auch die „De-minimis"-GVO (VO 1998/2006) anwendbar.[204] Nach der VO 1998/2006 sind Beihilfen nicht notifizierungspflichtig, wenn die Gesamtsumme der einem Unternehmen gewährten Beihilfen in einem Zeitraum von drei Steuerjahren 200.000 EUR nicht übersteigt (Art. 2 Abs. 2 S. 1). Um der im Durchschnitt kleinen Größe von Unternehmen, die im Straßengüterverkehr und Straßenpersonenverkehr tätig sind, Rechnung zu tragen, hat die Kommission die De-minimis-Höchstgrenze für Unternehmen, die im Bereich des Straßentransportsektors tätig sind, jedoch auf 100.000 EUR begrenzt (Art. 2 Abs. 2 S. 2 und Erwägungsgrund 3). Die De-minimis-Verordnung gilt nach ihrem Art. 1 Abs. 1 lit. g nicht für Beihilfen an Unternehmen des gewerblichen Straßengütertransports zwecks Erwerbs von Fahrzeugen.

548 Auch die AGVO ist auf den Verkehrssektor anwendbar.[205]

549 Soweit die Voraussetzungen einer GVO nicht erfüllt sind, kommt eine Genehmigung nach Art. 107 Abs. 3 lit. c AEUV, ggf. iVm. spezifischen Leitlinien (etwa den Leitlinien für Umweltschutzbeihilfen) in Betracht.[206]

550 **g) Investitionsbeihilfen.** Die Kommission hat Beihilfen zur Anschaffung von Beförderungsvehikeln in Märkten mit Überkapazitäten nicht genehmigt.[207] Die De-minimis-GVO war insoweit bis 2006 nicht anwendbar;[208] auch die neue De-minimis-GVO (VO 1998/2006) findet nach ihrem Art. 1 Abs. 1 lit. g auf Beihilfen zum Erwerb von Güterkraftfahrzeugen weitgehend keine Anwendung.

551 Allerdings hat die Kommission im Binnenschifffahrtsbereich[209] wie auch im Seeverkehr[210] Abwrack-Beihilfen genehmigt.

552 **h) Betriebsbeihilfen.** Während die Kommission Betriebsbeihilfen generell als nicht genehmigungsfähig ansieht, werden sie im Seeverkehr häufiger genehmigt. Dies gilt etwa für Betriebsbeihilfen im Zusammenhang mit Kurzstreckenseeverkehren.[211] Entsprechendes gilt im Luftverkehr für Anlaufbeihilfen nach den Leitlinien 2005.[212]

---

[202] Kom., Staatliche Beihilfe NN 53/2006 – Maltesische Busse.

[203] Art. 2 Abs. 2 Unterabs. 2 der Gruppenfreistellungsentscheidung und Ziffer 3 des Gemeinschaftsrahmens.

[204] Verordnung (EG) Nr. 1998/2006 der Kommission vom 15. Dezember 2006 über die Anwendung der Artikel 87 und 88 EG-Vertrag auf „De-minimis"-Beihilfen (ABl. 2006 L 379/5). Die Mitteilung der Kommission vom 6. 3. 1996 über „De minimis"-Beihilfen (ABl. 1996 C 68/9) und die Verordnung (EG) Nr. 69/2001 der Kommission vom 12. 1. 2001 über die Anwendung der Art. 87 und 88 EG auf „De-minimis"-Beihilfen (ABl. 2001 L 10/30) galten noch nicht für den Verkehrssektor, vgl. Abs. 4 der Mitteilung und Art. 1 lit. a der Verordnung; vgl. auch Kom., ABl. 2001 L 212/37, RdNr. 27 – Renove II.

[205] Vgl. Art. 1, 2 Nr. 10 der Verordnung (EG) Nr. 800/2008 der Kommission vom 6. August 2008 zur Erklärung der Vereinbarkeit bestimmter Gruppen von Beihilfen mit dem Gemeinsamen Markt in Anwendung der Artikel 87 und 88 EG-Vertrag (allgemeine Gruppenfreistellungsverordnung), ABl. 2008 L 214/3.

[206] Vgl. Kom., Staatliche Beihilfe N 387/2008, RdNr. 46 – ADEME.

[207] Vgl. EuG, T-55/99, Slg. 2000, II-3207, RdNr. 87 f. – CETM.

[208] Kom., ABl. 2001 L 212/37 – Renova; EuGH, C-351/98, Slg. 2002, I-8031 – Renova I; EuGH, C-409/00, Slg. 2003, I-1487 – Renova II; *Heidenhain/Schmidt-Kötters* § 18 RdNr. 85.

[209] Vgl. Kom., Entscheidung vom 11. 12. 2007, C(2007)6076 def., Verfahren N 848/2007, RdNr. 37 ff. – italienische Abwrackbeihilfen.

[210] Vgl. Kom., ABl. 2002 L 307/47 – Italienische Beihilfen zur Ersetzung von *single hull*- durch *double hull*-Tankern.

[211] Vgl. dazu etwa Kom., ABl. 2002 L 196/31 – Französische Kurzstreckenverkehre; *Hancher/Ottervanger/Slot* RdNr. 16–038; unten RdNr. 754 ff., 767 ff.

[212] Vgl. RdNr. 71 ff. der Leitlinien 2005, ABl. 2005 C 312/1.

Im Bereich der Regionalbeihilfen bestimmen die Regionalbeihilfe-Leitlinien, dass die Kom- 553
mission Betriebsbeihilfen zugunsten von Verkehrsunternehmen, die in benachteiligten Gebieten
iSv. Art. 107 Abs. 3 lit. a AEUV tätig sind, genehmigen kann.[213]

VII. Schienenverkehr

Schrifttum: Vgl. die allgemeinen Literaturnachweise im Kapitel „Beihilfen und Straßenverkehr" und
iÜ: *Barrot,* La réforme des aides d'État au regard de la politique communautaire des transports, Concurrences
2006, 121; *Basedow,* Die Bahnprivatisierung und das Gemeinschaftsrecht, EuZW 2007, 65; *Brandenberg,*
Entwicklungen in der Eisenbahnregulierung aus europäischer Sicht, EuZW 2009, 359; *Delpech,* Projet de loi
relatif aux transports: aspects de droit privé, Rec. Dalloz 2009, 2270; *Ende/Kaiser,* Wie weit ist die Liberalisierung der Schiene?, WuW 2004, 26; *Erbguth,* EU-Beihilferecht und Förderung des Gütertransports auf der
Schiene durch die Bundesländer, VerwArch 96 (2005) 439; *Gommlich/Wittig/Schimanek,* Zuschussverträge
im Bereich des Bus- und Eisenbahnverkehrs – Direktvergabe oder europaweite Ausschreibung?, NZBau
2006, 473; *Grard,* Aides d'État aux entreprises ferroviaires: la doctrine officielle, Revue de droit des transports (7) 2008, 135; *Heiß,* Die neue EG-Verordnung für den öffentlichen Personenverkehr – ein Überblick
unter Berücksichtigung der Situation in Deutschland, VerwArch 100 (2009) 113; *Hellriegel/Schmitt,* Schienenpersonennahverkehr im Spannungsverhältnis zwischen Wettbewerb und Daseinsvorsorge, IR 2009, 259;
Koenig, Droht überkompensierenden SPNV-Verträgen bei Verletzung des Durchführungsverbotes nach
Art. 88 Abs. 3 S. 3 EG die Nichtigkeit ?, N&R 2009, 33; *Koenig,* Unbundling-Regulierung im Eisenbahnverkehr, WuW 2007, 981; *Koenig/Neumann/Schellberg,* Neue Spielregeln für den Zugang zur Eisenbahninf-
rastruktur als Voraussetzung für chancengleichen Wettbewerb auf der Schiene, WuW 2006, 139; *Lübbig,*
Beihilferechtliche Fragen im Zusammenhang mit Verträgen über die Durchführung von Schienenperson-
nahverkehrsleistungen, DVBl. 2009, 469; *Maier/Dopheide,* Europäischer Schienengüterverkehr nach dem
Ersten EU-Eisenbahnpaket: Freie Bahn für alle?, EuZW 2003, 456; *Neumann,* Das Eisenbahnrecht in den
Jahren 2008/2009, N&R 2009, 176; *Nowak,* Judicial Protection of Complainants in the Scope of EC State
Aid Law: New Developments and Question Marks, Note on Case T-351/02, Deutsche Bahn AG v. Com-
mission, EStAL 2006, 621; *Oertel,* Financing of Land Passenger Transport and State Aid Law Enforcement –
Experiences in Germany, EPPPL 2009, 147; *Otting/Soltész/Melcher,* Verkehrsverträge vor dem Hintergrund
des Europäischen Beihilferechts – Verwaltungsrichter weisen Brüssel in die Schranken, EuZW 2009, 444;
Recker, Konsequenzen einer ausbleibenden Anpassung des Personenbeförderungsgesetzes an die Verordnung
(EG) Nr. 1370/2007, ZKF 2009, 49; *Schimanek,* Die marktorientierte Direktvergabe von Finanzierungsver-
trägen für Bus- und Stadtbahnverkehr, ZfBR 2005, 544; *Wessely/Müller-Rappard,* The German Administrative Court rules that a service contract for the regional rail public transport is not subjected to State aid notification, e-Competition, December 2008, 1; *Willenbruch,* Der Personenverkehr auf Straßen und Schienen,
NordÖR 2003, 397; *Wilson,* The English High Court, Queen's Bench Division, Administrative Court rules
that an element of the charging regime for track access rights was not unlawful State aid (Great North Eastern Railway), e-Competition July 2006, 1.

Übersicht

[213] Vgl. RdNr. 76 ff. der Leitlinien für staatliche Beihilfen mit regionaler Zielsetzung 2007–2013, ABl.
2006 C 54/13.

554   **1. Einführung.** Der Eisenbahnverkehr gehört zu den sog. Landverkehren, auf die nach Art. 100 Abs. 1 AEUV das Verkehrsrecht der EU und damit Art. 90 ff. AEUV anwendbar sind. Dementsprechend finden die beihilferechtlichen Sonderregeln der Art. 93, 96 AEUV hier ebenso Anwendung wie die der Art. 170, 171 AEUV aus dem Kontext der Transeuropäischen Netze (TEN).

555   Nach Art. 93 AEUV sind Beihilfen, die den Erfordernissen der Koordinierung des Verkehrs oder der Abgeltung bestimmter, mit dem Begriff des öffentlichen Dienstes[1] zusammenhängender Leistungen entsprechen, mit dem AEUV vereinbar.[2] Eine Konkretisierung des Art. 93 AEUV ist für den Bereich des öffentlichen Personenverkehrs zunächst durch VO 1191/69[3] und VO 1107/70[4] sowie anschließend in Gestalt der VO 1370/2007[5] erfolgt, die am 3. 12. 2009 in Kraft getreten ist und VO 1191/91 und VO 1107/70 aufgehoben hat (Art. 10, 12 VO 1370/2007); allerdings bleibt VO 1191/69 noch bis 3. 12. 2012 auf Güterbeförderungsdienste anwendbar. In Kraft geblieben ist demgegenüber die VO 1192/69.[6]

556   Nach Art. 96 AEUV sind von einem Mitgliedstaat auferlegte Transportbedingungen zur Förderung anderer Unternehmen oder Industrien verboten.[7] Die Regeln zu TEN zielen in Art. 170, 171 AEUV auf die Herstellung offener und wettbewerbsorientierter Märkte, in denen die Kommission Vorhaben der Mitgliedstaaten aus EU-Mitteln ko-finanzieren kann und die parallelen mitgliedstaatlichen Finanzierungen ggf. als staatliche Beihilfen gewertet werden können, die ggf. – da Vorhaben von gemeinsamem europäischem Interesse betreffend – nach Art. 107 Abs. 3 lit. b AEUV genehmigungsfähig sind.[8]

557   Ungeachtet der vorgenannten Sonderregeln sind die allgemeinen Bestimmungen des AEUV über staatliche Beihilfen (Art. 107 ff. AEUV) auf den Schienensektor grundsätzlich anwendbar.[9] Im Juli 2008 traten darüber hinaus die Leitlinien für staatliche Beihilfen an Eisenbahnunternehmen[10] **(Eisenbahnleitlinien)**[11] in Kraft. Die Kommission erläutert darin ihren Ansatz bei staatlichen Beihilfen für Eisenbahnunternehmen, soweit diese Beihilfen nicht in den Anwendungsbereich der VO 1370/2007 fallen.

558   **2. Situation des Schienenverkehrs in Europa.** Die Kommission verfolgt das Ziel, eine Entlastung der Straße durch Verkehrsverlagerung auf andere, sicherere und umweltfreundlichere Verkehrsträger zu fördern.[12] In ihrem Weißbuch über die europäische Verkehrspolitik bis 2010[13] betont die Kommission, dass die Schaffung eines ausgewogenen Verhältnisses zwischen den Ver-

---

[1] Missverständliche Übersetzung des französischen Begriffs „service public". Der Zweck der Vorschrift wird nach deutscher Terminologie besser mit dem Begriff „gemeinwirtschaftliche Verpflichtungen" erfasst (vgl. *Grabitz/Hilf/Boeing* Art. 73 EG RdNr. 4).

[2] Zu Art. 93 AEUV vgl. in diesem Band iE oben Landverkehr/Straßenverkehr, Abschnitt 3 a)cc), RdNr. 485 ff.

[3] Verordnung (EWG) Nr. 1191/69 des Rates vom 26. Juni 1969 über das Vorgehen der Mitgliedstaaten bei mit dem Begriff des öffentlichen Dienstes verbundenen Verpflichtungen auf dem Gebiet des Eisenbahn-, Straßen- und Binnenschiffverkehrs. ABl. 1969 L 156/1; vgl. zu VO 1191/69 in diesem Band iE oben Landverkehr/Straßenverkehr, Abschnitt 3 b)aa); RdNr. 506 ff.

[4] Verordnung (EWG) Nr. 1107/70 des Rates vom 4. Juni 1970 über Beihilfen im Eisenbahn-, Straßen- und Binnenschiffverkehr. ABl. 1970 L 130/1; vgl. zu VO 1107/70 in diesem Band iE oben Landverkehr/Straßenverkehr, Abschnitt 3 b)bb); RdNr. 514 ff.

[5] Verordnung (EG) Nr. 1370/2007 des Europäischen Parlaments und des Rates über öffentliche Personenverkehrsdienste auf Schiene und Straße und zur Aufhebung der Verordnungen (EWG) Nr. 1191/69 und (EWG) Nr. 1107/70 des Rates. ABl. 2007 L 315/1; vgl. zu VO 1370/2007 in diesem Band iE oben Landverkehr/Straßenverkehr, Abschnitt 3 b)cc); RdNr. 517 ff.

[6] Verordnung (EWG) Nr. 1192/69 des Rates über gemeinsame Regeln für die Normalisierung der Konten der Eisenbahnunternehmen, ABl. 1969 L 156/8.

[7] Zu Art. 96 AEUV vgl. in diesem Band iE oben Landverkehr/Straßenverkehr, Abschnitt 3 a)dd); RdNr. 501 ff.

[8] Zu Art. 170 f. AEUV vgl. in diesem Band iE oben Landverkehr/Straßenverkehr, Abschnitt 3 a)ee); RdNr. 504 ff.

[9] Vgl. EuGH, 156/77, Slg. 1978, 1881, RdNr. 9 ff. – Kommission/Belgien; vgl. *Grabitz/Hilf/Boeing* Vorb. Art. 73 EG RdNr. 10 ff.; *von der Groeben/Schwarze/Erdmenger* Art. 73 EG RdNr. 2 ff.

[10] Gemeinschaftliche Leitlinien für staatliche Beihilfen an Eisenbahnunternehmen, ABl. 2008 C 184/13.

[11] Zur rechtlichen Bedeutung und zum Rang von Mitteilungen, Gemeinschaftsrahmen, Leitlinien vgl. in diesem Band iE *Núñez Müller*, Beihilfen und Grundstücksgeschäfte, Abschnitt 2 a); *Núñez Müller*, Beihilfen und Bürgschaften, Abschnitt 2 b).

[12] Vgl. Grünbuch der Kommission über faire und effiziente Preise im Verkehr, KOM (1995)691 vom 20. 12. 1995; Weißbuch der Kommission über faire Preise für die Infrastrukturbenutzung, KOM (1998)466 vom 22. 7. 1998.

[13] Die europäische Verkehrspolitik bis 2010: Weichenstellung für die Zukunft, KOM (2001)370, S. 30 ff.

kehrsträgern im Mittelpunkt einer Strategie für eine nachhaltige Entwicklung steht und dass vor allem der Eisenbahnsektor für das Gelingen dieser Verkehrsverlagerung – insbesondere im Güterverkehr – ausschlaggebend ist.[14] Erst kürzlich hat die Kommission erneut auf die Notwendigkeit hingewiesen, Infrastrukturinvestitionen und insbesondere Investitionen in umweltfreundliche Verkehrsträger wie die Schiene zu beschleunigen.[15]

Wirtschaftlicher und historischer Ausgangspunkt im europäischen Eisenbahnwesen waren nationale und monopolistische Strukturen, die mangels Konkurrenz zu Ineffizienzen und Innovationsmängeln führten. Gleichwohl war das wirtschaftliche Überleben durch staatliche Protektion durchgehend sichergestellt. Den daraus erwachsenden Nachteilen für den Binnenmarkt ist die Kommission seit den 1990er Jahren durch eine schrittweise Liberalisierung des Sektors und durch eine zunehmend kohärente Beihilfenpolitik begegnet. Die Liberalisierung wurde in verschiedenen sog. Eisenbahnpaketen durch Marktöffnung, Normung und Finanzhilfen dahingehend vorangetrieben, dass der grenzüberschreitende Schienengüterverkehr seit 2006, die Schienengüterkabotage seit 2007 und der grenzüberschreitende Schienenpersonenverkehr seit 2010 liberalisiert ist.[16] Allerdings bleibt die faktische Marktöffnung hinter der rechtlichen Liberalisierung gerade im Schienenverkehr nach wie vor deutlich zurück.[17] **559**

Aufgrund der Liberalisierung des Eisenbahnsektors geht die Kommission in ständiger Praxis davon aus, dass grundsätzlich jede Beihilfe im Eisenbahnsektor iSv. Art. 107 Abs. 1 AEUV geeignet ist, den Handel zwischen Mitgliedstaaten zu beeinträchtigen und den Wettbewerb zu verfälschen.[18] Diese Entscheidungspraxis entspricht dem Vorgehen der Kommission im Straßenverkehrssektor[19] und der Rechtsprechung des EuGH in der Rs. Altmark, nach der weder ein rein regionaler Charakter der erbrachten Verkehrsdienste noch ein relativ geringer Umfang der Beihilfe oder eine relativ geringe Größe des Beihilfeempfängers eine Beeinträchtigung des Handels zwischen den Mitgliedstaaten ausschließt.[20] Lediglich im Anwendungsbereich der De-minimis-GVO (VO 1998/2006)[21] kann demnach von einer fehlenden Beeinträchtigung des Handels zwischen den Mitgliedstaaten und einer fehlenden Wettbewerbsverfälschung ausgegangen werden.[22] **560**

Das Beihilfevolumen im Eisenbahnsektor kann als a. o. hoch gelten. Die Kommission selbst geht davon aus, dass in den Jahren 2004–2008 mindestens € 17 Mrd. an Infrastrukturbeihilfen und jährlich € 15 Mrd. an Eisenbahnunternehmen gewährt worden sind;[23] letztere flossen dabei in erheblichem Maße in Entschuldungs- und Umstrukturierungsmaßnahmen.[24] **561**

---

[14] Vgl. zur Konkurrenz von Verkehrsträgern in diesem Zusammenhang freilich EuG, T-351/02, Slg. 2006, II-1047 – Deutsche Bahn; das Gericht erachtete – entgegen der Auffassung des Beschwerdeführers und Klägers Deutsche Bahn AG – eine Mineralölsteuervergünstigung zugunsten der Luftfahrt als nicht iSv. Art. 107 Abs. 1 AEUV staatlich zurechenbar (sondern durch EU-Richtlinien bedingt) und daher beihilfefrei; vgl. dazu kritisch *Nowak* EStAL 2006, 621, 625 ff.

[15] Mitteilung „Europäisches Konjunkturprogramm", KOM (2008)800 endg. vom 26. 11. 2008.

[16] Vgl. zu den einzelnen Liberalisierungsmaßnahmen im Schienenverkehr in diesem Band iE oben Landverkehr/Straßenverkehr, Abschnitt 2 c), RdNr. 470; Eisenbahnleitlinien RdNr. 9 ff.; *Brandenberg* EuZW 2009, 359; *Ende/Kaiser* WuW 2004, 26; *Koenig* WuW 2007, 981; *Koenig/Neumann/Schellberg* WuW 2006, 139; *Delpech* Receuil Dalloz 2009, 2270; *von der Groeben/Schwarze/Strohschneider* Art. 87 EG RdNr. 4; *Maier/Dopheide* EuZW 2003, 456, 457 ff.; *Dauses/Epiney*, Handbuch des EU-Wirtschaftsrechts, Abschnitt L – Verkehrsrecht, RdNr. 389 ff.; zum deutschen Eisenbahnrecht vgl. *Neumann* N&R 2009, 176, 177 ff.

[17] Vgl. *von der Groeben/Schwarze/Strohschneider* Art. 87 EG RdNr. 6 mwN.

[18] Kom., Staatliche Beihilfe N 324/2009, RdNr. 20 – deutsche Zuschüsse für Umrüstung von Güterwagen auf geräuschärmere Bremsen (Projekt „Leiser Rhein"); Kom., Staatliche Beihilfe N 483/2009, RdNr. 46 f. – Italien, Beihilfen zugunsten des Schienengüterverkehrs in der Emiglia-Romagna; Kom., Staatliche Beihilfe N 175/2009 – BDZ/EAD; Kom., Staatliche Beihilfe N 184/2009, RdNr. 9 – Deutschland, Richtlinie zur Förderung des Neu- und Ausbaus sowie der Reaktivierung von privaten Gleisanschlüssen; Kom., Staatliche Beihilfe N 420/2008, RdNr. 147 ff. – Restructuring of London & Continental Railways and Eurostar (UK) Limited; Kom., Staatliche Beihilfe N 170/2004, RdNr. 37 ff. – Deutschland, Richtlinie zur Förderung des Neu- und Ausbaus sowie der Reaktivierung von privaten Gleisanschlüssen; vgl. zur Handelsbeeinträchtigung und – ggf. verkehrsträgerübergreifenden – Wettbewerbsverfälschung im Schienengütertransport auch *Erbguth*, VerwArch 2005, 439, 442 ff.

[19] Vgl. Kom., Staatliche Beihilfe NN 53/2006, RdNr. 62 – Maltesische Busse.

[20] EuGH, C-280/00, Slg. 2003, I-7747, RdNrn. 77 ff. – Altmark Trans.

[21] Verordnung (EG) Nr. 1998/2006 der Kommission über die Anwendung der Artikel 87 und 88 EG-Vertrag auf „De-minimis"-Beihilfen, ABl. 2006 L 379/5.

[22] Dazu unten Abschnitt 4 h).

[23] Zur Trennung und Finanzierung von Infrastrukturbetreibern und Beförderungs-Dienstleistern vgl. *Oertel* EPPPL 2009, 147, 147 f. mwN.

[24] Vgl. Eisenbahnleitlinien RdNr. 13, 41 ff. mwN; zu Umstrukturierungsbeihilfen su. Abschnitt 4 d); vgl. auch *Hancher/Ottervanger/Slot* RdNr. 16–021 mwN.

562 **3. Der beihilferechtliche Rahmen für Beihilfen im Schienenverkehr.** Der gesetzliche Rahmen für die beihilferechtliche Bewertung von Maßnahmen im Schienenverkehr wird – neben Art. 93, 96 AEUV[25] – va. durch Art. 107f. AEUV[26] sowie Art. 106 Abs. 2 AEUV in Verbindung mit der sog. Altmark-Rechtsprechung[27] gesetzt.

563 Die Kommission geht grundsätzlich davon aus, dass staatliche Beihilfen[28] im Eisenbahnsektor zulässig sind, wenn sie (i) zur Verwirklichung eines integrierten, interoperablen und wettbewerbsorientierten Marktes beitragen, (ii) einer dauerhaft umweltverträglichen Mobilität dienen und (iii) keine dem gemeinsamen Interesse zuwiderlaufenden Wettbewerbsverfälschungen verursachen.[29]

564 **a) Art. 106 Abs. 2 AEUV und *Altmark Trans*.** Dem *Altmark*-Urteil des EuGH[30] zufolge fallen Ausgleichszahlungen, die ausdrücklich an mit Gemeinwohlverpflichtungen betraute Unternehmen gewährt werden, um die bei der Erfüllung dieser Verpflichtungen entstehenden Kosten auszugleichen, nicht unter Art. 107 Abs. 1 AEUV, sofern die folgenden vier Voraussetzungen (kumulativ) erfüllt sind:[31] Erstens ist das begünstigte Unternehmen tatsächlich mit der Erfüllung gemeinwirtschaftlicher Verpflichtungen betraut und sind diese Verpflichtungen klar definiert worden; zweitens sind die Parameter, anhand derer der Ausgleich berechnet wird, zuvor objektiv und transparent aufgestellt worden; drittens geht der Ausgleich nicht über das hinaus, was erforderlich ist, um die Kosten der Erfüllung der gemeinwirtschaftlichen Verpflichtungen unter Berücksichtigung der dabei erzielten Einnahmen und eines angemessenen Gewinns aus der Erfüllung dieser Verpflichtungen ganz oder teilweise zu decken; viertens ist die Höhe des erforderlichen Ausgleichs (wenn die Wahl des Unternehmens, das mit der Erfüllung gemeinwirtschaftlicher Verpflichtungen betraut werden soll, nicht im Rahmen eines Verfahrens zur Vergabe öffentlicher Aufträge erfolgt) auf der Grundlage einer Analyse der Kosten bestimmt worden, die ein durchschnittliches, gut geführtes Unternehmen, das so angemessen mit Transportmitteln ausgestattet ist, dass es den gestellten gemeinwirtschaftlichen Anforderungen genügen kann, bei der Erfüllung der betreffenden Verpflichtungen hätte, wobei die dabei erzielten Einnahmen und ein angemessener Gewinn aus der Erfüllung dieser Verpflichtungen zu berücksichtigen sind.

565 Sind diese vier Voraussetzungen erfüllt, stellt der Ausgleich (Kompensation) keine staatliche Beihilfe dar, so dass Art. 107 und 108 AEUV nicht anwendbar sind und die Ausgleichszahlungen auch nicht der Notifizierungspflicht des Art. 108 Abs. 3 AEUV unterliegen. Liegen diese Voraussetzungen hingegen nicht vor und ist der Tatbestand des Art. 107 Abs. 1 AEUV erfüllt, dann stellt der Ausgleich eine staatliche Beihilfe dar. Diese Kompensationsbeihilfe mag gleichwohl unter bestimmten, sekundärrechtlichen Voraussetzungen von der Notifizierungspflicht nach Art. 108 Abs. 3 AEUV befreit und *ex lege* mit dem Binnenmarkt vereinbar sein;[32] wenn nicht, richtet sich die Genehmigungsfähigkeit idR nach dem Gemeinschaftsrahmen für Beihilfen zum Ausgleich für öffentliche Dienstleistungen.[33]

---

[25] Vgl. dazu in diesem Band iE oben Landverkehr/Straßenverkehr, Abschnitt 3 a)cc), dd); RdNr. 485 ff., 501 ff.

[26] Vgl. dazu in diesem Band iE oben Landverkehr/Straßenverkehr, Abschnitt 3 a)aa); RdNr. 475.

[27] Vgl. dazu in diesem Band iE oben Landverkehr/Straßenverkehr, Abschnitt 3 a)bb); RdNr. 476 ff.

[28] Die Kommission prüft durchweg vorab, ob eine Beihilfe iSv. Art. 107 Abs. 1 AEUV vorliegt, und verneint dies auch gelegentlich, vgl. etwa Kom., Staatliche Beihilfe N 302/2005 – Veräußerung von Anteilen an der staatlichen tschechischen Bahn-Catering-Gesellschaft zum Marktwert; vgl. auch Kom., Staatliche Beihilfe N 478/2004, RdNr. 26 ff. – CIE betr. Gewährung einer beihilfefreien, da von und zugunsten einer nichtwirtschaftlichen Einheit gewährten Bürgschaft zur Finanzierung der irischen Eisenbahninfrastruktur; Kom., Staatliche Beihilfe N 400/2004 – Sonderbeihilfe an infolge der Restrukturierung der tschechischen Eisenbahn nicht weiter beschäftigte Arbeitnehmer – beihilfefrei, da nicht an Unternehmen gewährt.

[29] Vgl. Eisenbahnleitlinien RdNr. 14.

[30] Vgl. dazu ausführlicher oben Landverkehr/Straßenverkehr, Abschnitt 3 a)bb); RdNr. 479 ff.; *Willenbruch* NordÖR 2003, 397; gegen die Anwendbarkeit von Altmark im Verkehrssektor dagegen *Lübbig/Martín-Ehlers*, Beihilferecht der EU (2. Aufl. 2009), RdNr. 504 mwN.

[31] EuGH, C-280/00, Slg. 2003, I-7747, RdNr. 88 ff. – Altmark Trans; vgl. zur Entwicklung der Rechtsprechung auch die Schlussanträge des Generalanwalts *Jääskinen* vom 24. 3. 2010 in der Rs. C-399/08 P, Slg. 2010, I-0000, RdNr. 34 ff. – Deutsche Post.

[32] Vgl. dazu einerseits die sog. Gruppenfreistellungsentscheidung, Entscheidung Nr. 2005/842/EG der Kommission über die Anwendung von Artikel 86 Absatz 2 EG-Vertrag auf staatliche Beihilfen, die bestimmten mit der Erbringung von Dienstleistungen von allgemeinem wirtschaftlichem Interesse betrauten Unternehmen als Ausgleich gewährt werden, ABl. 2005 L 312/67, und andererseits Art. 9 Abs. 1 VO 1370/2007.

[33] Gemeinschaftsrahmen für staatliche Beihilfen, die als Ausgleich für die Erbringung öffentlicher Dienstleistungen gewährt werden, ABl. 2005 C 297/4.

Das Gericht räumt den Mitgliedstaaten einen weiten Beurteilungsspielraum ein:[34] diesen steht **566** bei Definition und Ausgestaltung gemeinwirtschaftlicher Aufgaben ein weites Ermessen zu, so dass die diesbezügliche Kontrolle von Kommission und Unionsgerichten auf offenkundige Fehler begrenzt ist;[35] ferner verfügen die Mitgliedstaaten auch bei der Bestimmung des Ausgleichs der Kosten über einen weiten Beurteilungsspielraum.[36]

b) Art. 93 AEUV. Nach Art. 93 AEUV sind Beihilfen mit dem Vertrag vereinbar, die den **567** Erfordernissen der Verkehrskoordinierung[37] oder der Abgeltung bestimmter gemeinwirtschaftlicher Leistungen entsprechen.

aa) VO 1191/69. Die VO 1191/69 wurde zwar grundsätzlich durch VO 1307/2007 zum **568** 3. 12. 2009 aufgehoben, gilt aber für Güterbeförderungsdienste weiterhin bis zum 3. 12. 2012.[38]

Die VO 1191/69 enthielt eine Gemeinschaftsregelung für die Verpflichtungen des öffent- **569** lichen Dienstes im Verkehrsbereich. Diese konnten einseitig auferlegt oder vertraglich vereinbart werden.[39] Zwar verpflichtete die VO 1191/69 generell zur Aufhebung einseitiger Verpflichtungen; allerdings gestattete ihr Art. 1 Abs. 1 UAbs. 2 den Mitgliedstaaten, Stadt-, Vorort- und Regionalverkehrsdienste von der Anwendung der VO 1191/69 auszunehmen.[40]

Während der EuGH davon ausgeht, dass staatliche Finanzierungen der öffentlichen Ver- **570** kehrsdienste primär an VO 1191/69 und nur im Falle deren Unanwendbarkeit an Art. 107 Abs. 1 AEUV zu messen sind,[41] geht die Kommission – zu Recht[42] – davon aus, dass sich das Vorliegen einer Beihilfe nach Art. 107 Abs. 1 AEUV richtet und VO 1191/69 nur im Rahmen der Vereinbarkeit von Beihilfen eine Rolle spielt.[43]

Für den Fall des Abschlusses von Verkehrsverträgen legte Art. 14 VO 1191/69 insbeson- **571** dere den Inhalt derjenigen Verträge fest, die Ausgleichsleistungen für die Erfüllung gemeinwirtschaftlicher Verpflichtungen im Verkehrsbereich vorsahen. Art. 14 VO 1191/69 bestimmte allerdings nicht exakt, unter welchen Bedingungen eine staatliche Ausgleichszahlung für die Erfüllung gemeinwirtschaftlicher Verpflichtungen für mit dem Gemeinsamen Markt vereinbar erklärt werden konnte.[44] Die Kommission hat daher die sich aus dem Vertrag, der Rechtsprechung der Gemeinschaftsgerichte und der Entscheidungspraxis der Kommission in anderen Bereichen als dem öffentlichen Verkehr ergebenden allgemeinen Grundsätze herangezo-

---

[34] Vgl. EuG, T-289/03, Slg. 2008, II-81 – BUPA.

[35] Vgl. dazu auch schon EuG, T-17/02, Slg. 2005, II-2031, RdNr. 216 – Olsen; EuG, T-442/03, Slg. 2008, II-1165, RdNr. 195 – S IV; EuG, Urt. v. 6. 10. 2009, T-8/06, RdNr. 63 ff. – FAB.

[36] Vgl. EuG, T-289/03, Slg. 2008, II-81, RdNrn. 214, 222 – BUPA; vgl. hierzu *Bartosch* EStAL 2008, 211.

[37] Vgl. dazu auch *Dauses/Epiney*, RdNr. 195 f. mwN; zu den Verkehrskoordinierungsbeihilfen gehören auch staatliche Maßnahmen zur Anbindung eines Unternehmensstandortes an das allgemeine Eisenbahnnetz, vgl. Kom., ABl. 2005 L 53/66, RdNr. 79 – Stora Enso.

[38] Vgl. Art. 10 Abs. 1 VO 1370/2007.

[39] Vgl. dazu im deutschen Recht zum Schienenverkehr § 15 AEG (Allgemeines Eisenbahngesetz) und § 4 Abs. 1 RegG (Gesetz zur Regionalisierung des öffentlichen Personennahverkehrs) bzw. zum sonstigen ÖPNV § 13 a PBefG iVm. GKV (Geringste-Kosten-Verordnung).

[40] Von dieser Derogationsmöglichkeit hat Deutschland für eigenwirtschaftliche ÖPNV-Leistungen im Straßenbahn- sowie Omnibus- und Kfz-Linienverkehr in §§ 8 Abs. 4, 13 a PBefG Gebrauch gemacht. Auf SPNV-Verkehrsverträge blieb die VO 1191/69 indes anwendbar.

[41] Vgl. EuGH, C-280/00, Slg. 2003, I-7747, RdNr. 37, 66 – Altmark Trans; EuG, T-157/01, Slg. 2004, II-917, RdNr. 85 – Danske Busvognmaend, wonach VO 1191/69 eine „sektorielle Ausnahme" zu Art. 107 Abs. 1 AEUV darstelle; vgl. aber auch EuG, T-354/05, Slg. 2009, II-471, RdNr. 133 – TF1, wonach VO 1191/69 nur eine Ausprägung der Altmark-Grundsätze sei.

[42] Nach den allgemeinen Grundsätzen des EU-Rechts kann eine sekundärrechtliche Norm nicht den Anwendungsbereich einer primärrechtlichen Vorschrift einschränken, sofern letztere dies nicht ausdrücklich zulässt, was bei Art. 107 Abs. 1 AEUV indes nicht der Fall ist; iÜ war Art. 109 AEUV ausdrücklich eine der Rechtsgrundlagen für den Erlass der VO 1191/69; soweit die Gegenmeinung in der Auffassung der Kommission keinen „Mehrwert" sieht, kann dies das Verhältnis zwischen AEUV und VO 1191/69 nicht berühren; vgl. aber *Otting/Soltész/Melcher* EuZW 2009, 444, 445 ff. mwN.

[43] Vgl. ua. Kom., ABl. 2008 C 309/14, 15 – Danske Statsbaner; Kom., Staatliche Beihilfe C 54/2007 – Emsländische Eisenbahn; vgl. zu der letztgenannten Eröffnungsentscheidung iS. Emsländische Eisenbahn auch *Metz* IR 2008, 224, 225 ff.; Kom., Staatliche Beihilfe C 47/2007, RdNr. 128 ff. – DB Regio.

[44] Art. 10 bis 13 VO 1191/69 sahen für die Höhe von Ausgleichszahlungen zwar eine Berechnung nach „gemeinsamen Ausgleichsmethoden" vor, die den Altmark-Kriterien ähnelten. Diese Methoden waren allerdings nur für die Berechnung des Ausgleichs im Falle der einseitigen Auferlegung von Verkehrsdiensten gem. Art. 1 Abs. 5 der Verordnung anzuwenden, nicht aber im Rahmen von Verkehrsverträgen nach Art. 14 der Verordnung (vgl. EuG, T-157/01, Slg. 2004, II-917, RdNr. 75 ff. – Danske Busvognmaend).

gen, insbesondere den Gemeinschaftsrahmen[45] für staatliche Beihilfen, die als Ausgleich für die Erbringung öffentlicher Dienstleistungen gewährt werden.[46] Während die Kommission im Anschluss an das Altmark-Urteil im Straßenverkehrssektor allerdings bereits vermehrt Entscheidungen über die Rechtmäßigkeit von Ausgleichszahlungen nach den Altmark-Kriterien und der VO 1191/69 getroffen hat,[47] hat sie im Schienenverkehrssektor bisher erst zwei Verfahren abgeschlossen,[48] während sich drei weitere noch im förmlichen Prüfverfahren befinden.[49]

572   Unter Geltung der VO 1191/69 war fraglich, ob die Befreiung von der Notifizierungspflicht in Art. 17 Abs. 2 auch für öffentliche Dienstleistungsaufträge im Sinne von Art. 14 der Verordnung galt.[50] Die Kommission[51] vertrat die Auffassung, dass der in Art. 17 Abs. 2 enthaltene Begriff der Ausgleichszahlungen in dem Regelungszusammenhang der Verordnung auf solche Zahlungen beschränkt sei, die als Ausgleich zu gewähren seien für *einseitig* hoheitlich erfolgte Auferlegungen und die in der nach den Art. 10 bis 13 der Verordnung vorgegebenen Weise berechnet worden seien.[52] Demgegenüber vertritt das VG Gelsenkirchen die Auffassung, dass auch öffentliche Dienstleistungsaufträge im Sinne von Art. 14 VO 1191/69 gem. Art. 17 Abs. 2 VO 1191/69 von der Notifizierungspflicht befreit sind.[53] Die Frage ist weiterhin relevant, falls die Befreiung von der Notifizierungspflicht in Art. 9 Abs. 1 VO 1370/2007 für Altverträge[54] nicht gelten sollte; es wäre dann nämlich davon auszugehen, dass zahlreiche dieser – noch laufenden – Verträge mangels Notifizierung und Genehmigung durch die Kommission gemäß § 59 Abs. 1 (L)VwVfG iVm. § 134 BGB iVm. Art. 108 Abs. 3 S. 3 AEUV nichtig sind.[55]

---

[45] ABl. 2005 C 297/4. Ziffer 14 dieses Gemeinschaftsrahmens sieht insbesondere vor, dass die Höhe des Ausgleichs nicht über das hinausgehen darf, was erforderlich ist, um die durch die Erfüllung der Gemeinwohlverpflichtung verursachten Kosten unter Berücksichtigung der dabei erzielten Einnahmen und einer angemessenen Rendite aus der Erfüllung dieser Verpflichtung abzudecken. Darin enthalten sind sämtliche vom Staat oder aus staatlichen Mitteln in jedweder Form gewährten Vorteile.

[46] Kom., ABl. 2009 L 97/14, Staatliche Beihilfe NN 102/2005, RdNr. 106 ff. – südmährische Busse; Kom., ABl. 2009 L 306/26, RdNr. 112 ff. – Postbus Lienz; Kom., Staatliche Beihilfe N 350/2007, RdNr. 52 ff. – Buserwerbe Tschechien; Kom., ABl. 2008 C 35/13, RdNr. 141 ff. – DB Regio; gegen den Ansatz der Kommission vgl. aber *Otting/Soltész/Melcher*, EuZW 2009, 444, 446 f. mwN.

[47] Vgl. dazu oben, RdNr. 509 ff. mwN.

[48] Kom., Staatliche Beihilfe C 41/08 (ex NN 35/2008), IP/10/178 (Entscheidung vom 24. 2. 2010) – Danske Statsbaner (Dänemark hatte sich in dem Verfahren bereit erklärt, einen neuen Finanzierungsmechanismus für den dänischen Eisenbahnbetreiber einzuführen, woraufhin die Kommission das Verfahren beendete), s. auch den diesbezüglichen Beschluss zur Einleitung des förmlichen Prüfverfahrens, ABl. 2008 C 309/14; Kom., Staatliche Beihilfe N 495/2007 (das Verfahren betraf ein tschechisches Programm zur Modernisierung von Eisenbahnfahrzeugen im Rahmen von Verträgen über gemeinwirtschaftliche Verpflichtungen; die Kommission sah das vierte Altmark-Kriterium als nicht erfüllt, die Beihilfe aber als vereinbar mit VO 1191/69 an).

[49] Kom., Staatliche Beihilfe C 54/07 (ex NN 55/07), ABl. 2008 C 174/13 – Emsländische Eisenbahn; Kom., Staatliche Beihilfe C 47/07 (ex NN 22/2005), ABl. 2008 C 35/13 – DB Regio wg. Überkompensation von Verkehrsdiensten in Berlin/Brandenburg; Kom., Staatliche Beihilfe C 58/06 (ex NN 98/05), ABl. 2007 C 74/18 – Stadt Mohnheim.

[50] Vgl. hierzu *Hellriegel/Schmitt* IR 2009, 259.

[51] Kom., Staatliche Beihilfe C 47/07 (ex NN 22/2005), ABl. 2008 C 35/13, RdNr. 131 ff. – DB Regio.

[52] Dies hätte in Deutschland für bestehende, aber nicht notifizierte Dienstleistungsverträge gravierende Auswirkungen. Denn ein Verstoß gegen das unionsrechtliche Vollzugsverbot des Art. 108 Abs. 3 S. 3 AEUV führt nach der Rechtsprechung des BGH zur Nichtigkeit des Verkehrsvertrags gem. § 134 BGB, vgl. BGH EuZW 2003, 444, 445; BGH EuZW 2004, 254, 255.

[53] VG Gelsenkirchen, Urteil vom 19. 12. 2008 – 14 K 2147/07 (juris), RdNr. 180 ff.; so auch *Hellriegel/Schmitt* IR 2009, 259, 262 f.; vgl. auch *Koenig* N&R 2009, 33; *Lübbig* DVBl. 2009, 469; *Oertel* EPPPL 2009, 147, 149 f. (auch zu weiteren deutschen Gerichtsverfahren); *Otting/Soltész/Melcher* EuZW 2009, 444, 445; *Wessely/Müller-Rappard* e-Competition, December 2008, 1.

[54] Zur Frage, ob sich die Vereinbarkeit der im Streit stehenden (Alt-)Verträge nach den Altmark-Kriterien und ggf. der VO 1191/69 richtet oder nach der neuen VO 1370/2007, vgl. in diesem Band oben Landverkehr/Straßenverkehr, Abschnitt 3 b)aa), RdNr. 513 f.

[55] Vgl. dazu in diesem Band oben Landverkehr/Straßenverkehr, Abschnitt 3 b)aa) aE., RdNr. 511 ff. mwN; ob solcherart nichtige Verträge einer Bestätigung nach § 141 BGB zugänglich sind, ist streitig: dafür wohl BGH EuZW 2003, 444, da er auf § 141 BGB am Rande Bezug nimmt; dagegen etwa *Pechstein*, Urteilsanmerkung zu BGH EuZW 2003, 444 unter Berufung auf den Rang des Durchführungsverbots in Art. 108 Abs. 3 AEUV; vgl. auch *Koenig* N&R 2009, 33 ff.

bb) VO 1107/70. Die zum 3. 12. 2009 aufgehobene[56] und gegenüber VO 1191/69 nach- 573 rangige[57] VO 1107/70 über Beihilfen im Eisenbahn-, Straßen- und Binnenschiffsverkehr bezog sich auf verkehrsspezifische Beihilfen und erklärte insoweit die Art. 107 ff. AEUV für anwendbar.[58] Für Beihilfen zur Verkehrskoordinierung oder zur Abgeltung gemeinwirtschaftlicher Leistungen iSv. Art. 93 AEUV enthielt Art. 3 VO 1107/70 einen Numerus Clausus mit der Folge, dass die Genehmigung solcher Beihilfen nicht mehr direkt auf Art. 93 AEUV gestützt werden, sondern nur nach Art. 3 VO 1107/70[59] bzw. Art. 107 Abs. 2, Abs. 3 AEUV erfolgen konnte.[60]

Art. 3 Nr. 1 VO 1107/70 sah eine Genehmigung folgender Koordinierungsbeihilfen vor: 574 Beihilfen an Eisenbahnen zum Ausgleich bestimmter Mehrbelastungen; an alle Landverkehrsunternehmen wegen der Anlastung von Wegekosten[61] oder für Forschungs- und Entwicklungsmaßnahmen oder zur Beseitigung von Überkapazitäten.[62] Art. 3 Nr. 2 VO 1107/70 ermöglichte die Gewährung von Beihilfen zur Abgeltung gemeinwirtschaftlicher Dienstleistungen, insbesondere zur Abgeltung von Tarifpflichten oder in von der Anwendung der VO 1191/69 ausgenommenen Verkehren.[63]

Die nach Art. 3 VO 1107/70 gewährten Beihilfen unterlagen grundsätzlich der Notifizie- 575 rungspflicht nach Art. 108 Abs. 3 AEUV.[64]

c) VO 1192/69. Nach der bis heute anwendbaren VO 1192/69 über gemeinsame Regeln 576 für die Normalisierung der Konten der Eisenbahnunternehmen sollen die Konten der Eisenbahnunternehmen normalisiert und der daraus folgende finanzielle Ausgleich nur nach Maßgabe der Verordnung vorgenommen werden. Als Normalisierung der Konten gilt dabei die Ermittlung und der Ausgleich der Vorteile und Lasten der Eisenbahnunternehmen im Vergleich zu denjenigen Vorteilen und Lasten, die sie unter den Bedingungen anderer Verkehrsarten hätten (Art. 1, 2); ausdrücklich ausgenommen sind gemeinwirtschaftliche Verpflichtungen nach VO 1191/69 (Art. 2 Abs. 3). Die Vorteile und Lasten werden in Art. 4 nebst Anhang der VO 1192/69 in einzelnen Kategorien aufgeschlüsselt. Einige waren zwischenzeitlich bereits zu beseitigen (Art. 4 Abs. 2, Abs. 3); andere sind ausdrücklich Gegenstand der Normalisierung der Konten (Art. 4 Abs. 1; etwa typische Staatsaufgaben, bestimmte soziale Aufwendungen wie Renten sowie Aufwendungen für Kreuzungsanlagen) oder können es sein (Art. 4 Abs. 4; etwa Beschäftigungsauflagen, soziale Aufwendungen der Krankheitsfürsorge und Aufwendungen für unwirtschaftliche Betriebseinrichtungen).

Der sich für jede Normalisierungskategorie ergebende Ausgleichsbetrag wird nach Maßgabe 577 der Berechnungsgrundsätze im Anhang der VO 1192/69 bestimmt. Soweit sich daraus eine Belastung des Eisenbahnunternehmens ergibt, hat es Anspruch auf einen entsprechenden finanziellen Ausgleich, den die Behörden auf jährlichen Antrag festsetzen (Art. 6 Abs. 2, Art. 7 ff.).

Nach Art. 13 Abs. 2 VO 1192/69 sind Ausgleichszahlungen nach dieser Verordnung von der 578 Notifizierungspflicht nach Art. 108 Abs. 3 AEUV befreit.

d) Ausgleichsleistungen für die Erfüllung gemeinwirtschaftlicher Verpflichtungen 579 **im öffentlichen Personenverkehr (VO 1370/2007).** Die – anderweitig ausführlich be-

---

[56] Vgl. Art. 10 Abs. 2 der VO 1370/2007; zu den Gründen für die Aufhebung vgl. *Kaufmann/Lübbig/Prieß/Pünder* Art. 10 RdNr. 27 ff. mwN.

[57] Vgl. dazu *Frohnmeyer/Mückenhausen/Nemitz*, VO 1107/70, RdNr. 44.

[58] Vgl. Art. 1, 2 der VO 1107/70.

[59] Oder nach VO 1191/69 bzw. VO 1192/69; vgl. dazu Eisenbahnleitlinien, RdNr. 18.

[60] Arg. „nur in folgenden Fällen und unter nachstehenden Voraussetzungen", Art. 3 S. 1 der VO 1107/70; vgl. dazu auch EuGH, C-280/00, Slg. 2003, I-7747, RdNr. 107 – Altmark; *Frohnmeyer/Mückenhausen/Nemitz*, VO 1107/70, RdNr. 16 ff., 25 ff. mwN; dabei gingen EuGH und Kommission davon aus, dass Ausgleichszahlungen für gemeinwirtschaftliche Leistungen, die in Widerspruch zu Art. 93 AEUV oder dessen sekundärrechtlichen Ableitungen stehen, auch nicht nach Art. 106 Abs. 2 oder Art. 107 Abs. 2, Abs. 3 AEUV für mit dem Binnenmarkt vereinbar erklärt werden konnten, vgl. dazu Gruppenfreistellungsentscheidung, Erwägungsgründe RdNr. 17 sowie Eisenbahnleitlinien, RdNr. 18, je mwN.

[61] Vgl. dazu und zu den in der Entscheidungspraxis der Kommission entwickelten, ungeschriebenen Genehmigungsvoraussetzungen etwa Kom., Staatliche Beihilfe N 574/2006, RdNr. 39 ff. – italienische Beihilfen zur Errichtung einer Frachtautobahn; Kom., Staatliche Beihilfe N 662/2006 – dänische Umweltbeihilfe zum Ausgleich von Infrastrukturentgelten.

[62] Befristete Genehmigungsmöglichkeiten für Koordinierungsbeihilfen im kombinierten Verkehr und in der Binnenschifffahrt nach Art. 3 Nr. 1 lit. e, f VO 1107/70 liefen 1997 bzw. 1999 aus; zur Genehmigungspraxis der Kommission nach Art. 3 Nr. 1 VO 1107/70 vgl. *Frohnmeyer/Mückenhausen/Nemitz*, VO 1107/70, RdNr. 54 ff. mwN.

[63] Vgl. *Frohnmeyer/Mückenhausen/Nemitz*, VO 1107/70, RdNr. 75 ff.

[64] Vgl. Art. 5 der VO 1107/70.

schriebene[65] – VO 1307/2007 ist auf Strassen- und Schienenverkehr gleichermaßen anwendbar. Die meisten danach und nach den „Altmark"-Kriterien bzw. Art. 106 Abs. 2 AEUV beurteilten Fälle bezogen sich auf den Strassenverkehr, können aber – unter Berücksichtigung sektorspezifischer Besonderheiten – auf den Schienenverkehr übertragen werden.

580   Soweit ersichtlich wurde die am 3. 12. 2009 in Kraft getretene VO 1307/2007 im Schienenverkehr erstmals auf Ausgleichsmaßnahmen zugunsten der *Danske Statsbaner* angewandt. Die staatseigene DSB betreibt in Dänemark nationale wie regionale Eisenbahnstrecken sowie S-Bahn-Verkehre und erhält jährliche Ausgleichszahlungen für gemeinwirtschaftliche Verpflichtungen im Hinblick auf Verbindungen, Frequenz und Qualität ihrer Leistungen. Die Kommission prüfte diese Kompensationen nach Maßgabe der VO 1307/2007 und stellte mit Entscheidung vom 24. 2. 2010 fest, dass die Ausgleichszahlungen nur der Kostendeckung dienten und damit auf das erforderliche Minimum beschränkt waren. Nachdem Dänemark eine Umstellung des Finanzierungssystems zusagte, stellte die Kommission das förmliche Prüfverfahren ein. Die Entscheidung betont, dass ein Ausgleichssystem Anreize für eine effiziente Verwaltung des Streckennetzes und qualitativ hochwertige Dienste enthalten muss. Ferner verpflichtete die Kommission Dänemark, Dividenden aus Erträgen der DSB ebenso abzuschöpfen wie vertragliche Entschädigungszahlungen säumiger Lieferanten sowie ein System zur Rückerstattung von Überkompensationen einzuführen.[66]

581   Nicht in Anwendung, aber in Anlehnung an VO 1370/2007 erging schließlich die Entscheidung der Kommission zu staatlichen Rentenzuschüssen im Fall des staatlichen Pariser Verkehrsunternehmens RATP. Die Einrichtung einer das Unternehmen entlastenden staatlichen Rentenkasse wurde von der Kommission – unter Ablehnung einer Anwendung der „Combus"-Rechtsprechung[67] – als Beihilfe iSv. Art. 107 Abs 1 AEUV gewertet, aber nach Art. 107 Abs. 3 lit. c AEUV, wenngleich unter Bedingungen genehmigt.[68] Staatliche, an das allgemeine Rentensystem angeglichene Ausgleichszahlungen an diese Rentenkasse wurden indes nicht als Beihilfe iSv. Art. 107 Abs. 1 AEUV gewertet. Der Entscheidung kommt eine wichtige Leitfunktion bei der Bewertung staatlicher Rentenversorgungsleistungen an – einstmals als staatliche Eigenbetriebe, nunmehr als separate öffentlichen Unternehmen geführte – Verkehrsunternehmen zu.

582   **4. Beihilfen außerhalb des öffentlichen Personenverkehrs.** Außerhalb des Anwendungsbereichs der VO 1370/2007, also abgesehen von Ausgleichsleistungen für die Erbringung von Dienstleistungen von allgemeinem Interesse im Bereich des öffentlichen Personenverkehrs, sind staatliche Unterstützungsmaßnahmen im Schienenverkehr nach allgemeinen beihilferechtlichen Maßstäben zu beurteilen. Insbesondere können staatliche Beihilfen neben Art. 93 AEUV auch auf Grundlage von Art. 106 Abs. 2 und 107 Abs. 2, Abs. 3 AEUV mit dem Binnenmarkt vereinbar sein.[69] Von besonderer Bedeutung sind dabei die Eisenbahnleitlinien 2008, die umfassend darlegen, unter welchen Umständen Beihilfen an Eisenbahnunternehmen nach Auffassung der Kommission gem. den vorgenannten Bestimmungen mit dem Binnenmarkt vereinbar sein können.[70]

583   Die Leitlinien dienen als Orientierungshilfe für die Vereinbarkeit von Beihilfen an Eisenbahnunternehmen[71] und streben in enger Anlehnung an die Liberalisierungsmaßnahmen im Schienenverkehr an, Transparenz und Rechtssicherheit zu verbessern.[72] Sie beziehen sich auf die Bewertung solcher Beihilfen nach Art. 93, 107 AEUV,[73] die an Eisenbahnunternehmen iSv. Richtlinie 91/440/EWG gewährt werden und gehen insbesondere auf folgende Aspekte ein:
– Staatliche Förderung der Eisenbahnunternehmen durch Finanzierung von Schieneninfrastruktur (Kapitel 2)

---

[65] Vgl. oben Landverkehr/Straßenverkehr, Abschnitt 3 b)cc) mwN; RdNr. 517 ff.; vgl. auch *Heiß* VerwArch 100 (2009) 113, 115 ff.; *Hellriegel/Schmitt* IP 2009, 259, 263 f.; *Barrot* Concurrences 2006, 121, 123 f.; *Recker* ZKF 2009, 49.

[66] Vgl. Kom., Staatliche Beihilfe C 41/2008 (ex NN 35/2008), IP/10/178 – Danske Statsbaner; zur Eröffnungsentscheidung in diesem Verfahren vgl. Kom., ABl. 2008 C 309/14.

[67] Vgl. EuG, T-157/01, Slg. 2004, II-917 – Danske Busvognmaend.

[68] Kom., ABl. 2009 L 327/21, RdNr. 120 ff. – RATP.

[69] Vgl. EuGH, Rs. 156/77, Slg. 1978, 1881, RdNr. 9/13 – Kommission/Belgien; *Calliess/Ruffert/Jung* Art. 73 EG RdNr. 6; *von der Groeben/Schwarze/Erdmenger* Art. 73 EG RdNr. 4.

[70] Vgl. dazu auch *Grard* Revue de droit des transports (7) 2008, 135.

[71] Unter Ausschluss von Beihilfen an Schieneninfrastrukturbetreiber; vgl. Eisenbahnleitlinien RdNr. 23.

[72] Vgl. Eisenbahnleitlinien RdNr. 15.

[73] Die Eisenbahnleitlinien sind ausdrücklich nicht auf Beihilfen nach VO 1192/69 anwendbar, vgl. Eisenbahnleitlinien RdNr. 21 m. Fn. 1.

- Beihilfen zur Anschaffung und Erneuerung von Fahrzeugen (Kapitel 3)
- Schuldentilgung (Kapitel 4)
- Beihilfen zur Umstrukturierung von Eisenbahnunternehmen – Umstrukturierung von Güterverkehrssparten (Kapitel 5)
- Beihilfen für die Koordinierung des Verkehrs (Kapitel 6)
- Staatliche Bürgschaften zugunsten von Eisenbahnunternehmen (Kapitel 7).

a) Finanzierung von Schieneninfrastruktur (Kapitel 2 der Leitlinien). Die Errichtung **584** und Wartung einer sicheren, interoperablen und für Hochgeschwindigkeitszüge geeigneten Schieneninfrastruktur hat für die Entwicklung des Eisenbahnwesens eine herausragende Bedeutung. Die dafür erforderlichen Investitionen sind im Hinblick auf den in der EU vielfach noch maroden Zustand der Schieneninfrastruktur, die Erfordernisse des transeuropäischen Transport-Netzwerks (TEN-T) und den Umstand, dass die Spurweiten, Strom- und Signalanlagen uvm. EU-weit noch immer nicht vereinheitlicht sind, ganz erheblich.[74]

Nach Auffassung der Kommission stellt die Errichtung bzw. Finanzierung einer Verkehrs- **585** infrastruktur durch die öffentliche Hand selbst keine wirtschaftliche Tätigkeit bzw. selektive Begünstigung im Sinne des Art. 107 Abs. 1 AEUV dar, sofern die Verkehrsinfrastruktur allen potentiellen Nutzern auf fairer und diskriminierungsfreier Basis zugänglich ist und – im Falle von Eisenbahninfrastrukturen – das Nutzungsentgelt den einschlägigen Vorgaben der EU entspricht.[75] Soweit eine Verkehrsinfrastruktur dagegen durch ein privates Unternehmen (zB im Rahmen einer Public-Private-Partnership oder einer staatlichen Konzession) errichtet oder betrieben wird, liegt eine wirtschaftliche Tätigkeit im Sinne des Art. 107 Abs. 1 AEUV vor, so dass – sofern auch eine selektive Begünstigung vorliegt – die Vorschriften über staatliche Beihilfen anwendbar sind.[76] Allerdings sind die Eisenbahnleitlinien auf Beihilfen an Infrastrukturbetreiber nicht anwendbar, sondern bleibt es insoweit beim Rückgriff auf Art. 107 AEUV und die insbesondere in der Entscheidungspraxis der Kommission dazu entwickelten Genehmigungskriterien.[77]

Obwohl auch Errichtung und Betrieb von Schieneninfrastruktur im gemeinwirtschaftlichen **586** Interesse liegen, war die Kommission – anders als in Bezug auf Straßenverkehrsinfrastruktur[78] – bisher nicht aufgerufen, die Vereinbarkeit von Ausgleichszahlungen für gemeinwirtschaftliche Verpflichtungen in Bezug auf Errichtung und Betrieb von Schieneninfrastruktur mit den Altmark-Kriterien bzw. Art. 106 Abs. 2 AEUV zu überprüfen.

Für die Vereinbarkeit von Fördermaßnahmen zugunsten bedeutender Schieneninfrastruktur- **587** projekte mit dem Binnenmarkt kann insbesondere Art. 107 Abs. 3 lit. b) AEUV in Betracht kommen. Nach dieser Bestimmung kann die Kommission Beihilfen zur Förderung wichtiger Vorhaben von gemeinsamem europäischem Interesse für mit dem Binnenmarkt vereinbar erklären. Die Kommission hat in den letzten Jahren eine Reihe von Fördermaßnahmen Großbritanniens in Bezug auf das *Eurostar*-Projekt, welches 1994 auf dem Europäischen Rat in Essen als eines der vierzehn prioritären EU-Verkehrsinfrastrukturprojekte benannt wurde, auf Grundlage dieser Bestimmung genehmigt.[79] Ferner ist eine Genehmigung von Infrastrukturbeihilfen auch nach Art. 107 Abs. 3 Buchst. c) AEUV möglich.[80]

---

[74] Zu den Erfordernissen und Maßnahmen in diesem Bereich vgl. die Webseite der GD Mobilität unter http://ec.europa.eu/transport/rail/interoperability/interoperability_safety_en.htm.

[75] Vgl. Eisenbahnleitlinien RdNr. 25; Kom., Staatliche Beihilfe N 420/2008, RdNr. 146 – Umstrukturierung London & Continental Railways (LCR); Kom., Staatliche Beihilfe N 390/2005 – Finanzierung des Baus von Umschlaganlagen zur Reaktivierung der Eisenbahnlinie Lanaken-Maastricht; Kom., Staatliche Beihilfe N 478/2004, RdNr. 26 – CIÉ; Kom., Staatliche Beihilfe N 149/2006, RdNr. 31 – M3 Clonee; Kom., Staatliche Beihilfe N 355/2004, RdNr. 34 – PPP Tunnel Antwerpen; Kom., Staatliche Beihilfe N 550/2002, RdNr. 24 – belgische PPP Umschlagsanlagen.

[76] Kom., Staatliche Beihilfe N 478/2004, RdNr. 27 ff. – CIÉ; Kom., Staatliche Beihilfe N 149/2006, RdNr. 32 ff. – M3 Clonee; Kom., Staatliche Beihilfe N 264/2002, RdNr. 73 ff. – London Underground PPP; Kom., Staatliche Beihilfe N 362/2009, RdNr. 25 ff. – französische Autobahnkonzessionen; Kom., Staatliche Beihilfe N 562/2005, RdNr. 62 ff. – SITMB; vgl. auch *Lübbig/Martín-Ehlers*, RdNr. 509 mwN.

[77] Vgl. Eisenbahnleitlinien, RdNr. 15; zum Beihilfecharakter einer kostenlosen Überlassung des deutschen Schienennetzes an die DB Netz AG vgl. *Basedow* EuZW 2007, 65, 65 f.

[78] Vgl. dazu oben Landverkehr/Straßenverkehr, Abschnitt 4 a); RdNr. 534 ff.

[79] Vgl. zuletzt Kom., Staatliche Beihilfe N 420/2008, RdNr. 160 ff. – Restrukturierung London & Continental Railways and Eurostar (UK) Limited; dort auch zu den früheren Entscheidungen.

[80] Zur Genehmigung von Infrastrukturbeihilfen im Straßenverkehr nach Art. 107 Abs. 3 AEUV iVm. einer entsprechenden Heranziehung der Flughafenleitlinien vgl. Kom., Staatliche Beihilfe N 149/2006, RdNr. 31 – M3 Clonee; oben in diesem Band Landverkehr/Straßenverkehr, Abschnitt 4 a); RdNr. 539.

588   In anderen Fällen, die insbesondere die Förderung von privaten Anschlussbahnen[81] betrafen, war die Kommission der Auffassung, dass Art. 93 AEUV die angemessene Rechtsgrundlage zur Prüfung von Eisenbahninfrastrukturbeihilfen zum Erwerb, Erhalt, Bau und Ausbau der Infrastrukturen sowie zur Beurteilung ihrer Vereinbarkeit mit dem Binnenmarkt sei.[82] Nach ihrer Auffassung glichen die fraglichen Beihilfen Infrastrukturausgaben aus, die andere Verkehrsträger, insbesondere die Straße, nicht zu tragen hatten, so dass die Beihilfen auf Grundlage von Art. 3 Abs. 1 lit. b VO 1107/70 genehmigt werden konnten.[83] Nach Außerkrafttreten der VO 1107/70 richtet sich die Vereinbarkeit von Infrastrukturbeihilfen mit dem Binnenmarkt unmittelbar nach Art. 93 AEUV. Die Eisenbahnleitlinien gelten zwar nach ihrer RdNr. 23 nicht für die öffentliche Infrastrukturfinanzierung; soweit Infrastrukturbeihilfen allerdings der Koordinierung des Verkehrs dienen, ist gem. RdNr. 26 der Eisenbahnleitlinien deren Kapitel 6 anwendbar.[84]

589   Beihilfen für Infrastrukturen, die nicht unmittelbar der Verkehrskoordinierung, aber der Verbesserung des Umweltschutzes dienen, können nach Art. 107 Abs. 3 lit. c AEUV iVm. den Umwelt-Leitlinien genehmigt werden.[85]

590   **b) Beihilfen zur Anschaffung und Erneuerung von Fahrzeugen (Kapitel 3 der Leitlinien).** Kapitel 3 der Eisenbahnleitlinien steht vor dem Hintergrund des generell hohen Alters und schlechten Zustands der Wagen und Lokomotiven in den EU-Mitgliedstaaten.[86] Die Erneuerung dieser Flotten hat daher eine hohe Priorität. Auch wenn die damit für die Eisenbahnunternehmen verbundenen Anschaffungskosten typischerweise Betriebskosten und in diesem Zusammenhang gewährte Beihilfen eigentlich (typischerweise nicht genehmigungsfähigen) Betriebsbeihilfen darstellen, gehen die Eisenbahnleitlinien davon aus, dass Beihilfen hier ausnahmsweise zur Verwirklichung mehrerer Ziele von gemeinsamem Interesse beitragen und damit genehmigungsfähig sein können.[87]

591   Kapitel 3 der Eisenbahnleitlinien gilt ausdrücklich auch für Personenbeförderungsdienste im Stadt-, Vorort- und Regionalverkehr.[88] Genehmigungsfähig sind bei Erfüllung der entsprechenden Voraussetzungen daher auch Anschaffungsbeihilfen für S-Bahn, U-Bahn und Straßenbahn.[89] Als nicht beihilfefähig gelten demgegenüber Anschaffungskosten für Fahrzeuge, die ausschließlich im Eisenbahngüterverkehr eingesetzt werden.[90]

592   Beihilfefähig sind in den og. Verkehren sowohl die Kosten der Erstanschaffung wie die des Fahrzeugersatzes; letzteres aber nur, soweit entweder die ersetzten Fahrzeuge älter als 15 Jahre sind oder aber der Verkehr mit Regionen nach Art. 107 Abs. 3 lit. a AEUV betroffen ist.[91] Soweit die Eisenbahnunternehmen in diesem Zusammenhang Altfahrzeuge veräußern oder Kom-

---

[81] Dies sind private Schienenanlagen, über die beispielsweise Industriestandorte an das öffentliche Schienenverkehrsnetz angeschlossen werden. Unternehmen kann es so ermöglicht werden, für die Beförderung ihrer Güter vom Ausgangs- zum Zielort ausschließlich den Schienenverkehr zu nutzen, ohne andere Verkehrsträger, namentlich den Straßenverkehr, für einzelne Abschnitte der Beförderung in Anspruch nehmen zu müssen.

[82] Schon Art. 7 Abs. 3 der Richtlinie 91/440/EWG sah vor, dass die Mitgliedstaaten den Betreibern von Eisenbahninfrastrukturen Beihilfen unter Wahrung der Art. 77, 92 und 93 EWG (nunmehr Art. 93, 107 und 108 AEUV) zuweisen konnten.

[83] Kom., Staatliche Beihilfe N 170/2004, RdNr. 37 ff. – Deutschland, Richtlinie zur Förderung des Neu- und Ausbaus sowie der Reaktivierung von privaten Gleisanschlüssen, sowie deren Verlängerung durch Kom., Staatliche Beihilfe N 184/2009, RdNr. 11 ff. (Beihilfen zur Anschaffung von Umschlaggerät wurden in derselben Entscheidung indes nach Art. 107 Abs. 3 lit. c AEUV genehmigt, aaO RdNr. 15 mwN zur Entscheidungspraxis); Kom., Staatliche Beihilfe N 308/2002, RdNr. 31 – Deutschland, Richtlinien über die Gewährung von Zuwendungen zur Förderung von Investitionen zum Erwerb, Erhalt, Bau und Ausbau von Eisenbahninfrastrukturen im Land Sachsen-Anhalt, sowie deren Verlängerung durch Kom., Staatliche Beihilfe N 95/2007, RdNr. 19 ff.; Kom., Staatliche Beihilfe N 643/2001, RdNr. 31 ff. – Österreich, Programm zur Unterstützung des Ausbaus von Anschlussbahnen, sowie deren Verlängerung durch Kom., Staatliche Beihilfe N 707/2006, RdNr. 22 ff. – Verlängerung einer Beihilferegelung zum Ausbau privater Gleisanschlüsse; vgl. auch *Hancher/Ottervanger/Slot* RdNr. 16–022.

[84] S. hierzu unten Abschnitt 4 e.

[85] Vgl. Kom., Staatliche Beihilfe N 642/2008 – Beihilfen für Biokraftstofftankanlagen an SPNV-Unternehmen in der tschechischen Region Severovychod.

[86] Vgl. Eisenbahnleitlinien RdNr. 27.

[87] Vgl. Eisenbahnleitlinien RdNr. 29.

[88] Vgl. Eisenbahnleitlinien RdNr. 15.

[89] Vgl. Eisenbahnleitlinien RdNr. 34.

[90] Vgl. Eisenbahnleitlinien RdNr. 34.

[91] Vgl. Eisenbahnleitlinien RdNr. 35; für den Fall der Bedienung mehrerer Regionen mit unterschiedlichen Förderhöchstsätzen vgl. aaO. RdNr. 38.

pensationen für gemeinwirtschaftliche Dienstleistungen erhalten, sind diese entsprechenden Einnahmen grundsätzlich anzurechnen.[92]

Die Eisenbahnleitlinien erläutern in Kapitel 3 – mit einer Ausnahme – nicht selbst die Krite- **593** rien, nach denen die Kommission die Vereinbarkeit von Beihilfen zur Anschaffung und Erneuerung von Fahrzeugen mit dem Binnenmarkt beurteilt. Vielmehr verweisen sie auf die diejenigen Bestimmungen im Unionsrecht, nach denen derartige Beihilfen genehmigt werden können.[93] Hierzu zählen insbesondere die sog. Umweltschutzleitlinien.[94]

Die og. Ausnahme betrifft Beihilfen mit regionaler Zielsetzung. Die Eisenbahnleitlinien sehen **594** vor, dass unter bestimmten Voraussetzungen Regionalbeihilfen gewährt werden können, die dem Erwerb und dem Austausch von Fahrzeugen des Schienenpersonenverkehrs dienen. Die Kommission hebt damit ein entsprechendes Verbot auf, das in den Regionalbeihilfen-Leitlinien für den Zeitraum 2007–2013[95] enthalten ist. Im Interesse der Reisenden und einer umweltverträglicheren Mobilität sind derartige Beihilfen nun zulässig, wenn sie der – vor allem in den neuen Mitgliedstaaten dringend gebotenen – Modernisierung des Schienenverkehrs dienen und insbesondere folgende Voraussetzungen erfüllen:[96]
– Die betreffenden Fahrzeuge müssen für die Personenbeförderung im Stadt-, Vorort- oder Regionalverkehr innerhalb einer bestimmten Region oder auf einer bestimmten Strecke, die mehrere Regionen bedient, eingesetzt werden;
– die mit der Beihilfe angeschafften Fahrzeuge müssen mindestens zehn Jahre innerhalb der Region bzw. auf der mehrere Regionen durchquerenden Strecke, für die die Beihilfe gewährt wurde, eingesetzt werden;
– die neuen Fahrzeuge müssen den für das betreffende Netz geltenden Interoperabilitäts-, Sicherheits- und Umweltanforderungen entsprechen;
– der Mitgliedstaat weist nach, dass das Vorhaben zu einer kohärenten Regionalentwicklungsstrategie beiträgt.[97]

Angesichts der Missbrauchsgefahr aufgrund Öffnung der grenzüberschreitenden und der Ka- **595** botageverkehre will die Kommission den ordnungsgemäßen Einsatz der Beihilfen genau beobachten.[98]

c) Beihilfen zur Schuldentilgung (Kapitel 4 der Leitlinien). Vor dem Hintergrund der **596** hohen Verschuldung fast aller Eisenbahnunternehmen und der dazu bereits aufgrund Richtlinie 91/440/EWG erfolgten Umschuldungsmaßnahmen weisen die Eisenbahnleitlinien zunächst darauf hin, dass staatliche Tilgungsmaßnahmen zugunsten von Eisenbahnunternehmen immer dann als Beihilfe iSv. Art. 107 Abs. 1 AEUV angesehen werden müssen, wenn die Tilgung aufgrund der getroffenen Liberalisierungsmaßnahmen die wettbewerbliche Position des entschuldeten Unternehmens aktuell oder potentiell verbessert.[99]

Unbeschadet der Rettungs- und Umstrukturierungsleitlinien[100] und einer direkten Anwen- **597** dung des Art. 93 AEUV (bei Beihilfen, die ausschließlich der Verkehrskoordinierung dienen, Ausgleich für gemeinwirtschaftliche Verpflichtungen sind oder die Kontennormalisierung nach VO 1192/69 betreffen)[101] sind Beihilfen zur Schuldentilgung, die nach Art. 108 Abs. 3 AEUV notifiziert werden müssen, unter folgenden Voraussetzungen nach Art. 107 Abs. 3 lit. c AEUV genehmigungsfähig: die Schulden müssen grundsätzlich vor dem 15. 3. 2001 entstanden sein

---

[92] Vgl. Eisenbahnleitlinien RdNr. 37, 40.

[93] Vgl. Eisenbahnleitlinien RdNr. 33.

[94] Leitlinien der Gemeinschaft für staatliche Umweltschutzbeihilfen, ABl. 2008 C 82/1; vgl. für den Eisenbahnsektor Kom., Staatliche Beihilfe N 324/2009, RdNr. 22 ff. – „Leiser Rhein"; vgl. zu den Umweltschutzleitlinien und der umfangreichen Kommissionspraxis im Straßentransportsektor oben Landverkehr/ Straßenverkehr, Abschnitt 4 d), RdNr. 543 ff.

[95] Leitlinien für staatliche Beihilfen mit regionaler Zielsetzung 2007–2013, ABl. 2006 C 54/13, RdNr. 50 m. Fn. 48.

[96] Vgl. Eisenbahnleitlinien, RdNr. 36; Diese Genehmigungsvoraussetzungen will die Kommission analog auch auf den Straßenverkehr anwenden, vgl. aaO. RdNr. 34 m. Fn. 1.

[97] Die Kommission hat am 11. 9. 2009 erstmals auf dieser Grundlage eine bulgarische Maßnahme zur Modernisierung der Fahrzeuge des Schienenpersonenverkehrs genehmigt, vgl. Kom., Staatliche Beihilfe N 175/2009, RdNr. 48 ff. – BDZ EAD.

[98] Vgl. Eisenbahnleitlinien RdNr. 36 lit. a, 37 f.

[99] Vgl. Eisenbahnleitlinien RdNr. 49.

[100] Mitteilung der Kommission – Leitlinien der Gemeinschaft für staatliche Beihilfen zur Rettung und Umstrukturierung von Unternehmen in Schwierigkeiten, ABl. 2004 C 244/2; verlängert bis 9. 10. 2012, ABl. 2009 C 156/3.

[101] Vgl. Eisenbahnleitlinien RdNr. 52 f.

und in direktem Zusammenhang mit der Erbringung von Eisenbahnverkehrsleistungen oder Betrieb, Errichtung oder Nutzung der Eisenbahninfrastruktur stehen; die Begünstigten müssen einen übermäßig hohen Verschuldungsgrad aufweisen, der eine gesunde Geschäftsführung und eine Sanierung absehbar ausschließt; die Beihilfen müssen verhältnismäßig sein, dürfen den Schuldenberg nicht übersteigen und dürfen nicht aus Abgaben anderer Eisenbahnunternehmen finanziert sein.[102]

598   **d) Beihilfen zur Umstrukturierung von Eisenbahnunternehmen – Umstrukturierung von Güterverkehrssparten (Kapitel 5 der Leitlinien).** Die Überschuldung der meisten Eisenbahnunternehmen machte in zahlreichen Fällen Rettungs- und Umstrukturierungsbeihilfen erforderlich. Diese werden von der Kommission grundsätzlich nach Maßgabe der Rettungs- und Umstrukturierungsleitlinien bewertet.[103] Werden Beihilfen an „Unternehmen in Schwierigkeiten" vergeben, ohne dass die Vorgaben der Rettungs- und Umstrukturierungsleitlinien beachtet werden, scheidet eine Genehmigung idR aus; so erließ die Kommission etwa eine Negativ- und Rückforderungsentscheidung in Bezug auf Darlehen (zu Referenzzinsätzen), welche Gebietskörperschaften an einen in Schwierigkeiten befindlichen Hersteller von Güterwagen und Flüssigcontainern gewährt hatten, ohne dass ein Restrukturierungsplan erarbeitet oder das Risiko des Darlehensausfalls eingepreist worden war.[104]

599   Eine Besonderheit besteht darin, dass rechtlich unselbständige Unternehmensteile nach den Rettungs- und Umstrukturierungsleitlinien grundsätzlich keine Umstrukturierungsbeihilfe erhalten können.[105] Die europäischen Eisenbahnunternehmen verbinden indes in vielen Fällen noch immer die Güter- und die Personenverkehrssparte unter einem Unternehmensdach; die wettbewerbliche Situation beider Sparten ist indes unterschiedlich, da der Güterverkehr seit Jahren, der Personenverkehr indes erst seit 2010 für den Wettbewerb geöffnet ist.

600   In dieser Situation sehen die Eisenbahnleitlinien befristet bis einschließlich 2009 die Möglichkeit der Gewährung von Umstrukturierungsbeihilfen an (rechtlich unselbständige) Güterverkehrssparten vor. Danach können bis zum 31. 12. 2009 notifizierte Umstrukturierungsbeihilfen an unselbständige Gütersparten genehmigt werden, wenn diese Sparten iSd. Rettungs- und Umstrukturierungsleitlinien als „Unternehmen in Schwierigkeiten" bewertet werden können, im Zuge der Umstrukturierung vom Restunternehmen rechtlich getrennt und in – alle Güteraktivitäten umfassende – Handelsunternehmen umgewandelt werden, eine Quersubventionierung zwischen umstrukturierter Gütersparte und dem Restkonzern ausgeschlossen ist, die Voraussetzungen für eine Wiederherstellung der langfristigen Rentabilität vorliegen und ein Eigenbetrag erbracht wird, der – unter den besonderen wirtschaftlichen Umständen – allerdings niedriger ausfallen kann, als in den Rettungs- und Umstrukturierungsleitlinien grundsätzlich vorgesehen.[106]

601   Ferner wird der strikte Grundsatz des „one time, last time" gelockert: zum einen kontaminiert eine notifizierte Umstrukturierungsbeihilfe für die Gütersparte nicht das restliche Unternehmen; zum anderen gilt sie selbst dann als erstmalige Umstrukturierungsbeihilfe für die Gütersparte, wenn das Gesamtunternehmen zuvor bereits eine Umstrukturierungsbeihilfe erhalten hatte.[107]

602   **e) Beihilfen für die Koordinierung des Verkehrs (Kapitel 6 der Leitlinien).** In Kapitel 6 der Leitlinien werden ferner die Bedingungen für die Anwendung von Art. 93 AEUV präzisiert, demzufolge Beihilfen, die den Erfordernissen der Koordinierung des Verkehrs entsprechen, mit dem Binnenmarkt vereinbar sind. Nach dem Inkrafttreten der VO 1370/2009 kann dieser Artikel für die Genehmigung bestimmter staatlicher Beihilfen unmittelbar als Rechtsgrundlage herangezogen werden.

[102] Vgl. Eisenbahnleitlinien RdNr. 56 ff.
[103] Eisenbahnleitlinien RdNr. 62, 73; vgl. aus der Kommissionspraxis Kom., Staatliche Beihilfe N 420/2008, RdNr. 173 ff. – London & Continental Railways (Genehmigung nach Art. 107 Abs. 3 lit. b) bzw. c) AEUV); Kom., Staatliche Beihilfe NN 47/2007 – Rettungsbeihilfe von € 1,3 Mrd. zug. der Londoner Metronet; Kom., Staatliche Beihilfe C 46/2005 (ex NN 9/2004) – Inter Ferry Boats (Entscheidung vom 24. 4. 2007); siehe aber Beschluss zur Einleitung des förmlichen Prüfverfahrens, ABl. 2006 C 159/2; Kom., Staatliche Beihilfe N 386/2004 – Fret SNCF; Kom., ABl. 2006 L 383/21 – SNCB/ABX Logistics.
[104] Vgl. Kom., ABl. 2008 L 238/27 – AFR; gegen die Entscheidung sind beim Gericht unter Az. T-267 und 279/08 verschiedene Klagen der Beihilfegeber anhängig.
[105] Vgl. Rettungs- und Umstrukturierungsleitlinien RdNr. 13.
[106] Vgl. Eisenbahnleitlinien RdNr. 74 ff.; so zuvor auch schon Kom., Staatliche Beihilfe N 389/2004, Abschnitt 3.2 – Fret SNCF; vgl. dazu ausführlich *Hancher/Ottervanger/Slot* RdNr. 16–023 ff.; vgl. auch Kom., Staatliche Beihilfe N 726/2009 – SNCB Logistics.
[107] Vgl. Eisenbahnleitlinien RdNr. 83 f.

Der Begriff „Koordinierung des Verkehrs" geht in seiner Bedeutung über die einfache För-   **603**
derung der Entwicklung einer Wirtschaftstätigkeit hinaus. Er setzt zusätzlich voraus, dass der
Staat in die Entwicklung des Verkehrssektors im Interesse der Allgemeinheit planend und lenkend eingreift.[108] Allerdings geht die Kommission davon aus, dass die zunehmende Liberalisierung eine staatliche Koordinierung im vorgenannten Sinne obsolet macht, so dass Koordinierungsbeihilfen auf liberalisierten Märkten nur noch ausnahmsweise in Betracht kommen;[109] im
Eisenbahnverkehr wird dies insbesondere bei staatlichen Infrastrukturfinanzierungen und Beihilfen zur Beseitigung von Fehlentwicklungen der Fall sein. Als solche definieren die Eisenbahnleitlinien Beihilfen zur Förderung von Verkehrsträgern mit geringen externen Kosten, zur Beseitigung von Koordinierungsproblemen (etwa hinsichtlich Interoperabilität) sowie Beihilfen zur
Forschungs-, Entwicklungs- und Innovationsförderung.[110]

Um als Koordinierungsbeihilfen *ex lege* nach Art. 93 AEUV genehmigt zu sein, müssen staat-   **604**
liche Maßnahmen tatsächlich der Verkehrskoordinierung dienen, notwendig und verhältnismäßig sein und darf die mit der Beihilfe verbundene Wettbewerbsverzerrung dem allgemeinen
Interesse der Gemeinschaft nicht zuwiderlaufen.[111] Ferner ist die Kommission der Auffassung,
dass Koordinierungsbeihilfen aufgrund der raschen Veränderungen im Verkehrssektor grundsätzlich keine höhere Laufzeit als fünf Jahre haben dürfen.[112]

Die Kommission unterscheidet in den Leitlinien vier Formen von Beihilfen, die den Erfor-   **605**
dernissen der Verkehrskoordinierung entsprechen können:[113]
– Beihilfen für die Nutzung der Infrastruktur zugunsten von Eisenbahnunternehmen, die mit
  Ausgaben für die von ihnen benutzten Verkehrswege belastet sind, welche Unternehmen an-
  derer Verkehrsarten nicht zu tragen haben;[114]
– Beihilfen zur Verringerung der externen Kosten, durch die eine Verkehrsverlagerung auf die
  Schiene gefördert werden soll, da diese gegenüber anderen Verkehrsträgern, zB der Straße,
  geringere externe Kosten verursacht;
– Beihilfen zur Förderung der Interoperabilität und, sofern sie der Koordinierung des Verkehrs
  dienen, zur Verbesserung der Sicherheit, Beseitigung technischer Hindernisse und Verringerung von Lärmemissionen;
– Beihilfen für Forschung und Entwicklung.

Im Falle der ersten drei Beihilfeformen verweisen die Leitlinien auf die in der bisherigen Ge-   **606**
nehmigungspraxis der Kommission zu Art. 3 Abs. 1 lit. b VO 1107/2007 entwickelten Kriterien.[115]

Ferner bestimmen die Leitlinien die jeweils beihilfefähigen Kosten[116] und stellen die generelle   **607**
Vermutung auf, dass Beihilfen notwendig und verhältnismäßig sind, wenn die Höhe der Beihilfen einen bestimmten prozentualen Anteil der beihilfefähigen Kosten nicht überschreitet.[117]
(Nur) bei Überschreitung dieser Höchstsätze muss der Mitgliedstaat nachweisen, dass die Maßnahme notwendig und verhältnismäßig ist.[118] Die Vermutungswirkung tritt ein bei Einhaltung
der folgenden Höchstwerte: bei Beihilfe zur Nutzung der Infrastruktur – 30% der Gesamtkosten
des Schienenverkehrs und 100% der beihilfefähigen Kosten; bei Beihilfen zur Verringerung der
externen Kosten – 30% der Gesamtkosten des Schienenverkehrs und 50% der beihilfefähigen
Kosten; bei Beihilfen zur Förderung der Interoperabilität – 50% der beihilfefähigen Kosten.[119]

---

[108] Vgl. Eisenbahnleitlinien RdNr. 89.

[109] Vgl. dazu schon Kom., Staatliche Beihilfe N 219/2001 RdNr. 33 ff. – Umweltprämie Donau-
Binnenschifffahrt.

[110] Vgl. Eisenbahnleitlinien RdNr. 89 ff.

[111] Vgl. Eisenbahnleitlinien RdNr. 96.

[112] Vgl. Eisenbahnleitlinien RdNr. 97 mit Hinweis in Fn. 3 auf die ausnahmsweise zulässige Höchstlaufzeit von 10 Jahren bei bestimmten, energierelevanten Maßnahmen; dazu auch Kom., Staatliche Beihilfe NN
46/B/2006 – slowakische MwSt-Vergünstigungen im Verkehrssektor.

[113] Vgl. Eisenbahnleitlinien RdNr. 98.

[114] Vgl. zu Infrastrukturbeihilfen bereits oben a).

[115] Vgl. Eisenbahnleitlinien RdNr. 100; zu Entscheidungspraxis zu Art. 3 Abs. 1 lit. b VO 1107/70 vgl.
auch oben RdNr. 514 ff. sowie oben RdNr. 573 ff., je mwN.

[116] Vgl. Eisenbahnleitlinien RdNr. 101 ff.

[117] Vgl. Eisenbahnleitlinien RdNr. 101 ff.

[118] Vgl. Eisenbahnleitlinien RdNr. 108.

[119] Vgl. Eisenbahnleitlinien, RdNr. 107; vgl. auch Kom., Staatliche Beihilfe N 574/2005 – Beihilfe zur
Verlängerung der Einrichtung rollender Autobahnen in Friaul-Julisch Venetien; Kom., Staatliche Beihilfe N
427/2006 – REPS; Kom., Staatliche Beihilfe N 552/2006 – Umweltschutzbeihilfe im Schienengüterverkehr.

Bei Beihilfe für die Nutzung der Infrastruktur und zur Verringerung der externen Kosten sind die Maßnahmen zudem auf den Ausgleich der Opportunitätskosten beschränkt.[120]

608 Für alle og. Koordinierungsbeihilfen ist ferner nachzuweisen, dass sie tatsächlich zu einer Verkehrsverlagerung auf die Schiene geführt haben; dazu muss die Beihilfe zwingend zu einer Reduzierung der den Fahrgästen oder Verladern berechneten Preise führen.[121]

609 Die Kommission hat bereits erste (Genehmigungs-)Entscheidungen unter Berücksichtigung dieser Bestimmungen der Eisenbahnleitlinien getroffen, insbesondere in Bezug auf Beihilfen zur Förderung der Interoperabilität[122] und zur Belebung des Schienengüterverkehrs und der Förderung der Verkehrsverlagerung von der Straße auf die Schiene.[123]

610 In Bezug auf Beihilfen für Forschung und Entwicklung verweisen die Leitlinien zum einen auf die Kriterien in Art. 3 Abs. 1 lit. c VO 1107/70 und Art. 9 Abs. 2 lit. b VO 1370/2007 bzw. zu Art. 107 Abs. 3 lit. c AEUV iVm. dem Gemeinschaftsrahmen für staatliche Beihilfen für Forschung, Entwicklung und Innovation.[124] Letzterer gilt damit für alle FEI-Beihilfen, die nicht unter Art. 9 VO 1370/2007 fallen.[125] Schließlich können FEI-Beihilfen ggf. auch unmittelbar nach Art. 93 AEUV geprüft werden.[126]

611 **f) Staatliche Bürgschaften zugunsten von Eisenbahnunternehmen (Kapitel 7 der Leitlinien).** In RdNr. 118 ff. der Eisenbahnleitlinien stellt die Kommission klar, dass ihre Mitteilung über die Anwendung der Art. 87 und 88 EG des EG-Vertrags auf staatliche Beihilfen in Form von Haftpflichtversicherungen und Bürgschaften[127] (Garantiemitteilung) auch für den Schienenverkehr gilt.

612 Weder Kapitel 7 der Eisenbahnleitlinien noch die Garantiemitteilung[128] enthalten allerdings materielle Kriterien, nach denen sich die Vereinbarkeit einer als Beihilfe eingestufte Garantie mit dem Binnenmarkt bestimmt. Die Rechtmäßigkeit solcher Beihilfen bestimmt sich daher nach den allgemeinen oder sonst einschlägigen sektorspezifischen Beihilfenregelungen. So hat die Kommission etwa staatliche Kreditbürgschaften gem. Art. 93 AEUV iVm. Art. 3 Abs. 1 Buchst. b VO 1107/70 und Kapitel 6 der Eisenbahnleitlinien[129] oder Art. 107 Abs. 3 Buchst. c AEUV[130] genehmigt.

613 Im Wege einer zweckdienlichen Maßnahme iSv. Art. 108 Abs. 1 AEUV verpflichten die Leitlinien schließlich die Mitgliedstaaten zur Aufhebung aller bestehenden, unbegrenzten Bürgschaften zugunsten insolvenzunfähiger und in liberalisierten wie nicht liberalisierten Märkten operierender Eisenbahnunternehmen bis zum 22. 7. 2010.[131]

614 **g) Schienengütertransport.** Der Schienengütertransport wird nicht von der VO 1370/2007 erfasst (Art. 1 Abs. 1 und 2 VO 1370/2007). Für ihn gilt gemäß Art. 10 Abs. 1 S. 2 VO 1370/2007 für einen Zeitraum von drei Jahren nach Inkrafttreten der VO 1370/2007, dh. bis zum 3. 12. 2012, weiterhin die VO 1191/69. Nach Ablauf dieser Übergangsfrist richtet sich die

---

[120] Vgl. Eisenbahnleitlinien RdNr. 109.

[121] Vgl. Eisenbahnleitlinien RdNr. 110.

[122] Kom., Staatliche Beihilfe N 469/2008 – tschechische Beihilfen zur Einführung eines technischen und betrieblichen Verbunds der Eisenbahnsysteme Tschechiens und seiner Nachbarstaaten sowie Förderung der Interoperabilität zwischen Bahnverkehrsbetreibern; Kom., Staatliche Beihilfe N 474/2009 – Einführung des Europäischen Eisenbahnverkehrsleitsystems ERTMS; vorgenannte Maßnahmen wurden durch die Kommission schon bisher gem. Art. 3 Abs. 1 Buchst. b) VO 1107/70 genehmigt, vgl. Kom., Staatliche Beihilfe N 688/2006 – niederländische Beihilferegelung für European Train Control System (ETCS) für Güterlokomotiven; Kom., Staatliche Beihilfe N 622/2005 – niederländische Beihilferegelung für ETCS für Güterlokomotiven; Kom., Staatliche Beihilfe N 569/2004 – niederländische Beihilferegelung für ETCS für Güterlokomotiven.

[123] Kom., Staatliche Beihilfe N 483/2009, RdNr. 46 f. – Italien, Beihilfen zugunsten des Schienengüterverkehrs in der Emilia-Romagna.

[124] ABl. 2006 C 323/1.

[125] Vgl. Eisenbahnleitlinien RdNr. 113 ff.

[126] Vgl. Eisenbahnleitlinien RdNr. 117.

[127] Vgl. Abschnitt 5 der Garantiemitteilung, ABl. 2008 C 155/10; vgl. dazu auch in diesem Band *Núñez Müller*, Beihilfen und Bürgschaften.

[128] Vgl. Abschnitt 5.2 der Mitteilung. Die Mitteilung befasst sich maßgeblich mit der Frage, unter welchen Umständen staatliche Garantien als Beihilfen angesehen werden können.

[129] Vgl. Kom., Staatliche Beihilfe NN 73/2008 – MÀV, Beihilfe zur Förderung der Interoperabilität (vgl. RdNr. 98 c) der Eisenbahnleitlinien) in Form einer staatlichen Kreditbürgschaft.

[130] Vgl. Kom., Staatliche Beihilfe N 685/2007 und Staatliche Beihilfe N 770/2006 – tschechische Darlehensbürgschaften für die Modernisierung von Fahrzeugen des Schienenpersonenverkehrs.

[131] Vgl. Eisenbahnleitlinien RdNr. 123, 127.

Zulässigkeit von Beihilfen in diesem Bereich nach allgemeinen beihilferechtlichen Grundsätzen, dh. unter direktem Rückgriff auf das primärrechtliche Beihilfenrecht (ggf. iVm. den Leitlinien für staatliche Beihilfen an Eisenbahnunternehmen) sowie dem nicht sektorspezifischen Sekundärrecht.[132]

Außerhalb des Anwendungsbereichs der VO 1191/69 kommt eine Genehmigung nach **615** Art. 107 Abs. 3 lit. c AEUV in Betracht. Dies spielt etwa eine Rolle bei der Förderung sog. „rollender Autobahnen",[133] welche die Straßen entlasten, die Umwelt schonen und den kombinierten Transport fördern.[134]

h) De-minimis-Verordnung. Auf den Schienenverkehrssektor ist seit dem 1. Januar 2007 **616** auch die „De-minimis"-GVO (VO 1998/2006) vollumfänglich anwendbar.[135] Nach der VO 1998/2006 sind Beihilfen nicht notifizierungspflichtig, wenn die Gesamtsumme der einem Unternehmen gewährten Beihilfen in einem Zeitraum von drei Steuerjahren 200 000 EUR nicht übersteigt (Art. 2 Abs. 2 S. 1).

VIII. Binnenschifffahrt

Schrifttum: *Frerich/Müller,* Europäische Verkehrspolitik, 2004; *Frohnmeyer/Mückenhausen,* EG-Verkehrsrecht, 2004; *Heidenhain,* Beihilfen für Binnenschiffer und Handwerker?, EuZW 2006, 225; *Heidenhain,* Mittelbare Beihilfen, EuZW 2007, 623; *Kaufmann/Lübbig/Prieß/Pünder,* VO (EG) 1370/2007, Verordnung über öffentliche Personenverkehrsdienste, 2010; *Mail-Fouilleul,* La légalité communautaire des aides d'Etat au transport combiné, Revue du droit de l'Union européenne 2002, 109; *Tostmann,* Sense and Serendipity: Towards a Coherent Commission State Aid Approach in the Intermodal Transport Sector, World Competition 25 (2002/1) 101.

Übersicht

1. Einführung. Die europäische Binnenschifffahrt litt jahrzehntelang unter Überkapazitäten. **617** Diese mit Hilfe staatlicher Beihilfen (Abwrackprämien) zu reduzieren, bestimmte daher lange Zeit Gesetzgebung und Entscheidungspraxis in diesem Sektor. Heute besteht der Sektor EU-weit noch aus ca. 12 500 Schiffen, deren Ladekapazität derjenigen von 440 000 LKW entspricht.[1]

In den letzten Jahren rückte freilich – anerkannt auch durch das Weißbuch zur europäischen **618** Verkehrspolitik 2010[2] – mehr die positive Funktion der Binnenschifffahrt als umweltfreundlicherer (weil energie-, lärm- und raumsparender sowie sicherer) Verkehrsmodus mit entspre-

---

[132] Zur Zulässigkeit einer Förderpraxis der deutschen Bundesländer zugunsten nichtbundeseigener Eisenbahnen in Bezug auf den Gütertransport vgl. *Erbguth* VerwArch 2005, 439.

[133] Verkehrssystem, bei dem LKW mit ihren Fahrern auf Shuttle-Züge verladen und per Zug transportiert werden.

[134] Vgl. Kom., Staatliche Beihilfe NN 34/2008 – Autoroute ferroviaire Aition/Orbassano; Kom., N 11/2008 – Autoroute ferroviaire des Alpes.

[135] Verordnung (EG) Nr. 1998/2006 der Kommission vom 15. Dezember 2006 über die Anwendung der Artikel 87 und 88 EG-Vertrag auf „De-minimis"-Beihilfen, ABl. 2006 L 379/5; die Mitteilung der Kommission vom 6. 3. 1996 über „De-minimis"-Beihilfen (ABl. 1996 C 68/9) und die Verordnung (EG) Nr. 69/2001 der Kommission vom 12. 1. 2001 über die Anwendung der Art. 87 und 88 EG auf „De-minimis"-Beihilfen (ABl. 2001 L 10/30) galten noch nicht für den Transportsektor, vgl. Abs. 4 der Mitteilung und Art. 1 lit. a der Verordnung.

[1] Vgl. Kom., Mitteilung vom 17. 1. 2006 über die Förderung der Binnenschifffahrt „NAIADES", KOM(2006) 6 endg., S. 3.

[2] Vgl. Kom., Weissbuch – Die europäische Verkehrspolitik bis 2010: Weichenstellungen für die Zukunft, KOM(2001) 370 endg. vom 12. 9. 2001, S. 12, 14 ff., 47 ff.

chend niedrigeren externen Kosten,[3] sinnvolle Entlastung des Straßentransports und wichtiges Bindeglied im multimodalen Verkehr in den Vordergrund. Die Kommission anerkennt daher, dass die Verlagerung des Güterverkehrs von der Strasse auf die Binnenwasserstrassen iSv. Art. 107 Abs. 3 lit. c AEUV im gemeinschaftlichen Interesse liegt.[4]

619 Beihilfen zur Förderung der Binnenschifffahrt, die in den letzten Jahren erkennbar zu dieser Verkehrsverlagerung, Umweltentlastung oder Intermodalität beitrugen, konnten daher stets mit einer positiven Grundeinstellung der Kommission rechnen.[5]

620 Dabei war der Umfang der in den letzten Jahren in der EU gewährten staatlichen Beihilfe für die Binnenschifffahrt freilich gering und belief sich in den Jahren 2004–2006 auf durchschnittlich ca. € 15 Mio. p. a.[6]

621 **2. Beihilferechtlicher Rahmen. a) Liberalisierung.** Auf die Verordnungen 3921/91 und 1356/96 sowie die Richtlinie 96/75 zur vollständigen Liberalisierung der zwischenstaatlichen, Transit- und Kabotage-Verkehre in der Binnenschifffahrt bis 2000 wurde bereits hingewiesen.[7] Der Transport von Gütern und Personen durch Binnenschiffe ist – vorbehaltlich der Erfüllung der maßgeblichen Umwelt- und Sicherheitsstandards[8] – heute EU-weit liberalisiert.[9]

622 **b) VO 1101/89 und VO 718/99.** Mit VO 1101/89[10] führte die EU in der Binnenschifffahrt einen Mechanismus zum Abbau der strukturellen Kapazitätsüberhänge durch auf Gemeinschaftsebene koordinierte Abwrackaktionen ein; sie sorgte für mitgliedstaatliche Abwrackfonds, die von den Binnenschiffbetreibern und den Mitgliedstaaten zu finanzieren waren und aus denen Abwrackprämien gezahlt wurden. Ferner enthielt die Verordnung eine „Alt für Neu"-Regel des Inhalts, dass neue Schiffe nur bei Abwrackung einer äquivalenten Tonnage oder Entrichtung einer Zahlung an den Abwrackfonds in Betrieb genommen werden durften.

623 VO 1101/89 wurde am 29. 4. 1999 abgelöst durch VO 718/1999.[11] Diese regelte einen Übergangszeitraum von 4 Jahren, in dem weiterhin neue Tonnage nur bei Zahlung von Abwrackprämien bzw. Sonderbeiträgen in staatlich verwaltete (und anfänglich durch zinslose Darlehen bzw. Bürgschaften der Mitgliedstaaten gespeiste) Fonds oder bei Außerbetriebnahme von Schiffsraum nach einem von der Kommission festgesetzten Verhältnis in Betrieb genommen werden durfte. Dieses Verhältnis sank bis zum 29. 4. 2003 für die meisten Schiffstypen auf Null mit der Folge, dass sich das System – vorbehaltlich schwerer Marktstörungen – zu einem reinen Überwachungsmechanismus wandelte und der og. „Alt für neu"-Mechanismus vorläufig entfiel.[12] Die Verordnung regelte ferner die staatliche Finanzierung von Umschulungsmaßnahmen oder vorgezogenen Altersrenten (Art. 8). Zur Durchführung der VO 718/1999 errichtete etwa Deutschland den „Deutschen Binnenschifffahrtsfonds" als Sondervermögen des Bundes.[13]

---

[3] Die Kommission schätzt die externen Kosten der Binnenschifffahrt auf € 10/Tonnenkilometer und damit als 2 ½ mal niedriger als die des Straßenverkehrs (€ 35/tkm), vgl. aaO. S. 3).

[4] Vgl. Kom., Bericht über die Wettbewerbspolitik 2002, RdNr. 494.

[5] Vgl. *Hancher/Ottervanger/Slot* RdNr. 16–026 f. mwN.

[6] Vgl. Kom., Anzeiger für staatliche Beihilfen – Herbstausgabe 2007 –, KOM(2007) 791 endg., S. 17 mwN; die Anzeiger für 2008/2009 weisen keine separaten Beihilfesummen für die Binnenschifffahrt aus.

[7] Vgl. oben Landverkehr RdNr. 469; Abschnitt 2 c; *Hancher/Ottervanger/Slot* RdNr. 16–018 mwN.

[8] Wenngleich die Übernahme des *acquis communautaire* durch Rumänien sich zeitweise verzögerte, vgl. dazu Kom., http://europa.eu/legislation_summaries/enlargement/2004_and_2007_enlargement/romania/e13108_de.htm.

[9] Vgl. dazu auch *Frerich/Müller* 370 ff. mwN.

[10] Verordnung (EWG) Nr. 1101/89 des Rates über die Strukturbereinigung in der Binnenschiffahrt, ABl. 1989 L 116/25, zuletzt geändert durch VO 812/1999, ABl. 1999 L 103/5; die Verordnung lief am 28. 4. 1999 aus.

[11] Verordnung (EG) Nr. 708/1999 des Rates über kapazitätsbezogene Maßnahmen für die Binnenschiffahrtsflotten der Gemeinschaft zur Förderung des Binnenschiffsverkehrs, ABl. 1999 L 90/1.

[12] Vgl. dazu auch Verordnung (EG) Nr. 181/2008 der Kommission zur Festlegung der Durchführungsbestimmungen zur Verordnung (EG) Nr. 718/1999 des Rates über kapazitätsbezogene Maßnahmen für die Binnenschifffahrtsflotten der Gemeinschaft zur Förderung des Binnenschiffsverkehrs, ABl. 2008 L 56/8 und Verordnung (EG) Nr. 805/1999 der Kommission zur Festlegung der Durchführungsbestimmungen zur Verordnung (EG) Nr. 718/1999 des Rates über kapazitätsbezogene Maßnahmen für die Binnenschifffahrtsflotten der Gemeinschaft zur Förderung des Binnenschiffsverkehrs, ABl. 1999 L 102/64.

[13] Vgl. das Gesetz über die Errichtung des Deutschen Binnenschifffahrtsfonds (Binnenschifffahrtsfondsgesetz – BinSchFondsG), BGBl. 2002 I 2266.

c) VO 1191/69. Eine auch für die Binnenschifffahrt wesentliche[14] Regelung zu Kompensa- **624** tionen enthielt lange Zeit die VO 1191/69,[15] die – vorbehaltlich einer Übergangsfrist von 3 Jahren für Güterbeförderungsdienste[16] – mit Wirkung zum 3. 12. 2009 durch VO 1370/ 2007[17] aufgehoben wurde. Die VO 1370/2007 gilt grundsätzlich nur für Personenverkehrsdienste auf Strasse und Schiene; sie kann aber nach ihrem Art. 1 Abs. 2 von den Mitgliedstaaten auch auf den öffentlichen Personenverkehr auf Binnenschifffahrtswegen angewandt werden.[18]

Mithin unterliegen Kompensationen im Gütertransport per Binnenschiff noch bis 3. 12. 2012 **625** dem alten Beihilferegime der VO 1191/91; anschließend sollen dann die allgemeinen Grundsätze des AEUV gelten. Andererseits unterliegt die Förderung des Personenverkehrs per Binnenschiff seit 3. 12. 2009 keinen beihilferechtlichen Sekundärregeln mehr, kann aber von den Mitgliedstaaten entsprechend VO 1370/2007 gehandhabt werden.[19]

Nach dem System der VO 1191/69[20] waren Ausgleichszahlungen von der Notifizierungs- **626** pflicht nach Art. 108 Abs. 3 AEUV befreit, soweit sie sich aus der Anwendung der Verordnung ergaben (Art. 17 Abs. 2). Diese Ausgleichszahlungen waren insbesondere vorgesehen für Belastungen, die den Verkehrsunternehmen aus bestimmten gemeinwirtschaftlichen Verpflichtungen erwuchsen; diese Sonderlasten resultierten etwa aus der Anwendung von Beförderungsentgelten, die ihnen im Interesse bestimmter Bevölkerungsgruppen auferlegt worden waren (Art. 9 ff.) und wurden je nach Vorliegen einer Betriebs-, Beförderungs- oder Tarifpflicht gesondert berechnet (Art. 5, 10, 11). Dabei handelte es sich um unterschiedliche Ausprägungen von Verpflichtungen des öffentlichen Dienstes, die ein Unternehmen im eigenen wirtschaftlichen Interesse nicht oder nicht im gleichen Umfang oder nicht unter den gleichen Bedingungen übernommen hätte (Art. 2).

d) VO 1107/70. Die VO 1107/70[21] wurde mit Wirkung zum 3. 12. 2009 durch VO **627** 1370/2007 aufgehoben.[22] Anders als VO 1171/69 blieb sie auch nicht partiell für eine Übergangszeit anwendbar. Sie fand Anwendung auf staatliche Beihilfen, die speziell für den Binnenschiffsverkehr gewährt wurden, und erklärte insoweit die Art. 107 ff. AEUV für ausdrücklich anwendbar.

Sie gestattete die Gewährung verkehrsspezifischer Koordinierungsbeihilfen und Ausgleichs- **628** maßnahmen iSv. Art. 93 AEUV nur für bestimmte Beihilfekategorien. Dazu gehörten etwa Koordinierungsbeihilfen zur Finanzierung von Investitionen in Umschlagplätze des kombinierten Verkehrs und der Binnenschifffahrt oder Ausgleichszahlungen, die nicht in VO 1191/69 geregelt sind (Art. 3).[23] Mit Ausnahme bestimmter Koordinierungsbeihilfen für den kombinierten Verkehr unterlagen die Beihilfen nach VO 1107/70 der Notifizierungspflicht nach Art. 108 Abs. 3 AEUV (Art. 5 VO 1107/70).[24]

e) VO 1370/2007. Nach der unklaren Formulierung des Art. 1 Abs. 2 der VO 1370/2007 **629** können die Mitgliedstaaten diese Verordnung fakultativ auf den öffentlichen Personenverkehr auf Binnenschifffahrtswegen anwenden.[25] Tun sie dies nicht, finden die allgemeinen Vorschriften der Art. 93, 96, 106 ff. AEUV Anwendung; gleiches gilt für den Gütertransport auf Binnenschiffen nach dem 3. 12. 2012, wenn die Geltung der VO 1191/69 insoweit ausläuft.[26]

---

[14] AA. *Frohnmeyer/Mückenhausen/Küpper*, VO 1191/69, RdNr. 11, wonach die VO 1191/69 im Binnenschiffsverkehr keine praktischen Auswirkungen entfaltet hat.

[15] Verordnung (EWG) Nr. 1191/69 des Rates über das Vorgehen der Mitgliedstaaten bei mit dem Begriff des öffentlichen Dienstes verbundenen Verpflichtungen auf dem Gebiet des Eisenbahn-, Straßen- und Binnenschiffsverkehrs, ABl. 1969 L 156/1.

[16] Vgl. dazu *Kaufmann/Lübbig/Prieß/Pünder*, Art. 10, RdNr. 18 mwN.

[17] Verordnung (EG) Nr. 1370/2007 des Europäischen Parlaments und des Rates über öffentliche Personenverkehrsdienste auf Schiene und Straße und zur Aufhebung der Verordnungen (EWG) Nr. 1191/69 und (EWG) Nr. 1107/70 des Rates, ABl. 2007 L 315/1.

[18] Vgl. dazu *Kaufmann/Lübbig/Prieß/Pünder* Art. 1 RdNr. 46 mwN.

[19] Vgl. dazu *Kaufmann/Lübbig/Prieß/Pünder* Art. 10 RdNr. 13 ff. mwN.

[20] In der Fassung der Änderungs-Verordnung (EWG) Nr. 1893/91, ABl. 1991 L 169/1.

[21] Verordnung (EWG) Nr. 1107/70 des Rates über Beihilfen im Eisenbahn-, Straßen- und Binnenschiffsverkehr, ABl. 1970 L 130/1.

[22] Vgl. Art. 10 Abs. 2 VO 1370/2007.

[23] Vgl. *Frohnmeyer/Mückenhausen/Nemitz*, VO 1107/70, RdNr. 72 ff. mwN.

[24] Vgl. *Grabitz/Hilf/Boeing* Art. 73 EG, RdNr. 7 f.; *Kaufmann/Lübbig/Prieß/Pünder* Art. 10 RdNr. 25 ff.; je mwN.

[25] Zur Entstehungsgeschichte vgl. *Kaufmann/Lübbig/Prieß/Pünder* Art. 1 RdNr. 46 mwN.

[26] Vgl. RdNr. 10 f. der Erwägungsgründe der VO 1370/2007.

630   Die VO 1370/2007 sieht vor, dass Ausgleichsleistungen für die Erfüllung gemeinwirtschaftlicher Verpflichtungen grundsätzlich (nur) im Rahmen eines öffentlichen Dienstleistungsauftrags gewährt werden können; lediglich Kompensationen für bestimmte Tarifbindungen können allgemein und unter Beachtung des Verbots übermäßiger Ausgleichszahlungen festgelegt werden.[27] Der Ausgleich wird nach Art. 4, 6 der Verordnung berechnet; die Berechnungsparameter sind vorab und objektiv aufzustellen und müssen Kosten, Einnahmen und eine angemessene Kapitalrendite berücksichtigen; für direkt vergebene Dienstleistungsaufträge verweist Art. 6 Abs. 1 auf einen Anhang zur Verordnung mit detaillierten Regeln zur Berechnung der Kompensation.

631   Ausgleichsleistungen, die nach VO 1370/2007 gewährt werden, sind von der Notifizierungspflicht nach Art. 108 Abs. 3 AEUV befreit, müssen aber mit dem Gemeinsamen Markt vereinbar sein (Art. 9 Abs. 1 VO 1370/2007).

632   Die Mitgliedstaaten bleiben frei, andere als die von VO 1370/2007 erfassten Beihilfen für den Verkehrssektor zu gewähren, und zwar Koordinierungsbeihilfen oder Kompensationen nach Art. 93 AEUV. Dabei handelt es sich insbesondere um Beihilfen (i) zum Ausgleich von Infrastrukturkosten, die Konkurrenten des Begünstigten nicht zu tragen haben oder (ii) vorkommerzielle Forschungs- und Entwicklungsbeihilfen zur Förderung wirtschaftlicherer Verkehrssysteme und -technologien (Art. 9 Abs. 2 VO 1370/2007).

633   **f) NAIADES-Programm.** Im Rahmen der Definition des – für die Genehmigung von Beihilfen relevanten – gemeinschaftlichen Interesses ist wesentlich schließlich auch das Aktionsprogramm „NAIADES" der Kommission zur Förderung der Binnenschifffahrt.[28] Darin bestätigt die Kommission ihr Ziel, die Wettbewerbsstellung der Binnenschifffahrt, insbesondere durch Integration in multimodale Beförderungsketten, zu fördern und auszubauen.[29] Die dabei angekündigten Leitlinien für Staatsbeihilfen stehen indes noch aus.[30] Zu der ebenfalls angekündigten Ausweitung der De-minimis-Regeln auf den Verkehrsbereich ist es immerhin gekommen.[31]

634   **3. Urteile und Entscheidungspraxis.** Die Kommission wendet bei der Prüfung von Beihilfen an Binnenschifffahrtsunternehmer je nach Maßnahme Art. 107 Abs. 3 lit. c (ggf. mit speziellen Leitlinien) oder Art. 93 AEUV (iVm. – jdf. bis zu ihrem Außerkrafttreten am 3. 12. 2009 – VO 1107/70) an.

635   Nach dem Ablauf des Art. 3 Nr. 1 lit. f der VO 1107/70 am 31. 12. 1999 wandte die Kommission den Art. 93 AEUV mehrfach direkt an. Nachdem der EuGH in „Altmark" am 24. 7. 2003 freilich entschieden hatte, dass – wegen Art. 3 S. 1, 1. Hs. VO 1107/70 – Art. 93 AEUV auf Koordinierungsbeihilfen nur im Anwendungsbereich der VO 1107/70 anwendbar und eine unmittelbare Anwendung des Art. 93 AEUV ausgeschlossen sei,[32] wandte die Kommission den Art. 93 AEUV bis zur Aufhebung der VO 1107/70 am 3. 12. 2009 überwiegend nicht mehr isoliert an.[33] Es bleibt abzuwarten, ob die Kommission – nachdem VO 1107/70 am 3. 12. 2009 durch VO 1370/2007 aufgehoben wurde – nun zu einer direkten Anwendung des Art. 93 AEUV bei Koordinierungsbeihilfen in der Binnenschifffahrt zurückkehrt. Allerdings bleibt um so weniger Raum für Koordinierungsbeihilfen, je liberalisierter der Binnenschifffahrtsmarkt

---

[27] Vgl. Art. 3 der VO 1370/2007.

[28] Kom., Mitteilung vom 17. 1. 2006 über die Förderung der Binnenschifffahrt „NAIADES", KOM(2006) 6 endg.; „NAIADES" steht für „Navigation And Inland Waterway Action and Development in Europe"; das Programm umfasst Empfehlungen für Maßnahmen der EU und der Mitgliedstaaten im Zeitraum 2006–2013, vgl. aaO S. 5.

[29] Ibid., S. 2.

[30] Ibid., S. 6.

[31] Vgl. den 3. Erwägungsgrund der De-minimis-GVO, i. e. Verordnung (EG) Nr. 1998/2006 der Kommission über die Anwendung der Artikel 87 und 88 des EG-Vertrags auf De-minimis-Beihilfen, ABl. 2006 L 379/5.

[32] Vgl. EuGH, C-280/00, Slg. 2003, I-7747, RdNr. 105 ff. – Altmark; ebenso EuG, T-157/01, Slg. 2004, II-917, RdNr. 100 – Danske Busvognmaend.

[33] Vgl. einerseits – direkte Anwendung von Art. 93 AEUV – Kom., ABl. 2003 L 327/39, RdNr. 33 f. – Containerterminal Alkmaar; Kom., Staatliche Beihilfe N 550/2001, RdNr. 31 f. – Belgische Infrastruktur-PPP; beide Entscheidungen verweisen darauf, dass die Befreiungen nach VO 1107/70 für Binnenschifffahrtsbeihilfen Ende 1999 ausgelaufen und aufgrund VO 2255/96, ABl. 1996 L 304/3, nicht mehr anwendbar seien; demgegenüber bestätigten jüngere Entscheidungen der Kommission die Haltung des EuGH, dass Art. 93 AEUV abschließend durch VO 1107/70 ausgefüllt und nur mittels dieser Verordnung anwendbar sei, vgl. Kom., Staatliche Beihilfe N 682/2006, RdNr. 23 – Belgische Binnenschifffahrtsprämien (vgl. dazu auch EuG, T-481/07, Slg. 2009, II-233 – Deltalinks); Kom., Staatliche Beihilfe N 651/2007, RdNr. 103 – Französische Binnenschifffahrtsbeihilfen.

ist;[34] von daher steht zu erwarten, dass die Anwendung des Art. 93 AEUV in diesem Bereich *de facto* dauerhaft hinter Art. 107 Abs. 3 AEUV zurücktreten wird.

Bei Beihilfepaketen wird jede einzelne Maßnahme separat – und ggf. nach Maßgabe einer **636** anderen Genehmigungsnorm – geprüft.[35] In Ermangelung spezifischer Kriterienkataloge in der Gesetzgebung hat die Kommission in ihrer Entscheidungspraxis selbst derartige Kriterienkataloge entwickelt.

a) Infrastrukturbeihilfen. Im Hinblick auf Infrastrukturfinanzierungen wurde lange Zeit **637** problematisiert, ob diese nicht doch eine allgemeine Maßnahme und somit keine spezifische Begünstigung iSv. Art. 107 Abs. 1 AEUV darstellten. Dabei war die Kommission durchaus geneigt, solche Maßnahmen dann für beihilfefrei auf der Ebene der Nutzer zu halten, wenn der Zugang zur Infrastruktur offen und diskriminierungsfrei war, und als beihilfenfrei auch auf der Ebene des Infrastrukturbetreibers zu erachten, wenn dieser in einem Vergabeverfahren ermittelt worden war.[36] Ob dieser Ansatz auch heute noch gilt, ist angesichts der jüngsten Praxis der Kommission zu (Hafen- und Flughafen-)Infrastrukturen allerdings fraglich.

Soweit danach iSv. Art. 107 Abs. 1 AEUV staatliche Beihilfen zum Bau von Umschlagsein- **638** richtungen – als Zuschüsse oder etwa PPP-Projekte – vorliegen, werden diese von der Kommission neuerdings gemäß Art. 107 Abs. 3 lit. c AEUV genehmigt,[37] während sie – jedenfalls bis zum EuGH-Urteil „Altmark" – im Wege einer direkten Anwendung von Art. 93 AEUV geprüft wurden.[38] Die direkte Anwendung von Art. 93 AEUV wurde von der Kommission damit begründet, dass es einerseits um Beihilfen zur Verkehrskoordinierung, nämlich Verkehrsverlagerung von der Straße auf Binnenwasserstraßen gehe, und andererseits die der Umsetzung des Art. 93 AEUV dienende VO 1170/07 seit Ende 1999 keine Genehmigung mehr für Koordinierungsbeihilfen in der Binnenschifffahrt ermögliche, so dass Art. 93 AEUV mangels anwendbaren Sekundärrechts direkt anwendbar sei.[39]

Die in der Entscheidungspraxis angewandten Genehmigungskriterien nach Art. 107 Abs. 3 **639** lit. c AEUV und Art. 93 AEUV sind gleichwohl durchweg vergleichbar: Die Maßnahme muss im Interesse der EU notwendig in dem Sinne sein, dass ohne die Beihilfe die Infrastruktur nicht errichtet werden würde (was angesichts der Kosten der Infrastrukturerrichtung meist der Fall sein wird); der Zugang zu der geförderten Infrastruktur muss diskriminierungsfrei gewährt werden; und die Beihilfe darf nicht zu einer den Interessen der EU zuwiderlaufenden Wettbewerbsverfälschung führen.[40]

Der Zuschuss ist grundsätzlich auf 50% der Investitionskosten beschränkt.[41] Indes können die **640** positiven Auswirkungen der Verkehrsverlagerung von der Straße auf die Binnenschifffahrt ausnahmsweise auch einen höheren Zuschuss rechtfertigen.[42]

b) Investitionsbeihilfen. Bei staatlichen Beihilfen für Investitionen in umweltfreundlichere **641** Technologien (zB emissionsärmere Schiffsmotoren) im Binnenschifffahrtssektor prüft die Kommission – soweit nicht eine Freistellung nach der AGVO in Betracht kommt[43] – die Genehmigungsfähigkeit gemäß Art. 107 Abs. 3 lit. c AEUV und den sog. Umwelt-Leitlinien der Kommission.[44] Die für eine Genehmigung erforderliche Notwendigkeit einer Beihilfe ergibt sich

---

[34] Vgl. dazu auch *Frohnmeyer/Mückenhausen/Nemitz*, VO 1107/70, Rn. 89 ff. mwN.

[35] Vgl. etwa Kom., Staatliche Beihilfe N 651/2007 – Französische Binnenschifffahrtsbeihilfen.

[36] Vgl. dazu Kom., Staatliche Beihilfe N 550/2001, RdNr. 24 ff. mwN – belgische PPP zur Errichtung von Umschlagseinrichtungen.

[37] Vgl. Kom., Staatliche Beihilfe N 352/2008, RdNr. 38 ff. – Belgische Binnenschifffahrtsprämien; Kom., Staatliche Beihilfe N 60/2009 – SOIT.

[38] Vgl. Kom., Staatliche Beihilfe N 550/2001, RdNr. 31 f. – Belgische PPP; Kom., ABl. 2003 L 327/39, RdNr. 33 ff. – HVC.

[39] Vgl. Kom., Staatliche Beihilfe N 550/2001, RdNr. 31 f. – Belgische PPP; Kom,. ABl. 2003 L 327/39, RdNr. 33 ff. – HVC; Kom., Staatliche Beihilfe N 550/2001, RdNr. 28 ff. – belgische PPP zur Errichtung von Umschlageinrichtungen.

[40] Vgl. Kom., ABl. 2003 L 327/39, RdNr. 35 – HVC gem. Art. 93 AEUV; Kom., Staatliche Beihilfe N 352/2008, RdNr. 43 ff. – Belgische Binnenschifffahrtsprämie.

[41] Vgl. Kom., Staatliche Beihilfe N 352/2008, RdNr. 45 – Belgische Binnenschifffahrtsprämie.

[42] Vgl. Kom., ABl. 2003 L 327/39, RdNr. 40 – HVC.

[43] Vgl. dazu etwa Kom., ABl. 2010 C 6/15 – ATG Alster-Touristik (Beihilfen für Beschaffung von Wasserstoff für wasserstoffbetriebene Alsterdampfer).

[44] Vgl. Leitlinien der Gemeinschaft für staatliche Umweltschutzbeihilfen, ABl. 2008 C 82/1; Kom., Staatliche Beihilfe N 213/2005, RdNr. 26 ff., 30 ff. – niederländische Schiffsdieselmotoren; vgl. etwa Kom., Staatliche Beihilfe N 651/2007, RdNr. 8 ff., 68 ff. – Französische Binnenschifffahrtsbeihilfen; Kom., Staatliche Beihilfe N 358/2007, ABl. 2008 C 177/2 – Tschechische Binnenschifffahrtsbeihilfen.

dabei nicht schon aus der Erfüllung von – ohnehin verbindlichen – EU-Umweltnormen, sondern nur aus der Überschreitung der vorgegebenen umweltrechtlichen Anforderungen.[45] Unabhängig davon werden Beihilfen zur technischen Verbesserung oder Ausstattung von Binnenschiffen unmittelbar nach Maßgabe von Art. 107 Abs. 3 lit. c AEUV geprüft, wobei die Kommission die Beihilfe hier grundsätzlich auf 30% der beihilfefähigen Kosten beschränkt.[46]

642 Demgegenüber werden Zuschüsse für den Bau von Binnenschiffen oder den Umbau von Fahrzeugen in Binnenschiffe von der Kommission nach Art. 93 AEUV (bis zum 3. 12. 2009 häufig iVm. Art. 3 Abs. 1 lit. b VO 1107/70) geprüft.[47] Dabei untersucht die Kommission im Einzelnen, ob die Beihilfe (i) dem EU-Interesse entspricht und verhältnismäßig, insbesondere notwendig ist (wobei die Kommission idR nur Beihilfen bis zu 50% der beihilfefähigen Kosten anerkennt), (ii) Infrastrukturkosten ausgleicht, denen konkurrierende Verkehrsträger nicht unterliegen, (iii) nicht diskriminierend gewährt wird, (iv) transparent und befristet ist und (v) nicht zu Wettbewerbsverfälschungen führt, die mit dem gemeinsamen Interesse nicht mehr vereinbar sind.[48]

643 Soweit Beihilfen zur Entwicklung einer besseren technischen Auslegung von Binnenschiffen (etwa zur Entwicklung eines sog. Komposit-Schiffes in Leichtbauweise) gewährt werden, unterliegt die Vereinbarkeit einer Prüfung nach Art. 93 AEUV iVm. dem FEI-Gemeinschaftsrahmen.[49]

644 **c) Transportprämien.** Gelegentlich zahlen Mitgliedstaaten den Binnenschifffahrtsunternehmen – direkt oder über eine weiterzureichende Subvention an die Betreiber von Umschlaganlagen – Prämien, um den Kostennachteil der Binnenschifffahrt gegenüber dem Straßentransport auszugleichen und dadurch Verfrachtern einen Anreiz zur Nutzung dieses Verkehrsmodus zu geben. Die Vereinbarkeit derartiger Umwelt- oder Binnenschifffahrtsprämien mit dem Binnenmarkt unterlag bis zuletzt einer Prüfung nach Art. 93 AEUV iVm. VO 1107/70.[50] Den Rückgriff auf Art. 93 statt Art. 107 Abs. 3 lit. c AEUV begründete die Kommission damit, dass es um eine Verkehrskoordinierung durch Verkehrsverlagerung von der Straße auf die Binnenschifffahrt und damit nicht nur um eine bloße Förderung, sondern um Planen bzw. Eingreifen gehe.

645 Maßgebliche Kriterien für eine Genehmigung nach Art. 93 AEUV sind der Kommission zufolge auch hier, dass die Beihilfe (i) auf den Ausgleich nicht gedeckter externer Kosten für die Benutzung konkurrierender Infrastrukturen begrenzt bleibt, (ii) nicht diskriminierend gewährt wird, und (iii) zu keiner Wettbewerbsverzerrung führt, die mit dem gemeinsamen Interesse nicht mehr vereinbar wäre.[51] Letzteres wird durch einen Vergleich verschiedener intermodaler Marktsegmente (Binnenwasserstraße ggü. Straße bzw. Schiene) im Container- und im Massengutverkehr ermittelt.[52] Für die Frage der Verhältnismäßigkeit ieS prüft die Kommission auch, ob parallel eine Förderung durch EU-Beihilfen möglich ist.[53]

646 Zuweilen prüft die Kommission über die og. Kriterien hinaus, ob das betr. Beihilferegime transparent und befristet ist.[54]

---

[45] Vgl. RdNr. 29, 73 der Umwelt-Leitlinien; Kom., Staatliche Beihilfe N 213/2005, RdNr. 34 ff. – niederländische Beihilfen zur Umrüstung von Schiffsdieselmotoren.

[46] Vgl. Kom., Staatliche Beihilfe N 38/2004, RdNr. 44 ff. – französische Binnenschifffahrtsbeihilfen.

[47] Vgl. Kom., Staatliche Beihilfe N 651/2007, RdNr. 34 ff., 97 ff. – Französische Binnenschifffahrtsbeihilfen.

[48] Vgl. Kom., Staatliche Beihilfe N 651/2007, RdNr. 105 ff. – Französische Binnenschifffahrtsbeihilfen; Kom., Staatliche Beihilfe N 720/06 – Port de Bruxelles; Kom., Staatliche Beihilfe N 53/2006, RdNr. 87 ff. – Pilotprojekt Flandern; je mwN.

[49] Gemeinschaftsrahmen für staatliche Beihilfen für Forschung, Entwicklung und Innovation, ABl. 2006 C 323/1; vgl. Kom., Staatliche Beihilfe N 780/2006 – CompoCaNord; Kom., Staatliche Beihilfe N 38/2004, RdNr. 42 ff. – französische Binnenschifffahrtsbeihilfen.

[50] Vgl. Kom., Staatliche Beihilfe N 352/2008, RdNr. 52 ff. – Transport alternatif belge; Kom., Staatliche Beihilfe N 219/2001, RdNr. 31 ff. – österreichische Umweltprämie für Binnenschifffahrt; vgl. auch Kom., Staatliche Beihilfe N 31/08 – Umweltprämien Österreich/Donau; Kom., ABl. 2007 C 307/10, Staatliche Beihilfe N 720/06, RdNr. 47 ff. – Port de Bruxelles; je mwN.

[51] Vgl. Kom., Staatliche Beihilfe N 219/2001, RdNr. 36 ff. – österreichische Umweltprämie für Binnenschifffahrt.

[52] Ibid. RdNr. 45 ff.; zu Beihilfen im intermodalen Verkehr vgl. auch unten RdNr. 654 ff.; *Tostmann*, World Competition 25 (2002) 101; *Mail-Fouilleul*, RDUE 2002, 109.

[53] Ibid. Rn. 54 f.

[54] Vgl. Kom., ABl. 2007 C 307/10, Staatliche Beihilfe N 720/06, RdNr. 54 ff. mwN – Port de Bruxelles.

d) „Start up"-Beihilfen. Anlaufbeihilfen („start up aid") sind als Betriebsbeihilfen grund- 647
sätzlich nicht genehmigungsfähig. Gleichwohl können sie im Binnenschifffahrtsbereich ausnahmsweise nach Art. 107 Abs. 3 lit. c AEUV für mit dem Binnenmarkt vereinbar erklärt werden.

Maßgebliche Kriterien sind dabei, ob die Beihilfe (i) notwendig und (ii) verhältnismäßig ist 648
sowie (iii) nicht den Wettbewerb in einem Maße verfälscht, der mit dem gemeinsamen Interesse nicht mehr vereinbar wäre.[55] Im Rahmen der Prüfung der Notwendigkeit muss einerseits der
Kostennachteil gegenüber anderen Verkehrsmodi nachgewiesen werden, und andererseits, dass
der Transport während des Subventionszeitraums durchführbar ist.[56] Im Rahmen der Verhältnismäßigkeit prüft die Kommission, ob die Beihilfe befristet und degressiv ist und eine Beihilfeintensität von 30% nicht übersteigt.[57]

e) Abwrackprämien. Beihilfen zum Abwracken von Binnenschiffen werden von der Kom- 649
mission nach Maßgabe von Art. 107 Abs. 3 lit. c AEUV geprüft.[58] Dabei untersucht die Kommission, ob die Beihilfe zur Erreichung eines im gemeinschaftlichen Interesse liegenden Ziels
(etwa der Beseitigung alter, unsicherer, unfallgefährdeter Schiffe) beiträgt, notwendig ist (etwa
weil der Betreiber das Abwracken ohne Beihilfe nicht durchführen würde), verhältnismäßig ist
und den Wettbewerb nicht in einer Weise verzerrt, die mit dem gemeinsamen Interesse nicht
mehr vereinbar ist.[59]

f) Steuervorteile. Zu den von der Kommission nach Art. 93 AEUV genehmigten Koordi- 650
nierungsbeihilfen gehören auch Steuerermäßigungen für Betreiber von Binnenschiffen zwecks
Verringerung der externen Kosten. So genehmigt die Kommission etwa Beihilfen in Form von
Verbrauchssteuerbefreiungen bzw. -erstattungen für die Binnenschifffahrt, um den Abstand
zwischen den Kosten der Träger kombinierter Verkehrsdienste und dem Straßenverkehr zu
verringern. Tragende Erwägung ist dabei, dass Binnenschifffahrt und Eisenbahn deutlich geringere externe Kosten (bzgl. Unfällen, Emissionen etc.) verursachen als der Straßenverkehr und
aufgrund ihrer Kapazitätsreserven zu einer Verlagerung aus dem überlasteten Straßenverkehr
beitragen können. Die Kommission prüft derartige Maßnahmen dabei auch auf ihre Notwendigkeit und Verhältnismäßigkeit und damit darauf, ob der Beihilfebetrag je Tonnenkilometer
unter dem Betrag der Einsparung externer Kosten je Tonnenkilometer bei Transport per Binnenschifffahrt statt LKW bleibt.[60]

Fraglich ist demgegenüber die Genehmigungsfähigkeit einkommensteuerlicher Vorteile, 651
etwa durch Übertragbarkeit der bei der Veräußerung von Binnenschiffen aufgedeckten stillen
Reserven auf erworbene Binnenschiffe (§ 6b EStG).[61]

Nicht genehmigungsfähig war hingegen der niederländische Versuch, das – im Seeverkehr 652
und in den Leitlinien der Gemeinschaft für staatliche Beihilfen im Seeverkehr[62] anerkannte –
System der Tonnagesteuern[63] auf die Binnenschifffahrt zu übertragen.[64]

g) Andere Genehmigungsvorschriften. Die Anwendung anderer Genehmigungsnormen 653
des Vertrages bleibt unberührt. So genehmigte die Kommission etwa Beihilfen an Binnenschiffer zum Ausgleich von Hochwasserschäden nach Art. 107 Abs. 2 lit. b AEUV.[65]

IX. Intermodaler Transport

Schrifttum: *Frerich/Müller,* Europäische Verkehrspolitik, 2004; *Frohnmeyer/Mückenhausen,* EG-Verkehrsrecht, 2004; *Kaufmann/Lübbig/Prieß/Pünder,* VO (EG) 1370/2007, Verordnung über öffentliche Personenverkehrsdienste, 2010; *Mail-Fouilleul,* La légalité communautaire des aides d'État au transport combiné,
Revue du droit de l'Union européenne 2002, 109; *Tostmann,* Sense and Serendipity = Towards a Coherent
Commission State Aid Approach in the Intermodal Transport Sector, World Competition 25 (2002/1) 101.

---

[55] Vgl. Kom., Staatliche Beihilfe N 53/2006, RdNr. 107 ff. – Pilotprojekt Flandern.
[56] Ibid. RdNr. 116 f.
[57] Ibid. RdNr. 128 mwN.
[58] Vgl. Kom., Staatliche Beihilfe N 848/2007, RdNr. 37 ff. – italienische Abwrackbeihilfen.
[59] Vgl. Kom., Staatliche Beihilfe N 848/2007, RdNr. 40 ff. – italienische Abwrackbeihilfen.
[60] Kom., ABl. 2010 C 36/2 – ungarische Steuerbefreiung für Schienen- und Binnenschiffsverkehr.
[61] Vgl. dazu *Heidenhain* EuZW 2006, 225; *Heidenhain* EuZW 2007, 623, 624 mwN.
[62] ABl. 2004 C 13/3.
[63] Vgl. dazu unten Kap. F. VII Seeverkehr, Abschnitt 2 e) aa), RdNr. 720 ff.
[64] Vgl. Kom., ABl. 2002 L 314/97 – Tonnagesteuer für Schleppdienste in Häfen und auf Binnenwasserstraßen.
[65] Vgl. Kom., Staatliche Beihilfe N 738/2006 – Tschechische Hochwasserbeihilfen.

654   **1. Einführung.** Intermodaler Transport ist die Beförderung von Gütern in ein und demselben (standardisierten) Behälter (Container, *semi-trailer*, *swap-body*, etc.) in zwei oder mehr Verkehrsmodi ohne Umladung der Güter selbst. Kombinierter Verkehr ist streng genommen derjenige intermodale Transport, in dem der überwiegende Teil der Strecke auf Schiene, Binnen- oder Seeschiff zurückgelegt wird und damit der Vor- und Nachlauf auf der Straße so kurz wie möglich ist. Häufig werden die Begriffe intermodaler Transport und kombinierter Verkehr freilich synonym verwendet.

655   Wie auch im Binnenschiffsverkehr besteht in Bezug auf den intermodalen Transport ein erhebliches Interesse der EU, Transporte von der Straße auf andere Verkehrsträger (insbesondere Schiene, See- und Binnenschiffe) zu verlagern, um die externen Kosten des Straßenverkehrs für Emissionen, Staus, Straßenreparaturen zu senken und die Verkehrssicherheit zu erhöhen. Schon 1992 erließ die EU im Rahmen des PACT-Programms eine Verordnung zur Gewährung von EU-Beihilfen für kombinierte Verkehre.[1] Im Weißbuch zur Verkehrspolitik bis 2010[2] stellte sie die Förderung der Intermodalität und des Kurzstreckenseeverkehrs im Rahmen des Förderprogramms „Marco Polo" in den Mittelpunkt.[3] Auch das Förderprogramm „NAIADES" zur Förderung der Binnenschifffahrt[4] verweist maßgeblich auf die Entwicklung intermodaler Beförderungsketten und den Ausbau eines multimodalen Netzes, insbesondere durch Förderung der Errichtung entsprechender Umschlaganlagen.[5]

656   Der Markt für die Beförderung im multimodalen Verkehr, der 7 bis 10% des gesamten Verkehrsmarktvolumens ausmacht, ist seit 1. 7. 1993 durch die Richtlinie 92/106/EWG liberalisiert.[6] Dies gilt auch für den Kabotageverkehr.[7] Zugleich verpflichtet Art. 6 der Richtlinie die Mitgliedstaaten, Kraftfahrzeugsteuern für Straßenfahrzeuge zu senken oder zu erstatten, soweit diese im kombinierten Verkehr eingesetzt werden. Art. 8 der Richtlinie nahm den Straßenteil des kombinierten Verkehrs schließlich von der Tarifpflicht aus.

657   Das Beihilfevolumen im multimodalen Transport war lange relativ gering, ist aber – gemessen an der Zahl der in den letzten 10 Jahren notifizierten Maßnahmen und Entscheidungen der Kommission – ansteigend. Neben den positiven externen Effekten werden Beihilfen an Unternehmen des kombinierten Verkehrs auch deshalb positiv eingeschätzt, weil die Schaffung der erforderlichen Infrastrukturen (etwa Umschlaganlagen) bzw. der Erwerb von Suprastrukturen und Ausrüstung (Kräne, Spezialcontainer, neue Technologien (Verkehrstelematik, Umschlagstechnologien, Gefahrgutverfolgungssysteme, etc.)) ohne staatliche Förderung betriebswirtschaftlich nicht möglich ist.

658   **2. Beihilferechtlicher Rahmen. a) Beihilfefreie Förderung von Infrastrukturen und Ausrüstung.** Kommission und Mitgliedstaaten sind in der Vergangenheit häufig davon ausge-

---

[1] Verordnung (EG) Nr. 2196/98 über die Gewährung von Gemeinschaftsfinanzhilfen für innovatorische Aktionen zur Förderung des kombinierten Verkehrs, ABl. 1998 L 277/1; in Kraft bis Ende 2001.

[2] KOM(2001) 370 endg.

[3] Vgl. auch den 4. Erwägungsgrund zur VO (EG) 1692/2006 zur Aufstellung des zweiten „Marco Polo"-Programms, ABl. 2006 L 328/1, der ausdrücklich auf die Stärkung der Intermodalität abstellt.

[4] KOM(2006) 6 endg.

[5] Vgl. übergreifend zum kombinierten Verkehr auch *Frerich/Müller* 367 ff. mwN.

[6] Vgl. Art. 2 der Richtlinie Nr. 92/106/EWG des Rates über die Festlegung gemeinsamer Regeln für bestimmte Beförderungen im kombinierten Güterverkehr zwischen Mitgliedstaaten, ABl. 1992 L 368/38; vgl. EuGH, C-305/06, Slg. 2008, I-123 – Kommission/Griechenland.

[7] Vgl. Art. 4 der Richtlinie Nr. 92/106/EWG.

gangen, dass die Subventionierung der Errichtung von Umschlaganlagen (zB Container-Terminals) für den multimodalen Verkehr als allgemeine Maßnahme keine Beihilfe iSv. Art. 107 Abs. 1 AEUV darstellt.[8] Dies entspricht – vorbehaltlich eines diskriminierungsfreien Zugangs für alle Nutzer – dem Ansatz, den die Kommission für Infrastrukturen wie Häfen und Flughäfen lange Jahre verfolgt hat.[9]

Allerdings ist die Kommission in den Fällen, in denen die Infrastruktur von einem Unternehmen **659** im Wettbewerb zu vergleichbaren Infrastrukturen betrieben wird, davon wieder abgerückt und bejaht seit einigen Jahren das Vorliegen einer selektiven Beihilfe zugunsten des Investors, des Betreibers und möglicherweise auch des Nutzers der geförderten Infrastruktur.[10] Sie sieht dies darin durch die Rechtsprechung des EuGH bestätigt, wonach der Betrieb einer (Flughafen-)Infrastruktur eine wirtschaftliche Tätigkeit darstellt.[11] Infolgedessen lassen sich Zuschüsse zur Errichtung von Infrastruktureinrichtungen im multimodalen Verkehr (etwa Umschlaganlagen) nur noch dann als beihilfefreie Maßnahmen qualifizieren, wenn der Betreiber der Infrastruktur in einem offenen, nicht-diskriminierenden und bedingungsfreien Bietverfahren ermittelt worden ist, das zu möglichst geringen Zuschüssen geführt oder ein möglichst hohes Konzessionsentgelt erbracht hat, so dass eine beihilferechtlich relevante Begünstigung ausgeschlossen werden kann.[12] Dies gilt auch für den multimodalen Verkehr, in dem die Kommission angesichts zunehmender Investitionen durch Private und einer vollständigen Liberalisierung des Sektors davon ausgeht, dass jede Beihilfe schon im Sektor selbst (von sektorübergreifenden Wirkungen abgesehen) zu Wettbewerbsverzerrungen zwischen verschiedenen Infrastrukturbetreibern (etwa Betreibern von Container-Terminals und anderen Umschlaganlagen im multimodalen Verkehr) führt.[13]

Das Tatbestandsmerkmal einer (potentiellen) Beeinträchtigung des zwischenstaatlichen Ver- **660** kehrs wird angesichts der Liberalisierung des Sektors, wachsender Einzugsbereiche von Umschlaganlagen und eines immer dichteren Netzes solcher Anlagen in aller Regel erfüllt sein.[14] Gleichwohl geht die Kommission bei rein innerstaatlich konkurrierenden Terminals gelegentlich vom Fehlen einer zwischenstaatlichen Wirkung und damit einer Beihilfe aus.[15]

Entsprechendes gilt auch für Beihilfen zur Beschaffung von intermodaler Ausrüstung.[16]   **661**

b) VO 1191/69. Eine auch für den multimodalen Verkehr wesentliche Regelung zu Kom- **662** pensationen enthielt lange Zeit die VO 1191/69,[17] die – vorbehaltlich einer Übergangsfrist von 3 Jahren für Güterbeförderungsdienste[18] – mit Wirkung zum 3. 12. 2009 durch VO 1370/2007[19] aufgehoben wurde.

Mithin unterliegen Kompensationen im multimodalen Gütertransport noch bis 3. 12. 2012 **663** dem alten Beihilferegime der VO 1191/91; anschließend sollen dann die allgemeinen Grundsätze des AEUV gelten.

Nach dem System der VO 1191/69[20] waren Ausgleichszahlungen von der Notifizierungs- **664** pflicht nach Art. 108 Abs. 3 AEUV befreit, soweit sie sich aus der Anwendung der Verordnung

---

[8] Vgl. Kom., ABl. 1999 L 227/12, RdNr. 47 ff. – ital. Beihilfen zur Weiterentwicklung der Intermodalität; *Mail-Fouilleul* RDUE 2002, 109, 114 ff. mwN.

[9] Vgl. etwa RdNr. 12 der Luftverkehrs-Leitlinien von 1994, ABl. 1994 C 350/5.

[10] Vgl. Kom., Staatliche Beihilfe N 304/2008, RdNr. 18 – dt. Richtlinie zur Förderung von Umschlaganlagen des kombinierten Verkehrs; Kom., Staatliche Beihilfe N 406/2002, ABl. 2002 C 25/1, RdNr. 25 ff. – Förderrichtlinie kombinierter Verkehr; *Tostmann* World Competition 2002, 101, 108 f. mwN.

[11] Vgl. EuG, T-128/98, Slg. 2000, II-3929, RdNr. 107 ff. – Aéroports de Paris; EuGH, C-82/01 P, Slg. 2002, I-9297, RdNr. 75 ff. – Aéroports de Paris.

[12] Vgl. Kom., Staatliche Beihilfe N 517/98, Abschn. 4 – South Wales European Freight Terminal; *Tostmann* World Competition 2002, 101, 109.

[13] Vgl. *Tostmann* World Competition 2002, 101, 110 f. mwN.

[14] Vgl. Kom., Staatliche Beihilfe N 196/2006, RdNr. 46 ff. – österr. Richtlinie zur Unterstützung von Umschlagsanlagen im intermodalen Verkehr; anders freilich Kom., Staatliche Beihilfe N 134/2005, RdNr. 32 f. – ADEME.

[15] Vgl. *Tostmann* World Competition 2002, 101, 111 f. mwN.

[16] Vgl. Kom., ABl. 2009 L 68/8, RdNr. 34 – tschechische KV-Förderung.

[17] Verordnung (EWG) Nr. 1191/69 des Rates über das Vorgehen der Mitgliedstaaten bei mit dem Begriff des öffentlichen Dienstes verbundenen Verpflichtungen auf dem Gebiet des Eisenbahn-, Straßen- und Binnenschiffsverkehrs, ABl. 1969 L 156/1.

[18] Vgl. dazu *Kaufmann/Lübbig/Prieß/Pünder* Art. 10, RdNr. 18 mwN.

[19] Verordnung (EG) Nr. 1370/2007 des Europäischen Parlaments und des Rates über öffentliche Personenverkehrsdienste auf Schiene und Straße und zur Aufhebung der Verordnungen (EWG) Nr. 1191/69 und (EWG) Nr. 1107/70 des Rates, ABl. 2007 L 315/1.

[20] In der Fassung der Änderungs-Verordnung (EWG) Nr. 1893/91, ABl. 1991 L 169/1.

ergaben (Art. 17 Abs. 2). Diese Ausgleichszahlungen waren insbesondere vorgesehen für Belastungen, die den Verkehrsunternehmen aus bestimmten gemeinwirtschaftlichen Verpflichtungen erwuchsen; diese Sonderlasten resultierten etwa aus der Anwendung von Beförderungsentgelten, die ihnen im Interesse bestimmter Bevölkerungsgruppen auferlegt worden waren (Art. 9 ff.) und wurden je nach Vorliegen einer Betriebs-, Beförderungs- oder Tarifpflicht gesondert berechnet (Art. 5, 10, 11). Dabei handelte es sich um unterschiedliche Ausprägungen von Verpflichtungen des öffentlichen Dienstes, die ein Unternehmen im eigenen wirtschaftlichen Interesse nicht oder nicht im gleichen Umfang oder nicht unter den gleichen Bedingungen übernommen hätte (Art. 2).

665 Praktische Relevanz für den intermodalen Verkehr hat VO 1191/69 kaum gehabt.

666 **c) VO 1107/70.** Die VO 1107/70[21] wurde mit Wirkung zum 3. 12. 2009 durch VO 1370/2007 aufgehoben.[22] Anders als VO 1191/69 blieb sie auch nicht partiell für eine Übergangszeit anwendbar. Sie fand Anwendung auf staatliche Beihilfen, die speziell für die Verkehrskomponente im Eisenbahn-, Straßen und Binnenschiffsverkehr gewährt wurden, und erklärte insoweit die Art. 107 ff. AEUV für ausdrücklich anwendbar (Art. 1, 2).

667 Unbeschadet der VO 1192/69 gestattete sie die Gewährung verkehrsspezifischer Koordinierungsbeihilfen und Ausgleichsmaßnahmen iSv. Art. 93 AEUV für bestimmte Beihilfekategorien (Art. 3). Dazu gehörten im Bereich des kombinierten Verkehrs etwa bis Ende 1997 vorübergehende Beihilfen für Investitionen in Infrastrukturen, Umschlaganlagen, Spezialausrüstung für den kombinierten Verkehr sowie Betriebskosten für den kombinierten Transitverkehr durch bestimmte Nicht-EU-Länder (Art. 3 Abs. 1 lit. e VO 1107/70).[23]

668 Wesentlich für die Förderung des kombinierten Verkehrs – insbesondere auch nach dem Außerkrafttreten des Art. 3 Abs. 1 lit. e VO 1107/70 am 31. 12. 1997 – war bis zum 3. 12. 2009 auch der Art. 3 Abs. 1 lit. b der Verordnung, wonach bis zu einer gemeinsamen Regelung über die Anlastung von Wegekosten Beihilfen für Unternehmen genehmigungsfähig waren, die anders als ihre Konkurrenten mit Ausgaben für die von ihnen benutzten Verkehrswege belastet waren, wobei die Beihilfen diesen Wegekostennachteil nicht überschreiten durften.

669 Mit Ausnahme der Koordinierungsbeihilfen für den kombinierten Verkehr (Art. 3 Abs. 1 lit. e VO 1107/70) unterlagen die Beihilfen nach VO 1107/70 der Notifizierungspflicht nach Art. 108 Abs. 3 AEUV (Art. 5 VO 1107/70).[24]

670 Mit Ablauf des Art. 3 lit. e der VO 1107/70 wandte die Kommission auf die Genehmigung von Koordinierungsbeihilfen im kombinierten Verkehr vorübergehend Art. 93 AEUV unmittelbar an.[25] Nachdem der EuGH in „Altmark" am 24. 7. 2003 freilich entschieden hatte, dass – wegen Art. 3 S. 1, 1. Hs. VO 1107/70 – Art. 93 AEUV auf Koordinierungsbeihilfen nur im Anwendungsbereich der VO 1107/70 anwendbar und eine unmittelbare Anwendung des Art. 93 AEUV ausgeschlossen sei,[26] wandte die Kommission den Art. 93 AEUV bis zur Aufhebung der VO 1107/70 am 3. 12. 2009 überwiegend nicht mehr isoliert, sondern nur noch zusammen mit Art. 3 Abs. 1 lit. b dieser Verordnung an.[27] Soweit die VO 1107/70 hingegen nicht anwendbar war (etwa weil die Beihilfe nicht auf die Kosten der Infrastrukturnutzung oder den externen Kostennachteil beschränkt war), blieb nur eine Genehmigung nach Art. 107 Abs. 3 AEUV.[28] Angesichts der Liberalisierung des Sektors und der engen Auslegung des Begriffs „Koordinierungsbeihilfen" werden Genehmigungen nach Art. 93 AEUV weiter abnehmen und wird Art. 107 Abs. 3 AEUV an Bedeutung für den intermodalen Verkehr zunehmen.

671 **3. Entscheidungspraxis.** Die Kommission wendet bei der Prüfung von Beihilfen an Unternehmen im multimodalen Transport je nach Maßnahme Art. 107 Abs. 3 lit. c (ggf. mit spe-

---

[21] Verordnung (EWG) Nr. 1107/70 des Rates über Beihilfen im Eisenbahn-, Straßen- und Binnenschiffsverkehr, ABl. 1970 L 130/1.

[22] Vgl. Art. 10 Abs. 2 VO 1370/2007.

[23] Vgl. dazu auch *Mail-Fouilleul* RDUE 2002, 109, 111 f.; zu der Frage, ob die VO 1107/70 auch auf den intermodalen Transport außerhalb der Verkehrspolitik, also etwa in Luft- und Seeverkehr anwendbar war, vgl. *Frohnmeyer/Mückenhausen/Nemitz* VO (EWG) 1107/70, RdNr. 68 f. mwN.

[24] Vgl. *Grabitz/Hilf/Boeing* Art. 73 EG RdNr. 7 f.; *Kaufmann/Lübbig/Prieß/Pünder* Art. 10 RdNr. 25 ff.; je mwN.

[25] Vgl. *Tostmann* World Competition 2002, 101, 104.

[26] Vgl. EuGH, C-280/00, Slg. 2003, I-7747, RdNr. 105 ff. – Altmark; ebenso EuG, T-157/01, Slg. 2004, II-917, RdNr. 100 – Danske Busvognmaend.

[27] Vgl. *Mail-Fouilleul* RDUE 2002, 109, 117 f. mwN.

[28] Vgl. Kom., Staatliche Beihilfe N 304/2008, RdNr. 23 – dt. Richtlinie zur Förderung von Umschlaganlagen des Kombinierten Verkehrs.

ziellen Leitlinien) oder Art. 93 AEUV (idR – bis zu ihrem Außerkrafttreten am 3. 12. 2009 – iVm. Art. 3 Abs. 1 lit. b VO 1107/70) an.[29] Dabei werden Koordinierungsmaßnahmen primär nach Art. 93 AEUV und Maßnahmen zur Entwicklung des multimodalen Verkehrs nach Art. 107 Abs. 3 lit. c AEUV geprüft.

Bei Beihilfepaketen wird jede einzelne Maßnahme separat – und ggf. nach Maßgabe einer **672** anderen Genehmigungsnorm – bewertet.[30] In Ermangelung spezifischer Kriterienkataloge in der Gesetzgebung hat die Kommission in ihrer Entscheidungspraxis selbst derartige Kriterienkataloge entwickelt.

a) Entscheidungspraxis nach Art. 93 AEUV. aa) Koordinierungsbeihilfen. Art. 93 **673** AEUV wurde von der Kommission zwischen 1998 und Mitte 2003 unmittelbar, davor und danach (überwiegend) nur in Verbindung mit VO 1107/70 angewandt.[31]

Dabei hat die Kommission den Begriff „Koordinierung des Verkehrs" – auch weil Art. 93 **674** AEUV ihr, anders als Art. 107 Abs. 3 AEUV, nicht das Korrektiv eines Ermessens einräumt – eng ausgelegt und auf staatliche, planerische Interventionen aus verkehrspolitischen Gründen beschränkt; je offener die Märkte, desto weniger Raum hat sie dabei für den Wettbewerb verzerrende Koordinierungsmaßnahmen gesehen.[32] Umgekehrt geht die Kommission grundsätzlich davon aus, dass der beihilfeinduzierte Nutzen des kombinierten Verkehrs grundsätzlich die Nachteile der damit verbundenen Wettbewerbsverzerrung übersteigt.[33]

Die von der Kommission dabei angewandten Kriterien für eine Beihilfegenehmigung nach **675** Art. 93 AEUV sind, dass die Beihilfe (i) der Verkehrskoordinierung im Einklang mit den Zielen der EU dient, (ii) notwendig und verhältnismäßig ist, (iii) allen Nutzern diskriminierungsfrei zur Verfügung steht (relevant bei Beihilfeprogrammen), und (iv) nicht zu Wettbewerbsverzerrungen führt, die mit dem gemeinschaftlichen Interesse nicht mehr vereinbar sind. Diese Kriterien ähneln im Ergebnis denen nach Art. 107 Abs. 3 lit. c AEUV; damit wird sichergestellt, dass Beihilfen an Verkehrsträger innerhalb (Landverkehre, Binnenschifffahrt, multimodaler Transport) wie außerhalb (Luft- und Seeverkehr) des Anwendungsbereichs der EU-Verkehrspolitik[34] vergleichbaren Kriterien unterliegen.[35]

α) Beihilfen zum Ausgleich externer Kosten. In zahlreichen Entscheidungen nahm die **676** Kommission darauf Bezug, dass ein Kostenvorteil von Unternehmen im Straßentransport auch daher rührt, dass sie nicht zu den externen Kosten (aus Umweltschäden, Unfällen, Staus, etc.) herangezogen werden. Diesen Kostenvorteil durch Beihilfen zu mindern oder zu schließen, gilt daher weitgehend als zulässig.

Für den intermodalen Transport kommt hinzu, dass die mehrfache Umladung der Transport- **677** behältnisse im Vergleich zu einem reinen Straßentransport derselben Güter zeitaufwändiger und – wegen der erforderlichen Umschlageinrichtungen, die errichtet oder deren Nutzung vergütet werden muss – kostenintensiver ist. Auch der Ausgleich dieser Nachteile gilt – im Hinblick auf die externen Vorteile des multimodalen Verkehrs – als im EU-Interesse liegend.[36]

Die Kommission genehmigt Beihilfen zum Ausgleich externer Kosten nach Art. 93 AEUV **678** (bis zu deren Außerkrafttreten: iVm. Art. 3 Abs. 1 lit. b VO 1107/70, seit 3. 12. 2009 iVm. Art. 9 Abs. 2 VO 1370/2007) bei Erfüllung der folgenden Voraussetzungen: (i) Gemeinschafts- interesse und Verhältnismäßigkeit, (ii) Beschränkung auf den externen Kostennachteil gegen-

---

[29] Dabei wendet die Kommission Art. 93 AEUV teils direkt, teils – jedenfalls bis zu ihrem Außerkrafttreten am 3. 12. 2009 – nur in Verbindung mit VO 1107/70 an; vgl. zur direkten Anwendung von Art. 93 AEUV: Kom., ABl. 2003 L 327/39, RdNr. 33 f. – Containerterminal Alkmaar; Kom., Staatliche Beihilfe N 550/2001, RdNr. 31 f. – Belgische Infrastruktur-PPP.

[30] Vgl. etwa Kom., Staatliche Beihilfe N 651/2007 – Französische Binnenschifffahrtsbeihilfen; Kom., Staatliche Beihilfe N 644/2001, RdNr. 27 ff., 35 ff. – österreichische ERP-Kredite für intermodalen Verkehr.

[31] Vgl. oben Abschnitt 2 c).

[32] Vgl. Kom., Staatliche Beihilfe N 566/02, RdNr. 26 – Belgische KV-Förderung; *Tostmann* World Competition 2002, 101, 105 f. mwN.; zur Abgrenzung der Anwendungsbereiche von Art. 93 und Art. 107 Abs. 3 AEUV; vgl. auch Kom., Staatliche Beihilfe N 623/2002, RdNr. 38 f. mwN – Französische KV-Beihilfen; Kom., Staatliche Beihilfe N 206/2003, RdNr. 37 – WFG.

[33] Vgl. *Frohnmeyer/Mückenhausen/Nemitz* VO (EWG) 1107/70, RdNr. 65.

[34] Vgl. Art. 100 AEUV.

[35] Vgl. Kom., Staatliche Beihilfe N 623/2002, RdNr. 40 ff. mwN – Französische KV-Beihilfen; Kom., Staatliche Beihilfe N 249/2005, RdNr. 44 ff. – belg. KV-Programm; *Tostmann* World Competition 2002, 101, 106 f.; *Mail-Fouilleul* RDUE 2002, 109, 118 f.; je mwN.

[36] Vgl. *Tostmann* World Competition 2002, 101, 107 f. mwN.

über dem Straßentransport, (iii) diskriminierungsfreie Gewährung, (iv) Transparenz und zeitliche Befristung, und (v) keine Wettbewerbsbeeinträchtigung, die mit dem Gemeinschaftsinteresse nicht mehr vereinbar ist;[37] letzteres wäre etwa bei Beeinträchtigungen anderer Unternehmen des intermodalen Transports der Fall.[38] Die Beihilfen sind auf max. 50% der externen Kostennachteile beschränkt;[39] denn die Kosten der Beihilfe für die Gesellschaft sollen unter denen bleiben, die ihr durch die externen Kosten des Straßenverkehrs entstehen.[40] Liegen die externen Kostennachteile unter 50%, ist nur dieser niedrigere Satz genehmigungsfähig.[41]

679   Die Kommission begrüßt dabei, wenn die Beihilfen unmittelbar den Betreibern kombinierter Verkehre zugute kommen; eine Gewährung über die Betreiber von Umschlaganlagen würde potentiell zu Wettbewerbsverzerrungen zwischen konkurrierenden Anlagebetreibern führen.[42] Ebenso sollen die Mitgliedstaaten darauf achten, dass Wettbewerbsverzerrungen zwischen Schiene und Binnenschifffahrt ausgeschlossen sind.[43]

680   **β) Beihilfen für die Errichtung intermodaler Infrastrukturen.** Die meisten Entscheidungen der Kommission zu Koordinierungsbeihilfen im intermodalen Verkehr betreffen Zuschüsse zur Errichtung intermodaler Infrastrukturen oder zur Anschaffung entsprechender Ausrüstung (zB Wechselbehälter, Haltevorrichtungen auf den Fahrzeugen, etc.).[44]

681   Insoweit ist die Kommission der Auffassung, dass die Vereinbarkeit von Beihilfen zur Errichtung intermodaler Infrastrukturen nach Art. 93 AEUV und die Genehmigungsfähigkeit von Beihilfen zum Erwerb von Suprastrukturen und Ausrüstung nach Art. 107 Abs. 3 lit. c AEUV zu prüfen ist.[45]

682   Soweit hier überhaupt eine Beihilfe iSv. Art. 107 Abs. 1 AEUV vorliegt,[46] genehmigt die Kommission Zuschüsse idR nur bis zu einer Beihilfehöhe von 50% der Investitionskosten.[47]

683   Im Rahmen der Bewertung der wettbewerblichen Auswirkungen einer Beihilfe wird die Kommission idR den Einzugsbereich sowie den Spezialisierungsgrad eines Terminals (nach Nutzern, umgeschlagenen Gütern, Herkunfts- und Zieldestinationen) prüfen.[48]

684   **bb) Prämien und „start up"-Beihilfen.** Bei Prämien für die Nutzung intermodaler Transportwege und Anschubbeihilfen für neue, regelmäßige Routen im kombinierten Verkehr kommt eine Genehmigung nach Art. 93 AEUV (bis zu ihrem Außerkrafttreten: iVm. Art. 3 Abs. 1 lit. b VO 1107/70) in Betracht, wenn die Beihilfe (i) notwendig ist und ihr Ziel dem Unionsinteresse entspricht, (ii) beschränkt ist auf die externen Kostennachteile, die im Vergleich zu konkurrierenden Transportmedien bestehen, und abzielt auf eine Nutzung von Transportmedien mit vergleichsweise geringen externen Kosten, (iii) ohne Diskriminierung gewährt wird, (iv) (im Falle eines Beihilfeprogramms) transparent und befristet ist, und (v) nicht zu einer Wettbewerbsverfälschung führt, die nicht mehr mit dem Unionsinteresse vereinbar ist.[49]

---

[37] Kom., Staatliche Beihilfe N 678/2009, RdNr. 32 ff. – Intermodaler Transport in der Region Brüssel; Kom., Staatliche Beihilfe N 247/2009, RdNr. 75 ff. – UK Mode Shift Revenue Support Scheme; Kom., Staatliche Beihilfe N 810/2002, RdNr. 96 ff. – italienisches Anreizsystem für intermodalen Transport.

[38] Vgl. Kom., Staatliche Beihilfe N 810/2002, RdNr. 108 ff. – italienisches Anreizsystem für intermodalen Transport.

[39] Vgl. Kom., Staatliche Beihilfe N 247/2009, RdNr. 78 – UK Mode Shift Revenue Support Scheme; Kom,. Staatliche Beihilfe N 571/2008, RdNr. 59 – belg. „Promotion unités de transport intermodal"; Kom., Staatliche Beihilfe NN 46/B/06, ABl. 2008 C 140/1; Kom., Staatliche Beihilfe N 31/08, ABl. 2008 C 253/3 – Pilotprogramm Donau.

[40] Vgl. Kom., Staatliche Beihilfe NN 46/B/06, ABl. 2008 C 140/1, RdNr. 41 – slowakische MwSt-Befreiungen.

[41] Vgl. Kom., Staatliche Beihilfe N 247/2009, RdNr. 80 – UK Mode Shift Revenue Support Scheme.

[42] Vgl. Kom., Staatliche Beihilfe N 571/2008, RdNr. 68 – belgische Förderung des kombinierten Verkehrs.

[43] Vgl. Kom., Staatliche Beihilfe N 571/2008, RdNr. 72 – belgische Förderung des kombinierten Verkehrs.

[44] Vgl. Kom., ABl. 1997 L 66/18 – Friaul-Julisch Venetien.

[45] Vgl. Kom., Staatliche Beihilfe N 644/2001, RdNr. 28, 35 – österreichische ERP-Beihilfe.

[46] Vgl. dazu oben Abschnitt 2 a).

[47] Vgl. Kom., Staatliche Beihilfe N 208/2000, RdNr. 32 mwN – SOIT; Kom., Staatliche Beihilfe N 79/97, ABl. 1997 C 377/3 – SGG; Frohnmeyer/Mückenhausen/Nemitz VO (EWG) 1107/70, RdNr. 67; Töstmann World Competition 2002, 101, 109 f., 112 f. mwN.

[48] Vgl. Kom., ABl. 2000 C 55/11 – VIK; Kom., ABl. 2000 C 55/11 – Interporto di Bologna; Kom., Staatliche Beihilfe 598/98, ABl. 1999 C 29/13 – Terminal Born; Töstmann World Competition 2002, 101, 114 f.

[49] Vgl. Kom., Staatliche Beihilfe N 571/2008, RdNr. 46 ff. – belgische „Promotion du transport combiné"; Kom., Staatliche Beihilfe N 682/2006, RdNr. 24 ff. – Flandern/intermodaler Binnenschiffsverkehr; vgl. dazu auch EuG T-481/07, ABl. 2010 C 37/37 – Deltalings.

b) Genehmigung nach Art. 107 Abs. 3 lit. c AEUV. Da die Kommission bislang keine **685**
Leitlinien für die beihilferechtliche Bewertung von Fördermaßnahmen im multimodalen Transport erlassen hat, lassen sich ihre grundlegenden Wertungen nur der Entscheidungspraxis entnehmen. Sie geht dabei davon aus, dass der multimodale Transport als eigener Sektor in der
EU-Gesetzgebung anerkannt ist und seine Entwicklung im Unionsinteresse liegt.[50]

Grundvoraussetzungen der Genehmigung nach Art. 107 Abs. 3 lit. c AEUV sind, dass die **686**
Beihilfe (i) zu einem Ziel von gemeinsamem Interesse beiträgt, (ii) zu dessen Erreichung notwendig ist, (iii) in einem angemessenen Verhältnis zu dieser Zielerreichung steht, und (iv) den
zwischenstaatlichen Handel nicht in einem Maße beeinflusst, die dem gemeinsamen Interesse
zuwiderliefe.[51] Die EU verfolgt seit langem das Ziel einer Stärkung des intermodalen Transports, um die Belastung und externen Kosten des Straßentransports zu senken; hinzu kommt,
dass die hocheffizienten Logistikketten in der EU zunehmend anfällig sind gegenüber der abnehmenden Zuverlässigkeit des Straßentransports und auch deshalb eine Förderung des intermodalen Verkehrs (und der intermodalen Logistik) immer wichtiger wird.[52]

Bei Beihilfen, die im kombinierten Verkehr spezifisch auf Umweltschutz oder die Entwick- **687**
lung von Technologien gerichtet sind, wendet die Kommission iRd. Art. 107 Abs. 3 lit. c
AEUV auch die entsprechenden Umwelt- oder FEI-Leitlinien[53] an.[54]

aa) Infrastrukturbeihilfen. Soweit eine Genehmigung nach Art. 93 AEUV ausscheidet (bis **688**
3. 12. 2009 etwa, weil die Genehmigungsvoraussetzungen des Art. 3 VO 1107/70 nicht erfüllt waren), prüft die Kommission die Genehmigung von Infrastrukturbeihilfen nach Art. 107 Abs. 3
AEUV.[55]

Im Rahmen der Prüfung der Verhältnismäßigkeit nach Art. 107 Abs. 3 lit. c AEUV im Hin- **689**
blick auf Beihilfen zur Errichtung von Umschlagterminals (einschließlich der Kosten des
Grundstückserwerbs) verlangt die Kommission, dass Bau und Betrieb der Infrastruktur vergaberechtlich ausgeschrieben werden; die Durchführung eines solchen Vergabeverfahrens rechtfertigt höhere Beihilfeintensitäten.[56] Die Beihilfeintensität ist bei Infrastrukturbeihilfen grundsätzlich auf 50% der beihilfefähigen Kosten beschränkt.[57]

bb) Investitionsbeihilfen. Die Entscheidungen der Kommission nach Art. 107 Abs. 3 lit. c **690**
AEUV zu Investitionsbeihilfen beziehen sich überwiegend auf Suprastruktur, Ausrüstungen
(wie Binnen- und Landcontainer,[58] Spezialfahrzeuge und -behälter (fahrerlose Transportsyste-
me, ACTS-Transportsysteme, verladetaugliche Adaptierungen an Fahrzeugen, etc.)), IT-Syste-
me für multimodale Beförderungsketten (zB Kommunikations- und Logistiksysteme), Studien
und Ausbildungsmaßnahmen. Die Kommission stützt sich dabei auf die Kriterien des Art. 3

---

[50] Vgl. *Tostmann* World Competition 2002, 101, 114 f. mwN.

[51] Vgl. Kom., Staatliche Beihilfe N 304/2008, RdNr. 24 ff. – dt. Richtlinie zur Förderung von Umschlaganlagen des Kombinierten Verkehrs.

[52] Vgl. Kom., Staatliche Beihilfe N 415/2008, RdNr. 29 ff. mwN – österreich. Innovationsförderprogramm Kombinierter Güterverkehr.

[53] Gemeinschaftsrahmen für staatliche Beihilfen für Forschung, Entwicklung und Innovation, ABl. 2006
C 323/1; Leitlinien der Gemeinschaft für staatliche Umweltschutzbeihilfen, ABl. 2008 C 82/1.

[54] Vgl. Kom., Staatliche Beihilfe N 456/2008, RdNr. 74 ff., 85 ff. – niederländisches Innovationspro-
gramm für ua. intermodalen Verkehr; Kom., Staatliche Beihilfe N 251/2007, RdNr. 28 ff. – E-Ticketing;
Kom., Staatliche Beihilfe N 134/2005, RdNr. 44, 51 ff. – ADEME.

[55] Noch 2002 ging die Kommission davon aus, dass die staatliche Finanzierung von Infrastrukturen für
den kombinierten Verkehr immer (nur) nach Art. 93 AEUV zu bewerten sei, während Beihilfen für die
Anschaffung von Ausrüstung nur nach Art. 107 Abs. 3 AEUV zu prüfen seien, vgl. Kom., Entscheidung
Staatliche Beihilfe N 644/2001, RdNr. 28, 35 – österr. ERP-Kredite an die Verkehrswirtschaft.

[56] Vgl. Kom., Staatliche Beihilfe N 304/2008, RdNr. 38 ff. – dt. Richtlinie zur Förderung von Umschlaganlagen des Kombinierten Verkehrs; vgl. auch RdNr. 77 sog. Umwelt-Leitlinien, ABl. 2008 C
82/60; vgl. auch EuG, T-69/96, Slg. 2001, II-1037 – HHLA, mit der die Klage eines Hamburger Hafen-
treibers gegen niederländische Beihilfen zur Förderung des kombinierten Verkehrs als unzulässig zurückgewiesen wurde, da der Kläger nicht seine individuelle Betroffenheit iSv. Art. 263 Abs. 4 AEUV spezifisch
dargelegt hatte.

[57] Vgl. Kom., Staatliche Beihilfe N 259/2008, RdNr. 52 – Bozen/Intermodalitätsbeihilfen; Kom., Staat-
liche Beihilfe N 651/2008, RdNr. 29 – belg. Terminal intermodal; Kom., Staatliche Beihilfe N 546/2008,
RdNr. 62 – polnische Infrastruktur- und Investitionsbeihilfen; Kom., Staatliche Beihilfe N 196/2006,
RdNr. 69 f. – österr. Richtlinie zur Unterstützung von Umschlaganlagen im intermodalen Verkehr; Kom.,
Staatliche Beihilfe N 247/2004, RdNr. 22 – KV in Wallonien.

[58] Unter Ausschluss von Seecontainern; vgl. dazu auch *Mail-Fouilleul* RDUE 2002, 109, 127 ff. mwN, der
auch darauf hinweist, dass Beihilfen zur Umrüstung/Änderung vorhandener Einrichtungen strengeren Anforderungen unterliegen als diejenigen zur Erstanschaffung.

Abs. 1 lit. e der (ehemaligen) VO 1107/70 sowie der Notwendigkeit und der Vermeidung exzessiver Wettbewerbsverfälschungen.

691 Bei Beihilfen zur Beschaffung von intermodaler Ausrüstung (zB Güterwaggons) achtet die Kommission darauf, dass diese Ausrüstung ausschließlich im intermodalen Verkehr und nicht in konkurrierenden Verkehrsmodi (zB normaler Schienenverkehr) einsetzbar ist.[59] Ansonsten wäre eine Beihilfe für nicht ausschließlich intermodal nutzbare Ausrüstung nur bei KMU genehmigungsfähig.[60]

692 Die höchstzulässige Beihilfeintensität ist auf 30% (40% bei KMU)[61] beschränkt, übersteigt damit aber die höchstzulässigen Quoten in anderen Bereichen.[62] Soweit sich die Beihilfe auf (Machbarkeits-)Studien und ähnliche Vorbereitungen bezieht, beträgt die max. Beihilfeintensität sogar 50%.[63]

693 **cc) „Start up"-Beihilfen.** Der kombinierte Verkehr hat im Vergleich zum Straßentransport höhere Einstiegskosten und ist auf höhere Transportvolumina angewiesen, um bestimmte Streckenfrequenzen anbieten und Umschlagsanlagen auslasten zu können. Die Betreiber intermodaler Transporteinrichtungen haben daher – jedenfalls in der Anfangsphase – typischerweise höhere und länger andauernde Betriebsverluste.

694 Viele Mitgliedstaaten haben daher Anfangsverluste von „*start up*"-Unternehmen durch Zuschüsse aufzufangen gesucht, um diese Verkehrsart am Markt durchzusetzen. Dem ist die Kommission anfangs durch Eröffnung mehrerer förmlicher Prüfverfahren entgegen getreten, um klarzustellen, dass an die Gewährung von Betriebsbeihilfen auch im intermodalen Transport besonders strenge Anforderungen geknüpft sind. Die betroffenen Mitgliedstaaten haben daraufhin häufig die Notifizierungen zurückgenommen, um Negativentscheidungen zu vermeiden.[64]

695 Die jüngere Praxis der Kommission ist im Hinblick auf Anlaufbeihilfen im intermodalen Transport weniger ablehnend und ermöglicht – außerhalb des Anwendungsbereichs des Art. 93 AEUV – eine Genehmigung auch nach Art. 107 Abs. 3 lit. c AEUV. Da es sich um – grundsätzlich nicht genehmigungsfähige – Betriebsbeihilfen handelt, setzt eine Genehmigung freilich voraus, dass die Maßnahme (i) notwendig und verhältnismäßig ist, (ii) die geförderten Verkehre langfristig lebensfähig sein werden, (iii) eine max. Beihilfeintensität von 30% nicht überschritten wird, (iv) die Grundsätze der Transparenz[65] und Nichtdiskriminierung eingehalten werden sowie (v) keine Verlagerung von bereits bestehenden intermodalen Verkehren erfolgt.[66] Im Rahmen der Notwendigkeit wird nicht nur die Erforderlichkeit zur Aufnahme des intermodalen Verkehrs, sondern auch geprüft, ob die Maßnahme zu einer echten Reduzierung des Straßenverkehrs und zu einer Steigerung der Effizienz im intermodalen Transport führt.[67] Die Wahrung der Verhältnismäßigkeit erfordert ua., dass die Maßnahme befristet (grundsätzlich auf ca.

---

[59] Vgl. Kom., ABl. 2009 L 68/8, RdNr. 18 ff., 44 ff. – tschechisches KV-Förderprogramm.

[60] Vgl. Kom., ABl. 2009 L 68/8, RdNr. 20 – tschechisches KV-Förderprogramm unter Hinweis auf Art. 4 Abs. 5 der ehem. KMU-GVO (EG) Nr. 70/2001, ABl. 2001 L 10/33; vgl. heute Art. 2 Nr. 10, Art. 15 Abs. 3 AGVO, VO (EG) Nr. 800/2008, ABl. 2008 L 214/3.

[61] Vgl. Kom., Staatliche Beihilfe N 134/2005, RdNr. 49 f. – ADEME.

[62] Vgl. Kom., Staatliche Beihilfe N 259/2008, RdNr. 52 – Bozen/Intermodalitätsbeihilfen; Kom., Staatliche Beihilfe N 415/2008, RdNr. 47 – österr. Innovationsförderprogramm Kombinierter Güterverkehr; Kom., Staatliche Beihilfe N 546/2008, RdNr. 57 – polnische Infrastruktur- und Investitionsbeihilfen; Kom., Staatliche Beihilfe N 140/2004, Abschnitt 3.1 – österr. Beihilfeprogramm für den kombinierten Verkehr Straße-Schiene-Schiff; Kom., Staatliche Beihilfe N 247/2004, RdNr. 23 – KV in Wallonien; je mwN; *Tostmann* World Competition 2002, 101, 115 f. mwN.

[63] Vgl. Kom., Staatliche Beihilfe N 259/2008, RdNr. 52 – Bozen/Intermodalitätsbeihilfen; Kom., Staatliche Beihilfe N 415/2008, RdNr. 47 – österr. Innovationsförderprogramm Kombinierter Güterverkehr; Kom., Staatliche Beihilfe N 140/2004, Abschnitt 3.1 – österr. Beihilfeprogramm für den kombinierten Verkehr Straße-Schiene-Schiff; je mwN.

[64] Vgl. *Tostmann* World Competition 2002, 101, 116 f.; *Mail-Fouilleul* RDUE 2002, 109, 123 ff.; je mwN.

[65] Insoweit verlangt die Kommission zuweilen, dass die Transparenz durch eine getrennte Buchführung garantiert wird; vgl. Kom., Staatliche Beihilfe N 238/2004, RdNr. 53 – deutsche KV-Richtlinie.

[66] Vgl. Kom., ABl. 2006 L 165/19, RdNr. 11 ff. – Ausbau des kombinierten Verkehrs in Friaul; Kom., ABl. 2003 C 311/18, Abschnitt 3.2 – Ausbau des kombinierten Verkehrs in Friaul; Kom., Staatliche Beihilfe N 238/2004, RdNr. 40 ff. – deutsche KV-Richtlinie; Kom., Staatliche Beihilfe N 810/2002, RdNr. 117 ff. – italienisches Anreizsystem für intermodalen Transport; Kom., Staatliche Beihilfe N 206/2003, RdNr. 40 ff. – WFG.

[67] Vgl. Kom., Staatliche Beihilfe N 810/2002, RdNr. 120 ff. – italienisches Anreizsystem für intermodalen Transport.

3 Jahre) und degressiv ist.[68] Ferner muss sichergestellt sein, dass der subventionierte Verkehr wirtschaftlich langfristig lebensfähig ist.[69]

X. Seeverkehr

Schrifttum: *Bartosch*, Challenging a decision to initiate the formal investigation procedure – some clarifications (Note on Case T-246/99), EStAL 2007, 813; *Broussolle*, Privatisation de la SNCM, Bulletin des Transports et de la Logistique 2005, 3098–25; *Corruble*, Le droit communautaire de la concurrence appliqué aux ports européens, Droit Maritime Francais 2002, 622–15; *Corruble*, Le droit communautaire et le financement des ports, Droit Maritime Francais 2002, 624–20; *Demangeon*, Desserte de la Corse, Bulletin des Transports et de la Logistique 2006, 3142–20; *Frenz*, Handbuch Europarecht: Band 3 – Beihilfe- und Vergaberecht (2007); *Frerich/Müller*, Europäische Verkehrspolitik: von den Anfängen bis zur Osterweiterung (Band 3, 2006); *Frohnmeyer/Mückenhausen*, EG-Verkehrsrecht (2004); *Grard*, Transport privé de personnes: le droit communautaire au secours des touristes aisés en Sardaigne, Revue de droit des transports 2010, 17; *Grard*, La Société nationale maritime Corse-Méditerranée échappe aux fourches caudines du droit des aides d'État, Revue du droit des transports, 2009, 214; *Grard*, Les financements des obligations maritimes de service public mis en place avant 1993 relèvent d'une clause dite „d'ancienneté", Revue de droit des transports 2009, 103; *Grard*, Les financements publics des dessertes maritimes mises en place avant l'ouverture européenne des marchés et le droit des aides d'État, Revue de droit des transports 2007, 169; *Gross*, The P&O European Ferries (Vizcaya) SA Case: 14 years to Gain Legal Certainty ?, EStAL 2006, 567; *Idot*, Obligations de service public dans le secteur du transport maritime, Europe 2005, 254; *Idot*, Un autre cas de contrôle des aides accordées à des transports maritimes, Europe 2005, 303; *Jaeger*, Beihilfe- und Förderrecht (2007); *Joubert*, Quand Olsen pleure …, Bulletin des Transport et de la Logistique 2005, 3088–19; *Lepers*, La réglementation de l'aide à la modernisation des flottes, AJDA 2008, 2046; *Núñez Müller*, Die Staatszugehörigkeit von Handelsschiffen im Völkerrecht – Voraussetzungen und Rechtsfolgen der Flaggenverleihung unter besonderer Berücksichtigung der sog. Billigflaggen (2003); *Rey Sánchez*, „Tonnage tax": El nuevo sistema de estimación objetiva para entidades navieras en el Impuesto de Sociedades, Jurisprudencia Tributaria Aranzadi 2003, 15; *Rezenthel*, L'évolution du régime des services publics portuaires, Droit Maritime Francais 2009, 704–8; *Rezenthel*, La gestion du domaine public portuaire dans une économie de marché et le droit de la concurrence, Droit Maritime Francais 2006, 675–8; *Rezenthel*, L'attribution par l'État d'une partie d'une taxe portuaire à une entreprise de manutention au regard du droit de la concurrence, Droit Maritime Francais 2003, 643–23; *Tigges,* Die Regulierung des Zugangs zum Markt für Hafendienste (2009).

Übersicht

---

[68] Ibid. RdNr. 123 ff. mwN.

[69] Ibid. RdNr. 128; Kom., Staatliche Beihilfe N 238/2004, RdNr. 46, 56 – deutsche KV-Richtlinie; Kom., Staatliche Beihilfe N 206/2003, RdNr. 48 – WFG.

696   **1. Einführung.** Ebenso wie die Luftfahrt gehört auch der Seeverkehr nicht zu den Bereichen, auf die die Verkehrsvorschriften der Art. 90 ff. AEUV unmittelbar anwendbar sind (Art. 100 Abs. 2 AEUV). Nicht anwendbar auf den Seeverkehr ist mithin auch die Genehmigungsnorm des Art. 93 AEUV, wonach Beihilfen zur Verkehrskoordinierung und zur Abgeltung bestimmter, mit dem Begriff des öffentlichen Dienstes zusammenhängender Leistungen mit den Verträgen vereinbar sind. Anders verhält es sich bei der Binnenschifffahrt, auf die die Verkehrsvorschriften des AEUV – und damit auch Art. 93 AEUV – gemäß Art. 100 Abs. 1 AEUV Anwendung finden. Beihilfen im Seeverkehr unterliegen daher unmittelbar (nur) den Art. 107 ff. AEUV.

697   Mithin ist die Abgrenzung zwischen Seeschifffahrt und Binnenschifffahrt erheblich. Diese bezieht sich auf den Ort der Erbringung der jeweiligen Beförderungsleistungen. Nach Art. 1 Abs. 4 der VO 4055/86[1] gilt als „Seeverkehr" die „Beförderung von Personen oder Gütern auf dem Seeweg" zwischen Häfen oder Offshore-Anlagen. Als Binnenschifffahrt gilt demgegenüber die Beförderung von Personen bzw. Gütern auf den Binnenwasserstraßen der Mitgliedstaaten. Zu Abgrenzungsschwierigkeiten kommt es regelmäßig in Bezug auf Dienstleistungen für Seeschiffe bzw. zur Sicherstellung des Seezugangs für Seeschiffe (ie. va. Schlepp- und Baggerdienste).

698   Seeverkehr zeichnet sich zwangsläufig durch einen intensiven Handelsaustausch mit Drittstaaten und einen erheblichen Wettbewerb mit den Handelsflotten von Drittstaaten aus. Letztere wuchsen nach 1945 exponentiell, va. auch durch massive Ausflaggungen europäischer Schiffe in die sog. Billig-Register von Drittstaaten. Wesentliches Motiv der Ausflaggungen war, den Schiffsbetrieb der deutlich niedrigeren Steuer-, Heuer- und Sozialabgabenlast der Drittländer zu unterstellen. In dem Maße, in dem Schiffe unter Billigflaggen die europäischen Sozial-, Sicherheits- und Umweltstandards unterschritten, entstand in der EU ein Bedürfnis, diese Standards durch die EU-Küsten- und Hafenstaaten auch gegenüber Schiffen aus Drittländern durchzusetzen. Zugleich war und ist es ein wesentliches Ziel der EU-Schifffahrtspolitik, Anreize für eine verminderte Ausflaggung und vermehrte Rückflaggung in die Handelsflotten der EU-Mitgliedstaaten zu setzen und den in der EU registrierten Seeschiffen freien Zugang zu und Wettbewerbsfähigkeit auf den weltweiten Seetransportmärkten zu sichern. Um die Wettbewerbsfähigkeit der EU-Handelsflotten gegenüber Schiffen unter Billigflaggen sicherzustellen, war und ist die Kommission bereit, in diesem Wirtschaftsbereich in breitem Umfang auch Betriebsbeihilfen zu genehmigen, solange dadurch der Wettbewerb zwischen den Mitgliedstaaten nicht erheblich beeinträchtigt wird.

699   Beihilfen im Bereich Seeverkehr lassen sich grob in mehrere Kategorien einteilen: Schiffbaubeihilfen,[2] schifffahrtsbezogene Beihilfen an Reedereien und Schiffsmanagementgesellschaften, Förderung von Seehäfen und Seehafen-Infrastrukturen.

700   Die Beihilfeintensität im Bereich Seeverkehr war in den vergangenen Jahren vergleichsweise gering. Der gesamte Bereich Verkehr (ohne Schienenverkehr) verzeichnete in 2008 Beihilfen von € 2,4 Mrd. bzw. 3,6% des Beihilfe-Gesamtvolumens.[3]

701   **2. Leitlinien der Gemeinschaft für staatliche Beihilfen im Seeverkehr. a) Rechtliche Einordnung und wirtschaftlicher Kontext. aa) Rechtliche Einordnung.** Die im Januar 2004 veröffentlichten Leitlinien der Gemeinschaft für staatliche Beihilfen im Seeverkehr[4] („Seeverkehrs-Leitlinien") gelten zunächst bis zum 17. 1. 2011.[5] Sie ersetzen die entsprechenden Leitlinien von 1997,[6] die ihrerseits auf Leitlinien von 1989 zurückgingen.[7] Die Seeverkehrs-Leitlinien sind keine Rechtsvorschriften iSv. Art. 288 AEUV. Soweit sie nicht gegen den AEUV verstoßen, binden sie indes die Kommission bei der Ausübung ihres Ermessens iRv. Art. 107 Abs. 3 AEUV: soweit die Kommission sich bei der Prüfung von Beihilfen an ihre Leitlinien hält, kann ihr kein Ermessensfehler vorgeworfen werden; umgekehrt führt eine Abwei-

---

[1] Verordnung (EWG) Nr. 4055/86 des Rates zur Anwendung des Grundsatzes des freien Dienstleistungsverkehrs auf die Seeschifffahrt zwischen Mitgliedstaaten sowie zwischen Mitgliedstaat und Drittländern, ABl. 1986 L 378/1.

[2] Hier nicht behandelt; vgl. dazu unten Kap. F. XII.

[3] Vgl. Bericht der Kommission vom 7. 12. 2009 (KOM(2009) 661) über die von den EU-Mitgliedstaaten gewährten staatlichen Beihilfen (Herbstausgabe 2009), S. 5.

[4] ABl. 2004 C 13/3.

[5] Vgl. Ziff. 13 der Seeverkehrs-Leitlinien.

[6] ABl. 1997 C 205/5; vgl. dazu *Frohmeyer/Mückenhausen/Nemitz*, Leitlinien 1997, RdNr. 1 ff. mwN.

[7] Vgl. dazu *Heidenhain/Schmidt-Kötters*, European State Aid Law, § 18 RdNr. 98; *Hacher/Ottervanger/Slot* RdNr. 16–033 ff.; je mwN.

chung von den in den Leitlinien genannten Bewertungskriterien idR zu einem Ermessensfehler der Kommission.[8]

Die Seeverkehrs-Leitlinien sind auch auf iSv. Art. 108 Abs. 1 AEUV bestehende Beihilfen **702** anwendbar und gelten insoweit als zweckdienliche Maßnahmen, mit denen die Mitgliedstaaten aufgefordert wurden, etwaige bestehende Beihilfen in diesem Bereich bis zum 30. 6. 2005 an die Seeverkehrs-Leitlinien anzupassen, um ein förmliches Prüfverfahren zu vermeiden.[9]

bb) Wirtschaftlicher Kontext. In der Einleitung zu den Seeverkehrs-Leitlinien hebt die **703** Kommission zunächst die entscheidende Bedeutung von Seeverkehrsdiensten für die Wirtschaft der EU hervor: 90% der zwischen EU und Drittstaaten ausgetauschten Güter werden auf dem Seeweg transportiert; vom innergemeinschaftlichen Güterverkehr entfallen 41% bzw. 69% (mit bzw. ohne Berücksichtigung der reinen Inlandsverkehre) auf den Kurzstreckenseeverkehr.

Zugleich kontrollieren die Reedereien der EU nach wie vor – und erst recht seit dem EU- **704** Beitritt Maltas und Zyperns – deutlich über ein Drittel der Welthandelsflotte. Allerdings konnten die europäischen Reeder diese Marktposition nur dadurch halten, dass sie in den vergangenen Jahrzehnten ihre Schiffe massiv in Billigflaggen *(flags of convenience)* ausgeflaggt haben,[10] um den Heuer- und Sozialstandards für EU-Schiffe zu entgehen. Um wenigstens einen Teil dieser Flotten weiterhin unter eigener Flagge und damit grundsätzlich unter dem eigenen rechtlichen Regime fahren zu lassen, haben mehrere EU-Mitgliedstaaten sog. „Offshore"-Register[11] bzw. „Internationale Register"[12] errichtet; erstere bestehen typischerweise in autonomen Territorien des betreffenden Mitgliedstaats, während letztere im Kerngebiet angesiedelt sind.

Viele EU-Mitgliedstaaten gingen zudem zu einem System der pauschalen, ergebnisunabhän- **705** gigen Besteuerung nach Tonnage (Tonnagesteuer) über,[13] die als branchenbezogene Beihilferegime regelmäßig von der Kommission geprüft wurden und werden. Die damit verbundenen Steuererleichterungen haben wesentlich dazu beigetragen, einen völligen Verlust der EU-Handelsflotte an Drittstaatsregister zu verhindern.

Gleichwohl beträgt der Anteil der sog. Offenen Register an der Welthandelstonnage nach **706** wie vor deutlich über 50%, mit noch immer wachsender Tendenz.[14]

Um diese Tendenz zumindest abzubremsen, wenn nicht zu stoppen, und eine gewichtige **707** eigene EU-Handelsflotte zu sichern, anerkennt die Beihilfepolitik der EU den Bereich Seeverkehr daher als einen der wenigen Bereiche an, in denen Betriebsbeihilfen nicht a priori untersagt und nicht genehmigungsfähig sind, sondern ausnahmsweise und degressiv gestattet werden sollen. Diesen grundlegenden Ansatz verfolgen auch die Seeverkehrs-Leitlinien.[15]

b) Grundsätze der Seeverkehrs-Leitlinien. Die Seeverkehrs-Leitlinien legen die Krite- **708** rien fest, nach denen Beihilfen für den Seeverkehr gemäß Art. 107 Abs. 3 AEUV genehmigt bzw. nach Art. 106 Abs. 2 AEUV als (beihilfefreie) Kompensationen anerkannt werden.

Grundlegende und die beihilferechtliche Bewertung leitende Prinzipien der Seeverkehrs- **709** Leitlinien sind, dass (i) Beihilfen nicht auf Kosten anderer Mitgliedstaaten gewährt werden dürfen, (ii) das gemeinsame Interesse der EU an dem Umfang der mit den Beihilfen verbundenen zulässigen Wettbewerbsverzerrungen beschränkt, (iii) die Grundsätze der Notwendigkeit und Transparenz gewahrt werden müssen und (iv) die Kumulierungswirkung aller auf verschiedenen Ebenen eines Mitgliedstaates gewährten Beihilfen zu beachten ist.[16]

Ferner setzt die Genehmigungsfähigkeit von Beihilfen voraus, dass diese die Seeverkehrs- **710** interessen der EU fördern. Dies ist dann der Fall, wenn die Beihilfen kumulativ folgende Ziele anstreben: (i) Sicherstellung eines sicheren, effizienteren, zuverlässigeren, umweltfreundlicheren Seeverkehrs; (ii) Eintragung von Seeschiffen in die Register der Mitgliedstaaten oder Rückführung unter deren Flagge; (iii) Konsolidierung des maritimen Sektors in den Mit-

---

[8] Vgl. EuG, T-349/03, Slg. 2005, II-2197, Tz. 139 ff. – Corsica Ferries; *Demangeon*, Bulletin des Transports et de la Logistique 2006, 3142–20; *Broussolle*, Bulletin des Transports et de la Logistique 2005, 3098–25.

[9] Vgl. Ziff. 13 der Seeverkehrs-Leitlinien.

[10] Vgl. zu den Ausflaggungen und zur Staatszugehörigkeit von Handelsschiffen insgesamt *Núñez Müller*, Die Staatszugehörigkeit von Handelsschiffen im Völkerrecht, 2003, passim.

[11] Etwa auf den Cayman Islands, Gibraltar, den Niederländischen Antillen, etc.

[12] Vgl. etwa das Deutsche Internationale Seeschiffahrtsregister (ISR), BGBl. 1989 I 550.

[13] Vgl. S. 1 der Seeverkehrs-Leitlinien; *Rey Sánchez*, Jurisprudencia Tributaria Aranzadi 2003, 15.

[14] Per 31. 12. 2008 hatten allein die 4 führenden Flaggenstaaten Panama, Liberia, Bahamas und Marshall-Inseln nach BRZ einen Marktanteil von zusammen 43,7%; vgl. www.reederverband.de/files.

[15] Vgl. Abschnitt 1 c) aE. der Seeverkehrs-Leitlinien; *Hancher/Ottervanger/Slot* § 16–034 f.

[16] Vgl. Ziff. 2 der Seeverkehrs-Leitlinien.

gliedstaaten und Sicherstellung einer wettbewerbsfähigen Flotte auf den Weltmeeren; (iv) Erhalt und Verbesserung des maritimen Know-how und Förderung der Beschäftigung europäischer Seeleute; und (v) Förderung neuer Dienstleistungen im Bereich des Kurzstreckenseeverkehrs.[17]

711   **c) Anwendungsbereich der Seeverkehrs-Leitlinien. aa) Allgemein.** Die Seeverkehrs-Leitlinien sind auf den Seeverkehr, dh. auf die Beförderung von Waren und Personen auf dem Seeweg anwendbar, können punktuell aber darüber hinaus auch auf Nebentätigkeiten wie Schleppschifffahrt und Baggerarbeiten anwendbar sein.[18] Über den Wortlaut der Seeverkehrs-Leitlinien hinaus wendet die Kommission die Seeverkehrs-Leitlinien auch auf seegängige Kabelverlegungsschiffe an.[19]

712   Die Seeverkehrs-Leitlinien gelten ausdrücklich für alle von staatlichen Einheiten oder öffentlichen Unternehmen (etwa staatlich kontrollierte Banken) gewährten Beihilfen (Kredite oder andere wirtschaftliche Vorteile) zugunsten des Seeverkehrs.[20] Die Rechtsform des Begünstigten ist unerheblich; die Seeverkehrs-Leitlinien beziehen sich auf Unternehmen jedweder Rechtsform, Partnerschaften und Einzelpersonen. Dementsprechend hat die Kommission etwa eine polnische Tonnagesteuerregelung zugunsten natürlicher Personen genehmigt.[21]

713   **bb) Unanwendbarkeit der Seeverkehrs-Leitlinien.** Die Seeverkehrs-Leitlinien beziehen sich ausdrücklich nicht auf den Schiffbau, für den Sonderregeln gelten.[22]

714   Ebenso stellen die Seeverkehrs-Leitlinien klar, dass Beihilfen für Infrastrukturinvestitionen nicht als Beihilfen gelten, wenn der Staat allen betroffenen Betreibern freien und gleichen Zugang zur geförderten Infrastruktur gewährt. Die Kommission behält sich indes eine Prüfung für den Fall vor, dass die geförderte Investition (mittelbar) einzelnen Schiffseignern zugute kommen könnte.[23] Dieser Grundsatz entspricht der Regelung in RdNr. 12 der Luftverkehrs-Leitlinien 1994.[24] Im Luftverkehrsbereich nimmt die Kommission an, dass das Beihilfenrecht ab dem erstinstanzlichen Urteil iS „Aéroports de Paris" in 2000 auf Flughäfen anwendbar und schließlich in den Flughafen-Leitlinien 2005 verfestigt worden sei.[25] Die Seeverkehrs-Leitlinien machen dagegen deutlich, dass jedenfalls im Seeverkehr der Grundsatz, dass die Förderung allgemein zugänglicher Infrastruktur eher eine allgemeine Maßnahme und keine spezifische Begünstigung darstellt, in 2004 noch vor galt. Allerdings geht die Kommission auch hier dazu über, die Betreiber von Hafeninfrastrukturen als „Unternehmen" anzusehen, die durch den staatlichen Ausbau der Infrastruktur beihilfenrechtlich begünstigt werden können.[26]

715   Schließlich liegt mangels Begünstigung auch dort keine Beihilfe vor, wo eine staatliche Maßnahme den Anforderungen des marktwirtschaftlich handelnden Kapitalgebers entspricht.[27]

716   **d) Flagge als Voraussetzung der Beihilfengewährung.** Die Seeverkehrs-Leitlinien sehen vor, dass staatliche Beihilfen grundsätzlich nur für Schiffe gewährt werden können, die im Register eines Mitgliedstaates eingetragen sind. Diese sind im Anhang der Seeverkehrs-Leitlinien definiert als Register, die dem Recht eines Mitgliedstaates unterliegen, allerdings beschränkt auf die zur EU gehörenden Hoheitsgebiete. Als Register gelten danach sowohl die Erstregister der Mitgliedstaaten als auch bestimmte Zweitregister (wie das Deutsche Internationale Seeschifffahrtsregister), das Register der Kanaren und das Register von Gibraltar.

---

[17] Vgl. Ziff. 2.2 Abs. 1 der Seeverkehrs-Leitlinien; *Dauses/Götz/Martínez-Soria*, Handbuch des EU-Wirtschaftsrechts (Loseblatt, 2009), Abschnitt H. III, RdNr. 212 f.

[18] Vgl. Ziff. 2.2 Abs. 1 der Seeverkehrs-Leitlinien; ausweislich Ziff. 3.1 der Seeverkehrs-Leitlinien gehört zur Schleppschifffahrt sowohl das Schleppen von Schiffen wie das Schleppen von Bohrinseln uam.

[19] Kom., ABl. 2009 L 119/23, Art. 1 – Dänische Kabelverlegerschiffe.

[20] Vgl. Ziff. 2.1 der Seeverkehrs-Leitlinien.

[21] Obwohl die Tonnagesteuerregeln in Ziff. 3.1 der Seeverkehrs-Leitlinien eigentlich vorsehen, dass eine Tonnagesteuer an Stelle der Körperschaftssteuer eingeführt werden kann, der natürliche Personen nicht unterliegen; vgl. Kom., Entscheidung vom 18. 12. 2009, Verfahren C 34/07, C(2009) 10 376 final, RdNr. 81 ff. – Polnische Tonnagesteuer.

[22] Vgl. Ziff. 2.1 Abs. 2 der Seeverkehrs-Leitlinien.

[23] Vgl. Ziff. 2.1 Abs. 2 der Seeverkehrs-Leitlinien.

[24] Mitteilung zur Anwendung der Artikel 92 und 93 des EG-Vertrags sowie des Artikels 61 des EWR-Abkommens auf staatliche Beihilfe im Luftverkehr, ABl. 1994 C 350/5.

[25] Vgl. EuG T-128/98, Slg. 2000, II-3929 – Aéroports de Paris; EuGH, C-82/01, Slg. 2002, I-9297 – Aéroports de Paris; Kom., Staatliche Beihilfe NN 43/2009, RdNr. 43 ff. – Groningen Airport; Kom., Staatliche Beihilfe NN 25/2009, RdNr. 24 f. – Flughafen Berlin-Brandenburg International.

[26] Vgl. Kom., Staatliche Beihilfe N 60/2006, RdNr. 48 – Main Port Rotterdam.

[27] Vgl. Ziff. 2.1 der Seeverkehrs-Leitlinien.

Nicht zu den Registern der Mitgliedstaaten gehören dagegen diejenigen Zweitregister, auf **717** die der AEUV keine volle Anwendung findet, wie etwa die Register der Cayman Islands oder der Isle of Man, der Niederländischen Antillen etc.[28] Schiffen, die in diesen Registern eingetragen sind, darf indes ausnahmsweise eine Beihilfe gewährt werden, sofern sie spezifischen Standards entsprechen, von der EU aus betrieben werden, der Reeder seinen Sitz in der EU hat und der fördernde Mitgliedstaat nachweist, dass das Register direkt zu den og. Zielen beiträgt.[29]

Ausnahmsweise können auch flaggenneutrale Beihilfenmaßnahmen genehmigt werden, so- **718** fern der Nutzen für die EU klar nachgewiesen ist.[30]

e) Genehmigungsfähigkeit bestimmter Beihilfen. aa) Steuerliche Maßnahmen. Die **719** Seeverkehrs-Leitlinien anerkennen zunächst, dass ein Steuerwettbewerb primär gegenüber Drittstaaten, nicht aber innerhalb der EU besteht; während die Mitgliedstaaten ihre schifffahrtsbezogenen Steuersysteme zunehmend angleichen, führen Steuervorteile in Drittstaaten nach wie vor zur Ausflaggung von Schiffen oder gar zur Verlagerung des Unternehmensstandortes.[31]

(1) Vor diesem Hintergrund stehen die Seeverkehrs-Leitlinien einer Förderung durch Steuer- **720** erleichterungen positiv gegenüber. Zwar gelten Regelungen wie die beschleunigte Abschreibung von Schiffsinvestitionen, das Recht steuerfreier Gewinnrückstellungen aus Schiffsverkäufen und insbesondere der Ersatz gewinnabhängiger Körperschaftsteuern durch eine gewinnunabhängige **Tonnagesteuer** als staatliche Beihilfen. Sie sollen aber grundsätzlich unterstützt werden, da sie der Entwicklung der EU-Flotte auf dem Weltmarkt dienen[32] und dazu beitragen, hochwertige Arbeitsplätze in Reedereien und anderen schifffahrtsbezogenen Unternehmen (Schiffmanagement, -versicherungen, -finanzierungen, -makler) im Mitgliedstaat und in der EU zu halten.[33]

Da Primärziel die Stärkung der unter den Flaggen der EU-Mitgliedstaaten fahrenden Han- **721** delsflotte ist, wird die Genehmigung steuerlicher Beihilfen an flaggenbezogene Voraussetzungen geknüpft: Steuererleichterungen dürfen grundsätzlich nur gewährt werden, soweit die (mittelbar) begünstigten Schiffe unter einer EU-Flagge fahren.

Nicht genehmigungsfähig ist dagegen die Subventionierung von Nebentätigkeiten (zB Wa- **722** renverkäufe an Bord oder Betrieb von Spielcasinos), die nicht zwangsläufig mit der Handelsschifffahrt verknüpft sind.[34] Seeschifffahrtsbezogene Nebentätigkeiten – wie etwa der Betrieb von Seerettungsschiffen – können demgegenüber nach Maßgabe der Seeverkehrs-Leitlinien subventioniert werden.[35]

Soweit eine Reederei auch in anderen Geschäftsbereichen tätig ist, muss sie ein transparentes **723** Rechnungswesen vorhalten, um eine missbräuchliche Quersubventionierung seeverkehrsfremder Geschäftsbereiche zum Nachteil anderer Mitgliedstaaten zu verhindern.[36] Deshalb und wegen des Grundsatzes der Nichtdiskriminierung geht die Kommission in der Praxis davon aus, dass ein Mitgliedstaat konzerninterne Geschäfte, von denen Konzerngesellschaften in anderen Mitgliedstaaten profitieren, *in puncto* Rechnungstransparenz, Berichtspflichten und Überprüfungen genauso behandeln muss wie inländische Geschäfte; ein potentieller Missbrauch dadurch, dass konzerninterne Auslandsgeschäfte nur mit der Tonnagesteuer besteuert werden, obwohl sie möglicherweise seeverkehrsfremd sind, schließt eine Genehmigung nach Art. 107 Abs. 3 lit. c AEUV aus.[37]

---

[28] Vgl. Ziff. 3 des Anhangs zu den Seeverkehrs-Leitlinien.

[29] Vgl. Ziff. 2.2 Abs. 2 der Seeverkehrs-Leitlinien.

[30] Vgl. Ziff. 2.2 aE. der Seeverkehrs-Leitlinien.

[31] Vgl. Ziff. 3.1 der Seeverkehrs-Leitlinien.

[32] Vgl. Ziff. 3.1 Abs. 3–5 der Seeverkehrs-Leitlinien.

[33] Vgl. Kom., ABl. 2010 L 90/15, RdNr. 77 ff. –, Genehmigung der polnischen Tonnagesteuerregelung; vgl. dazu auch die Eröffnungsentscheidung Kom., ABl. 2007 C 300/22 – polnische Tonnagesteuer; Kom., ABl. 2005 L 150/1 – belgische Pauschalbesteuerung.

[34] Wie etwa der Verkauf von Produkten oder der Betrieb von Spielcasinos an Bord, vgl. Art. 3 Abs. 1 der Entscheidung 2005/417/EG, ABl. 2005 L 150/1 – belgische Pauschalbesteuerung; vgl. *Frerich/Müller* 220 mwN.

[35] Vgl. Kom., ABl. 2010 L 90/15, RdNr. 89 mwN. – Polnische Tonnagesteuer; zu Tonnagesteuerregelungen für Kabelleger, Rohrverlegungsschiffe, Kranschiffe und Forschungsschiffe vgl. Kom., Staatliche Beihilfe N 714/2009 RdNr. 32 ff., 40 ff. – Niederländische Tonnagesteuer; vgl. auch Kom., Staatliche Beihilfe N 37/2010 – zypriotische Tonnagesteuer (unter Erstreckung auf Schlepper, Kabelleger und Baggerschiffe).

[36] Vgl. Ziff. 3.1 Abs. 19 Seeverkehrs-Leitlinien.

[37] Kom., ABl. 2009 L 315/1, RdNr. 54 ff. – Lockerung der Informationspflicht für dänische Tonnagesteuer.

724   Nicht genehmigungsfähig ist ferner eine rückwirkende Einführung der ergebnisunabhängigen Tonnagebesteuerung.[38]

725   (2) Ausnahmsweise können Steuererleichterungen auch Reedern zugute kommen, die Schiffe teilweise unter Drittstaatsflaggen betreiben, wenn die strategische und wirtschaftliche Verwaltung der Schiffe in der EU erfolgt und zu deren Wirtschaft und Beschäftigungslage erheblich positiv beiträgt.

726   Ferner muss die Beihilfe notwendig zur Rückführung des Managements aller Schiffe und muss der Begünstigte in der EU körperschaftssteuerpflichtig sein. Außerdem muss eine transparente Buchführung sicherstellen, dass die Beihilfen nur dem Tätigkeitsbereich Seeverkehr und nicht etwa anderen Geschäftsbereichen der Reederei zugute kommen. Darüber hinaus „wünscht" die Kommission, ohne dies wohl in den Rang einer Genehmigungsvoraussetzung zu heben, dass die Gesamtflotte jedes begünstigten Reeders oder Schifffahrtsmanagements alle international und in der EU einschlägigen Sicherheits-, Umwelt, Zuverlässigkeits- und Arbeitsnormen einhält. Eine weitere Genehmigungsvoraussetzung ist die Verpflichtung des Begünstigten, konzernweit den Anteil seiner EU-Tonnage (im Vergleich zu der unter Drittstaatsflagge fahrenden Flotte) zumindest auf demselben Stand zu halten; dies gilt freilich nicht für diejenigen Unternehmen, die ohnehin bereits mindestens 60% ihrer Tonnage unter einer EU-Flagge fahren lassen. Schließlich gelten umfangreiche Berichtspflichten.[39]

727   Die Seeverkehrs-Leitlinien enthalten keine Beschränkung für die Einbeziehung auf Zeit gecharterter Schiffe in Tonnagesteuerregelungen. Die Kommission hat daher in der Vergangenheit Tonnagesteuerregelungen genehmigt, bei denen das Verhältnis zwischen der Tonnage eigener Schiffe (oder *bareboat* gecharterter Schiffe) und der Tonnage auf Zeit oder für eine bestimmte Reise gecharterter Schiffe 3:1, 4:1 oder gar 10:1 betrug. Durch dieses zahlenmäßige Verhältnis sollte verhindert werden, dass Tonnagesteuer-Unternehmen zu reinen Schiffsmaklern werden, die keine Verantwortung für Besatzungsmanagement und technisches Management der von ihnen betriebenen Schiffe übernehmen. Zugleich würde ein zu hoher Überhang eingecharterter Schiffe entgegen Ziff. 2.2 der Seeverkehrs-Leitlinien zu einem Verlust maritimen Know hows führen.[40] Eine Beihilfe durch Anwendung der Tonnagesteuer auf Reeder, die ausschließlich auf Zeit gecharterte Schiffe betreiben (oder bei denen das Verhältnis gecharterter zu eigenen Schiffen über 10:1 liegt), ist nach Auffassung der Kommission daher nur genehmigungsfähig, wenn die (überschießenden) Charterschiffe die Flagge eines EU- oder EWR-Mitgliedstaates führen oder aber zumindest das Besatzungs- und das technische Management für diese Schiffe in der EU/EWR erbracht werden.[41]

728   (3) Für **Schiffsmanagementgesellschaften** mit Sitz in der EU, die für Schiffseigner diverse Dienstleistungen (Besatzungs-,[42] technisches[43] und/oder kommerzielles[44] Management) erbringen, gelten ähnliche Regeln. Sie können nur in Bezug auf diejenigen Schiffe Vergünstigungen erhalten, für die sie das gesamte technische und personelle Management (Voll-Management) erbringen und für die sie den Schiffsbetrieb und die Erfüllung der Pflichten für Schiffseigner aus dem ISM-Code[45] uneingeschränkt verantworten. Soweit Schiffsmanagementgesellschaften diese Dienstleistungen bei bestimmten Schiffen separat und unabhängig voneinander erbringen, sind die og. Steuerbeihilfen nicht genehmigungsfähig. Soweit sie daneben noch andere, nicht förderbare Dienstleistungen erbringen, müssen sie eine getrennte Buchführung gewährleisten.

729   In ihrem Leitfaden von 2009 zu staatlichen Beihilfen für Schiffsmanagementgesellschaften[46] (SMG-Leitfaden) führt die Kommission aus, dass die Auslagerung des Schiffsmanagements –

---

[38] Kom., ABl. 2008 C 48/16, RdNr. 5 – Dänische Tonnagesteuer.

[39] Vgl. Ziff. 3.1 Abs. 7, 8 der Seeverkehrs-Leitlinien.

[40] Kom., ABl. 2009 L 228/20, RdNr. 18 f. mwN – Irische Tonnagesteuer.

[41] Kom., ABl. 2009 L 228/20, Art. 2 und RdNr. 22 f. mwN – Irische Tonnagesteuer; umgekehrt anerkennt die Kommission, dass die Seeverkehrs-Leitlinien nicht verlangen, dass Tonnagesteuerregime auch für zeitgecharterte Schiffe gelten, vgl. Kom., ABl. 2010 L 90/15, RdNr. 108 – Polnische Tonnagesteuer.

[42] Als Besatzungsmanagement gilt die Regelung aller Angelegenheiten bzgl. der Crew wie etwa Auswahl/Anheuerung, Erstellung von Lohnlisten, Überprüfung der Befähigungszeugnisse, Besorgung von Versicherungsschutz, Reiseplanung und Visumformalitäten, etc.

[43] Das technische Management gewährleistet die Seetauglichkeit des Schiffes und die Erfüllung aller Sicherheits-, Gefahrenabwehr und Umweltschutzvorschriften sowie Wartung und Reparatur.

[44] Das kommerzielle Management umfasst die Vermarktung der Schiffskapazität durch Vercharterung, Annahme von Buchungen, Marketing, Ernennung von Agenten uä.

[45] International Safety Management Code von 1993, erlassen von der Internationalen Seeschifffahrts-Organisation IMO.

[46] ABl. 2009 C 132/6.

gegenüber der Erbringung dieser Leistungen durch den Eigner selbst – steuerlich nicht benachteiligt werden soll.[47] Die Kommission wird daher Steuererleichterungen in Bezug auf das Besatzungs- und das technische Management gemäß Art. 107 Abs. 3 lit. c AEUV genehmigen, sofern folgende Bedingungen erfüllt sind: die Gesellschaften müssen ihre subventionierten Tätigkeiten ausschließlich vom Gebiet der EU aus erbringen,[48] eine klare Verbindung zur EU und ihrer Wirtschaft aufweisen und zu den Zielen der Seeverkehrs-Leitlinien beitragen; ferner müssen sie auf von ihnen betreuten Schiffen vorwiegend EU-Seeleute beschäftigen (es sei denn, für die betreffende Schiffsmanagementgesellschaft sind vorwiegend EU-Staatsangehörige tätig, was meistens der Fall sein wird), den internationalen und EU-Normen (v. a. hinsichtlich Gefahrenabwehr, Sicherheit, Ausbildung, Umwelt- und Arbeitsschutz) entsprechen und den Anteil an EU-Flaggen in der von ihnen betreuten Flotte gegenüber dem Stand vom 11. 6. 2009 nicht reduzieren (es sei denn, der Anteil liegt ohnehin bei mindestens 60%).[49]

Für das Besatzungsmanagement gilt darüber hinaus, dass für alle auf den betreuten Schiffen tätigen Seeleute die Vorgaben des STCW-Abkommens[50] und des MLC-Übereinkommens von 2006[51] erfüllt werden. Dazu gehört die Sicherstellung der erforderlichen Ausbildung ebenso wie die der Zahlung von Heuer (auch bei Krankheit, Unfall oder Havarie), Heimschaffung und medizinischen Betreuung, die Einhaltung der international vorgeschriebenen Arbeits- und Ruhezeiten und die Sicherstellung einer Todesfall- bzw. Erwerbsunfähigkeits-Entschädigung.[52] **730**

Die Kommission will eine vollständige Abgabenbefreiung idR nicht genehmigen, sondern **731** auf gleichwertige Entlastungen in allen Mitgliedstaaten achten. *De facto* werden – zumal in Krisenzeiten – zuweilen freilich auch vollständige Abgabenbefreiungen nach Art. 107 Abs. 3 lit. c AEUV genehmigt.[53]

Für Tonnagesteuern gilt, dass Schiffsmanagementgesellschaften mindestens einen Tonnage- **732** steuersatz von 25% entrichten müssen, da ihre Steuerbemessungsgrundlage deutlich kleiner ist als diejenige von Schiffseignern.[54]

Schließlich dürfen die Steuerbeihilfen auch nur den Schiffsmanagementgesellschaften selbst **733** zugute kommen. Soweit sie einen Teil ihrer Leistungen an Dritte outsourcen, dürfen diese keine Beihilfen erhalten.[55]

(4) **Schleppschiffe**, die Schiffe, Bohrinseln uä. auf See schleppen, fallen nur dann unter die **734** Seeverkehrs-Leitlinien, wenn sie mehr als 50% ihrer Schlepptätigkeit auf See erbringen, wobei Wartezeiten proportional auf den Seeverkehr angerechnet werden können;[56] Schleppdienste in Häfen oder gegenüber selbst angetriebenen Schiffen zwecks Erreichung eines Hafens stellen keinen Seeverkehr dar und fallen daher nicht unter die Seeverkehrs-Leitlinien.[57] Eine Subventionierung von Schleppern setzt schließlich voraus, dass sie die Flagge eines EU-Mitgliedstaates führen.[58]

Baggerschiffe unterliegen den Seeverkehrs-Leitlinien nur hinsichtlich der Beförderung von **735** Baggergut, nicht aber hinsichtlich der Bagger- oder Aushubarbeiten. Sie dürfen den Seever-

---

[47] Vgl. Ziff. 3 des SMG-Leitfadens.

[48] Nach Ziff. 5.2 des SMG-Leitfadens muss für mindestens 2/3 der Tonnage der betreuten Schiffe das Schiffsmanagement vom Gebiet der EU aus erfolgen.

[49] Vgl. Ziff. 5.1–5.4 des SMG-Leitfadens; zu der Frage, ob diese Bedingungen alternativ oder kumulativ gelten, vgl. Kom., ABl. 2010 L 90/15, RdNr. 104 ff. – Polnische Tonnagesteuer.

[50] Internationales Übereinkommen von 1978 über Normen für die Ausbildung, die Erteilung von Befähigungszeugnissen und den Wachdienst von Seeleuten (STCW 78).

[51] Seearbeitsübereinkommen (Maritime Labour Convention) von 2006 der Internationalen Arbeitsorganisation.

[52] Vgl. Ziff. 6 des SMG-Leitfadens.

[53] Vgl. Kom., ABl. 2009 C 232/2, 3 – Finnische Abgabenbefreiung.

[54] Vgl. Ziff. 7 Abs. 2 des SMG-Leitfadens; Kom., ABl. 2009 C 106/19; Kom., Staatliche Beihilfe N 457/2008 – Niederländische Tonnagesteuer für Schiffsmanagementgesellschaften.

[55] Vgl. Ziff. 7 Abs. 4 des SMG-Leitfadens.

[56] Vgl. Ziff. 3.1 Abs. 2 der Seeverkehrs-Leitlinien; vgl. auch EuGH, C-251/04, Slg. 2007, I-67, Tz. 31 – Kommission/Griechenland, wonach Schlepperei nicht unter den Begriff „Seeverkehr" fällt; da im EU-weiten Markt der Schleppschifffahrt Wettbewerb herrscht, genehmigt die Kommission keine Ausnahmen von dem Erfordernis, dass Schlepper mehr als 50% ihrer Tätigkeit auf See erbringen müssen, vgl. Kom., ABl. 2010 L 90/15, RdNr. 94 ff. – Polnische Tonnagesteuer.

[57] Vgl. dazu auch Kom., ABl. 2002 L 314/97 – Holländische Schlepper; *Hancher/Ottervanger/Slot* RdNr. 16–037.

[58] Vgl. Kom., ABl. 2009 C 232/2; Kom., Staatliche Beihilfe N 67/2009 – Finnische Abgabenbefreiung für Schlepper.

kehrs-Leitlinien zufolge nur dann steuerlich – etwa durch Tonnagesteuer – gefördert werden, wenn sie zumindest 50% ihrer Tätigkeit auf hoher See erbringen, gerade diese Tätigkeit gefördert wird und getrennter Buchhaltung unterliegt sowie die Baggerschiffe eine EU-Flagge führen.[59]

736　　**bb) Senkung von Arbeitskosten.** Während in anderen Wirtschaftssektoren die Subventionierung von Arbeitskosten als nicht genehmigungsfähige Betriebsbeihilfe gilt, sind solche Maßnahmen im Seeverkehr (einschließlich des Kabotageverkehrs)[60] durchaus genehmigungsfähig; denn hier steht die gemeinsame Konkurrenzsituation gegenüber Drittstaaten und die Repatriierung ausgeflaggter Handelsschiffe und weniger die Wettbewerbsbeeinträchtigung in der EU im Vordergrund.

737　　Hinsichtlich solcher Beschäftigungsbeihilfen ist – wie bei allen anderen Beihilfearten – zunächst zu prüfen, ob sie – etwa nach der AGVO[61] oder der *De minimis*-GVO[62] – freigestellt sind.[63] Ist dies nicht der Fall, bedürfen Beschäftigungsbeihilfen einer Genehmigung.

738　　Als genehmigungsfähige Maßnahmen gelten die Senkung von Sozialversicherungs- und Einkommenssteuersätzen für EU-Seeleute[64] auf unter EU-Flagge fahrenden Schiffen, sofern die Beihilfen vorrangig auf eine Sicherung der Beschäftigung in der EU zielen.[65] Genehmigungsfähig sind auch Beihilfen, die die Abgabenbelastung insoweit auf Null reduzieren.[66] Die mit den Maßnahmen zwangsläufig verbundene Diskriminierung von Seeleuten aus Drittstaaten schließt eine Genehmigung der Beihilfe nicht aus.[67]

739　　Soweit ein Mitgliedstaat einkommensteuerlich zwischen Seeleuten danach differenziert, ob diese auf Schiffen in seinem Erstregister oder auf Schiffen in seinem Zweitregister tätig sind, hat die Kommission die damit verbundene Beihilfe an Reeder von im Zweitregister eingetragenen Schiffen auch nach Maßgabe der mit den Seeverkehrs-Leitlinien verfolgten sozialen Belange sowie im Rahmen einer Globalbeurteilung zu prüfen, die auch den Wettbewerbsschutz, die Meerespolitik der EU, die Förderung des Seeverkehrs in der EU und die Förderung der Beschäftigung einbezieht.[68] Im Hinblick auf die sozialen Belange sind auch die betreffenden Seeleute-Gewerkschaften beschwerde- und klagebefugt.[69]

740　　Der Senkung der og. Abgaben steht eine entsprechende staatliche Kostenerstattung dann gleich, wenn sie transparent, auf diese Abgaben beschränkt und ein Missbrauch ausgeschlossen ist.[70] Soweit die Kommission freilich ursprünglich eine Erstattung genehmigt hat und der Mitgliedstaat dieses System aufkommensneutral auf ein System der Abgabenbefreiung umstellen will, sieht die Kommission diese Umstellung als wesentliche Änderung einer bestehenden Bei-

---

[59] Die Kommission untersucht in den Prüfverfahren jeweils insbesondere, ob eine unzulässige Quersubventionierung von Schlepp- und Baggerschiffen ausscheidet; vgl. Kom., Entscheidung vom 18. 12. 2009 im Verfahren C 34/07, IP/09/1967, Genehmigung der polnischen Tonnagesteuerregelung; vgl. dazu auch die Eröffnungsentscheidung Kom., ABl. 2007 C 300/22 – polnische Tonnagesteuer.

[60] Vgl. Kom., Staatliche Beihilfe N 219/2009, RdNr. 8 ff. – Italienische Kabotage.

[61] Verordnung (EG) Nr. 800/2008 der Kommission vom 6. August 2008 zur Erklärung der Vereinbarkeit bestimmter Gruppen von Beihilfen mit dem Gemeinsamen Markt in Anwendung der Artikel 87 und 88 EG-Vertrag (Allgemeine Gruppenfreistellungsverordnung), ABl. 2008 L 214/3.

[62] Verordnung (EG) Nr. 1998/2006 der Kommission über die Anwendung der Artikel 87 und 88 EG-Vertrag auf De-minimis-Beihilfen, ABl. 2006 L 379/5.

[63] Diese Freistellung findet auch im Seeverkehr Anwendung, vgl. Ziff. 3.2 aE der Seeverkehrs-Leitlinien mit Hinweis auf die bis zum 30. 6. 2008 geltende GVO 2204/2002, ABl. 2002 L 337/3 sowie Art. 1, 13, 15 AGVO.

[64] Die Definition ist unterschiedlich: EU-Seeleute sind im Personenbeförderungsdienst zwischen EU-Häfen nur Staatsangehörige von EU/EWR-Mitgliedstaaten; in allen anderen Fällen gelten als EU-Seeleute diejenigen Seeleute, die in einem EU-Mitgliedstaat einkommensteuer- und/oder sozialabgabenpflichtig sind; die Definition ist im Personenbeförderungsdienst innerhalb der EU enger, da dort auch der Wettbewerbsdruck geringer ist; vgl. Ziff. 3.2 Abs. 3, 4 der Seeverkehrs-Leitlinien.

[65] Vgl. Ziff. 3.2 der Seeverkehrs-Leitlinien; Kom., Staatliche Beihilfe NN 63/06 (ex N 609/06) – Verlängerung der deutschen Richtlinie zur Senkung der Lohnnebenkosten in der Seeschifffahrt um 57–72%; die Einzelzuschüsse nach der Richtlinie betragen bis zu € 16.700 für einen Kapitän auf einem Schiff mit BRZ > 3000; Kom., IP/10/898 vom 6. 7. 2010 – Arctia Shipping Oy/Beihilfen für Rentenansprüche.

[66] Vgl. Kom., ABl. 2009 C 232/2 – Finnische Abgabenbefreiung; Kom., Staatliche Beihilfe N 120/2009 – Finnische Abgabenbefreiung.

[67] Vgl. EuGH, C-72 und 73/91, Slg. 1993, I-887, Tz. 29 – Sloman Neptun, wonach eine solche Diskriminierung keine staatliche Beihilfe darstellt; ebenso EuGH, C-319/07 P, Slg. 2009, I-5963, RdNr. 67 f. – 3F.

[68] Vgl. EuGH, C-319/07 P, Slg. 2009, I-5963, RdNr. 64 – 3F.

[69] Vgl. EuGH, C-319/07 P, Slg. 2009, I-5963, RdNr. 59, 70, 103 ff. – 3F.

[70] Kom., ABl. 2009 C 23/1 – Französische Abgabenbefreiung.

hilfe, die dementsprechend von der früheren Genehmigung nicht erfasst ist und eine erneute Notifizierungspflicht auslöst.[71] Im Rahmen einer solchen Überprüfung kann die Kommission die Vereinbarkeit mit dem Binnenmarkt auch im Hinblick darauf prüfen, ob das Beihilferegime allgemeine Grundsätze des EU-Rechts verletzt; so genehmigte die Kommission im Falle Frankreichs die og. Umstellung erst, nachdem Frankreich eine gesetzliche Vorgabe aufgehoben hatte, der zufolge Kapitäne auf französischen Seehandelsschiffen die französische Staatsangehörigkeit auch dann haben mussten, wenn sie keine hoheitlichen Funktionen ausübten.[72]

Die Genehmigung kann nach den Seeverkehrs-Leitlinien auch erfolgen, wenn die Beihilfe **741** sich auf maritime Schlepp- und Baggergutbeförderungsarbeiten bezieht und sie EU-Seeleuten zugute kommt, die auf seetüchtigen und in der EU registrierten Schleppern und Baggern mit Eigenantrieb arbeiten, welche zu mindestens 50% ihrer Betriebszeit auf See eingesetzt werden.[73]

cc) Rückführungsbeihilfen. Zu den wesentlichen Beschäftigungskosten gehören im See- **742** verkehr die Kosten der Rückführung der internationalen Crew in ihre jeweiligen Heimatländer, die von den Schiffen nicht (regelmäßig) angelaufen werden.

Nach den Seeverkehrs-Leitlinien dürfen staatliche Beihilfen gewährt werden, um diese **743** Rückführungskosten zu übernehmen oder den Reedern zu erstatten. Dies gilt freilich nur für die Kosten der Rückführung von Seeleuten, die in der EU ansässig und auf in der EU registrierten Schiffen tätig sind.[74]

dd) Investitionsbeihilfen. Die Seeverkehrs-Leitlinien anerkennen drei Formen von Inves- **744** titionsbeihilfen als genehmigungsfähig.

Zum einen Zuschüsse zur Flottenerneuerung, sofern sie einerseits Teil einer Umstrukturie- **745** rung sind, die zu einer Verringerung der Flottenkapazität führen soll, und andererseits mit den EU-Regeln zu Schiffbaubeihilfen vereinbar sind.[75]

Zum anderen sind genehmigungsfähig auch andere Investitionsbeihilfen zur Verbesserung der **746** Schiffsausrüstung. Voraussetzung ist hier, dass die Maßnahmen nur in der EU registrierten Schiffen zugute kommen bzw. Anreize zur Modernisierung von EU-Schiffen im Sinne eines Überschreitens der internationalen Mindeststandards für Sicherheit und Umweltschutz bilden. Wiederum müssen die Beihilfen auch mit dem EU-Schiffbau-Beihilfenregime vereinbar sein.[76] Entsprechende Maßnahmen betrafen etwa die Förderung der Inbetriebnahme von *double hull*-Schiffen – an Stelle von *single hull*-Tankern – nach der Havarie des Öltankers „Erika" vor der bretonischen Küste in 1999.[77]

Zum dritten dürfen Investitionsbeihilfen auch an Schifffahrtsgesellschaften gewährt werden, **747** sofern diese in benachteiligten Gebieten der EU ansässig sind, der daraus erwachsende Nutzen mittelfristig der Region zugute kommt (wie etwa bei Beihilfen zum Bau von Lagerhäusern oder Umschlagsanlagen in der Region) und die Regeln über Regionalbeihilfen eingehalten werden.[78]

ee) Regionalbeihilfen. Für Regionalbeihilfen stellen die Seeverkehrs-Leitlinien keine Son- **748** derregeln auf, sondern verweisen auf das jeweils geltende Regionalbeihilferegime.[79] Soweit die Genehmigung einer Maßnahme nach den Seeverkehrs-Leitlinien ausscheidet, ist – etwa bei Steuererleichterungen für nationale Seehäfenbetreiber – zu prüfen, ob eine Genehmigung nach den Regionalbeihilfe-Leitlinien[80] in Betracht kommt.[81]

---

[71] Kom., Staatliche Beihilfe N 40/2008 – Französische Abgabenbefreiung; Kom., Staatliche Beihilfe N 538/2005 – Französische Abgabenbefreiung.

[72] Kom., Staatliche Beihilfe N 538/2005, RdNr. 15 ff. – Französische Abgabenbefreiung.

[73] Vgl. Ziff. 3.2 Abs. 5 der Seeverkehrs-Leitlinien; Beihilfen für Baggerarbeiten, die überwiegend in Häfen ausgeführt werden, können daher nicht nach den Seeverkehrs-Leitlinien genehmigt werden.

[74] Vgl. Ziff. 4 der Seeverkehrs-Leitlinien; die noch in den Seeverkehrs-Leitlinien von 1989 enthaltene Beschränkung auf 50% ist entfallen.

[75] Vgl. Ziff. 5 Abs. 1, 2 der Seeverkehrs-Leitlinien; ohne angestrebte Verringerung der Flottenkapazität sind Zuschüsse zur Flottenerneuerung nicht genehmigungsfähig, vgl. Kom., ABl. 2008 L 29/24, RdNr. 54 – Sardische Schifffahrtsbeihilfen.

[76] Vgl. Ziff. 5 Abs. 3 der Seeverkehrs-Leitlinien.

[77] Vgl. Kom., ABl. 2002 L 307/49, RdNr. 79 ff. – Italien; Kom., Staatliche Beihilfe N 54/2006 – italienische *single hull*-Tanker.

[78] Vgl. Ziff. 5 Abs. 4 der Seeverkehrs-Leitlinien.

[79] Vgl. Ziff. 6 der Seeverkehrs-Leitlinien.

[80] Leitlinien für Regionalbeihilfen für die Jahre 2007–2013, ABl. 2006 C 54/13.

[81] Vgl. Kom., ABl. 2009 C 122/16, RdNr. 46 f. – Französische Seehäfen.

749   **ff) Ausbildungsbeihilfen.** Auch im Hinblick auf Ausbildungsbeihilfen stellt sich die Frage einer Genehmigung nur dann, wenn es sich um spezifische Beihilfen anstatt allgemeiner Maßnahmen (etwa allgemeiner Ausbildungsprogramme) handelt und die Beihilfen nicht ohnehin – etwa nach der AGVO[82] – freigestellt sind.[83]

750   Bei Ausbildungsmaßnahmen an Bord setzt eine Genehmigung voraus, dass die Beihilfe nicht-diskriminierend ist. Sie darf bei normalen Besatzungsmitgliedern zudem nur zusätzlichen (nicht aktiven) Crewmitgliedern zugute kommen und keine Nettolohnzuschüsse beinhalten. Bei Offizieren aus der EU kommen Ausbildungsbeihilfen während der gesamten Laufbahn in Frage; sie dürfen sich ebenfalls nicht in Lohnsubventionen erschöpfen, sondern können als Lohn- oder Ausbildungskostenerstattung an den Arbeitgeber gewährt werden.[84]

751   Ausbildungsbeihilfen sind nicht zwingend an das Erfordernis geknüpft, dass die betreffenden Seeleute auf EU-Schiffen tätig sind. Vielmehr können auch Ausbildungsmaßnahmen auf Drittlandsschiffen gefördert werden, wenn eine hinreichende Ausbildungskapazität auf EU-Schiffen nicht zur Verfügung steht.[85]

752   Genehmigungsfähig sind schließlich auch Maßnahmen zur Umschulung von Hochseefischern zu Seeleuten.[86]

753   **gg) Umstrukturierungsbeihilfen.** Die Rettungs- und Umstrukturierungs-Leitlinien [87] (R&U-Leitlinien) sind grundsätzlich auch auf den Seeverkehr anwendbar.[88] Sie gelten daher auch für Beihilfen zur Umstrukturierung von Schifffahrtsgesellschaften.[89]

754   **hh) Beihilfen für den Kurzstreckenseeverkehr.** Als Kurzstreckenseeverkehr bezeichnet die Kommission den Seeverkehr zwischen EU-Seehäfen. Die Aufnahme dieser Verkehre kann kostspielig sein. Da der Kurzstreckenseeverkehr zu einer Entlastung von Straßen und zu einer Entwicklung des intermodalen Transports führen soll, steht die Kommission der Gewährung von Beihilfen in diesem Zusammenhang grundsätzlich positiv gegenüber.

755   Staatliche Beihilfen sind hier genehmigungsfähig, wenn sie EU-Schiffseignern zugute kommen, deren Schiffe unter einer EU-Flagge fahren. Ferner setzt die Genehmigung voraus, dass die Beihilfe auf max. 3 Jahre gewährt wird und der geförderte Verkehrsdienst anschließend kommerziell lebensfähig ist, sowie dass die Beihilfe eine Verlagerung von der Straße auf den Seeweg ermöglicht, einmalig für eine neue Strecke oder die verbesserte Bedienung einer bestehenden Strecke gewährt wird, die Deckung von bis zu 30% der Betriebskosten oder 10% der Investitionskosten für Umladeeinrichtungen[90] anstrebt und aufgrund transparenter und nichtdiskriminierender Kriterien gewährt wird.[91] Die Beihilfe darf nicht mit Kompensationen für die ug. gemeinwirtschaftlichen Verpflichtungen kumuliert werden.[92]

756   Die Regeln der Seeverkehrs-Leitlinien zu Beihilfen für den Kurzstreckenseeverkehr wurden im Rahmen des „Marco Polo"-Programms ergänzt.[93]

757   **ii) Andere Beihilfeformen.** Andere als die og., häufig schifffahrtsspezifischen Beihilfeformen sind denkbar. So kann eine Beihilfe etwa auch darin liegen, dass eine staatliche Einheit einem Schifffahrtsunternehmen Fahrscheine ohne eigenen Bedarf und/oder zu einem überhöhten Preis abkauft, um die Auslastungsquote und den Gewinn des Unternehmens zu steigern.[94]

---

[82] Vgl. Art. 1 Abs. 1 lit. h, 39 AGVO.

[83] Vgl. Ziff. 7 Abs. 1, 2 Seeverkehrs-Leitlinien mit Hinweis auf die frühere GVO 68/2001, ABl. 2001 L 10/20.

[84] Vgl. Ziff. 7 Abs. 3 – Abs. 6 der Seeverkehrs-Leitlinien.

[85] Vgl. Ziff. 7 Abs. 3 der Seeverkehrs-Leitlinien.

[86] Vgl. Ziff. 7 Abs. 7 der Seeverkehrs-Leitlinien.

[87] Leitlinien der Gemeinschaft für staatliche Beihilfen zur Rettung und Umstrukturierung von Unternehmen in Schwierigkeiten, ABl. 2004 C 244/2.

[88] Vgl. RdNr. 18 der R&U-Leitlinien.

[89] Vgl. Ziff. 8 der Seeverkehrs-Leitlinien; Kom., ABl. 2009 L 225/1 – InterFerry Boats; Kom., ABl. 2008 L 225/180 – Umstrukturierung SNCM; gegen die Entscheidung ist vor dem Gericht der EU eine Konkurrentenklage des Wettbewerbers „Corsica Ferries" anhängig (T-565/08).

[90] Zu den höheren Sätzen nach dem MAB-Leitlinien su. Abschnitt 3.

[91] Vgl. dazu etwa Kom., ABl. 2002 L 196/31 – Französische Kurzstreckenverkehre; *Hancher/Ottervanger/Slot*, RdNr. 16–038.

[92] Mit Ausnahme von Kompensationen im Rahmen der „Marco Polo"-Programme; vgl. dazu und zu weiteren Genehmigungsvoraussetzungen Kom., ABl. 2002 L 196/31, RdNr. 23 ff. – französische Kurzstrecken.

[93] Vgl. dazu unten Abschnitt 3.

[94] Vgl. etwa EuG, T-116 und 118/01, Slg. 2003, II-2957, Tz. 121 ff. – P&O European Ferries; *Gross*, EStAL 2006, 567.

Ebenso liegt eine Beihilfe zugunsten inländischer (regionaler) Schiffsbetreiber vor, wenn ein Staat (eine regionale Körperschaft) Landungssteuern nur gegenüber auswärtigen Schiffen erhebt.[95]

f) Kompensationen wg. gemeinwirtschaftlicher Verpflichtungen. aa) Gemäß See-   758 **verkehrs-Leitlinien.** Auf die Seekabotage, also den Seeverkehr innerhalb eines Mitgliedstaates, ist seit 1993 die Dienstleistungsfreiheit des EU-Rechts anwendbar.[96] Hinsichtlich des – häufig unwirtschaftlichen – Verkehrs von, zu und zwischen Inseln kann die Kabotage von dem Abschluss von Verkehrsverträgen abhängig gemacht werden; diese Verkehrsverträge können Verpflichtungen des öffentlichen Dienstes (Dienstleistungen von allgemeinem wirtschaftlichen Interesse iSv. Art. 106 Abs. 2 AEUV) in der Gestalt von Auflagen beinhalten, mit denen die anzulaufenden Häfen, Verkehrsfrequenzen und -kapazitäten, Gebühren uä. vorgegeben werden;[97] für diese Auflagen kann den betroffenen Reedern ein Ausgleich gezahlt werden.[98] Dieser darf die Kosten der gemeinwirtschaftlichen Verpflichtung nicht übersteigen.[99] Ferner verlangt die Kommission, dass der betreffende Verkehrsvertrag öffentlich ausgeschrieben wurde und so sichergestellt ist, dass die Kompensation nicht das Maß des Erforderlichen übersteigt.[100]

Während die Seeverkehrs-Leitlinien eine Kumulierung zwischen Kompensationen und See-   759 verkehrs-Beihilfen weitgehend ausschließen, können Kompensationen mit Umstrukturierungsbeihilfen zugunsten eines Schifffahrtsunternehmens gekoppelt werden.[101]

Für den Bereich der grenzüberschreitenden Verkehre akzeptiert die Kommission die Auferle-   760 gung entsprechender gemeinwirtschaftlicher Verpflichtungen oder öffentlicher Dienstleistungsverträge von grundsätzlich bis zu 6 Jahren Laufzeit, sofern die dafür vorgesehene Kompensation mit den allgemeinen Kompensationsregeln übereinstimmt.[102] Voraussetzung ist allerdings, dass tatsächlich ein Bedarf an solchen gemeinwirtschaftlichen Verpflichtungen besteht, diese also nicht ohnehin schon aus betriebswirtschaftlichen Erwägungen erbracht werden.[103]

bb) Gemäß dem allgemeinen Regime für „public service obligations". Das allge-   761 meine Recht der Kompensation für Dienstleistungen von allgemeinem wirtschaftlichem Interesse iSv. Art. 106 Abs. 2 AEUV kennt bekanntlich drei Abstufungen, mit zum Teil auch seeverkehrsbezogenen Komponenten: beihilfefreie Kompensationen; beihilfebehaftete, aber notifizierungsbefreite Ausgleichszahlungen; und beihilfebehaftete, aber genehmigungsfähige Kompensationen.

Nach den Kriterien des Urteils „Altmark"[104] gelten staatliche Ausgleichszahlungen für die   762 Erbringung gemeinwirtschaftlicher Leistungen als beihilfefrei, wenn (i) das begünstigte Unternehmen tatsächlich mit der Erfüllung dieser Verpflichtungen betraut wurde und diese Verpflichtungen klar definiert sind, (ii) die Parameter, anhand derer der Ausgleich berechnet wird, zuvor objektiv und transparent aufgestellt wurden, (iii) der Ausgleich nicht über das hinausgeht, was erforderlich ist, um die Kosten der Erfüllung der gemeinwirtschaftlichen Verpflichtungen (unter Berücksichti-

---

[95] Vgl. (in Bezug auf Freizeitboote) EuGH, Urteil vom 17. 11. 2009, C-169/08, Slg. 2009, I-10821 – Regione Sardegna; *Grard*, Revue de droit des transports 2010, 17.

[96] Vgl. Art. 1 der Verordnung (EWG) Nr. 3577/92 zur Anwendung des Grundsatzes des freien Dienstleistungsverkehrs auf den Seeverkehr in den Mitgliedstaaten (Seekabotage), ABl. 1992 L 364/7; für den Verkehr zwischen Spanien und den Kanaren galt dies gem. Art. 6 Abs. 2 VO 3577/92 freilich erst ab 1999; vgl. dazu EuG, T-17/02, Slg. 2005, II-2031, Tz. 175 – Fred Olsen.

[97] Zu den Anforderungen an die „Betrauung" und das Ermessen der Mitgliedstaaten bei der Definition der Dienstleistungen von allgemeinem wirtschaftlichen Interesse vgl. EuG, T-17/02, Slg. 2005, II-2031, Tz. 186 ff. – Fred Olsen; bestätigt durch EuGH, C-320/05 P, Slg. 2007, I-131 – Fred Olsen; *Joubert*, Bulletin des Transports et de la Logistique 2005, 3088–19; *Idot*, Europe 2005, 303.

[98] Vgl. Art. 4 der VO 3577/92.

[99] Zu der Frage, ob Art. 4 der VO 3577/92 Beihilfen aus 1993 bereits in Kraft befindlichen Verkehrsverträgen genehmigt hat und diese daher dem Regime für „bestehende" Beihilfen unterfallen, vgl. EuGH, C-400/99, Slg. 2005, I-3657, Tz. 59 ff. – Italien/Kommission; ausgeglichen werden dürfen auch Sonderkosten für Treibstoffpreiserhöhungen, vgl. Kom., Staatliche Beihilfe N 265/2006 – Treibstoffkompensation Sizilien.

[100] Vgl. Kom., Staatliche Beihilfe C 16/2008 (ex NN 105/2005) – NorthLink (Schottland); Kom., Staatliche Beihilfe N 62/2005 – Kompensation Triest/Slowenien.

[101] Vgl. EuG, T-349/03, Slg. 2005, II-2197, Tz. 68 ff. – Corsica Ferries.

[102] Vgl. Ziff. 9 der Seeverkehrs-Leitlinien.

[103] Vgl. dazu Kom., ABl. 2005 L 53/29 – Tirrenia; EuG, T-246/99, Slg. 2007, II-65 – Tirrenia; *Bartosch* EStAL 2007, 813; *Idot* Europe 2005, 254; *Grard*, Revue de droit des transports 2007, 169; *id.*, Revue de droit des transports 2009, 103; Wettbewerbsbericht 2004, RdNr. 585; *Heidenhain/Schmidt-Kötters*, § 18 RdNr. 113 mwN.

[104] EuGH, C-280/00, Slg. 2003, I-7747; vgl. *Frenz* RdNr. 100 ff. mwN.

gung der dabei erzielten Einnahmen und eines angemessenen Gewinns) zu decken, (iv) die Höhe des Ausgleichs auf der Grundlage einer Analyse der Kosten bestimmt wurde, die ein durchschnittliches, gut geführtes Unternehmen bei der Erfüllung der Verpflichtungen hätte (es sei denn, das Unternehmen wäre im Rahmen eines vergabeähnlichen Bietverfahren bestimmt worden).[105]

763 Nach der Gruppenfreistellungs-Entscheidung 2005/842/EG der Kommission[106] gelten Ausgleichszahlungen für Schiffsverbindungen bzw. Seeverkehrshäfen mit einem jährlichen Passagieraufkommen von je 300.000, die für die Erbringung von gemeinwirtschaftlichen Dienstleistungen im Sinne der VO 3577/92 gezahlt werden, mit denen die Empfänger betraut wurden, unter bestimmten weiteren Voraussetzungen als mit dem Binnenmarkt vereinbar und sind von der Notifizierungspflicht nach Art. 108 Abs. 3 AEUV befreit.[107]

764 Der Gemeinschaftsrahmen für Kompensationen[108] beschreibt die Voraussetzungen, unter denen beihilfebehaftete Kompensationen als mit dem Binnenmarkt vereinbar angesehen und, falls notifizierungspflichtig, genehmigt werden können.[109]

765 **g) Höchstgrenze.** Genehmigungsfähig sind og. Beihilfen nur bis zur Höhe der Gesamtsumme aus ursprünglicher Körperschaftsteuer des Reeders zzgl. ursprünglicher Lohnkosten und Sozialabgaben für Seeleute. Vorbehaltlich individueller Prüfung sollen die og. Beihilfen für Steuern, Arbeitskosten und Investitionen sowie Regionalbeihilfen kumulativ nicht den Gesamtbetrag aller Steuern und Sozialversicherungsbeiträge übersteigen, die bei konsolidierter Betrachtung von dem geförderten Unternehmen und seinen Seeleuten erhoben werden.[110]

766 Diese Höchstgrenze gilt auch bei einer Förderung durch andere Beihilferegelungen.[111]

767 **3. Beihilfen im Rahmen des „Marco Polo"-Programms.** In ihrem Weißbuch zur europäischen Verkehrspolitik bis 2010[112] schlug die Kommission ua. ein sog. „Marco Polo"-Programm vor, das vor allem auf die Förderung von intermodalem Betrieb und auf die Schaffung sog. Meeresautobahnen (i.e. hochwertige Verkehrsdienstleistungen im Kurzstreckenseeverkehr) zielte. Die Meeresautobahnen, mit denen Verkehr von der Straße auf die See verlagert werden soll und die aus Infrastruktureinrichtungen, Ausrüstungen und Dienstleistungen in mindestens zwei EU-Mitgliedstaaten bestehen, sollen einerseits eine Anschubfinanzierung aus EU-Mitteln erhalten, iÜ aber nur mit staatlichen Beihilfen finanziert werden.

768 Zu letzteren hat die Kommission Ende 2008 die Leitlinien für Meeresautobahnen[113] (MAB-Leitlinien) erlassen, welche insoweit die Seeverkehrs-Leitlinien ergänzen. Ferner hat die Kommission im Februar 2010 eine zentrale Ansprechstelle zu Meeresautobahnen eingerichtet.[114]

769 Nach Ziff. 10 der Seeverkehrs-Leitlinien sind unter bestimmten Voraussetzungen Startbeihilfen im Kurzstreckenseeverkehr mit einer Laufzeit von bis zu 3 Jahren und einer Höhe von bis zu 30% der Betriebskosten bzw. 10% der Investitionskosten für neue oder verbesserte Kurzstreckenseeverkehrsdienste zulässig. Dabei kommt es idR zu einer Co-Finanzierung: nach VO (EG) Nr. 1692/2006[115] kann die EU im Rahmen des Programms Marco Polo II eine Finanzhilfe für

---

[105] Vgl. EuGH, Urt. v. 10. 6. 2010, C-140/09, RdNr. 36 ff. – Traghetti del Mediterraneo.

[106] Entscheidung Nr. 2005/842/EG der Kommission vom 28. 11. 2005 über die Anwendung von Artikel 86 Absatz 2 EG-Vertrag auf staatliche Beihilfen, die bestimmten mit der Erbringung von Dienstleistungen von allgemeinem wirtschaftlichem Interesse betrauten Unternehmen als Ausgleich gewährt werden, ABl. 2005 L 312/67.

[107] Vgl. Art. 1 ff. der Entscheidung Nr. 2005/842/EG, ABl. 2005 L 312/67.

[108] Gemeinschaftsrahmen für Beihilfen, die als Ausgleich für die Erbringung öffentlicher Dienstleistungen gewährt werden, ABl. 2005 C 297/4.

[109] Vgl. Ziff. 2.2 ff. des Gemeinschaftsrahmens für Kompensationen, ABl. 2005 C 297/4.

[110] Vgl. Ziff. 11 der Seeverkehrs-Leitlinien; *Hancher/Ottervanger/Slot* RdNr. 16–036.

[111] Vgl. die ähnliche Regelung in Ziff. 4.3.2.d) des Vorübergehenden Gemeinschaftsrahmens (ABl. 2009 C 83/1), wonach staatliche Garantien nur für Kredite gewährt werden dürfen, die die Lohnsumme des begünstigten Unternehmens nicht übersteigen; zu dem diesbezüglichen Fall einer Staatsbürgschaft zu € 1,2 Mrd. für Hapag-Lloyd und dem diesbezüglichen Prüfverfahren der Kommission vgl. FTD vom 26./27. 1. 2010.

[112] KOM (2001) 370 endg., Weißbuch – Die europäische Verkehrspolitik bis 2010: Weichenstellungen für die Zukunft (2001).

[113] Leitlinien für staatliche Beihilfen, die die Anschubfinanzierung der Gemeinschaft für Meeresautobahnen ergänzen, ABl. 2008 C 317/10.

[114] Vgl. Kom., IP/10/147 vom 10. 2. 2010; www.mos-helpdesk.eu.

[115] Vgl. Art. 5 Abs. 1 lit. b, Anhang I Ziff. 1 lit. a, Ziff. 2 lit. a der Verordnung (EG) Nr. 1692/2006 zur Aufstellung des zweiten Marco Polo-Programms über die Gewährung von Finanzhilfen der Gemeinschaft zur Verbesserung der Umweltfreundlichkeit des Güterverkehrssystems (Marco Polo II) und zur Aufhebung der Verordnung (EG) Nr. 1382/2003, ABl. 2006 L 328/1.

„Meeresautobahn-Aktionen" leisten; die Beihilfeintensität beträgt max. 35% der Gesamtkosten für Errichtung und Betrieb des Verkehrsdienstes und die Laufzeit max. fünf Jahre. Nach Art. 7 der Verordnung können neben diesen EU-Beihilfen auch staatliche Beihilfen gewährt werden, sofern diese mit dem AEUV vereinbar sind und kumulativ mit den EU-Beihilfen innerhalb der Grenzen des Anhangs I der VO 1692/2006 liegen.

Um hier eine Divergenz zwischen EU-Beihilfen und staatlichen Beihilfen zu vermeiden, wird **770** die Kommission staatliche Beihilfen, die für das Anlaufen der Meeresautobahn-Vorhaben gewährt werden, gemäß Art. 107 Abs. 3 lit. c AEUV bis zu einer Höhe von 35% der Betriebskosten und bis zu einer Laufzeit von 5 Jahren genehmigen.[116] Dies gilt unabhängig davon, ob auch EU-Beihilfen gewährt werden. Für EU- und staatliche Beihilfen gilt dabei, dass kumulativ die og. Höchstgrenzen für Beihilfenintensität und Laufzeit nicht überschritten werden dürfen.[117] Auch eine Kumulierung mit Kompensationen für gemeinwirtschaftliche Verpflichtungen scheidet aus.[118]

Entsprechendes gilt auch für Meeresautobahn-Projekte im Rahmen der Transeuropäischen **771** Netze (TEN). Insoweit sieht Art. 12a der Entscheidung Nr. 1692/96/EG[119] EU-Startbeihilfen vor, die als Investitionsförderung für bis zu 2 Jahre und mit einer Intensität von bis zu 30% gewährt werden dürfen. Auch hier können die Mitgliedstaaten eine staatliche Co-Finanzierung gewähren. Wiederum gilt insoweit eine Ausnahme von den Höchstgrenzen nach Ziff. 10 der Seeverkehrs-Leitlinien: statt einer max. Intensität von 10% für bis zu 3 Jahren gilt im Anwendungsbereich der og. Entscheidung für staatliche Beihilfen dieselbe max. Intensität und Laufzeit wie für EU-Beihilfen, ie. 30% bzw. 2 Jahre, die kumulativ nicht überschritten und nicht mit Kompensationen gekoppelt werden dürfen.[120]

Die staatlichen Beihilfen in diesem Kontext sind notifizierungspflichtig.[121] **772**

4. Beihilfen für Hafen- und andere Schifffahrtsinfrastrukturen. a) Hafenbeihilfen. 773 Die Beihilfenpolitik betr. Seehäfen wurde von der Kommission seit Ende der 80er Jahre in diversen Studien entwickelt.[122]

Dabei verfolgte die Kommission zunächst den traditionellen, auch im Luftverkehr verfolgten **774** Ansatz, Beihilfen für Bau und Ausbau von Hafeninfrastrukturen grundsätzlich als allgemeine Maßnahmen und damit nicht als spezifische Begünstigung anzusehen, sofern der Zugang zu den geförderten Infrastrukturen allen Nutzern frei und diskriminierungslos offen steht.[123] Analog zu den Flughafen-Leitlinien 2005[124] beschränkt die Kommission diesen Grundsatz indes neuerdings auf den Bau allgemeiner Infrastrukturen durch den Mitgliedstaat, während der staatlich finanzierte Bau von Infrastrukturen, die anschließend Wirtschaftsteilnehmern gegen Entgelt zur Verfügung gestellt werden, eine Beihilfe an den Betreiber darstellt.[125]

Soweit der (öffentliche) Betreiber einer auszubauenden Hafeninfrastruktur freilich die Finan- **775** zierung am Kapitalmarkt anstatt durch staatliche Zuschüsse darstellt, liegen keine staatlichen Beihilfen vor.[126]

Die Kommission prüft idR das Vorhandensein staatlicher Beihilfen auf der Ebene aller betei- **776** ligten Einheiten (Hafenbehörde, Eigentümer, Konzessionsinhaber/Betreiber, Nutzer etc.); be-

---

[116] Vgl. Ziff. 8 der MAB-Leitlinien.

[117] Vgl. Kom., Staatliche Beihilfe N 573/2009 und N 647/2009 – Meeresautobahn „Fres Mos" zwischen dem französischen Hafen Nantes und dem spanischen Hafen Gijón; das Projekt wurde mit EU-Beihilfen von € 4 Mio. und staatlichen Beihilfen Frankreichs und Spaniens von je € 15 Mio. gefördert; die Beihilfenintensität war auf 35% in den ersten 4 Betriebsjahren begrenzt; die Meeresautobahn „Fres Mos" soll den Güterverkehr durch die westlichen Pyrenäen um jährlich 40 000 LKW reduzieren.

[118] Vgl. Ziff. 9 der MAB-Leitlinien.

[119] Entscheidung Nr. 1692/96/EG über gemeinschaftliche Leitlinien für den Aufbau eines transeuropäischen Verkehrsnetzes, ABl. 1996 L 228/1.

[120] Vgl. Ziff. 15f. der MAB-Leitlinien.

[121] Vgl. Ziff. 10, 17 der MAB-Leitlinien.

[122] Vgl. XIX. Wettbewerbsbericht 1989, RdNr. 211; Grünbuch über Seehäfen und maritime Infrastruktur, KOM (1997)678 endg.; *Corruble*, Droit Maritime Francais 2002, 622–15; *id.*, Droit Maritime Francais 2002, 624–20.

[123] Vgl. Ziff. 2.1 der Seeverkehrs-Leitlinien; vgl. auch Kom., Staatliche Beihilfe N 60/2006 – Mainport Rotterdam.

[124] Gemeinschaftliche Leitlinien von 2005 für die Finanzierung von Flughäfen und die Gewährung staatlicher Anlaufbeihilfen für Luftfahrtunternehmen auf Regionalflughäfen, ABl. 2005 C 312/1.

[125] Vgl. Kom., Staatliche Beihilfe N 110/2008, RdNr. 50 – JadeWeserPort; *Tigges*, S. 145ff.; *Rézenthel*, Droit Maritime Francais 2009, 704–8; *id.*, Droit Maritime Francais 2006, 675–8; *id.*, Droit Maritime Francais 2003, 643–23.

[126] Vgl. Kom., Staatliche Beihilfe N 507/2007 – Muuga Harbour.

dauerlicherweise erspart sie sich dabei häufig eine dogmatisch saubere Entscheidung über die Anwendbarkeit von Art. 107 Abs. 1 AEUV und verweist statt dessen darauf, dass die Maßnahme „jedenfalls" nach Art. 107 Abs. 3 lit. c AEUV mit dem Binnenmarkt vereinbar sei.[127]

777   Ebenso ist die Kommission in der Vergangenheit davon ausgegangen, dass Beihilfen an Hafenbetreiber, die im Rahmen eines offenen und diskriminierungsfreien Verfahrens den Zuschlag für eine Konzession für Bau und Betrieb eines Hafens erhalten haben, keine Beihilfe darstellen, sondern eine ausweislich des Bietverfahrens marktübliche Gegenleistung.[128]

778   Soweit die staatliche Infrastrukturfinanzierung sich nicht auf allgemein genutzte Infrastrukturen (wie etwa Ausbaggerung der Fahrrinne, Bau von Molen, Anlegestellen, Uferbefestigungen, etc.) bezieht, sondern vom Hafenbetreiber kommerziell genutzte Infrastrukturen (Terminal, Liegeplätze, Hafenbahnen, etc.) oder gar Suprastrukturen (Pier-Ausrüstung etc.) betrifft, handelt es sich um spezifische Beihilfen an den Hafenbetreiber, und zwar auch dann, wenn dieser eine Behörde ist.[129] Aber auch die staatliche Finanzierung allgemeiner Infrastrukturen kann in eine staatliche Beihilfe umschlagen, wenn es zu einer Überkompensierung kommt, die den Hafenbetreiber in seinen wirtschaftlichen Tätigkeiten begünstigt.[130]

779   Soweit ein dergestalt begünstigter Hafenbetreiber anschließend Dritten eine Konzession zum Betrieb der Infrastrukturen erteilt, ohne ein offenes Ausschreibungsverfahren durchzuführen, geht die Kommission gleichfalls von einer spezifischen Beihilfe an den Konzessionsinhaber aus und bewertet diese nach Maßgabe der sog. Grundstücks-Mitteilung.[131]

780   Allgemeine Infrastrukturmaßnahmen zugunsten von (Jacht-)Häfen ohne Erwerbscharakter stellen keine staatlichen Beihilfen dar.[132] Ebenso ist Art. 107 Abs. 1 AEUV nicht anwendbar bei Steuerbefreiungen für nicht-gewerbliche Tätigkeiten von Hafenbetreibern.[133]

781   bb) Soweit gleichwohl Beihilfen vorliegen – etwa bei Zugangsbeschränkungen für einzelne Nutzer oder bei Beihilfen für den Betrieb eines Hafens –, werden diese von der Kommission nicht nach Maßgabe von Art. 93 AEUV, sondern gemäß Art. 107 AEUV geprüft.[134]

782   Dabei prüft die Kommission im Rahmen des Art. 107 Abs. 3 lit. c AEUV auch, ob ein Anreizeffekt dergestalt vorliegt, dass die Infrastrukturmaßnahme nicht ohne die staatliche Beihilfe durchgeführt werden würde; ferner ist die Genehmigung davon abhängig, dass die Beihilfe im gemeinschaftlichen Interesse (etwa dem gemeinschaftlichen Interesse an der Entwicklung der europäischen Seehäfen) liegt und verhältnismäßig ist, also nur bis zu 50% der Investitionen deckt.[135]

783   **b) Beihilfen für andere Schifffahrtsinfrastrukturen.** Auch andere maritime Infrastrukturen können mit Beihilfen gefördert werden. Dies etwa dann, wenn sie dem multimodalen Transport dienen. Die Beihilfe ist allerdings regelmäßig auf 50% beschränkt.[136]

784   Soweit Beihilfen an Seehafenunternehmen sich dadurch positiv auf die Umwelt auswirken, dass sie zu einer Verlagerung von Straßen- auf Seeverkehr beitragen, sind sie (auch) nach Maßgabe der Leitlinien für staatliche Umweltschutzbeihilfen[137] zu prüfen.[138]

785   **c) Leitlinien für staatliche Beihilfen im Bereich Hafen?** Die Kommission hat seit spätestens 2005 mehrfach angekündigt, durch Erlass von Leitlinien für staatliche Beihilfen im Be-

---

[127] Vgl. Kom., Staatliche Beihilfe N 110/2008, RdNr. 67 – JadeWeserPort.

[128] Vgl. Kom., Staatliche Beihilfe N 110/2008, RdNr. 75 ff. – JadeWeserPort; Kom., 20. 12. 2001, C (2001) 4512 fin., Verfahren N 649/2001, RdNr. 47 – Freight Facilities Grant/Port of Rosyth.

[129] Vgl. Kom., Staatliche Beihilfe N 385/2009 – Hafen Ventspils/Lettland; Kom., ABl. 2009 C 245/21, Abschnitt III – Hafen Piräus; Kom., Staatliche Beihilfe N 520/2003, RdNr. 30 ff. – Belgische Seehäfen.

[130] Kom., Staatliche Beihilfe N 503/2005, RdNr. 27 ff. – Great Yarmouth Outer Harbour; *Hancher/Ottervanger/Slot*, RdNr. 16–044.

[131] Vgl. Mitteilung der Kommission betreffend Elemente staatlicher Beihilfe bei Verkäufen von Bauten oder Grundstücken durch die öffentliche Hand, ABl. 1997 C 209/3; Kom., Staatliche Beihilfe N 385/2009 – Hafen Ventspils/Lettland; Kom., ABl. 2009 C 122/16, RdNr. 24 ff. – Französische Seehäfen.

[132] Vgl. Kom., ABl. 2004 L 34/63 – Enkhuizen; zur Abweisung der dagegen gerichteten Klage der niederländischen Jachthafen-Vereinigung als unzulässig vgl. EuG, T-117/04, Slg. 2006, II-3861 – Jachthavens.

[133] Vgl. Kom., Staatliche Beihilfe N 510/2005 – Polnische Steuerbefreiung auf infrastrukturbezogene Tätigkeiten.

[134] Vgl. KOM (2001)403 endg., RdNr. 167.

[135] Vgl. Kom., Staatliche Beihilfe C 21/2009 (ex N 105/2008) – Finanzierung einer neuen Landungsbrücke an Pier I des Containerterminals im Hafen Piräus.

[136] Vgl. Kom., Staatliche Beihilfe N 649/2001, RdNr. 37 – Freight Facilities Grant/Port of Rosyth.

[137] ABl. 2008 C 82/1.

[138] Vgl. Kom., Staatliche Beihilfe N 643/2006, RdNr. 16 ff. – Ermäßigung der Mineralölsteuer für Lade- und Löschunternehmen in deutschen Seehäfen.

reich Hafen für rechtliche Klarheit in diesem zentralen Wirtschaftssektor zu sorgen. Bis heute liegen freilich lediglich interne Entwürfe der Arbeitsebene vor. Die Verzögerung mag darauf zurückzuführen sein, dass die Kommission mit ihren Flughafen-Leitlinien von 2005[139] und dem dort verfolgten Ansatz, die Finanzierung des Baus allgemeiner Infrastrukturen nicht mehr als allgemeine Maßnahmen einzustufen und damit von der Beihilfenkontrolle auszunehmen, auf erheblichen Widerstand gestoßen ist, der ua. zu verschiedenen Klagverfahren geführt hat.[140] Mittlerweile ist offen, ob es in absehbarer Zeit zum Erlass solcher Leitlinien kommen wird. Die Hafenwirtschaft drängt darauf, insoweit zwischen Infrastruktur und Suprastruktur zu differenzieren und nur die staatliche Finanzierung der letzteren der Beihilfenkontrolle zu unterwerfen.

XI. Luftverkehr

Schrifttum: *Arhold,* European Airline Wars: German Courts Divided over Actions against Low-Cost carriers, EStAL 2008, 31; *Bacon,* European Community Law of State Aid, 2009, 334; *Bartosch,* Wettbewerbsverzerrungen auf den Märkten für den Betrieb und die Nutzung von Flughafeninfrastrukturen WuW 2005, 1122; *Bartosch,* Distortions of Competition on the Markets for the Operation of Airport Infrastructures: the Commission's New Guidelines, EStAL 2005, 621; *Colucci,* Air Transport, in Mederer/Pesaresi/Van Hoof, EU Competition Law, Volume IV, 1487; *Ehricke,* Die neuen Leitlinien der EG-Kommission über Sofort- und Umstrukturierungsbeihilfen EuZW 2005, 71; *Lykotrafiti,* Low Cost Carriers and State Aids: A Paradox? Reflections on the Ryanair/Charleroi case, EStAL 2008, 214; *Martin-Ehlers/Strohmayr,* Private Rechtsdurchsetzung im EG-Beihilfenrecht – Konkurrentenklagen vor deutschen Zivilgerichten EuZW 2008, 745; *Nunez-Müller,* State Aid to the aviation sector, in *Sanchez-Rydelski,* The EC State Aid Regime, 2006, 423; *Schladebach,* Europäisches Luftverkehrsrecht: Entwicklungsstand und Perspektiven EuR 2006, 773; *Soltész,* A challenge for the Commission's State aid policy in the field of airports – Case T-68/03 – Olympic Airways v. Commission, EStAL 2008, 207; *ders.,* Regionalflughäfen im Visier der Brüsseler Beihilfenkontrolle – Die Ryanair-Praxis der Kommission und die neuen Leitlinien EWS 2006, 211; *ders.,* „Billigflieger" im Konflikt mit dem Gemeinschaftsrecht? – Niedrige Flughafengebühren und das Europäische Beihilferegime WuW 2003, 1034; *ders./Hildebrandt,* Flughäfen im Visier der Brüsseler Beihilfenkontrolle – Entscheidungspraxis der Kommission („Charleroi") und die neuen Kommissionsleitlinien, in: *Scholz/Moench* (Hrsg.), Flughäfen in Wachstum und Wettbewerb, 2006.

Übersicht

---

[139] Gemeinschaftliche Leitlinien für die Finanzierung von Flughäfen und die Gewährung staatlicher Anlaufbeihilfen für Luftfahrtunternehmen auf Regionalflughäfen, ABl. 2005 C 312/1.

[140] Vgl. ua. T-455/08 (Mitteldeutsche Flughafen AG wg. Flughafen Leipzig/Halle); T-217/09 (Mitteldeutsche Flughafen AG wg. Flughafen Dresden).

786 **1. Allgemeines.** Beihilfen im Luftfahrtsektor haben unterschiedliche Zwecke. Zum einen dienen öffentliche Förderungen für den Bau und Ausbau von **Flughäfen** oftmals der Verbesserung der Verkehrsinfrastruktur, insbesondere im regionalen Bereich. Beihilfen werden Flughäfen auch für den Betrieb von Infrastruktur und für die Erbringung von Dienstleistungen (zB Bodenabfertigung) gewährt. Zum anderen erhalten einzelne **Airlines** Förderungen: Hierzu gehören zB staatliche Rettungspakete für notleidende Airlines aber auch Anschubfinanzierungen oder Ermäßigungen der Landeentgelte und Gebühren, die dazu führen sollen, dass die geförderten Fluglinien bestimmte Regionen bedienen bzw. bestimmte Flughäfen nutzen.

787 Erst in jüngerer Zeit, nämlich mit der zunehmenden **Liberalisierung des Luftverkehrs** in der Gemeinschaft[1] ergab sich die Notwendigkeit einer intensiveren Beihilfenkontrolle in diesem Bereich. Mit der Mitteilung über staatliche Beihilfen im Luftverkehr aus dem Jahr 1994[2] hat die Kommission zunächst klargestellt, dass die von ihr entwickelten beihilferechtlichen Prinzipien im Luftverkehrsbereich anzuwenden sind. Die Mitteilung unterscheidet sich insofern von anderen sektoralen oder horizontalen Regelungen. Sie enthält **allgemeine Ausführungen** zum Beihilfecharakter bestimmter Maßnahmen (Steuervorteile, Kapitalzuführungen, Darlehen, Bürgschaften, Privatisierungen) sowie zur Genehmigungsfähigkeit nach Art. 107 Abs. 3 lit. a und c AEUV, stellt aber – von einzelnen Bereichen abgesehen – keine sektorspezifischen Genehmigungserfordernisse auf.[3] Aus heutiger Sicht enthält die Mitteilung aus 1994 kaum Neues, vielmehr sind einige der Erläuterungen mittlerweile durch die Rechtsprechung und Kommissionspraxis zum Beihilferecht überholt.

788 Die wichtigste Rechtsquelle sind mittlerweile die **neuen Kommissionsleitlinien** für die Finanzierung von Flughäfen und die Gewährung staatlicher Anlaufbeihilfen aus dem Jahre 2005.[4] Die Kommission hat hiermit auf eine sehr häufige Fallgestaltung, nämlich die neuere Entwicklung bei Low-Cost-Carrier, reagiert, und zwar den verstärkten Ausbau von Regionalflughäfen verbunden mit der Gewährung attraktiver Konditionen zur Anwerbung von Airlines. Anders als die Mitteilung aus 1994 beschränken sich die Leitlinien aus 2005 nicht auf die Erläuterung bestehender Grundsätze, sondern haben die Politik der Kommission teilweise völlig **neu definiert** und führen teilweise sogar zu einer Verschärfung der bisher geltenden Grundsätze, wobei sich sogar die Frage stellt, ob diese Ausdehnung der Beihilfekontrolle noch mit dem Primärrecht vereinbar ist.

789 In der folgenden Darstellung sollen die **verschiedenen Ebenen** – Beihilfen an Airlines einerseits und Beihilfen an Flughäfen andererseits – getrennt werden. Leider hat die Kommission diese grundlegende Unterscheidung selbst nicht durchgehalten – so behandeln sowohl die Mitteilung aus 1994 als auch die Leitlinien aus 2005 beide Ebenen und differenzieren nicht immer ausreichend.[5] In diesem Kapitel soll zudem nur auf die luftverkehrspezifischen Besonderheiten eingegangen werden. Soweit Fragen allgemeiner beihilferechtlicher Natur betroffen sind, wird auf die anderen Kapitel verwiesen.

790 **2. Beihilfen an Airlines.** Im Zentrum der beihilferechtlichen Diskussion bei Airlines standen bisher vor allem **zwei Fallgestaltungen.** Zum einen gab es – vor allem in den 1990er Jahren aber auch nach dem 11. September 2001 – staatliche Unterstützungen einzelner Fluggesellschaften, wobei es sich hierbei oft um privatisierte ehemalige Staatsunternehmen handelte. Diese Art von staatlichen Interventionen werden schwerpunktmäßig in der Mitteilung aus 1994 behandelt.

791 Nach der Konsolidierungswelle, die das Verschwinden einiger nationaler Carrier zur Folge hatte, hat sich der Blickpunkt der Beihilfeaufsicht verschoben. Mit dem Aufkommen der **Billigflieger** werden zunehmend Vergünstigen über die (meist staatlich kontrollierten) Flughafenbetreiber gewährt, um möglichst viele Flugbewegungen an einen bestimmten Flughafen zu

---

[1] Übersicht bei *Colucci* RdNr. 4.2149.
[2] ABl. 1994 C 350/7, im Folgenden „Mitteilung 1994".
[3] *Nunez-Müller* 423, 425.
[4] ABl. 2005 C 312/1, im Folgenden „Leitlinien 2005".
[5] Vgl. zB Leitlinien 2005, Tz. 49.

ziehen. Diese mit „Anlaufbeihilfen" nur unzureichend beschriebenen (oft massiven) finanziellen Anreize sind Gegenstand der Leitlinien aus 2005.

a) Direkte staatliche Unterstützung von Airlines. aa) Geltung allgemeiner beihilfe- 792
rechtlicher Grundsätze. Die Mitteilung aus 1994 hat zunächst klargestellt, dass das Beihilfe-verbot **uneingeschränkte Anwendung** bei Fluggesellschaften findet. Die Leitlinien aus 2005 setzen diese Linie fort. Die Mitteilung aus 1994 beschränkt sich im Wesentlichen darauf, die beihilferechtliche Beurteilung einiger typischer Konstellationen in lehrbuchmäßiger Form zu **erläutern.** Lediglich im Bereich der Umstrukturierungsbeihilfen entwickelt die Mitteilung aus 1994 eigene zusätzliche Kriterien zur Genehmigungsfähigkeit.

Die Mitteilung aus 1994 erstreckt sich nur auf die Behandlung von Beihilfen, die von Mit- 793 gliedstaaten gewährt werden. Sie gilt nicht für Beihilfen von **Drittstaaten,** auch wenn die be-günstigten Carrier innerhalb der Gemeinschaft starten und landen und somit im Wettbewerb mit Fluggesellschaften aus der Gemeinschaft stehen.[6]

bb) Kapitalzuführungen. Die Mitteilung aus 1994 enthält ausführliche Erläuterungen zum 794 „Private investor test". Grundsätzlich gelten hierbei **keine Besonderheiten** im Vergleich zu ande-ren Sektoren. Erwähnenswert sind in diesem Zusammenhang die Entscheidungen *Iberia,*[7] in der der Beihilfecharakter einer Kapitalzuführung anhand der (wohl unrealistischen) **Renditeerwartung** eines privaten Investors von **30%** bewertet wurde.[8] Nachdem diese „hurdle rate" auch im Fall *Ali-talia*[9] wieder zum Maßstab für die Renditeerwartung gemacht wurde, wurde dies vom Gericht kor-rigiert, da die Begründung unzureichend war.[10] Dennoch erließ die Kommission eine neue Ent-scheidung, in der wiederum (mit nachgebesserter Begründung) die Renditeerwartung von 30% zugrunde gelegt wurde,[11] was wiederum vom Gericht bestätigt wurde.[12] In einem weiteren *Alita-lia*-Fall im Jahre 2005 verneinte die Kommission den Beihilfecharakter einer Kapitalerhöhung, da nachgewiesen wurde, dass sich private Investoren in vergleichbarem Umfang hieran beteiligten.[13]

cc) Privatisierungen. Im Hinblick auf Privatisierungen wiederholt die Mitteilung aus 1994 795 die aus dem XXIII. Wettbewerbsbericht bekannten Grundsätze,[14] wonach ein offenes, transpa-rentes, bedingungsfreies und diskriminierungsfreies **Ausschreibungsverfahren** in der Regel zur Bildung eines Marktpreises führt und damit ein Beihilfeelement ausschließt.[15] Im Privatisie-rungsverfahren betreffend *Austrian Airways* bemängelte die Kommission, dass Österreich gewisse Bedingungen auferlegt hatte (Schaffung eines Gremiums zum Schutz der Interessen Österreichs, Beibehaltung der Konzernzentrale in Wien, etc.). Als zulässig wurden jedoch die Bedingungen angesehen, wonach der Käufer die Marke und ein angemessenes Streckennetz in Österreich aufrechterhält.[16]

dd) Rettungs- und Umstrukturierungsbeihilfen. Von erheblicher praktischer Bedeu- 796 tung im Luftverkehrssektor sind Rettungs- und Umstrukturierungsbeihilfen,[17] denen die Kom-mission in ihrer Mitteilung von 1994 ein ausführliches Kapitel gewidmet hat.

α) Allgemeines – Verhältnis zu den allgemeinen Regeln. Das Verhältnis zu den „allge- 797 meinen" Leitlinien über Rettungs- und Umstrukturierungsbeihilfen[18] ist hierbei unklar, dh. es wird nicht ganz deutlich, ob es sich hierbei um eine Ergänzung der allgemeinen Grundsätze über Rettungs- und Umstrukturierungsbeihilfen handelt, oder ob die Mitteilung aus 1994 insoweit eine eigenständige und abschließende Regelung bildet. In Ziffer 18 der (später ergangenen) Rettungs- und Umstrukturierungsbeihilfen heißt es hierzu, dass die Mitteilung aus 1994 hiervon „unberührt"

---

[6] Mitteilung 1994, Tz. 11.
[7] Kom., ABl. 1996 L 104/25 – Iberia.
[8] Kritisch hierzu *Lübbig/Martin-Ehlers* RdNr. 315 ff.
[9] Kom., ABl. 1997 L 322/44 – Alitalia.
[10] EuG, T-296/97, Slg. 2000, II-3871, RdNr. 134 ff. – Alitalia.
[11] Kom., ABl. 2001 L 271/28, Tz. 25 – Alitalia.
[12] EuG, T-301/01, Slg. 2008, II-1753 – Alitalia/Kommission.
[13] Kom., ABl. 2006 L 63/1 – Alitalia.
[14] Kom., Bericht über die Wettbewerbspolitik 1993, RdNr. 403; vgl auch Kom., ABl 2000 L 272/29, Tz. 44 – TASQ SA; Kom., ABl. 2000 L 265/18 Tz. 32 – Centrale del Latte di Roma; Kom., ABl. 2000 L 206/6 Tz. 61 ff – Stardust Marine.
[15] Mitteilung 1994, Tz. 43; Kom., ABl. 2009 C 57/8, Tz. 112 – Austrian Airlines.
[16] Kom., ABl. 2009 C 57/8, Tz. 118, 119 – Austrian Airlines.
[17] Illustrativ wurde die (zumindest zeitweise) wirtschaftliche Situation mit der überlieferten Antwort von Richard Branson, dem Gründer von Virgin Airlines, auf die Frage „Wie wird man Millionär?" beschrieben: „*First you become a billionaire, then you buy an airline and you will be a millionaire soon.*"
[18] ABl. 2004 C 244/2.

bleibe. Überwiegend wird wohl angenommen, dass – soweit Umstrukturierungsbeihilfen betroffen sind – die beiden Mitteilungen nebeneinander anwendbar sind, zumal sich die meisten der in beiden Mitteilungen beschriebenen Grundsätze nicht widersprechen dürften.[19]

798   Zumindest im Falle der Rettungsbeihilfen scheint es eindeutig, dass die allgemeinen Leitlinien zu Rettungs- und Umstrukturierungsbeihilfen zur Anwendung kommen, da die Mitteilung aus 1994 nur die Umstrukturierungsbeihilfen behandelt.[20]

799   β) **Genehmigungsvoraussetzungen bei Umstrukturierungsbeihilfen.** Die Mitteilung aus 1994 spiegelt im Wesentlichen die bekannten Kriterien zu Umstrukturierungsbeihilfen und der Kommissionspraxis hierzu wieder. Teilweise gehen sie darüber hinaus, zum Teil bleiben sie aber auch dahinter zurück:
- In erster Linie müssen die Unternehmen hierzu einen umfassenden tragfähigen **Umstrukturierungsplan** vorlegen, der die langfristige Überlebensfähigkeit der Fluggesellschaft wiederherstellt. Dieser Umstrukturierungsplan muss Marktanalysen, Prognosen, Kostensenkungen, die Aufgabe unrentabler Strecken, Effizienz- und Produktivitätssteigerungen, Daten zur voraussichtlichen finanziellen Entwicklung des Unternehmens, Prognosen hinsichtlich Renditen, Gewinnen, Dividenden, etc., enthalten.[21]
- Das **„first time-last time"**-Prinzip findet Anwendung, dh. es darf „in Zukunft auch keine Beihilfe geplant ... oder erforderlich sein".[22] Dieses Prinzip wurde vom Gericht grundsätzlich bestätigt.[23] Dem Wortlaut nach liegt in diesem zeitlich unbegrenzten Verbot eine gewisse Verschärfung[24] gegenüber den allgemeinen Leitlinien zu Rettungs- und Umstrukturierungsbeihilfen, die ein auf 10 Jahre beschränktes Verbot der wiederholten Beihilfengewährung vorsehen.[25] In der Praxis wendet die Kommission jedoch die Regel aus den allgemeinen Leitlinien zu Rettungs- und Umstrukturierungsbeihilfen an.[26]
- Die Mitteilung aus 1994 enthält auch die Möglichkeit, das Verbot einer **Preisführerschaft** (Non-price-leadership-commitment) auf bestimmten Strecke festzulegen.[27]
- Die Mitteilung aus 1994 schreibt vor, dass der Umstrukturierungsplan **Verringerungen von Kapazitäten** umfassen muss, wenn die „Wiederherstellung der finanziellen Lebensfähigkeit und/oder die Marktsituation dies verlangen". Insbesondere darf der Umstrukturierungsplan keine Kapazitätserweiterung oder eine Expansion vorsehen.[28] Die grundsätzliche Zulässigkeit solcher Kapazitätsbegrenzungen bzw. eines Akquisitionsverbotes wurde vom Gericht bestätigt.[29]

Diese Vorgabe ist im Vergleich zur neueren Kommissionspraxis und den allgemeinen Leitlinien zu Rettungs- und Umstrukturierungsbeihilfen sehr moderat. Diese sehen nämlich neben den Kapazitätsanpassungen, die (sowieso) im Rahmen des Umstrukturierungsplanes zur Wiederherstellung der langfristigen Lebensfähigkeit vorgenommen werden müssen,[30] noch weitere, **zusätzliche „Ausgleichsmaßnahmen"** vor (zB Veräußerungen, Kapazitätsabbau, Beschränkung der Marktpräsenz). Diese müssen nach dem Wortlaut der allgemeinen Leitlinien zu Rettungs- und Umstrukturierungsbeihilfen über die Maßnahmen hinausgehen, die „ohnehin zur Wiederherstellung der Rentabilität notwendig wären",[31] sie müssen also – untechnisch gesprochen – ein „Sonderopfer" darstellen. Gerade die jüngeren Fälle zu Umstrukturierungen im Finanzsektor zeigen, dass die Kommission diese Vorgaben sehr ernst nimmt, auch wenn sie oft nicht zwischen den beiden Kategorien (Kapazitätsanpassungen im Rahmen des Umstrukturierungsplans und zusätzliche Ausgleichsmaßnahmen) trennt. So hat sie in ihrer bisherigen Praxis stets eine Reduzierung des Geschäftsvolumens in Höhe von rund einem Drittel gefordert. Beispiele sind die Fälle *Bankgesellschaft Berlin* (Reduzierung um 30%),[32] *Crédit Foncier de France* (Re-

---

[19] Vgl. hierzu Kom. ABl. 2008 L 49/25, Tz. 107 ff. – Cyprus Airways; Kom., ABl. 2009 C 57/8, Tz. 139 ff. – Austrian Airlines; *Colucci* RdNr. 4.2156.
[20] Mitteilung 1994, Tz. 42; *Nunez-Müller* 431.
[21] Mitteilung 1994, Tz. 38.
[22] Mitteilung 1994, Tz. 38.
[23] EuG, T-301/01, Slg. 2008, 1753, RdNr. 425 ff. – Alitalia/Kommission.
[24] Vgl. *Nunez-Müller* 430.
[25] ABl. 2004 C 244/2, Tz. 73.
[26] Kom., ABl. 2009 L52/3, Tz. 97 ff. – Alitalia.
[27] Vgl. EuG, T-301/01, Slg. 2008, 1753, RdNr. 510 ff. – Alitalia/Kommission.
[28] Mitteilung 1994, Tz. 38.
[29] EuG, T-301/01, Slg. 2008, 1753, RdNr. 433 ff., 463 ff. – Alitalia/Kommission.
[30] ABl. 2004 C 244/2, Tz. 35 ff.
[31] ABl. 2004 C 244/2, Tz. 38 ff.
[32] Kom., ABl. 2005 L 116/1 – Bankgesellschaft Berlin.

duzierung um 25%),[33] *Societé Marseillaise de Crédit* (um 20%),[34] *Banco di Napoli* (43%)[35] und *Crédit Lyonnais* (ca. ein Drittel).[36] In der neueren Praxis geht dies jedoch noch wesentlich weiter, wie die Fälle *IKB* (47,2%), *Commerzbank* (45%),[37] *Fortis* (40%),[38] *WestLB* (50%),[39] *BayernLB* (50%)[40] und *Northern Rock* (50%)[41] zeigen. Es ist zu erwarten, dass die Kommission – schon unter dem Gesichtspunkt der Gleichbehandlung – diese **strengeren Maßstäbe** (möglicherweise in abgemilderter Form) auch auf den **Luftverkehrssektor übertragen** wird.[42] Denn es ist kein Anhaltspunkt dafür ersichtlich, dass die Mitteilung aus 1994 den Luftverkehrsbereich privilegieren wollte. Vielmehr hat die Kommission ihre Beurteilungsmaßstäbe bei Rettungs- und Umstrukturierungsbeihilfen in den letzten Jahren kontinuierlich verschärft, was sich in allen Sektoren niederschlagen muss.

– In einem weiteren Punkt bleibt die Mitteilung aus 1994 hinter den allgemeinen Leitlinien zu Rettungs- und Umstrukturierungsbeihilfen zurück. Diese fordern einen substanziellen **Eigenbeitrag** des Beihilfeempfängers, dh. er muss aus eigenen Mitteln, auch durch den Verkauf von Vermögenswerten, oder durch Fremdfinanzierung zu Marktbedingungen, einen erheblichen Beitrag zum Umstrukturierungsplan leisten. An diesem Beitrag soll sichtbar sein, dass die Märkte davon überzeugt sind, dass sich die Rentabilität des Unternehmens wiederherstellen lässt. Bei großen Unternehmen fordert die Kommission einen Eigenbeitrag von mindestens 50%.[43] Es bleibt offen, ob dieses Erfordernis auch im Luftverkehrsbereich gilt. Aus den bereits genannten Erwägungen (die Mitteilung aus 1994 wollte den Luftverkehrsbereich nicht privilegieren) ist wohl davon auszugehen, dass die Kommission dies zugrunde legt.[44] Die Frage relativiert sich jedoch, denn die Forderung nach einem Eigenbeitrag stand letztlich ohnehin nur auf dem Papier und die Kommission forderte in der Sache nach oft keinen substantiellen Beitrag mehr, da „das Erfordernis eines Eigenbeitrages von 50% … in dem derzeitigen wirtschaftlichen Umfeld nicht machbar scheint".[45]

– Die Mitteilung aus 1994 fordert, dass sich der **Staat** grundsätzlich nicht in die Führung des Unternehmens einmischt.[46] Auch in diesem Punkt ist die Mitteilung aus 1994 zurückhaltender als die Praxis der Kommission zu Umstrukturierungsbeihilfen, in denen die Kommission oft die Privatisierung des Beihilfeempfängers eingefordert hat (mit der Privatisierung verbindet die Kommission die Hoffnung, dass sich für das Unternehmen unter neuer unternehmerischer Führung kein erneuter Beihilfebedarf ergibt).[47] Zwar wird diese Forderung in der Mitteilung aus 1994 noch unter Hinweis auf Art. 345 AEUV ausgeschlossen;[48] diese Auffassung dürfte jedoch nicht mehr der heutigen Auffassung der Kommission entsprechen.

γ) Kommissionspraxis. Aus der **Kommissionspraxis** gibt es zahlreiche Fälle zu Umstrukturierungsbeihilfen an Airlines. Ein anschauliches Beispiel hierfür ist der jahrelange Streitfall *Olympic Airways,*[49] der zu einer Vielzahl von Kommissions- und Gerichtsentscheidungen geführt hat,[50] die allerdings nicht alle für die Frage der Umstrukturierungsbeihilfen von Erkenntniswert **800**

---

[33] Kom., ABl. 2001 L 34/36 – Crédit Foncier de France.

[34] Kom., ABl.1999 L 198/1 – Societé Marseillaise de Crédit.

[35] Kom., ABl. 1999 L 116/36 – Banco di Napoli.

[36] Kom., ABl. 1998 L 221/28 – Crédit Lyonnais.

[37] Kom., Pressemitteilung v. 7. 5. 2009, IP/09/711.

[38] Kom., Pressemitteilung v. 3. 12. 2008, IP/08/1884.

[39] Kom., Pressemitteilung v. 12. 5. 2009, IP/09/741.

[40] Kom., Pressemitteilung v. 12. 5. 2009, IP/09/742.

[41] Kom., Pressemitteilung v. 7. 5. 2009, IP/09/713.

[42] Vgl. hierzu Kom. ABl. 2008 L 49/25, Tz. 125 ff. – Cyprus Airways; Kom., ABl. 2009 C 57/8, Tz. 160 ff. – Austrian Airlines und Kom., Pressemitteilung IP/09/1256 – Austrian Airlines.

[43] Kom. 2004 C 244/2, Tz. 43 ff.

[44] Vgl. hierzu Kom. ABl. 2008 L 49/25, Tz. 137 ff. – Cyprus Airways; Kom., ABl. 2009 C 57/8, Tz. 165 ff. – Austrian Airlines.

[45] Vgl. Kom., N 244/2009, Tz. 85 – Commerzbank; Kom., C 15/2009, Tz. 55 – Hypo Real Estate.

[46] Mitteilung 1994, Tz. 38.

[47] Kom., ABl. 2004 L 116/1 – Bankgesellschaft Berlin; Kom., ABl. 1999 L 129/30, 35 – Società Italiana per Condotte d'Acqua; Kom., ABl. 1999 L 109/1 – Italstrade; Kom., ABl. 2002 L 67/50 – Babcock Wilcox España SA („*Ein wesentlicher Bestandteil des strategischen Umstrukturierungsplans der BWE war ihre Privatisierung, zu der sich die spanische Regierung bei der Anmeldung der Kapitalzuführung von 1997 verpflichtet hatte.* ").

[48] Mitteilung 1994, Tz. 39.

[49] Hierzu *Colucci* RdNr. 4.2158.

[50] Kurzdarstellung in Kom., Pressemitteilung v. 19. 12. 2007, IP/07/1963; Kom., Pressemitteilung v. 18. 10. 2006, IP/06/1424; Kom., Pressemitteilung v. 24. 4. 2006, IP/06/531; Kom., Pressemitteilung v.

waren. Hervorzuheben für den hier interessierenden Zusammenhang ist die Negativentscheidung aus dem Jahre 2002,[51] in der festgestellt wurde, dass der Umstrukturierungsplan, auf dessen Grundlage im Jahre 1998 eine Umstrukturierungsbeihilfe genehmigt wurde,[52] nicht ordnungsgemäß umgesetzt wurde (dieser Genehmigungsentscheidung war bereits eine Genehmigungsentscheidung aus dem Jahre 1994 vorangegangen, deren Bedingungen ebenfalls nicht erfüllt wurden). Das Gericht hat die Negativentscheidung aus dem Jahre 2002 in diesen Punkten bestätigt.[53]

801   Im Übrigen sind die zahlreichen älteren Entscheidungen der Kommission mittlerweile nur noch von begrenztem Erkenntniswert.[54] Aus der neuen Entscheidungspraxis sind insbesondere *Cyprus Airways*,[55] *Alitalia*[56] und *Austrian Airways*[57] zu erwähnen, in denen die Kommission die Beihilfen in vollem Umfang an den allgemeinen Leitlinien zu Rettungs- und Umstrukturierungsbeihilfen prüfte. Die Besonderheiten der Mitteilung aus 1994 dürften hiernach nur noch eine geringe Rolle spielen. Es ist zu erwarten, dass die Kommission im Bereich Rettungs- und Umstrukturierungsbeihilfen einen weitgehenden Gleichlauf zwischen dem Luftverkehr und anderen Sektoren herstellt.

802   Vor diesem Hintergrund dürfte auch das Urteil des Gerichts in *Air France*[58] überholt sein, in dem das Gericht auf eine Wettbewerberklage eine Positiventscheidung der Kommission wegen eines Begründungsmangels aufgehoben hatte. Das Gericht bemängelte insbesondere eine Passage der Entscheidung, in der es um die Modernisierung der Air France-Flotte durch den Kauf von 17 neuen Flugzeugen ging, wobei die Gefahr bestünde, dass die neuen Flugzeuge aus Beihilfen finanziert würden. Vor dem Hintergrund der strengen Vorgaben der Leitlinien über Rettungs- und Umstrukturierungsbeihilfen (insbesondere Ziffer 43 ff.) würde die Kommission eine solche Entscheidung heute wohl nicht mehr treffen.

803   **ee) Gemeinwirtschaftliche Verpflichtungen.** Eine Ausnahme vom Beihilfeverbot ist zudem in Art. 4 VO 2408/92 über den Zugang von Luftfahrtunternehmen der Gemeinschaft zu Strecken des innergemeinschaftlichen Flugverkehrs[59] enthalten, dessen Inhalt in der Mitteilung aus 1994 zusammengefasst[60] wird. Hiernach kann ein Mitgliedstaat unter engen Voraussetzungen im Linienflugverkehr zu einem Flughafen, der ein Rand- oder ein Entwicklungsgebiet seines Hoheitsgebiets bedient, oder auf einer wenig frequentierten Strecke zu einem Regionalflughafen seines Hoheitsgebiets **gemeinwirtschaftliche Verpflichtungen** auferlegen und hierfür einen Ausgleich entrichten. „Gemeinwirtschaftliche Verpflichtungen" in diesem Sinne sind Verpflichtungen eines Luftfahrtunternehmen, auf bestimmten Strecken sicherzustellen, dass der Flugverkehr auf diesen Strecken in Bezug auf Kontinuität, Regelmäßigkeit, Kapazität und Preisgestaltung festen Standards genügt, die das Luftfahrtunternehmen unter rein wirtschaftlichen Gesichtspunkten nicht einhalten würde.[61] Die Regelung enthält zahlreiche ausdifferenzierte materielle Voraussetzungen und legt das anwendbare Verfahren fest. Erforderlich ist eine ausdrückliche Positiventscheidung der Kommission.[62]

804   Neben dieser sekundärrechtlichen Regelung kommen selbstverständlich auch die Grundsätze der ***Altmark*-Rechtsprechung** zur Anwendung, wonach bereits der Beihilfecharakter einer solchen staatlichen Maßnahme entfallen kann.[63] Sollten die Voraussetzungen der Altmark-Rechtsprechung nicht erfüllt sein und somit eine Beihilfe vorliegen, so kommt zudem eine (auto-

---

4. 4. 2006, IP/06/425; Kom., Pressemitteilung v. 14. 9. 2005, IP/05/1139; Kom., Pressemitteilung v. 11. 12. 2002, IP/02/1853.

[51] Kom., ABl. 2003 L 132/1 – Olympic Airways.

[52] Kom., ABl. 1999 L 128/1 – Olympic Airways.

[53] EuG, T-68/03, Slg. 2007, II-2911 – Olympic Airways. In einem weiteren Punkt wurde die Entscheidung aufgehoben, vgl. hierzu *Soltész* EStAL 2008, 207.

[54] Eine ausführliche Darstellung findet sich bei *Lübbig/Martin-Ehlers* RdNr. 304.

[55] Kom., ABl. 2008 L 49/25 – Cyprus Airways.

[56] Kom., ABl. 2009 L 52/3 – Alitalia.

[57] Kom., ABl. 2009 C 57/8– Austrian Airlines.

[58] EuG, T-371/94 u. T-394/97, Slg. 1998, II-2405, RdNr. 84 ff. – British Airways ua./Kommission.

[59] ABl. 1992 L 240/8.

[60] *Colucci* RdNr. 4.2154.

[61] Art. 2 lit. o VO 2408/02.

[62] *Bacon* Tz. 12.42.

[63] EuGH, C-280/00, Slg. 2003, I-7747, RdNr. 77 ff. – Altmark Trans, unter Verweis auf EuGH, 102/87, Slg. 1988, 4067, RdNr. 19 – Frankreich/Kommission; EuGH, C-305/89, Slg. 1991, I-1603, RdNr. 26 – Italien/Kommission.

matische) Freistellung nach Art. 2 Abs. 1 der Entscheidung 2005/842 (aus dem sog. *Monti*-Paket)[64] in Betracht. Hiernach sind Beihilfen von der Anmeldepflicht freigestellt, wenn es sich um **Ausgleichszahlungen** für Flugverbindungen zu Inseln handelt, bei denen das jährliche Fahrgastaufkommen in den zwei Rechnungsjahren vor Übertragung der Dienstleistung von allgemeinem wirtschaftlichem Interesse im Schnitt 300.000 Fahrgäste nicht überstieg.[65]

ff) Beihilfen im Zusammenhang mit dem 11. September 2001. Die Anschläge vom **805**
11. September hatten erhebliche wirtschaftliche Auswirkungen auf die Europäische Luftfahrtindustrie. In der Folge genehmigte die Kommission erhebliche Unterstützungspakete.[66]

**b) Staatliche Vergünstigungen, die durch Flughäfen gewährt werden („Anlaufbei- 806
hilfen").** **aa) Hintergrund.** In den letzten Jahren haben alle Mitgliedstaaten eine beispiellose **Expansion** von Regionalflughäfen erlebt, was vor allem auf den Boom der Billigflieger zurückzuführen ist. Länder, Städte und Gemeinden haben häufig ein vitales Interesse daran, den Ausbau örtlicher Flughäfen zu unterstützen. Ein stark frequentierter Airport entfaltet Magnetwirkung für die Ansiedlung von Industrie- und Dienstleistungsunternehmen. Er ist Beschäftigungsmotor und Garant für die wirtschaftliche Entwicklung der Region.

Eine große Rolle spielt bei dieser Entwicklung die Konversion **ehemaliger Militärflughä- 807
fen.** Diese liegen oft in Gebieten, die unter dem Abzug von Streitkräften wirtschaftlich besonders zu leiden hatten (die Standorte waren oft von erheblicher ökonomischer Bedeutung für die Region). Ehemalige Militärflughäfen verfügen in der Regel über eine gewisse Infrastruktur, die sich mit erheblich geringeren Kosten ausbauen lässt als diese bei der Errichtung eines neuen Airports anfallen. Der Ehrgeiz lokaler Politiker, die sich mit dem Airport ein Denkmal setzen wollen, tut oft ein Übriges, um das unkontrollierte Wachstum anzuheizen.

Betreiber von Regionalflughäfen, die sich in der ganz überwiegenden Zahl im Anteilseigen- 808
tum der öffentlichen Hand befinden, sind hierbei bestrebt, möglichst viele Flugbewegungen an sich zu ziehen.[67] Dies lässt sich am einfachsten erreichen, indem man die Fluggesellschaften in den Genuss besonders **günstiger Flughafengebühren und -entgelte** kommen lässt. Daneben gewähren sie auch andere Vergünstigungen, wie zB. die Übernahme für die Einstellung, die Schulung und den Unterhalt des Personals der Fluggesellschaft, Niedrigpreise für Bodenverkehrsdienstleistungen, die preiswerte Zurverfügungstellung von Räumlichkeiten und die Durchführung gemeinsamer Werbung. Die Billigflieger verfügen außerdem über eine enorme **Nachfragemacht.** Ihr Geschäftskonzept lässt sich relativ schnell umstellen, dh. sie können bei einer Erhöhung von Gebühren einen anderen Regionalflughafen anfliegen, der günstigere Bedingungen anbietet. Diese wirtschaftliche Subventionierung des Billigflugbetriebs ermöglicht den Low-Cost-Carriern Flugpreise, die weit unter den Preisen der nicht-subventionierten Konkurrenten liegen (die Großflughäfen mit deutlich höheren Landegebühren anfliegen).

Diese Situation hat dazu geführt, dass von Seiten der benachteiligten (nicht-subventionierten) 809
Wettbewerber, aber auch von Flughäfen, die keine derartigen Vergünstigungen anbieten, eine **Vielzahl von Beschwerden**, die sich gegen die Subventionierung von Billigfliegern richten, bei der Kommission eingereicht wurden.[68] Als Gegenreaktion auf diese Beschwerden (die letztlich dem Billigfliegerkonzept die Geschäftsgrundlage entziehen können) haben mittlerweile einige Low-cost-Carrier, insbesondere *Ryanair,* „Gegenbeschwerden" bei der Kommission (sowie Untätigkeitsklagen beim EuG) wegen angeblicher Beihilfen an einige „etablierte" Airlines initiiert.[69]

Daneben haben einige Luftfahrtunternehmen Konkurrentenklagen bei nationalen Gerichten 810
erhoben. Leider haben die deutschen Gerichte diese Klagen mit grob fehlerhafter Begründung (angeblich fehlende Anspruchsgrundlage[70] bzw. fehlende drittschützende Wirkung des beihilferechtlichen Vollzugsverbotes nach Art. 108 Abs. 3 Satz 3 AEUV[71]) abgewiesen.[72]

---

[64] Entscheidung der Kommission über die Anwendung von Art. 86 Abs. 2 EG-Vertrag auf staatliche Beihilfen, die bestimmten mit der Erbringung von Dienstleistungen von allgemeinem wirtschaftlichem Interesse betrauten Unternehmen als Ausgleich gewährt werden, ABl. 2005 L 312/67.

[65] Art. 2 Abs. 1 lit. c Entsch. 2005/842.

[66] Nachweise bei Immenga/Mestmäcker/*Ehricke,* EG-WettbR, Art. 87 Abs. 3 EG RdNr. 185; *Lübbig/ Martin-Ehlers* RdNr. 324.

[67] Hierzu *Köster* EuR 2005, 554, 555.

[68] Vgl. zB Kom., ABl. 2009 C 12/6, Tz. 6 – Flughafen Frankfurt-Hahn und Ryanair.

[69] Eine Übersicht gibt *Arhold* EStAL 2008, 31, 35; mittlerweile hat Ryanair allerdings sechs weitere Klagen eingereicht.

[70] LG Potsdam, Urt. v. 23. 11. 2006, 51 O 167/05; LG Bad Kreuznach, Urt. v. 16. 5. 2007, 2 O 441/06.

[71] OLG Schleswig, Urt. v. 20. 5. 2008, 6 U 54/06.

[72] Ausführliche Kritik bei *Martin-Ehlers/Strohmayr* EuZW 2008, 745; *Arhold* EStAL 2008, 31.

811 Die Leitlinien aus 2005 waren eine Reaktion auf diese Entwicklung. Sie erfassen solche Vergünstigungen unter der Kategorie der „Anlaufbeihilfen".[73]

812 **bb) Beihilfecharakter. α) Begünstigung (wirtschaftlicher Vorteil für die Airline).** Die erste Entscheidung, in der sich die Kommission mit dieser Problematik auseinander zu setzen hatte, war *Manchester Airport* aus dem Jahr 1999.[74] Continental Airlines erhielt am Flughafen Manchester Ermäßigungen der Landegebühren. Nach Ansicht der Kommission führten derartige befristet verfügbare Rabatte nicht zu Wettbewerbsverzerrungen, falls sie den Flughafennutzern **diskriminierungsfrei** gewährt worden seien. Damit seien diese Rabatte nicht im Anwendungsbereich von Art. 107 Abs. 1 AEUV. Anders seien Rabatte oder Rabattsysteme zu beurteilen, durch die ein Unternehmen eine Vorzugsbehandlung erfährt.[75]

813 Grundlegend war dann der Fall *Ryanair*[76] aus dem Jahr 2004. Der Flughafenbetreiber BSCA, ein von der Region Wallonien kontrolliertes öffentliches Unternehmen, gewährte der Fluglinie Ryanair am Flughafen Charleroi zur Eröffnung von Verbindungen (a) Anlaufbeihilfen in der Form von Marketingbeiträgen, Anreizzahlungen und der Bereitstellung von Büroflächen. Ferner erhielt Ryanair (b) Ermäßigung auf Entgelte für die Bodenabfertigungsdienste. Schließlich (c) ermäßigte die Region Wallonien für Ryanair die Landegebühren um 50% des allgemeinen Tarifs in Charleroi. Nach Ansicht der Kommission stellten diese Maßnahmen **staatliche Beihilfen** im Sinne des Art. 107 Abs. 1 AEUV dar.

814 Diese Beihilfen wurden nur teilweise genehmigt. Lediglich die (a) staatlichen Anlaufbeihilfen waren nach Ansicht der Kommission nach Art. 107 Abs. 3 lit. c AEUV genehmigungsfähig, und zwar wenn sie für die Eröffnung neuer Flugverbindungen bzw. neuer Frequenzen gewährt werden und einen Anstieg des Nettofluggastaufkommens mit sich bringen. Ferner müssen sie befristet sein und ihre Höhe hat unter Berücksichtigung der tatsächlichen Kosten zustande zu kommen. Hinsichtlich der (b) Rabatte für Bodenabfertigung hielt die Kommission fest, dass diese unzulässig sind, wenn ein Dienstleistungsunternehmen anhaltend Verluste erwirtschaftet und diese Verluste potenziell mit öffentlichen Mitteln gedeckt werden. Der Flughafenbetreiber müsse nachweisen können, dass diese Verluste nicht durch Einnahmen aus öffentlichen Mitteln ausgeglichen werden. Die (c) ermäßigten Landegebühren beurteilte die Kommission in Anlehnung an die Manchester-Entscheidung, nach der ein Flughafen grundsätzlich ein diskriminierungsfreies und befristetes Rabattsystem einführen kann. Ein derartiges System habe in Charleroi nicht bestanden.

815 Die Entscheidung *Ryanair* sah sich einiger **Kritik** ausgesetzt, insbesondere die Feststellungen der Kommission, wonach sich der Flughafenbetreiber BSCA nicht nach den Grundsätzen des marktwirtschaftlich handelnden Kapitalgebers (Market Investor Test) verhalten hätten. Die Kritiker wiesen unter anderem darauf hin, dass eine Anschubfinanzierung Synergieeffekte zur Folge habe. Andere Fluglinien und auch Dienstleister würden sich verstärkt am geförderten Flughafen ansiedeln („anchor effect") und Anschubfinanzierungen könnten derart amortisiert werden (so haben sich in Charleroi zB nach Ryanair die Fluglinie Wizzair und die Air Polonia sowie mehrere Leihwagen- und Reiseunternehmen angesiedelt).[77] Diese Überlegungen mögen zwar im Grundsatz zutreffen. Sie setzen jedoch zum einen voraus, dass diese positiven Folgeeffekte auch dem Flughafenbetreiber selbst zugute kommen (regionalpolitische Erwägungen sind unbeachtlich, denn hierbei handelt es sich typischerweise um Motive, die ein marktwirtschaftlich handelnder Investor nicht verfolgt).[78] Zum anderen müssen sicherlich mindestens die Kosten des Betriebs des Flughafens wieder eingespielt werden, was sich zumindest bei denjenigen Flughäfen verneinen lassen wird, die weitgehend kostenlose Dienstleistungen anbieten. Dass die Verluste durch **Non-aviation-Aktivitäten** (Shops, Parkhäuser, etc.) wieder kompensiert werden können, entspringt wohl eher Wunschdenken als der ökonomischen Realität (gerade mit den kostensensitiven Billigfliegerpassagieren lassen sich meist nur geringe Non-aviation-Umsätze erzielen).[79] Der Beihilfecharakter könnte allenfalls verneint werden, wenn die Einräumung eines (in der Regel vorübergehenden) wirtschaftlichen

---

[73] Leitlinien 2005, Tz. 71 ff.

[74] Kom., Staatliche Beihilfe NN 109/98 – Flughafen Manchester.

[75] Kritisch dazu *Soltész* WuW 2003, 1034, 1035; dagegen *Köster* EuR 2005, 554, 561.

[76] Kom., ABl. 2004 L 137/1 – Flughafen Charleroi/Ryanair.

[77] Zur Kritik an der Entscheidung Ryanair ausführlich *Callaghan* ECLR 2005, 439.

[78] Vgl. hierzu EuGH, C-278/92, C-279/92 u. C-280/92, Slg. 1994, I-4103, RdNr. 22 – Spanien/Kommission („Hytasa"); EuG, T-129/95, T-2/96 u. T-97/96, Slg. 1999, II-17, RdNr. 119 – Neue Maxhütte/Kommission.

[79] Ausführlich zu diesen Aspekten *Lykotrafiti* EStAL 2008, 214.

Anreizes den gewöhnlichen Geschäftspraktiken entspricht und die hiermit verbundenen Einnahmeverluste durch spätere Gewinne kompensiert werden. Die **Anforderungen,** die die Rechtsprechung in vergleichbaren Fällen hinsichtlich der später (angeblich) zu erwartenden Gewinne stellt, sind jedoch **hoch.**[80] Zumindest dürfte es daran fehlen, wenn sich der Flughafen langfristig zur Gewährung von Billigtarifen verpflichtet hat[81] oder wenn davon auszugehen ist, dass die betroffenen Fluggesellschaften bei einer späteren Gebührenerhöhung auf andere Flughäfen ausweichen.[82] Leider treffen die beiden letztgenannten Gesichtspunkte auf die meisten (hoch defizitären) Regionalflughäfen zu, die sich für eine intensive Kooperation mit Billigfliegern entschieden haben. Dass das Businessmodell der meisten Regionalflughäfen oft nicht trägt, zeigt sich im Übrigen auch an den jüngsten Bemühungen um den Verkauf einiger Regionalflughäfen. Obwohl diese über ein relativ hohes Passagieraufkommen verfügten (also relativ „erfolgreich" waren), waren private Investoren nicht bereit einen Kaufpreis für den Flughafen zu bezahlen, der die bisher getätigten Investitionen und Verluste auch nur ansatzweise reflektiert hätte.

Die Entscheidung *Ryanair* wurde zwar in der Folge vom Gericht erster Instanz **aufgehoben.**[83] Dieses Urteil darf **nicht** so verstanden werden, dass das Gericht den grundsätzlichen Ansatz der Kommission (wonach derartige Begünstigungen dem Beihilferecht unterliegen) grundsätzlich verworfen hätte. Die Aufhebung beruhte eher auf **fallspezifischen Defiziten** in der (überlangen) Begründung. Die Kommission hatte sich insbesondere bei der Frage, ob der „Private investor test" auf die Region Wallonien anwendbar sei, in Widersprüche und Inkonsistenzen verstrickt. Darüber hinaus hatte die Kommission eine etwas künstlich anmutende Trennung zwischen der Region Wallonien und der von ihr vollständig beherrschten Flughafenbetreibergesellschaft BSCA zugrunde gelegt.[84] Von der Aufhebung der Entscheidung (die von bestimmten interessierten Kreisen als grundsätzliche Niederlage der Kommission und somit als Freibrief zur Subventionierung gefeiert wurde) ging somit möglicherweise eine falsche Signalwirkung aus. Angesichts der massiven Subventionierung gerade im Fall *Ryanair,* der wohl zu Recht ein Riegel vorgeschoben wurde, ist dies zu bedauern. **816**

In der Entscheidung *Intermed S L/Gerona* aus dem Jahr 2004[85] gewährten die Behörden der Autonomen Region Katalonien der Fluglinie Intermed S L Beihilfen für die Aufnahme einer Luftverkehrsverbindung zwischen Gerona und Madrid. Nach Ansicht der Kommission lag eine staatliche Beihilfe nach Art. 107 Abs. 1 AEUV vor, die gemäß Art. 107 Abs. 3 lit. c AEUV auf ihre Vereinbarkeit mit dem Gemeinsamen Markt zu prüfen ist. Für diese Prüfung legte die Kommission Bedingungen fest, die denen im Fall *Ryanair* ähneln. **817**

In der Folge hat die Kommission die *Ryanair*-**Prinzipien mehrfach bestätigt.** Die Leitlinien aus 2005 schreiben jetzt vor, dass der Beihilfecharakter derartiger Vergünstigungen anhand des „Private Investor Tests" zu messen ist.[86] In ihrer Praxis hat die Kommission den potentiellen Beihilfecharakter verschiedener Maßnahmen festgestellt, wie zB Diskriminierung bei Landeentgelten,[87] Verträge über die ausschließliche Nutzung eines Terminals,[88] privilegierte Nutzung der Flughafeninfrastruktur,[89] passagierabhängige Marketingbeiträge,[90] Marketingzuschüsse,[91] Marketingdienstleistungen,[92] Garantien des Flughafens für bestimmte regulatorische Risiken (Eintreten eines Nachtflugverbots)[93] sowie ungerechtfertigte Kompensationszahlungen durch den Flughafen für angebliche Schäden.[94] **818**

---

[80] Vgl. (bei Kapitalzuführungen) EuG, T-126/96 u. C-127/96, Slg. 1998, II-3437, RdNr. 80 ff. – BFM und EFIM/Kommission.

[81] Vgl. hierzu die Kom., ABl. 2003 C 18/3 – Ryanair/Charleroi: Zeitraum von 15 (!) Jahren.

[82] Ausführlich hierzu *Soltész* WuW 2003, 1034, 1036.

[83] EuG, T-196/04, Slg. 2008, II-3643 – Ryanair/Kommission.

[84] Vgl. insbesondere EuG, T-196/04, Slg. 2008, II-3643, RdNr. 95 f., 102 f. – Ryanair/Kommission.

[85] Kom., ABl. 2005 L 110/56 – Intermed SL/Gerona.

[86] Leitlinien 2005, Tz. 46 ff.

[87] Kom., ABl. 2007 C 257/16, Tz. 80 ff. – Flughafen Berlin-Schönefeld; Kom. Staatliche Beihilfe NN 58/2007 Tz. 14 – Aarhus Airport and Ryanair.

[88] Kom., ABl. 2007 C 257/16, Tz. 11, 72 ff. – Flughafen Berlin-Schönefeld.

[89] Kom. Staatliche Beihilfe C 53/2007, Tz. 30 ff. – Pau-Béarn.

[90] Kom., ABl. 2007 C 217/25, Tz. 20, 126 ff. – NERES – Flughafen Dortmund.

[91] Kom., ABl. 2009 C 12/6, Tz. 178 ff. – Flughafen Frankfurt-Hahn und Ryanair; Kom., ABl. 2007 C 257/16, Tz. 95 ff. – Flughafen Berlin-Schönefeld.

[92] Kom. Staatliche Beihilfe C 53/2007, Tz. 39 ff. – Pau-Béarn.

[93] Kom., ABl. 2008 L 346/1, Tz. 225 ff. – DHL und Flughafen Leipzig/Halle.

[94] Kom., Staatliche Beihilfe NN 71/2007, Tz. 8, 69 ff., – Olympic Airways Services/Olympic Airlines.

819   β) **Zurechenbarkeit.** Eine zentrale Frage bei der Gewährung von Beihilfen durch Flughafenbetreibergesellschaften ist die **Zurechenbarkeit.** In der Entscheidung *Olympic Airways* hatte
die Kommission den Beihilfecharakter bestimmter Maßnahmen, die vom Athens International
Airport zugunsten von Olympic Airways getroffen wurden, festgestellt.[95] Es handelte sich hierbei um Zahlungserleichterungen bzw. -aufschübe für Gebühren und Mehrwertsteuerforde-
rungen. Die Entscheidung wurde vom Gericht aufgehoben, da die Kommission nicht ausreichend dargelegt hatte, dass die betreffende Maßnahme dem Staat zurechenbar war.[96] Nach
diesem mit der *Stardust*-Rechtsprechung[97] eingeführten Kriterium unterfallen Maßnahmen, die
durch vom Staat kontrollierte Gesellschaften getroffen werden, nur dann dem Beihilfeverbot,
wenn die Maßnahme von staatlichen Entscheidungsträgern herrührt. In der Entscheidung
Olympic Airways hatte die die Kommission diesen Punkt nur gestreift, und zwar im Wesentlichen mit dem unzureichenden Hinweis, dass die Flughafenbetreibergesellschaft vom Staat finanziert wurde.[98]

820   Dass diese oberflächliche Begründung keinen Bestand vor Gericht haben konnte, war eigentlich vorherzusehen. Überraschenderweise enthalten auch die neuen Leitlinien aus 2005 insoweit
ein Defizit: die *Stardust*-Kriterien werden hierin überhaupt nicht erwähnt.[99] Die Kommission
scheint diese Mängel nun realisiert zu haben und bemüht sich in der neueren Entscheidungspraxis um eine ausführlichere Begründung der Zurechenbarkeit, wenn es um Maßnahmen von
Flughafenbetreibergesellschaften geht.[100]

821   γ) **Genehmigung nach Art. 107 Abs. 3 lit. c AEUV – Die Leitlinien aus 2005.** Die
neuen Leitlinien legen die Voraussetzungen nieder, unter denen die Gewährung von Anlaufbeihilfen **genehmigt** werden kann. Nach den neuen Leitlinien sollen Anschubfinanzierungen
den Zweck haben, die Rentabilität von bisher unrentablen Infrastrukturen zu fördern. Hierbei
ist vor allem an kleine Flughäfen gedacht. Diese „verfügen häufig nicht über das zum Erreichen
der kritischen Größe und Rentabilitätsschwelle notwendige Fluggastaufkommen".[101]

822   Da Fluglinien ohne geeignete Anreize von diesen kleinen, unbekannten Flughäfen kaum
neue Flugverbindungen einführen würden, lässt die Kommission die Gewährung staatlicher
Beihilfen unter sehr engen Voraussetzungen zu. Die Leitlinien statuieren **mehr als 12 (!) Voraussetzungen,**[102] womit die Grenze der Praktikabilität erreicht sein dürfte:
– Grundsätzlich müssen die Beihilfen für Verbindungen zu **Regionalflughäfen der Kategorien C und D**[103] gewährt werden.
– Die Beihilfen werden den Fluglinien für die Eröffnung **neuer Flugverbindungen** oder neuer Frequenzen gezahlt, die zum Anstieg des Nettofluggastaufkommens führen. Neue Flug-
   bindungen, auf denen bereits eine Hochgeschwindigkeitsbahnverbindung besteht, sind hingegen nicht förderfähig.
– Die Beihilfe muss auf lange Sicht zu einer Rentabilität der bezuschussten Flugverbindung
   führen. Deshalb muss eine Beihilfe **degressiv** gestaffelt werden und **befristet** sein.
– Die Höhe der Beihilfe muss an die Höhe der Anlaufkosten gekoppelt werden, die sich aus der
   Einführung der neuen Flugverbindung oder Frequenz ergeben. Beihilfefähig sind demnach
   nur die **zusätzlichen Anlaufkosten,** die der Airline nicht dauerhaft entstehen, zB. Marke-
   ting- und Werbeausgaben. Nicht beihilfefähig sind dagegen regelmäßige Betriebskosten wie
   Miete oder Abschreibung der Flugzeuge oder die Gehälter der Besatzungen.
– Beihilfeintensität und -dauer der degressiv gestaffelten Beihilfen betragen maximal 30% der
   förderungswürdigen Kosten und 3 Jahre. Für Flugverbindungen von benachteiligten Regionen aus kann die degressive Beihilfe für 5 Jahre gewährt werden; die Beihilfeintensität beträgt
   40% der förderfähigen Kosten.
– Die geplante Vergabe einer Anlaufbeihilfe muss öffentlich ausgeschrieben werden.

---

[95] Kom., ABl. 2003 L 132/1 – Olympic Airways.
[96] EuG, T-68/03, Slg. 2007, II-2911, RdNr. 312 ff. – Olympic Airways.
[97] EuGH, C-482/99, Slg. 2002, I- 4397 – Frankreich/Kommission („Stardust Marine").
[98] Kom., ABl. 2003 L 132/1, Tz. 210 – Olympic Airways.
[99] ABl. 2005 C 312/1, vgl. dort insbesondere Tz. 51 f.
[100] Vgl. zB Kom., ABl. 2009 C 12/6, Tz. 215 ff. – Flughafen Frankfurt-Hahn und Ryanair; Kom., ABl.
2007 C 257/16, Tz. 58 f. – Flughafen Berlin-Schönefeld; Kom., ABl. 2007 C 217/25, Tz. 78 – NERES –
Flughafen Dortmund; Kom, ABl. 2008 L 346/1, Tz. 184 ff. – DHL und Flughafen Leipzig/Halle; Kom.,
ABl. 2007 C 295/29, Tz. 122 ff. – Flughafen Lübeck und Ryanair.
[101] Leitlinien 2005, Tz. 71.
[102] Leitlinien 2005, Tz. 79.
[103] Definition in den Leitlinien 2005, Tz. 15.

– Fluglinien müssen bei der beihilfevergebenden Stelle einen **Geschäftsplan** einreichen, der zeigt, dass die Flugverbindung auch nach Ende der Beihilfengewährung kommerziell lebensfähig ist. Die vergebende Stelle soll vor der Beihilfengewährung eine Analyse der Auswirkungen der neuen Flugverbindungen auf bestehende Flugverbindungen erstellen.

– Die Mitgliedstaaten müssen für **Publizität** sorgen, indem sie jährlich eine Liste veröffentlichen, die eine Aufstellung der beihilfeempfangenden Fluglinien, der beihilfegewährenden Stellen, der Höhe der Beihilfe und die Passagierzahlen enthält.

– Auf Ebene der Mitgliedstaaten müssen **Rechtsmittel** vorgesehen werden, um eine diskriminierungsfreie Beihilfengewährung gewährleisten zu können.

– Für den Fall der Nichteinhaltung der Verpflichtung durch eine Fluglinie müssen Sanktionsmechanismen vorgesehen werden.

Zu beachten ist weiterhin, dass eine Anlaufbeihilfe nicht mit anderen Beihilfen kumuliert **823** werden kann, die für den Betrieb einer Flugverbindung gewährt werden, etwa einer sozialen Beihilfe für bestimmte Passagierkategorien. Jede Anlaufbeihilfe muss bei der Kommission notifiziert werden.[104]

In ihrer neueren Entscheidungspraxis wendet die Kommission diese Kriterien in recht strenger **824** Weise an.[105] Die neuen Leitlinien stellen also denkbar enge Voraussetzungen für die Genehmigung von Anlaufbeihilfen auf. Sie bilden hiermit ein **enges Korsett,** das den wirtschaftlichen Gestaltungsspielraum der Flughäfen auf das absolute Minimum beschränkt und dessen rigide Genehmigungsvoraussetzungen in der Praxis eine geradezu **prohibitive Wirkung** entfalten wird.[106] Es unterwirft die insbesondere die für Flughäfen besonders relevante Ausgestaltung der Flughafengebühren zahlreichen materiellen und verfahrensrechtlichen Erfordernissen, was zu einem erheblichen Verwaltungsaufwand führen wird, und zwar beim Flughafenbetreiber wie bei den begünstigten Airlines.[107] Anschubfinanzierungen sind also grundsätzlich Betriebsbeihilfen, die nur in ganz eng gelagerten Ausnahmefällen mit dem Gemeinsamen Markt vereinbar sind.

3. Beihilfen an Flughäfen. a) Hintergrund. Mit den Leitlinien aus 2005 ist die Kommis- **825** sion noch einen Schritt weiter gegangen – vielleicht auch einen Schritt zu weit. Sie kontrolliert nicht nur die Subventionierung von Fluggesellschaften nach dem Beihilferecht, sondern setzt gewissermaßen auf der vorgelagerten Ebene an: bei der öffentlichen Finanzierung von **Flughäfen** und unterwirft diese in umfassender Weise nach Art. 107 f. AEUV.

Subventionen an Flughäfen können hierbei in Form einer öffentlichen Förderung für den **826** Bau und Ausbau von Infrastruktur, für den Betrieb der Infrastruktur oder für die Dienstleistungserbringung gewährt werden. Das Vorliegen einer staatlichen Beihilfe hängt hierbei in erster Linie davon ab, ob man Flughäfen als „Unternehmen" im Sinne von Art. 107 Abs. 1 AEUV ansieht. Nach ständiger Rechtsprechung umfasst der wettbewerbsrechtliche Begriff des Unternehmens jede eine **wirtschaftliche Tätigkeit** ausübende Einheit unabhängig von ihrer Rechtsform und der Art ihrer Finanzierung;[108] „Unternehmen" kann daher auch die öffentliche Hand sein. Eine wirtschaftliche Tätigkeit ist jede Tätigkeit, die darin besteht, Güter oder Dienstleistungen auf einem bestimmten Markt anzubieten.[109]

Ob diese Voraussetzungen erfüllt sind, ist – rein empirisch gesehen – zumindest bei der Fi- **827** nanzierung von Infrastruktur für Regionalflughäfen fraglich. Darüber hinaus wirft die neue Politik Grundsatzfragen auf, die im Folgenden kurz beleuchtet werden sollen.

aa) Früherer Ansatz. Nach dem traditionellen Ansatz der Kommission stellte eine öffent- **828** liche Förderung beim Bau und Ausbau von Flughäfen **keine Beihilfe** dar; es galt eine Be-

---

[104] Leitlinien 2005, Tz. 81.

[105] Kom., ABl. 2007 C 295/29, Tz. 182 ff. – Flughafen Lübeck und Ryanair; Kom., Staatliche Beihilfe N 303/2005 – United Kingdom; Kom., Staatliche Beihilfe N 640/2006 – Malta, Kom., Staatliche Beihilfe N 563/2007 – Frankreich; Kom., Staatliche Beihilfe N 55/2007 – Italien; Kom., Staatliche Beihilfe N 156/2007 – Niederlande.

[106] Kritisch *Lykotrafiti* EStAL 2008, 214, 227.

[107] Kritisch *Bartosch* WuW 2005, 1122, 1133.

[108] EuGH, C-41/90, Slg. 1991, I-1979, RdNr. 21 – Höfner und Elser; EuGH, C-244/94, Slg. 1995, I-4013, RdNr. 14 – Fédération française et sociétés d'assurance ua.; EuGH, C-55/96, Slg. 1997, I-7119, RdNr. 21 – Job Centre, Job Centre II; EuGH, C-159/91 u. C-160/91, Slg 1993, I-637, RdNr. 17 – Poucet und Pistre; EuGH, C-364/94, Slg 1994, I-43, RdNr. 18 – Eurocontrol.

[109] EuGH, 118/85, Slg. 1987, 2599, RdNr. 7 – Kommission/Italien; EuGH, C-35/96, Slg. 1998, I-3851, RdNr. 36 – Kommission/Italien; EuGH, C-475/99, Slg. 1998, I-8089, RdNr. 19 – Ambulanz Glöckner; EuGH, C-218/00, Slg 2002, I-717, RdNr. 22 f – Cisal/INAIL; EuGH, C-180–184/98, Slg 2000, I-6451, RdNr. 74 f – Pavlov ua.

reichsausnahme. In der Mitteilung aus 1994 hieß es unter der Überschrift „Staatliche Infrastrukturinvestitionen" hierzu eindeutig: *„Der Bau oder der Ausbau von Infrastrukturanlagen (zB Flughäfen …) ist eine allgemeine wirtschaftspolitische Maßnahme, die von der Kommission nicht gemäß den Vertragsbestimmungen über staatliche Beihilfen kontrolliert werden kann."* Typische Fälle, in denen die Kommission diese traditionelle Ansicht vertrat, sind etwa die Entscheidungen *Flughafen Manchester*[110] und *Flughafen Elba (I)*[111] aus dem Jahr 1999.

829   **bb) Die Kehrtwende: Neuere Entscheidungspraxis der Kommission.** Im Bericht über die Wettbewerbspolitik aus 1999 ließ die Kommission bereits erkennen, dass sie ihren traditionellen Ansatz überdenken wolle.[112] Ein erstes Zeichen dieses **Umdenkens** setzte die Kommission in der Entscheidung *Flughäfen Turin, Cuneo und Biella*[113] aus dem Jahr 2001, in der sie die Ansicht vertrat, dass der Wettbewerb zwischen den Flughäfen grundsätzlich zu beachten sei. Im konkreten Fall standen die betroffenen Flughäfen jedoch in keinem Wettbewerbsverhältnis zu anderen Flughäfen in der EU, so dass keine Beeinträchtigung des zwischenstaatlichen Handels vorlag und Art. 107 Abs. 1 AEUV somit ausschied.

830   Weiter ging die Kommission im Jahre 2001 in der Sache *Amsterdam-Schiphol*.[114] Die den Flughafen Amsterdam betreibende Schiphol-Gruppe war von der Körperschaftssteuer befreit. Die Kommission war der Auffassung, dass diese Befreiung eine Beihilfe darstelle, die geeignet sei, den Handel zwischen den Mitgliedstaaten zu beeinträchtigen; denn **größere Flughäfen** wären Unternehmen, die zueinander in **Konkurrenz** treten könnten.

831   In der Entscheidung *Aer Rianta*[115] ging es um eine Steuerbefreiung zugunsten Flughäfen. Die Kommission vertrat hier die Auffassung, dass vor dem Hintergrund der wirtschaftlichen Entwicklung der Flughäfen in der EU grundsätzlich eine staatliche Beihilfe vorliegen könne. Da die Steuerbefreiung jedoch bereits im Jahr 1999 aufgehoben worden war, sah die Kommission keinen Bedarf für zweckdienliche Maßnahmen nach Art. 108 Abs. 1 AEUV.[116]

832   In einer Entscheidung zum *Flughafen Elba (II)* aus dem Jahr 2004[117] war die Kommission der Auffassung, dass der Flughafen in keinem Wettbewerbsverhältnis zu anderen Flughäfen stehe: Es handelte sich um den einzigen Flughafen auf der Insel Elba und einen von drei Flughäfen in der Region Toskana. Das Passagieraufkommen betrug lediglich 20 000 Passagiere pro Jahr. Die einzige alternative Möglichkeit um nach Elba zu gelangen, sei die Fähre, zu der allerdings aufgrund des Passagieraufkommens von 3 600 000 pro Jahr eine zu vernachlässigende Wettbewerbssituation bestehe. Schließlich hob die Kommission hervor, dass die Mittel nicht dazu dienten, die Kapazität des Flughafens zu erweitern, sondern dass die Aufrechterhaltung einer sicheren Verbindung im Vordergrund stand.

833   In der Entscheidung *Flughafen Antwerpen*[118] aus dem Jahr 2005 ging es um die Gründung und Finanzierung eines Gemeinschaftsunternehmens mit Beteiligung der öffentlichen Hand, das die Entwicklung und den Betrieb des Flughafens Antwerpen-Deurne durchführen sollte. Nach Ansicht der Kommission waren die Beiträge der öffentlichen Hand an das Gemeinschaftsunternehmen **Beihilfen** im Sinne des Art. 107 Abs. 1 AEUV. Dies ergebe sich daraus, dass der Betrieb des Flughafens durch das Gemeinschaftsunternehmen eine Wirtschaftsaktivität sei. Schließlich stehe der Flughafen Antwerpen mit anderen Flughäfen im Wettbewerb. Diese Beihilfe war jedoch gemäß Art. 107 Abs. 3 lit. c AEUV mit dem Gemeinsamen Markt vereinbar.

834   Im Fall *Alitalia*[119] erhielt die Gesellschaft AZ Service eine öffentliche Kapitalspritze. AZ Service betrieb die Bodendienstsparte der Alitalia. In ihr waren die Aktivitäten im Bereich Wartung, Bodenabfertigung und gemeinsame Dienste von Alitalia zusammengefasst. Die Kommission entschied, dass diese Investition keine staatliche Beihilfe darstelle. Sie weise eine Rentabili-

---

[110] Kom., Staatliche Beihilfe NN 109/98 – Flughafen Manchester.
[111] Kom., Staatliche Beihilfe N 638/98 – Flughafen Elba (I).
[112] Kom., Bericht über die Wettbewerbspolitik 1999, Tz. 299.
[113] Kom., Staatliche Beihilfe N 58/2000 – Flughäfen Turin, Cuneo und Biella.
[114] Kom., Staatliche Beihilfe E 45/00 – Flughafen Amsterdam-Schiphol.
[115] Kom., Staatliche Beihilfe NN 86/2001 – Aer Rianta.
[116] Gegenstand der Entscheidung war außerdem eine Umstrukturierung innerhalb der öffentlichen Hand (Übertragung von Assets von einer staatlichen Gesellschaft auf eine andere staatliche Gesellschaft). Aus Sicht der Kommission lag hier nur ein „mere change in the legal form under which the State operates the same activity" vor.
[117] Kom., Staatliche Beihilfe N 106/2003 – Flughafen Elba (II).
[118] Kom., Staatliche Beihilfe N 355/2004 – Flughafen Antwerpen.
[119] Kom., Pressemitteilung v. 7. 6. 2005, IP/05/678 – Alitalia.

tät auf, die den Erwartungen eines Privatanlegers entspreche, wie sich die Kommission mit Hilfe eines externen Gutachters überzeugte.

Eine weitere Entscheidung aus dem Jahr 2005 beschäftigte sich mit *einem deutschen Beihilfepro-* **835** *gramm* zum Bau und zur Entwicklung von Regionalflughäfen in strukturschwachen Regionen.[120] Die staatliche Beihilfe war Teil des GA-Rahmenplanes 2004 bis 2006. Nach dem Konzept durften Bau und Entwicklung gefördert werden, Betriebs- oder Instandhaltungskosten hingegen nicht. Die Kommission vertrat in ihrer Entscheidung den Standpunkt, dass es sich um eine **Beihilfe** handelte, die jedoch nach Art. 107 Abs. 3 lit. c AEUV mit dem Gemeinsamen Markt vereinbar war. Die Entwicklung regionaler Flughäfen diene dem Gemeinschaftsziel einer Verbesserung und Optimierung der Flughafenkapazität und unterstütze die regionale wirtschaftliche Entwicklung und den Zusammenhalt.

Aus der neueren Entscheidungspraxis der Kommission ergab sich somit, dass die an Flughäfen **836** gewährten staatlichen Mittel grundsätzlich anhand der Beihilfevorschriften überprüft werden;[121] die Annahme einer allgemeinen **Bereichsausnahme** für den Bau und Ausbau von Flughafeninfrastruktur, wie sie die Kommission in ihrer Mitteilung aus 1994 noch vertrat, wurde in der Praxis **nicht** mehr aufrechterhalten.

cc) Die Leitlinien aus 2005. In Folge der *Ryanair*-Entscheidung hat die Kommission mit **837** der Ausarbeitung der neuen Leitlinien begonnen. Diese sollen die Mitteilung aus 1994 **„ergänzen"** (also nicht ersetzen!) und die Voraussetzungen der europarechtskonformen Finanzierung von Flughäfen und der Gewährung von Anlaufbeihilfen für Fluglinien präzisieren.[122] Die Thesen zur Flughafenfinanzierung, die die Kommission in den Leitlinien aus 2005 darlegt, sind allerdings – positiv formuliert – sehr mutig.

α) Wirtschaftliche Tätigkeit („Unternehmen"). Die neuen Leitlinien stellen klar: Ein **838** Flughafenbetreiber übt grundsätzlich eine **wirtschaftliche Tätigkeit** aus. Ausgenommen sind hiervon lediglich solche Aufgaben, für die normalerweise der Staat aufgrund seiner **hoheitlichen Befugnisse** zuständig ist. Hierfür gewährte Zuschüsse fallen nicht unter die Beihilfevorschriften, soweit sie sich auf den Ausgleich der durch diese Tätigkeiten verursachten Kosten beschränken und nicht für Tätigkeiten wirtschaftlicher Art verwendet werden. Hierzu gehören die Bereiche Gefahrenabwehr, Flugsicherung, Polizei, Zoll, Flugnavigation, etc.[123] Konkret sind daher Investitionen in Infrastruktur, die zu den Aufgaben der öffentlichen Sicherheit und Ordnung gehören, von den Beihilferegeln ausgenommen. Hierzu zählen zB Investitionen in Feuerwehreinrichtungen (einschließlich der Errichtung einer Feuerwache (Gebäude) und zugehöriger Infrastruktur sowie Ausrüstung für die Löschzüge), Einrichtungen für Sicherheits- und Gepäckkontrolle, Schutzstreifen, Flugplatzeinzäunung, Kontrolltürme, Befeuerungsanlagen, technische Anlagen zur Durchführung instrumentengestützter An- und Abflugverfahren und zur Notstromversorgung.[124]

Die Qualifizierung als wirtschaftliche Tätigkeit stellt – soweit die öffentliche Finanzierung **839** von Flughafeninfrastruktur betroffen ist – eine **Abkehr** von dem noch in der Mitteilung aus 1994 vertretenen Ansatz dar, nach dem der *„Bau oder Ausbau von Infrastrukturanlagen [...] von der Kommission nicht gemäß den Vertragsbestimmungen über staatliche Beihilfen kontrolliert werden kann"*. Von diesem Ansatz ist die Kommission, wie oben beschrieben, teilweise bereits zuvor in ihrer Entscheidungspraxis abgewichen.

Dieser neue Ansatz steht nur teilweise im Einklang mit der Kommissionspraxis zu Großflug- **840** häfen im Bereich des Wettbewerbsrechts. Bereits im Jahre 1995 hatte die Kommission zwar in ihrer (kartellrechtlichen) Entscheidung im Fall *Flughafen Brüssel* festgestellt, dass Flughäfen wirtschaftliche Tätigkeiten wahrnehmen.[125] Diesen Ansatz hat sie wenige Jahre später im Fall *Flughafen Frankfurt* bestätigt.[126] Diese Grundsätze wurden von der Kommission in den Fällen *Portu-*

---

[120] Kom., Staatliche Beihilfe N 644 i/2002 – Deutschland/Errichtung oder Ausbau von Regionalflughäfen.

[121] Nach Dolde/Porsch ZLW 2004, 3 soll das Vorliegen einer Beihilfe an der *Spezifität* der Begünstigung scheitern. Dies ist jedoch nur schwer zu begründen, wenn eine Zuwendung – wie dies meist der Fall ist – an eine bestimmte Betreibergesellschaft gewährt wird.

[122] Leitlinien 2005, Tz. 19.

[123] Leitlinien 2005, Tz. 33, 54; Kom., Staatliche Beihilfe N 620/2006, Tz. 19 f. – Regionalflughafen Memmingen; Kom., Staatliche Beihilfe N 741/2006, Tz. 13 – Flughafen Lodz.

[124] Kom., Staatliche Beihilfe N 741/2006, Tz. 14 ff., 45 – Flughafen Lodz; Kom., Staatliche Beihilfe N 620/2006, Tz. 22 f. – Regionalflughafen Memmingen.

[125] Kom., ABl. 1995 L 216/8 – Flughafen Brüssel.

[126] Kom., ABl. 1998 L 72/30 – FAG – Flughafen Frankfurt/Main AG.

giesische Flughäfen,[127] *Ilmailutaios/Luftfartsverket,*[128] *Aéroports de Paris*[129] und *AENA*[130] wiederholt. Mittlerweile wurde diese Auffassung auch von den Gemeinschaftsgerichten bestätigt.[131] Diese Fälle betrafen allerdings allesamt **internationale Großflughäfen.** Den neuen Leitlinien liegt hingegen die Annahme zugrunde, dass auch der Betrieb eines *Regionalflughafens* eine wirtschaftliche Tätigkeit ist. Zwar hat das Gericht auch in der Rechtssache *Ryanair* dies angenommen.[132] Ob dies der ökonomischen Realität gerecht wird, bleibt jedoch zweifelhaft. Echte private Betreiber stellen bei Regionalflughäfen die **Ausnahme** dar. Die Lage internationaler Großflughäfen unterscheidet sich in ökonomischer Hinsicht diametral von der Lage regionaler Flughäfen.

841   Die formelhaft wiederholte Behauptung der Kommission, wonach private Investoren in den vergangenen Jahren großes Interesse am Erwerb von Flughäfen gezeigt hätten,[133] ist **empirisch** in keiner Weise belegt. Das Gegenteil ist der Fall: nach wie vor befinden sich die ganz überwiegende Zahl von Regionalflughäfen in öffentlicher Hand. Ein Markt im Sinne des Wettbewerbsrechts besteht jedoch nur, wenn die in Rede stehende Tätigkeit – jedenfalls prinzipiell – auch von privaten Wirtschaftsakteuren ausgeübt werden könnte.[134] Der Zweck und die Möglichkeit, mit dieser Tätigkeit Profite zu erwirtschaften, ist dabei ein wesentliches Indiz für den wirtschaftlichen Charakter.[135] Die Kommission muss im Rahmen einer Gesamtwürdigung der vorgenannten Kriterien den wirtschaftlichen Charakter der in Rede stehenden Tätigkeit eindeutig **positiv feststellen.**[136] Diesen Nachweis hat sie bisher nicht geführt.

842   Problematisch erscheint vor allem, dass die neuen Leitlinien die Anwendung der Beihilferegeln nicht nur auf den Betrieb, sondern auch auf den **Bau und Ausbau** von Regional-Flughafeninfrastruktur erstrecken.[137] Schließlich hatte die Kommission auch in ihrer unverändert gültigen[138] Mitteilung aus 1994 ausdrücklich erklärt, dass sie den Bau von Infrastrukturanlagen als allgemeine wirtschaftspolitische Maßnahme betrachte, die den Beihilferegeln nicht unterfalle. Es wurde in *Aéroports de Paris* und *Ryanair* zwar festgestellt, dass eine Flughafenbetreibergesellschaft eine wirtschaftliche Tätigkeit ausüben kann. Hierbei ging es jedoch gerade nicht um die Errichtung öffentlich zugänglicher Infrastruktur. Die Entscheidungen beziehen sich lediglich auf den Betrieb eines Flughafens. Anders als eine typisch wirtschaftliche Tätigkeit, die nur gegen Entgelt an bestimmte Wirtschaftsteilnehmer erbracht wird, dient der Bau bzw. Ausbau eines Flughafens der infrastrukturellen Entwicklung der Region, in deren Einzugsbereich er sich befindet. Das Gericht stellte in *Ryanair* auch lediglich die wirtschaftliche Natur der Festsetzung der Höhe der Flughafengebühren durch die Region Wallonien fest. Im Übrigen bestätigt dieses Urteil vielmehr noch einmal eindeutig die Notwendigkeit der Differenzierung zwischen Betrieb und Errichtung der Flughafeninfrastruktur.[139]

---

[127] Kom., ABl. 1999 L 69/31, Tz. 14 – Portugiesische Flughäfen.

[128] Kom., ABl. 1999 L 69/24 – Ilmailutaios/Luftfartsverket.

[129] Kom., ABl. 1998 L 230/10, Tz. 49 ff. – Aéroports de Paris.

[130] Kom., ABl. 2000 L 208/36 Tz. 30 ff. – AENA.

[131] EuG, T-128/98, Slg. 2000, II-3929, RdNr. 119 ff. – Aéroports de Paris/Kommission; bestätigt durch EuGH, C-82/01 P, Slg. 2002, I-9297, RdNr. 68 ff. – Aéroports de Paris/Kommission.

[132] EuG, T-196/04, Slg. 2008, II-3643 – Ryanair/Kommission.

[133] Kom., ABl. 2007 C 295/29, Tz. 73 – Flughafen Lübeck und Ryanair; Kom. ABl. 2009 C 5/4, Tz. 74 f. – Flughafen München Terminal T2.

[134] EuGH, C-41/90, Slg. 1991, I-1979, RdNr. 22 – Klaus Höfner und Fritz Elser/Macrotron GmbH; EuG, T-128/98, Slg. 2000, II-3929, RdNr. 124 – Aéroports de Paris/Kommission; EuGH, C-475/99, Slg. 2001, I-8089, RdNr. 20 – Firma Ambulanz Glöckner/Landkreis Südwestpfalz. Vgl. auch Schlussanträge verschiedener Generalanwälte: Generalanwalt Jacobs, C-67/96, Slg. 1999, I-5751, RdNr. 311 – Albany International BV/Stichting Bedrijfspensioenfonds Textielindustrie; Generalanwalt Léger, C-35/99, Slg. 2002, I-1529, RdNr. 46 – Strafverfahren gegen Manuele Arduino; Generalanwalt Mischo, C-82/01 P, Slg. 2002, I-9297, RdNr. 154 – Aéroports de Paris/Kommission; Generalanwalt Tesauro, C-159 u. 160/91, Slg. 1993, I-637, RdNr. 7 f – Poucet und Pistre.

[135] EuGH, C-159 u. C-160/91, Slg. 1993, I-637, RdNr. 18 – Poucet und Pistre.

[136] Schlussanträge der Generalanwältin Trstenjak, C-113/07 P, Slg. 2009, I-2207, RdNr. 64 – SELEX Sistemi Integrati SpA (SELEX)/Kommission, der Gerichtshof ist den Schlussanträgen gefolgt, EuGH, C-113/07 P, Slg. 2009, I-2207, RdNr. 69 ff.

[137] Leitlinien 2005, Tz. 30–33 und Tz. 53 (i), 54.

[138] Neue Leitlinien, Tz. 19. Hiernach ist Abschnitt II.3 der Mitteilung aus 1994 unverändert anwendbar.

[139] EuG, T-196/04, Slg. 2008, II-3643, RdNr. 99 – Ryanair: *„Die Kommission kann ihr Vorgehen in der angefochtenen Entscheidung* [die Verneinung der Unternehmenseigenschaft der Region Wallonien bei der Festlegung der Flughafengebühren] *nicht auf ihre Leitlinien* [1994] *stützen. In diesen Leitlinien heißt es nämlich lediglich:* ‚Der Bau oder Ausbau von Infrastrukturanlagen ... ist eine allgemeine wirtschaftspolitische Maßnahme, die

Unabhängig davon kann der Verweis der Kommission auf das Urteil in der Rechtssache **843**
Aéroports de Paris[140] die Ansicht der Kommission, wonach die Errichtung von Infrastruktur auf Regionalflughäfen den Charakter einer wirtschaftlichen Tätigkeit haben soll, jedenfalls nicht stützen.
Das Urteil betrifft nicht die Auslegung des Begriffs der Unternehmenseigenschaft im Sinne des
Art. 107 Abs. 1 AEUV. In dem Fall ging es nur um einen von der Kommission festgestellten Verstoß
gegen Art. 102 AEUV. Der funktionale Unternehmensbegriff des EuGH verbietet es, den Unternehmensbegriff des Art. 102 AEUV und den Unternehmensbegriff des Art. 107 AEUV pauschal
gleichzusetzen. Stattdessen ist der Begriff des „Unternehmens" nach der Rechtsprechung des
EuGH relativ und konkret im Hinblick auf die zur Prüfung anstehende besondere Tätigkeit zu ermitteln.[141]

Der in den neuen Leitlinien dargelegte Ansatz, den die Kommission auch sinngemäß im vor- **844**
liegenden Fall anwenden will, begegnet zudem **grundsätzlichen Bedenken.** Der neu definierten Beihilfepolitik der Kommission im Flughafenbereich liegt die Vorstellung zugrunde, dass
die Betreibergesellschaft eines Flughafens ein Unternehmen im Sinne des Art. 107 Abs. 1
AEUV und somit einen Beihilfe*empfänger* darstellen kann (die neuen Leitlinien wollen verhindern, dass „öffentliche Zuschüsse dazu verwendet werden könnten, die Flughafengebühren
künstlich niedrig zu halten und so größere Verkehrsanteile zu gewinnen").[142] Gleichzeitig soll
dieselbe Gesellschaft jedoch Beihilfen an die Fluggesellschaften in Form von Anlaufbeihilfen
gewähren, dh. als Beihilfe*geber* auftreten.[143] Diese **(Doppel-)Rollen** als Unternehmer einerseits
und als Beihilfegeber andererseits sind miteinander unvereinbar. Wie die Kommission in ihrer
ständigen Entscheidungspraxis zu Beihilfen im Risikokapitalbereich festgestellt hat, schließen
sich die Position als Beihilfeempfänger und als Beihilfegeber gegenseitig aus, denn ein Beihilfegeber soll lediglich die Beihilfe an ein anderes Unternehmen gewähren bzw. weiterreichen. Er
kann daher selbst kein Beihilfeempfänger sein.[144]

Letztlich ist die Bereitstellung ausreichender Flughafen-Kapazitäten eine **wirtschafts- und re-** **845**
gionalpolitische Aufgabe.[145] Gerade bei Regionalflughäfen ist die öffentliche Unterstützung die
einzige Möglichkeit der Finanzierung. Kleine und mittlere Flughäfen erreichen nämlich ohne Infrastrukturförderung regelmäßig keinen Schwellenwert an Passagieraufkommen, der einen profitablen Betrieb ermöglichen würde. So sind die europäischen Flughäfen historisch nahezu ausschließlich mit öffentlichen Mitteln errichtet worden. Es trifft zwar zu, dass im Laufe der 1990er Jahre nicht
nur in Großbritannien, sondern auch in anderen Teilen der EU Flughäfen zum Teil oder zur Gänze
in private Hand übergeführt wurden. In diesen Fällen übernahmen private Betreibergesellschaften
jedoch eine bereits ausgebaute Infrastruktur *going concern,* so dass die Bewertung der mit dem Betrieb
des Flughafens zu erwartenden Risiken wesentlich einfacher vorgenommen werden konnte als es
ein privater Betreiber hätte tun können, der einen Flughafen „vom Reißbrett" plant und baut. Der
mit den Privatisierungstendenzen der vergangenen Jahre zunehmende Wettbewerb zwischen
Flughäfen betraf daher in aller Regel nur die laufende Bereitstellung der bereits vorhandenen Flughafeninfrastruktur gegen Entgelt, nicht aber deren Bau bzw. Ausbau. Auch nach den Feststellungen

---

von der Kommission nicht … kontrolliert werden kann … Aktivitäten in Flughäfen, die … den Flughafengesellschaften zugute kommen könnten, kann die Kommission … durchaus bewerten.' *Statt die Auffassung
der Kommission zu untermauern, weisen diese Leitlinien vielmehr darauf hin, dass der Betrieb von Flughäfen und die
Festlegung der damit verbundenen Gebühren … eine wirtschaftliche Tätigkeit … ist".*

[140] Leitlinien 2005, Tz. 31.
[141] Schlussanträge von Generalanwalt Jacobs, C-67/96, Slg. 1999, I-5751, Tz. 207 – Albany; EuGH, 170/83,
Slg. 1984, 2999, RdNr. 11 – Hydrotherm; EuGH, C-41/90, Slg. 1991, I-1979, RdNr. 21 – Höfner.
[142] Neue Leitlinien, Tz. 38.
[143] Hierzu Neue Leitlinien, Tz. 30 ff. und Tz. 71 ff.
[144] Kom., Staatliche Beihilfe N 34/2005, Tz. 4.2 – Deutschland High-Tech Gründerfonds; Kom., Staatliche
Beihilfe N 601/2003, Tz. 4.3 – United Kingdom Special Purpose Equity Vehicle; Kom., Staatliche Beihilfe N
5/2004, Tz. 3.2.2 – United Kingdom „Greater London High Technology Seed and Creative Industries Funds".
Siehe jetzt auch die Leitlinien der Kommission für staatliche Beihilfen zur Förderung von Risikokapitalinvestitionen, ABl. 2006 C 194/02, Tz. 3.2, sowie die unter diesen neuen Leitlinien ergangene Entscheidung v. 29. 5.
2006, Staatliche Beihilfe N 732/2006 – Niederlande, Risk Capital Scheme „BioGeneration Venture Fund".
[145] Vgl. insbesondere das Weißbuch der Kommission, „Die Europäische Verkehrspolitik bis 2010: Weichenstellungen für die Zukunft", KOM (2001) 370, 40, 42: Besonderes Augenmerk soll hiernach in Zukunft der permanenten Überlastung der Großflughäfen zu schenken sein, von denen mehr als die Hälfte ihre
Kapazitätsgrenze bereits erreicht haben oder kurz davor stehen. Hier kann – so die Kommission – eine gegebenenfalls effizientere Verbindung regionaler Metropolen untereinander sowie mit den großen Luftverkehrsdrehkreuzen merkliche Entlastung bringen, weshalb *die politischen Entscheidungsträger* auch den Bau
neuer Flughäfen nicht vernachlässigen dürfen.

der Kommission in der *Ryanair*-Entscheidung gibt es **keinen Fall in Europa,** in dem ein privater Flughafen ex nihilo ohne öffentliche Mittel gegründet wurde. Die Übergabe an die private Wirtschaft erfolgte in der Regel im Wege der Privatisierung oder der zunehmenden Öffnung des Kapitals.[146] Im Übrigen fiel die Privatisierung von Flughäfen innerhalb der EU – mit Ausnahme Großbritanniens – vergleichsweise verhalten aus. Der weit überwiegende Teil der Flughäfen in der EU befindet sich entweder im Eigentum des Staates oder einer öffentlichen Körperschaft. Dies trifft auch auf Deutschland zu, wo die meisten Flughäfen mehrheitlich im Eigentum einer regionalen Gebietskörperschaft oder einer Stadt sind. Der Ansatz der Kommission bleibt somit – soweit Regionalflughäfen betroffen sind – fraglich.

846   Diese evidenten Mängel in der Argumentation dürfen jedoch nicht darüber hinwegtäuschen, dass die Kommission derzeit noch diesen Ansatz – öffentliche Finanzierung von Flughafeninfrastruktur weist Beihilfecharakter auf – unbeirrbar vertritt[147] und auch vor den Gerichten verteidigt.[148] Dies hat natürlich zu einer Flut von Anmeldungen geführt.

847   **β) Begünstigung (insbesondere der *Private investor test*).** Bau und Betrieb öffentlicher Flughäfen erfolgt in der Regel über eine öffentliche Betreibergesellschaft, die durch staatliche Kapitalzuführungen finanziert wird. Um festzustellen, ob hiermit eine beihilferelevante Begünstigung vorliegt, nimmt die Kommission auch hier den **Market Investor Test** vor.[149] Der Beweis, dass wie ein marktwirtschaftlich handelnder Kapitalgeber gehandelt wurde, ist allerdings schwer zu erbringen, da die Anforderungen der Kommissionspraxis hoch sind. Außerdem wird der Betrieb eines Regionalflughafens häufig erst nach vielen Jahren rentabel. Die jährlich wiederkehrenden Investitionen, die getätigt werden müssen, sind erheblich; sie bewegen sich oft in dreistelliger Millionenhöhe. Der Test führt regelmäßig bei Regionalflughäfen zur Bejahung einer Beihilfe[150] (von nicht-verallgemeinerungsfähigen Ausnahmen abgesehen),[151] was letztlich wieder bestätigt, dass dies kein Markt ist, auf dem sich private Player tummeln würden.

848   Die Leitlinien stellen klar, dass einige Flughafentätigkeiten als notwendige Dienstleistungen von **allgemeinem wirtschaftlichen Interesse** angesehen werden können. Als Beispiel nennen sie den Betrieb eines Flughafens in einer abgelegenen Region.[152] Die Zulässigkeit einer Ausgleichszahlung für Bau, Ausbau oder den Betrieb von Flughäfen ist anhand der *Altmark*-Rechtsprechung des EuGH zu prüfen, wonach Ausgleichszahlungen für die Erbringung von Dienstleistungen im allgemeinen wirtschaftlichen Interesse unter bestimmten Umständen keine staatlichen Beihilfen darstellen.[153] Die Voraussetzungen, die nach *Altmark* erfüllt sein müssen, um den Beihilfecharakter einer Ausgleichszahlung auszuschließen, sind allerdings sehr streng und dürften in der Praxis – gerade bei kleineren Flughäfen – nur selten erfüllt sein. Dies gilt insbesondere für die hierzu erforderliche Objektivität und Transparenz der Ausgleichsberechnung sowie die strenge Erforderlichkeitsprüfung.[154]

849   **γ) Verzerrung des Wettbewerbs und Beeinträchtigung des zwischenstaatlichen Handels.** Eine staatliche Maßnahme wird nur vom Beihilfebegriff des Art. 107 Abs. 1 AEUV erfasst, wenn sie zumindest das Potential zu einer **Wettbewerbsverfälschung** aufweist und den **Handel zwischen den Mitgliedstaaten** zu beeinträchtigen geeignet ist. Nach den Leitlinien aus 2005 soll die Wettbewerbssituation der Flughäfen hierzu *in jedem Einzelfall* untersucht werden. Dabei sind Faktoren wie das Einzugsgebiet und die Höhe der Gebühren für die Nutzung der Flughafeninfrastruktur und Dienstleistungen zu berücksichtigen.[155] Die Kommission hat vier

---

[146] Kom., ABl. 2004 L 137/1, Tz. 60 – Flughafen Charleroi/Ryanair.

[147] Vgl. zB Kom., Staatliche Beihilfe NN 4/2009, Tz. 13 f. – Flughafen Dresden; Kom, ABl. 2008 L 346/1, Tz. 166 ff. – DHL und Flughafen Leipzig/Halle; Kom., Staatliche Beihilfe NN 25/2009, Tz. 23 ff. – Berlin Brandenburg International.

[148] Vgl. zB die Klage in der Rs. T-443/08 – Freistaat Sachsen u. Sachsen-Anhalt/Kom., die den Flughafen Leipzig/Halle betrifft.

[149] Leitlinien 2005, Tz. 46–52.

[150] Vgl. zB Kom, ABl. 2008 L 346/1, Tz. 203 ff. – DHL und Flughafen Leipzig/Halle; Kom., Staatliche Beihilfe NN 25/2009, Tz. 35 ff. – Berlin Brandenburg International.

[151] Kom. ABl. 2009 C 5/4, Tz. 117 ff. – Flughafen München Terminal T2. Hierbei ging es nicht um die Finanzierung der gesamten Flughafeninfrastruktur, sondern nur um die Errichtung eines zusätzlichen Terminalgebäudes.

[152] Leitlinien 2005, Tz. 34.

[153] EuGH, C-280/00, Slg. 2003, I-7747, RdNr. 87 ff. – Altmark.

[154] Vgl. Leitlinien 2005, Tz. 35.

[155] Leitlinien 2005, Tz. 38.

verschiedene Kategorien festgelegt, anhand derer festgestellt werden kann, inwieweit Flughäfen miteinander konkurrieren:
- Große Gemeinschaftsflughäfen mit über 10 Millionen Passagieren/Jahr (Kategorie A).
- Nationale Flughäfen mit 5 bis 10 Millionen Passagieren/Jahr (Kategorie B).
- Große Regionalflughäfen mit einer bis fünf Millionen Passagieren/Jahr (Kategorie C).
- Kleine Regionalflughäfen mit unter einer Million Passagieren/Jahr (Kategorie D).[156]

Öffentliche Zuschüsse zugunsten von Flughäfen der Kategorie A oder B bergen nach Ein- **850** schätzung der Kommission grundsätzlich die Gefahr einer Wettbewerbsverfälschung oder Beeinträchtigung des Handels zwischen den Mitgliedstaaten in sich. Bei Flughäfen der Kategorie C und D muss die Wettbewerbssituation also in jedem Einzelfall unter Berücksichtigung der betroffenen Märkte beurteilt werden.[157] In ihrer Praxis hält sich die Kommission jedoch **nicht** an diese Vorgaben, sondern lässt es die Beeinträchtigung des zwischenstaatlichen Handels bereits genügen, dass der Beihilfeempfänger im (wenn auch sehr geringfügigen) Wettbewerb mit anderen Flughäfen steht, die ihrerseits mit Unternehmen aus anderen Mitgliedstaaten konkurrieren.[158] Zudem zieht sich die Kommission auf die *Philip Morris*-Formel zurück, wonach es ausreicht, dass die finanzielle Lage des Empfängers verbessert und dadurch die Chancen seiner Wettbewerber aus anderen Mitgliedstaaten verringert werden.[159]

δ) Entscheidung der Kommission über Ausgleichszahlungen (Art. 106 Abs. 2 **851** **AEUV).** Ergibt die Prüfung der Wettbewerbssituation, dass eine Beihilfe *möglicherweise* vorliegen könnte, muss die Maßnahme bei der Kommission notifiziert werden.[160] Eine Ausnahme von der Notifzierungspflicht besteht nur dann, wenn Regionalflughäfen der Kategorie D mit der Erbringung von Dienstleistungen von allgemeinem wirtschaftlichen Interesse betraut sind und die Voraussetzungen der Entscheidung der Kommission zur Anwendung von Art. 106 Abs. 2 AEUV auf **Ausgleichszahlungen**[161] vorliegen.[162] Hiervon sind kleine Flughäfen, bei denen das jährliche Passagieraufkommen in den zwei Rechnungsjahren vor Übertragung der Dienstleistung weniger als eine Million Passagiere betrug, erfasst.

ε) Genehmigung von Beihilfen an Flughäfen. Stellt die öffentliche Förderung des Flug- **852** hafens eine staatliche Beihilfe im Sinn des Art. 107 Abs. 1 AEUV dar, besteht die Möglichkeit einer **Genehmigung** nach Art. 107 Abs. 3 lit. a, b oder c AEUV.[163] Hier ist die Kommission – anders als bei der Beurteilung des Beihilfecharakters relativ **großzügig.**[164] Bei Prüfung der Vereinbarkeit von Beihilfen für die *Errichtung der Flughafeninfrastruktur* berücksichtigt die Kommission insbesondere, ob ein genau definiertes Ziel im allgemeinen Interesse verfolgt wird (zB Regionalentwicklung). Die Beihilfe soll zur Erreichung des beabsichtigten Ziels notwendig sein und die Infrastruktur muss mittelfristig zufrieden stellende Zukunftsaussichten haben. Alle potentiellen Nutzer sollen einheitlichen und diskriminierungsfreien Zugang zu der Infrastruktur haben und schließlich darf die Beihilfe die Entwicklung des Handels nicht in einem Ausmaß beeinträchtigen, das den gemeinschaftlichen Interessen zuwiderläuft.[165]

---

[156] Leitlinien 2005, Tz. 15.

[157] Leitlinien 2005, Tz. 11 ff., 38.

[158] Vgl. zB Kom., Staatliche Beihilfe N 638/2007, Tz. 36 ff. – Airport Lotniczy; Kom., Staatliche Beihilfen NN 21/2007 und NN 22/2007, Tz. 37 f. – Rzeszow Jasionka Airport; Kom., ABl. 2007 C 295/29, Tz. 87 f. – Flughafen Lübeck und Ryanair.

[159] Kom. ABl. 2008 L 346/1, Tz. 221 ff. – DHL und Flughafen Leipzig/Halle; Kom., Staatliche Beihilfe NN 4/2009, Tz. 22 f. – Flughafen Dresden; Kom., Staatliche Beihilfe NN 25/2009, Tz. 50 – Berlin Brandenburg International.

[160] Leitlinien 2005, Tz. 40.

[161] Kom., ABl. 2005 L 312/67.

[162] Leitlinien 2005, Tz. 41.

[163] Art. 107 Abs. 3 lit. b AEUV betrifft Vorhaben von gemeinsamem europäischen Interesse oder eine beträchtliche Störung im Wirtschaftsleben eines Mitgliedstaates. Diese Vorschrift dürfte bei der Genehmigung von Beihilfen für Flughäfen nur eine geringe Bedeutung spielen. Der Fokus der Genehmigungspraxis liegt vielmehr auf Art. 107 Abs. 3 lit. a und lit. c AEUV.

[164] Kom., ABl. 2007 C 295/29, Tz. 156 ff. – Flughafen Lübeck und Ryanair; siehe insbesondere Kom., Staatliche Beihilfe NN 4/2009, Tz. 28 ff. – Flughafen Dresden, wo eine Genehmigung nicht einmal von den deutschen Behörden begehrt wurde (diese waren der Auffassung, dass es bereits am Beihilfecharakter fehlte). Etwas kritischer: Kom. ABl. 2009 C 5/4, Tz. 142 ff. – Flughafen München Terminal T2.

[165] Leitlinien 2005, Tz. 61. Vgl. zB Kom., Staatliche Beihilfe NN 25/2009, Tz. 70 ff. – Berlin Brandenburg International; Kom., Staatliche Beihilfe NN 4/2009, Tz. 22 f. – Flughafen Dresden; Kom, ABl. 2008 L 346/1, Tz. 254 ff. – DHL und Flughafen Leipzig/Halle; Kom., ABl. 2007 C 295/29, Tz. 157 ff. – Flughafen Lübeck und Ryanair.

853   Die Finanzierung des *laufenden Flughafenbetriebs* ist hingegen eine **Betriebsbeihilfe,** die nur in Ausnahmefällen als mit dem Gemeinsamen Markt vereinbar angesehen werden kann.[166] Nach Ansicht der Kommission ist dies ua. möglich, wenn ein Mitgliedstaat dem Flughafenbetreiber gemeinwirtschaftliche Verpflichtungen zur Sicherstellung des Infrastrukturbetriebs auferlegt hat (Art. 106 Abs. 2 AEUV). Die Kommission prüft, ob der Flughafen tatsächlich mit der Durchführung einer Dienstleistung von allgemeinem wirtschaftlichen Interesse betraut ist und ob die Ausgleichszahlung auf das Notwendige beschränkt ist. Die Betrauung muss in einem oder mehreren offiziellen Dokumenten erfolgen, die Angaben zur Bestimmung der mit dem Dienst verbundenen Kosten enthalten.[167]

854   **b) Zwischenbilanz.** Mit den Leitlinien aus 2005 hat die Kommission ihre Beihilfekontrolle **verschärft.** Nach den Leitlinien gibt es keine Bereichsausnahme für regionale Flughafeninfrastruktur mehr, und nach der Logik der Kommission müssen künftig eine Vielzahl von staatlichen Maßnahmen zur Unterstützung auch kleiner Flughäfen angemeldet werden. Die Kommission erstreckt hiermit die Beihilfekontrolle auf eine **kaum überschaubare Zahl** von Maßnahmen, die eigentlich von lokalen Gebietskörperschaften für Zwecke der regionalen Entwicklung getroffen werden. Ob dies angesichts der ständig beklagten Arbeitsüberlastung der zuständigen Kommissionsdienststellen eine sachgerechte Fokussierung darstellt, mag bezweifelt werden.

XII. Schiffbau

Schrifttum: *Crome/Dupuis,* Regional investment aid to the shipbuilding industry: How to deal with capacity increases – Experiences with the Volkswerft Stralsund and Rolandwerft cases, Competition Policy Newsletter 1/2007, 109; *Evans,* Contextual Problems of EU Law: State Aid Control under the Europe Agreements, ELRev. 1996, 263, 272 f.; *Galand,* The Hellenic Shipyards decision: Limits to the application of Article 296 and indemnification provision in privatisation contracts, Competition Policy Newsletter 3/2008, 89; *Köhli,* Innovation aid to the shipbuilding industry, Competition Policy Newsletter 2/2005, 73; *Prete/Lienemeyer,* Italian guarantee scheme for ship-finance, Competition Policy Newsletter 2/2005, 81; *Rulfs,* Welthandelsregeln für den Schiffbau und deren Durchsetzung, 2006; *Struckmann/Lienemeyer,* The new German ship-financing guarantee schemes, Competition Policy Newsletter 2/2004, 105 f.

Übersicht

855   **1. Einleitung.** Eine **wettbewerbsfähige Schiffbauindustrie** ist für die Europäische Gemeinschaft von großer Bedeutung und trägt zu ihrer wirtschaftlichen und sozialen Entwicklung bei. Der Schiffbau bildet für eine Vielzahl von Wirtschaftszweigen einen wichtigen Markt und sorgt dafür, dass die Beschäftigung in einer Reihe von Regionen, die zum Teil hohe Arbeitslosigkeit aufweisen, aufrechterhalten wird. Staatliche Beihilfen sind seit langem Bestandteil der Politik hinsichtlich dieses Wirtschaftszweiges und ihre vollständige Beseitigung bislang noch nicht möglich.[1]

856   Die Entwicklung der heutigen Situation im Schiffbausektor setzte nach dem Wirtschaftsaufschwung Ende der 1950er und zu Beginn der 1960er Jahre ein. Zu diesem Zeitpunkt interessierten sich Japaner verstärkt für die prosperierenden westeuropäischen Werften und begannen nach ihrem Vorbild eigene Produktionsstätten zu errichten. Dies leitete einen zunehmenden **Wettbewerb zwischen den europäischen Werften und ihren asiatische Konkurrenten** ein.

857   In der Folge litt die Schiffbauindustrie in der EU über mehr als drei Jahrzehnte an einer strukturellen Krise, welche durch Überkapazitäten geprägt war und durch den Ausbau von

---

[166] Leitlinien 2005, Tz. 69; ebenso schon für Regionalbeihilfen vgl. Leitlinien für staatliche Beihilfen mit regionaler Zielsetzung, ABl. 1998 C 74/9, Tz. 4.15 f.

[167] Leitlinien 2005, Tz. 66.

[1] *Sanchez Rydelski,* Handbuch EU Beihilferecht, 2003, 142.

neuen Kapazitäten in Japan, Südkorea und China weiter verschärft wurde.[2] In mehreren Ländern kam es zu unlauteren Praktiken wie schädigender Preisgestaltung und staatlicher Subventionierung. So führten staatlich geförderte strategische Investitionen in Asien, insbesondere in Form von **Umstrukturierungsbeihilfen**, zu einem Ungleichgewicht von Angebot und Nachfrage. In der Folge wurden Überkapazitäten aufrecht erhalten, weshalb Werften häufig Aufträge zu nicht kostendeckenden Preisen annahmen, um ihre Produktionsanlagen auszulasten.[3] In der Vergangenheit hatten zudem sehr niedrige und weiter fallende Preise, insbesondere in Kombination mit niedrigen Zinssätzen und günstigen Steuerregelungen, den Reedereien Anreize geboten, neue Schiffe in Auftrag zu geben, was zu Überbestellungen geführt hatte. Die Folgen einer Überbestellung machen sich zwar erst ein paar Jahre später bemerkbar, jedoch waren bereits bald Anzeichen für ein künftiges Überangebot, zB. bei Containerschiffen, bemerkbar.[4]

Die Sättigung des Marktes sowie der allgemeine wirtschaftliche Abschwung führten in der **858** Folge zu einem Rückgang der Auftragszahlen. Darüber hinaus wurde der Markt für Schiffsneubauten durch die Loslösung der Schiffbauindustrie von der Entwicklung der Frachtraten zunehmend spekulationsanfällig. Einzelne Werften versuchten die nachteilige wirtschaftliche Situation durch erhebliche **Produktivitätsfortschritte** auszugleichen. Insgesamt konnte jedoch kein zufriedenstellendes Verhältnis zwischen Angebot und Nachfrage hergestellt werden, vielmehr nahm das Angebot zu, während die Nachfrage weiter sank, sodass die Preise auf dem Schiffsneubaumarkt auf niedrigem Niveau blieben. Einige Schiffstypen waren insbesondere durch die **Preisunterbietung durch koreanische Werften,** die teilweise unter ihren Produktionskosten lagen, verstärkt von Preisstützen betroffen. Koreanische Werften versuchten jeden verfügbaren Auftrag ungeachtet des Preises zu übernehmen.[5] So fielen die Aufträge weltweit von 2001–2002 um 10,3%, zwischen 2000 und 2001 um 20,7%. Europäische Werften waren dabei am härtesten betroffen, ihre Aufträge fielen 2001 um ca. 50%, 2000 um über 70%. Am schwersten waren Containerschiffe und Kreuzfahrtschiffe betroffen, lediglich bei Öltankern und Massengutfrachtern/Produktentankern stieg die Nachfrage aufgrund höherer Sicherheitsbestimmungen der EU und starker Nachfrage in Fernost. Aber auch die Nachfrage nach anderen Schiffstypen wie Erdgastankern, Chemikalientankern und Rohöltankern ging in der Folge zurück.[6] Bestehende **strukturelle Überkapazitäten** werden voraussichtlich auch weiterhin ein ernsthaftes Problem für die Branche bleiben und sich nachteilig auf den Weltschiffbaumarkt mit seinen ausgeprägten Zyklen auswirken. Insgesamt gesehen handelt es sich bei dem Schiffbaumarkt um einen stagnierenden, zeitweilig sogar schrumpfenden Markt. So lag die Weltschiffbauproduktion im Jahr 2000 kaum wesentlich höher als die von 1975; dazwischen war sie zeitweilig um mehr als die Hälfte gesunken.[7]

In den letzten zehn Jahren hat sich die europäische Schiffbauindustrie von einem durch andauernde Krisen betroffenen Industriezweig in eine effiziente und profitable **Hochtechnologieindustrie** entwickelt. Diese positive Entwicklung beruht vor allem auf den Bemühungen des Industriezweigs selbst, ist zum Teil jedoch auch das Ergebnis erfolgreicher Beihilfenpolitik. Die Entwicklung auf dem Schiffbausektor selbst hat wiederum Auswirkungen auf die Beihilferegeln für den Schiffbausektor. Während der Schiffbau vormals einer der Industriezweige war, die am meisten Beihilfe erhielten, wurden die Beihilferegeln schrittweise den Regeln für andere Industriezweige angepasst und so normalisiert. Die Beihilfepolitik der letzten Jahrzehnte hatte somit ihr Ziel erreicht, wenngleich zu einem hohen Preis.[8] Die Summe der an den Schiffbausektor gezahlten Beihilfe ist von 2002 bis 2004 durchschnittlich 1 Mrd. auf durchschnittlich 313 Mio. im Zeitraum 2005 bis 2007 gefallen. 2007 wurde eine Summe von 354 Mio. Euro an den Schiffbausektor bewilligt, wovon der Großteil der Gesamtaufwendungen

---

[2] *Immenga/Mestmäcker/Ehricke*, EG-WettbR, Art. 87 Abs. 3 EG RdNr. 174.

[3] Mitteilung der Kommission, Leadership 2015 – Die Zukunft der europäischen Schiffbau- und Schiffsreparaturindustrie sichern: Wettbewerbsfähigkeit durch Kompetenz, KOM (2003) 7171 endg., 6 f.

[4] Leadership 2015, (Fn. 3), 7.

[5] Sechster Bericht der Kommission an den Rat zur Lage des Weltmarktes im Schiffbausektor, KOM(2002) 622 endg.

[6] Siebenter Bericht der Kommission an den Rat zur Lage des Weltmarktes im Schiffbau, KOM(2003) 232 endg. – nicht im Amtsblatt veröffentlicht.

[7] Leadership Deutschland, das nationale Schiffbau-Zukunftskonzept, Publikation des BMWi, S. 4, http://www.bmwi.de/BMWi/Redaktion/PDF/Publikationen/leadership-deutschland,property=pdf,bereich=bmwi,sprache=de,rwb=true.pdf.

[8] *Hancher/Ottervanger/Slot* RdNr. 15–001.

von Spanien, Deutschland und Dänemark getragen wurde.[9] Seit 2002/Mitte 2003 stieg die Nachfrage auf dem Schiffbaumarkt konstant, bis sie im Jahre 2008 deutlich zurückging und es infolge der Finanzkrise zu einem regelrechten Zusammenbruch der Nachfrage kam, mit Stornierungen von Aufträgen und Weigerungen der Reeder, die ihnen angedienten Schiffe zu übernehmen.

860   Der Nachfrageboom Anfang des Jahrtausends förderte die weitere Aufstockung der vorhandenen Schiffbaukapazitäten, was zur Folge haben wird, dass erneut Überkapazitäten aufgebaut wurden.[10] So betrachten weitere asiatische Länder vor dem Hintergrund des einsetzenden Nachfraggeboooms nach Schiffsneubauten den Schiffbau als **strategische Schlüsselindustrie** für die Entwicklung ihrer Volkswirtschaften. Insbesondere China betreibt einen massiven Ausbau seiner Werftkapazitäten, weitere Werften entstehen in Vietnam.

861   Für das Jahr 2010 waren bereits im Jahre 2008 **weltweite Überkapazitäten** von 25% prognostiziert worden; die tatsächliche Überkapazität dürfte noch weit höher liegen. Dies wird erneut zu einem internationalen Preiskampf und Verdrängungswettbewerb führen.

862   Deutschland nimmt mit rund 22.000 Arbeitsplätzen auf seinen Werften den vierten Platz unter den Schiffbaunationen ein. Die deutsche Schiffbauzulieferindustrie ist mit einer Exportquote von 75% und 72.000 Beschäftigten seit Jahren Exportweltmeister und Zweiter auf dem Weltmarkt. Aus volkswirtschaftlicher Sicht sind die Werften wichtige Multiplikatoren für technische Innovationen in vielen Bereich des Maschinenbaus, der Elektrotechnik, Elektronik und Kommunikationstechnik sowie wichtige Arbeitgeber in strukturschwachen Regionen. Andererseits zeichnen sie sich aufgrund ihrer mittelständischen Unternehmensstruktur durch das Fehlen großer Finanzkräfte aus.

863   Im Jahre 2005 wurden jahrzehntelange Auftragssubventionen **(Wettbewerbshilfen)** beendet, durch die erhebliche Mittel an die Werften geflossen sind, welche jedoch zumeist den Auftraggebern zukamen und so keine wesentliche Verbesserung des Standes der Schiffstechnik und Schiffbautechnologie bewirkten. Seitdem erhalten die deutschen Werften nur noch Förderungen für ausgewählte relevante Investitionen in Forschung, Entwicklung und Innovation zur Verbesserung ihrer Wettbewerbsfähigkeit.[11] Trotz des zunehmenden Abbaus der Beihilfen sind somit weiterhin einige **Besonderheiten des Schiffbausektors** zu beachten. So gibt es in diesem Industriebereich wenig Serienproduktion, weshalb jedes Produkt mehr oder weniger einzigartig und einem Prototyp vergleichbar ist. Aufgrund der Besonderheiten des Schiffbausektors finden einige spezielle Regelungen somit weiterhin Anwendung.[12] Zudem werden Schiffe, selbst wenn sie von europäischen Eigentümern erworben werden, normalerweise nicht in die EU importiert, da diese oftmals unter ausländischer Flagge fahren. Die Tatsache, dass sie nicht importiert werden, bedeutet auch, dass sie in Fällen unlauteren Wettbewerbs durch Nicht-Mitgliedsstaaten nicht Anti-Dumping oder Ausgleichszöllen unterliegen. Die gewöhnlichen Schutzmaßnahmen des Außenhandels sind somit nicht anwendbar, so dass Beihilfen zu wettbewerblichen Schutzzwecken genutzt werden.[13]

864   **2. Gemeinschaftsrahmen Schiffbau.** Die Sondervorschriften für die Gewährung von Beihilfen für den Schiffbau wurden über viele Jahre durch Richtlinien des Rates nach Art. 87 Abs. 3 lit d AEUV festgelegt. Den Anfang nahm die Politik der staatlichen Beihilfen während der 1960er und zu Beginn der 1970er Jahre. Zu diesem Zeitpunkt wurde der Wettbewerb durch die asiatische Konkurrenz so stark, dass einige Regierungen in der EU begannen, Beihilfeprogramme für die Schiffbauindustrie aufzulegen. Dies führte zu der ersten Richtlinie über Beihilfen an den Schiffbau (RL 69/262 ABl. 1969 L 206/25),[14] an die sich sechs weitere Richtlinien anschlossen.

865   Ab 1990 wurden im Rahmen der OECD Verhandlungen geführt, die im Oktober 2002 einen neuen Anlauf unter Einbeziehung von Nicht-OECD-Mitgliedsstaaten nahmen; die Bemühungen wurden jedoch im Herbst 2005 aufgrund der hohen Gegensätze zwischen den teilnehmenden Staaten trotz Fortschritte in einigen Bereichen, wie dem Verbot von Subventionen, wieder eingestellt.[15]

---

[9] Bericht der Kommission – Anzeiger für Staatliche Beihilfen – Herbst 2008 Update, S. 44.

[10] Überprüfung der Rahmenbestimmungen für den Schiffbau – Konsultationspapier, http://ec.europa.eu/competition/state_aid/reform/shipbuilding/de.pdf, 2.

[11] Leadership Deutschland, aaO (Fn. 7).

[12] *Hancher/Ottervanger/Slot* RdNr. 15–001 f.

[13] *Hancher/Ottervanger/Slot* RdNr. 15–002; s. dazu ausführlich *Rulfs*.

[14] *Hancher/Ottervanger/Slot* RdNr. 13–001.

[15] *Hancher/Ottervanger/Slot* RdNr. 15–015 ff.

Da das geplante OECD-Übereinkommen über die Einhaltung normaler Wettbewerbsbedin- **866** gungen in der Schiffbauindustrie nicht in Kraft treten konnte, trat auch die zu seiner Umsetzung verabschiedete Verordnung 3094/95 nicht in Kraft, durch welche die **Beseitigung von Betriebsbeihilfen** eingeführt werden sollte. Da nach Ansicht der Mitgliedsstaaten und der Kommission jedoch aufgrund der regionalen Bedeutung der Schiffbauindustrie weitere, über Art. 107 Abs. 3 lit. a und c AEUV hinausgehende Beihilfen notwendig waren, um Wettbewerbsnachteile der EU-Werften auszugleichen und ihre Produktivität zu steigern, erließ der Rat 1998 auf Grundlage der Art. 89 und 87 Abs. 3 lit. c EG die VO 1540/98 zur Neuregelung der Beihilfen für den Schiffbau.[16] Die Verordnung trat am 1. Januar 1999 in Kraft und fand bis zum 31. Dezember 2003 Anwendung.[17] Sie löste somit die 7. Schiffbau-Richtlinie[18] ab, welche ältere Richtlinien für den Schiffbausektor ersetzte.

Seit dem 1. Januar 2004 gelten die Rahmenbestimmungen für die Gewährung von Beihilfen **867** im Schiffbau,[18a] der im Juli 2008 durch die Mitteilung Verlängerung Schiffbau bis zum Jahre 2011 verlängert wurde – und damit findet seit 2004 erstmals nach vielen Jahren auf den Schiffbau **kein eigenes Sekundärrecht** mehr Anwendung. Vielmehr hat die Kommission die Verbindlichkeit ihrer Mitt. Schiffbau dadurch erreicht, dass sie den Mitgliedstaaten zweckdienliche Maßnahmen im Sinne von Art. 108 Abs. 1 AEUV vorgeschlagen hat, die seitens der Mitgliedstaaten angenommen wurden und dadurch Verbindlichkeit haben.

Die Mitt. Schiffbau beruht auf dem Grundsatz, dass der Schiffbau nach allen aufgrund der **868** Art. 107 und 108 AEUV erlassenen Verordnungen, Rahmenbestimmungen und Richtlinien zum Erhalt von Beihilfen berechtigt ist, es sei denn, die Mitteilung Schiffbau erhalte spezifische Bestimmungen für die aufgelisteten Bereiche. Ziel ist somit, die Unterschiede zwischen den Regeln für den Schiffbausektor und den übrigen Industriezweigen weitestgehend aufzuheben und die Gemeinschaftspolitik in diesem Bereich zu vereinfachen und transparenter zu gestalten, indem die Anwendung allgemeiner **horizontale Bestimmungen auf den Schiffbausektor ausgeweitet** wird.[19] Gemäß Erwägungsgrund 5 der Mitteilung Schiffbau werden neben der Vereinfachung der anwendbaren Regeln auch die Erhöhung der Leistungs- und Wettbewerbsfähigkeit der Werften vor allem durch Förderung der Innovation, die Erleichterung des Abbaus von wirtschaftlich nicht lebensfähigen Kapazitäten und die Einhaltung der geltenden internationalen Verpflichtungen in den Bereichen Ausfuhrkredite und Entwicklungshilfe verfolgt.[20] Die Mitt. Verlängerung Schiffbau bestätigt außerdem die Aufhebung der Betriebsbeihilfen.[21]

a) Geltungsbereich. Die Mitt. Schiffbau definiert zunächst den Begriff der Schiffbaubeihil- **869** fen sehr weit. Erfaßt werden alle Beihilfen, die einer Werft, einer verbundenen Einheit, einem Schiffseigner und Dritten gewährt werden, jedoch jeweils nur, **soweit die Beihilfen direkt oder indirekt den Bau, die Reparatur oder den Umbau von Schiffen begünstigen.**[22] Als verbundene Einheiten gelten alle natürlichen oder juristischen Personen, die ein Schiffbau-, Schiffsreparatur- oder Schiffsumbauunternehmen kontrollieren oder umgekehrt von einem solchen Unternehmen kontrolliert wird; dabei gilt als Kontrolle bereits ein Anteil von mehr als 25% des Kapitals am jeweils anderen Unternehmen.[23]

Von der Systematik unterwirft die Mitt. Schiffbau somit alle mit einem Schiffbauunterneh- **870** men zu 25% oder mehr kapitalmäßig verbundenen Einheiten einer Kontrolle, stellt jedoch Sonderregelungen nur insoweit auf, als der Schiffbau (einschl. Reparatur und Schiffsumbau) damit direkt oder indirekt begünstigt wird. Das bedeutet, dass **nicht jede Beihilfe an eine verbundene Einheit** eines Schiffbauunternehmens den Sonderregelungen der Mitt. Verlängerung Schiffbau unterliegt, sondern nur diejenigen, durch die eine **direkte oder indirekte Begünstigung des Schiffbaus** erzielt wird. **Inhaltlich** sind daher beispielsweise Regionalbeihilfen für die Investitionen eines Baubetriebs, der zu 40% einem Schiffbauunternehmen gehört, nicht nach den Bestimmungen der Mitt. Schiffbau auf ihre Vereinbarkeit mit dem gemeinsamen Markt zu prüfen, vielmehr dürfen solche Beihilfen aus genehmigten Beihilfeprogrammen an

---

[16] ABl. 1998 L 202/1.
[17] *Heidenhain/v. Donat* § 18 RdNr. 196.
[18] RL 90/684, ABl. 1990 L 380/27.
[18a] ABl. 2003 C 317/6.
[19] Vgl. Mitt. „Schiffbau", Tz. 2.
[20] *Immenga/Mestmäcker/Ehricke,* EG-WettbR, Art. 87 Abs. EG RdNr. 179.
[21] *Hancher/Ottervanger/Slot* RdNr. 15–005.
[22] Mitt. „Schiffbau", Tz. 11.
[23] Mitt. „Schiffbau", Tz. 10(e).

Nicht-Schiffbauunternehmen gewährt werden, auch wenn sie verbundene Einheiten mit einem Schiffbauunternehmen sind, **es sei denn,** durch die Investition würde direkt oder indirekt der Schiffbau begünstigt. Allerdings besteht für diese Beihilfen **verfahrensmäßig** aufgrund der Zugehörigkeit zum Schiffbau als verbundene Einheit eine **Verpflichtung zur Einzelnotifizierung,** auch für solche Investitionen von verbundenen Einheiten, die nicht direkt oder indirekt den Schiffbau begünstigen. Dies ergibt sich aus der Mitteilung der Kom. zur Einzelnotifizierung der Anwendung regionaler Investitionsbeihilferegelungen auf den Schiffbau,[24] die von den Mitgliedstaaten als zweckdienliche Maßnahme akzeptiert wurde[25] und daher bindend ist.

871   Solange das Schiffbauunternehmen und die verbundene Einheit außer der gesellschaftsrechtlichen Beziehung keine wirtschaftlichen Beziehungen haben, und die verbundene Einheit nur außerhalb des Schiffbaus tätig ist, dürfte bei der Prüfung der Vereinbarkeit die inhaltliche Prüfung nach dem Schiffbaurahmen Anwendung finden, noch die Obergrenze für Regionalbeihilfen für den Schiffbau. Soweit eine Liefer- oder Leistungsbeziehung zwischen den Einheiten besteht, muss diese so ausgestaltet sein wie unter Dritten üblich, denn sonst ist eine **indirekte Begünstigung des Schiffbaus** (durch eine Weitergabe der Vorteile aus der Investitionsbeihilfe) zu gewärtigen.

872   Um sicher auszuschließen, dass durch eine Beihilfegewährung an eine verbundene Einheit eine direkte oder indirekte Begünstigung des Schiffbaus erfolgt, müssen die Unternehmen sicherstellen, dass ihre **wirtschaftlichen Beziehungen wie unter fremden Dritten** ausgestaltet werden und sich aus den Büchern der Unternehmen eine eindeutige Abgrenzung ergibt. Es ist dem Beihilferecht keineswegs fremd, dass innerhalb einer Gruppe oder sogar innerhalb eines Unternehmens ein Bereich beihilferechtlich anders behandelt werden darf als ein anderer Unternehmensbereich. Die Transparenz-Richtlinie sieht in Art. 4 dafür ausdrückliche Regelungen vor.[26] Solange die Geschäftsbücher der Unternehmen eine klare Trennung erlauben und **getrennte Buchungskreise** geführt werden, und soweit ausgeschlossen ist, dass die Begünstigung des Nicht-Schiffbauunternehmens nicht auf den Bereich des Schiffbaus erstreckt werden kann **(Ausschluß der Quersubventionierung),** können die an das Nicht-Schiffbauunternehmen gewährten Beihilfen nicht den Sonderregelungen für den Schiffbau unterliegen.

873   Die Mitt. Schiffbau stellt für bestimmte Beihilfearten Sonderregelungen auf, die von der allgemeinen Handhabung abweichen und auf die besonderen Bedürfnisse des Schiffbaus eingehen. Dabei sind die Regelungen keineswegs zwingend restriktiver als die allgemeinen Beihilferegeln.

874   **b) Definition des Schiffbaus.** Unter „Schiffbau" im Sinne der Mitt. Schiffbau wird der „Bau in der Gemeinschaft von seegängigen Handelsschiffen mit Eigenantrieb" verstanden. Als seegängige Handelsschiffe mit Eigenantrieb gelten die in Mitt. Schiffbau Tz. 10 lit. d (i) bis (v) definierten Schiffstypen, das sind insbesondere solche, die 100 gt überschreiten, sowie Hochseeschlepper mit mehr als 365 kW. Die Fertigung freischwimmender, beweglicher Kaskos für derartige Seeschiffe unterfällt ebenfalls der Schiffbaudefinition. Hingegen ist die Fertigung von Sektionen oder Blöcken, die für sich genommen nicht freischwimmend und beweglich sind, nicht unter den Begriff Schiffbau zu fassen, sondern stellt Stahlbau dar; Unternehmen, die nur Sektionen und Blöcke fertigen, aber keine seegängigen Schiffe, fallen daher nicht unter den Begriff der „Werft" im Sinne der Tz. 10 der Mitt. Schiffbau.

875   Soweit ein Schiffbauunternehmen im Bereich des **Marineschiffbaus** tätig ist, fällt dieser Bereich nicht unter die Mitt. Schiffbau, weil Marine als Verteidigungssektor unter Art. 253 Abs. 1 lit. b AEUV fällt. Beihilfen für den Marinebereich dürfen aber den Handelsschiffbau nicht direkt oder indirekt begünstigen.[27] Das bedeutet, dass derartige Beihilfen nicht an den Handelsschiffbau weitergeleitet werden dürfen. Soweit für den Handelsschiffbau die Nutzung einer für die Marine bestimmten Anlagen erforderlich sein sollte, ist entweder auszuschließen, dass die Anlage mit Beihilfen errichtet wurde, die den nach der Mitt. Schiffbau zulässigen Rahmen nicht überschreiten, oder aber es muss eine Verrechnung der Nutzung zu Marktpreisen so erfolgen, dass der Beihilfeeffekt eliminiert wird.[28] Dadurch ließe sich eine direkte oder indirekte Begüns-

---

[24] ABl. 2003 C 263/2.
[25] ABl. 2004 C 25/2.
[26] RL 2006/111, ABl. 2006 L 318/17.
[27] S. dazu *Galand* 89–91.
[28] Vgl. Kom., ABl. 1999 L 301/8 – Lürssen, wo die Verwendung der Arbeitnehmer aus dem militärischen Bereich für andere Zwecke nicht beanstandet wurde, weil dies „wirtschaftlich nicht vorteilhaft" war und daher den Wettbewerb nicht verfälschen konnte. S. auch Kom., Staatliche Beihilfe N 561/2006, ABl. 2007

tigung des Handelsschiffbaus ausschließen, sofern getrennte Buchungskreise eingeführt sind, wie in Art. 4 der Transparenzrichtlinie vorgesehen.

c) Beihilferechtliche Besonderheiten und Sonderregeln. Nach Abschnitt 3.2 der Mitt. **876** Schiffbau, Tz. 12 dürfen grundsätzlich Beihilfen im Einklang mit Art. 107 und 108 AEUV sowie den dazu erlassenen Rechtsvorschriften und Maßnahmen gewährt werden. Im weiteren werden eine Reihe solcher Maßnahmen beispielhaft aufgeführt. In Abschnitt 3.3 werden sodann eine Reihe von **Ausnahmen** von dem in Abschnitt 3.2 niedergelegten Grundsatz statuiert. Dabei handelt es sich nicht in allen Fällen um Einschränkungen, sondern vielmehr um **Ausgestaltungen der sonst geltenden Beihilferegeln.**

Zu den Besonderheiten des Schiffbaus gehört auch die Art der **Finanzierung von Schiffbau-** **877** **aufträgen.** Viele Verträge sehen relativ geringe Anzahlungen (oftmals nur 20%) auf den Baupreis vor, mit 80% bei Ablieferung. Die Reeder sehen oft eine erhebliche Finanzierung des Baupreises im Rahmen der Endfinanzierung vor. Dies bedeutet eine starke Bindung von Kapital und eine erhebliche Vorfinanzierung des Schiffbauprojektes durch die Werft durch Bauzeitfinanzierung. Manche Mitgliedstaaten gewähren unter bestimmten Voraussetzungen staatliche **Bauzeitfinanzierungs-** **bürgschaften,** für die seitens der Werft eine Risikoprämie zu entrichten ist; ebenso werden Bürgschaften im Rahmen der **Endfinanzierung** bereit gestellt. Ist die Berechnung der **Risikoprämie** **marktwirtschaftlich** ausgestaltet und entspricht sie insoweit der Mitteilung der Kom. über Bürgschaften und Garantien,[29] so stellt die Gewährung der Anzahlungsbürgschaft durch den Staat keine staatliche Beihilfe dar. Typischerweise muss das Kreditinstitut 20% des Gesamtbetrags im Eigenobligo halten, die restlichen 80% können staatlich verbürgt werden. Die Entscheidung der Kom. zu den Bürgschaftsregelungen im Schiffbau legt dar, unter welchen Umständen die Gewährung von **Bauzeitfinanzierungsbürgschaften beihilfefrei** ist. Sie erläutert die Kriterien für die Risikoermittlung und die Differenzierung der zu zahlenden Entgelte nach Risikoklassen.[30]

Nach der VO 1540/98 waren früher **Betriebsbeihilfen („Wettbewerbshilfe")** zulässig, die **878** zum 31. 12. 2000 (Datum des Vertragsschlusses) ausliefen. Seither sind Betriebsbeihilfen nicht mehr zulässig. Um den unlauteren Preisbildungspraktiken der Koreaner entgegen zu treten, hat die Kom. jedoch in der Folgezeit Betriebsbeihilfen als Sondermaßnahmen (bezeichnet als Temporary Defence Mechanism – „TDM") zugelassen. Sodann leitete die EU gegen Korea ein Streitschlichtungsverfahren vor der WTO ein.[31] Korea erwiderte dies mit der Einleitung von zwei weiteren Streitschlichtungsverfahren,[32] deren Gegenstand die in der EU gewährten Betriebsbeihilfen, insbesondere die TDM, waren. Die Streitschlichtungsverfahren vor der WTO gingen für die EU nicht günstig aus, insbesondere weil die „Selbsthilfe" der Einführung von TDM-Beihilfen als Gegenmaßnahme gegen die vermeintliche Subventionierung der Koreaner nicht dem WTO-System entsprach. Daher waren die TDM-Maßnahmen zu beenden.[33]

aa) Forschung, Entwicklung, Innovation. Gemäß Punkt 3.3.1 der Rahmenbestimmun- **879** gen für Beihilfen an den Schiffbau können Beihilfen zur Deckung der Aufwendungen für Forschungs- und Entwicklungsvorhaben von Schiffbau-, Schiffreparatur- und Schiffumbauunternehmen für mit dem Gemeinsamen Markt vereinbar angesehen werden. Es handelt sich hierbei um eine Sonderregelung für **Innovationsbeihilfen,**[34] die von den sonst geltenden Beihilferegeln für Forschung, Entwicklung und Innovation abweichen, um den Besonderheiten des Schiffbaus Rechnung zu tragen.

Dazu zählen namentlich die kurzen Produktionsserien, die Größe, der Wert sowie die Kom- **880** plexität der Produkte und die kommerzielle Nutzung auch der **Prototypen.** So ist die Innova-

---

C 191/1 – Constructions Mécanique de Normandie, wo eine Umstrukturierungsbeihilfe genehmigt wurde und die Ausgleichsmaßnahmen teilweise als ausreichend erklärt wurden, weil ein erheblicher Teil der Werft auf Marineproduktion entfiel.

[29] Mitt. der Kom. über die Anwendung der Art. 87 und 88 des EG-Vertrages auf staatliche Beihilfen in Form von Haftungsverpflichtungen und Bürgschaften, ABl. 2008 C 155/10.

[30] Kom., Staatliche Beihilfe N 512/03 – Deutschland: Bürgschaften für den Schiffbau, verlängert durch Kom., Staatliche Beihilfe N325/06 – Deutschland: Verlängerung der Bürgschaftsregelungen für den Schiffbau. Dazu *Struckmann/Lienemeyer* 105 f. Vgl. zu ähnlichen Regelungen in anderen Mitgliedstaaten *Prete/ Lienemeyer* 81.

[31] WT/DS/273/R – Korea: Commercial Vessels; vgl. dazu *Rulfs* 216 ff., 253 ff.

[32] WT/DS/301/R – European Communities: Measures Affecting Trade in Commercial Vessels, sowie WT/DS/307 – European Communities: Aid to Commercial Vessels, das allerdings nach dem Konsultationsverfahren ohne Anrufung eines Panel beendet wurde.

[33] S. *Heidenhain/v. Donat* RdNr. 7.

[34] Mitt. „Verlängerung Schiffbau", 2. Absatz.

tionstätigkeit im Schiffbausektor weitgehend Teil des Entwurfs- und Herstellungsprozesses, während sie in vielen anderen Industriezweigen der Serienfertigung vorausgeht. Folglich findet der größte Teil der Produktentwicklung und Innovation nach der Auftragserteilung statt, was auch erhebliche finanzielle Belastungen für die Werften mit sich bringt. Aufgrund der verbundenen Risiken und der abnehmenden Bereitschaft der Kreditinstitute, neue Projekte zu finanzieren, könnten die Werften jedoch nicht mehr imstande sein, den wachsenden Anforderungen ihrer Kunden zu entsprechen, so dass die Gewinne weiter schrumpfen (Abwärtsspirale!).[35] Im Hinblick auf diese Besonderheiten sollen Innovationsbeihilfen eine wirksame Unterstützung der Unternehmen im Wettbewerb gewähren, dürfen aber gleichwohl nicht zu Wettbewerbsverfälschungen im Gemeinsamen Markt führen.[36] Ziel soll sein, weiterhin technisch anspruchsvolle Lösungen anzubieten und die Entwicklung neuartiger Schiffstypen zu fördern. So sind langfristige Strategien für Forschung, Entwicklung und Innovation notwendig um die Wettbewerbsfähigkeit der Werften auf lange Sicht zu verbessern. Der Zeitrahmen der Maßnahmen sollte so der langen Lebensdauer von Schiffen angepasst sein.

881   Innovationsbeihilfen können nach Auffassung der Kommission zugunsten von Unternehmen gewährt werden, die im Schiffbau, in der Schiffreparatur und im Schiffumbau tätig sind, um die industrielle Anwendung von Produkten und Verfahren zu fördern, deren Umsetzung das **nachweisbare, tatsächliche Risiko eines technischen oder industriellen Fehlschlags** birgt und die **technisch neu** sind oder gemessen am derzeitigen Stand der europäischen Schiffbauindustrie eine **wesentliche Verbesserung** darstellen.[37] Liegt das Risiko eines Fehlschlags nicht vor, ist sonst davon auszugehen, dass es an dem erforderlichen Anreizeffekt für eine Innovationsbeihilfe mangelt. Die durch die Innovation erzielten Vorteile müssen außerdem nachweislich signifikant sein, geringfügige Verbesserungen der der Produkte oder Verfahren ist nicht ausreichend.

882   Die Produktion folgender Produkte kann durch Innovationsbeihilfe gefördert werden: (i) Entwicklung und Konstruktion von **neuen Schiffstypen,** dh. des ersten Schiffs einer möglichen Serie von Schiffen (Prototypen), (ii) die Produktion **neuer Komponenten und Systeme** eines Schiffs, dh. innovative Teile eines Schiffs, die von dem Schiff als eigener Bestandteil getrennt gesehen werden können, wie etwa neuartige Bugstrahlruderanlagen, Antriebe etc., und (iii) **neue Verfahren,** dh. Entwicklung und Durchführung innovativer Verfahren hinsichtlich Produktion, Planung, Logistik und Entwurf.[38] Innovativ ist beispielsweise ein Neuentwurf eines SWATH-Schiffes hinsichtlich Schiffskörper und Stützen zur Optimierung von Verdrängung und Geschwindigkeit oder die Gewichtsoptimierung bei einem solchen Schiff.[39]

883   Bereits die Verordnung 1540/98 sah eine Regelung für Investitionsbeihilfen für Innovationen vor,[40] jedoch war diese wenig erfolgreich und fand daher kaum Anwendung. So war es insbesondere schwierig nachzuweisen, dass die gewerbliche Anwendung nicht bereits von einem anderen Unternehmen in der EU genutzt wurde. In der Mitt. Schiffbau wurde dieser Schwierigkeit Rechnung getragen, jedoch wurde das Erfordernis eines technischen Risikos beibehalten.[41]

884   Die **Beihilfeintensität** für Produkte und Verfahren beträgt gemäß Ziffer 15 der Mitt. Schiffbau maximal 20% und darf gemäß Ziffer 29 durch die Kumulierung mit anderen genehmigten Beihilfemaßnahmen nicht überschritten werden.

885   Zu den **beihilfefähigen Kosten** für den **Bau neuer Typschiffe** zählen:[42] **Entwurfskosten** (Konzeptentwicklung, Konzeptdesign/technische Dokumentation, funktionaler Entwurf, detaillierter Entwurf, Ausgaben für Studien, Erprobung, Modelle, Kosten für Entwicklung und Entwurf des Schiffs, Kosten für die Planung der Durchführung des Entwurfs, Kosten für Tests und

---

[35] Leadership 2015 (Fn. 3), 8 f.

[36] Kom., Staatliche Beihilfe N 452/2004, Tz. 23–24 – Deutschland: Innovationsbeihilfen für den Schiffbau.

[37] Bericht über die Wettbewerbspolitik 2005, Tz. 462; *Immenga/Mestmäcker/Ehricke* Art. 87 Abs. 3 EG RdNr. 180.

[38] Vgl. auch Kom., Staatliche Beihilfe N 452/2004 Deutschland; ferner Mitt. „Schiffbau" Tz. 15 (b).

[39] Kom., Staatliche Beihilfe N 342/07, ABl. 2008 C 80/2 – Thyssen Nordseewerke.

[40] Vgl. Art. 6 VO 1540/98, ABl. 1998 L 202/1.

[41] *Hancher/Ottervanger/Slot* RdNr. 15–006; s. ferner *Köhli* 73.

[42] Kom., Staatliche Beihilfe N 452/2004, ABl. 2005 C 235/5, Tz. 7 – Deutschland; ebenso Kom., Staatliche Beihilfe N 28/2008, ABl. 2008 C 177/4, Tz. 8 – Finnland; Kom., Staatliche Beihilfe N 719/2006, ABl. 2007 C 67/12, Tz. 7 – Niederlande; Kom., Staatliche Beihilfe N 752/2006, ABl. 2007 C 151/3, Tz. 7 – Italien.

Versuche an den Produkten, jedoch ohne den technischen Standardentwurf, wenn dieser einem früheren Schiffstyp entspricht); **erhöhte Lohn- und Gemeinkosten (Lernkurve):** Angesichts der typischen Herausforderungen in Verbindung mit dem Bau eines Prototyps sind die Produktionskosten des ersten Schiffs in der Regel höher als die Produktionskosten weitere Schwesterschiffe. Lernkurven sind zusätzliche Produktionskosten, die für die technische Innovation unbedingt erforderlich sind. Dazu zählen Lohnkosten (Löhne und Sozialabgaben) und damit verbundene Gemeinkosten für neue Typschiffe im Vergleich zu den Produktionskosten der späteren Schiffe der gleichen Baureihe (Schwesterschiffe). Sie müssen sich auf den erforderlichen Mindestbetrag beschränken. In begründeten Ausnahmefällen können bis zu 10% der Lohn- und Gemeinkosten für den Bau eines neuen Typschiffs als beihilfefähige Kosten angesehen werden, wenn diese für die technische Innovation erforderlich sind. Ein Ausnahmefall gilt als begründet, wenn die vorstehend definierten zusätzlichen Produktionskosten 3% überschreiten. Standard Engineering Designkosten, wie sie bei einem schon klassifizierten Schiffstyp entsprechen würden, sind nicht förderfähig.[43]

Bei **neuen Komponenten oder Systemen** sind folgende Kosten beihilfefähig, soweit sie **886** **direkt mit der Innovation verbunden** sind:[44] Entwurfs- und Entwicklungskosten; Kosten für die Erprobung des Innovationsgegenstandes, Modelle; Kosten für Material und Bauteile; in Ausnahmefällen die Kosten für Fertigung und Installation einer neuen Komponente oder eines neuen Systems, die für die Innovation erforderlich sind, soweit sie sich auf den erforderlichen Mindestbetrag beschränken.

Zu den beihilfefähigen Kosten bei **neuen Verfahren** zählen:[45] Kosten für den Entwurf (De- **887** sign), Kosten für Material und Ausrüstungsgegenstände; Ggf. Kosten für die Erprobung des neuen Verfahrens; Kosten für Machbarkeitsstudien, die in den zwölf Monaten vor dem Beihilfeantrag durchgeführt werden.

Zu den beihilfefähigen Kosten zählen ferner die Kosten der Werft und Kosten für die Beschaf- **888** fung von Waren und Dienstleistungen von Dritten (Systemlieferanten, Lieferanten von schlüsselfertigen Anlagen, Zulieferunternehmen), soweit sie direkt mit der Innovation verbunden sind.[46]

In dem Fall Innovationsbeihilfen für den Schiffbau – Deutschland[47] hat die Kom. im Jahre **889** 2005 ein auf mehrere Jahre angelegtes, 27 Mio. EUR umfassendes Programm Deutschlands genehmigt, welches Innovationsbeihilfe für den Schiffbau bereitstellt.[48] Es war das erste seiner Art nach dem Inkrafttreten der Mitt. Schiffbau im Januar 2004. Die Kom. stellte fest, dass dieses Programm in Einklang steht mit den Zielen der Lissabon-Agenda, insbesondere mit den Zielen des **LeaderSHIP 2015** Programms, welches zum Ziel hat die Wettbewerbsfähigkeit des Schiffbausektors zu verbessern.[49] Unter bestimmten Bedingungen, insbesondere, wenn die Innovation ein zweites Mal genutzt wird, muss die gewährte Beihilfe zurückerstattet werden.

Die Regelung für **Innovationsbeihilfen** an den Schiffbau in Deutschland wurde im Jahre **890** 2008 durch die Kommission **um drei Jahre bis 2011 verlängert.**[50] Minimale Änderungen betrafen lediglich die Rückzahlungsklausel.

Das **französische Programm**[51] hat ein Budget von 25 Mio. EUR bei einer Laufzeit von **891** sechs Jahren.[52] Es betrifft die Gewährung von Beihilfe in Form von Darlehen. Zuständige Stelle ist die Direction Générale de l'Industrie, des Technologies, de l'Information et des Postes (DIGITIP), welche auch eine Liste von Experten für die Bewertung des Antrags zusammenstellt.

---

[43] Kom., Staatliche Beihilfe N 752/2006, Tz. 7 – Italien.

[44] Kom., Staatliche Beihilfe N 452/2004, Tz. 8 – Deutschland; Kom., Staatliche Beihilfe N 28/2008, Tz. 9 – Finnland; Kom., Staatliche Beihilfe N 719/2006, Tz. 8 – Niederlande; Kom., Staatliche Beihilfe N 752/2006, Tz. 8 – Italien.

[45] Kom., Staatliche Beihilfe N 452/2004, Tz. 9 – Deutschland; Kom., Staatliche Beihilfe N 28/2008, Tz. 10 – Finnland; Kom., Staatliche Beihilfe N 752/2006, Tz. 9 – Italien.

[46] Kom., Staatliche Beihilfe N 452/2004 – Deutschland.

[47] Kom., Staatliche Beihilfe N 452/2004 – Deutschland; s. dazu *Köhli* 74 f.

[48] Anträge für die Gewährung der Beihilfe sind in Deutschland an das Bundesamt für Wirtschaft und Ausfuhrkontrolle (BAFA) zu richten. S. auch *Köhli* 74 f.; Bericht über die Wettbewerbspolitik 2005, Tz. 463.

[49] IP/05/188, Staatliche Beihilfe: Kommission genehmigt Innovationsförderung für deutsche Werften.

[50] Kom., Staatliche Beihilfe N 174/2008 – Deutschland, Verlängerung der Regelung für Innovationsbeihilfen an den Schiffbau. Diese Verlängerung erfolgte unter der Voraussetzung, dass auch die Geltungsdauer der Schiffbau-Rahmenbestimmungen bis 2011 verlängert würde; das wurde durch die Mitt. „Verlängerung Schiffbau" bewirkt.

[51] Kom., Staatliche Beihilfe N 429/2004 – Frankreich.

[52] Bericht über die Wettbewerbspolitik 2005, Tz. 463.

892   Das **spanische Programm**[53] endete am 31. Dezember 2006. Es beinhaltete neben Innovationsbeihilfen auch Regionalbeihilfen und Beihilfen für Forschung und Entwicklung. Es umfaßte ein Budget von 20 Mio. EUR jährlich für 2006 und 2007 und wurde durch Gernecia Naval verwaltet.[54]

893   Weitere Programme für Innovationsbeihilfen für den Schiffbau hat die Kommission in 2007 und 2008 für die **Niederlande, Griechenland, Italien und Finnland** genehmigt.[55]

894   Alle Programme weisen ähnliche Strukturen, beispielsweise hinsichtlich der Verfahrensansforderungen, auf. So sehen die jeweiligen Programme die **Bewertung** des innovativen Vorhabens von einem **unabhängigen Sachverständigen** für Schiffbau vor. Die genauen Voraussetzungen für die Anwendung der Rahmenbestimmungen auf Innovationsbeihilfen wurden in enger Abstimmung zwischen der Kommission und der europäischen Schiffbauindustrie festgelegt.[56] Letztere besteht auf eher enge Vorgaben für Innovationsbeihilfen, insbesondere hinsichtlich der Kosten für die Erprobung technischer Innovationen.[57]

895   Der Antrag auf Innovationsbeihilfe muss gestellt werden, bevor die Werft einen bindenden Vertrag hinsichtlich des spezifischen Projekts, für das die Beihilfe beantragt wird, abschließt oder ein neues Verfahren, für welches Beihilfe beantragt wird, eingesetzt wird.[58] Anderenfalls wäre der **Anreizeffekt** der Beihilfe nicht gegeben. Dem Antrag ist eine Bestätigung eines **unabhängigen Gutachters** für Schiffbau, Forschung, Entwicklung und Innovation beizufügen, die bestätigt, dass das Vorhaben ein technisch neues oder deutlich verbessertes Produkt oder Verfahren verglichen mit den fortgeschrittenen Produkten und Verfahren des Schiffbaus in der Europäischen Gemeinschaft betrifft und das unter eine der beschriebenen Kategorien fällt (qualitative Bewertung). Außerdem muss der Gutachter bestätigen, dass die Höhe des Betrages ausschließlich zur Deckung der innovativen Teile des fraglichen Vorhabens berechnet wurde (quantitative Bewertung).[59]

896   Vorhaben, bei denen der Gesamtbeihilfebetrag **150 EUR pro CGT** für ein Schiff oder **5 Mio. EUR für neue Verfahren** überschritten wird, sind der Kom. als Einzelmaßnahme gemäß Art. 108 Abs 3 AEUV[60] zu notifizieren.[61]

897   Die Kommission hat unter diesen Voraussetzungen Innovationsbeihilfemaßnahmen für mehrere Mitgliedsstaaten[62] genehmigt.[63]

898   Neben den Rahmenbestimmungen kann der Schiffbau alternativ Beihilfen für Forschungsprojekte unter dem **Gemeinschaftsrahmen für Forschung, Entwicklung und Innovation**[64] beantragen, wenn die Voraussetzungen vorliegen.[65] Um zu entscheiden, ob diese beiden Rahmenbestimmungen auf den Schiffbau weiterhin parallel angewandt werden sollen, muss die Kommission mehr Erfahrung mit dem RDI Framework sammeln, welches erst seit dem 1. Januar 2007 in Kraft ist.[66]

899   **bb) Stillegung.** Gemäß Punkt 3.3.2 der Rahmenbestimmungen für Beihilfen an den Schiffbau können auch Stillegungsbeihilfen als mit dem Gemeinsamen Markt vereinbar angesehen werden. Die Vorschrift zu Stillegungsbeihilfen kam jedoch seit dem 30. 12. 2003 nicht zur Anwendung.[67] Schließungsbeihilfen waren bereits nach den Vorgängerregelungen möglich. Sinn

---

[53] Kom., Staatliche Beihilfe N 423/2004 – Spanien.
[54] Kom., Staatliche Beihilfe N 28/2008, Tz. 32 – Finnland; s. auch *Köhli* 74 f.
[55] Kom., Staatliche Beihilfe N 719/2006 – Niederlande; Kom., Staatliche Beihilfe N 416/2007, ABl. 2008 C 125/1 – Griechenland; Kom., Staatliche Beihilfe N 752/2006 – Italien; Kom., Staatliche Beihilfe N 28/2008 – Finnland.
[56] Bericht über die Wettbewerbspolitik 2005, Tz. 461.
[57] *Hancher/Ottervanger/Slot* RdNr. 15–007.
[58] *Köhli* 74.
[59] Kom., Staatliche Beihilfe N 452/2004 – Deutschland.
[60] Vgl. Ziffer 27 der Mitt. „Schiffbau".
[61] Kom., Staatliche Beihilfe N 452/2004, Tz. 14 – Deutschland; vgl. auch Kom., Staatliche Beihilfe N 342/2007, Tz. 15 – Thyssen Nordseewerke.
[62] S. dazu oben RdNr. 890 ff.
[63] Überprüfung der Rahmenbestimmungen für den Schiffbau – Konsultationspapier (Fn. 10).
[64] ABl. 2006 C 323/01.
[65] Vgl. Kom., Staatliche Beihilfe N 43/2006, ABl. 2006 C 303/77 – Italien: F&E-Beihilfe zugunsten von CETEA und INSEAN; Kom., Staatliche Beihilfe N 1/2005, ABl. 2006 C 26/6 – Deutschland: Schifffahrt und Meerestechnik für das 21. Jahrhundert; Kom., Staatliche Beihilfe N 360/03, ABl. 2003 C 271/47 – F&E Beihilfe zugunsten der Flensburger Schiffbau-Gesellschaft.
[66] Überprüfung der Rahmenbestimmungen für den Schiffbau – Konsultationspapier (Fn. 10).
[67] S. Mitt. „Verlängerung Schiffbau".

und Zweck der Regelung ist, Werften anzuregen, durch Schließung unprofitabler Teile ihre Betriebe wettbewerbsfähiger zu machen. Durch die Möglichkeit der Gewährung von Stillegungsbeihilfen sollen Kosten gedeckt werden, die durch die völlige oder teilweise Stilllegung von Schiffbau-, Schiffsreparatur- oder Schiffsumbauunternehmen entstehen. Die **Stilllegung** muss in der Folge zu einem **echten und endgültigen Kapazitätsabbau** führen. Sie kommt daher nicht in Betracht, wenn zwar das Unternehmen aus dem Markt ausscheidet oder einen Teil der Anlagen stilllegt, aber diese Werftanlagen von einem Dritten weiter zur Produktion von Schiffen genutzt werden, und zwar auch dann, wenn es sich nicht um einen Unternehmensübergang handelt, sondern lediglich um einen Erwerb von Vermögensgegenständen. Die Beihilfe wird als Darlehen oder Bürgschaft gewährt, um den Unternehmen zu ermöglichen, unvollendete Aufträge beenden zu können.

Wie bereits in der Verordnung 1540/98 geregelt, werden die Beihilfen sowohl für vollständige als auch für teilweise Stilllegungen gewährt, was die Stilllegung unrentabler Betriebsteile und den Übergang zu spezialisierten und hochtechnologischen Betriebsanlagen fördern soll. Gemäß Ziffer 19 der Rahmenbestimmungen dürfen Stillegungsbeihilfen und Rettungs- oder Umstrukturierungsbeihilfen innerhalb eines Zeitraums von zehn Jahren nicht kombiniert werden.[68] Unternehmen, welche teilweise Stilllegungsbeihilfen erhalten, dürfen in den vergangenen zehn Jahren somit **keine Rettungs- und Umstrukturierungsmaßnahmen** erhalten haben. Die Höhe und Intensität der gewährten Beihilfe muss außerdem in einem angemessenem Verhältnis zum Umfang der Stilllegung stehen. Es muss gewährleistet sein, dass die entsprechenden Anlagen für mindestens zehn Jahre stillgelegt bleiben. Die Verpflichtung ist allerdings anlagenbezogen und erlaubt daher die Steigerung der Produktivität der Werft.   **900**

Würde also eine Werft mit einer technischen Schiffbaukapazität von zB 200 000 cgt eines von zwei Trockendocks schließen, und dadurch ihre Kapazität von 120 000 cgt absenken, so dürfte zwar das zweite Trockendock nicht wieder in Betrieb genommen werden. Erreicht die Werft aber eine **Produktivitätssteigerung** durch andere Maßnahmen, so ist dies durchaus erwünscht. Die Werft ist also aufgrund der Stilllegungsbeihilfe nicht auf einen festen cgt-Wert als Kapazität festgelegt, noch weniger besteht eine Produktionsbeschränkung.[69]   **901**

Für Stillegungsbeihilfen kommen folgende Posten als **beihilfefähige Kosten** in Betracht: Zahlungen an entlassene und vorzeitig in den Ruhestand getretene Arbeitnehmer; Kosten für die Beratung von entlassenen oder zu entlassenden oder vorzeitig in den Ruhestand getretenen Arbeitnehmern einschließlich der von den Werften geleisteten Zahlungen zur Förderung der Gründung von Kleinunternehmen; Zahlungen an Arbeitnehmer für Umschulungszwecke; Aufwendungen zur Herrichtung der Werften, ihrer Gebäude, Anlagen und Infrastruktur für andere Zwecke als den Schiffbau, -reparatur oder -umbau; wenn Schiffbau, -reparatur oder -umbau eingestellt werden auch Beihilfen, die dem Restbuchwert der betreffenden Anlagen oder dem über einen angenommenen Dreijahreszeitraum erzielbaren diskontierten Betriebsgewinn entsprechen, abzüglich der Vorteile, die dem geförderten Unternehmen aus der Stilllegung erwachsen; ferner Beihilfen in Form von Darlehen oder Darlehensbürgschaften für Betriebskapital, damit das Unternehmen angefangene Arbeiten zu Ende führen kann, sofern diese auf das erforderliche Mindestmaß beschränkt bleiben und ein wesentlicher Teil der Arbeiten bereits abgeschlossen ist. Wird ein Werftunternehmen in Schwierigkeiten abgewickelt und liquidiert, so können die für die Fertigstellung von Schiffen erforderlichen Beträge, die nicht durch die Baupreise abgedeckt werden, im Wege der Schließungsbeihilfe gewährt werden.[70]   **902**

    cc) Beschäftigungsbeihilfen. Gemäß Punkt 3.3.3 der Mitteilung Schiffbau können Beschäftigungsbeihilfen als mit dem Gemeinsamen Markt vereinbar angesehen werden. Diese Regelung kam jedoch seit 30. 12. 2003 nicht zur Anwendung.[71] Sie erfasst Beihilfen zur **Schaffung von Arbeitsplätzen,** zur Einstellung benachteiligter oder behinderter Arbeitnehmer und zur Deckung der Mehrkosten für die Beschäftigung benachteiligter oder behinderter Arbeitnehmer. Nach dieser Bestimmung gewährte Beihilfen mussten mit der VO 2204/2002 vom 13. 12. 2002[72] in Einklang   **903**

---

[68] *Hancher/Ottervanger/Slot* RdNr. 15–008.

[69] Zur Begriffsabgrenzung zwischen Kapazitätsbegrenzung und Produktionsbeschränkung sowie zur Unterscheidung zwischen technischem Kapazitätsabbau und Produktivität vgl. EuG verb. Rs. T-227/99 und T-134/00, Slg. 2002, II-1205 – Kvaerner Warnow Werft/Kom., bestätigt durch EuGH, C-181/02 P, Slg. 2004, I-5703 – Kom./Kvaerner Warnow Werft.

[70] Kom., ABl. 1997 L 250/10, Abschnitt V der Entscheidung – Bremer Vulkan Werft GmbH.

[71] S. Mitt. Verlängerung Schiffbau, zweiter Absatz.

[72] ABl. 2002 L 337/3.

stehen, welche Regeln für die Schaffung von Arbeitsplätzen sowie die Einstellung benachteiligter und behinderter Arbeitnehmer normiert. Bezüge auf die VO 2204/2002 gelten seit Inkrafttreten der generellen Gruppenfreistellungsverordnung[73] nach deren Art. 43 als Bezugnahmen auf die generelle Gruppenfreistellungsverordnung.

904   Die generelle Gruppenfreistellungsverordnung erlaubt Beschäftigungsbeihilfen gem. Art. 13 als **regionale Beschäftigungsbeihilfen** oder gem. Art. 15 als **Beschäftigungsbeihilfen an KMU.** Letztere Regelung dürfte für die unter die Mitt. Schiffbau fallenden Unternehmen keine Bedeutung in der Praxis haben. Da die regionalen Beschäftigungsbeihilfen an Investitionen geknüpft sind, greift Tz. 26 der Mitt. Schiffbau, die eine Gewährung von Regionalbeihilfen für den Schiffbau begrenzt.[74] Daher müssen die entsprechenden Voraussetzungen für die Gewährung von Investitionsbeihilfen (u.a. Produktivitätssteigerung, keine wesentliche Kapazitätssteigerung) vorliegen. Nach Tz. 26 lit. d sind die Beihilfen auf die förderbaren Ausgaben gemäß den Regionalleitlinien[75] begrenzt. Diese können nach deren Tz. 57 ff. auch auf Basis der Lohnkosten der durch die Investition geschaffenen Arbeitsplätze ermittelt werden. Dies wird in der Praxis allerdings angesichts der Höhe der durchzuführenden Investitionen im Vergleich zu den Lohnkosten für die damit geschaffenen zusätzlichen Arbeitsplätze keine Bedeutung erhalten. Daher ist davon auszugehen, dass die **Beschäftigungsbeihilfen auch künftig im Bereich des Schiffbaus praktisch keine Anwendung finden.**

905   **dd) Ausfuhrkredite.** Gemäß Punkt 3.3.4 der Mitt. Schiffbau sind Ausfuhrkredite unter bestimmten Voraussetzungen mit dem Gemeinsamen Markt vereinbar. Die Reglung wurde nahezu wortgleich aus Art. 3 Abs. 4 der Verordnung 1540/98 zu auftragsbezogenen Beihilfen übernommen.[76] Sie nimmt Bezug auf das **OECD-Übereinkommen über Leitlinien für öffentlich unterstütze Exportkredite,**[77] wonach eine auf dem **CIRR** (Commercial Interest Reference Rate) basierende Finanzierung mit den Beihilfevorschriften vereinbar ist,[78] wodurch das Risiko sich ändernder Zinssätze während der Refinanzierung der Kredite ausgeglichen wird.

906   Für Spanien, Deutschland und Dänemark hat die Kommission solche Schiffsfinanzierungsregelungen nach CIRR genehmigt.[79] Diese Beihilfeprogramme erlauben den Ausgleich von Zinskosten, verglichen mit dem Referenzzinssatz CIRR zuzüglich einer Marge. Die zugrunde liegende Endfinanzierung des Schiffs darf maximal 80% des Baupreises betragen, das Darlehen muss binnen max. zwölf Jahren zurückgeführt werden. Mindestens 20% des Baupreises müssen bei Ablieferung bezahlt werden.

907   **ee) Entwicklungshilfe.** Gemäß Punkt 3.3.5 der Mitt. Schiffbau können Entwicklungsbeihilfen als zulässig angesehen werden, die typischerweise dem Reeder in einem Entwicklungsland gewährt werden. Diese Beihilfen, die dem Reeder gewährt werden, könnten mittelbar die Werft begünstigen und werden daher von der Mitt. Schiffbau mit umfasst. Die Entwicklungsbeihilfe ist mit dem Gemeinsamen Markt vereinbar, wenn sie einen **eindeutigen Entwicklungsgehalt** aufweist. In zahlreichen Fällen wurde dies bejaht für Fischereischiffe,[80] Search-and-Rescue Schiffe,[81] Fähren oder Schlepper;[82] es ist allerdings auch möglich, Entwicklungshilfe für den Bau eines Kreuzfahrtschiffs zu gewähren, sofern die Voraussetzungen zur Einordnung als Entwicklungshilfe nach den **OECD-Kriterien** erfüllt sind.[83] Danach (i) darf das Schiff nicht unter einer Billigflagge betrieben werden, (ii) kann die Beihilfe nicht im Rahmen der OECD

---

[73] VO 800/2008, ABl. 2008 L 214/3.

[74] S. dazu Fn. 56 ff.

[75] ABl. 2006 C 54/13.

[76] Vgl. *Hancher/Ottervanger/Slot* RdNr. 15–010.

[77] ABl. 2002 L 206/16.

[78] *Hancher/Ottervanger/Slot* RdNr. 15–009.

[79] Kom., Staatliche Beihilfe N 811 a/2002 – Spanien, verlängert durch Kom., Staatliche Beihilfe N 760/2006 sowie anschließend durch Kom., Staatliche Beihilfe N 393/2008, ABl. 2008 C 261/4; Kom., Staatliche Beihilfe N 20/2004; Kom., Staatliche Beihilfe N 76/2008, ABl. 2008 C 125/4 – Deutschland; Kom., Staatliche Beihilfe N 26/2008, ABl. 2008 C 145/4 – Dänemark.

[80] Kom., Staatliche Beihilfe N 262/06, ABl. 2006 C 303/78, Tz. 10 – Spanien: Entwicklungshilfe für Indonesien.

[81] Kom., Staatliche Beihilfe N 185/2005 – Niederlande: Entwicklungshilfe für Vietnam, ABl. 2005 C 242/5.

[82] Kom., Staatliche Beihilfe N 450/2004 – Niederlande: Entwicklungshilfe für Ghana, ABl. 2005 C 100/29.

[83] Kom., ABl. 2005 L 252/17 – Le Levant.

als staatliche Entwicklungshilfe eingestuft werden, muss der Geber nachweisen, dass sie aufgrund eines zwischenstaatlichen Abkommens gewährt wird, (iii) muss der Geber angemessene Garantien dafür liefern, dass der tatsächliche Eigentümer in dem begünstigten Land ansässig ist und das begünstigte Unternehmen keine nichtoperative (Tochter-)Gesellschaft eines ausländischen Unternehmens ist und (iv) muss sich der Beihilfeempfänger verpflichten, das Schiff nicht ohne staatliche Genehmigung zu verkaufen.[84]

Die Kom. prüft, ob die Beihilfe für das betreffende Schiff **erforderlich** ist.[85] Ferner prüft sie, **908** ob die Ausstattung der gelieferten Schiffe dem Stand der Technik entspricht, so dass sie für Operationen wie das Festmachen von Großraumschiffen, die Hilfe für Schiffe in Not, das Löschen von Bränden oder die Verhinderung von Naturkatastrophen geeignet sind.[86]

Um eine Wettbewerbsverfälschung im Schiffbau möglichst auszuschließen, überzeugt sich die **909** Kommission, dass der Baupreis dem **Marktpreis** entspricht[87] und **keine Überkompensation** stattfindet.[88] Ferner müssen sich verschiedene Werften um den durch Entwicklungshilfe geförderten Antrag haben bewerben können. Im Regelfall soll die Vergabe im Wege einer **Ausschreibung** erfolgen und der Zuschlag an den besten Bieter gegeben werden.[89] Dennoch ist die Beihilfe nicht mit den Rahmenbestimmungen unvereinbar, wenn lediglich eine Werft in der Lage ist, das Schiff zu konstruieren. Außerdem darf die Werft, die sich um den Auftrag bewirbt, **kein Unternehmen in Schwierigkeiten** sein.[90]

ff) Regionalbeihilfen. Nach Abschnitt 3.3.6. der Mitt. Schiffbau können Regionalbeihilfen **910** für Investitionen unter bestimmten Voraussetzungen als mit dem Gemeinsamen Markt vereinbar angesehen werden. Diese Beihilfeform stellt neben den Innovationsbeihilfen die wichtigste Beihilfeart für den Schiffbau dar.

Regionalbeihilfen sollen die Wirtschaftskraft bestimmter Regionen, deren Lebensstandard **911** unter dem Durchschnitt der EU liegt, verbessern und somit zur Entwicklung dieser Region beitragen. Dies kann durch Investitionen für den Aufbau neuer Unternehmen sowie die **Vergrößerung der Produktionskapazitäten** bereits bestehender Unternehmen erreicht werden. Dadurch werden Arbeitsplätze geschaffen, die **Wettbewerbsfähigkeit** des Unternehmens gestärkt und damit zur wirtschaftlichen Entwicklung der Region beigetragen. Diese allgemeinen Regeln zu Regionalbeihilfen finden auch auf den Schiffbau Anwendung, jedoch wird den Auswirkungen der Investitionen eine besondere Aufmerksamkeit geschenkt. Die Investition in neue oder größere Anlagen, durch die eine Erweiterung der Produktionskapazität erzielt wird, führt zu einer Stärkung des Unternehmens in der Region. Handelt es sich aber um eine Werft, so ist eine Steigerung von Kapazitäten aus gesamteuropäischer Sicht eher problematisch. Daher wird im Schiffbau primär auf die **Steigerung der Produktivität** abgestellt, die durch die Investitionen erzielt werden muss, damit Beihilfen gewährt werden dürfen.

Der Schiffbausektor ist ein zyklischer Markt, auf dem in der Vergangenheit regelmäßig **912** **Überkapazitäten** entstanden, was wiederum zu Problemen führte. Die Rahmenbestimmungen zu Regionalbeihilfen sind daher für den Schiffbau restriktiver als die allgemeinen Regeln zu Regionalbeihilfen. Gemäß Ziffer 26 lit. b und c gilt für die Beihilfe in Regionen gem. Art. 107 Abs. 3 lit. c AEUV eine **Höchstgrenze** von 12,5% und in Regionen gem. Art. 107 Abs. 3 lit. a AEUV eine Höchstgrenze von 22,5%. Wichtiger als die Begrenzung der Beihilfesätze ist allerdings die materielle Begrenzung der Beihilfen.

Soweit es sich um Beihilfen handelt, die direkt oder indirekt den Schiffbau begünstigen, sind **913** Regionalbeihilfen für Investitionen zudem lediglich für die **Sanierung und Modernisierung bestehender Werften** zugelassen, mit dem **primären Ziel, die Produktivität bestehender**

---

[84] Schreiben der Kom. an die Mitgliedstaaten SG(89) D/311 v. 3. Januar 1989; vgl. Kom., ABl. 2005 L 252/17, Tz. 112 – Le Levant.

[85] Kom., Staatliche Beihilfe N 262/2006, Tz. 11 – Spanien; Kom., Staatliche Beihilfe N 450/2004, Tz. 13 – Niederlande.

[86] Bericht über die Wettbewerbspolitik 2005, Tz. 468.

[87] Vgl. Kom., Staatliche Beihilfe N 517/2004, ABl. 2005 C 162/5, Tz. 12 f. – Spanien: Entwicklungshilfe Bangladesch.

[88] Kom., ABl. 2005 C 162/5, Tz. 15 – Spanien.

[89] Kom., Staatliche Beihilfe N 262/06, Tz. 12 – Indonesia; Kom., Staatliche Beihilfe N 185/2005, Tz. 11 – Vietnam; Kom., Staatliche Beihilfe N 322/2004, ABl 2005 C 100/28 – Niederlande/Indonesien.

[90] Vgl. Kom., Staatliche Beihilfe N 262/06, Tz. 13 – Indonesia; s. ferner Kom., Staatliche Beihilfe N 450/2004 – Ghana; Kom., Staatliche Beihilfe N 185/2005, Tz. 10 – Vietnam; Kom., Staatliche Beihilfe N 517/2004 – Bangladesch; Kom., Staatliche Beihilfe N 436/2005 – Mauretanien; s. ferner Bericht über die Wettbewerbspolitik 2005, Tz. 467.

Anlagen zu erhöhen.[91] Der Ersatz von Maschinen mit veralteter Technologie durch neuere Technik fällt ebenso unter den Begriff der Modernisierung und Sanierung wie die Anpassung vorhandener Anlagen an die Marktbedürfnisse.[92] Allerdings darf es sich nicht um Ersatzinvestitionen handeln, denn diese wären nach den Regionalleitlinien nicht förderfähig. Vielmehr muss es sich um eine Erstinvestition handeln, durch die entweder eine grundlegende Änderung der Produktionsverfahren eingeführt wird oder bestehende Anlagen weiter ausgebaut werden.[93] Die Errichtung einer neuen Betriebsstätte – nach den Regionalleitlinien förderfähig – wäre keine Investition in eine „bestehende Werft" und daher nach der Mitt. Schiffbau nicht förderfähig. Die Investitionsmaßnahmen dürfen nicht mit der finanziellen Umstrukturierung der Werft verknüpft sein und müssen das primäre Ziel verfolgen, die Produktivität der vorhandenen Anlagen zu erhöhen.

914 Diese Bestimmungen haben in der Praxis zu einer Reihe von Diskussionen geführt. So war unklar, ob die Investition selbst in **„vorhandene Anlagen"** erfolgen muss oder ob die Investition in eine „bestehende Werft" genügt, und wie eng oder weit der Begriff der „Anlage" zu interpretieren ist. Im Zusammenhang mit den Investitionsbeihilfen für Volkswerft[94] und Rolandwerft[95] hat die Kommission nach langen – auch internen – Diskussionen sich zu der Auffassung durchgerungen, dass es ausreicht, die Investition in der „bestehenden Werft" durchzuführen, soweit damit die Produktivität „vorhandener Anlagen" verbessert wird. Dabei wurde der Begriff der „Anlagen" so interpretiert, dass damit eine **Reihe zusammenhängender Maschinen und Einrichtungen** gemeint ist, die eine Einheit bilden – etwa eine Paneelstraße, die Station zur Fertigung von Sektionen und Blöcken, die Ausrüstungspier etc. Die Produktivitätssteigerung muss also bei einer solchen – vorhandenen – Anlage eintreten.

915 Die Investition selbst muss in der **bestehenden Werft** durchgeführt werden, kann sich aber auf eine **andere Anlage** beziehen als die, bei der die Produktivitätssteigerung eintritt. Zudem kann die Investition Maschinen oder Einrichtungen umfassen, die bisher nicht in der Werft vorhanden sind. Die Begründung für diesen Ansatz ist einleuchtend. Ziel der Mitt. Schiffbau ist die **Steigerung der Wettbewerbsfähigkeit** der Werften. Daher wird gefordert, dass die Regionalbeihilfe die Produktivität vorhandener Anlagen steigern muss. Ist eine Anlage – beispielsweise derjenige Betriebsteil, in dem die Sektionen und Blöcke zusammengebaut werden, nicht besonders effizient, weil er nur teilweise ausgelastet ist, und führt zum Beispiel die Modernisierung der Paneelstraße durch Einführung einer Laserschweißanlage dazu, dass der Gesamtausstoß der Paneelstraße erhöht werden kann und dadurch auch die Station zur Fertigung von Sektionen und Blöcken stärker ausgelastet wird, so kommt es zu einer Steigerung der Produktivität in der „vorhandenen Anlage" Sektions- und Blockbau und auch in der Paneelstraße.

916 Die Erhöhung der Produktivität einer Werft geht natur- und definitionsgemäß einher mit einer gewissen **Erhöhung der Kapazität.** Die Kapazität einer Werft wird definiert als die **Menge, die diese Werft unter normalen Bedingungen fertigen** kann. Sie wird traditionell in **compensated gross tons – cgt** gemessen.[96] Grundlage ist dabei die verarbeitete Stahlmenge, die je nach **Komplexität** des Schiffes mit einem cgt-Faktor multipliziert wird; daraus wird der cgt-Wert pro Schiff ermittelt (anstelle des dwt-Wertes). Beispielsweise ist ein Kreuzfahrtschiff, bezogen auf die verarbeitete Stahlmenge, sehr viel komplexer als ein Bulk Carrier oder ein Containerschiff. Die Summe der cgt-Werte der Schiffe, die eine Werft innerhalb eines Jahres abliefern kann, ergibt dann die Kapazität der Werft in cgt pro Jahr. Ungenauigkeiten ergeben sich dabei insbesondere dadurch, dass eine Werft etwa vorhandene Produktionsengpässe bei der Fertigung von Paneelen oder Sektionen durch Zukauf von Sektionen oder Blöcken überbrücken kann und dann – da die Kapazität an der Ablieferung der Schiffe gemessen wird – eine scheinbar höhere Gesamtkapazität aufweist, als sich tatsächlich auf ihren Anlagen produzieren ließe. Umgekehrt könnte eine Werft ihre Kapazität zu niedrig angeben, indem sie Sektionen oder Blöcke abliefert, denn diese fallen nicht unter den Begriff des „Schiffbaus" nach der Mitt. Schiffbau, weil es sich nicht um „bewegliche, frei schwimmende" Schiffs-

---

[91] *Crome/Depuis*, CPN 1/2007, 109.

[92] Kom., Staatliche Beihilfe N 383/2002 – Neorion Shipyards, wo die Werft eine Diversifizierung durchführte und sich neu ausrichtete, um in den Markt kleiner Kreuzfahrtschiffe einzusteigen.

[93] Leitlinien für staatliche Beihilfen mit regionaler Zielsetzung, ABl. 2006 C 54/13, Tz. 33 ff.

[94] Kom., ABl. 2007 L 151/33 – Volkswerft Stralsund.

[95] Kom., ABl. 2007 L 112/32 – Rolandwerft.

[96] S. dazu OECD – Directorate for Science, Technology and Industry (STI) – Council Working Party on Shipbuilding, Compensated Gross Ton (CGT) System, http://www.oecd.org/dataoecd/59/49/37655301. pdf.

körper handelt. Die Unzulänglichkeiten des cgt-Systems sind hinlänglich bekannt und können allenfalls im Rahmen von Einzelfallentscheidungen eine gewisse Berücksichtigung erfahren;[97] ein besserer Maßstab für die Bemessung der Kapazität ist allerdings bislang nicht gefunden worden.

Bei gleichbleibenden Parametern im Übrigen – also ohne eine Veränderung an den technischen **917** Einrichtungen, der Zahl der Arbeitnehmer oder der Anzahl der Schichten – bedeutet eine **Produktivitätssteigerung**, dass pro Arbeitnehmer mehr cgt produziert werden, oder die Werft insgesamt ihre Schiffe mit weniger Aufwand produziert – und damit **parallel eine gewisse Steigerung der Kapazität** eintritt. Wird dabei nicht nur eine bestehende Installation durch eine neue ersetzt – was als eine reine Ersatzinvestition nämlich nach den Regionalleitlinien nicht förderfähig wäre – sondern wird im Wege einer Erstinvestition eine zusätzliche Anlage angeschafft (zB neuer Kran; automatisierte Schweißeinrichtung; Computersteuerung für den Zuschnitt von Blechen, etc.), so wird damit eine Veränderung an den technischen Einrichtungen vorgenommen, die sowohl die Produktivität erhöht als auch zusätzliche Kapazitäten schafft wird.

Die Kommission interpretiert die Mitt. Schiffbau in der Weise, dass eine Gewährung von **918** Regionalbeihilfen, deren primäres Ziel oder deren **primärer Effekt** die Steigerung der Kapazität ist, nicht mit dem gemeinsamen Markt vereinbar sind. Entscheidendes Ziel der Regionalbeihilfe ist somit die **Modernisierung** der bestehenden Werften, um Schiffe mit höherem Mehrwert effektiver produzieren zu können und damit die Wettbewerbsfähigkeit der Werft zu verbessern.[98] Die Kommission stellte dementsprechend in verschiedenen Fällen[99] klar, dass reine Kapazitätszuwächse der Werft, die nicht mit einer Produktivitätssteigerung vorhandener Anlagen in Verbindung stehen, nicht förderungswürdig sind.[100] Die Fälle Volkswerft Stralsund und Rolandwerft waren dabei die ersten Fälle, die eine größere Zahl verschiedener Investitionen betrafen, bei denen die Auswirkungen der Beihilfen auf die Werftkapazität schwer abzusehen waren.[101] So wurden bei der Rolandwerft Investitionen in die Verlängerung der Schiffbauhalle, eine Verlängerung der Kaianlage und eine Verlängerung der Kranbahn vorgenommen. Die Kommission ließ sich allerdings überzeugen, dass dadurch keine neuen Einrichtungen und Anlagen entstanden, sondern lediglich schon vorhandene Anlagen produktiver gemacht wurden, etwa durch die Überdachung von Arbeitsplätzen, die zuvor im Freien lagen und daher Witterungseinflüssen ausgesetzt waren.[102] Ebenso wurde bei der Volkswerft der vorhandene Hebelift verlängert, um geänderte – längere – Schiffstypen absenken zu können, dies wurde als eine „Sanierung oder Modernisierung der Werft" angesehen.[103]

Dabei war problematisch, ob jede Investition nur in bestehende Anlagen erfolgen muss, oder **919** aber es ausreicht, dass die Werft bereits über eine vergleichbare Anlage verfügt. Bei der Rolandwerft betraf eine Investition die Verlängerung einer Kaimauer und die Schaffung eines zweiten Ausrüstungsplatzes. Die Kommission akzeptierte dies als eine Investition in **bestehende Anlagen,** weil die Werft früher bereits wiederholt zwei Schiffe hintereinander ausgerüstet hatte, es sich dabei jedoch um kürzere Schiffstypen handelte; später hatte die Rolandwerft zwei Schiffe nebeneinander – also ein Schiff am Kai, ein Schiff längsseits im Fahrwasser – ausgerüstet, was ineffizient war. Die Investition in eine Verlängerung der Kaimauer, um die parallele Ausrüstung von zwei Schiffen hintereinander zu ermöglichen, steigerte deutlich die Produktivität.[104] Die Kommission akzeptierte zwar nicht, dass der zuvor im Fahrwasser befindliche Ausrüstungsplatz eine „vorhandene Anlage" war, die durch die Verlängerung des Kais nur verlegt wurde, sie sah aber die Verlängerung der Kaianlage und die dadurch erhöhte Produktivität der vorhandenen Anlage „Ausrüstungspier" als ausreichend an, um die Beihilfe zu genehmigen.[105]

---

[97] Siehe Kom., Staatliche Beihilfe N 239/2008 – Volkswerft Stralsund IIa, Tz. 29, wo die Kom. feststellt, dass zwar eine gewisse Steigerung der Kapazität gemessen in cgt festzustellen ist, aber der Gesamtdurchsatz an Stahl abnimmt. Entscheidend war allerdings die Feststellung, dass die Steigerung der Kapazität sich aus der Steigerung der Produktivität ergibt.

[98] *Hancher/Ottervanger/Slot* RdNr. 15–010.

[99] Vgl. Kom., ABl. 2007 L 195/36 – Slovenské lodenice Komárno; Kom., Staatliche Beihilfe N 35/2007, ABl. 2007 C 188/01 – Peene-Werft; Kom., ABl. 2007 L 112/32 – Rolandwerft; Kom., ABl. 2007 L 151/33 – Volkswerft Stralsund.

[100] Überprüfung der Rahmenbestimmungen für den Schiffbau – Konsultationspapier (Fn. 10), Tz. 3.

[101] *Crome/Depuis* 109.

[102] Kom., ABl. 2007 L 112/32, Tz. 67 – Rolandwerft.

[103] Kom., ABl. 2007 L 151/33, Tz. 63 – Volkswerft Stralsund.

[104] Kom., ABl. 2007 L 112/32, Tz. 72 – Rolandwerft.

[105] Kom., ABl. 2007 L 112/32, Tz. 73.

Da nachgewiesen werden konnte, dass die Werft aufgrund von Engpässen auch nach Durchführung der Investitionen nicht mehr Schiffe produzieren konnte, sah die Kommission die mögliche Steigerung der Kapazität durch einen „echten" zweiten Ausrüstungsplatz letztlich nicht als Hindernis gegen eine Vereinbarkeit mit dem gemeinsamen Markt an.

920 Der Fall der Volkswerft Stralsund betraf sowohl Investitionen in bestehende als auch in neue Anlagen zum Bau von Panamax-Schiffen. Dort ging es überwiegend um die Vergrößerung, Verlängerung und Verbesserung der vorhandenen Anlagen, deren positiver **Effekt auf die Produktivität eindeutig feststellbar** war.[106]

921 Abzuwägen ist in solchen Fällen zwischen der Steigerung der Produktivität, welche durch die Rahmenbestimmungen gewünscht ist, und die eine Auswirkung auf die Kapazität hat, und der bewussten Schaffung zusätzlicher Kapazitäten als solcher, welcher nicht beabsichtigt ist. Die Kommission prüft die Auswirkungen in einem dreistufigen Verfahren.[107] In der ersten Stufe muss nachgewiesen werden, dass die Sanierung oder Modernisierung der bestehenden Anlagen überhaupt zu einer **Produktivitätssteigerung** führt. In der zweiten Stufe werden die Auswirkungen der Investition auf die **Kapazität** der Werft analysiert. Im dritten Prüfungsabschnitt nimmt die Kommission eine Abwägung des Kapazitätszuwachses und der Produktivitätssteigerung vor, in deren Rahmen die **Kapazitätszuwächse nicht disproportional** erscheinen dürfen. Kapazitätszuwächse sind also nicht von vornherein ausgeschlossen.[108] Nicht beihilfefähig wären jedoch solche Kapazitätssteigerungen, die ausschließlich auf die Erhöhung der Kapazität der Werften abzielen. Dem liegt der Gedanke zugrunde, dass die europäische Schiffbauindustrie dazu angehalten werden soll, verstärkt auf Qualität statt auf Quantität der Produktion zu setzen um im Wettbewerb bestehen zu können. Dabei sind nicht nur direkte Investitionen in bereits bestehende Anlagen zulässig, wobei solche Investitionen jedoch mit geringerer Wahrscheinlichkeit zu einer Kapazitätssteigerung der Werft führen.[109]

922 Im Falle Rolandwerft setzte sich die Kommission mit der Schaffung einer **zusätzlichen Anlage** (Verlängerung eines Ausrüstungskais) auseinander und prüfte, ob der zusätzliche/verlängerte Kai es erlauben würde, künftig mehr Schiffe zu fertigen, etwa durch Zukauf von fremdgefertigten Kaskos. Die Gesamtabwägung ergab, dass die durch die Investition verursachte **Ausweitung der Kapazität „nicht als unverhältnismäßig** angesehen werden" konnte.[110]

923 Die Beihilfen für den Schiffbau dürfen grundsätzlich bis zu den jeweils **festgelegten Höchstgrenzen** kumuliert werden,[111] also 12,5% in Gebieten nach Art. 107 Abs. 3 lit. c AEUV und 22,5% in Gebieten nach Art. 107 Abs. 3 lit. a AEUV. Die anwendbaren Höchstgrenzen gelten gemäß Ziffer 29 der Rahmenbestimmungen unabhängig davon, ob die Beihilfen ganz oder teilweise aus gemeinschaftlichen oder aus staatlichen Mitteln gewährt werden.[112]

924 **d) Notifizierungserfordernisse.** Nach Abschnitt 4 der Mitt. Schiffbau müssen sämtliche Vorhaben zur Gewährung neuer Beihilfen für den Schiffbau, die Schiffreparatur und den Schiffumbau, die in Form einer Beihilferegelung oder als nicht von einer Regelung umfasste Einzelmaßnahme gewährt werden sollen, der Kommission notifiziert und von dieser geprüft und genehmigt werden, es sei denn, die Beihilfe fällt unter die Gruppenfreistellungsverordnung. Diese Ausnahme kann nicht für Regionalbeihilfen gelten, wohl aber für eine Reihe von anderen Beihilfearten, wie insbesondere Ausbildungsbeihilfen und Umweltbeihilfen.

925 Durch ihre Mitteilung in Form einer **zweckdienlichen Maßnahme** nach Art. 108 Abs. 1 AEUV vom 1. 11. 2003[113] hat die Kommission diese Verpflichtung zur **Notifizierung auch auf alle regionalen Investitionsbeihilferegelungen** für Unternehmen erstreckt, die im Schiffbau tätig sind. Die Mitgliedstaaten haben diese zweckdienliche Maßnahme akzeptiert, so dass sie verbindlich geworden ist. Dadurch wird die Verpflichtung zur Notifizierung auch auf solche Regionalbeihilfen erstreckt, die nicht „für den Schiffbau" gewährt werden, soweit sie an eine **„verbundene Einheit"** gewährt werden, auch wenn diese in anderen Industriezweigen

---

[106] Kom., ABl. 2007 L 151/33, Tz. 64 f. – Volkswerft Stralsund.

[107] Siehe Kom., Staatliche Beihilfe N 239/2008, Tz. 26 – Volkswerft Stralsund IIa, und Kom., Staatliche Beihilfe N 277/2009, Tz. 31 – Volkswerft Stralsund IIb.

[108] Kom., Staatliche Beihilfe N 277/2009, Tz. 31 – Volkswerft Stralsund IIa, wo festgestellt wird, dass sich die Kapazitätssteigerung aus dem Produktivitätszuwachs ergibt.

[109] *Crome/Depuis* 109.

[110] Kom., ABl. 2007 L 112/32, Tz. 81 aE – Rolandwerft.

[111] *Frenz* RdNr. 1075.

[112] *Immenga/Mestmäcker/Ehricke* Art. 87 Abs. 3 EG RdNr. 182.

[113] ABl. 2003 C 263/2.

tätig ist. Die **inhaltliche Prüfung** hat dann zum Gegenstand, ob durch die Gewährung der Regionalbeihilfe an die „verbundene Einheit" letztlich eine „indirekte Begünstigung" des Schiffbaus bewirkt. Soweit dies nicht der Fall ist, wäre die Beihilfe für mit dem Binnenmarkt vereinbar zu erklären.

XIII. Automobilsektor

Schrifttum: *Barbera de Rosal,* The new Multisectoral Framework for large investment projects, Competition Policy Newsletter 2/2002, 12 ff.; *Cavallo/Junginger-Dittel,* The Multisectoral Framework 2002: new rules on regional aid to large investment projects, Competition Policy Newsletter 1/2004, 78 ff., *Dancet/ Rosenstock,* State Aid Control by the European Commission – The case of the Automotive Industry, in: *Stuyck/Abraham/Goemans* (Hrsg.), Subsidies an Competition in the European Union (1996); *De Vreese,* Transparency System for large regional investment projects, Competition Policy Newsletter 3/2007, 89 ff.; *Garcia Bermudez/Galand,* Recent training aid cases in the car industry, Competition Policy Newsletter 1/ 2007, 104 ff.; *McLaughlin/Maloney,* The European Automobile Industry: multi-level governance, policy and politics (1999).

Die Automobilindustrie mit ihrer komplexen Wertschöpfungskette spielt eine bedeutende **926** Rolle in der europäischen Wirtschaft. Über viele Jahre hinweg war diese Industrie von **Überkapazitäten bei der Produktion** geprägt. Dies führte in der Vergangenheit dazu, dass der Automobilsektor von der Europäischen Kommission als sensibler Sektor angesehen wurde. Im Beihilferecht wurden daher **Sonderregeln** aufgestellt, die eine Gewährung bestimmter Beihilfen – insbesondere von Investitionsbeihilfen – erschwerten. Diese Sonderregelungen gelten heute nicht mehr.

Im Jahre 1989 führte die Kommission erstmals im Wege zweckdienlicher Maßnahmen nach **927** Art. 93 Abs. 1 EWG-Vertrag (jetzt Art. 108 Abs. 1 AEUV) den **Gemeinschaftsrahmen für staatliche Beihilfen in der Kfz-Industrie** ein.[1] Unter Kfz-Industrie wurde die Fertigung von Fahrzeugen[2] sowie von Motoren erfasst. Rettungs- und Umstrukturierungsbeihilfen waren nur in Ausnahmefällen möglich, und zu Bedingungen, wie sie heute nach den Leitlinien für die Beurteilung von staatlichen Beihilfen zur Rettung und Umstrukturierung von Unternehmen in Schwierigkeiten[3] selbstverständlich erscheinen. **Investitionsbeihilfen** waren nur eingeschränkt zulässig und erforderten eine detaillierte Prüfung. Lediglich **Ausbildungsbeihilfen** waren weitgehend zulässig. Ein großer Teil der Entscheidungen der Kommission zu diesem Beihilfebereich betrifft den Automobilsektor.[4] Die Gewährung von Beihilfen an Unternehmen des Kfz-Sektors bedurfte fast ausnahmslos der vorherigen Notifizierung und Genehmigung durch die Kommission.

Für die Prüfung von Investitionsbeihilfen war der Nachweis erforderlich, dass das **Investi-** **928** **tionsprojekt „mobil"** war, also – glaubwürdig – auch an einem anderen Standort durchgeführt werden konnte. Konnte der Hersteller nicht nachweisen, dass er das Projekt an einem anderen Standort hätte durchführen können, so führte dies zur Feststellung, dass die Beihilfe nicht erforderlich war; die Beihilfe wurde versagt.[5] Zudem wurde der Höchstbetrag der zulässigen Beihilfe durch eine **Kosten-Nutzen-Analyse** ermittelt, eine Art kontrafaktischer Studie, in der die Investitions- und Betriebskosten an dem geförderten Standort mit dem hypothetischen Ersatzstandort verglichen wurden. Die Beihilfenhöhe wurde sodann ermittelt, indem die Mehrkosten zur Gesamtinvestition ins Verhältnis gesetzt wurden; natürlich durfte auch die für die Förderregion zugelassene Förderintensität nicht überschritten werden. In den meisten Fällen führte die Kosten-Nutzen-Analyse zu einer Begrenzung der Förderhöhe im Vergleich zum sonst zulässigen Höchstsatz der Regionalförderung.[6]

Der Gemeinschaftsrahmen für staatliche Beihilfen in der Kfz-Industrie wurde wiederholt ver- **929** längert[7] und hinsichtlich der Aufgreifschwellen wiederholt angepasst; der Begriff der Kfz-

---

[1] ABl. 1989 C 123/3. Einen guten Überblick verschaffen *Dancet/Rosenstock* aaO.

[2] Dazu zählten sämtliche Kategorien von Kraftfahrzeugen, unter Einschluss von Personenwagen, Lastkraftwagen, Bussen etc.

[3] S. dazu Kapitel C.

[4] Vgl. Kom., ABl. 2010 L 167/1 – Ford Craiova; Kom., ABl. 2007 C265/21 – Volvo; Kom., ABl. 2007 C243/4 – Vauxhall; Kom., Staatliche Beihilfe N-541/2006 – Fiat. S dazu *Carcia Bermudez/Galand* 104 ff.

[5] Kom., Staatliche Beihilfe C-9/99 (ex N-838/97) Fiat Mirafiori Meccanica.

[6] S. Kom., Staatliche Beihilfe N-697/98 – Mercedes Vitoria; vgl. ferner XXXI. Bericht zur Wettbewerbspolitik (2001), RdNr. 423 – FIAT – Melfi.

[7] Zuletzt Kom., ABl. 2001 C 368/10.

Industrie wurde ausgeweitet und erfasste auch die Fertigung von Modulen und Primärkomponenten. Durch die Einführung des **Multisektoralen Regionalbeihilferahmens für große Investitionsvorhaben** wurden Investitionsbeihilfen im Kfz-Sektor einer **vereinfachten Regelung** unterworfen.[8] Ab 1. Januar 2003 durften die Investitionsbeihilfen für Vorhaben mit einem Investitionsvolumen von mehr als € 50 Millionen oder einem Bruttosubventionsäquivalent der Beihilfe von mehr als € 5 Millionen nur noch **pauschal 30% der regionalen Beihilfehöchstintensität** betragen. Eine Kosten-Nutzen-Analyse sowie der Nachweis der Mobilität des Projektes wurden dadurch entbehrlich.

930 Mit der Einführung der **neuen Leitlinien für die Regionalförderung**[9] wurden die zuvor geltenden **Sonderregelungen für den Kfz-Sektor aufgehoben.** Große Investitionsvorhaben im Kfz-Sektor sind jetzt denselben Regeln unterworfen wie Investitionen in anderen Sektoren, insbesondere gelten die Leitlinien für die Prüfung großer Investitionsvorhaben.[10] Eine vertiefte Prüfung im Rahmen eines Hauptprüfverfahrens ist danach erforderlich, wenn das beihilfebegünstigte Unternehmen vor Durchführung der Investition oder nach deren Fertigstellung einen **Marktanteil von mehr als 25%** erreicht.

931 Die Bestimmung des **sachlich relevanten Marktes** wird dabei von der Kommission zumeist anhand der betroffenen **Segmente** der Automobile (nach Fahrzeuggröße und Motorisierung) ermittelt, nicht für den Automobilmarkt insgesamt.[11] Derzeit ist noch **offen, wie der geographisch relevante Markt abzugrenzen** ist, insbesondere, ob vom EWR oder von einem größeren Markt (globaler Markt) auszugehen ist. Dabei stellt die Kommission auf die Sicht der Hersteller ab.[12]

XIV. Stahl*

Schrifttum: *Lienemeyer,* State aid for restructuring the steel industry in the new Member States, Competition Policy Newsletter 1/2005, 94; *ders./Mazurkiewicz-Gorgol,* Misuse of restructuring aid in the steel sector – or some remarks on the monitoring of Polish and Czech steel restructuring from the point of view of State aid control, Competition Policy Newsletter 1/2008, 77; *Obwexer,* Das Ende der Europäischen Gemeinschaft für Kohle und Stahl, EuZW 2002, 517.

Übersicht

---

[8] Kom., ABl. 2002 C 70/8. S dazu *Barbera de Rosal* 14; *Cavallo/Junginger-Dittel* 82.

[9] Kom., ABl. 2006 C 54/13; s. dazu *De Vreese;* ausführlich ferner oben Art. 13, 14 AGVO.

[10] Kom., ABl. 2009 C 223/3.

[11] Kom., ABl. 2010 C 64/15 RdNr. 75 ff. – Audi Hungaria Motor Kft.

[12] Kom., aaO, RdNr. 95 – Audi Hungaria Motor Kfz.

* Die Verfasser danken *Michael Karl Pieber* für seinen Beitrag zu dieser Kommentierung. Die angeführten Ansichten spiegeln lediglich die Auffassung der Verfasser wider und sind nicht als offizielle Stellungnahme der Europäischen Kommission anzusehen.

1. Einleitung. Einer der wenigen Industriebereiche, der eigenen sektoralen Beihilferegeln 932
unterliegt, ist die Stahlindustrie. Dies ist auf den Umstand zurückzuführen, dass die Stahlindustrie über Jahrzehnte an erheblichen strukturellen Überkapazitäten litt. Nach umfangreichen
Umstrukturierungsbemühungen in den 80ern und 90ern, wurde staatliche Förderung einem
restriktiven Regime unterworfen, das gleiche Wettbewerbsbedingungen für alle europäischen
Stahlerzeuger garantieren und jeglichen staatlichen Anreiz für den Aufbau neuer Kapazitäten
oder den Erhalt veralteter Kapazitäten beseitigen sollte. Aus diesem Grund war es den Mitgliedstaaten nicht mehr erlaubt, ihren Stahlherstellern Investitionsbeihilfen – insbesondere Regionalbeihilfen – sowie Rettungs- und Umstrukturierungsbeihilfen zu gewähren. Diese strenge Regelung wurde in dem Stahlbeihilfekodex[1] der Europäischen Gemeinschaft für Kohle und Stahl
(EGKS) festgelegt. Seit dem Auslaufen des EGKS-Vertrages im Jahr 2002[2] wurde dieser Ansatz
unter Art. 87 EG, jetzt Art. 107 AEUV, und den allgemeinen Beihilferegeln der EU fortgeführt.[3]

Im Folgenden wird zunächst der Begriff der „Stahlindustrie", so wie er in den europäischen 933
Beihilferegeln definiert ist, erläutert (RdNr. 934 ff.). Anschließend werden die sektorspezifischen
Regelungen für Rettungs- und Umstrukturierungsbeihilfen dargestellt, insbesondere die im
Rahmen der Beitrittsvorbereitung geltenden besonderen Regelungen, die vom grundsätzlichen
Verbot von Rettungs- und Umstrukturierungsbeihilfen abweichen (RdNr. 938 ff.). Der letzte
Abschnitt befasst sich mit Investitionsbeihilfen an die Stahlindustrie und die Anwendung der
derzeit geltenden Krisenbestimmungen, insbesondere des sogenannten „vorübergehenden Ge-
meinschaftsrahmens" (RdNr. 983 ff.).

2. Der Stahlbegriff in der EU-Beihilfenkontrolle. Der Begriff der „Stahlindustrie" ist 934
heute in Art. 2 Ziffer 29, der allgemeinen Gruppenfreistellungsverordnung[4] definiert. Darin wird
bestimmt, dass die „Stahlindustrie" sämtliche Tätigkeiten in Zusammenhang mit der Herstellung eines oder mehrerer der folgenden Erzeugnisse umfasst, die näher in der Verordnung beschrieben werden:
– Roheisen und Ferrolegierungen;
– Rohfertigerzeugnisse und Halbzeug aus Eisen, Stahl oder Edelstahl;
– Walzwerksfertigerzeugnisse aus Eisen, Stahl oder Edelstahl;
– Kaltfertigerstellte Erzeugnisse;
– Röhren (sämtliche nahtlosen Stahlröhren, geschweißte Stahlröhren mit einem Durchmesser
  von mehr als 406,4 mm).

Diese Begriffsbestimmung ersetzt die frühere Definition in Anhang I zu den Leitlinien für 935
staatliche Beihilfen mit regionaler Zielsetzung 2007–2013[5] und der Mitteilung der Kommission
über multisektorale Regionalbeihilferahmen von 2003.[6] Die derzeitige beschreibende Definition
orientiert sich an Anhang 1 zum EGKS-Vertrag; eine Definition, die auf KN-Codes verweist –
wie die des Multisektoralen Beihilferahmens von 2003 – wurde wieder abgeschafft.[7]

Im Rahmen der Überführung der Stahlregeln vom EGKS- in das EU-Rechtssystem, wurde 936
die Liste der Stahlerzeugnisse erweitert, indem Röhren unter lit. e aufgenommen wurden. Ursprünglich waren diese Produkte einer besonderen Regelung unterworfen: der Rahmenregelung für bestimmte, nicht unter den EGKS fallende Stahlbereiche.[8] Im Gegensatz zu der strengen Regelung für unter den EGKS-Vertrag fallende Produkte, wurde für Röhren im Einzelfall
entschieden, ob die allgemeinen Beihilferegeln Anwendung finden können, oder ob die Marktsituation eine striktere Behandlung verlangt. Als jedoch die EGKS im Jahr 2003 auslief, wurde

---

[1] Entscheidung Nr. 2496/96/EGKS zur Einführung gemeinschaftlicher Vorschriften über Beihilfen an die
Eisen- und Stahlindustrie, ABl. 1996 L 338/42.
[2] Vgl. Mitteilung der Kommission über bestimmte Aspekte der Behandlung von Wettbewerbsfällen nach
Auslaufen des EGKS-Vertrags, ABl. 2002 C 110/22; vgl. *Obwexer* EuZW 2002, 517.
[3] Siehe zum Beispiel, *Schröter/Jacob/Mederer/Mederer* Art. 87 EG RdNr. 341. Angesichts der Tatsache, dass
seit 2002 im Prinzip die allgemeinen Beihilferegeln auf den Stahlsektor Anwendung finden, gibt es kaum
Fachliteratur zu staatlichen Beihilfen im Stahlsektor.
[4] VO 800/2008, ABl. 2008 L 214/3.
[5] ABl. 2006 C 54/13.
[6] Vgl. RdNr. 27 des Multisektoralen Beihilferahmens, ABl. 2002 C 70/8.
[7] Anhang 1 des Multisektoralen Beihilferahmens von 2003 bestand aus einer Liste von Stahlprodukten unter Bezugnahme auf KN-Codes, welche eingeführt wurde, als der EGKS-Vertrag in das EU-Regime übernommen wurde. Jedoch wurden die KN-Codes von 2003 aktualisiert, so dass der Anhang auf Codes verwies, die entweder nicht mehr existierten oder nicht mehr richtig waren.
[8] ABl. 1988 C 320/3.

auch die Rahmenregelung für nicht-EGKS-Produkte hinfällig.[9] In wettbewerbsrechtlicher Hinsicht bestätigte die Kommission in dem Multisektoralen Beihilferahmen, dass der Gemeinschaftsmarkt für nahtlose und große geschweißte Stahlröhren durch unzureichende Kapazitätsauslastung gekennzeichnet war. Da der durch Überkapazität bedingte Wettbewerbsdruck vergleichbar war mit der Situation der Stahlerzeugnisse unter der bisherigen Stahldefinition, erweiterte der Multisektorale Beihilferahmen den Begriff der „Stahlindustrie", um auch nahtlose und große geschweißte Röhren einzubeziehen.[10] Dies entsprach und entspricht weiterhin der allgemeinen Haltung der Kommission zu Industriebereichen mit strukturellen Überkapazitäten, in denen Beihilfen in verstärktem Maß zu Wettbewerbsverzerrungen führen. Ferner ist dort, wo die geförderte Investition eine Kapazitätserweiterung zur Folge hat, eine Reduzierung der Förderintensität erforderlich, um die negativen Auswirkungen auf den Wettbewerb zu minimieren.[11]

937   Zum Anwendungsbereich ist anzumerken, dass sich die Stahldefinition nicht auf die Erzeugnisse als solche, sondern auf deren Herstellung bezieht. Ziel der Stahlvorschriften ist es, das Problem der Überkapazitäten in den Griff zu bekommen. Ist das Produkt erst einmal hergestellt, ist es unwichtig, wie oft es auf dem Markt in seiner ursprünglichen oder in einer weiterverarbeiteten Form wiederverkauft wird. So wird zum Beispiel das Schneiden oder Pressen von warmgewalzten Blechen nicht mehr als Stahlherstellung angesehen. Eine solche Unterscheidung ist allerdings nicht möglich, wenn der Endbearbeitungsprozess untrennbar mit der Herstellung des vorgeschalteten Produkts verbunden ist. Während daher die Galvanisierung von warmgewalztem Blech als Stahlherstellung angesehen wird,[12] fällt zB die Herstellung von Nägeln aus Walzdraht nicht darunter, da die Verarbeitungsprozesse technisch nicht miteinander verbunden sind.

938   **3. Umstrukturierungsbeihilfen.** Im Jahr 2003 veröffentlichte die Europäische Kommission die *Mitteilung der Kommission über Rettungs- und Umstrukturierungsbeihilfen und Schließungsbeihilfen für die Stahlindustrie*[13] („die Stahlmitteilung von 2003"), welche Rettungs- und Umstrukturierungsbeihilfen („R&U" Beihilfe) für die Stahlindustrie – mit der Ausnahme von Schließungsbeihilfen – untersagt. Das Verbot, Rettungs- und Umstrukturierungsbeihilfen jeglicher Art für die Stahlindustrie zu gewähren, wurde in Randnummer 18 der Leitlinien der Gemeinschaft für staatliche Beihilfen zur Rettung und Umstrukturierung von Unternehmen in Schwierigkeiten von 2004 („R&U-Leitlinien") bestätigt.[14]

939   **a) Schließungsbeihilfen.** Unter der Stahlmitteilung von 2003 waren Schließungsbeihilfen für die Stahlindustrie erlaubt, um einen geordneten Kapazitätsabbau trotz fehlender Umstrukturierungsbeihilfen zu ermöglichen. Eine Schließungsbeihilfe kann als Unterstützung für entlassene Arbeitnehmer dienen (Abfindungszahlungen oder andere dem Stahlunternehmen rechtlich zugewiesene Kosten) oder um Unternehmen bei der Schließung der Anlage an sich zu unterstützen. Letztere Finanzierung wird jedoch nur dann anerkannt, wenn das Unternehmen in seiner Rechtspersönlichkeit aufgelöst wird.

940   Der Umstand, dass keine einzige Schließungsbeihilfe bei der Kommission angemeldet wurde, legt nahe, dass es in der Stahlindustrie hierfür keinen Bedarf gibt. Die Kommission folgerte daraus, dass die Genehmigung dieser Art von staatlicher Unterstützung aufgegeben werden kann. Dies besiegelte auch die Zukunft der Mitteilung, die Ende 2009 auslief: Seit das Verbot von Rettungs- und Umstrukturierungsbeihilfen in den R&U-Leitlinien niedergelegt wurde, waren Schließungsbeihilfen die einzigen Beihilfen, für die die Mitteilung noch von Bedeutung war. Daher entschied die Kommission, die Mitteilung nicht mehr zu verlängern oder durch ein anderes Instrument zu ersetzen.

---

[9] Vgl. RdNr. 39 und 27 des Multisektoralen Regionalbeihilferahmens, ABl. 2002 C 70/8.

[10] Dies warf Fragen zur Auslegung der Stahlregeln für die neuen Mitgliedstaaten auf, da die Protokolle unter den Europaabkommen als Regelung für EKGS-Produkte konzipiert worden waren, vgl. Kom., Staatliche Beihilfe C 48/2007, ABl. 2007 C 282/21 – Beihilfe an die Röhrenhersteller WRJ und WRJ-Serwis. Diese Entscheidung erwog, dass das spezielle Protokoll Nr. 8 zum Beitrittsvertrag auch bestimmte Stahlsektoren umfasst, die nicht unter EGKS-Sektor fielen, insbesondere nahtlose Röhren und große geschweißte Rohre.

[11] Vgl. Kom., Staatliche Beihilfe NN 15/04, ABl. 2005 C 131/10 – Vallourec & Mannesmann Tube.

[12] Siehe die ausdrückliche Auflistung als Stahlprodukt.

[13] ABl. 2002 C 70/22.

[14] ABl. 2004 C 244/2, verlängert durch die Mitteilung der Kommission über die Verlängerung der Leitlinien der Gemeinschaft für staatliche Beihilfen zur Rettung und Umstrukturierung von Unternehmen in Schwierigkeiten, ABl. 2009 C 156/3.

b) Das allgemeine Verbot von Rettungs- und Umstrukturierungsbeihilfen. R&U **941** Beihilfen gehören zu denjenigen Beihilfen, die den Wettbewerb am stärksten beeinträchtigen.[15] Das Verbot von R&U Beihilfen für die Stahlindustrie, das in Randnummer 18 der R&U-Leitlinien niedergelegt wurde, übernimmt die strenge Regelung des EGKS-Beihilfekodexes von 1996. Der Stahlbeihilfekodex war das Ergebnis der Erfahrungen aus der Stahlkrise, die in den frühen 80ern begonnen und bis in die Mitte der 90er angehalten hatte. Eine Verringerung der Überkapazität wurde erst erreicht, nachdem der Stahlbeihilfekodex Kapazitätsabbau zur Bedingung für staatliche Förderung gemachte hatte. Dies beruhte auf dem sogenannten *Davignon-Plan*. In dieser Zeit wurden über € 40 Millionen an staatlichen Beihilfen im Tausch für einen Kapazitätsabbau von 30 Millionen Tonnen warmgewalzten Stahls (zu der Zeit etwa 20 Prozent der europäischen Stahlindustrie) gewährt. Die Einschnitte waren tief und schmerzhaft, und die Bilder geschlossener Stahlwerke und tausender in den Straßen demonstrierender Arbeiter sind nicht in Vergessenheit geraten. Zusammen mit dem Kapazitätsabbau haben die Mitgliedstaaten ernsthafte Anstrengungen unternommen, um wieder eine stabile und funktionierende europäische Stahlindustrie herzustellen. Eine Umorganisation der Industrie fand durch eine signifikante Modernisierung der Produktionsanlagen und die Schließung von unwirtschaftlichen Anlagen statt. Zudem konnte im Zuge der weitreichenden Privatisierung der Stahlindustrie in Europa eine Zusammenlegung der Akteure auf dem Stahlmarkt stattfinden. Dies führte zu einer relativ stabilen „neuen" europäischen Stahlindustrie, die gut in das neue Jahrtausend hinein überlebte.

Um weiterhin gleiche Wettbewerbsbedingungen zu gewährleisten, hält die Kommission an **942** ihrem strengen Ansatz fest und geht allen Verdachtsmomenten nach, die auf die Gewährung verdeckter Rettungs- und Umstrukturierungsmaßnahmen für die Stahlindustrie hindeuten. Mangels Vereinbarkeit solcher Beihilfen mit dem Binnenmarkt nach Art. 107 Abs. 3 AEUV, kommt deren Genehmigung nicht in Betracht. Daher richtet sich die Debatte im Allgemeinen auf die Frage, ob es sich bei der untersuchten Maßnahme überhaupt um eine Beihilfen im Sinne des Europäischen Beihilfenrechts handelt. Das meist vorgetragene Argument zur Verneinung dieser Frage ist, dass die zu bewertende staatliche Maßnahme mit dem Grundsatz des marktwirtschaftlich handelnden Kapitalgebers vereinbar sei.[16] Einige dieser Fälle beziehen sich auf Privatisierungen, bei denen dieses Rechtsprinzip in Form des Grundsatzes des marktwirtschaftlich handelnden *Verkäufers* angewandt wird.[17] Andere Fälle betreffen die Nichtvollstreckung staatlicher Forderungen oder die Duldung von Zahlungsverzug durch die zuständigen öffentlichen Stellen, wodurch die finanzielle Belastung des Unternehmens reduziert wird, und das Unternehmen in eine bevorteilte Lage gegenüber seinen rechtzeitig zahlenden Konkurrenten versetzt wird.[18]

c) Besondere Umstrukturierungsregeln für neue Mitgliedstaaten. Da die Stahlunter- **943** nehmen unter dem EGKS-Vertrag die Möglichkeit einer staatlich unterstützten Umstrukturierung gehabt hatten, bevor sie den strengen Vorschriften des Stahlbeihilfekodex unterworfen wurden, wurde den EU-Neuzugängen die Möglichkeit gegeben, von den vorgenannten Vorschriften für einen begrenzten Zeitraum abzuweichen und vor ihrem Beitritt eine umfassende Umstrukturierung ihrer Stahlindustrie mitzufinanzieren.

Die meisten dieser nationalen Stahlindustrien waren traditionell wichtige Industriezweige, be- **944** sonders in den ehemaligen kommunistischen Ländern, wo sie zehntausende Arbeitnehmer beschäftigten. Doch waren die Stahlwerke in den frühen 90er Jahren meist in sehr schlechtem Zustand. Die große Mehrheit befand sich noch immer in staatlichem Eigentum, technisch waren sie obsolet, die Produktqualität gering und die Produktionskosten hoch. Die Unternehmen waren überdies weit davon entfernt, den Umweltstandards zu entsprechen; wesentliche Investi-

---

[15] R&U-Leitlinien, ABl. 2004 C 244/2–17.

[16] Dies ist ständige Rechtsprechung: EuGH, C-305/89, Slg. 1999, I-1603, RdNr. 19 u. 20 – Alfa Romeo; und EuGH, C-482/99, Slg. 2002, I-4397, RdNr. 72 – Stardust Marine; das Gericht legte fest, dass Bewertungsmaßstab ein *vernünftiger* und *umsichtiger* privater Kapitalgeber sei, der sich von längerfristigen Rentabilitätsaussichten leiten lässt. Für die Anwendbarkeit auf Stahl, siehe Kom., Staatliche Beihilfe C 20/2004, ABl. 2006 L 366/1 – Huta Czestochowa.

[17] Dies hängt im Wesentlichen von der Frage ab, ob der Verkaufspreis dem Marktwert des Unternehmens entspricht, siehe EuGH, C-334/99, Slg. 2003, I-1139, RdNr. 133 – Gröditzer Stahlwerke. Für die Anwendbarkeit auf Stahl siehe Kom., Staatliche Beihilfe C 20/2004, ABl. 2006 L 366/1 – Huta Czestochowa.

[18] EuGH, C-256/97, Slg. 1999, I-3913, RdNr. 21 – DMT. Stahl betreffend, siehe Kom., Staatliche Beihilfe C 23/2006, ABl. 2008 L 116/26 – Technologie Buczek.

tionen waren also auch hier von Nöten. Es bestand daher ein weitreichender Umstrukturierungsbedarf, um die Stahlwerke in die Lage zu versetzen, mit den westeuropäischen Standards zu konkurrieren, und sich ohne weitere staatliche Finanzierung ihrer allgemeinen Betriebskosten auf dem Markt behaupten zu können.

945 Ein weiterer wichtiger Punkt ist, dass die Wettbewerbsregeln, unter ihnen die Beihilferegeln, mit den Europaabkommen im Jahr 1995 eingeführt wurden und daher schon lange Zeit vor dem Beitritt der neuen Mitgliedstaaten galten. Eine strikte Anwendung des Beihilfeverbotes bereits zu diesem Zeitpunkt hätte jedoch eine ernsthafte Bedrohung für die Stahlindustrie in diesen Ländern bedeutet. Eine einmalige Ausnahme zur staatlich mitfinanzierten Umstrukturierung im Rahmen eines klar definierten Verfahrens, war daher sinnvoll. Neben einer kontrollierten Umstrukturierung konnten dadurch auch gleiche Wettbewerbsvoraussetzungen unter den Stahlunternehmen der Kandidatenländer hergestellt werden. Schließlich hätten die meisten Stahlunternehmen ohne die Gewährung von Umstrukturierungsbeihilfen schlichtweg nicht privatisiert werden können, da sich keine Käufer gefunden hätten, die bereit gewesen wären, die überschuldeten und sanierungsbedürftigen Stahlwerke zu übernehmen. Die identifizierten Beihilfen wurden zum großen Teil in Form der Nichteintreibung von Schulden an die öffentlichen Haushalte gewährt, also als Betriebsbeihilfen, die als besonders wettbewerbsverzerrend betrachtet werden. Angesichts der hohen Verschuldung der Unternehmen verzichtete der Staat als Verkäufer in vielen Fällen auf seine Forderungen, um Käufer anzulocken. Diese Privatisierungen mit Schuldenabschreibung wurden in den meisten Fällen als staatliche Beihilfe qualifiziert, weil der Nachweis nicht gelungen war, dass die Liquidierung des Unternehmens noch teurer gewesen wäre und ein privater Verkäufer daher ebenfalls dieses insgesamt negative Verkaufsergebnis bevorzugt hätte.

946 Das Ausnahmeregime zur Umstrukturierung sah eine Anpassungsfrist („grace period") von fünf Jahren vor. Innerhalb dieser Anpassungsfrist mussten die betreffenden Länder ein nationales Umstrukturierungsprogramm („NUP") vorlegen und die Unternehmen identifizieren, an die innerhalb dieser Zeit Beihilfen gewährt werden sollten (die Auszahlung der Beihilfen konnte auch noch nach der Anpassungsfrist erfolgen).

947 Die Umstrukturierungsprozesse der Stahlindustrien in den neuen Mitgliedstaaten wurden im Jahr 1995 auf Grundlage der Europaabkommen mit Bulgarien, der Tschechischen Republik, Ungarn, Lettland, Polen, Rumänien, der Slowakei und Slowenien eingeleitet. Diese wurden in besonderen Stahlprotokollen zu den Europaabkommen festgelegt und waren im Wesentlichen identisch. Zum Beispiel legte Art. 8 Abs. 4 des Protokoll 2 zum Europa-Abkommen mit Polen fest, dass während der ersten fünf Jahre nach dem Inkrafttreten des Abkommens Polen im Stahlbereich ausnahmsweise staatliche Beihilfen für Umstrukturierungsvorhaben gewähren dürfe, unter der Voraussetzung, dass die folgenden drei Bedingungen erfüllt seien:
– Die Umstrukturierung führt nach Ablauf der Umstrukturierungsfrist zur Rentabilität der begünstigten Firmen unter normalen Marktbedingungen;
– Höhe und Intensität der Umstrukturierungsbeihilfen sind auf das zur Wiederherstellung der Rentabilität der Firmen unbedingt notwendige Maß beschränkt; und
– die Umstrukturierung ist mit einer allgemeinen Rationalisierung und einem Kapazitätsabbau auf dem nationalen Stahlmarkt verbunden.

948 Diese Bedingungen spiegelten die Philosophie des Davignon-Plans wieder, der staatliche Beihilfen nur im Austausch gegen Rationalisierung und Kapazitätsabbau erlaubt.

949 In einigen Fällen erwies sich der ursprüngliche Zeitraum von fünf Jahren als zu kurz und musste verlängert werden. In Folge dessen lief in den meisten Fällen die genehmigte Umstrukturierungsphase erst nach dem Beitritt des betroffenen Staates zur Europäischen Union aus, so dass die Beitrittsverträge durch entsprechende Protokolle, bzw. Anhänge, ergänzt werden mussten, um eine Rechtgrundlage zu schaffen.

950 Die Durchführung der NUP wurde sorgfältig von der Kommission mit Unterstützung eines externen Beraterteams überwacht. Dort, wo die Rentabilität nicht erreicht wurde und Geldmittel nicht in Übereinstimmung mit den individuellen Geschäftsplänen („IGP") der Begünstigten verwendet wurden, wie *ex ante* im Rahmen des NUP genehmigt, wurde ein förmliches Untersuchungsverfahren eingeleitet. Wie unten noch ausführlicher erläutert wird, mussten die Beihilfen in einigen Fällen ganz oder teilweise zurückerstattet werden. Diese ungewöhnlich strikte Überwachung der Einhaltung der NUP und IGP ist ein weiterer besonderer Gesichtspunkt der Beihilferegeln im Stahlsektor.

951 Die Stahlvorschriften sind verfahrensrechtlich deutlich weiterreichender als andere Bestimmungen der Beitrittsverträge, da sie der Kommission bereits vor dem Beitritt eine Kontrollbefugnis

einräumen. Normalerweise ist diese Kompetenz überwiegend auf die Fälle beschränkt, die unter den sogenannten Übergangsmechanismus fallen. Dieser betrifft jedoch nur Beihilfen, die vor dem Tag des Beitrittes gewährt wurden und auch nach diesem Tage „noch anzuwenden sind".[19] Jedes den Stahl betreffende Protokoll und jeder Anhang zu den Beitrittsverträgen kann daher als *lex specialis* angesehen werden, das in seinem Anwendungsbereich die anderen Bestimmung des Beitrittsvertrages verdrängt. Während also Art. 88 EG, jetzt Art. 108 AEUV, normalerweise bei Beihilfen, die vor dem Beitritt gewährt wurden, keine Anwendung findet, erweitern die Bestimmungen des Protokolls die Beihilfekontrolle nach dem EG-Vertrag auf alle Beihilfen für Umstrukturierungen der Stahlindustrie ab einem bestimmten Zeitpunkt. Auf dieser Grundlage war die Kommission befugt, die Umstrukturierungsbeihilfen, die dem polnischen Stahlhersteller *Huta Czestochowa* zwischen 1997 und 2002 gewährt wurden, zu verbieten und dessen Rückerstattung anzuordnen.[20] Diese Auslegung wurde kürzlich durch das EuG (jetzt „Gericht der Europäischen Union") bestätigt.[21] Da es sich bei der Kontrollbefugnis für Beihilfen, die vor dem Beitritt gewährt wurden, um eine Ausnahmeregelung handelt, ist sie eng auszulegen. Die Kommission hat daher jüngst in zwei Fällen entschieden, dass die Ausnahmeregelungen für Rumänien und Polen nicht dahingehend ausgelegt werden können, dass Röhrenhersteller mitumfasst wären.[22] Die Kontrollbefugnis verbleibt vielmehr beim Mitgliedstaat.

aa) Die Ausnahmeregimes für Polen und die Tschechische Republik. Die Ausnah- 952 meregelungen für die Stahlindustrie in Polen und der Tschechischen Republik wurden in Protokollen zu dem jeweiligen Beitrittsvertrag[23] festgelegt. Die Protokolle sahen eine Höchstgrenze für die Gewährung staatlicher Beihilfen an die aufgeführten Unternehmen vor – PLN 3,39 Milliarden (etwa € 800 Millionen) für Polen und CZK 14,14 Milliarden (etwa € 400 Millionen) für die Tschechische Republik –, und legten weitere Bedingungen fest. Die begünstigten Firmen mussten bis Ende 2006 eine stabile Rentabilität erreicht haben, der Umstrukturierungsplan musste vollständig umgesetzt werden und eine näher bestimmter Kapazitätsabbau stattfinden. Nur Umstrukturierungsbeihilfen an die im Protokoll genannten Begünstigten, die zwischen 1997 und 2003 gewährt wurden, waren genehmigungsfähig. Alle weiteren Beihilfen, an begünstigte oder nicht begünstige Stahlunternehmen, die ab 1997 gewährt worden waren, waren untersagt und mussten ggf. zurückgezahlt werden.

Die polnischen und tschechischen Stahlprotokolle führten zu mehreren Entscheidungen im 953 Zusammenhang mit der ordnungsgemäßen Umsetzung der IGP. Die Unternehmen waren verpflichtet, die genehmigten Pläne vollständig umzusetzen. Geschah dies nicht, konnten die Beihilfen als „missbräuchlich verwendet" angesehen werden. Um Situationen eines potentiellen Missbrauchs staatlicher Beihilfen von vornehrein zu verhindern, ermutigte die Kommission etliche Unternehmen, ihre Pläne während der Umstrukturierungsphase anzupassen, um die Wiederherstellung der Rentabilität zu sichern. Die Unternehmen mussten ihre aktualisierten IGP förmlich einreichen, die dann von der Kommission einzeln genehmigt wurden.

Zum Beispiel wurde der aktualisierte Geschäftsplan für *Mittal Steel Poland*, dem größten Bei- 954 hilfeempfänger Polens, von der Kommission im Juli 2005 genehmigt.[24] Die Modifikationen betrafen eine Änderung der Investitionen, ohne jedoch im Großen und Ganzen den Umstrukturierungszweck, die Kosten und den Zeitplan zu verändern. Hauptgegenstand der Genehmigung war die ursprünglich vorgesehene Modernisierung einer Anlage. Stattdessen sah der neue IGP einen vollständigen Austausch dieser Anlage vor. Um eine Kapazitätszunahme durch die Existenz zweier Anlagen zu verhindern, forderte die Kommission eine Verpflichtungserklärung, nach der die ausgetauschte Anlage zerstört werden würde.

---

[19] ZB Anhang IV.3 des Beitrittsaktes für Polen; näheres dazu, siehe Kom., Staatliche Beihilfe C 3/2005, ABl. 2005 C 100/2 – FSO.

[20] Kom., Staatliche Beihilfe C 20/2004, ABl. 2006 L 366/1; Kom., Staatliche Beihilfe C 23/2006, ABl. 2008 L 116/26 – Technologie Buczek; ein ähnlicher Ansatz wurde verfolgt in Kom., Staatliche Beihilfe C 45/2004, ABl. 2005 C 22/2 – Třinecké Železárny.

[21] Siehe EuG, verb. Rs. T-273/06 und T-297/06, Slg. 2009, II-02181 – ISD Polska/Kommission.

[22] Entscheidungen vom 6. 7. 2010 in den Fällen C 40/2007 *(Mittal Steel Roman-Petrotub)* und C 48/2007 *(Restructuring of the Polish tube sector);* noch nicht veröffentlicht. Die restriktive Auslegung bezog sich dabei nur auf die verfahrensrechtliche Kontrollbefugnis, nicht auf das anwendbare materielle Recht.

[23] Vgl. Protokoll Nr. 8 zum Beitrittsvertrag über die Umstrukturierung der Polnischen Stahlindustrie und Protokoll Nr. 2 zum Beitrittsvertrag über die Umstrukturierung der Tschechischen Stahlindustrie, ABl. 2003 L 236/948 und 942. Näheres, siehe *Lienemeyer* CPN 1/2005, 94.

[24] Kom., Staatliche Beihilfe N 186/2005, ABl. 2006 C 12/2.

955 Im Fall von *Mittal Steel Ostrava (MSO)*, dem größten tschechischen Stahlhersteller, genehmigte die Kommission im September 2006[25] auch eine Änderung des IGP, die den Austausch bestimmter Investitionen umfasste. Ferner akzeptierte die Kommission die Nichtumsetzung einiger Investitionen, die im Ursprungsplan vorgesehen waren. Dies hatte jedoch Auswirkungen auf das „unbedingt notwendige Maß" an für die Umstrukturierung erforderlichen Beihilfen. Obwohl ein Höchstbetrag an staatlichen Beihilfen von € 200 Millionen zugelassen worden war, errechnete die Kommission nach Abzug der gestrichenen Maßnahmen, dass *MSO* in der Lage war, seine Rentabilität mit nur 68% der ursprünglich geplanten Investitionen wieder herzustellen. Grundsätzlich hätte daher *MSO* den Teil der staatlichen Beihilfen zurück zahlen müssen, den es für diejenigen Investitionen erhalten hatte, die sich im Nachhinein für die Umstrukturierung als überflüssig erwiesen hatten. Da jedoch das Unternehmen ohnehin weniger staatliche Beihilfen als den ursprünglich genehmigten Höchstbetrag ausgezahlt bekommen hatte, und dieser Betrag dem Beihilfeanteil für die nicht realisierten Investitionen entsprach, genehmigte die Kommission die Planänderung ohne eine Rückerstattung zu verlangen.

956 In einigen späteren Fällen genehmigte die Kommission jedoch eine Änderung des Umstrukturierungsplans nicht und entschied, dass die Beihilfen missbräuchlich verwendet worden waren. Im Fall des polnischen Stahlherstellers *Technologie Buczek (TB)*[26] befand die Kommission, dass das Unternehmen die Maßnahmen des Umstrukturierungsplanes nur teilweise umgesetzt und aus diesem Grund die Rentabilität nicht wiederhergestellt habe (im Jahr 2006 meldete *TB* Insolvenz an). Daher ordnete die Kommission die Rückforderung der staatlichen Beihilfen von rund € 1 Millionen an, die *TB* unter seinem IGP von 2002 zu Umstrukturierungszwecken erhalten hatte. Die Kommission hob hervor, dass eine nur teilweise Umsetzung des Umstrukturierungsplanes inakzeptabel sei, wenn diese nicht zur Wiederherstellung der Rentabilität führe. In einer solchen Situation wird die gesamte Höhe der Beihilfe als missbräuchlich verwendet erachtet und muss zurückgezahlt werden.[27]

957 In einem anderen Fall genehmigte die Kommission den abgeänderten IGP von *Arcelor Huta Warszawa (AHW)*.[28] Da jedoch ein Teil der staatlichen Beihilfe nicht zu seinem bestimmungsgemäßen Zweck verwendet wurde, ordnete die Kommission die Rückforderung des entsprechenden Betrages an. Das Unternehmen hatte 2001 einen IGP aufgestellt, dessen Kern ein Investitionsprogramm von ungefähr € 40 Millionen war. Der Schwerpunkt lag auf der Modernisierung der Warmwalzwerke des Unternehmens. Die Investitionen und einige notwendige kurzfristige finanzielle Umstrukturierungsmaßnahmen wurden jedoch dadurch gefährdet, dass das Unternehmen aus administrativen Gründen nicht in der Lage war, den Verkauf von Vermögenswerten durchzuführen, der die notwendige Finanzierung sicherstellen sollte. Daher gewährte Polen dem Unternehmen eine Bürgschaft für ein Überbrückungsdarlehen von € 75 Millionen, um die Investitionen zu finanzieren und einige kurzfristige Verbindlichkeiten zu tilgen. Etwa die Hälfte dieses Betrages wurde an das Unternehmen ausgezahlt, welches die Geldmittel aber zur Rückzahlung eines *lang*fristigen Darlehens benutzte.

958 Obwohl es dem Unternehmen bis Ende 2006 gelang, seine Rentabilität wiederherzustellen, war die Kommission der Auffassung, dass die Rückzahlung einer langfristigen Verbindlichkeit, die erst am Ende der Umstrukturierungsphase fällig gewesen wäre, nicht auf die Wiederherstel-

---

[25] Kom., Staatliche Beihilfe N 350 a/2006, ABl. 2006 C 280/4 – Tschechische Republik. Die erste Entscheidung betraf den tschechischen Stahlhersteller VPFM (vgl. Kom., Staatliche Beihilfe N 600/2004 – Tschechische Republik), in der RdNr. 52 (d) der Rettungs- und Umstrukturierungsleitlinien angewandt wurde, da sich der Zeitplan für die Umsetzung der Ausgleichsmaßnahmen gemessen am ursprünglich vorgesehenen Zeitplan verzögert hatte, aufgrund einer vorangegangenen Verzögerung, die nicht im Einflussbereich des Unternehmens lag.

[26] Kom., Staatliche Beihilfe C 23/2006, ABl. 2008 L 116/26 – Polen, angefochten. Ferner entschied die Kommission, dass die polnischen Behörden der TB-Gruppe zusätzliche rechtswidrige Beihilfen gewährt hatten, indem sie kontinuierlich die Nichtzahlung von öffentlichen Verbindlichkeiten duldeten, was zu einer Anhäufung von erheblichen Schulden gegenüber der öffentlichen Hand führte. Die Kommission verlangte die Rückerstattung nicht nur von dem unmittelbaren Empfänger der Beihilfe, sondern auch von zwei seiner Nachfolgeunternehmen, was der Hauptgrund für die zuvor genannte Anfechtung war.

[27] In dem vorliegenden Fall wurde jedoch der Teil der Beihilfe, der für Forschungs- und Entwicklungszwecke vorgesehen war, dennoch als mit den staatlichen Beihilferegeln für vereinbar erklärt: Das Stahlprotokoll zum polnischen Beitrittsvertrag schloss die Vereinbarkeit von solchen staatlichen Maßnahmen mit dem Binnenmarkt nicht aus, die durch andere Rechtsgrundlagen gerechtfertigt sind. Vorliegend waren die Fördermittel im Rahmen eines Programms gewährt worden, das die Kommission als mit dem Beitrittsvertrag zu vereinbarende bestehende Beihilfe akzeptiert hatte.

[28] Kom., Staatliche Beihilfe C 51/2006, ABl. 2008 L 143/31 – Polen.

lung der Rentabilität des Unternehmens ausgerichtet war. Die Mittel waren also nicht zu Umstrukturierungs-, sondern zu Nichtumstrukturierungszwecken verwendet worden.[29] Das Unternehmen hatte somit von Zuwendungsüberschüssen profitiert, die mit den staatlichen Beihilferegeln für Umstrukturierung als unvereinbar angesehen werden, da diese zu Wettbewerbsverzerrungen führen, die nicht gerechtfertigt werden können. Da es keine Rechtfertigung für die Maßnahme gab, für die die Beihilfen verwendet worden war, kam die Kommission zu dem Ergebnis, dass die Beihilfen missbräuchlich verwendet worden seien.

In beiden dargelegten Fällen von *MSO* und *AHW* wurden also die Beihilfen zum Teil nicht **959** entsprechend den in den IGP vereinbarten Zwecken verwendet. Jedoch kam die Kommission in dem Fall von *MSO* zu dem Ergebnis, dass die Umlenkung der Mittel angesichts der Unternehmensumstrukturierung und der Wiederherstellung seiner Rentabilität gerechtfertigt werden konnte (das Unternehmen hätte eine Änderung des IGP anmelden müssen, die dann auch von der Kommission genehmigt worden wäre). Im Gegensatz dazu wurden in dem *AHW*-Fall die umgeleiteten Mittel für Zwecke außerhalb des Bereichs der Umstrukturierung verwendet. Die Entscheidung konnte nicht durch eine nachträgliche Verpflichtung seitens *AHW*, die ursprünglich im Plan anvisierten Investitionen durchzuführen, beeinflusst werden, da diese nicht den früheren Fehlgebrauch *heilen* konnten.

Die Kommission genehmigte jedoch den aktualisierten IGP von *AHW*, soweit er die Nicht- **960** umsetzung bestimmter Investitionen betraf, und ordnete daher nicht die Rückforderung der gesamten gewährten Umstrukturierungsbeihilfe, sondern nur des zweckwidrig verwendeten Teils der Beihilfe an.[30] Dies verdeutlicht eine wichtige vorzunehmende Unterscheidung zwischen zwei Arten von Fällen: Dort, wo die Rentabilität wieder hergestellt ist – wie bei *AHW* –, kann vorgebracht werden, dass die Umsetzung nur eines Teils der geplanten Maßnahmen ausreichend war, um das Ziel der Umstrukturierungsbeihilfe zu erreichen und dass damit die Mittel für diese Maßnahmen immer noch als mit dem Binnenmarkt vereinbar angesehen werden können. Die Beihilfe wird nur für den Teil zurückgefordert, der nicht im Rahmen des IGP verwendet worden ist. Im Gegensatz dazu ist dort, wo die Rentabilität aufgrund des Versagens des Unternehmens, den Plan vollständig umzusetzen, nicht wieder hergestellt ist – wie bei *TB* –, eine nur teilweise Umsetzung offensichtlich nicht ausreichend, um die Rentabilität des Unternehmens wieder herzustellen und der Gesamtbetrag der Beihilfe wird als missbräuchlich verwendet angesehen.

Die obigen Fälle verdeutlichen, wie wichtig es ist, dass der Umstrukturierungsplan nicht nur **961** theoretisch zur Wiederherstellung der Rentabilität des Unternehmens führt, sondern auch in der Praxis vollständig umgesetzt wird.[31] Diese Fälle haben Präzedenzwirkung für die Handhabung von Umstrukturierungsfällen, da es praktisch keine Rechtsprechung hierzu gibt.

bb) Das Ausnahmeregime für die Slowakei. So wie Slowenien, Ungarn und Lettland, **962** beantragte auch die Slowakei ursprünglich keine Verlängerung der in dem Europaabkommen gestatteten Ausnahme, so dass die Gewährung staatlicher Beihilfen im Stahlsektor nach dem Beitritt gemäß der allgemeinen Beihilferegeln verboten gewesen wäre.

Die Slowakei verabschiedete jedoch 1999 ein Gesetz, dass eine Befreiung von der Einkom- **963** menssteuer für bestimmte sensible Sektoren vorsah, mit dem Ziel, den Arbeitsmarkt zu stabilisieren. Diese Bestimmung wurde auch für *US Steel Kosice*, dem größten slowakischen Stahlunternehmen, das im Jahr 2000 von US Steel übernommen wurde, angewendet. Die Kommission sah in dieser Maßnahme einen Verstoß gegen das Europaabkommen. Daher wurde im Jahr 2002 in Anhang XIV zum Beitrittsvertrag vereinbart, die Bewilligung staatlicher Beihilfen in Form genannter Steuererleichterung auf einen Betrag von USD 500 Millionen für einen Zeitraum bis zum Jahr 2009 zu begrenzen, unter der Bedingung einer definierten Produktionsbegrenzung. Zu diesem Zweck wurde die Produktion auf ein Maximalwachstum von 3% und der Absatz auf 2% in Bezug auf die Produktion des Vorjahres begrenzt.[32]

---

[29] Die Tatsache, dass die Rentabilität am Ende wieder hergestellt war, könnte indizieren, dass entweder die Annahme hinsichtlich der Notwendigkeit der Investition falsch war (dh. der für die Wiederherstellung der Rentabilität notwendige Mindestbetrag an Beihilfe wurde überschätzt) oder dass die besseren Marktbedingungen dazu führten, dass finanzielle Hilfe nicht mehr notwendig war.

[30] Für die Rückerstattung der Beihilfe berechnete die Kommission das Beihilfeelement der Darlehensbürgschaft nicht zu 100% (wie es normalerweise der Fall ist bei Unternehmen in Schwierigkeiten). Stattdessen berücksichtigte sie die Tatsache, dass die Beihilfe zu einer Zeit gewährt wurde, in der das Unternehmen noch in der Lage war, sich einen Teil der Finanzierung von den Märkten zu beschaffen.

[31] Für eine ausführlichere Besprechung, siehe *Lienemeyer/Mazurkiewicz-Gorgol* CPN 1/2008, 77.

[32] Zudem befand die Kommission, dass die Absatzgrenze ab 2007 auf die EU27 und nicht nur auf die EU25 anzuwenden sei, somit auch auf Bulgarien und Rumänien. Dieses Verständnis betrifft eine Auslegung

964 Schon im Jahr 2002 überstieg jedoch die Produktion der von der Vereinbarung umfassten Stahlerzeugnisse die vereinbarte 3%-Grenze, und stieg im Jahr 2003 sogar noch höher. Da die Kommission dies wiederum für einen Verstoß gegen den Beitrittsvertrag erachtete, verabschiedete sie im Jahr 2004 eine Entscheidung über zweckdienliche Maßnahmen, die im Wesentlichen darin bestanden, dass *US Steel Kosice* einen Teil der Beihilfen zurückzahlen musste und die Höchstgrenze der Gewährung der staatlichen Beihilfen in Form der Steuererleichterung auf etwa USD 430 Millionen reduziert wurde.[33]

965 **cc) Das Ausnahmeregime für Rumänien.** Auch für Rumänien wurden besondere Stahlregeln, vergleichbar mit den Protokollen für Polen und die Tschechische Republik, in Anhang VII zum Beitrittsakt festgelegt.[34] Das NUP, das die Grundlage für Anhang VII bildet, erlaubt einen Gesamtbetrag an staatlichen Beihilfen von etwa ROL 50 Milliarden (ungefähr € 1,3 Milliarden) innerhalb der Anpassungsfrist zwischen 1993 und 2004 für sechs Unternehmen.

966 Insgesamt waren über 30 Stahlunternehmen in Rumänien tätig. Die meisten von ihnen wurden in der betreffenden Zeit privatisiert. Da die Stahlvorschriften ab 1993 keine Beihilfen an nicht in dem NUP aufgelistete Stahlunternehmen erlaubten und da es Indizien dafür gab, dass einige der nicht aufgelisteten Unternehmen staatliche Beihilfen erhalten hatten, musste noch vor dem Beitritt ermittelt werden, welche der Stahlunternehmen rechtswidrige Beihilfen erhalten hatten. Rumänien verlangte die Rückerstattung der in dieser Prüfung aufgedeckten Summen. Ein erheblicher Teil war im Rahmen von Privatisierungen gewährt worden. Ein Teil der Unternehmen stellte sich als Röhrenhersteller heraus, denen die Beihilfen jedoch gewährt wurden, noch bevor Röhren in die Definition von Stahl eingefügt wurden. Diese Unternehmen mussten die Beihilfen nicht zurückerstatten.

967 Auch für Rumänien wurden etliche Änderungen an den IGP genehmigt. Der Einsatz von externen Beratern führte zu positiven Entwicklungen, die vielfach zur Vermeidung späterer, möglicherweise negativer Maßnahmen durch die Kommission führten. Die während fast des gesamten Zeitraums positive Entwicklung der Stahlmärkte, und die im Gespräch mit dem Beraterteam weiter aufgedeckten Schwächen der Unternehmen führten zu einer Verbesserung der IGP, die der Kommission zur Genehmigung unterbreitet wurden. In gewisser Hinsicht konnten die Unternehmen von der ursprünglich „aufgedrängten" Beratung profitieren, um ihre eigenen Geschäftsstrategien zu überarbeiten.

968 Die Umstrukturierungsphase lief am 31. Dezember 2008 aus und die Auswertung der Endergebnisse läuft noch. Sie ist aufgrund der Wirtschaftskrise, die die Stahlindustrie am Ende der Umstrukturierungsphase im Herbst 2008 traf, schwieriger als im Fall von Polen und der Tschechischen Republik. Der Abschluss der Prüfung kann für das zweite Halbjahr 2010 erwartet werden.

969 **dd) Das Ausnahmeregime für Bulgarien.** Bulgarien ist eines der Länder, für die keine besonderen Stahlvorschriften in den Beitrittsvertrag eingefügt wurden, da die Umstrukturierung des einzigen Begünstigten unter dem NUP – dem landesweit größten Stahlunternehmen *Kremikovtzi AD* – vor dem Beitritt abgeschlossen werden sollte. Am Ende der Umstrukturierungsphase und unmittelbar vor dem Beitritt war jedoch der IGP von *Kremikovtzi* noch nicht vollständig umgesetzt und das Unternehmen hatte seine Rentabilität noch nicht wiederhergestellt. Bulgarien reichte einen geänderten IGP ein, der eine Verlängerung der Umstrukturierungsphase für zwei weitere Jahre vorsah. Da das Unternehmen einen neuen Eigentümer hatte und seine *ex ante* Prognosen positiv waren, genehmigte die Kommission Ende 2006 den geänderten IGP.

970 Aufgrund des ursprünglichen Zeitplans für die Umstrukturierung sind keine Stahlvorschriften in den Beitrittsakt eingefügt worden. Daher unterlagen ab dem Beitritt die Beihilfen an *Kremikovtzi* nicht der Prüfungskompetenz der Kommission. Um eine Überwachung der Umsetzung des Plans (insbesondere nach dem Misslingen des Unternehmens, den ursprünglichen Plan umzusetzen) zu ermöglichen und um gegebenenfalls eine Rückerstattung sicherzustellen, verabschiedete der Assoziationsrat EU-Bulgarien am 29. Dezember 2006 eine Entscheidung, die ver-

---

des Begriffs „erweiterte EU", wie er in Abschnitt 4 RdNr. 2 (a) des Anhanges XIV zum Beitrittsakt vom 1. Januar 2007 des Beitritts von Bulgarien und Rumänien verwendet wird. Die in einem Brief der GD Wettbewerb formulierte Auslegung wurde von der Slowakei ohne Erfolg vor Gericht unter der Rechtssache T-22/07 angefochten.

[33] Kom., Staatliche Beihilfe SK 5/04, ABl. 2005 C 242/6 – Reduzierung einer von der Slowakei an U. S. Steel Kosice gewährten Steuererleichterung.

[34] Anhang VII zum Beitrittsakt, der sich auf die Umstrukturierung der rumänischen Stahlindustrie bezieht, ABl. 2005 L 157/3–393.

fahrensrechtliche Regeln für die zusätzlichen zwei Jahre der Umstrukturierung bis Ende 2008 festlegte. Der Kommission wurde das Recht eingeräumt, darüber zu entscheiden, ob das Umstrukturierungsprogramm und die Pläne vollständig umgesetzt wurden und damit mit dem Europaabkommen vereinbar sind. Bulgarien verpflichtete sich, gegebenenfalls die Beihilfen aus eigener Initiative vor oder nach seinem Beitritt zur Europäischen Union zurückzufordern.

Kremikovtzis Leistung verbesserte sich nach der Verlängerung nur unwesentlich. Mitte 2008 **971** verschlechterte sich die Situation derart, dass das Unternehmen nicht mehr in der Lage war, seine Verbindlichkeiten zu erfüllen, und Konkurs anmelden musste. Der Hauptgrund für diese Situation war ein Liquiditätsengpass aufgrund eines ausgefallenen Mittelzuflusses durch den Unternehmensinhaber. Folglich wurden die für die Erreichung der Wettbewerbsfähigkeit des Unternehmens notwendigen Modernisierungsinvestitionen nicht umgesetzt und der Cash Flow war viel zu gering. Die Kommission folgerte im Dezember 2009 daraus, dass *„das Umstrukturierungsprogramm und die Pläne für Kremikovtzi A. D. nicht vollständig umgesetzt sind und daher nicht die Voraussetzungen des Artikels 9 Abs. 4 des Protokolls 2 des Europa-Abkommens erfüllen.”*[35] Im Rahmen der Entscheidung des Assoziationsrates EU-Bulgarien, hatte Bulgarien schon aus eigener Initiative die Rückforderung der Beihilfen eingeleitet, ohne die Entscheidung der Kommission abzuwarten.

ee) Ergebnis. Die Umstrukturierungsphasen der Stahlsektoren in den neuen Mitgliedstaaten **972** sind inzwischen alle abgeschlossen. Die Stahlindustrie wurde umstrukturiert, vollständig privatisiert, Überkapazitäten wurden abgebaut und die Überbeschäftigung wurde schrittweise reduziert. Auch wenn einige Unternehmen noch immer Modernisierungen vornehmen und Kosten reduzieren müssen, sind sie inzwischen stabil genug, um auch in den jetzigen schwierigen Marktbedingungen zu überleben. Zudem diente die strikte Anwendung der R&U-Regeln als Einführung der staatlichen Beihilfekontrolle in diesen Ländern, für die der Grundsatz eines Beihilfenverbots mit Ausnahmeregelungen meist völlig neu war.

d) Ausnahmeregimes für die derzeitigen und potentiellen Kandidatenländer. aa) All- **973** **gemeine Anmerkungen.** Ähnliche Ausnahmeregeln gelten in den Balkanländern Kroatien, der ehemaligen Jugoslawischen Republik Mazedonien, Albanien, Montenegro, Serbien, Bosnien-Herzegowina und der Türkei. Als Kandidatenländer und potentielle Kandidatenländer wurde allen diesen Ländern auf ihren Wunsch hin die Möglichkeit für eine Umstrukturierung ihrer Stahlindustrien mit staatlicher Unterstützung eingeräumt.

In Zusammenhang mit dieser zweiten Umstrukturierungswelle konnte ein Hauptunterschied **974** zu der vorangegangenen Welle beobachtet werden, nämlich das bereits erreichte hohe Maß an Privatbesitz der Stahlunternehmen. Die erste wesentliche Folge dieser Entstaatlichung bis 2005 war, dass die neuen Eigentümer – häufig global agierende Stahlgruppen – unter Marktbedingungen operierten und daher schon erhebliche Teile der überflüssigen Kapazitäten abgestoßen hatten. Das ursprüngliche Ziel der Reduzierung der Überkapazitäten verlor seine Kernbedeutung, selbst wenn Kapazitätsbegrenzungen immer noch ein wichtiges Element im Rahmen der Gewährung von Umstrukturierungsbeihilfen bleiben.

Das hohe Maß an Privatisierungen führte auch dazu, dass die Pflicht zur Vorlage eines NUP **975** mit der Gewährung von staatlichen Beihilfen verknüpft wurde. Ursprünglich war in den ehemaligen kommunistischen Ländern die Privatisierung der Stahlindustrie und die Auflösung der veralteten Anlagen Aufgabe des Staates als Eigentümer. Diese Länder hatten die Pflicht, ein Programm für die Zukunft ihrer Stahlindustrien und der verfügbaren Kapazitäten zu erarbeiten, das unabhängig von der Gewährung von Beihilfen war. Für einen Staat mit einer privatisierten Industrie ergibt ein solches eigenständiges NUP indes keinen Sinn. Es würde im Gegenteil eine Regierung dazu verpflichten, in die Privatwirtschaft einzugreifen, was den Grundsätzen einer Marktwirtschaft zuwiderlaufen würde. Die „neue Protokollgeneration” verpflichtete daher ein Mitgliedstaat nur dann, ein globales Stahlkonzept vorzulegen, soweit dies mit der Gewährung von Umstrukturierungsbeihilfen einhergeht.

Während die Entscheidungen zur Genehmigung von NUP und IGP ursprünglich von dem **976** Rat verabschiedet wurden, wurde die Entscheidungskompetenz schrittweise der Kommission übertragen, die durch die erste Welle der Umstrukturierung genügend Erfahrung gesammelt hatte, um die Angelegenheiten im besten Interesse des gemeinsamen Marktes zu handhaben.

bb) Ehemalige jugoslawische Republik Mazedonien und Kroatien. Die nächsten **977** Länder, für die nach der ersten Welle Beitrittsverhandlungen eingeleitet wurden, waren Kroa-

---

[35] Kom., Staatliche Beihilfe MC 11/2007, noch nicht veröffentlicht.

tien und die ehemalige jugoslawische Republik Mazedonien, beide derzeit Kandidatenstaaten (neben der Türkei). In der ehemaligen jugoslawischen Republik Mazedonien sah die Regierung keine Notwendigkeit für eine staatlich gelenkte und unterstützte Umstrukturierung und verzichtete daher auf ein Stahlprotokoll.

978   Kroatien entschied sich für eine Anpassungsfrist, innerhalb derer die Gewährung von Umstrukturierungsbeihilfen an seine zwei Stahlunternehmen möglich sein sollte. Unter dem Protokoll 2 über Stahlerzeugnisse zum Stabilisierungs- und Assoziierungsabkommen und zum Interimsabkommen, das am 1. März 2002 in Kraft trat,[36] lief die Anpassungsfrist am 28. Februar 2007 aus. Kroatien hatte staatliche Beihilfen in verschiedenen Formen an seine Unternehmen gewährt, auch noch nach der Einführung der staatlichen Beihilferegeln. Diese Beihilfen konnten nur aufgrund eines NUP für den Stahlsektor als mit dem Gemeinsamen Markt vereinbar erklärt werden. Das kroatische NUP hatte zum Kernziel die Privatisierung der beiden nationalen Stahlunternehmen. Bevor jedoch die Kommission das Programm formell genehmigte, traf die im Jahr 2008 beginnende Wirtschaftskrise die beiden Stahlunternehmen. Für mindestens eines der Stahlwerke wurde dadurch die Wiederherstellung der Rentabilität auf der Grundlage des IGP in Frage gestellt. Kroatien leitete daher einen Neuentwurf des NUP ein, dessen Ausarbeitung immer noch andauert.[37] Eine besondere Härte für Kroatien ist, dass die Anpassungsfrist schon im Jahr 2007 ausgelaufen ist und keine weiteren Umstrukturierungsbeihilfen mehr an die Unternehmen gewährt werden dürfen. (Im Gegensatz zu einigen anderen Ländern beantragte Kroatien keine Verlängerung der Anpassungsfrist.) Die Situation wird dadurch verschlimmert, dass die Unternehmen am 1. Juli 2008 als Unternehmen in Schwierigkeiten angesehen werden mussten und daher nicht von der Unterstützung unter dem Vorübergehenden Gemeinschaftsrahmen profitieren können (siehe unten Punkt IV 3).

979   **cc) Albanien, Montenegro, Serbien und Bosnien-Herzegowina.** Albanien, Montenegro, Serbien und Bosnien-Herzegowina sind potentielle Kandidatenländer. Für Albanien wurde das Interimsabkommen, und damit das Stahlprotokoll (Protokoll 1, § 5) im Juni 2006 unterzeichnet, mit der Folge, dass bis Juni 2009 ein NUP eingereicht werden musste, wobei staatliche Beihilfen bis Juni 2011 gewährt werden dürfen. Da das Protokoll weit vor dessen Unterzeichnung verhandelt wurde, zu einer Zeit, in der Erfahrungen mit der Marktentwicklung fehlten, gleicht Albaniens Stahlprotokoll immer noch den Protokollen der „ersten Generation", dh. es enthält eine eigenständige Pflicht zur Einreichung eines NUP. Da jedoch Albaniens einziges Stahlunternehmen in Privatbesitz steht und Albanien nicht vorhat, diesem Stahlunternehmen (das sich nicht in Schwierigkeiten befindet) Umstrukturierungsbeihilfen zu gewähren, wäre eine Erzwingung der Pflicht zur Einreichung eines NUP eine rein formalistische Übung ohne praktischen Nutzen.

980   Für Montenegro, Serbien und Bosnien-Herzegowina wurden Stahlprotokolle der „neuen Generation" vereinbart und in die Stabilisierungs- und Assoziierungsabkommen eingefügt. Die Interimsabkommen wurden im Oktober 2007 für Montenegro (Protokoll 4), im April 2008 für Serbien (Protokoll 4) und im Juni 2008 für Bosnien-Herzegowina (Protokoll 3)[38] unterzeichnet. Dies lässt Raum für die Einreichung der NUP und IGP durch die Länder und die Genehmigung dieser Pläne durch die Kommission bis zum Herbst 2012, beziehungsweise Frühling 2013. Die Notwendigkeit, von den Protokollen Gebrauch zu machen, hat in Folge der Wirtschaftskrise zugenommen. Ob dies zu Umstrukturierungsbeihilfen führen wird, bleibt abzuwarten.

981   **dd) Türkei.** Mit der Türkei wurde ein ähnliches Konzept wie die der Europa-Abkommen vereinbart, indem besondere Regeln in einem Freihandelsabkommen von 1996 zwischen der Türkei und der EGKS[39] festgelegt wurden. Dieses Abkommen ergänzt das Zollunionsabkommen EG-Türkei. Es erweitert die Anwendbarkeit der Beihilferegeln der EGKS auf die Türkei, sieht aber eine besondere Erlaubnis für die Gewährung von Umstrukturierungs- und Konvertierungsbeihilfen für die Stahlindustrie innerhalb von fünf Jahren nach Inkrafttreten des Abkom-

---

[36] ABl. 2001 L 330/87.

[37] Da Kroatien aber alle Bemühungen unternommen hatte, um eine genehmigungsfähiges NUP einzureichen und lediglich die nicht vorhersehbare Wirtschaftskrise dazu führte, dass die Kommission den eingereichten NUP als vermutlich nicht mehr durchführbar betrachtete, hielt die Kommission dennoch die Voraussetzungen für die Öffnung des Kapitels Wettbewerb für erreicht. Gleichwohl wird sich Kroatien bei der Schließung des Wettbewerbskapitels den staatlichen Beihilfebestimmungen (*acquis communautaire*) fügen müssen.

[38] ABl. 2008 L 169/13.

[39] ABl. 1996 L 227/3.

mens vor, unter der Bedingung, dass ein NUP vorgelegt wird. Die Türkei hat eine Verlängerung der Anpassungsfrist bis Ende 2006 beantragt. Die Kommission hat wiederum von der Türkei die Vorlage eines genehmigungsfähigen NUP verlangt, bevor sie dem Rat eine Empfehlung zur Verlängerung der Anpassungsfrist unterbreitet. Nachdem die EU am 17. Dezember 2004 beschloss, mit der Türkei Beitrittsverhandlungen aufzunehmen, wurde die Vorlage eines solchen NUP zur Bedingung für die Eröffnung des Wettbewerbskapitels gemacht.

ee) Ergebnis. Im Laufe der letzten Jahre wurde die Gewährung von Ausnahmeregimes immer fragwürdiger. Seit der Sektor privatisiert ist und die Stahlunternehmen von einer langen Zeitspanne exzellenter Marktbedingungen profitiert haben, um sich selbst umzustrukturieren, ist der eigentliche Zweck dieser einmaligen Umstrukturierungsphasen verschwunden. Streng genommen gab es zum Zeitpunkt der Unterzeichnung der derzeitigen Interimsabkommen keinen Grund für eine Umstrukturierung, da sich die Unternehmen nicht in Schwierigkeiten befanden. Die Protokolle ermöglichen es jedoch den Ländern, den Stahlunternehmen, die schon seit einiger Zeit im Privatbesitz stehen und wie andere europäische Stahlunternehmen unter der Krise zu leiden hatten, Umstrukturierungsbeihilfen zu gewähren. 982

4. Investitionsbeihilfen. Nach dem Stahlbeihilfekodex der EGKS von 1996 waren nicht nur Umstrukturierungsbeihilfen untersagt, sondern auch die meisten Formen von Investitionsbeihilfen, mit Ausnahme von Umweltschutzbeihilfen und Beihilfen für Forschung und Entwicklung.[40] Die EU-Beihilferegeln haben diesen Ansatz übernommen und untersagen regionale Investitionsbeihilfen für die Stahlindustrie. Neben Umweltschutz- und F&E-Beihilfen spielen derzeit Investitions- und Betriebsbeihilfen gemäß des sogenannten „vorübergehenden Gemeinschaftsrahmens" eine hervorgehobene Rolle, der während der Zeit der Wirtschaftskrise gilt. 983

a) Regionalbeihilfen. Seit Regionalbeihilfen in der Stahlindustrie untersagt sind,[41] konzentrierte sich die Kontrollaufgabe der Kommission darauf, sicherzustellen, dass das Verbot nicht – willentlich oder versehentlich – umgangen wird. Auch hier wird regelmäßig von den Mitgliedstaaten vorgetragen, dass eine bestimmte Maßnahme nicht als staatliche Beihilfe einzustufen sei, weil die Finanzierung der betreffenden Investitionen mit dem Grundsatz des marktwirtschaftlich handelnden Kapitalgebers[42] vereinbar sei, oder dass sie eine geringe Zuwendung an kleine oder mittlere Unternehmen (KMU) darstelle.[43] 984

b) Umweltschutzbeihilfen. Unter dem EGKS-Regelwerk galten Umweltschutzbeihilfen als besonders geeignet, um zur Umgehung des Regionalbeihilfeverbots missbraucht zu werden. Die Lebenserwartung der meisten Anlagen in Stahlwerken liegt zwischen 40 bis 60 Jahren. Durch die Geschwindigkeit der Entwicklung von Umwelttechnologien, wird eine neue Anlage schon nach wenigen Jahren umweltfreundlicher als ihre Vorgängerin. Daher ist eine neue Anlage in einem Stahlwerk so gut wie immer umweltfreundlicher als ihre Vorgängerin. 985

Daher enthielt der EGKS-Stahlbeihilfekodex Bedingungen für Umweltschutzbeihilfen an die Stahlindustrie, welche im Anhang zu diesem Kodex und in den allgemeinen Leitlinien für Umweltschutzbeihilfen festgelegt waren. Die Regelungen sahen eine strenge Prüfung vor, um sicherzustellen, dass Umweltschutzbeihilfen nicht für normale Investitionsvorhaben missbraucht werden.[44] Die Kommission verabschiedete eine voraussichtlich letzte Entscheidung unter den EGKS-Regeln im Sommer 2008,[45] in der ein Hauptfokus die mögliche Umgehung des Verbots regionaler Investitionsbeihilfen war. 986

---

[40] Als Beispiel für eine F&E-Beihilfe, vgl. Kom., Staatliche Beihilfe N 315/2004, ABl. 2005 C 159/24 – *O. C. A. S. NV.*

[41] Regionale Investitionsbeihilfen sind in der Stahlindustrie nach RdNr. 8 der Leitlinien für staatliche Beihilfen mit regionaler Zielsetzung 2007–2013 untersagt, ABl. 2006 C 54/13 (ehemals RdNr. 27 des Multisektoralen Beihilferahmens, ABl. 2002 C 70/8).

[42] Kom., Staatliche Beihilfe C 25/2002, ABl. 2005 L 47/28 – *Carsid.* Die Kommission entschied, dass ein Minderheitsgesellschafter, der unter normalen Marktbedingungen handelt, nicht bereit sein würde, die anstehenden Finanzmittel einzubringen, da die Rentabilität angesichts des damit verbundenen Risikos nicht garantiert werden konnte.

[43] Vgl. Kom., Staatliche Beihilfe C 95/2001, ABl. 2005 L 311/22 – *Anon.*

[44] In lit. b (ii) des ersten Teils des Anhanges zum Stahlbeihilfekodex heißt es: *„Die Kommission untersucht die wirtschaftlichen und umweltpolitischen Hintergründe einer solchen Entscheidung. Grundsätzlich sind Neuinvestitionen, die aus wirtschaftlichen Gründen oder wegen des Alters der Anlagen oder Ausrüstungen auf jeden Fall getätigt worden wären, nicht beihilfefähig. Die verbleibende Lebensdauer der Anlage muss noch mindestens 25% betragen, damit Neuinvestitionen gefördert werden können".*

[45] Kom., Staatliche Beihilfe C 25/2005, ABl. 2009 L 123/87 – *Lucchini.* Hierbei ging es um das italienische Stahlunternehmen *Lucchini*, das eine Umweltschutzbeihilfe für bestimmte Investitionen angemeldet hatte. In

987 Die neuen Leitlinien für Umweltschutzbeihilfen[46] enthalten keine besonderen stahlbezogenen Regelungen mehr. Da sie jedoch deutlich enger und präziser gefasst sind, als die alten EGKS-Regeln scheinen erste Erfahrungen zu bestätigen, dass es keiner besonderen Stahlregeln für Umweltschutzbeihilfen mehr bedarf.[47]

988 **c) Krisenbeihilfen nach dem vorübergehenden Beihilferahmen.** Von Mitte 2003 bis zum Sommer 2008 profitierte die europäische Stahlindustrie von optimalen Marktbedingungen und erzielte Rekordverkäufe. Im Sommer 2008 erreichte die Wirtschaftskrise Europa und im vierten Quartal 2008 begann der Stahlsektor ernsthaft davon betroffen zu sein. Die Europäische Union musste schnell handeln und veröffentlichte im November 2008 das Europäische Konjunkturprogramm.[48] Trotz erheblicher Finanzspritzen in das Bankensystem wurde der Zugang zu Privatfinanzierungen zur Hauptsorge der europäischen Unternehmen. Banken verweigerten oftmals die Gewährung von Krediten, oder verlangten staatliche Bürgschaften, und die Zinssätze stiegen schnell und steil an. Das beihilferechtliche Kriterium der „normalen Marktbedingungen", das als Maßstab für die Beurteilung des Vorhandenseins eines „Vorteils" im Sinne des Art. 107 Abs. I AEUV dient, erfuhr eine rasche Veränderung: Staatliche Zinsraten und Garantieprämien, die vor der Krise als „normal" galten, wurden plötzlich als staatliche Beihilfen qualifiziert. Daher verabschiedete die Kommission den vorübergehenden Gemeinschaftsrahmen für staatliche Beihilfen zur Erleichterung des Zugangs zu Finanzierungsmitteln in der gegenwärtigen Finanz- und Wirtschaftskrise („VG"), um die Mitgliedstaaten mit einem Werkzeug auszustatten, mit dem sie die Auswirkungen der Kreditklemme in der Realwirtschaft während der Krisenzeit bewältigen können.[49] Diese Maßnahmen werden als zulässige Beihilfe beurteilt. Der VG basierte auf der Ausnahme in Art. 87 Abs. 3 lit. b EG (jetzt Art. 107 Abs. 3 lit. b AEUV).

989 Nach dem VG können die Mitgliedstaaten – ohne vorherige Anmeldung einzelner Beihilfen bei der Kommission – subventionierte Kredite und Kreditbürgschaften mit günstigeren Prämien, Risikokapitalbeihilfen für KMU und direkte Zuwendungen von bis zu € 500 000 unter bestimmten Voraussetzungen gewähren. Die Höhe der Investitionen, für die staatlichen Bürgschaften nach dem VG gewährt werden können, ist durch die jährliche Lohnsumme des begünstigten Unternehmens gedeckelt.[50] Eine derartige Begrenzung existiert für subventionierte Kredite unter dem VG nicht.

990 Da die Krise alle Wirtschaftszweige gleichermaßen getroffen hat, beinhaltet der VG keine Einschränkungen für einzelne Sektoren. Daher können auch Stahlunternehmen von den staatlichen Beihilfemaßnahmen nach dem VG profitieren, wenn sie alle notwendigen Voraussetzungen erfüllen, wenn sie sich also unter anderem nicht zum 1. Juli 2008 in Schwierigkeiten befanden. Dies kann als Ausnahme des Verbots zur Gewährung von Investitions- oder Betriebsbeihilfen angesehen werden. Im Gegensatz zu regionalen Investitionsbeihilfen hängt VG-Unterstützung aber nicht mit der wirtschaftlichen Lage einer bestimmten Region zusammen, sondern kann EU-weit gewährt werden. Dies ermöglicht eine Gleichbehandlung aller Stahlunternehmen auf der Ebene der Förderfähigkeit.

---

einer ersten Entscheidung aus dem Jahr 2000 (Kom., Staatliche Beihilfe C 25/2000, ABl. 2001 L 163/24) hielt die Kommission die Beihilfe für nicht genehmigungsfähig, da die ökologische Zielsetzung nicht hinreichend nachgewiesen schien. Die Entscheidung wurde angefochten und im Jahr 2006 annullierte das EuG die Entscheidung der Kommission teilweise, indem er zu folgendem Schluss kam: *„[...] Eine Investition, die eine ökologische Zielsetzung verfolgt, kann nicht allein deshalb für nicht beihilfefähig erklärt werden, weil die Auswirkungen auf die Produktion haben kann"* (EuG, T-166/01, Slg. 2006, II-2875, RdNr. 92 – *Lucchini/Kommission*). Die Kommission verabschiedete eine neue Entscheidung im Sommer 2008, in der in einem ersten Schritt geprüft wurde, ob eine bestimmte Investition nicht in jedem Falle getätigt worden wäre. Sofern eine Investition wirklich aus ökologischen Gründen getätigt worden war, sind etwaige Produktionsvorteile von den beihilfefähigen Kosten in Abzug zu bringen. Auf dieser Grundlage stellte die Kommission fest, dass ein Teil des Gesamtbetrages der Investitionen tatsächlich aus Gründen des Umweltschutzes getätigt wurden und genehmigte die Umweltschutzbeihilfen insoweit.

[46] ABl. 2008 C 82/1.

[47] Siehe Kom. Staatliche Beihilfe N 450/2009 – *TGR-Projekt – Beihilfe an Arcelor Miltal Eisenhüttenstadt GmbH*; Kom. Staatliche Beihilfe N 451/2009 – *Energieeinsparungen durch Bandgießen von Leichtbaustahl bei der Salzgitter Flachstahl GmbH*.

[48] Mitteilung der Europäischen Kommission an den Europäischen Rat vom 26. 11. 2008, KOM (2008) 800.

[49] Mitteilung der Europäischen Kommission, ABl. 2009 C 16/1. Der VG ist gegenwärtig begrenzt auf Maßnahmen, die bis Ende 2010 gewährt werden; ABl. 2010 C 099/1.

[50] Der Grund hinter dieser Einschränkung ist die Absicht, ein Unternehmen mit nicht mehr Mitteln zu versorgen als nötig, um es für ein Jahr über Wasser zu halten.

Trotz flächendeckender Förderfähigkeit aller europäischen Stahlunternehmen unter dem VG, **991** zeichnete sich Anfang 2009 ein Ungleichgewicht bei der Anwendung des VG ab. *JCS Liepajas Metalurgs*, ein intaktes Stahlunternehmen mit Sitz in Lettland, hatte einen realisierbaren Unternehmensplan, erfuhr jedoch gleichwohl die typischen Folgen der Kreditklemme. Im Herbst 2008 weigerten sich die Banken plötzlich kurz vor Abschluss eines Kreditvertrages, das notwendige Modernisierungsprojekt ohne zusätzliche staatliche Garantie zu finanzieren. Lettland meldete bei der Kommission eine Staatsgarantie nach dem VG als Investitionsbeihilfe zugunsten von *JCS Liepajas Metalurgs* an.[51] Das Kernproblem lag darin, dass die Größe der Investition bei weitem die jährliche Lohnsumme des Unternehmens überstieg, so dass die Finanzierung nur zum Teil von dem VG gedeckt war (zu etwa 40%). Das Unternehmen hätte folglich den Hauptteil seines Projekts zu Marktbedingungen finanzieren müssen, was für ein lettisches Unternehmen unter teuren Krisenkonditionen unmöglich war.

Die Kommission erkannte, dass der VG Mitgliedstaaten mit niedrigerem Lohnniveau unver- **992** hältnismäßig stark benachteiligt und änderte den VG, um wieder möglichst faire Wettbewerbsbedingungen herzustellen. Es wurde den Mitgliedstaaten ermöglicht, bei der Bereitstellung von Bürgschaften für Investitionskredite, entweder die aktuelle jährliche Lohnsumme des Begünstigten als Berechnungsgrundlage heranzuziehen (die großzügigere Lösung für Länder mit hohen Löhnen) oder die durchschnittlichen monatlichen Lohnkosten der EU-27, wie von EUROSTAT ermittelt, anzuwenden.[52] Angesichts des niedrigen Lohnniveaus in Lettland profitierten die lettischen Behörden von der Änderung des VG. Folglich konnte für *JCS Liepajas Metalurgs* die gesamte Finanzierungshilfe im Rahmen des VG genehmigt werden.[53]

Der Fall von *JCS Liepajas Metalurgs* ist bis jetzt der erste Fall von VG-Investitionsbeihilfen an **993** Stahlunternehmen, der den Verfassern bekannt ist, und es wird sich erst in den nächsten Monaten zeigen, ob andere Stahlunternehmen von VG-Mitteln profitiert haben oder werden. Die Höhe der an Stahlunternehmen gewährten VG-Finanzierungsmittel nach den nationalen Regeln ist schwer einzuschätzen. Der Gemeinschaftsrahmen ist ein Instrument, das den Mitgliedstaaten die Einführung staatlicher Beihilferegelungen erlaubt, die für eine Vielzahl von Fällen anwendbar sind. Die Mitgliedstaaten müssen regelmäßig ex post zusammenfassende Berichte über die Durchführung ihrer Regelungen vorlegen.

5. Ergebnis. Es gibt viele Argumente, die dafür sprechen, dass die besonderen Beihilferegeln **994** für die Stahlindustrie ein Erfolg waren. Das strikte Verbot von R&U- und Investitionsbeihilfen hat sicherlich zur Stabilisierung des Sektors beigetragen. Die Wirtschaftskrise könnte als erster „Überlebenstest" angesehen werden. Seit die Industrie umstrukturiert worden ist und die Stahlunternehmen sich mit der Tatsache zufrieden gegeben haben, dass sie vollständig auf sich selbst gestellt sind, haben sie es geschafft, – wenigstens bis jetzt – die Krise zu überwinden, ohne dass eine Rettung durch den Staat erforderlich gewesen wäre. Allerdings haben die Neuwagenprämien, die von etlichen Mitgliedstaaten als Reaktion auf die Krise zur Unterstützung der Autoindustrie eingeführt wurden, die Auswirkungen der Krise auf viele Stahlhersteller abgemildert.

Den Reaktionen der europäischen Stahlindustrie nach zu urteilen, scheint es eine allgemeine **995** Zufriedenheit mit den klaren und transparenten Wettbewerbsbedingungen zu geben, die durch das Verbot von R&U- und Regionalbeihilfen geschaffen wurden. Zumindest nach dem Wissen der Verfasser hat bis jetzt keiner der Akteure auf dem Gebiet die Wiedereinführung dieser Beihilfearten gefordert. Es kam im Gegenteil vor, dass Vertreter anderer Industriezweige – wie zum Beispiel der Schiffbau- oder Autoindustrie – sich dahingehend äußerten, dass so ein strenges Konzept auch an anderen Stellen nützlich sein könnte.

Ein striktes Verbot dieser wichtigen Beihilfearten erzeugt freilich Druck auf EU-Stahl- **996** unternehmen gegenüber nicht EU-Stahlunternehmen. Daher ist es wichtig geworden, dass die EU ihre staatlichen Beihilferegeln auch in den Kandidatenländern durchzusetzen versucht, in denen die Zollschranken aufgehoben worden sind. Darüber hinaus ist die Tatsache, dass die Kommission die Beachtung der Regeln in strenger Weise kontrolliert, ein Argument in internationalen Verhandlungen dafür geworden, einer weltweiten Kontrolle staatlicher Beihilfen so nahe wie möglich zu kommen.

---

[51] Kom., Staatliche Beihilfe N 670/2009; ABl. 2010 C 99/1 – *JSC Liepājas Metalurgs*.
[52] Diese Änderung des VG wurde von der Kommission am 8. Dezember 2009 verabschiedet.
[53] Gleichzeitig wird die Tatsache, dass die Lohnkosten für Unternehmen in Westeuropa höher sind, berücksichtigt, da die EU27 durchschnittlichen monatlichen Lohnkosten niedriger sind als die Lohnkosten in den westeuropäischen Ländern.

XV. Wohnungswesen

Schrifttum: *Bartosch*, Sozialer Wohnungsbau und europäische Beihilfenkontrolle, EuZW 2007, 559; *Bauer*, Rechtssicherheit bei der Finanzierung gemeinwirtschaftlicher Leistungen? Zum Verhältnis zwischen Art. 87 I EG und Art. 86 II EG nach der Altmark-Entscheidung des EuGH, EuZW 2006, 7; *Becker*, EU-Beihilfenrecht und soziale Dienstleistungen, NZS 2007, 169; *Blankart*, Modelle der Daseinsvorsorge aus EG-rechtlicher und ökonomischer Sicht, WuW 2002, 340; *Britz*, Finanzielle Direkthilfen für Dienstleistungen von allgemeinem wirtschaftlichen Interesse, ZHR 169 (2005) 370; *Dörr*, Infrastrukturförderung (nur) nach Ausschreibung? NZBau 2005, S. 617; *Frenz*, Grenzen der Quersubventionierung durch Gemeinschaftsrecht, EWS 2007, 211; *Hübner/Weitemeyer*, Öffentliche Wohnungswirtschaft unter europäischem Vergaberecht, NZM 2006, 121; *Jakob*, Tagungsbericht: 5. EUROFORUM-Jahrestagung – Beihilfenrecht 2007; EWS 2007, 502; *Jennert*, Staatliche Daseinsvorsorge zwischen Beihilferecht und Vergaberecht, WRP 2003, 459; *Keßler/Dahlke*, Der soziale Wohnungsbau in Deutschland im Lichte des europäischen Beihilferechts, EuZW 2007, 103; *dies.* Der soziale Wohnungsbau in Deutschland und die europäische Beihilfenkontrolle – Replik auf Bartosch, EuZW 2008, 68; *dies.* Sozialer Wohnungsbau, in Krautscheid (Hrsg.), Die Daseinsvorsorge im Spannungsfeld von europäischem Wettbewerb und Gemeinwohl – Eine sektorspezifische Betrachtung, 2009, 275; *Koenig*, Die EU-Ausschreibungsdoktrin – Ein teurer Wettbewerb für die Infrastrukturnutzer? EuZW 2005, 417; *ders.*, Die neue EG-beihilfenrechtliche Kompensationsmaßstäbe in der Daseinsvorsorge – das Altmark Trans-Urteil in der Praxis, BB 2003, 2185; *Koenig/Kühling*, Infrastrukturförderung im Ausschreibungsverfahren – EG-beihilferechtlicher Königsweg der Kompensation von gemeinwirtschaftlichen Pflichten, DVBl. 2003, 289; *dies.*, Diskriminierungsfreiheit, Transparenz und Wettbewerbsoffenheit des Ausschreibungsverfahrens – Konvergenz von EG-Beihilfenrecht und Vergaberecht, NVwZ 2003, 779; *dies.*, Reform des EG-Beihilferecht aus der Perspektive des mitgliedstaatlichen Systemwettbewerbs, EuZW 1999, 517; *Lehr*, Europäisches Wettbewerbsrecht und kommunale Daseinsvorsorge, DÖV 2005, 542; *Meyer*, Dienste von allgemeinem wirtschaftlichen Interesse im Spannungsfeld zwischen Selbstbestimmungsrecht der Mitgliedstaaten und EU-Beihilfekontrolle, EWS 2005, 193; *Modlich*, Nationale Infrastrukturmaßnahmen und Art. 92 Abs. 1 EGV, 1996; *Nettesheim*, Europäische Beihilfeaufsicht und mitgliedstaatliche Daseinsvorsorge, EWS 2002, 253; *Papier*, Kommunale Daseinsvorsorge im Spannungsfeld zwischen nationalem Recht und Gemeinschaftsrecht, DVBl 2003, 686; *Schink*, Kommunale Daseinsvorsorge in Europa, DVBl 2005, 861; *Sander*, Wohnungspolitik im Dilemma von Glaubwürdigkeit und Erpressbarkeit, Das Beispiel des Altschuldenkompromisses in der ostdeutschen Wohnungswirtschaft, 2001; *Seidel*, Die Auswirkungen des Europäischen Beihilferechts auf privatrechtliche Subventionsverträge, 2003; *Thyri*, Der Kommissionsvorschlag zur Behandlung von Ausgleichsbeihilfen in der Daseinsvorsorge, EWS 2004, 444; *van Ysendyck/Zühlke*, Staatliche Beihilfen und Ausgleich für Leistungen der Daseinsvorsorge, EWS 2004, 16.

Übersicht

1. Das Beihilferegime im Wohnungsbau. a) Grundlagen und wirtschaftliche Be- **997**
deutung. Richtet man das Augenmerk auf die Ausgestaltung der Wohnungsbauförderung in
Deutschland, so ergibt sich im Lichte der Vielzahl der angebotenen Förderprogramme sowie
ihrer inhaltlichen Divergenz ein eher uneinheitliches und nur selten konsistentes Bild. Das
Spektrum der divergierenden Förderziele erfasst, über die **Förderung des sozialen Woh-**
nungsbaus hinaus, insbesondere die **KfW-Förderprogramme** zur energetischen Errichtung
und Sanierung sowie der Modernisierung von Wohnraum sowie die **Altschuldenhilfe** zugunsten von Wohnungsunternehmen im Beitrittsgebiet. Bestand ursprünglich für den engeren Bereich der sozialen Wohnungsbauförderung insoweit ein einheitliches Förderregime, als die in
Art. 74 Nr. 18 GG aF verortete konkurrierende Gesetzgebungskompetenz des Bundes mit der
Regelungsbefugnis hinsichtlich des „Wohnungswesens" auch und gerade die „Wohnungsbauförderung" umfasste,[1] so wurde im Rahmen der Föderalismusreform dieser Bereich der Gesetzgebungsbefugnis der Länder (Art. 70 Abs. 1 GG) zugeordnet,[2] um so dem Umstand Rechnung
zu tragen, dass sich der Wohnungsbedarf regional recht unterschiedlich entwickelt hat. Demgegenüber verbleibt es gem. Art. 74 Nr. 18 GG nF bei der (konkurrierenden) Zuständigkeit des
Bundes für das „Altschuldenhilferecht".

Soweit es die wirtschaftliche Bedeutung der auf den Bereich des Wohnens bezogenen För-   **998**
dermaßnahmen betrifft, steht noch immer die **Förderung des sozialen Wohnungsbaus** im
Mittelpunkt der staatlichen Beihilfen, wenn auch das ökonomische und ökologische Postulat
energetischen Bauens sowie vor allem energetischer Gebäudesanierung angesichts gestiegener
Energiekosten und nach wie vor steigender CO_2 Emissionen zunehmend an Priorität gewinnt.[3]
Dabei findet die an sozialen Zielsetzungen ausgerichtete Wohnraumförderung ihre gesetzliche
Grundlage überwiegend noch immer in den Bestimmungen des WoFG[4] des Bundes, welches
auch nach der Föderalismusreform und der hierdurch bedingten föderalen Kompetenzverlagerung fortgilt, bis es durch eigenständige Regelungen der Bundesländer ersetzt wird. Entsprechende Landesgesetze, die sich in ihrer inhaltlichen Ausrichtung nach wie vor weitgehend an
den Vorgaben des WoFG orientieren, bestehen derzeit in Baden-Württemberg,[5] Bayern,[6]
Hamburg[7] und Schleswig-Holstein;[8] andere Bundesländer planen eine Neuregelung. Sieht man
hievon ab, so führen auch im Bereich des Bundesrechts die Länder gem. § 3 Abs. 2 Satz 2
WoFG die soziale Wohnraumförderung als eigene Aufgabe unter Berücksichtigung der woh-
nungswirtschaftlichen Belange der Gemeinden und Gemeindeverbände (§ 3 Abs. 3 WoFG)
durch.

---

[1] BVerfGE 21, 117, 128.
[2] Siehe hierzu: Bericht der Bundesrepublik Deutschland zum „Altmark-Paket" der Europäischen Kommission IV 1.
[3] Siehe hierzu das Energieeinsparungsgesetz in der Fassung der Bekanntmachung v. 1. 9. 2005 (BGBl. I
2684), geändert durch Art. 1 Gesetz v. 28. 3. 2009 (BGBl. I 643).
[4] Wohnraumförderungsgesetz v. 13. 9. 2001 (BGBl. I 2376), zuletzt geändert durch Art. 8 Gesetz v. 28. 3.
2009 (BGBl. I 634).
[5] Landesgesetz zur Förderung von Wohnraum und Stabilisierung von Quartiersstrukturen (Landeswohn-
raumförderungsgesetz – LWoFG) v. 11. 12. 2007 (GBl. 581).
[6] Gesetz über die Wohnraumförderung in Bayern (Bayerisches Wohnraumförderungsgesetz – BAY-
WOFG) v. 19. 4. 2007 (GVBl 2007, 260), zuletzt geändert durch § 2 des Gesetzes vom 24. März 2010
(GVBl. 136).
[7] Gesetz über die Wohnraumförderung in der Freien und Hansestadt Hamburg (Hamburgisches Wohnraumförderungsgesetz – HmbWoFG) v. 19. 2. 2008 (HmbGVBl. 2008, 74), zuletzt geändert durch Gesetz
vom 14. Juli 2009 (HmbGVBl. 305).
[8] Gesetz über die Wohnraumförderung in Schleswig-Holstein (Schleswig-Holsteinisches Wohnraumförderungsgesetz – SHWoFG) v. 25. 4. 2009 (GS Schl.-H. II, Gl. Nr. 233–5).

999 **b) Die Förderprogramme. aa) Die Förderung des sozialen Wohnungsbaus.** Entsprechend § 1 Abs. 2 Satz 1 WoFG zielt die soziale Wohnraumförderung auf Haushalte, **„die sich am Markt nicht angemessen mit Wohnraum versorgen können und auf Unterstützung angewiesen sind."**[9] Unter diesen Voraussetzungen unterstützt „die Förderung von Mietwohnraum insbesondere Haushalte mit geringem Einkommen sowie Familien und andere Haushalte mit Kindern, Alleinerziehenden, Schwangere, ältere Menschen, behinderte Menschen, Wohnungslose und sonstige hilfsbedürftige Personen" (§ 1 Abs. 2 Nr. 1 WoFG) sowie „die Förderung der Bildung selbst genutzten Wohneigentums" zugunsten von Familien und anderen Haushalten mit Kindern sowie behinderten Menschen, „die unter Berücksichtigung ihres Einkommens und der Eigenheimzulage die Belastung des Baus oder Erwerbs von Wohnraum ohne soziale Wohnraumförderung nicht tragen können." Die Zielgruppen sind folglich im Regelfalle **durch Einkommensgrenzen definiert,** deren Einhaltung im Einzelfall seitens des Zuwendungsempfängers nachgewiesen werden muss. Gem. **§ 2 Abs. 2 WoFG** erfolgt die Förderung insoweit durch

1. „die Gewährung von **Fördermitteln,** die aus **öffentlichen Haushalten** oder Zweckvermögen als **Darlehen zu Vorzugsbedingungen,** auch zur nachstelligen Finanzierung, oder als **Zuschüsse** bereitgestellt werden,
2. Übernahme von **Bürgschaften, Garantien** und sonstigen **Gewährleistungen** sowie
3. Bereitstellung von **verbilligtem Bauland."**

1000 (Zuwendungs-)Empfänger der Förderung bei Maßnahmen des sozialen Wohnungsbaus und der Modernisierung ist dabei gem. § 11 Abs. 1 Nr. 1 WoFG derjenige, **„der das Bauvorhaben für eigene oder fremde Rechnung im eigenen Namen durchführt oder durch Dritte durchführen lässt (Bauherr)."** Das sind – sieht man von der privaten Errichtung von Ein- oder Mehrfamilienhäusern ab – im Regelfalle die auf dem Wohnungsmarkt tätigen **Unternehmen (Wohnungsunternehmen, Wohnungsgenossenschaften),** wobei **in- und ausländische Unternehmen und Investoren durchgängig gleich behandelt werden.**[10] Insofern ist die soziale Wohnraumförderung nach Maßgabe des WoFG bzw. der einschlägigen Regelungen der Bundesländer **nicht unternehmensbezogen sondern objektbezogen angelegt.**[11]

1001 **bb) Die Förderung energetischer Errichtung und Sanierung von Wohnraum.** Seit einigen Jahren führen die KfW Bankengruppe sowie das Bundesministerium für Verkehr, Bau und Stadtentwicklung (BMVBS) verschiedene Programme zur Förderung der energetischen Errichtung und Sanierung von Wohnraum durch. Gefördert werden gegenwärtig im Rahmen des **„CO$_2$-Gebäudesanierungsprogramm" des Bundes"** „die Errichtung, Herstellung oder der Ersterwerb von Wohngebäuden, einschließlich Wohn-, Alten- und Pflegeheimen", die als **„KfW-Effizienzhäuser"** ein bestimmtes energetisches Niveau erreichen.[12] Finanziert werden dabei im Rahmen des am Tag der Förderzusage geltenden „Programmzinssatzes" bis zu 100% der Bauwerkskosten, dh. der Baukosten ohne Grundstück, bis zu einem Betrag von 50 000 Euro pro Wohneinheit. Für die energetische Sanierung von bestehenden Wohngebäuden stehen zur „Förderung von Maßnahmen der Energieeinsparung und zur Senkung des CO$_2$ Ausstoßes" im Rahmen des „CO$_2$-Gebäudesanierungsprogramm des Bundes" mit den Programmen **„Investitionszuschuss"**[13] und **„Finanzierung"**[14] zurzeit zwei unterschiedliche Fördervarianten zur Verfügung. Während die Ausreichung **verbilligter Kredite** für energiesparende Investitionsmaßnahmen für selbst genutzte oder vermietete Wohngebäude zugunsten von Privatpersonen, Wohnungsunternehmen, Wohnungsgenossenschaften sowie Gemeinden oder Gemeindeverbänden möglich ist, kommt die Gewährung eines **Investitionszuschusses** nur für natürliche Personen als Eigentümer oder Erwerber von Ein- und Zweifamilienhäusern bzw. für die Eigentümer von selbst genutzten oder vermieteten Eigentumswohnungen in Betracht. Gefördert werden im Rahmen des Kreditprogramms bis zu 100% der förderfähigen Investitionskosten einschließlich von Nebenkosten, wie Architektenleistungen und Energieeinsparberatung bis zu 75 000 Euro pro Wohneinheit bei der Sanierung zum KfW-Effizienzhaus sowie bis maximal 50 000 Euro pro Wohneinheit bei Einzelmaßnahmen.

---

[9] Siehe zu den Notwendigkeiten entsprechender staatlicher Daseinsvorsorge die Begründung zum WoFG, BT-Drucks. 14/5538, 30 ff.

[10] Bericht der Bundesrepublik Deutschland zum „Altmark-Paket" der Europäischen Kommission IV 1.

[11] Bericht der Bundesrepublik Deutschland zum „Altmark-Paket" der Europäischen Kommission IV 1.

[12] Vgl. das Merkblatt der KfW „Energieeffizient Bauen Programmnummer 153" – gültig ab 1. 7. 2010.

[13] Siehe das KfW Merkblatt „Energieeffizient Sanieren – Investitionszuschuss Programmnummer 430" gültig ab 1. 4. 2009.

[14] Siehe das KfW Merkblatt „Energieeffizient Sanieren – Kredit Programmnummer 151, 152" gültig ab 1. 10. 2009.

cc) Die Altschuldenhilfe. Mit dem Übergang von der Plan- zur Marktwirtschaft im Rahmen 1002
der Wiedervereinigung wurden den Wohnungsunternehmen im Beitrittsgebiet die aus den von der
DDR-Staatsbank gewährten Wohnungsbaukrediten herrührenden **Altschulden** als Verbindlichkeiten zugeordnet.[15] Zugleich wurden die hierfür zu entrichtenden Kreditzinsen mit der Einführung der Wirtschafts-, Währungs- und Sozialunion zum 1. 7. 1990 auf Marktniveau angehoben.[16]
Angesicht des aufgrund unterbliebener Sanierungen zum Teil desolaten Zustandes der Wohnungs-
bestände und der zunächst weiter bestehenden Mietpreisbindung auf niedrigem Niveau ergaben
sich für die ostdeutsche Wohnungswirtschaft nur schwer zu überwindende Investitionshinder-
nisse.[17] Im Rahmen des Altschuldenhilfegesetzes (AHG) vom 23. 6. 1993[18] wurde den Wohnungsunternehmen und privaten Vermietern von Wohnraum gem. § 1 AHG „zur angemessenen Bewirtschaftung des Wohnungsbestandes, insbesondere zur Verbesserung der Kredit- und
Investitionstätigkeit, auf Antrag Altschuldenhilfe gewährt" im Wege der befreienden Übernahme
einer Teilverbindlichkeit durch den Erblastentilgungsfonds ab dem 1. 7. 1995 (§ 4 Abs. 1 AHG).
Angesichts des mit der Deindustrialisierung der neuen Bundesländer verbundenen demographischen Wandels und des hieraus folgenden zunehmenden Wohnungsleerstandes wurde durch
das Zweite Altschuldenhilfe-Änderungsgesetz vom 18. 8. 2000[19] ergänzend die Härtefallregelung
des § 6a AHG eingeführt, welche die Bundesregierung ermächtigt, „durch Rechtsverordnung eine
zusätzliche Entlastung von Altverbindlichkeiten und der hierauf beruhenden Verbindlichkeiten
für Wohnungsunternehmen … festzulegen, die in **ihrer wirtschaftlichen Existenz gefährdet
sind** und Altschuldenhilfe … erhalten haben" (§ 6a Satz 1 AHG). Die Entlastung berechnet sich
dabei „nach dem **Umfang der Wohnraumverminderung**, der im Rahmen eines tragfähigen
Sanierungskonzepts für das Unternehmen erreicht wird" (§ 6a Satz 2 AHG; § 2 AHGV). Ziel
der Altschuldenhilferegelung ist es somit nach wie vor, **durch geordneten Rückbau, bzw.
dem Abriss von (leerstehendem) Wohnraum, zur Entlastung des Wohnungsmarkts
und zur Verbesserung der Wohnstrukturen beizutragen.** Mit dem Erlass der Altschulden-
hilfeverordnung (AHGV) vom 15. 12. 2000[20] hat der Gesetzgeber von der Ermächtigung von
§ 6a AHG Gebrauch gemacht. Voraussetzung der Entlastung ist gem. **§ 1 Abs. 2 AHGV**, dass
„1. der Leerstand einschließlich der seit dem 1. Januar 1998 abgerissenen Wohnfläche bei Antragstellung mindestens 15% der eigenen Wohnfläche des Unternehmens umfasst,
2. der Antragsteller **in seiner wirtschaftlichen Existenz** infolge der finanziellen Belastung
durch nicht vermietete Wohnfläche **gefährdet ist,**
3. die Wohnraumverminderung notwendiger **Bestandteil eines tragfähigen Sanierungskonzepts** für den Antragsteller ist, das städtebauliche Aspekte berücksichtigt, **an dem sich das
Land beteiligt** und zu dem das Kreditinstitut einen Finanzierungsbeitrag mindestens in Höhe
der Vorfälligkeitsentschädigung leistet,
4. die Leerstandsquote, die Existenzgefährdung des Unternehmens und das Sanierungskonzept
von einem Wirtschaftsprüfer bestätigt werden und
5. das Kreditinstitut rechtsverbindlich sein Einverständnis mit der Tilgung der Verbindlichkeit
erklärt."

2. Die Förderung des sozialen Wohnungsbaus im Lichte des Unionsrechts. 1003
a) Dienstleistungen von allgemeinem wirtschaftlichem Interesse und Beihilfeverbot.
Entsprechend Art. 3 Abs. 1 lit. g EG umfasste die Tätigkeit der Union nach Maßgabe der Bestimmungen des früheren EG-Vertrags, „ein System, das den Wettbewerb innerhalb des Binnenmarktes
vor Verfälschungen schützt." Mit dem Inkrafttreten des Lissabonvertrages am 1. 12. 2009 wurde
diese Zielprojektion – vor allem auf Drängen Frankreichs – in das „Protokoll über den Binnenmarkt und den Wettbewerb vom 13. 12. 2007[21] überführt. Eine inhaltliche Änderung ist damit
nicht verbunden, da das Protokoll integraler Bestandteil des primären Unionsrechts ist. Die hier-
seits der Zielprojektionen des Protokolls postulierte kompetitive Rahmenordnung findet ihre
spezifische primärrechtliche Ausgestaltung in den „Wettbewerbsregeln" der Art. 101 ff. AEUV

---

[15] Siehe zu der hiermit verbundenen verfassungsrechtlichen Problematik: BVerfGE 95, 267; BVerfG VIZ
2000, 244; zu den zivilrechtlichen Aspekten: BGHZ 124, 1; BGHZ 127, 212.
[16] Vertrag über die Schaffung einer Währungs-, Wirtschafts- und Sozialunion zwischen der Bundesrepublik Deutschland und der Deutschen Demokratischen Republik v. 18.5.1990 (BGBl. II S. 537) gemeinsames
Protokoll über Leitsätze II 2.
[17] Siehe umfassend: *Sander.*
[18] BGBl. I 986.
[19] BGBl. I 1304.
[20] BGBl. I 1734, zuletzt geändert durch Art. 1 Gesetz v. 10. 11. 2008 (BGBl. I 2179).
[21] ABl. Nr. C 306 S. 156, siehe hierzu *Behrens* EuZW 2008, 193 f.

unter Einschluss der Bestimmungen über „Staatliche Beihilfen" (Art. 107 ff. AEUV). Auch wenn und soweit die ökonomische Konzeption sowie die ihr zugrunde liegende rechtliche Verfassung des Binnenmarktes dabei „dem Grundsatz einer offenen Marktwirtschaft mit freiem Wettbewerb verpflichtet (sind)" (Art. 119 Abs. 1 AEUV), schließt dies eine soziale Verortung und Rückbindung des Marktprozesses und seiner handelnden Akteure keineswegs aus. So stellt denn der europäische Gesetzgeber im Kontext des Vertrags von Lissabon den wettbewerblichen Zielvorgaben bewusst **„eine Sozialpolitik"** (Art. 151 ff. AEUV) verbunden mit einer **„Stärkung des wirtschaftlichen und sozialen Zusammenhalts"** (Art. 174 Abs. 1 AEUV) als gleichgewichtige Zielprojektionen bei der Ausgestaltung des Binnenmarktes zu Seite.

1004 Das sich hier abzeichnende Spannungsverhältnis zwischen wettbewerblicher Selbststeuerung und sozialer Einbindung des Marktgeschehens findet seine gemeinwohlspezifische Widerspiegelung in Art. 14 AEUV. Danach tragen die Union und die Mitgliedstaaten im Rahmen ihrer jeweiligen Befugnisse dafür Sorge, dass „unbeschadet des Artikels 4 des Vertrags über die Europäische Union und der Artikel 93, 106 und 107 dieses Vertrags und in Anbetracht des Stellenwerts, den **Dienste von allgemeinem wirtschaftlichem Interesse** innerhalb der gemeinsamen Werte der Union einnehmen, sowie ihrer Bedeutung bei der Förderung des sozialen und territorialen Zusammenhalts ... die Grundsätze und Bedingungen ... dieser Dienste so gestaltet sind, dass diese ihren Aufgaben nachkommen können." Zwar gelten nach der in Bezug genommenen Regelung des Art. 106 Abs. 2 AEUV „für Unternehmen, die **mit Dienstleistungen von allgemeinem wirtschaftlichem** Interesse betraut sind ..., die Vorschriften der Verträge, insbesondere die Wettbewerbsregeln", doch greift dies nur Platz, „soweit die Anwendung dieser Vorschriften **nicht die Erfüllung der ihnen übertragenen besonderen Aufgabe rechtlich oder tatsächlich verhindert."**

1005 Allerdings findet sich – trotz weitgehend übereinstimmender Begrifflichkeit – weder in Art. 14, noch in Art. 106 Abs. 2 AEUV oder im sekundären Unionsrecht eine nähere Konkretisierung, welche (marktbezogenen) Tätigkeiten den „Diensten von allgemeinem wirtschaftlichem Interesse" zuzuordnen sind. Nichtsdestotrotz betont die Kommission bereits in ihrem Grünbuch zu „Dienstleistungen von allgemeinem Interesse"[22] vom 21. 5. 2003, in der Gemeinschaftspraxis herrsche Übereinstimmung dahingehend, dass der Begriff sich „auf **wirtschaftliche Tätigkeiten** beziehe, die von den Mitgliedstaaten oder der Gemeinschaft mit **besonderen Gemeinwohlverpflichtungen** verbunden werden und für die das Kriterium gilt, dass **sie im Interesse der Allgemeinheit** erbracht werden." Dies beziehe sich auf „die **besonderen Anforderungen der staatlichen Behörden,** mit denen sicher gestellt werden soll, **dass bestimmte Gemeinwohlinteressen** erfüllt werden."[23]

1006 Die hier, insbesondere in Art. 14 AEUV EG zutage tretende primärrechtliche Anerkennung des in den meisten Mitgliedstaaten vorherrschenden Systems einer „mixed economy", unter Einschluss eines mehr oder weniger deutlich ausgeprägten Sektors „öffentlicher Wirtschaftstätigkeit", sei es im französischen System des **„service public"** oder im deutschen Konzept der **„Daseinsvorsorge",** offenbart ein eigenständiges Subsidiaritätskonzept, welches im Rahmen des „europäischen Gesellschaftsmodells"[24] die grundsätzliche Anerkennung **gemeinwohlorientierter Wirtschaftsformen** ungeachtet ihres Sozialauftrags nach Maßgabe von Art. 106 Abs. 2 AEUV einem wettbewerblichen Kompatibilitätstest im Lichte des Binnenmarktes unterwirft. Dabei bleibt das Spannungsverhältnis zwischen der institutionellen Anerkennung eines öffentlich funktionalisierten Wirtschaftssektors, wie sie Art. 14 AEUV zugrunde liegt, und der wettbewerblichen Verfassung des Binnenmarktes unter Einschluss der subjektiven Wettbewerbsfreiheit der agierenden Marktteilnehmer, als normativem Orientierungsmuster von Art. 106 Abs. 2 AEUV, nach wie vor fragil und in seiner fallbezogenen Abstimmung recht unbestimmt und damit im Rahmen von Art. 106 Abs. 3 AEUV einer Konkretisierung seitens der Kommission zugänglich.

1007 Soweit es ihre Sichtweise des zugrunde liegenden gesellschaftspolitischen Konzepts betrifft,[25] hatte die Kommission bereits in ihrem „Weißbuch zu Dienstleistungen von allgemeinem Interesse"[26] betont, „dass hinsichtlich der Notwendigkeit, hochwertige Dienste von allgemeinem Inte-

---

[22] KOM (2003) 270 endg., Tz. 17.

[23] KOM (2003) 270 endg., Tz. 20.

[24] Leistungen der Daseinsvorsorge in Europa, KOM (2000) 580 endg.; siehe auch: Stellungnahme des Wirtschafts- und Sozialausschusses, Leistungen der Daseinsvorsorge, 21. 10. 1999, ABl. 1999 Nr. C 368/51, 1.4.1.

[25] Siehe auch die Mitteilung der Kommission: Die erneuerte Sozialagenda: Chancen, Zugangsmöglichkeiten und Solidarität im Europa des 21. Jahrhunderts, KOM (2008) 412 endg.

[26] KOM (2004) 374 endg.

resse zu erschwinglichen Kosten, zu denen jeder Bürger und jedes Unternehmen in der Europäischen Union Zugang hat, bereitzustellen, weitgehend Konsens besteht."[27] Insofern erkenne die Kommission „die essenzielle Rolle an, die den Mitgliedstaaten und ihren regionalen und lokalen Behörden auf dem Gebiet der Dienstleistungen von allgemeinem Interesse zukommt."[28] Zwar könne in bestimmten Fällen „die Verwirklichung eines Zieles öffentlicher nationaler Politik einer Abstimmung auf bestimmte Ziele der Gemeinschaft bedürfen", doch habe dem Vertrag zufolge „vorbehaltlich der Bedingungen des Artikel 86 Abs. 2 (jetzt: Art. 106 Abs. 2 AEUV) **die tatsächliche Erfüllung einer Gemeinschaftsaufgabe im Spannungsfall Vorrang vor der Anwendung der Regeln des Vertrags.**"[29] Dass dies auch die (soziale) Wohnungswirtschaft erfasst, bestätigt die Kommission, wenn sie in ihrer Mitteilung vom 12. 5. 2004 darauf hinweist, das „Grünbuch zu Dienstleistungen von allgemeinem Interesse"[30] habe bei den in Frage kommenden Kreisen „reges Interesse für Sozialdienstleistungen einschließlich … (des) **Sozialwohnungswesen** ausgelöst."[31]

b) Die Altmark-Entscheidung des EuGH. Ob und inwiefern die Förderung des sozialen **1008** Wohnungsbaus nach Maßgabe des WoFG bzw. der einschlägigen Regelungen der Bundesländer zugleich den Beihilfetatbestand des Art. 107 Abs. 1 AEUV erfüllt, bestimmt sich anhand der seitens des EuGH in seiner Altmark-Entscheidung[32] postulierten Voraussetzungen. Danach fällt eine staatliche Maßnahme nicht unter Art. 107 Abs. 1 AEUV, „soweit sie **als Ausgleich anzusehen ist, der die Gegenleistung für Leistungen bildet, die von den Unternehmen, denen sie zugute kommt, zur Erfüllung gemeinwirtschaftlicher Verpflichtungen erbracht werden**, so dass diese Unternehmen in Wirklichkeit **keinen finanziellen Vorteil erhalten** und die genannte Maßnahme nicht bewirkt, dass sie gegenüber mit ihnen im Wettbewerb stehenden Unternehmen in eine günstigere Wettbewerbsstellung gelangen."

Damit diese Voraussetzung gewährleistet ist, müssen aus Sicht des Gerichtshofs notwendig **1009** vier Kriterien erfüllt sein:

1. Das begünstigte Unternehmen muss tatsächlich **mit der Erfüllung gemeinwirtschaftlicher Verpflichtungen betraut sein** und diese Verpflichtungen müssen **klar definiert** sein.
2. Die Parameter, anhand derer der Ausgleich berechnet wird, sind **zuvor objektiv und transparent aufzustellen,** um zu verhindern, dass der Ausgleich einen wirtschaftlichen Vorteil mit sich bringt, der das Unternehmen, dem er gewährt wird, gegenüber konkurrierenden Unternehmen wirtschaftlich begünstigt.
3. Der Ausgleich darf nicht über das hinausgehen, was erforderlich ist, um die **Kosten der Erfüllung der gemeinwirtschaftlichen Verpflichtungen unter Berücksichtigung der dabei erzielten Einnahmen und eines angemessenen Gewinns** aus der Erfüllung dieser Verpflichtung ganz oder teilweise zu decken.
4. Soweit die Wahl des Unternehmens, das mit der Erfüllung gemeinwirtschaftlicher Verpflichtungen betraut werden soll, im konkreten Fall **nicht im Rahmen eines Vergabeverfahrens zur Vergabe öffentlicher Aufträge** erfolgt, das die Auswahl desjenigen Erwerbers ermöglicht, der diese Dienste zu den geringsten Kosten für die Allgemeinheit erbringen kann, so ist die Höhe des erforderlichen Ausgleichs **auf der Grundlage einer Analyse der Kosten zu bestimmen,** die ein **durchschnittlich gut geführtes Unternehmen,** das so angemessen ausgestattet ist, dass es den gestellten gemeinwirtschaftlichen Anforderungen genügen kann, bei der Erfüllung der betreffenden Verbindlichkeit hätte, wobei die dabei erzielten Einnahmen und ein angemessener Gewinn aus der Erfüllung dieser Verpflichtung zu berücksichtigen sind.

c) Der soziale Wohnungsbau als Dienstleistung von allgemeinem wirtschaftlichem **1010** **Interesse. aa) Die Freistellungsentscheidung der Kommission zu Dienstleistungen von allgemeinem wirtschaftlichem Interesse.** Angesichts des undeutlichen und vagen Abstimmungsverhältnisses zwischen der seitens des Vertrags postulierten wettbewerblichen Selbststeuerung der Marktprozesse (Protokoll über den Binnenmarkt und den Wettbewerb vom 13. 12. 2007)[33] und der seitens des Unionsrechts anerkannten Befugnis der Mitgliedstaaten zur sozialen Gestaltung und Austarierung ihrer Wirtschafts- und Gesellschaftsordnung, wie sie nicht

---

[27] KOM (2004) 374 endg., 2.1.
[28] KOM (2004) 374 endg., 3.1.
[29] KOM (2004) 374 endg., 3.2; siehe auch die Mitteilung der Kommission über Leistungen der Daseinsvorsorge in Europa, ABl. 2004 C 17/4.
[30] KOM (2003) 270 endg.
[31] KOM (2004) 374 endg., 4.4.
[32] EuGH, C-280/00, Slg. 2003, I-7747, RdNr. 95 – Altmark Trans.
[33] ABl. 2007, C 306/156.

zuletzt im Spannungsverhältnis von Art. 14 und Art. 106 Abs. 2 AEUV ihren Ausdruck findet, hat sich die Kommission im Rahmen ihres Maßnahmenpakets (Monti-Pakets/Altmark-Pakets) von November 2005 bemüht, unter Bezug auf die Altmark-Entscheidung des EuGH[34] und gestützt auf die Ermächtigung des Art. 106 Abs. 3 AEUV, größere Rechtssicherheit zugunsten der Mitgliedstaaten und Unternehmen bei der **Finanzierung gemeinwohlorientierter wirtschaftlicher Tätigkeiten** zu schaffen.[35]

1011   So betont denn die Kommission in ihrer grundlegenden Freistellungsentscheidung vom 28. 11. 2005[36] „über die Anwendung von Art. 86 Abs. 2 (jetzt: Art. 106 Abs. 2 AEUV) des Vertrags auf staatliche Beihilfen, die bestimmten mit der Erbringung von **Dienstleistungen von allgemeinem wirtschaftlichem Interesse** betrauten Unternehmen als Ausgleich gewährt werden" bereits in den Erwägungsgründen, „**im sozialen Wohnungsbau tätige Unternehmen, die mit Dienstleistungen von allgemeinem wirtschaftlichem Interesse betraut sind**, weisen Besonderheiten auf, die es zu berücksichtigen gilt."[37] So sei vor allem dem Umstand Rechnung zu tragen, „dass im jetzigen Entwicklungsstand des Binnenmarkts die Wettbewerbsverfälschung in (diesem Sektor) nicht zwangsläufig in einem direkten Verhältnis zur Höhe der Ausgleichszahlung steht."[38] Daher sollten Unternehmen, „**die mit Leistungen im Bereich des sozialen Wohnungsbaus betraut** sind und **Wohnraum für benachteiligte Bürger oder sozial schwache Bevölkerungsgruppen bereitstellen**, die nicht die Mittel haben, sich auf dem freien Wohnungsmarkt eine Unterkunft zu beschaffen, **im Rahmen dieser Entscheidung von der Notifizierungspflicht freigestellt werden**, selbst wenn die Höhe des Ausgleichs, den sie erhalten, die in dieser Entscheidung genannten Obergrenzen überschreitet, vorausgesetzt, **die erbrachten Leistungen werden von dem betreffenden Mitgliedstaat als Dienstleistungen von allgemeinem wirtschaftlichem Interesse eingestuft**."[39]

1012   Entsprechend der teleologischen Ausrichtung der Freistellungsentscheidung werden somit staatliche Beihilfen in Form von Ausgleichszahlungen an im sozialen Wohnungsbau tätige Unternehmen, die von dem jeweiligen Mitgliedstaat als Dienstleistungen von allgemeinem wirtschaftlichem Interesse eingestuft werden (Art. 2 lit. b), der **allgemeinen Beihilfekontrolle weitgehend entzogen.** Diese sind gem. Art. 3 der Entscheidung „**mit dem gemeinsamen Markt vereinbar und von der Notifizierungspflicht gemäß Artikel 88 Absatz 3** (jetzt: Art. 108 Abs. 3 AEUV) **EG-Vertrag freigestellt**, sofern in den sektorspezifischen gemeinschaftsrechtlichen Rechtsvorschriften in Bezug auf die Gemeinwohlverpflichtung nichts anderes bestimmt ist."

1013   **bb) Die Freistellungsvoraussetzungen der Entscheidung vom 28. 11. 2005. α) Wirtschaftliche Tätigkeit.** Zwar erfasst der Regelungsgehalt der Entscheidung[40] nur die „Erbringung von Dienstleistungen von allgemeinem **wirtschaftlichem** Interesse", doch steht es im Lichte des dogmatischen Ansatzes der Kommission außer Zweifel, dass es sich hinsichtlich des „**sozialen Wohnungsbaus**" um eine **wirtschaftliche Tätigkeit** handelt, die angesichts ihres evidenten Marktbezugs grundsätzlich der Anwendung der Beihilferegelungen unterliegt. Hier war im Hinblick auf die *FENIN-Entscheidung* des EuGH[41] gelegentlich die Frage aufgeworfen worden,[42] ob angesichts des Umstandes, dass die Bereitstellung preiswerten Wohnraums zugunsten einkommensschwacher Bevölkerungsschichten im Wege von Förderprogrammen der Mitgliedstaaten Ausdruck des „**Solidarprinzips**" sei, eine **nicht-wirtschaftliche Tätigkeit vorliege,** welche dem Anwendungsbereich der Art. 107 ff. AEUV entzogen sei. Die hier zutage tretende restriktive Sichtweise erscheint im Lichte der Vorgaben des Unionsrechts bereits insofern kaum vertretbar, als es nach der funktionalen Ausrichtung des Beihilfeverbots gerade **nicht darauf ankommt,** welche Zielsetzung der Staat oder seine Untergliederungen mit der Gewährung einer Begünstigung verfolgen. Auch nach der Rechtsprechung des EuGH entscheiden inso-

---

[34] EuGH C-280/00, Slg. 2003, I-7747 – Altmark Trans.

[35] Siehe Kom., Entsch. 2005/842 über die Anwendung von Art. 86 Abs. 2 EG-Vertrag auf staatliche Beihilfen, die bestimmten mit der Erbringung von Dienstleistungen von allgemeinem wirtschaftlichem Interesse betrauten Unternehmen als Ausgleich gewährt werden, ABl. 2005 L 312/67; sowie RL 2005/81, ABl. 2005 L 312/47, Gemeinschaftsrahmen für Beihilfen, die als Ausgleich für die Erbringung öffentlicher Dienstleistungen gewährt werden.

[36] Kom., Entsch. 2005/842, ABl. 2005 L 312/67.

[37] Kom., Entsch. 2005/842, ABl. 2005 L 312/67, Tz. 16.

[38] Kom., Entsch. 2005/842, ABl. 2005 L 312/67, Tz. 16.

[39] Kom., Entsch. 2005/842, ABl. 2005 L 312/67, Tz. 16.

[40] Kom., ABl. 2005 L 312/67.

[41] EuGH C-205/03 P, Slg. 2006, I-6295 = EuZW 2006, 600 m. Anm. *Scheffler* – FENIN/Kommission.

[42] *Bartosch* EuZW 2007, 559, 560 ff; siehe auch *Becker* NZS 2007, 169, 173 ff.

fern ausschließlich die positionsverschlechternden Auswirkungen der Begünstigung auf die Wettbewerbs- und Marktstellung Dritter.[43] Die soziale Ausgleichsfunktion der Wohnungsbauförderung ist folglich für sich betrachtet nicht geeignet, die hierin liegende Begünstigung der Zuwendungsempfänger dem Anwendungsbereich der europäischen Beihilfekontrolle zu entziehen.[44]

β) Öffentlicher Auftrag. Die Anwendung von Art. 106 Abs. 2 AEUV bedingt nach Maß-　**1014** gabe der Altmark-Entscheidung[45] notwendig, dass das begünstigte Unternehmen **seitens des Staates** mit der Erbringung einer besonderen Dienstleistung von allgemeinem wirtschaftlichem Interesse **betraut worden ist.** Dies setzt voraus, dass „in dem **Verwaltungs- oder Rechtsakt,** durch den die besondere Aufgabe übertragen wird, die genaue Art, der Umfang und die Dauer der auferlegten Gemeinwohlverpflichtungen sowie der Name des beauftragten Unternehmens niedergelegt (ist)."[46] Erforderlich ist somit die aktive und in öffentlich-rechtlichen Regelungsvorgaben gründende Übertragung der erforderlichen Zuständigkeiten und Kompetenzen für die Erfüllung der gemeinwirtschaftlichen Aufgabe.[47] Die passive Erlaubnis, beispielsweise durch die Eröffnung eines Rechtsverkehrs, genügt demgegenüber grundsätzlich nicht.[48]

Entsprechend Art. 4 Satz 1 erfasst die Freistellungsentscheidung[49] der Kommission in Über-　**1015** einstimmung mit den Vorgaben des Gerichtshofs ausschließlich solche Dienstleistungen von allgemeinem **wirtschaftlichem** Interesse, „deren Erbringung dem jeweiligen Unternehmen im Wege **eines oder mehrerer Verwaltungs- oder Rechtsakte übertragen wurde".** Allerdings steht den Mitgliedstaaten insofern die Wahl der Form des Rechts- oder Verwaltungsaktes frei (Art. 4 Satz 2). Ob und inwiefern ein tauglicher „Betrauungsakt" vorliegt, unterliegt dabei der Entscheidungskompetenz der mitgliedstaatlichen Gerichte.[50] Entscheidend ist, dass der Übertragungsakt die nachfolgenden Vorgaben enthält:

„a) Art und Dauer der Gemeinwohlverpflichtung;
b) das beauftragte Unternehmen und der geographische Geltungsbereich;
c) Art und Dauer der dem Unternehmen gegebenenfalls gewährten ausschließlichen oder besonderen Rechte;
d) die Parameter für die Berechnung, Überwachung und etwaige Änderung der Ausgleichszahlungen;
e) die Vorkehrungen, die getroffen wurden, damit keine Überkompensierung entsteht bzw. etwaige überhöhte Ausgleichszahlungen zurückgezahlt werden."

γ) Die Höhe der Ausgleichszahlung. Gem. Art. 5 Abs. 1 der Freistellungsentscheidung[51]　**1016** darf die Ausgleichszahlung – in Übereinstimmung mit dem seitens des EuGH postulierten dritten Altmark-Kriteriums – zudem nicht über das hinausgehen, was erforderlich ist, um die durch die Erfüllung der Gemeinwohlverpflichtung verursachten Kosten unter Berücksichtigung der dabei erzielten Einnahmen und einer angemessenen Rendite aus dem zur Erfüllung dieser Verpflichtung eingesetzten Eigenkapital abzudecken. Die zu berücksichtigenden Kosten umfassen dabei gem. Art. 5 Abs. 2 der Entscheidung sämtliche mit der Erbringung der Dienstleistung verbundenen Ausgaben. Ihre Berechnung muss anhand gemeinhin akzeptierter Rechnungslegungsstandards erfolgen. Dabei ist entsprechend Art. 5 Abs. 2 Satz 3 „Folgendes zu berücksichtigen:

a) Beschränkt sich die Tätigkeit des Unternehmens auf die Erbringung der Dienstleistung von allgemeinem wirtschaftlichem Interesse, können dessen **Gesamtkosten** herangezogen werden.
b) Betätigt sich das Unternehmen **daneben** noch auf anderen Gebieten, dürfen **nur die der Dienstleistung von allgemeinem wirtschaftlichem Interesse zurechenbaren Kosten** berücksichtigt werden.

---

[43] EuGH, 173/73, Slg. 1974, 709 – Italien/Kommission; EuGH, 310/85, Slg. 1987, 901 – Deufil/Kommission; EuGH, C-56/93, Slg. 1996, I-723 – Belgien/Kommission; EuGH, C-241/94, Slg. 1996, I-4551 – Frankreich/Kommission, zutreffend: *Bartosch* EuZW 2007, 559, 561; *Keßler/Dahlke* EuZW 2008, 68.
[44] *Bartosch* EuZW 2007, 559, 561; *Keßler/Dahlke* EuZW 2008, 68.
[45] EuGH, C-280/00, Slg. 2003, I-7747 – Altmark Trans.
[46] Kom., ABl. 2005 L 312/67, Tz. 8.
[47] EuGH, C-393/92, Slg. 1994, I-1477, RdNr. 47 – Almelo/Energiebedrijf Ijsselmij; EuGH, C-159/94, Slg. 1997, I-5815, RdNr. 66 – Kommission/Frankreich; EuG, T-17/02, Slg. 2005, II-2031, RdNr. 188 – Fred Olsen/Kommission.
[48] *Calliess/Ruffert/Jung* Art. 86 EG RdNr. 39.
[49] Kom., ABl. 2005 L 312/67.
[50] EuGH, 127/73, Slg. 1974, 313, RdNr. 19, 22 – BRT/Sabam II; EuGH, 66/86, Slg. 1989, 803, RdNr. 55, 57 – Ahmed Saeed.
[51] Kom., ABl. 2005 L 312/67.

c) Die der Dienstleistung von allgemeinem wirtschaftlichem Interesse zurechenbaren Kosten erfassen sämtliche durch die Erbringung der fraglichen Dienstleistung verursachten variablen Kosten, einen angemessenen Beitrag zu den sowohl dienstleistungsbezogenen als auch im Rahmen sonstiger Tätigkeiten anfallenden Fixkosten und eine angemessene Rendite."

1017 Auf der Einnahmeseite sind entsprechend Art. 5 Abs. 3 „mindestens sämtliche mit der Dienstleistung von allgemeinem wirtschaftlichem Interesse erwirtschafteten Erträge zu berücksichtigen". Soweit – wie in Deutschland üblich – „Dienstleistungen von allgemeinem wirtschaftlichem Interesse nur einen Teil der Tätigkeiten eines Unternehmens ausmachen", muss dieses gem. Art. 5 Abs. 5 „die Einnahmen und Ausgaben im Zusammenhang mit der Erbringung der betreffenden Dienstleistung von allgemeinem wirtschaftlichem Interesse und der Ausführung anderweitigen **Leistungen in den Büchern getrennt (ausweisen)**."

1018 **cc) Die deutsche Wohnraumförderung im Lichte des Altmark-Urteils und der Freistellungsentscheidung der Kommission. α) Zur Systematik der beihilferechtlichen Prüfung.** Rekurriert man auf die Vorgaben des Altmark-Urteils des EuGH[52] und die im Rahmen des Monti-Pakets erfolgte Freistellungsentscheidung der Kommission vom 28. 11. 2005,[53] so gilt es im Zusammenhang mit der beihilferechtlichen Beurteilung der (deutschen) Wohnraumförderung mehrere systematisch und inhaltlich zu trennende normative Bewertungsebenen zu unterscheiden. Die erste betrifft die Fragestellung, ob und unter welchen Voraussetzungen das gegenwärtig praktizierte Fördermodell nach Maßgabe des WoFG bzw. der korrespondierenden Länderregelungen im Lichte der Altmark-Entscheidung den **Tatbestand einer Beihilfe gem. Art. 107 Abs. 1 AEUV erfüllt**. Erst im Anschluss stellt sich die Frage, ob für den Fall, dass das Vorliegen einer Beihilfe zu bejahen ist, die **Freistellungsvoraussetzungen der Kommissionsentscheidung** erfüllt sind. Zugleich weisen beide Bewertungsebenen einen gemeinsamen Regelungsaspekt auf, welcher sie in gewisser Weise miteinander verknüpft. Dies betrifft insbesondere die **Anwendung und Reichweite der Transparenzrichtlinie** „über die Transparenz der finanziellen Beziehungen zwischen den Mitgliedstaaten und den öffentlichen Unternehmen sowie über die finanzielle Transparenz innerhalb bestimmter Unternehmen."[54] Aus Sicht der mit der Durchführung sozialer Wohnbaumaßnahmen betrauten Unternehmen erweist sich im Lichte von Art. 5 Abs. 2 lit. c Transparenzrichtlinie vor allem die Frage als entscheidend, ob sie gegebenenfalls zu einer **getrennten Buchführung** für die Bereiche des geförderten Wohnungsbaus sowie ihrer sonstigen unternehmerischen Aktivitäten verpflichtet sind.

1019 Soweit es die Freistellungsentscheidung[55] der Kommission betrifft, ergibt sich die ergänzende Anwendung der Transparenzrichtlinie unmittelbar aus Tz. 22 der Erwägungsgründe; wonach die Entscheidung die Vorschriften der RL 80/723[56] unberührt lässt. Aber auch dort, wo im Lichte der Altmark-Entscheidung[57] das Vorliegen einer Beihilfe im Sinne von Art. 107 Abs. 1 AEUV zu verneinen ist, bleibt nach der nunmehr vorliegenden Fassung der Transparenzrichtlinie[58] die Verpflichtung zu einer doppelten Buchführung des im Rahmen der Förderzusage begünstigten Unternehmens im Grundsatz gewahrt. Diese erfasst entsprechend Art. 2 lit. d Transparenzrichtlinie auch „Unternehmen ..., die mit der Erbringung einer Dienstleistung von allgemeinem wirtschaftlichem Interesse im Sinne von Artikel 86 Absatz 2 EG-Vertrag betraut sind, einen Ausgleich in unterschiedlicher Form in Bezug auf diese Dienstleistung erhalten **und die (zugleich) andere Tätigkeiten ausüben**". Auch hier bleibt folglich ergänzend zu prüfen, ob und in welcher Weise gem. Art. 5 Abs. 2 lit. c der Transparenzrichtlinie durch eine „offene, transparente und nicht diskriminierende" Ausgestaltung des Auswahlverfahrens der mit Maßnahmen des sozialen Wohnungsbaus betrauten Unternehmen die Verpflichtung zur doppelten Rechnungslegung gegebenenfalls abgewendet werden kann (vgl. unten RdNr. 1037 ff.).

1020 **β) Die Erfüllung des Beihilfetatbestandes.** Soweit die Wohnungsbauförderung nach dem WoFG unmittelbar von **privaten „Bauherren"** in Anspruch genommen wird, scheidet eine Beihilfenkontrolle am Maßstab des Art. 107 Abs. 1 AEUV notwendig aus, da die Bestimmung nach Wortlaut und Zweckrichtung nur die Begünstigung von **Unternehmen** erfasst. Anders

---

[52] EuGH, C- 280/00, Slg. 2003, I-7747 – Altmark Trans.
[53] Kom., ABl. 2005 L 312/67.
[54] Siehe hierzu die konsolidierte Fassung der Transparenzrichtlinie RL 2006/111, ABl. 2006 L 318/17.
[55] Kom., ABl. 2005 L 312/67.
[56] Dh. die ursprüngliche Fassung der Transparenzrichtlinie, ABl. L 195/35.
[57] EuGH, C-280/00, Slg. 2003, I-7747 – Altmark Trans.
[58] RL 2006/111, ABl. 2006 L 318/17.

stellt sich die Rechtslage zumindest prima vista in den (überwiegenden) Fällen dar, in denen die Fördermittel an **auf dem Wohnungsmarkt tätige Unternehmen** vergeben werden.

Auch soweit die Förderzusage und die Gewährung von Fördermitteln unmittelbar gegenüber **1021** den mit der Erstellung bzw. Modernisierung von gefördertem Wohnraum betrauten Unternehmen erfolgt, ergeben sich allerdings bei genauerer Analyse erhebliche Zweifel, ob die deutsche Wohnraumförderung nach ihrer rechtlichen Ausgestaltung sowie der Verwaltungspraxis der Länder als Beihilfe im Sinne von Art. 107 Abs. 1 AEUV einzustufen ist. Dies gilt vor allem angesichts des Umstandes, dass der Zugang zu den entsprechenden Förderprogrammen im Lichte der veröffentlichten und damit allgemein zugänglichen Förderkriterien keineswegs auf inländische Unternehmen begrenzt, sondern **uneingeschränkt auch Unternehmen aus anderen Mitgliedstaaten offen steht, sofern diese sich im Geltungsbereich des WoFG bzw. der entsprechenden Länderregelungen im Bereich des sozial geförderten Wohnungsbaus betätigen.** Hier gilt es zunächst dem Unstand Rechnung zu tragen, dass die Durchführung der sozialen Wohnraumförderung in Deutschland grundsätzlich **objekt- und nicht unternehmensorientiert** erfolgt. Die Teilhabe an den Förderprogrammen steht folglich zu gleichen Konditionen allen natürlichen und juristischen Personen offen, die ein förderungsfähiges Bauvorhaben durchführen und sich gegenüber dem Zuwendungsgeber zur Einhaltung der damit verbundenen Gemeinwohlbindung verpflichten.[59]

Zwar genügt nach dem Wortlaut und der Teleologie von Art. 107 Abs. 1 AEUV zur Erfül- **1022** lung des Beihilfetatbestands grundsätzlich auch die – selektive – Begünstigung eines bestimmten Produktionszweigs,[60] gleichgültig ob es sich insofern um produzierende Unternehmen oder – wie im Falle der Wohnungswirtschaft – um Dienstleister handelt, da die Regelung auch Beihilfen erfasst, die einer ganzen Branche zugute kommen. Dies gilt nach gelegentlich geäußerter – allerdings zweifelhafter – Auffassung[61] selbst dort, wo auch bestimmte Unternehmen aus anderen Mitgliedstaaten in den Genuss der Vergünstigung gelangen;[62] allerdings fehlt es insoweit bisher an einer eindeutigen Stellungnahme seitens der Kommission oder des EuGH, so dass eine endgültige Klärung der Frage noch aussteht.[63] Zudem erscheint mehr als fraglich, ob und unter welchen Voraussetzungen ein solches alle aktuellen potentiellen Mitbewerber und Investoren einbeziehendes Fördersystem als geeignet erscheint, **den Handel zwischen den Mitgliedstaaten zu beeinträchtigen.** Für eine gelegentlich postulierte teleologische Einschränkung oder gar einen Verzicht auf die tatbestandlichen Voraussetzungen der Zwischenstaatlichkeitsklausel[64] besteht jedenfalls – und soweit Dienste von allgemeinem wirtschaftlichem Interesse betrifft – im Lichte der am Konzept des Binnenmarktes ausgerichteten Funktion von Art. 107 Abs. 1 AEUV kein wie immer geartetes rechtspolitisches oder dogmatisches Bedürfnis.[65] Eine unzulässige Begünstigung im Sinne von Art. 107 Abs. 1 AEUV scheidet folglich dort notwendig aus, wo allen in- und ausländischen Unternehmen, die im Geltungsbereich der Maßnahme tätig sind, die Teilhabe an der Förderleistung zu gleichen Bedingungen in diskriminierungsfreier Weise offensteht.[66]

Dem vorstehenden Hinweis, die Ausgestaltung der Wohnraumförderung nach dem WoFG **1023** bzw. den entsprechenden Länderregelungen wirke weder selektiv noch sei diese im Grundsatz geeignet, den Handel zwischen den Mitgliedstaaten zu beschränken, kann im Übrigen nicht mit dem Einwand begegnet werden, die Durchführung sozialer Wohnbaumaßnahmen in Grenzregionen zu anderen Mitgliedstaaten könne im Ergebnis dazu führen, die Investitionsneigung der dort ansässigen Unternehmen zugunsten des deutschen Wohnungsmarkts zu beeinflussen. Angesichts einer fehlenden Kompetenzzuweisung seitens des EUV und AEUV (Art. 4 Abs. 1 EUV) **fällt die soziale Wohnraumförderung in die alleinige Zuständigkeit der Mitgliedstaaten.** Deren Kompetenz zur sozialen Gestaltung der Lebensverhältnisse im Rahmen der „Dienste von allgemeinem wirtschaftlichem Interesse" hat in Art. 14 AEUV ihre ausdrückliche primärrechtliche Anerkennung erfahren. Nach den der Regelung erkennbar zugrunde liegenden Wer-

---

[59] Siehe auch: Bericht der Bundesrepublik Deutschland zum „Altmark-Paket" der Europäischen Kommission IV 2.1.

[60] *Immenga/Mestmäcker/Ehricke,* EG-WettbR, Art. 87 Abs. 1 EG RdNr. 86.

[61] *Seidel,* 16.

[62] Immenga/Mestmäcker/*Ehricke,* EG-WettbR Art. 87 Abs. 1 EG RdNr. 94; siehe auch *von der Groeben/Thiesing/Ehlermann/Mederer* Art. 87 EG RdNr. 33.

[63] *Immenga/Mestmäcker/Ehricke,* EG-WettbR, Art. 87 Abs. 1 EG RdNr. 94.

[64] *Modlich* 91 ff.

[65] *Calliess/Ruffert/Cremer* Art. 87 EG RdNr. 27.

[66] EuGH, C-480/98, Slg. 2000, I-8717, RdNr. 36 ff. – Spanien/Kommission; EuGH, C-156/98, Slg. 2000, I-6857, RdNr. 22 – Deutschland/Kommission.

tungen obliegen die Organisation, Durchführung und Förderung entsprechender Dienstleistungen in erster Linie den Mitgliedstaaten.[67] Dies ergibt sich nicht zuletzt aus dem Grundsatz der Subsidiarität (Art. 5 EUV). Darüber hinaus begründet Art. 14 AEUV nachgerade die (unionsrechtliche) Verpflichtung der Mitgliedstaaten, durch die geeignete Gestaltung der Rahmenbedingungen dafür Sorge zu tragen, dass die Träger von Diensten im allgemeinen wirtschaftlichen Interesse ihren Aufgaben in angemessener Weise nachkommen können.[68] Insofern liegt es in der Konsequenz der mitgliedstaatlichen Zuständigkeit für den Bereich der Wohnraumförderung, **dass diese sich bei Ausübung ihres Regelungs- und Gestaltungsermessens an den nationalen, regionalen und lokalen Besonderheiten ihrer Wohnungsmärkte sowie den spezifischen städtebaulichen Erfordernissen orientieren,** so jetzt ausdrücklich das Protokoll „Über Dienste von Allgemeinem Interesse" vom 13. 12. 2007).[69] Soweit Art. 14 AEUV die Vorgaben des Beihilfeverbots gem. Art. 107 Abs. 1 AEUV unberührt lässt, folgt hieraus lediglich das unabdingbare Gebot, Unternehmen aus anderen Mitgliedstaaten die rechtliche und tatsächliche Möglichkeit einer gleichberechtigten und diskriminierungsfreien Teilhabe am System der Wohnraumförderung zu eröffnen. Eine weitergehende Beschränkung des gesetzgeberischen Ermessens bei der Ausgestaltung des Förderregimes ist damit nicht verbunden.

1024   Auch die Kommission legt ihrer Entscheidung vom 28. 11. 2005[70] weder explizit noch implizit die Annahme zugrunde, dass „Ausgleichszahlungen an … im sozialen Wohnungsbau tätige Unternehmen" (Art. 3 Abs. 1 lit. b) stets den Tatbestand einer Beihilfe gem. Art. 107 Abs. 1 AEUV erfüllen.[71] Vielmehr betont bereits Tz. 5 der Erwägungsgründe, soweit die vier Voraussetzungen der Altmark-Entscheidung nicht gegeben seien, stelle „der für die Erbringung von Dienstleistungen von allgemeinem wirtschaftlichem Interesse gewährte Ausgleich **keine staatliche Beihilfe dar**, sodass die Artikel 87 und 88 EG-Vertrag nicht anwendbar sind". Insoweit kommt es hinsichtlich der beihilferechtlichen „Einstufung" des Förderregimes im Lichte von Art. 107 Abs. 1 AEUV und damit zugleich für die Beantwortung der Frage, ob und unter welchen Voraussetzungen die deutsche Wohnraumförderung dem Geltungsbereich der Entscheidung der Kommission vom 28. 11. 2005 unterfällt, entscheidend auf die Erfüllung der Altmark-Kriterien an. Dabei erweisen sich zumindest die beiden ersten seitens des EuGH postulierten Voraussetzungen als weitgehend unproblematisch.

1025   Erweist es sich unter Berücksichtigung des ersten Altmark-Kriteriums sowie gem. Art. 3 lit. b der Kommissionsentscheidung vom 28. 11. 2005 als maßgeblich, ob die Durchführung von Maßnahmen des sozialen Wohnungsbaus im Lichte der deutschen Rechtsordnung als „Dienstleistung von allgemeinem wirtschaftlichem Interesse" einzustufen ist und eine Übertragung durch „Verwaltungs- oder Rechtsakt" gem. Art. 4 der Entscheidung vorliegt, so sind beide Voraussetzungen angesichts der rechtlichen und tatsächlichen Ausgestaltung der sozialen Wohnraumförderung nach Maßgabe des WoFG sowie der entsprechenden Programme der Bundesländer durchweg erfüllt. Was zunächst die Sozial- und damit **Gemeinwohlbindung der Wohnraumförderung** betrifft, so folgt diese unmittelbar aus §§ 1, 11 WoFG bzw. den korrespondierenden (Ausführungs-) Bestimmungen der Länder. Der darüber hinaus gem. Art. 4 der Entscheidung gebotene Übertragungs- bzw. Betrauungsakt gründet unmittelbar in dem zugrunde liegenden **Zuwendungsbescheid** bzw. der **Förderzusage** des Zuwendungsgebers bzw. seines Repräsentanten, insbesondere der seitens der Länder zwischengeschalteten öffentlich-rechtlichen Kreditinstitute. Die seitens der Länder gem. § 3 Abs. 2 Satz 2 WoFG bestimmten Förderstellen bewilligen somit im Rahmen ihrer Zuständigkeit den erforderlichen Antrag des Zuwendungsempfängers durch eine exekutive Entscheidung, meist im Rahmen eines Verwaltungsaktes. Dieser **konkretisiert zugleich den Förderzweck,** die **Höhe und Art der Förderleistung** sowie den **Umfang und die Dauer der damit verbundenen Belegungs- und Mietpreisbindung** bezüglich des geförderten Wohnraums.[72]

1026   Soweit es die Anforderungen des zweiten Kriteriums betrifft, dh. die Transparenz der Parameter, anhand derer der Ausgleich berechnet wird, so kommt dem Erfordernis der Transparenz gleichsam eine doppelte Funktion zu. Dies betrifft einerseits die Nachprüfbarkeit der Berechnungsgrundlagen für die Höhe der mit der Übernahme der Gemeinwohlverpflichtung verbundenen

---

[67] Siehe hierzu die Stellungnahme der Europäischen Kommission „Leistungen der Daseinsvorsorge in Europa" v. 20. 9. 2000, KOM (2000) 580 endg., Tz. 22.

[68] *Calliess/Ruffert/Kallmayer/Jung* Art. 16 EG RdNr. 11.

[69] ABl. 2007 C 306/158.

[70] Kom., Entsch. 2005/842, ABl. 2005 L 312/67.

[71] Siehe bereits *Keßler/Dahlke* EuZW 2007, 103; durchgängig abweichend: *Bartosch* EuZW 2007, 559 ff.

[72] Bericht der Bundesrepublik Deutschland zum „Altmark-Paket" der Europäischen Kommission IV 2.1.

Ausgleichsleistung, um so einer Überkompensation vorzubeugen. Zugleich gilt es jedoch – was gelegentlich übersehen wird –, zu gewährleisten, dass **im Rahmen der Öffentlichkeit und Transparenz des Verfahrens,** die Möglichkeit einer gleichberechtigten Teilnahme in- und ausländischer Marktakteure bei der Durchführung sozial geförderter Wohnbaumaßnahmen eröffnet wird. So hat der EuGH in seiner Telaustria-Entscheidung vom 7. 12. 2000[73] zutreffend darauf hingewiesen, auch außerhalb eines öffentlichen Vergabeverfahrens „haben die Auftraggeber, … die Grundregeln des Vertrags im Allgemeinen und das Verbot der Diskriminierung aus Gründen der Staatsangehörigkeit im Besonderen zu beachten. (…) Kraft dieser Verpflichtung zur Transparenz muss der Auftraggeber zugunsten potenzieller Bieter **einen angemessenen Grad von Öffentlichkeit sicher stellen, der den Dienstleistungsmarkt dem Wettbewerb öffnet** und die Nachprüfung ermöglicht, **ob die Vergabeverfahren unparteiisch durchgeführt wurden".**

Dies bedingt notwendig, dass den für die Errichtung geförderten Wohnraums in Frage kommenden Unternehmen **die bestehenden Fördermöglichkeiten ex ante bekannt gemacht** und die zugrunde liegenden **Förderrichtlinien** in hierfür geeigneten Medien, insbesondere im Internet, **publiziert werden.**[74] Ob dies in jedem Falle notwendig eine europaweite Veröffentlichung voraussetzt, erscheint angesichts des Umstandes, dass auch öffentliche Aufträge nur oberhalb der in den Vergaberichtlinien festgesetzten Schwellenwerte europaweit auszuschreiben sind, zumindest fraglich.[75] Nichts desto weniger gebietet es das gemeinschaftsrechtliche Diskriminierungsverbot, eine Publikationsform zu wählen, die **auch Unternehmen aus anderen Mitgliedstaaten zugänglich ist.** Dem entspricht durchweg die Praxis der mit der Wohnungsbauförderung betrauten Ministerien der Länder sowie der zwischengeschalteten Förderbanken. Die **Programme der sozialen Wohnraumförderung** unter Einschluss der **Förderbedingungen,** aus denen sich die **Förderhöhe** und damit die Höhe der Ausgleichszahlungen für jedes einzelne Förderprojekt errechnen lassen, werden **ex ante** in **öffentlich zugänglichen und erhältlichen Medien,** wie offiziellen Mitteilungen der Ministerien, beispielweise den Ministerialblättern der Bundesländer, im **Internet**[76] und Broschüren veröffentlicht. Hieraus ergeben sich zugleich in eindeutiger Weise **Art, Umfang und Dauer der Gemeinwohlverpflichtung.**[77]

Als weitaus schwieriger zu beantworten, erweist sich die Frage, ob die **Auswahl** der mit der Durchführung von Maßnahmen des sozialen Wohnungsbaus betrauten Unternehmen den Anforderungen **des dritten und vierten „Altmark-Kriteriums"** gerecht wird. Dabei besteht zwischen dem dritten und dem vierten Altmark-Kriterium insofern ein funktionaler Zusammenhang, als das Auswahlverfahren letztlich dazu bestimmt ist, zu verhindern, dass der Ausgleich über die Kosten, die mit der Erfüllung der gemeinwirtschaftlichen Verpflichtung verbunden sind, hinausgeht und somit geeignet ist, eine Beeinträchtigung der Wettbewerbsstellung Dritter zu begründen. Insofern ist es im Rahmen der „Altmark-Vorgaben" im Kern um eine „Legitimation durch Verfahren" zu tun.

Sieht man hiervon ab, so ist das Verfahren der Wohnraumförderung nach dem WoFG bzw. den parallelen Förderbestimmungen der Bundesländer unter Berücksichtigung des dritten „Altmark-Kriteriums" durchweg so angelegt, dass es der seitens des EuGH beschworenen Gefahr einer „Überkompensation" soweit wie möglich entgegenwirkt. Die Gegenleistung des Zuwendungsempfängers besteht zunächst in der mit der Förderung zwingend verbundenen **Belegungsbindung** (§§ 25 ff. WoFG). Die Vermietung sozial geförderten Wohnraums darf folglich nur an solche Mieter erfolgen, deren Einkommen **innerhalb der festgesetzten Einkommensgrenzen** liegt. Darüber hinaus unterliegt der geförderte Wohnraum einer **Mietpreisbindung** und damit dem Gebot der Einhaltung einer **Mietobergrenze,** die **unterhalb des Marktmietenniveaus** liegt (§§ 25, 28 ff. WoFG). Im Rahmen der Aufstellung der Förderprogramme legen die Länder die **Förderkonditionen,** nach denen sich die Höhe der Ausgleichszahlungen im Einzelfalle bemisst, anhand verfügbarer **statistischer Angaben** und **wissenschaftlicher Untersuchungen** über **Bodenpreise, Baukosten** und **Marktmieten,** so fest, dass sie für die Dauer der Mietpreis- und Belegungsbindung die wirtschaftlichen Nachteile, die mit der Gemeinwohlbindung verbunden sind, ausgleichen. Soweit im Rahmen der in Ansatz zu

1027

1028

1029

---

[73] EuGH, C-324/89, Slg. 2000, I-10745, RdNr. 60 ff.

[74] Vgl. auch die Schlussanträge der GAin *Stix-Hackl* v. 12. 4. 2005 in der C-231/03, RdNr. 96.

[75] *Koenig/Kühling* NVwZ 2003, 779, 784; siehe auch Europäische Kommission, Non-Paper, Dienste von allgemeinem wirtschaftlichen Interesse und staatliche Beihilfen v. 12. 11. 2002, S. 27 Tz. 71.

[76] Vgl. die Übersicht auf der Internetseite der Obersten Baubehörde im Bayerischen Staatsministerium des Innern „Übersicht über die Wohnraumförderung in Bayern 2009".

[77] Bericht der Bundesrepublik Deutschland zum „Altmark-Paket" der Europäischen Kommission IV 2.2.1.

bringenden Bau- und Grundstückskosten sowie der einbezogenen „Vergleichsmieten" die **Ergebnisse der Marktprozesse und damit des im Markt stattfindenden Wettbewerbs** herangezogen werden, erscheint diese Verfahrensweise durchweg geeignet, die seitens der öffentlichen Hand zu erbringenden Ausgleichszahlungen an der mit der Gemeinwohlbindung verbundenen tatsächlichen Kostenbelastung zu orientieren.

1030   Eine Auswahl „im Rahmen eines Verfahrens zur Vergabe öffentlicher Aufträge" liegt demgegenüber der deutschen Wohnungsbauförderung ersichtlich nicht zugrunde. Hier bleibt somit zu prüfen, ob die rechtlichen Rahmenbedingungen und die praktische Durchführung des Verfahrens der Wohnraumförderung bis zur Erteilung der Förderzusage zumindest den Voraussetzungen einer seitens des EuGH als **alternatives Auswahlverfahren** erwogenen **Kostenanalyse** entsprechen, so dass die Wohnraumförderung im Lichte der Altmark-Entscheidung[78] des EuGH **mangels Erfüllung des Beihilfetatbestands** dem Anwendungsbereich des Art. 107 AEUV und damit zugleich den Vorgaben der Freistellungsentscheidung der Kommission vom 28. 11. 2005[79] entzogen ist. Da – wie noch zu zeigen sein wird – diesem Verfahren auch im Rahmen der Anwendung der Transparenzrichtlinie[80] Bedeutung zu kommt, erweist es sich als vorzugswürdig, die hiermit verbundenen Fragen im Zusammenhang zu behandeln (siehe unten RdNr. 1037 ff., 1041 ff.).

1031   Auch soweit man im Rahmen der Förderung nach dem WoFG das Vorliegen einer Beihilfe gem. Art. 107 Abs. 1 AEUV uneingeschränkt bejaht,[81] stellt sich in einem zweiten Schritt notwendig die Frage, ob und unter welchen Voraussetzungen das System der deutschen Wohnraumförderung die materiellen Anforderungen der Freistellungsentscheidung[82] der Kommission erfüllt. Insofern kommt es, wie sich aus Art. 4 und 5 der Freistellungsentscheidung ergibt, – abweichend von den Vorgaben des vierten „Altmark-Kriteriums" – **weder auf die Ausgestaltung des Auswahlverfahrens noch darauf an, ob es sich hinsichtlich des betrauten Unternehmens um ein durchschnittlich gut geführtes Unternehmen handelt.** Vielmehr entsprach es der Intention der Kommission, in dieser Hinsicht die Gestaltungsbefugnis der Mitgliedstaaten zu erweitern. Allerdings verweist Tz. 22 der Freistellungsentscheidung im Gegenzug ausdrücklich auf die ergänzende Anwendung der Transparenzrichtlinie und damit das Gebot einer „getrennten Buchführung", welches zudem in Art. 5 Abs. 5 Satz 1 und 2 der Entscheidung einen ergänzenden Niederschlag gefunden hat. Will man der damit verbundenen Kostenbelastung entgehen, so bedarf es gem. Art. 5 Abs. 2 lit. c der (konsolidierten) Transparenzrichtlinie[83] allerdings wiederum der Prüfung, ob der gewährte Ausgleich „für einen angemessenen Zeitraum **im Rahmen eines offenen, transparenten und nicht diskriminierenden Verfahrens festgesetzt wurde".** Die hier postulierten Voraussetzungen nähern sich in ihrer teleologischen Ausrichtung, wenn auch nicht in der konkreten verfahrensrechtlichen Ausgestaltung, in gewisser Weise wiederum den Vorgaben des vierten „Altmark-Kriteriums" an. Zudem bleibt – wie noch zu zeigen sein wird – auch dort, wo der Tatbestand einer Beihilfe im Sinne von Art. 107 Abs. 1 AEUV nicht erfüllt ist, die Anwendung der Transparenzrichtlinie, nach der im Rahmen des „Monti-Pakets" seitens der Kommission erfolgten Erweiterung ihres Anwendungsbereichs, unberührt.

1032   **dd) Zur ergänzenden Anwendung der Transparenzrichtlinie RL 2006/111. α) Zum Anwendungsbereich der Transparenzrichtlinie.** Gemäß Tz. 22 der Erwägungsgründe der Kommissionsentscheidung vom 28. 11. 2005[84] lässt diese „die Vorschriften der Richtlinie 80/723/ EWG der Kommission ... über die Transparenz der finanziellen Beziehungen zwischen den Mitgliedstaaten und den öffentlichen Unternehmen sowie über die finanzielle Transparenz innerhalb bestimmter Unternehmen unberührt". Damit trägt die Freistellungsentscheidung dem evidenten Umstand Rechnung, dass eine funktionale und umfassende Anwendung der Beihilfevorschriften des Gemeinschaftsrechts es notwendig gebietet, **die finanziellen Beziehungen der Mitgliedstaaten zu öffentlichen und privaten Unternehmen in transparenter Weise offen zu legen** und somit erst einer Kontrolle der damit verbundenen Wettbewerbswirkungen

---

[78] EuGH, C-280/00, Slg. 2003, I-7747 – Altmark Trans.

[79] Kom., ABl. 2005 L 312/67.

[80] RL 2006/111, ABl. 2006 L 318/17.

[81] *Bartosch* EuZW 2007, 559, 564; siehe hierzu bereits kritisch *Keßler/Dahlke* EuZW 2008, 68, 69.

[82] Kom., ABl. 2005 L 312/67.

[83] RL 2006/111, ABl. 2006 L 318/17; siehe hierzu bereits *Keßler/Dahlke* EuZW 2007, 103; *dies.* EuZW 2008, 68.

[84] Kom., Entsch. 2005/842, ABl. 2005 L 312/67.

zugänglich zu machen. Insofern erweist sich die Transparenz des Finanztransfers zwischen den Mitgliedstaaten bzw. ihren Untergliederungen und den unternehmerischen Marktakteuren als notwendige und unverzichtbare Vorbedingung einer effizienten Beihilfekontrolle. Gleiches gilt cum grano salis, soweit es die Binnentransparenz der Geschäftsvorgänge hinsichtlich solcher Unternehmen betrifft, die sowohl „Dienstleistungen von allgemeinem wirtschaftlichem Interesse" erbringen, als auch darüber hinaus weitere unternehmerische Aktivitäten verfolgen. Hier gilt es im Lichte der ratio legislatoris vor allem Quersubventionierungen der nicht gemeinwirtschaftlichen durch die gemeinwirtschaftlichen – und folglich durch öffentliche Mittel geförderten – Geschäftsbereiche auszuschließen.

Galt das Transparenzgebot nach der ursprünglichen Fassung für die Erbringer von **„Dienst-** **1033** **leistungen von allgemeinem wirtschaftlichen Interesse" nur, soweit diese seitens der öffentlichen Hand „staatliche Beihilfen** in jedweder Form einschließlich Geld- und Ausgleichszahlungen" erhielten,[85] so kommt es nach der im Zusammenhang mit dem „Monti-Paket" erfolgten Änderung der Transparenzrichtlinie durch die Richtlinie 2005/81 vom 28. 11. 2005 **auf die rechtliche Einstufung der Ausgleichszahlung als Beihilfe im Sinne von Art. 107 Abs. 1 AEUV nicht mehr an.** Entsprechend erfasst die nunmehr vorliegende konsolidierte Fassung der Transparenzrichtlinie[86] gem. Art. 2 lit. d als **„Unternehmen, die verpflichtet sind, getrennte Bücher zu führen"** nunmehr sämtliche Marktakteure, „die **mit der Erbringung einer Dienstleistung von allgemeinem wirtschaftlichem Interesse iSv. Art. 86 Abs. 2 EGV betraut sind, einen Ausgleich in unterschiedlicher Form in Bezug auf diese Dienstleistung erhalten und die andere Tätigkeiten ausüben".** Aus den Büchern sollen dabei „die Unterschiede zwischen den einzelnen Tätigkeiten, die mit jeder Tätigkeit verbundenen Kosten und Einnahmen, die Verfahren der Zuordnung und Zuweisung von Kosten und Einnahmen hervorgehen".[87] Bereits in ihrer parallel zur Entscheidung vom 28. 11. 2005 erlassenen Änderungsrichtlinie zur ursprünglichen Transparenzrichtlinie[88] hatte die Kommission unter Tz. 4 betont, „allein die getrennte Buchführung erlaube es, die der Dienstleistung von allgemeinem wirtschaftlichen Interesse zuzurechnenden Kosten auszuweisen und die Vergütung korrekt zu berechnen".

β) **Die Ausnahmeregelung des Art. 5 Abs. 2 lit. c der Transparenzrichtlinie.** Die **1034** mit der Anwendung der Transparenzrichtlinie[89] verbundene Verpflichtung, „dass die Finanz- und Organisationsstruktur der Unternehmen, die zur Erstellung einer getrennten Buchführung verpflichtet sind, sich in den getrennten Büchern genau widerspiegelt, **so dass ... eine nach den verschiedenen Geschäftsbereichen getrennte Aufstellung der Kosten und Erlöse"** sowie **„eine genaue Angabe der Methode, nach der die Kosten und Erlöse den verschiedenen Geschäftsbereichen zugewiesen werden"** (Art. 1 Abs. 2 lit. a und b), ersichtlich wird, ist für die im sozialen Wohnungsbau tätigen Unternehmen mit erheblichen Kosten verbunden. Dies wirkt in nicht unerheblichem Maße wettbewerbsverzerrend, zumal für die in anderen Mitgliedstaaten teilweise bestehenden ausschließlich auf den Sozialwohnungsbau beschränkten staatlichen (Monopol-)Unternehmen, die in Übereinstimmung mit Art. 2 lit. d „(keine) andere Tätigkeit ausüben", eine entsprechende Verpflichtung sowie die damit verbundene Kostenbelastung notwendig entfällt.[90] Hier stellt sich folglich die Frage, ob und unter welchen Voraussetzungen eine Befreiung vom Gebot der doppelten Rechnungslegung gem. Art. 5 Abs. 2 lit. c in Betracht kommt.

Gemäß Art. 5 Abs. 2 lit. c gilt die Transparenzrichtlinie „soweit die Transparenz im Sinne **1035** von Artikel 1 Absatz 2 gemeint ist, ... nicht für Unternehmen, die mit der Erbringung von Dienstleistungen von allgemeinem wirtschaftlichen Interesse im Sinne von Artikel 86 Absatz 2 EGV betraut wurden, sofern der ihnen gewährte Ausgleich in jeglicher Form **für einen angemessenen Zeitraum im Rahmen eines offenen, transparenten und nicht diskriminierenden Verfahrens festgesetzt wurde".**[91] Hier ist im Lichte des im Gemeinschaftsrecht

---

[85] Art. 2 Abs. 1 lit. d RL 80/723 idF. der RL 2000/52.
[86] RL 2006/111, ABl. 2006 L 318/17.
[87] Siehe RL 2006/111, Tz. 15.
[88] RL 2005/81 zur Änderung der RL 80/723 über die Transparenz der finanziellen Beziehungen zwischen den Mitgliedstaaten und den öffentlichen Unternehmen sowie über die finanzielle Transparenz innerhalb bestimmter Unternehmen, ABl. 2005 L 312/47.
[89] RL 2006/111, ABl. 2006 L 318/17.
[90] Siehe zu staatlichen Monopolunternehmen im sozialen Wohnungsbau: *Bartosch* EuZW 2007, 559, 562f.
[91] Siehe hierzu: *Keßler/Dahlke* EuZW 2007, 103, 104 ff.

verankerten Verhältnismäßigkeitsgrundsatzes folglich eine doppelte Buchführung entbehrlich.[92] Mit der durch Art. 5 Abs. 2 lit. c eröffneten Ausnahmeregelung rekurriert die Richtlinie dabei keineswegs zwingend auf die Durchführung eines förmlichen Vergabeverfahrens, sondern lässt vielmehr **alternative Gestaltungsformen** zu, wenn und soweit diese in ihrer inhaltlichen Ausgestaltung den materialen Anforderungen der **Offenheit, Transparenz und Nicht-Diskriminierung** entsprechen.[93] Insofern erscheint es weder dogmatisch geboten noch methodisch zulässig, im Kontext der Transparenzrichtlinie den Anwendungsbereich der europäischen Vergaberichtlinie[94] auf seitens der Richtlinie nicht erfasste Sachverhalte auszudehnen.[95] Analysiert man vor diesem Hintergrund die rechtlichen Vorgaben und die verwaltungstechnische Ausgestaltung der deutschen Wohnraumförderung nach Maßgabe des WoFG bzw. der korrespondierenden Länderregelungen, so sprechen überwiegende Gründe dafür, dass diese den Anforderungen von Art. 5 Abs. 2 lit. c der konsolidierten Transparenzrichtlinie genügen.

1036   Wie bereits aufgezeigt, steht der **Zugang zu den Förderprogrammen in- und ausländischen Wohnungsunternehmen unter gleichen Voraussetzungen gleichermaßen offen.** Die maßgeblichen Förderbedingungen und die mit den Förderprogrammen verbundenen Ausgleichszahlungen werden **in allgemein zugänglicher Weise,** zumeist im Internet, ex ante so rechtzeitig veröffentlicht, **dass allen Interessenten die Beteiligung an den Förderprogrammen auch in tatsächlicher Hinsicht ermöglicht wird.**

1037   Zugleich verhindern die Verfahrensvorgaben des WoFG in wirksamer Weise eine Überkompensation. Dies zeigt sich deutlich bei der Vergabe sozial geförderten Wohnraums. Die jeweils zuständigen Stellen der Länder bzw. der Kommunen bescheinigen den Wohnungssuchenden gem. § 27 Abs. 2 WoFG durch die Erteilung eines **Wohnungsberechtigungsscheins,** dass sie die festgesetzten Einkommensgrenzen nicht überschreiten. Der Vermieter darf gem. § 28 Abs. 2 WoFG **die in der Förderzusage enthaltene höchstzulässige Miete nicht überschreiten** und hat diese und das Bindungsende im Mietvertrag anzugeben. Die zuständigen öffentlichen Stellen erheben über die Wohnung, ihre Nutzung, die jeweiligen Mieter und Vermieter sowie über die Belegungsrechte und höchstzulässigen Mieten gem. § 32 Abs. 1 WoFG die erforderlichen Daten und verarbeiten diese, soweit dies zur **Sicherung der Zweckbestimmung der Wohnungen und zur Sicherung der Einhaltung der Förderzusage** erforderlich ist. Zudem sind der Vermieter und die Mieter verpflichtet, der zuständigen Stelle auf Verlangen jederzeit Auskunft zu erteilen, Einsicht in Unterlagen sowie die Besichtigung von Grundstücken, Gebäuden und Wohnungen zu gestatten, um so die Zweckbestimmung der Förderung sowie die Einhaltung aller damit verbundenen Zusagen zu gewährleisten (§ 32 Abs. 4 WoFG).[96] Verstößt der Zuwendungsempfänger als Verfügungsberechtigter über die Wohnung gegen die Belegungsbindung bzw. übersteigt die geforderte Miete die im Zuwendungsbescheid enthaltene höchstzulässige Miete, so kann die zuständige Stelle gem. § 33 WoFG für die Dauer des Verstoßes durch Verwaltungsakt Geldleistungen festsetzen, die wiederum für Maßnahmen des sozialen Wohnungsbaus eingesetzt werden. Würdigt man die Zugangsvoraussetzungen zu den Förderprogrammen sowie die Maßnahmen zur Vermeidung einer Überkompensation im Zusammenhang, so erscheint kaum zweifelhaft, dass die Ausgestaltung der sozialen Wohnraumförderung nach Maßgabe des WoFG den Anforderungen von Art. 5 Abs. 2 lit. c der Transparenzrichtlinie[97] gerecht wird.[98]

1038   Sieht man – wofür wenig spricht – die verfahrensrechtliche Ausgestaltung der Wohnraumförderung im Lichte einer eng am Wortlaut orientierten Interpretation von Art. 5 Abs. 2 lit. c der Transparenzrichtlinie[99] nicht als hinreichend „offen und transparent" an,[100] so erweist es sich zumindest als naheliegend, im Lichte der teleologischen Ausrichtung der Transparenzrichtlinie zur Konkretisierung des Auswahlverfahrens das seitens des EuGH postulierte vierte Altmark-Kriterium ergänzend heranzuziehen. Erfolgt die Wahl des Unternehmens somit nicht im Rah-

---

[92] Vgl. hierzu die Erwägungsgründe RL 2006/111, ABl. 2006 L 318/17, Tz. 16, 20.

[93] So zutreffend *Koenig* EuZW 2005, 417; *Dörr* NZBau 2005, 617, 621; *Keßler/Dahlke* EuZW 2007, 103 ff., 105 f.; *dies.* EuZW 2008, 68 f.

[94] RL 2004/18, ABl. 2004 L 134/114, zuletzt geändert durch RL 2007/66, ABl. 2007 L 335/31.

[95] So zutreffend *Dörr* NZBau 2005, 617, 621; siehe auch die Schlussanträge der GAin *Stix-Hack* v. 12. 4. 2005, C-231/03, RdNr. 82 f. – „Coname".

[96] Bericht der Bundesrepublik Deutschland zum „Altmark-Paket" der Europäischen Kommission IV 2.3.

[97] RL 2006/111, ABl. 2006 L 318/17.

[98] So auch ausdrücklich der Bericht der Bundesrepublik Deutschland zum „Altmark-Paket" der Europäischen Kommission IV 2.3.

[99] RL 2006/111, ABl. 2006 L 318/17.

[100] *Bartosch* EuZW 2007, 559.

men eines Verfahrens zur Vergabe öffentlicher Aufträge, „so ist (als gleichwertige Alternative) die Höhe des erforderlichen Ausgleichs auf der **Grundlage einer Analyse der Kosten zu bestimmen,** die ein durchschnittliches, gut geführtes Unternehmen, das so angemessen ausgestattet ist, dass es den gestellten gemeinwirtschaftlichen Anforderungen genügen kann, bei der Erfüllung der betreffenden Verpflichtungen hätte, wobei die dabei erzielten Einnahmen und ein angemessener Gewinn aus der Erfüllung dieser Verpflichtungen zu berücksichtigen sind".[101] Liegen die seitens des BGH postulierten Voraussetzungen vor, so fehlt es bereits am Tatbestand einer gem. Art. 107 Abs. 1 AEUV unzulässigen Beihilfe. Darüber hinaus erweist sich das Verfahren einer objektiven Kostenanalyse zugleich geeignet, den Anforderungen eines transparenten Verfahrens gem. Art. 5 Abs. 2 lit. c der Transparenzrichtlinie genüge zu tun.

Auch soweit man die beiden vorstehend erörterten Verfahrensalternativen im Kontext des **1039** WoFG in Betracht zieht, tritt allerdings zugleich ein gewisser Abstimmungskonflikt mit Art. 5 Abs. 5 der Entscheidung der Kommission vom 28. 11. 2005[102] zutage, wenn dieser bestimmt, dass für den Fall, „dass Dienstleistungen von allgemeinem wirtschaftlichen Interesse nur einen Teil der Tätigkeit des Unternehmens ausmachen, … die Einnahmen und Ausgaben im Zusammenhang mit der Erbringung der betreffenden Dienstleistung von allgemeinem wirtschaftlichem Interesse und der Ausführung von anderweitigen Leistungen **in den Büchern getrennt ausgewiesen werden (müssen)".** Auch soweit die Vorgaben der Entscheidung nur unter der Voraussetzung zur Anwendung gelangen, **dass der unionsrechtliche Beihilfetatbestand im Sinne von Art. 107 Abs. 1 AEUV erfüllt ist,** erscheint die – hier zwingende – Verpflichtung zu einem getrennten Rechnungswesen insofern verwunderlicher, als die Entscheidung vom 28. 11. 2005 ihrerseits explizit auf die mit Art. 5 Abs. 2 lit. c weitgehende übereinstimmende Bestimmung von Art. 4 Abs. 2 lit. c der Transparenzrichtlinie 80/723 vom 26. 7. 2000 verweist,[103] was prima vista zumindest auf ein mögliches „Redaktionsversehen" hindeutet. Zudem erscheint im Rahmen einer teleologischen Interpretation des Beihilfetatbestands nicht recht nachvollziehbar, weshalb im Lichte der beihilferechtlichen Privilegierung des sozialen Wohnungsbaus ein strengeres Transparenzregime geboten sein soll.

Sucht man nach einer methodengerechten Lösung des hier zutage tretenden normativen Ab- **1040** stimmungskonflikts, so erscheint es aus systematischen und teleologischen Gründen kaum folgerichtig, die konsolidierte Fassung der Transparenzrichtlinie[104] vom 16. 11. 2006 hinter der Entscheidung der Kommission vom 28. 11. 2005[105] zurücktreten zu lassen. Dies betrifft weniger den Umstand, dass die konsolidierte Transparenzrichtlinie zeitlich der Entscheidung der Kommission nachfolgt. Vielmehr erweist sich die Richtlinie, soweit es die Offenlegung der finanziellen Beziehungen zwischen den Mitgliedstaaten und den privaten und öffentlichen Unternehmen betrifft, **als die speziellere und somit vorrangige Regelung.** Etwas Abweichendes ergibt sich auch nicht aus dem Umstand, dass Art. 1 Abs. 2 RL 2006/111 die Verpflichtung zu einer „doppelten Rechnungslegung" seinerseits unter den Vorbehalt „besonderer gemeinschaftsrechtlicher Vorschriften" stellt; zielt dieser Vorbehalt doch nachgerade auf die **Begründung** einer entsprechenden Verpflichtung und nicht deren **funktionale Beschränkung** durch im Wege der gleichwertigen Gestaltungsalternative des Art. 5 Abs. 2 lit. c. Im Übrigen erscheint es im Lichte der Regelungsintention der Transparenzrichtlinie einerseits und der Kommissionsentscheidung andererseits als unverhältnismäßig, die durch die Entscheidung vom 28. 11. 2005 erfassten Unternehmen zwingend einer doppelten Rechnungslegung zu unterwerfen, wenn und soweit Art. 5 Abs. 2 lit. c der konsolidierten Transparenzrichtlinie mit dem System der Kostenanalyse im Lichte der Altmark-Entscheidung[106] des EuGH ein den Transparenzanforderungen gleichfalls genügendes Alternativverfahren eröffnet.[107]

γ) Kein Erfordernis eines öffentlichen Vergabeverfahrens. Damit stellt sich notwendig **1041** die Frage nach den Kriterien eines **offenen, transparenten und nicht-diskriminierenden Verfahrens** bei der Betrauung mit „Dienstleistungen von allgemeinem wirtschaftlichem Interesse". Die dabei anzuwendenden Grundsätze können sich nach Lage der Dinge nur aus Sinn

---

[101] EuGH, C-280/00, Slg. 2003, I-7747, Tz. 93. – Altmark Trans.

[102] Kom., ABl. 2005 L 312/67.

[103] Allerdings spricht Art. 4 Abs. 4 lit. c RL 2005/52 von „Beihilfe", während Art. 5 Abs. 2 lit. c RL 2006/111 in Übereinstimmung mit Art. 5 Abs. 1 S. 2 der, Kom., Entsch. 2005/842 von „Ausgleich" spricht.

[104] Konsolidierte Fassung der Transparenzrichtlinie RL 2006/111, ABl. 2006 L 318/17.

[105] Kom., ABl. 2005 L 312/67.

[106] EuGH, C- 280/00, Slg. 2003, I-7747 – Altmark Trans.

[107] Siehe auch RL 2006/111, Tz. 20.

und Zweck der Transparenzrichtlinie[108] selbst ergeben. Diese soll den Nachweis ermöglichen, dass die Ausgleichszahlungen der öffentlichen Hand nicht zu einer Überkompensation führen und damit zugleich gewährleisten, dass eine **Quersubventionierung von unternehmerischen Aktivitäten** außerhalb des Bereichs von „Dienstleistungen von allgemeinem wirtschaftlichem Interesse" zulasten Dritter ausgeschlossen ist.

1042   Nach der Rechtsprechung des EuGH erfordert dies im Lichte der Altmark-Entscheidung[109] zunächst die unbedingte und ex ante durchzuführende Festsetzung derjenigen Parameter, anhand derer die zu gewährenden Ausgleichsleistungen – und zwar unter Einschluss sämtlicher Förderkomponenten – berechnet werden. Dabei müssen die anzuwendenden Parameter ein „realistisches Bild der Marktverhältnisse" widerspiegeln, welches aus Sicht eines objektiven und sachverständigen Dritten konsistent und in seinen Annahmen und Schlussfolgerungen nachvollziehbar ist. Unter Berücksichtigung der Altmark-Entscheidung sowie von Art. 5 Abs. 2 lit. c der konsolidierten Transparenzrichtlinie steht hierfür neben der Durchführung eines „öffentlichen Vergabeverfahrens" gleichwertig das Prozedere einer **vergleichenden Kostenanalyse** zu Gebote. Allerdings sind die Voraussetzungen eines solchen Verfahrens in Rechtsprechung und Literatur noch weitgehend ungeklärt, wenn auch dessen generelle Zulässigkeit durchweg außer Streit steht.

1043   δ) **Benchmarking als gleichwertiges Alternativkonzept.** Richtet man das Augenmerk auf den Umstand, dass der EuGH im Kontext von Tz. 93 seiner Altmark-Entscheidung[110] die Berechnung der Ausgleichsleistung seitens der öffentlichen Hand nach Maßgabe einer Kostenanalyse der Auswahl des betrauten Unternehmens im Rahmen eines öffentlichen Vergabeverfahrens gleichstellt, so ist es dem Gerichtshof erkennbar um die Institutionalisierung eines **objektiven Verfahrens,** welches den subjektiven Wertungen der Beteiligten weitgehend entzogen ist, zu tun.[111] Konsequent rekurriert der EuGH auf das Referenzmodell eines **durchschnittlichen, gut geführten und angemessen ausgestatteten Unternehmens.** Der für die Übernahme der Gemeinwohlverpflichtung zu entrichtende Ausgleich hat sich folglich in seiner Höhe nicht an den wirtschaftlichen Verhältnissen des im Wege der Förderzusage konkret betrauten Unternehmens, sondern an dem **normativ-empirischen Leitbild eines effizient arbeitenden Marktakteurs** zu orientieren.[112] Entsprechend erfordert die Kostenanalyse die ex ante Festsetzung objektiver Qualitätsstandards für Leistung und Effizienz (Benchmarking), die es zugleich in transparenter und allgemein zugänglicher Weise gegenüber den potenziellen Leistungserbringern zu verdeutlichen gilt.[113] Berücksichtigungsfähig sind folglich nur solche mit der Übernahme der Gemeinwohlverpflichtung verbundenen Kosten, die auch einem durchschnittlich effizienten Unternehmen entstehen. Demgegenüber bleiben solche (Mehr-)Kosten unberücksichtigt, die ihre Ursache in einer ineffizienten Unternehmensorganisation finden.[114]

1044   Dass auch die Kommission alternative Kosten- oder Wertermittlungsverfahren gegenüber der Durchführung eines öffentlichen Vergabe- oder Bietverfahrens unter gewissen Voraussetzungen als gleichwertig ansieht, offenbart ihre Mitteilung: „betreffend Elemente staatlicher Beihilfe bei Verkäufen von Bauten und Grundstücken durch die öffentliche Hand".[115] Entsprechend Ziff. II 2 lit. a kann die Preisbemessung bei einem Verkauf von Grundstücken, soweit ein Bietverfahren unterbleibt, auch aufgrund einer **unabhängigen Bewertung durch einen unabhängigen Sachverständigen** für Wertermittlung erfolgen, „um auf der Grundlage allgemein anerkannter Marktindikatoren und Bewertungsstandards den Marktwert zu ermitteln". Der in diesem Wege festgestellte Marktpreis „ist der Mindestverkaufspreis", der vereinbart werden kann, ohne dass eine staatliche Beihilfe gewährt würde".

1045   Trägt man dem Umstand Rechnung, dass auch im Rahmen der sozialen Wohnungsbauförderung nach Maßgabe des WoFG bzw. der entsprechenden Komplementärregelungen der Länder die Festsetzung der Förderbeträge seitens der Zuwendungsgeber durchweg in der Ermittlung der durchschnittlichen Bau- und Grundstückskosten aufgrund der Angaben der **Sachverständigen in den Gutachterausschüssen** gründen, so bestehen keine Bedenken, die in der Mitteilung der Kommission zu Grundstücksverkäufen enthaltenen Vorgaben auch auf den Bereich

---

[108] RL 2006/111, ABl. 2006 L 318/17.
[109] EuGH, C–280/00, Slg. 2003, I–7747 – Altmark Trans.
[110] EuGH, C–280/00, Slg. 2003, I–7747 – Altmark Trans.
[111] Siehe hierzu *Dörr* NZBau 2005, 617, 621; *Keßler/Dahlke* EuZW 2007, 103, 105.
[112] *Keßler/Dahlke* EuZW 2007, 103, 105; *Koenig/Kühling* DVBl. 2003, 289, 293; *Dörr* NZBau 2005, 617, 621.
[113] *Keßler/Dahlke* EuZW 2007, 103, 105; *Dörr* NZBau 2005, 617, 621; *Koenig* BB 2003, 2185, 2187 f.
[114] *Dörr* NZBau 2005, 617, 621; *Koenig* BB 2003, 2185, 2188 f.
[115] ABl. 1997 C 209/3.

der Wohnungsbauförderung zu übertragen. Wie bereits aufgezeigt, knüpft die Ermittlung der maßgeblichen Referenzwerte hinsichtlich der Boden-, Bau- und Mietpreise unmittelbar an den wettbewerblichen Ergebnissen der Marktprozesse in den jeweiligen lokalen Teilmärkten an. Legt man dies zugrunde, so spricht nichts dagegen, die gegenwärtige Ausgestaltung der Wohnraumförderung entsprechend Art. 5 Abs. 2 lit. c der konsolidierten Transparenzrichtlinie[116] im Grundsatz als gegenüber der Durchführung eines öffentlichen Vergabeverfahrens **gleichwertige Methode der Kostenermittlung** anzusehen. Dies gilt unabhängig von der Frage, ob man – was angesichts der Ausgestaltung der deutschen Wohnraumförderung naheliegt – bereits den **Tatbestand einer Beihilfe** gem. Art. 107 Abs. 1 AEUV verneint, oder die beihilferechtliche Bewertung der Wohnraumförderung nach dem WoFG an den **Voraussetzungen der Kommissionsentscheidung**[117] vom 28. 11. 2005 orientiert. Entscheidend ist insofern, dass die mit der Ermittlung der Marktdaten beauftragten Sachverständigen ihre Aufgabe unabhängig ausüben und die zuständigen „öffentliche Stellen **nicht berechtigt (sind), hinsichtlich des Ermittlungsergebnisses Anweisungen zu erteilen**".[118]

Allerdings verknüpft Art. 5 Abs. 2 lit. c der konsolidierten Transparenzrichtlinie die Forde- **1046** rung nach einem offenen, transparenten und nicht-diskriminierenden Verfahren der Auswahl der betrauten Unternehmen zugleich mit dem Postulat, der Ausgleich müsse seitens des öffentlichen Zuwendungsgebers **ex ante für einen „angemessenen Zeitraum" festgesetzt werden**. Innerhalb des so bemessenen Förderzeitraums obliege es der zuständigen Stelle, dafür Sorge zu tragen, dass der ausschließlich kompensatorische Charakter der Ausgleichsleistung gewährleistet bleibe.[119] Anhaltspunkte hinsichtlich einer Konkretisierung der „Angemessenheit" sind weder dem Regelungsbestand der Richtlinie noch den Erwägungsgründen zu entnehmen. Allerdings hat die Kommission in ihrem Non-Paper „Dienste von allgemeinem wirtschaftlichem Interesse und staatliche Beihilfen" vom 12. 11. 2002 dargelegt, dass sie den für die „Betrauung" angemessenen Zeitraum grundsätzlich auf fünf Jahre begrenzen möchte. Eine Ausnahme komme nur in **durch die Art der Investition begründeten Ausnahmefällen** in Betracht.[120]

Soweit es um die Bestimmungsgrößen der Angemessenheit des Förderzeitraums zu tun ist, **1047** erscheint die Ausrichtung der Förderzusage anhand des seitens der Kommission zugrunde gelegten Fünfjahreszeitraums angesichts der marktüblichen Investitionsbedingungen im geförderten Wohnungsbau allerdings wenig realistisch. Hier wird ein Förderzeitraum von 15 bis 20 Jahren den spezifischen Gegebenheiten der Wohnungswirtschaft und den auf einen längeren Zeitraum berechneten Amortisationsfristen des Wohnungsbestandes sowie den damit verbundenen Finanzierungsverpflichtungen der Beteiligten weit eher gerecht. Allerdings hat die Kommission in ihrem Non-Paper eine Modifikation der Regelzeiträume ausdrücklich für möglich erachtet, wenn auch die auf den **Einzelfall** abstellende Betrachtungsweise dem Umstand nicht gerecht wird, dass hier bereichsspezifische Eigentümlichkeiten Geltung beanspruchen. Angesichts der tatsächlichen und rechtlichen Gegebenheiten der Wohnungsbaufinanzierung dürfte hier folglich eine Klarstellung der Kommission förderlich sein.

Zwar gilt es auf Seiten der mit der Wohnraumförderung betrauten Länder im Rahmen der **1048** Ausgestaltung des Auswahl- und Förderverfahrens einer „Überkompensation" und der hierin gründenden Gefahr einer **Quersubventionierung** anderer Unternehmensbereiche des Zuwendungsempfängers in wirksamer Weise gegenzusteuern; doch werden die Regelungen der §§ 25 ff. WoFG diesen Anforderungen bereits jetzt durchgängig gerecht. Nach den geltenden materiellen und verfahrensrechtlichen Vorgaben im Kontext der Wohnraumförderung erscheint eine Überkompensation nahezu ausgeschlossen. Eventuell bietet es sich darüber hinaus an, im Zuwendungsvertrag oder Zuwendungsbescheid im Rahmen einer am Förderzweck orientierten „clausula rebus sic stantibus", dem Zuwendungsgeber die Möglichkeit zu eröffnen, durch eine in regelmäßigen Abständen durchzuführende **Kostenkontrolle** eine **nachträgliche Anpassung** der gewährten Förderzusage vorzunehmen; soweit sich die Marktverhältnisse in einer Art und Weise entwickeln, welche die Gefahr einer Überkompensation begründen.

d) Abschließende Bewertung. Soweit es die Ausgestaltung der sozialen Wohnraumförde- **1049** rung nach Maßgabe des WoFG bzw. der korrespondierenden gesetzlichen Regelungen der

---

[116] RL 2006/111, ABl. 2006 L 318/17.

[117] Kom., ABl. 2005 L 312/67.

[118] Siehe die Mitteilung der Kommission, ABl. 1997 C 209/3.

[119] Keßler/Dahlke EuZW 2007, 103, 106.

[120] Kom., „Dienste vom allgemeinem wirtschaftlichem Interesse und Staatliche Beihilfen", Non-Paper v. 12. 11. 2002, 26.

Bundesländer betrifft, **liegt keine unzulässige Beihilfe im Lichte von Art. 107 Abs. 1 AEUV vor.** Dabei erscheint schon fraglich, ob die Voraussetzungen des Beihilfetatbestandes nach Maßgabe der „Altmark-Entscheidung"[121] des EuGH überhaupt erfüllt sind. Die soziale Wohnraumförderung stellt gem. § 1 Abs. 2 WoFG eine **Dienstleistung von allgemeinem öffentlichen Interesse** dar. Die mit der Durchführung von Wohnungsbaumaßnahmen befassten Unternehmen werden nach Maßgabe des WoFG durch den Zuwendungsbescheid mit einer **klar definierten gemeinwirtschaftlichen Verpflichtung** betraut, wobei der **Zugang zu den Förderprogrammen allen in- und ausländischen Wohnungsunternehmen in rechtlicher und tatsächlicher Hinsicht zu gleichen Bedingungen in diskriminierungsfreier Weise offen steht.** Zugleich erscheint unter Berücksichtigung der Vorgaben der §§ 25 ff. WoFG die **Gefahr einer Überkompensation durchweg ausgeschlossen.** Zwar erfolgt die Auswahl der betrauten Unternehmen nicht im Wege eines öffentlichen Vergabeverfahrens, doch entspricht diese durchweg den Anforderungen des seitens des EuGH in seiner „Altmark-Entscheidung" eröffneten Alternativverfahrens einer **objektiven Kostenanalyse.**

1050   Im Übrigen erfüllt die Ausgestaltung der sozialen Wohnraumförderung auch bei Bejahung des Beihilfetatbestands gem. Art. 107 Abs. 1 AEUV uneingeschränkt die **Voraussetzungen der Freistellungsentscheidung**[122] **der Kommission** vom 28. 11. 2005. Dabei unterliegen die mit der Durchführung von Wohnungsbaumaßnahmen betrauten Unternehmen auch unter Berücksichtigung der Vorgaben der Transparenzrichtlinie[123] **nicht dem Gebot einer doppelten Buchführung.** Die Durchführung des Auswahlverfahrens entspricht insofern grundsätzlich den Anforderungen von Art. 5 Abs. 2 lit. c der Richtlinie hinsichtlich eines **„offenen, transparenten und diskriminierungsfreien" Verfahrens.** Zudem entfällt die Verpflichtung zur doppelten Buchführung nach Sinn und Zweck der Transparenzrichtlinie notwendig auch dort, **wo das Auswahlverfahren sich an den in der „Altmark-Entscheidung"**[124] **des EuGH aufgestellten Kriterien einer objektiven Kostenanalyse orientiert.**

1051   **3. Die KfW-Förderprogramme. a) Begünstigung bestimmter Unternehmen.** Soweit es die beihilferechtliche Beurteilung der KfW-Förderprogramme zur „energetischen Errichtung und Sanierung von Wohnraum" betrifft, stellt sich zunächst die Frage, ob und inwiefern im Rahmen der Förderprogramme eine von Art. 107 Abs. 1 AEUV vorausgesetzte **„Begünstigung"** der mit der Durchführung der Maßnahme betrauten **Unternehmen** vorliegt. So können nach den bindenden Vorgaben von § 559 a Abs. 1 BGB **Kosten, „die mit Zuschüssen aus öffentlichen Haushalten gedeckt werden",** im Rahmen einer modernisierungsbedingten Mieterhöhung seitens des Vermieters gem. § 559 Abs. 1 BGB **nicht auf die Mieter umgelegt werden.** Beinhaltet die Förderzusage ein zinsverbilligtes oder zinsloses Darlehen, welches die Kosten für die baulichen Maßnahmen ganz oder teilweise deckt, „so **verringert sich der Erhöhungsbetrag** nach § 559 (BGB) um den Jahresbetrag der Zinsermäßigung. Dieser wird errechnet aus dem Unterschied zwischen dem ermäßigten Zinssatz und dem marktüblichen Zinssatz für den Ursprungsbetrag des Darlehens" (§ 559 a Abs. 2 Satz 1 und 2 BGB). Dabei erfasst der Ausschluss von der Mieterhöhung alle Mittel, die von einer Körperschaft oder Anstalt des öffentlichen Rechts über ihren Haushalt zur Verfügung gestellt werden, sowie darüber hinaus Mittel der Finanzierungsinstitute des Bundes und der Länder (§ 559 a Abs. 3 Satz 2 BGB).[125] Eine abweichende Vereinbarung zulasten des Mieters ist gem. § 559 a Abs. 5 BGB unwirksam.

1052   Zweck der Regelung ist es nach dem erkennbaren Willen des Gesetzgebers, **dem Wohnungsmieter die Vergünstigungen** zukommen zu lassen, welche der Vermieter im Zusammenhang mit einer Modernisierungsmaßnahme durch einen öffentlichen Zuwendungsgeber erhält.[126] Insofern kommen im Rahmen von Sanierungs- und Modernisierungsmaßnahmen die seitens der öffentlichen Hand dem gewerblichen Vermieter gewährten Vergünstigungen im Ergebnis – wenn auch mittelbar – **dem Mieter zugute.** Bei diesem fehlt es jedoch grundsätzlich an der von Art. 107 Abs. 1 AEUV vorausgesetzten Unternehmenseigenschaft. So sind denn entsprechend Art. 107 Abs. 2 lit. a AEUV „Beihilfen sozialer Art an einzelne Verbraucher, wenn sie ohne Diskriminierung nach der Herkunft der Waren gewährt werden", grundsätzlich mit dem gemeinsamen Markt vereinbar. Zwar sind die Voraussetzungen von Art. 107 Abs. 2

---

[121] EuGH, C- 280/00, Slg. 2003, I-7747 – Altmark Trans.
[122] Kom., ABl. 2005 L 312/67.
[123] RL 2006/111, ABl. 2006 L 318/17.
[124] EuGH, C- 280/00, Slg. 2003, I-7747 – Altmark Trans.
[125] MünchKommBGB/*Artz* § 559 b RdNr. 2.
[126] MünchKommBGB/*Artz* § 559 b RdNr. 1.

lit. a AEUV im vorliegenden Falle nach dem Wortlaut der Norm insofern nicht gegeben, als die Begünstigung unmittelbar gegenüber den mit dem sozialen Wohnungsbau betrauten Unternehmen erfolgt, doch gilt es den hier zutage tretenden Wertungen auch im Rahmen einer teleologischen Interpretation von Art. 107 Abs. 1 AEUV Rechnung zu tragen. Soweit § 559a BGB in Höhe der öffentlichen Förderung eine Umlage der mit der Sanierung bzw. Modernisierung verbundenen Kosten auf die Mieter ausschließt, **scheidet folglich eine Begünstigung des Vermieters im Sinne von Art. 107 Abs. 1 AEUV notwendig aus.**

b) Selektivität. Soweit es sich um die Neuerrichtung bzw. erstmalige Vermietung der mit   1053
öffentlichen Mitteln geförderten Wohnung handelt, findet zwar § 559a BGB keine Anwendung, doch fehlt es hier – ebenso wie hinsichtlich der Förderung des sozialen Wohnungsbaus – an der von Art. 107 Abs. 1 AEUV vorausgesetzten Selektivität. So kommt die Förderung im Rahmen der – öffentlich zugänglichen – KfW-Programme **in diskriminierungsfreier Weise** allen (gewerblichen) Wohnungseigentümern zugute, die im Rahmen der zur Verfügung stehenden Finanzierungsmittel eine Förderung beantragen. Dies gilt unabhängig von dem Umstand, ob der Antragsteller seinen Sitz oder den Schwerpunkt seiner Geschäftstätigkeit in Deutschland oder einem anderen Mitgliedstaat hat.

4. Die Altschuldenhilfe. a) Die Begünstigung bestimmter Unternehmen. Soweit die   1054
antragsberechtigten Wohnungsunternehmen die in § 1 Abs. 2 AHGV postulierten Anforderungen erfüllen, wird diesen seitens des Zuwendungsgebers ein zusätzlicher Entlastungsbetrag zur Tilgung der Altverbindlichkeiten und darauf beruhender Verbindlichkeiten gewährt (§ 1 Abs. 1 AHGB). Dass es sich insoweit um Zuwendungen aus „staatlichen Mitteln" isv. Art. 107 Abs. 1 AEUV handelt, steht nach dem Wortlaut der gesetzlichen Regelung außer Zweifel. Entsprechend bestimmt § 1 Abs. 1 Satz 1 AHGV, dass den Antragstellern „nach Maßgabe verfügbarer **Haushaltmittel des Bundes** ein Entlastungsbetrag gewährt werden (kann)". Zudem darf gem. § 1 Abs. 2 Nr. 3 AHGV der Entlastungsbetrag nur gewährt werden, wenn sich darüber hinaus **das jeweilige Land** an dem tragfähigen Sanierungskonzept des Wohnungsunternehmens beteiligt.

Die Zahlung des Entlastungsbetrags dient dabei (ausschließlich) der Tilgung von Wohnungs-   1055
bbaualtschulden, die aus den von der Staatsbank der DDR gewährten Wohnungsbaukrediten herrühren[127] und die im Rahmen der deutschen Einheit auf die Wohnungsunternehmen übertragen wurden. Da zumindest zu Beginn der Altschuldenhilfediskussion über den rechtsverbindlichen Charakter der den Wohnungsunternehmen zugeordneten Altschulden[128] lebhafter Streit bestand, mussten diese bei (erstmaliger) Inanspruchnahme der Entlastung nach dem AHG die Altverbindlichkeiten gegenüber der kreditgebenden Bank schriftlich anerkennen und hierüber einen rechtswirksamen Kreditvertrag abschließen. Diese Verfahrensweise hat das BVerfG in seinem Nichtannahmebeschluss vom 1. 12. 1999[129] letztlich nicht beanstandet, wenn es ausführt, „Bei dem nach dem Altschuldenhilfe-Gesetz geforderten Schuldanerkenntnis handelt es sich … der Sache nach lediglich um eine – der Rechtssicherheit und Rechtsklarheit dienende … – Bestätigung der bestehenden Rechtslage. Das Anerkenntnis begründet keine neue Verbindlichkeit, sondern entzieht nur die nach der Rechtsprechung der Zivilgerichte ohnehin bestehenden Altschulden weiterem Streit der Kreditvertragsparteien …".[130] Trifft die Altschuldenverbindlichkeit somit allein das jeweilige Wohnungsunternehmen, so stellt die Gewährung eines zusätzlichen Entlastungsbetrags mit befreiender Wirkung gegenüber dem Kreditinstitut **notwendig eine Begünstigung des Wohnungsunternehmens** dar.

Dass sich die Wohnungsunternehmen zur Gewährung des Entlastungsbetrags ihrerseits zum   1056
Abriss bzw. Rückbau ihres Wohnungsbestandes verpflichten müssen, vermag an der Begünstigungswirkung der Altschuldenhilfe nichts zu ändern. Insbesondere stellt die Abriss- oder Rückbauverpflichtung **keine Gegenleistung** gegenüber dem öffentlichen Zuwendungsgeber für die Altschuldenhilfe dar. Vielmehr handelt es sich lediglich um eine rechtliche Voraussetzung hinsichtlich der Zuwendung des Entlastungsbetrags.

b) Zur Selektivität der Altschuldenhilfe. Auch an der Selektivität der Maßnahme besteht   1057
im Ergebnis kein Zweifel. Gem. § 3 Satz 1 AHGV beschränkt sich die Antragsberechtigung auf die in § 2 Abs. 1 Nr. 1 und Nr. 3 AHG bezeichneten Unternehmen, welche Altschuldenhilfe, sei es in Form von Teilentlastung nach § 4 AHG oder sei es in Form von Zinshilfe nach § 7 AHG, erhalten haben. Dies betrifft folglich **kommunale Wohnungsunternehmen** und

---

[127] Siehe hierzu *Sander* 11 ff.
[128] Vgl. hierzu BGHZ 124, 1; BGHZ 127, 212; BVerfGE 95, 267; BVerfG VIZ 2000, 244.
[129] BVerfG VIZ 2000, 244.
[130] BVerfG VIZ 2000, 244, RdNr. 17.

Wohnungsgenossenschaften. Demgegenüber bleiben die von § 2 Abs. 1 Nr. 2 und Nr. 4 AHG erfassten **Kommunen und privaten Vermieter** von der durch die AHGV gewährten zusätzlichen Entlastungen ausgeschlossen. Insofern steht die Beschränkung der Regelung auf bestimmte Unternehmen außer Frage. Sieht man hiervon ab, so liegt den Bestimmungen der AHGV bzw. des AHG auch das Konzept einer **geographischen Selektivität** zugrunde, da sich die Maßnahme ausschließlich auf Unternehmen im Beitrittsgebiet, dh. im Bereich der neuen Bundesländer beschränkt (vgl. § 3 AHG).

1058 **c) Die Verfälschung des Wettbewerbs.** Auch soweit es die von Art. 107 Abs. 1 AEUV postulierte Voraussetzung einer in Folge der Begünstigung bestimmter Unternehmen (drohenden) Verfälschung des Wettbewerbs betrifft, ergibt sich diese bereits aus der funktionalen Ausrichtung der Maßnahme. Eine Verfälschung des Leistungswettbewerbs ist regelmäßig zu erwarten, wenn und soweit der Staat die bestehenden Marktbedingungen für die Wettbewerber durch die (selektive) Gewährung einer Begünstigung verändert und so auf die Chancengleichheit der miteinander im Wettbewerb stehenden Unternehmen einwirkt.[131] Soweit § 1 AHG und § 1 Abs. 1 AHGV den seitens der Regelungen erfassten Wohnungsunternehmen auf Antrag Altschuldenhilfe gewähren, dient diese „insbesondere (der) Verbesserung der Kredit- und Investitionsfähigkeit" und damit notwendig der **Stärkung ihrer Wettbewerbsfähigkeit** gegenüber aktuellen und potenziellen Wettbewerbern. Dies verdeutlicht auch § 1 Abs. 2 Nr. 2 AHGV, wenn dieser die Gewährung des Entlastungsbetrags daran knüpft, dass **„der Antragsteller in seiner wirtschaftlichen Existenz in Folge der finanziellen Belastung durch nicht vermietete Wohnfläche gefährdet ist"** und zugleich bedingt, dass „die Leerstandsquote, die Existenzgefährdung des Unternehmens und das Sanierungskonzept von einem Wirtschaftsprüfer bestätigt werden (muss)". Insofern droht die Ausgestaltung der Altschuldenhilfe zumindest den Wettbewerb zwischen Wohnungsunternehmen **in den neuen Bundesländern**[132] sowie – nolens volens – auch in den Randregionen zu den angrenzenden alten Bundesländern zu verfälschen. Dies genügt zugleich den tatbestandlichen Anforderungen von Art. 107 Abs. 1 AEUV. So ist der Begriff des räumlich relevanten Markts iS. von Art. 107 Abs. 1 AEUV grundsätzlich weit auszulegen. Ausreichend ist folglich eine Wettbewerbsverfälschung zwischen Marktteilnehmern eines Mitgliedstaates bzw. eines nicht unerheblichen Teils eines Mitgliedstaates.[133]

1059 **d) Die Beeinträchtigung des Handels zwischen den Mitgliedstaaten.** Allerdings erscheint fraglich, ob und inwiefern die Gewährung von Altschuldenhilfe nach ihrer konkreten Ausgestaltung, insbesondere im Lichte der Fördervoraussetzungen der AHGV, geeignet ist, **den Handel zwischen den Mitgliedstaaten zu beeinträchtigen.** Grundsätzlich können die Voraussetzungen der Zwischenstaatlichkeitsklausel auch dort erfüllt sein, wo es sich um Maßnahmen mit rein regionalem Charakter handelt. So hat der EuGH bereits in seiner „Altmark-Entscheidung" betont, die Gewährung eines öffentlichen Zuschusses zugunsten eines Unternehmens seitens eines Mitgliedstaats könne die Chancen der in anderen Mitgliedstaaten niedergelassenen Unternehmen, **ihre Dienstleistungen auf dem Markt dieses Staates zu erbringen,** verringern (Altmark-Entscheidung[134] Tz. 78). Weder der verhältnismäßig geringe Umfang einer Beihilfe noch die geringe Größe des begünstigten Unternehmens seien a limine geeignet, die Möglichkeit einer Beeinträchtigung des Handels zwischen den Mitgliedstaaten von vornherein auszuschließen (Tz. 81). Demgegenüber unterliegen Beihilfen, welche sich ausschließlich auf den Wettbewerb zwischen Unternehmen eines Mitgliedstaats auswirken, allein den rechtlichen Vorgaben dieses Mitgliedstaates.[135]

1060 Die durch die Altschuldenhilfe begünstigten Wohnungsunternehmen erbringen ihre Dienstleistungen im Rahmen der Vermietung von Wohn- und Gewerberäumen ausschließlich im Inland auf dem Gebiet der neuen Bundesländer. Die Vermietungstätigkeit ist dabei auf den **jeweiligen regionalen Markt eines Unternehmens** begrenzt, was sich nicht zuletzt darin widerspiegelt, dass eine Werbetätigkeit über die eigene Region hinaus nicht erfolgt. Insofern besteht insbesondere kein Wettbewerbsverhältnis zu Unternehmen in anderen Mitgliedstaaten.

---

[131] *Immenga/Mestmäcker/Ehricke,* EG-WettbR, Art. 87 Abs. 1 EG RdNr. 102.

[132] Vgl. die Kabinettvorlage Nr. 14/12.096.01 v. 4. 12. 2000, Begründung zu § 1 Abs. 2 Nr. 2, 3.

[133] EuGH, 102/87, Slg. 1988, 4082 – Frankreich/Kommission; siehe hierzu auch *Immenga/Mestmäcker/Ehricke,* EG-WettbR, Art. 87 Abs. 1 EG RdNr. 101.

[134] EuGH, C- 280/00, Slg. 2003, I-7747 – Altmark Trans.

[135] Kom., N 258/00, ABl. 2002 C 172/14 v. 12. 1. 2001 – Freizeitbad Dorsten; Kom., Staatliche Beihilfe N 610/2001, RdNr. 3.3. – Tourismusinfrastruktur Baden-Württemberg; Kom., ABl. 2001 C 300/02 – Ferienpark „Terra Mítica" (Benidorm, Alicante).

Im Übrigen gilt es dem Umstand Rechnung zu tragen, dass die Funktion der Altschulden- **1061** hilfe nicht zuletzt darin gründet, dass angesichts des nachhaltigen demographischen Wandels und des hieraus folgenden Überangebots an – meist preiswertem – Wohnraum sowie des damit verbundenen Wohnungsleerstands, **eine Bau- und Investitionstätigkeit in den betroffenen Gebieten gerade nicht mehr stattfindet.** Dies führt im Ergebnis dazu, dass auch eine Investitionstätigkeit ausländischer Investoren unterbleibt. Insofern entspricht es der funktionalen Ausrichtung der Altschuldenhilfe, durch die Beseitigung des Leerstands und damit des Überangebots **wieder einen funktionsfähigen Wohnungsmarkt und damit Sanierungs- und Neubaumaßnahmen zu ermöglichen.** Hier ist in der Folge der mit der Altschuldenhilfe intendierten Abriss- und Rückbaumaßnahmen eher mit der **Eröffnung eines funktionsfähigen Wettbewerbs** im Bereich des Mietwohnungsbaus zu rechnen als mit einer Verstärkung der zurzeit bestehenden wettbewerbsadversen Marktlage. Legt man dies zugrunde, so ist – zumindest gegenwärtig – nicht davon auszugehen, dass die Gewährung der Altschuldenhilfe unter den in der AHGV festgesetzten Voraussetzungen geeignet ist, den Handel zwischen den Mitgliedstaaten zu beschränken. Der Tatbestand einer gem. Art. 107 Abs. 1 AEUV unzulässigen Beihilfe liegt damit gegenwärtig nicht vor.

XVI. Landwirtschaft

Schrifttum: *Bartosch*, Die neue Allgemeine Gruppenfreistellungsverordnung im EG-Beihilfenrecht, NJW 2008, 3612; *Boos/Kleine*, Neuerungen im europäischen Beihilferecht: Erschwernisse statt Vereinfachung, Kreditwesen 2008, 1092; *Busse*, § 25 Agrarrecht, in: *Schulze/Zuleeg* (Hrsg.), Europarecht, 2006; *Evans*, European Community Law of State Aid, 1997; *Jaeger*, Staatliche Agrarbeihilfen und Gemeinschaftsrecht: Eine Zwischenbilanz anlässlich der neuen Gruppenfreistellungsverordnungen 2004 für Agrar- und Fischereibeihilfen, Agrar- und Umweltrecht 2005, 189; *Lontzek*, Die Gemeinsame Agrarpolitik – Zustand und Reformbedarf, Agrar- und Umweltrecht 2005, 73; *Nies*, Rechtliche Anmerkungen zur Entwicklung des ländlichen Raums aus Sicht der Landwirtschaft, Agrar- und Umweltrecht 2009, 50; *Reithmann*, Welthandelsrecht und europäische Agrarpolitik – Das Verfahren der „EC-Sugar Subsidies", Zeitschrift für europarechtliche Studien 2006, 99.

Übersicht

1. Hintergrund und Ziel von Agrarbeihilfen. a) Gemeinsame Agrarpolitik und Ent- 1062 wicklung des ländlichen Raums. Eine gemeinsame Agrarpolitik gehört gem. Art. 4 Abs. 2 lit. d AEUV zu den **Aufgaben der Union.** Detaillierte Vorschriften zu diesem Bereich enthält Titel III des Dritten Teils des AEUV (Art. 38 bis 44 AEUV). Grundlegend ist dabei zunächst die Regelung des Art. 38 Abs. 1 UAbs. 2 S. 1 AEUV, wonach der Binnenmarkt auch die Landwirtschaft und den

Handel mit landwirtschaftlichen Erzeugnissen umfasst; dabei ist allerdings zu berücksichtigen, dass die Vorschriften für die Errichtung des Binnenmarktes gem. Art. 38 Abs. 2 AEUV nur vorbehaltlich der in den Art. 39 bis 44 AEUV getroffenen Bestimmungen gelten.[1] Für die Anwendbarkeit der Art. 38 bis 44 AEUV ist zunächst der Begriff der **landwirtschaftlichen Erzeugnisse** von Bedeutung. Darunter sind nach der Legaldefinition des Art. 38 Abs. 1 UAbs. 2 S. 2 AEUV die Erzeugnisse des Bodens, der Viehzucht und der Fischerei[2] sowie die mit diesen in unmittelbarem Zusammenhang stehenden Erzeugnisse der ersten Verarbeitungsstufe zu verstehen. In Konkretisierung dieser Norm stellt Art. 38 Abs. 3 AEUV jedoch klar, dass unabhängig von dieser Begriffsbestimmung nur diejenigen Erzeugnisse den Art. 38 bis 44 AEUV unterfallen, die in der dem Vertrag als Anhang I beigefügten Liste aufgeführt sind.[3]

1063   Die Union ist durch Art. 38 Abs. 4 AEUV aufgerufen, eine gemeinsame Agrarpolitik zu gestalten, die mit dem Funktionieren und der Entwicklung des Binnenmarktes für landwirtschaftliche Erzeugnisse Hand in Hand gehen soll. Unter dem Begriff der Gemeinsamen Agrarpolitik versteht man in Ermangelung einer anderweitigen Definition alle Maßnahmen, die den in Art. 39 AEUV genannten Zielen dienen.[4] Diese lassen sich in der Regel einem der drei Bereiche **Marktordnungspolitik** (sog. erste Säule der Gemeinsamen Agrarpolitik), **Strukturpolitik** (Förderung des ländlichen Raums, sog. zweite Säule der Gemeinsamen Agrarpolitik) oder **Rechtsharmonisierung** der verbliebenen nationalen Regelungsfelder zuordnen.[5] Im Rahmen der Strukturpolitik hat dabei die Förderung des ländlichen Raums in den letzten Jahren zunehmend an Bedeutung gewonnen.[6]

1064   Die besondere Rolle, die die Landwirtschaft im **beihilferechtlichen Bereich** spielt, resultiert daraus, dass der Schwerpunkt der Aktivitäten der Gemeinschaft hier nicht in der Kontrolle und Unterbindung gemeinschaftsrechtswidriger mitgliedstaatlicher Subventionen, sondern vielmehr in der **Regelung der Gewährung** von Beihilfen liegt, die aufgrund europäischem Sekundärrechts von der Gemeinschaft selbst zur Erreichung der Ziele der Gemeinsamen Agrarpolitik landwirtschaftlichen Betrieben bereit gestellt werden. So machen die Ausgaben im Bereich der Landwirtschaft noch immer den größten Einzelposten des Gemeinschaftshaushalts aus. Im Jahr 2009 werden sich die bereitgestellten Mittel für die Landwirtschaft voraussichtlich auf 54,8 Mrd. Euro belaufen und damit knapp 41% des Gesamthaushalts betragen.[7] Die Finanzierung erfolgt dabei über die gem. Art. 40 Abs. 3 AEUV eingerichteten Europäischen Garantiefonds für die Landwirtschaft und Europäischen Landwirtschaftsfonds für die Entwicklung des ländlichen Raums,[8] die den vorher bestehenden Europäischen Ausrichtungs- und Garantiefonds[9] abgelöst haben. Die beiden Fonds haben keine eigene Rechtspersönlichkeit und gehören zum Gesamthaushalt (Art. 2 Abs. 2 VO 1290/2005),[10] was zur Folge hat, dass sie aus den eigenen Einnahmen der Gemeinschaft finanziert werden.

1065   **b) Einhaltung der allgemeinen Grundsätze der Wettbewerbspolitik.** Aufgrund der **Eigenart der Landwirtschaft**, die in ihrer Struktur besondere soziale und ökonomische Kennzeichen aufweist (vgl. auch Art. 39 Abs. 2 lit. a AEUV), sind die **Vorschriften des Binnenmarktes** gem. Art. 38 Abs. 2 AEUV nur unter dem Vorbehalt einer fehlenden anderweitigen Bestimmung durch die Art. 39 bis 44 AEUV anwendbar. In Ausfüllung dieser Vorgabe

---

[1] Zu den Auswirkungen auf die Anwendbarkeit der beihilferechtlichen Normen der Art. 107 bis 109 AEUV sogleich unter RdNr. 1065–1066 sowie 1079–1084.

[2] Vgl. zur Fischerei auch (RdNr. 1103 ff.).

[3] Zum Verhältnis der Art. 38 Abs. 2 und Art. 38 Abs. 3 AEUV sowie der Funktion der Definition des Art. 38 Abs. 1 UAbs. 2 S. 2 AEUV s. EuGH, 185/73, Slg. 1974, 607, RdNr. 12–15 – Hauptzollamt Bielefeld/König; EuGH, 77/83, Slg. 1984, 1257, RdNr. 12 – CILFIT/Ministero della Sanità; *Schwarze/Bittner* Art. 32 EG RdNr. 6; *Calliess/Ruffert/Thiele* Art. 32 EG RdNr. 11. Ein Abdruck der Liste des Anhangs I zum AEUV findet sich bei § 28 GWB RdNr. 22.

[4] So bspw. *Streinz/Kopp* Art. 32 EG RdNr. 51; *Schwarze/Bittner* Art. 32 EG RdNr. 22.

[5] Vgl. *Busse* Art. 32 EG RdNr. 27; *Schwarze/Bittner* Art. 32 EG RdNr. 22; *Geiger* Art. 32 EG RdNr. 3.

[6] Vgl. VO 1698/2005, ABl. 2005 L 277/1, Tz. 1; s. auch *Schwarze/Bittner* Art. 32 EG RdNr. 24; *Busse* Art. 32 EG RdNr. 27. Zu rechtlichen Aspekten der Entwicklung des ländlichen Raums aus Sicht der Landwirtschaft s. *Nies* 50.

[7] Vgl. Europäische Gemeinschaften (Hrsg.), EU-Haushalt 2009, S. 3. Im Internet abrufbar unter <http://ec.europa.eu/budget/library/publications/budget_in_fig/dep_eu_budg_2009_de.pdf> (Stand: 4. 6. 2009). Zur Abgrenzung staatlicher Beihilfen von Gemeinschaftsbeihilfen siehe bspw. *Harings*, 113, 126.

[8] Die beiden genannten Fonds wurden durch die VO 1290/2005, ABl. 2005 L 209/1, errichtet.

[9] Die Rechtsgrundlage für den Europäischen Ausrichtungs- und Garantiefonds bildete die VO 25/1962, ABl. 1962 30/991.

[10] VO 1290/2005, ABl. 2005 L 209/1.

normiert Art. 42 S. 1 AEUV, dass die Wettbewerbsregeln für die Produktion und den Handel mit landwirtschaftlichen Erzeugnissen lediglich insoweit Anwendung finden, wie das Europäische Parlament und der Rat dies im Rahmen des Art. 43 Abs. 2 und Abs. 3 AEUV und gemäß dem dort vorgesehenen Verfahren bestimmen. Dies betrifft namentlich auch die Regelungen über staatliche Beihilfen in den Art. 107 bis 109 AEUV. Aus dieser Regelung als Regel- und Ausnahmeverhältnis darf nicht geschlossen werden, dass die beihilferechtlichen Bestimmungen des Vertrages im Agrarsektor nur ausnahmsweise anwendbar sind. Die Praxis ist eine andere.[11] Sekundärrechtlich werden die **allgemeinen Beihilferegelungen** des Vertrages nämlich fast für den gesamten Agrarmarkt- als auch Agrarstrukturbereich für anwendbar erklärt.[12]

Zu beachten ist außerdem, dass **mitgliedstaatliche Beihilfen** klar von Subventionen zu unterscheiden sind, die aus Mitteln der Union gewährt (Gemeinschaftsbeihilfen)[13] bzw. von den Mitgliedstaaten und der Union gemeinsam finanziert werden (sog. gemischte Beihilfen). Da solche Maßnahmen nach herrschender Lesart keine staatlichen oder aus staatlichen Mitteln gewährte Beihilfen (vgl. Art. 107 AEUV) darstellen, unterfallen sie von vornherein nicht den Art. 107 bis 109 AEUV,[14] sodass es auf einen möglicherweise auf Grundlage des Art. 42 S. 1 AEUV für den Agrarbereich erlassenen oder unterbliebenen **sekundärrechtlichen Anwendungsbefehl** nicht ankommt.[15] Gemischte Beihilfen und Gemeinschaftsbeihilfen im Agrarsektor müssen sich demgegenüber an den Zielen der Gemeinsamen Agrarpolitik aus Art. 39 AEUV und den dafür vorgesehenen Maßnahmen gem. Art. 40 AEUV messen lassen.[16] **1066**

c) **Sicherung der Lebensgrundlage der von der Landwirtschaft abhängigen Menschen.** Zu den Zielen der Gemeinsamen Agrarpolitik gehört gem. Art. 39 Abs. 1 lit. b AEUV die Gewährleistung einer **angemessenen Lebenshaltung** der in der Landwirtschaft tätigen Bevölkerung, insbesondere durch die **Erhöhung des Pro-Kopf-Einkommens.** In der Vergangenheit legte die Gemeinschaft zur Erreichung dieses Ziels den Schwerpunkt auf Interventionen nach den einzelnen Marktordnungen,[17] die ua. Stützungskäufe zu einem festgelegten Mindestpreis enthielten, was im Ergebnis zu einer **Preisgarantie** für landwirtschaftliche Betriebe führte. Vor dem Hintergrund von Überproduktion und WTO-rechtlichen Verpflichtungen[18] wurde dieses System in den letzten Jahrzehnten zunehmend durch **Direktzahlungen** an die Landwirte ersetzt.[19] Die Bemessung der Zahlungen war zunächst produktionsbezogen; durch die VO 1782/2003[20] erfolgte jedoch die Einführung der sog. einheitlichen Betriebsprämie und damit die Entkopplung der Unterstützung von der Produktion des einzelnen Betriebes.[21] **1067**

d) **Wahrung der Interessen der Verbraucher.** Zur Gemeinsamen Agrarpolitik schließlich gehört auch die Wahrung der Interessen der Verbraucher als die dem Landwirt im wirtschaftlichen Sinne gegenüberstehende Partei,[22] wie das in Art. 39 Abs. 1 lit. e AEUV normierte **Ziel der Gewährleistung angemessener Preise** für die Verbraucher belegt. Der Begriff der „Angemessenheit" ist unter Berücksichtigung der anderen Ziele des Art. 39 Abs. 1 AEUV auszulegen, wobei diese aufgrund ihrer unterschiedlichen Zwecksetzung in Konflikt geraten können. Insbesondere sind unter angemessenen Preisen nicht zwangsläufig möglichst niedrige Preise zu verstehen.[23] **1068**

---

[11] S. zum Ganzen auch Rahmenregelung der Gemeinschaft für staatliche Beihilfen im Agrar- und Forstsektor 2007–2013, ABl. 2006 C 319/1, Tz. 10.

[12] S. dazu ausführlich unten, RdNr. 18–23.

[13] Zu Begriff und Kontrolle der Gemeinschaftsbeihilfen *Cichy*, Wettbewerbsverfälschungen durch Gemeinschaftsbeihilfen, 2002.

[14] Vgl. zB. *Schwarze/Bär-Bouyssière* Art. 87 EG RdNr. 6; *von der Groeben/Schwarze/Mederer/Triantafyllou* Art. 87 EG RdNr. 29; *Calliess/Ruffert/Cremer* Art. 87 EG RdNr. 62.

[15] In diesem Sinne ist auch Art. 88 Abs. 1 UAbs. 2 VO 1698/2005, ABl. 2005 L 277/1, nur als Klarstellung zu verstehen.

[16] Vgl. *Calliess/Ruffert/Thiele* Art. 36 EG RdNr. 10; *Streinz/Kopp* Art. 36 EG RdNr. 4. Zur Abgrenzung von Gemeinschaftsbeihilfen und staatlichen Beihilfen *Busse* Agrarrecht RdNr. 268.

[17] Dazu unten RdNr. 1085–1087. Zu den einzelnen Instrumenten des Marktordnungsrechts *Harings* 113, 119.

[18] Dazu unten RdNr. 1069.

[19] *Schwarze/Bittner* Art. 33 EG RdNr. 12. Zum schrittweisen Übergang von der Interventionspolitik zu Direktzahlungen an die landwirtschaftlichen Betriebe siehe *Lontzek* 73, 74.

[20] VO 1782/2003, ABl. 2003 L 270/1.

[21] Zur einheitlichen Betriebsprämie s. *Schmitte*, Agrar- und Umweltrecht 2005, 80, 81; *Lontzek* 73, 79.

[22] Dabei ist unter Verbraucher nicht nur der Endverbraucher, sondern auch die verarbeitende Industrie zu verstehen, siehe EuGH, C-131/87, Slg. 1989, 3743, RdNr. 23–24 – Kommission/Rat.

[23] EuGH, 34/62, Slg. 1963, 287, 319 – Deutschland/Kommission.

1069 **e) Vereinbarkeit mit supranationalen Abkommen (WTO).** Was die Vereinbarkeit der Gemeinsamen Agrarpolitik mit supranationalen Abkommen angeht, so ist insbesondere das seit 1995 gültige **WTO-Übereinkommen über die Landwirtschaft**[24] von Bedeutung. Darin ist ua. die Umwandlung von Einfuhrbeschränkungen in Zölle und in der Folge die Absenkung dieser Zölle, die Verringerung von Exporterstattungen und die Verminderung der internen Stützung der Landwirtschaft vorgesehen.[25] Die verschiedenen Instrumente der internen Stützung werden dabei anhand ihres Potentials zur Verzerrung der Agrarmärkte **drei „Boxen"** zugeordnet, auf die – vereinfacht ausgedrückt – die **Verpflichtung zur Reduktion** in umgekehrt äquivalentem Verhältnis zum Grad der Entkopplung der Zahlungen von der Produktion steht. Will sagen, je stärker die Kopplung der Beihilfe an die Produktion ist, desto dringlicher ist die Verpflichtung zur Reduktion. Es existieren die „gelbe Box", die „blaue Box" und die „grüne Box". Zur gelben Box zählen die garantierten Preise und produktionsbezogene Direktzahlungen. Sie unterliegen in vollem Umfang der Reduktionsverpflichtung. Die blaue Box enthält staatliche Direktzahlungen, die zwar produktionsabhängig, aber auf eine bestimmte Höhe beschränkt gezahlt werden. Zur grünen Box gehören alle vollständig entkoppelten Direktzahlungen und Programme für allgemeine Dienstleistungen. Maßnahmen der blauen und grünen Box müssen bislang nicht abgebaut werden. Wie bereits erwähnt, rührt der Systemwechsel der Gemeinschaftsbeihilfen von der Interventionspolitik zu weitgehend entkoppelten Direktzahlungen (einheitliche Betriebsprämie) ua. aus den aus dem Übereinkommen resultierenden Verpflichtungen.[26] Auf diese Weise konnte das Volumen der „gelben Box" mit dem größten Potential zur Verzerrung des Agrarmarkts erheblich gesenkt werden.[27]

1070 **2. Rechtsrahmen. a) Agrarbeihilfen in den allgemeinen Regelungen. aa) Vermarktungs- und Verarbeitungsbeihilfen. α) Allgemeines.** Während für mitgliedstaatliche Beihilfen, die im Zusammenhang mit der **Verarbeitung und Vermarktung landwirtschaftlicher Erzeugnisse** stehen, in der Vergangenheit weitgehend dieselben Regelungen galten wie für die Primärproduktion landwirtschaftlicher Erzeugnisse,[28] hat sich in den letzten Jahren in diesem Bereich eine **Trendwende** vollzogen. Für die Primärproduktion gelten nach wie vor in der Mehrzahl der Bereiche gesonderte Bestimmungen,[29] Vermarktungs- und Verarbeitungsbeihilfen hingegen werden zunehmend den **allgemeinen beihilferechtlichen Regelungen** unterworfen. Ursache dieser Entwicklung ist die Erkenntnis der Gemeinschaft, dass zwischen der Primärerzeugung auf der einen und der Verarbeitung und Vermarktung landwirtschaftlicher Erzeugnisse auf der anderen Seite erhebliche Unterschiede bestehen und Letztere oftmals eher mit der Verarbeitung und Vermarktung gewerblicher Erzeugnisse vergleichbar ist.[30]

1071 **β) Beihilfen für kleine und mittlere Unternehmen.** Mitgliedstaatliche Vermarktungs- und Verarbeitungsbeihilfen für kleine und mittlere Unternehmen im Sektor der Landwirtschaft unterlagen zunächst – ebenso wie Beihilfen für die Primärproduktion – nicht dem Regelungsregime der VO 70/2001,[31] die die Anwendung der Art. 107 und 108 AEUV auf staatliche Beihilfen an kleine und mittlere Unternehmen betraf. Durch die VO 1857/2006[32] erfolgte eine Änderung der VO 70/2001 und die **Erweiterung ihres Anwendungsbereichs auf KMU**-Beihilfen für den Sektor der landwirtschaftlichen Vermarktung und Verarbeitung,[33] was insbesondere zur Folge hatte, dass diese automatisch für mit dem Binnenmarkt vereinbar erklärt wurden und die Anmeldepflicht der Mitgliedstaaten nach Art. 108 Abs. 3 AEUV entfiel. Nachdem die VO 70/2001 in der allgemeinen Gruppenfreistellungsverordnung der VO 800/2008

---

[24] ABl. 1994 L 336/22.
[25] Vgl. dazu *Lontzek* 73, 75.
[26] So auch *Lontzek* 73, 76, 78; vgl. auch *Reithmann* 99, 100.
[27] S. dazu *Massot*, Die externe Dimension der GAP: Das WTO-Übereinkommen über die Landwirtschaft. Im Internet abrufbar unter <www.europarl.europa.eu/parliament/expert/displayFtu.do?id=74&ftuId =FTU_4.2.7.html&language=de> (Stand: 9. 6. 2009).
[28] S. zB. Art. 1 Abs. 2 lit. a der VO 70/2001 in Fassung v. 12. 1. 2001, ABl. 2001 L 10/33, sowie Art. 1 lit. a der VO 69/2001 in der Fassung v. 12. 1. 2001, ABl. 2001 L 10/30.
[29] S. dazu RdNr. 1092–1097 und 1098–1101.
[30] S. VO 1857/2006, ABl. 2006 L 358/3, Tz. 6; sowie VO 1998/2006, ABl. 2006 L 379/5, Tz. 4.
[31] Fn. 28.
[32] Fn. 30.
[33] S. Art. 21 der VO 1857/2006, ABl. 2006 L 358/3. Die Erstreckung des Anwendungsbereichs der VO 70/2001, ABl. 2001 L 10/33, erfolgte mit Ausnahme von Vermarktungs- und Verarbeitungsbeihilfen für Erzeugnisse zur Imitation oder Substitution von Milch oder Milcherzeugnissen.

(AGVO)[34] aufgegangen ist,[35] gelten nun für Verarbeitungs- und Vermarktungsbeihilfen weitgehend die **allgemeinen Bestimmungen.**[36] Von der Anmeldepflicht freigestellt und mit dem Binnenmarkt als vereinbar angesehen werden können danach verschiedene Beihilfegruppen. Dabei handelt es sich im Einzelnen um Regionalbeihilfen,[37] Investitions- und Beschäftigungsbeihilfen,[38] Beihilfen für die Gründung von Frauenunternehmen,[39] Umweltschutzbeihilfen,[40] Beihilfen für die Inanspruchnahme von Beratungsdiensten und für die Teilnahme an Messen zu Gunsten von kleinen und mittleren Unternehmen,[41] Risikokapitalbeihilfen,[42] Forschungs-, Entwicklungs- und Innovationsbeihilfen,[43] Ausbildungsbeihilfen[44] sowie Beihilfen für benachteiligte und behinderte Arbeitnehmer.[45] Die inhaltlichen Regelungen der VO 70/2001 finden zu großen Teilen eine Entsprechung in der AGVO.

Für den Bereich der Verarbeitungs- und Vermarktungsbeihilfen ist zu berücksichtigen, dass **1072** weder landwirtschaftliche Maßnahmen zur Vorbereitung eines Erzeugnisses für den Erstverkauf noch der Erstverkauf an Wiederverkäufer oder Verarbeiter als Verarbeitung oder Vermarktung im Sinne der AGVO angesehen und damit nicht erfasst werden.[46] Zudem sind Beihilfen für Tätigkeiten im Rahmen der Verarbeitung und Vermarktung landwirtschaftlicher Erzeugnisse vom Anwendungsbereich der allgemeinen Gruppenfreistellungsverordnung ausgenommen, wenn sich der Beihilfebetrag nach dem **Preis oder der Menge** der auf dem Markt von Primärerzeugern erworbenen oder von den betreffenden Unternehmen angebotenen Erzeugnisse richtet oder wenn die Beihilfe davon abhängig ist, dass sie ganz oder teilweise **an die Primärerzeuger weitergegeben** wird (Art. 1 Abs. 3 lit. c AGVO). Diese Einschränkung erklärt sich daraus, dass die Mitgliedstaaten nach der Rechtsprechung des EuGH im Falle der Errichtung einer gemeinsamen Marktorganisation[47] durch die Gemeinschaft verpflichtet sind, sich aller Maßnahmen zu enthalten, die die Regelungen der Marktordnung unterlaufen oder Ausnahmen von ihr schaffen.[48]

γ) De-Minimis-Regelungen. Ähnlich der Entwicklung im Bereich der Regelungen über **1073** staatliche Beihilfen für kleine und mittlere Unternehmen waren auch die Beihilfen für Tätigkeiten zur Verarbeitung und Vermarktung landwirtschaftlicher Erzeugnisse zunächst von der VO 69/2001, die allgemein bestimmte Beihilfen aufgrund ihrer geringen Höhe als für mit dem Gemeinsamen Markt vereinbar erklärte und diese von der Anmeldepflicht des Art. 88 Abs. 3 EG ausnahm, nicht erfasst.[49] Für sie galt zunächst die speziell für De-Minimis-Beihilfen für den Landwirtschafts- und Fischereisektor erlassene VO 1860/2004.[50] Kurz vor dem zeitlichen Auslaufen der VO 69/2001[51] erließ die Kommission eine neue allgemeine De-Minimis-Verordnung,[52] die nun auch Beihilfen für Tätigkeiten zur Verarbeitung und Vermarktung landwirtschaftlicher Erzeugnisse erfasst.[53] Dementsprechend wurde die VO 1860/2004 durch Art. 4 VO 1998/2006 geändert und ihr Anwendungsbereich auf die Primärproduktion beschränkt, sodass auf Verarbeitungs- und Vermarktungsbeihilfen nunmehr ausschließlich die **allgemeine De-Minimis-VO** anzuwenden ist. Es gelten jedoch die bereits für die KMU-Beihilfen erwähnten **Einschränkungen des Anwendungsbereichs**, die sich aus der Existenz einer gemeinsamen

---

[34] VO 800/2008 (AGVO), ABl. 2008 L 214/3.
[35] Der zeitliche Anwendungsbereich der VO 70/2001, ABl. 2001 L 10/33, war bis zum 30.6.2008 begrenzt, siehe dazu *Bartosch* NJW 2008, 3612.
[36] S. AGVO, ABl. 2008 L 214/3, Tz. 11.
[37] Art. 13 und 14 AGVO, ABl. 2008 L 214/3.
[38] Art. 15 AGVO, ABl. 2008 L 214/3.
[39] Art. 16 AGVO, ABl. 2008 L 214/3.
[40] Art. 17 bis 25 AGVO, ABl. 2008 L 214/3.
[41] Art. 26 und 27 AGVO, ABl. 2008 L 214/3.
[42] Art. 28 und 29 AGVO, ABl. 2008 L 214/3.
[43] Art. 30 bis 37 AGVO, ABl. 2008 L 214/3.
[44] Art. 38 und 39 AGVO, ABl. 2008 L 214/3.
[45] Art. 40 bis 42 AGVO, ABl. 2008 L 214/3.
[46] S. AGVO, ABl. 2008 L 214/3, Tz. 12.
[47] S. dazu RdNr. 1085–1087.
[48] S. AGVO, ABl. 2008 L 214/3, Tz. 12; unten RdNr. 1079–1084.
[49] S. die Nachw. in Fn. 28.
[50] VO 1860/2004, ABl. 2004 L 325/4.
[51] Diese war gem. Art. 4 Abs. 1 S. 2 der VO 69/2001, ABl. 2001 L 10/30, bis 31. 12. 2006 befristet, siehe dazu auch *Bartosch* NJW 2008, 3612.
[52] VO 1998/2006, ABl. 2006 L 379/5. Vgl. dazu auch *Boos/Kleine* Kreditwesen 2008, 1092, 1093.
[53] Vgl. Art. 1 Abs. 1 lit. b und lit. c der VO 1998/2006, ABl. 2006 L 379/5.

Marktorganisation der Gemeinschaft ergeben.[54] Zudem soll die in den Betrieben vorgenommene notwendige Vorbereitung der Erzeugnisse für den Erstverkauf (wie Mähen, Dreschen von Getreide, Verpacken von Eiern) sowie der Erstverkauf an Wiederverkäufer oder Verarbeitungsunternehmen nicht als Verarbeitung oder Vermarktung im Sinne der VO angesehen werden.[55] Für den Bereich von *De-Minimis*-Beihilfen im Bereich der Verarbeitung und Vermarktung landwirtschaftlicher Erzeugnisse gelten damit – abgesehen von den erwähnten Einschränkungen – die allgemeinen Voraussetzungen für die Vereinbarkeit mit dem Gemeinsamen Markt und die Freistellung von der Anmeldepflicht nach Art. 108 Abs. 3 AEUV nach der VO 1998/2006. Die VO ist bis zum 31. 12. 2013 befristet.[56]

1074 **bb) Beihilfen für die Primärerzeugung. α) Allgemeines.** Staatliche Beihilfen für die landwirtschaftliche Primärerzeugung sind vom Anwendungsbereich der Allgemeinen Gruppenfreistellungsverordnung grundsätzlich ausgenommen. Etwas anderes gilt nur für Ausbildungsbeihilfen, Risikokapitalbeihilfen, Forschungs- und Entwicklungsbeihilfen, Umweltschutzbeihilfen und Beihilfen für benachteiligte und behinderte Arbeitnehmer (vgl. Art. 1 Abs. 3 lit. b). Bei den genannten Beihilfegruppen ist jedoch die Besonderheit zu beachten, dass dann, wenn diese bereits durch die VO 1857/2006 erfasst sind, eine Freistellbarkeit nach der AGVO ausscheidet. Der Grund dafür liegt darin, dass die **VO 1857/2006 strengere Regelungen** für die Freistellung bestimmter Beihilfearten aufstellt, die durch die AGVO nicht ausgehebelt werden sollen.[57]

1075 **β) Forschungs- und Entwicklungsbeihilfen.** Forschungs- und Entwicklungsbeihilfen im Agrarsektor behandelt **Art. 34 AGVO.** Während die beihilfefähigen Kosten im Agrarsektor identisch mit denen der anderen Wirtschaftszweige sind (Art. 34 Abs. 6 iVm. Art. 31 Nr. 5 AGVO), gelten bezüglich der Vereinbarkeit der Beihilfen mit dem Gemeinsamen Markt und die Freistellung von der Anmeldepflicht nach Art. 108 Abs. 3 AEUV für die Primärproduktion landwirtschaftlicher Erzeugnisse **strengere Voraussetzungen.** So müssen die Beihilfen für alle Wirtschaftsbeteiligten in dem entsprechenden Sektor von Interesse sein und es gelten verschärfte Berichts- und Veröffentlichungspflichten hinsichtlich der Forschungsergebnisse (Art. 34 Abs. 2 und 3 AGVO). Auch kommt nur eine direkte Gewährung der Beihilfen an die Forschungsstelle in Betracht (Art. 34 Abs. 4 AGVO). Diese verschärften Anforderungen gehen auf der anderen Seite mit einer **erhöhten zulässigen Beihilfeintensität** einher. Während diese für die anderen Wirtschaftszweige je nach Vorhaben zwischen 25 und 100% liegt,[58] setzt Art. 34 Abs. 5 AGVO sie im Agrarsektor für alle Projekte auf 100% fest. Im Übrigen kommt bei Nichterfüllung der speziellen Voraussetzungen des Art. 34 AGVO auch eine Freistellung nach den allgemeinen Bestimmungen für Forschungs- und Entwicklungsbeihilfen in Betracht (Art. 34 Abs. 7 iVm. Art. 30 bis 32 AGVO). Die Schwellenwerte, oberhalb derer die AGVO nicht eingreift, liegen für Forschungs- und Entwicklungsbeihilfen in Abhängigkeit von der Vorhabenart zwischen 7,5 und 40 Mio. Euro (siehe Art. 6 Abs. 1 lit. e).

1076 **γ) Risikokapitalbeihilfen.** Als Risikokapital stuft die AGVO Investitionen in die Finanzierung von Unternehmen in der **Frühphase** mit Eigenkapital und eigenkapitalähnlichen Mitteln ein (Art. 2 Nr. 27 AGVO). Im Rahmen der Regelung der Risikokapitalbeihilfen fehlt eine dem Art. 34 AGVO entsprechende, speziell für den Agrarsektor erlassene, Bestimmung. Aus diesem Grund gelten im Landwirtschaftsbereich die gleichen Voraussetzungen für die Vereinbarkeit solcher Beihilfen wie in anderen Wirtschaftszweigen auch (s. Art. 29 AGVO). Insbesondere muss die Risikokapitalbeihilfe in Form einer Beteiligung an einem gewinnorientierten,[59] nach wirtschaftlichen Grundsätzen verwalteten,[60] Private-Equity-Fonds erfolgen, wobei die von einem Investmentfonds bereitgestellten Anlagetranchen 1,5 Mio. Euro je Zwölfmonatszeitraum und Zielunternehmen nicht überschreiten dürfen (Art. 29 Abs. 2 und Abs. 3 AGVO). Die Quote des Eigenkapitals bzw. der eigenkapitalähnlichen Mittel an der Gesamtinvestition darf 70% nicht unterschreiten (Art. 29 Abs. 5 AGVO), und mindestens die Hälfte der vom Investmentfonds geleisteten Finanzierung müssen von privaten Investoren bereitgestellt werden (Art. 29 Abs. 6 AGVO). Risikokapitalbeihilfen sind grundsätzlich auf **Seed-up- bzw. Start-up-Phasen** beschränkt; etwas anderes gilt jedoch für kleine und mittlere Unternehmen

---

[54] S. Art. 1 Abs. 1 lit. c der VO 1998/2006, ABl. 2006 L 379/5, sowie aaO., Tz. 5.

[55] S. VO 1998/2006, ABl. 2006 L 379/5 Tz. 4.

[56] S. Art. 6 S. 2 der VO 1998/2006, ABl. 2006 L 379/5.

[57] S. AGVO, ABl. 2008 L 214/3, Tz. 10; *Bartosch* NJW 2008, 3612, 3613.

[58] Vgl. Art. 31 Nr. 3 AGVO.

[59] S. dazu näher Art. 29 Abs. 7 AGVO.

[60] S. dazu näher Art. 29 Abs. 8 AGVO.

in Fördergebieten – dort kann auch eine Expansionsfinanzierung erfolgen (vgl. Art. 29 Abs. 4 AGVO).

δ) **Ausbildungs- und Beschäftigungsbeihilfen.** Auch Ausbildungs- und Beschäftigungs- **1077** beihilfen sind unter bestimmten Voraussetzungen von der Allgemeinen Gruppenfreistellungsverordnung erfasst. Spezifische Besonderheiten für den Agrarsektor existieren auch dabei nicht. Die zulässige Beihilfeintensität für Ausbildungsbeihilfen richtet sich nach der Einordnung als spezifische oder allgemeine Ausbildungsmaßnahme.[61] Ferner erfolgt eine Beschränkung der beihilfefähigen Kosten (Art. 39 Abs. 4 AGVO). Als Beschäftigungsbeihilfen erfasst die AGVO insbesondere Beihilfen in Form von **Lohnkostenzuschüssen** für die Einstellung benachteiligter Arbeitnehmer[62] (Art. 40 AGVO), für die Beschäftigung behinderter Arbeitnehmer[63] (Art. 41 AGVO) sowie Beihilfen zum Ausgleich der Mehrkosten durch die Beschäftigung eines behinderten Arbeitnehmers (Art. 42 AGVO). Die maximale Beihilfeintensität beträgt für die genannten Beihilfearten 50, 75 bzw. 100%.[64] Während die Lohnkostenzuschüsse für die Einstellung benachteiligter Arbeitnehmer höchstens zwölf Monate und bei stark benachteiligten Arbeitnehmern maximal 24 Monate nach Einstellung beihilfefähig sind (Art. 40 Abs. 3 AGVO), existiert eine solche Frist für die Lohnkostenzuschüsse für die Beschäftigung behinderter Arbeitnehmer bzw. Beihilfen zum Ausgleich der Mehrkosten durch die Beschäftigung behinderter Arbeitnehmer nicht. Diese können vielmehr über den gesamten Beschäftigungszeitraum gewährt werden (vgl. Art. 41 Abs. 3 und 42 Abs. 3 AGVO).

ε) **Umweltschutzbeihilfen.** Die Umweltschutzbeihilfen, die nach der AGVO freigestellt **1078** sind, lassen sich in folgende **Kategorien** einteilen: Investitionsbeihilfen, die Unternehmen in die Lage versetzen, über die Gemeinschaftsnormen für den Umweltschutz hinauszugehen oder bei Fehlen solcher Normen den Umweltschutz zu verbessern (Art. 18 AGVO); Beihilfen für die Anschaffung von neuen Fahrzeugen, die über Gemeinschaftsnormen hinausgehen oder durch die bei Fehlen solcher Normen der Umweltschutz verbessert wird (Art. 19 AGVO); KMU-Beihilfen zur frühzeitigen Anpassung an künftige Gemeinschaftsnormen (Art. 20 AGVO); Umweltschutzbeihilfen für Energiesparmaßnahmen (Art. 21 AGVO); Umweltschutzbeihilfen für Investitionen in hocheffiziente Kraft-Wärme-Kopplung (Art. 22 AGVO); Umweltschutzbeihilfen für Investitionen zur Förderung erneuerbarer Energien (Art. 23 AGVO); Beihilfen für Umweltstudien (Art. 24 AGVO); Beihilfen in Form von Umweltsteuerermäßigungen (Art. 25 AGVO). Im gesamten genannten Bereich gelten **keine gesonderten Bestimmungen** für den Agrarsektor. Die Beihilfeintensität liegt in Abhängigkeit von der Einordnung in die genannten Kategorien zwischen 10 und 60%.

b) **Spezialregelungen für den Agrarsektor. aa) Art. 42, 43 AEUV.** Gem. Art. 42 S. 1 **1079** AEUV hat der Rat die Möglichkeit, die Vorschriften des Vertrags über staatliche Beihilfen, die für den Agrarsektor jedenfalls nicht von vornherein gelten (vgl. Art. 38 Abs. 2 AEUV), im Rahmen des Art. 43 Abs. 2 und Abs. 3 AEUV und gemäß dem dort vorgesehenen Verfahren für anwendbar zu erklären. Dabei hat er die **Ziele der Gemeinsamen Agrarpolitik** zu berücksichtigen. Von dieser Ermächtigung hat der Rat in großem Umfang – sowohl für den Agrarmarkt- als auch für den Agrarstrukturbereich – Gebrauch gemacht, sodass die Vorschriften der Art. 107 bis 109 AEUV auch für den Landwirtschaftssektor in weiten Teilen gelten. So sieht insbesondere die VO 1234/2007[65] die Anwendung dieser Regelungen für die Herstellung und den Handel mit dem Großteil der dort aufgeführten Erzeugnisse vor,[66] und die VO 1698/2005[67] erstreckt den Anwendungsbereich auch auf mitgliedstaatliche Beihilfen zur Förderung des ländlichen Raums.

Ausnahmen bestehen allerdings für Handel und Produktion solcher Erzeugnisse, für die noch **1080** **keine gemeinsame Marktordnung** besteht. Für diese ist gem. Art. 3 VO 1184/2006[68] lediglich Art. 108 Abs. 1, Abs. 3 S. 1 AEUV anwendbar, was dazu führt, dass die Kommission insbesondere nicht befugt ist, das in Art. 108 Abs. 2 AEUV vorgesehene Verfahren einzulei-

---

[61] Zu den Begrifflichkeiten s. Art. 38 AGVO.
[62] Zum Begriff s. Art. 2 Nr. 18 AGVO.
[63] Zum Begriff s. Art. 2 Nr. 20 AGVO.
[64] S. Art. 40 Abs. 1, 41 Abs. 2, 42 Abs. 2 AGVO.
[65] VO 1234/2007, ABl. 2007 L 299/1; s. dazu auch unten, RdNr. 1085–1087.
[66] Insbesondere handelt es sich dabei gem. Art. 180 der VO um die in Art. 1 Abs. 1 lit. a bis h, k sowie m bis u und Art. 1 Abs. 3 der VO aufgeführten Erzeugnisse.
[67] VO 1698/2005, ABl. 2005 L 277/1.
[68] VO 1184/2006, ABl. 2006 L 214/7.

ten.[69] Dies ändert jedoch nichts daran, dass mitgliedstaatliche Beihilfen in diesem Bereich nicht den Zielen der Gemeinsamen Agrarpolitik zuwiderlaufen dürfen und bei einem Verstoß gegen die Informationspflicht aus Art. 108 Abs. 3 S. 1 AEUV rechtswidrig sind.[70] Zudem besteht – insofern die Beihilfe sonstige gemeinschaftsrechtliche Regelungen verletzt – für die Kommission die Möglichkeit, ein **Vertragsverletzungsverfahren** gem. Art. 258 AEUV einzuleiten.[71]

1081 Soweit das Sekundärrecht auf der Grundlage des Art. 42 S. 1 AEUV die Geltung der Art. 107 bis 109 AEUV bestimmt, bestehen einige Besonderheiten bezüglich der Zulässigkeit mitgliedstaatlicher Beihilfen. Denn auch in diesem Fall bleibt die Anwendung der allgemeinen gemeinschaftsrechtlichen Beihilferegelungen den Vorschriften der speziellen Verordnungen für den Agrarsektor untergeordnet.[72] Der Grund dafür liegt darin, dass Letztere gerade erst die Geltung der Art. 107 ff. AEUV anordnen und dieser **Anwendungsbefehl** nur soweit reicht, wie das Sekundärrecht nicht speziellere Vorgaben macht. Es ist dann insbesondere zu prüfen, ob das einschlägige Sekundärrecht eine **abschließende Sonderregelung** enthält. Ist dies der Fall, kommt es auf die Regelungen der Art. 107 ff. nicht mehr an. Beispielsweise darf die Kommission kein Beihilfevorhaben genehmigen, das mit den Vorschriften für eine gemeinsame Marktorganisation nicht vereinbar ist.[73]

1082 Der **extensive Rückgriff** des Rates auf die durch Art. 42 S. 1 AEUV eröffnete Möglichkeit, die allgemeinen Beilhilfevorschriften für anwendbar zu erklären, ist insofern problematisch, als Art. 42 S. 1 AEUV seinem **Wortlaut** nach nur die „Produktion landwirtschaftlicher Erzeugnisse und den Handel mit diesen" erfasst. Eine ausschließliche Orientierung an der gewählten Formulierung führte dazu, dass Beihilfen für sonstige Maßnahmen im Agrarsektor bereits ohne den Rückgriff auf Art. 42 iVm. mit den entsprechenden sekundärrechtlichen Bestimmungen dem Anwendungsbereich der Art. 107 bis 109 AEUV unterfielen. Dies hätte zum einen zur Konsequenz, dass die oben erwähnte Modifikation der Anwendung der allgemeinen Beihilferegelungen nicht zum Tragen käme. Zum anderen würde die Frage aufgeworfen, ob in diesen Bereichen die allgemeinen sekundärrechtlichen Beihilfebestimmungen (etwa bzgl. AGVO und *De-Minimis*-Freistellung) oder die speziell für den Agrarsektor erlassenen Verordnungen gelten sollen.[74] Die dargestellte Problematik ist insbesondere deshalb bedeutsam, weil in der ländlichen Entwicklung vielfach Projekte gefördert werden, bei denen kein direkter Bezug zum Handel oder zur Produktion landwirtschaftlicher Erzeugnisse besteht. Ähnlich stellt sich die Situation hinsichtlich der produktionsentkoppelten einheitlichen Betriebsprämie dar. Um die aufgezeigten **Widersprüche** zu vermeiden, sollte Art. 42 S. 1 AEUV weit ausgelegt und auf alle Maßnahmen der Gemeinschaft für den Agrarsektor angewendet werden.[75] Dafür spricht der Umstand, dass bei Schaffung des Vertrages die Agrarpolitik auf handels- und produktionsbezogene Maßnahmen ausgerichtet war und aus diesem Grund die vorhandene Formulierung gewählt wurde, ohne dass dadurch eine gegenständliche Begrenzung des Anwendungsbereichs des Art. 42 S. 1 AEUV erfolgen sollte.[76]

1083 Art. 42 S. 2 AEUV bestimmt, dass der Rat Beihilfen zum Schutz von benachteiligten Betrieben und im Rahmen wirtschaftlicher Entwicklungsprogramme genehmigen kann. Die Vorschrift ist nur für die Bereiche des Agrarsektors von Belang, für die die Art. 107 bis 109 für anwendbar erklärt sind und erweitert damit den **Katalog des Art. 107 Abs. 2 und Abs. 3 AEUV**. Dabei ist die Aufzählung in Art. 42 S. 2 AEUV nicht als abschließend zu verstehen, wie die Formulierung der Norm („insbesondere") belegt. Die **praktische Relevanz** der Regelung ist gering, da Art. 107 Abs. 3 lit. e AEUV ohnehin die Möglichkeit eröffnet, bestimmte Beihilfen auf Vorschlag der Kommission mit qualifizierter Mehrheit des Rates als mit dem Bin-

---

[69] S. EuGH, 337/82, Slg. 1984, 1051, RdNr. 12 – St. Nikolaus Brennerei/Hauptzollamt Krefeld; *Schwarze/Bittner* Art. 36 EG RdNr. 9.

[70] EuGH, C-354/90, Slg. 1991, I-5523, RdNr. 12 – Fédération Nationale; *Busse* Art. 36 EG RdNr. 12; *Calliess/Ruffert/Thiele* Art. 36 EG RdNr. 13; *Busse* Agrarrecht RdNr. 269 mit Fn. 342.

[71] Vgl. Rahmenregelung der Gemeinschaft für staatliche Beihilfen im Agrar- und Forstsektor 2007–2013, ABl. 2006 C 319/1, Tz. 21; *Busse* Art. 36 EG RdNr. 12; *Calliess/Ruffert/Thiele* Art. 36 EG RdNr. 13 mwN.

[72] Rahmenregelung der Gemeinschaft für staatliche Beihilfen im Agrar- und Forstsektor, ABl. 2006 C 319/1, Tz. 11.

[73] Vgl. zu diesem Problemkreis EuGH, 177/78, Slg. 1979, 2161, RdNr. 11, 21 – Pigs and Bacon Commission/Mc Carren; *Evans* 232; *Busse* Art. 36 EG RdNr. 11; unten Fn. 24–26.

[74] Vgl. dazu und zum Folgenden auch instruktiv *Calliess/Ruffert/Thiele* Art. 36 EG RdNr. 11.

[75] So *Busse* Agrarrecht RdNr. 275; *Calliess/Ruffert/Thiele* Art. 36 EG RdNr. 12.

[76] Vgl. *Calliess/Ruffert/Thiele* Art. 36 EG RdNr. 13.

nenmarkt für vereinbar zu erklären. Zudem kann der Rat gem. Art. 108 Abs. 2 UAbs. 3 AEUV bei Vorliegen außergewöhnlicher Umstände einstimmig auf Antrag eines Mitgliedstaates eine bestimmte Beihilfe als mit dem Binnenmarkt vereinbar erklären.[77]

Sowohl Maßnahmen nach Art. 42 S. 1 als auch S. 2 AEUV werden im Rahmen des **Art. 43** **1084** **Abs. 2 und Abs. 3 AEUV** und gemäß dem dort vorgesehenen **Verfahren** erlassen. Insbesondere gilt damit das Verfahren des Art. 43 Abs. 3 AEUV, wonach der Rat auf Vorschlag der Kommission die entsprechenden Bestimmungen erlässt.

bb) Marktordnungen und Entwicklung des ländlichen Raumes. In Art. 40 Abs. 1 **1085** AEUV wird die Schaffung einer **gemeinsamen Organisation der Agrarmärkte** angeordnet. Diese besteht in einer der drei Organisationsformen „gemeinsame Wettbewerbsregeln", „bindende Koordinierung der verschiedenen einzelstaatlichen Marktordnungen" oder „Europäische Marktordnung". Die beiden ersten Varianten haben im Vergleich zur Gemeinsamen Marktordnung nur (noch) untergeordnete Bedeutung. Im Europäischen Primärrecht findet sich keine **Definition** des Begriffs der **Gemeinsamen Marktordnung,** sie kann jedoch treffend umschrieben werden als „Bündel rechtlicher Mittel, das die Regulierung des Binnenmarktes für landwirtschaftliche Erzeugnisse hoheitlicher Aufsicht unterstellt, um die in Art. 39 AEUV genannten Ziele der GAP (Gemeinsame Agrarpolitik) zu verwirklichen".[78] Die auf einzelne Erzeugnisse oder Erzeugnisgruppen bezogenen Marktordnungen wurden durch die VO 1234/2007 ersetzt, die nun eine **einheitliche Gemeinsame Marktordnung** für den Großteil der landwirtschaftlichen Erzeugnisse schafft.[79]

Wie bereits erwähnt, erklärt zwar die VO 1234/2007 die Art. 107 bis 109 AEUV für die **1086** Herstellung der in Art. 1 Abs. 1 lit. a bis h, k sowie m bis u und Art. 1 Abs. 3 der VO aufgeführten Erzeugnisse und den Handel mit diesen für anwendbar, ist aber gleichzeitig selbst **vorrangiger Prüfungsmaßstab** für die Zulässigkeit einzelstaatlicher Beihilfen, die ihren Anwendungsbereich berühren. Spezielle Regelungen zu mitgliedstaatlichen Beihilfen finden sich in Teil IV, Kapitel II der Verordnung, die zum einen spezifische einzelstaatliche Beihilfen ausdrücklich für zulässig erklärt und zum anderen bestimmte mitgliedstaatliche Subventionen explizit verbietet. Zu Letzteren gehören gem. Art. 181 S. 1 VO 1234/2007 – vorbehaltlich des Art. 107 Abs. 2 AEUV – Beihilfen für den **Sektor Milch und Milcherzeugnisse,**[80] deren Höhe nach Maßgabe des Preises oder der Menge dieser Erzeugnisse bestimmt wird. Ebenso untersagt sind Beihilfen, die einen Ausgleich zwischen den Preisen von Milch und Milcherzeugnissen ermöglichen (Art. 181 S. 2 VO 1234/2007). Ausdrücklich erlaubt werden durch Art. 182 VO 1234/2007 Beihilfen bestimmter Mitgliedstaaten für folgende Bereiche:

– Beihilfen Schwedens und Finnlands für die Herstellung und Vermarktung von **Rentiererzeugnissen** – vorbehaltlich der Genehmigung der Kommission – soweit sich dadurch das traditionelle Erzeugungsniveau nicht erhöht (Art. 182 Abs. 1 VO 1234/2007);
– Beihilfen Finnlands für bestimmte Mengen **Saatgut** bzw. für bestimmte Mengen Getreidesaatgut, die ausschließlich in Finnland erzeugt werden – mit Genehmigung der Kommission (Art. 182 Abs. 2 VO 1234/2007);
– befristete Beihilfen von Mitgliedstaaten, die ihre **Zuckerquote** um 50% im Vergleich zu der am 20. 2. 2006 in Anhang III der VO 318/2006[81] festgelegten Zuckerquote senken, für den Zeitraum, in dem nach Kapitel IV Titel 10 f der VO 1782/2003 die Übergangsbeihilfe für Rübenerzeuger gezahlt wird (Art. 182 Abs. 3 UAbs. 1 VO 1234/2007);
– Beihilfen Deutschlands im Rahmen des **Branntweinmonopols** für Erzeugnisse, die nach der Weiterverarbeitung von der Bundesmonopolverwaltung für Branntwein als Ethylalkohol landwirtschaftlichen Ursprungs im Sinne des Anhangs I des Vertrages vermarktet werden – unbeschadet der Anwendung des Art. 108 Abs. 1 und Abs. 3 AEUV und befristet bis zum 31. 12. 2010 (Art. 182 Abs. 4 UAbs. 1 VO 1234/2007).

Während die einheitliche Gemeinsame Marktordnung Regelungen für den Agrarmarktbe- **1087** reich aufstellt, ist für den **Agrarstrukturbereich** insbesondere die VO 1698/2005 von Bedeu-

---

[77] Siehe zur diesbezüglichen Praxis des Rates im Bereich der Landwirtschaft *Busse* Art. 36 EG RdNr. 19.
[78] *Schwarze/Bittner* Art. 34 EG RdNr. 3 in Anlehnung an die durch den EuGH vorgenommene Definition der einzelstaatlichen Marktordnung (EuGH 48/74, Slg. 1974, 1383, RdNr. 26 – Charmasson/Minister für Wirtschaft und Finanzen).
[79] Einen Überblick über die neue einheitliche Gemeinsame Marktordnung bietet *Schwarze/Bittner* Art. 34 EG RdNr. 51.
[80] Siehe Anhang I Teil XVI der VO 1234/2007, ABl. 2007 L 299/1.
[81] VO 318/2006, ABl. 2006 L 58/1.

tung, die mit dem Ziel der Förderung der Entwicklung des ländlichen Raumes erlassen wurde. Auch diese VO erklärt die Art. 107 bis 109 AEUV für Fördermaßnahmen der Mitgliedstaaten zur Entwicklung des ländlichen Raumes für anwendbar (Art. 108 Abs. 1 UAbs. 1 VO 1698/ 2005), geht jedoch bei der **Beurteilung der Zulässigkeit** solcher Beihilfen selbst vor, insoweit sie spezielle Regelungen enthält. So sind Beihilfen für die Modernisierung landwirtschaftlicher Betriebe, die die im Anhang zur VO 1698/2005 für Art. 26 Abs. 2 der VO festgelegten Fördersätze überschreiten, grundsätzlich unzulässig (Art. 108 Abs. 2 VO 1698/2005). Ausgenommen von diesem Verbot sind jedoch Beihilfen für überwiegend im öffentlichen Interesse durchgeführte Investitionen im Hinblick auf die Erhaltung von land- und forstwirtschaftlich geprägten Kulturlandschaften oder im Zusammenhang mit Aussiedlungen, Investitionen zum Schutz und zur Verbesserung der Umwelt, Investitionen, die der Verbesserung der Hygienebedingungen in der Tierhaltung und dem Tierschutz dienen, sowie Investitionen im Zusammenhang mit der Sicherheit am Arbeitsplatz. Außerdem werden in Art. 108 Abs. 3 bis Abs. 6 VO 1698/2005 mitgliedstaatliche Beihilfen
– die Landwirten zum Ausgleich von naturbedingten Nachteilen in **Berggebieten** oder in anderen benachteiligten Gebieten gewährt werden;
– an Landwirte, die **Agrarumwelt- oder Tierschutzverpflichtungen** eingehen;
– zur Unterstützung von Landwirten, die sich den anspruchsvollen Normen anpassen, die auf den Gemeinschaftsvorschriften für Umwelt, menschliche Gesundheit, tierische und pflanzliche Gesundheit, Tierschutz und Sicherheit am Arbeitsplatz beruhen;
– zur Unterstützung von Landwirten, die sich – **bei Fehlen gemeinschaftsrechtlicher Rechtsvorschriften** – den anspruchsvollen Normen anpassen, die auf den einzelstaatlichen Rechtsvorschriften für Umweltschutz, menschliche Gesundheit, tierische und pflanzliche Gesundheit, Tierschutz und Sicherheit am Arbeitsplatz beruhen,
unter bestimmten zusätzlichen Bedingungen für zulässig erklärt. Gem. Art. 89 VO 1698/2005 sind solche Beihilfen der Kommission zu melden und von dieser zu genehmigen (S. 1), wobei Art. 108 Abs. 3 S. 1 AEUV nicht zur Anwendung kommt (S. 2). Insofern die Gemeinsame Marktordnung oder die VO 1698/2005 spezielle Verbote oder Erlaubnisse für konkrete einzelstaatliche Beihilfen enthalten, gehen diese Bestimmungen den Regelungen in den Freistellungsverordnungen für den Landwirtschaftsbereich[82] vor.

1088 **cc) Der Gemeinschaftsrahmen für Beihilfen im Agrar- und Forstsektor.** Insofern die Art. 107 ff. AEUV im Agrarsektor anwendbar sind und bestimmte mitgliedstaatliche Beihilfen durch entsprechende Verordnungen nicht explizit für zulässig oder unzulässig erklärt werden, prüft die Kommission die Vereinbarkeit der Beihilfen mit dem Binnenmarkt anhand der allgemeinen Grundsätze, wobei die Besonderheiten des Landwirtschaftsbereichs berücksichtigt werden. Um die entsprechenden Entscheidungen für die Mitgliedstaaten **transparent und vorhersehbar** zu machen, hat die Kommission die „Rahmenregelung der Gemeinschaft für staatliche Beihilfen im Agrar- und Forstsektor 2007–2013" erlassen. Die Rahmenregelung enthält **Anforderungen und Bedingungen** für die Zulässigkeit einzelstaatlicher Beihilfen, die im Rahmen der Art. 107 ff. AEUV überprüft werden und ersetzt die vorherige Rahmenregelung,[83] die für den Zeitraum 2000 bis 2006 galt.

1089 Der Anwendungsbereich des Gemeinschaftsrahmens umfasst alle staatlichen Beihilfen iSd. Art. 107 Abs. 1 AEUV für Tätigkeiten zur Erzeugung, Verarbeitung und Vermarktung landwirtschaftlicher Erzeugnisse, die in Anhang I des Vertrages aufgezählt sind. Unabhängig vom konkreten Zweck einer Beihilfe muss diese, um mit dem Binnenmarkt vereinbar zu sein, einen gewissen **Anreiz** bieten oder den Begünstigten zu einer **Gegenleistung** verpflichten. Daher sind Beihilfen, die lediglich dazu bestimmt sind, die finanzielle Lage der Erzeuger zu verbessern, ohne in irgendeiner Weise zur Entwicklung des Sektors beizutragen, vorbehaltlich durch das Gemeinschaftsrecht bestimmter Ausnahmen, nicht genehmigungsfähig.[84] In Übereinstimmung mit der bereits erwähnten Entwicklung, Verarbeitungs- und Vermarktungsbeihilfen im Agrarsektor zunehmend den allgemeinen Regelungen zu unterwerfen,[85] werden solche Beihilfen – vorbehaltlich einer abweichenden Bestimmung in der Rahmenregelung – nur dann als mit Art. 107 Abs. 2 und Abs. 3 AEUV für vereinbar erklärt, wenn dies auch bei der Gewährung der

---

[82] S. dazu RdNr. 1092–1097 und 1098–1101.
[83] Gemeinschaftsrahmen für staatliche Beihilfen im Agrarsektor, ABl. 2000 C 28/2.
[84] Rahmenregelung der Gemeinschaft für staatliche Beihilfen im Agrar- und Forstsektor 2007–2013, ABl. 2006 C 319/1, Tz. 15. Zu den Einzelheiten der Anforderungen siehe ebenda, Tz. 16.
[85] Siehe dazu oben RdNr. 1070.

Beihilfen an nichtlandwirtschaftliche Betriebe außerhalb spezifischer Sektoren wie Transport und Fischerei geschehen wäre.[86]

Während die erwähnten Grundsätze für alle Beihilfen gelten, differenziert die Rahmenrege- **1090** lung im Folgenden nach der **Art der gewährten Beihilfe**. So wird zwischen Maßnahmen zur Entwicklung des ländlichen Raumes, Beihilfen zum Risiko- und Krisenmanagement und anderen Beihilfen unterschieden. Die Regelungen über Beihilfen zur Entwicklung des ländlichen Raumes differenzieren nach Beihilfen für Investitionen in landwirtschaftliche Betriebe, Beihilfen für Investitionen zur Verarbeitung und Vermarktung landwirtschaftlicher Erzeugnisse, Umwelt- und Tierschutzbeihilfen, Beihilfen zum Ausgleich von Nachteilen in bestimmten Gebieten, Beihilfen zur Einhaltung von Normen, Niederlassungsbeihilfen für Junglandwirte, Beihilfen für den Vorruhestand oder die Beendigung der landwirtschaftlichen Erwerbstätigkeit, Beihilfen für Erzeugergemeinschaften, Beihilfen zur Flurbereinigung, Beihilfen zur Förderung der Produktion und Vermarktung landwirtschaftlicher Qualitätserzeugnisse, Beihilfen für die Bereitstellung technischer Hilfe im Agrarsektor, Beihilfen im Sektor Tierhaltung und staatlichen Beihilfen zugunsten von Gebieten in äußerster Randlage und der Inseln des Ägäischen Meeres. Im Rahmen der Beihilfen zum Risiko- und Krisenmanagement wird unterschieden nach Beihilfen zum Ausgleich von Schäden zum Nachteil der landwirtschaftlichen Erzeugung oder landwirtschaftlicher Betriebsmittel, Beihilfen zur Stilllegung von Produktions-, Verarbeitungs- und Vermarktungskapazitäten und Beihilfen zur Rettung und Umstrukturierung von Unternehmen in Schwierigkeiten. Die anderen Arten von Beihilfen schließlich unterteilen sich in Beschäftigungsbeihilfen, Forschungs- und Entwicklungsbeihilfen, horizontale Beihilfeinstrumente für den Agrarsektor, Beihilfen zur Werbung für landwirtschaftliche Erzeugnisse, Beihilfen in Form subventionierter Darlehen mit kurzer Laufzeit und Beihilfen in Form von Steuerbefreiungen im Sinne der Richtlinie 2003/96/EG.

Im Bereich der Beihilfen zur Entwicklung des ländlichen Raumes wird unmittelbar auf die **1091** **VO 1698/2005 Bezug genommen**, die Fördermaßnahmen der Gemeinschaft zur Entwicklung des ländlichen Raumes zum Inhalt hat. Dabei sollen insbesondere Widersprüche zwischen Maßnahmen zur Entwicklung des ländlichen Raumes, die zur Kofinanzierung im Rahmen der ländlichen Entwicklungsprogramme der Mitgliedstaaten vorgeschlagen wurden, und gleichgerichteten Maßnahmen, die über staatliche Beihilfen gewährt werden, vermieden werden. Aus diesem Ziel erklärt sich die **Notwendigkeit des Nachweises** der Vereinbarkeit und Übereinstimmung der staatlichen Beihilfe mit dem entsprechenden Entwicklungsprogramm, der für den Großteil der Subventionen zur Förderung des ländlichen Raumes gilt.[87] Insofern der Anwendungsbereich der Rahmenregelung eröffnet ist, bewertet die Kommission die entsprechenden Beihilfemaßnahmen auf **Fallbasis** und trägt dabei den in den Art. 107 bis 109 AEUV verankerten Grundsätzen sowie der Gemeinsamen Agrarpolitik und der gemeinsamen Politik zur Entwicklung des ländlichen Raums Rechnung.[88]

dd) *De-Minimis*-**Freistellung für die Landwirtschaft.** Wie bereits erwähnt,[89] gilt auf- **1092** grund der Eigenart des Agrarsektors für die landwirtschaftliche Primärproduktion nicht die allgemeine *De-Minimis*-VO.[90] Die Kommission ging zunächst davon aus, dass im Landwirtschaftsbereich auch **geringfügige Beihilfebeträge** die Tatbestandsmerkmale des Art. 107 Abs. 1 AEUV erfüllen können. Die weitere Erfahrung der Kommission zeigte jedoch, dass auch im Agrarsektor Beihilfen geringen Umfangs unter bestimmten Bedingungen mit dem Gemeinsamen Markt vereinbar sind.[91] Daraufhin erließ sie im Jahr 2004 eine **spezielle *De-Minimis*-VO für den Agrar- und Fischereisektor** (VO 1860/2004).[92] Der Anwendungsbereich der VO umfasste seinem Wortlaut nach zunächst sowohl Beihilfen für die Primärproduktion als auch für die Verarbeitung und Vermarktung landwirtschaftlicher Erzeugnisse (vgl. Art. 2 Nr. 1 VO

---

[86] Rahmenregelung der Gemeinschaft für staatliche Beihilfen im Agrar- und Forstsektor 2007–2013, ABl. 2006 C 319/1, Tz. 19.

[87] Rahmenregelung der Gemeinschaft für staatliche Beihilfen im Agrar- und Forstsektor 2007–2013, ABl. 2006 C 319/1, Tz. 26.

[88] Rahmenregelung der Gemeinschaft für staatliche Beihilfen im Agrar- und Forstsektor 2007–2013, ABl. 2006 C 319/1, Tz. 23.

[89] S. oben RdNr. 1073.

[90] VO 1998/2006, ABl. 2006 L 379/5.

[91] S. VO 1860/2004, ABl. 2004 L 325/4, Tz. 2; vgl. auch *Jaeger* 189, 194.

[92] Inzwischen wurde für den Fischereibereich eine eigene De-Minimis-VO (VO 875/2007, ABl. 2007 L 193/6) erlassen und der Anwendungsbereich der VO 1860/2004, ABl. 2004 L 325/4, dementsprechend auf den Agrarsektor beschränkt.

1860/2004). Verarbeitungs- und Vermarktungsbeihilfen unterfallen aber inzwischen der allgemeinen *De-Minimis*-VO, weshalb der Anwendungsbereich der VO 1860/2004 entsprechend auf die Primärproduktion beschränkt wurde.[93] Sodann erließ die Kommission eine separate *De-Minimis*-VO für den Fischereibereich.[94] Aus Gründen der Klarheit hob sie in der Folge die VO 1860/2004 auf und erließ die neue *De-Minimis*-VO 1535/2007,[95] die nun ausschließlich den **Agrarerzeugnissektor** umfasst (Art. 1 VO 1535/2007).

1093   In Übereinstimmung mit den WTO-rechtlichen Verpflichtungen der Union sind **Beihilfen für exportbezogene Tätigkeiten** und Beihilfen, die von der **Verwendung heimischer Erzeugnisse** zu Lasten von Importwaren abhängig gemacht werden, vom Geltungsbereich der VO gem. Art. 1 lit. b und c ausgenommen.[96] Mit Rücksicht auf die bestehende Marktorganisation gilt die VO 1535/2007 ebenso wenig für Beihilfen, deren Höhe sich nach dem Preis oder der Menge vermarkteter Erzeugnisse richtet (Art. 1 lit. a VO 1535/2007). Aufgrund der Schwierigkeiten bei der Festlegung des Bruttosubventionsäquivalents von Beihilfen an Unternehmen in Schwierigkeiten im Sinne der Leitlinien der Gemeinschaft für staatliche Beihilfen zur Rettung und Umstrukturierung von Unternehmen in Schwierigkeiten ist die *De-Minimis*-VO darüber hinaus für Beihilfen an solche Unternehmen gem. Art. 1 lit. d VO 1535/2007 nicht anwendbar.[97]

1094   Die *De-Minimis*-VO für den Agrarsektor bestimmt, dass bei mitgliedstaatlichen Beihilfen, die ihrem Anwendungsbereich unterfallen und die normierten Voraussetzungen erfüllen, nicht sämtliche **Tatbestandsvoraussetzungen des Art. 107 Abs. 1 AEUV** vorliegen und daher auch nicht der **Anmeldepflicht des Art. 108 Abs. 3 AEUV** unterliegen (Art. 3 Abs. 1 VO 1535/2007). Der **Schwellenwert** der danach zulässigen Zahlungen liegt deutlich unter dem der allgemeinen *De-Minimis*-VO[98] und darf pro Unternehmen den Brutto-Betrag von 7.500 Euro innerhalb eines Drei-Jahres-Zeitraums nicht überschreiten (Art. 3 Abs. 2 UAbs. 1 VO 1535/2007). Eine weitere betragsmäßige Begrenzung der zulässigen Beihilfen wird dadurch erreicht, dass der Anhang der VO 1535/2007 ein Beihilfegesamtvolumen für jeden Mitgliedstaat aufstellt, der etwa 0,3% des jährlichen Produktionswerts der Landwirtschaft entspricht und gem. Art. 3 Abs. 3 VO 1535/2007 ebenfalls bezogen auf einen Drei-Jahres-Zeitraum nicht überschritten werden darf. Die Drei-Jahres-Zeiträume beziehen sich auf die Steuerjahre der jeweiligen Mitgliedstaaten und sind dabei gleitend, dh. bei jeder Neubewilligung einer *De-Minimis*-Beihilfe ist die Gesamtsumme der im laufenden und in den vergangenen zwei Steuerjahren gewährten *De-Minimis*-Beihilfen maßgeblich.[99] In den Vorteil der VO 1535/2007 gelangen gem. Art. 3 Abs. 6 nur transparente Beihilfen, dh. Beihilfen, deren Bruttosubventionsäquivalent im Voraus genau berechnet werden kann, ohne dass eine Risikobewertung erforderlich ist.

1095   Die VO 1535/2007 enthält – wie Art. 4 Abs. 2 zeigt – **kein Kumulierungsverbot,** dh. die Schwellenwerte gelten ausschließlich für *De-Minimis*-Beihilfen, während Gemeinschaftsbeihilfen, Beihilfen aufgrund anderer Freistellungsverordnungen und sonstige von der Kommission genehmigte Beihilfen bei der Berechnung außer Betracht bleiben.[100] Allerdings ist in Art. 3 Abs. 7 VO 1535/2007 eine **Ausnahme** von dieser Kumulierungserlaubnis geregelt. Danach dürfen *De-Minimis*-Beihilfen nicht mit staatlichen Beihilfen für dieselben förderbaren Aufwendungen kumuliert werden, wenn die aus der Kumulierung resultierende Förderintensität diejenige Förderintensität übersteigen würde, die in der Gemeinschaftsregelung hinsichtlich der besonderen Merkmale eines jeden Falles festgelegt wurde.

1096   Um eine **Kontrolle** der Einhaltung der Vorgaben der *De-Minimis*-VO zu gewährleisten, müssen die Mitgliedstaaten bei Gewährung einer *De-Minimis*-Beihilfe diese dem Empfänger gegenüber ausdrücklich als solche **deklarieren.** Im Gegenzug sind die Empfänger bei jeder neuen Gewährung verpflichtet, eine Übersicht über alle im laufenden und in den vergangenen zwei Steuerjahren erhaltenen *De-Minimis*-Beihilfen abzugeben (Art. 4 Abs. 1 UAbs. 1 VO

---

[93] S. oben RdNr. 1073.

[94] VO 875/2007, ABl. 2007 L 193/6.

[95] VO 1535/2007, ABl. 2007 L 337/35.

[96] Vgl. dazu auch bereits VO 1860/2004, ABl. 2004 L 325/4, Tz. 6.

[97] S. VO 1535/2007, ABl. 2007 L 337/35, Tz. 11.

[98] Dort beträgt der Schwellenwert gem. Art. 2 Abs. 2 UAbs. 1 S. 1 VO 1998/2006, ABl. 2006 L 379/5, 200.000 Euro pro Drei-Jahres-Zeitraum.

[99] S. VO 1535/2007, ABl. 2007 L 337/35, Tz. 5.

[100] S. dazu auch *Jaeger* 189, 195 – allerdings noch bezogen auf die Vorgänger-VO 1860/2004, ABl. 2004 L 325/4.

1535/2007). Sie haben zudem gem. Art. 4 Abs. 1 UAbs. 2 VO 1535/2007 eine Erklärung vorzulegen, dass die ihnen gewährte Beihilfe den Höchstbetrag von 7.500 Euro nicht übersteigt. Sodann sind die Mitgliedstaaten gem. Art. 4 Abs. 2 VO 1535/2007 angehalten, die Einhaltung der Schwellenwerte zu überprüfen, bevor die Beihilfe gewährt wird. Die Verpflichtung der Beihilfeempfänger nach Art. 4 Abs. 1 UAbs. 2 VO 1535/2007 entfällt dann, wenn ein Mitgliedstaat ein **Zentralregister** mit sämtlichen Informationen zu den gewährten De-Minimis-Beihilfen führt und dieses Register einen Zeitraum von drei Jahren erfasst. Zu beachten ist weiterhin, dass im Falle der Beihilfengewährung in Form von Bürgschaften auf der Basis einer Bürgschaftsregelung, die aus dem Haushaltplan der Europäischen Union unter dem Mandat des Europäischen Investitionsfonds finanziert wird, ein von Art. 4 Abs. 1 UAbs. 1 VO 1535/2007 abweichendes Kontrollsystem gilt (siehe Art. 4 Abs. 4 VO 1535/2007).

Ein **Verstoß gegen die Deklarationspflicht** führt mangels ausdrücklicher Anordnung in **1097** der VO 1535/2007 wohl nicht zur Rechtswidrigkeit der betreffenden Beihilfe, sondern ist lediglich als Formverstoß zu werten.[101] Wenn hingegen eine Beihilfemaßnahme die Schwellenwerte des Art. 3 Abs. 2 UAbs. 1 VO 1535/2007 übersteigt, kann der Rechtsvorteil der De-Minimis-VO auch nicht für den Bruchteil der Beihilfe in Anspruch genommen werden, der unterhalb des Schwellenwertes liegt (Art. 3 Abs. 2 UAbs. 2 VO 1535/2007). Im Übrigen treffen die Mitgliedstaaten gem. Art. 4 Abs. 5 VO 1535/2007 umfangreiche Informationspflichten gegenüber der Kommission. Der Geltungszeitraum der De-Minimis-VO für den Landwirtschaftsbereich ist bis zum 31. 12. 2013 befristet (Art. 7 VO 1535/2007).

ee) KMU-Freistellung für die Landwirtschaft. Neben der De-Minimis-Freistellung für **1098** die Landwirtschaft existiert auch eine spezielle Freistellungsverordnung für kleinere und mittlere Unternehmen des Landwirtschaftsbereichs (VO 1857/2006). Auch sie gilt, im Gleichklang mit der VO 1535/2007, lediglich für Unternehmen, die in der **Primärproduktion** landwirtschaftlicher Erzeugnisse tätig sind, nicht hingegen für Verarbeitungs- und Vermarktungsbeihilfen (Art. 1 Abs. 1 S. 1 VO 1857/2006). Weiterhin sind gem. Art. 1 Abs. 2 VO 1857/2006 wiederum Beihilfen für ausfuhrbezogene Tätigkeiten und Beihilfen, die von der Verwendung einheimischer anstelle eingeführter Erzeugnisse abhängig gemacht werden, vom Anwendungsbereich ausgeschlossen. Für die Definition des Begriffs kleinere und mittlere Unternehmen sind die in **Anhang I zur AGVO** getroffenen Bestimmungen heranzuziehen.[102] Danach gehören zu den kleinen und mittleren Unternehmen solche, die weniger als 250 Personen beschäftigen und entweder einen Jahresumsatz von höchstens 50 Mio. Euro erzielen oder deren Jahresbilanzsumme sich auf höchstens 43 Mio. Euro beläuft. Zudem dürfen die Unternehmen nicht aufgrund einer Kapitalbeteiligung von (im Wesentlichen) über 25% von einem größeren Unternehmen abhängig sein.

Die VO 1857/2007 erklärt diejenigen transparenten[103] Beihilfen und Beihilferegelungen, die **1099** ihrem Geltungsbereich unterliegen und die Voraussetzungen der VO im Einzelnen erfüllen, als mit dem **Gemeinsamen Markt im Sinne von Art. 107 Abs. 3 lit. c AEUV vereinbar** und von der Anmeldepflicht des Art. 108 Abs. 3 AEUV ausgenommen (Art. 3 Abs. 1 bis Abs. 3 VO 1857/2006). Bezüglich der **Freistellungsvoraussetzungen und Schwellenwerte** differenziert die VO 1857/2006 zwischen verschiedenen Beihilfearten. Im Einzelnen unterscheidet sie Beihilfen für Investitionen in landwirtschaftlichen Betrieben (Art. 4 VO 1857/2006), Beihilfen für die Erhaltung von Kulturlandschaften und Gebäuden (Art. 5 VO 1857/2006), Beihilfen für im öffentlichen Interesse durchgeführte Aussiedlungen (Art. 6 VO 1857/2006), Niederlassungsbeihilfen für Junglandwirte (Art. 7 VO 1857/2006), Beihilfen für den Vorruhestand (Art. 8 VO 1857/2006), Beihilfen für Erzeugergemeinschaften (Art. 9 VO 1857/2006), Beihilfen für die Bekämpfung von Tierseuchen, Pflanzenkrankheiten und Schädlingsbefall (Art. 10 VO 1857/2006), Beihilfen für durch widrige Witterungsverhältnisse verursachte Schäden (Art. 11 VO 1857/2006), Beihilfen zur Zahlung von Versicherungsprämien (Art. 12 VO 1857/2006), Beihilfen für die Flurbereinigung (Art. 13 VO 1857/2006), Beihilfen zur Förderung der Erzeugung von landwirtschaftlichen Erzeugnissen hoher Qualität (Art. 14 VO 1857/2006), Beihilfen für die Bereitstellung technischer Hilfe im Agrarsektor (Art. 15 VO 1857/2006), Beihilfen zur Unterstützung des Tierhaltungssektors (Art. 16 VO 1857/2006) und in bestimm-

---

[101] *Jaeger* 189, 195 – allerdings noch bezogen auf die Vorgänger-VO 1860/2004, ABl. 2004 L 325/4.
[102] Art. 2 Nr. 5 VO 1857/2006, ABl. 2006 L 358/3, verweist zwar noch auf die Begriffsbestimmung in Anhang I der VO 70/2001, ABl. 2001 L 10/33. Gem. Art. 43 S. 2 AGVO, ABl. 2008 L 214/3, gelten Bezugnahmen auf die VO 70/2001 nun jedoch als Bezugnahmen auf die AGVO.
[103] Zum Begriff s. oben RdNr. 1094.

ten Ratsverordnungen vorgesehene Beihilfen (Art. 17 VO 1857/2006). Für die einzelnen Beihilfearten stellt die KMU-Freistellungsverordnung Landwirtschaft bestimmte Freistellungsvoraussetzungen auf. Für jede Beihilfeart wird dabei die zulässige maximale Bruttobeihilfeintensität festgelegt. Unter Bruttobeihilfeintensität ist gem. Art. 2 Nr. 6 VO 1857/2006 die in Prozent der zuschussfähigen Kosten des Vorhabens ausgedrückte Höhe der Beihilfe zu verstehen. Zum Teil wird für bestimmte Beihilfearten auch eine absolute Beihilfeobergrenze bestimmt.

1100   Anders als die *De-Minimis*-VO für den Landwirtschaftsbereich enthält die VO 1857/2006 ein umfassenderes **Kumulierungsverbot**. Das Freistellungsprivileg gilt danach gem. Art. 19 Abs. 2 VO 1857/2006 für KMU-Beihilfen nur dann, wenn hinsichtlich derselben zuschussfähigen Kosten durch die Kumulierung mit sonstigen Beihilfen im Sinne von Art. 87 Abs. 1 EG, mit finanziellen Beiträgen der Mitgliedstaaten oder mit finanziellen Beiträgen der Gemeinschaft die nach der VO 1857/2006 **zulässige Beihilfehöchstintensität nicht überschritten** wird. Der gleiche Grundsatz gilt gem. Art. 19 Abs. 3 VO 1857/2006 für die Kumulierung mit Beihilfen nach der *De-Minimis*-VO für den Landwirtschaftsbereich.

1101   Auch die VO 1857/2006 enthält umfangreiche **Deklarations- und Informationspflichten**. So muss zum einen in der Beihilfe selbst auf die KMU-Freistellungsverordnung für Landwirtschaft verwiesen werden.[104] Zum anderen sind die Mitgliedstaaten verpflichtet, der Kommission spätestens zehn Arbeitstage vor Inkrafttreten einer Beihilfenregelung oder der Gewährung einer Einzelbeihilfe, die nach der VO 1857/2006 freigestellt sind, eine **Kurzbeschreibung der Maßnahme** zu übermitteln.[105] Sowohl die Deklarations- als auch die Mitteilungspflicht stellen **materielle Freistellungsvoraussetzungen** dar, deren Nichtbeachtung zum Entfall der Begünstigung insgesamt führt.[106] Schließlich existieren gem. Art. 20 Abs. 2 bis Abs. 4 VO 1857/2006 Informations-, Berichts- und Veröffentlichungspflichten der Mitgliedstaaten. Zu beachten ist ferner, dass die VO 1857/2006 die rückwirkende Gewährung von Beihilfen ausschließt.[107]

1102   **3. Verfahrensfragen.** Für die Prüfung einzelstaatlicher Beihilfen im Agrarsektor ist innerhalb der Kommission – abweichend von der allgemeinen Zuständigkeitsregelung – nicht die Generaldirektion Wettbewerb, sondern an ihrer Stelle die **Generaldirektion Landwirtschaft** zuständig. Durch diese Sonderzuständigkeit ändert sich jedoch nichts am Ablauf des Prüfverfahrens nach Art. 108 AEUV.[108] Insbesondere bedeutet dies, dass unter Missachtung des Gemeinschaftsrechts gewährte Beihilfen vom betreffenden Mitgliedstaat zurückgefordert werden müssen. Zudem darf der Rat eine negative Beihilfenentscheidung der Kommission nicht dadurch umgehen, dass er die entsprechende Rückforderung als Beihilfe gem. Art. 108 Abs. 2 UAbs. 3 S. 1 AEUV genehmigt.[109] Insofern eine rechtswidrige nationale Beihilfe das Funktionieren der Gemeinsamen Marktordnung beeinträchtigt und dadurch die Ausgaben aus dem Gemeinschaftsfonds erhöht hat, kommt eine **Zurückweisung der Finanzierung** der entsprechenden Maßnahme durch den Fonds in Betracht.[110]

XVII. Fischerei

Schrifttum: *Bartosch*, Die neue Allgemeine Gruppenfreistellungsverordnung im EG-Beihilfenrecht, NJW 2008, 3612; *Booß*, § 85 Umweltschutz und Fischerei, in: *Rengeling* (Hrsg.), Handbuch zum europäischen und deutschen Umweltrecht, Band II, 2. Teilband, 2. Aufl. 2003; *Busse*, § 25 Agrarrecht, in: *Schulze/Zuleeg* (Hrsg.), Europarecht, 2006; *Evans*, European Community Law of State Aid, 1997; *Harings*, Subventionen im Marktordnungsrecht, in: *Ehlers/Wolffgang* (Hrsg.), Subventionen im WTO- und EG-Recht, 2007, 113; *Jaeger*, Staatliche Agrarbeihilfen und Gemeinschaftsrecht: Eine Zwischenbilanz anlässlich der neuen Gruppenfreistellungsverordnungen 2004 für Agrar- und Fischereibeihilfen, Agrar- und Umweltrecht 2005, 189; *Nemitz*, (Nach) Art. 34 EG, in: *Lenz/Borchardt*, EU- und EG-Vertrag, 4. Aufl. 2006.

---

[104] Art. 3 Abs. 1 VO 1857/2006, ABl. 2006 L 358/3.

[105] S. Art. 20 Abs. 1 S. 1 VO 1857/2006, ABl. 2006 L 358/3.

[106] S. den Wortlaut des Art. 3 Abs. 1 VO 1857/2006, ABl. 2006 L 358/3; ferner *Jaeger* 189, 194, allerdings noch in Bezug auf die Vorgängerverordnung VO 1/2004, ABl. 2004 L 1/1.

[107] Vgl. Art. 18 VO 1857/2006, ABl. 2006 L 358/3.

[108] Siehe *Jaeger* 189, 191 mwN.

[109] EuGH, C-110/02, Slg. 2004, I-6333, RdNr. 44 – Kommission/Rat; *Busse* Agrarrecht RdNr. 272.

[110] ZB EuGH, 15 und 16/76, Slg. 1979, 321 – Frankreich/Kommission; dazu ausführlich *von der Groeben/Schwarze/van Rijn* Art. 36 EG RdNr. 11 mwN.

Übersicht

1. Hintergrund und Ziel der Fischereiförderung. a) Allgemeines. Die Fischerei zählt **1103** im weitesten Sinne zur landwirtschaftlichen Produktion. Deswegen fasst Art 38 Abs. 1 UAbs. 2 S. 1 AEUV Fischerei und Landwirtschaft einheitlich als **Teil des Binnenmarkt** auf. Die in den Art. 39 bis 44 AEUV aufgeführten Regeln des Binnenmarktes sind gemäß Art. 38 Abs. 2 AEUV folglich auch auf die Fischerei anwendbar, sofern nicht in einer anderweitigen Regelung etwas besonders bestimmt ist. Eine anderweitige Regelung liegt in diesem Zusammenhang insbesondere in Art. 42 S. 1 AEUV vor, der die Anwendung wettbewerbsrechtlicher Regeln für Produktion und Handel mit landwirtschaftlichen Erzeugnissen nur insoweit vorsieht, als der Rat dies in dem in Art. 43 Abs. 2 und Abs. 3 AEUV geregelten Verfahren bestimmt. Die unionsrechtlichen Wettbewerbsregeln umfassen in den Art. 107 bis 109 AEUV auch staatliche Beihilfen im Binnenmarkt. Staatliche Beihilfen sind danach im Allgemeinen unzulässig.

Daraus darf allerdings nicht gefolgert werden, dass staatliche Beihilfen in der Regel nicht an **1104** die Vorgaben der Art. 107 bis 109 AEUV gebunden sind. In der Praxis enthält nämlich jede Gemeinsame Marktordnung (GMO) eine Regelung, welche die Anwendbarkeit von Art. 107 bis 109 AEUV vorbehaltlich in der GMO geregelter Spezialtatbestände anordnet.[1] Dies gilt auch für die **Gemeinsame Marktorganisation für Erzeugnisse der Fischerei und der Aquakultur** (vgl. Art. 32).[2]

Der in Art. 107 AEUV verwendete Begriff „staatliche Beihilfe" verdeutlicht, dass das in den **1105** Art. 107 ff. EG normierte Beihilferecht nur für solche Beihilfen gedacht ist, welche von den Mitgliedstaaten gewährt werden.[3] Beihilfen, die von der EU selbst vergeben werden, sind dagegen nicht umfasst. Für gemischte oder Gemeinschaftsbeihilfen ist deswegen kein auf Grundlage des Art. 42 S. 1 AEUV erfolgter sekundärer Anwendungsbefehl erforderlich.[4] Vielmehr müssen sich Gemeinschaftsbeihilfen im Fischereibereich an der **Gemeinsamen Fischereipolitik** (GFP) orientieren, die als besonderes Regime der Gemeinsamen Agrarpolitik letztendlich auf Art. 39 AEUV und die hierfür vorgesehenen Maßnahmen in Art. 40 AEUV rekurriert.

Gleichwohl weist die Gemeinsame Fischereipolitik Besonderheiten auf, welche sich nicht mit **1106** den Zielen der Gemeinsamen Agrarpolitik (GAP) decken. Im Gegensatz zur sonstigen landwirtschaftlichen Produktion liegen die Probleme der Fischerei nicht im Bereich der Überproduk-

---

[1] Insoweit wird von einer Umkehr der in Art. 42 AEUV angelegten Bereichsausnahme gesprochen, vgl. *Busse* Agrarrecht RdNr. 271.
[2] VO 104/2000, ABl. 2000 L 17/22.
[3] So auch *Busse* Agrarrecht RdNr. 268; *Grabitz/Hilf/v. Wallenberg* vor Art. 87–89 EG RdNr. 14.
[4] In diesem Sinne ist auch Art. 88 Abs. 1 UAbs. 2 VO 1698/2005, ABl. 2005 L 277/1, nur als Klarstellung zu verstehen.

tion, sondern in der **Knappheit der Bestände.** Ferner ist die Fischerei ortsungebunden und der Zugriff auf die Fischbestände steht im Allgemeinen Jedermann zu.[5]

1107   **b) Nachhaltige Nutzung aquatischer Arten.** Durch immer ausgereiftere Fangtechnik sind die Fischbestände mehr und mehr durch das **Phänomen des Überfischens** bedroht.[6] Das Überfischen kann in zweierlei Varianten schädigend auf die Fischerei einwirken. Einerseits führt das Befischen eines Gewässers mit nicht hinreichend selektiven Fangmethoden, wie etwa dem Fischen mit feinmaschigen Netzen, dazu, dass nicht nur ausgewachsene, sondern auch Jungfische gefangen werden, die einen weit höheren Marktpreis erzielt hätten, wenn sie erst später als ausgewachsene Fische gefangen worden wären.[7] Zum anderen kann eine zu starke Befischung, im Zusammenspiel mit sonstigen ökologischen Einflüssen, die Sterblichkeitsrate der Fischbestände dergestalt steigern, dass in absehbarer Zeit eine weitere Befischung der Bestände nicht mehr möglich ist. Dies ist etwa mit den Makrelen- und Heringsbeständen in Nord- und Ostsee geschehen (sog. „recruitment overfishing").[8]

1108   Schon sehr früh reifte deshalb die Erkenntnis, dass Fischerei im eigenen Interesse **in einer nachhaltigen Weise** betrieben werden musste. Um dies zu gewährleisten, wurden zunächst Schonzeiten und Schongebiete festgelegt, um ein ungestörtes Laichen und Aufwachsen der Fischbestände zu gewährleisten. Ferner wurden Fangmethoden verboten, die Jungfische bedrohten. Seit dem Ende des Zweiten Weltkrieges traten Quotenregelungen hinzu, die zunächst nur den Walfang und später die meisten kommerziell nutzbaren Fischarten und Meeresgebiete betrafen.[9] Während diese Politik ursprünglich vornehmlich wirtschaftlichen Interessen geschuldet war, trat durch das zunehmende ökologische Bewusstsein in der Bevölkerung der Umweltschutzaspekt in den Vordergrund.[10] Der Schutz aquatischer Arten und deren nachhaltige Nutzung sind daher auch **Schutzzwecke der Gemeinsamen Fischereipolitik** (vgl. Art. 2 Abs. 1 VO 2371/2002).[11]

1109   Art. 4 VO 2371/2002 sieht ein Bündel von Maßnahmen vor, das die **nachhaltige Nutzung aquatischer Ressourcen** gewährleisten soll. Umfasst sind Wiederauffüllungs- und Bewirtschaftungspläne, Beschränkung der Fangmengen, Festsetzung der Anzahl und der Art der zum Fischfang zugelassenen Fischereifahrzeuge, Beschränkung des Fischereiaufwandes sowie die Verabschiedung technischer Maßnahmen und das Setzen von Anreizen, um einen selektiven Fischfang und die Kleinfischerei zu fördern. Beihilfen können in diesem Zusammenhang unterschiedlich eingesetzt werden. Zum einen sind direkte Beihilfen wie Unterstützung zum Kauf besserer Fangnetze oder die ökonomische Unterstützung selektiven Fischfangs und der Kleinfischerei denkbar. Zum anderen können Beihilfen auch als flankierende Maßnahmen zum Ausgleich von finanziellen Einbußen der in Fischfang und -industrie beschäftigten Arbeitnehmer gewährt werden.

1110   **c) Schutz der marinen Ökosysteme.** Daneben ist auch der Schutz der marinen Ökosysteme erklärtes Ziel der Fischereipolitik. Die marinen Ökosysteme sind in einer vielfältigen Weise bedroht. Die bei weitem bedeutendsten negativen Umwelteinflüsse haben **natürliche Ursachen.** Selbst sehr geringe Veränderungen des Klimas, der Strömungsverhältnisse und der Wassertemperatur können einen massiven Einfluss auf die Fischbestände haben, etwa weil Fortpflanzungsfähigkeit oder Nahrungsgrundlage durch die neuen Bedingungen nicht mehr gewährleistet sind. Die Konsequenz ist ein Sterben oder ein Abwandern der Fische in andere Gewässer. Nicht wenige Bedrohungen für die marinen Ökosysteme **rühren aber vom Menschen her.** Durch bestimmte Fanggeräte wie Baumkurren mit Ketten sowie Muschel-Dredgen wird der Meeresboden aufgewühlt. Dadurch werden Laich- und Aufzuchtgebiete der Meerestiere zerstört, und die Gefahr einer Erosion des Meeresbodens steigt.[12] Daneben können in Aquakultur gezüchtete Fische das Ökosystem stören, etwa indem nicht einheimische Fische ins Meer entkommen, indem Krankheiten auf freilebende Tiere übertragen werden oder indem Futter- und Medikamentenabfälle negativen Einfluss auf die Gesundheit freilebender Fische haben.[13] Die

---

[5] *Calliess/Ruffert* Art. 34 EG RdNr. 67.
[6] *Oppermann* Europarecht § 21 RdNr. 53.
[7] *Booß* RdNr. 4.
[8] *Booß* RdNr. 4.
[9] *Booß* RdNr. 1.
[10] *Booß* RdNr. 2.
[11] VO 2371/2002, ABl. 2002 L 358/61.
[12] *Booß* RdNr. 6.
[13] *Booß* RdNr. 7.

bedeutendste Gefährdung durch den Menschen beruht allerdings auf der Meeresverschmutzung, weshalb die Reinhaltung der Gewässer besonderer Aufmerksamkeit bedarf.[14] Zum Schutz der marinen Ökosysteme sind durch die EU insbesondere **Sofortmaßnahmen** bei nachweislich ernsthafter Gefährdung vorgesehen (Art. 7 f. VO 2371/2002). Die Sofortmaßnahmen können von der Kommission (Art. 7 VO 2371/2002) oder durch einen Mitgliedstaat (Art. 8 VO 2371/2002) vorgenommen werden.

d) Förderung der Effizienz und Wettbewerbsfähigkeit der Fischwirtschaft und **1111** **Aquakultur.** Um die Effizienz der Fischwirtschaft zu steigern, hat die EU eine gemeinsame Flotten- und Strukturpolitik eingeführt. Nach Art. 11 VO 2371/2002 sind die Mitgliedstaaten verpflichtet, die Gesamtkapazität der Flotten so abzubauen, dass ein dauerhaftes und stabiles Gleichgewicht zwischen Kapazitäten und Fangmöglichkeiten hergestellt wird. Ziel ist dabei nicht nur der Bestandsschutz, sondern auch die **dauerhafte und rationelle Nutzung der vorhandenen Ressourcen.**[15] Die Wettbewerbsfähigkeit wird mittels Beihilfen für Unternehmensgründungen, Innovationen, Forschung und Entwicklung gefördert.[16] Daneben sorgen ein Referenzpreissystem und Außenzölle für einen Außenschutz gegen Störungen des Marktes für EU-Erzeugnisse.[17] Wenn die Einfuhrpreise unterhalb des Referenzpreises liegen, kann die Kommission Ausgleichsabgaben erheben.

e) Sicherung eines angemessenen Lebensstandards der von der Fischerei abhängi- **1112** **gen Menschen.** Zu den Zielen der Gemeinsamen Fischereipolitik zählt gemäß Art. 39 Abs. 1 lit. b AEUV die Sicherung eines angemessenen Lebensstandards der von der Fischerei abhängigen Menschen. Dies soll insbesondere durch die Steigerung des Pro-Kopf-Einkommens der in der Fischerei Beschäftigten gewährleistet werden. Anders als in der Landwirtschaft wird dieses Ziel noch immer durch Preisstützungsregelungen verfolgt.[18] Die daraus resultierende Preisgarantie für Fischereiprodukte steht nicht vor derselben Problematik wie in der Landwirtschaft, da die Fischerei nicht von Überproduktion, sondern von Knappheit gekennzeichnet ist. Grundlage der Preisstützungsregelungen ist die Gemeinsame Marktordnung für Fischereierzeugnisse und Erzeugnisse der Aquakultur (vgl. VO 104/2000). Zentrale Bedeutung kommt in diesem Zusammenhang den Erzeugerorganisationen zu, welche mit der Fischerei in Verbindung stehende Produkte[19] vom Markt nehmen können, wenn die Preise unter ein bestimmtes Niveau, den sog. **gemeinschaftlichen Rücknahmepreis,** sinken (vgl. Art. 17 VO 104/2000).

Der gemeinschaftliche Rücknahmepreis wird von der Kommission festgesetzt und richtet sich **1113** seinerseits nach dem vom Rat festgesetzten Orientierungspreis. Der **Orientierungspreis** wird anhand der Notierungen, die auf den Großhandelsmärkten oder in den Häfen während der letzten drei Fischwirtschaftsjahre festgestellt wurden und einer Prognose der künftigen Entwicklung von Angebot und Nachfrage ermittelt. Der gemeinschaftliche Rücknahmepreis wird nach Maßgabe von Frische, Größe oder Gewicht und Aufmachung des Erzeugnisses bestimmt und darf maximal 90% des Orientierungspreises betragen. Werden einzelne Produkte vom Markt genommen, so erhalten die Fischer von ihrer Erzeugerorganisation einen **finanziellen Ausgleich.** Der finanzielle Ausgleich entspricht im Grundsatz dem gemeinschaftlichen Rücknahmepreis, wobei eine Abweichung in Höhe von 10% nach Oben oder nach Unten möglich ist. Auf keinen Fall darf der Ausgleich über 90% des Orientierungspreises betragen. Der Ausgleich wird von den Erzeugerorganisationen ausbezahlt. Die EU beteiligt sich an diesem Ausgleich jedoch in Form von Beihilfen an die Organisationen.[20]

f) Wahrung der Interessen der Verbraucher. Ebenfalls geschützt werden sollen die Ver- **1114** braucher. Der Begriff „Verbraucher" umfasst in diesem Sinne sowohl den Endverbraucher, als auch die verarbeitende Industrie.[21] Als Maßnahme des Verbraucherschutzes sieht Art. 39 Abs. 1 lit. e AEUV vor, angemessene Preise zu gewährleisten. „Angemessen" ist unter Berücksichtigung der anderen Zielsetzungen der Gemeinsamen Fischereipolitik auszulegen, weshalb auch nicht unbedingt möglichst niedrige Preise als „angemessen" zu betrachten sind.[22] Für staatliche

---

[14] *Booß* RdNr. 9.
[15] *Lenz/Borchardt/Nemitz* Nach Art. 34 EG RdNr. 23.
[16] Vgl. dazu unten RdNr. 16–19.
[17] *Lenz/Borchardt/Nemitz* Art. 34 EG RdNr. 22.
[18] *Streinz/Kopp* Art. 34 EG RdNr. 62.
[19] Aufgeführt im Anhang der VO 104/2000, ABl. 2000 L 17/22.
[20] *Lenz/Borchardt/Nemitz* Nach Art. 34 EG RdNr. 20.
[21] EuGH, C-131/87, Slg. 1989, 3743, RdNr. 23–24 – Kommission/Rat.
[22] EuGH, 34/62, Slg. 1963, 287, 319 – Deutschland/Kommission.

Subventionen wohl nicht relevant sind die dem Verbraucherschutz dienenden Etikettierungsvorschriften bezüglich der Fischereierzeugnisse,[23] denn diese können ohnehin im Wege der Abmahnung nach dem Gesetz gegen unlauteren Wettbewerb durchgesetzt werden,[24] weshalb der von Nr. 3.3 der Leitlinien für die Prüfung staatlicher Beihilfen im Fischerei- und Aquakultursektor[25] geforderte zusätzliche Anreiz fehlt, um die Vorschriften durchzusetzen.

1115 **g) Einhaltung internationaler Abkommen (UN-Seerechtsabkommen).** Schließlich müssen bei Gewährung von Beihilfen im Fischereibereich internationale Abkommen beachtet werden. Einschlägig ist in diesem Zusammenhang insbesondere das **UN-Seerechtsabkommen** vom 10. 12. 1982, das am 16. 11. 1994 in Deutschland in Kraft getreten ist.[26] Durch dieses Abkommen werden vier Meeresregime geschaffen: Eine zwölf Seemeilen große Zone, die als **Küstengewässer** von den Uferstaaten in Anspruch genommen werden dürfen. In dieser Zone darf der Mitgliedstaat sich einen eigenen Fischern vorbehalten, vgl. Art 17 Abs. 2 VO 2371/2002.[27] Bis 200 Seemeilen erstreckt sich die ausschließliche **Wirtschaftszone**, in der Küstenstaaten die Fischerei für sich alleine beanspruchen dürfen. In diesem Regime gilt in der EG aber das Gebot des gleichen Zugangs der Mitgliedstaaten.[28] Eine solche Wirtschaftszone nimmt die EU als „EU-Meer" im Atlantik, der Nord- und der Ostsee für sich in Anspruch. Der Rest des Meeres wird als **Hohe See** bezeichnet und darf unbeschadet internationaler Schonregeln von Jedermann befischt werden. Der räumliche Geltungsbereich des EU-Fischfangs wird hierdurch im Grundsatz auf das EU-Meer sowie die Hohe See beschränkt. Besteht allerdings eine entsprechende völkervertragliche Abmachung mit einem Drittstaat, kann auch in dessen Bereich EU-Fischfang betrieben werden.[29]

1116 Für die Außenbeziehungen in der Fischereipolitik besitzt die EU gemäß Art. 305 iVm. Anhang IX Art. 4 UN Seerechtsabkommen die **ausschließliche Zuständigkeit.**[30] Die EU schließt dabei Abkommen über den Zugang von Fischern aus Drittstaaten im EU-Meer und auch den umgekehrten Fall, also den Zugang von EU-Fischern in die Wirtschaftszonen und Küstengewässer der Drittstaaten (Art. 62 UN Seerechtsabkommen). Zudem verhandelt sie über Abkommen, welche die Fischerei auf Hoher See regeln sollen (Art. 117 ff. UN Seerechtsabkommen). Das bestehende dichte Netz bilateraler und multilateraler Fischereiabkommen der Mitgliedstaaten wird ebenfalls von der EU verwaltet.[31]

1117 **2. Rechtsrahmen. a) Fischereibeihilfen in den allgemeinen Regelungen. aa) Umfang der Freistellung in der AGVO. α) Allgemeines.** Einzelstaatliche Beihilfen für den Fischereisektor unterfallen gem. Art. 1 Abs. 3 lit.a AGVO grundsätzlich nicht dem Anwendungsbereich der Allgemeinen Gruppenfreistellungsverordnung,[32] die eine Reihe von Beihilfen pauschal als mit dem Gemeinsamen Markt vereinbar erklärt und sie von der Anmeldepflicht nach Art. 108 Abs. 3 AEUV ausnimmt.[33] Etwas anderes gilt lediglich für **Forschungs-, Entwicklungs- und Innovationsbeihilfen, Risikokapitalbeihilfen sowie Ausbildungsbeihilfen und Beihilfen für benachteiligte und behinderte Arbeitnehmer.** Insofern ist die Rechtslage ähnlich wie für staatliche Beihilfen für die landwirtschaftliche Primärerzeugung. Zu beachten ist in diesem Zusammenhang aber, dass die AGVO vom Begriff der „landwirtschaftlichen Erzeugnisse" – anders als Art. 38 Abs. 1 UAbs. 2 S. 2 AEUV – Fischerei- und Aquakulturerzeugnisse ausnimmt (vgl. Art. 2 Nr. 22 lit. a AGVO). Dies mag seinen Grund darin haben, dass der Umfang der Anwendbarkeit der AGVO sich für den Fischerei- und Landwirtschaftssektor leicht unterscheidet. So gelten zwar in beiden Bereichen die Regelungen bezüglich Forschungs- und Entwicklungsbeihilfen, Risikokapitalbeihilfen, Ausbildungsbeihilfen und Beihilfen für benachteiligte und behinderte Arbeitnehmer. Während aber im Fischereisektor zu den genannten Bereichen noch die Innovationsbeihilfen hinzukommen, sind im Agrarsektor zusätzlich die Regelungen über Umweltschutzbeihilfen anwendbar. Zudem

---

[23] VO 2065/2001 der Kommission mit Durchführungsbestimmungen zur VO 104/2000, ABl. 2000 L 17/22.

[24] *Lenz/Borchardt/Nemitz* Nach Art. 34 EG RdNr. 21.

[25] ABl. 2008 C 84/10.

[26] BGBl. 1994 II S. 1799.

[27] Eine Ausnahme bilden „historische Fangrechte", die traditionell von anderen Mitgliedstaaten ausgeübt werden.

[28] EuGH, 61/77, Slg. 1978, 417 – Kommission/Irland.

[29] *Oppermann* § 21 RdNr. 54.

[30] EuGH, 6/67, Slg. 1976, 1229, RdNr. 30–33 – Kramer.

[31] Vgl. Art. 167 Abs. 1, Art. 354 Abs. 1 BeitrittsA 1985, Art. 96 Abs. 1, Art. 124 Abs. 1 BeitrittsA 1994.

[32] VO 800/2008 (AGVO), ABl. 2008 L 214/3.

[33] S. zur AGVO auch *Bartosch* NJW 2008, 3612.

erfolgt im Unterschied zur Landwirtschaft für Fischereibeihilfen im Rahmen der AGVO **keine Unterscheidung zwischen Primärerzeugung und Verarbeitung und Vermarktung** der entsprechenden Erzeugnisse.

β) **Forschungs- und Entwicklungsbeihilfen.** Für die Freistellung von Forschungs- und **1118** Entwicklungsbeihilfen gelten für den Fischereisektor auf der einen Seite **strengere Regelungen** als für die übrigen Wirtschaftsbereiche. So werden Forschungs- und Entwicklungsbeihilfen im Fischereibereich gem. Art. 34 Abs. 2 AGVO nur unter der zusätzlichen Bedingung von der Anmeldepflicht des Art. 108 Abs. 3 AEUV freigestellt, dass sie für alle Wirtschaftsbeteiligten in dem betreffenden Wirtschaftszweig oder Teilsektor von Interesse sind. Zudem gelten **besondere Veröffentlichungs- und Berichtspflichten.** So sind die erzielten Forschungsergebnisse insbesondere unentgeltlich im Internet zu veröffentlichen (Art. 34 Abs. 3 AGVO). Schließlich müssen die Beihilfen gem. Art. 34 Abs. 4 AGVO der Forschungseinrichtung oder Stelle direkt gewährt werden. Auf der anderen Seite gilt für den Fischereibereich aber eine Beihilfeintensität von pauschal 100% (Art. 34 Abs. 5 AGVO), während diese für die übrigen Wirtschaftsbereiche (ausgenommen die Landwirtschaft) in Abhängigkeit vom jeweiligen Vorhaben zwischen 25 und 100% liegt. Zu berücksichtigen ist weiterhin, dass Forschungs- und Entwicklungsbeihilfen im Fischereisektor auch dann von der Anmeldepflicht des Art. 108 Abs. 3 AEUV freigestellt sind, wenn sie zwar nicht die Voraussetzungen des Art. 34 AGVO, dafür aber die der Art. 30–32 AGVO erfüllen, die für die übrigen Wirtschaftszweige gelten. Dies ergibt sich aus der Regelung des Art. 34 Abs. 7 AGVO. Die Obergrenze der nach der AGVO freigestellten Forschungs- und Entwicklungsbeihilfen liegt gem. Art. 6 Abs. 1 lit. e AGVO – je nach der Art des Vorhabens – zwischen 7,5 und 40 Mio. Euro.

γ) **Innovationsbeihilfen.** Nach der AGVO sind drei verschiedene Arten von Innovations- **1119** beihilfen von der Anmeldepflicht nach Art. 108 Abs. 3 AEUV freigestellt. Zum ersten handelt es sich dabei um **Beihilfen für junge, innovative Unternehmen** (Art. 35 AGVO). Die Beihilfebegünstigten müssen bei dieser Subventionsart eine Reihe von Voraussetzungen erfüllen. Zunächst muss es sich gem. Art. 35 Abs. 2 AGVO um kleine Unternehmen[34] handeln, die zum Zeitpunkt der Beihilfebewilligung seit weniger als sechs Jahren existieren. Zudem müssen bei diesen Unternehmen die Ausgaben für Forschung und Entwicklung wenigstens in einem der drei Jahre vor der Bewilligung der Beihilfe mind. 15% der gesamten, von einem externen Betriebsprüfer beglaubigten, Betriebsausgaben ausgemacht haben[35] (Art. 35 Abs. 3 AGVO). Schließlich darf der Beihilfeempfänger gem. Art. 35 Abs. 5 AGVO die Beihilfe nur einmal in dem Zeitraum erhalten, in dem er als junges, innovatives Unternehmen gilt. Die Obergrenze für freigestellte Beihilfen liegt bei einer Mio. Euro[36] (Art. 35 Abs. 4 AGVO).

Die zweite Art der Innovationsbeihilfen stellen **Beihilfen für Innovationsberatungsdiens-** **1120** **te und innovationsunterstützende Dienstleistungen** dar (Art. 36 AGVO). Zu den beihilfefähigen Kosten im Bereich der Innovationsberatungsdienste zählen gem. Art. 36 Abs. 6 lit. a AGVO: die Kosten für Betriebsführungsberatung, technische Unterstützung, Technologietransferdienste, Ausbildung, Beratung im Zusammenhang mit dem Erwerb und dem Schutz von sowie mit Rechten des geistigen Eigentums und im Zusammenhang mit Lizenzvereinbarungen sowie Beratung bei der Nutzung von Normen. Beihilfefähige innovationsunterstützende Dienstleistungen sind die Kosten für Büroflächen, Datenbanken, Fachbüchereien, Marktforschung, Nutzung von Laboratorien, Gütezeichen, Tests und Zertifizierung (Art. 36 Abs. 6 lit. b AGVO). Voraussetzung für die Freistellung von Beihilfen für die genannten Ausgaben ist, dass es sich bei den Empfängern um KMU[37] handelt, wobei der Beihilfebetrag sich in einem Zeitraum von drei Jahren auf nicht mehr als 200 000 Euro pro Begünstigtem belaufen darf (Art. 36 Abs. 2 und Abs. 3 AGVO). Die Beihilfen müssen gem. Art. 36 Abs. 5 AGVO dazu verwendet werden, um die genannten Leistungen zu Marktpreisen zu erwerben oder, wenn es sich bei dem Dienstleistungserbringer um eine nicht gewinnorientierte Einrichtung handelt, zu einem Preis, der dessen Kosten zuzüglich einer angemessenen Spanne deckt. Zuletzt steht die Freistellung unter der Voraussetzung, dass der Dienstleistungserbringer über eine nationale oder europäische Zertifizierung verfügt. Anderenfalls darf die Beihilfeintensität 75% der beihilfefähigen Kosten nicht überschreiten (Art. 36 Abs. 4 AGVO).

---

[34] Zum Begriff s. Art. 2 Nr. 7 AGVO iVm. Anhang I der AGVO.

[35] Für neu gegründete Unternehmen besteht eine Sonderregelung, s. Art. 35 Abs. 3 AGVO.

[36] Für Fördergebiete, die unter die Ausnahmeregelung nach Art. 107 Abs. 3 AEUV bzw. Art. 107 Abs. 3 lit. c AEUV fallen, gelten höhere Obergrenzen, vgl. Art. 35 Abs. 4 UAbs. 2 AGVO.

[37] Zum Begriff s. Art. 2 Nr. 7 AGVO iVm. Anhang I der AGVO.

1121 Der dritte Bereich der nach der AGVO freigestellten Innovationsbeihilfen sind schließlich die **Beihilfen für das Ausleihen hochqualifizierten Personals** (Art. 37 AGVO). Bei der Stelle, die das Personal verleiht, muss es sich gem. Art. 37 Abs. 1 AGVO um eine Forschungseinrichtung oder ein Großunternehmen[38] handeln; als ausleihende Stellen kommen dagegen nur KMU in Betracht. Das ausgeliehene Personal darf in den begünstigten Unternehmen kein anderes Personal ersetzen, sondern ist in einer neu geschaffenen Funktion zu beschäftigen. Die ausgeliehenen Mitarbeiter müssen zudem in der Forschungsstelle oder dem Großunternehmen, aus dem sie stammen, zuvor bereits mind. zwei Jahre beschäftigt gewesen sein (Art. 37 Abs. 2 UAbs. 1 AGVO). Selbstredend muss das ausgeliehene Personal gem. Art. 37 Abs. 2 UAbs. 2 AGVO in den KMU in den Bereichen Forschung, Entwicklung und Innovation tätig sein. Als beihilfefähige Kosten kommen sämtliche Personalkosten für das Ausleihen und die Beschäftigung hochqualifizierten Personals in Betracht, inklusive der Kosten für das Einschalten einer Vermittlungseinrichtung und für die Zahlung einer Mobilitätszulage (Art. 37 Abs. 4 AGVO). Die Beihilfeintensität für das Ausleihen hochqualifizierten Personals darf gem. Art. 37 Abs. 3 AGVO 50% der beihilfefähigen Kosten für einen Zeitraum von höchstens drei Jahren je Unternehmen und ausgeliehener Person nicht überschreiten.

1122 δ) **Risikokapitalbeihilfen.** Aufgrund der Einschätzung der Kommission, dass es offensichtlich bei bestimmten Arten von Investitionen in bestimmten Entwicklungsstadien von Unternehmen zu besonderen **Formen von Marktversagen** auf den Risikokapitalmärkten in der Gemeinschaft kommt,[39] hat dazu geführt, dass auch Risikokapitalbeihilfen unter bestimmten Voraussetzungen von der Anmeldepflicht des Art. 108 Abs. 3 AEUV ausgenommen sind. Unter Risikokapital versteht die AGVO ausweislich Art. 2 Nr. 27 AGVO Investitionen in die **Finanzierung von Unternehmen in der Frühphase** (Seed-, Start-up- und Expansionsfinanzierung)[40] mit Eigenkapital und eigenkapitalähnlichen Mitteln. Voraussetzung für die Freistellung von Risikokapitalbeihilfen ist zunächst, dass die Beihilfen in Form einer Beteiligung an einem gewinnorientierten, nach wirtschaftlichen Grundsätzen verwalteten Private-Equity-Fonds erfolgt und die von einem Investmentfonds bereitgestellten Anlagetranchen 1,5 Mio. Euro je Zwölfmonatszeitraum und Zielunternehmen nicht überschreiten dürfen (Art. 29 Abs. 2 und Abs. 3 AGVO). Bei der Art der zulässigen Risikokapitalbeihilfen differenziert Art. 29 Abs. 4 AGVO nach kleinen und mittleren Unternehmen.[41] Während für kleine Unternehmen immer **Seed-up-, Start-up- und Expansionsfinanzierungen** zulässig sind, ist die Expansionsfinanzierung für mittlere Unternehmen lediglich in Fördergebieten freigestellt. Es gelten außerdem die Bedingungen, dass der Investmentfonds mind. 70% seines in die Ziel-KMU[42] investierten Gesamtbudgets in Form von Eigenkapital oder eigenkapitalähnlichen Mitteln[43] zur Verfügung stellt und mind. 50% der von Investmentfonds geleisteten Finanzierung von privaten Investoren zur Verfügung gestellt werden (Art. 29 Abs. 5 und Abs. 6 AGVO). Schließlich stellt die AGVO in Art. 29 Abs. 7 und Abs. 8 Voraussetzungen auf, die gewährleisten sollen, dass die Risikokapitalbeihilfe gewinnorientiert ist und der Investmentfonds nach wirtschaftlichen Grundsätzen verwaltet wird.

1123 ε) **Ausbildungs- und Beschäftigungsbeihilfen.** Die AGVO stellt **Ausbildungsbeihilfen** nach den Maßgaben der Art. 38 und 39 von der Anmeldepflicht des Art. 108 Abs. 3 AEUV frei. Dabei wird zunächst zwischen **spezifischen und allgemeinen Ausbildungsmaßnahmen**[44] unterschieden, wobei es darauf ankommt, ob Qualifikationen vermittelt werden, die auf andere Unternehmen und Arbeitsfelder übertragbar sind. Im Zweifel ist von einer spezifischen Ausbildungsmaßnahme auszugehen (Art. 39 Abs. 3 AGVO). Bei spezifischen Ausbildungsmaßnahmen beträgt die Beihilfeintensität gem. Art. 39 Abs. 2 AGVO lediglich 25% der beihilfefähigen Kosten, bei allgemeinen Ausbildungsmaßnahmen hingegen liegt dieser Wert bei 60% (wobei sich diese Obergrenze der Beihilfeintensität erhöht, wenn es sich um Ausbildungsmaßnahmen zugunsten von KMU bzw. benachteiligter oder behinderter Arbeitnehmer handelt). Die beihilfefähigen Kosten umfassen die Personalkosten für die Ausbilder, Reise- und Aufenthaltskosten der Ausbilder und Auszubildenden, sonstige laufende Kosten wie unmittelbar mit dem Vorhaben in

---

[38] Zum Begriff s. Art. 2 Nr. 8 AGVO iVm. Anhang I der AGVO.
[39] S. AGVO, Tz. 56.
[40] Zu den Begriffen s. Art. 28 Nr. 4 bis 6 AGVO.
[41] Zu den Begriffen s. Art. 2 Nr. 7 und 8 AGVO iVm. Anhang I der AGVO.
[42] Zum Begriff s. Art. 28 Nr. 8 AGVO.
[43] Zu den Begriffen s. Art. 28 Nr. 1 und 2 AGVO.
[44] Zu den Begriffen s. Art. 38 AGVO.

Zusammenhang stehende Materialien und Ausstattung, Abschreibungen von Werkzeugen und Ausrüstungsgegenständen, soweit sie ausschließlich für das Ausbildungsvorhaben verwendet werden, Kosten für Beratungsdienste sowie Personalkosten für Ausbildungsteilnehmer und sonstige indirekte Kosten bis zu einer gewissen Höhe (Art. 39 Abs. 4 AGVO).

Beschäftigungsbeihilfen kommen in Form von **Lohnkostenzuschüssen** für die Einstel-　**1124** lung benachteiligter Arbeitnehmer[45] (Art. 40 AGVO) und die Beschäftigung (Art. 41 AGVO) behinderter Arbeitnehmer[46] in Betracht. Zudem können **Beihilfen zum Ausgleich der Mehrkosten** durch die Beschäftigung behinderter Arbeitnehmer (Art. 42 AGVO) nach der AGVO freigestellt werden. Bei den Lohnkostenzuschüssen für die Einstellung benachteiligter Arbeitnehmer bestehen die beihilfefähigen Kosten aus den Lohnkosten über einen Zeitraum von höchstens zwölf Monaten (bei stark benachteiligten Arbeitnehmern[47] 24 Monaten) seit Einstellung, wobei sich die Beihilfehöchstintensität auf nicht mehr als 50% dieser Kosten belaufen darf (Art. 40 Abs. 2 und Abs. 3 AGVO). Es ist zudem zu beachten, dass, insofern die Einstellung des betreffenden Arbeitnehmers keinen Nettozuwachs an Beschäftigten im Vergleich zur durchschnittlichen Beschäftigtenzahl in den letzten 12 Monaten zur Folge hat, die betroffene Stelle **nicht infolge des Abbaus von Arbeitsplätzen frei geworden** sein darf (Art. 40 Abs. 4 AGVO). Letztere Einschränkung gilt gem. Art. 41 Abs. 4 AGVO auch für Lohnkostenzuschüsse für die Beschäftigung behinderter Arbeitnehmer. Bei dieser Form der Beihilfen beträgt die Beihilfehöchstintensität 75%, wobei wiederum die Lohnkosten, die während der Beschäftigung des behinderten Arbeitnehmers anfallen, die beihilfefähigen Kosten darstellen (Art. 41 Abs. 2 und Abs. 3 AGVO). Zu beachten ist, dass es bei Beihilfen in Form von Lohnkostenzuschüssen für die Beschäftigung behinderter Arbeitnehmer keine zeitlichen Höchstgrenzen gibt. Bei den Beihilfen zum Ausgleich der Mehrkosten durch die Beschäftigung behinderter Arbeitnehmer liegt die Beihilfehöchstintensität schließlich bei 100%, wobei beihilfefähig andere Kosten als die unter Art. 41 AGVO fallenden Lohnkosten sind, die während der Beschäftigung des betreffenden Arbeitnehmers zusätzlich zu den Kosten anfallen, die dem Unternehmen bei Beschäftigung eines nicht behinderten Arbeitnehmers entstehen würden (Art. 42 Abs. 3 UAbs. 1 AGVO, s. im Einzelnen Art. 42 Abs. 3 UAbs. 2 AGVO).

bb) Gemeinschaftsrahmen für Staatliche Umweltschutzbeihilfen. Der Rechtsrahmen　**1125** der Gemeinschaft fußt bei staatlichen Umweltschutzbeihilfen auf zwei Säulen. Einerseits sehen die Art. 191f. AEUV ein eigenständiges Regime für den Umweltschutz vor. Andererseits wird die Gemeinsame Fischereipolitik ohnehin über die **umweltpolitische Querschnittsklausel** des Art. 11 AEUV verpflichtet, die Erfordernisse des Umweltschutzes, insbesondere der Förderungen einer nachhaltigen Entwicklung, einzubeziehen. Die Abgrenzung von **agrarbezogenen umweltpolitischen Maßnahmen** (Art. 192 AEUV) und **agrarpolitischen Maßnahmen mit umweltpolitischem** Einschlag (Art. 43, 11 AEUV) ist von erheblicher praktischer Bedeutung, da die Entscheidungsverfahren der in Rede stehenden Maßnahmen häufig unterschiedlich sind.[48] Selbst die ergänzende Heranziehung anderer Rechtsgrundlagen kann Einfluss auf das Abstimmungsverfahren haben (etwa indem das Europäische Parlament beteiligt werden muss).[49] Aus diesem Grund sollte von einer parallelen Heranziehung mehrerer denkbarer Kompetenznormen abgesehen werden.[50]

Die meisten umweltpolitischen Belange, etwa das Prinzip der Nachhaltigkeit, haben ohne　**1126** Rückgriff auf den Art. 192 AEUV Einzug in die Instrumentarien der Gemeinsamen Fischereipolitik gefunden. So sieht die VO 2371/2002 über die Erhaltung und nachhaltige Nutzung der Fischereiressourcen im Rahmen der Gemeinsamen Fischereipolitik verschiedene Maßnahmen zur Sicherung der Nutzung lebender aquatischer Ressourcen vor (vgl. Art. 4ff. der VO). Diese Maßnahmen haben zwar gemeinsam, dass sie auch umweltpolitisch motiviert sind, Hauptzweck bleibt allerdings die **Lenkung der landwirtschaftlichen Erzeugung.**[51] Mithin muss auch der Art. 43 AEUV weiterhin für diese anwendbar bleiben. Die Ausrichtung auf umweltpolitische Zwecke, und seien sie auch sehr weitreichend, sind durch Art. 1 AEUV abgedeckt. Wegen der

---

[45] Zum Begriff s. Art. 2 Nr. 18 AGVO.
[46] Zum Begriff s. Art. 2 Nr. 20 AGVO.
[47] Zum Begriff s. Art. 2 Nr. 19 AGVO.
[48] *von der Groeben/Schwarze/Van Rijn* Art 37 EG RdNr. 2.
[49] *von der Groeben/Schwarze/Van Rijn* Art 37 EG RdNr. 2.
[50] *von der Groeben/Schwarze/Van Rijn* Art 37 EG RdNr. 3.
[51] *Grabitz/Hilf/Priebe* Art. 32 EG RdNr. 37; vgl. auch Art. 2 Abs. 1 VO 2371/2002, ABl. 2002 L 358/61.

Sonderstellung von Landwirtschaft und Fischerei in Art. 38 Abs. 2 AEUV kommt Art. 43 AEUV in der Regel nämlich als *lex specialis* vorrangige Wirkung zu.[52] Maßnahmen, die aber nicht der Fischerei, sondern der **Bewältigung genereller Umweltprobleme** (etwa dem Schutz vor Wasserverschmutzung) dienen, müssen hingegen unter Rückgriff auf Art. 192 AEUV beurteilt werden. Dies gilt selbst dann, wenn sie unbeschadet ihrer Zielsetzung erhebliche Auswirkungen auf den Fischfang haben.[53] Ebenso verhält es sich mit Maßnahmen, die unabhängig eines wirtschaftlichen Zweckes **ausschließlich ökologische Zwecke** verfolgen, wie etwa die Erhaltung einer aquatischen Lebensform aus Gründen des ökologischen Gleichgewichtes. Dies gilt auch für Maßnahmen, die zwar auch auf die Lenkung landwirtschaftlicher Erzeugung gerichtet sind, diese Zielsetzung aber derart schwach ausgeprägt ist, dass sie gegenüber den Zielen des Umweltschutzes in den Hintergrund tritt.[54] Trotz der hier beschriebenen Kriterien bleibt eine Abgrenzung im Einzelfall schwierig.

1127 Die inhaltlichen Anforderungen an die Vergabe staatlicher Umweltbeihilfen richtet sich nach den Leitlinien zur Prüfung staatlicher Beihilfen im Fischerei- und Aquakultursektor vom 3. 4. 2008.[55] In der vorangegangenen Fassung der Leitlinien[56] wurden Fischereibeihilfen nach deren Punkt 4.1.1 als mit dem Gemeinsamen Markt vereinbar angesehen, wenn sie den Anforderungen aus dem **Gemeinschaftsrahmen für staatliche Umweltbeihilfen**[57] gerecht wurden und weder die Schiffskapazität betrafen, noch die Effizienz der Fanggeräte steigerten. Nun muss der Gemeinschaftsrahmen für staatliche Umweltbeihilfen zwar noch immer beachtet werden, allerdings bestimmt Punkt 4.2 der neuen Fassung der Leitlinien, dass Umweltbeihilfen nur dann als mit dem Gemeinsamen Markt vereinbar angesehen werden können, wenn sie den in Punkt 3 aufgeführten Grundsätzen und gegebenenfalls auch den Voraussetzungen der anderen unter Punkt 4 aufgeführten Bedingungen genügen.[58] Danach können Umweltschutzbeihilfen insbesondere dann der Vereinbarkeit mit dem Gemeinsamen Markt entgegenstehen, wenn die Beihilfe nicht mit der Gemeinsamen Fischereipolitik oder der Wettbewerbspolitik vereinbar ist (Nr. 3.1), wenn die Beihilfe gleichsam auch durch den Europäischen Fischereifonds vorgenommen werden könnte (Nr. 3.2), wenn eine unentgeltliche Beihilfe keine Anreizwirkung für den Begünstigten entfaltet (Nr. 3.3), wenn es sich um Betriebsbeihilfen handelt, welche eine Produktionskostensenkung oder eine Einkommensverbesserung des Begünstigten zur Folge hat (Nr. 3.4), wenn Gesamtbetrag und Beihilfeintensität nicht der Kommission mitgeteilt werden (Nr. 3.5) oder wenn die Beihilfe für einen Zeitraum von mehr als zehn Jahren gewährt werden soll (Nr. 3.6). Für Beihilfen der Fischerei und der Aquakultur gilt ferner die Besonderheit, dass der Gemeinschaftsrahmen für staatliche Umweltbeihilfen nur insoweit anwendbar ist, wie die VO 2792/1999 zur Feststellung der Modalitäten und Bedingungen für die gemeinschaftlichen Strukturmaßnahmen im Fischereisektor[59] dem nicht entgegensteht. Umweltbeihilfen im Sinne des Art. 6 des Gemeinschaftsrahmens werden als Maßnahmen verstanden, die darauf abzielen, einer Beeinträchtigung der natürlichen Umwelt oder der natürlichen Ressourcen abzuhelfen oder vorzubeugen oder eine rationale Nutzung dieser Ressourcen zu fördern.

1128 Diese Beihilfen müssen im Grundsatz zwei Kriterien gerecht werden. Zum einen muss gewährleistet sein, dass der Marktwettbewerb weiterhin funktioniert und die Wettbewerbsfähigkeit der Unternehmen verstärkt wird, Art. 14 lit. a des Gemeinschaftsrahmens für staatliche Umweltbeihilfen. Zum anderen müssen sie gewährleisten, dass bei der Festlegung und Durchführung der Wettbewerbspolitik im Hinblick auf die Förderung einer nachhaltigen Entwicklung die Umweltschutzerfordernisse berücksichtigt werden, s. Art. 14 lit. b des Gemeinschaftsrahmens. Nach dem Willen der Kommission soll dabei die **Internalisierung der Umweltkosten** vorrangiges Ziel sein. Damit ist gemeint, dass die Kosten des Umweltschutzes in die Produktionskosten derjenigen Unternehmen einfließen sollen, die mittelbar oder unmittelbar die Voraussetzungen für die Umweltbelastung gesetzt haben (Art. 6 des Gemeinschaftsrahmens). Damit soll verhindert werden, dass die Unternehmen durch Subventionen ihre Kosten künstlich reduzieren und dadurch die Umweltkosten vor den Verbrauchern geheim halten können (Art. 16

---

[52] EuGH, 68/86, Slg. 1988, 855, 876 – Vereinigtes Königreich/Rat; EuGH, 68/131, Slg. 1988, 905, RdNr. 19 – Vereinigtes Königreich/Rat.

[53] *Grabitz/Hilf/Priebe* Art. 32 EG RdNr. 38.

[54] *Grabitz/Hilf/Priebe* Art. 32 EG RdNr. 38.

[55] ABl. 2008 C 84/10.

[56] ABl. 2004 C 229/03.

[57] ABl. 2001 C 37/3.

[58] Für Beihilfen, die vor dem 1. 4. 2008 angemeldet wurden, gelten weiterhin die alten Leitlinien.

[59] VO 1421/2004, ABl. 2004 L 260/1 erweitert und verändert die VO 2792/1999, ABl. 1999 L 337/10.

des Gemeinschaftsrahmens). Ungeachtet dieser Grundsätze können Beihilfen dann gerechtfertigt sein, wenn sie lediglich eine vorübergehende **Ersatzlösung** sind (Art. 18 lit. a des Gemeinschaftsrahmens), oder wenn sie Unternehmen ermutigen, die geltenden Normen zu übertreffen oder zusätzliche Investitionen durchzuführen, um ihre Anlagen umweltfreundlicher zu gestalten (sog. **Anreizeffekt,** vgl. Art. 18 lit. b des Gemeinschaftsrahmens).

Sonderregeln bei Umweltbeihilfen durch die VO 2792/1999 zur Festlegung der Modali-   **1129** täten und Bedingungen für die gemeinschaftlichen Strukturmaßnahmen im Fischereisektor[60] können insbesondere im Bereich der Durchführung mehrjähriger Ausrichtungspläne (Titel II), des Schutzes und der Entwicklung der aquatischen Ressourcen, Aquakultur, Ausrüstung von Fischereihäfen, Verarbeitung, Vermarktung sowie der Binnenfischerei bestehen (Titel III).

b) Spezialregelungen für die Fischerei. aa) Grundlagen (Art. 42, 43 AEUV). Gem.   **1130** Art. 38 Abs. 2 AEUV gelten die **Vorschriften des Binnenmarktes** im Agrar- und damit auch im Fischereisektor (vgl. Art. 38 Abs. 1 S. 2 AEUV) nur **vorbehaltlich einer fehlenden anderweitigen Bestimmung** in den Art. 39 bis 44 AEUV. Davon betroffen sind insbesondere auch die Regelungen bezüglich der Zulässigkeit einzelstaatlicher Beihilfen (Art. 107 ff. AEUV). In Art. 42 S. 1 AEUV findet sich sodann die Vorgabe, dass die Wettbewerbsregeln nur insoweit für die Produktion und den Handel mit landwirtschaftlichen Erzeugnissen Anwendung finden, als der Rat dies im Rahmen des Art. 43 Abs. 2 und Abs. 3 AEUV und gemäß dem dort vorgesehenen Verfahren bestimmt. Von dieser Möglichkeit hat der Rat – ebenso wie im Bereich der sonstigen Landwirtschaft[61] – im Fischereisektor in erheblichem Umfang Gebrauch gemacht. So sieht sowohl Art. 32 der VO über eine Gemeinsame Marktorganisation für Erzeugnisse der Fischerei und Aquakultur (VO 104/2000)[62] als auch Art. 7 der VO über den Europäischen Fischereifonds (VO 1198/2006)[63] die **Anwendbarkeit der Art. 107 ff. AEUV auf die Erzeugung von und den Handel mit Fischereierzeugnissen** vor. Dadurch gelten auch für den Fischereisektor in weiten Teilen die vertraglichen Beihilferegelungen.

Ausnahmen sind nur dort denkbar, wo ein Fischereierzeugnis **nicht unter die Gemeinsa-**   **1131** **me Marktorganisation fällt.**[64] Auf Beihilfen für den Handel und die Produktion solcher Erzeugnisse sind gem. Art. 3 VO 1184/2006[65] lediglich Art. 108 Abs. 1 und Abs. 3 S. 1 AEUV anwendbar. Dies bedeutet, dass die Kommission insbesondere nicht befugt ist, das in Art. 108 Abs. 2 AEUV vorgesehene Verfahren einzuleiten. Auch solche Beihilfen müssen jedoch mit den Zielen der Gemeinsamen Fischereipolitik übereinstimmen und sind bei einem Verstoß gegen die Mitteilungspflicht des Art. 108 Abs. 3 AEUV als rechtswidrig einzustufen.[66] Wenn die Kommission auch nicht das Verfahren des Art. 108 Abs. 2 AEUV einleiten kann, so steht ihr doch – insofern die Beihilfe sonstiges Gemeinschaftsrecht verletzt – die Möglichkeit des Vertragsverletzungsverfahrens offen.[67]

Insoweit die Art. 107 ff. AEUV auch im Fischereibereich anwendbar sind, sind bei der Prü-   **1132** fung der **Zulässigkeit einzelstaatlicher Beihilfen jedoch einige Besonderheiten** zu beachten. Diese resultieren aus dem Umstand, dass die Geltung der vertraglichen Beihilferegelungen unter dem **Vorbehalt der entsprechenden Anwendungsbefehle** steht und deshalb die **sekundärrechtlichen Vorschriften den vorrangigen Prüfungsmaßstab** darstellen. Wenn Letztere also speziellere Vorschriften enthalten oder abschließend sind, kommt es auf die Art. 107 ff. AEUV nicht mehr an. Praktisch wirkt sich dies zB. dadurch aus, dass die Kommission kein Beihilfevorhaben genehmigen darf, das mit den Vorschriften der Gemeinsamen Marktorganisation für Erzeugnisse der Fischerei und Aquakultur nicht vereinbar ist.[68]

Nach dem Wortlaut des Art. 42 S. 1 AEUV kann die Anwendbarkeit der vertraglichen Bei-   **1133** hilferegelungen **nur für den Bereich der Produktion landwirtschaftlicher Erzeugnisse**

---

[60] VO 2792/1999, ABl. 1999 L 337/10.

[61] S. zu diesem Themenkomplex auch oben, Landwirtschaft RdNr. 18–23.

[62] VO 104/2000, ABl. 2000 L 17/22.

[63] VO 1198/2006, ABl. 2006 L 223/1.

[64] Zum Anwendungsbereich der Gemeinsamen Marktorganisation für Erzeugnisse der Fischerei und Aquakultur s. Art. 1 VO 104/2000, ABl. 2000 L 17/22.

[65] VO 1184/2006, ABl. 2006 L 214/7.

[66] Vgl. dazu EuGH, C-354/90, Slg. 1991, I-5523, RdNr. 12 – Fédération Nationale; *Lenz/Borchardt/ Busse* Art. 36 EG RdNr. 12; *Calliess/Ruffert/Thiele* Art. 36 EG RdNr. 13; *Busse* Agrarrecht RdNr. 269 mit Fn. 342.

[67] *Lenz/Borchardt/Busse* Art. 36 EG RdNr. 12; *Calliess/Ruffert/Thiele* Art. 36 EG RdNr. 13 mwN.

[68] Vgl. zu diesem Problemkreis EuGH, 177/78, Slg. 1979, 2161, RdNr. 11, 21 – Pigs and Bacon Commission/Mc Carren; *Evans* 232; *Lenz/Borchardt/Busse* Art. 36 EG RdNr. 11.

und den Handel mit diesen erklärt werden. Dies ist insofern problematisch, als auch im Fischereibereich vielfach Projekte gefördert werden, die zu den genannten Bereichen keinen unmittelbaren Bezug haben, so zB. Umweltschutzmaßnahmen in der Aquakultur (vgl. Art. 30 VO 1198/2006). Orientierte man sich streng am Wortlaut, so fielen solche Maßnahmen nicht unter den Vorbehalt des Art. 42 S. 1 AEUV, was wiederum zur Folge hätte, dass die Art. 107 ff. AEUV unmittelbar gelten würden. Dann wäre aber kein Raum mehr für eine Modifikation der Zulässigkeitsprüfung für mitgliedstaatliche Beihilfen auf der Grundlage der jeweiligen sekundärrechtlichen Anwendungsbefehle. Dieses Problem lässt sich nur dann überzeugend lösen, wenn man **Art. 42 S. 1 AEUV weit auslegt** und auf alle Maßnahmen der Gemeinschaft im Fischereibereich erstreckt.[69] Dafür spricht der Umstand, dass bei Schaffung des Vertrages die Agrarpolitik auf handels- und produktionsbezogene Maßnahmen ausgerichtet war und aus diesem Grund die vorhandene Formulierung gewählt wurde, ohne dass dadurch eine gegenständliche Begrenzung des Anwendungsbereichs des Art. 42 S. 1 AEUV erfolgen sollte.[70]

1134 Die Vorschrift des Art. 42 S. 2 AEUV ermöglicht die **Genehmigung von Beihilfen zum Schutz benachteiligter Betriebe und im Rahmen wirtschaftlicher Entwicklungsprogramme** durch den Rat. Die Aufzählung dieser beiden Materien ist nicht abschließend zu verstehen, was durch die Verwendung des Wortes „insbesondere" deutlich wird. Eine solche Genehmigung durch den Rat kommt nur dann in Betracht, wenn für den fraglichen Bereich die Art. 107 ff. AEUV grundsätzlich für anwendbar erklärt sind und erweitert damit den Katalog des Art. 107 Abs. 2 und Abs. 3 AEUV.[71] Die praktische Bedeutung der Norm ist begrenzt, da der Rat gem. Art. 108 Abs. 2 UAbs. 3 AEUV bei Vorliegen außergewöhnlicher Umstände einstimmig auf Antrag eines Mitgliedsstaates eine nationale Beihilfe als mit dem Gemeinsamen Markt vereinbar erklären kann[72] und zudem die Möglichkeit besteht, bestimmte Beihilfen auf Vorschlag der Kommission mit qualifizierter Mehrheit des Rates als mit dem Gemeinsamen Markt für vereinbar zu erklären (Art. 107 Abs. 3 lit. e AEUV). Hinsichtlich des **Verfahrens für Maßnahmen nach Art. 42 S. 1 und S. 2 AEUV gilt Art. 43 Abs. 2 und Abs. 3 AEUV,** wonach der Rat die entsprechenden Bestimmungen mit qualifizierter Mehrheit auf Vorschlag der Kommission und nach Anhörung des Europäischen Parlaments erlässt.

1135 **bb) Leitlinien zur Prüfung staatlicher Beihilfen im Fischerei- und Aquakultursektor.** Insofern für eine einzelstaatliche Beihilfe im Fischereisektor die Art. 107 ff. AEUV gelten und die fragliche Maßnahme nicht unter eine Freistellungsverordnung[73] fällt, ist sie bei der Kommission gem. Art. 108 Abs. 3 AEIV anzumelden, damit diese prüfen kann, ob die Beihilfe mit dem Gemeinsamen Markt vereinbar ist. Um die entsprechenden **Entscheidungen der Kommission transparent und vorhersehbar** zu machen, wurden Leitlinien für die Prüfung staatlicher Beihilfen im Fischerei- und Aquakultursektor erlassen.[74]

1136 Diese enthalten zunächst eine **Reihe von allgemeinen Grundsätzen,** denen keine Beihilfemaßnahme zuwiderlaufen darf. So müssen die staatlichen Beihilfen mit den **Zielen der Wettbewerbspolitik und der Gemeinsamen Fischereipolitik in Einklang** stehen, was insbesondere bedeutet, dass sie die Rationalisierung und Effizienz der Produktion und Vermarktung von Fischereierzeugnissen fördern müssen (Punkt 3.1 der Leitlinien). Außerdem soll eine **Kohärenz mit der Förderung durch den Europäischen Fischereifonds** hergestellt werden. Aus diesem Grund kommen Maßnahmen, die aus dem genannten Fonds gefördert werden können, nur dann für eine staatliche Beihilfe in Betracht, wenn sie die für den Fischereifonds geltenden Kriterien erfüllen. Ist dies nicht der Fall, muss der jeweilige Mitgliedstaat nachweisen, dass die Beihilfe begründet und unerlässlich ist. Es findet dann eine Einzelfallprüfung statt.[75] Außerdem gelten die Grundsätze der Anreizwirkung und der Transparenz der Beihilfen (Punkte 3.3 und 3.5 der Leitlinien); Betriebsprämien sind – von einigen Ausnahmen abgesehen – unzulässig (Punkt 3.4 der Leitlinien), und die Laufzeit der Beihilferegelungen darf zehn Jahre nicht überschreiten (Punkt 3.6 der Leitlinien).

---

[69] So *Busse* Agrarrecht RdNr. 275; *Calliess/Ruffert/Thiele* Art. 36 EG RdNr. 12.

[70] Vgl. *Calliess/Ruffert/Thiele* Art. 36 EG RdNr. 13.

[71] S. zu Art. 36 S. 2 EG ergänzend XIII. Landwirtschaft RdNr. 1083–1084.

[72] S. zur diesbezüglichen Praxis des Rates im Bereich der Landwirtschaft *Lenz/Borchardt/Busse* Art. 36 EG RdNr. 19.

[73] Insbesondere unter die VO 800/2008, ABl. 2008 L 214/3, die *De-Minimis*-Freistellung Fischerei (s. dazu unten, RdNr. 1138–1141) oder die KMU-Freistellung Fischerei (s. dazu unten RdNr. 1142–1145).

[74] ABl. 2008 C 84/10.

[75] S. dazu Punkt 3.2 der Leitlinien, ABl. 2008 C 84/10.

Nach Aufstellung dieser allgemeinen Grundsätze differenzieren die Leitlinien sodann nach **1137** **einzelnen Beihilfekategorien,** für die jeweils zusätzlich besondere Zulässigkeitskriterien aufgestellt werden. Im Einzelnen betrifft dies: Beihilfen für Investitionen an Bord von Fischereifahrzeugen (Punkt 4.3 der Leitlinien); Beihilfen zur Beseitigung von Schäden infolge von Naturkatastrophen, sonstigen außergewöhnlichen Ereignissen oder widrigen Witterungsverhältnissen (Punkt 4.4 der Leitlinien); Steuerermäßigungen und reduzierte Beschäftigungskosten für Fischereifahrzeuge der Gemeinschaft, die außerhalb der Gemeinschaftsgewässer tätig sind (Punkt 4.5 der Leitlinien); durch steuerähnliche Abgaben finanzierte Beihilfen (Punkt 4.6 der Leitlinien); Beihilfen für die Vermarktung von Fischereierzeugnissen aus den Gebieten in äußerster Randlage (Punkt 4.7 der Leitlinien); Beihilfen für die Fischereiflotte in den Gebieten in äußerster Randlage (Punkt 4.8 der Leitlinien); Beihilfen für andere Maßnahmen (Punkt 4.9. der Leitlinien). Schließlich finden sich Regelungen zu den von einer Gruppenfreistellung erfassten Beihilfen in Punkt 2.2 iVm. Punkt 4.1 bzw. in Punkt 4.2 der Leitlinien. Die Leitlinien werden von der Kommission seit dem 1. 4. 2008 auf alle Maßnahmen angewandt, die zu bzw. nach diesem Datum gemeldet werden oder geplant sind (Punkt 5.3 der Leitlinien).

　　cc) *De-Minimis*-**Freistellung für die Fischerei.** Zunächst existierte für den Bereich der **1138** Landwirtschaft und Fischerei eine gemeinsame Freistellungs-VO für *De-Minimis*-Beihilfen[76] mit vergleichsweise geringen Höchstwerten. Aufgrund der Erfahrungen der Kommission, die zeigten, dass im Fischereisektor auch Beihilfen, die über diesem geringen Schwellenwert liegen, noch nicht den Wettbewerb verfälschen, wurde sodann eine eigenständige *De-Minimis*-VO für den Fischereibereich erlassen[77] (VO 875/2007). Der **Anwendungsbereich** der VO schließt gem. Art. 1 lit. a VO 875/2007 zunächst Beihilfen aus, die sich nach dem Preis oder der Menge vermarkteter Erzeugnisse richten, weil diese die Gefahr der Beeinträchtigung der bestehenden Marktorganisation bergen.[78] Weiterhin sind angesichts der WTO-rechtlichen Verpflichtungen Ausfuhrbeihilfen und Beihilfen, die einheimische Erzeugnisse gegenüber Importwaren begünstigen, nicht erfasst (Art. 1 lit.b und c VO 875/2007). Ebenso ausgeschlossen vom Geltungsbereich der VO 875/2007 sind gem. Art. 1 lit.d und e VO 875/2007 Beihilfen zur Erhöhung der Fangkapazität und für den Bau oder Kauf von Fischereifahrzeugen. Dies geschah mit Rücksicht auf das Ziel der Gemeinsamen Fischereipolitik, die Arten zu schonen und die Fischereiflotte zu verkleinern.[79] Zuletzt unterfallen Beihilfen an Unternehmen in Schwierigkeiten nicht der *De-Minimis*-VO Fischerei[80] (Art. 1 lit. f VO 875/2007).

　　Mitgliedstaatliche Beihilfen, die die Voraussetzungen der VO 875/2007 erfüllen, gelten als **1139** Maßnahmen, die **nicht alle Tatbestandsvoraussetzungen des Art. 107 Abs. 1 AEUV erfüllen** und unterliegen daher nicht der Anmeldepflicht des Art. 108 Abs. 3 AEUV (Art. 3 Abs. 1 VO 875/2007). Der **Schwellenwert** für freigestellte Beihilfen, unabhängig welcher Art und Zielsetzung, liegt gem. Art. 3 Abs. 2 VO 875/2007 bei 30.000 Euro je Unternehmen, bezogen auf einen Drei-Jahres-Zeitraum, wobei sich der Zeitraum nach den im betroffenen Mitgliedstaat geltenden Steuerjahren bestimmt. Eine andere Höchstgrenze ergibt sich daraus, dass der Gesamtbetrag der an Fischereiunternehmen gewährten Beihilfen einen bestimmten Betrag, bezogen auf den jeweiligen Mitgliedstaat[81] und den Drei-Jahreszeitraum, nicht überschreiten darf (Art. 3 Abs. 4 VO 875/2007). Dieser Gesamtbetrag liegt bei etwa 2,5% des jährlichen Produktionswerts der Fischwirtschaft in dem jeweiligen Mitgliedstaat.[82] Die gewährten Beihilfen müssen gem. Art. 3 Abs. 7 VO 875/2007 transparent sein, dh. dass das Bruttosubventionsäquivalent im Voraus genau berechnet werden können muss, ohne dass eine Risikobewertung erforderlich ist.[83]

　　Hinsichtlich der **Kumulierung** mehrerer freigestellter Beihilfen gilt Folgendes:[84] Der zulässi- **1140** ge Höchstbetrag von 30.000 Euro ist als **Gesamtsumme aller im Drei-Jahres-Zeitraum gewährten** *De-Minimis*-**Beihilfen** zu verstehen (Art. 3 Abs. 2 VO 875/2007). Mit anderen Beihilfen dürfen *De-Minimis*-Beihilfen für die gleichen förderbaren Aufwendungen gem. Art. 3

---

[76] VO 1860/2004, ABl. 2004 L 325/4.

[77] Vgl. VO 875/2007, ABl. 2007 L 193/6, Tz. 5–6.

[78] S. VO 875/2007, ABl. 2007 L 193/6, Tz. 10.

[79] Vgl. Art. 2 Abs. 1 sowie Art. 13 VO 2371/2002, ABl. 2002 L 358/61.

[80] S. dazu VO 875/2007, ABl. 2007 L 193/6, Tz. 12.

[81] Die jeweiligen Grenzwerte finden sich im Anhang zur VO 875/2007, ABl. 2007 L 193/6.

[82] VO 875/2007, ABl. 2007 L 193/6, Tz. 6.

[83] Zu Einzelheiten s. Art. 3 Abs. 7 lit. a bis e VO 875/2007, ABl. 2007 L 193/6.

[84] S. dazu auch *Jaeger* 189, 195 – allerdings noch bezogen auf die Vorgänger-VO 1860/2004, ABl. 2004 L 325/4.

Abs. 8 VO 875/2007 nicht kumuliert werden, wenn die aus der Kumulierung resultierende Förderintensität über der in einer Gruppenfreistellungsverordnung oder in einer von der Kommission verabschiedeten Entscheidung festgelegten Förderintensität liegt.

1141   Zu den **materiellen Freistellungsvoraussetzungen** gehören weiterhin bestimmte **Deklarations- und Informationspflichten.**[85] So haben die Mitgliedstaaten den begünstigten Unternehmen die Höhe der Beihilfe – ausgedrückt im Bruttosubventionsäquivalent – und den Umstand mitzuteilen, dass es sich um eine De-Minimis-Beihilfe handelt. Die Unternehmen sind sodann verpflichtet, eine Aufstellung aller in den letzten beiden und im laufenden Steuerjahr erhaltenen De-Minimis-Beihilfen abzugeben (Art. 4 Abs. 1 VO 875/2007). Erst nach einer anschließenden Prüfung durch die Mitgliedstaaten bezüglich der Einhaltung der geltenden Höchstbeträge darf die Beihilfe sodann gem. Art. 4 Abs. 2 VO 875/2007 gewährt werden. Nur wenn ein Mitgliedstaat über ein Zentralregister der De-Minimis-Beihilfen im Fischereisektor verfügt, das sämtliche relevante Informationen enthält und einen Zeitraum von mind. drei Steuerjahren umfasst, entfallen gem. Art. 4 Abs. 3 VO 875/2007 die Pflichten nach Art. 4 Abs. 1 VO 875/2007. Schließlich ist zu beachten, dass unter den Voraussetzungen des Art. 5 Abs. 1 VO 875/2007 auch eine rückwirkende Geltung der De-Minimis-Freistellung Fischerei in Betracht kommt. Die VO ist bis zum 31. 12. 2013 befristet.

1142   **dd) KMU-Freistellung für die Fischerei.** Neben der Freistellungsverordnung für KMU für den Bereich der Landwirtschaft[86] existiert auch eine spezielle Freistellungsverordnung für den Bereich der Fischerei (VO 736/2008),[87] da der Anwendungsbereich der KMU-Freistellung Landwirtschaft Fischerei- und Aquakulturerzeugnisse nicht umfasst.[88] Was nun den **Geltungsbereich der VO 736/2008** angeht, ist zunächst festzustellen, dass dieser – ebenso wie der der VO 875/2007 und aufgrund der bereits genannten Umstände[89] – gem. Art. 1 Abs. 2 lit. a bis d solche Beihilfen nicht erfasst, die sich nach dem Preis oder der Menge vermarkteter Erzeugnisse richten.[90] Ebenfalls nicht erfasst werden ausfuhrbezogene Beihilfen sowie Beihilfen, durch die einheimische Erzeugnisse gegenüber eingeführten Erzeugnissen erhalten, und Beihilfen an Unternehmen in Schwierigkeiten.[91] Schließlich unterfallen Beihilfen an Unternehmen, die einer Rückforderungsanordnung aufgrund einer früheren Kommissionsentscheidung zur Feststellung der Rechtswidrigkeit einer Beihilfe nicht Folge geleistet haben, sowie Beihilferegelungen, die nicht ausdrücklich Beihilfen an solche Unternehmen ausschließen,[92] nicht der VO 736/2008. Die Freistellungsverordnung umfasst nur Beihilfen an **kleinere und mittlere Unternehmen.** Für die Definition dieser Begrifflichkeit ist gem. Art. 2 lit. g VO 736/2008 auf die Anlage I der AGVO zurückzugreifen. Danach umfasst der Begriff KMU solche Unternehmen, die weniger als 250 Personen beschäftigen und entweder einen Jahresumsatz von höchstens 50 Mio. Euro erzielen oder deren Jahresbilanzsumme sich auf maximal 43 Mio. Euro beläuft. Außerdem dürfen die genannten Unternehmen nicht aufgrund einer Kapitalbeteiligung von (im Wesentlichen) über 25% von einem größeren Unternehmen abhängig sein.

1143   Die VO 736/2008 erklärt diejenigen **transparenten** Beihilfen und Beihilferegelungen[93] als mit dem Binnenmarkt im Sinne von Art. 107 Abs. 3 lit. c AEUV vereinbar und von der Anmeldepflicht des Art. 108 Abs. 3 AEUV freigestellt, die ihre jeweiligen Voraussetzungen erfüllen und von ihrem Anwendungsbereich grundsätzlich erfasst sind. Im Einzelnen werden **verschiedene Beihilfekategorien** unterschieden, die auch jeweils verschiedenen Freistellungsbedingungen unterliegen. Es handelt sich dabei um: Beihilfen für die endgültige Einstellung der Fangtätigkeit (Art. 8 VO 736/2008), Beihilfen für die vorübergehende Einstellung der Fangtätigkeit (Art. 9 VO 736/2008), Beihilfen für sozioökonomische Ausgleichzahlungen für die Verwaltung der Fischereiflotte (Art. 10 VO 736/2008), Beihilfen für produktive Investitionen in der Aquakultur (Art. 11 VO 736/2008), Beihilfen für Umweltschutzmaßnahmen in der Aquakultur (Art. 12 VO 736/2008), Beihilfen für Hygienemaßnahmen (Art. 13 VO 736/2008), Beihilfen für Veterinärmaßnahmen (Art. 14 VO 736/2008), Beihilfen für die Binnenfischerei

---

[85] Vgl. dazu im Gegensatz noch die VO 1860/2004, ABl. 2004 L 325/4 und dazu Jaeger 189, 195. Anders auch die Regelung in der De-Minimis-VO Landwirtschaft, VO 1535/2007, ABl. 2007 L 337/35.

[86] VO 1857/2006, ABl. 2006 L 358/3.

[87] VO 736/2008, ABl. L 201/16.

[88] S. Art. 2 Nr. 2 lit. a VO 1857/2006, ABl. 2006 L 358/3.

[89] S. oben RdNr. 1138–1141.

[90] VO 736/2008, ABl. 2008 L 201/16, Tz. 20.

[91] S. Art. 1 Abs. 2 lit. d VO 736/2008, ABl. 2008 L 201/16 sowie Tz. 14.

[92] S. Art. 1 Abs. 2 lit. e und f VO 736/2008, ABl. 2008 L 201/16 sowie Tz. 15.

[93] Zu Begriff und Voraussetzungen s. Art. 5 VO 736/2008, ABl. 2008 L 201/16.

(Art. 15 VO 736/2008), Beihilfen für die Verarbeitung und Vermarktung (Art. 16 VO 736/2008), Beihilfen für kollektive Aktionen (Art. 17 VO 736/2008), Beihilfen für Maßnahmen zum Schutz und zur Entwicklung der Wasserfauna und -flora (Art. 18 VO 736/2008), Beihilfen für Investitionen in Fischereihäfen, Anlandestellen und Fischereischutzhäfen (Art. 19 VO 736/2008), Beihilfen für die Erschließung neuer Absatzmöglichkeiten und die Ausarbeitung von Werbekampagnen (Art. 20 VO 736/2008), Beihilfen für Pilotprojekte (Art. 21 VO 736/2008), Beihilfen für den Umbau von Fischereifahrzeugen zum Zwecke der Umwidmung (Art. 22 VO 736/2008) sowie Beihilfen für technische Hilfe (Art. 23 VO 736/2008). Zudem sind Steuerbefreiungen nach der Richtlinie 2003/96/EG gem. Art. 24 VO 736/2008 unter gewissen Bedingungen freigestellt. Auffällig ist, dass innerhalb der Freistellungsvoraussetzungen der einzelnen Beihilfekategorien in weiten Teilen auf die VO 1198/2006[94] und 498/2007[95] verwiesen wird. Dabei handelt es sich um die VO über den Europäischen Fischereifonds und die entsprechenden Durchführungsbestimmungen. Die Angleichung der VO 736/2008 an die Vorschriften zum Europäischen Fischereifonds hat die Kohärenz der freigestellten nationalen Beihilfen mit den von der Gemeinschaft finanzierten Fördermaßnahmen zum Ziel.[96]

Die KMU-Freistellung Fischerei enthält für all diese Beihilfekategorien einen **Schwellen-   1144 wert,** oberhalb dessen eine Freistellung nach der VO 736/2008 ausscheidet. So dürfen gem. Art. 1 Abs. 3 VO 736/2008 bei Einzelvorhaben die beihilfefähigen Kosten zwei Mio. Euro nicht überschreiten. Auch darf keine Beihilfe über dem Betrag von einer Mio. Euro pro Begünstigtem und Jahr liegen. Die VO 736/2008 statuiert in Art. 6 ein relativ umfassendes **Kumulierungsverbot.** So wird bei der Berechnung der Schwellenwerte und der jeweils zulässigen Beihilfehöchstintensität der Gesamtbetrag der öffentlichen Förderung herangezogen, unabhängig davon, ob die Förderung aus lokalen, regionalen, nationalen Mitteln oder aus Gemeinschaftsmitteln finanziert wird. Die Kumulierung von mehreren nach der VO 736/2008 freigestellten Beihilfen ist möglich, insofern davon unterschiedliche, jeweils bestimmbare beihilfefähige Kosten betroffen sind (Art. 6 Abs. 2 VO 736/2008). Ist dies nicht der Fall, so ist eine Kumulierung mit anderen freigestellten nationalen Beihilfen und Gemeinschaftsbeihilfen gem. Art. 6 Abs. 3 VO 736/2008 nur zulässig, wenn die jeweilige Beihilfehöchstintensität bzw. der Beihilfehöchstbetrag nach der VO 736/2008 dadurch nicht überschritten wird.

Schließlich enthält die KMU-FreistellungsVO Fischerei eine Reihe von **Informations- und   1145 Deklarationsbestimmungen.** Zu den materiellen Freistellungsvoraussetzungen gehören die Vorlage der Kurzbeschreibung iSd. Art. 25 Abs. 1 VO 736/2008 sowie der ausdrückliche Verweis in der Beihilfe auf die VO 736/2008 (vgl. den Wortlaut des Art. 3 VO 736/2008: „sind freigestellt, (…) sofern (…)"). Zudem müssen die Beihilfen gem. Art. 3 Abs. 5 VO 736/2008 ausdrücklich vorsehen, dass die Begünstigten während der Laufzeit der Beihilfemaßnahme die Vorschriften der Gemeinsamen Fischereipolitik einhalten müssen, und die Beihilfe im Falle der Nichteinhaltung nach Maßgabe der Schwere des Verstoßes wieder einzuziehen ist. Die VO ist bis zum 31. 12. 2013 befristet.

3. Verfahrensfragen. Für die Prüfung der Zulässigkeit mitgliedstaatlicher Beihilfen ist im   1146 Fischereisektor weder die Generaldirektion Wettbewerb noch die Generaldirektion Landwirtschaft, sondern die **Generaldirektion Fischerei und maritime Angelegenheiten** zuständig, was jedoch nichts an der Durchführung und dem Verfahren der Beihilfenprüfung ändert.[97] Unter Missachtung des Gemeinschaftsrechts erteilte Beihilfen müssen zurückgefordert werden, und der Rat darf eine negative Beihilfeentscheidung der Kommission auch nicht dadurch umgehen, dass er den Rückforderungsbetrag als Beihilfe gem. Art. 108 Abs. 2 UAbs. 3 S. 1 AEUV genehmigt.[98]

XVIII. Kultur/Sport/Tourismus

Schrifttum: *Broche/Chatterjee/Orssich/Tosics,* State Aid for films – a policy in motion?, Competition Policy Newsletter 1/2007, S. 44; *Flett,* Pier Pressure: the Sad End of a Victorian Masterpiece?, EC State Aid Law, Festschrift für Francisco Santaolalla Gadea, 89; *Heermann,* Anwendung des europäischen Kartellrechts im Bereich des Sports, WuW 2009, 394 und WuW 2009, 489; *Herold,* European Film Policies in EU and International Law, 2010; *Koenig/Kühling,* Mitgliedstaatliche Kulturförderung und gemeinschaftliche Beihil-

---

[94] VO 1198/2006, ABl. 2006 L 223/1.
[95] VO 498/2007, ABl. 2007 L 120/1.
[96] VO 736/2008, ABl. 2008 L 201/16, Tz. 9.
[97] *Jaeger* 189, 191.
[98] EuGH, C-110/02, Slg. 2004, I-6333, RdNr. 44 – Kommission/Rat; Busse Agrarrecht RdNr. 272.

fenkontrolle durch die EU Kommission, EuZW 2000, 197; *Scharf/Orssich Slavetich*, The Application of State Aid rules to culture and Sports, The EC State Aid Regime – Distortive Effects of State Aid on Competition and Trade, 511; *Sinnaeve*, Does Aid for Theatres affect trade between Member States?, EStAL 2008, 7; *Thomas*, Die Bindungswirkung von Mitteilungen, Bekanntmachungen und Leitlinien der EG-Kommission, EuR 1990, 423; *Wemmer*, Die neuen Kulturklauseln des EG-Vertrages 1996; *Westerhof/Zanettin*, State aid to culture and sports, EU Competition Law Volume IV: State Aid, II, S. 1401.

1147 **1. Allgemeines.** Beihilfen zur Förderung der Kultur und der Erhaltung des kulturellen Erbes sind durch die Ausnahmebestimmung des Art. 107 Abs. 3 lit. d AEUV gedeckt. Dagegen ist dies für Beihilfen in den Bereichen Sport und Tourismus nicht der Fall, es sei denn die durch die Beihilfe geförderte Tätigkeit lässt sich, zumindest zum überwiegenden Teil, unter den Begriff Kultur bzw. kulturelles Erbe subsumieren.[1] Die frühere Entscheidungspraxis, die diese Unterscheidung mitunter nicht deutlich vornahm, scheint nunmehr abgeändert. Dennoch lässt sich im Einzelfall nicht immer klar unterscheiden, ob eine Beihilfe, die etwa dem Erhalt einer touristischen Attraktion zugute kommt, damit nicht auch ein Kulturdenkmal begünstigt. Die Unterscheidung zwischen einerseits Kultur- und andererseits Sport- bzw. Tourismusbeihilfen ist in der Praxis nicht immer klar.[2]

1148 **2. Der Beihilfebegriff in den Sektoren Kultur, Sport und Tourismus.** Die Qualifizierung einer Fördermaßnahme als Beihilfe im Kulturbereich wie auch im Tourismus- oder Sportbereich kann im Einzelfall daran scheitern, dass keine wirtschaftliche Tätigkeit gefördert wird.[3] Weiter kann die mangelnde Beeinträchtigung des zwischenstaatlichen Handels problematisch sein, wogegen von der Selektivität der Maßnahme auf Grund der „Adria-Wien"-Rechtsprechung[4] in den allermeisten Fällen ausgegangen werden muss.[5]

1149 Problematisch ist im **Kultur- und Sportbereich** regelmäßig die Frage nach der **wirtschaftlichen Tätigkeit** des Begünstigten, bzw. danach, ob es sich bei dem Beihilfenempfänger um ein Unternehmen iSd. Artikel 107 Abs. 1 AEUV handelt. Begünstigt werden mitunter Museen, Kulturdenkmäler oder kleinere sportliche Einrichtungen, deren wirtschaftliche Tätigkeit im Verhältnis zu ihren kulturellen oder sportlichen Betätigungen bestenfalls im Hintergrund steht.

1150 Grundsätzlich gilt auch hinsichtlich des Art. 107 Abs. 3 lit. d AEUV ein **weiter Unternehmensbegriff.** Es kommt nicht darauf an, ab ein Gewinn erzielt werden soll oder tatsächlich erzielt wird, sondern vielmehr darauf, ob eine Tätigkeit ausgeübt wird, für die es einen Markt gibt, in dem mehrere Teilnehmer zueinander im Wettbewerb stehen.[6] Ohne Belang ist auch die Rechtsform des Unternehmens. Museen erfüllen den Unternehmensbegriff mitunter lediglich dann nicht, wenn sie sich überwiegend auf Aktivitäten beschränken, die den *„klassischen Museumsaufgaben"* (Bildung, Sammlung bedeutsamer und/oder lehrreicher Gegenstände usw.) gleich-

---

[1] *Schröter/Jakob/Mederer/Mederer* Art. 87 EG RdNr. 353.
[2] Kom., Staatliche Beihilfe N 560/2001 – Brighton Pier.
[3] EuGH, C-159/91 und C-160/91, Slg. 1993, I-637, RdNr. 18, 19 – Christian Poucet/Assurances générales de France und Caisse mutuelle régionale du Languedoc-Roussillon.
[4] EuGH, C-143/99, Slg. 2001, I-8365, RdNr. 54 – Adria-Wien; dort wurde eine Maßnahme, die den gesamten güterzeugenden Wirtschaftszweig begünstigen sollte, als selektiv eingestuft. Siehe auch neuere Urteile EuGH, C-487/06P, RdNr. 92 – British Aggregates; EuGH, C- 172/03, Slg. 2005, I-1627, RdNr. 42 – Heiser.
[5] Anders *Dauses/Götz/Martínez Soria* H. III. RdNr. 228.
[6] Kom., Staatliche Beihilfe NN 50/2007, Tz. 16 – Übernahme staatlicher Haftungen für österreichische Bundesmuseen; *Koenig/Kühling* EuZW 2000, 199.

kommen bzw. wissenschaftlicher Natur sind.[7] Schon das Organisieren von Sonderaustellungen wird als wirtschaftliche Tätigkeit angesehen.[8] Im Bereich des Sports kann bereits bei der Teilnahme an Veranstaltungen mit wirtschaftlichem Charakter davon ausgegangen werden, dass die dabei erbrachten sportlichen Aktivitäten den Charakter einer wirtschaftlichen Tätigkeit haben.[9]

Im **Tourismusbereich** hingegen dürfte die Frage der **wirtschaftlichen Tätigkeit** des Be-   **1151** günstigten meist zu bejahen sein, da dieser seine Tätigkeit in der Regel gerade aus kommerziellen Gründen ausüben wird.

Die **Beeinträchtigung des zwischenstaatlichen Handels** kann, besonders bei Maßnah-   **1152** men zugunsten von Kulturdenkmälern vor allem lokaler Bedeutung, fraglich sein,[10] wenngleich die Erfüllung dieses Kriteriums im Beihilferecht insgesamt fast automatisch bejaht wird.[11] Dies geht nicht zuletzt auf ständige Rechtsprechung zurück, nach welcher der innergemeinschaftliche Handel beeinflusst wird, wenn eine von einem Mitgliedstaat gewährte Finanzhilfe die Stellung eines Unternehmens gegenüber anderen Wettbewerbern im innergemeinschaftlichen Handel verstärkt,[12] wobei eine rein potentielle Beeinträchtigung ausreicht.[13] Dennoch kann ein Einzelfall so gelagert sein, dass von einer Handelsbeeinträchtigung nicht auszugehen ist. Im Fall des Schwimmbads Dorsten ging die Kommission davon aus, dass die Maßnahme einem Schwimmbad zugute kommt, das vor allem von den Bewohnern der Stadt Dorsten und ihrer Nachbargemeinden genutzt wird. Die Kommission sah in diesem Sachverhalt einen deutlichen Unterschied zu Beihilfen, die die Entwicklung großer Freizeitparks fördern, die auf einen nationalen oder sogar internationalen Markt ausgerichtet sind und weit über ihre Heimatregion hinaus beworben werden. Während es bei Maßnahmen zur Förderung von Einrichtungen, die gegenüber einer internationalen Klientel beworben werden wahrscheinlich ist, dass diese den Handel zwischen den Mitgliedstaaten beeinträchtigen können, hielt die Kommission im Fall Dorsten praktisch jede Beeinträchtigung des innergemeinschaftlichen Handels für ausgeschlossen, zumal sich der Einzugsbereich des Bades bis in die benachbarten Niederlande erstreckte.[14] Der **Einzugsbereich** des Begünstigten wird auch bei Kulturbeihilfen berücksichtigt, um eine mögliche Auswirkung auf den zwischenstaatlichen Handel auszuschließen.[15] Abgesehen von sehr lokalen Einrichtungen, wird man im **Tourismusbereich** davon ausgehen können, dass touristische Ziele miteinander im Wettbewerb stehen könnten.[16] Letztendlich kommt es jedoch auch hier auf den Einzelfall an. Im Fall des Förderprogramms für Investitionen in Tourismusinfrastrukturen seitens Baden-Württembergischer Gemeinden, kam die Kommission unter Anwendung des im Fall Dorsten aufgestellten Ansatzes eines Mindesteinzugsbereichs von ca. 50 km für die Annahme einer Beeinträchtigung zum Schluss, dass eine Auswirkung auf den

---

[7] Kom., Staatliche Beihilfe NN 136/A/02 – Ecomusée. Siehe aber Kom., Staatliche Beihilfe NN 50/2007 – Übernahme staatlicher Haftungen für österreichische Bundesmuseen und Kom., Staatliche Beihilfe NN 27/2009, Tz. 13 – Beihilfe zur Mobilität von Museensammlungen in Ungarn.

[8] Kom. Staatliche Beihilfe NN 50/2007, Tz. 20 – Übernahme staatlicher Haftungen für österreichische Bundesmuseen, wonach Museen, zumindest bei der Organisation und Durchführung von Ausstellungen als Unternehmen zu betrachten sind; und neuestens Kom., Staatliche Beihilfe NN 27/2009, Tz. 13 – Beihilfe zur Mobilität von Museensammlungen in Ungarn; Kom., Staatliche Beihilfe NN 43/2007, Tz. 19 – Compensation for loss and damage on objects provided to large public exhibitions.

[9] *Heermann* WuW 2009, 394, 399.

[10] Kom., Staatliche Beihilfe N 497/2006, Tz. 16 – PŘEROV Gemeindehaus (PŘEROV); siehe zur Schwierigkeit der Frage der Beeinträchtigung des zwischenstaatlichen Handels bei Fällen von Kulturdenkmälern *Flett* 98.

[11] *Sinnaeve* EStAL 2008, 7.

[12] EuGH, C-280/00, Slg. 2003, I-7747, RdNr. 78 – Altmark Trans; EuGH, C-278/92, C-279/92 und C-280/92, Slg. 1994, I-4103, RdNr. 40; EuGH, 730/79, Slg. 1980, 2671, RdNr. 11 – Philip Morris/Kommission. Ein (leicht) anderer Ansatz, nach welchem allein die Feststellung der Gewährung der Beihilfe den Anforderungen aus Art. 296 AEUV nicht genügt, den das Gericht in den verb. Rs. EuG, T-304/04 und T-316/04, Slg. 2006, II-64, RdNr. 69 – Italien und Wam SpA/Kommission verfolgt hat, ist vom Gerichtshof in der Revision letztendlich nicht bestätigt worden, sondern auf den speziellen streitgegenständlichen Einzelfall beschränkt worden, EuGH, C-494/06, Slg 2009, I-3639 RdNr. 36 f. u. 61 f.

[13] EuG, T-211/05, RdNr. 152 – Italien/Kommission.

[14] Kom., Staatliche Beihilfe N 258/2000 – Schwimmbad Dorsten; siehe auch Pressemitteilung „Kommission entscheidet auf Antrag Deutschlands, dass die kommunale Förderung eines Schwimmbades keine staatliche Beihilfe darstellt", IP/00/1509 v. 21. 12. 2000.

[15] Kom., Staatliche Beihilfe N 257/2007 – Beihilfe für Theaterproduktionen im Baskenland; siehe Anmerkung zur Entscheidung und der Kommmissionspraxis bei *Sinnaeve*, EStAL 2008, 7.

[16] Kom., Staatliche Beihilfe N 436/2001, Tz. 12 – Förderungsprogramm für Tourismus und Sportangeln.

zwischenstaatlichen Handel auszuschließen ist.[17] Bezüglich der ebenfalls eher lokal bedeutsamen Maßnahmen zugunsten Seilbahnbetreiber hat die Kommission ihre Entscheidungspraxis zur Beeinträchtigung des zwischenstaatlichen Handels in einer Mitteilung zusammengefasst,[18] die insgesamt für potentielle lokale Beihilfeempfänger aufschlussreich ist. Für Seilbahnen ist davon auszugehen, dass *„eine Anlage, die aufgrund ihres Zweckes geeignet ist, auch auswärtige Nutzer zur Inanspruchnahme zu bewegen, den innergemeinschaftlichen Handel beeinflusst. Dies trifft nicht notwendigerweise zu bei Anlagen in Orten, die nur in geringem Umfang mit Einrichtungen für den Wintersport ausgestattet sind und nicht über entsprechende Kapazitäten zur Aufnahme von Touristen verfügen“.*[19] Somit wird letztendlich auch auf den Einzugsbereich der Anlage abgestellt. Allerdings wird ebenfalls berücksichtigt, ob die *„Maßnahme Begünstigten zugute käme, die im innerstaatlichen Wettbewerb stehen (können)“.* Bei Anlagen, die in erster Linie der Personenbeförderung dienen, käme es hingegen nur dann zu Auswirkungen auf den innergemeinschaftlichen Handel, wenn ausländische Wettbewerber dieselbe Beförderungsdienstleistung anböten. Als Unterscheidungsmerkmale sieht die **Seilbahnmitteilung** eine Reihe objektiver Merkmale vor:

– Standort der Anlage (innerstädtisch oder zur Verbindung von Bevölkerungszentren);
– Betriebszeiten (saisonal oder ganzjährig, nur tagsüber oder auch nach Einbruch der Dunkelheit);
– Nutzertyp (vorwiegend örtlich oder nicht: Verhältnis zwischen der Anzahl der Tages- und Wochenskipässe);
– Verhältnis zwischen Anzahl und Kapazität der Anlagen und der Anzahl der am Ort wohnenden Nutzer;
– Vorhandensein anderer touristischer Einrichtungen im fraglichen Gebiet.[20]

1153 Diese Merkmale zeigen, welche Gesichtspunkte die Kommission in Betracht ziehen kann, bez. im speziellen Fall von Seilbahnen in Betracht ziehen muss,[21] um die Auswirkungen der Maßnahme auf den zwischenstaatlichen Handel zu prüfen. Letztendlich kommt es jedoch auf den Einzelfall an.

1154 Ob es künftig vermehrt zu einer ökonomischen Analyse der Auswirkungen auf den Handel zwischen den Mitgliedstaaten kommt,[22] ist unklar. Zielführender als eine solche letztendlich auch nicht transparente oder vorhersehbare ökonomische Analyse mögen weitere Mitteilungen der Kommission bzw. eine denkbare Gruppenfreistellungsverordnung sein.[23]

1155 In der Praxis ist allerdings nicht immer klar, ob der Beihilfetatbestand wegen Mangels einer wirtschaftlichen Tätigkeit oder dem Fehlen der Beeinträchtigung des zwischenstaatlichen Handels in Frage gestellt wird: Die Kommission verneint das Vorliegen einer Beihilfe selten, sondern lässt die Frage nach Darstellung der Zweifel am Vorliegen einer Beihilfe meist offen,[24] um dann nach einer hypothetischen Prüfung die Vereinbarkeit der evtl. vorliegenden Beihilfe zu bejahen.[25]

---

[17] Kom., Staatliche Beihilfe N 610/2001 – Bundesrepublik Deutschland Tourismusinfrastrukturprogramm Baden-Württemberg.

[18] Mitteilung der Kommission an die übrigen Mitgliedstaaten und anderen Beteiligten zur staatlichen Beihilfe N 376/01 – Genehmigung staatlicher Beihilfen gemäß den Artikeln 87 und 88 EG-Vertrag, ABl. 2002 C 172/2, 5; siehe vorher zB. Kom., Staatliche Beihilfe N 860/2001 – Österreich Revitalisierungsprojekt „Skigebiet Mutterer Alm“.

[19] Mitteilung der Kommission an die übrigen Mitgliedstaaten und anderen Beteiligten zur staatlichen Beihilfe N 376/01 – Genehmigung staatlicher Beihilfen gemäß den Artikeln 87 und 88 EG-Vertrag, ABl. 2002 C 172/2, RdNr. 26.

[20] Mitteilung der Kommission an die übrigen Mitgliedstaaten und anderen Beteiligten zur staatlichen Beihilfe N 376/01 – Genehmigung staatlicher Beihilfen gemäß den Artikeln 87 und 88 EG-Vertrag, ABl. 2002 C 172/2, RdNr. 27.

[21] Zur Bindungswirkung von Kommissionsmitteilungen und Leitlinien EuG, T-369/06, RdNr. 93 – HollandMalt/Kommission; EuGH, C-313/90, Slg. 1991, I-2557, RdNr. 40 – CIRFS/Kommission; zur Bindungswirkung im Wettbewerbsrecht EuGH, C-189/02P, C-202/02P, C-205/02P, C-208/02P, C-213/02P, Slg. 2005, I-5425, RdNr. 209 – Dansk Rørindustri; ferner *Thomas* EuR 1990, 423.

[22] Siehe aber *Koenig/Kühling* EuZW 2000, 200; *Sinnaeve* EStAL 2008, 7 – Eine wirtschaftliche Analyse der Auswirkungen auf den zwischenstaatlichen Handel hat allerdings den Gerichtshof in Rs. EuGH C-494/06, Slg. 2009 I-3639, gerade nicht für nötig erachtet, RdNr. 58.

[23] *Sinnaeve* EStAL 2008, 11.

[24] Kom., Staatliche Beihilfe NN 136/A/02 – Ecomusée; siehe aber auch Kom., Staatliche Beihilfe NN 50/2007 – Übernahme staatlicher Haftungen für österreichische Bundesmuseen; Kom., Staatliche Beihilfe N 497/2006, Tz. 16 – Gemeindehaus (PRˇEROV); Kom., ABl. 2005 L135/21, Tz. 94 – Bioscope Freizeitpark im Elsass.

[25] Siehe zB. Kom., Staatliche Beihilfe NN 136/A/02 – Ecomusée.

3. Entstehung des Art. 107 Abs. 3 lit. d AEUV. Der Ausnahmekatalog des Art. 107 Ab- **1156**
satz 3 AEUV ist durch den Maastrichter Vertrag (Vertrag über die Europäische Union) um den
Buchstaben d ergänzt worden.[26] Die Ergänzung ist im Zusammenhang mit der damals ebenfalls
neu aufgenommenen Kulturbestimmung des Art. 167 AEUV[27] zu sehen, der ebenso wie der
Art. 107 Abs. 3 lit. d AEUV eine Güterabwägung zwischen den kulturellen Interessen der Mit-
gliedstaaten und anderen Zielen des Vertrages vorsieht.[28] Daher ist Art. 107 Abs. 3 lit. d AEUV
hinsichtlich des Kulturbegriffes unter Berücksichtigung des Art. 167 AEUV zu interpretieren.[29]
Die Aufnahme des Kulturartikels im Vertrag von Maastricht und der Ausnahmebestimmung des
Art. 107 Abs. 3 lit. d AEUV erklärt sich durch den im Maastrichter Vertrag wiedergegebenen
Richtungswechsel von einer rein auf die Integration der Wirtschaft bezogenen „Europäischen
Wirtschaftsgemeinschaft" hin zu einer Konzeption der Integration mit Ziel einer immer enge-
ren Union.[30] Mit dem neuen Kulturartikel ist die Kultur erstmals explizit in den AEUV aufge-
nommen worden. Einzig der auch schon vor Maastricht im Vertragswerk befindliche Art. 36
AEUV,[31] der Ausnahmen von den Freizügigkeitsbestimmungen vorsieht (ua. zum Schutz des
nationalen Kulturgutes von künstlerischem, geschichtlichem oder archäologischen Wert), enthielt eine Kulturkomponente. Während dies zur Begründung einer zumindest komplementären
Kulturkompetenz geführt hat,[32] hat die Einführung des Art. 107 Abs. 3 lit. d nicht zu einer
grundsätzlich neuen und etwa positiveren Einstellung der Kommission zu Kulturbeihilfen geführt. Vielmehr standen diese Kulturbeihilfen, die auf Grund von Artikel 107 Abs. 3 lit. c oder b
AEUV meist genehmigt wurden,[33] schon vorher positiv gegenüber, sofern sie nicht Angehörige
anderer Mitgliedstaaten diskriminierten.[34]

Die Kommission ist nach ständiger Rechtsprechung gehalten, bei der Entscheidung über die **1157**
Vereinbarkeit einer staatlichen Beihilfe mit dem Gemeinsamen Marktes dafür Sorge zutragen,
dass keine Beihilfe für vereinbar erklärt wird, die zu anderen Vorschriften des Vertrages im Widerspruch steht (sog. **„Legalitätsprinzip"**).[35] Die Anwendbarkeit der Vertragsbestimmung auf
Kultur allgemein ist bereits sehr früh durch den Gerichtshof bejaht worden.[36] So erstaunt es
nicht, dass die Kommission schon vor der Einführung der Ausnahmebestimmung des Art. 107
Abs. 3 Buchst. d AEUV Beihilfemaßnahmen im Kulturbereich untersucht hat,[37] auch wenn
vereinzelt die Ansicht vertreten wurde, letzterer sollte insgesamt von den Beihilferegeln ausgenommen sein, was allerdings inzwischen nicht mehr vertreten wird.[38]

4. Umfang des Artikel 107 Abs. 3 lit. d AEUV. Art. 107 Abs. 3 lit. d AEUV sieht eine **1158**
Ausnahmebestimmung für die beiden Bereiche „Kultur" und „kulturelles Erbe" vor. Art. 107
Abs. 3 lit. d AEUV ist im Wortlaut der Bestimmung des Art. 107 Abs. 3 lit. c AEUV nachge-
bildet. Im Unterschied zu Art. 107 Abs. 3 lit. c AEUV sind nach Art. 107 Abs. 3 lit. d AEUV

---

[26] Siehe auch Mitteilung der Kommission zu bestimmten Rechtsfragen im Zusammenhang mit Kinofilmen und anderen audiovisuellen Werken, ABl. 2002 C 43/6, RdNr. 2. Zur Entstehungsgeschichte des
Art. 167 AEUV *Grabitz/Hilf/Ress/Ukrow* Art. 151 EG RdNr. 1 ff.; *Schwarze/Sparr* Art. 151 EG RdNr. 1 ff.

[27] Mit dem Vertrag von Maastricht eingefügt als damaliger Art. 128 EGV. Die Vorschrift wurde dann in
Art. 151 EG (Nizza) und später in Art. 167 AEUV (Lissabon) umnummeriert.

[28] Siehe *Calliess/Ruffert/Blanke* Art. 151 EG RdNr. 14 mwN.

[29] *Koenig/Kühling/Ritter/Streinz* Art. 87 EG RdNr. 92; *Grabitz/Hilf/v. Wallenberg* Art. 87 EG RdNr. 178;
Heidenhain/Heidenhain § 19 RdNr. 3; *Lenz/Borchardt/Kreuschitz/Rawlinson* Art. 87 EG RdNr. 59; sa. Art. 6
lit. c AEUV.

[30] Erwägungsgrund Nr. 11 der Präambel des EGV, Ergänzungsgrund Nr. 13 der Präambel des EUV. Siehe
auch *Schwarze/Sparr* Art. 151 EG RdNr. 5; *Grabitz/Hilf/Ress/Ukrow* Art. 151 EG RdNr. 82; *Westerhof/
Zanettin* 1899 ff.

[31] Vormals Artikel 31 EG.

[32] *Grabitz/Hilf/Ress/Ukrow* Art. 151 EG RdNr. 13, 28 ff., 42; anders *Streinz/Niedobitek* Art. 87 EG
RdNr. 13 und 30; *Schwarze/Bär-Bouyssière* Art. 87 EG RdNr. 103.

[33] Kom., XXI. Bericht über die Wettbewerbspolitik 1991/1992, RdNr. 271; Kom., XXIII. Bericht über
die Wettbewerbspolitik 1993/1994, RdNr. 34 und RdNr. 173 f.; aA *Herold* 132 f.

[34] Kom., XXIII. Bericht über die Wettbewerbspolitik 1993/1994, RdNr. 34 und RdNr. 173 f.; *Lenz/
Borchardt/Kreuschitz/Rawlinson* Art. 87 EG RdNr. 58; *Calliess/Ruffert/Cremer* Art. 87 EG RdNr. 60.

[35] EuGH, C-225/91, Slg. 1993, I-3203, RdNr. 41 – Matra/Kommission; EuGH, C-73/79, Slg. 1980,
1533, RdNr. 11 – Kommission/Italien; Mitteilung der Kommission zu bestimmten Rechtsfragen im Zusammenhang mit Kinofilmen und anderen audiovisuellen Werken, ABl. 2002 C 43/6, RdNr. 2 f. – Kino-
mitteilung; *Westerhof/Zanettin* 1934 f.

[36] EuGH, 7/68, Slg. 1968, 634 – Kommission/Italien.

[37] *Schröter/Jakob/Mederer/Mederer* Art. 87 EG RdNr. 354 mwN.

[38] *Koenig/Kühling* EuZW 2000, 197.

jedoch solche Beihilfen unvereinbar, die *„Handels- und Wettbewerbsbedingungen"* (Art. 107 Abs. 3 lit. c AEUV spricht nur von *„Handelsbedingungen")* in *„einem Maße beeinträchtigen"* (Art. 107 Abs. 3 lit. c AEUV: *„in einer Weise verändern")* die dem gemeinsamen Interesse zuwiderläuft. Die Gründe für diese Unterschiede sind unklar, ebenso wie die möglichen Folgen für die Beihilfenkontrolle:[39] der Zusatz des Erfordernis einer Beeinträchtigung auch der Wettbewerbsbedingungen legt eine weitere Auslegung der Ausnahmebestimmung nahe. Die Verwendung des Erfordernisses der „Beeinträchtigung" anstelle des Erfordernisses der „Veränderung" legt umgekehrt eine niedrigere Anforderung an die Unvereinbarkeit nahe.[40] Insgesamt ist davon auszugehen, dass die Ausnahmebestimmung des Art. 107 Abs. 3 lit. d AEUV schon als Gegengewicht zu dem nicht klar umrissenen Kulturbegriff strengere Vereinbarkeitsvorrausetzungen verlangt.[41] Sonst könnten zB. gewöhnliche Betriebsbeihilfen mit nur geringer kultureller Wirkung als Kulturbeihilfen unter der Ausnahmebestimmung des Art. 107 Abs. 3 lit. d AEUV geprüft und genehmigt werden, obwohl sie keiner anderen Ausnahmebestimmung des Art. 107 Abs. 3 AEUV entsprechen und so eigentlich nicht genehmigt werden können.[42] Eine auf diese Unterschiede im Wortlaut zu Art. 107 Abs. 3 lit. c AEUV beruhende andere Entscheidungspraxis lässt sich allerdings nicht nachweisen.[43]

1159   In der Praxis werden unter der Ausnahmeregel des Art. 107 Abs. 3 lit. d AEUV neben Maßnahmen zur Unterstützung von naheliegenden kulturellen Zielen wie Theater oder Dichtung zB. auch solche zur Verbreitung von Büchern[44] oder der Produktion von Klangaufnahmen[45] genehmigt, sofern jeweils die Maßnahme dem (kulturellen) Produkt und nicht der Industrie an sich zugute kommt.[46]

1160   **5. Kultur. a) Der Kulturbegriff.** Der Begriff der „Kultur" wird in Art. 107 Abs. 3 lit. d AEUV ebenso wenig wie im Art. 167 AEUV definiert.[47] Da sowohl Art. 167 AEUV als auch die Ausnahmebestimmung des Art. 107 Abs. 3 lit. d AEUV gleichzeitig in den Vertrag aufgenommen wurden, kann man davon ausgehen, dass der Kulturbegriff identisch ist.[48] Das Fehlen einer Definition erklärt sich schon daraus, dass der Begriff wesensmäßig nur schwer definierbar ist[49] und letztendlich einer Quadratur des Kreises gleichkäme.[50] Zudem spiegelt der Kulturbegriff die vielfältigen Kulturbegriffe der Mitgliedstaaten wieder[51] und muss somit einen Auslegungsspielraum zulassen.[52] Die Kommission hat den Begriff wie folgt umschrieben: *„Gemeinhin ist „Kultur" ein komplexer Begriff. Gemeint sein können die schönen Künste, einschließlich der verschiedensten Kunstwerke, Kulturgüter und -dienstleistungen. „Kultur" hat auch eine anthropologische Komponente. Sie ist die Grundlage für eine symbolische Welt von Bedeutungen, Überzeugungen, Werten und Traditionen, die ihren Ausdruck finden in Sprache, Kunst, Religion und Mythen."*[53]

1161   Bei der Definition des Kulturbegriffes für die Zwecke der Beihilfenkontrolle ist einem pragmatischen Ansatz zu folgen. Berücksichtigt werden zumindest Bereiche, in denen die Mitgliedstaaten nationale Kulturpolitik und -förderung betreiben.[54] Eine Orientierung am mitgliedstaat-

---

[39] Anders *Grabitz/Hilf/v. Wallenberg* Art. 87 EG RdNr. 181, die durch das Fordern einer Beeinträchtigung höhere Anforderungen als Art. 107 Abs. 3 lit. c AEUV an die Interessenswidrigkeit und damit an die Unvereinbarkeit der Beihilfe mit dem Gemeinsamen Markt begründet sieht.

[40] *Schröter/Jakob/Mederer/Mederer*Art. 87 EG RdNr. 352.

[41] *Scharf/Orssich Slavetich* 517; nun auch *Westerhof/Zanettin* 1901 ff.

[42] Siehe für Betriebsbeihilfen, deren Gewährung nicht mit der Verwirklichung spezifischer Projekte einhergeht, EuG, T-211/05, RdNr. 179 f. – Italien/Kommission sowie *Koenig/Kühling/Ritter* 101 f.

[43] Siehe auch *Calliess/Ruffert/Cremer* Art. 87 EG RdNr. 60; *Westerhof/Zanettin* 1901.

[44] Kom., ABl. 2005 L 85/27 betreffend die Beihilfe, die Frankreich zugunsten des Centre d'Exportation du Livre Français (CELF) durchgeführt hat.

[45] Kom., Staatliche Beihilfe N 760/2007 – modification du dispositif du crédit d'impôt en faveur de la production phonographique.

[46] *Koenig/Kühling* EuZW 2000, 201.

[47] *Lenz/Borchardt/Kreuschitz/Rawlinson* Art. 87 EG RdNr. 59.

[48] *Wemmer* 199.

[49] *Streinz/Niedobitek* Art. 151 EG RdNr. 24 u. 28; *Schwarze/Sparr* Art. 151 EG RdNr. 5.

[50] So *Calliess/Ruffert/Blanke* Art. 151 EG RdNr. 2.

[51] *Grabitz/Hilf/v. Wallenberg* Art. 87 EG RdNr.179; *Streinz/Koenig/Kühling* Art. 87 EG RdNr. 92; *Wemmer* 11 ff.

[52] *Schwarze/Bär-Bouyssière* Art. 87 EG RdNr. 103.

[53] Mitteilung der Kommission an das europäische Parlament, den Rat, den Europäischen Wirtschafts- und Sozialausschuss und den Ausschuss der Regionen über eine europäische Kulturagenda im Zeichen der Globalisierung, KOM(2007) 242.

[54] *Streinz/Koenig/Kühling* Art. 87 EG RdNr. 92.

lichen Kulturbestand rechtfertigt sich auch aus der subsidiären und komplementären Kulturkompetenz der EU.[55] Bei den so abgedeckten Bereichen handelt es sich zunächst um die „klassischen" Kulturbereiche, wie Musik, bildende Kunst einschließlich Kunsthandwerk, darstellende Kunst (Theater, Tanz), Film, audiovisuelle Kunst, Denkmalpflege und Brauchtum,[56] wobei letztere sich bei Artikel 107 Abs. 3 lit. d AEUV auch, bzw. den Umständen nach auch ausschließlich, unter den Begriff des kulturellen Erbes subsumieren lassen. Maßnahmen zur Verbreitung der Sprache, zumal wenn es sich um Minderheitensprachen[57] handelt, sind als Kulturbeihilfen genehmigt worden und der Gerichthof hat in jüngster Rechtsprechung letztendlich Sprachen allgemein als Teil der Kultur anerkannt.[58]

Der Kulturbegriff ist nicht als statischer sondern als ein dynamischer Begriff zu verstehen,[59] **1162** der gesellschaftliche Entwicklungen widerspiegelt. So sind zB Videospiele, sofern sie auf einem kulturellen Innhalt aufbauen, als Teil der Kultur angesehen, und Beihilfen zur Produktion von Videospielen auf Grundlage von Art. 107 Abs. 3 lit. d AEUV genehmigt worden.[60] Die Kommission hat dabei berücksichtigt, dass die Unesco die Videospielbranche als Kulturbranche und deren Rolle für die kulturelle Vielfalt anerkennt. Berücksichtigt wurde auch, dass Videospiele Konzepte, Werte und Themen vermitteln können, die das kulturelle Umfeld widerspiegeln, in dem sie entwickelt wurden, und sich auf die Denkweisen und kulturellen Bezugspunkte insbesondere junger Benutzer auswirken können. Darüber hinaus nahm die Kommission zur Kenntnis, dass Videospiele zunehmend in verschiedenen Altersgruppen und Gesellschaftsklassen sowie bei Männern und Frauen Verbreitung finden.[61]

Somit stellt sich die Frage der Grenzen des Kulturbegriffs.[62] Für Artikel 167 AEUV ist davon **1163** auszugehen, daß der Kulturbegriff eng gesehen werden muss, da er die eng verbundenen Bereiche Bildung sowie Forschung und technologische Entwicklung nicht umfasst, die in anderen Vorschriften geregelt werden.[63] Art. 107 Abs. 3 lit. d AEUV stellt eine Ausnahmebestimmung vom generellen Beihilfeverbot dar, und muss daher schon aufgrund der Rechtsprechung eng ausgelegt werden.[64]

Zudem ist zu beachten, dass zwar Kultur im Unterschied zu anderen Erzeugnissen kein gewöhnliches Produkt ist.[65] Trotzdem stehen Künstler, Produzenten, Vertriebsfirmen und alle am **1164** Prozess des künstlerischen Schaffens und der Erhaltung des kulturellen Erbes Beteiligten häufig zueinander im Wettbewerb um Publikum, Inserenten und Absatzmöglichkeiten.[66] Kulturelle Betätigung ist nur in Ausnahmefällen völlig frei von kommerziellen Erwägungen.[67] Nicht umsonst wird mitunter von Kulturbetrieb oder „cultural industries" gesprochen.[68] Auch ist der Kultursektor als „wichtiger Arbeitsgeber" anerkannt worden.[69] Ganz offen wird dies beim audiovisuellen Sektor angesprochen, für den die Kommission die Verbesserung seiner Wettbewerbsfähigkeit als allgemeine Zielsetzung des MEDIA 2007 Programms festgehalten hat.[70]

Läßt man einen sehr weiten Kulturbegriff im Rahmen der Beihilfedisziplin zu, der auch Tä- **1165** tigkeiten am Rande dessen, was noch als Kultur angesehen werden kann, berücksichtigt, besteht

---

[55] *Grabitz/Hilf/Ress/Ukrow* Art. 151 EG RdNr. 86.

[56] *Grabitz/Hilf/Ress/Ukrow* Art. 151 EG RdNr. 86.

[57] Kom., Staatliche Beihilfe N 161/2008 – Beihilferegelung zugunsten der Baskischen Sprache.

[58] EuGH, C-222/07, RdNr. 33 – UTECA.

[59] *Grabitz/Hilf/Ress/Ukrow* Art. 151 EG RdNr.86; *Calliess/Ruffert/Blanke* Art. 151 EG RdNr. 2.

[60] Kom., Staatliche Beihilfe C 47/2006 – Steuergutschrift für die Erstellung von Videospielen.

[61] Kom., Staatliche Beihilfe C 47/2006, Tz. 63 – Steuergutschrift für die Erstellung von Videospielen.

[62] *Flett* 103.

[63] *Schwarze/Sparr* Art. 151 EG RdNr. 5.

[64] EuGH, C-278/00, Slg. 2004, I-3997, RdNr. 81 – Hellenische Republik; Kom., Staatliche Beihilfe C 47/2006, Tz. 65 – Steuergutschrift für die Erstellung von Videospielen; *Grabitz/Hilf/v. Wallenberg* Art. 87 EG RdNr. 179, siehe auch *Heidenhain/Heidenhain* § 19 RdNr. 3.

[65] Kom., XXIII. Bericht über die Wettbewerbspolitik 1993/1994, RdNr. 34 und 174.

[66] Kom., XXIII. Bericht über die Wettbewerbspolitik 1993/1994, RdNr. 34 und 174.

[67] Siehe allerdings zu Abgrenzungsschwierigkeiten zwischen wirtschaftlicher und nicht wirtschaftlicher Tätigkeit, *Westerhof/Zanettin* 1905 ff. und *Flett* 98.

[68] Siehe zB. Unesco unter http://portal.unesco.org/culture/en/ev.php-URL_ID=35024&URL_DO= DO_TOPIC&URL_ SECTION=201.html.

[69] Beschluss Nr. 1903/2006 des Europäischen Parlaments und des Rates über das Programm „Kultur", ABl. 2006 L 378, Tz. 4.

[70] Mitteilung der Kommission – Aktive Bürgerschaft konkret verwirklichen: Förderung der europäischen Kultur und Vielfalt durch Programme im Bereich Jugend, Bürgerbeteiligung, Kultur und audiovisuelle Medien, KOM (2004) 154.

die Gefahr, dass Beihilfen unter die Ausnahmebestimmung der Kultur für vereinbar erklärt werden, die letztendlich primär oder gar ausschließlich rein wirtschaftlichen Tätigkeiten zugute kommen.

1166   Die Kommission ist in ihrer bisherigen Entscheidungspraxis auch insofern von einem restriktivem Ansatz ausgegangen, als sie verlangt, dass die Maßnahme einen kulturellen Innhalt fördert, und nicht etwa das Medium oder die Vertriebsart *per se* gefördert wird.[71] Deutlich ist dies in Entscheidungen zu Druckerzeugnissen, bei denen die Kommission regelmäßig nur dann eine Vereinbarkeit auf Grundlage von Art. 107 Abs. 3 lit. d AEUV bejaht, wenn die Maßnahme Erzeugnisse mit kulturellem Inhalt fördern.[72] Die Kommission hat es zB nicht als ausreichend angesehen, dass eine geförderte Zeitung in einer Minderheitensprache erscheint, deren Zielgruppe eine weibliche Leserschaft war, ohne dass sie einen kulturellen Inhalt als solchen aufwies.[73] Zwar mögen Maßnahmen zugunsten solcher Veröffentlichungen indirekt auch die Minderheitensprache fördern, jedoch geht die Kommission davon aus, dass die erzieherischen und demokratischen Erfordernisse eines Mitgliedstaates von der Förderung der Kultur getrennt zu behandeln sind.[74] Bei der Förderung von Zeitungen an sich geht es nicht unbedingt um kulturelle Inhalte, sondern schlicht um Information oder auch einfach die Kommerzialisierung eines Verlagserzeugnisses.[75]

1167   **b) Film und audiovisuelle Produkte – Mitt. „Filmwirtschaft".** Zu Beihilfen für audiovisuelle Produkte hat sich, nicht zuletzt wegen ihrer wirtschaftlichen Bedeutung,[76] eine besondere Anwendungspraxis herausgebildet.

1168   Die Kommission hat seit 1988 und ihrer Entscheidung über Beihilfen für die griechische Filmindustrie[77] eine umfangreiche Sammlung von Grundsatzentscheidungen zu Beihilfen für Filme und die audiovisuelle Branche aufgebaut.

1169   1997 ging bei der Kommission eine Beschwerde gegen die französische Regelung zur Förderung von Kinoproduktionen ein, die Ausschlusswirkungen dadurch haben sollte, dass die Gewährung der Beihilfe davon abhängig war, dass bestimmte Filmarbeiten im Inland durchgeführt wurden (sogenannte **„Territorialisierung"** oder **„Gebietsklauseln"**). Nach Abänderung einiger unzulässigen Vorschriften durch Frankreich genehmigte die Kommission die französische Regelung. Allerdings kündigte sie eine Umfrage an, um die Regelungen der übrigen Mitgliedstaaten anhand der in dieser Entscheidung zugrunde gelegten Kriterien zu prüfen. Diese Umfrage ergab, dass die meisten Regelungen der Kommission nicht zur Genehmigung vorgelegt worden waren. Auf Grundlage dieser Umfrage veröffentlichte die Kommission die **„Mitt. Filmwirtschaft".**[78] Nach der Mitt. „Filmwirtschaft" müssen Beihilfen im Filmsektor einerseits den Grundsatz der **„allgemeinen Rechtmäßigkeit"** einhalten, wonach keine Beihilfe genehmigungsfähig ist, die gegen andere Bestimmungen des EG-Vertrags verstößt. Zusätzlich wurden **vier spezifische Kriterien** für die Filmwirtschaft definiert, die die Einhaltung der Kulturausnahme in Art. 107 Abs. 3 lit. d AEUV gewährleisten sollen.

1170   Der **Grundsatz der allgemeinen Rechtmäßigkeit** verpflichtet die Kommission zu prüfen, ob die Bedingungen für die Gewährung der staatlichen Beihilfe nicht gegen die allgemeinen Bestimmungen des AEUV verstoßen. Dadurch nimmt die Mitt. „Filmwirtschaft" das von der

---

[71] Kom., Staatliche Beihilfe N 458/2004, Tz. 11 – Ayuda pública a Espacio Editorial Andaluza Holding; siehe auch *Westerhof/Zanettin* 1918.

[72] Kom., Staatliche Beihilfe N 355/2005, Tz. 12 – Kalligram.

[73] Kom., Staatliche Beihilfe N 352/2005, Tz. 13 f. – LOAR. In dem Fall wurde die Beihilfe auf Grundlage von Artikel 107 Abs. 3 lit. c AEUV für vereinbar erklärt.

[74] Kom., ABl. 2006 L 118 – Maßnahmen, die Italien zugunsten des Verlagswesens angemeldet hat; Kom., Staatliche Beihilfe NN 88/1998 – Finanzierung eines werbefreien Nachrichtenkanals durch die BBC über Gebühren; Kom., Staatliche Beihilfe NN 70/1998 – Staatliche Beihilfe für öffentliche Kanäle Kinderkanal und Phoenix.

[75] Kom., ABl. 2006 L 118, Tz. 55 – Maßnahmen, die Italien zugunsten des Verlagswesens angemeldet hat; Kom., Staatliche Beihilfe N 352/2005, Tz. 13 f. – LOAR.

[76] In der EU werden pro Jahr ca. 1,6 Mrd. EUR für nationale Filmförderung ausgegeben, der größte Teil dieses Betrags entfällt auf die Filmproduktion, siehe Commission Staff Working Document accompanying the Report from the Commission on Competition Policy 2008, SEC(2009) 1004 final, RdNr. 236; Allein die deutschen Kinos setzen jährlich rund 800 Mio. EUR um, siehe deutsche Film-Förderungsanstalt, Marktdaten Kinoergebnisse, http://www.ffa.de.

[77] Kom., ABl. 1989 L 208 über Beihilfen der griechischen Regierung an die Filmwirtschaft für die Herstellung von griechischen Filmen.

[78] Mitt. „Filmwirtschaft", ABl. 2009 C 31/01.

Rechtsprechung entwickelte **„Legalitätsprinzip"** auf.[79] So muss ua. feststehen, dass die Grundsätze des AEUV gewahrt sind, also etwa kein Verstoß gegen das Verbot der Diskriminierung aus Gründen der Staatsangehörigkeit und kein Eingriff in die Niederlassungs- oder Dienstleistungsfreiheit oder den freien Warenverkehr vorliegt (etwa Art. 18, 34, 36, 45, 49, 54 und 56 AEUV).[80] Demnach dürfen Beihilferegelungen beispielsweise nicht so ausgestaltet sein, dass die Beihilfe ausschließlich Inländern gewährt wird, dass der Empfänger ein nach nationalem Handelsrecht im Inland niedergelassenes Unternehmen sein muss (Unternehmen, die in einem Mitgliedstaat niedergelassen sind und in einem anderen Mitgliedstaat eine Betriebsstätte oder Zweigniederlassung unterhalten, müssen die Beihilfe ebenfalls erhalten können). Auch darf von ausländischen Unternehmen, die im Rahmen der Herstellung von Filmen Dienstleistungen erbringen, nicht verlangt werden, dass sie ihre Arbeitnehmer nach nationalem Arbeitsrecht des beihilfegewährenden Landes beschäftigen.

Was die geförderten Tätigkeiten betrifft, so wurden zunächst vor allem Beihilfen vergeben, **1171** um die jeweils nationale Filmwirtschaft zu unterstützen. Zunehmend werden auch Maßnahmen entwickelt, um die zur Filmwirtschaft gehörenden technischen Industrien zu unterstützen (Studios, Spezialeffekte etc.).[81] Bei Beihilferegelungen zugunsten des Films und der Fernsehproduktion, die durch parafiskalische Abgaben finanziert werden, ist dafür Sorge zu tragen, dass sie nicht ausschließlich oder in einem höheren Maße nationale Produzenten begünstigen. Solche Regelungen sind nach der Entscheidungspraxis der Kommission und der Rechtsprechung des Gerichtshofes nur dann mit dem Vertrag vereinbar, wenn importierte Produkte nicht belastet werden und nationale Produkte nicht geringer belastet werden, wenn diese exportiert werden.[82]

c) Spezifische Kriterien für die Zulässigkeit staatlicher Beihilfen für Kino- und **1172** **Fernsehproduktionen:** Das **erste Kriterium** verlangt, dass die Beihilfe einem kulturellen Erzeugnis zugute kommt. Laut Mitt. Filmwirtschaft muss jeder Mitgliedstaat *„sicherstellen, dass Beihilfen nur für Produktionen gewährt werden, die nach überprüfbaren nationalen Kriterien einen kulturellen Inhalt haben (gemäß dem Subsidiaritätsgrundsatz)".*[83]

Die Kommission hat in ihrer Entscheidungspraxis den Mitgliedstaaten dabei einen Entschei- **1173** dungsspielraum gelassen und eine weite Spannbreite von Beihilfen zur Förderung von Filmen, sei es von Dokumentarfilmen, Zeichentrickfilmen, oder Spielfilmen, genehmigt. Auch hat sie die besondere Doppelnatur audiovisueller Werke anerkannt, nach der zum einen audiovisuelle Werke Wirtschaftsgüter sind, die erheblich zur Schaffung von Wohlstand und Beschäftigung beitragen können, sie zum anderen aber auch Kulturgüter darstellen, die unsere Gesellschaft widerspiegeln und sie gleichzeitig mitgestalten. Aus diesem Grund wurde die Entwicklung dieses Sektors nie ausschließlich den Marktkräften überlassen.[84]

Dennoch können weder die besondere Natur der audiovisuellen Werke noch das Subsidiari- **1174** tätsprinzip so weit führen, dass Filme ohne jeglichen kulturellen Inhalt gefördert werden, da dies letztendlich dazu führen würde, dass die Beihilfe nicht einem kulturellen Produkt Film zu kommt, sondern der Filmindustrie. Industriebeihilfen sind jedoch nicht auf Grund von Artikel 107 Abs. 3 lit. d AEUV genehmigungsfähig, sondern müssen sich nach den allgemeinen Vereinbarkeitsregeln richten.

Die Kommission stellt nach der Mitt. „Filmwirtschaft" einerseits darauf ab, ob der anmelden- **1175** de Mitgliedstaat einen kulturellen Inhalt definiert hat, den es zu fördern gilt und andererseits dazu überprüfbare Kriterien aufgestellt hat. Dies kann zB. anhand eines beschriebenen Eigenschaftstests sichergestellt werden, der so angelegt wird, dass geförderte Produktionen einen kulturellen Inhalt haben und die Erhaltung des kulturellen Erbes fördern. Dazu wurden in jüngeren Entscheidungen zur britischen,[85] deutschen[86] und ungarischen[87] oder maltesi-

---

[79] Vgl. RdNr. 35.

[80] EuGH, C-73/79, Slg. 1980, 1533, RdNr. 11 – Kommission/Italien; EuGH, C-225/91, Slg. 1993, I-3203, RdNr. 41 – Matra/Kommission; EuGH, C-156/98, Slg. 2000, I-6857, RdNr. 78 – Kommission/Deutschland.

[81] *Scharf/Orssich Slavetich* 520.

[82] Mitt. „Filmwirtschaft" Ziff. 2.3.

[83] Mitt. „Filmwirtschaft" Ziff. 2.3.

[84] Mitt. „Filmwirtschaft" Ziff. 1; siehe auch *Koenig/Kühling/Ritter* 153.

[85] Kom., Staatliche Beihilfe N 461/2005 – United Kingdom UK film tax incentive.

[86] Kom., Staatliche Beihilfe N 695/2006 – Anreiz zur Stärkung der Filmproduktion in Deutschland.

[87] Kom., Staatliche Beihilfe N 202/2008 – Filmszakmai támogatási program.

schen[88] Filmförderung jeweils Punkte für den (kulturellen) Inhalt bzw. kreative Talente vergeben, wobei eine gewisse Mindestpunktzahl Vorrausetzung der Förderung ist.[89]

1176 Nach dem **zweiten Kriterium** muss der Produzent mindestens 20% des Filmbudgets in anderen Mitgliedstaaten ausgeben dürfen, ohne dass ihm die gewährte Beihilfe gekürzt wird; die Kommission akzeptiert im Rahmen der Förderbedingungen eine *„Territorialisierung"* der Ausgaben in Höhe von höchstens 80% des Produktionsbudgets eines geförderten Film- oder Fernsehwerks. Dieses Kriterium erkennt an, dass eine Territorialisierung der Ausgaben bis zu einem gewissen Grad erforderlich sein kann, um Kulturschaffende im Land zu halten, die über besondere Fähigkeiten und Fachkenntnisse verfügen, allerdings nur so weit wie dies zur Förderung der angestrebten kulturellen Ziele unerlässlich ist.[90] Die Kommission stand der Territorialisierung stets kritisch gegenüber, da diese dem Prinzip des Binnenmarktes zuwiderläuft.[91] Die Erlaubnis zur Territorialisierung lässt sich letztendlich nur durch die Besonderheiten des Kultursektors erklären, in dem naturgemäß nationalen Traditionen ein großer Raum eingeräumt werden muss.[92] Die Kommission hatte deshalb in der Mitt. Filmwirtschaft eine umfassende Studie über die wirtschaftlichen und kulturellen Auswirkungen der Territorialisierung angekündigt. Diese wurde am 22. Mai 2008 veröffentlicht kam aber zu keinem schlüssigem Ergebnis hinsichtlich der wirtschaftlichen und kulturellen Auswirkungen der Territorialisierung. Die Kommission hat das Kriterium daher aufrecht erhalten, aber erneut angekündigt, dass weitere Überlegungen erforderlich sind, die zu einer Änderung des Kriteriums führen können.[93] Angesichts der fraglichen Vereinbarkeit der Territorialisierung mit dem Binnenmarkt, ist eine Verschärfung der zulässigen Höchstgrenzen nicht unwahrscheinlich.[93a]

1177 Laut dem **dritten Kriterium** muss die Höhe der Beihilfe grundsätzlich auf 50% des Produktionsbudgets beschränkt sein, damit für normale marktwirtschaftliche Geschäftsinitiativen weiterhin Anreize bestehen und ein Förderwettlauf zwischen den Mitgliedstaaten vermieden wird. Für schwierige oder mit knappen Mitteln erstellte Produktionen gilt diese Obergrenze nicht. Nach Auffassung der Kommission hat jeder Mitgliedstaat aufgrund des Subsidiaritätsprinzips das Recht, selbst zu definieren, welche Filme nach nationalen Parametern schwierige oder mit knappen Mitteln erstellte Produktionen sind. In der Entscheidungspraxis wurden als „schwierige" Filme typischerweise Filme angesehen, die nicht auf einen großen kommerziellen Erfolg rechnen durften, so zB Erstlingsfilme, Kurzfilme[94] bzw. Filme in Sprachen, die die Verbreitung des Films erschweren.[95]

1178 Das **vierte Kriterium** schließlich stellt klar, dass keine zusätzlichen Beihilfen für besondere Filmarbeiten (zB Postproduktion) genehmigt werden, damit die Neutralität der Anreizwirkung gewahrt bleibt und der Mitgliedstaat, der die Beihilfe gewährt, nicht gerade die betreffenden Unternehmen besonders schützen oder ins Land locken kann. Dadurch wird auch sichergestellt, dass das gesamte Filmbudget zur Grundlage der Beihilfeberechungen genommen wird, und nicht etwa die Beihilfeintensität durch besondere Zahlungen erhöht werden kann.

1179 Während der Anwendungsbereich der Mitt. „Filmwirtschaft" nur die Produktion audiovisueller Werke umfasst, hat die Kommission sie **per Analogie auch auf ähnliche Produkte** oder Dienstleistungen angewandt. Dazu zählen beispielsweise Videospiele,[96] das Schreiben von Drehbüchern[97] sowie Maßnahmen zur Unterstützung der Vermarktung und des Vertriebs von Filmen.[98] Bei Maßnahmen zur Förderung der Umstellung der Kinos auf digitale Formate stößt

---

[88] Kom., Staatliche Beihilfe N 605/2007 – Financial Incentives for the Audiovisual Industry Regulations.

[89] Siehe allgemein: *Broche/Chatterjee/Orssich/Tosics*, State Aid for films – a policy in motion?, Competition Policy Newsletter 1/2007, S. 44.

[90] Mitt. „Filmwirtschaft" Ziff. 12.

[91] Im Bereich (naturwissenschaftlicher) Forschung hat der EuGH ein vergleichbares System als mit Artikel 56 AEUV unvereinbar erklärt, EuGH, C-39/04, Slg. 2005, I-2057 – Laboratoires Fournier; siehe auch *Westerhof/Zanettin* 1936 f.; *Herold* 155 ff.

[92] ZB. Kom., Staatliche Beihilfe N 121/2007 – Mesures fiscales en faveur de la production d'oeuvres audiovisuelles (régime tax-shelter) und allgemein *Scharf/Orssich Slavetich* 522 f.

[93] Mitt. „Filmwirtschaft", 1.

[93a] *Herold* 166.

[94] Kom., Staatliche Beihilfe N 449/2005 – Beihilfe für die Produktion von Kurzfilmen in Spanien.

[95] Siehe zB Kom., Staatliche Beihilfe N 291/2007 – Suppletieregeling Filminvesteringen Nederland, Uitvoeringsregeling Lange Speelfilm.

[96] Siehe oben Fn. 60.

[97] Kom., Staatliche Beihilfe N 181/2004.

[98] Kom., Staatliche Beihilfe N 368/2005.

die Anwendung Mit. „Filmwirtschaft" allerdings an ihre Grenzen, da nicht mehr gewährleistet wird, dass ein kultureller Inhalt eher als ein Medium an sich gefördert wird.[99]

Andererseits wurden Maßnahmen zur Unterstützung von Tätigkeiten, die nicht mehr, oder **1180** nur noch sehr entfernt mit der Produktion von Filmen zu tun haben, direkt auf Grundlage von Art. 107 Abs. 3 lit. d AEUV geprüft.[100] Praktisch führt dies zu der zusätzlichen Prüfung der Verhältnismäßigkeit der Beihilfe, die bei Vorliegen der Kriterien der Mitt „Filmwirtschaft" angenommen wird.

Grundsätzlich sollen nach der Mitt. „Filmwirtschaft" Beihilfen in das Gesamtbudget eines **1181** konkreten Filmprojekts fließen und nicht Unternehmen, die Filme und Fernsehprogramme produzieren, als solche gefördert werden.[101] Maßnahmen zur Unterstützung von Unternehmen im audiovisuellen Sektor können auf Grundlage anderer Ausnahmebestimmungen des Art. 107 Abs. 3 AEUV genehmigt werden.[102]

Die Geltungsdauer der Mitt. „Filmwirtschaft" ist mehrfach verlängert worden, zuletzt bis spä- **1182** testens zum 31. Dezember 2012, sofern nicht vorher neue Regeln für Beihilfen in Kraft treten.[103] Ende 2008 leitete die Kommission eine öffentliche Konsultation zu ihren Plänen ein, die Geltungsdauer für die in der Mitteilung zur Filmwirtschaft festgelegten Prüfkriterien **zum Ende** des Jahres 2012 zu verlängern, was sie schließlich im Februar 2009 getan hat.[104]

Bezüglich des Sonderfalls des öffentlich-rechtlichen Rundfunks wird auf die Kommentierung **1183** in Teil F. III. verwiesen.

6. Beihilfen zur Erhaltung des kulturellen Erbes. Der Bereich des kulturellen Erbes **1184** schließt in besonderem Maße die Denkmalpflege[105] ein, wobei der Begriff weit zu verstehen,[106] und an Artikel 167 AEUV auszurichten ist.[107] Das kulturelle Erbe kann die mit der Zucht von Lipizzaner Pferden zusammenhängende Tradition[108] genauso umfassen wie besondere Formen des Handwerks[109] oder die Renovierung eines berühmten Bauwerks.[110] Auch hier sind die Abgrenzungen zu Tourismus oder gar Regionalbeihilfen nicht immer leicht zu treffen. So genehmigte die Kommission auf Grundlage des Regionalbeihilferahmens ein Investitionsvorhaben bestehend aus einem Themen- bzw. Freizeitpark mit kulturellen und wissenschaftlichen Schwerpunkt, der nahe der Ausgrabungsstätte Pompeji-Ercolano erbaut werden und dessen thematischer Anknüpfungspunkt die Ausgrabungsstätte Pompeji sein soll.[111]

7. Sport. Ähnlich wie Kultur spielt der Sportsektor eine besondere gesellschaftliche Rolle, **1185** und kann nicht allein wirtschaftlich gesehen werden. So hat Sport in Art. 165 AEUV Eingang in die Neufassung des ehemaligen Artikel 149 EG gefunden. Dieser sieht als Ziel der Tätigkeit der Union vor, zur *„Entwicklung der europäischen Dimension des Sports durch Förderung der Fairness und der Offenheit von Sportwettkämpfen und der Zusammenarbeit zwischen den für den Sport verantwortlichen Organisationen sowie durch den Schutz der körperlichen und seelischen Unversehrtheit der Sportler, insbesondere der jüngeren Sportler"* beizutragen.

Bereits anlässlich des Vertrags von Amsterdam wurde durch die rechtlich nicht bindende Er- **1186** klärung zum Sport der Sonderstellung des Sports Rechnung getragen.[112] Der Rat von Nizza schließlich unterstrich in seiner Erklärung im Anhang zu den Schlussfolgerungen[113] die Notwendigkeit, bei allen Aktionen der Gemeinschaft *„die sozialen, erzieherischen und kulturellen Funk-*

---

[99] Kom., Staatliche Beihilfe C 25/2009 – Italian film tax incentives.

[100] Kom., Staatliche Beihilfe N 477/2004 – UK Film Council Specialised Film Distribution and Exhibition Initiatives.

[101] Mitt. „Filmwirtschaft", Ziff 2.3.

[102] Kom., Staatliche Beihilfe N 73/2005 – East Midlands Media Investment.

[103] Mitt. „Filmwirtschaft", 1.

[104] ABl. 2009 C 31/1.

[105] *Streinz/Koenig/Kühling* Art. 87 EG RdNr. 93.

[106] *Lenz/Borchardt/Kreuschitz/Rawlinson* Art. 87 EG RdNr. 59.

[107] *Heidenhain/Heidenhain*§ 19 RdNr. 3.

[108] Kom., Staatliche Beihilfe N 471/2008 – Lipica Horses.

[109] Kom., Staatliche Beihilfe N 536/2006 – Development of Cyprus Handicraft.

[110] Kom., Staatliche Beihilfe N 106/2005 – Hala Ludowa.

[111] Kom., Staatliche Beihilfe N 229/2001 – Pompei Tech WORLD SpA. für das Projekt eines Freizeitparks; siehe auch Kom., XXXI. Bericht über die Wettbewerbspolitik (2001), 317.

[112] Siehe Erklärung Nr. 29 zum Vertrag von Amsterdam ABl. 1997 C 340, Tz. 136.

[113] Erklärung über die im Rahmen gemeinsamer Politiken zu berücksichtigenden besonderen Merkmale des Sports und seine gesellschaftliche Funktion in Europa in: Schlussfolgerungen des Vorsitzes Europäisches Recht (Nizza), 7., 8. und 9. Dezember 2000, Anlage IV siehe auch in Weißbuch Sport, KOM(2007) 391.

tionen [zu] berücksichtigen, die für den Sport so besonders charakteristisch sind, damit die für die Erhaltung seiner gesellschaftlichen Funktion notwendige Ethik und Solidarität gewahrt und gefördert werden". Die Kommission hat in ihrem Weißbuch zum Sport anerkannt, dass Sport ein wachsendes gesellschaftliches und wirtschaftliches Phänomen ist, das einen wichtigen Beitrag zu den strategischen Zielen Solidarität und Wohlstand der Europäischen Union leistet.[114]

1187 Dennoch ist auch Sport nicht von der Anwendung des Beihilferechts befreit, ebenso wenig wie von den gemeinschaftlichen Rechtsvorschriften (einschließlich der Wettbewerbsregeln) insgesamt.[115] Sofern Sport auch eine wirtschaftliche Tätigkeit darstellt,[116] wie es zB. bei großen Sportvereinen oder Fußballvereinen meist der Fall sein wird, unterfällt sie laut ständiger Rechtsprechung, wie jede andere wirtschaftliche Tätigkeit auch, den Beihilferegeln.[117]

1188 Bislang gibt es allerdings erst wenige Entscheidungen, in denen die Kommission Artikel 107 AEUV auf den Sport angewandt hat. Mangels größerer Praxis ist die Kommission somit auch bisher nicht in der Lage gewesen, Leitlinien oder eine Mittelung zur Anwendung des Beihilferechts im Sportbereich[118] zu erlassen, geschweige denn dem Rat eine Ermächtigung zum Erlassen einer Gruppenfreistellungsverordnung vorzuschlagen.[119]

1189 Die Ausnahmeregel des Art. 107 Abs. 3 lit. d AEUV wird auf Sport nur selten anwendbar sein. Dies wäre nur dann möglich, wenn in der sportlichen Betätigung auch eine kulturelle gesehen werden kann, was allerdings nicht grundsätzlich der Fall ist, schon weil weite Teile des Sportbetriebes überwiegend wirtschaftliche sind. Allein die Tatsache, dass sportliche Betätigung als Feizeitvergnügen erfolgt und eine Abgrenzung zur Kultur nicht immer leicht ist, reicht nicht aus, um Sport grundsätzlich als Teil der Kultur anzuerkennen.[120] So wurde beispielhaft in einem Fall argumentiert, dass Pferderennen dergestalt mit dem nationalen kulturellen Erbe verbunden seien, dass eine Maßnahme auch aufgrund der Ausnahmebestimmung von Art. 107 Abs. 3 lit d AEUV vereinbar sein sollte.[121] Die Kommission hatte in diesem Fall Bedenken, ob die Maßnahme, sollte sie eine Beihilfe sein, unter Anwendung des Art. 107 Abs. 3 lit. d AEUV für vereinbar erklärt werden könne. Es war nicht ersichtlich, ob die Maßnahme hauptsächlich einer kulturellen Tätigkeit zukommt bzw. ob die Gewährung der Maßnahme durch eine Koppelung an den kulturellen Wert von Pferderennen gekoppelt ist.[122] Allerdings ist dieser Fall letztlich wegen der Rücknahme der Anmeldung nicht entscheiden worden.[123]

1190 Beihilfen im Sportbereich fallen meist unter eine der folgenden zwei Fallkonstellationen (i) Beihilfen für den Bau bzw. Unterhalt von Sportinfrastrukturen und (ii) Beihilfen zu Sportvereinen.

1191 Was **Infrastrukturbeihilfen** angeht, wird auf die vor allem im Verkehrssektor entwickelten und in Kapitel D. V, sowie D. VII (RdNr. 714 u. 773 ff.), und D. VIII (RdNr. 852 ff.) beschriebenen Regeln verwiesen. Obwohl die Kommission bisher nur eine begrenzte Entscheidungspraxis zu Infrastrukturbeihilfen im Sportbereich entwickelt hat, lässt sich doch festhalten, dass es entscheidend darauf ankommen wird, ob die Infrastruktur allgemein genutzt wird. Sofern das

---

[114] Weißbuch Sport, KOM(2007) 391.

[115] Siehe bereits Kom., Bericht im Hinblick auf die Erhaltung der derzeitigen Sportstrukturen und die Wahrung der sozialen Funktion des Sports im Gemeinschaftsrahmen – Helsinki Bericht zum Sport, KOM(1999) 644, unter 4.; XXIX. Bericht über die Wettbewerbspolitik (1999), 61 f.; *Heermann* WuW 2009, 394 f., 396 f.

[116] Laut *Weißbuch* Sport ist Sport ein dynamischer und schnell wachsender Sektor, dessen makroökonomische Auswirkungen unterschätzt werden.

[117] EuGH, C-36–74, Slg. 1974, 1405, RdNr. 4 – Walrave/Union Cycliste Internationale; EuGH, C-13/76, Slg. 1976, 1333, RdNr. 12 – Donà/Mantero; EuGH, C-415/93, Slg. 1995, I-4921, RdNr. 73 – URBSF/Bosman; EuGH, C-51/96 und C-191/97, Slg. 2000, I-2549, RdNr. 41, 42 – Christelle Deliège/Ligue francophone de judo et disciplines associées ASBL, Ligue belge de judo ASBL, Union Européenne de judo; François Pacquée; EuGH, C-176/96, Slg. 2000, I-2681, RdNr. 32, 33 – Jyri Lehtonen and Castors Canada Dry Namur-Braine ASBL/Fédération royale belge des sociétés de basket-ball ASBL (FRBSB).

[118] Eine Ausnahme bildet die Seilbahnmitteilung aaO Fn. 20.

[119] Arbeitsdokument der Dienststellen der Kommission, EU und Sport. Hintergrund und Kontext – Begleitdokument zum Weißbuch Sport, Ziff. 3.2.2.; siehe zu Gruppenfreistellungsverordnungen: Bericht der Kommission an den Rat und das Europäische Parlament – Evaluierungsbericht über die Anwendung der VO 994/98 über die Anwendung der Art. 87 und 88 EG auf bestimmte Gruppen horizontaler Beihilfen, gemäß Artikel 5 dieser Verordnung, KOM(2006) 831.

[120] *Scharf/Orssich Slavetich* 533 f. Anders allerdings *Koenig/Kühling* EuZW 2000, 197 und *Koenig/Kühling/Ritter* 152, die Sport grundsätzlich als Teil der Kultur bzw. die Brauchtums sehen.

[121] Eröffnungsentscheidung der Kommission im Fall Kom., Staatliche Beihilfe C 16/2005 – Geplanter Verkauf des TOTE an den Racing Trust.

[122] Eröffnungsentscheidung der Kommission im Fall Kom., Staatliche Beihilfe C 16/2005, RdNr. 74 – Geplanter Verkauf des TOTE an den Racing Trust.

[123] Kom., ABl. 2006 C 204/8.

der Fall ist, könnte von davon ausgegangen werden, dass die Finanzierung der Infrastruktur eine hoheitliche Aufgabe und somit beihilfefrei ist.[124] Ferner wird überprüft werden, ob die Nutzungsüberlassung der Infrastruktur eine Begünstigung darstellt. Als Beispiel sei hier auf den Fall des Investitionsvorhabens der Stadt Rotterdam zugunsten des Sportpalastes im Ahoy-Komplex hingewiesen, in welchem die Kommission letztendlich die Maßnahme nach Eröffnung des förmlichen Prüfverfahrens als beihilfefrei genehmigte.[125] Das Vorhaben umfasste eine Investition in Höhe von bis zu 42 Mio. EUR in die Renovierung und den Ausbau eines Sportpalasts. Die Stadt Rotterdam fungiert hierbei als Eigentümerin des Komplexes, für den sie die Betriebsrechte an einen privaten Betreiber veräußert hatte. Die Kommission leitete das Prüfverfahren vor allem deshalb ein, weil sie Zweifel hatte, ob dem privaten Betreiber des Ahoy-Komplexes durch die Investition der Stadt ein unrechtmäßiger Vorteil entstehen würde. Nach Prüfung gelangte die Kommission jedoch zu der Auffassung, dass kein unrechtmäßiger Vorteil durch die Investition gewährt wurde, da die Investition bereits bei den Veräußerungsgeschäften zwischen der Stadt und dem Betreiber ordnungsgemäß berücksichtigt worden war. Somit konnte das Vorliegen einer Beihilfe ausgeschlossen werden.[126]

Hinsichtlich der zweiten Fallgruppe, der **Beihilfen für Sportvereine,** sind die Beihilfen für **1192** französische Profifußballvereine[127] beispielhaft für die Beurteilungspraxis der Kommission. Dabei ging es um Beihilfen für die Finanzierung von Ausbildungszentren, die französische Profifußballvereine betreiben, und die eine Kombination aus Schul- und Sportausbildung für junge Spieler erbringen. Die Kommission kam zu dem Schluss, dass die Maßnahmen keine Beihilfen darstellten, da sie Erziehungs- und Eingliederungszwecken dienen und sichergestellt sei, dass weder eine Überkompensierung der durch diese Aktivitäten entstandenen Kosten entstünde, noch eine Quersubventionierung zu anderen Wettbewerbstätigkeiten des Clubs stattfände.

Im Weißbuch Sport[128] hat die Kommission ihre beihilferechtliche Einschätzung von Beihilfen **1193** für Sportvereine im Allgemeinen umrissen, und dabei zwischen Amateursportvereinen und Profisportvereinen unterscheiden. Bei **Amateursportvereinen** erkennt die Kommission an, dass in den meisten europäischen Ländern die Tradition besteht, lokalen Sportvereinen auf örtlicher Ebene (meist seitens der Gemeinden) Zuschüsse zu gewähren. Die sportlichen, sozialen, kulturellen und Freizeitdimensionen der Amateursportvereine sind für die Behörden der meisten Mitgliedstaaten wichtig, v. a. da sie davon ausgehen, dass der Sport bei der Förderung von Integration und Gesundheit eine wichtige Rolle spielt. Viele kleine Vereine benötigen möglicherweise eine öffentliche Finanzierung, um effizient funktionieren zu können. Angesichts der Tatsache, dass Amateurvereine im Allgemeinen nicht als Unternehmen im Sinne des Art. 107 Abs. 1 AEUV angesehen werden, da sie keine wirtschaftlichen Tätigkeiten ausüben, fallen Subventionen, die diesen Organisationen gewährt werden, meist nicht unter die Vorschriften für staatliche Beihilfen. Bei **Profisportvereinen** hingegen geht die Kommission davon aus, dass sie wirtschaftlichen Tätigkeiten nachgehen und es keine überzeugenden Argumente gibt, warum diese von den Vorschriften für staatliche Beihilfen ausgenommen werden sollen. Dabei soll die Anwendung des Beihilferechts zur Wettbewerbsneutralität unter Spielern, Vereinen und Wettbewerben beitragen.[129]

Da es sich um ein Weißbuch handelt, kommt dieser Einschätzung allerdings keine rechtliche **1194** Bindewirkung bei. Sie verrät allerdings den Standpunkt, von dem die Kommission bei einer Fallprüfung im Einzelfall ausgehen würde.

8. Tourismus. Beihilfen zur Tourismusförderung unterfallen nicht an sich einer der Aus- **1195** nahmebestimmungen des Artikel 107 Abs. 3 AEUV. Sofern sie den Tourismus fördern, indem sie einem kulturellen Zweck oder dem Erhalt des kulturellen Erbes zukommen, können sie unter den Anwendungsbereich der Ausnahmebestimmung des Art. 107 Abs. 3 lit. d AEUV fallen.[130] Denkbar ist auch, dass sie zB. eine sportliche Betätigung unterstützen, die die touristische Attraktivität einer Region erhöhen soll. In dem Fall wird von einer Beihilfe zugunsten

---

[124] *Westerhof/Zanettin* 1976.

[125] Eröffnungsentscheidung in der Beihilfesache Kom., Staatliche Beihilfe C 4/2008 – Investition der Stadt Rotterdam in den Ahoy-Komplex.

[126] Arbeitsdokument der Kommissionsdienststellen begleitend zum Bericht der Kommission über die Wettbewerbspolitik 2008, KOM(2009) 374, RdNr. 110 f.

[127] Kom., Staatliche Beihilfe N 118/2000 – Staatliche Subventionen für professionelle Sportklubs.

[128] Weißbuch Sport, KOM(2007) 391.

[129] Arbeitsdokument der Dienststellen der Kommission, EU und Sport. Hintergrund und Kontext – Begleitdokument zum Weißbuch Sport, 31f.

[130] ZB. Kom., Staatliche Beihilfe N 317/2000 – La Réunion 2000–2006 – produits liés aux loisirs touristiques.

eines Wirtschaftszweiges ausgegangen werden müssen, und die Maßnahme unter Art. 107 Abs. 3 lit. c AEUV geprüft werden.[131]

1196 **9. Ausblick.** Die Kommission hat bisher davon Abstand genommen, Leitlinien, oder, von der Mitt. Filmwirtschaft abgesehen, Mitteilungen für den Bereich Kunst und Kultur zu verfassen.[132]

1197 Ein möglicher Ansatz, den die Kommission allerdings bisher nicht weiter verfolgt hat, läge darin, den Begriff Kultur auf Bereiche zu beschränken, die nach **allgemeiner Auffassung** der *„Kultur"* zugeordnet werden.[133] So könnte im Bedarfsfall überprüft werden, ob das entsprechende Betätigungsfeld breites in einer Mehrzahl von Mitgliedstaaten, oder, wie im oben erwähnten Beispiel der Videospiele etwa durch die UNESCO als Bestandteil der Kultur gesehen wird.

XIX. Gesundheit

Schrifttum: *Bartosch*, The Ruling in BUPA – Clarification or Modification of Altmark?, EStAL 2008, 211; *Biondi*, BUPA v. Commission, EStAL 2008, 401; *Chérot*, Jurisprudence Altmark: Le TPICE se prononce sur la portée de la jurisprudence Altmark (BUPA/Commission), Concurrences 2008, 144; *Cremer*, Krankenhausfinanzierung im europarechtlichen Kontext – Zum Verbot von Verlustausgleichszahlungen zugunsten öffentlicher Krankenhäuser, GesR 2005, 337; *Hatzopoulos*, Service of General interest in Healthcare: An exercise in deconstruction? in Integrating welfare functions into EU law – From Rome to Lisbon, 2009, 225; *Kingreen*, Das Gesundheitsrecht im Fokus von Grundfreiheiten, Kartell- und Beihilfenrecht, GesR 2006, 193; *Knütel/Schweda/Giersch*, Krankenhausfinanzierung: Aktuelle Risiken aus dem europäischen Beihilfenrecht und ihre Vermeidung, EWS 2008, 497; *Koenig/Paul*, Die Krankenhausfinanzierung im Kreuzfeuer der EG-Beihilfenkontrolle, EuZW 2008, 359; *dies.*, Ist die Krankenhausfinanzierung ein pathologischer Fall für EG-beihilfenrechtlicher Transparenz – oder sogar für Entflechtungsmaßnahmen?, EuZW 2009, 844; *ders./Vorbeck*, Europäische Beihilfenkontrolle in der Daseinsvorsorge: Ein kritischer Zwischenruf zum Monti-Paket, ZEuS 2008, 207; *ders./Vorbeck*, Die Finanzierung von Krankenhäusern in öffentlichrechtlicher Trägerschaft aus EG-beihilfenrechtlicher Perspektive, GesR 2007, 347; *Lehmann*, Krankenhaus und EG-Beihilfenrecht, Diss. Erlangen-Nürnberg, 2007; *Rodrigues*, Service d'intérêt économique général – compétences respectives des états membres et de la Communauté européenne: Le TPICE apporte une nouvelle pierre à l'interprétation de l'article 86.2 CE notamment sous l'angle du partage des responsabilités et des compétences entre États membres et Communauté européenne à l'égard des entreprises chargées de la gestion de services d'intérêt économique général, Concurrences 2008, 178; *Ross*, A healthy approach to services of general economic interest? The BUPA judgement of the Court of First Instance, ELRev 2009, 127; *Sauter*, Risk Equalisation in Health Insurance and the New Standard for Public Service Compensation in the Context of State Aid and Services of General Economic Interest Under EU Law, TILEC Discussion Paper No. 2008–042; identisch mit: Case T–289/03, British United Provident Association Ltd (BUPA), BUPA Insurance Ltd, BUPA Ireland Ltd v. Commission of the European Communities, Judgement of the Court of First Instance of 12 February 2008, nyr, CMLRev 2009, 269; *Tibor Szabados*, Krankenhäuser als Leistungserbringer in der gesetzlichen Krankenversicherung, Diss. Regensburg, 2009; *van de Gronden*, Financing Health Care in EU Law: Do the European State Aid Rules Write Out an Effective Prescription for Integrating Competition Law with Health Care?, The Competition Law Review, Volume 6 Issue 1 (2009), 5.

Übersicht

---

[131] Kom., Staatliche Beihilfe N 436/2001 – Förderungsprogramm für Tourismus und Sportangeln in Irland.
[132] Kom., 25. Wettbewerbsbericht 1995, RdNr. 199; *Koenig/Kühling/Ritter* 153; *Sinnaeve* EStAL 1/2008, 7 f.
[133] Kom., Staatliche Beihilfe NN 70/1998 – Staatliche Beihilfe für öffentliche Kanäle Kinderkanal und Phoenix; siehe auch *Heidenhain/Heidenhain* § 19 RdNr. 3.

1. Abgrenzung der Leistungen die unter „Gesundheit" fallen. Der AEUV enthält **1198** in seinem Dritten Teil den Titel XIV **„Gesundheitswesen".** Dieser Titel besteht aus nur einer Norm, **Art. 168 AEUV.** Dort liest man in Art. 168 Abs. 1 UAbs. 2 AEUV, dass die Tätigkeit der Union die Politik der Mitgliedstaaten ergänzt und auf die Verbesserung der Gesundheit der Bevölkerung, die Verhütung von Humankrankheiten und die Beseitigung von Ursachen für die Gefährdung der menschlichen Gesundheit gerichtet ist. Aus dieser Formulierung wird klar, dass der Bereich Gesundheit kein fest umrissener ist, er umfasst vielmehr ein Bündel von Dienstleitungen bzw. Einrichtungen zur Erhaltung und Förderung oder Wiederherstellung der Gesundheit der Bevölkerung. Darunter können beispielsweise die Versorgung mit Arzneimitteln, medizinische Dienstleistungen in Krankenhäusern und Krankenversicherungsleistungen fallen.

Nach Art. 168 Abs. 5 AEUV kann die EU Fördermaßnahmen verabschieden, die den Schutz **1199** und die Verbesserung der menschlichen Gesundheit zum Ziel haben, allerdings unter Ausschluss jeglicher Harmonisierung der Rechtsvorschriften der Mitgliedstaaten. Das bedeutet, dass die EU im Gesundheitswesen, abgesehen vom eingeschränkten Anwendungsbereich der Art. 168 Abs. 4 S. 1 lit. a AEUV (Maßnahmen zur Festlegung hoher Qualitäts- und Sicherheitsstandards für Organe und Substanzen menschlichen Ursprungs sowie für Blut und Blutderivate), 168 Abs. 4 S. 1 lit. b AEUV (Maßnahmen in den Bereichen Veterinärwesen und Pflanzenschutz, die unmittelbar den Schutz der Gesundheit der Bevölkerung zum Ziel haben) und 168 Abs. 4 S. 1 lit. c AEUV (Maßnahmen zur Festlegung hoher Qualitäts- und Sicherheitsstandards für Arzneimittel und Medizinprodukte) über **keine Rechtsetzungskompetenz** verfügt.[1] In Art. 168 Abs. 7 AEUV wird dies noch einmal dahingehend präzisiert, dass die Gemeinschaft bei ihrer Tätigkeit im Gesundheitswesen die Verantwortung der Mitgliedstaaten für die Organisation des Gesundheitswesens und die medizinische Versorgung voll und ganz respektieren muss.

Der EuGH hat jedoch zu verschiedenen Anlässen deutlich gemacht, dass der Bereich des Ge- **1200** sundheitswesens und insbesondere die Erbringung von Dienstleistungen in diesem Sektor, worauf im Folgenden näher eingegangen werden soll, keineswegs vollständig aus dem Gemeinschaftsrecht auszuklammern ist. Zu **beachten** sind namentlich die **Grundfreiheiten**[2] und die **Wettbewerbsregeln**[3] des AEUV.

2. Gesundheitsdienstleistungen sind Dienstleistungen von allgemeinem wirtschaft- **1201** **lichem Interesse.** Auch wenn der Begriff „Dienste von allgemeinem wirtschaftlichem Interesse" bzw. „Dienstleistungen von allgemeinem wirtschaftlichem Interesse" in Art. 14 und Art. 106 Abs. 2 AEUV verwendet wird, ist er weder dort noch im abgeleiteten Recht näher bestimmt.[4] Zumindest hebt Art. 14 AEUV die Bedeutung von Dienstleistungen von allgemeinem wirtschaftlichem Interesse bei der Förderung des sozialen und territorialen Zusammenhalts hervor. Nach Auffassung der Kommission[5] herrscht in der Gemeinschaftspraxis Übereinstimmung dahingehend, dass sich der Begriff der Dienstleistungen von allgemeinem wirtschaftlichem Interesse „auf wirtschaftliche Tätigkeiten bezieht, die von den Mitgliedstaaten oder der Gemeinschaft mit besonderen Gemeinwohlverpflichtungen verbunden werden und für die das Kriterium gilt, dass sie im Interesse der Allgemeinheit erbracht werden." **Dienstleistungen von allgemeinem wirtschaftlichem Interesse umfassen ein breites Spektrum von Aktivitäten,** von den großen netzgebundenen Branchen (Energie, Postdienste, Verkehr und Telekommunikation) bis zu den Bereichen **Gesundheit,** Bildung und Sozialleistungen. Daher ist die Diskussion über Dienstleistungen im Gesundheitswesen grundsätzlich mit der Diskussion über Dienstleistungen von allgemeinem wirtschaftlichem Interesse verbunden.

3. Anwendung von Art. 107 Abs. 1 AEUV, Entwicklung der Rechtsprechung. **1202** **a) Gewährung einer Begünstigung.** Die Finanzierung von Dienstleistungen von allgemeinem Interesse durch einen Mitgliedstaat kann verschiedene Formen annehmen, wie zB. die der Zahlung einer Vergütung für diese Leistungen aufgrund eines Vertrages über die Erbringung

---

[1] *Von der Groeben/Schwarze/Bardenhewer-Rating/Niggemeier* Art. 152 EG RdNr. 8.
[2] EuGH, C-157/99, Slg. 2001, I-5473, RdNr. 54 – Smits und Peerbooms; EuGH, C-158/96, Slg. 1998, I-1931, RdNr. 21 – Kohll.
[3] EuGH, C- 475/99, Slg. 2001, I-8089 – Ambulanz Glöckner; EuGH, verb. Rs. C-264/01, C-306/01, C-354/01 und C-355/01, Slg. 2004, I-2493 – AOK Bundesverband.
[4] Vgl. Art. 107 RdNr. 809 ff.
[5] Mitteilung der Kommission – Weißbuch zu Dienstleistungen von allgemeinem Interesse, KOM(2004) 374 endg. v. 12. 5. 2004), Anh. 1.

von Dienstleistungen in öffentlichem Auftrag, der Zahlung jährlicher Zuschüsse, einer steuerlichen Vorzugsbehandlung oder niedrigerer Sozialabgaben.[6]

1203   Da die Entwicklung der Rechtsprechung zu Beihilfen im Bereich Gesundheit, Bestandteil der generellen Entwicklung der Rechtsprechung im Bereich der Finanzierung von Dienstleistungen von allgemeinem wirtschaftlichem Interesse ist, sollen im Folgenden auch Grundsatzurteile aus diesem Bereich kurz dargestellt werden.

1204   **aa) Frühe Ansätze des EuGH.** Der EuGH hat sich bereits Mitte der achtziger Jahre zur staatlichen Finanzierung von Dienstleistungen von allgemeinem Interesse ausgesprochen. Die Rechtssache ADBHU[7] betraf die Vereinbarkeit einer Bestimmung einer Gemeinschaftsrichtlinie mit den „Erfordernissen des freien Wettbewerbs"; nach dieser Richtlinie durften die Mitgliedstaaten Altölverwertungsunternehmen einen die tatsächlichen jährlichen Kosten nicht übersteigenden Betrag als Ausgleich für die ihnen auferlegten Verpflichtungen der Sammlung und Beseitigung der ihnen in bestimmten Bezirken von Altölbesitzern angebotenen Altöle gewähren. Der Gerichtshof hat diese **Ausgleichszahlungen** nicht als staatliche Beihilfen im Sinne des AEUV, sondern als **Gegenleistung** für die von den Sammlungs- und Beseitigungsunternehmen **erbrachten Dienstleistungen** angesehen.

1205   **bb) Ferring.** Im Urteil Ferring[8] zog der EuGH unter ausdrücklichem Bezug auf den Sachverhalt und unter Nennung des Urteils ADBHU die dort entwickelten Grundsätze für die Befreiung von einer Abgabe heran. Diese Rechtssache betraf eine Abgabe, die von Pharmaherstellern in Frankreich auf Direktverkäufe erhoben wurde. In Frankreich bestanden zwei unterschiedliche Vertriebswege für die Belieferung von Apotheken mit Arzneimitteln, zum einen über Großhändler, zum anderen über unmittelbare Verkäufe der Pharmahersteller. Die Großhändler hatten bei der Ausübung ihrer Tätigkeit besondere Verpflichtungen im allgemeinen Interesse zu erfüllen, die von den französischen Behörden festgelegt wurden, um einen angemessenen Vertrieb von Arzneimitteln im Hoheitsgebiet sicherzustellen. Dazu gehörte beispielsweise die **gesundheitspolitische Pflicht**, auf Dauer einen ausreichenden Vorrat an Arzneimitteln vorzuhalten und die sehr kurzfristige Lieferung dieser Arzneimittel sicherzustellen. Diese **gemeinwirtschaftlichen Pflichten** galten ausschließlich für Großhändler und nicht für Pharmahersteller, die ihre Erzeugnisse im Direktverkauf entweder eigenständig oder unter Einsatz von Ad-hoc-Beauftragten absetzten. Frankreich führte eine Abgabe auf die Umsätze ein, die gegenüber Apotheken in Form von Großhandelsverkäufen getätigt wurden. Diese Abgabe, mit der die nationale Krankenversicherungskasse finanziert werden sollte, wurde bewusst nur auf die Direktverkäufe der Pharmahersteller erhoben, um die Wettbewerbsbedingungen zwischen den verschiedenen Vertriebswegen für Arzneimittel ins Gleichgewicht zu bringen. Der Gerichtshof stellte zunächst fest, dass die Direktverkaufsabgabe als solche, da sie bei den Großhändlern nicht erhoben wurde, eine staatliche Beihilfe im Sinne von (jetzt) Art. 107 Abs. 1 AEUV darstellen könne. Er überprüfte jedoch im Anschluss, ob die Einstufung dieser Regelung als Beihilfe wegen der besonderen gemeinwirtschaftlichen Pflichten, die das französische System den Großhändlern zur Versorgung der Apotheken mit Arzneimitteln auferlegte, auszuschließen sei. Der Gerichtshof folgerte, dass die Tatsache, dass die Großhändler dieser Abgabe nicht unterlagen, als **Gegenleistung für die erbrachten Leistungen betrachtet werden könne** und keine staatliche Beihilfe im Sinne von Art. 107 Abs. 1 AEUV darstelle, soweit die bei den Pharmaherstellern erhobene Direktverkaufsabgabe den tatsächlich den Großhändlern für die Erfüllung ihrer gemeinwirtschaftlichen Pflichten entstandenen zusätzlichen Kosten entsprach. Die Großhändler würden unter dieser Voraussetzung auch keine Begünstigung im Sinne von Art. 107 Abs. 1 AEUV genießen.

1206   **cc) Altmark.** Während der EuGH in seiner Ferring Entscheidung noch davon ausging, dass sämtliche, nicht überkompensierende Ausgleichszahlungen für Leistungen von allgemeinem wirtschaftlichem Interesse das Tatbestandsmerkmal der Begünstigung des Art. 107 Abs. 1 AEUV ausschließen, qualifizierte er im Altmark-Urteil[9] die Anforderungen an einen Tatbestandsausschluss. Der Gerichtshof untersuchte unter welchen Voraussetzungen öffentliche Zuschüsse (das Altmark-Urteil behandelte Zuschüsse an ein Unternehmen, das einen öffentlichen Verkehrsdienst betrieb) Gegenleistung für Leistungen darstellen, die von den begünstigten Unternehmen

---

  [6] GA Jacobs, Schlussanträge, C-126/01, Slg. 2003, I-13769, RdNr. 92 – GEMO; vgl. Art. 107 RdNr. 105 ff.

  [7] EuGH, 240/83, Slg. 1985, 531 – ADBHU.

  [8] EuGH, C-53/00, Slg. 2001, I-9067 – Ferring.

  [9] EuGH, C-280/00, Slg. 2003, I-7747 – Altmark.

zur Erfüllung gemeinwirtschaftlicher Verpflichtungen erbracht werden.[10] Er stellte folgende **vier Voraussetzungen** auf, die kumulativ vorliegen müssen:
– Das begünstigte Unternehmen muss tatsächlich mit der Erfüllung klar definierter gemeinwirtschaftlicher Verpflichtungen betraut sein.
– Die Parameter, anhand derer der Ausgleich berechnet wird, müssen zuvor objektiv und transparent aufgestellt sein.
– Der Ausgleich darf nicht über das hinausgehen, was erforderlich ist, um die Kosten der Erfüllung der gemeinwirtschaftlichen Verpflichtungen unter Berücksichtigung der dabei erzielten Einnahmen und eines angemessenen Gewinns aus der Erfüllung dieser Verpflichtungen ganz oder teilweise zu decken.
– Die Höhe des Ausgleichs ist, sofern die Dienste nicht öffentlich vergeben wurden, auf Grundlage der Kosten zu berechnen, die auch ein durchschnittliches gut geführtes und angemessen ausgestattetes Unternehmen zu tragen hat.[11]

Aus dem Vorstehenden folgt, dass öffentliche Zuschüsse, die ausdrücklich mit gemeinwirt-　**1207** schaftlichen Verpflichtungen betrauten Unternehmen gewährt werden, um die bei der Erfüllung dieser Verpflichtungen entstehenden Kosten auszugleichen, nicht unter Art. 107 Abs. 1 AEUV fallen, sofern sie die vorgenannten Voraussetzungen erfüllen. Hingegen stellt eine staatliche Maßnahme, die eine oder mehrere dieser Voraussetzungen nicht erfüllt, eine staatliche Beihilfe im Sinne dieser Bestimmung dar.[12]

dd) GEMO. Der EuGH entschied noch im gleichen Jahr in der Rechtssache GEMO.[13] An-　**1208** lass für dieses Vorabentscheidungsverfahren bot eine Abgabe in Frankreich, die von jeder Person erhoben wurde, die Einzelhandel mit Fleisch betrieb. Das Aufkommen der Fleischkaufabgabe floss in einen Fonds, der die Sammlung und Beseitigung von Tierkörpern und von für den menschlichen Verzehr und die Verfütterung ungeeigneten Abfall aus Schlachthöfen, finanzierte. Mit der Einrichtung des öffentlichen Tierkörperbeseitigungsdienstes verfolgte Frankreich das Ziel, sicherzustellen, dass die Sammlung und Beseitigung von Tierkörpern und Abfall von Schlachthöfen, die für den menschlichen Verzehr und die Verfütterung ungeeignet sind, für die Benutzer dieses Dienstes vorgeschrieben, aber kostenlos ist. Dagegen wandte sich die Klägerin, eine Betreiberin mittelgroßer Supermärkte mit Vertrieb von Fleisch und Fleischerzeugnissen. Sie machte geltend, dass diese Abgabe gegen Gemeinschaftsrecht verstoße.

Der Gerichtshof griff in diesem Vorlageverfahren nicht auf die Grundsätze des Altmark-　**1209** Urteils zurück, obwohl von der französischen Regierung vorgebracht wurde, dass die in Frage stehende Maßnahme ein gesundheitspolitisches Ziel verfolge.

Er stellte vielmehr auf die Frage ab, ob die unentgeltliche Sammlung und Beseitigung von　**1210** Tierkörpern und von Schlachthofabfällen für Tierzüchter die Unternehmen von einer Belastung befreie, die sie sonst zu tragen hätten. Der Gerichtshof stellte fest, dass die finanzielle Belastung, die durch die Beseitigung von Tierkörpern und Schlachthofabfällen entsteht, ein mit der wirtschaftlichen Tätigkeit von Viehzüchtern und Schlachthöfen **zwangsläufig verbundener Kostenpunkt** sei und dass diese Beseitigung der Abfälle ihrem Verursacher obliege.

Der Gerichtshof sah folglich in der unentgeltlichen Tierkörperbeseitigung für Viehzüchter　**1211** und Schlachthöfe **keinen Ausgleich** für die Erfüllung einer Gemeinwohlverpflichtung, **sondern die Gewährung eines wirtschaftlichen Vorteils** der eine systemwidrige Begünstigung und folglich Beihilfe darstellte.

ee) BUPA. Den neusten Anlass zur Auseinandersetzung der Gemeinschaftsgerichtsbarkeit　**1212** mit Beihilfen im Gesundheitssektor bot die Rechtssache BUPA.[14] Dieses Urteil hatte eine Kommissionsentscheidung[15] zum Gegenstand, die das **Risikoausgleichssystem** (im Folgenden: RES) auf dem Irischen Markt der privaten Krankenversicherung betraf.[16] Das EuG nahm für diese Entscheidung fünf Jahre in Anspruch und das Resultat ist aus vielen Gründen beeindru-

---

[10] Vgl. Art. 107 RdNr. 222 ff.
[11] EuGH, C-280/00, Slg. 2003, I-7747, RdNr. 88 ff. – Altmark.
[12] EuGH, C-280/00, Slg. 2003, I-7747, RdNr. 94 – Altmark.
[13] EuGH, C-126/01, Slg. 2003, I-13 769 – GEMO.
[14] EuG, T-289/03, Slg. 2008, II-81 – BUPA.
[15] Kom., Staatliche Beihilfe N 46/03 – Risikoausgleichsregelung auf dem irischen Krankenversicherungsmarkt.
[16] Die Kommission genehmigte ebenfalls ein Risikoausgleichssystem in den Niederlanden, Kom., Staatliche Beihilfe N 541/04 & N 542/04 – Risikoausgleichssystem und Bildung von Rücklagen. Dazu ausführlich *van de Gronden*, The Competition Law Review, Volume 6 Issue 1 (2009), 5.

ckend. Auf den ersten Blick lassen seine 348 Randnummern erahnen, dass das Gericht es sich in der Entscheidungsfindung nicht leicht gemacht hat. Es setzte sich intensiv mit dem zugrunde liegenden Sachverhalt und der angefochtenen Kommissionsentscheidung auseinander und überprüfte sie anhand der vier Altmark Voraussetzungen. Die Tatsache, dass das Altmark-Urteil zum Zeitpunkt der Annahme der Kommissionsentscheidung noch nicht vorlag, hinderte das Gericht nicht das Vorliegen dieser Voraussetzungen in diesem Fall zu bejahen.[17]

1213   Die private Krankenversicherung wurde in Irland im Jahre 1957 eingeführt, wobei bis zum Jahr 1996 der Voluntary Health Insurance Board (Rat der freiwilligen Krankenversicherung, im Folgenden: VHI) auf dem irischen Markt der privaten Krankenversicherung der einzige Anbieter gewesen war. Zwischen 1994 und 1996 wurde der irische Markt der privaten Krankenversicherung liberalisiert, und am 1. Januar 1997 nahm BUPA Ireland, ein Erbringer privater Krankenversicherungsdienstleistungen in Irland, seine Tätigkeit auf. Die Vorschriften, mit denen der Sektor liberalisiert wurde, sahen vor, dass private Krankenversicherungen in Irland eine Reihe von gemeinwirtschaftlichen Verpflichtungen erfüllen müssen. Sie sahen insbesondere die Errichtung eines von der Health Insurance Authority (Krankenversicherungsbehörde, im Folgenden: HIA) verwaltetes RES vor. Das RES ist im Wesentlichen ein Mechanismus, der zum einen vorsieht, dass die privaten Krankenversicherer, die ein günstigeres als das durchschnittliche Risikoprofil des Marktes aufweisen, an die HIA eine Abgabe zu zahlen haben, und zum anderen, dass die HIA eine entsprechende Zahlung an diejenigen privaten Krankenversicherer zu leisten hat, die ein schlechteres als das durchschnittliche Risikoprofil des Marktes aufweisen.

1214   Die Erforderlichkeit des RES wurde damit begründet, dass private Krankenversicherer ohne dieses System in zu starkem Maße dazu verleitet würden, zB mittels selektiver Marketingstrategien, sich an Verbraucher mit geringem Risiko und guter Gesundheit zu wenden, um eine niedrigere Einheitsprämie festzusetzen als ihre Wettbewerber.

1215   Zwar kann das RES theoretisch auf jeden privaten Krankenversicherer auf dem irischen Markt Anwendung finden, zum Zeitpunkt der Entscheidung bestand jedoch Einigkeit darüber, dass seine Anwendung im Wesentlichen dazu führen würde, Mittel von BUPA Ireland auf den VHI zu übertragen.

1216   Die irischen Behörden meldeten das RES förmlich gemäß den Gemeinschaftsvorschriften über staatliche Beihilfen bei der Kommission an. Die Kommission beschloss, gegen die Errichtung des RES keine Einwände zu erheben mit der Begründung, dass dieses System keine Beihilfe darstelle, oder alternativ mit dem Gemeinsamen Markt gemäß Art. 106 Abs. 2 AEUV vereinbar sei.

1217   BUPA klagte beim EuG auf Nichtigerklärung dieser Entscheidung. Das Gericht wies die Klage ab. Es verwies auf Art. 168 AEUV und leitete davon ab, dass die Mitgliedstaaten insbesondere auf dem **Gesundheitssektor,** auf dem sie nahezu ausschließlich zuständig bleiben, über ein **weites Ermessen bei der Definition der Dienstleistungen von allgemeinem wirtschaftlichem Interesse** verfügen. In diesem Kontext sei die Kontrolle, zu der die Gemeinschaftsorgane befugt sind, auf das Vorliegen eines offenkundigen Beurteilungsfehlers beschränkt. Das Gericht überprüfte die Kommissionsentscheidung anhand der Altmark Kriterien, und nahm an, dass alle vier Voraussetzungen erfüllt seien. Dabei **veränderte es jedoch den Maßstab der dritten und vierten Altmark Voraussetzung.** Hinsichtlich der dritten Bedingung führte das Gericht aus, das RES funktioniere grundlegend anders als die Ausgleichssysteme, die Gegenstand der Urteile Ferring und Altmark waren. Es könne daher die dritte im Urteil Altmark genannte Voraussetzung nicht exakt erfüllen, der zufolge die in Ausführung einer gemeinwirtschaftlichen Verpflichtung verursachten Kosten bestimmbar sein müssen. Es war allerdings der Ansicht, dass die durch die irischen Rechtsvorschriften vorgeschriebene Bestimmung der Mehrkosten dem Sinn und Zweck des dritten Altmark-Kriteriums entspreche, soweit die Berechnung des Ausgleichs auf objektiven, konkreten, klar bestimmbaren und überprüfbaren Elementen beruhe.[18] Das Gericht stellte fest, dass sich auch aus der engen Verknüpfung der dritten und der vierten Voraussetzung, die vierte Altmark Voraussetzung nicht genau auf den vorliegenden Fall anwenden lasse. Da zum Zeitpunkt der Kommissionsentscheidung die zukünftige Lage der verschiedenen privaten Kranversicherungsträger auf dem irischen Markt unbekannt gewesen sei, sei es unmöglich gewesen, die potenziellen Begünstigten von RES-Zahlungen namhaft zu machen

---

[17] Siehe zu diesem Urteil: *Bartosch* EStAL 2008, 211; *Biondi* EStAL 2008, 401; *Sauter* TILEC Discussion Paper No. 2008–042; *Chérot* Concurrences 2008, 144; *Rodrigues* Concurrences 2008, 178; *Ross* ELRev 2009, 127.

[18] EuG, T-289/03, Slg. 2008, II-81, RdNr. 237 – BUPA.

und ihre Lage mit der eines effizienten Wirtschaftsteilnehmers konkret zu vergleichen. In diesem Fall sei maßgebend, dass der im Risikoausgleichssystem vorgesehene Ausgleich nicht die Möglichkeit einer Entschädigung für Kosten einschließe, die durch fehlende Effizienz der dem RES unterliegenden privaten Krankenversicherer verursacht sein könnten. Das Gericht nahm an, dass das RES in Bezug auf eventuelle durch Ineffizienz verursachte Kosten bestimmter privater Krankenversicherer neutral sei und bestätigte das Vorliegen des vierten Altmark Kriteriums.

Das Gericht hat mit dieser Entscheidung zuerkannt, dass der zuständigen Behörde ein breiter **1218** Ermessensspielraum belassen werden muss, um auf die schnellen Entwicklungen im Markt der privaten Krankenversicherungen reagieren zu können. So sei die Umsetzung des RES bis zu einem bestimmten Grad durch objektive und transparente Kriterien vorbestimmt, aber nicht in allen Einzelheiten vorhersehbar gewesen.[19] Aus dieser Aussage könnte man schließen, dass das Gericht eine flexible, dem jeweils vorliegenden Sachverhalt angemessene Auslegung der Altmark-Kriterien befürwortet. Dies kann jedoch auch bedeuten, dass die europäischen Gerichte grundsätzlich im Bereich Gesundheit, wegen der sehr beschränkten Zuständigkeit der Europäischen Gemeinschaft in diesem Bereich, eine mitgliedstaatfreundliche Überprüfung der Altmark Voraussetzungen vornehmen. Weitere Entscheidungen hierzu bleiben abzuwarten.

b) Bestimmte Unternehmen. Der Tatbestand des Art. 107 Abs. 1 AEUV umfasst weitere **1219** Merkmale: Mit dem Gemeinsamen Markt unvereinbar sind nur Beihilfen, die auf die Begünstigung bestimmter Unternehmen oder Produktionszweige gerichtet sind.[20]

Nach Rechtsprechung des EuGH ist für die Bestimmung der Unternehmereigenschaft im **1220** Sinne des EG-Wettbewerbsrechts nicht auf den institutionellen Charakter oder die Art der Finanzierung einer Organisation abzustellen, sondern allein auf die wirtschaftliche Natur der ausgeübten Tätigkeit.[21] Unter einer wirtschaftlichen Tätigkeit versteht der EuGH jede Tätigkeit, die darin besteht, Güter und Dienstleistungen auf einem bestimmten Markt anzubieten.[22] Die Abgrenzung zwischen wirtschaftlichen und nichtwirtschaftlichen Tätigkeiten ist nicht evident, auch weil der Begriff der wirtschaftlichen Tätigkeit ständigen Veränderungen unterworfen ist.[23] Von einer wirtschaftlichen Tätigkeit ist dann nicht auszugehen, wenn ein hoheitliches und ausschließlich solidarisch-soziales Handeln besteht. Im Bereich der Gesundheitsdienstleistungen hat der EuGH eine wirtschaftliche Tätigkeit hinsichtlich des Managements von Pflichtversicherungen, die ein ausschließlich soziales Ziel verfolgen, auf dem **Solidaritätsprinzip** basieren, und somit Versicherungsleistungen unabhängig von den bezahlten Beiträgen anbieten, verneint.[24] Umgekehrt liegt eine wirtschaftliche Tätigkeit im Fall eines auf Freiwilligkeit beruhenden Versicherungssystems vor, das nach dem **Kapitalisierungsprinzip** arbeitet und dessen Leistungen sich ausschließlich nach der Höhe der von den Leistungsempfängern gezahlten Beiträge und der Erträge der von der das System verwaltenden Einrichtung vorgenommenen Investitionen richten.[25]

Der EuGH hat weiterhin eine wirtschaftliche Tätigkeit für Notfall- und Krankentransport- **1221** dienstleistungen angenommen, da diese Leistungen nicht notwendigerweise von Sanitätsorganisationen oder von den Behörden, sondern auch von privaten Krankentransportunternehmen erbracht werden.[26]

Allerdings hat das Gericht in seinem Urteil FENIN[27] verdeutlicht, dass der Begriff der wirt- **1222** schaftlichen Tätigkeit durch das Anbieten von Gütern oder Dienstleistungen gekennzeichnet ist, nicht aber durch das Nachfragen. In diesem Verfahren stellte sich die Frage, ob Einrichtungen,

---

[19] EuG, T-289/03, Slg. 2008, II-81, RdNr. 265 – BUPA.

[20] Vgl. Art. 107 RdNr. 306 ff.

[21] EuGH, C-41/90, Slg. 1991, I-1979, RdNr. 21 – Höfner und Elser; EuGH, verb. C-159/91 und 160/91, Slg. 1993, I-637, RdNr. 17 – Poucet und Pistre; EuGH, C-218/00, Slg. 2002, I-691, RdNr. 222 – Cisal.

[22] EuGH, C-35/96, Slg. 1998, I-3851, RdNr. 36 – Kommission/Italien; EuGH, C-475/99, Slg. 2001, I-8089, RdNr. 19 – Ambulanz Glöckner.

[23] Siehe Übersicht über die Rechtsprechung in *Heidenhain/Montag/Leibenath* § 30 RdNr. 16–26.

[24] EuGH, verb. C-159/91 und 160/91, Slg. 1993, I-637 – Poucet und Pistre; EuGH, C-218/00, Slg. 2002, I-691, RdNr. 43–48 – Cisal; EuGH, verb. C-264/01, C-306/01, C-354/01 und C-355/01, Slg. 2004, I-2493, RdNr. 51–55 – AOK Bundesverband.

[25] EuGH, C-244/94, Slg. 1995, I-4013, RdNr. 17 – FFSA; EuGH, C-67/96, Slg. 1999, I-5751, RdNr. 81 – Albany.

[26] EuGH, C-475/99, Slg. 2001, I-8089, RdNr. 19–22 – Ambulanz Glöckner.

[27] EuG, T-319/99, Slg. 2003, II-357, RdNr. 36 – FENIN.

die das spanische Gesundheitssystem verwalten, eine wirtschaftliche Tätigkeit ausüben, indem sie medizinische Erzeugnisse erwerben, die sie für die Erfüllung ihrer Aufgaben und Pflichten gegenüber den Krankenversicherten benötigten. Der EuGH erläuterte, dass eine Einrichtung, die allein einkauft um es im Rahmen einer beispielsweise rein sozialen Tätigkeit zu verwenden, nicht schon allein deshalb als Unternehmen tätig wird, weil sie als Käufer auf einem Markt agiert.

1223 **c) Beeinträchtigung des innerstaatlichen Handels.** Das gemeinschaftliche Beihilfenrecht ist auf rein innerstaatliche Sachverhalte nicht anwendbar. Erforderlich ist eine Beeinträchtigung des Handels zwischen den Mitgliedstaaten. Diese sogenannte Zwischenstaatlichkeitsklausel wird weit ausgelegt.[28] Es ist jedoch nicht auszuschließen, dass für Daseinsvorsorgeleistungen, die einen rein regionalen oder lokalen Bezug haben, eine Beeinträchtigung des innerstaatlichen Handels verneint wird. So befand die Kommission im Fall von bestimmten irischen Krankenhäusern, dass ein System steuerlicher Abschreibungen, das auf die Schaffung von Anlagen für lokale und relativ kleine Krankenhäuser abzielte und einem lokalen Krankenhausmarkt mit klarer Unterkapazität zu Gute kam, weder Investitionen noch Kunden aus anderen Mitgliedstaaten anziehen und deshalb nicht den Handel zwischen den Mitgliedstaaten beeinträchtigen konnte.[29] Angesichts der grundsätzlich geringen Anforderungen an den Nachweis einer Beeinträchtigung des innergemeinschaftlichen Handels, ist dieser Fall wohl als Ausnahmefall zu werten.

1224 **4. Rechtfertigung nach Art. 106 Abs. 2 AEUV, „Monti-Paket".** Neben Art. 107 Abs. 2 und Abs. 3 AEUV besteht für das EU-Beihilfenrecht als Rechtfertigungsgrund Art. 106 Abs. 2 AEUV. Ist diese Vorschrift einschlägig, so folgt nach der Rechtsprechung des EuGH die Vereinbarkeit der Beihilfe mit dem Gemeinsamen Markt.[30] Sind die Tatbestandsvoraussetzungen des Art. 106 Abs. 2 AEUV erfüllt, führt dies nicht zu einem Tatbestandsausschluss des Art. 107 Abs. 1 AEUV, sondern zu einer Rechtfertigung von grundsätzlich verbotenen Beihilfen. Daher muss im Unterschied zu Fällen in denen die Altmark-Kriterien erfüllt sind und folglich keine Beihilfe vorliegt, das EU-Beihilfenverfahrensrecht und insbesondere die Notifizierungspflicht nach Art. 108 Abs. 3 AEUV beachtet werden. Ende 2005 erließ die Kommission ein Maßnahmepaket zu staatlichen Beihilfen, die als Ausgleich für die Erbringung öffentlicher Dienstleistungen gewählt werden, das unter den Namen des bis 2004 amtierenden Wettbewerbskommissars Mario Monti, bekannt wurde.[31] Dieses umfasst unter anderem die für den Gesundheitsbereich interessante, so genannte **Freistellungsentscheidung.**[32] Sie legt fest, unter welchen Voraussetzungen staatliche Beihilfen, die bestimmten mit der Erbringung von Dienstleistungen von allgemeinem wirtschaftlichem Interesse betrauten Unternehmen als Ausgleich gewährt werden, als mit dem Gemeinsamen Markt vereinbar angesehen und demzufolge von der in Art. 108 Abs. 3 AEUV verankerten Notifizierungspflicht freigestellt werden können.[33] Sie stellt weiter fest, dass gemäß Art. 106 Abs. 2 AEUV, für Unternehmen, die mit Dienstleistungen von allgemeinem wirtschaftlichem Interesse betraut sind, die Vorschriften des AEUV und insbesondere die Wettbewerbsregeln gelten. Eine Ausnahme von dieser Regel gilt, wenn bestimmte Voraussetzungen erfüllt sind. Diese Voraussetzungen sind im Wesentlichen mit den Altmark-Kriterien identisch und weichen nur hinsichtlich der zulässigen Höhe des Ausgleichs ab.[34] Die Freistellungsentscheidung verlangt im Unterschied zum Altmark-Urteil nicht, dass nur diejenigen Kosten ausgeglichen werden, die bei einem durchschnittlichen, gut geführten Unternehmen anfallen, sondern stellt auf die tatsächlich durch die Aufgabenerfüllung verursachten Kosten des Unternehmens, die sogenannten subjektiven Kosten, ab.[35]

1225 Die Freistellungsentscheidung gilt grundsätzlich nur für Beihilfen, die Unternehmen in Form von Ausgleichszahlungen für die Erbringung von Dienstleistungen von allgemeinem wirtschaft-

---

[28] *Streinz/Koenig/Kühling* Art. 87 EG RdNr. 58; vgl. Art. 107 RdNr. 440.

[29] Kom., Staatliche Beihilfe N 543/2001 – Hauptzulagen Irlands für Krankenhäuser.

[30] EuGH, C-332/98, Slg. 2000, I-4833 – CELF.

[31] Vgl. Art. 107 RdNr. 752ff.

[32] Kom., ABl. 2005 L 312/67 – Entscheidung der Kommission über die Anwendung von Art. 86 Abs. 2 EG-Vertrag auf staatliche Beihilfen, die bestimmten mit der Erbringung von Dienstleistungen von allgemeinem wirtschaftlichem Interesse betrauten Unternehmen als Ausgleich gewährt werden, (Freistellungsentscheidung); vgl. Art. 107 RdNr. 859ff.

[33] Kom., ABl. 2005 L 312/67, Art. 1 – Freistellungsentscheidung.

[34] *Koenig/Vorbeck* ZEuS 2008, 207, 211.

[35] Kom., ABl. 2005 L 312/67, Art. 5 – Freistellungsentscheidung.

lichem Interesse gewährt werden, deren Bruttojahresumsatz in den beiden der Übernahme einer Dienstleistung von allgemeinem wirtschaftlichem Interesse vorausgegangen Jahren weniger als 100 Mio. Euro betragen hat und die jährlich eine Ausgleichzahlung von weniger als 30 Mio. Euro für die erbrachte Dienstleistung erhalten.[36] Allerdings **fallen** Ausgleichzahlungen an **Krankenhäuser** und im Bereich des sozialen Wohnungsbaus **unabhängig von ihrer Umsatzhöhe in den Geltungsbereich der Freistellungsentscheidung.**[37] Zur Begründung wird ausgeführt, dass Krankenhäuser und im sozialen Wohnungsbau tätige Unternehmen, die mit Dienstleistungen von allgemeinem wirtschaftlichem Interesse betraut sind, Besonderheiten aufweisen, die es zu berücksichtigen gelte. So sei insbesondere dem Umstand Rechnung zu tragen, dass im gegenwärtigen Entwicklungsstadium des Binnenmarkts die Wettbewerbsverfälschung in diesen Sektoren nicht zwangsläufig in einem direkten Verhältnis zum Umsatz und zur Höhe der Ausgleichzahlungen stehe. Daher sollten Krankenhäuser, die medizinische Versorgungsleistungen, Notfalldienste und unmittelbar mit den Haupttätigkeiten verbundene Nebendienstleistungen – vor allem auf dem Gebiet der Forschung – erbringen, von der Notifizierungspflicht freigestellt werden, selbst wenn die Höhe des Ausgleichs, den sie erhalten, die in dieser Entscheidung genannten Obergrenzen überschreitet, vorausgesetzt, die erbrachten Leistungen werden von dem betreffenden Mitgliedstaat als Dienstleistungen von allgemeinem wirtschaftlichem Interesse eingestuft.[38] Auf die Frage warum andere Sozialdienstleistungen nicht von der Notifizierungspflicht ausgenommen sind, gibt die Kommission an, dass die meisten Sozialdienstleistungen in der Praxis unter die in der Entscheidung angegebenen Schwellenwerte fallen. Daher würde die Notifizierungspflicht für andere Sozialdienstleistungen nicht so sehr ins Gewicht fallen wie für Krankenhäuser und im sozialen Wohnungsbau tätige Unternehmen, wo davon ausgegangen werden kann, dass die Investitions- und Betriebskosten den allgemeinen Schwellenwert überschreiten.[39]

5. Zwischenergebnis. Die Untersuchung der Entscheidungspraxis der europäischen Gerichte sowie der Kommission im Bereich Gesundheit und EU-Beihilfenrecht zeigt auf, dass es viele Ansatzpunkte gibt, um eine staatliche Ausgleichzahlung an Dienstleistungserbringer von Gesundheitsdienstleistungen mit dem EU-Beihilfenrecht für vereinbar zu erklären.[40] Nicht zuletzt die Freistellungsentscheidung bietet Mitgliedstaaten die Möglichkeit ihre Ausgleichzahlungen gemeinschaftsrechtkonform auszugestalten. Dann müssen sie jedoch einen Betrauungsakt erlassen, der den Anforderungen des Art. 4 der Freistellungsentscheidung genügt, und unter anderem die Parameter zur Berechnung, Überwachung und etwaige Änderungen der Ausgleichzahlungen, nennt. Da nach der Freistellungsentscheidung die subjektiven Kosten des Unternehmens maßgebend sind, dürfte dieser Maßstab die Rechtfertigung von Ausgleichzahlungen nicht allzu sehr erschweren. **1226**

6. Nationale Praxis. a) Nationale Regelungen zur Trägerschaft von Krankenhäusern. In Deutschland ist das Thema Ausgleichzahlungen im Bereich der Krankenhausfinanzierungen zum ersten Mal mit der Beschwerde und Untätigkeitsklage der Asklepios Kliniken GmbH[41] in den Vordergrund geraten. Im Folgenden sollen zunächst die nationalen Regelungen zur Trägerschaft von Krankenhäusern dargestellt werden, bevor auf diesen Fall näher eingegangen wird. **1227**

Krankenhäuser haben die stationäre medizinische Versorgung der Bevölkerung sicherzustellen, sie müssen eine Unterbringung und Verpflegung von Patienten vorsehen (§ 2 Nr. 1 Krankenhausfinanzierungsgesetz (KHG) und § 107 Abs. 1 Nr. 4 SGB V). Plan- und Vertragskrankenhäuser stellen in Deutschland die bedeutendste Kategorie von Krankenhäusern dar. Plankrankenhäuser sind Krankenhäuser, die in den Landeskrankenhausplan aufgenommen sind (§ 108 Nr. 2 SGB V). Die Aufnahme in den Landeskrankenhausplan ist entscheidend für die öffentliche Investitionsförderung des Krankenhauses (§§ 8 ff. KHG) und die Vergütung für Versorgungsleistungen (§ 108 Nr. 2 SGB V iVm. § 4 KHG). Vertragskrankenhäuser sind nach § 108 Nr. 3 SGB V Krankenhäuser, die aufgrund eines Versorgungsvertrags mit den Landesverbänden der Krankenkassen und den Verbänden der Ersatzkassen zur Krankenbehandlung Versicherter zugelassen sind. Auch sie erhalten Vergütung für Versorgungsleistungen und ggf. Investitions- **1228**

---

[36] Kom., ABl. 2005 L 312/67, Art. 2 Abs. 1 lit. a – Freistellungsentscheidung.
[37] Kom., ABl. 2005 L 312/67, Art. 2 Abs. 1 lit. b – Freistellungsentscheidung.
[38] Kom., ABl. 2005 L 312/67, Tz. 16 – Freistellungsentscheidung.
[39] Pressemitteilung der Kommission MEMO/05/258.
[40] *Hatzopoulos* 251.
[41] EuG, T-167/04, Slg. 2007, II-2379 – Asklepios.

kosten (§ 5 Abs. 2 KHG iVm. der jeweiligen landesrechtlichen Regelung). Plan- und Vertrags-krankenhäuser können ferner nach ihrem Träger unterschieden werden. In Deutschland gibt es **öffentlich-rechtliche, freigemeinnützige und private Träger von Krankenhäusern.** Die öffentlich-rechtlichen Krankenhausträger sind zumeist Gebietskörperschaften des öffentlichen Rechts, insbesondere Kommunen, Landkreise, Städte oder Länder. Sie können die Kranken-häuser als selbständige Betriebe in öffentlich-rechtlicher Form (beispielsweise als Anstalt des öffentlichen Rechts) oder in privatrechtlicher Form (beispielsweise als GmbH) oder als Eigenbe-triebe führen.[42] Freigemeinnützige Krankenhäuser werden von Trägern betrieben, die einer religiösen, humanitären oder sozialen Vereinigung zuzuordnen sind. Dazu gehören kirchliche Orden, karitative Organisationen (zB Caritas), gemeinnützige Vereine (zB Deutsches Rotes Kreuz) und Stiftungen. Bei den privaten Krankenhausträgern handelt es sich um gewinnorien-tierte Unternehmen. Der Anteil der Krankenhäuser in privater Trägerschaft, der bei Einführung der bundeseinheitlichen Krankenhausstatistik 1991 noch bei 14,8% lag, steigt seit Jahren konti-nuierlich an und betrug 2006 bereits 27,8%. Zurückgegangen ist im gleichen Zeitraum der An-teil öffentlicher Krankenhäuser von 46,0% auf 34,1%. Der Anteil freigemeinnütziger Kranken-häuser blieb demgegenüber nahezu unverändert bei 38,2% (1991: 39,1%).[43]

1229   **b) Ausgleichszahlungen an öffentliche Krankenhäuser.** Nach dem gesetzlichen Leitbild der Krankenhausfinanzierung sollen Krankenhäuser unabhängig von ihrer Trägerschaft in glei-cher Weise behandelt und finanziert werden (Grundsatz der Trägervielfalt nach § 1 Abs. 2 KHG und den entsprechenden Landeskrankenhausgesetzen zB § 1 Abs. 2 S. 1 LKHG Bad.-Württ.). **Krankenhäuser werden nach dem KHG dualistisch finanziert** (§ 4 KHG).[44] Die laufen-den Betriebskosten sollen durch Vergütungen für Behandlungen gedeckt werden, die sich nach den Krankenhauspflegesätzen richten und die der Finanzierung der laufenden Betriebskosten dienen. Darüber hinaus werden Krankenhäuser hinsichtlich ihrer Investitionskosten öffentlich gefördert. Die Investitionsförderung dient der Errichtung und Erstausstattung von Krankenhäu-sern sowie der Wiederbeschaffung von langlebigen Anlagegütern. Hierzu gehören nicht nur technische Einrichtungen, sondern auch die Bereitstellung von Grundstücken, die Errichtung der Gebäude und die dazu gehörige Infrastruktur (§ 17 Abs. 4 KHG). Die Grundsätze der In-vestitionsförderung sind in den §§ 8 ff. KHG geregelt. Die konkrete Förderung erfolgt durch das jeweilige Bundesland auf der Grundlage des einschlägigen Landeskrankenhausgesetzes.

1230   **Krankenhäuser in öffentlich-rechtlicher Trägerschaft** verfügen über eine zusätzliche Finanzierungsquelle, da ihre anfallenden Betriebsverluste durch ihre Träger ausgeglichen wer-den. Zwar fehlt es an einer systematischen Dokumentation dieses **Defizitausgleichs,** es ist je-doch anzunehmen, dass eine Vielzahl von öffentlich-rechtlichen Krankenhäusern regelmäßig davon profitiert.[45] Dieser Vorteil tritt neben das duale System aus der Vergütung für Leistungen und der Investitionsförderung und ist für die meisten Fälle gesetzlich nicht verankert.[46] Darüber hinaus haften nach den Kommunalgesetzen einiger Bundesländer die hinter der kommunalen Anstalt stehenden Träger als Gewährträger für die Verbindlichkeiten der Anstalt.

1231   **c) Beschwerde und Untätigkeitsklage der Asklepios Kliniken GmbH.** Die Asklepios Kliniken GmbH, eine auf den Betrieb von Krankenhäusern spezialisierte deutsche Gesell-schaft des privaten Rechts, deren Kapital sich ausschließlich in privater Hand befindet, reichte Anfang 2003 Beschwerde bei der Kommission ein. Sie zeigte die **Gewährung mutmaßlich rechtswidriger Beihilfen an öffentliche Krankenhäuser durch die öffentliche Hand in Deutschland an,** die darin bestünden, dass eventuelle Betriebsverluste im Einzelfall gedeckt seien (Defizitausgleich), sowie darin, dass ihnen durch den jeweiligen öffentlichen Träger eine Garantie gewährt werde. Da die Kommission dieser Beschwerde nicht innerhalb von ca. 16 Monaten nachging, erhob die Asklepios Kliniken GmbH Mitte 2004 Untätigkeitsklage beim EuG. Die Kommission war der Auffassung, nicht gegen das Erfordernis, innerhalb einer ange-messenen Frist eine Vorprüfung der Beihilfe vorzunehmen, verstoßen zu haben, da die Ange-messenheit der Frist anhand der besonderen Umstände des Einzelfalls zu beurteilen sei. Sie gab weiter vor, die Klägerin habe ihre Beschwerde kurz vor dem Altmark-Urteil eingereicht. Da die-

---

[42] Siehe Fn. 49; Beschwerde des Medi-Verbunds, S. 11.
[43] Statistisches Bundesamt, Gesundheitswesen, Grunddaten der Krankenhäuser, Fachserie, 12, Reihe 6.1. (2008).
[44] Siehe zur Krankenhausfinanzierung ausführlich *Lehmann; Tibor Szabados.*
[45] *Koenig/Vorbeck* GesR 2007, 347, 348; *Cremer* GesR 2005, 337.
[46] *Knütel/Schweda/Giersch* EWS 2008, 497, 498.

sem Urteil große Bedeutung für die Beurteilung der öffentlichen Finanzierung der Krankenhäuser zukomme, habe die Kommission entsprechend dem Grundsatz der ordnungsgemäßen Verwaltung vor einer Stellungnahme zur Beschwerde der Klägerin dessen Verkündung abgewartet. Die Kommission machte darüber hinaus geltend, dass sie ausreichend tätig geworden sei. Die Verabschiedung und Veröffentlichung ihres Entwurfs einer Entscheidung über die Anwendung von Art. 106 Abs. 3 AEUV komme der Eröffnung des förmlichen Prüfverfahrens nach Art. 108 Abs. 2 AEUV gleich. Auf jeden Fall habe der Erlass der Entscheidung 2005/842 am 28. November 2005[47] ihre Untätigkeit beendet und eine individuelle Prüfung der Finanzierung jedes einzelnen öffentlichen Krankenhauses durch die Kommission überflüssig gemacht. Der Rechtsstreit sei somit in der Hauptsache erledigt. Diesem Vorbringen stimmte das EuG indes nicht zu und befand, dass die Vorbereitung einer allgemeinen Entscheidung über staatliche Beihilfen, die bestimmten mit der Erbringung von Dienstleistungen von allgemeinem wirtschaftlichem Interesse betrauten Unternehmen als Ausgleich gewährt werden, die Kommission nicht von ihrer Verpflichtung zu einer individuellen Prüfung der Beschwerde der Klägerin befreite.[48] Es wies jedoch die Klage mit der Begründung ab, dass in Anbetracht der Komplexität der Angelegenheit die Dauer der Beschwerde zum Zeitpunkt der Aufforderung nicht unangemessen lang gewesen sei.

Im Jahre 2005 hat der MEDI-Verbund Deutschland, ein Dachverband regionaler Interessens **1232** verbände von niedergelassenen Haus- und Fachärzten aus dem gesamten Bundesgebiet, wegen des Defizitausgleichs bei öffentlichen Krankenhäusern und der **Quersubventionierung** von Medizinischen Versorgungszentren (MVZ) ebenfalls eine Beschwerde bei der Kommission erhoben.[49] Der Bundesverband Deutscher Privatkliniken e. V. (BDPK e. V.) hat sich der Beihilfebeschwerde der Asklepios GmbH im Dezember 2007 angeschlossen und argumentiert, öffentliche Krankenhäuser würden gegenüber den von ihm vertretenen Kliniken in privater Trägerschaft im Wettbewerb besser gestellt, da diese nicht auf entsprechende – potentiell unbeschränkte – Ressourcen im Falle der Misswirtschaft zurückgreifen könnten.[50]

d) Möglicher Verstoß gegen das Beihilfenrecht. Nach Ansicht der oben erwähnten Be **1233** schwerdeführer und der im Schrifttum vertretenen Meinung[51] verstoßen Defizitausgleichszahlungen sowie die Gewährträgerhaftung gegen EU-Beihilfenrecht. Hinsichtlich der Ausgleichszahlungen wird insbesondere hervorgebracht, dass sie weder die Altmark-Kriterien erfüllten noch den Anforderungen der Freistellungsentscheidung gerecht würden. Außerdem würden Krankenhäuser durch die Öffnung des ambulanten Versorgungssektors und die Möglichkeit Medizinische Versorgungszentren zu betreiben oder sich an diesen zu beteiligen, zu unmittelbaren Wettbewerbern der niedergelassenen Ärzte. Es sei nämlich nicht auszuschließen, dass die Förderungen nach dem KHG bzw. der Krankenhausgesetze der Länder, die nur für die stationäre medizinische Versorgung vorgesehen sind, sich auch auf den ambulanten Sektor niederschlagen. Schließlich wirke die Gewährträgerhaftung wie eine staatliche Bürgschaft, die die Kreditwürdigkeit der öffentlichen Krankenhäuser verbessere. Sie sei nicht von der Bürgschaftsmitteilung[52] gedeckt, da sie ihren Anforderungen nicht genüge.

7. Stellungnahme. Die obige Ansicht weist auf eine Vielzahl von möglichen EG-beihilfe **1234** rechtlichen Problemen im Zusammenhang mit der in Deutschland praktizierten Krankenhausfinanzierung hin. Diese Umstände sind der Kommission auch nicht unbekannt. Das EuG stellte bereits in seinem Asklepios-Urteil fest, dass nur die konkrete Anwendung einer allgemein geltenden Entscheidung durch die Kommission auf die von der Klägerin aufgezeigten Situation dem Antrag der Klägerin gerecht werden würde.[53] Somit forderte es direkt die Kommission auf, den Sachverhalt zu untersuchen und dazu Stellung zu nehmen. Die Kommission hatte zum Zeitpunkt des Verfassens dieses Beitrags ihre Untersuchungen noch nicht abgeschlossen.

---

[47] Kom., ABl. 2005 L 312/67, Art. 2 Abs. 1 lit. b – Freistellungsentscheidung.

[48] EuG, T-167/04, Slg. 2007, II-2379, RdNr. 88 – Asklepios.

[49] Beschwerde abrufbar unter http://www.medi-verbund.de/datei.php?id=40.

[50] Siehe Mitteilung der Bevollmächtigten abrufbar unter http://www.fuesser.de/de/service/aktuelles/subvention-von-krankenhaeusern-in-oeffentlicher-traegerschaft-vertreten-durch-fuesser-kollegen-fordert-nunmehr-auch-der-bdpk-ev-die-kommission-zum-taetigwerden-gegen-die-defizitfinanzierung-auf-dem-deutschen-krankenhausmarkt-auf.html.

[51] *Knütel/Schweda/Giersch* EWS 2008, 497; *Koenig/Paul* EuZW 2008, 359; *dies.* EuZW 2009, 844; *Koenig/Vorbeck* GesR 2007, 347; *Kingreen* GesR 2006, 193; *Cremer* GesR 2005, 337.

[52] Mitteilung der Kommission über die Anwendung der Artikel 87 und 88 des EG-Vertrags auf staatliche Beihilfen in Form von Haftungsverpflichtungen und Bürgschaften, ABl. Nr. C 155/10.

[53] EuG, T-167/04, Slg. 2007, II-2379, RdNr. 77 – Asklepios.

1235 Sie hat jedoch zwischenzeitlich die Beschwerde des MEDI-Verbunds zurückgewiesen.[54] Ihre Überprüfung habe nachgewiesen, dass Deutschland geeignete Maßnahmen getroffen habe, um Quersubventionierungen zu Gunsten MVZ zu vermeiden und die Freistellungsentscheidung in diesem Bereich ordnungsgemäß umzusetzen.

1236 Im Fall der Beschwerde der Asklepios GmbH und des BDPK e. V. steht, wie bereits erwähnt, eine Entscheidung noch aus. Die Kommission scheint allerdings der Auffassung zu sein, dass die in Deutschland praktizierte Krankenhausfinanzierung, zumindest was den Defizitausgleich anbelangt, in den Bereich der Freistellungsentscheidung fallen könnte. Schließt man sich dieser Auffassung an, so ist zumindest die Erfüllung von zwei Voraussetzungen zu fordern. Zuerst muss gewährleistet werden, dass die Strukturen der Krankenhausfinanzierung **transparent** ausgestaltet sind. So ist insbesondere das Vorliegen eines öffentlichen Auftrages von Bedeutung. Dieser gewährt Rechtssicherheit und ermöglicht nicht zuletzt im Falle von Beschwerden eine rasche Überprüfung des Sachverhalts. Es muss darüber hinaus klar umrissen sein, welche Ausgaben von der öffentlichen Förderung gedeckt sind. Nur so kann einem möglichen Missbrauch vorgebeugt werden. Wenn in einem Krankenhaus neben Dienstleistungen von allgemeinem wirtschaftlichem Interesse auch andere Leistungen angeboten werden (zB kosmetische Operationen), sind diese in den Büchern getrennt auszuweisen und abzurechnen.

1237 Zweitens muss sichergestellt werden, dass die Höhe der Ausgleichszahlungen an Krankenhäuser in öffentlich-rechtlicher Trägerschaft angemessen ist und dass **keine Überkompensation** stattfindet. Auch wenn der Begriff „Defizitausgleich" darauf hinzuweisen scheint, dass die vollzogenen Ausgleichszahlungen die durch die Erfüllung der Gemeinwohlverpflichtung verursachten Kosten nicht übersteigen, sind Vorkehrungen zu treffen, damit dies auch gewährleistet wird. So ist einerseits die korrekte buchhalterische Trennung zwischen der stationären Krankenversorgung und anderen Tätigkeiten einzuhalten. Auf diese Weise kann überprüft werden, dass durch den Defizitausgleich nur Verluste aufgrund der Erfüllung der Gemeinwohlverpflichtung und nicht Kosten anderer Tätigkeiten finanziert werden. Andererseits sind künftige Ergebnisse auch regelmäßig zu kontrollieren. Es darf nicht die Situation entstehen, dass Verluste in einem Jahr öffentlich finanziert werden, während Übergewinne in späteren Jahren (zB aufgrund von mit öffentlichen Mitteln finanzierten Investitionen) vom Krankenhaus einbehalten und frei verwendet werden können (zB für den Aufbau einer Abteilung für Schönheitschirurgie).

1238 Schließlich gestehen sogar die Beschwerdeführer ein, dass sich die Kommission bei allem Verständnis für die BDPK-Positionen politisch in einer schwierigen Lage befinde. Sie führen aus, dass die offensichtlich rechtswidrige einseitige Gewährung von Subventionen an öffentliche Krankenhausträger nicht ohne weit reichende Folgen auf europäischer Ebene untersagt werden könne, weil es nur in wenigen EU-Ländern einen pluralistisch-liberalen Krankenhausmarkt wie in Deutschland gebe. In den meisten EU-Ländern sei die Krankenhaus-Versorgung eine staatliche Aufgabe und die Untersagung von Subventionen wäre in vielen Ländern schlicht nicht durchführbar.[55]

1239 Eine in **2010 eingereichte Nichtigkeitsklage**[56] gegen die Kommission zeigt, dass die Auseinandersetzung der Kommission und der europäischen Gerichte mit dieser Problematik noch nicht beendet ist. Hier richtet sich die Klägerin gegen die Entscheidung K(2009) 8120 der Kommission vom 28. Oktober 2009,[57] mit der diese sämtliche Finanzierungen, die die belgischen Behörden öffentlichen Krankenhäusern des Netzes IRIS der Region Brüssel-Hauptstadt zum Ausgleich für die Betrauung mit Dienstleistungen von allgemeinem wirtschaftlichen Interesse im Krankenhausbereich und außerhalb des Krankenhausbereichs gewährt haben, für mit dem Gemeinsamen Markt vereinbar erklärt hat. Diese Klage zeigt, dass das Thema EG-Beihilfenrecht und staatliche Krankenhausfinanzierung nicht allein in Deutschland ein Streitfall ist. Wie das Geicht in dieser Sache entscheiden wird, bleibt abzuwarten.

---

[54] Siehe Pressemitteilung vom 20. November 2007 im Deutschen Ärzteblatt abrufbar unter http://www.aerzteblatt.de/v4/news/news.asp?id=30506.

[55] Siehe Pressemitteilung des BDPK vom März 2008 abrufbar unter http://www.bdpk.de/privatkliniken.php/cat/95/aid/161/title/Loesung_noch_nicht_in_Sicht.

[56] Rs. T-137/10, Klage, Klage eingereicht am 17. März 2010 – CBI/Kommission eingereicht am 25. März (ABl. C 148/38 vom 5. 6. 2008).

[57] Kom., Staatliche Beihilfe NN 54/2009 – Finanzierung der öffentlichen Krankenhäuser des Netzes IRIS der Region Brüssel-Hauptstadt.

G. Artikel 108 AEUV

Art. 108 [Beihilfeaufsicht]

(1) [1]Die Kommission überprüft fortlaufend in Zusammenarbeit mit den Mitgliedstaaten die in diesen bestehenden Beihilferegelungen. [2]Sie schlägt ihnen die zweckdienlichen Maßnahmen vor, welche die fortschreitende Entwicklung und das Funktionieren des Binnenmarkts erfordern.

(2) Stellt die Kommission fest, nachdem sie den Beteiligten eine Frist zur Äußerung gesetzt hat, dass eine von einem Staat oder aus staatlichen Mitteln gewährte Beihilfe mit dem Binnenmarkt nach Art. 107 unvereinbar ist oder dass sie missbräuchlich angewandt wird, so beschließt sie, dass der betreffende Staat sie binnen einer von ihr bestimmten Frist aufzuheben oder umzugestalten hat.

Kommt der betreffende Staat diesem Beschluss innerhalb der festgesetzten Frist nicht nach, so kann die Kommission oder jeder betroffene Staat in Abweichung von den Art. 258 und 259 den Gerichtshof der Europäischen Union unmittelbar anrufen.

Der Rat kann einstimmig auf Antrag eines Mitgliedstaats beschließen, dass eine von diesem Staat gewährte oder geplante Beihilfe in Abweichung von Art. 107 oder von den nach Art. 109 erlassenen Verordnungen als mit dem Binnenmarkt vereinbar gilt, wenn außergewöhnliche Umstände einen solchen Beschluss rechtfertigen. Hat die Kommission bezüglich dieser Beihilfe das in Unterabsatz 1 dieses Absatzes vorgesehene Verfahren bereits eingeleitet, so bewirkt der Antrag des betreffenden Staates an den Rat die Aussetzung dieses Verfahrens, bis der Rat sich geäußert hat.

Äußert sich der Rat nicht binnen drei Monaten nach Antragstellung, so beschließt die Kommission.

(3) [1]Die Kommission wird von jeder beabsichtigten Einführung oder Umgestaltung von Beihilfen so rechtzeitig unterrichtet, dass sie sich dazu äußern kann. [2]Ist sie der Auffassung, dass ein derartiges Vorhaben nach Art. 107 mit dem Binnenmarkt unvereinbar ist, so leitet sie unverzüglich das in Absatz 2 vorgesehene Verfahren ein. [3]Der betreffende Mitgliedstaat darf die beabsichtigte Maßnahme nicht durchführen, bevor die Kommission einen abschließenden Beschluss erlassen hat.

(4) Die Kommission kann Verordnungen zu den Arten von staatlichen Beihilfen erlassen, für die der Rat nach Art. 109 festgelegt hat, dass sie von dem Verfahren nach Absatz 3 ausgenommen werden können.

Übersicht

Schrifttum zu I–IV: *Abbamonte*, Competitors' rights to challenge illegally granted aid and the problem of conflicting decisions in the field of competition law, ECLR 1997, 87; *Bartosch*, 5 Jahre Verfahrensordnung in Beihilfesachen, eine Zwischenbilanz, EuZW 2004, 43; *Bartosch,* The Procedural Regulation in State Aid Matters, A Case for Profound Reform, EStAL 2007, 474; *Dashwood*, Control of State Aids in the EEC, CMLR 1975, 43; *Flynn*, Chapter 6, Procedures under Articles 88 and 89, in: Butterworths Competition Law, 2007; *Jestaedt/Derenne/Ottervanger*, Study on the enforcement of State aid law at national level, 2006; *Klingbeil*, Das Beihilfeverfahren nach Art. 93 EG-Vertrag, 1996; *Koenig/Pickartz*, Die aufschiebend bedingte staatliche Beihilfengewährung nach der Verfahrensordnung in Beihilfesachen, NVwZ 2002, 151; *Kruse*, Bemerkungen zur gemeinschaftlichen Verfahrensordnung für die Beihilfekontrolle, NVwZ 1999, 1049; *Kühling/Braun*, Der Vollzug des EG-Beihilfenrechts in Deutschland, EuR Beiheft 3/2007, 31; *Lever*, The EC State Aid Regime, The Need for Reform, in: *Biondi/Eeckhout/Flynn*, The Law of State Aid in the European Union, 2003, 305; *Ludwigs*, Dezentralisierung der Europäischen Beihilfenkontrolle: Ein Dilemma für Beihilfeempfänger?, EuZW 2004, 577; *Lübbig*, Anmerkung zum Urt. des EuGH v. 15. 2. 2001, C-99/ 98 – Republik Österreich/Kommission, EuZW 2001, 179; *Martin-Ehlers*, Staatliche Beihilfen: Ein Plädoyer für Verfahrensrechte in der Vorprüfungsphase nach Art. 93 Abs. 3 EGV, EWS 1998, 245; *Matthias-Werner*, The Procedural Regulation – Is the Time Ripe for a Revision, in: *Sanchez-Rydelski*, EC State Aid Regime, 2006; *Mederer*, Future of State Aid Control, Competition Policy Newsletter 3/1996, 12; *Ortiz Blanco*, European Community Competition Procedure, Part IV, 2006; *Pechstein*, Nichtigkeit beihilfengewährender Verträge nach Art. 93 III 3 EGV, EuZW 1998, 495; *Rosenfeld*, Das Verfahrensrecht der gemeinschaftlichen Beihilfenaufsicht, 2000; *Ross*, Challenging State Aids, *Sasserath*, Schadensersatzansprüche von Konkurrenten zur Effektivierung der Beihilfenkontrolle?, 2001; *Sinnaeve*, Der Kommissionsvorschlag zu einer Verfahrensverordnung für die Beihilfenkontrolle, EuZW 1998, 268; *dies.*, Die neue Verfahrensordnung in Beihilfesachen, EuZW 1999, 270; *dies.*, State Aid Procedures, Developments since the Entry into Force of the Procedural Regulation, CMLRev 2007, 965; *dies./Slot*, The new Regulation on State aid procedures, CMLRev. 1999, 1153; *Soltesz*, Der Rechtsschutz des Konkurrenten gegen gemeinschaftsrechtswidrige Beihilfen vor nationalen Gerichten, EuZW 2001, 202; *ders./Kühlmann*, Dulde und liquidiere! – Schadensersatzansprüche eines von Beihilferückforderungen betroffenen Unternehmens, EWS 2001, 513; *Uerpmann*, Kooperatives Verwaltungshandeln im Gemeinschaftsrecht – die Gemeinschaftsrahmen für staatliche Beihilfen, EuZW 1998, 331; *Werner*, Fiscal State Aid, CYELS 2006/2007, 481.

I. Normzweck und Anwendungsbereich

1   **1. Allgemeines.** Art. 108 AEUV (ex Art. 88 EG) regelt das Verfahren der Beihilfenaufsicht und ergänzt damit Art. 107 AEUV. Art. 108 AEUV wurde seit dem Inkrafttreten des EWG-Vertrages bis zum Vertrag von Lissabon nie geändert. Das Verfahren der Beihilfenaufsicht stellt ein **besonderes Verfahren** dar, das von den allgemeinen Verfahren zur Überwachung der Einhaltung des Gemeinschaftsrechts abweicht.[1]

2   Nach dem Grundgedanken des Europäischen Beihilfenrechts sollte die Beihilfenaufsicht in den Händen einer starken supranationalen Instanz liegen, da ansonsten der Gefahr eines **Subventionswettbewerbs** zwischen den Mitgliedstaaten wirksam begegnet werden konnte. Nach Art. 108 AEUV ist daher die Beihilfenaufsicht im Sinne der Entscheidung über die Vereinbarkeit von Beihilfen mit dem Gemeinsamen Markt (Art. 107 Abs. 2 und Abs. 3 AEUV) grundsätzlich der Kommission überantwortet.[2] Eine **eng begrenzte Ausnahmevorschrift** stellt insoweit Art. 108 Abs. 2 UAbs. 3 AEUV dar, wonach der Rat in bestimmten Fällen eine Beihilfe für mit dem Gemeinsamen Markt vereinbar erklären kann. Daneben ist auf Art. 109 AEUV hinzuweisen, der es dem Rat erlaubt, auf Vorschlag der Kommission alle zweckdien-

---

[1] EuGH, C-256/97, Slg. 1999, I-3913 – DM Transport; EuGH, 74/76, Slg. 1977, 557 – Ianelli.
[2] EuGH, 78/76, Slg. 1977, 595, RdNr. 9 – Steinike und Weinlig; EuGH, C-301/87, Slg. 1990, I-307, RdNr. 16 – Frankreich/Kommission (Boussac).

lichen Durchführungsverordnungen zu Art. 107 und Art. 108 AEUV zu erlassen. Auch **nationale Gerichte** haben Kompetenzen in der Beihilfenüberwachung. Diese beziehen sich aber nicht auf die Überprüfung der Vereinbarkeit von Beihilfen, sondern auf die Durchsetzung des Durchführungsverbots aus Art. 108 Abs. 3 S. 3 AEUV, der nach der Rechtsprechung unmittelbar anwendbar ist.[3] Die nationalen Gerichte müssen dabei unabhängig von der Frage der Vereinbarkeit der Beihilfe alle notwendigen Maßnahmen zum Schutz betroffener Dritter gegen die vorzeitige Gewährung von Beihilfen treffen.[4]

Durch **den Vertrag von Lissabon** wurde Art. 108 AEUV ein **neuer Abs. 4** hinzugefügt, 3
welcher die Befugnis der Kommission festlegt, durch Verordnung bestimmte Arten von staatlichen Beihilfen von der Notifizierungspflicht und dem Durchführungsverbot auszunehmen.

Art. 108 AEUV regelt nach seinem Wortlaut das Verfahren zur **Überprüfung der Verein** 4
barkeit von Beihilfen mit dem Gemeinsamen Markt. Dieses Verfahren wird aber zugleich angewendet, wenn der Beihilfecharakter einer Maßnahme in Frage steht.[5]

Art. 108 AEUV enthält nur rudimentäre Regeln zum Verfahren der Beihilfenaufsicht. Eine 5
besondere Bedeutung bei der Konkretisierung der Verfahrensregeln kam daher lange der **Verwaltungspraxis** der Kommission und der **Rechtsprechung** der Europäischen Gerichte zu. Die Rechtsprechung und Rechtsfortbildung der Gemeinschaftsrechte waren dabei die Hauptquelle insbesondere für Verfahrensrechte der Beteiligten. Zu nennen sind hier insbesondere die **Zweimonatsfrist für das vorläufige Prüfverfahren**,[6] die Verfahrensregeln zur **Behandlung formell rechtswidriger Beihilfen**[7] und die **Grundsätze zur Rückforderung von Beihilfen**[8] sowie zur **Durchsetzung der Rückforderung auf nationaler Ebene**.[9]

Im Gegensatz zur Situation bei Art. 101 und 102 AEUV existierte im Bereich des Beihilfen 6
rechts **bis 1999 keine Durchführungsverordnung** zum Beihilfeverfahren, obwohl Art. 109 EG die dazu notwendige Grundlage geboten hätte. Die Gründe dafür sind sicher vielfältig und hängen wohl nicht zuletzt damit zusammen, dass das Beihilfenrecht staatliches Handeln reguliert, während die Art. 101 und 102 AEUV das Handeln von Unternehmen betreffen. Vorschläge der Kommission für eine Durchführungsverordnung aus den Jahren 1966 und 1972 scheiterten im Rat. Anschließend erschien der Kommission wohl das Risiko zu groß, dass der Rat in einer Verordnung die Kompetenzen im Beihilfenrecht einschränken würde.[10]

Seit 1999 sind Einzelheiten des Beihilfeverfahrens in der **Verfahrensverordnung 659/1999** 7
(„VerfVO“)[11] geregelt, welche auf der Grundlage des Art. 109 AEUV (ex Art. 89 EG) erlassen wurde. Die Verfahrensverordnung wurde 2004 durch eine **Durchführungsverordnung**[12] ergänzt. Die Verfahrensverordnung kodifiziert in weiten Teilen die Rechtsprechung und Kommissionspraxis, enthält darüber hinaus aber auch einige Neuerungen sowie eine Präzisierung und Ergänzung der einzelnen Verfahrensarten und Verfahrensschritte. Insgesamt führt sie zu einem höheren Maß an **Transparenz** und Rechtssicherheit im Beihilfeverfahren.[13] In der Praxis sind darüber hinaus auch die Mitteilungen der Kommission als sog. soft law zu beachten. Zu nennen sind hier insbesondere die **Leitlinien für ein vereinfachtes Verfahren**[14] sowie der **Verhaltenskodex für das Beihilfeverfahren** („Best Practice“),[15] die beide im April 2009 im

---

[3] EuGH, 6/64, Slg. 1964, 1141 – Costa.

[4] EuGH, C-39/94, Slg. 1996, I-3547, RdNr. 39ff. – SFEI.

[5] *Ortiz Blanco* 21.12.

[6] EuGH, 120/73, Slg. 1973, 1472, RdNr. 4ff. – Lorenz.

[7] EuGH, C-301/87, Slg. 1990, I-307 – Frankreich/Kommission (Boussac); EuGH, C-142/87, Slg. 1990, I-959 – Belgien/Kommission (Tubemeuse).

[8] EuGH, 70/72, Slg. 1973, 813, RdNr. 13 – Kommission/Deutschland; EuGH, C-301/87, Slg. 1990, I-307 – Frankreich/Kommission (Boussac); EuGH, C-142/87, Slg. 1990, I-959 – Belgien/Kommission (Tubemeuse).

[9] EuGH, C-24/95, Slg. 1997, I-1591 – Alcan Deutschland.

[10] *Heidenhain/Sinnaeve* § 32 RdNr. 8.

[11] VO 659/1999, ABl. 1999 L 83/1, zuletzt geändert durch VO 1791/2006 des Rates vom 20. November 2006, ABl. L 363/1 vom 20. 12. 2006.

[12] VO 794/2004 der Kommission vom 21. April 2004 zur Durchführung der VO 659/1999 des Rates über besondere Vorschriften zur Anwendung von Art. 93 des EG-Vertrags, ABl. L 140/1 vom 30. 4. 2004, zuletzt geändert durch VO 257/2009 der Kommission v. 24. März 2009, ABl. L 81/15 vom 27. 3. 2009.

[13] *Streinz/Koenig/Kühling* Art. 88 EG RdNr. 2 mwN.

[14] Mitteilung der Kommission über ein vereinfachtes Verfahren für die Würdigung bestimmter Kategorien staatlicher Beihilfen v. 29. April 2009, ABl. C 136/3 v. 16. 6. 2009.

[15] Mitteilung der Kommission, Verhaltenskodex für die Durchführung von Beihilfeverfahren v. 29. April 2009, ABl. C 136/13 v. 16. 6. 2009.

Rahmen des Aktionsplans Staatliche Beihilfe veröffentlicht wurden. Darüber hinaus sind verfahrensrelevante Regelungen auch in anderen Verordnungen und Mitteilungen enthalten, zB in sektorspezifischen Regelungen wie dem Schiffbaurahmen,[16] oder in allgemeinen Regelungen wie der *de minimis* **Verordnung**[17] oder der **AGVO.**

8 **2. Verfahren zwischen Kommission und Mitgliedstaat.** Das Verfahren der Beihilfenaufsicht nach Art. 108 AEUV und der VerfVO ist ein Verfahren zwischen Kommission und Mitgliedstaat.[18] **Dritte,** insbesondere Beihilfebegünstigte, Wettbewerber und Unternehmensvereinigungen, sind **nicht Parteien des Verfahrens,** was sich insbesondere in gegenüber dem Mitgliedstaat stark reduzierten Verfahrensrechten zeigt. Das Beihilfeverfahren weist auch dem Beihilfeempfänger im Vergleich zu sonstigen Beteiligten keine besondere Rolle zu.[19] Beihilfebegünstigte werden wie andere Dritte verfahrensrechtlich lediglich als Informationsquelle angesehen.[20]

9 Der Charakter des Beihilfeverfahrens als Verfahren zwischen Kommission und Mitgliedstaat zeigt sich in verschiedenen Punkten. So sind **Entscheidungen** der Kommission im vorläufigen oder förmlichen Prüfverfahren **an den Mitgliedstaat zu richten,**[21] und zwar auch dann, wenn die Beihilfe von einer staatlichen Untergliederung (selbst einer autonomen)[22] gewährt wurde. **Regionale Gebietskörperschaften** haben keine originären Verfahrensrechte und sind im Verfahren nicht anders zu behandeln als andere Beteiligte auch. Die **Anmeldung** von neuen Beihilfen erfolgt **durch den Mitgliedstaat.** Andere Beteiligte haben weder die Pflicht noch das Recht, eine Anmeldung durchzuführen. Es besteht auch kein Anspruch des Beihilfebegünstigten gegen den Mitgliedstaat auf Durchführung einer Anmeldung.[23] Ist der **Beihilfebegünstigte** aber von einer **Rückforderung** betroffen, so kommen unter Umständen Schadensersatzansprüche gegen den Mitgliedstaat auf der Grundlage von **Amtshaftungsansprüchen** oder *culpa in contrahendo* in Betracht.[24]

10 Nur der **Mitgliedstaat** hat nach Art. 108 Abs. 2 AEUV ein **originäres Beteiligungsrecht** während des gesamten Beihilfeverfahrens. Andere Beteiligte[25] haben Verfahrensrechte, insbesondere Beteiligungs- und Informationsrechte, erst im Hauptverfahren, jedoch nicht im Rahmen eines vorläufigen Prüfverfahrens.[26] **Beihilfebegünstigte** haben keinen Anspruch auf rechtliches Gehör. Sie haben lediglich das Recht, am Verwaltungsverfahren unter Berücksichtigung der Umstände **angemessen beteiligt** zu werden.[27] Die ihnen im förmlichen Prüfverfahren zukommenden Verfahrensrechte machen sie nicht zu Verfahrensparteien.[28]

11 Demgegenüber wird immer wieder eine stärkere Einbeziehung der betroffenen Unternehmen in das Beihilfeverfahren gefordert.[29] Insbesondere sollte dem **Beihilfeempfänger** als dem eigentlich Begünstigten die **Stellung als volle Partei** im Beihilfeverfahren zuerkannt werden.[30] Darüber hinaus könnte die Rolle des Begünstigten sowie anderer Beteiligter auch durch Maßnahmen wie der Veröffentlichung aller Beihilfeanmeldungen wie im Fusionskontrollverfahren und durch Akteneinsichtsrechte gestärkt werden.[31] Der Gerichtshof hat demgegenüber kürzlich entschieden, dass ein Akteneinsichtsrecht auch nach VO 1049/2001 grundsätzlich nicht gegeben ist, weil eine „allgemeine Vermutung dafür besteht, dass durch die Verbreitung der Dokumente der Verwaltungsakte grundsätzlich der Schutz des Zwecks von Untersuchungstätigkeiten beeinträchtigt würde", also der Ausnahmezustand des Artikel 4 Abs. 2 der VO 1049/2001

---

[16] Rahmenbestimmungen für Beihilfen an den Schiffbau, ABl. C 317/11 vom 20. 12. 2003.
[17] VO 1998/2006 der Kommission vom 15. Dezember 2006 über die Anwendung der Art. 87 und 88 EG-Vertrag auf „De-minimis"-Beihilfen, ABl. L 379/5 vom 28. 12. 2006.
[18] *Klingbeil* 61, 104, 134.
[19] EuG, T-198/01, Slg. 2004, II-2717, RdNr. 193 – Technische Glaswerke Ilmenau.
[20] EuG, T-198/91, Slg. 2004, II-2717, RdNr. 192 – Technische Glaswerke Ilmenau; vgl. *Ortiz Blanco*, 22.82 mwN.
[21] EuGH, C-367/95P, Slg. 1998, I-1719 – Sytraval; aA. EuG, T-95/94, Slg. 1995, II-2651 – Sytraval.
[22] Vgl. EuGH, C-88/03, Slg. 2006, I-7115 – Portugal/Kommission (Azoren).
[23] AA *Ludwigs* EuZW 2004, 577, 577 für den Fall, dass eine „hinreichende Wahrscheinlichkeit" für den Beihilfecharakter bzw. die Notifizierungspflicht spricht.
[24] *Soltesz/Kühlmann* EWS 2001, 513; *Ludwigs* EuZW 2004, 577.
[25] Definition in Art. 1 lit. h VerfVO; vgl. EuGH, 323/82, Slg. 1984, 3809 – Intermills.
[26] Vgl. unten, Art. 20 VerfVO RdNr. 5.
[27] EuGH, C-74/00P und 75/00P, Slg. 2002, I-7869, RdNr. 81 – Falck.
[28] EuGH, C-276/03 P, Slg. 2005, I-8347, RdNr. 34 – Scott.
[29] So zB *Bartosch* EStAL 2007, 474.
[30] Vgl. *Lever* 305 ff.; *Bartosch* EStAL 2007, 474, 479; *Sinnaeve* CMLRev 2007, 965, 1033.
[31] *Bartosch* EStAL 2007, 474, 480 f.; *Rosenfeld* 96 ff.

grundsätzlich erfüllt ist.[32] Das erscheint auch deswegen angebracht, weil nur die ordnungsgemäße Durchführung des Verfahrens dem Beihilfeempfänger Rechtssicherheit verschafft,[33] er das Verfahren aber nicht als Partei beeinflussen kann. Obwohl er nicht Partei ist, muss der Beihilfeempfänger direkt mit der Kommission prüfen, ob die gewährte Beihilfe auf einer **positiven Entscheidung der Kommission** beruht, sonst hat er keinen **Vertrauensschutz.**[34] Es kann auch nicht automatisch angenommen werden, dass der Mitgliedstaat immer im besten Interesse des Beihilfeempfängers handeln wird und seine Rechte umfassend schützen wird. Der Mitgliedstaat hat vielleicht nicht einmal direkte Kenntnis von der Beihilfe, die von einer staatlichen Einrichtung gewährt werden kann. Der Beihilfeempfänger hat demgegenüber ein stärkeres Interesse an der ordnungsgemäßen Verfahrensdurchführung und häufig eine bessere Kenntnis der zugrundeliegenden Sachverhalte.

Auch **Beschwerdeführer** haben **keine herausgehobene Stellung** im Beihilfeverfahren. 12 Zwar ist die Möglichkeit, der Kommission Mitteilung über mutmaßlich rechtswidrige Beihilfen oder mutmaßlich missbräuchliche Anwendungen von Beihilfen zu machen, nun ausdrücklich in **Art. 20 Abs. 2 VerfVO** verankert. Die Kommission ist auch verpflichtet, Beschwerdeführer zu **unterrichten,** wenn sie nach Eingang einer solchen Information keine ausreichenden Gründe sieht, ein beihilfenrechtliches Prüfverfahren einzuleiten. Aber die Entscheidung der Kommission ist weiterhin an den Mitgliedstaat, nicht an den Beschwerdeführer zu richten.[35]

3. Verschiedene Verfahrensarten. Die Beihilfenaufsicht unterscheidet im Wesentlichen 13 vier Verfahrensarten, welche in Art. 108 AEUV jedoch nur in Ansätzen geregelt sind. **Art. 108 Abs. 1 und Abs. 2 AEUV** regelt die **repressive Überwachung bestehender Beihilferegelungen,** die fortlaufend erfolgt. Der Aufbau des Art. 108 AEUV ist dabei historisch erklärbar. Zum Zeitpunkt des Inkrafttretens des Vertrages, der erstmals im internationalen Recht eine supranationale Beihilfenkontrolle einführte, war die herausgehobene Stellung der Überprüfung bestehender Beihilferegelungen berechtigt.[36] Auch die Zweistufigkeit der Überwachung ist durch den historischen Hintergrund erklärbar: während der erste Schritt **(Art. 108 Abs. 1 S. 2 AEUV)** nur **Empfehlungscharakter** hat, ist erst der zweite Schritt **(Art. 108 Abs. 2 S. 1 AEUV)** als **bindende Entscheidung** ausgestaltet worden.

In der **Praxis** spielt das **präventive Verfahren** zur Kontrolle neuer oder umgestalteter Bei- 14 hilfen die größte Rolle. Es ist in **Art. 108 Abs. 3 AEUV** sowie über die **Verweisung** des **Art. 108 Abs. 3 S. 2 AEUV in Art. 108 Abs. 2 AEUV** geregelt und wird durch eine Notifizierung nach Art. 108 Abs. 3 S. 1 AEUV eingeleitet.[37]

Art. 108 Abs. 3 S. 3 AEUV zeigt, dass auch daran gedacht wurde, dass Mitgliedstaaten mögli- 15 cherweise neue Beihilfen einführen wollen, ohne das präventive (Notifizierungs-)Verfahren einzuhalten. Daran schließt sich die Notwendigkeit eines Verfahrens zur **Behandlung** solcher **(formell) rechtswidriger Beihilfen** an, welches zunächst durch die Rechtsprechung und später durch die VerfVO im Wesentlichen dem präventiven Verfahren nachgebildet wurde, allerdings mit einigen bemerkenswerten Unterschieden.

Schließlich sind in **Art. 108 Abs. 2 AEUV** noch die „missbräuchlich" angewandten 16 **Beihilfen** erwähnt. Die Abgrenzung zwischen rechtswidrigen und missbräuchlichen Beihilfen wurde erst durch die VerfVO vorgenommen. Das Verfahren zur Behandlung missbräuchlicher Beihilfen folgt im Wesentlichen dem Verfahren für rechtswidrige Beihilfen, allerdings ohne die Möglichkeit einer vorläufigen Rückforderung.

Die **Unterscheidung der Begriffe** der neuen und bestehenden Beihilfen sowie der rechts- 17 widrigen und missbräuchlichen Beihilfen ist in der Praxis von großer Wichtigkeit, weil sie das jeweils **anzuwendende Verfahren** der Beihilfenaufsicht bestimmen.[38] Die Art des Verfahrens kann dabei zu entscheidenden Unterschieden führen: Wenn es sich um eine bestehende Beihilfe handelt, wirkt die Beihilfenaufsicht nur für die Zukunft, bei rechtswidrigen Beihilfen ist dagegen die endgültige Rückforderung einer bereits gewährten Beihilfe zwingend mit einer Negativentscheidung verbunden. Darüber hinaus ist zwischen Beihilferegelungen und Einzelbeihilfen zu unterscheiden. Das Verfahren nach Art. 108 Abs. 1 AEUV gilt nur für Beihilferegelungen,

---

[32] EuGH, Urt. v. 29. 6. 2010, C-139/07 P, RdNr. 61.
[33] Vgl. EuGH, C-5/89, Slg. 1990, I-3437, RdNr. 16 – BUG-Alutechnik.
[34] Vgl. zB. EuG, T-55/99, Slg. 2000, II-3207, RdNr. 121 – CETM.
[35] EuGH, C-367/95P, Slg. 1998, I-1719 – Sytraval.
[36] *von der Groeben/Thiesing/Ehlermann/Mederer* Art. 88 EG RdNr. 6.
[37] EuGH, C-36/00, Slg. 2002, I-3243, RdNr. 23 – Spanien/Kommission.
[38] Vgl. zu den jeweiligen Begriffen unten Art. 1 VerfVO RdNr. 3 ff.

das Verfahren in Art. 108 Abs. 3 AEUV gilt sowohl für Einzelbeihilfen als auch für Beihilferegelungen.[39] Bei missbräuchlichen Beihilfen entfällt im Gegensatz zu rechtswidrigen Beihilfen die Möglichkeit der vorläufigen Rückforderung.

18 Alle **Verfahren** sind **potentiell zweistufig.**[40] Das Verfahren wird auf der ersten Stufe beendet, wenn die Kommission bei neuen Beihilfen zum Ergebnis kommt, dass keine Bedenken hinsichtlich der Vereinbarkeit der Beihilfe mit dem Gemeinsamen Markt bestehen und sie eine Entscheidung erlässt, keine Einwände zu erheben. Hinsichtlich bestehender Beihilfen wird das Verfahren am Ende der ersten Stufe abgeschlossen, wenn der betreffende Mitgliedstaat dem Vorschlag einer zweckdienlichen Maßnahme zustimmt. Der **erste Verfahrensschritt** ist nur rudimentär in Art. 108 AEUV geregelt. Er wird in der Literatur als „**Vorprüfungsverfahren**"[41] und nunmehr in der VerfVO als „**vorläufige Prüfung**" bezeichnet. Der **zweite Verfahrensschritt** ist in Art. 108 Abs. 2 AEUV geregelt und wird als „**Hauptprüfungsverfahren**" oder wie in der VerfVO als „**förmliches Prüfverfahren**" bezeichnet.

II. Vorprüfungsverfahren

19 Die Verfahren der Beihilfenaufsicht sind **zweistufig** ausgestaltet. Sie beginnen mit dem vorläufigen Prüfverfahren. Hinzu kommt als zweiter Schritt gegebenenfalls das förmliche Prüfverfahren. Die Verfahren werden unterschiedlich eingeleitet.[42] Das **präventive Verfahren** beginnt mit der Anmeldung eines Beihilfevorhabens durch den Mitgliedstaat. Im **repressiven Verfahren** überprüft die Kommission fortlaufend bestehende Beihilfen. Die Verfahren für rechtswidrige oder missbräuchliche Beihilfen werden häufig aufgrund einer **Beschwerde,** zB der Beschwerde eines Wettbewerbers des Beihilfenbegünstigten, eingeleitet. Sie können aber auch **von Amts wegen** eingeleitet werden, wenn die Kommission von der rechtswidrigen oder missbräuchlichen Beihilfe Kenntnis erlangt.

20 **1. Präventive Kontrolle neuer oder umgestalteter Beihilfen.** Das Verfahren der präventiven Kontrolle neuer oder umgestalteter Beihilfen beruht auf **Art. 108 Abs. 3 S. 1 AEUV** und **§§ 2 ff. VerfVO.** Es stellt in der Praxis das häufigste Verfahren dar.[43]

21 **a) Notifizierungspflicht.** Nach Art. 108 Abs. 3 S. 1 AEUV ist der Mitgliedstaat verpflichtet, die Kommission vor der beabsichtigten Einführung einer Beihilfe so rechtzeitig zu informieren, dass sie sich dazu äußern kann. Aufgrund der Notifizierung soll die Kommission in die Lage gesetzt werden, sich eine erste Meinung zum Beihilfecharakter der beabsichtigten Maßnahme und zu ihrer Vereinbarkeit mit dem Gemeinsamen Markt zu machen und **gegebenenfalls** das **förmliche Prüfverfahren einleiten** zu können. Art. 108 AEUV geht dabei von beständiger und loyaler Zusammenarbeit zwischen Mitgliedstaat und Kommission aus.[44]

22 Die Notifizierungspflicht bezieht sich **nur** auf **Beihilfen,** dh. auf Maßnahmen, die alle tatbestandlichen Voraussetzungen des **Art. 107 Abs. 1 AEUV** erfüllen.[45] Demgegenüber hat die Kommission früher die Position vertreten, dass eine Notifizierung schon dann erfolgen muss, wenn eine ausreichende Wahrscheinlichkeit besteht, dass es sich um eine Beihilfe handelt.[46] Entsprechende Forderungen der Kommission, dass Maßnahmen, deren Beihilfecharakter zweifelhaft ist, angemeldet werden müssen, haben aber keinen Eingang in die Verfahrensverordnung gefunden.[47] Dies wird durch die Definition des Beihilfebegriffs in Art. 1 lit. a VerfVO bestätigt. Die Frage ist jetzt auch durch den Gerichtshof geklärt.[48]

23 Es kann aber zur Erlangung von **Rechtssicherheit** im Einzelfall sinnvoll sein, eine beabsichtigte **Maßnahme als „Nicht-Beihilfe"** anzumelden. Die Anmeldung erfolgt dabei mit

---

[39] *Schwarze/Bär-Bouyssière* Art. 88 EG RdNr. 1.

[40] *Heidenhain/Sinnaeve* § 32 RdNr. 1.

[41] *Grabitz/Hilf/von Wallenberg* Art. 88 EG RdNr. 23 ff.

[42] *Hancher/Ottervanger/Slot* 25–013.

[43] Notifizierte Beihilfen stellten zB im Jahr 2008 659 von 737 registrierten Beihilfeverfahren dar. Vgl. Bericht der Kommission, Anzeiger für staatliche Beihilfen – Herbstausgabe 2008 –, KOM(2008) 751 endgültig, v. 17. 11. 2008.

[44] EuGH, 173/73, Slg. 1974, 709 – Italien/Kommission.

[45] *Sinnaeve* CMLRev 2007, 965, 967.

[46] Vgl. zB. die Mitteilung zum Verkauf von Grundstücken der öffentlichen Hand, AB. 1997 C 209/3, Abschnitt 3.

[47] *Streinz/Koenig/Kühling* Art. 88 EG RdNr. 12; dazu *Sinnaeve* EuZW 1998, 268, 269, *Koenig/Roth/ Schoen/Slot*, Aktuelle Fragen des EG-Beihilfenrechts, 2001, 43, 51 ff.

[48] EuGH, C-345/02, Slg. 2004, I-7139, RdNr. 31 f. – Pearle; vgl. *Sinnaeve* CMLRev 2007, 965, 968 mwN.

demselben Standardformular wie die Anmeldung als Beihilfe. Das **Standardformular** sieht ausdrücklich auch die Anmeldung als Nicht-Beihilfe als Option vor.[49] Eine Anmeldung als Nicht-Beihilfe wird vor allem für solche Maßnahmen in Frage kommen, bei denen der **Beihilfecharakter schwierig festzustellen** ist, zB wenn es um die Erfüllung der *Altmark Trans*-Kriterien geht[50] oder um umfangreiche ökonomische Betrachtungen im Rahmen des sog. Privatinvestorentests.

Die Notifizierungspflicht erfasst sowohl **Einzelbeihilfen** als auch **Beihilferegelungen**.[51] Die   **24** Unterscheidung zwischen Einzelbeihilfen und Beihilferegelungen findet nur auf die fortlaufende Überprüfung bestehender Beihilfen nach Art. 108 Abs. 1 AEUV Anwendung, nicht aber auf das präventive Verfahren des Art. 108 Abs 3 S. 1 AEUV.

Notifizierungspflichtig sind **neue und umgestaltete bzw. geänderte Beihilfen**. Beide   **25** Begriffe werden in Art. 108 AEUV nicht definiert. Eine **Definition** findet sich nunmehr in Art. 1 lit. b und lit. c VerfVO.[52] Änderungen einer vorgeschlagenen Beihilferegelung nach der Notifizierung sind ebenfalls zu notifizieren, da eine nicht-notifizierte Änderung den Mitgliedstaat daran hindern würde, die Gesamtregelung einzuführen, es sei denn, die Änderung wäre eine eigenständige Regelung, die dann getrennt notifiziert werden müsste.[53] Wo die Finanzierungsmethode (zB durch parafiskalische Abgaben) ein integraler Bestandteil der Beihilferegelung ist, muss auch die Finanzierungsmethode notifiziert werden.[54]

Die **Notifizierungspflicht** ist **unabhängig** von der **Vereinbarkeit** einer Beihilfe mit dem   **26** Gemeinsamen Markt. Auch Beihilfen, welche nach Art. 107 Abs. 2 und 3 AEUV oder nach Art. 106 Abs. 2 AEUV genehmigungsfähig sind, sind anmeldepflichtig, so dass grundsätzlich die alleinige Entscheidungsbefugnis über die Vereinbarkeit mit dem Gemeinsamen Markt bei der Kommission liegt.

Nicht angemeldet werden müssen dagegen solche Maßnahmen, die aufgrund der *de minimis*   **27** Verordnung,[55] der AGVO, oder aufgrund der GFE-DAWI Entscheidung der Kommission zu Art. 106 Abs. 2 AEUV[56] von der Notifizierungspflicht ausdrücklich ausgeschlossen sind. Für diese Maßnahmen hat die Kommission ihre Entscheidungsbefugnis auf der Grundlage der VO 994/98[57] bereits allgemein ausgeübt und diese Maßnahme für mit dem Gemeinsamen Markt vereinbar erklärt. Folgerichtig hat sie diese Maßnahmen dann auch von der Notifizierungspflicht ausgenommen. Gleiches gilt für Ausgleichszahlungen im Landtransport nach Art. 17 Abs. 2 VO 1191/69 bzw. nach Art. 9 Abs. 1 VO 1370/07. Der durch den Vertrag von Lissabon eingefügte neue Abs. 4 des Art. 108 AEUV hat die Befugnis der Kommission, bestimmte Arten von staatlichen Beihilfen von der Anmeldepflicht auszunehmen, jetzt in den Vertrag übernommen. Inhaltlich entspricht diese Vorschrift dem Art. 1 Abs. 1 VO 994/98.[58] In dieser Verordnung hat der Rat auch nach Art. 109 AEUV die Arten von staatlichen Beihilfen festgelegt, für die die Kommission eine Ausnahme von dem Verfahren nach Abs. 3 vorsehen kann.

Einzelbeihilfen, die **aufgrund einer genehmigten Beihilferegelung** gewährt werden,   **28** sind ebenfalls nicht anmeldepflichtig.[59] Die Überprüfung der Kommission erstreckt sich in diesem Fall allein auf die Überprüfung der Vereinbarkeit der Maßnahme mit der genehmigten Beihilferegelung.[60] In diesem Fall ersucht sie den Mitgliedstaat um alle notwendigen Informationen, um die Vereinbarkeit zu überprüfen.[61] Erst danach kann die Kommission die Beihilfe als neue (rechtswidrige) Beihilfe behandeln. Jedoch sind ausnahmsweise auch Einzelbeihilfen an-

---

[49] Vgl. Teil 1 Anhang 1 VO 794/2004.
[50] EuGH, C-280/00, Slg. 2003, I-7704 – Altmark Trans.
[51] *Streinz/Koenig/Kühling* Art. 88 EG RdNr. 12.
[52] Vgl. dazu unten Art. 1 VerfVO RdNr. 3 ff.
[53] EuGH, 91/83 und 127/83, Slg. 1984, 3435, RdNr. 21 – Heineken Brouwerijen.
[54] EuGH, C-261/01 und C-262/01, Slg. 2003, I-12 249, RdNr. 50 ff. – van Calster.
[55] VO 1998/2006 der Kommission vom 15. Dezember 2006 über die Anwendung der Art. 87 und 88 EG-Vertrag auf „De-minimis"-Beihilfen, ABl. L 379/5 vom 28. 12. 2006.
[56] Entscheidung der Kommission vom 28. November 2005 über die Anwendung von Art. 86 Abs. 2 EG-Vertrag auf staatliche Beihilfen, die bestimmten mit der Erbringung von Dienstleistungen von allgemeinem wirtschaftlichem Interesse betrauten Unternehmen als Ausgleich gewährt werden, ABl. L312/67 vom 29. 11. 2005.
[57] VO 994/98 des Rates, ABl. 1998 L142/1.
[58] VO 994/98 des Rates, ABl. 1998 L142/1.
[59] EuGH, 166/86 und 220/86, Slg. 1988, 6473 – Irish Cement; EuGH C-47/91, Slg. 1994, I-4635, RdNr. 21 – Italien/Kommission (Italgrani).
[60] EuGH, C-321/99 P, Slg. 2002, I-4287, RdNr. 83 – ARAP.
[61] EuGH, C-47/91, Slg. 1994, I-4635, RdNr. 34 – Italien/Kommission (Italgrani).

meldepflichtig, die aufgrund einer Beihilferegelung gewährt werden, wenn dies in der konkreten Beihilferegelung oder der Genehmigungsentscheidung der Kommission vorgesehen ist.[62]

29   Die **Notifizierungspflicht trifft die Mitgliedstaaten** unabhängig davon, welche staatliche Stelle oder welches öffentliche Unternehmen die Beihilfe gewährt. Gebietskörperschaften oder beihilfegewährende Unternehmen sind zur Anmeldung weder berechtigt noch verpflichtet.[63] Gleiches gilt für das beihilfebegünstigte Unternehmen. Die Notifizierung muss zur Kommission erfolgen. Andere interessierte Parteien müssen nicht benachrichtigt werden.[64]

30   Die Notifizierung muss nach Art. 108 Abs. 3 S. 1 AEUV „**rechtzeitig**" erfolgen. Eine nähere Bestimmung der Rechtzeitigkeit enthält weder Art. 108 AEUV noch die VerfVO. Eine solche Bestimmung ist auch nicht notwendig, da eine Gewährung der Beihilfe nach Art. 108 Abs. 3 S. 3 AEUV ohnehin erst nach einer positiven abschließenden Entscheidung erfolgen darf. Entscheidend ist, dass die Notifizierung vor der Durchführung erfolgt, so dass die Kommission vor der Gewährung die Vereinbarkeit der Beihilfe mit dem Gemeinsamen Markt zumindest kursorisch prüfen kann.

31   **b) Inhalt und Form der Anmeldung.** Art. 108 AEUV enthält keine Vorgaben zur Form der Anmeldung. Eine vollständige Anmeldung umfasst nach Art. 2 Abs. 2 VerfVO „**alle sachdienlichen Auskünfte**", damit die Kommission eine Entscheidung nach den Art. 4 und 7 VerfVO treffen kann. Aus der Anmeldung müssen daher zumindest Vorhaben, Zielsetzung und **Begünstigte** eindeutig hervorgehen.[65] Einzelheiten zu Inhalt und Form der Anmeldung von Beihilfen ergeben sich nunmehr aus der Durchführungsverordnung.[66]

32   Die Anmeldung neuer Beihilfen erfolgt danach grundsätzlich auf dem **Anmeldeformular** in **Anhang I Teil 1** der Durchführungsverordnung. Daneben enthält Anhang I Teil III der Durchführungsverordnung Formulare zu ergänzenden Auskünfte für verschiedene Beihilfearten.[67] Für bestimmte Änderungen bestehender Beihilfen enthält die Durchführungsverordnung ein Anmeldeformular für das vereinfachte Verfahren in **Anhang II.**[68] Daneben existieren Sonderregeln für die Anmeldung von Kohlebeihilfen.[69]

33   Die Anmeldung wird der Kommission im Wege der **elektronischen Validierung** durch die vom Mitgliedstaat benannte Person übermittelt. Eine solche Anmeldung gilt als vom Ständigen Vertreter übersandt. Seit dem 1. Juli 2008 erfolgt die Übermittlung der Anmeldung elektronisch über die Web-Anwendung **State Aid Notification Interactive (SANI).**[70] Weitere Hinweise zur elektronischen Übermittlung finden sich in einer entsprechenden Kommissionsmitteilung.[71]

34   Welche **Behörde** die Anmeldung vorzunehmen hat, richtet sich nach nationalem Recht. In Deutschland handelt es sich um das **Bundesministerium für Wirtschaft, Referat E A 6 (Beihilfenkontrollpolitik),** und zwar selbst dann, wenn die Beihilfe durch regionale oder lokale Behörden gewährt wird.[72]

35   **c) Vorläufige Prüfung.** Art. 108 Abs. 3 AEUV enthält kein ausgestaltetes Verfahren der Präventivkontrolle. Aus Art. 108 AEUV lässt sich aber bereits die Zweistufigkeit des Verfahrens ersehen, da Art. 108 Abs. 3 S. 2 AEUV auf Art. 108 Abs. 2 AEUV verweist. Weitere Anforderungen ergeben sich aus der VerfVO. Das Verfahren beginnt daher mit einer vorläufigen Prüfung, an die sich gegebenenfalls das förmliche Prüfverfahren anschließt. Häufig ist diesem Verfahren aber bereits ein **informelles Verfahren** vorgeschaltet, in dem Mitgliedstaat und Kommission die Struktur der beabsichtigten Maßnahme diskutieren. Angemeldet wird dann eine Maßnahme, die eventuelle Einwände der Kommission bereits vorwegnimmt. Das informelle

---

[62] EuGH, C-47/91, Slg. 1994, I-4635, RdNr. 21 – Italien/Kommission (Italgrani); EuGH C-278/95P, Slg. 1997, I-2507, RdNr. 31 – Siemens.

[63] EuGH, C-442/03P und C-471/03P, Slg. 2006, I-4845, RdNr. 103f. – European Ferries; *Streinz/Koenig/Kühling* Art. 88 EG RdNr. 13.

[64] EuGH, 91/83 und 127/83, Slg. 1984, 3435, RdNr. 12ff. – Heineken Brouwerijen.

[65] *Grabitz/Hilf/von Wallenberg* Art. 88 EG RdNr. 17.

[66] Vgl. Art. 1 VO 794/2004.

[67] Art. 2 VO 794/2004.

[68] Art. 4 Abs. 2 VO 794/2004.

[69] Ent. 2002/871 der Kom., ABl. L 300/42 v. 5. 11. 2002.

[70] Art. 3 VO 295/2004.

[71] Einzelheiten für die elektronische Übermittlung von Anmeldungen einschließlich der Anschriften zusammen mit allen erforderlichen Vorkehrungen zum Schutz vertraulicher Angaben, ABl. 2005 C 237/3 vom 27. 9. 2005.

[72] Vgl. *Kühling/Braun* EuR – Beiheft 3/2007, 31 (37).

Verfahren dient damit häufig der **Verfahrensbeschleunigung,** gerade in komplexeren Fällen.[73]

Die **vorläufige Prüfung** soll der Kommission eine **erste Meinungsbildung** über den Bei-   **36** hilfecharakter und die Genehmigungsfähigkeit der Maßnahme ermöglichen.[74] Die vorläufige Prüfung soll innerhalb von zwei Monaten abgeschlossen sein. Dieser Zeitraum geht auf das Urteil in der Rechtssache *Lorenz* zurück[75] und ist auch in die VerfVO übernommen worden. Die **Zwei-Monats-Frist** gilt allerdings **nur** für **angemeldete Beihilfen,** nicht für die Prüfung rechtswidriger Beihilfen.

Die Zweimonatsfrist beginnt mit der **Übermittlung** einer **vollständigen Anmeldung.** Die   **37** Frage der Vollständigkeit ist im Licht des Zwecks der vorläufigen Prüfung zu beantworten, welche lediglich eine erste Meinungsbildung erlauben soll.[76] Die Anmeldung ist daher vollständig, wenn sie eine erste Meinungsbildung erlaubt. Falls die Anmeldung **nicht vollständig** ist, kann die Kommission **ergänzende Auskünfte** anfordern **(Art. 5 Abs. 2 VerfVO),** wodurch die **Frist** von neuem in Gang gesetzt wird. In der Praxis macht die Kommission davon häufig Gebrauch, allerdings sind ihr insoweit durch Art. 5 VerfVO und durch die Rechtsprechung Grenzen gesetzt.[77] Nach der Rechtsprechung kann die Kommission die **Zweimonatsfrist** nicht durch Auskunftsersuchen zu Informationen verlängern, die sie zur Entscheidung nicht benötigt.[78] Fordert die Kommission solche Informationen an, beginnt die Zweimonatsfrist unabhängig vom (erneuten) Auskunftsersuchen mit dem Eingang der Anmeldung bzw. der Antwort auf das vorherige Auskunftsersuchen.[79] Diese Rechtssprechung gilt auch nach Inkrafttreten der Verfahrensverordnung. Art. 5 Abs. 3 VerfVO stellt insoweit keine abschließende Regelung dar.[80]

Das vorläufige Prüfverfahren spielt sich alleine zwischen Mitgliedstaat und Kommission ab.   **38** **Dritte** haben im vorläufigen Prüfverfahren **keine Informations- oder Beteiligungsrechte.** Die Kommission ist auch nicht verpflichtet, Dritten während der vorläufigen Prüfung Gelegenheit zur Stellungnahme zu geben.[81] Begründet wird dies mit dem **Grundsatz der Verfahrensbeschleunigung.**[82] Dies ist aber problematisch, da einerseits der Beihilfebegünstigte häufig den besten Zugriff auf die benötigten Informationen hat. Andererseits dient das Beihilfenrecht auch dem Drittschutz[83] und Wettbewerber sind oft eine wichtige Informationsquelle.[84] Auf diese Informationsquellen wird aufgrund der Ausgestaltung der vorläufigen Prüfung nicht zurückgegriffen.

d) Abschluss. Das vorläufige Prüfverfahren endet mit einer Entscheidung der Kommission.   **39** Dabei handelt es sich entweder um eine **Positiventscheidung,** nämlich entweder um die Feststellung, dass die **Maßnahme keine Beihilfe** darstellt oder die Feststellung, dass gegen die Vereinbarkeit der Beihilfe mit dem Gemeinsamen Markt **keine Einwände** bestehen. Diese (Positiv-)Entscheidungen beenden das Beihilfeverfahren. Sie sind allerdings nur zulässig, wenn Kommission von der Vertragskonformität der geplanten Maßnahme überzeugt ist.[85] Die Maßnahme darf auch nicht gegen andere Vorschriften als die Beihilfevorschriften verstoßen.[86] Diese Entscheidungen werden im **C-Teil des Amtsblatts veröffentlicht.** Es handelt sich dabei um eine Veröffentlichung iSv. Art. 263 Abs. 6 AEUV.[87]

---

[73] Siehe dazu Abschnitt 3 des Verhaltenskodex für die Durchführung von Beihilfeverfahren, vom 29. April 2009, ABl. C 136/13 vom 16. 6. 2009.

[74] EuGH, 120/73, Slg. 1973, 1471, RdNr. 3 – Lorenz.

[75] EuGH, 120/73, Slg. 1973, 1471, RdNr. 4 – Lorenz.

[76] EuGH, C-99/98, Slg. 2001, I-1101, RdNr. 53 ff. – Österreich/Kommission (Siemens Bauelemente OHG). Vgl. *Lübbig* EuZW 2001, 179.

[77] Vgl. dazu die Kommentierung zu Art. 5 VerfVO.

[78] EuGH, C-99/98, Slg. 2001, I-1101, RdNr. 61 ff. – Österreich/Kommission (Siemens Bauelemente OHG); EuG, T-171/02, Slg. 2005, II-2123, RdNr. 41 – Sardinien/Kommission.

[79] EuGH, C-99/98, Slg. 2001, I-1101, RdNr. 61 ff. – Österreich/Kommission (Siemens Bauelemente OHG).

[80] AA. *Bartosch* EuZW 2004, 43, 46.

[81] EuGH, C-198/91, Slg. 1993, I-2487 RdNr. 22 – Cook; EuGH, C-367/95P, Slg. 1998, I-1719, RdNr. 58 – Sytraval; EuG, T-86/96, Slg. 1999, II-179, RdNr. 48 – Hapag Lloyd.

[82] Vgl. *Streinz/Koenig/Kühling* Art. 88 EG RdNr. 16.

[83] EuGH, C-39/94, Slg. 1996, I-3547 – SFEI; EuGH, C-354/90, Slg. 1991, I-5505 – FNCE; *Soltesz* EuZW 2001, 202, 203.

[84] *Streinz/Koenig/Kühling* Art. 88 EG RdNr. 17.

[85] EuGH, C-367/95P, Slg. 1998, I-1719, RdNr. 39 – Sytraval.

[86] EuGH, C-204/97, Slg. 2001, I-3175, RdNr. 41 ff. – Portugal/Kommission, m. Anm. *Herrmann/v. Donat* EuZW 2001, 407.

[87] EuG, T-17/02, Slg. 2005, II-2031, RdNr. 80 – Fred Olsen.

40 Dagegen kann die Kommission **keine Negativentscheidung** über die **Unvereinbarkeit** der Beihilfe treffen. Eine solche Entscheidung ist nach Art. 108 Abs. 2 AEUV **nur im Hauptprüfverfahren nach Stellungnahme** der Beteiligten möglich. Wenn **ernsthafte Bedenken** gegen die **Vereinbarkeit** der Maßnahme bestehen, dann ist das **förmliche Prüfverfahren** nach Art. 108 Abs. 2 AEUV einzuleiten. Die Kommission darf sich dann nicht auf eine vorläufige Prüfung beschränken.[88] Der **Begriff der ernsthaften Schwierigkeiten** ist objektiv und vom Gericht voll **überprüfbar**.[89] In der Rechtsprechung finden sich eine Reihe von Indikatoren für das Bestehen ernsthafter Zweifel. Es ist davon auszugehen, dass dann, wenn die Kommission innerhalb der Zweimonatsfrist nicht in der Lage ist, eventuelle Zweifel an der Vereinbarkeit auszuräumen, ernsthafte Zweifel bestehen und die Kommission daher das förmliche Prüfverfahren einleiten muss.[90] Hinweise auf bestehende Zweifel können sich auch ergeben aus **wiederholten Fragen** der Kommission,[91] aus **offensichtlichen Widersprüchen** zwischen dem Wortlaut der Entscheidung und den Informationen, die der Kommission zum Zeitpunkt der Entscheidung vorlagen,[92] aus einer **unzureichende Begründung** hinsichtlich eines zentralen Punkts der Beschwerde[93] oder aus anderen Umständen des Einzelfalls.

41 Das **förmliche Prüfverfahren** muss auch eröffnet werden, wenn unklar ist, ob die Maßnahme eine Beihilfe darstellt, es sei denn, die Kommission kann sich davon überzeugen, dass die Maßnahme in jedem Fall mit dem Gemeinsamen Markt vereinbar wäre.[94] Dies ist jedoch problematisch, da die Konsequenzen einer **Nicht-Beihilfe** und einer **vereinbarten Beihilfe** für den Mitgliedstaat und den Beihilfeempfänger sehr unterschiedlich sind.[95]

42 Fällt die Kommission innerhalb der zwei Monate **keine Entscheidung,** endet das Durchführungsverbot. Vor Inkrafttreten der VerfVO war fraglich, ob bloßes Inkenntnissetzen des Mitgliedstaates von der Eröffnung des förmlichen Prüfverfahrens ausreichend war oder ob eine begründete Entscheidung gegenüber dem Mitgliedstaat erforderlich war.[96] Nunmehr ist diese Frage in Art. 4 VerfVO im Sinne des Erfordernisses einer Entscheidung geregelt. Nach Einführung gilt die Beihilfe dann als bestehende Beihilfe.

43 **e) Vereinfachtes Verfahren.** Im Rahmen des Aktionsplans Staatliche Beihilfen hat die Kommission eine Mitteilung über das vereinfachte Verfahren veröffentlicht, die dazu beitragen soll, das Beihilfenverfahren zu vereinfachen und zu beschleunigen sowie berechenbarer und wirksamer zu machen.[97]

44 Die Kommission möchte das vereinfachte Verfahren auf **bestimmte Kategorien angemeldeter Beihilfen** anwenden, bei denen von vorneherein keine Zweifel an der Vereinbarkeit mit dem Gemeinsamen Markt bestehen. Sind die Voraussetzungen der Mitteilung erfüllt, so bemüht sich die Kommission, innerhalb von **20 Arbeitstagen** nach Anmeldung eine **Kurzentscheidung** nach Art. 4 Abs. 2 oder Abs. 3 VerfVO zu erlassen, in der festgestellt wird, dass es sich nicht um eine Beihilfe handelt bzw. dass keine Einwände bestehen.

45 Die Mitteilung findet grundsätzlich auf drei Kategorien von Beihilfen Anwendung. *Kategorie 1:* Beihilfemaßnahmen, die nach bestehenden Gemeinschaftsrahmen oder Leitlinien **Gegenstand** einer „**Grundprüfung**" sind. Hiermit sind insbesondere Beihilfen gemeint, welche unter die jeweiligen „**Safe Harbour**"-Abschnitte oder gleichwertige Prüfverfahren und nicht bereits unter die allgemeine Gruppenfreistellungsverordnung fallen. Das vereinfachte Verfahren ist nur anzuwenden, wenn die Kommission nach der Voranmeldephase der Auffassung ist, dass alle materiell- und verfahrensrechtlichen Voraussetzungen der entsprechenden Rechtsinstrumente erfüllt sind.

---

[88] Vgl. EuG, T-73/98, Slg. 2001, II-867, RdNr. 42 ff. – Prayon-Rupel.

[89] EuG, T-73/98, Slg. 2001, II-867, RdNr. 47 – Prayon Rupel; EuG, T-46/97, Slg. 2000, II-2125, RdNr. 71 – SIC.

[90] *Bellamy/Child* 15.080 unter Verweis auf EuGH, 84/82 Slg. 1984, 1451 – Deutschland/Kommission (Textilien).

[91] EuG, T-73/98, Slg. 2001, II-867, RdNr. 107 – Prayon Rupel.

[92] EuG, T-73/98, Slg. 2001, II-867, RdNr. 78 – Prayon Rupel.

[93] EuGH, C-204/97, Slg. 2001, I-3175, RdNr. 36 ff. – Portugal/Kommission.

[94] EuG, T-95/03, Slg. 2006, II-89, RdNr. 134 – Asociación de Empresarios de Estaciones de Servicio de Madrid, EuG, T-269/99, Slg. 2002, II-4217, RdNr. 45 – Territorio Histórico de Guipúzcoa; EuG, T-346/99 bis T-348/99, Slg. 2002, II-4259, RdNr. 41 – Territorio Histórico de Alava; EuGH, C-367/95P, Slg. 1998, I-1719, RdNr. 39 – Sytraval.

[95] So auch *Sinnaeve* CMLRev 2007, 965, 982.

[96] Dazu *Streinz/Koenig/Kühling* Art. 88 EG RdNr. 17.

[97] Mitteilung der Kommission über ein vereinfachtes Verfahren für die Würdigung bestimmter Kategorien staatlicher Beihilfen, vom 29. April 2009, ABl. C 136/3 v. 16. 6. 2009.

Kategorie 2: Der gefestigten Entscheidungspraxis der Kommission entsprechende Maßnah- **46** men. Damit sind Beihilfemaßnahmen gemeint, deren Merkmale denjenigen von Maßnahmen entsprechen, die in mindestens drei früheren Entscheidungen der Kommission innerhalb der letzten zehn Jahre genehmigt wurden (**„gefestigte Entscheidungspraxis"**). Das vereinfachte Verfahren ist nur anzuwenden, wenn die Kommission nach der Voranmeldephase der Auffassung ist, dass alle relevanten materiell- und verfahrensrechtlichen Voraussetzungen der früheren Entscheidungen erfüllt sind.

Kategorie 3: Verlängerung oder Ausweitung bestehender Regelungen. Dies betrifft Änderun- **47** gen bestehender Regelungen, für welche nach Art. 4 der Durchführungsverordnung ein vereinfachtes Anmeldeverfahren besteht. Das Verfahren der Durchführungsverordnung ist unbeschadet der Mitteilung möglich; die Kommission ersucht jedoch die Mitgliedstaaten, in Übereinstimmung mit der Mitteilung für das vereinfachte Verfahren vorzugehen.

Hinsichtlich der genannten Kategorien bestehen bestimmte **Einschränkungen und Aus- 48 nahmen,** bei deren Bestehen die Kommission das normale Anmeldeverfahren anwendet. Ausgenommen ist das vereinfachte Verfahren bei rechtswidrigen Beihilfen, unvollständigen, irreführenden oder falschen Angaben in der Anmeldung, besonderen Umständen oder neuen rechtlichen Fragen von allgemeinem Interesse oder wenn das begünstigte Unternehmen einer Rückforderungsentscheidung noch nicht Folge geleistet hat.

Das vereinfachte Verfahren sieht vor, dass der Mitgliedstaat Vorabkontakte mit der Kommis- **49** sion aufnimmt und spätestens **2 Wochen vor dem Vorabkontakt** einen **Anmeldeentwurf elektronisch** übermittelt. Innerhalb von zwei Wochen nach der Einleitung der Voranmeldung stellt die Kommission einen Vorabkontakt her. Sie teilt dem Mitgliedstaat innerhalb von 5 Arbeitstagen nach dem letzten Vorabkontakt mit, ob für die Maßnahme das vereinfachte Verfahren in Frage kommt. Der Mitgliedstaat muss die betreffende Maßnahme spätestens 2 Monate nach dieser Mitteilung der Kommission anmelden. Die **Anmeldung** erfolgt auf der Grundlage des **Standardformulars** aus **Anhang 1 Teil I VO 794/2004.** Damit beginnt die **Frist von 20 Arbeitstagen** zur Entscheidung im vereinfachten Verfahren.

Die **Kommission veröffentlicht** eine **Zusammenfassung** auf ihrer Webseite, zusammen **50** mit dem Hinweis, dass die Beihilfe für die Anwendung des vereinfachten Verfahrens in Betracht kommt. Die Beteiligten haben die Gelegenheit, innerhalb von 10 Arbeitstagen eine Stellungnahme zu übermitteln und sich insbesondere zu Umständen, die eine eingehendere Untersuchung erforderlich machen könnten, zu äußern. Werden von Beteiligten begründete wettbewerbsrechtliche Bedenken geäußert, so greift die Kommission auf das normale Verfahren zurück. Ansonsten erlässt die Kommission eine Kurzentscheidung im vereinfachten Verfahren, die auf der Webseite der Kommission veröffentlicht wird und einen Hinweis auf die auf der Webseite der Kommission veröffentlichte Zusammenfassung der Anmeldung, und eine standardmäßige Würdigung der Maßnahme enthält.

2. Verfahren bei rechtswidrigen Beihilfen und bei missbräuchlicher Anwendung. 51 a) Rechtswidrige Beihilfen. Das Verfahren bezüglich rechtswidriger Beihilfen ist in der Praxis ebenfalls von großer Wichtigkeit.[98] Seine Bedeutung erklärt sich nicht zuletzt daraus, dass die Rückforderung die zwingende Folge der Unvereinbarkeitsentscheidung ist.

Das Verfahren für rechtswidrige Beihilfen ist in **Art. 108 Abs. 3 S. 3 AEUV** impliziert, **52** aber **nicht ausführlich dargelegt**. Das Verfahren wurde daher zunächst durch die Rechtsprechung und die Entscheidungspraxis der Kommission ausgestaltet und dann durch die Art. 10 bis 15 **VerfVO erstmalig gesetzlich kodifiziert**.[99] Das Verfahren folgt mit den notwendigen Anpassungen im Wesentlichen dem präventiven Kontrollverfahren.

Rechtswidrige Beihilfen sind neue Beihilfen (Einzelbeihilfen und Beihilferegelungen), die **53** unter Verstoß gegen das Durchführungsverbot des Art. 108 Abs. 3 S. 3 AEUV eingeführt werden. Die Rechtsprechung hat klargestellt, dass ein Verstoß gegen das Durchführungsverbot nicht automatisch zur Nichtvereinbarkeit mit dem Gemeinsamen Markt führt.[100] Vielmehr muss die Kommission die Vereinbarkeit der Beihilfe in einem zweistufigen Verfahren prüfen und

---

[98] So erließ die Kommission zwischen 2000 und 2006 insgesamt 608 Entscheidungen über rechtswidrige Beihilfen. Vgl. Bericht der Kommission, Anzeiger für staatliche Beihilfen – Herbstausgabe 2008 –, KOM(2008) 751 endgültig, v. 17. 11. 2008. 2008 wurden nach Berechnungen der Autoren auf der Grundlage von Angaben aus den Generaldirektionen Wettbewerb, Landwirtschaft, Fischerei und Transport und Verkehr insgesamt 74 Fälle rechtswidriger Beihilfen neu registriert.

[99] *von der Groeben/Thiesing/Ehlermann/Mederer* Art. 88 EG RdNr. 16.

[100] EuGH, 301/87, Slg. 1990, I-307, RdNr. 11 ff. – Frankreich/Kommission (Boussac).

kann die Nichtvereinbarkeit nur nach der Durchführung des förmlichen Prüfverfahrens nach Art. 108 Abs. 2 AEUV aussprechen.[101]

54 Da eine Notifizierung fehlt, beginnt das Verfahren entweder durch ein Aufgreifen durch die Kommission von Amts wegen oder durch Beschwerden von Wettbewerbern des Beihilfebegünstigten oder anderer interessierter Parteien. Hinsichtlich der Form der Beschwerde hat die Kommission ein **Formblatt** veröffentlicht.[102] Der Beschwerdeführer hat dieselben Verfahrensrechte wie andere Dritte.[103] Die Kommission tritt daher nicht in ein streitiges Verfahren mit dem Beschwerdeführer ein.[104] Die Kommission ist dann zur **unverzüglichen Prüfung** verpflichtet. Sie kann die Erteilung von Auskünften verlangen, wobei das **Auskunftsersuchen** zur Erlangung der für die Prüfung notwendigen Informationen an die **Stelle der Notifizierung** tritt.[105]

55 Die Kommission kann zur **Verfahrenssicherung** auch die Aussetzung der Beihilfegewährung[106] und die einstweilige Rückforderung[107] der Beihilfe anordnen. Die Möglichkeit einer **einstweiligen Rückforderung** wurde teilweise unter Hinweis auf die *SFEI*-Rechtsprechung[108] bezweifelt, weil dort den nationalen Gerichten die Aufgabe übertragen wurde, Rechtsschutz bei Verstoß gegen das Durchführungsverbot zu gewähren. Für die Möglichkeit einer einstweiligen Rückforderung sprach aber schon immer, dass sowohl die Kommission als auch nationale Gerichte trotz des jeweils unterschiedlichen Verfahrensgegenstandes (Vereinbarkeitsprüfung im Fall der Kommission – Beihilfecharakter und formale Rechtswidrigkeit im Fall nationaler Gerichte) Rechtsschutz zugunsten Dritter im Wege einstweiliger Maßnahmen treffen können.[109]

56 Das vorläufige Prüfverfahren ist hinsichtlich rechtswidriger Beihilfen im Gegensatz zu angemeldeten Beihilfen nicht an die **Zweimonatsfrist** gebunden. Die fehlende Fristbindung wird damit begründet, dass sich der Mitgliedstaat wegen der fehlenden Anmeldung nicht mehr darauf berufen kann, dass die Kommission das Verfahren innerhalb einer bestimmten Zeit abschließen soll.[110] Es ist aber zu bedenken, dass es für den Beihilfebegünstigten wie für den Beschwerdeführer und andere Beteiligte durchaus weiterhin ein Interesse an einer raschen Entscheidung geben kann, auch wenn diese auf nationale Gerichte verwiesen werden können, um die Auszahlung der Beihilfe zu verhindern oder eine Klage nach Art. 265 AEUV zu erheben.[111] In der VerfVO ist jetzt auch eine **Ausnahme** von der fehlenden Fristbindung niedergelegt. Wenn die Beihilfe effektiv zurückgefordert wurde, soll die Kommission nach Art. 11 Abs. 2 VerfVO eine Entscheidung innerhalb der für angemeldete Beihilfen geltenden Fristen treffen.

57 Das Verfahren endet nach **Art. 13 VerfVO** mit einer Entscheidung der Kommission. Dabei handelt es sich entweder um die Entscheidung, dass keine Beihilfe vorliegt oder dass keine Einwände gegen die Vereinbarkeit mit dem Gemeinsamen Markt bestehen. Die Entscheidung über Vereinbarkeit der Beihilfe heilt jedoch nicht die Rechtswidrigkeit der Beihilfengewährung.[112] Eine **Unvereinbarkeitsentscheidung** kann auch im Fall der rechtswidrigen Beihilfe nur nach der Durchführung des förmlichen Prüfverfahrens getroffen werden. Bestehen Zweifel an der Vereinbarkeit mit dem Gemeinsamen Markt, so muss die Kommission daher das förmliche Prüfverfahren eröffnen. Für die inhaltliche Beurteilung der Vereinbarkeit rechtswidriger Beihilfen mit dem Gemeinsamen Markt kommt es auf den Zeitpunkt der Beihilfengewährung an.[113]

58 Kommt die Kommission nach einer Beschwerde über eine angeblich rechtswidrige Beihilfe allerdings zu dem Schluss, dass es sich nicht um eine rechtswidrige, sondern um eine bestehende

---

[101] EuGH, 301/87, Slg. 1990, I-307, RdNr. 11 ff. – Frankreich/Kommission (Boussac).

[102] ABl. 2003 C 116/3.

[103] *Ortiz Blanco* 21.56.

[104] EuGH, C-367/95P, Slg. 1998, I-1719, RdNr. 58 f. – Sytraval.

[105] *Schwarze/Bär-Bouyssière* Art. 88 EG RdNr. 12.

[106] EuGH, C-301/87, Slg. 1990, I-307 – Frankreich/Kommission (Boussac).

[107] EuGH, C-301/87, Slg. 1990, I-307 – Frankreich/Kommission (Boussac).

[108] EuGH, C-39/94, Slg. 1996, I-3547 – SFEI.

[109] EUGH, C-354/90, Slg. 1991, I-5505 – FNCE.

[110] EuG, T-95/96, Slg. 1998, II-3407, RdNr. 73 – Gestevision Telecinco.

[111] So *Hancher/Ottervanger/Slot* 25–042.

[112] St. Rspr., zB. EuGH, C-261/01 und C-262/01, Slg. 2003, I-12 249, RdNr. 73 – van Calster; vgl. jetzt aber EuGH, C-199/06, Slg. 2008, I-469 – CELF, zur Beschränkung der Rückforderungsverpflichtung auf den Zinsvorteil bis zur Vereinbarkeitsentscheidung.

[113] Bekanntmachung der Kommission über die zur Beurteilung unrechtmäßiger staatlicher Beihilfen anzuwendenden Regeln, ABl. 2002 C119/22.

Beihilfe handelt, so ist sie nicht verpflichtet, eine Entscheidung zu treffen. Vielmehr reicht es in diesem Fall nach Art. 20 Abs. 2 VerfVO aus, wenn die Kommission dem Beschwerdeführer mitteilt, dass sie keine ausreichenden Gründe hat, zu dem Fall eine Auffassung zu vertreten.[114]

b) Missbräuchliche Beihilfen. Die missbräuchliche Anwendung von Beihilfen wird in **59** Art. 108 Abs. 2 AEUV angesprochen. Art. 108 AEUV definiert aber weder den Begriff der missbräuchlichen Anwendung noch sieht er Details zum einzuhaltenden Verfahren vor. Der Begriff wird nunmehr in Art. 1 lit. g VerfVO definiert. Danach liegt eine missbräuchliche Beihilfe vor, wenn der Beihilfenempfänger eine ordnungsgemäß notifizierte und von der Kommission genehmigte Beihilfe anders verwendet als in der Entscheidung der Kommission vorgesehen. Anders als im Fall der rechtswidrigen Beihilfe geht der Verstoß hier also auf ein Verhalten des Beihilfenempfängers und nicht auf den Mitgliedstaat zurück.

Das in Fällen einer missbräuchlichen Beihilfe anzuwendende Verfahren ist nunmehr in **60** **Art. 16 und 23 VerfVO** geregelt. Liegt eine missbräuchliche Beihilfe vor, so kann die Kommission nach Art. 16 VerfVO iVm. Art. 4 Abs. 4 VerfVO das **förmliche Prüfverfahren** eröffnen.[115] Die vorläufige Prüfung beschränkt sich daher in diesen Fällen auf die Feststellung, dass eine missbräuchliche Beihilfe vorliegt. Zu diesem Zweck muss die Kommission die Mitgliedstaaten um alle Informationen ersuchen, die sie zur Feststellung der Missbräuchlichkeit benötigt.[116] Die Kommission kann auch auf die Befugnisse aus Art. 22 VerfVO zurückgreifen und eine **Nachprüfung vor Ort** vornehmen.

Liegt danach der Verdacht eines Missbrauchs vor, so eröffnet die Kommission das förmliche **61** Prüfverfahren nach Art. 108 Abs. 2 AEUV.[117]

3. Überprüfung bestehender Beihilferegelungen. a) Fortlaufende Überprüfung. Das **62** Verfahren zur fortlaufenden Überprüfung bestehender Beihilferegelungen beruht auf Art. 108 Abs. 1 AEUV. Das Verfahren ermöglicht der Kommission, den vielschichtigen und raschen Änderungen unterworfenen wirtschaftlichen und sozialen Entwicklungen im Gemeinsamen Markt Rechnung zu tragen und diese im Hinblick auf ihre **Auswirkungen auf bestehende Beihilferegelungen** zu bewerten.[118]

Das Verfahren erfasst nur **bestehende Beihilfe***regelungen*. Einzelbeihilfen können daher **63** nicht von der Kommission auf ihre weiterbestehende Vereinbarkeit mit dem Gemeinsamen Markt überprüft werden und können damit auch nicht Gegenstand zweckdienlicher Maßnahmen sein.[119] Bei bestehenden **Einzelbeihilfen** kann die Kommission nur prüfen, ob die Bedingungen ihrer Genehmigung eingehalten werden und dann entweder das förmliche Prüfverfahren wegen missbräuchlicher Anwendung eröffnen (Art. 16 VerfVO, Art. 108 Abs. 2 S. 2 AEUV) oder den Gerichtshof anrufen (Art. 23 VerfVO).

Der **Begriff der bestehenden Beihilfen bzw. der Beihilferegelung** wird in Art. 108 **64** AEUV nicht definiert. Eine Definition findet sich nunmehr in Art. 1 lit. b und d VerfVO. Der Begriff der Beihilferegelung umfasst nicht nur Maßnahmen, die den Kreis der Begünstigten abstrakt-generell definieren, sondern auch Maßnahmen, die ein oder mehrere Unternehmen für eine unbestimmte Zeit oder in unbestimmter Höhe begünstigen. Letztere haben daher sowohl Elemente einer „klassischen Regelung" als auch einer Einzelbeihilfe.[120]

Ursprünglich bestand der **Hauptanwendungsbereich des Verfahrens** in Beihilferegelun- **65** gen, die bereits **vor Inkrafttreten des EWG-Vertrages** bestanden. Diese sollten durch dieses Verfahren mit Wirkung für die Zukunft den Anforderungen des Art. 107 AEUV angepasst werden können. Heute besteht der Hauptanwendungsbereich des Verfahrens in solchen Beihilferegelungen, die von der Kommission geprüft und genehmigt worden waren, bei denen aber aufgrund der weiteren Entwicklung fraglich geworden ist, ob sie weiterhin mit dem Gemeinsamen Markt vereinbar sind. Dies kann zB durch Gesundung eines Wirtschaftsbereichs, Erhöhung des Lebensstandards und der Beschäftigung in einer Region,[121] durch Zweckerreichung der Beihilfe oder durch eine Fortentwicklung des Gemeinsamen Marktes erfolgen.

---

[114] EuG, v. 9. 6. 2009, T-152/06, Slg. II-01517 – NDSHT/Kommission.
[115] EuGH, C-294/90, Slg. 1992, I-493 – British Aerospace and Rover; *Rosenfeld,* Verfahrensrecht, 170.
[116] *Ortiz Blanco* 25.09 mit Fn. 13.
[117] *Ortiz Blanco* 25.10.
[118] EuGH, 78/76, Slg. 1977, 595, RdNr. 9 – Steinike und Weinlig; vgl. *von der Groeben/Thiesing/Ehlermann/Mederer* Art. 88 EG RdNr. 30.
[119] *Streinz/Koenig/Kühling* Art. 88 RdNr. 5 mit Fußnote 6; *Schwarze/Bär-Bouyssière* Art. 88 EG RdNr. 5.
[120] *Heidenhain/Sinnaeve* § 32 RdNr. 23.
[121] Vgl. *von der Groeben/Thiesing/Ehlermann/Mederer* Art. 88 EG RdNr. 30.

66 Art. 108 Abs. 1 AEUV umreißt das Verfahren nur, **Einzelheiten** zum Verfahren finden sich nunmehr in **Art. 17–19, 21 VerfVO**. Die Überprüfung erfolgt **fortlaufend**. Die Kommission kann sich nicht auf eine einmalige Prüfung beschränken. Der zwischen den einzelnen Überprüfungen liegende Zeitraum hängt vom Einzelfall ab.[122] Die Kommission darf hier nicht zwischen einzelnen Mitgliedstaaten diskriminieren[123] und auch nicht zwischen einzelnen Sektoren.[124] Bei der Prüfung der Beihilferegelungen kann sich die Kommission darauf beschränken, die **allgemeinen Merkmale** einer Regelung zu untersuchen, ohne jeden einzelnen Anwendungsfall zu prüfen.[125] Art. 108 Abs. 1 S. 1 AEUV sieht vor, dass die Überprüfung in **Zusammenarbeit** mit den **Mitgliedstaaten** erfolgt. Nach Art. 17 Abs. 1 VerfVO holt die Kommission von den Mitgliedstaat alle erforderlichen **Auskünfte** ein. Nach Art. 21 VerfVO müssen die Mitgliedstaaten der Kommission Jahresberichte über bestehende Beihilferegelungen übermitteln. Zu berücksichtigen ist hier auch der allgemeine **Grundsatz der Gemeinschaftstreue (Art. 4 Abs. 3 EUV)**.[126]

67 Soweit die Kommission im Rahmen der fortlaufenden Überwachung zu dem Ergebnis kommt, dass die Beihilferegelung weiterhin mit dem Gemeinsamen Markt vereinbar ist, leitet sie vorerst keine weiteren Schritte ein. Die Beihilferegelung wird aber weiterhin fortlaufend überwacht.

68 Gelangt die Kommission zur vorläufigen Auffassung, dass eine bestehende Beihilferegelung nicht oder nicht mehr mit dem Gemeinsamen Markt vereinbar ist, teilt sie dies dem Mitgliedstaat in Form eines **Verwaltungsschreibens** mit, da eine Entscheidung insoweit nicht vorgesehen ist.[127] Dabei gibt sie dem Mitgliedstaat Gelegenheit zur **Stellungnahme** innerhalb einer (verlängerbaren) Frist von einem Monat.[128]

69 **b) Zweckdienliche Maßnahmen.** Kommt die Kommission aufgrund der vom Mitgliedstaat übermittelten Auskünfte und Stellungnahme zu dem Ergebnis, dass eine bestehende Beihilferegelung nicht oder nicht mehr mit dem gemeinsamen Markt vereinbar ist, so schlägt sie nach Art. 108 Abs. 1 S. 3 AEUV im Rahmen des vorläufigen Prüfverfahrens **„zweckdienliche Maßnahmen"** vor. Diese können nach **Art. 18 VerfVO** insbesondere in der Änderung der Beihilferegelung, in der **Einführung von Verfahrensvorschriften**, aber auch in der **Abschaffung** der Beihilferegelung bestehen.[129] Die Abschaffung kann auch dann verlangt werden, wenn die Beihilferegelung bereits seit langer Zeit besteht. Jedoch kann die Kommission aufgrund des Grundsatzes der Rechtssicherheit zur Einräumung von **Übergangsfristen** verpflichtet sein.[130]

70 Zweckdienliche Maßnahmen stellen **Empfehlungen iSv. Art. 288 Abs. 5 AEUV** dar.[131] Sie sind rechtlich **nicht verbindlich**[132] und verpflichten den Mitgliedstaat nur im Falle seiner Zustimmung[133] (vgl. Art. 19 Abs. 1 S. 2 VerfVO). Kommt der Mitgliedstaat dem Vorschlag zweckdienlicher Maßnahmen nicht nach, so muss die Kommission das **förmliche Prüfverfahren** einleiten[134] **(Art. 19 Abs. 2 VerfVO)**.

71 Die **Entscheidung** der Kommission bei der Überprüfung bestehender Beihilfenregelungen wirkt **konstitutiv** und entfaltet nur Wirkungen für die Zukunft. Das Durchführungsverbot des Art. 108 Abs. 3 S. 3 AEUV gilt daher nicht, auch nicht nach Einleitung des förmlichen Prüfver-

---

[122] *von der Groeben/Thiesing/Ehlermann/Mederer* Art. 88 EG RdNr. 32.

[123] *von der Groeben/Thiesing/Ehlermann/Mederer* Art. 88 EG RdNr. 30; *Grabitz/Hilf/von Wallenberg* Art. 88 EG RdNr. 111.

[124] *Schwarze/Bär-Bouyssière* Art. 88 EG RdNr. 6.

[125] EuGH, C-66/02, Slg. 2005, I-10901 – Italien/Kommission, RdNr. 91; EuGH, C-278/00, Slg. 2004, I-3997, RdNr. 24 – Griechenland/Kommission (AGNO); EuGH, C-15/98 und C-105/99, Slg. 2000, I-8855, RdNr. 51 – Italien u. Sardegna Lines/Kommission.

[126] *von der Groeben/Thiesing/Ehlermann/Mederer* Art. 88 EG RdNr. 32.

[127] *von der Groeben/Thiesing/Ehlermann/Mederer* Art. 88 EG RdNr. 22.

[128] Vgl. Kommentierung zu Art. 17 VerfVO.

[129] *Streinz/Koenig/Kühling* Art. 88 EG RdNr. 11; *von der Groeben/Thiesing/Ehlermann/Mederer* Art. 88 EG RdNr. 34.

[130] EuGH, C-182/03 und C-217/03, Slg. 2006, I-5479, RdNr. 147 – Belgien und Forum 187/Kommission.

[131] *Streinz/Koenig/Kühling* Art. 88 EG RdNr. 11.

[132] Vgl. EuG, T-132/96 und T-143/96, Slg. 1999, II-3663, RdNr. 209 – Freistaat Sachsen und VW/Kommission.

[133] EuGH, C-288/96, Slg. 2000, I-8237, RdNr. 64 f. – Jadekost; EuGH, C-311/94, Slg. 1996, I-5023, RdNr. 36 – Ijssel-Vliet Combinatie; EuGH, C-313/90, Slg. 1993, I-1125 – CIRFS.

[134] *Geiger* Art. 88 EG RdNr. 3.

fahrens. Die Beihilferegelung kann bestehen bleiben, bis die Kommission nach Durchführung des förmlichen Prüfverfahrens eine Negativentscheidung erlassen hat, selbst wenn sie nicht mit dem Gemeinsamen Markt vereinbar ist.[135] Die Kommission kann daher auch nicht während des Prüfverfahrens die Aussetzung der Beihilfezahlung verlangen.[136]

Gemeinschaftsrahmen zu Art. 107 Abs. 3 AEUV enthalten zumeist zweckdienliche Maß- **72** nahmen. Nach der Rechtsprechung des Gerichtshofs halten sich solche Gemeinschaftsrahmen innerhalb der Kooperation und regelmäßigen Prüfungspflicht nach Art. 108 Abs. 1 AEUV, weil sie unter der Bedingung der Zustimmung des Mitgliedstaats stehen und **regelmäßig überprüft** werden (Geltungsdauer 2 Jahre).[137] Nach dem Auslaufen eines Gemeinschaftsrahmens muss der neue Gemeinschaftsrahmen nach dem gleichen Verfahren erlassen werden.[138] Rechtsprobleme treten dann auf, wenn ein Mitgliedstaat einem Gemeinschaftsrahmen nicht zustimmt oder wenn der Rahmen verlängert wird.[139] Soweit einem Gemeinschaftsrahmen zugestimmt haben, müssen Mitgliedstaaten den Rahmen bei der **Gewährung von Einzelbeihilfen** beachten.[140] Wenn eine Beihilfe gewährt wird, die mit den Bedingungen eines Rahmens nicht vereinbar sind, handelt es sich um eine neue Beihilfe.[141]

Aus dem Empfehlungscharakter **zweckdienlicher Maßnahmen** folgt, dass sie **keine un- 73 mittelbar verbindlichen Rechtswirkungen** erzeugen. Der Mitgliedstaat sowie der Beihilfebegünstigte sind daher durch eine zweckdienliche Maßnahme nicht belastet.[142] Daher können zweckdienliche Maßnahmen nicht nach Art. 263 Abs. 1 AEUV angefochten werden. Umgekehrt ist nach der Rechtsprechung des Gerichtshofs auch ein Wettbewerber durch die Weigerung der Kommission, eine zweckdienliche Maßnahme zu erlassen, nicht beschwert.[143] Begründet wird dies mit dem weiten Ermessen der Kommission in diesem Bereich.[144]

III. Förmliches Prüfverfahren

1. Allgemeines. Das förmliche Prüfverfahren beruht auf **Art. 108 Abs. 2 AEUV.** Danach **74** kann die Kommission eine Beihilfe erst dann für mit dem Gemeinsamen Markt unvereinbar erklären, nachdem sie dem **Mitgliedstaat** Gelegenheit zur **Stellungnahme** gegeben hat. Das förmliche Prüfverfahren ist damit eine Ausgestaltung des allgemeinen Grundsatzes, dass eine Entscheidung erst nach Gewährung **rechtlichen Gehörs** getroffen werden darf.

Art. 108 Abs. 2 AEUV bezieht sich direkt nur auf **bestehende Beihilferegelungen.** Die **75** größte Rolle spielt das förmliche Prüfverfahren heute aber im Rahmen der **präventiven Beihilfenkontrolle** und bei der Prüfung **rechtswidriger Beihilfen.** Im Verfahren der präventiven Kontrolle ist Art. 108 Abs. 2 AEUV über den Verweis in Art. 108 Abs. 3 S. 2 AEUV anwendbar. Eine nähere Ausgestaltung des förmlichen Prüfverfahrens enthalten **Art. 6 ff. VerfVO** für die präventive Beihilfenaufsicht, auf die im Rahmen der anderen Verfahren entsprechend verwiesen wird. Sowohl das präventive als auch das repressive Verfahren münden somit in das einheitliche förmliche Prüfverfahren.[145]

Der Begriff des förmlichen Prüfverfahrens entstammt nicht dem AEUV, sondern der Verfah- **76** rensverordnung. Alternativ wird auch vom „**Hauptprüfungsverfahren**" gesprochen.

2. Eröffnungsentscheidung und weiteres Verfahren. Das förmliche Prüfverfahren ist zu **77** eröffnen, wenn eine Beihilfe Anlass zu Bedenken hinsichtlich ihrer Vereinbarkeit mit dem Gemeinsamen Markt gibt. Die Terminologie schwankt, es wird in Rechtsprechung und Literatur anstatt von Bedenken auch von **Zweifel** bzw. **ernsthaftem Zweifel** gesprochen. Damit scheint aber kein inhaltlicher Unterschied verbunden zu sein.[146] Das Vorliegen der Vorausset-

---

[135] EuGH, C-47/91, Slg. 1994, I-4635, RdNr. 25 – Italien/Kommission (Italgrani); EuGH, C-387/92, Slg. 1994, I-877, RdNr. 20 f. – Banco Exterior de Espana.

[136] EuGH, C-47/91, Slg. 1994, I-4145, RdNr. 25 – Italien/Kommission (Italgrani); EuGH, C-312/90, Slg. 1992, I-4117, RdNr. 17 – Spanien/Kommission (Cenemesa, Conelec and Cademesa).

[137] EuGH, C-135/93 Slg. 1995, I-1651. – Spanien/Kommission.

[138] EuGH, C-292/95, Slg. 1997, I-1931. – Spanien/Kommission.

[139] Vgl. dazu *Uerpmann* EuZW 1998, 331.

[140] EuGH, C-311/94, Slg. 1996, I-5023. – Ijssel-Vliet Combinatie.

[141] EuGH, C-36/00, Slg. 2002, I-3243, RdNr. 26 – Spanien/Kommission.

[142] *von der Groeben/Thiesing/Ehlermann/Mederer* Art. 88 EG RdNr. 35.

[143] EuG, T-330/94, Slg. 1996 II-1475 – Salt Union.

[144] EuGH, C-44/93, Slg. 1994, I-3829 – Namur-Les Assurances du Crédit SA und Compagnie Belge d'Assurance Crédit/OND.

[145] *von der Groeben/Thiesing/Ehlermann/Mederer* Art. 88 EG RdNr. 46.

[146] *Sinnaeve* CMLRev 2007, 965, 980.

zungen für die Eröffnung des förmlichen Prüfverfahrens ist jedenfalls objektiv und vom Gericht voll überprüfbar.[147]

78   Die Eröffnungsentscheidung enthält eine **Zusammenfassung der wesentlichen Sach-** und **Rechtsfragen,** eine vorläufige Würdigung des Beihilfecharakters der (geplanten) Maßnahmen und Ausführungen über die Bedenken zur Vereinbarkeit mit dem Gemeinsamen Markt. Die Entscheidung ist an den Mitgliedstaat gerichtet.

79   In der Eröffnungsentscheidung setzt die Kommission dem Mitgliedstaat eine Frist von normalerweise einem Monat zur Stellungnahme.[148] Das Recht zur Stellungnahme kommt dabei dem Mitgliedstaat selbst zu. **Regionale Gebietskörperschaften** oder andere Stellen haben **keine originären Verfahrensrechte,** auch wenn sie letztlich die Beihilfe gewähren.[149]

80   Die **Eröffnungsentscheidung** wird darüber hinaus in **Teil C des Amtsblatts veröffentlicht,** wobei der Volltext der Entscheidung in der jeweiligen Verfahrenssprache von einer aussagekräftigen Zusammenfassung in den übrigen Sprachfassungen begleitet wird. Die Veröffentlichung kann wegen der notwendigen Übersetzungen einige Zeit in Anspruch nehmen. In der Veröffentlichung werden interessierte Parteien zur Stellungnahme innerhalb einer Frist von üblicherweise einem Monat aufgefordert. Die Frist kann aber aufgrund begründeter Anträge verlängert werden. Die Verfahrensrechte der Beteiligten gehen nicht über das Recht zur Stellungnahme hinaus. Insbesondere haben sie jedenfalls aufgrund von Art. 108 Abs. 2 AEUV bzw. auf der Grundlage der Verfahrensverordnung **kein Akteneinsichtsrecht.**[150] Alle bei der Kommission eingehenden Stellungnahmen werden dem Mitgliedstaat mitgeteilt, so dass dieser wiederum Stellung nehmen kann.

81   Ein über das Recht zur Stellungnahme hinausgehendes Recht auf Akteneinsicht ergibt sich aus Art. 108 Abs. 2 AEUV nicht.[151] Ein solches Recht kann sich aber für den Beihilfebegünstigten wie auch für Wettbewerber aus **Spezialvorschriften zur Informationsfreiheit** ergeben.[152] Allerdings ist auch ein solches Akteneinsichtsrecht nicht unbegrenzt. Vielmehr ist dabei insbesondere der Schutz von Geschäftsgeheimnissen und die Gefahr der Beeinträchtigung eines laufenden Entscheidungsprozesses zu beachten.[153]

82   Häufig finden im Rahmen des förmlichen Prüfverfahrens auch Treffen zwischen dem Mitgliedstaat und der Kommission statt, gegebenenfalls auch im Beisein des Beihilfebegünstigten oder anderer Beteiligter.[154] Ein Recht auf solche Treffen besteht allerdings nicht.[155]

83   **3. Abschluss des förmlichen Prüfverfahrens. a) Zeitpunkt des Abschlusses.** Die Kommission kann eine abschließende Entscheidung erlassen, wenn sie glaubt, dass sie über **alle notwendigen Informationen** verfügt. Nur wenn dies nicht der Fall ist, gibt sie dem betroffenen Mitgliedstaat durch **Auskunftsersuchen** auf, die notwendigen Informationen zu liefern.[156] Kommt der Mitgliedstaat dem Auskunftsersuchen nicht nach, kann die Kommission auf der Grundlage der vorhandenen Informationen die Unvereinbarkeit mit dem Gemeinsamen Markt erklären.[157] Allerdings kann es in bestimmten Situationen sein, dass die Kommission mehr tun muss, als ein Auskunftsersuchen an den Mitgliedstaat zu richten. In der Rechtssache *Scott* entschied das Gericht, dass die Kommission bestimmte Dokumente anfordern und die notwendigen Informationen auf anderem Weg, zB durch einen Experten, hätte erlangen müssen.[158] Es ist aber nicht ganz klar, wie weit die Untersuchungsanforderungen der Kommission gehen.[159]

84   Das förmliche Prüfverfahren ist nach der Rechtsprechung des Gerichtshofs **in einer angemessenen Frist abzuschließen.**[160] Welche Frist angemessen ist, hängt vom Einzelfall

---

[147] EuG, T-73/98, Slg. 2001, II-867, RdNr. 47 – Prayon Rupel.

[148] *Geiger* Art. 88 EG RdNr. 4.

[149] *von der Groeben/Thiesing/Ehlermann/Mederer* Art. 88 EG RdNr. 2.

[150] EuG, T-613/97, Slg. 2000, II-4055, RdNr. 90 – Ufex.

[151] EuG, T-613/97, Slg. 2000, II-4055, RdNr. 89 f.; *Bartosch* EuZW 2004, 43, 47.

[152] VO 1049/2001 des Europäischen Parlaments und des Rates vom 30. 5. 2001 über den Zugang der Öffentlichkeit zu Dokumenten des Europäischen Parlaments, des Rates und der Kommission, ABl. 2001 L 145/43.

[153] *Bartosch* EuZW 2004, 43, 47.

[154] *Hancher/Ottervanger/Slot* 25–030.

[155] *Schwarze/Bär-Bouyssière* Art. 88 EG RdNr. 11.

[156] EuGH, C-17/99, Slg. 2001, I-2481, RdNr. 28 – Frankreich/Kommission (Nouvelle Filature Lainière de Roubaix).

[157] EuGH, C-303/88, Slg. 1991, I-1433, RdNr. 47 – Italien/Kommission (ENI-Lanerossi).

[158] EuG, T-366/00, Slg. 2007, II-797, RdNr. 132 ff. – Scott.

[159] *Sinnaeve* CMLRev 2007, 965, 996.

[160] EuGH, 223/85, Slg. 1987, 4617, RdNr. 12 ff. – RSV; *Grabitz/Hilf/von Wallenberg* Art. 88 EG RdNr. 56.

ab.[161] Zu berücksichtigen ist insoweit das berechtigte Interesse des Mitgliedstaates und des Begünstigten an einer raschen Entscheidung.

In Einzelfällen kann eine **überlange Verfahrensdauer** zur Aufhebung einer Kommissions- **85** entscheidung führen.[162] So hat der Gerichtshof eine Entscheidung der Kommission aufgehoben, die 26 Monate nach der Eröffnung des Verfahrens erging, weil die Kommission damit die **Grundsätze des ordentlichen Verfahrens** verletzt habe.[163] Ein Mitgliedstaat kann sich jedoch nicht auf ein geschütztes Vertrauen berufen, wenn er gegen das Durchführungsverbot verstoßen hat und danach die erforderlichen Daten nur zögerlich liefert (selbst bei einer Verfahrensdauer von 55 Monaten).[164]

Für die **Prüfung angemeldeter und bestehender Beihilfen** hat die Verfahrensverordnung **86** eine Frist von 18 Monaten eingeführt, innerhalb derer das Verfahren abgeschlossen werden sollte. Das Gericht hat aber bestätigt, dass die **18 Monatsfrist** eine Zielvorschrift und nicht zwingend ist.[165] Für rechtswidrige und missbräuchliche Beihilfen gilt diese Zielvorschrift von vornehrein nicht. Nach 18 Monaten kann der Mitgliedstaat die Kommission auffordern, eine Entscheidung innerhalb zweier Monate zu treffen. Wenn die Kommission jedoch der Auffassung ist, dass die vorliegenden Informationen nicht ausreichen, um die Vereinbarkeit der Beihilfe zu belegen, muss sie dann eine Negativentscheidung treffen.[166] Das Interesse des Mitgliedstaats, eine Entscheidung zu erzwingen, wird daher normalerweise sehr gering sein.[167]

b) Entscheidungsarten. Das förmliche Prüfverfahren wird durch eine Entscheidung der **87** Kommission abgeschlossen. In Frage kommen die Feststellung, dass es sich nicht um eine Beihilfe handelt, die **Feststellung der Vereinbarkeit,** gegebenenfalls unter Bedingungen und Auflagen, sowie eine **Unvereinbarkeitsentscheidung.**[168]

Wenn die Beihilfe mit dem Gemeinsamen Markt unvereinbar ist, so stellt die Kommission **88** dies in einer Entscheidung fest. Im Falle einer angemeldeten Beihilfe steht dann endgültig fest, dass die Beihilfe nicht gewährt werden darf. Im Fall einer bestehenden Beihilferegelung gibt die Kommission dem Mitgliedstaat auf, die Beihilfe innerhalb einer bestimmten Frist umzugestalten oder aufzuheben (Art. 108 Abs. 2 UAbs. 1 AEUV). Befolgt der Mitgliedstaat die Entscheidung der Kommission nicht, verlieren die Beihilfen ihren Status als bestehende Beihilfen, dh. es kommt eine **Klage** nach Art. 108 Abs. 2 UAbs. 2 AEUV in Betracht.[169]

Im Falle einer rechtswidrigen Beihilfe hat die Kommission anzuordnen, dass der Mitgliedstaat **89** die Beihilfe nebst Zinsen seit ihrer Gewährung vom Empfänger zurückfordert.[170] Es handelt sich nicht um eine Sanktion, sondern um die Wiederherstellung der früheren (rechtmäßigen) Lage.[171] Die **Rückabwicklungspflicht** ist die logische Folge der Unvereinbarkeitsentscheidung.[172] Die Rückforderung wird ausnahmsweise nicht angeordnet, wenn dies gegen einen allgemeinen Grundsatz des Gemeinschaftsrechts, insbesondere den **Grundsatz des Vertrauensschutzes,** verstieße.[173] Der Mitgliedstaat muss der Entscheidung nachkommen **(Art. 288 Abs. 4 AEUV).**

Die Rückabwicklung richtet sich nach dem **Recht der Mitgliedstaaten.**[174] Welche Maß- **90** nahmen zur Rückforderung geeignet sind, liegt im **Ermessen** des Mitgliedstaates. Wird die Beihilfe von anderen staatlichen Stellen gewährt, hat der Mitgliedstaat nach Maßgabe des nationalen Rechts diese Stelle zur Beachtung der Kommissionsentscheidung zu bringen.[175] Eine Nichtbefolgung der Kommissionsentscheidung ist nur bei absoluter Unmöglichkeit zulässig.[176]

---

[161] *von der Groeben/Thiesing/Ehlermann/Mederer* Art. 88 EG RdNr. 52.

[162] *von der Groeben/Thiesing/Ehlermann/Mederer* Art. 88 EG RdNr. 52.

[163] EuGH, 223/85, Slg. 1987, 4617 – *RSV.*

[164] EuGH, C-303/88, Slg. 1991 I-1433 – Italien/Kommission (ENI-Lanerossi).

[165] EuG, T-190/00, Slg. 2003, II-5015, RdNr. 138 f. – Regione Siciliana.

[166] EuG, T-171/02, Slg. 2005, II-2123, RdNr. 149 – Sardinien/Kommission.

[167] *Sinnaeve* CMLRev 2007, 965, 993.

[168] Vgl. dazu unten, Art. 7 VerfVO RdNr. 4 f.

[169] *Schwarze/Bär-Bouyssière* Art. 88 EG RdNr. 6.

[170] EuGH, C-301/87, Slg. 1990, I-307 – Frankreich/Kommission (Boussac).

[171] EuGH, C-75/97, Slg. 1999, I-3671 – Belgien/Kommission Maribel bis/ter scheme).

[172] EuGH, 70/72, Slg. 1973, 813 – Kommission/Deutschland.

[173] EuGH, C-336/00, Slg. 2002, I-7699, RdNr. 60 ff. – Martin Huber.

[174] St. Rspr, vgl. EuGH, C-5/89, Slg. 1990, I-3437 – BUG-Alutechnik.

[175] *von der Groeben/Thiesing/Ehlermann/Mederer* Art. 88 EG RdNr. 58.

[176] EuGH, 52/84, Slg. 1986, 89 – Kommission/Belgien.

91   Bei missbräuchlichen Beihilfen muss die Kommission nachweisen, dass eine genehmigte Beihilfe missbräuchlich verwendet wurde.[177] Die Feststellung der Missbräuchlichkeit ist ein vom Kriterium der Vereinbarkeit getrenntes und unabhängiges Kriterium, das als solches eine Entscheidung rechtfertigt, mit der die Kommission die **Aufhebung und Umgestaltung** der Beihilfe anordnet.[178]

92   Stellt die Kommission durch Entscheidung fest, dass die Maßnahme keine Beihilfe darstellt oder dass die Beihilfe mit dem Gemeinsamen Markt vereinbar ist, so entfällt mit dieser Entscheidung das Durchführungsverbot und die Beihilfe kann gewährt werden.

93   Daneben hat die Kommission auch die Möglichkeit, die Vereinbarkeitsentscheidung mit **Bedingungen und Auflagen** zu verbinden. Nach der Rechtsprechung ist es insbesondere zulässig, die Freigabe bzw. Auszahlung von Beihilfen unter die Bedingung zu stellen, dass rechtswidrige Beihilfen zurückgezahlt worden sind, die vorher an dasselbe Unternehmen gezahlt worden waren.[179] Wenn Beihilfen unter Bedingungen genehmigt wurden und die Beihilfen über eine längere Zeit gewährt werden sollen, kann die Kommission die Bedingungen an spätere Änderungen der Umstände anpassen. Dies kann geschehen, ohne dass die Kommission dafür das förmliche Prüfverfahren wieder eröffnen muss, vorausgesetzt, dass die vorgeschlagene Änderung keine Zweifel an der Vereinbarkeit herbeiführt.[180] Das EuG hat entschieden, dass die Kommission das Verfahren nach Art. 108 Abs. 2 AEUV neu eröffnen muss, wenn Bedingungen nicht erfüllt werden, die mit einer positiven Entscheidung verbunden waren. Etwas anderes gilt nur, wenn es sich um kleine Abweichungen handelt.[181]

94   Die Entscheidungen im förmlichen Prüfverfahren sind Entscheidungen im Sinne von Art. 288 AEUV. Sie sind nach Art. 296 Abs. 2 AEUV zu **begründen, an den betroffenen Mitgliedstaat zu richten** und den anderen Mitgliedstaaten sowie den Verfahrensbeteiligten **bekanntzugeben.** Die Nichteinhaltung dieser Anforderungen stellt einen schwerwiegenden **Verfahrensfehler** dar, der zur Aufhebung führen kann.[182] Die Begründung ist ein wesentliches Formerfordernis, das von der Stichhaltigkeit der Begründung zu unterscheiden ist, die zur materiellen Rechtmäßigkeit gehört.[183] Wird eine Entscheidung wegen mangelhafter Begründung für nichtig erklärt, kann die Kommission die Begründung in einer inhaltlich gleichartigen zweiten Entscheidung nachbessern, ohne erneut in eine vollumfängliche Prüfung einzutreten.[184]

95   Das **Begründungserfordernis** ist nach den Umständen des Einzelfalls, insbesondere nach dem Inhalt des Rechtsaktes, der Art der angeführten Begründung und nach dem Interesse zu beurteilen, dass die Adressaten und andere an Erläuterungen haben könnten.[185] Die Frage, ob dem Begründungserfordernis genügt ist, ist nicht nur anhand des Wortlauts, sondern auch anhand des Kontextes und allen auf dem betreffenden Gebiet bestehenden Rechtsvorschriften zu beurteilen.[186] Bei komplexen Maßnahmen, deren Beihilfecharakter nicht ohne weiteres ersichtlich ist, sind gesteigerte Anforderungen an die **Vollständigkeit und Schlüssigkeit** zu stellen.[187] Der Inhalt der Entscheidung muss dann hinreichend konkret sein, damit der Mitgliedstaat ersehen kann, welche Handlungs- oder Unterlassungspflichten folgen. Fehlt es an der notwendigen Konkretisierung, muss der Mitgliedstaat der Entscheidung nicht nachkommen.[188]

96   Die Entscheidung wird im **Amtsblatt** veröffentlicht. Unvereinbarkeitsentscheidungen und bedingte Entscheidungen werden im L-Teil des Amtsblatts veröffentlicht, Positiventscheidungen im C-Teil des Amtsblatts. Dabei ist den berechtigten Interessen auf Wahrung der Geschäftsgeheimnisse Rechnung zu tragen.[189]

97   **4. Ausnahmegenehmigung durch den Rat.** Nach **Art. 108 Abs. 2 UAbs. 3 AEUV** kann der Rat entscheiden, dass eine Beihilfe in Abweichung von Art. 107 AEUV oder den gemäß Art. 109 AEUV erlassenen Vorschriften als mit dem Gemeinsamen Markt vereinbar gilt. Diese Aus-

---

[177] EuG, T-111/01 und T-133/01, Slg. 2005, II-1579, RdNr. 86 – Saxonia Edelmetalle; EuG, T-318/00, Slg. 2005, II-4179, RdNr. 114 f. – Thüringen/Kommission.

[178] EuG, T-318/00, Slg. 2005, II-4179, RdNr. 116 – Thüringen/Kommission.

[179] EuG, T-244/93 und T-486/93, Slg. 1995, II-2265 – Textilwerke Deggendorf; bestätigt durch EuGH, C-255/95P, Slg. 1997, I-2549 – Textilwerke Deggendorf.

[180] EuG, T-140/95, Slg. 1998, II-3322, RdNr. 89 – Ryanair.

[181] EuG, T-140/95, Slg. 1998, II-3327 – Ryanair.

[182] *von der Groeben/Thiesing/Ehlermann/Mederer* Art. 88 EG RdNr. 54.

[183] EuGH, C-159/01, Slg. 2004, I-4461, RdNr. 65 – Niederlande/Kommission.

[184] EuG, T-371/94 und 394/94, Slg. 1998, II-2405 – British Airways.

[185] *Schwarze/Bär-Bouyssière* Art. 88 EG RdNr. 14.

[186] EuGH, C-301/96, Slg. 2003, I-9919, RdNr. 87 – Deutschland/Kommission (Volkswagen Group).

[187] EuG, T-93/02, Slg. 2005, II-143, RdNr. 67 ff. – Confédération du Crédit Mutuel.

[188] EuGH, 70/72, Slg. 1973, 813 – Kommission/Deutschland; *Schwarze/Bär-Bouyssière* Art. 88 EG RdNr. 14.

[189] EuGH, 296/82 und 318/82, Slg. 1985, 809 – Leeuwarder Papierwarenfabrik.

nahmevorschrift durchbricht den Grundsatz, dass die Beihilfenaufsicht im Sinne der Entscheidung über die Vereinbarkeit mit dem Gemeinsamen Markt bei der Kommission liegt. Art. 108 Abs. 2 UAbs. 3 AEUV verlagert die Beihilfenaufsicht von der rechtlich gebundenen supranationalen Exekutive in den Raum der europäischen Politik. Die Stellung in Art. 108 Abs. 2 AEUV zeigt, dass es sich um eine Vorschrift handelt, die dann zur Anwendung kommen soll, wenn die Kommission nach Art. 108 Abs. 2 AEUV zu einer Unvereinbarkeitsentscheidung kommen würde. Die Vorschrift ist daher problematisch und angesichts der schon in Art. 107 Abs. 2 und 3 AEUV gegebenen Möglichkeit, auf außergewöhnliche Ereignisse in einem Mitgliedstaat einzugehen, bedenklich.[190] Als **absolute Ausnahmebestimmung**[191] ist die Vorschrift jedenfalls **eng auszulegen**.

Der **Anwendungsbereich** der Vorschrift umfasst sowohl **bestehende** als auch **neue Beihil-** **98** **fen**.[192] Die missbräuchliche Anwendung von Beihilfen wird dagegen nicht umfasst.[193]

Verfahrensrechtliche Voraussetzung für eine Entscheidung des Rates nach Art. 108 **99** Abs. 2 UAbs. 3 AEUV ist der **Antrag eines Mitgliedstaats**.

Der Antrag muss vor Abschluss des förmlichen Prüfverfahrens erfolgen. Nach Abschluss des Ver- **100** fahrens nach Art. 108 Abs. 2 AEUV gibt es keine Antragsmöglichkeit an den Rat mehr.[194] Nach einer negativen Entscheidung der Kommission kann der Rat daher die Beihilfe nicht mehr genehmigen.[195] Der Rat darf auch die Effektivität einer negativen Kommissionsentscheidung und einer Rückforderungsentscheidung nicht dadurch in Frage stellen, dass er eine Beihilfe für vereinbar erklärt, welche die Auswirkungen der Rückzahlung neutralisiert oder einen Ausgleich für Beihilfen gewährt, die die Kommission für unvereinbar erklärt hat.[196] Dies würde der Rechtssicherheit widersprechen.[197]

Ein Antrag vor Eröffnung des förmlichen Prüfverfahrens ist ebenfalls nicht möglich, da sonst **101** die allgemeine Kompetenz der Kommission in Frage gestellt würde und die Kommission keine Möglichkeit hätte, zu dem Verfahren Stellung zu nehmen.[198] Nach anderer Ansicht schließt der Text des Art. 108 Abs. 2 AEUV es nicht aus, dass der Rat seine Kompetenz schon für Eröffnung des förmlichen Prüfverfahrens ausübt.[199]

Der Antrag bewirkt die **Aussetzung des förmlichen Prüfverfahrens**. Die Aussetzung **102** endet drei Monate nach Antragstellung, die Entscheidungsbefugnis fällt dann wieder auf die Kommission zurück. Eine Entscheidung des Rates nach Ablauf der drei Monate wäre mit einem Nichtigkeitsgrund nach Art. 263 AEUV behaftet, wegen mangelnder sachlicher Entscheidungskompetenz des Rates.[200]

Materielle Voraussetzung für die Ausnahmebefugnis des Rates ist das Vorliegen außerge- **103** wöhnlicher und besonderer Umstände.[201] Dem Rat kommt dabei ein weites Ermessen bei der Feststellung außergewöhnlicher Umstände zu.[202] In diesen Grenzen ist die Entscheidung des Rates aber vom Gerichtshof überprüfbar.[203] Außergewöhnliche Umstände sind nur solche, die über die bereits in Art. 107 Abs. 2 und 3 AEUV enthaltenen Umstände hinausgehen.[204] Die Vorschrift wurde zunächst hauptsächlich im Landwirtschaftsbereich angewandt,[205] es existieren aber auch einige neuere Entscheidungen aus anderen Bereichen.[206]

[190] *von der Groeben/Thiesing/Ehlermann/Mederer* Art. 88 EG RdNr. 72.
[191] *von der Groeben/Thiesing/Ehlermann/Mederer* Art. 88 EG RdNr. 72.
[192] *Ortiz Blanco* 21.103.
[193] *von der Groeben/Thiesing/Ehlermann/Mederer* Art. 88 EG RdNr. 72.
[194] Zur Diskussion vgl. *von der Groeben/Thiesing/Ehlermann/Mederer* Art. 88 EG RdNr. 73.
[195] EuGH, C-110/02, Slg. 2004, I-3925 – Kommission/Rat.
[196] EuGH, C-399/03, Slg. 2006, I-5629, RdNr. 24 ff. – Kommission/Rat; EuGH, C-110/02, Slg. 2004, I-6333, RdNr. 33 – Kommission/Rat; EuGH, C-122/94, Slg. 1996, I-881 – Kommission/Rat.
[197] EuGH, C-453/00, Slg. 2004, I-837, RdNr. 23 – Kühne & Heitz.
[198] *von der Groeben/Thiesing/Ehlermann/Mederer* Art. 88 EG RdNr. 73; *Grabitz/Hilf/von Wallenberg* Art. 88 EG RdNr. 133.
[199] *Hancher/Ottervanger/Slot* 25–033.
[200] *von der Groeben/Thiesing/Ehlermann/Mederer* Art. 88 EG RdNr. 76; *Schwarze/Bär-Bouyssière* Art. 88 EG RdNr. 23.
[201] EuGH, 156/77, Slg. 1978, 1881, RdNr. 16 – Kommission/Belgien; EuGH, C-110/02, Slg. 2004, I-6333, RdNr. 30 – Kommission/Rat.
[202] *Ortiz Blanco*, 21.106.
[203] EuGH, C-122/94, Slg. 1996, I-881, RdNr. 21 – Kommission/Rat.
[204] *von der Groeben/Thiesing/Ehlermann/Mederer* Art. 88 EG RdNr. 74.
[205] ZB Ent. des Rates 87/197/EWG v. 16. 3. 1987, ABl. 1987 L78/51; Ent. des Rates 87/375/EWG v. 13. 7. 1987, ABl. 1987 L200/17.
[206] Vgl. die Entscheidungen vom 3. 5. 2002 betreffend eine Befreiung bzw. Verringerung der Mineralölsteuer für Unternehmen des Straßengüterverkehrs in den Niederlanden (Ent. des Rates 2002/361/EG), in

104 Der Rat entscheidet **einstimmig** über den Antrag. Die in Art. 108 Abs. 2 UAbs. 3 AEUV angesprochene „Äußerung" des Rates meint nur eine stattgebende oder ablehnende Entscheidung, eine reine Meinungsäußerung oder sonstige allgemeine Reaktion reicht für eine Ausnahmegenehmigung nicht aus.[207] Weiterhin kann der Rat nach dem Wortlaut des Art. 108 Abs. 2 AEUV Beihilfen für vereinbar erklären. Da der Rat aber an die Stelle der Kommission tritt, kann er die Vereinbarkeitserklärung auch mit Bedingungen und/oder Auflagen versehen.[208] Problematisch ist die Praxis des Rates, solche Entscheidungen nicht immer zu veröffentlichen.[209] Art. 26 Abs. 5 VerfVO sieht nunmehr vor, dass der Rat die Entscheidung im Amtsblatt veröffentlichen *kann*.

105 Eine vom Rat für vereinbar erklärte Beihilfe ist als bestehende Beihilfe im Sinne von Art. 108 Abs. 1 AEUV anzusehen und der **fortlaufenden Prüfung** durch die Kommission unterworfen.[210] Solange die außergewöhnlichen Umstände fortbestehen, auf die der Rat seine Entscheidung gestützt hat, kann die Kommission aber nur ein Verfahren wegen missbräuchlicher Anwendung einleiten. Ändern sich – mittelfristig – der zugrundeliegende Sachverhalt und die Ausgestaltung der Beihilfe, so lebt die Kompetenz der Kommission in vollem Umfang wieder auf.[211] Einer Rücknahme der Vereinbarkeitsentscheidung durch den Rat bedarf es nicht.[212] Die Kommission kann dann zweckdienliche Maßnahmen vorschlagen und gegebenenfalls ein Verfahren nach Art. 108 Abs. 2 AEUV einleiten.

106 Die Vereinbarkeitserklärung durch den Rat kann von jedem **angefochten** werden, der nach Art. 263 AEUV klagebefugt ist.[213] Weist der Rat den Antrag zurück oder äußert sich nicht innerhalb von drei Monaten, so findet das normale Verfahren nach Art. 108 Abs. 2 AEUV wieder Anwendung.[214]

107 **5. Anrufung des Gerichtshofs (Art. 108 Abs. 2 UAbs. 2 AEUV).** Nach Art. 108 Abs. 2 UAbs. 2 AEUV kann die **Kommission** oder **jeder betroffene Staat** in Abweichung von den Art. 258 und 259 AEUV den Gerichtshof anrufen, wenn ein Mitgliedstaat einer Entscheidung der Kommission nach Art. 108 Abs. 2 AEUV nicht innerhalb der festgesetzten Frist nachkommt. Diese Möglichkeit wird in **Art. 23 VerfVO** weiter ausgeformt.

108 Hintergrund des Art. 108 Abs. 2 UAbs. 2 AEUV ist, dass die Kommission die Einhaltung ihrer **Entscheidung nicht selbst erzwingen** kann. Der Kommission stehen **keine Zwangsmittel** gegen den Mitgliedstaat zur Verfügung. Vielmehr ist die Kommission auf die Einleitung eines **Vertragsverletzungsverfahrens** nach den Art. 258 und 259 AEUV verwiesen. Das Vertragsverletzungsverfahren sieht in seiner normalen Ausgestaltung ein Vorverfahren vor, das einer Klage beim Gerichtshof vorgeschaltet ist. **Art. 108 Abs. 2 UAbs. 2 AEUV** ermöglicht es der Kommission und jedem Mitgliedstaat, den Gerichtshof direkt wegen Vertragsverletzung anzurufen, ohne dass das in Art. 258 AEUV vorgesehene Vorverfahren erforderlich ist.

109 **Klagebefugt** ist nach Art. 108 Abs. 2 UAbs. 2 AEUV die Kommission sowie jeder betroffene Mitgliedstaat. Ein Mitgliedstaat ist betroffen, wenn die fragliche Beihilfe in seinem Staatsgebiet den Wettbewerb verfälscht oder wenn der Handel von einem anderen Mitgliedstaaten beeinträchtigt wird.[215] Da für das Bestehen einer Beihilfe eine potentielle Wettbewerbsverfälschung bzw. Handelsbeeinträchtigung ausreichend ist, sind an die Betroffenheit keine hohen Anforderungen zu richten. Im Normalfall dürfte jeder Mitgliedstaat von einer von einem anderen Mitgliedstaat gewährten Beihilfen betroffen sein.[216]

110 Art. 108 Abs. 2 UAbs. 2 AEUV bezieht sich nach seinem **Wortlaut** nur auf **Aufhebungs- oder Umgestaltungsentscheidungen** hinsichtlich unvereinbarer oder missbräuchlich angewandter Beihilfen. Nach dem **Normzweck** muss die Vorschrift aber auch für **bedingte Vereinbarkeitsentscheidungen** gelten, wenn bei der Gewährung gegen die Bedingungen der

---

Italien (Ent. des Rates 2002/362/EG) und Frankreich (Ent. des Rates 2002/363/EG), ABl. 2002 L 131/12, 14, 15.

[207] *von der Groeben/Thiesing/Ehlermann/Mederer* Art. 88 EG RdNr. 73.

[208] *von der Groeben/Thiesing/Ehlermann/Mederer* Art. 88 EG RdNr. 75, aA. *Grabitz/Hilf/von Wallenberg* Art. 88 EG RdNr. 129.

[209] *Ortiz Blanco* 21.105.

[210] *Ortiz Blanco* 21.114.

[211] *Ortiz Blanco* 21.114.

[212] *von der Groeben/Thiesing/Ehlermann/Mederer* Art. 88 EG RdNr. 77.

[213] *Bellamy/Child* 15.084.

[214] *Bellamy/Child* 15.084.

[215] *von der Groeben/Thiesing/Ehlermann/Mederer* Art. 88 EG RdNr. 68.

[216] AA. *Dashwood* CMLR 1975, 43.

Entscheidung verstoßen wird, solange die gewährte Beihilfe in den Anwendungsbereich der Entscheidung fällt.[217] Wenn die Kommission keinen Zweifel daran hat, dass die Bedingungen nicht eingehalten wurden, so kann sie direkt den EuGH anrufen.[218] Dies wird in der Praxis vor allem dann der Fall sein, wenn ein Mitgliedstaat eine Unvereinbarkeitsentscheidung missachtet.[219] Die Kommission kann aber auch das förmliche Verfahren neu eröffnen, dies wird sie zB. tun, wenn die Missachtung geheilt werden kann oder wenn es sich nicht um einen schweren Verstoß handelt.[220] Dies wird in der Praxis häufig dann der Fall sein, wenn ein Mitgliedstaat eine Bedingung oder Auflage nicht einhält.[221]

Andere „Vollstreckungsmöglichkeiten" bestehen nicht.[222] Insbesondere kann die Kommission **111** eine Beihilfe nicht schon deswegen für unvereinbar erklären und die Rückforderung anordnen, weil die Beihilfegewährung gegen die Bedingung einer früheren Beihilfentscheidung verstößt.[223] Vielmehr muss die Kommission die Sache entweder nach Art. 108 Abs. 2 UAbs. 2 AEUV wegen Verstoßes gegen die (frühere) bedingte Positiventscheidung vor den EuGH bringen[224] oder das Verfahren nach Art. 108 Abs. 2 AEUV eröffnen, wenn sie die neue Beihilfe für nicht vereinbar erklären will.[225] Häufig wird die Kommission in dem Verfahren nach Art. 108 Abs. 2 AEUV alle Beihilfemaßnahmen gemeinsam untersuchen, dh. hinsichtlich der früheren Beihilfe die Frage der Einhaltung der Bedingungen und hinsichtlich der späteren Beihilfe die Frage der Vereinbarkeit.[226]

Wettbewerber des Beihilfebegünstigten sind **nicht befugt,** den betroffenen Mitgliedstaat **112** direkt auf Befolgung der Kommissionsentscheidung zu verklagen. Auch eine Klage gegen die Entscheidung der Kommission, den EuGH anzurufen, ist unzulässig,[227] da diese Entscheidung in das Ermessen der Kommission gestellt ist und im Übrigen keine Außenwirkung entfaltet.[228] In Rechtsstreitigkeiten vor nationalen Gerichten kann sich der Wettbewerber aber auf die **Unvereinbarkeitsentscheidung** der Kommission berufen, unabhängig davon, ob die Kommission eine Klage nach Art. 108 Abs. 2 UAbs. 2 AEUV erhoben hat.

Entschieden wird in dem **Vertragsverletzungsverfahren** nach Art. 108 Abs. 2 UAbs. 2 **113** AEUV nur über die Nichtbefolgung, nicht über die Rechtmäßigkeit der Kommissionsentscheidung. Der Mitgliedstaat kann die Rechtmäßigkeit der Entscheidung somit im Verfahren nach Art. 258 AEUV weder angreifen noch die (behauptete) Unrechtmäßigkeit der Entscheidung zu seiner Verteidigung nutzen,[229] sondern muss gegebenenfalls die Kommissionsentscheidung direkt anfechten.

IV. Internes Verfahren der Kommission

Die Kommission registriert alle Beihilfefälle in einem **zentralen Register,** das vom General- **114** sekretariat gehalten wird. Alle Beihilfefälle erhalten eine Nummer, die aus einer Buchstabenkombination, der **Fallnummer** und der **Jahreszahl** besteht. Die Buchstabenkombination zeigt dabei die Art des Verfahrens an. Folgende Verfahren werden unterschieden: **N** – angemeldete Beihilfen; **NN** – nicht angemeldet; **E** – bestehende Beihilfe; **X** – Freistellung aufgrund der Allgemeinen Freistellungsverordnung; **XA** – Landwirtschaftsbeihilfen; **XP** – Beihilfen für Landwirtschaftliche Produkte; **XE** – Beschäftigungsbeihilfen; **XF** – Fischereibeihilfen; **XS** – KMU-Beihilfen; **XT** – Ausbildungsbeihilfen; und **XR** – Regionalbeihilfen.

Sofern das Verfahren nach dem vorläufigen Prüfverfahren abgeschlossen wird, bleibt die ur- **115** sprüngliche Nummer erhalten. Wird das förmliche Prüfverfahren eröffnet, erhält das Verfahren eine neue Nummer mit dem Buchstaben „C", die alte Nummer wird dann angehängt. Die Entscheidung nach Ende des förmlichen Prüfverfahrens erhält als legislativer Akt eine eigene Nummer.

---

[217] *Bellamy/Child* 15.094.
[218] *Hancher/Ottervanger/Slot* 25–045.
[219] *Ortiz Blanco* 25.07.
[220] *Hancher/Ottervanger/Slot* 25–045.
[221] *Ortiz Blanco* 25.07.
[222] *von der Groeben/Thiesing/Ehlermann/Mederer* Art. 88 EG RdNr. 68.
[223] *Geiger* Art. 88 EG RdNr. 27.
[224] EuGH, C-294/90, Slg. 1992, I-493 – British Aerospace and Rover.
[225] *Bellamy/Child* 15.094.
[226] *Ortiz Blanco* 25.14.
[227] EuG, T-277/94, Slg. 1996, II-351 – AITEC; *Schwarze/Bär-Boyssière* Art. 88 EG RdNr. 26; *Hancher/Ottervanger/Slot*, 27–005.
[228] EuG, T-277/94, Slg. 1996, II-351, RdNr. 55, 59 – AITEC.
[229] *Hancher/Ottervanger/Slot* 27–004.

116   Die Mehrzahl der Beihilfefälle wird von der **Generaldirektion Wettbewerb** behandelt. Andere Generaldirektionen befassen sich mit Fällen in ihrem Kompetenzbereich, insbesondere sind hier die Generaldirektionen Transport und Energie, Landwirtschaft und Fischerei und Meer zu nennen.[230] Alle Entscheidungsvorschläge durchlaufen eine Interservice-Konsultation bevor sie dem Kolleg der Kommissare vorgelegt werden. Insbesondere erstellt der Juristische Dienst zu jedem Fall eine Meinung.

117   Nach dem Kollegiatsprinzip müssen im Prinzip alle **Entscheidungen** im Beihilfenverfahren durch das **Kollegium der Kommissare** getroffen werden, dh. auch die Eröffnungsentscheidung oder die Entscheidung, keine Einwände zu erheben.[231] Alle Kommissare sind gemeinsam politisch für die Entscheidungen verantwortlich. Das Kollegiatsprinzip erstreckt sich auch auf die Begründungspflicht, die Begründung kann nicht nach der Entscheidung angefügt werden.[232]

V. Durchführungsverbot

Schrifttum: *Bartosch,* Die private Durchsetzung des gemeinschaftlichen Beihilfenverbots, EuZW 2008, 235; *Cheynel/Giraud,* New Paradigm for Recovery of Unlawful Aid in the EU – National Judges and the ‚Exception of Compatibility‘, *World Competition 2008, 557; Geburtig,* Konkurrentenrechtsschutz aus Art. 88 Abs. 3 S. 3 EGV, 2004; *Gellermann,* Verwaltungsvertragliche Subventionsverhältnisse im Spannungsfeld zwischen Beihilfekontrolle und Verwaltungsverfahrensrecht, DBVl. 2003, 481; *Heidenhain,* Rechtsfolgen eines Verstoßes gegen das Durchführungsverbot des Art. 88 III 3 EG, EuZW 2005, 135; *Hopt/Mestmäcker,* Die Rückforderung staatlicher Beihilfen nach europäischem und deutschem Recht, WM 1996, 753; *Kiethe,* Abwicklung der wegen Verstoßes gegen das Verbot der Durchführung rechtswidriger Beihilfemaßnahmen (Art. 108 AEUV) nichtigen Verträge, RIW 2003, 782; *Koenig,* Nichtigkeit beihilfengewährender Verträge! Was nun?, EuZW 2003, 417; *Koenig/Pickartz,* Die aufschiebend bedingte staatliche Beihilfengewährung nach der Verfahrensordnung in Beihilfesachen, NVwZ 2002, 151; *Kühling,* Das Damoklesschwert der Nichtigkeit bei Missachtung des Durchführungsverbots aus Art. 88 Abs. 3 Satz 3 EG – Das Flächenerwerbsurteil des BGH vom 4. April 2003, ZWeR 2003, 498; *Martin-Ehlers,* Die Rechtsfolge von Verstößen gegen Art. 88 Abs 3 EG-Vertrag bei Beihilfen, WM 2003, 1598; *ders./Strohmayr,* Private Rechtsdurchsetzung im EG-Beihilfenrecht – Konkurrentenklagen vor deutschen Zivilgerichten, EuZW 2008, 745; *Möller,* Staatsbürgschaften im Licht des EG-Beihilferechts, 2001; *Pechstein,* Nichtigkeit beihilfegewährender Verträge nach Art. 93 III 3 EGV, EuZW 1998, 496; *Pechstein,* EuZW 2003, Anmerkung zu BGH V ZR 314/02 vom 4. 4. 2003, 447; *Polley,* Die Konkurrentenklage im europäischen Beihilfenrecht, EuZW 1996, 300; *Pütz,* EG-Beihilfenrecht und § 134 BGB, NJW 2004, 2199; *Pütz,* Das Beihilfeverbot des Art. 88 Abs. 3 Satz 3, 2003; *Quardt/Nielandt,* Nichtigkeit von Rechtsgeschäften bei Verstoß gegen das Durchführungsverbot des Art. 88 III 3 EG, EuZW 2004, 201; *Remmert,* Nichtigkeit von Verwaltungsverträgen wegen Verstoßes gegen das EG-Beihilferechts, EuR 2000, 469; *Schmid-Räntsch,* Zivilrechtliche Wirkungen von Verstößen gegen das EU-Beihilfenrecht, NJW 2005, 106; *Sinnaeve,* Der Konkurrent im Beihilfeverfahren nach der neuesten EuGH-Rechtsprechung, EuZW 1995, 172; *Strievi/Werner,* Nichtigkeit eines beihilfegewährenden Vertrages nach § 134 BGB iVm. Art. 88 III 3 EG, JuS 2006, 106; *Tillmann/Schreibauer,* Rechtsfolgen rechtswidriger nationaler Beihilfen, GRUR 2002, 212; *von Palombini,* Staatsbürgschaften und Gemeinschaftsrecht, 2000.

118   **1. Einführung.** Nach **Art. 108 Abs. 3 S. 3 AEUV** ist es dem Mitgliedstaat **verboten,** neue Beihilfen vor der Notifizierung und Genehmigung durch die Kommission zu **gewähren,** sog. **Durchführungsverbot.** Das Durchführungsverbot wird in **Art. 3 VerfVO** wiederholt.

119   Beihilfen, die unter Verstoß gegen das Durchführungsverbot gewährt werden, heißen „rechtswidrige Beihilfen" (Art. 1 VerfVO). Die (formelle) Rechtswidrigkeit ist im Beihilfenrecht von der (materiellen) Unvereinbarkeit einer Beihilfe nach Art. 107 AEUV begrifflich und inhaltlich zu unterscheiden.

120   **a) Begriff der Durchführung.** Unter Durchführung ist nicht nur die **Auszahlung** der Beihilfe zu verstehen.[233] Eine Durchführung liegt bereits vor, wenn der Mitgliedstaat rechtlich **ohne weiteres zur Gewährung verpflichtet ist.**[234] Dies ist zB der Fall, wenn ein Mechanismus eingeführt wird, der die Gewährung der Beihilfe gestattet, ohne dass es einer weiteren Genehmigung oder eines anderen Verfahrensschritts bedarf.[235] Beihilferegelungen müssen daher bereits im Entwurf notifiziert werden, bevor sie Gesetzeskraft erlangen und zur Auszahlung von

---

[230] Vgl. *Ortiz Blanco* 21.67.

[231] EuG, T-435/93 Slg. 1995, II-1281, RdNr. 96 ff. – ASPEC.

[232] EuG, T-371/94 und T-394/94, Slg. 1998, II-2405, RdNr. 117 u. 279 – British Airways; EuG, T-157/01, Slg. 2004, II-917, RdNr. 115 – Danske Busvognmaend.

[233] *Ortiz Blanco* 22.36.

[234] EuG, T-109/01, Slg. 2004, II-127, RdNr. 74 – Fleuren Compost.

[235] *Schwarze/Bär-Bouyssière* Art. 88 EG RdNr. 7.

Beihilfen verpflichten.[236] Dies ist auch aus praktischen Gründen empfehlenswert, weil der Entwurf so noch verändert und mit dem Gemeinschaftsrecht in Einklang gebracht werden kann.[237]

Wie der Mitgliedstaat im Übrigen das Durchführungsverbot rechtstechnisch einhält, bleibt **121** ihm überlassen.[238] In Frage kommen insoweit insbesondere **aufschiebende Bedingungen** oder entsprechende **Vorbehalte der Genehmigung** durch die Kommission. Zur Einhaltung des Durchführungsverbots reicht es zB aus, wenn bei Bewilligung die Auszahlung von einer Genehmigung der Kommission abhängig gemacht wird und anschließend die Anmeldung erfolgt.[239]

b) Zweck des Durchführungsverbots. Das Durchführungsverbot dient der **Sicherung 122 der Anmeldpflicht** nach **Art. 108 Abs. 3 S. 1 AEUV.** Es schützt zum einen das **Entscheidungsmonopol der Kommission** hinsichtlich der Vereinbarkeit einer Beihilfe mit dem Gemeinsamen Markt, da Beihilfen ohne Anmeldung und vorherige Entscheidung der Kommission nicht gewährt werden können. Der Geltungsbereich des Durchführungsverbots ist vor diesem Hintergrund zu bestimmen. Zum anderen dient das Durchführungsverbot auch dem Schutz von Wettbewerbern des Beihilfebegünstigten. Das Durchführungsverbot ist nach der Rechtsprechung der Europäischen Gerichte **unmittelbar anwendbar.** Durch die direkte Anwendbarkeit des Durchführungsverbots sind auch nationale Gerichte gehalten, das Durchführungsverbot anzuwenden. Ein Verstoß gegen das Durchführungsverbot hat daher Folgen für die Wirksamkeit von Beihilfeakten und kann vor nationalen Gerichten geltend gemacht werden.

2. Geltungsbereich. a) Sachliche Geltung. Das Durchführungsverbot gilt wie die An- **123** meldpflicht nur für tatbestandsmäßige Beihilfen iSd. Art. 107 Abs. 1 AEUV. Das Durchführungsverbot erfasst nur neue bzw. umgestaltete Beihilfen. Wenn eine Beihilfe, die ursprünglich angemeldet und genehmigt wurde, später geändert wird, ist das Durchführungsverbot auf das geänderte Beihilfevorhaben anwendbar.[240] Der Mitgliedstaat kann nicht durch die Modifizierung einer genehmigten Beihilferegelung die Genehmigung einseitig erweitern.[241]

Das Durchführungsverbot gilt grundsätzlich **nur für tatbestandsmäßige Beihilfen.** Wenn **124** aber der Mitgliedstaat zwar die Einstufung einer Maßnahme als Beihilfe bzw. als neue Beihilfe bestreitet, die Kommission aber das förmliche Prüfverfahren eröffnet, dann ist das Durchführungsverbot anwendbar und der Mitgliedstaat muss die Beihilfe suspendieren.[242] Die Eröffnungsentscheidung kann dann auch als Grundlage für die Durchsetzung des Durchführungsverbots durch den nationalen Richter herangezogen werden.[243]

Das Durchführungsverbot gilt **nur für notifizierungspflichtige Beihilfen.** Der durch den **125** Vertrag von Lissabon eingefügte **neue Abs. 4** gibt der Kommission die **Befugnis,** bestimmte Arten von staatlichen Beihilfen durch Verordnung von der **Anmeldpflicht** und damit auch vom **Durchführungsverbot auszunehmen.**[244]

Fraglich ist der Umfang des Durchführungsverbots, wenn eine Maßnahme vom Mitgliedstaat **126** als Beihilfe angemeldet wurde, aber diese keine Beihilfe darstellt. Art. 4 Abs. 2 VerfVO für das vorläufige und Art. 7 Abs. 2 VerfVO für das förmliche Prüfverfahren sehen ausdrücklich die Möglichkeit vor, dass die Kommission zu dem Schluss kommt, dass die angemeldete Maßnahme keine Beihilfe darstellt.

Das Durchführungsverbot gilt, wenn die Kommission das förmliche Prüfverfahren 127 eröffnet,[245] unabhängig davon, ob die Kommission in der Eröffnungsentscheidung die Aussetzung der Maßnahme oder ihre vorläufige Wiedereinziehung anordnet.[246] Denn in diesem Fall bestehen hinreichende Zweifel an der Eigenschaft der Maßnahme als Nicht-Beihilfe. Wenn die Kommission dann aber nach Art. 7 Abs. 2 VerfVO eine **Nicht-Beihilfe Entscheidung** erlässt, fällt das Durch-

---

[236] EuGH, 169/82, Slg. 1984, 1603, RdNr. 11 – Kommission/Italien.

[237] *Ortiz Blanco* 22.37.

[238] *Schwarze/Bär-Bouyssière* Art. 88 EG RdNr. 7.

[239] EuGH, C-99/98, Slg. 2001, I-1101, RdNr. 39 f. – Österreich/Kommission (Siemens Bauelemente OHG); Kommission, Ent. v. 15. 11. 2000, Solar Tech, ABl. 2001 L292/45, RdNr. 29; *Koenig/Pickartz* NVwZ 2002, 151, 153.

[240] EuGH, 91/83 und 127/83, Slg. 1984, 3435 – Heineken Brouwerijen.

[241] EuG, T-109/01, Slg. 2004, II-127 – Fleuren Compost.

[242] EuGH, C-400/99, Slg. 2001, I-7303, RdNr. 59 – Italien/Kommission (Tirrenia di Navigazione).

[243] *Hancher/Ottervanger/Slot* 25–005.

[244] Siehe oben RdNr. 3.

[245] *von der Groeben/Thiesing/Ehlermann/Mederer* Art. 88 EG RdNr. 42; *Schwarze/Bär-Bouyssière* Art. 88 EG RdNr. 9; EuGH, C-47/91, Slg. 1992, I-4145 – Italien/Kommission (Italgrani).

[246] EuG, T-195/01 und T-207/01, Slg. 2002, II-2309, RdNr. 81 – Gibraltar/Kommission.

führungsverbot *ex tunc* weg. Somit können sich auch Wettbewerber für die Zeit zwischen der Gewährung der Beihilfe und der Entscheidung der Kommission nicht auf einen Verstoß gegen das Durchführungsverbot berufen. Das Durchführungsverbot gilt nicht, wenn der Mitgliedstaat eine **Maßnahme als Nicht-Beihilfe angemeldet** hat und dies von der Kommission im vorläufigen Prüfverfahren mit einer Entscheidung nach **Art. 4 Abs. 2 VerfVO** bestätigt wird.

128   Nach der Rechtsprechung zu Beihilfen in der Form von Steuern und parafiskalischen Abgaben[247] gilt das **Durchführungsverbot auch für Abgaben,** welche als Finanzierungsmethode einen integralen Bestandteil der Beihilfe darstellen.[248] In diesem Fall darf nicht nur die Beihilfe nicht gewährt werden, auch die entsprechenden Abgaben dürfen nicht erhoben werden.[249] Im Unterschied zu den allgemeinen Grundsätzen kann sich ein Abgabenpflichtiger in diesen Fällen auf Art. 108 Abs. 3 S. 3 AEUV berufen, um von der Abgabenpflicht befreit zu werden bzw. bereits gezahlte Abgaben zurückzuverlangen.[250]

129   **b) Zeitliche Geltung.** Das Durchführungsverbot reicht zeitlich bis zu einer **abschließenden Genehmigungsentscheidung** der Kommission.[251] Das Durchführungsverbot wirkt also nicht nur bis zur Anmeldung der Beihilfe, sondern setzt sich während des Prüfverfahrens fort.[252] Es gilt dabei zunächst während des vorläufigen Prüfverfahrens und nach der Eröffnung des förmlichen Prüfverfahrens bis zu dessen Ende.[253]

130   Gibt der Mitgliedstaat die Durchführung der Maßnahme nicht von sich aus auf, so kann die Kommission ihm nach Anhörung die Aussetzung aufgeben.[254] Die **Aussetzungsanordnung** kann gleichzeitig mit der Entscheidung über die Einleitung des förmlichen Prüfverfahrens erfolgen oder auch ihr nachfolgen.[255]

131   Das Durchführungsverbot endet erst mit dem **Verfahrensabschluss.** Kommt die Kommission zu dem Schluss, dass die Maßnahme keine Beihilfe darstellt oder mit dem Gemeinsamen Markt vereinbar ist, so fällt das Durchführungsverbot endgültig weg. Im Falle einer Unvereinbarkeitsentscheidung darf die Beihilfe aufgrund der Negativentscheidung endgültig nicht gewährt werden. In diesem Fall wird das **Durchführungsverbot** durch das Verbot der Beihilfe nach Art. 107 Abs. 1 AEUV **endgültig ersetzt.**

132   Wird eine Kommissionsentscheidung durch die Europäischen Gerichte **aufgehoben,** so stellt sich die Frage, ob das Durchführungsverbot dann wieder auflebt. Dies dürfte wohl jedenfalls für den Fall gelten, dass eine **Negativentscheidung** aufgehoben wird.[256] Denn in diesem Fall durfte der Mitgliedstaat zu keinem Zeitpunkt die Beihilfe gewähren. Es ist nicht einzusehen, warum dies nach der Aufhebung der Kommissionsentscheidung anders sein sollte.

133   Wird eine **positive Entscheidung** der Kommission aufgehoben, ist die Rechtslage vielschichtiger, weil der Mitgliedstaat nach der Positiventscheidung die Beihilfe zunächst rechtmäßig gewähren durfte, aber dieser Rechtsgrund durch die Aufhebung entfallen ist.[257] Somit stehen sich **Effektivität des Beihilferechts** und **Vertrauensschutzgedanken** gegenüber. Für ein Wiederaufleben[258] des Durchführungsverbots spricht, dass so die Gewährung von nicht abschließend durch die Kommission geprüften Beihilfen unterbunden werden kann, wenn die Beihilfe noch nicht (vollständig) gewährt wurde. Wenn die Beihilfe schon gewährt wurde, sichert ein Wiederaufleben die Möglichkeit eines effektiven und lückenlosen Rechtsschutzes für Wettbewerber.[259] Gegen ein Wiederaufleben sprechen die **Grundsätze des Vertrauensschutzes** und der **Rechtssicherheit,**[260] wenn die Beihilfe erst nach ordnungsgemäßer Durch-

---

[247] EuGH, C-174/01, Slg. 2005, I-85, RdNr. 21 – Streekgewest; EuGH, C-261/01, Slg. 2003, I-12249, RdNr. 52 – Van Calster.

[248] Weitere Einzelheiten bei *Sinnaeve* CMLRev 2007, 965, 977; *Werner* CYELS 2006/2007, 484.

[249] EuGH, C-266/04 bis C-270/04, C-276/04, C-321/04 bis C-325/04, Slg. 2005, I-9481, RdNr. 35 – Distribution Casino France.

[250] *Werner* CYELS 2006/2007, 497.

[251] Vgl. EuGH, C-143/99, Slg. 2001, I-8365, RdNr. 24 – Adria-Wien Pipeline.

[252] EuGH, 120/73, Slg. 1973, 1471, RdNr. 4 – Lorenz; EuGH, C-367/95P, Slg. 1998, I-1719, RdNr. 37 – Sytraval.

[253] EuGH, 120/73Slg. 1973, 1471 –, Lorenz.

[254] EuGH, C-400/99, Slg. 2001, I-7303, RdNr. 46 – Italien/Kommission (Tirrenia di Navigazione).

[255] EuGH, C-400/99, Slg. 2001, I-7303, RdNr. 47 – Italien/Kommission (Tirrenia di Navigazione).

[256] *Hancher/Ottervanger/Slot* 25–036.

[257] *Polley* EuZW 1996, 300, 302.

[258] *Hancher/Ottervanger/Slot* 25–036.

[259] *Polley* EuZW 1996, 300, 300.

[260] *Sinnaeve* EuZW 1995, 172, 176.

führung des Beihilfeverfahrens gewährt worden ist. Der Vertrauensschutz ist auch nicht dadurch ausgeschlossen, dass die Positiventscheidung anfechtbar war. Denn das Durchführungsverbot endet mit der Positiventscheidung der Kommission. Außerdem ist ein Abwarten bis zum Ende der Anfechtungsfrist nicht zumutbar, da die Klagefrist für den Konkurrenten ab Kenntnis von der Entscheidung läuft, so dass der Mitgliedstaat und der Beihilfebegünstigte gar nicht genau wissen können, wann die Anfechtungsfrist abgelaufen ist.[261] Möglicherweise ist eine differenzierte Antwort notwendig, wonach das Durchführungsverbot nur mit Wirkung für die Zukunft wieder auflebt.

Das Durchführungsverbot endet auch mit der Fiktion der Genehmigung. Hier ist darauf hin-   **134** zuweisen, dass die **Genehmigungsfiktion** nach **Art. 4 Abs. 6 VerfVO** erst nach Ablauf der Zweimonatsfrist sowie einer zusätzlichen Frist von 15 Tagen eintritt. Es stellt sich daher die Frage, wann das Durchführungsverbot nach Art. 108 Abs. 3 S. 3 AEUV endet, wenn der Mitgliedstaat die Kommission nicht nach Art. 4 Abs. 6 VerfVO über die beabsichtigte Durchführung der Maßnahme in Kenntnis setzt. Für das förmliche Prüfverfahren existiert keine dem Art. 4 Abs. 6 VerfVO vergleichbare Vorschrift. Teilweise wird daher vertreten, dass der Mitgliedstaat die Beihilfe im Hauptprüfungsverfahren durchführen darf, nachdem er die Kommission aufgefordert hat, eine Entscheidung zu treffen.[262] Dagegen spricht aber, dass es im Hauptprüfungsverfahren nach der Rechtsprechung anders als im vorläufigen Prüfverfahren keine zwingend einzuhaltende Frist gibt. Der Zeitraum von 18 Monaten für das förmliche Prüfverfahren ist vielmehr nur ein Richtwert.

3. Folgen eines Verstoßes für die Wirksamkeit von Beihilfeakten. Nach der Recht-   **135** sprechung des Gerichtshofs beeinträchtigt die Verletzung von Art. 108 Abs. 3 S. 3 AEUV die **Gültigkeit der Rechtsakte** zur Durchführung von Beihilfemaßnahmen.[263] Daher müssen nationale Gerichte „zugunsten der einzelnen, die sich auf eine solche Verletzung berufen können, entsprechend ihrem nationalen Recht sämtliche Folgerungen (…) ziehen."[264] Dies betrifft sowohl die **zivilrechtliche** wie die **öffentlich-rechtliche Gewährung** von Beihilfen.

a) Nichtigkeit von Verträgen. Es ist **umstritten,** ob der Verstoß gegen das Durchfüh-   **136** rungsverbot zur **Nichtigkeit** oder bloß zu einer **schwebenden Unwirksamkeit** führt oder führen sollte.[265] Nach der in der Zwischenzeit gefestigten Rechtsprechung des BGH sind beihilfegewährende Verträge nach § 134 BGB nichtig, wenn sie gegen das Durchführungsverbot verstoßen.[266]

Die Argumentation des BGH beruht zum einen auf der direkten Anwendbarkeit des Art. 108   **137** Abs. 3 S. 3 AEUV, den der BGH als ein **Verbotsgesetz** auffasst. Zum anderen führt der BGH aus, dass der Verstoß gegen das Durchführungsverbot unabhängig von einer Entscheidung der Kommission von den nationalen Gerichten sanktioniert werden müsse. Insbesondere führt auch eine Vereinbarkeitsentscheidung der Kommission **nicht zu einer Heilung des Verstoßes** gegen das Durchführungsverbot. Der BGH interpretiert die Rechtsprechung des EuGH daher dahingehend, dass aufgrund des Verstoßes gegen das Durchführungsverbot eine **Beihilfe insgesamt** zurückgefordert werden müsse. Dazu reicht eine schwebende Unwirksamkeit als Sanktion für den Verstoß gegen das Durchführungsverbot aber nicht aus. Der BGH entscheidet sich daher für die Nichtigkeit entsprechender zivilrechtlicher Verträge. Die gleiche Argumentation wird über § 59 VwVfG wohl auch für **öffentlich-rechtliche Verträge** gelten.[267]

Aufgrund der neueren Rechtsprechung des Gerichtshofs gehen Teile der Literatur aber davon   **138** aus, dass die **BGH-Rechtsprechung nicht mehr gemeinschaftskonform** ist und geändert werden müsse.[268] In der **Rechtssache CELF** hat der Gerichtshof das Verhältnis zwischen der Durchsetzung des Durchführungsverbots durch die nationalen Gerichte und einer Vereinbarkeitsentscheidung der Kommission präzisiert. Nach dem Urteil des Gerichtshofs verlangt es das

---

[261] *Polley* EuZW 1996, 300, 303.
[262] *Hancher/Ottervanger/Slot* 25–035.
[263] EuGH, C-354/90, Slg. 1991, I-5505, RdNr. 12 – FNCE; EuGH, C-39/94, Slg. 1996, I-3547 – SFEI.
[264] EuGH, C-354/90, Slg. 1991, I-5505, RdNr. 12 – FNCE.
[265] Für schwebende Unwirksamkeit zB *Heidenhain* EuZW 2005, 135; *Martin-Ehlers* WM 2003, 1598; *Pütz* NJW 2004, 2199; *Quardt/Nielandt* EuZW 2004, 201; für Nichtigkeit zB *Kiethe* RIW 2003, 782; *Pechstein* EuZW 2003, 447; *Schmidt-Räntsch* NJW 2005, 106.
[266] BGH EuZW 2003, 444; BGH EuZW 2004, 254; BGH EuZW 2004, 252.
[267] *Kühling/Braun* EuR Beiheft 3/2007, 31, 36; *Gellermann* DBVl. 2003, 481, 484 ff.; *Remmert* EuR 2000, 469, 473 ff.
[268] So *Bartosch* EuZW 2008, 235.

Gemeinschaftsrecht nicht, dass der nationale Richter auch dann auf Rückforderung der gesamten Beihilfe erkennt, wenn die Kommission in der Zwischenzeit die Vereinbarkeit der Beihilfe festgestellt hat. Vielmehr reicht es in diesem Fall aus, wenn die Zinsen für die vorzeitige Gewährung der Beihilfe zwischen tatsächlicher Gewährung und Vereinbarkeitsentscheidung der Kommission zurückgefordert werden.[269] Der EuGH widerspricht damit der Grundannahme des BGH, dass nur die vollständige Rückforderung und damit die endgültige Nichtigkeit des Vertrages die vom Europarecht geforderte effektive Umsetzung des Durchführungsverbotes ist.

139   Andererseits hat der **EuGH** in *CELF* aber auch klargestellt, dass das **nationale Recht über die europarechtlichen Anforderungen hinausgehen darf.** Während also vielleicht die Nichtigkeit europarechtlich nicht gefordert ist, ist sie mit dem Gemeinschaftsrecht vereinbar. Man kann sich aber nur schwer vorstellen, welche nationale Vorschrift eine vollständige Rückforderung und endgültige Nichtigkeit verlangen könnte, wenn das Europarecht dies nicht verlangt.[270] Die Argumentation des BGH beruhte ja letztlich auf der Annahme, dass die vollständige Rückforderung vom Gemeinschaftsrecht verlangt werde.

140   Der BGH hatte noch keine Gelegenheit, auf diese Fragen einzugehen. Jedoch hat der BGH in einem jüngeren Urteil festgestellt, dass die Frage, „ob und in welchem Umfang" ein Rechtsgeschäft bei Verstoß gegen Art. 108 Abs. 3 S. 2 AEUV gemäß § 134 BGB nichtig ist, **noch nicht „in allen Einzelheiten geklärt ist".**[271] Es bleibt daher offen, ob der BGH seine Rechtsprechung zur Nichtigkeit auch im Lichte der neuesten Rechtsprechung des EuGH aufrechterhalten wird.

141   **b) Rechtswidrigkeit von Verwaltungsakten.** Soweit Beihilfen durch Leistungsbescheid in Form eines Verwaltungsakts gewährt werden, ist dieser bei einem Verstoß gegen das Durchführungsverbot rechtswidrig. Ein solcher Verwaltungsakt kann daher nach § 48 Abs. 1 und Abs. 2 S. 1 VwVfG ganz oder teilweise zurückgenommen werden.[272] Dabei sind die Voraussetzungen der innerstaatlichen Vorschriften gemäß den vom EuGH aufgestellten Grundsätzen[273] zu modifizieren. Gleichermaßen sind solche gegen Art. 108 Abs. 3 S. 3 AEUV verstoßenden Verwaltungsakte nach § 42 Abs. 1 VwGO anfechtbar.[274]

VI. Konkurrentenklagen vor deutschen Gerichten

Schrifttum: *Abbamonte*, Competitors' rights to challenge illegally granted aid and the problem of conflicting decisions in the field of competition law, ECLR 1997, 87; *Arhold*, European Airline Wars: German Courts Divided over Actions against Low-Cost carriers, EStAL 2008, 31; *Bartosch*, Die private Durchsetzung des gemeinschaftlichen Beihilfenverbots, EuZW 2008, 235; *Cheynel/Giraud*, New Paradigm for Recovery of Unlawful Aid in the EU – National Judges and the ,Exception of Compatibility', in World Competition 2008, 557; *Fiebelkorn/Petzold*, Durchführungsverbot gemäß Art. 88 III 3 EG, Rückforderungsverpflichtung und Nichtigkeitsfolge: Ist die BGH-Rechtsprechung praxisgerecht?, EuZW 2009, 323; *Flynn*, Chapter 6, Procedures under Articles 88 and 89, in: Butterworths Competition Law, 2007; *Geburtig*, Konkurrentenrechtsschutz aus Art. 88 Abs. 3 S. 3 EGV, 2004; *Jestaedt/Derenne/Ottervanger*, Studie on the enforcement of State aid law at national level, 2006; *Köhler/Steindorff*, Öffentlicher Auftrag, Subvention und unlauterer Wettbewerb, NJW 1995, 1705; *Kremer*, Effektuierung des europäischen Beihilferechts durch die Begrenzung der Rechtskraft, in EuZW 2007, 726; *Kresse*, Das Verbot des venire contra factum proprium bei vertraglichen Beihilfen, in EuZW 2008, 394; *Kühling/Braun*, Der Vollzug des EG-Beihilfenrechts in Deutschland, EuR Beiheft 3/2007, 30; *Lampert*, Dezentrale Beihilfenaufsicht durch Konkurrentenklagen vor den nationalen Gerichten der Mitgliedsstaaten, EWS 2001, 357; *Maier/Nordmann*, Anmerkung zum Urt. des OLG München v. 15. 5. 2003, EuZW 2004, 127; *Martin-Ehlers/Strohmayer*, Private Rechtsdurchsetzung im EG-Beihilfenrecht – Konkurrentenklagen vor deutschen Zivilgerichten, EuZW 2008, 745; *Petzold*, Individualrechtsschutz an der Schnittstelle zwischen deutschem und Gemeinschaftsrecht, 2008; *Pütz*, Das Beihilfeverbot des Art. 88 Abs. 3 S. 3 EG-Vertrag, 2002; *Remmert*, Nichtigkeit von Verwaltungsverträgen wegen Verstoßes gegen das EG-Beihilfenrecht, EuR 2000, 469; *Sasserath*, Schadensersatzansprüche von Konkurrenten zur Effektivierung der Beihilfenkontrolle?, 2000; Heidenhain/Schmidt-Kötters, 11. Kapitel, Rechtsschutz Dritter vor deutschen Gerichten, 2003; *Schneider*, Konkurrentenklagen als Instrumente der europäischen Beihilfeaufsicht, DVBl. 1996, 1301; *Sinnaeve*, Der Konkurrent im Beihilfeverfahren nach der neuesten EuGH-Rechtsprechung, EuZW 1995, 172; *Soltesz*, Der Rechtsschutz des Konkurrenten gegen gemein-

---

[269] EuGH, C-199/06, Slg. 2008, I-469 – CELF.
[270] *Cheynel/Giraud* World Competition 2008, 557, 561.
[271] BGH, NVwT 2007, 973. Vgl. dazu unten Anhang zu Art. 14 VerfVO RdNr. 326 ff.
[272] BVerwGE 92, 81; *Grabitz/Hilf/von Wallenberg* Art. 88 EG RdNr. 94; *Heidenhain/Jestaedt/Loest* § 52, RdNr. 5.
[273] EuGH, C-24/95, Slg. 1997, I-1591, RdNr. 25 – Alcan II; BVerfG EuZW 2000, 445, 446; BVerwGE 106, 328, 334 ff.; BGH, EuZW 2004, 252, 254.
[274] *Geburtig* 71, 144.

schaftsrechtswidrige Beihilfen vor nationalen Gerichten, EuZW 2001, 202; *ders.*, Private Rechtsdurchsetzung durch Wettbewerber im europäischen Beihilferecht – Vision oder Illusion, ZWeR 2006, 388; *Tilmann/Schreibauer*, Rechtsfolgen rechtswidriger nationaler Beihilfen, GRUR 2002, 212; *Werner*, Fiscal State Aid, CYELS 2006/2007, 481.

1. Einführung. Wettbewerber des Beihilfebegünstigten können zur Einhaltung des Beihil- **142** fenrechts durch **Klagen vor den nationalen Gerichten** beitragen. Die Kommission versucht, die private Rechtsdurchsetzung auch im Bereich der Rechtsbeisetzung als zweites Standbein der Rechtsdurchsetzung zu fördern.[275]

Die größte Bedeutung kommt den nationalen Gerichten aufgrund der **direkten Anwend-** **143** **barkeit** bei der Durchsetzung des Durchführungsverbots zu. Geeignete Rechtsbehelfe nach nationalem Recht können **Unterlassungsklagen** und **Beseitigungsklagen, Schadensersatz-** **klagen** sowie **einstweiliger Rechtsschutz** sein.[276] Nach einer von der Kommission in Auftrag gegebenen Studie[277] sind die das Beihilfenrecht betreffenden Verfahren vor nationalen Gerichten zumeist Verfahren zwischen einem Privaten und einer staatlichen Stelle. Dabei geht es in den meisten Fällen um Klagen eines Unternehmens gegen Abgaben, von denen ein Wettbewerber befreit ist. Der Kläger begehrt dabei entweder die Befreiung von der Abgabenpflicht oder die Rückzahlung bereits bezahlter Abgaben.[278]

Prinzipiell kommt aber auch eine Klage von Wettbewerbern direkt gegen den Beihilfenbe- **144** günstigten in Betracht. Hier ist insbesondere an Klagen auf Rückzahlung der Beihilfe und an Schadensersatzklagen zu denken.

2. Europarechtliche Grundlagen. a) Pflicht nationaler Gerichte zum Schutz Be- **145** **troffener.** Nationale Gerichte müssen bei Verstößen gegen das Durchführungsverbot des Art. 108 Abs. 3 S. 3 AEUV wirksam die **Rechte Dritter** schützen.[279] Betroffene Dritte müssen vor staatlichen Gerichten die ihnen aus Art. 108 Abs. 3 S. 3 AEUV zustehenden Rechte geltend machen können.[280] Dies schließt die Klage auf (vorläufige) **Aussetzung** und **Wiedereinset-** **zung** der Beihilfe und die **Geltendmachung** der Unwirksamkeit der Beihilfe ein.

Art. 108 Abs. 3 S. 3 AEUV ist **direkt anwendbar** und **drittschützend**.[281] Auf eine Verlet- **146** zung des Durchführungsverbots kann sich jeder berufen, der davon betroffen ist.[282] Betroffen ist jedenfalls, wer ein direkter Wettbewerber ist oder aufgrund der Maßnahmen einen finanziellen Schaden erleidet.[283]

Abzulehnen ist daher die Rechtsprechung mancher deutscher (Zivil-)Gerichte, wonach **147** Art. 108 Abs. 3 S. 3 AEUV keine drittschützende Vorschrift sei und daher Ansprüche insbesondere nach § 823 Abs. 2 BGB und § 1004 BGB nicht gegeben seien.[284] Diese Rechtsprechung unterscheidet nicht hinreichend zwischen Art. 107 AEUV einerseits und Art. 108 Abs. 3 S. 3 AEUV andererseits und wird daher der spezifischen Rolle der nationalen Gerichte bei der Durchsetzung des Art. 108 Abs. 3 S. 3 AEUV nicht gerecht. Insbesondere ignoriert sie die Rechtsprechung der **europäischen Gerichte,** die die unmittelbare Anwendbarkeit und die **drittschützende Wirkung** des Art. 108 Abs. 3 S. 3 AEUV **klar ausgesprochen** haben.[285] Das Durchführungsverbot dient nicht nur der Sicherung des Systems der präventiven Beihilfekontrolle durch die Europäische Kommission, sondern gerade der **Verhinderung von Wett-** **bewerbsvorteilen** durch rechtswidrig gewährte Beihilfen. Daher werden durch die Vorschrift

---

[275] Bekanntmachung der Kommission über die Durchsetzung des Beihilfenrechts durch die einzelstaatlichen Gerichte, ABl. C 85/1 v. 9. 4. 2009.

[276] Vgl. *Bellamy/Child* 15.109 mwN.

[277] *Jestadt/Derenne/Ottervanger* Study, 33.

[278] *Werner* CYELS 2006/2007, 497 ff.

[279] EuGH, 120/73, Slg. 1973, 1471, RdNr. 8 – Lorenz; EuGH, C-39/94, Slg. 1996, I-3547 – SFEI; EuGH, C-354/90, Slg. 1991, I-5505 – FNCE; EuGH, C-266/04 bis C-270/04, C-276/04, C-321/04 bis C-325/04, Slg. 2005, I-9481, RdNr. 30 – Distribution Casino France.

[280] EuGH, C-39/94, Slg. 1996, I-3537, RdNr. 68 – SFEI.

[281] EuGH, C-354/90, Slg. 1991, I-5505, RdNr. 12 – FNCE.

[282] EuGH, C-174/02, Slg. 2005, I-85 – Streekgewest Westelijk Noord-Brabant; EuGH, C-175/02, Slg. 2005, I-127 – Pape; EuGH, C-266/04 bis C-270/04, C-276/04, C-321/04 bis C-325/04, Slg. 2005, I-9481 – Distribution Casino France.

[283] *Hancher/Ottervanger/Slot* 27–040.

[284] OLG München EuZW 2004, 125, 126; LG Potsdam, Urt. v. 23. 11. 2006, 51 O 167/05; LG Bad Kreuznach, Urt. v. 16. 5. 2007, 2 O 441/06; OLG Koblenz, 29. 2. 2009, OLG Schleswig, Urteil vom 20. 5. 2008, 6 U 54/06; Vgl. *Arhold* EStAL 2008, 31; *Martin-Ehlers/Strohmayr* EuZW 2008, 745.

[285] *Martin-Ehlers/Strohmayr* EuZW 2008, 745, 747 ff.

des Art. 108 Abs. 3 S. 3 AEUV auch die Interessen des Einzelnen gezielt geschützt.[286] Dies wird auch von der verwaltungsgerichtlichen Rechtsprechung anerkannt.[287]

148 Nationale Gerichte haben die Befugnis und die Verpflichtung zur Prüfung, ob eine Beihilfe vorliegt und ob diese gegen das Durchführungsverbot verstößt.[288] Die Rolle der nationalen Gerichte ist dabei fundamental verschieden von der Rolle der Kommission bei der Prüfung der Vereinbarkeit.[289] Die beiden Rollen führen nicht zu einem Konflikt, sondern sind **komplementär**.[290]

149 Die Festellung, dass eine Beihilfe vorliegt, erfordert unter Umständen **komplexe ökonomische und rechtliche Beurteilungen**, insbesondere bei der Frage, ob die *Altmark Trans-Kriterien* anwendbar sind oder ob der **Privatinvestorentest** erfüllt ist. Schwierig kann auch die Frage sein, ob ein Verstoß gegen das Durchführungsverbot oder eine bestehende Beihilfe vorliegt. Eine Rückforderung ist aber nicht ausgeschlossen, weil der Beihilfecharakter einer Maßnahme schwierig festzustellen ist,[291] da der nationale Richter wegen des **Justizgewährungsanspruchs** eine Entscheidung auch nicht unter Hinweis auf die komplexe Sach- oder Rechtslage verweigern darf. Das nationale Gericht kann die Kommission um Klärung bitten, wenn es Zweifel am Bestehen einer Beihilfe hat.[292] Die Kommission hat die Fragen des nationalen Gerichts dann im Licht der gemeinschaftlichen Treuepflicht möglichst schnell zu beantworten.[293] Bei Fragen zur Auslegung des Gemeinschaftsrechts kann das nationale Gericht auch den EuGH im **Vorabentscheidungsverfahren** befassen.[294] Nicht zulässig ist es allerdings, den EuGH nach Art. 267 AEUV um eine Entscheidung über die Vereinbarkeit einer Maßnahme mit dem Gemeinsamen Markt anzurufen.[295]

150 Die Pflicht nationaler Gerichte zur Durchsetzung des Durchführungsverbots gilt grundsätzlich unabhängig davon, ob die Kommission die Beihilfe später genehmigt oder nicht, da auch eine Vereinbarkeitsentscheidung nicht rückwirkend den Verstoß gegen das Durchführungsverbot heilt.[296] Das Verfahren vor dem nationalen Gericht ist somit auch nicht dadurch ausgeschlossen, dass die Beihilfe parallel von der Kommission geprüft wird.[297] Allerdings kann eine Vereinbarkeitsentscheidung der Kommission nach dem *CELF*-Urteil des Gerichtshofs einen Einfluss auf den Umfang der Rückforderungsverpflichtung haben,[298] so dass das Verfahren vor dem nationalen Richter einen unterschiedlichen Ausgang haben kann, je nachdem, ob eine endgültige Entscheidung der Kommission über die Vereinbarkeit vorliegt oder nicht.

151 Umgekehrt muss die Kommission die Vereinbarkeit der Beihilfe prüfen, auch wenn ein nationales Gericht bereits befasst ist.[299] Daher besteht die **Gefahr divergierender Entscheidungen** über den Beihilfecharakter einer Maßnahme. Teilweise wird daher empfohlen, dass das nationale Gericht das Verfahren aussetzt, bis die Kommission über den Beihilfecharakter entschieden hat.[300] Dies ist aufgrund des zwingenden Drittschutzes aber nur möglich, wenn das berechtigte **Interesse des Wettbewerbers** durch **Interimlösungen** geschützt ist.[301] Das na-

---

[286] Richtig LG Kiel, Teilurt. v. 28. 7. 2006, 14 O Kart 176/04. Das Schrifttum ist fast einhellig dieser Auffassung, vgl. zB. *Martin-Ehlers/Strohmayr* EuZW 2008, 745, 748 f. mwN.; *Maier/Nordmann* EuZW 2004, 127, 128; *Soltesz* ZWeR 2006, 388, 390 f; *Lampert* EWS 2001, 357, 363; *Soltesz* EuZW 2001, 202, 204; *Kühling/Braun* EuR Beiheft 3/2007, 30, 36 f.

[287] VG Magdeburg EuZW 1998, 669.

[288] EuGH, C-368/04, Slg. 2006, I-9957, RdNr. 34 – Transalpine Ölleitung.

[289] Vgl. EuGH, C-301/87, Slg. 1990, I-307 – Frankreich/Kommission (Boussac), RdNr. 11 ff.; EuGH, C-39/94, Slg. 1996, I-3547, RdNr. 67 – SFEI.

[290] *Hancher/Ottervanger/Slot* 26–021; vgl. Bekanntmachung der Kommission über die Durchsetzung des Beihilfenrechts durch die einzelstaatlichen Gerichte, ABl. C85/1 vom 9. 4. 2009.

[291] AA. *Streinz/Koenig/Kühling* Art. 88 EG, RdNr. 46 für den Fall, dass der Beihilfecharakter zweifelhaft ist.

[292] *Flynn*, Butterworths Competition Law, VIII-137.

[293] EuGH, C-39/94, Slg. 1996, I-3547, RdNr. 50 – SFEI.

[294] EuGH, C-39/94, Slg. 1996, I-3547, RdNr. 51 – SFEI.

[295] EuGH, C-297/01 Slg. 2003, I-7849 – Sicilcassa.

[296] EuGH, C-354/90, Slg. 1991, I-5505, RdNr. 16 – FNCE; EuGH, C-39/94, Slg. 1996, I-3547, RdNr. 67 – SFEI; EuGH, C-261/01 und C-262/01, Slg. 2003, I-12249, RdNr. 58 ff. – van Calster; EuGH, C-368/04, Slg. 2006, I-9957, RdNr. 34 – Transalpine Ölleitung; EuG, T-49/93, Slg. 1995, II-2501, RdNr. 85 – SIDE.

[297] EuGH, C-39/94, Slg. 1996, I-3547 – SFEI; EuGH, C-354/90, Slg. 1991, I-5505, RdNr. 14 – FNCE.

[298] EuGH, C-199/06, Slg. 2008, I-469 – CELF.

[299] EuGH, C-301/87, Slg. 1990, I-307 – Frankreich/Kommission (Boussac).

[300] *Abbamonte* ECLRev. 1997, 87, 92.

[301] *Hancher/Ottervanger/Slot* 27–041.

tionale Gericht muss grundsätzlich auch dann eingreifen, wenn das Verfahren vor der Kommission länger dauert und der Ausgang unsicher ist.[302]

Wenn **nationale Gerichte** Rechtsschutz gewähren, müssen sie sicherstellen, dass die Aus- **152** wirkungen der rechtswidrigen Beihilfen minimiert werden. Eine Ausweitung des Kreises der Beihilfebegünstigten ist daher in der Regel nicht möglich, weil dies die Auswirkungen der Beihilfe vergrößern statt verringern würde.[303] Klagen von Wettbewerbern auf Gewährung von Beihilfen, insbesondere auf Befreiung von Abgaben oder auf Rückzahlung von bereits gewährten Abgaben, sind daher in der Regel nicht begründet. Vielmehr müssen die Wettbewerber darauf klagen, dass die Beihilfe vom Begünstigten zurückgefordert wird. Etwas anderes gilt nur, wenn die den Wettbewerbern auferlegte Abgabe als Finanzierungsmethode untrennbar mit der Beihilfe verbunden ist.[304] Hier ist eine Klage auf Befreiung von der Abgabe wegen Verstoßes der Abgabe gegen das Durchführungsverbot ausnahmsweise begründet. Der Gerichtshof ging im Fall *Laboratoires Boiron*[305] noch einen Schritt weiter und entschied, dass Wettbewerber eine bereits gezahlte Abgabe, die nur ihnen als einer von zwei Kategorien von Wettbewerbern auferlegt worden war, zurückverlangen können, obwohl die Abgabe nicht die Methode zur Finanzierung der Beihilfe darstellte. Dabei handelt es sich aber um einen Ausnahmefall, der nicht verallgemeinerungsfähig ist.[306]

b) Einschränkung durch CELF-Urteil. In der Rechtssache *CELF* hat der EuGH den **153** Grundsatz bestätigt, dass der **Rechtsschutz vor den nationalen Gerichten unabhängig von der Entscheidung der Kommission** ist. Gleichzeitig hat der EuGH entschieden, dass in Fällen, in denen die Kommission bei einer rechtswidrigen Beihilfe zwischenzeitlich eine Vereinbarkeitsentscheidung getroffen hat, europarechtlich nur die Rückforderung des Vorteils notwendig ist, der durch vorzeitige Gewährung entstanden ist. Daher ist das nationale Gericht in diesen Fällen gehalten, auf Rückforderung des Zinsvorteils zu entscheiden, der zwischen der (rechtswidrigen) Gewährung der Beihilfen und der Vereinbarkeitsentscheidung der Kommission entstanden ist.[307] Eine **vollständige Rückforderung** der gesamten gewährten Beihilfen ist nach einer Vereinbarkeitsentscheidung der Kommission dagegen europarechtlich nicht (mehr) erforderlich.[308] Dies heißt allerdings nicht, dass die Vereinbarkeitsentscheidung den Verstoß gegen das Durchführungsverbot rückwirkend legalisiert.[309] Lediglich der Umfang der **Rückforderungspflicht** ist begrenzt. Der Gerichtshof macht außerdem klar, dass nationale Vorschriften, welche eine vollständige Rückforderung vorsehen, mit dem Europarecht vereinbar sind.[310]

Die *CELF*-Rechtsprechung kompliziert die Regeln für **Konkurrentenklagen.** Vor einer **154** Vereinbarkeitsentscheidung muss das Gericht den gesamten Betrag zurückfordern und darf auch das Verfahren nicht bis zur Entscheidung der Kommission aussetzen. Nach der endgültigen Vereinbarkeitsentscheidung muss das Gericht nur auf die Rückforderung des Zinsvorteils erkennen.[311] In der Praxis könnte dies die Tendenz der nationalen Gerichte verstärken, die Rückforderung nicht zu gewähren bzw. das Verfahren zu verzögern, bis eine **endgültige Entscheidung** der Kommission über die Vereinbarkeit vorliegt.[312] Der Rechtsschutz für Wettbewerber könnte dadurch geschwächt werden. Einen möglichen Ausweg könnten vorläufige Maßnahmen zum Schutz der Konkurrenten darstellen, etwa **Sicherheitsleistungen** des Beihilfeempfängers oder die **Hinterlegung der Beihilfesumme** auf einem gesperrten Bankkonto.[313]

CELF ist nur **anwendbar,** wenn bereits eine endgültige Vereinbarkeitsentscheidung der **155** Kommission vorliegt. Dies ist nach Auffassung des Gerichtshofs nicht der Fall, wenn eine Vereinbarkeitsentscheidung angefochten wurde. In diesem Fall muss das nationale Gericht die gewährte Beihilfe insgesamt zurückfordern. Dies könnte dazu führen, dass Wettbewerber aus

---

[302] *Bartosch* EuZW 2008, 235, 237.

[303] EuGH, C-368/04, Slg. 2006, I-9957, RdNr. 40 ff. – Transalpine Ölleitung.

[304] Vgl. EuGH, C-174/02, Slg. 2005, I-85 – Streekgewest Westelijk Noord-Brabant; EuGH, C-261/01 und C-262/01, Slg. 2003, I-12 249 – van Calster.

[305] EuGH, C-526/04, Slg. 2006, I-7529 – Laboratoires Boiron.

[306] Dazu kritisch *Werner* CYELS 2006/2007, 502 ff.

[307] EuGH, C-199/06, Slg. 2008, I-469 – CELF.

[308] EuGH, C-199/06, Slg. 2008, I-469 – CELF.

[309] So aber *Cheynel/Giraud* World Competition 2008, 557 (563 ff.).

[310] EuGH, C-199/06, Slg. 2008, I-469 – CELF.

[311] Darauf weisen *Cheynel/Giraud* World Competition 2008, 557, 563 ff. hin.

[312] *Cheynel/Giraud* World Competition 2008, 557, 566 ff.

[313] Vgl. dazu unten Art. 14 VerfVO RdNr. 326 ff.

prozesstaktischen Gründen Vereinbarkeitsentscheidungen vor den europäischen Gerichten anfechten, um dann vor dem nationalen Gericht auf vollständige Rückzahlung der rechtswidrigen Beihilfe klagen zu können.

156 Das Urteil des EuGH in der Rechtssache *CELF* schränkt nur den **Umfang eines Rückforderungsanspruchs** ein. Inwieweit sich das auf andere mögliche Konkurrentenklagen auswirkt, ist derzeit noch offen. Mögliche Auswirkungen betreffen insbesondere die Nichtigkeitsrechtsprechung des BGH.[314] Dagegen dürften die Auswirkungen auf den vorläufigen Rechtsschutz und Unterlassungsklagen gering sein, da diese wohl ohnehin nur vor einer Vereinbarkeitsentscheidung der Kommission in Frage kommen.

157 **3. Anwendung nationaler Verfahrensvorschriften. a) Grundlagen.** Die Durchsetzung des Rechtschutzes für Wettbewerber erfolgt nach dem **nationalen Prozess- und Verfahrensrecht**.[315] Dabei sind aber die Grundsätze der **Effektivität**[316] und der Nicht-Diskriminierung zu beachten.[317] In dieser Hinsicht hat der EuGH die nationale **Verfahrensautonomie** – bis hin zum Grundsatz der Rechtskraft – erheblich eingeschränkt.[318] Staatliche Vorschriften über die Klagebefugnis dürfen einem effektiven Rechtsschutz nicht entgegenstehen[319] und dürfen gegebenenfalls nicht angewendet werden.[320] Der Verweis auf das nationale Recht darf nicht dazu missbraucht werden, den Wettbewerbern Rechtsschutz zu verweigern.[321] Die möglichen nationalen Anspruchsgrundlagen müssen so ausgelegt werden, dass effektiver Rechtsschutz möglich ist. Das nationale Recht würde aber den Anforderungen des Gemeinschaftsrechts nicht gerecht, wenn es keine **Anspruchsgrundlage für Konkurrentenklagen** bereitstellt.[322] Abzulehnen ist somit die Ansicht, dass das Gemeinschaftsrecht kein „Recht auf *ein* Verfahren" verbrieft.[323]

158 Als **Anspruchsgrundlagen** für Konkurrentenklagen kommen im deutschen Recht insbesondere **§§ 823 Abs. 2, 830, 1004 BGB, Art. 34 GG und §§ 1 ff. UWG** in Betracht.[324] Teilweise wird auch vertreten, dass sich Ansprüche direkt aus **Art. 108 Abs. 3 AEUV** ergeben können,[325] da der Verweis auf das nationale Recht nur für das Prozess- und Verfahrensrecht, nicht aber für das materielle Recht gelte.[326]

159 Die praktischen Probleme von Konkurrentenklagen dürfen aber nicht verkannt werden. **Konkurrenten** haben in der Regel einen **Informationsrückstand** über rechtliche Grundlage, Art und Weise der Beihilfegewährung, müssen aber den gesamten klagebegründenden Sachverhalt vortragen. Häufig wird der Kläger dazu nicht in der Lage sein.[327] Dies gilt insbesondere dann, wenn die Gewährung der Beihilfe in mehr oder weniger versteckter Form erfolgt oder wenn die Feststellung des Beihilfecharakters schwierig ist, zB. bei **Privatisierungen**, bei **Ausgleichszahlungen für Daseinsvorsorge**[328] oder allgemein bei Anwendung des „more economic approach".[329] Bei Schadensersatzklagen kommt die Schwierigkeit hinzu, die schadensbegründende und schadensausfüllende **Kausalität** der Verletzung des Durchführungsverbots nachweisen zu müssen.[330] Hier ist unter anderem der Ausschluss aller Alternativursachen notwendig.[331]

---

[314] Siehe oben RdNr. 138.

[315] EuGH, C-368/04, Slg. 2006, I-9957, RdNr. 40 ff. – Transalpine Ölleitung; *Lampert* EWS 2001, 357, 359.

[316] EuGH, 205/82 bis 215/82, Slg. 1983, 2633 – Deutsche Milchkontor.

[317] EuGH, C-368/04, Slg. 2006, I-9957, RdNr. 40 ff. – Transalpine Ölleitung; *Lampert* EWS 2001, 357, 360.

[318] Vgl. EuGH, C-119/05, Slg. 2007, I-6199 – Lucchini. Dazu *Kremer* EuZW 2007, 726 und *Nebbia* ELRev 2008, 427.

[319] EuGH, C-13/01, Slg. 2003, I-8679, RdNr. 50 – Safalero; EuGH, C-87/90 bis C-89/90, Slg. 1990, I-3757, RdNr. 24 – Verholen.

[320] EuGH, C-213/89, Slg. 1990, I-2433 – Factortame.

[321] *Martin-Ehlers/Strohmayr* EuZW 2008, 745, 749.

[322] Vgl. *Petzold* 45 mwN.; *Soltesz* ZWeR 2006, 388, 391.

[323] Vgl. *Mayer/Sutter* Art. 88 EG RdNr. 117 f.

[324] EuGH, C-6/90 und C-9/90, Slg. 1991, I-5357 – Francovich und Bonifaci/Italien. Auf die Bedeutung weist *Hancher/Ottervanger/Slot* 26–021 hin.

[325] *Martin-Ehlers/Strohmayr* EuZW 2008, 745, 749.

[326] *Martin-Ehlers/Strohmayr* EuZW 2008, 745, 749.

[327] *Soltesz* ZWeR 2006, 388, 392.

[328] *Soltesz* ZWeR 2006, 388, 392.

[329] *Soltesz* ZWeR 2006, 388, 395.

[330] *Fiebelkorn/Petzold* EuZW 2009, 323, 328; *Kühling/Braun* EuR Beiheft 3/2007, 30, 41; *Sasserath* 188 ff.; *Soltesz* EuZW 2001, 202, 206.

[331] *Soltesz* ZWeR 2006, 388, 395.

Allerdings geben die **Beweisregeln** des § 287 ZPO hier einen gewissen Spielraum.[332] Diesen Beweisproblemen steht das Prozesskostenrisiko entgegen, so dass Wettbewerber aus praktischen Gründen häufig von Klagen absehen werden.[333]

b) Unterlassungs- und Beseitigungsansprüche. Eine Klage von Wettbewerbern gegen **160** die beihilfegewährende Stelle auf Unterlassung der Auszahlung der Beihilfe bzw. Rückforderung von bereits gewährten Beihilfen kommt sowohl in Zivil- als auch in Verwaltungsprozessen in Betracht.

Bei einer **zweistufigen Beihilfengewährung** muss zunächst der Verwaltungsakt vor dem **161** Verwaltungsgericht angegriffen werden. Das Verwaltungsgericht ist auch zuständig für Klagen gegen die **einstufige Bürgschaftsgewährung** durch öffentlich-rechtlichen Vertrag.[334] Ein direkter zivilgerichtlicher Drittschutz scheidet in diesen Fällen aus.[335]

Vor dem Verwaltungsgericht kommt in erster Linie eine Anfechtungsklage gegen den Zu- **162** wendungsbescheid in Betracht.[336] Die Klagebefugnis nach § 42 Abs. 2 VwGO ergibt sich aus Art. 108 Abs. 3 S. 3 AEUV, der drittschützende Wirkung hat und eine Schutznorm iSd. VwGO ist.[337] Daneben wird auch die Klagebefugnis aufgrund möglicher Grundrechtsverletzung gegeben sein, insbesondere Art. 2 GG und Art. 12 GG.[338] Das Verwaltungsgericht muss die Beklagte verpflichten, einen sofort vollziehbaren VA gegen den Beihilfeempfänger zu erlassen.[339]

Möglich ist auch die Feststellungsklage nach § 43 VwGO auf Feststellung, dass die Beihilfen- **163** gewährung durch öffentlich-rechtlichen Vertrag gegen das Durchführungsverbot verstößt und der Vertrag somit über § 59 VwVfG nichtig[340] bzw. schwebend unwirksam[341] ist. Eine Feststellungsklage ist auch möglich bei Beihilfengewährung durch schlicht hoheitliches Handeln oder bei Gewährung unmittelbar durch Rechtsnormen.[342]

Eine **vorbeugende Feststellungsklage** auf Feststellung, dass die Beklagte nicht berechtigt **164** ist, eine Beihilfe zu gewähren, kommt in Betracht wenn die Zulässigkeit einer Anfechtungsklage fraglich ist, weil nicht klar ist, ob eine Beihilfe bereits gewährt wurde. Problematisch ist, dass für eine solche Klage grundsätzlich ein **qualifiziertes Rechtsschutzbedürfnis** notwendig ist.[343] Wenn aber durch das Erfordernis eines qualifizierten Rechtsschutzbedürfnisses effektiver Rechtsschutz verhindert wird, wäre dies unangemessen.[344] Vielmehr ist insoweit eine **gemeinschaftsrechtskonforme Auslegung des § 43 VwGO** erforderlich.[345]

Schließlich ist die **vorbeugende Unterlassungsklage** gegen drohende Beihilfegewährung **165** aufgrund schlicht hoheitlichen Handelns oder im Rahmen eines öffentlich-rechtlichen Vertrags möglich.[346] Hier stellt sich ebenfalls das Problem des **qualifizierten Rechtsschutzbedürfnisses.**

Bei rein zivilrechtlicher Beihilfengewährung sind die Zivilgerichte für den Drittrechtsschutz **166** zuständig.[347] In Betracht kommt hier in erster Linie die **quasi-negatorische Unterlassungs- und Beseitigungsklage** nach § 823 Abs. 2 BGB und § 1004 BGB iVm. Art. 108 Abs. 3 S. 3 AEUV.[348] Art. 108 Abs. 3 S. 3 AEUV stellt ein **Schutzgesetz iSd. § 823 Abs. 2 BGB dar.**[349]

---

[332] *Sasserath* 195.

[333] *Soltesz* ZWeR 2006, 388, 393.

[334] *Heidenhain/Schmidt-Kötters* § 56 RdNr. 46.

[335] OLG Naumburg, NVwZ 2001, 354.

[336] *Heidenhain/Schmid-Kötters* § 57 RdNr. 40 f.; *Soltesz* EuZW 2001, 202, 204.

[337] *Heidenhain/Schmid-Kötters* § 57 RdNr. 26; *Soltesz* ZWeR 2006, 388.

[338] *Kühling/Braun* EuR Beiheft 3/2007, 30, 36 f.; *Heidenhain/Schmid-Kötters* § 57 RdNr. 35 ff.; aA. *Fiebelkorn/Petzold* EuZW 2009, 323, 326.

[339] *Kresse* EuZW 2008, 394, 397.

[340] *Kühling/Braun* EuR Beiheft 3/2007, 31, 36; *Gellermann* DBVl. 2003, 481, 484 ff.; *Remmert* EuR 2000, 469, 473 f.

[341] *Heidenhain/Schmid-Kötters* § 57 RdNr. 47.

[342] *Heidenhain/Schmid-Kötters* § 57 RdNr. 43 f.

[343] *Heidenhain/Schmid-Kötters* § 57 RdNr. 45, 52.

[344] *Soltesz* EuZW 2001, 202, 204.

[345] *Soltesz* ZWeR 2006, 388, 391.

[346] *Heidenhain/Schmid-Kötters* § 57 RdNr. 56 ff.

[347] *Heidenhain/Schmidt-Kötters* § 56 RdNr. 47.

[348] *Kühling/Braun* EuR Beiheft 3/2007, 30, 39; *Pütz* 185; *Heidenhain/Schmidt-Kötters* § 568 RdNr. 29; *Tilmann/Schreibauer* GRUR 2002, 212, 221 f.

[349] *Pütz* 227.

167 Es kommen daneben auch Ansprüche aus unlauterem Wettbewerb in Betracht.[350] Eine Verantwortlichkeit des Beihilfegebers ist aber nur gegeben, wenn die Finanzmittel in unlauterer Weise eingesetzt werden und der Verstoß bewusst und planmäßig erfolgt.[351] Ein solches marktgerichtetes Verhalten mit der Absicht, fremden Wettbewerb zu fördern, wird in den meisten Fällen nicht vorliegen.[352]

168 Es kommt auch eine **Feststellungsklage** nach § 256 ZPO auf Feststellung der Nichtigkeit eines beihilfegewährenden Vertrags nach § 134 BGB in Betracht.[353]

169 Ein wirklicher Gewinn ist mit Konkurrentenklagen wohl nur verbunden, wenn **einstweiliger Rechtsschutz** erhältlich ist.[354] Im Grundsatz ist dieser sowohl vor Verwaltungsgerichten nach § 80a Abs. 1 Nr. 2 VwGO[355] als auch vor Zivilgerichten möglich. Jedoch stehen auch dem einstweiligen Rechtsschutz **Beweisprobleme** entgegen. Darüber hinaus hat die verschuldensunabhängige Haftung nach § 945 ZPO eine abschreckende Wirkung auf Wettbewerber.

170 **c) Schadensersatzklagen.** Der Gerichtshof hat in der Rechtssache *Courage* die Existenz von Schadensersatzansprüchen von Konkurrenten als notwendig zur **Aufrechterhaltung des effektiven Rechtsschutzes** bezeichnet.[356] Die Begründung, dass dies zur effektiven Verhinderung von **Wettbewerbsverfälschungen** notwendig ist, lässt sich ohne weiteres auf das Beihilfenrecht übertragen.[357]

171 In Frage kommen hier zunächst Klagen aus § 839 BGB, Art. 34 GG.[358] Notifizierungspflicht und Durchführungsverbot sind aufgrund des drittschützenden Charakters des Art. 108 Abs. 3 S. 3 AEUV als Amtspflicht anzusehen, die den Schutz Dritter bezweckt.[359] Zu beachten ist in diesem Zusammenhang der **Vorrang des Primärrechtsschutzes (Unterlassung, Anfechtungs- und Verpflichtungsklage, einstweiliger Rechtsschutz),** soweit dieser möglich und gleich effektiv ist.[360]

172 Daneben können Ansprüche aus dem **gemeinschaftsrechtlichen Staatshaftungsrecht** gegeben sein.[361] Nach der Rechtsprechung des EuGH sind „die Mitgliedstaaten zum Ersatz der Schäden verpflichtet (sind), die dem Einzelnen durch Verstöße gegen das Gemeinschaftsrecht entstehen, die diesen Staaten zuzurechnen sind."[362] Die Verletzung des Durchführungsverbots stellt die Verletzung einer Vorschrift dar, welche dem Einzelnen Rechte zu verleihen bezweckt. Es handelt sich auch um einen hinreichend qualifizierten Verstoß,[363] da gegen eindeutige und klar vorgezeichnete Handlungsvorschriften verstoßen wird.[364]

173 Daneben sind **deliktische Ansprüche** aus § 823 II BGB iVm. Art. 108 Abs. 3 S. 3 AEUV[365] und Ansprüche aus **unlauterem Wettbewerb** möglich. Die Voraussetzungen entsprechen im Wesentlichen denen von Unterlassungs- und Beseitigungsansprüchen,[366] wobei die zusätzliche **Schwierigkeit** der **Schadensfestellung** und des **Kausalitätsnachweises** hinzukommt.

174 **d) Klagen gegen Beihilfeempfänger.** Es wird auch die Möglichkeit erörtert, den Beihilfeempfänger auf **Unterlassung der Verwendung** der Beihilfe oder auf **Beseitigung der Wettbewerbsstörung** zu verklagen.[367] Ein solcher Anspruch aus §§ 823 Abs. 2, 1004 BGB

---

[350] *Soltesz* EuZW 2001, 202, 205; *Pütz* 222 ff.

[351] *Heidenhain/Schmidt-Kötters* § 58 RdNr. 12 ff.

[352] *Heidenhain/Schmidt-Kötters* § 58 RdNr. 20.

[353] *Kühling/Braun* EuR Beiheft 3/2007, 30, 48.

[354] *Soltesz* ZWeR 2006, 388, 392.

[355] *Lampert* EWS 2001, 357, 361.

[356] EuGH, C-453/99, Slg. 2001, I-6297 – Courage.

[357] *Pütz* 44.

[358] *Lampert* EWS 2001, 357, 360; *Pütz* 237 f.; *Sasserath* 131 ff.; *Heidenhain/Schmid-Kötters* § 59 RdNr. 15; *Soltesz* EuZW 2001, 202, 205; *Soltesz* ZWeR 2006, 388.

[359] *Tilmann/Schreibauer* GRUR 2002, 212, 219.

[360] *Heidenhain/Schmid-Kötters* § 59 RdNr. 24 f.

[361] *Callies/Ruffert/Cremer* Art. 88 EG RdNr. 28; *Soltesz* EuZW 2001, 202, 206; *Schneider* DVBl. 1996, 1301, 1307; *Sasserath* 140 ff.; *Pütz* 227 ff.

[362] EuGH, C-6/90 und C-9/90, Slg. 1991, I-5357 – Francovich; EuGH, C-46/93 und C-48/93, Slg. 1996, I-1029 – Brasserie du Pecheur.

[363] EuGH, C-5/94, Slg. 1996, I-2553 – Hedley Lomas.

[364] *Soltesz* EuZW 2001, 202 (206); *Sasserath* 188.

[365] *Pütz* 237.

[366] *Köhler/Steindorff* NJW 1995, 1705, 1710; *Pütz* 235; *Heidenhain/Schmid-Kötters* § 59 RdNr. 27; aA *Fiebelkorn/Petzold* EuZW 2009, 323, 326.

[367] *Köhler/Steindorff* NJW 1995, 1705, 1707 f.

ist aber schwierig zu begründen, weil die Notifizierungspflicht und das Durchführungsverbot nur den Mitgliedstaat trifft.[368] Der Beihilfeempfänger ist auch sonst nicht über §§ 830, 840 BGB oder als sonstiger Störer für den Verstoß gegen das Durchführungsverbot verantwortlich.[369]

Auch Ansprüche aus unlauterem Wettbewerb sind schwer zu begründen. Es ist zweifelhaft, **175** ob die bloße Entgegennahme der Beihilfe bereits einen **Verstoß gegen die guten Sitten** darstellt.[370] Darüber hinaus müsste dargelegt werden, dass der Beihilfeempfänger sein Angebot auf der Grundlage rechtswidrig erlangter Beihilfen kalkuliert und damit die Preise von Mitbewerbern unterbietet.[371] Außerdem müsste nachgewiesen werden, dass der Beihilfeempfänger die Umstände kennt, aus denen sich die Unlauterkeit seines Verhaltens ergibt.[372]

In der Regel wird daher kein Anspruch gegen den Beihilfeempfänger bestehen.[373] **176**

---

[368] *Heidenhain/Schmidt-Kötters* § 58 RdNr. 15 f., 33; aA. offenbar OLG Koblenz ZUM 2001, 800.
[369] *Heidenhain/Schmid-Kötters* § 58 RdNr. 18.
[370] *Lampert* EWS 2001, 357, 362.
[371] *Soltesz* EuZW 2001, 202, 205 ff.
[372] *Soltesz* EuZW 2001, 202, 205 ff.
[373] *Kresse* EuZW 2008, 394, 397.

H. Verordnung (EG) Nr. 659/1999 des Rates über besondere Vorschriften für die Anwendung von Art. 88 des EG-Vertrags – Beihilfenverfahrensverordnung (VO 659/1999)

vom 22. März 1999 (ABl. 1999 L 83/1)

Schrifttum: *Arhold,* The Case Law of the European Court of Justice and the Court of First Instance on State Aids in 2005, EStAL 2006, 485; *Bartosch,* 5 Jahre Verfahrensverordnung in Beihilfesachen, eine Zwischenbilanz, EuZW 2004, 43; *Becker,* Die Beihilfenkontrolle unter dem Einfluss der Verfahrensverordnung Nr. 659/1999/EG, EWS 2007, 260; *Bielesz,* Rückforderung staatlicher Beihilfen nach Unternehmensverkäufen, 2007; *Borchardt,* Die Rückführung zu Unrecht gewährter staatlicher Beihilfen beim Verkauf von Vermögenswerten des Beihilfeempfängers durch den Insolvenzverwalter, ZIP 2001; *Cambas/Gräper/Simon/ Moser,* German Landesbanken: Recovery of more than 3 billion, plus interest, from WestLB and six other public banks, Competition Policy Newsletter 1/2005, 108; *Crome/Sölter,* Conditional decisions and EC State aid law: The MobilCom case, Competition Policy Newsletter 3/2004, 55; *Dias,* Existing State Aid in acceding countries, Competition Policy Newsletter 2/2004, 17; *Ehricke,* Auflagen, Bedingungen und Zusagen in Beihilfeentscheidungen der Europäischen Kommission, EWS 2006, 241; *Flynn,* Chapter 6, Procedures under Articles 88 and 89, in: Butterworths Competition Law, 2007; *Galand,* The Hellenic Shipyards decision: Limits to the application of Article 296 and indemnification provision in privatisation contracts, Competition Policy Newsletter 3/2008, 89; *Graeper/Moser,* Competition Policy Newsletter 2/2004, 94; *Janssen,* EG-Beihilfenrecht nach der Osterweiterung – Wann müssen Unternehmen mit Rückforderungen rechnen?, EWS 2004, 343; *Jestaedt/Derenne/Ottervanger* (Hrsg.), Study on the Enforcement of State Aid Law at National Level, Part II: Recovery of Unlawful State aid: enforcement of negative Commission decisions by the Member States, März 2006; *Klingbeil,* Das Beihilfeverfahren nach Art. 93 EG-Vertrag: Verfahrensablauf – Rechte der Beteiligten – Rechtsschutzmöglichkeiten, 1998; *Koenig,* Determining the Addressee of a Decision Ordering the Recovery of State Aid after the Sale of Substantial Assets of the Undertaking in Receipt of Aid, ECLR 2001, 238; *ders.,* Bestimmung des passivlegitimierten Adressaten einer Beihilferückforderung nach der Veräußerung eines begünstigten Unternehmens, EuZW 2001, 41; *ders./Sander,* Zur Beihilfenaufsicht über Anstaltslast und Gewährträgerhaftung nach Art 93 EGV, EuZW 1997, 363; *Köster,* Recovery of Unlawful State Aid, in: Sanchez Rydelski (Hrsg.), The EC State Aid Regime, 2006, 653; *ders./Molle,* Gilt das Privatgläubigerprinzip bei der Beihilfenrückforderung?, EuZW 2007, 534; *Kreuschitz,* Annotation: Aker Warnow Werft v. Bundesanstalt für vereinigungsbedingte Sonderaufgaben, EStAL 2006, 199; *Kruse,* Bemerkungen zur gemeinschaftlichen Verfahrensordnung für die Beihilfenkontrolle, NVwZ 1999, 1049; *Langmaack,* Unternehmenskauf und Beihilfenrückforderung, 2005; *Lessenich/Koska/Marinas,* The new Commission Notice on the recovery of unlawful and incompatible State aid, Competition Policy Newsletter 1/2008, 8; *Lübbig,* Kommission muss nach Beihilfenanmeldung Zweimonatsfrist einhalten, EuZW 2001, 179; *Lumma,* Die Stellung Dritter in der Beihilfenkontrolle, EuZW 2004, 457; *Marinas,* Enforcement of State aid recovery decisions, Competition Policy Newsletter 2/2005, 17; *Mederer,* The Future of State Aid Control, Competition Policy Newsletter 3/1996, 12; *Ortiz Blanco,* EC Competition Procedure, 2006; *Petrisi,* Warranty/Indemnity clauses in Sales and Purchase Agreements: State aid per se or invalid?, EStAL 2007, 605; *Priess,* Recovery of Illegal State Aid: An Overview of Recent Developments in the Case Law, CMLR 1996, 69; *Ritter,* EG-Beihilfenrückforderung von Dritten, 2004; *ders.,* How to effectively Recover State Aid in Insolvency Proceedings, EstAL 2008, 28; *Roebling,* Existing Aid and enlargement, Competition Policy Newsletter 1/2003, 33; *Rosenfeld,* Das Verfahrensrecht der gemeinschaftsrechtlichen Beihilfenaufsicht, 2000; *Sassenrath,* Schadensersatzansprüche von Konkurrenten zur Effektivierung der Beihilfenkontrolle; *Schütterle,* New Romanian Stat Aid Procedure Legislation, EStAL 2007, 145; *Sinnaeve,* Die Rückforderung gemeinschaftswidriger nationaler Beihilfen, 1997; *ders.,* Die neue Verfahrensverordnung für die Beihilfenkontrolle, EuZW 1998, 268; *ders.,* Die neue Verfahrensordnung in Beihilfesachen, EuZW 1999, 275; *ders.,* State Aid Procedures: Developments since the entry into force of the procedural regulation, CMLR 2007, 965; *Soltész/Makowski,* Die Nichtdurchsetzung von Forderungen der öffentlichen Hand als Beihilfe iSv. Art. 87 I EG, EuZW 2003, 73; *Verse/Wurmnest,* Rückforderung EG-rechtwidriger Beihilfen und Unternehmenskauf, ZHR 167 (2003), 403; *von Borries,* State Aid Control in Romania, EStAL 2006, 509; *von Brevern,* Die Umsetzung von Beihilfe-Rückforderungsentscheidungen der Kommission, EWS 2005, 154; *ders.,* Die Rückforderung von staatlichen Beihilfen durch Verwaltungsakt, EWS 2006, 151; *von der Lühe/Lösler,* Rückforderung gemeinschaftswidriger Beihilfen und Eigenkapitalersatzrecht, ZIP 2002, 1752; *Willemot/Fort,* ECJ Judgement of 5 October 2006 Commission v. France: A major Stepp forward for the recovery policy, Competition Policy Newsletter 1/2007, 101.

Art. 1 VerfVO

Vorbemerkung vor Art. 1

Die **Verfahrensverordnung**[1] wurde auf der Grundlage des Art. 109 AEUV erlassen und ist 1
am 11. Juni 1999 in Kraft getreten. Die Verfahrensordnung dient der Kodifizierung und Klärung des in Art. 108 AEUV nur rudimentär geregelten und bis zur Verfahrensordnung durch Rechtsprechung und Kommissionspraxis ausgestalteten Beihilfeverfahrens.[2] Die Verfahrensverordnung ist zusammen mit der Ermächtigungsverordnung für Gruppenfreistellungen[3] Teil der 1996 eingeleiteten **Neuorientierung der Beihilfenpolitik.**[4]

Die Verfahrensverordnung sollte die bestehende **Rechtsprechung kodifizieren** und klären. 2
Grundsätzlich bleibt die vorausgegangene Rechtsprechung zu Art. 108 AEUV auch zur Auslegung der Verfahrensverordnung relevant.[5] Daneben enthält die Verfahrensverordnung aber auch einige bedeutende **Neuerungen**[6] und wirft selbst neue Auslegungsfragen auf.[7] Auch hier kann ein Vergleich mit der Rechsprechung vor Geltung der Verfahrensverordnung hilfreich sein.[8] Teilweise weist die Rechtsprechung aber auch ausdrücklich darauf hin, dass das Urteil einen Fall vor der Geltung der Verfahrensverordnung betrifft.[9] Daraus kann geschlossen worden, dass das Urteil im Prinzip nach der Verfahrensverordnung nicht mehr einschlägig ist.[10]

Die Verfahrensverordnung wird in einigen wichtigen Teilen durch die **Durchführungsver-** 3
ordnung[11] ergänzt, die Durchführungsbestimmungen insbesondere zur Form der Anmeldung und zu ihrer (elektronischen) Übermittlung sowie zur Fristenberechnung enthält.

Die Verfahrensverordnung enthält zunächst **Definitionen** wichtiger Begriffe (Art. 1), danach 4
Bestimmungen zum Verfahren für angemeldete Beihilfen (Art. 2 bis 9), für rechtswidrige Beihilfen (Art. 10 bis 15), für missbräuchliche angewandte Beihilfen (Art. 16). Anschließend wird das Verfahren für bestehende Beihilfen geregelt (Art. 17 bis 19). Art. 20 regelt die Rechte der Beteiligten, und die Art. 21 bis 23 enthalten Vorschriften zur Überwachung. Die Art. 24 bis 29 enthalten gemeinsame Vorschriften für alle Verfahren, insbesondere zum Schutz von Berufsgeheimnissen, zum Entscheidungsempfänger und zur Veröffentlichung von Entscheidungen. Art. 30 regelt das Inkrafttreten.

Kapitel I. Allgemeines

Art. 1 Definitionen

Im Sinne dieser Verordnung bezeichnet der Ausdruck

a) „Beihilfen" alle Maßnahmen, die die Voraussetzungen des Artikels 92 Absatz 1 des Vertrags erfüllen;

b) „bestehende Beihilfen"

i) unbeschadet der Art. 144 und 172 der Akte über den Beitritt Österreichs, Finnlands und Schwedens, des Anhangs IV Nummer 3 und der Anlage zu diesem Anhang der Akte über den Beitritt der Tschechischen Republik, Estlands, Zyperns, Lettlands, Litauens, Ungarns, Maltas, Polens, Sloweniens und der Slowakei und des Anhangs V Nummer 2 und Nummer 3 Buchstabe b und der Anlage zu diesem Anhang der Akte über den Beitritt Bulgariens und Rumäniens alle Beihilfen, die vor Inkrafttreten des Vertrages in dem entsprechenden Mitgliedstaat bestanden, also Beihilferegelungen und Einzelbeihilfen, die vor Inkrafttreten des Vertrages eingeführt worden sind und auch nach dessen Inkrafttreten noch anwendbar sind;

---

[1] VO 659/1999 über besondere Vorschriften für die Anwendung von Artikel 93 des EG-Vertrages, ABl. 1999 L 142/1.

[2] *Hancher/Ottervanger/Slot* RdNr. 25–002.

[3] VO 994/1998 über die Anwendung der Artikel 92 und 93 des Vertrages zur Gründung der Europäischen Gemeinschaft auf bestimmte Gruppen horizontaler Beihilfen, ABl. 1998 L 142/1.

[4] *Sinnaeve* EuZW 1998, 268; *Mederer* CPN 3/1996, 12.

[5] EuGH, C-400/99, Slg. 2001, I-7303, RdNr. 23 ff. – Italien/Kommission (Tirrenia di Navigazione).

[6] *von der Groeben/Thiesing/Ehlermann/Mederer* Art. 88 EG RdNr. 5.

[7] *Schwarze/Bär-Bouyssière* Art. 88 EG RdNr. 2.

[8] *Heidenhain/Sinnaeve* § 32 RdNr. 10.

[9] ZB. EuG, T-288/97, Slg. 2001, II-1169, RdNr. 90 – Friuli Venezia Giulia; EuGH, C-99/98, Slg. 2001, I-1101, RdNr. 29 – Österreich/Kommission (Siemens Bauelemente OHG).

[10] *Heidenhain/Sinnaeve* § 32 RdNr. 10.

[11] VO 794/2004, ABl. 2004 L 140/1.

ii) genehmigte Beihilfen, also Beihilferegelungen und Einzelbeihilfen, die von der Kommission oder vom Rat genehmigt wurden;

iii) Beihilfen, die gemäß Art. 4 Absatz 6 dieser Verordnung oder vor Erlass dieser Verordnung, aber gemäß diesem Verfahren als genehmigt gelten;

iv) Beihilfen, die gemäß Art. 15 als bereits bestehende Beihilfen gelten;

v) Beihilfen, die als bestehende Beihilfen gelten, weil nachgewiesen werden kann, dass sie zu dem Zeitpunkt, zu dem sie eingeführt wurden, keine Beihilfe waren und später aufgrund der Entwicklung des Gemeinsamen Marktes zu Beihilfen wurden, ohne dass sie eine Änderung durch den betreffenden Mitgliedstaat erfahren haben. Werden bestimmte Maßnahmen im Anschluss an die Liberalisierung einer Tätigkeit durch gemeinschaftliche Rechtsvorschriften zu Beihilfen, so gelten derartige Maßnahmen nach dem für die Liberalisierung festgelegten Termin nicht als bestehende Beihilfen;

c) „neue Beihilfen" alle Beihilfen, also Beihilferegelungen und Einzelbeihilfen, die keine bestehenden Beihilfen sind, einschließlich Änderungen bestehender Beihilfen;

d) „Beihilferegelung" eine Regelung, wonach Unternehmen, die in der Regelung in einer allgemeinen und abstrakten Weise definiert werden, ohne nähere Durchführungsmaßnahmen Einzelbeihilfen gewährt werden können, beziehungsweise eine Regelung, wonach einem oder mehreren Unternehmen nicht an ein bestimmtes Vorhaben gebundene Beihilfen für unbestimmte Zeit und/oder in unbestimmter Höhe gewährt werden können;

e) „Einzelbeihilfen" Beihilfen, die nicht aufgrund einer Beihilferegelung gewährt werden, und einzelne anmeldungspflichtige Zuwendungen aufgrund einer Beihilferegelung;

f) „rechtswidrige Beihilfen" neue Beihilfen, die unter Verstoß gegen Art. 88 Absatz 3 des Vertrags eingeführt werden;

g) „missbräuchliche Anwendung von Beihilfen" Beihilfen, die der Empfänger unter Verstoß gegen eine Entscheidung nach Art. 4 Absatz 3 oder Art. 7 Absätze 3 oder 4 dieser Verordnung verwendet;

h) „Beteiligte" Mitgliedstaaten, Personen, Unternehmen oder Unternehmensvereinigungen, deren Interessen aufgrund der Gewährung einer Beihilfe beeinträchtigt sein können, insbesondere der Beihilfeempfänger, Wettbewerber und Berufsverbände.

I. Allgemeines

1   Art. 1 dient der **Definition** und Klärung von wesentlichen **Begriffen.** Insbesondere werden die Begriffe definiert und abgegrenzt, die für die Wahl des richtigen Beihilfeverfahrens entscheidend sind. Zu nennen sind hier die Unterscheidung von Beihilfe und Nicht-Beihilfe, von bestehender und neuer Beihilfe, von Einzelbeihilfe und Beihilferegelung sowie von rechtswidriger und missbräuchlicher Beihilfe. Daneben wird der Begriff der Beteiligten geklärt.

2   Die Begriffsbestimmungen sind zum größten Teil aus der vorausgegangenen **Rechtsprechung** übernommen. Teilweise bestehen aber auch Unterschiede zur früheren Praxis, insbesondere beim Begriff der bestehenden Beihilfe sowie bei der Bestimmung zu Beihilferegelungen.

II. Einzelne Definitionen

3   **1. Beihilfe (lit. a).** Art. 1 lit. a stellt klar, dass eine Beihilfe im Sinne der Verfahrensverordnung nur eine Maßnahme ist, die alle Tatbestandsmerkmale des Art. 107 Abs. 1 AEUV erfüllt.

4   Art. 1 lit. a enthält damit keine eigenständige inhaltliche Definition des Beihilfebegriffs, sondern verweist auf Art. 107 Abs. 1 AEUV. Der **Verzicht auf eine eigenständige Definition** liegt zum einen in der Schwierigkeit einer vollständigen und abschließenden Bestimmung des Beihilfebegriffs, zum anderen in der dynamischen Natur des Beihilfebegriffs begründet.[12] Es erscheint daher vorteilhaft, die Ausfüllung des Beihilfebegriffs weiterhin der Rechtsprechung und der Kommissionspraxis zu überlassen[13] und den Gleichklang zwischen Verfahrensverordnung und Art. 107 AEUV durch eine **dynamische Verweisung** zu sichern.

---

[12] *Heidenhain/Sinnaeve* § 32 RdNr. 20.
[13] *Heidenhain/Sinnaeve* § 32 RdNr. 20.

2. Bestehende Beihilfen (lit. b). Art. 1 lit. b unterscheidet **fünf** verschiedene **Gruppen** 5
bestehender Beihilfen. Die Bedeutung der Vorschrift liegt darin begründet, dass bestehende
Beihilfen nicht rechtswidrig sind und daher auch im Fall ihrer Unvereinbarkeit auch nicht zurückgefordert werden können.

a) Beihilfen, die vor Inkrafttreten des EWG-Vertrages eingeführt wurden. Beste- 6
hende Beihilfen sind zum einen solche Beihilfen, die bereits vor Inkrafttreten des EWG-
Vertrages, also vor dem 1. Januar 1958, bestanden. Für neue Mitgliedstaaten ist generell auf den
Zeitpunkt ihres Beitritts abzustellen. Für Österreich, Schweden und Finnland ist der 1. Januar
1994 (Inkrafttreten des EWR-Abkommens) gemäß Art. 172 der Beitrittsakte der relevante
Stichtag. Dies trug der Tatsache Rechnung, dass zum Zeitpunkt des Beitritts das EWR-Abkommen mit einem entsprechenden Kontrollmechanismus bereits bestand.[14]

Für die am **1. Mai 2004 beigetretenen Mitgliedstaaten**[15] wurde in Art. 22 Beitrittsakte 7
2003[16] mit Anhang IV festgelegt, welche Beihilfe zum Zeitpunkt des Beitritts als bestehende
Beihilfen zu gelten haben.[17] Folgende Beihilfen sind danach als bestehende Beihilfen anzusehen:
– Beihilfen, die vor dem 10. 12. 1994 eingeführt wurden;
– Beihilfen, die im Anhang zum Beitrittsvertrag aufgeführt werden;
– Beihilfemaßnahmen, die vor dem Tag des Beitritts von der Kontrollbehörde für staatliche
  Beihilfen des neuen Mitgliedstaats überprüft und als mit dem Besitzstand vereinbar beurteilt
  wurden und gegen die die Kommission keine Einwände aufgrund schwerwiegender Beden-
  ken hinsichtlich der Vereinbarkeit der Maßnahme mit dem Gemeinsamen Markt gemäß dem
  sog. Interimverfahren erhoben hat.

Dabei wurden für einige Mitgliedstaaten besondere Ausnahmevorschriften vereinbart.[18] 8

Hinsichtlich der zum 1. Januar 2007 beigetretenen Länder Rumänien und Bulgarien gelten 9
ähnliche Bedingungen, wobei aber für Rumänien die Kontrollmöglichkeiten der Europäischen
Kommission erweitert wurden.[19] Als bestehende Beihilfen gelten danach:
– Beihilfemaßnahmen, die vor dem 10. Dezember 1994 eingeführt worden sind;
– Beihilfemaßnahmen, die in der Anlage zum Anhang aufgeführt sind (für Rumänien enthält
  der Anhang keine Beihilfemaßnahmen);
– Beihilfemaßnahmen, die vor dem Tag des Beitritts von der Kontrollbehörde für staatliche
  Beihilfen des neuen Mitgliedstaats überprüft und als mit dem Besitzstand vereinbar beurteilt
  wurden und gegen die die Kommission keine Einwände aufgrund schwerwiegender Bedenken hinsichtlich der Vereinbarkeit der Maßnahme mit dem Gemeinsamen Markt gemäß dem
  sog. Interimverfahren erhoben hat.

In Bezug auf **Rumänien** gilt dies lediglich für Beihilfemaßnahmen, die von der rumänischen 10
Kontrollbehörde für staatliche Beihilfen nach dem Zeitpunkt bewertet worden sind, zu dem die
Vollzugsbilanz über die staatlichen Beihilfen Rumäniens im Zeitraum vor dem Beitritt einen
zufrieden stellenden Stand erreicht hat; dieser Zeitpunkt wird von der Kommission auf der
Grundlage der ständigen Überwachung der Einhaltung der von Rumänien im Rahmen der
Beitrittsverhandlungen eingegangenen Verpflichtungen bestimmt.[20] Dieser Zeitpunkt war nach
dem Monitoring Bericht der Kommission am 16. Mai 2006[21] erreicht, so dass die Kommission
beschlossen hat, das Interimverfahren ab Mai 2006 anzuwenden.[22]

b) Genehmigte Beihilfen. Genehmigte Beihilfen sind die häufigste Kategorie von beste- 11
henden Beihilfen. Sie umfasst alle Beihilfen (Beihilferegelungen oder Einzelbeihilfen), die von
der Kommission – oder nach Art. 108 Abs. 2 UAbs. 3 AEUV vom Rat – für vereinbar erklärt

---

[14] *Ortiz Blanco* RdNr. 24.12.
[15] Vgl. dazu *Roebling* CPN 1/2003, 33; *Dias* CPN 2/2004, 17; *Cierna* CPN 3/2005, 100.
[16] Akte betreffend den Beitritt der Tschechischen Republik, der Republik Estland, der Republik Zypern,
der Republik Lettland, der Republik Litauen, der Republik Ungarn, der Republik Malta, der Repu-
blik Polen, der Republik Slowenien und der Slowakischen Republik zur Europäischen Union, ABl. 2003
L 236.
[17] Abschnitt 3.1 von Anhang IV zur Beitrittsakte.
[18] Vgl. *Ortiz Blanco* RdNr. 24.13 mwN.
[19] Abschnitt 2 von Anhang V der Akte über die Bedingungen des Beitritts der Republik Bulgarien und
Rumäniens und die Anpassungen der Verträge, auf denen die Europäische Union beruht, ABl. 2005 L 157.
[20] Abschnitt 2.5 der Beitrittsakte.
[21] Mitteilung der Kommission, Monitoring-Bericht über den Stand der Beitrittsvorbereitungen Bulgariens
und Rumäniens vom 16. Mai 2006.
[22] *von Borries* EStAL 2006, 509, 515; *Schütterle* EStAL 2007, 145.

worden sind. Ob sich eine Beihilfe innerhalb der Genehmigung hält, ist gegebenenfalls durch die Kommission zu klären.[23]

12 Erfasst sind auch **Einzelbeihilfen** aufgrund von genehmigten Beihilferegelungen, soweit sie sich im Rahmen der genehmigten Regelung halten.[24] Wenn die Einzelbeihilfe nicht in den Anwendungsbereich der Regelung fällt, handelt es sich um eine neue Beihilfe, die als solche beurteilt wird.[25] Wenn die Kommission Zweifel an der Vereinbarkeit der Einzelbeihilfe mit der Beihilferegelung hat, kann sie den betroffenen Mitgliedstaat um die notwendigen Informationen ersuchen. Wenn der Mitgliedstaat die Informationen nicht liefert, kann die Kommission eine vorläufige Entscheidung über die Suspendierung der Beihilfe treffen und die Vereinbarkeit der Einzelbeihilfe mit dem Gemeinsamen Markt unmittelbar prüfen, so als sei es eine neue Beihilfe.[26]

13 **c) Beihilfen, die als genehmigt gelten.** Auch Beihilfen die als genehmigt gelten, stellen bestehende Beihilfen dar. Dies betrifft zunächst solche Beihilfen, die nach Art. 4 Abs. 6 durch **Fristablauf** als genehmigt gelten. Dies schließt auch Beihilfen ein, die bereits vor Erlass der Verordnung, aber gemäß „diesem Verfahren" als genehmigt gelten. Damit sind solche Beihilfen gemeint, die nach der *Lorenz*-**Rechtsprechung**[27] als bestehende Beihilfen einzustufen waren.[28]

14 Zweitens sind auch solche Beihilfen bestehend, die durch **Verjährung** nach Art. 15 als genehmigt gelten. Diese Regelung ist durch die Verfahrensverordnung neu eingeführt worden. Diese Beihilfen gelten als bestehende Beihilfen, weil sie durch Ablauf der Zehnjahresfrist nicht mehr zurückgefordert werden können. Die Einstufung als neue Beihilfen macht dann keinen Sinn mehr, weil auch bei einer Nicht-Vereinbarkeitsentscheidung eine Rückforderung ausgeschlossen wäre.

15 **d) Maßnahmen, die durch Entwicklung des Gemeinsamen Marktes zu Beihilfen werden.** Schließlich erklärt die Verfahrensverordnung auch solche Maßnahmen zu bestehenden Beihilfen, die nach ihrer Gewährung aufgrund der Entwicklung des Gemeinsamen Marktes zu Beihilfen wurden, ohne dass sie Änderungen durch den Mitgliedstaat erfahren haben. Diese Maßnahmen sind im Wortsinn „**bestehend**", weil sie bereits bestanden, bevor sie zu Beihilfen wurden. Sie sind aber andererseits „**neu**", weil sie nicht schon bei ihrer Einführung Beihilfen darstellten. Art. 1 lit. b v) trägt dieser Doppeldeutigkeit Rechnung, indem er zwischen Maßnahmen unterscheidet, welche aufgrund einer tatsächlichen graduellen Entwicklung des Gemeinsamen Marktes zu Beihilfen wurden – hier überwiegt der Charakter des bereits „Bestehenden" – und solchen Maßnahmen, die durch eine Liberalisierung zu Beihilfen wurden – hier wird auf die „Neuheit" abgestellt, weil sich der Wechsel der Bewertung des Beihilfecharakters zeitlich und sachlich klar zuordnen lässt.

16 Bestehende Beihilfen sind insbesondere solche Maßnahmen, die erst aufgrund einer **Entwicklung des Gemeinsamen Marktes** das Merkmal der Wettbewerbsbeschränkung oder der Handelsbeeinträchtigung erfüllen,[29] weil es ursprünglich für das Produkt bzw. die Dienstleistung noch kein Markt bzw. keinen zwischenstaatlichen Handel gab.[30] Die Vorschrift wurde zB auf eine seit langem bestehende Steuerfreistellung für den Flughafen Schiphol angewendet.[31] Die Kommission geht im Anschluss an die *Aéroports de Paris*-**Rechtsprechung**[32] davon aus, dass Maßnahmen zugunsten von Flughäfenbetreibern unter die Beihilferegelungen fallen.[33] Folgt man dieser Auffassung, so ist die Anwendung der Beihilfevorschriften aber auf eine Entwicklung des Gemeinsamen Marktes und nicht auf eine legislative Liberalisierungsmaßnahme zurückzuführen. Jedenfalls Maßnahmen, die vor der *Aéroports de Paris*-Rechtsprechung eingeführt wurden, stellen somit bestehende Beihilfen dar.

---

[23] EuG, T-152/99, Slg. 2002, II-3049, RdNr. 38 – Hijos de Andres Molina (HAMSA).
[24] EuGH, C-321/99P, Slg. 2002, I-4287, RdNr. 83 – ARAP.
[25] EuGH, C-36/00, Slg. 2002, I-3243, RdNr. 20 ff. – Spanien/Kommission.
[26] EuGH, C-47/91, Slg. 1994, I-4635, RdNr. 24 – Italien/Kommission (Italgrani).
[27] EuGH, 120/73, Slg. 1973, 1471, RdNr. 4 ff. – Lorenz.
[28] *Heidenhain/Sinnaeve* § 32 RdNr. 21.
[29] *Streinz/Koenig/Kühling* Art. 88 EG RdNr. 6.
[30] *Heidenhain/Sinnaeve* § 32 RdNr. 21.
[31] Vgl. Vorschlag zweckdienlicher Maßnahmen E 45/2000 vom 3. 7. 2001, IP/01/934.
[32] EuG, T-128/98, Slg. 2000, II-3929, RdNr. 120 – Aéroports de Paris; EuGH, C-82/01P, Slg. 2002, I-9297 – Aéroports de Paris.
[33] Mitteilung der Kommission, Gemeinschaftliche Leitlinien für die Finanzierung von Flughäfen und die Gewährung staatlicher Anlaufbeihilfen für Luftfahrtunternehmen auf Regionalflughäfen, ABl. 2005 C 312/1.

Die Einordnung als bestehende Beihilfe ermöglicht es der Kommission, für solche Maßnah- **17** men zweckdienliche Maßnahmen mit Wirkung für die Zukunft vorzuschlagen. Demgegenüber würde eine Einordnung als **neue Beihilfe** dazu führen, dass die Kommission den genauen Zeitpunkt bestimmen müsste, zu dem die Maßnahme zu einer Beihilfe wurde und die Beihilfe gegebenenfalls ab diesem Zeitpunkt zurückfordern müsste.[34] Die genaue Bestimmung dieses Zeitpunkts wäre dabei fast unmöglich, da es sich in den allermeisten Fällen um eine graduelle Entwicklung des Marktes handeln dürfte. Eine Einstufung als neue Beihilfe wäre auch unangemessen, da weder für den Mitgliedstaat noch für den Beihilfeempfänger bestimmbar wäre, ab wann die Maßnahme zu einer neuen Beihilfe würde, und ab wann damit eine Anmeldepflicht und das Risiko der Rückforderung bestehen würde.[35]

Art. 1 lit. b (v) ist nicht anwendbar, wenn der Beihilfecharakter einer Maßnahme **lange un- 18 klar** war und dann festgestellt wird, soweit dies nicht auf einer Entwicklung des Gemeinsamen Marktes beruhte. Denn der Beihilfecharakter steht dann auf einer unveränderten Tatsachengrundlage objektiv fest,[36] während Art. 1 lit. b (v) auf einer Änderung der tatsächlichen Gegebenheiten des Gemeinamen Marktes beruht. Es handelt sich dann um neue Beihilfen.[37]

Gleiches gilt, wenn die Kommission eine Maßnahme allein aufgrund einer **Änderung** ihrer **19 Entscheidungspraxis** als Beihilfe ansieht, ohne dass dahinter eine Entwicklung des Gemeinsamen Marktes steht.[38] Allerdings ist hier zu beachten, dass die Änderung einer klaren Verwaltungspraxis für den Mitgliedstaat und den Beihilfebegünstigten nicht vorhersehbar ist. Daher dürfte in diesem Fall eine Rückforderung aufgrund der fundamentalen rechtsstaatlichen Grundsätze des Vertrauensschutzes und der Rechtssicherheit ausgeschlossen sein.

Hinzuweisen ist allerdings auf den Fall *Belgische Koordinationszentren,* in dem der Gerichts- **20** hof entschied,[39] dass Art. 1 b (v) nicht anwendbar ist, wenn die Kommission Maßnahmen als Beihilfen ansieht, die sie vorher als Nicht-Beihilfen angesehen hatte, ohne dass dem eine Entwicklung des Gemeinsamen Marktes zugrunde lag. Die Kommission kann aber dennoch auf solche Fälle das Verfahren für bestehende Beihilfen anwenden, weil die Verfahrensverordnung die Regelungen des Primärrechts nicht einschränken kann.[40]

Art. 1 lit. b (v) ist ebenfalls nicht anwendbar, wenn Maßnahmen im Anschluss an die **Libera- 21 lisierung eines Sektors** zu Beihilfen werden (Art. 1 lit. b (v) S. 2). In diesem Fall ist die „Neuheit" sachlich und zeitlich klar bestimmbar, so dass die Einstufung als neue Beihilfen ab dem Zeitpunkt der Liberalisierung sachgerecht erscheint.[41] Diese Einschränkung gilt nur, wenn die Liberalisierung auf das Gemeinschaftsrecht zurückgeht. Handelt es sich um die nationale Initiative eines Mitgliedstaates, ist Art. 1 lit. b (v) S. 2 nicht anwendbar.[42]

Teilweise wird die Ansicht vertreten, dass die Vorschrift **restriktiv** ausgelegt werden muss, so **22** dass bestimmte Maßnahmen, die aufgrund einer Liberalisierung zu Beihilfen werden, dennoch als bestehende Beihilfen anzusehen wären.[43] Gestützt wird dies auf den Fall *Alzetta,* in dem das EuG eine Entscheidung der Kommission insoweit aufhob, als Maßnahmen, die nach der Liberalisierung eines Teils des Transportsektors zu Beihilfen wurden, als neue Beihilfen angesehen wurden.[44] Der Begriff der bestehenden Beihilfe sei voll überprüfbares Primärrecht und die Befugnis nach Art. 109 Abs. 1 AEUV – und damit die Verfahrensverordnung – könne diesen nicht umgestalten.[45] Solch weitreichende Konsequenzen lassen sich der Rechtsprechung des Gerichts jedoch nicht entnehmen. Allerdings zeigt die Rechtsprechung, dass Art. 1 lit. b (v) S. 2 keine reine Kodifizierung der bestehenden Rechtslage war. Die Vorschrift gilt daher nur für Liberalisierungsmaßnahmen, die nach dem Inkrafttreten der Verfahrensverordnung erfolgten.[46]

---

[34] *Heidenhain/Sinnaeve* § 32 RdNr. 21.
[35] *Heidenhain/Sinnaeve* § 32 RdNr. 21; *von der Groeben/Thiesing/Ehlermann/Mederer* Art. 88 EG RdNr. 29.
[36] EuGH, C-295/97, Slg. 1999, I-3735, RdNr. 48 – Piaggio.
[37] *Heidenhain/Sinnaeve* § 32 RdNr. 21.
[38] EuG, T-346/99 bis T-348/99, Slg. 2002, II-4259, RdNr. 84 – Alava; vgl. *Bellamy/Child* RdNr. 15.070.
[39] EuGH, C-182/03 und C-217/03, Slg. 2006, I-5479 – Belgien und Forum 187/Kommission.
[40] Vgl. dazu *Sinnaeve* CMLR 2007, 965, 1021.
[41] *von der Groeben/Thiesing/Ehlermann/Mederer* Art. 88 EG RdNr. 29.
[42] *Heidenhain/Sinnaeve* § 32 RdNr. 21.
[43] So *Streinz/Koenig/Kühling* Art. 88 EG RdNr. 6 mit Verweise auf EuG, T-298/97 ua., Slg. 2000, II-2319 – Alzetta; *Bartosch* EuZW 2004, 43, 44 f.
[44] Vgl. EuGH, T-298/97 ua., Slg. 2000, II-2319, RdNr. 142 – Alzetta; EuG, T-288/97, Slg. 1999, II-1871 – Friuli Venezia Giulia.
[45] *Calliess/Ruffert/Cremer* Art. 88 EG RdNr. 3.
[46] *Heidenhain/Sinnaeve* § 32 RdNr. 21; *Sinnaeve* CMLR 2007, 965, 1022.

23 **3. Neue Beihilfe (lit. c).** Der Begriff der neuen Beihilfe wird nach Art. 1 lit. c **negativ** abgegrenzt und erfasst alle Beihilferegelungen oder Einzelbeihilfen, die keine bestehenden Beihilfen sind, einschließlich Änderungen bestehender Beihilfen. Dies ist folgerichtig, da jede Beihilfe entweder eine neue oder eine bestehende Beihilfe ist.

24 Der Begriff der neuen Beihilfen ist insofern wichtig, weil er den Umfang der Anmeldepflicht nach Art. 108 Abs. 3 S. 1 AEUV und des Durchführungsverbots nach Art. 108 Abs. 3 S. 3 AEUV bestimmt. In verfahrensrechtlicher Sicht entscheidet er bei bereits gewährten Beihilfen über die Anwendung des Verfahrens über rechtswidrige Beihilfen und damit über die Möglichkeit einer Rückforderung sowie über die Möglichkeit einer Konkurrentenklage vor nationalen Gerichten.

25 Art. 1 lit. c enthält keine ausdrückliche Definition der „**Änderung**" (Art. 1 lit. c) bzw. „**Umgestaltung**" (Art. 108 Abs. 3 AEUV), welche eine Maßnahme ebenfalls zu einer neuen Beihilfe macht. Auch die Rechtsprechung bietet insoweit keine klaren Abgrenzungskriterien.[47] Nach Sinn und Zweck der Vorschrift sind nur solche Änderungen erfasst, welche die Beurteilung der Vereinbarkeit der Maßnahme mit dem Gemeinsamen Markt beeinflussen könnten und daher eine gesonderte Prüfung erforderlich machen.[48] Rein technische oder formelle sowie unerhebliche Änderungen fallen in der Regel nicht darunter.[49]

26 Eine Änderung liegt zB vor, wenn es sich um eine materielle Änderung des Regelungsgehaltes handelt,[50] um eine Änderung der Natur des Vorteils bzw. des Tätigkeitsbereichs des begünstigten Unternehmens,[51] oder wenn die Beeinträchtigungstendenz oder Beeinträchtigungsintensität der Regelung geändert wird.[52] Keine Änderung liegt bei einer bloßen Verringerung einer bestehenden Beihilfe vor, es sei denn, dass gleichzeitig die Beeinträchtigungstendenz verändert wird.[53]

27 Eine gewisse Klärung des Änderungsbegriffs erfolgt durch **Art. 4** der Durchführungsverordnung VO 794/2004. Nach Art. 4 Abs. 1 erfasst der Änderungsbegriff nicht jede bloß formale oder verwaltungstechnische Änderung, welche die Bewertung der Vereinbarkeit nicht berührt. Eine Erhöhung des Budgets einer genehmigten Beihilferegelung von bis zu 20% wird nach Art. 4 Abs. 1 nicht als Veränderung einer bestehenden Beihilfe angesehen.[54] Dagegen sind die in Art. 4 Abs. 2 Durchführungsverordnung genannten Veränderungen, insbesondere eine Erhöhung des Budgets von mehr als 20% für eine bestehende Beihilferegelung, eine Verlängerung einer genehmigten Beihilferegelung von bis zu 6 Jahren und schließlich die Verschärfung der Kriterien für die Anwendung einer genehmigten Beihilferegelung und die Herabsetzung der Beihilfeintensität oder der förderfähigen Ausgaben im vereinfachten Verfahren anzumelden und stellen also eine Änderung dar.[55]

28 Bei der Frage, ob eine Änderung vorliegt, ist nur auf die **Maßnahme** selbst, nicht auf eine Änderung des wettbewerblichen Umfelds abzustellen.[56] Denn Art. 1 lit. b v) stellt klar, dass integrationsbedingte Beihilfen, welche auf eine Entwicklung des Gemeinsamen Marktes zurückgehen, als bestehende Beihilfen zu bewerten sind.[57]

29 Die Änderung einer **bestehenden Beihilfe** stellt eine neue Beihilfe dar. Die bestehende Beihilfe wird aber nicht selbst insgesamt zur neuen Beihilfe, wenn die Änderung nicht den wesentlichen Teil der ursprünglichen Beihilfe berührt und von dieser abtrennbar ist.[58]

30 **4. Beihilferegelung und Einzelbeihilfe (lit. d und e).** Der Begriff der Beihilferegelung war vor der Verfahrensordnung noch nicht durch die Rechtsprechung definiert.[59] Die Bedeutung der Unterscheidung zwischen Beihilferegelungen und Einzelbeihilfen liegt im Wesentlichen bei der Überprüfung **bestehender Beihilfen**. Art. 108 Abs. 1 AEUV bezieht sich nur auf

---

[47] *Heidenhain/Sinnaeve* § 32 RdNr. 22.
[48] So *Streinz/Koenig/Kühling* Art. 88 EG RdNr. 7 mwN.
[49] *Flynn* in: Butterworths Competition Law, VIII-388; *Heidenhain/Sinnaeve* § 32 RdNr. 22.
[50] *Geiger* Art. 88 EG RdNr. 11.
[51] EuGH, C-44/93, Slg. 1994, I-3829, RdNr. 29 – Namur-Les assurances du crédit.
[52] So *Koenig/Sander* EuZW 1997, 363, 366.
[53] *Streinz/Koenig/Kühling* Art. 88 EG RdNr. 7.
[54] *Sinnaeve* CMLR 2007, 965, 969; *Flynn*, in: Butterworths Competition Law, VIII-388.
[55] *Sinnaeve* CMLR 2007, 965, 969.
[56] *Streinz/Koenig/Kühling* Art. 88 EG RdNr. 7.
[57] AA. *Klingbeil* 64 f.
[58] EuG, T-195/01 und T-207/01, Slg. 2002, II-2309, RdNr. 111 ff. – Gibraltar/Kommission; *Sinnaeve* CMLR 2007, 965, 969.
[59] *Heidenhain/Sinnaeve* § 32 RdNr. 23.

Beihilferegelungen, nicht auf Einzelbeihilfen. Bestehende Einzelbeihilfen können von der Kommission nicht überprüft werden, es sei denn, wenn die Bedingungen ihrer Genehmigung nicht eingehalten werden. Bestehende Einzelbeihilfen können daher auch nicht Gegenstand zweckdienlicher Maßnahmen sein.[60] Darüber hinaus gibt es Unterschiede bei der Vereinbarkeitsprüfung. Im Falle einer Regelung kann sich die Kommission darauf beschränken, die allgemeinen Merkmale der Regelung zu prüfen, ohne jeden Einzelfall zu untersuchen.[61]

Eine **Beihilferegelung** liegt vor, wenn sie die Vergabe von Beihilfen an einen abstrakten **31** Kreis von Empfängern aufgrund gleicher oder ähnlicher rechtlicher, verwaltungstechnischer, finanzieller oder wirtschaftlicher Gesichtspunkte für den Einzelfall vorsieht.[62]

Der Begriff der Beihilferegelung umfasst nicht nur Maßnahmen, die den Kreis der Begünstig- **32** ten **abstrakt-generell** definieren, sondern auch Maßnahmen, die **ein oder mehrere Unternehmen** für eine unbestimmte Zeit oder in unbestimmter Höhe begünstigen. Diese Maßnahmen beinhalten sowohl Elemente einer „klassischen" abstrakt-generellen Regelung als auch Elemente einer Einzelbeihilfe.[63] Nach anderer Ansicht liegt immer eine Einzelbeihilfe vor, wenn ein konkretes Unternehmen gefördert wird.[64] Dies lässt sich aber in dieser Allgemeinheit aufgrund der ausdrücklichen Regelung in lit. d nicht aufrechterhalten.

Einzelbeihilfen sind nach lit. e solche, die nicht aufgrund einer Beihilferegelung gewährt **33** werden und einzelne anmeldepflichtige Zuwendungen aufgrund einer Beihilferegelung, also zB wenn in der Regelung oder ihrer Genehmigung ab einem bestimmten Schwellenwert eine Anmeldepflicht festgelegt wurde.

5. Rechtswidrige Beihilfe (lit. f). Die Bedeutung der Definition liegt darin, dass nach **34** Art. 11 Abs. 2, Art. 14 Abs. 1 und Art. 16 die Kompetenz der Kommission zur Rückforderung von Beihilfen auf rechtswidrige Beihilfen beschränkt ist. Darüber hinaus ist der Konkurrentenschutz vor nationalen Gerichten im Wesentlichen nur gegen rechtswidrige Beihilfen möglich.

Nach lit. f sind rechtswidrige Beihilfen **neue Beihilfen,** die entgegen Art. 108 Abs. 3 AEUV **35** durchgeführt wurden. Nur neue Beihilfen können daher rechtswidrig sein. **Rechtswidrige** Beihilfen sind solche, die ohne Notifizierung oder nach Notifizierung ohne Genehmigung durch die Kommission durchgeführt wurden. Allerdings werden die Mitgliedstaaten in den meisten Fällen, in denen sie eine Beihilfe bereits notifiziert haben, mit der Durchführung auch bis zur Entscheidung der Kommission warten.[65]

Eine rechtswidrige Beihilfe liegt auch vor, wenn eine Beihilfe zwar aufgrund einer geneh- **36** migten Beihilferegelung gewährt wird, die Bedingungen der Regelung aber nicht erfüllt sind und die Beihilfe daher von der Regelung nicht erfasst ist.[66] ZB eine KMU-Regelung, die auch auf Großunternehmen angewendet wird. Rechtswidrig sind auch Beihilfen, die entgegen einer negativen Entscheidung gewährt werden.[67]

Art. 1 lit. f stellt in Verbindung mit lit. a klar, dass nur eine **tatbestandsmäßige** Beihilfe **37** rechtswidrig sein kann. Probleme können daher auftreten, wenn der Mitgliedstaat der Auffassung ist, dass eine Maßnahme keine Beihilfe darstellt oder von einer Beihilferegelung gedeckt ist. In diesem Fall ist die Maßnahme von Beginn an eine rechtswidrige Beihilfe, wenn die Kommission den Beihilfecharakter der Maßnahme feststellt bzw. zu dem Ergebnis kommt, dass die Beihilfe nicht von der Beihilferegelung gedeckt war. Umgekehrt liegt von Beginn an keine rechtswidrige Beihilfe vor, wenn die Kommission nach Art. 4 Abs. 2 oder Art. 7 Abs. 2 VerfVO letztlich den Beihilfecharakter verneint. Es kann auch dann eine rechtswidrige Beihilfe vorliegen, wenn der Beihilfecharakter zunächst sowohl von Mitgliedstaat als auch von Kommission verneint wird.[68]

6. Missbräuchlich angewendete Beihilfe (lit. g). Die **Abgrenzung** der missbräuchlich **38** angewendeten Beihilfe von der rechtswidrigen Beihilfe ist wichtig, weil die Kommission bei Missbrauchsverdacht das förmliche Prüfverfahren eröffnen muss. Dabei hat sie aber – anders als bei einer rechtswidrigen Beihilfe – kein Recht zur einstweiligen Rückforderung der Beihilfe.[69]

---

[60] *Hancher/Ottervanger/Slot* RdNr. 25–018; *Heidenhain/Sinnaeve* § 36 RdNr. 1.
[61] EuGH, 248/84, Slg. 1987, 4013, RdNr. 18 – Deutschland/Kommission.
[62] *Klingbeil* 45 f.; *Rosenfeld* 66.
[63] *Heidenhain/Sinnaeve* § 32 RdNr. 23.
[64] *Rosenfeld* 66.
[65] *Hancher/Ottervanger/Slot* RdNr. 26–003.
[66] EuGH, C-36/00, Slg. 2002, I-3243, RdNr. 24 f. – Spanien/Kommission.
[67] *Heidenhain/Sinnaeve* § 32 RdNr. 24.
[68] EuGH, C-313/90, Slg. 1993, I-1125 – CIRFS.
[69] Art. 16 verweist nicht auf Art. 11 Abs. 2.

39   Der Begriff der missbräuchlich angewandten Beihilfe wird in **Art. 108** Abs. 2 AEUV verwendet, aber nicht definiert oder von rechtswidrigen Beihilfen abgegrenzt. Nach lit. g liegt eine missbräuchliche Beihilfe vor, wenn der Empfänger die Beihilfe unter Verstoß gegen eine Entscheidung nach Art. 4 Abs. 3 bzw. Art. 7 Abs. 3 und 4 verwendet. Der **Missbrauch** beschränkt sich auf die Fälle, in denen eine Beihilfe von der Kommission (gegebenenfalls unter Bedingungen oder Auflagen) genehmigt worden ist, vom Begünstigten aber unter Verstoß gegen die Entscheidung verwendet wird.[70] Im Gegensatz zur rechtswidrigen Beihilfe ist nicht der Mitgliedstaat, sondern der Begünstigte für den Verstoß gegen die Beihilferegeln verantwortlich.

40   **7. Beteiligte (lit. h).** Die Bestimmung der Beteiligten ist insbesondere relevant bei der Verfahrenseinleitung (Art. 6) und bei den Rechten der Beteiligten (Art. 20). Die Definition in lit. h geht auf das **Intermills-Urteil**[71] des Gerichtshofs zurück. Nach dem Willen des Rates ist der Begriff des Beteiligten in der Verfahrensverordnung weit zu verstehen.[72]

41   Beteiligte sind danach der für die Beihilfe verantwortliche Mitgliedstaat sowie gegebenenfalls die die Beihilfe gewährende Stelle (Land, Provinz, Gebietskörperschaft), alle übrigen Mitgliedstaaten sowie alle tatsächlichen oder möglicherweise durch die Beihilfe begünstigten oder benachteiligten[73] Unternehmen, insbesondere der Beihilfeempfänger, Wettbewerber sowie entsprechende Unternehmensverbände.[74] Sie müssen dabei zeigen, dass sie ein **legitimes Interesse** an der Frage haben, ob die Beihilfe gewährt oder beibehalten wird.[75]

42   Der Begriff der Beteiligten ist **doppeldeutig.** Zum einen bestimmt er die Personen, die im förmlichen Prüfverfahren (nach Art. 20) bestimmte Verfahrens- und Informationsrechte haben. Zum anderen wird er in der Rechtsprechung *Cook* und *Matra* benutzt, um die Klagebefugnis gegen die Nichteröffnung des förmlichen Prüfverfahrens zu begründen.[76] Die Beteiligtenstellung nach Art. 20 darf dabei nicht mit der Klagebefugnis nach Art. 263 Abs. 4 AEUV gleichgesetzt werden.[77]

Kapitel II. Verfahren bei angemeldeten Beihilfen

Art. 2 Anmeldung neuer Beihilfen

(1) [1]Soweit die Verordnungen nach Art. 94 des Vertrags oder nach anderen einschlägigen Vertragsvorschriften nichts anderes vorsehen, teilen die Mitgliedstaaten der Kommission ihre Vorhaben zur Gewährung neuer Beihilfen rechtzeitig mit. [2]Die Kommission unterrichtet den betreffenden Mitgliedstaat unverzüglich vom Eingang einer Anmeldung.

(2) Der betreffende Mitgliedstaat übermittelt der Kommission in seiner Anmeldung alle sachdienlichen Auskünfte, damit diese eine Entscheidung nach den Artikeln 4 und 7 erlassen kann (nachstehend „vollständige Anmeldung" genannt).

I. Allgemeines

1   Art. 2 nimmt die Anmeldeverpflichtung des Art. 108 Abs. 3 S. 1 AEUV auf. In der Praxis ist das Anmeldeverfahren rein zahlenmäßig das wichtigste Verfahren. Dem trägt die Verfahrensverordnung Rechnung, indem sie – entgegen dem Aufbau des Art. 88 EG – das Anmeldeverfahren an erster Stelle behandelt.

II. Anzumeldende Beihilfen

2   **1. Vorhaben zur Gewährung neuer Beihilfen.** Die Anmeldepflicht bezieht sich nach Art. 2 Abs. 1 und nach Art. 108 Abs. 3 S. 1 AEUV nur auf **neue** Beihilfen. Der Begriff der neuen Beihilfe wird in Art. 1 lit. c negativ als alle Beihilfen, die nicht bestehende Beihilfen sind, definiert.

---

[70] *Heidenhain/Sinnaeve* § 32 RdNr. 25.
[71] EuGH, 323/82, Slg. 1984, 3809, RdNr. 16 – Intermills.
[72] Vgl. Paragraph 16 der Erwägungsgründe zur Verfahrenverordnung.
[73] EuGH, 323/82, Slg. 1984, 3809 – Intermills.
[74] Vgl. *Ortiz Blanco* RdNr. 22.79 mwN.
[75] EuG, T-41/01, Slg. 2003, II-2157, RdNr. 34 – Rafael Perez Escolar.
[76] EuGH, C-198/91, Slg. 1993, I-1487 – Cook; EuGH, C-225/91, Slg. 1993, I-3203 – Matra.
[77] *Ortiz Blanco* RdNr. 22.81.

Anzumelden sind nach Art. 2 Abs. 1 iVm. Art. 1 lit. a nur **tatbestandsmäßige** Beihilfen. **3** Der Mitgliedstaat kann Maßnahmen auch als **Nicht-Beihilfen** anmelden, um Rechtssicherheit über den Beihilfencharakter zu erhalten. Das Standardanmeldeformular[1] der Durchführungsverordnung sieht diese Möglichkeit ausdrücklich vor. Bestätigt wird dies auch dadurch, dass die Kommission nach Art. 4 Abs. 2 und Art. 7 Abs. 2 durch Entscheidung feststellen kann, dass keine Beihilfe vorliegt. Es bleibt jedoch festzuhalten, dass die Anmeldung als „Nicht-Beihilfe" freiwillig erfolgt und weder durch Art. 108 Abs. 3 S. 1 EG noch durch Art. 2 Abs. 1 gefordert wird.

2. Nichts anderes vorgesehen. Die Anmeldepflicht besteht nur, insoweit nach Art. 109 **4** AEUV oder nach anderen Vertragsvorschriften nichts anderes vorgesehen ist. Solche Ausnahmen bestehen insbesondere für Maßnahmen, die unter die *de-minimis-*Verordnung[2] fallen, für Beihilfen, die die Voraussetzungen der Gruppenfreistellungsverordnung erfüllen,[3] und für Beihilfen, die unter die Entscheidung der Kommission zu Art. 106 Abs. 2 AEUV[4] fallen. Daneben bestehen sektorielle Sonderregeln, zB. für Kohle[5] oder Landtransport.[6]

III. Rechtzeitige Anmeldung

Nach Art. 108 Abs. 3 S. 1 AEUV und Art. 2 Abs. 1 muss die Anmeldung „rechtzeitig" erfol- **5** gen. Wesentlich für die Rechtzeitigkeit ist aus Sicht der Kommission, dass die Beihilfe nicht durchgeführt werden darf, bevor sie von der Kommission genehmigt wurde.[7] Das **Durchführungsverbot** stellt sicher, dass die Kommission ausreichend Zeit hat, um die Vereinbarkeit der Beihilfe vor ihrer Gewährung zu prüfen. Aus Sicht des Mitgliedstaates und des Beihilfebegünstigten ist die Anmeldung rechtzeitig, wenn sie so erfolgt, dass die Prüfung und Genehmigung der Kommission vor dem Zeitpunkt der geplanten Einführung erfolgen kann.[8] Eine nähere Bestimmung von „Rechtzeitigkeit" in der Verfahrensverordnung erübrigt sich somit.[9]

Die Kommission unterrichtet den Mitgliedstaat unverzüglich vom Eingang einer Anmeldung. **6** Mit dem Eingang beginnt die zweimonatige Prüfungsfrist des Art. 4 Abs. 5, vorausgesetzt, die Anmeldung war vollständig.

IV. Vollständige Anmeldung

Eine vollständige Anmeldung umfasst nach Abs. 2 „alle sachdienlichen Auskünfte", damit die **7** Kommission eine Entscheidung nach den Art. 4 und 7 treffen kann. Die Frage der Vollständigkeit ist im Licht des Zwecks der vorläufigen Prüfung zu beantworten.[10] Die Anmeldung ist daher vollständig, wenn sie die Informationen enthält, die die Kommission benötigt, um sich eine **erste Meinung** über die Vereinbarkeit der Beihilfe mit dem Binnenmarkt zu bilden.[11] Die Anmeldung muss daher zumindest Informationen über den Beihilfebetrag, die Form der Beihilfe, ihre Finanzierung[12] sowie Beihilfegeber und Beihilfeempfänger enthalten.

Zu beachten ist das Zusammenspiel zwischen Art. 2 und **Art. 4 Abs. 5.** Nach Art. 4 Abs. 5 **8** gilt eine Anmeldung als vollständig, wenn die Kommission innerhalb von zwei Monaten nach Eingang der Anmeldung bzw. nach Eingang eventuell angeforderter zusätzlicher Informationen keine weiteren Auskunftsersuchen an den Mitgliedstaat richtet. Allerdings kann die Kommission

---

[1] Anhang 1 Teil I der Durchführungsverordnung VO 794/2004.

[2] Art. 2 VO 1998/2006 über die Anwendung der Artikel 87 und 88 EG-Vertrag auf „De-minimis"-Beihilfen, ABl. 2006 L 379/5.

[3] Art. 3 VO 800/2008 zur Erklärung der Vereinbarkeit bestimmter Gruppen von Beihilfen mit dem Gemeinsamen Markt in Anwendung der Artikel 87 und 88 EG-Vertrag (allgemeine Gruppenfreistellungsverordnung), ABl. 2008 L 214/3.

[4] Art. 3 Entsch. v. 28. 11. 2005, ABl. 2005 L 312/67.

[5] Art. 9 VO 1407/2002, ABl. 2002 L 205/1.

[6] Art. 17 Abs. 2 VO 1191/69 bzw. Art. 9 Abs. 1 VO 1370/2007.

[7] *von der Groeben/Thiesing/Ehlermann/Mederer* Art. 88 EG RdNr. 38.

[8] *von der Groeben/Thiesing/Ehlermann/Mederer* Art. 88 EG RdNr. 38.

[9] *von der Groeben/Thiesing/Ehlermann/Mederer* Art. 88 EG RdNr. 38.

[10] EuGH, C-99/98, Slg. 2001, I-1101, RdNr. 53 ff. – Österreich/Kommission (Siemens Bauelemente OHG) mit Anmerkung *Lübbig* EuZW 2001, 179.

[11] EuGH, C-99/98, Slg. 2001, I-1101, RdNr. 53 ff. – Österreich/Kommission (Siemens Bauelemente OHG).

[12] Vgl. dazu zB. EuGH, C-261/01 und 262/01, Slg. 2003, I-2249, RdNr. 51 – van Calster; EuGH, C-345/02, Slg. 2004, I-7139 – Pearle.

auf diesem Weg die Vollständigkeit der Anmeldung – und damit den Beginn der Zweimonatsfrist nach Art. 4 Abs. 5 nicht beliebig hinauszögern.[13]

9   VerfVO sieht keine bestimmte **Form** für die Anmeldung vor. Näheres wird in der Durchführungsverordnung geregelt, die auf der Grundlage der Art. 27 iVm. Art. 29 erlassen wird.

Art. 3 Durchführungsverbot

Anmeldungspflichtige Beihilfen nach Artikel 2 Absatz 1 dürfen nicht eingeführt werden, bevor die Kommission eine diesbezügliche Genehmigungsentscheidung erlassen hat oder die Beihilfe als genehmigt gilt.

1   Art. 3 präzisiert das Durchführungsverbot des Art. 108 Abs. 3 S. 3 AEUV dahingehend, dass nur anmeldepflichtige Beihilfen, mithin also nur **tatbestandsmäßige** Beihilfen, dem Durchführungsverbot unterfallen.

2   Darüber hinaus wird aber auch klargestellt, dass das Durchführungsverbot bis zu einer abschließenden Genehmigungsentscheidung bzw. **Genehmigungsfiktion** gilt. Dies entspricht der Rechtsprechung und dem Wortlaut des Art. 108 Abs. 3 S. 3 AEUV.[1]

Art. 4 Vorläufige Prüfung der Anmeldung und Entscheidungen der Kommission

(1) [1]Die Kommission prüft die Anmeldung unmittelbar nach deren Eingang. [2]Unbeschadet des Artikels 8 erlässt die Kommission eine Entscheidung nach den Absätzen 2, 3 oder 4.

(2) Gelangt die Kommission nach einer vorläufigen Prüfung zu dem Schluss, dass die angemeldete Maßnahme keine Beihilfe darstellt, so stellt sie dies durch Entscheidung fest.

(3) [1]Stellt die Kommission nach einer vorläufigen Prüfung fest, dass die angemeldete Maßnahme, insoweit sie in den Anwendungsbereich des Artikels 92 Absatz 1 des Vertrags fällt, keinen Anlass zu Bedenken hinsichtlich ihrer Vereinbarkeit mit dem Gemeinsamen Markt gibt, so entscheidet sie, dass die Maßnahme mit dem Gemeinsamen Markt vereinbar ist (nachstehend „Entscheidung, keine Einwände zu erheben" genannt). [2]In der Entscheidung wird angeführt, welche Ausnahmevorschrift des Vertrags zur Anwendung gelangt ist.

(4) Stellt die Kommission nach einer vorläufigen Prüfung fest, dass die angemeldete Maßnahme Anlass zu Bedenken hinsichtlich ihrer Vereinbarkeit mit dem Gemeinsamen Markt gibt, so entscheidet sie, das Verfahren nach Artikel 93 Absatz 2 des Vertrags zu eröffnen (nachstehend „Entscheidung über die Eröffnung des förmlichen Prüfverfahrens" genannt).

(5) [1]Die Entscheidungen nach den Absätzen 2, 3 und 4 werden innerhalb von zwei Monaten erlassen. [2]Diese Frist beginnt am Tag nach dem Eingang der vollständigen Anmeldung. [3]Die Anmeldung gilt als vollständig, wenn die Kommission innerhalb von zwei Monaten nach Eingang der Anmeldung oder nach Eingang der von ihr – gegebenenfalls – angeforderten zusätzlichen Informationen keine weiteren Informationen anfordert. [4]Die Frist kann mit Zustimmung der Kommission und des betreffenden Mitgliedstaats verlängert werden. [5]Die Kommission kann bei Bedarf kürzere Fristen setzen.

(6) [1]Hat die Kommission innerhalb der in Absatz 5 genannten Frist keine Entscheidung nach den Absätzen 2, 3 oder 4 erlassen, so gilt die Beihilfe als von der Kommission genehmigt. [2]Der betreffende Mitgliedstaat kann daraufhin die betreffenden Maßnahmen durchführen, nachdem er die Kommission hiervon in Kenntnis gesetzt hat, es sei denn, dass diese innerhalb einer Frist von 15 Arbeitstagen nach Erhalt der Benachrichtigung eine Entscheidung nach diesem Art. erlässt.

---

[13] EuGH, C-99/98, Slg. 2001, I-1101, RdNr. 61 f. – Österreich/Kommission (Siemens Bauelemente OHG) mit Anmerkung *Lübbig* EuZW 2001, 179; *Sinnaeve* CMLR 2007, 965, 984.
[1] Einzelheiten oben Art. 108 AEUV RdNr. 118 ff.

I. Allgemeines

Art. 4 regelt den **Ablauf** und **Umfang** des vorläufigen Prüfverfahrens sowie die **Entschei-** 1
dungsarten und die **Entscheidungsfrist** zum Abschluss des vorläufigen Verfahrens.

II. Umfang der vorläufigen Prüfung

Prüfungsgegenstand der vorläufigen Prüfung ist die Frage, ob Anlass zu Bedenken hinsichtlich 2
der Vereinbarkeit einer Beihilferegelung oder Einzelbeihilfe mit dem Gemeinsamen Markt nach
Art. 107 AEUV bestehen. Die vorläufige Prüfung soll der Kommission eine **erste Meinungs-**
bildung über den Beihilfecharakter und die Genehmigungsfähigkeit der Maßnahme ermöglichen.[1]

Bei einer **Einzelbeihilfe,** die aufgrund einer genehmigten Beihilferegelung gewährt wird, ist 3
nicht die Vereinbarkeit zu prüfen, sondern die Konformität mit der Beihilferegelung.[2] Solche
Einzelbeihilfen werden in der Regel ohnehin nicht angemeldet, sondern nur im Ausnahmefall,
wenn in der Genehmigung der Beihilferegelung ein entsprechender Vorbehalt gemacht wurde.
Bei Beihilferegelungen kann sich die Kommission darauf beschränken, die Regelung allgemein
zu untersuchen, sie muss nicht jeden Einzelfall beleuchten.[3]

Im vorläufigen Prüfverfahren besteht somit auch keine Verpflichtung, Beteiligten eine Gele- 4
genheit zur Stellungnahme zu geben.[4] Allerdings wird immer wieder gefordert, die **Verfah-**
rensrechte der Beteiligten auch im vorläufigen Prüfverfahren zu erweitern.

III. Abschluss der vorläufigen Prüfung

Die Kommission erlässt zum Abschluss des vorläufigen Prüfverfahrens eine der in den Absät- 5
zen 2 bis 4 genannten Entscheidungen. Es besteht die Möglichkeit nach Art. 8, die Anmeldung
zurückzunehmen, bevor die Kommission eine Entscheidung erlässt.

1. Nicht-Beihilfe-Entscheidung. Die Kommission erlässt eine „Nicht-Beihilfe"-Entschei- 6
dung nach Abs. 2, wenn sie nach vorläufiger Prüfung vom Bestehen einer Nicht-Beihilfe überzeugt ist. Sobald **Zweifel** an der Beihilfe-Eigenschaft bestehen, ist das förmliche Verfahren zu
eröffnen.[5] Gegebenenfalls ist dann das förmliche Verfahren mit einer Nicht-Beihilfe-Entscheidung nach Art. 7 Abs. 2 abzuschließen.

Auch dann, wenn die Kommission Zweifel am Bestehen einer Nicht-Beihilfe hat, kann sie 7
ausnahmsweise von der Eröffnung des förmlichen Prüfverfahrens absehen, wenn sie davon
überzeugt ist, dass die Maßnahme jedenfalls mit dem Gemeinsamen Markt vereinbar ist.

2. Entscheidung, keine Einwände zu erheben. Die Kommission erlässt eine „Entschei- 8
dung, keine Einwände zu erheben" nach Abs. 3, wenn die materiellen Voraussetzungen einer
genehmigungsfähigen Beihilfe **offensichtlich** erfüllt sind und ein kursorisches Abwägen bei der
Ausübung des der Kommission zustehenden Ermessens zu einer Billigung der Beihilfe führen
würde.[6]

3. Entscheidung über die Eröffnung des förmlichen Prüfverfahrens. Die Kommission 9
erlässt eine „Entscheidung über die Eröffnung des förmlichen Prüfverfahrens" nach Abs. 4, wenn
Zweifel an der Vereinbarkeit der beabsichtigten Beihilfe mit dem Gemeinsamen Markt bestehen.
Die Zweifel können sich sowohl auf die Frage des Vorliegens einer Beihilfe als auch auf die Frage
der Vereinbarkeit beziehen.[7] Die Kommission ist in diesem Fall verpflichtet, das förmliche Prüfverfahren zu eröffnen.[8] Sie kann sich nicht auf bestehenden Informationsbedarf berufen.[9]

---

[1] EuGH, 120/73, Slg. 1973, 1471, RdNr. 3 – Lorenz.
[2] EuGH, C-47/91, Slg. 1994, I-4635 – Italien/Kommission (Italgrani).
[3] EuGH, C-66/02, Slg. 2005, I-10901, RdNr. 91 – Italien/Kommission.
[4] EuGH, 84/82, Slg. 1984, 1451 – Deutschland/Kommission; EuGH, C-367/95P, Slg. 1998, I-1719 –
Sytraval.
[5] Vgl. *von der Groeben/Thiesing/Ehlermann/Mederer* Art. 88 EG RdNr. 42.
[6] *von der Groeben/Thiesing/Ehlermann/Mederer* Art. 88 EG RdNr. 41.
[7] Vgl. EuGH, C-400/99, Slg. 2001, I-7303, RdNr. 45 – Italien/Kommission (Tirrenia di Navigazione);
EuGH, 84/82, Slg. 1984, 1451 – Deutschland/Kommission.
[8] Dies entspricht der Rechtslage vor der VerfVO, vgl. EuGH, 84/82, Slg. 1984, 1451 – Deutschland/
Kommission.
[9] EuG, T-210/02, Slg. 2006, II-2789, RdNr. 165 – British Aggregates; EuG T-195/01 und T-207/01,
Slg. 2002, II-2309, RdNr. 69 – Gibraltar/Kommission.

10 Die Kommission kann im vorläufigen Prüfverfahren dagegen keine Unvereinbarkeitsentscheidung sowie keine Entscheidung unter Auflagen oder Bedingungen treffen. Diese Entscheidungen können nur nach einem förmlichen Prüfverfahren ergehen. Die früher nicht immer klare Rechtslage ist nunmehr durch die abschließende Liste des Art. 4 geklärt.

IV. Entscheidungsfristen

11 Die Kommission prüft die Anmeldung unmittelbar nach ihrem Eingang (Abs. 1 S. 1). Die Prüfung schließt sich damit an die unverzügliche Unterrichtung des Mitgliedstaats vom Eingang der Anmeldung nach Art. 2 Abs. 1 S. 2 an.

12 Die Kommission muss innerhalb einer Frist von **zwei Monaten** nach Eingang der vollständigen Anmeldung eine Entscheidung nach den Absätzen 2 bis 4 treffen (Abs. 5). Diese Entscheidungsfrist geht auf die Rechtsprechung des Gerichtshofs in der **Rechtssache Lorenz** zurück.[10] Die Frist gilt nach der Rechtsprechung wie nach der Verfahrensverordnung nur für angemeldete Beihilfen, aber nicht für rechtswidrige Beihilfen.

13 Die Frist **beginnt** am Tag nach Eingang der vollständigen Anmeldung.[11] Die Anmeldung gilt als vollständig, wenn die Kommission innerhalb von zwei Monaten nach Eingang der Anmeldung oder nach Eingang der von ihr – gegebenenfalls – angeforderten zusätzlichen Informationen keine weiteren Informationen anfordert (Abs. 5 S. 3). In der Regel ist es die Kommission, die mehr Zeit möchte.[12] Die Kommission kann die Frist aber nicht durch Auskunftsersuchen verlängern, die Informationen betreffen, welche sie zur vorläufigen Prüfung nicht benötigt.[13]

14 Zur **Fristwahrung** muss die Kommission ihre Entscheidung innerhalb der Frist zustellen. Die Übermittlung der Einleitung des förmlichen Prüfverfahrens nach Abs. 4 per Telefax genügt dabei zur Fristwahrung.[14] Der bloße Erlass der Entscheidung bewirkt keine Unterbrechung der Frist.[15]

15 Die Frist kann im Einvernehmen mit dem Mitgliedstaat **verlängert** (Abs. 5 S. 4) bzw. „bei Bedarf" von der Kommission **verkürzt** werden (Abs. 5 S. 5). Nach Einführung kürzerer Prüffristen durch die Kommission ist deren Einhaltung auch durchsetzbar.[16]

16 Wird bis **Ablauf der Frist** keine Entscheidung der Kommission zugestellt, so gilt die Maßnahme als bestehende Beihilfe, so dass das Durchführungsverbot nicht anwendbar ist.[17] Daraus kann aber nicht geschlossen werden, dass die Maßnahme als vereinbar angesehen werden muss; sie unterliegt weiterhin der fortlaufenden Prüfung nach Art. 108 Abs. 1 und 2 AEUV.[18] Der Mitgliedstaat kann die Maßnahme dann nach Abs. 6 S. 2 durchführen, nachdem er die Kommission davon unterrichtet hat. Es reicht aus, diese Unterrichtung per Fax zu übermitteln.[19] Allerdings räumt Abs. 6 S. 2 der Kommission eine **zusätzliche Frist** von 15 Arbeitstagen ein, innerhalb derer sie eine Entscheidung nach den Abs. 2 bis 4 treffen und insbesondere das förmliche Prüfverfahren eröffnen kann. Diese zusätzliche Frist geht über die *Lorenz*-Rechtsprechung hinaus,[20] so dass ihre Vereinbarkeit mit dem Primärrecht zweifelhaft ist.[21] Die praktische Bedeutung der Vorschrift ist gering, da die Kommission in einem Protokoll niedergelegt hat, dass sie die 15-Tagesfrist nach Abs. 6 nur in seltenen Fällen anzuwenden gedenkt.[22]

17 Art. 4 enthält keine Regelung der Situation, dass die Zweimonatsfrist abgelaufen ist, aber der Mitgliedstaat die **Kommission nicht** nach Abs. 6 über die beabsichtigte Gewährung unterrichtet hat. Teilweise wird vertreten, dass die Kommission in diesem Fall das förmliche Prüfverfahren immer noch eröffnen kann, ohne an weitere Fristen gebunden zu sein.[23] Dagegen spricht aber die Ge-

---

[10] EuGH, 120/73, Slg. 1973, 1471, RdNr. 4 – Lorenz; *von der Groeben/Thiesing/Ehlermann/Mederer* Art. 88 EG RdNr. 10.

[11] Vgl. oben, Art. 2 RdNr. 8.

[12] *Hancher/Ottervanger/Slot* RdNr. 25–023.

[13] EuGH, C-99/98, Slg. 2001, I-1101, RdNr. 61 f. – Österreich/Kommission (Siemens Bauelemente OHG) mit Anmerkung *Lübbig* EuZW 2001, 179, *Sinnaeve* CMLR 2007, 965, 984.

[14] EuG, T-187/99, Slg. 2001, II-1587, RdNr. 38 – AGRANA.

[15] *Schwarze/Bär-Bouyssière* Art. 88 EG RdNr. 9.

[16] *von der Groeben/Thiesing/Ehlermann/Mederer* Art. 88 EG RdNr. 11.

[17] EuGH, C-400/99, Slg. 2001, I-7303, RdNr. 48 – Italien/Kommission.

[18] *Ortiz Blanco* RdNr. 22.45.

[19] EuGH, C-398/00, Slg. 2002, I-5643 – Spanien/Kommission (Santana Motor).

[20] *von der Groeben/Thiesing/Ehlermann/Mederer* Art. 88 EG RdNr. 11; vgl. EuGH, C-398/00, Slg. 2002, I-5643, RdNr. 17, 18 und 27–34 – Spanien/Kommission (Santana Motor).

[21] *Kruse* NVwZ 1999 1049, 1052; *Calliess/Ruffert/Cremer* Art. 88 EG RdNr. 3.

[22] Vgl. *Streinz/Koenig/Kühling* Art. 88 EG RdNr. 17.

[23] *Sinnaeve* CMLR 2007, 965, 985.

nehmigungsfiktion des Abs. 6 S. 1, die unabhängig von der Unterrichtung der Kommission ist. Auch würde es der *Lorenz*-Rechtsprechung und dem Sinn und Zweck des Abs. 5 und 6 widersprechen, wenn die Fristbindung des vorläufigen Prüfverfahrens auf einmal wegfiele.

Richtigerweise stellt eine nach Ablauf der Zweimonatsfrist ohne zusätzliche Unterrichtung **18** der Kommission gewährte Beihilfe eine bestehende Beihilfe dar. Dies entspricht auch der ausdrücklichen Regelung in Art. 1 lit. b. Handelt es sich um eine Beihilferegelung, so kann die Kommission diese nach Art. 108 Abs. 1 AEUV fortlaufend überprüfen. Die Unterrichtung der Kommission nach Abs. 6 S. 2 ist als eine bloße Formalität zu interpretierten, die der Kommission die fortlaufende Prüfung einer Beihilferegelung ermöglichen soll.[24] Eine Einzelbeihilfe ist dagegen der Überprüfung durch die Kommission endgültig entzogen.

Art. 5 Auskunftsersuchen

(1) [1]Vertritt die Kommission die Auffassung, dass die von dem betreffenden Mitgliedstaat vorgelegten Informationen über eine Maßnahme, die nach Art. 2 angemeldet wurde, unvollständig sind, so fordert sie alle sachdienlichen ergänzenden Auskünfte an. [2]Hat ein Mitgliedstaat auf ein derartiges Ersuchen geantwortet, so unterrichtet die Kommission den Mitgliedstaat vom Eingang der Antwort.

(2) Wird eine von dem betreffenden Mitgliedstaat verlangte Auskunft innerhalb der von der Kommission festgesetzten Frist nicht oder nicht vollständig erteilt, so übermittelt die Kommission ein Erinnerungsschreiben, in dem sie eine zusätzliche Frist für die Auskunftserteilung festsetzt.

(3) [1]Die Anmeldung gilt als zurückgezogen, wenn die angeforderten Auskünfte nicht innerhalb der festgesetzten Frist vorgelegt werden, es sei denn, dass entweder diese Frist mit Zustimmung der Kommission und des betreffenden Mitgliedstaats vor ihrem Ablauf verlängert worden ist oder dass der betreffende Mitgliedstaat der Kommission vor Ablauf der festgesetzten Frist in einer ordnungsgemäß begründeten Erklärung mitteilt, dass er die Anmeldung als vollständig betrachtet, weil die angeforderten ergänzenden Informationen nicht verfügbar oder bereits übermittelt worden sind. [2]In diesem Fall beginnt die in Artikel 4 Absatz 5 genannte Frist am Tag nach dem Eingang der Erklärung. [3]Gilt die Anmeldung als zurückgezogen, so teilt die Kommission dies dem Mitgliedstaat mit.

I. Allgemeines

Art. 5 regelt Voraussetzungen und Grenzen des Auskunftsersuchens im vorläufigen Prüfver- **1** fahren und dient zugleich der **Verfahrensbeschleunigung.** Insbesondere soll durch die Vorschrift einer Verfahrensverzögerung durch die zögerliche Auskunftserteilung des Mitgliedstaats Einhalt geboten werden. Häufig wird das Beihilfeverfahren aber auch durch wiederholte Auskunftsersuchen der Kommission in die Länge gezogen. Auch dies kann nach Art. 5 nunmehr vermieden werden.

II. Auskunftsersuchen

Nach Abs. 1 kann die Kommission den Mitgliedstaat um zusätzliche Auskünfte ersuchen, **2** wenn sie der Auffassung ist, dass die Anmeldung nach Art. 2 nicht vollständig ist.[1] Die Frage der **Vollständigkeit** ist im Lichte des Zwecks der vorläufigen Prüfung zu beantworten, welche lediglich eine erste Meinungsbildung erlauben soll.[2]

Allerdings ist zu berücksichtigen, dass wiederholte Auskunftsersuchen in einer vorläufigen Prü- **3** fung auf das Bestehen von Bedenken hinsichtlich der Vereinbarkeit einer Beihilfe mit dem Gemeinsamen Markt hinweisen könnten. In diesem Fall müsste die Kommission das förmliche Prüfverfahren eröffnen, anstatt die vorläufige Prüfung durch weitere Auskunftsersuchen zu verlängern.[3]

---

[24] *von der Groeben/Thiesing/Ehlermann/Mederer* Art. 88 EG RdNr. 11.
[1] Zur Frage der Vollständigkeit bereits Kommentierung zu Art. 2 und Art. 4.
[2] EuGH, C-99/98, Slg. 2001, I-1101, RdNr. 53 ff. – Österreich/Kommission (Siemens Bauelemente OHG); vgl. *Lübbig* EuZW 2001, 179.
[3] *Sinnaeve* CMLR 2007, 965, 984.

III. Erinnerungsschreiben mit Fristsetzung

4   Nach Abs. 2 übermittelt die Kommission ein Erinnerungsschreiben mit einer zusätzlichen Frist für die Auskunftserteilung, wenn eine von dem betreffenden Mitgliedstaat verlangte Auskunft innerhalb der von der Kommission festgesetzten Frist nicht oder nicht vollständig erteilt wird. Diese Vorschrift soll dem Mitgliedstaat noch eine weitere Frist einräumen, bevor die Anmeldung nach Abs. 3 als zurückgenommen gilt. Die Vorschrift dient damit dazu, einer **Verfahrensverzögerung** durch den Mitgliedstaat **entgegenzuwirken.**[4] Durch die Regelung ist sichergestellt, dass das vorläufige Prüfverfahren innerhalb eines vertretbaren Zeitraums abgeschlossen ist.[5]

IV. Vermutung der Anmeldungsrücknahme

5   Kommt der Mitgliedstaat der Aufforderung, ergänzende Angaben zu übersenden, nicht innerhalb der im Erinnerungsschreiben nach Abs. 2 gesetzten erneuten Frist nach, so gilt die Anmeldung nach Abs. 3 als zurückgezogen. Gilt die Anmeldung als zurückgezogen, so teilt die Kommission dies dem Mitgliedstaat nach Abs. 3 S. 3 mit.

6   **Rechtsfolge** der Vermutung der Rücknahme ist, dass der Mitgliedstaat die Beihilfe aufgrund des Durchführungsverbots nicht durchführen darf.[6] Jedoch steht es dem Mitgliedstaat frei, die Beihilfe erneut anzumelden.

7   Die gesetzliche Vermutung tritt nach Abs. 3 **nicht** ein, wenn die Antwortfrist im Einvernehmen zwischen der Kommission und dem Mitgliedstaat verlängert worden ist. Zum anderen kann der Mitgliedstaat erklären, dass er die Anmeldung für vollständig erachtet.

V. Erklärung der Vollständigkeit der Anmeldung

8   Wiederholte Auskunftsersuchen der Kommission können die vorläufige Prüfung erheblich verlängern.[7] Jedoch kann die Kommission die vorläufige Prüfung nicht endlos durch Auskunftsersuchen ausdehnen.[8] Nach Abs. 3 kann der Mitgliedstaat auf ein Auskunftsersuchen in einer ordnungsgemäß begründeten Erklärung mitteilen, dass er die Anmeldung als vollständig betrachtet, weil die angeforderten ergänzenden Informationen nicht verfügbar oder bereits übermittelt worden sind. In diesem Fall beginnt die Frist nach Art. 4 Abs. 5 am Tag nach dem Eingang der Erklärung. Die Kommission entscheidet dann im vorläufigen Prüfverfahren auf Grundlage der vorliegenden Informationen.[9] Bestehen auf dieser Grundlage aber Bedenken hinsichtlich der Vereinbarkeit der Beihilfe mit dem Gemeinsamen Markt, so muss die Kommission das förmliche Prüfverfahren eröffnen.

Art. 6 Förmliches Prüfverfahren

(1) [1]Die Entscheidung über die Eröffnung des förmlichen Prüfverfahrens enthält eine Zusammenfassung der wesentlichen Sach- und Rechtsfragen, eine vorläufige Würdigung des Beihilfecharakters der geplanten Maßnahme durch die Kommission und Ausführungen über ihre Bedenken hinsichtlich der Vereinbarkeit mit dem Gemeinsamen Markt. [2]Der betreffende Mitgliedstaat und die anderen Beteiligten werden in dieser Entscheidung zu einer Stellungnahme innerhalb einer Frist von normalerweise höchstens einem Monat aufgefordert. [3]In ordnungsgemäß begründeten Fällen kann die Kommission diese Frist verlängern.

(2) [1]Die von der Kommission erhaltenen Stellungnahmen werden dem betreffenden Mitgliedstaat mitgeteilt. [2]Ersucht ein Beteiligter um Nichtbekanntgabe seiner Identität mit der Begründung, dass ihm daraus ein Schaden entstehen könnte, so wird die Identität des Beteiligten dem betreffenden Mitgliedstaat nicht bekanntgege-

---

[4] *Sinnaeve* EuZW 1999, 270, 272.
[5] *von der Groeben/Thiesing/Ehlermann/Mederer* Art. 88 EG RdNr. 12.
[6] *von der Groeben/Thiesing/Ehlermann/Mederer* Art. 88 EG RdNr. 12.
[7] ZB. EuG, T-171/02, Slg 2005, II-2123 – Sardinien/Kommission, wo eine vorläufige Prüfung von 10 Monaten akzeptiert wurde, weil die Länge auf die Unvollständigkeit der Anmeldung und die Langsamkeit des Mitgliedstaats bei der Übermittlung der fehlenden Informationen zurückging.
[8] Vgl. *Sinnaeve* CMLR 2007, 965, 982 f.
[9] *Schwarze/Bär-Bouyssière* Art. 88 EG RdNr. 8.

ben. [3] Der betreffende Mitgliedstaat kann sich innerhalb einer Frist von normalerweise höchstens einem Monat zu den Stellungnahmen äußern. [4] In ordnungsgemäß begründeten Fällen kann die Kommission diese Frist verlängern.

I. Allgemeines

Abs. 1 S. 1 regelt den Inhalt der Entscheidung über die Eröffnung des förmlichen Prüfverfahrens nach Art. 4 Abs. 4. Die Eröffnungsentscheidung hat eine **Doppelstellung,** sie schließt die vorläufige Prüfung ab und eröffnet das förmliche Prüfverfahren. **1**

Abs. 1 S. 2 und Abs. 2 enthalten eine Konkretisierung des allgemeinen Rechtsgedankens, dass eine Verwaltungsbehörde keine Entscheidung treffen darf, ohne dass sich die Betroffenen zuvor äußern können.[1] Jeder Verstoß gegen die Beteiligungsrechte stellt einen Verfahrensfehler dar, der nach Art. 263 AEUV zur Nichtigkeit der Entscheidung führen kann.[2] Die **Gewährung rechtlichen Gehörs** besteht dabei im Wesentlichen in der Möglichkeit, zu der Entscheidung über die Eröffnung des förmlichen Prüfverfahrens Stellung zu nehmen. Es handelt sich um ein streitiges Verfahren zwischen Kommission und betroffenem Mitgliedstaat,[3] so dass die Kommission das Recht des Mitgliedstaats auf ein faires Verfahren sicherstellen muss.[4] **2**

II. Inhalt der Eröffnungsentscheidung

Der Inhalt der Eröffnungsentscheidung ist durch Art. 108 Abs. 2 UAbs. 1 AEUV teilweise vorgegeben. Nach Art. 108 Abs. 2 UAbs. 1 AEUV muss die Kommission den Beteiligten eine **Frist zur Stellungnahme** setzen. Sie muss so viel **Informationsgehalt** haben, dass sich die Beteiligten ein Bild von der Beihilfe und ihren möglichen Auswirkungen sowie den Bedenken der Kommission gegen die Beihilfe machen können.[5] Erfüllt die Mitteilung diese Anforderungen nicht, so kann ein Verfahrensfehler vorliegen, der die Entscheidung der Kommission nach Art. 263 Abs. 1 AEUV aufhebbar machen kann.[6] **3**

Dementsprechend muss die Eröffnungsentscheidung nach Abs. 1 S. 1 eine Zusammenfassung der wesentlichen Sach- und Rechtsfragen, eine vorläufige Würdigung des Beihilfecharakters der (geplanten) Maßnahmen und Ausführungen über die Bedenken zur Vereinbarkeit mit dem Gemeinsamen Markt enthalten. Sie muss auch den **Empfänger** der rechtswidrigen Beihilfe nennen. Wird der spätere Adressat der Rückforderungsentscheidung nicht als Empfänger der rechtswidrigen Beihilfe genannt, fehlt es an der ordnungsgemäßen Aufforderung nach Abs. 1.[7] In diesem Fall ist die Frist zur Stellungnahme gegebenenfalls zu verlängern.[8] **4**

Die Entscheidung muss keine vollständige Analyse der fraglichen Beihilfe enthalten, da das förmliche Prüfverfahren bereits bei Zweifeln eingeleitet werden muss.[9] Hat die Kommission bereits ein hohes **Informationsniveau** erreicht und bestehen nur noch wenige Zweifel, kann sie sich in ihrer Mitteilung neben allgemeinen Informationen auf die noch streitigen Punkte konzentrieren.[10] Wenn die Entscheidung Fakten enthält, die eine interessierte Partei für falsch hält, muss sie die Kommission darüber informieren, da sie sonst riskiert, mit dem Vorbringen später präkludiert zu sein.[11] **5**

III. Stellungnahmen

1. Frist zur Stellungnahme. Nach Abs. 1 S. 2 setzt die Kommission dem **Mitgliedstaat** als Adressat der Entscheidung[12] in der Eröffnungsentscheidung eine Frist zur Stellungnahme,[13] **6**

---

[1] EuGH, 234/84, Slg. 1986, 2263 – Belgien/Kommission (Meura).
[2] *von der Groeben/Thiesing/Ehlermann/Mederer* Art. 88 EG RdNr. 51.
[3] EuGH, 84/82, Slg. 1984, 1451 – Deutschland/Kommission.
[4] EuG, T-228/99 und T-233/99, Slg. 2003, II-435 – WestLB.
[5] *von der Groeben/Thiesing/Ehlermann/Mederer* Art. 88 EG RdNr. 50.
[6] *von der Groeben/Thiesing/Ehlermann/Mederer* Art. 88 EG RdNr. 50.
[7] EuG, T-34/02, Slg. 2006, II-267, RdNr. 98 – Le Levant.
[8] *Schwarze/Bär-Bouyssière* Art. 88 EG RdNr. 10.
[9] EuG, T-354/99, Slg. 2006, II-1475, RdNr. 85 – Kuwait Petroleum.
[10] EuG, T-371/94 und 394/94, Slg. 1998, II-2405, RdNr. 61 f. – British Airways ua.
[11] EuG, T-318/00, Slg. 2005, II-4179, RdNr. 88 – Thüringen/Kommission.
[12] Vgl. EuGH, C-367/95P, Slg. 1998, I-1719 – Sytraval.
[13] *Geiger* Art. 88 EG RdNr. 4.

in der Regel einen Monat. Diese Frist läuft ab Zustellung der Entscheidung und gilt auch für die anderen beteiligten staatlichen Stellen, insbesondere die die Beihilfe gewährende Gebietskörperschaft.

7 Alle **anderen Beteiligten** werden bei der Veröffentlichung der Eröffnungsentscheidung im Amtsblatt zu einer Stellungnahme innerhalb einer Frist von in der Regel einem Monat aufgefordert. Die Frist beginnt mit der Veröffentlichung im Amtsblatt, welche nach st. Rechtsprechung ein angemessenes Mittel zur Unterrichtung darstellt.[14]

8 Unterlässt die Kommission die Fristsetzung oder ist die Frist zu kurz, liegt ein wesentlicher Verfahrensfehler vor.[15] Die Frist zur Stellungnahme kann nach Art. 6 Abs. 1 S. 3 in begründeten Fällen verlängert werden. Lehnt die Kommission einen Antrag auf Fristverlängerung ab, so muss sie begründen, warum der Antrag nicht hinreichend begründet ist.[16]

9 **2. Übermittlung der Stellungnahme an den Mitgliedstaat.** Nach Abs. 2 S. 1 hat die Kommission alle von anderen Beteiligten erhaltenen Stellungnahmen an den Mitgliedstaat zu übermitteln, um ihm vor einer endgültigen Entscheidung das Recht auf Stellungnahme zu allen entscheidungsrelevanten Tatsachen zu geben. Die Kommission darf sich nur auf solche Informationen stützen, zu denen der Mitgliedstaat Stellung nehmen konnte.[17] Eine Verletzung dieses aus dem Grundsatz der Wahrung der Verteidigungsrechte fließenden Rechts führt jedoch nur dann zu einer Nichtigerklärung, wenn das Verfahren ohne diesen Fehler zu einem anderen Ergebnis hätte führen können.[18] Der Mitgliedstaat kann zu diesen Stellungnahmen seinerseits innerhalb einer Frist von normalerweise einem Monat Stellung nehmen. Diese Frist kann nach Abs. 2 S. 3 in begründeten Fällen verlängert werden.

10 Nach Abs. 2 S. 2 gibt die Kommission auf begründeten Antrag die Identität der betreffenden Beteiligten dem Mitgliedstaat nicht bekannt. Dies dient dem Interessenausgleich: einerseits kann die Kommission umfänglich informiert werden und der Mitgliedstaat erhält vollumfänglich die Möglichkeit zur Stellungnahme. Gleichzeitig genießen **Dritte** entsprechenden Schutz ihrer Interessen. Hinsichtlich der Begründetheit eines solchen Antrags können die Grundsätze aus der Mitteilung der Kommission zum Berufsgeheimnis in Beihilfeentscheidungen[19] entsprechend herangezogen werden.[20]

11 **3. Berücksichtigung der Stellungnahmen.** Die Kommission muss in ihrer Entscheidung nach Art. 7 die Stellungnahmen berücksichtigen und auf wesentliche Argumente eingehen; zumindest muss aus der Entscheidung ersichtlich sein, dass sich die Kommission damit beschäftigt hat.[21] Auch **Stellungnahmen nach Fristablauf** sind von der Kommission zu berücksichtigen, soweit dies den Ablauf des Verwaltungsverfahrens nicht hindert.[22] Wenn die Kommission die Stellungnahme des Beihilfenempfängers ignoriert, so kann die Rückforderungsentscheidung aufgehoben werden.[23] Eine Antwort auf die Stellungnahmen und Äußerungen braucht die Kommission aber nicht zu geben.[24]

12 Die Kommission muss nicht von Amts wegen und mutmaßend prüfen, welche Tatsachen ihr hätten mitgeteilt werden müssen.[25] Hat die Kommission jedoch Anhaltspunkte für das Vorliegen eines Vereinbarkeitstatbestandes und fehlen ihr diesbezüglich noch Informationen oder hat sie Hinweise auf Ungenauigkeiten in den ihr vorliegenden Informationen, muss sie den Mitgliedstaat darauf aufmerksam machen und kann sich in einer negativen Entscheidung nicht auf das Fehlen solcher Informationen berufen.[26]

---

[14] EuG, T-354/99, Slg. 2006, II-1475, RdNr. 81 – Kuwait Petroleum.

[15] EuGH, 293/85, Slg. 1988, 305 – Kommission/Belgien.

[16] EuG, T-34/02, Slg. 2006, II-267, RdNr. 93 f. – Le Levant.

[17] EuGH, 234/84, Slg. 1986, 2263 – Belgien/Kommission (Meura).

[18] EuGH, 288/96, Slg. 2000, I-8237, RdNr. 101 – Deutschland/Kommission (JAKO).

[19] Mitteilung der Kommission vom 1. Dezember 2003 zum Berufsgeheimnis in Beihilfeentscheidungen, ABl. C297 vom 9. 12. 2003.

[20] *Schwarze/Bär-Bouyssière* Art. 88 EG RdNr. 3.

[21] EuGH, 86/82, Slg. 1984, 883 – Hasselblad.

[22] *von der Groeben/Thiesing/Ehlermann/Mederer* Art. 88 EG RdNr. 51; EuG, T-366/00. Slg. 2007, II-797, RdNr. 55 ff. – Scott.

[23] EuG, T-366/00, Slg. 2007, II-797 – Scott.

[24] *von der Groeben/Thiesing/Ehlermann/Mederer* Art. 88 EG RdNr. 51.

[25] EuG, T-17/03, Slg. 2006, II-1139, RdNr. 54 – Schmitz-Gotha Fahrzeugwerke.

[26] EuG, T-366/00, Slg. 2007, II-797, RdNr. 124 ff., 143 ff. – Scott.

Art. 7 Entscheidungen der Kommission über den Abschluß des förmlichen Prüfverfahrens

(1) Das förmliche Prüfverfahren wird unbeschadet des Artikels 8 durch eine Entscheidung nach den Absätzen 2 bis 5 dieses Artikels abgeschlossen.

(2) Gelangt die Kommission zu dem Schluß, daß die angemeldete Maßnahme, gegebenenfalls nach entsprechenden Änderungen durch den betreffenden Mitgliedstaat, keine Beihilfe darstellt, so stellt sie dies durch Entscheidung fest.

(3) [1]Stellt die Kommission fest, daß, gegebenenfalls nach Änderung durch den betreffenden Mitgliedstaat, die Bedenken hinsichtlich der Vereinbarkeit der angemeldeten Maßnahme mit dem Gemeinsamen Markt ausgeräumt sind, so entscheidet sie, daß die Beihilfe mit dem Gemeinsamen Markt vereinbar ist (nachstehend „Positiventscheidung" genannt). [2]In der Entscheidung wird angeführt, welche Ausnahmevorschrift des Vertrags zur Anwendung gelangt ist.

(4) Die Kommission kann eine Positiventscheidung mit Bedingungen und Auflagen verbinden, die ihr ermöglichen, die Beihilfe für mit dem Gemeinsamen Markt vereinbar zu erklären bzw. die Befolgung ihrer Entscheidung zu überwachen (nachstehend „mit Bedingungen und Auflagen verbundene Entscheidung" genannt).

(5) Gelangt die Kommission zu dem Schluß, daß die angemeldete Beihilfe mit dem Gemeinsamen Markt unvereinbar ist, so entscheidet sie, daß diese Beihilfe nicht eingeführt werden darf (nachstehend „Negativentscheidung" genannt).

(6) [1]Entscheidungen nach den Absätzen 2, 3, 4 und 5 werden erlassen, sobald die in Artikel 4 Absatz 4 genannten Bedenken ausgeräumt sind. Die Kommission bemüht sich darum, eine Entscheidung möglichst innerhalb von 18 Monaten nach Eröffnung des Prüfverfahrens zu erlassen. [2]Diese Frist kann von der Kommission und dem betreffenden Mitgliedstaat einvernehmlich verlängert werden.

(7) Ist die Frist nach Absatz 6 abgelaufen, so erläßt die Kommission auf Wunsch des betreffenden Mitgliedstaats innerhalb von zwei Monaten auf der Grundlage der ihr zur Verfügung stehenden Informationen eine Entscheidung. Reichen die ihr vorgelegten Informationen nicht aus, um die Vereinbarkeit festzustellen, so erläßt die Kommission gegebenenfalls eine Negativentscheidung.

Übersicht

I. Normzweck

Die Vorschrift bestimmt, welchen Inhalt eine das förmliche Prüfverfahren abschließende Entscheidung der Kommission haben kann. Zudem enthält Art. 7 einen Richtwert für die Dauer des förmlichen Prüfverfahrens.[1] **1**

II. Entstehungsgeschichte

Art. 7 kodifiziert die schon vor VO 659/1999 bestehende Entscheidungspraxis der Kommission. Die Gemeinschafsgerichte hatten bereits zuvor bestätigt, dass die Kommission berechtigt **2**

---

[1] Siehe *Heidenhain/Sinnaeve* § 33 RdNr. 44.

ist, Entscheidungen zu treffen, die mit Bedingungen und Auflagen verbunden sind.[2] Art. 7 geht jedoch insofern über die vor Inkrafttreten der VO 659/1999 bestehende Rechtslage hinaus, als die Vorschrift erstmals einen Richtwert für die Dauer des förmlichen Prüfverfahrens vorgibt.[3] Der ursprüngliche Vorschlag der Kommission zur Verordnung hatte keine Frist für das förmliche Prüfverfahren vorgesehen.[4] Die jetzige Regelung zur Dauer des förmlichen Prüfverfahrens ist ein Kompromiss, der im Laufe der Ratsverhandlungen über die Verordnung zustande gekommen ist.[5]

III. Erläuterungen

3   **1. Abschluss des förmlichen Prüfverfahrens durch Entscheidung.** Das Verfahren bei angemeldeten Beihilfen wird in den Fällen, in denen das förmliche Prüfverfahren von der Kommission gemäß Art. 4 Abs. 4 eröffnet worden war, durch eine Entscheidung gemäß Art. 7 abgeschlossen. Diese an den Mitgliedstaat gerichtete Entscheidung[6] der Kommission ist eine Entscheidung im Sinne von Art. 288 AEUV, die gemäß Art. 296 AEUV begründet werden muss.

4   **a) Entscheidungsformen.** Aus Art. 7 ergibt sich, dass es vier Entscheidungsformen gibt.[7] Erstens die Entscheidung, dass die angemeldete Maßnahme keine Beihilfe darstellt. Durch eine solche Entscheidung wird festgestellt, dass die angemeldete Maßnahme nicht vom Kontrollraster der Beihilfekontrolle erfasst wird.[8] Zweitens die Positiventscheidung, durch die festgestellt wird, dass die angemeldete Maßnahme eine Beihilfe ist, die mit dem Binnenmarkt vereinbar ist. Durch die Positiventscheidung der Kommission wird die angemeldete Beihilfe zu einer bestehenden Beihilfe im Sinne von Art. 1 lit. b (ii), die fortan nur noch im Verfahren für bestehende Beihilfen gemäß den Art. 17 bis 19 überprüft werden kann. Drittens die „mit Bedingungen und Auflagen verbundene Entscheidung", bei der durch Bedingungen und Auflagen sichergestellt wird, dass die Beihilfen mit dem Gemeinsamen Markt vereinbar sind. Auch bedingt genehmigte und mit Auflagen versehene Beihilfen werden mit der Entscheidung der Kommission zu genehmigten Beihilfen im Sinne von Art. 1 lit. b (ii), die nur noch der für bestehende Beihilfen geltenden Beihilfekontrolle unterliegen, wenn die von der Kommission beigefügten Bedingungen und Auflagen eingehalten werden. Viertens gibt es noch die Negativentscheidung, mit der die Kommission feststellt, dass die angemeldete Beihilfe nicht mit dem Binnenmarkt vereinbar ist. Ein Mitgliedstaat darf eine solche Beihilfe nicht gewähren.

5   Die Kommission ist im Interesse eines effizienten Beihilfeverfahrens berechtigt, sogenannte „gemischte Entscheidungen" zu treffen. Dabei handelt es sich um Entscheidungen, bei denen mindestens zwei der zuvor beschriebenen Entscheidungsformen in einer Entscheidung miteinander kombiniert worden sind.[9] Ein Beispiel für eine solche gemischte Entscheidung ist eine Entscheidung der Kommission, durch die ein Teil der angemeldeten Beihilfe genehmigt wird, während für einen anderen Teil der angemeldeten Beihilfe eine Negativentscheidung getroffen wird.

6   **b) Verbindung mit Bedingungen und Auflagen.** Art. 7 Abs. 4 bestätigt, dass die Kommission berechtigt ist, eine Entscheidung mit Bedingungen und Auflagen zu verbinden, die es ihr erlauben, die angemeldete Beihilfe als mit dem Binnenmarkt vereinbar anzusehen. Aus der Vorschrift ergibt sich nicht, welche Bedingungen und Auflagen die Kommission vorsehen kann. Deshalb ist davon auszugehen, dass die Kommission im Interesse einer effektiven Beihilfenkontrolle über ein weitgehendes Ermessen bei der Auswahl und Gestaltung von Bedingungen und Auflagen verfügt. Sie kann demnach grundsätzlich die Entscheidung mit jeder Bedingung oder

---

[2] Siehe nur EuG, Slg. 1998, II-3327 – Ryanair/Kommission; EuG, T-371/94, Slg. 1998, II-2405, RdNr. 288 – British Airways/Kommission.

[3] Vor Inkrafttreten der VO 659/1999 war die Kommission an keine Frist gebunden; vgl. EuG, T-371/94, Slg. 1998, II-2405, RdNr. 71 – British Airways/Kommission.

[4] *Sinnaeve* EuZW 1998, 270.

[5] *Heidenhain/Sinnaeve* § 33 RdNr. 42.

[6] Vgl. Art. 25.

[7] Siehe zu sonstigen von Artikel 7 nicht erfassten Sonderformen von Entscheidungen *Heidenhain/Sinnaeve* § 33 RdNr. 47. Entscheidungsformen, die sich nicht den Entscheidungsformen gemäß Art. 7 zuordnen lassen, sind nur ausnahmsweise zulässig und spielen in der Praxis keine erhebliche Rolle.

[8] Siehe aber auch unten die Kommentierung zum Verfahren bei bestehenden Beihilfen gemäß Art. 17 bis 19.

[9] *Heidenhain/Sinnaeve* § 33 RdNr 48.

Auflage versehen, die ein geeignetes Mittel ist, um die Vereinbarkeit der angemeldeten Beihilfe mit dem Gemeinsamen Markt herzustellen. Die Kommission ist jedoch dann, wenn sie zwischen mehreren gleichermaßen wirksamen Nebenbestimmungen wählen kann, aufgrund des im Gemeinschaftsrechts geltenden allgemeinen Grundsatzes der Verhältnismäßigkeit dazu verpflichtet, die für den Mitgliedstaat weniger eingreifende Nebenbestimmung zu wählen.[10]

Der VO 659/1999 lässt sich nicht entnehmen, was unter Bedingungen und Auflagen im Sinne von Art. 7 Abs. 4 zu verstehen ist. Es erscheint als sachgerecht, sich bei der Auslegung dieser Begriffe, auch wenn die VO 659/1999 für den Empfänger der Beihilfe kein der VO 139/2004 vergleichbares Sanktionsregime vorsieht,[11] an der hierzu im Fusionskontrollrecht entwickelten Praxis der Kommission zu orientieren.[12] Demnach ist davon auszugehen, dass vom Vorliegen einer Bedingung auszugehen ist, wenn die Nebenbestimmung Voraussetzung für die Vereinbarkeit der Maßnahme mit dem Gemeinsamen Markt ist. Vom Vorliegen einer Auflage ist hingegen auszugehen, wenn eine Nebenbestimmung der Überwachung oder Sicherstellung der ordnungsgemäßen Umsetzung der Entscheidung dient.[13] Bedingungen und Auflagen, die Entscheidungen beigefügt werden, können in der Praxis einen ganz unterschiedlichen Inhalt haben. Sie können Einschränkungen hinsichtlich der Art, der Höhe, der berechtigten Empfänger, des Zwecks oder der Dauer der Beihilfe vorsehen.[14] Bedingungen oder Auflagen können etwa Berichtspflichten, die Vorlage von Umstrukturierungsplänen, die Einschränkung wirtschaftlicher Aktivitäten, den Abbau von Kapazitäten, die Ernennung eines Treuhänders und die Veräußerung von Tochterunternehmen oder Betriebsteilen vorsehen.[15] **7**

Es ist unstreitig, dass der Mitgliedstaat gegenüber der Kommission zur Umsetzung der Entscheidung und der mit der Entscheidung verbundenen Bedingungen und Auflagen verpflichtet ist.[16] Dennoch kann die Kommission in ihrer Entscheidung auch Bedingungen und Auflagen vorsehen, die vom Empfänger der Beihilfe zu erfüllen sind. **8**

In der Beihilfenkontrolle ist es durchaus üblich, dass die Bedingungen und Auflagen, mit denen eine Entscheidung verbunden wird, die Zusagen reflektieren, die ein Mitgliedstaat im Beihilfeverfahren gemacht hat, um den Bedenken der Kommission gegen die Vereinbarkeit der Beihilfe mit dem Gemeinsamen Markt zu begegnen.[17] Zwingend ist dies jedoch nicht. Die Kommission muss mit dem Mitgliedstaat kein Einvernehmen über die Bedingungen und Auflagen herstellen, mit denen eine Entscheidung verbunden wird. Sie ist berechtigt, auch solche Bedingungen und Auflagen in einer Entscheidung vorzusehen, die der Mitgliedstaat im Beihilfeverfahren abgelehnt hat.[18] **9**

c) Keine besondere Form für Bedingungen und Auflagen. Es ist aus Gründen der Rechtssicherheit gute Verwaltungspraxis der Kommission, Bedingungen und Auflagen in den Tenor der Entscheidung aufzunehmen. Vereinzelt finden sich die Bedingungen und Auflagen stattdessen auch im Entscheidungstext. Für die Wirksamkeit einer Bedingung oder Auflage kommt es nicht darauf an, ob diese in den Tenor der Entscheidung aufgenommen wurde. Da eine Bedingung oder Auflage der Herstellung der Vereinbarkeit einer Entscheidung mit dem Gemeinsamen Markt dient, ist eine in einer Entscheidung enthaltene Bedingung oder Auflage immer dann verpflichtend, wenn sie erkennbar dazu beiträgt, die Vereinbarkeit der angemeldeten Maßnahme mit dem Gemeinsamen Markt herzustellen. In den Fällen, in denen der Mitgliedstaat eine der Bedingung oder Auflage entsprechende Zusage abgegeben hat, ergibt sich eine der Bedingung oder Auflage parallele Verpflichtung auch aus der Zusage des Mitgliedstaats. **10**

d) Herstellung der Vereinbarkeit mit dem Gemeinsamen Markt. Die Bedingungen und Auflagen, mit denen eine Entscheidung gemäß Art. 7 Abs. 4 verbunden wird, dienen dazu, die Vereinbarkeit der angemeldeten Beihilfe mit dem Gemeinsamen Markt herzustellen. Sie bezwecken, die mit der Genehmigung der angemeldeten Beihilfe verbundenen schädlichen Aus- **11**

---

[10] *Ehricke* EWS 2006, 242.

[11] Auf diesen Unterschied weist *Ehricke* EWS 2006, 241 hin, der deshalb Vollzugsdefizite bei Bedingungen und Auflagen fürchtet, die vom Empfänger der Beihilfe zu erfüllen sind.

[12] Siehe hierzu oben, Band I, Art. 8 FKVO RdNr. 68–87.

[13] Vgl. *Ehricke* EWS 2006, 242.

[14] *Heidenhain/Sinnaeve* § 33 RdNr. 48.

[15] Vgl. zu weiteren möglichen Bedingungen auch die Leitlinien „Umstrukturierung".

[16] *Ehricke* EWS 2006, 244.

[17] So *Ehricke* EWS 2006, 241.

[18] Vgl. Kom., ABl. 2005 L 116/55 – Mobilcom. Die Kommission hatte in dem Verfahren Beihilfen zugunsten der MobilCom AG unter der Auflage genehmigt, dass diese den Online-Wettbewerb zeitweise einstellt. Siehe zu der Entscheidung *Crome/Sölter* CPN 3/2004, 55-57.

wirkungen auf den Wettbewerb zu vermeiden.[19] Zur Vermeidung von unerwünschten Auswirkungen auf den Wettbewerb sind zum einen Bedingungen und Auflagen geeignet, die direkt der Vermeidung solcher Wettbewerbsstörungen dienen. Zum anderen sind unter Umständen auch solche besonderen Bedingungen und Auflagen zur Herstellung der Vereinbarkeit einer Beihilfe geeignet, die indirekt auf eine Verbesserung der Wettbewerbsituation insgesamt abzielen. Deshalb kann etwa als besondere Bedingung auch die weitergehende Verpflichtung vorgesehen werden, bestimmte Märkte für andere Unternehmen aus der Gemeinschaft zu öffnen.[20]

12 **2. Umsetzung von Entscheidungen gemäß Art. 7.** Der Mitgliedstaat ist gegenüber der Kommission verpflichtet, Entscheidungen gemäß Art. 7 fristgerecht vollständig umzusetzen. Keine Vollzugsprobleme bereiten Entscheidungen, durch die festgestellt wird, dass eine angemeldete Maßnahme keine Beihilfe darstellt beziehungsweise diese mit dem Gemeinsamen Markt vereinbar oder unvereinbar ist. Der Mitgliedstaat gewährt entweder die Beihilfe oder unterlässt die Gewährung derselben. Besonderheiten gelten jedoch für die Umsetzung von Entscheidungen, die mit Bedingungen oder Auflagen verbunden sind.

13 **a) Umsetzung der Bedingung oder Auflage.** Der Mitgliedstaat ist gegenüber der Kommission aufgrund des gemeinschaftsrechtlichen Effektivitätsgebots dazu verpflichtet, alle Maßnahmen zu ergreifen, die erforderlich sind, damit die mit Bedingungen oder Auflagen versehene Entscheidung fristgerecht vollständig umgesetzt werden kann.[21] Dies bedeutet, dass er dazu verpflichtet ist, sofern die Umsetzung der Bedingung oder Auflage in den Zuständigkeitsbereich des Mitgliedstaats fällt, die für die ordnungsgemäße Umsetzung der Entscheidung erforderlichen Maßnahmen zu ergreifen. Demnach hat der Mitgliedstaat beispielsweise dafür zu sorgen, dass die in der Entscheidung vorgesehenen Berichte der Kommission rechtzeitig vorgelegt werden. Darüber hinaus ist der Mitgliedstaat aufgrund des Gebots loyaler Zusammenarbeit verpflichtet, die Modalitäten der Beihilfegewährung so zu gestalten, dass die vollständige Umsetzung der Bedingungen und Auflagen sichergestellt ist. Dafür muss der Mitgliedstaat sich in geeigneter Weise der Mittel des nationalen Rechts bedienen, mit denen die Mitwirkung des Empfängers bei der Umsetzung der Bedingungen oder Auflagen sichergestellt werden kann. Es kann hierfür auch erforderlich sein, wirkungsvolle Sanktionen für etwaige Verstöße des Empfängers gegen Bedingungen und Auflagen vorzusehen.

14 **b) Schwierigkeiten bei der Umsetzung der Bedingung oder Auflage.** Noch nicht hinreichend ist bisher geklärt, wie zu verfahren ist, wenn die Umsetzung einer Bedingung oder Auflage dem Mitgliedstaat Schwierigkeiten bereitet. In der Literatur wird in diesem Zusammenhang auf das Gebot der loyalen Zusammenarbeit verwiesen, das Kommission und Mitgliedstaat dazu verpflichtet, gemeinsam nach einer Lösung für die aufgetretenen Schwierigkeiten zu suchen. Im Übrigen wird darauf hingewiesen, dass die Verpflichtung zur Umsetzung einer Bedingung oder Auflage nicht unbegrenzt sei. Im Falle der tatsächlichen oder rechtlichen Unmöglichkeit der Umsetzung einer Bedingung oder Entscheidung bestehe die Möglichkeit, die Entscheidung gegebenenfalls gemäß Art. 18 anzupassen.[22]

15 Dazu ist anzumerken, dass es zutrifft, dass der Mitgliedstaat dazu verpflichtet ist, die Kommission im Falle von Schwierigkeiten bei der Umsetzung von Bedingungen oder Auflagen zu kontaktieren, um sie umfassend über die aufgetretenen Schwierigkeiten zu unterrichten und konkrete Maßnahmen zu deren Überwindung vorzuschlagen. Es erscheint auch als zutreffend, dass bei absoluter Unmöglichkeit der Umsetzung einer Bedingung oder Auflage, eine Verpflichtung des Mitgliedstaats zu deren Umsetzung keinen Sinn mehr macht. In solchen Fällen ist jedoch noch zu klären, wie sich die fehlende Durchsetzbarkeit einer Bedingung oder Auflage auf die Beurteilung der Beihilfe auswirkt, die auf der Grundlage der nicht vollständig umgesetzten Entscheidung gewährt worden war.[23]

16 Zunächst erscheint es als erforderlich, den Tatbestand der absoluten Unmöglichkeit der Umsetzung einer Bedingung oder Auflage zu präzisieren. In der Literatur findet sich als Beispiel dafür die

---

[19] *Ehricke* EWS 2006, 242.

[20] Vgl. Ziffer 46 der Leitlinien „Umstrukturierung".

[21] Vgl. *Ehricke* EWS 2006, 244, der darauf hinweist, dass die Entscheidung der Kommission die Handlungsform des Mitgliedstaats nicht determiniere. Erforderlich sei nur, dass der Mitgliedstaat eine Handlungsform wähle, die eine effektive Durchsetzung der Entscheidung ermögliche.

[22] So *Ehricke* EWS 2006, 245–246. Zu solchen Situationen kann es insbesondere in Rettungs- und Umstrukturierungsfällen kommen, in denen der Mitgliedstaat die Kommission zum Zeitpunkt der Entscheidung nicht umfassend über bereits ergriffene Restrukturierungsmaßnahmen informiert hat.

[23] Siehe dazu im Folgenden unter 3.

Bedingung, einen Unternehmensteil zu veräußern, der im Zeitpunkt der Entscheidung nicht mehr vorhanden ist.[24] Meines Erachtens ist die Bedingung, einen im Zeitpunkt der Entscheidung nicht mehr vorhandenen Unternehmensteil zu veräußern, jedoch kein Fall einer absolut unmöglichen Bedingung. Vielmehr ist in solchen Fallkonstellationen davon auszugehen, dass die Bedingung bereits vor dem Wirksamwerden der Entscheidung umgesetzt worden ist. Die spärliche Praxis, die es zu dieser Frage gibt, zeigt, dass die absolute Unmöglichkeit der Umsetzung einer Bedingung oder Auflage vor allem dann eintritt, wenn der Empfänger oder ein Dritter seine Mitwirkung an der Umsetzung der Entscheidung verweigert. Insofern wird in der Literatur zu Recht von einem Fall absoluter Unmöglichkeit ausgegangen, wenn etwa die Gesellschafterversammlung des Empfängers die vorgesehene Änderung seiner Satzung endgültig verweigert.[25] Die absolute Unmöglichkeit der Umsetzung einer Bedingung ist auch dann gegeben, wenn ein Dritter, dessen Zustimmung für die Veräußerung eines bestimmten Portfolios erforderlich ist, diese Zustimmung endgültig verweigert.[26] In diesen Fällen bestehen nicht bloße Schwierigkeiten administrativer, rechtlicher oder politischer Natur, sondern vereitelt die verweigerte Mitwirkung des Empfängers oder eines Dritten die fristgerechte und vollständige Umsetzung der Bedingung oder Auflage.

In diesem Zusammenhang ist jedoch zu beachten, dass der Mitgliedstaat auch bei absoluter **17** Unmöglichkeit verpflichtet bleibt, darauf hinzuwirken, ein aufgrund der absoluten Unmöglichkeit der Umsetzung einer Bedingung oder Auflage etwa bestehendes Vollzugsdefizit durch geeignete anderweitige Maßnahmen auszugleichen. Der Mitgliedstaat kann somit gehalten sein, in Zusammenarbeit mit der Kommission und dem Empfänger etwa im Falle der absoluten Unmöglichkeit der Veräußerung eines Portfolios alternative Ausgleichsmaßnahmen vorzuschlagen, mit denen die Vereinbarkeit der Beihilfe mit dem Gemeinsamen Markt sichergestellt wird.[27] Sofern dies nach der Rechtsprechung des Gerichts im Einzelfall zulässig sein sollte,[28] kann die Kommission durch ergänzende Entscheidung die Bedingung, deren Umsetzung absolut unmöglich geworden ist, durch eine alternative Ausgleichsmaßnahme ersetzen.[29]

3. Verstoß gegen eine Bedingung oder Auflage. Die Kommission ist gemäß Art. 23 bei **18** einem Verstoß gegen eine mit Bedingungen und Auflagen verbundene Entscheidung im Sinne von Art. 7 Abs. 4 berechtigt, den Gerichtshof unmittelbar anzurufen.[30]

Zusätzlich ist die Kommission befugt, bei einem derartigen Verstoß ein Beihilfeverfahren zu **19** eröffnen. Die Kommission kann demgemäß ein Verfahren wegen der rechtswidrigen Gewährung einer Beihilfe eröffnen. Denn durch den Verstoß gegen eine Bedingung oder Auflage, mit der die Vereinbarkeit der Beihilfe mit dem Gemeinsamen Markt hergestellt wird, wird die gewährte Beihilfe, auch wenn der Verstoß gegen die Bedingung oder Auflage dem Mitgliedstaat nicht zurechenbar ist, zu einer rechtswidrigen Beihilfe. Die Gewährung der Beihilfe ist nicht mehr durch die ursprüngliche Genehmigung der Kommission gedeckt. Dies ist für den Verstoß gegen eine Bedingung offensichtlich, da die Genehmigung bei einem Verstoß gegen die Bedingung hinfällig ist.[31] Doch auch bei einem Verstoß gegen eine Auflage, die für die Vereinbarkeit einer Beihilfe mit dem Gemeinsamen Markt Bedeutung hat, kann die Kommission ein Verfahren wegen der rechtswidrigen Gewährung einer Beihilfe eröffnen.[32] Beruht der Verstoß gegen eine Bedingung oder Auflage hingegen auf dem Verhalten des Empfängers oder eines Dritten, kann die Kommission ein Verfahren wegen missbräuchlicher Anwendung einer Beihilfe gemäß Art. 16 eröffnen. Die Kommission darf, wenn sie das Verfahren bei rechtswidrigen Beihilfen beziehungsweise das Verfahren bei missbräuchlicher Anwendung einer Beihilfe wegen eines Verstoßes gegen eine Bedingung oder Auflage eröffnet, eine Entscheidung erst im förmlichen Prüfverfahren treffen.[33]

Es steht im pflichtgemäßen Ermessen der Kommission, ob sie zunächst ein Beihilfeverfahren **20** eröffnet oder direkt den Gerichtshof anruft. Die Kommission ist grundsätzlich auch berechtigt,

---

[24] Siehe *Ehricke* EWS 2006, 245.

[25] Vgl. *Ehricke* EWS 2006, 245.

[26] Vgl. Kom., Staatliche Beihilfe N 49/2006, RdNr. 2, 13–15 – Deutschland.

[27] Kom., Staatliche Beihilfe N 49/2006, RdNr. 17, 19–21 – Deutschland.

[28] Vgl. EuG, T-140/95, RdNr. 141 – Ryanair/Kommission.

[29] Vgl. Kom., Staatliche Beihilfe N 49/2006 – Deutschland.

[30] Vgl. EuGH, C-294/90, Slg. 1992, I-493, RdNr. 11 ff. – British Aerospace/Kommission.

[31] Vgl. zur parallelen Problematik im Bereich der Fusionskontrolle oben, Band I, Art. 8 FKVO RdNr. 68.

[32] Vgl. zur Praxis der Kommission bei einem Verstoß gegen eine Auflage im Bereich der Fusionskontrolle oben, Band I, Art. 8 FKVO RdNr. 70.

[33] So *Heidenhain/Sinnaeve* § 33 RdNr. 48. S. EuGH, C-36/99, Slg. 2002, I-3243, RdNr. 25 – Spanien/Kommission.

sowohl ein Beihilfeverfahren einzuleiten als auch den Gerichtshof gemäß Art. 23 direkt anzurufen. Es kann jedoch davon ausgegangen werden, dass die Kommission in der Praxis regelmäßig die Eröffnung eines Beihilfeverfahrens vorziehen wird.[34]

21   **4. Dauer des förmlichen Prüfverfahrens.** Die Kommission ist aufgrund von Abs. 6 gehalten, das förmliche Prüfverfahren durch Entscheidung innerhalb von 18 Monaten abzuschließen. Die Kommission und der Mitgliedstaat können sich jedoch auch dahingehend einigen, dass etwa aufgrund der Komplexität des Falles oder der Vielzahl eingegangener Stellungnahmen eine Entscheidung erst nach längerer Frist als 18 Monaten getroffen wird. Die Frist von 18 Monaten ist ein ungefährer Richtwert, der für den Normalfall geeignet ist, die angemessene Dauer des förmlichen Prüfverfahrens zu bestimmen.

22   Die Kommission ist, sofern der Mitgliedstaat dies verlangt, nach Ablauf der Frist von 18 Monaten verpflichtet, innerhalb von zwei Monaten auf der Grundlage der ihr vorliegenden Informationen zu entscheiden. Die Kommission trifft dann, wenn auf der Grundlage der vorliegenden Informationen ihre Zweifel an der Vereinbarkeit der Beihilfe mit dem Gemeinsamen Markt fortbestehen, gemäß Art. 7 Abs. 7 eine Negativentscheidung.

23   Die Regelungen des Artikels 7 Abs. 6 und 7 über die Dauer des förmlichen Prüfverfahrens haben angesichts des Risikos einer Negativentscheidung, das mit dem Verlangen einer Entscheidung nach Ablauf von 18 Monaten verbunden ist, keine erhebliche praktische Bedeutung erlangt.[35] Da Art. 7 zudem, anders als Art. 4 Abs. 6, nicht vorsieht, dass bei Fristüberschreitung die Beihilfe als genehmigt gilt, ist davon auszugehen, dass selbst dann, wenn die Kommission trotz eines entsprechenden Verlangens des Mitgliedstaats nach Ablauf von 18 Monaten nicht entscheidet, die Beihilfe nicht als genehmigt gilt.[36]

Art. 8 Rücknahme der Anmeldung

(1) Der betreffende Mitgliedstaat kann die Anmeldung im Sinne des Artikels 2 innerhalb einer angemessenen Frist, bevor die Kommission eine Entscheidung nach Artikel 4 oder nach Artikel 7 erlassen hat, zurücknehmen.

(2) In Fällen, in denen die Kommission das förmliche Prüfverfahren eingeleitet hat, wird dieses eingestellt.

1   **1. Rücknahme der Anmeldung.** Der Mitgliedstaat ist berechtigt, die Anmeldung einer Beihilfe vor einer Entscheidung der Kommission zurückzunehmen. Von dieser Befugnis machen die Mitgliedstaaten in erheblichem Umfang Gebrauch. Eine Rücknahme der Anmeldung erfolgt regelmäßig dann, wenn sich für den Mitgliedstaat die Eröffnung des förmlichen Prüfverfahrens oder eine Negativentscheidung der Kommission abzeichnet.[1]

2   Auf die Rücknahme der Anmeldung durch den Mitgliedstaat folgt häufig die erneute Anmeldung der Beihilfe in abgeänderter Form. Durch die Rücknahme der Anmeldung und Neuanmeldung erreicht der Mitgliedstaat, dass das Beihilfeverfahren zügiger abgeschlossen wird, da der Mitgliedstaat den mit der Durchführung des förmlichen Prüfverfahrens verbundenen Zeitverlust vermeiden kann.[2]

3   Der Mitgliedstaat muss die Anmeldung zwar innerhalb angemessener Frist vor einer Entscheidung der Kommission zurücknehmen, ist dazu jedoch nicht immer in der Lage, weil er nicht in jedem Fall Kenntnis davon hat, wann die Kommission über die Beihilfe entscheidet. Kommt es deshalb dazu, dass ein Mitgliedstaat seine Anmeldung erst zurücknimmt, nachdem die Kommission über die Beihilfe entschieden hatte, sind damit im Normalfall keine weiteren Rechtsfolgen verbunden. Denn der Mitgliedstaat ist in der Regel nicht verpflichtet, eine von der Kommission genehmigte Beihilfe zu gewähren. Im Falle einer Negativentscheidung hätte er die Beihilfe ohnehin nicht gewähren dürfen. Der Mitgliedstaat kann, wenn er eine Anmeldung erst zurücknimmt, nachdem die Kommission entschieden hatte, das förmliche Prüfverfahren zu eröffnen, eventuell noch die Veröffentlichung der Entscheidung vermeiden.[3]

---

[34] Vgl. *Heidenhain/Sinnaeve* § 33 RdNr. 48, die jedoch unter Berufung auf EuGH, C-36/00, Slg. 2002, I-3243, RdNr. 25 – Spanien/Kommission davon ausgehen, dass der Verstoß gegen eine Bedingung oder Auflage im Rahmen eines Beihilfeverfahren zu prüfen ist.

[35] *Heidenhain/Sinnaeve* § 33 RdNr. 45.

[36] Einen solchen Fall hat es bisher in der Praxis der Beihilfenkontrolle nicht gegeben.

[1] *Heidenhain/Sinnaeve* § 33 RdNr. 18.

[2] *Heidenhain/Sinnaeve* § 33 RdNr. 18.

[3] Vgl. Kom., ABl. 2001 C 160/37 – Bell Flavors; Kom., ABl. 2002 C 324/12 – Montfibre.

2. Einstellung des förmlichen Prüfverfahrens. Die Kommission ist verpflichtet, das **4** förmliche Prüfverfahren einzustellen, wenn die Anmeldung der Beihilfe vom Mitgliedstaat erst nach Eröffnung des Prüfverfahrens zurückgenommen wird. Die Kommission veröffentlicht in solchen Fällen gemäß Art. 26 Abs. 4 eine entsprechende Mitteilung im Amtsblatt der Kommission.[4]

Art. 9 Widerruf einer Entscheidung

[1]**Die Kommission kann, nachdem sie dem betreffenden Mitgliedstaat Gelegenheit zur Stellungnahme gegeben hat, eine nach Artikel 4 Absätze 2 oder 3 oder nach Artikel 7 Absätze 2, 3 oder 4 erlassene Entscheidung widerrufen, wenn diese auf während des Verfahrens übermittelten unrichtigen Informationen beruht, die ein für die Entscheidung ausschlaggebender Faktor waren.** [2]**Vor dem Widerruf einer Entscheidung und dem Erlaß einer neuen Entscheidung eröffnet die Kommission das förmliche Prüfverfahren nach Artikel 4 Absatz 4.** [3]**Die Artikel 6, 7 und 10, Artikel 11 Absatz 1 sowie die Artikel 13, 14 und 15 gelten entsprechend.**

I. Normzweck

Art. 9 erlaubt es der Kommission, Entscheidungen in Fällen zu widerrufen, in denen die Ent- **1** scheidung der Kommission auf unrichtigen Informationen beruht. Die Befugnis zum Widerruf der Entscheidung soll der Kommission dann die Korrektur einer unrichtigen Entscheidung erlauben, wenn die Unrichtigkeit der Entscheidung auf Umständen beruht, die außerhalb des Kontrollbereichs der Kommission liegen. Der Widerruf einer Entscheidung gemäß Art. 9 dient mittelbar dazu, das Vertrauen in die Beihilfekontrolle der Kommission zu stärken und das Beihilfenrecht materiell durchzusetzen.

II. Erläuterungen

1. Widerruf einer Entscheidung. Die Kommission ist berechtigt, eine Entscheidung nach **2** Art. 4 Abs. 2, Abs. 3 und Art. 7 Abs. 2, Abs. 3, Abs. 4 zu widerrufen, wenn diese Entscheidung auf unrichtigen Informationen beruht. Das Recht zum Widerruf der eigenen Entscheidung besteht jedoch nur dann, wenn die fraglichen falschen Informationen von ausschlaggebender Bedeutung für die Entscheidung der Kommission waren. Dies bedeutet, dass etwaige falsche Informationen, die ein Mitgliedstaat oder ein Beteiligter der Kommission im Beihilfeverfahren übermittelt hat, die Kommission nur dann zum Widerruf ihrer Entscheidung berechtigen, wenn die Kommission bei zutreffender Kenntnis der Sachlage anders entschieden hätte.

Dafür müssen zwei Bedingungen erfüllt sein. Erstens muss die unrichtige Information für die **3** Entscheidung erheblich gewesen sein. Entscheidungserheblich sind nur solche Informationen, mit denen die Entscheidung begründet worden ist. Sonstige Informationen, die der Kommission im Rahmen des Beihilfeverfahrens übermittelt worden sind, können den Widerruf einer Entscheidung nicht rechtfertigen. Des Weiteren muss die Auslegung der Entscheidung ergeben, dass der Tenor der Entscheidung ohne die unrichtige Information einen Begründungsmangel im Sinne von Art. 296 AEUV aufweisen würde. Zweitens müsste die Prüfung der Beihilfe bei zutreffender Kenntnis der Sachlage zu einer abweichenden Entscheidung geführt haben.

2. Unrichtige Informationen. Unrichtige Informationen, die zum Widerruf einer Ent- **4** scheidung berechtigen, sind nur solche Informationen, die der Mitgliedstaat im Beihilfeverfahren selbst übermittelt hat oder, sofern die Informationen von einem sonstigen Beteiligten stammen, zu denen der Mitgliedstaat zumindest hat Stellung nehmen können. Nicht erforderlich ist für die Einordnung von Informationen als unrichtige Informationen, dass der Mitgliedstaat oder Beteiligte absichtlich falsche Informationen übermittelt hat, die Unrichtigkeit der Informationen kannte oder hätte kennen müssen.

In der Literatur wird vertreten, dass die Kommission auch dann zum Widerruf ihrer Ent- **5** scheidung berechtigt sein soll, wenn die Entscheidung auf irreführenden Informationen eines Mitgliedstaats beruhe.[1] Dies erscheint jedoch als nicht überzeugend, da die Kommission bei irreführenden oder missverständlichen Informationen durch ein Ersuchen um klarstellende oder erläuternde Auskunft für Klarheit sorgen kann.

---

[4] Vgl. nur Kom., ABl. 2001 C 1 236/5 – Qualifizierungsbeihilfe für Landwirte im Allgäu.
[1] So *Heidenhain/Sinnaeve* § 33 RdNr. 50.

6   **3. Gelegenheit zur Stellungnahme.** Die Kommission kann eine Entscheidung erst widerrufen, nachdem sie dem Mitgliedstaat Gelegenheit zur Stellungnahme gegeben hat. Der Mitgliedstaat kann im Rahmen dieser Stellungnahme zur Frage der Unrichtigkeit der Informationen Stellung nehmen.

7   **4. Eröffnung des förmlichen Prüfverfahrens.** Vor dem Widerruf einer Entscheidung und dem Erlass einer neuen Entscheidung ist die Kommission verpflichtet, das förmliche Prüfverfahren zu eröffnen. Das förmliche Prüfverfahren kann, wie der Verweis auf Art. 14 bestätigt, auch mit einer Entscheidung abgeschlossen werden, die vorsieht, dass die auf der Grundlage der widerrufenen Entscheidung gewährte Beihilfe vom Empfänger zurückgefordert werden muss.[2] Die Kommission ist jedoch nicht berechtigt, bereits im Prüfverfahren die einstweilige Rückforderung der Beihilfe anzuordnen.

8   **5. Sonstige Fälle des Widerrufs einer Entscheidung.** In der Literatur wird darauf hingewiesen, dass Art. 9 insoweit lückenhaft sei, als er nicht den Widerruf von Negativentscheidungen vorsehe, die auf der Übermittlung von unrichtigen Tatsachen im Beihilfeverfahren beruhen. Insofern wird unter Berufung auf den Grundsatz der Rechtmäßigkeit der Verwaltung vorgeschlagen, Art. 9 analog auf solche Fälle anzuwenden.[3] Dem ist zuzustimmen, weil es auch beim Widerruf einer auf unrichtigen Informationen beruhenden Negativentscheidung um die Korrektur eines Fehlers geht, der außerhalb des Kontrollbereichs der Kommission liegt. Art. 9 kann es jedoch nicht rechtfertigen, der Kommission den Widerruf von Entscheidungen zur eigenen Fehlerkorrektur zu erlauben. Ob der Widerruf einer Entscheidung in einem solchen Fall mit den allgemeinen Grundsätzen des Verwaltungsrechts gerechtfertigt werden kann, ist im jeweiligen Einzelfall zu prüfen.[4]

Kapitel III. Verfahren bei rechtswidrigen Beihilfen

Art. 10 Prüfung, Auskunftsersuchen und Anordnung zur Auskunftserteilung

(1) Befindet sich die Kommission im Besitz von Informationen gleich welcher Herkunft über angebliche rechtswidrige Beihilfen, so prüft sie diese Informationen unverzüglich.

(2) [1]**Gegebenenfalls verlangt die Kommission von dem betreffenden Mitgliedstaat Auskünfte.** [2]**In diesem Fall gelten Artikel 2 Absatz 2 und Artikel 5 Absätze 1 und 2 entsprechend.**

(3) [1]**Werden von dem betreffenden Mitgliedstaat trotz eines Erinnerungsschreibens nach Artikel 5 Absatz 2 die verlangten Auskünfte innerhalb der von der Kommission festgesetzten Frist nicht oder nicht vollständig erteilt, so fordert die Kommission die Auskünfte durch Entscheidung an (nachstehend „Anordnung zur Auskunftserteilung" genannt).** [2]**Die Entscheidung bezeichnet die angeforderten Auskünfte und legt eine angemessene Frist zur Erteilung dieser Auskünfte fest.**

I. Normzweck

1   Art. 10 sieht im Interesse einer umfassenden und effektiven Beihilfenkontrolle vor, dass für die Überprüfung von rechtswidrigen Beihilfen der Amtermittlungsgrundsatz gilt.[1] Der Erwägungsgrund 11 bestätigt, dass die Kommission zur tatsächlichen Durchsetzung der Anmeldepflicht und des Durchführungsverbots grundsätzlich dazu verpflichtet ist, „alle rechtswidrigen Beihilfen zu überprüfen." Demnach dient die Überprüfung von rechtswidrigen Beihilfen zwei Zielen. Zum einen soll die Verpflichtung der Kommission zur Überprüfung von Informationen über rechtswidrige Beihilfen dazu beitragen, durch die Gewährung solcher Beihilfen eingetretene Wettbewerbsstörungen zu beseitigen. Zum anderen trägt die Überprüfung von Informationen über rechtswidrige Beihilfen auch mittelbar dazu bei, dass Mitgliedstaaten neue Beihilfen gemäß den Vorgaben der VO 659/1999 anmelden.

---

[2] Vgl. Kom., ABl. 2001 L 320/28 – Verlipack.
[3] So *Heidenhain/Sinnaeve* § 33 RdNr. 52.
[4] Siehe dazu *Heidenhain/Sinnaeve* § 33 RdNr. 53.
[1] *Mestmäcker/Schweitzer* § 45 RdNr. 22.

II. Erläuterungen

1. Prüfungspflicht. Art. 10 verpflichtet die Kommission dazu, ihr vorliegende Informationen über rechtswidrige Beihilfen im Sinne von Art. 1 lit. f von Amts wegen zu prüfen und den Sachverhalt gegebenenfalls weiter aufzuklären.[2] Sie ist verpflichtet, die ihr vorliegenden Informationen sorgfältig und unvoreingenommen zu überprüfen.[3] Die Kommission ist nicht dazu berechtigt, die Prüfung von Informationen über rechtswidrige Beihilfen abzulehnen, weil nach ihrer Einschätzung kein Gemeinschaftsinteresse an der Überprüfung der Informationen besteht.[4] Die zuvor erwähnte Verpflichtung der Kommission zur weiteren Aufklärung des Sachverhalts besteht jedoch nur dann, wenn die Prüfung der vorliegenden Informationen ergeben hat, dass zumindest aufgrund des ersten Anscheins hinreichende Anhaltspunkte für die Gewährung einer rechtswidrigen Beihilfe vorliegen. Offensichtlich unbegründete Beschwerden und nicht substantiierte Anschuldigungen eines Beteiligten verpflichten die Kommission nicht dazu, ihre inhaltliche Prüfung über die ihr vorliegenden Informationen hinaus auszudehnen. Das Gleiche gilt, wenn die rechtliche Prüfung der vorliegenden Informationen ergibt, dass der fragliche Vorgang den Beihilfentatbestand nicht erfüllt.

2. Auskunftsersuchen. Die Kommission ist, wenn die der Kommission vorliegenden Informationen Anhaltspunkte dafür enthalten, dass rechtswidrige Beihilfen gewährt wurden, verpflichtet, den Mitgliedstaat um Auskunft zu ersuchen. Die Kommission richtet hierfür ein Verwaltungsschreiben der zuständigen Generaldirektion an den Mitgliedstaat, mit dem sie um die fristgemäße Erteilung bestimmter Auskünfte bittet. Der Mitgliedstaat ist verpflichtet, der Kommission die gewünschten Auskünfte zu erteilen. Informationen, deren Preisgabe wesentliche Sicherheitsinteressen des Mitgliedstaats berühren, muss der Mitgliedstaat jedoch nicht offenlegen.[5]

3. Anordnung zur Auskunftserteilung. Die Kommission entscheidet, wenn der Mitgliedstaat die fraglichen Auskünfte trotz eines Erinnerungsschreibens nicht oder nicht vollständig erteilt, dass die Auskünfte zu erteilen sind. Die Kommission gibt in der Anordnung zur Auskunftserteilung an, welche Informationen bis zum Ablauf der von der Kommission gesetzten Frist vom Mitgliedstaat beizubringen sind. Die Anordnung zur Auskunftserteilung soll es der Kommission ermöglichen, den Sachverhalt aufzuklären, um eine begründete Sachentscheidung treffen zu können.

4. Rechtsfolgen eines Verstoßes gegen eine Anordnung. Abs. 3 regelt selbst nicht, welche Maßnahmen die Kommission ergreifen kann, wenn ein Mitgliedstaat einer Anordnung zur Auskunftserteilung nicht oder nur teilweise nachkommt. In diesem Falle ist die Kommission gemäß Art. 13 Abs. 1 dazu berechtigt, auf der Grundlage der vorliegenden Informationen zu entscheiden. Eine Anordnung zur Auskunftserteilung, der ein Mitgliedstaat nicht oder nicht vollständig nachkommt, beendet die vorerwähnte Verpflichtung der Kommission, den Sachverhalt von Amts wegen zu ermitteln.

Nicht vollständig ist bisher geklärt, ob für die Kommission dann, wenn eine Anordnung zur Auskunftserteilung nicht befolgt wird, abgeschwächte Anforderungen an die Beweisführung und die Begründungspflicht gelten.[6] Dafür spricht, dass ein Mitgliedstaat ansonsten Vorteile aus einem Verstoß gegen eine Anordnung zur Auskunftserteilung ziehen könnte. Mitgliedstaaten könnten ansonsten eine Sachentscheidung der Kommission über eine rechtswidrige Beihilfe verzögern oder gar vereiteln.[7] Deshalb ist davon auszugehen, dass ein Mitgliedstaat, der eine Anordnung zur Auskunftserteilung nicht vollständig befolgt hat, das Recht verwirkt, in einem späteren Gerichtsverfahren Rügen gegen die Entscheidung der Kommission zu erheben, die auf den Verstoß des Mitgliedstaates gegen die Anordnung zur Auskunftserteilung zurückzuführen sind.[8]

[2] *Mestmäcker/Schweitzer* § 45 RdNr. 22.

[3] Vgl. EuGH, C-367/95P, Slg. 1998, I-1719, RdNr. 57–62 – Kommission/Sytraval.

[4] Vgl. EuG, T-95/96, Slg. 1998, II-3407, RdNr. 72 – Géstevisión Telecino/Kommission.

[5] Siehe Art. 346 Abs. 1 AEUV und *Galand*, CPN 3/2008, 89-91.

[6] So *Heidenhain/Sinnaeve* § 34 RdNr 6.

[7] Vgl. dazu etwa EuGH, C-301/87, Slg. 1990, I-307 – Boussac; *Sassenrath*, Schadensersatzansprüche von Konkurrenten zur Effektivierung der Beihilfenkontrolle, S. 38 bis 40.

[8] Vgl. auch EuG, T-111/01, Slg. 2005, II-1579, RdNr. 85 bis 95 – Saxonia Edelmetalle, wo das Gericht die Wertung der Kommission auf der Grundlage der vorliegenden Informationen akzeptiert hat, was als eine Bestätigung dafür gewertet werden kann, dass Beweiserleichterungen und ein reduzierte Begründungspflicht bestehen.

Art. 11 Anordnung zur Aussetzung oder einstweiligen Rückforderung der Beihilfe

(1) Die Kommission kann, nachdem sie dem betreffenden Mitgliedstaat Gelegenheit zur Äußerung gegeben hat, eine Entscheidung erlassen, mit der dem Mitgliedstaat aufgegeben wird, alle rechtswidrigen Beihilfen so lange auszusetzen, bis die Kommission eine Entscheidung über die Vereinbarkeit der Beihilfe mit dem Gemeinsamen Markt erlassen hat (nachstehend „Aussetzungsanordnung" genannt).

(2) Die Kommission kann, nachdem sie dem betreffenden Mitgliedstaat Gelegenheit zur Äußerung gegeben hat, eine Entscheidung erlassen, mit der dem Mitgliedstaat aufgegeben wird, alle rechtswidrigen Beihilfen einstweilig zurückzufordern, bis die Kommission eine Entscheidung über die Vereinbarkeit der Beihilfe mit dem Gemeinsamen Markt erlassen hat (nachstehend „Rückforderungsanordnung" genannt), sofern folgende Kriterien erfüllt sind:
– Nach geltender Praxis bestehen hinsichtlich des Beihilfecharakters der betreffenden Maßnahme keinerlei Zweifel, und
– ein Tätigwerden ist dringend geboten, und
– ein erheblicher und nicht wiedergutzumachender Schaden für einen Konkurrenten ist ernsthaft zu befürchten.
Die Rückforderung erfolgt nach dem Verfahren des Artikels 14 Absätze 2 und 3. Nachdem die Beihilfe wieder eingezogen worden ist, erläßt die Kommission eine Entscheidung innerhalb der für angemeldete Beihilfen geltenden Fristen.
Die Kommission kann den Mitgliedstaat ermächtigen, die Rückerstattung der Beihilfe mit der Zahlung einer Rettungsbeihilfe an das betreffende Unternehmen zu verbinden.
Dieser Absatz gilt nur für die nach dem Inkrafttreten dieser Verordnung gewährten rechtswidrigen Beihilfen.

I. Normzweck

1   Art. 11 bestimmt, dass die Kommission befugt ist, vom einem Mitgliedstaat, der eine Beihilfe unter Verstoß gegen das Durchführungsverbot gewährt hat, die einstweilige Aussetzung oder Rückforderung der rechtswidrigen Beihilfe zu verlangen. Dadurch ist es der Kommission möglich, durch einstweilige Maßnahmen die Störung des Wettbewerbs, die durch die rechtswidrige Gewährung der Beihilfe verursacht worden ist, zu begrenzen oder zu beseitigen.

II. Entstehungsgeschichte

2   Art. 11 regelt die Befugnis der Kommission, einstweilige Maßnahmen wegen der Gewährung einer rechtswidrigen Beihilfe zu ergreifen. Durch die Vorschrift wird die einschlägige Rechtsprechung des Gerichtshofs kodifiziert und weiterentwickelt. Die Gemeinschaftsgerichte hatten bereits vor Inkrafttreten der VO 659/1999 festgestellt, dass die Kommission befugt ist, vom Mitgliedstaat zu verlangen, dass dieser die Gewährung von rechtswidrigen Beihilfen bis zu einer Entscheidung der Kommission aussetzt.[1] Eine Befugnis der Kommission, eine rechtswidrige Beihilfe einstweilig zurückzufordern, hat es vor Inkrafttreten der VO 659/1999 jedoch nicht gegeben.[2]

III. Erläuterungen

3   **1. Aussetzungsanordnung.** Die Kommission ist nach Anhörung des Mitgliedstaats befugt, durch Entscheidung anzuordnen, dass der Mitgliedstaat die weitere Gewährung rechtswidriger Beihilfen aussetzt, bis die Kommission über die Vereinbarkeit der Beihilfen mit dem Gemeinsamen Markt entschieden hat. Weitere Voraussetzungen wie etwa eine besondere Dringlichkeit müssen für die Aussetzungsanordnung nicht erfüllt sein. Dies erscheint auch sachgerecht, da eine

---

[1] Vgl. EuGH, C-303/88, Slg. 1991, I-1433, RdNr. 46 – ENI Lanerossi; EuGH, C-142/87, Slg. 1990, I-959, RdNr. 15 – Tubemeuse; EuGH, C-301/87, Slg. 1990, I-307, RdNr. 19 – Boussac; EuG, T-49/93, Slg. 1995, II-2501, RdNr. 83 – SIDE/Kommission.
[2] Siehe EuGH, C-301/87, Slg. 1990, I-307, RdNr. 20 bis 21 – Boussac; EuGH, C-354/90, Slg. 1991, I-5505, RdNr. 13 bis 14 – FNCE.

Entscheidung der Kommission über die Aussetzung einer rechtswidrigen Beihilfe im Grunde nur noch einmal die Geltung des allgemeinen Durchführungsverbots des Artikels 108 Abs. 3 S. 3 AEUV für den Einzelfall feststellt. Sie beschränkt sich darauf, einen fortgesetzten Verstoß etwa im Rahmen einer nicht angemeldeten Beihilferegelung zu untersagen.

2. Rückforderungsanordnung. Die Kommission ist nach Anhörung des Mitgliedstaats **4** auch grundsätzlich befugt, durch Entscheidung anzuordnen, dass der Mitgliedstaat die rechtswidrige Beihilfe einstweilen zurückfordert, bis die Kommission entschieden hat, ob diese mit dem Gemeinsamen Markt vereinbar ist. Die Kommission ist jedoch in Anbetracht der möglicherweise gravierenden Auswirkungen der einstweiligen Rückforderung nur dann befugt, die einstweilige Rückforderung anzuordnen, wenn ein qualifiziertes Bedürfnis nach einstweiliger Rückforderung gemäß den Kriterien des Abs. 2 festgestellt werden kann. Danach ist die Kommission nur dann befugt, die einstweilige Rückforderung anzuordnen, wenn der Beihilfecharakter der fraglichen Maßnahme feststeht, die einstweilige Rückforderung dringend geboten ist und Wettbewerbern erhebliche, nicht wiedergutzumachende Schäden drohen. Die Kommission ist berechtigt, die Rückforderungsanordnung mit der Genehmigung einer Rettungsbeihilfe zu verbinden.

In der Literatur wird vereinzelt bezweifelt, ob die Rückforderungsanordnung gemäß Abs. 2 **5** mit dem Primärrecht vereinbar ist. Zur Begründung wird darauf verwiesen, dass nach der *Boussac*-Rechtsprechung des Gerichtshofs die einstweilige Rückforderung einer rechtswidrigen Beihilfe nicht statthaft sei. Bei der *Boussac*-Rechtsprechung des Gerichtshofs handele es sich um durch Auslegung konkretisiertes Primärrecht, das durch die VO 659/1999 nicht abgeändert werden könne.[3] Die Begründung der Zweifel an der Befugnis der Kommission zur Rückforderungsanordnung erscheinen jedoch schon deswegen als unbegründet, weil sich der Rechtsprechung nicht entnehmen lässt, die Befugnisse der Kommission zu einstweiligen Anordnungen abschließend regeln zu wollen. Demnach dürfte die Rechtsprechung einer behutsamen weiteren Konkretisierung des Gemeinschaftsrechts nicht entgegenstehen. Im Übrigen lässt sich den Stellungnahmen in der Literatur nicht entnehmen, warum die Befugnis der Kommission, Rückforderungsanordnungen zu erlassen, gegen das Primärrecht verstoßen soll. Deshalb ist davon auszugehen, dass Abs. 2 nicht gegen Primärrecht verstößt und die insoweit geäußerten Zweifel nicht stichhaltig sind.

Bisher hat die Kommission, soweit ersichtlich, noch in keinem Fall entschieden, dass die **6** rechtswidrig gewährten Beihilfen einstweilig zurückgefordert werden müssen. In Anbetracht der stark einschränkenden Voraussetzungen für die Anordnung der einstweiligen Rückforderung von Beihilfen gemäß Abs. 2 erscheint es auch als sehr unwahrscheinlich, dass die Befugnis der Kommission zur einstweiligen Rückforderung von rechtswidrigen Beihilfen größere praktische Bedeutung gewinnen wird.[4]

Art. 12 Nichtbefolgung einer Anordnung

Kommt der betreffende Mitgliedstaat einer Aussetzungs- oder Rückforderungsanordnung nicht nach, so kann die Kommission die Prüfung aufgrund der ihr vorliegenden Informationen fortsetzen sowie den Gerichtshof der Europäischen Gemeinschaften unmittelbar mit der Angelegenheit befassen und um die Feststellung ersuchen, daß die Nichtbefolgung der Anordnung einen Verstoß gegen den Vertrag darstellt.

1. Nichtbefolgung einer Anordnung. Die Befugnis der Kommission, das Verfahren auf **1** der Grundlage der vorliegenden Informationen dann fortzusetzen, wenn ein Mitgliedstaat eine Anordnung gemäß Art. 11 nicht befolgt, hat in erster Linie klarstellende Bedeutung. Es ist im Grunde selbstverständlich, dass der Verstoß des Mitgliedstaats gegen eine Anordnung gemäß Art. 11 nicht dazu führen kann, dass eine Entscheidung über die rechtswidrige Beihilfe verzögert oder vereitelt wird. Deshalb ist die Kommission, wenn eine Anordnung gemäß Art. 11 nicht befolgt wird, berechtigt, die fragliche Maßnahme auf der Grundlage der vorliegenden Informationen zu entscheiden.

---

[3] Vgl. hierzu *Ritter*, EG-Beihilfenrückforderung von Dritten, 23.
[4] Wohl aA. *Langmaack* 48–50, der ausführt, dass die Rückforderungsanordnung bedeutsam sei, wenn der Verstoß gegen das Durchführungsverbot überkapazitäre Märkte mit Preisdruck betreffe.

2   **2. Unmittelbare Befassung des Gerichtshofs.** Die Kommission ist befugt, den Gerichtshof direkt anzurufen, wenn ein Mitgliedstaat eine Anordnung gemäß Art. 11 nicht befolgt. Eines Vorverfahrens bedarf es in dieser Fallkonstellation nicht mehr, da dem Mitgliedstaat sowohl bei der Aussetzungs- als auch bei der Rückforderungsanordnung Gelegenheit zur Stellungnahme gegeben worden ist.

Art. 13   Entscheidungen der Kommission

(1) [1]**Nach Prüfung einer etwaigen rechtswidrigen Beihilfe ergeht eine Entscheidung nach Artikel 4 Absätze 2, 3 oder 4.** [2]**Bei Entscheidungen zur Eröffnung eines förmlichen Prüfverfahrens wird das Verfahren durch eine Entscheidung nach Artikel 7 abgeschlossen.** [3]**Bei Nichtbefolgung der Anordnung zur Auskunftserteilung wird die Entscheidung auf der Grundlage der verfügbaren Informationen erlassen.**

(2) **Bei etwaigen rechtswidrigen Beihilfen ist die Kommission – unbeschadet des Artikels 11 Absatz 2 – nicht an die in Artikel 4 Absatz 5 und Artikel 7 Absätze 6 und 7 genannte Frist gebunden.**

(3) **Artikel 9 gilt entsprechend.**

1   **1. Entscheidungen der Kommission bei rechtswidrigen Beihilfen.** Die Kommission schließt das vorläufige Prüfverfahren im Verfahren bei rechtswidrigen Beihilfen ab, indem sie entscheidet, dass die fragliche Maßnahme keine Beihilfe darstellt, keine Einwände gegen die Beihilfe erhoben werden oder aber das förmliche Prüfverfahren eröffnet wird.

2   Mit einer Entscheidung der Kommission, keine Einwände zu erheben, wird die materielle Vereinbarkeit der formell rechtswidrig gewährten Beihilfe mit dem Gemeinsamen Markt festgestellt. Die formelle Rechtswidrigkeit der Beihilfe berechtigt die Kommission nicht dazu, für den Zeitraum zwischen Gewährung der Beihilfe und Genehmigung durch die Kommission vom Empfänger die Zahlung von Rückforderungszinsen zu verlangen, da hierfür gemäß Art. 14 Abs. 1 eine materiell rechtswidrige Entscheidung erforderlich ist.[1] Zwar ist die Kommission nicht befugt, vom Mitgliedstaat zu verlangen, dass dieser vom Empfänger einer formell rechtswidrigen Beihilfe die Zahlung von Rückforderungszinsen einfordert. Dies bedeutet jedoch nicht, dass die Gewährung einer formell rechtswidrigen Beihilfe ohne Rechtsfolgen bleibt. Denn der Gerichtshof hat festgestellt, dass die nationalen Gerichte aufgrund der praktischen Wirksamkeit von Artikel 108 Abs. 3 S. 3 AEUV verpflichtet sind, vom Empfänger einer formell rechtswidrigen Beihilfe, die nachträglich von der Kommission genehmigt worden ist, die Zahlung von Zinsen für den Zeitraum zwischen Beihilfengewährung und nachträglicher Genehmigung zu verlangen.[2]

3   Das förmliche Prüfverfahren wird im Verfahren bei rechtswidrigen Beihilfen durch die Entscheidung abgeschlossen, dass die fragliche Maßnahme keine Beihilfe darstellt, dass keine Bedenken hinsichtlich der Vereinbarkeit der Beihilfe mit dem Gemeinsamen Markt bestehen, dass die Maßnahme unter Bedingungen oder mit Auflagen mit dem Gemeinsamen Markt vereinbar ist oder aber mit dem Gemeinsamen Markt unvereinbar ist. Die Kommission ordnet im Falle der Entscheidung, dass die Maßnahme mit dem Gemeinsamen Markt unvereinbar ist, an, dass diese vom Mitgliedstaat gemäß Art. 14 Abs. 1 vom Empfänger zurückzufordern ist. Zudem muss ein Mitgliedstaat, wenn die Kommission entscheidet, dass eine Beihilfenregelung mit dem Gemeinsamen Markt unvereinbar ist, die Regelung für die Zukunft ausdrücklich abschaffen.[3] Die Zusicherung, keine Zahlungen auf der Grundlage der mit dem Gemeinsamen Markt unvereinbaren Beihilfenregelung mehr vorzunehmen, genügt nicht.

4   **2. Keine Bindung an Fristen bei rechtswidrigen Beihilfen.** Die Kommission ist im Verfahren bei rechtswidrigen Beihilfen grundsätzlich nicht an die Fristen gebunden, die für angemeldete Beihilfen gelten. Diese Fristen gelten nicht, weil ein Mitgliedstaat, der gegen die Anmeldepflicht und das Durchführungsverbot verstößt, selbst nicht die Einhaltung der Fristen durch die Kommission verlangen können soll. Dadurch soll den Mitgliedstaaten ein Anreiz gegeben werden, Beihilfen anzumelden.[4]

---

[1] Hierauf weist zu Recht *Heidenhain/Sinnaeve* § 34 RdNr. 12 und 15 hin.
[2] EuGH, C-199/06, Slg. 2008, I-00469, RdNr. 51–52 – CELF.
[3] EuGH, 130/83, Slg. 1984, 2849, RdNr. 7 – Kommission/Italien.
[4] Vgl. hierzu Erwägungsgrund 11 der VO 659/1999; siehe auch *Mestmäcker/Schweitzer* § 45 RdNr. 23.

Die Kommission ist jedoch auch im Verfahren bei rechtswidrigen Beihilfen ausnahmsweise an **5** die für angemeldete Beihilfen geltenden Fristen gebunden, wenn ein Mitgliedstaat die rechtswidrige Beihilfe zurückgefordert hat. Denn durch die einstweilige Rückforderung wird die vor der Gewährung der rechtswidrigen Beihilfe bestehende Situation wiederhergestellt, so dass auch die Anwendung der bei angemeldeten Beihilfen geltenden Fristen gerechtfertigt ist. Analog sind die bei angemeldeten Beihilfen geltenden Fristen auch dann anwendbar, wenn ein Mitgliedstaat auf freiwilliger Basis eine rechtswidrige Beihilfe gemäß Art. 14 Abs. 2 zurückfordert.[5]

Der Grundsatz, dass im Verfahren bei rechtswidrigen Beihilfen nicht die Fristen für angemel- **6** dete Beihilfen gelten, bedeutet nicht, dass es im freien Belieben der Kommission stünde, wann sie über eine rechtswidrige Beihilfe entscheidet. Die Grundsätze der guten Verwaltungspraxis gelten auch im Verfahren bei rechtswidrigen Beihilfen. Deshalb muss die Kommission auch im Verfahren bei rechtswidrigen Beihilfen binnen einer für den Einzelfall zu konkretisierenden Frist entscheiden.[6] Eine Verzögerung der Entscheidung, die darauf zurückzuführen ist, dass der Mitgliedstaat von der Kommission angefragte Auskünfte erst mit erheblicher Verspätung beibringt, können der Kommission nicht vorgehalten werden und begründen auch kein berechtigtes Vertrauen auf die Vereinbarkeit der Beihilfe mit dem Gemeinsamen Markt.[7] Als grober Richtwert kann davon ausgegangen werden, dass die Kommission das förmliche Prüfverfahren im Verfahren bei rechtswidrigen Beihilfen innerhalb eines Zeitraums abschließen können sollte, der doppelt so lang ist wie die in Art. 7 (6) vorgesehene Frist. Im Einzelfall kann aufgrund der besonderen Komplexität des Falles oder aufgrund unzureichender Mitwirkung des Mitgliedstaats auch eine längere Verfahrensdauer angemessen sein.

Art. 14 Rückforderung von Beihilfen

(1) [1]In Negativentscheidungen hinsichtlich rechtswidriger Beihilfen entscheidet die Kommission, daß der betreffende Mitgliedstaat alle notwendigen Maßnahmen ergreift, um die Beihilfe vom Empfänger zurückzufordern (nachstehend „Rückforderungsentscheidung" genannt). [2]Die Kommission verlangt nicht die Rückforderung der Beihilfe, wenn dies gegen einen allgemeinen Grundsatz des Gemeinschaftsrechts verstoßen würde.

(2) [1]Die aufgrund einer Rückforderungsentscheidung zurückzufordernde Beihilfe umfaßt Zinsen, die nach einem von der Kommission festgelegten angemessenen Satz berechnet werden. [2]Die Zinsen sind von dem Zeitpunkt, ab dem die rechtswidrige Beihilfe dem Empfänger zur Verfügung stand, bis zu ihrer tatsächlichen Rückzahlung zahlbar.

(3) [1]Unbeschadet einer Entscheidung des Gerichtshofes der Europäischen Gemeinschaften nach Artikel 185 des Vertrags erfolgt die Rückforderung unverzüglich und nach den Verfahren des betreffenden Mitgliedstaats, sofern hierdurch die sofortige und tatsächliche Vollstreckung der Kommissionsentscheidung ermöglicht wird. [2]Zu diesem Zweck unternehmen die betreffenden Mitgliedstaaten im Fall eines Verfahrens vor nationalen Gerichten unbeschadet des Gemeinschaftsrechts alle in ihren jeweiligen Rechtsordnungen verfügbaren erforderlichen Schritte einschließlich vorläufiger Maßnahmen.

Übersicht

---

[5] Vgl. *Heidenhain/Sinnaeve* § 34 RdNr. 10.
[6] Vgl. EuG, T-95/96, Slg. 1998, II-3407, RdNr. 73 bis 75 – Gestevisión Telecino/Kommission, der Entsprechendes für die Bearbeitung einer Beschwerde entschieden hatte.
[7] EuGH, C-301/87, Slg. 1990, I-307, RdNr. 28 – Boussac; EuGH, C-303/88, Slg. 1991, I-1431, RdNr. 43 – ENI/Lanerossi.

I. Normzweck

1   Die Kommission verlangt durch Rückforderungsentscheidung vom Mitgliedstaat, der eine mit dem Gemeinsamen Markt unvereinbare Beihilfe gewährt hat, dass dieser die Rückforderung der Beihilfe gegenüber dem Empfänger durchsetzt. Der Mitgliedstaat ist verpflichtet, die Beihilfe einschließlich Zins unverzüglich nach nationalem Verfahrensrecht zurückzufordern. Durch die Rückforderung der Beihilfe soll „wirksamer Wettbewerb wiederhergestellt werden"‚[1] indem der vor Gewährung der rechtswidrigen Beihilfe bestehende Zustand wiederhergestellt wird.[2] Der Gerichtshof hat festgestellt, dass „das Hauptziel der Rückerstattung einer zu Unrecht gezahlten Beihilfe darin [besteht], die Wettbewerbsverzerrung zu beseitigen, die durch den mit der rechtswidrigen Beihilfe verbundenen Wettbewerbsvorteil verursacht wurde".[3] Der Gerichtshof sieht in der Rückforderung „die logische Folge der Feststellung ihrer Rechtswidrigkeit".[4] Mit der Rückforderung einer rechtwidrigen Beihilfe werden keine über die Beseitigung der Wettbewerbsstörung hinausgehenden Ziele verfolgt. Die Rückforderung einer rechtswidrigen Beihilfe hat im Gegensatz zur Kartellbuße keinen unmittelbaren Sanktionscharakter.[5]

II. Entstehungsgeschichte

2   Der AEUV enthält keine Bestimmung zur Beihilfenrückforderung.[6] Die Befugnis der Kommission, die Rückforderung rechtswidriger Beihilfen anzuordnen, hat der Gerichtshof erstmalig im Jahre 1973 festgestellt.[7] Der Gerichtshof leitete diese Befugnis aus Art. 108 Abs. 2 S. 2 AEUV her. Er stellte fest, dass die Entscheidung der Kommission über die Aufhebung und Umgestaltung einer Beihilfe gemäß Art. 108 Abs. 2 S. 1 AEUV auch die Verpflichtung umfassen kann, die rechtswidrig gewährte Beihilfe zurückzufordern.[8] Die Gemeinschaftsgerichte stellten die Rückforderung zunächst in das Ermessen der Kommission,[9] ergänzten aber später, dass die Anordnung der Rückforderung einer rechtswidrigen Beihilfe nur dann ermessensfehlerhaft ist, wenn die Rückforderung aufgrund eines entgegenstehenden Grundsatzes des Gemeinschaftsrechts unterbleiben muss.[10]

3   Obwohl die Befugnis der Kommission, die Rückforderung rechtswidriger Beihilfen anzuordnen, bereits im Jahre 1973 bestätigt worden war, wurden rechtswidrige Beihilfen erst ab dem Jahre 1984, nach entsprechender Vorwarnung in einer Mitteilung der Kommission,[11] systematisch zurückgefordert.[12] Art. 14 in seiner heutigen Fassung kodifiziert die von der Rechtsprechung der Gemeinschaftsgerichte festgestellte und ausgeformte Befugnis zur Rückforderung rechtswidriger Beihilfen.[13] Die Kommission hat in den Jahren 2000 bis 2008 insgesamt 132 Rückforderungsentscheidungen getroffen, mit denen ein Gesamtbetrag von EUR 10,3 Milliarden zurückgefordert wurde.[14]

---

[1] Siehe Erwägungsgrund Nr. 13 der VO 659/1999.

[2] Vgl. auch EuGH, C-142/87, Slg. 1990, I-959, RdNr. 66 – Tubemeuse.

[3] EuGH, C-277/00, Slg. 2004, I-3925, RdNr. 76 – SMI.

[4] EuGH, C-142/87, Slg. 1990, I-95, RdNr. 66 – Tubemeuse.

[5] So auch *Koenig/Kühling/Ritter* RdNr. 434; *Heidenhain/Quardt* § 50 RdNr. 5.

[6] *Sinnaeve*, Die Rückforderung gemeinschafsrechtswidriger nationaler Beihilfen, 37–39.

[7] EuGH, C-70/72, Slg. 1973, 813, RdNr. 13 – Kommission/Deutschland; dazu *Sinnaeve*, Die Rückforderung gemeinschafsrechtswidriger nationaler Beihilfen, 60 ff.

[8] EuGH, C-310/99, Slg. 2002, I-2289, RdNr. 13 – Italien/Kommission.

[9] Vgl. etwa EuG, T-67/94, Slg. 1998, II-1, RdNr. 179 mwN. – Ladbroke Racing Ltd.

[10] Siehe nur EuGH, C-310/99, Slg. 2002, I-2289, RdNr. 99 – Italien/Kommission.

[11] Kom., Mitt. ABl. 1983 C 318/3.

[12] *Sinnaeve*, Die Rückforderung gemeinschafsrechtswidriger nationaler Beihilfen, 65-67.

[13] *Ritter*, EG-Beihilfenrückforderung von Dritten, 21-22.

[14] Weitere statistische Angaben zur Rückforderungspraxis der Kommission finden sich unter folgendem Link: http://ec.europa.eu/competition/state_aid/studies_reports/recovery.html.

III. Erläuterungen

1. Zweistufiges Verfahren. Das Verfahren der Rückforderung einer rechtswidrigen Beihil- 4
fe besteht aus zwei Stufen. Zunächst verlangt die Kommission durch die Rückforderungsentscheidung vom betroffenen Mitgliedstaat auf der Ebene des Gemeinschaftsrechts, dass dieser die
Beihilfe vom Empfänger zurückfordert. Der Mitgliedstaat setzt diese Entscheidung auf der Ebene des nationalen Rechts um, indem er die Rückforderung gegenüber dem Empfänger durchsetzt.[15]

2. Rückforderungsentscheidung. Der Mitgliedstaat ist aufgrund einer Rückforderungs- 5
entscheidung verpflichtet, alle erforderlichen Maßnahmen zu ergreifen, um die mit dem Gemeinsamen Markt unvereinbare Beihilfe vom Empfänger zurückzufordern. Die Kommission ist
aufgrund von Art. 14 rechtlich verpflichtet, die Rückforderung anzuordnen.[16] Ihr steht kein
Ermessen zu, aufgrund dessen sie davon absehen könnte, die Rückforderung der Beihilfe zu
verlangen.[17]

Zu Recht ist darauf hingewiesen worden, dass eine Rückforderungsentscheidung gravierende 6
politische und wirtschaftliche Auswirkungen im Mitgliedstaat haben kann.[18] Deshalb wird sie
auch als das schärfste Schwert der Kommission im Rahmen der Beihilfenkontrolle bezeichnet.
Durch die Rückforderung der Beihilfe wird dem Empfänger oft die wirtschaftliche Existenz-
grundlage entzogen, so dass er Insolvenz beantragen muss.[19] Da die Rückforderung zudem regelmäßig im Mitgliedstaat von den Behörden betrieben werden muss, die für die Gewährung
der zurückzufordernden Beihilfe verantwortlich sind, stößt die Kommission in der Rechtswirk-
lichkeit oft auf erheblichen Widerstand, wenn sie vom Mitgliedstaat die unverzügliche Durchsetzung der Rückforderungsentscheidung verlangt.[20] Die Kommission hat im Jahre 2004 deshalb ein spezialisiertes Referat eingerichtet, dass die Umsetzung der Rückforderungsentscheidungen in den Mitgliedstaaten überwacht.

a) Negativentscheidung. Die Kommission ist nur dann berechtigt, die Rückforderung 7
einer wettbewerbswidrigen Beihilfe gemäß Art. 14 anzuordnen, wenn sie entscheidet, dass die
unter Verstoß gegen das Durchführungsverbot gemäß Art. 108 Abs. 3 S. 3 AEUV gewährte
Beihilfe nicht mit dem Binnenmarkt vereinbar ist. Die Kommission ist hingegen nicht berechtigt, die Rückforderung einer Beihilfe anzuordnen, die zwar unter Verstoß gegen das Durchführungsverbot gewährt wurde, aber mit dem Binnenmarkt vereinbar ist.[21] Dies ergibt sich aus
Art. 11 Abs. 2, der die Voraussetzungen für die einstweilige Rückforderung von solchen formell
rechtswidrigen Beihilfen bestimmt. Das Erfordernis eines Doppelverstoßes, dass heißt eines Verstoßes gegen das Durchführungsverbot und das Beihilfeverbot, entspricht der Rechtsprechung
des Gerichtshofs, der bereits vor Inkrafttreten der VO 659/1999 entschieden hatte, dass die
Kommission nicht befugt ist, für formell rechtswidrige Beihilfen deren Rückforderung anzuordnen.[22]

b) Mitgliedstaat. Adressat der Rückforderungsentscheidung ist gemäß Art. 25 der betroffene 8
Mitgliedstaat (und nicht der Empfänger der Beihilfe). Aus diesem Grunde ist die Kommission grundsätzlich nicht verpflichtet, in der Rückforderungsentscheidung den Empfänger der Beihilfe oder den zurückzufordernden Betrag zu bestimmen. Sie ist dazu berechtigt, dem Mitgliedstaat aufzugeben, den Empfänger und den zurückzufordernden Betrag bei der Umsetzung der
Rückforderungsentscheidung zu bestimmen.[23] Zwar entspricht es guter Verwaltungspraxis der
Kommission, sofern möglich, in der Rückforderungsentscheidung den Empfänger und die zurückzufordernde Beihilfe zu bestimmen.[24] Doch zeigt sich in der Praxis immer wieder, dass es oft

---

[15] Vgl. dazu *Koenig/Kühling/Ritter* RdNr. 436; *Sanchez Rydelski/Köster* 653.

[16] *Lübbig/Martin-Ehlers* RdNr. 588.

[17] *Koenig/Kühling/Ritter* RdNr. 439.

[18] Vgl. dazu nur *Koenig/Kühling/Ritter* RdNr. 435.

[19] So etwa im Falle der Gröditzer Stahlwerke; vgl. Kom., ABl. 2002 L 91/24, RdNr. 11 – Georgsmarienhütte I; Kom., ABl. 2002 L 105/33, RdNr. 11 – Georgsmarienhütte II.

[20] *Heidenhain/Quardt* § 50 RdNr. 4 charakterisiert das bei der Durchsetzung einer Rückforderungsentscheidung bestehende Spannungsverhältnis zu Recht als „einen systemimmanenten Interessenkonflikt".

[21] In dieser Fallkonstellation dürfte auch die einstweilige Rückforderung auf der Grundlage von Artikel 11 Abs. 2 ausgeschlossen sein, da bei einem bloßen Verstoß gegen das Durchführungsverbot „ein erheblicher und nicht wiedergutzumachender Schaden für einen Konkurrenten" nicht drohen dürfte.

[22] EuGH, C-301/87, Slg. 1990, I-307, RdNr. 9 – Boussac.

[23] Siehe nur EuGH, C-441/06, Slg. 2007, I-8887, RdNr. 29 und 42 mwN. – France Télécom.

[24] Vgl. dazu *Sanchez Rydelski/Köster* S. 655.

unmöglich ist, bereits in der Rückforderungsentscheidung die Empfänger und die zurückzufordernden Beträge anzugeben. Zum Zeitpunkt der Rückforderungsentscheidung hat die Kommission oft keine genaue Kenntnis von den Empfängern und den zurückzufordernden Beihilfebeträgen. Insbesondere dann, wenn Beihilfen zurückgefordert werden, die auf der Grundlage einer über einen längeren Zeitraum praktizierten Beihilferegelung gewährt wurden, ist mit der Bestimmung der Empfänger und der von diesen zu erstattenden Beträge für den betroffenen Mitgliedstaat ein erheblicher Verwaltungsaufwand verbunden.[25] Außerdem verfügt die Kommission zum Zeitpunkt der Rückforderungsentscheidung oft nicht über alle erforderlichen Angaben.

9   **c) Alle notwendigen Maßnahmen.** Die Kommission entscheidet, dass der Mitgliedstaat alle notwendigen Maßnahmen ergreift, um die Entscheidung umzusetzen. Art. 14 Abs. 3 konkretisiert die Anforderungen, denen das nationale Verfahren zur Umsetzung der Rückforderungsentscheidung genügen muss. Danach muss unverzüglich zurückgefordert werden und das nationale Verfahren zur Rückforderung der Beihilfe muss die sofortige und tatsächliche Umsetzung der Entscheidung ermöglichen.

10   **d) Vom Empfänger zurückfordern.** Der Mitgliedstaat muss die rechtswidrige Beihilfe vom Empfänger derselben zurückfordern. Dafür muss er diesen zunächst bestimmen, sofern dies nicht bereits in der Rückforderungsentscheidung geschehen ist. Die Bestimmung des Empfängers hat auf der Grundlage der einschlägigen Rechtsprechung der Gemeinschaftsgerichte zu erfolgen. Der Gerichtshof hat festgestellt, dass Empfänger einer Beihilfe derjenige ist, der den „tatsächlichen Nutzen" aus der Beihilfe gezogen hat.[26] Empfänger der Beihilfe ist demnach derjenige, dem der wirtschaftliche Wert der Beihilfe tatsächlich zu Gute gekommen ist.[27]

11   Der Empfänger einer Beihilfe ist nicht in allen Fällen derjenige, an den die mitgliedstaatlichen Stellen die Beihilfe unmittelbar ausgekehrt haben. Schwierigkeiten bereitet die Bestimmung des Empfängers insbesondere dann, wenn eine Beihilfe einem konzernzugehörigen Unternehmen gewährt wurde oder einem Unternehmen, das nach Empfang der Beihilfe restrukturiert wurde.

12   **aa) Konzernzugehörige Unternehmen.** Die Schwierigkeiten, den Empfänger einer Beihilfe bei konzernzugehörigen Unternehmen zu bestimmen, beruhen darauf, dass es wegen der gemeinschaftlichen Nutzung liquider Mittel im Rahmen des *cash pooling* oder wegen konzerninterner Verrechnungsvorgänge unklar sein kann, welches konzernzugehörige Unternehmen die gewährte Beihilfe tatsächlich genutzt hat.

13   Im Grundsatz gilt auch bei Beihilfen zugunsten von Tochtergesellschaften, die an die Muttergesellschaft ausgezahlt werden, dass Empfänger der Beihilfe das konzernzugehörige Unternehmen ist, das den tatsächlichen Nutzen von der Beihilfe hatte. Dementsprechend hat der Gerichtshof beispielsweise entschieden, dass die Zahlung von Kapitalzuschüssen an die Konzernmutter zum Ausgleich von Verlusten der Tochtergesellschaften eine Beihilfe an die Tochtergesellschaften darstellt, da der Tochtergesellschaft der tatsächliche Nutzen der Beihilfe zu Gute gekommen war.[28] Im Falle der missbräuchlichen Nutzung einer Beihilfe durch die Muttergesellschaft ist diese (und nicht die in der Positiventscheidung der Kommission über die Genehmigung der Beihilfe als Empfänger benannte Tochtergesellschaft) der tatsächliche Nutznießer und damit Empfänger der Beihilfe.[29]

14   Sofern die Kommission den tatsächlichen Nutznießer der Beihilfe nicht zum Zeitpunkt der Rückforderungsentscheidung bestimmen kann, muss die Bestimmung des Empfängers bei der Umsetzung der Entscheidung durch den Mitgliedstaat erfolgen.[30]

15   **bb) Unternehmensverkauf.** Für den Fall, dass die Gesellschaftsanteile am Empfänger der zurückzufordernden Beihilfe oder sein Vermögen veräußert wird, ist zu klären, wie sich dieser Veräußerungsvorgang auf die Verpflichtung zur Rückerstattung der Beihilfen auswirkt. Dabei ist zwischen der Veräußerung im Wege des Anteilserwerbs und der Veräußerung von Vermögenswerten des Empfängers zu unterscheiden.[31]

16   Einigkeit besteht darüber, dass bei der Veräußerung eines zur Erstattung von Beihilfen verpflichteten Unternehmens allein das veräußerte Unternehmen als Empfänger der Beihilfe anzu-

---

[25] Vgl. etwa EuGH, C-214/07, RdNr. 21–26 – Kommission/Frankreich; EuG, T-254/00 ua., Slg. 2008, II-03269, RdNr. 5 – Hôtel Cipriani.
[26] EuGH, C-303/88, Slg. 1991, I-1433, RdNr. 57 – ENI/Lanerossi.
[27] Vgl. Auch *Mederer/Pesaresi/Van Hoof/Grespan* RdNr. 3.152 bis 3.154.
[28] Vgl. EuGH, C-303/88, Slg. 1991, I-1433, RdNr. 57 – ENI/Lanerossi.
[29] Siehe EuG, T-111/01, Slg. 2005, II-1579, RdNr. 122–126 – Saxonia Edelmetalle.
[30] EuG, T-111/01, Slg. 2005, II-1579, RdNr. 124 – Saxonia Edelmetalle.
[31] Eingehend hierzu *Langmaack.*

sehen ist, wenn der Erwerb im Wege der Anteilsübertragung erfolgt.[32] In dieser Fallkonstellation ist allein das veräußerte Unternehmen tatsächlicher Nutznießer der Beihilfe. Das bloße Eigentum an einem Unternehmen, das Beihilfen erstatten muss, stellt keine tatsächliche Nutzung der zu erstattenden Beihilfe durch den Erwerber dar. Deshalb ist der Erwerber eines zur Rückerstattung von Beihilfen verpflichteten Unternehmens selbst auch nicht zur Rückerstattung der Beihilfen verpflichtet.

Für den Fall, dass Vermögenswerte von einem zur Rückerstattung von Beihilfen verpflichte- **17** ten Unternehmen veräußert werden, ist zwischen der Veräußerung sämtlicher Vermögenswerte an einen Erwerber und der Veräußerung einzelner Vermögenswerte zu unterscheiden. Im Falle des Erwerbs einzelner Vermögensgegenstände von einem zur Rückerstattung von Beihilfen verpflichteten Unternehmen ist der Erwerber dieser Vermögensgegenstände grundsätzlich nicht verpflichtet, die Beihilfen zurückzuerstatten.[33] Hierfür haftet allein das Unternehmen, das die Beihilfen tatsächlich erhalten hat. Durch derartige Veräußerungen wird die Rückforderung der Beihilfe regelmäßig nicht beeinträchtigt.[34] Denn der erzielte Kaufpreis tritt wertmäßig an die Stelle der veräußerten Vermögenswerte und steht für die Erstattung der Beihilfen zur Verfügung. Dieser Grundsatz gilt auch dann, wenn die Veräußerung der Vermögenswerte konzernintern erfolgt.[35]

Zu kontroversen Stellungnahmen haben Fälle geführt, in denen das zur Rückerstattung der **18** Beihilfe verpflichtete Unternehmen das gesamte oder wesentliche Vermögen an einen Erwerber veräußert hat. Die Kommission hatte in drei Fällen, in denen der insolvente ursprüngliche Empfänger der Beihilfe das wesentliche Vermögen veräußert hatte, entschieden, dass auch der Erwerber für die Rückerstattung der Beihilfe haftet. Dies schien der Kommission geboten, um zu verhindern, dass die Rückforderung dadurch umgangen wird, dass Vermögenswerte des ursprünglichen Rückforderungsschuldners zu nicht marktgerechten Preisen veräußert werden.[36] In diesen Fällen ging die Kommission davon aus, dass die Gefahr bestand, dass der Erwerber wirtschaftlich von der rechtswidrigen Beihilfe profitieren und der ursprüngliche Empfänger als leere Hülle zurückbleiben würde.[37] Die konkrete Umgehungsgefahr hatte die Kommission in diesen Fällen im Rahmen einer Gesamtbetrachtung festgestellt. Dabei wurden Kriterien wie ein marktgerechter Kaufpreis, die wirtschaftliche Identität der Anteilseigner sowie ein enger zeitlicher Zusammenhang zwischen der Rückforderungsentscheidung und der Veräußerung des wesentlichen Vermögens von der Kommission im Rahmen einer Gesamtbetrachtung herangezogen.[38]

Der Gerichtshof hat jedoch klargestellt, dass die Kommission nur dann von einem Mitglied- **19** staat verlangen kann, die rechtswidrige Beihilfe (auch) vom Erwerber von Vermögenswerten zurückzufordern, wenn die Kommission beweisen kann, dass die fraglichen Vermögenswerte zu nicht marktgerechten Preisen veräußert wurden oder veräußert wurden, um die Rückforderungsentscheidung der Kommission zu umgehen.[39] Die Beweislast der Kommission greift auch bei der konzerninternen Übertragung von Vermögenswerten.[40] Das Gericht hat festgestellt, dass allein der Umstand, dass der Erwerber des (wesentlichen) Vermögens die wirtschaftlichen Aktivitäten des insolventen Empfängers fortsetzt, nicht genügt, um vom Erwerber die Rückforderung der Beihilfen verlangen zu können.[41]

Aufgrund der Rechtsprechung zur Haftung des Erwerbers bei Unternehmenskäufen für die **20** Beihilferückforderung ist davon auszugehen, dass für die Rückforderung von Beihilfen aufgrund des Erwerbs von Vermögen des Empfängers in der Praxis nur ein bescheidener Anwendungsbereich verbleibt. Zur Rechtsprechung ist anzumerken, dass es zutrifft, dass die Verteilung der Beweislast das Risiko des Erwerbers erheblich reduziert, für die Rückzahlung von Beihilfen in Anspruch genommen zu werden. Das erleichtert die Liquidation von insolventen Empfängern. Doch sollte auch nicht übersehen werden, dass die Beweislast der Kommission für eine Umge-

---

[32] Siehe *Verse/Wurmnest* ZHR 167 (2003), 207.

[33] Vgl. *Heidenhain/Sinnaeve* § 34 RdNr. 26.

[34] *Verse/Wurmnest* ZHR 167 (2003), 410–412.

[35] AA. *Borchardt* ZIP 2001, 1304; *Koenig* EuZW 2001, 41.

[36] Siehe Kom., ABl. 2000 L 318 – CDA; Kom., ABl. 2000 L 238/50 – SMI; Kom., ABl. 2000 L 277/24 – Seleco.

[37] Siehe *Sanchez Rydelski/Köster* 656.

[38] Vgl. Kom., ABl. 2000 L 318 – CDA.

[39] EuGH, C-277/00, Slg. 2004, I-3925, RdNr. 86 – SMI.

[40] Vgl. EuG, T-318/00, Slg. 2005, II-04179, RdNr. 324 – Thüringen/Kommission.

[41] EuG, T-324/00, Slg. 2005, II-04309, RdNr. 97–98 – CDA.

hung der Rückforderungsentscheidung dazu führen kann, dass im Einzelfall die effektive Rückforderung der Beihilfen erschwert wird.

21   **e) Zurückzufordernde Beihilfe.** Der Mitgliedstaat ist verpflichtet, die Rückerstattung der rechtswidrigen Beihilfe vom Empfänger zu verlangen. Dazu muss der Mitgliedstaat zunächst klären, welche Beihilfebeträge der Empfänger nutzen konnte. Der Mitgliedstaat war nach der früheren *de-minimis* VO[42] dazu berechtigt, vom Rückforderungsbetrag *de-minimis* Beihilfen abzuziehen, wenn die Voraussetzungen für die Gewährung von *de-minimis* Beihilfen im Zeitpunkt der Beihilfengewährung gegeben waren.[43] Seit dem Inkrafttreten der neuen *de-minimis* VO[44] können *de-minimis* Beihilfen jedoch nicht mehr vom Rückforderungsbetrag abgezogen werden.

22   **3. Entgegenstehender allgemeiner Grundsatz des Gemeinschaftsrechts.** Die Kommission entscheidet ausnahmsweise nicht, eine mit dem Gemeinsamen Markt unvereinbare Beihilfe zurückzufordern, wenn sie dadurch gegen einen allgemeinen Grundsatz des Gemeinschafsrechts verstoßen würde. Als solche Grundsätze kommen wegen der restriktiven Auslegung des Begriffs „allgemeine Grundsätze" durch den Gerichtshof neben der in Art. 15 normierten Ausschlussfrist für die Rückforderung wohl nur der Grundsatz des Vertrauensschutzes und die absolute Unmöglichkeit der Rückforderung in Betracht.[45] Andere weitergehende Grundsätze wie etwa der Verhältnismäßigkeitsgrundsatz sind vom Gerichtshof stets verworfen worden.[46]

23   **a) Grundsatz des Vertrauensschutzes.** Die Befugnis der Kommission, durch Entscheidung den Mitgliedstaat zu verpflichten, eine rechtswidrige Beihilfe zurückzufordern, ist wohl nur dann aufgrund des Grundsatzes des Vertrauensschutzes ausgeschlossen, wenn die Kommission selbst durch ihr Verhalten ein berechtigtes Vertrauen darauf begründet hat, dass die Beihilfe nicht zurückgefordert wird.

24   Da es sich bei dem Vertrauensschutz auf der Grundlage von Art. 14 Abs. 1 Satz 2 um eine Ausnahme vom Grundsatz der Rückforderung rechtswidriger Beihilfen handelt, wird der Grundsatz des Vertrauensschutzes von den Gemeinschaftsgerichten restriktiv ausgelegt. So hat das Gericht festgestellt, dass für ein derartiges berechtigtes Vertrauen etwaige Zweifel des Empfängers am Beihilfecharakter einer Maßnahme[47] und die bloße Untätigkeit der Kommission nicht hinreichend sind.[48] Auch ein Schreiben eines Mitglieds der Kommission an den Empfänger einer Beihilfe, mit dem mitgeteilt wird, dass die Beihilfe genehmigt worden sei, genügt nicht, um ein schützenswertes Vertrauen darauf zu begründen, dass die Beihilfe nicht zurückgefordert wird.[49] Es gilt der Grundsatz, dass vom gewissenhaften Empfänger erwartet werden kann, dass er eigenständig überprüft, ob die Beihilfe rechtmäßig gewährt wurde.[50] Aus diesem Grunde begründet noch nicht einmal eine Positiventscheidung der Kommission ein berechtigtes Vertrauen darauf, dass die Gewährung der fraglichen Beihilfe rechtmäßig ist. Die Kommission ist berechtigt, wenn ihre Positiventscheidung aufgrund der Klage eines Wettbewerbers aufgehoben wird,[51] die Rückforderung der Beihilfe anzuordnen.[52] Eine Positiventscheidung der Kommission schließt die Rückforderung einer unrechtmäßigen Beihilfe nur aus, wenn sie rechtskräftig geworden ist.[53]

---

[42] Verordnung (EG) Nr. 69/2001 der Kommission vom 12. Januar 2001 über die Anwendung der Artikel 87 und 88 EG-Vertrag auf „De-minimis"-Beihilfen, ABl. 2001, L 10/30.

[43] Vgl. Tz. 49 der Bekanntmachung „Rückforderung".

[44] Vgl. VO 1998/2006, ABl. 2006, L 379/5.

[45] Bekanntmachung „Rückforderung", ABl. 2007 C 272/4.

[46] Vgl nur EuGH, C-142/87, Slg. 1990, I-959, RdNr. 65–66 – Tubemeuse; siehe auch *Heidenhain/Sinnaeve* § 34 RdNr. 16.

[47] EuG T-55/99, Slg. 2000, II-3207, RdNr. 128 – CETM/Kommission.

[48] Siehe aber andererseits auch EuGH, C-223/85, Slg. 1987, 4617, RdNr. 17 – RSV/Kommission, wo der Gerichtshof das berechtigte Vertrauen ausnahmsweise damit begründet hat, dass die Kommission trotz vollständiger Kenntnis des Sachverhalts erst 26 Monate später abschließend entschieden hatte. Vgl. auch in diesem Zusammenhang EuGH, C-408/04, Slg. 2008, I-02767, RdNr. 102–108 – Salzgitter/Kommission und EuG, T-30/01 ua., ABl. 2009 C 256/18, RdNr. 258–275 – Diputación Foral de Álava.

[49] Vgl. EuG, T-129/96, Slg. 1998, II-609 – Preussag/Kommission.

[50] Vgl. *Sanchez-Rydelski/Köster* 657–658.

[51] Vgl. EuGH, C-169/5, Slg. 1997, I-135, RdNr. 53 – Spanien/Kommission; EuG, T-73/98, Slg. 2001, II-867 – Société Chimique Prayon-Rupel SV/Kommission.

[52] Kom., ABl. 2005 L 269/19, Tz. 134 – Chemische Werke Piesteritzi; siehe dazu auch *Crome*, CPN 2/2005, 79–80.

[53] *Mestmäcker/Schweitzer* § 45 RdNr. 33.

Ein schutzwürdiges Vertrauen darauf, dass eine unrechtmäßig gewährte Beihilfe nicht zu- **25** rückgefordert wird, kann schließlich nicht dadurch begründet werden, dass der Mitgliedstaat dem Empfänger die Rechtmäßigkeit der Beihilfegewährung versichert oder gar zusichert, die Beihilfe nicht zurückzufordern. Ein Mitgliedstaat kann nicht sein eigenes unrechtmäßiges Verhalten einwenden, um die Befugnis der Kommission zu bestreiten, den Mitgliedstaat zur Rückforderung der unrechtmäßig gewährten Beihilfe zu verpflichten.[54]

b) Absolute Unmöglichkeit. Die Kommission kann vom Mitgliedstaat nicht die Rückforde- **26** rung rechtswidriger Beihilfen verlangen, wenn dies absolut unmöglich ist. Die absolute Unmöglichkeit der Rückforderung ist dann gegeben, wenn der Mitgliedstaat den Anspruch auf Rückerstattung der Beihilfe nicht mehr gegenüber dem Empfänger durchsetzen kann. Dies ist etwa der Fall, wenn die für die tatsächliche Durchführung der Rückforderung der Beihilfen erforderlichen Steuerdaten für einen bestimmten Zeitraum nicht mehr existieren.[55] Die Rückforderung ist auch absolut unmöglich, wenn ein Insolvenzverfahren zur vorherigen Liquidation des Empfängers geführt hat,[56] keine verwertbaren Aktiva mehr vorhanden sind[57] oder etwa das Insolvenzverfahren mangels Masse abgewiesen wurde.[58]

Ein Mitgliedstaat kann sich jedoch nicht deswegen mit Erfolg auf die absolute Unmöglichkeit **27** berufen, weil die Rückforderung den Empfänger in finanzielle Schwierigkeiten bringen[59] oder dessen Insolvenz auslösen würde.[60] In solchen Fällen ist das Insolvenzverfahren regelmäßig notwendig, um die Wettbewerbsstörung zu beseitigen, die durch die Gewährung der Beihilfe eingetreten ist.[61] Die Rückforderung ist auch nicht schon deswegen absolut unmöglich geworden, weil das Insolvenzverfahren über das Vermögen des Empfängers eröffnet wurde. In dieser Fallkonstellation ist der Mitgliedstaat verpflichtet, im Rahmen des Insolvenzverfahrens die Rückzahlung der Beihilfe geltend zu machen. Dafür muss er den zurückzufordernden Betrag zur Insolvenztabelle anmelden. Sofern der Prüfungstermin im Zeitpunkt der Geltendmachung bereits stattgefunden hat, muss der Mitgliedstaat den zurückzufordernden Betrag nachträglich zur Insolvenztabelle anmelden.[62]

Sonstige Schwierigkeiten administrativer, rechtlicher oder politischer Natur sind ebenfalls **28** keine Fälle absoluter Unmöglichkeit. Dementsprechend ist anerkannt, dass für das maßgebliche nationale Recht ein Vereitelungsverbot gilt.[63] Die Anwendung des nationalen Rechts bei der Umsetzung der Rückforderungsentscheidung darf nicht dazu führen, dass die Rückforderung praktisch nicht durchgeführt wird.[64] Deshalb kann die absolute Unmöglichkeit der Rückforderung nicht damit begründet werden, dass es im nationalen Recht keine geeignete Anspruchsgrundlage für die Rückforderung gebe,[65] die Rückforderung nach nationalem Recht verjährt sei,[66] es keinen Vollstreckungstitel nach nationalem Recht gebe,[67] verfassungsrechtliche Vorgaben der Rückforderung entgegen stehen[68] oder durch die Rückforderung in vertragliche Rechte eingegriffen werde.[69] Auch praktische Schwierigkeiten bei der Bestimmung des Beihilfebetrages,[70] der mit der Bestimmung einer großen Anzahl von Empfängern verbundene Verwaltungsaufwand[71] vermögen nicht die absolute Unmöglichkeit der Rückforderung zu begründen. Auch die Befürchtung, dass die Durchsetzung der Rückforderungsentscheidung zu internen Schwierigkeiten im Mitgliedstaat führen kann, stellt keinen Fall absoluter Unmöglichkeit

---

[54] *Sanchez-Rydelski/Köster* 658.

[55] Vgl. EuGH, C-214/07, RdNr. 13, 48 – Kom./Frankreich.

[56] Vgl. etwa Kom., ABl. 2002 L 314/72 – IGB; Kom., ABl. 2004 L 357/36 – Dornier.

[57] Vgl. EuGH, C-499/99, Slg. 2002, I-6031, RdNr. 37 – Kom./Spanien.

[58] Siehe *Heidenhain/Quardt* § 51 RdNr. 19.

[59] Vgl. nur EuGH, C-63/87, Slg. 1988, 2875, RdNr. 14 – Kom./Griechenland.

[60] Siehe etwa EuGH, C-49/99, Slg. 2002, I-6031, RdNr. 37.

[61] So auch *Priess* CMLR 33 (1996) 69, 80.

[62] Vgl. EuGH, C-214/07, RdNr. 56 – Kom./Frankreich; siehe auch *Heidenhain/Quardt* § 54 RdNr. 11.

[63] Vgl. auch die Bekanntmachung „Rückforderung", ABl. 2007 C 272/4, RdNr. 23.

[64] Vgl. EuGH, C-415/03, Slg. 2005, I-3875 – Olympic Airways und EuGH, C-232/05, Slg. 2006, I-10071 – Scott; siehe auch *Willemot/Fort*, CPN 1/2007, Nr. 1, 101 bis 103.

[65] EuGH, C-94/87, Slg. 1989, 175 – Alcan I; EuGH, C-142/87, Slg. 1990, I-959 – Tubemeuse; EuGH, C-24/5, Slg. 1997, I-1591 – Alcan Deutschland.

[66] EuGH, C-24/95, Slg. 1997, 1591, RdNr. 34 bis 37 – Alcan.

[67] EuGH, C-303/88, Slg. 1991, I-1431 – Italien/Kom.

[68] Vgl. EuGH, C-183/91, Slg. 1993, I-3131 – Kom./Griechenland.

[69] Vgl. Kom., ABl. 1999 L 107/21.

[70] Vgl. EuGH, C-441/06, Slg. 2007, I-8887, RdNr. 36 bis 42 – France Télécom.

[71] Siehe EuGH, C-280/95, Slg. 1998, I-259, RdNr. 18 und 23 – Kom./Italien.

dar.[72] Der Gerichtshof hat wiederholt festgestellt, dass die Mitgliedstaaten im Falle solcher Schwierigkeiten dazu verpflichtet sind, die Kommission über solche Schwierigkeiten umfassend zu unterrichten und ihr den Sachverhalt zur Beurteilung vorzulegen. Des Weiteren müssen die Mitgliedstaaten der Kommission geeignete Maßnahmen vorschlagen, um die aufgetretenen Schwierigkeiten zu überwinden.[73]

29 Der Gerichtshof hat zudem festgestellt, dass den Mitgliedstaat die Beweislast für das Vorliegen der absoluten Unmöglichkeit trifft.[74] Um dieser Beweislast zu genügen, muss der Mitgliedstaat im Einzelnen darlegen, welche konkreten Maßnahmen zur Umsetzung der Rückforderungsentscheidung ergriffen wurden. Es genügt nicht, allgemein und abstrakt auf bestehende Schwierigkeiten hinzuweisen.[75] Es muss konkret und nachvollziehbar darlegt werden, warum es tatsächlich ausgeschlossen ist, die bestehenden Schwierigkeiten durch geeignete Maßnahmen zu überwinden.[76]

30 **4. Rückforderungszins.** Abs. 2 stellt klar, dass die Beihilfe verzinst zurückzufordern ist, wobei der anwendbare Zinssatz von der Kommission festzulegen ist. Der Empfänger der zurückzuerstattenden Beihilfe ist verpflichtet, Zinsen einschließlich Zinseszins für den Zeitraum zu zahlen, in dem ihm die zurückzuerstattende Beihilfe tatsächlich zur Verfügung gestanden hat. Zinsen sind ab dem Datum, von dem an die Beihilfe tatsächlich verfügbar war, bis zur Rückzahlung der Beihilfe zu berechnen.

31 Die Verzinsung des zurückzufordernden Betrages ist notwendig, damit der Zweck der Rückforderung, nämlich die nachträgliche Beseitigung des durch die Beihilfegewährung eingetretenen Wettbewerbsvorteils, vollständig erreicht wird.[77] Nur durch die Berechnung von Zinsen auf den Rückforderungsbetrag kann verhindert werden, dass der Empfänger der Beihilfe auch nach Rückzahlung der zurückzuerstattenden Beihilfe *de facto* von einem zinslosen Darlehen profitiert.[78]

32 Die Kommission hat den bei der Rückforderung rechtswidriger Beihilfen anwendbaren Zinssatz in den Artikeln 9 bis 11 der VO 794/2004 festgelegt, die durch VO 271/2008[79] und VO 1147/2008[80] ergänzt worden ist. Die Artikel 9 bis 11 der VO 794/2004 lauten in der durch die VO 271/2008 und die VO 1147/2008 geänderten Fassung wie folgt:

33 **Art. 9 Methode für die Festsetzung des Zinssatzes**

(1) Soweit per Entscheidung nicht anders bestimmt, entspricht der Zinssatz, der bei der Rückforderung einer unter Verstoß gegen Artikel 88 Absatz 3 EG-Vertrag gewährten staatlichen Beihilfe anzuwenden ist, dem effektiven Jahreszins, der für jedes Kalenderjahr im Voraus von der Kommission festgesetzt wird.

(2) Zur Berechnung des Zinssatzes wird der Geldmarktsatz für ein Jahr um 100 Basispunkte erhöht. Liegt dieser Satz nicht vor, so wird der Geldmarktsatz für drei Monate oder, falls auch dieser nicht vorliegt, die Rendite staatlicher Schuldverschreibungen für die Berechnung verwendet.

(3) Bei Fehlen zuverlässiger Daten zum Geldmarktsatz bzw. zur Rendite staatlicher Schuldverschreibungen und gleichwertiger Daten oder unter außergewöhnlichen Umständen kann die Kommission den Rückforderungszinssatz in enger Zusammenarbeit mit den betreffenden Mitgliedstaaten nach einer anderen Methode auf der Grundlage der ihr vorliegenden Angaben festsetzen.

(4) Der Rückforderungszinssatz wird einmal jährlich angepasst. Der Basissatz wird auf der Grundlage des Geldmarktsatzes für ein Jahr im September, Oktober und November des betreffenden Jahres berechnet. Der berechnete Satz gilt für das gesamte folgende Jahr.

(5) Um erheblichen plötzlichen Schwankungen Rechnung zu tragen, wird zusätzlich immer dann eine Aktualisierung vorgenommen, wenn der über die drei Vormonate berechnete Durchschnittssatz um mehr als 15 v. H. vom geltenden Satz abweicht. Dieser neue Satz tritt am ersten Tag des zweiten Monats in Kraft, der auf den für die Berechnung verwendeten Monat folgt.

---

[72] EuGH, C-441/06, Slg. 2007, I-8887, RdNr. 43 – France Télécom; EuGH, C-6/97, Slg. 1999 I-2981, RdNr. 32 – Kom./Italien.

[73] EuGH, C-441/06, Slg. 2007, I-8887, RdNr. 28 mwN. – Kom./Frankreich.

[74] EuGH, C-214/07, Slg. 2008, I-08357, RdNr. 46 – Kom./Frankreich.

[75] EuGH, C-214/07, Slg. 2008, I-08357, RdNr. 63 – Kom./Frankreich.

[76] EuGH, C-214/07, Slg. 2008, I-08357, RdNr. 46 – Kom./Frankreich.

[77] Vgl. die Bekanntmachung „Rückforderung", ABl. 2007 C 272/4, RdNr. 14.

[78] Vgl. auch *Sanchez-Rydelski/Köster* 657.

[79] VO 271/2008, ABl. 2008, L 82/1.

[80] VO 1147/2008, ABl. 2008 L 313/1.

Art. 10 Veröffentlichung

Die Kommission veröffentlicht die geltenden und maßgebliche frühere bei Rückforderungsentscheidungen angewandte Zinssätze im Amtsblatt der Europäischen Union und zu Informationszwecken im Internet.

Art. 11 Anwendung des Zinssatzes

(1) Anzuwenden ist der zu dem Zeitpunkt, ab dem die rechtswidrige Beihilfe dem Empfänger das erste Mal zur Verfügung gestellt wurde, geltende Zinssatz.

(2) Der Zinssatz wird bis zur Rückzahlung der Beihilfe nach der Zinseszinsformel berechnet. Für die im Vorjahr aufgelaufenen Zinsen sind in jedem folgenden Jahr Zinsen fällig.

(3) Der in Absatz 1 genannte Zinssatz gilt während des gesamten Zeitraums bis zum Tag der Rückzahlung. Liegt jedoch mehr als ein Jahr zwischen dem Tag, an dem die rechtswidrige Beihilfe dem Empfänger zum ersten Mal zur Verfügung gestellt wurde, und dem Tag der Rückzahlung der Beihilfe, so wird der Zinssatz ausgehend von dem zum Zeitpunkt der Neuberechnung geltenden Satz jährlich neu berechnet.

Die Zinsen auf den Rückforderungshauptbetrag werden seit der Änderung der VO 794/2004 **34** durch die VO 271/2008 von der Kommission auf der Grundlage des Geldmarktsatzes für ein Jahr in den Monaten September, Oktober, November festgesetzt. Die Kommission verwendet für die Berechnung der Rückforderungszinsen den im Voraus für das Folgejahr festgesetzten Geldmarktsatz für ein Jahr, der um 100 Basispunkte erhöht wird. Der Geldmarktsatz für ein Jahr ist, anders als der zuvor von der Kommission verwendete Fünfjahres-Interbank-Swap-Satz, auch für die meisten neuen Mitgliedstaaten verfügbar.

Sofern dies ausnahmsweise nicht der Fall sein sollte, ist bei der Berechnung des Rückforde- **35** rungszinses alternativ der Geldmarktsatz für drei Monate oder gegebenenfalls die Rendite staatlicher Schuldverschreibungen zu Grunde zu legen. Der maßgebliche Zinssatz ist für einen Zeitraum von einem Jahr anwendbar. Für den Fall, dass der Geldmarktsatz für ein Jahr innerhalb eines Kalenderjahres um mehr als 15% vom Durchschnittswert der 3 Vormonate abweichen sollte, erfolgt eine Anpassung des Zinssatzes, die einen Monat nach dem letzten der Anpassung zu Grunde liegenden Vormonat wirksam wird. Ist die zurückzufordernde Beihilfe auch nach mehr als einem Jahr nicht zurückgezahlt worden, so gilt für das nachfolgende Jahr der von der Kommission für das Folgejahr festgesetzte Geldmarktzins für ein Jahr. Die Kommission hat die für die Berechnung des Rückforderungszinses in den einzelnen Mitgliedstaaten maßgeblichen Zinssätze im Internet veröffentlicht.[81]

5. Rückforderung nach den Verfahren des betreffenden Mitgliedstaats. Die Rück- **36** forderung rechtswidriger Beihilfen hat gemäß Art. 14 Abs. 3 nach den nationalen Verfahren des betreffenden Mitgliedstaats zu erfolgen. Die Vorschrift klärt zugleich, dass Rechtsmittel gegen die Rückforderungsentscheidung keine aufschiebende Wirkung haben und enthält Vorgaben, denen das nationale Verfahren zur Umsetzung der Rückforderungsentscheidung genügen muss. Dieses muss insbesondere unverzüglich eingeleitet werden und die sofortige und tatsächliche Umsetzung der Rückforderungsentscheidung ermöglichen. Der Mitgliedstaat ist außerdem verpflichtet, alle verfügbaren und notwendigen rechtlichen Maßnahmen einschließlich von Maßnahmen des einstweiligen Rechtsschutzes zu ergreifen, um die Rückforderungsentscheidung durchzusetzen.

Abs. 3 liegt das gemeinschaftsrechtliche Effektivitätsgebot zu Grunde. Ein Mitgliedstaat verstößt **37** dann gegen das Effektivitätsgebot, wenn er zwar Maßnahmen zur Rückforderung der Beihilfen ergreift, diese jedoch keine Wirkungen haben.[82] Sofern nationale Verfahren den Vorgaben des Abs. 3 nicht genügen, sind sie gegebenenfalls nicht anwendbar.[83] Vor diesem Hintergrund ist angemerkt worden, dass der Verweis in Art. 14 Abs. 3 auf nationale Verfahren nicht als „Blankoscheck" verstanden werden darf.[84] Deshalb ist vielmehr davon auszugehen, dass das nationale Verfahren vielfach durch gemeinschaftsrechtliche Vorgaben überlagert wird, die es in seiner Substanz erheblich modifizieren.[85] Deswegen ist in der Literatur in diesem Zusammenhang auch angemerkt

---

[81] http://ec.europa.eu/competition/state_aid/legislation/reference_rates.html.
[82] EuGH, C-415/03, Slg. 2005, I-387, RdNr. 43 – Olympic Airways.
[83] EuGH, C-232/05, Slg. 2006, I-10071 – Scott; siehe dazu *Willemot/Fort*, CPN 1/2007, 101-103.
[84] *Sanchez Rydelski/Köster* 661.
[85] Siehe dazu *v. Brevern* EWS 2004, 150–154; *Kreuschitz* EStAL 2006, 199-202.

worden, dass die Rolle des nationalen Verfahrens sich im Grunde darauf beschränkt, einen Rechts-anspruch zur Durchsetzung der Beihilferückforderung bereitzustellen.[86]

38   **a) Kein Suspensiveffekt.** Art. 278 AEUV bestimmt, dass Klagen vor den Gemeinschaftsge-richten keine aufschiebende Wirkung haben. Deshalb bleibt der Mitgliedstaat, der gegen eine Rückforderungsentscheidung der Kommission klagt, auch verpflichtet, die angefochtene Ent-scheidung gemäß Abs. 3 durchzusetzen.[87] Der Empfänger kann sich gegen die Rückforderung durch den Mitgliedstaat während eines bei den Gemeinschaftsgerichten anhängigen Verfahrens gemäß Art. 263 Abs. 4 AEUV nur verteidigen, indem er eine Anordnung auf einstweilige Aus-setzung des Vollzugs der Rückforderungsentscheidung beantragt.

39   **b) Unverzügliche und tatsächliche Rückforderung.** Die Vorgabe, die rechtswidrige Beihilfe unverzüglich und tatsächlich zurückzufordern, verfolgt zwei Zwecke. Zum einen soll, wie bereits oben erwähnt, die eingetretene Wettbewerbsstörung so schnell wie möglich besei-tigt werden. Zum anderen zielt die Vorgabe der unverzüglichen und tatsächlichen Rückforde-rung auch darauf ab, ein Mindestmaß an Gleichbehandlung bei den Rückforderungsverfahren in den verschiedenen Mitgliedstaaten sicherzustellen.[88]

40   Die Kommission hat in einer Mitteilung bekannt gemacht, dass sie eine Frist von vier Mona-ten für die Umsetzung der Rückforderungsentscheidung anwenden will. Der Mitgliedstaat ist danach verpflichtet, der Kommission innerhalb einer Frist von zwei Monaten ab dem Inkrafttre-ten der Entscheidung mitzuteilen, wie er die Rückforderungsentscheidung der Kommission umzusetzen beabsichtigt.[89] Der Mitgliedstaat soll hierbei Angaben zu den Empfängern, den zu-rückzufordernden Beihilfebeträgen und zu den nationalen Verfahren zur Beihilfenrückforderung machen. Der Mitgliedstaat muss außerdem belegen, dass er den Empfänger über die Verpflich-tung zur Rückerstattung von Beihilfen informiert hat.[90]

41   Innerhalb einer Frist von weiteren zwei Monaten müssen laut Mitteilung der Kommission die Maßnahmen zur Umsetzung der Rückforderungsentscheidung durchgeführt worden sein.[91] Dies bedeutet nach Ansicht der Kommission, dass die Beihilfe spätestens vier Monate nach In-krafttreten der Rückforderungsentscheidung zurückerstattet oder eine Rückzahlungsanordnung vollstreckt sein muss.[92] Daraus ergibt sich, dass es nach Ansicht der Kommission für die Wah-rung der Rückforderungsfrist gerade nicht genügt, dass innerhalb von vier Monaten rechtliche Maßnahmen wie etwa die Klageerhebung auf Rückerstattung der Beihilfe ergriffen worden sind. Die Kommission weist in ihrer Mitteilung noch darauf hin, dass sie in der Vergangenheit eine noch kürzere Frist (zwei Monate) für die Umsetzung der Rückforderungsentscheidung gesetzt habe, diese sich aber als zu kurz bemessen erwiesen habe.

42   Aus praktischer Sicht ist anzumerken, dass die Frist von vier Monaten für die Umsetzung ei-ner Rückforderungsentscheidung in der Mehrzahl der Fälle unzureichend sein dürfte. Deshalb wird es wohl in den meisten Fällen notwendig sein, bei der Kommission eine Verlängerung der Frist zu beantragen.

43   **c) Erforderliche Schritte einschließlich vorläufiger Maßnahmen.** Die Kommission be-tont in ihrer Mitteilung, dass es Aufgabe der Mitgliedstaaten ist, das anwendbare nationale Ver-fahren zu bestimmen.[93] Sie weist jedoch darauf hin, dass die Auswahl des Verfahrens vom Effek-tivitätsgebot geleitet sein soll[94] und verweist auf eine in ihrem Auftrag erstellte Studie, die bestätigt, dass die Rückforderung durch Verwaltungsakt effektiver ist als die zivilrechtliche Kla-ge auf Rückerstattung der Beihilfen. Dieser Befund beruht darauf, dass Verwaltungsakte in eini-gen Mitgliedstaaten entweder ohnehin sofort vollziehbar sind oder aber deren sofortige Voll-ziehbarkeit angeordnet werden kann.[95] Die Kommission behandelt in ihrer Mitteilung allein die

---

[86] So *v. Brevern* EWS 2004, 157.

[87] *Bartosch* EuZW 2004, 48.

[88] *Mestmäcker/Schweitzer* § 45 RdNr. 44.

[89] Bekanntmachung „Rückforderung", ABl. 2007 C 272/04, RdNr. 42. Zur früheren Praxis der Kom-mission siehe die RdNr. 40–41.

[90] Bekanntmachung „Rückforderung", ABl. 2007 C 272/04, RdNr. 47.

[91] Bekanntmachung „Rückforderung", ABl. 2007 C 272/04, RdNr. 42. Zur früheren Praxis der Kom-mission siehe die RdNr. 40–41 der Bekanntmachung „Rückforderung".

[92] Bekanntmachung „Rückforderung", ABl. 2007 C 272/04, RdNr. 54.

[93] Bekanntmachung „Rückforderung", ABl. 2007 C 272/04, RdNr. 22, 52.

[94] Bekanntmachung „Rückforderung", ABl. 2007 C 272/04, RdNr. 52.

[95] Die Kommission bezieht sich auf die in zwei Teilen vorgelegte Studie von *Jestaedt/Derenne/Otarvanger* (Hrsg.), Study on the Enforcement of State Aid Law at National Level vom März 2006. Vgl. insbesondere Part II: Recovery of unlawful State aid: enforcement of negative Commission decisions by the Member

Rückzahlungsanordnung durch Verwaltungsakt und erwähnt nicht einmal die zivilrechtliche Klage auf Rückerstattung der Beihilfen.[96] Ausführungen dazu, wie sich das gemeinschaftsrechtliche Effektivitätsgebot auf das nationale Verfahren auswirken kann, fehlen vollständig. Konkretere Richtlinien dafür, welche Schritte ein Mitgliedstaat bei der Rückforderung von Beihilfen zu ergreifen hat, lassen sich der Mitteilung, mit Ausnahme des allgemeinen Hinweises, dass vom einstweiligen Rechtsschutz Gebrauch zu machen ist,[97] nicht entnehmen. Die sich aus Abs. 3 ergebenden maßgeblichen Vorgaben müssen demnach im jeweiligen Fall durch Konkretisierung des Effektivitätsgebots bestimmt werden.

Die Mitteilung enthält Angaben zur Durchsetzung der Rückforderung bei Insolvenz des **44** Empfängers. Die Kommission hält es im Insolvenzfall für notwendig, dass der Mitgliedstaat die Rückforderung der Beihilfe im Rahmen des Insolvenzverfahrens geltend macht, gegebenenfalls die Anerkennung der Forderung erstreitet und das Gemeinschaftsinteresse im Insolvenzverfahren durchsetzt, indem er mit dem ihm zur Verfügung stehenden Mitteln darauf hinwirkt, dass der Empfänger, sofern dieser die Beihilfe nicht vollständig zurückerstattet hat, seine betrieblichen Aktivitäten unverzüglich einstellt. Im Falle eines sanierenden Insolvenzplanes[98] ist der Mitgliedstaat laut Mitteilung der Kommission dazu verpflichtet, die vollständige Rückerstattung der Beihilfen zu verlangen oder auf sofortige Einstellung der betrieblichen Tätigkeiten hinzuwirken. Einem Fortführungsplan darf der Mitgliedstaat nur zustimmen, wenn die Beihilfe zuvor vollständig zurückerstattet worden ist. Darüber hinaus hält die Kommission den Mitgliedstaat für verpflichtet, nach Möglichkeit zu verhindern, dass es zu einer nicht marktgerechten Veräußerung von Vermögenswerten des Empfängers kommt.[99]

d) Loyale Zusammenarbeit. Im Falle einer drohenden Überschreitung der Frist für die **45** Umsetzung der Rückforderungsentscheidung muss der Mitgliedstaat die Kommission kontaktieren und diese unter Angabe von Gründen um Fristverlängerung ersuchen.[100] Eine solche Fristverlängerung kommt insbesondere in den Fällen in Betracht, in denen aufgrund einer Beihilferegelung gewährte Beihilfen von einer Vielzahl von Empfängern zurückgefordert werden müssen und mit der Rückforderung ein erheblicher Verwaltungsaufwand verbunden ist. Auch in zahlreichen anderen Fällen wird in der Praxis eine Verlängerung der Frist durch die Kommission für die Umsetzung der Rückforderungsentscheidung notwendig sein, da die Frist mit vier Monaten für die vollständige Durchführung der Rückforderung sehr kurz bemessen ist.

e) Keine Anwendbarkeit des Privatgläubigerprinzips. Es sei noch darauf hingewiesen, **46** dass der Mitgliedstaat sich nicht auf das Privatgläubigerprinzip berufen kann, um von den Maßnahmen abzusehen, die für die unverzügliche und tatsächliche Durchsetzung der Rückforderung erforderlich sind.[101] Dies bedeutet, dass ein Mitgliedstaat nicht von der Umsetzung einer Rückforderungsentscheidung absehen kann, weil ein hypothetischer privater Gläubiger in der Situation des Mitgliedstaats seine Rechte auch nicht geltend machen würde.[102] Deshalb darf der Mitgliedstaat auch dann nicht einer Stundung oder Umschuldung der zurückzufordernden Beihilfe zustimmen, wenn ein privater Gläubiger sich aus Gründen der Verbesserung der Chance auf Befriedigung seiner Forderungen entsprechend verhalten würde.[103] Denn dadurch würde der Zweck der Rückforderung, die unverzügliche und effektive Beseitigung der eingetretenen Wettbewerbsstörung, entgegen den Vorgaben des Artikels 14 zumindest verzögert oder im Einzelfalle sogar vereitelt werden.[104]

Es trifft zu, dass die Kommission selbst sich in einigen Entscheidungen missverständlich zur **47** Anwendbarkeit des Privatgläubigerprinzips bei der Umsetzung einer Rückforderungsentschei-

---

States, 524 bis 525. Die Studie ist im Internet unter dem folgenden Link abrufbar: http://ec.europa.eu/competition/state_aid/studies_reports/studies_reports.html.

[96] Vgl. Bekanntmachung „Rückforderung", ABl. 2007 C 272/04, RdNr. 55–59.

[97] Bekanntmachung „Rückforderung", ABl. 2007 C 272/04, RdNr. 52.

[98] Die Kommission spricht zwar in der Bekanntmachung „Rückforderung" allgemein von Insolvenzplänen, dürfte aber wohl nur die als Sanierungspläne und Übertragungspläne bezeichneten Insolvenzpläne meinen. Siehe *Braun/Braun* Vor § 217 InsO RdNr. 11–18 zur Typologie von Insolvenzplänen.

[99] Vgl. Bekanntmachung „Rückforderung", ABl. 2007 C 272/04, RdNr. 60–68.

[100] Bekanntmachung „Rückforderung", ABl. 2007 C 272/04, RdNr. 43.

[101] AA. *Borchardt* ZIP 2001, 1302; *Heidenhain/Heidenhain* § 4 RdNr. 12; *Koenig/Kühling/Ritter* RdNr. 471; ausführlich dazu *Köster/Molle* EuZW 2007, 534.

[102] Siehe zum Privatgläubigerprinzip *Soltész/Makowski* EuZW 2003, 75.

[103] Vgl. hierzu die bei *Köster/Molle* EuZW 2007, 534 beschriebenen Fallkonstellationen.

[104] Siehe oben unter RdNr. 39.

dung geäußert hat,[105] doch hat sie in den entsprechenden Entscheidungen durch die Bezugnahme auf das Privatgläubigerprinzip nur verdeutlichen wollen, dass ein Mitgliedstaat im Rahmen der Beihilfenrückforderung mindestens die Maßnahmen ergreifen muss, die auch ein privater Gläubiger zur Durchsetzung seiner Forderungen ergreifen würde.[106] Mittlerweile dürfte auch durch den Gerichtshof geklärt sein, dass das Privatgläubigerprinzip im Rückforderungsverfahren nicht anwendbar ist. Denn der Gerichtshof hat festgestellt, dass Maßnahmen der Mitgliedstaaten, die nicht zur unmittelbaren Rückforderung der Beihilfe führen, nicht ausreichend sind, um eine Rückforderungsentscheidung der Kommission umzusetzen. Der Gerichtshof hat ausdrücklich festgestellt, dass es seitens des Mitgliedstaats eines „echten Schritt[s] zur Rückforderung der Beihilfe" bedarf.[107] Eine Vereinbarung über die Stundung der zurückzufordernden Beihilfe oder eine Umschuldungsvereinbarung, bei der zwecks Konsolidierung des Empfängers eine Beteiligung an diesem übernommen wird, stellt jedoch gerade keinen echten Schritt zur unmittelbaren und effektiven Rückforderung der Beihilfe dar.[108]

48   **6. Praktische Wirksamkeit der Rückforderung.** Die Mitgliedstaaten sind auch verpflichtet, Maßnahmen zu unterlassen, die die praktische Wirksamkeit der Beihilferückforderung beeinträchtigen. Aufgrund des *effet utile* der Rückforderung ist nicht nur die bereits zuvor erwähnte Umgehung einer Rückforderungsentscheidung unzulässig,[109] sondern muss auch eine der Erstattung nachfolgende staatliche Kapitalerhöhung dermaßen ausgestaltet sein, dass sie nicht die der Erstattung der Beihilfe zu Grunde liegende Rückforderungsentscheidung im Ergebnis neutralisiert. Dies bedeutet, dass für die fragliche Kapitalmaßnahme zumindest eine marktübliche Vergütung vorgesehen sein muss, die auf einer belastbaren Investitionsrechnung beruht. Es kann im Einzelfall auch geboten sein, eine geplante Kapitalmaßnahme erst nach dem Auslaufen anderer Beihilfemaßnahmen zu vollziehen. Des Weiteren sind die Mitgliedstaaten dazu verpflichtet, sicherzustellen, dass die steuerliche Behandlung der Beihilfenerstattung nicht zu einem Steuerabzug führt, der die Beihilfenerstattung teilweise neutralisiert. Dies bedeutet etwa, dass die steuerneutrale Behandlung der Erstattung der Beihilfe sicherzustellen ist und ein Steuerabzug aufgrund der Beihilfenerstattung ausgeschlossen sein muss.[110]

49   Strittig und bisher nicht durch die Gemeinschaftsgerichte geklärt ist die praktisch wichtige Frage, ob ein Mitgliedstaat im Rahmen einer Privatisierung in einem Unternehmenskaufvertrag dem Erwerber garantieren kann, ihn zu entschädigen, falls das privatisierte Unternehmen Beihilfen erstatten muss. Die Kommission hatte im Fall *Hytasa* entschieden, dass derartige Klauseln in Unternehmenskaufverträgen nicht angewendet werden dürfen.[111] Die Kommission hat in den Fällen *Bank Burgenland*[112] und *Hellenic Shipyards*[113] bestätigt, dass sie Klauseln im Rahmen von Privatisierungen für *per se* unzulässig hält, die vorsehen, dass der Käufer im Falle der Beihilfenrückforderung entschädigt wird, weil eine solche Entschädigung des Käufers eine Umgehung der Rückforderungsentscheidung und eine neue Beihilfe darstellen würde.

Art. 15 Frist

(1) Die Befugnisse der Kommission zur Rückforderung von Beihilfen gelten für eine Frist von zehn Jahren.

(2) [1]**Diese Frist beginnt mit dem Tag, an dem die rechtswidrige Beihilfe dem Empfänger entweder als Einzelbeihilfe oder im Rahmen einer Beihilferegelung gewährt wird.** [2]**Jede Maßnahme, die die Kommission oder ein Mitgliedstaat auf Antrag der Kommission bezüglich der rechtswidrigen Beihilfe ergreift, stellt eine Unterbrechung der Frist dar.** [3]**Nach jeder Unterbrechung läuft die Frist von neuem an.** [4]**Die**

---

[105] Siehe nur Kom., ABl. 1999 L 292/27, 30, RdNr. 100 – Gröditzer Stahlwerke. Vgl. auch Kom., ABl. 2002 L 307/1, 25 – Graf von Henneberg Porzellan; Kom., ABl. 2000 L 227/24, 38 – Seleco.

[106] So *Köster/Molle* EuZW 2007, 536.

[107] EuGH, C-415/03, Slg. 2005, I-3875, RdNr. 43 – Olympic Airways.

[108] Vgl. *Köster/Molle* EuZW 2007, 537.

[109] Siehe oben in der Kommentierung dieses Artikels unter RdNr. 18–20.

[110] Zulässig ist es nur, bei der Berechnung des Rückforderungsbetrages vom Beihilfebetrag auf diesen gezahlte Steuern abzuziehen. Vgl. dazu EuG, T-459/93, Slg. 1995, II-1675, RdNr. 83.

[111] Kom., ABl. 1997 L 96/30, 36 – Hytasa; Kom., ABl. 1992 L 171/54, 63 bis 64 – Hytasa.

[112] Siehe Kom., ABl. 2008 L 239/32, RdNr. 38, 158 – Bank Burgenland.

[113] Kom, ABl. 2008, L 225/104, RdNr. 297–298, 331–337 – Hellenic Shipyards.

Frist wird ausgesetzt, solange die Entscheidung der Kommission Gegenstand von Verhandlungen vor dem Gerichtshof der Europäischen Gemeinschaften ist.

(3) Jede Beihilfe, für die diese Frist ausgelaufen ist, gilt als bestehende Beihilfe.

I. Normzweck

Art. 15 dient dem Zweck, für die Fälle Rechtssicherheit herbeizuführen, in denen die **1** rechtswidrige Gewährung einer Beihilfe durch den Mitgliedstaat der Kommission über einen langen Zeitraum verborgen geblieben ist. Dazu kann es etwa kommen, wenn ein Mitgliedstaat den Beihilfecharakter einer bestimmten Maßnahme nicht erkannt hat.[1]

Als Normzweck des Art. 15 werden zusätzlich noch Gesichtspunkte des Wettbewerbsschutzes **2** angeführt. So wird in der Literatur bezweifelt, dass die Rückforderung einer rechtswidrigen Beihilfe nach Ablauf von mehr als zehn Jahren noch geeignet sei, die Wettbewerbsverzerrung zu beseitigen. In Fällen, in denen sich mehr als zehn Jahre kein Wettbewerber über die Gewährung einer rechtswidrigen Beihilfe bei der Kommission beschwert habe, soll davon auszugehen sein, dass durch die Gewährung der rechtswidrigen Beihilfe keine nachhaltige Beeinträchtigung des Wettbewerbs eingetreten sei.[2]

II. Entstehungsgeschichte

Der Vorschlag der Kommission zu einer Beihilfeverfahrensverordnung enthielt zunächst kei- **3** ne dem Art. 15 vergleichbare Vorschrift.[3] Art. 15 wurde auf Verlangen des Rates und des Parlaments in die VO 659/1999 eingefügt.[4] Dabei mag auch eine Rolle gespielt haben, dass die Gemeinschaftsgerichte sich zuvor gegen die analoge Anwendung von Verjährungsvorschriften auf die Rückforderung von Beihilfen ausgesprochen hatten.[5]

III. Erläuterungen

1. Befristung der Rückforderung. Die Kommmission ist nur befugt, die Rückforderung **4** einer Beihilfe innerhalb einer Frist von zehn Jahren zu verlangen. Die Frist beginnt ab dem Zeitpunkt zu laufen, zu dem die Beihilfe dem Empfänger als Einzelbeihilfe oder als Beihilfe auf der Grundlage einer Beihilferegelung gewährt wurde.

2. Unterbrechung der Frist. Die Frist wird dadurch unterbrochen, dass die Kommission **5** oder der Mitgliedstaat auf Antrag der Kommission auf die rechtswidrige Beihilfe bezogene Maßnahmen ergreift. Das Gericht hat festgestellt, dass bereits ein einfaches Auskunftsersuchen, der Kommission den Fristenlauf unterbricht.[6] Eine förmliche Entscheidung der Kommission wie etwa die Anordnung zur Auskunftserteilung oder die Eröffnung des förmlichen Prüfverfahrens ist für die Unterbrechung des Fristenlaufs nicht erforderlich. Für die Unterbrechung der Frist ist es auch unerheblich, ob der Empfänger Kenntnis vom Auskunftsersuchen der Kommission hatte. Die Unterbrechung der Frist hat zur Folge, dass die Frist von neuem zu laufen beginnt.[7]

In der Literatur ist zu Recht angemerkt worden, dass die praktische Bedeutung des Art. 15 **6** gering ist. Angesichts der Ausgestaltung der Unterbrechung des Fristenlaufs dürfte es nur selten dazu kommen, dass die Befugnis der Kommission zur Rückforderung von Beihilfen aufgrund von Art. 15 ausgeschlossen ist.[8]

3. Bestehende Beihilfe nach Fristablauf. Rechtsfolge des Ablaufs der Frist ist, dass die **7** Beihilfe als bestehende Beihilfe gilt.[9] Für bestehende Beihilfen ist die Kommission nicht mehr befugt, deren Rückforderung anzuordnen.[10] Solche bestehenden Beihilfen unterliegen jedoch weiterhin der Beihilfekontrolle gemäß den Artikeln 17 bis 19.

---

[1] *Heidenhain/Sinnaeve* § 34 RdNr. 17.
[2] So *Lübbig/Martin-Ehlers* RdNr. 612.
[3] Vgl. ABl. 1998 C 116/13.
[4] *Sinnaeve* EuZW 1999, 274.
[5] EuG, T-126/96 ua., Slg. 1998, II-347, RdNr. 67–68 – BFM und EFIM.
[6] Siehe EuG, T-360/00, Slg. 2003, II-1763, RdNr. 57–60 – Scott/Kommission.
[7] EuG, T-360/00, Slg. 2003, II-1763, RdNr. 60 – Scott/Kommission.
[8] So auch *Schröter/Jakob/Mederer/Mederer* Art. 88 EG RdNr. 20; *Heidenhain/Sinnaeve* § 34 RdNr. 17.
[9] Siehe auch Artikel 1 lit. b iv).
[10] Dies ergibt sich aus Artikel 14 Abs. 1 iVm. Art. 1 lit. f.

8   **4. Anwendung auf Altfälle.** Das Gericht hat geklärt, dass Art. 15 eine verfahrensrechtliche Vorschrift ist, die auf alle Beihilfeverfahren anwendbar ist, die bei Inkrafttreten der VO 659/1999 anhängig waren.[11] Das Gericht hat auch geklärt, dass auch vor Inkrafttreten der VO 659/1999 ergriffene Maßnahmen zur Unterbrechung der Ausschlussfrist führen.[12]

Kapitel IV. Verfahren bei missbräuchlicher Anwendung von Beihilfen

Art. 16 Mißbräuchliche Anwendung von Beihilfen

Unbeschadet des Artikels 23 kann die Kommission bei mißbräuchlicher Anwendung von Beihilfen das förmliche Prüfverfahren nach Artikel 4 Absatz 4 eröffnen, wobei die Artikel 6, 7, 9 und 10 sowie Artikel 11 Absatz 1 und die Artikel 12, 13, 14 und 15 entsprechend gelten.

I. Normzweck

1   Die Kommission ist befugt, ein Verfahren wegen missbräuchlicher Anwendung einer Beihilfe gegen einen Mitgliedstaat einzuleiten, wenn der Empfänger durch die Verwendung der Beihilfe gegen die zu Grunde liegende Entscheidung verstößt. Art. 16 erfasst demnach die Fallkonstellationen, in denen die Gewährung der Beihilfe durch den Mitgliedstaat zwar durch eine Entscheidung der Kommission gedeckt ist, aber deren Verwendung durch den Empfänger gegen die Vorgaben der Entscheidung verstößt. Das Verhalten des Empfängers einer Beihilfe ist dem Mitgliedstaat zurechenbar, da dieser als Adressat der Entscheidung gegenüber der Kommission gemeinschaftsrechtlich für den ordnungsgemäßen Vollzug der Entscheidung verantwortlich ist.

II. Entstehungsgeschichte

2   Bis zum Inkrafttreten der VO 659/1999 gab es keine besonderen Regelungen zur missbräuchlichen Anwendung einer Beihilfe durch den Empfänger, da es keine Definition des Missbrauchs einer Beihilfe gab. Eine solche ist erst durch Art. 1 lit. g eingeführt worden, der nunmehr definiert, dass unter der missbräuchlichen Verwendung einer Beihilfe durch den Empfänger eine Verwendung derselben zu verstehen ist, die gegen die Vorgaben der zu Grunde liegenden Entscheidung der Kommission verstößt. Vor der Einführung der Kategorie der missbräuchlichen Verwendung einer Beihilfe, wurden entsprechende Fallkonstellationen als rechtswidrige Beihilfen behandelt. Eine Vorschrift über die missbräuchliche Verwendung von Beihilfen ist in die VO 659/1999 aufgenommen worden, weil Art. 108 Abs. 2 AEUV selbst die missbräuchliche Anwendung erwähnt.[1] Bisher hat die Kommission nur wenige Entscheidungen im Verfahren bei missbräuchlicher Anwendung von Beihilfen getroffen.

III. Erläuterungen

3   **1. Missbräuchliche Anwendung von Beihilfen.** Art. 16 setzt voraus, dass der Empfänger eine Beihilfe, die von der Kommission gemäß Art. 4 Abs. 3 oder Art. 7 Abs. 3 und Abs. 4 genehmigt worden war, in einer Weise verwendet, die gegen die Vorgaben der zu Grunde liegenden Entscheidung oder eine mit der Entscheidung verbundenen Bedingung oder Auflage verstößt. Ein solcher Fall ist etwa gegeben, wenn eine Beihilfe zweckwidrig verwendet wird. Ein Fall der missbräuchlichen Verwendung einer Beihilfe ist gegeben, wenn die Konzernmutter im Rahmen des konzernweiten *cash pooling* eine der Tochtergesellschaft gewährte Beihilfe für sonstige betriebliche Zwecke verwendet.[2] Das Gericht hat festgestellt, dass die Kommission grundsätzlich die Beweislast dafür trifft, dass eine Beihilfe vom Empfänger missbräuchlich verwendet worden ist.[3] Die Kommission ist jedoch, wenn ein Mitgliedstaat auf eine Anordnung

---

[11] EuG, T-360/00, Slg. 2003, II-1763, RdNr. 51–52 – Scott/Kommission.
[12] EuG, T-360/00, Slg. 2003, II-1763, RdNr. 50–57 – Scott/Kommission. Ausführlich zur Behandlung der Altfälle *Heidenhain/Sinnaeve* § 34 RdNr. 17–18.
[1] Vgl. *Heidenhain/Sinnaeve* § 35 RdNr. 2.
[2] Vgl. etwa Kom., ABl. 2001 L 236/3 – Lintra.
[3] EuG, T-111/01, Slg. 2005, II-1579, RdNr. 86 – Saxonia Edelmetalle.

zur Auskunftserteilung nicht, unvollständig oder ungenau antwortet, berechtigt, auf der Grundlage der ihr vorliegenden Informationen zu entscheiden.[4]

2. Anwendbare Vorschriften. Art. 16 verweist für die missbräuchliche Anwendung von **4** Beihilfen weitgehend auf die Vorschriften, nach denen sich das Verfahren bei rechtswidrigen Beihilfen bestimmt. Die Kommission ist bei der missbräuchlichen Anwendung einer Beihilfe jedoch nicht befugt, die Beihilfen einstweilig vom Empfänger zurückzufordern.[5] Sie ist jedoch gegebenenfalls gemäß Art. 22 befugt, vor Ort nachzuprüfen, ob die Vorgaben der Entscheidung der Kommission befolgt wurden.[6]

3. Unbeschadet des Artikels 23. Die Kommission ist bei missbräuchlicher Anwendung **5** einer Beihilfe auch dazu berechtigt, Klage beim Gerichtshof zu erheben, weil die missbräuchliche Anwendung einer Beihilfe stets auch einen Verstoß gegen die der Beihilfegewährung zu Grunde liegende Entscheidung darstellt. Die Vorschrift des Artikels 23 ist auch bei missbräuchlicher Anwendung einer Beihilfe anwendbar.[7]

Kapitel V. Verfahren bei bestehenden Beihilferegelungen

Art. 17 Zusammenarbeit nach Artikel 93 Absatz 1 des Vertrags

(1) Für die Überprüfung bestehender Beihilferegelungen in Zusammenarbeit mit dem betreffenden Mitgliedstaat holt die Kommission nach Artikel 93 Absatz 1 des Vertrags bei diesem alle erforderlichen Auskünfte ein.

(2) Gelangt die Kommission zur vorläufigen Auffassung, daß eine bestehende Beihilferegelung nicht oder nicht mehr mit dem Gemeinsamen Markt vereinbar ist, so setzt sie den betreffenden Mitgliedstaat hiervon in Kenntnis und gibt ihm Gelegenheit zur Stellungnahme innerhalb einer Frist von einem Monat. In ordnungsgemäß begründeten Fällen kann die Kommission diese Frist verlängern.

I. Normzweck

Die Kommission ist in Zusammenarbeit mit den Mitgliedstaaten gemäß Art. 108 Abs. 1 **1** AEUV zur fortlaufenden Überprüfung bestehender Beihilferegelungen verpflichtet. Die Vorschriften zum Verfahren bei bestehenden Beihilferegelungen erlauben es der Kommission, unbefristete oder langlaufende Beihilferegelungen sowie Beihilfen, die vor dem Beitritt eines Mitgliedstaats eingeführt wurden, fortlaufend an die Entwicklungen des Gemeinsamen Marktes anzupassen oder abzuschaffen. Die Vorschriften zum Verfahren bei bestehenden Beihilferegelungen ermöglichen es der Kommission, einer Änderung der Situation Rechnung zu tragen, die nach ihrer Entscheidung über die Vereinbarkeit einer Beihilferegelung mit dem Gemeinsamen Markt eingetreten ist. Das Verfahren bei bestehenden Beihilferegelungen entfaltet grundsätzlich keine Rückwirkung.

II. Entstehungsgeschichte

Die Art. 17 bis 19 kodifizieren die bereits vor Inkrafttreten der VO 659/1999 bestehende **2** Praxis der Kommission bei der Kontrolle bestehender Beihilferegelungen.[1]

III. Erläuterungen

1. Fortlaufende Überprüfung bestehender Beihilferegelungen. Art. 17 ist nach seinem **3** Wortlaut nur auf Beihilferegelungen im Sinne von Art. 1 lit. d anwendbar. Die Vorschrift gilt nicht für bereits genehmigte Einzelbeihilfen, deren Gewährung sich über einen längeren Zeit-

---

[4] Vgl. EuG, T-111/01 und T-133/01, Slg. 2005, II-1579, RdNr. 86 – Saxonia Edelmetalle, der ausführt: „Unterlässt ein Mitgliedstaat die Erteilung hinreichend klarer und präziser Auskünfte über die Verwendung von Beihilfen, für die die Kommission auf der Grundlage der vorliegenden Angaben Zweifel hinsichtlich der Beachtung ihrer vorherigen Genehmigungsentscheidung äußert, ist die Kommission somit berechtigt, die missbräuchliche Anwendung der betreffenden Beihilfen festzustellen."

[5] Art. 16 verweist nicht auf Art. 11 Abs. 2.

[6] So auch *Koenig/Kühling/Ritter* RdNr. 389.

[7] Vgl. *Heidenhain/Sinnaeve* § 35 RdNr. 3.

[1] So *Heidenhain/Sinnaeve* § 36 RdNr. 1.

raum erstreckt. Art. 17 ist auch nicht auf Beihilfen anwendbar, die auf der Grundlage einer genehmigten Beihilferegelung bereits gewährt wurden.[2] Die Überprüfung bestehender Beihilferegelungen gemäß Art. 17 dient dazu, die bestehende Beihilferegelung an die geänderten Anforderungen des Gemeinsamen Marktes anzupassen und dadurch sicherzustellen, dass die künftige Gewährung von Beihilfen auf der Grundlage der bestehenden Beihilferegelung nicht in der Zukunft zu Wettbewerbsstörungen führt.

4 Die Kommission ist zwar rechtlich zur fortlaufenden Überprüfung von bestehenden Beihilferegelungen verpflichtet, verfügt jedoch über ein weitgehendes Ermessen bei der Erfüllung dieser Verpflichtung.[3] Bei der Ausübung des Ermessens hat die Kommission jedoch die allgemeinen Grundsätze guten Verwaltungshandelns zu beachten. Dies bedeutet, dass sie insbesondere auf einen effizienten Einsatz der verfügbaren personellen Ressourcen zu achten hat und eine willkürliche Ungleichbehandlung der Mitgliedstaaten vermeiden muss.[4] Das Gericht hat bestätigt, dass Dritte keinen Anspruch darauf haben, dass die Kommission eine bestehende Beihilferegelung eines Mitgliedstaats auf ihre fortbestehende Vereinbarkeit mit dem Gemeinsamen Markt überprüft.[5]

5 Zweifelhaft ist, ob die Art. 17 bis 19 auch auf Beihilferegelungen anwendbar sind, wenn die Kommission entschieden hatte, dass die fragliche Regelung keine Beihilfe darstelle. Die Kommission geht davon aus, dass die Art. 17 bis 19 auch dann anwendbar sind, wenn sie zuvor entschieden hatte, dass die fragliche Regelung keine Beihilfe darstellt.[6] Die Anwendung des Verfahrens bei bestehenden Beihilferegelungen auf Fälle, in denen die Kommission zuvor entschieden hatte, dass die fragliche Regelung keine Beihilfe darstellt, ist jedoch grundsätzlich nur dann rechtmäßig, wenn die Regelung aufgrund nach der Kommissionsentscheidung eingetretener Entwicklungen nunmehr als Beihilferegelung zu qualifizieren ist. Zu Recht wird in der Literatur darauf hingewiesen, dass die VO 659/1999 keine Vorschriften für solche Regelungen enthält, die zunächst keine Beihilferegelungen sind und erst aufgrund späterer Entwicklungen zu solchen werden.[7] Für die Anwendung des Verfahrens bei bestehenden Beihilferegelungen spricht, dass es sich bei diesem Verfahren im Gegensatz zu den anderen Verfahren der VO 659/1999 um ein Verfahren handelt, das auf die Berücksichtigung nach einer Entscheidung der Kommission eingetretener Entwicklungen zugeschnitten ist. Dieser Umstand rechtfertigt den Ansatz der Kommission, die insoweit bestehende Regelungslücke durch Anwendung der Art. 17 bis 19 zu schließen.

6 **2. Einholung von Informationen durch die Kommission.** Die Kommission ist gemäß Art. 17 berechtigt, von den Mitgliedstaaten alle Informationen einzuholen, die erforderlich sind, um überprüfen zu können, ob eine bestehende Beihilferegelung noch mit dem Gemeinsamen Markt vereinbar ist. Die Informationen, zu deren Einholung die Kommission berechtigt ist, können alle für die Beurteilung der fortbestehenden Vereinbarkeit der Beihilferegelung mit dem Gemeinsamen Markt erheblichen Faktoren wirtschaftlicher oder sozialer Art betreffen. Diese Informationen können einen regionalen oder sektoralen Bezug haben. So kann die Kommission etwa Informationen darüber einholen, ob sektorelle Überkapazitäten oder sonstige strukturelle Probleme noch bestehen.

7 **3. Vorläufige Auffassung über Unvereinbarkeit.** Die Kommission ist verpflichtet, die vom Mitgliedstaat übermittelten Informationen sorgfältig und unvoreingenommen zu prüfen.[8] Sofern sie im Rahmen dieser Prüfung zu dem Ergebnis kommt, dass die Beihilferegelung nicht (mehr) mit dem Gemeinsamen Markt vereinbar ist, teilt sie dies dem Mitgliedstaat mit und gibt ihm Gelegenheit zur Stellungnahme. Die Stellungnahme muss der Mitgliedstaat innerhalb einer Frist von einem Monat abgeben, die jedoch von der Kommission verlängert werden kann.

---

[2] Vgl. *Heidenhain/Sinnaeve* § 36 RdNr. 2; EuG, T-6/99, Slg. 2001, II-1523, RdNr. 188 bis 190 – ESF/Kommission.

[3] *Schröter/Jakob/Mederer/Mederer* Art. 88 EG RdNr. 33; *Heidenhain/Sinnaeve* § 36 RdNr. 4.

[4] *Schröter/Jakob/Mederer/Mederer* Art. 88 EG RdNr. 33 geht davon aus, dass die Mitgliedstaaten grundsätzlich einen Anspruch auf die fortlaufende Überprüfung bestehender Beihilferegelungen in den anderen Mitgliedstaaten haben. Ein solcher Anspruch lässt sich dogmatisch mit der Verpflichtung zur Zusammenarbeit von Mitgliedstaaten und Kommission gemäß Art. 88 Abs. 1 EG begründen.

[5] EuG, T-330/94, Slg. 1996, II-1475 – Salt Union/Kommission.

[6] Kom., ABl. 2002 C 147/2 – RdNr. 30–34 – Belgische Koordinierungszentren; Kom., ABl. 1998 C 395/19 – Irische Körperschaftsteuer.

[7] Siehe *Heidenhain/Sinnaeve* § 36 RdNr. 5.

[8] EuGH, C-367/95 P, Slg. 1998, I-1719, RdNr. 62 – Kommission/Sytraval.

Art. 18 Vorschlag zweckdienlicher Maßnahmen

[1] Gelangt die Kommission aufgrund der von dem betreffenden Mitgliedstaat nach Artikel 17 übermittelten Auskünfte zu dem Schluß, daß die bestehende Beihilferegelung mit dem Gemeinsamen Markt nicht oder nicht mehr vereinbar ist, so schlägt sie dem betreffenden Mitgliedstaat zweckdienliche Maßnahmen vor. [2] Der Vorschlag kann insbesondere in folgendem bestehen:

a) inhaltliche Änderung der Beihilferegelung oder
b) Einführung von Verfahrensvorschriften oder
c) Abschaffung der Beihilferegelung.

1. Auffassung über Unvereinbarkeit mit dem Binnenmarkt. Die Kommission über- 1
prüft zunächst die vom Mitgliedstaat übermittelten Informationen. Kommt sie, gegebenenfalls nach Einholung ergänzender Informationen, zu dem Ergebnis, dass die bestehende Beihilferegelung mit dem Binnenmarkt vereinbar ist, stellt sie das Verfahren ein. Sofern jedoch die Überprüfung der vom Mitgliedstaat übermittelten Informationen die vorläufige Auffassung bestätigt, dass die bestehende Beihilferegelung nicht (mehr) mit dem Binnenmarkt vereinbar ist, schlägt sie dem Mitgliedstaat diejenigen Maßnahmen vor, die sie für notwendig hält, um die Vereinbarkeit der bestehenden Beihilferegelung mit dem Gemeinsamen Markt wiederherzustellen.

2. Vorschlag zweckdienlicher Maßnahmen. Die Kommission kann zur Wiederherstel- 2
lung der Vereinbarkeit der bestehenden Beihilferegelung mit dem Gemeinsamen Markt vorschlagen, dass die Beihilferegelung inhaltlich geändert wird, Verfahrensvorschriften eingeführt werden oder aber die Beihilferegelung abgeschafft wird. Die Kommission hat die zweckdienlichen Maßnahmen so konkret auszugestalten, dass sie ohne Weiteres vollziehbar sind. Sie ist insbesondere gehalten, die für die Durchführung der Maßnahmen geltenden Fristen zu bestimmen. Die Kommission kann dem Mitgliedstaat nicht etwaige Ungenauigkeiten der von ihr vorgeschlagenen zweckdienlichen Maßnahmen entgegenhalten.[1]

Die von der Kommission vorgeschlagenen zweckdienlichen Maßnahmen haben den Charak- 3
ter einer Empfehlung im Sinne von Art. 288 AEUV. Sie sind für den Mitgliedstaat rechtlich nicht bindend.

Art. 19 Rechtsfolgen eines Vorschlags zweckdienlicher Maßnahmen

(1) [1] Wenn der betreffende Mitgliedstaat den vorgeschlagenen Maßnahmen zustimmt und die Kommission hiervon in Kenntnis setzt, hält die Kommission dies fest und unterrichtet den Mitgliedstaat hiervon. [2] Der Mitgliedstaat ist aufgrund seiner Zustimmung verpflichtet, die zweckdienlichen Maßnahmen durchzuführen.

(2) [1] Wenn der betreffende Mitgliedstaat den vorgeschlagenen Maßnahmen nicht zustimmt und die Kommission trotz der von dem Mitgliedstaat vorgebrachten Argumente weiterhin die Auffassung vertritt, daß diese Maßnahmen notwendig sind, so leitet sie das Verfahren nach Artikel 4 Absatz 4 ein. [2] Die Artikel 6, 7 und 9 gelten entsprechend.

1. Zustimmung zu den vorgeschlagenen Maßnahmen. Sofern der Mitgliedstaat den 1
von der Kommission vorgeschlagenen zweckdienlichen Maßnahmen zustimmt und die Kommission hierüber informiert, bestätigt die Kommission dies dem Mitgliedstaat durch entsprechendes Verwaltungsschreiben. Der Mitgliedstaat ist dann zur Durchführung der zweckdienlichen Maßnahmen verpflichtet. Für den Fall, dass er die von ihm akzeptieren zweckdienlichen Maßnahmen nicht fristgemäß umsetzt, sind die auf der Grundlage der bestehenden Beihilferegelung gewährten Beihilfen ab Fristablauf als rechtswidrige Beihilfen zu beurteilen.

2. Ablehnung der vorgeschlagenen Maßnahmen. Hält die Kommission, obwohl der 2
Mitgliedstaat die vorgeschlagenen zweckdienlichen Maßnahmen abgelehnt hat, diese weiterhin für notwendig, um die Vereinbarkeit der bestehenden Beihilferegelung mit dem Gemeinsamen Markt sicherzustellen, eröffnet sie das förmliche Prüfverfahren. Für das Verfahren gelten die Verfahrensregeln für angemeldete Beihilfen. Während des förmlichen Prüfverfahrens bleibt der

---

[1] EuGH, C-213/85, Slg. 1988, 281, RdNr. 29 bis 30 – Kommission/Niederlande.

Mitgliedstaat berechtigt, die bestehende Beihilferegelung bis zu einer Entscheidung gemäß Art. 7 Abs. 4 oder Abs. 5 weiter anzuwenden. Das Durchführungsverbot ist im Verfahren bei bestehenden Beihilferegelungen während des förmlichen Prüfverfahrens nicht anwendbar.[1]

3   **3. Gegenvorschlag des Mitgliedstaats.** Der VO 659/1999 lässt sich nicht entnehmen, wie zu verfahren ist, wenn der Mitgliedstaat die von der Kommission vorgeschlagenen zweckdienlichen Maßnahmen ablehnt, aber seinerseits alternative zweckdienliche Maßnahmen vorschlägt. Die Zustimmung der Kommission zum Gegenvorschlag des Mitgliedstaats ist in einem solchen Fall als stillschweigende Änderung des Kommissionsvorschlags auszulegen.[2]

Kapitel VI. Beteiligte

Art. 20 Rechte der Beteiligten

(1) [1]Jeder Beteiligte kann nach der Entscheidung der Kommission zur Eröffnung des förmlichen Prüfverfahrens eine Stellungnahme nach Artikel 6 abgeben. [2]Jeder Beteiligte, der eine solche Stellungnahme abgegeben hat, und jeder Empfänger einer Einzelbeihilfe erhält eine Kopie der von der Kommission gemäß Artikel 7 getroffenen Entscheidung.

(2) [1]Jeder Beteiligte kann der Kommission Mitteilung über mutmaßlich rechtswidrige Beihilfen und über eine mutmaßlich mißbräuchliche Anwendung von Beihilfen machen. [2]Bestehen für die Kommission in Anbetracht der ihr vorliegenden Informationen keine ausreichenden Gründe, zu dem Fall eine Auffassung zu vertreten, so unterrichtet sie den betreffenden Beteiligten hiervon. [3]Trifft die Kommission in einem Fall, zu dem ihr eine solche Mitteilung zugegangen ist, eine Entscheidung, so übermittelt sie dem betreffenden Beteiligten eine Kopie der Entscheidung.

(3) Jeder Beteiligte erhält auf Antrag eine Kopie jeder nach den Artikeln 4 und 7, nach Artikel 10 Absatz 3 und Artikel 11 getroffenen Entscheidung.

I. Normzweck

1   Art. 16 regelt die Verfahrensrechte derjenigen, die durch eine Entscheidung in einem Beihilfeverfahren unmittelbar oder mittelbar betroffen sind. Die Vorschrift sieht als zentrales Verfahrensrecht der Beteiligten das Recht zur Stellungnahme nach Eröffnung des förmlichen Verfahrens und zur Einlegung von Beschwerden vor. Die Vorschrift verpflichtet die Kommission, Beteiligten eine Kopie ihrer das Verfahren abschließenden Entscheidung mitzuteilen.

2   Die VO 659/1999 erwähnt in Art. 16 das Ziel „alle Möglichkeiten festzulegen, über die Dritte verfügen, um ihre Interessen bei Verfahren für staatliche Beihilfen zu vertreten." Art. 16 ist somit eine die Verfahrensrechte Beteiligter umfassend regelnde Vorschrift. Denn durch die Aufnahme der Vorschrift in die VO 659/1999 sollte einer möglichen Stärkung der Beteiligtenrechte Dritter durch die Rechtsprechung der Gemeinschaftsgerichte vorgebeugt werden.[1*]

II. Entstehungsgeschichte

3   Die VO 659/1999 hat die Rechte der Beteiligten nicht erweitert. Art. 16 kodifiziert die frühere Rechtsprechung. Die Kommission und der Rat waren der Ansicht, dass eine wesentliche Erweiterung der Rechte Dritter im Rahmen der VO 659/1999 nicht den Vorgaben des EG-Vertrags zum Beihilfeverfahren entsprechen würde und mit der Rechtsprechung der Gemeinschaftsgerichte nicht vereinbar wäre. Auch gab es Bedenken, dass stärkere Verfahrensrechte sonstiger Beteiligter die Effizienz des Beihilfeverfahrens beeinträchtigen könnten.[2*]

III. Erläuterungen

4   **1. Beschränkte Verfahrensrechte weiterer Beteiligter.** Die Verfahrensrechte Dritter in der VO 659/1999 bleiben hinter denen der VO 1/2003 zurück. So haben die weiteren Betei-

---

[1] Siehe *Heidenhain/Sinnaeve* § 36 RdNr. 16.
[2] Siehe *Heidenhain/Sinnaeve* § 36 RdNr. 17.
[1*] Vgl. *Heidenhain/Sinnaeve* § 37 RdNr. 3.
[2*] *Heidenhain/Sinnaeve* § 37 RdNr. 2.

ligten im Beihilfeverfahren kein dem Art. 27 Abs. 2 VO 1/2003 vergleichbares Recht auf Akteneinsicht.[3] Die beschränkten Verfahrensrechte Dritter ergeben sich letztlich daraus, dass das Beihilfeverfahren ein Verfahren ist, dessen Parteien allein die Kommission und der Mitgliedstaat sind.[4] Dritte wie etwa der Empfänger oder Wettbewerber des Empfängers sind im Wesentlichen darauf beschränkt, der Kommission für das Beihilfeverfahren relevante Informationen zu übermitteln.[5]

2. Recht auf Abgabe einer Stellungnahme. Beteiligte im Sinne von Art. 1 lit. h sind be- **5** rechtigt, nach Eröffnung des förmlichen Prüfverfahrens durch die Kommission eine Stellungnahme abzugeben. Die Kommission ist verpflichtet, jedem Beteiligten, der eine Stellungnahme abgegeben hat, eine Kopie der das Verfahren abschließenden Entscheidung zu übermitteln. Die Kommission ist auch verpflichtet, jedem Empfänger einer Einzelbeihilfe eine Kopie der das Verfahren abschließenden Entscheidung zu übermitteln.

Das Gericht hat bestätigt, dass die Veröffentlichung der Entscheidung über die Eröffnung des **6** förmlichen Prüfverfahrens im Amtsblatt hinreichend ist, um Dritte über das Beihilfeverfahren zu informieren.[6] Dritte haben aufgrund der VO 659/1999 kein Recht auf Anhörung durch die Kommission oder Einsicht in die Verfahrensakten.[7] Die Kommission kann jedoch nach freiem Ermessen Beteiligte im Beihilfeverfahren anhören und die Abgabe einer Stellungnahme anregen.

3. Recht auf Mitteilung eines Verstoßes gegen Beihilfenrecht. Beteiligte haben das **7** Recht, die Kommission über rechtswidrige Beihilfen oder die missbräuchliche Anwendung von Beihilfen zu informieren. Dieses Recht der Beteiligten gemäß Art. 20 Abs. 2 ist zwar nicht als formelles Beschwerdeverfahren ausgestaltet und auch grundsätzlich an keine Form gebunden,[8] aber doch in gewissem Grade für die Kommission verbindlich. Die Kommission ist nämlich verpflichtet, die Mitteilung eines Beschwerdeführers über rechtswidrige oder missbräuchlich verwendete Beihilfen zu prüfen.[9] Die Kommission ist zu einer sorgfältigen und unparteiischen Prüfung verpflichtet.[10] Unter Umständen muss sie ihre Prüfung sogar auf Gesichtspunkte erstrecken, die vom Beschwerdeführer nicht geltend gemacht wurden.[11]

Die Kommission ist grundsätzlich nicht dazu berechtigt, die Prüfung von Informationen über **8** rechtswidrige Beihilfen mit der Begründung zu verweigern, dass kein Gemeinschaftsinteresse an einer Überprüfung bestehe.[12] Aufgrund der ausschließlichen Zuständigkeit der Kommission für die Beurteilung der Vereinbarkeit von Beihilfen würde ansonsten das Risiko eines lückenhaften Rechtsschutzes bestehen.[13] Denn die nationalen Gerichte sind nicht zuständig, um über die Vereinbarkeit einer Beihilfe mit dem Gemeinsamen Markt zu entscheiden. In Anbetracht der potenziell unbegrenzten Anzahl von Mitteilungen gemäß Artikel 20 Abs. 2 ist der Kommission jedoch ein weitgehendes Ermessen bei der Prüfung von Beschwerden zuzubilligen. Insbesondere Beschwerden, die offensichtlich unbegründet oder nicht hinreichend substantiiert sind, verpflichten die Kommission nicht dazu, in eine vertiefte inhaltliche Prüfung dieser Mitteilung einzutreten. In solchen Fällen kann die Kommission dem Beteiligten durch Verwaltungsschreiben gemäß Artikel 20 Abs. 2 S. 2 mitteilen, dass nach ihrer vorläufigen Einschätzung, sofern der Beschwerdeführer seine Beschwerde nicht innerhalb einer von der Kommission zu setzenden

---

[3] Vgl. dazu oben, Band I, Art. 27 VO 1/2003 RdNr. 11–28.

[4] Siehe nur *Sinnaeve* EuZW 1999, 275–276.

[5] Vgl. EuG, T-228/99 ua., Slg. 2003, II-00435, RdNr. 127 – WestLB und NRW; kritisch dazu *Bartosch* EuZW 2004, 46–48.

[6] Vgl. nur EuG, T-127/99 ua., Slg. 2002, II-1275, RdNr. 255–257 – Territorio Histórico/Kom.; EuG, T-371/94 ua., Slg. 1998, II-2405, RdNr. 58 bis 59 – British Airways/Kommission.

[7] Vgl. EuGH, C-367/95 P, Slg. 1998, I-1719, RdNr. 57–62 – Kom./Sytraval; EuG, T-613/97, Slg. 2000, II-4055, RdNr. 86–90 – UFEX/Kommission.

[8] Die Kommission hat ein unverbindliches Formblatt für Beschwerden über mutmaßlich rechtswidrige Beihilfen erstellt; siehe ABl. 2003 C 116/3, das dem Beteiligten die Aufbreitung von Mitteilungen gemäß Artikel 20 Abs. 2 erleichtern soll. Das Formblatt ist im Internet unter dem folgenden Link abrufbar: http://ec.europa.eu/competition/forms/intro_en.html.

[9] Siehe Art. 10 Abs. 1 VO 659/1999.

[10] *Heidenhain/Sinnaeve* § 37 RdNr. 8.

[11] EuGH, C-367/95 P, Slg. 1998, I-1719 – RdNr. 62 – Kom./Sytraval.

[12] EuG, T-95/96, Slg. 1998, II-3407, RdNr. 72 – Gëstevisión Telecino/Kom; so auch *Hancher/Ottervanger/Slot* RdNr. 25–053 bis 25–054; *Schweitzer/Mestmäcker* § 45 RdNr. 54; *Heidenhain/Sinnaeve* § 37 RdNr. 8, Fn. 31.

[13] *Hancher/Ottervanger/Slot*, EC State Aids, RdNr. 25-053 bis 25-054; *Schweitzer/Mestmäcker* § 45 RdNr. 54.

angemessenen Frist substantiiert,[14] keine ausreichenden Gründe bestehen, um den Fall weiter-zuverfolgen.[15] Kommt die Kommission nach Prüfung der Beschwerde jedoch zu dem Ergebnis, dass die angegriffene staatliche Maßnahme keine Beihilfe darstellt oder diese mit dem Gemeinsamen Markt vereinbar ist, muss sie dies durch förmliche Entscheidung gemäß Artikel 4 Abs. 2 oder 3 feststellen.[16]

9   Ergibt die Prüfung der vom Beteiligten übermittelten Informationen, dass Anhaltspunkte für eine rechtswidrige Gewährung von Beihilfen bestehen, dann ist die Kommission verpflichtet, die inhaltliche Prüfung nach Entscheidung gemäß Artikel 4 Abs. 4 fortzusetzen und über den Sachverhalt förmlich zu entscheiden.[17] Die Kommission übermittelt dem Beschwerdeführer, der durch seine Mitteilung die Prüfung der rechtswidrigen Beihilfe veranlasst hat, gemäß Artikel 20 Abs. 2 S. 3 eine Kopie ihrer Entscheidung.

10 Der Beteiligte kann, wenn die Kommission untätig bleibt, obwohl ihr weitere Informationen über die rechtswidrige Beihilfe mitgeteilt werden und sie zum Tätigwerden aufgefordert wird, eine Untätigkeitsklage gemäß Art. 265 AEUV erheben.[18] Die für die Untätigkeitsklage erforderliche gemeinschaftsrechtswidrige Untätigkeit der Kommission ist, da die Kommission bei der Prüfung rechtswidriger Beihilfen grundsätzlich nicht an Fristen gebunden ist, nur dann gegeben, wenn das vorläufige Prüfverfahren im Einzelfall unangemessen lange andauert.[19]

11 **4. Recht auf Beantragung einer Kopie von Entscheidungen.** Beteiligte im Sinne von Art. 1 lit. h können bei der Kommission beantragen, ihnen eine Kopie von Entscheidungen gemäß Art. 4, 7, 10 Abs. 3 und 11 mitzuteilen. Praktische Bedeutung dürfte Abs. 3 neben der Mitteilung von Entscheidungen gemäß Art. 10 Abs. 3 und Art. 11[20] vor allem vor der Veröffentlichung von Entscheidungen für solche Beteiligten haben, die sich nicht beschwert haben und auch keine Stellungnahme abgegeben haben.

12 **5. Zugang zu Dokumenten gemäß VO 1049/2001.** Das Verhältnis der Beteiligtenrechte gemäß Art. 20 zu einem möglichen Akteneinsichtsrecht nach der VO 1049/2001[21] ist bisher nicht grundsätzlich geklärt.[22] Die VO 1049/2001 gewährt jedem Unionsbürger, unabhängig von einem berechtigten oder begründeten Interesse, das Recht auf Zugang zu Dokumenten der Kommission, sofern nicht bestimmte in der VO 1049/2001 aufgezählte und eng auszulegende Ausnahmen einschlägig sind. Da es das Ziel der VO 1049/2001 ist, einen möglichst weitgehenden Zugang zu Dokumenten zu gewährleisten, ist die VO 1049/2001 grundsätzlich auch auf die Beihilfekontrolle anwendbar, da Beteiligte gemäß Art. 20 zugleich auch Teil der Öffentlichkeit im Sinne der VO 1049/2001 sind.[23] Demnach scheint die VO 1049/2001 den Beteiligten ein Akteneinsichtsrecht zu vermitteln, das es nach dem die Verfahrensrechte sonstiger Beteiligter restriktiv regelnden Art. 20 gerade nicht geben soll.

13 Der Anwendungsbereich der Beteiligtenrechte nach Art. 20 und der VO 1049/2001 ist für das Beihilfeverfahren dergestalt voneinander abzugrenzen, dass die VO 1049/2001 nicht anwendbar ist, bis das fragliche Beihilfeverfahren rechtskräftig abgeschlossen ist. Dies ergibt sich daraus, dass die Vorschrift zu den Verfahrensrechten der Beteiligten im Beihilfeverfahren umfassend und abschließend ist, wie der Erwägungsgrund 16 ausdrücklich bestätigt. Deshalb kann die spezielle Regelung der Verfahrensrechte von Beteiligten im Beihilfeverfahren gemäß Art. 20 auch nicht durch eine allgemeine Regelung über den Zugang zu Dokumenten gemäß VO 1049/2001 ergänzt und erweitert werden.[24] Der Gerichtshof hat dies im Ergebnis bestätigt,

---

[14] Nach EuGH, C-521/06 P, Slg. 2008, I-50829, RdNr. 39 – Athaiki Techniki ist die Kommission verpflichtet, vor einer Mitteilung gemäß Artikel 20 Abs. 2 dem Beschwerdeführer Gelegenheit zur Stellungnahme zu geben.

[15] Vgl. EuG, T-521/02, Slg. 2006, II-1047, RdNr. 45 – Deutsche Bahn. Aus dem Urteil ergibt sich, dass die Kommission bei Schreiben gemäß Artikel 20 Abs. 2 klarstellen muss, dass ihre Einschätzung der Beschwerde vorläufiger Natur ist.

[16] Vgl. dazu EuGH, C-521/06 P, Slg. 2008, I-50829, RdNr. 54 bis 62 – Athaiki Techniki.

[17] EuG, T-95/96, Slg. 1998, II-3407, RdNr. 55 – Géstevisión Telecino/Kommission.

[18] EuG, T-17/96, Slg. 1999, II-1757 – TF1/Kom.; EuG, T-95/96, Slg. 1998, II-3407 – Géstevisión Telecino/Kom.

[19] Vgl. EuG, T-46/97, Slg. 2000, II-2125, RdNr. 102 bis 107 – S IC.

[20] *Heidenhain/Sinnaeve* § 37 RdNr. 11.

[21] VO 1049/2001, ABl. 2001 L 145/43.

[22] Vgl. *Bartosch* EuZW 2004, 48.

[23] Vgl. zur parallelen Problematik bei der Fusionskontrolle Art. 18 FKVO, RdNr. 45; *Schröter/Jakob/Mederer-Dittert* Art. 18 FKVO RdNr. 18.

[24] AA. *Bartosch* EuZW 2004, 48.

indem er entschieden hat, dass auch im Rahmen der Auslegung des Art. 4 Abs. 2 dritter Gedankenstrich der VO 1049/2001 die Art. 6 Abs. 2 und Art. 20 zu berücksichtigen sind, nach denen Beteiligte im Beihilfeverfahren keinen Zugang zur Verfahrensakte der Kommission haben sollen.[25]

Kapitel VII. Überwachung

Art. 21 Jahresberichte

(1) Die Mitgliedstaaten unterbreiten der Kommission Jahresberichte über alle bestehenden Beihilferegelungen, für die keine besonderen Berichterstattungspflichten aufgrund einer mit Bedingungen und Auflagen verbundenen Entscheidung nach Artikel 7 Absatz 4 auferlegt wurden.

(2) Versäumt es der betreffende Mitgliedstaat trotz eines Erinnerungsschreibens, einen Jahresbericht zu übermitteln, so kann die Kommission hinsichtlich der betreffenden Beihilferegelung nach Artikel 18 verfahren.

I. Normzweck

Die in Art. 21 vorgesehene Berichterstattungspflicht der Mitgliedstaaten für alle bestehenden **1** Beihilferegelungen soll es der Kommission erlauben, die Anwendung aller bestehenden Beihilferegelungen gemäß Art. 108 Abs. 1 AEUV effektiv zu überwachen. Die Jahresberichte sollen der Kommission eine geeignete Grundlage bieten, um zweckdienliche Maßnahmen für bestehende Beihilferegelungen vorschlagen zu können.[1]

Die von den Mitgliedstaaten der Kommission übermittelten Berichte scheinen sich in der **2** Praxis jedoch eher zu einer Informationsquelle entwickelt zu haben, die in erster Linie statistischen Zwecken dient. Die Jahresberichte werden von der Kommission insbesondere für die Erstellung Beihilfenanzeigers verwendet.[2]

II. Entstehungsgeschichte

Art. 21 schreibt die bereits vor Inkrafttreten der VO 659/1999 bestehende Praxis der Kom- **3** mission fest, von den Mitgliedstaaten Berichte über die Anwendung bestehender Beihilferegelungen zu verlangen, für die nicht in einer Entscheidung der Kommission gemäß Art. 7 Abs. 4 eine besondere Form der Berichterstattung vorgesehen ist.[3]

Art. 21 lässt offen, wie die Jahresberichte von den Mitgliedstaaten zu verfassen sind. Art. 27 **4** ermächtigt die Kommission jedoch dazu, Durchführungsvorschriften zu Form und Inhalt der Jahresberichte zu erlassen. Von dieser Befugnis hat die Kommission durch die Art. 5 bis 7 der VO 794/2004 Gebrauch gemacht. Diese Vorschriften enthalten nun die allgemeine rechtliche Grundlage dafür, wie die Jahresberichte von den Mitgliedstaaten zu verfassen sind. Die Art. 5 bis 7 der VO 794/2004 lauten:

Art. 5 Form und Inhalt von Jahresberichten **5**

(1) Unbeschadet der Unterabsätze 2 und 3 des vorliegenden Absatzes und zusätzlicher besonderer Berichterstattungspflichten, die aufgrund einer mit Bedingungen und Auflagen verbundenen Entscheidung nach Art. 7 Absatz 4 der Verordnung (EG) Nr. 659/1999 auferlegt wurden, sowie unbeschadet der Einhaltung der von den Mitgliedstaaten gegebenenfalls eingegangen Verpflichtungen im Zusammenhang mit einer Entscheidung zur Genehmigung einer Beihilfe stellen die Mitgliedstaaten auf der Grundlage des Standardberichtsformulars in Anhang III A die Jahresberichte über bestehende Beihilferegelungen gemäß Art. 21 Absatz 1 der Verordnung (EG) Nr. 659/1999 für jedes ganze Kalenderjahr der Anwendung der Regelung oder einen Teil davon zusammen.

Die Jahresberichte über bestehende Beihilferegelungen für die Herstellung, Verarbeitung und Vermarktung der in Anhang I EG-Vertrag aufgeführten Agrarzeugnisse werden jedoch auf der Grundlage des Formulars in Anhang III B zusammengestellt.

---

[25] EuGH, Urt. v. 29. 6. 2010, C 139/07 P, RdNr. 59–61.
[1] *Heidenhain/Sinnaeve* § 38 RdNr. 6.
[2] Vgl. Art. 6 Abs. 2 VO 794/2004.
[3] Vgl. hierzu die Schreiben der Kommission an die Mitgliedstaaten vom 22. 4. 1994 und vom 2. 8. 1995.

Die Jahresberichte über bestehende Beihilferegelungen für die Erzeugung, Verarbeitung und Vermarktung der in Anhang I EG-Vertrag aufgeführten Fischereierzeugnisse werden mit Hilfe des Formulars in Anhang III C erstellt.

(2) Die Kommission kann von den Mitgliedstaaten zusätzliche Angaben zu bestimmten Fragen verlangen, die im Voraus mit den Mitgliedstaaten abzusprechen sind.

6   **Art. 6 Übermittlung und Veröffentlichung von Jahresberichten**

(1) Jeder Mitgliedstaat unterbreitet der Kommission spätestens am 30. Juni des Jahres nach dem Berichtszeitraum seine Jahresberichte in elektronischer Form.

In begründeten Fällen können Mitgliedstaaten Schätzungen vorlegen, vorausgesetzt, die richtigen Daten werden spätestens mit den Angaben für das nachfolgende Jahr unterbreitet.

(2) Die Kommission veröffentlicht jedes Jahr einen Beihilfenanzeiger, der eine Zusammenfassung der im Vorjahr in den Jahresberichten übermittelten Auskünfte enthält.

7   **Art. 7 Rechtlicher Status der Jahresberichte**

Die Unterbreitung der Jahresberichte stellt weder die Erfüllung der Pflicht zur Anmeldung von Beihilfemaßnahmen vor ihrer Inkraftsetzung gemäß Art. 88 Absatz 3 EG-Vertrag dar, noch greift sie dem Ergebnis der Prüfung angeblich rechtswidriger Beihilfen gemäß dem in Kapitel III der Verordnung (EG) Nr. 659/1999 festgelegten Verfahren in irgendeiner Weise vor.

III. Erläuterungen

8   **1. Form und Inhalt der Jahresberichte.** Die Jahresberichte gemäß Art. 21 sind auf der Grundlage von im Anhang zur VO 794/2004 abgedruckter Standardberichtsformulare zu erstellen, wobei für Beihilfen im Bereich der Landwirtschaft von den Mitgliedstaaten besondere Standardberichtsformulare verwendet werden müssen. Die Jahresberichte der Mitgliedstaaten enthalten vor allem Angaben allgemeiner Natur zur Art der Beihilfe und zum Beihilfebetrag. Sie sind für ein Kalenderjahr oder einen Teil davon zu erstellen. Art. 5 Abs. 2 VO 794/2004 stellt ergänzend noch klar, dass die Kommission berechtigt ist, über die in den Standardberichtsformularen vorgesehenen Angaben hinaus weitere Angaben zu verlangen, sofern dies in geeigneter Form vorab mit den Mitgliedstaaten abgesprochen wird.

9   **2. Übermittlung und Veröffentlichung der Jahresberichte.** Die Mitgliedstaaten sind verpflichtet, der Kommission die Jahresberichte in elektronischer Form bis zum 30. Juni des Folgejahres zu übermitteln. Die Mitgliedstaaten sind für den Fall, dass die erforderlichen Angaben nicht rechtzeitig verfügbar sind, berechtigt, der Kommission zunächst vorläufige Angaben und Schätzungen zu übermitteln. Die endgültigen Angaben müssen aber bis spätestens zum Ende des jeweiligen Folgejahres nachträglich übermittelt werden.

10   **3. Rechtliche Bedeutung der Jahresberichte.** Art. 7 der VO 794/2004 stellt klar, dass Jahresberichte der Mitgliedstaaten gemäß Art. 21 nicht die Anmeldung einer Beihilfe gemäß den Artikeln 2 bis 4 der VO 794/2004 ersetzen können. Angaben in einem Jahresbericht können, wie gleichfalls klargestellt wird, auch nicht eine Entscheidung der Kommission in einem Verfahren wegen rechtswidriger Beihilfe präjudizieren. Art. 7 bestätigt damit im Grunde Selbstverständliches, denn die in einem Jahresbericht enthaltenen Angaben sind von so allgemeiner Natur, dass auf ihrer Grundlage keine Prüfung einer Beihilfemaßnahme erfolgen kann.

Art. 22 Nachprüfung vor Ort

(1) Hat die Kommission ernsthafte Zweifel hinsichtlich der Einhaltung einer Entscheidung, keine Einwände zu erheben, einer Positiventscheidung oder einer mit Bedingungen und Auflagen verbundenen Entscheidung in Bezug auf Einzelbeihilfen, so gestattet der betreffende Mitgliedstaat, nachdem er Gelegenheit zur Stellungnahme erhalten hat, der Kommission eine Nachprüfung vor Ort.

(2) ¹Die von der Kommission beauftragten Bediensteten verfügen über folgende Befugnisse, um die Einhaltung der betreffenden Entscheidung zu überprüfen:

a) Sie dürfen alle Räumlichkeiten und Grundstücke des betreffenden Unternehmens betreten;

b) sie dürfen mündliche Erklärungen an Ort und Stelle anfordern;

c) sie dürfen die Bücher und sonstigen Geschäftsunterlagen prüfen sowie Kopien anfertigen oder verlangen.
[2] Die Kommission wird gegebenenfalls von unabhängigen Sachverständigen unterstützt.

(3) [1] Die Kommission unterrichtet den betreffenden Mitgliedstaat rechtzeitig schriftlich von der Nachprüfung vor Ort und nennt die von ihr beauftragten Bediensteten und Sachverständigen. [2] Erhebt der betreffende Mitgliedstaat ordnungsgemäß begründete Einwände gegen die Wahl der Sachverständigen durch die Kommission, so werden die Sachverständigen im Einvernehmen mit dem Mitgliedstaat ernannt. [3] Die mit der Nachprüfung vor Ort beauftragten Bediensteten und Sachverständigen legen einen schriftlichen Prüfungsauftrag vor, in dem Gegenstand und Zweck der Nachprüfung bezeichnet werden.

(4) Bedienstete des Mitgliedstaats, in dessen Hoheitsgebiet die Nachprüfung vorgenommen werden soll, können der Nachprüfung beiwohnen.

(5) Die Kommission übermittelt dem Mitgliedstaat eine Kopie aller Berichte, die aufgrund der Nachprüfung erstellt wurden.

(6) [1] Widersetzt sich ein Unternehmen einer durch eine Kommissionsentscheidung nach diesem Artikel angeordneten Nachprüfung, so gewährt der betreffende Mitgliedstaat den Bediensteten und Sachverständigen der Kommission die erforderliche Unterstützung, damit diese ihre Nachprüfung durchführen können. [2] Zu diesem Zweck ergreifen die Mitgliedstaaten nach Anhörung der Kommission innerhalb von 18 Monaten nach Inkrafttreten dieser Verordnung alle erforderlichen Maßnahmen.

I. Normzweck

Durch die Befugnis der Kommission, gemäß Art. 22 Nachprüfungen vor Ort vorzunehmen,   1
soll es der Kommission ermöglicht werden, beim Empfänger die korrekte Umsetzung der Entscheidung zu überprüfen. In den Erwägungsgründen zur VO 659/1999 ist dementsprechend erwähnt, dass die Kommission bei Zweifeln darüber, ob ihre Entscheidungen tatsächlich befolgt werden, „über zusätzliche Instrumente verfügen [soll] um die Informationen einholen zu können, die für die Nachprüfung der tatsächlichen Befolgung ihrer Entscheidungen erforderlich sind."[1]

II. Entstehungsgeschichte

Die Befugnis der Kommission, gemäß Art. 22 Nachprüfungen vor Ort beim Empfänger vor-   2
zunehmen, ist durch die VO 659/1999 neu eingeführt worden. Nachprüfungen vor Ort hatte die Kommission bereits zuvor für Beihilfen zugunsten des Schiffsbaus vorgenommen.[2] Die Vorschrift des Artikels 22 ist auch durch die Praxis der Kommission auf dem Gebiete des Kartellrechts beeinflusst.[3]
Die Kommission hat bisher noch keine Nachprüfung vor Ort durchgeführt. Es ist auch nicht   3
damit zu rechnen, dass Art. 22 größere praktische Bedeutung erlangen wird, da die Befugnis zur Nachprüfung sehr restriktiv ausgestaltet ist. Deshalb ist in der Literatur auch bezweifelt worden, ob es sich bei Art. 22 in seiner derzeitigen Fassung um eine sinnvolle Erweiterung der Befugnisse der Kommission handelt. Zu Recht wird darauf hingewiesen, dass sich die notwendigen Informationen meist einfacher auf anderem Wege beschaffen lassen und deswegen die aufwendige Nachprüfung vor Ort in der Regel entbehrlich ist.[4]

III. Erläuterungen

1. Ernsthafte Zweifel an der Einhaltung einer Entscheidung. Die Kommmission ist   4
nur befugt, vor Ort nachzuprüfen, wenn sie ernsthafte Zweifel daran hat, dass eine Entscheidung über die Gewährung von Einzelbeihilfen gemäß Art. 4 Abs. 3, Art. 7 Abs. 3 und Art. 7

---

[1] Vgl. Erwägungsgrund Nr. 20 der VO 659/1999.
[2] Vgl Art. 2 VO 1013/97 über Beihilfen für bestimmte Werften, die zur Zeit umstrukturiert werden, ABl. 1997 L 148/1.
[3] *Heidenhain/Sinnaeve* § 38 RdNr. 9.
[4] Siehe *Heidenhain/Sinnaeve* § 38 RdNr. 14.

Abs. 4 befolgt wird. Aus dem Wortlaut des Artikels 22 ergibt sich, dass die Vorschrift nicht auf Beihilfen anwendbar ist, die auf der Grundlage einer Beihilferegelung gewährt werden, sofern es sich bei den fraglichen Beihilfen nicht ausnahmsweise um anmeldepflichtige Beihilfen im Sinne von Art. 1 lit. e handelt.

5   In der Literatur gibt es unterschiedliche Auffassungen zu der Frage, ob die Kommission zur Nachprüfung vor Ort auf die Fälle der missbräuchlichen Anwendung einer Beihilfe im Sinne von Art. 1 lit. g beschränkt ist, oder aber die Befugnis zur Nachprüfung vor Ort auch dann besteht, wenn die Kommission Grund zu der Annahme hat, dass der Mitgliedstaat bei der Umsetzung einer Entscheidung über eine Einzelbeihilfe auch (teilweise) rechtswidrige Beihilfen gewährt hat. Einerseits wird für die weite Auslegung des Art. 22 die Effektivität der Beihilfenkontrolle angeführt und darauf hingewiesen, dass der Art. 22 weit gefasst sei. Er umfasse auch die Fälle, in denen ein Mitgliedstaat rechtswidrige Beihilfen bei der Durchführung einer Entscheidung gewähre.[5] Andererseits wird für die Auffassung, dass Art. 22 nur die Fälle des Missbrauchs einer Beihilfe erfasse, darauf verwiesen, dass die Befugnis zur Durchführung von Nachprüfungen vor Ort nur im Falle des Missbrauchs sinnvoll sei. Nur in diesem Falle könne damit gerechnet werden, dass die Nachprüfung beim Empfänger zur Beschaffung von Informationen über die missbräuchliche Verwendung der Beihilfe führe. Nur in diesem Falle sei die Nachprüfung vor Ort notwendig und effektiv.[6] Einigkeit dürfte in der Literatur jedoch darüber bestehen, dass die Befugnis der Kommission gemäß Art. 22 dann nicht besteht, wenn es um eine formell rechtswidrige Beihilfe im Sinne von Art. 1 lit. f geht, die nicht bereits Gegenstand einer Entscheidung der Kommission war.[7]

6   Zu dem Meinungsstreit in der Literatur ist anzumerken, dass davon auszugehen ist, dass die Befugnis der Kommission, Nachprüfungen vor Ort vorzunehmen, weit auszulegen ist. Demnach ist Art. 22 grundsätzlich immer dann anwendbar, wenn es darum geht, zu überprüfen, ob eine Entscheidung über eine Einzelbeihilfe korrekt umgesetzt wurde. Dafür spricht nicht nur der Wortlaut des Art. 22. Auch der Erwägungsgrund 20 lässt erkennen, dass die Befugnis zur Nachprüfung vor Ort immer dann bestehen soll, wenn es ernsthafte Zweifel über die tatsächliche Befolgung von Entscheidungen über Einzelbeihilfen gibt. Der Umstand, dass die missbräuchliche Verwendung von Beihilfen der Hauptanwendungsfall des Artikels 22 sein dürfte, schließt es grundsätzlich nicht aus, auch im Einzelfall eine Nachprüfung vor Ort durchzuführen, wenn die ernsthaften Zweifel an der korrekten Umsetzung einer Entscheidung über eine Einzelbeihilfe darauf beruhen, dass der Mitgliedstaat möglicherweise bei der Umsetzung der Entscheidung auch rechtswidrige Beihilfen gewährt hat.

7   Ernsthafte Zweifel der Kommission an der korrekten Umsetzung einer Entscheidung können sich etwa daraus ergeben, dass ein Wettbewerber des Empfängers sich substantiiert darüber beschwert, dass der Empfänger gegen eine Bedingung der Entscheidung verstößt. Solche Zweifel können sich aber auch daraus ergeben, dass eine politische Partei der Kommission Informationen über die nicht korrekte Umsetzung einer Entscheidung übermittelt, die sie in Ausübung ihres parlamentarischen Akteneinsichtsrechts erlangt hat. Denkbar ist auch, dass Presseberichte über die rechtliche Einschätzung einzelner Maßnahmen bei der Durchführung einer Entscheidung oder anonym übermittelte Informationen ernsthafte Zweifel an der korrekten Umsetzung der Entscheidung begründen. Entscheidend dafür, dass die der Kommission verfügbaren Informationen ernsthafte Zweifel an der korrekten Umsetzung einer Entscheidung begründen, dürfte sein, ob diese hinreichend substantiiert sind, um zumindest *prima facie* einen Verstoß gegen die Entscheidung zu belegen. Unbelegte und diffuse Behauptungen vermögen hingegen keine ernsthaften Zweifel an der korrekten Durchführung einer Entscheidung im Sinne des Artikels 22 zu begründen.

8   **2. Gelegenheit zur Stellungnahme.** Die Kommission ist verpflichtet, den Mitgliedstaat anzuhören, bevor sie beim Empfänger der Beihilfe eine Nachprüfung durchführt. Die Gelegenheit zur Stellungnahme soll es dem Mitgliedstaat erlauben, die Zweifel der Kommission an der korrekten Umsetzung der fraglichen Entscheidung auszuräumen.

9   **3. Gestattung der Nachprüfung vor Ort.** Der Mitgliedstaat ist für den Fall, dass die ernsthaften Zweifel der Kommission nicht durch seine Stellungnahme ausgeräumt werden können, rechtlich verpflichtet, die Nachprüfung vor Ort beim Empfänger zu gestatten.

---

[5] So wohl *Sanchez Rydelski* 201; offen gelassen von *Heidenhain/Sinnaeve* § 38 RdNr. 10.

[6] In diesem Sinne *Becker* EWS 2007, 260.

[7] Siehe *Heidenhain/Sinnaeve* § 38 RdNr. 10; weniger klar *Becker* EWS 2007, 260, der auf Art. 1 lit. f verweist und nicht erwähnt, dass die Streitfrage nur die Fälle betrifft, in denen die (teilweise) rechtswidrige Beihilfe die Durchführung einer Entscheidung der Kommission betrifft.

Bisher weitgehend ungeklärt ist die Frage, ob die Kommission ihrerseits bei ernsthaften **10** Zweifeln an der korrekten Verwendung einer Beihilfe rechtlich verpflichtet ist, eine Nachprüfung vor Ort durchzuführen. Dies hat das Gericht in einem Urteil kurz im *obiter dictum* diskutiert, aber im Ergebnis abgelehnt.[8] In der Literatur wird eine rechtliche Verpflichtung der Kommission, bei ernsthaften Zweifeln über die korrekte Verwendung von Beihilfen eine Nachprüfung vor Ort durchzuführen, nicht angenommen.[9] In der Tat wäre die Annahme einer rechtlichen Verpflichtung der Kommission, bei ernsthaften Zweifeln über die korrekte Umsetzung einer Entscheidung über eine Einzelbeihilfe, eine Nachprüfung vor Ort durchzuführen, wohl zu weitgehend.

4. Untersuchungsbefugnisse der Kommission. Die von der Kommission beauftragten **11** Bediensteten sind, um die Einhaltung der Entscheidung zu überprüfen, dazu befugt, das Grundstück und die Räumlichkeiten des Empfängers zu betreten. Sie können vor Ort Erklärungen verlangen sowie die beim Empfänger befindlichen Geschäftsunterlagen prüfen und diese kopieren oder Kopien von diesen verlangen. Die Kommission ist berechtigt, sich bei der Nachprüfung vor Ort von Sachverständigen unterstützen zu lassen.

5. Durchführung der Nachprüfung vor Ort. Die Kommission hat dem betroffenen Mit- **12** gliedstaat zunächst über die geplante Nachprüfung vor Ort zu informieren und muss ihm die Namen der an der Nachprüfung beteiligten Bediensteten und Sachverständigen mitteilen. Der Mitgliedstaat hat die Möglichkeit, gegen die von der Kommission ausgewählten Sachverständigen begründete Einwände vorzubringen, was zur Folge hat, dass die Kommission und der Mitgliedstaat die an der Nachprüfung beteiligten Sachverständigen einvernehmlich bestimmen müssen. Die mit der Nachprüfung beauftragen Bediensteten und Sachverständigen müssen einen schriftlichen Prüfungsauftrag vorlegen, der den Gegenstand und Zweck der Nachprüfung angibt.

Bedienstete des Mitgliedstaats haben das Recht, bei der Nachprüfung vor Ort anwesend zu **13** sein. Die Kommission ist verpflichtet, dem Mitgliedstaat nach Beendigung der Nachprüfung Kopien aller Berichte zu übermitteln, die aufgrund der Nachprüfung erstellt wurden. Für den Fall, dass sich der Empfänger der Nachprüfung vor Ort widersetzt, ist der Mitgliedstaat verpflichtet, die Bediensteten der Kommission und die von ihr beauftragten Sachverständigen zu unterstützen, damit diese die durch eine Entscheidung der Kommission angeordnete Nachprüfung vor Ort durchführen können.[10]

Art. 23 Nichtbefolgung von Entscheidungen und Urteilen

(1) Kommt der betreffende Mitgliedstaat mit Bedingungen und Auflagen verbundenen Entscheidungen oder Negativentscheidungen, insbesondere in den in Artikel 14 genannten Fällen, nicht nach, so kann die Kommission nach Artikel 93 Absatz 2 des Vertrags den Gerichtshof der Europäischen Gemeinschaften unmittelbar anrufen.

(2) Vertritt die Kommission die Auffassung, daß der betreffende Mitgliedstaat einem Urteil des Gerichtshofs der Europäischen Gemeinschaften nicht nachgekommen ist, so kann sie in der Angelegenheit nach Artikel 171 des Vertrags weiter verfahren.

I. Normzweck

Art. 23 hat in erster Linie klarstellende Funktion. Die Vorschrift hat gegenüber den primär- **1** rechtlichen Vorgaben in Art. 108 Abs. 2 AEUV und Art. 260 AEUV kaum eigenen Regelungsgehalt.

II. Erläuterungen

1. Nichtbefolgen einer Entscheidung. Die Kommission kann direkt beim Gerichtshof **2** klagen, wenn ein Mitgliedstaat eine bedingte oder mit Auflagen versehene Entscheidung, eine

---

[8] Vgl. EuG, T-111/01 ua., Slg. 2005, II-1579, RdNr. 98 – Saxonia Edelmetalle ua.

[9] *Becker* EWS 2007, 261.

[10] Art. 22 Abs. 6 sieht hierfür vor, dass die Mitgliedstaaten die dafür erforderlichen Maßnahmen innerhalb von 18 Monaten ab dem Inkrafttreten der VO 659/1999 treffen. Die Bundesrepublik Deutschland hat der Kommission in diesem Zusammenhang mitgeteilt, dass es für die Durchführung von Art. 22 Abs. 6 nicht notwendig sei, neue Vorschriften zu erlassen.

Negativentscheidung oder eine Rückforderungsentscheidung der Kommission nicht befolgt.[1] Ein Vorverfahren, wie es Art. 258 AEUV für die Vertragsverletzungsklage vorsieht, muss vor Klageerhebung nicht durchgeführt werden. Art. 23 Abs. 1 ist systematisch eine speziell für die Beihilfenkontrolle vorgesehene Sonderform der Vertragsverletzungsklage.[2] Das für die Vertragsverletzungsklage vorgesehene Vorverfahren ist entbehrlich, weil der Mitgliedstaat bereits im förmlichen Prüfverfahren, das den in Art. 23 aufgezählten Entscheidungen zwingend vorausgeht, Gelegenheit zur Stellungnahme hatte.[3]

3   **a) Nichtbeachtung einer Entscheidung.** Eine Klage der Kommission gemäß Art. 23 Abs. 1 setzt voraus, dass ein Mitgliedstaat eine der in Art. 23 Abs. 1 aufgezählten Entscheidungen nicht befolgt. Dies bedeutet, dass die Kommission beim Gerichtshof klagen kann, wenn beispielsweise ein Mitgliedstaat nicht die in einer Entscheidung vorgesehene Veräußerung eines Betriebsteils durchsetzt, ein Mitgliedstaat eine Beihilfe trotz Negativentscheidung gewährt oder eine Rückforderungsentscheidung nicht ordnungsgemäß umgesetzt wird. Dabei kommt es nicht darauf an, welche staatliche Ebene konkret für die Nichtbefolgung der Entscheidung verantwortlich ist. Da der Mitgliedstaat aus Sicht der Kommission eine Einheit darstellt, kann der Verstoß gegen die Entscheidung der Kommmission grundsätzlich mit dem Verhalten von Exekutive, Legislative und Judikative begründet werden.[4]

4   Art. 23 konkretisiert Art. 108 Abs. 2 AEUV insoweit, als dort aufgezählt ist, welche Verstöße gegen Entscheidungen der Kommission zur Klage berechtigen. In der Literatur wird bezweifelt, ob eine nach Art. 23 Abs. 1 zulässige Klage wegen Verstoßes gegen eine Auflage, die zwecks Überwachung der Umsetzung der Entscheidung durch die Kommission in die Entscheidung aufgenommen wurde, gemäß Art. 108 Abs. 2 AEUV zulässig wäre. Im Falle eines solchen Verstoßes gegen eine Entscheidung gemäß Art. 7 Abs. 4 solle statt der direkten Klage ein Verfahren wegen rechtswidriger Gewährung einer Beihilfe oder missbräuchlicher Verwendung einer Beihilfe eingeleitet werden.[5] Diese Ansicht erscheint jedoch nicht überzeugend, weil auch eine durch Auflage oder Bedingung auferlegte Verpflichtung, auch wenn sie in erster Linie der Überwachung der Umsetzung der Entscheidung dient, für die Umsetzung von solcher Bedeutung sein kann, dass im Interesse einer effektiven Beihilfenkontrolle die direkte Klage bei einem Verstoß gegen diese Bedingung zulässig sein muss. Dies ist etwa der Fall bei der durch Bedingung auferlegten Verpflichtung zur Einsetzung eines Treuhänders, der die ordnungsgemäße Veräußerung eines rechtlich nicht selbständigen Unternehmensteils des Empfängers einer Rettungs- und Umstrukturierungsbeihilfe überwachen soll.[6]

5   **b) Grundsätzlich keine Verpflichtung zur Klageerhebung.** Die Kommission ist nicht verpflichtet, Klage zum Gerichtshof zu erheben, wenn eine Entscheidung nicht vollständig befolgt wird. Die Kommission verfügt in den Fällen des Artikels 23 Abs. 1, wie auch ansonsten in Vertragsverletzungsverfahren,[7] über einen erheblichen Ermessensspielraum.[8] Deshalb kann die Kommission im Einzelfall, sofern der Verstoß gegen etwa eine bedingte Entscheidung nicht von erheblicher Bedeutung für die Umsetzung der Entscheidung ist, von der Klageerhebung absehen. Das Ermessen der Kommission kann jedoch im Einzelfall auch durch eine etablierte Beihilfenkontrollpraxis der Kommission eingeschränkt sein.

6   **2. Nichtbefolgen eines Urteils des Gerichtshofs.** Abs. 2 hat keinen eigenen Regelungsgehalt. Die Vorschrift verweist nur darauf, dass die Kommission für den Fall, dass ein Mitgliedstaat ein Urteil des Gerichtshofs nicht befolgt, eine weitere Klage gemäß Artikel 260 AEUV erheben und die Verurteilung des Mitgliedstaats zur Zahlung eines Pauschalbetrags oder eines Zwangsgeldes beantragen kann. Die Kommission hat angekündigt, von der Möglichkeit der Klageerhebung gemäß Artikel 260 AEUV Gebrauch zu machen, um die konsequente Durch-

---

[1] Art. 108 Abs. 2 AEUV erwähnt noch zusätzlich, dass auch jeder betroffene Mitgliedstaat beim Gerichtshof klagebefugt ist, wenn ein Mitgliedstaat eine mit dem Gemeinsamen Markt unvereinbare Beihilfe gewährt. Art. 108 Abs. 2 AEUV setzt jedoch im Gegensatz zu Art. 259 AEUV für die Klagebefugnis gemäß Art. 108 Abs. 2 AEUV voraus, dass der Mitgliedstaat betroffen ist. Von dieser Klagemöglichkeit hat bisher, soweit ersichtlich, kein Mitgliedstaat Gebrauch gemacht.

[2] *Heidenhain/Sinnaeve* § 38 RdNr. 15.

[3] *Schröter/Jakob/Mederer-Mederer* Art. 88 EG RdNr. 68.

[4] Siehe Bekanntmachung „Rückforderung", ABl. 2007 C 272/04, RdNr. 72.

[5] So *Heidenhain/Sinnaeve* § 38 RdNr. 15.

[6] Vgl. Kom., ABl. 2005 L 116/1, Anhang zu Art. 2 Abs. 1 lit. e – Bankgesellschaft Berlin; siehe auch *Graeper/Moser*, CPN 2/2004, 94–96.

[7] Siehe EuGH, C-247/87, Slg. 1989, 291, RdNr. 11 bis 13 – Star Fruit/Kom.

[8] EuG, T-277/94, Slg. 1996, I-351 – AITEC/Kom.; *Heidenhain/Sinnaeve* § 38 RdNr. 15.

setzung des Beihilfenrechts sicherzustellen.[9] Mittlerweile hat die Kommission auch erreicht, dass ein Mitgliedstaat zur Zahlung eines Zwangsgeldes verurteilt worden ist, weil er der durch Urteil bestätigten Verpflichtung zur Umsetzung einer Rückforderungsentscheidung nicht fristgerecht nachgekommen ist.[10]

III. Anwendung der Deggendorf Rechtsprechung

Die Kommission ist zudem befugt, zu entscheiden, dass die Genehmigung einer neuen Bei- 7 hilfe zugunsten des Empfängers so lange ausgesetzt wird, bis derselbe Empfänger eine noch ausstehende rechtswidrige Beihilfe zurückerstattet hat.[11] Denn die Kommission hat nach Ansicht des Gerichts bei der Bewertung der Vereinbarkeit einer Beihilfe mit dem Gemeinsamen Markt alle einschlägigen Umstände zu berücksichtigen. Zu diesen Umständen gehören auch „die Verpflichtungen, die einem Mitgliedstaat durch [eine] vorhergehende Entscheidung auferlegt wurden". Deshalb kann „die Kommission bei ihrer Entscheidung zum einen die mögliche kumulierende Wirkung der [alten] Beihilfen […] und der neuen Beihilfen […] und zum anderen den Umstand berücksichtigen, dass die [alten] für rechtswidrig erklärten Beihilfen [...] nicht zurückgezahlt worden waren."[12]

Deshalb verlangt die Kommission bei der Prüfung von neuen Beihilfen mittlerweile grund- 8 sätzlich von den Mitgliedstaaten, dass diese sich verpflichten, die Zahlung von Beihilfen an einen Empfänger auszusetzen, der eine zurückzuerstattende Beihilfe noch nicht zurückgezahlt hat. Für den Fall, dass ein Mitgliedstaat eine solche Verpflichtungserklärung nicht abgibt, kann die Kommission eine Entscheidung gemäß Art. 7 Abs. 4 treffen.[13] Die Kommission hat den Grundsatz, dass die Gewährung neuer Beihilfen zugunsten eines Empfängers so lange auszusetzen ist, bis dieser noch ausstehende Rückforderungsbeträge bezahlt hat, in die Leitlinien zur Rettung und Umstrukturierung von Unternehmen in Schwierigkeiten[14] und in die VO 1628/2006 der Kommission über die Anwendung der Art. 87 und 88 EG auf regionale Investitionsbeihilfen der Mitgliedstaaten übernommen.[15] Die Kommission hat angekündigt, Entsprechendes für alle zukünftigen Beihilfevorschriften und Entscheidungen vorzusehen.[16]

Die Bemühungen der Kommission, die Rückforderung von Beihilfen dadurch effektiver zu 9 gestalten, dass sie in systematischer Weise von der sogenannten Deggendorf-Rechtsprechung Gebrauch macht, sind zu begrüßen. Diese Bemühungen tragen dazu bei, die tatsächliche Rückforderung rechtswidriger Beihilfen zu beschleunigen.

Kapitel VIII. Gemeinsame Vorschriften

Art. 24 Berufsgeheimnis

Die Kommission und die Mitgliedstaaten, ihre Beamten und anderen Bediensteten, einschließlich der von der Kommission ernannten unabhängigen Sachverständigen, geben unter das Berufsgeheimnis fallende Informationen, die sie in Anwendung dieser Verordnung erhalten haben, nicht preis.

I. Normzweck

Art. 24 dient dem Schutz vertraulicher Informationen im Beihilfeverfahren. Er konkretisiert 1 die allgemeine Vorschrift des Art. 339 AEUV für das Beihilfeverfahren, indem er die Kommission speziell für das Beihilfeverfahren verpflichtet, Informationen, die unter das Berufsgeheimnis fallen, vertraulich zu behandeln. Art. 339 AEUV nennt als Beispiele für geschützte Informationen Auskünfte über Unternehmen sowie deren Geschäftsbeziehungen und Kostenelemente. Die

---

[9] Siehe Bekanntmachung „Rückforderung", ABl. 2007 C 272/04, RdNr. 73, 74.

[10] EuGH, C-369/07 – Kommission/Griechenland; siehe in diesem Zusammenhang auch den Fall Kom, ABl. 2000, L 42/1 – Italienische Beschäftigungsmaßnahmen, den die Kommission beim EuGH anhängig gemacht hat. Ein Urteil in der Sache steht derzeit noch aus.

[11] Siehe Bekanntmachung „Rückforderung", ABl. 2007 C 272/04, RdNr. 12, 75–78.

[12] Vgl. EuG, T-244/93, Slg. 1995, II-2265, RdNr. 56 – TWD Deggendorf.

[13] Bekanntmachung „Rückforderung", ABl. 2007 C 272/04, RdNr. 76.

[14] ABl. 2004 C 244/2, RdNr. 23.

[15] ABl. 2006 L 302/29.

[16] Bekanntmachung „Rückforderung", ABl. 2007 C 272/04, RdNr. 77.

Vorschrift dient dem Schutze der Rechte der beteiligten Unternehmen und Dritter, indem sie die an dem Beihilfeverfahren beteiligten Beamten und Bediensteten der Kommission und des Mitgliedstaats zum Schutz des Berufsgeheimnisses verpflichtet.[1] Die Kommission hat durch Mitteilung präzisiert, wie sie gleichzeitig den Schutz des Berufsgeheimnisses im Beihilfeverfahren gewährleisten und der für ihre Entscheidungen geltenden Begründungspflicht genügen will.[2]

II. Erläuterungen

2   **1. Keine Preisgabe vertraulicher Informationen.** Art. 24 bestimmt, dass die Kommission, die Mitgliedstaaten, die Beamten und sonstigen Bediensteten der Kommission und der Mitgliedstaaten sowie die von der Kommission beauftragten Sachverständigen im Beihilfeverfahren erlangte Informationen, die unter das Berufsgeheimnis fallen, vertraulich behandeln müssen. Dabei kommt es für den Schutz des Berufsgeheimnisses nicht darauf an, wie die Kommission Kenntnis von diesen Informationen erhalten hat. Demnach ist es für den Schutz des Berufsgeheimnisses nicht erheblich, ob die Kommission Kenntnis von den unter das Berufsgeheimnis fallenden Informationen durch Anmeldung, Auskunftsersuchen, Anordnung zur Auskunftserteilung, Nachprüfung vor Ort oder Stellungnahmen von Beteiligten erlangt hat.[3] Der Schutz des Berufsgeheimnisses gilt auch für Informationen, die der Kommission anonym übermittelt werden. Da die Kommission verpflichtet ist, das Berufsgeheimnis zu schützen, können sich Mitgliedstaaten und Unternehmen nicht auf die Vertraulichkeit von Informationen berufen, die von der Kommission im Rahmen des Beihilfeverfahrens benötigt werden.[4]

3   **2. Unter das Berufsgeheimnis fallende Informationen.** Art. 24 lässt offen, welche Informationen unter das Berufsgeheimnis fallen. Art. 339 AEUV lässt sich zumindest entnehmen, dass insbesondere Auskünfte über Unternehmen sowie deren Geschäftsbeziehungen und Kostenelemente vom Berufsgeheimnis erfasst sind.

4   Die Kommission hat in einer Mitteilung klargestellt, dass die Begriffe Geschäftsgeheimnisse und vertrauliche Auskünfte im Beihilfeverfahren wie im Kartell-[5] und Fusionskontrollverfahren[6] auszulegen sind.[7] Die Kommission weist darauf hin, dass Geschäftsgeheimnisse nur solche Informationen sein können, die einen wirtschaftlichen Wert haben. Die Kommission nennt als Beispiele für mögliche Geschäftsgeheimnisse des Empfängers nicht öffentlich verfügbare Informationen zu „Methoden zur Bewertung der Herstellungs- und Vertriebskosten, Produktionsgeheimnisse (wie geheime, kommerziell wertvolle Pläne, Formeln, Verfahren oder Vorkehrungen, die zur Herstellung, Vorbereitung, Zusammensetzung oder Verarbeitung von Handelsgütern eingesetzt werden und als Ergebnis eines Innovationsprozesses oder sonstigen erheblichen Einsatzes des Unternehmens anzusehen sind) sowie Verfahren, Bezugsquellen, Produktions- und Absatzvolumen, Marktanteile, Kunden und Händlerlisten, Marketingpläne, Selbstkostenstruktur, Absatzpolitik und Informationen über die interne Organisation des Unternehmens.“[8] Bei der Entscheidung darüber, ob eine Information als ein Geschäftsgeheimnis zu qualifizieren ist, sind Kriterien wie deren Bekanntheitsgrad, Schutz durch Wettbewerbs- und Vertraulichkeitsklauseln, der Wert für Wettbewerber, der Aufwand für die Informationsbeschaffung sowie der Umfang des Geheimnisschutzes nach nationalem Recht maßgeblich.[9] Öffentlich zugängliche Informationen wie im Jahresbericht veröffentlichte Umsatzdaten, mindestens 5 Jahre alte Daten und Statistiken sind keine Geschäftsgeheimnisse, die von Art. 24 geschützt werden. Die Identität des Empfängers ist ebenfalls nicht als Geschäftsgeheimnis zu qualifizieren.[10] Vertrauliche staatliche Informationen können nach Ansicht der Kommission wegen der für Entscheidungen bestehenden Begründungspflicht und des Transparenzgebotes nur in Ausnahmefällen als von Art. 24 geschützt angesehen werden.[11] Informationen, deren Preisgabe

---

[1] Siehe aus der Rechtsprechung zu Art. 20 VO 17/62 EuGH, C–67/91, Slg. 1992, I–4785, RdNr. 35 – Direccion General de la Defensa de la Competencia/Association Espanola de Banca Privada ua.

[2] Vgl. Mitteilung der Kommission C(2003) 4582 vom 1. 12. 2003 zum Berufsgeheimnis in Beihilfeentscheidungen, ABl. 2003 C 297/6.

[3] So auch die Praxis im Fusionskontrollverfahren, vgl. oben, Band I, Art. 17 FKVO RdNr. 4.

[4] Kom., ABl. 2003 C 297/6 RdNr. 24.

[5] Vgl. dazu oben, Band I, Art. 27 VO 1/2003 RdNr. 17.

[6] Vgl. dazu oben, Band I, Art. 17 FKVO RdNr. 14–18.

[7] Kom., ABl. 2003 C 297/6 RdNr. 9.

[8] Kom., ABl. 2003 C 297/6 RdNr. 10.

[9] Kom., ABl. 2003 C 297/6 RdNr. 13.

[10] Kom., ABl. 2003 C 297/6 RdNr. 14.

[11] Kom., ABl. 2003 C 297/6 RdNr. 17.

wesentlichen Sicherheitsinteressen des Mitgliedstaates widersprechen würde, muss der Mitglied-staat jedoch auch im Beihilfeverfahren nicht preisgeben.[12]

3. Verfahrensmäßige Umsetzung. Die Kommission geht im Interesse einer effektiven und **5** transparenten Beihilfenkontrolle sowie aufgrund der für ihre Entscheidungen bestehenden Begründungspflicht[13] davon aus, dass ein überwiegendes Interesse an der vollständigen Veröffentlichung ihrer Entscheidungen besteht. Deshalb geht sie vom Grundsatz aus, dass Geschäftsgeheimnisse und sonstige vertrauliche Informationen nur im unbedingt erforderlichen Maße geschützt sind.[14]

Die Kommission hat das Verfahren zur Umsetzung des Schutzes des Berufsgeheimnisses im Bei- **6** hilfeverfahren in ihrer Mitteilung konkretisiert. Danach hat ein Mitgliedstaat die Kommission innerhalb von 15 Arbeitstagen ab Mitteilung der Entscheidung in begründeter Weise mitzuteilen, welche Informationen als Berufsgeheimnis angesehen werden.[15] Die Kommission muss dem Mitgliedstaat ihre abweichende Auffassung in begründeter Weise mitteilen und einen neuen Entwurf der öffentlichen Fassung übermitteln, worauf der Mitgliedstaat innerhalb von 15 Arbeitstagen noch einmal die Gelegenheit hat, seine Einwände gegen die Veröffentlichung bestimmter Informationen in vertiefter Form zu begründen. Die Kommission veröffentlicht anschießend umgehend ihre öffentliche Fassung der Entscheidung, die für die Wahrnehmung des Rechts auf Stellungnahme wesentliche Informationen enthalten muss.[16]

Die durch die VO 794/2004 eingeführten Anmeldeformulare sehen mittlerweile vor, dass der **7** Mitgliedstaat bereits im Rahmen der Anmeldung in begründeter Form kenntlich macht, ob die Anmeldung Berufsgeheimnisse enthält.[17] Der Mitgliedstaat soll auch bei Erteilung von Auskünften in begründeter Form angeben, ob diese Auskünfte vom Berufsgeheimnis geschützte Informationen enthalten.[18]

Art. 25 Entscheidungsempfänger

[1]**Entscheidungen nach den Kapiteln II, III, IV, V und VII sind an den betreffenden Mitgliedstaat gerichtet.** [2]**Die Kommission teilt dem betreffenden Mitgliedstaat diese Entscheidungen unverzüglich mit und gibt ihm Gelegenheit, der Kommission mitzuteilen, welche Informationen seiner Ansicht nach unter das Geschäfts- und Betriebsgeheimnis fallen.**

Art. 25 stellt klar, dass Entscheidungen im Beihilfeverfahren immer an den Mitgliedstaat ge- **1** richtet sind. Die Vorschrift bestätigt die zu diesem Punkt ergangene Rechtsprechung.[1] Die Vorschrift bestätigt damit, dass das Beihilfeverfahren ein Verfahren zwischen Kommission und Mitgliedstaat ist, bei dem Dritten nur sehr eingeschränkte Verfahrensrechte zukommen. Da die Entscheidungen an die Mitgliedstaaten gerichtet sind, ist die Kommission auch verpflichtet, diese dem Mitgliedstaat mitzuteilen.

Art. 26 Veröffentlichung der Entscheidungen

(1) [1]**Die Kommission veröffentlicht im Amtsblatt der Europäischen Gemeinschaften eine Zusammenfassung ihrer Entscheidungen nach Artikel 4 Absätze 2 und 3 und Artikel 18 in Verbindung mit Artikel 19 Absatz 1.** [2]**In dieser Zusammenfassung wird darauf hingewiesen, daß eine Kopie der Entscheidung in ihrer/ihren verbindlichen Sprachfassung/en erhältlich ist.**

(2) [1]**Die Kommission veröffentlicht im Amtsblatt der Europäischen Gemeinschaften ihre Entscheidungen nach Artikel 4 Absatz 4 in der jeweiligen verbindlichen Sprachfassung.** [2]**In den Amtsblättern, die in einer anderen Sprache als derjenigen der**

---

[12] Siehe Art. 346 Abs. 1 AEUV.
[13] Vgl. Art. 296 AEUV.
[14] Kom., ABl. 2003 C 297/6 RdNr. 19.
[15] Kom., ABl. 2003 C 297/6 RdNr. 25–27.
[16] Kom., ABl. 2003 C 297/6, RdNr. 28–34.
[17] Vgl. Anhang I Teil 1 Nr. 9 der VO 794/2004.
[18] Kom., ABl. 2003 C 297/6 RdNr. 35–36.
[1] EuGH, C-367/95 P, Slg. 1998, I-1719, RdNr. 45 – Kom./Sytraval; EuG, T-46/97, Slg. 2000, II-2125, RdNr. 45 – SIC/Kom.

verbindlichen Sprachfassung erscheinen, wird die verbindliche Sprachfassung zusammen mit einer aussagekräftigen Zusammenfassung in der Sprache des jeweiligen Amtsblatts veröffentlicht.

(3) Die Kommission veröffentlicht im Amtsblatt der Europäischen Gemeinschaften ihre Entscheidungen nach Artikel 7.

(4) In Fällen, in denen Artikel 4 Absatz 6 oder Artikel 8 Absatz 2 anwendbar sind, wird eine kurze Mitteilung im Amtsblatt der Europäischen Gemeinschaften veröffentlicht.

(5) Der Rat kann einstimmig beschließen, Entscheidungen nach Artikel 93 Absatz 2 Unterabsatz 3 des Vertrags im Amtsblatt der Europäischen Gemeinschaften zu veröffentlichen.

I. Normzweck

1   Aus der Vorschrift ergibt sich, welche Entscheidungen der Kommission auf welche Art veröffentlicht werden müssen. Die Vorschrift trägt dazu bei, die Beihilfenkontrolle durch die Kommission transparent zu machen.[1]

II. Erläuterungen

2   Art. 26 sieht für bestimmte Entscheidungen die Veröffentlichung einer Zusammenfassung im Internet vor, während andere Entscheidungen in der verbindlichen Sprachfassung im Volltext und zusammengefasst in den anderen Amtssprachen im Amtsblatt veröffentlicht werden müssen. Daneben statuiert Art. 26 noch bestimmte Mitteilungspflichten der Kommission.

3   **1. Veröffentlichung einer Zusammenfassung der Entscheidung.** Für Entscheidungen gemäß Art. 4 Abs. 2, Abs. 3 und Art. 18 in Verbindung mit Art. 19 Abs. 1 genügt die Veröffentlichung einer Zusammenfassung im Amtsblatt. Die Zusammenfassung soll darauf hinweisen, dass die Entscheidung der Kommission in ihrer verbindlichen Sprachfassung erhältlich ist.[2] Da die Kommission mittlerweile die vorerwähnten Entscheidungen im vollen Wortlaut in der verbindlichen Sprachfassung im Internet veröffentlicht, sind sie auf diese Weise erhältlich, und es erübrigt sich in der Praxis in aller Regel eine Anfrage auf Mitteilung der fraglichen Entscheidung der Kommission.

4   **2. Veröffentlichung der vollständigen Entscheidung.** Entscheidungen gemäß Art. 4 Abs. 4 und Art. 7 werden im vollständigen Wortlaut veröffentlicht.

5   **a) Veröffentlichung in verbindlicher Sprachfassung.** Entscheidungen gemäß Art. 4 Abs. 4 über die Eröffnung des förmlichen Prüfverfahrens werden in der verbindlichen Sprachfassung mitsamt einer Zusammenfassung in den übrigen Amtssprachen im Amtsblatt veröffentlicht. Die Zusammenfassung soll es bisher unbeteiligten Dritten erlauben, zu überprüfen, ob sie von einer Entscheidung der Kommission im Beihilfeverfahren möglicherweise betroffen sind. Die Beschränkung der Veröffentlichung auf die verbindliche Sprachfassung und auf Zusammenfassungen in den anderen Amtssprachen soll die beschleunigte Veröffentlichung der Entscheidung ermöglichen.

6   **b) Veröffentlichung in allen Amtssprachen.** Entscheidungen gemäß Art. 7 werden im vollständigen Wortlaut in allen Amtssprachen veröffentlicht. Die Veröffentlichung solcher Entscheidungen kann aufgrund der Vielzahl der notwendigen Übersetzungen zum Teil erhebliche Zeiträume in Anspruch nehmen, was für den Beihilfeempfänger unter Umständen erhebliche Rechtsunsicherheit bedeuten kann, da die Frist für die Nichtigkeitsklage erst mit der Veröffentlichung der Entscheidung der Kommission im Amtsblatt beginnt,[3] wenn die Entscheidung nicht bereits zuvor gemäß Art. 20 übermittelt worden ist. Dieser Umstand verleiht der sorgfältigen Erfüllung der Mitteilungspflichten der Kommission gemäß Art. 20 eine besondere praktische Bedeutung.

7   **3. Veröffentlichung einer kurzen Mitteilung.** Die Kommission veröffentlicht eine kurze Mitteilung im Amtsblatt, wenn eine Beihilfe durch Fristablauf (Art. 4 Abs. 6) genehmigt wird oder ein förmliches Prüfverfahren nach Rücknahme der Anmeldung eingestellt wird. Diese Mitteilungen dienen der Transparenz der Beihilfenkontrolle.

---

[1] Vgl. *Heidenhain/Sinnaeve* § 39 RdNr. 6.
[2] Siehe http://www.europa.eu.int/comm/secretariat_general/sgb/state_aids.
[3] Siehe Art. 263 AEUV.

4. Veröffentlichung von Entscheidungen des Rates. Der Rat kann einstimmig ent- **8** scheiden, Entscheidungen gemäß Art. 108 Abs. 2 AEUV zu veröffentlichen.[4] Der Rat hat entsprechenden Entscheidungen zwar vereinzelt veröffentlicht, aber bisher keine durchgängige Praxis der Veröffentlichung von Entscheidungen entwickelt.[5]

Art. 27 Durchführungsvorschriften

Die Kommission kann nach dem Verfahren des Artikels 29 Durchführungsvorschriften zu Form, Inhalt und anderen Einzelheiten der Anmeldungen und Jahresberichte, zu den Einzelheiten und zur Berechnung der Fristen sowie zu den Zinsen nach Artikel 14 Absatz 2 erlassen.

Art. 27 ermächtigt die Kommission dazu, Durchführungsvorschriften zu Anmeldungen und **1** Jahresberichten zu erlassen. Die Kommission ist gemäß Art. 27 auch dazu berechtigt, Vorschriften zur Berechnung von Fristen und Rückforderungszinsen zu erlassen. Die Kommission hat von dieser Ermächtigung durch Erlass der VO 794/2004 Gebrauch gemacht.[1] Die Kommission hat diese Verordnung durch VO 271/2008[2] und VO 1147/2008[3] geändert.

Art. 28 Beratender Ausschuß für staatliche Beihilfen

Es wird ein Beratender Ausschuß für staatliche Beihilfen, nachstehend „Ausschuß" genannt, eingesetzt, der sich aus Vertretern der Mitgliedstaaten zusammensetzt und in dem der Vertreter der Kommission den Vorsitz führt.

Art. 28 sieht vor, dass ein Beratender Ausschuss bestehend aus Vertretern der Kommission **1** und der Mitgliedstaaten einzusetzen ist, der vor dem Erlass von Durchführungsvorschriften gemäß Art. 27 konsultiert werden muss.

Art. 29 Konsultierung des Ausschusses

(1) Die Kommission konsultiert den Ausschuß vor dem Erlaß von Durchführungsvorschriften nach Artikel 27.

(2) [1]Die Konsultierung des Ausschusses erfolgt im Rahmen einer Tagung, die von der Kommission einberufen wird. [2]Der Einberufung sind die zu prüfenden Entwürfe und Dokumente beigefügt. [3]Die Tagung findet frühestens zwei Monate nach Übermittlung der Einberufung statt. [4]Diese Frist kann in dringenden Fällen verkürzt werden.

(3) [1]Der Vertreter der Kommission unterbreitet dem Ausschuß einen Entwurf der zu treffenden Maßnahmen. [2]Der Ausschuß gibt – gegebenenfalls nach Abstimmung – seine Stellungnahme zu diesem Entwurf innerhalb einer Frist ab, die der Vorsitzende unter Berücksichtigung der Dringlichkeit der betreffenden Frage festsetzen kann.

(4) [1]Die Stellungnahme wird in das Protokoll aufgenommen; darüber hinaus hat jeder Mitgliedstaat das Recht zu verlangen, daß sein Standpunkt im Protokoll festgehalten wird. [2]Der Ausschuß kann empfehlen, daß diese Stellungnahme im Amtsblatt der Europäischen Gemeinschaften veröffentlicht wird.

(5) [1]Die Kommission berücksichtigt so weit wie möglich die Stellungnahme des Ausschusses. [2]Sie unterrichtet den Ausschuß darüber, inwieweit sie seine Stellungnahme berücksichtigt hat.

Art. 29 verpflichtet die Kommission dazu, den Beratenden Ausschuss vor dem Erlass von **1** Durchführungsvorschriften gemäß Art. 27 im Rahmen einer Tagung zu konsultieren. Die Ta-

---

[4] Siehe etwa Rat, ABl. 2002 L 64/24; Rat, ABl. 2002 L 24/26.
[5] So auch *Heidenhain/Sinnaeve* § 39 RdNr. 12.
[1] VO 794/2004, ABl. 2004 L 140/1.
[2] VO 271/2008, ABl. 2008, L 82/1.
[3] VO 1147/2008, ABl. 2008 L 313/1.

gung findet frühestens zwei Monate nach Einberufung statt, der die von den Mitgliedstaaten zu begutachtenden Entwürfe der Kommission beizufügen sind. Der Ausschuss nimmt zu den Entwürfen der Kommission fristgemäß Stellung. Die Stellungnahme des Ausschusses sowie, auf Verlangen eines Mitgliedstaates, entsprechende Stellungnahmen der Mitgliedstaaten werden in das Protokoll aufgenommen, das gegebenenfalls im Amtsblatt veröffentlicht wird. Die Kommission hat die Stellungnahme des Ausschusses zu berücksichtigen und diesem mitzuteilen, in welchem Umfang es seine Stellungnahme berücksichtigt hat.

Art. 30 Inkrafttreten

Diese Verordnung tritt am 20. Tag nach ihrer Veröffentlichung im Amtsblatt der Europäischen Gemeinschaften in Kraft.

Diese Verordnung ist in allen ihren Teilen verbindlich und gilt unmittelbar in jedem Mitgliedstaat.

1   Der Wortlaut der VO 659/1999 ist am 27. März 1999 im Amtsblatt veröffentlicht worden. Damit ist sie am 16. April 1999 in Kraft getreten. Sie ist seit diesem Datum auf alle Beihilfeverfahren anwendbar. Die sofortige Anwendbarkeit der VO 659/1999 ist sachgerecht, da die Verordnung im Wesentlichen die zum Beihilfeverfahren zuvor ergangene Rechtsprechung kodifiziert.[1]

---

[1] So auch *Heidenhain/Sinnaeve* § 39 RdNr. 16.

Anhang zu Art. 14 VO 659/1999 – Beihilfenrückforderung im deutschen Recht

Schrifttum: *Altmeyer,* Gemeinschaftswidrige staatliche Beihilfen, 1999; *Arhold,* Zur Frage der Rückforderung gemeinschaftswidriger Beihilfen, EuZW 2006, 93; *Bartosch,* Das Risikopotential der Beihilferechtswidrigkeit staatlicher Bürgschaften für den Kreditgeber, EuZW 2001, 650; *ders.,* Die Durchsetzung der Beihilferechtswidrigkeit staatlicher Maßnahmen vor nationalen Gerichten, EuZW 2005, 396; *ders.,* Die private Durchsetzung des gemeinschaftlichen Beihilfenverbotes, EuZW 2008, 235; *Blume,* Staatliche Beihilfen in der EG: Die Rechtsschutzmöglichkeiten des Wettbewerbers vor deutschen Gerichten bei Verletzung des Art. 88 Abs. 3 Satz 3 EG, 2004, *Borchardt,* Die Rückforderung zu Unrecht gewährter staatlicher Beihilfen beim Verkauf von Vermögenswerten des Beihilfenempfängers durch den Insolvenzverwalter, ZIP 2001, 1301; *Bork,* Europarechtswidrige Gesellschafterdarlehen in der Insolvenz, Festschrift für Lutter, 2000, 301; *Busz/Rosenkötter,* EG-Beihilferecht und überhöhte Vereinbarungen über die Miete, NZM 2004, 561; *Cranshaw,* Das Effizienzgebot bei der Rückforderung rechtswidriger Staatsbeihilfen im Dreiecksverhältnis, WM 2008, 338; *ders.,* Einflüsse des europäischen Rechts auf das Insolvenzverfahren, 2006; *Deckert/Schroeder,* Öffentliche Unternehmen und EG-Beihilferecht, EuR 1998, 291; *Dorf,* Rückabwicklung echter und unechter zweistufiger Rechtsverhältnisse, NVwZ 2008, 375; *Ehricke,* Die Rückforderung gemeinschaftsrechtswidriger Beihilfen in der Insolvenz des Beihilfenempfängers, ZIP 2000, 1656; *ders.,* Anforderungen an den Insolvenzverwalter bei Veräußerung des Unternehmens aus einer „beihilfeninfizierten Masse" zum Schutz des Erwerbers vor Rückforderungsansprüchen, ZInsO 2005, 516; *Elskamp,* Gesetzesverstoß und Wettbewerbsrecht, 2008; *Féteira,* Too close for comfort? – National Courts and the Recovery of Unlawfully Implemented State Aid, ELRev 2008, 161; *Fiebelkorn/Petzold,* Durchführungsverbot gemäß Art. 88 III 3 EG, Rückforderungsverpflichtung und Nichtigkeitsfolge: Ist die BGH-Rechtsprechung praxisgerecht?, EuZW 2009, 323; *Foitzik,* Probleme und Grenzen der Europäisierung des Verwaltungsrechts am Beispiel der Rückforderung gemeinschaftsrechtswidriger nationaler Beihilfen, 2006; *Friesinger/Behr,* Staatsbürgschaften, Banken und EU-Beihilfenverbot, RIW 1995, 708; *Geburtig,* Konkurrentenrechtsschutz aus Art. 88 Abs. 3 Satz 3 EG, 2004; *Geuting/Michels,* Kapitalersatzrecht versus EU-Beihilferecht: ein auflösbarer Widerspruch, ZIP 2004, 12; *Goldmann,* Rechtsfolgen des Verstoßes gegen das EG-Beihilfenrecht für privatrechtliche Verträge und ihre Rückabwicklung, JURA 2008, 275; *Groeschke,* Der wettbewerbsrechtliche Unterlassungs- und Schadensersatzanspruch aufgrund der unrechtmäßigen Subventionierung von Konkurrenten, BB 1995, 2329; *Gundel,* Die Rückabwicklung von nicht notifizierten, aber schließlich genehmigten Beihilfen vor den nationalen Gerichten: Vorgaben für die Bewehrung des Durchführungsverbots, EWS 2008, 161; *Guski,* Beihilfenrückforderung und Gläubigergleichbehandlung, KTS 2008, 403; *Habersack,* Zur Frage der Anwendbarkeit der Art. 92, 93 EGV auf das Bürgschaftsverhältnis zwischen Mitgliedstaat und Bank, ZHR 1995, 663; *Hadding,* Die Bürgschaft der öffentlichen Hand bei einem Verstoß gegen das Durchführungsverbot von Beihilfen (Art. 88 Abs. 3 Satz 3 EG-Vertrag), WM 2005, 485; *Haslinger,* Wettbewerbswidriger Missbrauch steuerlicher Gestaltungsmittel zur Umgehung chancengerechter Ausschreibungsverfahren, WRP 2007, 1412; *Hatje,* Gemeinschaftsrechtliche Grenzen der Rechtskraft gerichtlicher Entscheidungen, EuR 2007, 654; *Heidenhain,* Rechtsfolgen eines Verstoßes gegen das Durchführungsverbot des Art. 88 III 3 EG, EuZW 2005, 135; *ders.,* Rechtswidrige Staatsbürgschaften, EuZW 2007, 193; *Hentschelmann,* Das Beihilfedurchführungsverbot – Schutzgesetz i. S. des § 823 Abs. 2 BGB?, EWS 2009, 515; *Hermann/Kruis,* Die Rückforderung vertraglich gewährter gemeinschaftsrechtswidriger Beihilfen unter Beachtung des Gesetzesvorbehalts, EuR 2007, 141; *Hildebrandt/Castillon,* Rückforderung gemeinschaftsrechtswidriger nationaler Beihilfen. Besprechung von OVG Berlin, Beschl. v. 7. 11. 2005, NVwZ 2006, 298; *Hoffmann/Bollmann,* Rückforderung vertraglich gewährter Beihilfen durch Verwaltungsakt?, EuZW 2006, 398; *Hopt/Mestmäcker,* Die Rückforderung staatlicher Beihilfen nach europäischem und deutschem Recht, WM 1996, 753; *Huber,* Gemeinschaftsrechtlicher Schutz vor einer Verteilungslenkung durch deutsche Behörden. Europarechtliche Grundlagen des Konkurrenzschutzes, EuR 1991, 31; *Jaeger,* Nachträgliche Beihilfengenehmigung und der Rechtsschutz von Konkurrenten vor nationalen Gerichten, EuZW 2004, 78; *Kampe,* Die Staatsbürgschaft im Europäischen Beihilfenrecht, 2008; *Karpenstein,* Praxis des EG-Rechts, 2006; *Kepenne/Gross,* Quelques considérations sur le role du juge national dans le controle des aides d'Etat, Liber Amicorum Francisco Santaolalla Gadea, 2008, 391; *Kiethe,* Abwicklung der wegen Verstoßes gegen das Verbot der Durchführung rechtswidriger Beihilfemaßnahmen (Art. 88 EG) nichtigen Verträge, RIW 2003, 782; *ders.,* Konflikte zwischen dem europäischen Beihilferecht (Art. 87, 88 EG) und dem nationalen Kapitalschutz- und Insolvenzrecht – Neuere Tendenzen in Rechtsprechung und Gesetzgebung, ZIP 2007, 1248; *Klein,* Anmerkung zu OVG Koblenz, EuZW 2010, 278; *Klein,* EU-Beihilferecht und deutsches Insolvenzverfahren, DZWIR 2003, 89; *Klingbeil,* Das Beihilfeverfahren nach Art. 93 EGV, 1998; *Koenig,* Bestimmung des passivlegitimierten Adressaten einer Beihilfenrückforderung nach der Veräußerung eines begünstigten Unternehmens, EuZW 2001, 37; *ders.,* EG-beihilfenrechtliche Rückforderung als Insolvenzauslöser, BB 2000, 573; *ders.,* Nichtigkeit beihilfengewährender Verträge! Was nun?, EuZW 2003, 417; *ders./Haratsch,* Staatliche und kommunale Bürgschaften auf dem Prüfstand des EG-Beihilfenrechts – Neue Tendenzen, ZHR 2005, 77; *Köhler/Steindorff,* Öffentlicher Auftrag, Subvention und unlauterer Wettbewerb, NJW 1995, 1705; *Köster/Molle,* Gilt das Privatgläubigerprinzip bei der Beihilfenrückforderung?, EuZW

2007, 534; *Kremer,* Effektuierung des europäischen Beihilferechts durch die Begrenzung der Rechtskraft, EuZW 2007, 726; *Kresse,* Das Verbot des venire contra factum proprium bei vertraglichen Beihilfen, EuZW 2008, 394; *Kreuschitz,* Annotation on Aker Warnow Werft v. Bundesanstalt für vereinigungsbedingte Sonderaufgaben, EStAL 2006, 199; *Kühling/Braun,* Der Vollzug des EG-Beihilfenrechts in Deutschland, EuR 2007 (Beiheft 3), 31; *Langmaack,* Unternehmenskauf und Beihilferückforderung, 2004; *Leibrock,* Der Rechtsschutz im Beihilfeaufsichtsverfahren des EWG-Vertrages, EuR 1990, 20; *Leiner,* Staatsbürgschaften und EG-vertragliches Beihilfeverbot – Die Rückforderung nationaler Beihilfen am Beispiel staatlich verbürgter Kredite, 2002; *Lindner,* Die (nur) formell rechtswidrige Subvention, GewArch 2008, 236; *Ludwigs,* Handlungsmöglichkeiten des Beihilfeempfängers im Rahmen der Dezentralisierung der Europäischen Beihilfenkontrolle, EWS 2007, 7; *Lübbig,* Anmerkung zu VG Gelsenkirchen, DVBl. 2009, 469; *Mairose,* Die Behandlung gemeinschaftsrechtswidriger staatlicher Beihilfen im deutschen Insolvenzverfahren, 2005; *Martin-Ehlers,* Die Rechtsfolge von Verstößen gegen Art. 88 Abs. 3 EG-Vertrag, WM 2003, 1598; *ders./Strohmayr,* Private Rechtsdurchsetzung im EG-Beihilfenrecht – Konkurrentenklagen vor deutschen Zivilgerichten, EuZW 2008, 745; *Maurer,* Allgemeines Verwaltungsrecht, 17. Aufl. 2009; *Mees,* Wettbewerbsrechtliche Ansprüche und EG-Beihilfenrecht, FS Erdmann, 2002, 657; *Möller,* Staatsbürgschaften im Lichte des EG-Beihilferechts, 2001, 185; *Mylich,* Kapitalerhaltung und Eigenkapitalersatz im Konflikt mit dem europäischen Beihilfenrecht, ZEuP 2008, 633; *Niggemann,* Staatsbürgschaften und Europäisches Beihilferecht, 2001; *Nordmann,* Die negative Konkurrentenklage im EG-Beihilfenrecht vor europäischen und deutschen Gerichten, 2002; *Oldiges,* Die Entwicklung des Subventionsrechts seit 1996, NVwZ 2001, 626; *Otting/Soltész/Melcher,* Verkehrsverträge vor dem Hintergrund des Europäischen Beihilferechts – Verwaltungsrichter weisen Brüssel in die Schranken, EuZW 2009, 444; *Palombini,* Staatsbürgschaften und Gemeinschaftsrecht, 2000; *Pechstein,* Nichtigkeit beihilfengewährender Verträge nach Art. 93 III 3 EGV, EuZW 1998, 495; *Pieroth,* Interpretationsproblem § 48 IV VwVfG, NVwZ 1984, 681; *Pütz,* Das Beihilfeverbot des Art. 88 Abs. 3 Satz 3 EG-Vertrag, 2003; *ders.,* EG-Beihilfenrecht und § 134 BGB, NJW 2004, 2199; *Quardt,* Die Rückforderung staatlicher Beihilfen und ihre Grenzen in der Insolvenz, EWS 2003, 312; *dies./Nieland,* Nichtigkeit von Rechtsgeschäften bei Verstoß gegen das Durchführungsverbot des Art. 88 III 3 EG, EuZW 2004, 201; *Rapp/Bauer,* Die Rückforderung gemeinschaftswidrig gewährter Beihilfen im Insolvenzverfahren, KTS 2001, 1; *Reufels,* Europäische Subventionskontrolle durch Private, 1997; *Reußow,* Die Kompetenzen der nationalen Gerichte im Anwendungsbereich des EG-Beihilferechts, 2005; *Ritter,* EG-Beihilfenrückforderung von Dritten. Der Adressat der Beihilfenrückforderung nach Vermögensübertragungen vom Beihilfen(erst-)empfänger auf einen anderen Rechtsträger, 2004; *Rosenfeld,* in: Ehlers/Wolffgang/Schröder (Hrsg.), Subventionen im WTO- und EG-Recht, 2007, 181; *Sasserath,* Schadensersatzansprüche von Konkurrenten zur Effektuierung der Beihilfenkontrolle?, 2001; *Scheuing,* Europäisierung des Verwaltungsrechts, Die Verwaltung 2001, 107; *Schmidt-Räntsch,* Zivilrechtliche Wirkungen von Verstößen gegen das EU-Beihilfenrecht, NJW 2005, 106; *Schneider,* Vertragliche Subventionsverhältnisse im Spannungsfeld zwischen europäischem Beihilferecht und nationalem Verwaltungsrecht, NJW 1992, 1197; *Schwarz,* Vertrauensschutz im Spannungsfeld von Europäischem Gerichtshof und Bundesverfassungsgericht, Die Verwaltung 2001, 397; *Schwarze,* Subventionen im Gemeinsamen Markt und der Rechtsschutz des Konkurrenten, Gedächtnisschrift Martens, 1987, 819; *Seidel,* Die Auswirkung des Europäischen Beihilferechts auf privatrechtliche Subventionsverträge, 2003; *Sinnaeve,* Die ersten Gruppenfreistellungen: Dezentralisierung der Beihilfenkontrolle?, EuZW 2001, 69; *Smid,* Rückführung staatlicher Beihilfen und Insolvenz, Festschrift für Uhlenbruck, 2000, 405; *Soltész,* Wo endet die „Allzuständigkeit" des Europäischen Beihilfenrechts? – Grenzen der beihilferechtlichen Inhaltskontrolle, EuZW 2008, 97; *ders.,* Beihilfenrückforderung nach „Kvaerner Art" – Tatsächlich ein Erdrutsch?, EuZW 2006, 641; *ders.,* Private Rechtsdurchsetzung durch Wettbewerber im europäischen Beihilfenrecht – Vision oder Illusion?, ZWeR 2006, 388; *ders.,* Gemeinschaftswidrige Staatsbürgschaften – geht die Bank leer aus?, WM 2005, 2265; *ders.,* Der Rechtsschutz des Konkurrenten gegen gemeinschaftsrechtswidrige Beihilfen vor nationalen Gerichten, EuZW 2001, 202; *ders./Kühlmann,* Dulde und liquidiere! – Schadensersatzansprüche eines von Beihilferückforderungen betroffenen Unternehmens, EWS 2001, 513; *ders./Makowski,* Die Nichtdurchsetzung von Forderungen der öffentlichen Hand als staatliche Beihilfe iSv. Art. 87 I EG, EuZW 2003, 73; *Staebe,* Rechtsschutz bei gemeinschaftsrechtswidrigen Beihilfen vor europäischen und deutschen Gerichten, 2001; *Steindorff,* Nichtigkeitsrisiko bei Staatsbürgschaften, EuZW 1997, 7; *ders.,* Rückabwicklung unzulässiger Beihilfen nach Gemeinschaftsrecht, ZHR 1988, 474; *Strievi/Werner,* Nichtigkeit eines beihilfegewährenden Vertrages nach § 134 BGB iVm. Art. 88 III 3 EG, JuS 2006, 106; *Suerbaum,* Die Europäisierung des nationalen Verwaltungsverfahrensrechts am Beispiel der Rückabwicklung gemeinschaftsrechtswidriger Beihilfen, VerwArch 2000, 169; *Tereszkiewicz,* Schadensersatzansprüche des Sicherungsgebers wegen nicht erfolgter Aufklärung der Behörde über die Gefahr der Beihilferückforderung, GPR 2010, 11; *Tetzlaff,* Beihilfen und Insolvenz – Massebereicherung durch Anwendung des Beihilferechts, ZInsO 2009, 419; *Ullmann,* Das Koordinatensystem des Rechts des unlauteren Wettbewerbs im Spannungsfeld von Europa und Deutschland, GRUR 2003, 817; *Uwer/Wodarz,* Verabschiedung des Gesetzesvorbehalts bei der Umsetzung von Kommissionsentscheidungen im EG-Beihilfenrecht?, DÖV 2006, 989; *Verse/Wurmnest,* Zur Nichtigkeit von Verträgen bei Verstößen gegen das EG-Beihilfenverbot, AcP 2004, 855; *Vögler,* Rückforderung vertraglich gewährter Subventionen ohne Regelungsgrundlage?, NVwZ 2007, 294; *von Brevern,* Die Rückforderung von staatlichen Beihilfen durch Verwaltungsakt, EWS 2006, 150; *von Danwitz,* Europäisches Verwaltungsrecht, 2007; *von der Lühe/Lösler,* Rückforderung gemeinschaftswidriger Beihilfen und Eigenkapitalersatz, ZIP 2002, 1752; *Weißenberger,* Die Zweistufentheorie im Wirtschaftsverwaltungsrecht – Teil 2, GewArch 2009, 465; *Wielpütz,* Wenn der Staat bürgt – Finanzmarktkrise und Europäisches Beihilfenrecht,

EWS 2010, 14; *Wolfer*, Die vertikale Kompetenzordnung im EG-Beihilfeaufsichtsrecht, 2008; *Zivier*, Grundzüge und aktuelle Probleme des EU-Beihilferechts unter Berücksichtigung der Bezüge zum deutschen Verwaltungsrecht, Jura 1997, 116; *Zühlke*, Durchgriffshaftung im Europäischen Beihilferecht, EWS 2003, 61.

Übersicht

I. Ziele der innerstaatlichen Rückforderung

Nach ständiger Rechtsprechung dient die Verpflichtung der nationalen Behörden, eine von **1** der Kommission als unvereinbar mit dem Gemeinsamen Markt angesehene Beihilfe zurückzufordern, „der **Wiederherstellung der früheren Lage**".[1] Die Rückzahlung ist idR keine Sanktion, vielmehr soll der Empfänger den Vorteil verlieren, „den er auf dem Markt gegenüber

---

[1] EuGH, C-75/97, Slg. 1999, I-3671, RdNr. 64 – Belgien/Kommission; EuGH, C-350/93, Slg. 1995, I-699, RdNr. 21–22 – Kommission/Italien; jüngst EuGH, Urt. v. 7. 7. 2009, C-369/07, RdNr. 120 – Kommission/Griechenland (Olympic Airways); BGH DB 2007, 2133; Bekanntmachung „Rückforderung", ABl. 2007 C 272/4, RdNr. 14.

seinen Mitbewerbern besaß."[2] Bei der Rücknahme von mit dem Binnenmarkt unvereinbaren Beihilfen „tritt neben das mitgliedstaatliche öffentliche Interesse an der Wiederherstellung eines rechtmäßigen Zustands ein öffentliches Interesse der Europäischen Gemeinschaft an der Durchsetzung der gemeinschaftsrechtlichen Wettbewerbsordnung."[3]

2 Beruht die Verpflichtung zur Rückforderung auf einer Verletzung der Notifizierungspflicht (Art. 108 Abs. 3 AEUV), so verfolgt sie insbesondere den Zweck, „das sorgfältig ausgearbeitete **System zur Kontrolle staatlicher Beihilfen** zu erhalten".[4] Die Verpflichtung zur Rückforderung ist Anreiz zur Einhaltung des Art. 108 Abs. 3 AEUV.[5] Insoweit trägt die Pflicht zur innerstaatlichen Rückforderung durchaus den Charakter „einer abschreckenden Sanktion."[6]

3 Der Zweck der Rückforderung wird erreicht, sobald die Beihilfe mitsamt Verzinsung **aus dem Vermögen des begünstigten Unternehmens ausgeschieden** ist. Es geht nicht darum, dass der Staat – oder der Dritte, der die Zuwendung unmittelbar ausgekehrt hat, bzw. dessen Rechtsnachfolger – die Beihilfe zurückerhält.[7]

II. Rechtsgrundlagen der Rückforderung

4 **1. Problematik und Fallgruppen.** Weitgehend unstreitig ist, dass die innerstaatliche Beihilfenrückforderung einer Ermächtigungs- oder Anspruchsgrundlage bedarf.[8] Bemühungen zur Schaffung eines umfassenden „Beihilfenrückforderungsgesetzes" des Bundes sind allerdings über das Stadium eines internen Arbeitsentwurfes im Bundeswirtschaftsministerium bislang nicht hinausgekommen. Deshalb bestimmt sich, sofern sich nicht unmittelbar auf das EU-Recht zurückgreifen lässt, die innerstaatliche Rückforderung europarechtswidriger Beihilfen grundsätzlich nach den **Rechtsvorschriften des einschlägigen nationalen Fachrechts,** auf dessen Grundlage die Beihilfen gewährt wurden. Die innerstaatlichen Rechtsgrundlagen für die Rückforderung sind allerdings so anzuwenden und auszulegen, dass sie die volle Wirksamkeit (effet utile) des Beihilfenrechts gewährleisten. Zu unterscheiden sind dabei verschiedene unionsrechtliche Tatbestände, aus denen sich die innerstaatliche Rückforderungsverpflichtung ergeben kann.

5 Die **erste Fallgruppe betrifft formell rechtswidrige Beihilfen** im Sinne des Art. 1 lit. f VO 659/1999, die „lediglich" wegen Verletzung des Art. 108 Abs. 3 AEUV, dh. wegen Verstoßes gegen die Notifizierungspflicht aus Art. 108 Abs. 3 S. 1 AEUV und des damit verbundenen Durchführungsverbotes gemäß Art. 108 Abs. 3 S. 3 AEUV zurückzufordern sind. In derartigen Fällen ist die Rückforderung der Beihilfen zwar „die logische Folge",[9] das Unionsrecht gibt den mitgliedstaatlichen Organen jedoch keine konkreten Vorgaben zu den Modalitäten des Vollzugs. Zu den formell rechtswidrigen Beihilfen gehören auch solche, die unter Berufung auf eine Freistellungsverordnung gewährt wurden, aber die Freistellungsvoraussetzungen nicht eingehalten haben,[10] ebenso Beihilfen auf Grundlage einer genehmigten Beihilferegelung, sofern sie deren Voraussetzungen nicht erfüllen.[11]

---

[2] EuGH, C-75/97, Slg. 1999, I-3671, RdNr. 65 – Belgien/Kommission; EuGH, C-350/93, Slg. 1995, I-699, RdNr. 21 – Kommission/Italien; EuGH, C-75/97, Slg. 1999, I-3671, RdNr. 65 – Belgien/Kommission; EuGH, C-110/02, Slg. 2004, I-6333, RdNr. 42 – Kommission/Portugal; *Schimansky/Bunte/Lwowski/Bunte* § 142 RdNr. 23.

[3] So ausdrücklich BVerfG NJW 2000, 2015; kritisch *Foitzik* 447.

[4] Schlussanträge von GA Mazák, C-199/06, Slg. 2008, I-469, RdNr. 30 – CELF I, mwN. unter Bezugnahme auf die Schlussanträge von GA Jacobs in C-301/87, Slg. 1990, I-307 – Frankreich/Kommission (Boussac).

[5] In diesem Sinne EuGH, C-354/90, Slg. 1991, I-5505, RdNr. 16 – FNCE; bestätigt in EuGH, C-199/06, Slg. 2008, I-469, RdNr. 40 – CELF; hierzu *Féteira* ELR 2008, 161; *Bartosch* EuZW 2008, 235.

[6] Schlussanträge von GA Mazák, C-199/06, Slg. 2008, I-469, RdNr. 30 – CELF I. Sa. *Lindner* GewArch 2008, 236, 237.

[7] BGH NVwZ 2007, 973, 976 RdNr. 35; *Bork,* Festschrift für Lutter, 301, 314; *Mylich* ZEuP 2008, 633.

[8] In diesem Sinne auch OVG Berlin-Brandenburg NVwZ 2006, 104; OVG Berlin-Brandenburg, Beschl. v. 29. 12. 2006, 8 S 42.06, juris RdNr. 14; *Herrmann/Kruis* EuR 2007, 145; *Kreße* EuZW 2008, 394, 397; *Heidenhain* EuZW 2005, 660, 661; VG Berlin EuZW 2005, 659; *Arhold* EuZW 2006, 93, 95–96; *Hildebrandt/Castillon* NVwZ 2006, 299; *Vögler* NVwZ 2007, 296; *Ehlers/Wolffgang/Schröder/Rosenfeld* 181, 192; a. A. *Kreße* EuZW 2008, 397.

[9] St. Rspr., vgl. EuGH, C-142/87, Slg. 1990, I-959, RdNr. 66 – Belgien/Kommission; *Koenig/Kühling/Ritter* RdNr. 433 mwN.; *Schwarze/Bär-Bouyssiére* Art. 88 EG RdNr. 16.

[10] *Frenz* RdNr. 774; *Heidenhain/Jestaedt/Schweda* § 14 RdNr. 68–69; *Reußow* 190. Die unmittelbare Anwendbarkeit für nationale Gerichte zeigt Erwägungsgrund Nr. 5 der VO 994/98 des Rates v. 7. Mai 1998 über die Anwendung der Artikel 92 und 93 des Vertrags zur Gründung der Europäischen Gemeinschaft auf bestimmte Gruppen horizontaler Beihilfen, ABl. L 142/1 vom 14. 5. 1998.

[11] Bekanntmachung der Kommission über die Durchsetzung des Beihilfenrechts durch die einzelstaatlichen Gerichte, ABl. C 85/1 vom 9. 4. 2009, RdNr. 16.

Die zweite Fallgruppe betrifft Beihilfen, die aufgrund einer Negativentscheidung der Kom- **6** mission gemäß Art. 14 VO 659/1999 (ggf. auch nach Art. 11 Abs. 2 VO 659/1999) zurückzufordern sind. Dabei kann es sich sowohl um **materiell rechtswidrige**, das heißt mit dem Binnenmarkt unvereinbare Beihilfen (Art. 107 Abs. 2, 3, Art. 106 Abs. 2 AEUV) handeln, als auch um missbräuchliche Beihilfen gemäß Art. 1 g), 16 iVm. Art. 14 VO 659/1999. Hier verlangt die VerfVO die sofortige und tatsächliche Vollstreckung der Kommissionsentscheidung (Art. 14 Abs. 3 VO 659/1999). Die Rückforderung einer Beihilfe erfolgt daher zwar nach den Vorschriften des nationalen Rechts, deren Anwendbarkeit steht aber unter dem Vorbehalt, dass sie die Rückforderung nicht ausschließen oder faktisch unmöglich machen.[12]

Eine Sonderkonstellation betrifft Fälle einer **formell rechtswidrigen, aber materiell recht-** **7** **mäßigen Beihilfe,** dh. einer nicht notifizierten Beihilfe, die – zB. nach einem Beschwerdeverfahren gem. Art. 20 VO 659/1999 – von der Kommission nachträglich gem. Art. 107 Abs. 3 AEUV oder Art. 106 Abs. 2 AEUV genehmigt wurde. In diesem Falle besteht eine zumindest auf die Erstattung des Zinsvorteils gerichtete Rückforderungsverpflichtung der nationalen Behörden und Gerichte.[13]

Keine Rückforderung von in der Vergangenheit ausgereichten Beihilfen kommt in Betracht, **8** wenn es sich um sog. „**bestehende Beihilfen**" gemäß Art. 1 lit. b VO 659/1999 handelt.[14] Hier kann die Kommission lediglich pro futuro die Änderung oder Aufhebung einer bestehenden Regelung verlangen (Art. 17–19 VO 659/1999).

Von der Rückforderung zu unterscheiden sind die **Rechte Dritter** gegen den Beihilfegeber **9** oder den Begünstigten, insbesondere also von Konkurrenten.[15] Sie betreffen nicht das Rechtsverhältnis zwischen Beihilfegeber und Begünstigtem, sondern zwischen dem Dritten und einer der beiden Parteien des Beihilfe-Rechtsverhältnisses. Selbst wenn ein Beihilfegeber auf Grund des Anspruchs eines Dritten dazu verurteilt wird, eine Beihilfe zurückzufordern, bedarf es deshalb **im Verhältnis zum Beihilfe-Begünstigten einer Rechtsgrundlage für die Rückforderung.**

2. §§ 48 bis 49 a VwVfG. a) Anwendungsbereich. Als Grundlage der innerstaatlichen **10** Rückforderung sind die §§ 48 bis 49 a VwVfG bzw. die entsprechenden Verwaltungsverfahrensgesetze der Länder in allen Fällen heranzuziehen, in denen der zurückzufordernden Beihilfe ein Leistungsbescheid zugrunde liegt. In diesen Fällen, in denen der innerstaatliche Rückforderungsbescheid gemäß der Kehrseitentheorie als **actus contrarius zum ursprünglichen gewährenden Verwaltungsakt** erfolgt, bedarf es zunächst der Aufhebung dieses begünstigenden Verwaltungsaktes gem. §§ 48, 49 VwVfG, damit in einem zweiten Schritt der Rückforderungsbescheid gem. § 49 a VwVfG ergehen kann.[16]

b) Voraussetzungen. Grundlage des Aufhebungsbescheides sind – je nach Fallgestaltung **11** – die §§ 48, 49 VwVfG, deren Voraussetzungen allerdings gemäß den vom EuGH aufgestellten Grundsätzen zum nationalen Vollzug des Beihilfenrechts zu interpretieren und ggf. zu modifizieren sind. Gemäß der am effet utile der Rückforderungsverpflichtung orientierten Alcan-Rechtsprechung kommt es entscheidend darauf an, dass die nationalen Behörden die Effektivität des Beihilfenrechts gewährleisten; sie verfügen folglich insoweit „**über keinerlei Ermessen**".[17]

Diese Vorschriften gelten sowohl für die Rückforderung **von materiell als auch von ledig-** **12** **lich formell rechtswidrigen Beihilfen.** § 48 VwVfG ist zugrunde zu legen, sofern der Leistungsbescheid wegen Verletzung der Art. 107, 108 AEUV rechtswidrig ergangen ist. Hingegen ist § 49 VwVfG die richtige Rechtsgrundlage für den Widerruf von Bescheiden, wenn zwar die Gewährung der Beihilfe rechtmäßig erfolgte, sich jedoch herausstellt, dass diese missbräuchlich, zB entgegen den in der Positiventscheidung vorgesehenen Voraussetzungen, verwendet wurde.[18]

---

[12] EuGH, C-232/05, Slg. 2006, I-10071, RdNr. 50 – Kommission/Frankreich; BGH DB 2007, 2133 = NJW-RR 2008, 429 – juris RdNr. 22. Siehe dazu in Erläuterungen die Kommentierung zu Art. 14 VO 659/1999.

[13] EuGH, C-199/06, Slg. 2008, I-469, RdNr. 51–52 – CELF.

[14] VGH Baden-Württemberg, Urt. v. 8. 5. 2008 2 S 2163/06 = DÖV 2008, 829 (Leitsätze) hinsichtlich der GEZ-Gebühren zur Finanzierung des öffentlich-rechtlichen Rundfunks.

[15] Hierzu unten RdNr. 397 bis 416.

[16] *Koenig/Kühling/Ritter* RdNr. 455; *Uwer/Wodarz* DÖV 2006, 989, 993; *Frenz* RdNr. 1466; *Kopp/Ramsauer* § 49 a VwVfG RdNr. 1.

[17] EuGH, C-24/95, Slg. 1997, I-1591, RdNr. 34 – Alcan II; BVerwGE 92, 81, 87; BVerwGE 106, 328, 336–337; BVerfG NJW 2000, 2015; dazu *Suerbaum* VerwArch 2000, 169; *Scheuing* Die Verwaltung 2001, 107; *Schwarz* Die Verwaltung 2001, 397.

[18] Zu den Widerrufsvoraussetzungen bei Zweckverfehlung bzw. Nichterfüllung von Auflagen näher *Stelkens/Bonk/Sachs/Sachs* § 49 VwVfG RdNr. 98.

13   **aa) Rücknahme des Bewilligungsbescheides (§ 48 VwVfG).** Nach § 48 Abs. 1 und Abs. 2 Satz 1 VwVfG kann ein rechtswidriger Verwaltungsakt, auch nachdem er unanfechtbar geworden ist, ganz oder teilweise mit Wirkung für die Zukunft oder für die Vergangenheit zurückgenommen werden. Rechtswidrig ist ein Verwaltungsakt, der durch unrichtige Anwendung bestehender Rechtssätze zustande gekommen ist.[19] Maßgeblicher Zeitpunkt für die Beurteilung der Rechtswidrigkeit eines zurückzunehmenden Verwaltungsakts ist der Zeitpunkt des letzten Bewilligungsbescheides.[20] Rechtswidrig und nicht bereits gemäß § 44 VwVfG nichtig sind sowohl **materiell als auch lediglich formell beihilferechtswidrige Verwaltungsakte.**[21] Unproblematisch ist demnach auf § 48 VwVfG zurückzugreifen, sofern der Leistungsbescheid materiell beihilfenrechtswidrig ist.[22] Aber auch bei lediglich formell, das heißt wegen Verstoßes gegen das Durchführungsverbot gemäß Art. 108 Abs. 3 AEUV rechtswidrigen Beihilfen müssen die innerstaatlichen Gerichte und Behörden „nach ihrem nationalen Recht sämtliche Konsequenzen aus einer Verletzung des Artikels 88 Absatz 3 Satz 3 des Vertrages [jetzt: Art. 108 Abs. 3 S.] sowohl bezüglich der Gültigkeit der Durchführungsakte als auch bezüglich der Beitreibung der unter Verletzung dieser Bestimmung gewährten finanziellen Unterstützungen oder eventueller vorläufiger Maßnahmen ziehen.“[23]

14   Von der Aufhebung und Rückforderung einer formell rechtswidrigen Beihilfe dürfen die staatlichen Stellen nur absehen, sofern und nachdem die Kommission hierzu eine **Positiventscheidung** erlassen hat; in diesen Fällen bleiben sie aber verpflichtet, „dem Beihilfeempfänger aufzugeben, für die Dauer der Rechtswidrigkeit Zinsen zu zahlen“.[24] In Ermangelung sonstiger Rechtsgrundlagen für die Erstattung dieses Betrages hat in derartigen Fällen eine Teilaufhebung des ursprünglichen Leistungsbescheides zumindest in zeitlicher Hinsicht zu erfolgen. Der Rückforderungsbetrag entspricht der Höhe der durch die verfrühte Ausreichung der Beihilfe ersparten Zinsen des Empfängers. Dieser **Zinsvorteil** beruht unmittelbar auf dem ursprünglichen Leistungsbescheid, so dass einer **analogen Anwendung der §§ 48, 49 a Abs. 4 VwVfG** keine durchgreifenden Bedenken entgegen stehen.[25]

15   Verwaltungsakte, die Subventionen gewährt haben, dürfen zwar nach deutschem Recht nur unter den Einschränkungen der Absätze 2 bis 4 zurückgenommen werden. Gefestigter Rechtsprechung entspricht es allerdings, dass ein beihilfebegünstigtes Unternehmen auf die Ordnungsmäßigkeit einer Beihilfe nur dann vertrauen durfte, wenn diese unter Einhaltung des in Art. 108 AEUV vorgesehenen Verfahrens gewährt wurde.[26] Nach dieser **Alcan-Rechtsprechung** des EuGH, der die deutsche Rechtsprechung grundsätzlich folgt,[27] ist deshalb die zu-

---

[19] St. Rspr., vgl. BVerwGE 13, 28; BVerwGE 31, 222, 223; BVerwG NVwZ 2003, 1384.

[20] Vgl. BVerwGE 31, 222, 224; BVerwGE 121, 226, 229; BVerwG NVwZ 2007, 709, 711; *Pieroth* NVwZ 1984, 681, 683; *Kopp/Ramsauer* § 48 VwVfG RdNr. 57; Beck-OK VwVfG/*J. Müller* § 48 RdNr. 31.

[21] Eine Verletzung des Europarechts führt mit Ausnahme besonders schwerwiegender und offenkundiger Fehler nicht zur Nichtigkeit, vgl. BVerwG NJW 1978, 508; BVerwGE 104, 289, 295 f.; BVerwG NVwZ 2000, 1039 f.; *Buchholz* 1 B 78/99, 316 § 44 VwVfG Nr. 11; VGH München BayVBl 2003, 308; OVG Magdeburg LKV 2006, 413; *Stelkens/Bonk/Sachs/Sachs* § 44 VwVfG RdNr. 109.

[22] BVerwGE 92, 81; *Grabitz/Hilf/von Wallenberg* Art. 88 EG RdNr. 94; *Heidenhain/Jestaedt/Loest* § 52 RdNr. 5; *von der Groeben/Schwarze/Mederer* Art. 88 EG RdNr. 65; *Immenga/Mestmäcker/Ehricke,* EG-WettbR, Art. 88 RdNr. 46.

[23] EuGH, C-39/94, Slg. 1996, I-3547, RdNr. 40 – SFEI; ferner EuGH, C-354/90, Slg. 1991, I-5505, RdNr. 11 – FNCE; EuGH, C-295/97, Slg. 1997, I-3735, RdNr. 31 – Piaggio; EuGH, C-354/90, Slg. 1991, I-5505, RdNr. 12, 14 – Fédération nationale du commerce extérieur des produits alimentaires; EuGH, C-354/90, Slg. 1993, I-4337, RdNr. 23 – CELBI; EuGH, C-234/99, Slg. 2002, I-3657, RdNr. 59 – Niels Nygård gegen Svineafgiftsfonden; *Heidenhain/Montag/Leibenath* § 7 RdNr. 33.

[24] EuGH, C-199/06, Slg. 2008, I-469, RdNr. 52 – CELF I. Dazu im Einzelnen Art. 108 RdNr. 153 ff. und unten RdNr. 368.

[25] Für eine weite Auslegung von § 49 a Abs. 4 VwVfG auch BVerwG 8/B 10/08 Buchholz 316, § 49 a VwVfG Nr 6.

[26] EuGH, C-24/95, Slg. 1997, I-1591, RdNr. 25 – Alcan II; ferner EuGH, C-5/89, Slg. 1990, I-3437, RdNr. 13 und 14 – Kommission/Deutschland; EuGH, C-169/95, Slg. 1997, I-135, RdNr. 51 – Spanien/Kommission; EuG, T-126/96 und 127/96, Slg. 1998, II-3437, RdNr. 69 – BMF und EFIM/Kommission; EuG, T-298/97 u.a., Slg. 2000, II-2319, RdNr. 171–171 – Alzetta Mauro/Kommission; EuG, T-288/97, Slg. 2001, II-1169, RdNr. 107–108 – Friuli Venezia Giulia/Kommission; EuGH, C-183/02 P und C-187/02 P, Slg. 2004, I-10609 RdNr. 44 – Demesa und Territorio Histórico de Álava –Diputación Foral de Álava.

[27] BVerfG EuZW 2000, 445, 446; BVerwGE 106, 328, 334; BFH DStRE 2009, 496 = RIW 2009, 332; BGH EuZW 2004, 252, 254; VG München, Urt. v. 13. 3. 2003, M 4 K 02.3569; VG Gera, Urt. v. 24. 8. 2005, 1 K 1467/03; aA. LG Rostock VIZ 2002, 632, 635.

ständige nationale Behörde verpflichtet, dem Rückforderungsverlangen der Kommission selbst dann noch nachzukommen, wenn sie die nach nationalem Recht im Interesse der Rechtssicherheit dafür bestehende Ausschlussfrist – insbesondere nach § 48 Abs. 4 VwVfG – hat verstreichen lassen,[28] sie für die Rechtswidrigkeit des Leistungsbescheides in einem solchen Maße verantwortlich ist, dass die Rücknahme dem Begünstigten gegenüber als Verstoß gegen Treu und Glauben erscheint, und dies nach nationalem Recht wegen Wegfalls der Bereicherung oder mangels Bösgläubigkeit des Beihilfeempfängers an sich ausgeschlossen ist.[29]

Nur im Einzelfall und unter engen Voraussetzungen kann Vertrauensschutz eine Beihilfenrückforderung ausschließen (su. RdNr. 370 bis 382). **16**

bb) Widerruf des Bewilligungsbescheids (§ 49 VwVfG). Auf § 49 Abs. 3 VwVfG ist **17** zurückzugreifen, wenn eine ursprünglich rechtmäßige Beihilfe erst durch einen späteren Umstand unionsrechtswidrig wurde und aus diesem Grund zurückzufordern ist. Dies betrifft insbesondere den Fall von **Mittelfehlverwendungen** (missbräuchliche Beihilfen, Art. 1 lit. g, VO 659/1999). Eine Rückforderungspflicht kann sich wiederum aus einer Negativentscheidung der Kommission ergeben (Art. 16 iVm. 14 VO 659/1999), aber auch aus Feststellungen staatlicher Behörden oder Gerichte, aus denen sich eine Verletzung der in einer Positiventscheidung enthaltenen Auflage oder Bedingung ergibt. Einschlägig ist in derartigen Fällen idR. § 49 Abs. 3 Nr. 1 VwVfG (Zweckverfehlung). Erfolgt die Beihilfengewährung unter unmittelbar anwendbaren Auflagen, welche die Einhaltung des unionsrechtlich vorgesehenen Verwendungszwecks sicherstellen sollen, kommt bei Nichterfüllung dieser Auflagen darüber hinaus § 49 Abs. 3 Nr. 2 VwVfG in Betracht.[30] Die Entschädigungsregel des § 49 Abs. 6 VwVfG, die unter bestimmten Voraussetzungen zum Ersatz des durch den Widerruf bedingten Vertrauensschadens verpflichtet, findet auf die Widerrufsgründe des Abs. 3 keine Anwendung,[31] da Schadensersatz- und Entschädigungsansprüche nicht ihrerseits eine Beihilfe begründen dürfen.[32]

cc) Erlass eines Rückforderungsbescheides (§ 49 a VwVfG). Auf einer **zweiten Stufe** **18** ist gegenüber dem Begünstigten ein Rückforderungsbescheid zu erlassen. Grundlage dieses Rückforderungsbescheides ist § 49 a VwVfG. Gemäß § 49 a Abs. 1 VwVfG ist die zu erstattende Leistung durch schriftlichen Verwaltungsakt festzusetzen, soweit der Leistungsbescheid mit Wirkung für die Vergangenheit zurückgenommen oder widerrufen worden oder infolge Eintritts einer auflösenden Bedingung unwirksam geworden ist.

Allerdings hält das BVerwG § 49 a VwVfG für unanwendbar, wenn in einem „klassischen **19** Fall" der Zwei-Stufen-Theorie die durch hoheitlichen Leistungsbescheid bewilligten Subventionen durch privatrechtlichen Vertrag abgewickelt wurden, da (nur) dieser Vertrag der unmittelbare Rechtsgrund der Leistung sei und auch bei (späterer) Unwirksamkeit des Verwaltungsaktes fortbestehe.[33] Mit Blick auf seinen weit darüber hinausgehenden Zweck[34] bedarf diese enge Interpretation des § 49 a VwVfG allerdings der Korrektur, soweit sie die zuständigen staatlichen Stellen an der effektiven Rückforderung rechtswidriger Beihilfen hindert.[35] Bedürfte es, obwohl der Leistungsbescheid rechtmäßig widerrufen/zurückgenommen worden ist, zusätzlich nach der „Zwischenschaltung" eines mitunter langwierigen – und mit ungewissem Ausgang verbundenen – Gerichtsverfahrens, kann von einer Beachtung des effet-utile-Grundsatzes kaum die Rede sein (s. RdNr. 321). § 49 a VwVfG kommt deshalb stets zur Anwendung, wenn die ursprüngliche Beihilfenbewilligung – das „Ob" – durch Leistungsbescheid erfolgte. Auf die Form der Beihilfenauskehrung – das „Wie" – kommt es nicht an. Liegt der Beihilfe allerdings nicht einmal ein Leistungsbescheid zugrunde, kann auf die §§ 48–49 a VwVfG nicht rekurriert

---

[28] S. demgegenüber VG Schleswig-Holstein, Urt. v. 8. 3. 2004, 1 A 71/02, juris RdNr. 18.

[29] EuGH, C-24/95, Slg. 1997, I-1591, RdNr. 51 – Alcan II.

[30] BVerwG NVwZ-RR 2004, 413, 414–415 (Verbindung eines die Auflage enthaltenden Bewirtschaftungsvertrags mit dem Zuwendungsbescheid); VG Aachen, Urt. v. 1. 2. 2008, 6 K 301/07, insb. juris RdNr. 40 (Verwendungsnachweis). Sa. *Heidenhain/Jestaedt/Loest* § 52 RdNr. 28–29; *Frenz* RdNr. 1468, 1481.

[31] *Stelkens/Bonk/Sachs/Sachs* § 49 VwVfG RdNr. 119; *Knack/H. Meyer* § 49 VwVfG RdNr. 86.

[32] In diesem Sinne (zu § 839 BGB, Art. 34 GG): LG Magdeburg, Urt. v. 27. 9. 2002, 10 O 499/02; LG Berlin, Urt. v. 26. 4. 2007, 9 O 514/06; LG Berlin, Urt. v. 22. 4. 2008, 9 O 339/07; *Karpenstein* RdNr. 116.

[33] BVerwG NJW 2006, 536, 537; VG Braunschweig, Urt. v. 21. 5. 2008, 1 A 214/07, juris RdNr. 17; *Stelkens/Bonk/Sachs/Stelkens* § 35 VwVfG RdNr. 114; aA. *Kopp/Ramsauer* § 49 a VwVfG RdNr. 7; *Stelkens/Bonk/Sachs/Sachs*, 6. Aufl. 2003, § 49 a VwVfG RdNr. 33; OVG Magdeburg NVwZ 2002, 108; krit. auch *Dorf* NVwZ 2008, 375, 378–379.

[34] BT-Drucks. 13/1534, 6, wonach § 49 a VwVfG „generell die Erstattung gewährter Leistungen für die Vergangenheit" regeln soll.

[35] In diesem Sinne auch *Rosenfeld* EuZW 2007, 59, 61.

werden; in solchen Fällen ist zu prüfen, ob die Beihilfenrückforderung auf einen öffentlich-rechtlichen Erstattungsanspruch gestüzt werden kann (su. RdNr. 23).

20　　**dd) Anordnung der sofortigen Vollziehung und Verwaltungsvollstreckung.** Ergeht der Rückforderungsbescheid zwecks Vollzugs einer auf Art. 14 VO 659/1999 (oder Art. 11 VO 659/1999) gestützten Kommissionsentscheidung, so ist er **zwingend** mit einer Anordnung der sofortigen Vollziehung (VzA) nach § 80 Abs. 2 Nr. 4 VwGO zu verbinden (Art. 14 Abs. 3 S. 2 VO 659/1999). § 80 Abs. 2 Nr. 4 VwGO ist in derartigen Fällen dahingehend zu interpretieren, dass das Unionsinteresse an der sofortigen Wiederherstellung des status quo ante die Interessen des Beihilfeempfängers überwiegt.[36]

21　　Gemäß Unionsrecht (Art. 278, 279 AEUV und Art. 14 Abs. 3 VO 659/1999) muss zwecks unmittelbaren Vollzugs der Kommissionsentscheidung mit der **Verwaltungsvollstreckung** sofort begonnen werden. Für die Form der Vollstreckung enthält das Unionsrecht keine Vorgaben. Typischerweise erfolgt sie im Wege der Verwaltungsvollstreckung nach den Verwaltungsvollstreckungsgesetzen von Bund und Ländern. Sie muss – auch zur Verhinderung „vollendeter Tatsachen" – spätestens dann erfolgen, wenn die Kommissionsentscheidung rechtskräftig geworden oder die gegen diese Entscheidung gerichteten Eilverfahren von den Unionsgerichten abgewiesen wurden. Die Einleitung eines (Hauptsache- oder Eil-)Verfahrens vor den nationalen Gerichten hindert nicht an einer Verwaltungsvollstreckung, solange es an einem Hängebeschluss oder vergleichbaren gerichtlichen Zwischenverfügungen fehlt (Art. 14 Abs. 3 Satz 2 VO 659/1999).

22　　**ee) Begründungspflichten.** Rückforderungsbescheid und VzA sind jeweils zu begründen (§ 39 VwVfG, § 80 Abs. 3 VwGO) und bedürfen grundsätzlich einer vorherigen Anhörung des Rückforderungsschuldners (§ 28 VwVfG).[37] Für die **Begründung der sofortigen Vollziehung** reicht es in der Regel aus, wenn auf den Vorrang des Unionsinteresses an der sofortigen Durchsetzung der unionsrechtlichen Wettbewerbsordnung vor den Interessen des Beihilfeempfängers verwiesen wird und sich die Bundesrepublik Deutschland ohne die VzA dem Risiko einer Vertragsverletzungsklage bis hin zu Finanzsanktionen (Art. 260 AEUV) aussetzen würde.[38] Nur dann, wenn die wirtschaftliche Existenz des Beihilfeempfängers aufgrund der Rückforderung ernstlich gefährdet würde, bedarf es einer Abwägung zwischen dem Unionsinteresse an der sofortigen Rückforderung und dem Insolvenzrisiko des Beihilfeempfängers. Der Geber, welcher zu Unrecht oder fehlerhaft eine sofortige Vollziehung angeordnet hat, unterliegt allerdings keinem Haftungsrisiko.[39] Sofern, wie in Deutschland, eine nachträgliche Heilung formeller Fehler möglich ist (vgl. §§ 45, 46 VwVG),[40] dürfen solche Fehler aufgrund des vorrangig zu beachtenden Art. 14 Abs. 3 VO 659/1999 allerdings nicht zur erneuten Auszahlung der bereits eingezogen Beihilfen führen; ebenso wenig können sie die Einziehung materiell-rechtswidriger Beihilfen verhindern.[41]

23　　**3. Öffentlich-rechtlicher Erstattungsanspruch. a) Anwendungsbereich.** Lag der Beihilfe kein Leistungsbescheid zugrunde, kommt als Rechtsgrundlage der Rückforderung auch der allgemeine öffentlich-rechtliche Erstattungsanspruch in Betracht. Reichweite und Rechtsfolgen dieses Rückforderungstatbestandes sind im Anwendungsbereich des Beihilfenrechts allerdings **sehr umstritten.** Während er nach einer engen Auffassung nur in jenen Fällen heranzuziehen ist, in denen die Rückforderung gleichsam die Kehrseite einer öffentlich-rechtlichen Subventionsgewährung darstellt,[42] ist der öffentlich-rechtliche Erstattungsanspruch nach einer anderen Ansicht unionsrechtskonform auszulegen und hält ggf. eine umfassende behördliche Rechtsgrundlage für alle Fälle bereit, in denen eine Beihilfe durch Vertrag gewährt wurde, aufgrund einer **Negativentscheidung der Kommission** jedoch zurückzufordern ist.[43]

---

[36] EuGH, C–217/88, Slg. 1990 I, 2879 – Tafelwein. Dazu *Cranshaw*, Einflüsse des europäischen Rechts auf das Insolvenzverfahren, 569.

[37] Hinsichtlich der VzA ist dies sehr umstritten. S. nur *Schoch/Schmidt-Aßmann/Pietzner/Schoch* § 80 VwGO RdNr. 181 ff.; *Kopp/Schenke* § 80 RdNr. 82.

[38] Zur Anwendung derartiger Finanzsanktionen wegen Missachtung des Art. 14 Abs. 3 VO 659/1999 siehe EuGH, C–369/07, RdNr. 68 – Kommission/Griechenland.

[39] Vgl. BVerwG NVwZ 1991, 270.

[40] Für § 80 Abs. 3 VwGO ist dies str., vgl. *Redeker/v. Oertzen,* VwGO, 15. Aufl. 2010, § 80 Rdnr. 27 a–27 b mwN.

[41] EuGH, C–210/09, noch nicht in der amtl. Slg., RdNr. 29–32 – Scott, Kimberly Clark.

[42] In diesem Sinne: *Heidenhain/Jestaedt/Loest* § 52 RdNr. 4; *Uwer* DÖV 2006, 989, 993; *Arhold* EuZW 2006, 94, 95; *Hildebrandt/Castillon* NVwZ 2006, 298, 299; *Vögler* NVwZ 2007, 294, 298.

[43] OVG Berlin-Brandenburg NVwZ 2006, 104, 105; OVG Berlin-Brandenburg, Beschl. v. 29. 12. 2006, 8 S 42.06, juris RdNr. 14; zustimmend *von Brevern* EWS 2006, 150, 152; *Rosenfeld* EuZW 2007, 59–60; *Ehlers/*

Vorzugswürdig ist die letztgenannte Auffassung. Eine **Rückforderungsentscheidung der** 24
Kommission begründet – auch unmittelbar zum Beihilfeempfänger[44] – ein öffentlich-rechtliches, unionsrechtlich geprägtes Rechtsverhältnis, das der sofortigen Vollstreckung unterliegt (Art. 14 Abs. 3 VO 659/1999).[45] Wie das ursprüngliche Leistungsverhältnis ausgestaltet war, ist für den Vollzug des Unionsrechts ohne Belang. Bestehende Rechtsgrundlagen wie der **gewohnheitsrechtlich anerkannte Erstattungsanspruch** sind vielmehr – in den Grenzen der anerkannten Auslegungsmethoden – unionsrechtskonform so auszulegen, dass sie die tatsächliche und sofortige Vollstreckung der Kommissionsentscheidungen ermöglichen. Dies bedeutet, dass der öffentlich-rechtliche Erstattungsanspruch auch dann Rechtsgrundlage der Rückforderung ein kann, wenn die Beihilfe durch einen zivilrechtlichen Vertrag ausgereicht wurde;[46] insofern besteht in diesen Fällen eine rechtliche Doppelnatur des Rückforderungsverhältnisses.

Hingegen bietet der öffentlich-rechtliche **Folgenbeseitigungsanspruch keine taugliche** 25
Rechtsgrundlage für die Rückforderung; er ist nicht als Rechtsgrundlage für belastende Verwaltungsakte anerkannt.[47] Er zielt allein darauf ab, die rechtswidrigen Nebenfolgen einer in subjektive Rechte eingreifenden Amtshandlung zu beseitigen[48] und erfasst daher im Regelfall nicht das Verhältnis zwischen Beihilfengeber und Rückforderungsschuldner. Als Rechtsgrundlage für die Rückabwicklung einer Beihilfe kommt er daher nur in Ausnahmefällen in Betracht, etwa im Rechtsverhältnis zwischen dem Begünstigten und einem Wettbewerber, wenn das begünstigte Unternehmen selbst dem öffentlichen Recht unterliegt (zB. eine Anstalt des öffentlichen Rechts) und es durch einen Wettbewerber auf diesem Wege zur Rückerstattung einer bereits vereinnahmten Beihilfe gezwungen werden kann.[49]

b) Voraussetzungen des Erstattungsanspruchs. Der öffentlich-rechtliche Erstattungsan- 26
spruch setzt die **Rechtsgrundlosigkeit der von einer staatlichen Stelle veranlassten Vermögensverschiebung** voraus.[50] Diese Voraussetzungen sind bei einem Beihilfevertrag, der gegen materielles oder formelles Beihilfenrecht verstößt, in aller Regel gegeben: Die Missachtung des in Art. 108 Abs. 3 AEUV normierten Durchführungsverbotes führt nach der umstrittenen, aber gefestigten BGH-Rechtsprechung gemäß § 134 BGB zur Nichtigkeit des der Vermögensverschiebung zugrunde liegenden Vertrags.[51] Diese Rechtsprechung ist auf öffentlich-rechtliche Verträge übertragbar, da § 134 BGB hier über die Sonderregelungen der §§ 59, 62 VwVfG in Bezug genommen wird.[52] Ebenso wie zivilrechtliche sind deshalb auch öffentlich-rechtliche Verträge, die der Kommission nicht nach Art. 108 Abs. 3 AEUV notifiziert wurden, nichtig.[53]

Darüber hinaus entfällt der Rechtsgrund für die staatlich veranlasste Vermögensverschiebung 27
auch insoweit, als die Kommission in einer Negativentscheidung den **Missbrauch genehmigter Beihilfen** festgestellt hat.[54] Daher sind in solchen Konstellationen die Anspruchsvoraussetzungen auch bei zivilrechtlich ausgerichteten Beihilfen erfüllt.

c) Geltendmachung des Erstattungsanspruchs. Beim allgemeinen öffentlich-rechtlichen 28
Erstattungsanspruch handelt es sich um ein aus dem Grundsatz der Gesetzmäßigkeit der Verwaltung abgeleitetes eigenständiges Rechtsinstitut des öffentlichen Rechts, dessen Rechtsfolgen denen des zivilrechtlichen Bereicherungsanspruchs soweit entsprechen, wie dem jeweiligen Fachrecht keine

---

Wolffgang/Schröder/Rosenfeld 181, 192; *Kreuschitz* EStAL 2006, 199. *Hoffmann/Bollmann* EuZW 2006, 398, gehen unzutreffend davon aus, dass im Ausgangsfall ein öffentlich-rechtliches Vertragsverhältnis bestanden habe.
[44] Zur Anfechtbarkeit von Kommissionsentscheidungen durch den Beihilfeempfänger s. nur EuGH, C-730/79, Slg. 1980, 2671, RdNr. 5 – Philip Morris/Kommission.
[45] OVG Berlin-Brandenburg NVwZ 2006, 104–105.
[46] Su. RdNr. 29, 30.
[47] *Maurer* § 30 RdNr. 12.
[48] BVerwGE 69, 366; BVerwGE 80, 178, 179; OVG Brandenburg NVwZ-RR 2005, 564; *Maurer* § 30 RdNr. 11; MünchKommBGB/*Papier* § 839 RdNr. 85. Zur gewohnheitsrechtlichen Fundierung BVerwGE 94, 100, 103.
[49] VG Trier, Urt. v. 2. 12. 2008, 1 K 533/08.TR, juris RdNr. 59 und OVG Koblenz EuZW 2010, 274, zur Rückerstattung der von einem Zweckverband vereinnahmten „Umlagen".
[50] S. hierzu nur *Maurer* § 29 RdNr. 23–24.
[51] BGH EuZW 2003, 444; BGH EuZW 2004, 252, 253; BGH EuZW 2004, 254, 255; BGHZ 173, 103 = DB 2007, 2200 = juris, RdNr. 20; BGH DB 2007, 2133 = juris RdNr. 33. Der Verstoß führt aber nach der hier vertretenen Auffassung nur zur schwebenden Unwirksamkeit des Vertrags mit der Möglichkeit einer Heilung ex nunc, su. RdNr. 329 ff.
[52] *Ganz*, hM, s. *Stelkens/Bonk/Sachs/Bonk* § 59 VwVfG RdNr. 50.
[53] *Stelkens/Bonk/Sachs/Bonk* § 59 VwVfG RdNr. 49, 67.
[54] OVG Berlin-Brandenburg NVwZ 2006, 104, 105, in Bezug auf einen zivilrechtlichen Vertrag.

abweichende Wertung zu entnehmen ist.[55] Dies bedeutet, dass der öffentlich-rechtliche Erstattungsanspruch **grundsätzlich durch verwaltungsgerichtliche Leistungsklage** geltend gemacht werden muss,[56] es sei denn, dass sich aus den beihilfenrechtlichen Vorgaben etwas anderes ergibt.

29   Nach zutreffender – allein unionsrechtskonformer – Interpretation berechtigt der öffentlich-rechtliche Erstattungsanspruch darüber hinaus zum **Erlass eines hoheitlichen Rückforderungsbescheides einschließlich der Anordnung der sofortigen Vollziehung,** sofern mit ihm eine – im Mitgliedstaat unmittelbar anwendbare – Negativentscheidung durchgesetzt werden soll,[57] die gemäß Art. 14 Abs. 3 VO 659/1999 eine **„sofortige und tatsächliche Vollstreckung"** erfordert. Dies gilt unabhängig davon, ob die Beihilfe durch zivil- oder öffentlich-rechtliche Verträge ausgereicht wurde.

30   Aus der gewohnheitsrechtlichen Anerkennung des öffentlich-rechtlichen Erstattungsanspruchs[58] hat bereits das BVerwG gefolgert, dass in sog. Sonderstatusverhältnissen eine dem **Gesetzesvorbehalt genügende Grundlage für den Erlass von Verwaltungsakten** zwecks Durchsetzung von Erstattungsansprüchen sein kann.[59] Es bestehen keine durchgreifenden Bedenken, diese Rechtsprechung auf den Vollzug einer auf sofortige Vollstreckung gerichteten beihilferechtlichen Negativentscheidung der Kommission einschließlich der dort geforderten Zinsen zu übertragen.

31   Die Durchsetzung per Verwaltungsakt ist allerdings nur dann möglich, wenn die Rückabwicklung durch eine zivil- oder öffentlich-rechtliche Leistungsklage eine „sofortige und tatsächliche Vollstreckung" im Sinne von Art. 14 Abs. 3 VO 659/1999 nicht gestattet. Dies ist namentlich dann in Betracht zu ziehen, wenn der Rückforderungsschuldner die zurückzufordernden Beihilfen ohne zugrunde liegenden Leistungsbescheid auf vertraglicher Grundlage vereinnahmt hat. In solchen Fällen kann von einer sofortigen und tatsächlichen Vollstreckung iSd. Art. 14 Abs. 3 VO 659/1999 keine Rede sein, „wenn der Mitgliedstaat nicht durch den Erlass eines sofort vollziehbaren Verwaltungsakts selbst einen vollstreckbaren Titel erstellte, sondern sich im Wege einer zivil- oder verwaltungsgerichtlichen Leistungsklage, also durch Zwischenschaltung eines unter Umständen langwierigen gerichtlichen Erkenntnisverfahrens, erst einen vollstreckbaren Titel beschaffen müsste, um erst dann mit der Vollstreckung der Kommissionsentscheidung beginnen zu können."[60]

32   Weiterhin wird man fordern müssen, dass der öffentlich-rechtliche Erstattungsanspruch durch die Kommissionsentscheidung in der Weise vollständig konkretisiert ist, dass die Durchsetzung per Verwaltungsakt sich lediglich als eine Durchleitung der Entscheidung an den Empfänger darstellt. Die **Entscheidung der Kommission muss demnach inhaltlich unbedingt und hinreichend bestimmt** im Sinne der EuGH-Rechtsprechung sein[61] und darf den zuständigen Behörden keinerlei Gestaltungsspielräume belassen. Aus Tenor und Begründung der Kommissionsentscheidung müssen alle zu treffenden Maßnahmen zwecks sofortiger und tatsächlicher Vollstreckung der Rückforderung hervorgehen.[62] Dies betrifft den zurückzuzahlenden Betrag zzgl. der nach einem bestimmten Zinssatz zu entrichtenden Zinsen ebenso wie die Bezeichnung des Beihilfeempfängers. Die materielle Rechtswidrigkeit der Beihilfengewährung folgt unmittelbar aus der Kommissionsentscheidung.

33   Das Zusammenspiel zwischen dem öffentlich-rechtlichen Erstattungsanspruch und der Kommissionsentscheidung in Verbindung mit Art. 14 Abs. 3 VO 659/1999, welche selbst Bestandteil des innerstaatlichen Rechts sind, genügt nach hier vertretener Auffassung auch dem in Art. 20 Abs. 3 GG niedergelegten **Gesetzesvorbehalt.**[63] Eines unmittelbaren Rückgriffs

[55] BVerwG NJW 2008, 601, 602; BVerwGE 71, 85, 88, BVerwGE 87, 169, 172; BVerwGE 100, 56, 59; BVerwGE 112, 351, 353 f.

[56] *Maurer* § 29 RdNr. 30; sa. OVG Lüneburg NVwZ 1989, 880 f.; VGH München NVwZ 1983, 550 f.; Erichsen/Ehlers/*Erichsen* § 29 RdNr. 31.

[57] OVG Berlin-Brandenburg NVwZ 2006, 104, 105; OVG Berlin-Brandenburg, Beschl. v. 29. 12. 2006, 8 S 42.06; *Kreuschitz* EStAL 2006, 199; *von Brevern* EWS 2006, 150, 152; *Rosenfeld* EuZW 2007, 59, 61.

[58] Vgl. BVerwGE 50, 171, 174–175.

[59] BVerwGE 18, 283, 285 ff.; BVerwGE 24, 225, 228 ff.; BVerwGE 28, 2 ff.

[60] OVG Berlin-Brandenburg NVwZ 2006, 104, 105.

[61] Vgl. EuGH, C-57/65, Slg. 1966, 258, 262 – Alfons Lütticke GmbH/Hauptzollamt Saarlouis; *Öhlinger/ Potacs,* Gemeinschaftsrecht und staatliches Recht, 2. Aufl. 2001, 51 mwN. zur Rechtsprechung; *von der Groeben/Schwarze/Schmidt* Art. 249 EG RdNr. 8; *Schwarze/Biervert* Art. 249 EG RdNr. 6.

[62] Bekanntmachung „Rückforderung", ABl. 2007 C 272/4, RdNr. 21.

[63] AA. aber VG Berlin EuZW 2005, 659–660; *Uwer/Wodarz* DÖV 2006, 989; *Hildebrandt/Castillon* NVwZ 2006, 298; *Arhold* EuZW 2006, 94; *Herrmann/Kruis* EuR 2007, 141, 152; *Weißenberger* GewArch 2009, 465, 466.

auf die Kommissionsentscheidung als Rechtsgrundlage der Rückforderung bedarf es dagegen nicht.[64] Die Begründung einer VA-Befugnis wäre nur dann problematisch, wenn die spezifisch vertragliche Gleichordnung der Beteiligten die Herstellung von „Waffengleichheit" verlangt.[65] Im unionsrechtlich geprägten Verhältnis des Staates zu den – rechtswidrig – begünstigten Unternehmen sind indes eine Gleichordnung und die Herstellung von „Waffengleichheit" bei der Rückforderung von Beihilfen von vornherein ausgeschlossen. Zum einen besitzt in diesem Verhältnis die beihilfengewährende Stelle „keinerlei Ermessen" so dass „der **Empfänger einer rechtswidrig gewährten Beihilfe nicht mehr im Ungewissen** ist, sobald die Kommission eine Entscheidung erlassen hat, in der die Beihilfe für mit dem Gemeinsamen Markt unvereinbar erklärt und ihre Rückforderung verlangt wird."[66] Zum anderen verlangt der EuGH, dass sämtliche innerstaatlichen Vorschriften und sonstigen Rechts(grund)sätze außer Acht zu lassen sind, die einer wirksamen Durchsetzung des EU-Beihilfenrechts entgegenstehen.[67]

4. Zivilrechtliche und zivilgerichtliche Rückerstattung. a) Anwendungsbereich. Eine **34** Rückforderung nach Zivilrecht ist bei allen Rückforderungen von Beihilfen in Betracht zu ziehen, die durch einen zivilrechtlichen Vertrag ausgereicht wurden. Erfolgt die Rückforderung als Umsetzung einer entsprechenden Negativentscheidung der Kommission, hat die zuständige nationale Behörde vor dem Hintergrund von Art. 14 Abs. 3 VO 659/1999 unter bestimmten Voraussetzungen ein **Wahlrecht,** die Rückforderung zivilrechtlich – das heißt ggf. durch Leistungsklage vor dem Zivilgericht einschließlich einer Leistungsverfügung (RdNr. 105) – oder auf Grundlage eines öffentlich-rechtlichen Erstattungsanspruchs per Verwaltungsakt geltend zu machen.[68]

b) Rückforderung rechtswidriger Beihilfen im Zwei-Personen-Verhältnis Geber-Be- **35** **günstigter.** Als zivilrechtliche Rechtsgrundlage für die Rückforderung kommt in erster Linie[69] die bereicherungsrechtliche **Leistungskondiktion nach § 812 Abs. 1 S. 1 Alt. 1 BGB** in Betracht.

aa) Nichtigkeit des Rechtsgeschäfts, mit dem die Beihilfe gewährt wurde. Nach **36** mittlerweile **gefestigter Rechtsprechung des BGH** sind zivilrechtliche Verträge, die gegen Art. 108 Abs. 3 S. 3 AEUV verstoßen, gemäß § 134 BGB nichtig.[70] Damit scheiden vertragliche Rückforderungsansprüche aus. Im Einzelnen ist aber noch vieles strittig.

Unmittelbar anwendbare Norm des Unionsrechts, die ein Verbotsgesetz gemäß § 134 BGB **37** darstellen kann, ist nicht Art. 107 Abs. 1 AEUV als materielle Verbotsnorm, sondern Art. 108 Abs. 3 S. 3 AEUV als Norm der verfahrensrechtlichen Absicherung. Art. 107 Abs. 1 AEUV fehlt es an der für eine unmittelbare Anwendbarkeit der Norm nötigen inhaltlichen Unbedingtheit, da das Beihilfeverbot unter dem Vorbehalt der Vereinbarkeit gemäß Art. 107 Abs. 2 oder 3 bzw. Art. 106 Abs. 2 AEUV steht.[71] Art. 107 Abs. 1 AEUV wird erst dann unmittelbar anwendbar, wenn eine Kommissionsentscheidung die Unvereinbarkeit einer Beihilfe mit dem Binnenmarkt feststellt und damit das Verbot gemäß Art. 107 Abs. 1 AEUV konkretisiert. Dies führt jedoch nicht zur Nichtigkeit eines Vertrags gemäß § 134 BGB, da die Verbotswirkung dann erst nach Vertragsschluss eintritt.[72] Hingegen sind die Notifizierungspflicht und das damit verbundene **Durchführungsverbot gemäß Art. 108 Abs. 3 S. 1 bzw. S. 3 AEUV per se unmittelbar anwendbare Normen des Unionsrechts.**[73] Während die Notifizierungspflicht

---

[64] Für die Kommissionsentscheidung als Rechtsgrundlage *Ehlers/Wolffgang/Schröder/Rosenfeld* 181, 188; explizit für die Zinsforderung auch OVG Berlin-Brandenburg NVwZ 2006, 104; OVG Berlin-Brandenburg Beschl. v. 29. 12. 2006, 8 S 42.06, BA, 6.

[65] BVerwGE (Fn. 55).

[66] EuGH, C-24/95, Slg. 1997, I-1591, RdNr. 36 – Alcan II. Vgl. dazu *Oldiges* NVwZ 2001, 626, 631; *Mestmäcker/Schweitzer* § 45 RdNr. 42.

[67] EuGH, C-232/05, Slg. 2006, I-10071, RdNr. 53 – Kommission/Frankreich.

[68] So. RdNr. 23, 33; zu einem Wahlrecht zwischen hoheitlicher und gerichtlicher Geltendmachung auch BVerwGE 24, 225, 227.

[69] Zu der Literaturauffassung, der Staat könnte die Beihilfe auch als Schadensersatzanspruch eines Konkurrenten im Wege der Drittschadensliquidation zurückfordern, siehe *Langmaack* 89.

[70] BGH EuZW 2003, 444; BGH EuZW 2004, 252, 253; BGH EuZW 2004, 254, 255; BGHZ 173, 103 = DB 2007, 2200 = juris, RdNr. 20; BGH DB 2007, 2133 = juris, RdNr. 33.

[71] EuGH, 77/72, Slg. 1973, 611, RdNr. 4–6 – Capolongo; C-78/76, Slg. 1977, 595 RdNr. 15 – Steinike und Weinlig. Siehe dazu *Cranshaw*, Einflüsse des europäischen Rechts und das Insolvenzverfahren, 547; *Lübbig/Martin-Ehlers* RdNr. 1019; MünchKommBGB/*Armbrüster* § 134 RdNr. 37.

[72] BGH EuZW 2003, 444 juris, RdNr. 11; *Schmidt-Räntsch* NJW 2005, 106, 107.

[73] EuGH, C-6/64, Slg. 1964, 1251, 1273 – Costa/ENEL; C-120/73, Slg. 1973, 1471, RdNr. 8 – Lorenz. In drei weiteren Entscheidungen desselben Tages hat der Gerichtshof die Aussagen zur unmittelbaren Anwendbarkeit wiederholt, C-121/73, Slg. 1973, 1495 – Markmann; C-141/73, Slg. 1973, 1527 – Lohrey; C-122/73, Slg. 1973, 1511 – Nordsee.

gemäß S. 1 eine Ordnungsvorschrift im Rahmen des Beihilfekontrollverfahrens ist, bezweckt das Durchführungsverbot, Wettbewerbsverzerrungen durch eine Beihilfegewährung ohne Kommissionsgenehmigung zu verhindern. Daher hat die Bestimmung einen materiellen Gehalt.[74] Ein Verstoß gegen diese Norm wird nicht durch eine eventuelle spätere Positiventscheidung der Kommission geheilt.[75]

38   Die Rechtsfolgen des Verstoßes gegen Art. 108 Abs. 3 AEUV richten sich nach nationalem Recht.[76] Allerdings spricht der Gerichtshof davon, dass die **„Gültigkeit" des Rechtsaktes** betroffen ist, mit dem die Beihilfe gewährt wurde.[77] Der nationale Richter müsse hieraus zu Gunsten aller, die sich auf die Verletzung berufen könnten, die entsprechenden Folgerungen im nationalen Recht ziehen. Der BGH hat hieraus – in Übereinstimmung mit vielen Stimmen aus der Literatur[78] – den Charakter des Art. 108 Abs. 3 S. 3 AEUV als Verbotsgesetz gemäß § 134 BGB abgeleitet. Der BGH stellt entscheidend darauf ab, dass nur die Nichtigkeit des Vertrags sicher stelle, dass sich Wettbewerber als Dritte auf den Verstoß gegen Art. 108 Abs. 3 S. 3 AEUV berufen können; eine Rückabwicklung auf Grundlage eines wirksamen Vertrags würde hingegen nur *inter partes* ablaufen.[79]

39   Der Verstoß gegen Art. 108 Abs. 3 S. 3 AEUV führt entgegen der Rechtsprechung des BGH allerdings nicht zur endgültigen Nichtigkeit des Rechtsgeschäfts, sondern lediglich zu seiner **schwebenden Unwirksamkeit** bis zu einer abschließenden Positiventscheidung der Kommission.[80] Die Urteile *CELF*[81] und *Wienstrom*[82] des Gerichtshofs haben deutlich gemacht, dass eine endgültige Nichtigkeit europarechtlich nicht gefordert ist, da bei einer nachträglichen Genehmigung durch die Kommission lediglich der „Verfrühungsvorteil" abzuschöpfen ist. Art. 108 Abs. 3 AEUV verlangt als Verbotsnorm im Sinne des § 134 BGB aE. „etwas anderes" als die endgültige Nichtigkeit. Die Genehmigung des Rechtsgeschäfts durch eine Positiventscheidung der Kommission führt aber gemäß § 184 Abs. 1 aE. BGB nur zu einer Wirksamkeit *ex nunc*, da sie einen Verstoß gegen Art. 108 Abs. 3 S. 3 AEUV gerade nicht heilt.[83] Umgekehrt tritt mit der Bestandskraft einer Negativentscheidung der Kommission die endgültige Nichtigkeit des Vertrags ein.

40   Der entscheidende Unterschied zwischen der endgültigen Nichtigkeit und der schwebenden Unwirksamkeit ist, dass bei letzterer im Falle der Positiventscheidung der Vertrag automatisch wirksam wird und **keiner Bestätigung durch die Vertragsparteien gemäß § 141 BGB** bedarf. Eine „Neueröffnung" der Beihilfegewährung ist nicht geboten, da die Auswahl des Vertragspartners aufgrund des Verstoßes gegen Art. 108 Abs. 3 S. 3 AEUV nicht per se fehlerhaft war. Eine fehlerhafte Auswahl wird nicht vom Vergabe- und nicht vom Beihilferecht sanktioniert.[84] Die Rechtsfolgen der schwebenden Unwirksamkeit stehen damit der effizienten Durchsetzung des Art. 108 Abs. 3 S. 3 AEUV nicht entgegen.

---

[74] Art. 108 AEUV RdNr. 122; *Busz/Rosenkötter* NZM 2004, 561, 562.

[75] EuGH, C-354/90, Slg. 1991, I-5528, RdNr. 16 – FNCE; EuGH, verb. C-261/01 ua., Slg. 2003, I-12249, RdNr. 62–63 – van Calster; EuGH, C-199/06, Slg. 2008, I-469, RdNr. 41 – CELF I. Dazu *Bartosch* EuZW 2008, 237; *Jaeger* EuZW 2004, 78, 79.

[76] AA. *Heidenhain* EuZW 2005, 135, 138–139: Rechtsfolgen für den zivilrechtlichen Vertrag direkt aus Art. 108 Abs. 3 S. 3 AEUV.

[77] EuGH, C-354/90, Slg. 1991, I-5528, RdNr. 12 – FNCE.

[78] *Deckert/Schroeder* EuR 1998, 291, 315; *Kiethe* RIW 2003, 782, 784; *Strievi/Werner* JuS 2006, 106, 110; *Pechstein* EuZW 1998, 495, 497, *ders.* EuZW 2003, 447; *Steindorff* ZHR 1988, 474, 488; *ders.* EuZW 1997, 7, 10; *Schmidt-Räntsch* NJW 2005, 106, 107; *Koenig/Haratsch* ZHR 2005, 77, 92; *Koenig/Kühling/Ritter* RdNr. 456; *Pütz* NJW 2004, 2199, 2200. AA. *Friesinger/Behr* RIW 1995, 708, 712; *Hopt/Mestmäcker* WM 1996, 753, 761; *Schneider* NJW 1992, 1197; *Bartosch* EuZW 2008, 235; *Otting/Soltész/Melcher* EuZW 2009, 444, 448.

[79] BGH EuZW 2004, 252, juris RdNr. 19.

[80] Dafür *Koenig/Kühling/Ritter* RdNr. 457; *Frenz* RdNr. 1493; *Heidenhain/Jestaedt/Loest* § 52 RdNr. 51; *Cranshaw*, Einflüsse des europäischen Rechts auf das Insolvenzverfahren, 599; *Quardt/Nieland* EuZW 2004, 201, 204; *Pütz* NJW 2004, 2199; *Bartosch* EuZW 2008, 239–240; für Verträge über die Gewährung von Zuschüssen auch *Heidenhain* EuZW 2005, 135, 137 (anders für Verträge über komplexe Investitionsvorhaben); *Fiebelkorn/Petzold* EuZW 2009, 323, 326; *Kampe* 100. AA MünchKommBGB/*Armbrüster* § 134 RdNr. 104; *Schmidt-Räntsch* NJW 2005, 106, 108; *Rapp/Bauer* KTS 2001, 1, 8 f.

[81] EuGH, C-199/06, Slg. 2008, I-469 – CELF.

[82] EuGH, C-384/07, Slg. 2008, I-10393 – Wienstrom.

[83] *Heidenhain* EuZW 2005, 137; *Frenz* 1499.

[84] *Koenig* EuZW 2003, 417; aA. *Schmidt-Räntsch* NJW 2005, 106, 108–109; *Pechstein* EuZW 2003, 447–448: Er sieht im Verstoß gegen Art. 108 Abs. 3 S. 3 AEUV einen beihilferechtlich relevanten „Auswahlfehler", der ein automatisches Wirksamwerden des Vertrages verbiete.

Die schwebende Unwirksamkeit wird im Zweifel das **gesamte Rechtsgeschäft** erfassen. **41** Die Anwendung von § 139 BGB ist zwar an sich möglich,[85] wird aber vielfach zu keiner Aufrechterhaltung eines Teils des Rechtsgeschäfts führen. Zum einen besteht das Beihilfeelement typischerweise in der Bemessung einer einheitlichen, unteilbaren Leistung, etwa einem nicht marktkonformen Kaufpreis. Zum anderen ist fraglich, ob die Vertragsparteien den Vertrag auch zu marktkonformen Bedingungen abschließen wollten; häufig wird ja gerade ein bestimmtes Vergünstigungselement Grundlage des Vertragsschlusses sein.[86]

Es werden in der Literatur verschiedene Ansätze diskutiert, um dieses gerade für komplexe **42** Vertragsverhältnisse – etwa bei öffentlich-privaten Infrastrukturvorhaben – in der Praxis problematische Ergebnis der Gesamtnichtigkeit zu vermeiden. Einer Auffassung nach soll für die Zwecke des Beihilfenrechts eine Aufteilung in einen Hauptvertrag zu Marktbedingungen und einen Schenkungsvertrag möglich sein. Lediglich der letztgenannte soll gegen Art. 108 Abs. 3 S. 3 AEUV verstoßen.[87] Eine weitere Auffassung geht von einer durch Art. 107 Abs. 1, 108 Abs. 3 S. 3 AEUV selbst vorgegebenen Begrenzung der Nichtigkeitsrechtsfolge aus, die sich ausschließlich auf das in einem Vertrag enthaltene Beihilfeelement beziehe.[88] Ebenso wird eine typisierende Einschränkung des Regel-Ausnahmeverhältnis des § 139 BGB vorgeschlagen.[89] Diese Auffassungen bezwecken, durch eine **isolierte Nachzahlung zur Eliminierung des Beihilfeelements** die Gültigkeit des gesamten Vertrags zu erhalten. Diese Rechtsfolge entspricht der Kommissionspraxis von Rückforderungsanordnungen in der Form, dass die Differenz zum Marktpreis nachzufordern ist.[90] Der Beihilfeempfänger kann jedoch keinesfalls gegen seinen Willen in ein neues, wirtschaftlich abweichendes Rechtsgeschäft hineingedrängt werden. Die Lücke des wegen Beihilferechtswidrigkeit unwirksamen Vertragsteils kann daher nur einvernehmlich geschlossen werden.[91]

Nicht entschieden ist bislang, ob auch das **Verfügungsgeschäft** von der Nichtigkeitsfolge erfasst wird. Hierfür ist auf den Zweck der Verbotsnorm des Art. 108 Abs. 3 S. 3 AEUV abzustellen: **43** Nach der Rechtsprechung des EuGH sollen diejenigen Rechtsgeschäfte auf ihre Gültigkeit hin überprüft werden, denen ein Beihilfeelement innewohnt. Bei zivilrechtlichen Austauschverhältnissen, die auf Grund einer fehlenden Wertgleichheit zwischen Leistung und Gegenleistung ein Beihilfeelement enthalten, ist das Erfüllungsgeschäft beihilferechtlich neutral. Die Übertragung des Eigentums an einem Grundstück ist etwa nicht per se ein beihilferechtlich relevanter Vorteil, sondern lediglich dann, wenn im Verpflichtungsgeschäft ein zu niedriger Kaufpreis vereinbart wurde. Entsprechendes gilt für die Überweisung der Darlehensvaluta bei einem vereinbarten Zins unterhalb des Referenzzinssatzes. In diesen Fällen sind die Verfügungsgeschäfte daher nicht gemäß § 134 BGB nichtig.[92] Etwas anderes gilt hingegen dann, wenn gerade das Verfügungsgeschäft das Beihilfeelement enthält, etwa bei verlorenen Zuschüssen. Dann ist auch das Verfügungsgeschäft wegen eines Verstoßes gegen Art. 108 Abs. 3 S. 3 AEUV nichtig.

Der BGH hat in einem jüngeren Urteil festgehalten, dass die Frage, „ob und in welchem **44** Umfang" ein Rechtsgeschäft unter Verstoß gegen Art. 108 Abs. 3 S. 3 AEUV gemäß § 134 BGB nichtig sei, nicht „in allen Einzelheiten geklärt sei".[93] Ob und inwieweit damit eine **Differenzierung seiner Rechtsprechung** zur Nichtigkeit beihilferechtswidriger Verträge eingeleitet wird, bleibt abzuwarten.

bb) Etwas durch Leistung eines anderen erlangt. Unter einer Leistung iSv. § 812 BGB **45** versteht man die bewusste und zweckgerichtete Mehrung fremden Vermögens.[94] Dieses Krite-

---

[85] *Koenig* EuZW 2003, 417; *Martin-Ehlers* WM 2003, 1598, 1604–1605; *Kiethe* RIW 2003, 782, 785; *Schmidt-Räntsch* NJW 2005, 106, 108–109; *Heidenhain/Jestaedt/Loest* § 52 RdNr. 52; *Koenig/Kühling/Ritter* RdNr. 456.

[86] *Heidenhain* EuZW 2005, 135, 138; *Schmidt-Räntsch* NJW 2005, 106, 109; *Verse/Wurmnest* AcP 2004, 855, 865.

[87] *Martin-Ehlers* WM 2003, 1598, 1603; dagegen *Verse/Wurmnest* AcP 2004, 855, 863, die aber über den Weg der ergänzenden Vertragsauslegung zu einem ähnlichen Ergebnis kommen.

[88] *Heidenhain* EuZW 2005, 135, 137, s. dazu u. RdNr. 348.

[89] *Koenig* EuZW 2003, 417.

[90] Vgl. zB. Ent. v. 14. 4. 1992, ABl. 1992 L 263, 1 – Daimler Benz.

[91] *Heidenhain/Jestaedt/Loest* § 52 RdNr. 55.

[92] *Schmidt-Räntsch* NJW 2005, 106, 109; *Verse/Wurmnest* AcP 2004, 855, 874. AA. *Pechstein* EuZW 1996, 495, 496; *ders.* EuZW 2003, 447–448; *Langmaack* 87; *Rapp/Bauer* KTS 2001, 1, 10; *Knapp* MittBayNot 2004, 252, 253: Nichtigkeit aus Gründen der effektiven Durchsetzung des Durchführungsverbots gemeinschaftsrechtlich geboten, da so Anspruch aus § 985 BGB eröffnet.

[93] BGH NVwZ 2007, 973 – juris RdNr. 19.

[94] BGH NJW 2004, 1169; BGH NVwZ 2007, 973 = RIW 2006, 944 – juris RdNr. 23 mwN.

rium ist bei einem **Zwei-Personen-Verhältnis** zwischen Geber und Empfänger unproblematisch erfüllt, da dann der ursprünglich Leistende auch zurückfordert.

46 Hingegen werfen **Drei-Personen-Verhältnisse Schwierigkeiten auf.** Gerade im Bereich zivilrechtlich ausgereichter Beihilfen bedienen sich staatliche Stellen häufig zwischengeschalteter Institutionen, etwa Landesförderanstalten, und übernehmen eine Bürgschaft für einen ausgereichten Kredit. Dies kann entweder durch einen eigenen Bürgschaftsvertrag geschehen oder durch einen Kreditauftrag gemäß § 778 BGB. Hierin liegt regelmäßig nicht schon eine Anweisung gemäß § 784 BGB,[95] da der Geber den Kredit durch die Bürgschaft ermöglichen will, die Bank aber nicht unmittelbar zur Auszahlung der Darlehensvaluta anweist. Ist das Darlehen als Beihilfe zurückzufordern, so fehlt es an einer Leistungsbeziehung zwischen Geber und Darlehensnehmer, so dass eine unmittelbare Beihilferückforderung gemäß § 812 Abs. 1 S. 1 Alt. 1 BGB ihm gegenüber ausscheidet. Die Kreditvergabe ist ausschließlich eine Leistung der Bank, so dass gemäß dem Grundsatz der Rückabwicklung innerhalb bestehender Rechtsbeziehungen die staatliche Stelle nur eine Rückzahlung an die Bank, aber nicht an sich selbst verlangen kann.[96]

47 cc) **Unionsrechtskonforme Auslegung von § 818 Abs. 3 BGB und Unanwendbarkeit der §§ 817 S. 2 und 814 Alt. 1 BGB.** Der Empfänger der Beihilfe kann sich im Regelfall nicht auf Entreicherung gemäß § 818 Abs. 3 BGB berufen. Der **Gutglaubensschutz** richtet sich bei einer Rückforderung von Beihilfen nach der *Alcan*-Rechtsprechung des EuGH, wonach sich der Empfänger über die Rechtswidrigkeit der Beihilfe grundsätzlich hätte Kenntnis verschaffen können und müssen.[97] Die für die §§ 48 f. VwVfG getroffene Wertung ist auch im Rahmen des § 818 Abs. 3 BGB zu beachten, so dass der Maßstab der positiven Kenntnis vom Mangel des rechtlichen Grundes gemäß § 819 Abs. 1 BGB im Rahmen der Rückforderung rechtswidriger Beihilfen unanwendbar ist.[98]

48 Auch § 817 S. 2 BGB ist bei der Rückforderung von Beihilfen unanwendbar. Zwar verstößt bei der Vergabe rechtswidriger Beihilfen gerade der Beihilfegeber gegen das Verbotsgesetz des Art. 108 Abs. 3 S. 3 AEUV, doch gebietet der Zweck der Verbotsnorm eine **einschränkende Auslegung des § 817 S. 2 BGB.**[99] Das Durchführungsverbot soll gerade Wettbewerbsvorteile des Empfängers verhindern, womit eine Perpetuierung der Vermögensverschiebung unvereinbar wäre.[100] Aus diesen Gründen ist auch **§ 814 Alt. 1 BGB unanwendbar.**[101]

49 c) **Rückforderung rechtswidriger Beihilfen in Form von Bürgschaften.** Bisher ungeklärt ist, welche Rechtsgeschäfte in einem Mehrpersonenverhältnis von der Rechtsfolge der schwebenden Unwirksamkeit nach § 134 BGB erfasst sind. Besonders relevant wird dies bei Bürgschaften. Hier liegen regelmäßig **drei Rechtsgeschäfte** vor:[102] Die Bürgschaftszusage des Gebers an das Unternehmen, der Bürgschaftsvertrag nach §§ 765 ff. BGB zwischen dem Geber und der Bank sowie der Darlehensvertrag zwischen der Bank und dem Unternehmer. Der Bürgschaftsvertrag dient dabei der Erfüllung der Bürgschaftszusage.

50 Bei einer öffentlichen Bürgschaft soll typischerweise der Darlehensnehmer begünstigt werden. Eine Beihilfe zu seinen Gunsten scheidet nur aus, wenn die Bürgschaft zu marktmäßigen Bedingungen ausgereicht wird, wozu insbesondere die Zahlung einer Avalprovision gehört.[103] Wird eine **Bürgschaftszusage** nicht unter solchen Bedingungen ausgesprochen, liegt im Rechtsverhältnis zwischen Geber und Beihilfeempfänger eine Beihilfe im Sinne des Art. 107 Abs. 1 AEUV, deren Beihilfewert in der Differenz zwischen der für den konkreten Fall markt-

---

[95] BGH NVwZ 2007, 973 – juris RdNr. 28.

[96] BGH NVwZ 2007, 973 – juris RdNr. 33, mit Zweifeln, ob hierdurch die Effektivität der Beihilferückforderung gewährleistet ist.

[97] EuGH, C-24/95, Slg. 1997, I-1591, RdNr. 25 – Alcan II. Siehe dazu oben RdNr. 305.

[98] *Heidenhain/Jestaedt/Loest* § 52 RdNr. 62; *Bork,* Festschrift für Lutter, 301, 306; Differenzierend *Verse/Wurmnest* AcP 2004, 855, 878: Ersatz wertsteigernder Aufwendungen für den Empfänger möglich.

[99] Zur einschränkenden Auslegung der Norm siehe *Palandt/Sprau* § 817 BGB RdNr. 20.

[100] *Martin-Ehlers* WM 2003, 1598, 1605; *Heidenhain/Jestaedt/Loest* § 52 RdNr. 61; *Bork,* Festschrift für Lutter, 301, 305 ff.; *Verse/Wurmnest* AcP 2004, 855, 877; *Busz/Rosenkötter* NZM 2004, 561, 566.

[101] *Pütz,* Das Beihilfeverbot des Art. 88 Abs. 3 Satz 3 EG-Vertrag, 76; *Bork,* Festschrift für Lutter, 301, 305; *Verse/Wurmnest* AcP 2004, 855, 877.

[102] MünchKommBGB/*Habersack* § 765 RdNr. 4; *Hadding* WM 2005, 485, 487; *Niggemann* 140.

[103] Mitteilung der Kommission über die Anwendung der Artikel 87 und 88 des EG-Vertrags auf staatliche Beihilfen in Form von Haftungsverpflichtungen und Bürgschaften, ABl. 2008 C 155/10, Ziff. 3.2.

üblichem und der tatsächlich gezahlten Avalprovision für die Bürgschaft liegt.[104] Bei fehlender Notifizierung verstößt die Bürgschaftszusage damit gegen Art. 108 Abs. 3 S. 3 AEUV. Die **Rechtsfolge** im deutschen Recht hängt von der Rechtsform der Bürgschaftszusage ab: Wurde die Zusage gemäß der so genannten Zwei-Stufen-Theorie durch Verwaltungsakt gegeben, ist dieser rechtswidrig und nach § 48 VwVfG aufzuheben,[105] erfolgte die Bürgschaftszusage durch öffentlich-rechtlichen Vertrag, ergeben sich die Rechtsfolgen aus 59 Abs. 1 VwVfG in Verbindung mit § 134 BGB, Art. 108 Abs. 3 S. 3 AEUV (so. RdNr. 316).[106] Wurde die Bürgschaftszusage nach Privatrecht vereinbart, so führt ein Verstoß dieser Vereinbarung gegen Art. 108 Abs. 3 S. 3 AEUV zu deren schwebender Unwirksamkeit gemäß § 134 aE. BGB.

51 Sehr strittig ist, ob die Rechtsfolge des § 134 BGB auch den **Bürgschaftsvertrag** mit der Bank erfasst. Typischerweise liegt bei Bürgschaften keine Beihilfe im Verhältnis zwischen Geber und Bank vor.[107] Daher wird der Bürgschaftsvertrag selbst auch vom Verstoß gegen Art. 108 Abs. 3 S. 3 AEUV nicht erfasst und dem entsprechend in seinem Bestand nicht berührt.[108] Dafür spricht auch, dass der Wettbewerbsvorteil des Darlehensnehmers dadurch entzogen wird, dass er nachträglich eine marktmäßige Avalprovision für die Bürgschaft entrichtet oder ihm gegenüber das Darlehen rückabgewickelt wird. Die Nichtigkeit der Bürgschaft selbst gemäß § 134 BGB hätte hingegen zur Folge, dass die Bank bei der Rückforderung des Darlehens vom Darlehensnehmer mit dessen Insolvenzrisiko belastet wäre; dies ist zur Wiederherstellung eines früheren, nicht wettbewerbsverzerrten Zustands nicht erforderlich. Die **Gegenansicht**[109] stellt darauf ab, dass das Durchführungsverbot gemäß Art. 108 Abs. 3 S. 3 AEUV auch einen präventiven Zweck verfolge. Wenn die Bank keine Sicherheit der Staatsbürgschaft behalten könne, fehle für sie jeder Anreiz, eine beihilferechtswidrige Bürgschaft zurückzuweisen. Ein marktrelevanter Vorteil des Darlehensnehmers entstehe erst mit Abschluss des Bürgschaftsvertrags.[110]

52 Unstreitig ist, dass der Bürgschaftsvertrag dann selbst von der Rechtsfolge des § 134 BGB erfasst wird, wenn eine **Beihilfe an die Bank** vorliegt; dies ist insbesondere bei der Nachbesicherung eines bereits bestehenden Darlehens der Fall, nicht aber schon auf Grund der geschäftlichen Erweiterung der Banktätigkeit durch den zusätzlichen Kredit.[111]

53 Ebenso ist Art. 107 Abs. 1 AEUV unanwendbar im Verhältnis zwischen Bank und Darlehensnehmer, da die Bank nicht Adressat des Beihilfenverbots und damit kein relevanter Geber ist.[112] Der **Darlehensvertrag** ist also nicht gemäß § 134 BGB nichtig. Vielmehr ist es die Bürgschaftszusage, die dem Darlehensnehmer ermöglicht, das Darlehen zu einem günstigeren Zins zu bekommen, ohne für die Bürgschaftsübernahme eine marktmäßige Avalprovision zu entrichten.

54 **d) Rückforderung gegenüber Dritten.** Erlässt die Kommission eine Rückforderungsentscheidung, die ein anderes Unternehmen als den ursprünglichen Empfänger als Adressat der Rückforderung benennt,[113] so stellt sich bei der Durchsetzung nach innerstaatlichem Recht das **Problem einer passenden Rechtsgrundlage** für dessen Inanspruchnahme. Dies gilt ebenso,

---

[104] Mitteilung der Kommission über die Anwendung der Artikel 87 und 88 des EG-Vertrags auf staatliche Beihilfen in Form von Haftungsverpflichtungen und Bürgschaften, ABl. 2008 C 155/10, Ziff. 4.1.

[105] *Cranshaw* WM 2008, 338; *Möller* 185; *Kampe* 112; *Niggemann* 324; *Wielpütz* EWS 2010, 14, 16.

[106] *Niggemann* 332; *Kampe* 106.

[107] Mitteilung der Kommission über die Anwendung der Artikel 87 und 88 des EG-Vertrags auf staatliche Beihilfen in Form von Haftungsverpflichtungen und Bürgschaften, ABl. 2008 C 155/10, Ziff. 2.3.

[108] *Bartosch* EuZW 2001, 650, 655; *Cranshaw*, Einflüsse des europäischen Rechts auf das Insolvenzverfahren, 626; *ders.* WM 2008, 338; *Koenig/Haratsch* ZHR 2005, 77, 86; *Niggemann* 360; *Kampe* 128; *Hadding* WM 2005, 488; *Lübbig/Martín-Ehlers* RdNr. 1091. Diese Frage ist Gegenstand eines Vorabentscheidungsverfahrens (Rs. C-275/10 – Residex).

[109] *Schmidt-Ränsch* NJW 2005, 106, 108–109; *Pütz* 132; *Schimansky/Bunte/Lwowski/Bunte* § 142 RdNr. 42 e, 46 bis 46 b; *Heidenhain* EuZW 2007, 193; Eine Pflicht zur Rückabwicklung der Bürgschaft selbst hat auch der EuGH im Urteil EPAC verlangt, C-404/97, Slg. 200, I-4897 – Kommission/Portugal. Dies stand jedoch mit Besonderheiten des portugiesischen Rechts in Zusammenhang, siehe *Cranshaw* 640 ff.; für eine Übertragbarkeit auf das deutsche Recht hingegen *Soltész* WM 2005, 2265, 2267.

[110] Siehe insbesondere *Pütz* 132; *Schimansky/Bunte/Lwowski/Bunte* § 142 RdNr. 42 e, 46 bis 46 b.

[111] *Pütz* 135; *Niggemann* 369; praktisch aktuell wurden Bürgschaften zu Gunsten von Banken bei Rettungsmaßnahmen im Zuge der Finanzkrise ab dem Jahr 2008.

[112] *Hadding* WM 2005, 485, 489; *Niggemann* 371; *Pütz* 152; zweifelnd *Schimansy/Bunte/Lwowski/Bunte* § 142 RdNr. 42 h, der ein typischerweise vorliegendes Gesamtwerk zwischen Bürgschaft und Darlehen bejaht, so dass der Darlehensvertrag mangels Trennbarkeit von den anderen Verträgen selbst gemäß § 134 BGB nichtig sein könnte.

[113] Siehe dazu die Kommentierung zu Art. 14 VO 659/1999 RdNr. 161 ff.

wenn Mitgliedstaaten – für die nach Ansicht der Kommission eine entsprechende Rechtspflicht besteht – von sich aus bei Dritten zurückfordern, wenn sich nach der Rückforderungsentscheidung herausstellt, dass die Beihilfe an ein anderes Unternehmen weitergeleitet wurde.[114]

55 Die Frage ist bis heute nicht hinreichend geklärt.[115] Eine generelle Durchgriffshaftung auf den Dritten gibt es im deutschen Recht nicht. Dazu bedürfte es einer Regelung wie des aufgehobenen § 419 Abs. 1 BGB aF. Ein Durchgriff nach den Regeln der Eingriffskondiktion gemäß § 812 Abs. 1 S. 1 Alt. 2 BGB scheidet wegen des Grundsatzes des Vorrangs der Leistungskondiktion gemäß § 812 Abs. 1 S. 1 Alt. 1 BGB aus; allerdings hat der BGH eine beihilfenrechtliche Überformung des deutschen Bereicherungsrechts zu Gunsten eines Direktdurchgriffs auf Dritte für Einzelfälle angedeutet.[116] Eine Leistungsbeziehung liegt aber nur im Verhältnis des Gebers zum ursprünglichen Beihilfeempfänger vor. **§ 822 BGB ist grundsätzlich anwendbar,** in analoger Weise auch auf Fälle eines nur teil-unentgeltlichen Erwerbs. d. h. unter Marktpreis.[117] Er versagt aber in den Fällen, in denen der Erwerber das Unternehmen des ursprünglichen Beihilfeempfängers zum Marktpreis erworben hat. Auch § 25 HGB wird in der Praxis meist nicht weiterhelfen, weil die Erwerberhaftung bei fehlender Firmenfortführung eines besonderen Verpflichtungsgrundes bedarf, den es regelmäßig nicht geben wird. Schadensersatzansprüche gegenüber dem Erwerber scheitern daran, dass die Rechtswidrigkeit der Maßnahme primär dem Mitgliedstaat zuzurechnen ist, der die Notifizierung unterlassen hat. Der Anspruch kann diesen daher nicht zur Rückforderung berechtigen.[118]

56 In Betracht kommen daher neben § 822 BGB vor allem **Anfechtungsansprüche** nach §§ 129 ff InsO in Verbindung mit dem Anfechtungsgesetz. Ebenso wird ein Anspruch auf Grundlage der Rechtsfigur des faktischen Beihilfeverhältnisses[119] für möglich gehalten.[120] Scheiden auch diese Rechtsgrundlagen aus, so ist bei der Umsetzung einer Rückforderungsentscheidung der Kommission für die unionsrechtlich gebotene Beihilfenrückforderung unmittelbar auf den beihilfenrechtlich überformten öffentlich-rechtlichen **Erstattungsanspruch** zurückzugreifen (s. dazu RdNr. 23 ff.).

57 **e) Heilung der Nichtigkeitsfolge durch nachträgliche Abreden.** Wird eine Beihilfe, die unter Verstoß gegen Art. 108 Abs. 3 S. 3 AEUV gewährt wurde, **nachträglich von der Kommission genehmigt,** bedarf es entgegen der Rspr. des BGH – wegen des damit begründeten Endes der schwebenden Unwirksamkeit[121] keiner rechtsgeschäftlichen Bestätigung des Vertrags gemäß § 141 BGB mit Wirkung *ex nunc*.

58 Wird die Beihilfe von der Kommission für mit dem Binnenmarkt unvereinbar erklärt oder wird von einem nationalen Gericht ein Verstoß gegen Art. 108 Abs. 3 S. 3 AEUV festgestellt, können die Parteien einen modifizierten **Vertrag ohne Beihilfeelement neu schließen.** Eine Bestätigung gemäß § 141 BGB scheidet hier aus, da das gesetzliche Verbot für den ursprünglich geschlossenen Vertrag fortbesteht.[122] Es bedarf also eines völligen, nun beihilferechtskonformen, Neuabschlusses des Vertrags. Der damit verbundene Kosten- und Verwaltungsaufwand ist hinzunehmen. Einen isolierten Nachzahlungsanspruch des Beihilfengebers auf den Differenzbetrag zwischen dem Marktwert und dem beihilfebelasteten verbilligten Wert, gleichsam unter Wahrung des ursprünglich geschlossenen Vertrags, gibt es nicht, wenn er nicht wie in § 3a AusglLeistG gesetzlich vorgeschrieben ist.[123]

59 **f) Rückforderung bei missbräuchlichen Beihilfen.** Hat der Empfänger einer von der Kommission genehmigten Beihilfe diese entgegen den genehmigten Bedingungen verwendet, liegt eine missbräuchliche Beihilfeanwendung gemäß Art. 1 lit. g VO 659/1999 vor. Keine

---

[114] Bekanntmachung „Rückforderung", ABl. 2007 C 272/4, RdNr. 68.
[115] *Cranshaw* 1100; *Langmaack* 233; *Ritter* 137.
[116] BGH NVwZ 2007, 973, 975 f.
[117] *Heidenhain/Jestaedt/Loest* § 52 RdNr. 68.
[118] *Cranshaw* 1101; *Langmaack* 240.
[119] Zurückgehend vor allem auf *Ehricke* ZIP 2000, 1656, 1666; krit. *Cranshaw* 1113.
[120] Zur Möglichkeit vertraglicher Haftungsfreistellungsklauseln für den Erwerber siehe *Lübbig/Martin-Ehlers* RdNr. 1098.
[121] Siehe dazu oben RdNr. 39, 40.
[122] AA. BGH EuZW 2003, 444 – juris RdNr. 17, der in § 3a AusglLeistG eine gesetzliche Anordnung der Bestätigung der materiell rechtswidrigen ursprünglichen Verträge „entsprechend" § 141 BGB sah. Hierzu kritisch *Pechstein* EuZW 2003, 447–448. Zum Wegfall des Verbotsgesetzes als Voraussetzung für § 141 BGB siehe MünchKommBGB/*Busche* § 141 RdNr. 10.
[123] Wie hier wohl BGH EuZW 2003, 444, 445 f. m. Anm. *Pechstein*; *Koenig* EuZW 2003, 417.

Besonderheiten ergeben sich, wenn es zu einem Kommissionsverfahren mit entsprechender **Negativentscheidung** kommt. Sie ist wie eine Negativentscheidung über die Rückforderung einer rechtswidrigen und mit dem Binnenmarkt unvereinbaren Beihilfe zu behandeln.

Ohne eine solche Kommissionsentscheidung ist zu beachten, dass die Nichtigkeitsrechtspre- **60** chung des BGH nicht eingreift, da die Fehlverwendung keinen Verstoß gegen das Durchführungsverbot gemäß Art. 108 Abs. 3 S. 3 AEUV begründet, sondern „lediglich" gegen die Genehmigungsentscheidung der Kommission verstößt. Es besteht aber ein **vertragliches Rücktrittsrecht gemäß § 323 Abs. 1, Abs. 2 Nr. 3 BGB,** da die missbräuchliche Verwendung ein außergewöhnlicher Umstand ist, der zum Rücktritt berechtigt.[124] In unionsrechtskonformer Auslegung wird eine Pflicht des Gebers zur Ausübung des Rücktrittsrechts anzunehmen sein. In der Folge wandelt sich der Vertrag in ein Rückabwicklungsverhältnis gemäß §§ 346 ff. BGB um.

III. Berechtigter und Adressat der Rückforderung

1. Berechtigter der Rückforderung. Die Rückforderung muss **nicht notwendigerweise** **61** **an den Geber** erfolgen. Es reicht aus, wenn dem Begünstigten der wettbewerbsverzerrende Vorteil entzogen wird, was auch durch eine Rückzahlung an eine Bank oder eine andere Person geschieht, die selbst nicht Beihilfengeber ist.[125] Insoweit kann die Rückforderung nach allgemeinen Regeln unter Rückabwicklung der Rechtsverhältnisse der jeweiligen Beihilfemaßnahme erfolgen. In der Praxis spezifiziert die Kommission in Negativentscheidungen nicht, welche innerstaatliche Stelle Gläubigerin der Rückforderung ist.[126]

Es stellt sich allerdings die Frage, ob die Bundesrepublik Deutschland als juristische Person **62** nicht nur im Außen-, sondern auch im Innenverhältnis eine Pflicht trifft, die **Durchführung sicherzustellen,** auch wenn sie selbst nicht Beihilfegeber war. Speziell die Durchsetzung einer Aussetzungsanordnung soll zB. im Wege eines Pfändungsverwaltungsakts sowohl gegenüber dem Geber als auch gegenüber dem Empfänger der Beihilfe unmittelbar durch die Bundesrepublik ergehen. Ausnahmsweise gestattet der Anwendungsvorrang des Unionsrechts einen Verwaltungsaktserlass innerhalb der Verwaltung.[127] Andererseits ist der Beihilfengeber gemäß der VO 659/1999 bereits im Vorfeld voll eingebunden und schon über den Grundsatz der Bundestreue gehalten, Kommissionsentscheidungen durchzuführen, die im Außenverhältnis zur EU nur die Bundesrepublik Deutschland binden.[128]

2. Adressat der Rückforderung. Adressat der Rückforderung ist grundsätzlich **das tat-** **63** **sächlich begünstigte Unternehmen,** dh. in der Regel der ursprüngliche Empfänger der Beihilfe; unter bestimmten Bedingungen können auch Dritte Rückforderungschuldner sein, wenn der Vorteil zwischenzeitlich auf sie übergegangen war (Art. 14 VO 659/1999 RdNr. 160–170).

Erfüllen **generell-abstrakte Regelungen,** also etwa Steuergesetze, den Tatbestand des **64** Art. 107 Abs. 1 AEUV und verlangt die Kommission für diese Regelung die Aufhebung und Rückforderung, so muss der zuständige Normgeber die Adressaten und den jeweils relevanten Rückforderungsbetrag ermitteln. Das Rückwirkungsverbot hindert die rückwirkende Beseitigung der beihilfeinfizierten Regelung nicht, da das Unionsinteresse an der Durchsetzung der Wettbewerbsordnung überwiegt.[129]

In Einzelfällen kann nach dem anwendbaren nationalen Recht auf Grund komplizierter Ab- **65** tretungsreihen eine **mehrstufige Rückabtretung** an den ursprünglichen Empfänger der Beihilfe notwendig sein, bis er den Vorteil wieder innehat und rückerstatten kann. Da die Bestimmungen des nationalen Rechts im Falle der Umsetzung einer Negativentscheidung der Kommission unter dem Vorbehalt stehen, dass sie die unverzügliche und sofortige Vollstreckung der Entscheidung ermöglichen müssen, kommt unter Modifizierung nationaler Rück-

---

[124] *Frenz* § 1509; *Heidenhain/Jestaedt/Loest* § 52 RdNr. 43, 71.

[125] EuGH, C-348/93, Slg. 1995, I-673, RdNr. 26–27 – Kommission/Italien; EuGH, C-350/93, Slg. 1995, I-699, RdNr. 22 – Kommission/Italien; BGH NVwZ 2007, 973, 976. Dazu *Kreße* EuZW 2008, 394, 396–397.

[126] *Lübbig/Martín-Ehlers* RdNr. 956.

[127] *Kreße* EuZW 2008, 394, 398–399; zur Verhinderung von Finanzsanktionen der EU in Folge eines Vertragsverletzungsverfahrens werden auch weiter gehende Kompetenzen zur Ersatzvornahme diskutiert, s. *Karpenstein,* in: *Grabitz/Hilf,* Art. 228 EG RdNr. 22.

[128] Zur dezentralen Struktur der Beihilfekontrollpolitik in Deutschland siehe *Kühling/Braun* EuR 2007 (Beiheft 3), 31, 37–38.

[129] BFH DStRE 2009, 496, unter II. 2 b.

abwicklungsverhältnisse ein direkter Durchgriff auf den Dritten in Betracht, auf den ein Vorteil nachträglich übergegangen war.[130]

66 **3. Heranziehung „echter" Dritter.** Keine Rückforderung im beihilferechtlichen Sinne ist die **Heranziehung eines Dritten,** der auf Grund einer besonderen Vereinbarung für die Rückforderung einsteht, etwa bei Insolvenz des Rückforderungsschuldners. Da der Dritte nicht Begünstigter der Beihilfe war, stehen ihm alle denkbaren Einreden und Einwendungen nach innerstaatlichem Recht zur Verfügung.

67 Der BGH sieht in solchen Haftungsvereinbarungen stets eine Bürgschaft nach Zivilrecht, obwohl ein Schuldbeitritt sich nach der Rechtsnatur der Hauptforderung richtet und daher auch öffentlich-rechtlicher Natur sein kann.[131] Der BGH postuliert gegenüber solchen Dritten eine **Hinweispflicht des Beihilfegebers auf eine möglicherweise unterlassene Notifizierung,** deren Verletzung einen aufrechenbaren Schadensersatzanspruch des Dritten wegen Verschuldens bei Vertragsschluss begründet.[132] Etwas anderes gilt nur, wenn der Dritte aufgrund wirtschaftlich-organisatorischer Verflechtungen mit dem Begünstigten selbst als Begünstigter im Sinne von Art. 107 Abs. 1 AEUV angesehen werden kann und daher für die Rückforderung nach Maßgabe des Unionsrechts ohnehin einstehen muss.[133]

IV. Gegenstand und Form der Rückforderung

68 **1. Gegenstand der Rückforderung und Art der Erfüllung. a) Grundsätze.** Bei der Umsetzung von Rückforderungsentscheidungen der Kommission ist der Gegenstand der Rückforderung durch den Tenor der Entscheidung regelmäßig weitgehend determiniert. Wirtschaftlich betrachtet ist es stets der tatsächliche Geldwert, mithin **das Subventionsäquivalent der Beihilfe zum Zeitpunkt der Beihilfegewährung** zuzüglich dem seit Beihilfegewährung aufgelaufenen **Zinsvorteil.** Diese Grundaussage gilt gleichermaßen bei der vollständigen Rückforderung lediglich formell rechtswidriger Beihilfen. Der Gesamtbetrag ist anhand des Einzelfalls zu ermitteln.

69 Bei **Zuschüssen** ist der Nennbetrag zurückzufordern, bei einer rechtswidrigen Steuervergünstigung der Differenzbetrag zum normalen Steuersatz.[134] Dienen die Zuschüsse dem Ausgleich von Verlusten aus der Erbringung von Dienstleistungen von allgemeinem wirtschaftlichen Interesse, kann es im Einzelfall gerechtfertigt sein, die Rückforderung auf den Betrag einer feststellbaren Überkompensation zu begrenzen.[135] Bei zinsverbilligten **Darlehen** ist entsprechend für die Vergangenheit die Differenz zum Marktzins zurückzufordern. Wenn nicht eine Anpassung der Darlehensbedingungen zu Marktkonditionen erfolgt, muss zudem die Darlehensvaluta zur Vermeidung einer Begünstigung *pro futuro* zurückgefordert werden. Eine Rückforderung der Darlehensvaluta ist hingegen unumgänglich bei Darlehen an notleidende Unternehmen, die auf dem Kapitalmarkt kein Darlehen bekommen hätten: Der Vorteil schließt hier die Überlassung der Darlehensvaluta unmittelbar ein, so dass die Wettbewerbsverzerrung auch nur durch deren Rückzahlung beseitigt werden kann.[136] Liegt der Vorteil etwa in der zivilrechtlich vereinbarten Überlassung eines Gegenstandes **zur Miete** zu einem nicht marktgerechten Preis, muss gemäß §§ 812 Abs. 1 Alt. 1, 818 Abs. 2 BGB für den Nutzungszeitraum eine marktübliche Miete nachgezahlt werden; für die Zukunft ist das Mietverhältnis marktmäßig auszugestalten, andernfalls ist der Mietgegenstand herauszugeben.[137] Bei der Rückabwicklung von **Unternehmensbeteiligungen,** die nicht dem Verhalten eines Marktinvestors entsprechen, hängt die Rückabwicklung von der Art der Beteiligung und der Unternehmensform ab. Problematisch ist die Rückabwicklung insbesondere im Verhältnis zu Gläubigerschutzvorschriften.[138]

70 Bei der Rückforderung des bloßen **„Verfrühungsvorteils" auf Grund einer nachträglichen Kommissionsgenehmigung** einer lediglich formell rechtswidrigen Beihilfe ist der

---

[130] BGH NVwZ 2007, 973, 975 f. = WuB IV A. § 812 BGB 2.07 *Berger/Kleine;* so RdNr. 55.

[131] BGH WM 2009, 61, 62 = WuB IV A. § 311 BGB 1.09 *Nietsch.*

[132] Insoweit unzutreffend *Otting/Soltész/Melcher* EuZW 2009, 444, 448, die den BGH so verstehen, als ob er dem Beihilfeempfänger einen Anspruch aus cic. zuspräche.

[133] BGH WM 2009, 61, 65; zum Ganzen auch *Ritter* 135 ff.; *Tereszkiewicz* GPR 2010, 11, 12 ff.

[134] EuG, T-445/05, Slg. 2009, II-289, RdNr. 201 – Associazone italiana del risparmio gestito und Fineco Asset Management SpA/Kommission.

[135] *Klein* EuZW 2010, 278, 279 f.

[136] *Pütz* 84 ff.

[137] *Busz/Rosenkötter* NZM 2004, 561, 565.

[138] Ausführlich *Cranshaw* 2006, 684 ff.

Gebrauchsvorteil der Beihilfe für den Zeitraum zwischen Beihilfegewährung und Kommissionsentscheidung zu ermitteln. Für diesen Zeitraum muss also das Subventionsäquivalent verzinst werden, damit der Empfänger der Beihilfe so steht, wie wenn er den geldwerten Vorteil der Beihilfe als Darlehen hätte finanzieren müssen.[139]

Das EU-Beihilfenrecht macht **keine Vorgaben über die Form** der Rückerstattung. Sie **71** muss daher nicht notwendig in einer Rückbezahlung des ausgereichten Beihilfebetrages bestehen, sondern kann in jeder nach deutschem Recht anerkannten Form der Erfüllung von Ansprüchen erfolgen, sofern dadurch der rechtswidrige Vorteil tatsächlich entzogen wird. In Betracht kommt etwa eine Aufrechnung oder die Übertragung entsprechend werthaltiger Unternehmensanteile an Erfüllung statt.[140] Ist eine Rückforderungsentscheidung der Kommission umzusetzen und geschieht dies anders als durch Zahlung, muss der Mitgliedstaat dies der Kommission zur Überprüfung umfassend und transparent darlegen.[141]

Die Rückforderung kann sich auf den **Nettobetrag** beschränken, wenn der Empfänger auf **72** die erhaltene Beihilfe Steuern gezahlt hatte.[142] Auch insoweit gilt, dass Berechnung und Erfüllung der Rückerstattung transparent und nachvollziehbar erfolgen müssen und der Kommission darzulegen sind.

b) Sonderfragen bei der Rückabwicklung von Bürgschaften. Bei der **Rückabwick- 73 lung von Bürgschaften** sind verschiedene Situationen zu unterscheiden.[143] **Vor Valutierung des Darlehens** genügt es zur Wiederherstellung der beihilferechtskonformen Lage, wenn das Darlehen nicht auf Grund staatlicher Besicherung mit vergünstigten Zinsbedingungen ausgezahlt wird; ohne Valutierung fehlt es wegen der Akzessorietät zur gesicherten Forderung dann bereits an der Bürgschaftsverbindlichkeit des Staates. Nötig ist daher im Verhältnis zwischen Staat und Unternehmen die Rücknahme der Bürgschaftszusage gemäß § 48 VwVfG, wenn sie durch Verwaltungsakt gegeben wurde; eine vertraglich vereinbarte Zusage ist ohnehin schwebend – bzw. ab einer Negativentscheidung der Kommission endgültig unwirksam. Im Verhältnis zwischen Staat und Bank ist der – nach hier vertretener Ansicht wirksame, wenn nicht eine Beihilfe auch an die Bank vorliegt – Bürgschaftsvertrag zu beenden. Handelt es sich hierbei um einen Kreditauftrag, kann der Staat die Verpflichtung gemäß § 671 Abs. 1 BGB widerrufen; bei einem Bürgschaftsvertrag gemäß § 765 Abs. 1 BGB stellt der Verstoß der Bürgschaftszusage gegen Art. 108 Abs. 3 S. 3 AEUV einen Kündigungsgrund dar.[144] Häufig finden sich entsprechende Kündigungsklauseln ohnehin in den Bestimmungen der staatlichen Bürgschaftsprogramme. Im Verhältnis zwischen der Bank und dem Darlehensnehmer besteht gemäß § 490 Abs. 1 BGB wegen des Wegfalls der Besicherung ein Recht der Bank zur Kündigung und damit zur Verweigerung der Auszahlung des Darlehens.

Nach Auszahlung des Darlehens ergeben sich folgende Abweichungen: Im Verhältnis zur **74** Bank muss der staatliche Bürge *pro futuro* gemäß § 671 Abs. 1 BGB den Kreditauftrag widerrufen bzw. den Bürgschaftsvertrag außerordentlich kündigen, um weitere Bürgschaftsverbindlichkeiten zu vermeiden. Im Verhältnis zum begünstigten Unternehmen ist der durch die Valutierung bereits realisierte Vorteil abzuschöpfen. Worin dieser Vorteil liegt, hängt davon ab, ob der Darlehensnehmer zum Zeitpunkt der Bürgschaftsübernahme ein solventes oder ein finanziell unsolides Unternehmen ist. Bei einem **wirtschaftlich gesunden Unternehmen,** welches sich den Kredit auch ohne die Bürgschaft auf dem Kapitalmarkt hätte beschaffen können, liegt der

---

[139] *Heidenhain/Jestaedt/Loest* § 52 RdNr. 58; *Gundel* EWS 2008, 161, 164; Bekanntmachung der Kommission über die Durchsetzung des Beihilfenrechts durch die einzelstaatlichen Gerichte, ABl. 2009 C 85/1, RdNr. 41 e.

[140] Zur Aufrechnung EuGH, C-369/07, Slg. 2009, I-5703, RdNr. 67 – Kommission/Griechenland; EuGH, C-209/00, Slg. 2002, I-11695, RdNr. 34 – Kommission/Deutschland. Zur Übertragung von Gesellschaftsanteilen an Erfüllung statt LG Flensburg, Urt. v. 27. 7. 2007 6 O 26/05 – juris, RdNr. 31; das Gericht bürdet die Beweislast der Werthaltigkeit hierbei auch dann dem Unternehmen auf, wenn der Geber die Leistung an Erfüllung statt angenommen hat.

[141] EuGH, C-209/00, Slg. I-11695, RdNr. 40 – Kommission/Deutschland.

[142] EuG, T-459/93, Slg. 1995, II-1675, RdNr. 83 – Siemens/Kommission; EuGH, C-148/04, Slg. 2005, I-11137, RdNr. 117–120 – Unicredito SpA; siehe auch die Bekanntmachung „Rückforderung", ABl. 2007 C 272/4, RdNr. 50.

[143] Im Einzelnen ist hier noch manches strittig, siehe dazu *Niggemann* 363; *Heidenhain/Montag/Leibenath* § 7 RdNr. 39 ff.; *Schimansky/Bunte/Lwowski/Bunte* § 142 RdNr. 43; *Cranshaw* WM 2008, 338, 344–345; *Kampe* 138; *Pütz* 160; *Wielpütz*, EWS 2010, 14, 16 ff.

[144] *Niggemann* 365 (noch für § 610 BGB aF.); offen hinsichtlich des Rechtsgrundes *Heidenhain/Montag/Leibenath* § 7 RdNr. 53.

Vorteil in der ersparten Avalprovision, die dem entsprechend für die Vergangenheit zu kondizieren ist; die Aufhebung und Rückabwicklung des Kreditvertrags ist beihilferechtlich nicht gefordert.[145] Bei einem **wirtschaftlich nicht gesunden Unternehmen** entspricht der Vorteil der Bürgschaft der vollen Höhe des ausgezahlten Darlehens. Der staatliche Bürge kann aber keine eigenen Rechte aus dem durch die Bürgschaft ermöglichten Darlehensvertrag herleiten; dessen Rückabwicklung geschieht nur zwischen Darlehensgeber und -nehmer.[146] Der staatliche Bürge muss daher sicherstellen, dass die Bank den Darlehensvertrag außerordentlich kündigt und fällig stellt;[147] ein solches Weisungsrecht an die Bank ist häufig in Bürgschaftsrichtlinien des Bundes und der Länder enthalten. Das Recht der Bank zur Kündigung und Fälligstellung des Kreditvertrags ergibt sich wiederum aus § 490 Abs. 1 BGB.

75 Wurde die **Bürgschaft bereits in Anspruch genommen,** besteht kein Anspruch des bürgenden Staates gegen die Bank auf Rückerstattung des Geleisteten. Mangels Nichtigkeit des Bürgschaftsvertrags bestand für die Leistung der Bürgschaftssumme ein Rechtsgrund.[148] Dem Bürgen verbleibt für die Rückforderung lediglich der – wirtschaftlich oft wenig ergiebige – Weg über § 774 BGB.

76 **2. Zinsen.** Neben dem Nennwert des Vorteils sind auch Zinsen zurückzufordern, die der Empfänger dadurch erspart hat, dass er den geldwerten Vorteil der Beihilfe nicht auf dem Kapitalmarkt finanzieren musste. Auf diese Weise soll der gesamte durch die rechtswidrige Ausreichung der Beihilfe erlangte Vorteil abgeschöpft werden, weshalb auch die **Nichtabschöpfung des Zinsvorteils eine neue Beihilfe** darstellt.[149]

77 **Bei Rückforderungsanordnungen der Kommission** legt die Kommission gemäß Art. 14 Abs. 2 VO 659/1999 den anzuwendenden Zinssatz fest. Es handelt sich um eine Frage des materiellen Unionsrechts. In einem Kommissionsschreiben an die Mitgliedstaaten vom 4. März 1991[150] hatte die Kommission jedoch die Zinsberechnung den Mitgliedstaaten überlassen, mit einem weiteren Schreiben vom 22. Februar 1995 vereinheitlichte sie die Höhe des Zinssatzes mit Hilfe eines Referenzzinssatzes, seit dem Jahre 2003 schließlich hat die Kommission die Anwendung der Zinseszinsmethode festgelegt. Seitdem ist also nationales Recht unanwendbar, welches die einfache Zinsmethode vorsieht.[151] Die Rechtslage ist heute in **Art. 9 bis 11 der Durchführungsverordnung (EG) Nr. 794/2004** zur VO 659/1999[152] geregelt. Danach wird der regelmäßig aktualisierte und für jeden Mitgliedstaat ermittelte Referenzzins im Amtsblatt und im Internet veröffentlicht, auch hinsichtlich früherer Zeiträume. Diese älteren Zinssätze bleiben für entsprechende Altfälle aktuell, da jeweils der Zinssatz anwendbar ist, der im Moment der Ausreichung der Beihilfe galt. Nach jeweils einem Jahr ist aber der dann geltende Zinssatz anzuwenden. Der Gesamtbetrag der zurückzufordernden Zinsen setzt sich aus der Summe dieser jährlich aktualisierten Zinsen und Zinseszinsen zusammen.

78 Auch bei der Rückforderung **lediglich formell rechtswidriger Beihilfen** ist der Zinsvorteil abzuschöpfen. Ergeht nachträglich eine Positiventscheidung der Kommission, so sind diese Zinsen für den Zeitraum zwischen Beihilfegewährung und der Kommissionsentscheidung zu erheben („Verfrühungsvorteil"),[153] andernfalls bis zur Rückgewähr der Beihilfe. Dies ergibt sich bei einer Rückforderung nach Zivilrecht aus § 818 Abs. 1 BGB, da es sich bei den Zinsen um dasjenige handelt, was der Empfänger durch die schwebende Unwirksamkeit unrechtmäßig erlangt hat; Entsprechendes gilt für den öffentlich-rechtlichen Erstattungsanspruch und § 49 a

---

[145] *Niggemann* 367.

[146] BGH NVwZ 2007, 973, 975.

[147] AA. *Cranshaw* WM 2008, 338, 344 f.: Rückabwicklung durch Geltendmachung eines Freistellungsanspruchs gegenüber dem Darlehensnehmer, der sich aus der Rücknahme bzw. Unwirksamkeit der Bürgschaftszusage ergebe.

[148] *Leiner* 198 mwN.

[149] So bereits EuG, T-459/93, Slg. 1995, II-1675, RdNr. 98 – Siemens/Kommission.

[150] Kommissionsschreiben SG(91) D/4577, dazu *Heidenhain/Sinnaeve* § 34 RdNr. 20, Fn. 112.

[151] EuGH, C-295/07 P, Slg. 2008, I-9363, RdNr. 85 – Kommission/Dep. du Loiret und Scott SA; dazu *Frenz* RdNr. 1446. Zur früheren Rechtslage BGH EuZW 2004, 252, 254: Schätzung des Zinssatzes durch den Richter gemäß § 287 ZPO, aber gemeinschaftsrechtliche Vorgabe der Anwendung eines Marktzinses.

[152] VO 271/2008 des Kom. v. 30. 1. 2008 zur Änderung der VO 794/2004 zur Durchführung der VO 659/1999 des Rates über besondere Vorschriften für die Anwendung von Artikel 93 des EG-Vertrags, ABl. 2008 L 82/1; s. Kommentierung Art. 14 RdNr. 180 ff.

[153] EuGH, C-199/06, Slg. 2008, I-469, RdNr. 52 – CELF I. Bisher ist die Kommission nicht dazu übergegangen, die Rückforderung von Verfrühungsvorteilen zusammen mit einer Positiventscheidung zu verlangen, siehe dazu *Kerpenne/Gross* 405.

VwVfG. Für die Bemessung des Vorteils ist der Referenzzinssatz nicht direkt anwendbar, da er nur den Zinszahlungsausspruch durch die Kommission betrifft. Die Zinsberechnung erfolgt daher nach nationalem Recht. Nach Ansicht der Kommission darf der Zinssatz aber nicht geringer sein als nach der Referenzzinssatzmethode. Ist der nationale Zins höher, so soll dieser nach dem Äquivalenzgrundsatz maßgeblich sein.[154] Dies überzeugt nicht: Der Äquivalenzgrundsatz ist hier nicht verletzt, da der nationale Zinssatz nicht verschiedene Sachverhalte unterschiedlich regelt, sondern auf Rückforderungen nach einer Negativentscheidung der Kommission schlicht unanwendbar ist. Ein Zinssatz nach nationalem Recht, der unter dem Zinssatz nach der Referenzzinsmethode liegt, hindert auch die effektive Durchsetzung des EU-Beihilfenrechts grundsätzlich nicht, sofern die Abweichung nicht erheblich ist. Auch ein geringerer Zinssatz in Anwendung des nationalen Rechts kann daher Anwendung finden, sofern er den tatsächlichen Zinsvorteil abschöpft.

3. Kürzung um De-Minimis-Beträge. Unter der Geltung der alten De-Minimis-Verord- **79** nung (EG) Nr. 69/2001 wurde der Rückforderungsbetrag regelmäßig gekürzt, soweit beim Empfänger zum Zeitpunkt der Rückerstattung noch Raum für solche „Beihilfen" war. Der **teilweise Verzicht auf die Rückforderung** stellte die Ausreichung einer neuen De-Minimis-Beihilfe dar.[155] Die Kommission akzeptierte dieses Vorgehen.[156] Nach der aktuell geltenden De-Minimis-Verordnung[157] dürfte dieser Weg in Anbetracht von Art. 2 Abs. 2 UAbs. 2 nicht mehr gangbar sein, wenn der Rückforderungsbetrag das De-Minimis-Guthaben übersteigt, das dem Empfänger zum Zeitpunkt der Rückforderung zur Verfügung steht.

V. Innerstaatliche Grenzen der Rückforderung

Negativentscheidungen der Kommission müssen bis zu einer gegenteiligen Entscheidung der **80** Unionsgerichte als rechtmäßig behandelt werden, insbesondere als im Einklang stehend mit den Grundsätzen des Vertrauensschutzes und der Verhältnismäßigkeit (vgl. Art. 14 Abs. 1 S. 2 VO 659/1999). Die formelle und/oder materielle Rechtswidrigkeit der Beihilfe schließt es allerdings nach der Rechtsprechung des Gerichtshofs nicht von vornherein aus, dass die Grundsätze des **Vertrauensschutzes, „außergewöhnliche Umstände"** oder die **Unmöglichkeit** der Beihilfenrückforderung einer innerstaatlichen Rückforderung entgegengehalten werden können.[158]

1. Der Grundsatz des Vertrauensschutzes. Nach der Alcan-Rechtsprechung (s. o. **81** RdNr. 15) widerspricht es nicht zwingend der europarechtlichen Rechtsordnung, „wenn das nationale Recht im Rahmen der Rückforderung das berechtigte Vertrauen und die Rechtssicherheit schützt".[159] Indessen kann sich das betroffene Unternehmen grundsätzlich nur dann auf berechtigtes Vertrauen berufen, wenn die zuständigen Unionsorgane selbst, dh. in erster Linie die Kommission, ihm gegenüber **„konkrete Zusicherungen"** gemacht haben.[160]

Unter großzügiger Interpretation der Alcan-Rechtsprechung erkennen die deutschen Gerich- **82** te allerdings im Einzelfall das **Vertrauen in die Ordnungsmäßigkeit der Maßnahme** an, sofern es etwa „aufgrund der Gesamtheit der zu berücksichtigenden Umstände" angezeigt sei, von einer innerstaatlichen Rückforderung abzusehen.[161] Letzteres soll etwa dann der Fall sein, wenn der Beihilfegeber dem Beihilfeempfänger gegenüber die Erfüllung des Beihilfentatbestan-

---

[154] Bekanntmachung der Kommission über die Durchsetzung des Beihilfenrechts durch die einzelstaatlichen Gerichte, ABl. 2009 C 85/1, RdNr. 41; krit. dazu die Stellungnahme der Bundesregierung zum Entwurf der Bekanntmachung vom 21. 10. 2008, RdNr. 17.

[155] Gegen die Möglichkeit einer „geltungserhaltenden Reduktion" der Beihilfe auf den zum Zeitpunkt der Gewährung der Beihilfe zur Verfügung stehenden De-Minimis-Betrag *Reußow* 139.

[156] *Heidenhain/Quardt* § 51 RdNr. 31; *Sinnaeve* EuZW 2001, 69, 77. VG Potsdam, Urt. v. 26. 8. 2008, 3 K 3343/03, juris RdNr. 46, weist auf ein Schreiben der Kommission v. 6. 2. 2001 an die Bundesregierung hin, in dem sie die Kürzung von Rückforderungen um den De-Minimis-Betrag akzeptierte.

[157] VO 1998/2006 der Kom. v. 15. 12. 2006 über die Anwendung der Artikel 87 und 88 EG-Vertrag auf „De-minimis"-Beihilfen, ABl. 2006 L 379/5.

[158] S. hierzu die Kommentierung von *Köster* Art. 14 VerfVO RdNr. 172 ff.

[159] EuGH, C-24/95, Slg. 1997, I-1591, RdNr. 25 – Alcan II.

[160] EuG, T-6/99, Slg. 2001, II-1523, RdNr. 188 ff. – ESF; sa. T-489/93, Slg. 1994, II-1201, RdNr. 51 – Unifruit Hellas; T-129/96, Slg. 1998, II-609, RdNr. 78 – Preussag Stahl. Zur Problematik eines längeren Nichteinschreitens der Kommission s. – jeweils mit Rechtsprechungsnachweisen – *Frenz* RdNr. 1434; *Heidenhain/Quardt* § 51 RdNr. 13.

[161] OVG Mecklenburg-Vorpommern, Urt. v. 6. 8. 2008, 2 L 100/07, juris RdNr. 20, NordÖR 2009, 38–39; für eine „Gesamtschau" auch VG Trier, Urt. v. 8. 6. 2010, 1 K 69/10 TR; sa. EuGH, C-5/89, Slg. 1990, I-3437, RdNr. 16 – Kommission/Deutschland; BVerwG, NVwZ-RR 2004, 413, 415–416.

des verneint hat und auch aufgrund der Komplexität des Rechtsfindungsprozesses der Kommission ihre Negativentscheidung für den Beihilfeempfänger nicht vorhersehbar war, bevor er die staatlichen Mittel bestimmungsgemäß verbrauchte.[162] Es kann in der Tat „atypische" Beihilfen geben, bei denen das Notifizierungserfordernis bei einer Gesamtwürdigung aller Umstände, einschließlich der einschlägigen Stellungnahmen der Unionsorgane, derart unvorhersehbar war, dass sich das betroffene Unternehmen auf berechtigtes Vertrauen in die Ordnungsmäßigkeit der Maßnahme berufen durfte.[163] Etwas voreilig erscheint vor diesem Hintergrund die Auffassung, dass Vertrauensschutz bei der Anwendung der innerstaatlichen Rechtsgrundlagen aufgrund der Alcan-Rechtsprechung nurmehr „in theoretischen Extremfällen" in Betracht komme.[164]

83   **2. Außergewöhnliche Umstände.** Über diese engen Voraussetzungen hinausgehend ist anerkannt, dass es „außergewöhnliche Umstände" geben kann, die eine Beihilfenrückforderung trotz formeller oder materieller Rechtswidrigkeit ausschließen.[165] Die Berufung des Beihilfeempfängers auf außergewöhnliche Umstände setzt zum einen grundsätzlich voraus, dass der Beihilfeempfänger auf die „Ordnungsmäßigkeit der Beihilfe" berechtigt vertraut hat oder der Grundsatz der Rechtssicherheit einer Rückforderung entgegensteht.[166] Hinzu kommen müssen allerdings materielle Gesichtspunkte, die es – auch unter Berücksichtigung der Ziele der Beihilfenrückforderung (s. o. RdNr. 1–3) – als **schlechterdings unerträglich** erscheinen lassen, wenn die aus einer Nicht-Notifizierung resultierenden Rechtsfolgen tatsächlich gezogen würden. Letzteres ist etwa dann der Fall, wenn entstandene Wettbewerbsverfälschungen nachweislich bereits behoben sind.

84   Unabhängig davon sollen nach vereinzelten deutschen Judikaten sogar **Verhältnismäßigkeitserwägungen** und das Gewicht der beihilfenrechtlichen Pflichtverletzungen des Beihilfeempfängers, die künftige oder zurückliegende Marktbeeinflussung sowie die drohende Vernichtung seiner wirtschaftlichen Existenz zu berücksichtigen sein.[167] In die gleiche Richtung weist der vom VG Trier angenommene Ausschluss der Beihilfenrückforderung, wenn diese die ordnungsgemäße Erfüllung gemeinwirtschaftlicher Aufgaben des Beihilfeempfängers gefährde.[168] Diese Rechtsprechung trifft insofern auf Bedenken, als Verhältnismäßigkeitserwägungen einer Beihilferückforderung nur entgegen gehalten werden dürfen, wenn die Kommission die zunächst nicht notifizierte Beihilfe im Nachhinein genehmigt hat.[169] Nach gefestigter EuGH-Rspr. ist nämlich „die Beseitigung einer rechtswidrigen Beihilfe durch Rückforderung … die logische Folge der Feststellung ihrer Rechtswidrigkeit, so dass die Rückforderung dieser Beihilfe zwecks Wiederherstellung der früheren Lage grundsätzlich nicht als eine Maßnahme betrachtet werden kann, die außer Verhältnis zu den Zielen der Bestimmungen des EG-Vertrags über staatliche Beihilfen steht."[170]

85   **3. Absolute Unmöglichkeit.** Nach ständiger Rechtsprechung können die staatlichen Behörden und Gerichte auch dann von einer Rückforderung absehen, wenn diese sich als „absolut unmöglich" erweist.[171] Als Ausnahme von dem Grundsatz der Rückforderungspflicht muss auch

[162] OVG Mecklenburg-Vorpommern, Urt. v. 6. 8. 2008, 2 L 100/07, juris RdNr. 17, 20, NordÖR 2009, 38–39 ähnlich VG Greifswald, Urt. v. 6. 3. 2007 4 A 1053/05.

[163] In diesem Sinne VG Darmstadt, Urt. v. 21. 10. 2009, 9 K 1230/07, juris RdNr. 67; Generalanwalt *Darmon*, EuGH C-5/89, Slg. 1990, I-3445, RdNr. 26 – Kommission/Deutschland.

[164] So aber *Ludwigs* EWS 2007, 7, 10.

[165] EuGH, C-39/94, Slg. 1996, I-3547, RdNr. 70 f. – SFEI; C-199/06, Slg. 2008, I-469, RdNr. 42, 46, 65, 69 – CELF I; EuG, T-171/02, Slg. 2005, II-2123, RdNr. 64, 66 – Regione autonoma della Sardegna.

[166] In diesem Sinne auch EuGH, C-199/06, Slg. 2008, I-469, RdNr. 65 – CELF I; EuGH C-1/09, noch nicht in der amtl. Slg., RdNr. 43 ff. – CELF II; ferner Generalanwalt Jacobs, C-39/94, Slg. 1996, I-3547 RdNr. 76 bis 80 – SFEI.

[167] OVG Koblenz EuZW 2010, 274, 277 mit krit. Anm. *Klein* EuZW 2010, 278, 279; OVG Niedersachsen, Urt. v. 21. 2. 2006, 10 LB 45/03, juris RdNr. 42 f.; ebenso VG Aachen, Urt. v. 1. 2. 2008, 6 K 301/07, juris RdNr. 74. Wenig überzeugend die das Effektivitätsgebot verkennende Argumentation des VG Schleswig-Holstein, Urt. v. 8. 3. 2004, 1 A 71/02, juris RdNr. 18.

[168] VG Trier, Urt. v. 2. 12. 2008, 1 K 533/08.TR, juris RdNr. 60–61, in Bezug auf einen Folgenbeseitigungsanspruch und unter zusätzlicher Berufung auf den guten Glauben des Beihilfeempfängers.

[169] EuGH, C-199/06, Slg. 2008, I-469, RdNr. 53 – CELF I; EuGH, C-1/09, noch nicht in der amtl. Slg., RdNr. 54 – CELF II.

[170] EuGH, C-1/09, noch nicht in der amtl. Slg., RdNr. 54 – CELF II; EuGH C-289/00 P, Slg. 2004, I-4087, RdNr. 75 – Italien/Kommission.

[171] EuGH, C-177/06, Slg. 2007, I-7689, RdNr. 46 – Kommission/Spanien; EuGH, C-415/03, Slg. 2005, I-3875, RdNr. 35 – Kommission/Griechenland; EuGH, C-207/05, Slg. 2006, I-70, RdNr. 42 – Kommission/Italien; EuGH, C-99/02, Slg. 2004, I-3353, RdNr. 18 – Kommission/Italien; EuGH, C-404/00, Slg. 2003, I-6695, RdNr. 40 – Kommission/Spanien; EuGH, C-499/99, Slg. 2002, I-6031, RdNr. 21 –

diese Möglichkeit **eng interpretiert** werden. Fälle, in denen eine Beihilfenrückforderung absolut unmöglich ist, liegen nicht schon dann vor, wenn es der handelnden Behörde subjektiv oder rechtlich unmöglich ist, die Erstattung der Beihilfen anzuordnen.[172]

Die Berufung auf absolute Unmöglichkeit kommt praktisch nur in Betracht, sofern der **Bei-** **86** **hilfeempfänger zwischenzeitlich liquidiert** worden ist und etwaige Nachfolgeunternehmen von der rechtswidrigen Beihilfe nicht profitiert haben. Dies ist der Fall, sofern das Insolvenzgericht die Eröffnung des Insolvenzverfahrens mangels Masse abgelehnt hat (§ 26 InsO)[173] oder das Insolvenzverfahren zum Zeitpunkt der Rückforderungsverpflichtung bereits abgeschlossen ist und zur Auflösung des Begünstigten geführt hat.[174]

4. Einschränkungen der Rückforderung bei lediglich formell rechtswidrigen Bei- **87** **hilfen.** Bei lediglich formell rechtswidrigen Beihilfen ist umstritten, unter welchen Voraussetzungen eine Rückforderung in Betracht kommt. Bei einer **nachträglichen Positiventscheidung der Kommission** verlangt das Unionsrecht keine Rückforderung der Beihilfe.[175] Die Rückforderungsbefugnis der zuständigen Behörden und Gerichte besteht zwar fort, doch dürfte eine Rückforderung, die nicht europarechtlich gefordert ist, nach nationalem Recht in aller Regel **unverhältnismäßig** sein.

Fehlt es hingegen an einer nachträglichen **Positiventscheidung** der Kommission, besteht **88** die Rückforderungsverpflichtung fort. Sie ist nicht auf Fälle begrenzt, in denen der Tatbestand des Art. 107 Abs. 1 AEUV eindeutig und offensichtlich erfüllt ist und damit der Verstoß gegen Art. 108 Abs. 3 S. 3 AEUV auf der Hand liegt. Nur unter „außergewöhnlichen Umständen" (s. o. RdNr. 83), in denen der Beihilfenempfänger auf die Ordnungsmäßigkeit der Beihilfe vertrauen durfte und eine Rückforderung angesichts eines laufenden – und offenen – EU-Prüfverfahrens sowie der drohenden Insolvenz nicht hinnehmbar wäre, könnte von einer Rückforderung ausnahmsweise abgesehen werden. Darüber hinaus gehend wird diskutiert, ob der Geber im Einzelfall auch nach dem im Unionsrecht anerkannten[176] Rechtsgrundsatz des *venire contra factum proprium* an einer Rückforderung gehindert sein kann. Dies wird für Fälle diskutiert, in denen sich der Beihilfegeber allein deshalb auf Art. 108 Abs. 3 AEUV beruft, weil sich der zugrundeliegende Vertrag als für ihn ungünstig herausgestellt hat und die fehlende Notifizierung allein ihm anzulasten ist.[177] In der Tat möchte Art. 108 Abs. 3 S. 3 AEUV nicht den Beihilfegeber schützen, doch ist das tatsächliche Schutzgut des unverfälschten Wettbewerbs unabhängig von der Motivation des Gebers für eine Rückforderung betroffen. Erst recht wird man ein Recht des Beihilfegebers annehmen müssen, weitere Zahlungen auszusetzen, da dies nach der Wertung des Art. 11 Abs. 1 VO 659/1999 weniger Bedenken begegnet als das Recht zur Rückforderung trotz fehlender Feststellung der Unvereinbarkeit mit dem Binnenmarkt.[178] Schadensersatzansprüche des Beihilfenempfängers, die insbes. auf das negative Interesse gerichtet sein können (su. RdNr. 125, 126), bleiben davon unberührt.

Erst recht ist die Rückerstattung zwingend, wenn der Beihilfegeber auf Klage oder Be- **89** schwerde eines Dritten zur Rückforderung angehalten wurde. Dem Anspruch des Dritten kann der Einwand des *venire contra factum proprium* nicht entgegengehalten werden, da es sich nur um einen Einwand im Verhältnis zum Beihilfeempfänger handelt. Die **schutzwürdige Position der Wettbewerber** geht daher vor.

Kommission/Spanien; EuGH, C-261/99, Slg. 2001, I-2537, RdNr. 18 – Kommission/Frankreich; *Mestmäcker/Schweitzer* § 45 RdNr. 46; *Heidenhain/Quardt* § 51 RdNr. 17.

[172] Siehe *Köster* Art. 14 VO 659/1999 RdNr. 27 f.

[173] Vgl. *Heidenhain/Quardt* § 51 RdNr. 19 mwN.

[174] Vgl. *Köster/Molle* EuZW 2007, 534, 535; *Ludwigs* EWS 2007, 7, 11.

[175] EuGH, C-199/06, Slg. 2008, I-469, RdNr. 53 – CELF I. S. dazu Kommentierung von Art. 108 AEUV 153 ff.

[176] EuGH, C-14/61, Slg. 1962, 513, 551 – Koninklijke Nederlandsche Hoogovens en Staalfabrieken; EuGH, verb. Rs. C-17/61 und C-20/61, Slg. 1962, 655, 689 – Klockner; EuGH, C-39/72, Slg. 1973, 101, RdNr. 10 – Kommission/Italien; EuGH, C-453/99, Slg. 2001, I-6297, RdNr. 31 – Courage.

[177] In diesem Sinne *Kreße* EuZW 2008, 394, 398–399. Krit. *Busz/Rosenkötter* NZM 2004, 561, 566. Es ist aber zu beachten, dass nicht jede für den Staat ungünstige, dh. zu teure Vertragsgestaltung bereits als „nicht marktkonform" und damit beihilfebehaftet gilt.

[178] VG Potsdam 26. 8. 2008 – juris RdNr. 32. Wohl aA. VG Gelsenkirchen 19. 12. 2008, juris RdNr. 154 = DVBl. 2009, 469 (Leitsätze, nicht rechtskräftig) mit auch insoweit zustimmender Anm. *Lübbig*, das bei einer Klage des Begünstigten auf Auszahlung einer – vermeintlichen – Beihilfe die Möglichkeit des Gebers in Zweifel zog, die unter Berufung auf einen Verstoß gegen Art. 108 Abs. 3 S. 3 AEUV die Auszahlung zu verweigern; das VG konnte die Frage im Ergebnis aber offen lassen.

90 **5. Zeitliche und prozessuale Grenzen der Rückforderung.** Beruht die Rückforderung auf einer Negativentscheidung der Kommission, gibt es keine zeitlichen Grenzen für die Durchführung. Daher sind sämtliche **nationale Verjährungs- oder Durchsetzungsfristen unanwendbar,** welche der Umsetzung der Rückforderungsentscheidung entgegenstehen.[179] Unanwendbar sind ferner die innerstaatlichen Rechtskraftvorschriften, soweit deren Anwendung die Rückforderung einer staatlichen Beihilfe behindert, deren Unvereinbarkeit mit dem Binnenmarkt durch eine bestandskräftig gewordene Entscheidung der Kommission festgestellt worden ist.[180]

91 Bei der Rückforderung von **lediglich formell rechtswidrigen Beihilfen** bleibt dagegen das nationale Recht unter dem Vorbehalt des Effektivitäts- und des Äquivalenzgrundsatzes anwendbar, da das Europarecht diese Frage nicht selbst regelt. Art. 15 VO 659/1999 legt lediglich für Rückforderungsentscheidungen der Kommission eine 10-Jahres-Grenze fest.[181] Da lediglich formell rechtswidrige Beihilfen das Verdikt der Unvereinbarkeit mit dem Binnenmarkt nicht tragen, erscheinen hier auch kürzere Fristen als die 10-Jahres-Frist anwendbar. Da allerdings der Beihilfeempfänger auf die Ordnungsmäßigkeit der entgegen Art. 108 AEUV ausgereichten Beihilfen gemäß der Alcan-Rechtsprechung nicht vertrauen darf, dürfen die Verjährungsregeln des BGB und der Verjährungseinwand des Verwaltungsrechts nur sehr behutsam angewendet werden.

92 Von der Verjährung von Rückforderungsansprüchen des Beihilfegebers ist die Verjährung von **Ansprüchen Dritter** (insbes. Wettbewerber) zu unterscheiden, welche die Rückforderung zivilrechtlich oder nach öffentlichem Recht geltend machen. Diese Frage ist europarechtlich nicht geregelt. Soweit die Anwendung der Verjährungsregeln die Ausübung der durch Art. 108 Abs. 3 AEUV verliehenen Rechte im Einzelfall nicht praktisch unmöglich macht oder übermäßig erschwert, dürften deshalb die für den Dritten „hinreichend vorhersehbaren" Verjährungsregeln des nationalen Rechts grundsätzlich anwendbar bleiben.[182] Dafür spricht auch die Wertung des Vergaberechts, das den Wettbewerbern eine Frist für die Geltendmachung ihrer Rechte ausdrücklich vorgibt.[183] Da Beihilfeempfänger auf formell rechtswidrige Beihilfen nicht vertrauen dürfen, kommt eine Verwirkung von Klagerechten allerdings nicht in Betracht.

VI. Rückforderung in der Insolvenz

93 Sowohl die drohende als auch die tatsächliche Insolvenz des Beihilfenschuldners lassen dessen **Rückforderungsverpflichtung unberührt.** Der Zweck der Rückforderung (so. RdNr. 291) kann nämlich auch erreicht werden, wenn diese zur Insolvenz oder Liquidation des Begünstigten führt.[184]

94 Befindet sich der Beihilfeempfänger in der Insolvenz, hat der Beihilfengeber den unionsrechtlich geschuldeten **Rückforderungsbetrag gem. § 174 InsO zur Tabelle** anzumelden.[185] Die Insolvenz und Liquidation des Beihilfeempfängers bereinigen idR. die durch die rechtswidrige Beihilfe hervorgerufene Beeinträchtigung des Wettbewerbs und tragen damit den Zielen der Art. 108 AEUV und Art. 14 VO 659/1999 sowie der Kommissionsentscheidung vollauf Rechnung. Die Liquidation verschafft den in der Vergangenheit benachteiligten Wettbewerbern die Möglichkeit, die durch das Ausscheiden des Beihilfeempfängers frei werdende Lücke am Markt zu nutzen und ggf. die Vermögensgegenstände (assets) des Beihilfeempfängers vom

---

[179] Hinsichtlich § 48 Abs. 4 VwVfG siehe oben RdNr. 305; hinsichtlich § 169 AO jüngst BFH DStRE 2009, 496; hinsichtlich zivilrechtlicher Verjährungsregelungen *Heidenhain/Jestaedt/Loest* § 52 RdNr. 65.

[180] EuGH, C-119/05, Slg. 2007, I-6199 RdNr. 61–63 – Lucchini; *Hatje* EuR 2007, 654, 656 f.; *Kremer* EuZW 2007, 726, 727–729.

[181] *Gundel* EWS 2008, 161, 166.

[182] So nunmehr BGH, Urt. v. 10. 2. 2011, I ZR 136/09 und – für die Verjährung des unionsrechtlich begründeten Staatshaftungsanspruchs – EuGH, C-445/06, Slg. 2009, I-2119, RdNr. 32 f. – Danske Slagterier.

[183] RL 89/665 des Rates v. 21. 12. 1989 zur Koordinierung der Rechts- und Verwaltungsvorschriften für die Anwendung der Nachprüfungsverfahren im Rahmen der Vergabe öffentlicher Liefer- und Bauaufträge, ABl. 1989 L 395/33.

[184] EuGH, C-52/84, Slg. 1986, 89, RdNr. 14 – Kommission/Belgien („Boch"); Schlussanträge GA Colomer, C-404/97, Slg. 2000, I-4897, RdNr. 56 – Kommission/Portugal; EuGH, C-499/99, Slg. 2002, I-6031, RdNr. 38 mwN. – Spanien/Kommission; Ent. der Kom. v. 8. 7. 1999, Gröditzer Stahlwerke GmbH, ABl. 1999 L 292/27 RdNr. 101.

[185] EuGH, C-142/87, Slg. 1990, I-959, RdNr. 62 – Belgien/Kommission; EuGH, C-277/00, Slg. 2004, I-3925, RdNr. 85 – SMI; BGHZ 173, 103, 112; BGH WM 2006, 778, 779 = ZIP 2006, 385, 386.

Insolvenzverwalter zu erwerben.[186] (Nur) soweit die Anwendung des innerstaatlichen Insolvenzrechts eine sofortige und tatsächliche Rückforderung ermöglicht, kommt dieses folglich zur Anwendung.[187]

Auch nach Eröffnung des Insolvenzverfahrens sind die staatlichen Stellen verpflichtet, **alle** **95** **Gläubigerrechte zur bestmöglichen Befriedigung des Beihilfenrückförderungsanspruchs aktiv** wahrzunehmen.[188] Sie müssen sich aller rechtlichen und tatsächlichen Mittel bedienen, um die unverzügliche Rückgewähr der rechtswidrig gewährten Beihilfe sicherzustellen, dh. auch in der Insolvenz einen „echten Schritt zur Rückforderung der Beihilfe"[189] unternehmen. Dies kann zB. dazu führen, dass staatliche Stellen, die ein von der Insolvenzmasse unabhängiges Recht auf Aussonderung nach § 47 InsO haben, diesen Anspruch geltend zu machen haben, unabhängig davon, ob es sich bei diesen Stellen um den Beihilfengeber handelt. Des Weiteren hat die öffentliche Hand in der Gläubigerversammlung (§ 74 InsO) und im Gläubigerausschuss (§§ 67, 69 InsO) aktiv und unter voller Ausschöpfung ihrer Gläubiger- und Überwachungsrechte mitzuwirken, um im Rahmen der Schlussverteilung den größtmöglichen Erlös zu erzielen.[190] Insolvenzverwalter selbst sind allerdings weder Sachwalter der staatlichen Stellen und erst Recht nicht Adressaten von Negativentscheidungen.[191] Möchte er ein Unternehmen aus der „beihilfeninfizierten Masse" veräußern, so hat er aber, ggf. durch ein offenes Ausschreibungsverfahren, sicher zu stellen, dass der Erwerber den höchsten erzielbaren Marktpreis entrichtet; nur so lässt sich dem Anschein entgegenwirken, dass die Veräußerung des Unternehmens in Wirklichkeit eine Verschiebung des durch die Beihilfe indizierten Wettbewerbsvorteils auf einen Dritten darstellt.[192]

Der **private market investor test** findet auf die innerstaatliche Rückforderungsverpflich- **96** tung keine Anwendung.[193] Die Mitwirkung des Beihilfengebers an einem Insolvenzplan, der darauf abzielt, die Ertragskraft des notleidenden Rückforderungsschuldners wiederherzustellen (vgl. §§ 217 ff. InsO), kommt deshalb grundsätzlich nicht in Betracht, zumal wenn sie auf eine Forderungsstundung oder gar einen Forderungsverzicht hinausläuft.[194]

Nach der Rechtsprechung des BGH wird eine Anmeldung im Insolvenzverfahren den aus **97** Art. 108 AEUV und Art. 14 VO 659/1999 resultierenden Anforderungen nur dann gerecht, wenn die **Rückforderungsansprüche nicht als nachrangige Insolvenzforderungen,** sondern nach § 38 InsO behandelt werden. Der Beihilfengeber darf sich seiner zwingenden Rückforderungsverpflichtung nicht dadurch entziehen, dass er die gewährte Beihilfe nur nachrangig iSv. § 39 Abs. 1 InsO anmeldet.[195] Hat der Beihilfengeber seine Forderungen zB. als bloßes **Gesellschafterdarlehen** zur Tabelle angemeldet (§ 39 Abs. 1 Nr. 5 InsO), obwohl ihm wegen der schwebenden Unwirksamkeit bzw. Nichtigkeit des zugrunde liegenden Vertrags (Art. 108 Abs. 3 S. 3 AEUV iVm. § 134 BGB) Bereicherungsansprüche zustehen, kommt aufgrund des zwingenden Anwendungsvorrangs nicht § 39 InsO, sondern ausschließlich § 38 InsO zur Anwendung.[196]

---

[186] EuGH, C-328/99 und C-399/00, Slg. 2003, I-4035, RdNr. 69 – Italien/Kommission; Ent. der Kom. v. 8. 7. 1999, Gröditzer Stahlwerke GmbH, ABl. 1999 L 292/27, RdNr. 101; ebenso Ent. der Kom. v. 2. 6. 1999, Seleco, ABl. 2000 L 227/24, RdNr. 113.

[187] BGHZ 173, 103, 110; BGH WM 2006, 778, 779; EuGH, C-480/98, Slg. 2000, I-8717, RdNr. 34 mwN. – Spanien/Kommission („Magefesa").

[188] EuGH, C-328/99 und C-399/00, Slg. 2003, I-4035, RdNr. 69 – Italien/Kommission; *Ehricke* ZIP 2000, 1656, 1660; *Borchardt* ZIP 2001, 1301, 1302; *Heidenhain/Quardt* § 54 RdNr. 1; vgl. auch *Koenig* BB 2000, 573, 580.

[189] EuGH, C-415/03, Slg. 2005, I-3875, RdNr. 43 – Kommission/Griechenland („Olympic Airways").

[190] *Ehricke* ZIP 2000, 1656, 1660; *Borchardt* ZIP 2001, 1301, 1302; *Mairose* 94.

[191] *Ritter* 21; *Smid,* Festschrift für Uhlenbruck, 405, 411; *Klein* DZWiR 2003, 89, 93.

[192] *Ehricke* ZInsO 2005, 516, 518 f.

[193] In diesem Sinne EuGH, C-415/03, Slg. 2005, I-3875, RdNr. 38 – Kommission/Griechenland („Olympic Airways"); *Köster/Molle* EuZW 2007, 534; s.a. *Soltész/Makowski* EuZW 2003, 73, 78.

[194] *Rapp/Bauer* KTS 2001, 1, 23; *Borchardt* ZIP 2001, 1301, 1303; *Mairose* 102; aA. *Koenig,* Insolvenzrecht, 2000, 155, 170.

[195] BGHZ 173, 103, 113; *von der Lühe/Lösler* ZIP 2002, 1752, 1755–1756; *Mairose* 79; aA. *Bork,* Festschrift für Lutter, 301, 315–316; *Smid,* Festschrift für Uhlenbruck, 405, 417–418; *Mylich* ZEuP 2008, 633, 639 ff.; *Kübler/Prütting/Holzer* § 39 InsO RdNr. 20 e u. 20 f; *Geuting/Michels* ZIP 2004, 12, 15; *Cranshaw* DZWIR 2008, 89–98.

[196] S. insoweit noch zu den mittlerweile aufgehobenen §§ 32 a, 32 b GmbHG BGHZ 173, 103, 110; aA. *Bork,* Festschrift für Lutter, 301, 315–316; *Smid,* Festschrift für Uhlenbruck, 405, 417–418; *Kübler/Prütting/Holzer* § 39 InsO RdNr. 20 e u. 20 f; *Geuting/Michels* ZIP 2004, 12, 15; differenzierend zwischen GmbH und Aktiengesellschaft: *Mylich* ZEuP 2008, 633, 643.

VII. Aufgaben der nationalen Gerichte

98 **1. Aufgabenverteilung zwischen Kommission und nationalen Gerichten.** Die Aufgabenverteilung zwischen Kommission und mitgliedstaatlichen Gerichten beruht auf einer **strikten Trennung der Funktionsbereiche.**[197] Während die Kommission ausschließlich zuständig ist für die Prüfung der materiellen Vereinbarkeit der betreffenden staatlichen Maßnahme mit dem Beihilfenrecht des Vertrags,[198] obliegt den innerstaatlichen Gerichten die Absicherung des Durchführungsverbots aus Art. 108 Abs. 3 Satz 3 AEUV[199] sowie ggf. der effektiven Durchsetzung der Rückforderungsanordnung der Kommission im Gefüge des innerstaatlichen Rechts.[200] Primäre Aufgabe der nationalen Gerichte ist nach dem *CELF II*-Urteil „die Anordnung von Maßnahmen, die geeignet sind, die Rechtswidrigkeit der Durchführung der Beihilfen zu beseitigen, damit der Empfänger in der bis zur Entscheidung der Kommission noch verbleibenden Zeit nicht weiterhin frei über sie verfügen kann."[201] In der Praxis tun sich die deutschen Gerichte bislang sehr schwer mit der ihnen zugewiesenen Aufgabe.

99 Zu Verschränkungen zwischen gerichtlichem Rückforderungsverfahren und der Beihilfenkontrolle durch die Kommission kann es zum Beispiel bei Zweifeln über die Einstufung einer Maßnahme als Beihilfe kommen. Um widersprüchliche Ergebnisse der Entscheidungen nationaler Gerichte und der Kommission zu vermeiden, sollte ein nationales Gericht den Tatbestand des Art. 107 Abs. 1 AEUV regelmäßig nur dann bejahen und die entsprechenden Konsequenzen daraus ziehen, wenn der Beihilfecharakter der Maßnahme hinreichend klar ist.[202] Die innerstaatlichen Gerichte sollten in komplexeren Fällen bei der zuständigen Generaldirektion entsprechende Erläuterungen einholen.[203] Dies kann sowohl im Zivil-, als auch im Verwaltungsprozess schon in Vorbereitung des Termins durch ein **Ersuchen um Erteilung amtlicher Auskünfte** iSd. § 273 Abs. 2 Nr. 2 ZPO, § 87 Abs. 1 Satz 2 Nr. 3 VwGO geschehen.[204] Sie können auch in mündlicher Form in der Verhandlung erteilt werden; in diesem Fall sind sie in das Protokoll aufzunehmen.[205] Die Kommission gibt ihre Stellungnahmen idR. nach spätestens vier Monaten ab.[206] Eine Aussetzung des Verfahrens zur Prüfung der Voraussetzungen des Art. 107 Abs. 1 AEUV kommt grundsätzlich nur bei gleichzeitiger Vorlage an den EuGH gemäß Art. 267 AEUV in Betracht.[207] Abgesehen von diesem Sonderfall liefe eine Aussetzung oder ein – auch faktisches – Ruhen des Gerichtsverfahrens darauf hinaus, dass der aus der Beihilfe resultierende Wettbewerbsvorteil während des Zeitraumes des Durchführungsverbotes aufrechtzuerhalten bliebe, was mit dem Ziel des Art. 108 Abs. 3 AEUV nicht vereinbar wäre.[208]

---

[197] Vgl. *Jaeger* EuZW 2004, 78, 80; *Gundel* EWS 2008, 161, 162. Hierzu auch oben Art. 88 EG RdNr. 145 ff.

[198] EuGH, C-354/90, Slg. 1991, I-5505, RdNr. 14 – FNCE; EuGH, C-39/94, Slg. 1996, I-3547, RdNr. 42 – SFEI; EuGH, C-261/01 und 262/01, Slg. 2003, I-12 249, RdNr. 45 – van Calster.

[199] EuGH, C-354/90, Slg. 1991, I-5505, RdNr. 14 – FNCE; EuGH, C-368/04, Slg. 2006, I-9957, RdNr. 46 – Transalpine Ölleitung; zuletzt EuGH, C-199/06, Slg. 2008, I-469, RdNr. 38 – CELF I.

[200] EuGH, C-354/90, Slg. 1991, I-5505, RdNr. 12 – FNCE; EuGH, C-39/94, Slg. 1996, I-3547, RdNr. 40 – SFEI; EuGH, C-261/01 und 262/01, Slg. 2003, I-12 249, RdNr. 64 – van Calster; Slg. 2006, I-9957, RdNr. 47 – Transalpine Ölleitung; EuGH, C-199/06, Slg. 2008, I-469, RdNr. 41 – CELF I.

[201] EuGH, C-1/09, noch nicht in der amtl. Slg., RdNr. 30 – CELF II.

[202] *Heidenhain/Jestaedt/Loest* § 53 RdNr. 13; *Koenig/Kühling/Ritter* RdNr. 449.

[203] Vgl. dazu die Bekanntmachung der Kommission über die Durchsetzung des Beihilfenrechts durch die einzelstaatlichen Gerichte ABl. C 85/1 vom 9. 4. 2009, RdNr. 77: Übermittlung sachdienlicher Informationen (Abschnitt 3.1) bzw. Ersuchen um Stellungnahme (Abschnitt 3.2). Kritisch aber die Stellungnahme der Präsidentin des Bundesverwaltungsgerichts zum Entwurf der Bekanntmachung der Kommission über die Durchsetzung des Beihilfenrechts durch die einzelstaatlichen Gerichte v. 21. 4. 2009, S. 3: „ein vom Gemeinschaftsrecht nicht vorgesehener zweiter Weg."

[204] Jedenfalls im Zivilverfahren empfiehlt sich angesichts des Beibringungsgrundsatzes die Ankündigung eines diesbezüglichen Beweisantrags; vgl. hierzu *Zöller/Greger* § 273 ZPO RdNr. 7.

[205] Vgl. BGH NJW 1988, 2491.

[206] Bekanntmachung der Kommission über die Durchsetzung des Beihilfenrechts durch die einzelstaatlichen Gerichte v. 25. 2. 2009, RdNr. 94; zur Reichweite der Pflicht zur Berücksichtigung von – zunächst einmal unverbindlichen – Stellungnahmen der Gemeinschaftsorgane vgl. *Karpenstein* RdNr. 317 mwN. zur Rechtsprechung des EuGH.

[207] EuGH, C-39/94, Slg. 1996, I-3547, RdNr. 51 – SFEI; VG Trier, Urt. v. 2. 12. 2008, 1 K 533/08.TR, juris RdNr 56; aA. wohl *Soltész* EuZW 2001, 202, 205.

[208] EuGH, C-1/09, noch nicht in der amtl. Slg., RdNr. 31 – CELF II.

Nach der Rechtsprechung des Gerichtshofs hat erst eine Positiventscheidung der Kommission **100**
Auswirkungen auf das innerstaatliche Rückforderungsverfahren. In den Rechtssachen *CELF I*
und *Wienstrom* hat der Gerichtshof entschieden, dass die zuständigen innerstaatlichen Stellen
– einschließlich der Gerichte – trotz Verletzung des Art. 108 Abs. 3 AEUV zur Rückforderung
der formell rechtswidrigen Beihilfe nicht verpflichtet sind, sofern **vor der Gerichtsentscheidung eine positive Entscheidung nach Art. 7 VO 659/1999** ergangen ist. Ausreichend ist
in derartigen Fällen die Erstattung des „Verfrühungsvorteils" in Höhe des Zinses, die der Beihilfeempfänger durch die vorzeitige Auszahlung der Beihilfe erspart hat, sowie die Gewährung von
Schadensersatzansprüchen nach Maßgabe des nationalen Rechts an diejenigen Wettbewerber,
denen hierdurch ein Schaden entstanden ist.[209]

Diese Rechtsprechung betrifft lediglich die Situation ab Erlass der nachträglichen Positivent- **101**
scheidung und ist auf den Zeitraum vor einer solchen Entscheidung grundsätzlich nicht übertragbar.[210] Nur dann, wenn das mitgliedstaatliche Gericht – ggf. nach Stellungnahme der zuständigen Generaldirektion – von einem positiven Ausgang der Kommissionsprüfung ausgeht,
können im Rahmen des prozessual zulässigen Gestaltungsermessens zur Verhinderung schwerwiegender und irreparabler Nachteile **vorläufige Maßnahmen** in Betracht kommen, etwa
Sicherheitsleistungen des Beihilfeempfängers oder weitere Maßnahmen zur vorläufigen Minimierung der geltend gemachten Wettbewerbsverzerrungen.[211] Insoweit wird man auf jene Kriterien zurückgreifen können, die der EuGH für die Gewährung einstweiligen Rechtsschutzes
gegen unionsrechtlich determinierte Maßnahmen aufgestellt hat.[212]

2. Rechtsweg. Die Bestimmung des Rechtsweges kann praktische Probleme aufwerfen. **102**
Welches Gericht vom Beihilfengeber, von Wettbewerbern des Begünstigten oder – bei Abgaben im Zusammenhang mit einer Beihilfemaßnahme – von den Abgabepflichtigen anzurufen ist, bestimmt sich nicht nach dem **rechtswegneutralen Art. 108 Abs. 3 AEUV.**
Vielmehr ist entscheidend, ob der konkrete Rückforderungsanspruch aus einer zivilrechtlichen Vorschrift (zB. § 812 BGB), aus einem verwaltungsrechtlichen oder einem abgabenrechtlichen Rechtsverhältnis resultiert: Beruhte die Beihilfe auf einem Zuwendungsbescheid oder
einem verwaltungsrechtlichen Vertrag, ist Rechtsgrundlage der Rückforderung idR. § 49a
VwVfG bzw. der öffentlich-rechtliche Erstattungsanspruch, so dass der Verwaltungsrechtsweg
eröffnet ist. Lag ihr ein gegen Art. 108 Abs. 3 AEUV verstoßender privatrechtlicher Vertrag
zugrunde, ist § 134 iVm. § 812 Abs. 1 Satz 1 Alt. 1 BGB, mit der Folge, dass die ordentliche Gerichtsbarkeit zuständig ist.[213] Bei steuer- und abgabenrechtlichen Beihilfen (nicht bei
kommunalen Steuern und Abgaben, vgl. § 33 Abs. 2 FGO) ist die abdrängende Sonderzuweisung des § 33 Abs. 1 Nr. 1 FGO zu beachten;[214] andernfalls ist der Verwaltungsrechtsweg eröffnet.

Betrifft ein gerichtlicher Rechtsstreit die **Durchsetzung einer Rückforderungsentschei-** **103**
dung (Art. 14 VO 659/1999) oder Rückforderungsanordnung (Art. 11 Abs. 2 VO 659/1999),
so ist die Rechtsnatur des Rückforderungsanspruchs entscheidend. Zwar hat der Beihilfegeber
selbst ein Wahlrecht, ob die effektive und sofortige Vollziehung der Kommissionsentscheidung
hoheitlich oder zivilrechtlich erfolgt (so. RdNr. 34). Der aus der Kommissionsentscheidung
abgeleitete Rückforderungsanspruch ist indes **hoheitlicher Natur**[215] und betrifft den Beihilfeempfänger unmittelbar und individuell.[216] Demgemäß gestaltet die Kommissionsentscheidung
nach ihrem Inhalt und ihren Wirkungen das Rückforderungsverhältnis zwischen Konkurrent,
Behörde und Beihilfeempfänger ebenfalls öffentlich-rechtlich, ohne dass es auf die Rechtsnatur
der zugrunde liegenden Beihilfengewährung ankommt. Zuständig ist demnach die Verwal-
tungsgerichtsbarkeit.

---

[209] EuGH, C-199/06, Slg. 2008, I-469, RdNr. 55 – CELF; EuGH, C-384/07, Slg. 2008, I-10393,
RdNr. 29 – Wienstrom. Hierzu s. bereits oben RdNr. 87.

[210] Hierzu oben Art. 108 AEUV RdNr. 155.

[211] Zum gerichtlichen Gestaltungsermessen *Eyermann/Happ,* VwGO, 12. Aufl., § 123 VwGO RdNr. 64.

[212] EuGH, C-142/88 und C-92/88, Slg. 1991, I-415 – Zuckerfabrik Süderdithmarschen; näher zu diesen
Kriterien *Karpenstein* RdNr. 322.

[213] Zu den Einzelheiten oben RdNr. 25 ff.

[214] Näher zu den Klagemöglichkeiten der Konkurrenten vor den Finanzgerichten *Nordmann* 173.

[215] OVG Berlin-Brandenburg NVwZ 2006, 104–105; *Kiethe* ZIP 2007, 1248, 1252.

[216] St. Rspr., vgl. EuGH, C-9/70, Slg. 1970, 825, RdNr. 3 – Leberpfennig; EuGH, C-156/91, Slg.
1992, I-5567, RdNr. 12–13 – Hansa Fleisch; BGH, NJW 2004, 1241, 1242–1243; *Grabitz/Hilf/Nettesheim*
Art. 249 EG RdNr. 203; *Haratsch/Koenig/Pechstein* RdNr. 347.

104   **3. Aktivlegitimation und statthafter Rechtsbehelf. a) Beihilfengeber.** Aktivlegitimiert ist in erster Linie der Beihilfengeber, dh. diejenige Einrichtung, die die Beihilfen vergeben hat. Kann diese Einrichtung auf eine Ermächtigungsgrundlage für einen sofort vollziehbaren VA nicht zurückgreifen, so hat sie – ggf. unter Inanspruchnahme vorläufigen Rechtsschutzes – den **Klageweg** zu beschreiten.[217] In Betracht kommt eine Klage des Beihilfengebers demnach insbesondere, wenn die Beihilfengewährung – unter Verstoß gegen Art. 108 Abs. 3 AEUV – auf vertraglicher Grundlage erfolgte und keine Rückforderungsentscheidung der Kommission vorliegt. Bei der Rückabwicklung eines öffentlich-rechtlichen Vertrags ist die statthafte Klageart zur Durchsetzung des dann bestehenden Erstattungsanspruchs die von der VwGO vorausgesetzte (allgemeine) Leistungsklage (vgl. § 43 Abs. 2, §§ 111, 113 Abs. 4 VwGO), bei einem zivilrechtlichen Vertrag eine zivilrechtliche Leistungsklage, der ggf. die Durchführung eines Mahnverfahrens vorausgeht. Beide Klagen sind auf Rückzahlung der auf der Grundlage eines unionsrechtswidrigen und damit schwebend bzw. endgültig unwirksamen Vertrags ausgezahlten Betrages bzw. des sonstigen geldwerten Vorteils gerichtet.

105   Soweit eine **Rückforderungsentscheidung der Kommission** nicht durch Verwaltungsakt innerstaatlich umgesetzt werden kann, müssen die zivilprozessualen Instrumente und Vorschriften so eingesetzt und ausgelegt werden, dass ein Vollstreckungstitel ohne Verzug zu erreichen ist. Gegebenenfalls sind die Anforderungen der ZPO im Lichte der Anforderungen des Art. 14 Abs. 3 VO 659/1999 unionsrechtskonform auszulegen oder gar – sofern einzelne prozessuale Regeln an einer tatsächlichen und sofortigen Vollstreckung hindern – gänzlich außer Anwendung zu lassen.[218] In Betracht kommt insbesondere eine Leistungsverfügung,[219] die ausnahmsweise eine **vorläufige Gläubigerbefriedigung** zulässt. Verfügungsanspruch ist hier der materielle Rückforderungsanspruch, Verfügungsgrund die Pflicht zur unverzüglichen Rückforderung gemäß Art. 14 Abs. 3 VO 659/1999, das heißt die effektive Durchsetzung des Unionsinteresses.[220] Zur unionsrechtskonformen Auslegung der zivilprozessualen Leistungsverfügung dürfte gehören, dass der Beihilfengeber für deren Rechtswidrigkeit nicht nach Maßgabe des § 945 ZPO haftet, sofern sich die Negativentscheidung der Kommission im Nachhinein als rechtswidrig erweist; insoweit ist von einem Gleichlauf von hoheitlicher und zivilprozessualer Rückforderung auszugehen (so RdNr. 22).

106   Bei lediglich **formell rechtswidrigen Beihilfen** kommt der sofortigen Vollstreckung kein mit Art. 14 Abs. 3 VO 659/1999 vergleichbares Gewicht zu, so dass hier ein einstweiliger Rechtsschutz europarechtlich nicht geboten erscheint. Allerdings verlängert die Dauer des Hauptsacheverfahrens die Zinszahlungspflicht wegen der durch die Beihilfegewährung verursachten Wettbewerbsverzerrung.

107   **b) Wettbewerber.** In der Rechtsprechung des Gerichtshofs ist geklärt, dass die staatlichen Gerichte unabhängig von einem laufenden oder abgeschlossenen Prüfungsverfahren der Kommission gemäß der VO 659/1999 „die Interessen derjenigen zu schützen (haben), die von der **Wettbewerbsverzerrung,** die durch die Gewährung der rechtswidrigen Beihilfe hervorgerufen wurde, **betroffen** sind."[221] Für Wettbewerber des Beihilfeempfängers begründen deshalb Art. 108 Abs. 3 AEUV[222] sowie eine nach Art. 14 VO 659/1999 ergangene Negativentscheidung individuell durchsetzbare Rechte, „die von den nationalen Gerichten zu beachten sind."[223]

108   Aktivlegitimiert sind jedenfalls unmittelbare Konkurrenten des beihilfenbegünstigten Unternehmens, unabhängig davon, ob sie im In- oder Ausland ansässig sind.[224] Nach seinem doppel-

---

[217] Vgl. dazu nur *Herrmann/Kruis* EuR 2007, 141, 154 mwN.

[218] EuGH, C-232/05, Slg. 2006, I-10071, RdNr. 53 – Kommission/Frankreich; *Rosenfeld* EuZW 2007, 59, 61.

[219] Sie ist in der ZPO nicht ausdrücklich vorgesehen, wird aber allgemein anerkannt, siehe *Musielak* § 940 ZPO RdNr. 12; *Hildebrandt/Castillon* NVwZ 2006, 298, 301 (Fn. 41) wollen offenbar auch einen Arrest ausreichen lassen. Hierdurch wird allerdings die Beihilferückforderung gerade nicht in Form einer Befriedigung der Rückforderungsansprüche des Gebers erreicht.

[220] *Herrmann/Kruis* EuR 2007, 141, 156; *Weißenberger* GewArch 2009, 465, 466. Zweifelnd an der Effizienz dieses Weges *Soltész* EuZW 2006, 641.

[221] EuGH, C-199/06, Slg. 2008, I-469, RdNr. 38 – CELF; EuGH, C-368/04, Slg. 1996, I-9957, RdNr. 46 – Transalpine Ölleitung; EuGH, C-39/94, Slg. 1996, I-3547, RdNr. 52 – SFEI.

[222] Hierzu eingehend oben Art. 108 AEUV RdNr. 157 ff.

[223] EuGH, C-120/73, Slg. 1973, 1471, RdNr. 8 – Lorenz; EuGH, C-39/94, Slg. 1996, I-3547, RdNr. 70 – SFEI; *Karpenstein* RdNr. 50–51; *Foitzik* 93; *Martin-Ehlers/Strohmayr* EuZW 2008, 745, 748; *Soltész* EuZW 2008, 202, 204.

[224] BVerwG, Urt. v. 16. 12. 2010, 3 C 44.09; OLG Brandenburg, Urt. v. 21. 7. 2009, Kart U 1/07; *Reußow* 97.

ten Zweck, Notifizierungs- und Stand-still-Verpflichtung zu gewährleisten sowie die Interessen derjenigen zu schützen, die von der gewährten Beihilfe negativ betroffen sind, können sich aber auch diejenigen Unternehmen auf Art. 108 Abs. 3 AEUV berufen, deren Dienstleistungen oder Produkte nicht unmittelbar auf demselben Markt um Anteile konkurrieren, sondern nur mittelbar – etwa wegen eines Gewinnabführungsvertrags des begünstigten Unternehmens – durch die Beihilfe einen Nachteil erleiden. Der **Kreis der Klagebefugten ist weit zu fassen** und darf in keinem Falle enger gezogen werden als derjenige der nach Art. 263 Abs. 4 AEUV berechtigten Unternehmen und Unternehmensverbände.[225] Deshalb ist auch ein sog. Ad-hoc-Wettbewerbsverhältnis, das lediglich für eine „logische Sekunde", etwa im Falle eines Bieterverfahrens besteht oder bestanden hätte, ausreichend.[226]

Art. 108 Abs. 3 AEUV begründet hiernach ein individuell einklagbares **subjektiv-öffent-** **109** **liches Recht iSd. § 42 Abs. 2 VwGO.**[227] Wettbewerber können sich vor Gerichten und Behörden unmittelbar auf das Durchführungsverbot sowie die daraus abgeleiteten Rückforderungsverpflichtungen berufen. Art. 108 Abs. 3 AEUV ist demnach ein einklagbares Recht im Sinne der deutschen Schutznormlehre.[228]

Hinsichtlich der Rechtsverhältnisse bei zivilrechtlich ausgereichten Beihilfen geht der BGH **110** davon aus, dass die Zielsetzung des Art. 108 Abs. 3 AEUV im deutschen Recht nur erreicht werden kann, wenn „der Beihilfegeber oder ein Wettbewerber des Begünstigten in die Lage versetzt wird, zur Vermeidung einer – weiteren – Wettbewerbsverzerrung umgehend die Erstattung der nicht genehmigten Beihilfe zu verlangen."[229] Daraus folgt zum einen, dass das Durchführungsverbot aus Art. 108 Abs. 3 Satz 3 AEUV in der deutschen Rechtsordnung als **Schutzgesetz iSd. § 823 Abs. 2 BGB** einzustufen ist.[230] Schutzgesetz iSd. § 823 Abs. 2 BGB ist jede Rechtsnorm, die zumindest auch dazu dienen soll, den Einzelnen oder einzelne Personenkreise gegen Beeinträchtigungen bestimmter Rechtsgüter zu schützen.[231] Dies trifft für das Durchführungsverbot des Art. 108 Abs. 3 Satz 3 AEUV zu, da es gerade auch die Interessen von Wettbewerbern und anderen Drittbetroffenen wahren soll.

Zum anderen folgt daraus, dass Wettbewerbern des Begünstigten und anderen nach § 8 **111** Abs. 3 UWG Klageberechtigten aus **§§ 1, 3 UWG** ein **wettbewerbsrechtlicher Anspruch auf Unterlassung und Beseitigung** unionsrechtswidriger Beihilfen zusteht.[232] Zwar ist umstritten, ob es sich bei den Beihilfevorschriften des Vertrags um Marktverhaltensregelungen iSv. § 4 Nr. 11 UWG handelt.[233] Einige deutsche Gerichte haben dies mit der unhaltbaren Begründung verneint, Art. 107, 108 AEUV hätten „keine die Wettbewerber schützende Wirkung".[234] In jedem Falle kommt aber die Generalklausel des § 3 UWG zur Anwendung, wonach unlautere geschäftliche Handlungen stets unzulässig sind, soweit sie sich eignen, die Interessen von Mitbewerbern oder sonstigen Teilnehmern spürbar zu beeinträchtigen.[235] Ein unmittelbar gegen

---

[225] So auch *Reußow* 97–98.

[226] OHG Wien, Urt. v. 19. 1. 2010, 406154/09.

[227] BVerwG, Urt. v. 16. 12. 2010, 3 C 44.09; VG Trier, Urt. v. 2. 12. 2008, 1 K 533/08; OVG Koblenz EuZW 2010, 274, 275 f., mit Anm.; VG Darmstadt, Urt. v. 21. 10. 2009, 9 K 1230/07; *Schoch/Schmidt-Aßmann/Pietzner/Wahl/Schütz* § 42 Abs. 2 RdNr. 303; *Gundel* EWS 2008, 161, 165.

[228] *Sodan/Ziekow/Dörr*, Europäischer Verwaltungsrechtsschutz, RdNr. 235; *Posser/Wolff/Schmidt-Kötters* § 42, RdNr. 207; *Heidenhain/Schmidt-Kötters* § 57 RdNr. 26; *Grabitz/Hilf/von Wallenberg* Art. 93 EG RdNr. 61; *Rawlinson*, in: *Lenz/Borchardt* Art. 88 RdNr. 19; *Leibrock* EuR 1990, 20, 30; *Huber* EuR 1991, 31, 50; *Groeschke* BB 1995, 2329, 2332–2333; *Zivier* Jura 1997, 116, 120; *Pechstein* EuZW 1998, 671, 672; *Schneider* DVBl. 1996, 1301, 1306; *Lampert* EWS 2001, 357, 363; *Soltész* EuZW 2001, 202, 204; *ders.* ZweR 2006, 388, 390; *Gundel* EWS 2008, 161, 165; *Reufels* 134–135; *Klein* EuZW 2010, 278; *Klingbeil* 250–251; eingehend *Schwarze* 819, 839; *Geburtig* 144.

[229] BGH EuZW 2003, 444, 445.

[230] Vgl. BGH, Urt. v. 10. 2. 2011, I ZR 136/09; *Heidenhain/Schmidt-Kötters* § 58 RdNr. 30; *Frenz* RdNr. 1684–1685; *Schwarze/Bär-Bouyssière* Art. 88 EG RdNr. 38; ausführlich *Martin-Ehlers/Strohmayr* EuZW 2008, 745, 748–749; *Hentschelmann* EWS 2009, 515, 516–518. Die teilweise gegenteilige Rechtsprechung einiger deutscher Zivilgerichte ist abzulehnen, s. o. Art. 108 AEUV RdNr. 147.

[231] Vgl. dazu nur *Palandt/Thomas* § 823 BGB RdNr. 54 a–55.

[232] *Hefermehl/Köhler/Bornkamm/Köhler* § 4 UWG RdNr. 13.59; *Köhler/Steindorff* NJW 1995, 1705, 1710.

[233] BGH, Urt. v. 10. 2. 2011, I ZR 136/09; OLG Köln GRUR 2005, 780, 782; *Mees*, Festschrift für Erdmann, 2002, 657, 666 f; *Teplitzky* WRP 2003, 173, 180; *Ullmann* GRUR 2003, 817, 823 Fn. 59; *Elskamp* 204 ff.; aA *Haslinger* WRP 2007, 1412, 1417; *Martin-Ehlers/Strohmayr* EuZW 2008, 745, 748.

[234] So OLG München GRUR 2004, 169, 170 und im Anschluss LG Bad Kreuznach, Urt. v. 16. 5. 2007, 2 O 441/06. Dagegen zu Recht *Martin-Ehlers/Strohmayr* EuZW 2008, 745, 748. Für das österreichische UWG auch OGH Wien, Urt. v. 19. 1. 2010, 406154/09.

[235] *Hefermehl/Köhler/Bornkamm/Köhler* § 4 UWG RdNr. 13.59.

den begünstigten Mitbewerber gerichteter Anspruch auf Rückerstattung der Beihilfe setzt allerdings ein zusätzliches Moment der Unlauterkeit voraus, dh. die Beantragung oder sonstige aktive Mitwirkung bei der Vereinnahmung der rechtswidrigen Beihilfen (vgl § 830 Abs. 2 BGB).[236]

112   Im Falle einer (unmittelbar anwendbaren) **Negativentscheidung der Kommission** können sich Wettbewerber des Begünstigten vor Gericht unmittelbar auf diese Rückforderungsentscheidung berufen, um deren tatsächliche und sofortige Vollstreckung zu erreichen. Einem zulässigen (Klage- oder Eil-)Antrag, der darauf gerichtet ist, eine nach Art. 14 VO 659/1999 erlassene Kommissionsentscheidung zu vollziehen, ist zwingend stattzugeben.[237]

113   **c) Sonstige Betroffene.** Wenngleich Art. 108 Abs. 3 AEUV **keinen Popularanspruch auf Rückforderung** formell oder materiell rechtswidriger Beihilfen begründet, können sich vor den nationalen Gerichten auch weitere, nicht als Wettbewerber des Beihilfeempfängers von der rechtswidrigen Beihilfegewährung Betroffene auf das beihilferechtliche Durchführungsverbot berufen.

114   Hierzu zählen zunächst Bürger oder Einrichtungen, welche einer **Abgabe unterliegen, „die Bestandteil einer Beihilfemaßnahme** ist und unter Verstoß gegen das in dieser Bestimmung enthaltene Durchführungsverbot erhoben worden ist.“[238] Die Klagebefugnis ergibt sich hier nach nationalem hier Recht bereits aus der Adressatentheorie, da der Abgabenbescheid die Betroffenen in ihren Rechten beeinträchtigt. Sie können folglich ebenfalls einen Verstoß gegen Art. 108 Abs. 3 AEUV geltend machen, um die Erstattung der von ihnen erhobenen Abgabe zu erreichen. Dem rechtswidrig mit der Finanzierung des Vorteils Belasteten werden somit die erlittenen Nachteile ausgeglichen.

115   Es muss in solchen Fällen allerdings ein **untrennbarer Verwendungszusammenhang zwischen der Beihilfemaßnahme und ihrer Finanzierung** bestehen, der für jeden Einzelfall zu beurteilen ist. Dieser Verwendungszusammenhang liegt vor, wenn die Beihilfe mit der Finanzierung gleichsam steht und fällt. Kriterien sind insbesondere die Zweckbindung der Abgabe und der Einfluss des Abgabenaufkommens auf den Umfang der Beihilfemaßnahme.[239] Bei parafiskalischen (Sonder-)Abgaben, mit denen die Unternehmen zwecks Finanzierung eines staatlich festgelegten Zwecks in unterschiedlicher Weise herangezogen werden, soll dies nach Auffassung der Kommission nicht der Fall sein.[240]

116   Sind solche Abgaben beihilferechtlich infiziert, dürfen sie auch bei einer nachträglichen Positiventscheidung der Kommission nicht für den Zeitraum zwischen Beginn der Maßnahme und der Kommissionsentscheidung erhoben werden, **da die Positiventscheidung der Kommission den Verstoß gegen Art. 108 Abs. 3 AEUV nicht rückwirkend heilt.**[241] Insoweit besteht ein Unterschied zur Rückforderung vom Begünstigten: Während diese nach dem CELF-Urteil für den Zeitraum bis zur Positiventscheidung der Kommission unionsrechtlich nicht zwingend geboten ist,[242] so dass die Beihilfe in der Substanz erhalten bleibt, darf eine Belastung eines Abgabenschuldners zur Finanzierung dieser Maßnahme für diese Zeit nicht erfolgen. Die Wirkung des Verstoßes gegen Art. 108 Abs. 3 S. 3 AEUV ist zu Gunsten des Belasteten daher strenger als zu Ungunsten des Begünstigten.

117   Anders ist die Konstellation zu beurteilen, in der sich ein Unternehmen gegen die Zahlung einer allgemeinen Abgabe wehrt, weil bestimmte andere Unternehmen von dieser Abgabe befreit sind und diese **selektive Befreiung eine nicht notifizierte Beihilfe** darstellen soll. Hier liegt die Beihilfe nicht in der Verwendung der allgemein erhobenen Abgabe, sondern im Befreiungstatbestand zu Gunsten bestimmter Unternehmen. Ein nicht befreites Unternehmen

---

[236] In diesem Sinne auch *Hefermehl/Köhler/Bornkamm/Köhler* § 4 RdNr. 13.59; *Köhler/Steindorff* NJW 1995, 1705, 1710.

[237] Schlussanträge von GA Geelhoed, C-119/05, Slg. 2007, I-6199, RdNr. 58 – Lucchini, unter Hinweis auf EuGH, C-174/02, Slg. 2005, I-85, RdNr. 17 – Streekgewest.

[238] EuGH, C-174/02, Slg. 2005, I-85, RdNr. 21 – Streekgewest; EuGH, C-266/04 bis C-270/04, C-276/04 und C-321/01 bis C-325/04, Slg. 2005, I- 9481–9534, RdNr. 40 – Nazairdis.

[239] EuGH, verb. C-261/01 u. C-262/01, Slg. 2003, I-12249, RdNr. 55 – van Calster; 13. 1. 2005, C-174/02, Slg. 2005, I-85, RdNr. 25 f. – Streekgewest Westelijk Noord-Brabant; EuGH, C-175/02, Slg. 2005, I-127, RdNr. 15 – Pape; instruktiv dazu auch die gemeinsamen Schlussanträge des GA Geelhoed zu C-174/02 und C-175/02, Slg. 2005, I-85, RdNr. 32–48, dazu *Bartosch* EuZW 2005, 396, 399 f.; *Dauses/ Götz-Martinez/Soria* RdNr. 286.

[240] Siehe Kom., Ent. v. 10. 12. 2008, Staatliche Beihilfe N 477/2008, Deutsches Filmförderungsgesetz, ABl. 2009 C 88/2, RdNr. 106 f.

[241] EuGH, verb. C-261/01 u. C-262/01, Slg. 2003, I-12249 – van Calster.

[242] Vgl. EuGH, C-199/06, Slg. 2008, I-469, RdNr. 44 – CELF I.

kann sich hingegen grundsätzlich nicht auf Art. 108 Abs. 3 AEUV berufen: Zum einen stehen die generelle Abgabenerhebung und die selektive Befreiung von dieser Abgabe in keinem zwingenden Verwendungszusammenhang, da die Befreiung nicht durch die Abgabe finanziert wird; zum anderen würde in der Konsequenz sonst lediglich der Kreis der Begünstigten der rechtswidrigen Beihilfe erweitert.[243] Etwas anderes gilt nur bei gänzlich asymmetrisch erhobenen Abgaben, bei denen sich der Beihilfecharakter daraus ergibt, „dass eine andere Kategorie von Wirtschaftsteilnehmern, zu der die der Abgabe unterworfene Kategorie in einem unmittelbaren Wettbewerbsverhältnis steht, von der Abgabe freigestellt ist."[244]

4. Vorläufiger Rechtsschutz zur Durchsetzung der Rückforderung. Der Schutz des **118** Konkurrenten und die Wiederherstellung unverfälschten Wettbewerbs können es den innerstaatlichen Gerichten gebieten, die Rückerstattung der Beihilfen im Verfahren des einstweiligen Rechtsschutzes anzuordnen.[245] Damit sind ggf. Modifikationen der prozessualen Grundsätze verbunden: Drohen innerstaatliche Rechtsvorschriften oder -grundsätze die **praktische Wirksamkeit** der dem Einzelnen aus Gemeinschaftsrecht verliehenen Rechte (hier: Art. 108 Abs. 3 AEUV sowie ggf. die Negativentscheidung der Kommission) zu vereiteln, so dürfen diese nicht angewendet werden.[246] Nach der Rechtsprechung des EuGH haben die staatlichen Gerichte den auf Art. 108 Abs. 3 S. 3 AEUV gestützten Eilanträgen prinzipiell stattzugeben, „wenn die Qualifizierung als staatliche Beihilfe nicht zweifelhaft ist, wenn die Durchführung der Beihilfe unmittelbar bevorsteht oder die Beihilfe durchgeführt wurde und wenn keine außergewöhnlichen Umstände, die eine Rückforderung unangemessen erscheinen lassen, festgestellt worden sind."[247]

Einstweiliger Rechtsschutz eines Dritten nach § 80 Abs. 5 VwGO (iVm. § 80a Abs. 1 Nr. 2, **119** Abs. 3) kommt lediglich in Anfechtungssituationen und damit im Fall der Beihilfegewährung durch Leistungsbescheid in Betracht.[248] So können antragsbefugte Dritte bereits **im Vorfeld der Auszahlung der Beihilfe** bei erfolgter Anordnung der sofortigen Vollziehung iSd. § 80 Abs. 2 Nr. 4 VwGO nach **§ 80a Abs. 1 Nr. 2, Abs. 3 VwGO iVm. § 80 Abs. 5 VwGO** die Wiederherstellung der aufschiebenden Wirkung ihres Widerspruchs oder ihrer Anfechtungsklage (vgl. § 80 Abs. 1 VwGO) beantragen.[249]

Im Übrigen richtet sich der auf Durchsetzung der Rückforderung zielende einstweilige **120** Rechtsschutz vor den Verwaltungsgerichten nach **§ 123 Abs. 1 VwGO**.[250] Materielle Maßstäbe für den auf vorläufige Rückforderung gerichteten Anordnungsgrund bietet Art. 11 Abs. 2 VO 659/1999, nach dem die Kommission eine (vorläufige) Rückforderungsanordnung nur dann treffen darf, wenn ein erheblicher und nicht wiedergutzumachender Schaden für einen Konkurrenten ernsthaft zu befürchten ist. Dies gilt zum einen für den Antrag eines Wettbewerbers des Begünstigten mit dem Ziel, die zuständige Behörde zur Rückforderung der bereits ausgezahlten Beihilfe zu verpflichten. Irrelevant ist insofern die Befugnis der Behörde zum Erlass eines Rückforderungsbescheids, da § 123 Abs. 1 VwGO sowohl Konstellationen der Verpflichtungsklage als auch der allgemeinen Leistungsklage erfasst. Zum anderen ist der Beihilfengeber selbst auf einstweiligen Rechtsschutz nach § 123 Abs. 1 VwGO verwiesen, sofern ihm in hoheitlich zu beurteilenden Konstellationen eine VA-Befugnis zur Rückforderung der Beihilfe nicht zusteht (so. RdNr. 318). Schließlich unterfällt auch ein Begehren, das auf Unterbin-

---

[243] EuGH, C-526/04, Slg. 2006, I-7529, Leitsatz 1 – Laboratoires Boiron.

[244] EuGH, C-526/04, Slg. 2006, I-7529, RdNr. 30 – Laboratoires Boiron; EuGH, C-390/98, Slg. 2001, I-6117, RdNr. 80 – Banks; EuGH, verb. C-430/99, C-431/99, Slg. 2002, I-5235, RdNr. 47 – Sea-Land Service und Nedlloyd-Lijnen; EuGH, C-174/02, Slg. 2005, I-85, RdNr. 26–28 – Streekgewest Westelijk Noord-Brabant, EuGH, verb. C-393/04 u. 51/05, Slg. I-5293, RdNr. 43, 45 – Air Liquide Industries Belgium.

[245] EuGH, C-354/90, Slg. 1991, I-5505, RdNr. 12 – FNCE; *Reußow* 147.

[246] EuGH, C-213/89, Slg. 1990, I-2433, RdNr. 21 ff. – Factortame ua.

[247] EuGH, C-1/09, noch nicht in der amtl. Slg., RdNr. 36 – CELF II; unzutreffend VG Trier, Urt. v. 8. 6. 2010, 1 K 69/10. TR, das diese drei Voraussetzungen auch außerhalb von vorläufigen Schutzmaßnahmen auf den Hauptsacheanspruch anwendet.

[248] *Heidenhain/Schmidt-Kötters* § 57 RdNr. 84, spricht darüber hinaus die Konstellation an, dass auf eine Negativentscheidung der Kommission hin ein Rückforderungsbescheid ergeht, der nicht ausdrücklich für sofort vollziehbar erklärt wird. Dann könne ein Wettbewerber auf der Grundlage der EuGH-Rechtsprechung (Tafelwein) entsprechend §§ 80a, 80 Abs. 5 VwGO die Feststellung beantragen, dass der Widerspruch bzw. die Anfechtungsklage des Beihilfeempfängers keine aufschiebende Wirkung besitze.

[249] S. auch *Heidenhain/Schmidt-Kötters* § 57 RdNr. 71, 74, 78, 80; *Reußow* 148.

[250] *Heidenhain/Schmidt-Kötters* § 57 RdNr. 73–74, 84, 86, 89–90, 97; *Frenz* RdNr. 1670.

dung der unmittelbar bevorstehenden Zuwendung einer Beihilfe gerichtet ist, § 123 Abs. 1 VwGO.[251]

121   Vor den Zivilgerichten können sich Wettbewerber des Beihilfeempfängers zur Durchsetzung ihrer nach Maßgabe von § 823 Abs. 2 iVm. § 1004 BGB bestehenden **quasi-negatorischen Unterlassungs- und Beseitigungsansprüche** des Instrumentes der einstweiligen Verfügung gemäß §§ 935 ff. ZPO bedienen.[252]

122   **5. Rechtsschutz gegen die innerstaatliche Rückforderung.** Rechtsschutz gegen eine Rückforderungsanordnung der Kommission nach Art. 14 der VO 659/1999 können Beihilfengeber und Beihilfeempfänger allein im Wege der **Nichtigkeitsklage vor dem EuG** erlangen. Erfolgt die Rückforderung der Beihilfe nach innerstaatlichem Recht dann durch VA, so kann der Beihilfeempfänger sich gegen diesen Rückforderungsbescheid mit der **Anfechtungsklage vor dem Verwaltungsgericht** zur Wehr setzen. Diese wird in der Regel nur auf formelle Gründe gestützt werden können. Das deutsche Gericht darf die Durchführung des behördlichen Rückforderungsverlangens nicht aus Gründen aussetzen, die mit der Gültigkeit der Kommissionsentscheidung in Verbindung stehen, sofern eine Nichtigkeitsklage nach Art. 263 AEUV gegen diese möglich gewesen wäre.[253] Und selbst bei formellen behördlichen Fehlern kommt eine gerichtliche Aufhebung des Rückforderungsbescheides nur in Betracht, wenn – wie in Deutschland (vgl. §§ 45, 46 VwVfG) – durch die Möglichkeit der Heilung solcher Fehler sichergestellt ist, dass der Beihilfeempfänger nicht einmal vorläufig über die materiell rechtswidrigen Beihilfen wieder bzw. weiter verfügen kann.[254]

123   Nach dem ausdrücklichen Wortlaut des Art. 14 Abs. 3 S. 2 VO 659/1999, der an die EuGH-Rechtsprechung anknüpft,[255] obliegt es dem Beihilfegeber, **die sofortige Vollziehung** eines zur Durchsetzung der Negativentscheidung erlassenen Verwaltungsaktes anzuordnen (so RdNr. 20). Dem Beihilfeempfänger bleibt die Inanspruchnahme einstweiligen Rechtsschutzes nach Maßgabe des § 80 Abs. 5 VwGO. Auch in diesem Verfahren können lediglich die formellen Fehler beanstandet und offenkundige Rechtsmängel des deutschen Rechts gerügt werden, nicht aber die gemeinschaftsrechtlichen Vorgaben als solche. Gemäß der Atlanta-Rechtsprechung darf vorläufiger Rechtsschutz hier nur gewährt werden, sofern „erhebliche Zweifel" an der Gültigkeit der Negativentscheidung bestehen und diese Gültigkeitsfrage dem EuGH vorgelegt wird, wenn das betroffene Unternehmen ohne eine einstweilige Anordnung oder eine Wiederherstellung der Aussetzung der Vollziehung „einen schweren und nicht wieder gutzumachenden Schaden" erleiden würde und bei alledem das Interesse der Europäischen Union an unverfälschtem Wettbewerb „angemessen berücksichtigt" wird.[256]

124   **6. Schadensersatzansprüche. a) Schadensersatzansprüche des Beihilfeempfängers.** Notifiziert eine staatliche Stelle versehentlich und ohne Mitverschulden des begünstigten Unternehmens eine Beihilfe nicht und wird diese daraufhin zurückgefordert, so kann der Beihilfeempfänger den ihm hieraus entstehenden Schaden staatshaftungsrechtlich idR nicht ersetzt verlangen.[257] Dem Effektivitätsgebot würde es widersprechen, wenn ein mitgliedstaatliches Gericht den **Gegenwert einer unionsrechtswidrigen Beihilfe als Schadensersatzforderung** zusprechen würde.[258] Anderenfalls würde das „Beihilferegime des Gemeinschaftsrechts völlig ausgehöhlt", da es den Mitgliedstaaten auf diesem Wege möglich wäre, vom AEUV letztlich „nicht mehr zu unterbindende Beihilfen zu gewähren."[259]

125   Dies schließt einen auf das **negative Interesse** gerichteten Schadensersatzanspruch, den der Beihilfeempfänger geltend macht hat, weil er in die Ordnungsmäßigkeit des staatlichen Handelns vertrauen durfte, nicht von vornherein aus. Als mögliche Anspruchsgrundlagen werden § 839 BGB iVm. Art. 34 GG sowie Ansprüche aus öffentlich-rechtlicher culpa in contrahendo

---

[251] *Reußow* 148–149 mit Fn. 622.

[252] *Heidenhain/Schmidt-Kötters* § 58 RdNr. 36.

[253] EuGH, C-188/92, Slg. 1994, I-833; RdNr. 17 – Textilwerke Deggendorf; C-232/05, Slg. 2006, I-10071, RdNr. 49 – Kommission/Frankreich.

[254] EuGH, C-210/09, noch nicht in der amtl. Slg., RdNr. 29–32 – Scott, Kimberly Clark.

[255] EuGH, C-217/88, Slg. 1990, I-2879, RdNr. 25 – Tafelwein.

[256] EuGH, C-465/93, Slg. 1995, I-3781 RdNr. 51 – Atlanta; OVG Berlin-Brandenburg NVwZ 2006, 104, 106; *Karpenstein* RdNr. 325.

[257] LG Magdeburg, Urt. v. 27. 9. 2002, 10 O 499/02; LG Berlin, Urt. v. 26. 4. 2007, 9 O 514/06; LG Berlin, Urt. v. 22. 4. 2008, 9 O 339/07.

[258] *Karpenstein* RdNr. 116.

[259] LG Magdeburg, Urt. v. 27. 9. 2002, 10 O 499/02, unter Verweis auf die Schlussanträge des GA Slynn in 106 bis 120/87, Slg. 1988, 5515, 5530 – Astéris.

diskutiert.[260] In diesem Falle wäre, ohne dass die ratio des Art. 107 Abs. 1 AEUV beeinträchtigt wäre, das begünstigte Unternehmen so zu stellen, als hätte es die Beihilfe nie erhalten. Als Schadenspositionen kämen neben den im Rückforderungsverfahren entstandenen Rechtsverfolgungskosten insbesondere solche Schäden in Betracht, die sich nachweislich aus beihilfebedingten Investitionen ergeben.[261]

b) Schadensersatzansprüche Dritter. Wurde eine rechtswidrige Beihilfe nicht zurückge- **126** fordert, so kommen Schadensersatzansprüche hierdurch benachteiligter Wettbewerber auf der Grundlage von § 839 BGB iVm. Art. 34 GG bzw. des gemeinschaftsrechtlichen Staatshaftungsanspruchs **gegen die beihilfegewährende staatliche Stelle** in Betracht.[262] In der Praxis ist der **Nachweis einer Ursächlichkeit** der behördlichen Pflichtverletzung für den Schaden eines Wettbewerbers allerdings nur sehr schwer zu führen. Hierzu müsste der Wettbewerber nachweisen, dass die rechtswidrige Beihilfe nicht nur zu einer Unterbietung seines Angebots genutzt wurde, sondern dass ihm entstandene Verluste in Gestalt sinkender Marktanteile gerade hierauf zurückzuführen sind. Da **alternative Ursachen für derartige Marktanteilsverluste** in aller Regel nicht auszuschließen sein werden, läuft dieser Sanktionsmechanismus in der Praxis leer.[263]

---

[260] *Ludwigs* EWS 2007, 7, 11; *Altmeyer* 99–102 und 131–134.

[261] *Soltész/Kühlmann* EWS 2001, 513, 514–516; *Ludwigs* EWS 2007, 7, 11.

[262] Zum Schadensersatzanspruch für die Verletzung von Art. 108 Abs. 3 AEUV: Bekanntmachung der Kommission über die Durchsetzung des Beihilfenrechts durch die einzelstaatlichen Gerichte v. 25. 2. 2009, RdNr. 45–47; *Sasserath* 140–216; *Blume* 153; *Reußow* 149.

[263] *Soltész* EuZW 2001, 202, 206–207; *Reußow* 159–160.

I. Artikel 109 AEUV

Art. 109 [Erlass von Durchführungsverordnungen]

Der Rat kann auf Vorschlag der Kommission und nach Anhörung des Europäischen Parlaments mit qualifizierter Mehrheit alle zweckdienlichen Durchführungsverordnungen zu den Artikeln 107 und 108 erlassen und insbesondere die Bedingungen für die Anwendung des Artikels 108 Absatz 3 sowie diejenigen Arten von Beihilfen festlegen, die von diesem Verfahren ausgenommen sind.

Schrifttum: *Bartosch*, Die neuen Gruppenfreistellungen im EG-Beihilfenrecht, NJW 2001, 92; *ders.*, Comments on Commissioner Kroes „New State Aid Action Plan", EStAL 2005, 391; *Blumann*, L'émergence de l'exemption catégorielle en matière d'aides d'État: le règlement No 994798 du 7 mai 1998, Revue du Marché commun et de l'Union européene, N. 428, 1999, 319; *Bree*, The new EC Regulation on State Aid for Employment, EStAL 2003, 51; *Fischer*, Die neue Verfahrensverordnung zur Überwachung staatlicher Beihilfen nach Art. 93 EGV, ZIP 1999, 1426; *Jaeger/Thyri*, Zwischenbilanz zur Beihilfenreform, ecolex 2007, 316; *Koenig/Kühling*, Beihilfen an kleine und mittlere Unternehmen (KMU) unter Berücksichtigung der geplanten EG-Verordnung für KMU, DVBl. 2000, 1025; *Kruse*, Bemerkungen zur gemeinschaftlichen Verfahrensverordnung für die Beihilfenkontrolle, NVwZ 107; 1999, 1049; *Nowak*, Grundrechtlicher Drittschutz im EG-Beihilfenkontrollverfahren, DVBl. 2000, 20; *Schohe/Arhold*, The Case-Law of the European Court of Justice and the Court of First Instance on State Aids in 2002/2003, EStAL 2003, 145; *Sinnaeve*, Der Kommissionsvorschlag zu einer Verfahrensverordnung für die Beihilfenkontrolle, EuZW 1998, 268; *dies.*, Die ersten Gruppenfreistellungen: Dezentralisierung der Beihilfenkontrolle, EuZW 2001, 69; *dies.*, Les premières exemptions par catégorie en matière d'aides d'Etat, competition policy newsletter 1/2001, 22; *dies.*, Die neue Verfahrensverordnung in Beihilfesachen. Ein weiterer Schritt bei der Reform des Beihilfenrechts, EuZW 1999, 270; *dies.*, Block exemptions for State Aid: more scope for state aid control by member states or competitors, CMLR 2001, 1479; *Sinnaeve/Slot*, The New regulation on State Aid Procedures, CMLR 36, 1999, 1153; *Soltész*, Kein Freifahrschein für nationale Subventionspolitik – die neuen Gruppenfreistellungsverordnungen im Europäischen Beihilfenrecht, ZIP 2001, 278; *Zuleger*, Die neue Gruppenfreistellungsverordnung für Beschäftigungsbeihilfen, EuZW 2003, 270.

Übersicht

I. Einleitung/Normzweck

1 Art. 109 AEUV gibt dem Rat die Möglichkeit, auf Vorschlag der Kommission und nach Anhörung des Europäischen Parlaments mit qualifizierter Mehrheit zweckdienliche materielle oder formelle **Durchführungsverordnungen** zu den Artikeln 107 und 108 AEUV zu erlassen. Ob der Rat von dieser Befugnis Gebrauch macht, liegt in seinem **Ermessen.**[1] Grundsätzlich ist es Aufgabe der Kommission die Einhaltung der Beihilfevorschriften zu überwachen. Der Rat wird nur in Ausnahmefällen tätig. Art. 109 AEUV gibt ihm die Möglichkeit, über den Einzelfall hinaus die Durchführung der Art. 107 f. generell zu bestimmen. Damit wird sichergestellt, dass ihm die Beihilfepolitik nicht gänzlich entzogen ist.[2]

2 Durchführungsverordnungen werden mit **qualifizierter Mehrheit**[3] des Rates auf Vorschlag der Kommission und nach Anhörung des Europäischen Parlaments erlassen. Die Verordnungen

---

[1] Vgl. *Schwarze/Bär-Bouyssière* Art. 89 EG RdNr. 1.
[2] Vgl. *Grabitz/Hilf/v. Wallenberg* Art. 89 EG RdNr. 1.
[3] Vgl. Art. 238 AEUV.

sind nach Art. 288 Abs. 2 AEUV allgemein gültig, unmittelbar anwendbar und deshalb geeignet, Rechte und Pflichten für die Mitgliedstaaten und einzelne Unternehmen zu schaffen. Eine Kompetenz des Rates, die Beihilfenpolitik allgemein über Art. 109 AEUV zu regeln, kann aus dieser Bestimmung jedoch nicht abgeleitet werden.[4]

II. Inhalt von Durchführungsverordnungen

Der Rat kann **zweckdienliche Durchführungsverordnungen** zu Art. 107 und 108   **3** AEUV erlassen. Als Beispielsfälle nennt die Vorschrift die Festlegung der Bedingungen für die Anwendung des Art. 108 Abs. 3 AEUV sowie die Arten von Beihilfen, die von diesem Verfahren ausgenommen sind. Diese Aufzählung ist nicht abschließend.[5] Der Rat kann selbst dann noch Durchführungsverordnungen erlassen, wenn der EuGH die darin zu regelnde Frage bereits durch Entscheidung geklärt hat.[6]

Die Verordnungen können nur die Durchführung der Art. 107 und 108 AEUV betreffen. Jede   **4** **Änderung der Kompetenzverteilung** zwischen Rat und Kommission bzw. der materiellen und Verfahrensvorschriften ist unzulässig. **Bedenken** werden bspw. geäußert, wenn eine Verordnung Tatbestandsmerkmale der Art. 107 und 108 AEUV definieren wollte.[7] Zur Bekräftigung dieser Auffassung werden die Präambeln zu den 1998 und 1999 vom Rat erlassenen Durchführungsverordnungen[8] herangezogen. In beiden hat der Rat bekräftigt, dass die Kommission für die Beurteilung, ob Beihilfen mit dem Binnenmarkt vereinbar sind, zuständig ist.[9] Es ist dem Rat daher nicht gestattet, Befugnisse der Kommission an sich ziehen, bestimmte Beihilfegruppen vom Verbot des Art. 107 Abs. 1 AEUV freizustellen oder bestehende Beihilfen der Kontrolle nach Art. 108 Abs. 2 AEUV zu entziehen. Durch Verordnungen nach Art. 109 AEUV können keine über Art. 107 Abs. 3 lit. a bis d hinaus gehenden Ausnahmen zugelassen werden.

Die Frage der **Zweckdienlichkeit** von Durchführungsvorschriften ist vom Rat und letztlich   **5** vom Europäischen Gerichtshof zu entscheiden. Zweckdienlich ist eine Durchführungsverordnung demnach dann, wenn sie die Anwendung des Art. 107 AEUV oder das Prüfungsverfahren des Art. 108 AEUV erleichtert.[10] Nicht zweckdienlich dürfte sie etwa dann sein, wenn aufgrund objektiver, schlüssiger und übereinstimmender Indizien anzunehmen ist, dass die Maßnahme zu anderen als den in ihr angegebenen Zwecken getroffen wurde.[11] Davon kann bspw. ausgegangen werden, wenn nicht mehr erkennbar ist, dass eine Verordnung die Beihilfenkontrolle erleichtern kann.[12] Eine solche nicht zweckdienliche Verordnung wäre wegen Ermessensmissbrauch vor dem Europäischen Gerichtshof anfechtbar.[13]

III. Bereits erlassene Durchführungsverordnungen

1. Durchführungsverordnungen im Verkehrsbereich. Bis 1998 hat der Rat nur Vor-   **6** schriften bzgl. Beihilfen im **Verkehrsbereich** und **Schiffbaubeihilfen** auf Art. 109 AEUV gestützt. Zu beachten ist hier jedoch, dass in keinem dieser Fälle Art. 109 AEUV die alleinige Rechtsgrundlage darstellte. Verordnungen wurden im Sektor Verkehr regelmäßig auf Art. 91 AEUV oder Art. 93 AEUV in Verbindung mit Art. 109 AEUV gestützt.[14] Spätere Änderungen dieser Verordnungen wurden nahezu durchwegs ausschließlich auf Art. 91 AEUV gestützt.[15]

---

[4] Vgl. *von der Groeben/Schwarze/Mederer* Art. 89 EG RdNr. 2.

[5] Vgl. *Grabitz/Hilf/v. Wallenberg* Art. 89 EG RdNr. 4.

[6] Demgegenüber enthält VO 659/1999, ABl. 1999 L 83/1 nahezu ausschließlich Bestimmungen, welche die Rechtsprechung des EuGH kodifizieren.

[7] So *Grabitz/Hilf/v. Wallenberg* Art. 89 EG RdNr. 5; aA *von der Groeben/Schwarze/Mederer* Art. 89 EG RdNr. 3; *Schröter/Jacob/Mederer/Mederer* Art. 89 EG RdNr. 3 sowie *Immenga/Mestmäcker/Ehricke* EG-WettbR Art. 89 EG RdNr. 3.

[8] VO 659/1999, ABl. 1999 L 83/1 sowie VO 994/98, ABl. 1998 L 142/1.

[9] VO 659/1999, ABl. 1999 L 83/1, Tz. 1 sowie VO 994/98, ABl. 1998 L 142/1, Tz. 2 und 4.

[10] Vgl. *von der Groeben/Schwarze/Mederer* Art. 89 EG RdNr. 4.

[11] Vgl. EuGH, 69/83, Slg. 1984, 2447 – Luxemburg.

[12] Vgl. *Immenga/Mestmäcker/Ehricke* EG-WettbR, Art. 89 EG, RdNr. 4; *Schwarze/Bär-Bouyssiére* Art. 89 EG RdNr. 1.

[13] Vgl. Art. 163 Abs. 1 AEUV.

[14] VO 1191/69, ABl. 1969 L 156/1; VO 1192/69, ABl. 1969 L 156/8; VO 1107/70, ABl. 1970 L 130/1; VO 1473/75, ABl. 1975 L 152/1.

[15] VO 1100/89, ABl. 1989 L 116/24; VO 3578/92, ABl. 1992 L 364/1; VO 3572/90, ABl. 1990 L 352/12; VO 1893/91, ABl. 1991 L 169/1; VO 2255/96, ABl. 1996 L 304/3.

Verordnungen in Zusammenhang mit Beihilfen im Schiffbau wurden demgegenüber auf Art. 107 Abs. 3 lit. e, Art. 109 und Art. 207 AEUV gestützt.[16]

7   **2. Ermächtigungsverordnung für GVO. a) Allgemeines.** Der **EuGH** hatte gelegentlich auf das Fehlen von Durchführungsverordnungen über das Verfahren, zu deren Erlass der Rat nach Art. 109 AEUV ermächtigt gewesen wäre, hingewiesen.[17] **Erste Vorschläge** der Kommission bzgl. Durchführungsvorschriften zu Art. 108 Abs. 3 AEUV[18] bzw. zu regionalen Beihilfen,[19] wurden nach jahrelangen erfolglosen Verhandlungen von der Kommission wieder zurückgezogen.[20]

8   1998 **ermächtigte** der Rat die Kommission, bestimmte Gruppen horizontaler Beihilfen mittels Verordnungen für mit dem Binnenmarkt vereinbar zu erklären und diese von der Anmeldeverpflichtung nach Art. 108 AEUV freizustellen.[21] Hilfestellung bot die Praxis der Gruppenfreistellungsverordnungen im Kartellrecht. Im Beihilfenrecht wird mit **Gruppenfreistellungsverordnungen** das Ziel verfolgt, die gemeinschaftliche Überwachung staatlicher Beihilfen wirksam zu gestalten, und gleichzeitig die Verwaltung zu vereinfachen.[22] Die Ermächtigungsverordnung legt den Mindestregelungsgehalt der Freistellungsverordnungen im Hinblick auf die dadurch freigestellten Beihilfen sowie auf Transparenz und Überwachung der selbigen fest.[23]

9   Nach der **Ermächtigungsverordnung** kann die Kommission Beihilfen zugunsten von kleinen und mittleren Unternehmen, Forschung und Entwicklung, Umweltschutzmaßnahmen, Beschäftigung und Ausbildung[24] sowie Beihilfen im Einklang mit den von der Kommission für jeden Mitgliedstaat zur Gewährung von Regionalbeihilfen genehmigten Fördergebieten[25] für mit dem Binnenmarkt vereinbar erklären und damit von der Anmeldepflicht nach Art. 108 Abs. 3 AEUV ausnehmen.

10   Als **Hintergrund** für die Ermächtigungsverordnung wird angeführt, dass die Kommission, aufgrund der durch ihre Entscheidungspraxis gesammelten Erfahrungen und der erfolgten Festlegung allgemeiner Beurteilungskriterien in Leitlinien und Gemeinschaftsrahmen, trotz der mit einer Gruppenfreistellung verbundenen erheblichen Verwaltungsvereinfachung, für Mitgliedstaaten und Unternehmen eine wirksame Überwachung gewährleisten kann.[26] Damit bleibt es ausschließliche Zuständigkeit der Kommission über die Vereinbarkeit von Beihilfen mit dem Binnenmarkt zu entscheiden.[27] Der Rat gibt in der Ermächtigungsverordnung allerdings bestimmte Rahmenbedingungen vor.

11   Gruppenfreistellungsverordnungen haben demnach **zwingend** den Zweck der Beihilfe, die Gruppen von Begünstigten, die als Beihilfeintensitäten oder Beihilfehöchstbeträge ausgedrückten Schwellenwerte, die Bedingungen für die Kumulierung der Beihilfen sowie die Bedingungen für die Überwachung der Beihilfen festzulegen.[28] Darüber hinaus kann die Kommission **Schwellenwerte** oder **sonstige Bedingungen** für die Anmeldung von Einzelbeihilfen festsetzen, bestimmte Wirtschaftszweige vom Anwendungsbereich der Verordnungen ausnehmen oder zusätzliche Bedingungen für die Vereinbarkeit der nach den Verordnungen freigestellten Beihilfen vorsehen.[29]

12   Die Kommission wird zudem ermächtigt, durch Durchführungsverordnungen festzulegen, dass Beihilfemaßnahmen, welche nicht alle Tatbestandsmerkmale des Art. 107 Abs. 1 AEUV erfüllen, von der Anmeldepflicht freigestellt sind, sofern sie einen durch die Verordnung festgesetzten Be-

---

[16] VO 3094, ABl. 1995 L 332/1; VO 1904/96, ABl. 1996 L 251/5; VO 1013/97, ABl. 1997 L 148/1; VO 1540/98, ABl. 1998 L 202/1.

[17] Vgl. EuGH, 84/82, Slg. 1984, 1451 – Deutschland/Kommission; EuGH, C-301/87, Slg. 1990, I-307 – Frankreich/Kommission.

[18] KOM(66) 95, geändert durch KOM(66) 457.

[19] KOM(72) 1523 endg.

[20] Vgl. *von der Groeben/Schwarze/Mederer* Art. 89 EG RdNr. 6.

[21] VO 994/98, ABl. 1998 L 142/1, im Folgenden ErmächtigungsVO.

[22] Vgl. XXXI. Wettbewerbsbericht 2001, RdNr. 339.

[23] Vgl. *Heidenhain/Repplinger-Hach* § 21 RdNr. 5.

[24] Vgl. Art. 1 Abs. 1 lit. a ErmächtigungsVO (Fn. 21).

[25] Vgl. Art. 1 Abs. 1 lit. b ErmächtigungsVO (Fn. 21).

[26] Vgl. ErmächtigungsVO (Fn. 21), Tz. 4.

[27] Vgl. *von der Groeben/Schwarze/Mederer* Art. 89 EG RdNr. 8 sowie zur ausschließlichen Zuständigkeit der Kom. EuGH, C-354/90, Slg. 1990, I-5505 – Saumon.

[28] Vgl. Art. 1 Abs. 2 ErmächtigungsVO (Fn. 21).

[29] Vgl. Art. 1 Abs. 3 ErmächtigungsVO (Fn. 21).

trag nicht überschreiten **(De-minimis Beihilfen).**[30] Dies gab der Kommission die Möglichkeit, ihre bisherige De-minimis Regel[31] auf eine solide rechtliche Grundlage zu stellen.[32]

Des Weiteren sieht die Ermächtigungsverordnung Regelungen zur Gewährleistung der   **13** **Transparenz** und der **Überwachung,**[33] Auswertungsberichte der Kommission,[34] Anhörung von Interessierten[35] sowie die Konsultierung eines **Beratenden Ausschusses** vor.[36] Die Kommission wird zudem verpflichtet, die von ihr erlassenen Gruppenfreistellungsverordnungen zeitlich zu befristen.[37]

Sollten bei einzelnen Beihilfen, die unter den Anwendungsbereich einer Gruppenfreistel-   **14** lungsverordnung fallen, dennoch **Zweifel** der Mitgliedstaaten auftreten, so schließt das Bestehen einer solchen Verordnung die Möglichkeit einer Anmeldung bei der Kommission nicht aus.[38] Die Kommission überprüft die Maßnahme anhand der in der entsprechenden Verordnung festgelegten Kriterien.[39]

b) Die einzelnen GVO. Gruppenfreistellungsverordnungen gemäß Art. 1 Abs. 1 VO   **15** 994/98[40] sind bisher für Beihilfen zugunsten KMU,[41] Beschäftigung und Ausbildung,[42] sowie für Beihilfen, die im Einklang mit den von der Kommission für jeden Mitgliedstaat zur Gewährung von Regionalbeihilfen genehmigten Fördergebieten[43] stehen, ergangen. Hinzu traten Verordnungen, die Beihilfen an kleine und mittlere Unternehmen in den Bereichen Forschung und Entwicklung,[44] Erzeugung, Verarbeitung und Vermarktung von landwirtschaftlichen Erzeugnissen[45] bzw. Fischereierzeugnisse[46] freistellten. Gestützt auf Art. 2 der Ermächtigungsverordnung hat die Kommission in VO 1998/2006 (früher VO 69/2001)[47] eine De-minimis Regel festgesetzt, nach der unter einem bestimmten Schwellenwert liegende Beihilfen, welche nicht alle Tatbestandsmerkmale des Art. 107 Abs. 1 EG erfüllen, nicht notifiziert werden müssen.[48]

In Abgrenzung zu der auf Art. 2 der Ermächtigungsverordnung beruhenden De-minimis-   **16** Verordnung werden auf Art. 1 der Ermächtigungsverordnung beruhende Verordnungen an in der Literatur zum Teil als „echte" **Gruppenfreistellungsverordnungen** bezeichnet.[49] Diese Differenzierung wird aus den unterschiedlichen dogmatischen Strukturen der Verordnungen abgeleitet.[50] Während „echte" Gruppenfreistellungsverordnungen Ausnahmebereiche festlegen, greift die De-minimis Verordnung bereits auf Tatbestandsebene ein.[51] Aus diesem Grund wird in Zusammenhang mit der Letzteren zum Teil von einem „Gruppennegativtest" gesprochen.[52]

Weiterer **Diskussionsbedarf** ergab sich in Zusammenhang mit der **De-minimis-Verord-**   **17** **nung,** da diese bestimmte Maßnahmen, die unter einem Schwellenwert liegen, vom Beihilfenbegriff des Art. 107 AEUV ausnimmt, da die Kommission davon ausgeht, dass von ihnen keine Wettbewerbsverfälschung bzw. keine Handelsbeeinträchtigung zwischen den Mitgliedstaaten

---

[30] Vgl. Art. 2 ErmächtigungsVO (Fn. 21).

[31] ABl. 1996 C 68/9.

[32] Vgl. *von der Groeben/Schwarze/Mederer* Art. 89 EG RdNr. 9.

[33] Vgl. Art. 3 ErmächtigungsVO (Fn. 21).

[34] Vgl. Art. 5 ErmächtigungsVO (Fn. 21).

[35] Vgl. Art. 6 ErmächtigungsVO (Fn. 21).

[36] Vgl. Art. 7 und 8 ErmächtigungsVO (Fn. 21).

[37] Vgl. ua. *Immenga/Mestmäcker/Ehricke,* EG-WettbR, Art. 89 EG RdNr. 10.

[38] Vgl. *Sinnaeve* EuZW 2001, 69 sowie *Immenga/Mestmäcker/Ehricke,* EG-WettbR Art. 89 EG RdNr. 13.

[39] Vgl. VO 2204/2002, ABl. 2002 L 337/3, Tz. 4, VO 70/2001, ABl. 2001 L 10/33, Tz. 4; geändert durch VO 364/2004, ABl. 2004 L 63/22, VO 1857/2006, ABl. 2006 L 358/3 und VO 1595/2004, ABl. 2004 L 291/3 sowie VO 68/2001, ABl. 2001 L 10/20, Tz. 4; geändert durch VO 363/2004, ABl. 2004 L 63/20.

[40] ABl. 1998 L 142/1.

[41] VO 70/2001, ABl. 2001 L 10/33; geändert durch VO 364/2004, ABl. 2004 L 63/22, VO 1857/2006, ABl. 2006 L 358/3 und VO 1595/2004, ABl. 2004 L 291/3. Die Gültigkeitsdauer der Verordnung endete am 30. 6. 2008.

[42] VO 2204/2002, ABl. 2002 L 337/3 und VO 68/2001, ABl. 2001 L 10/20; geändert durch VO 363/2004, ABl. 2004 L 63/20. Die Gültigkeitsdauer der Verordnung endete am 30. 6. 2008.

[43] VO 1628/2006, ABl. 2006 L 302/29. Die Gültigkeitsdauer der Verordnung endete am 30. 6. 2008.

[44] VO 364/2004, ABl. 2004 L 63/22.

[45] VO 1/2004, ABl. 2004 L 1/1.

[46] VO 1595/2004, ABl. 2004 L 291/3 und ABl. 2004 C 229/5.

[47] VO 69/2001, ABl. 2001 L 10/30.

[48] VO 1998/2006, ABl. 2006 L 379/5.

[49] Vgl. *Soltész* ZIP 2001, 278 sowie *Bree* EStAL 2003, 51.

[50] Vgl. *Immenga/Mestmäcker/Ehricke,* EG-WettbR, Art. 89 EG RdNr. 14.

[51] Vgl. *Immenga/Mestmäcker/Ehricke,* EG-WettbR, Art. 89 EG RdNr. 15.

[52] Vgl. *Bartosch* NJW 2001, 92.

drohe,[53] obwohl die Höhe der Maßnahme nach ständiger Rechtsprechung keinen Einfluss auf die Frage der Wettbewerbsverfälschung bzw. Handelsbeeinträchtigung haben kann.[54] Im Sinne dieser Rechtsprechung wird in der Ermächtigung zur De-minimis-Verordnung eine Überschreitung der Ratskompetenz gesehen, da diese nur dann besteht, wenn der Kommission ein gerichtlich nicht vollständig überprüfbarer Beurteilungsspielraum gewährt werde und dieser durch die Durchführungsverordnung des Rates begrenzt würde.[55] Ohne diesen Spielraum werde aber durch eine Durchführungsverordnung der Anwendungsbereich des Art. 107 AEUV eingeschränkt, was von Art. 109 AEUV nicht mehr gedeckt sei.[56] Nach dieser Ansicht wäre es lediglich möglich, auch De-minimis-Beihilfen als Gruppenfreistellungsverordnung zu regeln und von der Notifizierungspflicht des Art. 108 Abs. 2 AEUV auszunehmen.[57] Die Gegenansicht stützt ihre Argumentation auf die Tatsache, dass der EuGH die vor Erlass der Verordnung geltende Praxis, dass die Kommission die De-minimis-Regelung in einer Mitteilung festgelegt hatte, nicht beanstandet,[58] sondern die Festlegung einer Schwelle, unter der Wettbewerbsverfälschungen ausgeschlossen sein sollen, als zulässigen Ermessensgebrauch der Kommission angesehen hatte.[59] Damit wäre die Ermächtigungsverordnung des Rates nicht zu beanstanden, da diese der Kommission lediglich die Möglichkeit gab, ihre bisherige Praxis in normative Form zu fassen.[60]

18   **Inhaltlich** hebt die De-minimis-Verordnung aus 2006 den in VO 69/2001[61] festgelegten Schwellenwert von 100 000 Euro auf 200 000 Euro innerhalb von drei Jahren an.[62] Nach Ablauf der Verordnung aus 2001 konnten Beihilfen, welche die darin festgelegten Voraussetzungen erfüllten, noch weitere sechs Monate angewandt werden.[63] Nach wie vor gelten zahlreiche sektorielle Ausnahmen.[64] Die Verordnung gilt nur für **transparente Beihilfen,** das sind solche, bei denen das Bruttosubventionsäquivalent im Voraus genau berechnet werden kann.[65] Auf Kapitalzuführungen und Risikokapitalmaßnahmen ist die Verordnung nur begrenzt anwendbar. Eine **Kumulierung** von Beihilfen ist nur solange zulässig, als nicht die in einer betreffenden Gruppenfreistellungsverordnung oder Entscheidung der Kommission festgelegten Beihilfenhöchstbeträge überschritten werden.[66]

19   Die Kommission misst **kleinen und mittleren Unternehmen** eine große Bedeutung bei. Sie geht davon aus, dass diese eine wichtige Rolle bei der Schaffung von Arbeitsplätzen spielen und zur sozialen Stabilität und Dynamik beitragen.[67] Verordnung 70/2001 galt für Beihilfen in allen Wirtschaftsbereichen, die die Mitgliedstaaten an KMU vergeben. Der Begriff KMU wird im Sinne der diesbezüglichen Empfehlung[68] der Kommission definiert. Ausgenommen waren Herstellung, Verarbeitung und Vermarktung landwirtschaftlicher Erzeugnisse, Beihilfen für exportbezogene Tätigkeiten und Beihilfen, die von der Verwendung heimischer Erzeugnisse abhängig waren und damit Importwaren diskriminierten.[69] **Einzelbeihilfen,** welche nicht einer Beihilferegelung unterfielen, mussten die Voraussetzungen dieser Verordnung erfüllen. Zudem musste auf die Verordnung verwiesen, sowie ihr Titel und ihre Fundstelle im Amtsblatt angegeben werden.[70] Demgegenüber

---

[53] Vgl. *Bartosch* NJW 2001, 92.

[54] Vgl. EuGH, C-280/00, Slg. 2002, I-07747 – Altmark Trans.

[55] Vgl. *Sinnaeve* EuZW 2001, 69; aA. *Immenga/Mestmäcker/Ehricke,* EG-WettbR, Art. 89 EG RdNr. 18.

[56] Vgl. *Callies/Ruffert/Cremer* Art. 87 EG RdNr. 15 a.

[57] So bspw. *Sinnaeve* EuZW 2001, 69.

[58] Vgl. EuGH, C-351/98, Slg. 2002, I-8031 – Spanien/Kom. sowie EuGH, C-382/99, Slg. 2002, I-05 163 – Niederlande/Kom.

[59] Vgl. EuGH, C-351/98, Slg. 2002, I-8031 – Spanien/Kom.; EuGH, C-382/99, Slg. 2002, I-05 163 – Niederlande/Kommission sowie *Schohe/Arhold* EStAL 2003, 145.

[60] So *Immenga/Mestmäcker/Ehricke,* EG-WettbR, Art. 89 EG, RdNr. 19.

[61] ABl. 2001 L 10/30.

[62] Vgl. Art. 2 Abs. 2 VO 1998/2006, ABl. 2006 L 379/5.

[63] Vgl. Kom., ABl. 2004 L 61/1 – Thüringer Konsolidierungsprogramm und Kom., ABl. 2003 L 157/55 – Thüringer Umlaufmittelprogramm.

[64] Vgl. Art. 1 Abs. 1 VO 1998/2006 (Fn. 62).

[65] Vgl. Art. 2 Abs. 4 VO 1998/2006 (Fn. 62).

[66] Vgl. Art. 2 Abs. 4 VO 1998/2006 (Fn. 62).

[67] Vgl. Kom., VI. Wettbewerbsbericht 1976.

[68] Vgl. Empfehlung der Kom., ABl. 2003 L 124/36; Mitteilung der Kom., ABl. 2003 C 118/5, berichtigt durch ABl. 2003 C 156/14.

[69] Vgl. Art. 1 Abs. 2 VO 70/2001, ABl. 2001 L 10/33, geändert durch VO 364/2004, ABl. 2004 L 63/22, VO 1857/2006, ABl. 2006 L 358/3 und VO 1595/2004, ABl. 2004 L 291/3.

[70] Vgl. Art. 3 Abs. 1 VO 70/2001, geändert durch VO 364/2004, ABl. 2004 L 63/22, VO 1857/2006, ABl. 2006 L 358/3 und VO 1595/2004, ABl. 2004 L 291/3.

mussten bei **Beihilferegelungen,** welche alle Voraussetzungen der Verordnung erfüllten, alle nach den Regelungen gewährten Beihilfen die Voraussetzungen der Verordnung erfüllen. In der Regelung musste wiederum auf Titel und Fundstelle der Verordnung im Amtsblatt hingewiesen werden.[71] Nicht freigestellt werden konnten Einzelbeihilfen für größere Vorhaben.[72]

Nach der Verordnung konnten entweder **Investitionsbeihilfen**[73] oder **Beihilfen für die**   **20** **Beratung und für sonstige Unternehmensdienstleistungen und -tätigkeiten**[74] gewährt werden. Eine **Kumulierung** der durch die Verordnung freigestellten Beihilfen mit anderen Beihilfen war nicht möglich.[75]

VO 2204/2002[76] sollte Beihilfen zur Schaffung neuer Arbeitsplätze und zur Förderung der   **21** Einstellung benachteiligter und behinderter Arbeitnehmer von der Anmeldepflicht nach Art. 108 Abs. 3 AEUV freistellen. Es musste sich hierbei um **Beschäftigungsbeihilfen,** welche in Regionen, die für Regionalbeihilfen in Betracht kommen oder kleinen und mittleren Unternehmen (KMU) gewährt werden, handeln.[77]

Ausbildungsbeihilfen waren von der Anmeldepflicht[78] freigestellt, wenn ihre Beihilfeintensi-   **22** tät einen bestimmten Prozentsatz des Gesamtvolumens des Projekts nicht überschreitet. Dieser lag bei **spezifischen Ausbildungsmaßnahmen** bei Großunternehmen bei 25%, bei KMU bei 35%.[79] Spezifisch war eine Ausbildungsmaßnahme dann, wenn sie vorwiegend am aktuellen oder künftigen Arbeitsplatz des Arbeitnehmers verwendbar war.[80] Bei **allgemeinen Ausbildungs- maßnahmen,** das waren solche, welche Befähigungen vermitteln, die auf breiter Basis in anderen Unternehmen oder Arbeitsbereichen verwendbar waren,[81] lag der Schwellenwert bei 50% bei Großunternehmen und bei 70% bei KMU.[82] Bei Beihilfemaßnahmen, welche sowohl allgemeine als auch spezifische Qualifikation vermittelten, durfte die Beihilfeintensität bei Großunternehmen nicht über 25% und bei KMU nicht über 35% liegen. Die Verordnung sah jedoch für bestimmte Konstellationen die Möglichkeit einer **Erhöhung** der hier angeführten Intensitäten vor.[83]

c) Allgemeine Gruppenfreistellungsverordnung (AGVO). Die **Allgemeine Grup-   23 penfreistellungsverordnung**[84] gliedert sich in Kapitel betreffend gemeinsame Vorschriften,[85] besondere Bestimmungen für einzelne Beihilfegruppen[86] und Schlussbestimmungen.[87] Sie trat am 26. August 2008 in Kraft und gilt vorerst bis zum 21. Dezember 2013. Vor dem 31. Dezember 2008 bewilligte Beihilfen, die nicht die Voraussetzungen dieser Verordnung, aber der VO 70/2001,[88] 68/2001,[89] 2204/2002[90] oder 1628/2006[91] erfüllen, sind mit dem Binnenmarkt vereinbar und von der Anmeldepflicht freigestellt.[92]

---

[71] Vgl. Art. 3 Abs. 2 VO 70/2001, geändert durch VO 364/2004, ABl. 2004 L 63/22, VO 1857/2006, ABl. 2006 L 358/3 und VO 1595/2004, ABl. 2004 L 291/3.

[72] Vgl. Art. 6 VO 70/2001, geändert durch VO 364/2004, ABl. 2004 L 63/22, VO 1857/2006, ABl. 2006 L 358/3 und VO 1595/2004, ABl. 2004 L 291/3.

[73] Vgl. Art. 4 VO 70/2001, geändert durch VO 364/2004, ABl. 2004 L 63/22, VO 1857/2006, ABl. 2006 L 358/3 und VO 1595/2004, ABl. 2004 L 291/3.

[74] Vgl. Art. 5 VO 70/2001, geändert durch VO 364/2004, ABl. 2004 L 63/22, VO 1857/2006, ABl. 2006 L 358/3 und VO 1595/2004, ABl. 2004 L 291/3.

[75] Vgl. Art. 8 VO 70/2001, geändert durch VO 364/2004, ABl. 2004 L 63/22, VO 1857/2006, ABl. 2006 L 358/3 und VO 1595/2004, ABl. 2004 L 291/3.

[76] VO 2204/2002, ABl. 2002 L 337/3.

[77] Vgl. Art. 4 VO 2204/2002 sowie *Grabitz/Hilf/v. Wallenberg* Art. 87 EG RdNr. 152.

[78] Vgl. Art. 108 Abs. 3 AEUV.

[79] Vgl. Art. 4 Abs. 2 VO 68/2001, geändert durch VO 363/2004, ABl. 2004 L 63/20.

[80] Vgl. Art. 2 lit. d VO 68/2001, geändert durch VO 363/2004, ABl. 2004 L 63/20.

[81] Vgl. Art. 2 lit. e VO 68/2001, geändert durch VO 363/2004, ABl. 2004 L 63/20.

[82] Vgl. Art. 4 Abs. 3 VO 68/2001, geändert durch VO 363/2004, ABl. 2004 L 63/20.

[83] Vgl. Art. 4 VO 68/2001, geändert durch VO 363/2004, ABl. 2004 L 63/20.

[84] VO 800/2008, ABl. 2008 L 214/3, im Folgenden AGVO. Diese Anordnung ersetzt im Interesse der Vereinfachung und Transparenz die VO 70/2001 (Fn. 41), VO 2204/2002 (Fn. 42), VO 68/2001 (Fn. 42) und VO 1628/2006 (Fn. 43). Weiterführend zur AGVO, siehe oben Vor Art. 1 ff. AGVO RdNr. 1 ff.

[85] Vgl. Art. 1–12 AGVO.

[86] Vgl. Art. 13–42 AGVO.

[87] Vgl. Art. 43–45 AGVO.

[88] VO 70/2001, ABl. 2001 L 10/33; geändert durch VO 364/2004, ABl. 2004 L 63/22, VO 1857/2006, ABl. 2006 L 358/3 und VO 1595/2004, ABl. 2004 L 291/3.

[89] VO 68/2001, ABl. 2001 L 10/20; geändert durch VO 363/2004, ABl. 2004 L 63/20.

[90] VO 2204/2002, ABl. 2002 L 337/3.

[91] VO 1628/2006, ABl. 2006 L 302/29.

[92] Vgl. Art. 44 Abs. 2 AGVO.

24   Die AGVO gilt für die in ihrem Art. 1 Abs. 1 festgelegten Beihilfegruppen **in allen Wirt-schaftszweigen** mit Ausnahme von Beihilfen für Tätigkeiten in der Fischerei und der Aqua-kultur, welche unter die VO 104/2001[93] fallen, Beihilfen für Tätigkeiten im Rahmen der Pri-märerzeugung landwirtschaftlicher Erzeugnisse, jeweils ausgenommen Ausbildungsbeihilfen, Risikokapitalbeihilfen, Forschungs-, Entwicklungs- und Innovationsbeihilfen und Beihilfen für benachteiligte und behinderte Arbeitnehmer. Unter bestimmten Voraussetzungen gilt sie dar-über hinaus nicht für Beihilfen für Tätigkeiten im Rahmen der Verarbeitung und Vermarktung landwirtschaftlicher Erzeugnisse, im Steinkohlebergbau, Regionalbeihilfeleitlinien sowie Ad-hoc-Beihilfen für Großunternehmen. Schließlich gilt sie nicht für Beihilferegelungen, in denen nicht ausdrücklich festgelegt ist, dass einem Unternehmen keine Einzelbeihilfe gewährt wer-den dürfen, Ad-hoc-Beihilfen für ein Unternehmen, dass einer Rückforderungsanordnung nicht Folge geleistet hat sowie für Beihilfen an Unternehmen in Schwierigkeiten.[94] Im An-schluss an den Anwendungsbereich finden sich die **Begriffsbestimmungen.**[95]

25   Nach Art. 3 AGVO sind **Beihilferegelungen, Einzelbeihilfen** sowie **Ad-hoc-Beihilfen,** welche den Voraussetzungen der beiden einleitenden Artikeln entsprechen, mit dem Binnen-markt **vereinbar** und **von der Anmeldepflicht** nach Art. 108 Abs. 3 AEUV **freigestellt,** sofern sie einen ausdrücklichen Verweis auf diese Verordnung und deren Fundstelle im Amts-blatt enthalten. Für die Berechnung der Beihilfeintensität werden die Beträge vor Abzug von Steuern und sonstigen Abgaben herangezogen. Die beihilfefähigen Kosten sind schriftlich an-hand einer klaren, aufgegliederten Aufstellung zu belegen.

26   Die Allgemeine Gruppenfreistellungsverordnung gilt nur für **transparente Beihilfen** im Sinne des Art. 5 AGVO. Sie gilt hingegen nicht für Beihilfemaßnahmen, welche die in Art. 6 AGVO festgelegten **Schwellenwerte** übersteigen. Dieser Schwellenwert liegt bspw. bei Inves-titions- und Beschäftigungsbeihilfen für KMU bei 7,5 Mio. Euro pro Unternehmen und Inves-titionsvorhaben.[96]

27   Die Frage nach einer möglichen **Kumulierung** ist unabhängig davon zu beantworten, ob die Förderung zulasten von lokalen, regionalen bzw. nationalen Mitteln oder von Gemeinschafts-mitteln geht. Eine nach der AGVO freigestellte Beihilfe kann mit anderen nach dieser Verord-nung freigestellten Beihilfen kumuliert werden, wenn diese unterschiedliche, jeweils bestimm-bare beihilfefähige Kosten betreffen. Eine Kumulierung scheidet allerdings aus, wenn aufgrund dieser Kumulierung die entsprechende Beihilfehöchstintensität bzw. der entsprechende Beihil-fehöchstbetrag nach Maßgabe dieser Verordnung überschritten wird. Eine **Ausnahme** ist für Beihilfen zugunsten behinderter Arbeitnehmer festgelegt. Diese dürfen über den in dieser Verord-nung festgelegten Schwellenwert hinaus kumuliert werden, sofern die Beihilfeintensität 100% der einschlägigen Kosten nicht übersteigt. Besonders geregelt ist die Kumulierung von Beihil-fen, bei denen sich die beihilfefähigen Kosten bestimmen lassen, mit solchen, bei denen diese Kosten nicht bestimmt werden können. Beantragt ein Unternehmen in den ersten drei Jahren nach der ersten Risikokapitalinvestition eine Beihilfe auf der Grundlage dieser Verordnung, werden die entsprechenden Obergrenzen grundsätzlich um 50% und bei Unternehmen in För-dergebieten um 20% herabgesetzt. Beihilfen für junge, innovative Unternehmen dürfen mit Ausnahme von freigestellten Risikokapital- oder Forschungs- und Entwicklungsbeihilfen in den ersten drei Jahren nach ihrer Bewilligung nicht mit anderen nach der AGVO freigestellten Bei-hilfen kumuliert werden.[97]

28   Die AGVO stellt nur Beihilfen frei, welche einen **Anreizeffekt** haben und den Anforderun-gen bzgl. Transparenz Genüge tun.[98] Ein Anreizeffekt ist bei Beihilfen an KMU dann gegeben, wenn der Beihilfeantrag vor Beginn des Vorhabens gestellt wurde. Bei Beihilfen für Großunter-nehmen muss darüber hinaus der Mitgliedstaat vor Bewilligung überprüft haben, dass der Bei-hilfeempfänger nachgewiesen hat, dass es aufgrund der Beihilfe zu einer signifikanten Zunahme des Umfangs, der Reichweite und Beschleunigung des Abschlusses des Vorkommens kommen wird und der Gesamtbetrag der vom Beihilfeempfänger für das Vorhaben aufgewendeten Mittel

---

[93] VO 104/2001, ABl. 2001 L 17/14.
[94] Vgl. Art. 1 AGVO.
[95] Vgl. Art. 2 AGVO. Darüber hinaus hat die Kommission Kriterien für die Bewertung der Vereinbarkeit einzeln anzumeldender Ausbildungsbeihilfen mit dem Gemeinsamen Markt herausgegeben. Vgl. die dies-bezügliche Mitteilung der Kommission, ABl. 2009 C 188/1.
[96] Vgl. Art. 6 Abs. 1 lit. a AGVO.
[97] Vgl. Art. 7 AGVO.
[98] Vgl. Art. 8 und 9 AGVO.

aufgrund der Beihilfe signifikant ansteigt. Im Fall regionaler Investitionsbeihilfen darf das Vorhaben ohne die Beihilfe nicht durchgeführt worden sein.

Dies gilt nicht für **steuerliche Maßnahmen,** sofern auf der Grundlage objektiver Kriterien **29** ein Rechtsanspruch auf die Beihilfe besteht, welcher keiner Ermessensentscheidung des betreffenden Mitgliedstaats bedarf und die Maßnahme vor Beginn des geförderten Vorhabens eingeführt worden war. Eine weitere Sonderregelung findet sich für Beihilfen zum Ausgleich der Mehrkosten durch die Beschäftigung **behinderter Arbeitnehmer,** Lohnkostenzuschüsse für die Einstellung derselbigen, Beihilfen in Form von Umweltsteuerermäßigungen sowie Risikokapitalbeihilfen.[99]

Die Kommission überprüft **regelmäßig** alle Beihilfemaßnahmen. Die Mitgliedstaaten führen **30** ausführliche **Aufzeichnungen** über die nach dieser Verordnung freigestellten Beihilferegelungen und Einzelbeihilfen. Aufzeichnungen über Letztere müssen vom Bewilligungszeitpunkt an zehn Jahre aufbewahrt werden. Darüber hinaus haben die Mitgliedstaaten der Kommission auf deren Ersuchen Informationen zu übermitteln. Weigert sich ein Mitgliedstaat diese Informationen innerhalb der von der Kommission festgelegten Frist zu übermitteln, so sendet diese ein **Erinnerungsschreiben.** Bleibt der Mitgliedstaat weiterhin untätig, so kann die Kommission, nachdem sie dem betreffenden Mitgliedstaat Gelegenheit zur Stellungnahme gab, eine Entscheidung erlassen, nach der alle oder einige der künftigen Beihilfemaßnahmen, welche unter diese Verordnung fallen, dennoch bei der Kommission anzumelden sind.[100] Die Mitgliedstaaten sind darüber hinaus verpflichtet, Jahresberichte zu erstellen und an die Kommission zu übermitteln.[101]

Besondere Freistellungsvoraussetzungen sind für die Berechnung der beihilfefähigen Kosten **31** bei **Investitionsbeihilfen** vorgesehen.[102]

3. Verfahrensverordnung. 1999 hat der Rat eine **Verfahrensverordnung** als Durchfüh- **32** rungsvorschrift zu Art. 108 AEUV erlassen.[103] Nachdem wichtige Fragen zur Verfahrensvorschrift bereits durch Rechtsprechung des EuGH geklärt worden waren und die Kommission in Übereinstimmung mit dieser Rechtsprechung in Mitteilungen bestimmte Verfahrensvorschriften und -grundsätze[104] festgelegt hatte, wollte der Rat diese Praxis kodifizieren und verstärken, um wirksame und effiziente Verfahren zu gewährleisten.

Die für die Verfahrensverordnung einschlägigen **Definitionen** finden sich in Art. 1 der Ver- **33** ordnung. Daran anschließend unterscheidet diese zwischen dem Verfahren bei angemeldeten Beihilfen,[105] bei rechtswidrigen Beihilfen,[106] bei missbräuchlicher Anwendung von Beihilfen[107] sowie bei bestehenden Beihilferegelungen.[108] Die abschließenden Artikel regeln die Rechte der Beteiligten, die Überwachung und gemeinsame Vorschriften.

Neue Beihilfen sind nach der Verfahrensverordnung bei der Kommission anzumelden und **34** unterliegen dem Durchführungsverbot.[109] Die Kommission ist verpflichtet, die Anmeldung unmittelbar nach deren Eingang zu prüfen.[110] Gelangt die Kommission nach einer **vorläufigen Prüfung** zu dem Schluss, dass die angemeldete Maßnahme **keine Beihilfe** darstellt, so stellt sie dies mit Entscheidung fest.[111] Eine Entscheidung keine Einwände zu erheben erlässt die Kommission im Fall von Maßnahmen, welche zwar in den Anwendungsbereich des Art. 107 Abs. 1 AEUV fallen, jedoch keinen Anlass zu Bedenken hinsichtlich ihrer Vereinbarkeit mit dem Binnenmarkt aufwerfen.[112] Lediglich für den Fall, dass die Kommission im Rahmen ihrer vorläufigen Prüfung feststellt, dass die angemeldete Maßnahme Anlass zu Bedenken hinsichtlich ihrer Vereinbarkeit mit dem Binnenmarkt aufwirft, entscheidet sie, das Verfahren nach Art. 108

---

[99] Vgl. Art. 8 Abs. 5 AGVO.
[100] Vgl. Art. 10 AGVO.
[101] Vgl. Art. 11 AGVO.
[102] Vgl. Art. 12 AGVO.
[103] VO 659/99, ABl. 1999 L 83/1, im Folgenden Verfahrensverordnung.
[104] Vgl. bspw. Kom., Wettbewerbsrecht in den Europäischen Gemeinschaften, Bd. II a, Leitfaden für die Verfahren bei staatlichen Beihilfen, Brüssel-Luxemburg 1999.
[105] Kapitel II der Verfahrensverordnung (Fn. 103).
[106] Kapitel III der Verfahrensverordnung (Fn. 103).
[107] Kapitel IV der Verfahrensverordnung (Fn. 103).
[108] Kapitel V der Verfahrensverordnung (Fn. 103).
[109] Vgl. Art. 3 Verfahrensverordnung (Fn. 103).
[110] Vgl. Art. 4 Abs. 1 Verfahrensverordnung (Fn. 103).
[111] Vgl. Art. 4 Abs. 2 Verfahrensverordnung (Fn. 103).
[112] Vgl. Art. 4 Abs. 3 Verfahrensverordnung (Fn. 103).

Abs. 2 AEUV (**Förmliches Prüfverfahren**) zu eröffnen.[113] Die hier angeführten Entscheidungen sind von der Kommission grundsätzlich innerhalb einer Frist von **zwei Monaten (Lorenz-Frist)**[114] zu erlassen.[115] Gelangt die Kommission innerhalb dieser Frist zu keiner Entscheidung, so gilt die Beihilfe als von der Kommission genehmigt, was den Mitgliedstaat ermächtigt, die betreffende Maßnahme durchzuführen, nachdem er die Kommission hiervon in Kenntnis gesetzt hat. Dies gilt jedoch nicht, wenn diese nach Erhalt der Benachrichtigung innerhalb einer Frist von 15 Arbeitstagen eine Entscheidung erlässt.[116]

35   Die Kommission ist befugt, alle **sachdienlichen Auskünfte** von den Mitgliedstaaten anzufordern. Werden die Auskünfte nicht oder nicht vollständig erteilt, so übermittelt die Kommission ein **Erinnerungsschreiben,** indem sie eine zusätzliche Frist für die Auskunftserteilung festlegt. Werden die Auskünfte innerhalb dieser Frist nicht vorgelegt, gilt der Antrag als zurückgezogen, es sei denn, die Frist wurde verlängert oder der betreffende Mitgliedstaat teilte der Kommission mit, dass er die Anmeldung als vollständig erachtet.[117]

36   Eine Entscheidung über die **Einleitung eines förmlichen Prüfverfahrens** hat bestimmten inhaltlichen Anforderungen zu genügen.[118] Gelangt die Kommission im Laufe des Verfahrens zu dem Schluss, dass die angemeldete Maßnahme keine Beihilfe im Sinne des Vertrages darstellen, so stellt sie dies mit Entscheidung fest.[119] Handelt es sich bei der in Frage kommenden Maßnahme zwar um eine Beihilfe im Sinne des AEUV, die Bedenken hinsichtlich ihrer Vereinbarkeit mit dem Binnenmarkt konnten jedoch ausgeräumt werden, so entscheidet die Kommission, dass die Beihilfe mit dem Binnenmarkt vereinbar ist (**Positiventscheidung).**[120] Eine solche Positiventscheidung kann mit Auflagen oder Bedingungen versehen sein.[121] Konnten die Bedenken hingegen nicht aus dem Weg geräumt werden, stellt die Kommission mittels **Negativentscheidung** die Unvereinbarkeit der Beihilfe mit dem Binnenmarkt fest.[122]

37   Das förmliche Prüfverfahren ist von der Kommission möglichst innerhalb von **18 Monaten** abzuschließen.[123] Ist diese Frist abgelaufen, so erlässt die Kommission auf Wunsch des betreffenden Mitgliedstaates innerhalb von zwei Monaten auf der Grundlage der ihr zur Verfügung stehenden Informationen eine Entscheidung, wobei es sich gegebenenfalls mangels ausreichender Informationen, welche eine Vereinbarkeit der Beihilfe begründen könnten, um eine Negativentscheidung handeln kann.[124]

38   Der Mitgliedstaat kann eine **Anmeldung zurücknehmen,** bis die Kommission eine Entscheidung erlassen hat.[125] Die Kommission kann demgegenüber eine von ihr erlassene **Entscheidung widerrufen,** wenn diese auf unrichtigen Informationen beruhte, welche für die Entscheidung ausschlaggebend waren.[126]

39   Ähnliche Regelungen finden sich zum Verfahren bei **rechtswidrigen Beihilfen.** Hier kann die Kommission die Entscheidung erlassen, alle rechtswidrigen Beihilfen so lange auszusetzen[127] bzw. einstweilig zurückzufordern, bis sie ihre endgültige Entscheidung über die Vereinbarkeit der Beihilfe mit dem Binnenmarkt erlassen hat. Für eine einstweilige Rückforderungsanordnung dürfen jedoch keinerlei Zweifel hinsichtlich des Beihilfencharakters der Maßnahme bestehen, ein Tätigwerden muss dringend geboten sein und ein erheblicher und nicht wiedergutzumachender Schaden für einen Konkurrenten ist ernsthaft zu befürchten.[128]

40   Die Kommission kann das Verfahren durch Entscheidung, dass die angemeldete Maßnahme keine Beihilfe darstellt, durch Positiventscheidung (mit oder ohne Auflagen) oder durch Negativentscheidung abschließen. In Negativentscheidungen entscheidet die Kommission, dass der

---

[113] Vgl. Art. 4 Abs. 4 Verfahrensverordnung (Fn. 103).
[114] Vgl. EuGH, 120/73, Slg. 1973, 1471 – Lorenz.
[115] Vgl. Art. 4 Abs. 5 Verfahrensverordnung (Fn. 103).
[116] Vgl. Art. 4 Abs. 1 Verfahrensverordnung (Fn. 103).
[117] Vgl. Art. 5 Verfahrensverordnung (Fn. 103).
[118] Vgl. Art. 6 Verfahrensverordnung (Fn. 103).
[119] Vgl. Art. 7 Abs. 2 Verfahrensverordnung (Fn. 103).
[120] Vgl. Art. 7 Abs. 3 Verfahrensverordnung (Fn. 103).
[121] Vgl. Art. 7 Abs. 4 Verfahrensverordnung (Fn. 103).
[122] Vgl. Art. 7 Abs. 5 Verfahrensverordnung (Fn. 103).
[123] Vgl. Art. 7 Abs. 6 Verfahrensverordnung (Fn. 103).
[124] Vgl. Art. 7 Abs. 6 Verfahrensverordnung (Fn. 103). Dabei handelt es sich um einen Fehler der deutschen Sprachfassung. Richtigerweise sollte es Art. 7 Abs. 7 lauten.
[125] Vgl. Art. 8 Verfahrensverordnung (Fn. 103).
[126] Vgl. Art. 9 Verfahrensverordnung (Fn. 103).
[127] Vgl. EuGH, C-301/89, Slg. 1990, I-307 – Frankreich/Kommission.
[128] Vgl. Art. 11 Verfahrensverordnung (Fn. 103).

betreffende Mitgliedstaat alle notwendigen Maßnahmen zu ergreifen hat, um die Beihilfe samt Zinsen nach den Verfahren des betreffenden Mitgliedstaates vom Empfänger zurückzufordern.[129] Diese Bestimmungen gelten auch für das Verfahren bei **missbräuchlicher Anwendung von Beihilfen.**[130]

Bestehende Beihilferegelungen werden von der Kommission regelmäßig überprüft. Dies   **41** soll ua. der wirtschaftlichen Entwicklung Rechnung tragen.[131] Gelangt die Kommission zu dem Schluss, dass die bestehende Beihilfenmaßnahme nicht oder nicht mehr mit dem Binnenmarkt vereinbar ist, so schlägt sie dem betreffenden Mitgliedstaat **zweckdienliche Maßnahmen** vor.[132] Stimmt der Mitgliedstaat den vorgeschlagenen zweckdienlichen Maßnahmen zu, so verpflichtet ihn dies zu deren Durchführung.[133] Stimmt er nicht zu, so leitet die Kommission das förmliche Prüfverfahren ein.[134] Da eine Negativentscheidung der Kommission konstitutiv und pro futuro wirkt, besteht für bestehende Beihilferegelungen kein Durchführungsverbot, solange die Kommission deren Unvereinbarkeit mit dem Binnenmarkt nicht festgestellt hat.[135]

Die **abschließenden Bestimmungen** der Verfahrensverordnung enthalten Regelungen   **42** über die Rechte der Beteiligten,[136] die Überwachung durch Jahresberichte,[137] Nachprüfungen vor Ort[138] und die Folgen einer Nichtbefolgung von Entscheidungen und Urteilen[139] sowie über das Berufsgeheimnis,[140] Entscheidungsempfänger,[141] Veröffentlichung der Entscheidungen,[142] Durchführungsvorschriften[143] und zum Beratenden Ausschuss.[144]

IV. Verhältnis zu anderen Vorschriften

1. Art. 103 AEUV. Während der Rat nach Art. 103 AEUV verpflichtet ist, auf Vorschlag   **43** der Kommission zweckdienliche Verordnungen und Richtlinien zu den Wettbewerbsvorschriften der Artikel 101 und 102 AEUV zu erlassen, wird er durch Art. 109 AEUV hierzu bloß ermächtigt. Des weiteren ist seine Ermächtigung auf Verordnungen beschränkt. Eine Verpflichtung war im Bereich des Beihilfenrechts nicht erforderlich, da die Art. 107 und 108 AEUV vollständige materielle und verfahrensmäßige Regelungen enthalten.[145]

2. Art. 106 Abs. 3 AEUV. Art. 106 und Art. 109 AEUV betreffen unterschiedliche Regelungsgegenstände. Letzterer bezieht sich auf staatliche Beihilfen gleich welcher Art und für welche Empfänger. Nach ersterem sind die Vorschriften des Vertrages mit Ausnahme der in Abs. 2 getroffenen Bestimmungen für öffentliche Unternehmen und solche, denen die Mitgliedstaaten besondere oder ausschließliche Rechte gewähren, anwendbar. Der Kommission kommt nach Art. 106 AEUV eine Überwachungsaufgabe zu, der sie durch Erlass von Richtlinien oder Entscheidungen an die Mitgliedstaaten nachkommen kann.[146] Die der Kommission übertragene Befugnis wird innerhalb eines speziellen Anwendungsbereichs ausgeübt und orientiert sich an den Erfordernissen, die sich direkt aus der Überwachungsaufgabe ergeben. Der Anwendungsbereich ist somit enger und detaillierter ausgestaltet als jener des Art. 109 AEUV.[147] Art. 109 AEUV ermächtigt den Rat, alle zweckdienlichen Durchführungsverordnungen zu erlassen. Er

---

[129] Vgl. Art. 13 und 14 Verfahrensverordnung (Fn. 103).

[130] Vgl. Art. 16 Verfahrensverordnung (Fn. 103).

[131] Vgl. EuGH, 78/76, Slg. 1977, 595 – Steinike & Weinlig sowie EuGH, 74/76, Slg. 1977, 557 – Janelli/Meroni.

[132] Vgl. EuGH, C-242/00, Slg. 2002 – Deutschland/Kommission sowie EuGH C-288/96, Slg. 2000, I-8237 – Deutschland/Kommission.

[133] Vgl. EuGH, C-311/94, Slg. 1996, I-5023 – Ijssel-Vliet sowie EuGH, C-313/90, Slg. 1993, I-1125 – CIRFS/Kommission.

[134] Vgl. Art. 18 und 19 Verfahrensverordnung (Fn. 103).

[135] Vgl. EuGH, C-387/92, Slg. 1994, I-877 – Banco Exterior de Espana/Ayuntamiento de Valencia sowie EuG, T- 330/94, Slg. 1996,0 II-1475 – Salt Union/Kommission.

[136] Vgl. Art. 20 Verfahrensverordnung (Fn. 103).

[137] Vgl. Art. 21 Verfahrensverordnung (Fn. 103).

[138] Vgl. Art. 22 Verfahrensverordnung (Fn. 103).

[139] Vgl. Art. 23 Verfahrensverordnung (Fn. 103).

[140] Vgl. Art. 24 Verfahrensverordnung (Fn. 103).

[141] Vgl. Art. 25 Verfahrensverordnung (Fn. 103).

[142] Vgl. Art. 26 Verfahrensverordnung (Fn. 103).

[143] Vgl. Art. 27 Verfahrensverordnung (Fn. 103).

[144] Vgl. Art. 28 und 29 Verfahrensverordnung (Fn. 103).

[145] Vgl. *von der Groeben/Schwarze/Mederer* Art. 89 EG RdNr. 2.

[146] Vgl. *Grabitz/Hilf/v. Wallenberg* Art. 89 EG RdNr. 12.

[147] Vgl. *Immenga/Mestmäcker/Ehricke,* EG-WettbR, Art. 89 EG RdNr. 6.

könnte aufgrund dieser Vorschrift Regelungen schaffen, die das besondere Gebiet der öffentlichen Unternehmen gewährten Beihilfen berühren, ohne in die Befugnisse der Kommission nach Art. 106 Abs. 3 AEUV einzugreifen.[148]

45 **3. Art. 107 Abs. 3 lit. e AEUV.** Nach dieser Vorschrift kann der Rat einzelne Arten von Beihilfen durch Entscheidung mit qualifizierter Mehrheit auf Vorschlag der Kommission bestimmen, die als mit dem Binnenmarkt vereinbar angesehen werden können. Er kann damit den Kreis der mit dem Binnenmarkt vereinbaren Beihilfen erweitern. Die Kontrolle über die Durchführung der so geschaffenen zulässigen Beihilfen obliegt der Kommission. Durch Erlass einer Durchführungsverordnung nach Art. 109 AEUV kann der Rat seine Entscheidungen nach Art. 107 Abs. 3 lit. e AEUV konkretisieren.[149]

46 **4. Art. 108 Abs. 2 UAbs. 3 AEUV.** Nach dieser Vorschrift kann der Rat abweichend von Art. 107 und den nach Art. 109 AEUV erlassenen Durchführungsverordnungen eine Beihilfe als mit dem Binnenmarkt vereinbar erklären, wenn außergewöhnliche Umstände eine solche Entscheidung rechtfertigen. Diese Möglichkeit hat der Rat nur für einzelne Beihilfen eines betreffen Mitgliedstaates. Art. 108 Abs. 2 UAbs. 3 AEUV ermöglicht nicht, bestimmte Beihilfearten gänzlich vom Verbot des Art. 107 Abs. 1 AEUV auszunehmen. Art. 108 Abs. 2 UAbs. 3 ist im Gegensatz zu Art. 109 AEUV einzelfallbezogen und ergänzt damit die Kompetenz des Rates aus Art. 109 AEUV zum Erlass genereller Regelungen, die sich auf die Beihilfenkontrolle beziehen.[150]

---

[148] Vgl. EuGH, 188–190/80, Slg. 1982, 2545 – Frankreich, Italien, Großbritannien/Kommission.

[149] Vgl. *Grabitz/Hilf/v. Wallenberg* Art. 89 EG RdNr. 13 sowie *Immenga/Mestmäcker/Ehricke*, EG-WettbR, Art. 89 EG RdNr. 5.

[150] Vgl. *Grabitz/Hilf/v. Wallenberg* Art. 89 EG RdNr. 14 sowie *Immenga/Mestmäcker/Ehricke* EG-WettbR, Art. 89 EG RdNr. 5.

J. EU-Rechtsschutz im Beihilfenrecht

Übersicht

Schrifttum: *Arhold*, Suspension Orders in State aid cases – is the Court closing Pandora's box again?, EStAL 2003, 39; *Bartosch*, Beihilfenrechtliches Verfahren und gerichtlicher Rechtsschutz, ZIP 2000, 601; *Bartosch*, Challenging a decision to initiate the formal investigation procedure – some clarifications, EStAL 2007, 813; *Battista*, Is participation in the Commission's administrative procedure a necessary conditions for legal standing?, EStAL 2008, 317; *Birk*, Die Konkurrentenklage im EG-Wettbewerbsrecht, EWS 2003, 159; *Bousin/Piernas*, Case note on judgment in Case T-395/04, Air One SpA v. Commission, EStAL 2006, 639; *Burianski*, Vorläufiger Rechtsschutz gegen belastende EG-Rechtsakte – Lasset alle Hoffnung fahren?, EWS 2006, 304; *Conte,* Liber Amicorum Francisco Santaollala Gadea: EC State Aid Law, The EC rules concerning existing aid: substantial and procedural aspects, 289; *Honoré,* The standing of third parties in State aid cases, EStAL 2006, 269; *König/Nguyen,* Der Vertrag von Lissabon – ausbildungsrelevante Reformen im Überblick, ZJS 2008, 140; *Kreuschitz,* Some thoughts on the jurisprudence of European Courts concerning the admissibility of actions against State aid decisions, Liber Amicorum Francisco Santaollala Gadea: EC State Aid Law, 369; *Lorenz,* Weitere Stärkung der privaten Durchsetzung des Beihilfeverbots – „Athinaïki Techniki", EWS 2008, 505; *Lorenz,* Ausweitung der Klagebefugnis gegen Entscheidungen zum Abschluss des beihilferechtlichen Vorprüfverfahrens – „Kronofrance – Glunz und OSB", EWS 2009, 25; *Lumma,* Stellung Dritter in der Beihilfekontrolle, EuZW 2004, 457; *Metha,* Case Report – Joint cases C-182/03 (Belgium) and C-217/03 (Forum 187); EStAL 2007, 732; *Nehl,* Judicial Protection of Complainants in EC State Aid Law: A Silent Revolution?, EStAL 2009, 401; *M. Niejahr/N. Niejahr,* Action for Damages in State aid Cases: an Effective Legal Remedy?, EStAL 2008, 415; *M. Niejahr/Scharf,* Third parties in State aid control: More than just a source of information, Liber Amicorum Francisco Santaollala Gadea: EC State Aid Law, 347; *Nunez-Müller/Kaman,* Erweiterter Beteiligtenschutz im Beihilfenrecht der EG – die Untätigkeitsklage, EWS 1999, 332; *Schedl,* Die Untätigkeitsklage von Drittparteien in der EG-Fusionskontrolle, EWS 2006, 257; *Schohe,* Rechtsschutz des Einzelnen gegenüber abgeleitetem Gemeinschaftsrecht: eine schwarze Serie, EWS 2002, 424; *Soltész,* Mehr Rechtsschutz für Beihilfeempfänger – Selbstständige Anfechtung der Eröffnung eines förmlichen Prüfverfahrens, EWS 2003, 167; *Soltész/Lippstreu,* Rechtsschutz gegen „Positiventscheidungen zweiter Klasse" im Europäischen Wettbewerbsrecht, EWS 2009, 153.

I. Rechtsschutzsystem

1 **1. Einführung.** Das System des EU-Rechtsschutzes ist komplex. Zum Verständnis und zur Einordnung der spezifischen Fragen des EU-Rechtsschutzes im Beihilfenrecht, die sich vor allem in den einzelnen Verfahrensarten stellen, sind ein Überblick und ein gewisses Grundverständnis des Verfahrensablaufes vor den EU-Gerichten unerlässlich.[1]

2 Auf EU-Ebene unterliegen Entscheidungen der Kommission in Beihilfenverfahren der Kontrolle durch den Gerichtshof der Europäischen Union (vormals Gerichtshof der Europäischen Gemeinschaften).[2]

3 Der **Gerichtshof** ist das EU-Rechtsprechungsorgan (Art. 13, 19 EUV, vormals Art. 7 und 220 EG). Der Gerichtshof ist eines der ersten gemeinsamen Organe der damals drei Europäischen Gemeinschaften (der Europäischen Gemeinschaft für Kohle und Stahl (EGKS),[3] der Europäischen Wirtschaftsgemeinschaft und der Europäischen Atomgemeinschaft).[4] Er ist das EU-Organ das letztinstanzlich dafür zuständig ist, die Rechtmäßigkeit der Handlungen der EU zu überprüfen, darüber zu wachen, dass die Mitgliedstaaten ihren EU-rechtlichen Verpflichtungen nachkommen, sowie die einheitliche Auslegung und Anwendung des EU-Rechts zu gewährleisten. Materiellrechtlich umfasst seine **Zuständigkeit** die zunächst drei und seit dem Ende der EGKS nunmehr zwei Gründungsverträge.

4 Der Gerichtshof übt seit dem **Inkrafttreten des Vertrags von Lissabon** am 1. Dezember 2009 Rechtsprechungsbefugnisse im Rahmen beider neuer Verträge, des EUV und des AEUV, aus (Art. 19 iVm. Art. 1 Abs. 3 EUV). Damit sind seine Befugnisse insbesondere auf die Gebiete der gemeinsamen Außen- und Sicherheitspolitik und des Raumes der Freiheit, der Sicherheit und des Rechts mit einigen Einschränkungen (siehe Art. 275 und Art. 276 AEUV) erweitert worden.

5 Der Gerichtshof umfasst heute den zuerst errichteten Gerichtshof der Europäischen Union **(EuGH),** das Gericht (vormals Gericht erster Instanz, **EuG**), das dem EuGH 1988 gemäß Art. 225 EG (jetzt Art. 256 AEUV) beigeordnet wurde,[5] und dem 2004 gemäß Art. 225 a EG (jetzt Art. 257 AEUV) als Fachgericht errichteten **Gericht für den öffentlichen Dienst** der Europäischen Union.[6]

---

[1] Weiterführend zu allgemeinen Fragen des Gemeinschaftsrechtsschutzes zB. *von der Groeben/Schwarze,* Kommentar zum EU/EG Vertrag, IV, Art. 189–314 EG; *Grabitz/Hilf,* Das Recht der Europäischen Union, III; *Lenz/Borchardt,* EU- und EG-Vertrag.

[2] Siehe oben, Band I, VerfahrensR, RdNr. 3–282 für eine detailliertere Einführung in das europäische Rechtsschutzsystem.

[3] Die Europäische Gemeinschaft für Kohle und Stahl endete am 23. Juli 2002 nach Ablauf der zeitlichen Geltungsdauer ihres Gründungsvertrages.

[4] *von der Groeben/Schwarze/Gaitanides* Vorb. zu Art. 220–245 EG RdNr. 1.

[5] Beschluss des Rates vom 24. 10. 1988 zur Errichtung eines Gerichts erster Instanz der Europäischen Gemeinschaften, ABl. 1988 L 66/29, geändert durch Beschlüsse v. 8. 6. 1993, ABl. 1993 L 144/21, v. 7. 3. 1994, ABl. 1994 L 66/29, und v. 26. 4. 1999, ABl. 1999 L 114/52.

[6] Beschluss des Rates vom 2. November 2004 zur Errichtung des Gerichts für den öffentlichen Dienst der Europäischen Union, ABl. 2004 L 333/7.

Art. 19 EUV und Art. 251 bis 281 AEUV (Art. 220 bis 245 EG) enthalten die primärrechtli- **6** chen Vorschriften über die Aufgaben der Gerichte der Europäischen Union, ihre Organisation sowie die Klage- und Verfahrensarten und die Wirkung der Entscheidungen der Gerichte. Die **Satzung** des EuGH[7] ist gemäß Art. 281 AEUV (Art. 245 EG) in Protokoll Nr. 3 des AEUV festgelegt und hat damit Primärrechtsstatus (siehe Art. 51 EUV, vormals Art. 311 EG). Etwaige Konflikte zwischen der Satzung und Vorschriften des AEUV sind daher allein im Wege der Vertragsauslegung zu lösen.[8] Die Satzung enthält neben Vorschriften über die Richter und Generalanwälte und zur internen Organisation auch allgemeine Bestimmungen über die Verfahren und den Verfahrensablauf, sowie zu den Zuständigkeiten und dem Verfahren des EuG und über die gerichtlichen Kammern, deren Verfahren im Anhang der Satzung näher geregelt ist. Soweit die Satzung nichts anderes vorsieht, gilt sie nach Art. 255 AEUV auch für das EuG. Der EuGH hat seine **Verfahrensordnung**[9] erlassen. Sie bedarf der Genehmigung des Rates (Art. 253 AEUV). Eine entsprechende Genehmigung ist auch für die Verfahrensordnung des EuG[10] erforderlich, die das EuG im Einvernehmen mit dem EuGH erlässt (Art. 255 AEUV). Weitere Verfahrensvorschriften sind in der **Zusätzlichen Verfahrensordnung** des EuGH[11] enthalten.

Die **Dienstanweisungen für den Kanzler** des EuGH[12] und den Kanzler des EuG[13] konkreti- **7** sieren die Verfahrensvorschriften weiter. Darüber hinaus haben beide Gerichte weitere Erläuterungen der Verfahrensvorschriften insbesondere in Form der **Praktischen Anweisungen** für Klagen und Rechtsmittel (EuGH),[14] **Hinweise** für Prozessvertreter (EuGH)[15] und Praktische Anweisungen für die Parteien (EuG)[16] veröffentlicht, sowie Hinweise für den Vortrag in der mündlichen Verhandlung gegeben (EuGH und EuG).[17] Deren Beachtung ist für einen reibungslosen Ablauf insbesondere des schriftlichen Verfahrens dringend zu empfehlen. Die Kanzleien achten sehr genau auf die Einhaltung der Formvorschriften, erteilen entsprechende Hinweise und weisen uU. Schriftsätze zurück oder fordern die Behebung von Mängeln innerhalb bestimmter Fristen (Art. 7 Dienstanweisung für den Kanzler (EuG) und RdNr. 55–60 der Praktischen Anweisungen (EuG), Art. 38 § 7 VerfO EuGH, Art. 5 Dienstanweisung für den Kanzler (EuGH)). Die Nichtbeachtung bestimmter obligatorischer Formvorschriften kann die Zustellung der Schriftstücke an die anderen Parteien und damit das Verfahren verzögern und hat in bestimmten Fällen möglicherweise sogar die Unzulässigkeit der Klage zur Folge (siehe unten RdNr. 29).

2. Zuständigkeiten in Beihilfesachen und Organisation. Nach Art. 19 EUV (vormals **8** Art. 220 EG) sichern der EuGH und das EuG, im Rahmen ihrer jeweiligen Zuständigkeit, die **Wahrung des Rechts** bei der Auslegung und Anwendung des AEUV. Die europäischen Gerichte üben ihre in den Verträgen und der Satzung des EuGH definierten Zuständigkeiten im Rahmen der in Art. 258–279 AEUV (vormals Art. 226–243 EG) geregelten Verfahren und Klagearten aus.

In Beihilfesachen entscheidet grundsätzlich das **EuG in erster Instanz** im Rahmen seiner **9** **allgemeinen Zuständigkeit** gemäß Art. 256 Abs. 1 AEUV für Klagen von Mitgliedstaaten

---

[7] Protokoll (Nr. 3) über die Satzung des Gerichtshofs, ABl. 2008 C 115/210 (konsolidierte Fassung der Verträge).

[8] *von der Groeben/Schwarze/Hackspiel* Art. 245 EG RdNr. 9; *Grabitz/Hilf/Klinke* Art. 245 EG RdNr. 3.

[9] Verfahrensordnung des Gerichtshofs, ABl. 1991 L 176/7, zuletzt geändert durch ABl. 2010 L 92/12, konsolidierte Fassung veröffentlicht auf der Internetseite des Gerichtshofs und in ABl. 2010 C 177/1.

[10] Verfahrensordnung des Gerichts erster Instanz der Europäischen Gemeinschaften vom 2. Mai 1991, ABl. L 136/1, zuletzt geändert durch ABl. 2010 L 92/14, konsolidierte Fassung veröffentlicht auf der Internetseite des Gerichtshofs und in ABl. 2010 C 177/37.

[11] Zusätzliche Verfahrensverordnung des Gerichtshofs, ABl. 1974 L 350/29, zuletzt geändert durch ABl. 2006 L 72/1, konsolidierte Fassung veröffentlicht auf der Internetseite des Gerichtshofs.

[12] Kodifizierte Fassungen der Dienstanweisung für den Kanzler, ABl. 1982 C 39/1, zuletzt geändert durch ABl. 2002 L 160/1, konsolidierte Fassung veröffentlicht auf der Internetseite des Gerichtshofs.

[13] Dienstanweisung für den Kanzler des Gerichts erster Instanz der Europäischen Gemeinschaften, ABl. 2007 L 232/1, geändert durch ABl. 2010 L 170/35, konsolidierte Fassung veröffentlicht auf der Internetseite des Gerichtshofs.

[14] Praktische Anweisungen für Klagen und Rechtsmittel, ABl. 2004 L361/15, geändert durch ABl. 2009 L 29/51, konsolidierte Fassung veröffentlicht auf der Internetseite des Gerichtshofs.

[15] Hinweise für Prozessvertreter der Verfahrensbeteiligten für das schriftliche und das mündliche Verfahren vor dem EuGH, Februar 2009, veröffentlicht allein auf der Internetseite des Gerichtshofs.

[16] Praktische Anweisungen für die Parteien, ABl. 2007 L232/7, geändert durch ABl. 2009 L 184/8, konsolidierte Fassung veröffentlicht auf der Internetseite des Gerichtshofs, geändert durch ABl. 2010 L 170/49, konsolidierte Fassung veröffentlicht auf der Internetseite des Gerichtshofs.

[17] Ebenfalls auf der Internetseite des Gerichtshofs veröffentlicht.

und natürlichen oder juristischen Personen gegen Handlungen oder Unterlassungen der Kommission (**Nichtigkeits- und Untätigkeitsklagen** gemäß Art. 263, 264 AEUV, vormals Art. 230, 232 EG), sowie für **Klagen auf Schadensersatz** für die von den Organen der Union oder von ihren Bediensteten verursachten Schäden (Art. 268, 340 Abs. 2 AEUV, vormals Art. 235, 288 Abs. 2 EG). Darüber hinaus ist das EuG gemäß Art. 256 Abs. 1 AEUV iVm. Art. 51 Abs. 1 lit. a Satzung EuGH auch erstinstanzlich für beihilfenrechtliche Nichtigkeits- und Untätigkeitsklagen gegen den Rat zuständig.

10   Das **EuG** besteht aus mindestens einem **Richter** je Mitgliedstaat (Art. 19 Abs. 2 EUV, vormals Art. 224 EG). Die Richter werden von den Regierungen der Mitgliedstaaten im gegenseitigen Einvernehmen für eine sechsjährige Amtszeit ernannt. Vor ihrer Ernennung nimmt der mit Art. 255 AEUV neu eingeführte Ausschuss zur Eignung der Bewerber Stellung. Die Richter des EuG können wiederernannt werden. Sie bestimmen einen Richter aus ihrer Mitte für drei Jahre zu ihrem Präsidenten. Sie ernennen einen **Kanzler** für eine Amtszeit von sechs Jahren (Art. 47 Satzung EuGH, Art. 20–30 VerfO EuG). Er kann wiederernannt werden. Der Kanzler leitet die Kanzlei des EuG unter der Aufsicht des Präsidenten des EuG nach Maßgabe der VerfO des EuG und der Dienstanweisung für den Kanzler (EuG). Anders als der EuGH verfügt das EuG nicht über ständige **Generalanwälte**. Ausnahmsweise kann diese Funktion aber einem Richter übertragen werden(Art. 2 VerfO EuG). Das EuG tagt in **Kammern** mit fünf oder drei Richtern oder in bestimmten Fällen auch als Einzelrichter. Es kann außerdem als Große Kammer (13 Richter) oder als Plenum tagen, wenn die rechtliche Komplexität oder die Bedeutung der Rechtssache dies rechtfertigt (Art. 10–19 VerfO EuG). Über 80% der beim EuG anhängigen Rechtssachen und dementsprechend auch die weit überwiegende Zahl der Beihilfensachen werden von Kammern mit fünf (2009 etwa 5%) oder mit drei Richtern (2009 etwa 80%) entschieden.[18]

11   Gegen die Entscheidungen des EuG kann innerhalb von zwei Monaten ein **Rechtsmittel beim EuGH** erhoben werden, das jedoch auf Rechtsfragen beschränkt ist (Art. 256 Abs. 1 AEUV, Art. 56–61 Satzung EuGH). Der EuGH entscheidet also über Rechtsmittel gegen Entscheidungen des EuG in Beihilfensachen. Darüber hinaus ist der EuGH auch zuständig für **Vorabentscheidungsverfahren** nach Art. 267 AEUV, in denen er über Vorlagen nationaler Gerichte zur Auslegung der Verträge und zur Gültigkeit und Auslegung der Handlungen der Organe, Einrichtungen und sonstigen Stellen der Union entscheidet. In **Vertragsverletzungsverfahren** nach Art. 258 und 259 AEUV, die ebenfalls beihilfenrechtlicher Natur sein können, was aber eher selten ist, prüft der EuGH, ob die Mitgliedstaaten ihren EU-rechtlichen Verpflichtungen nachgekommen sind. In Beihilfensachen kann die Kommission oder jeder andere Mitgliedstaat bei Nichtbeachtung einer Entscheidung durch einen Mitgliedstaat den EuGH, in Abweichung von Art. 258 und 259 AEUV, gemäß **Art. 108 Abs. 2 AEUV** direkt anrufen.

12   Der EuGH ist außerdem zuständig für **Nichtigkeits- und Untätigkeitsklagen** nach Art. 263 und 265 AEUV, für die das EuG nicht erstinstanzlich zuständig ist. Dies sind die Nichtigkeits- und Untätigkeitsklagen bestimmter Organe der Union untereinander, sowie die von Mitgliedstaaten gegen das Europäische Parlament oder den Rat erhoben Nichtigkeits- und Untätigkeitsklagen (mit Ausnahme der Klagen gegen Handlungen des Rates betreffend staatliche Beihilfen, Dumping und die Ausführung von Durchführungsbefugnissen für die das EuG zuständig ist).

13   Der **EuGH** besteht aus einem **Richter** je Mitgliedstaat und wird von 8 Generalanwälten unterstützt (Art. 19 Abs. 2 EUV, Art. 251 AEUV, vormals Art. 221, 222 EG). Die Richter und Generalanwälte werden von den Regierungen der Mitgliedstaaten im gegenseitigen Einvernehmen auf sechs Jahre ernannt. Der mit Art. 255 AEUV neu eingeführte Ausschuss nimmt auch vor ihrer Ernennung zur ihrer Eignung zur Ausübung des Amtes as Richter oder Generalanwalt Stellung. Ihre Wiederernennung ist zulässig. Die Richter des Gerichtshofs wählen aus ihrer Mitte für die Dauer von drei Jahren den Präsidenten des Gerichtshofs. Auch seine Wiederwahl ist zulässig. Der Präsident leitet die rechtsprechende Tätigkeit und die Verwaltung des Gerichtshofs und hat den Vorsitz in den großen Spruchkammern. Die **Generalanwälte** unterstützen den Gerichtshof. Sie erstellen in völliger Unparteilichkeit und Unabhängigkeit ein Rechtsgutachten, die „Schlussanträge", in den Rechtssachen, die ihnen zugewiesen sind (Art. 252 AEUV, Art.10 § 2 VerfO EuGH). Der **Kanzler** ist der Generalsekretär des Gerichtshofs; er wird für die Dauer von sechs Jahren ernannt und kann wiederernannt werden. Der

---

[18] Jahresbericht des Gerichtshofs 2009, Tätigkeit des Gerichts erster Instanz, Rechtsprechungsstatistiken, veröffentlicht auf der Internetseite des Gerichtshofs.

Kanzler leitet die Dienststellen des EuGH unter der Aufsicht des Präsidenten (Art. 10–12 Satzung EuGH, Art. 12–23 VerfO EuGH, Dienstanweisung für den Kanzler (EuGH)). Der EuGH kann als Plenum, als Große Kammer mit dreizehn Richtern oder als Kammer mit drei oder mit fünf Richtern tagen. Als Plenum tagt er in besonderen, in der Satzung des EuGH vorgesehenen Fällen und wenn er zu der Auffassung gelangt, dass eine Rechtssache von außergewöhnlicher Bedeutung ist. Er tagt als Große Kammer, wenn ein Mitgliedstaat oder ein Organ der Union als Partei des Verfahrens dies beantragt, sowie in besonders komplexen oder bedeutsamen Rechtssachen. In den übrigen Rechtssachen entscheiden Kammern mit drei oder fünf Richtern.

3. Das Verfahren vor den EU-Gerichten. a) Allgemeines. Das Verfahren vor dem EuG **14** und dem EuGH umfasst in der Regel eine schriftliche und eine mündliche Phase mit öffentlicher Verhandlung (Art. 20, 53, 59 Satzung EuGH).[19] Der EuGH kann jedoch uU. auch ohne mündliche Verhandlung entscheiden, so beispielsweise über Rechtsmittel und in Vorabentscheidungsverfahren (Art. 120 und 104 Abs. 4 VerfO EuGH), während das EuG nicht ohne mündliche Verhandlung entscheiden kann.

Die Gerichte sind bemüht, die **durchschnittliche Verfahrensdauer** trotz des ungebroche- **15** nen Anstiegs der jährlich anhängig gemachten Verfahren zu reduzieren.[20] Allerdings dauerte 2009 vor dem EuGH ein Vorabentscheidungsverfahren noch immer 17,1 Monate, ein Klageverfahren 17,1 und ein Rechtsmittelverfahren 15,4 Monate.[21] Die Dauer erstinstanzlicher Verfahren vor dem EuG ist mit durchschnittlich 24,5 Monaten relativ lang (wenn auch um mehr als drei Monate kürzer gegenüber 2007, als diese Verfahren durchschnittlich 27,7 Monate dauerten).[22] Aufgrund der häufig sehr komplexen tatsächlichen und rechtlichen Fragen, die das EuG zu beurteilen hat, sowie seiner begrenzten Ressourcen und steigenden Fallzahlen, darf aber wohl nicht davon ausgegangen werden, dass sich die Verfahrensdauer ohne Einbußen bei der Qualität der Rechtsprechung noch weiter verkürzen lassen wird. Das EuG hat Beihilfenverfahren vergleichsweise häufig zu entscheiden. Von den 1106 Ende 2008 beim EuG insgesamt anhängigen Rechtssachen waren 184 beihilfenrechtlicher Natur. 2009 waren beihilfenrechtliche Verfahren, wie auch schon 2006, 2007 und 2008, nach dem Verfahrensgegenstand die dritthäufigsten.[23] Es verwundert aufgrund der erstinstanzlichen Zuständigkeit des EuG für Beihilfesachen (mit Ausnahme der Vertragsverletzungs- und Vorlageverfahren) nicht, dass Beihilfenverfahren dagegen vor dem EuGH vergleichsweise selten sind, was im übrigen auch bei wettbewerbsrechtlichen Verfahren der Fall ist. So waren 2009 von 551 neu eingegangenen Rechtssachen nur 47 Verfahren beihilfenrechtlicher und 17 wettbewerbsrechtlicher Natur; zum Vergleich waren es auf dem Gebiet des Umwelt- und Verbraucherrechts 80 und im Steuerrecht 57.[24] Im Folgenden wird der Schwerpunkt der Kommentierung daher auf den Klagen vor dem EuG liegen. Besonderheiten anderer Verfahrensarten, insbesondere des Vorabentscheidungs- und des Vertragsverletzungsverfahrens werden in gebotener Kürze erläutert.

aa) Partei- und Prozessfähigkeit, Vertretung. Vor den EU-Gerichten sind die Mitglied- **16** staaten, Organe der Union (in Beihilfesachen also regelmäßig die Kommission), sowie alle Personen des privaten- und öffentlichen Rechts parteifähig. Auf den Sitz oder Wohnsitz, bzw. die Staatsangehörigkeit kommt es nicht an. Es sind also auch natürliche und juristische Personen parteifähig, die weder einen Sitz oder Wohnsitz in einem Mitgliedstaat haben, noch Staatsangehörige eines dieser Staaten sind. Juristische Personen müssen aber grundsätzlich nach dem Recht ihres Heimatstaates rechtsfähig sein um partei- und prozessfähig zu sein.[25]

Der Kläger, sowie sämtliche andere Verfahrensbeteiligte müssen sich vor den EU-Gerichten **17** gemäß Art. 19 der Satzung des EuGH eines Prozessvertreters bedienen. Die Mitgliedstaaten sowie die Organe der Union werden durch ihre **Bevollmächtigten** vertreten. Die Bevollmächtigten der Kommission sind auch in Beihilfesachen die Mitglieder ihres Juristischen

---

[19] Zum Verfahren vor den Europäischen Gerichten vgl. auch oben, Band I, VerfahrensR, RdNr. 77–272.

[20] Jahresbericht des Gerichtshofs 2009, Entwicklung und Tätigkeit des Gerichtshofs, S. 3–4, und Tätigkeit des Gerichts erster Instanz, S. 1, veröffentlicht auf der Internetseite des Gerichtshofs.

[21] Jahresbericht des Gerichtshofs 2009, Entwicklung und Tätigkeit des Gerichtshofs, S. 4, veröffentlicht auf der Internetseite des Gerichtshofs.

[22] Jahresbericht des Gerichtshofs 2008, Tätigkeit des Gerichts erster Instanz, S. 1, veröffentlicht auf der Internetseite des Gerichtshofs; der Bericht für 2009 enthält keine entsprechenden Angaben für 2009.

[23] Jahresbericht des Gerichtshofs 2009, Rechtsprechungsstatistiken – Gericht erster Instanz; übertroffen nur noch von den Verfahren über geistiges Eigentum und institutionellen Verfahren. Im Jahre 2004 belegten beihilferechtliche Verfahren im Übrigen noch den ersten und 2005 den zweiten Platz in dieser Rangfolge.

[24] Jahresbericht des Gerichtshofs 2009, Rechtsprechungsstatistiken – Gerichtshof.

[25] Ausführlicher dazu *Grabitz/Hilf/Booß* Art. 230 EG RdNr. 45.

Dienstes und nicht etwa Mitarbeiter der Generaldirektion Wettbewerb. Alle anderen Verfahrensbeteiligten müssen sich (Bevollmächtigte können sich) von einem **Anwalt** vertreten lassen, der berechtigt ist, vor einem Gericht eines Mitgliedstaates oder eines EWR-Landes aufzutreten (Ausnahmen gelten für Prozesskostenhilfe und uU. im Vorabentscheidungsverfahren). **Hochschullehrer** aus Mitgliedstaaten, die ihnen gestatten, vor Gericht als Vertreter einer Partei aufzutreten, sind Anwälten gleichgestellt. Rechte und Pflichten der Bevollmächtigten und Anwälte sind in Art. 38–40 VerfO EuG bzw. Art. 32–36 VerfO EuGH geregelt.

18   **bb) Sprachenregelung.** Die VerfO der Gerichte regeln die Wahl der **Verfahrenssprache** (Art. 64 Satzung EuGH). Gemäß Art. 35 Abs. 1 VerfO EuG bzw. Art. 29 Abs. 1 VerfO EuGH sind sämtliche der 23 Amtssprachen der Union Verfahrenssprachen. Der Kläger bestimmt grundsätzlich die Verfahrenssprache, allerdings ist die Verfahrenssprache für Klagen gegen Mitgliedstaaten und gegen natürliche oder juristische Personen aus einem Mitgliedstaat die Amtssprache oder eine der Amtssprachen des Mitgliedstaats und die Gerichte können auf Antrag eine andere Sprache ganz oder teilweise zulassen (Art. 35 Abs. 2 VerfO EuG bzw. Art. 29 Abs. 2 VerfO EuGH). Mitgliedstaaten, die als Streithelfer beitreten oder sich an einem Vorabentscheidungsverfahren beteiligen, können sich ihrer Sprache auch dann bedienen, wenn sie nicht Verfahrenssprache ist. Der Kanzler veranlasst Übersetzung in die Verfahrenssprache; die Richter und Generalanwälte sind nicht an die Verfahrenssprache gebunden (Art. 35 Abs. 5 VerfO EuG bzw. Art. 29 Abs. 5 VerfO EuGH).

19   Die von der Verfahrenssprache zu unterscheidende **Arbeitssprache** der Gerichte ist Französisch. Daher werden sämtliche Schriftsätze, die in einer anderen Sprache als Französisch bei den Gerichten eingereicht werden, zur Erleichterung der internen Verständigung und der gemeinsamen Arbeit in das Französische übersetzt. Bei der Abfassung der Schriftsätze sollte deshalb auf rhetorische Finessen und komplizierten Satzbau verzichtet werden, um Unklarheiten bei der Übersetzung zu vermeiden. Ein klarer Aufbau, stringente Gedankenführung und präzise Formulierungen stellen sicher, dass die Gerichte dem Vortrag auch in der Übersetzung gut folgen können. Die Beratungen und Urteilsfindung finden ebenfalls in französischer Sprache statt. Die mündliche Verhandlung wird simultan übersetzt. Dazu enthalten die Hinweise für die mündliche Verhandlung hilfreiche Ausführungen.

20   **cc) Zuständigkeitsregelung zwischen den Gerichten; Parallelverfahren.** Sofern die Klageschrift (oder ein sonstiger Schriftsatz) irrtümlicherweise an die **falsche Kanzlei** gerichtet wurde, wird diese nach Art. 54 Abs. 1 der Satzung des EuGH an die zuständige Kanzlei weitergeleitet. Wenn eine Klageschrift **beim unzuständigen Gericht** eingereicht worden ist, bestimmt Art. 54 Abs. 2 der Satzung des EuGH, wenn feststeht, dass der EuGH zuständig ist, dass das EuG den Rechtsstreit an den EuGH weiterleitet. Stellt der EuGH fest, dass das EuG zuständig ist, verweist er an das EuG, welches sich nicht für unzuständig erklären darf. Damit werden negative Kompetenzkonflikte vermieden. Zur **Fristwahrung** ist die rechtzeitige Klageerhebung beim unzuständigen Gericht ausreichend.[26]

21   Auch wenn inzwischen das EuG erstinstanzlich für Klagen gegen Beihilfenentscheidungen zuständig ist, kann die Verteilung der Zuständigkeiten weiterhin dazu führen, dass Verfahren bezüglich derselben Beihilfenentscheidung der Kommission vor dem EuGH und dem EuG, sogenannte **Parallelverfahren,** anhängig werden. Nämlich, wenn ein Mitgliedstaat eine Negativentscheidung anficht und ein nationales Gericht dem EuGH Vorlagefragen hinsichtlich der Rechtmäßigkeit der Negativentscheidung im Vorabentscheidungsverfahren vorlegt. Für solche Fälle bestimmt Art. 54 Abs. 3 der Satzung des EuGH, dass das EuG das Verfahren bis zur Entscheidung des EuGH aussetzen oder an den EuGH abgeben kann, damit der EuGH über beide Verfahren entscheiden kann.[27] Allerdings kann auch der EuGH das bei ihm anhängige Verfahren aussetzen, dann wird das Verfahren beim EuG weitergeführt.

22   **dd) Neue Angriffs- und Verteidigungsmittel.** Angriffs- und Verteidigungsmittel müssen sobald als möglich vorgebracht werden (Art. 48 VerfO EuG, Art. 42 VerfO EuGH), also in der Klageschrift, bzw. der Klagebeantwortung. In der Erwiderung oder Gegenerwiderung können zwar noch Beweismittel benannt werden, allerdings ist die Verspätung zu begründen. Späteres Vorbringen ist nur zulässig, wenn es auf rechtliche oder tatsächliche Gründe gestützt ist, die erst während des Verfahrens zutage getreten sind.[28]

---

[26] *von der Groeben/Schwarze/Jung* Art. 224–225 a EG RdNr. 114–117.
[27] Siehe zB. EuG, T-140/03, Slg. 2003, II-2069 – Forum 187/Kommission.
[28] EuG, T-53/08, Urt. v. 1. Juli 2010, noch nicht in der amtlichen Sammlung veröffentlicht, RdNr. 128–130 – Italien/Kommission.

ee) Kosten und Prozesskostenhilfe. Nach Art. 38 der Satzung des EuGH und Art. 87–93 **23** VerfO EuG bzw. Art. 69–75 VerfO EuGH entscheiden die Gerichte über die Kosten im Endurteil oder dem Beschluss, der das Verfahren beendet, insbesondere nach Erledigung (mit Ausnahme von Nichtigkeits- und Untätigkeitsklagen) und Klagerücknahme (Art. 98, 99 VerfO EuG, Art. 77, 78 VerfO EuGH). Das Verfahren vor dem Gerichtshof ist kostenfrei, jedoch sind Leistungen an Zeugen und Sachverständige und die notwendigen Aufwendungen der Parteien (insbesondere Reisekosten und die Vergütung von Bevollmächtigten, Beistände und Anwälte) erstattungsfähig. Auf Antrag verurteilen die Gerichte die unterliegende Partei zur Tragung der Kosten (Art. 69 Abs. 2 VerfO EuGH, Art. 87 Abs. 2 VerfO EuG). Die Kosten können bei teilweisem Unterliegen oder bei Vorliegen außergewöhnlicher Gründen geteilt oder gegeneinander aufgehoben werden. Böswillig verursachte oder vermeidbare Kosten können der Partei, die sie verursacht hat, auferlegt werden.

Ist eine Partei außerstande, die Kosten des Verfahrens ganz oder teilweise zu bestreiten, so **24** kann auf Antrag Prozesskostenhilfe gewährt werden (Art. 94–97 VerfO EuG, Art. 76 VerfO EuGH und Art. 4 und 5 Zusätzliche VerfO EuGH). Der Antrag kann von der Partei selbst, ohne Vertretung durch einen Anwalt, gestellt werden. Mit dem Antrag sind Unterlagen einzureichen, aus denen sich die Bedürftigkeit ergibt.

b) Schriftliches Verfahren. Das stark formalisierte **schriftliche Verfahren** vor den EU- **25** Gerichten umfasst die Übermittlung der Schriftsätze und der damit vorgelegten Unterlagen an die Parteien des Verfahrens und an die Organe der Union, deren Entscheidung Gegenstand des Verfahrens ist (Art. 20 Abs. 1, 53 Satzung EuGH). Es wird durch die **Klageerhebung** eingeleitet. Die wesentlichen Punkte der **Klageschrift** werden in einer Mitteilung in allen Amtssprachen im ABl. EU, Serie C, veröffentlicht. Der Kanzler stellt die Klageschrift der Gegenpartei zu und setzt eine Frist zur Einreichung der **Klagebeantwortung.** Diese wiederum wird dem Kläger zugestellt, der seinerseits innerhalb einer Frist darauf eine **Erwiderung** einreichen kann, auf die der Beklagte mit einer **Gegenerwiderung** antworten kann. Mit der Gegenerwiderung ist typischerweise das schriftliche Verfahren abgeschlossen, es sei denn Streithelfer nehmen am Verfahren teil.

Jeder **Schriftsatz** muss datiert und im **Original** vom Bevollmächtigten oder vom Anwalt der **26** Partei unterzeichnet sein. Schriftsätze sind im Original zusammen mit sämtlichen Anlagen und fünf vollständigen **beglaubigten Kopien** für das Gericht und je einer weiteren beglaubigten Kopie für jede andere beteiligte Partei einzureichen (Art. 37 VerfO EuGH, Art. 43 VerfO EuG). Die Praktischen Anweisungen enthalten weitere detaillierte Vorgaben für die **Präsentation,** den **Inhalt** und die **Länge** der jeweiligen Schriftsätze und Anträge der Parteien (RdNr. 5–49 und 61–92 Praktische Anweisungen (EuG), RdNr. 5–37, 43–44 Praktische Anweisungen (EuGH)), sowie der **Anlagen** (RdNr. 50–54 Praktische Anweisungen (EuG), RdNr. 38–42 Praktische Anweisungen (EuGH)).

EuG und EuGH können jederzeit nach Anhörung die Verbindung mehrerer Rechtssachen **27** zum gemeinsamen schriftlichen oder mündlichen Verfahren oder zu gemeinsamer Entscheidung beschließen. Diese Verfahren werden dann als **verbundene Rechtssachen** geführt (Art. 50 Abs. 1 VerfO EuG, 53 VerfO EuGH).

aa) Klageerhebung. Die Klageerhebung erfolgt durch die Einreichung der **Klageschrift 28** beim Kanzler des Gerichts. Der Klageschrift ist bei Erhebung von Nichtigkeitsklagen der angefochtene Rechtsakt beizufügen und bei Untätigkeitsklagen das Dokument, aus dem sich die Aufforderung zum Tätigwerden nach Art. 265 AEUV ergibt (Art. 21 Satzung EuGH). Die Verfahrensordnungen der Gerichte stellen folgende **Mindestanforderungen** an die Klageschrift: sie muss den Namen und Wohnsitz des Klägers enthalten, den Beklagten bezeichnen, den Streitgegenstand nennen und die Klagegründe kurz darstellen, sowie die Anträge des Klägers enthalten und gegebenenfalls Beweismittel bezeichnen (Art. 44 Abs. 1 VerfO EuG, Art. 38 Abs. 1 VerfO EuGH). In der Klageschrift muss außerdem eine Zustellungsadresse am Ort des Gerichtssitzes, also in Luxemburg, angegeben werden, die jedoch durch Einverständnis zu Zustellungen mittels Telefax ergänzt oder ersetzt werden kann (Art. 44 Abs. 2 VerfO EuG, Art. 38 Abs. 2 VerfO EuGH). Mit der Klageschrift hat der für eine Partei auftretende Anwalt bei der Kanzlei eine Bescheinigung vorzulegen, aus der hervorgeht, dass er berechtigt ist, vor einem Gericht eines Mitgliedstaates oder eines EWR-Landes aufzutreten (Art. 44 Abs. 3 VerfO EuG, Art. 38 Abs. 3 VerfO EuGH). Zusätzlich müssen der Klageschrift die ordnungsgemäß unterzeichnete Prozessvollmacht des Anwalts sowie bei einer juristischen Person des Privatrechts ihre Satzung oder ein neuerer Handelsregister- oder Vereinsregisterauszug oder sonstiger Nachweis ihrer Rechtspersönlichkeit beigefügt sein (Art. 44(5) VerfO EuG, Art. 38(5) VerfO EuGH).

Erfüllt die Klageschrift die formalen Anforderungen des Art. 44 Abs. 3 und Abs. 4 VerfO **29** EuG, bzw. Art. 38 Abs. 3 und Abs. 4 VerfO EuGH, nicht, setzt der Kanzler eine Frist zur

Mängelbehebung. Solange wird die Klageschrift dem Beklagten nicht zugestellt (Art. 45 VerfO EuG, Art. 39 VerfO EuGH). Werden diese Mängel nicht innerhalb der Frist behoben, kann das EuG, bzw. der EuGH entscheiden, dass die Klage aus diesem Grunde unzulässig ist (Art. 44(7) VerfO EuG, Art. 38(7) VerfO EuGH).

30 **bb) Klagebeantwortung.** Der Beklagte muss innerhalb von zwei Monaten nach Zustellung der Klageschrift seine Klagebeantwortung im Verfahren vor dem EuG einreichen (Art. 46 Abs. 1 VerfO EuG) und innerhalb eines Monats beim EuGH, Art. 40 Abs. 1 VerfO EuGH). Auf begründeten Antrag kann diese Frist verlängert werden (Art. 46 Abs. 2 VerfO EuG, Art. 40 Abs. 2 VerfO EuGH). Die Klagebeantwortung muss den Namen und Wohnsitz des Beklagten und die Anträge des Beklagten enthalten sowie die tatsächliche und rechtliche Begründung darstellen und gegebenenfalls die Beweismittel bezeichnen; außerdem gelten die Vorschriften für die Klageschrift über die Zustellungsadresse und die Vorlage von Unterlagen von anwaltlich vertretenen Parteien und juristischen Personen des Privatrechts für die Klagebeantwortung entsprechend (Art. 46 Abs. 1 VerfO EuG, Art. 40 Abs. 1 VerfO EuGH).

31 **cc) Erwiderung und Gegenerwiderung.** Grundsätzlich erhält der Kläger die Gelegenheit zur Erwiderung, die auf das Vorbringen der Klagebeantwortung beschränkt ist, und der Beklagte erhält die Gelegenheit, darauf in der Gegenerwiderung zu antworten. Der Präsident des EuG, bzw. des EuGH bestimmt die jeweiligen Fristen für die Einreichung dieser Schriftsätze (Art. 47 VerfO EuG, Art. 41 VerfO EuGH). Wie bereits dargestellt (siehe oben RdNr. 22), ist die Benennung von Beweismitteln und das Vorbringen neuer Angriffs- und Verteidigungsmittel in diesem Stadium nur in begründeten Ausnahmefällen zulässig.

32 **dd) Streithilfe.** Personen, die ein Interesse am Ausgang eines anhängigen Rechtsstreits geltend machen können, können auf begründeten Antrag hin als Streithelfer zugelassen werden (Art. 40 Satzung EuGH). Die Mitgliedstaaten und die Organe der Union können Verfahren ebenfalls auf Antrag als Streithelfer beitreten. Der **Antrag auf Zulassung als Streithelfer** muss grundsätzlich **innerhalb von sechs Wochen** nach der Veröffentlichung der Klage im ABl. EU, gemäß Art. 115 VerfO EuG, Art. 93 VerfO EuGH gestellt werden. Ein Streithelfer, der weder ein Mitgliedstaat noch ein Organ der EU ist, muss im Zulassungsantrag insbesondere die Umstände vortragen, aus denen sich sein **berechtigtes Interesse am Ausgang des Verfahrens** ergibt, wofür die Gerichte allerdings jedes rechtliche, wirtschaftliche oder politische Interesse ausreichen lassen.[29] Tritt ein **Beihilfeempfänger** (auf Seiten der Kommission) einer Nichtigkeitsklage bei, mit der ein Wettbewerber zB. eine Positiventscheidung anficht, so wird das berechtigte Interesse des Beihilfeempfängers angenommen.[30] Es ergibt sich daraus, dass der Beihilfeempfänger im Falle der Aufhebung der Entscheidung die Wiedereröffnung des Verfahrens und die Rückzahlung der Beihilfen befürchten muss. Weitere **Wettbewerber** werden ebenfalls unproblematisch als Streithelfer in Klagen gegen Genehmigungsentscheidungen zugelassen.[31] **Wettbewerber des Beihilfeempfängers** werden als Streithelfer der Kommission zugelassen, zB. wenn eine Negativentscheidung angefochten wird und die Gewährung der Beihilfe die Wettbewerber in ihrer Wettbewerbsstellung beeinträchtigen würde.[32] **Verbände** werden als Streithelfer zugelassen, wenn es um die Wahrnehmung der ihnen satzungsmäßig auferlegten Mitgliederinteressen geht, oder wenn die Mitglieder ein berechtigtes Interesse am Ausgang des Rechtsstreits haben.[33]

33 Der Antrag ist, nach Ansicht der Kanzlei des EuG, in der jeweiligen Verfahrenssprache zu stellen, wobei sie sich auf Art. 6 Abs. 5 Dienstanweisung für den Kanzler (EuG) beruft. Allerdings hat der EuGH anders entschieden und den Antrag in einer anderen Sprache als der Verfahrenssprache zugelassen.[34] Ein Antrag, der **nach Ablauf der sechswöchigen Frist** aber vor dem Beschluss über

---

[29] Vgl. EuGH, C-151/97 und C-157/97, Slg. 1997, I-3491, RdNr. 53 – National Power ua.; EuG, T-319/05, Slg. 2006, II-2073, RdNr. 20–23 – Schweizerische Eidgenossenschaft/Kommission.

[30] EuG, T-110/97, Slg. 1999, II-2881, RdNr. 3 ff., 33 – Kneissl Dachstein/Kommission.

[31] Vgl. EuG, Verb. Rs. T-371/94 und T-394/94, Slg. 1998, II-2405, RdNr. 7 ff., 27 – British Airways ua./Kommission; EuG, T-243/94, Slg. 1997, II-1893, RdNr. 4 ff., 12 – British Steel/Kommission; EuG T-54/07, Beschluss v. 13. April 2010, noch nicht in der amtlichen Sammlung veröffentlicht, RdNr. 32, 45 – Vtesse Networks/Kommission.

[32] Vgl. *Heidenhain/Soltész* § 46 RdNr. 10 mit Verweis auf EuG, T-126/96 ua., Slg. 1998, II-3437, RdNr. 21 ff. – Breda Fucine Meridionali SpA (BFM) und Ente partecipazioni e finanziamento industria manifatturiera (EFIM)/Kommission.

[33] Vgl. *Heidenhain/Soltész* § 46 RdNr. 12 mit Verweis auf EuGH, 41/73 ua., Slg. 1973, 1465, RdNr. 5 – Général Sucriére; EuGH, 16/62 ua., Slg. 1962, 997 – Conféderation national de producteurs de fruits et légumes.

[34] EuGH, 30/59, Slg. 1960, 99 – De Gezamenlijke Steenkolenmijnen in Limburg/Hohe Behörde, unter Hinweis auf Art. 29 Abs. 1 lit. c VerfO EuGH.

die Eröffnung der mündlichen Verhandlung gestellt wird, kann berücksichtigt werden. Allerdings ist der Streithelfer, dessen spätem Antrag stattgegeben wird, darauf beschränkt in der mündlichen Verhandlung Stellung zu nehmen (Art. 116 Abs. 6 VerfO EuG, Art. 93 Abs. 7 VerfO EuGH). Die anderen Parteien des Verfahrens erhalten Gelegenheit, zum Antrag auf Zulassung Stellung zu nehmen.

Nach der Zulassung der Streithilfe durch Beschluss erhält der Streithelfer, der seine Zulassung **34** innerhalb der sechswöchigen Frist beantragt hatte, Gelegenheit in einem **Streithilfeschriftsatz** gemäß Art. 115 Abs. 4 VerfO EuG, Art. 93 Abs. 5 VerfO EuGH, Stellung zu nehmen. Der Streithelfer ist darauf beschränkt, die Anträge der Partei zu unterstützten deren Streithelfer er ist (Art. 40 Satzung EuGH). Dies stellt jedoch **keine inhaltliche Bindung** dar. Der Streithelfer bleibt also frei, eine Argumentation zu verfolgen, die zu der von der unterstützten Partei vorgebrachten im Widerspruch steht, sofern er die Anträge der Partei unterstützt.[35] Die anderen Parteien erhalten gegebenenfalls Gelegenheit auf den Streithilfeschriftsatz zu antworten.

Gegen die **Ablehnung** der Zulassung der Streithilfe durch das EuG kann binnen zwei Wochen **35** nach Zustellung Rechtsmittel beim EuGH eingelegt werden (Art. 57 Abs. 1 Abs. 3 Satzung EuGH). Über das Rechtsmittel entscheidet der EuGH nach Art. 39 seiner Satzung im abgekürzten Verfahren.

c) Mündliches Verfahren. Vor der mündlichen Verhandlung legt der Berichterstatter dem **36** Gericht seinen **Vorbericht** vor (Art. 52 VerfO EuG, Art. 44 VerfO EuGH). Er erhält Vorschläge zu prozessleitenden Maßnahmen (Art. 64 VerfO EuG, Art. 54 a VerfO EuGH), Beweiserhebungen (Art. 65–67 VerfO EuG, Art. 45–54 VerfO EuGH) oder der Verweisung Art. 52 Abs. 2, Art. 44 Abs. 3 Abs. 4 VerfO EuGH) an einen anderen Spruchkörper innerhalb des Gerichts. **Prozessleitende Maßnahmen** sind insbesondere Fragen an die Parteien, Aufforderung an die Parteien, zu bestimmten Aspekten des Rechtsstreits Stellung zu nehmen oder bestimmte Unterlagen oder Beweisstücke vorzulegen, sowie Informations- oder Auskunftsverlangen an die Parteien oder Dritte (Art. 64 Abs. 2 VerfO EuG). Das Gericht entscheidet über die Vorschläge des Berichterstatters. Wenn keine Maßnahmen oder Beweiserhebungen erforderlich, oder diese abgeschlossen sind, bestimmt der Präsident den Termin für die Eröffnung der mündlichen Verhandlung (Art. 53, 54 VerfO EuG, Art. 44 VerfO EuGH). Der Berichterstatter erstellt darüber hinaus einen **Sitzungsbericht** zur Vorbereitung auf die mündliche Verhandlung (siehe Art. 35 Abs. 5 VerfO EuG, Art. 29 Abs. 5 VerfO EuGH). Dieser Bericht fasst die entscheidungserheblichen Tatsachen, anwendbaren Vorschriften, die Anträge der Parteien und eine Zusammenfassung ihrer Angriffs- und Verteidigungsmittel. Er wird den Richtern, Parteien und anderen Beteiligten etwa drei Wochen vor dem Termin der mündlichen Verhandlung zugeleitet, ua. damit die Parteien tatsächliche Unrichtigkeiten klarstellen können (RdNr. 102, 103 Praktische Anweisungen (EuG), Abschnitt C.1.b Hinweise für Prozessvertreter (EuGH)).

Die **mündliche Verhandlung** findet in öffentlicher Sitzung statt (Art. 31 Satzung EuGH) und **37** wird vom Präsidenten eröffnet, geleitet und geschlossen (Art. 56, 61 Abs. 2 VerfO EuG, Art. 56 Abs. 1 59 Abs. 2 VerfO EuGH). Sie umfasst die Anhörung der Parteien, die Schlussanträge des Generalanwalts und, in Beihilfensachen allerdings relativ selten, die Anhörung von Zeugen und Sachverständigen, (Art. 20 Abs. 4, 53 Satzung EuGH). Die Prozessvertreter der Parteien halten ihr **Plädoyer**. Es beginnt der Kläger, gefolgt vom Beklagten, wonach Gelegenheit zu Replik und Duplik besteht, allerdings nur im Rahmen der vom Gericht für die Plädoyers insgesamt eingeräumten Zeit. Dieser Zeitrahmen ist normalerweise sehr knapp bemessen (normalerweise 15 Minuten für Kläger und Beklagte, RdNr. 100 Praktische Anweisungen EuG, Abschnitt C.5 Hinweise für Prozessvertreter EuGH). In komplexen Verfahren, zu denen auch manche Beihilfensachen gehören, können diese Zeiten jedoch auf begründeten Antrag verlängert werden. Zusätzlich zu den Parteien können auch Streithelfer in der mündlichen Verhandlung Stellung nehmen. Nach den Plädoyers folgen uU. Fragen der Richter und des Generalanwalts sowie die entsprechenden Antworten der Parteien (Art. 58 VerfO EuG, Art. 57 VerfO EuGH). Die Richter des Gerichtes erster Instanz, insbesondere der vorsitzende Richter und der Berichterstatter, nutzen die mündliche Verhandlung regelmäßig, um Fragen in tatsächlicher und rechtlicher Hinsicht zu stellen. Diese sind von dem Prozessvertreter, an die sie gerichtet werden, direkt zu beantworten. Die Gegenseite bekommt Gelegenheit, dazu Stellung zu nehmen. Es kommt in solchen Fällen häufig zu angeregten Rechtsgesprächen zwischen Gericht und Parteien, die im deutschen Verwaltungsprozess eher selten sind. Der Präsident schließt die mündliche Verhandlung.

---

[35] EuG, T-459/93, Slg. 1995, II-1675, RdNr. 20 und 21 – Siemens/Kommission.

38   Einige Wochen später, wiederum in öffentlicher Sitzung, trägt der Generalanwalt dem EuGH seine **Schlussanträge** vor, allerdings können sie vor dem EuG, sofern ausnahmsweise ein Generalanwalt bestimmt worden ist, davon abweichend auch nur in schriftlicher Form vorgelegt werden (Art. 53 Abs. 3 Satzung EuGH). Der Generalanwalt geht darin auf die rechtlichen Fragen des Rechtsstreits ein und schlägt dem Gericht in völliger Unabhängigkeit eine Entscheidung vor. Die Schlussanträge sind am Tag ihrer Verkündung auf der Internetseite des Gerichtshofs verfügbar. Damit ist das mündliche Verfahren abgeschlossen.

39   **d) Urteil.** Die Richter beraten die Ergebnisse des schriftlichen und mündlichen Verfahrens auf der Grundlage des nach Abschluss des mündlichen Verfahrens vom Berichterstatter erstellten **Entscheidungsentwurfs.** Die Entscheidungen der Gerichte werden mit **Stimmenmehrheit** gefasst (Art. 33 Abs. 5 VerfO EuG, Art. 37 Abs. 5 VerfO EuGH); etwaige abweichende Meinungen werden nicht aufgeführt. **Beratungen** der Gerichte bleiben geheim (Art. 35 Satzung EuGH). **Urteile** sind zu begründen und werden in öffentlicher Sitzung verkündet (Art. 36, 37 Satzung EuGH, 81, 82 VerfO EuG, 83–84 VerfO EuGH). Sie sind ebenfalls am Tag ihrer Verkündung auf der Internetseite des Gerichtshofs verfügbar. Urteile des EuGH werden am Tag ihrer Verkündung rechtskräftig (Art. 65 VerfO EuGH) und Urteile des EuG wirksam (Art. 83 VerfO EuG). Urteile des EuG sind nach Maßgabe des Art. 56 der Satzung des EuGH mit dem **Rechtsmittel** beim EuGH anfechtbar. Rechtsmittel haben keine aufschiebende Wirkung (Art. 60 Satzung EuGH).

40   **4. Überblick über die Verfahrensarten in Beihilfensachen. a) Hauptsacheverfahren.** Bei den Verfahrensarten vor den Gerichten ist grundsätzlich zwischen den direkten Klagen (Nichtigkeits-, Untätigkeits-, Schadensersatzklagen, Vertragsverletzungsverfahren) einerseits und dem Vorabentscheidungsverfahren vor dem EuGH andererseits zu unterscheiden. Diese bilden ein in sich geschlossenes Rechtsschutzsystem auf EU-Ebene (siehe unten RdNr. 43).

41   Die Klageverfahren stehen auch sogenannten nichtprivilegierten Klägern (also Klägern, die nicht Organe der Union oder Mitgliedstaaten) direkt zur Verfügung. In Beihilfensachen sind **Nichtigkeitsklagen** gegen Entscheidungen der Kommission die weitaus häufigste Klageart. Die Nichtigkeitsklage gemäß Art. 263 AEUV (Art. 230 EG) entspricht in etwa der deutschen verwaltungsgerichtlichen Anfechtungsklage.

42   Dazu treten die für Beihilfeempfänger, Wettbewerber und beihilfegewährende Stellen ebenfalls statthaften Untätigkeits- und Schadenersatzklagen gegen die Kommission. Mit der **Untätigkeitsklage** gemäß Art. 265 AEUV (Art. 232 EG) wird die Rechtmäßigkeit der Untätigkeit eines Organs, einer Einrichtung oder sonstigen Stelle der Union überprüft. Sie ist also das Pendant der deutschen verwaltungsgerichtlichen Verpflichtungsklage im EU-Recht. Mit der **Schadensersatzklage** nach Art. 268, 240 Abs. 2 AEUV (Art. 235, 288 Abs. 2 EG) aus außervertraglicher Haftung der Organe oder Bediensteten der Union können insbesondere Behilfenempfänger und Wettbewerber wegen einer rechtswidrigen Beihilfenentscheidung oder einem Unterlassen der Kommission erlittene Schäden ersetzt verlangen.

43   Direktklagen von nichtprivilegierten Klägern unterliegen bestimmten Zulässigkeitsvoraussetzungen. Sind diese nicht erfüllt, hat der Kläger keinen direkten Zugang zu Rechtsschutz vor den EU-Gerichten. Trotzdem ist der EuGH in ständiger Rechtsprechung der Auffassung, dass der AEUV **ein vollständiges System von Rechtsbehelfen und Verfahren,** das die Kontrolle der Rechtmäßigkeit der Handlungen der Organe gewährleisten soll, geschaffen hat. In diesem System haben nämlich natürliche oder juristische Personen, die wegen der Zulässigkeitsvoraussetzungen des Art. 263 Abs. 4 AEUV EU-Handlungen nicht unmittelbar anfechten können, die Möglichkeit, je nach den Umständen des Falles die Ungültigkeit solcher Handlungen entweder inzident nach Art. 277 AEUV in bereits anhängigen Verfahren vor den EU-Gerichten oder aber vor den nationalen Gerichten geltend zu machen und die nationalen Gerichte, die nicht selbst die Ungültigkeit der genannten Handlungen feststellen können,[36] zu veranlassen, dem Gerichtshof insoweit Fragen zur Vorabentscheidung vorzulegen.[37] Es ist somit Sache der Mitgliedstaaten, ein System von nationalen Rechtsbehelfen und Verfahren vorzusehen, mit dem die Einhaltung des Rechts auf effektiven gerichtlichen Rechtsschutz gewährleistet werden kann (jetzt ausdrücklich auch Art. 19 Abs. 1 EUV).[38]

---

[36] EuGH, 314/85, Slg. 1987, 4199, RdNr. 15 – Foto Frost.
[37] EuGH, C-50/00, Slg. 2002, I-6677, RdNr. 40 – UPA/Kommission; EuGH, C-263/02 P, Slg. 2004, I-3425, RdNr. 30 – Kommission/Jégo-Quéré.
[38] EuGH, C-50/00, Slg. 2002, I-6677, RdNr. 41 – UPA/Kommission; EuGH, C-263/02 P, Slg. 2004, I-3425, RdNr. 31 – Kommission/Jégo-Quéré.

Das **Vorabentscheidungsverfahren** nach Art. 267 AEUV (Art. 234 EG) ist dadurch cha- **44** rakterisiert, dass nationale Gerichte dem EuGH entscheidungserhebliche Fragen aus laufenden Verfahren vorlegen, die die Auslegung des EU-Rechts oder die Gültigkeit oder Auslegung von Handlungen der Organe, Einrichtungen oder sonstigen Stellen der Union betreffen. Dieses Verfahren ist Ausdruck der Zusammenarbeit des Gerichtshofs mit den Gerichten der Mitgliedstaaten.

Schließlich steht den Organen der Union und den Mitgliedstaaten grundsätzlich das **Ver- 45 tragsverletzungsverfahren** nach Art. 258 bzw. Art. 259 AEUV (Art. 226 bzw. Art. 227 EG) zur Verfügung. In diesem Verfahren prüft der EuGH, ob die Mitgliedstaaten ihren EU-rechtlichen Verpflichtungen nachgekommen sind. Dieses Verfahren kann von der Kommission – dies ist in der Praxis der häufigste Fall – oder von einem Mitgliedstaat eingeleitet werden. Der Anrufung des EuGH geht grundsätzlich ein von der Kommission geführtes Vorverfahren voraus, das dem Mitgliedstaat Gelegenheit gibt, sich zu den gegen ihn erhobenen Vorwürfen zu äußern. Führt dieses Vorverfahren nicht zur Abstellung der Vertragsverletzung durch den Mitgliedstaat, kann beim Gerichtshof eine Vertragsverletzungsklage erhoben werden.

Das allgemeine Vertragsverletzungsverfahren nach Art. 258, 259 AEUV ist jedoch in Beihil- **46** fensachen nicht anwendbar.[39] Für Vertragsverletzungsverfahren in Beihilfensachen gilt das **besondere Vertragsverletzungsverfahren des Art. 108 Abs. 2 AEUV** (Art. 88 Abs. 2 EG). Es ermöglicht der Kommission oder jedem anderen interessierten Mitgliedstaat den EuGH direkt anzurufen, wenn ein Mitgliedstaat einer an ihn gerichteten Entscheidung nicht nachkommt. Das Vertragsverletzungsverfahren in Beihilfensachen ist wegen des Sachzusammenhangs mit der Beihilfenrückforderung im Rahmen der Durchsetzung des Beihilfeverbots durch die Kommission kommentiert.[40]

Stellt der EuGH eine Vertragsverletzung fest, so ist der Mitgliedstaat verpflichtet, sie unver- **47** züglich abzustellen. Stellt der Gerichtshof nach einer erneuten Anrufung durch die Kommission fest, dass der betreffende Mitgliedstaat seinem Urteil nicht nachgekommen ist, so kann er ihm die Zahlung eines Pauschalbetrags und/oder Zwangsgelds auferlegen (Art. 260 AEUV, vormals Art. 228 EG).

b) Rechtsmittel. Gegen Endurteile des EuG, sowie gegen Teilurteile (Urteile über einen **48** abtrennbaren Teil des Streitgegenstandes) oder Zwischenurteile über Einreden der Unzuständigkeit oder Unzulässigkeit des EuG, das erstinstanzlich für Nichtigkeits-, Untätigkeits- und Schadensersatzklagen zuständig ist, kann beim EuGH gemäß Art. 256 Abs. 1 AEUV (Art. 225 Abs. 1 EG) und Art. 56 Abs. 1 der Satzung des EuGH **Rechtsmittel** eingelegt werden. Ebenso kann das Rechtsmittel gegen Entscheidungen des EuG im Verfahren des einstweiligen Rechtsschutzes oder mit denen die Zulassung als Streithelfer abgelehnt wurde, eingelegt werden (Art. 57 Satzung EuGH).

Das Rechtsmittel kann von den Parteien eingelegt werden, die mit ihren Anträgen ganz oder **49** teilweise unterlegen sind (Art. 56 Abs. 2 Satzung EuGH). Es ist innerhalb von 2 Monaten einzulegen (Art. 57 Abs. 2 Satzung EuGH).

Das Rechtsmittel ist **auf Rechtsfragen beschränkt,** kann nicht nur gegen Kostenentschei- **50** dungen oder -festsetzungen erhoben werden, und hat **keine aufschiebende Wirkung** (Art. 58 Abs. 1 S. 1 und Abs. 2, 60 Satzung EuGH), hemmt aber den Eintritt der Rechtskraft. **Rechtsmittelgründe** können nur die Unzuständigkeit des Gerichts, Verfahrensfehler, die die Interessen des Rechtsmittelführers beeinträchtigt haben, und die Verletzung von EU-Recht sein (Art. 58 Abs. 1 S. 2 EG-Satzung). Bezüglich Verfahrensfehler überprüft der Gerichtshof die Einhaltung der Verfahrensvorschriften aus der Satzung des EuGH und der VerfO des EuG sowie die Beachtung der allgemeinen Rechtsgrundsätze des EU-Rechts.[41] Für die Feststellung von Tatsachen, sofern sich nicht aus den Prozessakten ergibt, dass diese fehlerhaft war, und für ihre Würdigung ist das EuG zuständig.[42] Allerdings stellt die rechtliche Qualifizierung von Tatsachen eine Rechtsfrage dar, die vom Gerichtshof überprüft werden kann.[43]

---

[39] Vgl. dazu auch *Grabitz/Hilf/Karpenstein/Karpenstein* Art. 226 EG RdNr. 11 und 12; *von der Groeben/Schwarze/Gaitanides* Art. 230 EG RdNr. 77–80.

[40] Vgl. die Kommentierung zu Art. 108 AEUV, RdNr. 107 ff.

[41] Vgl. EuGH, C-283/90, Slg. 1994, I-4339, RdNr. 29 – Vidrányi/Kommission.

[42] EuGH, C-8/95, Slg. 1998, I-3175, RdNr. 25 – New Holland Ford/Kommission; EuGH, C-265/97, Slg. 2000, I-2095, RdNr. 139 – VBA/Florimex.

[43] EuGH, C-136/92, Slg. 1994, I-1981, RdNr. 49 – Kommission/Brazzelli; EuGH, C-39/93, Slg. 1994, I-2681, RdNr. 26 – SFEI/Kommission.

51   Die formellen Anforderungen an die **Rechtsmittelschrift** entsprechen im Wesentlichen denen an die Klageschrift (siehe oben RdNr. 26 und 28). Es reicht jedoch nicht aus, hinsichtlich der Begründung der Rechtmittelgründe auf die Ausführungen im erstinstanzlichen Verfahren zu verweisen. Im ersten Rechtszug geprüfte Rechtsfragen können erneut aufgeworfen werden, wenn der Rechtsmittelführer die Auslegung oder Anwendung des EU-Rechts durch das Gericht beanstandet.[44]

52   Ist das Rechtsmittel zulässig und begründet, hebt der EuGH die Entscheidung des EuG auf. Wenn die Sache entscheidungsreif ist, entscheidet der EuGH selbst, anderenfalls verweist er sie an das EuG zurück, das an die rechtliche Beurteilung des EuGH gebunden ist (Art. 61 Satzung EuGH).

53   **c) Besondere Verfahrensarten.** Das **beschleunigte Verfahren** ermöglicht es dem EuG und dem EuGH, in äußerst dringlichen Fällen eine schnelle Entscheidung zu treffen, indem Fristen verkürzt und bestimmte Verfahrensstufen ausgelassen werden. Es ist in Art. 23a der Satzung des EuGH vorgesehen und in Art. 76a VerfO EuG und Art. 62a VerfO EuGH näher geregelt. Die Gerichte können auf Antrag einer der Parteien und nach Anhörung der anderen Parteien und des Generalanwalts entscheiden, ob eine besondere Dringlichkeit die Anwendung des beschleunigten Verfahrens rechtfertigt. Ein beschleunigtes Verfahren ist auf Antrag des vorlegenden nationalen Gerichts auch in Vorlageverfahren möglich.

54   Das EuG hat zwar eine Entscheidung im beschleunigten Verfahren in einer Beihilfensache getroffen (das Urteil erging innerhalb von 8 Monaten),[45] allerdings war im Fünfjahreszeitraum von 2005–2009 keiner der drei in Beihilfensachen beim EuG gestellten Anträge auf Entscheidung im beschleunigten Verfahren erfolgreich.[46] Auch wenn diesem Verfahren in anderen Bereichen Bedeutung zukommt, wird dies in Beihilfensachen auch in der Zukunft kaum der Fall sein. Dem stehen die sehr komplexen tatsächlichen und rechtlichen Fragen entgegen, die Beihilfesachen regelmäßig aufwerfen, und die sich schlicht nicht für eine Entscheidung im beschleunigten Verfahren eignen. Dies ist insoweit bedauerlich, als das beschleunigte Verfahren die Lücke füllen könnte, die besteht, da einstweiliger Rechtsschutz in Beihilfensachen nur sehr schwer zu erlangen ist (siehe dazu die Kommentierung zum einstweiligen Rechtsschutz, RdNr. 196 ff.).

55   Das **Verfahren für den Erlass einstweiliger Anordnungen** nach Art. 279 AEUV (Art. 243 EG) ist in Art. 39 der Satzung des EuGH sowie den Art. 104–110 VerfO EuG und Art. 83–90 VerfO EuGH näher geregelt. Die Klageerhebung vor den EU-Gerichten hat keine aufschiebende Wirkung. Das EuG kann allerdings nach Klageerhebung die Durchführung einer solchen Entscheidung aussetzen oder andere einstweilige Anordnungen treffen.

II. Hauptsacheverfahren in Beihilfensachen

56   **1. Allgemeines.** Parteien des mehrstufigen beihilfenrechtlichen Genehmigungsverfahrens sind lediglich der Mitgliedstaat und die Kommission. Aus der Mehrstufigkeit wie aus der sehr begrenzten Möglichkeit Dritter, am Genehmigungsverfahren teilzunehmen, ergeben sich Besonderheiten und Schwierigkeiten des Rechtsschutzes Dritter (für Empfänger ebenso wie für Beschwerdeführer, die nationale beihilfengewährende Stelle und sonstige Dritte), insbesondere hinsichtlich des statthaften Klagegegenstandes, der Klagebefugnis sowie der Klagefrist, da Verfahrenshandlungen Dritten nicht notwendigerweise mitgeteilt oder zugestellt werden. Problematisch ist ebenfalls die Frage, ob das Handeln oder Unterlassen der Kommission in Hinblick auf Beschwerden angegriffen werden kann, wenn die Kommission dem Beschwerdeführer lediglich mit Verwaltungsschreiben antwortet und kein förmliches Verfahren eröffnet. Soweit diese oder sonstige Fragen in verschiedenen Verfahrensarten relevant sind, werden sie dort erörtert, wo sie in der Systematik der Darstellung das erste Mal auftreten. Im Weiteren wird sodann auf diese Ausführungen verwiesen.

2. Nichtigkeitsklage, Art. 263, 264 AEUV (ex Art. 230, 231 EG)

57   **Art. 263 AEUV**

Der Gerichtshof der Europäischen Union überwacht die Rechtmäßigkeit der Gesetzgebungsakte sowie der Handlungen des Rates, der Kommission und der Europäischen Zentralbank, soweit es sich

---

[44] EuGH, C-321/99, Slg. 2002, I-4287, RdNr. 49, mwN. – ARAP/Kommission.
[45] EuG, T-195/01, Slg. 2002, II-2309 – Government of Gibraltar/Kommission.
[46] Jahresbericht des Gerichtshofs 2009, Rechtsprechungsstatistiken – Gericht erster Instanz.

nicht um Empfehlungen oder Stellungnahmen handelt, und der Handlungen des Europäischen Parlaments und des Europäischen Rates mit Rechtswirkung gegenüber Dritten. Er überwacht ebenfalls die Rechtmäßigkeit der Handlungen der Einrichtungen oder sonstigen Stellen der Union mit Rechtswirkung gegenüber Dritten.

Zu diesem Zweck ist der Gerichtshof der Europäischen Union für Klagen zuständig, die ein Mitgliedstaat, das Europäische Parlament, der Rat oder die Kommission wegen Unzuständigkeit, Verletzung wesentlicher Formvorschriften, Verletzung der Verträge oder einer bei seiner Durchführung anzuwendenden Rechtsnorm oder wegen Ermessensmissbrauchs erhebt.

Der Gerichtshof der Europäischen Union ist unter den gleichen Voraussetzungen zuständig für Klagen des Rechnungshofs, der Europäischen Zentralbank und des Ausschusses der Regionen, die auf die Wahrung ihrer Rechte abzielen.

Jede natürliche oder juristische Person kann unter den Bedingungen nach den Absätzen 1 und 2 gegen die an sie gerichteten oder sie unmittelbar und individuell betreffenden Handlungen sowie gegen Rechtsakte mit Verordnungscharakter, die sie unmittelbar betreffen und keine Durchführungsmaßnahmen nach sich ziehen, Klage erheben.

In den Rechtsakten zur Gründung von Einrichtungen und sonstigen Stellen der Union können besondere Bedingungen und Einzelheiten für die Erhebung von Klagen von natürlichen oder juristischen Personen gegen Handlungen dieser Einrichtungen und sonstigen Stellen vorgesehen werden, die eine Rechtswirkung gegenüber diesen Personen haben.

Die in diesem Artikel vorgesehenen Klagen sind binnen zwei Monaten zu erheben; diese Frist läuft je nach Lage des Falles von der Bekanntgabe der betreffenden Handlung, ihrer Mitteilung an den Kläger oder in Ermangelung dessen von dem Zeitpunkt an, zu dem der Kläger von dieser Handlung Kenntnis erlangt hat.

Art. 264 AEUV   58

Ist die Klage begründet, so erklärt der Gerichtshof der Europäischen Union die angefochtene Handlung für nichtig.

Erklärt der Gerichtshof eine Handlung für nichtig, so bezeichnet er, falls er dies für notwendig hält, diejenigen ihrer Wirkungen, die als fortgeltend zu betrachten sind.

a) Einführung. Die Nichtigkeitsklage gemäß Art. 263 AEUV (Art. 230 EG) entspricht in **59** etwa der deutschen verwaltungsgerichtlichen Anfechtungsklage. Mit der Nichtigkeitsklage beantragt der Kläger die Nichtigerklärung einer Handlung eines Organs, einer Einrichtung oder sonstigen Stelle der Union, in beihilfenrechtlichen Sachen einer Entscheidung der Kommission oder des Rates. Das EuG ist im ersten Rechtszug für diese Klagen zuständig. Ihre Erhebung ist fristgebunden und unterliegt besonderen Voraussetzungen an die Betroffenheit von nichtprivilegierten Klägern; dies sind insbesondere natürliche und juristische Personen. Ist die Klage begründet, erklärt das EuG die angefochtene Entscheidung für nichtig (Art. 264 AEUV, vormals Art. 231 EG). Damit ist das die Entscheidung verantwortende Organ der Union verpflichtet, sämtliche sich daraus erbebenden Maßnahmen zu ergreifen (Art. 266 AEUV, vormals Art. 233 EG).

b) Zulässigkeit. Kläger müssen die Zulässigkeit ihrer Klage hinreichend substantiieren. **60** Gerade bei Nichtigkeitsklagen im Beihilfenrecht spielt die Zulässigkeit häufig eine wichtige Rolle.[47] Die Kommission erhebt gelegentlich auch förmliche Unzulässigkeitseinreden, allerdings prüfen die Gerichte die Erfüllung der Zulässigkeitsvoraussetzung in jedem Fall von Amts wegen.

aa) Klagegegenstand. Nach ständiger Rechtsprechung können nur solche Handlungen Ge- **61** genstand einer Nichtigkeitsklage sein, welche geeignet sind, die Interessen des Klägers dadurch zu beeinträchtigen, dass sie seine Rechtsstellung in qualifizierter Weise verändern, die also verbindliche Rechtswirkungen haben.[48] Dies umfasst alle Handlungen der Organe, Einrichtungen und sonstigen Stellen der Union, die dazu bestimmt sind, Rechtswirkungen zu erzeugen, unabhängig von der Rechtsnatur oder der Form dieser Handlungen.[49] Nichtigkeitsklagen im Beihilfenrecht richten sich mehrheitlich gegen Handlungen der Kommission im Beihilfenverfahren.[50]

---

[47] Siehe *Mederer/Pesaresi/van Hoof/Grespan*, Challenges to Commission decisions, 3.321–3.370.

[48] EuGH, 60/81, Slg. 1981, 2639, RdNr. 9 – IBM/Kommission; EuGH, C-313/90, Slg. 1993 I-1125, RnNr. 26 – CIRFS/Kommission; EuG, T-112/99, Slg. 2001, II-2459, RdNr. 35, mwN. – Métropole Télévision, M6 ua./Kommission.

[49] EuGH, 22/70, Slg. 1971, 263, RdNr. 42 – Kommission/Rat; EuG, T-353/00, Slg. 2003, II-1729, RdNr. 77 – Le Pen/Parlament.

[50] Für einen Überblick der anfechtbaren Handlungen speziell im Beihilfenrecht siehe auch *Quigley*, European State aid law and policy, 488–494.

62 **α) Endentscheidungen.** Unproblematisch mit der Nichtigkeitsklage anfechtbar sind Entscheidung, mit der die Beihilfe nach **Abschluss des förmlichen Prüfverfahrens** genehmigt wird (Art. 7 Abs. 2 VO 659/1999, „**Positiventscheidung**") oder untersagt („**Negativentscheidung**", Art. 7(5) VO 659/1999) oder nur unter Auflagen oder Bedingungen genehmigt wird („**mit Bedingungen und Auflagen verbundene Entscheidung**", Art. 7 Abs. 4 VO 659/1999), bzw. festgestellt wird, dass keine Beihilfe vorliegt (Art. 7 Abs. 2 VO 659/1999), da sie zweifellos Rechtswirkungen erzeugen. Klagegegenstand ist auch für Dritte, zB. Wettbewerber, immer **die an den Mitgliedstaat gerichtete Entscheidung** der Kommission. Auch der Beschwerdeführer, dem die Kommission auf seine Beschwerde hin mitteilt, sie habe entschieden, es läge keine Beihilfe vor, sie erhebe keine Einwände gegen eine Beihilfe oder habe eine Positiventscheidung getroffen, kann nicht das an ihn gerichtete Schreiben anfechten, sondern muss gegen die an den Mitgliedstaat gerichtete Entscheidung klagen.[51]

63 Unproblematisch und in ständiger Rechtsprechung anerkannt ist ebenfalls, dass die Entscheidung über den **Abschluss des vorläufigen Prüfverfahrens** nach Art. 4 Abs. 2 und Abs. 3 VO 659/1999, dass **keine Beihilfe vorliegt, oder die Beihilfe mit dem Binnenmarkt vereinbar** ist („Entscheidung, keine Einwände zu erheben"), endgültige Rechtswirkung hat, die darin liegt, dass die Kommission ihre Prüfung ohne förmliches Prüfverfahren abschließt. Somit können solche Entscheidungen Gegenstand einer Nichtigkeitsklage sein.[52] Der EuGH hat jedoch in einem Fall eine Entscheidungen der Kommission für nicht anfechtbar erklärt, die eine Maßnahme **alternativ entweder als Beihilfe oder Nichtbeihilfe** eingeordnet hat, da die Kommission die Frage der Einordnung offen ließ und die Maßnahme auch sofern sie eine Beihilfe darstelle für mit dem Binnenmarkt vereinbar erklärte. Die streitige Begründung stellte nach Auffassung des EuGH keinen tragenden Grund des verfügenden Teils der beschwerenden Maßnahme dar, weil die Kommission keine abschließende Stellungnahme dazu abgegeben hatte, ob und in welchen Einzelfällen Tatsachen vorliegen, die die Beihilfenatur der Maßnahme begründen.[53]

64 Anfechtbar sind auch Entscheidungen, mit denen die Kommission feststellt, dass die Maßnahme keine neue Beihilfe sondern eine bestehende Beihilfe ist, oder zum umgekehrten Ergebnis gelangt.[54] Ebenso stellt die **Genehmigungsfiktion** nach Art. 4(6) VO 659/1999 ein Klagegegenstand dar, da die bewusste Entscheidung der Kommission, nicht tätig zu werden, die Fiktion herbeiführt.[55]

65 **β) Eröffnung des förmlichen Prüfverfahrens.** Die Entscheidung, mit der die Kommission das förmliche Prüfverfahren eröffnet, schließt zwar das vorläufige Prüfverfahren ab, nimmt jedoch die Endentscheidung am Ende des förmlichen Verfahrens in keiner Weise voraus. Sie stellt daher eine Zwischenentscheidung dar, die normalerweise keinen statthaften Klagegegenstand der Nichtigkeitsklage darstellt.[56]

66 Ausnahmsweise sind solche Entscheidungen jedoch mit der Nichtigkeitsklage anfechtbar, nämlich wenn und soweit sie **selbständige Rechtswirkungen** entfalten, die **nicht nur vorläufiger Natur** sind. Dies ist von den Gerichten in den folgenden Fallgruppen anerkannt worden, in denen die Rechtswirkung der Eröffnungsentscheidung darin besteht, dass der betreffende Mitgliedstaat die beabsichtigte Maßnahme nach Art. 108 Abs. 3 AEUV nicht durchführen darf, bevor die Kommission eine abschließende Entscheidung erlassen hat („Durchführungsverbot"): (a) Die Kommission stellt in ihrer Eröffnungsentscheidung fest, dass die Maßnahme entgegen der Auffassung des Mitgliedstaates ein neue und keine bestehende Beihilfe ist. In diesem

---

[51] EuGH, C-367/95 P, Slg. 1998, I-1717, RdNr. 45 – Kommission/Sytraval; EuG, T-82/96, Slg. 1999, II-1889, RdNr. 28, mwN. – ARAP/Kommission.

[52] EuGH, C-367/95 P, Slg. 1998, I-1717, RdNr. 40 – Kommission/Sytraval; EuG, T-82/96, Slg. 1999, II-1889, RdNr. 28 – ARAP/Kommission.

[53] EuGH, C-164/02, Slg. 2004, I-1177, RdNr. 18–25 – Niederlande/Kommission; die Klage gegen die teilweise Einordnung der Maßnahme als Beihilfe, sofern Begünstigte der Maßnahme auch Unternehmen im Sinne von Art. 107 Abs. 1 AEUV sein könnten, war mangels anfechtbarer Handlung unzulässig. Dies erscheint insbesondere im Hinblick auf den Rechtsschutz Dritter problematisch; aus anderen Gründen kritisch zu diesem Urteil auch *Soltéz/Lippstreu* EWS 2009, 153, 157 (Fn 40).

[54] EuG, T-82/96, Slg. 1999, II-1889, RdNr. 28 – ARAP/Kommission, bestätigt in EuGH, C-321/99, Slg. 2002, I-4287, RdNr. 49 – ARAP/Kommission.

[55] *Heidenhain/Soltész* § 44 RdNr. 6; *Koenig/Kühling/Ritter* RdNr. 400; *Bartosch* ZIP 2000, 601, 604; *Nunez-Müller/Kaman* EWS 1999, 332, 337.

[56] Siehe auch *Heidenhain/Soltész* § 42 RdNr. 15 mwN.; EuG, T-87/09 Beschluss v. 25. November 2009, noch nicht in der amtlichen Sammlung veröffentlicht, RdNr. 50–63 – Jørgen Andersen/Kommission.

Fall heilt auch eine abschließende Genehmigung der Beihilfe nicht die unter Verstoß gegen das Durchführungsverbot ergangenen Durchführungsmaßnahmen.[57] Außerdem kann der Verstoß gegen das Durchführungsverbot vor nationalen Gerichten geltend gemacht werden. Dies gilt gleichermaßen, (b) wenn die Kommission feststellt, dass eine Maßnahme eine nach Art. 108 Abs. 3 AEUV anmeldepflichtige Umgestaltung einer bestehenden Beihilferegelung darstellt[58] oder (c) die Kommission eine Maßnahme in der Eröffnungsentscheidung, entgegen der Meinung des Mitgliedstaats, als Beihilfe qualifiziert.[59]

Allerdings ist der Prüfungsumfang des Gerichts in diesen Fällen auf die Feststellungen in der **67** Eröffnungsentscheidung begrenzt.[60] Das Gericht prüft also nicht die in der Eröffnungsentscheidung vorgenommene vorläufige Beurteilung der Vereinbarkeit der Beihilfe mit Art. 107 Abs. 3 AEUV, sondern beschränkt sich auf die Überprüfung der Qualifizierung als neue Beihilfe bzw. darauf, ob die von der Kommission vorgenommene Würdigung des Beihilfencharakters zutreffend war.[61]

Eine rechtlich erhebliche Andersqualifizierung dürfte auch vorliegen, wenn die Kommission **68** eine Beihilfe als bestehend einordnet und in ihrer Mitteilung zum Ausdruck bringt, dass die Beihilfe mit dem Binnenmarkt vereinbar ist, obwohl der Beschwerdeführer in seiner Beschwerde von dem Vorliegen einer neuen Beihilfe ausging. Mit einer solchen Mitteilung bringt die Kommission zum Ausdruck, dass sie sich eine abschließende Meinung über die Vereinbarkeit der Beihilfe gebildet hat. Die darin zum Ausdruck kommende Entscheidung sollte der Beschwerdeführer in entsprechender Anwendung des Urteils in der Sache *Athinaïki Techniki* mit der Nichtigkeitsklage anfechten können. Fraglich und ebenfalls bisher nicht von den EU-Gerichten entschieden ist jedoch, ob dies auch gilt, wenn die Kommission stattdessen in ihrer Mitteilung deutlich macht, dass und welche zweckdienlichen Maßnahmen sie dem Mitgliedstaat vorgeschlagen hat. Dagegen spricht, dass der Beschwerdeführer die Verletzung des Durchführungsverbots vor nationalen Gerichten geltend machen kann. Für die Zulässigkeit der Nichtigkeitsklage spricht jedoch, dass nur so die Einheitlichkeit der Anwendung des EU-Beihilfenrechts gewährt ist und mögliche Widersprüche zwischen der Kommissionsentscheidung und Entscheidungen nationaler Gerichte vermieden werden. Diesem Ergebnis ist der Vorzug zu geben.

γ) **Anordnungen der Kommission. Aussetzungsanordnungen** der Kommission und **69** **einstweilige Rückforderungsanordnungen** (Art. 11 Abs. 1 und Abs. 2 VO 659/1999) sind unmittelbar verbindlich, erzeugen Rechtswirkungen und können somit Gegenstand einer Nichtigkeitsklage sein.[62]

Dagegen sind **Anordnungen zur Auskunftserteilung** (Art. 10 Abs. 3 VO 659/1999) blo- **70** ße vorbereitende Maßnahmen, die nicht selbstständig angefochten werden können. Eine Klage gegen die das Verfahren abschließende Entscheidung bietet hinreichend Schutz.[63] Dies erscheint zutreffend, da die Kommission im Beihilfenrecht, anders als bei Auskunftsersuchen durch Entscheidung im Rahmen der Befugnisse der Kommission zur Durchführung von Art. 101 und 102 AEUV (Art. 81, 82 EG), bei Nichtbeantwortung einer Anordnung zur Auskunftserteilung das Verfahren auf der Grundlage der verfügbaren Informationen weiter betreiben oder abschließen kann[64] (durch Eröffnung des förmliche Prüfverfahrens oder Endentscheidung).

---

[57] EuGH, C-312/90, Slg. 1992, I-4117, RdNr. 20–23 – Spanien/Kommission; EuGH, C-47/91, Slg. 1992, I-4154, RdNr. 29, Italien/Kommission; EuGH, C-400/99, Slg. 2001, I-7303, RdNr. 55–62 – Italien/Kommission („Tirrenia").

[58] EuG, T-195/01 ua., Slg. 2002, II-2309, RdNr. 80–86 – Gibraltar/Kommission.

[59] EuGH, C-400/99, Slg. 2001, I-7303, RdNr. 69 – Italien/Kommission („Tirrenia"); EuG, T-269/99 ua., Slg. 2002, II-4217, RdNr. 36–38 – Territorio Historico/Kommission; EuG, T-126/96 ua., Slg. 1998, II-3437, RdNr. 43 – BFM und EFIM/Kommission; kürzlich erneut bestätigt in EuG, T-332/06, Urt. v. 25. März 2009, noch nicht in der amtlichen Sammlung veröffentlicht, RdNr. 35–36 – Alcoa Transformazioni/Kommission.

[60] Vgl. auch *Soltész* EWS 2003, 167, 169–171, der auch auf den oft eher bregrenzten praktischen Nutzen der Anfechtung von Eröffnungsentscheidungen hinweist.

[61] EuG, T-126/96 ua., Slg. 1998, II-3437, RdNr. 43 – BFM und EFIM/Kommission; ausführlich dazu *Heidenhain/Soltész* § 42 RdNr. 19 ff.

[62] Siehe EuGH, C-400/99, Slg. 2001, I-7303, RdNr. 51 – Italien/Kommission („Tirrenia"), wo EuGH bezüglich einer Aussetzungsanordnung unkommentiert gegen die Auffassung der Generalanwältin Stix-Hackl entschieden hat, Schlussanträge, RdNr. 60–62; vgl. auch *Heidenhain/Soltész* § 42 RdNr. 23; *Koenig/Kühling/Ritter* RdNr. 400.

[63] *Heidenhain/Soltész* § 42 RdNr. 25.

[64] EuG, verb. Rs. T-254/00, T-270/00 und T-277/00, Urt. v. 28. November 2008, noch nicht in der amtlichen Sammlung veröffentlicht, RdNr. 212–213 mwN. – Hotel Cipriani ua./Kommission.

71 δ) **Maßnahmen der Kommission betreffend bestehende Beihilfen.** Sofern die Kommission eine Maßnahme im Rahmen von Endentscheidungen, bzw. von Entscheidungen zur Eröffnung des förmlichen Prüfverfahrens, als bestehende Beihilfe einordnet, oder entgegen der Auffassung des Mitgliedstaates als neue Beihilfe, ist ein zulässiger Klagegrund gegeben (siehe oben RdNr. 62, 64 sowie 66, 68).[65]

72 Die Einleitung des Verfahrens bezüglich bestehender Beihilfen sowie der Vorschlag zweckdienlicher Maßnahmen (Art. 17 Abs. 2 bzw. Art. 18 VO 659/1999) erzeugen keine unmittelbaren Rechtswirkungen. Die Verfahrenseinleitung ist lediglich vorbereitender Natur und der Vorschlag zweckdienlicher Maßnahmen der Kommission bedarf zu seiner Wirksamkeit der Annahme durch den Mitgliedstaat und ist für sich genommen nicht mit der Nichtigkeitsklage anfechtbar.[66]

73 Stimmt der Mitgliedstaat dem Vorschlag zweckdienlicher Maßnahmen zu, prüft die Kommission die entsprechenden Zusagen des Mitgliedstaats und sofern diese die Vereinbarkeit der Beihilfe mit dem Binnenmarkt gewährleisten, hält die Kommission dies fest und unterrichtet den Mitgliedstaat entsprechend, woraufhin dieser verpflichtet ist, die Maßnahmen umzusetzen (Art. 19 Abs. 1 VO 659/1999). Mit dieser Unterrichtung des Mitgliedstaates hat die Kommission entschieden, das eingeleitete Verfahren abzuschließen (ohne sich der Befugnis zu begeben, zukünftig die Vereinbarkeit der Maßnahme mit dem Binnenmarkt nach Art. 108 Abs. 1 AEUV zu überprüfen). Diese Entscheidung ist verbindlich und von Dritten mit der Nichtigkeitsklage anfechtbar (mangels Beschwer aber nicht vom Mitgliedstaat).[67]

74 Stimmt der Mitgliedstaat den zweckdienlichen Maßnahmen der Kommission nicht zu, ist die Einleitung des förmlichen Prüfverfahrens durch die Kommission nur dann ausnahmsweise anfechtbar, wenn der Mitgliedstaat darauf beharrt, dass es sich nicht um eine Beihilfe handelt. Ansonsten handelt es sich lediglich um eine vorbereitende Maßnahme.[68] Für den Fall, dass die Kommission in der Eröffnungsentscheidung die vorläufige Qualifizierung als bestehende Beihilfe entgegen einer Beschwerde vornimmt, die von einer neuen Beihilfe ausging, ist jedoch fraglich, ob diese Entscheidung für den Beschwerdeführer anfechtbar ist (siehe oben RdNr. 68).

75 ε) **Sonstige Mitteilungen gegenüber dem Mitgliedstaat.** Mitteilungen der Kommission während des laufenden Verwaltungsverfahrens sind in der Regel vorläufige Handlungen, die der Vorbereitung des Abschlusses des Verfahrens dienen, und erzeugen keine selbständigen Rechtswirkungen. Sofern die Kommission jedoch nach dem Abschluss des Verfahrens eine Mitteilung an einen Mitgliedstaat richtet, die eine verbindliche Regelung trifft, zB. nach Art. 9 Abs. 4 VO 659/1999 den bei der Rückforderung von Beihilfen zugrunde zu legenden Zinssatz bestimmt, so stellt diese Mitteilung einen statthaften Klagegegenstand der Nichtigkeitsklage dar.[69]

76 ζ) **Ablehnung und Nichtverfolgung von Beschwerden.** Lehnt die Kommission eine Beschwerde durch eine an den Mitgliedstaat gerichtete Entscheidung ab und teilt dies dem Beschwerdeführer mit (Art. 20 Abs. 2 S. 3 VO 659/1999), kann der Beschwerdeführer die an den Mitgliedstaat gerichtete Entscheidung nach ständiger Rechtsprechung mit der Nichtigkeitsklage anfechten.[70]

77 Trifft die Kommission jedoch keine Entscheidung gegenüber dem Mitgliedstaat, war bis zum Urteil des EuGH in der Sache *Athinaïki Techniki*[71] fraglich, ob die **Mitteilung** an den Beschwerdeführer, die **Beschwerde nicht weiter zu verfolgen,** mit der Nichtigkeitsklage angefochten werden kann oder der Beschwerdeführer lediglich Untätigkeitsklage erheben kann.[72] Enthält eine solche Mitteilung an den Beschwerdeführer eine klare und ausdrückliche Beurteilung der Maßnahme, zB. dass die Maßnahme nicht unter die Beihilfenvorschriften des Vertrages fällt

---

[65] *Conte,* Liber Amicorum Francisco Santaollala Gadea, 289, 302–304.

[66] EuG, T-354/05, Urt. v. 11. 3. 2009, noch nicht in der amtlichen Sammlung veröffentlicht, RdNr. 65 – TF1/Kommission; EuG, T-330/94, Slg. 1996, II-1475, RdNr. 35 – Salt-Union/Kommission.

[67] EuG, T-354/05, Urt. v. 11. 3. 2009, noch nicht in der amtlichen Sammlung veröffentlicht, RdNr. 68–73 – TF1/Kommission; siehe auch *Conte,* Liber Amicorum Francisco Santaollala Gadea, 289, 305–306.

[68] *Heidenhain/Soltész* § 42 RdNr. 26 ff., § 43 RdNr. 31 ff., § 44 RdNr. 81.

[69] EuG, verb. Rs. T-273/06 und T-297/06, Urt. v. 1. Juli 2009, noch nicht in der amtlichen Sammlung veröffentlicht, RdNr. 65–66 – ISD Polska/Kommission.

[70] EuGH, C-367/95 P, Slg. 1989 I-1719, RdNr. 41 – Kommission/Sytraval und Brink's France; EuG, 178/94 II-2529, RdNr. 52 – ATM/Kommission.

[71] EuGH, C-521/06 P, Slg. 2008, I-5829 – Athinaïki Techniki/Kommission.

[72] Zusammenfassend zu den verschiedenen in der Literatur dazu vertretenen Ansichten, *Lorenz,* EWS 2008, 505–506 mwN.

oder keine Beihilfe im Sinne des Art. 107 Abs. 1 AEUV ist, dann enthält diese Mitteilung nach Auffassung des EuG eine Entscheidung nach Art. 4 Abs. 2 VO 659/1999 und kann mit der Nichtigkeitsklage angefochten werden.[73]

Dagegen hat das EuG in der Vergangenheit entschieden, dass eine Mitteilung der Nichtver- **78** folgung einer Beschwerde nach Art. 20 Abs. 2 keine anfechtbare Handlung ist, wenn sie keine Beurteilung der Maßnahme enthält und die Kommission dem Beschwerdeführer lediglich mitteilt, dass *„in Anbetracht der ihr vorliegenden Informationen keine ausreichenden Gründe [bestehen], zu dem Fall eine Auffassung zu vertreten"* (Art. 20 Abs. 2 S. 2 VO 659/1999).[74] Nach Auffassung des EuG hat die Kommission ihren Standpunkt zu einer Maßnahme nicht endgültig festgelegt und festgestellt, ob es sich um eine Beihilfe handelt oder nicht, wenn die Kommission dem Beschwerdeführer schriftlich mitteilt, dass sie *„[m]angels zusätzlicher Informationen, die die Fortsetzung der Untersuchung rechtfertigen würden, [...] die Angelegenheit [...] zu den Akten gelegt [hat]"*.[75] In diesen Fällen hat das EuG den Kläger ausdrücklich auf die Möglichkeit verwiesen, Untätigkeitsklage zu erheben.

Der EuGH hat im Rechtsmittelverfahren in der Sache *Athinaïki Techniki* dagegen festgestellt, **79** dass die Klage gegen die dieser Mitteilung zugrundeliegende Entscheidung zulässig war. Er hat die anfechtbare Entscheidung in dem Entschluss der Kommission gesehen, das Verfahren nicht fortsetzen zu wollen.[76] Mit dem mitgeteilten Entschluss habe die Kommission entschieden, dass die Maßnahme keine Beihilfe sei und damit eine Entscheidung im Sinne von Art. 4 Abs. 2 iVm. Art. 13 Abs. 1 und Art. 20 Abs. 2 S. 3 VO 659/1999 getroffen.[77] Der EuGH führt aus, dass es sich nicht um eine vorbereitende Handlung handelte, weil ihr im Rahmen des Verfahrens keine weitere Handlung folge, es käme also nicht darauf an, dass der Beschwerdeführer aufgerufen worden war, ergänzende Angaben zu machen, um die Kommission zur Fortsetzung des Verfahrens zu bewegen.[78] Solche Angaben könnten zwar die Kommission dazu verpflichten, ein neues Verwaltungsverfahren einzuleiten, was aber keinen Einfluss darauf habe, dass das ursprüngliche Verwaltungsverfahren bereits abgeschlossen sei.[79] Diese Auffassung dürfte die Kommission kaum teilen, entspricht es doch ihrer Verwaltungspraxis, beim Auftreten neuer Tatsachen Verfahren wieder aufzunehmen, die sie zu den Akten gelegt hatte, und nicht etwa neue Verfahren zu eröffnen. Die Kommission hat jedenfalls nach Zurückverweisung der nunmehr zulässigen Nichtigkeitsklage das ursprüngliche Verwaltungsverfahren im Fall *Athinaïki Techniki* wieder aufgenommen.[80] Für die Kommission bedeutet das Urteil des EuGH im Fall *Athinaïki Techniki* darüber hinaus, dass jede Nichtweiterverfolgung einer Beschwerde mit der Nichtigkeitsklage anfechtbar ist. Dies erweitert den Rechtsschutz von Beschwerdeführern und stärkt ihre Rolle im Verwaltungsverfahren erheblich, da der Druck auf die Kommission steigt, gerade auch in Fällen sorgfältig zu ermitteln, in denen Beschwerdeführer Schwierigkeiten haben, konkrete Information beizubringen, auch wenn die Kommissionspraxis und Rechtsprechung zu diesem Punkt noch nicht ganz einheitlich zu seien scheinen.[81]

Ob die **Mitteilung** der Kommission an den Beschwerdeführer, es handele sich um eine **be-** **80** **stehende und keine neue Beihilfe,** lediglich eine Mitteilung nach Art. 20 Abs. 2 VO 569/1999 ist, die nicht mit der Nichtigkeitsklage angefochten werden kann, ist dagegen noch fraglich. Das EuG hat im Fall *NDSHT* die Ansicht vertreten, dass eine solche Mitteilung selbst dann nicht mit der Nichtigkeitsklage angefochten werden kann, wenn sich aus der Mitteilung ergibt, dass die Kommission entschieden hat, die Beschwerde nicht weiterzuverfolgen.[82] Eine

---

[73] EuG, T-351/02, Slg. 2006, II-1047, RdNr. 47–63 mwN. – Deutsche Bahn/Kommission.

[74] EuG, T-182/88, Slg. 1999, II-2857, RdNr. 39 – UPS/Kommission; EuG, T-46/97, Slg. 2000, II-2125, RdNr. 44–49 – SIC/Kommission; EuG, T-94/09, Slg 2006, II-73, RdNr. 27–30 – Athinaïki Techniki/ Kommission.

[75] EuGH, T-94/05, Slg. 2006, I-73, RdNr. 7 und 29 – Athinaïki Techniki/Kommission.

[76] EuGH, C-521/06 P, Slg. 2008, I-5829, RdNr. 47–52 – Athinaïki Techniki/Kommission.

[77] EuGH, C-521/06 P, Slg. 2008, I-5829, RdNr. 60 – Athinaïki Techniki/Kommission.

[78] EuGH, C-521/06 P, Slg. 2008, I-5829, RdNr. 54–55 – Athinaïki Techniki/Kommission.

[79] EuGH, C-521/06 P, Slg 2008, I-5829, RdNr. 57 – Athinaïki Techniki/Kommission.

[80] Siehe RdNr. 29 des Einstellungsschlusses des EuG, T-94/05, ABl 2009 C 233/14, noch nicht in der amtlichen Sammlung veröffentlicht – Athinaïki Techniki/Kommission. Der Rechtsstreit ist damit jedoch noch nicht beendet. Der Beschwerdeführer hat gegen diesen Beschluss Rechtsmittel beim EuGH eingelegt (EuGH, C-362/09 P, anhängig seit 11. 9. 2009 – Athinaïki Techniki/Kommission).

[81] Vgl. *Nehl* EStAL 2009, 401, 412 mwN.

[82] EuG, T-153/06, Urt. v. 9. 6. 2009, noch nicht in der amtlichen Sammlung veröffentlicht, RdNr. 54 ff. – NDSHT Nya Destination Stockholm Hotell & Teaterpaket/Kommission.

entsprechende Mitteilung stellt nach der Auffassung des EuG auch keine Weigerung dar, das förmliche Prüfverfahren einzuleiten, denn dies ist auf bestehende Beihilfen nur nach Maßgabe des Art 19 Abs. 2 VO 659/1999 anwendbar, also wenn ein Mitgliedstaat zweckdienliche Maßnahmen, die die Kommission für erforderlich hält, abgelehnt hat und nicht bereits unmittelbar, wenn die vorläufige Prüfung ergibt, dass es sich um eine bestehende Beihilfe handelt. Das EuG hält eine solche Mitteilung auch dann nicht für anfechtbar, wenn die Kommission in ihrem Schreiben deutlich macht, das Verfahren nach Art. 108 Abs. 1 AEUV nicht einleiten zu wollen, da die bestehende Beihilfe mit dem Binnenmarkt vereinbar sei.[83] Bestehende Beihilfe können bis zu ihrer Unvereinbarkeitserklärung weiter angewandt werden, und die Überprüfung bestehender Beihilfen steht im Ermessen der Kommission. Das EuG hat sehr klar gemacht, dass Beschwerdeführer keine Möglichkeit haben sollen, von der Kommission eine anfechtbare Entscheidung darüber zu erwirken, ob eine bestehende Beihilfe mit dem Binnenmarkt vereinbar ist oder nicht.[84] Die Kommission sei nicht verpflichtet, eine Entscheidung zu treffen, wenn sie zu dem vorläufigen Ergebnis kommt, dass eine Beschwerde keine rechtswidrigen, sondern bestehende Beihilfen betrifft. Art. 4 VO 659/1999 und Art. 17–19 der VO 659/1999 sehen keine entsprechende Entscheidung vor. Schließlich kann der Beschwerdeführer eine gerichtliche Nachprüfung vor nationalen Gerichten erwirken, die zur Durchsetzung des Durchführungsverbotes befugt sind, sofern sie es für verletzt erachten.

81   Der Beschwerdeführer hat Rechtsmittel gegen das Urteil des EuG im Fall *NDSHT* eingelegt.[85] Es bleibt also abzuwarten, ob der EuGH auch hier den Rechtsschutz von Beschwerdeführern weiter ausbauen wird oder aber die Überprüfung bestehender Beihilfen weiterhin vollständig der Kommission überlässt. In der Sache *Athinaïki Techniki* hat der EuGH ausgeführt, dass es für die Feststellung einer Entscheidung nach Art. 4 VO 659/1999 darauf ankommt, *„ob die Kommission, wenn man das Wesen der Handlung und die Absicht diese Organs betrachtet, mit der untersuchten Handlung am Ende der Vorprüfungsphase ihren Standpunkt zu der angezeigten Maßnahme endgültig festgelegt und somit festgestellt hat, dass es sich um eine Beihilfe oder nicht um eine Beihilfe handelt und dass Zweifel in Bezug auf deren Vereinbarkeit mit dem Gemeinsamen Markt bestehen oder nicht bestehen."*[86] Wendet man diese Formel auf eine Mitteilung wie in der Sache *NDSHT* an, dürfte diese Rechtsschutzlücke geschlossen werden, jedenfalls wenn die Einordnung als bestehende Beihilfe mit der Bestätigung ihrer Vereinbarkeit einhergeht. Darüber hinaus gibt es gute Gründe, die Anfechtbarkeit der Einordnung einer Maßnahme als bestehende Beihilfe grundsätzlich zu bejahen, wenn der Beschwerdeführer geltend gemacht hat, es handele sich um eine rechtswidrige neue Beihilfe, denn in einem solchen Fall beinhaltet die Einordnung als bestehende Beihilfe immer auch die Ablehnung der Eröffnung des förmlichen Verfahrens nach Art. 108 Abs. 2 AEUV.[87]

82   **bb) Klagebefugnis.** Bei der Nichtigkeitsklage ist hinsichtlich der Klagebefugnis zunächst zwischen privilegierten (voll- und teilprivilegierten, Art. 263 Abs. 2 und Abs. 3 AEUV) und nichtprivilegierten Klägern (Art. 263 Abs. 4 AEUV) zu unterscheiden.[88]

83   **α) Privilegierte Kläger.** Die Mitgliedstaaten, das Europäische Parlament, der Rat und die Kommission sind als **vollprivilegierte Kläger** nach Art. 263 Abs. 2 AEUV immer klagegefugt. Sie müssen nicht unmittelbare und individuelle Betroffenheit oder die Verletzung eigener Rechte geltend machen. Mitgliedstaaten im Sinne des Art. 263 Abs. 2 AEUV sind allerdings nach ständiger Rechtsprechung nur der Gesamtverband Mitgliedstaat und nicht dessen Teilgebiete, autonome Regionen oder sonstige staatliche Stellen, wie die deutschen Bundesländer und Gemeinden. Sie können aber als juristische Personen nach Art. 263 Abs. 4 AEUV klagebefugt sein, sofern sie nach nationalem Recht mit Rechtspersönlichkeit ausgestattet sind.[89] Die **teilpri-**

[83] EuG, T-153/06, Urt. v. 9. 6. 2009, noch nicht in der amtlichen Sammlung veröffentlicht, RdNr. 69 – NDSHT Nya Destination Stockholm Hotell & Teaterpaket/Kommission.
[84] EuG, T-153/06, Urt. v. 9. 6. 2009, noch nicht in der amtlichen Sammlung veröffentlicht, RdNr. 57 – NDSHT Nya Destination Stockholm Hotell & Teaterpaket/Kommission.
[85] EuGH, C-322/09 P, ABl. 2009 C 233/12 – NDSHT Nya Destination Stockholm Hotell & Teaterpaket/Kommission.
[86] EuGH, C-521/06 P, Slg. 2008, I-5829, RdNr. 46 – Athina ki Techniki/Kommission.
[87] Siehe auch EuGH, C-521/06 P, Slg. 2008, I-5829, RdNr. 61 – Athinaïki Techniki/Kommission; in diesem Sinne auch *Conte,* Liber Amicorum Francisco Santaolalla Gadea, 289, 306–307.
[88] Allgemein zu Fragen der Klagebefugnis, *von der Groeben/Schwarze/Gaitanides* Art. 230 EG RdNr. 37–100.
[89] EuG, T-214/95, Slg. 1998, II-717, RdNr. 28 f. – Vlaamse Gewest/Kommission; EuG, T-132/96 ua., Slg. 1999, II-3663, RdNr. 89 ff. – Sachsen-VW/Kommisssion.

vilegierten Kläger des Art. 263 Abs. 3 AEUV, der Rechnungshof und die Europäische Zentralbank, sind klagebefugt, sofern sie Klage zur Wahrung ihrer eigenen Rechte erheben, spielen im Beihilfenrecht aber keine Bedeutung.

β) **Nichtprivilegierte Kläger.** Nichtprivilegierte Kläger der Nichtigkeitsklage sind nach **84** Art. 263 Abs. 4 AEUV alle natürlichen und juristischen Personen, die nicht zu den privilegierten Klägern gehören. **Natürliche Personen** können unabhängig von ihrer Staatsangehörigkeit und ihrem Wohnsitz oder Aufenthaltsort Nichtigkeitsklage erheben, sofern sie die sonstigen Voraussetzungen der Klagebefugnis erfüllen. Der Begriff der **juristischen Person** umfasst neben juristischen Personen, die nach dem auf sie anwendbaren nationalen Recht Rechtspersönlichkeit haben, auch sonstige Vereinigungen, die zur Wahrnehmung kollektiver Interessen einer Gruppe gegründet wurden, wie zB. Berufsvereinigungen, Gewerkschaften und Unternehmensverbände.[90]

Nichtprivilegierte Kläger sind nur dann klagebefugt, wenn die angefochtene Entscheidung an **85** sie ergangen ist oder sie von der angefochtenen Handlung unmittelbar und individuell betroffen sind. Art. 263 Abs. 4 AEUV ermöglicht, nach Änderung durch den Vertrag von Lissabon, auch Klagen nichtprivilegierter Kläger gegen Rechtsakte mit Verordnungscharakter, wenn der Kläger nicht individuell betroffen ist, was aber im Beihilfenrecht keine direkte Anwendung finden dürfte.[91]

Entscheidungen und sonstige anfechtbare Handlungen, die an nichtprivilegierte Kläger als **86** Adressaten gerichtet sind, kommen im Beihilfenrecht normalerweise nicht vor. So ist zB. nicht die Mitteilung der Nichtverfolgung einer Beschwerde anfechtbar, sondern die zugrundeliegende damit übermittelte Entscheidung der Kommission über die Rechtsnatur der Beihilfe (dies gilt auch, wenn die Kommission eine solche Entscheidung nicht an den Mitgliedstaat gerichtet hat und dem Beschwerdeführer lediglich die Nichtverfolgung mitteilt).[92] Beihilfenentscheidungen sind grundsätzlich an Mitgliedstaaten gerichtet, nicht an die die Beihilfe gewährende Stelle. Daher kommt es für die Klagebefugnis nichtprivilegierter Kläger im Beihilfenrecht regelmäßig darauf an, ob sie geltend machen können, durch die angefochtene Handlung **unmittelbar und individuell betroffen** zu sein.[93] Einer Verletzung eigener Rechte wie für die Klagebefugnis nach deutschem Verwaltungsrecht bedarf es dafür allerdings nicht. Es reicht aus, dass der Kläger durch die angefochtene Handlung beschwert ist und zu denjenigen gehört, in deren rechtlich relevante Interessen die angefochtene Handlung eingreift.[94]

Das **Kriterium der unmittelbaren Betroffenheit** verhindert, dass Personen klagen kön- **87** nen, die nur potentiell betroffen sind, bzw. dass Klagen gegen Handlungen erhoben werden, die noch weiterer Durchführungsmaßnahmen bedürfen.[95] Ihm ist genüge getan, wenn die angefochtene Handlung den Kläger ohne das Hinzutreten weiterer Umstände beeinträchtigt und die Aufhebung der angefochtenen Handlung automatisch zum Wegfall der Beschwer führt. Dies ist bei Entscheidungen über Einzelbeihilfen anerkannt, obwohl auch diese Entscheidungen vom Mitgliedstaat erst noch durchgeführt werden müssen, weil an der Durchführung durch den Mitgliedstaat mangels Ermessen keine Zweifel bestehen. Problematisch ist das Kriterium hingegen bei allgemeinen Beihilferegelungen.

Das **Kriterium der individuellen Betroffenheit** ist nach der sogenannten **Plaumann-** **88** **Formel** erfüllt, wenn die angefochtene Handlung den Kläger, der nicht selbst Adressat der Entscheidung ist, wegen bestimmter persönlicher Eigenschaften oder besonderer, ihn aus dem Kreis aller übrigen Personen heraushebender Umstände berührt und ihn dadurch in ähnlicher Weise individualisiert wie den Adressaten.[96]

αα) **Sonstige staatliche Stellen.** Sonstige staatliche Stellen, dh. solche die nicht den Mit- **89** gliedstaat als Ganzes vertreten, sind unmittelbar betroffen, wenn eine anfechtbare Handlung der Kommission im Beihilfenrecht, wie zB. eine Negativentscheidung, sie direkt daran hindert, eine

---

[90] *von der Groeben/Schwarze/Gaitanides* Art. 230 EG RdNr. 45–46.

[91] Siehe auch *Kreuschitz*, Liber Amicorum Santaolalla Gadea, 369, 378 (Fn. 20).

[92] EuGH, C-521/06 P, Slg. 2008, I-5829, RdNr. 47–52 – Athinaïki Techniki/Kommission.

[93] Ausführlich dazu Mederer/Pesaresi/Van Hoof/*Grespan*, Challenges to Commission decisions, 3.321–3.370, sowie Rydelski/*Jankovec/Kronenberger*, Third parties in State aid litigation: locus standi and procedural guarantees, 705–755.

[94] *von der Groeben/Schwarze/Gaitanides* Art. 230 EG RdNr. 48.

[95] *Grabitz/Hilf/Booß* Art. 230 EG RdNr. 50–51.

[96] EuGH, C-25/62, Slg. 1363, 213, 238 – Plaumann/Kommission; kritisch zur Anwendung durch den EuGH allgemein und speziell in EuGH, C-50/00, Slg. 2002, I-6677 – Pequeños Agricultores v Council: *Schohe* EWS 2002, 424–426.

Beihilfe zu gewähren, oder sie dazu zwingt, ein Rückforderungsverfahren einzuleiten, und dem Mitgliedstaat bei der Weiterleitung der Entscheidung an die staatliche Stelle zur Beachtung oder Ausführung kein Ermessen verbleibt oder er keines ausübt.[97] Dagegen besteht keine unmittelbar Betroffenheit, wenn ein solches Ermessen, zB. bei der Umsetzung von Auflagen, für den Mitgliedstaat besteht.[98]

90   Individuell betroffen sind sonstige staatliche Stellen von anfechtbaren Handlungen der Kommission im Beihilfenrecht, wenn sie autonome Befugnisse genießen und die Regierung des Mitgliedstaats nicht in der Lage ist, ihre Verwaltung und Politik in Beihilfeangelegenheiten zu bestimmen oder in die Ausübung dieser Befugnisse einzugreifen, also zB. wenn die staatliche Stelle Beihilfen aus eigenen finanziellen Mitteln gewährt hat und sie aufgrund einer Kommissionsentscheidung unmittelbar daran gehindert wird, ihre eigenen Befugnisse in der von ihr gewünschten Weise auszuüben.[99]

91   ββ) **Beihilfeempfänger.** Die zu den sonstigen staatlichen Stellen erläuterten allgemeinen Grundsätze gelten auch für die Klagebefugnis des Empfängers einer Einzelbeihilfe (siehe RdNr. 89, 90). Auch als Nichtadressat ist er zur Anfechtung einer Negativentscheidung oder der Eröffnung des förmlichen Prüfverfahrens[100] (unter den oben dargelegten Voraussetzungen) über eine für ihn bestimmte **Einzelbeihilfe** klagebefugt. Er ist unmittelbar betroffen, da der Mitgliedstaat, bzw. die die Beihilfe gewährende staatliche Stelle kein Ermessen bei der Beachtung des Durchführungsverbotes, bzw. der Nichtgewährung und Rückforderung der Beihilfe hat.[101] Seine individuelle Betroffenheit nach der Plaumann-Formel ist ebenso gegeben, da er als Empfänger hinreichend individualisiert ist. Dies gilt nicht nur bei *ad-hoc* Beihilfen, sondern auch für Beihilfen, die zwar auf allgemeinen Regelungen beruhen, bei denen aber der Beihilfeempfänger bereits tatsächlich individualisiert worden ist.[102]

92   Die Beurteilung der Klagebefugnis von Beihilfeempfängern bei Entscheidungen über **Beihilferegelungen** ist dagegen komplexer. Die unmittelbare Betroffenheit wird nur dann generell bejaht, wenn sich die angefochtene Entscheidung automatisch auf die Rechtsstellung des Beihilfeempfängers auswirkt, ihre Durchführung also unmittelbar erfolgt und sich aus der EU-Regelung ergibt.[103] Das ist jedenfalls dann der Fall, wenn der Kläger bereits einen **Anspruch auf die Beihilfe** hatte oder zweifelsfrei einen solchen Anspruch gehabt hätte und die Beihilfe aufgrund der angefochtenen Handlung nicht mehr gewährt werden kann oder zurückzufordern ist.[104]

93   Die Frage der individuellen Betroffenheit von Beihilfeempfängern durch Entscheidung der Kommission über Beihilferegelungen ist dagegen schwieriger zu beurteilen. Die individuelle Betroffenheit des (potentiellen) Beihilfeempfängers ist von der Rechtsprechung bisher verneint worden, wenn sich die Entscheidung als Maßnahme von allgemeiner Tragweite darstellt, die auf objektiv bestimmte Sachverhalte Anwendung findet und rechtliche Wirkungen gegenüber allgemein und abstrakt beschriebenen Personengruppen entfaltet. Eine Beteiligung im Verwaltungsverfahren ist nicht ausreichend. So war ein Gartenbaubetrieb, der von einem Vorzugstarif für Erdgas für Gartenbaubetriebe profitierte, den die Kommission untersagte, nicht individuell

---

[97] EuG, T-214/95, Slg. 1998, II-717, RdNr. 29 – Vlaams Gewest/Kommission; EuG, T-288/97, Slg. 1999, II-1871, RdNr. 32 – Friuli Venezia Giulia/Kommission; EuG, T-132/96 ua., Slg. 1999, II-3663, RdNr. 84–88 – Sachsen-VW/Kommisssion.

[98] EuGH, 222/83, Slg. 1984 I391, RdNr. 12 – Differdange/Kommission.

[99] So bejaht für die Bundesländer vgl. EuG, T-132/96 ua., Slg. 1999, II-3663, RdNr. 84 ff. und 91 – Sachsen-VW/Kommisssion, für die flämische Gemeinschaft in Belgien, vgl. EuG, T-214/95, Slg. 1998, II-717, RdNr. 29 – Vlaams Gewest/Kommission, und für die Autonome Gemeinschaft des Baskenlandes, vgl. EuG, T-127/99 ua., Slg. 2002, II-1275, RdNr. 50–55 – Territorio Histórico/Kommission. Verneint für eine deutsche Medienanstalt in EuG T-24/06, Urt. v. 6. Oktober 2009, noch nicht in der amtlichen Sammlung veröffentlicht, RdNr. 44–56 – Medienanstalt Berlin-Brandenburg/Kommission.

[100] Ausführlich zur Anfechtungsmöglichkeit von Eröffnungsentscheidungen durch Beihilfeempfänger, siehe *Soltész* EWS 2003, 167–172.

[101] *Heidenhain/Soltész* § 43 RdNr. 3 mwN.

[102] Vgl. zB. EuGH, C-15/98 ua., Slg. 2000, I-8855, RdNr. 43 – Sardegna Lines/Kommission; EuG, T-127/99 ua., Slg. 2002, II-1275, RdNr. 112–113 – Territorio Histórico/Kommission.

[103] *Grabitz/Hilf/Booß* Art. 230 EG RdNr. 63; sowie *Quigley*, European State aid law and policy, 505.

[104] EuGH, C-519/07 P, Urt. v. 17. 9. 2009, noch nicht in der amtlichen Sammlung veröffentlicht, RdNr. 48–49 – Kommission/Koninklijke FrieslandCompina; EuG, T-9/98, Slg. 2001, II-3367, RdNr. 47 – Mitteldeutsche Erdöl-Raffinerie GmbH/Kommission. Siehe ausführlicher zur unmittelbaren Betroffenheit und kritisch zur Rechtsprechung sofern sie über die klaren Fälle hinausgeht, *Kreuschitz*, Liber Amicorum Santaolalla Gadea, 369, 371–377.

von der Negativentscheidung der Kommission betroffen.[105] Auch eine Fluggesellschaft, die eine steuerliche Sonderabschreibung für Fluggesellschaften in Anspruch nahm, deren Verlängerung von der Kommission abgelehnt wurde, war von dieser Entscheidung der Kommission nicht individuell betroffen.[106]

Im Sinne der Plaumann-Formel hinreichend individualisiert und daher individuell betroffen **94** sind dagegen Empfänger, deren Zahl oder Individualität zum Zeitpunkt der Kommissionsentscheidung bestimmt oder feststellbar war,[107] zB. in Fällen, in denen sie bereits empfangene Zahlungen zurückzahlen mussten.[108] Die individuelle Betroffenheit eines potentiellen Beihilfeempfängers ist darüber hinaus auch gegeben, wenn tatsächliche Umständen vorliegen, die den Kläger aus dem Kreis der übrigen Marktteilnehmer herausheben, die von einer generellen Maßnahme unmittelbar betroffen sind, so etwa, wenn die Klägerin eine besondere Rolle im Verwaltungsverfahren der Kommission gespielt hat und ihre spezielle Situation Gegenstand der Diskussionen zwischen Kommission und Mitgliedstaat im Beihilfenverfahren war.[109] Darüber hinaus wird die Klagebefugnis angenommen, wenn der Kläger auf Grund einer allgemeinen Regelung Zuschüsse erhalten hatte und diese wegen der angefochtenen Entscheidung zurückzahlen muss, auch wenn diese Regelung eine Vielzahl von Unternehmen betrifft, die in der nationalen Beihilferegelung nur nach abstrakten Kriterien bestimmt wurden.[110]

Diese Rechtsprechung ist bedauerlicherweise sehr kasuistisch und räumt einem Beihilfeempfän- **95** ger nur in Einzelfällen eine Klagebefugnis gegen Entscheidungen der Kommission ein, die ohne weitere Umsetzung durch den Mitgliedstaat Ansprüche des Beihilfeempfängers vernichten oder schmälern. Anfechtbar sind solche Entscheidungen nach der bisherigen Rechtsprechung für den Beihilfeempfänger lediglich dann, wenn er bereits einen Bewilligungsbescheid bekommen hat, deutlich als ein Empfänger individualisiert oder zweifellos individualisierbar war, bzw. wenn seine spezielle Situation eingehend im Verfahren zwischen Mitgliedstaat und Kommission diskutiert worden ist.

Den Gerichten ist durchaus bewusst, dass die besprochene Rechtsprechung zu erheblichen **96** Rechtsschutzlücken führt, wenn das nationale Recht keine Klagemöglichkeiten eröffnet. Dies haben die Gerichte bisher jedoch hingenommen und darauf verwiesen, dass es Sache der Mitgliedstaaten ist für ergänzenden Rechtsschutz auf nationaler Ebene zu sorgen.[111] Art. 19 Abs. 1 EUV bestimmt jetzt ausdrücklich, dass die Mitgliedstaaten die erforderlichen nationalen Rechtsbehelfe schaffen, damit ein wirksamer Rechtsschutz gewährleistet ist. Noch ist unklar, ob der durch den Vertrag von Lissabon geänderte Artikel 263 Abs. 4 AEUV die Klagemöglichkeiten von Beihilfeempfängern gegen Entscheidungen zu Beihilferegelungen verbessern wird. Artikel 263 Abs. 4 AEUV räumt eine Klagebefugnis gegen Rechtsakte mit Verordnungscharakter ein, die den Kläger unmittelbar betreffen und keine Durchführungsmaßnahmen nach sich ziehen, ohne die Notwendigkeit einer individuellen Betroffenheit. Entscheidungen der Kommission gegenüber Mitgliedstaaten zu Beihilferegelungen haben zwar an sich keinen Verordnungscharakter, für eine entsprechende Einräumung der Klagebefugnis spräche allerdings die Parallelität der Situation in diesen Fallgestaltungen.[112]

γγ) **Wettbewerber.** Wettbewerber sind zweifellos unmittelbar betroffen, wenn Einzelbei- **97** hilfen von der Kommission genehmigt werden. Kann der Empfänger über die Beihilfe verfü-

---

[105] EuGH, 67/85 ua., Slg. 1988, 219, RdNr. 14–15 – Van der Kooy/Kommission.

[106] EuG, T-86/96, Slg. 1999, II-179 RdNr. 45–46 – Arbeitsgemeinschaft Deutscher Luftfahrt-Unternehmen und Hapag-Lloyd Fluggesellschaft mbH/Kommission.

[107] Siehe EuGH, C-6/92, Slg. 1993, I-6357, RdNr. 15 – Federmineraria/Kommission, wo dies jedoch tatsächlich nicht der Fall war.

[108] EuG, verb. Rs. T-254/00, T-270/00 und T- 277/00, Urt. v. 28. November 2008, noch nicht in der amtlichen Sammlung veröffentlicht, RdNr. 73–112 – Hotel Cipriani ua./Kommission; EuG, T-55/99, Slg. 2000, 11–3207, RdNr. 24–25 – CETM/Kommission.

[109] Vgl. EuG, T-9/98, Slg. 2001, II-3367, RdNr. 78–84 – Mitteldeutsche Erdöl-Raffinerie/Kommission.

[110] EuG, T-55/99, Slg. 2000, II-3207, RdNr. 25 – CETM/Kommission; EuG, T-335/08, Urt. v. 1. Juli 2010, noch nicht in der amtlichen Sammlung veröffentlicht, RdNr. 67–74 – BNP Paribas/Kommission; vgl. außerdem *Heidenhain/Soltész* § 43 RdNr. 16 ff.

[111] EuGH, C-263/02 P, Slg. 2004, I-3425, RdNr. 29–38 – Kommission/Jégo-Quéré; EuGH, C-50/00, Slg. 2002, I-6677, RdNr. 44–45 – UPA/Kommission; EuG, T-86/96, Slg. 1999, II-179 RdNr. 52 – Arbeitsgemeinschaft Deutscher Luftfahrt-Unternehmen und Hapag-Lloyd Fluggesellschaft mbH/Kommission.

[112] Siehe aber grundsätzlich kritisch zu einer weiten Auslegung des Kriteriums „Verordnungscharakter" vor dem Hintergrund der Systematik des AEUV und der Entstehungsgeschichte der Änderung des Art. 263 AEUV, *König/Nguyen* ZJS 2008, 140, 143; in diesem Sinne auch *Kreuschitz*, Liber Amicorum Santaolalla Gadea, 369, 378 (Fn. 20).

gen, ist die Markstellung des Konkurrenten im Wettbewerb direkt beeinträchtigt.[113] Eines Nachweises, dass die Mittel tatsächlich im Wettbewerb verwandt werden, bedarf es nicht. Selbst wenn die Beihilfe noch nicht zur Auszahlung gekommen ist, gehen EuG und EuGH davon aus, dass Wettbewerber unmittelbar von der Genehmigungsentscheidung der Kommission betroffen sind, sofern die Absicht der nationalen Behörden, die Beihilfe zu gewähren, außer Zweifel steht, zB. wenn die Beihilfen bereits bewilligt sind oder ihrer Bewilligung nichts mehr im Wege steht.[114] Bei Beihilferegelungen sind diese Grundsätze ebenso anwendbar. Wettbewerber gelten in der Regel als unmittelbar von der Genehmigung einer Beihilferegelung betroffen. Die Gerichte gehen auch hier grundsätzlich davon aus, dass der Mitgliedstaat die Beihilferegelung anwenden wird, so dass es nicht darauf ankommt, ob bereits ausgezahlt wurde oder nicht.[115]

98 Die individuelle Betroffenheit von Wettbewerbern wird dagegen von den Gerichten differenziert betrachtet.[116]

99 **Entscheidung, die das förmlichen Prüfverfahren einer Einzelbeihilfe beenden,** können nach ständiger Rechtsprechung von Wettbewerbern angefochten werden, deren Marktstellung durch die Beihilfe spürbar beeinträchtigt wird. Ursprünglich forderte der EuGH zusätzlich, dass der Wettbewerber eine aktive Rolle im vorprozessualen Verfahren gespielt haben müsse.[117] Inzwischen hat er aber klargestellt, dass die Beteiligung am vorprozessualen Verfahren keine notwendige Voraussetzung der individuellen Betroffenheit des Wettbewerbers ist.[118] Auch ohne im vorprozessualen Verfahren beteiligt gewesen zu sein, sind Wettbewerber klagebefugt, wenn sie das Bestehen einer besonderen Wettbewerbssituation nachweisen, die sie im Hinblick auf die betreffende Maßnahme aus dem Kreis aller übrigen Wirtschaftsteilnehmer heraushebt.[119] Die Gerichte nehmen eine relativ detaillierte Prüfung der vorgetragenen Tatsachen und Beweismittel zum konkreten Wettbewerbsverhältnis und der spürbaren Beeinträchtigung vor, um festzustellen, ob die Plaumann-Formel im Einzelfall erfüllt ist,[120] wenn die Kommission die individuelle Betroffenheit des Wettbewerbers bestreitet, was nicht selten geschieht. An den zuweilen als uneinheitlich empfundenen Anforderungen an die Darlegungslast ist Kritik geübt und gefordert worden, sämtliche vom Schutzbereich des Art. 107 Abs. 1 AEUV erfassten Wettbewerber sollten auch nach Art. 263 Abs. 4 AEUV klagebefugt sein.[121] Auch wenn die Rechtsprechung der Gerichte kasuistisch ist, weisen sie in ständiger Rechtsprechung darauf hin, dass es nicht ausreicht *„wenn sich ein Unternehmen lediglich auf seine Eigenschaft als Mitbewerber des begünstigten Unternehmens beruft, sondern es muss darüber hinaus darlegen, dass tatsächliche Umstände vorliegen, die es in ähnlicher Weise individualisieren wie den Adressaten einer Entscheidung."*[122] Schließlich ist noch darauf hinzuweisen, dass die bloße aktive Teilnahme am vorprozessualen Verfahren allein keine individuelle Betroffenheit des Wettbewerbers zu begründen vermag.[123]

---

[113] EuG, T-l 1/95, Slg. 1998, II-3235, RdNr. 70 – BP Chemicals/Kommission; EuG, T-149/95, Slg. 1997, II-2031, RdNr. 32 – Ducros/Kommission; EuG, verb. Rs. T-447/93, T-448/93 und T-449/93, Slg. 1995, II-1971, RdNr. 41 – AITEC/Kommission.

[114] EuG, T-289/03, Slg. 2008, II-81, RdNr. 81 – BUPA/Kommission; EuG, T-435/93, Slg. 1995, II-1281, RdNr. 60 – ASPEC/Kommission. Vgl. auch EuGH, C-386/96 P, Slg. 1998, I-2309, RdNrn. 43 und 44 – Dreyfus/Kommission.

[115] EuGH, C-169/84, Slg. 1986, 391, RdNr. 30 – Cofaz/Kommission, in der der EuGH feststellte, dass eine Entscheidung der Kommission sämtliche Wirkungen der betreffenden Beihilferegelung unberührt lässt und somit auch vom Vorliegen einer unmittelbaren Betroffenheit auszugehen ist; EuG, T-114/00, Slg. 2002, II-5121, RdNr. 72–73 – Arbeitsgemeinschaft Recht und Eigentum/Kommission.

[116] Ausführlich dazu *Honoré* EStAL 2006, 269–284.

[117] Grundlegend EuGH, 169/84, Slg. 1986, 391, RdNr. 23–28 – Cofaz/Kommission; ausführlich dazu *Honoré* EStAL 2006, 269, 278–280; zur Kritik an diesem Erfordernis, siehe *Birk* EWS 2003, 159, 164–166.

[118] EuGH, C-260/05 P, Slg. 2007, I-10005, RdNr. 57 – Sniace/Kommission; vgl. die ausführliche Besprechung dieses Urteils von *Battista* EStAL 2008, 317–325.

[119] Siehe, zB., EuG, T-11/95, Slg. 1998, II-3235, RdNr. 77 – BP Chemicals/Kommission; sowie EuG, T-358/02, Slg. 2004, II-1565, RdNr. 36 – Deutsche Post und DHL/Kommission, bestätigt im Rechtsmittel, EuGH, C-367/04 P, Slg. 2006, I-26, RdNr. 38–42 – Deutsche Post und DHL/Kommission.

[120] Vgl. EuG, T-88/01, Slg. 2005, II-1165, RdNr. 57–79 – Sniace/Kommission (verneint); bestätigt durch EuGH, C-260/05 P, Slg. 2007, I-10005, RdNr. 58–61 – Sniace/Kommission; und EuG, T-36/99, Slg. 2004, II-3597, RdNr. 80–91 (bejaht) – Lenzing/Kommission; bestätigt durch EuGH, C-525/04 P, Slg 2007, I-9947, RdNr. 31–41 – Lenzing/Kommission.

[121] So, zB. *Heidenhain/Soltész* § 44 RdNr. 46 und *Battista* EStAL 2008, 317, 321–325.

[122] Siehe zB. EuGH, C-525/04 P, Slg 2007, I-9947, RdNr. 30 – Lenzing/Kommission mwN aus der Rechtsprechung.

[123] So bereits *Heidenhain/Soltész* § 44 RdNr. 44; aA. wohl Groeben/Schwarze/*Gaitanides* Art. 230 EG RdNr. 90, allerdings mit Hinweis auf Urteile des EuG, T-435/93, Slg. 1995, II-1281, RdNr. 63 ff. –

Für die Klagebefugnis von Wettbewerbern gegen **Entscheidung, die das förmlichen**   **100**
Prüfverfahren einer Beihilferegelung beenden, ist ebenfalls eine spürbare Beeinträchtigung
der Wettbewerbsstellung erforderlich.[124]

Klagt ein Wettbewerber gegen eine **Endentscheidung, mit der die vorläufige Prüfung**   **101**
einer Einzelbeihilfe durch Genehmigung abgeschlossen wird, ist er klagebefugt, sofern
er geltend macht, mit der Klageerhebung seine **Verfahrensrechte wahren** zu wollen, die er
im förmlichen Prüfverfahren nach Art. 108 Abs. 2 AEUV als Beteiligter gehabt hätte und dessen
Eröffnung konkludent mit der Entscheidung abgelehnt worden ist.[125] Der Kläger muss in einem
konkreten Wettbewerbsverhältnis zum Beihilfeempfänger stehen, dann könnten die Interessen
des Klägers durch die Beihilfegewährung verletzt sein. Eine konkrete Beeinträchtigung der
Wettbewerbsposition ist nicht erforderlich.[126] Der Kläger muss allerdings hinreichend substantiiert vortragen, dass sich die Produkt- oder Dienstleistungsmärkte in denen er und der Beihilfeempfänger tätig sind, sich wenigstens sachlich und geographisch überschneiden und die Beihilfe
geeignet ist, dort zu Wettbewerbsverzerrungen zu führen.[127] Dies können auch vor- und nachgelagerte Märkte sein, sofern dargetan wird, dass auf diesen Märkten aufgrund der Beihilfe nicht
unwesentliche Auswirkungen auf den Wettbewerb eintreten können.[128]

Rügt der Wettbewerber mit seiner Klage jedoch nicht lediglich die Verletzung seiner Verfah-   **102**
rensrechte, sondern **greift auch oder nur die Gründe der Entscheidung an,** begründet
alleine die Beteiligtenstellung, die der Kläger im förmlichen Prüfverfahren, dessen Eröffnung
abgelehnt worden ist, gehabt hätte, seine Klagebefugnis hinsichtlich dieser Klagegründe noch
nicht. Der klagende Wettbewerber muss dartun, dass ihm eine besondere Stellung im Sinne der
Plaumann-Formel zukommt. Diese bejahen die Gerichte, wenn die Marktstellung des Klägers
durch die Beihilfe, die Gegenstand der betreffenden Entscheidung ist, spürbar beeinträchtigt
wird.[129] Diese Rechtsprechung ist zwar zu recht stark kritisiert worden, da sie für die Erhebung
einer Klage desselben Klägers mit demselben Klageziel (Aufhebung der Entscheidung und Eröffnung des förmlichen Prüfverfahrens) die Anforderungen an die Klagebefugnis nach den Klagegründen differenziert.[130] Von dieser Linie ist der Gerichtshof aber bisher nicht erkennbar abgerückt.[131]

Für die Klagebefugnis von Wettbewerbern gegen **Endentscheidungen mit der die vor-**   **103**
läufige Prüfung von Beihilferegelungen abgeschlossen wird, gilt das für Klagen ge-

---

ASPEC/Kommission und T-442/93, Slg. 1995, II-1329, RdNr. 48 ff. – ACC/Kommission, die allerdings
deutlich auch eine Beeinträchtigung der Wettbewerbsposition verlangen.

[124] EuG, T-435/93, Slg. 1995, II-1281, RdNr. 62–63 – ASPEC/Kommission.

[125] EuGH, C-78/03 P, Slg. 2005, I-10737, RdNr. 35, Kommission/Aktionsgemeinschaft Recht und Eigentum. Grundlegend dazu bereits EuGH, C-198/91, Slg. 1993, I-2487, RdNr. 22 ff. – Cook/Kommis-
sion; EuGH, C-225/91, Slg. 1993, I-2303, RdNr. 16 ff. – Matra/Kommission.

[126] Missverständlich insoweit *Heidenhain/Soltész* § 44 RdNr. 18–24, der davon ausgeht dass auch ein Beeinträchtigung der Wettbewerbsposition verlangt wird. Diese Schlussfolgerung scheint aber im Wesentlichen
darauf zu beruhen, dass in der Darstellung darauf verzichtet wird, die in Bezug genommene Rechtsprechung durchgehend nach dem Klagegegenstand (Endentscheidung der vorläufige Prüfung oder des förmlichen Prüfverfahrens), Gegenstand der Beihilfenentscheidung (Beihilferegelung oder Einzelbeihilfe), bzw.
dem jeweiligen Kläger (Wettbewerber, Verband, etc.) differenziert zu betrachten und einzuordnen.

[127] EuG, T-27/02, Slg. 2004, II-4177, RdNr. 36–44, Kronofrance/Kommission, bestätigt durch den
EuGH, C-75/05 P und C-80/05 P, Slg. 2008, I-6619, RdNr. 45–53, Kronofrance/Glunz und OSB.

[128] EuG, T-338/02, Urt. v. 10. 12. 2008, noch nicht in der amtlichen Sammlung veröffentlicht,
RdNr. 73–76 – Kronoply/Kommission.

[129] Vgl. zB EuGH, C-78/03 P, Slg. 2005, I-10737, RdNr. 37, Kommission/Aktionsgemeinschaft Recht
und Eigentum, mit Hinweis auf EuGH, 169/84, Slg. 1986, 391, RdNr. 22–25 – Cofaz/Kommission.

[130] Siehe dazu ua. auch die Schlussanträge von Generalanwalt Bot in den verb. Rs. C-75/05 P und C-80/
05 P, Slg. 2008, I-6619, RdNr. 101–113, Kronofrance/Glunz und OSB; sowie *Kreuschitz*, Liber Amicorum
Santaolalla Gadea, 369 und *Rydelski/Jankovec/Kronenberger*, Third parties in State aid litigation: locus standi
and procedural guarantees, 751–753.

[131] Anders jedoch *Lorenz* EWS 2009, 27, der die Auffassung vertritt, der EuGH sei der Kritik des Generalanwalts in der Sache Kronofrance/Glunz und OSB gefolgt und lasse für die Klagebefugnis von Wettbewerbern nunmehr in allen Fällen der Beteiligtenstellung ausreichen. *Lorenz* übersieht jedoch, dass der EuGH
in seinem Urteil in den verb. Rs. C-75/05 P und C-80/05 P, Slg. 2008, II-6619, ausdrücklich darauf Bezug
nimmt, dass Kronofrance vor dem EuG auch die Verletzung seiner Verfahrensrechte rügte (RdNr. 42; von
Generalanwalt Bot ebenfalls in seiner Schlussanträgen erwähnt, RdNr. 115). Damit hatten sich weder das
EuG im Ausgangsverfahren, noch der EuGH im Rechtsmittelverfahren mit dem Spürbarkeitskriterium zu
befassen. So stellt der EuGH denn auch lediglich fest, dass das EuG unter diesen Umständen keineswegs verpflichtet war, den Nachweis der spürbaren Beeinträchtigung zu verlangen (RdNr. 44).

gen Endentscheidungen nach vorläufiger Prüfung von Einzelbeihilfen ausgeführte entsprechend.[132]

104 Trotz der Kritik an der Rechtsprechung zur individuellen Betroffenheit bleibt festzustellen, dass die von den Gerichten entwickelte **Unterscheidung der Anforderung an die Klagebefugnis von Wettbewerbern** kohärent ist.[133] Sofern kein förmliches Prüfverfahren eröffnet worden ist und der Wettbewerber mit seiner Klage seiner Verfahrensrechte zu wahren versucht, ist er von der Entscheidung, die ihm sie Inanspruchnahme dieser Rechte verweigert, individuell betroffen. Stützt er seine Klage lediglich auf Verletzungen materiellen Rechts, muss er eine spürbare Beeinträchtigung seiner Wettbewerbsposition im Sinne der Plaumann-Formel darlegen. Wenn er eine Endentscheidung nach dem förmlichen Prüfverfahren anficht, muss er ebenfalls seine spürbare Beeinträchtigung darlegen. Ähnlich wie das deutsche Recht, enthält das EU-Recht keinen allgemeinen Rechtsdurchsetzungsanspruch im Hinblick auf an Dritte ergangene Entscheidungen. Eine Ausweitung der Rechtsbefugnis auf sämtliche im Schutzbereich des Art. 108 Abs. 1 AEUV befindlichen Wettbewerber wäre deshalb systemwidrig. Noch ist unklar, ob der durch den Vertrag von Lissabon geänderte Artikel 263 Abs. 4 AEUV auch die Klagemöglichkeiten von Wettbewerbern gegen Entscheidungen der Kommission über Beihilferegelungen verbessern wird. Dies wäre, wie bereits ausgeführt (RdNr. 96), wünschenswert.

105 δδ) **Vereinigungen und Verbände.** Die Gerichte unterscheiden bei der Klagebefugnis von Vereinigungen und Verbänden drei Konstellationen: Erstens, wenn sie die Interessen ihrer Mitglieder wahrnehmen, zweitens, wenn sie wegen der Berührung ihrer eigenen Interessen klagen, und, drittens, wenn sie unter Hinweis auf Rechtsvorschriften klagen, die ihnen ausdrücklich Verfahrensrechte einräumen.[134]

106 Vereinigungen (insbesondere von konkurrierenden Unternehmen), Berufsverbände, sonstige Interessenverbände, sind als nichtprivilegierte Kläger klagebefugt, **wenn sie anstelle ihrer Mitglieder klagen,** die klagebefugt sind, und deren Rechte sie geltend machen wollen, sofern sie dazu nach ihrer Satzung oder dergleichen befugt sind. In diesen Fällen bejahen oder verneinen die Gerichte die Klagebefugnis je nachdem, ob die Mitglieder klagebefugt sind, also ohne die unmittelbare oder individuelle Betroffenheit der klagenden Vereinigung zu thematisieren.[135] Es reicht aus, wenn einige Mitglieder selbst klagebefugt sind.[136] Die Klagebefugnis der Mitglieder richtet sich nach den bereits dargestellten Anforderungen für nichtprivilegierte Kläger.

107 Machen Vereinigungen oder Verbände **eigene Interessen** geltend, prüfen die Gerichte die originäre Klagebefugnis nach den allgemeinen für nichtprivilegierte Kläger geltenden Grundsätzen. Allerdings haben die Gerichte nur ausnahmsweise die Klagebefugnis von Vereinigungen und Verbänden aufgrund geltend gemachter eigener Interessen bejaht, beispielsweise wenn die Position einer Vereinigung oder eines Verbandes als Verhandlungspartner (national oder im Verhältnis zur Kommission) durch die angefochtene Handlung beeinträchtigt worden ist, dh. wenn er in maßgeblicher Hinsicht in die Beihilfenpolitik im betreffenden Sektor involviert war und sich unmittelbare Pflichten aus der Beihilfenentscheidung der Kommission für ihn ergeben.[137]

108 Ähnlich selten bejahen die Gerichte die Klagebefugnis von Vereinigungen und Verbänden aufgrund **eigener Verfahrensrechte.** Für Klagen gegen Endentscheidungen, die die Vorprüfung beenden, genauso wie für Entscheidungen am Ende des förmlichen Prüfverfahrens

---

[132] EuGH, C-487/06 P, Urt. v. 22. 12. 2008, noch nicht in der amtlichen Sammlung veröffentlicht, RdNr. 33–38, British Aggregates/Kommission; siehe auch EuG, T-188/95, Slg. 1998, II-3713, RdNr. 62–86 – Waterleiding/Kommission; EuG, T-69/96, Slg. 2001, II-1037, RdNr. 41 – Hamburg Hafen- und Lagerhaus/Kommission; instruktiv zur Darlegungslast EuG, T-375/04, Urt. v. 18. November 2009, noch nicht in der amtlichen Sammlung veröffentlicht, RdNr. 57–63 – Scheucher-Fleisch ua./Kommission.

[133] So auch *Bousin/Piernas* EStAL 2006, 639, 642.

[134] EuG, T-292/02, Urt. v. 11. 6. 2009, noch nicht in der amtlichen Sammlung veröffentlicht, RdNr. 52 – Confederazione Nazionale dei Servizi (Confservizi)/Kommission, mwN. aus der Rechtsprechung; *Lumma* EuZW 2004, 457, 460.

[135] EuGH, C-6/92, Slg. 1993,1–6357, RdNr. 17–18 – Federmineraria/Kommission; EuG, T-435/93, Slg. 1995, II-1281, RdNr. 72 – ASPEC/Kommission; EuG, T-55/99, Slg. 2000, II-3207, RdNr. 23–24 – CETM/Kommission mwN.

[136] EuGH, C-487/06 P, Urt. v. 22. 12. 2008, noch nicht in der amtlichen Sammlung veröffentlicht, RdNr. 38–40, Brisith Aggregates/Kommission; EuG, T-l 14/00, Slg. 2002, II-5121, RdNr. 55 – Aktionsgemeinschaft Recht und Eigentum eV/Kommission und insoweit nicht Gegenstand des Rechtsmittels (EuGH, C-78/03 P, Slg. 2005, I-10 737 – Kommission/Aktionsgemeinschaft Recht und Eigentum).

[137] EuGH, 67/85 ua., Slg. 1988, 219, RdNr. 22–23 – Van der Kooy/Kommission; EuG, T-380/94, Slg. 1996, II-2169, RdNr. 50–51 – AIUFFASS und AKT/Kommission.

gilt,[138] dass Vereinigungen und Verbände klagebefugt sind, wenn sie im Vorverfahren aktiv die Verhandlungen mit der Kommission beeinflusst haben, beispielsweise indem sie in sehr engem Kontakt mit den zuständigen Dienststellen maßgeblich zur Entscheidung beigetragen haben und an der Durchführung der Beihilfe beteiligt sind.[139] Nicht ausreichend ist, dass eine Vereinigung oder ein Verband sich im förmlichen Prüfverfahren aktiv beteiligt hat, sofern diese Beteiligung nicht über die Ausübung der normalen Verfahrensrechte hinausgeht.[140] Wann allerdings eine Beteiligung über die normale Ausübung der Verfahrensrechte hinausgeht, ist im Einzelfall schwierig zu beurteilen. Es genügt jedenfalls nicht, wenn der Verband an Besprechungen teilgenommen hat, um Informationen auszutauschen und mit den anderen Teilnehmern eine gemeinsame Vorgehensweise gegenüber der Kommission festzulegen. Die Teilnahme an solchen Treffen kann einem Verband die Eigenschaft einer Verhandlungspartnerin nicht verleihen.[141] Auch kann der Umstand, dass einem Verband etwa nach nationalem Recht spezifische Aufgaben und Funktionen zuerkannt sind, die Klagebefugnis nicht begründen.[142]

εε) **Arbeitnehmervertretungen.** Für die Klagebefugnis von Arbeitnehmervertretungen, **109** von Gewerkschaften als allgemeinen Arbeitnehmervertretungen und von Betriebsräten als Vertretung der Arbeitnehmer eines bestimmten Unternehmen, wenden die Gerichte die für die Klagebefugnis von Vereinigungen und Verbände entwickelten Grundsätze entsprechend an.[143] Der Nachweis der Beteiligteneigenschaft bzw. der individuellen Betroffenheit gelingt jedoch Arbeitnehmervertretungen nur ausnahmsweise.

Der EuGH hat im Rechtsmittelverfahren die Klagebefugnis einer Gewerkschaft, die die Verlet- **110** zung ihrer Verfahrensrechte mit ihrer **Klage gegen eine Entscheidung der Kommission, die die vorläufige Prüfung einer Beihilfe abschloss,** aufgrund der besonderen Umstände des Falles für gegeben erachtet. Im konkreten Fall, in dem es um Steuerermäßigungen für Seeleute aus Drittstaaten ging, die auf Schiffen arbeiteten, die in einem besonderen Register eingetragen waren, wies der EuGH insbesondere auf die folgenden Umstände hin, die die Beteiligteneigenschaft der Gewerkschaft begründeten: die besondere Rolle der Gewerkschaften bei den Lohnverhandlungen war in den Leitlinien der Kommission für staatliche Beihilfen im Seeverkehr anerkannt worden, die Beihilfe war nicht angemeldet worden und erst durch die Beschwerde der Gewerkschaft zur Kenntnis der Kommission gelangt, schließlich blieb die Gewerkschaft während der gesamten vier Jahre der Vorprüfung in engem Kontakt mit der Kommission.[144]

Bei **Klagen gegen Entscheidungen, die das förmliche Prüfverfahren abschließen,** ist **111** der Nachweis der individuellen Betroffenheit in der Praxis für Arbeitnehmervertretungen nur schwer zu erbringen. Gewerkschaften und Betriebsräte bzw. ihre Mitglieder spielen (anders als manche Branchenverbände) normalerweise keine aktive Rolle im förmlichen Prüfverfahren, die über die Ausübung ihrer Verfahrensrechte hinausgeht, wie dies Verbände gelegentlich tun, zB. als

---

[138] Siehe, EuGH, C-319/07 P, Urt. v. 9. Juli 2009, noch nicht in der amtlichen Sammlung veröffentlicht, RdNr. 85–90–3F/Kommission; sowie EuGH, C-78/03 P, Slg. 2005, I-10 737, RdNr. 56–59 – Kommission/Aktionsgemeinschaft Recht und Eigentum, wo der EuGH in einem Fall, der eine Endentscheidung nach dem förmlichen Prüfverfahren die Grundsätze für die Klagebefugnis von Vereinigungen und Verbänden gegen Endentscheidungen am Ende der Vorprüfung anwendet.

[139] EuGH, 67/85 ua., Slg. 1988, 219, RdNr. 22 – Van der Kooy/Kommission; EuGH, C-313/90, Slg. 1993, I-1125, RdNr. 29 – CIRFS/Kommission.

[140] EuGH, C-319/07 P, Urt. v. 9. Juli 2009, noch nicht in der amtlichen Sammlung veröffentlicht, RdNr. 85–95–3F/Kommission; EuGH, C-78/03 P, Slg. 2005, I-10 737, RdNr. 56–59 – Kommission/Aktionsgemeinschaft Recht und Eigentum; EuG, T-117/04, Slg. 2006, II-3861, RdNr. 68–74 – Vereniging Werkgroep Commerciele Jachthavens Zuidelijke Randmeeren/Kommission.

[141] EuG, T-86/96, Slg. 1999, II-179, RdNr. 59 ff. – Arbeitsgemeinschaft deutscher Luftfahrtunternehmen/Kommission, wo die Arbeitsgemeinschaft (im Unterschied zur Sache Van Kooy, EuGH, 67/85 ua., Slg. 1988, 219 – Van der Kooy/Kommission) keinerlei Vereinbarung über die Einführung oder Verlängerung der Beihilfe abgeschlossen hatte; siehe auch EuG, T-69/96, Slg. 2001, II-1037, RdNr. 50 – Hamburger Hafen- und Lagerhaus/Kommission.

[142] EuG, T-292/02, Urt. v. 11. Juni 2009, noch nicht in der amtlichen Sammlung veröffentlicht, RdNr. 52 – Confederazione Nazionale dei Servizi (Confservizi)/Kommission; vgl. EuG, T-170/04, Slg. 2005, II-2503, RdNr. 52 – FederDoc/Kommission.

[143] Vgl. dazu insbesondere EuGH, C-319/07 P, Urt. v. 9. Juli 2009, noch nicht in der amtlichen Sammlung veröffentlicht, RdNr. 32–33, 65–70, und 85–90–3F/Kommission und EuGH, C-106/98 P, Slg. 2000, I-3659, RdNr. 41–53 – Comité d'entreprise de la Société française de production/Kommission, sowie die jeweiligen erstinstanzlichen Entscheidungen.

[144] EuGH, C-319/07 P, Urt. v. 9. Juli 2009, noch nicht in der amtlichen Sammlung veröffentlicht, RdNr. 100–108 – 3F/Kommission.

Gesprächspartner im Rahmen des Beihilfenverfahrens hinsichtlich der Beihilfendisziplin oder als Verhandlungspartner hinsichtlich der Beihilfe. Die Belange von Betriebsräten dürften typischerweise lediglich eine lose Verbindung mit dem Gegenstand der Beihilfenentscheidung der Kommission aufweisen, wie im Fall *CESFP*,[145] so dass sie nach den bisher von den Gerichten für Vereinigungen und Verbände entwickelten Grundsätzen nicht als individuell betroffen angesehen werden können.

112   γ) **Rechtsschutzinteresse.** Kläger müssen schließlich **zum Zeitpunkt der Klageerhebung** ein rechtlich relevantes, schützenswürdiges Interesse am Erfolg ihrer Klage, im Falle der Nichtigkeitsklage speziell an der Nichtigkeitserklärung, haben.[146]

113   **Bei privilegierten Klägern** wird dies grundsätzlich unterstellt und ist nicht gesondert darzulegen.[147] Ausnahmsweise entfällt das Rechtsschutzinteresse eines Mitgliedstaates, wenn er dem Vorschlag zweckdienlicher Maßnahmen zugestimmt hat (siehe oben RdNr. 74).[148]

114   **Bei staatlichen Stellen** prüft das EuG in ständiger Rechtsprechung ob ein selbständiges Interesse an der Nichtigkeit der angefochtenen Handlung besteht oder ob es nicht dadurch entfällt oder nicht bestanden hat, weil es im Interesse des Mitgliedstaates aufgeht, wie in der Rechtssache *DEFI*, in dem eine staatliche Stelle lediglich übertragene Aufgaben unter Aufsicht des französischen Staates wahrnahm,[149] bzw. in der Rechtssache *Landesanstalt für Medien Nordrhein-Westfalen*, der neben originär eigenen Befugnissen auch die Haushaltshoheit und ein eigenes Interesse an der Nichtigkeitserklärung abgesprochen wurde.[150] Ein selbständiges Interesse staatlicher Stellen wird dagegen regelmäßig bejaht, wenn staatliche Stellen originär eigene Aufgaben wahrnehmen.[151]

115   **Bei Beihilfeempfängern** kann das Rechtsschutzinteresse fraglich sein, wenn sie eine Genehmigungsentscheidung anfechten. Wenn eine Beihilfe wie vom Mitgliedstaat zuletzt beantragt genehmigt wird, besteht kein Rechtsschutzinteresse, wenn ursprünglich eine höhere Beihilfe angemeldet wurde oder der Mitgliedstaat im vorläufigen Prüfverfahren bestimmte Zugeständnisse an die Kommission gemacht hat oder der Beihilfeempfänger sich durch Feststellungen in der Entscheidungsbegründung einer Genehmigungsentscheidung beschwert sieht (wegen etwaiger präjudizieller Wirkung).[152] Bei Bedingungen, von denen die Kommission im förmlichen Prüfverfahren ihre Genehmigungsentscheidungen abhängig macht und die einen Empfänger beschweren und im operativen Teil der Entscheidung in Bezug genommen werden, besteht hingegen ein Rechtsschutzinteresse des Beihilfeempfängers.[153] Das Rechtsschutzinteresse des Beihilfeempfängers entfällt auch nicht notwendigerweise bereits dann, wenn die nationalen Behörden eine Untersagungsentscheidung ausgeführt haben. Ein Rechtsschutzinteresse kann sich daraus ergeben, dass eventuell Sekundäransprüche nach nationalem Recht bestehen.[154]

---

[145] EuGH, C-106/98 P, Slg. 2000, I-3659, RnNr. 52–53 – Comité d'entreprise de la Société française de production(CESFP)/Kommission.

[146] Allgemein dazu *von der Groeben/Schwarze/Gaitanides* Art. 230 EG RdNr. 101; *Grabitz/Hilf/Booß* Art. 230 EG RdNr. 76; speziell im Beihilfenrecht kürzlich bestätigt in EuGH, C-519/07 P, Urt. v. 17. September 2009, noch nicht in der amtlichen Sammlung veröffentlicht, RdNr. 63–65 – Kommission/Koninklijke FrieslandCampina, mwN aus der Rechtsprechung.

[147] EuG, verb. Rs. T-425/04, T-444/04, T-450/04, T-456/04, Urt. v. 21. Mai 2010 noch nicht in der amtlichen Sammlung veröffentlicht, RdNr. 118–120 – Frankreich, France Télécom ua./Kommission. Zu möglichen Ausnahmen, zB. sofern Einreden der Rechtshängigkeit oder Rechtskraft durchgreifen, siehe *Grabitz/Hilf/Booß* Art. 230 EG RdNr. 76; speziell im beihilfenrechtlichen Kontext, siehe EuG, T-233/04, Slg. 2008, II-591, RdNr. 37 und 46 – Niederlande/Kommission (angefochten, C-279/08 P, aber nicht im Hinblick auf die Frage des Rechtsschutzbedürfnisses).

[148] EuGH, C-242/00, Slg. 2002, I-5603, RdNr. 39–45 – Deutschland/Kommission.

[149] EuGH, C-282/85, Slg. 1986, 2469, RdNr. 18 ff. – DEFI/Kommission. In dieser Rechtssache war die französische Regierung befugt, die Verwaltung und Politik des DEFI-Ausschusses zu bestimmen und damit auch die Interessen zu definieren, die dieser zu vertreten hatte.

[150] EuG, T-2/08, Beschl. v. 5 10. 2009, noch nicht in der amtlichen Sammlung veröffentlicht, RdNr. 32–44 – Landesanstalt für Medien Nordrhein-Westfalen/Kommission.

[151] EuG, T-132/96 ua., Slg. 1999, II-3663, RdNr. 91 – Sachsen-VW/Kommisssion; EuG, T-288/97, Slg. 1999 II-1871, RdNr. 34 – Friuli Venezia Giulia/Kommission; EuG, T-214/95, Slg. 1998; II-717, RdNr. 30 – Vlaams Gewest/Kommission.

[152] EuG, T-212/00, Slg. 2002, II-347, RdNr. 33–49 – Nuove Industrie Molisane/Kommission, mwN.; EuG, T-6/06, Slg. 2007, II-72, RdNr. 101–104 – wheyco GmbH/Kommission; vgl. dazu auch *Soltéz/Lippstreu* EWS 2009, 153, 156.

[153] EuG, T-301/01, Slg. 2008, II-1353, RdNr. 377–388 – Alitalia/Kommission.

[154] EuG, T-9/98, Slg. 2001, II-3367, RdNr. 34 – Mitteldeutsche Eröl-Raffinerie/Kommission; EuG, T-291/06, Urt. v. 1. Juli 2009, noch nicht in der amtlichen Sammlung veröffentlicht, RdNr. 27 – Operator ARP/Kommission.

Ein Rechtsschutzinteresse des Beihilfeempfängers dürfte auch dann bestehen, wenn die Kom- **116**
mission das Vorliegen einer Beihilfe entgegen der Auffassung des Mitgliedstaates festgestellt und
genehmigt hat, wenn Sekundäransprüche nach nationalem Recht gegen den Empfänger geltend
gemacht werden können, zB. wenn die Beihilfe vor der Entscheidung der Kommission gewährt
worden war (also der Mitgliedstaat bei Vorliegen einer Beihilfe das Durchführungsverbot verletzt hat).[155] Allerdings haben die Gerichte in ihrer bisherigen Rechtsprechung das Rechtsschutzinteresse von Beihilfeempfängern enger ausgelegt und abgelehnt, wenn die Maßnahmen
für vollständig mit dem Binnenmarkt vereinbar erklärt wurden, der Kläger bei Klageerhebung
kein bestehendes gegenwärtiges Interesse an der Nichtigkeitserklärung geltend machen konnte
und wenn das geltend gemachte Interesse eine zukünftige Situation betrifft und der Kläger nicht
nachweisen kann, dass die Beeinträchtigung der Rechtssituation bereits feststeht bzw. die Gefahr
von Klageerhebungen bestehend und gegenwärtig ist.[156]

Für das **Rechtsschutzinteresse von Wettbewerbern und sonstigen nichtprivilegierten** **117**
Klägern gelten die für Beihilfeempfänger dargestellten Grundsätze entsprechend.[157] Für Wettbewerber ist darüber hinaus auch ein Rechtsschutzinteresse speziell an der Nichtigerklärung von
Einzelbeihilfen bestätigt worden, die ein Mitgliedstaat aufgrund einer Beihilferegelung, der eine
bestehende Beihilfe darstellt, gewährt, sofern der Wettbewerber mit seiner Beschwerde geltend
gemacht hat, die Einzelbeihilfe sei gerade nicht von der Beihilferegelung gedeckt.[158] Wettbewerber können auch ein Rechtsschutzinteresse hinsichtlich der Anfechtbarkeit zweckdienlicher
Maßnahmen geltend machen. Zweckdienliche Maßnahmen sind nach der Zustimmung der
Kommission und entsprechender Unterrichtung des Mitgliedstaates verbindlich und können in
der Form der Kommissionsentscheidung über die Annahme der Zusagen als den Bedenken der
Kommission entsprechend, mit der Nichtigkeitsklage anfechtbar sein.[159]

cc) **Klagefrist.** Die Klagefrist der Nichtigkeitsklage beträgt gemäß Art. 263 Abs. 6 AEUV **118**
zwei Monate von der Bekanntgabe der anfechtbaren Handlung, ihrer Mitteilung an den Kläger
oder in Ermangelung dessen von dem Zeitpunkt an, zu dem der Kläger von der anfechtbaren
Handlung Kenntnis erlangt hat.

Grundsätzlich gilt, dass die Klagefrist erst dann zu laufen beginnt, wenn der Betroffene ge- **119**
naue Kenntnis vom Inhalt und von der Begründung der Entscheidung erlangt, so dass er sein
Klagerecht ausüben kann. Die ausführliche Rechtsprechung zur Anforderungsfrist des Wortlauts
einer anfechtbaren Handlung für potentielle Kläger, denen die Entscheidung nicht mitgeteilt
wird,[160] hat jedoch im Beihilfenrecht kaum noch praktische Bedeutung, da Beihilfenentscheidungen von der Kommission nach den Vorschriften der VO 659/1999 zu veröffentlichen sind.
Die Kenntniserlangung des Klägers ist also nur subsidiär von Bedeutung.[161]

Für den Mitgliedstaat ist der **Empfang der Entscheidung,** die gemäß Art. 25 VO 659/ **120**
1999 von der Kommission mitgeteilt wird, entscheidend.

---

[155] Weitergehend *Koenig/Kühling/Ritter* RdNr. 407, die das Rechtsschutzbedürfnis grundsätzlich mit Hinweis auf die fortlaufende Prüfung bestehender Beihilfen bejahen, allerdings dürfte dies bei Einzelbeihilfen nur
in Ausnahmefällen zum Tragen kommen (etwa bei Investitionsbeihilfen, die über einen längeren Zeitraum
gewährt werden, oder Vergütungen von Dienstleistungen von allgemeinem wirtschaftlichem Interesse).
[156] EuG, T-141/03, Slg. 2005, II-1197, RdNr. 25–25 – Sniace/Kommission (nicht thematisiert im
Rechtsmittelverfahren, EuGH, C-260/05 P, Slg. 2007, I-10005, RdNr. 57 – Sniace/Kommission); kürzlich
durch Bezugnahme bestätigt in EuG, verb. Rs. T-309/04, T-317/04, T-329/04 und T-336/04, Slg. II-2935,
RdNr. 72 – TV 2 ua./Kommission. Kritisch zu dieser Rechtsprechung *Soltéz/Lippstreu* EWS 2009, 153–
157, 156–157 und *Bartosch* EStAL 2007, 813, 817.
[157] Hinsichtlich nichtprivilegierter Kläger, siehe zB. EuG, T-136/05, Slg. 2007, II-4063, RdNr. 36–47 –
EARL Salvat père & fils ua./Kommission; EuG, verb. Rs. T-425/04, T-444/04, T-450/04, T-456/04, Urt.
v. 21. Mai 2010, noch nicht in der amtlichen Sammlung veröffentlicht, RdNr. 126–133 – Frankreich, France Télécom ua./Kommission.
[158] EuG, T-82/96, Slg. 1999, II-1889, RdNr. 35–36 – ARAP/Kommission, bestätigt in EuGH, C-321/
99, Slg. 2002, I-4287, RdNr. 60–62 – ARAP/Kommission.
[159] EuG, T-354/05, Urt. v. 11. März 2009, noch nicht in der amtlichen Sammlung veröffentlicht,
RdNr. 67–70 und 87–92 – TF1/Kommission.
[160] Vgl. EuGH, 236/86, Slg. 1988, 3761; RdNr. 14 – Dillinger Hüttenwerke AGG/Kommission; EuGH,
76/79, Slg. 1980, 665, RdNr. 6 ff. – Karl Könecke Fleischwarenfabrik GmbH & Co. KG/Kommission;
EuGH, 59/84, Slg. 1986, 887, RdNr. 9 ff. – Tezi Textiel BV/Kommission, siehe zur älteren Rechtslage und
zur Anfechtungsfrist Heidenhain/*Soltéz* § 41 RdNr. 18–22.
[161] EuGH, C-122/95, Slg. 1998, I-973, RdNr. 35 ff. – Deutschland/Rat; EuG, T-14/96, Slg. 1999, II-
139, RdNr. 33 – BAI/Kommission; siehe auch *Quigley*, European State aid law and policy, 524 mwN. aus
der Rechtsprechung.

121   Für sonstige Kläger beginnt die Klagefrist **gegen Entscheidungen die das förmliche Prüf-verfahren beenden** mit der **Veröffentlichung der Entscheidung** im Amtsblatt nach Art. 26 VO 569/1999.[162] Es ist insoweit unschädlich, wenn der Kläger vor der Veröffentlichung der Ent-scheidung bereits Kenntnis vom vollständigen Wortlaut der Entscheidung erhalten hat, etwa durch Weiterleitung des Mitgliedstaates an den die Entscheidung gerichtet war[163] oder durch die Kom-mission.[164] Die Mitteilung der Entscheidung an Beihilfeempfänger, Beschwerdeführer und andere Beteiligte gemäß 20 Abs. 1 S. 2, Abs. 2 S. 3 oder Abs. 3 VO 659/1999 ist somit für die Klagefrist für Klagen gegen Entscheidungen am Ende des förmlichen Prüfverfahrens nicht maßgebend.

122   Für Klagen **gegen Endentscheidungen am Ende der vorläufigen Prüfung** beginnt die Klagefrist mit der **Veröffentlichung einer Zusammenfassung im Amtsblatt mit dem Hinweis auf die Verfügbarkeit des vollständigen Wortlauts** (Art. 26 Abs. 1 VO 659/ 1999 im Amtsblatt Teil C (Mitteilungen) auch für Dritte.[165]

123   Die Klagefrist beginnt für den Mitgliedstaat, der Adressat der Entscheidung ist, mit Mitteilung und für sonstige Kläger am vierzehnten Tag nach der Veröffentlichung im ABl. EU (Art. 102 Abs. 1 VerfO EuG, Art. 81 Abs. 1 VerfO EuGH), und wird um eine **pauschale Entfernungs-frist** von zehn Tagen verlängert (Art. 102 Abs. 2 VerfO EuG, Art. 81 Abs. 2 VerfO EuGH). Die Frist umfasst die gesetzlichen Feiertage, die durch Beschluss vom EuGH festgelegt und im Amtsblatt veröffentlicht werden (Art. 101 VerfO EuG, Art. 80 VerfO EuGH). Zur Fristwah-rung muss die Klage spätestens am letzten Tage der Frist bei der Kanzlei eingehen. Eine verspä-tet erhobene Klage ist als unzulässig abzuweisen.

124   Eine **Wiedereinsetzung in den vorigen Stand** ist gemäß Art. 42 S. 2 der Satzung des EuGH bei Zufall oder höherer Gewalt möglich,[166] ihre Voraussetzungen liegen aber nur in den seltensten Fällen vor. Die Gerichte wenden diese Vorschrift sehr restriktiv an und lassen Klagen nur ganz ausnahmsweise trotz Fristversäumung zu. So zB. bei **entschuldbaren Irrtum** des Klägers,[167] wobei der Begriff des entschuldbaren Irrtums sich nur auf Ausnahmefälle bezieht und insgesamt im Hinblick auf das Erfordernis der Rechtssicherheit sehr eng ausgelegt wird. Die Gerichte haben ihn insbesondere auch für das Beihilfenrecht auf Situationen beschränkt, in de-nen ein Organ der Union ein Verhalten an den Tag gelegt hat, das für sich allein oder aber in entscheidendem Maß geeignet war, bei einem sorgfältigen Rechtsbürger eine verständliche Verwirrung über den Lauf der Klagefrist hervorzurufen.[168]

125   Schließlich ist darauf hinzuweisen, dass Entscheidungen nach Ablauf der Anfechtungsfrist in **Bestandskraft** erwachsen, was unter anderem zur Folge hat, dass der Beihilfeempfänger nach der sogenannten **Deggendorf-Rechtsprechung**,[169] unter bestimmten Umständen die Rechts-widrigkeit der Rückforderungsentscheidung der Kommission vor nationalen Gerichten nicht mehr geltend machen kann und ein entsprechendes Vorabentscheidungsersuchen unzulässig ist (siehe die Kommentierung zum Vorabentscheidungsverfahren, siehe unten, RdNr. 185 ff.). Gleiches dürfte, wenn auch noch nicht vom EuGH entschieden, für Wettbewerber und andere Kläger gelten, die nach der gefestigten Rechtsprechung der Gerichte Nichtigkeitsklage erheben können. Für Kläger, deren Klagebefugnis zweifelhaft ist oder die keine Nichtigkeitsklage erhe-ben können, gilt die Deggendorf-Rechtsprechung nicht und sie können daher die Rechtswid-rigkeit der Kommissionsentscheidung nach dem Ablauf der Anfechtungsfrist vor nationalen Gerichten und indirekt die Frage der Rechtswidrigkeit im Rahmen von Vorabentscheidungs-verfahren überprüfen lassen.

126   **dd) Klagegründe.** Die Klage muss schließlich noch einen der vier in Art. 263 Abs. 2 AEUV genannten Klagegründe schlüssig darlegen. In Beihilfensachen spielen Unzuständigkeit

---

[162] EuG, T-392/05, Slg. 2006, II-97, RdNr. 24–28 – MMT/Kommission.

[163] EuG, T-296/97, Slg. 2000, II-3871, RdNr. 59–64 – Alitalia/Kommission.

[164] EuG, Verb. Rs. T-273/06 und T-297/06, Urt. v. 1. 7. 2009, noch nicht in der amtlichen Sammlung veröffentlicht, RdNr. 58 – ISD Polska ua./Kommission.

[165] EuG, T-338/02, Urt. v. 10. 12. 2008, noch nicht in der amtlichen Sammlung veröffentlicht, RdNr. 31–43 – Kronoply/Kommission;mit weiteren Nachweisen aus der Rechtsprechung; siehe auch EuG, T-321/04, Slg. II-3469, RdNr. 33–37 – AirBourbon/Kommission.

[166] Vgl. EuGH, C-195/51, Slg. 1994, I-5619, RdNr. 32 – Bayer/Kommission.; allgemein *von der Groe-ben/Schwarze/*Gaitanides 230 EG RdNr. 113–114.

[167] EuGH, 25/86, Slg. 1977, 1729, RdNr. 19/20 – Schertzer/Parlament.

[168] EuGH, C-195/51, Slg. 1994, I-5619, RdNr. 25 – Bayer/Kommission; EuG, T-392/05, Slg. 2006, II-97, RdNr. 36, mwN aus der Rechtsprechung – MMT/Kommission.

[169] EuGH, C-188/92, Slg. 1994; I-833, RdNr. 17 ff. – TWD Textilwerke Deggendorf GmbH/Bundes-minister für Wirtschaft.

und Ermessensmissbrauch keine Rolle. Beihilfenrechtliche Nichtigkeitsklagen werden in der Regel auf die Verletzung des AEUV oder einer bei seiner Durchführung anzuwendenden Rechtsnorm bzw. die Verletzung wesentlicher Formvorschriften gestützt.[170]

c) Begründetheit. Die Nichtigkeitsklage ist begründet, wenn die angefochtene Handlung **127** wegen Vorliegen mindestens eines der vom Kläger gerügten oder von den Gerichten von Amts wegen zu prüfenden Klagegrundes rechtswidrig ist. Die Rechtswidrigkeit ist zum Zeitpunkt des Erlasses der angefochtenen Maßnahme zu beurteilen. Es ist zweckmäßig, auch bei den wesentlichen Klagegründen in Beihilfensachen formelle (Verletzung wesentlicher Formvorschriften) und materielle (Verletzung des AEUV oder einer bei seiner Durchführung anzuwendenden Rechtsnorm) zu unterscheiden.

aa) Formelle Nichtigkeitsgründe. Zu den wesentlichen Formvorschriften, deren Verlet- **128** zung eine Nichtigkeitsklage in Beihilfensachen begründen können gehören insbesondere die Vorschriften über die Besetzung der Kommission, die Beteiligungs- und Anhörungsrechte im Verwaltungsverfahren der Kommission sowie die Anforderungen an die Begründung von Kommissionsentscheidungen.

Fehler bei der **Besetzung der Kommission** im Zeitpunkt der Beschlussfassung können zur **129** Nichtigkeit führen. Maßgeblich für die Besetzung sind hierbei die Art. 17 EUV, Art. 244 ff. AEUV.[171] Ebenso kann die Nichtbeachtung von **Vorschriften der Geschäftsordnung der Kommission** die Nichtigkeit einer Entscheidung nach sich ziehen. Allerdings können sich natürliche und juristische Personen nur auf die Verletzung der Geschäftsordnung stützen, soweit es um Vorschriften geht, die Personen Rechte vermitteln und der Rechtssicherheit dienen. Dazu gehören insbesondere die Vorschriften über die Erstellung, Annahme und Ausfertigung von Entscheidungen (Art. 7, 8 und 12–17 GO Kommission).

Die **Verletzung von Beteiligungs- und Anhörungsrechten** führt nur dann zur Nichtig- **130** keit, wenn die Verletzung in dem Sinne relevant ist, dass das Verfahren ohne die Verletzung zu einem anderen Ergebnis hätte führen können. In Beihilfensachen kann dies insbesondere bei **Verletzung des Anspruches auf rechtliches Gehör** der Fall sein, zB. wenn dem **Mitgliedstaat** bestimmte Stellungnahmen und Unterlagen vorenthalten worden sind, auf die die Kommission in ihrer Entscheidung Bezug nimmt, sofern sich dies auf die Verteidigungsrechte des Mitgliedstaates ausgewirkt hat.[172] Die Beweislast dafür trägt der Kläger. Beihilfeempfänger können ebenfalls die Verletzung des Anspruchs auf rechtliches Gehör des Mitgliedstaates geltend machen.[173] Die Gerichte legen für den Nachweis aber einen so hohen Maßstab an, dass die Verletzung des rechtlichen Gehörs nur in Ausnahmefällen die Nichtigkeit von Kommissionsentscheidungen in Beihilfensachen begründet.[174] **Beihilfeempfänger und Wettbewerber** haben im Verfahren der vorläufigen Prüfung und auch im förmlichen Prüfverfahren **keine eigenen Beteiligungs- und Anhörungsrechte,** die einen Anspruch auf rechtliches Gehör begründen, wie er dem Mitgliedstaat zusteht gegen den das Verfahren eingeleitet worden ist.[175] Sie sind noch immer **lediglich Informationsquellen** und haben nur das Recht, am Verwaltungsverfahren unter Berücksichtigung der Umstände des Einzelfalls angemessen beteiligt zu werden.[176]

---

[170] Siehe ausführlich zu den Klagegründen zB. *von der Groeben/Schwarze/Gaitanides* Art. 230 EG RdNr. 103–104.

[171] Vgl. EuG, Verb. Rs. T-227/99 und T-134/00, Slg. 2002, II-1205, RdNr. 34–61 und 67–76 – Kvaerner/Kommission.

[172] EuGH, C-301/87, Slg. 1990, I-307, RdNr. 31 – Frankreich/Kommission („Boussac"); EuGH, C-288/98, Slg. 2000, I-8285, RdNr. 101 – Deutschland/Kommission („Jadekost"), EuGH, C-400/99, Slg. 2005, I-3657, RdNr. 29–34 – Italien/Kommission („Tirrenia" Endurteil); EuGH, C-404/04 P, Slg. 2007, I-1, RdNr. 131–136 – Technische Glaswerke Ilmenau/Kommission.

[173] EuG, T-198/01, Slg. 2004, II-2717, RdNr. 200–204 – Technische Glaswerke Ilmenau/Kommission; im Rechtsmittelverfahren bestätigt, vgl. EuGH, C-404/04 P, Slg. 2007, I-1, RdNr. 131–136 – Technische Glaswerke Ilmenau/Kommission.

[174] Ein solcher Ausnahmefall ist EuG, T-34/02, Slg. 2006, II-267, RdNr. 82 bis 95 und 137 – Levant 001 ua./Kommission.

[175] EuG, Verb. Rs. T-127/99, T-129/99 und T-148/99, Slg. 2002, II-1275, RdNr. 255 – Territorio Histórico/Kommission; EuG, Verb. Rs. T-371/94 und T-394//94, Slg. 1998, II-2405, RdNr. 60 – British Airways ua./Kommission; EuG, T-301/01, Slg. 2008, I-1753, RdNr. 169–176 – Alitalia/Kommission.

[176] EuG, T-301/01, Slg. 2008, I-1753, RdNr. 169–176 – Alitalia/Kommission; siehe aber *Niejahr/Scharf*, Liber Amicorum Francisco Santaollala Gadea, 347, die die Ansicht vertreten, dass die Rechte Dritter im Verwaltungsverfahren mit der in Wettbewerbs- und Fusionskontrollverfaren sei, allerdings mit der Ausnahme der Fälle in denen die Kommission Beihilfefälle nach vorläufiger Prüfung abschließt.

131 Die Gerichte prüfen auch von Amts wegen, ob die Kommission die **Begründungspflicht des Art. 295 AEUV** eingehalten hat.[177] Nach ständiger Rechtsprechung muss die Begründung eines Rechtsaktes den Umständen des Einzelfalls und dem Inhalt des Rechtsakts angepasst sein und die Überlegungen des EU-Organs, das den Rechtsakt erlassen hat, so klar und eindeutig zum Ausdruck bringen, dass die Betroffenen ihr die Gründe für die erlassene Maßnahme entnehmen können und die Gerichte ihre Kontrollaufgabe wahrnehmen können.[178]

132 Für die Begründung einer Entscheidung, mit der die Kommission feststellt, dass eine Maßnahme keine Beihilfe ist, verlangt die Rechtsprechung bspw., dass die Kommission in hinreichender Weise die Gründe darlegen, aus denen die in der Beschwerde angeführten rechtlichen und tatsächlichen Gesichtspunkte nicht zum Nachweis des Vorliegens einer staatlichen Beihilfe genügt haben.[179] Stellt die Kommission das Vorliegen einer Beihilfe fest, muss sie die maßgeblichen Umstände, aufgrund derer die Maßnahme zu einer Wettebewerbsverzerrung führt und den Handel zwischen den Mitgliedstaaten beeinträchtigen kann zumindest erwähnen.[180] Da die Kommission bei einer Genehmigungsentscheidung nach Art. 107 Abs. 3 AEUV über ein **weites Ermessen** verfügt, ist sie verpflichtet, sorgfältig und unparteiisch alle relevanten Gesichtspunkte des Einzelfalls zu untersuchen. Die Kontrolle dieser Verpflichtung erfordert eine Begründung, die so genau ist, dass sich die Gerichte vergewissern können, ob diese Verpflichtung eingehalten worden ist.[181] Dabei kann den Verfahrensunterlagen erhebliche Bedeutung zukommen. So nahm das Gericht im Fall *Wirtschaftsvereinigung Stahl/Kommission* ausdrücklich auf die Verfahrensunterlagen Bezug, um das Vorliegen einer ausreichenden Begründung festzustellen, und in *Olympic Airports/Kommission*, um ihr Fehlen darzulegen.[182] Erhöhte Anforderungen werden an die Begründung insbesondere auch dann gestellt, wenn die Kommission in ihrer Entscheidung über frühere Entscheidungen hinaus geht oder gar ihre Praxis ändert.[183]

133 Auch wenn Klagen aufgrund mangelhafter Begründung relativ häufig erfolgreich sind, bleibt der Erfolg vom Klagen wegen Verletzung der Begründungspflicht letztlich sehr stark einzelfallabhängig. Auch sind sich das EuG und der EuGH nicht immer einig, welche Anforderungen im Einzelfall an die Begründung zu stellen sind.[184] Darüber hinaus, kann die Kommission, wenn ihre Entscheidung wegen Begründungsmängeln für nichtig erklärt worden ist, die Entscheidung mit verbesserter Begründung neu erlassen.[185]

134 **bb) Materielle Nichtigkeitsgründe.** Materiellrechtlich überprüfen die Gerichte die mit der Nichtigkeitsklage angefochtenen Handlungen anhand der Verträge und der bei ihrer Durchführung anzuwendenden Rechtsnormen.[186] Im Beihilfenrecht werden angefochtene Handlun-

---

[177] Zu den Grenzen dieser Prüfung siehe EuGH, C-89/08 P, Urt. v. 2. Dezember 2009, noch nicht in der amtlichen Sammlung veröffentlicht, RdNr. 57–60 – Kommission/Irland ua.

[178] EuGH, 172/83 ua., Slg. 1985, 2831, RdNr. 24 – Hoogovens Groep/Kommission; EuGH, C-367/95, Slg. 1998, I-1752, RdNr. 63 – Kommission/Sytraval; EuGH, C-350/88, Slg. 1990, I-395, RdNr. 15 f. – Delacre/Kommission; EuG, T-244/94, Slg. 1997, II-1963, RdNr. 143 – Wirtschaftsvereinigung Stahl/Kommission. Siehe auch EuG, T-198/01, Slg. 2004, II-2717, RdNr. 61–68 – Technische Glaswerke Ilmenau/Kommission zu den unterschiedlichen Anforderungen an die Zurückweisung von Argumenten des Mitgliedstaates bzw. des Beihilfenempfängers.

[179] EuGH, C-367/95, Slg. 1998, I-1752, RdNr. 64 – Kommission/Sytraval.

[180] EuGH, C-329/93 ua., Slg. 1996, I-5151, RdNr. 49–54 – Deutschland/Kommission („Bremer Vulkan"); EuG, T-214/95, Slg. 1998, II-717, RdNr. 36–64 – Vlaamse Gewest/Kommission.

[181] Detailliert zu den Anforderungen an die Begründung von Beihilfeentscheidungen und ihrer gerichtlichen Überprüfung mit umfangreichen Verweisen auf die ständige Rechtsprechung EuG, Verb. Rs. T-309/04, T-317/04, T-329/04 und T-336/04, Slg. 2008, II-2635, RdNr. 178–184 – TV2/Danmark/Kommission.

[182] EuG, T-244/94, Slg. 1997, II-1963, RdNr. 149 – Wirtschaftsvereinigung Stahl/Kommission; EuG, T-68/03, Slg. 2007, II-2911, RdNr. 336–349 – Olympic Airports/Kommission.

[183] Vgl. EuGH, C-295/07 P, Urt. v. 11. 12. 2008, noch nicht in der amtlichen Sammlung veröffentlicht, RdNr. 44–50, 55–58 – Kommission/Département du Loiret.

[184] Vgl. EuGH, C-89/09 P – Kommission/Irland ua., Urt. v. 2. 12. 2009, noch nicht in der amtlichen Sammlung veröffentlicht, in dem der EuGH die Urteile des EuG, Verb. Rs. T-50/06, T-56/06, T-60/06, T-62/06, T-69/06, Slg. 2007, II-172 – Irland ua./Kommission, soweit es die angefochtene Kommissionsentscheidung wegen Begründungsmangel bezüglich der Anwendung von Art. 1(b)(v) VO 659/1999 aufhob und zur erneuten Entscheidung an das EuG zurückverwies.

[185] So bspw. geschehen nach dem Urteil des EuG, Verb. Rs. T-371/94 und T-394/94, Slg. 1998, II-2405 – British Airways ua./Kommission, siehe Entscheidung der Kommission vom 22. 7. 1998, EU ABl. 1999 L 63/66 – Air France.

[186] Dazu ausführlich *Grabitz/Hilf/Booß* Art. 230 EG RdNr. 116–125; speziell im Beihilfenrecht, siehe *Quigley*, European State aid law and policy, 533–554.

gen also an den Art. 107–109 und Art. 106 AEUV und den zur Durchführung dieser Vorschriften erlassenen Verordnungen gemessen.

Dabei ist jedoch zu beachten, dass die Gerichte nicht befugt sind, Tatsachen neu zu würdigen **135** und ihre Würdigung an die Stelle des Urhebers der Entscheidung zu setzen.[187] Die richterliche **Überprüfung von Tatsachenfeststellungen** ist auch in Beihilfensachen darauf beschränkt, ob der Sachverhalt in der angefochtenen Handlung zutreffend festgestellt und nicht offensichtlich fehlerhaft gewürdigt worden ist sowie ob kein Ermessensmissbrauch vorliegt.[188] In Beihilfensachen bedeutet dies insbesondere, dass die Gerichte nicht ihre wirtschaftliche Beurteilung des Sachverhalts an die Stelle der Beurteilung der Kommission setzen dürfen.[189] Allerdings prüfen die Gerichte, ob die Tatsachenfeststellungen der Kommission plausibel sind und auf den im Verfahren gemachten Stellungnahmen, unabhängigen Gutachten, oder sonstigen Unterlagen beruhen.[190]

Die Gerichte bestätigen in ständiger Rechtsprechung, dass die Kommission keinen Beurtei- **136** lungsspielraum bei der Feststellung hat, ob eine Maßnahme den Beihilfetatbestand des Art. 107 Abs. 1 AEUV erfüllt, da der Beihilfebegriff ein objektiver Rechtsbegriff ist, es sei denn es gilt besondere Umstände oder eine besonders komplexe Maßnahme zu beurteilen. Dagegen besteht ein solcher Spielraum der Kommission im Rahmen der Beurteilung der Vereinbarkeit von Beihilfen mit dem Binnenmarkt nach Art. 107 Abs. 3 AEUV.[191]

Wenn die Kommission in ihrer Entscheidung **Prognosen,** bspw. hinsichtlich der zukünfti- **137** gen Konzentrationsentwicklungen in einem Markt trifft, so prüft das Gericht allerdings nur, ob diese Einschätzung auf einem offensichtlichen Beuteilungsfehler beruht.[192] Die Beweisanforderungen an **offensichtliche Beurteilungsfehler** sind hoch, da nach Ansicht der EU-Gerichte eine Rechtmäßigkeitsvermutung für die Rechtsakte der Organe spricht, so dass es demjenigen, der die Nichtigerklärung beantragt, obliegt, Beweise vorzulegen, die Zweifel an den vom beklagten Organ vorgenommenen Bewertungen begründen.[193]

d) Urteil. Das EuG beurteilt die Sach- und Rechtslage zum Zeitpunkt des Erlasses der ange- **138** fochtenen Entscheidung. Nachträgliche Veränderungen in tatsächlicher und rechtlicher Hinsicht bis zum Zeitpunkt des Urteils spielen insofern keine Rolle.[194]

Ein der Nichtigkeitsklage **stattgebendes Urteil** wirkt allgemein (erga omnes) und beseitigt **139** die angegriffene Handlung rückwirkend (siehe Art. 264 Abs. 1 TFEU), dh. es tritt die Rechtslage ein, die bestehen würde, wenn die Handlung niemals vorgenommen worden wäre.[195] Es kann jedoch nach Art. 264 Abs. 2 TFEU bestimmte Wirkungen der angefochtenen Handlung bestimmen, die fortgelten, sofern das Gericht dies für nötig hält, was aber in Beihilfensachen praktisch nicht relevant ist. Nichtigkeitsurteile stellen fest, dass und aus welchen Gründen die Entscheidung rechtswidrig war, allerdings obliegt es dem jeweiligen EU-Organ, daraus die erforderlichen Schlüsse zu ziehen und, wenn nötig, das Urteil entsprechend umzusetzen.[196] Ist die anfechtbare Handlung wegen **Verletzung wesentlicher Form- oder Verfahrensvorschriften** für nichtig erklärt worden, so erlässt die Kommission die Entscheidung unter Beachtung der Form- und Verfahrensvorschriften erneut, um das Beihilfenverfahren abzuschließen. Die Kom-

---

[187] EuGH, C-138/97, Slg. 1980, 3333, RdNr. 25 – Roquettes Frères/Rat; EuGH, 42/84, Slg. 1985, 2545, RdNr. 34 – Remia/Kommission; siehe auch *Grabitz/Hilf/Booß* Art. 230 EG RdNr. 125 mwN.

[188] EuGH, 301/87, Slg. 1990, 307, RdNr. 49 – Frankreich/Kommission; EuGH, C-56/93, Slg. 1996, I-723, RdNr. 11 – Belgien/Kommission mwN.

[189] EuGH, C-225/91, Slg. 1993, I-3203, RdNr. 23, 27 – Matra/Kommission; EuG, T-380/94, Slg. 1996, II-2169, RdNr. 56 – AIUFFASS und AKT/Kommission.

[190] EuGH, C-169/95, Slg. 1997, I-148, RdNr. 35 ff. – Spanien/Kommission.

[191] EuG, T-67/94, Slg. 1998, II-1, RdNr. 52 – Ladbroke Racing/Kommission mwN.; siehe auch EuGH, verb. Rs. C-83/01 P, C-93/01 P und C-94/01 P, Slg. 2003, I-6993, RdNr. 67 – Chronopost/Ufex ua.

[192] EuG, T-110/97, Slg. 1999, II-2881, RdNr. 82 und 97 – Kneissl Dachstein/Kommission; EuG, T-171/02, Slg. 2005, II-2123, RdNr. 97 – Regione autonoma della Sardegna/Kommission.

[193] EuG, T-110/97, Slg. 1999, II-2881, RdNr. 45 – Kneissl Dachstein/Kommission; EuG, T-123/97, Slg. 1999, II-2925, RdNr. 46 – Salomon/Kommission.

[194] EuG, T-290/94, Slg. 1997, II-2137, RdNr. 173 – Kaysersberg/Kommission; EuG, T-366/00, Slg. 2007, II-797, RdNr. 45 – Scott/Kommission.

[195] *von der Groeben/Schwarze/Gaitanides* Art. 231 RdNr. 3 und 5.

[196] EuGH, C-97/86, Slg. 1988, 2181, RdNr. 27 – Asteris/Kommission; EuGH, C-415/96, Slg. 1998, I-6993, RdNr. 31 – Spanien/Kommission; EuG, T-301/01, Slg. 2008, II-1753, RdNr. 98 – Alitalia/Kommission; dazu auch *Quigley,* European State aid law and policy, 554–556.

mission kann das Verfahren an dem Punkt wieder aufnehmen, an dem der Fehler auftrat.[197] Eine **Klageabweisung** wirkt lediglich zwischen den Parteien des Rechtsstreits.[198]

140 Eine **Klagerücknahme** führt zu einer Beendigung des Verfahrens ohne Urteil. Nach Art. 78 VerfO EuGH, Art. 99 VerfO EuG ist die Rücknahme der Klage in jedem Verfahrensstadium schriftlich und ohne Einwilligung des Beklagten zulässig.

141 Das EuG kann die **Erledigung der Hauptsache** auf Antrag des Klägers,[199] des Beklagten oder auch von Amts wegen feststellen (Art. 113 VerfO EuG, siehe auch Art. 92 Abs. 2 VerfO EuGH). Die Erledigung von Nichtigkeitsklagen ist relativ selten. Sie tritt beispielsweise ein, wenn die Kommission die angefochtene Entscheidung aufhebt und wieder in das Verwaltungsverfahren eintritt,[200] bzw. wenn die Nichtigkeitsgründe der Klage in einem Parallelverfahren zurückgewiesen worden sind und der Kläger kein Interesse an der Fortführung seiner Klage erkennen lässt.[201]

3. Untätigkeitsklage, Art. 265, 266 AEUV (ex Art. 232, 233 EG)

142 **Art. 265 AEUV**

Unterlässt es das Europäische Parlament, der Europäische Rat, der Rat, die Kommission oder die Europäische Zentralbank unter Verletzung der Verträge, einen Beschluss zu fassen, so können die Mitgliedstaaten und die anderen Organe der Union beim Gerichtshof der Europäischen Union Klage auf Feststellung dieser Vertragsverletzung erheben. Dieser Artikel gilt entsprechend für die Einrichtungen und sonstigen Stellen der Union, die es unterlassen, tätig zu werden.

Diese Klage ist nur zulässig, wenn das in Frage stehende Organ, die in Frage stehende Einrichtung oder sonstige Stelle zuvor aufgefordert worden ist, tätig zu werden. Hat es bzw. sie binnen zwei Monaten nach dieser Aufforderung nicht Stellung genommen, so kann die Klage innerhalb einer weiteren Frist von zwei Monaten erhoben werden.

Jede natürliche oder juristische Person kann nach Maßgabe der Absätze 1 und 2 vor dem Gerichtshof Beschwerde darüber führen, dass ein Organ oder eine Einrichtung oder sonstige Stelle der Union es unterlassen hat, einen anderen Akt als eine Empfehlung oder eine Stellungnahme an sie zu richten.

143 **Art. 266 AEUV**

Die Organe, Einrichtungen oder sonstigen Stellen, denen das für nichtig erklärte Handeln zur Last fällt oder deren Untätigkeit als vertragswidrig erklärt worden ist, haben die sich aus dem Urteil des Gerichtshofs der Europäischen Union ergebenden Maßnahmen zu ergreifen.

Diese Verpflichtung besteht unbeschadet der Verpflichtungen, die sich aus der Anwendung des Artikels 340 Absatz 2 ergeben.

144 **a) Einführung.** Mit der Untätigkeitsklage gemäß Art. 265 AEUV wird die Rechtmäßigkeit der Untätigkeit eines Organs, einer Einrichtung oder sonstigen Stelle der Union überprüft. Sie ist also das Pendant der deutschen verwaltungsgerichtlichen **Verpflichtungsklage** im EU-Recht. Allerdings kann mit ihr nicht die Verpflichtung des beklagten EU-Organs, einer Einrichtung oder sonstigen Stelle der Union zu einem bestimmten Handeln erreicht werden. Sie ist ihrer Natur nach eine Feststellungsklage, da die Gerichte lediglich die Rechtswidrigkeit der Untätigkeit feststellen und nicht in das Ermessen des Beklagten eingreifen.[202] Die Untätigkeitsklage ist im Verhältnis zur Nichtigkeitsklage nach Art. 263 AEUV **subsidiär.** Sie kann nicht mehr erhoben werden, wenn das EU-Organ, dem Untätigkeit vorgeworfen wird, im Vorverfahren des Art. 265 Abs. 2 AEUV Stellung genommen hat.[203]

145 In Beihilfensachen wird diese Klage, für die das **EuG erstinstanzlich zuständig** ist (Art. 256 Abs. 1 AEUV), **regelmäßig gegen die Kommission** erhoben, zB. wenn sie es unterlassen hat, über eine Beschwerde eines Wettbewerbers über eine rechtswidrige Beihilfe zu entscheiden, bzw. ein Verfahren zu eröffnen oder nach einem rechtskräftigen Nichtigkeitsurteil, dass eine Genehmigungsentscheidung für nichtig erklärt hat, nicht in angemessener Zeit die sich

---

[197] EuGH, C-415/96, Slg. 1998, I-6993, RdNr. 31–34 – Spanien/Kommission; EuGH, 97/86 ua., Slg. 1988, 2181, RdNr. 27 – Asteris/Kommission; EuG, T-301/01, Slg. 2008, II-1753, RdNr. 98–102 – Alitalia/Kommission.

[198] *von der Groeben/Schwarze/Gaitanides* Art. 231 EG RdNr. 4.

[199] Vgl., zB. EuG, T-49/97, Slg. 2000, II-51, RdNr. 28–45 – TAT European Airlines/Kommission.

[200] EuG, T-94/05, Beschl. v. 29. 6. 2009, ABl 2009 C 233/14, noch nicht in der amtlichen Sammlung veröffentlicht, RdNr. 32–46 – Athina ki Techniki/Kommission.

[201] EuG, T-210/99, Slg. 2004, II-781, RdNr. 9–17 – Gankema/Kommission.

[202] *Grabitz/Hilf/Booß* Art. 232 EG RdNr. 1.

[203] *von der Groeben/Schwarze/Gaitanides* Art. 232 EG RdNr. 2.

aus dem Urteil ergebenden Maßnahmen ergreift (siehe Art. 266 Abs. 1 AEUV). Die Untätig-keitsklage kann jedoch erst **nach erfolgloser Durchführung eines Vorverfahrens** erhoben werden, dh. wenn die Kommission auf eine Aufforderung zum Tätigwerden untätig geblieben ist. Stellt das EuG fest, dass die Untätigkeit rechtwidrig war, stellt es dies entsprechend fest. Es obliegt dann der Kommission, die Untätigkeit durch geeignete Maßnahmen zu beenden (Art. 266 Abs. 1 AEUV). Da die Kommission regelmäßig schon auf entsprechende Aufforde-rung in einer Weise tätig wird, dass eine Nichtigkeitsklage gegen ihre Stellungnahme statthaft ist, hat diese Klageart **in der Praxis keine große Bedeutung.**

b) Zulässigkeit. Die Zulässigkeitsvoraussetzungen der Untätigkeitsklage unterscheiden sich **146** je nachdem, ob sie von Mitgliedstaaten und EU-Organen (Art. 265 Abs. 1 AEUV) oder von natürlichen oder juristischen Personen (Art. 265 Abs. 3 AEUV) erhoben wird.

Untätigkeitsklagen von privilegierten Klägern (Art. 265 Abs. 1 AEUV) sind auch im **147** Beihilfenrecht denkbar. **Im Rahmen des vorläufigen Prüfverfahrens** steht Mitgliedstaaten allerdings ein effizienteres Verfahren zur Verfügung. Mitgliedstaaten können nämlich bereits zwei Monate nach Einreichung der vollständigen Anmeldung nach Art. 4(6) VO 659/1999 die Genehmigungsfiktion hinsichtlich der Beihilfe mit Ablauf von 15 Tagen nach Mitteilung an die Kommission auslösen. Der Erhebung einer Untätigkeitsklage bedarf es also nicht. **Im Rahmen des förmlichen Prüfverfahrens** könnten Mitgliedstaaten aber Untätigkeitsklage gegen die Kommission erheben, wenn die Kommission nicht innerhalb angemessener Frist über eine an-gemeldete Beihilfe entscheidet. Allerdings scheint in den letzten 10 Jahren keine solche Klage erhoben worden zu sein. Dies dürfte daran liegen, dass Mitgliedstaaten typischerweise die Kom-mission im förmlichen Prüfverfahren von der Genehmigungsfähigkeit der Beihilfe zu überzeu-gen suchen und daher schlicht keinerlei Interesse daran haben, klageweise einen vorzeitigen Abschluss des Verfahrens zu erwirken. Da Untätigkeitsklagen der Mitgliedstaaten bisher **im Beihilfenrecht vollständig bedeutungslos** geblieben sind und sich dies auch zukünftig nicht ändern dürfte, werden sie hier nicht weiter thematisiert.

Untätigkeitsklagen von nichtprivilegierten Klägern (Art. 265 Abs. 3 AEUV) werden **148** dagegen auch in Beihilfensachen erhoben, sind dort allerdings meist nicht erfolgreich. Nichtpri-vilegierte Kläger der Untätigkeitsklage sind alle natürlichen und juristischen Personen, die nicht zu den privilegierten Klägern des Art. 265 Abs. 1 AEUV gehören. Insoweit gilt das im Rahmen der Nichtigkeitsklage (Art. 263 AEUV) ausgeführte.

Im Beihilfenrecht ist die Erhebung von Untätigkeitsklagen vornehmlich für **Wettbewerber** in- **149** teressant, wenn die Kommission nicht in angemessener Zeit gegen nicht angemeldete Beihilfen vorgeht oder nach Nichtigkeitsklagen, die Genehmigungsentscheidungen aufheben, untätig bleibt.[204] Bei angemeldeten Beihilfen dürften auch Wettbewerber, insbesondere wegen des Durch-führungsverbots des Art. 108 Abs. 3 AEUV, kein Interesse an der Erhebung einer Untätigkeitsklage haben.

Klagegegenstand der Untätigkeitsklage nichtprivilegierter Kläger kann nach Art. 265 Abs. 3 **150** AEUV nur das Unterlassen des Beklagten sein, *„einen anderen Akt als eine Empfehlung oder eine Stellungnahme an sie zu richten“.* Im Beihilfenrecht würde dies bei wörtlicher Auslegung dazu führen, dass Untätigkeitsklagen von nichtprivilegierter Kläger, insbesondere von Wettbewer-bern, in der Regel unzulässig wären, da Entscheidungen der Kommission grundsätzlich nur an Mitgliedstaaten gerichtet sind. Die Gerichte haben aber in ständiger Rechtsprechung die **Kla-gebefugnis** nichtprivilegierter Kläger im Rahmen von Untätigkeitsklagen wegen der Komple-mentarität von Nichtigkeits- und Untätigkeitsklagen allgemein bejaht, wenn der Kläger von dem begehrten Akt nach den für die Nichtigkeitsklage entwickelten Grundsätzen unmittel-bar und individuell betroffen wäre.[205] Damit sind nichtprivilegierte Kläger in Beihilfensachen befugt, Untätigkeitsklagen zu erheben, wenn sie befugt wären, eine Entscheidung, die die Kommission hätte treffen können, nach den im Rahmen des Art. 263 Abs. 4 AEUV für die Klagebefugnis geltenden Grundsätzen mit der Nichtigkeitsklage anzufechten.[206] Für die Klage-

---

[204] Zur besonderen Problematik von Untätigkeitsklagen von Wettbewerbern gegen Untätigkeit bezüglich bestehender Beihilfen, siehe, *Conte,* Liber Amicorum Francisco Santaolalla Gadea, 289, 307–308.

[205] *Grabitz/Hilf/Booß* Art. 232 EG RdNr. 16; *von der Groeben/Schwarze/Gaitanides* Art. 232 EG RdNr. 6 und 14, mwN.; vgl. *Schedl* EWS 2006, 257, 258 und 261 zur vergleichbaren Situation Dritter in Fusions-kontrollfällen.

[206] EuG, T-395/04, Slg. 2006, II-1443, RdNr. 25–36 – Air One/Kommission; EuG, T-167/04, Slg. 2007, II-2379, RdNr. 45–52, mwN. – Asklepios Kliniken/Kommission; Mederer/Pesaresi/Van Hoof/ *Grespan,* Challenges to Commission decisions, 3.371.

befugnis von Wettbewerbern für Untätigkeitsklagen gegen Untätigkeit der Kommission in Beihilfen-sachen gilt also das zur Nichtigkeitsklage ausgeführte (siehe oben, RdNr. 84 ff.) entsprechend.

151 Die Untätigkeitsklage ist darüber hinaus nur zulässig, wenn der Kläger das **Vorverfahren** erfolglos durchgeführt hat (Art. 265 Abs. 2 AEUV). Er muss in Beihilfensachen das in Frage stehende EU-Organ aufgefordert haben, tätig zu werden. Hat der Adressat dieser Aufforderung nicht binnen zwei Monaten ab Zugang der Aufforderung keine Stellung genommen, kann innerhalb einer weiteren Frist von zwei Monaten Untätigkeitsklage erhoben werden.[207] In Beihilfensachen bedeutet dies, dass der Kläger die Kommission auffordern muss, die begehrte Handlung vorzunehmen, also in der Regel eine Entscheidung, das Verfahren zu eröffnen, oder eine Beihilfenentscheidung zu treffen. Nach ständiger Rechtsprechung liegt **keine Stellungnahme** vor und die Untätigkeit dauert fort, wenn der Adressat auf die Aufforderung hin zwar antwortet, aber nicht die begehrte Handlung vornimmt, sondern lediglich über den Stand des Verfahrens berichtet oder seinen bisherigen Standpunkt in allgemeiner Form wiederholt oder erläutert, ohne abschließend Stellung zu nehmen.[208] Ausreichend und die Untätigkeit beendend ist es jedoch, wenn auf die Aufforderung hin eine positive oder negative Stellungnahme ergeht oder verbindlich angekündigt wird. Auch eine Stellungnahme, die nicht mit der Nichtigkeitsklage anfechtbar ist, genügt, wenn sie eine Vorbereitungshandlung darstellt, die in Verbindung mit einem Verfahren steht, dass grundsätzlich zu einer mit der Nichtigkeitsklage anfechtbaren Handlung führt.[209] Bei Unklarheit über die Reichweite oder rechtliche Qualität einer Stellungnahme vor Klageerhebung, empfiehlt sich, gleichzeitig mit der Erhebung der Untätigkeitsklage, Frist wahrend, ergänzend oder hilfsweise eine Nichtigkeitsklage zu erheben.

152 Die Klagefrist für die Erhebung der Untätigkeitsklage beträgt zwei Monate und beginnt mit dem Ablauf der Zweimonatsfrist für die Stellungnahme (Art. 265 Abs. 2, S. 2 AEUV).[210]

153 c) **Begründetheit.** Die Untätigkeitsklage ist begründet, wenn der Beklagte es unter Verletzung einer Rechtspflicht unterlassen hat, bis zum Ende der zweimonatigen Frist zur Stellungnahme tätig zu werden. Dass nach einer Aufforderung innerhalb dieser Frist keine Stellungnahme abgegeben wird ist, auch in Beihilfensachen, sehr selten.[211]

154 Für das **Bestehen einer Rechtspflicht zum Tätigwerden** kommt es auf den Zeitpunkt der Aufforderung zum Tätigwerden an. Bei der Beurteilung des Bestehens oder Nichtbestehens einer solchen Rechtspflicht bei beihilfenrechtlichen Beschwerden hat das EuG zwar bestätigt, dass die Kommission die Vorprüfung nicht unbegrenzt hinausschieben darf, weist aber in ständiger Rechtsprechung darauf hin, dass die angemessene Dauer der Prüfung anhand der besonderen Umstände des Einzelfalls und seines Kontextes, insbesondere der Komplexität des Falles zu bestimmen sind.[212] Fordert ein Beschwerdeführer also die Kommission vor Ablauf eines angemessenen Zeitraumes für die Prüfung der Beschwerde zur Stellungnahme auf, weist das EuG die Klage als unbegründet ab.[213] Klagt ein Wettbewerber gegen die Kommission wegen Untätigkeit im Hinblick auf die Umsetzung eines Nichtigkeitsurteils nach Art. 266 Abs. 1 AEUV und rügt die Nichteröffnung des förmlichen Prüfverfahrens, weist das EuG die Klage als unbegründet zurück, wenn keine Pflicht zur Eröffnung bestand.[214]

155 Bei **verspäteter Stellungnahme** unterscheidet das EuG danach, ob die Stellungnahme vor oder nach Erhebung der Untätigkeitsklage stattfand. In Fällen der Stellungnahme **nach Klageerhebung** aber vor Urteilsverkündung, erklärt das EuG das Rechtsschutzinteresse des Klägers

---

[207] Zu den Einzelheiten des Vorverfahrens, siehe *Grabitz/Hilf/Booß* Art. 232 EGV RdNr. 21–34; *von der Groeben/Schwarze/Gaitanides* Art. 232 EG RdNr. 15–19.

[208] Siehe EuG, T-95/96, Slg. 1998, II-3407, RdNr. 88 – Gestevisión Telecinco/Kommission; ausführlich zu den Anforderungen an die Stellungnahme, *Grabitz/Hilf/Booß* Art. 232 EG RdNr. 27–33; *von der Groeben/Schwarze/Gaitanides* Art. 232 EG RdNr. 20–24.

[209] EuG, verb. Rs. T-297/01 und T-298/01, Slg. 2004, II-743, RdNr. 52–53, mwN. – SIC/Kommission.

[210] Zur Fristberechnung, siehe *Grabitz/Hilf/Booß* Art. 232 EG RdNr. 34 mwN.

[211] Erfolgreich war die Untätigkeitsklage aber zB. in EuG, T-95/96, Slg. 1998, II-3407 – Gestevisión Telecinco/Kommission.

[212] Zeiträume von sechs und zwölf Monaten sind in Einzelfällen für zu kurz gehalten worden; Aufforderungen nach 26 und 47 Monate sind dagegen nicht beanstandet worden; siehe EuG, T-167/04, Slg. 2007, II-2379, RdNr. 84–90 mwN. – Asklepios Kliniken/Kommission; EuG, T-395/04, Slg. 2006, II-1443, RdNr. 61 mwN. – Air One/Kommission.

[213] Siehe EuG, T-395/04, Slg. 2006, II-1443, RdNr. 61–67 – Air One/Kommission; EuG, T-167/04, Slg. 2007, II-2379, RdNr. 90–92, mwN. – Asklepios Kliniken/Kommission.

[214] EuG, verb. Rs. T-297/01 und T-298/01, Slg. 2004, II-743, RdNr. 44–49 – SIC/Kommission.

für weggefallen und die Hauptsache für erledigt.[215] Dagegen weist das EuG die Klage bei Stellungnahme **vor Klageerhebung** als unzulässig ab, da das Urteil nicht mehr nach Art. 266 Abs. 1 AEUV durchgeführt werden kann.[216] Die Begründung ist unbefriedigend, da sie die unterschiedlichen Ergebnisse und die Kostenfolge (siehe unten, RdNr. 157) nicht zu begründen vermag. In beiden Fällen sollten die Klagen für erledigt erklärt werden, denn das Versäumnis sowie den unterschiedlichen Zeitpunkt der Stellungnahme hat in beiden Fällen nicht der Kläger zu vertreten, und auch bei Stellungnahme nach Klageerhebung kann das Urteil nicht mehr nach Art. 366 Abs. 1 AEUV durchgeführt werden.[217]

Nach ständiger Rechtsprechung kann die rechtswidrige Untätigkeit und die zur Erledigung **156** führende verspätete Stellungnahme **Anlass zu Schadensersatzklagen** wegen außervertraglicher Haftung nach Art. 249 Abs. 2 AEUV geben, wenn dem Kläger durch die Untätigkeit oder verspätete Stellungnahme ein Schaden entstanden ist. Darauf weist das EuG auch in Beihilfenfällen gelegentlich hin.[218]

d) Urteil. Das Urteil, dass auf eine zulässige und begründete Untätigkeitsklage hin ergeht, ist **157** ein **Feststellungsurteil.**[219] Der unterlegene Beklagte hat nach Art. 266 Abs. 1 AEUV die sich aus der Feststellung der rechtswidrigen Unterlassung ergebenden Maßnahmen zu treffen.

Für die Kostenentscheidung gelten die allgemeinen Vorschriften und Regeln (Art. 38 Sat- **158** zung EuGH und Art. 87–93 VerfO EuG, Art. 69–75 VerfO EuGH). Bei Erledigung entscheidet das EuG gem. Art. 87(6) VerfO EuG nach freiem Ermessen über die **Kostentragung.** Die Entscheidungen des EuG zur Kostenfrage in Untätigkeitsverfahren sind zum Teil uneinheitlich.[220] Wenn die Kommission ihre Stellungnahme nach Klageerhebung abgegeben hat, wird die Kommission in die Kosten verurteilt. In diesem Fall erkennt das EuG das berechtigte Interesse an der Klageerhebung an.[221] Dagegen hebt das EuG die Kosten gegeneinander auf, wenn die Aufforderung zur Stellungnahme zwar nicht verfrüht erging, aber sich aus dem Sachverhalt nicht ergibt, dass eine Entscheidung ohne die Untätigkeitsklage nicht in angemessener Frist ergangen wäre.[222] Wenn die Stellungnahme dagegen verspätet, aber vor Klageerhebung abgegeben wurde, verurteilt das EuG den Kläger ohne weitere Erörterung in die Kosten.[223]

4. Schadensersatzklage, Art. 340 Abs. 2 AEUV (ex Art. 288 Abs. 2 EG)

Art. 340 Abs. 2 AEUV　　　　　　　　　　　　　　　　　　　　　　　　　　　**159**

Im Bereich der außervertraglichen Haftung ersetzt die Union den durch ihre Organe oder Bediensteten in Ausübung ihrer Amtstätigkeit verursachten Schaden nach den allgemeinen Rechtsgrundsätzen, die den Rechtsordnungen der Mitgliedstaaten gemeinsam sind.

a) Einführung. Für Schadensersatzklagen nach Art. 340 Abs. 2 AEUV aus außervertrag- **160** licher Haftung der Organe oder Bediensteten der Union ist das **EuG erstinstanzlich zuständig** (Art. 268, 256 Abs. 1 AEUV). Die Kommentierung beschränkt sich im Folgenden auf die Grundzüge dieser Klageart und den Besonderheiten, die in Beihilfensachen zu beachten sind.[224]

Mit dieser Klageart können insbesondere Beihilfeempfänger und Wettbewerber wegen einer **161** rechtswidrigen Beihilfenentscheidung oder einem Unterlassen der Kommission erlittene Schäden ersetzt verlangen. Schadensersatzklagen nach Art. 340 Abs. 2 AEUV von Mitgliedstaaten sind in Beihilfensachen soweit ersichtlich noch nicht erhoben worden und wohl auch nicht zu erwarten. Sie werden hier daher nicht thematisiert. Dies gilt auch für die auch in Beihilfen-

---

[215] EuG, verb. Rs. T-297/01 und T-298/01, Slg. 2004, II-743, RdNr. 34–35 – SIC/Kommission; EuG, Rs. T-291/01, Slg. 2002, II-5033, RdNr. 6 und 11 mwN, Dessauer Versorgungs- und Verkehrsgesellschaft ua./Kommission.

[216] EuG, T-26/01, Slg. 2003, II-3951, RdNr. 92–93, mwN. – Fiocchi Munizioni/Kommission.

[217] Ausführlich, in diesem Sinne, *Grabitz/Hilf/Booß* Art. 232 EG RdNr. 41–43, mwN.

[218] Siehe EuG, verb. Rs. T-297/01 und T-298/01, Slg. 2004, II-743, RdNr. 58 – SIC/Kommission.

[219] *von der Groeben/Schwarze/Gaitanides* Art. 232 EG RdNr. 33.

[220] Eingehender dazu *Grabitz/Hilf/Booß* Art. 232 EG RdNr. 44–47 mwN.

[221] EuG, verb. Rs. T-297/01 und T-298/01, Slg. 2004, II-743, RdNr. 35, 57–58 und 62 – SIC/Kommission.

[222] EuG, T-291/01, Slg. 2002, II-5033, RdNr. 14–18, Dessauer Versorgungs- und Verkehrsgesellschaft ua./Kommission.

[223] T-26/01, Slg. 2003, II-3951, RdNr. 93–94 mwN. – Fiocchi Munizioni/Kommission.

[224] Ausführlicher zu dieser Klageart, siehe *Grabitz/Hilf/von Bogdandy* Art. 288 EG; *von der Groeben/Schwarze/Gilsdorf/Niejahr* Art. 288 EG; *Lenz/Borchardt/Borchardt* Art. 235 EG; *Lenz/Borchardt/Lageard* Art. 288 EG.

sachen theoretisch denkbaren Schadensersatzklagen nach Art. 340 Abs. 2 AEUV wegen rechtwidrigen Handelns von Bediensteten oder wegen rechtmäßigen Handelns von EU-Organen oder Bediensteten.

162   Die Schadensersatzklage nach Art. 340 Abs. 2 AEUV ist ein **selbständiger Rechtsbehelf** des EU-Rechts, also nicht etwa abhängig von oder subsidiär gegenüber der Nichtigkeits- oder Untätigkeitsklage. Allerdings kann und wird die Schadensersatzklage häufig mit einer solchen anderen Klage verbunden, in deren Rahmen die Rechtswidrigkeit des die Handelns oder Unterlassens festgestellt wird.[225] Wegen der **hohen Anforderungen an die Kausalität** zwischen dem rechtswidrigen Handeln bzw. Unterlassen und dem Schaden sind diese **Klagen nur selten erfolgreich.** So ist bisher noch keine beihilfenrechtliche Schadensersatzklage erfolgreich gewesen.

163   **b) Zulässigkeit.** Schadensersatzklagen nach Art. 340 Abs. 2 können von allen Rechtssubjekten erhoben werden, die durch ein EU-Organ oder einen EU-Bediensteten einen Schaden erlitten haben, auch von den Mitgliedstaaten selbst.[226] In Beihilfensachen ist sie primär für Wettbewerber und Beihilfeempfänger von Interesse. **Klagegegner** einer solchen Schadensersatzklage ist das EU-Organ, das für das rechtswidrige Handeln bzw. Unterlassen verantwortlich ist,[227] in beihilfenrechtlichen Fällen also die Kommission (ausnahmsweise der Rat).

164   Die **Verjährung** der Ansprüche wegen außervertraglicher Haftung der Union tritt 5 Jahre nach Eintritt des die Haftung begründenden Ereignisses ein (Art. 46 Abs. 1 S. 1 Satzung EuGH).[228] Die Durchführung eines Vorverfahrens oder eine Aufforderung zur Schadensbereinigung vor Klageerhebung ist nicht erforderlich. Allerdings unterbricht eine solche Aufforderung gem. Art. 46 Abs. 1 S. 2 der Satzung des EuGH die Verjährung, sofern Klage innerhalb der zweimonatigen Klagefrist des Art. 263 AEUV nach einer negativen Antwort des Organs erhoben wird. Unter Umständen kommt Art. 265 Abs. 2 AEUV zur Anwendung (siehe Art. 46 Abs. 1 S. 3 Satzung EuGH).[229]

165   Die Klageschrift muss den allgemeinen Anforderungen (siehe oben Klageerhebung, RdNr. 28 f.) genügen, insbesondere muss der **Kläger sämtliche wesentlichen die Haftung begründenden Tatsachen schlüssig vortragen,** einschließlich der Kausalität des rechtswidrigen Verhaltens oder Unterlassens und des Schadens, sowie Art und Umfang des Schadens.[230] Sofern die genaue **Schadenshöhe** bei Klageerhebung noch nicht zu beziffern ist, kann der Kläger zunächst die Feststellung der Haftung dem Grunde nach beantragen.[231] Das EuG entscheidet über diesen Antrag mit Zwischenurteil und der Kläger kann bis zum Erlass des Zwischenurteils seinen Feststellungsantrag in einen Leistungsantrag umwandeln.

166   **c) Begründetheit.** Die Schadensersatzklage nach Art. 340 Abs. 2 AEUV ist begründet, wenn das den EU-Organen vorgeworfene Verhalten oder Unterlassen rechtswidrig ist, ein Schaden eingetreten ist und ein ursächlicher Zusammenhang zwischen der Handlung bzw. dem Unterlassen und dem Schaden besteht.[232]

167   **aa) Rechtswidriges Verhalten.** Verschulden ist nicht erforderlich, allerdings muss das rechtswidrige Verhalten (Handeln oder Unterlassen) nach ständiger Rechtsprechung eine hinreichend qualifizierte Verletzung einer Rechtsnorm darstellen, die bezweckt, den Einzelnen zu schützen.

168   Eine **hinreichend qualifizierte Rechtsverletzung** liegt allerdings nur dann vor, wenn der Urheber des rechtswidrigen Verhaltens die Grenzen seines Ermessens offenkundig und erheb-

---

[225] *Lenz / Borchardt / Borchardt* Art. 235 EG RdNr. 12, 13 und 15 mwN.

[226] *Grabitz / Hilf / von Bogdandy* Art. 288 EG RdNr. 35–37; *Lenz / Borchardt / Borchardt* Art. 235 EG RdNr. 4 mwN.

[227] Vgl. *Grabitz / Hilf / von Bogdandy* Art. 288 EG RdNr. 38–40; *von der Groeben / Schwarze / Gilsdorf / Niejahr* Art. 288 EG RdNr. 15–20.

[228] Zur Berechnung der Frist, siehe *Grabitz / Hilf / von Bogdandy* Art. 288 EG RdNr. 41; *von der Groeben / Schwarze / Gilsdorf / Niejahr* Art. 288 EG RdNr. 97 und 98; *Lenz / Borchardt / Borchardt* Art. 235 EG RdNr. 11 mwN.

[229] Dazu siehe auch oben, Band I, VerfahrensR, RdNr. 586.

[230] *Grabitz / Hilf / von Bogdandy* Art. 288 EG RdNr. 31 und 32; außerdem oben, Band I, VerfahrensR, RdNr. 576; *Lenz / Borchardt / Borchardt* Art. 235 EGV RdNr. 9 mwN.

[231] *Grabitz / Hilf / von Bogdandy* Art. 288 EG RdNr. 33 und 34; *von der Groeben / Schwarze / Gilsdorf / Niejahr* Art. 288 EG RdNr. 75; außerdem oben, Band I, VerfahrensR, RdNr. 578; *Lenz / Borchardt / Borchardt* Art. 235 EG RdNr. 9 mwN.

[232] Ständige Rechtsprechung, siehe nur EuG, T-176/01, RdNr. 170, mwN. – Ferriere Nord/Kommission.

lich überschritten hat, wobei insbesondere der Komplexität des zu beurteilenden Sachverhalts und dem Ermessensspielraum des Urhebers des rechtswidrigen Verhaltens Rechnung getragen wird.[233] Nur bei erheblich verringertem oder auf Null reduziertem Ermessen kann die bloße Verletzung von EU-Recht ausreichen, einen solchen hinreichend qualifizierten Verstoß zu begründen.[234]

Unklar ist bisher, welche Anforderungen das EuG und der EuGH in Beihilfensachen an das **169** rechtswidrige Verhalten stellen. Da die Kommission jedoch erhebliches Ermessen bei der Beurteilung der Vereinbarkeit von Beihilfen mit dem Binnenmarkt hat, und gelegentlich auch bei der Frage, ob eine Beihilfe tatbestandlich vorliegt, komplexe wirtschaftliche Sachverhalte zu beurteilen sind, dürfte es Klägern auch in Zukunft schwer fallen, die Gericht vom Vorliegen einer hinreichend qualifizierten Verletzung zu überzeugen. Die erfolgreiche Schadensersatzklage im Falle *Schneider Electric/Kommission* wird aufgrund des unterschiedlich gestalteten Verfahrens, insbesondere der sehr viel weniger ausgeprägten Verfahrensrechte von Wettbewerbern und Beihilfeempfängern in Beihilfeverfahren, nur bedingt übertragbar sein.[235]

bb) Schaden. Der Kläger trägt die Beweislast für das Bestehen und den Umfang des Scha- **170** dens, der auch den entgangenen Gewinn und Zinsen vom Tag der Urteilsverkündung an umfasst.[236] Für beihilfenrechtliche Schadensersatzklagen gelten insoweit keine Besonderheiten.[237]

cc) Kausalität. Das rechtswidrige Verhalten muss in einem direkten ursächlichen Zusam- **171** menhang zu dem eingetretenen Schaden stehen; Mitursächlichkeit genügt nicht und Mitverschulden oder Mitursächlichkeit des Klägers wird berücksichtigt.[238] Wettbewerbs- und beihilfenrechtliche Schadensersatzklagen nach Art. 340 Abs. 2 AEUV scheitern häufig an den hohen Anforderungen, die an die Kausalität gestellt werden.[239]

Dies zeigt das Urteil des EuG in den Schadensersatzklagen *Bouychou* und *FG Marine*.[240] Mit **172** diesen Klagen machten der Insolvenzverwalter des Beihilfeempfängers und sein ehemaliger Mehrheitsgesellschafter Schadensersatzansprüche gegen die Kommission wegen derselben vom EuGH für nichtig erklärten Rückforderungsentscheidung in der Sache *Stardust Marine*[241] geltend. Das EuG befand,[242] dass ein Kausalzusammenhang zwischen der vom EuGH für nichtig erklärten Entscheidung der Kommission und dem geltend gemachten Schaden der Kläger nicht gegeben war. Das EuG stellte fest, dass der Mehrheitsgesellschafter verfrüht gehandelt hatte, als er seine Rückkaufoption ausübte, da er den Rückforderungsbescheid nicht abgewartet hatte[243] und, dass beide Kläger nach nationalem und EU-Recht gegebenen Rechtsbehelfe nicht ausgeschöpft hatten.[244] In diesem Fall überzeugt jedenfalls, dass der Mehrheitsgesellschafter die Kausalkette durch die sofortige weder rechtlich noch wirtschaftlich angezeigte Ausübung der Rückkaufoption unterbrochen hat. Insgesamt stellt das EuG aber sehr hohe Anforderungen für

---

[233] EuG, T-351/03, Slg. 2007, II-2237, RdNr. 113–116 – Schneider Electric/Kommission; EuGH, C-282/05 P, Slg. 2007, I-2941, RdNr. 50, mwN – Holcim/Kommission.

[234] EuG, T-351/03, Slg. 2007, II-2237, RdNr. 117 – Schneider Electric/Kommission.

[235] In diesem Fall bestätigte der EuGH das Urteil des EuG insoweit, als die Verletzung der Verteidigungsrechte von Schneider (die ursprüngliche Fusionskontroll- und die Entflechtungsentscheidung waren, wegen Unstimmigkeiten der Beschwerdepunkte mit der Untersagungsentscheidung für nichtig erklärt worden), EuGH, C-440/07 P, Urt. v. 16. Juli 2009, noch nicht in der amtlichen Sammlung veröffentlicht, RdNr. 160–174 – Kommission/Schneider Electric.

[236] Zur Schadensberechnung im Rahmen des Art. 340 Abs. 2, siehe allgemein *Grabitz/Hilf/von Bogdandy* Art. 288 EG RdNr. 100–104; *von der Groeben/Schwarze/Gilsdorf/Niejahr* Art. 288 EG RdNr. 69–80; oben, Band I, VerfahrensR, RdNr. 592–595; *Lenz/Borchardt/Borchardt* Art. 288 EG RdNr. 30–35.

[237] Allgemein zu dem Tatbestandsmerkmal des Schadens und des Schadensnachweises, *Grabitz/Hilf/von Bogdandy* Art. 288 EG RdNr. 100–105; *von der Groeben/Schwarze/Gilsdorf/Niejahr* Art. 288 EG RdNr. 66–80.

[238] Siehe dazu allgemein *Grabitz/Hilf/von Bogdandy* Art. 288 EG RdNr. 106; *von der Groeben/Schwarze/Gilsdorf/Niejahr* Art. 288 EG RdNr. 81; oben, Band I, VerfahrensR, RdNr. 596 und 597.

[239] Oben, Band I, VerfahrensR, RdNr. 596 und 597.

[240] EuG, T-344/04, Slg. 2007, II-91 – Denis Bouychou/Kommission; und EuG, T-360/04, Slg. 2007, II-92 – FG Marine/Kommission.

[241] EuG, C-482/99, Slg. 2002, I-4397 – Französische Republik/Kommission (Stardust Marine).

[242] Kritisch dazu *Niejahr/Niejahr*, EStAL 2008, 415–419.

[243] Dies ist zumindest erstaunlich, da sich aus dem Urteil des EuG ergibt, dass das Insolvenzgericht seinen Eröffnungsbeschluss auch im Hinblick auf die Rückforderungsentscheidung der Kommission traf, siehe EuG, T-344/04, Slg. 2007, II-91, RdNr. 50 – Denis Bouychou/Kommission.

[244] *Niejahr/Niejahr* EStAL 2008, 415–419 argumentieren, dass diese Anforderungen zumindest im konkreten Fall überzogen zu sein scheinen.

potentielle Schadensersatzklage in Beihilfensachen, in dem es verlangt, dass potentielle Kläger alle und selbst die nur theoretisch zur Verfügung stehenden Rechtsbehelfe gegen Rückforderungsentscheidungen der Kommission auf nationaler und auf EU-Ebene eingelegt haben müssen (siehe dazu zB. die Schwierigkeiten einstweiligen Rechtsschutz auf EU-Ebene zu erwirken, siehe unten RdNr. 203 ff.), um die Schadensentstehung zu verhindern oder den Schaden zu minimieren, wenn sie nicht Gefahr laufen wollen, dass das EuG die Kausalität verneint. Es dürfte daher auch in Zukunft nur sehr schwer möglich sein, Schadensersatz für rechtswidrige Beihilfenentscheidungen der Kommission zugesprochen zu bekommen.

173   **d) Urteil.** Das Urteil des EuG mit dem Schadensersatz zugesprochen wird, ist als Leistungsurteil ausgestaltet. Dagegen ist ein Urteil, dass die Schadensersatzpflicht nur dem Grunde nach feststellt, lediglich ein Feststellungsurteil. Das Leistungsurteil ist ein vollstreckbarer Titel gem. Art. 280 AEUV und wird in dem in Art. 299 Abs. 2–4 AEUV geregelten Verfahren vollstreckt.[245]

5. Vorabentscheidungsverfahren, Art. 267 AEUV (ex Art. 234 EG)

174   **Art. 267 AEUV**

Der Gerichtshof der Europäischen Union entscheidet im Wege der Vorabentscheidung
a) über die Auslegung der Verträge,
b) über die Gültigkeit und die Auslegung der Handlungen der Organe, Einrichtungen oder sonstigen Stellen der Union.
Wird eine derartige Frage einem Gericht eines Mitgliedstaats gestellt und hält dieses Gericht eine Entscheidung darüber zum Erlass seines Urteils für erforderlich, so kann es diese Frage dem Gerichtshof zur Entscheidung vorlegen.
Wird eine derartige Frage in einem schwebenden Verfahren bei einem einzelstaatlichen Gericht gestellt, dessen Entscheidungen selbst nicht mehr mit Rechtsmitteln des innerstaatlichen Rechts angefochten werden können, so ist dieses Gericht zur Anrufung des Gerichtshofs verpflichtet.
Wird eine derartige Frage in einem schwebenden Verfahren, das eine inhaftierte Person betrifft, bei einem einzelstaatlichen Gericht gestellt, so entscheidet der Gerichtshof innerhalb kürzester Zeit.

175   **a) Einführung.** Das Vorabentscheidungsverfahren nach Art. 267 AEUV ist dadurch charakterisiert, dass nationale Gerichte dem EuGH entscheidungserhebliche Fragen aus laufenden Verfahren vorlegen, die die Auslegung des EU-Rechts oder die Gültigkeit oder Auslegung von Handlungen der Organe, Einrichtungen oder sonstigen Stellen der Union betreffen. Es ist also kein kontradiktorisches Verfahren und führt auch nicht zur Sanktionierung von Verletzungen des EU-Rechts.[246] Es ist vielmehr darauf gerichtet, dem EU-Recht im Rahmen von nationalen Verfahren Geltung auf der Grundlage der Auslegung des EuGH zu verschaffen.

176   Der EuGH ist für Vorabentscheidungsverfahren zuständig. Das Verfahren ist **Ausdruck der Zusammenarbeit des EuGH mit den Gerichten der Mitgliedstaaten.**[247] Um die einheitliche Anwendung des EU-Rechts sicherzustellen und divergierende Auslegungen zu verhindern, können (bzw. müssen letztinstanzliche) nationale Gerichte sich an den EuGH wenden und ihn um eine Auslegung des EU-Rechts bitten, etwa um die Vereinbarkeit nationaler Rechtsvorschriften mit dem EU-Recht zu prüfen, bspw. einer nationalen Beihilferegelung mit den Vorschriften der AGVO. Gegenstand des Vorabentscheidungsersuchens kann auch die Prüfung der Gültigkeit eines EU-Rechtsakts sein, zB. einer Beihilfenentscheidung der Kommission.

177   Die Funktion dieses Verfahrens als Instrument zur Sicherung der einheitlichen Anwendung des EU-Rechts kommt auch dadurch zur Geltung, dass das die vom vorlegenden nationalen Gericht im **Vorabentscheidungsersuchen** gestellten Fragen vom Übersetzungsdienst des EuGH in alle anderen Amtssprachen der Union übersetzt und anschließend vom Kanzler den Parteien des Ausgangsverfahrens sowie den Mitgliedstaaten und den Organen der Union zugestellt werden. Der Kanzler lässt eine Mitteilung im ABl. EU veröffentlichen, in der ua. die Parteien des Ausgangsverfahrens und der Inhalt der Vorlagefragen angegeben werden. Die Parteien, die Mitgliedstaaten und die Organe der Union können binnen zwei Monaten schriftliche Stellungnahmen zu den Vorlagefragen beim EuGH einreichen. Die Parteien des Ausgangsverfah-

---

[245] Vgl. *Grabitz/Hilf/von Bogdandy* Art. 235 EG RdNr. 5.
[246] Zu den verfahrensrechtlichen Besonderheiten, siehe *Grabitz/Hilf/Karpenstein* Art. 234 EG RdNr. 73–89; *von der Groeben/Schwarze/Gaitanides* Art. 234 EG RdNr. 73–85.
[247] Ausführlicher zu Zielen und Bedeutung des Verfahrens siehe *Grabitz/Hilf/Karpenstein* Art. 234 EG RdNr. 1–5; *von der Groeben/Schwarze/Gaitanides* Art. 234 EG RdNr. 2–15.

rens müssen sich im Vorabentscheidungsverfahren nur dann und insoweit anwaltlich vertreten lassen, als dies im Ausgangsverfahren vor dem nationalen Gericht erforderlich war.[248]

Verschiedene tragende Grundsätze des EU-Rechts sind aufgrund von Vorabentscheidungser- **178** suchen – zum Teil erstinstanzlicher Gerichte – vom EuGH entwickelt worden.[249] Im Beihilfenrecht sind insbesondere die Reichweite des Durchführungsverbots des Art. 108 Abs. 3 AEUV sowie die EU-rechtlichen Anforderungen an die Durchführung von Rückforderungsentscheidungen im Rahmen von Vorabentscheidungsverfahren entwickelt worden.[250]

b) Zulässigkeit. Ein Vorabentscheidungsersuchen ist zulässig, wenn es von einem vorlage- **179** berechtigten oder -verpflichtetem Gericht eines Mitgliedstaates gestellt wird, der Vorabentscheidung zugängliche Vorlagefragen stellt und diese Fragen für das Ausgangsverfahren entscheidungserheblich sind.

Der EuGH hat den **Gerichtsbegriff** des Art. 267 AEUV EU-rechtlich interpretiert. Es **180** kommt also nicht darauf an, ob ein Spruchkörper nach nationalem Recht förmlich als ein Gericht anerkannt ist. Der EuGH überprüft anhand folgender sechs in seiner Rechtsprechung entwickelten materiellen und formellen **Kriterien,** ob der vorlegende nationale Spruchkörper ein Gericht im Sinne des Art. 267 AEUV ist: (i) beruhen auf gesetzlicher Grundlage, (ii) ständiger Spruchkörper, (iii) Teil der obligatorischen nationalen Gerichtsbarkeit, (iv) zur Entscheidung im Ausgangsverfahren berufen, (v) wendet Rechtsnormen an, (vi) Unabhängigkeit.[251] Beihilfenrechtliche Vorlagefragen treten jedoch typischerweise vor den Zivilgerichten oder Verwaltungsgerichten der Mitgliedstaaten auf, so dass die Gerichtseigenschaft des vorlegenden Spruchkörpers in Beihilfensachen normalerweise unproblematisch ist und hier nicht weiter thematisiert wird.[252]

Zur Vorlage berechtigt sind nach Art. 267 Abs. 2 AEUV demnach Spruchkörper, die den **181** EU-rechtlichen Gerichtsbegriff erfüllen (also nicht zB. Parteien des Ausgangsverfahrens, EU-Organe, Behörden der Mitgliedstaaten, Gerichte von Drittstaaten).[253] Die Vorlageberechtigung nicht-letztinstanzlicher Gerichte kann nicht durch Vorschriften nationalen Rechts eingeschränkt werden. Sie ist zwingendes EU-Recht.[254] Allerdings müssen auch nicht-letztinstanzliche Gerichte vorlegen, wenn sie **Zweifel an der Gültigkeit** von EU-Recht haben, da alleine der EuGH befugt ist EU-Recht für ungültig zu erklären.[255] Letztinstanzliche Gerichte sind nach Art. 267 Abs. 3 AEUV **zur Vorlage verpflichtet,** wenn ihnen eine Frage nach der Auslegung des AEUV oder abgeleiteter Rechtsakte der EU-Organe gestellt wird und sie eine Entscheidung darüber zum Erlass eines Urteils für erforderlich halten.[256] Der **Begriff des letztinstanzlichen Gerichtes** ist konkret in jedem nationalen Verfahren danach zu bestimmen, ob ein Rechtsmittel[257] eingelegt werden kann.[258] Die **Verletzung der Vorlagepflicht** ist eine Vertragsverletzung, die – wenn wiederholt und systematisch – mit dem Vertragsverletzungsverfahren auf eine Beschwerde hin oder von Amts wegen von der Kommission (und den Mitgliedstaaten) verfolgt werden kann.[259]

---

[248] *von der Groeben/Schwarze/Gaitanides* Art. 234 EG RdNr. 79.

[249] EuGH, verb. Rs. 205–215/82, Slg. 1983, 2633, RdNr. 23 – „Deutsches Milchkontor" (Diskriminierungsverbot); EuGH, C-24/95, Slg. 1997, I-1591 RdNr. 24 – „Alcan II" (Effizienzgebot).

[250] EuGH, 120/73, Slg. 1973, 1471, RdNr. 8 – *Lorenz* (Durchführungsverbot gem. Art. 108 III S. 3 AEUV ist unmittelbar anwendbar und hat drittschützende Wirkung); EuGH, C-142/87, Slg. 1990, I-959, RdNr. 66 – *Tubemeuse* (Anwendung des nationalen Verfahrensrechts darf die gemeinschaftsrechtlich gebotene Rückforderung nicht praktisch unmöglich machen).

[251] *Grabitz/Hilf/Karpenstein* Art. 234 EG RdNr. 15–18; *von der Groeben/Schwarze/Gaitanides* Art. 234 EG RdNr. 41–46.

[252] Privaten Schiedsgerichten sowie nationalen Wettbewerbs und Regulierungsbehörden, die auch mit beihilferechtlichen Fragen befasst sein können, wird beispielsweise die Gerichtseigenschaft abgesprochen, siehe dazu zB. oben, Band I, VerfahrensR, RdNr. 704–709.

[253] Siehe *von der Groeben/Schwarze/Gaitanides* Art. 234 EG RdNr. 41 mN. aus der Rechtsprechung.

[254] EuGH, 166/73, Slg. 1974, 33, RdNr. 3 – Rheinmühlen Düsseldorf/Einfuhr- und Vorratsstelle für Getreide und Futtermittel; EuGH, C-210/06, Urt. v. 16. Dezember 2009, noch nicht in der amtlichen Sammlung veröffentlicht, RdNr. 88 – Cartesio.

[255] Siehe *von der Groeben/Schwarze/Gaitanides* Art. 234 EG RdNr. 68, mN. aus der Rechtsprechung.

[256] EuGH, C-231/89, Slg. 1990, I-4003, RdNr. 17 – Gmurzynska-Bscher; EuGH, C-412/93, Slg. 1995, I-179, RdNr. 9 – Leclerc-Siplec.

[257] Zum Begriff des Rechtsmittels vgl. *von der Groeben/Schwarze/Gaitanides* Art. 234 EG RdNr. 64–65, mN. aus der Rechtsprechung.

[258] Vgl. *von der Groeben/Schwarze/Gaitanides* Art. 234 EG RdNr. 63 mN.

[259] Dazu ausführlich, auch zum nationalen Rechtsschutz gegen die Verletzung der Vorlagepflicht, *von der Groeben/Schwarze/Gaitanides* Art. 234 EG RdNr. 70–72.

182   **Keine Pflicht zur Vorlage** besteht im Bezug auf Fragen, über die der EuGH bereits in einem anderen Verfahren entschieden hat, zu denen es eine gesicherte Rechtsprechung gibt oder wenn die richtige Auslegung oder Anwendung des EU-Rechts offenkundig ist.[260]

183   **Gegenstand von Vorlagefragen** können nur die Auslegung der Verträge sein, im Beihilfenrecht speziell die der Auslegung des Beihilfebegriffs des Art. 107 Abs. 1 AEUV, sowie die Gültigkeit und die Auslegung von Handlungen der EU-Organe, Einrichtungen oder sonstigen Stellen der EU, im Beihilfenrecht also primär von Kommissionsentscheidungen und Freistellungsverordnungen. Nicht vorgelegt werden können Fragen der Gültigkeit nationalen Rechts und der Vereinbarkeit nationalen Rechts mit EU-Recht. In der Praxis deutet der EuGH solche unzulässigen Fragen regelmäßig in Fragen der Auslegung des maßgeblichen EU-Rechts um.[261] Genauso wenig befasst sich der EuGH mit der Anwendung von EU-Recht. Im Vorlageverfahren entscheidet der EuGH also nur abstrakte Fragen der Auslegung und Gültigkeit. Die Schlussfolgerungen, die sich daraus für die Entscheidung des Ausgangsrechtsstreits ergeben, zieht alleine das vorlegende Gericht.

184   Das vorlegende Gericht muss die **Entscheidungserheblichkeit der Vorlagefragen** und die **Erforderlichkeit** der Vorlage in einem noch anhängigen Verfahren bejahen und den tatsächlichen und rechtlichen Rahmen der Vorlagefragen darlegen. Der EuGH überprüft diese Voraussetzungen nur kursorisch und lehnt das Vorlageersuchen nur dann ab, wenn eine oder mehrere offensichtlich nicht vorliegen.[262]

185   Unzulässig sind Vorlagefragen jedoch, wenn sie zur Überprüfung der Gültigkeit von Handlungen, zB. der Kommission, führen würden, die der Kläger mit der Nichtigkeitsklage hätte anfechten können und er dies nicht fristgerecht getan hat.[263] Im Beihilfenrecht bedeutet dies konkret, dass Kommissionsentscheidungen nach Ablauf der Anfechtungsfrist in **Bestandskraft** erwachsen, was unter anderem zur Folge hat, dass der Beihilfeempfänger nach der sogenannten **Deggendorf-Rechtsprechung,**[264] die Rechtswidrigkeit der Rückforderungsentscheidung der Kommission vor nationalen Gerichten nicht mehr geltend machen kann. Gleiches dürfte, wenn auch noch nicht vom EuGH entschieden, für Wettbewerber und andere Kläger gelten, die nach der gefestigten Rechtsprechung der Gerichte Nichtigkeitsklage erheben können.[265]

186   Der EuGH scheint inzwischen jedoch den eingeschränkten Anwendungsbereich seiner Deggendorf-Rechtsprechung klargestellt und bestätigt zu haben. Danach steht der Unzulässigkeitsgrund nur dann der einredeweisen Geltendmachung der Rechtswidrigkeit der Entscheidung der Kommission vor den nationalen Gerichten entgegen, wenn die durch die Beihilfe begünstigten Unternehmen ohne jeden Zweifel zur Anfechtung der Entscheidung der Kommission befugt und von diesem Recht unterrichtet worden waren.[266] Auch ist ein Vorabentscheidungsersuchen zur Gültigkeitsprüfung, das eine Entscheidung der Kommission über eine Beihilferegelung betrifft, nicht unzulässig, denn die Klagebefugnis der betroffenen Unternehmen nach Art. 236 Abs. 4 AEUV setzt eine komplexe Untersuchung voraus und ist deshalb nicht offensichtlich.[267] Darüber hinaus scheint der EuGH auch die Auffassung der Kommission zurückgewiesen zu haben, dass wenn den durch eine Beihilferegelung tatsächlich Begünstigten die Befugnis zur Klage gegen eine Entscheidung der Kommission, mit der diese die Regelung für unzulässig erklärt und die Rückforderung der gewährten Beihilfen angeordnet hat, zuerkannt würde, ein Vorabentscheidungsersuchen, das die Rückforderung dieser Beihilfen beträfe, aufgrund der Rechtsprechung im Anschluss an das Urteil DWD Textilwerke Deggendorf für unzulässig er-

---

[260] EuGH, 283/81, Slg. 1982, 3415, RdNr. 13–16 – CILFIT; vgl. dazu auch *von der Groeben/ Schwarze/Gaitanides* Art. 234 EG RdNr. 67, mN aus der Rechtsprechung.

[261] Beispiele bei *von der Groeben/Schwarze/Gaitanides* Art. 234 EG RdNr. 28 und 29.

[262] Vgl. *von der Groeben/Schwarze/Gaitanides* Art. 234 EG RdNr. 47–50 und 57–61 mN aus der Rechtsprechung; siehe auch *Grabitz/Hilf/Karpenstein* Art. 234 EG RdNr. 25, 26 und 34–38.

[263] *Grabitz/Hilf/Karpenstein* Art. 234 EG RdNr. 47–50; *von der Groeben/Schwarze/Gaitanides* Art. 234 EG RdNr. 38 und 39.

[264] EuGH, C-188/92, Slg. 1994; I-833, RdNr. 17 ff. – TWD Textilwerke Deggendorf GmbH/Bundesminister für Wirtschaft.

[265] Vgl. *von der Groeben/Schwarze/Gaitanides* Art. 234 EG RdNr. 39; zurückhaltender *Grabitz/Hilf/Karpenstein* Art. 234 EG RdNr. 49.

[266] EuG, verb. Rs. T-254/00, T-270/00 und T-277/00, Urt. v. 28. November 2008, noch nicht in der amtlichen Sammlung veröffentlicht, RdNr. 73–112 – Hotel Cipriani ua./Kommission, unter Hinweis auf EuGH, RdNr. 24 – TWD Textilwerke Deggendorf; EuGH, C-241/95, Slg. 1996, I-6699, RdNr. 15 und 16 – Accrington Beef ua.; sowie EuGH, C-408/95, Slg. 1997, I-6315, RdNr. 28 – Eurotunnel ua.

[267] EuGH, verb. Rs. C-346/03 und C-529/03, Slg. 2006, I-1875, RdNr. 33 und 34 – Atzeni ua.

klärt werden müsse.[268] Schließlich vertritt das EuG die Auffassung, dass die von tatsächlich Begünstigten vor den nationalen Gerichten erhobene Einrede der Rechtswidrigkeit der Entscheidung der Kommission keinesfalls für unzulässig erklärt werden kann, wenn die Frage, ob diese Begünstigten die entsprechenden Beihilfen in Durchführung der Entscheidung der Kommission zurückzuzahlen haben, angesichts der besonderen Umstände des betreffenden Falls oder der Komplexität der in dieser Entscheidung aufgeführten Kriterien für die Feststellung der mit dem Binnenmarkt unvereinbar erklärten und zurückzufordernden Beihilfen anfänglich bei vernünftiger Betrachtung gewisse Zweifel aufwerfen konnte, so dass ihr Interesse, gegen die genannte Entscheidung vorzugehen, nicht offensichtlich war.[269]

Für Kläger, die keine Nichtigkeitsklage erheben können oder hinsichtlich derer es begründe-   **187** te Zweifel gibt, ob sie eine Nichtigkeitsklage erheben können, gilt die Deggendorf-Rechtsprechung nicht. Sie können daher die Rechtswidrigkeit der Kommissionsentscheidung nach dem Ablauf der Anfechtungsfrist vor nationalen Gerichten und indirekt die Frage der Rechtswidrigkeit im Rahmen von Vorabentscheidungsverfahren überprüfen lassen.

Noch völlig offen ist jedoch die Frage, in welchem Umfang die erweiterte Klagemöglichkeit   **188** gegen Verordnungen gemäß Art. 263 Abs. 4 AEUV gegen Rechtsakte mit Verordnungscharakter, gegen die jetzt auch nicht individuell aber unmittelbar betroffene Kläger Nichtigkeitsklage erheben können, die Zulässigkeit von Vorlagefragen zur Gültigkeit von Verordnungen, oder im Beihilfenrecht gegen Entscheidungen über allgemeine Beihilferegelungen, einschränken wird. Allerdings erscheint auch hier im Hinblick auf den Sinn und Zweck des Vorlageverfahrens eine zurückhaltende Anwendung der Deggendorf-Rechtsprechung angezeigt.

c) Entscheidung und Wirkung. Der EuGH antwortet dem vorlegenden nationalen Ge-   **189** richt **durch Urteil oder durch begründeten Beschluss.**

Das nationale Gericht, an das das Urteil oder der Beschluss gerichtet ist, ist bei der Entschei-   **190** dung in der bei ihm anhängigen Sache an die Auslegung des EuGH gebunden.

In entsprechender Weise bindet das Urteil des EuGH andere nationale Gerichte sofern   **191** die Ungültigkeit von Handlungen festgestellt wird, bzw. der EuGH über die Auslegung von EU-Recht oder Handlungen entschieden hat. Diese Bindungswirkung gilt auch für Fälle und Sachverhalte, die vor der Entscheidung des EuGH entstanden sind, es sei denn, das Urteil bestimmt ausdrücklich etwas anderes.[270] Urteile, die die Gültigkeit von Handlungen feststellen, wirken jedoch nur zwischen den Parteien. Es können neue Gesichtspunkte, die die Ungültigkeit der Handlungen und damit eine neue Vorlage begründen können, vorgebracht werden.[271]

Der EuGH entscheidet durch begründeten Beschluss, wenn er sich zu einer vorgelegten Fra-   **192** ge bereits geäußert hat, sich die Antwort zweifelsfrei ergibt, oder aus der Rechtsprechung abgeleitet werden kann. In seinem Beschluss verweist der EuGH auf das zu dieser Frage bereits ergangene Urteil oder auf die betreffende Rechtsprechung.

III. Einstweiliger Rechtsschutz in Beihilfensachen

Art. 278 AEUV   **193**

Klagen bei dem Gerichtshof der Europäischen Union haben keine aufschiebende Wirkung. Der Gerichtshof kann jedoch, wenn er dies den Umständen nach für nötig hält, die Durchführung der angefochtenen Handlung aussetzen.

Art. 279 AEUV   **194**

Der Gerichtshof der Europäischen Union kann in den bei ihm anhängigen Sachen die erforderlichen einstweiligen Anordnungen treffen.

---

[268] EuG, verb. Rs. T-254/00, T-270/00 und T-277/00, Urt. v. 28. November 2008, noch nicht in der amtlichen Sammlung veröffentlicht, RdNr. 73–112 – Hotel Cipriani ua./Kommission; unter Hinweis auf EuGH, Rs. C-298/00 P, Slg. 2004, I-4087, RdNr. 31 – Urteil Italien/Kommission.

[269] EuG, verb. Rs. T-254/00, T-270/00 und T-277/00, Urt. v. 28. November 2008, noch nicht in der amtlichen Sammlung veröffentlicht, RdNr. 73–112 – Hotel Cipriani ua./Kommission.

[270] Ausführlich dazu *Grabitz/Hilf/Karpenstein* Art. 234 EG RdNr. 93–109; vgl. auch v*on der Groeben/Schwarze/Gaitanides* Art. 234 EG RdNr. 89–93.

[271] Vgl. *Grabitz/Hilf/Karpenstein* Art. 234 EG RdNr. 102.

195 **Art. 299 Abs. 4 AEUV**

Die Zwangsvollstreckung kann nur durch eine Entscheidung des Gerichtshofs der Europäischen Union ausgesetzt werden. Für die Prüfung der Ordnungsmäßigkeit der Vollstreckungsmaßnahmen sind jedoch die einzelstaatlichen Rechtsprechungsorgane zuständig.

196 **1. Einführung.** Die EU-Gerichte können allgemeinen vorläufigen Rechtsschutz in der Form der Aussetzung des Vollzugs angefochtener Handlungen nach Art. 278 S. 2 AEUV (Art. 242 S. 2 EG) gewähren, da Klagen vor den EU-Gerichten keine aufschiebenden Wirkung haben (Art. 278 S. 1 AEUV). Nach Art. 279 AEUV (Art. 243 EG) können sie darüber hinaus auch sonstige einstweilige Anordnungen treffen, wenn und soweit erforderlich.

197 Schließlich ermöglicht Art. 299 Abs. 4 S. 1 AEUV (Art. 256 Abs. 4 S. 1 EG) die Aussetzung der Zwangsvollstreckung. Diese Möglichkeit des einstweiligen Rechtsschutzes hat jedoch im Beihilfenrecht keine Bedeutung, sie findet gegen Zahlungsverpflichtungen Anwendung, wie sie die Kommission beispielsweise im EU-Kartellrecht verhängen kann.

198 Auch die Aussetzung der Vollziehung und sonstige einstweilige Anordnungen haben in Beihilfensachen bisher nur geringe Bedeutung. Anträge auf einstweiligen Rechtsschutz werden beim EuG zwar relativ häufig in beihilfenrechtlichen Verfahren gestellt (2008 waren es 22 von insgesamt 58 Anträgen), allerdings gewährt das EuG einstweiligen Rechtsschutz nur sehr selten (2009 nur in einem einzigen Fall),[272] soweit ersichtlich hat sich dies auch 2010 nicht geändert. In Rechtsmittelverfahren sind Anträge auf einstweiligen Rechtsschutz eher selten.[273]

199 Das **Verfahren** für den Erlass von Maßnahmen einstweiligen Rechtsschutzes nach Art. 278 und 279 AEUV (Art. 243 EG) ist in Art. 39 der Satzung des EuGH sowie den Art. 104–110 VerfO EuG und Art. 83–90 VerfO EuGH näher geregelt.[274] Zuständig ist das für die Hauptsache zuständige Gericht, dessen Präsident entscheidet über die Anträge auf einstweiligen Rechtsschutz.

200 **2. Zulässigkeit.** Anträge auf einstweiligen Rechtsschutz sind **akzessorisch.** Sie sind nur dann und solange zulässig, wie der Rechtsstreit in der Hauptsache beim EuG oder EuGH anhängig ist. Daher können Anträge auf einstweiligen Rechtsschutz frühestens mit der Klage in der Hauptsache gestellt werden (Art. 104 Abs. 1 VerfO EuG, Art. 83 Abs. 1 VerfO EuGH). Einstweiliger Rechtsschutz auf EU-Ebene hängt dagegen nicht von der Erschöpfung nationaler Rechtsbehelfe ab.[275]

201 Die Gerichte prüfen zwar normalerweise die **Zulässigkeit der Klage in der Hauptsache** nicht von Amts wegen (es sei denn, es ergeben sich erhebliche Anhaltspunkt für die Unzulässigkeit aus den Verfahrensakten), allerdings weisen sie Anträge auf einstweiligen Rechtsschutz als unzulässig ab, wenn die Unzulässigkeit der Klage geltend gemacht wird und offensichtlich ist.[276] An die Offensichtlichkeit stellen die Gerichte richtigerweise hohe Anforderungen. Der EuGH entschied daher bspw. im Fall *Belgien und Forum 187/Kommission (Koordinierungsstellen)*, dass die Unzulässigkeit einer Nichtigkeitsklage der belgischen Vereinigung der Koordinierungsstellen, die sämtliche Koordinierungsstellen vertrat und geltend machte, dass ihre Existenzberechtigung durch die angefochtene Kommissionsentscheidung gefährdet werde, nicht offensichtlich war, da die Rechtsprechung zu den maßgeblichen Zulässigkeitsfragen nicht hinreichend gefestigt sei.[277]

202 **Antragsbefugt** sind alle EU-Organe, Einrichtungen und sonstige Stellen der EU sowie sämtliche natürliche und juristische Personen, die Klage in der Hauptsache erheben können.[278]

---

[272] Jahresbericht des Gerichtshofs 2009, Rechtsprechungsstatistiken – Gericht erster Instanz.

[273] Jahresbericht des Gerichtshofs 2009, Rechtsprechungsstatistiken – Gerichtshof.

[274] Ausführlicher zu den Anforderungen an den erforderlichen Antragsschriftsatz und dem Verfahren, siehe *von der Groeben/Schwarze/Gaitanides*, Art. 242 und 243 EG RdNr. 42–44.

[275] EuG, T-181/02 R, Slg. 2002, II-5081, RdNr. 37–39 – Neue Erba Lautex/Kommission; Arhold EStAL 2003, 39, 41.

[276] EuGH, C-117/91 R, Slg. 1991, I-3353 RdNr. 7 – Bosman; allgemein dazu, *von der Groeben/Schwarze/Gaitanides*, Art. 242 und 243 EG RdNr. 17–191; oben, Band I, VerfahrensR, RdNr. 613.

[277] EuGH, verb. Rs. C-182/03 R und C-217/03 R, Slg. 2003, I-6887, RdNr. 98–108 – Belgien und Forum 187/Kommission (Koordinierungsstellen). Der EuGH hat die Zulässigkeit der Klage in der Hauptsache in diesem Falle bestätigt, siehe EuGH, verb. Rs. C-182/03 und C-217/03, Slg. 2006, I-5479, RdNr. 53–64 – Belgien und Forum 187/Kommission (Koordinierungsstellen). Die Klagen waren auch in der Hauptsache wenigstens teilweise (C-217/03 – Forum 187) begründet (C-182/03 – Belgien), dazu ausführlich *Metha* EStAL 2007, 732–741.

[278] Ausführlicher, auch zu den Besonderheiten bei nichtprivilegierten Klägern und Streithelfern, *Grabitz/Hilf/Stoll* Art. 242, 243 EG RdNr. 20–22.

3. Begründetheit. Anträgen auf einstweiligen Rechtsschutz wird nur stattgegeben, wenn 203
die folgenden drei Voraussetzungen erfüllt sind: (i) die beantragte Maßnahme des einstweiligen
Rechtsschutzes erscheint auf den ersten Blick in tatsächlicher und rechtlicher Hinsicht notwendig
(*fumus boni iuris*); (ii) der Antragsteller hat die Dringlichkeit der beantragten Maßnahme darlegt,
dh., dass ihm, wenn dem Antrag nicht stattgegeben wird, ein schwerer und nicht wieder
gutzumachender Schaden entstehen würde; (iii) die Abwägung der Interessen des Antragstellers,
der anderen Parteien und des allgemeinen Interesses ergibt, dass die beantragte Maßnahme angemessen
ist.

Die **Notwendigkeit** des beantragten einstweiligen Rechtsschutzes ist gegeben, wenn bei 204
summarischer Prüfung die Klage in der Hauptsache begründet ist, in Beihilfensachen also insbesondere
wenn die Kommissionsentscheidung rechtswidrig ist.[279]

Anträge auf einstweiligen Rechtsschutz scheitern in der weit überwiegenden Zahl der Fälle 205
jedoch daran, dass die hohen Anforderungen nicht erfüllt sind, die die Gerichte an die **Dringlichkeit**
stellen.[280] Auch in Beihilfensachen gelingt es Antragstellern in der Regel nicht darzulegen,
dass ein schwerer und nicht wieder gutzumachender Schaden entstehen würde.[281] Dem
Antragsteller droht in der Regel lediglich ein finanzieller oder wirtschaftlicher Schaden. Solche
Schäden werden aber in ständiger Rechtsprechung von den EU-Gerichten als wieder gutzumachend
betrachtet, denn nur ganz ausnahmsweise sind sie einem späteren finanziellen Ausgleich
nicht zugänglich.[282]

Die EU-Gerichte haben das Vorliegen solcher Ausnahmen in einigen seltenen Fällen bei 206
Existenz gefährdenden Lagen anerkannt.[283] In Beihilfensachen bspw. in den Fällen *Technische
Glaswerke Ilmenau*[284] und *Belgien und Forum 187 (Koordinierungsstellen)*.[285]

Im Fall *Technische Glaswerke Ilmenau* akzeptierte das EuG aufgrund vorgelegter Gutachten und 207
nach Anhörung der Gutachter, dass der sofortige Vollzug der angefochtenen Rückforderungsentscheidung
der Kommission unweigerlich und binnen kurzer Zeit die Existenz des Unternehmens
gefährden würde, aber die Liquidität des Unternehmens wahrscheinlich ausreichend
sei, weiterhin den übrigen Schuldendienst bis zur Entscheidung in der Hauptsache zu leisten, so
dass die Rückforderung ursächlich für die dann wahrscheinliche Liquidation des Unternehmens
wäre, würde ihr Vollzug nicht ausgesetzt.[286] Die Nichtigkeitsklage blieb jedoch ebenso erfolglos
wie das Rechtsmittel.[287]

Der Fall *Belgien und Forum 187 (Koordinierungsstellen)* betrifft Übergangsvorschriften nach der 208
Feststellung der Unvereinbarkeit der bestehenden belgischen Beihilfen für Koordinierungsstellen.
Der EuGH akzeptierte, ohne im einzelnen auf die von Forum 187 geltend gemachten
möglicherweise entstehenden Schäden einzugehen, dass der nahezu sofortige Ablauf der Regelung
über die Besteuerung der Koordinierungsstellen zu Schäden von einer hinreichenden
Schwere, die weitgehend unumkehrbar wären, führen würde, insbesondere da eine erhebliche
rechtliche Unsicherheit, die nicht kurzfristig zu beheben sei, entstände, zumal die Kommission
keinerlei Hinweise dahingehend gemacht habe, welche Änderungen für eine beihilfenrechtskonforme
Regelung erforderlich wären.[288]

---

[279] Vgl. zB T-34/02 R, Slg. 2002, II-2803, RdNr. 72–84 – B ua./Kommission.

[280] Dazu kritisch *Lumma* EuZW 2004, 457, 460–461.

[281] Vgl. EuG, T-120/07 R, Slg. 2007, II-130, RdNr. 33–43 – MB Immobilien Verwaltung/Kommission;
EuG, T-316/04 R, Slg. 2004, II-3917, RdNr. 25–38 – Wam/Kommission; EuG, T-181/02 R, Slg. 2002,
II-5081, RdNr. 82–110 – Neue Erba Lautex/Kommission; und T-34/02 R, Slg. 2002, II-2803, RdNr. 85–
102 – B ua./Kommission.

[282] Kritisch dazu, insbesondere zu den Schwierigkeiten Schadensersatz nach Art. 340 Abs. 2 AEUV zu
erwirken, *Burianski* EWS 2006, 304, 308.

[283] *Arhold* EStAL 2003, 39, 44–48, der sich detailliert mit dem Erfordernis der Dringlichkeit in Beihilfenfällen
befasst.

[284] EuG, T-198/01 R, Slg. 2002, II-2153, RdNr. 96–109 – Technische Glaswerke Ilmenau/Kommission.

[285] EuGH, verb. Rs. C-182/03 R und C-217/03 R, Slg. 2003, I-6887, RdNr. 130–141 – Belgien und
Forum 187/Kommission (Koordinierungsstellen).

[286] EuG, T-198/01 R, Slg. 2002, II-2153, RdNr. 100–103 und 107 – Technische Glaswerke Ilmenau/
Kommission.

[287] EuG, T-198/01, Slg. 2004, II-2717 – Technische Glaswerke Ilmenau/Kommission und EuGH;
C-404/04 P, Slg. 2007, I-1 – Technische Glaswerke Ilmenau/Kommission.

[288] EuGH, verb. Rs. C-182/03 R und C-217/03 R, Slg. 2003, I-6887, RdNr. 131–138 – Belgien und
Forum 187/Kommission (Koordinierungsstellen); Belgien hatte die folgenden Schäden geltend gemacht
(RdNr. 82 des Urteils): Verlust von etwa 450 Arbeitsplätzen, Schwächung des Sektors der Koordinierungs-

209 Schließlich muss die Gewährung einstweiligen Rechtsschutzes im konkreten Fall nach **Abwägung** des zu erwartenden Schadens des Antragstellers mit dem Interesse der anderen Beteiligten und der Union an der Durchsetzung der Beihilfenentscheidung angemessen sein. Normalerweise geht dabei das Allgemeininteresse an der Durchsetzung der Beihilfenkontrolle vor.[289] Doch wenn besondere Umstände im Einzelfall vorliegen, kann diese Abwägung auch zugunsten des Antragstellers ausgehen, so dass die beantragte Maßnahme ganz oder jedenfalls teilweise oder unter Bedingungen gewährt werden kann, in Beihilfensachen ist dies in der Regel die Aussetzung des Vollzugs der angefochtenen Kommissionsentscheidung.[290]

210 **4. Entscheidung.** Grundsätzlich entscheiden der Präsident des EuG oder des EuGH über Anträge auf einstweilige Anordnungen durch begründeten Beschluss.[291] Der Beschluss hat vorläufigen Charakter und greift der Entscheidung des EuG, bzw. des EuGH in der Hauptsache in keiner Weise vor. Der Beschluss des EuGH ist unanfechtbar, der des EuG kann mit einem Rechtsmittel beim EuGH angefochten werden.[292]

211 **5. Einstweiliger Rechtsschutz im Rechtsmittelverfahren.** Anträge auf einstweiligen Rechtsschutz können auch im Rechtsmittelverfahren gestellt werden. Sie sind aber nur in den seltensten Fällen erfolgreich,[293] zumal wenn wie in Beihilfensachen die Aussetzung des Vollzugs der angefochtenen Kommissionsentscheidung beantragt wird. In diesen Fällen ist stichhaltiges Vorbringen gegen das angefochtene Urteil nicht ausreichend um die Aussetzung des Vollzugs der angefochtenen Entscheidung auf den ersten Blick zu rechtfertigen. Der EuGH hat ausgeführt, dass der Antragsteller zusätzlich dazu dartun muss, das das Vorbringen, mit dem die Rechtmäßigkeit der Entscheidung im Rahmen der Nichtigkeitsklage angefochten worden ist, geeignet ist, die beantragte Aussetzung auf den ersten Blick zu rechtfertigen *(fumus boni iuris)*.[294]

---

stellen und Rufschädigung, sowie dauerhafter Verlust einer wichtigen Quelle für Steuereinnahmen und Sozialversicherungsbeiträge.

[289] EuG, T-181/02 R, Slg. 2002, II-5081, RdNr. 112 und 113, mwN aus der Rechtsprechung – Neue Erba Lautex/Kommission; und EuG, T-120/07 R, Slg. 2007, II-130, RdNr. 45 und 46 – MB Immobilien Verwaltung/Kommission.

[290] EuGH, verb. Rs. C-182/03 R und C-217/03 R, Slg. 2003, I-6887, RdNr. 142–148 – Belgien und Forum 187/Kommission (Koordinierungsstellen); EuG, T-198/01 R, Slg. 2002, II-2153, RdNr. 116–124 – Technische Glaswerke Ilmenau/Kommission; siehe auch die Verlängerungen EuG, T-198/01 R [II], Slg. 2003, II-2995, RdNr. 62–71 – Technische Glaswerke Ilmenau/Kommission; EuG, T-198/01 R [III], Slg. 2004, II-1471, RdNr. 62–66 – Technische Glaswerke Ilmenau/Kommission; sowie EuG, T-378/02 R, Slg. 2003, II-2921, RdNr. 93–100 – Technische Glaswerke Ilmenau/Kommission; *Arhold* EStAL 2003, 39, 49.

[291] Ausführlich zu Entscheidungen im Verfahren des einstweiligen Rechtsschutzes *von der Groeben/Schwarze/Gaitanides* Art. 242 und 343 EG RdNr. 45–57.

[292] Siehe EuGH, C-232/02 P(R), Slg. 2002, I-8977 – Kommission/Technische Glaswerke Ilmenau (erfolgloses Rechtsmittel der Kommission gegen den Beschluss des EuG, T-198/01 R, Slg. 2002, II-2153 – Technische Glaswerke Ilmenau/Kommission).

[293] Oben, Band I, VerfahrensR, RdNr. 644.

[294] Siehe EuGH, C-404/04 P-R, Slg. 2005, I-3539, RdNr. 17, mwN. – Kommission/Technische Glaswerke Ilmenau.

Teil 3. Vergaberecht

Gesetz gegen Wettbewerbsbeschränkungen (GWB)

In der Fassung der Bekanntmachung vom 15. Juni 2005
Zuletzt geändert durch Gesetz vom 25. Mai 2009 (BGBl. I S. 1102)
FNA 703-5

Vorbemerkung zu den §§ 97 ff. GWB

Übersicht

A. Europarechtliche Grundlagen

Schrifttum: *Arrowsmith*, The Law of Public and Utilities Procurement, 2. Aufl. 2005; *Bartosch*, Vergabefremde Kriterien und Art. 87 Abs. 1 EG: Sitzt das öffentliche Beschaffungswesen in Europa auf einem beihilferechtlichen Pulverfass, EuZW 2001, 229; *Bechtold*, Kartellgesetz: GWB, 6. Aufl. 2010; *Benedict*, Sekundärzwecke im Vergabeverfahren, Öffentliches Auftragswesen, seine teilweise Harmonisierung im EG/EU Binnenmarkt und die Instrumentalisierung von Vergaberecht durch vergabefremde Aspekte, 2000; *Bitterich*, Das grenzüberschreitende Interesse am Auftrag im primären Gemeinschaftsvergaberecht – Anm. zu EuGH, Urt. v. 13. 11. 2007, EuZW 2008, 14; *Boesen*, Vergaberecht, 2000; *Braun*, Besprechung der Mitteilung der Kommission zum Vergaberecht, EuZW 2006, 683; *ders./Hauswaldt*, Vergaberechtliche Wirkungen der Grundfrei-heiten und das Ende der Inländerdiskriminierung, EuZW 2006, 176; *Brown,* Seeing Through Transparency: The Requirement to Advertise Public Contracts and Concessions Under the EC Treaty, PPLR 2007, 1; *Bühler*, Einschränkungen von Grundrechten nach der Europäischen Grundrechtecharta, 2005; *Bultmann*, Vergabefremde Kriterien: Zur „neuen Formel" des Europäischen Gerichtshofs, ZfBR 2004, 134; *ders.*, Beihilfenrecht und Vergaberecht, 2004; *Bungenberg*, Vergaberecht im Wettbewerb der Systeme, Eine rechtsebenenübergreifende Analyse des Vergaberechts, 2007; *Burgi*, Die Vergabe von Dienstleistungskonzessionen: Verfahren, Vergabekriterien, Rechtsschutz, NZBau 2005, 610; *ders.,* Von der Zweistufenlehre zur Dreiteilung des Rechtsschutzes im Vergaberecht, NVwZ 2007, 737; *Byok/Jaeger*, Kommentar zum Vergaberecht, 2. Aufl. 2005; *Callies/Ruffert*, Kommentar zu EU-Vertrag und EG-Vertrag, 3. Aufl. 2007; *Ceccini*, Europa '92: Der Vorteil des Binnenmarktes, 1998; *Craig/De Burca*, EU Law Text, Cases and Materials, 4. Aufl. 2007; *Dippel/Zeiss*, Vergabefremde Aspekte – Rechtsschutz im Vergabenachprüfungsverfahren wegen Verstoßes gegen das EG-Beihilfenrecht, NZBau 2002, 376; *Dörr*, Infrastrukturförderung (nur) nach Ausschreibung?, NZBau 2005, 617; *Dreher*, Vergaberechtsschutz unterhalb der Schwellenwerte, NZBau 2002, 419; *ders./Haas/Rintelen*, Vergabefremde Regelungen und Beihilferecht, 2002; *Ebert*, Möglichkeiten und Grenzen des Verhandlungsverfahrens im Vergaberecht unter Beachtung der vergaberechtlichen Prinzipien, 2005; *Egger*, Europäisches Vergaberecht, 2008; *Ehricke*, Rückzahlung gemeinschaftsrechtswidriger Beihilfen in der Insolvenz des Beihilfeempfängers, ZIP 2001, 489; *Eilmansberger*, Überlegungen zum Zusammenspiel von Vergaberecht und Beihilferecht, WuW 2004, 384; *Esch*, Ausschreibung rettungsdienstlicher Leistungen, VergabeR 2007, 286; *Fischer*, Öffentliche Aufträge im Spannungsfeld zwischen Vergaberecht und europäischem Beihilferecht, VergabeR 2004, 1; *Frenz*, Handbuch Europarecht, Band 1 Europäische Grundfreiheiten, 2004; *ders.*, Handbuch Europarecht, Band 3, Beihilferecht Vergaberecht, 2006; *ders.,* Soziale Vergabekriterien, NZBau 2007, 17; *ders.*, Unterschwellenvergaben, VergabeR 2007, 1; *Gabriel*, Der persönliche Anwendungsbereich des primären EG-Vergaberechts, VergabeR 2009, 7; *Gartz,* Das Ende der „Ahlhorn"-Rechtsprechung, NZBau 2010, 293; *Gass*, Wirtschaftsverfassung und Vergaberecht, Kurzbericht über das Wissenschaftliche Kolloquium am 6. 7. 2007, GewArch 2007, 375; *Gebauer*, Die Grundfreiheiten des EG-Vertrags als Gemeinschaftsgrundrechte, 2004; *Grabitz/Hilf*, Das Recht der Europäischen Union, 40. Aufl. 2010; *Gundel*, Staatliche Ausgleichszahlungen für Dienstleistungen von allgemeinem wirtschaftlichen Interesse: Zum Verhältnis zwischen Art. 86 Abs. 2 EGV und dem EG-Beihilfenrecht, RIW 2002, 222; *Hardraht*, In-house-Geschäfte und europäisches Vergaberecht, 2006; *Hatje*, Die gemeinschaftsrechtliche Steuerung der Wirtschaftsverwaltung, Grundlagen, Erscheinungsformen, verfassungsrechtliche Grenzen am Beispiel der Bundesrepublik Deutschland, 1998; *Hattig/Ruhland*, Die Rechtsfigur der Dienstleistungskonzession, NZBau 2005, 626; *Hatzopoulos*, The Case Law of the ECJ concerning the Free Provision of Services: 2000–2005, CMLRev 2006, 423; *Hertwig*, Praxis der öffentlichen Auftragsvergabe, 4. Aufl. 2009; *Hirschberger*, Bewegte

Zweiteilung im Vergaberecht – Effektiver Rechtsschutz im Unterschwellenbereich –, BayVBl 2007, 741; *Hoffmann*, Die Grundfreiheiten des EG-Vertrags als koordinationsrechtliche und gleichheitsrechtliche Abwehrrechte, 2000; *Hübner*, Anmerkung zu EuGH, Urt. v. 13. 11. 2007, VergabeR 2008, 58; *Huerkamp*, Transparenz und Gleichbehandlung als gemeinschaftsrechtliche Prinzipien der staatlichen Auftragsvergabe, 2010 *ders.*, Die grundfreiheitlichen Beschränkungsverbote und die Beschaffungstätigkeit des Staates, EuR 2009, 563; *Hüser*, Ausschreibungspflichten bei der Privatisierung öffentlicher Aufgaben, 2005; *Ingenstau / Korbion*, VOB Teile A und B, 17. Aufl. 2010; *Jennert*, Das Urteil „Parking Brixen": Übernahme des Betriebsrisikos als rechtssicheres Abgrenzungsmerkmal für die Dienstleistungskonzession? – Der EuGH stellt die Kommunen vor die Entscheidung für In-house-Privilegierung oder Beteiligung am Wettbewerb, NZBau 2005, 623; *ders.*, Vergabefremde Kriterien – keine Beihilfen, sondern gemeinwirtschaftliche Pflichten, NZBau 2003, 417; *ders.*, Staatliche Daseinsvorsorge zwischen Beihilferecht und Vergaberecht, WRP 2003, 459; *Kadelbach*, Allgemeines Verwaltungsrecht unter europäischem Einfluss, 1999; *Kaelble*, Vergabeentscheidung und Verfahrensgerechtigkeit, 2008; *Kapellmann / Messerschmidt* (Hrsg.), VOB: Teile A und B, Vergabe- und Vertragsordnung für Bauleistungen mit Vergabeverordnung (VgV), 3. Aufl. 2010; *Kingreen*, Die Struktur der Grundfreiheiten des Europäischen Gemeinschaftsrechts, 1999; *Kluth*, Die Bindung privater Wirtschaftsteilnehmer an die Grundfreiheiten des EG-Vertrags, AöR 122 (1997), 557; *Knauff*, Anmerkung zu EuGH, Urt. vom 13. 10. 2005, EuZW 2005, 730; *Knipper*, Tariftreueerklärungen im öffentlichen Auftragswesen, WuW 1999, 677; *Koenig / Kühling,* Diskriminierungsfreiheit, Transparenz und Wettbewerbsoffenheit des Ausschreibungsverfahrens – Konvergenz von EG-Beihilfenrecht und Vergaberecht, NVwZ 2003, 779; *Koenig / Kühling / Ritter*, EG-Beihilfenrecht, 2. Aufl. 2005; *Koenig*, Funktionen des Bietverfahrens im EG-Beihilferecht, EuZW 2001, 741; *Köster*, Gesetzgebung ohne den Gesetzgeber? Zur „Regulierung" der Auftragsvergabe im Unterschwellenbereich durch die EU-Kommissionsmitteilung vom 24. Juli 2006, ZfBR 2007, 127; *Krohn*, Umweltschutz als Zuschlagskriterium: Grünes Licht für „Ökostrom", NZBau 2004, 92; *Kühling*, Rechtliche Grenzen der Ökologisierung des öffentlichen Beschaffungswesens, VerwArch 2004, 337; *ders.*, Grundrechte, in: *v. Bogdandy* (Hrsg.), Europäisches Verfassungsrecht, 2. Aufl. 2008, S. 583; *ders.*, Künftige vergaberechtliche Anforderungen an kommende Immobiliengeschäfte, NVwZ 2010, 1257; *ders.*, Künftige vergaberechtliche Anforderungen an kommunale Immobiliengeschäfte, in: *Burgi* (Hrsg.), 11. Düsseldorfer Vergaberechtstag, 2010; *ders. / Huerkamp*, Vergaberechtsnovelle 2010/2011: Reformbedarf bei den vergabefremden Ausführungsbedingungen nach § 97 Abs. 4 Satz 2 GWB?, Vergaberecht 2010, 545; *ders. / Huerkamp*, Ausschreibungsverzicht und Europäische Grundfreiheiten – Das Vergaberecht in der (Wirtschafts-)Krise, NVwZ 2009, 557; *Kulartz / Marx / Portz / Prieß*, Kommentar zur VOL/A, 2. Aufl. 2010; *Kullack / Terner*, EU-Legislativpaket: Die neue „klassische" Vergabekoordinierungsrichtlinie, ZfBR 2004, 244 ff. und 346 ff.; *Langen / Bunte*, Kommentar zum deutschen und europäischen Kartellrecht, 11. Aufl. 2010; *Leinemann / Maibaum*, Die neue europäische einheitliche Vergabekoordinierungsrichtlinie für Lieferaufträge, Dienstleistungsaufträge und Bauaufträge – ein Optionsmodell, VergabeR 2004, 275; *Lutz*, Vergaberegime außerhalb des Vergaberechts?, WuW 2006, 890; *Marx*, Freiheitsgrundrechte des GG und Grundfreiheiten der EU im Verhältnis zu mitgliedstaatlichen Einkaufsregeln, WiVerw 2007, 193; *McCrudden*, Buying Social Justice: Equality, Government Procurement, and Legal Change, 2007; *McGowan*, Clarity at Last? Low Value Contracts and Transparency Obligations, PPLR 2007, 274; *Mestmäcker / Schweitzer*, Europäisches Wettbewerbsrecht, 2. Aufl. 2004; *Meyer*, Die Einbeziehung politischer Zielsetzungen bei der öffentlichen Beschaffung: zur Zulässigkeit der Verwendung sogenannter „beschaffungsfremder Kriterien" unter besonderer Berücksichtigung der Tariftreueerklärungen, 2002; *Mohn*, Der Gleichheitssatz im Gemeinschaftsrecht: Differenzierungen im europäischen Gemeinschaftsrecht und ihre Vereinbarkeit mit dem Gleichheitssatz, 1990; *Müller-Graff*, Unternehmensinvestition und Investitionssteuerung im Marktrecht, Zu Maßstäben und Schranken für die überbetriebliche Steuerung von Produktionsinvestitionen aus dem Recht des wettbewerbsverfassten Marktes, 1984; *Müller-Wrede / Lux*, Die Behandlung von Projektanten im Vergabeverfahren, ZfBR 2006, 327; *Munro*, Competition Law and Public Procurement: Two Sides of the Same Coin?, PPLR 2006, 352; *Neumayr,* Value for Money v. Equal Treatment: The Relationship between the Seemingly Overriding National Rationale for Regulating Public Procurement and the Fundamental E. C. Principle of Equal Treatment, PPLR 2002, 215; *Ortner*, Vergabe von Dienstleistungskonzessionen, Unter besonderer Berücksichtigung der Entsorgungs- und Verkehrswirtschaft, 2007; *Otting / Scheps*, Direktvergabe von Eisenbahnverkehrsdienstleistungen nach der neuen Verordnung (EG) Nr. 1370/2007, NVwZ 2008, 499; *Pietzcker*, Die neue Gestalt des Vergaberechts, ZHR 1998, 427; *ders.*, Gerichtsschutz im Unterschwellenbereich und Tariftreueklauseln – zwei klärende Entscheidungen des Bundesverfassungsgerichts, ZfBR 2007, 131; *Plötscher*, Der Begriff der Diskriminierung im europäischen Gemeinschaftsrecht: zugleich ein Beitrag zu einer einheitlichen Dogmatik der Grundfreiheiten des EG-Vertrages, 2003; *Prieß*, Handbuch des europäischen Vergaberechts, 3. Aufl. 2005; *ders. / Hölzl*, Auf Nummer sicher gehen! – Zum Rechtsschutz bei der Beschaffung von Sicherheitsdienstleistungen, LKV 2006, 481; *Pünder*, Vorgaben des grundgesetzlichen Gleichheitssatzes für die Vergabe öffentlicher Aufträge, VerwArch 2004, 38; *ders.*, Die Vergabe öffentlicher Aufträge unter den Vorgaben des europäischen Beihilferechts, NZBau 2003, 530; *Puhl*, Der Staat als Wirtschaftssubjekt und Auftraggeber, VVDStRL 60 (2001), 456; *Rechten,* Die Novelle des EU-Vergaberechts, NZBau 2004, 366; *Reuber*, Kein allgemeines Bewerbungsverbot wegen Vorbefassung, VergabeR 2005, 271; *Roth*, Recht und Wettbewerb, Festschrift für Rainer Bechtold zum 65. Geburtstag, 2006; *Ruffert*, Die künftige Rolle des EuGH im europäischen Grundrechtsschutzsystem, EuGRZ 2004, 466; *Ruhland*, Die Dienstleistungskonzession, Begriff, Standort und Rechtsrahmen der Vergabe, 2006; *Scheffler,* Zur Frage des Unternehmensbegriffs im Sinne des Art. 82 EG, EuZW 2006, 601; *Scheuing*, Zur Grundrechtsbindung der EU-Mitgliedstaaten, EuR 2005, 162; *Schönberger*, Normenkontrolle im EG-Föderalismus – Die

Logik gegenläufiger Hierarchisierungen im Gemeinschaftsrecht, EuR 2003, 600; *Schwabe*, Anm. zur Entscheidung des Europäischen Gerichts vom 20. 5. 2010, T-258/06, IBR 2010, 406; *Schwarze*, Europäisches Verwaltungsrecht, Entstehung und Entwicklung im Rahmen der Europäischen Gemeinschaft, 2. Aufl. 2005; *Schwintowski*, Konkurrenz der Öffentlichen Hand für privatwirtschaftliche Unternehmen aus der Perspektive des Vergaberechts, ZögU 2004, 360; *Siegel*, Die Grundfreiheiten als Auffangordnung im europäischen und nationalen Vergaberecht, EWS 2008, 66; *Steinberg*, Anmerkung zu EuGH, Urteil vom 4. 12. 2003, EuZW 2004, 76; *Streinz/Koenig/Kühling*, EUV/EGV, 2003; *Tettinger/Stern* (Hrsg.), Kölner Gemeinschaftskommentar zur Europäischen Grundrechtecharta, 2006; *Tietjen*, Die Europäische Beihilfekontrolle im Vergaberecht und bei der Privatisierung, 2004; *Weyer*, Freier Warenverkehr und nationale Regelungsgewalt in der Europäischen Union: Eine Analyse des Anwendungsbereiches der Art. 30–36 EG-Vertrag auf Grundlage der Rechtsprechung des EuGH, 1997; *Wittek*, Das In-House Geschäft im EG-Vergaberecht, Die mitgliedstaatliche Bedarfsdeckung im Lichte des EG-Vergaberechts unter besonderer Berücksichtigung der In-House Vergabe, 2004; *Wollenschläger*, Das EU-Vergaberegime für Aufträge unterhalb der Schwellenwerte, NVwZ 2007, 388; *Ziekow*, Die Berücksichtigung sozialer Aspekte bei der Vergabe öffentlicher Aufträge, 2007; *ders.*, Vergabefremde Zwecke und Europarecht, NZBau 2001, 72.

I. Entwicklung und Kerngehalte des EU-Sekundärvergaberechts

Die öffentliche Auftragsvergabe ist bereits seit den 1970er Jahren Gegenstand gemeinschafts-   **1** rechtlicher Rechtsetzung. Im Jahr 1971 erließ der Rat erstmals eine Richtlinie zur **Verfahrenskoordinierung** bei öffentlichen Bauaufträgen.[1] 1976 folgte eine entsprechende Richtlinie für Lieferaufträge.[2] Ziel dieser ersten Vergaberichtlinien war es, in den Mitgliedstaaten gemeinsame Verfahrensvorschriften für die Vergabe öffentlicher Aufträge zu etablieren, um in der weiteren Folge Diskriminierungen zu vermeiden.[3] Diese gesetzgeberischen Bemühungen waren jedoch nicht ausreichend, um den gemeinschaftsrechtlich implizierten Forderungen nach einer hinreichenden Öffnung der nationalen Vergabemärkte für einen grenzüberschreitenden Wettbewerb zu genügen.[4] Staatliche Beschaffungsvorhaben wurden nach wie vor hauptsächlich innerhalb nationaler Grenzen abgewickelt, ohne dass von der Möglichkeit grenzüberschreitender Vergaben in hinreichendem Ausmaß Gebrauch gemacht wurde.

Daher wurden zu Beginn der 1990er Jahre die beiden bestehenden Richtlinien in einer Liefer-   **2** und einer Baukoordinierungsrichtlinie konsolidiert und konkretisiert.[5] Zusätzlich wurde eine weitere, zu den bestehenden beiden Richtlinien parallele Richtlinie betreffend Dienstleistungsaufträge erlassen[6] und eine Richtlinie zur Regelung von Auftragsvergaben im Bereich der Sektoren Wasser-, Energie- und Verkehrsversorgung sowie Telekommunikation geschaffen.[7]

Die drei klassischen Vergaberichtlinien für Liefer-, Bau- und Dienstleistungsaufträge wurden   **3** 2004 im Rahmen des sog. Legislativpaketes in einer einheitlichen **Vergabekoordinierungsrichtlinie**[8] zusammengefasst, die die Vorschriften über die Vergabe öffentlicher Aufträge in übersichtlicher Weise vereinheitlicht. Die Sektorenkoordinierungsrichtlinie wurde bei dieser Gelegenheit novelliert,[9] wobei die Telekommunikation aus dem Sektorenbereich ausgenommen wurde.[10]

---

[1] RL 71/305/EWG des Rates vom 26. 7. 1971 über die Koordinierung der Verfahren öffentlicher Bauaufträge, ABl. 1971 L 185/5.

[2] RL 77/62/EWG des Rates vom 21. 12. 1976 über die Koordinierung des Verfahrens zur Vergabe öffentlicher Lieferaufträge, ABl. 1977 L 13/1.

[3] *Byok/Jaeger/Rudolf*, Einführung, RdNr. 16; *Hüser*, Ausschreibungspflichten bei der Privatisierung öffentlicher Aufgaben, 2005, 30; *Regler*, Das Vergaberecht zwischen öffentlichem und privatem Recht, 2007, 39.

[4] *Prieß* 2.

[5] RL 93/36/EWG des Rates vom 14. 6. 1993 über die Koordinierung der Verfahren zur Vergabe öffentlicher Lieferaufträge (Lieferkoordinierungsrichtlinie – LKR), ABl. 1993 L 199/1 und RL 93/37/EWG des Rates vom 14. 6. 1993 zur Koordinierung der Verfahren zur Vergabe öffentlicher Bauaufträge (Baukoordinierungsrichtlinie – BKR), ABl. 1993 L 199/54.

[6] RL 92/50/EWG des Rates vom 18. 6. 1992 über die Koordinierung der Verfahren zur Vergabe öffentlicher Dienstleistungsaufträge (Dienstleistungskoordinierungsrichtlinie – DKR), ABl. 1992 L 209/1.

[7] RL 93/38/EWG des Rates vom 14. 6. 1993 zur Koordinierung der Auftragsvergabe durch Auftraggeber im Bereich der Wasser-, Energie- und Verkehrsversorgung sowie im Telekommunikationssektor (Sektorenkoordinierungsrichtlinie – SKR), ABl. 1993 L 199/84.

[8] RL 2004/18/EG des Europäischen Parlamentes und des Rates vom 31. 3. 2004 über die Koordinierung der Verfahren zur Vergabe öffentlicher Bauaufträge, Lieferaufträge und Dienstleistungsaufträge (Vergabekoordinierungsrichtlinie – VKR), ABl. 2004 L 134/114.

[9] RL 2004/17/EG des Europäischen Parlamentes und des Rates vom 31. 3. 2004 zur Koordinierung der Zuschlagserteilung durch Auftraggeber im Bereich der Wasser-, Energie- und Verkehrsversorgung sowie der Postdienste (Sektorenkoordinierungsrichtlinie – SKR), ABl. 2004 L 134/1.

[10] Dieser Umstand ist der inzwischen auf diesem Sektor eingetretenen Liberalisierung geschuldet, die dazu führt, dass Wettbewerbsbeschränkungen nicht zu besorgen sind. Näher hierzu und zu den weiteren im

4 Ergänzt werden diese beiden, vornehmlich das Verfahren bei öffentlichen Auftragsvergaben regelnden Richtlinien durch zwei **Rechtsmittelrichtlinien**,[11] die die Mitgliedstaaten vor allem zur Einrichtung eines effektiven Systems primären Rechtsschutzes für die Wettbewerber um öffentliche Aufträge verpflichten. Um auch die Besonderheiten von Rüstungsbeschaffungen berücksichtigen zu können, erließ die Kommission im Rahmen ihres Verteidigungspakets eine Beschaffungsrichtlinie, die insbesondere den uneingeschränkten Gebrauch des Verhandlungsverfahrens mit öffentlicher Bekanntgabe erlaubt.[11a]

5 Die Frist zur Umsetzung der VKR in den Mitgliedstaaten ist zum 31. Januar 2006 abgelaufen. In Deutschland wurden deren Vorgaben vor allem im Vierten Teil des Gesetzes gegen Wettbewerbsbeschränkungen (GWB) umgesetzt.[12] Eine Umsetzung der Richtlinie zur Änderung der Rechtsmittelrichtlinien hatte bis spätestens zum 20. Dezember 2009 zu erfolgen und hat mit der Änderung des GWB im Rahmen der Modernisierung des Vergaberechts stattgefunden.

II. Rahmen, Reichweite und Aufgabe des EU-Primärvergaberechts

6 Abgesehen von Art. 179 Abs. 2 AEUV und Art. 199 Abs. 4 AEUV findet die staatliche Auftragsvergabe in den EU-Verträgen keine explizite Erwähnung. Es besteht jedoch Einigkeit darüber, dass die Grundregeln des Vertrags, insbesondere die **Grundfreiheiten**, auf die Beschaffungstätigkeit der öffentlichen Hand Anwendung finden.[13] Diese Grundregeln sind allerdings nicht auf die staatliche Beschaffungstätigkeit zugeschnitten, sie enthalten kein detailliertes Regelungsprogramm, das Spielräume und Verbindlichkeiten staatlicher Stellen klar festlegt. Gleichzeitig sind sie aber nicht lediglich unverbindliche Prinzipien, sondern erheben Anspruch darauf, wie der EuGH mehrfach deutlich gemacht hat, für einzelne Beschaffungsvorgänge konkrete Rechtsfolgen herbeizuführen. Insbesondere folgert der Gerichtshof aus den Grundfreiheiten eine generelle Verpflichtung, Transparenz bei der Vergabe auch in Fällen zu schaffen, die nicht vom Sekundärrecht erfasst werden.[14] Beide Beobachtungen, die tatbestandliche Weite des Primärrechts und die konkrete Verbindlichkeit im Einzelfall, sind charakteristische Schwierigkeiten des EU-Primärvergaberechts, die erhebliche Rechtsunsicherheit für Vergabestellen, Bieter und nationale Gerichte nach sich ziehen. Nur am Rande, da nicht Gegenstand der vorliegenden Kommentierung, sei vermerkt, dass in den Bereichen, in denen das Sekundärvergaberecht nicht greift, weil kein erfasstes Austauschverhältnis, aber im Unterschied etwa zur Dienstleistungskonzession auch **keine Beschaffung** vorliegt,[15] die **grundfreiheitlichen Anforderungen** gleichwohl greifen.[16] Es stellt sich dann aber die Frage, ob die mit Blick auf die staatliche Beschaffungstätigkeit aus den Geboten der Transparenz und der Gleichbehandlung entwickelten Pflichten insbesondere auch für Verkaufsvorgänge – wie die Veräußerung eines Grundstücks –

Rahmen des Legislativpakets vorgenommenen Neuerungen *Kullack/Terner* ZfBR 2004, 244 ff. und 346 ff.; *Leinemann/Maibaum* VergabeR 2004, 275 ff.; *Rechten* NZBau 2004, 366 ff.

[11] RL 89/665/EWG des Rates vom 21. 12. 1989 zur Koordinierung der Rechts- und Verwaltungsvorschriften für die Anwendung der Nachprüfungsverfahren im Rahmen der Vergabe öffentlicher Liefer- und Bauaufträge (Rechtsmittelrichtlinie), ABl. 1989 L 395/93 und RL 92/13/EWG des Rates vom 25. 2. 1992 zur Koordinierung der Rechts- und Verwaltungsvorschriften für die Anwendung der Gemeinschaftsvorschriften über die Auftragsvergabe durch Auftraggeber im Bereich der Wasser-, Energie- und Verkehrsversorgung sowie im Telekommunikationssektor (Rechtsmittelsektorenrichtlinie), ABl. 1992 L 76/14, beide geändert durch RL 2007/66/EG des Europäischen Parlaments und des Rates vom 11. 12. 2007 zur Änderung der RL 98/665/EWG und 92/13/EWG des Rates im Hinblick auf die Verbesserung der Wirksamkeit der Nachprüfungsverfahren bezüglich der Vergabe öffentlicher Aufträge, ABl. 2007 L 335/31.

[11a] RL 2009/81/EG des Europäischen Parlaments und des Rates vom 13. 7. 2009 über die Koordinierung der Verfahren zur Vergabe bestimmter Bau-, Liefer- und Dienstleistungsaufträgen in den Bereichen Verteidigung und Sicherheit und zur Änderung der RL 2004/17/EG und 2004/18/EG, ABl. 2009 L 216/76.

[12] Zuletzt geändert durch Gesetz zur Modernisierung des Vergaberechts vom 20. 4. 2009, BGBl. 2009 I, S. 790.

[13] Statt vieler *Arrowsmith*, The Law of Public and Utilities Procurement, 2005, RdNr. 4.1.

[14] EuGH, C-507/03, Slg. 2007, I-9777, RdNr. 31 – An Post; C-231/03, Slg. 2005, I-7287, RdNr. 19 – Coname; C-324/98, Slg. 2000, I-10745, RdNr. 61 – Teilaustria und Telefonadress; C-275/98, Slg. 1999, I-8291, RdNr. 31 – Unitron Scandinavia.

[15] Dazu zuletzt etwa mit Blick auf kommunale Grundstücksgeschäfte zur Verfolgung städtebaulicher Ziele EuGH, C-451/08, NZBau 2010, 321 – Helmut Müller; dazu *Gartz*, NZBau 2010, 293; *Kühling*, Künftige vergaberechtliche Anforderungen an kommunale Immobiliengeschäfte, NVwZ 2010, 1257.

[16] Vgl. zuletzt den Hinweis des EuGH auf die Niederlassungs- und Kapitalverkehrsfreiheit für den Fall der Veräußerung eines Pakets von Aktien eines öffentlichen Kasinounternehmens EuGH, C-145/08 und C-149/08, noch nicht in amtl. Slg. – Club Hotel Loutraki, RdNr. 63.

gelten und gegebenenfalls sogar **Ausschreibungspflichten** begründen können. Letzteres ist bislang gerichtlich noch ungeklärt.[17]

Die Klärungsversuche der grundfreiheitlichen Vorgaben für den beschaffungsrelevanten Be- **7** reich durch den EuGH bleiben bisher eher zaghaft, die Kommission hat in einer **Mitteilung** aus dem Jahr 2006 versucht, Rechtssicherheit zu schaffen.[18] Ein Versuch, der sich bei genauerer Betrachtung aber im rezitierenden Aneinanderreihen verschiedener Einzeljudikate des EuGH erschöpft. Paradoxer Weise ist diese Mitteilung dennoch von Deutschland vor dem EuG – erfolglos – angegriffen worden.[19]

Angesichts dieser Gemengelage versucht diese Kommentierung, das amorphe Rechtsgebiet **8** grundlegend zu dogmatisieren, um durch Extrapolation ein System des primären Vergaberechts zu entwickeln, das dem Rechtsanwender mehr Rechtssicherheit bietet, indem es die **Prognostizierbarkeit** künftiger Entwicklungen erleichtert.

Freilich hat ein solches Bemühen Grenzen: Das Primärvergaberecht bleibt ein Rechtsgebiet, **9** das in der **Entwicklung** begriffen ist und sich deshalb auch nicht abschließend beschreiben lässt.

Möchte die Vergabestelle völlige Sicherheit über die Rechtmäßigkeit ihres Vorgehens haben, **10** wird ihr nichts anderes übrig bleiben, als die Maßstäbe, die sich aus der Rechtsprechung des EuGH ergeben, überzuerfüllen, indem sie die VKR auch außerhalb ihres Anwendungsbereichs zur Richtschnur nimmt.[20] Zwischenzeitlich zeichnet sich angesichts der durch das **Konjunkturpaket II** auf Bundesebene und vergleichbaren auf Länderebene erlassenen Regelungen aber eher die gegenteilige Entwicklung ab. Zumindest unterhalb bestimmter Wertgrenzen ist ein deutliches Absehen von einer Wettbewerbsöffnung gegenüber ausländischen Anbietern zu erkennen.[21] Diese Regelungen dürften aber nur ein vorübergehendes Phänomen darstellen.

1. Allgemeiner Rahmen: Öffentliche Wirtschaftstätigkeit und Recht des Binnen- 11 marktes. Vor diesem Hintergrund ist es zweckmäßig, sich der Grundlagen des Primärvergaberechts zu vergewissern, um die Charakteristika und Schwierigkeiten dieses Rechtsgebietes sichtbar zu machen.

Zunächst gilt, dass die Grundregeln des Vertrags erst als Folge der Entscheidung staatlicher **12** Stellen, am Markt einzukaufen, Anwendung finden können. Sie begleiten den Prozess der **staatlichen Marktteilnahme**, erzwingen diesen aber nicht. Der EuGH hat festgestellt, dass es den Mitgliedstaaten europarechtlich grundsätzlich freisteht, ihren Bedarf mit eigenen Mitteln und ohne Marktteilnahme zu decken.[22] Ein primärrechtliches Vergaberegime ist damit stets nur Folge der staatlichen Marktteilnahme, über die ihrerseits ohne europarechtliche Bindung entschieden werden kann. Im Falle der Marktteilnahme sind die Grundregeln des Vertrags, insbesondere die Grundfreiheiten, zu beachten.

In ihrer klassischen Funktionsweise stecken die Grundfreiheiten den Spielraum staatlicher **13** Marktregulierung ab. Im Fokus stehen der Staat und seine Stellen als regulierende Einheiten.[23] Die Einordnung staatlicher Nachfrage in den Kontext der Grundfreiheiten ist demgegenüber mit einem Perspektivwechsel verbunden: Nicht regulatorisches Handeln im klassischen Sinne steht im Mittelpunkt, sondern die Teilnahme des Staates am Marktgeschehen. Die öffentliche Hand nutzt das Angebot privater Anbieter, um einen staatlichen Bedarf zu decken. Dem Wortlaut der Grundfreiheiten nach wirft dieser Perspektivwechsel keine Schwierigkeiten auf. Diese Vorschriften sind nämlich neutral gefasst und sprechen von „Maßnahmen" (Art. 34 AEUV), „Behandlung" (Art. 45 AEUV) oder „Beschränkungen" (Art. 49 AEUV u. 56 AEUV). Damit verengen sie den Blick nicht auf rein regulatorisches Handeln, sondern bleiben auch für andere Gefährdungslagen offen.[24] Dieser Hinweis auf die Formulierung der einschlägigen Vorschriften bleibt aber die Antwort schuldig, warum sich der Staat als Käufer den Grundfreiheiten unterwerfen soll, wenn doch der private Käufer, selbst wenn er im großen Stil kauft, von ihrer Anwendung verschont bleibt.

---

[17] Vgl. dafür grundsätzlich *Kühling,* Künftige vergaberechtliche Anforderungen an kommunale Immobiliengeschäfte, in: *Burgi* (Hrsg.), 11. Düsseldorfer Vergaberechtstag, 2010.

[18] Mitt. „Unterschwellenvergabe", ABl. 2006 C 179/2.

[19] EuG, T-258/06, NZBau 2010, 510, dazu *Schwabe* IBR 2010, 406.

[20] In diese Richtung Bek. des bayerischen Staatsministeriums des Innern über die Vergabe von Aufträgen im kommunalen Bereich v. 14. 10. 2005, Allgemeines Ministerialblatt, 424, die unter Nr. 3 empfiehlt, auch unterhalb der Schwellenwerte die VOL/A anzuwenden, um rechtliche Risiken zu vermeiden.

[21] Vgl. dazu *Kühling/Huerkamp* NVwZ 2009, 557.

[22] EuGH, C-26/03, Slg. 2005, I-1, RdNr. 48 – Stadt Halle; ausführlich *Wittek,* Das In-House Geschäft im EG-Vergaberecht, 2004, 76 ff.

[23] Dazu *Calliess/Ruffert/Kingreen* Art. 28–30 EG RdNr. 17.

[24] Ähnlich *Calliess/Ruffert/Kingreen* Art. 28–30 EG RdNr. 108.

14   Die Antwort auf diese Frage zeigt, dass die staatliche Auftragsvergabe keinesfalls isoliert betrachtet werden darf, sondern sich als Teilstück einer Gesamtentwicklung zeigt, die der staatlichen Marktteilnahme allgemein skeptisch gegenübersteht und dieser Skepsis durch Anwendung des Primärrechts Ausdruck verleiht. So hat das primäre Unionsrecht insgesamt Maßstäbe entwickelt, um der staatlichen Marktteilnahme in seinen verschiedenen Facetten Grenzen aufzuerlegen. Handelt die öffentliche Hand als Investor, verlangt Art. 107 AEUV, dass sie sich „wie ein privater Investor vergleichbarer Größe" verhält.[25] Tritt der Staat als Aktionär auf, folgen aus Art. 63 AEUV Grenzen, wenn er sich als Teilhaber eines Unternehmens wesentlichen Einfluss sichern möchte, auch wenn dies in einer privatrechtlichen Satzung geschieht[26] oder Begünstigungen betrifft, die dem staatlichen Anteilseigner genauso wie jedem anderen Anteilseigner zugute kommen.[27] In diesem Kontext schließlich passt es, wenn der Gerichtshof den Staat auch als Käufer an die Grundfreiheiten bindet. Die eingangs geschilderte Skepsis gegenüber staatlicher Marktteilnahme, die – wenn auch nicht allein – die Anwendung der Grundfreiheiten auf privatwirtschaftliches Tätigwerden der öffentlichen Hand verständlich macht, scheint sich dabei im Wesentlichen auf die **unterschiedlichen ökonomischen Anreizwirkungen** auf **private und staatliche Wirtschaftstätigkeit** stützen zu können.

15   Öffentliche Wirtschaftstätigkeit ist aus zwei Gründen nicht denselben ökonomischen Zwängen unterworfen wie sie für private Tätigkeit kennzeichnend sind. Zum einen hat der Staat im Gegensatz zu Privaten hoheitlichen Zugang zu finanziellen Ressourcen durch seine Kompetenz im Bereich der Abgaben und Steuern.[28] Zum zweiten und eng damit verbunden ist unwirtschaftliches Handeln öffentlicher Stellen nicht mit dem Ausscheiden aus dem Markt, also dem Konkurs, bedroht.[29] Aus dieser Ausgangslage ergibt sich ein Gefährdungspotential für den Binnenmarkt. Die öffentliche Hand kann es sich leisten, das Marktverhalten nach politischen und damit nicht nach marktwirtschaftlichen Kriterien auszurichten. Als Investor kann sie unrentable nationale Unternehmen durch marktfremde Finanzierungshilfen im Markt halten, als Aktionär aufgrund protektionistischer Erwägungen nationale Unternehmen vor der Übernahme schützen und als Käufer nationalen oder lokalen Marktteilnehmern vorteilhafte Staatsaufträge zusprechen. Diesen grundsätzlichen Unterschied zwischen privat- und öffentlichwirtschaftlicher Tätigkeit hat auch der EuGH in seinem Urteil zur Transparenzrichtlinie anerkannt. Der Gerichtshof hielt fest, dass private Unternehmen ihr Vorgehen „insbesondere mit Rücksicht auf Rentabilitätsanforderungen" festlegen, wohingegen im öffentlichen Sektor Entscheidungen „anderen Faktoren ausgesetzt" seien, die ua. „Interessen des Allgemeinwohls" betreffen können.[30] Angesichts dieses Potentials muss die wirtschaftliche Aktivität eines Mitgliedstaates an den Grundfreiheiten gemessen werden, sollen diese ihrer in Art. 26 Abs. 1 AEUV gestellten Aufgabe gerecht werden, einen Binnenmarkt zu schaffen.

16   Diese Überlegungen geben dem EuGH das Mandat, **prätorisch** Vorgaben für nationale Verfahren der Bedarfsdeckung aus den Grundfreiheiten zu gewinnen. Berücksichtigt man, dass sich auch der Unionsgesetzgeber das Ziel gesetzt hat, die aus den Grundfreiheiten zu gewinnenden Vorgaben zu konkretisieren,[31] dann ist ein Konflikt dieser beiden Vorgänge absehbar. Beide Prozesse sind einer unterschiedlichen Dynamik unterworfen. Während sich die Verabschiedung der Richtlinie als ein machtpolitisches Ringen um den Kompromiss zwischen Kommission, Rat und Parlament darstellt, unterliegt das Vorgehen der Rechtsprechung anderen institutionellen Vorgaben. Damit stellt sich das Problem des Verhältnisses zwischen Primär- und Sekundärrecht auch im Vergaberecht in ganzer Schärfe. Praktische Probleme treten dabei dort auf, wo die Richtlinie Ausnahmen vorsieht (zB. für Dienstleistungskonzessionen in Art. 17 VKR oder für II-B-Dienstleistungen in Art. 21 VKR) oder den eigenen Anwendungsbereich begrenzt (zB. durch Festlegen der Schwellenwerte). Betont man die autoritative Legitimität des institutionellen Gesetzgebungsprozesses, wird man dem in der Richtlinie gefundenen Kompromiss auch Bedeutung für die Anwendbarkeit des Primärrechts zusprechen. Favorisiert man umgekehrt die richterliche

---

[25] Das sog. *market economy investor principle*, s. zB.: EuGH, C-482/99, Slg. 2002, I-4397, RdNr. 70 – Stardust; *Koenig/Kühling/Ritter* 65 ff.

[26] EuGH, C-98/01, Slg. 2003, I-4641 – Kommission/Vereinigtes Königreich.

[27] EuGH, C-112/05, Slg. 2007, I-8995 – Kommission/Deutschland.

[28] Mit Bezug zur öffentlichen Auftragsvergabe *Mestmäcker/Schweitzer* § 36 RdNr. 2.

[29] Ebenfalls mit Bezug zur Auftragsvergabe *Schwintowski* ZögU 2004, 360, 361.

[30] EuGH, 188/80–190/80, Slg. 1982, 2545, RdNr. 21 – Frankreich, Italien und Vereinigtes Königreich/Kommission; ähnlich zum Spielraum der öffentlichen Hand auch EuGH, C-360/96, Slg. 1998, I-6821, RdNr. 43 – BFI Holding.

[31] Vgl. zu dieser Motivation den zweiten Erwägungsgrund der Vergabekoordinierungsrichtlinie (VKR) 2004/18, ABl. 2004 L 134/114.

Entwicklung eines primärrechtlichen Vergabestandards, kann dem Sekundärrecht nicht einmal Indizwirkung zukommen. Ohne der Diskussion vorgreifen zu wollen, kann bereits hier festgestellt werden, dass sich der EuGH keinesfalls der ersten Lesart angeschlossen hat, sondern auch außerhalb des Anwendungsbereichs der Richtlinie das Primärrecht zur Wirkung kommen lässt.

Mit dieser Weichenstellung verknüpft ist eine weitere Schwierigkeit des primärrechtlichen **17** Vergaberechtes. Wird das Primärvergaberecht losgelöst von den klaren Strukturen des Sekundärrechts entwickelt, findet es sich im Spannungsfeld von mitgliedstaatlicher **Verfahrensautonomie**[32] und vertragsrechtlichen Vorgaben wieder: Das primäre Unionsrecht kann nicht einfach das Verfahren der Auftragsvergabe bis ins kleinste Detail erfassen, sondern kann nur insoweit Vorgaben treffen, wie diese unmittelbar dem Primärrecht entnehmen lassen. Gerade wenn Begriffe mit unklarem Bedeutungskern wie „Transparenz" Eingang in den rechtlichen Diskurs finden, ist Vorsicht geboten. Transparenz als solche kann nur soweit verbindlich sein, wie die Grundfreiheiten sie verlangen. Genau dasselbe gilt für andere Vorgaben, wie die zulässigen Bewertungskriterien für Bieter und Leistung und den Adressatenkreis des Primärvergaberechts. Auch hier müssen sich die Anforderungen dogmatisch aus den Grundfreiheiten selbst ableiten lassen, um nicht in unzulässiger Weise die Autonomie der Mitgliedstaaten zu beeinträchtigen.

Eng mit der Frage der Autonomie verknüpft ist schließlich ein weiteres Problem eines primär- **18** rechtlichen Vergaberegimes. Die bisherige Rechtsprechung des EuGH betont die Bedeutung des Primärrechts für den Schutz der Interessen potentieller ausländischer Bieter.[33] Der Blick auf das Beschaffungswesen erfolgt somit aus **subjektiv-rechtlicher Perspektive.** Dies wirft die Frage auf, wie das Interesse der öffentlichen Hand im Konfliktfall mit dem Interesse der potentiellen Bieter in Einklang zu bringen ist. Besonders deutlich tritt dieser Konflikt zutage, wenn die Transaktionskosten, die den öffentlichen Stellen durch die primärrechtlich erzwungene Öffnung ihrer Beschaffungstätigkeit entstehen, in den Mittelpunkt rücken.

2. Prätorische Entwicklung des Primärvergaberechts durch den EuGH. a) Begriff **19** **der Vergabe.** Im strengen Sinne ist der Begriff des Primär*vergabe*rechts verfehlt. Wie soeben gezeigt, geht es eigentlich um die Erfassung staatlicher Teilnahme am Marktgeschehen insgesamt durch das vertragliche Primärrecht. Staatliche Teilnahme am Markt ist wesentlich weiter zu verstehen, als es der in § 99 GWB oder Art. 1 Abs. 2 lit. a VKR definierte Begriff des „öffentlichen Auftrags" nahe legt. Gleichzeitig ist es nicht Aufgabe dieser Kommentierung, sämtliche Vorgaben für öffentliche Marktteilnahme aus den Grundfreiheiten zu entwickeln. Aus diesem Grund soll der Begriff der Vergabe nur einen Ausschnitt der Aktivitäten der öffentlichen Hand im Markt erfassen, der allerdings nicht gleichgesetzt werden darf mit dem einfachgesetzlichen oder sekundärrechtlichen Vergabeverständnis. Erfasst sind deshalb über das EU-Sekundärrecht hinaus zum einen der **staatliche Einkauf,** unabhängig von seiner Größenordnung, zum anderen die **Dienstleistungskonzession,** die gerade kein Fall des Einkaufs ist, und schließlich die In-house-Vergabe. Obwohl es sich bei diesen Vorgängen nicht immer im strikten Sinne um Vergaben handelt, hat sich die Bezeichnung „Primärvergaberecht" als Oberbegriff[34] eingebürgert. Sie soll deshalb auch hier verwandt werden.

b) Entwicklung durch den EuGH auf Grundlage der Grundfreiheiten und des all- **20** **gemeinen Gleichheitssatzes. aa) Grundfreiheitliche Diskriminierungsverbote.** Vor dem Erlass sekundärrechtlicher Bestimmungen waren die Grundfreiheiten der einzige Ansatzpunkt, der dem EuGH auf dem Gebiet des öffentlichen Beschaffungswesens zur Verfügung stand.[35] Aber auch nach dem Tätigwerden des europäischen Gesetzgebers hat sich der EuGH bei der Beurteilung vergaberechtlicher Problemstellungen auf die Grundfreiheiten berufen und so den Grundstein für ein primärrechtliches Vergaberegime gelegt.

So hielt der Gerichtshof zunächst für **Dienstleistungskonzessionen** fest, dass bei ihrer Ver- **21** gabe nicht aus Gründen der Staatsangehörigkeit diskriminiert werden dürfe[36] und erkannte in einer Vergabe ohne jede Öffentlichkeit eine den Art. 49 AEUV und Art. 56 AEUV zuwider-

---

[32] Zu dieser Figur EuGH, C-215/82, Slg. 1983, 2633, RdNr. 17 – Deutsche Milchkontor; *Hatje,* Die gemeinschaftsrechtliche Steuerung der Wirtschaftsverwaltung, 1998, 24; *Kadelbach,* Allgemeines Verwaltungsrecht, 1999, 110ff., insbes. 113.

[33] EuGH, C-507/03, Slg. 2007, I-9777, RdNr. 27 – An Post; C-19/00, Slg. 2001, I-7725, RdNr. 32 – SIAC Construction; C-380/98, Slg. 2000, I-8035, RdNr. 16 – University of Cambridge; ähnlich C-360/96, Slg. 1998, I-6821, RdNr. 41 – BFI.

[34] *Frenz* 1721 spricht von „primärrechtliche(m) Vergabeeuroparecht".

[35] *Prieß* 8.

[36] EuGH, C-324/98, Slg. 2000, I-10745, RdNr. 60 – Telaustria und Telefonadress.

laufende Diskriminierung.[37] Ähnlich entschied das Gericht auch für die Direktvergabe von **II-B-Dienstleistungen**[38] und Aufträgen unterhalb der in Art. 7 Abs. 1 VKR genannten **Schwellenwerte**.[39] Darüber hinaus hat das Gericht die nähere Beschreibung des Auftragsgegenstandes,[40] die Untersuchung der Bietereignung[41] und den zwingenden Ausschluss besonders niedriger Angebote[42] an den grundfreiheitlichen Diskriminierungsverboten gemessen.

22   **bb) Allgemeiner Gleichbehandlungsgrundsatz.** Bereits im Urteil *Telaustria* erwähnt der EuGH, dass die öffentlichen Stellen „die Grundregeln des Vertrags im Allgemeinen" zu beachten haben,[43] eine Formulierung, die sich wörtlich oder sehr ähnlich in vielen späteren Urteilen wieder findet,[44] und die Vermutung nahe legt, dass sich die primärrechtlichen Anforderungen der Auftragsvergabe nicht in den grundfreiheitlichen Diskriminierungsverboten erschöpfen. Deutlicher wurde der EuGH in seiner Entscheidung *Parking Brixen*, in der er zu den „Grundregeln" des Vertrags neben dem Verbot der Diskriminierung aus Gründen der Staatsangehörigkeit auch den Grundsatz der Gleichbehandlung zählte, der auch dann Anwendung finde, wenn „keine Diskriminierung aus Gründen der Staatsangehörigkeit vorliegt".[45] Es geht mit anderen Worten um die grundlegende und allgemeine **Gleichheitsforderung,** wesentlich Gleiches gleich und wesentlich Ungleiches ungleich zu behandeln.[46] Diese Auslegung hat der EuGH mehrfach bestätigt,[47] sie ist aber dennoch im Schrifttum auf Kritik gestoßen.

23   Insbesondere ist fraglich, wieso die öffentlichen Stellen der Mitgliedstaaten bei ihrer Vergabetätigkeit an den Grundsatz der Gleichbehandlung gebunden sein sollen, wenn dieser als EU-Grundrecht eigentlich die Hoheitsgewalt der EU binden soll und nicht in erster Linie die Mitgliedstaaten.[48] Zum Teil wird, unter Verweis auf die äußerst weitreichende EU-grundrechtliche Bindung der Mitgliedstaaten im Urteil *Carpenter,*[49] behauptet, das Vergabewesen ließe sich insgesamt als Materie beschreiben, für die auch die EU-Grundrechte Geltung beanspruchen würden.[50] Richtig dürfte sein, dass die bisherige EU-Grundrechtsdogmatik die Aussagen des EuGH in *Parking Brixen* nicht deckt. Postuliert wird hier nämlich die **allgemeine Geltung** des Grundsatzes der **Gleichbehandlung,** ohne dass auf einen **Eingriff in die Grundfreiheiten** Bezug genommen wird. Damit passt diese Rechtsprechung nicht zu der bisher entwickelten Fallgruppe, die die Mitgliedstaaten dann an die Grundrechte bindet,[51] wenn sie den Anwendungsbereich der Grundfreiheiten einschränken. Auf der anderen Seite lässt sich allgemein beobachten, dass der EuGH die Grundrechtsbindung der Mitgliedstaaten abseits der etablierten Fallgruppen erweitert.[52] Für das Vergaberecht lässt sich begründen, dass die Verwirklichung des Binnenmarktes eines umfassenden Schutzes potentieller Bewerber vor willkürlichen Unterscheidungen durch staatliche Auftraggeber bedarf.[52a] Nur wenn sich der potentiell interessierte Bieter darauf verlassen kann, dass er durch das Unionsrecht vor jeglicher Form willkürlichen Differenzierens, auch dort, wo es in keinerlei Zusammenhang mit der Staatsangehörigkeit steht, geschützt ist, kann die grenzüberschreitende Bewerbung um einen Staatsauftrag Wirklichkeit werden.

---

[37] EuGH, C-231/03, Slg. 2005, I-7287, RdNr. 17 – Coname.

[38] EuGH, C-507/03, Slg. 2007, I-9777, RdNr. 30 – An Post.

[39] EuGH, C-412/04, Slg. 2008, I-619, RdNr. 66 – Kommission/Italien.

[40] EuGH, C-59/00, Slg. 2001, I-9505, RdNr. 20 – Vestergaard.

[41] EuGH, C-264/03, Slg. 2005, I-8831, RdNr. 64 ff. – Kommission/Frankreich.

[42] EuGH, C-147/06, Slg. 2008, I-3565, RdNr. 28 – SECAP.

[43] EuGH, C-324/98, Slg. 2000, I-10 745, RdNr. 60 – Telaustria und Telefonadress.

[44] EuGH, C-147/06, Slg. 2008, I-3565, RdNr. 20 – SECAP; C-6/05, Slg. 2007, I-4557, RdNr. 33 – Medipac; C-220/06, Slg. 2007, I-12 175, RdNr. 71 – AP; C-264/03, Slg. 2005, I-8831, RdNr. 32 – Kommission/Frankreich; C-458/03, Slg. 2005, I-8612, RdNr. 46 – Parking Brixen GmbH.

[45] EuGH, C-458/03, Slg. 2005, I-8612, RdNr. 48 – Parking Brixen GmbH.

[46] Auf diese Formel wird der allgemeine Gleichheitssatz regelmäßig gebracht, vgl. EuGH, C-126/04, Slg. 2005, I-331, RdNr. 16 – Heinecken; C-85/97, Slg 1998, I-7447, RdNr. 30 – SFI; C-215/85, Slg. 1987, 1279, RdNr. 23 – BALM/Raiffeisen Hauptgenossenschaft; *Mohn,* Der Gleichheitssatz im Gemeinschaftsrecht, 1990, 47.

[47] EuGH, C-220/06, Slg. 2007, I-12 175, RdNr. 74 – AP; C-410/04, Slg. 2006, I-3303, RdNr. 20 – ANAV; den allgemeinen Grundsatz der Gleichbehandlung erwähnt auch EuGH, C-6/05, Slg. 2007, I-4557, RdNr. 53 – Medipac.

[48] So die Kritik von *Wollenschläger* NVwZ 2007, 388, 394.

[49] Dazu ausführlich *Ruffert* EuGRZ 2004, 466.

[50] *Bungenberg,* Vergaberecht im Wettbewerb der Systeme, 2007, 126 ff.; ähnlich *Frenz* 1793.

[51] EuGH, C-269/89, Slg. 1991, I-2925, RdNr. 42 – ERT; ausführlich *Kühling,* in: *Bogdandy* (Hrsg.), Europäisches Verfassungsrecht, 2. Aufl. 2008, 608–609.

[52] *Scheuing* EuR 2005, 162 ff.

[52a] *Huerkamp* EuR 2009, 563, 568.

Die so vorgestellte Bindung an den allgemeinen Gleichheitssatz erweist sich im Vergleich zu **24** den grundfreiheitlichen Diskriminierungsverboten als wesentlich weiter.[53] Verlangt wird nicht nur, keine Differenzierungen vorzunehmen, die direkt oder indirekt mit der Staatsangehörigkeit zusammenhängen, sondern wesentlich allgemeiner, gleiche Bewerber gleich und ungleiche Bewerber ungleich zu behandeln. Damit ist aber nicht, wie teilweise behauptet, auch die **Inländerdiskriminierung** durch das Primärvergaberecht erfasst.[54] Auch wenn der allgemeine Gleichheitssatz unabhängig von einer Diskriminierung aufgrund der Staatsangehörigkeit operiert, so bedeutet dies nicht, dass er auch Inländer gegenüber den eigenen staatlichen Stellen schützt. Auf den primärvergaberechtlichen Gleichbehandlungsgrundsatz können sich in subjektiver Hinsicht nur ausländische potentielle Bewerber stützen. Im Gegensatz zu den grundfreiheitlichen Diskriminierungsverboten können sie mithilfe dieses Grundsatzes allerdings nicht nur unmittelbar oder mittelbar diskriminierende Differenzierungen angreifen, sondern auch andere Unterscheidungen, die wesentlich Ungleiches gleich oder wesentlich Gleiches ungleich behandeln.

Bei der inhaltlichen Reichweite des Gleichbehandlungsgrundsatzes ist zwischen formellem **25** und materiellem Gehalt zu unterscheiden.

Erfasst ist mit Sicherheit das Gebot **formeller Rechtsgleichheit,** dh., dass die von den Ver- **26** gabestellen aufgestellten Anforderungen an Eignung, Ausführung und Zuschlag auf alle Bewerber gleichermaßen und ausnahmslos anzuwenden sind.[55]

Ob darüber hinaus auch im Sinne eines Gebots **materieller Rechtsgleichheit** die Entschei- **27** dungskriterien selbst daran zu messen sind, dass sie wesentlich gleiche Bewerber gleich und wesentlich ungleiche Bewerber ungleich behandeln, lässt sich bisher noch nicht mit Sicherheit sagen. Gefordert wird zumeist, die Entscheidungskriterien müssten „objektiv"[56] oder dürften nicht „sachwidrig"[57] sein. Entscheidende Bedeutung erlangt auch die bisherige Rechtsprechung des Gerichtshofs in Zusammenhang mit dem Sekundärrecht. In ständiger Rechtsprechung hat der EuGH nämlich festgestellt, die Pflicht zur Anwendung des Gleichheitssatzes entspreche dem Wesen der Richtlinien.[58] Damit nimmt der EuGH Bezug auf den allgemeinen primärrechtlichen Gleichheitssatz,[59] der nicht selbst Teil des Sekundärrechts, sondern dessen Existenz dem Sekundärrecht vorgelagert und dessen Anwendung von den Richtlinien gleichsam mitgedacht ist. Sofern sich der EuGH also in seinen bisherigen Urteilen auf diesen Gleichbehandlungsgrundsatz bezieht, sind seine Aussagen auch für das primärrechtliche Vergaberegime unmittelbar von Bedeutung. Die bisherigen Entscheidungen in diesem Bereich legen dabei ein materielles Verständnis des Gleichbehandlungsgrundsatzes nahe. So hat der EuGH bereits Entscheidungsparameter am Grundsatz der Gleichbehandlung gemessen, obwohl diese gleichermaßen Anwendung auf alle potentiellen Bieter fanden,[60] und ist damit in seiner Interpretation des allgemeinen Gleichheitssatzes über das nur formelle Gebot der Rechtsanwendungsgleichheit hinausgegangen. Dies entspricht auch dem allgemeinen Verständnis des Gleichheitssatzes außerhalb des Vergaberechts.[61]

cc) Umfassendes Gebot der Gleichbehandlung. Grundfreiheitliche Diskriminierungsge- **28** bote und allgemeiner Gleichheitssatz flechten den staatlichen Auftraggeber so in ein umfassendes primärrechtliches Gleichheitskorsett ein. Erfasst werden sowohl indirekte oder direkte Diskriminierungen aufgrund der Staatsangehörigkeit als auch sonstige Differenzierungen zwischen wesent-

---

[53] Darauf macht auch *Bitterich* EuZW 2008, 14, 16 aufmerksam.

[54] *Braun/Hauswaldt* EuZW 2006, 176, 177; *Ortner*, Vergabe von Dienstleistungskonzessionen, 2007, 180.

[55] Vgl. Mitt. „Unterschwellenvergabe", ABl. 2006 C 179/2, unter 2.2.1. (am Ende), bestätigt in EuG, T-258/06, NZBau 2010, 510 – Deutschland/Kommission, RdNr. 113 ff.

[56] Vgl. Mitt. „Unterschwellenvergabe", ABl. 2006 C 179/2, unter 2.2.1. (am Ende), ergänzend dazu EuG, T-258/06, NZBau 2010, 510 – Deutschland/Kommission, RdNr. 113 ff.

[57] *Frenz* VergabeR 2007, 1, 7.

[58] EuGH, C-513/99, Slg. 2002, I-7213, RdNr. 81 – Concordia Bus Finland; C-94/99, Slg. 2000, I-11 037, RdNr. 25 – ARGE Gewässerschutz; C- 87/94, Slg. 1996, I-2043, RdNr. 51 – Kommission/ Belgien; C-243/89, Slg. 1993, I-3353, RdNr. 33 – Storebaelt.

[59] *Neumayr* PPLR 2002, 215, 230.

[60] EuGH, verb. Rs. C-21/03 u. 34/03, Slg. 2005, I-1559, RdNr. 26 f. – Fabricom SA (wahrt ein Ausschluss von Projektanten den Grundsatz der Gleichbehandlung?); C-448/01, Slg. 2003, I-14527, RdNr. 69 – Wienstrom GmbH (diskriminiert ein Zuschlagskriterium, weil es die Menge von Strom berücksichtigt, die außerhalb des Auftrags auf ökologische Art hergestellt wird?); C-513/99, Slg. 2002, I-7213, RdNr. 83 – Concordia Bus Finland (wird gleichbehandelt, obwohl ein bestimmtes Kriterium nur von einem einzigen Bieter erfüllt werden kann?).

[61] *Schwarze*, Europäisches Verwaltungsrecht, 2005, 535 ff.

lich gleichen Wirtschaftsteilnehmern. Dabei stellen beide Typen von Gleichbehandlungsforderungen **keine absoluten Verbote** auf. Grundfreiheitliche Diskriminierungen können gerechtfertigt werden und auch der allgemeine primärrechtliche Gleichheitssatz kennt die Möglichkeit der Rechtfertigung einer Ungleichbehandlung.[62]

29   **c) Sonstige primärrechtliche Rechtsquellen. aa) Weitere Vergabegrundsätze.** Die bisher umschriebene Entwicklung ist besonders auf die Grundfreiheiten und den allgemeinen primärrechtlichen Gleichheitssatz gestützt. Daneben nennt der zweite Erwägungsgrund der VKR noch die Nichtdiskriminierung, gegenseitige Anerkennung und die Verhältnismäßigkeit als primärrechtliche Vorgaben. Die gegenseitige Anerkennung und die Verhältnismäßigkeit prägen dabei die Anwendung der primärrechtlichen Gleichheitsrechte und erlangen keine eigenständige Bedeutung. Das Verbot der Diskriminierung fügt dem Gebot der Gleichbehandlung nichts hinzu[63] und bedarf deshalb ebenfalls keiner gesonderten Erörterung.

30   **bb) Unionsgrundrechte.** Unionsgrundrechte können ebenfalls als Primärrecht unabhängig vom Sekundärrecht Beachtung beanspruchen. Neben dem allgemeinen Gleichbehandlungsgrundsatz ist zum Teil auch die Anwendung der unionsrechtlichen Berufs- und der Eigentumsfreiheit vorgeschlagen worden.[64] Bislang fehlt es allerdings diesbezüglich an Rechtsprechung des EuGH.

31   **cc) EU-Beihilfenrecht.** Ob das Beihilfenrecht Impulse für die Entwicklung eines primärrechtlichen Vergaberegimes setzen kann, erscheint zweifelhaft. Entscheidend ist zunächst die Überlegung, worin überhaupt die beihilfenrechtliche Begünstigung beim Staatsauftrag liegen könnte. Richtiger Ansicht zufolge kann die relevante Begünstigung nur in einer Überzahlung und nicht in der Erteilung des Auftrags selbst gesehen werden.[65] Die Gegenansicht,[66] die wegen der mit dem Auftrag verbundenen und für ein Unternehmen vorteilhaften Kapazitätsauslastung bereits die Erteilung eines Staatsauftrags selbst für eine mögliche Beihilfe hält, übersieht zwei grundlegende Einwände. Zum einen hätte dies zur Folge, dass vor jeder Auftragserteilung ein Beihilfeverfahren durchzuführen wäre, was zu einer Lähmung staatlicher Auftragsvergabe insgesamt führen würde.[67] Zum zweiten wäre die Frage, ob der durch die Kapazitätsauslastung herbeigeführte Vorteil tatsächlich wie von Art. 107 AEUV gefordert aus „staatlichen Mitteln" stammt.[68] Zahlt der Staat einen marktgerechten Preis für eine Leistung, dann ist nicht ersichtlich, wie ihn die hieraus resultierende Kapazitätsauslastung beim Anbieter der Leistung finanziell belasten soll. Folglich kann nur die Überzahlung für einen staatlichen Auftrag beihilfenrechtlich relevant werden. Von diesem Ausgangspunkt kann das Beihilfenrecht keinen wirklichen Beitrag zur Entwicklung eines primärrechtlichen Vergaberegimes leisten, weil es verfahrensneutral agiert. Zwar ist richtig, dass eine Beihilfe dort ausgeschlossen ist, wo ein offenes, transparentes und diskriminierungsfreies Bieterverfahren durchgeführt worden ist.[69] Es mag sogar sein, dass dies die beste Möglichkeit ist, um den Marktwert für eine bestimmte Leistung zu ermitteln.[70] Es folgt daraus aber nicht umgekehrt, dass eine Beihilfe vorliegt, wenn ein Verfahren angewandt wurde, das gänzlich diskriminierend, intransparent und opak ausgestaltet ist. Solange dabei für die Leistung ein Preis gezahlt wurde, der marktüblich ist,[71] hat das Staatshandeln keine beihilfenrechtliche Konsequenz. Die Verknüpfung zwischen Beihilfenrecht und Vergaberecht ist also eine mögliche, aber keine

---

[62] EuGH, C-126/04, Slg. 2005, I-331, RdNr. 16 – Heinecken; C-14/01, Slg. 2003, I-2297, RdNr. 49 – Niemann; C-292/97, Slg. 2000, I-2737, RdNr. 39 – Karlsson.

[63] Siehe dazu aus allgemeiner Sicht *Mohn*, Der Gleichheitssatz im Gemeinschaftsrecht, 1990, 3.

[64] *Frenz* 1808 ff.

[65] *Pünder* NZBau 2003, 530, 531.

[66] *Egger*, Europäisches Vergaberecht, 2008, RdNr. 199; *Gundel* RIW 2002, 222, 225; *Jennert* WRP 2003, 459, 462.

[67] *Pünder* NZBau 2003, 530, 531.

[68] Vgl. zu dieser Voraussetzung EuGH, C-379/98, Slg. 2001, I-2099, RdNr. 57 ff. – PreussenElektra; verb. Rs. C-52/97, 53/97 u. 54/97, Slg. 1998, I-2629, RdNr. 14 ff. – Poste Italiane; C-189/91, Slg. 1993, I-6185, RdNr. 16 – Kirsamer-Hack.

[69] So *Koenig/Kühling* NVwZ 2003, 779, 779 f. unter ausführlicher Bezugnahme auf die Kommissionspraxis und die Mitt. betreffend Elemente staatlicher Beihilfe bei Verkäufen von Bauten oder Grundstücken durch die öffentliche Hand, ABl. 1997 C 209/3.

[70] So die Kom., Bericht über die Wettbewerbspolitik 1999, Tz. 235.

[71] Die Marktüblichkeit kann zB. durch ein Gutachten nachgewiesen werden, vgl. dazu die Mitt. der Kommission betreffend Elemente staatlicher Beihilfe bei Verkäufen von Bauten oder Grundstücken durch die öffentliche Hand, ABl. 1997 C 209/3 unter II. 2.

notwendige.[72] Deshalb können **keine notwendigen Vorgaben** für die Verfahrensgestaltung der Vergabe aus dem Beihilfenrecht folgen. Hieraus erklärt sich auch, dass der EuGH solche Folgerungen bislang nicht gezogen hat.[73] Allenfalls bei der Berücksichtigung vergabefremder Kriterien lässt sich überlegen, ob hierin eine Beihilfe gesehen werden kann und sich insoweit primärrechtliche Beschränkungen für die Vergabeentscheidung ergeben.[74]

dd) EU-Kartellrecht. Schließlich könnte das primärrechtlich verankerte Kartellrecht die **32** Ausgestaltung des Primärvergaberechts beeinflussen. Auch hier zeichnet sich allerdings eine überaus **schwache Bindung** ab, was an drei Faktoren liegt. Zunächst sieht der EuGH in der Bedarfsdeckung an sich, also dem staatlichen Einkauf von Leistungen, keine wirtschaftliche Tätigkeit im Sinne der Art. 101ff. AEUV.[75] Nur das spätere Anbieten von Gütern oder Dienstleistungen auf einem bestimmten Markt kann aus Sicht des Gerichtshofs auch den Einkauf als wirtschaftliche Tätigkeit qualifizieren. Damit genügt es nicht, wenn die Bedarfsdeckung erfolgt, um dann soziale, hoheitliche oder kulturelle Zwecke zu verfolgen.[76] Zum zweiten muss der teils sehr komplizierte Nachweis geführt werden, dass tatsächlich Wettbewerb durch die öffentliche Hand beschränkt bzw. eine marktbeherrschende Stellung ausgenutzt wurde. Schließlich sind auch die Folgen, die sich für die Vergabe ergeben, eher gering. Vor allem Art. 102 AEUV lässt sich nutzen, um Forderungen der Bieter nach Gleichbehandlung durchzusetzen.[77] Diese Forderungen werden aber bereits durch ein aus den Grundfreiheiten entwickeltes Vergaberegime weitgehend erfüllt.[78] Andere Praktiken, die durch Art. 102 AEUV zwar erfasst werden, aber den Bereich der Auftragsvergabe im oben beschriebenen Sinne verlassen,[79] betreffen die Ausgestaltung des Vertrags: So lassen sich Art. 102 AEUV Beschränkungen öffentlicher Vertragsautonomie entnehmen, die zB. die Vertragslaufzeit von Aufträgen, Konzessionen[80] oder die Preisgabe empfindlicher Betriebs- und Geschäftsgeheimnisse[81] betreffen. Insgesamt sind die Einwirkungen des Kartellrechts auf das Primärvergaberecht also eher gering und es bleibt festzuhalten, dass der EuGH aus diesen Vorgaben bislang keine klaren Leitlinien für die primärrechtliche Auftragsvergabe entwickelt hat.[82]

Entscheidend bleiben also die Grundfreiheiten und das allgemeine Gebot der Gleichbehand- **33** lung für die Entwicklung eines primärrechtlichen Vergaberegimes.

3. Verhältnis zwischen Primär- und Sekundärrecht. Das primäre Vergaberecht entfaltet **34** Wirkung in mehrfacher Hinsicht. Zum einen beeinflusst es als Primärrecht die Auslegung des Sekundärvergaberechts[83] und steuert im Falle von sekundärrechtlichen Regelungslücken die **ergänzende Rechtsfindung.**[84] Insoweit ist das Vorgehen des EuGH stimmig, häufig die Ver-

---

[72] Hauptgrund hierfür liegt darin, dass aus dem Beihilfenrecht keine Anforderungen für die Bieterwahl folgen, die Hauptgegenstand der Vergaberegeln ist, so zu recht *Kaelble*, Vergabeentscheidung und Verfahrensgerechtigkeit, 2008, 251 f.

[73] Zu diesem Ausbleiben vgl. *Arrowsmith*, The Law of Public and Utilities Procurement, 2005, RdNr. 4.39.

[74] Zu dieser Diskussion vgl. ua. *Bartosch* EuZW 2001, 229 ff.; *Dippel/Zeiss* NZBau 2002, 376 ff.; *Dreher/Haas/v. Rintelen*, Vergabefremde Regelungen und Beihilferecht, 2002, passim; *Eilmansberger* WuW 2004, 384 ff.

[75] EuGH, C-205/03 P, Slg. 2006, I-6295, RdNr. 25 f. – FENIN; der Gerichtshof bestätigt damit die Einschätzung des EuG in T-319/99, Slg. 2003, II-357, RdNr. 35 f. – FENIN; kritisch zu dieser Rechtsprechung *Frenz* 1766; *Streinz/Koenig/Kühling* Art. 86 EG RdNr. 13; *Scheffler* EuZW 2006, 601, 601 f.

[76] *Scheffler* EuZW 2006, 601, 601 f.

[77] Auch *Boesen*, Einl. RdNr. 37 hält in erster Linie Art. 102 AEUV für ausschlaggebend.

[78] Ähnlich die Einschätzung aus der Perspektive des deutschen Rechts auch bei *Langen/Bunte/Stadler* § 130 RdNr. 71, die feststellen, das kartellrechtliche Gleichbehandlungsgebot habe angesichts des § 92 Abs. 2 GWB an Raum in der Praxis verloren.

[79] Gerade aus diesem Grund wird die Anwendung des Art. 102 EG neben dem primärrechtlichen Vergaberegime für notwendig gehalten; siehe zB. *Roth*, Festschrift für Bechtold, 2006, 407.

[80] *Mestmäcker/Schweitzer* § 36 RdNr. 52.

[81] *Munro* PPLR 2006, 352, 358.

[82] *Frenz* RdNr. 1763 beschreibt die bisherige Rechtsprechung zu diesem Themenkomplex als „beiläufig" und „wenig aussagekräftig"; *Meyer*, Die Einbeziehung politischer Zielsetzungen bei der öffentlichen Beschaffung, 2002, 146, hält fest, dass der Art. 102 AEUV für einen „Großteil" der Beschaffungen nicht greift.

[83] Vgl. zur „primärrechtskonformen Auslegung des Sekundärrechts" im Vergaberecht *Boesen*, Einl. RdNr. 47; im Allgemeinen zu dieser Figur EuGH, C-1/02, Slg. 2004, I-4483, RdNr. 30 – Borgmann; C-98/91, Slg. 1994, I-248, RdNr. 9 – Herbrink; s. auch *Calliess/Ruffert* Art. 249 EG RdNr. 15.

[84] EuGH, C-57/01, Slg. 2003, I-1091, RdNr. 69 – Makedoniko Metro; C-92/00, Slg. 2002, I-5553, RdNr. 42 – Hospital Ingienieure; *Mestmäcker/Schweitzer* § 36 RdNr. 14.

letzung von Sekundär- und Primärrecht simultan festzustellen.[85] Wegen seiner Höherrangigkeit kann das Primärrecht auch zur Unwirksamkeit des Sekundärrechts führen.[86] Eine Folge, die für die VKR eher fernliegend ist, aber im Rahmen anderer sekundärrechtlicher Vorgaben, etwa im Bereich der Eisenbahnverkehrsdienstleistungen, diskutiert wird.[87]

35   Zum anderen sind die primärrechtlichen Vorgaben entscheidend, wenn das Sekundärrecht nicht anwendbar ist. Das Primärrecht bildet hier ein **Auffangnetz** für die Vorgänge, die sekundärrechtlich nicht erfasst sind. Für diese Auffangfunktion hat sich zum Teil der Begriff des „**Vergaberecht light**" etabliert.[88] Dieser Begriff ist allerdings trotz seiner Griffigkeit in zweierlei Hinsicht irreführend. Zum einen suggeriert er, die Anforderungen an die öffentliche Hand seien insgesamt eher schwach oder gar zu vernachlässigen. Zum zweiten scheint es so, als müsse sich das Primärvergaberecht stets als eine schwache Variante des sekundärrechtlichen Vergaberegimes darstellen. Die Rechtsprechung zeigt aber, dass ein Verstoß gegen Sekundärrecht zugleich auch ein Verstoß gegen Primärrecht sein kann[89] und deshalb die Idee, dass das Primärrecht stets weniger verlange als das Sekundärrecht, unzutreffend ist.

36   Schließlich wird umgekehrt versucht, das Sekundärrecht für die Auslegung des Primärrechts nutzbar zu machen. Einerseits wird versucht, im Zuge einer „**reversed fertilization**" in das Primärrecht dieselben Anforderungen hineinzulesen, die sich aus dem Sekundärrecht ergeben.[90] Andererseits wird behauptet, die im Sekundärrecht vorgesehenen Ausnahmen könnten ohne weiteres auch auf das primärrechtliche Vergaberegime übertragen werden.[91] Beide Versuche mögen zwar in zahlreichen Punkten zu zutreffenden Ergebnissen führen, können dogmatisch aber nicht überzeugen, weil sie das normhierarchische Verhältnis zwischen Primär- und Sekundärrecht ignorieren.

37   **4. Reichweite des Primärvergaberechts.** Im Gegensatz zum Fall der Regelungslücke, bei dem sich aus der Gesamtsystematik des Sekundärrechts ergibt, dass der Gesetzgeber eine bestimmte Regelungsproblematik übersehen hat und der Gerichtshof aus dem Primärrecht Lösungen für die ungeregelten Probleme entwickelt, liegen die Dinge im Falle des Primärvergaberechts anders.

38   Die Grenzen der VKR sind Ergebnisse eines politischen Kompromisses zwischen verschiedenen Institutionen. Dementsprechend stellt sich die Frage, wieweit den EU-Institutionen, vor allem der Kommission und dem EuGH, das Mandat zusteht, diesen politischen Kompromiss außer Acht zu lassen und weitere Vorgaben aus dem Vertragsrecht zu entwickeln. Die Diskussion kreist dabei insbesondere um die Reichweite der primärrechtlichen Vorgaben.

39   **a) Sachliche Reichweite des Primärrechts. aa) Binnenmarktbezug.** Bereits oben wurde auf den Kontext der primärrechtlichen Bindung des Auftraggebers hingewiesen. Es geht um die Gefährdung des Binnenmarktes, die die Anwendung des grundfreiheitlichen und gleichheitsrechtlichen Vergaberegimes auslöst. Aus diesem Grunde kann das Primärvergaberecht nur dort Anwendung finden, wo der Binnenmarkt berührt ist. Über diesen Punkt besteht zwischen EuGH,[92] Kommission[93] und Schrifttum[94] Einigkeit. Hochproblematisch ist es allerdings, die Frage des Binnenmarktbezugs in ein Verhältnis zum Sekundärrecht und dessen Ausnahmen zu setzen.

[85] ZB. EuGH, C-359/93, Slg. 1995, I-157, RdNr. 27 – Kommission/Niederlande; C-272/91, Slg. 1994, I-1409 – Kommission/Italien; s. auch *Grabitz/Hilf/Hailbronner* BZ IV RdNr. 62.

[86] Zu den Grundfreiheiten als Maßstab des Sekundärrechts *Schönberger* EuR 2003, 600, 621 f.

[87] Zu diesem Problem im Zusammenhang mit der Direktvergabe von Eisenbahnverkehrsdienstleistungen und der VO 1370/2007 ausführlich *Otting/Scheps* NVwZ 2008, 499, 503 f.

[88] *Burgi* NVwZ 2007, 737, 742; *Frenz* 1861; *Gass* GewArch 2007, 375, 376; *Hattig/Ruhland* NZBau 2005 626, 630 sprechen von „Ausschreibung light".

[89] ZB. EuGH, C-359/93, Slg. 1995, I-157, RdNr. 27 – Kommission/Niederlande; C-272/91, Slg. 1994, I-1409 – Kommission/Italien.

[90] *Hatzopoulos* CMLRev 2006, 923, 933.

[91] GA *Jacobs* EuGH, C-525/03, Slg. 2005, I-9405, RdNr. 64 – Kommission/Italien.

[92] Vgl. EuGH, C-507/03, Slg. 2007, I-9777, RdNr. 29 – Kommission/Irland; C-458/03, Slg. 2005, I-8612, RdNr. 55 – Parking Brixen GmbH; C-264/03, Slg. 2005, I-8831, RdNr. 66 – Kommission/Frankreich; C-231/03, Slg. 2005, I-7287, RdNr. 20 – Coname; zuletzt EuG, T-258/06, NZBau 2010, 510 – Deutschland/Kommission, RdNr. 86 ff.

[93] Vgl. Mitt. „Unterschwellenvergabe", ABl. 2006 C 179/2, unter 1.3; die Kommission hat auch mehrere Vertragsverletzungsverfahren gegen Deutschland eingestellt mangels Binnenmarktbezugs, vgl. EuZW 2007, 258.

[94] *Dreher* NZBau 2002, 419, 423; *Lutz* WuW 2006, 890, 895; *McGowan* PPLR 2007, 274, 278; *Mestmäcker/Schweitzer* § 36 RdNr. 13; *Wollenschläger* NVwZ 2007, 388, 390.

Die Sensibilität dieser Frage zeigt sich besonders an der gereizten Debatte in Deutschland über die auslegende **Mitteilung** der Kommission in diesem Bereich,[95] die in einer – erfolglosen – Nichtigkeitsklage Deutschlands vor dem EuGH kulminiert ist.[96]

α) **Binnenmarktbezug und Dienstleistungskonzessionen.** Als vergleichsweise unprob-   **40** lematisch hat sich die Entwicklung des Primärvergaberechts im Bereich der Dienstleistungskonzessionen entpuppt. Diese waren nach früherem Richtlinienrecht und sind nach Art. 17 VKR vom Anwendungsbereich des Sekundärrechts ausgenommen. Der EuGH hat hier Vorgaben zur **Transparenz** aus dem Primärrecht abgeleitet,[97] die großenteils auf Zustimmung stoßen.[98] Zumindest wird nicht grundsätzlich bestritten, dass Dienstleistungskonzessionen Binnenmarktrelevanz besitzen.

β) **Binnenmarktbezug bei Unterschwellenvergabe bzw. bei II-B-Dienstleistungen.**   **41** Wesentlich schärfere Kritik hat die Mitteilung der Kommission zur Vergabe von Aufträgen, die nicht oder nur teilweise von den Richtlinien erfasst werden, auf sich gezogen. Hier wird zumeist argumentiert, dass die Entwicklung von primärrechtlichen Vorgaben für diese Bereiche bewusst den legislativen Kompromiss auf Unionsebene außer Acht lasse. Insbesondere wird vorgebracht, dass der Unionsgesetzgeber durch Einführung der Schwellenwerte und der II-B-Dienstleistungen typisierend den Binnenmarktbezug öffentlicher Aufträge abgesteckt habe.[99] Diese Argumentation ist zumindest für Unterschwellenvergaben zurückzuweisen: Sie misst dem gesetzgeberischen Kompromiss eine Autorität bei, die ihm nicht zukommt. Zunächst stellen sich die Schwellenwerte als Ergebnis eines politischen Tauziehens dar, dessen Ergebnis nicht auf das richtige Erfassen der ökonomischen Bedeutung gewisser Aufträge zielt, sondern einzig und allein auf politische Machbarkeit.[100] Zum zweiten scheint auch der Gesetzgeber selbst nicht von einer derartigen Typisierungswirkung ausgegangen zu sein. Der zweite Erwägungsgrund der VKR macht deutlich, dass der Gesetzgeber keinesfalls der Auffassung ist, dass nur oberhalb der Schwellenwerte das Primärrecht Wirkung entfalten solle oder gar könne.[101] Schließlich hat auch der EuGH einer solchen Typisierungswirkung ausdrücklich eine Ablehnung erteilt.[102]

Auch die Typisierungswirkung des Sekundärrechts für II-B-Dienstleistungen sollte nicht über-   **42** schätzt werden. Zwar wird die Idee, II-B-Dienstleistungen hätten ein geringeres Binnenmarktpotential, im Schrifttum häufig geteilt,[103] der EuGH hat allerdings festgehalten, dass auch in diesem Fall ein grenzüberschreitendes Interesse im Einzelfall nicht ausgeschlossen werden kann.[104]

γ) **Feststellen eines Binnenmarktbezugs im Einzelfall.** Hängt die Anwendbarkeit des   **43** primärrechtlichen Vergaberegimes nicht vom Sekundärrecht ab, dann wird die Anwendbarkeit zu einer Frage des Einzelfalls.[105] Die Faktoren, die über einen Binnenmarktbezug entscheiden, sind vielseitig und können die staatlichen Stellen, vor allem wohl kleinere Auftraggeber, vor nicht unerhebliche Anwendungsprobleme stellen.[106] Der EuGH hat zunächst nur festgehalten,

---

[95] Einen Überblick über die Diskussion bietet *Köster* ZfBR 2007, 127.

[96] EuG, T-258/06, NZBau 2010, 510 – Deutschland/Kommission.

[97] Beginnend mit EuGH, C-275/98, Slg. 1999, I-8291, RdNr. 31 – Unitron Scandinavia; aus jüngerer Zeit EuGH, C-260/04, Slg. 2007, I-7083, RdNr. 24 – Kommission/Italien; zum Verständnis dieser Vorgaben durch die Kommission vgl. Mitt. „Konzessionen", ABl. 2000 C 121/02, unter 3.

[98] *Lutz* WuW 2006, 890, 894; *Ruhland*, Die Dienstleistungskonzession, 2006, 199 mwN; ablehnend allerdings *Arrowsmith,* The Law of Public and Utilities Procurement, 2005, RdNr. 4.15.

[99] *Lutz* WuW 2006, 890, 895; *Köster* ZfBR 2007, 127, 130; ähnlich *Arrowsmith*, The Law of Public and Utilities Procurement, 2005, RdNr. 4.15; vgl. auch *Jennert* NZBau 2005, 623, 625, der Schwellenwerte und Binnenmarktrelevanz für die Vergabe von Dienstleistungskonzessionen gleichsetzt (allerdings ohne Bezug zur Kommissionsmitteilung).

[100] Ähnlich *Brown* PPLR 2007, 1, 17.

[101] So auch *Siegel* EWS 2008, 66, 68.

[102] EuGH, C-59/00, Slg. 2001, I-9507, RdNr. 19 – Verstergaard: „Jedoch bedeutet die alleinige Tatsache, dass der Gemeinschaftsgesetzgeber der Auffassung war, dass die in diesen Richtlinien vorgesehenen besonderen strengen Verfahren nicht angemessen sind, wenn es sich um öffentliche Aufträge von geringem Wert handelt, nicht, dass diese vom Anwendungsbereich des Gemeinschaftsrechts ausgenommen sind." Siehe auch *Wollenschläger* NVwZ 2007, 388, 389.

[103] OLG Brandenburg Verg W 3/03, Verg W 5/03, WuW/E Verg, 844–852 (zur Vorgängerregelung der VKR); zweifelnd *Brown* PPLR 2007, 1, 17; *Lutz* WuW 2006, 890, 896; *Prieß/Hölzl* LKV 2006, 481, 484.

[104] EuGH, C-507/03, Slg. 2007, I-9777, RdNr. 26 – An Post.

[105] Mitt. „Unterschwellenvergabe", ABl. 2006 C 179/2, unter 1.3; ergänzend EuG, T-258/06, NZBau 2010, 510 – Deutschland/Kommission, RdNr. 88.

[106] Auf Probleme der Rechtssicherheit machen kritisch aufmerksam *Arrowsmith*, The Law of Public and Utilities Procurement, 2005, RdNr. 4.15; *Brown* PPLR 2007, 1, 20.

dass das Primärrecht keine Anwendung findet, wenn das wirtschaftliche Gewicht eines Auftrags so gering ausfällt, dass er für potentielle Auftragnehmer aus dem europäischen Ausland ohne Interesse ist,[107] ohne sich auf präzise Kriterien festzulegen. Neuerdings taucht als Kriterium für die Einschätzung der Binnenmarktrelevanz die geographische Lage des Leistungsortes auf.[108] Die Kommission nennt als Faktoren Wert und Art des Auftragsgegenstandes (insbesondere das Verhältnis von Ausführungskosten und Wert des Auftrags dürfte Bedeutung haben),[109] die Besonderheiten des betroffenen Sektors und die geographische Lage des Leistungsortes.[110] Auch Generalanwältin *Stix-Hackl*[111] nennt ähnliche Faktoren.

44   Bei Anwendung dieser Kriterien scheint der EuGH durchaus Spielräume für die öffentliche Verwaltung zu sehen, wobei sich eine Differenzierung zwischen Dienstleistungskonzessionen auf der einen und Unterschwellenaufträgen sowie II-B-Dienstleistungen auf der anderen Seite abzuzeichnen scheint.

45   In Abkehr von seiner bisherigen Rechtsprechung[112] schließt der EuGH den Binnenmarktbezug bei **Dienstleistungskonzessionen** nur aus, wenn „vernünftiger Weise" angenommen werden kann, dass sich kein Unternehmen aus einem anderen Mitgliedstaat für die Konzession interessiert.[113] Nicht notwendig ist insbesondere, dass tatsächlich ein ausländisches Unternehmen Interesse angemeldet hat. Hier ist also der Entscheidungsspielraum für die Verwaltung äußerst gering. Im Zweifel muss sie von der Binnenmarktrelevanz der Dienstleistungskonzession ausgehen.

46   Umgekehrt verlangt der EuGH im Falle von **II-B-Dienstleistungen,** dass ein „eindeutiges" grenzüberschreitendes Interesse an dem zu vergebenden Auftrag besteht.[114] Dabei reichte es für ein Vertragsverletzungsverfahren nicht aus, dass der Kommission eine Beschwerde über eine Direktvergabe von einem ausländischen Unternehmen zugegangen war. Der Grund für diese erhöhten Anforderungen wird zumeist darin gesehen, dass der Gesetzgeber eine Vermutungsregel gegen die Binnenmarktrelevanz durch Aufnahme gewisser Leistungen in den Abschnitt II-B aufgestellt habe, die durch ein *eindeutiges* überstaatliches Interesse aufgehoben werden müsse.[115] Ähnlich wird auch für die **Unterschwellenvergabe** ein „eindeutiges" grenzüberschreitendes Interesse gefordert,[116] eine Forderung, der sich mittlerweile auch der EuGH angeschlossen hat.[117] In diesem Fall scheint der Spielraum der Verwaltung größer.[118] Es genügt nicht, dass vielleicht andere Unternehmen Interesse haben könnten, vielmehr muss ihr Interesse „eindeutig", dh. nicht von der Hand zu weisen sein.

47   Ob diese **Zweiteilung** Bestand hat, bleibt abzuwarten. Sie würde zunächst voraussetzen, dass der EuGH auch bei Dienstleistungskonzessionen, die unterhalb der Schwellenwerte liegen, prüft, ob hier ein „eindeutiges" zwischenstaatliches Interesse besteht. Zumindest bisher ist dies nicht geschehen.[119] Außerdem muss, zumindest was Unterschwellenvergaben angeht, stark in Zweifel gezogen werden, ob der Richtliniengeber bei Festlegung der Schwellenwerte tatsächlich eine geringere Binnenmarktrelevanz vermutet hat. Zusätzlich fragt sich, ob der allgemeinen Betonung der Höhe des Auftrags oder der Einordnung als II-B-Leistung tatsächlich so entscheidendes Gewicht im Verhältnis zum Leistungsort zukommen kann: Der Binnenmarkt ist auch

---

[107] EuGH, C-231/03, Slg. 2005, I-7287, RdNr. 17 – Coname.

[108] EuGH, C-147/06, Slg. 2008, I-3565, RdNr. 31 – SECAP.

[109] Vgl. auch *Bungenberg*, Vergaberecht im Wettbewerb der Systeme, 2007, 209.

[110] Mitt. „Unterschwellenvergabe", ABl. 2006 C 179/2, unter 1.3; vgl. auch EuG, T-258/06, NZBau 2010, 510 – Deutschland/Kommission, RdNr. 86ff.; ähnliche Faktoren nennt EuGH, C-147/06, Slg. 2008, I-3565, RdNr. 31 – SECAP.

[111] GA *Stix-Hackl*, EuGH, C-532/03, Slg. 2007, I-11353, RdNr. 79 – Kommission/Irland: „Wert und Gegenstand der Vergabe" entscheidend.

[112] EuGH, C-108/98, Slg. 1999, I-5219, RdNr. 21f. – RI.SAN; zur Abkehr von dieser Rechtsprechung auch *Bitterich* EuZW 2008, 14, 17.

[113] EuGH, C-231/03, Slg. 2005, I-7287, RdNr. 20 – Coname.

[114] EuGH, C-507/03, Slg. 2007, I-9777, RdNr. 29 – Kommission/Irland.

[115] *Bitterich* EuZW 2008, 14, 17; *Hübner* VergabeR 2008, 58, 60.

[116] So *Bitterich* EuZW 2008, 14, 17; dagegen wegen der Erwägungen zur VKR *Siegel* EWS 2008, 66, 68.

[117] Ein „eindeutiges" grenzüberschreitendes Interesse verlangt: EuGH, C-412/04, Slg. 2008, I-619 – Kommission/Italien. RdNr. 66 spricht noch von „bestimmte(r) grenzüberschreitende(r) Bedeutung".

[118] Zu den Missbrauchsmöglichkeiten, die sich daraus ergeben, *Siegel* EWS 2008, 66, 68.

[119] Richtig ist zwar, dass die Kommission davon ausgeht, dass Dienstleistungskonzessionen typischerweise einen hohen wirtschaftlichen Wert haben (so Mitt. der Kommission zu öffentlich privaten Partnerschaften vom 15. 11. 2005 KOM (2005) 569 endg., unter 3.2.), der EuGH hat sich bislang aber noch nie auf diese Vermutung berufen, wenn er primärrechtliche Anforderungen für diese Konzessionen aufgestellt hat.

ein räumliches Konzept. Er ist in Grenznähe stärker betroffen als im zentralen Inland. Berücksichtigt man diese Dimension, kann weder die Entgelthöhe der Leistung noch die Kategorisierung als II-B-Dienstleistung im Grundsatz über die Binnenmarktrelevanz entscheiden. Dann ist aber auch eine Vermutungsregel, die an diese Tatbestände anknüpft, unangebracht.

Schließlich kommt es sehr auf die Auslegung des Begriffs „eindeutig" an. Wird er so verstanden, **48** dass selbst dann, wenn ausländische Konkurrenten sich später über eine Direktvergabe beschweren, noch kein eindeutiger Fall eines grenzüberschreitenden Bezugs vorliegt,[120] dann führt dies letztendlich zu schweren Spannungen mit der üblichen Grundfreiheitsdogmatik: Die Rechte eines ausländischen Bieters würden nämlich dann davon abhängen, dass auch genügend andere potentielle Bieter an einem Auftrag interessiert wären. Eine solche Abhängigkeit eigener Rechte von der Betroffenheit Dritter wäre ein Novum für den EuGH, der bislang betont hat, dass es für die Grundfreiheiten eben keine Bagatell- oder Spürbarkeitsgrenze gebe.[121] Damit muss es aber auch genügen, wenn nur ein einziger potentiell interessierter Bieter aus dem Ausland durch eine Direktvergabe diskriminiert wird. Seine Rechte können nicht von der Betroffenheit anderer durch staatliches Handeln abhängen. Diese Überlegungen sprechen dafür, auf Unterschwellenaufträge und II-B-Dienstleistungen denselben Binnenmarkt-Test anzuwenden wie bei Dienstleistungskonzessionen.

Ein Staatsauftrag weist mithin nur dann keinen Binnenmarktbezug auf, wenn „vernünftiger **49** Weise" anzunehmen ist, dass kein Interesse von Unternehmen aus einem anderen Mitgliedstaat an dem Auftrag besteht. Dabei ist davon auszugehen, dass die mitgliedstaatlichen Stellen über einen gewissen Spielraum bei der Beurteilung dieser Frage verfügen. Im Grundsatz gilt, dass die Binnenmarktrelevanz wahrscheinlicher wird, je näher sich der Leistungsort der staatlichen Grenze nähert. Aus Gründen der Rechtssicherheit ist zu empfehlen, bei **Zweifelsfällen** von einem grenzüberschreitenden Bezug des Auftrags auszugehen.

bb) Sachliche Ausnahmen. Das primärrechtliche Vergaberegime kann dort keine Anwen- **50** dung finden, wo die Anwendung seiner Pfeiler, der Grundfreiheiten, ausgeschlossen ist.

Zu denken ist dabei insbesondere an die in Art. 51 AEUV niedergelegte Bereichsausnahme, **51** die sowohl für die Niederlassungsfreiheit, als auch über Art. 62 AEUV auf die Dienstleistungsfreiheit Anwendung findet und die Ausübung öffentlicher Gewalt vom Anwendungsbereich der genannten Grundfreiheiten ausnimmt. Aus drei Gründen entfaltet diese Ausnahme keine große Wirkung für das primärrechtliche Vergaberegime. Zunächst gilt wie bei allen Ausnahmen, dass der EuGH eine enge Auslegung der Vorschrift verlangt.[122] Zum zweiten betrifft Art. 51 AEUV nur die „unmittelbare und spezifische Teilnahme an der Ausübung **öffentlicher Gewalt**".[123] Diese spezifische Ausübung öffentlicher Gewalt fehlt beispielsweise bei der Durchführung von Rettungsfahrten.[124] Ähnlich dürfte es bei Beschaffungen liegen, die lediglich im Vorfeld hoheitlicher Tätigkeit stattfinden und die hoheitliche Tätigkeit erst ermöglichen, wie dem Einkauf von Polizeifahrzeugen, Dienstpistolen oder Wachdienstleistungen.[125] Für Beschaffungen im sensiblen Bereich **militärischer Güter** muss dasselbe gelten: Sie sind nicht grundsätzlich vom Primärrecht ausgenommen, ihre geheime und direkte Beschaffung kann aber im Einzelfall aus Gründen der nationalen Sicherheit gerechtfertigt sein.[126] Bedeutung erlangt in diesem Zusammenhang vor allem Art. 346 AEUV.[127] Drittens besteht für den Staat keine Pflicht, sich an Markt einzudecken. Entscheiden sich staatliche Stellen aber im konkreten Fall für eine Teilnahme am Markt und damit gegen eine Eigenleistung, dann spricht dies, zumindest als Indiz, gegen die entscheidende Verknüpfung der Beschaffung mit hoheitlicher Tätigkeit.

---

[120] So versteht *Brown* PPLR 2008, NA 35, NA 39 den EuGH, wenn er formuliert: „one cross-border complaint (is) insufficient".

[121] EuGH, C-49/89, Slg. 1989, I-4441, RdNr. 8 – Corsica Ferries; C-16/83, Slg. 1984, 1299, RdNr. 20 – Prantl; *Frenz* 419.

[122] *Calliess/Ruffert/Bröhmer* Art. 45 EG RdNr. 1.

[123] EuGH, C-283/99, Slg. 2001, I-4363, RdNr. 20 – Kommission/Italien; C-355/98, Slg. 2000, I-1221, RdNr. 25 – Kommission/Belgien; C-114/97, Slg. 1998, I-6717, RdNr. 35 – Kommission/Spanien; C-2/74, Slg. 1974, 631, RdNr. 45 – Reyners; für das primärrechtliche Vergaberegime macht hierauf die Kommission in ihrer Mitt. „Konzessionen", ABl. 2000 C 121/02, unter 3.1.5. aufmerksam.

[124] AA OLG Düsseldorf, VII-Verg 7/06, Verg 7/06, WuW/E Verg, 1263–1266; zu Recht kritisch *Esch* VergabeR 2007, 286, 294 f.

[125] Wachdienstleistungen stellen für sich genommen regelmäßig keine Ausübung öffentlicher Gewalt dar, vgl. EuGH, C-114/97, Slg. 1998, I-6717, RdNr. 39 – Kommission/Spanien.

[126] Ausführlich *Prieß* 539 ff.

[127] Zu dessen Anwendung im Beschaffungswesen vgl. Mitt. „Auslegungsfragen Artikel 296", KOM (2006), 779.

52   Ausgenommen vom primärrechtlichen Vergaberegime sind darüber hinaus Dienstleistungen, die von europarechtlich zulässigen **Monopolen** erbracht werden. Hier darf bzw. muss sogar auf den monopolistischen Anbieter zurückgegriffen werden. So hat der Gerichtshof entschieden, dass die Verkehrsfreiheiten auf die Vergabe von reservierten Postdienstleistungen im Sinne der Richtlinie 97/67/EG keine Anwendung finden.[128] Mit der zunehmenden Liberalisierung der Dienstleistungsmärkte wird die Bedeutung dieser Ausnahme allerdings stark zurückgehen.

53   Für **Verkehrsdienstleistungen** ergibt sich ein unübersichtliches Bild: Einerseits regelt Art. 58 AEUV, dass die Dienstleistungsfreiheit auf Verkehrsdienstleistungen keine Anwendung findet. Andererseits stützt sich das primärrechtliche Vergaberegime nicht allein auf Art. 56 AEUV, könnte also von der Bereichsausnahme unbeeinträchtigt operieren. In den meisten relevanten Bereichen sind mittlerweile sektorspezifische, sekundärrechtliche Vergaberegelungen erlassen worden. Insoweit bleibt allerdings die Frage bestehen, ob diese Regelungen primärrechtskonform sind. Dies gilt insbesondere, wenn – wie im Falle von Eisenbahnverkehrsdienstleistungen – die Möglichkeit der Direktvergabe vorgesehen ist.[129]

54   **cc) In-House-Konstellationen.** Der EuGH erkennt in ständiger Rechtsprechung eine Ausnahme vom Sekundärvergaberecht für so genannte „In-House"-Konstellationen an, bei denen die staatliche Stelle über den Auftragnehmer eine Kontrolle ausübt wie über ihre eigenen Dienststellen und dieser Auftragnehmer seine Tätigkeiten im Wesentlichen für die staatliche Stelle erledigt, die die Anteile an dem Auftragnehmer hält.[130] In solchen Fällen der engsten Verknüpfung von Auftraggeber und -nehmer fehle es an einer Vereinbarung zwischen zwei selbstständigen Personen und damit an einem Vertrag, weshalb das Sekundärrecht außer Anwendung bleiben müsse. Eigentlich ist damit die Argumentationsfigur der „In-House"-Vergabe auf das Sekundärrecht zugeschnitten, da nur die VKR und nicht die primärrechtlichen Gleichheitssätze einen Vertrag als Anwendungsvoraussetzung normieren.[131] Dennoch hat der EuGH seine „In-House"-Rechtsprechung auch auf das **Primärvergaberecht** ausgeweitet,[132] mit der Folge, dass die primärrechtlichen Gleichheitssätze auch keine Anwendung finden, wenn die Teckal-Kriterien erfüllt sind.[133] Folge ist darüber hinaus, dass auch das Primärvergaberecht an der weit reichenden Privilegierung der In-House-Vergabe durch die neuere Rechtsprechung des EuGH partizipiert, wie sie etwa zur Vergabefreiheit bei interkommunaler Zusammenarbeit ergangen ist.[134]

55   **b) Subjektive Reichweite des Primärvergaberechts.** Das primärrechtliche Vergaberegime kann in subjektiver Hinsicht nur soweit binden, wie seine Rechtsquellen es vermögen. Der enge Zusammenhang zwischen Grundfreiheiten und Gleichbehandlungsgrundsatz hat zur Folge, dass nur die Einheiten, die auch Adressat der Grundfreiheiten sein können, in ihrer Bedarfsdeckung vom primärrechtlichen Vergaberegime betroffen sind.

56   Erfasst sind damit sämtliche Stellen des Bundesstaates sowie die ihm untergliederten **Gebietskörperschaften.**[135] Auch die mittelbare Staatsverwaltung ist grundsätzlich an die Grundfreiheiten gebunden.[136]

57   Für **öffentliche Unternehmen** gelten die Grundfreiheiten nach Art. 106 Abs. 1 AEUV, wobei es entscheidend darauf ankommt, ob der Staat, zumindest potentiell, die Möglichkeit hat, das Unternehmen in seinem Sinne zu steuern.[137]

58   Die Bindung privater Unternehmen an das primärrechtliche Vergaberegime ist eine Frage der **Drittwirkung** der Grundfreiheiten. Dazu ist festzustellen, dass der EuGH bislang nur für Art. 45 AEUV eine Drittwirkung für private Vereinbarungen angenommen hat.[138] Diese Vorschrift spielt für das primäre Vergaberecht allerdings keine nennenswerte Rolle. Art. 56 AEUV

---

[128] EuGH, C-220/06, Slg. 2007, I-1275, RdNr. 40 – AP.

[129] Ausführlich dazu *Otting/Scheps* NVwZ 2008, 499, 503 f.

[130] EuGH, C-107/98, Slg. 1999, I-8121, RdNr. 50 – Teckal.

[131] EuGH, C-458/03, Slg. 2005, I-8612, RdNr. 60 – Parking Brixen GmbH.

[132] Zu den dogmatischen Grundlagen dieser Rechtsprechung kritisch *Huerkamp,* Transparenz und Gleichbehandlung als gemeinschaftsrechtliche Prinzipien der staatlichen Auftragsvergabe, 2010, S. 161 ff.

[133] EuGH, C-220/06, Slg. 2007, I-1275, RdNr. 86 – AP; C-410/04, Slg. 2006, I-3303, RdNr. 24 – ANAV; C-458/03, Slg. 2005, I-8612, RdNr. 62 – Parking Brixen GmbH.

[134] EuGH, C-324/07, Slg. 2008, I-8457, RdNr. 26 – Coditel; C-480/06, Slg. 2009, I-4747, RdNr. 21 – Kommission/Deutschland.

[135] EuGH, C-17/00, Slg. 2001, I-9445, RdNr. 27 – de Coster.

[136] *Frenz* 296; *Calliess/Ruffert/Kingreen* Art. 28–30 EG RdNr. 106.

[137] Beispielsweise: EuGH, C-158/94, Slg. 1997, I-5789, RdNr. 40 – Kommission/Italien; *Gabriel* VergabeR 2009, 7, 10 ff.; *Calliess/Ruffert/Jung* Art. 86 EG RdNr. 13.

[138] EuGH, C-281/98, Slg. 2000, I-4139, RdNr. 34 – Angonese.

kann zwar auch auf Privatpersonen angewendet werden, dies ist jedoch bislang nur begrenzt auf die Fälle privater Normsetzung geschehen[139] und bleibt damit für den Bereich der Vergabe ebenfalls irrelevant. Private Unternehmen ohne staatlichen Einfluss[140] sind mithin nicht Adressaten des primärrechtlichen Vergaberegimes.[141]

III. Verfahrensaspekte des primärrechtlichen Vergaberegimes

1. Transparenz. a) Öffentlichkeit, Überprüfbarkeit und Rechtsschutz. Herzstück des 59 primärrechtlichen Vergaberegimes ist die Verpflichtung öffentlicher Stellen zur Transparenz ihrer Bedarfsdeckung. Das Unionsrecht fordert als Grundsatz den öffentlichen Wettbewerb um einen Auftrag und stellt sich sowohl der Direktvergabe an einen Einzelanbieter als auch der Vergabe innerhalb eines kleinen Kreises Privilegierter entgegen. Der EuGH leitet in ständiger Rechtsprechung zum Teil aus den grundfreiheitlichen Diskriminierungsverboten,[142] zum Teil aus dem allgemeinen Gleichheitssatz[143] eine zweigliedrige Transparenzverpflichtung ab: Es muss ein **Grad an Öffentlichkeit** hergestellt werden, der den Auftrag für den **Wettbewerb öffnet,** und die Unparteilichkeit der Vergabeentscheidung muss **überprüfbar** werden. Überzeugender erscheint dabei eine Ableitung aus den grundfreiheitlichen Diskriminierungsverboten: Der Gerichtshof geht nämlich von der Annahme aus, dass eine ohne jegliche Transparenz erfolgende Direktvergabe hauptsächlich zulasten potentiell interessierter Bewerber aus dem Ausland wirke.[144] Liegen jedoch die Voraussetzungen für eine Diskriminierung aus Gründen der Staatsangehörigkeit vor, dann sind die grundfreiheitlichen Diskriminierungsverbote *leges speciales* gegenüber dem allgemeinen Gleichheitssatz.[145]

Abseits der beiden genannten Vorgaben der Öffnung und der Überprüfbarkeit hat sich der 60 EuGH bislang nicht präziser festgelegt, welches Niveau an Transparenz erforderlich ist. Dies hat zu mannigfaltigen Versuchen geführt, die notwendigen Transparenzpflichten zu konkretisieren.[146] Zielführend ist ein Vorgehen, das sich an der vom EuGH vorgenommenen **Zweiteilung** der Transparenzverpflichtung orientiert. Zu prüfen ist also zum einen, welchen Grad an Publizität die Nachfrage sicherzustellen hat und zum anderen, welche Anforderungen aus der Nachprüfbarkeit der Unparteilichkeit folgen. Dabei hat der EuGH in jüngster Zeit im Fall Club Hotel Loutraki[147] parallel zum Gebot der Nachprüfbarkeit der Unparteilichkeit aus dem allgemeinen Unions-Grundsatz des **effektiven gerichtlichen Rechtsschutzes**[148] auch im Anwendungsbereich des Primärvergaberechts zu Recht zumindest **minimale Rechtsschutzanforderungen** entfaltet. Diese richten sich nach ständiger Rechtsprechung mangels spezifischer sekundärrechtlicher Vorgaben nach dem Grundsatz der **Äquivalenz**, dh. es darf keine weniger günstige Ausgestaltung als für entsprechende innerstaatliche Klagen erfolgen, und dem Grundsatz der **Effektivität**, dh. der Rechtsschutz darf die Ausübung der unionsrechtlich garantierten Rechtspositionen nicht „praktisch unmöglich machen oder übermäßig erschweren".[149] Eine

---

[139] EuGH, C-36/74, Slg. 1974, 1405, RdNr. 16/19 – Walrave und Koch.

[140] Detailliert zu Kriterien der Einflussnahme *Egger*, Europäisches Vergaberecht, 2008, RdNr. 115 ff.

[141] Ausführlich *Gabriel* VergabeR 2009, 7, 13 ff.

[142] EuGH, C-507/03, Slg. 2007, I-9777, RdNr. 31 – An Post; C-231/03, Slg. 2005, I-7287, RdNr. 19 – Coname; C-324/98, Slg. 2000, I-10745, RdNr. 61 – Telaustria und Telefonadress; C-275/98, Slg. 1999, I-8291, RdNr. 31 – Unitron Scandinavia.

[143] EuGH, C-220/06, Slg. 2007, I-1275, RdNr. 75 – AP; C-260/04, Slg. 2007, I-7083, RdNr. 24 – Kommission/Italien; C-410/04, Slg. 2006, I-3303, RdNr. 21 – ANAV; C-458/03, Slg. 2005, I-8612, RdNr. 49 – Parking Brixen GmbH.

[144] EuGH, C-507/03, Slg. 2007, I-9777, RdNr. 30 f. – An Post; C-231/03, Slg. 2005, I-7287, RdNr. 17 ff. – Coname; auf die Ausführungen dieses Urteils nimmt C-458/03, Slg. 2005, I-8612, RdNr. 55 – Parking Brixen GmbH Bezug, um eine Diskriminierung zu bejahen; kritisch gegenüber dieser Annahme *Wollenschläger* NVwZ 2007, 388, 393.

[145] Ähnlich *Bitterich* EuZW 2008, 14, 16.

[146] Beispielsweise GA *Stix-Hackl* EuGH, C-231/03, Slg. 2005, I-7287, RdNr. 69 ff. – Coname; Mitt. „Unterschwellenvergabe", ABl. 2006 C 179/2, unter 2.1.; dazu EuG, T-258/06, NZBau 2010, 510 – Deutschland/Kommission, RdNr. 68 ff.; *Arrowsmith*, The Law of Public and Utilities Procurement, 2005, RdNr. 4.12 ff.; *Frenz* VergabeR 2007, 1, 8 f.; *Hattig/Ruhland* NZBau 2005, 626, 630; *Knauff* EuZW 2005, 731, 732 f.; *Ortner*, Vergabe von Dienstleistungskonzessionen, 2007, 174 ff.

[147] EuGH, C-145/08 und C-149/08, noch nicht in amtl. Slg. – Club Hotel Loutraki, RdNrn. 73 ff.

[148] Vgl. insoweit EuGH, C-432/05, Slg. 2007, I-2271 – Unibet, RdNr. 37 m. w. Nachw. aus der EuGH-Rechtsprechung.

[149] Siehe EuGH, C-268/06, Slg. 2008, I-23483 – Impact, RdNrn. 44 und 46 m. w. Nachw. aus der EuGH-Rechtsprechung.

hinreichende Effektivität ist nach der überzeugenden Rechtsprechung des EuGH im Fall Club Hotel Loutraki[150] nicht mehr gewährleistet, wenn nicht nur der Primärrechtsschutz ausfällt, sondern im Ergebnis auch kein durchsetzbarer Schadensersatzanspruch besteht. Damit lässt sich aus dem Effektivitätsgebot lediglich ein **Sekundärrechtsschutz entwickeln.** Ein primärer Rechtsschutz, so dürfte die Entscheidung zu verstehen sein, kann hingegen im Primärvergaberecht allenfalls aus dem Gebot der Äquivalenz abgeleitet werden. Da es in Deutschland im Unterschwellenbereich aber bislang **keinen Primärrechtsschutz** gibt,[151] scheidet ein Primärrechtsschutz auf der Basis von Äquivalenzüberlegungen aus.[152] Insoweit bleibt allerdings die weitere Rechtsprechung des EuGH, aber auch die der **deutschen Gerichte** abzuwarten.[152a]

61   **b) Transparenz als Publizität. aa) Grundlagen.** Aufgrund der bereits angesprochenen Verfahrensautonomie der Mitgliedstaaten müssen sich die europarechtlichen Verfahrensvorgaben strikt an ihre primärrechtlichen Rechtsquellen halten. Gefordert werden kann demnach nicht, was wettbewerblich wünschenswert ist, sondern nur die Einhaltung des relevanten Primärrechts, also der grundfreiheitlichen Diskriminierungsverbote.

62   Entscheidend ist dabei, dass die bisherige Rechtsprechung die Publizität aus dem Verbot der Diskriminierung ableitet und so die Diskriminierungsverbote in ihrer Dimension als Teilhaberechte nutzt.[153] Potentiell interessierte Bewerber aus dem Ausland haben Anspruch auf die gleiche Behandlung und damit auf gleiche Teilhabe an der Deckung der staatlichen Nachfrage wie inländische Bewerber. Dieses **Teilhaberecht** ist kein originäres, sondern ein derivatives, dh., dass der Einzelne nicht originär geltend machen kann, er wolle staatlichen Bedarf decken, sondern nur derivativ darauf bestehen kann, in die Deckung des Bedarfs genauso eingebunden zu werden wie andere auch. Auf diese Weise wird die Freiheit der Mitgliedstaaten geschützt, den staatlichen Bedarf in Eigenleistung zu erbringen. Besteht man hingegen auf ein originäres Teilhaberecht, beispielsweise indem man die Grundfreiheiten in ihrer (umstrittenen)[154] Funktion als Freiheitsrechte anwendet, wechselt man die Perspektive: Wird die Direktvergabe als Marktbeschränkung aufgefasst,[155] dann zielt der grundfreiheitliche Vorwurf nicht darauf, dass ein anderer Marktteilnehmer im Vergleich zur eigenen Behandlung vorgezogen wurde, sondern dass staatlicher Bedarf *überhaupt* ohne die Möglichkeit eigener Beteiligung gedeckt worden ist. In diesem Sinne wäre dann auch die staatliche Eigenleistung eine Marktbeschränkung, denn auch sie führt dazu, dass staatlicher Bedarf ohne Beteiligung von Marktteilnehmern gedeckt wird. Das primärrechtliche Vergaberegime stünde also in einem Konflikt zu der Möglichkeit der staatlichen Eigenleistung.

63   Es ist aus diesem Grund zu begrüßen, dass der EuGH sich bislang ausnahmslos auf Gleichheitsrechte berufen hat, um die Publizität der Vergabe zu begründen. Folgerichtig muss sich auch die Frage nach der Informationsdichte, die aus Publizitätsgründen zu gewährleisten ist, an der Rechtsquelle des derivativen Teilhaberechts orientieren. Das bedeutet vor allem, dass von staatlichen Stellen kein bestimmtes und absolutes Mindestinformationsniveau verlangt werden kann, sondern nur eine **relationale Forderung** erwachsen kann, nämlich alle potentiell interessierten Bewerber in informationeller Hinsicht gleich zu behandeln. Damit kommt den staatlichen Stellen ein erheblicher Spielraum zu: Sie können selbst entscheiden, welche Informationen zu welchem Zeitpunkt bekannt gegeben werden. Das Unionsrecht verlangt lediglich, dass sie niemanden bei der Weitergabe dieser Informationen diskriminieren.

64   **bb) Konkretisierungen. α) Initiative des Auftraggebers.** Der Auftraggeber kann sich nicht auf die selbstständige Nachfrage potentiell interessierter ausländischer Bieter verlassen,[156]

---

[150] EuGH, C–145/08 und C–149/08, noch nicht in amtl. Slg. – Club Hotel Loutraki, RdNr. 80.

[151] Vgl. dazu BVerwG, 6 B 10/07, BVerwGE 129, 9; bestätigt vom BVerfG, 1 BvR 1160/03, BVerfGE 116, 135; vgl. *Hirschberger* BayVBl 2007, 741.

[152] Weiter gehend für einen Primärrechtsschutz auch im Primärvergaberecht *Siegel* EWS 2008, S. 66 (70) m. w. Nachw. aus der Literatur.

[152a] So hat zuletzt das OLG Düsseldorf, Urteil v. 13. 1. 2010 – I–27 U 1/09, unter Hinweis auf die Rechtsprechung des EuGH und das Äquivalenzprinzip weitergehende Möglichkeiten eines primären Rechtsschutzes aufgezeigt.

[153] *Frenz* 1800; allg. zur teilhaberechtlichen Dimension der Grundfreiheiten *ders.,* Handbuch Europarecht I, 2004, RdNr. 183.

[154] Ausführlich *Kingreen,* Die Struktur der Grundfreiheiten des Europäischen Gemeinschaftsrechts, 1999.

[155] *Wollenschläger* NVwZ 2007, 388, 393.

[156] So noch der Vorschlag von GA *Fenelly,* EuGH, C–324/98, Slg. 2000, I–10745, RdNr. 43 – Telaustria und Telefonadress.

ohne dabei mittelbar diskriminierend vorzugehen.[157] Es ist anzunehmen, dass nur Anbieter in lokaler Nähe des Auftraggebers in der Lage sein werden, zu beurteilen, ob staatlicher Bedarf in nächster Zeit am Markt gedeckt werden wird und sie deshalb die Einzigen sind, die sinnvoll die Möglichkeit der Selbsterkundigung nutzen können. Deshalb ist es erforderlich, dass der Auftraggeber bei beabsichtigter Marktteilnahme selbst an die Öffentlichkeit geht und sein Interesse publik macht. Das bedeutet aber nicht, dass er seinen Bedarf in detaillierter Form auszuschreiben hat.[158] Vielmehr kann es genügen, **einzelne Wesensmerkmale** des geplanten Vorhabens zu veröffentlichen und Interessierten auf Nachfrage hin detaillierte Informationen zukommen zu lassen.[159]

β) **Publikationsorgan.** Dieser Spielraum öffentlicher Stellen setzt sich fort bei der Wahl des **65** Verbreitungsmediums. Auch hier gilt, dass der öffentliche Auftraggeber Wahlfreiheit genießt, solange der Gebrauch eines bestimmten Mediums nicht unmittelbar oder mittelbar diskriminierend wirkt. Die Kommission erwähnt in ihrer Mitteilung als Beispiele das Internet, regionale und überregionale Zeitungen und lokale Medien.[160] Keinesfalls kann dabei gefolgert werden, dass nur eine Bekanntmachung in einem Medium mit europaweiter Verbreitung dem Verbot der Diskriminierung genügt.[161] Vielmehr können die grundfreiheitlichen Teilhaberechte die öffentlichen Auftraggeber nur insoweit verpflichten, als ein Interesse an dem Auftrag besteht, weil auch nur dann in einer unterlassenen Informierung eine Diskriminierung zu sehen ist. Die Reichweite des Mediums muss sich also grundsätzlich an der **Größe des potentiellen Bietermarktes** für die nachzufragende Leistung orientieren.[162]

Dabei ist darauf hinzuweisen, dass die öffentlichen Auftraggeber in einem Risikobereich ope- **66** rieren, wenn sie sich auf die Publikation in einem Medium mit bloß lokalem Verbreitungsgrad beschränken. Der Verdacht einer indirekten Diskriminierung liegt bei solchem Vorgehen zumindest nahe. Es sollte deshalb nur gewählt werden, wenn die Verwaltung nachweisen kann, dass eine Benachteiligung ausländischer Bewerber nicht zu befürchten steht, etwa weil es bereits grenzüberschreitende Bewerbungen gibt, die auf rein lokale Veröffentlichungen zurückgehen. Unbenommen bleibt auch die Möglichkeit, eine Veröffentlichung im **Amtsblatt der EU** herbeizuführen.[163] Zwar wird dieses Vorgehen mit größerem Aufwand verbunden sein, der Auftraggeber hat dann aber mit Sicherheit ein ausreichendes Publikationsniveau hergestellt.

Besondere Bedeutung wird in Zukunft dem **Internet** zukommen.[164] Hier können Portale **67** geschaffen werden, in die öffentliche Stellen ihren Bedarf einspeisen und die es ausländischen Bewerbern auf einfache Weise ermöglichen, von diesem Bedarf Kenntnis zu erlangen.[165] Sowohl die Praxis der Bundesverwaltung[166] als auch verschiedener Länderverwaltungen[167] geht mittlerweile dahin, für die Bekanntmachung des Bedarfs zentrale Internetportale zu nutzen. Freilich ist auch hier zu verlangen, dass Hinweise nicht nur versteckt auf schwer auffindbaren kommunalen Webseiten auftauchen. Eine auch für ausländische Bewerber zumutbare Möglich-

---

[157] Mitt. „Unterschwellenvergabe", ABl. 2006 C 179/2, unter 2.1.1.; dazu EuG T-258/06, ABl. 2010 C-179/06 – Deutschland/Kommission, RdNr. 68 ff.; ähnlich *Hattig/Ruhland* NZBau 2005, 626, 630.

[158] Eine förmliche Ausschreibung verlangt der EuGH gerade nicht, vgl. C-231/03, Slg. 2005, I-7287, RdNr. 21 – Coname.

[159] Mitt. „Unterschwellenvergabe", ABl. 2006 C 179/2, unter 2.1.3.; anders aber noch in ihrer Mitt. „Konzessionen", ABl. 2000 C 121/02, unter 3.1.2. Hier behauptet die Kommission, dass bereits alle notwendigen Informationen in der ersten Veröffentlichung enthalten sein müssten.

[160] Mitt. „Unterschwellenvergabe", ABl. 2006 C 179/2, unter 2.1.2.; dazu EuG, T-258/06, NZBau 2010, 510 – Deutschland/Kommission, RdNr. 68 ff.; ähnlich GA *Stix-Hackl*, EuGH, C-231/03, Slg. 2005, I-7287, RdNr. 96 – Coname; dazu auch EuG, T-258/06, NZBau 2010, 510 – Deutschland/Kommission, RdNr. 95 ff.

[161] So aber zB. *Hattig/Ruhland* NZBau 2005, 626, 630.

[162] Ähnlich GA *Sharpston*, EuGH, C-195/04, Slg. 2007, I-3351, RdNr. 83 – Kommission/Finnland; *Ortner*, Vergabe von Dienstleistungskonzessionen, 2007, 179; vgl. auch Mitt. „Unterschwellenvergabe", ABl. 2006 C 179/2, unter 2.1.2.

[163] Mitt. „Unterschwellenvergabe", ABl. 2006 C 179/2, unter 2.1.2.; dazu EuG, T-258/06, NZBau 2010, 510 – Deutschland/Kommission, RdNr. 95.

[164] *McGowan* PPLR 2007, 274, 280 f.

[165] Ein Beispiel ist die in Großbritannien eingerichtete Auftragsbörse unter www.supply2.gov.uk.

[166] Beschluss der Bundesregierung zur Optimierung öffentlicher Beschaffungen v. 27. 2. 2004, Anlage I Nr. 1.

[167] Für Berlin vgl. Gemeinsames Rundschreiben der Senatsverwaltung für Stadtentwicklung und der Senatsverwaltung für Wirtschaft, Arbeit, Frauen v. 17. 5. 2006 unter Nr. 4; für Brandenburg vgl. Runderlass des Ministeriums des Innern v. 18. 12. 2007, ABl. 2008, 15.

keit der Kenntnisnahme dürfte aber zu bejahen sein, wenn der öffentliche Bedarf schnell und problemlos über eine Suchmaschine auffindbar ist oder sich klare Hinweise auf der Homepage der nachfragenden Einrichtung ergeben.

68   **c) Nachprüfbarkeit. aa) Grundlagen.** Neben einem Informationsverhalten, das das grundfreiheitliche Verbot der Diskriminierung aus Gründen der Staatsangehörigkeit respektiert, verlangt das vom EuGH entwickelte Transparenzgebot die Möglichkeit, das Verfahren auf seine Unparteilichkeit hin zu überprüfen. Hier ist der Bezug zur Gleichbehandlung ein anderer. Es geht nicht darum, dass durch eine bestimmte Informationspolitik ausländische Wirtschaftsteilnehmer gegenüber inländischen benachteiligt werden,[168] sondern darum, die Überprüfbarkeit des Verfahrens auf Unparteilichkeit zu ermöglichen. Gefordert ist also nicht das gleiche Informationsniveau für jeden potentiellen Bieter, sondern genug Informationen, um die Unparteilichkeit des behördlichen Verhaltens beurteilen zu können. Die zu gewährenden Informationen werden also nicht durch den Gleichbehandlungsgedanken gesteuert, sondern sollen vielmehr seine effektive Durchsetzung ermöglichen. Die so umschriebene vergaberechtliche Anforderung entspricht der Position des EuGH in anderen Rechtsgebieten: In ständiger Rechtsprechung verlangt der Gerichtshof nämlich, dass dem Inhaber einer unionsrechtlich geschützten Position die Möglichkeit offen steht, die Überprüfung des Verwaltungshandelns auf seine Europarechtskonformität hin zu erreichen.[169] Dazu ist zwingend erforderlich, dass der Rechtsinhaber Einblick in Entscheidungsgründe, die für seine Behandlung ausschlaggebend waren, erhält.[170] Wendet man diese Überlegungen auf das Vergaberecht an[171] und sieht ein Recht auf Gleichbehandlung und Nichtdiskriminierung als die in Frage stehenden Rechtspositionen, dann muss die Vergabestelle die – auch gerichtliche – **Überprüfung** der Unparteilichkeit ihrer Handlungsweise zulassen.

69   Der Begriff der **Unparteilichkeit** taucht weder im Sekundärrecht auf, noch wird vom EuGH genauer erläutert, was unter ihm zu verstehen ist und wie er sich zum Grundsatz der Gleichbehandlung verhält.[172] Der allgemeine Grundsatz der Gleichbehandlung verlangt die Anwendung willkürfreier Vergleichsmaßstäbe bei der Auswahl zwischen den verschiedenen Bewerbern, was zumeist dahingehend konkretisiert wird, die Auswahl müsse anhand objektiver Kriterien erfolgen.[173] Das bedeutet zugleich, dass der Gleichbehandlungsgrundsatz den Auftraggebern großen Spielraum bei der Wahl und Gewichtung der Entscheidungskriterien zuspricht. Die Forderung nach Unparteilichkeit ergänzt insoweit den Grundsatz der Gleichbehandlung, als sie verlangt, dass dieser Spielraum nicht schon mit der Absicht genutzt wird, einen bestimmten Bewerber zu bevorzugen. Die Begrenzung auf objektive und sachliche Entscheidungskriterien lässt es nämlich zu, solche sachlichen Kriterien zu wählen, die besonders einem bestimmten Bieter zugute kommen. In diesen Fällen der „zugeschnittenen" Auswahlkriterien steht zumeist von vornherein fest, wer den Auftrag erhalten soll, und die Entscheidung ist, obwohl sie auf sachliche Kriterien gestützt wird, nicht unparteiisch. Unparteilichkeit fordert in Ergänzung zum Grundsatz der Gleichbehandlung also, dass die objektiven und sachlichen Kriterien auch tatsächlich entscheidend für die Auswahl waren und nicht nur einer bereits im Vorhinein getroffenen Präferenzentscheidung einen objektiven Anschein geben.

70   **bb) Konkretisierung. α) Entscheidungsgrundlagen.** Unabdingbar für die Überprüfung der Unparteilichkeit eines Vergabeverfahrens ist die Kenntnis der Entscheidungskriterien und ihrer Anwendung auf den konkreten Einzelfall. Der unterlegene Bewerber muss in die Lage versetzt werden, die Entscheidung für das obsiegende Unternehmen kritisch nachzuvollziehen.[174] Notwendig ist also die **Kommunikation der Entscheidungskriterien,** ihrer Ge-

---

[168] Diese Ungleichbehandlung löst die Publizität des Verfahrens aus, vgl. EuGH, C-507/03, Slg. 2007, I-9777, RdNr. 31 – An Post; C-231/03, Slg. 2005, I-7287, RdNr. 19 – Coname.

[169] EuGH, C-340/89, Slg. 1991, I-2357, RdNr. 22 – Vlassopoulou; C-222/86, Slg. 1987, 4097, RdNr. 14 – Heylens; *Craig/De Burca,* EU Law Text, Cases and Materials, 2007, 310.

[170] EuGH, C-340/89, Slg. 1991, I-2357, RdNr. 22 – Vlassopoulou; C-222/86, Slg. 1987, 4097, RdNr. 15 – Heylens.

[171] Mitt. „Unterschwellenvergabe", ABl. 2006 C 179/2, unter 2.3.; *Mestmäcker/Schweitzer* § 36 RdNr. 11.

[172] Zum Teil werden im Schrifttum Unparteilichkeit und Gleichbehandlung gleichgesetzt, vgl. *Ruhland,* Die Dienstleistungskonzession, 2006, 202 f.; zum Teil wird formuliert, Unparteilichkeit greife die Idee der Gleichbehandlung „wieder auf", vgl. *Frenz* 1846.

[173] Mitt. „Konzessionen", ABl. 2000 C 121/02, unter 3.1.1.; GA *Stix-Hackl,* C-231/03, Slg. 2005, I-7287, RdNr. 86 – Coname; *Frenz* 1887 ff.; *Ortner,* Vergabe von Dienstleistungskonzessionen, 2007, 181.

[174] Mitt. „Unterschwellenvergabe", ABl. 2006 C 179/2, unter 2.3.3.; *Ortner,* Vergabe von Dienstleistungskonzessionen, 2007, 182; *Burgi* NZBau 2005, 610, 617 verlangt die Bekanntgabe des Ergebnisses des Verfahrens in Anlehnung an § 41 VwVfG.

wichtung und ihrer Anwendung auf das siegreiche und das unterlegene Angebot. Wie diese Kommunikation zu erfolgen hat, ist primärrechtlich nicht determiniert. Sie kann auf Anfrage gewährt oder allen Bewerbern mitgeteilt werden.[175]

β) **Zeitpunkt für die Festlegung der Entscheidungskriterien.** Nimmt man das Gebot **71** der Unparteilichkeit ernst, dann ist zwingend erforderlich, dass die Vergabestelle ihre Entscheidungskriterien bereits **vor Kenntnis der Angebote festlegt.** Nur dann kann sie nachweisen, dass tatsächlich diese Kriterien und nicht andere Faktoren zur Auswahl des siegreichen Angebots geführt haben. Hätte die öffentliche Hand die Möglichkeit, die Wertungskriterien auch noch nach Abgabe der Angebote zu verändern, wären die Bewerber der Willkür der Vergabestelle ausgeliefert.[176] Umgekehrt bedeutet dies aber auch, dass es der staatlichen Stelle bis zu diesem Zeitpunkt primärrechtlich freisteht, die Entscheidungskriterien zu ändern oder neu zu gewichten.[177] Für Vergaben, die vom **Sekundärrecht** erfasst wurden, hat der EuGH abweichend entschieden: Die Zuschlagskriterien, ihre Gewichtung und die Unterkriterien müssen bereits in der **Bekanntmachung** angegeben werden und bei Vorbereitung der Angebote vorliegen. Dabei stützte sich der EuGH aber auf sekundärrechtliche Bestimmungen,[178] die er im Lichte des Grundsatzes der Gleichbehandlung auslegte.[179] Für den Bereich eines rein primärrechtlichen Vergaberegimes hat sich der EuGH noch nicht in dieser Weise festgelegt.[180] Eine solche Übernahme des sekundärrechtlichen Standards in das primärrechtliche Vergaberegime wäre auch abzulehnen. Es ist weder aus Gründen der Gleichbehandlung zwingend, dass die Bewerber alle Informationen über die Entscheidungskriterien bereits bei Erstellung der Angebote haben, noch ist es zur Nachprüfung der Unparteilichkeit geboten. Zwingend ist allein, dass **nach Kenntnis der Angebote keine Veränderung** mehr erfolgt.

Weiterhin ist zur Überprüfung der Unparteilichkeit erforderlich, dass die Entscheidungskrite- **72** rien **hinreichend präzise formuliert** sind und der Vergabestelle keinen unbegrenzten Spielraum bei ihrer Anwendung überlassen.[181]

d) Gesamtbild der Transparenz. Fügt man die Anforderungen der Publizität und der **73** Nachprüfbarkeit zusammen, so ergibt sich folgendes Bild: Beabsichtigt der Staat seinen Bedarf nicht mit eigenen Mitteln, sondern am Markt zu decken, dann ist er aus den grundfreiheitlichen Diskriminierungsverboten verpflichtet, diesen Bedarf **bekannt zu machen.** Dabei steht ihm aber sowohl, was die Dichte der zu veröffentlichenden Informationen als auch das Medium ihrer Verbreitung betrifft, ein **großer Spielraum** zu. Es ist ihm nur versagt, inländische Wirtschaftsteilnehmer direkt oder indirekt zu bevorzugen. Er ist aus diesem Grund nicht verpflichtet, bereits frühzeitig seine Entscheidungskriterien endgültig festzulegen. Erforderlich ist aus Gründen der Nachprüfbarkeit lediglich, dass er sich sprachlich präzise festlegt, bevor er Kenntnis von den Angeboten erlangt.

Die so vorgestellte Transparenzpflicht unterscheidet sich von den meisten bisher vorgeschla- **74** genen Konzeptionen dadurch, dass sie lediglich eine **strikt relationale,** weil am derivativen Teilhaberecht orientierte Transparenz verlangt. Dies zeigt sich insbesondere an der Frage, ob den Bewerbern ein Anspruch auf ein bestimmtes Mindestniveau an Informationen zusteht, was aus wettbewerblichen Überlegungen fast durchgehend bejaht wird.[182] Mag diese Forderung auch wettbewerbspolitisch sinnvoll sein und von vielen Auftraggebern als zweckmäßig betrach-

---

[175] Mitt. „Unterschwellenvergabe", ABl. 2006 C 179/2, unter 2.3.3.

[176] BGHZ 139, 273.

[177] AA GA *Ruiz-Jarabo Colomer*, EuGH, C-331/04, Slg. 2005, I-10 109, RdNr. 31 f. – ATI, der es für eine unverzichtbare Folge des Transparenzgebotes hält, dass die Entscheidungskriterien bereits abschließend in den Verdingungsunterlagen genannt sind.

[178] Art. 53 Abs. 2 VKR bzw. die Vorgängervorschriften des Art. 36 Abs. 2 92/50/EWG, Art. 26 Abs. 2 93/36/EWG, Art. 30 Abs. 2 93/37/EWG, die eine Bekanntgabe der Entscheidungskriterien bereits in den Verdingungsunterlagen vorsehen.

[179] EuGH, C-532/06, Slg. 2008, I-00251, RdNr. 36 – Lianakis AE; C-470/99, Slg. 2002, I-11 617, RdNr. 98 – Universale Bau; C-87/94, Slg. 1996, I-2043, RdNr. 88 – Kommission/Belgien.

[180] Andeutungen zu diesem Problem finden sich in EuGH, C-6/05, Slg. 2007, I-4557, RdNr. 54 – Medipac.

[181] EuGH, C-19/00, Slg. 2001, I-7725, RdNr. 37 – SIAC Construction; C-31/87, Slg. 1988, 4635, RdNr. 26 – Gebroeders Beentjes.

[182] Beispielsweise: GA *Stix-Hackl*, C-231/03, Slg. 2005, I-7287, RdNr. 69 ff. u. RdNr. 98 – Coname; GA *Jacobs*, C-19/00, Slg. 2001, I-7725, RdNr. 41 – SIAC Construction; Mitt. „Unterschwellenvergabe", ABl. 2006 C 179/2, unter 2.1.3.; dazu NZBau 2010, 510 – Deutschland/Kommission, RdNr. 98; Mitt. „Konzessionen", ABl. 2000 C 121/02, unter 3.1.2.

tet werden, ist sie nicht zwingender Teil eines primärrechtlichen Vergaberegimes. Die damit einhergehenden möglichen Nachteile für einen effektiven Wettbewerb sind nur Spiegelbild eines weiten Entscheidungsspielraums, wie er für eine Auffangordnung wie das primärrechtliche Vergaberegime typisch ist.

75   **2. Weitere Verfahrensanforderungen.** Behält man die Gleichbehandlungsgebote als Grundlage des primärrechtlichen Vergaberegimes im Blick, dann kann für das weitere Verfahren kein absoluter, sondern stets nur ein **relativer Standard** folgen. Das Primärvergaberecht verlangt also **keine formalisierten Verfahrenstypen, keine bestimmten Formalia, Fristen** oder ähnliches,[183] sondern nur die Gleichbehandlung jedes potentiell interessierten Bewerbers. Auch aus den Gleichheitsrechten können allerdings verfahrensmäßige Restriktionen erwachsen, und zwar besonders in Bezug auf Fristen, Zusammenarbeit mit Projektanten und besonders niedrige Gebote.

76   **a) Fristen.** Das primäre Unionsrecht kennt grundsätzlich keine präzisen Fristregelungen für die Auftragsvergabe. In Ausübung ihrer Gestaltungsfreiheit müssen die staatlichen Stellen allerdings darauf Bedacht nehmen, Fristen nicht so verkürzt zu gestalten, dass ausländische Bewerber durch sie benachteiligt werden.[184] Konkret muss die öffentliche Hand also Bewerbungs- und Lieferfristen so gestalten, dass die Auftragsausführung auch durch weiter entfernte Bewerber möglich bleibt. Auch hier gilt, dass die öffentlichen Stellen nicht schematisch dazu verpflichtet werden können, die Fristen des Sekundärrechts auch außerhalb des Anwendungsbereichs der **VKR** anzuwenden. Sofern dies allerdings geschieht, ist eine **diskriminierende Wirkung** in jedem Fall **ausgeschlossen.** Außerdem ist zu beachten, dass der Auftraggeber rechtlich nicht gezwungen ist, Verzögerungen hinzunehmen, die die Durchführbarkeit des Projekts gefährden. Eine kürzere Frist kann deshalb unter Umständen trotz ihrer diskriminierenden Wirkung gerechtfertigt sein. Schließlich sollten sich die Auftraggeber an der konkret **nachzufragenden Leistung** orientieren. Einfache Lieferleistungen sind weniger zeitintensiv als komplizierte Entwürfe für Repräsentativbauten mit der Folge, dass auch kürzere Fristen für solche Leistungen nicht ohne weiteres als diskriminierend eingeordnet werden können.

77   **b) Projektanten.** Explizit hat der EuGH sich noch nicht zur Behandlung von Projektanten im primärrechtlichen Vergaberegime geäußert. Seine Ausführungen im Urteil *Fabricom SA* lassen sich allerdings in diesem Zusammenhang nutzbar machen, denn das Gericht stellte bei der Beurteilung der Behandlung von Projektanten auf den allgemeinen Gleichheitssatz und nicht auf spezifisches Sekundärrecht ab.[185] Chancenvorsprünge, die durch die Befassung mit Vorarbeiten entstehen können,[186] sorgen für wesentliche Unterschiede zwischen den Bewerbern, die einen Anspruch auf Gleichbehandlung ausschließen.[187] Dogmatisch konsequent ist dann zu fordern, dass ihre Ungleichbehandlung geboten ist, es sei denn, eine Gleichbehandlung ließe sich rechtfertigen. Gleichzeitig hat der EuGH aber eine typisierende Betrachtung der Projektantenproblematik ausgeschlossen. Kann ein Projektant nachweisen, dass er keinerlei Chancenvorteile erhalten hat, so ist er wie die anderen Bewerber zu behandeln und seine Ungleichbehandlung ist ein unverhältnismäßiger Eingriff in sein Recht auf Gleichbehandlung.[188] Konkret bedeutet dies für den öffentlichen Auftraggeber, dass festzustellen ist, ob ein Projektant durch seine Vorbefassung einen **Chancenvorsprung** erhalten hat. Ist dies der Fall, muss er in der Ausgestaltung des weiteren Verfahrens aus Gründen der Chancengleichheit auf diesen Umstand Rücksicht nehmen, indem er den Projektanten ausschließt oder den übrigen Bewerbern andere Vorteile gewährt bzw. einen entsprechenden **Informationsvorsprung ausgleicht.**[189] Besteht kein Chancenvorsprung, so ist der Projektant wie die anderen Bewerber zu behandeln.

---

[183] *Burgi* NZBau 2005, 610, 615.
[184] Mitt. „Unterschwellenvergabe", ABl. 2006 C 179/2, unter 2.2.1.; *Byok/Jäger/Hailbronner* § 97 RdNr. 206; *Ruhland*, Die Dienstleistungskonzession, 2006, 243, die für Dienstleistungskonzessionen eine Anlehnung an die 52-Tage-Frist des Sekundärrechts vorschlägt; vgl. auch EuG, T-258/06, NZBau 2010, 510 – Deutschland/Kommission, RdNr. 122 f.
[185] EuGH, verb. C-21/03 u. 34/03, Slg. 2005, I-1559, RdNr. 27 – Fabricom SA.
[186] Zu diesen Vorsprüngen vgl. *Maimann*, in: *Kapellmann/Messerschmidt* (Hrsg.), VOB A/B, § 4 VgV RdNr. 5; *Byok/Jäger/Müller* § 16 VgV RdNr. 1697; *Müller-Wrede/Lux* ZfBR 2006, 327, 329.
[187] EuGH, verb. C-21/03 u. 34/03, Slg. 2005, I-1559, RdNr. 28 – Fabricom SA.
[188] EuGH, verb. C-21/03 u. 34/03, Slg. 2005, I-1559, RdNr. 32 f. – Fabricom SA.
[189] Zu den Möglichkeiten im Einzelnen *Maimann*, in: *Kapellmann/Messerschmidt* (Hrsg.), VOB A/B, § 4 VgV RdNr. 7; *Müller-Wrede/Lux* ZfBR 2006, 327, 328; *Reuber* VergabeR 2005, 271, 276.

c) Besonders niedrige Angebote. Ein genereller Ausschluss besonders niedriger Angebote 78 läuft dem grundfreiheitlichen Verbot der Diskriminierung aus Gründen der Staatsangehörigkeit zuwider. Ein solcher Ausschluss kann zulasten von ausländischen Unternehmen operieren, die aufgrund anderer Kostenstrukturen bessere Skalenerträge erwirtschaften können oder sich mit äußerst geringen Gewinnmargen zufrieden geben, um den Einstieg in neue Märkte zu schaffen.[190] Statt eines generellen Ausschlusses sind die Auftraggeber darauf verwiesen, der **Ernsthaftigkeit und Seriosität eines Angebots im Einzelfall** nachzugehen.[191]

d) Verfahrenstypik. aa) Grundlagen. Zwar ist richtig, dass dem Primärvergaberecht nicht 79 direkt formalisierte Verfahrenstypen entnommen werden können.[192] Gleichzeitig verhält sich das Primärrecht aber auch nicht verfahrensneutral. So lassen sich manche Verfahrensvorgaben problemlos mit dem Primärrecht vereinbaren, während andere zumindest rechtfertigungsbedürftig sind.

Neuralgische Punkte sind dabei zum einen die **Zugänglichkeit zum Verfahren** für potentielle Bewerber sowie die Absicherung der **Gleichbehandlung in der Entscheidungsfindung** des jeweiligen Verfahrenstyps. 80

Idealtypisch für das Primärvergaberecht dürfte dabei das **offene Verfahren** sein. Zwar leitet 81 der EuGH aus dem Primärrecht keine förmliche Ausschreibungspflicht ab,[193] betont aber, dass „zugunsten potentieller Bieter (…) Öffentlichkeit sicherzustellen" ist.[194] Die Publizität der Nachfrage ist also im Grundsatz an dem Kreis der potentiell interessierten Bewerber orientiert. Dem entspricht das offene Verfahren, das Informationen über den Auftrag zur Verfügung stellt, und so jedem interessierten Bewerber die Teilnahme ermöglicht. Freilich wird in der **Literatur** die **Ableitung einer grundsätzlichen Ausschreibungspflicht** aus dieser Rechtsprechung mit dem Argument **bestritten**, dass es sich insoweit lediglich um Kammerentscheidungen des EuGH handle, während die Urteile der Großen Kammer (namentlich *Coname* und *An Post*) lediglich eine Transparenz verlangten, die auch durch eine **bloße Veröffentlichung/ Bekanntmachung** erfüllt werden könnte, selbst wenn anschließend eine Direktvergabe erfolgt.[195] Das insoweit in der Sache angeführte Argument einer Nivellierungsgefahr gegenüber dem Sekundärrecht[196] vermag jedoch schon im Ansatz nicht zu überzeugen, da kein Grund dafür spricht, dass Anforderungen aus dem Primärrecht zwingend ein Minus gegenüber solchen des Sekundärrechts darstellen müssen. Letztlich lässt eine derartige Argumentation aber vor allem die nötige Rückanbindung an die allgemeine Grundfreiheitendogmatik vermissen, da und soweit es ihr nicht gelingt darzulegen, dass die durch eine Direktvergabe erfolgende Privilegierung eines bestimmten Marktteilnehmers keine Ungleichbehandlung bzw. keine Beeinträchtigung oder Diskriminierung darstellt. Alternativ müsste argumentiert werden, dass zwar ein Eingriff in die Grundfreiheiten vorliege, jedoch eine Rechtfertigung greife. Da die sachlich nicht gerechtfertigte Beschränkung auf einen Anbieter jedoch eine Ungleichbehandlung darstellt und sogar faktisch insbesondere ausländische Anbieter benachteiligt,[197] ist ein Grundfreiheiteneingriff gegeben, so dass jene Gegenauffassung aus dogmatischen Gründen **abzulehnen** ist[198] (zu Ausnahmen vom primärrechtlichen Vergaberegime dagegen unten RdNr. 93ff.). In jedem Fall lässt das Primärvergaberecht dem Auftraggeber größere Freiheit als die ersten Abschnitte der VOB/A und der VOL/A. So kann aus dem Primärrecht kein den § 12 Abs. 2 Nr. 2 iVm. Abs. 1 Nr. 2 VOB/A und §§ 12 Abs. 2, 15 EG VOL/A vergleichbarer und detaillierter Informationskatalog gefolgert werden. Stattdessen ist nur zu verlangen, dass der Auftraggeber die Bewerber auch in

---

[190] EuGH, C-147/06, Slg. 2008, I-3565, RdNr. 26 – SECAP.
[191] EuGH, C-147/06, Slg. 2008, I-3565, RdNr. 28 – SECAP.
[192] *Burgi* NZBau 2005, 610, 615.
[193] EuGH, C-231/03, Slg. 2005, I-7287, RdNr. 21 – Coname.
[194] EuGH, C-220/06, Slg. 2007, I-1275, RdNr. 75 – AP; C-260/04, Slg. 2007, I-7083, RdNr. 24 – Kommission/Italien; C-410/04, Slg. 2006, I-3303, RdNr. 21 – ANAV; C-458/03, Slg. 2005, I-8612, RdNr. 49 – Parking Brixen GmbH; C-324/98, Slg. 2000, I-10745, RdNr. 62 – Telaustria und Telefonadress.
[195] So *Siegel* EWS 2008, 66 (69f.).
[196] *Pietzcker* ZfBR 2007, 131 (134); im Ergebnis ebenso *Burgi* NZBau 2005, 610 (615).
[197] Vgl. zu dieser Argumentation gerade auch das An Post-Urteil des EuGH, C-507/03, Slg. 2007, I-9777, RdNr. 30f.
[198] Wie hier auch *Frenz* Vergaberecht 2007, 1, 2f.; *Wollenschläger* NVwZ 2007, 388, 392; so ist letztlich auch das EuG-Urteil zur Vergabemitteilung vom 20. 5. 2010, T-258/06, NZBau 2010, 510, insbesondere RdNr. 116f., RdNr. 128 und RdNr. 138 bis 142, zu verstehen.

informationeller Hinsicht gleich behandelt. Auch insoweit trifft im Übrigen der Vorwurf einer Nivellierung gegenüber dem Sekundärrecht schon faktisch nicht zu.

82   Die Entscheidungsfindung im **offenen Verfahren,** die auf Grundlage der eingereichten und nicht mehr einseitig veränderbaren Angebote erfolgt, garantiert die vom Primärvergaberecht geforderte Gleichbehandlung der Bewerber in prozessualer Hinsicht.

83   Akzeptiert man das offene Verfahren (zumindest in seiner grundsätzlichen Form, nicht in den Einzelvorgaben der Verdingungsordnungen) als ideale Verfahrensform im primärrechtlichen Vergaberegime, dann fragt sich, wie und unter welchen Voraussetzungen der Auftraggeber von diesem Ideal abweichen und Verfahrenserleichterungen vorsehen kann.

84   **bb) Das nichtoffene Verfahren mit Teilnehmerwettbewerb.** Auch ein nichtoffenes Verfahren kann aus der Perspektive des Primärrechts als **gleichberechtigtes Äquivalent** anstelle des offenen Verfahrens treten. Dies gilt zumindest dann, wenn vorhergehend ein Teilnahmewettbewerb stattfindet, der allen potentiell interessierten Bewerbern den Zugang erlaubt. Auch hier gilt, dass das Primärrecht keine strikten Informationspflichten kennt, wie sie § 12 Abs. 2 Nr. 2 iVm. Abs. 1 Nr. 2 VOB/A bzw. §§ 12 Abs. 2, 15 EG VOL/A für den Teilnehmerwettbewerb nennen.

85   Die weitere Entscheidungsfindung im nichtoffenen Verfahren mit Teilnehmerwettbewerb variiert und kann mit dem Grundsatz der Gleichbehandlung in Konflikt treten. Kein Konflikt besteht, wenn der Teilnehmerwettbewerb nur eine vorgezogene Eignungsprüfung[199] bedeutet, mit der Folge, dass alle geeigneten Bewerber ein Angebot legen können.

86   Anders verhält es sich, wenn auch geeignete Bewerber im Teilnehmerwettbewerb ausgeschieden werden, um durch eine **Reduktion der möglichen Angebote** das Verfahren zu vereinfachen. Diese Form des Wettbewerbs wird von der Kommission eindeutig für das Vergaberecht vorgesehen.[200] Schwierigkeiten können dabei dadurch entstehen, dass der Auftraggeber zwischen verschiedenen jeweils geeigneten Bewerbern eine Vorauswahl zu treffen hat und damit mit dem Gleichheitssatz in Konflikt gerät.[201] Diese Ungleichbehandlung kann vor allem gerechtfertigt sein, wenn sie zu einer **zügigen und zeitigen Erledigung des Auftrags notwendig** ist, weil die Vergabestelle nicht die Angebote aller geeigneten Bewerber prüfen kann (zu den möglichen Rechtfertigungsgründen unten später RdNr. 94 ff.). Die Ausdifferenziertheit der Selektionskriterien darf im Übrigen bei geringen Auftragsvolumina reduziert werden, um ein angemessenes Aufwand-Ertrags-Verhältnis zu gewährleisten. Letztlich wird daher insoweit zu unterscheiden sein, ob es sich um eine hochvolumige Dienstleistungskonzession oder um eine niedrigvolumige Unterschwellenvergabe handelt.

87   Selbst wenn ein Teilnehmerwettbewerb an sich gerechtfertigt ist, verbleibt noch die Frage, welche Auswahlkriterien zulässigerweise zur Auswahl zwischen den geeigneten Bewerbern angelegt werden dürfen. Diese Frage stellt sich nicht nur für das Primärvergaberecht, sondern hat auch sekundärrechtliche Bedeutung, weil auch im Kartellvergaberecht nicht geregelt ist, welche Auswahlkriterien im Teilnehmerwettbewerb, der in Art. 44 Abs. 3 VKR vorgesehen ist, herangezogen werden dürfen.[202] Zunächst dürfen Kriterien weder direkt noch indirekt diskriminieren.[203] Aber selbst dort, wo ein Entscheidungskriterium nicht aufgrund der Staatsangehörigkeit diskriminiert, bleibt die Durchführung eines Teilnehmerwettbewerbs eine Ungleichbehandlung, die zu rechtfertigen ist. Hilfreich sind in diesem Zusammenhang die Äußerungen des EuGH zu den Anforderungen des Gleichheitssatzes an die Verwendung vergabefremder Entscheidungskriterien. Hier verlangt der EuGH in ständiger Rechtsprechung einen **Bezug** der Kriterien zum **Auftragsgegenstand**[204] und nimmt, wo dieser Auftragsbezug nicht besteht, eine „ungerechtfertigte Diskriminierung" der Bewerber an, die womöglich alle auftragsbezogenen Anforderungen erfüllen können.[205] Auch wenn sich diese Ausführungen maßgeblich auf die Bestimmung der Zuschlagskriterien beziehen, kann ihnen auch für die Eignungsauswahl nicht jede Bedeutung abge-

---

[199] *Hertwig* RdNr. 108 f.

[200] Mitt. „Unterschwellenvergabe", ABl. 2006 C 179/2, unter 2.2.2.; bestätigt in EuG T-258/06, ABl. 2010 C-179/06 – Deutschland/Kommission, RdNr. 126 ff.

[201] Zu einem anderen Ergebnis kommt das Bundesministerium für Verkehr, Bau und Stadtentwicklung in der ausführenden Anlage zu seinem Rundschreiben v. 28. 5. 2008.

[202] *Schranner,* in: *Ingenstau/Korbion,* § 8 VOB/A RdNr. 49.

[203] *Frenz* 1875.

[204] EuGH, C-513/99, Slg. 2002, I-7213, RdNr. 59 – Concordia Bus Finland; *Bultmann* ZfBR 2004, 134, 134 ff.; *Frenz* NZBau 2007, 17, 23.

[205] EuGH, C-448/01, Slg. 2003, I-14 527, RdNr. 69 – Wienstrom GmbH.

sprochen werden. Dies würde zu dem paradoxen Ergebnis führen, dass Differenzierungen, die aus Gründen des Bieterschutzes auf Ebene der Zuschlagskriterien unzulässig sind, bei Untersuchung der Bietereignung vorgenommen werden könnten, obwohl diese Auswahlstufe schärfere Konsequenzen zur Folge hat: Erfüllt ein Bewerber ein Eignungskriterium nicht, wird er als ungeeignet ausgesondert, erfüllt er ein Zuschlagskriterium nicht, verbleibt ihm die Möglichkeit, diese Schwäche durch besondere Leistungsstärke seines Angebots in anderen Bereichen auszugleichen. Auch beim Teilnehmerwettbewerb ist deshalb zu verlangen, dass die angelegten Entscheidungskriterien nach Möglichkeit einen Auftragsbezug aufweisen, um als gerechtfertigte Ungleichbehandlung zu gelten.[206] Neben diesen Kriterien ist auch eine Entscheidung durch Los als zulässige Differenzierung anzusehen.[207]

cc) **Nichtoffenes Verfahren ohne Teilnehmerwettbewerb.** Im nichtoffenen Verfahren   88 ohne Teilnehmerwettbewerb spricht der Auftraggeber direkt nur bestimmte Unternehmen an. Dieses Vorgehen ist anders als das offene Verfahren oder der Teilnehmerwettbewerb nicht auf den Kreis der potentiell interessierten Bewerber hin orientiert, sondern richtet sich am Interesse der Verwaltung an einem möglichst einfachen Verfahren aus. Grundsätzlich entspricht deshalb diese Form der Verfahrensausgestaltung nicht dem grundfreiheitlich bestimmten Primärvergaberecht,[208] **kann** aber durchaus unter bestimmten Umständen **gerechtfertigt sein** (ausführlicher unter RdNr. 94ff.). Unzulässig hingegen ist die gängige Länderpraxis,[209] pauschal und ohne besondere Begründung unterhalb bestimmter Wertgrenzen die beschränkte Ausschreibung vorzusehen. Bei dieser Verfahrensart werden direkt einzelne Unternehmen um ein Angebot gebeten, sodass für andere interessierte Bewerber keine Chance besteht.[210]

dd) **Verhandlungslösungen.** Soweit Verfahren mit Verhandlungselementen sich direkt an   89 einzelne oder mehrere Bewerber richten, entstehen dieselben Schwierigkeiten wie bei nichtoffenen Verfahren ohne Teilnehmerwettbewerb.

Darüber hinaus ist für Verhandlungslösungen typisch, dass sich die Angebotsauswahl nicht in   90 einem einseitigen förmlichen Prozess vollzieht, sondern durch das wechselseitige und gesprächshafte Zueinanderfinden von Angebot und Nachfrage. Dieses Vorgehen bietet sicherlich größeres Gefahrenpotential für den Anspruch auf Gleichbehandlung und gleichzeitig größere Möglichkeiten, Diskriminierungen zulasten unerwünschter Bewerber vorzunehmen. Ob allein dieses Potential genügt, um einen primärrechtlichen Rechtfertigungszwang für Verhandlungslösungen anzunehmen, ist stark zu bezweifeln. Jedenfalls hat der EuGH bislang keine Andeutungen in diese Richtung gemacht.

Soweit also allen **potentiell interessierten Bewerbern** die Möglichkeit eröffnet ist, an einem   91 **Verhandlungsverfahren teilzunehmen,** kann gegen diese Verfahrenswahl primärrechtlich kein Einwand erhoben werden, solange gewährleistet bleibt, dass das Verfahren im Nachhinein auf seine Unparteilichkeit hin überprüft werden kann.

ee) **Interessenbekundungsverfahren.** Ein aus primärrechtlicher Sicht ebenfalls **gangbarer**   92 **Weg** ist die Durchführung von Interessenbekundungsverfahren, die einige Bundesländer bei Vergaben unterhalb der Schwellenwerte durchführen. Dabei handelt es sich letztlich um ent-

---

[206] Im Ergebnis ähnlich *Schranner*, in: *Ingenstau/Korbion*, § 8 VOB/A RdNr. 48; *Ebert*, Möglichkeiten und Grenzen des Verhandlungsverfahrens im Vergaberecht unter Beachtung der vergaberechtlichen Prinzipien, 2005, 95; aA. *Egger*, Europäisches Vergaberecht, 2008, RdNr. 1175, der gerade vorschlägt, Kriterien zu verwenden, die nicht mit dem konkreten Auftrag zusammenhängen.

[207] Mitt. „Unterschwellenvergabe", ABl. 2006 C 179/2, unter 2.2.2., vgl. EuG T-258/06, ABl. 2010 C-179/06 – Deutschland/Kommission, RdNr. 126ff.

[208] Mitt. „Unterschwellenvergabe", ABl. 2006 C 179/2, unter 2.1.1.; vgl. EuG T-258/06, ABl. 2010 C-179/06 – Deutschland/Kommission, RdNr. 68ff.

[209] Vgl. etwa Bekanntmachung des Bayerischen Staatsministeriums des Innern zur Vergabe von Aufträgen im kommunalen Bereich v. 14. 10. 2005, AllMBl. S. 424, Nr. 1.2.; Verwaltungsvorschrift zu § BBGLHO § 55 BbgHO v. 23. 3. 2007, ABl. S. 883, Nr. 3.1.; Schreiben der Behörde für Stadtentwicklung und Umwelt, Baurechtsamt der Freien und Hansestadt Hamburg v. 15. 9. 2004; Verwaltungsvorschrift des Ministeriums für Wirtschaft, Arbeit und Tourismus des Landes Mecklenburg-Vorpommern v. 10. 4. 2007, ABl. S. 207, Nr. 2.1 und 2.2; Gemeinsamer Runderlass der niedersächsischen Ministerien v. 12. 7. 2006, MBl. S. 699, geändert durch Runderlass v. 20. 11. 2007, MBl. S. 1482, Nr. II; Verwaltungsvorschrift zu § NRWLHO § 55 NWHO v. 25. 10. 2004, MBl. S. 969, Nr. 1; dazu mwN *Kühling/Huerkamp* VergabeR 2010, 54.

[210] *Korthals*, in: *Kulartz/Marx/Portz/Prieß*, VOL/A, § 3 RdNr. 16; *Müller-Wrede*, in: *Ingenstau/Korbion*, § 3 VOB/A RdNr. 17.

formalisierte Teilnahmeverfahren. So sieht beispielsweise das Land Hessen vor,[211] dass die öffentlichen Auftraggeber für bestimmte Aufträge unterhalb der Schwellenwerte in einem öffentlichen Aufruf Wirtschaftsteilnehmer zur Teilnahme an der Vergabe auffordern müssen. Diese Aufforderung muss dabei so gestaltet sein, dass sie grundsätzlich potentiell interessierte Bewerber erreichen kann.

93 **3. Ausnahmen vom primärrechtlichen Vergaberegime.** Das primärrechtliche Vergaberegime beruht maßgeblich auf den grundfreiheitlichen Diskriminierungsverboten und dem allgemeinen Gleichheitssatz, die beide keine strikte Gleichbehandlungspflicht statuieren, sondern im Ausnahmefall auch die Rechtfertigung einer Diskriminierung bzw. Ungleichbehandlung[212] zulassen. Damit stehen auch die Verfahrensvorgaben des primärrechtlichen Vergaberegimes unter dem Vorbehalt der Rechtfertigungsmöglichkeit abweichenden Verhaltens. Eine solche Möglichkeit kommt dabei auf verschiedenen Stufen des Verfahrens in Betracht.

94 **a) Dringlichkeit als Rechtfertigungsgrund.** Das primärrechtliche Vergaberegime soll die staatliche Auftragsvergabe begleiten, aber nicht verhindern. Ist die Vergabe eines Auftrags aus verschiedenen Gründen besonders dringlich, kann selbst eine **Direktvergabe** des Auftrags gerechtfertigt sein,[213] wenn ansonsten eine sinnvolle Ausführung des Auftrags unmöglich wird.[214] Zu bedenken ist aber stets, dass die Rechtfertigung die Vorgaben des **Verhältnismäßigkeitsprinzips** beachten muss.[215] Statt eines völlig intransparenten Verfahrens ist also an die Durchführung einer beschränkten Ausschreibung oder eines Teilnehmerwettbewerbs zu denken[216] oder es können andere Verfahrensvorgaben gestrafft werden. So hat der EuGH anerkannt, dass die Vergabestelle in typisierender Weise besonders niedrige Angebote ausschließen darf, wenn andernfalls die Durchführbarkeit des Projekts in Frage steht.[217]

95 Besondere Schwierigkeiten werfen Einschnitte bei der Transparenz auf, die aus konjunkturellen Gründen eine möglichst schnelle Vergabe des Staatsauftrags ermöglichen sollen. Hier ist zu konstatieren, dass das Primärrecht den Spielraum öffentlicher Stellen stark begrenzt, das Beschaffungswesen zur **Konjunkturförderung** zu nutzen.[218]

96 Voraussetzung für jegliche Rechtfertigung ist allerdings, dass es dem Auftraggeber auch tatsächlich um Dringlichkeitserwägungen geht, und verfahrensrechtliche Beschränkungen nicht dazu genutzt werden, protektionistische Motive zu kaschieren. Dieser Verdacht liegt zumindest nahe, wenn bei beschränkten Ausschreibungen und freihändigen Vergaben Auftragsberatungsstellen einbezogen werden, die wiederum Unternehmen nennen, die zum Angebot aufzufordern sind, um so die Chancen von landeseigenen Unternehmen zu verbessern.[219]

97 **b) Effizienz als Rechtfertigungsgrund.** Die primärrechtlich begründete Öffnung der nationalen Nachfrage ist für die Verwaltung mit Transaktionskosten verbunden.[220] Zumeist wird sich diese Öffnung dennoch lohnen, weil die öffentliche Hand durch entstehenden Wettbe-

---

[211] Vergabebeschleunigungserlass 2009 des Hessischen Ministeriums für Wirtschaft, Verkehr und Landesentwicklung vom 18. 3. 2009.

[212] Es entspricht ständiger Rechtsprechung, dass die Gleichbehandlung wesentlich ungleicher bzw. die Ungleichbehandlung wesentlich gleicher Sachverhalte objektiv gerechtfertigt werden kann, vgl. EuGH, C-126/04, Slg. 2005, I-331, RdNr. 16 – Heinecken; C-85/97, Slg 1998, I-7447, RdNr. 30 – SFI; C-215/85, Slg. 1987, 1279, RdNr. 23 – BALM/Raiffeisen Hauptgenossenschaft; *Mohn*, Der Gleichheitssatz im Gemeinschaftsrecht, 1990, 47.

[213] *Wollenschläger* NVwZ 2007, 388, 393.

[214] Vgl. EuGH, C-147/06, Slg. 2008, I-3565, RdNr. 32 – SECAP.

[215] Vgl. für den allgemeinen Gleichheitssatz EuGH, C-292/97, Slg. 2000, I-2737, RdNr. 45 – Karlsson; *Sachs*, in: *Tettinger/Stern* (Hrsg.), Kölner Gemeinschaftskommentar, Art. 20 RdNr. 23; für die grundfreiheitlichen Diskriminierungsverbote *Frenz* RdNr. 523; *Kingreen*, Die Struktur der Grundfreiheiten des Europäischen Gemeinschaftsrechts, 1999, 169.

[216] Mitt. „Unterschwellenvergabe", ABl. 2006 C 179/2, unter 2.2.2; dazu EuG T-258/06, ABl. 2010 C-179/06 – Deutschland/Kommission, RdNr. 126 ff.

[217] EuGH, C-147/06, Slg. 2008, I-3565, RdNr. 32 – SECAP.

[218] Dazu ausführlich *Kühling/Huerkamp* NVwZ 2009, 557 ff.

[219] RL Thüringens über die Zubenennung von Unternehmen bei der Vergabe öffentlicher Aufträge v. 9. 2. 2006, StAnz., 110; Erlass über die Zubenennung von Unternehmen aus Mecklenburg-Vorpommern durch die Auftragsberatungsstelle Mecklenburg-Vorpommern e. V. bei der Vergabe öffentlicher Aufträge v. 20. 10. 2006, ABl., 837.

[220] *Lutz* WuW 2006, 890, 893 und *Ortner*, Vergabe von Dienstleistungskonzessionen, 2007, 163.

werbsdruck Einsparpotenziale realisieren kann.[221] Insoweit schützt die primärrechtlich erzwungene Öffnung reflexartig die Interessen der Verwaltung an einem schonenden und effizienten Einsatz der Haushaltsmittel. Im Einzelfall kann es aber geschehen, dass das durch Wettbewerb zu erzielende **Einsparpotenzial die Transaktionskosten nicht aufwiegt.** Fiskalisches Interesse der Verwaltung und Interessenschutz von potentiell interessierten ausländischen Bewerbern fallen dann auseinander.[222] Es fragt sich daher, ob in solchen Konstellationen die öffentlichen Stellen auf die Direktvergabe als kostengünstigere Alternative zurückgreifen und deren diskriminierendes Potential mittels einer **Effizienzeinrede** rechtfertigen können.[223] Virulent wird diese Frage insbesondere, wenn pauschal auf die beschränkte Ausschreibung zurückgegriffen wird, um Verfahrenskosten zu sparen (zu dieser Länderpraxis oben RdNr. 88).

aa) Bisherige Rechtsprechung des EuGH. Der Gerichtshof hat sich bisher noch nicht direkt **98** mit der aufgeworfenen Frage beschäftigt, allerdings lässt sich deutlich erkennen, dass er den **Schutz der potentiell interessierten Bewerber** in den Vordergrund rückt.[224] Die Interessen der Vergabestelle werden allenfalls unter dem Gesichtspunkt der „administrativen Möglichkeiten" berücksichtigt, die im Einzelfall eine Diskriminierung zu rechtfertigen vermögen.[225] Dann geht es aber eher um die Durchführbarkeit des Auftrags als um Einsparpotentiale für die öffentliche Hand.

Allgemein hat der EuGH bisher haushaltspolitische Erwägungen als Rechtfertigung einer **99** Diskriminierung ausgeschlossen.[226] Dasselbe gilt für verwaltungsökonomische Gründe.[227] Im vergaberechtlichen Zusammenhang hat der Gerichtshof lediglich allgemein festgehalten, wirtschaftliche Gründe schieden als Rechtfertigungsbasis aus,[228] ohne sich allerdings mit den Einzelheiten einer Effizienzeinrede näher zu beschäftigen.

bb) Stellungnahme. Der Konflikt um die Effizienzeinrede kreist um den Charakter der **100** Grundfreiheiten. Sieht man in ihnen instrumentelle Vorschriften, die durch das Überwinden von Binnenmarktgrenzen die effizienteste Faktorenallokation ermöglichen sollen, dann wird man einer Effizienzeinrede grundsätzlich positiv gegenüberstehen. Ob bei den Grundfreiheiten aber eher eine **objektiv-instrumentelle Funktion oder eine subjektiv-rechtliche Komponente** überwiegt, ist allgemein noch ungeklärt.[229] Betont man den subjektiv-rechtlichen und ideellen Gehalt der Grundfreiheiten und ihre Funktion als Katalysatoren eines neuen Gemeinwesens,[230] muss man der Effizienzeinrede ablehnend begegnen. Bedenkt man, dass zum einen das primärrechtliche Vergaberegime minimale Anforderungen an das Vorgehen der öffentlichen Hand stellt und damit auch die entstehenden Transaktionskosten eher gering sein dürften, und zum anderen, dass die Erledigung staatlicher Aufgaben durch Private aus dem Ausland durchaus geeignet ist, das Zusammenwachsen der Gemeinschaft zu fördern,[231] wird man sich einer Effizienzeinrede zumindest im Regelfall verschließen müssen.

---

[221] Grünbuch der Kommission, Das öffentliche Auftragswesen in der Europäischen Union: Überlegungen für die Zukunft, 1996, RdNr. 2.3; *Bungenberg,* Vergaberecht im Wettbewerb der Systeme, 2007, 150; *Cecchini,* Europa '92: Der Vorteil des Binnenmarktes, 1988, 38 f.

[222] *Neumayr* PPLR 2002, 215, 218; auch *Pietzcker* ZHR 1998, 427, 430 f., macht darauf aufmerksam, dass das Verhältnis von Marktöffnung und haushaltswirtschaftlicher Beschaffung „konfliktbeladen" sein kann.

[223] Die deutsche Rechtsordnung sieht dies vor, vgl. § 3 Nr. 4 lit. d VOL/A; befürwortend *Egger,* Europäisches Vergaberecht, 2008, RdNr. 158.

[224] EuGH, C-507/03, Slg. 2007, I-9777, RdNr. 27 – An Post; C-19/00, Slg. 2001, I-7725, RdNr. 32 – SIAC Construction; C-380/98, Slg. 2000, I-8035, RdNr. 16 – University of Cambridge; ähnlich C-360/96, Slg. 1998, I-6821, RdNr. 41 – BFI; ähnlich für das gemeinschaftliche Vergaberecht allgemein *Puhl* VVDStRL 60 (2001), 458, 490; sehr scharf *Marx* WiVerw 2007, 193, 199: „Problem des europäischen Rechtes ist, dass es das Ziel, den effektiven Einkauf der Mitgliedstaaten zu organisieren, in keiner Weise aufgenommen hat (…)".

[225] EuGH, C-147/06, Slg. 2008, I-3565, RdNr. 32 – SECAP.

[226] EuGH, C-109/04, Slg. 2005, I-2421, RdNr. 31 ff. – Kranemann; C-238/82, Slg. 1984, 523, RdNr. 23 – Duphar.

[227] EuGH, C-369/96, Slg. 2000, I-8453, RdNr. 37 – Arblade; C-205/84, Slg. 1986, 3755, RdNr. 54 – Kommission/Deutschland; C-29/82, Slg. 1983, 151, RdNr. 12 – van Luipen.

[228] EuGH, C-260/04, Slg. 2007, I-7083, RdNr. 35 – Kommission/Italien; vgl. auch *Hardraht,* In-house-Geschäfte und europäisches Vergaberecht, 2006, 98 f. u. 103; *Ortner,* Vergabe von Dienstleistungskonzessionen, 2007, 178.

[229] *Gebauer,* Die Grundfreiheiten des EG-Vertrags als Gemeinschaftsgrundrechte, 2004, 304 ff.; *Kluth* AöR 122 (1997), 557, 574.

[230] *Müller-Graff,* Unternehmensinvestition und Investitionssteuerung im Marktrecht, 1984, 281 f. u. 285 mwN.

[231] Untersuchungen zeigen allerdings die nach wie vor geringe Beauftragung ausländischer Anbieter auf;

101   **c) Ausnahmen der VKR.** Auch die VKR sieht in Art. 31 die Möglichkeit einer Direktvergabe für verschiedene Konstellationen vor. In diesem Zusammenhang wird vorgeschlagen, dass diese sekundärrechtlichen Ausnahmen auch automatisch für das primärrechtliche Vergaberegime Anwendung finden sollten.[232] Diese Ansicht vermag nicht zu überzeugen: Der EuGH hat ausdrücklich festgestellt, dass den sekundärrechtlichen Einschätzungen über die Angemessenheit eines förmlichen Verfahrens nicht die Wirkung zukommt, auch das primärrechtliche Vergaberegime außer Kraft zu setzen.[233] Außerdem würde ein derartiges Verständnis des Verhältnisses von Sekundär- und Primärrecht den Vorrang der EU-Verträge außer Acht lassen. Art und Umfang der Ausnahmen vom Primärvergaberecht müssen sich also aus dem Primärrecht selbst ergeben und können nicht durch Verweis auf das Sekundärrecht begründet werden. Richtig ist allerdings, dass die in Art. 31 VKR genannten Gründe auch aus primärrechtlicher Perspektive **regelmäßig** eine Ungleichbehandlung zu **rechtfertigen vermögen,** stellen sie doch auf dringliches Handeln, technische oder künstlerische Gründe ab. Auch wenn beispielsweise der Schutz von Ausschließlichkeitsrechten dazu führt, dass der Auftrag nur von einem bestimmten Wirtschaftsteilnehmer ausgeführt werden kann, ist nach jener Vorschrift der Rückgriff auf ein Verhandlungsverfahren ohne Veröffentlichung einer Bekanntmachung eröffnet. Entsprechende Rechtfertigungsgründe können prinzipiell auch in primärrechtlicher Hinsicht entfaltet werden.

102   **d) Art. 106 Abs. 2 AEUV als Rechtfertigung für Ausnahmen vom Vergaberecht.** Zwar hat der EuGH den Art. 106 AEUV bereits mehrfach im Rahmen des Vergabeprimärrechts angesprochen, allerdings nicht dessen Abs. 2 als Rechtfertigungsgrund, sondern Abs. 1, um die Anwendung der Grundfreiheiten auf öffentliche Unternehmen zu begründen.[234] Der Anwendungsbereich des Art. 106 Abs. 2 AEUV dürfte auch künftig **sehr gering** ausfallen. Zwingende Voraussetzung für eine Rechtfertigung nach dieser Vorschrift ist nämlich der unausweichliche Konflikt zwischen der Beachtung der primärrechtlichen Vorschriften und der Wahrnehmung von Dienstleistungen von allgemein wirtschaftlichem Interesse. Es müsste also gerade die Eröffnung von Wettbewerb im Sinne des EU-Primärvergaberechts dazu führen, dass die Aufgabenerfüllung verhindert oder wesentlich erschwert wird. Es ist aber nur schwer vorstellbar, in welcher Situation dies mit Blick auf die Vergaberegeln der Fall sein könnte. Zu denken wäre allenfalls an Konstellationen, in denen wegen mangelnder wirtschaftlicher Attraktivität der Nachfrage sich kein Wettbewerber bereit erklärt, die geforderte Leistung zu erbringen. Selbst unter diesen Umständen wäre aber eine Vergabe ohne Durchführung eines Wettbewerbs keineswegs zwingend.[235] Es verbliebe nämlich auch dann für die öffentliche Hand die Möglichkeit, einen Wettbewerb um die Vergabe durchzuführen und die Erbringung der Leistung soweit finanziell zu **bezuschussen,** dass die Aufgabenerfüllung auch für private Bewerber wirtschaftlich attraktiv bliebe. Ein solches Verfahren – Ausschreibung bei gleichzeitiger finanzieller Unterstützung für den Gewinner – hat der EuGH bereits in seiner *Altmark-Trans*-Rechtsprechung für die Erbringung von Dienstleistungen von allgemeinem wirtschaftlichen Interesse

---

vgl. beispielsweise die von der Bundesregierung in Auftrag gegebene Studie „Verhältnis zwischen Binnenmarktwirkung der EU-Vergaberegeln und den durch die Anwendung des europäischen Vergaberechts verursachten Transaktionskosten für deutsche öffentliche Auftraggeber – mit Blick auch auf Aufträge am Rande des gegenwärtigen Anwendungsbereiches der EU-Vergaberichtlinien im Unterschwellenbereich und bei Dienstleistungskonzessionen", abrufbar unter http://www.bmwi.de/BMWi/Navigation/Wirtschaft/Wirtschaftspolitik/oeffentliche-auftraege,did=190884.html, S. 87 ff.; zur Frage, inwieweit diese statistischen Feststellungen für die rechtliche Frage des Binnenmarktbezugs ausschlaggebend sein können, vgl. *Huerkamp,* Transparenz und Gleichbehandlung als gemeinschaftsrechtliche Prinzipien der staatlichen Auftragsvergabe, 2010, S. 82 ff.

[232] Mitt. „Unterschwellenvergabe", ABl. 2006 C 179/2, unter 2.1.4.; GA *Jacobs,* EuGH, C-525/03, Slg. 2005, I-9405, RdNr. 65 – Kommission/Italien; bestätigt in EuG, T-258/06, NZBau 2010, 510, RdNr. 139 ff. – Deutschland/Kom.

[233] Deutlich: EuGH, C-59/00, Slg. 2001, I-9505, RdNr. 19 – Vestergaard: „bedeutet die alleinige Tatsache, dass der Gemeinschaftsgesetzgeber der Auffassung war, dass die in diesen Richtlinien vorgesehenen besonderen strengen Verfahren nicht angemessen sind, wenn es sich um öffentliche Aufträge von geringem Wert handelt, nicht, dass diese vom Anwendungsbereich des Gemeinschaftsrechts ausgenommen sind"; vgl. auch *Braun* EuZW 2006, 683, 684: „die Vergabe von öffentlichen Aufträgen gleich welcher Art (ist) an die Einhaltung der im EG-Vertrag niedergelegten Grundsätze gebunden".

[234] EuGH, C-295/05, Slg. 2007, I-2999, RdNr. 39 ff. – Tragsa; C-410/04, Slg. 2006, I-3303, RdNr. 23 – ANAV.

[235] Zum Merkmal der Erforderlichkeit vgl. EuGH, C-157/94, Slg. 1997, I-5699, RdNr. 53 – Kommission/Niederlande; *Calliess/Ruffert/Jung* Art. 86 EG RdNr. 45; *Streinz/Koenig/Kühling* Art. 86 EG RdNr. 56 ff.

durch private Anbieter angesprochen.[236] Insoweit ist auch bei der Anwendung des Art. 106 Abs. 2 AEUV als Rechtfertigungsgrund zu verlangen, dass zunächst erfolglos ein den Anforderungen des Primärrechts genügender Wettbewerb um eine Dienstleistung von allgemeinem wirtschaftlichen Interesse durchgeführt wurde, gegebenenfalls unter der zusätzlichen Bedingung, dass der erfolgreiche Bewerber einen Zuschuss für die Leistungserbringung erhält.

Sollte hingegen nur ein bestimmtes Unternehmen im Stande sein, die Aufgabe zu erledigen, **103** da es beispielsweise über besondere Rechte verfügt, die für die Aufgabenerbringung erforderlich sind (etwa das Eigentum an der für eine verkehrliche Anbindung erforderlichen Schieneninfrastruktur), greifen regelmäßig bereits die Ausnahmen im primärrechtlichen Vergaberecht selbst (dazu soeben 3.). Auch mit Blick auf eine etwaige Argumentation, dass die Anwendung des EU-Vergaberechts interkommunale Kooperationen, die zur Aufgabenerfüllung erforderlich sind, unmöglich macht, kann angesichts der diesbezüglich großzügigen Rechtsprechung des EuGH zum Anwendungsbereich des EU-Primärrechts bei **„In-House"-Vergaben** nicht zusätzlich auf Art. 106 Abs. 2 AEUV zurückgegriffen werden, etwa um über die Rechtsprechung des EuGH hinaus die Beteiligung Privater ausschreibungsfrei zu eröffnen. Denn es ist nicht ersichtlich, warum dies zur Aufgabenerfüllung zwingend erforderlich wäre. Daher ist gegenwärtig ein zusätzliches Rechtfertigungspotenzial der Ausnahmebestimmung des Art. 106 Abs. 2 AEUV nicht erkennbar.

4. Zukunft des primärrechtlichen Vergaberegime. Die Rechtsunsicherheit, die hin- **104** sichtlich des Vergabeprimärrechts besteht, spricht im Übrigen dafür, auch hier zeitnah, **legislativ** tätig zu werden. So wäre es sinnvoll, die reduzierten Mindestanforderungen insbesondere an Vergaben, die zwar unterhalb der Schwellenwert liegen, aber dennoch Binnenmarktrelevanz aufweisen, auf der Basis der bisherigen EuGH-Rechtsprechung in einer **Richtlinie** zusammenzufassen. Auch für die vom Vergabeprimärrecht, nicht aber vom Vergabesekundärrecht erfassten Austauschverhältnisse wie Dienstleistungskonzessionen, sollte Rechtssicherheit dadurch erzeugt werden, dass ein gegebenenfalls angepasstes Vergaberegime für diese positiv kodifiziert wird.

IV. Materielle Aspekte der Entscheidungsfindung im Primärvergaberecht

Abseits der primärrechtlichen Verfahrensvorgaben entfaltet das EU-Vertragsrecht auch Steue- **105** rungswirkung hinsichtlich der materiellen Entscheidungsfindung. Dabei wirkt das Primärrecht vor allem, indem es bestimmte Entscheidungskriterien als unzulässigen Eingriff in die Rechtsposition der Bewerber um einen Staatsauftrag ausschließt. Ausgangspunkt jeglicher Auswahlentscheidung ist dabei die Bestimmung der nachzufragenden Leistung. Erst wenn in einem ersten Schritt die Nachfrage konkretisiert ist, stellt sich in einem zweiten Schritt die Frage, welcher Wirtschaftsteilnehmer den festgestellten Bedarf decken soll und nach welchen Kriterien er auszusuchen ist.

1. Beschaffungsautonomie. Zunächst ist zu betonen, dass die **„Make-or-buy"-Ent- 106 scheidung** der öffentlichen Hand, also die Frage, ob sie eine Leistung selbst erbringen oder ob sie einen Externen beauftragen möchte, auch im Vergabeprimärrecht gänzlich der öffentlichen Hand unbenommen bleibt. Dies folgt im Grundsatz aus dem Kerngedanken der **„In-House"-Rechtsprechung.**

Mit dem Begriff der Beschaffungsautonomie ist aber im Übrigen gemeint, dass es dem öffent- **107** lichen Auftraggeber grundsätzlich freisteht, darüber zu entscheiden, wie die Leistung, die er nachfragen möchte, konkret konfiguriert sein soll.[237] Es fragt sich in diesem Zusammenhang insbesondere, wie sich diese Freiheit primärvergaberechtlich darstellt.[238] Insbesondere ist fraglich, ob der Auftraggeber bereits auf der Ebene der Bedarfsbestimmung durch die grundfreiheitlichen Diskriminierungsverbote eingeschränkt wird. Die Position der **Kommission** in diesem Bereich ist nicht ganz eindeutig: Zum einen betont sie die „Entscheidungsfreiheit", die die Auftraggeber bei der Definition des Auftragsgegenstandes genießen. Zum anderen hebt sie Bindungen hervor, die sich insbesondere aus den grundfreiheitlichen Diskriminierungsverboten erge-

---

[236] EuGH, C-280/00, Slg. 2003, I-7747, RdNr. 93 – Altmark-Trans, dort freilich mit Blick auf die beihilfenrechtlichen Vorschriften.

[237] Zum Begriff *Meyer*, Die Einbeziehung politischer Zielsetzungen bei der öffentlichen Beschaffung, 2002, 188.

[238] Ausführlich zu diesem Problem *Huerkamp*, Gleichbehandlung und Transparenz als gemeinschaftsrechtliche Prinzipien der staatlichen Auftragsvergabe, 2010, S. 141 ff.

ben sollen.[239] Im **Schrifttum** wird vorgeschlagen, die Beschaffungsautonomie generell nicht an die grundfreiheitlichen Diskriminierungsverbote zu binden, sondern nur im Ausnahmefall eine Überprüfung vorzunehmen, wenn eine protektionistische Absicht bei der Bestimmung des Beschaffungsgegenstandes nahe liegt.[240] Äußerst relevant wird dieses Problem, wenn der Staat Leistungen nachfragt, die eigentlich nur durch ein einziges oder wenige – meist nationale – Unternehmen erbracht werden können. Anschauliches Beispiel ist die niedersächsische Praxis, nur Polizeifahrzeuge anzuschaffen, die über ein spezielles Antriebssystem verfügen. Der Bedarf in dieser Form konnte nur durch Volkswagen gedeckt werden.[241] Hier fragt sich, ob in der konkreten Bestimmung des Bedarfs selbst bereits eine (eventuell diskriminierende) Ungleichbehandlung der Wirtschaftsteilnehmer zu erkennen ist, die diesen Bedarf nicht erfüllen können.

108　　**a) Rechtsprechung des EuGH.** Der EuGH hat bislang die Bestimmung des konkreten Bedarfs selbst nicht an den Gleichheitsrechten gemessen.[242] Die von ihm festgestellten Verstöße gegen die grundfreiheitlichen Diskriminierungsverbote betrafen nicht die Festlegung einer bestimmten Leistung mit bestimmten Qualitätsmerkmalen, sondern lediglich die Beschreibung dieser Qualitätsmerkmale unter Rückgriff auf bestimmte nationale **Marken, Normen oder sonstige Standards.**[243] Erfolgt die Beschreibung der Leistung ohne derartige Rückgriffe, dann vermag der EuGH in dem schlichten Umstand, dass die nachgefragte Leistung aufgrund ihrer hohen Ansprüche nur von sehr wenigen Anbietern erbracht werden kann, **keine relevante Ungleichbehandlung** zu erkennen.[244] Folge ist, dass der Auftraggeber grundsätzlich ohne primärrechtliche Bindungen über die Anforderungen an die Leistungen entscheiden kann. Er ist primärrechtlich lediglich gezwungen, „gleichwertige" Leistungen, also solche, die bereits seinen Qualitätsansprüchen genügen, zuzulassen.[245]

109　　Wirtschaftsteilnehmer werden also nicht dadurch diskriminiert oder ungleich behandelt, dass sich der Auftraggeber entscheidet, einen Autobus anstelle einer Straßenbahn zu bestellen oder einen aufwendigen Repräsentativbau anstelle eines schlichten Zweckbaus errichten zu lassen, nur weil die konkret nachgefragte Leistung von ihnen nicht beschafft werden kann.

110　　**b) Schwierigkeiten einer gleichheitsrechtlichen Kontrolle der Bedarfsbestimmung.** Eine Diskriminierungskontrolle, auch wenn sie sich auf Fälle scheinbar evidenter Ungleichbehandlungen durch Nachfrage beschränkt[246] (wie etwa im oben erwähnten VW-Beispiel), muss an einem grundsätzlichen Problem scheitern.

111　　Sieht man in der differenzierenden Wirkung der Bestimmung des konkreten Nachfragegegenstandes bereits eine rechtlich relevante, dh. rechtfertigungsbedürftige Ungleichbehandlung, so liegt diese Ungleichbehandlung einzig in der Verengung der Nachfrage auf eine bestimmte Leistung, die zum Nachteil der Wirtschaftsteilnehmer operiert, die diese Leistung nicht erbringen können. Um aber überhaupt von einer Verengung sprechen zu können, muss man annehmen, dass es hinter dem konkret nachgefragten Bedarf einen generellen wirklichen Bedarf gibt. Im VW-Beispiel (RdNr. 107) wird diskriminierendes Potenzial vermutet, weil unausgesprochen unterstellt wird, Niedersachsen könne seine Polizei auch mit normal betriebenen Fahrzeugen ausrüsten. Es wird also von dem konkreten Bedarf generalisierend auf einen allgemeinen Bedarf geschlossen. Für diesen Generalisierungsprozess, der zur Behauptung einer Diskriminierung zwingend notwendig ist, fehlt es allerdings an rechtlich aussagekräftigen Kriterien. Lässt man den Vorwurf zu, die niedersächsische Polizei könne auch auf das spezielle Antriebssystem ver-

---

[239] Vgl. Mitt. der Kommission zur Berücksichtigung von Umweltschutzbelangen bei der Vergabe öffentlicher Aufträge v. 28. 11. 2001, ABl. C 233/12, 13; ebenso die Kommission, Umweltorientierte Beschaffung! Ein Handbuch für ein umweltorientiertes öffentliches Beschaffungswesen, 2004, RdNr. 3.1.1.

[240] *Arrowsmith*, The Law of Public and Utilities Procurement, 2005, 1114; *Meyer*, Die Einbeziehung politischer Zielsetzungen bei der öffentlichen Beschaffung, 2002, 188; ähnlich GA *Mischo*, C-513/99, Slg. 2002, I-7213, RdNr. 157, 2. Spiegelstrich – Concordia Bus Finland, der einen Konflikt mit dem allgemeinen Gleichheitsrecht für den Fall annimmt, dass ein Bedarf einzig und allein in einer speziellen Weise generiert wird, um ein bestimmtes Unternehmen zu bevorzugen; vgl. auch *Ortner*, Vergabe von Dienstleistungskonzessionen, 2007, 175.

[241] Zu dieser Praxis Nachweise bei *Puhl* VVDStRL 60 (2001), 458, 493.

[242] Vorsichtiger *Arrowsmith*, The Law of Public and Utilities Procurement, 2005, 1265.

[243] EuGH, C-59/00, Slg. 2001, I-9505, RdNr. 22ff. – Vestergaard; C-45/87, Slg. 1988, 4929, RdNr. 22 – Kommission/Irland.

[244] EuGH, C-513/99, Slg. 2002, I-7213, RdNr. 85 – Concordia Bus Finland.

[245] *Frenz* 1858.

[246] So der Vorschlag von *Arrowsmith*, The Law of Public and Utilities Procurement, 2005, 1114; *Meyer*, Die Einbeziehung politischer Zielsetzungen bei der öffentlichen Beschaffung, 2002, 188.

zichten und gewöhnliche Fahrzeuge bestellen, dann lässt sich gleichheitsrechtlich ebenfalls der Vorwurf hören, die niedersächsische Polizei könne auch Elektro- statt Benzinmotoren, Limousinen statt Kombiwagen oder vielleicht sogar Motorräder anstelle von Autos akzeptieren. Sämtliche dieser aufgezählten Varianten behandeln jeweils unterschiedliche Produzenten ungleich und müssten deshalb in rechtlich überprüfbarer Weise gerechtfertigt werden. Für diese **Rechtfertigung fehlt es aber an rechtlichen Maßstäben,** weil kaum justitiabel sein dürfte, welche konkreten Leistungen tatsächlich notwendig sind, um den staatlichen Bedarf zu decken. Es spricht deshalb durchaus Einiges für den vom EuGH dem Grunde nach gewählten Ansatz, die Auswahl der nachzufragenden Leistung gleichheitsrechtlich nicht zu überprüfen und damit diese Frage den Auftraggebern anheimzustellen, sie also letztlich dem politischen Entscheidungsprozess zu überlassen.

Gleichwohl bleibt anzuerkennen, dass durch eine geschickte Konfiguration des Auftragsge- **112**
genstandes der Wettbewerb bereits auf einer sehr frühen Ebene ausgeschaltet und damit letztlich eine empfindliche Beschränkung auch ausländischer Bewerber bewirkt werden kann. Deshalb bleibt zu fragen, ob nicht gegebenenfalls eine Art **Evidenzkontrolle,** die überprüft, ob es für eine Eingrenzung einen sachlichen Grund gibt, vorbehalten bleiben sollte. Diese Form der gerichtlichen Kontrolle wäre zwar dogmatisch nicht direkt im Gleichbehandlungsgrundsatz verankert, ließe sich aber durch das Gebot der Unparteilichkeit der Vergabestelle, das eng mit dem Gleichbehandlungsgrundsatz zusammenhängt, begründen (RdNr. 69).

Sie müsste auf solche Fälle beschränkt bleiben, in denen mit **handgreiflicher Deutlichkeit** **113**
zutage tritt, dass sich die öffentliche Hand bei ihrer Entscheidung ersichtlich nicht von sachlichen Erwägungen hat leiten lassen, sondern von vornherein bestrebt war, ein bestimmtes Unternehmen zu begünstigen. Die geringe Intensität dieser Kontrolle begrenzt ihre Wirkung auf das Aufspüren offensichtlichen Missbrauchs der Beschaffungsautonomie und beließe den öffentlichen Stellen auf diese Weise einen sehr weiten politischen Spielraum.

c) Konsequenz. Die Auftraggeber sind mithin primärvergaberechtlich grundsätzlich frei **114**
darin, über die von ihnen nachzufragende Leistung zu entscheiden. Sie müssen hierbei insbesondere nicht darauf achten, ob die Nachfrage nach einer bestimmten Leistung besonders nationale Anbieter begünstigt. Haben sie sich allerdings für eine bestimmte Leistung entschieden, dann müssen sie sämtliche Anbieter, die diesen Leistungsstandard erfüllen, also „gleichwertige" Leistungen bieten, gleich behandeln und können ihnen nicht durch Rückgriff auf bestimmte Marken oder Normen die Teilnahme am Wettbewerb verweigern. Der EuGH hat darüber hinaus festgelegt, dass bereits aus dem Primärrecht die Pflicht der Auftraggeber folgt, im Rahmen der Ausschreibung auf die Möglichkeit aufmerksam zu machen, gleichwertige Produkte anzubieten, wie es beispielsweise Art. 23 Abs. 8 VKR vorsieht.[247]

2. Bietereignung. a) Keine Diskriminierung aus Gründen der Staatsangehörigkeit. **115**
Möchte der Auftraggeber unter den Bewerbern um einen Auftrag die ungeeigneten aussortieren, so muss er hierbei auf Kriterien abstellen, die nicht direkt oder indirekt diskriminierend wirken. Unzulässig ist es deshalb beispielsweise, wenn Auftragnehmer grundsätzlich als **juristische Personen des nationalen Rechts** organisiert sein müssen.[248] Ebenso wenig ist es zulässig, nur Bewerber zu akzeptieren, die aus bestimmten **nationalen Regionen** stammen[249] oder zu einem gewissen Anteil im Staatseigentum stehen.[250] Ebenfalls unzulässig ist es, besondere **Zuverlässigkeits- oder Sicherheitsnachweise** von ausländischen Bewerbern zu fordern.[251]

b) Allgemeiner Gleichbehandlungsgrundsatz. Nimmt man die oben geschilderten Aus- **116**
sagen (RdNr. 19ff.) des EuGH zur Geltung des primärrechtlichen Gleichheitssatzes unabhängig von einer Diskriminierung aus Gründen der Staatsangehörigkeit ernst, dann können sich aus dem allgemeinen Gleichheitssatz Restriktionen für die Eignungsprüfung ergeben. Dies gilt insbesondere für die Bezugnahme auf einschlägige Erfahrungen der Bewerber im Auftragsbereich zum Nachweis der Fachkunde. Verlangt der Auftraggeber in typisierender Form bei-

---

[247] EuGH, C-59/00, Slg. 2001, I-9505, RdNr. 24 – Vestergaard; C-45/87, Slg. 1988, 4929, RdNr. 27 – Kommission/Irland. In EuGH, C-359/93, Slg. 1995, I-157, RdNr. 28f. – UNIX, stellt das Gericht nicht in erster Linie auf eine primärrechtliche Pflicht ab, sondern auf die Vorschrift des Art. 7 Abs. 6 der RL 77/62/EWG.
[248] EuGH, C-264/03, Slg. 2005, I-8831, RdNr. 68 – Kommission/Frankreich.
[249] EuGH, C-21/88, Slg. 1990, I-889, RdNr. 11 – Dupont de Nemours.
[250] EuGH, C-272/91, Slg. 1994, I-1409, RdNr. 4 – Kommission/Italien; C-3/88, Slg. 1989, I-4035, RdNr. 6ff. – Kommission/Italien.
[251] *Byok/Jäger/Hailbronner* § 97 GWB RdNr. 205.

spielsweise, dass Bewerber mindestens drei Jahre einschlägige **Geschäftserfahrung** nachweisen müssten, um als geeignet angesehen zu werden,[252] dann ist hierin eine – wenn auch nicht aus Gründen der Staatsangehörigkeit diskriminierende – Ungleichbehandlung der interessierten Wirtschaftsteilnehmer zu erkennen, die zwar weniger Erfahrung besitzen, aber faktisch den Auftrag genauso gut erfüllen könnten. Diese typisierende Ungleichbehandlung, die sich insbesondere zum Nachteil so genannter „**Newcomer**"-**Unternehmen** auswirkt,[253] ist aber regelmäßig als noch verhältnismäßig anzusehen, da eine Einzelfallprüfung für jeden potentiellen Bewerber den Auftraggeber zumeist überfordern dürfte.

117   Aus der Forderung nach einem verhältnismäßigen Eingriff in das Gleichheitsrecht ergeben sich allerdings Grenzen für die Typisierungsbefugnis. Zum einen muss die Typisierung im Rahmen der Bietereignungsuntersuchung stets dem legitimen Ziel dienen, eine schnelle und einfache Beurteilung der Befähigung der Bewerber zur Auftragsausführung zu ermöglichen. Dieses Ziel wird verlassen, wenn Anforderungen gestellt werden, die durch den **Auftragsgegenstand** selbst nicht **legitimiert** sind, weil sie zu ihm entweder in gar keiner Beziehung stehen oder gänzlich überzogene Anforderungen zum Gegenstand aufweisen.[254] Das Verhältnismäßigkeitsprinzip bildet also ein Scharnier, das Bietereignung und Auftragsgegenstand grundsätzlich verknüpft.[255]

118   Außerdem darf auf eine ungleich behandelnde Typisierung nur dort zurückgegriffen werden, wo der **Verwaltungsaufwand tatsächlich eine Einzelfallprüfung verbietet.** Hat die Verwaltung hingegen im konkreten Fall die Möglichkeit, eine einzelfallbasierte Eignungsprüfung durchzuführen, ist eine Typisierung als nicht notwendig und daher als unverhältnismäßig abzulehnen.

119   **3. Vergabefremde Kriterien.** Auch außerhalb des Sekundärrechts verfolgt der Staat bei seiner Beschaffungstätigkeit andere Ziele, als lediglich seinen Bedarf zu decken. So wird die Auftragsvergabe beispielsweise zur Frauenförderung, Sektenbekämpfung, Senkung der Langzeitarbeitslosigkeit oder Steigerung des Umweltschutzes eingesetzt.[256]

120   Trotz terminologischer Bedenken[257] hat sich für die in diesem Zusammenhang verwendeten Entscheidungskriterien der Begriff der „vergabefremden" Kriterien durchgesetzt.[258] Das Primärrecht wird für die Politisierung in zweifacher Hinsicht relevant: Zum einen betrifft sie die Gleichheitsrechte der Bewerber, weil vergabefremde Entscheidungskriterien stets bestimmte Bewerber bevorzugen, während sie andere benachteiligen. Zum anderen stellt sich die Frage, ob in der Vergabe eines Auftrags aufgrund vergabefremder Kriterien eine unionsrechtswidrige Beihilfe liegt. Dabei steuert das Primärrecht vor allem die inhaltliche Ausrichtung der Entscheidungskriterien, regelt aber auch prozedurale Aspekte ihrer Berücksichtigung.

121   **a) Gleichheitsrechte. aa) Grundfreiheitliche Diskriminierungsverbote.** In ständiger Rechtsprechung weist der EuGH darauf hin, dass die öffentlichen Auftraggeber bei der Berücksichtigung vergabefremder Kriterien das Verbot der Diskriminierung aus Gründen der Staatsangehörigkeit zu beachten haben.[259] Untersagt ist damit beispielsweise, aus Gründen der Absatzförderung Unternehmen zu bevorteilen, die **heimische Baustoffe** für den Auftrag verwenden.[260] Nicht gerechtfertigte Diskriminierungen erkannte das Gericht außerdem in der Praxis, aus strukturpolitischen Erwägungen Anbietern aus bestimmten **unterentwickelten Regionen** eines Mitgliedstaates den Vorzug zu geben.[261] Dasselbe gilt für die Bevorzugung von Unternehmen, die versprechen, einen Teil der Arbeiten von **Subunternehmen aus einer bestimmten Region** erledigen zu lassen.[262]

---

[252] So zB. der Fall beim Beschluss des OLG Düsseldorf v. 2. 1. 2006, VII-Verg. 93/05.

[253] Dazu *Bechtold/Otting* § 97 GWB RdNr. 23 a.

[254] Ähnlich Mitt. „Konzessionen", ABl. 2000 C 121/02, unter 3.1.3.; *Frenz* 1847.

[255] Eine ausdrückliche Normierung dieses Prinzips findet sich im Sekundärrecht, vgl. Art. 44 Abs. 2 VKR.

[256] Eine nicht erschöpfende Aufzählung findet sich bei *Benedict,* Sekundärzwecke im Vergabeverfahren, 2000, 18 f.

[257] Kritisch *Kühling* VerwArch 2004, 337, 341; ausführliche Kritik bei *Benedict*, Sekundärzwecke im Vergabeverfahren, 2000, 17 ff.; *Meyer,* Die Einbeziehung politischer Zielsetzungen bei der öffentlichen Beschaffung, 2002, 62 ff.

[258] Mit diesem Ergebnis auch *Grabitz/Hilf/Burgi* B 13 RdNr. 3.

[259] EuGH, C-513/99, Slg. 2002, I-7213, RdNr. 63 – Concordia Bus Finland; C-225/98, Slg. 2000, I-7445, RdNr. 50 – Kommission/Frankreich; C-31/87, Slg. 1988, 4635, RdNr. 29 – Beentjes; Nachweise zur Praxis der übrigen Gemeinschaftorgane bei *Benedict,* Sekundärzwecke im Vergabeverfahren, 2000, 204.

[260] EuGH, C-243/89, Slg. 1993, I-3353, RdNr. 23 – Storebaelt.

[261] EuGH, C-21/88, Slg. 1990, I-889, RdNr. 14 f. – Du Pont de Nemours.

[262] EuGH, C-360/89, Slg. 1992, I-3401, RdNr. 6 ff. – Kommission/Italien.

Eine Rechtfertigung dieser Regelungen begegnet zwei Hürden. Zum einen sind nach der **122** Dogmatik des EuGH bei indirekten Diskriminierungen nur die im Vertrag erwähnten Rechtfertigungsgründe anwendbar, die die politisierte Auftragsvergabe nicht oder nur sehr begrenzt decken.[263] Zum anderen müssen sich diskriminierende Verhaltensweisen nach ständiger Rechtsprechung des EuGH als zur Zielerreichung erforderlich erweisen.[264] Die meisten politischen Zwecke, wie Frauenförderung, Beschäftigungsförderung, Regionalförderung oder Umweltschutz lassen sich aber auch **europaweit**, dh. ohne jegliche indirekte oder direkte Diskriminierung erreichen. Soweit vergabefremde Kriterien also ihrem Inhalt nach unmittelbar oder mittelbar aufgrund der Staatsangehörigkeit differenzieren, sind sie als nicht zu rechtfertigende Diskriminierung anzusehen.

Die Mitgliedstaaten haben auf diese Entwicklung vielfach reagiert und ihre Bevorzugungsre- **123** gelung so ausgestaltet, dass der Diskriminierungsvorwurf entfällt, indem sie die bevorzugenden Merkmale auf **ausländische Bewerber ausgedehnt** haben: Gefördert werden also beispielsweise nicht mehr Unternehmen aus einer mitgliedstaatlichen, schwachen Region, sondern allgemein Anbieter aus strukturschwachen Gebieten Europas.[265]

Akzeptiert man schließlich die oben (RdNr. 106 ff.) gemachten Ausführungen zur Beschaf- **124** fungsautonomie, dann folgt allerdings auch, dass die **Nachfrage an sich keiner Beschränkung** unterliegt, auch wenn sie sozialpolitisch (zB. behindertengerechte Möbel, Blindenampel) oder umweltpolitisch (zB. recyclingfähige Güter, hybridbetriebene Fahrzeuge) motiviert ist. Weiter folgt aus diesem Gedankengang, dass auch solche Entscheidungskriterien, die zwar als vergabefremd eingeordnet werden können, aber auf Eigenschaften des zu beschaffenden Gutes abstellen, nicht mit den Grundfreiheiten kollidieren können. Grundlage dieser Überlegung ist ein Erst-Recht-Schluss:[266] Darf der Auftraggeber beispielsweise von vornherein, ohne mit dem grundfreiheitlichen Diskriminierungsverboten zu kollidieren, bestimmte umwelt- oder behindertenfreundliche Produkte nachfragen, dann muss es ihm auch gestattet sein, wenn er solche Einschränkungen nicht von vornherein festlegt, sondern innerhalb der ihm angebotenen Produkte diejenigen bevorzugen, die umwelt- oder behindertenfreundlicher sind. Tieferer Grund für diese Annahme ist, dass solche Entscheidungskriterien, die sich auf das Produkt selbst beziehen, als wesentliche Unterschiede zwischen den Bewerbern anzusehen sind, die grundfreiheitlichen Diskriminierungsverbote aber nur Unterscheidungen zwischen wesentlich gleichen Anbietern sanktionieren.[267] Produktbezogene Entscheidungskriterien sind also grundsätzlich als gleichheitsrechtlich unbedenklich einzustufen.[268]

bb) Allgemeiner Gleichheitssatz. Ein wesentlich weiteres Anwendungsfeld als die grund- **125** freiheitlichen Diskriminierungsverbote eröffnet der allgemeine Gleichheitssatz, da er nicht auf solche vergabefremden Kriterien beschränkt ist, die unmittelbar oder mittelbar aufgrund der Staatsangehörigkeit diskriminieren, sondern sämtliche vergabefremden Differenzierungen als Unterscheidung von wesentlich gleichen Bewerbern auffassen kann.[269] Freilich setzt eine solche Einordnung voraus, dass in den Vergleichsmaßstab, der über die wesentliche Gleichheit der Be-

---

[263] Vgl. mit besonderer Betonung der Warenverkehrsfreiheit *Benedict*, Sekundärzwecke im Vergabeverfahren, 2000, 217 u. 219; allerdings hält sich der EuGH auch im Vergaberecht nicht immer strikt an diese dogmatische Selbstbeschränkung, vgl. *Meyer*, Die Einbeziehung politischer Zielsetzungen bei der öffentlichen Beschaffung, 2002, 199, Fn. 322.

[264] EuGH, C-106/91, Slg. 1992, I-3351, RdNr. 31 – Ramrath; C-67/97, Slg. 1998, I-8033, RdNr. 35 – Bluhme; *Calliess/Ruffert/Kingreen* Art. 28–30 EG RdNr. 93.

[265] Nachweise dazu bei *Meyer*, Die Einbeziehung politischer Zielsetzungen bei der öffentlichen Beschaffung, 2002, 201.

[266] Ähnliche Überlegung bei GA *Mischo*, C-513/99, Slg. 2002, I-7213, RdNr. 80 – Concordia Bus Finland; *Eilmansberger* WuW 2004, 384, 389. Auch *Krohn* NZBau 2004, 92, 94 zieht Rückschlüsse aus der Zulässigkeit einer Beschaffung von umweltschonenden Produkten und der Berücksichtigung umweltbezogener Entscheidungskriterien.

[267] *Hoffmann*, Die Grundfreiheiten des EG-Vertrags als koordinationsrechtliche und gleichheitsrechtliche Abwehrrechte, 2000, 35 f.; *Kingreen*, Die Struktur der Grundfreiheiten des Europäischen Gemeinschaftsrechts, 1999, 118 f.; *Mohn*, Der Gleichheitssatz im Gemeinschaftsrecht, 1990, 49; *Plötscher*, Der Begriff der Diskriminierung im europäischen Gemeinschaftsrecht, 2003, 41 ff.; *Weyer*, Freier Warenverkehr und nationale Regelungsgewalt in der Europäischen Union, 1997, 141.

[268] Ähnliches Ergebnis, allerdings für den Bereich des Sekundärrechts bei *Puhl* VVDStRL 60 (2001), 458, 491 f.

[269] So auch der Ansatz bei *Kühling* VerwArch 2004, 337, 350; für den deutschen Art. 3 GG ähnlich *Pünder* VerwArch. 2004, 38, 42 f.; *Ziekow*, Die Berücksichtigung sozialer Aspekte bei der Vergabe öffentlicher Aufträge, 2007, 30.

werber entscheidet, nicht bereits das vergabefremde Kriterium einfließt. Eine Differenzierung, die anhand vergabefremder Kriterien unterscheidet, ist also nur dann als relevante Ungleichbehandlung anzusehen, wenn man davon ausgeht, dass die vergabefremden Eigenschaften der Bieter nicht wesentliche Unterschiede zwischen ihnen begründen. Akzeptiert man diese Vorannahme, dann werden vergabefremde Entscheidungskriterien zu gleichheitswidrigen Ungleichbehandlungen, die einer **verhältnismäßigen Rechtfertigung** bedürfen.[270] Auch hier muss aber ein Erst-Recht-Schluss wie schon bei den grundfreiheitlichen Diskriminierungsverboten greifen (oben RdNr. 124). Ausgehend von der Beschaffungsautonomie staatlicher Stellen muss auch hier gelten, dass die Auswahl aufgrund produktbezogener Entscheidungskriterien nicht mit den Gleichheitsrechten potentieller Bewerber kollidiert. Rechtfertigungsbedarf besteht erst, wenn vergabefremde Kriterien auf die Ausführung des Auftrags Bezug nehmen (zB. Herstellung des Auftragsgegenstandes mit Hilfe von Langzeitarbeitslosen) oder direkt Anforderungen an den Bewerber stellen (zB. Betriebe haben einen Vorteil, wenn sie die Stelle einer Frauenbeauftragten eingerichtet haben).

126   Die Rechtfertigung eines gleichheitsrechtlichen Eingriffs durch vergabefremde Entscheidungskriterien muss dabei verhältnismäßig sein. Das bedeutet, im Primärvergaberecht wie auch bei Eingriffen in sonstige Unionsgrundrechte, dass die Differenzierung einem aus Sicht des Unionsrechts[271] legitimen Ziel dienen muss.[272] Dies hat zum Beispiel zur Folge, dass **Tariftreueklauseln** mangels Verfolgung eines legitimen Zwecks[273] nicht die Ungleichbehandlung von Bewerbern zu rechtfertigen vermögen.

127   Eine weitere, schärfere Restriktion erwächst dem Verhältnismäßigkeitsprinzip nach der Rechtsprechung des EuGH, der ihm offenbar die Forderung entnimmt, die Entscheidungskriterien müssten stets einen **Auftragsbezug** aufweisen. So hat das Gericht in der Rechtssache **Wienstrom** in einem Entscheidungskriterium, das sich mit dem Auftragsgegenstand selbst befasste, eine „*ungerechtfertigte* Diskriminierung" erkannt.[274] Konkret wurden Unternehmen bevorzugt, die auch außerhalb der zu liefernden Strommenge einen möglichst großen Anteil an alternativ hergestelltem Strom produzierten.[275] Das Urteil selbst bezog sich zwar auf eine Vergabe, die durch das Sekundärrecht erfasst wurde, die Urteilsbegründung hebt aber einfach auf eine „ungerechtfertigte Diskriminierung" ab, also eine Ungleichbehandlung, womit sich der EuGH vermutlich auf den allgemeinen Gleichbehandlungsgrundsatz bezieht, der dem Wesen der Vergaberichtlinie zugrunde liegt. Damit hat das Urteil auch primärrechtliche Bedeutung.

128   Die Annahme der Unverhältnismäßigkeit einer Unterscheidung, die sich alleine auf Eigenschaften der jeweiligen Bewerber gründen, ohne in einem Zusammenhang zum Auftrag zu stehen, kann sich vor allem auf die Schwere des damit verknüpften gleichheitsrechtlichen Eingriffs stützen. Im Gegensatz zu Entscheidungskriterien, die sich auf die Produktionsweise beziehen, haben **produzentenbezogene Gesichtspunkte** zumeist die Unternehmenspolitik in ihrer Gesamtheit zum Gegenstand. Sie machen es damit für die potentiell interessierten Bewerber sehr schwierig, sich rechtzeitig an diese Entscheidungskriterien anzupassen, um eine benachteiligende Ungleichbehandlung aus eigener Kraft zu verhindern. Es scheint deshalb vertretbar, in ihnen regelmäßig unverhältnismäßige Ungleichbehandlungen zu erkennen und ihnen deshalb die Rechtfertigung zu versagen.[276]

129   Folgt man diesem Gedankengang, so ergibt sich allerdings hieraus keine Unbedenklichkeitserklärung für solche vergabefremden Kriterien, die sich auf die Produktionsweise beziehen. Die Unverhältnismäßigkeit ergibt sich nämlich aus der typischen Wirkung produzentenbezogener Entscheidungskriterien und nicht aus ihrer statischen Einordnung als produzentenbezogen. In diesem Sinne kann auch das Abstellen auf die **Produktionsweise** zu unverhältnismäßigen Eingriffen führen. Werden beispielsweise bei der Vergabe eines kleinen Reinigungsauftrags Unter-

---

[270] Dasselbe Ergebnis in Bezug auf den Gleichheitssatz des Art. 3 Abs. 1 GG vertritt *Pünder* VerwArch 2004, 38, 45.

[271] *Bühler,* Einschränkungen von Grundrechten nach der Europäischen Grundrechtecharta, 2005, 89.

[272] Grundlegend EuGH, C-4/73, Slg. 1974, 491, RdNr. 14 – Nold; C-5/88, Slg. 1989, 2609, RdNr. 18 – Wachauf.

[273] EuGH, C-346/06, Slg. 2008, I-01 989, RdNr. 38 – Dirk Rüffert.

[274] EuGH, C-448/01, Slg. 2003, I-14 527, RdNr. 69 – Wienstrom GmbH (Hervorhebung nicht im Original).

[275] Ausführlich zum Hintergrund dieser Entscheidung *Krohn* NZBau 2004, 92 ff.; *Steinberg* EuZW 2004, 76 ff.

[276] Im Ergebnis ebenso, aber ohne nähere Begründung *Burgi* NZBau 2005, 610, 615 iVm. Fn. 73; *Frenz* 1848.

nehmen bevorzugt, die für die Ausführung des Auftrags zwei Langzeitarbeitslose einstellen, dann wird dies kleine Familienunternehmen vor nicht überwindbare Schwierigkeiten stellen, während Großunternehmen sich einfacher auf diese Präferenzen werden einstellen können.[277] Auch die an sich zulässige Bevorzugung von Unternehmen, die zur Bekämpfung der Arbeitslosigkeit für die Auftragsausführung Langzeitarbeitslose einstellen,[278] kann also im Ausnahmefall als unverhältnismäßig einzustufen sein.

b) Beihilfenrecht. aa) Diskussion im Schrifttum. Der EuGH hat bislang nicht geklärt, **130** ob in der Berücksichtigung vergabefremder Entscheidungskriterien eine Beihilfe zu erkennen ist.[279] Vergegenwärtigt man sich die scharfen Sanktionen, die das Beihilfenregime prägen,[280] verwundert es nicht, dass im Schrifttum die EU-beihilfenrechtliche Relevanz vergabefremder Kriterien heftig diskutiert wird. In dieser Diskussion stehen sich zwei Grundthesen gegenüber:

Eine Ansicht argumentiert besonders unter Zuhilfenahme des *market-economy-investor-principles* **131** **(kurz: MIP),** dass jedwede Verteuerung der Beschaffung durch den Einsatz vergabefremder Kriterien eine Beihilfe darstelle.[281] Folge wäre insbesondere, dass die Stillhalteverpflichtung des Art. 108 Abs. 3 AEUV eingreife und die Auftragserteilung notifiziert werden müsste. Die Gegenansicht bestreitet den Beihilfencharakter vergabefremder Kriterien, wobei besonders auf die Mehrkosten abgestellt wird, die dem Anbieter durch die Vergabefremdheit der Entscheidungskriterien entstehen.[282] Relevanz kann die Diskussion nur dort erlangen, wo das Beihilfenrecht anwendbar ist. Eine Sperrung des Beihilfenrechts durch die Grundfreiheiten wird man ablehnen müssen.[283]

bb) Stellungnahme. Ausgangspunkt der Überlegung muss der **Begünstigungsbegriff** des **132** Art. 107 Abs. 1 AEUV sein. Eine Begünstigung ist nicht bereits ausgeschlossen, weil der Begünstigte im Gegenzug eine Leistung verspricht.[284] Stattdessen ist sie nach ständiger Rechtsprechung zu bejahen, wenn der Staat Belastungen mindert, die ein Unternehmen normalerweise selbst zu tragen hätte (RdNr. 31).[285] Dabei ist nur in der Überzahlung des Auftragnehmers eine relevante Begünstigung zu erkennen.

α) Aussagekraft des MIP. Eine Möglichkeit, um eine Begünstigung der genannten Art **133** festzustellen, ist das MIP: Verhält sich der Staat wie ein privater Käufer, gewinnt der Auftragnehmer nicht mehr an dem Handelsgeschäft als üblich. Das bezahlte Entgelt mindert also nicht die gewöhnlichen Lasten des Unternehmens, sondern sorgt für einen handelsüblichen Gewinn.[286] Richtig ist, dass die Berücksichtigung vergabefremder Zwecke dem MIP zuwiderläuft und dass sich diese gegenläufige Tendenz weder aufheben lässt, indem man dem *market-economy-investor* eine andere Präferenzordnung unterstellt,[287] noch indem man ihn mit einem Auftraggeber gleichsetzt, der sich an die Bestimmungen des vergaberechtlichen Sekundärrechts hält,[288] das der Verwendung vergabefremder Kriterien aufgeschlossen gegenübersteht. Dem ersten Ansatz steht die eindeutige Rechtsprechung des EuGH entgegen, der das MIP als einen „von allen sozialen oder regionalpolitischen Überlegungen oder Erwägungen einer sektorbezogenen" Poli-

---

[277] *McCrudden*, Buying Social Justice, 2007, 118.

[278] EuGH, C-225/98, Slg. 2000, I-7445 – Kommission/Frankreich; C-31/87, Slg. 1988, 4635 – Beentjes.

[279] *Byok/Jaeger/Hailbronner* § 97 GWB RdNr. 257.

[280] Vgl. *Dippel/Zeiss* NZBau 2002, 376, 377f.; *Pünder* NZBau 2003, 530, 530.

[281] *Bartosch* EuZW 2001, 229, 231; *Boesen* Einl. RdNr. 29; *Grabitz/Hilf/Burgi*, B 13 RdNr. 16; *Dippel/Zeiss* NZBau 2002, 376, 377; *Knipper* WuW 1999, 677, 684; *Tietjen*, Die Europäische Beihilfekontrolle im Vergaberecht und bei der Privatisierung, 2004, 40f.; „erhebliche" Bedenken gegen die beihilfenrechtliche Zulässigkeit vergabefremder Kriterien auch bei *Langen/Bunte/Wagner* § 97 GWB RdNr. 68.

[282] *Calliess/Ruffert/Cremer* Art. 87 EG RdNr. 15; *Eilmansberger* WuW 2004, 384, 387; *Fischer* VergabeR 2004, 1, 6; *Jennert* NZBau 2003, 417, 418; *Pünder* NZBau 2003, 530, 532.

[283] *Bultmann*, Beihilfenrecht und Vergaberecht, 2004, 111; *Kaelble*, Vergabeentscheidung und Verfahrensgerechtigkeit, 2008, 122; ebenso *Benedict*, Sekundärzwecke im Vergabeverfahren, 2000, 263, der die Relevanz des Beihilfeverbots gegenüber den Grundfreiheiten aber als gering einschätzt; ähnlich *Egger*, Europäisches Vergaberecht, 2008, RdNr. 208 ff.; *Fischer* EuZW 2004, 492, 495.

[284] Vgl. beispielsweise EuG, T-158/99, Slg. 2004, II-1, RdNr. 107 – Stoiser; T-14/96, Slg. 1999, II-139, RdNr. 71 – BAI.

[285] EuGH, C-310/99, Slg. 2002, I-2289, RdNr. 5 – Italien/Kommission; C-404/97, Slg. 2000, I-4897, RdNr. 44 – Kommission/Italien; C-39/94, Slg. 1996, I-3547, RdNr. 58 – SFEI/LaPoste; *Calliess/Ruffert/Cremer*, Art. 87 EG RdNr. 15.

[286] Zu diesem Zusammenhang zwischen MIP und Beihilfebegriff vgl. EuGH, C-39/94, Slg. 1996, I-3547, RdNr. 58 ff. – SFEI.

[287] So *Eilmansberger* WuW 2004, 384, 388.

[288] So *Bultmann*, Beihilfenrecht und Vergaberecht, 2004, 114f.

tik losgelösten Test versteht.[289] Der zweite Weg führt dazu, dass das vergaberechtliche Sekundärrecht mit den schweren Folgen des Art. 108 Abs. 3 AEUV versehen wird, ohne dass der Richtliniengeber derartiges beabsichtigt hat.[290]

134   Auch der im Schrifttum häufig gezogene **Umkehrschluss von der Verletzung des MIP** zum Vorliegen einer Beihilfe überzeugt allerdings nicht. Entscheidend ist, ob die Lasten, die der Anbieter üblicherweise zu tragen hat, gemindert werden. Das MIP rückt nicht Lasten und Vorteile des potentiell Begünstigten in den Vordergrund, sondern das Verhalten des Begünstigenden. Verhält sich dieser dem MIP entsprechend, kann eine Begünstigung ausgeschlossen werden, nicht aber gilt umgekehrt, dass Lasten der Gegenseite gemindert werden, nur weil das MIP nicht beachtet worden ist.[291] Im Gegenteil: Der EuGH hat bereits die Möglichkeit anerkannt, dass bestimmte Wirtschaftsentscheidungen des Staates, obwohl sie nicht marktwirtschaftlich geprägt sind, dem Begünstigten „tatsächlich keinen Vorteil" im Sinne der Beihilfevorschriften zuführen.[292]

135   β) **Begünstigungsausschluss durch Wettbewerb.** Alternativ zum MIP ist es möglich, eventuelle Begünstigungen durch die staatliche Marktteilnahme mithilfe eines Bieterwettbewerbs auszuschließen. Die Kommission hat dem Wettbewerb diese Wirkung im Zusammenhang mit der Veräußerung von öffentlichen Unternehmensanteilen bereits 1991 in ihrem damaligen Bericht über die Wettbewerbspolitik zugeschrieben.[293] Der EuGH hat in seinen Entscheidungen *Altmark-Trans* und *Banks* ebenfalls die begünstigungsausschließende Wirkung eines Wettbewerbs angenommen.[294] Während das MIP ein materielles Entscheidungskriterium zur Feststellung einer Begünstigung darstellt, operiert der Wettbewerb **prozedural,** um eine Begünstigung auszuschließen.[295]

136   Der Ausschluss einer Begünstigung ergibt sich aus der konkreten Wirkungsweise des Wettbewerbs um einen Staatsauftrag, auch wenn dieser durch vergabefremde Kriterien ergänzt ist.

137   Liegen mehrere Bieter im Wettstreit um einen bestimmten Auftrag, dann sorgt der Vergleich zwischen ihnen dafür, dass nur die Kosten, die für eine bestimmte Leistung entstehen, auf den Auftraggeber übergewälzt werden. Begünstigungen, die darüber hinaus Lasten des Unternehmens mindern, die es üblicherweise selbst zu tragen hätte, also eine beihilfenrechtlich relevante finanzielle Bezuschussung des Unternehmens an sich, findet nicht statt. Dies gilt unabhängig davon, ob vergabefremde Kriterien bei der Entscheidung zwischen den Bewerbern eine Rolle spielen oder nicht.[296] Werden beispielsweise Bewerber, die eine besonders umweltfreundliche Erledigung des Auftrags versprechen, trotz eines höheren Preises bevorzugt, bewirkt der Leistungswettbewerb, dass nur der kostengünstigste Bieter unter den umweltfreundlichen Bewerbern den Zuschlag erhält. Dadurch bildet der geforderte Preis lediglich die Verteuerung ab, die durch eine bestimmte Ausführung des Auftrags entsteht.[297]

138   Um diese Wirkung zu zeitigen, muss der Wettbewerb bestimmten **Anforderungen** genügen:

139   Das Verfahren selbst muss **diskriminierungsfrei, transparent und wettbewerbsoffen** ablaufen.[298] Diesen Anforderungen dürfte sowohl das sekundärrechtlich verankerte Vergaberecht als auch das eben skizzierte primärrechtliche Vergabeverfahren mit seiner umfassenden Forde-

---

[289] EuGH, C-40/85, Slg. 1986, 2321, RdNr. 13 – Boch; C-234/84, Slg. 1986, 2236, RdNr. 14 – Meura. Ähnlich auch EuG, T-98/00, Slg. 2002, II-3961, RdNr. 49 – Linde/Kommission. Vgl. auch *Grabitz/Hilf/v. Wallenberg* Art. 87 EG RdNr. 33.

[290] *Kaelble,* Vergabeentscheidung und Verfahrensgerechtigkeit, 2008, 142.

[291] *Koenig/Kühling/Ritter* RdNr. 76.

[292] EuGH, C-280/00, Slg. 2003, I-7747, RdNr. 86 – Altmark-Trans.

[293] Kom., Bericht über die Wettbewerbspolitik 1991, RdNr. 248 u. 251; mit ausführlichen Hinweisen zur Kommissionspraxis *Kaelble,* Vergabeentscheidung und Verfahrensgerechtigkeit, 2008, 246 f.

[294] EuGH, C-280/00, Slg. 2003, I-7747, RdNr. 93 – Altmark-Trans; C-390/98, Slg. 2001, I-6147, RdNr. 77 – Banks; ausführlich zu Funktionen des Bieterverfahrens im Beihilfenrecht *Koenig* EuZW 2001, 741 ff.

[295] *Fischer* VergabeR 2004, 1, 5.

[296] *Koenig/Kühling* NVwZ 2003, 779, 782.

[297] *Eilmansberger* WuW 2004, 384, 387: „(...) Gewinnmarge erhöht sich nicht"; *Fischer* VergabeR 2004, 1, 6; *Jennert* NZBau 2003, 417, 419; *Koenig/Kühling* NVwZ 2003, 779, 782; *Pünder* NZBau 2003, 530, 533: Es „(...) wird lediglich dessen Leistung bezahlt.".

[298] *Calliess/Ruffert/Cremer* Art. 87 EG RdNr. 11. Die Terminologie variiert; ausführlich zur Kommissionspraxis und zur Rechtsprechung des EuGH *Kaelble,* Vergabeentscheidung und Verfahrensgerechtigkeit, 2008, 257.

rung nach Gleichbehandlung und Transparenz dem Grundsatz nach genügen.[299] Abzulehnen ist daher die Praxis der Kommission, selbst bei Einhaltung des sekundären Vergaberechts den Beihilfetatbestand gesondert und eigenständig zu untersuchen.[300] Ebenso sind überzogene Anforderungen an den Wettbewerb zu vermeiden, wie beispielsweise die Forderung, es müsse regelmäßig eine europaweite Bekanntgabe des Auftrags aus Gründen des Beihilfenrechts erfolgen.[301] Insbesondere hängt die umschriebene Wirkung des Wettbewerbs nicht davon ab, dass sich die Entscheidung zwischen verschiedenen Bewerbern an rein wirtschaftlichen Kriterien orientiert.[302]

γ) **Einschränkungen.** Zwei Einschränkungen sind allerdings zu machen: Zunächst ist es   **140** primärvergaberechtlich möglich, unter besonderen Voraussetzungen auch ohne jede Publizität **direkt einen Auftrag** zu vergeben (dazu oben RdNr. 88 und 94) oder nur die Angebote einiger weniger vorausgewählter Bewerber zu berücksichtigen (RdNr. 88 ff.). In diesen Fällen kann nicht von vornherein ausgeschlossen werden, dass in der Bezahlung für einen Auftrag eine beihilfenrelevante Überzahlung liegt.[303] Dem Auftraggeber ist in diesen Fällen zu raten, im direkten Verfahren nur Leistungen nachzufragen, für die bereits ein Marktpreis besteht. Dies dürfte häufig bedeuten, auf die Berücksichtigung vergabefremder Elemente zu verzichten, weil es insoweit an etablierten Marktpreisen fehlen wird.

Zum zweiten kann der Wettbewerb seine vorteilsausschließende Wirkung nur entfalten, wenn   **141** die Kriterien, die in die Entscheidungsfindung einfließen, in **engem Zusammenhang mit der Leistung** selbst stehen. Wird hingegen auf Entscheidungskriterien abgestellt, die diesen engen Bezug nicht aufweisen, indem zB. Unternehmen bevorzugt werden, die generell einen hohen Anteil weiblicher Beschäftigter[304] haben oder deren Betrieb allgemein als mittelständisches Unternehmen eingestuft ist,[305] dürfte der Wettbewerb um den Auftrag selbst dann eine Begünstigung nicht ausschließen, wenn unter den Anbietern, die das Kriterium erfüllen, der günstigste gewählt wird. Entscheidet ein **produzenten- und nicht ein produktionsbezogenes Kriterium** über den Erfolg im Wettbewerb, dann bedeutet dies, dass die Leistung an sich durch einen anderen Unternehmer günstiger erbracht werden könnte. Diese Preisdifferenz bildet die Mehrkosten ab, die durch eine bestimmte gewünschte Unternehmensstruktur des Bewerbers entstehen. Es werden also Kosten an den Auftraggeber weitergereicht, die aus einer bestehenden Organisation des Unternehmens resultieren. Übernimmt die öffentliche Hand diese Kosten auch nur teilweise, mindert sie die Lasten, die das Unternehmen üblicherweise selbst zu tragen hätte und überschreitet damit die Grenze zur beihilfenrechtlich relevanten Begünstigung. Hiergegen lässt sich nicht vorbringen, der Wettbewerb zwischen den einzelnen Anbietern sorge dafür, dass nur die Kosten vom Auftraggeber getragen werden würden, die tatsächlich durch die besondere Unternehmensstruktur entstehen.[306] Dieser Einwand läuft nämlich letztlich darauf hinaus, dass das Unternehmen die Beihilfe auch tatsächlich verbrauche; ein Umstand, der bei jeder Zuschussgewährung zu bejahen sein dürfte und dem Beihilfetatbestand nicht entgegensteht.

Es spricht also vieles dafür, auch beihilfenrechtlich (zur Begründung dieser Forderung aus   **142** dem allgemeinen primärrechtlichen Gleichheitssatz RdNr. 127 ff.) zu fordern, dass das vergabefremde Kriterium stets auf den Auftragsgegenstand bezogen sein muss.[307]

c) **Prozedurale Vorgaben.** Nach hier vertretener Ansicht gilt allgemein für alle und damit   **143** auch für die vergabefremden Entscheidungskriterien, dass sie spätestens bei Öffnung der Angebote definitiv, dh. ohne dem Auftraggeber großen Spielraum bei ihrer Anwendung zu geben, festgeschrieben sein müssen. Umgekehrt ergibt sich keine Pflicht des Auftraggebers, bereits zu einem früheren Zeitpunkt verbindlich seine Präferenzen zu präzisieren (dazu ausführlicher oben RdNr. 71).

---

[299] *Bultmann,* Beihilfenrecht und Vergaberecht, 2004, 32 u. 114; *Koenig/Kühling* NVwZ 2003, 779, 786; ähnlich *Dörr* NZBau 2005, 617, 621 f.

[300] Nachweise zu dieser Praxis bei *Kaelble,* Vergabeentscheidung und Verfahrensgerechtigkeit, 2008, 258, Fn. 575.

[301] *Ehricke* ZIP 2001, 489, 494.

[302] AA. *Mestmäcker/Schweitzer* § 43 RdNr. 15.

[303] *Koenig/Kühling/Ritter* RdNr. 106.

[304] Vgl. zB.: § 7 FrauenFöV Brandenburg.

[305] Vgl. dazu etwa den früheren § 4 der RL für die bevorzugte Berücksichtigung von kleinen und mittleren Unternehmen, Bek. des Bundesministeriums für Wirtschaft v. 1. 10. 1992, BAnz, 8409.

[306] In diese Richtung *Pünder* NZBau 2003, 530, 532.

[307] Ohne diese Einschränkung *Fischer* VergabeR 2004, 1, 6; *Jennert* NZBau 2003, 417, 418; explizit aA. *Pünder* NZBau 2003, 530, 532 u. offenbar auch *Kaelble,* Vergabeentscheidung und Verfahrensgerechtigkeit, 2008, 266.

144   Möchte der Auftraggeber vergabefremde Entscheidungskriterien einbeziehen, muss er nicht nur beachten, dass diese **inhaltlich** das **Verbot der Diskriminierung** aus Gründen der Staatsangehörigkeit und das **Gebot der Gleichbehandlung** respektieren sollen, sondern den Gleichheitsrechten auch in **prozeduraler Hinsicht,** also bei Ausgestaltung des Verfahrens, gerecht werden sollen. Hier werden insbesondere die grundfreiheitlichen Diskriminierungsverbote virulent. Deshalb kann es sich beispielsweise als unzulässig erweisen, wenn auf nationale Pläne bei der Frauenförderung rekurriert wird[308] oder die Anerkennung von förderungswürdigen Behindertenwerkstätten ausschließlich nationalen Stellen übertragen wird.[309] In diesen Fällen ist zumindest eine potentielle Diskriminierung ausländischer Bewerber denkbar.

B. Ablauf des Vergabeverfahrens

Schrifttum: *Bitterich,* Kündigung vergaberechtswidrig zu Stande gekommener Verträge durch öffentliche Auftraggeber, NJW 2006, 1845; *Burgi,* Die Bedeutung der allgemeinen Vergabegrundsätze Wettbewerb, Transparenz und Gleichbehandlung, NZBau 2008, 29; *Byok,* Das Gesetz zur Modernisierung des Vergaberechts – GWB 2009, NVwZ 2009, 551 ff.; *Costa-Zahn/Lutz,* Die Reform der Rechtsmittelrichtlinien, NZBau 2008, 22; *Dreher/Hoffmann,* Die Informations- und Wartepflicht sowie die Unwirksamkeitsfolge nach den neuen §§ 101a und 101b GWB, NZBau 2009, 216; *Dreher,* Vergaberechtsschutz unterhalb der Schwellenwerte, NZBau 2002, 419; *Hoffmann,* Der materielle Bieterbegriff im Kartellvergaberecht – Eine Betrachtung am Beispiel des § 13 VgV, NZBau 2008, 749; *Jennert/Räuchle,* Beendigungspflicht für vergaberechtswidrige Verträge, NZBau 2007, 555; *Kratzenberg,* Der Begriff des Öffentlichen Auftraggebers und der Entwurf des Gesetzes zur Modernisierung des Vergaberechts, NZBau 2009, 103; *ders.,* Die neue Gesamtausgabe der VOB 2006 im Oktober 2006 – Das Sofortpaket zur VOB/A, Neues in VOB/B, VOB/C und bei der Präqualifikation von Bauunternehmen, NZBau 2006, 601; *Kühling/Huerkamp,* Ausschreibungsverzicht und Europäische Grundfreiheiten – Das Vergaberecht in der (Wirtschafts-)krise, NVwZ 2009, 557; *Kus,* Losvergabe und Ausführungskriterien, NZBau 2009, 21; *Müller-Wrede,* Grundsätze der Losvergabe unter dem Einfluss mittelständischer Interessen, NZBau 2004, 643 ff.; *Prieß,* Die Leistungsbeschreibung – Kernstück des Vergabeverfahrens, NZBau 2004, 20, 87; *Prieß/Gabriel,* Beendigung des Dogmas durch Kündigung: Keine Bestandsgarantie für vergaberechtswidrige Verträge, NZBau 2006, 219; *Prieß/Hölzl,* GWB 2009: Öffentlicher Auftraggeber und Auftrag – keine Überraschungen, NZBau 2009, 159; *Schaller,* Dokumentations-, Informations-, Mitteilungs-, Melde- und Berichtspflichten im öffentlichen Auftragswesen, VergabeR 2007, 394; *Storr,* Fehlerfolgenlehre im Vergaberecht, SächsVBl. 2009, 60.

I. Entwicklung des deutschen Vergaberechts

145   **1. Die traditionelle „Haushaltsrechtliche Lösung".** Das Recht der öffentlichen Auftragsvergabe ist in Deutschland traditionell spezieller Teil des Haushaltsrechts, welches seiner Natur nach an Fiskalinteressen ausgerichtet ist und Bietern keine subjektiven Rechte einräumt.[310] Dieser Tradition folgend setzte der deutsche Gesetzgeber 1993/1994 die materiellen Vergaberichtlinien und die beiden Rechtsmittelrichtlinien aus den Jahren 1989 bis 1993[311] in Form einer „haushaltsrechtlichen Lösung" mit dem Zweiten Gesetz zur Änderung des HGrG und den beiden auf ihm basierenden Rechtsverordnungen – der Vergabeverordnung sowie der Nachprüfungsverordnung (NpV)[312] – um. Die Vergabeverordnung verwies zudem auf die bereits seit den 20er Jahren bestehenden, von Verdingungsausschüssen aus Wirtschaft und Auftraggeberseite erarbeiteten Verdingungsordnungen für Bauleistungen (VOB), freiberufliche Leistungen (VOF) und sonstige Leistungen (VOL).[313] Diese frühzeitige Festlegung des Gesetzgebers ist ein Grund dafür, dass es bis heute kein einheitliches Regelwerk für Vergaben gibt.

146   Die Entscheidung für die „haushaltsrechtliche" Regelung bedeutete zugleich eine Entscheidung gegen den subjektiven Bieterrechtsschutz. Entsprechend ihrer systematische Verortung im HGrG, in der Bundeshaushaltsordnung und in den entsprechenden landes- und gemeinderechtlichen Vorschriften hatten die vergaberechtlichen Vorschriften den Charakter von objektiven Ordnungsregeln, denen als staatliches Binnenrecht nach weit überwiegender Auffassung keine Außenwirkung zukam.[314] In der Begründung zum Gesetzesentwurf wurde als Ziel der Novelle

---

[308] *Benedict,* Sekundärzwecke im Vergabeverfahren, 2000, 226 f; *Ziekow* NZBau 2001, 72, 77 f.

[309] Zu dieser Praxis der Bundesrepublik und ihren Änderungen *Meyer,* Die Einbeziehung politischer Zielsetzungen bei der öffentlichen Beschaffung, 2002, 201.

[310] Überblicksartig zur Historie BeckVOB-Komm/*Pietzcker,* Syst II, RdNr. 23 ff.

[311] RL 89/665/EWG, ABl. 1989 L 395/33, und 92/13/EWG, ABl. 1992 L 6/47.

[312] BGBl. I 1994 S 324.

[313] Zur Entwicklung der Verdingungsordnungen s. *v. Walthelm,* Das öffentliche Auftragswesen, 58 ff.

[314] *Grabitz/Hilf/Hailbronner* B 1. RdNr. 16.

ausdrücklich festgehalten, „individuelle, einklagbare Rechtsansprüche der Bieter nicht entstehen zu lassen."[315] Auch VOB, VOF und VOL waren aufgrund der Art ihres Erlasses weder Verordnungen noch Satzungen oder gar gesetzliche Vorschriften und boten den Teilnehmern am Vergabeverfahren allenfalls sekundärrechtliche Schadensersatzansprüche (*culpa in contrahendo*; heute §§ 280 Abs. 1, 311 Abs. 2, 241 Abs. 2 BGB), die mangels Beweisbarkeit in der Regel scheiterten.[316]

2. Die „Kartellrechtliche Lösung". Das Festhalten an der haushaltsrechtlichen Tradition **147** war strukturell mit der europäischen Zielsetzung, ein bieterschützendes Vergaberecht mit prozeduraler Absicherung der materiellen Rechte zu schaffen, unvereinbar.[317] Als die Bundesregierung durch ein von der Europäischen Kommission eingeleitetes Vertragsverletzungsverfahren nach Art. 258 AEUV[318] und Sanktionsdrohungen seitens der US-amerikanischen Regierung, die befürchtete, der fehlende vergaberechtliche Rechtsschutz könnte zur Diskriminierung von amerikanischen Bieterunternehmen führen,[319] politisch unter Druck geriet, entschloss sie sich im Jahre 1996 zu einer grundlegenden Reform des deutschen Vergaberechts,[320] welche zur Aufgabe der haushaltsrechtlichen Lösung und hin zur **kartellrechtlichen Lösung** führte. Die Reform umfasste eine Novellierung sowohl der Rechtsgrundlagen der Vergabe öffentlicher Aufträge als auch der Vorschriften über die Nachprüfbarkeit von Vergabeentscheidungen.

Mit dem am 1. 1. 1999 in Kraft getretenen VgRÄG[321] wurde im Rahmen der 6. GWB- **148** Novelle[322] ein vierter Abschnitt (§§ 97–129) in das GWB eingefügt. Seither ist der durch die materiellen Vergaberichtlinien vorgegebene subjektiv-rechtliche Anspruch auf Einhaltung der Bestimmungen über das Vergabeverfahren in § 97 Abs. 7 normiert. Dieses Recht kann nach einer verwaltungsrechtlich ausgestalteten Eingangsinstanz (Vergabekammern) in zweiter Instanz im einstweiligen Rechtsschutz vor einem ordentlichen Gericht (Vergabesenat beim OLG) geltend gemacht werden (§ 116). Da der Anwendungsbereich des 4. Teils in § 100 Abs. 1 auf Aufträge beschränkt ist, welche die Schwellenwerte erreichen oder überschreiten, bietet das GWB selbst allerdings nur Rechtsschutz für Vergaben oberhalb der gemeinschaftsrechtlich vorgegebenen Schwellenwerte.

Um nicht vollständig mit der deutschen vergaberechtlichen Tradition zu brechen, wurde **149** nicht das ganze Vergaberecht im GWB geregelt. Für die Ausgestaltung der näheren Bestimmungen ermächtigten §§ 97 Abs. 6 und 127 die Bundesregierung mit Zustimmung des Bundesrates zum Erlass einer Rechtsverordnung. Die hierauf erlassene VgV[323] enthielt zum einen selbst materielle Verfahrensvorschriften und diente zum anderen als Scharnier zu den Abschnitten 2–4 der VOB, VOF und VOL, welche aufgrund der Verweisung in den §§ 4–7 VgV selbst Verordnungsrang erlangt haben und wesentliche Teile des materiellen Vergaberechts regeln.[324] Die Verweisung ist rechtlich zulässig, da es sich bei der Verweisung um eine statische Verweisung handelt. Die als **Kaskadensystem**[325] bezeichnete Aufteilung des Vergaberechts auf drei Normebenen (GWB; VgV; Verdingungsordnungen – heute Vergabe- und Vertragsordnungen) trägt allerdings zur Intransparenz des Vergaberechts bei.

Sachlich gelten die VOB für Bauleistungen, die VOF für rein freiberufliche Leistungen ober- **150** halb der Schwellenwerte[326] und schließlich die VOL grundsätzlich für alle Beschaffungen (Lieferungen und Leistungen), die nicht der VOB unterfallen und nicht rein freiberuflich sind.[327] Die Ausgliederung der rein freiberuflichen Leistungen in die eigenständige VOF ist nicht europa-

---

[315] BT-Drucks. 12/4636 S. 12.

[316] Umfassend zu den Anspruchsgrundlagen BeckVOB-Komm/*Motzke*, Syst V.

[317] EuGH, C-433/93, Slg. 1995, I-2303 – Kommission/Deutschland; BeckVOB-Komm/*Pietzcker*, Syst II RdNr. 33; *Immenga/Mestmäcker/Dreher*, EG-WettbR, RdNr. 58; *Grabitz/Hilf/Pietzcker*, B 19, RdNr. 2f.; *Prieß* 100.

[318] EuGH, C-433/93, Slg. 1995, I-2303 – Kommission/Deutschland; es folgte ein weiteres Mahnschreiben, abgedruckt in: ZIP 1995, 1040.

[319] Abgedruckt in: forum Vergabe e. V. (Hrsg.), Vergaberechtsänderungsgesetz 1998, 10.2.

[320] Kabinettsbeschluss vom 25. 9. 1996; Vorlage des BMWi v. 23. 9. 1996 (AZ.: I B 3-260 500/16), abgedruckt in: VergabeR 1/1996, 57.

[321] Dazu *Schneevogl/Horn* NVwZ 1998, 1242.

[322] BGBl. S. 2512.

[323] BGBl. I 2001 S. 110, neugefasst durch Bek. v. 11. 2. 2003 (BGBl. I S. 169), zuletzt geändert am 23. 10. 2006 (BGBl. I S. 2334).

[324] *Kulartz/Marx/Portz/Prieß* Einl. RdNr. 14.

[325] Vgl. BeckVOB-Komm/*Pietzcker*, Syst II RdNr. 32.

[326] Zu den Schwellenwerten § 2 VgV RdNr. 4ff.

[327] *Müller-Wrede*, VOL/A, § 1 RdNr. 1. Siehe § 99 RdNr. 232ff.

rechtlich bedingt (die Vergaberichtlinien unterteilten nur nach Bau-, Liefer- und Dienstleistungsaufträgen), sondern eine deutsche Besonderheit, welche Ausdruck der Tradition der Sonderstellung der Freiberufler im deutschen Recht ist. Bei gemischten Aufträgen richtet sich die Anwendbarkeit der einzelnen Regelungen nach § 99 Abs. 7 und 8,[328] wobei sich die Anwendbarkeit grundsätzlich nach dem Schwerpunkt der Leistung richtet. Die **Struktur der VOF** war einfach, da sie nur zwei Kapitel (allgemeine Vorschriften und spezielle Regelungen für die Vergabe von Architekten- und Ingenieurleistungen) enthielt. Das **Regelungssystem der VOB und VOL** war dagegen wegen des sog. **Schubladenprinzips** unübersichtlich.[329] Zunächst bestand die VOL aus zwei (A und B), die VOB aus drei Teilen (A, B und C). In Teil A war jeweils das bei der Vergabe einzuhaltende Verfahren bis zum Vertragsschluss geregelt. Teil B enthielt je allgemeine Vertragsbedingungen für die Ausführung der Leistung. Die VOB/C führte ergänzende technische Vertragsbedingungen für Bauleistungen auf. Die für das Vergabeverfahren maßgeblichen Teile A der VOB und der VOL waren ursprünglich in je vier Abschnitte unterteilt, die inhaltsgleich sind (Schubladenprinzip). Die **„Basisparagraphen"** der 1. Abschnitte galten im Bereich unterhalb der Schwellenwerte[330] (§ 2 VgV). Ausgehend vom Primat des sparsamen und wirtschaftlichen Mitteleinsatzes (§§ 6 HGrG, 7 BHO) verpflichten die Haushaltsordnungen von Bund, Ländern und Gemeinden die öffentlichen Auftraggeber vor dem Abschluss von Verträgen zur Beschaffung von Leistungen zur öffentlichen Ausschreibung, sofern nicht die Natur des Geschäfts oder besondere Umstände eine Ausnahme rechtfertigen.[331] Gemäß § 55 Abs. 2 BHO/LHOen ist beim Abschluss von Verträgen nach einheitlichen Richtlinien zu verfahren. Für die öffentlichen Ausschreibungen auch unterhalb der Schwellenwerte sollen grundsätzlich identische Voraussetzungen gelten.[332] Die Basisparagraphen haben von allen öffentlichen Auftraggebern anzuwenden, die aufgrund der Bundes-, Länder- oder Gemeindehaushaltsordnungen zur Anwendung von VOB, VOF und VOL verpflichtet sind.[333] Die 2. Abschnitte setzten die VKR in die **„a-Paragraphen"** um. Die Abschnitte 3 **(b-Paragraphen)** und 4 **(Sektorenabschnitt)** der VOB/A und VOL/A dienten der Umsetzung der Sektorenrichtlinie.

151   **3. Modernisierung des Vergaberechts.** Mit dem **Gesetz zur Modernisierung des Vergaberechts** vom 20. April 2009,[334] das der Umsetzung der EG-Vergaberichtlinien 2004/17 und 2004/18 sowie der Rechtsmittelrichtlinie 2007/66/EG dient und das der Bundestag am 19. 12. 2008[335] und der Bundesrat am 13. 2. 2009[336] gebilligt haben, hat der Gesetzgeber erneut die Chance einer „großen Lösung" verpasst.[337] Die Begründung des Gesetzgebers für das Festhalten am Kaskadensystem[338] vermag nicht zu überzeugen. Die Tatsache, dass die Praxis sich in Teilen inzwischen an das Kaskadensystem gewöhnt haben mag und nach der Begründung an Bewährtem festhalten wollte, rechtfertigt nicht ein Festhalten daran. Ebenso wird dadurch nicht die wettbewerbliche Bedeutung der Regeln zusätzlich gestärkt. Das Zusammenspiel von Kartellrecht und Vergaberecht rechtfertigt es daher nicht, kein eigenes Vergabegesetz zu kodifizieren.[339] Denn der Wettbewerbsgrundsatz ist ohnehin ein tragender Grundsatz des Vergaberechts, das der Verwirklichung des Binnenmarktes dient.

152   Bei der Umsetzung der Richtlinien in deutsches Recht wurden einige Regelungen der VgV ins GWB übernommen und teilweise verändert, wodurch eine weitere Zusammenfassung des

---

[328] Vgl. § 99 RdNr. 236ff.

[329] Für einen Überblick vgl. BeckVOB-Komm/*Pietzcker*, Syst II RdNr. 29.

[330] Zu den Schwellenwerten § 2 VgV RdNr. 4ff.

[331] §§ 30 HGrG, 55 Abs. 1 BHO/LHOen; § 29 Abs. 1 GemHV BBg; § 31 GemHVO BW; § 29 Abs. 1 GemHVO LSA; § 31 Abs. 1 ThürGemHV; § 32 Abs. 1 GemHVO NDS; § 29 S. 1 GemHVO MV; § 30 Abs. 1 GmHVO HE; § 22 Abs. 1 GemHVO RPF; § 25 Abs. 1 NRW GemHVO; § 32 Abs. 1 GemHVO SA; § 31 Abs. 1 GemHVO S L.

[332] *Broß* ZweR 2003, 270, 271.

[333] Vgl. § 29 Abs. 2, 3 GemHV BBg und § 31 Abs. 2 ThürGemHV.

[334] BGBl. I 2009 S. 790.

[335] BT-Prot. 16/197, S. 21382ff., angenommen wurde die Beschlussempfehlung des Ausschusses für Wirtschaft und Technologie v. 17. 12. 2008 (BT-Drucks. 16/11428), welche weitestgehend dem Entwurf der Bundesregierung (BT-Drucks. 16/10117) entspricht.

[336] BR-Drucks. 35/09.

[337] Vgl. nur die Begründung der Bundesregierung BT-Drucks. 16/10117, S. 14. Vgl. auch *Byok* NJW 2008, 559 und *Costa-Zahn/Lutz* NZBau 2008, 22.

[338] BT-Drucks. 16/10117, Amtl. Begr. S. 3.

[339] AA. *Immenga/Mestmäcker/Dreher*, EG-WettbR, RdNr. 60.

Vergaberechts im GWB erreicht wird. Das Kaskaden- und Schubladensystem bleiben aber grundsätzlich bestehen. Trotz der mit der Modernisierung erreichten Vereinfachungen ist die Modernisierung des Vergaberechts insgesamt kritisch zu beurteilen.[340] Wesentliche Änderungen sind die Stärkung des Mittelstandsschutzes in § 97 Abs. 3 GWB durch eine grundsätzlich zwingende Aufteilung in Lose, die ausdrückliche Regelung der In-House-Vergabe in § 99 Abs. 1 GWB,[341] die Regelung neuer Vergabeverfahrensarten (elektronische Auktion und das dynamische elektronische Verfahren in § 101 Abs. 6 GWB). Die Vorabinformationspflicht findet sich künftig in § 101 a GWB. § 101 b sieht eine „schwebende Wirksamkeit" für Verträge vor, die unter Verstoß gegen die Vorabinformationspflicht oder als De-facto-Vergabe zustande gekommen sind; wenn dies innerhalb einer Ausschlussfrist in einem Nachprüfungsverfahren festgestellt wird, sind die Verträge ex tunc unwirksam.[342] Änderungen ergeben sich auch in den Verfahrensregeln für das Nachprüfungsverfahren und die sofortige Beschwerde, wobei insbesondere die Möglichkeit der Hinterlegung einer Schutzschrift des Auftraggebers (§ 110 Abs. 2 GWB), Fristverkürzungen (zB. §§ 107 Abs. 3, 113 Abs. 1) und die Ausnahme vom Zuschlagsverbot wegen Geheimhaltungsbedürftigkeit (§ 100 Abs. 2 lit. d) zu beachten sind. Diese Regelungen stärken die Position der Auftraggeber zu Lasten des Bieterrechtsschutzes.[343] Das steht zwar im Einklang mit den Vergaberichtlinien. Bei der ggf. notwendigen richtlinienkonformen Auslegung der nationalen Vorschriften ist allerdings zu beachten, dass die Rechtsmittelrichtlinie gerade auch einen effektiven Bieterrechtsschutz bezweckt.[344]

Im Rahmen der Vergaberechtsmodernisierung werden auch die **Verdingungsordnungen** **153** bzw. nunmehr **Vergabe- und Vertragsordnungen** angepasst. Es handelte sich um sprachliche Anpassungen, systematische Vereinfachungen und insgesamt um eine Vereinheitlichung, um eine anwenderfreundliche Ausgestaltung zu erreichen. Die Nummerierung hat sich fast durchgehend geändert und einzelne Bestimmungen sind ganz weggefallen, insbesondere weil die dort enthaltenen Regelungen in andere Bereiche eingegliedert wurden. Im Rahmen der Anpassung der Vergabe- und Vertragsordnungen ist die VOL/A in zwei unabhängige Abschnitte – einen für den Unterschwellen-, einen anderen für den Oberschwellenbereich – unterteilt worden, um der Praxis den schwierigen Umgang mit den Basis- und a-Paragraphen zu erleichtern. Außerdem wurde das Schubladenprinzip aufgeweicht, indem die SektVO über die Vergabe von Aufträgen im Bereich des Verkehrs, der Trinkwasser- und Energieversorgung geschaffen wurde, in der die Abschnitte 3 und 4 der VOB/A und VOL/A zusammengefasst wurden, so dass VOB/A und VOL/A nur noch **zwei Abschnitte** enthalten. Auch die VOF wurde neu strukturiert und zusammengefasst. Grund für die späte Veröffentlichung der neuen Vergabe- und Vertragsordnungen war die späte Verabschiedung der novellierten VgV.

4. Zweites Konjunkturpaket. Am 27. 1. 2009 hat das Bundeskabinett im Rahmen des sog. **154** **Zweiten Konjunkturpakets** eine Vereinfachung des Vergaberechts beschlossen, um damit Investitionen zu beschleunigen. Der Bundestag hat das Zweite Konjunkturpaket am 13. Februar 2009 gebilligt,[345] der Bundesrat hat am 20. Februar 2009 zugestimmt.[346] Das Konjunkturpaket II gilt nur für Vergaben auf der Ebene des Bundes. Die Länder sind allerdings der Aufforderung der Bundesregierung gefolgt und haben ebenfalls die Wertgrenzen gesenkt.[347]

---

[340] Siehe auch *Byok* NVwZ 2009, 551.

[341] Dazu unten RdNr. 54; § 99 RdNr. 41 ff.

[342] § 101 b RdNr. 9 ff.

[343] So auch *Knauff/Streit* EuZW 2009, 37.

[344] Siehe zB. RL 2007/66, Tz. 2 und Titel („... im Hinblick auf die Verbesserung der Wirksamkeit der Nachprüfungsverfahren"), ABl. 2007 L 335/31.

[345] Drucks. 16/11740.

[346] Drucks. 120/09.

[347] *Baden-Württemberg*: Verwaltungsvorschrift der Ministerien zur Beschleunigung öffentlicher Aufträge v. 17. 2. 2009; *Bayern*: Bekanntmachung der Staatsregierung v. 3. 3. 2009; *Berlin*: Gemeinsames Rundschreiben Nr. 1/2009; *Brandenburg*: Runderlass v. 11. 2. 2009; *Bremen*: Gesetz zur Erleichterung von Investitionen v. 4. 4. 2009 (Wertgrenzen des Bundes nicht übernommen); *Hamburg*: Rundschreiben 1/09 der Behörde für Stadtentwicklung und Umwelt; *Hessen*: Gemeinsamer Runderlass des Ministeriums für Wirtschaft, Verkehr und Landesentwicklung v. 18. 3. 2009; *Mecklenburg-Vorpommern*: Verwaltungsvorschrift v. 30. 1. 2009, ABl. 2009, S. 100; *Niedersachsen*: Gemeinsamer Runderlass vom 4. 2. 2009; *Nordrhein-Westfalen*: Gemeinsamer Runderlass vom 3. 2. 2009; *Rheinland-Pfalz*: Erlass des Ministeriums für Wirtschaft, Verkehr, Landwirtschaft und Weinbau v. 13. 2. 2009; *Saarland*: Erlass der Landesregierung v. 23. 1. 2009; *Sachsen*: Verwaltungsvorschrift v. 13. 2. 2009, ABl. Nr. 9/2009 v. 26. 2. 2009; *Sachsen-Anhalt*: Runderlass v. 20. 1. 2009, MBl. Nr. 4/2009 v. 9. 2. 2009; *Schleswig-Holstein*: Verordnung v. 12. 2. 2009 des Ministeriums für Wissenschaft,

155 Im Einzelnen wurde zunächst haushaltsrechtlich die Kostengrenze für kleine Baumaßnahmen des Bundes auf 5.000.000 € angehoben. Unterhalb dieser Grenze müssen die Maßnahmen nicht mehr einzeln veranschlagt werden und unterliegen einem vereinfachten Genehmigungs- und Anerkennungsverfahren. Weiter wurden die **nationalen Schwellenwerte**[348] für Beschränkte Ausschreibungen und Freihändige Vergaben – je ohne öffentlichen Teilnahmewettbewerb – deutlich angehoben.[349] Darüber hinaus soll es für die Schwellenwerte nicht auf den Gesamtauftragswert, sondern auf die konkret ausgeschriebene Maßnahme ankommen. Durch diese neuen nationalen Schwellenwerte wurde der Anwendungsbereich der Beschränkten Ausschreibung und der Freihändigen Vergabe erheblich ausgeweitet. Zudem wurde der Vorrang der Öfentlichen Vergabe aufgehoben. Die Auftraggeber können also ohne Nachweis eines Ausnahmetatbestandes Beschränkte Ausschreibungen oder Freihändige Vergaben durchführen. Ab bestimmten Wertgrenzen[350] wird nach der Zuschlagserteilung durch Veröffentlichung auf dem Internetportal des Bundes eine *ex-post*-Transparenz hergestellt.

156 Oberhalb der europäischen Schwellenwerte[351] (§ 2 VgV) soll außerdem generell das **Beschleunigte Verfahren** zur Anwendung kommen können, weil die Europäische Kommission – einer Schlussfolgerung des Europäischen Rates v. 12. 12. 2008 folgend – von einer besonderen „Dringlichkeit" iSd. Art. 31 Nr. 1 lit. c, 38 Abs. 8 VKR (§ 3 Abs. 3 Nr. 3 VOB/A) ausgeht.[352] Die Dauer eines Ausschreibungsprozesses könnte so von maximal 87 Tagen auf bis zu 30 Tage reduziert werden. Diese Vorgehensweise begegnet erheblichen Bedenken: Zum einen haben der Europäische Rat und die Europäische Kommission diese **„Dringlichkeit"** nur für „große öffentliche Investitionsprojekte" ausdrücklich angenommen.[353] Die Bundesministerien dagegen gehen davon aus, dass bei jeder Vergabe oberhalb der europäischen Schwellenwerte „Dringlichkeit" gegeben sei.[354] Hinzu kommt, dass die beabsichtige Beschleunigung des Vergaberechts nichts an der Geltung des Primärrechts zu ändern vermag. Insbesondere müssen die Grundfreiheiten gewahrt bleiben. Das Vergaberecht kennt zwar eine Verkürzung der Fristen für Teilnahmeanträge und Angebote in Fällen der Dringlichkeit. Diese Dringlichkeit kann aber nicht generell-abstrakt bestimmt werden,[355] da ansonsten der Anwendungsbereich des Vergaberechts und damit die Wirksamkeit der Grundfreiheiten zu weitgehend eingeschränkt würde. Nach Sinn und Zweck von Art. 31 Nr. 1 lit. c, 38 Abs. 8 VKR muss es für die Frage der „Dringlichkeit" darauf ankommen, ob für den konkreten Auftraggeber – wie bei den Standardbeispielen der Naturkatastrophen oder Unglücksfälle – wegen einer besonderen Bedarfssituation „Dringlichkeit" gegeben ist. Davon kann nicht generell ausgegangen werden, wenn die volkswirtschaftliche Situation schwierig ist. Als Ausnahme ist Art. 38 Abs. 8 VKR zudem eng auszulegen.[356] Es ist daher im Ergebnis in jedem Einzelfall konkret zu prüfen, ob „Dringlichkeit" für den konkreten Auftrag objektiv[357] gegeben ist. Die Beweislast für das tatsächliche Vorliegen der eine Ausnahme rechtfertigenden außergewöhnlichen Umstände trägt derjenige, der sich auf diese Ausnahme berufen will.[358] Die Maßnahmen gelten vorläufig **bis zum 31. Dezember 2011,** wobei es auf den Beginn der Maßnahme ankommt, der in 2010 liegen muss.

Wirtschaft und Verkehr, GVBl. Nr. 3/2009, S. 78 v. 26. 2. 2009; *Thüringen*: zweite Änderung der Vergabe-Mittelstandsrichtlinie v. 24. 2. 2009.

[348] Hierzu allgemein *Noch* RdNr. 57.

[349] Für Bauleistungen bei Beschränkter Ausschreibung 1 000 000 €, bei Freihändiger Vergabe 100 000 €; für Dienst- und Lieferleistungen 100 000 € (alle ohne Umsatzsteuer), vgl. Bundesministerium für Verkehr, Bau und Stadtentwicklung, Schreiben v. 27. 1. 2009 und v. 17. 2. 2009; Bundesministerium für Wirtschaft und Technologie, Schreiben v. 29. 1. 2009.

[350] Bei Dienst- und Lieferaufträgen 25 000 €; für Bauaufträge bei Beschränkter Ausschreibung 150 000 €, bei Freihändiger Vergabe 50 000 €.

[351] Dazu § 2 VgV RdNr. 4 ff.

[352] Pressemitteilung der Kommission v. 19. 12. 2008 (IP/08/2040). Zur „Dringlichkeit" siehe auch die Mitt. „Gemeinschaftsrecht" Abschnitt 2.1.4.

[353] Pressemitteilung der Kommission v. 19. 12. 2008 (IP/08/2040).

[354] Bundesministerium für Verkehr, Bau und Stadtentwicklung, Schreiben v. 27. 1. 2009 und v. 17. 2. 2009; Bundesministerium für Wirtschaft und Technologie, Schreiben v. 29. 1. 2009.

[355] EuGH, C-328/92, Slg. 1994, I-1569 – Kommission/Spanien; *Kühling/Huerkamp* NVwZ 2009, 557, 561.

[356] EuGH, C-71/92, Slg. 1993, I-5923, RdNr. 36 – Kommission/Spanien.

[357] *Kapellmann/Messerschmidt/Stickler*, VOB Teile A und B, VgV, 2. Aufl. 2007, § 3 VOB/A RdNr. 53; BeckVOB-Komm/*Jasper* § 3 RdNr. 53.

[358] EuGH, C-328/92, Slg. 1994, I-1569, RdNr. 15 und 16 – Kommission/Spanien; C-157/06, Slg. 2008, I-7313, RdNr. 23 – Kommission/Italien.

II. Anwendungsbereich des GWB-Vergaberechts

a) Personeller Anwendungsbereich – *ratione personae*. Der persönliche Anwendungsbe- 157
reich des GWB ist nur für **öffentliche Auftraggeber** eröffnet, § 98.[359] Der Auftraggeberbegriff ist funktional und damit weit auszulegen.[360] Das folgt dem Zweck des EU-Vergaberechts,
die Gefahr einer Bevorzugung einheimischer Bieter oder Bewerber bei der Auftragsvergabe
durch öffentliche Auftraggeber zu verhindern und zugleich die Möglichkeit auszuschließen, dass
eine vom Staat, von Gebietskörperschaften oder andern Einrichtungen des öffentlichen Rechts
finanzierte oder kontrollierte Stelle sich von anderen als wirtschaftlichen Überlegungen leiten
lässt.[361]

b) Sachlicher Anwendungsbereich – *ratione materiae*. Sachlich ist das GWB anzuwen- 158
den, wenn ein öffentlicher Auftrag vergeben werden soll, der die Schwellenwerte überschreitet.
Wann ein **öffentlicher Auftrag** vorliegt, bestimmt sich nach **§ 99 GWB**.[362] In § 99 Abs. 1
sind öffentliche Aufträge legaldefiniert. Die Abs. 2 bis 6 definieren einige besondere Formen
öffentlicher Aufträge, Abs. 7 regelt die typengemischten Verträge. § 100 Abs. 2 sieht Ausnahmen vor. Bei der Beurteilung, ob ein öffentlicher Auftrag iSd. Vergaberechts vorliegt, ist eine
funktional-wirtschaftliche Betrachtungsweise geboten. Gemäß § 100 Abs. 1 unterfällt ein öffentlicher Auftrag nur dann dem 4. Teil des GWB, wenn dessen geschätzter Auftragswert ohne
Mehrwertsteuer den maßgeblichen Schwellenwert des § 2 VgV erreicht,[363] da der Aufwand
einer gemeinschaftsweiten Ausschreibung für Vergabestelle, Bieter und Bewerber nach hM. erst
ab einer bestimmten Größenordnung vertretbar ist.[364] Der Tag der Abgabe der Bekanntmachung der beabsichtigten Auftragsvergabe oder der Zeitpunkt der sonstigen Einleitung des Vergabeverfahrens ist maßgeblicher Zeitpunkt für die Schätzung des Auftragswertes (§ 3 Abs. 9
VgV). Durch den vorgegebenen zeitlichen Rahmen wird sichergestellt, dass die für den Schwellenwert maßgebliche Schätzung nicht unter wettbewerbswidrige Einflüsse gerät. Die Schätzung
muss in einem Zeitpunkt erfolgen, der es ausschließt, dass bereits das Angebot irgendeines Bieters vorliegt.[365]

Die **Aufteilung eines Auftrags in Lose,** welche für sich genommen die Schwellenwerte 159
des § 2 VgV nicht erreichen, führt nicht automatisch dazu, dass die Beauftragung der Lose vergaberechtsfrei erfolgen darf. Für sie richtet sich die Schwellenwertberechnung vielmehr nach
§ 2 Nr. 6, 7 VgV. Ferner darf die Vergabestelle den für sie ungünstigen Anwendungsbereich des
Vergaberechts oberhalb der Schwellenwerte nicht dadurch umgehen, indem sie mehrere funktional zusammengehörende Auftragsteile nicht als Lose eines einzelnen Auftrags, sondern als
Einzelaufträge vergibt.[366]

c) Räumlicher Anwendungsbereich – *ratione loci*. Das deutsche Vergaberecht ist auf Ver- 160
gabeverfahren immer dann anzuwenden, wenn ein öffentlicher Auftraggeber nach dem GWB
einen öffentlichen Auftrag vergibt, selbst wenn der Ort der Leistungserbringung außerhalb des
deutschen Staatsgebietes liegt. In all diesen Fällen sind auch die deutschen Nachprüfungsinstanzen
für die Überprüfung von Vergabeverfahren zuständig.

§ 130 Abs. 2, der das kartellrechtliche Wirkungsprinzip normiert, regelt lediglich die Anwen- 161
dung des GWB auf Wettbewerbsbeschränkungen, die außerhalb des Geltungsbereichs des GWB
veranlasst werden, sich aber im Geltungsbereich des Gesetzes auswirken. Die Anwendbarkeit
des deutschen Vergaberechts auf Vergaben von Leistungen, die außerhalb des Geltungsbereichs
des GWB durchgeführt werden, ergibt sich aber aus dem Wortlaut des GWB-Vergaberechts.
Nach § 97 Abs. 1 beschaffen öffentliche Auftraggeber Waren, Bau- und Dienstleistungen nach

---

[359] Vgl. § 98 RdNr. 10 ff.; *Prieß/Hölzl* NZBau 2009, 159.
[360] EuGH, C-237/99, Slg. 2001, I-939 – Kommission/Frankreich; OLG Düsseldorf, NZBau 2003, 400;
Immenga/Mestmäcker/Dreher, EG-WettbR, § 98 RdNr. 6.
[361] EuGH, C-380/98, Slg. 2000, I-8035 – University of Cambridge; C-237/99, Slg. 2001, I-939, Rd-
Nr. 42 – Kommission/Frankreich; C-44/96, Slg. 1998, I-73 RdNr. 33 – Mannesmann Anlagenbau Austria;
C-360/96, Slg. 1998, I-6821 RdNr. 42 u. 43 – BFI Holding.
[362] Vgl. § 99 RdNr. 4 ff.; *Prieß/Hölzl* NZBau 2009, 159. Umfassend auch *Grabitz/Hilf/Hailbronner*,
Teil B 5 sowie *Noch* RdNr. 197 (jeweils zu § 99 aF).
[363] Zu Veränderungen der Schwellenwerte durch das Konjunkturpaket II siehe oben RdNr. 154; vgl.
§ 100 RdNr. 3 ff.
[364] BVerfGE 116, 135; dazu *Sauer/Hollands* NZBau 2006, 763; *Siegel* DÖV 2007, 237; *Prieß* 174; *Willen-
bruch/Bischoff/Willenbruch*, 2. Los, § 100 RdNr. 5. *Immenga/Mestmäcker/Dreher*, EG-WettbR, RdNr. 19.
[365] OLG Düsseldorf NZBau 2002, 697.
[366] § 3 Abs. 2 VgV.

den Vorschriften des GWB. Das GWB-Vergaberecht knüpft den Vergaberichtlinien folgend daran an, ob ein öffentlicher Auftraggeber iSd. § 98 handelt. Es liegt auch keine gesetzliche Ausnahme vom Anwendungsbereich gem. § 100 vor. Für ein Abstellen auf die Eigenschaft als Auftraggeber spricht in richtlinienkonformer Auslegung auch, dass den Bestimmungen des Vergaberechts eine möglichst umfassende praktische Wirksamkeit zukommen soll. Die Anwendbarkeit des deutschen Vergaberechts steht dabei nicht im Widerspruch zum Territorialitätsprinzip als allgemeiner Regel des Völkerrechts iSd. Art. 25 S. 1 GG und der damit verbundenen Gebietshoheit eines Staates, die die aus der territorialen Souveränität zu legitimierende Herrschaft über die in einem bestimmten Raum befindlichen Personen und Güter bezeichnet.[367] Die Bestimmungen des GWB knüpfen insoweit an das Vergabeverfahren selbst an, nicht an die Vertragsdurchführung bzw. den Ort der Leistungserfüllung. Spätestens seit der Lotus-Entscheidung des Ständigen Internationalen Gerichtshofes[368] wird auch die Anknüpfung an die „Staatsangehörigkeit" der handelnden Person als zulässig angesehen. Ausreichend ist, wenn eine hinreichende Anknüpfung an den regelnden Staat besteht. Das gilt unabhängig davon, ob auf die Vertragsdurchführung deutsches oder ausländisches Recht Anwendung findet. Beim GWB-Kartellrecht handelt es sich zudem um eine international zwingende Regelung iSd. Art. 34 EGBGB.[369] Eine spezielle Regelung für Sektorenauftraggeber enthält Art. 20 RL 2004/17. Danach ist das Vergaberecht ausnahmsweise nicht auf Aufträge von Sektorenauftraggebern anwendbar, die in einem Drittland vergeben werden. Eine Rückausnahme gilt in den Fällen, in denen der Auftrag mit der physischen Nutzung eines Netzes oder eines geografischen Gebiets in der Gemeinschaft verbunden ist.

162   **d) Zeitlicher Anwendungsbereich – *ratione temporis*.** Art. 4 des Gesetzes zur Modernisierung des Vergaberechts bestimmt, dass das Gesetz am Tag nach seiner Verkündung in Kraft tritt. Das neue GWB ist damit am 24. April 2009 in Kraft getreten. Anders noch als das VgRÄG[370] enthält das Gesetz zur Modernisierung des Vergaberechts keine Übergangsregelungen.

163   Daraus folgt, dass die Bestimmungen, die das Vergabeverfahren selbst betreffen (§§ 95–101b), sowie § 126 für alle Vergabeverfahren, die vor Inkrafttreten des neuen GWB begonnen wurden, gelten. Hinsichtlich des Zeitpunkts des **Beginns des Vergabeverfahrens** ist darauf abzustellen, dass der öffentliche Auftraggeber sich zur Deckung eines bestimmten Bedarfs entschlossen hat und mit dem Ziel eines Vertragsschlusses mit den organisatorischen und/oder planerischen Schritten zur Durchführung des Beschaffungsvorhabens begonnen hat.[371]

164   Die Vorschriften über das vergaberechtliche **Nachprüfungsverfahren** (§§ 102–124) sowie § 125 finden auf alle Nachprüfungsverfahren Anwendung, die nach dem Inkrafttreten des Gesetzes zur Modernisierung des Vergaberechts eingeleitet (§ 107) wurden. Bezüglich dieser Verfahrensbestimmungen kommt es nicht darauf an, wann das Vergabeverfahren begonnen wurde. Verfahren, die bis zum Inkrafttreten des Gesetzes zur Modernisierung des Vergaberechts bereits anhängig waren, sind nach den bis dahin geltenden Vorschriften zu beenden. Das folgt aus dem Wortlaut der genannten Vorschriften. Darüber hinaus entspricht das dem allgemeinen Anforderungen, die sich aus dem Rechtsstaatsgebot ergeben, insbesondere dem Prinzip der Rechtssicherheit und dem Vertrauensschutz der an den Vergabeverfahren Beteiligten. Die Problematik einer unzulässigen Rückwirkung stellt sich nicht, da hinsichtlich der Vergabeverfahren nicht auf in der Vergangenheit liegende Sachverhalte oder Rechtsbeziehungen angeknüpft wird. Soweit die Nachprüfungsinstanzen materiell über die Verletzung von Vergabevorschriften urteilen, die vor dem Inkrafttreten des Gesetzes zur Modernisierung des Vergaberechts galten, handelt es sich um eine rechtlich zulässige unechte Rückwirkung, die nicht mit einer Verkürzung der Rechtsposition des Bürgers verbunden ist.

III. Überblick über den Ablauf des Vergabeverfahrens oberhalb der Schwellenwerte

165   **1. Begriff des „Vergabeverfahrens".** Die Frage, ob und ab wann ein Vergabeverfahren vorliegt, ist insbesondere für die Zulässigkeit des Nachprüfungsverfahrens (§§ 102ff.) relevant. Der Nachprüfungsantrag setzt grundsätzlich ein begonnenes und noch nicht abgeschlossenes

---

[367] *Dahm/Delbrück/Wolfrum*, Völkerrecht, Bd. I/1, § 47 II 3.
[368] StIGH, Lotus (France vs. Turkey), Urt. v. 7. 9. 1927, PCIJ, Series A No. 10.
[369] OLG Düsseldorf, Beschl. v. 14. 5. 2008 – VII Verg 27/08.
[370] Art. 3 Nr. 2 S. 1 VgRÄG, aufgehoben durch das 2. BMWiuBMASBBG v. 25. 4. 2007, BGBl. I S. 594.
[371] Zum Beginn des Vergabeverfahrens RdNr. 163.

Vergabeverfahren voraus. Wann ein Vergabeverfahren beginnt, ist nicht formell danach zu beurteilen, dass der öffentliche Auftraggeber Förmlichkeiten – wie zB. eine Bekanntmachung –
einleitet. Schließlich besteht ein besonders schwerwiegender Vergaberechtsfehler gerade darin,
dass die Ausschreibung einer Vergabe rechtswidrig unterblieb. Stattdessen liegt nach der zutreffenden **materiellen Betrachtungsweise**[372] ein Vergabeverfahren bereits dann vor, wenn der
öffentliche Auftraggeber sich zur Deckung eines akuten oder zukünftigen Bedarfs zur Beschaffung von Waren-, Bau- oder Dienstleistungen entschlossen hat und konkret mit bestimmten
planerischen oder organisatorischen Schritten begonnen hat zu regeln, auf welche Art und Weise er diesen Bedarf decken kann, wenn am Ende dieser organisatorischen Schritte ein Vertragsschluss stehen soll.[373] Für die materielle Betrachtungsweise spricht der gemeinschaftsrechtliche
Auslegungsgrundsatz des *effet utile*, da den Vergaberichtlinien damit zu einer umfassenden praktischen Wirksamkeit verholfen und die Umgehung vergaberechtlicher Bestimmungen verhindert
wird.

Das Vorliegen eines Vergabeverfahrens einschließlich des Entschlusses des Auftraggebers ist **166**
im Einzelfall nach objektiven Kriterien zu bestimmen. Grundsätzlich führen allein interne
Überlegungen des Auftraggebers also nicht zu einem Vergabeverfahren. Dennoch fällt auch die
Entscheidung über die Nicht-Durchführung eines europaweit auszuschreibenden Vergabever-
fahrens unter § 97 Abs. 7.[374] Bereits in der Vorbereitungsphase stehen dementsprechend den am
Vergabeverfahren beteiligten Unternehmen meist die Rechte aus § 97 Abs. 7 zu.[375]

2. Vorbereitung des Vergabeverfahrens. In der Phase der Vergabevorbereitung werden **167**
bereits wesentliche Festlegungen für das Vergabeverfahren selbst getroffen.

a) Herstellen der Ausschreibungsreife. Wegen der Grundsätze der Transparenz und des **168**
fairen Wettbewerbs[376] darf eine Ausschreibung erst stattfinden, wenn die rechtlichen und tatsächlichen Grundlagen der Ausschreibung vollständig geklärt sind.[377] Die Aufhebung einer Ausschreibung wegen vorhersehbarer und planbarer Umstände ist grundsätzlich nicht gerechtfertigt.[378]

aa) Verantwortlichkeit des Auftraggebers. Die Auftragsvergabe muss unter ausschließ- **169**
licher Verantwortlichkeit des Auftraggebers stattfinden. Allein der Auftraggeber darf die **wesentlichen Entscheidungen,** die einen Beurteilungsspielraum zulassen, insbesondere über den
Ausschluss von Bietern und den Zuschlag treffen. Das gilt trotz § 2 Nr. 3 VOL/A, der die Verantwortlichkeit des Auftraggebers nicht ausdrücklich normiert, im Bereich der VOL/A sowie
im Bereich der VOB/A. Denn dieses Erfordernis ergibt sich unabhängig von einer Klarstellung
in den Vergabe- und Vertragsordnungen schon aus dem Wortlaut der jeweiligen Bestimmungen
der VKR, dass der öffentliche Auftraggeber die Eignung prüft und die Zuschlagskriterien anwendet (Art. 44, 53 VKR). Kommen mehrere Auftraggeber in Betracht, ist festzulegen,
wer als öffentlicher Auftraggeber im Vergabeverfahren auftritt.[379] Der Bieter muss erkennen
können, wer sein potentieller Vertragspartner ist. Der Auftraggeber, der als solcher nach außen
auftritt, muss sich an seiner Auftraggebereigenschaft festhalten lassen.

bb) Beteiligung Dritter am Vergabeverfahren. Der Auftraggeber kann Dritte – zB. ein **170**
Ingenieurbüro – einschalten, um auch deren Sachverstand oder personelle Ressourcen nutzen zu
können. Doch muss das Handeln des Dritten vom Auftraggeber begleitet, überwacht und ggf.
korrigiert werden.[380] Zu Recht gestrichen wurde die Bestimmung in § 7 Nr. 1 VOB/A und
§ 6 Nr. 3 VOL/A, nach der Sachverständige generell weder unmittelbar noch mittelbar an der
Vergabe beteiligt sein dürfen. Diese undifferenzierte Regelung war gemeinschaftsrechtswidrig.
Nach der Rechtsprechung des EuGH kommt es konkret darauf an, ob eine Wettbewerbsverfälschung vorliegt. Personen, die vorbereitende Arbeiten ausgeführt haben, müssen den Nach-

---

[372] EuGH, C-26/03, Slg. 2005, I-1 – Stadt Halle; BGH, Beschl. v. 1. 2. 2005 – X ZB 27/04; OLG Düsseldorf NZBau 2001, 696.
[373] EuGH, C-26/03, Slg. 2005, I-1 – Stadt Halle; OLG Düsseldorf NZBau 2001, 696; NZBau 2003, 55;
Beschl. v. 19. 7. 2006, Verg 26/06.
[374] *Immenga/Mestmäcker/Stockmann,* EG-WettbR, § 102 RdNr. 15.
[375] *Prieß/Niestedt,* Rechtsschutz im Vergaberecht, 2006, 41.
[376] Vgl. § 97 RdNr. 6 ff.; 16 ff.; *Immenga/Mestmäcker/Dreher,* EG-WettbR, § 97 RdNr. 57.
[377] *Noch* RdNr. 187.
[378] OLG Düsseldorf, Beschl. v. 3. 1. 2005 – Verg 72/04.
[379] OLG Hamburg, Beschl. v. 4. 11. 1999 – 1 Verg 1/99; VK Bund, Beschl. v. 24. 1. 2008 – VK 3–151/07.
[380] VK Düsseldorf, Beschl. v. 6. 2. 2001 – VK-1/2001-B; *Willenbruch/Bischoff/Raufeisen,* 5. Los, § 9
VOB/A RdNr. 3.

weis führen können, dass ihre Beteiligung an der Vergabe keine Gefahr für den Wettbewerb bedeutet.[381]

171 **cc) Feststellung des Beschaffungsbedarfs, Markterkundung und Ertragsberechnung.** Die Durchführung eines Vergabeverfahrens ohne konkreten Bedarf ist ein Verstoß gegen das Verbot der Ausschreibung zu vergabefremden Zwecken. Am Beschaffungsbedarf orientiert sich auch die Frage, welche Vergabe- und Vertragsordnung Anwendung findet. Die im Rahmen der Vergabevorbereitung zu treffenden Entscheidungen setzen eine hinreichende Marktübersicht des Auftraggebers voraus.[382] Erst auf der Grundlage von Kenntnissen über die am Markt üblichen Anschaffungs- oder Herstellungskosten ist der Auftraggeber in der Lage, die eingehenden Angebote auf ihre Wirtschaftlichkeit hin zu überprüfen und gegebenenfalls die Ausschreibung mangels eines wirtschaftlichen Angebots aufzuheben. Ferner ist die Kenntnis über die am Markt angebotenen Leistungen essentiell für die Wahl des Vergabeverfahrens. Soweit der Staat allerdings Leistungen nachfragt, die am Markt bislang so nicht existieren und für die kein objektiver Marktpreis vorliegt und auch kein subjektiver Marktpreis des Anbieters ermittelt werden kann, kann erst die Ausschreibung selbst dem Staat eine Marktübersicht verschaffen.[383] Erst durch die Ausschreibung entsteht somit ein „Markt" für das ausgeschriebene Vorhaben.[384] Die Ausschreibung darf nicht allein dem Zweck der Marktübersicht dienen, sondern muss mit dem Ziel erfolgen, dass es letztlich zur Vergabe des Auftrags an ein sich bewerbendes Unternehmen kommen kann.

172 Ausschreibungen **zu vergabefremden Zwecken** sind dagegen unzulässig.[385] Der Zweck ist vergabefremd, wenn er nicht in einer konkreten Vergabeabsicht liegt.[386] Schließlich nehmen die Bieter nur in der Hoffnung auf einen Zuschlag an einer Ausschreibung teil – und wenden dafür erhebliche Ressourcen auf.[387] Zwar wurde der Begriff „vergabefremde Zwecke" nicht in die neuen VOB und VOL übernommen. Jedoch ergibt sich daraus keine inhaltliche Änderung, da die Neuregelungen lediglich ausdrücklich die bisherige durch die Rspr. geprägte Rechtslage übernehmen. Abzugrenzen sind die vergabefremden Zwecke von den **vergabefremden Kriterien.** Letztere bezeichnen die Wertung von Angeboten anhand anderer als den zulässigen auftragsbezogenen Kriterien, zu denen neben der Wirtschaftlichkeit des Angebots nur in engen Grenzen soziale oder politische Aspekte Berücksichtigung finden dürfen.[388]

173 Ein vergabefremder Zweck liegt vor bei einer Ausschreibung zur **Markterkundung.**[389] Um eine Markterkundung handelt es sich, wenn es darum geht, potentielle Bieter in Erfahrung zu bringen oder einen Preisvergleich zu erhalten.[390] Ebenfalls wird ein vergabefremder Zweck verfolgt, wenn der Auftraggeber mit der Ausschreibung lediglich die voraussichtlichen Kosten seines Vorhabens ermitteln will (**Ertragsberechnung,** § 2 EG Abs. 3 VOL/A);[391] schließlich muss er seine Finanzierungsplanung selbst durchführen – dies ist schon Voraussetzung für die Feststellung, ob die Finanzierung gesichert ist.[392] Natürlich darf der Auftraggeber bei den betreffenden Unternehmen die benannten Informationen erfragen. Dabei muss aber deutlich gemacht werden, dass eine konkrete Vergabeabsicht nicht vorliegt.

174 **Doppelausschreibungen,** das heißt die mehrfache Ausschreibung des identischen Leistungsgegenstandes, sind unzulässig.[393] Da die Leistung nur einmal erbracht werden kann, darf sie auch nur einmal ausgeschrieben werden. Das gilt auch für eine doppelte Ausschreibung nach VOL einerseits und VOB andererseits.

---

[381] EuGH, C–21/03 und C–34/03, Slg. 2005, I–1559, RdNr. 36 – Fabricom.

[382] *Kulartz*, in: Beck'sches Formularhandbuch Vergaberecht, 2004, 2.

[383] *Immenga* WuW 1998, 809.

[384] *Immenga* DB 1984, 385; vgl. auch BGH NJW-RR 2000, 90.

[385] Siehe § 97 RdNr. 101ff.

[386] OLG Frankfurt a. M., Beschl. v. 20. 2. 2003 – 11 Verg 1/02; BeckVOB-Komm/*Sterner* § 16 VOB/A RdNr. 22; *Heiermann/Riedl/Rusam/Heiermann* § 16 VOB/A RdNr. 11.

[387] *Willenbruch/Bischoff/Schubert* Fn. 59, 6. Los, § 16 VOB/A RdNr. 19.

[388] Einige davon nimmt § 97 Abs. 4 auf. Zu Einzelheiten siehe die Kommentierung zu den vergabefremden Beschaffungskriterien.

[389] § 2 Abs. 4 VOB/A, § 2 EG Abs. 3 VOL/A.

[390] OLG Celle, Beschl. v. 8. 11. 2001 – 13 Verg 11/01; *Heiermann/Riedl/Rusam/Heiermann* § 16 VOB/A RdNr. 13.

[391] BeckVOB-Komm/*Sterner* § 16 VOB/A RdNr. 24.

[392] Dazu unten RdNr. 176ff.

[393] OLG Naumburg, Beschl. 13. 10. 2006 – 1 Verg 11/06.

Parallelausschreibungen werden dagegen von der hM. grundsätzlich als zulässig erachtet, **175** wenn sie die wirtschaftlichste Verfahrensweise darstellen, das Verfahren für die Bieter hinreichend transparent ist und die Interessen der Bieter in Hinblick auf einen zumutbaren Aufwand für die Angebotserstellung gewahrt werden.[394] Bei Parallelausschreibungen werden nicht identische, sondern alternative Leistungsgegenstände parallel ausgeschrieben, wobei verschiedene Fallgruppen zu unterscheiden sind: Die parallele Ausschreibung von Generalunternehmerleistung und Fachlosen ist nicht per se unzulässig. Zwar ist es grundsätzlich Aufgabe des Auftraggebers, während der Vorbereitungsphase zu prüfen, ob eine Gesamtbeauftragung oder eine Teilung in Lose in Betracht kommt. Mehrere Lose dürfen aber zusammen vergeben werden, wenn wirtschaftliche oder technische Gründe dies erfordern (§ 97 Abs. 3 S. 3). Dem lässt sich entnehmen, dass eine parallele Ausschreibung insoweit zulässig ist. Allerdings muss der Auftraggeber die Wertung im Einzelnen vorab transparent machen. Eine Gesamtbeauftragung kommt dann nur in Betracht, wenn das Gesamtangebot wirtschaftlich günstiger ist als die jeweils wirtschaftlich günstigsten Angebote für die Fachlose in der Addition. Werden Bauleistungen einerseits und – kombiniert oder isoliert anzubietende – Finanzierungsleistungen parallel ausgeschrieben, ist das eine Vergabe zu vergabefremden Zwecken, da sie der Markterkundung dient.[395] Denn der Auftraggeber ermittelt dabei die Kosten im Falle einer Privatfinanzierung, ohne dass sicher ist, dass dieser Auftrag erteilt wird. Wenn der Auftraggeber für vergabefremde Zwecke ausschreibt, macht er sich in der Regel nach §§ 280 Abs. 1, 311 Abs. 2, 241 Abs. 2 BGB wegen vorvertraglicher Pflichtverletzung schadensersatzpflichtig.

dd) Sicherstellung der Finanzierung. Die Finanzierung des Auftrags muss grundsätzlich **176** bei Ausschreibung gesichert sein.[396] Der Auftraggeber hat die Kosten für die auszuführenden Leistungen seriös zu kalkulieren und dabei auch vorhersehbare Preissteigerungen einzuplanen.[397] Erforderlich ist eine auf einer umfassenden Bedarfs- und Marktanalyse aufbauende Kalkulation, die auch vorhersehbare Kostenveränderungen – etwa durch Lohnerhöhungen oder Inflation – einbezieht. Gesichert ist die Finanzierung, wenn die Mittel tatsächlich zugewiesen sind oder die haushaltsrechtlich erforderliche Verpflichtungsermächtigung erteilt wurde.[398] Der Auftraggeber darf nicht ausschreiben, solange keine feste Zusage von Haushaltsmitteln vorliegt oder die erforderlichen Mittel bereits zugewiesen sind; in diesem Fall kann nämlich nicht innerhalb der in den Vergabeunterlagen angegebenen Frist mit der Ausführung begonnen werden.[399]

Die Einstellung eines Projektes aufgrund fehlender Finanzierung stellt grundsätzlich **keinen 177 Aufhebungsgrund**[400] dar,[401] so dass sich der Auftraggeber durch ungesicherte Finanzierung der Gefahr von Schadensersatzansprüchen aussetzt.[402] Die Aufhebung der Ausschreibung wegen ungesicherter Finanzierung kommt nur ausnahmsweise unter den Voraussetzungen der §§ 17 Abs. 1 Nr. 3 VOB/A, 20 EG Abs. 1 lit. d VOL/A in Betracht, wenn sie nach Ausschreibung bekannt wurden. In Betracht kommt hier der Wegfall sicher geglaubter zugewiesener Haushaltsmittel wegen einer Änderung der allgemeinen politischen oder wirtschaftlichen Verhältnisse[403] oder aber ein Übersteigen der verfügbaren Mittel auch durch das niedrigste Angebot.[404] Jedenfalls bedarf es immer einer Interessenabwägung im Einzelfall.[405] Ein Ausschluss von Auftragnehmeransprüchen durch einen Vorbehalt der Mittelbereitstellung und der Aufhebung in einer eigenständigen Klausel schützt die Vergabestelle nicht vor Schadensersatzansprüchen, weil sie eine einseitige und überraschende Benachteiligung der Bieter darstellt und nach §§ 305 c, 307 BGB unwirksam ist.[406]

---

[394] OLG Bremen, Beschl. v. 22. 10. 2001 – Verg 2/2001; KG Berlin, Beschl. v. 22. 8. 2001 – Kart-Verg 3/01; OLG Celle, Beschl. v. 8. 11. 2001 – 13 Verg 11/01; *Heiermann/Riedl/Rusam/Heiermann* § 16 VOB/A RdNr. 16.

[395] *Planker*, in: *Kapellmann/Messerschmidt* § 16 VOB/A RdNr. 26.

[396] OLG Schleswig ZVgR 1997, 170; BeckVOB-Komm/*Sterner* § 16 VOB/A RdNr. 15.

[397] *Heiermann/Riedl/Rusam/Heiermann* § 16 VOB/A RdNr. 8.

[398] OLG Frankfurt a. M. ZVgR 1997, 268; BeckVOB-Komm/*Sterner* § 16 VOB/A RdNr. 15.

[399] BGHZ 139, 259.

[400] Allgemein zur Aufhebung unten RdNr. 266 ff.

[401] BGHZ 139, 259; *Heiermann/Riedl/Rusam/Rusam* § 26 VOB/A RdNr. 10.

[402] *Müller-Wrede/Reichling* § 16 VOB/A RdNr. 28.

[403] OLG Zweibrücken v. 1. 2. 1994 – 8 U 96/93.

[404] *Müller-Wrede/Lischka* VOB, § 26 RdNr. 81.

[405] BGH v. 12. 6. 2001 – X ZR 150/99; OLG Düsseldorf, Beschl. v. 3. 1. 2005 – Verg 72/04.

[406] BeckVOB-Komm/*Sterner* § 16 VOB/A RdNr. 15.

178   Allerdings kann die fehlende Finanzierung nicht im Wege des Primärrechtsschutzes vor den Vergabenachprüfungsinstanzen angegriffen werden, weil die Finanzierung nicht den subjektiven Rechten der Bieter dient. Die Bieter sind insoweit auf Sekundärrechtsschutz verwiesen.[407] Eine Ausschreibung unter dem Vorbehalt der Bereitstellung der Mittel verstößt gegen § 307 Abs. 1 BGB, da sie das Interesse der Bieter an Planungssicherheit – vor allem kleinerer Betriebe – missachtet.[408] Weiß der Auftraggeber, dass die Finanzierung nicht gesichert ist, muss er die Bieter so deutlich darauf hinweisen, dass es ihnen ohne großen Aufwand möglich ist, dies zu erkennen und so von einer weiteren Sichtung der Unterlagen oder einer Angebotserarbeitung Abstand nehmen zu können.[409] Soll trotz ungesicherter Finanzierung mit der Ausschreibung begonnen werden, sind die Bieter direkt und unmissverständlich bereits in der Vergabebekanntmachung (§§ 12, 12a VOB/A, 15 EG VOL/A) und in der Aufforderung zur Angebotsabgabe im Anschreiben (§§ 8 Abs. 1 Nr. 1 VOB/A, 9 EG Abs. 1 lit. a, 10 EG Abs. 2 VOL/A) auf diesen Umstand hinzuweisen.[410] Nur in diesem Fall trägt der Bieter das bestehende Risiko der Nichtdurchführung des Vergabeverfahrens.

179   **ee) Festsetzung ausreichender Ausführungsfristen.** Nach § 2 Abs. 5 VOB/A, (§ 16 Nr. 1 VOL/A 2006 wurde gestrichen) soll erst dann mit der Ausschreibung begonnen werden, wenn innerhalb der angegebenen Fristen alle rechtlichen, tatsächlichen und finanziellen Voraussetzungen vorliegen, damit der Auftragnehmer mit der Ausführung beginnen kann. Die Fristen beziehen sich dabei auf die Ausführungsfristen iSd. § 9 VOB/A. Gemeint ist dabei nicht der Ausführungsbeginn der Leistung insgesamt, sondern der Beginn der dem jeweiligen Bieter konkret obliegenden Leistungen.[411] Eine sorgfältige Festsetzung der Fristen liegt im Interesse aller Beteiligten.[412] Bei zu kurzen Fristen würden sich entweder gar keine Bieter finden oder die Angebote wären teurer als bei Zugrundelegung einer angemessenen Frist. Dies widerspricht schon dem Sparsamkeitsgebot. Zugleich ist aber bei zu kurzen Fristen auch der faire Wettbewerb gefährdet, weil gerade kleinere Unternehmen oft längere Vorbereitungs- und Planungsphasen benötigen als große. Ob eine Frist ausreichend ist, kann nur im konkreten Einzelfall beurteilt werden.[413] Dies erfordert in jedem Fall eine Planung der zu erbringenden Leistungen seitens des Auftraggebers.[414]

180   **ff) Rechtliche und tatsächliche Voraussetzungen der Ausschreibungsreife.** Zu den rechtlichen Voraussetzungen zählt bspw. die Verfügungsgewalt des Auftraggebers über das Baugrundstück sowie das Vorliegen aller notwendigen behördlichen Genehmigungen. Für die letztgenannte Voraussetzung trägt der Auftraggeber das alleinige Risiko[415] und riskiert somit durch verspätete Einholung der Genehmigungen die Verlängerung der Ausführungsfrist nach § 6 Abs. 2 Nr. 1 lit. a VOB/B sowie die Pflicht zum Ersatz des durch die Verzögerung beim Auftragnehmer nachweislich entstandenen Schadens (§ 6 Abs. 6 VOB/B).

181   **b) Auswahl der richtigen Vergabeverfahrensart im Anwendungsbereich des GWB.** Entscheidend für das gesamte Vergabeverfahren ist die Bestimmung der richtigen Verfahrensart.[416] Die Auswahl sollte sorgfältig vorgenommen werden, weil die Rechtmäßigkeit und der tatsächliche Erfolg des Vergabeverfahrens davon abhängen.[417] Die Vorschriften über die Auswahl der richtigen Verfahrensart sind bieterschützend und begründen subjektive Rechte im Sinne von § 97 Abs. 7 GWB, die im Rahmen eines Nachprüfungsverfahrens geltend gemacht werden können.[418]

---

[407] *Heiermann/Riedl/Rusam/Heiermann* § 16 VOB/A RdNr. 25; *Weyand* RdNr. 4609; *Noch* RdNr. 190 und 195.

[408] LG München I v. 29. 10. 1996 – 11 O 8041/96; *Noch* RdNr. 191.

[409] BGH NJW 1998, 3636; *Heiermann/Riedl/Rusam/Heiermann* § 16 VOB/A RdNr. 8.

[410] BGHZ 139, 153; OLG Frankfurt a. M. v. 20. 2. 1997 – 1 U 105/05; *Heiermann/Riedl/Rusam/Heiermann* § 16 VOB/A RdNr. 8; *Müller-Wrede/Reichling* § 16 VOB/A RdNr. 28.

[411] *Heiermann/Riedl/Rusam/Heiermann* § 16 VOB/A RdNr. 5.

[412] *Müller-Wrede/Lux* § 11 VOB/A RdNr. 12.

[413] VK Bund, Beschl. v. 15. 9. 1999 – VK 1-9/99, in: *Müller-Wrede/Lux*, § 11 VOB/A RdNr. 13; *Heiermann/Riedl/Rusam/Heierrmann*, § 11 VOB/A RdNr. 4.

[414] *Kapellmann/Messerschmidt/Langen* § 11 VOB/A RdNr. 19.

[415] *Heiermann/Riedl/Rusam/Heiermann* § 16 VOB/A RdNr. 7.

[416] Zu den besonderen Verfahrensarten im Einzelnen unten RdNr. 183 ff.

[417] Zur Folge der Nichtigkeit des Zuschlags wegen unbedachter Verfahrenswahl vgl. VK Berlin, Beschl. v. 16. 6. 2006 – B 1–7/06.

[418] VK Brandenburg, Beschl. v. 23. 11. 2004 – VK 58/04; VK Sachsen-Anhalt, Beschl. v. 30. 1. 2004 – VK Hal 26/03.

Im Anwendungsbereich des GWB-Vergaberechts sind die in Betracht kommenden **Verfah- 182 rensarten abschließend in § 101 aufgelistet.** § 101 sieht für europaweite Vergabeverfahren das offene Verfahren, das nicht offene Verfahren, das Verhandlungsverfahren, den wettbewerblichen Dialog, die elektronische Auktion sowie das dynamische elektronische Verfahren vor, wobei die letzten zwei Verfahren keine Vergabeverfahren in iSd. Art. 28 VKR sind.[419] Alle diese Verfahrensarten sind gemeinschaftsrechtlich vorgegeben und stehen grundsätzlich in einem **hierarchischen Verhältnis.** Durchzuführen ist danach grundsätzlich ein offenes Verfahren (vgl. § 101 Abs. 7 S. 1). Auf eine andere Verfahrensart dürfen öffentliche Auftraggeber nur dann zurückgreifen, wenn die insoweit bestehenden Voraussetzungen erfüllt sind (§ 101 Abs. 7 S. 1). Eine Ausnahme besteht für sog. Sektorenauftraggeber, dh. Auftraggeber die auf dem Gebiet der Trinkwasser- oder Energieversorgung oder des Verkehrs tätig sind. Diese haben die freie Wahl zwischen dem offenen, dem nicht offenen und dem Verhandlungsverfahren (§ 101 Abs. 7 S. 2). Nicht ausdrücklich vorgesehen ist für Sektorenauftraggeber dagegen die Durchführung eines wettbewerblichen Dialogs. Art. 28 VKR kennt zwar nur den Vorrang des offenen Verfahrens und des nicht offenen Verfahrens gegenüber dem wettbewerblichen Dialog und dem Verhandlungsverfahren. Der deutsche Gesetzgeber hat jedoch zulässigerweise den Vorrang des offenen Verfahrens auch vor dem nicht offenen Verfahren festgelegt. Ein wettbewerblicher Dialog darf nur auf der Grundlage der in § 3a Abs. 4 VOB/A, 3 EG Abs. 7 VOL/A definierten Voraussetzungen durchgeführt werden, steht aber zum Verhandlungsverfahren in keinem Hierarchieverhältnis. Der Vorrang des offenen Verfahrens verhindert, dass der Bieterkreis von vornherein eingeengt wird. Die Fallgruppen, die Ausnahmen zulassen, sind als Ausnahmetatbestände eng auszulegen. Die Beweislast für das Vorliegen von Ausnahmetatbeständen liegt bei demjenigen, der sich darauf beruft; das ist regelmäßig der Auftraggeber.[420] Die Gründe für die Wahl des Verfahrens sind im Vergabevermerk zu dokumentieren.

aa) Das offene Verfahren. Das **offene Verfahren** (§ 101 Abs. 2) erlaubt die Beteiligung 183 einer unbegrenzten Anzahl von Bietern, deren Angebote bis zum Eröffnungstermin geheim gehalten werden müssen. Die Bieter werden dadurch gezwungen, ihre Angebote so knapp wie möglich zu kalkulieren, um den Auftrag erhalten zu können. Kennzeichnend für das offene Verfahren ist neben der Aufforderung einer unbeschränkten Anzahl von Unternehmen zur Angebotsabgabe der strukturierte Verfahrensablauf. Zugleich zeichnet sich das offene Verfahren durch seine Transparenz aus. Der Auftraggeber ist bei der Ausgestaltung des Vergabeverfahrens an formelle Anforderungen gebunden, die dem Bieterschutz dienen. Durch die Beteiligung einer grundsätzlich unbeschränkten Anzahl von Bietern eröffnet das offene Verfahren zugleich einen intensiven Wettbewerb. Nachteile des offenen Verfahrens sind die damit zusammenhängende mangelnde Flexibilität sowie der erhöhte Aufwand der Vergabestelle, die die Dokumente an alle interessierten Bieter versenden und sämtliche Angebote prüfen muss.

bb) Das nicht offene Verfahren. Im **nicht offene Verfahren** (§ 101 Abs. 3) geht der 184 Angebotsphase ein öffentlicher Teilnehmerwettbewerb voraus, in dem Unternehmen aufgefordert werden, ihre Teilnahme am Wettbewerb zu beantragen. Aus den Bewerbern kann der Auftraggeber sodann geeignete Bieter auswählen, die zur Abgabe eines Angebots aufgefordert werden. Das nicht offene Verfahren unterscheidet sich vom offenen Verfahren vor allem durch den vorgeschalteten Teilnahmewettbewerb (vgl. § 101 Abs. 3). Die an dem Auftrag interessierten Unternehmen müssen zunächst Teilnahmeanträge einreichen und ihre Eignung für die Erbringung der ausgeschriebenen Leistungen nachweisen. Der öffentliche Auftraggeber wählt aus dem gesamten Bewerberkreis eine beschränkte Anzahl von Unternehmen aus, die er zur Angebotsabgabe auffordert. Das nicht offene Verfahren zeichnet sich daher durch einen wettbewerbsintensiven Teil, den öffentlichen Teilnahmewettbewerb, und einen darauf folgenden wettbewerblich eingeschränkten Verfahrensteil, der Angebotsphase, aus. Da der Auftraggeber nur die Angebote der von ihm als geeignet eingestuften Bewerber, die er zur Angebotsabgabe auffordert, prüfen muss, kann er seinen Aufwand reduzieren. Aussichtslose Bewerber ersparen sich damit zugleich Aufwand und Kosten für die Erstellung ihres Angebotes. Allerdings haben sie keinen Anspruch auf die Abgabe eines Angebotes. Bewerber, die nicht zur Angebotsabgabe aufgefordert werden, sind vom weiteren Vergabeverfahren ausgeschlossen.[421] Zwar ist der Auf-

---

[419] Vgl. zur elektronischen Auktion § 101 RdNr. 20ff.; zum wettbewerblichen Dialog unten RdNr. 281.
[420] Vgl. EuGH C-20/01 und C-28/01, Slg. 2003, I-3609 RdNr. 58 – Kommission/Deutschland; C-57/94, Slg. 1996, I-1949 RdNr. 13 – Kommission/Deutschland; C-328/92, Slg. 1994, I-1569 RdNr. 16 – Kommission/Spanien; *Prieß* 209.
[421] *Müller-Wrede/Fett* § 3a VOL/A RdNr. 32.

traggeber verpflichtet, diejenigen Unternehmen, die er zur Abgabe eines Angebotes auffordert, ermessensfehlerfrei auszuwählen. Diese Ermessensentscheidung ist für die nicht zur Angebotsabgabe aufgeforderten Bewerber allerdings nur eingeschränkt überprüfbar.

185   **cc) Das Verhandlungsverfahren.** Im offenen und im nicht offenen Verfahren gilt ein **Verhandlungsverbot.** Der Auftraggeber ist an seine Angaben in der Bekanntmachung und den Vergabeunterlagen gebunden; Gespräche mit einzelnen Bietern und Bewerbern würden gegen das Diskriminierungsverbot verstoßen. Gespräche dürfen nur zum Zweck der Aufklärung von Fragen zu Angeboten oder Bietern geführt werden. Beide Verfahren sind streng formalisiert.[422]

186   Das **Verhandlungsverfahren** (§ 101 Abs. 5) zeichnet sich dagegen durch geringere formale Vorgaben aus,[423] ist aber nur unter engen Voraussetzungen zulässig.[424] Kennzeichnend hierfür ist die Möglichkeit des öffentlichen Auftraggebers, bestimmte Unternehmen auszuwählen, um mit diesen über die Auftragsbedingungen zu verhandeln. Das Verhandlungsverfahren setzt sich aus einem formalen Bekanntmachungs- und Teilnahmewettbewerbsverfahren und einer anschließenden Verhandlungsphase zusammen. Bei einem Verhandlungsverfahren mit vorheriger Vergabebekanntmachung wird wie bei einem nicht offenen Verfahren ein Teilnahmewettbewerb durchgeführt, in dem die Verhandlungspartner ausgewählt werden. Das Verhandlungsverfahren mit vorheriger Bekanntmachung ist unter den in §§ 3a Abs. 5 VOB/A, 3 EG Abs. 3 VOL/A genannten Voraussetzungen zulässig. Im Gegensatz zum offenen Verfahren und zum nicht offenen Verfahren hat der Auftraggeber bei Durchführung eines Verhandlungsverfahrens eine größere Flexibilität. Der Auftraggeber kann zudem von der Fachkunde der Bieter profitieren.[425] Im Unterschied zum offenen und nicht offenen Verfahren sind Verhandlungen mit den Bietern über die Vertragsbedingungen und den Preis zulässig.[426] Allerdings führt die Wahl des Verhandlungsverfahrens zu einer Beschränkung des Wettbewerbs. Interessierte Unternehmen haben grundsätzlich keinen Anspruch auf eine Teilnahme an den Verhandlungen mit dem Auftraggeber.[427] Der Auftraggeber hat auch im Verhandlungsverfahren insbesondere die Grundsätze der Transparenz, des Wettbewerbs und der Nichtdiskriminierung einzuhalten.[428] Nur unter den engen Voraussetzungen der §§ 3a Abs. 6 VOB/A, 3 EG Abs. 4 VOL/A ist ein Verhandlungsverfahren ohne vorherige Bekanntmachung zulässig.

187   **dd) Wettbewerblicher Dialog.** Der **wettbewerbliche Dialog**[429] ist ein strukturiertes Verhandlungsverfahren[430] und eignet sich besonders für die Vergabe komplexer Aufträge[431] (§ 101 Abs. 4). Der wettbewerbliche Dialog soll sowohl den bei der Vergabe besonders komplexe Aufträge bestehenden Erfordernissen nach einer flexiblen Verfahrensgestaltung gerecht werden als auch ein möglichst hohes Maß an Wettbewerb zwischen den Wirtschaftsteilnehmern gewährleisten.[432] Im Vergleich zum Verhandlungsverfahren ist der wettbewerbliche Dialog allerdings mit einem relativ hohen zeitlichen und finanziellen Aufwand verbunden.[433]

188   **ee) Elektronische Beschaffung.** Im Rahmen der GWB-Novelle 2009 wurden als besondere Verfahrensarten die elektronische Auktion und das dynamische elektronische Verfahren eingeführt (§ 101 Abs. 6).[434] Beide Verfahrensarten beruhen auf entsprechenden Regelungen

---

[422] *Heiermann/Zeiss/Kullack/Blaufuß/Blaufuß/Zeiss* § 101 RdNr. 6.

[423] VK Sachsen Beschl. v. 12. 3. 2003 – 1/SVK/010-03; *Kulartz/Kus/Portz/Kulartz* § 101 RdNr. 17.

[424] §§ 3a Abs. 5 und 6 VOB/A, § 3 EG Abs. 3, 4 VOL/A.

[425] Vgl. *Willenbruch* NZBau 2003, 422, 423 f.

[426] *Boesen* § 101 RdNr. 43; *Kulartz/Kus/Portz/Kulartz* § 101 RdNr. 21.

[427] VK Bund, Beschl. v. 27. 8. 2002 – VK 2-70/02.

[428] OLG Düsseldorf, Beschl. v. 18. 6. 2003 – Verg 15/03, Beschl. v. 24. 2. 2005 – VII-Verg 88/04, Beschl. v. 23. 2. 2005 – VII-Verg 87/04; *Kramer* NZBau 2005, 138; *Immenga/Mestmäcker/Dreher*, EG-WettbR, § 101 RdNr. 30.

[429] Eingeführt durch das Gesetz zur Beschleunigung der Umsetzung von Öffentlich-Privaten-Partnerschaften und zur Verbesserung gesetzlicher Rahmenbedingungen für Öffentlich-Private Partnerschaften vom 1. 9. 2005, BGBl. I S. 2676; ausführlich RdNr. 281 ff.

[430] Vgl. *Immenga/Mestmäcker/Dreher*, EG-WettbR, § 101 RdNr. 31.

[431] Zu den Anforderungen an die Komplexität siehe unten RdNr. 288 ff.

[432] Vgl. Tz. 31 VKR, und die Erläuterungen der Europäischen Kommission zum Wettbewerblichen Dialog – CC/2005/04_rev1 v. 5. 10. 2005. Ausführlich dazu unten RdNr. 281 ff.

[433] Vgl. *Pünder/Franzius* ZfBR 2006, 20, 24.

[434] Die Einführung dieser Regelungen war im Rahmen des Gesetzgebungsprozesses umstritten. Der Bundesrat verwies auf die Gefahr eines ruinösen Preiswettbewerbs und wollte zum Schutz des Mittelstandes auf die Einführung der elektronischen Auktion und der dynamischen Beschaffung verzichten, vgl. BT-Drucks. 16/10117, S. 43.

der europäischen Vergaberichtlinien,[435] mit denen die **elektronische Beschaffung**[436] gefördert und ausgebaut werden soll.[437] Bei der elektronischen Beschaffung handelt es sich (lediglich) um eine besondere Form der Abwicklung eines Vergabeverfahrens. Elektronische Verfahren werden in Art. 1 Abs. 13 VKR definiert als Verfahren, bei dem elektronische Geräte für die Verarbeitung (einschließlich digitaler Kompression) und Speicherung von Daten zum Einsatz kommen und bei dem Informationen über Kabel, über Funk, mit optischen Verfahren oder mit anderen elektromagnetischen Verfahren übertragen, weitergeleitet und empfangen werden. Im Übrigen gelten grundsätzlich die gleichen Verfahrensvorschriften wie bei den herkömmlichen Verfahrensarten, wobei elektronische Kommunikationsmittel schriftlichen gleichgestellt werden. Der Einsatz elektronischer Mittel ist zwar auch im Rahmen der „traditionellen" Verfahrensarten möglich und erlaubt dort ua. eine Verkürzung der Mindestfristen. Die Einführung der elektronischen Auktion und des dynamischen elektronischen Verfahrens geht aber über die bisher bestehenden Möglichkeiten hinaus und soll öffentlichen Auftraggebern die Nutzung neuartiger Techniken der Online-Beschaffung erlauben.[438] In Bezug auf die **elektronische Auktion** enthält § 101 Abs. 6 S. 1 lediglich die Feststellung, dass diese der elektronischen Ermittlung des wirtschaftlichsten Angebotes dient. Eine aussagekräftigere Definition findet sich in den Vergaberichtlinien.[439] Danach ist eine elektronische Auktion ein iteratives Verfahren, bei dem mittels einer elektronischen Vorrichtung nach einer ersten vollständigen Bewertung der Angebote jeweils neue, nach unten korrigierte Preise und/oder neue, auf bestimmte Komponenten der Angebote abstellende Werte vorgelegt werden, und das eine automatische Klassifizierung dieser Angebote ermöglicht. Die Bieter sollen dadurch zur Vorlage neuer, nach unten korrigierter Preise bzw. bestimmter Angebotswerte aufgefordert werden können, ohne die Angebote im Übrigen anpassen zu müssen.[440] Eine elektronische Auktion setzt allerdings voraus, dass die zu beschaffenden Leistungen genau bestimmt werden können. Der Wettbewerb erstreckt sich allein auf den Preis und/oder auf bestimmte Werte von einzelnen in den Verdingungsunterlagen genannten Angebotskomponenten (sog. „Werte"). Bau- und Dienstleistungsaufträge, bei denen eine geistige Leistung zu erbringen ist, können nicht Gegenstand von elektronischen Auktionen sein. Der Ablauf einer elektronischen Auktion ist in den Vergaberichtlinien ebenfalls näher geregelt.[441] Danach kommt eine elektronische Auktion in Betracht, wenn die Spezifikationen des Auftrags hinreichend bestimmt sind, von den Bietern im Rahmen eines offenen Verfahrens, nicht offenen Verfahrens oder Verhandlungsverfahrens Angebote eingereicht wurden und in der Bekanntmachung auf die Durchführung einer elektronischen Auktion und deren Ablauf hingewiesen wurde. Alle Bieter die zulässige Angebote eingereicht haben, werden gleichzeitig auf elektronischem Weg aufgefordert, neue Preise und/oder „Werte" vorzulegen. Dieser Vorgang kann mehrfach wiederholt werden, wobei den Bietern jederzeit ihre jeweilige Platzierung mitgeteilt wird (die Identität der jeweils anderen Bieter muss allerdings geheim gehalten werden). Die Auktion endet entweder nach Ablauf der vorab bekannt gegebenen Frist, nach Ablauf der vorab festgelegten Auktionsphasen oder wenn keine neuen Preise oder „Werte" mehr geboten werden. Ein **dynamisches elektronisches Verfahren** (bzw. „dynamisches Beschaffungssystem")[442] ist nach der Legaldefinition des § 101 Abs. 6 S. 2 ein zeitlich befristetes ausschließlich elektronisches offenes Vergabeverfahren zur Beschaffung marktüblicher Leistungen, bei denen die allgemein auf dem Markt verfügbaren Spezifikationen den Anforderungen des Auftraggebers genügen. Es handelt sich dabei um eine besondere mehrstufige Form des offenen Verfahrens, dessen Durchführung in den Vergaberichtlinien näher geregelt ist.[443] Danach ist in der Bekanntmachung anzugeben, dass es sich um ein dynamisches Beschaffungssystem für bestimmte in Betracht gezogene Anschaffungen („marktübliche Leistungen") handelt, die in den auf elektronischem Wege zur Verfügung gestellten Vergabeunterlagen präzisiert werden. Die an dem Beschaffungssystem interessierten Unternehmen werden zunächst aufgefordert, ihre Eignung nachzuweisen und entsprechend den jeweiligen in den Vergabeunterlagen aufgestellten Anfor-

---

[435] Vgl. Art. 33, 54 VKR, Art. 15, 56 SKR 2004.

[436] Vgl. Art. 1 Abs. 12, 42 Abs. 1 VKR.

[437] Vgl. *Müller* NJW 2004, 1768 ff.

[438] Vgl. Tz. 12 ff. VRK. Zur Kritik an den „neuen Verfahrensarten" vgl. zB. *Rechten* NZBau 2004, 366, 369; vgl. auch *Knauff* EuZW 2004, 141, 142.

[439] Art. 1 Abs. 7 VKR, Art. 1 Abs. 6 SKR 2004.

[440] Vgl. Tz. 14 VKR.

[441] Art. 54 VKR, Art. 56 SKR 2004.

[442] Vgl. Art. 1 Abs. 6 VKR, Art. 1 Abs. 5 SKR 2004.

[443] Vgl. Art. 33 VKR, Art. 15 SKR 2004.

derungen unverbindliche Angebote einzureichen. Anschließend werden alle Unternehmen, die diese Voraussetzungen erfüllen, zu dem Beschaffungssystem zugelassen. Für die Vergabe eines konkreten Auftrages bedarf es eines gesonderten Aufrufs zum Wettbewerb. Zu diesem Zweck werden die zugelassenen Bieter zur Einreichung verbindlicher Angebote aufgefordert, die anhand der bekannt gemachten Zuschlagskriterien gewertet werden. Vor der Aufforderung zur Angebotsabgabe ist allerdings eine vereinfachte Bekanntmachung erforderlich, mit der weiterer Interessenten die Möglichkeit gegeben wird, nachträglich in das Bieterverzeichnis aufgenommen zu werden. Dieser Vorgang kann sich während der gesamten Laufzeit des dynamischen Beschaffungssystems (das grundsätzlich auf vier Jahre beschränkt ist) wiederholen.

189   **ff) Folgen der Wahl des falschen Vergabeverfahrens.** Die Wahl einer unzulässigen Verfahrensart stellt einen Verfahrensfehler dar, der von den Bietern im Rahmen eines Nachprüfungsverfahrens angegriffen werden kann. Durch die Wahl der falschen Verfahrensart kann dermaßen stark in den Grundsatz des fairen Wettbewerbs eingegriffen werden, dass der Vergabekammer als geeignete Maßnahme nur die **Verpflichtung zur Aufhebung** des Verfahrens nach §§ 17 Abs. 1 Nr. 3 VOB/A, 20 EG Abs. 1 lit. d VOL/A bleibt. Ein Nachprüfungsverfahren ist bei der Wahl eines unzulässigen Vergabeverfahrens allerdings nur dann erfolgreich, wenn dadurch tatsächlich subjektive Rechte des Antragstellers im Sinne des § 97 Abs. 7 GWB verletzt wurden. Die falsche Wahl des Verfahrens bleibt hingegen unbeachtlich, sofern durch sie keine spezifischen Benachteiligungen der antragstellenden Bieter bzgl. ihrer Chancen auf die Zuschlagserteilung hervorgerufen wurden (vgl. § 114 Abs. 1 S. 1). An einer Rechtsverletzung des Antragstellers fehlt es etwa, wenn statt eines offenen Verfahrens ein nicht offenes Verfahren durchgeführt wurde und der Antragsteller nach Durchführung des Teilnahmewettbewerbs zur Abgabe eines Angebots aufgefordert wurde.[444] Das Nachprüfungsverfahren dient nicht dazu, offensichtlich folgenlos gebliebene Fehler festzustellen.[445]

190   **c) Berücksichtigung der Verfahrensfristen.** Der Auftraggeber muss möglichst vor Beginn des Vergabeverfahrens einen Zeitplan festlegen. Dabei sind die Verfahrensfristen unter Beachtung der Vorgaben der EU-Richtlinien und der Vergabeordnungen zu bestimmen. Zu unterscheiden ist hinsichtlich der Festlegung der Verfahrensfristen insbesondere zwischen der Bewerbungsfrist und der Angebotsfrist. Die Bewerbungsfrist ist die Frist, innerhalb derer die Anträge auf Teilnahme einzureichen sind. Bei den Fristen handelt es sich jeweils um Mindestfristen. Bei der Bemessung der Fristen sind die Komplexität des Auftrags und die Zeit, die für die Ausarbeitung der Angebote erforderlich ist, zu berücksichtigen.[446] Es ist zu beachten, dass eine zu kurze Bemessung gegen das allgemeine Gebot der Durchführung der Vergabe in einem wettbewerblichen und transparenten Verfahren gemäß § 97 Abs. 1 verstoßen und zur Aufhebung von Ausschreibungen führen kann.

191   Die konkret zu beachtenden (Mindest-)Verfahrensfristen hängen von der Wahl des Verfahrens ab. Oberhalb der Schwellenwerte ergeben sich die Fristen aus den Vergaberichtlinien. Beim **offenen Verfahren** beträgt die Angebotsfrist mindestens 52 Kalendertage vom Tag nach Absendung der Bekanntmachung an das Amtsblatt der EU an gerechnet.[447] Unter bestimmten Voraussetzungen besteht die Möglichkeit der Verkürzung der Frist.[448]

192   Beim **nicht offenen Verfahren** beträgt die Bewerbungsfrist mindestens 37 Kalendertage vom Tage nach Absendung der Bekanntmachung an gerechnet.[449] Die Regelfrist kann aus Gründen der Dringlichkeit auf 15 Kalendertage verkürzt werden. Die Verkürzung der Frist ist nur in eng zu fassenden Ausnahmefällen zulässig, weil dadurch der europaweite Wettbewerb faktisch begrenzt wird. Die besondere Dringlichkeit setzt die nach objektiven Gesichtspunkten zu beurteilende Eilbedürftigkeit der beabsichtigten Beschaffung voraus. Die Eilbedürftigkeit darf sich zudem in aller Regel nicht aus Umständen ergeben, die der organisatorischen Sphäre des öffentlichen Auftraggebers selbst zuzurechnen sind.

193   Im **Verhandlungsverfahren** und im **wettbewerblichen Dialog** gibt es abgesehen vom Eingang der Teilnahmeanträge, für die die Fristen wie in nicht offenen Verfahren gelten,[450]

---

[444] Saarländisches OLG ZVgR 2000, 24, 29.
[445] OLG Rostock, Beschl. v. 25. 10. 1999 – 17 W 2/99, VergabeE C-8-2/99.
[446] Art. 38 Abs. 1 VKR.
[447] §§ 10a Abs. 1 Nr. 1 VOB/A; 12 EG Abs. 2 VOL/A.
[448] §§ 10a Abs. 1 Nr. 1 VOB/A; 12 EG Abs. 3 VOL/A.
[449] §§ 10a Abs. 2 Nr. 1 VOB/A; 12 EG Abs. 4 VOL/A.
[450] §§ 10a Abs. 3 iVm. 10a Abs. 2 Nr. 1 und 2 VOB/A; 12 EG Abs. 4 VOL/A.

keine starren Fristen. Das Verhandlungsverfahren mit vorheriger Vergabebekanntmachung kennt als zwingend einzuhaltende Frist nur die Bewerbungsfrist, die vom Tage der Absendung der Bekanntmachung an das EU-Amtsblatt beginnt und mindestens 37 Kalendertage dauert. In den Fällen besonderer Dringlichkeit kann die Frist auf bis zu 15 Tage verkürzt werden. Weitere Fristen, insbesondere für die nachfolgende Angebotserstellung, setzt weder die VOB/A noch die VOL/A fest. Erfolgt die Absendung der **Bekanntmachung auf elektronischem Wege**, dh. über das Online-Formular kann die Frist weiter verkürzt werden. Diese Möglichkeit besteht beim wettbewerblichen Dialog nicht. In Fällen besonderer Dringlichkeit ist es möglich, diese Frist ausnahmsweise auf mindestens 15 bzw. bei elektronischer Übermittlung auf 10 Tage zu verkürzen. Entsprechend dieser Mindestfrist hat die Vergabestelle in der Bekanntmachung einen Schlusstermin für den Eingang der Angebote bzw. Teilnahmeanträge festzulegen. Im Rahmen des **Zweiten Konjunkturpaketes** sind verkürzte Fristen vorgesehen.[451]

d) Vergabe nach Losen. Bereits im Vorbereitungsstadium stellt sich für den Auftraggeber **194** die Frage, ob er den Auftrag in Lose unterteilt. Im Vergabeverfahren sollen nach der Intention des Gesetzgebers mittelständische Interessen besonders berücksichtigt werden. § 97 Abs. 3 nennt als Mittel dafür ausdrücklich die Auftragsteilung. Lose sind Teile der vom Auftraggeber geforderten Gesamtleistung.[452] Dabei bezeichnen in der **VOB/A** die sog. Fachlose Bauleistungen unterschiedlicher Gewerbe- oder Handwerkszweige (§ 5 Abs. 2 S. 1), die sog. Teillose dagegen unterteilen die Leistung mengenmäßig oder räumlich (§ 5 Abs. 2 S. 1). Nach § 5 a VOB/A gilt § 5 Abs. 2 VOB/A nicht oberhalb der Schwellenwerte. Die **VOL/A** unterscheidet ebenfalls nach Fach- und Teillosen. Gleichwohl sind beide Arten der Teilung aber möglich (§ 2 EG Abs. 2).[453] Die **VOF** kennt den Los-Begriff nicht. Allerdings sollen nach § 2 Abs. 4 kleine Büroorganisationen und Berufsanfänger angemessen beteiligt werden. In Verbindung mit § 97 Abs. 3 GWB kann aber trotzdem eine losweise Vergabe auch hier angezeigt sein. Entgegen § 97 Abs. 3 aF. ist die losweise Vergabe nicht mehr nur die Regel und die Gesamtvergabe an einen Bieter die Ausnahme. Stattdessen sieht § 97 Abs. 3 nun einen noch stärkeren Mittelstandsschutz vor, indem die **Losvergabe grundsätzlich verbindlich** wird.[454] Nur in begründeten (und aktenkundig zu begründenden) Ausnahmefällen darf eine Gesamtvergabe vorgenommen werden. Davon erhofft sich der Gesetzgeber eine Vorbildwirkung für die Vergabe unterhalb der Schwellenwerte.[455]

3. Fertigstellung der Vergabeunterlagen. Die Ausschreibung soll erst dann begonnen **195** werden, wenn die Vergabeunterlagen fertig gestellt sind und die Leistung aus Sicht des Auftraggebers in der angegebenen Frist ausgeführt werden kann (§ 2 Abs. 5 VOB/A). Die Gestaltung des § 2 Abs. 5 VOB/A (die Parallelvorschrift in § 16 Nr. 1 VOL/A 2006 wurde gestrichen) als Soll-Vorschrift bedeutet dabei nicht, dass die Ausschreibungsgrundsätze nicht verbindlich wären; die Beweispflicht für das Vorliegen eines Ausnahmefalls liegt beim Auftraggeber.[456] Ohne das Vorliegen der in § 2 Abs. 5 VOB/A genannten Voraussetzungen kann nicht sinnvoll mit einem Vergabeverfahren begonnen werden.[457]

a) Begriff der Vergabeunterlagen. Die Vergabeunterlagen umfassen das Anschreiben **196** bzw. die Aufforderung zur Abgabe eines Angebotes, die Bewerbungsbedingungen sowie die Vertragsunterlagen (§§ 8 Abs. 1 VOB/A, 9 EG Abs. 1 VOL/A). Unter den Vertragsunterlagen ist gemäß §§ 8 Abs. 1 UAbs. 2 VOB/A, 9 EG Abs. 1 lit. c VOL/A der Teil der Vergabeunterlagen zu verstehen, der nicht zum Anschreiben (Aufforderung zur Angebotsabgabe) und den Bewerbungsbedingungen gehört. Zu den Vertragsunterlagen zählt grundsätzlich alles, was der Verdingung zu Grunde gelegt wird und später Gegenstand des Vertrages werden soll. Dazu zählen vor allem die Leistungsbeschreibung, Zeichnungen, Pläne, Berechnungen, Bodenunter-

---

[451] Vgl. oben RdNr. 154 ff.
[452] Vgl. § 97 RdNr. 86 ff.
[453] *Weyand* RdNr. 285 mwN.
[454] § 97 RdNr. 85.
[455] Vgl. die Begründung in BT-Drucks. 16/10117. Dies ist in Hinblick auf die Anhebung der Schwellenwerte im Rahmen des Konjunkturpakets II (oben RdNr. 154 ff.) von besonderer Relevanz.
[456] BGH NJW 1998, 3636; *Kapellmann/Messerschmidt/Planker* § 16 VOB/A RdNr. 13.
[457] *Heiermann/Riedl/Rusam/Heiermann* § 16 VOB/A RdNr. 10; BeckVOB-Komm/*Sterner* § 16 Abschnitt 1 RdNr. 19.

suchungen und ggf. Vertragsbedingungen.[458] Welche Unterlagen wann fertig gestellt sein müssen, ist abhängig von der Wahl der Vergabeverfahrensart.

197 **b) Zeitpunkt.** Nach § 2 Abs. 5 VOB/A soll der Auftraggeber erst dann ausschreiben, wenn alle Vergabeunterlagen fertig gestellt sind und wenn innerhalb der angegebenen Fristen mit der Ausführung begonnen werden kann. Zwar müssen zum Ausschreibungsbeginn nicht sämtliche Vergabeunterlagen fertig gestellt sein, da es sich lediglich um eine Sollvorschrift handelt; gleichwohl können durch die rechtzeitige Fertigstellung Fehler im späteren Verfahren vermieden werden. Fertig gestellt sind die Vergabeunterlagen, wenn der Inhalt der Leistungsbeschreibung so vorbereitet ist, dass er den potentiellen Bietern übermittelt werden kann. Allerdings darf ein öffentlicher Auftraggeber eine Ausschreibung erst vornehmen, wenn er eine eigenen Vorstellungen über Ziele und Leistungsanforderungen des zu vergebenden Auftrages besitzt (konzeptionelle Ausschreibungsprüfung),[459] da ansonsten ein Verstoß gegen das Wettbewerbsprinzip vorliegt. Es gibt ein subjektives Recht auf Ausschreibung erst bei Ausschreibungsreife.[460] **Ausschreibungsbeginn**[461] ist der Zeitpunkt, in dem der Auftraggeber seine Vergabeabsicht in der für das jeweilige Verfahren vorgegebenen Art durch Bekanntmachung nach §§ 12, 12a VOB/A, 15 EG VOL/A bzw. § 9 VOF oder durch Aufforderung zur Angebotsabgabe nach außen dokumentiert.[462] Die Gegenansicht, nach der es immer auf die Übersendung der Vergabeunterlagen ankommen soll,[463] überzeugt nicht. Schließlich spricht zum einen schon der Wortlaut dafür, bereits die Bekanntmachung als Ausschreibungsbeginn anzusehen und nicht erst die Übersendung der Vergabeunterlagen; zum anderen ist die Bekanntmachung bereits für die Kalkulationsbelange der Unternehmen relevant.[464]

198 **c) Die Leistungsbeschreibung als Mittel zur Sicherstellung der Gleichbehandlung. aa) Begriff und Bedeutung der Leistungsbeschreibung.** Der Begriff der Leistungsbeschreibung findet sich nicht in den Vergaberichtlinien. Diese sprechen nur von technischen Spezifikationen (Art. 23 VKR; Art. 34 SKR 2004), die Bestandteil der Leistungsbeschreibung sind. Als Leistungsbeschreibung lassen sich die Angaben der Vergabestelle definieren, die die Anforderungen an das Leistungsziel und an die dafür notwendigen Leistungen festlegen.

199 Durch die Leistungsbeschreibung müssen die Bieter in die Lage versetzt werden, ihre Leistungen ordnungsgemäß zu kalkulieren und zuverlässige Angebote zu erstellen. Dem Auftraggeber muss die Leistungsbeschreibung ermöglichen, die Angebote zu vergleichen und zu bewerten sowie eine richtige und nachvollziehbare Vergabeentscheidung zu treffen.[465] Die Leistungsbeschreibung erlangt über das Vergabeverfahren hinaus Bedeutung, da sie – zumindest teilweise – den Inhalt des späteren Vertrages festlegt.[466]

200 Was genau Inhalt der Leistungsbeschreibung ist, muss – ausgehend vom objektiven Empfängerhorizont eines gewissenhaften und sorgfältigen Angehörigen des entsprechenden Fachkreises[467] – durch **Auslegung** (§§ 133, 157 BGB) des Wortlauts und der Umstände des Einzelfalls ermittelt werden.[468] Ist die Auslegung in einem Sinne möglich, der den Vergabe- und Vertragsordnungen entspricht, so darf der Bieter die Ausschreibung auch als den Vergabe- und Vertragsordnungen entsprechend verstehen; es ist also vergaberechtskonform auszulegen.[469] Zwar verlangt die Rspr. vom Bieter, erkannte Unklarheiten oder Lücken in der Leistungsbeschreibung möglichst aufzuklären,[470] jedoch kann diese Pflicht nicht sehr weit gehen.[471] Intensive Auslegungsbemühungen – wie sie etwa ein Gericht vornehmen würde – sind von einem Bieter

---

[458] *Heiermann/Riedl/Rusam/Heiermann*, § 16 VOB/A RdNr. 2; BeckVOB-Komm/*Sterner*, § 16 Abschnitt 1 RdNr. 7.

[459] OLG Naumburg, Beschl. v. 16. 9. 2002 – 1 Verg 2/02.

[460] OLG Düsseldorf, Beschl. v. 8. 9. 2005 – Verg 35/04.

[461] Zum Beginn des Vergabeverfahrens oben RdNr. 165.

[462] BeckVOB-Komm/*Sterner* § 16 Abschnitt 1 RdNr. 10; *Lausen*, in: *Heiermann/Zeiss/Kullack/Blaufuß*, § 28 VOB/A RdNr. 30.

[463] *Heiermann/Riedl/Rusam/Heiermann* § 16 VOB/A RdNr. 3.

[464] OLG Naumburg, Beschl. v. 16. 9. 2002 – 1 Verg 2/02.

[465] OLG Koblenz, Beschl. v. 5. 12. 2007 – 1 Verg 7/07; BeckVOB-Komm/*Hertwig* § 9 RdNr. 3.

[466] *Prieß* NZBau 2004, 20.

[467] BGH v. 23. 1. 2003 – VII ZR 10/01, v. 28. 2. 2002 – VII ZR 376/00; *Weyand* RdNr. 4075.

[468] *Heiermann/Riedl/Rusam/Heiermann* § 9 VOB/A RdNr. 6; *Kapellmann/Messerschmidt/Kapellmann* § 9 VOB/A RdNr. 9.

[469] BGH v. 9. 1. 1997 – VII ZR 259/95; OLG Koblenz v. 19. 5. 2006 – 8 U 69/05.

[470] BGH, NJW 1966, 498.

[471] *Prieß* NZBau 2004, 87; BeckVOB-Komm/*Hertwig* § 9 RdNr. 18.

regelmäßig nicht zu erwarten.[472] Dies ergibt sich bereits aus dem Wortlaut des § 7 Abs. 1 Nr. 1 VOB/A, wonach die Bieter durch die Leistungsbeschreibung in die Lage versetzt werden sollen „ihre Preise sicher und ohne umfangreiche Vorarbeiten berechnen" zu können. Nach § 8 EG Abs. 1 VOL/A muss die Leistungsbeschreibung so eindeutig und erschöpfend abgefasst sein, dass alle Bewerber sie im gleichen Sinn verstehen und miteinander vergleichbare Angebote zu erwarten sind. Der fachkundige Bieter muss also durch die Leistungsbeschreibung die Vorstellungen des Auftraggebers von der gewünschten Leistung in Bezug auf alle maßgeblichen Kriterien unzweideutig erkennen können.

Bei der Leistungsbeschreibung dürfen auch sog. **vergabefremde Kriterien** (insbesondere 201 Umweltschutz und soziale Gesichtspunke) berücksichtigt werden, sofern diese in einem sachlichen Zusammenhang mit den zu erbringenden Leistungen stehen und sich aus der Leistungsbeschreibung ergeben (vgl. § 97 Abs. 4 S. 2).[473]

bb) Formen der Leistungsbeschreibung. Die **VOB/A** sieht zwei Formen der Leistungs- 202 beschreibung vor, zum einen den Normalfall der **Leistungsbeschreibung mit Leistungsverzeichnis** (§ 7 Abs. 9–12 VOB/A, sog. konstruktive Leistungsbeschreibung), zum anderen die Ausnahme der **Leistungsbeschreibung mit Leistungsprogramm** (§ 7 Abs. 13–15 VOB/A, sog. funktionale Leistungsbeschreibung).[474]

Bei der Leistungsbeschreibung mit Leistungsverzeichnis handelt es sich um eine detaillierte 203 Leistungsbeschreibung, bei der der Auftraggeber die Planung bis ins Einzelne übernimmt und den Auftragnehmer keine eigene Planungsverpflichtung trifft.[475] Verlangt der Auftraggeber vom Auftragnehmer dagegen nicht nur die Ausführung der Leistung, sondern zusätzlich auch deren Planung, so handelt es sich um eine funktionale Ausschreibung.[476] Eine Kombination der beiden Arten der Leistungsbeschreibung ist möglich.[477]

Auch die **VOL/A** sieht mehrere Arten von Leistungsbeschreibungen vor: Die **konventio-** 204 **nelle Leistungsbeschreibung** entspricht derjenigen mit Leistungsverzeichnis der VOB/A und stellt den Normalfall dar. Außerdem regelt § 8 EG Abs. 2 Nr. 2 VOL/A die **funktionale Leistungsbeschreibung,** die insbesondere im Verhandlungsverfahren Anwendung findet, und in lit. b die **konstruktive Leistungsbeschreibung** sowie eine **Verbindung** dieser Beschreibungsarten (lit. c).

Die **VOF** kennt keine Leistungsbeschreibung in diesem Sinne, weil freiberufliche Leistungen 205 sich einer detaillierten Beschreibung durch die Vergabestelle naturgemäß entziehen. An deren Stelle tritt die sog. **Aufgabenbeschreibung** (§ 6 VOF). Darunter ist die „Beschreibung einer durch den Bewerber zu erfüllenden Aufgabenstellung, ohne dass damit die Leistung als solche, nämlich die konkrete Lösung der Aufgabe mit allen dazu führenden Lösungsschritten, beschrieben wäre oder beschrieben werden könnte"[478] zu verstehen. Im Vergleich zur VOB/A und VOL/A sind die Anforderungen an die Beschreibung der Aufgabenstellung zwar geringer. Die vergaberechtlichen Grundsätze gelten aber auch hier, so dass die Leistung wenigstens funktional beschrieben werden muss.[479] An die Leistungsbeschreibung sind wegen der Grundsätze des Wettbewerbs, der Transparenz und der Gleichbehandlung (§ 17 Abs. 1, 2 GWB) hohe Anforderungen zu stellen.[480] Dem Grundsatz der Transparenz, der die größtmögliche Bestimmtheit der Ausschreibung hinsichtlich Leistungsumfang und -inhalt erfordert,[481] kommt dabei beson-

---

[472] OLG Koblenz, Beschl. v. 5. 12. 2007 – 1 Verg 7/07, zu § 8 Nr. 1 VOL/A.

[473] Ausführlich dazu § 97 RdNr. 101 ff.; vgl. auch Europäische Kommission, Umweltorientierte Beschaffung, Ein Handbuch für ein umweltorientiertes öffentliches Beschaffungswesen, Luxemburg 2005; Europäische Kommission, Mitteilung über die Auslegung des gemeinschaftlichen Vergaberechts und die Möglichkeiten zur Berücksichtigung sozialer Belange bei der Vergabe öffentlicher Aufträge, v. 15. 10. 2001, KOM (2001) 566; Europäische Kommission, Interpretierende Mitteilung über das auf das Öffentliche Auftragswesen anwendbare Gemeinschaftsrecht und die Möglichkeiten zur Berücksichtigung von Umweltbelangen bei der Vergabe öffentlicher Aufträge, v. 4. 7. 2001, KOM (2001) 274. Die Berücksichtigung vergabefremder Kriterien wurde und wird vielfach als „systemfremd" und wettbewerbsbeschränkend kritisiert, vgl. zB *Byok* NVwZ 2009, 551, 552.

[474] *Noch* 298.

[475] *Kapellmann/Messerschmidt/Kapellmann* § 9 VOB/A RdNr. 56.

[476] Dazu *Kapellmann/Messerschmidt/Kapellmann* § 9 VOB/A RdNr. 76.

[477] Vgl. *Burgi* VergabeR 2007, 457, 462.

[478] VK Thüringen, Beschl. v. 16. 9. 2003 – 216-4004.20-046/03-GS.

[479] *Willenbruch/Bischoff/Raufeisen*, 5. Los, § 8 VOF RdNr. 3.

[480] VK Hessen, Beschl. v. 26. 4. 2007 – 69 d – VK – 08/2007.

[481] *Immenga/Mestmäcker/Dreher*, EG-WettbR, § 97 RdNr. 48.

dere Bedeutung zu.[482] Intransparente Leistungsbeschreibungen verstoßen auch gegen den Gleichbehandlungsgrundsatz, da eine Gleichheit der jeweiligen Informationsstände der Bieter in diesem Fall nicht gewährleistet ist.[483] Zudem dient ein transparentes Vergabeverfahren unmittelbar dem Wettbewerbsgrundsatz.[484]

206 **cc) Grundsatz der eindeutigen und erschöpfenden Leistungsbeschreibung.** Damit die Risiken aus einer mangelhaften Ausschreibung nicht den Bietern aufgebürdet werden,[485] muss die Leistungsbeschreibung Art und Umfang der angebotenen und später vom Bieter zu erbringenden Leistungen nach Inhalt und Umfang so eindeutig und erschöpfend erkennen lassen, dass alle Bewerber sie im gleichen Sinne verstehen und ihre Preise sicher und ohne umfangreiche Vorarbeiten berechnen können (§ 7 Abs. 1 Nr. 1 VOB/A). Soweit das nicht ausdrücklich in den Vergabe- und Vertragsordnungen angeordnet ist (§ 8 EG Abs. 1 VOL/A), folgt dieses Gebot bereits aus dem Diskriminierungsverbot und dem Transparenzgebot.[486] Dieser Grundgedanke gilt für alle Arten der Leistungsbeschreibung.[487] In Fällen der konstruktiven Leistungsbeschreibung sind die Anforderungen an eine eindeutige und erschöpfende Leistungsbeschreibung naturgemäß höher als bei der funktionalen Leistungsbeschreibung.

207 Eine Leistungsbeschreibung ist **eindeutig,** wenn sich aus ihr Art und Umfang der geforderten Leistungen mit allen dafür maßgebenden Bedingungen zweifelsfrei ergeben. Ist die Leistungsbeschreibung in sich nicht widerspruchsfrei, ist sie schon deshalb nicht eindeutig. **Vollständig** ist die Leistungsbeschreibung, wenn sich aus ihr Art und Umfang der Leistung ergeben und sie alle für die Leistungserbringung erforderlichen spezifischen Bedingungen enthält. Nähere Erläuterungen in Bezug auf Bauleistungen finden sich im Vergabehandbuch des Bundes,[488] dem jedoch keine Rechtsqualität zukommt,[489] es sei denn der Auftraggeber bindet sich gegenüber den Bietern an die Einhaltung der Bestimmungen des Vergabehandbuches. Erfüllt die Leistungsbeschreibung die Kriterien eindeutig und erschöpfend nicht, so ist sie vergaberechtswidrig. Die Leistungsbeschreibung sollte so konkret wie möglich sein. Es gilt die Regel: Je detaillierter, desto besser.[490] Andererseits darf die Leistungsbeschreibung aber nur so konkret wie notwendig sein.[491] Eine zu spezifizierte Leistungsbeschreibung kann vergaberechtswidrig sein, wenn sie zB. dazu führt, dass von vornherein nur ein bestimmtes Produkt die festgelegten Kriterien erfüllen kann und damit ein bestimmtes Unternehmen bevorzugt wird.

208 **dd) Grenzen.** Der Grundsatz der eindeutigen und erschöpfenden Leistungsbeschreibung gilt nicht uneingeschränkt. Die Besonderheiten des jeweiligen Vergabeverfahrens sind stets zu berücksichtigen. Eine ganz allgemeine Grenze der weitreichenden Pflichten der Auftraggeber, die Grundlagen der Leistungsbeschreibung – also den Leistungsgegenstand und -umfang – zu ermitteln, stellt das **Verhältnismäßigkeitsprinzip** dar.[492] Maßgebend ist, was dem Auftraggeber im Einzelfall möglich und zumutbar ist. Es darf nicht dazu kommen, dass der durch Aufklärungsmaßnahmen verursachte Kostenaufwand in keinem angemessenen Verhältnis mehr zum Zweck – der Erstellung einer eindeutigen und erschöpfenden Leistungsbeschreibung – steht.[493] Die Grenze des Zumutbaren ist zB. überschritten, wenn die Bieter sich die entsprechenden Informationen mit verhältnismäßig geringem oder wenigstens geringerem Aufwand als der Auftraggeber selbst beschaffen können und die Vergleichbarkeit der Angebote darunter nicht leidet,[494] wobei der Auftraggeber vorhandene Erfahrungswerte, die eine Abschätzung ermöglichen, in der Leistungsbeschreibung nennen muss.[495] Im Einzelfall trägt der Auftraggeber die Beweislast für

---

[482] *Prieß* NZBau 2004, 20.
[483] *Immenga/Mestmäcker/Dreher*, EG-WettbR, § 97 RdNr. 59 u. 84.
[484] VK Lüneburg, Beschl. v. 28. 11. 2001, 203 – VgK-21/2001; *Prieß* NZBau 2004, 20.
[485] OLG Saarbrücken, Beschl. v. 29. 9. 2004 – 1 Verg 6/04.
[486] VK Bund, Beschl. v. 7. 4. 2004 – VK 1–15/04; *Prieß* NZBau 2004, 20.
[487] *Willenbruch/Bischoff/Raufeisen*, 5. Los, § 9 VOB/A RdNr. 2.
[488] VHB 2008 unter http://www.bmvbs.de/Bauwesen/Bauauftragsvergabe-,1535/Vergabehandbuch.htm.
[489] Vgl. BGHZ 139, 259, 266.
[490] OLG Koblenz, Beschl. v. 5. 9. 2002 – 1 Verg 2/02.
[491] *Prieß* NZBau 2004, 20.
[492] VK Hessen, Beschl. v. 26. 4. 2007 – 69 d – VK – 08/2007; VK Lüneburg, Beschl. v. 12. 1. 2007, VgK – 33/2006.
[493] VK Hessen, Beschl. v. 26. 4. 2007 – 69 d – VK – 08/2007; BeckVOB-Komm/*Hertwig* § 9 RdNr. 17.
[494] OLG Celle NZBau 2007, 62.
[495] *Prieß* NZBau 2004, 87.

die Umstände, die zur Unverhältnismäßigkeit führen. Ein pauschaler Verweis auf erhöhte Planungs- und Vorbereitungskosten genügt jedenfalls nicht.[496]

Der Grundsatz der eindeutigen und erschöpfenden Leistungsbeschreibung wird zudem durch **209** Sonderfälle eingeschränkt, denen eine gewisse Unbestimmtheit wesensimmanent ist, etwa bei funktionalen Leistungsbeschreibungen und im Verhandlungsverfahren. Zwar werden in einer **funktionalen Leistungsbeschreibung**[497] Teile der Planung und Konzeptionierung der Leistung auf den Bieter übertragen, um dessen Sachverstand und Kreativität zu nutzen,[498] doch darf die Beschreibung nicht so unbestimmt sein, dass dem Bieter im Ergebnis die gesamte Planung überlassen wird. Es muss also nicht jedes Detail ausgeschrieben werden, aber dem Bieter erkennbar sein, ob und welche Details er selbst zu erarbeiten hat. Außerdem muss die jeweilige Verantwortlichkeit klar zugeteilt sein.[499] Den Grundfunktionen einer Leistungsbeschreibung, nämlich Missverständnisse zu vermeiden und dadurch vergleichbare Angebote zu ermöglichen, die einer ordnungsgemäßen Bewertung zugänglich sind, muss also auch die funktionale Leistungsbeschreibung – so weit wie möglich – gerecht werden.[500] § 7 Abs. 1 VOB/A gilt für die funktionale Leistungsbeschreibung daher zumindest entsprechend,[501] wobei die Besonderheiten der jeweils ausgeschriebenen Leistung zu berücksichtigen sind.[502] Im **Verhandlungsverfahren**[503] muss die Leistung nicht bereits in der Ausschreibung in allen Details festgeschrieben sein; gleichwohl müssen die bekannten Leistungsteile eindeutig und erschöpfend beschrieben werden. Die Unmöglichkeit der eindeutigen und erschöpfenden Leistungsbeschreibung kann gerade eines der engen Zulässigkeitskriterien des Verhandlungsverfahrens sein (§ 3a Abs. 5 Nr. 3 VOB/A).[504] Im Verhandlungsverfahren besprechen Auftraggeber und potenzielle Auftragnehmer den Inhalt des Vertrages, um den konkreten Leistungsinhalt, die Bedingungen und den Preis zu klären.[505] Dabei darf die vereinbarte Leistung nicht von der zuvor bekannt gemachten Leistung abweichen. Die eindeutige und erschöpfende Leistungsbeschreibung, die im Verhandlungsverfahren ebenso geboten ist, wie in anderen Verfahrensarten,[506] ist also Ziel der Verhandlungen.[507]

ee) Einzelfragen. α) Optionen. Weitere Ausnahmen vom Gebot der eindeutigen und erschöpfenden Leistungsbeschreibung werden für **Optionen** – hier zu verstehen als Oberbegriff zu allen Positionen, bei denen in der Leistungsbeschreibung offen gelassen wird, ob oder in welchem Umfang sie zur Leistung gehören sollen, mit Ausnahme des Verhandlungsverfahrens – diskutiert.

Solche Ausnahmen sind **grundsätzlich unzulässig.** Zwar soll es nach Tz. 29 der Erwägungsgründe zur VKR gerade möglich sein, Angebote einzureichen, die die Vielfalt technischer Lösungsmöglichkeiten widerspiegeln. Das darf jedoch nicht zu Lasten der Vergleichbarkeit der Angebote gehen, weil ansonsten die vergaberechtlichen Grundsätze missachtet würden. Verschiedene technische Lösungsmöglichkeiten lassen sich auch durch die Zulassung von Nebenangeboten erreichen. Die europarechtlich vorgegebenen Grundsätze der Gleichbehandlung und des Wettbewerbs sollen gerade dadurch effektuiert werden, dass mit der Ausschreibung erst dann begonnen werden darf, wenn die Vertragsunterlagen – wozu als zentrales Element auch die Leistungsbeschreibung gehört – fertig gestellt sind.[508] Fertig gestellt sind sie aber erst, wenn sich der Auftraggeber darüber im Klaren ist, welche Leistung er ausschreiben möchte. Allen Leistungsbeschreibungen mit Optionen ist immanent, dass die daraufhin eingehenden Angebote nicht vergleichbar und damit einer Wertung, die dem Grundsatz des fairen Wettbewerbs ent-

---

[496] *Prieß* NZBau 2004, 87.
[497] Oben RdNr. 204.
[498] OLG Naumburg, Beschl. v. 16. 9. 2002 – 1 Verg 02/02.
[499] *Kapellmann/Messerschmidt/Kapellmann* § 9 VOB/A RdNr. 8; *Willenbruch/Bischoff/Raufeisen*, 5. Los, § 9 VOB/A RdNr. 4.
[500] OLG Naumburg, Beschl. v. 16. 9. 2002 – 1 Verg 02/02; OLG Düsseldorf, Beschl. v. 5. 10. 2000 – Verg 14/00; VK Hessen, Beschl. v. 26. 4. 2007 – 69 d – VK – 08/2007.
[501] *Prieß* NZBau 2004, 20; für direkte Anwendbarkeit: *Kapellmann/Messerschmidt/Kapellmann* § 9 RdNr. 7.
[502] VK Bund, Beschl. v. 26. 7. 2000 – VK 2–16/00.
[503] RdNr. 185 f.
[504] *Willenbruch/Bischoff/Haak/Reimnitz*, 3. Los, § 3a VOB/A RdNr. 34.
[505] OLG Celle, Beschl. v. 16. 1. 2002 – 13 Verg 1/02; VK Sachsen, Beschl. v. 13. 5. 2002, 1/SVK/028–02.
[506] OLG Düsseldorf, Beschl. v. 2. 8. 2002 – Verg 25/02.
[507] *Blaufuß/Zeiss*, in: *Heiermann/Zeiss/Kullack/Blaufuß*, § 101 RdNr. 21.
[508] § 2 Abs. 5 VOB/A; 16 Nr. 1 VOL/A 2006 wurde gestrichen.

spricht, nicht zugänglich sind.[509] Weiterhin verleitet die Möglichkeit der Ausschreibung mit Optionen dazu, Vergabeverfahren nur mangelhaft vorzubereiten.[510]

212   Ein Unterfall von Optionen sind **Bedarfspositionen.** Dies sind Leistungen, von denen die Vergabestelle – im Gegensatz zu den Grund- oder Normalpositionen[511] – weder im Zeitpunkt der Erstellung der Ausschreibungsunterlagen noch bei Zuschlagserteilung weiß, ob und in welchem Umfang sie in dieser oder jener Weise auszuführen sind.[512] Es stellt sich also erst während der Projektdurchführung heraus, ob die Leistungen erbracht werden können oder müssen.[513] Sinn und Zweck von Bedarfspositionen ist, dass für den Fall des Eintritts nicht vorhersehbarer Ereignisse eine abrufbare Angebotslage existiert, aufgrund derer im laufenden Projekt zügig reagiert werden kann. Im Leistungsverzeichnis sind sie üblicherweise mit dem Zusatz „nur auf Anordnung" gekennzeichnet.[514] In § 7 Abs. 1 Nr. 4 VOB/A ist geregelt, dass Bedarfspositionen „grundsätzlich nicht" in die Leistungsbeschreibung aufgenommen werden dürfen. Ob hierin eine inhaltliche Änderung zur alten Formulierung liegt, dass sie nur „ausnahmsweise" aufgenommen werden dürfen, ist zu bezweifeln. Zulässig sollten Bedarfspositionen aber auch nach der alten – etwas schwächeren – Formulierung nur sein, wenn das Projekt tatsächlich unberechenbare Komponenten enthält, so dass es im Zeitpunkt der Aufstellung der Leistungsbeschreibung unmöglich ist festzustellen, ob die Leistung später benötigt wird oder nicht.[515] Ursache dürfe keinesfalls ein Planungsmangel der Vergabestelle sein.[516] Weiterhin müsse die Bedarfsposition erfahrungsgemäß zur Ausführung der vertraglichen Leistung erforderlich werden und dürfe nicht lediglich auf Verdacht ausgeschrieben werden.[517] Die Leistungsbeschreibung erfordere zudem für jede Bedarfposition eine eigene schriftliche Begründung.[518] Der Wert von Bedarfspositionen dürfe zudem insgesamt nur einen untergeordneten Anteil am Gesamtauftrag ausmachen.[519] Insofern sei ausschlaggebend, ob der Anteil der Bedarfspositionen am Gesamtauftrag derart groß ist, dass den potentiellen Auftragnehmern eine hinlänglich verlässliche Preiskalkulation unmöglich oder unzumutbar wird.[520] Umstritten ist die Höhe des zulässigen Anteils. Teilweise wird nur ein Maximalanteil von unter 10% des Auftragsvolumens für unbedenklich erachtet.[521] Andere gehen davon aus, dass in der Regel ein Anteil in Höhe von 10% sachgerecht, eine absolute Grenze aber jedenfalls bei 15% erreicht sei.[522] Aus den engen Voraussetzungen und der Diskussion um den Maximalanteil am Auftragsgesamtvolumen wird deutlich, dass eine Leistungsbeschreibung mit Bedarfspositionen allgemein kritisch betrachtet wird. Dies verdeutlicht auch die – engere – neue Formulierung in § 7 Abs. 1 Nr. 4 VOB/A. **Tatsächlich widerspricht die** – wenn auch ausnahmsweise und unter engen Voraussetzungen gegebene – **Zulässigkeit von Bedarfspositionen den Prinzipien des Vergaberechts,** insbesondere dem europarechtlichen Diskriminierungsverbot. Bedarfspositionen verstoßen grundsätzlich gegen das Gebot der eindeutigen und erschöpfenden Leistungsbeschreibung,[523] weil eine solche den genauen Leistungsgegenstand und -umfang gerade offen lässt.[524] Bedarfspositionen führen zu

---

[509] VK Berlin, Beschl. v. 16. 6. 2006 – B 1–7/06.

[510] *Franke/Mertens,* in: *Franke/Kemper/Zanner/Grünhagen,* VOB Kommentar, 3. Aufl. 2007, A § 9 RdNr. 30.

[511] Dazu *Weyand,*RdNr. 4109.

[512] BGH v. 23.1.2003 – VII ZR 10/01; VG Neustadt, Beschl. v. 6. 4. 2006 – 4 L 544/06 NW; *Kapellmann/Messerschmidt/Kapellmann* § 9 VOB/A RdNr. 14.

[513] VK Baden-Württemberg, Beschl. v. 20. 3. 2002 – 1 VK 4/02.

[514] KG Berlin, Beschl. v. 15. 3. 2004 – 2 Verg 17/03.

[515] OLG Saarbrücken v. 24. 6. 2008 – 4 U 478/07; VG Neustadt, Beschl. v. 6. 4. 2006 – 4 L 544/06 NW; VK Nordbayern, Beschl. v. 4. 10. 2005 – 320.VK – 3194 – 30/05; VK Düsseldorf, Beschl. v. 4. 8. 2000 – VK – 14/2000 – L; *Prieß* NZBau 2004, 20.

[516] VK Bund, Beschl. v. 29. 9. 2006 – VK 2 – 110/06.

[517] VK Schleswig-Holstein, Beschl. v. 3. 11. 2004 – VK – SH 28/04.

[518] *Leinemann,* Die Vergabe öffentlicher Aufträge, 4. Aufl. 2007, RdNr. 516.

[519] VK Bund, Beschl. v. 29. 9. 2006 – VK 2–110/06; VK Bremen, Beschl. v. 10. 9. 2004 – VK 3/04.

[520] *Prieß* NZBau 2004, 20, 27.

[521] OLG Saarbrücken, Beschl. v. 22. 10. 1999 – 5 Verg 4/99; VK Lüneburg, Beschl. v. 3. 2. 2004, 203 – VgK – 41/2003; *Kapellmann/Messerschmidt/Kapellmann* § 9 VOB/A RdNr. 17.

[522] Eine relative Grenze offen lassend, aber für 15% als absolute Grenze: VK Bund, Beschl. v. 14. 7. 2005 – VK 1 – 50/05; relative Grenze von 10%, aber ohne absolute Grenze: VK Baden-Württemberg, Beschl. v. 20. 3. 2002 – 1 VK 4/02; unklar: VK Baden-Württemberg, Beschl. v. 15. 1. 2003 – 1 VK 71/02; für 5% als relative und 15% als absolute Grenze: *Leinemann,* Die Vergabe öffentlicher Aufträge, 4. Aufl. 2007, RdNr. 516.

[523] OLG Saarbrücken, Beschl. v. 13. 11. 2002 – 5 Verg 1/02.

[524] VK Hessen, Beschl. v. 28. 7. 2004 – 69 d VK – 49/2004.

erheblichen Kalkulationsrisiken und Spekulationsmöglichkeiten.[525] Insgesamt können die Angebote nicht mehr verlässlich verglichen und rechtmäßig bewertet werden.[526] Entsprechende Vorschläge zur Wertung[527] gehen fehl.[528] Schließlich bestehen verschiedenste Möglichkeiten, Kosten in diesen ungewissen Positionen zu verstecken oder voll in die Grund- und Normalpositionen einzustellen, die für die Vergabestelle nicht nachvollziehbar sind. Weiterhin verleitet die Möglichkeit der Ausschreibung von Bedarfspositionen dazu, Vergabeverfahren nur mangelhaft vorzubereiten.[529] Beachtenswert ist, dass die 10%-Grenze in den Erläuterungen zu § 9 VOB/A 2006 des Vergabehandbuchs des Bundes, die als Orientierungsmaßstab für den zulässigen Maximalanteil am Auftragsgesamtvolumen diente, bereits 2006 gestrichen wurde und Bedarfspositionen seither überhaupt nicht mehr in das Leistungsverzeichnis aufgenommen werden dürfen.[530] Die **VOL/A** enthält keine Regelung zur Zulässigkeit von Bedarfspositionen. Hier ist erst recht – entgegen der hM.[531] – von deren grundsätzlicher Unzulässigkeit auszugehen. Hinzu kommt, dass die VOL/A nur für Beschaffungen gilt, die grundsätzlich abschließend planbar sind. Daher können Bedarfspositionen hier nur dazu dienen, Planungs- und Vorbereitungsmängel des Auftraggebers auszugleichen und die daraus resultierenden Unwägbarkeiten in die Risikosphäre der Anbieter zu verlagern.

Anders als Bedarfspositionen sind **Wahl- oder Alternativpositionen** solche, die im Leistungsverzeichnis alternativ zu einer Grundposition angegeben werden. Sie gelangen somit grundsätzlich nur anstelle der im Leistungsverzeichnis aufgeführten jeweiligen Grundposition zur Ausführung und verdrängen diese.[532] Im Zeitpunkt der Ausschreibung steht zwar bereits fest, unter welchen Voraussetzungen die Leistungen zu erbringen sind. Eine Entscheidung über ihre Ausführung könnte daher – anders als bei Bedarfs- oder Eventualpositionen – bereits getroffen werden. Der Auftraggeber entscheidet aber erst bei der Auftragserteilung,[533] ob er eine bestimmte Leistung gemäß einer Grund- oder in der Alternativposition ausgeführt haben will. Dies geschieht meist, um eine Übersicht darüber zu bekommen, welche Art der Ausführung einer Leistung für den Auftraggeber am wirtschaftlichsten ist,[534] stellt also eine beschränkte Form der Markterkundung dar. Da auch bei Wahl- oder Alternativpositionen die Gefahr von Angebotsmanipulationen und Transparenzdefiziten gegeben ist, werden auch sie auch von der hM. nur in Ausnahmefällen für zulässig gehalten.[535] Der Auftraggeber müsse dem Bieterkreis vorab die Kriterien bekannt geben, die für die Inanspruchnahme der ausgeschriebenen Wahlpositionen maßgebend sein sollen.[536] Generell dürften Wahl- oder Alternativpositionen nur geringfügige Teile der ausgeschriebenen Leistung betreffen[537] und keinesfalls – weder in Bezug auf den Leistungsumfang noch auf die Zuschlagsentscheidung – ein solches Gewicht erhalten, dass sie die Grundpositionen für die Zuschlagsentscheidung geradezu verdrängen,[538] wobei die maximale prozentuale Höhe der Alternativpositionen am Gesamtauftrag auch hier umstritten ist.[539]

Genau wie bei Bedarfs- und Eventualpositionen **widerspricht auch die** – wenn auch nur ausnahmsweise und unter engen Voraussetzungen gegebene – **Zulässigkeit von Wahl- und**

213

214

---

[525] VK Baden-Württemberg, Beschl. v. 20. 3. 2002 – 1 VK 4/02.

[526] VK Bund, Beschl. v. 14. 7. 2005 – VK 1–50/05; *Prieß* NZBau 2004, 20.

[527] Vgl. nur VK Schleswig-Holstein, Beschl. v. 12. 7. 2005 – VK – SH 14/05, und *Heiermann/Riedl/Rusam/Rusam* A § 25 RdNr. 156 b.

[528] Dazu nur VK Bund, Beschl. v. 30. 1. 2001 – VK A – 1/99; VK Baden-Württemberg, Beschl. v. 15. 1. 2003 – 1 VK 71/02.

[529] *Franke/Kemper/Zanner/Grünhagen/Franke/Mertens*, VOB Kommentar, 3. Aufl. 2007, A § 9 RdNr. 30.

[530] Vergabe- und Vertragshandbuch für die Baumaßnahmen des Bundes, 2008, Allgemeine Richtlinien Vergabeverfahren 4.6.

[531] Siehe nur *Müller-Wrede/Noch* § 8 RdNr. 61.

[532] OLG München, Beschl. v. 27. 1. 2006 – Verg 01/06; *Kapellmann/Messerschmidt/Kapellmann* § 5 VOB/A RdNr. 14; *Heiermann/Riedl/Rusam/Rusam*, § 25 VOB/A RdNr. 156 a.

[533] OLG Saarbrücken, Beschl. v. 22. 10. 1999 – 5 Verg 4/99.

[534] *Heiermann/Riedl/Rusam/Rusam* § 25 VOB/A RdNr. 156 a.

[535] OLG Düsseldorf, Beschl. v. 24. 3. 2004 – VII – Verg 7/04; OLG Saarbrücken, Beschl. v. 22. 10. 1999, 5 Verg 4/99.

[536] OLG Düsseldorf, Beschl. v. 24. 3. 2004 – VII – Verg 7/04; VK Hessen, Beschl. v. 28. 7. 2004, 69 d VK – 49/2004.

[537] OLG Düsseldorf, Beschl. v. 2. 8. 2002 – Verg 25/02.

[538] OLG Saarbrücken, Beschl. v. 22. 10. 1999 – 5 Verg 4/99.

[539] Für eine 10%-Grenze: VK Lüneburg, Beschl. v. 3. 2. 2004, 203 – VgK – 41/2003; gegen eine feste Grenze: VK Bund, Beschl. v. 19. 7. 1999 – VK 2–14/99; VK Hannover, Beschl. v. 10. 2. 2003, 26045 – VgK 21/2002.

Alternativpositionen den Prinzipien des Vergaberechts, insbesondere dem europarechtlichen Diskriminierungsverbot. Bedarfs- und Eventualpositionen verstoßen gegen das Gebot der eindeutigen und erschöpfenden Leistungsbeschreibung. Auch sie führen zu erheblichen Kalkulationsrisiken und Spekulationsmöglichkeiten. Die Angebote können nicht mehr verlässlich verglichen und rechtmäßig bewertet werden. Seit 2006 dürfen Wahl- oder Alternativpositionen nach dem Vergabehandbuch des Bundes nicht mehr ins Leistungsverzeichnis aufgenommen werden,[540] wobei das Vergabehandbuch keine rechtsverbindlichen Normen aufstellt.

215 **β) Ungewöhnliches Wagnis.** Folge von Unklarheiten in der Leistungsbeschreibung und der Verwendung von Bedarfs- oder Alternativpositionen[541] kann es sein, dass die finanziellen Risiken des Auftrags für die Bieter nicht einzuschätzen sind. Wegen der in vielen Bereichen gewaltigen Nachfragemacht der öffentlichen Hand müssen strenge Regeln für einen Schutz der Bieter und die Lauterkeit des Rechtsverkehrs sorgen.[542] In diesem Sinne bestimmt § 7 Abs. 1 Nr. 3 VOB/A (§ 8 Nr. 1 Abs. 3 VOL/A wurde gestrichen), dass der Auftraggeber dem Auftragnehmer über die Leistungsbeschreibung kein ungewöhnliches Wagnis für Umstände oder Ereignisse aufbürden darf,[543] auf die der Auftragnehmer keinen Einfluss hat und deren Einwirkung auf die Preise und Fristen er nicht im Voraus einschätzen kann.

216 Eine Abgrenzung dieses Verbots von einer noch zulässigen Verlagerung von Risiken auf den Auftragnehmer kann wegen der offenen Formulierung nur mit einer Auslegung des Tatbestandes gelingen: Der Tatbestand des § 7 Abs. 1 Nr. 3 VOB/A besteht im Wesentlichen aus zwei Elementen: Es muss sich um ein ungewöhnliches Risiko (1.) handeln, das auf unvorhersehbaren und unkalkulierbaren Umständen (2.) beruht. In Rechtsprechung und Literatur wird – statt den Tatbestand wie gezeigt aufzufächern – oft nur auf das Merkmal „ungewöhnliches Wagnis" als Oberbegriff abgestellt, um die weiteren Tatbestandselemente zu dessen Konkretisierung heranzuziehen.[544] Zwar wird man davon ausgehen können, dass ein gewöhnliches Risiko gleichzeitig (fast) immer auch vorhersehbar und kalkulierbar ist. Beide Prüfungsmaßstäbe führen also letztlich zum selben Ergebnis. Dennoch ist die Trennung der Tatbestandselemente sinnvoll: Zum einen wird so deutlich, dass auch ungewöhnliche Risiken vergaberechtlich nicht zu beanstanden sind, wenn sie auf Umstände zurückzuführen sind, die vorhersehbar und kalkulierbar sind. Zum anderen lassen sich durch den ersten Filter bestimmte Wagnisse relativ unproblematisch und schnell feststellen.

217 Wenn nur ein **gewöhnliches Risiko** vorliegt, so ist dies nicht zu beanstanden und auf das – sogleich zu erörternde – zweite Tatbestandsmerkmal nicht mehr einzugehen.[545] Nach einer verbreiteten Definition sind Wagnisse gewöhnlich, wenn sie – unter Berücksichtigung der besonderen Gegebenheiten des Auftrags – nach Art und Umfang dem allgemeinen Vertragsrisiko und dem hergebrachten Bild der zu erbringenden Leistungen entsprechen.[546] Wann genau ein gewöhnliches Risiko gegeben ist, lässt sich an normativen oder faktischen Gesichtspunkten festmachen. Als normative Anknüpfungspunkte kommen regelmäßig die Regelungen des allgemeinen oder besonderen Schuldrechts (bspw. §§ 300 Abs. 2, §§ 305 ff., 644 BGB, vertragstypische Risiken) und die Regelungen der VOB/B (zB. § 5 Abs. 1)[547] in Betracht. Faktisch kann an die Branchenüblichkeit des Risikos angeknüpft werden.[548] Im Baubereich sind zB. Risiken, die aus einer unsicheren Witterung folgen, branchenüblich und daher nicht ungewöhnlich. Vereinzelt wird als empirisches Kriterium auch vorgeschlagen, die Ungewöhnlichkeit eines Risikos an seiner Häufigkeit festzumachen. Wenn sich ein Risiko eher selten realisiert, so soll es also aus diesem Grund

---

[540] Vergabe- und Vertragshandbuch für die Baumaßnahmen des Bundes, 2008, Allgemeine Richtlinien Vergabeverfahren 4.6.

[541] Dazu oben RdNr. 210 ff.

[542] OLG Saarbrücken, Beschl. v. 29. 9. 2004 – 1 Verg 6/04; 2. VK Bund, Beschl. v. 26. 3. 2003 – VK 2-06/03; *Heiermann/Riedl/Rusam/Heiermann* § 9 VOB/A RdNr. 16.

[543] Auch die Soll-Vorschrift stellt in Verbindung mit dem allgemeinen Kartellrecht und dem Wettbewerbsgrundsatz eine Verbotsnorm dar, vgl. nur *Prieß* NZBau 2004, 87 und *Müller-Wrede/Noch*, VOB/A, § 8 RdNr. 115.

[544] Vgl. OLG Düsseldorf, Beschl. v. 19. 10. 2006 – VII – Verg 39/06; VK Bund, Beschl. v. 29. 5. 2001 – VK 1-13/01; *Quack* BauR 2005, 1080.

[545] So auch die Prüfung bei OLG Düsseldorf, Beschl. v. 9. 7. 2003 – Verg 26/03.

[546] OLG Saarbrücken, Beschl. v. 29. 9. 2004 – 1 Verg 6/04; *Prieß* NZBau 2004, 87.

[547] OLG Düsseldorf, Beschl. v. 9. 7. 2003 – Verg 26/03; *Kapellmann/Messerschmidt/Kapellmann* § 5 VOB/A RdNr. 22.

[548] OLG Saarbrücken, Beschl. v. 29. 9. 2004 – 1 Verg 6/04; VK Brandenburg, Beschl. v. 8. 12. 2005 – VK 72/05.

ungewöhnlich sein.[549] Dies leuchtet begrifflich zwar unmittelbar ein, dürfte jedoch allenfalls als ergänzendes Kriterium brauchbar sein.

Wurde festgestellt, dass ein Risiko ungewöhnlich ist, muss weiter geprüft werden, ob dieses **218** Risiko auf **unvorhersehbaren und unkalkulierbaren Umständen** beruht. Ein Umstand kann überhaupt nur dann vorhersehbar und kalkulierbar sein, wenn der Auftragnehmer ihn kennt. Der Auftraggeber muss also ausdrücklich auf die Umstände, die das Risiko begründen, hinweisen, so dass der Auftragnehmer die Wahl hat, ob er das Risiko übernehmen möchte.[550] § 7 Abs. 1 Nr. 3 VOB/A bestimmt zum einen, dass das Wagnis auf Umständen beruhen muss, die der Auftragnehmer nicht beeinflussen kann. Es geht folglich um Ereignisse, die vom Auftragnehmer mit eigenen Mitteln nicht abzuwenden oder herbeizuführen sind.[551]

Weitere Voraussetzung ist, dass mit der Auftragsdurchführung Umstände oder Ereignisse ein- **219** hergehen, deren Einwirkung auf die Preise und Fristen vom Bieter nicht eingeschätzt werden können. Hierzu muss für ihn überschaubar sein, mit welcher Wahrscheinlichkeit sich das Wagnis voraussichtlich realisieren und für ihn konkret auswirken wird.[552] Dies ist bspw. in Bezug auf die Preise gegeben, wenn für den Auftragnehmer bei Erstellung des Angebots lediglich das Ausmaß des finanziellen Schadens im Extremfall abzusehen ist und er den Preis allein danach kalkulieren kann. Der Zweck des § 7 Abs. 1 Nr. 3 VOB/A – Schutz der Bieter vor der Abwälzung unangemessener finanzieller Risiken – wird nicht ausreichend beachtet, wenn sich lediglich ein theoretisches Maximalrisiko benennen und preislich beziffern lässt. Eine ordnungsgemäße Kalkulation ist nur möglich, wenn der Bieter die Eintrittswahrscheinlichkeit der Umstände selbst beurteilen kann.[553] Sind ausschließlich Schätzungen möglich, für die es keine gesicherten Grundlagen gibt, so ist das mit den gesetzlichen Vorschriften nicht zu vereinbaren.[554]

Als ungeschriebenes Tatbestandsmerkmal wird besonders in der Rechtsprechung[555] vielfach **220** genannt, das Wagnis müsse **„wirtschaftlich schwerwiegende Folgen"** für den Auftragnehmer mit sich bringen.[556] Damit soll jedoch nur zum Ausdruck gebracht werden, dass ein ungewöhnliches Wagnis zu verneinen ist, wenn das dem Auftrag immanente Risiko durch Kompensationsmaßnahmen, wie zB. eine besonders hohe Vergütung, den Abschluss von Versicherungen oder eine spätere Vertragsanpassung (vgl. § 2 Abs. 5 VOB/B), auf ein „erträgliches und rechtlich noch hinnehmbares Maß"[557] gemindert werden kann.

Dagegen wird zT. eingewandt, dass eine besonders hohe Vergütung ein unkalkulierbares **221** Risiko zwar abmildern, aber nie ausgleichen könne. Zudem ließe man den Bieter völlig im Unklaren, ob er mit einem besonders hohen Vergütungsangebot überhaupt den Zuschlag erhalte.[558] Diese Ansicht verkennt aber, dass es nicht darum geht, ein unkalkulierbares Risiko durch eine Vergütung abzumildern oder auszugleichen. Dies wäre in der Tat unzulässig. Tatsächlich soll ein zunächst unangemessen hohes Risiko durch eine entsprechende Vergütung oder andere Maßnahmen für den Bieter auf ein angemessenes und mithin zulässiges Maß gesenkt werden. Ein ungewöhnliches Wagnis kann auf diese Weise zu einem gewöhnlichen Wagnis werden.

γ) **Gebot der Produktneutralität.** Die Leistungsbeschreibung muss so detailliert wie mög- **222** lich, darf aber nur so detailliert wie notwendig sein, weil eine zu enge Leistungsbeschreibung den Bietern die Chance nimmt, sich durch kreative unternehmerische Vorschläge hervorzutun und ansonsten das Wettbewerbsprinzip eingeschränkt würde. Nach § 7 Abs. 8 S. 1 VOB/A, § 8 EG Abs. 7 S. 1 VOL/A sind Ausschreibungen produktneutral zu gestalten. Dadurch wird der Grundsatz der eindeutigen und erschöpfenden Leistungsbeschreibung im Sinne des Wettbe-

---

[549] *Quack* BauR 2005, 1080.
[550] OLG Naumburg v. 15. 12. 2005 – 1 U 5/05.
[551] VK Bund, Beschl. v. 29. 5. 2001 – VK 1 – 13/01; OLG Düsseldorf, Beschl. v. 5. 10. 2001 – Verg 28/01.
[552] OLG Düsseldorf, Beschl. v. 9. 6. 2004, VII – Verg 18/04; *Prieß* NZBau 2004, 87.
[553] OLG Düsseldorf, Beschl. v. 5. 10. 2001 – Verg 28/01; VK Bund, Beschl. v. 19. 3. 2002 – VK 2 – 6/02.
[554] Vgl. OLG Saarbrücken, Beschl. v. 22. 10. 1999 – 5 Verg 4/99.
[555] OLG Naumburg v. 22. 1. 2002 – 1 U (Kart) 2/01; implizit OLG Saarbrücken, Beschl. v. 13. 11. 2002, 5 Verg 1/02; in diese Richtung wohl auch OLG Düsseldorf, Beschl. v. 19. 10. 2006, VII – Verg 39/06, Beschl. v. 23. 3. 2005 – VII – Verg 77/04; offen gelassen noch von OLG Düsseldorf, Beschl. v. 5. 12. 2001 – Verg 32/01.
[556] OLG Düsseldorf, Beschl. v. 5. 10. 2001 – Verg 28/01; *Prieß* NZBau 2004, 87.
[557] OLG Düsseldorf, Beschl. v. 5. 10. 2001 – Verg 28/01.
[558] Vgl. nur *Kapellmann/Messerschmidt/Kapellmann*, § 9 VOB/A RdNr. 21.

werbsgrundsatzes relativiert.[559] Es geht nicht nur um einen reinen Preis-, sondern auch um einen Qualitätswettbewerb.[560] Jede sachlich nicht gerechtfertigte Einschränkung durch die Leistungsbeschreibung verletzt den Wettbewerbsgrundsatz.[561] Zusätzlich kann auch ein Verstoß gegen den Gleichbehandlungsgrundsatz gegeben sein, weil eine Leistungsbeschreibung, die nur bestimmte Produkte zulässt, einigen Bietern Vorteile verschaffen und andere von vornherein ausschließen oder benachteiligen kann.[562] Der Auftraggeber muss sich einen möglichst breiten Überblick über die möglichen Lösungsvarianten verschaffen und darf diese nicht bereits durch Festlegung auf bestimmte Produkte ex ante ausblenden.[563] Ausnahmen sind nur unter engen Voraussetzungen erlaubt (vgl. zB. §§ 7 Abs. 8 S. 2 VOB/A, 8 EG Abs. 7 S. 2).[564] Die Beurteilung, ob eine Ausnahme gegeben ist, liegt im Ermessen des Auftraggebers; er darf diese Entscheidung nicht vollständig einem Sachverständigen überlassen. Da er die Entscheidung im Nachprüfungsverfahren nicht nachholen kann,[565] ist sie äußerst sorgfältig zu treffen. Eine Abweichung vom Grundsatz der Produktneutralität bedarf immer einer sachlichen Rechtfertigung, wobei die Gründe in der Sache selbst liegen und objektiv sein müssen. Solche Gründe können sich bspw. aus der besonderen Aufgabenstellung des Auftraggebers, aus technischen oder gestalterischen Anforderungen oder auch aus der Nutzung der Sache ergeben.[566] Diese Möglichkeit der Rechtfertigung ist der Privatautonomie des Auftraggebers geschuldet, die auch in seinem Beurteilungsermessen Ausdruck findet.[567] Wenn bei einer notwendigen Produktspezifikation bestimmte Produkte oder Verfahren genannt werden, so ist diese Nennung zumindest mit dem Zusatz „oder gleichwertig" zu versehen,[568] um deutlich zu machen, dass der Wettbewerb trotz der Nennung nach objektiven Kriterien produktneutral durchgeführt werden soll.

223   **ff) Folgen einer mangelhaften Leistungsbeschreibung.** Entspricht die Leistungsbeschreibung nicht den gesetzlichen Vorgaben, so kann dies weitreichende Konsequenzen haben. Da die gesetzlichen Anforderungen an die Leistungsbeschreibung grundsätzlich bieterschützenden Charakter haben (§ 97 Abs. 7), kann jeder Bieter einen etwaigen Gesetzesverstoß im Nachprüfungsantrag, der sogar zur Aufhebung[569] führen kann,[570] geltend machen. Bei auslegungsbedürftigen Leistungsbeschreibungen können sich zivilrechtliche Streitigkeiten, zB. über die Auslegung des Vertrages oder über die AGB-rechtliche Wirksamkeit einzelner Klauseln, ergeben.[571] Die Vergabestelle kann uU. selbst die Ausschreibung aufheben oder Klarstellungen gegenüber allen beteiligten Bietern vornehmen.[572] Sie muss dabei diejenige Lösung wählen, die den Mangel der Leistungsbeschreibung am effektivsten beseitigt.[573]

224   Gesetzesverstöße sind grundsätzlich vom Bieter zu rügen und werden nicht von Amts wegen kontrolliert.[574] Vom Bieter erkannte Mängel in der Leistungsbeschreibung sind vom Bieter spätestens bis zur Angebotsabgabe oder Bewerbung zu rügen.[575] Das ist inzwischen auch durch § 107 Abs. 3 Nr. 3 klargestellt. Zu einer allgemeinen Rechtmäßigkeitskontrolle ist die Vergabekammer nach § 110 Abs. 1 S. 2 nicht verpflichtet.[576]

225   Hinsichtlich des Problems des Nachweises der Kenntnisnahme behilft sich die Praxis mangels anderweitiger Erkenntnismöglichkeiten oft damit, dass positive Kenntnis von Mängeln der

---

[559] OLG Thüringen, Beschl. v. 26. 6. 2006 – 9 Verg 2/06; *Immenga/Mestmäcker/Dreher,* EG-WettbR, § 97 RdNr. 27, 82.

[560] BeckVOB-Komm/*Marx* § 97 RdNr. 17.

[561] *Kapellmann/Messerschmidt/Kapellmann* § 9 VOB/A RdNr. 54.

[562] *Immenga/Mestmäcker/Dreher,* EG-WettbR, § 97 RdNr. 82.

[563] OLG Thüringen NZBau 2006, 735.

[564] BayObLG, Beschl. v. 15. 9. 2004 – Verg 26/03.

[565] OLG Thüringen, Beschl. v. 26. 6. 2006 – 9 Verg 2/06.

[566] OLG Düsseldorf, Beschl. v. 14. 4. 2005 – Verg 93/04.

[567] OLG Düsseldorf, Beschl. v. 14. 4. 2005 – Verg 93/04; OLG München, Beschl. v. 15. 11. 2007 – Verg 10/07.

[568] §§ 7 Abs. 8 S. 2 VOB/A, 8 EG Abs. 7 S. 2 VOL/A, vgl. dazu *Müller-Wrede/Noch* § 8 RdNr. 221 und *Heiermann/Riedl/Rusam/Heiermann* § 9 VOB/A RdNr. 39.

[569] Dazu unten RdNr. 266 ff.

[570] *Prieß* NZBau 2004, 87.

[571] *Prieß* NZBau 2004, 20; *Kapellmann/Messerschmidt/Kapellmann* § 9 VOB/A RdNr. 2.

[572] Vgl. auch OLG Celle, Beschl. v. 15. 12. 2005 – 13 Verg 14/05.

[573] OLG Frankfurt a. M. v. 3. 7. 2007 – 11 U 54/06; *Noch,* RdNr. 309.

[574] OLG Frankfurt a. M., Beschl. v. 28. 2. 2006 – 11 Verg 15/05 und 16/05; VK Lüneburg, Beschl. v. 12. 1. 2007 – VgK – 33/2006.

[575] OLG München, Beschl. v. 16. 4. 2009 – Verg 3/09.

[576] Vgl. § 110 RdNr. 8.

Leistungsbeschreibung jedenfalls mit Abgabe des Angebots anzunehmen sei.[577] Bei offensichtlichen Mängeln kann uU. sogar auf den Zeitpunkt der ersten ernsthaften Befassung mit der Angebotserstellung abzustellen sein.[578] Es ist ferner möglich, dass ein Gesetzesverstoß trotz Rüge folgenlos bleibt. Dies ist einerseits der Fall, wenn alle Bieter eine objektiv mehrdeutige Klausel der Leistungsbeschreibung im selben Sinne verstanden haben. Weder die Vergleichbarkeit der Angebote noch die Chancengleichheit der Bieter sind hier beeinträchtigt.[579] Eine weitere Ausnahme wird bei Mängeln der Leistungsbeschreibung befürwortet, die auf die Bewertung der Angebote insgesamt keinen Einfluss gehabt haben können, beispielsweise bei Unklarheiten hinsichtlich preislich kaum ins Gewicht fallender Positionen eines umfangreichen Leistungskatalogs.[580]

d) Sonstige Festlegungen des Auftraggebers in den Vergabeunterlagen. aa) Ver- **226** **tragslaufzeit.** Es ist nicht generell vergaberechtswidrig, Verträge auf unbestimmte Dauer abzuschließen.[581] Da aber durch eine lange Vertragslaufzeit eine enge Bindung zwischen Vergabestelle und Unternehmen entsteht, die andere Unternehmen von der Möglichkeit ausschließt, selbst ein wirtschaftlicheres Angebot zu machen und sich so am Markt zu etablieren, besteht ein Konflikt mit dem Wettbewerbsgrundsatz. Grundsätzlich dürfen Verträge daher nur für eine begrenzte Vertragslaufzeit abgeschlossen werden, soweit nicht zwingende Gründe des Allgemeininteresses − auch unter Berücksichtigung des Verhältnismäßigkeitsgrundsatzes − eine unbegrenzte Laufzeit rechtfertigen,[582] was aber kaum denkbar ist.[583] Unbefristete Verträge müssen jedoch auf ihre Wirtschaftlichkeit hin überprüft und ggf. neu ausgeschrieben werden.[584]

Allgemein geltende **starre Grenzen für Vertragslaufzeiten gibt es nicht.**[585] Für einige **227** Fälle, wie zB bei Rahmenvereinbarungen (§ 4 EG Abs. 7 VOL/A), ist jedoch eine Grenze bestimmt. Wegen der europäischen Grundfreiheiten ist dennoch allgemein eine zeitliche Grenze bei etwa vier oder fünf Jahren zu setzen, die zu überschreiten das Vorliegen besonderer Gründe im Einzelfall erfordert.[586] Verlängerungsoptionen sind nur zulässig, wenn sie hinsichtlich Laufzeit und Anzahl der zu erwartenden Optionsmöglichkeiten hinreichend bestimmt sind.[587] Schließlich ist die Situation in Hinblick auf das Wettbewerbsprinzip vergleichbar mit der bei unbefristeten Verträgen oder solchen mit einer sehr langen Laufzeit. Für die Zulässigkeit des Vertrags mit Verlängerungsoption kommt es auf die Gesamtvertragsdauer (unter Ausübung der Option) an. Diese darf regelmäßig vier bis fünf Jahre nicht überschreiten, sofern nicht im Einzelfall besondere Gründe für eine längere Laufzeit vorliegen.[588]

bb) Einsatz von Nachunternehmern. Nach der Rechtsprechung des EuGH[589] kann sich **228** ein Bieter zum Nachweis der Eignung auf die Leistungsfähigkeit Dritter berufen, sofern er nachweist, dass er über die Mittel des Dritten verfügen kann. Diese Rechtsprechung wurde zunächst in den Art. 47 Abs. 2 und 48 Abs. 3 der Richtlinie 2004/18/EG und später in § 4 Abs. 4 VgV, § 6a Abs. 10 VOL/A und § 6a Abs. 10 VOB/A umgesetzt. Die Normen und die Rechtsprechung beziehen sich vordergründig auf die Eignung der Bieter. Da die Berufung auf die Leistungsfähigkeit Dritter jedoch sinnlos ist, wenn diese nicht auch bei der Durchführung der Leistung eingesetzt werden, ist daraus der Schluss zu ziehen, dass die − früher vertretene[590] −

---

[577] Vgl. OLG München, Beschl. v. 13. 4. 2007 − Verg 1/07; VK Hessen, Beschl. v. 26. 4. 2007 − 69 d − VK − 8/2007.

[578] *Heiermann/Zeiss/Kullack/Blaufuß/Summa* § 107 RdNr. 133.

[579] OLG Frankfurt a. M. v. 3. 7. 2007 − 11 U 54/06; OLG Stuttgart, Beschl. v. 12. 5. 2000 − 2 Verg 2/00; *Müller-Wrede/Noch* § 8 RdNr. 86.

[580] OLG Koblenz, Beschl. v. 26. 10. 2005 − Verg 4/05; BayObLG, Beschl. v. 17. 2. 2005, Verg 27/04.

[581] EuGH, C-454/06, Slg. 2008, I-4401 − Pressetext Nachrichtenagentur m. Anm. *Niestedt/Hölzl* NJW 2008, 3321. Vgl. auch § 3 Abs. 3 VgV („unbefristete Verträge").

[582] *Immenga/Mestmäcker/Dreher*, EG-WettbR, § 99 RdNr. 36.

[583] *Immenga/Mestmäcker/Dreher*, EG-WettbR, § 99 RdNr. 39.

[584] EuGH, C-20/01 und C-28/01, Slg. 2003, I-3609 − Kommission/Deutschland.

[585] VK Bund, Beschl. v. 13. 7. 2001 − VK 1-19/01.

[586] EuGH, C-323/03, Slg. 2006, I-02161; *Immenga/Mestmäcker/Dreher*, EG-WettbR, § 99 RdNr. 38; für Orientierungswerte geordnet nach Leistungsgegenständen siehe *Noch* RdNr. 72.

[587] VK Sachsen, Beschl. v. 24. 8. 2007 − 1/SVK/054-07.

[588] *Immenga/Mestmäcker/Dreher*, EG-WettbR, § 99 RdNr. 45.

[589] EuGH, C-314/01, Slg. 2004, I-2549 − Siemens und ARGE Telekom; C-220/05, Slg. 2007, I-385 − Auroux ua.; C-389/92, Slg. 1994, I-1289 − Ballast Nedam Groep I.

[590] Vgl. zB. OLG Frankfurt, Beschl. v. 16. 5. 2000 − 11 Verg 1/99.

Forderung eines **Eigenleistungsanteils** des Bieters unzulässig ist.[591] Die Forderung in den Ausschreibungsunterlagen, die für die Unterauftragsvergabe vorgesehenen Unternehmen bereits im Angebot konkret zu benennen und eine entsprechende Verpflichtungserklärung vorzulegen, belastet die Bieter in der Regel unverhältnismäßig.[592] Das gilt auch für die Forderung in der Phase des Teilnahmewettbewerbs im nichtoffenen Verfahren sowie im Verhandlungsverfahren. Auch hier ist die Vorlagepflicht einer Verpflichtungserklärung mit dem Teilnahmeantrag für den Bieter unzumutbar.[593] Allerdings muss der Bieter seine Eignung nachweisen können.

229   Soweit der Bieter, der die Leistung nicht selbst ausführt, nachweisen muss, dass er während des Ausführungszeitraumes über die erforderlichen Mittel zur Auftragsdurchführung verfügt, ist nicht geregelt, wie ein solcher **Nachweis** auszusehen hat. Weder eine Konzernverbindung noch eine vertragliche Bindung müssen nachgewiesen werden.[594] Gleichwohl muss eine wirtschaftliche Einheit zwischen dem Bieter und den Nachunternehmern bestehen. Dafür genügen aufschiebend bedingte Vorverträge oder harte Patronatserklärungen;[595] bloße Absichtserklärungen sind dagegen nicht ausreichend.

230   Der Auftraggeber muss wegen des Gleichbehandlungsgebots die Eignung all derer prüfen, die einen Teil der Leistung ausführen. Die **Eignungsprüfung** muss sich bei Einsatz von Nachunternehmern auch auf diese erstrecken.[596] Dafür muss der Bieter die erforderlichen Informationen über seine Nachunternehmer bereitstellen. Die Obliegenheit, die Eignung der Nachunternehmer nachzuweisen, geht aber nur so weit, wie sie auch für einen Bieter bestünde, der alle Leistungen selbst erbringt.[597] Eine Beschränkung des Eignungsnachweises auf Nachunternehmer, die wesentliche Leistungsbestandteile erfüllen, besteht nicht. Es kommt darauf an, ob die Nachunternehmerleistung selbst Bestandteil der Hauptleistung ist. Eine allgemeine Differenzierung nach der Art der Nachunternehmerleistung findet weder eine Stütze in den Vergaberichtlinien noch in den nationalen Vergabebestimmungen.

231   **cc) Zulassung von Varianten/Nebenangeboten.** Nebenangebote – in der Terminologie von Art. 24 VKR „Varianten" – sind von der in der Leistungsbeschreibung oder im Leistungsverzeichnis vorgesehenen Art der Ausführung der Leistung abweichende Angebote.[598] Auf die Art oder den Grad der Abweichung kommt es nicht an. Der Vorteil von Varianten ist, dass die Bieter innovative Lösungen entwickeln können, an die der Auftraggeber mitunter nicht gedacht hat. Dies kann Rationalisierungseffekte haben. Der Bieter kann so seine Chancen auf den Vertragsabschluss erhöhen.[599] **Varianten sind aber grundsätzlich nur dann zulässig, wenn dies in der Bekanntmachung ausdrücklich klargestellt ist.** Fehlt eine Angabe dazu in der Bekanntmachung oder den Verdingungsunterlagen, sind Varianten im Anwendungsbereich der VKR unzulässig.[600] Das ergibt sich aus dem eindeutigen Wortlaut des Art. 24 Abs. 2 VKR. Art. 24 Abs. 2 VKR ist in § 9 EG Abs. 5 VOL/A umgesetzt, nicht jedoch im zweiten Abschnitt der VOB/A. § 8 Abs. 2 Nr. 3 VOB/A sieht dagegen vor, dass Nebenangebote nur unzulässig sind, wenn der Auftraggeber angibt, dass er sie ausnahmsweise nur in Verbindung mit einem Hauptangebot zulässt.[601] Das kann nur für Vergabeverfahren außerhalb der VKR der Fall

---

[591] OLG Frankfurt a. M., Beschl. v. 2. 3. 2007 – 11 Verg 14/06; OLG Düsseldorf, Beschl. v. 28. 6. 2006 – VII – Verg 18/06; VK Arnsberg, Beschl. V. 22. 6. 2007 – VK 20/07; VK Münster, Beschl. v. 21. 11. 2007 – VK 24/07; *Heiermann/Riedl/Rusam/Weyand/Rusam* § 8 a VOB/A RdNr. 20.

[592] BGH v. 10. 6. 2008 – X ZR 78/07 in einem *obiter dictum*; siehe auch OLG München, Beschl. v. 22. 1. 2009 – Verg 26/08; VK Baden-Württemberg, Beschl. v. 20. 5. 2009 – 1 VK 18/09.

[593] VK Sachsen, Beschl. v. 10. 10. 2008 – 1/SVK/051–08; aA. OLG Naumburg, Beschl. v. 4. 9. 2008 – 1 Verg 4/08.

[594] Vgl. EuGH, C-389/92, Slg. 1994, I-1289 Ballast Nedam Groep I; C-399/98, Slg. 2001, I-5409 – Ordine degli Architetti.

[595] VK Südbayern, Beschl. v. 23. 10. 2006 – 30-09/06; *Heiermann/Riedl/Rusam/Weyand/Rusam* § 8 a VOB/A RdNr. 22.

[596] OLG Düsseldorf, Beschl. v. 28. 6. 2006 – VII – Verg 18/06; *Heiermann/Riedl/Rusam/Weyand/Rusam* § 8 a VOB/A RdNr. 21.

[597] VK Düsseldorf, Beschl. v. 23. 4. 2007, VK-9/2007-B; *Noch* RdNr. 216.

[598] VK Bund, Beschl. v. 25. 3. 2003 – VK 1-11/03; VK Schleswig-Holstein, Beschl. v. 3. 11. 2004 – VK-SH 28/04; *Gnittke/Hattig*, in: *Müller-Wrede*, § 9 a RdNr. 43.

[599] Zu Vorteilen und Risiken siehe *Heiermann/Riedl/Rusam/Rusam* A § 25 RdNr. 69, 80.

[600] VK Nordbayern, Beschl. v. 24. 11. 2008 – Verg 23/08.

[601] Zur alten Formulierung, dass Nebenangebote zulässig sind, wenn sie nicht ausdrücklich ausgeschlossen wurden, siehe *Willenbruch/Bischoff/Raufeisen*, 5. Los, § 10 VOB/A RdNr. 50.

sein.[602] Die VOB/A muss richtlinienkonform so ausgelegt werden, dass eine in den Vergabeunterlagen fehlende Angabe über die Zulässigkeit von Varianten zu deren Unzulässigkeit
führt.[603] Deutlicher heißt es zB. in § 16 Abs. 8 VOB/A „es sei denn, der Auftraggeber hat sie
in der Bekanntmachung oder in den Vergabeunterlagen nicht zugelassen", was darauf hindeutet, dass eine fehlende Angabe über Varianten zu deren Unzulässigkeit führt.[604] § 9 Abs. 5
S. 2 VOL/A setzt Art. 24 Abs. 3 VKR[605] in deutsches Recht um. Art. 24 Abs. 3 VKR fordert
die Angabe von **Mindestanforderungen** für Varianten in den Vergabeunterlagen, auf deren
Grundlage die Wertung stattfinden soll.[606] Auch nach § 16a Abs. 3 berücksichtigt der Auftraggeber nur solche Nebenangebote, die die Mindestkriterien erfüllen. Auch wenn keine Mindestanforderungen angegeben wurden, dürfen Varianten bei Verfahren im Anwendungsbereich
der VKR also nicht berücksichtigt werden.[607] Von den Mindestanforderungen darf später nicht
mehr abgewichen werden.[608] Die Pflicht, Mindestanforderungen anzugeben widerstrebt zwar
dem mit der Zulassung von Varianten verbundenen Zweck, die Innovativität der Bieter zu
nutzen.[609] Sie ist aber wegen der Gebote der Transparenz und der Gleichbehandlung richtig.[610]
Außerhalb des Anwendungsbereichs der VKR müssen zwar keine Mindestanforderungen an-   **232**
gegeben werden; dies dennoch zu tun, kann aber die Vergleichbarkeit der Angebote fördern.[611]
Verzichtet der Auftraggeber auf die Angabe von Mindestanforderungen, gelten für die Varianten nicht automatisch die Mindestanforderungen für die Hauptangebote.[612]

   dd) Zulassung von Bietergemeinschaften. Der Zusammenschluss von Unternehmen,   **233**
um gemeinsam in einem Vergabeverfahren als Bieter aufzutreten und nach Zuschlag gemeinsam
die Leistung zu erbringen (Bietergemeinschaft),[613] ist grundsätzlich zulässig.[614] Gerade mittelständische Unternehmen können dadurch ihre Kompetenzen und Ressourcen gemeinsam einsetzen.[615] Die Bietergemeinschaft darf allerdings nicht der Bildung eines Anbieterkartells dienen.[616] Die einzelnen beteiligten Unternehmen dürfen Nachunternehmer[617] einsetzen.[618] Da
grundsätzlich kein Bieter mehrfach Angebote auf eine Ausschreibung abgeben darf, ist es unzulässig, wenn ein Unternehmen ein Angebot allein und parallel als Teil einer Bietergemeinschaft
abgibt.[619] Ebenso ist zB eine Beteiligung in mehreren Bietergemeinschaften unzulässig. Die
Unternehmen sind in der Wahl der Rechtsform für die Bietergemeinschaft frei. Soweit dazu
nichts geregelt ist, handelt es sich in der Regel um eine GbR (§§ 705ff. BGB). Das Angebot
müssen grundsätzlich alle Unternehmen unterschreiben. Im Sinne der Vereinfachung und
Sicherheit des Rechtsverkehrs muss die Bietergemeinschaft spätestens vor der Zuschlagserteilung
eines ihrer Mitglieder als bevollmächtigten Vertreter benennen.[620]

   d) Festlegung der Eignungs- und Wertungskriterien. Nach § 97 Abs. 4 dürfen Aufträge   **234**
nur an fachkundige, leistungsfähige, gesetzestreue und zuverlässige Unternehmen vergeben werden. Das wird auch in §§ 2 Abs. 1 Nr. 1 VOB/A; 2 EG Abs. 1 S. 1 VOL/A; 2 Abs. 1 S. 1 VOF
statuiert. Diese Mindesteignungskriterien werden bspw. in §§ 6 Abs. 3, 16 Abs. 2 VOB/A; 7 EG
VOL/A; 5 VOF konkretisiert. Für die **Eignung** ist generell entscheidend, ob eine Prognose

---

[602] *Weyand* RdNr. 4384. Anders wohl *Heiermann/Riedl/Rusam/Rusam* § 25 VOB/A RdNr. 78, der davon
ausgeht, die VKR gelte nur insoweit, als sie in deutsches Recht umgesetzt sei.
[603] AA. wohl *Willenbruch/Bischoff/Raufeisen*, 5. Los, § 10 VOB/A RdNr. 51.
[604] AA. *Heiermann/Riedl/Rusam/Rusam* § 25 VOB/A RdNr. 87.
[605] Siehe auch EuGH, C-421/01, Slg. 2003, I-11941 – Traunfellner.
[606] *Müller-Wrede/Gnittke/Hattig* § 9a RdNr. 45. Zu den Anforderungen an die Bedingungen siehe
Kapellmann/Messerschmidt/von Rintelen § 10 VOB/A RdNr. 62a und § 10a VOB/A RdNr. 25.
[607] *Noch* RdNr. 410.
[608] VK Nordbayern, Beschl. v. 18. 7. 2007 – 21.VK-3194-27/07.
[609] OLG Koblenz, Beschl. v. 31. 5. 2006 – Verg 3/06.
[610] *Müller-Wrede/Gnittke/Hattig*, § 9a RdNr. 47.
[611] *Willenbruch/Bischoff/Raufeisen*, 5. Los, § 10 VOB/A RdNr. 51.
[612] *Kapellmann/Messerschmidt/Von Rintelen* § 10 VOB/A RdNr. 62a; *Willenbruch/Bischoff/Raufeisen*, 5. Los,
§ 10 VOB/A RdNr. 53.
[613] Umfassend dazu *Gabriel/Geldsetzer/Benecke*, Die Bietergemeinschaft, 2007.
[614] Vgl. Art. 4 Abs. 2 VKR; *Noch* RdNr. 207.
[615] OLG Düsseldorf, Beschl. v. 31. 7. 2007 – VII Verg 25/07.
[616] OLG Naumburg, Beschl. v. 8. 11. 2000 – 1 Verg 10/00.
[617] Dazu oben RdNr. 228ff.
[618] *Willenbruch/Bischoff/Stolz*, 7. Los, § 25 VOB/A RdNr. 62.
[619] OLG Düsseldorf, Beschl. v. 16. 9. 2003 – VII Verg 52/03.
[620] §§ 21 Nr. 5 Abs. 2 VOB/A, 16 EG Abs. 6 S. 2 VOL/A; vgl. auch *Müller-Wrede/Noch* § 21 RdNr. 41;
Heiermann/Riedl/Rusam/Rusam § 21 VOB/A RdNr. 29.

nach den Umständen des Einzelfalls erwarten lässt, dass der Auftragnehmer die ausgeschriebenen Leistungen vertragsgerecht erbringen kann.[621] Diese Eignungsprüfung ist strikt von der Wertung der Angebote (§ 97 Abs. 5) zu trennen.[622]

235 Zwar findet die **Wertung der Angebote** erst nach der Eignungsprüfung, bevor der Zuschlag erteilt wird,[623] statt, doch sollten die Wertungskriterien spätestens mit den Vertragsunterlagen[624] vorliegen.[625] Die Kriterien gehören also in die Leistungsbeschreibung, wenn sie nicht schon Bestandteil der Bekanntmachung sind. Allgemein bestimmt die Leistungsbeschreibung die Anforderungen an die Angebote, an die der öffentliche Auftraggeber bei der Wertung der Angebote gebunden ist[626] und von denen er nach Bekanntmachung nicht mehr abweichen darf. § 97 Abs. 5 legt als ausschlaggebendes Wertungskriterium die Wirtschaftlichkeit des Angebots fest. Dies wird in §§ 16 VOB/A, 18 EG Abs. 1 und Erläuterung II VOL/A, 11 Abs. 5 VOF aufgenommen und weiter ausdifferenziert. § 97 Abs. 4 räumt zusätzlich die Möglichkeit ein, weitere – insbesondere soziale, umweltbezogene oder innovationsspezifische – Anforderungen an die Auftragnehmer zu stellen.[627] Diese müssen aber schon wegen der Geltung der Grundfreiheiten[628] in sachlichem Zusammenhang mit dem Auftrag stehen und in die Leistungsbeschreibung aufgenommen werden. Weil dies auch bisher schon europarechtlich zulässig[629] war, ändert sich an der Rechtslage nichts. Nach wie vor ist aber bei der Festlegung der Kriterien darauf zu achten, dass nicht gegen die Grundfreiheiten verstoßen wird.[630] Zur Zulässigkeit von Wertungskriterien und deren angemessener Gewichtung besteht eine umfangreiche Kasuistik.[631] Fehlen Angaben oder gibt es Missverständlichkeiten, so darf die Vergabestelle die fehlenden oder missverständlich formulierten Kriterien nicht bei der Wertung der Angebote berücksichtigen; andererseits darf der Bieter bei Missverständlichkeiten nicht einfach von einer ihm günstigen Auslegung ausgehen.[632] Auch eventuell bestehende Unterkriterien und deren Gewichtung müssen genannt werden. Werden sie nicht genannt, so müssen sie wenigstens unter die genannten Kriterien subsumiert werden können. Das folgt aus dem Transparenzgebot.

236 **4. Durchführung des Vergabeverfahrens.** Der Ablauf eines Vergabeverfahrens richtet sich in erster Linie nach der für die jeweils einschlägige Verfahrensart maßgeblichen Regelungen und den sich daraus ergebenden allgemeinen und besonderen Anforderungen. Darüber hinaus sind im Einzelfall vielfältige Umstände zu berücksichtigen, die zu unterschiedlichen Verfahrensgestaltungen führen können. Das gilt in besonderem Maße für das Verhandlungsverfahren, welches als flexibelste Verfahrensart des GWB-Vergaberechts eine den jeweiligen Anforderungen und Bedürfnissen der Vergabestelle angepasste Verfahrensgestaltung ermöglicht. Dennoch gibt es eine Reihe von gemeinsamen Anforderungen, die für jedes Vergabeverfahren im Anwendungsbereich des GWB-Vergaberechts zu beachten sind und den Ablauf und die Durchführung des Verfahrens prägen. Zu diesen gehören insbesondere die Grundsätze der Gleichbehandlung, Transparenz und des Wettbewerbs (§ 97 Abs. 1 und 2), denen jedes Verfahren gerecht werden muss.

237 Für die konkrete Gestaltung des Vergabeverfahrens sind die jeweils anwendbaren Vorschriften der **VgV** und der Vergabeordnungen (**VOB/A, VOL/A** und **VOF**) mit den darin enthaltenen speziellen Verfahrensanweisungen für die Durchführung des Vergabeverfahrens zu beachten. Bei der Vergabe von Dienstleistungsaufträgen ist darüber hinaus nach der Art der jeweiligen Dienstleistungen zu unterscheiden. Während für die im Anhang I Teil A der VOL/A bzw. VOF aufgelisteten Dienstleistungen ein „normales" Vergabeverfahren erforderlich ist, gelten für die im Anhang I Teil B der VOL/A bzw. VOF aufgelisteten Dienstleistungen (sog. **I B-Dienstleistungen**) deutlich geringere Anforderungen.[633] Spezielle Vorschriften bestehen zudem für

---

[621] *Heiermann/Riedl/Rusam/Kullack* § 97 RdNr. 40.

[622] Vgl. § 97 RdNr. 184.

[623] Zum Ablauf siehe *Müller-Wrede/Noch* § 25 RdNr. 2.

[624] Zum Begriff siehe oben RdNr. 196.

[625] Art. 53 VKR.

[626] OLG Schleswig v. 17. 2. 2000 – 11 U 91/98.

[627] Vgl. § 97 RdNr. 208 ff.

[628] Dazu oben RdNr. 6 ff.

[629] Vgl. Art. 26, 38, 53 VKR und EuGH, C-225/98, Slg. 2000, I-7445 – Kommission/Frankreich; C-346/06, Slg. 2008, I-1989 – Rüffert.

[630] Zur Dienstleistungsfreiheit in diesem Rahmen vgl. *Willenbruch/Bischoff/Frenz*, 1. Los, § 97 RdNr. 57.

[631] Vgl. § 97 RdNr. 269 ff.

[632] BGH v. 3. 6. 2004 – X ZR 30/03.

[633] Ausführlich dazu § 99 RdNr. 216.

Auftraggeber, die auf dem Gebiet der Trinkwasser- oder Energieversorgung oder des Verkehrs im Sinne der Anlage zu § 98 Nr. 4 tätig sind.[634]

a) Bekanntmachung. Die förmlichen Vergabeverfahren des GWB-Vergaberechts beginnen **238** in der Regel mit der Bekanntmachung des zu vergebenden Auftrages im Amtsblatt der Europäischen Gemeinschaften. Eine Bekanntmachung ist **nur ausnahmsweise entbehrlich,** wenn die Voraussetzungen für ein Verhandlungsverfahren ohne vorherige Bekanntmachung vorliegen.[635] Bei allen anderen Verfahrensarten führt der Verzicht auf eine europaweite Bekanntmachung zu einem Vergaberechtsverstoß (unzulässige De-facto-Vergabe), der im Rahmen eines Nachprüfungsverfahrens gemäß §§ 102 ff. aufgegriffen werden kann. Sofern der Vertrag bereits geschlossen wurde, kann in dem Nachprüfungsverfahren gemäß § 101 b ggf. auch die Nichtigkeit des Vertrages festgestellt werden.

Die Bekanntmachung ist für das Vergabeverfahren nicht nur aus formellen Gründen von **239** zentraler Bedeutung. In materieller Hinsicht stellt die Bekanntmachung eine Zäsur zwischen den internen Vorbereitungsmaßnahmen und der **rechtlichen Existenz des Vergabeverfahrens** dar. Mit der Bekanntmachung erlangt das Beschaffungsvorhaben Transparenz und Außenwirkung. Das Vergabeverfahren beschränkt sich auf den in der Bekanntmachung angegebenen Beschaffungsgegenstand und ist unter Berücksichtigung der bekanntgemachten Bedingungen durchzuführen. Von dem einmal festgelegten Verfahrensablauf darf grundsätzlich nicht mehr abgewichen werden. Auch wenn grundsätzlich kein Kontrahierungszwang besteht, darf das mit der Bekanntmachung eingeleitete Vergabeverfahren zudem nur aus bestimmten abschließend geregelten Gründen wieder aufgehoben werden. Eine rechtswidrig erfolgte Aufhebung löst in der Regel Schadensersatzansprüche (insbesondere nach den Grundsätzen der *culpa in contrahendo* bzw. §§ 280 Abs. 1, 241 Abs. 2, 311 Abs. 2 BGB) aus.

Der **Inhalt** und die **Form** der Bekanntmachung sind gemeinschaftsrechtlich durch die Ver- **240** ordnung (EG) Nr. 1564/2005[636] vorgegeben. Für die Bekanntmachung ist danach ein einheitliches Muster zu verwenden, das über die eigens dafür eingerichtete Internetseite der EU (SIMAP)[637] eingereicht werden kann und in der Onlineversion des Supplements zum Amtsblatt der Europäischen Union (TED)[638] veröffentlicht wird. Die inhaltlichen Anforderungen an die Bekanntmachung ergeben sich in erster Linie aus den in dem Muster geforderten Angaben. Dazu gehören insbesondere die Beschreibung des Auftragsgegenstandes und die von den Bietern bzw. Bewerbern zu erbringenden Nachweise und Erklärungen. In der Bekanntmachung sind darüber hinaus konkrete Angaben zum jeweiligen öffentlichen Auftraggeber und zum Verfahren zu machen.

Darüber hinaus müssen die vorgesehenen **Auswahl- und Zuschlagskriterien,** einschließ- **241** lich der maßgeblichen Unterkriterien und deren Gewichtung, vorab bekannt gemacht werden. Die Festlegung der Zuschlagskriterien (einschließlich der jeweiligen Unterkriterien und deren Gewichtung) ist für das Verfahren von weitreichender Bedeutung. Denn allein auf der Grundlage dieser Kriterien wird im Rahmen der Angebotswertung das wirtschaftlichste Angebot ermittelt, auf das gemäß § 97 Abs. 5 der Zuschlag erteilt wird.[639] Die Zuschlagskriterien und deren Gewichtung müssen daher sehr sorgfältig formuliert und festgelegt werden, um dem Auftraggeber eine seinen Bedürfnissen und Zielvorstellungen entsprechende Auftragserteilung zu ermöglichen. Das erfordert in der Regel eine ausgewogene Kombination von preislichen und qualitativen Elementen. Die Zuschlagskriterien müssen allerdings nicht zwingend in der Bekanntmachung enthalten sein, sondern können den Bewerbern bzw. Bietern auch erst mit den Ausschreibungs- bzw. Vergabeunterlagen mitgeteilt werden.[640] In Bezug auf die Verpflichtung zur Bekanntmachung von Unterkriterien und deren Gewichtung ist die Rechtsprechung nicht einheitlich. Überwiegend wird davon ausgegangen, dass Unterkriterien jedenfalls dann vorab bekannt zu machen sind, wenn sie vor Angebotsabgabe aufgestellt worden

---

[634] Vgl. Anhang 1 zu Anlage zur § 98 Nr. 4 (SektVO).
[635] Vgl. § 101 RdNr. 18.
[636] VO (EG) Nr. 1564/2005 der Kommission v. 7. 9. 2005 zur Einführung von Standardformularen für die Veröffentlichung von Vergabebekanntmachungen im Rahmen von Verfahren zur Vergabe öffentlicher Aufträge gemäß der Richtlinie 2004/17/EG und der Richtlinie 2004/18/EG des Europäischen Parlaments und des Rates, ABl. 2005 L 257/1.
[637] Im Internet abrufbar unter http://simap.europa.eu.
[638] Tenders Electronic Daily, im Internet abrufbar unter http://ted.europa.eu.
[639] Vgl. § 97 Abs. 5 RdNr. 269 ff.
[640] Vgl. Art. 53 Abs. 2 VKR.

sind.[641] Darüber hinaus ist eine nachträgliche Festlegung der Gewichtung von Unterkriterien nach der Rechtsprechung des EuGH ausgeschlossen, wenn dadurch die Zuschlagskriterien geändert werden und sich die vorherige Bekanntgabe der Unterkriterien auf den Inhalt der Angebote auswirken könnte[642] Das dürfte jedoch regelmäßig der Fall sein, weshalb grundsätzlich sämtliche im Rahmen der Wertung herangezogenen Unterkriterien und deren Gewichtung vorab bekannt gegeben werden müssen.[643]

242   Neben der soeben beschriebenen europaweiten Bekanntmachung des Vergabeverfahrens existieren einige Sonderformen der Bekanntmachung, die jedoch anderen Zwecken dienen und daher nicht verwechselt werden dürfen. Das gilt insbesondere für die **Vorinformation bzw. regelmäßige unverbindliche Bekanntmachung,** mit der interessierte Unternehmen jährlich über künftige Ausschreibungen informiert werden sollen: Diese Formen der Bekanntmachung sind nicht zwingend vorgeschrieben. Die Vorinformation bzw. regelmäßige unverbindliche Bekanntmachung ermöglicht jedoch die Verkürzung der Fristen für die Angebotsabgabe in den vorab angekündigten Vergabeverfahren.[644] Mit einer derartigen Bekanntmachung wird allerdings noch kein konkretes Vergabeverfahren eingeleitet.[645] Dieses muss auch nach Veröffentlichung einer Vorinformation im oben beschriebenen Sinne bekannt gemacht werden. Eine Ausnahme gilt im Sektorenbereich. Nach § 14 SektVO kann die Veröffentlichung einer regelmäßigen unverbindlichen Bekanntmachung ausreichen.

243   Für die Durchführung des Vergabeverfahrens von untergeordneter Bedeutung ist auch die **Bekanntmachung über vergebene Aufträge.** Diese Form der Bekanntmachung dient der *ex-post* Transparenz und soll für interessierte Unternehmen die Möglichkeit eröffnen, sich über den Fortgang und Abschluss eines Vergabeverfahrens zu informieren.[646] Die Bekanntmachung ist grundsätzlich innerhalb von 48 Tagen nach der Auftragserteilung an das Amt für amtliche Veröffentlichungen der EU zu schicken. Eine weitere Sonderform ist die **Bekanntmachung eines Präqualifikationsverfahrens** (§ 97 Abs. 4a),[647] in dem interessierte Unternehmen vorab und unabhängig von einem konkreten Vergabeverfahren ihre generelle Eignung feststellen lassen können. Derartige Präqualifikationsverfahren sind derzeit zwar noch nicht sehr verbreitet, dürften aber aufgrund der damit verbundenen Verfahrensvorteile in Zukunft verstärkt genutzt werden.[648] Auf die im Rahmen eines Präqualifikationsverfahren festgestellte Eignung kann für eine Vielzahl möglicher Vergabeverfahren zurückgegriffen werden, wodurch der Aufwand und die Kosten für die Teilnahme an einem Vergabeverfahren und das dabei bestehende Fehlerpotential deutlich reduziert werden können.[649]

244   **b) Teilnahmewettbewerb.** Für die Prüfung der Eignung (Leistungsfähigkeit und Zuverlässigkeit) der Bieter bestehen unterschiedliche Möglichkeiten. Abgesehen von der Möglichkeit eines Präqualifikationsverfahrens[650] erfolgt die Eignungsprüfung bei einem offenen Verfahren auf der Grundlage der eingereichten Angebote und der mit diesen vorgelegten Eignungsnachweise. Bei einem nicht offenen Verfahren, einem Verhandlungsverfahren (mit vorheriger Bekanntmachung) und einem wettbewerblichen Dialog findet dagegen ein eigenständiger Teilnahmewettbewerb statt. Für die Gestaltung dieses Verfahrens bestehen keine speziellen Verfahrensvorschriften. Im Rahmen des Teilnahmewettbewerbs wird anhand der geforderten Eignungsnachweise vorab die Eignung, dh. Fachkunde, Leistungsfähigkeit und Zuverlässigkeit der Bewerber geprüft. Zu diesem Zweck werden die an dem Auftrag interessierten Unternehmen mit der Bekanntmachung bzw. weiterer Unterlagen zunächst aufgefordert, innerhalb einer bestimmten Frist **Teil-**

---

[641] OLG München, Beschl. v. 19. 12. 2007 – Verg 12/07; OLG München, Beschl. v. 28. 4. 2006 – Verg 6/06; *Kulartz/Kus/Portz/Kulartz,* GWB-Vergaberecht, § 97 RdNr. 106.

[642] EuGH, C-331/04, Slg. 2005, I-10 109 – ATI EAC ua.

[643] In diesem Sinne auch OLG München, Beschl. v. 17. 1. 2008 – Verg 15/07, mwN.

[644] Vgl. § 12 EG Abs. 3 VOL/A, § 10a Abs. 1 Nr. 2 VOB/A; § 12 f. SektVO.

[645] Vgl. VK Sachsen, Beschl. v. 23. 5. 2001 – 1/SVK/34-01.

[646] Vgl. Europäische Kommission, Grünbuch „Das öffentliche Auftragswesen in der EU – Überlegungen für die Zukunft" v. 26. 11. 1996, S. 18.

[647] Vgl. dazu § 97 RdNr. 257 ff.

[648] Vgl. die im Auftrag des Bundesministeriums für Wirtschaft erstellte Studie „Öffentliches Vergabewesen – Bürokratieabbau durch Präqualifikation" vom 30. 1. 2004; Leitlinie des Bundesministeriums für Verkehr, Bau und Stadtentwicklung (BMVBS) für die Durchführung eines Präqualifikationsverfahrens vom 25. 4. 2005 in der Fassung vom 14. 9. 2007; *Kratzenberg* NZBau 2006, 601, 605; kritisch (mit Blick auf Art. 81 EG) dagegen *Koenig/Hentschel/Steiner* VergabeR 2006, 691, 701.

[649] Vgl. auch *Kratzenberg* NZBau 2006, 601, 605.

[650] Vgl. § 97 RdNr. 257 ff. vgl. auch *Werner* NZBau, 2006, 12.

nahmeanträge zu stellen und mit diesen ihre Eignung nachzuweisen und anhand der geforderten Nachweise darzulegen, dass sie die erforderliche Leistungsfähigkeit und Zuverlässigkeit besitzen. Insbesondere bei umfangreichen und komplexen Beschaffungsvorhaben hat sich in der Praxis die Verwendung gesonderter Unterlagen für den Teilnahmeantrag als sachgerecht erwiesen (sog. Informationsmemorandum). Diese Unterlagen werden nach der Bekanntmachung auf Anforderung an interessierte Unternehmen übersandt und enthalten regelmäßig eine ausführliche Beschreibung des Vorhabens, der geforderten Eignungsnachweise und des vorgesehenen Verfahrensablaufs. Die Eignung der Bewerber darf grundsätzlich nur anhand der geforderten und zuvor bekannt gegebenen Kriterien geprüft werden, wobei zudem nur diejenigen Bewerber berücksichtigt werden dürfen, die fristgerecht und inhaltlich vollständige Teilnahmeanträge eingereicht haben. Gegenstand der Eignungsprüfung ist die Feststellung der wirtschaftlichen, finanziellen und technischen Leistungsfähigkeit sowie der persönlichen Zuverlässigkeit der Bewerber. In Bezug auf die hierfür geforderten Nachweise und Erklärungen hat die Vergabestelle einen weiten Ermessensspielraum.[651] Zwingende Ausschlussgründe müssen jedoch dann berücksichtigt werden, wenn die Vergabestelle Kenntnis von deren vorliegen hat.

Im Rahmen des Teilnahmewettbewerbs kann die **Anzahl der zur Angebotsabgabe auf-** **245** **zufordernden Unternehmen** auf eine bestimmte, zuvor festgelegte und bekanntgemachte Höchstzahl begrenzt werden. Nach § 6a Abs. 3 S. 1 und Abs. 4 S. 1 VOB/A; § 3 EG Abs. 5 S. 3 VOL/A darf die Höchstzahl der zur Angebotsabgabe aufzufordernden Unternehmen bei einem nicht offenen Verfahren nicht unter fünf und bei einem Verhandlungsverfahren mit vorheriger Bekanntmachung sowie bei einem wettbewerblichen Dialog nicht unter drei liegen. In diesem Fall schließt sich an die Eignungsprüfung ein Auswahlverfahren an. Dabei werden die Teilnahmeanträge anhand der vorab festgelegten und den Bewerbern mitgeteilten Auswahlkriterien gewertet und diejenigen Bewerber ausgewählt, die für die Ausführung der ausgeschriebenen Leistungen als am besten geeignet anzusehen sind. Bei einem Verhandlungsverfahren ohne vorherige Bekanntmachung wird kein Teilnahmeverfahren durchgeführt. Hier darf sich der Auftraggeber unmittelbar an interessierte Unternehmen wenden und mit diesen Verhandlungen über die zu vergebenden Leistungen aufnehmen.

c) Versand der Vergabeunterlagen. Nach dem Abschluss des Teilnahmewettbewerbs **246** werden die Vergabeunterlagen an die ausgewählten Bewerber übersandt. Bei einem offenen Verfahren erhalten die Vergabeunterlagen alle interessierten Unternehmen, die diese innerhalb der in der Bekanntmachung festgelegten Frist angefordert haben. Die **Vergabeunterlagen** bestehen aus der Aufforderung zur Angebotsabgabe und den Verdingungsunterlagen, in denen die Anforderungen an die Angebote und die zu vergebenden Leistungen ausführlich und grundsätzlich abschließend beschrieben werden. Darüber hinaus enthalten die Vergabeunterlagen in der Regel Entwürfe für die abzuschließenden Verträge und alle sonstigen für das Verfahren wesentlichen Informationen. Dazu gehören insbesondere die für das jeweilige Verfahren aufgestellten Mindestanforderungen und die maßgeblichen Wertungs- bzw. Zuschlagskriterien.

Das Kernstück der Vergabeunterlagen ist die **Leistungsbeschreibung.**[652] Diese bildet den **247** konkreten Beschaffungsbedarf im Einzelnen ab und beschreibt die von den Bietern anzubietenden und nach Vertragsschluss zu erbringenden Leistungen. Die Vergabeunterlagen sind **gleichzeitig** an alle am Verfahren (noch) beteiligten Interessenten (Bewerber bzw. Bieter) zu übersenden und müssen eine einheitliche **Angebotsfrist** vorsehen, die den Bietern ausreichend Zeit für die Angebotserstellung einräumt.

Bei einem mehrstufigen Verhandlungsverfahren und einem wettbewerblichen Dialog können **248** die Vergabeunterlagen im Laufe des Verfahrens (gegebenenfalls auch mehrfach) **überarbeitet** werden. Soweit das in den Vergabeunterlagen vorgesehen war, können nach Auswertung der Angebote und Abschluss der Verhandlungen die dabei gewonnenen Erkenntnisse im Rahmen einer Konkretisierung und Anpassung der Vergabeunterlagen (insbesondere der Leistungsbeschreibung und Vertragsentwürfe) berücksichtigt werden. Die Anpassungen müssen sich jedoch im Rahmen des ursprünglich ausgeschriebenen Beschaffungsvorhabens bewegen und dürfen den Beschaffungsgegenstand nicht grundlegend ändern.

---

[651] Vgl. zu den in Betracht kommenden Eignungsnachweisen die insoweit in den Vergabeordnungen getroffenen Regelungen, zB. § 8 Nr. 3 VOB/A, 7a Nr. 3 VOL/A, §§ 12, 13 VOF.
[652] Vgl. oben RdNr. 198 ff.

249   **d) Angebotsöffnung.** Die Vergabeordnungen enthalten spezielle Regelungen für die Durchführung der Angebotsöffnung.[653] Danach soll die Angebotsöffnung unverzüglich nach Ablauf der Angebotsfrist erfolgen. Bis zu diesem Zeitpunkt sind die eingereichten Angebote in einem verschlossenen Umschlag aufzubewahren und mit Eingangsvermerk zu versehen. Nicht rechtzeitig eingegangene Angebote dürfen bei der anschließenden Prüfung und Wertung der Angebote nicht berücksichtigt werden.[654] Nachdem die Angebote geöffnet und verlesen wurden, werden die wesentlichen Angebotsbestandteile gekennzeichnet. Die Kennzeichnung dient der Gewährleistung der Authentizität der Angebote und soll nachträgliche Manipulationen verhindern.[655]

250   Die Angebotsöffnung erfolgt nicht öffentlich. **Anwesend** sind Vertreter der Vergabestelle und ggf. deren Berater. Ob darüber hinaus auch die Bieter und deren Vertreter anwesend sein dürfen, ist in den Vergabeordnungen unterschiedlich geregelt.[656] Über die Angebotsöffnung ist zudem eine **Niederschrift** zu fertigen. Darin sind ua. die Zeit und der Ort der Angebotsöffnung, die anwesenden (teilnahmeberechtigten) Personen und alle Bieter anzugeben, die (fristgerecht oder verfristet) Angebote eingereicht haben. Die Angebote sind anschließend sorgfältig aufzubewahren und geheim zu halten.

251   Die Angebote werden in derjenigen Form, in der sie bei der Angebotsöffnung vorgelegen haben, geprüft und gewertet. **Nachträgliche Änderungen,** dh. nach Ablauf der Angebotsfrist vorgenommene Änderungen, Anpassungen oder Ergänzungen, dürfen grundsätzlich nicht berücksichtigt werden.[657] Das gilt auch für etwaige Preisnachlässe, auf die jedenfalls dann nicht eingegangen werden darf, wenn dadurch eine Wettbewerbsverzerrung droht, weil der Preis eines Bieters zu Lasten der anderen Bieter gedrückt werden könnte.[658]

252   **e) Verhandlungen zwischen Bieter und Vergabestelle.** Die Möglichkeit, mit den Bietern über einzelne Aspekte ihrer Angebote zu verhandeln, besteht nur im Rahmen eines **Verhandlungsverfahrens**[659] und im Rahmen des **wettbewerblichen Dialogs.**[660] Bei einem offenen und einem nicht offenen Verfahren gilt dagegen grundsätzlich ein Verhandlungsverbot. Zulässig sind allein Aufklärungsgespräche, die zu keinen inhaltlichen Änderungen oder Ergänzungen führen dürfen.

253   Bei einem Verhandlungsverfahren und dem wettbewerblichen Dialog kann die Vergabestelle dagegen mit den Bietern über grundsätzlich alle Auftragsbestandteile Verhandlungen führen. Die verhandelbaren bzw. unverhandelbaren Ausschreibungsbestandteile und die Gestaltung des Verfahrensablaufs müssen den Bietern allerdings vorab bekannt gemacht werden. Unter dieser Voraussetzung können **eine oder mehrere Verhandlungsrunden** bzw. Dialogphasen durchgeführt werden, wobei die Anzahl der Verhandlungspartner schrittweise reduziert werden kann. Zu diesem Zweck werden zunächst die eingereichten (indikativen) Angebote, ggf. unter Berücksichtigung einer Präsentation der Angebote durch die Bieter, anhand der in den Vergabeunterlagen festgelegten Anforderungen und Wertungskriterien geprüft und gewertet. Mit den ausgewählten Bietern (sog. *preferred bidder*) werden **getrennte Verhandlungen** aufgenommen, wobei die Vergabestelle strikt auf die **Gleichbehandlung** der Bieter und die Anforderungen des **Geheimwettbewerbs** achten muss. Die Vergabestelle muss insbesondere gewährleisten, dass sie keinem Bieter mehr Informationen zur Verfügung stellt als den anderen an den Ver-

---

[653] Vgl. § 14 VOB/A und § 14 VOL/A.

[654] Thüringer OLG, Beschl. v. 22. 4. 2004 – 6 Verg 2/04. Für die Rechtzeitigkeit des Angebots trägt grundsätzlich der Bieter das Übermittlungsrisiko, vgl. VK Nordbayern, Beschl. v. 1. 4. 2008 – 21.VK-3194-9/08; 1. VK Sachsen, Beschl. v. 29. 12. 2004 – 1/SVK/123-04; VK Baden-Württemberg, Beschl. v. 1. 7. 2002 – 1 VK 31/02. Der Bieter trägt grundsätzlich auch die Darlegungs- und Beweislast für die Vollständigkeit des eingereichten Angebots, vgl. 3. VK Bund, Beschl. v. 8. 9. 2008 – VK 3-116/08; VK Nordbayern, Beschl. v. 1. 4. 2008 – 21.VK-3194-9/08.

[655] VK Sachsen-Anhalt, Beschl. v. 28. 1. 2009 – 1 VK LVwA 29/08; VK Arnsberg, Beschl. v. 10. 3. 2008 – VK 5/08; VK Münster, Beschl. v. 13. 2. 2008 – VK 29/07.

[656] Während nach § 14 Abs. 1 S. 1 VOB/A die Bieter und deren Vertreter anwesend sein dürfen, sind nach § 17 EG Abs. 2 S. 2 VOL/A bei der Angebotsöffnung keine Bieter zugelassen.

[657] Vgl. BayObLG VergabeR 2002, 644; OLG Jena BauR 2000, 388, 394.

[658] BGH v. 6. 2. 2002 – X ZR 185/99; OLG München, Beschl. v. 15. 11. 2007 – Verg 10/07; Beschl. v. 17. 9. 2007 – Verg 10/07; Beschl. v. 9. 8. 2005 – Verg 11/05; BayObLG, Beschl. v. 21. 8. 2002 – Verg 21/02, Beschl. v. 15. 7. 2002 – Verg 15/02; OLG Düsseldorf, Beschl. v. 30. 4. 2002 – Verg 3/02; VK Sachsen, Beschl. v. 21. 7. 2004 – 1/SVK/050-04; VK Brandenburg, Beschl. v. 21. 10. 2002 – VK 55/02.

[659] § 101 RdNr. 14 ff.

[660] Ausführlich dazu unter RdNr. 281 ff.

handlungen beteiligten Bietern. Darüber hinaus muss sie darauf achten, dass die Bieter nicht gegenseitig Kenntnis von den (geheimhaltungsbedürftigen) Angebotsbestandteilen der jeweils anderen Bieter erlangen. Ohne Zustimmung eines Bieters, darf die Vergabestelle den Inhalt seines Angebots einschließlich der geänderten oder ergänzten Bestandteile weder ganz noch auch nur zu einem Teil anderen Bietern mitteilen. Die Bieter dürfen zudem nicht bewusst gegeneinander ausgespielt werden, um den Angebotspreis möglichst weit nach unten zu drücken.[661] Davon abgesehen, gelten für die Verhandlungen aber grundsätzlich keine inhaltlichen Beschränkungen. Die Verhandlungen können **sämtliche Aspekte des Angebots** betreffen, insbesondere auch den Preis.

Auf der Grundlage der geführten Verhandlungen und ggf. entsprechend angepasster Ver- **254** gabeunterlagen erhalten die Bieter sodann Gelegenheit, **neue Angebote** einzureichen bzw. ihre bisherigen Angebote entsprechend zu überarbeiten. Diese (neuen bzw. überarbeiteten) Angebote werden erneut geprüft und gewertet. Daran können sich **weitere Verhandlungsrunden** anschließen. Wenn die Verhandlungen abgeschlossen sind, fordert die Vergabestelle die sich noch im Verfahren befindenden Bieter zur **Abgabe endgültiger Angebote** auf. Nach der Abgabe der endgültigen Angebote dürfen keine Verhandlungen mehr geführt werden (das Verbot unzulässiger Nachverhandlungen gilt für alle Verfahrensarten). Für den wettbewerblichen Dialog ist insoweit ausdrücklich geregelt, dass der Auftraggeber nur noch Präzisierungen, Klarstellungen und Ergänzungen verlangen darf, die keine Änderung der grundlegenden Elemente des Angebotes oder der Ausschreibung zur Folge haben dürfen, die den Wettbewerb verfälschen oder diskriminierend wirken könnten (§ 3a Abs. 4 Nr. 5 VOB/A, § 3 EG Abs. 7 lit. a VOL/A). Für das Verhandlungsverfahren gilt insoweit nichts anderes.

f) Angebotswertung und Vorabinformation. Für die Angebotswertung werden nur die- **255** jenigen Angebote herangezogen, die die **formalen Anforderungen** erfüllen und **vollständig** sind. Es ist daher zunächst zu prüfen und festzustellen, ob die insoweit bestehenden Anforderungen an die Angebote (Rechtzeitigkeit, Vollständigkeit, Unterschriften) erfüllt wurden und **kein Ausschlussgrund**[662] vorliegt. Insoweit ist insbesondere darauf zu achten, dass die Bieter keine Änderungen an den Verdingungsunterlagen vorgenommen haben und die Angebote keine unzulässigen Vorbehalt oder inhaltlich widersprüchliche Angaben enthalten. Die inhaltlichen Mindestanforderungen müssen in jedem Fall eingehalten worden sein. Ein Ausschluss kommt auch dann in Betracht, wenn der angebotene **Preis ungewöhnlich niedrig** ist und in einem offenbaren Missverhältnis zur angebotenen Leistung steht. Anhaltspunkte für einen ungewöhnlich niedrigen Preis ergeben sich insbesondere aus dem Vergleich der eingereichten Angebote, wobei in der Regel auf Abweichungen von mehr als 20% zum nächstgünstigsten Angebot abgestellt wird, oder aus vorausgegangenen vergleichbaren Ausschreibungen.[663] In derartigen Fällen besteht allerdings zunächst eine Nachprüfungspflicht der Vergabestelle, die sich um Aufklärung der Anhaltspunkte für einen ungewöhnlich niedrigen Preis bemühen muss.[664]

Im Rahmen der Angebotswertung wird von denjenigen Angeboten, die rechtzeitig eingegan- **256** gen sind und alle geforderten Nachweise und Erklärungen enthalten, anhand der vorab bekannt gegebenen Zuschlagskriterien das **wirtschaftlichste Angebot** ermittelt (§ 97 Abs. 5).[665] Für die Zuschlagsentscheidung dürfen keine anderen als die in der Bekanntmachung bzw. den Vergabeunterlagen genannten Kriterien herangezogen werden. Im Übrigen verfügt der Auftraggeber bei der Wertung grundsätzlich über einen weiten **Beurteilungsspielraum.** Ein relevanter Wertungsfehler liegt in der Regel erst dann vor, wenn der Auftraggeber von unzutreffenden bzw. unvollständigen Tatsachen ausgegangen ist, die Wertung auf sachwidrigen Erwägungen beruht oder ein anderer als der vorab bekannt gegebene Beurteilungsmaßstab angewendet wird.[666]

Diejenigen Bieter, deren Angebote nicht berücksichtigt werden sollen, sind gemäß **§ 101a** **257** mindestens 15 Kalendertage vor der Zuschlagserteilung über den Namen des erfolgreichen Bieters und über die maßgeblichen Gründe für die vorgesehene Nichtberücksichtigung ihrer Angebote sowie den frühesten Zeitpunkt des Vertragsschlusses in Textform zu informieren (sog.

---

[661] VK Südbayern, Beschl. v. 9. 8. 2002 – 28-07/02; *Noelle* NZBau 2002, 197.
[662] Vgl. § 16 VOB/A, § 19 EG VOL/A.
[663] Vgl. zB. OLG Brandenburg, Beschl. v. 5. 1. 2006 – Verg W 12/05; OLG Düsseldorf, Beschl. v. 23. 3. 2005 – Verg 77/04; BayObLG, Beschl. v. 2. 8. 2004 – Verg 16/04; OLG Frankfurt, Beschl. v. 30. 3. 2004 – 11 Verg 4/04; VK Hessen, Beschl. v. 28. 2. 2006 – 69 d-VK-02/2006.
[664] Vgl. § 19 EG Abs. 6, 7 VOL/A; § 16 Abs. 6 Nr. 2 VOB/A.
[665] Vgl. § 97 RdNr. 269ff.
[666] OLG München, Beschl. v. 17. 1. 2008 – Verg 15/07.

Vorinformation).[667] Diese Frist verkürzt sich auf mindestens 10 Kalendertage, wenn die Information per Fax oder auf elektronischem Weg versendet wird. Vor Ablauf der Frist darf der Vertrag nicht geschlossen werden; ein dennoch geschlossener Vertrag kann gemäß § 101 b (innerhalb der dort genannten Fristen) in einem Nachprüfungsverfahren für unwirksam erklärt werden. Diese Regelung dient der Gewährleistung eines effektiven (Primär-)Rechtsschutzes für die nichtberücksichtigten Bieter. Diese müssen auch aus gemeinschaftsrechtlichen Gründen die Möglichkeit haben, vermeintliche Verfahrensfehler überprüfen lassen zu können und dürfen durch den Vertragsschluss nicht vor vollendete Tatsachen gestellt werden. Nach § 114 Abs. 2 S. 1 kann ein wirksamer Zuschlag nicht mehr aufgehoben werden.

258   **5. Beendigung des Verfahrens.** Die Beendigung des Verfahrens tritt regelmäßig mit dem Zuschlag für die erfolgreichen Bieter oder mit der Aufhebung der Ausschreibung ein. Der Fall, dass kein Angebot abgegeben wird, ist nicht gesetzlich geregelt. Wird kein Angebot abgegeben, bedarf es keiner formellen Beendigung des Vergabeverfahrens.[668]

259   **a) Beendigung durch Zuschlag. aa) Wirksame Zuschlagserteilung.** Der Zuschlag nach §§ 18 VOB/A, 18, 21 EG VOL/A, 11 VOF bildet den Abschluss der Wertungsphase und schließt das förmliche Vergabeverfahren ab. Der Vertragsschluss fällt entsprechend dem traditionellen deutschen Haushaltsrecht mit dem Zuschlag zusammen.[669] Der Zuschlag ist also die zivilrechtliche Annahme des vom Bieter abgegebenen Angebots. Es gelten die §§ 145 ff. BGB,[670] für öffentlich-rechtliche Verträge zusätzlich die §§ 57 ff. VwVfG. Da der Rechtssicherheit für den Auftraggeber und die erfolgreichen Bieter nach Beendigung des Verfahrens eine besondere Bedeutung zukommt,[671] können die Nachprüfungsinstanzen wirksame Zuschläge[672] – auch wenn sie rechtswidrig sind – nicht aufheben, §§ 114 Abs. 2 S. 1, 123 S. 4.[673] Die so zustande gekommenen Verträge bleiben wirksam.[674] Der Primärrechtsschutz ist ausgeschlossen; es besteht aber die Möglichkeit des Sekundärrechtsschutzes.[675] Diesem stehen aber oft Beweisprobleme entgegen. Besonders schwer ist es, einen Erfüllungsschaden (positives Interesse) geltend zu machen.[676]

260   Nach der Rechtsprechung des BVerfG[677] und des BVerwG[678] wird das Auswahlverfahren direkt mit dem Zuschlag abgeschlossen und nicht schon zuvor durch einen vorgeschalteten Akt der öffentlichen Gewalt.[679] Zwischen den an der Ausschreibung Beteiligten komme ein vertragsähnliches Vertrauensverhältnis zustande. Da für die Zuordnung eines Rechtsverhältnisses zum öffentlichen und zum Privatrecht nicht das Ziel, sondern die Rechtsform der Handlung maßgeblich ist, könne die Auswahlentscheidung nur privatrechtlich sein.[680] Die Ablehnung einer ersten Stufe der Auswahlentscheidung begründet das BVerwG mit einem Verweis auf § 28 Nr. 2 Abs. 1 VOB/A 2006[681] und dem Hinweis, dass die Vergabeentscheidung tatsächlich mit dem Zuschlag zusammenfalle. Das ist zweifelhaft, da § 28 Nr. 2 Abs. 1 VOB/A 2006 über die streitige Frage keine Aussage trifft, diese Norm die Argumentation also nicht stützen kann. Hinzu kommt, dass in § 101 a GWB zwischen der Entscheidung über den Zuschlag und dem Zuschlag selbst differenziert wird. Die Frage nach der Rechtsnatur des Zuschlags ist also entgegen der hM. unter Anwendung der **Zwei-Stufen-Theorie** dahingehend zu beantworten, dass der

---

[667] Vgl. die Kommentierung zu § 101 a.

[668] Vgl. *Heiermann/Riedl/Rusam/Rusam* § 26 VOB/A RdNr. 1 b; *Kullack/Zeiss*, in: *Heiermann/Zeiss/Kullack/Blaufuß*, § 26 VOB/A, RdNr. 1.

[669] BeckVOB-Komm/*Sterner* § 28 RdNr. 1.

[670] Vgl. *Immenga/Mestmäcker/Dreher*, EG-WettbR, RdNr. 149.

[671] Zum Prinzip der Rechtssicherheit im Europarecht vgl. EuGH, 33/76, Slg. 1976, 1989 – Rewe/Landwirtschaftskammer Saarland.

[672] Zu den Wirksamkeitsvoraussetzungen siehe BeckVOB-Komm/*Sterner* § 28 RdNr. 10. Zu den Rechtsfolgen bei unwirksamen Zuschlägen unten RdNr. 263 ff.

[673] *Wegmann* NZBau 2001, 475; *Antweiler* DB 2001, 1975; vgl. § 114 RdNr. 25.

[674] BGHZ 146, 202, 206.

[675] Zur Trennung von Primär- und Sekundärrechtsschutz vgl. BGH NZBau 2001, 151.

[676] *Prieß* 272; *Irmer*, Sekundärrechtsschutz und Schadensersatz im Vergaberecht, 2004, 140.

[677] BVerfG 116, 135.

[678] BVerwG NZBau 2007, 389.

[679] So schon *Reidt/Stickler/Glahs/Reidt* § 114 RdNr. 31, der auch auf dogmatische Probleme der Zwei-Stufen-Theorie hinweist.

[680] Vgl. auch *Schoch/Schmidt-Aßmann/Pietzner/Ehlers*, VwGO, § 40 RdNr. 250 mwN.

[681] § 28 Nr. 2 Abs. 1 VOB/A 2006: „Wird auf ein Angebot rechtzeitig und ohne Abänderungen der Zuschlag erteilt, so ist damit nach allgemeinen Rechtsgrundsätzen der Vertrag abgeschlossen, auch wenn spätere urkundliche Festlegung vorgesehen ist".

Zuschlag selbst zwar der zivilrechtlichen Vertragsschluss ist, dass diesem aber eine öffentlich-rechtliche Entscheidung der Vergabestelle über die Erteilung vorausgeht.

Die Primärrechtsschutz ausschließende Wirkung hat nur ein **wirksamer**[682] Zuschlag. Ein **261** Verstoß gegen das Vergaberecht führt zwar zur Rechtswidrigkeit, aber grundsätzlich nicht zur Unwirksamkeit (auch nicht über § 134 BGB).[683] Die Unwirksamkeit kann sich aber aus allgemeinen Gründen ergeben.[684] So ist zB ein Zuschlag, der in bewusster Missachtung des Vergaberechts oder in kollusivem Zusammenwirken mit dem Bieter zustande kommt und Dritte schädigt, nach § 138 Abs. 1 BGB unwirksam.[685]

Eine Zuschlagserteilung vor Fristablauf soll nach dem neuen § 101b GWB nicht zur Nichtigkeit, sondern zu einer **Unwirksamkeit** *(ex tunc)* des Vertrages führen. Nach der Gesetzesbegründung soll der Vertrag solange wirksam sein, wie die Frist nach § 101b Abs. 2 GWB (30 Kalendertage ab Kenntniserlangung bzw. sechs Monate nach Vertragsschluss) nicht abgelaufen ist *und* die Unwirksamkeit nicht im Nachprüfungsverfahren geltend gemacht wurde. Der Vertragsschluss steht also unter der auflösenden Bedingung (§ 158 Abs. 2 BGB) der Geltendmachung der Unwirksamkeit im Nachprüfungsverfahren vor Fristablauf („schwebende Wirksamkeit").[686]

bb) Rechtsfolgen des unwirksamen Zuschlags. Nur der wirksame[687] Zuschlag wirkt **263** Primärrechtsschutz ausschließend.[688] Nicht abschließend geklärt ist, was die Folgen eines unwirksamen Zuschlags sind. Nach der Neufassung des § 114 Abs. 2 S. 1 soll Rechtssicherheit dadurch hergestellt werden, dass ein „wirksam erteilter Zuschlag" von den Vergabekammern nicht mehr aufgehoben werden kann. Da dies auch nach alter Rechtslage der Fall war,[689] wirkt sich die Änderung des Wortlauts nicht inhaltlich aus. Nach der Regierungsbegründung soll durch die Einfügung des Wortes „wirksam" aber „die Rechtsfolge der Unwirksamkeit nach § 101b auf den Zuschlag erstreckt werden".[690] Damit kann nur gemeint sein, dass ein Zuschlag, bei dem die Bedingungen des § 101b eingetreten sind (der also *ex tunc* unwirksam ist), nicht wirksam iSd. § 114 ist. Der neue § 114 regelt damit weder, wann ein Zuschlag wirksam ist, noch die Rechtsfolgen eines unwirksamen Zuschlags.

cc) Information über Nichtberücksichtigung. Die Vorschriften über die Information **264** nicht berücksichtigter Bieter und Bewerber[691] dienen dem Transparenzgebot. Dabei handelt es sich dem klaren Wortlaut nach um eine Informationspflicht erst nach Zuschlagserteilung.[692] Die Mindestanforderungen an die Informationspflicht ergeben sich aus Art. 41 VKR, 49 SKR 2004. Die Vorschriften stellen eine Verfahrensgarantie dar, die dazu beiträgt, dass die für die Nichtberücksichtigung eines Angebotes angegebenen Gründe keinem Vorwand dienen. §§ 19 Abs. 1, 19a Abs. 1 VOB/A und § 22 Abs. 1 EG schreiben vor, dass Bieter, deren Angebote nach § 16 Abs. 1 Nr. 2 VOB/A ausgeschlossen worden sind oder deren Angebote nicht in die engere Wahl gekommen sind, unverzüglich unterrichtet werden. In die engere Wahl sind diejenigen Bieter nicht gekommen, deren Angebote wegen fehlender persönlicher Eignung oder wegen unangemessener Preise nicht berücksichtigt wurden. Unverzüglich meint ohne schuldhaftes Zögern iSd. § 121 BGB. Andere Bieter sind nach Zuschlagserteilung zu unterrichten. Auf einen Antrag eines nicht berücksichtigten Bieters oder Bewerbers ist der Auftraggeber weiterhin verpflichtet, diesem innerhalb von 15 Tagen die Gründe für die Ablehnung des Angebotes mitzuteilen.[693] Nur den Bietern, nicht aber den Bewerbern, sind darüber hinaus die Merkmale und

---

[682] Siehe die Formulierung in § 114 Abs. 2 S. 1.

[683] OLG Düsseldorf NZBau 2004, 113, 114; BayObLG VergabeR 2002, 63, 66. Zu Ausnahmen siehe BGHZ 146, 202, 213.

[684] Zusammenfassend *Immenga/Mestmäcker/Dreher*, EG-WettbR, RdNr. 150.

[685] Vgl. zB. BGHZ 146, 202, 215 und OLG Düsseldorf NZBau 2004, 113, 116.

[686] In der Gesetzesbegründung ist fälschlicherweise von „schwebender Unwirksamkeit" die Rede, BT-Drucks. 16/10117, S. 21, und in der Erwiderung auf die Bedenken des Bundesrates, S. 41. Vgl. zu den Begriffen nur Palandt/*Heinrichs/Ellenberger* Vor § 104 BGB RdNr. 31. Wie hier *Dreher/Hoffmann* NZBau 2009, 216, 219. Zu den Problemen dieser Konstruktion siehe *König* NZBau aktuell, Heft 3/2009, VI.

[687] Siehe die Formulierung in § 114 Abs. 2 S. 1. Neu ist das Wort „wirksam".

[688] BGH, Beschl. v. 9. 2. 2004 – X ZB 44/03; *Prieß/Niestedt*, Rechtsschutz im Vergaberecht, 44.

[689] Vgl. nur *Immenga/Mestmäcker/Dreher*, EG-WettbR, § 114 RdNr. 25, 31.

[690] BT-Drucks. 16/10117, S. 23.

[691] §§ 19, 19a VOB/A; 22 EG VOL/A.

[692] BayObLG, Beschl. v. 18. 6. 2002 – Verg 8/02; VK Baden-Württemberg, Beschl. v. 7. 12. 2006 – 1 VK 76/06.

[693] §§ 19 Abs. 2, 19a VOB/A; 22 EG Abs. 1 VOL/A.

Vorteile des erfolgreichen Angebotes anzugeben, wobei allerdings der Geheimnisschutz nicht verletzt werden darf. Aus diesem Grund sieht § 22 EG Abs. 2 VOL/A auch Ausnahmen vor, wenn ansonsten der Gesetzesvollzug vereitelt würde, die Information sonst nicht im öffentlichen Interesse läge, die berechtigten Geschäftsinteressen eines Unternehmens beeinträchtigt würden oder der faire Wettbewerb beeinträchtigt würde.

265   **dd) Bekanntgabe der Zuschlagserteilung.** Die Vergabe des Auftrages ist anschließend **bekannt zu machen.**[694] Zu diesem Zweck übersenden die Auftraggeber innerhalb von 48 Tagen nach Zuschlagserteilung das im Anhang III der VO (EG) Nr. 1564/2005 enthaltene Mitteilungsmuster an das Amt für amtliche Veröffentlichungen der Europäischen Gemeinschaften.

266   **b) Beendigung durch Aufhebung.** Eine andere Möglichkeit, das Verfahren zu beenden, ist die Bekanntmachung[695] der Aufhebung der Ausschreibung nach den §§ 17 Abs. 1 VOB/A, 20 EG VOL/A. Unter einer Aufhebung versteht man den Verzicht der Vergabestelle auf die Auftragsvergabe.[696] Die Vergaberichtlinien sprechen von einem Verzicht auf die Vergabe.

267   **aa) Aufhebungsgründe.** Der Auftraggeber kann die Ausschreibung jederzeit aufheben, weil für ihn kein Kontrahierungszwang besteht.[697] Die in §§ 17 Abs. 1 VOB/A, 20 EG Abs. 1 VOL/A genannten Aufhebungsgründe sind nur für die Frage relevant, ob sich der Auftraggeber bei Fehlen eines Aufhebungsgrundes schadensersatzpflichtig macht. Die Entscheidung über die Aufhebung liegt zwar im Ermessen[698] der Vergabestelle, kommt rechtmäßig jedoch nur als *ultima ratio* in Betracht.[699] §§ 17 Abs. 1 VOB/A, 20 EG Abs. 1 VOL/A zählen abschließend die möglichen Aufhebungsgründe auf. Neben der unwahrscheinlichen Möglichkeit, dass kein einziges Angebot eingegangen ist, welches den Ausschreibungsbedingungen entspricht (Nr. 1 bzw. lit. a), und der Notwendigkeit einer grundlegenden Veränderung der Vergabeunterlagen (Nr. 2 bzw. lit. b),[700] weil nach der Ausschreibung erhebliche Gründe[701] bekannt geworden sind, welche nicht vorhersehbar waren (§ 2 Abs. 5 VOB/A) und welche die Verhältnisse, auf denen die Ausschreibung beruhte, wesentlich verändern,[702] kommt der Aufhebungsmöglichkeit wegen anderer schwerwiegender Gründe (Nr. 3 bzw. lit. d)[703] als generalklauselartigem Auffanggrund erhebliche Bedeutung zu. Ein solcher schwerwiegender Grund muss jedenfalls den Gründen aus Nr. 1 und 2 bzw. lit. a und b in Schwere und Relevanz vergleichbar sein.[704] Für seine Feststellung bedarf es einer Interessenabwägung im Einzelfall.[705] Der Grund kann in der Person des Ausschreibenden[706] (zB Insolvenz), außerhalb seines Einflussbereichs (bspw. Änderung der allgemeinen politischen oder wirtschaftlichen Verhältnisse)[707] oder in den auf die Ausschreibung eingegangenen Angeboten selbst (bspw. übersteigt auch das niedrigste Angebot die verfügbaren Mittel) liegen.[708] Generell muss gewährleistet sein, dass die Bieterinteressen gewahrt werden und der Auftraggeber nicht die Möglichkeit der Aufhebung missbraucht, zB indem er faktisch Marktanalysen mit den Mitteln der Auftragsvergabe durch das Instrument der Aufhebung vornimmt. Ein solches Verhalten wird aber ohnehin kaum in rechtmäßiger Weise möglich sein, da die Aufhebungsgründe in den §§ 17

---

[694] Vgl. §§ 18 a VOB/A, 23 VOL/A.

[695] OLG Düsseldorf, Beschl. v. 28. 2. 2002 – Verg 37/01; VK Schleswig-Holstein, Beschl. v. 10. 2. 2005 – VK – SH – 02/05.

[696] Zur Rechtsnatur der Aufhebung vgl. *Weyand* RdNr. 5968.

[697] BGH, Beschl. v. 18. 2. 2003 – X ZB 43/02; v. 5. 11. 2002 – X ZR 232/00; OLG Celle, 22. 5. 2003 – 13 Verg 9/03.

[698] OLG Koblenz, Beschl. v. 23. 12. 2003 – 1 Verg 8/03; OLG Naumburg, Beschl. v. 26. 10. 2005 – 1 Verg 12/05. Zur seltenen Möglichkeit einer Ermessensreduzierung auf Null vgl. OLG Dresden, Beschl. v. 28. 3. 2006 – WVerg 0004/06; OLG Bremen, Beschl. v. 17. 3. 2003 – Verg 2/2003; *Noch* RdNr. 424 mwN.

[699] OLG Naumburg ZfBR 2003, 182; OLG Koblenz, Beschl. v. 26. 10. 2005 – 1 Verg 4/05.

[700] In § 26 Nr. 1 b VOL/A kommt es auf eine wesentliche Veränderung der Grundlagen der Ausschreibung an.

[701] *Heiermann/Riedl/Rusam/Rusam* § 26 VOB/A RdNr. 7.

[702] VK Bremen, Beschl. v. 23. 1. 2002 – VK 11/01.

[703] In der VOL/A betrifft Abs. 1 lit. c den Fall, dass das Verfahren zu keinem wirtschaftlichen Angebot geführt hat.

[704] *Kullack/Zeiss*, in: *Heiermann/Zeiss/Kullack/Blaufuß*, § 26 VOB/A, RdNr. 32.

[705] BGH v. 12. 6. 2001 – X ZR 150/99; OLG Düsseldorf, Beschl. v. 3. 1. 2005 – Verg 72/04.

[706] Hierzu und zum Folgenden *Heiermann/Riedl/Rusam/Rusam* § 26 VOB/A RdNr. 8.

[707] OLG Zweibrücken v. 1. 2. 1994 – 8 U 96/93.

[708] *Müller-Wrede/Lischka*, VOB/A, § 26 RdNr. 81.

Abs. 1 VOB/A, 20 EG Abs. 1 VOL/A – insbesondere der Auffanggrund in Nr. 3 bzw. lit. d – schon wegen der allgemeinen Grundsätze des Vergaberechts eng auszulegen sind.[709] Abzugrenzen ist die Aufhebung von der Korrektur der Leistungsbeschreibung nach §§ 12 Abs. 7 VOB/A, 10 a Abs. 6, 11 VOL/A, nachdem Fehler entdeckt wurden. Die Vergabestelle muss dabei diejenige Lösung wählen, die den Mangel der Leistungsbeschreibung am effektivsten beseitigt.[710] Fehler in der Leistungsbeschreibung können aber nur dann zu einer Aufhebung führen, wenn sie schwerwiegend sind.

bb) Zeitpunkt. Eine Aufhebung nach erfolgtem Zuschlag ist bereits begriffsnotwendig aus- **268** geschlossen und damit unzulässig. Die Aufhebungsentscheidung wird erst wirksam, wenn sie den Bietern bekannt gegeben, also zugegangen ist. Es handelt sich dabei um eine empfangsbedürftige Willenserklärung gem. § 130 Abs. 1 BGB.

cc) Rechtsschutz. Die Bewerber und Bieter sind von der Aufhebung der Ausschreibung **269** unter Angabe der Gründe unverzüglich zu informieren (§§ 17 Abs. 2 VOB/A, 20 EG Abs. 2 VOL/A). Eines Antrages des Bewerbers oder Bieter bedarf es dafür nicht mehr. Eine Kontrolle der Aufhebung auf Vereinbarkeit mit dem EG und den Grundfreiheiten oder auf Vereinbarkeit mit nationalen Aufhebungsvorschriften[711] unabhängig vom grenzüberschreitenden Charakter[712] des Auftrags wird inzwischen allgemein für möglich gehalten.[713] Wird ein Verstoß gegen §§ 17 VOB/A, 20 EG VOL/A festgestellt,[714] kann die Folge aber wegen der Privatautonomie der Vergabestelle keine Verpflichtung zum Zuschlag für einen bestimmten Bieter sein,[715] sondern bestenfalls die Aufhebung der Aufhebung[716] – jedenfalls wenn der Vergabewille fortbesteht[717] – und eine Verpflichtung der Vergabestelle zum Schadensersatz aus § 126 GWB oder §§ 280 Abs. 1, 311 Abs. 2, 241 Abs. 2 BGB *(culpa in contrahendo),*[718] wobei der Anspruch aus § 126 GWB im Gegensatz zur cic. zwar verschuldensunabhängig, aber auch auf das negative Interesse beschränkt ist.[719] Ein Nachprüfungsantrag kann aber auch darauf gerichtet sein, gerade die Aufhebung der Ausschreibung zu erwirken. Dies kommt aber nur in Betracht, wenn die Vergabestelle selbst nicht aufhebt, obwohl sie aufheben müsste (Ermessensreduzierung auf Null).[720]

6. Dokumentation. Zu den wesentlichen Pflichten der Vergabestelle gehört die Dokumen- **270** tation des gesamten Vergabeverfahrens. Die Dokumentationspflicht ist eine spezielle Ausprägung des Transparenzgebots (§ 97 Abs. 1)[721] und dient dem Ziel, die Entscheidungen der Vergabestelle transparent und überprüfbar zu machen.[722] Die Dokumentationspflicht gilt für alle Verfahrensarten und ist selbst dann zu beachten, wenn – wie bei der Vergabe sog. I B-Dienstleistungen[723] – keine vorherige Bekanntmachung erforderlich ist.[724] Die Dokumentationspflicht erstreckt sich auf das gesamte Vergabeverfahren und alle wesentlichen Entscheidungen, die von einem öffentlichen Auftraggeber im Rahmen des Verfahrens getroffen wurden. Diese müssen fortlaufend, zeitnah und so nachvollziehbar in den Vergabeakten dokumentiert

---

[709] *Kullack/Zeiss,* in: *Heiermann/Zeiss/Kullack/Blaufuß,* § 26 VOB/A, RdNr. 8; *Müller-Wrede/Lischka,* VOB/A, § 26 RdNr 40.

[710] OLG Frankfurt a. M. v. 3. 7. 2007 – 11 U 54/06.

[711] Vgl. BGHZ 154, 32; BGH v. 16. 12. 2003 – X ZR 282/02.

[712] Vgl. EuGH, C-87/94, Slg. I-1996, 2043 – Kommission/Belgien.

[713] Vgl. EuGH, C-92/00, Slg. 2002, I-5553 – Hospital Ingenieure-II; BGH VergabeR 2003, 313.

[714] Zum Prüfungsmaßstab *Müller-Wrede/Lischka,* VOB/A, § 26 RdNr. 138.

[715] BGH VergabeR 2003, 313; OLG Koblenz, Beschl. v. 23. 12. 2003 – 1 Verg 8/03. Zu einem seltenen Ausnahmefall siehe BayObLG, Beschl. v. 5. 11. 2003 – Verg 22/02, VergabE C-2-22/02.

[716] Vgl. EuGH, C-92/00, Slg. 2002, I-5553 – Hospital Ingenieure-II; BGH, VergabeR 2003, 313; *Kullack/Zeiss,* in: Heiermann/Zeiss/Kullack/Blaufuß, § 26 VOB/A, RdNr. 62; *Kullack,* in: *Heiermann/Zeiss/Kullack/Blaufuß,* § 97 RdNr. 95.

[717] *Müller-Wrede/Lischka,* VOB/A, § 26 RdNr. 145.

[718] Vgl. *Dähne* VergabeR 2004, 32; *Kullack/Zeiss,* in: *Heiermann/Zeiss/Kullack/Blaufuß,* § 26 VOB/A, RdNr. 75.

[719] *Immenga/Mestmäcker/Stockmann,* EG-WettbR, § 126 RdNr. 6, 20; *Müller-Wrede/Lischka,* VOB/A, § 26 RdNr. 165.

[720] *Müller-Wrede/Lischka,* VOB/A, § 26 RdNr. 159.

[721] Vgl. § 97 RdNr. 27.

[722] OLG Düsseldorf, Beschl. v. 11. 7. 2007 – Verg 10/07.

[723] Als I B-Dienstleistungen werden die im Anhang I Teil B der VOL/A bzw. VOF (der dem Anhang II Teil B VKR entspricht) aufgelisteten Dienstleistungen bezeichnet, für deren Vergabe gemäß § 1 EG Abs. 3 VOL/A iVm. § 4 Abs. 4 VgV bzw. § 1 Abs. 3 S. 1 VOF keine vorherige europaweite Bekanntmachung erforderlich ist und auch im Übrigen deutlich geringere Anforderungen bestehen.

[724] VK Bund, Beschl. v. 9. 5. 2007 – VK 1–26/07.

werden, dass sie für einen mit der Sachlage des jeweiligen Vergabeverfahrens vertrauten Leser nachvollziehbar sind und eine Überprüfung durch die Bieter und die Vergabenachprüfungsinstanzen ermöglichen. Aus diesem Grunde hat die Dokumentationspflicht bieterschützenden Charakter.[725] Ein wesentlicher Inhalt der Dokumentationspflicht ist die Anfertigung eines Vergabevermerks. Darüber hinaus ist die Vergabestelle verpflichtet, die Vergabeakten sorgfältig zu führen und in diese sämtliche für das Verfahren relevanten Unterlagen und Informationen aufzunehmen. Das gilt insbesondere für die gesamte Korrespondenz mit den Bewerbern bzw. Bietern und die von den Bietern eingereichten Angebote und Erklärungen, einschließlich der mit einem Eingangsvermerk zu versehenden Briefumschläge.[726]

271   **a) Vergabevermerk.** Die Pflicht zur Anfertigung eines Vergabevermerks ist im Rahmen der VKR gemeinschaftsrechtlich vorgegeben[727] und in den Vergabeordnungen näher geregelt.[728] Zu den insoweit bestehenden Anforderungen existiert zudem eine umfangreiche Rechtsprechung, die bei der Anfertigung des Vergabevermerks zu berücksichtigen ist. Danach muss die Vergabestelle die einzelnen Stufen des Verfahrens und alle wesentlichen Maßnahmen, Feststellungen und Entscheidungen, einschließlich der dafür maßgeblichen Begründungen, zeitnah und nachvollziehbar dokumentieren.[729] Im Anwendungsbereich der SKR besteht dagegen keine ausdrückliche Verpflichtung zur Anfertigung eines Vergabevermerks. Dennoch sollte auch hier aus Gründen der Transparenz der wesentliche Ablauf des Vergabeverfahrens, dh. alle wesentlichen Entscheidungen des Auftraggebers und die wesentlichen Verfahrensschritte dokumentiert werden. Das betrifft ua. Angaben zur Prüfung und Auswahl der Unternehmen und Angebote sowie ggf. die Gründe, aus denen auf ein Verfahren mit vorherigem Aufruf zum Wettbewerb verzichtet wurde.

272   Der Vergabevermerk muss **mindestens** folgende Angaben enthalten: Namen und Anschrift des Auftraggebers, Art und Umfang der ausgeschriebenen Leistungen,[730] Verfahrensart und die für deren Wahl maßgeblichen Gründe (jedenfalls wenn ein Verhandlungsverfahren oder ein wettbewerblicher Dialog durchgeführt wird), geschätzter Auftragswert,[731] Beschreibung der einzelnen Stufen des Vergabeverfahrens, Namen der berücksichtigten und der nichtberücksichtigten Bewerber bzw. Bieter und die Gründe für die Auswahl bzw. Ablehnung, Durchführung und Ergebnisse der Eignungsprüfung,[732] ggf. Gründe für die Ablehnung von ungewöhnlich niedrigen Angeboten,[733] erläuternde Darstellung der Angebotswertung und Gründe für die Auswahl des wirtschaftlichsten Angebots, Name des erfolgreichen Bieters, ggf. Anteil der beabsichtigten Unteraufträge an Dritte, Absendung der Vorabinformation gemäß § 101a, Zuschlagserteilung bzw. Gründe für die Aufhebung des Verfahrens.

273   Darüber hinaus müssen alle sonstigen für das **konkrete Verfahren** wesentlichen Vorgänge und (Zwischen-)Entscheidungen dokumentiert werden. Im Rahmen der Vorbereitung gilt das beispielsweise für die Aufteilung des Auftrages in einzelne Lose[734] bzw. die Entscheidung für eine Gesamtvergabe,[735] die Festlegung auf bestimmte Produkte oder Herstellungsverfahren[736] und ggf. für die Nichtzulassung von Bietergemeinschaften.[737] Besonders wichtig ist zudem die

---

[725] OLG München, Beschl. v. 17. 1. 2008 – Verg 15/07; OLG Düsseldorf, Beschl. v. 11. 7. 2007 – Verg 10/07; OLG Frankfurt, Beschl. v. 16. 8. 2006 – 11 Verg 3/06; OLG Rostock, Beschl. v. 20. 8. 2003 – 17 Verg 9/03; OLG Düsseldorf, Beschl. v. 26. 7. 2002 – Verg 28/02; Brandenburgisches OLG NZBau 2000, 39, 44.

[726] VK Münster, Beschl. v. 13. 2. 2008 – VK 29/07.

[727] Art. 43 VKR.

[728] Vgl. §§ 20, VOB/A, 24 EG VOL/A, §§ 12 VOF.

[729] OLG Naumburg, Beschl. v. 5. 12. 2008 – 1 Verg 9/08; Brandenburgisches OLG NZBau 2000, 39, 44; vgl. auch *Burgi* NZBau 2008, 29 ff.

[730] Der Vergabevermerk muss dagegen keine Angaben zur Bedarfsermittlung enthalten, vgl. VK Bund, Beschl. v. 6. 9. 2005 – VK 2-105/05. Auch in Bezug auf die Nichtzulassung von Nebenangeboten wird eine Dokumentation im Vergabevermerk nicht für erforderlich gehalten, vgl. OLG München, Beschl. v. 2. 8. 2007 – Verg 7/07.

[731] VK Arnsberg, Beschl. v. 4. 11. 2008 – VK 23/08.

[732] OLG Düsseldorf, Beschl. v. 31. 7. 2007 – Verg 25/07.

[733] Vgl. VK Südbayern, Beschl. v. 6. 6. 2007 – Z3-3-3194-1-19-05/07.

[734] OLG Düsseldorf, Beschl. v. 17. 3. 2004 – Verg 1/04.

[735] OLG Düsseldorf, Beschl. v. 11. 7. 2007 – Verg 10/07; VK Rheinland-Pfalz, Beschl. v. 30. 6. 2005 – VK 27/05; *Müller-Wrede* NZBau 2004, 643, 645.

[736] VK Südbayern, Beschl. v. 21. 7. 2008 – Z3-3-3194-1-23-06/08.

[737] VK Bund, Beschl. v. 9. 5. 2007 – VK 1-26/07. In Bezug auf die Losaufteilung muss aus dem Vergabevermerk grundsätzlich auch ersichtlich werden, dass die Vergabestelle das Interesse an einem breiteren Wett-

Dokumentation des gesamten Kontaktes zwischen der Vergabestelle und den Bietern (zB im Rahmen von Fragen und Antworten, Gesprächen, Präsentationen, Verhandlungen, Aufklärungen etc.). In die Vergabeakte sind ggf. auch Angaben zur Überprüfung von eingereichten Referenzen (einschließlich der Art und Weise der Prüfung)[738] und der Prüfung der Gleichwertigkeit der angebotenen Leistungen[739] sowie zur Prüfung und Wertung von Nebenangeboten[740] aufzunehmen. Sofern an dem Verfahren vorbefasste Unternehmen teilnehmen, sollte auch die Prüfung etwaiger Wettbewerbsvorteile bzw. die zur Vermeidung derartiger Vorteile ergriffenen Maßnahmen in den Vergabevermerk aufgenommen werden. Auch die Mitwirkung von Sachverständigen auf Auftraggeberseite ist zu dokumentieren, wobei sich aus dem Vergabevermerk auch ergeben sollte, dass sämtliche Entscheidungen durch den Auftraggeber selbst getroffen wurden (Grundsatz der eigenverantwortlichen Vergabe). Sofern sich die Vergabestelle bei der Erstellung des Vergabevermerks der Hilfe externer Berater bedient, muss er durch einen schriftlichen Zustimmungsvermerk oder einen vergleichbaren Akt hinreichend deutlich machen, dass er den Inhalt geprüft und eine eigenverantwortliche Entscheidung getroffen hat.[741]

In Bezug auf die **Form** des Vergabevermerks enthalten die Vergabeordnungen keine besonderen Vorgaben. Der Vergabevermerk kann auch aus mehreren **separaten Schriftstücken** bestehen, mit denen die einzelnen Stufen des Verfahrens, die maßgeblichen Feststellungen sowie die Begründungen für die getroffenen Entscheidungen durchgängig dokumentiert werden. Der Vergabevermerk bzw. die diesen bildenden Schriftstücke müssen jedoch die Anforderungen erfüllen, die im Rechtsverkehr an einen Aktenvermerk gestellt werden.[742] Dazu gehören **Datum und Unterschrift** des Ausstellers.[743] Die im Vergabevermerk enthaltenen Angaben müssen zudem so detailliert sein, dass sie für einen mit der Sachlage des jeweiligen Vergabeverfahrens vertrauten Leser **nachvollziehbar** sind.[744] Das gilt insbesondere für diejenigen Maßnahmen und Entscheidungen, bei denen die Vergabestelle Ermessen oder einen Beurteilungsspielraum hat. Die Detailliertheit der Entscheidungsbegründung muss die konkreten Umstände des jeweiligen im Vergabevermerk festzuhaltenden Sachverhalts berücksichtigen. Eine ausführlichere Begründung ist immer dann notwendig, wenn mehrere Gesichtspunkte gegeneinander abgewogen werden müssen.[745] Allgemein gehaltene und formelhafte Begründungen reichen insoweit nicht aus. Die Dokumentation der getroffenen Wertungs- und Zuschlagsentscheidungen muss jedenfalls alle für die jeweilige Entscheidung maßgeblichen Gründe enthalten, wobei auch die einzelnen Wertungsschritte und -ergebnisse nachvollziehbar dargestellt sein müssen.[746] Aus dieser Darstellung muss sich ohne weitere Erläuterung nachvollziehbar ergeben, aus welchen Gründen sich der Auftraggeber für ein bestimmtes Angebot entschieden hat oder einen bestimmten Bieter für ungeeignet hält.[747] Der Vergabevermerk muss insoweit auch sämtliche Tatsachenumstände und Überlegungen, welche die in Aussicht genommene Zuschlagsentscheidung tragen, vollständig, wahrheitsgemäß und verständlich wiedergeben.[748] Dabei muss insbesondere dokumentiert werden, dass die Vergabestelle bei der Ermittlung des wirtschaftlichsten

bewerb um den zu vergebenden Auftrag berücksichtigt und gegen wirtschaftliche und technische Belange abgewogen hat, vgl. VK Bund, Beschl. v. 6. 6. 2007 – VK 1-38/07.

[738] VK Lüneburg, Beschl. v. 5. 7. 2005 – VgK-26/2005; VK Düsseldorf, Beschl. v. 22. 7. 2002 – VK-19/2002-L.

[739] VK Bund, Beschl. v. 2. 11. 2006 – VK 3-117/06.

[740] OLG Brandenburg, Beschl. v. 29. 7. 2008 – Verg W 10/08; VK Schleswig-Holstein, Beschl. v. 7. 5. 2008 – VK-SH 5/08.

[741] OLG München, Beschl. v. 21. 8. 2008 – Verg 13/08.

[742] OLG Koblenz, Beschl. v. 6. 11. 2008 – 1 Verg 3/08.

[743] VK Brandenburg, Beschl. v. 19. 9. 2001 – 1 VK 85/01. Es wird allerdings für ausreichend angesehen, wenn der Vergabevermerk erst zum Zeitpunkt der Vorabinformation der nichtberücksichtigten Bieter gemäß § 101a mit einer Unterschrift versehen wird, vgl. VK Saarland, Beschl. v. 23. 4. 2007 – 3 VK 2/2007.

[744] OLG Düsseldorf, Beschl. v. 11. 7. 2007 – Verg 10/07; OLG Düsseldorf, Beschl. v. 17. 3. 2004 – Verg 1/04; Brandenburgisches OLG NZBau 2000, 39, 44; 3. VK Saarland, Beschl. v. 9. 3. 2007 – 3 VK 1/2007; VK Bund, Beschl. v. 2. 11. 2006 – VK 3-117/06; VK Brandenburg, Beschl. v. 21. 2. 2007 – 2 VK 58/06.

[745] OLG Frankfurt, Beschl. v. 16. 8. 2006 – 11 Verg 3/06.

[746] Vgl. OLG Bremen, Beschl. v. 14. 4. 2005 – Verg 1/2005; Brandenburgisches OLG NZBau 2000, 39, 44 f.; VK Hessen, Beschl. v. 12. 2. 2008 – 69 d VK-01/2008; VK Münster, Beschl. v. 28. 11. 2008 – VK 19/08.

[747] VK Sachsen, Beschl. v. 24. 2. 2005 – 1/SVK/0004-05; VK Düsseldorf, Beschl. v. 9. 4. 2003 – VK-8/2003-B; VK Lüneburg, Beschl. v. 8. 5. 2006 – VgK-07/2006.

[748] OLG Düsseldorf, Beschl. v. 17. 3. 2004 – Verg 1/04; VK Bund, Beschl. v. 20. 5. 2005 – VK 2-30/05.

Angebots sämtliche in den Vergabeunterlagen genannten Auftragskriterien berücksichtigt hat.[749] In Bezug auf ggf. geführte Bietergespräche und Verhandlungen ist ebenfalls eine ausführliche Darstellung der Gesprächsinhalte bzw. des Verhandlungsverlaufs geboten. Zu diesem Zwecke sollten entsprechend ausführliche Gesprächs- und Verhandlungsprotokolle angefertigt und zur Vermeidung von Widersprüchen und späteren Streitigkeiten den Bietern zur Prüfung übersandt werden. Die im Vergabevermerk enthaltenen Darstellungen und Begründungen können im Übrigen zwar durchaus kurz gefasst sein. Sie müssen jedoch so detailliert sein, dass sie für einen mit der Sachlage des jeweiligen Vergabeverfahrens vertrauten Leser ohne weiteres nachvollziehbar sind.[750]

275   Der Vergabevermerk wird während des gesamten Verfahrens **fortlaufend aktualisiert und ergänzt.** Die Dokumentationspflicht besteht bereits für die während der Vorbereitung des Vergabeverfahrens getroffenen Entscheidungen (insbesondere in Bezug auf die Festlegung der auszuschreibenden Leistungen, Schätzung des Auftragswertes, Losbildung und die Wahl der Verfahrensart)[751] und endet erst mit dem Abschluss des Verfahrens durch Zuschlagserteilung oder Aufhebung. Der Vergabevermerk ist **chronologisch** abzufassen und muss den tatsächlichen Verfahrensablauf unter Berücksichtigung der nach den Vergabeordnungen vorgeschriebenen Reihenfolge der Verfahrensschritte abbilden.[752] Dabei sind während des gesamten Verfahrens die einzelnen Verfahrensschritte und deren jeweiliger entscheidungserheblicher Inhalt jeweils **zeitnah** (wenn auch nicht „unverzüglich")[753] zu dokumentieren.[754] Als Grundsatz sollte insoweit gelten, dass vor Beginn einer neuen Verfahrensstufe die vorangegangene Verfahrensstufe abschließend dokumentiert ist.[755]

276   **b) Rechtsfolgen bei Dokumentationsmängeln.** Eine fehlende oder unzureichende Dokumentation wird grundsätzlich als schwerwiegender **Verfahrensfehler** angesehen,[756] der im Rahmen eines **Nachprüfungsverfahrens** (§§ 102 ff.) geltend gemacht werden kann. Die dafür erforderliche Antragsbefugnis (§ 107 Abs. 2) ergibt sich aus dem bieterschützenden Charakter der Dokumentationspflicht.[757] Die Bieter haben ein subjektives Recht im Sinne von § 97 Abs. 7 auf eine ausreichende Dokumentation aller Verfahrensschritte und der wesentlichen Entscheidungen.[758] Für die Erfolgsaussichten des Nachprüfungsantrags kommt es jedoch auch darauf an, ob sich der Dokumentationsmangel auf die Rechtsstellung des Antragstellers im Vergabeverfahren nachteilig ausgewirkt haben kann.[759] Das soll bereits dann nicht der Fall sein, wenn die in dem Vergabevermerk enthaltenen Angaben nachvollziehbar sind und den Antragsteller in die Lage versetzen, gegen bestimmte Entscheidungen im Rahmen eines Nachprüfungsverfahrens substantiiert vortragen zu können.[760] Allein aus einer Verletzung der Dokumentationspflicht können demnach keine Rechte hergeleitet werden. Der Antragsteller muss vielmehr auch darlegen, dass ihm durch ihn ein Schaden entstanden ist bzw. entstanden sein könnte oder zu entstehen droht. Insoweit gelten jedoch keine überzogenen Anforderungen. Die sich aus der unzureichenden Dokumentation ergebenden Unklarheiten können nicht dem Antragsteller auferlegt werden, sondern müssen dem Auftraggeber zugerechnet werden. Sofern die Vergabe-

---

[749] VK Rheinland-Pfalz, Beschl. v. 4. 5. 2005 – VK 20/05.

[750] VK Düsseldorf, Beschl. v. 13. 3. 2006 – VK-08/2006-L.

[751] Vgl. OLG Naumburg, Beschl. v. 5. 12. 2008 – 1 Verg 9/08.

[752] VK Düsseldorf, Beschl. v. 16. 2. 2006 – VK-02/2006-L.

[753] Vgl. OLG München, Beschl. v. 28. 4. 2006 – Verg 6/06.

[754] OLG München, Beschl. v. 17. 1. 2008 – Verg 15/07; OLG Düsseldorf, Beschl. v. 17. 3. 2004 – Verg 1/04; OLG Rostock, Beschl. v. 20. 8. 2003 – 17 Verg 9/03.

[755] Zweifelhaft daher OLG Düsseldorf, Beschl. v. 17. 3. 2004 – Verg 1/04, wonach eine zeitnahe Dokumentation auch dann noch vorliegen können soll, wenn der Auftraggeber die erst im Verlauf des Nachprüfungsverfahrens zutage getretenen und von ihm beurteilten Umstände nach Abschluss des Überprüfungsverfahrens in einem (ergänzenden) Vergabevermerk niederlegt.

[756] Vgl. VK Sachsen, Beschl. v. 14. 4. 2008 – 1/SVK/013-08.

[757] S. §§ 20 VOB/A; 24 EG VOL/A; 12 VOF; vgl. auch § 97 RdNr. 27 ff.

[758] OLG Naumburg, Beschl. v. 10. 11. 2003 – 1 Verg 14/03; OLG Rostock, Beschl. v. 20. 8. 2003 – 17 Verg 9/03; OLG Düsseldorf, Beschl. v. 26. 7. 2002 – Verg 28/02; OLG Brandenburg NZBau 2000, 39, 44 f.; VK Düsseldorf, Beschl. v. 16. 2. 2006 – VK-02/2006-L; VK Sachsen, Beschl. v. 20. 8. 2004 – 1/SVK/067–04.

[759] OLG München, Beschl. v. 17. 1. 2008 – Verg 15/07; OLG Düsseldorf, Beschl. v. 11. 7. 2007 – Verg 10/07; OLG Düsseldorf, Beschl. v. 17. 3. 2004 – Verg 1/04; VK Düsseldorf, Beschl. v. 16. 2. 2006 – VK-02/2006-L; vgl. auch BayObLG VergabeR 2002, 63, 69.

[760] OLG Düsseldorf, Beschl. v. 11. 7. 2007 – Verg 10/07.

unterlagen über einen bestimmten Vorgang keine Angaben enthalten, ist grundsätzlich davon auszugehen, dass dieser Vorgang nicht stattgefunden hat.[761]

Ein Vergabeverfahren kann **von Anfang an fehlerbehaftet** sein, wenn die Vergabestelle kei-   **277** nen Vergabevermerk erstellt hat oder bereits zu Beginn des Vergabeverfahrens Dokumentationsmängel bestanden. Das ist insbesondere dann der Fall, wenn die Vergabestelle ein Verhandlungsverfahren oder einen wettbewerblichen Dialog durchführt, ohne die Wahl dieser Verfahrensarten zu begründen.[762] In derartigen Fallgestaltungen ist bereits aufgrund des Fehlens der Dokumentation zu Lasten des Auftraggebers grundsätzlich davon auszugehen, dass die Voraussetzungen für die Zulässigkeit dieser Verfahrensarten nicht vorliegen.[763]

In Bezug auf die Möglichkeit der **Heilung** von Dokumentationsmängeln ist die Rechtspre-   **278** chung uneinheitlich. Zum Teil wird vertreten, dass eine ausreichende Begründung der Wertung im Laufe eines Nachprüfungsverfahrens sowohl schriftsätzlich als auch in der mündlichen Verhandlung nachgeholt werden kann.[764] Bei anfänglichen Dokumentationsmängeln soll dagegen auch eine Aufhebung der Ausschreibung in Betracht kommen.[765] Daran ist richtig, dass nach dem Sinn und Zweck der Dokumentationspflicht eine Heilung grundsätzlich nicht in Betracht kommt.[766] Die Dokumentationspflicht dient der Gewährleistung eines in jeder Hinsicht transparenten Vergabeverfahrens und soll etwaige Manipulationsmöglichkeiten ausschließen. Bei einer nicht erfolgten oder mangelhaften Dokumentation ist das Vergabeverfahren daher grundsätzlich zurückzuversetzen und ab dem Zeitpunkt, in dem die Dokumentation unzureichend ist, zu wiederholen.[767] Eine Aufhebung der Ausschreibung ist dagegen grundsätzlich nicht erforderlich und mangels Vorliegens eines Aufhebungsgrundes in der Regel auch nicht gerechtfertigt.[768]

IV. Verfahrensbesonderheiten bei Vergaben unterhalb der Schwellenwerte

Unterhalb der Schwellenwerte richtet sich das Vergabeverfahren nach dem deutschen Haus-   **279** haltsrecht und den Basisparagraphen von Teil A der Vergabe- und Vertragsordnungen. Allerdings wird diese strikte Zweiteilung zunehmend aufgeweicht. Der EuGH[769] stellte in mehreren Entscheidungen klar, dass das EG-Primärrecht auch dann mit allen Konsequenzen für die an die Auftragsvergabe zu stellenden Anforderungen Anwendung findet, wenn keine Pflicht zur europaweiten Ausschreibung besteht; sei es weil von vornherein kein öffentlicher Auftrag vorliegt (zB. im Falle einer Dienstleistungskonzession)[770] oder weil der geschätzte Auftragswert den maßgeblichen Schwellenwert nicht erreicht.[771] Auch in diesen Fällen sind die Grundsätze des AEUV (Transparenzgebot, Diskriminierungsverbot, Wettbewerbsprinzip) und insbesondere die Grundfreiheiten aus Art. 18, 49, 56 AEUV zu beachten,[772] sofern es sich um Leistungsbeschaffungen von nicht völlig untergeordneter Bedeutung handelt, die einen Wert erreichen, der auch das Interesse von Anbietern aus anderen EU-Mitgliedstaaten vermuten lassen muss.[773] Zwar führt die Anwendung dieser Grundsätze nicht bei jeder staatlichen Beschaffungstätigkeit zu ei-

---

[761] VK Südbayern, Beschl. v. 21. 7. 2008 – Z3-3-3194-1-23-06/08.

[762] VK Rheinland-Pfalz, Beschl. v. 30. 6. 2005 – VK 27/05.

[763] VK Baden-Württemberg, Beschl. v. 26. 9. 2008 – VK 33/08.

[764] VK Sachsen, Beschl. v. 14. 4. 2008 – 1/SVK/013-08; VK Bund, Beschl. v. 11. 11. 2003 – VK 1-101/03; aA 1. VK Bund, Beschl. v. 9. 5. 2007 – VK 1–26/07.

[765] OLG Düsseldorf, Beschl. v. 17. 3. 2004 – Verg 1/04; VK Düsseldorf, Beschl. v. 16. 2. 2006 – VK-02/2006-L.

[766] Ähnlich OLG München, Beschl. v. 21. 8. 2008, Verg 13/08; OLG Frankfurt, Beschl. v. 28. 11. 2006, 11 Verg 4/06; OLG Düsseldorf, Beschl. v. 17. 3. 2004 – Verg 1/04 (wonach eine Ausnahme nur für solche Umstände bestehen soll, die dem Auftraggeber erst im Laufe des Nachprüfungsverfahrens bekannt werden); VK Südbayern, Beschl. v. 21. 7. 2008 – Z3-3-3194-1-23-06/08; VK Rheinland-Pfalz, Beschl. v. 30. 6. 2005 – VK 27/05.

[767] Vgl. OLG Frankfurt, Beschl. v. 28. 11. 2006 – 11 Verg 4/06; VK Hessen, Beschl. v. 12. 2. 2008 – 69 d VK-01/2008; VK Sachsen, Beschl. v. 14. 4. 2008 – 1/SVK/013-08; VK Rheinland-Pfalz, Beschl. v. 4. 5. 2005 – VK 20/05.

[768] Vgl. VK Bund, Beschl. v. 9. 5. 2007 – VK 1-26/07.

[769] C-324/98, Slg. 2000, I-10 745 – Telaustria; C-458/03, Slg. 2003, I-8612 – Parking Brixen; C-231/03, Slg. 2005, I-7287 – Co.Na.Me; s. auch Mitteilung der Kommission v. 1. 8. 2006, ABl. C 179/2; dazu EuG, T-258/06 NZBau 2010, 510 – Deutschland/Kommission.

[770] EuGH, C-231/03, Slg. 2005, I-7287 – Co.Na.Me; heute ausdrücklich in Art. 17 VKR geregelt.

[771] *Wirner* IBR 2006, 107 (Anm. zu EuGH C-458/03 – Parking Brixen); dazu oben RdNr. 21.

[772] EuGH, C-458/03, Slg. 2003, I-8612 – Parking Brixen; zu den Verfahrensaspekten im primärrechtlichen Vergaberegime Einleitung RdNr. 59 ff.

[773] EuGH, C-231/03, Slg. 2005, I-7287 – Co.Na. Me.

nem formellen Vergabeverfahren. Das konkrete Verfahren muss aber dem formellen Verfahren in wesentlichen Zügen entsprechen.[774] Dies zu beachten gilt es insbesondere wegen der durch das zweite Konjunkturpaket erleichterten Vergaben im Unterschwellenbereich.[775] Wegen der Geltung der Grundfreiheiten[776] kommt es hier auf den tatsächlichen grenzüberschreitenden Charakter an, nicht auf starre und willkürliche Wertgrenzen.

280   Das gänzliche Unterlassen der Durchführung eines Vergabeverfahrens oder ein intransparentes und nicht am Wettbewerb orientiertes Verfahren durch einen öffentlichen Auftraggeber verstößt vor diesem Hintergrund gegen Primärrecht. Der Gleichbehandlungsgrundsatz und das Diskriminierungsverbot schließen die Verpflichtung zur Transparenz ein, damit sichergestellt werden kann, dass die beiden Grundsätze beachtet worden sind.[777] Es obliegt der Vergabestelle, einen angemessenen Grad von Öffentlichkeit sicherzustellen, durch den die Vergabe im Wettbewerb stattfindet und die Nachprüfung ermöglicht, ob das Vergabeverfahren bzw. die Entscheidung über die Durchführung eines Verfahrens unparteiisch durchgeführt worden ist.[778] Das Transparenzgebot enthält nicht notwendigerweise die Verpflichtung zur Vornahme einer Ausschreibung im Amtsblatt der EU. Es genügt, wenn eine Veröffentlichung in der Weise erfolgt, dass einem in einem anderen Mitgliedstaat niedergelassenen Unternehmen vor der Vergabe Zugang zu angemessenen Informationen über diese Leistung ermöglicht wird, so dass dieses Unternehmen gegebenenfalls sein Interesse am Erhalt dieser Konzession bekunden kann.[779]

V. Wettbewerblicher Dialog

Schrifttum: *Bovis*, The Competitive Dialogue as a Procurement Process of Public Private Partnerships, Public Procurement Law Review (PPLR) 2006, 14; *Drömann*, Wettbewerblicher Dialog und ÖPP-Beschaffungen – zur „besonderen Komplexität" so genannter Betreibermodelle, NZBau 2007, 751; *Fritz*, Erfahrungen mit dem Wettbewerblichen Dialog in Deutschland, VergabeR 2008, 379; *Heiermann*, Der wettbewerbliche Dialog, ZfBR 2005, 766; Kapellmann/Messerschmidt (Hrsg.), VOB Teile A und B, 2. Aufl. 2007; *Knauff*, Neues europäisches Vergabeverfahrensrecht: Der wettbewerbliche Dialog, VergabeR 2004, 287; *Knauff*, Im wettbewerblichen Dialog zur Public Private Partnership?, NZBau 2005, 249; *Kulartz/Marx/Portz/Prieß* (Hrsg.), Kommentar zur VOL/A, 2007; *Leinemann/Maibaum*, Die neue europäische einheitliche Vergabekoordinierungsrichtlinie für Lieferaufträge, Dienstleistungsaufträge und Bauaufträge – ein Optionsmodell, VergabeR 2004, 275; *Mösinger,* Gleichbehandlung der Teilnehmer im wettbewerblichen Dialog, NZBau 2009, 695; *Müller/Veil*, Wettbewerblicher Dialog und Verhandlungsverfahren im Vergleich, VergabeR 2007, 298; *Müller-Wrede* (Hrsg.), ÖPP-Beschleunigungsgesetz, Leitfaden mit Fallbeispielen, Praxishinweisen und Checklisten, 2006; *Ollmann*, Wettbewerblicher Dialog eingeführt, Änderungen des Vergaberechts durch das ÖPP-Beschleunigungsgesetz, VergabeR 2005, 685; *Opitz*, Wie funktioniert der wettbewerbliche Dialog? – Rechtliche und praktische Probleme, VergabeR 2006, 451; *Pünder/Franzius,* Auftragsvergabe im wettbewerblichen Dialog, ZfBR 2006, 20; *Schröder,* Voraussetzungen, Strukturen und Verfahrensabläufe des Wettbewerblichen Dialogs in der Vergabepraxis, NZBau 2007, 216; *Treumer,* Competitive Dialogue, Public Procurement Law Review (PPLR) 2004, 178; *Weber/Schäfer/Hausmann* (Hrsg.), Praxishandbuch Public Private Partnership, Rechtliche Rahmenbedingungen, Wirtschaftlichkeit, Finanzierung, 2006.

281   **1. Überblick.** Der wettbewerbliche Dialog ist nach § 101 Abs. 4 Satz 1 ein Verfahren zur Vergabe **besonders komplexer Aufträge** durch Auftraggeber nach § 98 Nr. 1 bis 3, soweit sie nicht auf dem Gebiet der Trinkwasser- oder Energieversorgung oder des Verkehrs tätig sind, und durch Auftraggeber nach § 98 Nr. 5 (dh. nicht im Sektorenbereich tätige Auftraggeber). Das Verfahren ist nach § 101 Abs. 4 Satz 2 durch einen **Teilnahmewettbewerb** und anschließende **Verhandlungen** mit den ausgewählten Unternehmen gekennzeichnet, wobei über alle Einzelheiten des Auftrags verhandelt werden kann. Der wettbewerbliche Dialog ist demnach eine spezielle Verfahrensart für die Vergabe besonders komplexer Aufträge durch nicht im Sektorenbereich tätige Auftraggeber, die viele Parallelen zu einem (strukturierten) Verhandlungsverfahren[780] aufweist. Das gilt insbesondere in Bezug auf die **Flexibilität der Verfahrensgestaltung,** die es den öffentlichen Auftraggebern – anders als bei einem offenen oder

---

[774] EuGH, C-231/03, Slg. 2005, I-7287 – Coname; Mitteilung der Kommission v. 1. 8. 2006, ABl. C 179/2 und bspw. die Pressemitteilung der Kommission v. 15. 6. 2005 (IP/05/949).

[775] Dazu oben RdNr. 154ff.

[776] Vgl. oben RdNr. 41.

[777] EuGH, C-324/98, Slg. 2000, I-10745 – Telaustria; C-458/03, Slg. 2003, I-8612 – Parking Brixen.

[778] EuGH, C-324/98, Slg. 2000, I-10745 – Telaustria; C-458/03, Slg. 2003, I-8612 – Parking Brixen.

[779] EuGH, C-231/03, Slg. 2005, I-7287 – Coname.

[780] Vgl. RdNr. 252 f.

nicht offenen Verfahren – erlaubt, einzelne oder alle Aspekte des Auftrags mit den Bewerbern zu erörtern. Im Unterschied zum Verhandlungsverfahren[781] ist der Anwendungsbereich des wettbewerblichen Dialogs jedoch speziell auf die Vergabe besonders komplexer Aufträge zugeschnitten.[782] Die Vorschriften des wettbewerblichen Dialoges sollen dem bei der Vergabe besonders komplexer Aufträge bestehenden Bedürfnis nach einer flexiblen Verfahrensgestaltung Rechnung tragen und zugleich ein möglichst hohes Maß an Wettbewerb zwischen den Wirtschaftsteilnehmern gewährleisten.[783]

Der wettbewerbliche Dialog wurde im Rahmen der Umsetzung der RL 2004/18/EG **282** (VKR)[784] durch das ÖPP-Beschleunigungsgesetz[785] in das GWB-Vergaberecht eingeführt (§ 101 Abs. 5 aF., § 6a VgV aF.). Die gegenwärtige Fassung des Abs. 4 beruht allerdings auf der GWB-Novelle 2009, mit der der Wortlaut des § 101 Abs. 5 aF. leicht geändert wurde. Weitere Regelungen zum wettbewerblichen Dialog enthalten die entsprechenden Vorschriften der **Vergabeordnungen**,[786] mit denen der Anwendungsbereich und die Verfahrensgestaltung des wettbewerblichen Dialogs näher konkretisiert werden. Die **Rechtsprechung** hat sich bislang nur in wenigen Entscheidungen mit dem wettbewerblichen Dialog auseinandergesetzt.[787] Angesichts der vielen Parallelen des wettbewerblichen Dialoges mit einem (strukturierten) Verhandlungsverfahren sind die insoweit entwickelten Grundsätze und Anforderungen jedoch häufig übertragbar.

2. Anwendungsbereich. Der Anwendungsbereich des wettbewerblichen Dialogs ist nach **283** § 101 Abs. 4 Satz 1 auf die Vergabe besonders komplexer Aufträge durch nicht im Sektorenbereich tätige öffentliche Auftraggeber beschränkt. Für die Zulässigkeit des wettbewerblichen Dialogs sind zudem die insoweit bestehenden **gemeinschaftsrechtlichen Vorgaben**[788] und die jeweils anwendbaren Vorschriften der **Vergabeordnungen**[789] zu beachten. Danach darf ein wettbewerblicher Dialog nur dann durchgeführt werden, wenn der Auftraggeber objektiv nicht in der Lage ist, die technischen Mittel, mit denen seine Bedürfnisse und Ziele erfüllt werden können, oder die rechtlichen oder finanziellen Bedingungen des Vorhabens vorab (abschließend) anzugeben. Ein wettbewerblicher Dialog ist darüber hinaus nur für die Vergabe von öffentlichen Aufträgen im Sinne von § 99 vorgesehen, die in den Anwendungsbereich des GWB-Vergaberechts fallen. Nicht erfasst werden insbesondere Aufträge unterhalb der Schwellenwerte, nach § 100 Abs. 2 freigestellte Aufträge und Dienstleistungskonzessionen.

a) Persönlicher Anwendungsbereich: nicht im Sektorenbereich tätige öffentliche **284** **Auftraggeber im Sinne von § 98 Nr. 1 bis 3 und 5.** Die Durchführung eines wettbewerblichen Dialoges ist nach § 101 Abs. 4 Satz 1 nur für **Auftraggeber im Sinne von § 98 Nr. 1 bis 3**, die nicht auf dem Gebiet der Trinkwasser- oder Energieversorgung oder des Verkehrs tätig sind, und für **Auftraggeber im Sinne von § 98 Nr. 5** vorgesehen. Nicht vorgesehen ist der wettbewerbliche Dialog dagegen für Sektorenauftraggeber im Sinne von § 98 Nr. 4 und öffentliche Auftraggeber im Sinne von § 98 Nr. 1 bis 3, die im Sektorenbereich tätig werden.

Die Beschränkung auf nicht im Sektorenbereich tätige öffentliche Auftraggeber wurde im **285** Rahmen der GWB-Novelle 2009 eingeführt. In § 101 Abs. 5 aF. und § 6a aF. VGV wurde stattdessen auf **„staatliche Auftraggeber"** Bezug genommen. Durch die Änderung wurde klargestellt, dass der wettbewerbliche Dialog allen zur Beachtung des GWB-Vergaberechts ver

---

[781] Vgl. zur Zulässigkeit des Verhandlungsverfahrens § 3a Abs. 5, 6 VOB/A, § 3EG Abs. 3, 4 VOL/A und § 101 RdNr. 17f.

[782] Europäische Kommission, Erläuterungen – Wettbewerblicher Dialog – Klassische Richtlinie, CC/2005/04_rev1 vom 5. 10. 2005, S. 1, 4 Fn. 8; *Hausmann/Mutschler-Siebert*, in: *Weber/Schäfer/Hausmann*, Praxishandbuch Public Private Partnership, 267 ff.

[783] Vgl. VKR, Erwägungsgründe Tz. 31; Europäische Kommission, Erläuterungen – Wettbewerblicher Dialog – Klassische Richtlinie, CC/2005/04_rev1 vom 5. 10. 2005.

[784] Vgl. Art. 1 Abs. 11 lit. c und Art. 29 VKR.

[785] Gesetz zur Beschleunigung der Umsetzung von öffentlich-privaten Partnerschaften und zur Verbesserung gesetzlicher Rahmenbedingungen für öffentlich private Partnerschaften vom 1. 9. 2005 (BGBl. I S. 2676).

[786] § 3a Abs. 1 Nr. 3, Abs. 4 VOB/A, § 3 EG Abs. 1, 7 VOL/A.

[787] Vgl. zB. OLG Brandenburg NZBau 2009, 734; OLG Koblenz, Beschl. v. 21. 4. 2009 – 1 Verg 2/09; VK Brandenburg, Beschl. v. 8. 4. 2009 – VK 17/09; VK Brandenburg, Beschl. v. 22. 8. 2008 – VK 19/08; VK Düsseldorf, Beschl. v. 11. 8. 2006 – VK-30/2006-L.

[788] Zu diesen gehören insbesondere die Art. 1 Abs. 11 lit. c, 28 und 29 VKR.

[789] § 3a Abs. 4 VOB/A, § 3 EG Abs. 1 Abs. 7 VOL/A.

pflichteten Auftraggebern zur Verfügung steht, die nicht im Sektorenbereich tätig sind.[790] Das war zuvor umstritten, da der Begriff „staatliche Auftraggeber" nicht näher definiert war und auch enger als der Begriff des öffentlichen Auftraggebers im Sinne von § 98 Nr. 1 bis 3 und 5 ausgelegt werden konnte.[791] Der Anwendungsbereich des wettbewerblichen Dialogs war insbesondere in Bezug auf „private" öffentliche Auftraggeber im Sinne von § 98 Nr. 2 und Nr. 5 fraglich. Nach § 98 Nr. 2 sind auch **juristische Personen des Privatrechts** zur Beachtung des GWB-Vergaberechts verpflichtet, wenn sie zur Erfüllung von im Allgemeininteresse liegenden Aufgaben gegründet wurden und überwiegend staatlich finanziert oder beherrscht sind. Entsprechendes gilt für private Auftraggeber im Sinne von § 98 Nr. 5 (Subventionsempfänger), welche allenfalls mit besonderem Auslegungsgeschick als „staatliche Auftraggeber" angesehen werden können.[792] Durch die Bezugnahme auf nicht im Sektorenbereich tätige Auftraggeber wurden diese Unsicherheiten beseitigt und klargestellt, dass allen anderen öffentlichen Auftraggebern der wettbewerbliche Dialog zur Verfügung steht. Mit der Klarstellung ist zugleich der vereinzelt vertretenen Auffassung, dass staatlich kontrollierte private Sektorenauftraggeber im Sinne von § 98 Nr. 4 2. Fall als staatliche Auftraggeber anzusehen seien,[793] die Grundlage entzogen worden. Das entspricht auch den gemeinschaftsrechtlichen Grundlagen des wettbewerblichen Dialogs. Denn nach Art. 29 VKR steht diese Verfahrensart allen öffentlichen Auftraggebern zur Verfügung. Die SKR enthält dagegen keine entsprechenden Regelungen.

286 Nicht vorgesehen ist die Durchführung eines wettbewerblichen Dialoges nach § 101 Abs. 4 für diejenigen Auftraggeber im Sinne von § 98 Nr. 1 bis 3, die auf dem Gebiet der Trinkwasser- oder Energieversorgung oder des Verkehrs tätig sind (dh. im sog. **Sektorenbereich**), und für private Sektorenauftraggeber im Sinne von § 98 Nr. 4. Die insoweit in Betracht kommenden Sektorentätigkeiten (Trinkwasser-, Energieversorgung und Verkehr) werden in der **Anlage zu § 98 Nr. 4** näher definiert. Auf diese Anlage und in dieser definierten Sektorentätigkeiten ist für die Bestimmung des Anwendungsbereichs nach § 101 Abs. 4 Satz 1 zurückzugreifen, um eine konsistente Abgrenzung zwischen Sektorenbereich und „klassischem" Vergaberecht zu gewährleisten. Denn der Grund für die fehlende Anwendbarkeit des wettbewerblichen Dialoges im Sektorenbereich besteht allein darin, dass den Sektorenauftraggebern im Gegensatz zu den sonstigen öffentlichen Auftraggebern nach Maßgabe der Sektorenrichtlinie[794] und nach § 101 Abs. 7 das offene Verfahren, das nicht offene Verfahren und das Verhandlungsverfahren nach ihrer Wahl zur Verfügung stehen. Da im Sektorenbereich stets ein Verhandlungsverfahren durchgeführt werden kann, bestand kein Bedürfnis für die Aufnahme des wettbewerblichen Dialoges als weitere Verfahrensart. Es steht Sektorenauftraggebern im Übrigen frei, ein Verhandlungsverfahren wie einen wettbewerblichen Dialog zu strukturieren und entsprechend dieser im Sektorenbereich an sich nicht vorgesehenen Verfahrensart durchzuführen.[795]

287 Nicht vorgesehen ist der wettbewerbliche Dialog darüber hinaus für Auftraggeber im Sinne von § 98 Nr. 6 **(Baukonzessionäre)**. Der fehlende Verweis auf diese Auftraggeber in § 101 Abs. 4 ist allerdings durchaus systemgerecht. Denn private Baukonzessionäre sind nach § 22 a Abs. 2 VOB/A (ähnlich wie Sektorenauftraggeber) in Bezug auf die Wahl der Verfahrensart frei[796] und können wie diese ein auf ihre Bedürfnisse zugeschnittenes Verhandlungsverfahren durchführen. Sofern es sich bei den Baukonzessionären dagegen um öffentliche Auftraggeber im Sinne von § 98 Nr. 1 bis 3 handelt, steht diesen nach § 101 Abs. 4 Satz 1 der wettbewerbliche Dialog ohnehin zur Verfügung.

288 **b) Sachlicher Anwendungsbereich: besonders komplexer Auftrag.** In sachlicher Hinsicht ist der Anwendungsbereich des wettbewerblichen Dialoges auf die Vergabe **besonders komplexer Aufträge** beschränkt. Die bei der Vergabe komplexer Aufträge häufig bestehenden Schwierigkeiten waren gerade der Grund für die Einführung des wettbewerblichen Dialogs als vierte Verfahrensart neben dem offenen Verfahren, dem nicht offenen Verfahren und dem Verhandlungsverfahren. Der Bedarf für eine weitere Verfahrensart wurde damit begründet, dass

---

[790] Vgl. Begründung der Bundesregierung, BT-Drucks. 16/10117, S. 19.

[791] Vgl. *Kulartz/Marx/Portz/Prieß/Hausmann*, Kommentar zur VOL/A, 2007, § 3 a RdNr. 35.

[792] Vgl. *Schröder* NZBau 2007, 216, 218; abl. *Kulartz/Marx/Portz/Prieß/Hausmann* § 3 a RdNr. 37; *Ollmann* VergabeR 2005, 685, 687.

[793] Vgl. *Heiermann* ZfBR 2005, 766, 769; *Müller-Wrede/Kaelble*, ÖPP-Beschleunigungsgesetz, 2006, S. 39 RdNr. 9.

[794] Vgl. Art. 40 Abs. 2 SKR.

[795] Vgl. Europäische Kommission, Erläuterungen – Wettbewerblicher Dialog – Klassische Richtlinie, CC/2005/04_rev1 vom 5. 10. 2005, S. 1 Fn. 2.

[796] Vgl. *Kapellmann/Messerschmidt/Dähne*, VOB, Teile A und B, 2. Aufl. 2007, § 32 a RdNr. 12, 16.

kein offenes oder nicht offenes Verfahren durchgeführt werden kann, wenn die öffentlichen Auftraggeber nicht in der Lage sind, vorab die Mittel zu bestimmen, die ihren Bedürfnissen gerecht werden, bzw. nicht beurteilen können, was der Mark an technischen, finanziellen und/oder rechtlichen Lösungen für derartige Vorhaben bereit hält.[797] Zugleich sollte die in der Praxis weit verbreitete Anwendung des Verhandlungsverfahrens zurückgedrängt werden. Die Zulässigkeit eines Verhandlungsverfahrens richtet sich besonders nach anderen Voraussetzungen und ist bei komplexen Aufträgen nicht stets gegeben. Als Beispiele für komplexe Vorhaben werden in den Erwägungsgründen der VKR bedeutende integrierte Verkehrsinfrastrukturprojekte, große Computernetzwerke und Vorhaben mit einer komplexen strukturierten Finanzierung, deren finanzielle und rechtliche Konstruktion im Voraus nicht festgelegt werden kann, genannt.[798]

Für den Anwendungsbereich des wettbewerblichen Dialogs wird der Begriff des besonders **289** komplexen Auftrages in Art. 1 Abs. 11 lit. c VKR und § 3a Abs. 4 Nr. 1 VOB/A, § 3 EG Abs. 7 S. 1 VOL/A näher konkretisiert. Danach ist ein Auftrag als besonders komplex anzusehen, wenn der jeweilige Auftraggeber **objektiv nicht in der Lage** ist, entweder die **technischen Mittel**, mit denen seine Bedürfnisse und Ziele erfüllt werden können, oder die **rechtlichen** oder **finanziellen Bedingungen** des Vorhabens anzugeben. Die Durchführung eines offenen oder nicht offenen Verfahrens darf aus diesen Gründen nicht in Betracht kommen.[799]

aa) Objektive und subjektive Komplexität. Ein wettbewerblicher Dialog darf nur dann **290** durchgeführt werden, wenn der Auftraggeber **„objektiv nicht in der Lage"** ist, die technischen Mittel zur Erfüllung seiner Bedürfnisse oder die rechtlichen und finanziellen Bedingungen des Vorhabens anzugeben. Damit ist allerdings weder eine objektive noch eine subjektive Unmöglichkeit im herkömmlichen Sprachgebrauch gemeint.[800] Auch die von der Europäischen Kommission in ihrer Erläuterung zum wettbewerblichen Dialog benutzte Terminologie, wonach der Begriff der objektiven Unmöglichkeit nicht abstrakt, sondern im Sinne einer dem Auftraggeber nicht anzulastende Situation zu verstehen sei,[801] ist missverständlich. Denn nach Art. 1 Abs. 11 lit. c VRK und § 3a Abs. 4 Nr. 1 VOB/A, § 3 EG Abs. 7 S. 1 VOL/A ist eine Situation erforderlich und ausreichend, in der es dem jeweiligen Auftraggeber aus objektiven Gründen nicht möglich ist, die für den konkreten Auftrag erforderlichen technischen, rechtlichen oder finanziellen Anforderungen und Kriterien vorab abschließend festzulegen. Die Komplexität muss demnach sowohl **subjektiv** (für den jeweiligen Auftraggeber) als auch **objektiv** (in Bezug auf die dafür maßgeblichen Gründe) gegeben sein. Das ist insbesondere dann der Fall, wenn der Auftraggeber die technischen Mittel und/oder rechtlichen bzw. finanziellen Bedingungen der Leistungserbringung in entscheidenden Punkten nicht benennen kann, weil auf dem Markt vielfältige, innovative und/oder an das jeweilige Vorhaben individuell angepasste Lösungen angeboten werden und ihm nicht bekannt ist, mit welcher Lösung seine Bedürfnisse am besten erfüllt werden können. Es dürfte jedoch auch ausreichen, wenn der Auftraggeber aufgrund der Komplexität der Aufgabenstellung nicht in der Lage ist, die Anforderungen an die Angebote abschließend festzulegen und so zu beschreiben, dass er davon ausgehen kann, den Zuschlag anhand der vorab bekannt gemachten Wertungskriterien auf das zur Erreichung seines Beschaffungsbedarfs wirtschaftlichste Angebot erteilen zu können.[802]

Die erforderliche Komplexität liegt dagegen nicht vor, wenn sich der Auftraggeber allein aus **291** **subjektiven Gründen** nicht in der Lage sieht, den zu vergebenden Auftrag abschließend zu beschreiben. Ein wettbewerblicher Dialog kann andererseits auch dann unzulässig sein, wenn es sich zwar um einen objektiv komplexen Auftrag handelt, der Auftraggeber aber aufgrund spezieller Kenntnisse dennoch in der Lage ist, alle insoweit erforderlichen technischen, rechtlichen und finanziellen Anforderungen und Bedingungen im Voraus abschließend festlegen zu können. Eine derartige Situation dürfte allerdings nur in Ausnahmefällen in Betracht kommen und noch nicht bereits deshalb anzunehmen sein, weil der Auftraggeber in der Vergangenheit vergleichbare Aufträge vergeben hat. Es besteht zudem keine generelle Pflicht, die für das komplexe Vorhaben in Betracht kommenden Lösungsmöglichkeiten von externen Beratern prüfen

---

[797] VKR Erwägungsgründe Tz. 31.
[798] VKR Erwägungsgründe Tz. 31.
[799] Vgl. Art. 28, 29 Abs. 1 VKR.
[800] AA. *Immenga/Mestmäcker/Dreher* § 101 RdNr. 34 (subjektive Unmöglichkeit).
[801] Vgl. Europäische Kommission, Erläuterungen – Wettbewerblicher Dialog – Klassische Richtlinie, CC/2005/04_rev1 vom 5. 10. 2005, S. 2.
[802] *Kulartz/Marx/Portz/Prieß/Hausmann* § 3a RdNr. 39.

zu lassen, um ggf. doch ein offenes oder nicht offenes Verfahren durchführen zu können.[803] Welche Maßnahmen ein Auftraggeber bei fehlender Kenntnis zu ergreifen hat, ist vielmehr eine Frage des Einzelfalls. Insoweit gilt, dass auf den wettbewerblichen Dialog nicht zurückgegriffen werden darf, wenn der Auftraggeber mit **zumutbarem Aufwand** die für das konkrete Vorhaben erforderlichen technischen Mittel und die rechtlichen und finanziellen Bedingungen festlegen könnte.[804] Zum Teil wird stattdessen bzw. darüber hinaus auf die Verhältnismäßigkeit des für die Durchführung eines offenen oder nicht offenen Verfahrens erforderlichen Aufwandes abgestellt.[805] Danach soll die Durchführung eines wettbewerblichen Dialogs auch dann möglich sein, wenn die Erstellung einer abschließenden Leistungsbeschreibung mit **unverhältnismäßigen Aufwand** verbunden wäre. Davon sei auszugehen, wenn für die Aufgabenspezifizierung mehr als 10% der voraussichtlich anfallenden Gesamtkosten anfallen würden.[806] Diese Auffassung führt im Ergebnis allerdings dazu, dass der Planungsaufwand auf die Bieter übertragen werden kann und diese auf unsicherer Grundlage Lösungsvorschläge einreichen müssen, obwohl der Auftraggeber spezifische Vorstellungen in Bezug auf die zu erbringenden Leistungen hat (und den Unternehmen eine angemessene Kostenerstattung nach § 6a Abs. 7 VgV schuldet). Die Festlegung einer bestimmten Kostengrenze ist daher nicht sachgerecht. Stattdessen sollte die Zumutbarkeit anhand der konkreten Umstände des Einzelfalls und unter Berücksichtigung der jeweiligen Situation des Auftraggebers beurteilt werden.[807]

292 Auf ein **Verschulden** bzw. Vertretenmüssen des Auftraggebers kommt es im Übrigen nicht an. Zwar soll der Anwendungsbereich des wettbewerblichen Dialogs nach Auffassung der Europäischen Kommission auf Situationen beschränkt sein, die den öffentlichen Auftraggebern nicht anzulasten sind und in denen die Auftraggeber die ihnen obliegende Sorgfaltspflicht erfüllt haben.[808] Damit dürfte jedoch lediglich die Pflicht gemeint sein, die in Bezug auf die konkreten Anforderungen des Vorhabens ggf. bestehende Unkenntnis durch zumutbare Maßnahmen auszuräumen. Das ändert jedoch nichts daran, dass das Vorliegen eines besonders komplexen Auftrages **ex ante** aus der Sicht des konkreten Auftraggebers zu beurteilen ist, wobei für die zusätzliche und gesetzlich nicht vorgesehene Berücksichtigung von Verschuldenskriterien kein Bedürfnis besteht.[809]

293 Das Vorliegen der Voraussetzungen für die Durchführung eines wettbewerblichen Dialogs unterliegt der Kontrolle durch die vergaberechtlichen Nachprüfungsinstanzen. Das gilt insbesondere für die von den öffentlichen Auftraggebern angenommene besondere Komplexität des Vorhabens.[810] Insoweit besteht zwar ein gewisser Beurteilungsspielraum (insbesondere in Bezug auf die „subjektive Komplexität"), dessen Ausschöpfung aber der Kontrolle durch die vergaberechtlichen Nachprüfungsinstanzen unterliegt.

294 **bb) Technische Komplexität.** Eine besondere Komplexität im Sinne von § 101 Abs. 4 Satz 1 ist nach § 3a Abs. 4 Nr. 1 VOB/A, § 3 EG Abs. 7 S. 1 VOL/A und Art. 1 Abs. 11 lit. c VKR insbesondere dann anzunehmen, wenn der Auftraggeber nicht in der Lage ist, die **technischen Mittel** anzugeben, mit denen seine Bedürfnisse und Ziele erfüllt werden sollen. Nach Auffassung der Europäischen Kommission kommen insoweit zwei Fallgestaltungen in Betracht.[811] Die erste betrifft diejenigen Situationen, in denen der Auftraggeber nicht in der Lage ist, die technischen Mittel zu spezifizieren bzw. die **technischen Spezifikationen** festzulegen, die zur Erreichung eines bestimmten Ziels zu verwenden sind. Die andere und nach Auffassung der Kommission häufigere Fallgestaltung betrifft dagegen solche Situationen, in denen der Auftraggeber angesichts der **Vielzahl der in Frage kommenden Lösungsmöglichkeiten** nicht bestimmen kann, welche Lösung seinen Bedürfnissen am besten gerecht wird. In der Praxis

---

[803] Vgl. Europäische Kommission, Erläuterungen – Wettbewerblicher Dialog – Klassische Richtlinie, CC/2005/04_rev1 vom 5. 10. 2005, S. 2.

[804] Europäische Kommission, Erläuterungen – Wettbewerblicher Dialog – Klassische Richtlinie, CC/2005/04_rev1 vom 5. 10. 2005, S. 2; Kulartz/Marx/Portz/Prieß/*Hausmann* § 3a RdNr. 39; *Hausmann/Mutschler-Siebert*, in: Weber/Schäfer/Hausmann, Praxishandbuch Public Private Partnership, 266.

[805] *Pünder/Franzius* ZfBR 2006, 20, 22; ähnlich *Ollmann* VergabeR 2005, 685, 688.

[806] *Pünder/Franzius* ZfBR 2006, 20, 22.

[807] Ähnlich Kulartz/Marx/Portz/Prieß/*Hausmann* § 3a RdNr. 44.

[808] Europäische Kommission, Erläuterungen – Wettbewerblicher Dialog – Klassische Richtlinie, CC/2005/04_rev1 vom 5. 10. 2005, S. 2.

[809] Ähnlich Kulartz/Marx/Portz/Prieß/*Hausmann* § 3a RdNr. 40.

[810] *Leinemann/Maibaum* VergabeR 2004, 275, 278; *Knauff* NZBau 2005, 249, 251.

[811] Europäische Kommission, Erläuterungen – Wettbewerblicher Dialog – Klassische Richtlinie, CC/2005/04_rev1 vom 5. 10. 2005, S. 2f.

dürften allerdings diejenigen Fälle überwiegen, die Elemente von beiden Fallgestaltungen aufweisen. Das gilt auch für das von der Kommission gewählte Beispiel, wonach eine technische Komplexität vorliegt, wenn der Auftraggeber die Ufer eines Flusses verbinden will, aber nicht weiß, ob die beste Lösung in dem Bau einer Brücke oder eines Tunnels besteht.[812] Denn diese Unkenntnis beruht mit hoher Wahrscheinlichkeit auch darauf, dass der Auftraggeber die in Frage kommenden Brücken- und Tunnelbauwerke nicht vollständig überblickt und deshalb nicht in der Lage sein dürfte, die technischen Spezifikationen für das zu errichtende Bauwerke im Voraus abschließend festzulegen. Darauf kommt es nach Auffassung der Kommission jedoch nicht an. Eine technische Komplexität sei vielmehr auch dann anzunehmen, wenn der Auftraggeber vorab die technischen Spezifikationen für die in Betracht kommenden Brücken- und Tunnelbauwerke festlegen könnte und lediglich nicht weiß, welches die beste Lösung ist. Das mag zwar richtig sein, dürfte aber nur in seltenen Fällen die Durchführung eines wettbewerblichen Dialoges rechtfertigen. Denn soweit zwei bzw. nur wenige dafür aber genau spezifizierte Lösungsmöglichkeiten in Betracht kommen, dürfte sich in der Regel mit zumutbarem Aufwand feststellen lassen, welche Lösung den Bedürfnissen des Auftraggebers am besten gerecht wird.

Die häufigste Fallgruppe der technischen (und finanziellen/rechtlichen) Komplexität dürfte   **295**
die Durchführung großer **PPP-Vorhaben** betreffen. Neben bedeutenden integrierten Verkehrsinfrastrukturprojekten[813] kommen für den wettbewerblichen Dialog insbesondere PPP-Projekte in Bezug auf den Bau, Betrieb und ggf. die Finanzierung von Schulen, Parlaments- und Verwaltungsgebäuden, Gefängnissen und Sportstadien in Betracht. Es ist allerdings nicht entscheidend, ob es sich dabei um PPP-Vorhaben oder um „klassische" öffentlichen Aufträge handelt. Maßgeblich ist vielmehr, dass der Auftraggeber auf die Lösungsvorschläge der Bieter angewiesen ist, um eine sachgerechte bzw. eine für das konkrete Vorhaben optimale Lösung zu finden. Das kann grundsätzlich bei allen technisch anspruchsvollen Beschaffungen der Fall sein. Ein weiteres Beispiel, auf das in den Erwägungsgründen der VKR hingewiesen wird, ist die Errichtung großer Computernetzwerke.[814]

cc) Rechtliche und/oder finanzielle Komplexität. Ein wettbewerblicher Dialog ist nach   **296**
§ 101 Abs. 4 Satz 1 auch dann zulässig, wenn der Auftrag zwar nicht in technischer Hinsicht, dafür aber in rechtlicher und/oder finanzieller Hinsicht als besonders komplex anzusehen ist. Das ist nach § 3a Abs. 4 Nr. 1 VOB/A, § 3 EG Abs. 7 S. 1 VOL/A und Art. 1 Abs. 11 lit. c VKR dann der Fall, wenn der Auftraggeber nicht in der Lage ist, die **rechtlichen oder finanziellen Bedingungen** für das Vorhaben anzugeben. Die dafür maßgeblichen Gründe können unterschiedlicher Art sein. Sie müssen jedoch objektiv vorliegen und den Verzicht auf die Durchführung eines offenen oder nicht offenen Verfahrens rechtfertigen. Das kommt insbesondere bei umfangreichen und langfristigen Vorhaben in Betracht, die eine ausgewogene Finanzierungs- und Vertragsstruktur erfordern. Die finanzielle und/oder rechtliche Komplexität rechtfertigt in diesen Fällen jedoch grundsätzlich nur dann die Durchführung eines wettbewerblichen Dialogs, wenn eine optimale Finanzierungsstruktur bzw. Vertragsgestaltung nur gemeinsam mit den Bietern entwickelt werden kann und soll. Sofern das der Fall ist, kann diesem Bedürfnis im Rahmen des wettbewerblichen Dialogs insbesondere dadurch Rechnung getragen werden, dass die Bieter zur Einreichung eines an die jeweiligen Anforderungen des Auftraggebers angepassten Finanzierungskonzepts aufgefordert werden und/oder Gelegenheit erhalten, zu den als verhandelbar erklärten Vertragsbestandteilen Stellung zu nehmen bzw. eigene Vorschläge einzureichen.

Die Fallgruppe der rechtlichen/finanziellen Komplexität ist noch stärker als die der techni-   **297**
schen Komplexität auf die Durchführung von **PPP-Vorhaben** zugeschnitten. Denn für diese besteht häufig die Notwendigkeit einer komplexen Vertrags- und Finanzierungsstruktur, die der Auftraggeber im Voraus in der Regel nicht festlegen kann. Die Europäische Kommission geht daher zutreffend davon aus, dass für öffentlich-privaten Partnerschaften (dh. ÖPP- bzw. PPP-Vorhaben) ein wettbewerblicher Dialog „sehr, sehr häufig" zulässig ist.[815] Aber auch insoweit

---

[812] Europäische Kommission, Erläuterungen – Wettbewerblicher Dialog – Klassische Richtlinie, CC/2005/04_rev1 vom 5. 10. 2005, S. 3.
[813] Vgl. VKR Erwägungsgründe Tz. 31; Europäische Kommission, Erläuterungen – Wettbewerblicher Dialog – Klassische Richtlinie, CC/2005/04_rev1 vom 5. 10. 2005, S. 3.
[814] Vgl. VKR Erwägungsgründe Tz. 31; Europäische Kommission, Erläuterungen – Wettbewerblicher Dialog – Klassische Richtlinie, CC/2005/04_rev1 vom 5. 10. 2005, S. 3.
[815] Europäische Kommission, Erläuterungen – Wettbewerblicher Dialog – Klassische Richtlinie, CC/2005/04_rev1 vom 5. 10. 2005, S. 3.

gilt (wie in Bezug auf die technische Komplexität), dass die Voraussetzungen der rechtlichen bzw. finanziellen Komplexität stets für den jeweiligen Einzelfall zu prüfen sind und tatsächlich vorliegen müssen. Im Rahmen von PPP-Vorhaben (insbesondere solchen mit einem Lebenszyklusansatz)[816] dürfte das jedoch regelmäßig der Fall sein, wobei häufig neben der finanziellen und rechtlichen Komplexität auch die technische Komplexität festgestellt werden kann. Eine in diesem Sinne umfassende Komplexität kommt insbesondere dann in Betracht, wenn der private Partner eine bestimmte öffentliche Einrichtung entsprechend den funktionalen Anforderungen des Auftraggebers zunächst errichten, anschließend betreiben und erhalten soll und auch in die Finanzierung eingebunden ist. Die Kombination von Errichtung, Betrieb und Erhaltung beruht zwar auf einer eigenen Entscheidung des Auftraggebers, durch die die besondere Komplexität des Auftrags erst begründet wird. Der Zulässigkeit eines wettbewerblichen Dialogs steht dieser Umstand jedoch nicht entgegen, da die Auftraggeber ihren jeweiligen Beschaffungsbedarf selbst bestimmen und festlegen können. Insoweit ist auch zu berücksichtigen, dass die komplexe Gestaltung von PPP-Projekten häufig Voraussetzung für die Realisierung der mit dieser Beschaffungsvariante verbundenen Vorteile ist.

298   Eine rechtliche bzw. finanzielle Komplexität kommt auch dann in Betracht, wenn der Auftraggeber nicht vorhersehen kann, ob das Vorhaben in eine **Konzession** oder einem „klassischen" öffentlichen Auftrag im Sinne von § 99 mündet.[817] Das kann insbesondere dann der Fall sein, wenn sich der öffentliche Auftraggeber noch nicht auf die Vergabe eines „klassischen" Auftrags festgelegt hat und nicht beurteilen kann, ob die an dem Auftrag bzw. der Konzession interessierten Unternehmen bereit sind, das mit dem Vorhaben verbundene wirtschaftliche Risiko ganz oder zu einem wesentlichen Teil zu übernehmen. Vor der Entscheidung für die Durchführung eines wettbewerblichen Dialoges muss sich der Auftraggeber zwar sorgfältig mit den für sein jeweiliges Vorhaben am Markt erhältlichen Leistungen und Bedingungen auseinandersetzen. Sofern er aber dennoch nicht abschätzen kann, ob das Vorhaben eine Konzession oder ein öffentlicher Auftrag ist, darf er auf den wettbewerblichen Dialog zurückgreifen, um die finanziellen, wirtschaftlichen und rechtlichen Bedingungen mit den Bietern im Einzelnen verhandeln zu können. Dabei kann sich herausstellen, dass das Vorhaben eine dem Vergaberecht nicht unterliegende Dienstleistungskonzession ist.[818] Das macht die Durchführung des wettbewerblichen Dialoges jedoch nicht unzulässig. Mit dieser Verfahrensart kann vielmehr gewährleistet werden, dass die insoweit zu beachtenden Vorgaben des primären Gemeinschaftsrechts eingehalten werden.[819] Darüber hinaus wird das Problem vermieden, das bei einem Verzicht auf ein förmliches Vergabeverfahren entsteht, wenn sich herausstellt, dass es sich nicht um eine Dienstleistungskonzession, sondern um einen dem GWB-Vergaberecht unterliegenden öffentlichen Auftrag handelt. Der Auftraggeber hätte in diesem Fall nur zwei Möglichkeiten: entweder den Vertrag über die Konzession abzuschließen und damit gegen das Vergaberecht zu verstoßen, oder das Verfahren abzubrechen und ein förmliches Vergabeverfahren zu beginnen.[820]

299   **c) Verhältnis zum offenen Verfahren, nicht offenen Verfahren und Verhandlungsverfahren.** Der Anwendungsbereich des wettbewerblichen Dialoges ist durch dessen Anwendungsvoraussetzungen festgelegt. Aus diesen ergibt sich zugleich eine Subsidiarität gegenüber dem **offenen** und dem **nicht offenen Verfahren**. Auf diese Verfahrensarten ist zurückzugreifen, wenn der Auftrag nicht als besonders komplex anzusehen ist, weil dessen Anforderungen und Bedingungen im Voraus abschließend festgelegt werden können. Das entspricht auch den gemeinschaftsrechtlichen Vorgaben, nach denen ein wettbewerblicher Dialog nur dann durchgeführt werden darf, wenn der Auftraggeber ein offenes oder nicht offenes Verfahren für nicht durchführbar hält.[821] Der Vorrang des offenen Verfahrens ist zudem in § 101 Abs. 7 ausdrücklich vorgeschrieben.

300   Das Verhältnis des wettbewerblichen Dialoges zum **Verhandlungsverfahren** bedarf dagegen einer differenzierten Beurteilung. Insoweit besteht kein zwingendes Rangverhältnis. Die An-

---

[816] Vgl. *Kularz/Marx/Portz/Prieß/Hausmann* § 3 a RdNr. 45.

[817] Europäische Kommission, Erläuterungen – Wettbewerblicher Dialog – Klassische Richtlinie, CC/2005/04_rev1 vom 5. 10. 2005, S. 3.

[818] Vgl. § 99 RdNr. 226.

[819] Vgl. dazu *Kaelble*, in: Müller-Wrede, ÖPP-Beschleunigungsgesetz, S. 41, RdNr. 15; *Heiermann* ZfBR 2005, 766 f.

[820] Europäische Kommission, Erläuterungen – Wettbewerblicher Dialog – Klassische Richtlinie, CC/2005/04_rev1 vom 5. 10. 2005, S. 3.

[821] Art. 29 Abs. 1 VKR.

wendungsvoraussetzungen können sich vielmehr überschneiden, so dass grundsätzlich beide Verfahrensarten gleichzeitig zulässig sein können. Zum Teil wird der wettbewerbliche Dialog allerdings für die vorrangige Verfahrensart angesehen.[822] Daran ist richtig, dass die Voraussetzungen für die Zulässigkeit eines Verhandlungsverfahrens[823] grundsätzlich strenger sind, als die des wettbewerblichen Dialoges. Die Einführung des wettbewerblichen Dialoges beruht zudem gerade auf dem Gedanken, dass bei der Vergabe besonders komplexer Leistungen die Zulässigkeit eines Verhandlungsverfahrens häufig zweifelhaft ist und den öffentlichen Auftraggebern daher eine weitere auf derartige Leistungen zugeschnittene Verfahrensart zur Verfügung gestellt werden sollte. Ein Rangverhältnis lässt sich daraus aber dennoch nicht ableiten. Sofern für ein bestimmtes Vorhaben die Zulässigkeitsvoraussetzungen für beide Verfahrensarten gegeben sind, besteht vielmehr ein **Wahlrecht** des Auftraggebers.[824] Der gegen diese Wahlmöglichkeit vorgebrachte Einwand, dass der Anwendungsbereich des wettbewerblichen Dialoges dadurch *de facto* leer laufen würde,[825] mag zwar eine für die Praxis berechtigte Sorge ausdrücken, überzeugt rechtlich jedoch nicht. Denn die öffentlichen Auftraggeber sind bei der Wahl des Verhandlungsverfahrens rechtlich verpflichtet, die insoweit bestehenden Zulässigkeitsvoraussetzungen strikt zu beachten und dürfen auf diese Verfahrensart nicht bereits deshalb zurückgreifen, weil der Auftrag als besonders komplex im Sinne von § 101 Abs. 4 anzusehen ist. Die Einführung des wettbewerblichen Dialoges ist zudem als ein weiterer Grund dafür anzusehen, die für das Verhandlungsverfahren geltenden Zulässigkeitsvoraussetzungen eng auszulegen. Die Anwendungsbereiche beider Verfahrensarten überschneiden sich daher nur zum Teil. Für diesen Teil hat der Auftraggeber jedoch die Möglichkeit zwischen beiden Verfahrensarten zu wählen. Dieses Verständnis entspricht im Übrigen auch den gemeinschaftsrechtlichen Vorgaben. Denn die Einführung des wettbewerblichen Dialogs wurde gemäß Art. 29 Abs. 1 VKR in das Ermessen der Mitgliedstaaten gestellt, ohne dass dabei ein Vorrang dieser Verfahrensart gegenüber dem Verhandlungsverfahren vorgegeben worden ist. Aus diesem Grund kann jedenfalls nicht davon ausgegangen werden, dass der Anwendungsbereich des Verhandlungsverfahrens zugunsten des wettbewerblichen Dialogs beschränkt werden sollte.

Für die Durchführung komplexer Beschaffungsmaßnahmen sollte dennoch regelmäßig nicht **301** das Verhandlungsverfahren, sondern der wettbewerbliche Dialog gewählt werden. Der Grund dafür ist allerdings nicht ein bestimmtes Rangverhältnis zwischen beiden Verfahrensarten, sondern das häufig zweifelhafte Vorliegen der Zulässigkeitsvoraussetzungen des Verhandlungsverfahrens. Die Einführung des wettbewerblichen Dialogs ist zudem als gesetzgeberische Entscheidung gegen einen weite Auslegung der Voraussetzungen des Verhandlungsverfahrens und dessen verbreitete Anwendung für die Vergabe komplexer Aufträge im Sinne von § 101 Abs. 1 Satz 1 zu verstehen und zu respektieren.

3. Durchführung des wettbewerblichen Dialogs. Wie grundsätzlich jedes Verfahren im **302** Anwendungsbereich des GWB-Vergaberechts beginnt auch der wettbewerbliche Dialog mit einer europaweiten Bekanntmachung. Anschließend findet zunächst ein Teilnahmewettbewerb statt, in dem die Eignung der Bewerber geprüft und die zur Abgabe von Lösungsvorschlägen aufzufordernden Unternehmen ausgewählt werden. Die Rahmenbedingungen des Vorhabens und die Anforderungen an die Lösungsvorschläge werden den ausgewählten Unternehmen sodann mit den Vergabeunterlagen bzw. der Beschreibung mitgeteilt. Die auf dieser Grundlage erstellten Lösungsvorschläge werden geprüft und ausgewertet. Dabei kann wiederum eine Auswahl stattfinden, so dass der Kreis der Bieter kontinuierlich verkleinert wird. Mit den (noch) am Verfahren beteiligten Bietern kann gemäß § 101 Abs. 4 Satz 2 über alle Einzelheiten des Auftrags verhandelt werden. Nach Abschluss der Verhandlungen werden die Bieter zur Einreichung überarbeiteter bzw. endgültiger Angebote aufgefordert. Anhand der vorab bekannt gemachten Zuschlagskriterien wird abschließend das wirtschaftlichste Angebot ermittelt, auf das der Zuschlag erteilt werden soll. Vor der Zuschlagserteilung werden die nicht berücksichtigten Bewerber gemäß § 101a über den Namen des erfolgreichen Bieters und die Gründe für die Nichtberücksichtigung ihrer Lösungsvorschläge informiert.

Der auf diese Weise in seinen Grundzügen beschreibbare Ablauf des wettbewerblichen Dialoges entspricht weitgehend dem Ablauf eines strukturierten Verhandlungsverfahrens. Die **303** Durchführung des wettbewerblichen Dialogs ist durch Art. 29 VKR und § 3a Abs. 4 VOB/A,

---

[822] *Knauff* VergabeR 2004, 287, 289; *ders.*, NZBau 2005, 249; aA. *Pünder/Franzius* ZfBR 2006, 20, 24.
[823] Vgl. § 101 RdNr. 14 ff.
[824] Ähnlich *Opitz* VergabeR 2006, 451.
[825] *Müller-Wrede/Kaelble*, ÖPP-Beschleunigungsgesetz, S. 49, RdNr. 41.

§ 3 EG Abs. 7 VOL/A jedoch stärker gesetzlich geregelt als die Durchführung des Verhandlungsverfahrens. Daraus ergeben sich eine Reihe von Konsequenzen, die im Folgenden näher dargestellt werden.[826]

304   **a) Vorbereitung, Bekanntmachung und Erstellung der Beschreibung bzw. Vergabeunterlagen.** Im Rahmen der Vorbereitung der Ausschreibung ist der öffentliche Auftraggeber verpflichtet, sorgfältig zu prüfen, ob die **Anwendungsvoraussetzungen** des wettbewerblichen Dialogs gegeben sind und es sich tatsächlich um einen vorab nicht abschließend beschreibbaren besonders komplexen Auftrag handelt. Das Ergebnis dieser Prüfung und die dafür maßgeblichen Gründe müssen im **Vergabevermerk** bzw. in einem separaten Schriftstück in den Vergabeakten festgehalten werden.[827]

305   Die Durchführung des wettbewerblichen Dialogs ist sodann im Amtsblatt der Europäischen bekannt zu machen (§ 3a Abs. 4 Nr. 2 VOB/A, § 3 EG Abs. 7 lit. a VOL/A). Für die **Bekanntmachung** ist das durch die VO 1564/2005[828] vorgegebene Muster zu verwenden. In der Bekanntmachung muss das Vorhaben dargestellt werden, wobei die ausführliche Darstellung gemäß § 3a Abs. 4 Nr. 2 VOB/A bzw. Art. 29 Abs. 2 VKR auch einer sog. **Beschreibung** vorbehalten werden kann (bzw. der Leistungsbeschreibung nach § 3 EG Abs. 7 lit. a VOL/A). Bei der Beschreibung handelt es sich um die Vergabe- bzw. Verdingungsunterlagen, wobei mit dem Begriff „Beschreibung" lediglich deutlich gemacht werden soll, dass ein geringerer Detaillierungsgrad erforderlich ist als im Rahmen eines offenen oder nicht offenen Verfahrens.[829]

306   In die Bekanntmachung sind darüber hinaus konkrete Angaben zur **Eignungsprüfung**, dem vorgesehenen **Verfahrensablauf** und der ggf. vorgesehenen schrittweisen Reduzierung der am Verfahren beteiligten Unternehmen aufzunehmen (Art. 29 Abs. 4 VKR, § 3c Abs. 4 Nr. 4 VOB/A, § 3 EG Abs. 7 lit. c VOL/A).[830] Dazu gehört insbesondere die Festlegung der zum Nachweis der Eignung einzureichenden Nachweise, Angaben und Erklärungen sowie die Bekanntgabe der Kriterien für die Auswahl der Bewerber im Rahmen des Teilnahmewettbewerbs.[831] Sofern nur eine begrenzte Zahl von Bewerbern zur Teilnahme am Dialog aufgefordert werden soll, müssen in der Bekanntmachung die Anzahl dieser Bewerber (grundsätzlich mindestens drei)[832] und die für die Auswahl maßgeblichen Kriterien vollständig angegeben werden. Die Wertungs- und Zuschlagskriterien sind ebenfalls vorab bekannt zu machen.

307   Die **Beschreibung** enthält eine ausführliche Darstellung des Vorhabens, in der der Beschaffungsbedarf des Auftraggebers und die dafür bestehenden Anforderungen näher erläutert werden. Eine ausführliche Beschreibung der Anforderungen des Auftraggebers ist den im Rahmen des Teilnahmewettbewerbs ausgewählten Bewerbern mit der Aufforderung zur Einreichung von Lösungsvorschlägen zu übersenden. Dabei sind wie bei einer funktionalen Leistungsbeschreibung die Ziele des Auftraggebers und die dafür zu beachtenden (Mindest-)Anforderungen darzustellen.

308   Die in der Bekanntmachung und der Beschreibung getroffenen Entscheidungen und Festlegung sind für die Durchführung des wettbewerblichen Dialogs von weitreichender Bedeutung. Der Auftraggeber darf im Rahmen der Dialogphase bzw. den Verhandlungen mit den Bietern zwar grundsätzlich über sämtliche Bedingungen des Auftrags verhandeln. Von den einmal festgelegten **Mindestanforderungen** und **Zuschlagskriterien** darf er im Laufe des Verfahrens jedoch grundsätzlich **nicht mehr abweichen**.[833] Durch die Bekanntmachung und die

---

[826] Zu den allgemeinen Anforderungen, die bei der Durchführung eines jeden Vergabeverfahren zu beachten sind, vgl. oben RdNr. 236ff.

[827] Vgl. zur Dokumentationspflicht RdNr. 270ff.

[828] Verordnung (EG) Nr. 1564/2005 der Kommission vom 7. 9. 2005 zur Einführung von Standardformularen für die Veröffentlichung von Vergabebekanntmachungen im Rahmen von Verfahren zur Vergabe öffentlicher Aufträge gemäß der Richtlinie 2004/17/EG und der Richtlinie 2004/18/EG des Europäischen Parlaments und des Rates.

[829] Europäische Kommission, Erläuterungen – Wettbewerblicher Dialog – Klassische Richtlinie, CC/2005/04_rev1 vom 5. 10. 2005, S. 4, Fn. 9.

[830] Vgl. VK Düsseldorf, Beschl. v. 11. 8. 2006 – VK-30/2006-L; *Heiermann* ZfBR 2005, 766, 774.

[831] Europäische Kommission, Erläuterungen – Wettbewerblicher Dialog – Klassische Richtlinie, CC/2005/04_rev1 vom 5. 10. 2005, S. 5.

[832] Vgl. § 3 EG Abs. 7 lit. a VOL/A; Europäische Kommission, Erläuterungen – Wettbewerblicher Dialog – Klassische Richtlinie, CC/2005/04_rev1 vom 5. 10. 2005, S. 5; *Bovis* PPLR 2006, 14, 15.

[833] VK Düsseldorf, Beschl. v. 11. 8. 2006 – VK-30/2006-L.

Beschreibung wird zudem der Gegenstand des wettbewerblichen Dialoges für das weitere Verfahren bindend festgelegt.[834] Der **Beschaffungsgegenstand** kann in der Dialogphase zwar konkretisiert und entsprechend den von den Bietern vorgeschlagenen Lösungen inhaltlich angepasst werden. Dabei darf von den ursprünglich festgelegten grundlegenden Anforderungen jedoch nicht mehr abgewichen und der dadurch **begrenzte Gestaltungsspielraum** nicht überschritten werden.[835] Diese Beschränkungen ergeben sich aus den Grundsätzen der Transparenz und der Gleichbehandlung, die insoweit nur Konkretisierungen und Klarstellungen zulassen. Anderenfalls bestünde stets die Möglichkeit, dass bestimmte Unternehmen übergangen werden, die zu den ursprünglichen Anforderungen an dem Auftrag nicht interessiert waren oder auf der Grundlage dieser Kriterien im Rahmen des Teilnahmewettbewerbs bzw. einer sonstigen bereits abgeschlossenen Verfahrensstufe ausgeschieden sind. Um dem dennoch bestehenden Bedürfnis nach einer flexiblen Verfahrensgestaltung gerecht zu werden und die Umsetzung der im Verlauf des Dialogs gewonnenen Erkenntnisse zu ermöglichen, muss bei der Gestaltung der Bekanntmachung und der Beschreibung darauf geachtet werden, dass die nicht verbindlich vorgegebenen bzw. verhandelbaren Kriterien als solche gekennzeichnet und iÜ anstehende Anpassungsmöglichkeiten vorgesehen werden.[836]

b) Teilnahmewettbewerb. Im Rahmen des Teilnahmewettbewerbs wird anhand der in der 309 Bekanntmachung bzw. den zusätzlich zur Verfügung gestellten Unterlagen festgelegten Kriterien die **Eignung** der Bewerber geprüft. Diese Prüfung dient der Feststellung der für das Vorhaben erforderlichen Fachkunde, Leistungsfähigkeit und Zuverlässigkeit der Unternehmen. Dabei dürfen nicht fristgerecht eingegangene und unvollständige Teilnahmeanträge grundsätzlich nicht berücksichtigt werden. Bei einem wettbewerblichen Dialog bestehen insoweit keine Besonderheiten.

Sofern in der Bekanntmachung eine bestimmte **Höchstzahl** der an dem Dialog beteiligten 310 Unternehmen festgelegt wurde, werden anschließend aus dem Kreis der als geeignet anzusehenden Bewerber nach Maßgabe der vorab abschließend festgelegten Auswahlkriterien diejenigen Bewerber ausgewählt, die zur Einreichung von Lösungsvorschlägen aufgefordert werden und an den Verhandlungen teilnehmen sollen. Dabei dürfen grundsätzlich nur diejenigen Bewerber berücksichtigt werden, die formal und inhaltlich ordnungsgemäße Teilnahmeanträge eingereicht haben. Das gilt auch dann, wenn dadurch die vorab festgelegte Anzahl von Dialogteilnehmern nicht erreicht werden kann.

c) Dialogphase. Im Anschluss an den Teilnahmewettbewerb findet die sog. Dialogphase 311 statt. Der Auftraggeber eröffnet nach § 3a Abs. 4 Nr. 3 VOB/A, § 3 EG Abs. 7 lit. b VOL/A mit den ausgewählten Unternehmen den Dialog, um zu ermitteln und festzulegen, wie seine Bedürfnisse am besten erfüllt werden können. Nach § 101 Abs. 4 Satz 2, § 3a Abs. 4 Nr. 3 VOB/A und § 3 EG Abs. 7 lit. b VOL/A darf dabei über alle Einzelheiten des Auftrags verhandelt werden (vgl. auch Art. 29 Abs. 3 VKR). Die Dialogphase kann sehr **flexibel gestaltet** werden, wobei der Auftraggeber jedoch die sich aus Art. 29 VKR und entsprechenden Vorschriften der Vergabeordnungen ergebenden Anforderungen beachten muss. Darüber hinaus darf er von dem einmal **festgelegten Verfahrensablauf** grundsätzlich nur aus sachlich gerechtfertigten und die Gleichbehandlung der Bieter nicht beeinträchtigenden Gründen abweichen.

Mit der **Aufforderung zur Teilnahme am Dialog** muss der Auftraggeber den im Rah- 312 men des Teilnahmewettbewerbs ausgewählten Unternehmen die ausführliche Beschreibung und alle für die Einreichung von Lösungsvorschlägen zu berücksichtigenden zusätzlichen Unterlagen („Vergabeunterlagen") übersenden sowie den Termin und den Ort der ersten Verhandlungen, die zugelassenen Sprachen, die einzureichenden Unterlagen und – sofern noch nicht (abschließend) geschehen – die Gewichtung der Zuschlagskriterien bekannt geben (vgl. Art. 40 VKR). Sofern die Gewichtung aus nachvollziehbaren Gründen, insbesondere wegen der Komplexität des Auftrags, nicht eindeutig festgelegt werden kann, müssen die Zuschlagskriterien zumindest in der absteigenden Reihenfolge ihrer Bedeutung angegeben werden (vgl. Art. 53 Abs. 2 VKR).

In der Regel erhalten die ausgewählten Unternehmen zunächst Gelegenheit, auf der Grund- 313 lage der Beschreibung bzw. Vergabeunterlagen (erste) **Lösungsvorschläge** zu entwickeln und einzureichen. Die Lösungsvorschläge müssen den in der Beschreibung aufgestellten (Mindest-)

---

[834] AA. allerdings VK Brandenburg, Beschl. v. 22. 8. 2008 – VK 19/08.
[835] Vgl. *Kaelble*, ÖPP-Beschleunigungsgesetz, 2006, S. 55; *Immenga/Mestmäcker/Dreher* § 101 RdNr. 36; *Kapellmann/Messerschmidt/Kallmayer*, VOB, 2. Aufl. 2007, § 3a VOB/A RdNr. 27; *Fritz* VergabeR 2008, 379, 384.
[836] Ähnlich, *Müller-Wrede Kaelble*, ÖPP-Beschleunigungsgesetz, S. 53.

Anforderungen genügen und bilden die Grundlage für die anschließend durchgeführten Verhandlungen. Sofern eine Reduzierung der am Verfahren beteiligten Unternehmen vorgesehen ist, werden die Lösungsvorschläge anschließend anhand der vorab festgelegten Zuschlagskriterien gewertet.

314 Im Rahmen der **Verhandlungen** können **sämtliche Aspekte des Auftrags** erörtert werden. Die Verhandlungen dürfen sich neben technischen, wirtschaftlichen und finanziellen Gesichtspunkten insbesondere auch auf den Preis erstrecken.[837] Über die in der Bekanntmachung und/oder Beschreibung als **nicht verhandelbar** gekennzeichneten Vertrag- bzw. Auftragsbestandteile darf jedoch nicht verhandelt werden. Nicht verhandelbar sind insbesondere die bekannt gemachten **Mindestanforderungen** und die **Zuschlagskriterien.** Diese dürfen während des gesamten Verfahrens nicht geändert werden.[838] Das gilt auch für die zur Wertung herangezogenen Unterkriterien und die Reihenfolge ihrer Bedeutung. Darüber hinaus ist im Rahmen der Verhandlungen auf eine strikte Beachtung des **Gleichbehandlungsgrundsatzes** zu achten. Nach Art. 29 Abs. 3 VKR, § 3a Abs. 4 Nr. 3 VOB/A, § 3 EG Abs. 7 lit. b VOL/A muss der öffentliche Auftraggeber zudem gewährleisten, dass alle beteiligten Unternehmen gleich behandelt werden und Informationen nicht so weitergegeben werden, dass bestimmte Unternehmen begünstigt werden könnten. Dabei muss insbesondere sichergestellt sein, dass für alle Unternehmen die gleichen Bedingungen gelten und allen Unternehmen die gleichen Informationen zur Verfügung gestellt werden. Das gilt jedoch nicht in Bezug auf die Lösungsvorschläge und vertraulichen Informationen der anderen Bewerber. Insoweit ist der Auftraggeber zum **Geheimnisschutz** verpflichtet und darf die Lösungsvorschläge und sonstigen vertraulichen Informationen den anderen Verhandlungsteilnehmern nicht ohne **Zustimmung** des betroffenen Unternehmens mitteilen.[839] Die Kommission geht davon aus, dass der Auftraggeber die Zustimmung im Voraus verlangen kann, indem er in der Bekanntmachung oder Beschreibung verbindlich festlegt, dass die Einreichung eines Teilnahmeantrags als Zustimmung zu einem gemeinsamen Dialog angesehen wird.[840]

315 Die in der Dialogphase möglichen Anpassungen beziehen sich in erster Linie auf die komplexen Bestandteile des Vorhabens, für welche in der Bekanntmachung bzw. Beschreibung nur funktionale Zielvorstellungen angegeben wurden. Von den **grundlegenden Elementen** der Bekanntmachung und der Beschreibung darf während des gesamten Verfahrens dagegen nicht mehr abgewichen werden.[841] Als grundlegend sind insbesondere solche Änderungen anzusehen, die die **Identität des Beschaffungsgegenstandes** betreffen.[842] Denn der Ausschreibungsgegenstand wird durch die Bekanntmachung bzw. Beschreibung für das gesamte Verfahren bindend festgelegt und darf nur in dem vorgesehenen Rahmen angepasst werden. Darüber hinausgehende Änderungen sind nicht zulässig und würden im Ergebnis zu einer unzulässigen De-facto-Vergabe führen. Damit ist gemeint, dass im Ergebnis keine anderen Leistungen beschafft werden dürfen, als diejenigen, die mit der Bekanntmachung und der Beschreibung zum Gegenstand der Ausschreibung gemacht wurden. Eine derartige Situation darf auch nicht dadurch begründet werden, dass den am Verfahren beteiligten Unternehmen neue wesentliche Leistungsanforderungen auferlegt werden.[843] Zulässig sind nur solche inhaltlichen Anpassungen und Präzisierungen, die das ursprünglich zum Gegenstand der Ausschreibung gemachte Beschaffungsvorhaben nicht wesentlich ändern und sich innerhalb der zuvor festgelegten Rahmenbedingungen bewegen.[844] Insoweit gelten grundsätzlich die gleichen Maßstäbe wie im Rahmen eines Verhandlungsverfahrens.[845]

---

[837] Vgl. auch Europäische Kommission, Erläuterungen – Wettbewerblicher Dialog – Klassische Richtlinie, CC/2005/04_rev1 vom 5. 10. 2005, S. 7.

[838] Europäische Kommission, Erläuterungen – Wettbewerblicher Dialog – Klassische Richtlinie, CC/2005/04_rev1 vom 5. 10. 2005, S. 6 f.; VK Düsseldorf, Beschluss vom 11. 8. 2006, VK-30/2006-L.

[839] Kritisch *Pünder/Franzius* ZfBR 2006, 20, 25.

[840] Europäische Kommission, Erläuterungen – Wettbewerblicher Dialog – Klassische Richtlinie, CC/2005/04_rev1 vom 5. 10. 2005, S. 7, Fn. 22.

[841] Europäische Kommission, Erläuterungen – Wettbewerblicher Dialog – Klassische Richtlinie, CC/2005/04_rev1 vom 5. 10. 2005, S. 5.

[842] AA. VK Brandenburg, Beschl. v. 22. 8. 2008, VK 19/08.

[843] *Kapellmann/Messerschmidt/Kallmayer,* VOB, 2. Aufl. 2007, § 3a VOB/A RdNr. 27.

[844] *Immenga/Mestmäcker/Dreher* § 101 RdNr. 36; *Kapellmann/Messerschmidt/Kallmayer,* VOB, 2. Aufl. 2007, § 3a VOB/A RdNr. 27.

[845] Vgl. dazu zB. OLG München, Beschl. v. 28. 4. 2006, Verg 6/06; OLG Dresden NZBau 2005, 118, 119; OLG Celle, Beschl. v. 16. 1. 2002 – 13 Verg 1/02.

Der wettbewerbliche Dialog kann nach § 3 a Abs. 4 Nr. 4 VOB/A, § 3 EG Abs. 7 lit. c **316** VOL/A und Art. 29 Abs. 4 VKR in **mehreren Phasen** durchgeführt werden, in denen die Anzahl der am Verfahren beteiligten Unternehmen auf der Grundlage der bekannt gemachten Zuschlagskriterien schrittweise verringert wird. Das setzt jedoch voraus, dass in der Bekanntmachung bzw. Beschreibung eine derartige Verfahrensgestaltung und die für die Auswahl maßgeblichen Kriterien angegeben wurden. Von dem **ursprüngliche festgelegten Verfahrensablauf** darf grundsätzlich nicht abgewichen werden. Für den wettbewerblichen Dialog gelten insoweit keine geringeren Anforderungen als für das Verhandlungsverfahren.[846] Darüber hinaus ist zu beachten, dass die Zahl der beteiligten Unternehmen grundsätzlich nicht so weit eingeschränkt werden darf, dass in der **Schlussphase** des Verfahrens kein echter Wettbewerb mehr besteht. Sofern eine ausreichende Anzahl von geeigneten Bewerbern bzw. Lösungsvorschlägen vorliegt, muss auch in der Schlussphase Wettbewerb gewährleistet werden (vgl. Art. 44 Abs. 4 VKR). Dafür reicht es allerdings in der Regel aus, wenn die abschließenden Verhandlungen mit zwei Bietern (sog. *preferred bidder*) geführt werden, die anschließend zur Abgabe endgültiger Angebote aufgefordert werden.[847] Das gilt jedenfalls dann, wenn für den Fall des Ausscheidens eines oder beider Bieter auf die nächstplatzierten Bieter zurückgegriffen werden kann. Von einem effektiven Wettbewerb kann dagegen nicht ausgegangen werden, wenn in der Schlussphase des Verfahrens nur noch mit einem Bieter verhandelt und allein dieser zur Angebotsabgabe aufgefordert wird.[848] Es ist jedoch nicht ausgeschlossen, den Dialog mit nur einem Unternehmen zu Ende zu führen, wenn aufgrund der Anforderungen an die Lösungsvorschläge und der darauf beruhenden schrittweisen Reduzierung der Verfahrensteilnehmer nur ein Unternehmen im Verfahren verblieben ist.[849] Die ausscheidenden Unternehmen sind gemäß § 101 a über ihr Ausscheiden und die dafür maßgeblichen Gründe zu informieren.

Wenn der Auftraggeber davon überzeugt ist, dass von den am Verfahren beteiligten Unter- **317** nehmen eine seinen Bedürfnissen gerecht werdende Lösung angeboten werden kann oder erkennbar ist, dass eine solche Lösung nicht gefunden wird, ist der Dialog für **abgeschlossen** zu erklären (§ 3 a Abs. 4 Nr. 5 VOB/A, § 3 EG Abs. 7 lit. d VOL/A). Sofern der Dialog nicht erfolgreich war, darf der Auftraggeber grundsätzlich ein Verhandlungsverfahren einleiten.[850] Im Erfolgsfall werden die sich noch im Verfahren befindenden Bieter zur Abgabe endgültiger Angebote aufgefordert.

d) Angebotsphase. Die Angebotsphase beginnt mit der **Aufforderung zur Einreichung 318 endgültiger Angebote**. Den Bietern ist zu diesem Zweck eine durch den Auftraggeber überarbeitete und **konkretisierte Beschreibung** (bzw. die für die Abgabe der endgültigen Angebote maßgeblichen Vergabeunterlagen) zu übersenden und die Möglichkeit zu geben, auf der Grundlage ihrer (jeweiligen) Lösungsvorschläge und unter Berücksichtigung der Verhandlungsergebnisse ein endgültiges Angebot zu erstellen (§ 3 a Abs. 4 Nr. 5 VOB/A, § 3 EG Abs. 7 lit. d VOL/A). Die Frist für die Einreichung der Angebote muss angemessen sein und den Bietern ausreichend Zeit für die Überarbeitung ihrer Lösungsvorschläge zur Verfügung stellen.[851] Die Anforderungen an die einzureichenden Angebote müssen sich zudem im Rahmen des ursprünglich festgelegten Ausschreibungsgegenstandes bewegen und dürfen diesen nicht grundlegend ändern. Unzulässig sind insbesondere Änderungen der vorab bekannt gegebenen Mindestanforderungen und Zuschlagskriterien. Diese dürfen in der Angebotsphase lediglich konkretisiert werden. Darüber hinaus dürfen die Lösungsvorschläge ohne Zustimmung der betroffenen Unternehmen weder ganz noch teilweise in der Beschreibung wiedergegeben werden (vgl. § 3 a Abs. 4 Nr. 3 VOB/A, § 3 EG Abs. 7 lit. b VOL/A). Es ist dem Auftraggeber daher grundsätzlich verwehrt, aus den eingereichten Lösungsvorschlägen die ihm am besten erscheinenden Bestandteile herauszulösen und zur Grundlage für die Anforderungen an die endgültigen Angebote

---

[846] Vgl. zum Verhandlungsverfahren OLG Düsseldorf, Beschl. v. 18. 6. 2003, Verg 15/03; VK Düsseldorf, Beschl. v. 11. 8. 2006 – VK – 30/2006-L; *Immenga/Mestmäcker/Dreher* § 101 RdNr. 30; BeckVOB-Komm/ *Jasper* § 3 a RdNr. 20.

[847] Vgl. Europäische Kommission, Erläuterungen – Wettbewerblicher Dialog – Klassische Richtlinie, CC/ 2005/04_rev1 vom 5. 10. 2005, S. 9 Fn. 31.

[848] Vgl. *Pünder/Franzius* ZfBR 2006, 20, 23.

[849] Vgl. Europäische Kommission, Erläuterungen – Wettbewerblicher Dialog – Klassische Richtlinie, CC/ 2005/04_rev1 vom 5. 10. 2005, S. 9; kritisch hierzu *Opitz*, VergabeR 2006, 459.

[850] Vgl. Art. 30 Abs. 1 lit. a VKR, § 3 EG Abs. 3 lit. a VOL/A.

[851] OLG Brandenburg NZBau 2009, 734, 735 f.; zu Recht kritisch *Mösinger* NZBau 2009, 695.

zu machen (Verbot des sog. **cherry picking**).[852] Ein derartiges Vorgehen ist nur mit Zustimmung der betroffenen Unternehmen zulässig. Der Auftraggeber ist jedoch nicht daran gehindert, die Beschreibung auch für die Angebotsphase funktional zu fassen und in Bezug auf die von den beteiligten Unternehmen entwickelten Lösungen lediglich Zielvorgaben aufzunehmen.

319   Die endgültigen Angebote müssen alle zur Ausführung des Auftrags erforderlichen Bestandteile und Einzelheiten enthalten und den durch den Auftraggeber aufgestellten Anforderungen in formaler und inhaltlicher Hinsicht entsprechen. Verhandlungen sind insoweit nicht mehr zulässig.[853] Der Auftraggeber darf gemäß § 3a Abs. 4 Nr. 5 VOB/A, § 3 EG Abs. 7 lit. d VOL/A lediglich **Präzisierungen, Klarstellungen und Ergänzungen** verlangen, die zudem keine Änderung der grundlegenden Elemente des Angebots oder der Ausschreibung zur Folge haben und auch nicht wettbewerbsverfälschend oder diskriminierend wirken dürfen. Insoweit steht dem Auftraggeber grundsätzlich kein größerer Spielraum zur Verfügung als im Rahmen eines offenen Verfahrens, nicht offenen Verfahrens und Verhandlungsverfahrens nach Abgabe der endgültigen Angebote (Verbot unzulässiger Nachverhandlungen).[854] Sofern eine Zuschlagserteilung ohne eine derartige (unzulässige) Anpassung nicht möglich sein sollte, ist es grundsätzlich allerdings möglich, die Bieter zur Überarbeitung und erneuten Einreichung ihrer Angebote aufzufordern. Das gilt jedenfalls dann, wenn dadurch der Gleichbehandlungsgrundsatz nicht beeinträchtigt wird und alternativ nur die Aufhebung des Verfahrens in Betracht käme.

320   Der **Zuschlag** darf nur auf das **wirtschaftlich günstigste Angebot** erteilt werden (vgl. Art. 29 Abs. 1 VKR). Dieses ist ausschließlich anhand der in der Bekanntmachung oder der Beschreibung festgelegten Zuschlagskriterien zu ermitteln (§ 3a Abs. 4 Nr. 6 VOB/A, § 3 EG Abs. 7 lit. e VOL/A). Vor der Zuschlagserteilung müssen die nicht erfolgreichen Bieter gemäß § 101a über den Namen des erfolgreichen Bieters und die für ihre Nichtberücksichtigung maßgeblichen Gründe informiert werden.

321   **4. Aufwandsentschädigung.** Sofern der Auftraggeber von den am wettbewerblichen Dialog teilnehmenden Unternehmen die Ausarbeitung von Entwürfen, Plänen, Zeichnungen, Berechnungen oder anderen Unterlagen verlangt hat, muss er allen Unternehmen, die die geforderten Unterlagen rechtzeitig eingereicht haben, gemäß § 3a Abs. 4 Nr. 7 VOB/A, § 3 EG Abs. 7 lit. f VOL/A dafür eine **angemessene Kostenerstattung** gewähren. Durch diese Regelung soll (lediglich) die Bereitschaft zur Teilnahme an einem wettbewerblichen Dialog gefördert werden, da diese idR. mit erheblichen Kosten verbunden ist. Gemeinschaftsrechtlich vorgeschrieben ist eine derartige Aufwandsentschädigung allerdings nicht. Nach Art. 29 Abs. 8 VKR steht die Entscheidung über die Gewährung von Prämien und Zahlungen vielmehr im Ermessen der öffentlichen Auftraggeber.

322   Die Kostenerstattung muss aus Gründen der Gleichbehandlung den Bietern **einheitlich** gewährt werden. Sofern der Dialog in mehreren Phasen durchgeführt wurde, ist die Kostenerstattung grundsätzlich für jede Phase gesondert und unter Berücksichtigung des jeweils entstandenen Planungsaufwandes zu gewähren. Dabei müssen die tatsächlich entstandenen Kosten nicht vollständig abgedeckt werden.[855] Es handelt sich insbesondere nicht um eine Vergütung für erbrachte Leistungen, sondern um eine **angemessene** Aufwandsentschädigung. Für die Angemessenheit der Entschädigung bietet sich ggf. eine Orientierung an den entsprechenden Honorarordnungen an, die jedoch lediglich einen Anhaltspunkt bilden.[856] Der Auftraggeber kann unter Berücksichtigung des für die Erstellung der jeweiligen Pläne und sonstigen Unterlagen üblichen oder wahrscheinlichen Aufwandes auch eine eigne Schätzung vornehmen, wobei ihm bereits aus Gründen der Praktikabilität ein gewisser Beurteilungsspielraum eingeräumt werden sollte. Dem Auftraggeber steht es zudem frei, über die Regelung der § 3a Abs. 4 Nr. 7 VOB/A, § 3 EG Abs. 7 lit. f VOL/A hinaus allen Bietern eine freiwillige zusätzliche Entschädigung zu gewähren.[857]

---

[852] Vgl. *Heiermann* ZfBR 2005, 766, 774; *Treumer* PPLR 2004, 178, 181; *Opitz* VergabeR 2006, 451, 457f.; *Heiermann* ZfBR 2005, 766, 774; *Kulartz/Marx/Portz/Prieß/Hausmann* § 3a RdNr. 57; *Kaelble*, in: Müller-Wrede, ÖPP-Beschleunigungsgesetz, S. 63, RdNr. 90ff.

[853] AA. *Bovis* PPLR 2006, 14, 16.

[854] Vgl. RdNr. 254.

[855] *Kapellmann/Messerschmidt/Kallmayer*, VOB, 2. Aufl. 2007, § 3a VOB/A RdNr. 56.

[856] *Heiermann* ZfBR 2005, 766, 776; *Kulartz/Marx/Portz/Prieß/Hausmann* § 3a RdNr. 64; aA. *Ollmann/Kronberg* VergabeR 2005, 685, 689.

[857] *Kulartz/Marx/Portz/Prieß/Hausmann* § 3a RdNr. 63.

Vierter Teil. Vergabe öffentlicher Aufträge

Erster Abschnitt. Vergabeverfahren

§ 97 Allgemeine Grundsätze

(1) Öffentliche Auftraggeber beschaffen Waren, Bau- und Dienstleistungen nach Maßgabe der folgenden Vorschriften im Wettbewerb und im Wege transparenter Vergabeverfahren.

(2) Die Teilnehmer an einem Vergabeverfahren sind gleich zu behandeln, es sei denn, eine Benachteiligung ist auf Grund dieses Gesetzes ausdrücklich geboten oder gestattet.

(3) [1]Mittelständische Interessen sind bei der Vergabe öffentlicher Aufträge vornehmlich zu berücksichtigen. [2]Leistungen sind in der Menge aufgeteilt (Teillose) und getrennt nach Art oder Fachgebiet (Fachlose) zu vergeben. [3]Mehrere Teil- oder Fachlose dürfen zusammen vergeben werden, wenn wirtschaftliche oder technische Gründe dies erfordern. [4]Wird ein Unternehmen, das nicht öffentlicher Auftraggeber ist, mit der Wahrnehmung oder Durchführung einer öffentlichen Aufgabe betraut, verpflichtet der Auftraggeber das Unternehmen, sofern es Unteraufträge an Dritte vergibt, nach den Sätzen 1 bis 3 zu verfahren.

(4) [1]Aufträge werden an fachkundige, leistungsfähige sowie gesetzestreue und zuverlässige Unternehmen vergeben. [2]Für die Auftragsausführung können zusätzliche Anforderungen an Auftragnehmer gestellt werden, die insbesondere soziale, umweltbezogene oder innovative Aspekte betreffen, wenn sie im sachlichen Zusammenhang mit dem Auftragsgegenstand stehen und sich aus der Leistungsbeschreibung ergeben. [3]Andere oder weitergehende Anforderungen dürfen an Auftragnehmer nur gestellt werden, wenn dies durch Bundes- oder Landesgesetz vorgesehen ist.

(4 a) Auftraggeber können Präqualifikationssysteme einrichten oder zulassen, mit denen die Eignung von Unternehmen nachgewiesen werden kann.

(5) Der Zuschlag wird auf das wirtschaftlichste Angebot erteilt.

(6) Die Bundesregierung wird ermächtigt, durch Rechtsverordnung mit Zustimmung des Bundesrates nähere Bestimmungen über das bei der Vergabe einzuhaltende Verfahren zu treffen, insbesondere über die Bekanntmachung, den Ablauf und die Arten der Vergabe, über die Auswahl und Prüfung der Unternehmen und Angebote, über den Abschluss des Vertrages und sonstige Fragen des Vergabeverfahrens.

(7) Die Unternehmen haben Anspruch darauf, dass der Auftraggeber die Bestimmungen über das Vergabeverfahren einhält.

Übersicht

A. Absatz 1 (Wettbewerbs- und Transparenzgrundsatz)

Schrifttum: *Achenbach,* Pönalisierung von Ausschreibungsabsprachen und Verselbständigung der Unternehmensgeldbuße durch das Korruptionsbekämpfungsgesetz 1997, WuW 1997, 958; *Aicher,* Vergaberechtliche In-House-Ausnahme und Vergaben an einen „internen Bieter", in: Festschrift M. Straube, 2009, S. 269; *Behrens,* Zulassung zum Vergabewettbewerb bei vorausgegangener Beratung des Auftraggebers – Zur Projektantenproblematik auf der Grundlage der Neuregelung des § 4 Abs. 5 VgV, NZBau 2006, 752; *Burbulla,* Die Beteiligung von Objektgesellschaften an Vergabeverfahren, NZBau 2010, 145; *Burgi,* Die Bedeutung der allgemeinen Vergabegrundsätze Wettbewerb, Transparenz und Gleichbehandlung, NZBau 2008, 29; *ders.,* Die Vergabe von Dienstleistungskonzessionen: Verfahren, Vergabekriterien, Rechtsschutz, NZBau 2005, 610; *Byok,* Die Entwicklung des Vergaberechts seit 2009, NJW 2010, 817; *Cecchini,* Europa'92, Der Vorteil des Binnenmarktes, 1982; *Deckers,* Die vergaberechtliche Relevanz von Änderungen öffentlicher Aufträge, 2010; *Diringer,* Die Beteiligung sog. Projektanten am Vergaberecht, VergabeR 2010, Sonderheft 2a, 361; *Dittmer,* Öffentliche Unternehmen und der Begriff des öffentlichen Auftraggebers, 2008; *Ehricke/Blask,* Dynamischer Verweis auf Gruppenfreistellungsverordnungen im neuen GWB, JZ 2003, 722; *Ehrig,* Die Doppelbeteiligung im Vergabeverfahren, VergabeR 2010, 11; *Eilmansberger,* Der öffentliche Auftraggeber als Kartellbehörde?, Österreichische Z f Wirtschaftsrecht, 2008, 2; *Erdmann,* Beschleunigung von Vergabeverfahren in Zeiten des Konjunkturpaket II, VergabeR 2009, 844; *Gabriel,* Neues zum Ausschluss von Bietern und Bietergemeinschaften wegen Mehrfachbeteiligung, NZBau 2010, 225; *Gröning,* Die Grundlagen des neuen Vergaberechtsschutzes, ZIP 1999, 52; *Huerkamp,* Gleichbehandlung und Transparenz als gemeinschaftsrechtliche Prinzipien der staatlichen Auftragsvergabe, 2010; *Höfler,* Transparenz bei der Vergabe öffentlicher Aufträge, NZBau 2010, 73; *Jäger, C.,* Die Vorbefassung des Anbieters im öffentlichen Beschaffungsrecht, 2009; *Jarass, N.,* Kehrtwende im Vergaberecht – zum Urteil des EuGH in der Rs. Müller, VergabeR 2010, 562; *Jestaedt/Kemper/Marx/Prieß,* Das Recht der Auftragsvergabe, Neuwied 1999; *Kirchner,* Zur Ökonomik des Vergaberechts, VergabeR 2010, 725; *Kiser,* In-house-Vergabe und Rechtsschutz bei de-facto-Vergaben im deutschen Kartellvergaberecht, 2009; *Kleinmann/Berg,* Änderungen des Kartellrechts durch das „Gesetz zur Bekämpfung der Korruption" vom 13. 8. 1997, BB 1998, 277; *Koenig/Haratsch,* Gründzüge des deutschen und des europäischen Vergaberechts, NJW 2003, 2637; *Koenig/Kühling,* Diskriminierungsfreiheit, Transparenz und Wettbewerbsoffenheit des Ausschreibungsverfahrens – Konvergenz von EG-Beihilfenrecht und Vergaberecht, NVwZ 2003, 779; *Kulartz/Niebuhr,* Sachlicher Anwendungsbereich und wesentliche Grundsätze des materiellen GWB-Vergaberechts – OLG Brandenburg, „Flughafen Berlin-Schönefeld" und die Folgen, NZBau 2000, 6; *Kupczyk,* Die Projektandenproblematik im Vergaberecht, NZBau 2010, 21; *Leinemann,* Die Vergabe öffentlicher Aufträge, 4. Aufl. 2007; *ders.,* Das neue Vergaberecht, 2. Aufl. 2010; *Losch,* Akteneinsicht im Vergabeverfahren, VergabeR 2008, 739; *Luber,* Der formalistische Angebotsausschluss, das Wettbewerbsprinzip und der Grundsatz der sparsamen Mittelverwendung im Vergaberecht, VergabeR 2009, 14; *v. Münchhausen,* Staatliche Neutralität bei der Vergabe öffentlicher Aufträge, 2010; *Ortner,* Wirtschaftliche Betätigung des Staates und Vergaberecht, VergabeR 2009, 850; *Ölcüm,* Die Berücksichtigung sozialer Belange im öffentlichen Auftragswesen, 2009; *Pietzcker,* Auf der Suche nach den Grenzen des Vergaberechts, VergabeR 2010, 735; *Prieß/Gabriel,* Die Bildung und Beteiligung von Bietergemeinschaften im Vergabe- und Nachprüfungsverfahren, WuW 2006, 385; *Rechten,* Rechtsschutz im Vergabeverfahren, 2008; *Riegger,* Effektiver Rechtsschutz im unterschwelligen Vergaberecht (nur) durch die Verwaltungsgerichte?, 2009; *Schwabe, C.,* Wettbewerblicher Dialog, Verhandlungsverfahren, Interessenbekundungsverfahren (...), 2009; *Schwan,* Möglichkeiten der Preisbewertung bei Vergabeverfahren, Der Gemeindehaushalt 2008, 199; *Segeth,* Rahmenvereinbarungen: Rechtsentwicklungen, Systematische Entfaltung, Vergabe, 2010; *Steiner,* Ausschluss eines Anbieters von der Teilnahme am Vergabeverfahren, European law reporter 2009, 264; *Waldner,* Bieterschutz im Vergaberecht unter Berücksichtigung der europäischen Vorgaben, Diss. Würzburg 1999; *Willenbruch,* Bietergemeinschaften im Schnittfeld von Gesellschafts- und Vergaberecht, 2009; *ders.,* Vergaberecht als Finanzierungshindernis, NZBau 2010, 352; *Zurheide,* Das Recht der öffentlichen Unternehmen im Spannungsfeld von öffentlichem Auftrag und Wettbewerb, 2008.

I. Normzweck

§ 97 Abs. 1 verlangt von den öffentlichen Auftraggebern, Waren, Bau- und Dienstleistungen **1**
im **Wettbewerb** und im Wege **transparenter Vergabeverfahren** zu beschaffen. Damit enthält diese Vorschrift zwei **zentrale Grundsätze** des Vergaberechts und verpflichtet die öffentlichen Auftraggeber zur Einhaltung dieser Grundsätze für alle Vergabeverfahren verbindlichen Grundsätze.
Die dort geregelten Grundsätze des Wettbewerbs und des transparenten Vergabeverfahrens sind
– gemeinsam mit dem Gleichbehandlungsgebot in Abs. 2 – die **Maximen**[1] **des deutschen
Vergaberechts,** welche eng miteinander verflochten sind. Durch die Platzierung der drei Vergabegrundsätze in Abs. 1 und 2 macht der deutsche Gesetzgeber unmissverständlich deutlich,
dass er einem transparenten, diskriminierungsfreien Vergabeverfahren eine hohe Bedeutung
zumisst.[2] Der hervorgehobenen Stellung am Anfang aller Vorschriften des vierten Teils des
GWB ist zu entnehmen, dass den Vergabegrundsätzen **weitestreichende Geltung** verschafft
werden soll. Zudem wird durch die Aufnahme der Grundsätze in das GWB dem **gewandelten
Verständnis** des Vergaberechts vom reinen Haushaltsrecht hin zu einem marktordnungsrechtli-
chen Konzept zur Regelung europaweit offener Beschaffungsmärkte Rechnung getragen.[3] Bei
den Vergabegrundsätzen handelt es sich um Vorgaben, welche der Auslegung von Vergaberegeln
eine Zielorientierung in Richtung Wettbewerb, Transparenz und Gleichbehandlung geben.[4] Damit wird das Vergaberecht **in den Bereich des Wirtschaftsrechts eingegliedert**
und konzeptionell von einem öffentlich-rechtlichen bzw. verwaltungsrechtlichen Ansatz entfernt. Mit der Betonung des Wettbewerbs- und Transparenzgrundsatzes sowie des Gleichbehandlungsgebots im Vergaberecht und der Verankerung im GWB wird zum einen deutlich, dass
dieses Rechtsgebiet nicht den Staat (als Auftraggeber) im Mittelpunkt seines Regelungskonzepts
hat. Zum anderen zeigt sich, dass es dem Vergaberecht damit auch nicht um – im weitesten
Sinne – Abwehrregeln gegen staatliches (wirtschaftliches) Handeln geht, sondern dass der **Markt
mit seinen Akteuren,** zu denen im Hinblick auf die Auftragsvergabe auch der Staat gehört,
das Zentrum des Vergaberechts bildet. **Vergaberecht ist also Marktordnungsrecht,** was
konsequenterweise wettbewerbliches Denken und ein wettbewerbsbezogenes Verständnis des
Vergaberechts erfordert.[5] Daraus folgt, dass mit dieser Konzeption das Vergaberecht – wenn
man der traditionellen deutschen Einteilung des Rechtsstoffes überhaupt folgen möchte – **eher
dem Zivilrecht als dem öffentlichen Recht** zugehört.

Der Wettbewerbs- und der Transparenzgrundsatz sind **Auslegungsdirektiven**[6] und bestim- **2**
men Anwendung und Auslegung der vergaberechtlichen Vorschriften des GWB, der Vergabeverordnung (VgV) und der Verdingungsordnungen. Darüber hinaus sind die Vergabegrundsätze
als subjektives Recht im Sinne des § 97 Abs. 7 anzusehen,[7] so dass ein Bieter bei einem Verstoß
gegen die Vergabegrundsätze durch den Auftraggeber Primärrechtsschutz vor den Vergabekammern und den Vergabesenaten der Oberlandesgerichte sowie Sekundärrechtsschutz vor den
ordentlichen Gerichten geltend machen kann. Die Vorschrift stellt jedoch **kein Verbotsgesetz**
im Sinne des § 134 BGB dar, denn sie beinhaltet lediglich ein Gebot zu einem positiven Tun.[8]

II. Entstehungsgeschichte

Während der Transparenzgrundsatz keinen Vorläufer im deutschen Vergaberecht hat und **3**
letztlich erst aufgrund von unionsrechtlichen Vorgaben als Ausfluss des Wettbewerbsgrundsatzes

---

[1] *Kulartz/Niebuhr* NZBau 2000, 6, 10; *Koenig/Kühling* NVwZ 2003, 779, 780; *Gröning* ZIP 1999, 52, 54;
Boesen RdNr. 1; *Niebuhr/Kulartz/Kus/Portz* RdNr. 2.
[2] Begr. RegE VgRÄG BT-Drucks. 13/9340, 13–14.
[3] Ähnlich *Immenga/Mestmäcker/Dreher* RdNr. 19.
[4] *Burgi* NZBau 2008, 29, 32; zur Ökonomie des Transparenzgrundsatzes s. *Kirchner* VergabeR 2010, 725,
728 ff.
[5] So ganz zu Recht *Immenga/Mestmäcker/Dreher* RdNr. 19.
[6] *Boesen* RdNr. 4; *Burgi* NZBau 2008, 29, 32; sa *Waldner* 96; KompendiumVgR/*Aicher* Kap. 9 RdNr. 17;
vgl. auch EuGH, C-283/00, Slg. 2003, I-11 697, WuW/E Verg 853, 855; VK Düsseldorf, Beschl. v. 14. 12.
2005 – VK 22/2000-L.
[7] *Langen/Bunte/Wagner* RdNr. 103; *Weyand* RdNr. 514; *Byok/Jaeger/Heilbronner* RdNr. 274; *Boesen* Rd-
Nr. 197; *Loewenheim/Bungenberg* RdNr. 72; *Immenga/Mestmäcker/Dreher* RdNr. 292; *Leinemann* RdNr. 98;
Gröning ZIP 1999, 52, 54; *Burgi* NZBau 2008, 29.
[8] VK Bund VergabeR 2001, 433, 434 f.

und des Gleichbehandlungsgrundsatzes neu in das nationale Vergaberecht eingeführt wurde, war der **Wettbewerbsgrundsatz seit jeher als Grundregel** in den Verdingungsordnungen verankert.[9] Ein wettbewerbsorientiertes Verfahren entspricht dem haushaltsrechtlichen Gebot einer sparsamen und wirtschaftlichen Verwendung öffentlicher Mittel (vgl. § 7 BHO). Mit der ausdrücklichen Verankerung des Wettbewerbs- und des Transparenzgrundsatzes im GWB zum 1. Januar 1999 hat der Gesetzgeber zum einen unionsrechtliche Vorgaben umgesetzt, zum anderen wollte er dem gewandelten Verständnis des Wettbewerbsgrundsatzes im Rahmen des Vergaberechts Rechnung tragen. Während das primäre Ziel des Wettbewerbsgrundsatzes des HGrG in Verbindung mit den Verdingungsordnungen nämlich der kostengünstige Einkauf und die sparsame und wirtschaftliche Verwendung öffentlicher Mittel war, soll der Wettbewerbsgrundsatz des EU-Primärrechts und der EU-Vergaberichtlinien in erster Linie **freien Zugang** für alle (insbesondere auch ausländische) Bieter schaffen. Der Wettbewerbsgrundsatz und der Transparenzgrundsatz leiten sich aus dem unionsrechtlichen Prinzip des unverfälschten Wettbewerbs, aus den Grundfreiheiten des EU-Vertrags sowie aus dem allgemeinen Diskriminierungsverbot des Unionsrechts ab.[10] Bereits der Cecchini-Report zur Errichtung des Binnenmarktes begründet die Notwendigkeit einer Regulierung des öffentlichen Auftragswesens mit dem Wettbewerbsgrundsatz.[11] Ebenso betonen auch alle Vergaberichtlinien der EU in ihren Erwägungsgründen entsprechend das Ziel, einen echten Wettbewerb im Rahmen der öffentlichen Auftragsvergabe zu schaffen.[12] Eine solche Zielsetzung wurde ferner von der Kommission bereits in ihrem Grünbuch „Das öffentliche Auftragswesen in der Europäischen Union" festgelegt.[13] Auch der EuGH sieht in der **Herstellung von (Bieter-)Wettbewerb** durch das Vergaberecht seit jeher einen Hauptzweck des unionsrechtlichen Vergaberechts.[14] Auf der Ebene des nationalen Rechts lassen sich die Grundsätze des Erfordernisses eines wettbewerbsorientierten, transparenten und auf Gleichbehandlung beruhenden Vergabeverfahrens aus dem den Art. 20 und 28 GG entnommenen Rechtsstaatsprinzip, zu dem auch die Vorhersehbarkeit und Messbarkeit staatlichen Verhaltens gehören, ableiten.[15]

III. Verhältnis der Grundsätze zueinander

4   Die Grundsätze des Wettbewerbs und der Transparenz stehen in einem **Gegenseitigkeitsverhältnis.** So gewährleistet der Transparenzgrundsatz die Einhaltung des Wettbewerbsgrundsatzes. Transparenz ist nämlich eine wichtige Voraussetzung für das Entstehen und für den Erhalt von Wettbewerb, da Informationen über die jeweils benötigten Leistungen und den Verfahrensablauf notwendig sind, um den Bietern die Möglichkeit zu geben, eine vollständige und nachvollziehbare Präsentation ihrer Angebote zu fertigen.

5   Zwischen beiden Grundsätzen kann es jedoch auch zu einem **Spannungsverhältnis** kommen, weil für das Vergaberecht der **Grundsatz des Geheimwettbewerbs** gilt.[16] Würde sich die Transparenz im Verhältnis zu den Bietern daher auch auf ihre einzelnen Angebote erstrecken, zum Beispiel im Rahmen des Eröffnungstermins, böten sich den Bietern Möglichkeiten zur Überwindung der Geheimhaltung im Widerspruch zum Grundsatz des Geheimwettbewerbs.[17] Wettbewerb ist jedoch nur dann möglich, wenn jeder Bieter die ausgeschriebene Leistung in Unkenntnis der Angebote, Angebotsunterlagen und Angebotskalkulationen seiner Konkurrenten um den Zuschlag anbietet. Um die Vergaberechtswidrigkeit eines Verfahrens durch die Schaffung von zu viel Transparenz zu verhindern, sind die aus dem Transparenzgrundsatz

---

[9] S. § 2 Abs. 1 Nr. 2 VOB/A; § 2 Nr. 1 VOL/A; § 4 Abs. 1 VOF.

[10] EuGH, C-76/81, Slg. 1982, 417; EuGH, C-199/85, Slg. 1987, 1039; EuGH, C-289/97, Slg. 2000, 5409; *Boesen* RdNr. 6; *Willenbruch/Bischoff/Frenz* RdNr. 6.

[11] *Cecchini*, Europa, 92, Der Vorteil des Binnenmarktes, 1988, 37, 45.

[12] Vgl. BKR Erwägungsgrund 10, ABl. 1993 L 199/54; LKR Erwägungsgrund 14, ABl. 1993 L 199/2; DKR Erwägungsgrund 20, ABl. 1992 L 209/2.

[13] Kom., Grünbuch „Das öffentliche Auftragswesen in der Europäischen Union", Kom. (96) 583 endg. v. 27. 11. 1996.

[14] EuGH, C-27/98, Slg. 1999, I-5697, RdNr. 26 – Fracasso; EuGH, C-399/98, Slg. 2001, I-5409, RdNr. 52, 75 – Ordine degli *Architetti*; EuGH, C-507/03, Slg. 2007, I-9777, RdNr. 28 – Kommission/Irland-Irische Post.

[15] BGH WuW/E Verg 150; *Langen/Bunte/Wagner* RdNr. 12; monographisch dazu *Huerkamp*, S. 20 ff.

[16] Ausführlich dazu s. *Huerkamp*, S. 20 ff.; vgl. zudem OLG Düsseldorf WuW/E Verg 879, 880; VK Lüneburg, Beschl. v. 28. 10. 2008 – VgK-36/2008.

[17] *Immenga/Mestmäcker/Dreher* RdNr. 12.

erwachsenen Pflichten mit den **vergaberechtlichen Geheimhaltungspflichten** abzuwägen[18] und der Transparenzgrundsatz durch den Wettbewerbsgrundsatz einzuschränken.[19]

IV. Wettbewerbsgrundsatz

1. Allgemeines und Bedeutung. Der Wettbewerbsgrundsatz ist das Kernprinzip der öf- **6** fentlichen Auftragsvergabe.[20] Seine **übergeordnete Bedeutung** wird durch seine systematische Stellung zu Beginn des 4. Teils des GWB verdeutlicht. Der Einkauf „im Wettbewerb" ist zugleich Grundlage und Ziel des EU- und GWB-Vergaberechts.[21]

Der Wettbewerbsgrundsatz soll zum einen dazu dienen, allen potenziellen Bietern einen **freien** **7** **Zugang zu den nationalen Beschaffungsmärkten** zu gewährleisten und damit die Grundfreiheiten zu verwirklichen. Die Gefahr der Bevorzugung inländischer Bieter soll insbesondere durch einen unionsweit ausgerichteten Wettbewerb vermieden werden. Zum anderen soll er eine Beteiligung möglichst vieler Bieter am Vergabeverfahren herbeiführen, weil nur durch eine Vielzahl von Angeboten sichergestellt werden kann, dass die öffentlichen Auftraggeber ihre Güter und Dienstleistungen zu den bestmöglichen Konditionen beschaffen können.[22] Durch das Wettbewerbsprinzip sollen also die Marktkräfte zum Einsatz gebracht werden[23] und die Beschaffungtätigkeit der öffentlichen Hand den Wettbewerbsprinzipien unterworfen werden. Damit soll verhindert werden, dass sich Auftraggeber **von anderen als wirtschaftlichen Überlegungen** leiten lassen.[24] Zugleich wird durch die Einhaltung des Wettbewerbsgrundsatzes bewirkt, dass allen Bietern ein freier und gleicher Zugang zu den Beschaffungsmärkten der öffentlichen Hand eröffnet wird.

Vor dem Hintergrund des Ziels des Wettbewerbsgrundsatzes ist der **Begriff des Wettbe-** **8** **werbs** weit auszulegen und der Schutz des Wettbewerbs umfassend zu verstehen.[25] So soll die wettbewerblich ausgerichtete Vergabe von öffentlichen Aufträgen gegen alle Beeinträchtigungen, gleich welcher Natur, geschützt werden.[26] Dieser Schutz liegt dabei nicht nur im Interesse der öffentlichen Auftraggeber, sondern auch in dem der potenziellen Bieter, welche durch den Wettbewerbsgrundsatz – jedenfalls mittelbar – ebenfalls geschützt werden.[27]

Der Wettbewerbsgrundsatz aus Abs. 1 **richtet sich** an die öffentlichen Auftraggeber im Sin- **9** ne des § 98, die bei der Auftragsvergabe die vergaberechtlichen Vorschriften anzuwenden haben. So haben die Vergabestellen zu jeder Phase des Vergabeverfahrens einen offenen und fairen Wettbewerb zu gewährleisten.[28] Er bezieht sich jedoch nicht auf den Wettbewerb zwischen öffentlichen Auftraggebern, und auch private Auftraggeber, soweit sie nicht § 98 Nr. 4–6 unterfallen, werden nicht von der Vorschrift erfasst, weil ihr Handeln nicht vom Vergaberecht erfasst wird. Der Wettbewerbsgrundsatz hat auch eine Bedeutung für die Bieterseite, weil damit gewährleistet werden kann, dass sie sich eigenständig um die Aufträge bemühen und so der durch das Vergabeverfahren eröffnete Bieterwettbewerb nicht durch wettbewerbswidrige Verhaltensweisen der Bieter wieder beeinträchtig wird. Ansatzpunkt ist insoweit aber nicht das Vergaberecht, sondern § 1 bzw. Art. 101 AEUV. Sprechen sich Bieter mit dem Ziel ab, den Wettbewerb zwischen ihnen durch Ausgleichszahlungen, Preisabsprachen, Einigungen über die Abgabe

---

[18] Vgl. VÜA Bayern WuW/E Verg AL 100 – Neubau des Gymnasiums II.

[19] Vgl. auch *Immenga/Mestmäcker/Dreher* RdNr. 12; *Reidt/Stickler/Glahs/Stickler* RdNr. 4 a; s. auch VK Nordbayern, Beschl. v. 14. 10. 2009 – 21. VK-3194-45/09.

[20] *Kulartz/Kus/Portz/Brauer* RdNr. 3; *Niebuhr/Kulartz/Kus/Portz/Niebuhr* RdNr. 2; *Loewenheim/Bungenberg* RdNr. 6; *Kulartz/Niebuhr* NZBau 2000, 6, 10; *Gröning* ZIP 1999, 52, 54; *Jestaed/Kemper/Marx/Prieß* RdNr. 1.4.; *Luber* VergabeR 2009, 14, 24.

[21] *Loewenheim/Bungenberg* RdNr. 6.

[22] Vgl. *Luber* VergabeR 2009, 14; *Reidt/Stickler/Glahs/Stickler* RdNr. 5; *Koenig/Kühling* NVwZ 2003, 779, 785; *Koenig/Haratsch* NJW 2003, 2637, 2638.

[23] Vgl. OLG Düsseldorf WuW/E Verg 611 – *DAR*.

[24] EuGH, C-285/99 u. C-286/99, Slg.2001, I-9233 – Lombardini, NZBau 2002, 101, 103; EuGH, C-373/00, Slg. 2003, I-1931 – Adolf Truley GmbH/Bestattung Wien GmbH, NZBau 2003, 287, 291 mwN.

[25] OLG Düsseldorf WuW/E Verg 879, 880; KompendiumVgR/*Aicher* Kap. 9 RdNr. 21 mwN; Praxiskommentar/*Maibaum* RdNr. 61.

[26] Vgl. auch *Weyand* RdNr. 69.

[27] Vgl. auch *Byok/Jaeger/Hailbronner* RdNr. 180.

[28] OLG Düsseldorf VergabeR 2002, 169, 170; OLG Frankfurt VergabeR 2001, 229, 302; OLG Stuttgart VergabeR 2004, 384, 385.

oder Nichtabgabe von Angeboten oder durch ähnliche Verhaltensweisen einzuschränken, liegt ein Verstoß gegen § 1 vor.[29] Gegen den Wettbewerbsgrundsatz verstößt es daher auch, wenn es **zwischen zwei Bietern eine Absprache** gibt, dass einer von beiden auf das Angebot verzichtet.[30] Das gleiche gilt, wenn zwei Bieter in Kenntnis der gegenseitigen Angebote an einer Ausschreibung teilnehmen.[31] Problematisch ist vor dem Hintergrund des Wettbewerbsgrundsatzes die **Bildung von Bietergemeinschaften.**[32] Man wird im Einzelfall zu überprüfen haben, ob das Verhalten der Bieter den durch das Vergabeverfahren eröffneten Wettbewerb von Seiten der Marktgegenseite wieder einschränkt. Dies ist regelmäßig der Fall, wenn sich im laufenden Vergabeverfahren Bietergemeinschaften bilden oder bestehende (und bis dahin zulässige) Bietergemeinschaften ändern.[33] Bietergemeinschaften, die sich vor Beginn des Vergabeverfahrens bilden, sind hingegen grundsätzlich zulässig.[34] Untersagt ist jedoch die Beteiligung fester Unternehmenskonsortien und ihrer Mitglieder an derselben Ausschreibung.[35]

10   **2. Einzelausformungen.** Die Maßgeblichkeit des Wettbewerbs für das Vergabeverfahren ist nicht nur in Abs. 1 als Grundsatz festgehalten, sondern findet sich auch in verschiedenen konkreten Ausformungen wieder. Eine gesetzliche Ausprägung des Wettbewerbsgrundsatzes findet sich in § 101 Abs. 7, der den **Vorrang des offenen Verfahrens** statuiert[36] und damit ausdrücklich den Wettbewerbs- und Transparenzgrundsatz verknüpft. Eine weitere Konkretisierung des Wettbewerbsgrundsatzes stellt die Aufnahme **wettbewerbsorientierter Tatbestände** in das GWB dar. Insbesondere wird dies durch die Vorschrift des Abs. 5 deutlich, wonach der Zuschlag dem wirtschaftlichsten Angebot zu erteilen ist.[37] Der Grundsatz der eindeutigen und erschöpfenden Leistungsbeschreibung[38] wiederum schafft die Voraussetzungen dafür, dass die teilnehmenden Bieter ihre Angebote unter gleichen Bedingungen erstellen können und bei der Wertung vergleichbare Angebote vorliegen. Darüber hinaus dient der Förderung des Wettbewerbs die ausreichende Bemessung von Angebots- und Ausführungsfristen[39] sowie das Nachverhandlungsverbot.[40] Zudem sind Angebote, die eine unzulässige Wettbewerbsabsprache darstellen, vom Verfahren auszuschließen.[41] Absprachen der Bieter mit dem Ziel, den Wettbewerb auszuschalten, sind schon gem. § 1 verboten.[42] Problematisch ist in diesem Zusammenhang die vergaberechtliche Beurteilung, wenn zwei oder mehrere Bieter, die **demselben Konzern angehören,** Angebote in einem Vergabeverfahren abgeben. Wegen des kartellrechtlichen Konzernprivilegs liegt in einem solchen Verhalten noch kein Wettbewerbsverstoß. Ebenso darf nur aufgrund der Konzernverbundenheit der Bieter – anders als bei festen Unternehmenskonsortien und deren Mitgliedern – nicht automatisch der Schluss gezogen werden, dass durch das Verhalten der betreffenden Bieter der Wettbewerb auf der Angebotsseite eingeschränkt wird. Vielmehr ist parallel zu der Wertung bei Bietergemeinschaften im Einzelfall zu prüfen, ob die betreffenden Unternehmen im Konzern in einem solchen Abhängigkeitsverhältnis zur herrschenden Gesellschaft stehen, dass die Umstände für ein **gleichförmiges Bieterverhalten** sprechen. Kann eine solche Feststellung nicht getroffen werden, ist die Teilnahme verschiedener Unternehmen desselben Konzerns in einem Vergabeverfahren grundsätzlich dann ausgeschlossen, wenn nach den Regeln der Wissenszurechnung im Konzern davon ausgegangen

---

[29] S. zB BGH NZBau 2001, 574.
[30] Vgl. OLG Düsseldorf VergabeR 2007, 229.
[31] Vgl. OLG Düsseldorf, Beschl. v. 22. 6. 2006 – VII Verg 2/06.
[32] Dazu vgl. etwa *Prieß/Gabriel* WuW 2006, 385, 388; *Willenbruch,* Bietergemeinschaften im Schnittfeld von Gesellschafts- und Vergaberecht, 2009. S. aber auch EuGH v. 6. 5. 2010 – Rs. C-145 und 148/08 – *Loutraki.*
[33] S. EuGH, C-57/01, Slg. 2003, I-1091 – Makademika Metro; vgl. auch EuGH v. 6. 5. 2010 – Rs. C-145/08 und C-149/09 – *Loutraki* (zur Möglichkeit des Rechtsschutzes einzelner Mitglieder einer Bietergemeinschaft); OLG Düsseldorf VergabeR 2007, 2009.
[34] OLG Naumburg WuW/E 32Verg 493, 495; OLG Frankfurt/M WuW/E Verg 823; OLG Düsseldorf, Beschl. v. 23. 3. 2005 – VII Verg 68/04; *Willenbruch,* Bietergemeinschaften im Schnittfeld von Gesellschafts- und Vergaberecht, 2009. S. aber auch EuGH v. 6. 5. 2010 – Rs. C-145 und 148/08 – *Loutraki.*
[35] Vgl. EuGH v. 23. 12. 2009 – C-376/08 – *Serrantoni.*
[36] Vgl. § 101 Abs. 7, RdNr. 23 ff.; ferner *Byok/Jaeger/Hailbronner* RdNr. 182; *Kulartz/Kus/Portz/Brauer* RdNr. 5; *Leinemann* RdNr. 7; KompendiumVgR/*Aicher* Kap. 9 RdNr. 20.
[37] *Reidt/Stickler/Glahs/Stickler* RdNr. 6; *Koenig/Haratsch* NJW 2003, 2637, 2638.
[38] Vgl. auch § 7 Abs. 1 Nr. 1 VOB/A; § 8 Abs. 1 Nr. 1 VOL/A; § 8 Abs. 1 VOF.
[39] §§ 10 Abs. 1, 9 Abs. 1 Nr. 1 VOB/A, §§ 18 Nr. 1, 11 Nr. 1 VOL/A, § 14 VOF.
[40] § 15 Abs. 3 VOB/A; § 24 Nr. 2 VOL/A.
[41] Vgl. § 16 Abs. 1 Nr. 1 lit. d VOB/A; § 25 Nr. 1 Abs. 1 lit. f VOL/A.
[42] BGH NJW 2001, 3718.

werden kann, dass kein Geheimwettbewerb der in einem Konzern verbundenen Bieter – jedenfalls hinsichtlich der angebotenen Leistungen und Konditionen – besteht. Nur wenn ein Geheimwettbewerb der in einen Konzern eingebundenen Bieter, gewährleistet ist, können sie im Vergabeverfahren teilnehmen. Die **Beweislast** für die für das Vorliegen eines Geheimwettbewerbs notwendigen Voraussetzungen obliegt den jeweiligen konzernverbundenen Bietern.

Eine weitere Folge des Wettbewerbsgrundsatzes ist die **Gewährleistung eines Geheim-   11 wettbewerbs**[43] zwischen allen an der Ausschreibung teilnehmenden Bietern, da ein echter Bieterwettbewerb nur dann entsteht, wenn ein Angebot in Unkenntnis der Angebote, Angebotsgrundlagen und Angebotskalkulationen der Mitbewerber erfolgt. Aus diesem Grund ist auch die parallele Teilnahme eines Unternehmens als Einzelbieter und als Mitglied einer Bietergemeinschaft unzulässig.[44]

Als problematisch erweist sich in der Praxis die Zulässigkeit der Beteiligung von Bietern, die   12 im Vorfeld der Ausschreibung auf Auftraggeberseite tätig geworden sind (sog. **Projektanten-Problematik**).[45] Die Einbeziehung der Projektanten spielt auch im Hinblick auf das Gleichbehandlungsgebot eine große Rolle.[46] Ursprünglich hat die Rechtsprechung eine Beteiligung der Projektanten an dem Vergabeverfahren mit Hinweis auf die Regelungen der § 7 Nr. 1 VOB/A aF, § 6 Nr. 3 VOL/A und § 6 Abs. 2 VOF, die einen Ausschluss der an Vorbereitung oder Durchführung des Verfahrens beteiligten Sachverständigen vorsehen, versagt.[47] Diese Regelung, die sich nicht nur auf Sachverständige ieS., sondern auf alle sachverständig am Verfahren Beteiligten erstreckt,[48] wurde vom EuGH für unverhältnismäßig und gemeinschaftswidrig erklärt.[49] Statt eines generellen Ausschlusses müsse, so der EuGH, dem Projektanten vielmehr die Gelegenheit gegeben werden zu beweisen, dass nach den Umständen des Einzelfalls die von ihm erworbene Erfahrung den Wettbewerb nicht verfälschen könne.[50] Diesem Umstand trug der deutsche Gesetzgeber mit der Einführung der §§ 4 Abs. 5, 6 Abs. 3 VgV Rechnung,[51] wonach der Auftraggeber nunmehr eine Nichtverfälschung des Wettbewerbs durch an Vorbereitung oder Durchführung des Verfahrens Beteiligten sicherstellen muss. In der Neufassung der VOB/A verzichtete man dementsprechend auf die Beibehaltung oder Einführung einer dem § 7 Nr. 1 VOB/A aF entsprechenden Regelung. Es wurde jedoch ein neuer § 6 a Abs. 9 VOB/A eingeführt, in welchem der Rechtsprechung des EuGH Rechnung getragen wird und die Problematik der Projektanten nun explizit geregelt ist. Gleichwohl hat sich die Diskussion um die Behandlung von Projektanten noch nicht endgültig gelegt.[52]

3. Wettbewerbsverstöße. Der Wettbewerbsgrundsatz hat in der Praxis des Vergaberechts   13 eine **große praktische Bedeutung.** Der Verstoß gegen den Wettbewerbsgrundsatz als solchen stellt zwar keine Verletzung eines subjektiven Rechts im Sinne des Abs. 7 dar, weil es sich insoweit lediglich um ein das Vergabeverfahren charakterisierendes Ordnungsprinzip handelt. Allerdings können durch spezielle Ausformungen des Wettbewerbsprinzips subjektive Rechte entstehen. Werden diese im Rahmen eines Vergabeverfahrens verletzt, kann derjenige, der sich dadurch in seinen **subjektiven Recht** verletzt fühlt und darlegen kann, dass durch die behauptete Verletzung ein Schaden entstanden ist oder zu entstehen droht, gem. § 107 Abs. 2 ein Nachprüfungsverfahren einleiten. Zudem besteht nach der Zuschlagerteilung die Möglichkeit, dass durch die Missachtung des Wettbewerbsgrundsatzes individuell betroffene Unternehmen einen **Schadenersatzanspruch** nach § 126 oder § 823 Abs. 2 BGB in Verbindung mit § 97 Abs. 1 geltend machen.

---

[43] OLG Düsseldorf VergabeR 2003, 690; vgl. auch oben RdNr. 5.

[44] Thüringer OLG VergabeR 2004, 520; siehe auch unten RdNr. 15 mit weiteren Beispielen.

[45] Vgl. auch *Kulartz/Kus/Portz/Brauer* RdNr. 9; *Langen/Bunte/Wagner* RdNr. 10; KompendiumVgR/ *Müller-Wrede* Kap. 10; *Behrens* NZBau 2006, 752 ff.

[46] Dazu s. unten RdNr. 51 ff.

[47] OLG Jena NZBau 2003, 624; vgl. auch OLG Düsseldorf WuW/E Verg 912 f.; aA OLG Hamburg VergabeR 2003, 40, 42.

[48] OLG Düsseldorf WuW/E Verg 912 f.; Thüringer OLG VergabeR 2003, 577, 578.

[49] EuGH, C-21/03 und C-34/03, Slg. 2005, I-1559 – Fabricom, WuW/E Verg 1065, 1069 f.

[50] EuGH, C-21/03 und C-34/03, Slg. 2005, I-1559 – Fabricom, WuW/E Verg 1065, 1069 f. Dazu s. etwa *Kupczyk* NZBau 2010, 21; *Diringer* VergabeR 2010 (Sonderheft), 361.

[51] Begr. RegE ÖPP-Beschleunigungsgesetz BT-Drucks. 15/5668, 11 f.

[52] Vgl. *Frenz* RdNr. 2817 ff.; *Diringer* VergabeR 2010 (Sonderheft), 361; *Kupczyk* NZBau 2010, 21; vgl. allgemeiner auch *Ehrig* VergabeR 2010, 11; *Burbulla* NZBau 2010, 145; grundsätzlich auch *Steiner* Europ. Law Reporter 2009, 264; *Jäger*, Die Vorbefassung des Anbieters im öffentlichen Beschaffungsrecht, 2009.

14   In der Entscheidungspraxis sind bereits eine **Vielzahl von Verhaltensweisen** als Verletzung des Wettbewerbsgrundsatzes bewertet worden. Typische Sachverhalte sind:
– vergaberechtswidriges Unterlassen einer Ausschreibung (sog. de facto-Vergabe),[53]
– absichtliche Herbeiführung einer Verfahrensaufhebung, um anschließend im Verhandlungs-verfahren vergeben zu können,[54]
– sachlich nicht hinreichend begründete lange Vertragslaufzeiten,[55]
– Nichtbeachtung von Veröffentlichungsvorschriften,[56]
– Nichteinhaltung vorgeschriebener Fristen,[57]
– fehlerhafte Wahl des Verhandlungsverfahrens,[58]
– Verengung der Leistungsbeschreibung auf bestimmte Hersteller oder Markenprodukte,[59] wenn diese nicht im Einzelfall sachnotwendig sind,[60]
– Verlängerung der Zuschlagsfrist nicht für alle in Betracht kommenden Bieter,[61]
– Beauftragung von Unternehmen der öffentlichen Hand, die unter Verstoß gegen ein gesetz-liches Verbot wirtschaftlich tätig werden,[62]
– Verbot der Teilnahme von Einrichtungen, die nicht in erster Linie Gewinnerzielung anstre-ben, an einem Verfahren zur Vergabe eines öffentlichen Auftrages,[63]
– Verpflichtung eines erfolgreichen Bieters, eine nicht geschuldete Leistung zu übernehmen,[64]
– Abweichung des Auftraggebers von der eigenen Leistungsbeschreibung bei der Vergabeent-scheidung,[65]
– Begrenzung des Vergabewettbewerbs auf Teilnehmer aus einem bestimmten Mitgliedstaat[66] oder aus einer bestimmten Region eines Mitgliedsstaats,[67]
– Forderung der Mitgliedschaft der Bieter in einem bestimmten Verband,[68]
– Verstoß gegen das Nachverhandlungsverbot der Verdingungsordnungen,[69]
– Verzicht auf Unterlagen, deren Vorlage in den Ausschreibungsunterlagen verlangt wird.[70]

15   Verletzungen des Wettbewerbsgrundsatzes durch einen oder mehrere Bieter sind regelmäßig auch Verstöße gegen § 1/Art. 101 AEUV, so dass die Rechtsfolgen eingreifen, welche sich aus einem **Verstoß gegen das Kartellverbot** ergeben. In Betracht kommt zudem immer auch der Verstoß gegen § 298 StGB.[71] Unklar ist die Situation im **Anwendungsbereich des Sozial-rechts** bei der gemeinschaftlichen Nachfrage von gesetzlichen Krankenkassen nach Verträgen mit so genannten Leistungserbringern oder bei Rabattverträgen über Arzneimittel nach § 130a SGB V. In der Rechtsprechung der VergabeK und der als Beschwerdeinstanz (noch) zuständi-gen Landessozialgerichte werden Verstöße gegen das (deutsche) Kartellverbot offenbar wegen des Beschleunigungsgrundsatzes gem. § 113 nicht eigenständig geprüft, sondern das Nachprüf-verfahren nur auf Verstöße gegen vergaberechtliche Normen beschränkt.[72] Im Hinblick auf das

---

[53] EuGH, C-26/03, Slg. 2005, I-1 = NZBau 2005, 111, RdNr. 51 – Stadt Halle.
[54] OLG Dresden VergabeR 2002, 142.
[55] VergabeK Arnsberg, Beschl. v. 21. 2. 2006 – VK 29/05.
[56] BGH WuW/E Verg 148, 150 – Klärwerkerweiterung.
[57] VergabeK Bund, Beschl. v. 26. 9. 2001 – VK 2-30/01.
[58] *Boesen* RdNr. 12.
[59] VÜA Bund WuW/E Verg 63, 65 – Regale 2; zum speziellen Problem der Rahmenrabattverträge vgl. Landessozialgericht NRW, E v. 3. 9. 2009 – L 21 KR 51/09 SFB; Landessozialgericht NRW, E v. 26. 3. 2009 – L 21 KR 26/09 SFB.
[60] OLG Dresden BauR 2000, 1591 ff.
[61] OLG Naumburg NZBau 2004, 62.
[62] OLG Düsseldorf WuW/E Verg 611 – *DAR*; OLG Düsseldorf NZBau 2003, 578 – Trienekens; OLG Düsseldorf, Beschl. v. 13. 8. 2008 – VII Verg 42/07 – Abfallentsorgung; vgl. auch *Kulartz/Kus/Portz/Brauer* RdNr. 14; *Byok/Jaeger/Heilbronner* RdNr. 187.
[63] EuGH v. 23. 12. 2009, C-305/08 – CoNISMa.
[64] OLG Celle VergabeR 2001, 206.
[65] VergabeK Bund v. 9. 2. 2005 – VK 2-03/05.
[66] VergabeK Sachsen-Anhalt vom 13. 12. 1999 – VK Hal 20/99, 12.
[67] BayObLG WuW/E Verg 328 f. – Tragwerksplanung.
[68] VergabeK Bund v. 29. 5. 2008 – VK 3-89/08.
[69] VergabeK Bund WuW/E Verg 257 – Fundmunition; VergabeK Bund v. 23. 11. 2000 – VK 2-36/00; VergabeK Nordbayern v. 15. 1. 2008 – 21. VK-3194-49/07.
[70] VergabeK Bund, Beschl. v. 9. 2. 2005 – VK 2-03/05.
[71] S. dazu ua. BGH WuW/E Verg. 486 – Flughafen München; *Achenbach* WuW 1997, 958; *Kleinmann/ Berg* BB 1998, 277.
[72] Vgl. VergabeK Bund v. 23. 1. 2009 – VK 3 – 194/08; Landessozialgericht Baden-Württemberg v. 23. 1. 2009 – WB 5971/08; Landessozialgericht Nordrhein-Westfalen v. 30. 1. 2009 – L 21 KR 1/08 SFB.

deutsche Kartellverbot ist dies wegen § 69 Abs. 2 SGB V und im Hinblick auf das europäische Kartellverbot aufgrund des vom EuGH – im Hinblick auf gesetzliche Krankenkassen – eingeschränkten Unternehmensbegriffs vertretbar. Ob ein derartiges Vorgehen jedoch aus allgemeinen wettbewerbsrechtlichen Erwägungen auf Dauer zukünftig aufrecht erhalten bleiben kann, ist eher zweifelhaft. Die **vergaberechtliche Folge** bei Verstößen von Bietern gegen den Wettbewerbsgrundsatz liegt in einem Ausschluss des betreffenden Angebotes.[73] **Typische Verletzungen** des Wettbewerbsgrundsatzes durch die Bieter können sein:

– Abgabe nicht nur des eigenen Angebots eines Unternehmens, sondern Bewerbung zugleich als Mitglied einer Bietergemeinschaft um denselben Auftrag,[74]
– Abgabe mehrerer Hauptangebote durch einen Bieter,[75]
– Bewerbung als eigenes Angebot eines Unternehmens und zugleich als Nachunternehmer,[76] nicht aber, wenn ein Einzelunternehmen ein separates Angebot zu Leistungsteilen abgibt, deren Erfüllung ihm auch im Rahmen einer Bietergemeinschaft als selbständiger, abgrenzbarer Leistungsteil obliegt,[77]
– Bewerbung zweier Unternehmen mit personenidentischer Geschäftsleitung um denselben Auftrag,[78]
– Absprache mindestens zweier potenzieller Konkurrenten über Angebotspreise oder sonstige Wettbewerbselemente,[79]
– Ergänzung eines Angebots um Haftungsausschlüsse der Produzenten von sog. Freeware, die mit der angebotenen Software geliefert wird,[80]
– Verbindung der Erbringung der ausgeschriebenen Leistung mit der Einstellung einer bisher ausgeübten lukrativen Geschäftstätigkeit,[81]
– versuchte Änderung der ausgeschriebenen Vertragsbedingungen durch Abgabe eines Angebotes unter „Beilage" eigener Allgemeiner Geschäftsbedingungen;[82] dies gilt auch, wenn sich die AGB auf der Rückseite des Begleitschreibens befinden.[83]

V. Transparenzgrundsatz

1. Allgemeines und Bedeutung. Kern des Transparenzgrundsatzes ist die Verpflichtung **16** der öffentlichen Auftraggeber, im Rahmen des gesamten Vergabeverfahrens einen **notwendigen Grad an Öffentlichkeit** herzustellen.[84] Dieser Verpflichtung kommt er durch die Einhaltung von Ausschreibungs- und Informationspflichten nach. Eine umfassende Offenlegung aller Daten, die das Vergabeverfahren bzw. die ausgeschriebene Leistung betreffen, ist nicht erforderlich. Insbesondere darf der öffentliche Auftraggeber nicht so viele Informationen an die Bieter geben, dass der auf der Marktgegenseite erforderliche Geheimwettbewerb beeinträchtigt wird. Die Frage des Umfanges der zu gewährleistenden Transparenz ist in der Praxis notwendigerweise immer eine Frage des Einzelfalls und muss sich an den Funktionen des Transparenzgrundsatzes orientieren. Der Transparenzgrundsatz hat in unterschiedliche Richtungen eine **das Verfahren unterstützende Funktion.** Das bedeutet, dass im Einzelfall der Transparenzgrundsatz durch den öffentlichen Auftraggeber dann verletzt wird, wenn durch sein Verhalten die dienende Funktion des Transparenzgrundsatzes im Hinblick auf die anderen Grundsätze beeinträchtigt wird, ohne dass es dafür eine dem übergeordnete Rechtfertigung gibt. Die Frage einer etwaigen Rechtfertigung beantwortet sich dabei ebenfalls nur im Wege einer im Hinblick auf die Besonderheiten des Einzelfalls orientierten Güterabwägung.

---

[73] OLG Düsseldorf, Beschl. v. 22. 6. 2006 – VII Verg 2/06; *Loewenheim/Bungenberg* RdNr. 9.
[74] OLG Düsseldorf VergabeR 2003, 690, 691; VergabeK Baden-Württemberg v. 15. 4. 2008 – 1 VK 8/08; jurisPK-Vergaberecht/*Summa* RdNr. 31.
[75] VergabeK Nordbayern v. 19. 8. 1999 – 15/99, 4.
[76] OLG Düsseldorf NZBau 2006, 810.
[77] OLG Jena, Beschl. v. 31. 8. 2009 – 9 Verg 6/09.
[78] VergabeK Bund v. 16. 8. 2006 – VK 2-74/06; OLG Düsseldorf v. 27. 7. 2006 – Verg 23/06; jurisPK-Vergaberecht/*Summa* RdNr. 31; differenzierend VergabeK Bund v. 20. 8. 2008 – VK 1-108/08; VergabeK Lüneburg v. 5. 3. 2008 – VgK-03/2008.
[79] OLG München, VergabeR 2009, 61; jurisPK-Vergaberecht/*Summa* RdNr. 31.
[80] VergabeK Arnsberg v. 4. 2. 2008 – VK 15/08.
[81] LG Rostock NZBau 2009, 531.
[82] VergabeK Nordbayern IBR 2007, 276; VergabeK Thüringen v. 9. 5. 2008 – 250–4003.20-971/2008-010-EF.
[83] VergabeK Lüneburg v. 11. 3. 2008 – VgK – 05/08.
[84] EuGH, C-470/99, Slg. 2002, I-11617, RdNr. 91 f. – *Universale Bau AG*; *Bischoff/Willenbruch/Frenz* RdNr. 5; *Höfler* NZBau 2010, 73.

17   Der Transparenzgrundsatz dient zunächst unmittelbar der Umsetzung des Wettbewerbsgrundsatzes.[85] Ein Wettbewerb der Bieter um den Auftrag kann nur funktionieren, wenn die Bieter ausreichende Informationen über den Verfahrensablauf und die jeweils benötigte Leistung erhalten. Zudem ist ein transparentes Verfahren Voraussetzung dafür, dass möglichst viele potenzielle Bieter angesprochen werden und diese hinreichende Informationen erhalten, um sich entscheiden zu können, (ebenfalls) an dem Vergabeverfahren teilzunehmen. Der Transparenzgrundsatz stellt daher die Grundlage für den Zugang potenzieller Bieter zu allen für die Auftragsvergabe relevanten Informationen dar, die sie für ihre Entscheidung über die Teilnahme am Vergabeverfahren benötigen.[86] Damit kann durch die Transparenz dazu beigetragen werden, die **Marktzutrittsschranken für (potentielle) Bieter** zu senken und den Wettbewerbsdruck auf der Marktgegenseite zu erhöhen.

18   Darüber hinaus dient der Transparenzgrundsatz auch als **Voraussetzung für die Beachtung des Gleichbehandlungsgrundsatzes** nach Abs. 2, denn nur die transparente Ausgestaltung des Verfahrens und die Offenlegung von Interna über die Leistung ermöglicht es, die Einhaltung des Gleichbehandlungsgrundsatzes zu überprüfen.[87] Er soll somit sicherstellen, dass das Vergabeverfahren unter Beachtung des Diskriminierungsverbotes abläuft.[88]

19   Der Transparenzgrundsatz dient schließlich **allgemeinen Ordnungsaufgaben.** Er soll vor allem eine gleichmäßige Grundlage der Angebotsbewertung gewährleisten[89] und die Kontrolle und Nachprüfbarkeit der Vergabeentscheidung sichern und erleichtern.[90] Er bildet daher die Grundlage für jeden Rechtsschutz.[91] Zudem dient der Transparenzgrundsatz dem Schutz vor staat-licher Willkür und Korruption[92] sowie dem Schutz vor Bestechung und unredlichem Umgang mit Steuergeldern.[93] Damit stärkt er das Vertrauen der Bieter in die Verlässlichkeit der öffent-lichen Hand[94] und trägt zum allgemeinen Vertrauen der Öffentlichkeit in die wirtschaftliche Tätigkeit des Staates bei.

20   Das Transparenzgebot bezieht sich unstreitig lediglich auf die Auftraggeberseite. **Adressaten des Transparenzgebotes** sind deshalb nur die öffentlichen Auftraggeber im Sinne des § 98. Die Bieter sollen dagegen untereinander nach dem gesetzlichen Leitbild im Geheimwettbewerb stehen; dem würde es widersprechen, wenn man den Transparenzgrundsatz auch auf sie erstreckte.[95] Aus demselben Grund ist die Akteneinsicht der Bieter grundsätzlich sehr zurückhaltend zu bewilligen; wird einem Bieter die Akteneinsicht ermöglicht, muss allen anderen Bietern dieselbe Möglichkeit eingeräumt werden.[96]

21   Der Transparenzgrundsatz ist in jedem Vergabeverfahren zu berücksichtigen.[97] Das gilt trotz der geringeren formalen Anforderungen auch im Verhandlungsverfahren nach § 101 Abs. 4, weil auch dort gewährleistet sein muss, dass der öffentliche Auftraggeber die Umstände offenlegt, die notwendig sind, um eine Ungleichgewichtslage der Verhandlungen mit der anderen Partei zu vermeiden.[98] Das Transparenzgebot ist, obwohl es in der VOB/A, der VOL/A und der VOF nicht ausdrücklich normiert ist, über Abs. 1 auch **in jeder Phase des Vergabeverfahrens** zu beachten. Das bedeutet, dass sich aus dem Transparenzgebot eine klare Trennung der einzelnen Prüfungsschritte im Vergabeverfahren (Trennung der Schritte innerhalb der Eignungsprüfung und Trennung zwischen Eignungsprüfung und Wertungsverfahren) ergibt, weil

---

[85] *Waldner* 95; *Byok/Jaeger/Hailbronner* RdNr. 190, 200; *Willenbruch/Bischoff/Frenz* RdNr. 5; *Kulartz/Kus/Portz/Brauer* RdNr. 17; *Koenig/Haratsch* NJW 2003, 2637, 2638; *Leinemann* RdNr. 9.

[86] *Losch* VergabeR 2008, 739 ff.; *Koenig/Kühling* NVwZ 2003, 779, 783.

[87] EuGH, C-470/99, Slg. 2002, I-11617, RdNr. 91 f. – Universale Bau AG; KompendiumVgR/*Aicher* Kap. 9 RdNr. 25.

[88] Kom., Mitt. zu Auslegungsfragen im Bereich Konzessionen im Gemeinschaftsrecht vom 12. 4. 2000, 19; *Koenig/Haratsch* NJW 2003, 2637, 2638; jurisPK-VergR/*Summa* RdNr. 35; *Boesen* RdNr. 16.

[89] Vgl. EuGH, C-19/00, Slg. 2001, I-7725, RdNr. 41 – SIAC Construction; *Byok/Jaeger/Hailbronner* RdNr. 192; *Reidt/Stickler/Glahs* RdNr. 7; *Kulartz/Niebuhr* NZBau 2000, 6, 12.

[90] *Kulartz/Kus/Portz/Brauer* RdNr. 17; *Byok/Jaeger/Hailbronner* RdNr. 192; *Willenbruch/Bischoff/Frenz* RdNr. 5; *Koenig/Haratsch* NJW 2003, 2637, 2638.

[91] *Loewenheim/Bungenberg* RdNr. 16.

[92] *Byok/Jaeger/Hailbronner* RdNr. 190.

[93] *Jestaed/Kemper/Marx/Prieß/Marx* RdNr. 1.6.; *Waldner* 95.

[94] *Loewenheim/Bungenberg* RdNr. 14.

[95] *Gröning* ZIP 1999, 52, 54; *Reidt/Stickler/Glahs/Stickler* RdNr. 7.

[96] S. dazu *Losch*, VergabeR 2008, 739.

[97] BayObLG VergabeR 2003, 187, 188; *Höfler* NZBau 2010, 73, 73 f.; vgl. auch EuGH, C-275/08 v. 15. 10. 2009 – Kfz-Zulassungssoftware.

[98] *Byok/Jaeger/Hailbronner* RdNr. 202; *Loewenheim/Bungenberg* RdNr. 12.

andernfalls eine Überprüfung der Vergabeentscheidung erschwert oder sogar unmöglich gemacht wird.[99]

2. Einzelausformungen. Der Transparenzgrundsatz als solcher stellt – ebenso wie das Wett- **22** bewerbsprinzip – **kein subjektives Recht** im Sinne des Abs. 7 dar, weil er ebenfalls als formales, das Vergabeverfahren charakterisierendes Ordnungsprinzip zu verstehen ist. Allerdings können bestimmte Ausformungen des Publizitätsgrundsatzes ein subjektives Recht begründen. Das gilt vor allem für die vergaberechtlichen Publizitätsvorschriften.[100] Kommt es im Rahmen eines Vergabeverfahrens zu einer Verletzung eines derartigen subjektiven Rechts, kann das betroffene Unternehmen ein Nachprüfungsverfahren beantragen (§ 107 Abs. 2) oder ggf. Schadenersatz gem. § 126 oder § 823 Abs. 2 BGB verlangen.

Zentraler Bestandteil des Transparenzgrundsatzes ist das **Gebot der eindeutigen und er- 23 schöpfenden Leistungsbeschreibung.**[101] Damit wird das Ziel verfolgt, den höchstmöglichen Bestimmtheitsgrad der Ausschreibungsunterlagen hinsichtlich des Leistungsumfangs und des Leistungsinhalts zu erreichen.[102] Aus diesem Grunde sind die Trennung von Eignungs- und Angebotswertung[103] sowie die Trennung von Eignungs- und Auswahlkriterien einerseits und Zuschlagskriterien andererseits vorzusehen.[104] Daraus wiederum folgt die strikte Trennung der vier Wertungsphasen in Ausschlussgründe, Eignung, Angebotsprüfung auf unangemessene Preise und wirtschaftlichstes Angebot.[105] Die Anforderungen, die an die Leistungsbeschreibung anzulegen sind, sind nicht danach auszurichten, was der Auftraggeber für erforderlich hält, sondern sie ergeben sich (ex post) nach dem objektiven Empfängerhorizont.[106] Bleibt die Leistungsbeschreibung unklar, so geht dies zu Lasten des Auftraggebers.

Im Zusammenhang mit den Publizitätsvorschriften nehmen die **Regeln über die Bekannt- 24 machung** eine zentrale Rolle im Rahmen des Transparenzgebotes ein. Nur wenn die Leistungsbeschreibung den inneren Bereich des Auftraggebers verlässt, besteht auch die Möglichkeit, dass ein unbestimmter Kreis von Interessenten Kenntnis von dem Auftrag und der Leistungsbeschreibung erlangen kann. Diese Regelungen beinhalten zuvörderst eine Pflicht zur Veröffentlichung aller für den Auftrag relevanter Umstände in geeigneter Art und Weise.[107] Dazu gehören alle **Informationen, die ein potenzieller Bieter benötigt,** um möglichst frühzeitig entscheiden zu können, ob er sich am Verfahren beteiligen möchte oder nicht.[108] Zu diesen zählen etwa Angaben zu Umfang, Gegenstand, Art und Dauer der geforderten Leistung und die Bewerbungsfristen.[109] Das Transparenzgebot verlangt außerdem, dass auch die **Gewichtung der Zuschlagskriterien** – auch hinsichtlich etwaiger Unterkriterien[110] – regelmäßig schon bei Bekanntgabe,[111] in jedem Fall jedoch vor Angebotseröffnung[112] vorgenommen werden. Diese Wertungskriterien müssen fortlaufend und zeitnah bekannt gegeben werden.[113] Allgemeines Ziel der Pflicht zur Bekanntmachung ist, einen möglichst großen Kreis an Unternehmen zu veranlassen, Angebote abzugeben, um dann aus einer Vielzahl von Angeboten das wirtschaftlichste auswählen zu können. Von der Pflicht zur Bekanntmachung ist auch umfasst, dass die Ausschreibung in allen für die Verkehrskreise **wesentlichen Publikationsorganen** veröffentlicht wird. Eine Veröffentlichung etwa allein durch Aushang oder nur im Internet auf

---

[99] Vgl. dazu *Loewenheim/Bungenberg* RdNr. 16.
[100] EuGH, C-31/87, Slg. 1988, 4635 – Beentjes.
[101] Vgl. *Langen/Bunte/Wagner* RdNr. 14; Praxiskommentar/*Maibaum* RdNr. 82 ff.
[102] VergabeK Bund, Beschl. v. 26. 7. 2000 – VK2-16/00; jurisPK-VergR/*Summa* RdNr. 35.
[103] EuGH, C-31/87, Slg. 1988, 4635, RdNr. 16 – Beentjes; VÜA Bund vom 16. 12. 1998 – 2 VÜ-22/98, 19.
[104] EuGH, C-315/01, Slg. 2003, I-6351, RdNr. 57–67 – GAT; BGHZ 139, 237.
[105] Vgl. auch *Immenga/Mestmäcker/Dreher* RdNr. 47 Fn. 77; *Loewenheim/Bungenberg* RdNr. 16.
[106] OLG Düsseldorf NZBau 2000, 443 – Euro-Münzplättchen III; OLG Koblenz VergabeR 2007, 261.
[107] *Loewenheim/Bungenberg* RdNr. 16 ff.; zur laufenden Fortschreibung s. zB. VergabeK Lüneburg, Beschl. v. 11. 2. 2009 – VgK-56/2008.
[108] *Immenga/Mestmäcker/Dreher* RdNr. 49.
[109] Vgl. zB *Burgi* NZBau 2005, 610, 615; *Loewenheim/Bungenberg* RdNr. 17.
[110] VergabeK Bund v. 14. 4. 2008 – VK 3–38/08; VergabeK Bund v. 30. 4. 2008 – VK 2-43/08; VergabeK Bund v. 26. 5. 2008 – VK-3-50/08.
[111] S. Art. 53 Abs. 2 RL 2004/18/EG; Art. 55 Abs. 2 RL 2004/17/EG; EuGH C-532/06, Slg. 2008, I-251 – G. Lianakis; EuGH, C-470/99, Slg. 2002, I-11617; OLG Düsseldorf v. 14. 1. 2009 – VII Verg 59/08; vgl. aber auch OLG Düsseldorf v. 28. 4. 2008 – VII Verg 1/08.
[112] Thüring. OLG, Beschl. v. 29. 8. 2009 – 9 Verg 5/08.
[113] EuGH, C-19/00, Slg. 2001, I-7725; VergabeK Südbayern, Beschl. v. 17. 6. 2009 – Z 3-3-3194-1-22-05/90; VergabeK Lüneburg, Beschl. v. 17. 8. 2009 – VgK 36/09.

der Homepage des Auftraggebers reicht deshalb nicht. Im Einzelfall hängt die **Wahl der Veröffentlichungsorgane** immer von Art und Umfang der nachgefragten Leistung ab. Im Regelfall sind Veröffentlichungen – außer auf der Homepage des Auftraggebers und ggf. auf bestimmten fachnahen Internetportalen – in den wichtigsten überregionalen Zeitungen und im Bundesanzeiger vorzunehmen. Eine Rolle kann es für eine **ausreichende Veröffentlichung** auch spielen, ob bestimmte Qualifikationen für die Erbringung der ausgeschriebenen Leistung erforderlich sind. In diesem Fall kann auch eine Publikation in einschlägigen Fachzeitschriften erforderlich sein. Handelt es sich um betragsmäßig kleinere Aufträge, bei denen zu erwarten ist, dass sich nur regionale Bieter an dem Verfahren beteiligen werden, kann ausnahmsweise auch eine Veröffentlichung in bloß lokalen Zeitungen ausreichend sein.

25 Die aus dem Transparenzgebot fließenden Vorgaben zur Bekanntmachung beinhalten ggf. auch die Pflicht zu einer **europaweiten Ausschreibung.** Damit soll eine weitgehende Streuung von Vergabeankündigungen und Verdingungsunterlagen erreicht werden, weil eine nur nationale Bekanntmachung aufgrund der schwierigen Kenntnisnahmemöglichkeiten ausländischer Unternehmer eine Verletzung der EU-rechtlichen Dienstleistungsverkehrsfreiheit oder eine faktische Diskriminierung aufgrund der Staatsangehörigkeit darstellen würde.[114] Das gilt auch für Leistungen, die einen geringeren Wert umfassen und welche innerhalb Deutschlands möglicherweise nur lokal veröffentlicht zu werden brauchen. Hintergrund dessen ist, dass aufgrund der unionsrechtlichen Vorgaben jedem ausländischen Bieter unabhängig von dem Umfang der Dienstleistung die Möglichkeit gegeben werden muss, für sich selbst zu entscheiden, ob die Teilnahme an dem Vergabeverfahren für ihn lohnend sein könnte, und er deshalb an dem Verfahren teilnehmen möchte. Sämtliche Bekanntmachungen sind somit an das Amt für amtliche Veröffentlichungen der Europäischen Union zu übermitteln.[115] Die Veröffentlichung erfolgt im Supplement zum Amtsblatt der Europäischen Union. Eine elektronische Abfrage ist über die Datenbank **„Tenders Electronic Daily (TED)"**[116] möglich. Darüber hinaus sieht die VO 1564/2005/EG Standardformulare für die Veröffentlichung von Vergabebekanntmachungen vor,[117] welche für die Bekanntmachung von Leistungen oberhalb der EU-Schwellenwerte verpflichtend sind. Um die Teilnahme ausländischer Unternehmen an Vergabeverfahren in Deutschland weiter zu erleichtern, verpflichten sowohl unmittelbar geltendes Unionsrecht als auch § 14 VgV die öffentlichen Auftraggeber dazu, für die Ausschreibung das unionsweit geltende **„Gemeinsame Vokabular für das öffentliche Auftragswesen** (CPV)"zu verwenden.[118] Eine öffentliche Bekanntmachung darf nur in besonders gelagerten Ausnahmefällen fehlen. Entschieden wurde dies für das Verhandlungsverfahren unter der Voraussetzung des Nachweises, dass zwingende Gründe vorliegen. Gelingt dieser Nachweis nicht, so liegt ein Verstoß gegen das Transparenzgebot vor.[119]

26 Der öffentliche Auftraggeber darf von selbst aufgestellten Vergabekriterien nach deren Bekanntmachung nicht mehr abweichen.[120] Es tritt somit eine **Selbstbindung** an die von ihm aufgestellten Vergabekriterien ein.[121] Etwas anderes gilt nur für marginale Änderungen. Grundlegende Änderungen der Leistungsbeschreibung sind auch im Verhandlungsverfahren nicht mehr möglich.[122] **Ändern sich die äußeren Rahmenbedingungen** für die Leistung allerdings so stark, dass der Auftraggeber nicht mehr an der Leistungsbeschreibung festhalten will oder kann, so besteht für ihn nur die Möglichkeit, das Vergabeverfahren zu beenden und hinsichtlich der neuen Leistung ein weiteres Verfahren zu beginnen. Er hat allerdings auch die Möglichkeit, die Leistungsbeschreibung zu ändern, wenn er gewährleisten kann, dass alle aktuellen oder potenziellen Bieter davon Kenntnis erhalten und ebenfalls die Möglichkeit haben, ihre Angebote entsprechend zu ändern oder zurückzuziehen. Dieses **Änderungsverbot** gilt schon in dem Zeitraum zwischen der Finalisierung des Auftrags und der Bekanntmachung, wenn es den rein internen Bereich der Vergabestelle verlassen hat. Das Risiko, dass die Ausschreibung möglicherweise mit Fehlern oder zu einer vom Auftraggeber nicht gewollten Zeit

---

[114] EuGH, C-231/03, Slg. 2005, I-7287, RdNr. 19 – Coname.
[115] § 18 a VOB/A, § 28 a VOL/A.
[116] Http://ted. eur-op. eu.int/static/home/de/homepage.ini.
[117] VO 1564/2005, ABl. L 257 v. 1. 10. 2005, 1.
[118] CPV = Common Procurement Vocabulary, VO 5121/2003 zur Änderung der VO 2195/2002, ABl. L 329 vom 17. 12. 2003, 1, berichtigt ABl. Nr. L 330 vom 18. 12. 2003, 34.
[119] S. EuGH, C-275/08, v. 15. 10. 2009 – Kfz-Zulassungssoftware.
[120] OLG Frankfurt VergabeR 2001, 299, 304.
[121] Vgl. auch OLG München NZBau 2000, 590, 591.
[122] OLG Dresden ZfBR 2004, 303.

bekannt wird, obliegt diesem, weil zu dem Zeitpunkt, in dem der betreffende Auftrag den internen Bereich der Vergabestelle verlässt, derjenige, der davon Kenntnis erlangt, nicht beurteilen kann, ob die betreffende Ausschreibung ihre endgültige Fassung hat oder ob sie zu dem betreffenden Zeitpunkt schon veröffentlicht werden sollte.

Aus dem Transparenzgrundsatz folgt ferner die Pflicht des öffentlichen Auftraggebers, eine **27** **vollständige Dokumentation** des Vergabeverfahrens zu erstellen.[123] Damit soll gewährleistet werden, dass die Entscheidungen der Vergabestelle nachvollziehbar und einer späteren Überprüfung zugänglich sind. Sie umfasst alle wesentlichen Entscheidungen der Vergabestelle, einschließlich der Zwischenentscheidungen, zu denen insbesondere auch die Angebotswertung gehört, in den Vergabeakten laufend lückenlos und mit Begründung zu dokumentieren.[124] Diese Pflicht besteht auch schon vor **der Zuschlagserteilung.**[125] Die gemachten Angaben müssen so detailliert sein, dass sie für die Sachlage des jeweiligen Vergabeverfahrens vertrauten Leser nachvollziehbar sind.[126] Insbesondere die im konkreten Fall getroffenen Wertungsentscheidungen müssen besonders sorgfältig dokumentiert werden.[127] Ferner sind die Bietergespräche, insbesondere im Hinblick auf die Darlegung des Angebotsinhalts, in den Vergabeakten schriftlich niederzulegen,[128] damit aus den Unterlagen hervorgeht, welche Informationen mit dem betreffenden Bieter ausgetauscht wurden und ob ggf. verschiedene Bieter unterschiedliche Informationen erhalten haben. Zudem erfordert der Transparenzgrundsatz auch, dass die **Prüfung und Wertung aller Wertungskriterien** ausführlich dokumentiert wird.[129] Dieses Erfordernis eines ausführlichen und nachvollziehbaren Vergabevermerks findet sich auch in den Verdingungsordnungen in den § 30 VOL/A, § 18 VOF sowie in § 20 VOB/A, der § 30 VOB/A aF ersetzt und die Dokumentationspflichten detaillierter normiert.

Die Dokumentationspflicht des öffentlichen Auftraggebers gilt **für alle Vergabeverfahren,** **28** also auch für das nichtoffene Verfahren[130] und das Verhandlungsverfahren.[131] Die Informationspflicht des öffentlichen Auftraggebers besteht jedoch nur, soweit es nicht den **Geheimhaltungsinteressen** der anderen Bieter zuwiderläuft. Wird das Vergabeverfahren aufgehoben, ist der öffentliche Auftraggeber verpflichtet, die Gründe für die Aufhebung unverzüglich und lückenlos zu dokumentieren, um Manipulationsmöglichkeiten zu verhindern.[132]

Das **Fehlen eines Vergabevermerks** oder die verspätete Erstellung eines solchen Vermerks **29** erst nach Abschluss des Vergabeverfahrens[133] stellen einen Verstoß gegen Abs. 1 dar. Das Recht der Bieter auf ausreichende Dokumentation des Vergabeverfahrens ist ein **subjektives Recht** im Sinne des Abs. 7.[134] Damit kann der individuell betroffene Bieter im Fall des Verstoßes gegen die Dokumentationspflichten ein Nachprüfungsverfahren beantragen (§ 107 Abs. 2) oder nach Erteilung des Zuschlags ggf. einen Schadensersatzanspruch gem. § 126 oder § 823 Abs. 2 BGB geltend machen.

Das Transparenzgebot beinhaltet die Verpflichtung des öffentlichen Auftraggebers, die Bieter **30** in allen Phasen des Vergabeverfahrens über **die wesentlichen Schritte im Verfahren zu informieren.** Dazu gehört auch die Information, wie die Vergabestelle mit dem jeweiligen Gebot verfahren ist und wie sein Angebot bewertet worden ist.[135] Andernfalls würde ihm die Möglichkeit genommen, sich zu entscheiden, ob er sich gegen die beabsichtigte Entscheidung der Vergabestelle wehren möchte.[136] Zu der **Vorabinformationspflicht** des öffentlichen Auftraggebers gehört es auch, unterlegene Bieter von der Ablehnung ihres Gebotes zu unterrichten. Nach § 13 VgV hat er – unabhängig von dem Vorliegen eines Antrages – spätestens 14 Kalen-

---

[123] VergabeK Lüneburg, Beschl. v. 14. 1. 2002 – 203-VgK-22/2001; VergabeK Bremen, Beschl. v. 18. 6. 2003 – VK 08/03.

[124] Vgl. statt vieler OLG Düsseldorf NVwZ 2004, 1146; OLG Düsseldorf, Beschl. v. 14. 8. 2003 – VII Verg 46/03.

[125] S. *Loewenheim/Bungenberg* RdNr. 20.

[126] OLG Düsseldorf NVwZ 2004, 1146.

[127] Dazu vgl. zB. VergabeK Bund, Beschl. v. 28. 9. 2004 – VK 3-107/04.

[128] *Weyand* RdNr. 116.

[129] Vgl. VergabeK Bund v. 19. 7. 2005 – VK 1-14/05.

[130] VergabeK Darmstadt, Beschl. v. 29. 5. 2002 – 69 d VK – 15/2002.

[131] VergabeK Brandenburg, Beschl. v. 30. 7. 2002 – VK 38/02.

[132] Vgl. OLG Brandenburg ZfBR 2003, 287, 290; *Loewenheim/Bungenberg* RdNr. 20.

[133] OLG Bremen VergabeR 2005, 537.

[134] Brandenburgisches OLG WuW/E Verg 238 – Flughafen Berlin.

[135] *Loewenheim/Bungenberg* RdNr. 22.

[136] S. dazu VergabeK Bund WuW/E Verg 500 – Schleuse Lauenburg.

dertage vor dem mit dem Zuschlag verbundenen Vertragsschluss über die Entscheidung der Vergabestelle zu informieren. Diese Information soll den Namen des Bieters, dessen Angebot angenommen werden soll, und den Grund der beabsichtigten Nichtberücksichtigung enthalten. Es soll den unterlegenen Bietern damit eine **effektive Nachprüfung** der Vergabeentscheidung ermöglicht werden.[137]

31   **3. Verstöße gegen den Transparenzgrundsatz.** In der Praxis sind bereits eine ganze Reihe von **typischen** Verstößen gegen den Transparenzgrundsatz benannt worden. Ein solcher liegt insbesondere vor,
   – wenn nicht alle Bieter in den gleichen Informations- und Kenntnisstand über die zu erbringende Leistung versetzt werden,[138]
   – wenn mindestens ein Bieter über einen erheblichen Informationsvorsprung verfügt,[139]
   – bei einer Vergabe aufgrund von Anforderungen und Kriterien, die in den Ausschreibungsunterlagen nicht offen gelegt wurden und damit für die Bieter nicht absehbar waren,[140]
   – bei Anfertigung der Dokumentation über die wesentlichen Entscheidungen der Vergabestelle erst nach Verfahrensablauf,[141]
   – bei Aufforderung zum Ausfüllen eines umfangreichen Fragebogens, ohne dass für die Bieter ersichtlich ist oder wird, welche Bedeutung diesen zusätzlichen Informationen im Vergabeverfahren zukommt,[142]
   – bei der Zusammenfassung mehrerer Fachlose ohne zwingenden Grund die Anname der fehlenden Eignung derjenigen Bieter, die nicht alle Werke im eigenen Betrieb erfüllen können,[143]
   – bei Abweichung der Vergabestelle von selbst aufgestellten Vergabekriterien nach der Bekanntmachung,[144]
   – bei Abweichung des öffentlichen Auftraggebers von den festgelegten Mindestbedingungen für Nebenangebote nach Bekanntgabe,[145]
   – bei Zugrundelegung nicht aller bekannt gemachten Zuschlagskriterien bei der Ermittlung des wirtschaftlichsten Angebots, sondern lediglich des Kriteriums des geringsten Preises,[146]
   – bei grundlegender Änderung der ursprünglich ausgeschriebenen Leistung im Verhandlungsverfahren,[147]
   – bei Änderungen an den Verdingungsunterlagen durch die Bieter,[148]
   – bei unvollständiger Abgabe der Leistungsnachweise mit dem Teilnahmeantrag.[149]

B. Absatz 2 (Gleichbehandlungsgrundsatz)

Schrifttum: *Behrens*, Zulassung zum Vergabewettbewerb bei vorausgegangener Beratung des Auftraggebers, NZBau 2006, 752; *Berrisch/Nehl*, Doppelmandate, Neutralitätsgebot und böser Schein – Die Rechtsprechung der Vergabesenate und § 16 VgV, WuW 2001, 944; *Boesen*, Die rechtliche Zulässigkeit der Einschaltung von Versicherungsmaklern in das Verfahren zur Vergabe von Versicherungsdienstleistungen, VersR 2000, 1063; *Burgi*, Die Bedeutung der allgemeinen Vergabegrundsätze Wettbewerb, Transparenz und Gleichbehandlung, NZBau 2008, 29; *Burgi*, Die Vergabe von Dienstleistungskonzessionen: Verfahren, Vergabekriterien, Rechtsschutz, NZBau 2005, 610; *Dreher*, Doppelmandatierung und Doppelmandate im Kartellvergaberecht, NZBau 2000, 280; *Dreher*, Versicherungsdienstleistungen und Vergaberecht, VersR 2000, 666; *Dreher*, Zur Beteiligung von Versicherungsmaklern bei der Vergabe von Versicherungsdienstleistungen durch die öffentliche Hand, VersR 1999, 1513; *Faber*, Drittschutz bei der Vergabe öffentlicher Aufträge, DÖV 1995, 403; *Freise*, Mindestanforderungen an Nebenangebote – Das „Aus" für Nebenangebote oberhalb der Schwellenwerte?, NZBau 2006, 548; *Gröning*, Die Grundlagen des neuen Vergaberechtsschutzes, ZIP 1999, 52; *Haratsch/Koenig/Pechstein*, Europarecht, 6. Aufl. Tübingen 2009; *Hermes*, Gleichheit

---

[137] EuGH, C-81/98, Slg. 1999, I-7671 – Alcatel Austria, NJW 2000, 569, 570.
[138] OLG Celle VergabeR 2002, 299, 301 f.
[139] OLG Naumburg ZfBR 2003, 182, 185.
[140] Vgl. EuGH, C-19/00, Slg. 2001, I-7725, RdNr. 41 – SIAC Construction.
[141] Vgl. OLG Düsseldorf VergabeR 2003, 87, 89; OLG Düsseldorf NVwZ 2004, 1146; BayObLG NZBau 2002, 348, 350.
[142] OLG Naumburg, ZfBR 2003, 182, 185.
[143] VergabeK Bund ZfBR 2002, 519, 520 f.
[144] OLG Düsseldorf v. 25. 11. 2002 – Verg 56/02; OLG Düsseldorf NZBau 2002, 400, 441.
[145] VergabeK Nordbayern v. 18. 7. 2007 – 21. VK-3194-27/07.
[146] VergabeK Lüneburg v. 3. 5. 2005 – VgK 14/2005.
[147] OLG Düsseldorf VergabeR 2006, 929, 931.
[148] VergabeK Nordbayern, Beschl. v. 15. 2. 2002 – 320.VK-3194-02/02.
[149] VergabeK Schleswig-Holstein v. 28. 1. 2009 – VK-SH 18/08.

durch Verfahren bei der staatlichen Auftragsvergabe, JZ 1997, 909; *Horn*, Projektantenstatus im VOF-Verfahren?, NZBau 2005, 28; *Huber*, Der Schutz des Bieters im öffentlichen Auftragswesen unterhalb der sog. Schwellenwerte, JZ 2000, 877; *Jaeger*, Die ersten OLG-Entscheidungen zum neuen GWB-Vergaberecht, Jahrbuch Baurecht 2000, 134; *Jestaedt/Kemper/Marx/Prieß*, Das Recht der Auftragsvergabe, Neuwied 1999; *Kirch*, Mitwirkungsverbote in Vergabeverfahren, 2004; *Koenig/Haratsch*, Gründzüge des deutschen und des europäischen Vergaberechts, NJW 2003, 2637; *Koenig/Kühling*, Diskriminierungsfreiheit, Transparenz und Wettbewerbsoffenheit des Ausschreibungsverfahrens – Konvergenz von EG-Beihilfenrecht und Vergaberecht, NVwZ 2003, 779; *Konrad*, Das Ende so genannter Spekulationsangebote bei öffentlichen Ausschreibungen nach der VOB/A, NZBau 2004, 524; *Kulartz/Niebuhr*, Sachlicher Anwendungsbereich und wesentliche Grundsätze des materiellen GWB-Vergaberechts – OLG Brandenburg, „Flughafen Berlin-Schönefeld" und die Folgen, NZBau 2000, 6; *Kus*, Der Auftraggeber gibt die Spielregeln vor, NZBau 2004, 425; *Leinemann/Kirch*, Der Angriff auf die Kalkulationsfreiheit – Die systematische Verdrehung der BGH-Entscheidung zur „Mischkalkulation", VergabeR 2005, 563; *Leinemann*, Die Vergabe öffentlicher Aufträge, 4. Aufl. 2007; *Leinemann*, Umgang mit Spekulationspreisen, Dumpingangeboten und Mischkalkulation, VergabeR 2008, 346; *Malmendier*, Vergaberecht, quo vadis? – Ausblicke nach der „Alcatel-Entscheidung" des EuGH und der „Flughafenentscheidung" des OLG Brandenburg, DVBl. 2000, 963; *Marbach*, Nebenangebote und Änderungsvorschläge im Bauvergabe- und Vertragsrecht unter Berücksichtigung der VOB Ausgabe 2000, BauR 2000, 1643; *Maunz/Dürig*, Grundgesetz – Kommentar, 53. Aufl. 2008; *Michel*, Die Projektantenregelung des ÖPP-Beschleunigungsgesetzes – Ein Reparaturfall im „Reparaturgesetz"?, NZBau 2006, 689; *Müller-Wrede*, Die Behandlung von Mischkalkulationen unter besonderer Berücksichtigung der Darlegungs- und Beweislast, NZBau 2006, 73; *Opitz*, Nebenangebote und Änderungsvorschläge: Mindestanforderungen; Zuschlagskriterien, VergabeR 2004, 54; *Pietzcker*, Vergaberechtliche Sanktionen und Grundrechte, NZBau 2003, 242; *Prieß*, Die Leistungsbeschreibung – Kernstück des Vergabeverfahrens (Teil 2), NZBau 2004, 87; *Quardt*, Neutralitätspflicht des öffentlichen Auftraggebers – Zulässigkeit von „Doppelmandaten"?, BB 1999, 1940; *Reuber*, Versicherungsmakler im Vergabeverfahren, VergabeR 2002, 655; *Scharf/Schütte*, Fehlende Angebotsunterlagen im Bau- und Dienstleistungsbereich, VergabeR 2005, 448; *Schaller*, Ein wichtiges Instrument der Mittelstandsförderung – Die Losteilung bei öffentlichen Aufträgen, ZfBR 2008, 142; *Stern*, Das Staatsrecht der Bundesrepublik Deutschland Band III/1: Allgemeine Lehren der Grundrechte, 1988; *Streinz*, Europarecht, 8. Aufl. 2008, *Thormann*, Die Wertung von Spekulationsangeboten nach § 25 VOB/A, BauR 2000, 953; *Wagner/Steinkämper*, Bedingungen für die Berücksichtigung von Nebenangeboten und Änderungsvorschlägen, NZBau 2004, 253; *Waldner*, Bieterschutz im Vergaberecht unter Berücksichtigung der europäischen Vorgaben, Diss. Würzburg 1999; *Werber*, Veränderte rechtliche Rahmenbedingungen für die Mitwirkung des Versicherungsmaklers an Verfahren zur Vergabe von Versicherungsdienstleistungen, VersR 2008, 1026. Vgl. auch das Schrifttum vor Abs. 1.

I. Normzweck

Nach dem Wettbewerbs- und Transparenzgrundsatz in Abs. 1 wird in Abs. 2 als weiterer, **32** **zentraler Grundsatz** des Vergaberechts der **Gleichbehandlungsgrundsatz** normiert. Er gilt für die öffentlichen Auftraggeber als ein für alle Vergabeverfahren verpflichtender Grundsatz. Der Gleichbehandlungsgrundsatz zählt ebenso wie der Wettbewerbs- und der Transparenzgrundsatz zu den Maximen[150] des deutschen Vergaberechts. Diese drei Grundsätze sind eng miteinander verwoben. Sie stehen dabei nicht in einem Rangverhältnis, sondern sie bedingen sich gegenseitig. Die Aufnahme des Gleichbehandlungsgrundsatzes in die Zentralnorm des deutschen Vergaberechts ist Ausdruck des gesetzgeberischen Willens, ihm gesetzessystematisch einen besonderen Stellenwert zu verleihen und ihm damit eine weit reichende Aufmerksamkeit zu sichern, die der hohen Bedeutung, die ihm der Gesetzgeber beimisst, entspricht.[151] Bei dem Gleichbehandlungsgrundsatz handelt es sich um eine Vorgabe, die für alle Beteiligten an Vergabeverfahren gilt und der Auslegung von Vergaberegeln eine Zielorientierung in Richtung Gleichbehandlung gibt.[152] Er ist mithin **Auslegungsdirektive**[153] und bestimmt die Anwendung und Auslegung der vergaberechtlichen Vorschriften des GWB, der Vergabeverordnung (VgV) und der Verdingungsordnungen. Darüber hinaus ist der Gleichbehandlungsgrundsatz als **subjektives Recht** im Sinne des Abs. 7 anzusehen,[154] so dass ein Bieter bei einem Verstoß gegen den

---

[150] *Kulartz/Niebuhr* NZBau 2000, 6, 10; *Koenig/Kühling* NVwZ 2003, 779, 780; *Gröning* ZIP 1999, 52, 54; *Boesen* RdNr. 1; *Niebuhr/Kulartz/Kus/Portz/Niebuhr* RdNr. 2; vgl. zur Ökonomik dieses Grundsatzes *Kirchner* VergabeR 2010, 725, 730.

[151] Begr. RegE VgRÄG BT-Drucks. 13/9340, 13–14.

[152] *Burgi* NZBau 2008, 29, 32.

[153] *Boesen* RdNr. 4; *Burgi* NZBau 2008, 29, 32; sa. *Waldner* 96; KompendiumVgR/*Aicher* Kap. 9 RdNr. 17.

[154] *Langen/Bunte/Wagner* RdNr. 103; *Weyand* RdNr. 514; *Byok/Jaeger/Heilbronner* RdNr. 274; *Boesen* RdNr. 197; *Loewenheim/Bungenberg* RdNr. 72; *Immenga/Mestmäcker/Dreher* RdNr. 292; *Leinemann* RdNr. 98; *Gröning* ZIP 1999, 52, 54; *Burgi* NZBau 2008, 29.

Gleichbehandlungsgrundsatz durch den Auftraggeber Primärrechtsschutz vor den Vergabekammern und Vergabesenaten der Oberlandesgerichte sowie Sekundärrechtsschutz vor den ordentlichen Gerichten geltend machen kann.

II. Entstehungsgeschichte

33   Der Gleichbehandlungsgrundsatz ist als **traditionelles Prinzip** des in den früheren Verdingungsordnungen geregelten deutschen Vergaberechts bereits seit jeher als Grundregel verankert gewesen.[155] Grundlage des Gleichbehandlungsgrundsatzes ist im deutschen Recht die verfassungsrechtliche Vorgabe des Art. 3 Abs. 1 GG.[156] Er gebietet die Gleichbehandlung aller beteiligten Bieter im Vergabeverfahren durch die öffentlichen Auftraggeber.

34   Mit der Beeinflussung des (nationalen) Vergaberechts durch das EU-Recht spielt das **unionsrechtliche Diskriminierungsverbot** eine zentrale Rolle. Das Diskriminierungsverbot stellt die Kehrseite des Gleichbehandlungsgrundsatzes dar, so dass beide Ausdrücke synonym verwendet werden können. Die Grundlage des gemeinschaftsrechtlichen Diskriminierungsverbotes wurde des Öfteren in Art. 12 EG gesehen.[157] Dabei ist allerdings übersehen worden, dass diese Vorschrift nur einen Sonderfall des allgemeinen Diskriminierungsverbotes regelte, nämlich die Diskriminierung aus Gründen der Staatsangehörigkeit. Andere Gründe für eine Ungleichbehandlung, wie zB Geschlecht, Religionszugehörigkeit, Ausbildungsstand, etc., fielen nicht unter Art. 12 EG.[158] Das allgemeine Diskriminierungsverbot war im früheren EU-Recht dagegen nicht ausdrücklich geregelt, als solches durch den EuGH aber seit langem anerkannt.[159] Danach widerspricht es dem allgemeinen Diskriminierungsverbot, wenn gleiche Sachverhalte ohne rechtfertigenden Grund ungleich behandelt werden.[160] Seit dem Vertrag von Lissabon wird das allgemeine Diskriminierungsverbot näher in **Art. 18 AEUV** geregelt.[161] Ausprägungen des allgemeinen Diskriminierungsverbots sind neben dem Verbot der Diskriminierung aus Gründen der Staatsangehörigkeit und den weiteren in Art. 18 AEUV genannten Fällen, vor allem die **Grundfreiheiten** des AEUV.[162] Diese haben das Ziel, den freien Verkehr von Waren, Dienstleistungen und Kapital sowie die Freizügigkeit von Personen und Unternehmen innerhalb der EU zu gewährleisten und tragen damit im Ergebnis auch zum Schutz der in der EU niedergelassenen Wirtschaftsteilnehmer bei, die an der öffentlichen Auftragsvergabe in anderen Mitgliedstaaten teilhaben wollen.[163] Der Grundsatz der Gleichbehandlung hat allerdings erst in Art. 2 der Richtlinie 2004/18/EG ausdrücklichen Eingang in die Vergaberechtsrichtlinien gefunden. Allerdings hatte der EuGH bereits 1993 einen **allgemeinen Grundsatz der Gleichbehandlung mit Blick auf die Vergaberechtsrichtlinien** herausgearbeitet, der nach Auffassung des Gerichtshofes aus dem Wesen der Vergaberechtsrichtlinien folge.[164] Dieser Ansatz hat dann Ein-

---

[155] Ein Diskriminierungsverbot findet sich in § 2 Abs. 2 VOB/A, § 2 Nr. 2 VOL/A, § 4 VOF; ein Gleichbehandlungsgebot ist in § 8 Nr. 1 S. 1 VOB/A aF, § 7 Nr. 1 S. 1 VOL/A und § 4 Nr. 2 VOF statuiert.

[156] *Burgi* NZBau 2008, 29, 31; *Pietzcker* NZBau 2003, 242, 243; *Boesen* Einl. RdNr. 86, 90 ff., § 97 RdNr. 30, 40; *Byok/Jaeger/Hailbronner* RdNr. 203, 207; *Weyand* RdNr. 152; *Kulartz/Kus/Portz* RdNr. 26; *Reidt/Stickler/Glahs* RdNr. 8; *Jestaedt/Kemper/Marx/Prieß* RdNr. 1.6.; zur umstrittenen Frage der unmittelbaren Grundrechtsbindung der öffentlichen Hand im allgemeinen Wirtschaftsverkehr s. *Stern*, Staatsrecht III/1, 1998 § 74, IV 1, 1394; *Maunz/Dürig* Art. 3 Abs. 1 GG RdNr. 475; speziell zur Grundrechtsbindung im Rahmen der öffentlichen Auftragsvergabe s. *Huber* JZ 2000, 877, 878; *Hermes* JZ 1997, 909, 912 f.; *Malmendier* DVBl. 2000, 963, 964 f.; *Faber* DÖV 1995, 403, 405 f.; *Boesen* Einl. RdNr. 85 ff.; *Stern*, Staatsrecht III/1, § 74, IV 5, 1416; für Art. 3 Abs. 1 GG nun vom Bundesverfassungsgericht bejaht BVerfG, Beschl. v. 13. 6. 2006 – 1 BvR 1160/03.

[157] Vgl. *Hermes* JZ 1997, 909, 912; *Byok/Jaeger/Hailbronner* RdNr. 204 f.; *Boesen* RdNr. 30.

[158] Vgl. *Calliess/Ruffert/Epiney* Art. 12 EG RdNr. 7; *Streinz/Streinz* Art. 12 EG RdNr. 13; *Schwarze/Holoubek* Art. 12 EG RdNr. 42.

[159] EuGH, C-13/78, Slg. 1978, 1935; EuGH, C-11/81, Slg. 1981, 1251, RdNr. 6 ff.; EuGH, C-80/85, Slg. 1986, 3359, RdNr. 23; EuGH, C-92/92, Slg. 1993, I-5145; EuGH, C-144/04, Slg. 2005, I-9981; EuGH, C-94/07, ABl. 2008, Nr. C 223, 12, RdNr. 45.

[160] EuGH, C-280/93, Slg. 1994, I-4473, RdNr. 67.

[161] „Bei der Festlegung und Durchführung ihrer Politik und ihrer Maßnahmen zielt die Union darauf ab, Diskriminierungen aus Gründen des Geschlechts, der Rasse, der ethnischen Herkunft, der Religion oder der Weltanschauung, einer Behinderung, des Alters oder der sexuellen Ausrichtung zu bekämpfen".

[162] *Streinz*, EuR, RdNr. 794 ff.; *Schwarze/Holoubek* Art. 12 EG RdNr. 10; *Grabitz/Hilf/Randelzhofer/Forsthoff* Art. 12 EG RdNr. 4 ff.

[163] EuGH, C-380/98 RdNr. 16 – University of Cambridge.

[164] EuGH, C-243/89 RdNr. 33 – Kommission/Dänemark.

gang in die Richtlinie 2004/18/EG gefunden und fand aufgrund des Umsetzungsbefehls dann in allen nationalen Vergaberechtssystemen Eingang.

III. Verhältnis des Gleichbehandlungsgrundsatzes zu Wettbewerbsgrundsatz und Transparenzgrundsatz

Die Grundsätze des Wettbewerbs, der Transparenz und der Gleichbehandlung **bedingen sich** 35 **gegenseitig.** So gewährleistet der Transparenzgrundsatz die Einhaltung des Gleichbehandlungsgrundsatzes. Der Transparenzgrundsatz ist damit gleichsam die **logische Fortsetzung** des Gleichbehandlungsgrundsatzes, da dieser eine Verpflichtung zur Transparenz einschließt, die es er-möglicht, die Beachtung des Gleichbehandlungsgrundsatzes zu überprüfen.[165] Er soll somit sicherstellen, dass das Vergabeverfahren unter Beachtung des Diskriminierungsverbotes abläuft.[166] Ein Spannungsverhältnis zwischen Transparenz- und Gleichbehandlungsgrundsatz besteht daher nicht.

Der Gleichbehandlungsgrundsatz ist gleichzeitig auch dem Wettbewerbsgrundsatz zur Seite 36 gestellt und dient dessen Umsetzung. Das Ziel eines Systems unverfälschten Wettbewerbs kann nämlich nur dann verwirklicht werden, wenn keiner der Teilnehmer aus nicht offen gelegten Gründen benachteiligt wird.[167] Der **Gleichbehandlungsgrundsatz grenzt den Wettbewerbsgrundsatz jedoch zugleich auch teilweise ein.** Deutlich wird dies in dem Nachverhandlungsverbot für die öffentlichen Auftraggeber mit einzelnen Bietern. Auch das Verbot der Berücksichtigung von nach Ablauf der Angebotsfrist eingereichten günstigeren Angeboten ist aus Gründen der Gleichbehandlung nicht zulässig und stellt damit eine Einschränkung des Wettbewerbsgrundsatzes durch das Gleichbehandlungsgebot dar.

Der Gleichbehandlungsgrundsatz wird seinerseits wiederum **von den Vorgaben des Abs. 3** 37 **relativiert.** Diese vom Bundesrat durchgesetzte Bestimmung legt fest, dass mittelständische Interessen angemessen zu berücksichtigen sind. Dies soll vornehmlich durch eine Teilung der Aufträge in Fach- und Teillose geschehen.[168] Im Einzelnen führt diese Vorgabe zu erheblichen Schwierigkeiten und stellt einen **Systembruch** dar.

IV. Gleichbehandlungsgrundsatz

1. Allgemeines und Bedeutung. Abs. 2 begründet die Verpflichtung der öffentlichen Auf- 38 traggeber, alle Bieter im Vergabeverfahren grundsätzlich[169] gleich zu behandeln. Er dient damit der Sicherstellung der **Chancengleichheit** aller Bieter auf Beteiligung am Vergabeverfahren und bei der Zuschlagserteilung, und zwar grundsätzlich unabhängig von ihrer Staatsangehörigkeit, ihrem Geschlecht, ihrer Religion, ihrem Alter oder anderer Differenzierungskriterien, die keinen unmittelbaren objektiven Bezug zu dem ausgeschriebenen Auftrag haben. Im Einzelnen verlangt Abs. 2 eine Gleichbehandlung aller potenziellen Bieter durch die diskriminierungsfreie Anwendung und Auslegung der Vergaberegeln durch die öffentlichen Auftraggeber.[170] Aus diesem Grund darf zB der **Zuschlag nicht willkürlich erteilt** werden,[171] sondern muss anhand vorher festgelegter objektiver Kriterien erfolgen.[172] Diese Kriterien müssen wiederum in einem angemessenen Verhältnis zu der damit verfolgten Zielsetzung stehen.[173] Das Gleichbehandlungsgebot erfordert mithin ein nach objektiven Maßstäben gerecht und **fair gestaltetes Vergabeverfahren.**[174] Es begründet damit aber keineswegs eine Pflicht der öffentlichen Auftraggeber, von

---

[165] EuGH, C-470/99, Slg. 2002, I-11 617, RdNr. 91 f. – Universale Bau AG; KompendiumVgR/*Aicher* Kap. 9 RdNr. 25.
[166] Mitt. „Auslegung Konzessionen", 19; *Koenig/Haratsch* NJW 2003, 2637, 2638; jurisPK-VergR/*Summa* RdNr. 35; *Boesen* RdNr. 16.
[167] *Gröning* ZIP 1999, 52, 54; *Leinemann* RdNr. 10.
[168] OLG Düsseldorf NZBau 2004, 688; *Schaller* ZfBR 2008, 142.
[169] Zu den Ausnahmen s. unten RdNr. 58.
[170] *Burgi* NZBau 2008, 29, 34; *Koenig/Kühling* NVwZ 2003, 779, 781; *Koenig/Haratsch* NJW 2003, 2637, 2638; *Boesen* RdNr. 31.
[171] jurisPK-VergR/*Summa* RdNr. 54.
[172] *Willenbruch/Bischoff/Frenz* RdNr. 15.
[173] *Burgi* NZBau 2005, 610, 615.
[174] *Leinemann* RdNr. 12; ausführlich dazu nun *Huerkamp*, S. 87 ff.

vornherein und unabhängig von dem Bietverfahren bestehende Wettbewerbsvorteile oder -nachteile der jeweiligen Bieter durch die Gestaltung der Vergabeunterlagen auszugleichen.[175]

39 Das Gleichbehandlungsgebot gilt **für alle Bieter des Vergabeverfahrens.** Im Gegensatz zu den Grundfreiheiten und dem allgemeinen Diskriminierungsverbot des EU-Rechts, die nur bei grenzüberschreitendem Bezug einschlägig sind,[176] verbietet der Gleichbehandlungsgrundsatz des Abs. 2 auch die Diskriminierung inländischer Bewerber. Er gilt **unabhängig von der Staatsangehörigkeit der Bieter,** so dass neben Unionsbürgern auch Bieter aus Drittstaaten von seinem Schutz erfasst sind.[177] Die im Vorentwurf zum Vergaberechtsänderungsgesetz vorgesehene Formulierung, dass kein Angebot auf Grund des Sitzes des Unternehmens, für das es abgegeben werde, benachteiligt oder ausgeschlossen werden dürfe, ist aus Befürchtungen einer reziprozitätslosen Gleichstellung von Drittstaatenunternehmen, die sich nicht im Anwendungsbereich des EU-Rechts befinden, nicht aufgenommen worden.[178] Im Kern hat sich die Vergaberechtspraxis aber dem Inhalt dieser Formulierung der Gleichbehandlungsklausel angenähert. Unabhängig davon geht der Gleichbehandlungsgrundsatz des deutschen Vergaberechts auch in der Form seines jetzigen Wortlauts **über die Vorgaben des EU-Rechts hinaus.** EU-rechtlich ist dies unbedenklich, da die Vergaberichtlinien nur eine Mindestharmonisierung anstreben und jeder Mitgliedstaat darüber hinaus strengere Vorschriften vorsehen darf, soweit er damit nicht den *effet utile* der Richtlinien verletzt.[179] Auch vor dem Hintergrund des Primärrechts ist ein weiter gehender Ansatz des Gleichbehandlungsgrundsatzes im deutschen Vergaberecht so lange unbedenklich als er nicht zu einer direkten oder indirekten Diskriminierung oder einer Behinderung ausländischer Akteure führt. Gerade dies ist aber mit einem besonders weit verstandenen Gleichbehandlungsgrundsatz im Vergaberecht nicht der Fall.

40 Der Gleichbehandlungsgrundsatz ist nicht auf die Zuschlagsentscheidung beschränkt. Vielmehr bezieht er sich auf **alle Phasen des Vergabeverfahrens** von dem Moment der Ausschreibung an.[180] Darüber hinaus ist er bei allen Arten der Vergabe im Sinne des § 101 Abs. 1 anwendbar.[181]

41 Der Gleichbehandlungsgrundsatz gilt sowohl für das **Nichtoffene Verfahren** als auch für das **Verhandlungsverfahren.**[182] Bei der Auswahl der Teilnehmer für das Nichtoffene Verfahren und für das Verhandlungsverfahren dürfen deshalb keine Benachteiligungen einzelner Bieter erfolgen. Bei Durchführung eines Teilnahmewettbewerbs gebietet der Gleichbehandlungsgrundsatz, dass die Vergabestelle nur solche Unternehmen zur Angebotsabgabe auffordern darf, die einen Teilnahmeantrag gestellt haben.[183] Die Auswahl der Bewerber hat nach sachgerechten Gesichtspunkten zu erfolgen. Der Gleichbehandlungsgrundsatz verpflichtet den öffentlichen Auftraggeber im Verhandlungsverfahren jedoch nicht dazu, die Verhandlungen mit allen Bietern bis zur Unterschriftsreife zu führen. Im Hinblick auf die Effizienz des Verfahrens ist ein sukzessiver Ausschluss der weniger wirtschaftlichen Angebote im Verlauf des Verfahrens zulässig.[184] Um die Chancengleichheit der Bieter zu wahren, müssen die jeweils letzten Angebote der im Verhandlungsverfahren noch verbliebenen Bieter zeitgleich eingeholt werden.[185] Im Rahmen des Nichtoffenen Verfahrens ist allerdings zu beachten, dass kein subjektiver Anspruch auf Beteiligung am öffentlichen Teilnahmewettbewerb besteht, da dieser nicht Bestandteil des förmlichen Vergabeverfahrens ist. Die Unternehmen haben jedoch jeweils einen Anspruch darauf, dass die Vergabestelle ihre **Auswahl nach pflichtgemäßem Ermessen** trifft und dabei

---

[175] OLG Naumburg v. 5. 12. 2008 – 1 Verg 9/08; OLG Koblenz NZBau 2002, 699, 704; BayObLG v. 5. 11. 2002 – Verg 22/02, RdNr. 24 f.

[176] Vgl. zur Anwendung des EG-rechtlichen Gleichbehandlungsgrundsatzes auf inländische Sachverhalte EuGH, C-308/93, Slg. 1996, I-2097 – Bestuur van de Sociale.

[177] *Reidt/Stickler/Glahs/Stickler* RdNr. 9.

[178] *Immenga/Mestmäcker/Dreher* RdNr. 61.

[179] EuGH, C-48/75, Slg. 1976, 497, RdNr. 69/73 – *Royer;* EuGH, C-336/97, Slg. 1999, I-3771, RdNr. 19 – Kommission/Italien; EuGH, C-321/05, Slg. 2007, I-5795, RdNr. 41 – Kofoed; EuGH, C-491/06, Slg. 2008, I-3339, RdNr. 28 – Danske Svineproducenter; vgl. zudem *Haratsch/Koenig/Pechstein* RdNr. 337; *Huerkamp,* S. 18 ff.

[180] EuGH, C-87/94, Slg. 1996, I-2043, RdNr. 54 – Kommission/Belgien-Wallonische Busse; *Weyand* RdNr. 152; *Byok/Jaeger/Hailbronner* RdNr. 208; *Kulartz/Kus/Portz/Kus* RdNr. 31; *Loewenheim/Bungenberg* RdNr. 22; *Jestaedt/Kemper/Marx/Prieß/Marx* RdNr. 1.6.

[181] *Byok/Jaeger/Hailbronner* RdNr. 208.

[182] BayObLG v. 5. 11. 2002 – Verg 22/02, RdNr. 20; OLG Frankfurt/M v. 10. 4. 2001 – 11 Verg 1/01.

[183] *Boesen* RdNr. 42.

[184] OLG Frankfurt/M v. 10. 4. 2001 – 11 Verg 1/01.

[185] KG Berlin v. 31. 5. 2000 – Kart Verg 1/00.

unter Berücksichtigung des Gleichbehandlungsgrundsatzes alles unterlässt, was zu einer Benachteiligung einzelner Bewerber führen würde.[186]

Der Gleichbehandlungsgrundsatz erfasst **offene und versteckte Diskriminierungen.** Versteckte Diskriminierungen liegen dann vor, wenn im Rahmen des Vergabeverfahrens Kriterien herangezogen werden, die formal nicht diskriminierend wirken, tatsächlich aber dazu führen, dass bestimmte Bieter den anderen gegenüber benachteiligt werden. Eine solche versteckte Diskriminierung stellt vor allem die Bevorzugung von Unternehmen dar, an denen der Staat beteiligt ist.[187]   **42**

2. Einzelausformungen. Der Grundsatz der Gleichbehandlung verlangt die **diskriminierungsfreie Anwendung und Auslegung** der Vergaberegeln. Dies betrifft die Formulierung der Leistungsbeschreibung, die Inhaltsbestimmung,[188] aber auch die Anwendung von Eignungs- und Zuschlagskriterien.[189] Die in den Vergaberegeln enthaltenen unbestimmten Rechtsbegriffe sind immer im Lichte des Gleichbehandlungsgrundsatzes auszulegen.   **43**

Die Bieter müssen sowohl zum Zeitpunkt der Angebotsvorbereitung als auch bei der Angebotsbewertung strikt gleich behandelt werden.[190] Aus diesem Grund sind die öffentlichen Auftraggeber beispielsweise verpflichtet, allen Bietern die gleichen Informationen zur Verfügung zu stellen. Ebenso besteht die Verpflichtung, die Antworten auf Fragen eines einzelnen Bieters allen anderen Bietern zukommen zu lassen.[191] Das Gleichbehandlungsgebot verpflichtet die öffentlichen Auftraggeber darüber hinaus auch, die **Angebote ausländischer Bieter** genauso zu behandeln wie diejenigen inländischer Bieter, weil die Vergaberichtlinien besonders – allerdings nicht ausschließlich – den Zweck verfolgen, eine Bevorzugung einheimischer Bieter zu verhindern.[192] Gleiches gilt für die anderen, oben genannten[193] Differenzierungskriterien. Damit entsteht allerdings die Schwierigkeit, das Feld der potenziellen Bieter bereits durch bestimmte Kriterien vorzustrukturieren. Aus praktischer Sicht führt dies – vor allem im Hinblick auf einen erleichterten Arbeitsablauf nach Eingang der Gebote – zu nicht zu unterschätzenden Problemen. Das Gleichbehandlungsgebot bedeutet allerdings nicht, dass die öffentlichen Auftraggeber keine Differenzierungskriterien in die Leistungsbeschreibung, die Inhaltsbestimmung und die Eignungs- und Zuschlagskriterien aufnehmen dürfen. Voraussetzung ist allerdings, dass die betreffenden Kriterien auftragsbezogen sind und eine objektive Berechtigung haben und dass sie keine mittelbare Diskriminierung darstellen. Alle Bieter müssen dann entsprechend der gewählten Kriterien gleich behandelt werden. Ein typisches Problem stellen insoweit die **Anforderungen an die Landessprache** dar. Sind die Anforderungen an die Landessprache objektiv für den betreffenden Auftrag erforderlich und werden alle Bieter hinsichtlich des Erfordernisses gleichermaßen behandelt, so stellt dies keinen Verstoß gegen den Gleichbehandlungsgrundsatz dar.   **44**

Der Grundsatz der Gleichbehandlung gebietet es ferner, dass lediglich solche Angebote gewertet werden, die in jeder sich aus den Ausschreibungsunterlagen ergebenen Hinsicht **vergleichbar** sind.[194] Zudem sind Angebote nur so zu werten, wie sie eingereicht wurden. Der Gleichbehandlungsgrundsatz verbietet damit die Einräumung einer Überarbeitungsmöglichkeit nur einem einzelnen Bieters.[195] Wird einem einzelnen Bieter gleichwohl die Möglichkeit zur Überarbeitung gegeben, so muss diese Möglichkeit auch allen anderen Bietern eingeräumt werden. Es kommt insoweit nicht nur darauf an, dass die übrigen Bieter die Möglichkeit der Überarbeitung als solcher haben, sondern ihnen müssen dieselben Fristen und ggf. dieselben (zusätzlichen) Informationen gegeben werden.   **45**

Keine Diskriminierung liegt hingegen dann vor, wenn der öffentliche Auftraggeber Bieter zu einem Vergabeverfahren zulässt, die **formell und materiell rechtmäßig staatliche Beihilfen** erhalten haben. Es besteht soweit auch keine Verpflichtung der Vergabestelle, die Rechtmäßigkeit der Beihilfen zu überprüfen.[196] Etwas anderes gilt jedoch dann, wenn ein Bieter ein ungewöhnlich niedriges Angebot abgegeben hat und dieses auf eine Beihilfe zurückzuführen ist. In   **46**

---

[186] OLG Naumburg ZfBR 2002, 301, 303.
[187] Vgl. EuGH, C-3/88, Slg. 1989, 4059 – Kommission/Italien; *Immenga/Mestmäcker/Dreher* RdNr. 292.
[188] *Burgi* NZBau 2008, 29, 34; *Huerkamp,* S. 141 ff.
[189] OLG Karlsruhe NZBau 2007, 393.
[190] Vgl. EuGH, C-19/00, Slg. 2001, I-7725, RdNr. 33 – SIAC Construction.
[191] BGH NZBau 2000, 35.
[192] EuGH, C-380/98, Slg. 2000, I-8035, RdNr. 16 – University of Cambridge.
[193] Vgl. oben RdNr. 38.
[194] BGH NZBau 2003, 293, 295 f.; BGH NZBau 2006, 800, 802; ausführlich dazu *Huerkamp,* S. 226 ff.
[195] VergabeK Bund v. 26. 8. 1999 – VK 2–20/99, NZBau 2000, 398, 400.
[196] *Reidt/Stickler/Glahs/Stickler* RdNr. 10.

diesem Fall ist der öffentliche Auftraggeber gemäß § 25 a Nr. 2 VOB/A verpflichtet, vom Bieter einen Nachweis der Rechtmäßigkeit der staatlichen Beihilfen zu verlangen. Kommt der Bieter dieser Forderung innerhalb einer angemessenen Frist[197] nicht nach, hat die Vergabestelle das Angebot entgegen dem Wortlaut des § 25 a Nr. 2 VOB/A zwingend auszuschließen, da die Zuschlagserteilung an einen Bieter, der einen unionsrechtswidrigen Wettbewerbsvorteil erlangt hat, gegen Unionsrecht verstieße.[198]

47   Der Gleichbehandlungsgrundsatz verpflichtet die Vergabestellen schließlich immer zu einem gewissen Maß an **Neutralität.** Das bedeutet, dass jede Form der Befangenheit einen Verstoß gegen den Gleichbehandlungsgrundsatz darstellt.[199] Bei der Beurteilung, ob ein Interessenkonflikt vorliegt, etwa durch persönliche, rechtliche oder wirtschaftliche Beziehungen einzelner Bieter, Organmitglieder, Angehöriger oder Tochterunternehmen zum öffentlichen Auftraggeber oder seinen Beratern, ist auf eine Einzelfallbetrachtung abzustellen.[200] Zur Beantwortung der zT nicht ganz einfachen Frage, wer als **nahe stehende Person** anzusehen ist, kann auf die Norm des § 138 InsO zurückgegriffen werden.[201] Auch für die Beurteilung der Rechtsfolgen, die der Interessenkonflikt nach sich zieht, ist stets auf den Einzelfall abzustellen. **Zwingende Ausschlussgründe** sind neben solchen Gründen, die nur unter bestimmten Voraussetzungen einen Ausschluss nach sich ziehen müssen, in § 16 VgV normiert.[202] Daneben können weitere Ausschlussgründe in Betracht kommen. Grundsätzlich muss ein Interessenkonflikt im Einzelfall nachgewiesen und dem Betroffenen die Möglichkeit gegeben werden, Stellung zu beziehen und nachzuweisen, dass dieser Interessenkonflikt nicht zu einer Wettbewerbsverfälschung führt.[203]

48   **3. Verstöße gegen den Gleichbehandlungsgrundsatz. a) Gleichbehandlungswidrige Vergabepraktiken. aa) Bieter mit Wissensvorsprung.** In der Vergaberechtspraxis stößt es in Hinblick auf den Gleichbehandlungsgrundsatz immer wieder auf Schwierigkeiten, wenn im Rahmen des Vergabeverfahrens Personen beteiligt sind, die anderen Beteiligten gegenüber einen **tatsächlichen oder unterstellten Wissensvorsprung** haben.[204] In diesen Fällen kann es zu Interessenkonflikten durch die Mitwirkung solcher Personen kommen. Im Wesentlichen sind dabei vier Konstellationen zu unterscheiden: Problematisch ist die persönliche, rechtliche oder wirtschaftliche Verbindung von einzelnen Bietern oder deren Mitarbeitern, Organmitgliedern, Angehörigen oder Tochtergesellschaften zu einer Vergabestelle oder deren Beratern.[205] Insoweit könnte nämlich die Gefahr bestehen, dass solche Bieter einen Vorteil gegenüber anderen Bietern aufgrund besserer Kenntnisse oder wegen etwaiger persönlicher Bindungen haben und dadurch das Gleichbehandlungsgebot verletzt würde. Die Entscheidungspraxis geht grundsätzlich davon aus, dass **nur im Einzelfall entschieden werden kann,** ob ein Interessenkonflikt vorliegt, der einen Verstoß gegen den Gleichheitsgrundsatz zur Folge hat.[206] Personelle, rechtliche oder sonstige Verflechtungen rein tatsächlicher Art stellen nämlich nicht per se einen Verstoß gegen das Gleichbehandlungsgebot dar, weil eine derartige Stellung nicht automatisch den betreffenden Bieter bevorteilt. Vielmehr besteht bei besonderen Verflechtungen des Bieters oder seiner Mitarbeiter mit einer Vergabestelle oder deren Beratern nur die besondere Vermutung, dass eine Besserstellung gegenüber anderen Bietern bestünde.[207] Im Einzelfall muss dann überprüft werden, ob für den Bieter tatsächlich Vorteile entstanden sind, die eine Verletzung des Gleichbehandlungsgebots begründen. Eine solche Verletzung liegt nur dann vor, wenn es

---

[197] Die Angemessenheit der Frist ist einzelfallbezogen zu ermitteln, wobei sich allerdings in Literatur und Rechtsprechung praktisch kaum verallgemeinerbare Hinweise finden, wann eine Frist als nicht mehr angemessen anzusehen ist.

[198] Vgl. auch jurisPK-VergR/*Summa* RdNr. 58.

[199] Vgl. *Willenbruch/Bischoff/Frenz* RdNr. 16; jurisPK-VergR/*Summa* RdNr. 56; *Loewenheim/Bungenberg* RdNr. 25.

[200] S. dazu etwa *Immenga/Mestmäcker/Dreher* RdNr. 71.

[201] Vgl. dazu *Kübler/Prütting/Bork/Ehricke* Insolvenzordnung – Kommentar (Stand 2009), § 138 InsO RdNr. 1 ff.

[202] S. dazu die Kommentierung zu § 16 VgV.

[203] S. dazu ausführlich *Immenga/Mestmäcker/Dreher* RdNr. 71.

[204] *Kirch,* Mitwirkungsverbote in Vergabeverfahren, 2004.

[205] *Immenga/Mestmäcker/Dreher* RdNr. 71.

[206] VergabeK Bund v. 17. 4. 2000 – 1-5/2000, 15; VergabeK Bund v. 14. 7. 2000 – VK 2-16/00, 23; OLG Brandenburg v. 22. 5. 2007 – VergW 13/06; OLG Stuttgart v. 24. 3. 2000 – 2 Verg 2/99; VergabeK Lüneburg v. 14. 1. 2002 – 203-22/01; vgl. auch *Müller-Wrede* RdNr. 14; *Gabriel* NZBau 2010, 225.

[207] Monographisch dazu *v. Münchhausen,* Staatliche Neutralität bei der Vergabe öffentlicher Aufträge, 2010.

sich um einen **schwerwiegenden Fall** handelt.[208] Ein solcher schwerwiegender Fall ist regelmäßig dann anzunehmen, wenn in einem kausalen Zusammenhang zu den Gründen des Interessenkonflikts eine *erhebliche* Wettbewerbsverzerrung nach der Art und dem Umfang des Einflusses auf Seiten der Vergabestelle bei gleichzeitigem Bestehen konkreter und kausaler Beteiligungen anderer Bieter entsteht.[209] Zwar ist in der Rechtsprechung die Auffassung vertreten worden, dass, um dem Neutralitätsgebot zu genügen, Vertragsabschlüsse zwischen Bietern und für die Auftraggeberseite arbeitenden Unternehmen sowie Versuche zur Vertragsanbahnung vergaberechtlich unzulässig seien, ohne dass es auf den Nachweis der tatsächlichen Beeinflussung der Vergabeentscheidung durch diese Umstände ankäme.[210] Eine solche Auffassung ist allerdings mit den Grundsätzen der Rechtssicherheit und der Verhältnismäßigkeit sowie der Berufsfreiheit und der Unternehmerfreiheit der betroffenen Berater unvereinbar.[211]

In § 16 VgV hat der Gesetzgeber den Konflikt zwischen einer Nähebeziehung zum Vergabe- **49** ausschuss und der Beteiligung am Vergabeverfahren als Bieter durch einen **differenzierten Ansatz** zu lösen versucht.[212] Die Vorschrift schließt auf der einen Seite bestimmte Personen von der Mitwirkung bei Entscheidungen in Vergabeverfahren aus. Ein zwingendes Mitwirkungsverbot besteht demnach, wenn bei Personen auf Bewerber- bzw. Bieterseite und auf der Auftraggeberseite Personenidentität besteht (§ 16 Nr. 1 VgV). Ein zwingendes Mitwirkungsverbot besteht darüber hinaus auch in den Fällen der **Doppelberatung, Doppelunterstützung** und der **Doppelvertretung** sowohl des Auftraggebers bzw. eines von ihm Beauftragten als auch eines Bewerbers oder Bieters (§ 16 Nr. 2 VgV). Im Einzelfall kommt nach § 16 Nr. 3 VgV ein Mitwirkungsverbot nur in Betracht, wenn ein konkreter Interessenkonflikt besteht und sich die Tätigkeit auf Entscheidungen in dem Vergabeverfahren auswirkt.[213]

bb) Bieter als früherer Auftragnehmer. Ein Verstoß gegen den Gleichbehandlungs- **50** grundsatz könnte auch darin bestehen, dass einzelne Bieter aus ihrer Stellung als **früherer Auftragnehmer** Wettbewerbsvorsprünge im Vergabeverfahren haben.[214] Aufgrund ihrer früheren Beauftragung kennen Bieter nicht selten die Voraussetzungen und die Durchführung des Auftrags, der im Rahmen des Vergabeverfahrens vergeben werden soll, besser als die Mitbewerber. Es könnte sich daher die Frage stellen, ob Auftragnehmer aus vorangegangenen Vergabeverfahren für weitere Verfahren (zumindest zeitweise) ausgeschlossen oder beschränkt werden müssen.[215] Dagegen spricht allerdings, dass allein aus dem **Wissensvorsprung** noch keine Besserstellung im Wettbewerb folgt. Der Gleichbehandlungsgrundsatz soll bewirken, dass alle Bieter **die gleichen „Startbedingungen"** im Wettbewerb haben; vergaberechtswidrig ist nur die Verletzung des Gleichbehandlungsgebots, wenn damit auch ein Wettbewerbsvorsprung des betreffenden Bieters einhergeht. Dies ist bei der Beteiligung von früheren Auftragnehmern in neuen Verfahren des alten Auftraggebers aber nicht notwendigerweise der Fall. Zudem ist es systemimmanent, dass derjenige, der bereits früher einen Auftrag erhalten hat, im Gegensatz zu seinen Wettbewerbern weiß, zu welchen Kosten er die ausgeschriebene Dienstleistung zu erbringen hat.[216] Zudem wäre es im Gegenteil gleichbehandlungsgebotswidrig, einen Bieter nur deshalb nicht in einem Verfahren zuzulassen, weil er bereits in einem anderen Verfahren desselben Auftraggebers erfolgreich gewesen ist. Das würde eine Situation schaffen, in der wirtschaftlich potentiell gute oder sonst besonders geeignete Bieter von vornherein ausgeschlossen wären, an weiteren Verfahren desselben Auftraggebers teilzunehmen. Eine solche Folge wäre ökonomisch unsinnig und mit dem Ziel des Vergabeverfahrens, ein wettbewerbsanaloges Ergebnis zu erzielen, nicht vereinbar. Zudem könnte ein solcher Ansatz in manchen Bereichen dazu führen, dass ein Auftraggeber, der häufiger Aufträge der gleichen Art zu vergeben hat, keine Bieter

---

[208] S. *Immenga/Mestmäcker/Dreher* RdNr. 72.

[209] Vgl. VergabeK Bund v. 17. 7. 2000 – VK 1-13/00; VergabeK Bund v. 14. 7. 2000 – VK 2-16/00, 23; VergabeK Baden-Württemberg v. 23. 1. 2003 – 1 VK 70/02, 13 f.; VergabeK Lüneburg v. 13. 12. 2000 – 203-VgK-11/00; BayObLG WuW/E Verg 325; anders OLG Düsseldorf VergabeR 2004, 236; vgl. ferner *Immenga/Mestmäcker/Dreher* RdNr. 72.

[210] OLG Brandenburg WuW/E Verg 237 f. – Flughafen Berlin; dazu ua. *Dreher* VerfR 1999, 1513; *ders.* NZBau 2000, 280; *Quandt* BB 1999, 1945; *Jaeger,* Jahrbuch Baurecht, 2000, 134.

[211] So zu Recht *Immenga/Mestmäcker/Dreher* RdNr. 74.

[212] *Kapellmann/Messerschmidt/Kühnen* § 16 VgV RdNr. 1 ff.; *Leinemann* RdNr. 23 ff.

[213] Vgl. zu Einzelheiten die Kommentierung in diesem Kommentar zu § 16 Nr. 3 VgV; zur Beteiligung von Objektgesellschaften an Vergabeverfahren s. *Burbulla* NZBau 2010, 145.

[214] Vgl. *Immenga/Mestmäcker/Dreher* RdNr. 63; *Leinemann* RdNr. 18; *Ehrig* VergabeR 2010, 11.

[215] Dazu BayObLG VergabeR 2003, 186 *Immenga/Mestmäcker/Dreher* RdNr. 63; *Leinemann* RdNr. 20.

[216] EuGH, C-172/99, Slg. 2001, I-745, RdNr. 24 – Oy Liikenne.

mehr findet, weil es möglicherweise auf diesem – typischerweise spezialisierten – Gebiet nur eine sehr beschränkte Anzahl an Bietern gibt. Vor diesem Hintergrund ist es auch überzeugend, wenn deutsche Vergabekammern annehmen, besondere Rechtskenntnisse der bisherigen Auftragnehmer seien nicht per se wettbewerbswidrig. Damit sind Auftraggeber auch nicht verpflichtet, unabhängig von der konkreten Ausschreibung bestehende Wettbewerbsvorteile und -nachteile potentieller Bieter durch die Gestaltung der Vergabeunterlagen auszugleichen.[217]

51   **cc) Bieter als Projektant.** Besonders problematisch ist vor dem Hintergrund des Gleichbehandlungsgebots die Frage, wie **Projektanten** an der Ausschreibung im Vergabeverfahren zu beteiligen sind.[218] Projektanten sind Unternehmen, die eine Vergabestelle bei der Vorbereitung einer Ausschreibung beraten oder in sonstiger Weise unterstützt haben.[219] Wenn diese Unternehmen oder Unternehmen, die mit Ihnen verbunden sind, oder Unternehmen, die in ähnlicher Weise vorbefasst sind, an einer Ausschreibung teilnehmen, ist fraglich, ob diese vor dem Hintergrund des Gleichbehandlungsgebotes von dem Vergabeverfahren ausgeschlossen werden müssen.[220] Die enge Verknüpfung der einzelnen Vergaberechtsprinzipien untereinander zeigt sich im Hinblick auf die Projektantenproblematik insbesondere darin, dass ein etwaiger **Ausschluss von Projektanten** auch im Hinblick auf einen Verstoß gegen das Wettbewerbsprinzip diskutiert wird (vgl. oben RdNr. 12).[221] Speziell vor dem Hintergrund des Gleichbehandlungsgebotes entsteht indes die Frage, ob ein Projektant aufgrund seiner Vorkenntnisse oder im Hinblick auf etwaige Kostenvorteile aus seiner Vorbefassung solche Vorteile gegenüber den anderen Bietern hat, dass ein diskriminierungsfreies Vergabeverfahren nicht mehr gewährleistet ist.[222]

52   In Betracht käme, die Vorschrift des **§ 16 VgV als Ansatzpunkt** für eine Lösung heranzuziehen.[223] Dies ist mit unterschiedlichen Argumenten abgelehnt worden.[224] Im Gegensatz zur Literatur wurde in der Rechtsprechung unter Heranziehung der § 6 Nr. 3 VOL/A, § 7 Nr. 1 VOB/A aF und § 6 Nr. 2 VOF zum Teil sogar die Auffassung vertreten, dass Projektanten von Anfang an nicht am Vergabeverfahren teilnehmen können.[225] Mittlerweile ist durch den EuGH allerdings **geklärt,** dass das europäische Vergaberecht einem **generellen Ausschluss von Projektanten** entgegensteht. Die Projektanten müssen nach dieser Rechtsprechung die Möglichkeit haben, nachzuweisen, dass ihre Beteiligung aufgrund der Umstände des Einzelfalls nicht zu einer Wettbewerbsverfälschung führt.[226] Wenngleich diese Rechtsprechung für die Rechtspraxis in Deutschland zumindest den Charakter einer Leitvorgabe hat, hat der deutsche Gesetzgeber sie zum Anlass genommen, in § 4 Abs. 5 und § 6 Abs. 3 VgV Regelungen vorzusehen, die dem Auftraggeber bei Projektanten als Bietern oder Bewerbern aufgeben, sicherzustellen, dass der Wettbewerb durch die Teilnahme des Bieters oder Bewerbers nicht verfälscht wird.[227] Vor dem Hintergrund des Gleichbehandlungsgebots kann deshalb **im Einzelfall die Verpflichtung bestehen,** den Informationsvorsprung eines Projektanten durch die Ausgabe von Informationen an alle anderen Bieter oder Bewerber auszugleichen.[228] Zudem kann ein Ausgleich auch dadurch erfolgen, dass der öffentliche Auftraggeber gehalten ist, besonders lange Fristen zur Angebotseinrichtung zu setzen, damit die Bieter oder Bewerber die zusätzlichen Informationen, die sie erhalten haben, verwerten und in ihr Angebot einarbeiten können.[229] Problematisch ist insoweit allerdings, dass ein solcher Ausgleich von Wettbewerbsvorsprüngen in der Praxis oft nicht möglich ist. Da nach der Rechtsprechung des EuGH aber ein per se-Ausschluss des Pro-

---

[217] BayObLG VergabeR 2003, 186; ähnlich OLG Düsseldorf v. 9. 2. 2009 – VII-Verg 66/08.

[218] EuGH, C-21/03 und C-34/03, Slg. 2005, I-1559 – Fabricom; *Behrens* NZBau 2006, 752; *Kupczyk* NZBau 2010, 21; *Diringer* VergabeR 2010 (Sonderheft), 361; *Huerkamp,* S. 200 ff.; *Leinemann* RdNr. 17 ff.; *Horn* NZBau 2005, 28; *Kulartz / Kus / Portz / Kus* RdNr. 41; *Loewenheim / Bungenberg* RdNr. 28.

[219] Vgl. OLG Düsseldorf NZBau 2006, 466; OLG Jena NZBau 2003, 624; s. zudem *Horn* NZBau 2005, 28; *Kulartz / Niebuhr* NZBau 2000, 6, 11; KompendiumVgR / *Müller-Wrede* Kap.10 RdNr. 4.

[220] *Behrens* NZBau 2006, 752; *Kulartz / Kus / Portz / Kus* RdNr. 41; *Loewenheim / Bungenberg* RdNr. 28.

[221] S. oben RdNr. 12.

[222] Vgl. *Immenga / Mestmäcker / Dreher* RdNr. 66; *Leinemann* RdNr. 15; *Michel* NZBau 2006, 689, 690.

[223] Zu Einzelheiten zu § 16 VgV s. die Kommentierung in diesem Kommentar; *Horn* NZBau 2005, 28, 29.

[224] OLG Koblenz NZBau 2002, 699; *Horn* NZBau 2005, 28, 29 mit Bezug auf OLG Jena NZBau 2003, 624.

[225] Vgl. zB OLG Jena NZBau 2003, 624; vgl. auch OLG Düsseldorf WuW/E Verg. 912; dagegen OLG Hamburg VergabeR 2003, 40, 42.

[226] EuGH, C-21/03 und C-34/03, Slg. 2005, I-1559, RdNr. 31, 33 – Fabricom.

[227] Zu Einzelheiten vgl. die Kommentierung zu § 6 VgV in diesem Kommentar.

[228] Vgl. Gesetzesbegründung des Regierungsentwurfs BT-Drucks. 15/5668, S. 12.

[229] *Immenga / Mestmäcker / Dreher* RdNr. 69 mit Verweis auf VergabeK Bund v. 1. 9. 2005 – VK 1-98/05.

jektanten nicht in Betracht kommt, ist fraglich, wie der Gleichbehandlungsgrundsatz in solchen Fällen gewährleistet werden kann. Ansatzpunkt zur Lösung dieser Problemlage ist die Leitvorgabe des EuGH, dass der Grundsatz der Gleichbehandlung für die Person des Projektanten jedenfalls nicht erfordere, sie in der gleichen Weise zu behandeln, wie jeden anderen Bieter.[230] Die Beweislast für das Fehlen einer Wettbewerbsverfälschung liegt im Falle der Einbeziehung des Projektanten in das Vergabeverfahren bei dem Projektanten. Daraus ergibt sich, dass es nicht gegen den Gleichheitsgrundsatz verstößt, wenn ihm die Möglichkeit eingeräumt wird, **innerhalb einer angemessenen Frist nachzuweisen,** dass durch seine Beteiligung am Vergabeverfahren eine Wettbewerbsverfälschung nicht eintritt. Gelingt ihm dieser Nachweis nicht, besteht für den Auftraggeber die Pflicht, den Projektanten auszuschließen.[231] Dies ergibt sich freilich nicht aus § 4 Abs. 5 VgV, weil dieser eine solche Rechtsfolge nicht vorsieht[232] und darüber hinaus auch eine Wettbewerbsverfälschungsvermutung nicht enthält.[233] Grundlage für einen solchen Ansatz ist die durch die Rechtsprechung des EuGH vorgegebene **europarechtskonforme Auslegung des Gleichbehandlungsgebots** in Abs. 2.

dd) Doppelmandatierung und Einschaltung von Versicherungsmaklern. Probleme 53 im Hinblick auf den Gleichbehandlungsgrundsatz haben sich auch im Zusammenhang mit der Doppelmandatierung von Rechtsberatern[234] und bei der Einschaltung von Maklern bei der Vergabe von Versicherungsdienstleistungen[235] ergeben. Im Hinblick auf die Doppelmandatierung regelt § 16 Abs. 1 Nr. 2 VgV mittlerweile aber ein **zwingendes Mitwirkungsverbot**[236] und im Hinblick auf die Einschaltung von Maklern können die **entsprechenden Erwägungen zur Projektantenproblematik** herangezogen werden,[237] da es sich insoweit um eine – zumindest wirtschaftlich – vergleichbare Situation handelt. Interessenkonflikte ergeben sich nämlich vor allem dann, wenn Makler mit einzelnen Versicherungsunternehmen Rahmenverträge haben oder von erfolgreichen Bietern eine Courtage erwarten.[238]

ee) Hersteller- oder markenbezogene Voraussetzungen für die Ausschreibung. Vor 54 dem Hintergrund einer etwaigen Verletzung des Gleichbehandlungsgrundsatzes sind auch Ausschreibungen problematisch, in denen konkrete hersteller- oder markenbezogene Voraussetzungen enthalten sind.[239] Insbesondere die **Vorgabe bestimmter technischer Beschreibungen** in Verbindung mit einer Herstellerangabe kann dann zu einem Verstoß des Gleichbehandlungsgrundsatzes führen, wenn es den Bietern in der Praxis nicht einmal möglich ist, die Gleichwertigkeit eines anderen Systems nachzuweisen.[240] Hat der Auftraggeber in seiner Beschreibung für die ausgeschriebene Leistung eine **bestimmte Technologie** beschrieben, so stellt dies nur dann einen Verstoß gegen den Gleichbehandlungsgrundsatz dar, wenn eine solche Beschreibung **willkürlich** erfolgt und den Zweck hat, potentielle Bewerber von der Ausschreibung fernzuhalten.[241]

ff) Einbeziehung von Alternativangeboten. Gleichfalls gegen den Grundsatz der Gleich- 55 behandlung verstößt die Einbeziehung von Alternativangeboten,[242] wenn solche nicht zugelassen waren.[243] Eine Berücksichtigung derartiger Alternativangebote stellt nämlich eine **Ab-**

---

[230] EuGH, C-21/03 und C-34/03, Slg. 2005, I-1559, RdNr. 31, 33 f. – Fabricom.
[231] *Immenga/Mestmäcker/Dreher* RdNr. 70; *Kulartz/Kus/Portz/Kus* RdNr. 41; KompendiumVgR/*Müller-Wrede* Kap. 10 RdNr. 43.
[232] Dazu vgl. die Kommentierung zu § 5 Abs. 5 VgV in diesem Kommentar.
[233] Dazu vgl. die Kommentierung zu § 5 Abs. 5 VgV in diesem Kommentar.
[234] OLG Brandenburg v. 3. 8. 1999 – 6 Verg 1/99; OLG Stuttgart v. 24. 3. 2000 – 2 Verg 2/99; *Kulartz/Niebuhr* NZBau 2000, 6, 10; *Berrisch/Nehl* WuW 2001, 944.
[235] OLG Düsseldorf VergabeR 2001, 45; OLG Celle VergabeR 2003, 625; OLG Schleswig-Holstein VergabeR 2002, 649; OLG Celle VergabeR 2004, 387; OLG Naumburg VergabeR 2004, 387; *Boesen* VersR 2000, 1063; *Dreher* VersR 2000, 666; *Reuber* VergabeR 2002, 655; *Werber* VersR 2008, 1026.
[236] Einzelheiten in der Kommentierung zu § 16 Abs. 1 Nr. 2 VgV.
[237] *Boesen* VersR 2000, 1063; *Immenga/Mestmäcker/Dreher* RdNr. 79.
[238] Vgl. Fn. 239.
[239] Vgl. VergabeK Sachsen v. 7. 2. 2003 – 1/SVK/007-03; *Immenga/Mestmäcker/Dreher* RdNr. 82; *Weyand* § 9 VOB/A RdNr. 3435, § 8 VOL/A RdNr. 5282 ff.; *Prieß* NZBau 2004, 87, 92; vgl. auch OLG Frankfurt/M v. 28. 10. 2003 – 11 Verg 9/03; OLG Saarbrücken v. 29. 10. 2003 – 1 Verg 2/03.
[240] VergabeK Halle v. 21. 12. 2000 – Az. VK Hal 22/00; VÜA NRW v. 10. 6. 1997 – 1/97.
[241] Vgl. zB VÜA Brandenburg WuW/E VergAL 48 – Heizkraftwerk Cottbus.
[242] Zu sog. Alternativ- oder Nebenangeboten vgl. KompendiumVgR/*Lischka* Kap. 19 RdNr. 114; *Marbach* BauR 2000, 1643.
[243] *Wagner/Steinkämper* NZBau 2004, 253; *Opitz* VergabeR 2004, 54; KompendiumVgR/*Aicher* Kap. 9 RdNr. 35; *Immenga/Mestmäcker/Dreher* RdNr. 83.

weichung von der (bindenden) Leistungsbeschreibung dar. Eine Gleichwertigkeitsprüfung der einzelnen Gebote kann vor dem Hintergrund der Rechtsprechung des EuGH zu den Mindestanforderungen im europäischen Vergaberecht[244] nicht erfolgen. Ein Verstoß gegen den Gleichbehandlungsgrundsatz liegt allerdings dann nicht vor, wenn der Auftraggeber festlegt, dass **Alternativangebote nur zugelassen werden, wenn auch ein Hauptangebot abgegeben wird.**[245] Durch eine solche Vorgabe kann die Vergabestelle nämlich sicherstellen, dass auf jeden Fall der Leistungsbeschreibung entsprechende Angebote eingehen und das Vergabeverfahren mit Erfolg abgeschlossen werden kann. Ansonsten besteht die Gefahr, dass sämtliche abgegebenen Angebote nicht annehmbar sind.[246]

56   **gg) Wertungsausschluss von Angeboten.** Problematisch ist die Vereinbarkeit des Ausschlusses von der Wertung von Angeboten mit dem Gleichbehandlungsgebot.[247] Insoweit geht es darum, ob bei einem **Abweichen von den geforderten Eignungskriterien,** der Abgabe von **Spekulationsangeboten**[248] oder der Abgabe von **Mischgeboten**[249] von vornherein ein Ausschluss von der Wertung zu erfolgen hat. Nach der Rechtsprechung des BGH ist ein solcher Ausschluss aus Gründen der Gleichbehandlung hinzunehmen.[250] Diese Rechtsprechung des BGH ist in der Literatur jedoch stark kritisiert[251] und auch in der Rechtsprechung der Oberlandesgerichte zum Teil dergestalt aufgeweicht worden, dass das Fehlen von geforderten Angaben dann nicht zu einem Ausschluss von der Wertung führen soll, wenn dies zumindest praktisch nicht zu einer Wettbewerbsbeeinträchtigung führen kann.[252] In diesem Zusammenhang besteht die **weitergehende Problematik,** ob ein Antragsteller, dessen Angebot aus zwingenden Gründen ausgeschlossen wurde, in einem vergaberechtlichen Nachprüfungsverfahren einen Anspruch darauf hat, dass die Nachprüfungsinstanz Angebote anderer Bieter mit demselben Fehler ebenfalls ausschließt.[253] Zunächst könnte bereits zweifelhaft sein, ob ein solcher Antragsteller überhaupt die **Antragsbefugnis** für ein Nachprüfungsverfahren hat. § 107 Abs. 2 knüpft die Antragsbefugnis zwar nur an das Interesse am Auftrag und die Verletzung in seinen Rechten nach Abs. 7 durch die Nichtbeachtung von Vergabevorschriften. Auch § 108 Abs. 1 S. 2 verlangt lediglich, dass der Antrag ein bestimmtes Begehren beinhalten soll. Dennoch bestehen ernsthafte Bedenken, ob in einem solchen Fall nicht gleichwohl die Zulässigkeit des Antrags fehlt. Der Antragsteller könnte nämlich im Obsiegensfall allenfalls nur den Ausschluss eines oder mehrerer anderer Bieter erreichen, nicht aber seine eigene Teilnahme an dem Vergabeverfahren durchsetzen. Allein für den Ausschluss anderer Teilnehmer am Vergabeverfahren fehlt ihm aber das **Rechtsschutzinteresse.**[254] Selbst wenn man gleichwohl die Zulässigkeit bejahen wollte, so wäre ein derartiges Begehren jedenfalls unbegründet, denn das Gleichbehandlungsgebot des Abs. 2 fordert **keine Gleichheit im Unrecht.** Zudem trifft die Nachprüfungsinstanzen keine umfassende Nachforschungspflicht auf entsprechende Angebotsfehler bei allen Bietern, so dass auch deshalb ein derartiges Begehren nicht durchdringen könnte. Eine **Ausnahme ist nur dann zu rechtfertigen,** wenn von vornherein alle anderen Angebote zwingend und offensichtlich hätten ausgeschlossen werden müssen. In diesem Fall besteht nämlich die Möglichkeit des Ausgeschlossenen und aller anderen Bieter, sich in einem dann notwendigen neuen Ver-

---

[244] EuGH, C-423/01, Slg. 2003, I-11985 – Traunfellner; vgl. zudem *Freise* NZBau 2006, 548.

[245] So *Immenga/Mestmäcker/Dreher* RdNr. 83 unter Verweis auf Saarländisches OLG v. 24. 11. 1999 – 5 Verg 1/99, S. 14 f.; vgl. auch *Weyand* § 10 VOB/A RdNr. 3607.

[246] Vgl. *Weyand* § 10 VOB/A RdNr. 3607.

[247] *Immenga/Mestmäcker/Dreher* RdNr. 86 f.; *Loewenheim/Bungenberg* RdNr. 27; *Steiner* Europ. law reporter 2009, 264; Praxiskommentar/*Maibaum* RdNr. 113 ff.

[248] Dazu vgl. *Konrad* NZBau 2004, 524 ff.; *Thormann* BauR 2000, 953.

[249] Dazu vgl. *Kus* NZBau 2004, 425, 426; *Leinemann/Kirch* VergabeR 2005, 563; *Leinemann* VergabeR 2008, 346.

[250] BGH NZBau 2003, 293, 295 f.; vgl. auch den etwas anders gelagerten Fall bei BGH NZBau 2006, 800.

[251] Vgl. ua. *Kus* NZBau 2004, 425; *Konrad* NZBau 2004, 524; *Scharf/Schütte* VergabeR 2005, 448; *Müller-Wrede* NZBau 2006, 73; *Leinemann/Kirch* VergabeR 2005, 563 ff.; *Kulartz/Kus/Portz/Brauer* RdNr. 18.

[252] Vgl. etwa OLG Frankfurt/M NZBau 2006, 259; OLG Frankfurt/M ZfBR 2004, 292; OLG Rostock VergabeR 2004, 719.

[253] *Immenga/Mestmäcker/Dreher* RdNr. 88; *Kulartz/Kus/Portz/Kus* RdNr. 38 ff.

[254] Im Ergebnis ebenso OLG Jena VergabeR 2007, 207; OLG Koblenz v. 9. 6. 2004 – 1 Verg 4/04; VK Leipzig v. 11. 11. 2005 – 1-SVK/130/05; aA OLG Schleswig v. 31. 3. 2006 – 1 Verg 3/06; offengelassen in BGH NZBau 2006, 800; vgl. auch *Kulartz/Kus/Portz/Kus* RdNr. 38 f.; *Willenbruch/Bischoff/Kadenbach* § 107 RdNr. 26 ff.

gabeverfahren erneut zu beteiligen; insoweit würde sich dann ein Rechtsschutzinteresse bejahen lassen.[255]

b) Weitere Verstöße gegen den Gleichbehandlungsgrundsatz im Überblick. Das 57 Gleichbehandlungsgebot ist in der Praxis in einer Vielzahl von weiteren Entscheidungen näher konkretisiert worden. Aus der umfangreichen unionsrechtlichen und deutschen Rechtsprechung haben folgende **Fallgruppen in der Praxis** eine besondere Bedeutung:

– Forderung der Stellung höherer Sicherheiten ausländischer Bieter im Vergleich zu inländischen Bietern,[256]
– Beschränkung der Teilnahme am Vergabeverfahren auf Unternehmen, die sich überwiegend in der Hand desjenigen Staates befinden, in dem die Vergabe stattfindet oder die Anforderung des Erwerbs einer Niederlassungsgenehmigung von im Ausland niedergelassenen Bietern,[257]
– Forderung besonderer Zuverlässigkeitsnachweise ausländischer Bieter,[258]
– Beschränkung der Teilnahme am Vergabeverfahren auf inländische Bieter oder Zurückhaltung eines bestimmten Anteils an den zu vergebenen Aufträgen für inländische Bieter;[259] dies gilt auch bezüglich eventueller Nachunternehmer,[260]
– Verpflichtung ausländischer Bieter, ausschließlich oder überwiegend inländische Arbeitskräfte zu beschäftigen,[261]
– Vorschriften, nach denen ausländische Bieter ausschließlich oder überwiegend inländische Produkte[262] oder inländisches Material[263] zu verwenden haben, ohne dass diese Vorschriften mit dem Hinweis „oder gleichwertiger Art" versehen sind,[264]
– Forderung, dass Waren oder Material nationalen Normen entsprechen müssen,[265] ohne dass dem der Zusatz „oder gleichwertig" hinzugefügt ist,[266]
– Forderung nach Eintragung der Bieter in ein nationales Berufsregister[267] oder die Forderung nach einer Mitgliedschaft in einem bestimmten Verband,[268]
– verzögerte Bekanntmachung der Ausschreibung in anderen Mitgliedstaaten,
– Forderung, dass ein Teil der Arbeiten durch regionale Subunternehmer ausgeführt werden muss,[269]
– Vorenthaltung von Informationen an bestimmte Bieter, die andere Bieter erhalten haben,[270]
– verspätete oder unvollständige Übermittlung von Informationen an einen oder an mehrere Bieter, welche ein anderer Bieter bereits vorher oder vollständig bekommen hat,
– Nichtausschluss eines Bieters vom Vergabeverfahren, obwohl dieser mit Hilfe des öffentlichen Auftraggebers einen Informationsvorsprung erlangt hat, welcher im weiteren Verlauf des Vergabeverfahrens fruchtbar gemacht werden konnte,[271]
– Verlängerung der Angebotsfrist ohne Unterrichtung aller Bieter,[272]
– Nichtausschluss eines verfristeten Angebotes,[273] es sei denn, der öffentliche Auftraggeber oder niemand hat die Verspätung zu vertreten,[274]

---

[255] BGH NZBau 2006, 800; OLG Düsseldorf NZBau 2004, 400; OLG Düsseldorf NZBau 2006, 525; OLG Düsseldorf VergabeR 2003, 690; OLG Frankfurt/M VergabeR 2006, 212; OLG Frankfurt/M v. 6. 3. 2006 – 11 Verg 11/05 und 12/05; OLG Frankfurt/M VergabeR 2005, 487; *Immenga/Mestmäcker/Dreher* RdNr. 86 ff.; *Kulartz/Kus/Portz/Maier* § 114 RdNr. 16.
[256] *Byok/Jaeger/Hailbronner* RdNr. 205.
[257] EuGH, C-3/88, Slg. 1989, 1591, RdNr. 9 ff. – Kommission/Italien.
[258] *Byok/Jaeger/Hailbronner* RdNr. 205.
[259] EuGH, C-21/88, Slg. 1990, I-889 – Du Pont de Nemours Italiana.
[260] EuGH, C-360/89, Slg. 1992, I-4301 – Kommission/Italien.
[261] EuGH, C-163/96, Slg. 1998, I-533 – Raso.
[262] EuGH, C-76/81, Slg. 1982, 417 – Transporoute.
[263] EuGH, C-243/89, Slg. 1993, 3353, RdNr. 45 – Kommission/Dänemark.
[264] Vgl. § 9 Nr. 10 VOB/A; § 8 Nr. 3 VOL/A.
[265] Vgl. EuGH, C-45/87, Slg. 1988, 4929 – Kommission/Irland.
[266] VergabeK Köln, Beschl. v. 3. 7. 2002 – VK VOL 4/2002.
[267] *Byok/Jaeger/Hailbronner* RdNr. 206.
[268] VergabeK Bund v. 29. 5. 2008 – VK 2–58/08.
[269] EuGH, C-360/89, Slg. 1992, I-4301, RdNr. 10 – Kommission/Italien.
[270] VÜA Bund WuW 1996, 146, 152; vgl. auch BGH BauR 2000, 254, 255.
[271] VÜA Bund WuW 1997, 265.
[272] Vgl. OLG Dresden BauR 2000, 1591, 1594.
[273] OLG Düsseldorf VergabeR 2002, 169.
[274] VergabeK Nordbayern v. 1. 4. 2008 – 21. VK-3194-09/08.

– Verfahrensausschluss eines Bieters aufgrund sachfremder Erwägungen,[275]
– Nichtausschluss eines Angebotes, welches zum Zeitpunkt der Angebotsabgabe nicht die in den Verdingungsunterlagen geforderten Mindestanforderungen erfüllt hat,[276]
– Verwendung von Zuschlagskriterien, die nicht oder nicht hinreichend als solche bekannt gemacht wurden,[277]
– Verlangen eines tariflichen Mindestlohns,[278]
– unzulässige Nachverhandlungen,[279]
– Fallenlassen eines als Zuschlagskriterium angekündigten Merkmals nach Kenntnisnahme der Angebote,[280]
– Änderung der Verdingungsunterlagen durch die Bieter,[281]
– Nichtausschluss eines nachträglich veränderten Angebots, [282]
– unzulässige Doppelausschreibung,[283]
– Ausschluss eines Bieters, weil seine Rechtsform nicht einer spezifischen Kategorie von juristischen Personen entspricht oder Verlangen des öffentlichen Auftraggebers, zwecks Einreichung eines Angebots eine bestimmte Rechtsform anzunehmen.[284]

58   **4. Beschränkung des Gleichbehandlungsgrundsatz gem. Abs. 2, 2. HS.** Der Gleichbehandlungsgrundsatz ist auch im Vergabeverfahren **nicht uneingeschränkt** gewährleistet. Eine Benachteiligung ist gem. Abs. 2, 2. HS dann zulässig, wenn sie „auf Grund dieses Gesetzes ausdrücklich geboten oder gestattet ist". Eine besonders wichtige Ausnahme dieser Regelung findet sich in Abs. 3, in dem eine **Bevorzugung des Mittelstandes** durch Losteilung vorgesehen ist. Auch die Berücksichtigung **vergabefremder Kriterien,** welche gem. Abs. 4, 2. HS durch Bundes- oder Landesgesetz eingeführt werden können, bietet grundsätzlich die Möglichkeit, eine unterschiedliche Behandlung vorzunehmen. Allerdings wird diese Möglichkeit der Ungleichbehandlung im Hinblick auf den Gleichbehandlungsgrundsatz beschränkt. So sind die öffentlichen Auftraggeber auch in diesen Fällen an die verfassungs- und unionsrechtlichen Vorgaben gebunden; die Entscheidungen müssen mithin durch einen sachlichen Grund gerechtfertigt und zugleich verhältnismäßig sein.[285] Schließlich ist auch die sog. **„Drittlandklausel"** des § 12 VgV ein gesetzlich vorgesehener Grund, aufgrund dessen von dem Gleichbehandlungsgrundsatz abgewichen werden darf.[286] Danach können Sektorenauftraggeber bei Lieferaufträgen Angebote zurückweisen, bei denen mehr als 50% des Gesamtwertes aus Ländern stammt, die nicht Vertragsparteien des Abkommens über den Europäischen Wirtschaftsraum sind und mit denen auch keine sonstigen Vereinbarungen über einen gegenseitigen Marktzugang bestehen. **Nicht zu den Ausnahmevorschriften** zählt § 100, da durch diese Norm lediglich der sachliche Anwendungsbereich des Kartellvergaberechts eingeschränkt wird.

C. Absatz 3 (Mittelstandsschutz)

Schrifttum: *Antweiler,* Die Berücksichtigung von Mittelstandsinteressen im Vergabeverfahren – Rechtliche Rahmenbedingungen, VergabeR 2006, 637; *Ax,* Schutzmechanismen für den Mittelstand im deutschen Vergaberecht, ZVergR 1999, 231; *Burgbacher,* Nochmal: Beschaffung und Beschäftigung, VergabeR 2001, 169; *Burgi,* Mittelstandsfreundliche Vergabe: Möglichkeiten und Grenzen – Teil 1, NZBau 2006, 606; *ders.,* Mittelstandsfreundliche Vergabe: Möglichkeiten und Grenzen – Teil 2, NZBau 2006, 693; *ders.,* Nachunternehmerschaft und Wettbewerbliche Untervergabe in: 11. Düsseldorfer Vergaberechtstag, 2010, 29; *Byok,* Die Entwicklung des Vergaberechts seit 2009, NJW 2010, 817; *ders./Müller-Kabisch,* Der novellierte

---

[275] Vgl. OLG Stuttgart v. 18. 7. 2001 – 1 VK 12/01.
[276] VergabeK Bund v. 25. 5. 2004 – VK 1–51/04; vgl. für VOL/A-Verfahren auch Thüringer OLG v. 29. 8. 2008 – 9 Verg 5/08.
[277] BGH NZBau 2004, 517, 518.
[278] OLG Hamburg v. 4. 11. 2002 – 1 Verg §/02.
[279] OLG Saarbrücken v. 29. 5. 2002 – 5 Verg 1/01.
[280] Vgl. VergabeK Norbayern v. 10. 12. 2009 – 21. VK-3194-53/09; s. zudem *Weyand,* § 25 VOB/A, RdNr. 108.4.1.; Praxiskommentar/*Maibaum* RdNr. 115.
[281] VergabeK Nordbayern v. 15. 2. 2002 – 320-VK-3194-02/02.
[282] OLG Düsseldorf VergabeR 2003, 687.
[283] OLG Frankfurt ZfBR 2009, 92.
[284] EuGH, C-357/06, Slg. 2007, I-12311 – Frigero Luigi & C. Snc./Commune di Triuggio, ZfBR 2008, 400.
[285] *Byok/Jaeger/Hailbronner* RdNr. 215.
[286] Einzelheiten dazu in der Kommentierung zu § 12 VgV in diesem Kommentar.

Rechtsrahmen für Auftragsvergaben im Bereich der PPP, KommJur 2009, 281; *Däubler,* Tariftreue statt Sozialkostenwettbewerb?, ZIP 2000, 681; *v. Donat,* Interkommunal Kooperation ohne Ausschreibung zulässig, IBR 2009, 466; *v. Donat,* IÖPP zwischen Vergaberecht und EU-Beihilfenrecht, EuZW 2010, 812; *Dreher,* Das In-house-Geschäft – Offene und neue Rechtsfragen der Anwendbarkeit der In-house-Grundsätze, NZBau 2004, 16; *ders.,* Die Berücksichtigung mittelständischer Interessen bei der Vergabe öffentlicher Aufträge, NZBau 2005, 427; *Fluck/Theuer,* Umweltinformationsgesetz – Welche Privaten sind informationspflichtig?, GewArch 1995, 96; *Isensee,* Gemeinwohl und Staatsaufgaben im Verfassungsstaat, in: *Isensee/Kirchhof* (Hrsg.) HbdStR III, § 57; *Kämper/Heßhaus,* Möglichkeiten und Grenzen von Auftraggebergemeinschaften, NZBau 2003, 303; *Kirchner,* Zur Ökonomik des Vergaberechts, VergabeR 2010, 725; *Kupczyk,* Vergaberechtliche Aspekte des In-house-Geschäfts, 2008; *Kus,* Losvergabe und Ausführungskriterien, NZBau 2009, 21; *Leinemann,* Die Vergabe öffentlicher Aufträge, 4. Aufl. Köln 2007; *Mestmäcker,* Zur Anwendbarkeit der Wettbewerbsregeln auf die Mitgliedstaaten und die Europäischen Gemeinschaften, Festschrift für Börner, 1992, 277; *Müller-Wrede,* Grundsätze der Losvergabe unter dem Einfluss mittelständischer Interessen, NZBau 2004, 643; *Noch,* Vergaberecht kompakt, 4. Aufl. Köln 2008; *ders.,* Die neue Mittelstandsklausel des § 97 III GWB, Vergabe spezial 8/2009, 58; *Otting/Tresselt,* Grenzen der Loslimitierung, VergabeR 2009, 585; *Pielow,* Kein Vergabeverfahren bei Vereinbarung über kommunale Zusammenarbeit, NZBau 2009, 531; *Roth,* Reform des Vergaberechts – Der große Wurf?, VergabeR 2009, 404; *Scherzberg,* Der freie Zugang zu Informationen über die Umwelt, UPR 1992, 48; *Schwab,* Die vergaberechtliche „Tariftreueerklärung" im Spannungsfeld von Arbeitsrecht und Wettbewerb, NZA 2001, 701; *Tietjen,* Die europäische Beihilfenkontrolle im Vergaberecht und bei der Privatisierung, 2004; *Turiaux,* Umweltinformationsgesetz Kommentar, 1995; *Weiß,* Privatisierung und Staatsaufgaben, 2002; *Westermann,* Einkaufskooperation der öffentlichen Hand nach der Feuerlöschzüge-Entscheidung des BGH, ZWeR 2003, 481; *Wichmann,* Die Antragsbefugnis des Subunternehmers im vergaberechtlichen Nachprüfungsverfahren, 2006.

I. Norminhalt und Normzweck

Durch die Neufassung des Abs. 3 nach dem Gesetz zur Modernisierung des Vergaberechts[287] **59** wurde Abs. 3 im Vergleich zur früheren Fassung neu gefasst und ergänzt. Abs. 3 S. 1 regelt nunmehr, dass **mittelständische Interessen** bei der Vergabe öffentlicher Interessen vornehmlich zu berücksichtigen sind. S. 2 schreibt in diesem Zusammenhang fest, dass die Leistungen grundsätzlich nach Teillosen oder nach Fachlosen zu vergeben sind. Eine Ausnahmeregelung dazu trifft S. 3, wonach mehrere Fach- oder Teillose zusammen vergeben werden dürfen, wenn wirtschaftliche oder technische Gründe dies erfordern. Abs. 3 S. 4 sichert, dass die Vorgaben der S. 1 bis 3 auch von dem Unternehmen eingehalten wird, das nicht öffentlicher Auftraggeber ist, sondern mit der Wahrnehmung oder Durchführung eines öffentlichen Auftrages betraut wird und im Rahmen dieses Auftrages Unteraufträge an Dritte vergibt.

Abs. 3 hat das Ziel, den **Mittelstand bei der Vergabe öffentlicher Aufträge besonders** **60** **zu berücksichtigen.** Obwohl bereits vor der Modernisierung des Vergaberechts 2009 im damaligen Abs. 3 der Mittelstandsschutz im Vergabeverfahren eine besondere Berücksichtigung gefunden hat, erschien es dem Gesetzgeber erforderlich, die Position der mittelständischen Industrie bei der Vergabe öffentlicher Aufträge noch deutlicher herauszustellen. Außerdem sollte das Vergabeverfahren so ausgestaltet werden, dass die Interessen der vorwiegend mittelständisch strukturierten (deutschen) Wirtschaft eine größere Berücksichtigung im Vergabeverfahren finden. Mittelständische Unternehmen hatten nämlich trotz der bisherigen Regelung die ihrer Auffassung nach vielfach wenig mittelstandsgerechte Ausgestaltung der Auftragsvergabe beklagt, die durch die Bündelung von Nachfragemacht, die Zusammenfassung teilbarer Leistungen und die Zunahme elektronischer Beschaffungsformen geprägt sei.[288] Die **Neufassung der Regelung des Abs. 3** soll noch mehr als bisher dazu beitragen, bei der Ausgestaltung der Vergabeverfahren besonders darauf zu achten, die Nachteile der mittelständischen Wirtschaft gerade bei der Vergabe großer Aufträge mit einem Volumen, das die Kapazitäten mittelständischer Unternehmen überfordern könnte, auszugleichen.[289] Als Instrumentarium für den Ausgleich dieser strukturellen Nachteile sieht Abs. 3 insbesondere den **Grundsatz der Los- und Fachaufteilung** eines Auftrags vor, womit in besonderem Maße spezialisierte (mittelständische) Betriebe gefördert werden sollen, die sich sonst bei einer Gesamtvergabe nicht oder nur kaum beteiligen würden.[290] Ob eine Vorschrift wie die des § 97 Abs. 3 tatsächlich imstande ist, den Mittelstand

---

[287] BGBl. I 2009, 790.

[288] BT-Drucks. 16/10 117, 15.

[289] So Begründung zu § 97 Abs. 3 im Regierungsentwurf eines Gesetzes zur Modernisierung des Vergaberechts, 8.

[290] *Noch* 383.

nachhaltig zu fördern, ist für die Vergabetätigkeit oberhalb der Schwelle des Abs. 3 noch nicht empirisch geklärt.[291] Eine im Juli 2010 veröffentlichte Studie des Instituts für Mittelstandsforschung in Bonn (IfM) beleuchtet die Frage der Auswirkungen des zentralen Beschaffungswesens des Bundes auf die freien Berufe und kleine und mittlere Unternehmen (KMU). Anhand dieser Studie lassen sich möglicherweise erstmals Rückschlüsse auf die Erreichung des Schutzzwecks des Abs. 3 ziehen. Allerdings hängt die Validität des vom Gesetzgeber durch eine Norm verfolgten Zwecks für die rechtliche Beurteilung von Sachverhalten und der Anwendbarkeit der Norm keineswegs allein von derartigen empirischen Erkenntnissen ab. Sie können allenfalls ein **Indiz für den Gesetzgeber** sein, bei zukünftigen Novellierungen bestimmte Regelungen anders zu fassen, um ein gesetzgeberisches Ziel (noch) effektiver zu erreichen.

61   Die Mittelstandsförderung im Vergabeverfahren findet sich **auf untergesetzlicher Ebene** in § 4 VOB/A, § 5 VOL/A und § 4 Abs. 5 VOF wieder. Zudem haben zahlreiche Bundesländer auf der Grundlage des § 97 Abs. 4 S. 3, wonach andere oder weitergehende Anforderungen an einen Auftragnehmer nur gestellt werden dürfen, wenn dies **durch Bundes- oder Landesgesetz** vorgesehen ist, die Berücksichtigung mittelständischer Interessen entweder in ihr Landesvergabegesetz oder in ein Mittelstandsfördergesetz oder in Mittelstandsrichtlinien aufgenommen.[292] Diese Normen sind ebenso wie die untergesetzlichen Vorschriften des Vergaberechts – jedenfalls bei der Vergabe öffentlicher Aufträge, die die entsprechenden Schwellen überschreiten – stets im Lichte der Neukonzeption des Abs. 3 auszulegen.

62   Im Hinblick auf den **Rechtscharakter der früheren Regelung des Abs. 3** ist vertreten worden, dass es sich bei der Mittelstandsförderung im Vergaberecht um ein gesetzlich normiertes – und damit auf jeden Fall zulässiges – **vergabefremdes Kriterium** handele.[293] Der Mittelstandsschutz sei in Abs. 3 zwar als eine Art „Querschnittsklausel des Vergaberechts" formuliert,[294] dessen rechtliche Bedeutung allerdings durch den Zusatz „angemessen berücksichtigen" wieder reduziert werde.[295] Zudem ist die Mittelstandsförderung nach der früheren Konzeption des Abs. 3 aF direkt mit der Losaufteilung verknüpft gewesen, die allerdings als das „vornehmliche" Mittel zur Mittelstandsförderung konzipiert war, so dass auch andere mittelstandsschützende Verfahrensgestaltungen zulässig gewesen sind.[296] Mit der Änderung des Abs. 3 hat sich auch **dessen Rechtscharakter gewandelt.** Zunächst wird bereits durch die Vorschrift des § 97 Abs. 4, in der gebündelt die vergabefremden Kriterien für das Vergabeverfahren geregelt werden,[297] vom systematischen Ansatz her deutlich, dass die Beachtung mittelständischer Interessen nicht als vergabefremdes Kriterium zu qualifizieren ist. Darüber hinaus macht die Vorschrift des Abs. 3 in seiner neuen Fassung deutlich, dass der Mittelstandsschutz jetzt mehr als ein bloßer Programmsatz oder eine „Querschnittsklausel" sein soll. Der dort geregelte Mittelstandsschutz stellt vielmehr neben den Vergabegrundsätzen des Abs. 1 und Abs. 2 den **vierten Vergabegrundsatz** dar.[298] Dies ergibt sich zum einen daraus, dass der Gesetzgeber dem Prinzip des Mittelstandsschutzes im Vergabeverfahren in Abs. 3 S. 1 eine ausdrückliche und von der nun in Abs. 3 S. 2

---

[291] *Immenga/Mestmäcker/Dreher* RdNr. 100.

[292] Vgl. etwa Art. 12 des Bayerischen Gesetzes über die Förderung der kleinen und mittleren Unternehmen sowie der freien Berufe (Mittelstandsförderungsgesetz – MfG v. 8. 10. 1974, zuletzt geändert durch Art. 8 des Gesetzes über Zuständigkeit zum Vollzug wirtschaftsrechtlicher Vorschriften v. 12. 7. 1986 (GVBl. S. 126) oder § 4 des Gesetzes zur Mittelstandsförderung des Landes Baden-Württemberg v. 19. 12. 2000 (GBl. Baden-Württemberg v. 28. 12. 2000, 745); § 14 des niedersächsischen Gesetzes zur Förderung kleiner und mittlerer Unternehmen v. 30. 4. 1978 (Nds. GVBl. S. 377), zuletzt geändert durch Art. 31 des Gesetzes v. 20. 11. 2001 (Nds. GVBl. S. 701); § 21 des nordrhein-westfälischen Gesetzes zur Förderung und Stärkung des Mittelstandes v. 8. 7. 2003 (GVBl. S. 421); Thüringen: Richtlinie zur Mittelstandsförderung und Berücksichtigung freier Berufe sowie zum Ausschluss ungeeigneter Bewerber bei der Vergabe öffentlicher Aufträge (Vergabe-Mittelstandsrichtlinie) v. 22. 6. 2004 (ThüStAnz Nr. 28/2004); siehe auch umfassende Übersicht bei *Willenbruch/Bischoff* RdNr. 1463 ff.

[293] Vgl. BGH NJW 2000, 137; *Byok/Jaeger/Heilbronner* RdNr. 219; *Immenga/Mestmäcker/Dreher* RdNr. 102; *Reidt/Stickler/Glahs/Stickler* RdNr. 11; aA *Kulartz/Kus/Portz/Kus* RdNr. 69, der keinen vergabefremden Aspekt sieht, sondern wettbewerbsfördernden Charakter betont. Vgl. ausführlich zu vergabefremden Kriterien *Tietjen* 7 ff.

[294] *Immenga/Mestmäcker/Dreher* RdNr. 102; *Loewenheim/Bungenberg* RdNr. 30.

[295] *Immenga/Mestmäcker/Dreher* RdNr. 102; vgl. aber auch *Byok/Jaeger/Heilbronner* RdNr. 216, der die Berücksichtigung mittelständischer Interessen zu den allgemeinen und zentralen Grundsätzen des Vergaberechts zählt.

[296] *Byok/Jaeger/Hailbronner* RdNr. 221; *Immenga/Mestmäcker/Dreher* RdNr. 112; *Leinemann* RdNr. 30.

[297] Vgl. Kommentierung zu § 97 Abs. 4 RdNr. 191 ff.

[298] VergabeK Arnsberg, Beschl. v. 31. 1. 2001 – VK 2-01/01.

beschriebenen grundsätzlichen Pflicht zur Losaufteilung eigenständige Regelung zugeordnet hat. Zum anderen verzichtet die Neufassung des Abs. 3 S. 1 darauf, die Verpflichtung zur Berücksichtigung mittelständischer Interessen durch ein Angemessenheitserfordernis zu relativieren und macht damit deutlich, dass – wie im Übrigen auch die parallele Wortwahl zu Abs. 2 belegt – der Mittelstandsschutz einen allgemeinen Grundsatz für das Vergabeverfahren darstellen soll.

Der Vergabegrundsatz der Berücksichtigung der mittelständischen Interessen gem. Abs. 3 **63** steht in einem **Gleichordnungsverhältnis** zu dem Wettbewerbs- und dem Transparenzgrundsatz.[299] Eine Kollision mit dem Wettbewerbsgrundsatz liegt nicht vor, weil insbesondere die Teilung in Lose gerade zu einer wettbewerbsfördernden Teilnehmerstruktur verhelfen soll, in der Klein-, Mittel- und Großunternehmen gleichermaßen die Möglichkeit zur Abgabe eines Gebotes haben.[300]

Der Vergabegrundsatz der Mittelstandsförderung nach Abs. 3 ist aber dem **Vergabegrund-** **64** **satz des Gleichbehandlungsgebotes gem. Abs. 2 übergeordnet.**[301] Das gilt allerdings nur, soweit der Anwendungsbereich des Abs. 3 (Mittelstandsschutz) unmittelbar betroffen ist. Andernfalls würde es nämlich zu einem Konflikt der beiden Vergabegrundsätze kommen, weil die Anwendung des Mittelstandsschutzes gem. Abs. 3 zu einer **Verletzung des Gleichbehandlungsgebotes gegenüber den großen Unternehmen** führen würde. Die von Abs. 3 geforderte mittelstandsgerechte Verfahrensgestaltung führt selbst dann zu einer Ungleichbehandlung im Sinne einer Bevorzugung mittelständischer Unternehmen gegenüber Großunternehmen, wenn man die Losaufteilung als Möglichkeit für die Großunternehmen versteht, sich auf mehrere Lose bewerben zu können.[302] Da aber die Vergabegrundsätze grundsätzlich gleichrangige Geltung beanspruchen,[303] muss der Bereich, in dem ausnahmsweise der Grundsatz des Mittelstandsschutzes gem. Abs. 3 den Grundsatz der Gleichbehandlung gem. Abs. 2 verdrängen kann, so gering wie möglich gehalten werden. Dies wird dadurch gewährleistet, dass der Gleichbehandlungsgrundsatz ausschließlich in Hinblick auf die vornehmliche Berücksichtigung mittelständischer Interessen bei der Vergabe öffentlicher Aufträge und insoweit auch nur hinsichtlich der in Abs. 3 S. 2 bis 4 vorgegebenen Instrumente zurückgestellt wird. Alle anderen Aspekte des Gleichbehandlungsgebots (s. oben RdNr. 38 ff.) finden auch neben dem Grundsatz des Mittelstandsschutzes Anwendung.

II. Entstehungsgeschichte

Vor Inkrafttreten des Abs. 3 durch das Vergaberechtsänderungsgesetz von 1999 ist vom BGH **65** noch die Ansicht vertreten worden, dass die **Vergabe nach Losen der begründungspflichtige Ausnahmefall** zum Regelfall der zusammengefassten Vergabe von Aufträgen sei.[304] Danach konnte ein öffentlicher Auftrag nur dann aufgeteilt werden, wenn festgestellt werden konnte, dass dies die Bewerbung kleiner und mittlerer Unternehmen ermöglicht. Mit dem Vergaberechtsänderungsgesetz von 1999 wurde in Abs. 3 erstmals der grundsätzliche Vorrang der Losvergabe statuiert. Mit dieser Neuregelung reagierte der damalige Gesetzgeber auf die vielfach insbesondere von Vertretern der Bauverwaltungen geäußerte Befürchtung, die Einführung einer wirksamen gerichtlichen Kontrolle der Vergabepraxis, wie sie das Vergaberechtsänderungsgesetz mit sich brachte, werde im Zusammenwirken mit dem üblichen Sicherheitsstreben der Beamtenschaft zu einem dramatischen Anstieg der Generalunternehmervergabe zu Lasten der traditionellen, mittelstandsfreundlichen Vergabe nach Fachgewerken und Losen führen.[305] Dies wollte der Gesetzgeber vermeiden; **vielmehr sollte die in den VOB/A und VOL/A seit langem eingeführte kleinteilige Vergabe** nicht nur aufrechterhalten, sondern mög-

---

[299] Ebenso *Immenga/Mestmäcker/Dreher* RdNr. 102.

[300] *Immenga/Mestmäcker/Dreher* RdNr. 102; *Weyand* RdNr. 270 f.

[301] *Leinemann* RdNr. 30; anders, noch zur alten Fassung des § 97 Abs. 3 GWB *Immenga/Mestmäcker/Dreher* RdNr. 102; vgl. auch VergabeK Bund, Beschl. v. 30. 3. 2000 – VK 2-2/00, 14; VergabeK Bund WuW/E Verg 424, 426.

[302] S. unten RdNr. 65; vgl. auch *Kirchner* VergabeR 2010, 725, 730 f., der von einer „generellen positiven Diskriminierung" spricht.

[303] Vgl. *Müller-Wrede* RdNr. 3.

[304] BGH NJW 2000, 137 = BauR 1999, 736, 740.

[305] S. dazu beispielsweise Seite 25, 31 und 33 des Protokolls der öffentlichen Anhörung des Ausschusses für Raumordnung, Bauwesen und Städtebau des Deutschen Bundestages, veröffentlicht in Heft 6 der Schriftenreihe des Forum Vergabe e. V., zitiert bei BeckVOB-Komm/*Marx* RdNr. 25.

lichst noch ausgeweitet und gesetzlich abgesichert werden.[306] Mit dieser rechtlichen Regelung wurde praktisch das vom BGH angenommene **Regel-Ausnahme-Verhältnis umgekehrt.**[307]

66   Im damaligen Gesetzgebungsverfahren gelangte der mittelstandsfördernde Aspekt allerdings erst auf **Initiative des Bundesrates** in das Gesetz. Der Bundesrat wollte den Mittelstandsschutz, der bereits in einzelnen Regelungen der Verdingungsordnungen – vor allem bezüglich der Aufteilung von Aufträgen in Lose zB nach § 4 Nr. 2 und 3 VOB/A – enthalten war, verallgemeinern und eine Klarstellung, dass mittelständische Interessen keine vergabefremden Aspekte darstellen, erreichen.[308] Die **Bundesregierung** hielt hingegen den Einschub „mittelständische Interessen sind angemessen zu berücksichtigen" für überflüssig, weil die Verdingungsordnungen und die Vergabeverordnung die mittelständischen Interessen hinreichend berücksichtigen würden.[309] Der **Bundestag** ist dem Vorschlag des Bundesrats gleichwohl schon vor Anrufung des Vermittlungsausschusses gefolgt, nachdem die SPD-Fraktion einen entsprechenden Änderungsantrag gestellt[310] und auch der Ausschuss für Wirtschaft[311] dies begrüßt hatte.

67   Die Vorschrift des Abs. 3 wurde im Rahmen des Gesetzes zur Modernisierung des Vergaberechts neu gefasst.[312] Ziel war wiederum die (weitere) Verbesserung des Standes der mittelständischen Unternehmen im Vergabeverfahren (dazu vgl. oben RdNr. 60). Neben der Neufassung der S. 1 bis 3 wurde kurz vor Verabschiedung des Gesetzes auf Empfehlung des **Ausschusses für Wirtschaft und Technologie** noch S. 4 in den Gesetzestext aufgenommen, um eine „mittelstandsfreundliche Auftragsvergabe auch im Rahmen einer **Öffentlich-Privaten-Zusammenarbeit** sicherzustellen".[313] Damit findet eine nicht unerhebliche Ausweitung des mittelstandsfördernden Ansatzes im deutschen Vergabeverfahren statt (s. unten RdNr. 107).

III. Vereinbarkeit mit dem EU-Recht

68   Die durch die besondere Förderung der mittelständischen Unternehmen herausgehobene Stellung im deutschen Vergaberecht könnte Bedenken hinsichtlich der **Vereinbarkeit des Abs. 3 mit dem EU-Recht** hervorrufen, weil Unternehmen, die nicht zu den mittelständischen Unternehmen gehören, im Vergleich zu diesen diskriminiert werden. In Betracht kommen daher sowohl ein Verstoß gegen die Vergaberichtlinien als auch ein Verstoß gegen Vorschriften des Primärrechts, wie das allgemeine Diskriminierungsverbot, das Beihilfeverbot und das Verbot Maßnahmen zu erlassen oder aufrecht zu erhalten, die den *effet utile* der Wettbewerbsregeln des Vertrages über die Arbeitsweise der EU beeinträchtigen könnten.

69   Die Vergaberichtlinien 2004/18/EG[314] und 2004/17/EG[315] enthalten selbst **keine mittelstandsfördernden Vorgaben.** Hieraus könnte die Unvereinbarkeit des Abs. 3 mit dem vergaberechtlichen Richtlinienrecht geschlussfolgert werden. Dies wird jedoch von der allgemein verbreiteten Auffassung in Rechtsprechung und Literatur zu Recht anders gesehen.[316] So verbietet die Richtline 2004/18/EG nicht ausdrücklich die Förderung mittelständischer Interessen. Im Gegenteil folgt aus der **32. Begründungserwägung** zu dieser Richtlinie, dass Bestimmungen über Unteraufträge vorgesehen werden sollten, um den Zugang von kleinen und mittleren Unternehmen zu öffentlichen Aufträgen zu fördern.[317] Darüber hinaus lässt sich auch aus der 9. Begründungserwägung zu dieser Richtlinie ableiten, dass der öffentliche Auftraggeber angesichts der

---

[306] BeckVOB-Komm/*Marx* RdNr. 25.
[307] OLG Düsseldorf NZBau 2004, 688 = VergabeR 2005 107; VergabeK Bund, Beschl. v. 29. 9. 2005 – VK 3-121/05; VergabeK Hessen, Beschl. v. 12. 9. 2001 – 69 d VK-30/01; VergabeK Baden-Württemberg, Beschl. v. 18. 7. 2003 – 1 VK 30/03; VergabeK Leipzig, Beschl. v. 27. 6. 2003 – 1/SVK/063-03; VergabeK Arnsberg, Beschl. v. 31. 2. 2001 – VK 2-01/01; *Antweiler* VergabeR 2006, 637, 647; *Burgi* NZBau 2006, 606, 608; *Kulartz/Marx/Portz/Prieß/Kus* § 5 VOL/A RdNr. 9; *Müller-Wrede* NZBau 2004, 643, 644.
[308] BT-Drucks. 13/9340, 36.
[309] Vgl. BT-Drucks. 13/9340, 48.
[310] Vgl. BT-Drucks. 13/10441.
[311] Vgl. BT-Drucks. 13/10328, 4.
[312] BGBl. I 2009, 790.
[313] BT-Drucks. 16/11428, 49 f.
[314] ABl. 2004 L 134/114.
[315] ABl. 2004 L 134/1.
[316] OLG Düsseldorf NZBau 2004, 688 = VergabeR 2005, 107; *Immenga/Mestmäcker/Dreher* RdNr. 116; *Kulartz/Marx/Portz/Prieß/Kus* § 5 VOL/A RdNr. 2; *Weyand* RdNr. 280. Anderer Auffassung allerdings *Willenbruch/Bischoff/Frenz* RdNr. 22.
[317] Vgl. dazu ua *Müller-Wrede* NZBau 2004, 643, 644.

für die öffentlichen Bauaufträge kennzeichnenden Vielfalt der Aufgaben sowohl die getrennte als auch die gemeinsame Vergabe von öffentlichen Aufträgen für die Ausführung und Planung der Bauvorhaben vorsehen kann. Weiter heißt es dort, dass die Richtlinie eine getrennte Vergabe nicht vorschreibe, sich die Entscheidung über eine getrennte oder die gemeinsame Vergabe des öffentlichen Auftrags an qualitativen und wirtschaftlichen Kriterien orientieren müsse, die in den einzelstaatlichen Vorschriften festgelegt werden könnten. Der Richtlinie 2004/18/EG lässt sich damit durchaus eine **befürwortende Position** bezüglich des Schutzes mittelständischer Interessen entnehmen, die sie offensichtlich nicht unmittelbar vorgeben wollte, sondern sie überlässt es den Mitgliedstaaten, den Mittelstandsschutz im Vergaberecht vorzusehen. Die Grenze mitgliedstaatlicher Regelungen ist allerdings dort erreicht, wo mittelstandsschützende Vorschriften für das Vergabeverfahren bzw. den Vergaberechtsschutz den *effet utile* ausdrücklich geregelter Vorgaben der Richtlinien beeinträchtigen.

Gem. Abs. 3 S. 1 sind mittelständische Interessen bei der Vergabe öffentlicher Aufträge „**vor-**   70 **nehmlich**" zu berücksichtigen. Es könnte einen Verstoß gegen das allgemeine Diskriminierungsverbot des Vertrages über die Arbeitsweise der EU darstellen, wenn diese Vorschrift dahingehend zu verstehen ist, dass sie die Mittelstandsförderung als allgemeinen Auslegungsgrundsatz festschreibt, der beinhaltet, dass die mittelständische Wirtschaft generell bei der Vergabe öffentlicher Aufträge zu begünstigen sei.[318] Wenngleich der genaue Inhalt der Vorschrift des Abs. 3 S. 1 (in Verbindung mit Abs. 3 S. 2 und 3) – insbesondere im Vergleich zu den Vorgängerregelungen – möglicherweise unterschiedliche Deutungsspielräume offen lässt (dazu vgl. unten RdNr. 81 ff.), ist jedenfalls eindeutig, dass die Vorschrift des Abs. 3 S. 1 den öffentlichen Auftraggeber **nicht zu einer** *ausschließlichen* **Berücksichtigung** mittelständischer Unternehmen bei der Auftragserteilung verpflichtet. Dieses wäre mit dem EU-Recht unvereinbar.[319] Gesetzlich vorgegeben ist allerdings nur, dass die mittelständischen Interessen „vornehmlich" zu berücksichtigen sind, wobei Ausnahmen bereits nach dem Wortlaut des Abs. 3 S. 1 und nach der Regelung des Abs. 3 S. 3 möglich sind. Allerdings ist eine durch das Gesetz in Abs. 3 S. 1 angeordnete grundsätzliche Bevorzugung mittelständischer Unternehmen bei der Vergabe öffentlicher Aufträge eine Ungleichbehandlung gegenüber den anderen Unternehmen und könnte damit gegen des Diskriminierungsverbot des Vertrages über die Arbeitsweise der EU verstoßen.[320] **Das Diskriminierungsverbot gilt allerdings nicht absolut,** sondern verbietet nur eine Ungleichbehandlung soweit sie nicht sachlich gerechtfertigt ist.[321] Eine **sachliche Rechtfertigung** ergibt sich im Hinblick auf das europarechtliche Diskriminierungsverbot indes auch nur aus unionsrechtlichen Erwägungen. Im Zusammenhang mit der Bevorzugung der Interessen mittelständischer Unternehmen kommt als unionsrechtliche Rechtfertigung zum einen in Betracht, dass es das betonte Ziel der EU ist, in allen Wirtschaftsbereichen kleine und mittlere Unternehmen besonders zu fördern.[322] Dieses Ziel impliziert bereits die Benachteiligung von großen Unternehmen auf EU-Ebene, wird aber mit der Förderung der den kleinen und mittleren Unternehmen inne wohnenden besonderen Wirtschafts- und Innovationskraft gerechtfertigt. Diese Rechtfertigung kann auch auf den Bereich des nationalen Vergaberechts übertragen werden. Die Bevorzugung von mittleren Unternehmen bei der Vergabe öffentlicher Aufträge führt damit nämlich den EU-Ansatz der Förderung kleiner und mittlerer Unternehmen im nationalen Vergaberecht fort und ist von den anderen als den kleinen und mittleren Unternehmen hinzunehmen.[323] Zum anderen spricht für eine Rechtfertigung der Ungleichbehandlung von kleinen und mittleren gegenüber großen Unternehmen, dass mit der Regelung des § 97 Abs. 3 S. 1 GWB **der Nachfragewettbewerb bei der Vergabe öffentlicher Aufträge** gestärkt wird, indem durch die Gestaltung des Verfahrens besonders auch mittelständischen Unternehmen ausreichende Teilnahmechancen eingeräumt werden.[324] Insbesondere das Gebot der Losaufteilung führt zu einer Intensivierung des (Nachfrage-)Wettbewerbs, weil alle

---

[318] *Burgi* NZBau 2006, 606, 609; *Kulartz/Kus/Portz/Kus* RdNr. 60.

[319] So zu Recht *Willenbruch/Bischoff/Frenz* RdNr. 21; vgl. auch *Kirchner,* VergabeR 2010, 725, 731 (dort Fn. 15); s. ferner EuGH, C-176/98, Slg. 1999, I-8607, RdNr. 29 ff. – Holst Italia; EuGH, C-314/01, Slg. 2004, I-2549, RdNr. 42 ff. – Siemens.

[320] Anders offensichtlich OLG Düsseldorf VergabeR 2005, 107; *Noch* S. 383.

[321] *Grabitz/Hilf/Randelzhofer/Forsthoff* Vor Art. 39–55 EG RdNr. 137 ff.

[322] Mitteilung der Kommission an das Europäische Parlament, den Rat, den Europäischen Wirtschafts- und Sozialausschuss und den Ausschuss der Regionen – Vorfahrt für KMU in Europa – Der „Small Business Act" für Europa vom 25. 6. 2008, KOM/2008/394 endg.

[323] Im Ergebnis ebenso OLG Düsseldorf VergabeR 2005, 107.

[324] *Loewenheim/Bungenberg* RdNr. 34; *Kulartz/Kus/Portz/Kus* RdNr. 69; *Weyand* RdNr. 270 f.

Wettbewerber die gleichen Bedingungen vorfinden[325] und die großen Unternehmen den Vorteil haben, sich auf mehrere Lose bewerben zu können.[326] Ein **Verstoß gegen die Beihilfevorschriften** des Vertrages über die Arbeitsweise der EU (Art. 107 ff. AEUV) zu Gunsten mittelständischer Unternehmen ist in Abs. 3 ebenfalls nicht zu sehen.[327] Insoweit fehlt es jedenfalls an einer Zuwendung staatlicher Mittel und am Spezialitätsgrundsatz.[328] Denkbar wäre es allerdings, in Abs. 3 einen Verstoß gegen die aus Art. 3 Abs. 3, Art. 4 Abs. 3 EUV iVm Art. 101/102 AEUV abgeleitete **Verpflichtung der Mitgliedstaaten** zu sehen, keine Maßnahme zu erlassen oder aufrecht zu erhalten, die den *effet utile* der Art. 101 oder 102 AEUV beeinträchtigen könnte,[329] weil Abs. 3 den öffentlichen Auftraggeber zu bestimmten Maßnahmen mit mittelstandsschützendem Charakter zwingt und damit dessen Beschaffungsfreiheit oder Nachfrageautonomie einschränkt.[330] Voraussetzung dafür ist aber, dass einerseits durch Abs. 3 als staatlicher Regelung ein Verhalten von Unternehmen gefordert wird, dass dann, wenn man sich die staatliche Regelung hinweg dächte, einen Verstoß gegen Art. 101 oder Art. 102 AEUV darstellen würde und dass andererseits dieses unternehmerische Verhalten **akzessorisch zu der staatlichen Regelung** steht.[331] In Betracht käme insoweit insbesondere ein Verstoß des öffentlichen Auftraggebers als marktbeherrschendes Unternehmen gegen Art. 102 AEUV, wenn man annähme, dass es bei der Vergabe öffentlicher Aufträge missbräuchlich seine Stellung dazu ausnutzt, um mit bestimmten Anbietern (nämlich den großen Unternehmen) grundsätzlich keine Verträge zu schließen. Es kann dahingestellt bleiben, ob in diesem Verhalten tatsächlich der Missbrauch einer marktbeherrschenden Stellung zu sehen ist, denn es erscheint in hohem Maße fraglich, ob durch Abs. 3 auch die vom EuGH stets betonte Voraussetzung der Akzessorietät von staatlicher Regelung und unternehmerischem Verhalten erfüllt ist. Die Rechtsprechung des EuGH zu dem staatlich geschützten Missbrauch einer marktbeherrschenden Stellung ist insoweit nicht ganz deutlich.[332] Eine Akzessorietät **liegt jedenfalls dann nicht vor,** wenn die staatliche Norm das für sich genommen gegen Art. 102 AEUV verstoßende Verhalten des Unternehmens direkt fordern würde.[333] Es bedarf vielmehr einerseits eines (eigenständigen) unternehmerischen Verhaltens, das gegen Art. 102 AEUV verstößt, und zudem muss aufgrund der staatlichen Norm das Verhalten der Anwendung des Art. 102 AEUV entzogen sein.[334] Die Wirkung des Abs. 3 besteht indes nicht darin, ein missbräuchliches Verhalten, das von den öffentlichen Auftraggebern ausgeübt wurde, vor der Anwendung des Art. 102 AEUV zu immunisieren, sondern das möglicherweise wettbewerbsrechtlich vorwerfbare Verhalten der öffentlichen Auftraggeber wird erst durch Abs. 3 **initiiert.** Anders formuliert, fordert Abs. 3 das Verhalten der öffentlichen Auftraggeber, das möglicherweise gegen Art. 102 AEUV verstoßen würde. Damit ist das Akzessorietätskriterium nicht erfüllt, und in Abs. 3 ist kein Verstoß der Bundesrepublik Deutschland gegen die die Mitgliedstaaten treffende Verpflichtung zur Wahrung des *effet utile* der unionsrechtlichen Wettbewerbsregeln Art. 3 Abs. 3, Art. 4 Abs. 3 EUV iVm Art. 101/102 AEUV zu sehen.

IV. Satz 1

71   **1. Allgemeines.** Mit der Vorschrift des Abs. 3 S. 1 soll sichergestellt werden, dass **mittelständische Interessen** im Vergabeverfahren „vornehmlich" berücksichtigt werden. Im Verhältnis zur früheren Rechtslage soll damit eine Verstärkung der Wirkung der Mittelstandsklausel bewirkt werden, die zu einer Ausweitung der Mittelstandsförderung im Vergabeverfahren beitragen soll.[335] Das ergibt sich unmittelbar aus einem Vergleich zur früheren Regelung. Während

---

[325] *Immenga/Mestmäcker/Dreher* RdNr. 102; *Kulartz/Kus/Portz* RdNr. 69; *Willenbruch/Bischoff/Werner* RdNr. 3.

[326] OLG Düsseldorf NZBau 2004, 688.

[327] Im Ergebnis ebenso OLG Düsseldorf NZBau 2004, 688; *Loewenheim/Bungenberg* RdNr. 30; *Noch* 383.

[328] Dazu vgl. im einzelnen *Immenga/Mestmäcker/Ehricke* EG-WettbR Art. 87 EG RdNr. 61 ff. (zu staatlichen Mitteln) und RdNr. 79 ff. (zum Spezialitätsgrundsatz).

[329] Zu dieser Verpflichtung ausführlich *Loewenheim/Ehricke* Art. 86 EG RdNr. 6; *Immenga/Mestmäcker/Schweitzer* EG-WettbR Art. 31, 86 Teil B RdNr. 30 ff.

[330] *Immenga/Mestmäcker/Dreher* RdNr. 98.

[331] Speziell zum Akzessorietätskriterium vgl. *Immenga/Mestmäcker/Mestmäcker/Schweitzer,* EG-WettbR, Art. 31, 86 EG Teil B RdNr. 34 ff.; grundlegend EuGH, C-267/86, Slg. 1988, 4796, Tz. 16 – van Eycke.

[332] Vgl. dazu *Immenga/Mestmäcker/Schweitzer,* EG-WettbR, Art. 31, 86 EG Teil B RdNr. 50.

[333] S. dazu etwa *Schwarze* EuZW 2000, 613, 620; *Loewenheim/Ehricke* Art. 86 EG RdNr. 6; *Immenga/Mestmäcker/Mestmäcker/Schweitzer,* EG-WettbR, Art. 31, 86 Teil B EG RdNr. 34.

[334] *Mestmäcker* spricht insoweit bildhaft von den „Entzugtatbeständen" vgl. *Mestmäcker,* FS Börner, 1992, 277; *Immenga/Mestmäcker/Mestmäcker/Schweitzer,* EG-WettbR, Art. 31, 86 Teil B EG RdNr. 28.

[335] BT-Drucks. 16/10117, 15.

in der Fassung der Vorgängernorm nämlich mittelständische Interessen lediglich „vornehmlich" durch Teilung der Aufträge in Fach- und Teillose zu berücksichtigen waren, wird nun in Abs. 3 S. 1 die **„vornehmliche" Berücksichtigung** der mittelständischen Interessen bei der Vergabe öffentlicher Aufträge ohne einen (einschränkenden) Zusatz festgeschrieben. Zudem ist in der Neuregelung des Abs. 3 S. 1 die Einschränkung der „angemessenen" Berücksichtigung der mittelständischen Interessen entfallen.

2. Regelungsinhalt. a) Mittelständische Interessen. Abs. 3 S. 1 benennt als Schutzadres- 72
sat die „mittelständischen Interessen". Nicht geregelt ist, wer **Träger dieser Interessen** sein soll. Aus der Gesetzesbegründung zur Einführung der Mittelstandsklausel geht allerdings hervor, dass die „mittelständischen Unternehmen" geschützt werden sollen.[336] Aber auch diese Klarstellung in der Begründung führt nicht zu wesentlich mehr Klarheit. Die Berücksichtigung der Interessen „mittelständischer Unternehmen" kann nämlich durchaus unterschiedlich ausgestaltet sein. So ist zum einen denkbar, dass der damit verfolgte Schutz **unmittelbar an ein betroffenes Unternehmen anknüpft.** Ebenso möglich ist es zum anderen aber auch, dass der damit verfolgte Schutz mittelständischer Unternehmen durch Interessenverbände übernommen wird. Der Wortlaut der Norm lässt beide Lesarten zu. Die von der Losvergabe ausdrücklich getrennte Berücksichtigung der mittelständischen Interessen in der Neufassung des § 97 Abs. 3, die sich eindeutig auf die Unternehmen als solche bezieht, und nunmehr einen allgemeinen Vergabegrundsatz darstellt, spricht, im Hinblick auf einen möglichst effektiv geförderten Mittelstand für **Interessenverbände** als **Schutzadressaten.** Aus § 107 Abs. 2 lässt sich jedoch ableiten, dass nur die mittelständischen Unternehmen Schutzadressaten des Abs. 3 S. 1 sind. Der Vergabegrundsatz des Mittelstandsschutzes gewährt nämlich ein subjektives Recht, das gem. Abs. 7 dem Inhaber dieses Rechts einen Anspruch zuweist, aufgrund dessen eine Antragsbefugnis für die Einleitung eines Nachprüfungsverfahrens gem. § 107 Abs. 2 besteht. Diese Antragsbefugnis steht nach dem ausdrücklichen Wortlaut aber nur Unternehmen zu, die – wie sich aus § 107 Abs. 3 ergibt – im Vergabeverfahren beteiligt waren. Damit kommen Interessenvertretungen und Verbände nicht als antragsbefugte Beteiligte bzw. Unternehmen in Betracht. Daraus folgt, dass sie auch keinen Anspruch aus Abs. 7 haben und mithin auch nicht in ihren subjektiven Rechten verletzt werden können. Folglich bezieht sich der Schutzadressatenkreis des Abs. 3 S. 1 nicht auf Interessenvertreter mittelständischer Unternehmen.

Der Begriff „mittelständisch" oder „mittelständischen Unternehmen" ist **nicht im Gesetz** 73
definiert. Die Zuordnung eines Unternehmens zum Mittelstand ist jedoch maßgeblich für die Frage, ob das jeweilige Unternehmen in den Schutzbereich des Abs. 3 S. 1 fällt und damit gem. Abs. 7 einen Anspruch auf Einhaltung des Vergabegrundsatzes der Mittelstandsförderung hat.

Die in Deutschland gebräuchliche Bezeichnung Mittelstand umfasst die freien Berufe und 74
kleine und mittlere Unternehmen **(KMU).** Eine einheitliche Definition für KMU, die für alle Anwendungsbereiche Gültigkeit hat, besteht jedoch nicht.[337] Das Institut für Mittelstandsforschung in Bonn (IfM) definiert Unternehmen mit bis zu neun Beschäftigten *oder* weniger als 1 Million Euro Jahresumsatz als kleine und solche mit zehn bis 499 Beschäftigten *oder* einem Jahresumsatz von 1 Million Euro bis unter 50 Millionen Euro als mittlere Unternehmen.[338] Die Vergabekammer Bund hat es dagegen in einer Entscheidung vom 4. 3. 2009 als sachgerecht angesehen, diejenigen Unternehmen, die einen Umsatz von 100000 bis 5 Mio. Euro haben, als kleine und mittlere Unternehmen anzusehen. Das OLG Düsseldorf scheint hingegen die Mittelstandsklausel **auch auf Großunternehmen** für anwendbar zu erachten und den Begriff des mittelständischen Unternehmens relativ beurteilen zu wollen.[339]

Die **Praxis der EU-Kommission** definiert kleine und mittlere Unternehmen wie folgt:[340] 75
Als Unternehmen gilt jede Einheit, unabhängig von ihrer Rechtsform, die eine wirtschaftliche Tätigkeit ausübt. Dazu gehören insbesondere auch jene Einheiten, die eine handwerkliche Tä-

---

[336] BR-Drucks. 372/98.

[337] Siehe auch *Antweiler* VergabeR 2006, 637; *Dreher* NZBau 2005, 427.

[338] http://www.ifm-bonn.org/index.php?id=89.

[339] VergabeK Bund, Beschl. v. 4. 3. 2009 – VK 2-202/08 und VK 2-205/08; vgl. zudem VergabeK Bund, Beschl. v. 9. 1. 2008 – VK 3-145/07; OLG Düsseldorf, Beschl. v. 11. 7. 2008 – VII Verg 10/07, IBR 2008, 234; OLG Düsseldorf WuW/DE-R 3040, 3057f.

[340] Vgl. Definition der kleinen und mittleren Unternehmen in Anlage I zu VO 800/2008 (allgemeine Gruppenfreistellungsverordnung im Beihilfenrecht, ABl. 2008 Nr. L 214/3, 38ff.). Diese Definition entspricht der allgemeinen Definition der Kommission für kleine und mittlere Unternehmen, Empfehlung der Kommission (2003/361/EG) v. 6. 5. 2003 betreffend die Definition der Kleinstunternehmen sowie der kleinen und mittleren Unternehmen, ABl. 2003 L 124/36.

tigkeit oder andere Tätigkeiten als Einpersonen- oder Familienbetriebe ausüben, sowie Personengesellschaften oder Vereinigungen, die regelmäßig einer wirtschaftlichen Tätigkeit nachgehen. Die Größenklasse der Kleinstunternehmen sowie der kleinen und mittleren Unternehmen setzt sich aus Unternehmen zusammen, die weniger als 250 Personen beschäftigen und die entweder einen Jahresumsatz von höchstens 50 Mio. Euro erzielen oder deren Jahresbilanzsumme sich auf höchstens 43 Mio. Euro beläuft. Innerhalb der Kategorie der KMU wird ein **kleines Unternehmen** als ein Unternehmen definiert, das weniger als 50 Personen beschäftigt und dessen Jahresumsatz bzw. Jahresbilanz 10 Mio. Euro nicht übersteigt. **Kleinstunternehmen** sind solche Unternehmen, die weniger als 10 Personen beschäftigen und deren Jahresumsatz bzw. Jahresbilanz 2 Mio. Euro nicht überschreitet.[341] Fraglich ist, ob die in der Empfehlung der EU-Kommission v. 6. 5. 2003 erstmals vorgenommene Definition von sog. „Kleinstunternehmen" dazu führt, dass sie − soweit sie überhaupt in den Anwendungsbereich des § 97 Abs. 3 fallen − von dem Schutzbereich der Mittelstandsklausel erfasst werden. Geht man davon aus, dass der Begriff der KMU auf der Ebene des deutschen Vergaberechts parallel zu dem Verständnis des EU-Rechts ausgelegt werden sollte (vgl. dazu unten RdNr. 78 f.), fallen Kleinstunternehmen nicht unter die KMU, denn die EU-Kommission nimmt in Art. 1 Abs. 1 der Empfehlung v. 6. 5. 2003 deutlich eine Differenzierung zwischen Kleinstunternehmen auf der einen und KMU auf der anderen Seite vor.[342] Für einen **Ausschluss von Kleinstunternehmen** aus dem Begriff der KMU spricht zudem, dass es ansonsten zu erheblichen Abgrenzungsschwierigkeiten der von der Mittelstandspolitik geförderten Unternehmen „nach unten" käme. Eine solche klare Grenzziehung des Begriffes der KMU „nach unten" ebenso wie „nach oben" ist jedoch notwendig, weil die Förderung von KMU die Ausnahme von der Regel darstellt, dass der Staat sich mit Interventionen auf dem Markt möglichst zurückhalten solle und damit möglichst eng und genau gefasst ausgestaltet sein muss.

76   Die Kommission geht davon aus, dass ein Unternehmen, das in **einer wirtschaftlichen Nähe** oder sonstiger **rechtlicher Abhängigkeit** zu einem anderen Unternehmen oder anderen Personen steht, nicht als KMU gilt, selbst wenn es die Schwellenwerte nicht erreicht. Darunter fallen vor allem Unternehmen, die zwar die Schwellenwerte nicht erreichen, gleichwohl als verbundene Unternehmen anzusehen sind. Verbundene Unternehmen sind Unternehmen, die zueinander in folgender Beziehung stehen: Ein Unternehmen hält die Mehrheit der Stimmrechte der Aktionäre oder Gesellschafter eines anderen Unternehmens; ein Unternehmen ist berechtigt, die Mehrheit der Mitglieder des Verwaltungs-, Leitungs- oder Aufsichtsgremiums eines anderen Unternehmen zu bestellen oder abzuberufen; ein Unternehmen ist gemäß einem mit einem anderen Unternehmen abgeschlossenen Vertrag oder aufgrund einer Klausel in dessen Satzung berechtigt, einen beherrschenden Einfluss auf dieses Unternehmen auszuüben und ein Unternehmen, das Aktionär oder Gesellschafter eines anderen Unternehmens ist und gemäß einer mit anderen Aktionären oder Gesellschaftern dieses anderen Unternehmens getroffenen Vereinbarung die alleinige Kontrolle über die Mehrheit der Stimmrechte von dessen Aktionären oder Gesellschaftern ausübt. Ferner sind Unternehmen ausgenommen, die zwar die Schwellenwerte nicht erreichen, aber als sog. **„Partnerunternehmen"** zu qualifizieren sind. Partnerunternehmen sind alle Unternehmen, die nicht als verbundene Unternehmen gelten und zwischen denen folgende Beziehung besteht: Ein Unternehmen (das vorgeschaltete Unternehmen) hält − allein oder gemeinsam mit einem oder mehreren verbundenen Unternehmen − 25% oder mehr des Kapitals oder der Stimmrechte eines anderen Unternehmens (des nachgeschalteten Unternehmens).[343] Ein Unternehmen ist auch dann kein KMU, wenn es zwar unter den Schwellenwerten liegt, wenn aber 25% oder mehr seines Kapitals oder seiner Stimmrechte direkt oder indirekt von einer oder mehreren öffentlichen Stellen oder Körperschaften des öffentlichen Rechts einzeln oder gemeinsam kontrolliert werden.[344]

77   Vergleicht man die Definitionen von kleinen und mittleren Unternehmen der EU-Kommission und der deutschen Definition des IfM, so ist festzustellen, dass die **Kommission den Kreis der KMU enger zieht;** das gleiche gilt auch im Vergleich mit dem Ansatz der Vergabe-

---

[341] Art. 2 Anhang I VO 800/2008.
[342] Ausführlich dazu *Noch* Vergabe spezial 8/2009, 58.
[343] Ausnahmen gibt es dann, wenn zwar der Schwellenwert von 25% erreicht oder überschritten wird, wenn es sich aber bei den vorgeschalteten Unternehmen um eine besondere Kategorie von Investoren handelt, wie zB. Universitäten oder Forschungszentren ohne Gewinnzweck oder autonome Gebietskörperschaften mit einem Jahreshaushalt von weniger als 10 Mio. Euro und weniger als 5000 Einwohnern, Art. 3 Abs. 2 UAbs. 2 lit. a–d Anhang I VO 800/2008.
[344] Art. 3 Abs. 4 Anhang I VO 800/2008.

kammer Bund. Insofern sind die Definitionen des IfM und der Vergabekammer Bund zu Gunsten mittelständischer Unternehmen weiter gefasst. So liegt die Grenze der Beschäftigten, um noch von einem KMU auszugehen, nach der Definition des IfM fast doppelt so hoch wie die, die die Europäische Kommission zieht. Zudem wird nach der Definition des IfM der maximale Jahresumsatz in Höhe von 50 Mio. Euro als alternative und nicht als kumulative Voraussetzung zur Bejahung eines KMU festgelegt. Ein Unternehmen, das etwa mit 450 Mitarbeitern mehr als 50 Mio. Euro Umsatz erwirtschaftet, wäre dementsprechend nach den Definitionen des IfM und der Vergabekammer Bund ein KMU; nicht aber nach der Definition der EU-Kommission. In beiden Fällen stellen die jeweiligen Definitionen von KMU allerdings nur **Richtwerte für die Praxis** dar, denn weder die Definitionen des IfM bzw. der Vergabekammer Bund noch die Definition der EU-Kommission haben einen gesetzesgleichen oder rechtsverbindlichen Charakter.[345]

Soweit die Werte zur Bestimmung von KMU auf nationaler deutscher Ebene und auf euro-   **78** päischer Ebene abweichen, bietet sich **folgende Differenzierung** an: Gem. § 100 findet § 97 Abs. 3 S. 1 nur Anwendung für das Vergabeverfahren oberhalb der Schwellenwerte[346] und betrifft damit das auf europäischer Ebene angeglichene Vergaberecht. Um auch im Hinblick auf die Definition von KMU eine vereinheitlichte Anwendungspraxis zu gewährleisten, sind für die öffentlichen Aufträge oberhalb der Schwellenwerte die von der EU-Kommission entwickelten Beurteilungsmaßstäbe anzuwenden. **Unterhalb der Schwellenwerte** bietet es sich vor dem Hintergrund einer gleichmäßigen Definition der KMU an, ebenfalls den europäischen Maßstab heranzuziehen. Da es bei den öffentlichen Aufträgen unterhalb der Schwellenwerte allerdings nicht die Notwendigkeit einer EU-einheitlichen Praxis gibt, ist es denkbar, für solche Fälle eine eigenständige nationale deutsche Definition heranzuziehen.

Der Kreis der **Normadressaten** ist von Abs. 3 S. 1 nicht definiert, sondern offen formuliert.   **79** Aus dem Umstand, dass nicht die öffentlichen Auftraggeber ausdrücklich als Normadressaten benannt worden sind, läßt sich folgern, dass neben ihnen alle Stellen und Organe, die im Vergabeverfahren involviert sind und die Entscheidungsmöglichkeit haben, (eigenständig) mittelständische Interessen zu berücksichtigen, den Vergabegrundsatz zu beachten haben. Typischerweise betrifft dies neben den öffentlichen Auftraggebern die Vergabekammer (vgl. § 114 Abs. 1) und die Vergabekammern der OLGe als Instanz der sofortigen Beschwerde (vgl. § 123 S. 2).

b) Vergabe öffentlicher Aufträge. Die Beachtung mittelständischer Interessen ist nach dem   **80** Wortlaut des Gesetzes bei der *Vergabe* öffentlicher Aufträge vorzunehmen. Als „Vergabe öffentlicher Aufträge" könnte man – im Gegensatz zu dem in den Vorschriften über die anderen Vergabegrundsätze in Abs. 1 und 2 gewählten weiteren Begriff des „Vergabeverfahrens" – nur den **tatsächlichen Akt der Vergabe** von öffentlichen Liefer-, Bau- und Dienstleistungsaufträgen (vgl. § 101 Abs. 1) verstehen. Ein solches Verständnis würde aber dem vom Gesetzgeber gewollten umfassenden Ansatz zur Beachtung der mittelständischen Interessen zuwiderlaufen. Daher ist entgegen des zu engen Wortlauts des Abs. 3 S. 1 auf **das gesamte Vergabeverfahren** abzustellen.[347]

c) Vornehmliche Berücksichtigung. Abs. 3 S. 1 verpflichtet zur „vornehmlichen" Be-   **81** rücksichtigung der mittelständischen Interessen. Wenngleich dieser unbestimmte Rechtsbegriff bereits in der vorhergehenden Fassung des Abs. 3 aF zu finden war, ist die bisherige Praxis und Literatur dazu übergegangen, ihn für die Auslegung des Tatbestandsmerkmals der „vornehmlichen Berücksichtigung" nur bedingt nutzbar zu machen, denn in der früheren Fassung des Abs. 3 aF war geregelt, dass die mittelständischen Interessen vornehmlich durch die Losvergabe zu berücksichtigen sind. Die Verknüpfung der Formulierung „vornehmlich" mit dem **Grundsatz der Losaufteilung** ließ den Schluss zu, dass man „vornehmlich" im **Sinne von „insbesondere"** zu verstehen hatte und mittelständische Interessen daher auch über die Auftragsteilung hinaus berücksichtigt werden müssten.[348] Selbst wenn in der Praxis mittelständische Interessen lediglich durch Losvergaben berücksichtigt wurden und sich darüber hinausgehende Maßnahmen nicht etabliert haben sollten,[349] hat der Gesetzgeber dies erkannt[350] und die **Be-**

---

[345] OLG Düsseldorf, Beschl. v. 8. 9. 2004 – Verg 38/04; VergabeK Bund, Beschl. v. 9. 1. 2008 – VK 3-145/07; VergabeK Düsseldorf, Beschl. v. 19. 3. 2007 – VK-07/2007-B.
[346] Die Schwellenwerte sind mit der VO 1177/2009/EG neu festgelegt und gelten ab dem 1. 1. 2010.
[347] Ebenso *Kulartz/Kus/Portz/Kus* RdNr. 75.
[348] Vgl. *Byok/Jaeger/Hailbronner* RdNr. 221; *Immenga/Mestmäcker/Dreher* RdNr. 112; *Leinemann* RdNr. 31.
[349] So *Kus* NZBau 2009, 21.
[350] Vgl. den Gesetzesentwurf der Bundesregierung vom 3. 3. 2008, Entwurf der Begründung eines Gesetzes zur Modernisierung des Vergaberechts, 8: „Trotz dieser Regelung beklagen mittelständische Unternehmen die vielfach wenig mittelstandsgerechte Ausgestaltung der Auftragsvergaben".

deutung der Berücksichtigung der mittelständischen Interessen durch die Formulierung einer eigenständigen Pflicht in einem separaten Satz eins des Abs. 3 klargestellt. Die Vergabe der Leistungen nach Losen ist dieser Pflicht in einem zweiten Satz nachgeordnet. Diese grammatikalische Änderung verdeutlicht die bereits in der Vorgängerfassung enthaltene Anordnung, dass die mittelständischen Interessen über die bloße Aufteilung der Vergabe von Leistungen hinaus zu berücksichtigen sind.[351]

82   Mit der Feststellung, dass die Berücksichtigung der mittelständischen Interessen bei der Vergabe öffentlicher Aufträge **über die bloße Vergabe der Leistungen in Losen hinaus geht,** ist allerdings noch nichts darüber gesagt, wann eine „vornehmliche" Berücksichtigung dieser Interessen erfolgt ist. In der Gesetzesbegründung finden sich hierzu keine Anhaltspunkte. Die Neufassung lässt daher der Rechtspraxis einen **weiten Interpretationsspielraum.** Aus dem Sinn und Zweck des Abs. 3 S. 1 lässt sich zunächst ableiten, dass der Begriff „vornehmlich" jedenfalls so zu verstehen ist, dass bei der Vergabe öffentlicher Aufträge keinesfalls *ausschließlich* die mittelständischen Interessen zu berücksichtigen sind. Ebenso ist die Zugehörigkeit eines Unternehmens zur Gruppe der KMU für sich genommen kein zulässiges Vergabekriterium.[352] Eine Auslegung in diese Richtung verstieße nämlich gegen EU-Recht.[353] Wenn aber durch das Gesetz keine ausschließliche Berücksichtigung der mittelständischen Interessen gefordert ist, dann muss es notwendigerweise einen Spielraum für andere als derartige Interessen geben, die bei der Vergabe öffentlicher Aufträge Berücksichtigung finden können. Solche Interessen können ua. in den **Interessen der öffentlichen Auftraggeber,** in den **Interessen der Großunternehmen,** in den **Interessen des Allgemeinwohls** oder in anderen **öffentlichen Interessen** liegen. Der Begriff „vornehmlich" entspricht dem Begriff „besonders"[354] und weist damit auf eine gesetzliche Vorgabe im Rahmen einer Interessenabwägung hin. Danach sind im Hinblick auf die Vergabe eines bestimmten öffentlichen Auftrags **in einem ersten Schritt** alle in Betracht kommenden Interessen in Erwägung zu ziehen. **In einem zweiten Schritt** ist dann die vom Gesetz durch den Begriff „vornehmlich" gekennzeichnete Gewichtung der ggf. bestehenden unterschiedlichen Interessen vorzunehmen und zwar dergestalt, dass mittelständische Interessen einen die Interessenabwägung prägenden und im Zweifelsfall auch ausschlaggebenden Charakter haben. Wie das Resultat dieser Interessenabwägung dann im Einzelfall praktisch umzusetzen ist, sagt der Gesetzgeber nicht, um den öffentlichen Auftraggebern eine möglichst umfangreiche Bandbreite an Möglichkeiten offen zu lassen, wie sie die Interessen der mittelständischen Unternehmen effektiv berücksichtigen können. Wesentlich ist nur, dass sich auch **im Ergebnis die berücksichtigten mittelständischen Interessen** durchsetzen. Unter dieser Prämisse ist etwa auch der – allerdings unter Geltung der alten Regelung – gemachte Vorschlag nicht ausgeschlossen, je nach Marktsituation einen Generalunternehmer zu verpflichten, seinerseits kleinteilige Vergaben vorzunehmen oder Arbeitsgemeinschaften mittelständischer Unternehmen zu bilden und zur Angebotsabgabe zu bewegen.[355] Vor dem Hintergrund der grundsätzlichen Verpflichtung des Abs. 3 S. 2, die Leistungen in Lose aufzuteilen, dürfte aber der Anwendungsbereich einer solchen Lösung nur schmal und allenfalls in den Fällen denkbar sein, in denen die Ausnahme nach Abs. 3 S. 3 eingreift.

83   Teilweise ist zum früheren Recht die Auffassung vertreten worden, dem Schutzzweck des Mittelstandsschutzes sei bereits dann **Genüge getan, wenn die Vergabestelle den Unternehmen die Möglichkeit einräume, sich als Bietergemeinschaft zu bewerben.**[356] Dem ist jedenfalls unter Zugrundelegung des neuen Rechts nicht zu folgen. Nach der Rechtsprechung des EuGH haben öffentliche Auftraggeber unabhängig von der Frage einer Losaufteilung Bietergemeinschaften zuzulassen,[357] so dass es sich bei der Zulassung der Bietergemeinschaft

---

[351] Dazu aA *Kus* NZBau 2009, 21, 22, der die Auffassung vertritt, dass die Neuregelung des Abs. 3 im Gegensatz zur Altregelung „nur noch" die Auftragsteilung als „einzigen Weg" des Mittelstandsschutzes zulasse. S. auch *Leinemann* RdNr. 31, wonach die Förderung des Mittelstandes die Bedarfsanalyse nicht beeinflussen müsse.
[352] So auch *Leinemann* RdNr. 35; *Bechthold/Otting* RdNr. 18.
[353] S. oben RdNr. 70 ff. In diesem Sinne auch *Leinemann* RdNr. 35.
[354] Duden, Band 8, Sinn- und sachverwandte Wörter, 4. Aufl. 2006, S. 1025.
[355] BeckVOB-Komm/*Marx* RdNr. 28.
[356] Dafür VergabeK Thüringen, Beschl. v. 16. 2. 2007 – 360–4003. 20–402/2007–0001 – UH; VergabeK Bund, Beschl. v. 1. 2. 2001 – VK 1–1/01; *Antweiler* VergabeR 2006, 637, 647; dagegen OLG Düsseldorf, Beschl. v. 8. 9. 2004 – Verg 38/04; Beschl. v. 4. 3. 2004 – Verg 8/04; *Dreher* NZBau 2005, 427, 430; *Ingenstau/Korbion/Schranner* § 4 VOB/A RdNr. 2.
[357] Vgl. EuGH, C-220/06, Slg. 2007, I-12175.

nicht um ein besonderes Element zur Berücksichtigung mittelständischer Interessen bei der Vergabe öffentlicher Aufträge. Unterstrichen wird dies zudem durch die Vorschrift des § 7 Abs. 2 VOL/A, wonach Bietergemeinschaften den Einzelunternehmen gleichzustellen sind. Schließlich spricht gegen eine besondere Berücksichtigung mittelständischer Interessen allein durch die Zulassung von Bietergemeinschaften auch, dass die Bildung solcher Bietergemeinschaften in der Regel einen zusätzlichen zeitlichen und organisatorischen Aufwand erfordert, zB indem ein für alle Mitglieder der Bietergemeinschaft akzeptabler Vertrag geschlossen wird, der seinerseits keinen kartellrechtlichen Bedenken ausgesetzt ist. Nicht selten ist in der Praxis zu beobachten, dass vor dem Hintergrund solcher Schwierigkeiten und den damit verbundenen Kosten sowie wegen gegenläufiger wirtschaftlicher Interessen Bietergemeinschaften bereits in ihrer Gründungsphase scheitern. Diese nicht unerheblichen Probleme, die mit der Bildung einer Bietergemeinschaft für mittelständische Unternehmen einhergehen, sprechen gerade dagegen, anzunehmen, ihre Interessen seien hinreichend gewahrt, wenn der öffentliche Auftraggeber Bietergemeinschaften zulässt. Im Gegenteil wird man die mittelständischen Interessen nur dann „vornehmlich" berücksichtigen, wenn man das Vergabeverfahren so ausgestaltet, dass **sie die Wahl haben, sich** *eigenständig* **an der Ausschreibung zu beteiligen** oder in Form einer Bietergemeinschaft an dem Vergabeverfahren mitzuwirken.[358]

Um Know-how zu bündeln und um niedrigere Einkaufspreise zu erzielen, werden in der **84** Praxis zum Teil staatliche **zentrale Beschaffungsstellen** gegründet.[359] Sie sind mit einem höheren Nachfragepotenzial ausgestattet und können dadurch Produkte und Dienstleistungen auf dem Markt günstiger einkaufen als eine einzelne öffentliche Stellen. Das führt dazu, dass öffentliche Stellen zunehmend die zentrale Beschaffungsstelle beauftragen, die benötigte Leistung zu realisieren, anstatt diese in eigener Regie auszuschreiben. Das führt zu der Frage, wie in solchen Fällen die mittelständischen Interessen vornehmlich zu berücksichtigen sind. Unionsrechtlich sind zentrale Beschaffungsstellen grundsätzlich zulässig.[360] Das folgt aus Art. 11 Abs. 1 der Richtlinie 2004/18/EG, nach welchem die Mitgliedstaaten festlegen, dass die öffentlichen Auftraggeber Bauleistungen, Waren und/oder Dienstleistungen durch zentrale Beschaffungsstellen erwerben dürfen. Die Gründung von und der Einkauf durch zentrale Beschaffungsstellen wird jedoch durch **das Kartell- und das Vergaberecht** begrenzt. Aus kartellrechtlicher Sicht muss eine zentrale Beschaffungsstelle mit den Vorgaben des § 1 konform gehen.[361] Vergaberechtlich ist auch bei der Einschaltung zentraler Beschaffungsstellen der Grundsatz des Mittelstandsschutzes zu beachten. Aus diesem folgt zwar nicht, dass öffentliche Auftraggeber grundsätzlich zu einer dezentralen Beschaffung verpflichtet wären.[362] Er gebietet jedoch, dass die Beschaffungsstelle **ebenfalls vornehmlich die mittelständischen Interessen zu berücksichtigen hat**, zB durch Losaufteilung der zu beschaffenden Leistungen.[363] Daraus ergeben sich zwei Spannungsfelder: Zum einen dürfen öffentliche Stellen **keinen Rahmenvertrag** im Wege einer Gesamtvergabe vergeben, wenn dies nicht wirtschaftliche oder technische Gründe gem. Abs. 3 S. 3 erfordern. Zum anderen dürfen **allein Effizienzgesichtspunkte** eine zentrale Beschaffungsstelle nicht dazu berechtigten, Leistungen in großem Umfang oder in großen Mengen einzukaufen. Der Effizienzgesichtspunkt ist ein Kriterium, das in die Gesamtinteressenabwägung einfließt, im Rahmen derer mittelständische Interessen besonders zu berücksichtigen sind. Auch der Ausnahmecharakter der Gesamtvergabe führt nicht dazu, dass die vornehmliche Berücksichtigung mittelständischer Interessen zurücktreten muss. Allerdings können die angestrebten Effizienzgewinne für die öffentliche Hand bei der Frage eine Rolle spielen, ob es für die Aufteilung der Leistung in Lose gem. Abs. 3 S. 2 möglicherweise eine Ausnahme wegen wirtschaftlicher Gründe gem. Abs. 3 S. 3 geben kann.

V. Satz 2

1. Allgemeines. Abs. 3 S. 2 sieht vor, dass Leistungen in der Menge aufgeteilt **(Teillose) 85** und getrennt nach Art oder Fachgebiet **(Fachlose)** zu vergeben sind. Das Gebot der Losauftei-

---

[358] OLG Düsseldorf, Beschl. v. 8. 9. 2004 – Verg 38/04; *Dreher* NZBau 2005, 427, 430; *Weyand* RdNr. 276.

[359] *Burgi* NZBau 2006, 693, 694; *Dreher* NZBau 2005, 427, 432.

[360] OLG Düsseldorf NZBau 2004, 688 = VergabeR 2005, 107; *Kulartz/Marx/Portz/Prieß/Kus* § 5 VOL/A RdNr. 2; *Weyand* RdNr. 280.

[361] Vgl. BGHZ 152, 347 = NVwZ 2003, 1012; *Dreher* NZBau 2005, 427, 433; *Kämper/Heßhaus* NZBau 2003, 303, 307 ff.; *Westermann* ZWeR 2003, 481; aA *Schwab* NZA 2001, 701, 704; *Däubler* ZIP 2000, 681, 684; *Burgbacher* VergabeR 2001, 169, 172.

[362] *Immenga/Mestmäcker/Dreher* RdNr. 239.

[363] *Burgi* NZBau 2006, 693, 694.

lung ist eine Ausprägung des in Abs. 3 S. 1 normierten Vergabegrundsatzes des Mittelstands-schutzes. Im Gegensatz zum früheren Recht hat die Aufteilung in Lose nun zwingenden Charakter („sind aufzuteilen“).[364] Fraglich ist aber, ob durch die Neufassung des Abs. 3 zum Ausdruck gebracht werden soll, dass die Vergabe einer Leistung durch Aufteilung in Lose **der einzige Weg** ist, die Interessen des Mittelstandes zu berücksichtigen.[365] Die Verschärfung der Vorgaben zur Vergabe von Leistungen durch Lose in der Neufassung des Abs. 3, die vor allem dadurch zu erkennen ist, dass der Beispielscharakter der Losvergabe als ein Mittel zum Mittelstandsschutz des früheren Rechts („vornehmlich durch Teilung der Aufträge“) entfallen ist, ist ein besonderes Anliegen des Gesetzgebers gewesen. Die Pflicht zur Losaufteilung soll den Schutz der Interessen der mittelständischen Unternehmen verstärken.[366] Gleichzeitig zeigt sich aber, dass mit den Vorschriften des Abs. 3 S. 2 und S. 3 **keineswegs ein neuer Regelungsansatz** in das Vergaberecht eingeführt wurde. Vielmehr ist das nunmehr in diesen Vorschriften zu findende Regel-Ausnahme-Verhältnis bereits von den Gerichten zum früheren Recht entwickelt worden.[367] Der grundsätzlich zwingende Charakter der Teilung der Leistung in Lose betrifft aber nur *ein* – wenngleich das wesentliche – Instrument des Mittelstandsschutzes. Denkbar sind darüber hinaus auch andere Instrumente.[368] Weder aus dem Wortlaut der Norm noch aus deren Sinn und Zweck ergibt sich, dass die Verpflichtung zur Aufteilung der Leistungen in Lose andere Maßnahmen zur Berücksichtigung mittelständischer Interessen sperren würde. Der Sinn und Zweck des Abs. 3 macht deutlich, dass genau das Gegenteil der Fall ist. Vom Gesetzgeber gewollt ist eine **Verstärkung der Berücksichtigung mittelständischer Interessen.** Diesem Ziel würde es zuwiderlaufen, wenn man das Instrumentarium zur Erreichung des Ziels auf die Aufteilung der Leistung in Lose beschränken würde. Um einen möglichst umfassenden Schutz des Mittelstandes zu gewährleisten, müssen alle Instrumentarien herangezogen werden, die geeignet sind, die mittelständischen Interessen zu berücksichtigen. Die Verpflichtung zur Aufteilung der Leistung in Lose ist damit also als „Mindestanforderung“ an den Mittelstandsschutz im Vergaberecht zu verstehen.

86   **2. Fachlos und Teillos.** Unter dem Begriff „Fachlos“ sind Leistungen zu verstehen, die von einem bestimmten Handwerks- oder Gewerbebetrieb ausgeführt werden, dh einem bestimmten Fachgebiet zuzuordnen sind.[369] Der Begriff „Teillos“ bezeichnet den Leistungsumfang einer kohärenten, nicht weiter zerlegbaren Leistung.[370] Im Gegensatz zur rein räumlichen Aufteilung in Teillose wird bei der Fachlosvergabe allein auf die auszuführenden Leistungen abgestellt. Wichtig ist dabei, dass die Leistungen aus haftungsrechtlichen Gründen eindeutig abgrenzbar sein müssen.[371] Schließlich können Teillose gebildet und Fachlose in Teillose zerlegt werden (§ 4 Nr. 2 VOB/A). Dabei bilden Teillose einen in sich abgeschlossenen, sinnvollerweise nicht mehr weiter aufteilbaren Leistungszuschnitt.[372]

87   **3. Anzahl und Größe der Lose.** Die Anzahl und die Größe der Lose, in die die Leistung aufgeteilt wird, stehen dem öffentlichen Auftraggeber **grundsätzlich frei.**[373] Der Zuschnitt muss dabei allerdings immer den **sachlichen Gegebenheiten** entsprechen und darf nicht gezielt zu einer Ausschaltung bestimmter Unternehmensgruppen führen.[374] Nach der Neufassung des Abs. 3 ist der Auftraggeber bei der Bildung der Lose an die Vorgaben des Abs. 3 S. 1 gebunden, so dass er dabei besonders die mittelständischen Interessen zu berücksichtigen hat. Nach den dargestellten Grundsätzen (s. oben RdNr. 81) ist er allerdings nicht verpflichtet, ausschließlich die mittelständischen Unternehmen zu berücksichtigen. Es können – müssen aber nicht (vgl. oben RdNr. 75) – die **Interessen von Kleinstunternehmen** berücksichtigt werden

---

[364] Gesetzesentwurf der Bundesregierung v. 3. 3. 2008, Entwurf der Begründung eines Gesetzes zur Modernisierung des Vergaberechts, 8.

[365] So *Kus* NZBau 2009, 21, 22.

[366] Gesetzesentwurf der Bundesregierung v. 3. 3. 2008, Entwurf der Begründung eines Gesetzes zur Modernisierung des Vergaberechts, 8.

[367] OLG Brandenburg NZBau 2009, 337; OLG Düsseldorf VergabeR 2004, 511; OLG Düsseldorf NZBau 2004, 688; VergabeK Bund VergabeR 2001, 143.

[368] Vgl. dazu *Immenga/Mestmäcker/Dreher* RdNr. 112; im Ergebnis wie hier *Leinemann* RdNr. 36.

[369] *Willenbruch/Bischoff/Werner* § 4 VOB/A RdNr. 2.

[370] OLG Jena VergabeR 2003, 683.

[371] *Willenbruch/Bischoff/Werner* § 4 VOB/A RdNr. 11.

[372] *Noch* RdNr. 385.

[373] *Willenbruch/Bischoff/Frenz* RdNr. 21.

[374] VergabeK Bund, Beschl. v. 8. 1. 2004 – VK 1-117/03; VergabeK Bund VergabeR 2002, 72; *Willenbruch/Bischoff/Frenz* RdNr. 21.

und Kleinstlose gebildet werden.[375] Die Berücksichtigung der mittelständischen Interessen erfordert jedoch zum Beispiel, dass die Lose so gebildet werden, dass sich auch tatsächlich kleine und mittlere Unternehmen um Teilaufträge bewerben können. Die Aufteilung einer Leistung in Lose verstößt damit gegen Abs. 3 S. 1, wenn im Ergebnis kleine und mittlere Unternehmen keine praktische Möglichkeit der Beteiligung haben. Dies ist beispielsweise dann der Fall, wenn die **Einzellose so umfangreich ausgestaltet sind,** dass diese für ein kleines oder mittleres Unternehmen immer noch zu groß sind oder wenn die Losbildung durch die Zusammenfassung ganz unterschiedlicher Leistungen so ungünstig ist, dass kleine oder mittlere Unternehmen diese Leistungen mit ihrem eigenem Know-how nicht oder nur unter größten Anstrengungen erbringen könnten und deshalb Partner (**Unterauftragnehmer**) einbinden müssten, um die Leistung zu erbringen.[376] Ebenfalls gegen Abs. 3 S. 1 würde es verstoßen, wenn die Losbildung so gestaltet würde, dass sich die mittelständischen Bewerber tatsächlich nur dann in der Lage sähen, sich an dem Vergabeverfahren zu beteiligen, wenn sie Bietergemeinschaften bilden. Die Vergabekammer Nordbayern hat mit Beschluss vom 19. 5. 2009 insoweit entschieden, dass eine für den Mittelstand angemessene Losteilung nicht durch die Zulassung von Bietergemeinschaften oder des Einsatzes von Nachunternehmen ersetzt werden kann.[377] Unabhängig von dem Verstoß gegen Abs. 3 S. 1 würde dies zudem auch den Wettbewerb in unzulässiger Weise einschränken.[378] Es ist indes nicht erforderlich, die Anzahl und Größe der Lose stets so zu gestalten, dass sich alle potenziellen Bewerber an dem Ausschreibewettbewerb beteiligen können. Allerdings kann sich im Einzelfall ein solches Erfordernis aus der im Rahmen von Abs. 3 S. 1 geforderten Interessenabwägung zugunsten der Berücksichtigung mittelständischer Interessen ergeben. Der Umstand, dass sich **keine oder nur wenige kleine und mittlere Unternehmen auf eine in Lose aufgeteilte Teilleistung bewerben,** zeigt für sich genommen allerdings noch nicht, dass der Zuschnitt der Lose gegen Abs. 3 S. 1 verstößt. Abs. 3 gebietet hingegen nicht, dass die Losvergabe so ausgestaltet wird, dass sie zu einer wirtschaftlichen oder technischen Atomisierung von Aufträgen führt.[379]

88 Gehen auf die verschiedenen Lose unterschiedliche Angebote ein, so muss für jedes Los das **wirtschaftlichste Angebot** ermittelt werden. Das ergibt sich bereits aus Abs. 5. Ein Verbot der **Mehrfachbezuschlagung** in dem Sinne, dass günstigere Mehrfachangebote nicht berücksichtigt werden dürfen, ist nicht mit Abs. 3 S. 1 zu vereinbaren, wenn es dazu führt, dass kleine und mittlere Unternehmen dadurch Nachteile erleiden.[380] Aufgrund der Neufassung des Abs. 3 ist es rechtlich nicht ausgeschlossen, dass ein Gesamtangebot bei einer losweisen Ausschreibung für zuschlagsunfähig erklärt wird.[381] Dies entspricht nämlich der in Abs. 2 vorgesehenen Verpflichtung zur losweisen Ausschreibung. Die parallele Ausschreibung von Fachlosen und Generalunternehmerlosen ist grundsätzlich unzulässig, weil Abs. 3 S. 2 ausdrücklich die Ausschreibung nur in Fach- und Teillosen anordnet.[382] **Akzeptiert die Vergabestelle Rabatte,** die von der Anzahl der zugeschlagenen Lose abhängt, so verstößt dies gegen verschiede Vergabegrundsätze, ua. auch gegen die Mittelstandsförderung, weil die Teilung in Lose gerade möglichst vielen kleinen und mittleren Unternehmen die Möglichkeit eröffnen soll, sich an dem Vergabeverfahren zu beteiligen und ein Rabattsystem insoweit große Unternehmen tendenziell bevorteilt. Diese haben eher die Möglichkeit, sich auf viele Lose zu bewerben und eine entsprechend größere Chance, mehrere Zuschläge zu erhalten.[383]

89 **4. Loslimitierung.** Unter einer Loslimitierung – richtigerweise sollte man wohl von einer **Zuschlagslimitierung** sprechen – wird verstanden, dass der Auftraggeber zwar losweise aus-

---

[375] Vgl. auch *Noch* Vergabe spezial 8/2009, 58, 59 f.

[376] VergabeK Nordbayern, Beschl. v. 19. 5. 2009 – 21 VK – 3194-14/09; VergabeK Sachsen, Beschl. v. 7. 2. 2003 – 1/SVK/007-03; OLG Düsseldorf, Beschl. v. 8. 9. 2004 – VII-Verg 38/04; *Weyand* RdNr. 287; PraxisKommentar/*Maibaum* RdNr. 134; zur Nachunternehmerschaft und wettbewerbliche Untervergabe s. *Burgi* in: 11. Düsseldorfer Vergaberechtstag, 2010, 29 ff.

[377] VergabeK Nordbayern, Beschl. v. 19. 5. 2009 – 21 VK – 3194-14/09; s. auch (zum alten Recht) OLG Düsseldorf, Beschl. v. 4. 3. 2004 – VII Verg 8/04.

[378] VergabeK Baden-Württemberg, Beschl. v. 16. 11. 2001 – 1 VK 39/01.

[379] S. Praxiskommentar/*Maibaum* RdNr. 136.

[380] Vgl. dazu – wenngleich aufgrund der früheren Rechtslage mit anderem Ergebnis *Dreher* NZBau 2005, 427, 430 f.; *Immenga/Mestmäcker/Dreher* RdNr. 114; *Müller-Wrede/Roth* VOL/A 2007, § 5 RdNr. 16.

[381] Anders noch zum früheren Recht OLG Frankfurt/M VergabeR 2002, 394; *Immenga/Mestmäcker/Dreher* RdNr. 114.

[382] Anders zum früheren Recht OLG Bremen, Beschl. v. 22. 10. 2001 – Verg 2/2001; BayObLG VergabeR 2001, 131.

[383] Vgl. VergabeK Brandenburg, Beschl. v. 19. 1. 2006 – 2 VK 76/05.

schreibt, aber zugleich vorgesehen ist, die Anzahl von Losen, für die ein Unternehmen den Zuschlag erhalten kann, zu beschränken.[384] Zweck einer Loslimitierung ist, dass damit einer Konzentration der Vergabe eines in Lose aufgeteilten Auftrags auf einen oder auf sehr wenige Bieter vorgebeugt wird.[385] Ein solches Vorgehen verstößt bereits gegen das Gleichbehandlungsgebot gem. Abs. 2, wenn die Zuschlagserteilung auf Gebote für einige Bieter umfassender möglich ist als für andere. Bezieht sich die Beschränkung des Zuschlags auf die auf verschiedene Lose abgegebenen Angebote auf alle Bieter gleichermaßen, so mag darin eine Ungleichbehandlung von großen Unternehmen zugunsten kleinerer und mittlerer Unternehmen liegen;[386] darauf kommt es aber im Zusammenhang mit der Pflicht zur losweisen Ausschreibung gem. Abs. 3 S. 1 nicht an, weil insoweit nur der Schutz mittelständischer Interessen eine Rolle spielt. Die sachlichen Gründe, die für eine Loslimitierung sprechen,[387] können allerdings **in der Interessenabwägung den mittelständischen Interessen gegenübergestellt werden.** Im Zweifel müssen sie aber insoweit zurückstehen, als sie nicht mit den Interessen der mittelständischen Unternehmen deckungsgleich sind.

90   **5. Publizität.** Die Aufteilung in Lose ist nach Art und Umfang **in die Vergabebekanntmachung** (vgl. zB § 17 Nr. 1 Abs. 2 lit. f und Nr. 2 Abs. 2 lit. f VOB/A) und **in die Vergabeunterlagen** (vgl. zB § 10 Nr. 5 Abs. 2 lit. o VOB/A) aufzunehmen. Unzureichend ist die bloße Ankündigung in der Vergabebekanntmachung, ein Auftrag werde in Lose unterteilt, wenn die Aufteilung selbst erst nach Angebotseingang erfolgt. Der Auftraggeber muss sich spätestens im Rahmen der Aufforderung zur Abgabe der Angebote für den Umfang der Lose „als vor allem für Mittelstandsbetriebe gewichtigen Kalkulationsfaktor entscheiden".[388]

VI. Satz 3

91   **1. Allgemeines.** Nach Abs. 3 S. 3 kann von dem Grundsatz der Losaufteilung **ausnahmsweise abgesehen werden,** wenn wirtschaftliche oder technische Gründe dies erfordern. Das bedeutet, dass dann, wenn einer der beiden Ausnahmegründe vorliegt, der öffentliche Auftrag als Einheit oder jedenfalls in Blöcken vergeben werden darf. **Zweck der Ausnahmevorschrift** ist, dem öffentlichen Auftraggeber keine unwirtschaftlichen oder technisch unsinnigen bzw. undurchführbaren Entscheidungen aufzudrängen.[389] Dies gebietet auch die Gesamtzielsetzung des Vergaberechts, nämlich ein an Wirtschaftlichkeitsgesichtspunkten orientiertes Beschaffungsverhalten der öffentlichen Hand zu erreichen. Damit hat Abs. 3 S. 3 die Funktion, einen Kompromiss zwischen dem Interesse der Mittelstandsförderung durch die Teilung von Aufträgen in Lose und dem Interesse der öffentlichen Auftraggeber, in ihrer Entscheidungsfreiheit nicht an Vorgaben gebunden zu sein, die für sie **unwirtschaftlich** wären,[390] weil sie entweder zu erhöhten Kosten führen oder von ihnen die Annahme einer Leistung erfordern, die wesentliche technische Komplikationen mit sich brächte und damit insoweit auch wieder zu einer Kostensteigerung führten, zu finden.

92   Die **Gründe, welche ausnahmsweise eine Gesamtvergabe rechtfertigen,** waren nach früherem Recht nicht in Abs. 3 aF, sondern ausschließlich in den Verdingungsordnungen geregelt. Die Voraussetzungen, die Abs. 3 S. 3 vorsieht, damit mehrere Teil- und Fachlose zusammen vergeben werden dürfen, finden bei den weiterhin auf untergesetzlicher Ebene bestehenden Ausnahmetatbeständen Anwendung. Zu diesen Ausnahmetatbeständen gehören § 4 Nr. 3 VOB/A, der ebenfalls auf wirtschaftliche oder technische Gründe abstellt, und § 5 Nr. 1 VOL/A, nach dem eine unwirtschaftliche Zersplitterung vermieden werden soll.

93   **2. Wirtschaftliche oder technische Gründe. a) Regel–Ausnahmeverhältnis.** Abs. 3 S. 3 erlaubt, mehrere Teil- oder Fachlose zusammen zu vergeben, wenn wirtschaftliche oder technische Gründe dies erfordern. Von dem Grundsatz der Losaufteilung kann also ausnahmsweise abgewichen werden, wenn wirtschaftliche oder technische Gründe eine Gesamtvergabe oder eine

---

[384] *Kulartz/Kus/Portz/Kus*/RdNr. 70.

[385] *Weyand* RdNr. 305/2.

[386] *Immenga/Mestmäcker/Dreher* RdNr. 115.

[387] Vgl. zum früher geltenden Recht: VergabeK Sachsen, Beschl. v. 26. 3. 2008 – 1/SVK/005-08; Beschl. v. 14. 3. 2007 – 1/SVK/006-07; VergabeK Mecklenburg-Vorpommern, Beschl. v. 7. 1. 2008 – 2 VK 5/07.

[388] *Immenga/Mestmäcker/Dreher* RdNr. 125 mwN.

[389] *Loewenheim/Bungenberg* RdNr. 37.

[390] VergabeK Bund, Beschl. v. 1. 2. 2001 – VergabeK 1-1/01; *Müller-Wrede* NZBau 2004, 643, 644; *Kulartz/Marx/Portz/Prieß/Kus* § 5 VOL/A RdNr. 9.

Vergabe in zusammengefassten Blöcken erfordern.[391] Es besteht damit **ein Regel-Ausnahmeverhältnis zwischen Los- und Gesamtvergabe.**[392] Dabei gebietet dieser Ausnahmecharakter eine restriktive Auslegung des Kriteriums der Erforderlichkeit einer Gesamtvergabe. Das in Abs. 3 S. 3 verankerte Regel-Ausnahmeverhältnis führt ferner dazu, dass der Auftraggeber für die Tatsachen, die die Erforderlichkeit der Gesamtvergabe begründen und – für den Fall, dass eine Abweichung der losweisen Vergabe durch eine blockweise Vergabe besteht – für die Erforderlichkeit dieser blockweisen Zusammenfassung die Beweislast zu tragen hat.[393]

Nach der **früheren Rechtslage** war bei der Beantwortung der Frage, ob eine Aufteilung in **94** Lose im Vergleich zu einer Gesamtvergabe in hohem Maße unwirtschaftlich ist, eine Abwägung der Interessen des konkreten Einzelfalls durchzuführen.[394] Der Vergabestelle wurde dabei stets ein **Beurteilungsspielraum** zugestanden.[395] Durch die Aufnahme des Begriffs der Erforderlichkeit in der Neufassung des Abs. 3 S. 3 entfällt dem Wortlaut der Norm nach dieser Ermessensspielraum. Stattdessen müssen die wirtschaftlichen oder technischen Gründe, die ausnahmsweise eine Abweichung von der losweisen Vergabe rechtfertigen sollen, detailliert dargelegt werden. Dies kann im Einzelfall sogar bedeuten, dass der öffentliche Auftraggeber seine Entscheidung, nicht losweise zu vergeben, durch ein Gutachten unterlegen muss. Auf jeden Fall hat er zumindest die Beweggründe einer Gesamtvergabe in dem Vergabevermerk nachvollziehbar zu dokumentieren (vgl. § 30 Nr. 1 VOL/A). Im Vergleich zur Vorgängerfassung hat sich damit das Begründungserfordernis für die Vergabestelle **deutlich verschärft.** Gleichwohl tendiert die Rechtsprechung dazu, dem Auftraggeber – wie nach der alten Rechtslage – einen Beurteilungsspielraum zuzugestehen. Der Auftraggeber soll im Rahmen der Abwägung aller Interessen und Gründe die Entscheidungsfreiheit haben, sich für eine Gesamtvergabe zu entschließen. Die Überprüfung der vom Auftraggeber herangezogenen Ausnahmegründe soll nur insoweit möglich sein als bewertet wird, ob der Auftraggeber bei seiner Einschätzung die rechtlichen Grenzen des ihm zustehenden Beurteilungsspielraums überschritten hat.[396] Wenngleich diese Rechtsprechung zweifellos einem großen Bedürfnis in der Vergabepraxis nachkommt und einen wesentlichen Mangel an der Neufassung des Gesetzes merklich heilt, bestehen jedoch **aus dogmatischer Sicht** schwerwiegende Bedenken an einem solchen Verständnis. Durch die Änderung der Wortwahl wollte der Gesetzgeber die Rechtslage verschärfen, um so den Mittelstandsschutz zu verbessern. Dem läuft es zuwider, wenn die Rechtsprechung durch Auslegung praktisch die alte Rechtsprechung wiederherstellt.

Die Entscheidung des Auftraggebers, ob Gründe für eine losweise Vergabe oder für eine Ge- **95** samtvergabe vorliegen, **ist später nicht mehr nachholbar.** Damit stellt auch nach der Änderung des Abs. 3 das Fehlen entsprechender Angaben in dem Vergabevermerk bei dennoch vorgenommener Abweichung von der losweisen Vergabe einen Vergabemangel dar, der im Vergabenachprüfungsverfahren zu der Aufhebung der angegriffenen Vergabeentscheidung im Umfang der davon betroffenen Leistungen führt.[397] Das **Fehlen von Angaben** darüber, dass eine losweise Vergabe erfolgen wird, stellt keinen Dokumentationsmangel und damit keinen Verstoß gegen den Transparenzgrundsatz des Abs. 1 dar, weil der öffentliche Auftraggeber insoweit nur einer gesetzlich geforderten Verpflichtung nachgekommen ist und Lose gebildet hat.[398] Von fehlenden Angaben zu der Entscheidung über eine Losvergabe als solche ist bei der Befolgung der losweisen Vergabe jedoch das Fehlen von Angaben über die Loszuschnitte zu

---

[391] Anders zT noch auf Grundlage der Vorgängernorm. Danach bestand kein Anspruch auf Losaufteilung, sondern nur das Recht auf eine angemessene Berücksichtigung mittelständischer Interessen durch Aufteilung in Lose, vgl. VergabeK Baden-Württemberg, Beschl. v. 18. 7. 2003 – 1 VK 30/03; VergabeK Bund, Beschl. v. 29. 7. 2004 – VK 2-85/04. Zur neuen Spruchpraxis: VergabeK Saarland, Beschl. v. 7. 9. 2009 – 3 VK 01/2009; OLG Düsseldorf, Beschl. v. 22. 10. 2009 – VII-Verg 25/09.

[392] S. OLG Brandenburg, Beschl. v. 27. 11. 2008 – Verg W 15/08, VN 2009, 46; VergabeK Arnsberg, Beschl. v. 13. 8. 1999 – VK 11/99; *Noch,* S. 385; *Leinemann* RdNr. 32.

[393] *Immenga/Mestmäcker/Dreher* RdNr. 112.

[394] OLG Düsseldorf NZBau 2004, 688, 689; *Antweiler* VergabeR 2006, 637, 647; *Dreher* NZBau 2005, 427, 428 f.; *Müller-Wrede* NZBau 2004, 643, 644; *Weyand* RdNr. 278/1.

[395] OLG Düsseldorf NZBau 2004, 688, 689; *Antweiler* VergabeR 2006, 637, 647; *Kulartz/Marx/Portz/ Prieß* § 5 VOL/A RdNr. 10; *Müller-Wrede/Timmermann* § 5 VOL/A RdNr. 11; *Weyand* RdNr. 278/1; aA *Dreher* NZBau 2005, 427, 428.

[396] S. VergabeK Bund, Beschl. v. 4. 11. 2009 – VK 3 – 190/09; ähnlich auch VergabeK Münster, Beschl. v. 7. 10. 2009 – VK 18/09, die darauf hinweist, der Auftraggeber müsse seine eigenen Interessen nicht opfern, sondern nur im Rahmen seines Ermessens sachgerecht begründen. Zustimmend Praxis-Kommentar/ *Maibaum* RdNr. 141 f.

[397] *Immenga/Mestmäcker/Dreher* RdNr. 111.

[398] *Immenga/Mestmäcker/Dreher* RdNr. 111.

unterscheiden. Im Hinblick auf die Loszuschnitte ist eine zeitnahe Dokumentation erforderlich, um ggf. ein Nachprüfverfahren einleiten zu können.[399]

96 Der Wortlaut des Abs. 3 S. 3 macht deutlich, dass die dort genannten wirtschaftlichen und technischen Gründe **abschließend** sind. Dies entspricht auch der Konzeption der Vorschrift, nur in ganz beschränktem Maße Ausnahmen von der losweisen Vergabe zu Gunsten eines verstärkten Schutzes mittelständischer Unternehmen zuzulassen. Da aber Abs. 3 gemäß § 100 Abs. 1 nur Anwendung findet, wenn der jeweils maßgebliche Schwellenwert erreicht oder überschritten wurde, ist es **gesetzlich nicht ausgeschlossen,** dass unterhalb der Schwellenwerte weiterhin auch **Zweckmäßigkeitserwägungen** zu einer Gesamtvergabe führen können. So bestimmt etwa § 5 Nr. 1 S. 1 VOL/A, dass eine Gesamtvergabe zulässig ist, wenn eine Losaufteilung „unzweckmäßig" ist, wobei die Zweckmäßigkeitserwägungen nicht nur technische oder wirtschaftliche Belange betreffen müssen.[400] Da es sich bei Abs. 3 allerdings um einen Vergabegrundsatz handelt, der für sämtliche Vergaben Geltung beansprucht, sollte man auch für die Vergaben unterhalb der Schwellenwerte die Zweckmäßigkeit nur auf wirtschaftliche und technische Gründe beziehen. Dafür spricht zudem die Einheitlichkeit in der rechtlichen Behandlung von öffentlichen Aufträgen. Zutreffend ist allerdings darauf hingewiesen worden, dass der mit dem Erfordernis der Losaufteilung einhergehende bürokratische Aufwand erheblich sei.[401] Dies wieder zu ändern, ist allerdings eine Aufgabe des Gesetzgebers.

97 **b) Wirtschaftliche Gründe.** Die Zerlegung einer Vergabe von Leistungen in einzelne Teil- oder Fachlose soll nicht zu einer **„unwirtschaftlichen Zersplitterung"** führen.[402] Damit würde ein wesentliches Ziel des Vergaberechts, nämlich für ein sparsames und wirtschaftlich vernünftiges Nachfrageverhalten des Staates zu sorgen, beeinträchtigt werden. Die wirtschaftlichen Gründe beziehen sich dabei allerdings nur auf die Umstände, die mit der Aufteilung der Lose in einem Zusammenhang stehen. Sie sind **strikt von den wirtschaftlichen Gründen zu trennen,** die bei dem Zuschlag in Abs. 5 eine Rolle spielen.[403] Sie sind einzelfallbezogen zu bestimmen und bei der Beurteilung einer etwaigen Unwirtschaftlichkeit sind die Besonderheiten der jeweiligen Branche zu beachten.[404]

98 Ein wirtschaftlicher Grund für eine Abweichung von der losweisen Vergabe, kann vor allem darin liegen, dass **eine einheitliche Gesamtleistung nicht mehr gewährleistet werden** oder nur unter unverhältnismäßigem Aufwand hergestellt werden kann.[405] Ebenso ist als wirtschaftlicher Grund anerkannt, dass die Losaufteilung nicht dazu führen darf, die Geltendmachung von **Gewährleistungsansprüchen unmöglich** zu machen.[406]

99 Ein gewisses Maß an Aufwand, der sich auch als wirtschaftlich negativer Effekt darstellen lässt, wird vom Gesetzgeber im Hinblick auf die Förderung mittelständischer Unternehmen in Verbindung mit dem aus einer Losvergabe resultierenden Koordinierungsaufwand und der Einbindung zusätzlicher personaler Ressourcen beim öffentlichen Auftraggeber grundsätzlich in Kauf genommen.[407] Daraus lässt sich ableiten, dass die **Entlastung von allgemeinen Kosten,** die durch die Vergabe der Leistungen in Lose entstehen, keinen wirtschaftlichen Rechtfertigungsgrund darstellt.[408] **Ausnahmen** können sich jedoch im Einzelfall ergeben, wenn die durch die losweise Vergabe entstehenden erhöhten Kosten nicht mehr verhältnismäßig sind und über das übliche und in Kauf zu nehmende Maß hinausgehen. Dann muss der öffentliche Auftraggeber, um dem Grundsatz der Wirtschaftlichkeit zu genügen, die Leistungen ausnahmsweise als Gesamtleistung ausschreiben.[409]

---

[399] *Immenga/Mestmäcker/Dreher* RdNr. 111.

[400] KompendiumVgR/*Schramm* Kap. 11 RdNr. 64.

[401] *Byok* NJW 2010, 817, 821.

[402] Vgl. OLG Thüringen, Beschl. v. 6. 6. 2007 – 9 Verg 3/07; VergabeK Bund, Beschl. v. 14. 9. 2007 – VK 1–01/07; VergabeK Bund, Beschl. v. 31. 8. 2007 – VK 1-92/07; VergabeK Sachsen, Beschl. v. 6. 4. 2009 – 1/SVK/005-09.

[403] Ebenso *Loewenheim/Bungenberg* RdNr. 37; *Immenga/Mestmäcker/Dreher* RdNr. 121.

[404] Vgl. VergabeK Sachsen, Beschl. v. 27. 6. 2003 – 1/SVK/063-03; *Kus* RdNr. 9; *Noch* Vergabe spezial 8/2009, 58, 60; *Müller-Wrede/Timmermann* § 5 VOL/A RdNr. 12; s. Empfehlung der Kommission v. 6. 5. 2003 (2003/361/EG), Erwägungsgrund 5.

[405] Vgl. OLG Thüringen, Beschl. v. 6. 6. 2007 – 9 Verg 3/07; 1.

[406] Vgl. OLG Thüringen, Beschl. v. 6. 6. 2007 – 9 Verg 3/07; 1.

[407] OLG Düsseldorf VergabeR 2005, 107 = NZBau 2004, 688; *Dreher* NZBau 2005, 427, 428, 430.

[408] Vgl. *Ax/Schneider/Nette* Kap. 1 RdNr. 83 ff. zu VOB/A; *Ingenstau/Korbion/Schranner* § 4 VOB/A RdNr. 20 mwN; *Willenbruch/Bischoff/Werner* § 4 VOB/A RdNr. 14.

[409] Vgl. OLG Düsseldorf VergabeR 2005, 107 = NZBau 2004, 688; *Dreher* NZBau 2005, 427, 430; *Ingenstau/Korbion/Schranner* § 4 VOB/A RdNr. 20 mwN.

Problematisch ist, ob die **Eilbedürftigkeit einer Leistung** zu den wirtschaftlichen Gründen 100
gem. Abs. 3 S. 3 gehört.[410] Im engeren Sinne ist der Umstand, dass ein öffentlicher Auftraggeber eine Leistung besonders dringend benötigt, kein wirtschaftlicher Aspekt. Typischerweise ist
die Eilbedürftigkeit einer Leistung aber immer **mit wirtschaftlichen Folgen** verknüpft. Diese
können zB darin begründet sein, dass nur zu bestimmten Zeiten diese Leistung erbracht werden
kann, dass der öffentliche Auftraggeber seinerseits für eine nicht rechtzeitige Erbringung einer
Leistung, zu der er die ausgeschriebene Leistung benötigt, haften muss oder weil es die begehrte
Leistung nur kurzzeitig zu einem günstigen Preis gibt. Ist die **Eilbedürftigkeit aber kausal mit
negativen wirtschaftlichen Folgen für den Auftraggeber verbunden,** so kann sie nicht
anders behandelt werden, als läge für den öffentlichen Auftraggeber ein wirtschaftlicher Grund
vor, der ihn ein Abweichen von der losweisen Vergabe notwendig macht. Die Rechtsprechung hat
dies in allgemeinerer Form anerkannt und festgestellt, dass dann, wenn sich bei funktionaler
Betrachtungsweise aufgrund des zeitlichen Aspekts der mit dem Beschaffungsvorgang verfolgten
Ziele und Zwecke eine Zerlegung des Auftrages in Fach- und Teillose verbietet, für eine ein-
zelfallorientierte Berücksichtigung mittelständischer Unternehmen kein Raum mehr ist.[411] Ähnlich hat sie eine Gesamtvergabe wegen Eilbedürftigkeit in dem Fall gerechtfertigt, in welchem
auf einem höchst belasteten Autobahnabschnitt ein bestimmter Straßenbelag noch vor Winter-
beginn verarbeitet werden musste, um eine Verlängerung der Bauzeit bis April zu vermeiden.[412]

Kein wirtschaftlicher Grund liegt vor, wenn die Eilbedürftigkeit nicht kausal mit wirtschaft- 101
lich nachteiligen Folgen verbunden ist. Denkbar ist dies im Fall eines **bloßen Prestigegewinns**
für den öffentlichen Auftraggeber oder wenn er seinerseits in Verträgen mit Dritten Vereinbarungen getroffen hat, die ihn bei verspäteter Leistung wegen Verzögerungen bei der zu vergebenden (Vor-)Leistung keinerlei Haftungen aussetzen.

Die Begründungspflichten für den öffentlichen Auftraggeber sind aufgrund dieser Sonderbe- 102
handlung der Eilbedürftigkeit **besonders hoch.** Er muss darlegen, dass zwischen der Eilbedürftigkeit und den wirtschaftlichen Gründen ein kausaler Zusammenhang besteht, aus dem aus
objektiver Sicht folgt, dass ein Verzicht auf die Eilbedürftigkeit zu wirtschaftlichen Nachteilen
führt. Zudem muss er auch darlegen, dass durch eine losweise Vergabe die benötigte Leistung
weniger schnell zur Verfügung gestellt wird als bei einer Gesamtvergabe.

Ebenfalls problematisch ist, ob es zu den wirtschaftlichen Gründen gem. Abs. 3 S. 3 zählt, 103
wenn die Leistungen, die aufgrund der losmäßige Auftragsvergabe für den öffentlichen Auftraggeber **insgesamt teurer sind** als bei einer Gesamtvergabe. In vielen Fällen dürfte die als Gesamtvergabe ausgeschriebene Leistung für den öffentlichen Auftraggeber günstiger sein, als wenn
er die vereinbarte Leistung losweise einkauft hätte und diese Kaufpreise zusammengerechnet
werden. Die Beantwortung dieser Frage führt zu einem zentralen Dilemma. Würde man einerseits erhöhte Preise durch eine Vergabe als wirtschaftlichen Grund im Sinne des Abs. 3 S. 3
ansehen, so bestünde die erhebliche Gefahr, dass der Mittelstandsschutz in Abs. 3 S. 3 **praktisch
vielfach leerliefe,** weil eine Leistung, die aus einer Hand angeboten wird, oftmals günstiger ist
als die Summe der Teilleistungen, um die entsprechende Endleistung zu erreichen. In diesen
Fällen würde nämlich die von Abs. 3 S. 1 geforderte vornehmliche Berücksichtigung der mittelständischen Interessen zurückgedrängt werden von dem Erfordernis des möglichst wirtschaftlichen und damit **kostengünstigen Nachfrageverhaltens der öffentlichen Hand,** das sich in
günstigeren Preisen widerspiegelt, die der öffentliche Auftraggeber bei einer Gesamtvergabe
erzielt und welche eine Gesamtvergabe zulässt, an der mittelständische Unternehmen entweder
gar nicht oder nur in sehr eingeschränktem Maße teilnehmen können. Könnte der öffentliche
Auftraggeber günstigere Preise nicht durch eine Gesamtvergabe generieren, weil die Preisgünstigkeit nicht als wirtschaftlicher Grund angesehen wird, wegen derer er gem. Abs. 3 S. 3 von
der losweisen Vergabe abweichen kann, so würde dies zu einer **wesentlichen Missachtung
des Wirtschaftlichkeitsgrundsatzes** als zentralem Ziel des Vergaberechts führen.[413] Es stehen
sich insoweit also das Interesse eines verstärkten Schutzes des Mittelstandes bei der Vergabe öffentlicher Aufträge und das Interesse an einem sparsamen Handeln des Staates gegenüber. Anders ausgedrückt geht es um das Verhältnis von Vergaberechtsgrundsätzen zu dem Ziel des Vergaberechts als solchem. Vor dem Hintergrund, dass die Vergaberechtsgrundsätze eine *dienende
Funktion* haben, die dazu beizutragen, die mit dem Vergaberecht verfolgten Ziele auch zu ver-

---

[410] *Willenbruch/Bischoff/Werner* § 4 VOB/A RdNr. 14; *Kulartz/Kus/Portz/Kus* RdNr. 87.
[411] OLG Jena, VergabeR 2007, 677 ff.
[412] VergabeK Arnsberg, Beschl. v. 13. 8. 1999 – VK 11/99.
[413] S. oben RdNr. 7.

wirklichen, sollte die Interessenabwägung zugunsten der Verwirklichung des Ziels eines spar-samen Handelns des Staates ausfallen. Für die (ausnahmsweise) Nachordnung des Mittelstands-schutzes spricht zudem der Umstand, dass die europäischen Vorgaben einen solchen Mit-telstandsschutz nicht vorgesehen haben und daher lediglich **ein Vergaberechtsgrundsatz des „überschießenden" deutschen Rechts** dem – auch in den Vergaberichtlinien ausdrücklich betonten[414] – Ziel der Sparsamkeit des Staates nachgeordnet wird. Ist der im Wege der loswei-sen Vergabe insgesamt gezahlte Preis höher als er bei der Gesamtvergabe an einen Konkurrenten dieser Anbieter wäre, ist nicht ausgeschlossen, dass eine EU-rechtswidrige Beihilfe der öffentli-chen Auftraggeber vorliegt. In einer solchen Konstellation ist die Voraussetzung der Spezialität gegeben, so dass es dann im Wesentlichen nur darauf ankäme, ob die Bieter aus staatlichen Mit-teln eine Zuwendung erhalten haben.

104   Vor diesem Hintergrund muss es also **als wirtschaftlicher Grund für eine Gesamtverga-be angesehen** werden, wenn der öffentliche Auftraggeber durch sie einen für ihn günstigeren Preis erzielen kann als bei einer losweisen Vergabe. Um die Gefahr, dass das Ziel des Mit-telstandsschutzes durch einen solchen Ansatz maßgeblich beeinträchtigt wird, zu vermindern, sind hohe Anforderungen an die Begründung der Günstigkeit der Gesamtvergabe zu stellen. Allerdings kann vom öffentlichen Auftraggeber wiederum nicht gefordert werden, dass er be-reits vorab Angebote einholt. Insoweit gelten auch hier allgemein bestehende Bedenken hin-sichtlich der Methode der Angebotseinholung und der Aussagekräftigkeit der Angebote.

105   Die wirtschaftlichen Gründe, aus denen von der Vorgabe des Abs. 3 S. 2 abgewichen werden darf, sind aus **Sicht der Vergabestelle** zu beurteilen.[415] Sie müssen von der Vergabestelle be-gründet dargelegt werden. Die Begründung muss so verfasst sein, dass sich für einen verständi-gen Dritten der oder die geltend gemachten Gründe unmittelbar ergeben. Um dieser Darle-gungsobliegenheit nachkommen zu können, soll es nach Auffassungen von Stimmen in der Literatur im Zweifel geboten sein, dass Angebote sowohl für eine Gesamtleistung als auch für die einzelnen Lose eingeholt werden.[416] Ein solches **Erfordernis** dürfte – unabhängig von den soeben erwähnten Bedenken (RdNr. 104) – auch kaum mit dem Verhältnismäßigkeitsgrundsatz in Übereinstimmung stehen, weil der Aufwand, der dazu erforderlich wäre, regelmäßig zu groß sein dürfte. Unabhängig davon ist unklar, in welcher Form diese Angebote eingeholt werden sollten. Wählte der öffentliche Auftraggeber dazu ein Verfahren, das dem Vergabeverfahren ähnlich ist oder dem sogar entspricht, so stellte sich die Frage, ob dies bereits den Anforderun-gen der §§ 97 ff. entsprechen soll; holte der öffentliche Auftraggeber freihändig die verschiede-nen Gebote ein, **so wäre nicht gewährleistet,** dass sich darin die Angebote eines Vergabever-fahrens widerspiegeln, so dass in diesem Fall die Vergleichbarkeit der erzielten Angebote zweifelhaft wäre. Vor diesem Hintergrund ist ein Erfordernis einer „Vorabeinholung" von An-geboten abzulehnen.

106   **c) Technische Gründe.** Neben den wirtschaftlichen Gründen können auch technische Gründe die Notwendigkeit begründen, die Leistung in einem Gesamtverfahren auszuschreiben. Als technische Gründe können ua. die **Verkehrssicherheit,** der reibungslose **technische Bau-ablauf** oder aus **Funktionalitätsgründen** in Betracht kommen.[417] Technische Gründe, um von einer losweisen Vergabe abzuweichen, können vor allem bei komplexen IT-, Forschungs-oder Pilotprojekten eine Gesamtvergabe rechtfertigen, wenn dadurch etwa die Sicherheit er-höht oder Fehlerquellen und Funktionsbeeinträchtigungen vermieden werden können.[418]

VII. Satz 4

107   **1. Allgemeines.** Durch das Gesetz zur Modernisierung des Vergaberechts ist in Abs. 3 ein Satz 4 eingefügt worden.[419] Danach muss ein Auftraggeber ein Unternehmen, das kein öffent-licher Auftragnehmer ist, aber mit der Wahrnehmung oder Durchführung einer öffentlichen Aufgabe betraut ist, verpflichten, dass es, wenn es Unteraufträge an Dritte vergibt, nach den Vorgaben des Abs. 3 S. 1 bis 3 verfährt. Die Vorschrift wurde erst **auf Empfehlung des Aus-**

---

[414] 46. Erwägungsgrund der Richtlinie 2004/18, ABl. 2004 L 134/114; 55. Erwägungsgrund der Richt-linie 2004/17, ABl. 2004 L 134/1.
[415] *Loewenheim/Bungenberg* RdNr. 37.
[416] *Ax* ZVgR 1999, 231, 234; *Loewenheim/Bungenberg* RdNr. 37.
[417] *Boesen* RdNr. 49.
[418] Vgl. OLG Düsseldorf, Beschl. v. 6. 9. 2006 – Verg 40/06; 1; VergabeK Sachsen, Beschl. v. 27. 6. 2003 – 1/SVK/063-03.
[419] BGBl. I 2009, 790.

schusses **für Wirtschaft und Technologie** aufgenommen, um, wie er es formuliert hat, eine „mittelstandsfreundliche Auftragsvergabe auch im Rahmen einer Öffentlich-Privaten-Zusammenarbeit sicherzustellen".[420] Es fragt sich aber, ob nicht das **Regelungsziel des Abs. 3 S. 4** über das hinaus geht, was der Wirtschaftsausschuss in seiner Begründung ausgeführt hat. Da die öffentlichen Auftraggeber an die Bestimmungen des Mittelstandsschutzes in Abs. 3 S. 1 bis 3 unmittelbar gebunden sind, stellt S. 4 die Bindung für solche Unternehmen sicher, die aufgrund der Betrauung mit der Wahrnehmung und Durchführung von öffentlichen Aufgaben eine besondere Nähe zum Staat haben und damit dann, wenn sie selbst Unteraufträge vergeben, den öffentlichen Auftraggebern insoweit durchaus ähneln.

Die Vorschrift des Abs. 3 S. 4 ist **in vielfältiger Weise unklar** und dürfte sich in der zu- **108** künftigen Praxis als eine außerordentlich schwierige Norm erweisen.[420a] Dies beruht im Wesentlichen darauf, dass der Gesetzgeber versucht, den Grad des Mittelstandsschutzes, den er in Abs. 3 S. 1 bis 3 für die öffentlichen Auftraggeber verankert hat, auch auf bestimmte Unternehmen zu erstrecken, die ansonsten nicht dem Regime des Vergaberechts unterworfen sind. Dabei hat sich der Gesetzgeber einer Reihe von Tatbestandsmerkmalen bedient, die dem deutschen Recht als solchem weitgehend fremd sind.

2. Betroffene Unternehmen (Regelungsadressaten). Regelungsadressat des Abs. 3 S. 4 **109** ist zunächst der **öffentliche Auftraggeber** bzw. die Vergabestelle, die einen Auftrag im Vergabeverfahren vergeben hat.

Regelungsadressat ist nach Abs. 3 S. 4 zudem ein **Unternehmen, das nicht öffentlicher** **110** **Auftraggeber ist.** Damit bezieht sich diese Vorschrift auf § 98 in seiner ebenfalls geänderten Fassung[421] und erfasst diejenigen Unternehmen, die nicht in den Anwendungsbereich dieser Begriffsbestimmung fallen. Es werden von Abs. 3 S. 4 mithin solche Unternehmen erfasst, die im Hinblick auf ihr wirtschaftliches Nachfrageverhalten auf dem Markt bezüglich Leistungen nicht dem Vergaberecht unterfallen und deshalb nicht daran gebunden sind, besonders mittelständische Interessen bei der Auswahl ihres Vertragspartners und bei dem Vertragsschluss mit diesem zu berücksichtigen. Diese Erweiterung ist vor dem Hintergrund der zusätzlich in Abs. 3 S. 4 genannten Qualifikation der Unternehmen als solche Unternehmen einzuordnen, welche mit der Wahrnehmung oder Durchführung einer öffentlichen Aufgabe betraut worden sind. Damit möchte der Gesetzgeber **eine Lücke schließen,** die sich für die deutsche Rechtslage aus der Sektorenrichtlinie 2004/17/EG[422] (SKR) ergibt. Die Sektorenrichtlinie 2004/17/EG hat zu einer Änderung der Definition der besonderen und ausschließlichen Rechte geführt. Danach sind darunter solche Rechte zu verstehen, die dazu führen, dass die Ausübung dieser Tätigkeiten einem oder mehreren Unternehmen vorbehalten wird und dass die Möglichkeit anderer Unternehmen, die Tätigkeit auszuüben, erheblich beeinträchtigt wird (Art. 2 Abs. 3 SKR). Folge dieser Änderung der Definition ist, dass dann, wenn in einem Mitgliedstaat – wie etwa in Deutschland – keine rechtlichen Privilegierungen zur Ausübung so genannter Sektorentätigkeit mehr bestehen, privatrechtlich organisierte Unternehmen oder von Privatpersonen beherrschte Unternehmen in den Sektorenbereichen nicht mehr als öffentlicher Auftraggeber erfasst werden[423] (dazu vgl. unten RdNr. 112).

Offen ist, ob auch die öffentlichen Auftraggeber, die im Rahmen einer **Inhouse-Vergabe** **111** einen Auftrag von einem öffentlichen Auftraggeber erhalten haben, in den Anwendungsbereich des Abs. 3 S. 4 fallen. Mit seinem Urteil vom 9. 6. 2009 hat der EuGH die Möglichkeiten der vergaberechtsfreien Inhouse-Vergabe wieder[424] in weiterem Umfange zugelassen.[425] Voraussetzung ist danach, dass die Vergabestelle über die fragliche Einrichtung eine **ähnliche Kontrolle** **ausübt** wie über ihre eigenen Dienststellen, sofern diese Einrichtung ihre Tätigkeit im Wesentlichen mit ihr oder mit anderen Gebietskörperschaften verrichtet, die ihre Anteile innehaben. Insbesondere können nun öffentliche Stellen ohne vorherige Ausschreibung eine rein vertrag-

---

[420] BT-Drucks. 16/11 428, 49 f.
[420a] So nun auch *Langen/Bunte/Wagner* RdNr. 57: „(...) gleich in mehrfacher Hinsicht missglückt und verfehlt ihren Zweck nahezu vollständig".
[421] Vgl. dazu unten die Kommentierung zu § 98.
[422] ABl. 2004 L 134/1.
[423] BT-Drucks. 16/10 117, 17.
[424] Zur alten Lage der Inhouse-Vergabe EuGH, C-107/98, Slg. 1999, I-8121 – Teckal; EuGH, C-94/99, Slg. 2000, I-11 037 – ARGE Gewässerschutz; *Dreher* NZBau 2004, 16; *Grabitz/Hilf/Hailbronner*, Band IV, B5, RdNr. 56 ff.; *Kupczyk* passim.
[425] EuGH, C-480/06, ZfBR 2009, 597 – Stadtreinigung Hamburg; dazu *Pielow* NZBau 2009, 531; *v. Donat* IBR 2009, 466.

liche Zusammenarbeit vereinbaren, die der Erfüllung von im allgemeinen Interesse liegenden Aufgaben dienen soll, wenn dies ausschließlich von solchen Überlegungen und Erfordernissen geleitet ist. Vom Wortlaut wäre die Einbeziehung des **Inhouse-Auftragnehmers** in den Anwendungsbereich des Abs. 3 S. 4 allenfalls nur (in dem äußerst seltenen Fall) möglich, wenn der Inhouse-Auftragnehmer nicht zugleich seinerseits auch öffentlicher Auftraggeber nach § 98 wäre. In aller Regel handelt es sich bei dem Inhouse-Auftragnehmer jedoch auch um einen öffentlichen Auftraggeber, so dass dann der Wortlaut der Norm der Einbeziehung entgegenstünde. Allerdings führt die Rechtsprechung des EuGH im Fall der Inhouse-Vergabe dazu, dass der Auftragnehmer – ebenso wie der in Abs. 3 S. 4 bezeichnete Auftraggeber – nicht dem Vergaberecht unterliegt. Damit besteht **wertungsmäßig kein Unterschied** zwischen dem Auftragnehmer, der wegen der fehlenden Eigenschaft als öffentlicher Auftragnehmer in den Anwendungsbereich des Abs. 3 S. 4 fällt und dem Inhouse-Auftraggeber, der aufgrund der Rechtsprechung des EuGH von der Anwendung des Vergaberechts entbunden ist und damit insoweit die gleiche Stellung hat wie ein Unternehmen, das kein öffentlicher Auftragnehmer ist. Wenn der Gesetzgeber die Beachtung der mittelständischen Interessen auch bei Unternehmen durchsetzen möchte, die nicht unmittelbar diesen Bestimmungen in Abs. 3 S. 1 bis 3 ausgesetzt sind, soweit sie bestimmte Voraussetzungen erfüllen, so ist kein wesentlicher Grund zu erkennen, warum dies nicht auch in den Fällen gelten soll, in welchen aus anderen Gründen eine Anwendbarkeit des Abs. 3 S. 1 bis 3 ausscheidet und dieselben zusätzlichen Voraussetzungen erfüllt sind. Andernfalls würde der von der Gesetzesnovelle so sehr in den Vordergrund gerückte verstärkte Mittelstandsschutz an einer relevanten Stelle leerlaufen. Demzufolge sind die Inhouse-Auftragnehmer, die in den Anwendungsbereich der Rechtsprechung des EuGH fallen und zugleich öffentliche Auftragnehmer sind, ebenfalls in den Anwendungsbereich der Vorschrift einbezogen. **Normative Grundlage** ist wegen des Wortlauts der Vorschrift allerdings Abs. 3 S. 4 analog.

112   **3. Mit Wahrnehmung oder Durchführung einer öffentlichen Aufgabe betraut. a) Öffentliche Aufgabe.** Die Unternehmen, die keine öffentlichen Auftraggeber sind, werden von Abs. 3 S. 4 aber nur dann erfasst, wenn sie mit der Wahrnehmung oder Durchführung einer öffentlichen Aufgabe betraut sind. Es ist bislang offen geblieben und vom Gesetzgeber in seiner Begründung auch nicht hinreichend geklärt, was unter dieser Konkretisierung zu verstehen ist. Mit Blick auf die Begründung des Wirtschaftsausschusses, in der Bezug genommen wurde auf die **„Öffentlich-Private-Zusammenarbeit"** (ÖPP-Projekte), könnte eine öffentliche Aufgabe jede Aufgabe sein, die Gegenstand eines ÖPP-Projektes sein kann. Zwar fehlt bislang eine verbindliche Definition der Öffentlich-Privaten-Zusammenarbeit,[426] doch wird in der Regel davon ausgegangen, dass es sich um komplexe Aufgaben handelt, die im Allgemeininteresse[427] liegen und für die der Auftragnehmer sowohl den Betrieb als auch die Finanzierung übernimmt.[428] Die Begründung des Wirtschaftsausschusses gibt zwar einen wichtigen Hinweis auf die Motivlage des Gesetzgebers, führt jedoch bei der **Konkretisierung der Begriffe Wahrnehmung** oder **Durchführung einer öffentlichen Aufgabe** nicht weiter. Denn insoweit besteht eine Schutzlücke zwischen dem durch diese Begründung erfassten Bereich der Berücksichtigung mittelständischer Interessen zu dem Ansatz, den Mittelstand möglichst umfassend bei der Vergabe von Aufträgen zu schützen, selbst wenn es sich nur um Unteraufträge handelt, die ein Unternehmen vergibt, das die durch Sonderrechte eine besondere Nähebeziehung zum Staat hat. Stellt man die Verbindung her zwischen Abs. 3 S. 4 und § 98 Nr. 4, so bezieht sich die öffentliche Aufgabe darauf, dass dem Unternehmen besondere oder ausschließliche Rechte verliehen worden sind, die den Unternehmen eine Allein- oder Sonderstellung bei der Ausübung der Tätigkeit einräumen und den anderen Unternehmen die Möglichkeit, diese Tätigkeit auszuüben, erheblich erschwert wird. Verbunden ist die Einräumung einer solchen Position mit der **Tätigkeit auf besonderen Sektoren,** die in einem besonderen öffentlichen Interesse liegen. Auch dieser Ansatz weist Lücken in dem von Abs. 3 geforderten umfassenden Schutz der mittelständischen Interessen auf. Die Sektorenrichtlinie 2004/17/EG, die sich in der Änderung des Nr. 4 widerspiegelt, ist eng mit den Vorgaben des Art. 106 AEUV verbunden. In beiden Fällen geht es darum, Unternehmen, denen der Staat besondere oder ausschließliche

---

[426] *Byok/Müller-Kabisch* KommJur 2009, 281; *Burgi* in: 11. Düsseldorfer Vergaberechtstag, 2010, 29, 44 mwN.

[427] Zum Allgemeininteresse s. *Loewenheim/Ehricke* Art. 86 EG RdNr. 99 ff.

[428] Vgl. dazu ausführlich *Leinemann/Kirch* ÖPP-Projekte, 2006; s. zudem *v. Donat* EuZW 2010, 812 und Mitteilung der *KOMM*, ABl EU Nr. C 91 v. 12. 4. 2008, 4.

Rechte verliehen hat, zu erfassen. Während sich die Sektorenrichtlinie allerdings nur auf die dort genannten Sektorenbereiche beschränkt,[429] bezieht sich Art. 106 Abs. 2 AEUV allgemeiner auf Unternehmen, die mit Dienstleistungen von allgemeinem wirtschaftlichen Interesse betraut sind, so dass man zur Klärung der Begrifflichkeit auf die dazu bereits **entwickelte Praxis** zurückgreifen könnte.[430] Man könnte zwar den Begriff der „Dienstleistungen von allgemeinem wirtschaftlichen Interesse" des Art. 106 Abs. 2 AEUV funktional gleichartig zu der in Abs. 3 S. 4 gewählten Formulierung „öffentliche Aufgaben" verstehen, doch sind die Unterschiede in den jeweiligen Formulierungen so erheblich, dass es zu Rechtsunsicherheiten und möglicherweise ebenfalls zu einer Verletzung des mit Abs. 3 insgesamt verfolgten Schutzzwecks kommen könnte.

Ausgangspunkt für die Begriffsklärung muss der Wortlaut der Norm sein. Kennzeichnend **113** für das Unternehmen ist demnach, dass ihm eine *öffentliche Aufgabe* zugewiesen ist. Unter einer öffentlichen Aufgabe versteht man **Tätigkeiten mit Gemeinwohlbezug,** deren Erfüllung im öffentlichen Interesse liegt.[431] Sie stellt den Gegensatz zu einer Tätigkeit zu privaten Zwecken dar, deren Bezug in den Privatinteressen der Beteiligten liegt. Öffentliche Aufgaben gehen über den Kreis der staatlichen Aufgaben hinaus, da sich letztere nur am Interesse des Staates orientieren und nicht auch darüber hinaus gehende Interessen berücksichtigen. Für das Vorliegen einer öffentlichen Handlung ist es **unerheblich, in welcher Rechtsform** dieses Handeln ausgeführt wird. So kann auch privatrechtliches Handeln öffentlichen Aufgaben dienen.[432]

b) Wahrnehmen und Durchführen. Die öffentlichen Aufgaben müssen von dem Unter- **114** nehmen entweder *wahrgenommen* oder *durchgeführt* werden. Der Begriff der **Wahrnehmung** stellt auf das tatsächliche Wahrnehmen der öffentlichen Aufgabe durch das Unternehmen ab. Dabei ist es unerheblich, ob dazu eine Rechtspflicht besteht oder nicht.[433] Tendenziell impliziert das Wort „wahrnehmen" zudem, dass es sich um eine „eigene" Aufgabe des Unternehmens handelt. Unter **Ausführen** ist die Vornahme einer typischerweise fremden Aufgabe zu verstehen. Um den Anwendungsbereich des Abs. 3 S. 4 möglichst zu Gunsten des Mittelstandsschutzes offen zu halten, ist es erforderlich, dass die Begriffe „Wahrnehmung" und „Ausführung" weit ausgelegt werden.

c) Betrauung. Das Unternehmen, welches die Aufgabe der Wahrnehmung oder der Durch- **115** führung einer öffentlichen Aufgabe inne hat, muss mit dieser gem. Abs. 3 S. 4 *betraut* worden sein. Welche **Voraussetzungen** an eine Betrauung im deutschen Recht zu stellen sind, ist noch nicht endgültig geklärt.[434] Das EU-Recht kennt hingegen den Begriff des Betrauens in Art. 106 Abs. 2 S. 1 AEUV.[435] Für die Auslegung vergaberechtlicher Begriffe darf auf die erprobten Bestimmungen des Wettbewerbsrechts unmittelbar Bezug genommen werden, soweit sich aus dem Einzelfall nicht etwas anderes ergibt.[436] Das gilt nicht nur für das deutsche sondern auch für das europäische Wettbewerbsrecht, es sei denn, das europäische Wettbewerbsrecht würde Sachverhalte regeln und Bestimmungen heranziehen, die dem deutschen Recht system- und wesensfremd sind. Im Hinblick auf den Begriff des Betrauens in Art. 106 Abs. 2 S. 2 AEUV trifft dies nicht zu.

Der Begriff der „Betrauung" ist allerdings auch im EU-Recht **noch nicht endgültig ge- 116 klärt.**[437] Zweck des Betrauungsaktes ist die Herstellung von Transparenz. Es soll nämlich genau festgelegt werden müssen, welches Unternehmen für die Wahrnehmung oder Ausführung welcher konkreten Aufgabe besondere Rechte bekommen soll.[438] Daher wird allgemein verlangt, dass eine vorherige **positive Handlung** in Gestalt einer Beauftragung vorliegen muss.[439] Urhe-

---

[429] Art. 3 ff. der Sektorenrichtlinie 2004/17.

[430] S. *Loewenheim/Ehricke* Art. 86 EG RdNr. 75 ff.

[431] *Scherzberg* UPR 1992, 48, 50; *Turiaux,* §§ 2, 3 UIG RdNr. 101; *Fluck/Theuer* GewArch 1995, 96, 97; *Grabitz/Hilf/Pernice/Wernicke* Art. 86 EGV RdNr. 32; *Pielow* NZBau 2009, 531, 532.

[432] Allgemeine Meinung, s. nur *Turiaux* §§ 2, 3 UIG RdNr. 102; *Maunz/Dürig/Korioth* Art. 30 GG RdNr. 14; *Weiß* 23; HbdStR III/*Isensee* § 57 RdNr. 136 mwN.

[433] S. *Reidt/Stickler/Glahs/Stickler* § 98 RdNr. 17 ff.

[434] Vgl. insoweit aber BGH EuZW 1997, 381.

[435] S. *Loewenheim/Ehricke* Art. 86 EG RdNr. 107; *Schwarze/Voet van Vormizeele* Art. 87 EG RdNr. 60; *Calliess/Ruffert/Jung* Art. 86 EG RdNr. 39.

[436] BT-Drucks. 13/9340, 13.

[437] Zu Einzelheiten s. *Loewenheim/Ehricke* Art. 86 EG RdNr. 107; *Immenga/Mestmäcker/Mestmäcker/Schweitzer* EG-WettbR, Art. 31, 86 D RdNr. 44 f.

[438] S. ua *Loewenheim/Ehricke* Art. 86 EG RdNr. 106 mwN.

[439] *Schwarze/Voet van Vormizeele* Art. 86 EG RdNr. 60; *Calliess/Ruffert/Jung* Art. 86 EG RdNr. 39.

ber dieses Aktes können sowohl unmittelbare als auch mittelbare Verwaltungseinheiten wie staatliche Einrichtungen oder sonstige Einrichtungen sein.[440] Bezüglich der Form des Betrauungsakts wird vom EuGH stets ein Gesetz oder ein anderer Hoheitsakt oder ein Akt der öffentlichen Gewalt verlangt, durch welchen der Mitgliedstaat ein bestimmtes Unternehmen für eine „bestimmte Aufgabe in Dienst nimmt" und der auf Initiative des Mitgliedstaates ergangen ist. Die **bestimmte Erlaubnis, eine Tätigkeit auszuüben,** reicht daher nicht aus.[441] Ebenfalls nicht ausreichend ist die tatsächliche Ausübung einer gemeinwirtschaftlich ausgerichteten Tätigkeit, selbst wenn sie unter staatlicher Aufsicht erbracht wird.[442] Für eine Betrauung ist keine Rechtsvorschrift notwendig, so dass auch eine Inpflichtnahme durch eine öffentlich-rechtliche Konzession oder einen Vertrag in Betracht kommt.[443] Eine **bloße Erlaubnis** oder ein (faktisches) Einverständnis reicht hingegen nicht aus.[444] Eine Betrauung kann mit oder ohne zeitliche Beschränkung vorgenommen werden.[445] Allein die einseitige Aufgabe der Tätigkeitserfüllung durch das betraute Unternehmen stellt noch keine Beendigung des Betrauungsverhältnisses dar und es belegt nicht, dass es nicht durch hoheitlichen Akt vom Staat mit dieser Aufgabe betraut war.[446]

117 **d) Zeitpunkt der Beauftragung.** Fraglich ist, ob das betreffende Unternehmen durch die Auftragserteilung mit der Wahrnehmung oder Durchführung betraut wird und erst danach den in S. 4 geregelten Vorgaben entsprechen muss oder ob Abs. 3 S. 4 so zu verstehen ist, dass die Beachtung von Abs. 3 S. 1 bis 3 durch Unternehmen zu erfolgen hat, die **bereits vorher** mit der Wahrnehmung oder Durchführung einer öffentlichen Aufgabe betraut wurden. Dem Wortlaut des S. 4 nach ist es eindeutig, dass nur diejenigen Unternehmen bei ihren Unteraufträgen den Abs. 3 S. 1 bis 3 zu beachten haben, die durch den Auftrag zugleich die Betrauung mit der Wahrnehmung oder Durchführung einer öffentlichen Aufgabe erhalten haben („*Wird* ein Unternehmen (…) betraut"). Damit wird zugleich deutlich, dass die Funktion des Abs. 3 S. 4, nämlich die Erweiterung der Berücksichtigung mittelständischer Interessen auf Unternehmen, die keine öffentlichen Auftraggeber sind, offensichtlich durchaus **begrenzt** ist. Die Erweiterung umfasst nämlich nur solche Unternehmen, die durch den Auftrag des öffentlichen Auftraggebers betraut worden sind, eine öffentliche Aufgabe wahrzunehmen oder durchzuführen. Damit wird – bildlich gesprochen – die Verpflichtung des öffentlichen Auftraggebers zur vornehmlichen Berücksichtigung mittelständischer Interessen von dem unmittelbaren Bereich der Auftragsvergabe in den abgeleiteten Bereich der Vergabe von Unteraufträgen an das Unternehmen übergeleitet, das den Auftrag erhalten hat. Die **Legitimation** für eine derartige „Überleitung" dieser Pflichten besteht in dem dem Staat zuzurechnenden Akt des Zuschlags und der Auftragsvergabe. Nach diesem Verständnis der Norm müsste die Betrauung des Unternehmens immer damit verbunden sein, dass Inhalt des ihm im Vergabeverfahren zugeschlagenen Auftrages ist, eine öffentliche Aufgabe wahrzunehmen oder durchzuführen. Im Umkehrschluss bedeutet dies allerdings, dass alle Unternehmen, die zwar aufgrund einer dem Zuschlag im Vergabeverfahren vorausgehenden Betrauung eine öffentliche Aufgabe wahrnehmen oder durchführen, mit der Auftragserteilung an sie nicht verpflichtet werden können, die Vorgaben zum Mittelstandsschutz des Abs. 3 S. 1 bis 3 zu berücksichtigen. Ein solches Ergebnis nimmt jedoch eine Vielzahl von betrauten Unternehmen aus der Verpflichtung, die Interessen des Mittelstandes bei der Vergabe von Unteraufträgen zu berücksichtigen und schwächt damit den Mittelstandsschutz nicht unwesentlich. Um einen weitgreifenden Schutz mittelständischer Interessen nicht nur im unmittelbaren Bereich der öffentlichen Auftragsvergabe, sondern auch im abgeleiteten Bereich der **Vergabe von Unteraufträgen** zu gewährleisten, wäre der Wortlaut des Abs. 3 S. 4 so zu verstehen, dass der öffentliche Auftraggeber jedes mit der Wahrnehmung oder Durchführung einer öffentlichen Aufgabe betraute Unternehmen, das nicht zugleich öffentlicher Auftraggeber ist, verpflichten muss, nach Abs. 3 S. 1 bis 3 zu verfahren, wenn es Unteraufträge an Dritte vergibt. Unabhängig davon, dass ein solches Verständnis dazu beitragen kann, Umgehungsmöglichkeiten für den Anwendungsbereich des Abs. 3 S. 1 bis 3 zu schließen, entspricht der weite Interpreta-

---

[440] *von der Groeben/Schwarze/Hochbaum/Klotz* Art. 86 EG RdNr. 63 mit Fn. 187.

[441] *Loewenheim/Ehricke* Art. 86 EG RdNr. 108; *Calliess/Ruffert/Jung* Art. 86 EG RdNr. 39; s. o. Band 1 Art. 86 EG RdNr. 85; s. ua EuGH, C 7/82, Slg. 1983, I-483, RdNr. 31 f. – GVLKommission.

[442] *Streinz/Koenig/Kühling* Art. 86 EG RdNr. 52; *Loewenheim/Ehricke* Art. 86 EG RdNr. 108.

[443] Vgl. *von der Groeben/Schwarze/Hochbaum/Klotz* Art. 86 EG RdNr. 63.

[444] S. EuGH, C-393/92, Slg.1994, I-1477, RdNr. 98 ff. – Almelo.

[445] S. *Loewenheim/Ehricke* Art. 86 EG RdNr. 108.

[446] EuG, T-17/02, Slg. 2005, II-2031, RdNr. 189 – Fred Olsen; EuGH, C-320/05, Slg. 2007, I-131 – Fred Olsen.

tionsansatz auch dem generellen Willen des Gesetzgebers durch Abs. 3 den Mittelstandsschutz zu einem Vergabegrundsatz aufzuwerten, sodass er im Vergabeverfahren eine besonders wichtige Rolle spielt. Diesem Bedeutungszuwachs würde es **zuwiderlaufen,** wenn die Beachtung des Abs. 3 S. 1 bis 3 bei Unteraufträgen an Dritte daran geknüpft würde, dass erst durch den Auftrag des öffentlichen Auftraggebers im Rahmen des Vergabeverfahrens die Betrauung des Unternehmens mit der Wahrnehmung oder Durchführung einer öffentlichen Aufgabe ausgesprochen wird. Denn damit würden die Unternehmen, die bereits vor dem Zuschlag im Vergabeverfahren mit der Wahrnehmung oder Durchführung einer öffentlichen Aufgabe beauftragt worden sind, nicht mit der Pflicht zur Berücksichtigung von mittelständischen Interessen gem. Abs. 3 S. 1 belastet werden.

4. Vergabe von Unteraufträgen an Dritte. a) Dritter; Unterauftrag. Die Pflicht zur 118
Verpflichtung von Unternehmen, die einen Auftrag erhalten haben, bezieht sich nur auf die Erteilung eines Unterauftrages an einen Dritten. *Dritte im Sinne des Gesetzes sind die* **Vertragspartner desjenigen Unternehmens, das den Zuschlag erhalten hat.** Wer fähig ist, Dritter im Sinne dieser Regelung zu sein, lässt sich anhand der Verdingungsordnungen ermitteln, die den Einsatz von Unterauftragnehmern vorsehen.[447] Danach kann Auftragnehmer eines Unterauftrages jede natürliche Person oder juristische Person mit völliger rechtlicher Selbständigkeit sein, die gegenüber dem Unternehmen einen werkvertraglichen Erfolg schuldet und bei wirtschaftlicher Betrachtung nicht bloß Zulieferer oder Dienstleister ist.[448]

Ein **Unterauftrag** ist ein vertragliches Verhältnis zwischen dem Unternehmen und dem Un- 119
terauftragnehmer, in dem die Erbringung eines Teiles der von dem Unternehmen dem öffentlichen Auftraggeber gegenüber geschuldeten Leistungen an den Unterauftragnehmer übertragen wird. Zwischen dem öffentlichen Auftraggeber und dem Unterauftraggeber kommt daher kein vertragliches Verhältnis zustande. Der Begriff des Unterauftrages entspricht dem § 10 Nr. 1 VOL/A, in dem auch die Einzelheiten des Verhältnisses von Unternehmen und Unterauftragnehmer geregelt sind.[449]

b) Übertragung des Unterauftrages („Vergabe"). Abs. 3 S. 4 verwendet im Hinblick 120
auf die Erteilung von Unteraufträgen im Verhältnis des Unternehmens zum Unterauftragnehmer ebenfalls das für **das Vergaberecht typische Verb „vergibt".** Damit ist allerdings nicht gemeint, dass auch in diesem Verhältnis das Vergaberecht anzuwenden wäre. Nach einhelliger Auffassung gilt das Vergaberecht nämlich nicht zwischen Unternehmer- und Unterauftragnehmer, sofern der Unternehmer nicht zugleich öffentlicher Auftraggeber nach § 98 ist.[450] Allerdings entfalten die Vergabegrundsätze des § 97 durch § 10 Nr. 1 lit. a VOL/A jedenfalls im Hinblick auf die wettbewerblichen Gesichtspunkte Ausstrahlungswirkung auch auf das Verhältnis von Unternehmen und Unterauftragnehmer.[451] Zudem darf der Unternehmer dem Unterauftragnehmer gem. § 10 Nr. 1 lit. c VOL/A insgesamt keine ungünstigeren Bedingungen stellen als zwischen ihm und dem Auftraggeber vereinbart sind.[452]

5. Verpflichtung des Unternehmens durch den öffentlichen Auftraggeber. a) In- 121
strumente der Verpflichtung. Wesentlicher Inhalt der Vorschrift des Abs. 3 S. 4 ist eine Pflicht zur Verpflichtung. Die Vorschrift macht deutlich, dass der Adressat dieser Pflicht der öffentliche Auftraggeber ist. Ihn trifft nämlich die Pflicht, Unternehmen, die die in Abs. 3 S. 4 genannten Voraussetzungen erfüllen und welche den Zuschlag für die ausgeschriebene Leistung erhalten haben, zu einem bestimmten Handeln zu verpflichten. Die Vorschrift enthält aber keine Hinweise darauf, **auf welchem Weg** der öffentliche Auftraggeber das Unternehmen zu verpflichten hat. Die Begründung zu Abs. 3 S. 4 nennt allein die Möglichkeit der **vertraglichen Regelung.**[453] Der Vertrag ist insoweit auch das typische Instrument, um im Verhältnis von öffentlichen Auftraggebern und Unternehmen gegenseitige Pflichten zu begründen.[454] Dies kann etwa durch eine ausdrückliche Regelung, durch eine **Vereinbarung einer Vertrags-**

---

[447] Vgl. § 10 VOL/A, § 8 VOB/A.
[448] KompendiumVgR/*Schramm* Kap. 11 RdNr. 55.
[449] S. dazu *Willenbruch/Bischoff/Raufeisen* § 10 VOL/A RdNr. 5 ff.; vgl. ferner *Wichmann,* Die Antragsbefugnis des Subunternehmers im vergaberechtlichen Nachprüfungsverfahren, 2006.
[450] *Immenga/Mestmäcker/Dreher* § 99 RdNr. 24.
[451] *Willenbruch/Bischoff/Raufeisen* § 10 VOL/A RdNr. 5.
[452] § 10 Nr. 1 lit. c VOL/A.
[453] BT-Drucks. 16/11 428, 49 f.; *Kulartz/Kus/Portz/Kus* RdNr. 91.
[454] *Immenga/Mestmäcker/Dreher* § 99 RdNr. 18; *Loewenheim/Bungenberg* RdNr. 3.

strafe bei Nichteinhalten der Verpflichtung oder durch die **Einräumung eines Rücktritt-rechts** geschehen. Eine durch Gesetz einer Partei eines Vertrages auferlegte Pflicht, die andere Partei in dem Vertragswerk zu einer bestimmten Handlung zu verpflichten, ist im Hinblick auf das Vertragsrecht allerdings **sehr problematisch:** Zum einen hat der öffentliche Auftraggeber keine Möglichkeit, den Vertrag wirksam zu schließen, ohne darin die Verpflichtung des Unternehmens verankert zu haben. Die damit verbundene Einschränkung seiner Vertragsfreiheit könnte allerdings durch das seinem individuellen Interesse übergeordnete allgemeine Interesse an einer verstärkten Förderung des Mittelstandes bei der Vergabe öffentlicher Aufträge begründet werden. Zum anderen muss das Unternehmen in seinem Vertrag eine Verpflichtung durch den Vertragspartner hinnehmen, ohne dass dies möglicherweise von seinem tatsächlichen oder mutmaßlichen Willen getragen wäre oder regelmäßig sogar gegen den Willen des Unternehmens verstoßen würde. Unter solchen Voraussetzungen gilt ein solcher Vertrag gem. § 155 Abs. 1 BGB als nicht geschlossen. Für eine etwaige Rechtfertigung der **Einschränkung der Vertragsautonomie** des Auftragnehmers durch die verstärkte Berücksichtigung der Interessen des Mittelstandes ist daher – unabhängig davon, dass das betreffende Unternehmen definitionsgemäß kein öffentlicher Auftraggeber ist und entsprechend auch nicht denselben Restriktionen unterworfen sein kann wie ein öffentlicher Auftraggeber – von Anfang an kein Raum. Der Wortlaut des Abs. 3 S. 4 („(…) verpflichtet der Auftraggeber das Unternehmen (…)“) lässt auch keinen Spielraum, die notwendige Willenserklärung des Unterauftragnehmers zu fingieren oder eine Pflicht abzuleiten, dass er die Vorgabe des öffentlichen Auftraggebers zu akzeptieren hat. Das ergibt sich insbesondere aus der Gegenüberstellung zu der Parallelnorm in § 10 Nr. 2 S. 1 VOL/B. Dort findet sich nämlich hinsichtlich der Beteiligung von kleinen und mittleren Unternehmen bei der Einholung von Angeboten die Formulierung „In den Verdingungsunterlagen ist festzulegen (…)“. Diese macht implizit deutlich, dass beide Parteien des Vertrages diese Bestimmung in den Vertrag einbeziehen müssen.

122   Damit ergibt sich durch die Neuregelung des Abs. 3 S. 4, dass ein Regelungsansatz, der die Verpflichtung des öffentlichen Auftraggebers enthält, seinerseits das Unternehmen zu einer Handlung zu verpflichten, **nicht über einen Vertrag zu verwirklichen ist,** weil nicht unterstellt werden darf, dass insoweit die notwendige Zustimmung des betroffenen Unternehmens besteht. Dies führt in seiner Konsequenz dazu, dass der Ansatz des Abs. 3 S. 4, die Interessen mittelständischer Unternehmen auch dann zu berücksichtigen, wenn bestimmte Unternehmen, die ein Näheverhältnis zur öffentlichen Hand haben, ohne aber öffentliche Auftraggeber zu sein, einen Unterauftrag erteilen, **fehl geht.**[455]

123   Da die Formulierung des Abs. 3 S. 4 nur das Ergebnis formuliert (Verpflichtung des Unternehmens) und ansonsten für die Mittel offen ist, könnten (und müssen) **andere Ansätze** in Betracht kommen, die zu einer Verpflichtung des Unternehmens führen. Zu denken ist dabei in allererster Linie an verwaltungsrechtliche Instrumentarien (insbesondere Verwaltungsakt). Im Ergebnis besteht aber insoweit das Problem, dass nicht jeder öffentliche Auftraggeber auch eine Behörde ist, die derartige Handlungsformen wählen darf.

124   Um den Konflikt zu lösen, der zwischen dem vom Gesetzgeber gewollten Ziel der Regelung und dem tatsächlich gewählten Regelungsansatz zur Erreichung des Zieles besteht, bietet es sich an, die Interpretation des Abs. 3 S. 4 an dem allgemeinen Verständnis des § 10 Nr. 2 S. 1 VOL/A zu orientieren.[456] Danach wäre die Passage „verpflichtet der Auftraggeber das Unternehmen (…) nach S. 1 bis 3 zu verfahren“ **teleologisch so auszulegen,** dass der Auftraggeber die Abgabe einer (sanktionsbewährten) Verpflichtungserklärung durch das betreffende Unternehmen, es werde nach den S. 1 bis 3 verfahren, wenn es Unteraufträge an Dritte vergibt, als **aufschiebende Bedingung gem. § 158 BGB** für die wirksame Erteilung des Auftrags verlangen muss.[457] Damit würde die derzeitige Praxis, nach der der Unternehmer gemäß § 10 Nr. 2 S. 1 VOL/A bereits vor der Erteilung des Auftrags gegenüber dem Auftraggeber Verpflichtungserklärungen zur Unterauftragsverteilung nach Wettbewerbsgesichtspunkten und unter Berücksichtigung von kleinen und mittleren Unternehmen abgeben muss, die dann Vertragsbestandteile werden, auf einer höheren normativen Ebene verfestigt und zu einer **Voraussetzung für die Wirksamkeit** der Erteilung des Auftrags.[458]

---

[455] Im Ergebnis ebenso *Leinemann* RdNr. 33; vgl. die Ansätze bei *Burgi* in: 11. Düsseldorfer Vergaberechtstag, 2010, 29, 43 f.
[456] Zu § 10 VOL/A s. *Willenbruch/Bischoff/Raufeisen* § 10 VOL/A RdNr. 1 ff.
[457] Im Ergebnis ähnlich *Kulartz/Kus/Portz/Kus* RdNr. 93; *Roth* VergabeR 2009, 404, 407.
[458] Zum Ganzen vgl. auch *Kulartz/Kus/Portz/Kus* RdNr. 93.

b) Inhalt der Verpflichtung. Der Inhalt der Verpflichtung des Unternehmens ist es, nach **125** den Vorschriften des Abs. 3 S. 1, S. 2 und S. 3 zu verfahren. Der in dieser Vorschrift gewählte Begriff „verfahren" ist **im Sinne von befolgen** zu verstehen, wobei das Verb „verfahren" deutlicher den Spielraum kenntlich macht, in dem die Besonderheiten des Einzelfalls Berücksichtigung finden können. Das bedeutet vor allem, dass neben der Beachtung des in Abs. 3 S. 1 verankerten allgemeinen Vergaberechtsgrundsatzes der besonderen Berücksichtigung mittelständischer Interessen (dazu s. oben RdNr. 71 ff.) die Leistungen der Unteraufträge grundsätzlich in Lose verteilt werden muss (dazu vgl. RdNr. 85 ff.). Eine **enge Ausnahme** gibt es gem. Abs. 3 S. 3 auch beim Vorliegen von wirtschaftlichen oder technischen Gründen (dazu s. oben RdNr. 97 ff.).

c) Rechtsfolgen des Verstoßes gegen die Verpflichtung. Bislang noch nicht geklärt **126** und in Einzelfragen sehr schwierig ist die Frage nach den Rechtsfolgen, die mit einem Verstoß gegen die jeweiligen Verpflichtungen einhergehen. Die **Probleme ergeben sich** weitgehend daraus, dass der Gesetzgeber bestimmte vergaberechtliche Aspekte auf Sachverhalte übertragen möchte, die ansonsten, insbesondere beim Rechtsschutz, nicht dem Vergaberecht unterliegen. Zu unterscheiden ist dabei ein Pflichtverstoß des öffentlichen Auftraggebers von dem Pflichtverstoß des Unternehmens.

aa) Pflichtverstoß des öffentlichen Auftraggebers. Der Pflichtverstoß des öffentlichen **127** Auftraggebers gem. Abs. 3 S. 4 in Verbindung mit § 107 Abs. 2 S. 1 führt nur dann zu einem Nachprüfverfahren vor der Vergabekammer, wenn die Pflicht zur Verpflichtung bestimmter Unternehmen, die Unteraufträge an einen Dritten zu erteilen, nach S. 1 bis 3 zu verfahren, ein subjektives Recht darstellt. Zwar vermittelt der Grundsatz der vornehmlichen Berücksichtigung mittelständischer Interessen subjektive Rechte (s. unten RdNr. 131), doch stellt sich im Hinblick auf die spezielle Verpflichtung des öffentlichen Auftraggebers nach Abs. 3 S. 4 die Frage, ob auch die **Nichteinhaltung dieser Pflicht** eine Verletzung eines subjektiven Rechts im Sinne des Abs. 7 darstellt. Der durch diese Pflicht bezweckte Schutz zielt ebenfalls auf die Förderung der mittelständischen Unternehmen ab. Er ist allerdings nur mittelbar ausgeprägt, indem Unternehmen, die mit der Wahrnehmung und Durchführung einer öffentlichen Aufgabe betraut sind und welche den Zuschlag für den öffentlichen Auftrag erhalten haben, zur Beachtung der mittelständischen Interessen verpflichtet werden. Zweifelhaft ist deshalb, ob diejenigen, die aus Abs. 3 S. 1 bis 3 ein **subjektives Recht** für sich geltend machen können (beispielsweise die vornehmliche Berücksichtigung mittelständischer Interessen oder die Aufteilung der Leistung in Lose), dieses auch dann gegenüber dem öffentlichen Auftraggeber tun können, wenn die Vorgaben des Abs. 3 S. 1 bis 3 durch ein Unternehmen für die Erteilung eines Unterauftrages beachtet werden müssen, das nicht dem Vergaberecht unterliegt. Vor dem Hintergrund des gesetzlich gewollten, weitgehenden Mittelstandschutzes, der sich für einige Fälle auch auf der Ebene der Unterauftragnehmer wiederspiegeln soll (dazu oben RdNr. 107), wird man dies wohl jedenfalls für den Fall bejahen müssen, wenn der Inhaber eines solchen subjektiven Rechts dies **nicht gegen den Unterauftraggeber** durchsetzen kann. Andernfalls würde nämlich die vom Gesetzgeber gewollte Übertragung der Befolgung der Vorgaben des Abs. 3 S. 1 bis 3 auf das Verhältnis des Unterauftraggebers zum Unterauftragnehmer in den besonderen Fällen, das der Unterauftraggeber ein Unternehmen ist, das mit der Wahrnehmung einer öffentlichen Aufgabe betraut ist, leerlaufen.[458a]

Kommt der öffentliche Auftraggeber den Voraussetzungen seiner Pflicht zur Verpflichtung **128** von bestimmten Unternehmen nicht nach, so hängen die **Rechtsfolgen** wesentlich davon ab, wie man die Pflicht des öffentlichen Auftraggebers zur Verpflichtung des Unternehmens einordnet. Sieht man die Erfüllung dieser Pflicht darin, dass der öffentliche Auftraggeber darauf hinwirkt, dass das Unternehmen, welches den Zuschlag gem. Abs. 5 erhalten soll, eine Verpflichtungserklärung zur Unterauftragsvergabe gem. § 10 Nr. 2 VOL/B abgibt, so hat die Nichteinhaltung dieser Pflicht zur Folge, dass **kein wirksamer Zuschlag** erfolgen kann. Kommt es gleichwohl dazu, dass der Unterauftragnehmer tätig wird und verfährt er in diesem Zusammenhang bei der Erteilung eines Unterauftrages nicht nach Abs. 3 S. 1 bis 3, so hat derjenige, der durch die Übertragung der subjektiven Rechte auf die Ebene der Unterauftragsvergabe ein solches Recht für sich in Anspruch nehmen kann und zudem durch das Verhalten des Unterauftraggebers einen Schaden erlitten hat, einen Sekundärrechtsanspruch gegen den öffentlichen Auftragnehmer auf Schadensersatz gem. § 126 GWB oder nach § 823 Abs. 2 BGB in Verbindung mit § 97 Abs. 1 GWB.

[458a] Vgl. insoweit auch BVerfG NZBau 2009, 464; *Burgi* in: 11. Düsseldorfer Vergaberechtstag, 2010, 29, 31 (dort Fn. 9).

129   **bb) Pflichtverstoß des Auftragnehmers.** Besondere dogmatische Probleme dürfte in der Praxis der Fall bereiten, wenn zwar der öffentliche Auftraggeber seine Pflicht zur Verpflichtung erfüllt hat, der Auftragnehmer im Rahmen der Erteilung eines Unterauftrages hingegen die Vorgaben des Abs. 3 S. 1 bis 3 nicht beachtet und damit seine Pflicht verletzt. Da der Zuschlag mit der Abgabe der Verpflichtungserklärung des Auftragnehmers erteilt worden ist, kommen nur **Sekundäransprüche** in Betracht. **Schwierigkeiten ergeben sich** dabei aber insoweit, dass weder die „Vergabe" des Unterauftrags durch den Unterauftraggeber noch das Rechtsverhältnis zwischen dem Unterauftraggeber und dem Unterauftragnehmer den vergaberechtlichen Vorgaben unterfällt. Der Unterauftragnehmer hat ein Rechtsverhältnis, aus dem er ggf. Ansprüche gegen den Unterauftraggeber geltend machen kann. Diese werden sich aber gerade nicht gegen die Verletzung der Pflicht des Unterauftraggebers richten, bei der „Vergabe" des Unterauftrags nicht nach Abs. 7 S. 1 bis 3 verfahren zu sein, denn derjenige, der den Unterauftrag erhalten hat, hat dadurch keinen Schaden erlitten.

130   Soweit Dritte, die nicht den Unterauftrag erhalten haben, rügen wollen, sie hätten einen Schaden dadurch erlitten, dass der Unterauftraggeber bei der „Vergabe" des Unterauftrags die Abs. 3 S. 1 bis 3 nicht befolgt hätte, ist fraglich, gegen wen und **auf welcher Rechtsgrundlage ein solcher Anspruch gestützt** werden kann. Das gleiche gilt für die Rüge, die den Unterauftrag bildende Leistung sei nicht oder nicht in ordnungsmäßige Lose gestückelt worden, so dass dadurch ein Schaden entstanden sei. Eine Rechtsbeziehung besteht weder zu dem öffentlichen Auftraggeber noch zu dem Unterauftraggeber.[459] Um aber den vom Gesetzgeber durch Abs. 3 S. 4 gewollten Schutz nicht leerlaufen zu lassen, bedarf es also eines Rechtskonstrukts, des den Dritten, die keine rechtliche Beziehung zum Unterauftraggeber haben, gleichwohl die Möglichkeit gibt, einen durch das pflichtwidrige Verhalten des Unterauftraggebers entstandenen Schaden geltend zu machen. Der Gesetzgeber hat (bedauerlicherweise) **keine normativen Ansatzpunkte** zur Lösung dieses Problems gegeben. In Betracht kommt eine „zivilrechtliche Lösung" oder eine „vergaberechtliche Lösung". Die zivilrechtliche Lösung setzt an dem zivilrechtlichen Rechtsverhältnis im Hinblick auf die Verpflichtung des Unterauftraggebers an. Dieser hat sich gegenüber dem öffentlichen Auftraggeber verpflichtet, bei der „Vergabe" von Unteraufträgen nach Abs. 3 S. 1 bis 3 zu verfahren. Wenn er diese Verpflichtung nicht einhält, verletzt er eine Pflicht im Verhältnis zwischen ihm und dem öffentlichen Auftraggeber. Dieser hat durch die Pflichtverletzung keinen Schaden.[460] Den Schaden haben dagegen die Dritten, die die Verletzung der Vorgaben des Abs. 3 S. 1 bis 3 rügen. Da diese aber keinen Anspruch haben, scheint insoweit ein Fall der so genannten **Drittschadensliquidation**[461] vorzuliegen. Voraussetzung dafür ist aber stets eine zufällige Schadensverlagerung vom öffentlichen Auftraggeber zu den Dritten.[462] Diese liegt aber in den Fällen, in denen ein Anspruch des Dritten wegen Verletzung der Pflicht des Unterauftraggebers in Betracht kommt, gerade nicht vor. Um den Schutzzweck der Regelung des Abs. 3 S. 4 gleichwohl noch gewährleisten zu können, kommt daher nur eine „vergaberechtliche Lösung" in Betracht. Dass eine solche herangezogen werden kann, obwohl die Rechtsverhältnisse des Unterauftraggebers im Hinblick auf den Unterauftrag nicht dem Regime des Vergaberechts unterstehen, lässt sich daraus ableiten, dass der Gesetzgeber im Hinblick auf die Erteilung des Unterauftrages den Begriff „Vergabe" benutzt und durch Abs. 3 S. 4 darüber hinaus zum Ausdruck bringt, dass die Wertungen des Vergaberechts auch in diesem Sachzusammenhang eine Rolle spielen sollen. Als **vergaberechtlicher Sekundäranspruch** kommt hier § 126 in analoger Anwendung in Betracht. Auf dieser Grundlage könnten die Dritten, die durch die Pflichtverletzung des Unterauftraggebers einen Schaden erlitten haben, diesen gegenüber dem öffentlichen Auftraggeber geltend machen.[463] Der öffentliche Auftraggeber muss sich dann im Verhältnis zu den Dritten, die einen Verstoß des Unterauftraggebers gegen Abs. 3 S. 1 bis 3 rügen, so behandeln lassen, als habe er diesen gegenüber gegen die ihm obliegenden Pflichten verstoßen. Dies ist ein durchaus **sach- und interessengerechtes Ergebnis,** denn wirtschaftlich betrachtet stellt die „Vergabe" des Unterauftrags durch das Unternehmen, das den Zuschlag erhalten hat, nichts anderes dar als eine Leistung, die für den öffentlichen Auftraggeber erbracht worden ist und von diesem – mittelbar durch den

---

[459] S. *Leinemann* RdNr. 33; vgl. zum Problem der vom Nachunternehmer nicht abgeführten Sozialversicherungsbeiträge gem. § 28 e Abs. 3 a ff. SGB IV *Kossens* NZBau 2009, 419 ff.

[460] So auch *Roth* VergabeR 2009, 404, 407.

[461] Dazu allgemein *Palandt/Heinrichs* Vor § 249 BGB RdNr. 112.

[462] Dazu vgl. *Erman/Ebert* Vor § 249 BGB RdNr. 118.

[463] Ablehnend *Leinemann* RdNr. 33; s. ferner *Greve* NZBau 2009, 215.

Unterauftraggeber – vergeben wurde. Der Pflichtverstoß gegen die Vorgaben des Abs. 3 S. 1 bis 3 bei der „Vergabe" von Unteraufträgen durch das Unternehmen, das den Zuschlag erhalten hat, ist ihm wie ein eigener Pflichtverstoß zuzurechnen. Dies ist auch keineswegs unbillig, denn der öffentliche Auftraggeber hat es in der Hand, das Risiko dieser Pflichtenzurechnung zu vermeiden, in dem er im Verhältnis zum Unternehmen, das den Zuschlag erhalten hat, auf eine Erteilung von Unteraufträgen Einfluss nimmt.

VIII. Subjektive Rechte

Als allgemeiner Vergaberechtsgrundsatz vermittelt Abs. 3 in all seinen Einzelregelungen sub- **131**
jektive Rechte für die mittelständischen Unternehmen,[464] auf deren Einhaltung diese gem. Abs. 7 einen Anspruch haben. Damit sind mittelständische Unternehmen befugt, unter den weiteren Voraussetzungen des § 107 Abs. 2, ein Nachprüfverfahren zu beantragen. Ein mittelständisches Unternehmen kann insoweit vor allem geltend machen, dass sein subjektives Recht durch die fehlende oder fehlerhafte Aufteilung des öffentlichen Auftrages in Lose verletzt worden sei. Dies stellt eine Änderung zur früheren Rechtslage dar, wonach seitens der mittelständischen Unternehmen kein Anspruch auf Losaufteilung bestand, sondern nur das Recht auf eine angemessene Berücksichtigung mittelständischer Interessen durch Aufteilung in Lose.[465]

Abs. 3 beinhaltet seiner Konzeption nach an sich keine subjektiven Rechte für andere als **132**
mittelständische Unternehmen, insbesondere nicht für große Unternehmen, so dass diese gem. Abs. 7 auch keinen Anspruch auf Einhaltung der Vorgaben des Abs. 3 haben. Auch nach früherem Recht konnte ein großes Unternehmen nicht unter Verweis auf Abs. 3 aF. geltend machen, dass ein Auftrag in Lose hätte aufgeteilt werden müssen.[466] Diese Verpflichtung konnte sich aber nach Auffassung der Rechtsprechung aus anderen Grundsätzen, wie dem Wettbewerbsprinzip oder den Gleichbehandlungsgrundsatz, ergeben.[467] Aufgrund der Neuregelung des Abs. 3 S. 2 und S. 4 hat sich die Rechtslage jetzt geändert. Es besteht nunmehr auch ein Anspruch von nicht-mittelständischen Unternehmen darauf, dass die Leistung losweise vergeben wird, denn in der Neufassung von Abs. 3 S. 2 ist die Trennung des Grundsatzes der vornehmlichen Berücksichtigung mittelständischer Interessen von der Regelung der losweisen Vergabe der Leistung vollzogen worden. Gleiches gilt auch, wenn zwar eine Aufteilung in Lose vorgenommen wurde, diese Aufteilung aber fehlerhaft ist. Dies kann ebenfalls die Verletzung eines subjektiven Rechts für ein nicht-mittelständisches Unternehmen bedeuten, weil ihm durch eine unsachgemäße Aufteilung der Leistung in verschiedene Lose die Teilnahmechancen an den Vergabeverfahren eingeschränkt oder ganz genommen werden. Schließlich können subjektive Rechte von nicht-mittelständischen Unternehmen auch dadurch verletzt werden, wenn die Ausnahmevorschrift des Abs. 3 S. 3 fehlerhaft angewendet wurde.

D. Absatz 4

Schrifttum: *Bischoff,* in: *Ax/Schneider/Bischoff,* Vergaberecht 2006, 2005; *Burgi,* Kriterien für die Vergabe von Postdienstleistungen im Gewährleistungsstaat – Zugleich ein Beitrag zum Regime von Leistungsbeschreibung, Eignungs- und Zuschlagskriterien, VergabeR 2007, 457; *Cramer/Pananis,* in: *Loewenheim/Meesen/Riesenkampff,* Kartellrecht – Band 2 GWB, 2005; *Dähne,* in: *Kapellmann/Messerschmidt,* VOB Kommentar, 2. Aufl. 2007; *Dittmann,* in: *Kulartz/Marx/Portz/Prieß,* Kommentar zur VOL/A, 2. Aufl. 2011; *Dreher/Hoffmann,* Der Marktzugang von Newcomern als Herausforderung für das Kartellvergaberecht, NZBau 2008, 545; *Egger,* Europäisches Vergaberecht, 2008; *Glahs,* in: *Kapellmann/Messerschmidt,* VOB Kommentar, 2. Aufl. 2007; *Gottschalck,* Anm. zu OLG Celle, Beschl. v. 8. 5. 2002, 13 Verg 5/02, IBR 2003, 93; *Gröning,* Spielräume für die Auftraggeber bei der Wertung von Angeboten, NZBau 2003, 86; *Gürtler,* in: *Göhler,* OWiG Kommentar, 15. Aufl. 2009; *Hausmann/von Hoff,* in: *Kulartz/Marx/Portz/Prieß,* Kommentar zur VOL/A, 2. Aufl. 2011; *Hölzl,* „Assitur": Die Wahrheit ist konkret!, NZBau 2009, 751; *Hölzl/Friton,* Entweder – Oder: Eignungs- sind keine Zuschlagskriterien, NZBau 2008, 307; *Kreßner,* Die Auftragssperre

---

[464] OLG Thüringen, Beschl. v. 6. 6. 2007 – 9 Verg 3/07; VK Düsseldorf, Beschl. v. 19. 3. 2007 – VK-07/07-B; 1. VK Bund, Beschl. v. 14. 9. 2007 – VK 1-01/07; Beschl. v. 31. 8. 2007 – VK 1-92/07; Beschl. v. 1. 2. 2001 – VK 1-1/01; VK Magdeburg, Beschl. v. 6. 6. 2002 – 33-32571/07 VK5/02 MD; VK Hessen, Beschl. v. 27. 2. 2003 – 69 d VK-70/02; *Byok/Jaeger/Hailbronner* RdNr. 222; *Weyand* RdNr. 268.

[465] Vgl. VK Baden-Württemberg, Beschl. v. 18. 7. 2003 – 1 VK 30/03; 2. VK Bund, Beschl. v. 29. 7. 2004 – VK 2-85/04.

[466] VK Düsseldorf, Beschl. v. 19. 3. 2007 – VK-07/2007-B.

[467] 1. VK Bund, Beschl. v. 21. 9. 2001 – VK 1-33/01; ebenfalls OLG Düsseldorf, Beschl. v. 11. 7. 2007 – Verg 10/07.

im Vergaberecht, 2005; *Kulartz,* in: *ders./Marx/Portz/Prieß,* Kommentar zur VOL/A, 2. Aufl. 2011; *ders./ Röwekamp,* in: *Müller-Wrede,* VOF Kommentar, 3. Aufl. 2008; *Kullack/Zeiss,* in: *Heiermann/Zeiss/Kullack/ Blaufuß,* Vergaberecht, 2. Aufl. 2008; *Lantermann,* Vergaberegister – Ein rechtmäßiges und effektives Mittel zur Korruptionsbekämpfung, 2007; *Leinemann,* Die Vergabe öffentlicher Aufträge, 4. Aufl. 2007; *Löhe* (für Transparency International Deutschland e. V.), Ressourcen der Korruptionsbekämpfung in Deutschland, 2006; *Messerschmidt,* in: *Kapellmann/Messerschmidt,* VOB Kommentar, 2. Aufl. 2007; *Mest-mäcker/Bremer,* Beilage zu BB 1995 Heft 50, 2; *Müller-Wrede,* in: *Müller-Wrede,* VOL/A Kommentar, 2. Aufl. 2007; *Nell,* Korruptionsbekämpfung ja – aber richtig! – Reformüberlegungen zur Unternehmenshaftung nach OWiG, ZRP 2008, 149; *Noch,* in: *Müller-Wrede,* VOL/A Kommentar, 2. Aufl. 2007; *Ohle/Gregoritza,* Grenzen des Anwendungsbereichs von Auftragssperren der öffentlichen Hand – am Beispiel der Gesetzes- und Verordnungslage des Landes Berlin, ZfBR 2003, 16; *Ohrtmann,* Korruption im Vergaberecht – Konsequenzen und Prävention – Teil 2: Konsequenzen und Selbstreinigung, NZBau 2007, 278; *Prieß/Friton,* Ausschluss bleibt Ausnahme, NZBau 2009, 300; *Prieß/Pünder/Arrowsmith,* Self-Cleaning in Public Procurement Law, 2009; *Prieß/Stein,* Nicht nur sauber, sondern rein: Die Wiederherstellung der Zuverlässigkeit durch Selbstreinigung, NZBau 2008, 230; *Raum,* in: *Langen/Bunte,* Kommentar zum deutschen und europäischen Kartellrecht, 10. Aufl. 2006; *Schranner,* in: *Ingenstau/Korbion,* VOB-Kommentar, Teile A und B, 17. Aufl. 2010; *Stein/Friton,* Du sollst (nicht) ausschließen – Korruption, zwingender Ausschluss und Selbstreinigung, VergabeR 2010, 151; *Sterner,* Rechtsschutz gegen Auftragssperren, NZBau 2001, 423; *Stoye,* Korruptionsregistergesetz, der zweite Versuch – Besser, aber nicht gut genug, ZRP 2005, 265; *ders.,* Anm. zu BGH, Urt. v. 10. 6. 2008, X ZR 78/07, IBR 2008, 588; *Summa,* in: *Heiermann/Zeiss/Kullack/Blaufuß,* Vergaberecht, 2. Aufl. 2008; *Süßmann,* in: *Park,* Kapitalmarktstrafrecht, 2. Aufl. 2008; *Terwiesche,* Ausschluss und Marktzutritt des Newcomers, VergabeR 2009, 26; *Vavra,* in: *Völlink/Kehrberg,* VOB/A Kommentar, 2004; *Weyand,* ibr-online-Kommentar Vergaberecht, Stand 18. 3. 2010; *Wirner,* Anm. zu OLG Jena, Beschl. v. 5. 12. 2001, 6 Verg 3/01, IBR 2002, 209.

I. Regelungsgehalt und Überblick

133   § 97 Abs. 4 bestimmt, anhand welcher Kriterien öffentliche Auftraggeber prüfen dürfen, ob ein bestimmtes Unternehmen vergaberechtlich geeignet ist, einen Auftrag auszuführen. Öffentliche Aufträge dürfen nach Abs. 4 S. 1 nur an solche Unternehmen vergeben werden, die fachkundig, leistungsfähig, gesetzestreu und zuverlässig sind. Auftraggeber können für die Ausführung des Auftrags nach Satz 2 zusätzliche Anforderungen an Auftragnehmer stellen, die insbesondere soziale, umweltbezogene oder innovative Aspekte betreffen, wenn sie im sachlichen Zusammenhang mit dem Auftragsgegenstand stehen und sich aus der Leistungsbeschreibung ergeben. Andere oder weitergehende Anforderungen dürfen öffentliche Auftraggeber gemäß Abs. 4 S. 3 an Unternehmen nur stellen, wenn das durch Bundes- oder Landesgesetz vorgesehen ist. Abs. 4 ist hinsichtlich der für die Prüfung der Eignung zulässigen Kriterien also nicht abschließend.

134   Vorschriften, die hinsichtlich der Eignung beachtet werden müssen, enthalten auch die Verdingungsordnungen. Diese wiederholen[468] und konkretisieren[469] die nach § 97 Abs. 4 zulässigen Eignungskriterien.[470] Die Verdingungsordnungen enthalten darüber hinaus verfahrensrechtliche Vorgaben für die Durchführung der Eignungsprüfung.[471] Die Konkretisierungen gehen auf die gemeinschaftsrechtlichen Vorgaben der VKR[472] zurück. Bei Widersprüchen oder im Zweifel sind die Vorschriften der Verdingungsordnungen gemeinschaftsrechtskonform bzw. im Lichte der Vorschriften der §§ 97 ff. auszulegen. Regelungen zur Eignung in Form von Präzisierungen und Besonderheiten enthalten beispielsweise § 6 VOB/A und § 6 EG VOL/A. Darüber hinaus enthalten auch § 16 Abs. 2 Nr. 1 VOB/A bzw. § 19 EG Abs. 5 VOL/A Regelungen zur Eignung.

II. Entstehungsgeschichte, systematischer Ort und Zweck der Vorschrift

135   Die Festlegung von bestimmten Eignungskriterien gewährleistet eine einheitliche Angebotsprüfung und damit Rechts- und Planungssicherheit für die Bieter.[473] Die Festlegung einheit-

---

[468] Siehe § 2 Abs. 1 Nr. 1 VOB/A, § 2 EG Abs. 1 S. 1 VOL/A; § 2 Abs. 1 VOF.
[469] Siehe §§ 6 Abs. 3, 6 a Abs. 1, 7, 10, 11 VOB/A; §§ 6 EG Abs. 3, 5 VOL/A; 6 EG Abs. 4 VOL/A; 7 EG Abs. 2, 11 VOL/A.
[470] Das trifft nicht auf das Kriterium „Gesetzestreue" zu, das keine eigenständige Bedeutung hat, vgl. RdNr. 165.
[471] § 16 Abs. 2 VOB/A, § 19 EG Abs. 5, 6 VOL/A.
[472] Siehe Art. 44–52 RL 2004/18/EG.
[473] *Reidt/Stickler/Glahs/Stickler* RdNr. 3.

licher Eignungskriterien ist Konsequenz der vergaberechtlichen Grundsätze Transparenz, Gleichbehandlung und Wettbewerb. § 97 Abs. 4 S. 1 beruht inhaltlich und wörtlich nahezu vollständig auf § 106 Abs. 3 des Regierungsentwurfs zum VgRÄG von 1998.[474] Die Anforderung, dass Bieter zusätzlich zu fachkundig, leistungsfähig und zuverlässig auch gesetzestreu sein müssen, geht auf das Gesetz zur Modernisierung des Vergaberechts zurück, das am 24. 4. 2009 in Kraft getreten ist.[475] Das gilt auch für den in Abs. 4 neu eingefügten Satz 2, wonach für die Auftragsausführung zusätzliche Anforderungen an Auftragnehmer gestellt werden können, die insbesondere soziale, umweltbezogene oder innovative Aspekte betreffen, wenn sie im sachlichen Zusammenhang mit dem Auftragsgegenstand stehen und sich aus der Leistungsbeschreibung ergeben.

III. Die Eignungsprüfung

1. Die Eignungsprüfung als Teil der Angebotswertung. Abs. 4 ist Grundlage der Eig-   **136** nungsprüfung. Die **Prüfung der Eignung ist Teil der Angebotswertung.** Diese dient dazu, die Unternehmen zu ermitteln, die zur Erbringung der konkret nachgefragten Leistung auf Grund ihrer Fachkunde, Leistungsfähigkeit, Gesetzestreue und Zuverlässigkeit generell in Betracht kommen, und die unzureichend qualifizierten Bieter auszusondern.[476] Die Wertung von Angeboten in Vergabeverfahren über Bauaufträge und Baukonzessionen sowie Liefer- und Dienstleistungsaufträge ist gemäß § 16 VOB/A bzw. § 19 EG VOL/A systematisch in **vier voneinander unabhängigen sachlich bedingten Prüfungsstufen** vorzunehmen.[477] Die Abfolge der einzelnen Prüfungsschritte ist in § 16 VOB/A und § 19 EG VOL/A folgerichtig festgelegt und zwingend einzuhalten.[478] Es geht jedoch nicht darum, dass eine bestimmte Prüfungsreihenfolge im chronologischen Sinn eingehalten wird, sondern lediglich darum, dass die Kriterien nicht vermischt werden.[479]

Abs. 4 selbst enthält keine Regelung zu den **Prüfungsstufen der Angebotswertung.** Die   **137** Abfolge der einzelnen Prüfungsschritte ist lediglich in den Verdingungsordnungen (§ 16 VOB/A; § 19 EG VOL/A) festgelegt und zwingend einzuhalten.[480] Auf der **ersten Wertungsstufe** werden Angebote auf Grund formaler Mängel und Unvollständigkeit ausgeschlossen, ohne dass zugleich eine inhaltliche Prüfung vorgenommen wird (§ 16 Abs. 1 VOB/A; § 19 EG Abs. 3 VOL/A).[481] Der Auftraggeber prüft die Angebote zunächst auf zwingende (§ 19 Abs. 1 Nr. 1 VOB/A; § 19 EG Abs. 3 VOL/A) und sodann auf fakultative Ausschlussgründe (§ 19 Abs. 1 Nr. 2 VOB/A; § 19 EG Abs. 4 VOL/A).[482] Auf der **zweiten Wertungsstufe** erfolgt die Prüfung der Eignung der verbliebenen Bieter (§ 16 Abs. 2 Nr. 1 VOB/A; § 16 EG Abs. 5 VOL/A). Auf der **dritten Wertungsstufe** prüft die Vergabestelle für den konkreten Fall die Angemessenheit der Preise und das Preis-Leistungsverhältnis. Sie prüft, ob der angebotene Preis in offenbarem Missverhältnis zu der angebotenen Leistung steht, dh., ob der Preis zu hoch oder zu niedrig ist. Mit dem Preis ist der Gesamtpreis gemeint. Bei Angeboten mit ungewöhnlich niedrig erscheinenden Preisen muss die Vergabestelle, bevor sie eine Entscheidung über die Frage der Auskömmlichkeit des Preises trifft, bei dem betreffenden Bieter nachfragen und ihm Gelegenheit zur Stellungnahme geben.[483] Das bedeutet, sie muss die Einzelposten dieser Angebote prüfen und ggf. vom Bieter die Vorlage der erforderlichen Belege bzw. Erklärungen verlangen (§ 16 Abs. 6 Nr. 2 VOB/A; § 19 EG Abs. 6 VOL/A). Diese Bestimmungen dienen in erster Linie dem Schutz des Auftraggebers vor der Eingehung eines wirtschaftlichen Risikos.[484] Der Auftraggeber läuft im Fall der Zuschlagserteilung auf ein Unterangebot Gefahr, dass der

---

[474] BT-Drucks. 13/9340.

[475] BGBl. 2009 I S 790.

[476] BGH VergabeR 2008, 641, 642.

[477] BGHZ 139, 273, 276.

[478] BGH VergabeR 2008, 641, 642.

[479] So für Eignungs- und Zuschlagskriterien EuGH, C-532/06, Slg. 2008, I-251, RdNr. 26 – Lianakis ua.

[480] Vgl. BGHZ 139, 273, 277.

[481] In bestimmten Fällen kann der Auftraggeber fehlende Nachweise nachfordern, vgl. § 16 Abs. 1 Nr. 3 VOB/A, § 19 EG Abs. 2 VOL/A und § 5 Abs. 3 VOF.

[482] OLG Thüringen v. 27. 2. 2002 – 6 U 360/01; zu den Ausschlussgründen ausführlich *Hölzl* NZBau 2009, 751 mit Bezug auf EuGH C-538/07, Slg. 2009, I-4219 – Assitur.

[483] OLG Düsseldorf NZBau 2009, 398, 401; BayObLG NZBau 2003, 105, 107; vgl. auch OLG Jena, Beschl. v. 29. 8. 2008 – 9 Verg 5/08.

[484] OLG Frankfurt, Beschl. v. 30. 3. 2004 – 11 Verg 4/04, unter Verweis auf BGH NJW 1995, 737, 737; BayObLG ZfBR 2004, 95, 95.

Auftragnehmer in wirtschaftliche Schwierigkeiten gerät und den Auftrag nicht oder nicht ordnungsgemäß, insbesondere nicht mängelfrei, zu Ende führt.[485] Nur die Angebote, die die ersten drei Wertungsphasen erfolgreich bestehen, kommen anschließend in die **vierte Wertungsstufe,** in der auf der Grundlage der vorgegebenen Zuschlagskriterien das „wirtschaftlichste Angebot" ermittelt wird (§ 16 Abs. 6 Nr. 3 VOB/A; § 19 EG Abs. 8 und 9 VOL/A).[486] Die getrennte und unabhängige Prüfung von Eignung und Wirtschaftlichkeit (§ 16 VOB/A, § 19 EG VOL/A) ergibt sich aus der Natur der Sache.[487] Die Eignungsprüfung ist eine **unternehmens- bzw. bieterbezogene Untersuchung,** auf deren Grundlage prognostiziert werden soll, ob ein Unternehmen/Bieter nach seiner personellen, sachlichen und finanziellen Ausstattung zur Ausführung des Auftrags in der Lage sein wird. Die Wirtschaftlichkeitsprüfung bezieht sich dagegen nicht auf die konkurrierenden Unternehmen, sondern auf ihre Angebote und damit auf die Leistung.[488] Durch diese Kriterien wie dem Preis, der Ausführungsfrist, Betriebs- und Folgekosten, der Gestaltung, Rentabilität oder dem technischem Wert werden die Eigenschaften der angebotenen Leistung bewertet, nicht aber Eigenschaften des Bieters/Unternehmers.

138   Die Neuregelung des § 16 Abs. 1 Nr. 3 VOB/A bzw. des § 19 EG Abs. 2 VOL/A, dh. die Anordnung einer **Nachforderungspflicht des Auftraggebers bei Fehlen von geforderten Erklärungen,** wird die bisherige strenge Reihenfolge des Wertungsprozesses aufweichen.[489] Die Stufen der Angebotswertung finden allerdings in der Praxis bereits jetzt häufig nicht streng chronologisch bzw. sukzessive statt, so dass die Auswirkungen dieser Änderung eher gering sein dürften. Von den vorstehend beschriebenen Wertungsstufen zu trennen ist die Praxis, in der vergaberechtlichen Literatur als „vereinfachter Wertungsvorgang" bezeichnet, Angebote vorab auszusondern, die nach den anzuwendenden Wertungskriterien offensichtlich keine Aussicht auf den Zuschlag haben, um den Prüfungsaufwand zu begrenzen.[490] Diese **zulässige Rationalisierung** ändert nach zutreffender Auffassung des BGH jedoch nichts daran, dass für die Wertung der Angebote grundsätzlich die einzelnen Prüfungsstufen zu absolvieren sind.[491] Umgekehrt schließt das von § 16 VOB/A und § 19 EG VOL/A vorgegebene Prüfungsschema, nach Abschluss der einen in die nächstfolgende Wertungsstufe überzugehen, nicht aus, dass übersehene oder erst später bekannt gewordene Mängel nachträglich berücksichtigt werden.[492] Werden einzelne Wertungsschritte aufgeschoben, vermag das nichts daran zu ändern, dass diese voneinander abgesetzt und ohne Vermischung der Prüfungsgegenstände zu vollziehen sind.[493] Das bedeutet, ein Angebot, das in der zweiten Stufe auszuschließen ist, kann nicht in die vierte Wertungsstufe gelangen.

139   **2. Die Eignungskriterien. a) Gemeinschaftsrechtliche Vorgaben.** Der VKR liegt eine andere Begrifflichkeit und Systematik zugrunde als Abs. 4. Grund dafür ist die seit der Umsetzung des Abs. 4 auf Basis der früheren Vergaberichtlinien erfolgte Weiterentwicklung des europäischen Vergaberechts. So ging noch die Dienstleistungsrichtlinie 92/50 wörtlich von denselben Eignungskriterien wie Abs. 4 aus.[494] Diese sind jedoch in ihrer Formulierung nicht in die VKR übernommen worden. Ebenfalls weggefallen ist die Bestimmung der Vorgängerrichtlinien, dass der Zuschlag erfolgt, „nachdem der Auftraggeber die fachliche Eignung geprüft hat."[495] Festzustellen ist zudem, dass die VKR in ihrer Begrifflichkeit nicht durchgehend stringent ist. So spricht beispielsweise Art. 44 Abs. 1 VKR einerseits von wirtschaftlicher und finanzieller Leistungsfähigkeit sowie beruflicher und technischer Fachkunde, andererseits in Art. 48 VKR – abweichend – von technischer und beruflicher Leistungsfähigkeit. Das ist jedoch deshalb unbeachtlich, weil trotzdem deutlich wird, welche Kriterien einzuhalten sind bzw. welche diesbezüglichen Eignungsnachweise gefordert werden dürfen.

140   Die VKR definiert die Eignungskriterien **prozedural** unter Titel II, Kapitel VII („Ablauf des Verfahrens"), Abschnitte 1 und 2 als Elemente des Vergabeverfahrens. Art. 44 Abs. 1 VKR legt

---

[485] KG VergabeR 2002, 96, 98.
[486] VK Lüneburg, Beschl. v. 23. 2. 2004 – 203-VgK-01/2004.
[487] BGH VergabeR 2008, 641, 642.
[488] *Gröning* NZBau 2003, 86, 90.
[489] So Materialsammlung zur Änderung der VOB/A des BMVBS v. 17. 9. 2008, 34.
[490] Vgl. *Heiermann/Riedl/Rusam/Rusam* § 25 VOB/A RdNr. 67.
[491] BGH VergabeR 2008, 641, 642.
[492] MwN. *Völlink/Kehrberg/Vavra* § 25 VOB/A RdNr. 3.
[493] BGH VergabeR 2008, 641, 642.
[494] Siehe Art. 32 Abs. 1 RL 92/50/EWG; eine vergleichbare Regelung enthielt die RL 93/37 („Baukoordinierungsrichtlinie") nicht, siehe aber deren Art. 18.
[495] So in Art. 18 RL 93/37 sowie Art. 23 Abs. 1 RL 92/50, jedoch nicht mehr in Art. 45 VKR.

allgemein fest, nach welchem Verfahren die Auftragsvergabe erfolgt. Das entspricht fast vollstän-dig den vier Stufen der Angebotswertung.[496] Art. 45 VKR normiert den Ausschluss von Bewer-bern aufgrund ihrer persönlichen Lage. Dieser ist bei rechtskräftiger Verurteilung wegen einer in Art. 45 Abs. 1 VKR aufgeführten Katalogstraftat obligatorisch, in Fällen des Art. 45 Abs. 2 hin-gegen fakultativ. Art. 45 Abs. 3 und 4 VKR regeln, welche Nachweise beigebracht werden kön-nen, um das Vorliegen von Ausschlussgründen zu entkräften, bzw. welche Behörden diese Nachweise ausstellen. Nach Art. 46 VKR können Bewerber aufgefordert werden, den Nachweis ihrer Befähigung zur Berufsausübung durch Registerauszüge zu erbringen. Art. 47 VKR führt auf, welche Nachweise Auftraggeber von Bietern zum Beleg ihrer finanziellen und wirtschaftlichen Leistungsfähigkeit fordern können. Nachweise zur Überprüfung der technischen und/oder beruf-lichen Leistungsfähigkeit werden in Art. 48 VKR detailliert festgelegt. Nach Art. 49 VKR können öffentliche Auftraggeber von Bewerbern den Nachweis für die Erfüllung bestimmter Qualitäts-sicherungsnormen verlangen, müssen sich dabei aber auf bestimmte Qualitätssicherungsverfahren beziehen. Art. 50 VKR stellt eine entsprechende Verpflichtung für die Einhaltung von Normen für das Umweltmanagement auf. Nach Art. 51 VKR kann der öffentliche Auftraggeber die Be-werber auffordern, ihre vorgelegten Nachweise zu vervollständigen oder zu erläutern. Art. 52 VKR sieht vor, dass Mitgliedstaaten amtliche Verzeichnisse zugelassener Wirtschaftsteilnehmer anlegen und/oder eine Zertifizierung durch öffentlich-rechtliche oder privatrechtliche Stellen einführen können (zB. Präqualifikationsverzeichnisse).[497] Eine Eintragung in derartigen Ver-zeichnissen stellt eine Eignungsvermutung hinsichtlich bestimmter Eignungsaspekte auf, die ohne Begründung nicht in Zweifel gezogen werden kann, vgl. Art. 52 Abs. 3 und 4 VKR.

b) Die Eignungskriterien im Einzelnen. Der öffentliche Auftraggeber muss auf der **141** Grundlage des Transparenz- und Gleichbehandlungsgebots den Bewerbern bzw. Bietern alle für die Zuschlagsentscheidung maßgeblichen Umstände so bekannt machen, dass diese bei Anwen-dung der üblichen Sorgfalt deren genaue Bedeutung verstehen und in gleicher Weise auslegen können; zugleich muss der öffentliche Auftraggeber auf dieser Basis prüfen können, ob die Teilnahmeanträge bzw. Angebote diese Anforderungen erfüllen.[498a] Der öffentliche Auftragge-ber darf die Eignungsanforderungen und sonstigen Ausschreibungsbedingungen im Laufe des Vergabeverfahrens jederzeit ändern, wenn dies in einem transparenten und diskriminierungsfrei-en Verfahren geschieht.[498b] Das bedeutet, dass alle Bewerber bzw. Bieter davon Kenntnis neh-men können. **aa) Fachkunde.** Fachkundig im Sinne von Abs. 4 S. 1 ist ein Bewerber, der über die **speziellen objektbezogenen Sachkenntnisse, Erfahrungen und Fertigkeiten** verfügt, die erforderlich sind, um eine Leistung fachgerecht vorbereiten und ausführen zu können.[498] Das Kri-terium Fachkunde bezieht sich nicht auf das Unternehmen als solches. Bei der Fachkunde han-delt es sich vielmehr um ein **personenbezogenes Merkmal.** Es kommt jedoch weniger auf bestimmte Bildungsabschlüsse an als auf **konkrete Erfahrungen mit Projekten,** die mit dem zu vergebenden Auftrag vergleichbar sind. Dafür kommt es nicht zwingend auf den Inhaber oder die Geschäftsleitung des Unternehmens an, vielmehr kann sich die Fachkunde auch auf Grund der Personen ergeben, die technisch und kaufmännisch für das bestimmte Projekt verantwortlich sein sollen. Das für die Auftragsausführung **verantwortliche Personal des Unternehmens** muss die technischen Kenntnisse, Erfahrungen und Fertigkeiten aufweisen, die Gewähr dafür bieten, dass der Auftrag ordnungsgemäß durchgeführt werden wird.[499]

Aus der Personenbezogenheit des Merkmals Fachkunde folgt, dass ein Unternehmen zum **142** Nachweis seiner Fachkunde auf **Referenzanlagen des Fertigungsbereichs eines** von ihm (teilweise) **übernommenen Unternehmens** zurückgreifen bzw. verweisen darf. Vorausset-zung dafür ist jedoch, dass der für die Ausführung dieser Referenzanlagen maßgeblich verant-wortliche Personenkreis in Folge der Übernahme bei dem (übernehmenden) Unternehmen beschäftigt ist.[500] Aus der Personenbezogenheit des Merkmals folgt zudem, dass ein Unterneh-

[496] Vgl. RdNr. 137.
[497] Siehe § 6 Abs. 3 Nr. 2, 3 VOB/A bzw. Ausführungen dazu von *Heiermann/Zeiss/Kullack/Blaufuß/Kullack/Zeiss* § 8 RdNr. 56.
[498] VK Sachsen, Beschl. v. 3. 11. 2005 – 1/SVK/125-05; VK Lüneburg, Beschl. v. 8. 4. 2005 – VgK-10/2005; VK Bund, Beschl. v. 10. 12. 2003 – VK 1-116/03.
[498a] BGH, Urt. v. 22. 7. 2010, VII ZR 213/08, NZBau 2010, 622 ff.; OLG Düsseldorf, Beschl. v. 26. 10. 2010, Verg 46/10, Umdruck nach ibr-online, S. 4.
[498b] OLG Düsseldorf, Beschl. v. 2. 8. 2010, Verg 32/10, Leitsatz 1.
[499] *Burgi* VergabeR 2007, 457, 466; BeckVOB-Komm/*Marx* RdNr. 34.
[500] *Weyand* RdNr. 403, unter Verweis auf VK Südbayern, Beschl. v. 27. 4. 2001 – 08-04/01, Umdruck nach Veris, LS 4.

men die notwendige Fachkunde auch dadurch erlangen kann, dass es erfahrenes Personal einstellt oder entsprechend fachkundige **Nachunternehmer** einschaltet.[501] Zu beachten ist, dass immer die vollen Anforderungen der Fachkunde zu erbringen sind. Unternehmensleitung und Mitarbeiter können auch dann als ungeeignet eingestuft und das Angebot deshalb ausgeschlossen werden, wenn deren Fachkunde nur teilweise fehlt.[502] Für die Qualifizierung als nicht geeignet genügt in diesem Punkt vielmehr bereits, dass eine wesentliche Teilleistung wegen mangelnder Fachkunde nicht erbracht werden kann. Dabei kommt es nicht auf die wirtschaftliche Bedeutung der Teilleistung für die Leistung insgesamt an.

143   Das **Gemeinschaftsrecht** in Form der SKR kennt das Merkmal „Fachkunde" nicht. In der VKR wird der Begriff in Art. 44 Abs. 1 und Art. 48 Abs. 5 erwähnt. Aus beiden Vorschriften erschließt sich, dass „Fachkunde" – nach europäischem Vergaberecht – zumindest als Teil der technischen und/oder beruflichen Leistungsfähigkeit verstanden wird. Für die Zuordnung der Elemente des deutschen Eignungskriteriums „Fachkunde" zu den Vorgaben des Gemeinschaftsrechts ist letztlich entscheidend, dass es sich bei dem deutschen Eignungskriterium um ein personenbezogenes Merkmal handelt. Regelungen zu „personenbezogenen Merkmalen" enthält auch die VKR, die der öffentliche Auftraggeber daher berücksichtigen darf. Ein personenbezogenes und somit in der Terminologie des GWB der Fachkunde zuzuordnendes[503] Unterkriterium regelt Art. 46 VKR, wonach der Bieter auf Verlangen seine **Befähigung** zur Berufsausübung nachweisen muss. Dessen Umsetzung in § 6 Abs. 3 Nr. 2 lit. d VOB/A und § 7 EG Abs. 8 VOL/A konkretisiert somit – europarechtlich zulässig – die Fachkunde. Die Nachweise für die „wirtschaftliche und finanzielle Leistungsfähigkeit" nach Art. 47 VKR weisen dagegen keinen personalen Bezug auf,[504] wohl aber einige Nachweise für die technische und/oder berufliche Leistungsfähigkeit nach Art. 48 VKR.[505] Hierzu zählen etwa Art. 48 Abs. 2 lit. a VKR bezüglich der Beibringung von Referenzleistungen und Art. 48 Abs. 2 lit. e VKR hinsichtlich der Studiennachweise und Bescheinigungen über die berufliche Befähigung des Bewerbers und dessen Führungskräfte. Keinen personalen Bezug hat dagegen der Nachweis über die technische Ausrüstung des Teilnehmers gem. Art. 48 Abs. 2 lit. c VKR.[506] Art. 45 VKR knüpft zwar an die „persönliche Lage" des Bieters an. Die dort niedergelegten Kriterien sind jedoch unter den Begriff der „Zuverlässigkeit" zu subsumieren. Da die Aufzählung der Kriterien in Art. 48 VKR dem EuGH nach abschließend ist,[507] beschränkt sich der Spielraum des Auftraggebers im Hinblick auf die Wahl möglicher Unterkriterien der Fachkunde auf die dort einschlägigen und auf die in Art. 46 VKR normierte Anforderung.

144   **bb) Leistungsfähigkeit.** Leistungsfähig ist ein Bewerber, dessen Betrieb über die **personellen, kaufmännischen, technischen und finanziellen Mittel** verfügt, um den **konkret zu vergebenden Auftrag** fachlich einwandfrei und fristgerecht ausführen zu können, und der in der Lage ist, seine **Verbindlichkeiten** zu erfüllen.[508] Bieter müssen zudem **rechtlich leistungsfähig** sein.[509] In der VKR bzw. SKR ist die rechtliche Leistungsfähigkeit – bzw. umgekehrt die rechtliche Unmöglichkeit der Leistungserbringung – als ein Element der Eignungsprüfung nicht ausdrücklich angesprochen. Ein solches Eignungselement ist deshalb jedoch nicht unzulässig, weil es sich lediglich um eine **Ausdifferenzierung** des Kriteriums Leistungsfähigkeit handelt. § 16 Abs. 2 Nr. 1 und Abs. 3 VOB/A und § 19 EG Abs. 5 VOL/A bestimmen, dass bei der Auswahl der für den Zuschlag in Betracht kommenden Angebote nur Bieter zu berücksichtigen sind, die für die Erfüllung der vertraglichen Verpflichtungen die erforderliche Fachkunde, Leistungsfähigkeit und Zuverlässigkeit besitzen. Können Dritte etwa auf Grund des

---

[501] Vgl. OLG Celle, Beschl. v. 8. 5. 2002, 13 Verg 5/02, mit Anm. *Gottschalck* IBR 2003, 93.

[502] *Weyand* RdNr. 402, unter Verweis auf VK Sachsen, Beschl. v. 21. 7. 2005 – 1/SVK/076-05; VK Bund, Beschl. v. 11. 1. 2005 – VK 2-220/04.

[503] BayObLG, Beschl. v. 24. 1. 2003 – Verg 30/02, Umdruck nach Veris, LS u. 5, das die erforderliche Fachkunde verneinte, weil die zur Ausführung der Leistung erforderliche Eintragung in die Handwerksrolle fehlte.

[504] Vgl. VK Bund, Beschl. v. 4. 9. 2007 – VK 1-89/07, Umdruck nach Veris, 11.

[505] *Egger* RdNr. 1140.

[506] Umgesetzt in § 7 EG Abs. 3 lit. b VOL/A.

[507] EuGH, 76/81, Slg. 1982, 417, RdNr. 9 – Transporoute; *Egger* RdNr. 1141.

[508] MwN. VK Düsseldorf, Beschl. v. 21. 1. 2009 – VK-43/2008-L; VK Schleswig-Holstein, Beschl. v. 27. 1. 2009 – VK-SH 19/08; VK Sachsen, Beschl. v. 3. 11. 2005 – 1/SVK/125-05; vgl. VK Düsseldorf, Beschl. v. 21. 1. 2009 – VK-43/2008-L; vgl. auch OLG Saarbrücken ZfBR 2004, 714, 717.

[509] OLG Düsseldorf NJOZ 2005, 2672, 2677; VK Sachsen, Beschl. v. 3. 11. 2005 – 1/SVK/125-05; VK Düsseldorf, Beschl. v. 2. 5. 2006 – VK-17/2006-B; *Weyand* § 97 RdNr. 409.

Schutzes des geistigen Eigentums Unterlassungsansprüche erfolgreich geltend machen, so kann ein Bieter nicht als geeignet angesehen werden, weil er rechtlich daran gehindert werden kann, die Leistung auszuführen.

Bei der Leistungsfähigkeit handelt es sich im Unterschied zu den Merkmalen der Fachkunde **145** und der Zuverlässigkeit, die sich auf Umstände in der Person des Bewerbers beziehen, um ein **sach- bzw. betriebsbezogenes Eignungskriterium.**[510] Der Begriff der Leistungsfähigkeit stellt auf den Betrieb des Bewerbers/Bieters ab, das heißt darauf, ob dessen Umfang und Ausstattung sowie seine Kapazitäten ausreichen, den konkret zu vergebenden Auftrag ohne Schwierigkeiten auszuführen. Bei der Bewertung der Leistungsfähigkeit handelt es sich um eine Prüfung, die auf Erfahrungswerten der Vergangenheit beruht und auf der Grundlage von bewerberbezogenen Kriterien erfolgt.

Gemeinschaftsrechtliche Vorgaben für das Kriterium Leistungsfähigkeit ergeben sich aus **146** Art. 47 und 48 VKR. Art. 47 VKR legt die Grundlage für die Prüfung des Teilaspekts der wirtschaftlichen und finanziellen Leistungsfähigkeit fest, wozu auch die kaufmännische Leistungsfähigkeit gehört. Da sich schon aus dem Wortlaut des Art. 47 Abs. 1 VKR („in der Regel") ergibt, dass die Auflistung möglicher Nachweise nicht abschließend zu verstehen ist, bleibt dem nationalen Gesetzgeber ebenso wie dem öffentlichen Auftraggeber ein Spielraum. Anderes gilt dagegen im Bereich der technischen und beruflichen Leistungsfähigkeit nach Art. 48 VKR. Hierzu gehört insbesondere auch die Frage des dem Unternehmen zur Verfügung stehenden Personals (vgl. Art. 48 Abs. 2 lit. b und g VKR). Da Art. 48 VKR nach dem EuGH abschließend ist,[511] ist es dem nationalen Gesetzgeber verwehrt, andere als die dort aufgeführten Nachweise für die technische und berufliche Leistungsfähigkeit zu fordern, was sich entsprechend auf die Festlegung von Unterkriterien auswirkt. Unter das Eignungskriterium technische Leistungsfähigkeit fallen ferner die Forderung des Auftraggebers auf Einhaltung von Qualitätssicherungsnormen und von Normen für das Umweltmanagement (Art. 49, 50 VKR).[512]

Die Leistungsfähigkeit unterteilt sich in einzelne **Fallgruppen.** Die **technische Leistungs-** **147** **fähigkeit** ist gegeben, wenn der Betrieb des Bieters über alle zur Ausführung des Auftrages notwendigen Gerätschaften, Werkzeuge etc. verfügt. Ob diese bereits im Eigentum bzw. Besitz des Unternehmens stehen oder erst noch angemietet werden müssen, ist für die Beurteilung der Leistungsfähigkeit des Bieters unerheblich. Die **kaufmännische Leistungsfähigkeit** erfüllt ein Unternehmen, wenn es in Übereinstimmung mit den einschlägigen kaufmännischen Bestimmungen geführt wird.[513] Die **personelle Leistungsfähigkeit** ist gegeben, wenn das betreffende Unternehmen über eine ausreichende Zahl an fachlich geeigneten gewerblichen und kaufmännischen Mitarbeitern verfügt. **Finanziell leistungsfähig** ist ein Unternehmen, wenn es über ein Betriebskapital verfügt, das es ihm ermöglicht, seinen Verpflichtungen gegenüber Auftragnehmern, Lieferanten, Arbeitnehmern, dem Staat (Fiskus) und sonstigen Gläubigern nachzukommen.[514] Das Unternehmen muss insbesondere seinen gesetzlichen Verpflichtungen nachgekommen sein, zu denen vor allem die Entrichtung von Steuern und sonstigen Abgaben gehören. Abzustellen ist auf die **finanzielle Leistungsfähigkeit im Einzelfall.**[515] Dem Bieter steht es frei, seine Leistungsfähigkeit durch Beauftragung von Nachunternehmern zu erhöhen. Der Auftraggeber ist allerdings berechtigt, sich nachweisen zu lassen, dass der Bieter in der Lage ist, diese sachgerecht zu koordinieren.[516]

Rechtlich leistungsfähig ist ein Bieter, wenn er auch unter rechtlichen Gesichtspunkten in **148** der Lage ist, die Leistung zu erbringen.[517] Insbesondere kann die Eignungsprüfung auch die Prüfung patentrechtlicher und anderer komplexer Rechtsfragen umfassen.[518] Das ergibt sich aus

---

[510] *Kapellmann/Messerschmidt/Glahs* § 2 VOB/A RdNr. 8; *Heiermann/Zeiss/Kullack/Blaufuß/Summa* § 97 RdNr. 69; *Heiermann/Riedl/Rusam/Rusam/Weyand* § 2 VOB/A RdNr. 7.

[511] EuGH, 76/81, Slg. 1982, 417, RdNr. 9 – Transporoute; Schlussanträge GA Lenz, C-362/90, Slg. 1992, I-2367, RdNr. 44 – Kommission/Italien; siehe auch OLG Jena VergabeR 2002, 160, 162, mit. Anm. *Wirner* IBR 2002, 209.

[512] *Kulartz/Marx/Portz/Prieß/Hausmann/von Hoff,* 2. Aufl. 2011, § 7 EG RdNr. 95.

[513] *Reidt/Stickler/Glahs/Stickler* RdNr. 16.

[514] OLG Düsseldorf NJOZ 2007, 5321, 5326; VK Sachsen, Beschl. v. 3. 11. 2005 – 1/SVK/125-05.

[515] VK Bund, Beschl. v. 10. 2. 2004, VK 2-150/03; VK Sachsen, Beschl. v. 3. 11. 2005 – 1/SVK/125-05.

[516] OLG Celle v. 14. 3. 1994 – 14 U 57/93.

[517] OLG Düsseldorf NJOZ 2005, 2672, 2678; VK Sachsen, Beschl. v. 3. 11. 2005 – 1/SVK/125-05; VK Düsseldorf, Beschl. v. 2. 5. 2006 – VK-17/2006-B; *Weyand* § 97 RdNr. 409.

[518] OLG Düsseldorf NJOZ 2005, 2672, 2677 und 2679.

§ 16 Abs. 2 Nr. 1 S. 2 VOB/A bzw. § 19 EG Abs. 5 VOL/A. Danach darf der Auftraggeber nur solche Bieter in die engere Wahl nehmen, die „für die Erfüllung der (noch einzugehenden) vertraglichen Verpflichtungen" fachkundig, leistungsfähig und zuverlässig sind. Der Wortlaut der Normen schränkt die Prüfungsmöglichkeiten und -obliegenheiten des Auftraggebers im Hinblick auf die genannten Merkmale nicht ein. Insbesondere ist auch **nach dem Normzweck der Begriff der Leistungsfähigkeit in einem umfassenden Sinn zu verstehen.** Er erstreckt sich auf sämtliche Umstände, die Aufschluss darüber geben, ob ein Bieter bei vorausschauender Betrachtungsweise in der Lage sein wird, die ihm durch einen Zuschlag und entsprechenden Vertragsabschluss erwachsenden Verpflichtungen zu erfüllen.[519] Zutreffend hält der Vergabesenat des OLG Düsseldorf es für „geradezu widersinnig", eine Zuschlagserteilung gutzuheißen, obwohl der Auftraggeber weiß, damit rechnet oder es aufgrund ihm erkennbarer Anhaltspunkte für möglich hält, ein Bieter werde auf Grund rechtlicher Hindernisse nicht vertragsgemäß leisten können.[520]

149   **cc) Zuverlässigkeit. α) Begriff und Gemeinschaftsrechtliche Vorgaben.** Zuverlässig iSv. § 2 Abs. 1 Nr. 1 VOB/A bzw. § 2 EG Abs. 1 S. 1 VOL/A ist ein Bieter, wenn er unter Berücksichtigung aller in Betracht kommender Umstände eine **ordnungsgemäße und vertragsgerechte Ausführung der ausgeschriebenen Leistung** einschließlich der Erbringung von Gewährleistungen erwarten lässt.[521] Alle Aspekte, die Aufschlüsse darüber geben können, sind im Rahmen der Eignungsprüfung heranzuziehen. Berücksichtigt werden können insbesondere **persönliche und sachliche Umstände** sowie die **Besonderheiten des jeweiligen Geschäftszweiges.**[522] Bei der Beurteilung der Zuverlässigkeit, wofür auch Vorkommnisse im laufenden Vergabeverfahren zu beachten sind, sind insbesondere die in § 16 Abs. 1 Nr. 2 VOB/A und §§ 6 EG und 7 EG VOL/A genannten Umstände relevant.[523] Die aussagekräftigsten Indizien für die Zuverlässigkeit sind die **einwandfreie Erfüllung früherer Verträge** in Hinsicht auf qualitative und zeitliche Gesichtspunkte einschließlich der Gewährleistung sowie die **Erfüllung** der an das Unternehmen gestellten **gesetzlichen Verpflichtungen,** insbesondere der Entrichtung von Steuern und Abgaben.[524] Die Feststellung der Zuverlässigkeit erfolgt auf der Grundlage einer **Prognoseentscheidung,** die auf dem bisherigen Geschäftsgebaren des Bieters beruht.[525] Beispielsweise reicht die Begehung einer schweren Verfehlung allein nicht aus, um einen Bieter auszuschließen. Vielmehr muss die Vergabestelle nach einhelliger Rechtsprechung im Einzelnen nachvollziehen, ob auf Grund des beanstandeten Verhaltens in der Vergangenheit auch für den (zukünftig) zu vergebenden Auftrag erhebliche Zweifel an der Zuverlässigkeit des Bewerbers bestehen.[526] Ob bestimmte Umstände grundsätzlich als geeignet angesehen werden können, einen Bieter als unzuverlässig anzusehen, unterliegt der Prüfung der Nachprüfungsinstanzen. Es ist nicht ermessensfehlerhaft, bei sensiblen Leistungen einen sehr strengen, jegliche Risiken im Zusammenhang mit der ausgeschriebenen Tätigkeit ausschließenden Maßstab an die Zuverlässigkeit anzulegen.[527]

150   **Gemeinschaftsrechtliche Vorgaben** für die Zuverlässigkeit enthalten insbesondere die in Art. 45 Abs. 1 und Abs. 2 lit. c bis g VKR aufgelisteten Ausschlussgründe.[528] Art. 45 Abs. 1 VKR zählt abschließend die Katalogstraftaten auf,[529] bei deren Verwirklichung ein Bieter zwingend auszuschließen ist. Umgesetzt ist die Bestimmung zu den **zwingenden Ausschlussgrün-**

---

[519] OLG Düsseldorf NJOZ 2005, 2672, 2678.
[520] OLG Düsseldorf NJOZ 2005, 2672, 2678.
[521] OLG Düsseldorf, Beschl. v. 8. 5. 2002 − Verg 8-15/01; OLG Celle, Beschl. v. 13. 12. 2007 − 13 Verg 10/07.
[522] OLG München VergabeR 2006, 561, 564.
[523] *Kulartz/Marx/Portz/Prieß/Dittmann,* 2. Aufl. 2011, § 16 RdNr. 195.
[524] Vgl. OLG Düsseldorf VergabeR 2005, 208, 210; OLG Saarbrücken, Beschl. v. 28. 4. 2004 − 1 Verg 4/04; VK Schleswig-Holstein, Beschl. v. 27. 1. 2009 − VK-SH 19/08.
[525] VK Nordbayern, Beschl. v. 18. 12. 2007 − 21.VK-3194-47/07; VK Lüneburg, Beschl. v. 15. 9. 2003 − 203.VgK-13/2003.
[526] OLG Frankfurt a. M. VergabeR 2004, 642, 645; vgl. auch LG Berlin NZBau 2006, 397, 399; Beck-VOB-Komm/*Prieß* § 8 RdNr. 103.
[527] Zb. OLG München VergabeR 2006, 561, 566/567, für die Durchführung von BSE-Pflichttests.
[528] Der EuGH spricht im Hinblick auf Art. 45 Abs. 2 von Ausschlussgründen, die sich auf die berufliche Eignung beziehen, worunter die berufliche Ehrenhaftigkeit, die Zahlungsfähigkeit und die Zuverlässigkeit fallen − EuGH, C-538/07, noch nicht in der amtl. Slg. veröffentlicht, RdNr. 19 − Assitur, NZBau 2009, 607.
[529] So die ganz hM: *Ingenstau/Korbion/Schranner,* 14. Aufl. 2010, § 6 a VOB/A RdNr. 4; *Kulartz/Marx/Portz/Prieß/Hausmann/von Hoff,* 2. Aufl. 2011, § 6 EG RdNr. 41; *Leinemann* RdNr. 1226.

den in den §§ 6a Abs. 1 Nr. 1 VOB/A, 6 EG Abs. 4 VOL/A und 4 Abs. 6 VOF. Der Katalog umfasst neben Bestechung (§ 334 StGB, § 2 IntBestG) und Steuerhinterziehung (§ 370 AO) ua. auch Geldwäsche (§ 261 StGB) sowie Betrug oder Subventionsbetrug zu Lasten des EG-Haushalts (§§ 263, 264 StGB). Für den zwingenden Ausschluss ist stets das Vorliegen eines formell rechtskräftigen Strafurteils erforderlich.[530]

Die **fakultativen Ausschlussgründe** des Art. 45 Abs. 2 sind in den §§ 16 Abs. 1 Nr. 2 **151** VOB/A, 6 EG Abs. 6 VOL/A und 4 Abs. 9 VOF umgesetzt. Auch diese sind grundsätzlich abschließend.[531] Relevant ist hier insbesondere die Alternative des § 16 Abs. 1 Nr. 2 lit. c VOB/A und § 6 EG Abs. 6 lit. c VOL/A, wonach Bewerber, die nachweislich eine schwere Verfehlung begangen haben, die ihre Zuverlässigkeit als Bewerber in Frage stellt, von der Teilnahme am Wettbewerb ausgeschlossen werden können. „Schwere Verfehlungen" sind nur erhebliche Rechtsverstöße, etwa gegen strafrechtliche Bestimmungen, wie eine Strafbarkeit wegen Untreue, Unterschlagung, Urkundenfälschung oder Diebstahls.[532] Zwar ist für den Ausschluss eine rechtskräftige Verurteilung des Bieters nicht erforderlich.[533] Der öffentliche Auftraggeber trägt aber die Beweislast für das Vorliegen der Verfehlung.[534] Dafür sind Umstände vorzubringen, die sich aus verschiedenen seriösen Quellen ergeben und eine „gewisse Erhärtung des Verdachts"[535] begründen, nicht aber der volle Nachweis der Schuld im strafrechtlichen Sinn. Sind jedoch oberhalb der Schwellenwerte die Voraussetzungen für den zwingenden Ausschluss wegen einer rechtskräftigen strafrechtlichen Verurteilung erfüllt, kann ein Auftraggeber sich nicht mehr auf den fakultativen Ausschluss des § 16 Abs. 1 Nr. 2 lit. c VOB/A bzw. des § 6 EG Abs. 6 lit. c VOL/A wegen nachweislich schwerer Verfehlung berufen. Vielmehr ist er zum Ausschluss des Bieters verpflichtet. Liegen hingegen die Voraussetzungen von § 6a Abs. 1 Nr. 1 VOB/A, § 6 EG Abs. 4, 6 VOL/A nicht vor, zB. weil noch keine rechtskräftige Verurteilung vorliegt, hat der Auftraggeber zu prüfen, ob die Voraussetzungen von § 16 Abs. 1 Nr. 2 lit. c VOB/A bzw. § 6 EG Abs. 6 lit. c VOL/A gegeben sind.

Der **Zeitraum**, für den nach einer Verfehlung ein Wirtschaftsteilnehmer ausgeschlossen wer- **152** den kann bzw. muss, ist durch die Richtlinie nicht vorgegeben.[536] Der erste Kommissionsentwurf für die VKR sah für die zwingenden Ausschlussgründe noch eine Ausschlussdauer von fünf Jahren vor, die mit dem letztinstanzlichen Urteil bzgl. einer Katalogstraftat begann.[537] Die Rechtsprechung der Nachprüfungsinstanzen zu fakultativen Ausschlussgründen geht von etwa drei bis vier, im Einzelfall aber auch bis zu zehn Jahren aus.[538] Spätestens mit der Löschung aus dem Bundeszentralregister gem. §§ 45 ff. BZRG wird eine Straftat unbeachtlich.[539]

β) Zurechnung von Verfehlungen. Die deutsche Rechtsordnung kennt keine Unter- **153** nehmensstrafbarkeit. Für den Ausschluss eines Unternehmens kommt es deshalb darauf an, ob das durch eine natürliche Person begangene, strafrechtlich relevante Verhalten dem Unternehmen zugerechnet werden kann. § 6a Abs. 1 Nr. 1 S. 3 VOB/A und ähnlich § 6 EG Abs. 4 S. 3 VOL/A sehen im Fall der zwingenden Ausschlussgründe zwei Alternativen der **Zurechnung** vor: Die **erste Alternative** stellt darauf ab, ob die rechtskräftig verurteilte Person „bei der Führung der Geschäfte" des Unternehmens, dem das Verhalten zugerechnet werden soll, „selbstver-

---

[530] *Ingenstau/Korbion/Schranner* § 8a VOB/A RdNr. 6.

[531] EuGH, C-226/04, Slg. 2006, I-1347, RdNr. 22 – La Cascina; EuGH, C-213/07, noch nicht in der amtl. Slg. veröffentlicht, RdNr. 43 – Michaniki, NZBau 2009, 133, 137, für den im Bereich der fakultativen Ausschlussgründe relevanten Aspekt der „beruflichen Redlichkeit"; EuGH, C-538/07, noch nicht in der amtl. Slg. veröffentlicht, RdNr. 19 – Assitur, NZBau 2009, 607.

[532] *Müller-Wrede/Kulartz/Röwekamp* § 11 RdNr. 15; *Kapellmann/Messerschmidt/Glahs* § 8 RdNr. 53; *Kreßner* 82.

[533] OLG Frankfurt a. M. VergabeR 2004, 642, 645; VK Nordbayern, Beschl. v. 22. 1. 2007 – 21.VK-3194–44/06; VK Düsseldorf, Beschl. v. 13. 3. 2006 – VK-08/2006-L.

[534] VK Nordbayern, Beschl. v. 22. 1. 2007 – 21.VK-3194-44/06; VK Lüneburg, Beschl. v. 18. 10. 2005 – VgK-47/2005; VK Hessen, Beschl. v. 9. 2. 2004 – 69d-VK-79/2003, 69d-VK-80/2003; *Müller-Wrede/Kulartz/Röwekamp* § 11 RdNr. 19.

[535] OLG Düsseldorf, Beschl. v. 9. 4. 2003 – Verg 66/02.

[536] Zum Einfluss von Selbstreinigungsmaßnahmen im Hinblick auf die zulässige Ausschlussdauer siehe RdNr. 157.

[537] Siehe Art. 46 Abs. 1 des Kommissionsentwurfs in KOM(2000) 275 endg., ABl. 2001, C 29E/11, 29.

[538] Vgl. OLG Frankfurt a. M. VergabeR 2004, 642, 649; VK Bund, Beschl. v. 11. 10. 2002 – VK 1-75/02; ca. zehn Jahre nach LG Berlin NZBau 2006, 397, 397; eine Orientierung bieten auch die Zeiträume in § 6 EG Abs. 3 Nr. 2 lit. a bis c VOB/A oder § 7 EG Abs. 2 lit. d bzw. Abs. 3 lit. a VOL/A.

[539] *Kulartz/Marx/Portz/Prieß/Hausmann/von Hoff*, 2. Aufl. 2011, § 6 EG RdNr. 83.

antwortlich gehandelt hat".[540] Erfasst sind damit jedenfalls die gesetzlichen Vertreter einer juristischen Person[541] und darüber hinaus „faktische" Geschäftsführer.[542] Das Verhalten von Prokuristen oder sonstigen „einfachen" Bevollmächtigten ist nur dann zuzurechnen, wenn sich die Vollmacht auf einen erheblichen Teilbereich der Unternehmensführung erstreckt.[543] Nach dem Sinn und Zweck der Vorschrift muss die Verurteilung zudem im Zusammenhang mit der beruflichen Tätigkeit stehen. Ein Ausschluss aufgrund der Verurteilung eines Geschäftsführers wegen Delikten im privaten Bereich ist unverhältnismäßig.[544]

154   Die **zweite Alternative** der Verhaltenszurechnung knüpft an ein Aufsichts- oder Organisationsverschulden des Unternehmens an, das sich nach § 130 OWiG bestimmt. Eine Ordnungswidrigkeit nach § 130 OWiG liegt vor bei fahrlässigem Unterlassen der erforderlichen Aufsichtsmaßnahmen, wozu auch die Bestellung, Auswahl und Überwachung von Aufsichtspersonen gehört. Die Umstände des Einzelfalls bestimmen, welche Aufsichtsmaßnahmen konkret hätten getroffen werden müssen.[545] Begeht ein Mitarbeiter im Zusammenhang mit seiner beruflichen Tätigkeit eine Straftat, indiziert das eine Aufsichtspflichtverletzung.[546] Der Unternehmensinhaber kann sich jedoch exkulpieren, beispielsweise durch den Verweis auf die Installation eines wirksamen **Compliance-Systems.**[547]

155   Die VOB/A, die EG VOL/A und die VOF enthalten keine Zurechnungskriterien für den fakultativen Ausschlussgrund der schweren Verfehlung. Hier hat die Rechtsprechung aber entschieden, dass es für die Beurteilung der Zurechnung bei juristischen Personen auf die für das Unternehmen verantwortlich Handelnden Personen ankommt, wozu Geschäftsführer zählen.[548] Damit knüpft die Rechtsprechung offenbar an den Wortlaut in § 6a Abs. 1 Nr. 1 S. 3 VOB/A bzw. § 6 EG Abs. 4 S. 3 VOL/A („verantwortlich handelnd") an. Folglich ist nicht auszuschließen, dass auch die strafrechtlich relevanten Handlungen „faktischer" Geschäftsführer bzw. sonstiger Bevollmächtigter mit erheblichen Führungsaufgaben dem Unternehmen zugerechnet werden. Im Unterschied zu den übrigen Verdingungsordnungen **enthält die SektVO auch für fakultative Ausschlussgründe Zurechnungskriterien.** Diese sind in § 21 Abs. 2 SektVO geregelt und gelten über § 21 Abs. 4 Nr. 5 SektVO auch für fakultative Ausschlussgründe. Zwar wird man diese Zurechnungskriterien nicht analog für die übrigen Verdingungsordnungen heranziehen können. Jedoch können die in der VOB/A, EG VOL/A und VOF für zwingende Ausschlussgründe geregelten Zurechnungskriterien analog angewendet werden.[549a]

156   γ) **Vergabe-, Auftragssperren.** Bei Vergabesperren handelt es sich um rechtliche Instrumente, die den **generellen Ausschluss von Personen oder Unternehmen von Vergabeverfahren** ermöglichen.[549] Das Instrument der Vergabesperre vermeidet, dass ein bestimmter Bewerber in jedem einzelnen Vergabeverfahren gesondert ausgeschlossen werden muss und spart der Vergabestelle damit Kosten und Zeit. Voraussetzung für die Verhängung einer Vergabesperre über eine bestimmte Person ist, dass in der Person eines Bewerbers Gründe vorliegen, die zur Konsequenz haben, dass er für einen längeren Zeitraum vergaberechtlich als unzuverlässig anzusehen ist. Solange diese Gründe gegeben sind, spricht die Verfahrenseffizienz grundsätzlich dafür, ihn während dieser Zeit generell von der Vergabe öffentlicher Aufträge auszuschließen.

157   Bislang gibt es **keine einheitliche Vorschrift für die Verhängung von Vergabesperren.** Weder das Gemeinschaftsrecht noch das Bundesrecht enthalten – von einzelnen Detailregelungen

---

[540] So § 6 EG Abs. 4 S. 3 VOL/A; davon etwas abweichend besagt § 6a Abs. 1 Nr. 1 S. 3 VOB/A: „*für die Führung der Geschäfte verantwortlich handelnde* Person *selbst gehandelt* hat" (Hervorhebung vom Autor).

[541] *Kapellmann/Messerschmidt/Messerschmidt* § 8a VOB/A, RdNr. 10; *Müller-Wrede/Kulartz/Röwekamp* § 11 RdNr. 6.

[542] *Kapellmann/Messerschmidt/Glahs* § 8a RdNr. 10; für eine Zurechnung „faktischer" Geschäftsführung vgl. zB. *Ingenstau/Korbion/Schranner*, 17. Aufl. 2010, § 6a VOB/A RdNr. 8.

[543] *Stein/Friton*, VergabeR 2010, 151, 155.

[544] Ebs. *Stein/Friton*, VergabeR 2010, 151, 155; aA. *Kulartz/Marx/Portz/Prieß/Hausmann/von Hoff*, 2. Aufl. 2011, § 6 EG RdNr. 56.

[545] *Göhler/Gürtler* § 130 OWiG RdNr. 10.

[546] Vgl. *Park/Süßmann* § 130 OWiG RdNr. 2; *Loewenheim/Meesen/Riesenkampff/Cramer/Pananis* § 81 RdNr. 33; *Langen/Bunte/Raum* § 81 RdNr. 26; BGH, Beschl. v. 25. 6. 1985 – KRB 2/85.

[547] Zum nicht genügenden sog. „Window-dressing" siehe *Nell* ZRP 2008, 149, 150.

[548] OLG Düsseldorf, Beschl. v. 28. 7. 2005 – VII-Verg 42/05; OLG Saarbrücken NZBau 2004, 346, 347; vgl. auch OLG München VergabeR 2006, 561, 564.

[549a] *Stein/Friton* VergabeR 2010, 151, 154 f.

[549] Zu Vergabesperren allgemein *Kreßner* 29; *Mestmäcker/Bremer* Beilage zu BB 1995 Heft 50, 2, 2; vgl. auch *Lantermann* 223; *Prieß/Pünder/Arrowsmith/Prieß/Pünder/Stein* 70 ff.

abgesehen[550] – Vorgaben dazu.[551] Auch die Verdingungsordnungen enthalten keine Regelung zu Vergabesperren. Teile der Literatur weisen darauf hin, dass sich die Ausschlussgründe ersichtlich auf einzelne Vergabeverfahren beziehen und sich daher ein verfahrensübergreifender in die Zukunft gerichteter genereller Ausschluss ohne Prüfung des Einzelfalles verbietet.[552] Die Rechtsprechung hingegen erachtet Vergabesperren grds. für zulässig.[553] Sie prüft jedoch zugleich die Möglichkeit der Wiederzulassung zu Vergabeverfahren auf Grund ggf. erfolgter **Selbstreinigungsmaßnahmen.**[554] Im Ergebnis kommen Rechtsprechung und Literatur – auf Grund der Zulassung und Einbeziehung von Selbstreinigungsmaßnahmen, die nur juristische Personen durchführen können – zu ähnlichen Ergebnissen. Eine erfolgreiche Selbstreinigung führt zur Aufhebung der Auftragssperre und ist letztlich nichts anderes, als die Beachtung der Umstände des Einzelfalls.

Vergabesperren sind in **Verwaltungsvorschriften von Bund**[555] **und Ländern** (so in Ba- **158** den Württemberg,[556] Bayern,[557] Bremen,[558] Hessen,[559] Niedersachsen,[560] Rheinland-Pfalz[561] und Schleswig-Holstein)[562] enthalten.[563] Mehrere Landesgesetzgeber haben die Initiative ergriffen und die Vergabesperren in Gesetzesform überführt (so Berlin,[564] Nordrhein-Westfalen[565] und vorübergehend auch Hamburg).[566] Öffentliche Auftraggeber werden darüber hinaus durch einige **Spezialgesetze** (§ 5 SchwarzArbG, § 6 AEntG) ermächtigt, Auftragssperren zu verhängen. Zudem werden die §§ 16 Abs. 1 Nr. 2 lit. c VOB/A und 6 EG Abs. 6 lit. c VOL/A mittelbar als gesetzliche Ermächtigungsgrundlage zur Verhängung von Vergabesperren angesehen, die öffentliche Auftraggeber bei Erreichen des jeweiligen Schwellenwertes anwenden müssen.[567] Nach diesen Vorschriften ist eine Vergabesperre nur zulässig, wenn die schwere Verfehlung „nachweislich" ist. Der Verdacht muss einen gewissen Grad der Erhärtung erfahren haben.[568] Eine bereits erfolgte gerichtliche Verurteilung des Bewerbers ist nicht erforderlich. Der Auftraggeber kann den Nachweis mit anderen Beweismitteln führen, zB. mit einer Anklageschrift gegen den sich bewerbenden Unterneh-

---

[550] Vgl. § 21 des Gesetzes zur Bekämpfung der Schwarzarbeit und illegalen Beschäftigung, wonach ein Ausschluss von öffentlichen Aufträgen für bis zu 3 Jahre möglich ist.

[551] Zu gesetzgeberischen Initiativen auf Bundesebene vgl.: Gesetz zur Errichtung eines Registers über unzuverlässige Unternehmen BT-Drucks. 14/9356, Entwurf zur Neuregelung des Vergaberechts des Bundesministeriums für Wirtschaft und Arbeit v. 29. 3. 2005, BMWA I B 3 – 26 05 13, sowie den durch die Grünen eingebrachten Entwurf eines Gesetzes zur Einrichtung eines Registers über unzuverlässige Unternehmen – Korruptionsregister-Gesetz BT-Drucks. 16/9780; zu letzterem siehe auch die abl. Beschlussempfehlung des Ausschusses für Wirtschaft und Technologie BT-Drucks. 16/11 312 und das Plenarprotokoll 16/212 v. 20. 3. 2009 – 23 026 und 23 048.

[552] *Lantermann* 230; *Mestmäcker/Bremer* Beilage zu BB 1995 Heft 50, 31; ähnlich *Ohrtmann* NZBau 2007, 278; iE gleich BeckVOB-Komm/*Prieß* § 8 RdNr. 126; vgl. auch *Leinemann* RdNr. 671/672; aA mwN. BeckVOB-Komm/*Pietzcker,* Syst VIII B, RdNr. 9 und 55.

[553] OLG Frankfurt a. M. WuW/E 5767, 5772; aber unter ausschließlicher Betrachtung der Vereinbarkeit mit sonstigem Wettbewerbsrecht; LG Frankfurt NZBau 2004, 630, 631; LG Berlin NZBau 2006, 397, 397.

[554] So vom LG Berlin NZBau 2006, 397, 399; *Stein/Friton* VergabeR 2010, 151 ff.

[555] Vgl. zB. den Erlass des Bundesministeriums für Raumordnung, Bauwesen und Städtebau betreffend den Ausschluss von Unternehmen wegen Korruption und Preisabsprachen, GMBl. 1997, 563; Gemeinsame Regelung des BMBau, BMBi, BMV und BMPT für den Ausschluss von Unternehmen von der Vergabe öffentlicher Bauaufträge bei illegaler Beschäftigung von Arbeitskräften, GMBl. 1994, 478.

[556] Verwaltungsvorschriften der Landesregierung und des Innenministeriums zur Verhütung unrechtmäßiger und unlauterer Einwirkungen auf das Verwaltungshandeln und zur Verfolgung damit zusammenhängender Straftaten und Dienstvergehen, GABl. BW 2/2006, 125.

[557] RL zur Verhütung und Bekämpfung von Korruption in der öffentlichen Verwaltung, AllMBl. 4/2004, 87.

[558] Verwaltungsvorschrift zur Vermeidung und Bekämpfung der Korruption in der öffentlichen Verwaltung der Freien Hansestadt Bremen, ABl. HB 11/2001, 103; Verordnung zur Durchführung des Vergabegesetzes für das Land Bremen, ABl. HB 50/2004, 475.

[559] Gemeinsamer Runderlass der Hessischen Landesregierung über Vergabesperren zur Korruptionsbekämpfung, Hess. StAnz. 35/1997, 2590.

[560] Gemeinsamer Runderlass des MW, der StK und der übrigen Ministerien v. 31. 8. 2000.

[561] Verwaltungsvorschriften der Landesregierung zur Bekämpfung der Korruption in der öffentlichen Verwaltung, MinisterialBl. LReg RP 1997, 160.

[562] RL zur Korruptionsprävention und Korruptionsbekämpfung in der Landesverwaltung, Abl. SchlH 2003, 826.

[563] Überblick bei *Löhe* 1.

[564] Korruptionsregistergesetz, GVBl. BE 163/2006, 358.

[565] Korruptionsbekämpfungsgesetz, GVBl. NRW 1/2005, 8.

[566] Korruptionsregistergesetz, GVBl. HH 12/2004, 98, das jedoch wieder aufgehoben wurde.

[567] LG Berlin NZBau 2006, 397, 397; *Ohle/Gregoritza* ZfBR 2003, 16, 17.

[568] OLG Saarbrücken NZBau 2004, 346, 347/348.

mer.[569] Die Vorschrift des Art. 45 Abs. 1 VKR, wonach ein Bewerber von der Teilnahme an einem Vergabeverfahren auszuschließen ist, wenn der öffentliche Auftraggeber Kenntnis davon hat, dass der Bewerber rechtskräftig verurteilt worden ist, zwingt nicht zu der Auslegung, dass eine Vergabesperre nur bei einer rechtskräftigen Verurteilung zulässig ist. Denn die Vorschrift verpflichtet den öffentlichen Auftraggeber zum Ausschluss bei einer rechtskräftigen Verurteilung. Sie sagt nichts darüber aus, ob auch unter anderen Voraussetzungen ein Ausschluss zulässig ist.[570]

159   Die einzelnen Landesregeln lassen sich in zwei Gruppen einteilen. Überwiegend schaffen sie lediglich ein sog. **Korruptions- oder Vergaberegister,** das als Informationsquelle für öffentliche Auftraggeber dient. Diese Register sammeln relevante Fakten, auf die die einzelne Vergabestelle zurückgreifen kann, um im Einzelfall darauf einen Ausschluss zu stützen, ohne dies notwendigerweise tun zu müssen.[571] Ist damit durch den Listeneintrag ein Ausschluss nicht präjudiziert, besteht jedoch die Gefahr eines *„de facto*-Ausschlusses".[572] Denn der öffentliche Auftraggeber wird häufig nicht gewillt sein, trotz des Eintrags in der Liste von der Zuverlässigkeit des Unternehmens auszugehen. Kein Spielraum im Hinblick auf einen Ausschluss verbleibt dem Auftraggeber dann, wenn es sich um die zweite Gruppe von Regeln handelt, die sog. **koordinierten Auftragssperren.** Dort erfolgt, sofern die Voraussetzungen für eine Aufnahme in die Liste erfüllt sind, zugleich zwingend ein befristeter Ausschluss von öffentlichen Aufträgen.[573] Der einzelnen Vergabestelle verbleibt insoweit kein Ermessen. Die Fristen für das Verbleiben auf einer Liste bzw. für koordinierte Sperren reichen von sechs Monaten bis zu möglichen zehn Jahren in Bayern.[574]

160   Die Voraussetzungen für die Aufnahme auf eine Liste sind überall ähnlich. Stets muss der Auftragnehmer nachweislich eine schwere Verletzung seiner Rechtspflichten begangen haben. Die dazu im Landesrecht jeweils verwendete Formulierung orientiert sich meist sehr eng an § 16 Abs. 1 Nr. 2 lit. c VOB/A bzw. § 6 EG Abs. 6 lit. c VOL/A. Darüber hinaus muss die **Listenaufnahme** bzw. die **koordinierte Sperre** unter Einbeziehung aller Umstände des Einzelfalls auch **verhältnismäßig** sein. Nur unter Beachtung dieses allgemeinen Rechtsgrundsatzes ist ein pauschaler Ausschluss mittels einer Vergabesperre gerechtfertigt. Zu berücksichtigen sind hierbei insbesondere **Selbstreinigungsmaßnahmen.**

161   Die **zulässige Sperrdauer** ist unter Würdigung der Umstände des Einzelfalles zu bestimmen. Zum einen kommt es auf die Schwere der Tat an. Diese bestimmt sich nach der Anzahl der Fälle, dem Tatzeitraum, der Höhe des Schadens sowie der Anzahl und Stellung der beteiligten Personen. Zum anderen ist auf die sozialen Folgen für das ausgeschlossene Unternehmen abzustellen. Dabei ist zu berücksichtigen, ob die Personen, die Verfehlungen begangen haben, ersetzt worden sind.[575] Die Verhängung einer verfahrensübergreifenden Vergabesperre stellt einen **betriebsbezogenen Eingriff in den eingerichteten und ausgeübten Gewerbebetrieb** des von der Sperre betroffenen Unternehmens dar.[576] Ein solcher Eingriff ist gerechtfertigt, wenn in dem Unternehmen nachweislich schwere Verfehlungen begangen wurden und keine oder nicht die erforderliche Selbstreinigung durchgeführt worden ist. Als Nachweis dafür ist die Erhebung einer Anklage durch die zuständige Staatsanwaltschaft gegen Mitarbeiter des betroffenen Unternehmens erforderlich und ausreichend.[577]

162   δ) **Selbstreinigung.** Unternehmen, die auf Grund bestimmter in der Vergangenheit liegender Vorfälle wegen Unzuverlässigkeit häufig ausgeschlossen wurden oder gegen die deshalb eine Vergabesperre verhängt worden ist, haben die Chance, nach Durchführung von sog. Selbstrei-

---

[569] *Sterner* NZBau 2001, 423, 424.

[570] LG Berlin NZBau 2006, 397, 397.

[571] So zB. nach § 1 S. 2 des Gesetzes zur Einrichtung und Führung eines Registers über korruptionsauffällige Unternehmen in Berlin, Korruptionsregistergesetz Berlin, GVBl. BE 163/2006, 358; § 4 Abs. 1 des Gesetzes zur Verbesserung der Korruptionsbekämpfung und zur Errichtung und Führung eines Vergaberegisters in Nordrhein-Westfalen, GVBl. NRW 1/2005, 8. Vgl. auch *Müller-Wrede/Müller-Wrede* § 7 RdNr. 65.

[572] Vgl. *Stoye* ZRP 2005, 265, 266.

[573] Siehe Gemeinsamer Runderlass über Vergabesperren zur Korruptionsbekämpfung für die gesamte hessische Landesverwaltung, am 14. 11. 2007 neu überarbeitet, StAnz. 48/2007, 2327; vgl. auch *Kreßner* 29; vgl. *Mestmäcker/Bremer* Beilage zu BB 1995 Heft 50, 1, 4; vgl. auch *Lantermann* 223; zu „einfachen" Auftragssperren durch Auftraggeber siehe *Ohrtmann* NZBau 2007, 278, 278.

[574] Siehe 7.1.7. Nr. 4 der (bayerischen) RL zur Verhütung und Bekämpfung von Korruption in der öffentlichen Verwaltung, wonach die regelmäßige Ausschlussdauer von 5–10 Jahren nur für Planungsbüros gilt, die als treuhänderischer Vertreter des öffentlichen Auftraggebers beteiligt waren.

[575] LG Berlin NZBau 2006, 397, 399.

[576] LG Berlin NZBau 2006, 397, 397; *Sterner* NZBau 2001, 423, 426.

[577] LG Berlin NZBau 2006, 397, 397.

nigungsmaßnahmen[578] wieder zur Teilnahme an Vergabeverfahren zugelassen zu werden.[579] Da insbesondere eine längerfristige Vergabesperre erhebliche wirtschaftliche Auswirkungen auf das betroffene Unternehmen haben kann,[580] muss es möglich sein, dass ein Unternehmen wieder an Vergabeverfahren teilnehmen darf, wenn es zum Beispiel bestimmte **Maßnahmen wiedergutmachender und präventiver Art** im organisatorischen und personellen Bereich getroffen hat.[581] Das ergibt sich bereits aus dem von öffentlichen Auftraggebern zu beachtenden Wettbewerbsgebot und dem europarechtlich verankerten Grundsatz der Verhältnismäßigkeit.[582] Zwar sah ein früher Entwurf des Ministerrats für die VKR vor, dass ein Unternehmen nicht auszuschließen ist, wenn es sich bereits erfolgreich einem **„Selbstreinigungsprogramm"** unterzogen hat.[583] Eine entsprechende gemeinschaftsrechtliche oder nationale Vorschrift im Vergaberecht gibt es bislang jedoch nicht.[584]

Selbstreinigungsmaßnahmen sind nach der Rechtsprechung in Bezug auf **fakultative Ausschlussgründe** im Rahmen des behördlichen Ermessens zugunsten des Unternehmens als berücksichtigungsfähig angesehen worden, wenn **vier Voraussetzungen** erfüllt waren.[585] Das Unternehmen muss erstens den **Sachverhalt von sich aus umfassend und zeitnah aufklären.**[586] Dafür muss es nötigenfalls mit den Ermittlungsbehörden und Vergabestellen zusammenarbeiten sowie ggf. unabhängige externe Prüfer beiziehen. Zweitens muss das betroffene Unternehmen **Wiedergutmachung** für einen durch die Verfehlung entstandenen Schaden leisten.[587] Das kann auch in der Weise geschehen, dass die Verpflichtung zur Leistung eines Schadensersatzes dem Grunde und der Höhe nach unter Übernahme einer entsprechenden Verpflichtung anerkannt wird.[588] Ferner muss das Unternehmen drittens **personelle Konsequenzen** ziehen, dh. allen für die schwere Verfehlung verantwortlichen Gesellschaftern, leitenden Angestellten und Arbeitnehmern unverzüglich kündigen. Den betreffenden Personen muss jeglicher Einfluss auf das Unternehmen vollständig und unwiderruflich entzogen werden.[589] Denn nur so kann die Beseitigung des Umstandes erfolgen, der zur Unzuverlässigkeit geführt hatte.[590] Trennt sich ein Unternehmen hingegen nicht unverzüglich und vollständig von einer Person, die die schwere Verfehlung begangen hat, und verwehrt ihr nicht jeden Einfluss auf die Geschäftsführung, muss sich das Unternehmen die schwere Verfehlung weiterhin zurechnen lassen.[591] Insbesondere in Bezug auf die unzuverlässigen Personen muss sichergestellt werden, dass ihnen jeglicher Einfluss auf die Geschäftsführung entzogen ist.[592] Hingegen kann bei weniger schwerwiegenden Verstößen bzw. geringfügig beteiligten Personen oder geringfügigem Verschulden – beispielsweise bei bloßer Kenntnis des Sachverhalts, untergeordneten Hilfsleistungen etc. – zu weniger einschneidenden Mitteln gegriffen werden.[593] Solche Mittel können beispielsweise die ordentliche Kündigung, eine Aufhebungsvereinbarung oder eine Abmahnung sein. Darüber hinaus muss das Unternehmen viertens durch **strukturelle und organisatorische Veränderungen** gewährleisten, dass entsprechende Verfehlungen in der Zukunft nicht mehr auftreten. Dafür kommen beispielsweise Compliance-Schulungen für Mitarbeiter, die Einrichtung einer

---

[578] Dieser Begriff findet sich bspw. bei OLG Brandenburg NZBau 2008, 277, 279.

[579] Siehe LG Berlin NZBau 2006, 397, 399.

[580] VK Bund, Beschl. v. 11. 10. 2002 – VK 1-75/02; VK Düsseldorf, Beschl. v. 13. 3. 2006 – VK-08/2006-L.

[581] VK Bund, Beschl. v. 11. 10. 2002 – VK 1-75/02.

[582] *Prieß/Stein* NZBau 2008, 230, 230.

[583] Council Document Nr. 10 269/01 v. 27. 6. 2001 zu Art. 46 Abs. 1 UAbs. 3.

[584] Zur Anerkennung von Selbstreinigungsmaßnahmen im sonstigen Gemeinschaftsrecht siehe Art. 93 (1) VO 1605/2002 über die Haushaltsordnung für den Gesamthaushaltsplan der Europäischen Gemeinschaften, ABl. 2002, L 248/1, iVm. Art. 133a Abs. 1 der Durchführungsverordnung, VO 2342/2002, ABl. 2002, L 357/1.

[585] OLG Brandenburg NZBau 2008, 277, 280; LG Berlin NZBau 2006, 397; OLG Düsseldorf, Beschl. v. 28. 7. 2005 – VII Verg. 42/05; Beschl. v. 9. 4. 2003 – Verg. 66/02; vgl. OLG Frankfurt VergabeR 2004, 642, 647/648; *Prieß/Stein* NZBau 2008, 230, 230.

[586] OLG Düsseldorf NZBau 2003, 578, 581; *Prieß/Stein* NZBau 2008, 230, 230.

[587] LG Berlin NZBau 2006, 397, 399.

[588] *Prieß/Stein* NZBau 2008, 230, 230.

[589] OLG Düsseldorf, Beschl. v. 28. 7. 2005 – VII Verg. 42/05.

[590] OLG Düsseldorf, Beschl. v. 9. 4. 2003 – Verg. 66/02; LG Berlin NZBau 2006, 397, 399.

[591] OLG Brandenburg NZBau 2008, 277, 280; VK Brandenburg, Beschl. v. 16. 10. 2007 – VK 38/07.

[592] OLG Düsseldorf, Beschl. v. 28. 7. 2005 – VII Verg 42/05; VK Düsseldorf, Beschl. v. 13. 3. 2006 – VK-08/2006-L.

[593] OLG Düsseldorf, Beschl. v. 9. 4. 2003 – Verg 66/02.

Clearingstelle oder regelmäßige Personalrotation in korruptionsrelevanten Bereichen in Betracht.[594] Das Unternehmen muss in der Sache im erforderlichen Umfang Anti-Korruptionsmaßnahmen ergreifen, beispielsweise die Mitarbeiter über straf-, kartell- und vergaberechtliche Hintergründe umfassend aufklären, verbindliche Unternehmensleitlinien zur Verhütung korruptionsrelevanter Vorgänge formulieren und einen unternehmensinternen oder -externen Compliance Officer bzw. Ombudsmann als Ansprechpartner für korruptionsrelevante Vorgänge installieren.[595] Als Organisatorische Maßnahme zur Durchführung einer Selbstreinigung kommt ferner in Betracht, die Verwaltung vom operativen Bereich gesellschaftlich zu trennen.[596] Zudem sollte die Geschäftsführung der beiden Gesellschaften personell unabhängig voneinander sein.[597] Lässt sich aus der Zusammenschau dieser Maßnahmen belegen, dass das Unternehmen die Selbstreinigung ernsthaft und konsequent betrieben hat, berechtigt dies zu der Erwartung, dass das Unternehmen auch in Zukunft etwaig auftretenden Verdachtsmomenten nachgehen und bei Vorliegen eines hinreichenden Verdachts die gebotenen personellen und/oder organisatorischen Maßnahmen ergreifen wird.[598] Daraus leitet sich die Feststellung her, dass das Unternehmen die für eine Auftragsvergabe erforderliche Zuverlässigkeit besitzt.[599]

164   Selbstreinigungsmaßnahmen sind auch bei **zwingenden Ausschlussgründen** zugunsten des betroffenen Bewerbers zu berücksichtigen. Das ergibt sich daraus, dass Art. 45 Abs. 1 UAbs. 2 der VKR die Anwendung der zwingenden Ausschlussgründe unter den Vorbehalt der „Beachtung des Gemeinschaftsrechts" stellt. Das betrifft insbesondere den Verhältnismäßigkeitsgrundsatz (Art. 5 Abs. 4 EUV) und den Gleichbehandlungsgrundsatz.[600] Unter dem Gesichtspunkt der Verhältnismäßigkeit ist der Ausschluss von Bietern nicht erforderlich, wenn die die Unzuverlässigkeit begründenden Umstände nicht mehr vorliegen.[601] Denn der sich auf Verfehlungen der Vergangenheit stützenden Prognose für aktuelle Schlechterfüllung ist durch die Selbstreinigung der Boden entzogen. Selbst wenn man Art. 45 Abs. 1 VKR über den Schutz der Haushaltsinteressen hinaus spezial- und generalpräventive Wirkung zuschreibt, entfällt diese nach der Durchführung von Selbstreinigungsmaßnahmen. Denn durch die Selbstreinigungsmaßnahmen ist gewährleistet, dass eine Wiederholung der Vorfälle im Unternehmen nicht stattfindet. Auch ist der Aufwand, der für eine von Gerichten anerkannte Selbstreinigung zu betreiben ist, genügend hoch, um abschreckende Wirkung auf Dritte zu haben. Zudem spricht für die Beachtung von Selbstreinigungsmaßnahmen auch bei zwingenden Ausschlussgründen, dass ein Ausschluss des Unternehmens in dessen europarechtliche Grundfreiheiten eingreift und daher restriktiv zu handhaben ist. Auch die Europäische Kommission geht deshalb davon aus, dass Selbstreinigungsmaßnahmen im Rahmen zwingender Ausschlussgründe zu berücksichtigen sind.[602] Die Art und Weise sowie der Umfang der erforderlichen Selbstreinigung entspricht der in Hinsicht auf fakultative Ausschlussgründe notwendigen Selbstreinigung.

165   **dd) Gesetzestreue.** Das Eignungskriterium „Gesetzestreue" ist durch das Gesetz zur Modernisierung des Vergaberechts zum 24. 4. 2009 neu in Abs. 4 S. 1 eingefügt worden.[603] Die Aufnahme dieses Kriteriums war noch nicht im Gesetzentwurf der Bundesregierung vom 23. 5. 2008 vorgesehen und erfolgte somit erst im Laufe des Gesetzgebungsverfahrens.[604] Aus diesem Grund fehlt eine offizielle Begründung des Gesetzgebers, welche Bedeutung diesem „neuen" Kriterium vor allem gegenüber dem Kriterium „Zuverlässigkeit" beigemessen wird. Das Eignungskriterium der Gesetzestreue ist zunächst **zu dem Eignungskriterium der Zuverlässigkeit abzugrenzen.** Zuverlässig sind Unternehmen ua. nur dann, wenn sie ihre gesetzlichen Verpflichtungen erfüllen.[605] Damit nimmt nach bisherigem Verständnis bereits das Eignungs-

[594] OLG Brandenburg NZBau 2008, 277, 280; näher *Ohrtmann* NZBau 2007, 278, 280.
[595] OLG Brandenburg NZBau 2008, 277, 280; *Prieß/Stein* NZBau 2008, 230, 231.
[596] OLG Brandenburg NZBau 2008, 277, 280.
[597] OLG Brandenburg NZBau 2008, 277, 280; VK Brandenburg, Beschl. v. 16. 10. 2007, VK 38/07.
[598] OLG Brandenburg NZBau 2008, 277, 280.
[599] OLG Düsseldorf, Beschl. v. 9. 4. 2003 – Verg 66/02; OLG Düsseldorf NZBau 2003, 578, 580; LG Berlin NZBau 2006, 397, 399; VK Brandenburg, Beschl. v. 16. 10. 2007 – VK 38/07.
[600] Vgl. nur EuGH, C-306/93, Slg. 1994, I-5555, RdNr. 30 – SMW Winzersekt/Land Rheinland-Pfalz.
[601] *Stein/Friton* VergabeR 2010, 151, 160.
[602] Stellungnahme der Kommission v. 6. 11. 2008, E-5304/2008; vgl. auch Europäisches Parlament A6-0415/2008, 33.
[603] BGBl. 2009 I S. 790.
[604] Siehe BR-Drucks. 349/08, 2.
[605] So ausdrücklich die Begründung zum Gesetzentwurf der Bundesregierung in BR-Drucks. 349/08, 26; OLG Düsseldorf VergabeR 2005, 208, 210; OLG Saarbrücken, Beschl. v. 28. 4. 2004 – 1 Verg 4/04.

kriterium „Zuverlässigkeit" auf die Beachtung der Gesetze Bezug. Für das Kriterium „Gesetzes-treue" bleibt deshalb **grundsätzlich kein eigenständiger Anwendungsbereich** übrig. Denn der Begriff „Gesetzestreue" kann nach allgemeinem Wortverständnis nur den Sinn „Beachtung und Einhaltung der Gesetze" haben. Das Fehlen einer eigenständigen Bedeutung ergibt sich auch daraus, dass der Gesetzgeber innerhalb der jetzigen Aufzählung der Eignungskriterien in Abs. 4 statt eines Kommas zwischen den Worten „leistungsfähig" und „gesetzestreu" das Wort „sowie" verwendet hat. Dies zeigt, dass die auf „sowie" folgende Formulierung „gesetzestreue und zuver-lässige" als eine Einheit verstanden wird, deren Bedeutungsinhalt nicht über den bisherigen Be-griff „zuverlässig" hinausgeht. Die Intention des Gesetzgebers war damit, stärker als zuvor auch im Wortlaut des Gesetzes deutlich zu machen, dass Aufträge nur an solche Wirtschaftsteilnehmer vergeben werden dürfen, die die Gesetze beachten und einhalten und deshalb als zuverlässig gel-ten.[606] Nicht zuzustimmen wäre einer Auffassung, die mit dem Wort „gesetzestreu" – gegenüber dem eher zukunftsgerichteten „zuverlässig" – stärker auf das vergangene Verhalten in dem Sinne rekurriert, als dass Aufträge nicht an Teilnehmer vergeben werden dürfen, die in der Vergangen-heit gegen Gesetze verstießen. Denn wie oben dargestellt, verlangt das Verhältnismäßigkeitsprin-zip,[607] dass Selbstreinigungsmaßnahmen stets angemessen berücksichtigt werden.

Ähnliches ergibt sich aus den Vorgaben der VKR und der SKR, die den Begriff der Gesetzes-   **166**
treue nicht kennen. Vielmehr besagt Art. 44 Abs. 1 VKR, dass die Prüfung der Eignung der Wirtschaftsteilnehmer – die nicht auf Grund der Art. 45 und 46 VKR ausgeschlossen wurden – anhand der Kriterien der wirtschaftlichen und finanziellen Leistungsfähigkeit sowie der beruf-lichen und technischen Fachkunde erfolgt. Wegen der Nähe zum Begriff der Zuverlässigkeit müsste das Kriterium „Gesetzestreue" bei den Ausschlussgründen des Art. 45 VKR verortet werden.[608] Diese jedoch werden als grds. abschließend angesehen,[609] so dass sich Erweiterungen auch grds. verbieten. In diesem Sinne muss **Abs. 4 S. 1 richtlinienkonform ausgelegt** wer-den. Dh. die Norm darf dem Auftraggeber keine weitergehenden Befugnisse beim Ausschluss von Unternehmen einräumen, als in der VKR und SKR vorgesehen.[610]

3. Rechtliche Qualität der Eignungskriterien. Bei den **Eignungskriterien** Fachkunde,   **167**
Leistungsfähigkeit, Gesetzestreue und Zuverlässigkeit handelt es sich um **unbestimmte Rechts-begriffe**.[611] Öffentliche Auftraggeber besitzen einen **Bewertungsspielraum** hinsichtlich der Frage, ob diese Kriterien erfüllt sind.[612] Die Feststellung, ob ein Bieter die erforderliche Fachkun-de, Leistungsfähigkeit, Gesetzestreue und Zuverlässigkeit besitzt, um einen Auftrag vertragsge-mäß auszuführen, ist **Ergebnis einer in die Zukunft gerichteten fachlich-tatsächlichen Prognose**.[613] Die Prognoseentscheidung des Auftraggebers muss auf einer Tatsachengrundlage beruhen, dh. an feststehenden, verwertbaren Fakten anknüpfen. Bei dieser vorausschauenden Beurteilung muss der öffentliche Auftraggeber auch berücksichtigen und bewerten, ob ein Un-ternehmen in der Vergangenheit schon vergleichbare (nicht notwendig identische) Bauleistungen erbracht hat und die Leistungserbringung beanstandungsfrei war.[614] Das ist auch der Grund dafür, dass § 6 Abs. 3 Nr. 2 lit. b VOB/A dem öffentlichen Auftraggeber erlaubt, zum Nachweis der Eignung von Bewerbern oder Bietern die in abgeschlossenen Geschäftsjahren erbrachten vergleichbaren Leistungen abzufragen. Darüber hinaus geht im Geschäftsverkehr jeder Auftrags-erteilung die subjektive Einschätzung des Auftraggebers voraus, Vertrauen in die künftige gute Zusammenarbeit mit dem ausgewählten Auftragnehmer zu haben. Es ist nicht das Regelungs-anliegen des § 19 EG Abs. 5 VOL/A, dieses sinnvolle Auswahlkriterium, dh. die Prüfung anhand des eher subjektiven Maßstabs der Vergabestelle, auszuschließen.[615]

---

[606] Vgl. die Ausführungen zur Zulässigkeit in der Begründung zum Gesetzentwurf der Bundesregierung in BR-Drucks. 349/08, 26, noch vor Einführung des Begriffs „Gesetzestreue".

[607] Zur Bedeutung des Verhältnismäßigkeitsprinzips bei nationaler Einführung neuer nicht in Art. 45 Abs. 2 VKR aufgelisteter Ausschlussgründe siehe EuGH, C-213/07, noch nicht in der amtl. Slg. veröffent-licht, RdNr. 48 – Michaniki, NZBau 2009, 133, 137, sowie EuGH, C-538/07, noch nicht in der amtl. Slg. veröffentlicht, RdNr. 21 – Assitur, NZBau 2009, 607, 608; vgl. auch *Prieß/Friton* NZBau 2009, 300, 302.

[608] Art. 45 VKR gilt im Rahmen der SKR für öffentliche Auftraggeber gemäß Art. 54 Abs. 2 UAbs. 2 SKR.

[609] Vgl. RdNr. 150.

[610] *Prieß/Friton* NZBau 2009, 300, 302.

[611] BT-Drucks. 13/9340, 14; BayObLG NZBau 2003, 105, 106.

[612] OLG Frankfurt, Beschl. v. 30. 3. 2004 – 11 Verg 4/04.

[613] OLG Düsseldorf, Beschl. v. 5. 10. 2005 – Verg 55/05.

[614] KG Berlin, Beschl. v. 27. 11. 2008 – 2 Verg 4/08; OLG Düsseldorf, Beschl. v. 5. 10. 2005 – Verg 55/05.

[615] KG Berlin, Beschl. v. 27. 11. 2008 – 2 Verg 4/08; ähnlich OLG Frankfurt OLGR 2005, 67, 70, wonach die Auswahlentscheidung nach § 25 Nr. 2 Abs. 1 VOL/A aF. (jetzt: § 19 EG Abs. 5 VOL/A) „auf der Grund-lage eines an der Überzeugung der Vergabestelle orientierten, eher subjektiven Maßstabes erfolgen" darf.

168   **4. Überprüfung der Eignungsprüfung.** Die Wertungsentscheidungen der Vergabestelle dürfen von Vergabekammer und Vergabesenaten lediglich überprüft werden, nicht aber anstelle des Auftraggebers eigenständig ausgeübt werden. Die Prognoseentscheidung beruht ähnlich einer Bewertungsentscheidung im Prüfungsverfahren auf einer Vielzahl von Detailerwägungen, für die die Verwaltungsbehörde in aller Regel fachlich besser geeignet und erfahrener ist als die Nachprüfungsinstanz.[616] Da es sich bei der Eignungsprüfung um einen wertenden Vorgang handelt, in den zahlreiche Einzelumstände einfließen, unterliegt sie darüber hinaus nur einer **eingeschränkten Kontrolle durch die Nachprüfungsinstanzen.**[617] Die Überprüfung der Wertung im Rahmen des Nachprüfungsverfahrens ist darauf beschränkt, ob die Vergabestelle insbesondere das vorgeschriebene Verfahren und die selbst aufgestellten Vorgaben eingehalten hat, von einem zutreffenden und vollständig ermittelten Sachverhalt ausgegangen ist sowie die Wertung auf der Grundlage von sachgemäßen Erwägungen durchgeführt hat.[618] Die **Grenzen dieses Beurteilungsspielraums sind überschritten,** wenn die von der Vergabestelle getroffenen Sachverhaltsermittlungen und -feststellungen oder die Anwendung vergaberechtlicher Rechtsbegriffe auf willkürlichen und sachwidrigen Erwägungen beruhen.[619] Für die Überprüfung der Eignungsprüfung ist auf den **Zeitpunkt der Entscheidung durch den öffentlichen Auftraggeber** abzustellen.[620] Dieser selbst hat seiner Ermessensentscheidung ausschließlich die zu dem Zeitpunkt seiner Ermessensausübung getroffenen bzw. ihm möglichen Feststellungen zugrunde zu legen. Entscheidend ist letztlich, dass die **subjektive Bewertung des Auftraggebers vertretbar und nicht völlig haltlos** ist.[621] Die Vergabestelle darf bei der Eignungsprüfung nicht Umstände berücksichtigen, die sich außerhalb des Bereichs gesicherter Erkenntnisse bewegen. Negative Informationen, die lediglich auf Gerüchten beruhen, darf sie deshalb nicht berücksichtigen.[622] Die Vergabestelle darf jedoch Informationen aus seriösen Quellen verwerten, die eine gewisse Erhärtung ihres Verdachts begründen.[623] Insoweit hat der öffentliche Auftraggeber einen weiten Beurteilungsspielraum, der nur eingeschränkter Nachprüfbarkeit durch die Vergabenachprüfungsorgane unterliegt.

169   **5. Erneute Eignungsprüfung/Wiedereintritt.** Das von § 16 VOB/A und § 19 EG VOL/A für die Prüfung der Eignung vorgegebene Schema, nach dem der Abschluss einer Wertungsstufe in die nächstfolgende überzugehen, schließt nicht aus, dass zunächst übersehene oder erst später bekannt gewordene Mängel bei der Angebotsprüfung nachträglich berücksichtigt werden dürfen und die Vergabestelle zu diesem Zweck erneut in die Eignungsprüfung eintritt.[624] Das gilt grundsätzlich für alle zulässigen Arten von Vergabeverfahren, insbesondere auch für das Offene Vergabeverfahren.[625] **Die Eignungsprüfung ist kein einmaliger, von der Vergabestelle nicht erneut überprüfbarer Vorgang.** Werden neue Tatsachen bekannt oder führen neue Erkenntnisse zu Zweifeln an der Eignung eines Bieters, ist eine **neue Überprüfung vergaberechtlich** nicht nur zulässig, sondern vielmehr **geboten.**[626] Die Vergabestelle darf dabei ihre Beurteilung im Nachhinein in jede Richtung korrigieren, wenn die neu bekannt werdenden Tatsachen diese neue Entscheidung rechtfertigen.[627] Nimmt eine Vergabestelle neue Erkennt-

---

[616] KG Berlin, Beschl. v. 27. 11. 2008 − 2 Verg 4/08.

[617] KG Berlin, Beschl. v. 27. 11. 2008 − 2 Verg 4/08; OLG Düsseldorf, Beschl. v. 5. 10. 2005 − Verg 55/05; OLG Düsseldorf, Beschl. v. 22. 9. 2005 − Verg 48/05; OLG Frankfurt, Beschl. v. 24. 2. 2009 − 11 Verg 19/08; OLG München VergabeR 2006, 561, 564.

[618] KG Berlin, Beschl. v. 27. 11. 2008 − 2 Verg 4/08.

[619] OLG Frankfurt, Beschl. v. 30. 3. 2004 − 11 Verg 4/04.

[620] OLG Frankfurt, Beschl. v. 30. 3. 2004 − 11 Verg 4/04.

[621] OLG Frankfurt, Beschl. v. 30. 3. 2004 − 11 Verg 4/04, 5/04; VK Schleswig-Holstein, Beschl. v. 28. 3. 2007 − VK-SH 4/07; VK Sachsen, Beschl. v. 3. 11. 2005 − 1/SVK/125-05.

[622] OLG Frankfurt, Beschl. v. 30. 3. 2004 − 11 Verg 4/04.

[623] OLG Frankfurt, Beschl. v. 30. 3. 2004 − 11 Verg 4/04.

[624] BGH VergabeR 2008, 641, 643; OLG Brandenburg NZBau 2008, 277, 279; vgl. hierzu und zum Folgenden auch RdNr. 136 ff.

[625] OLG Brandenburg NZBau 2008, 277, 279.

[626] OLG Brandenburg NZBau 2008, 277, 279.

[627] OLG Brandenburg NZBau 2008, 277, 279; OLG Düsseldorf, Beschl. v. 19. 1. 2005 − Verg 58/04; OLG Düsseldorf, Beschl. v. 18. 7. 2001 − Verg 16/01; OLG Düsseldorf, Beschl. v. 9. 4. 2003 − Verg 66/02; OLG Düsseldorf, Beschl. v. 5. 5. 2004 − Verg 10/04; OLG Düsseldorf, Beschl. v. 26. 11. 2003 − VII-Verg 53/03 mwN.; OLG Düsseldorf, Beschl. v. 28. 5. 2003 − Verg 16/03; VK Hessen, Beschl. v. 9. 2. 2004 − 69 d-VK-79/2003 − 69 d-VK-80/2003; BayObLG, Beschl. v. 18. 9. 2003 − Verg 12/03; BayObLG VergabeR 2002, 644, 648; OLG Düsseldorf VergabeR 2003, 586, 587; OLG Dresden, Beschl. v. 10. 7. 2003 − WVerg 16/02.

nisse zum Anlass, die bereits angenommene Eignung eines Bieters nochmals zu überprüfen, bedeutet das nicht, dass die zunächst vorgenommene Eignungsprüfung vergaberechtswidrig unvollständig gewesen wäre.[628] Selbst wenn dies gegen Vergaberecht verstoßen würde, was aber nicht der Fall ist, wäre dieser – unterstellte – Vergaberechtsfehler durch die erneute vollständige Angebotswertung behoben.

Der öffentliche Auftraggeber ist bei fehlender Eignung eines Bieters von Gesetzes wegen verpflichtet, dessen Angebot auszuschließen, so dass ein schützenswertes Vertrauen des betreffenden Bieters, dass sein Angebot in die Wertung einbezogen wird, nicht entstehen kann. Der **Ausschlussgrund der mangelnden Eignung** kann vom öffentlichen Auftraggeber weder modifiziert oder außer Kraft gesetzt werden, noch ist er einer Selbstbindung des Auftraggebers zugänglich.[629] Das gilt selbst dann, wenn der Auftraggeber zunächst zu Unrecht die Eignung des betreffenden Bieters bejaht und das Angebot in die engere Wahl für den Zuschlag genommen hatte. Der Auftraggeber kann nach dem gesamten Sinn und Zweck des Vergabeverfahrens, das wirtschaftlichste Angebot zu ermitteln, nicht dazu gezwungen werden, einem bei Angebotsabgabe zunächst geeigneten Bieter einen Auftrag zu erteilen, dessen Eignung und Zuverlässigkeit nach während des Vergabeverfahrens gewonnenen Erkenntnissen im Zeitpunkt der Wertung oder des Zuschlags nicht mehr gegeben ist.[630] Im Umkehrschluss ergibt sich hieraus, dass der Auftraggeber, auch wenn die Eignung im Zeitpunkt der Angebotsabgabe zweifelhaft oder nicht gegeben ist, bei der Wertung berücksichtigen kann, dass die Eignung durch während des Vergabeverfahrens eingetretene Umstände hergestellt worden ist.[631] Das gilt insbesondere auch dann, wenn die Eignung eines Bieters wegen schwerer Verfehlungen zunächst zweifelhaft war, wegen ergriffener „Selbstreinigungsmaßnahmen" aber als wiederhergestellt angesehen werden muss.[632]

6. Maßgeblicher Zeitpunkt für die Eignung. Der Zeitpunkt, zu dem Bieter geeignet sein müssen, hängt grundsätzlich von dem jeweils durchgeführten Vergabeverfahren und von den einzelnen Eignungskriterien ab. Zu prüfen sind zudem jeweils die **Umstände des Einzelfalls** und ggf. die **spezifischen Vorgaben der Vergabestelle.** Abgesehen davon muss die Vergabestelle, egal welches Vergabeverfahren – Offenes Verfahren, Nichtoffenes Verfahren, Verhandlungsverfahren oder Wettbewerblicher Dialog – durchgeführt wird und unabhängig von bestimmten Eignungskriterien wieder in die (abgeschlossene) Eignungsprüfung eintreten, wenn sie hinsichtlich der für die Eignung maßgeblichen Gesichtspunkte neue Tatsachen erlangt oder neue Erkenntnisse über bereits bekannte Tatsachen erlangt.[633] Diese Pflicht hat die Vergabestelle bis zur wirksamen Erteilung des Zuschlags. Stellt die Vergabestelle bei dem Angebot des Bieters, der für die Erteilung des Zuschlags vorgesehen ist, fest, dass dessen Eignung entfallen ist, muss sie dessen Angebot ausschließen. Der Auftraggeber darf von den für die Eignung bzw. deren Nachweise bekannt gemachten Vorgaben im weiteren Verlauf des Vergabeverfahrens weder abweichen, noch darf er diese ändern.[634]

a) Aufstellen der Anforderung an die Eignung und deren Zumutbarkeit. Der eigentlichen Eignungsprüfung geht die Entscheidung des Auftraggebers voraus, **welche Eignungsnachweise er vom Bewerber/Bieter fordert** und deshalb in der Vergabebekanntmachung bzw. der Aufforderung zur Abgabe von Angeboten aufführt. Bei der **Aufstellung der Eignungsnachweise** ist der Auftraggeber grundsätzlich frei, die von ihm für erforderlich gehaltenen Eignungsvorgaben zu definieren und die von den Bietern dafür zu erfüllenden Anorderungen festzulegen.[635] So kann der Auftraggeber hinsichtlich der technischen und personellen Leistungsfähigkeit eines Bewerbers etwa solche Eignungsnachweise verlangen, die die **berechtigte Erwartung der künftigen Eignung** erlauben.[636] Die Wahl des sichersten Nachweises ist nicht

170
171
172

---

[628] OLG Brandenburg NZBau 2008, 277, 279.
[629] OLG Düsseldorf NZBau 2004, 460, 460.
[630] OLG Brandenburg NZBau 2008, 277, 279; OLG Celle NZBau 2007, 663, 664.
[631] OLG Brandenburg NZBau 2008, 277, 279; zur Bedeutung dessen siehe auch RdNr. 182.
[632] OLG Brandenburg NZBau 2008, 277, 279.
[633] Vgl. RdNr. 169.
[634] OLG Düsseldorf, Beschl. v. 9. 7. 2003 – Verg 26/03; Beschl. v. 25. 11. 2002 – Verg 56/02; Beschl. v. 1. 2. 2006 – VII-Verg 83/05; Beschl. v. 18. 10. 2006 – VII-Verg 35/06.
[635] VK Bund, Beschl. v. 24. 7. 2008 – VL 3-95/08; vgl. auch VK Schleswig-Holstein, Beschl. v. 28. 3. 2007 – VK-SH 04/07; vgl. auch OLG Düsseldorf, Beschl. v. 5. 10. 2005 – VII-Verg 55/05.
[636] OLG München VergabeR 2009, 65, 75; vgl. OLG Bremen, Beschl. v. 24. 5. 2006 – Verg 1/2006; ähnlich OLG Frankfurt, Beschl. v. 30. 3. 2004 – 11 Verg 4/04: „mit ausreichender Sicherheit"; vgl. auch

erforderlich. Insbesondere darf der Auftraggeber die Anforderungen an die **Eignung geringer ansetzen,** wenn das aus sachlich vertretbaren Gründen geschieht. Ein solcher Grund kann darin liegen, einen breiten Wettbewerb zu eröffnen und insbesondere **Newcomern** im Markt die Chance zu geben, sich mit Erfolg um den Auftrag zu bewerben.[637] Dies rechtfertigt es beispielsweise, bei Angebotsabgabe anstatt des Nachweises eines flächendeckenden Zustellungssystems nur ein schlüssiges Konzept dafür zu fordern.[638] Umgekehrt kann auch ein sehr **strenger Eignungsstandard** gewählt werden, wenn es sachliche Gründe dafür gibt.[639]

173   Bei der Festlegung der Eignungsanforderungen muss der Auftraggeber stets beachten, dass die von ihm dafür verlangten **Nachweise zumutbar** sind.[640] Insbesondere ist es in der Rechtsprechung anerkannt, dass der Auftraggeber bei der Festlegung von Eignungsanforderungen mögliche Investitionslasten der potentiellen Bieter hinreichend berücksichtigen muss.[641] Fallen für die Erbringung des geforderten Eignungsnachweises erhebliche Kosten an, wäre es vergaberechtswidrig, diese vom Bewerber/Bieter bereits zum Zeitpunkt der Angebotsabgabe zu verlangen, weil sich solche Investitionen erst dann für Bieter lohnen, wenn die berechtigte Hoffnung besteht, diese Aufwendungen durch eine Zuschlagserteilung amortisieren zu können.[642] Hohe Kosten können typischerweise entstehen, wenn der Nachweis verlangt wird, dass der Bieter über eine bestimmte (technische) Ausstattung verfügen muss.[643] Es ist daher im Einzelfall zu entscheiden, ob die geforderte Ausstattung ohne Weiteres zumutbar ist oder ob im Gegenteil die Nachweise in unzumutbarer Weise das Vorhalten bestimmter Kapazitäten verlangen.[644]

174   Weniger eindeutig ist die Rechtsprechung im Hinblick auf Berufsausübungsvoraussetzungen und die finanzielle Leistungsfähigkeit. Hier wird teilweise davon ausgegangen, dass diese Eignungselemente bereits **im Zeitpunkt der Vergabeentscheidung** vorliegen müssen. Zur Begründung heißt es, dass der Auftraggeber keine Auftragsvergabe an einen Bieter befürworten dürfe, der auf Grund gesicherter Erkenntnisse nicht leistungsfähig oder aus rechtlichen Gründen gehindert sei, die vertraglichen Verpflichtungen zu erfüllen.[645] Mit Blick auf die finanzielle Leistungsfähigkeit genügt es nach der Rechtsprechung nicht, wenn der Bieter seine Leistungsfähigkeit „erst durch die Zahlung des Entgeltes für die ausgeschriebene Maßnahme (möglicherweise) erlange".[646]

175   In der Literatur wird im Zusammenhang mit der finanziellen Leistungsfähigkeit der Bieter teilweise die Rechtsprechung des EuGH in der Rechtssache *La Cascina* herangezogen.[647] In dieser Entscheidung des EuGH ging es um die fakultativen Ausschlussgründe des Art. 45 Abs. 2 lit. e bzw. f der Richtlinie 2004/18, so dass die grundsätzliche Übertragbarkeit der Feststellungen des EuGH auf die Eignungskriterien von vornherein fraglich ist.[648] In *La Cascina* forderte

---

VK Nordbayern, Beschl. v. 18. 9. 2008 – 21.VK-3194-43/08; vgl. auch VK Bund, Beschl. v. 24. 7. 2008 – VL 3–95/08; vgl. auch OLG München NZBau 2006, 131, 132; evt. kann ganz davon abgesehen werden, Nachweise über die Verfügbarkeit technischer Geräte zu fordern, vgl. VK Sachsen, Beschl. v. 23. 7. 2008 – VK 2 LVwA LSA-07/08; wohl aA. *Müller-Wrede/Noch* § 25 RdNr. 192, der auf den „Ist"-Zustand abstellt; relativierender („in der Regel") *Noch* RdNr. 372; auf den „Ist"-Zustand abstellend *Immenga/Mestmäcker/Dreher* RdNr. 171.

[637] OLG Düsseldorf NZBau 2007, 600, 604.

[638] OLG Düsseldorf NZBau 2007, 600, 605.

[639] Vgl. OLG Düsseldorf, Beschl. v. 25. 2. 2004 – VII-Verg 77/03; vgl. auch OLG Düsseldorf, Beschl. v. 5. 10. 2005 – VII-Verg 55/05.

[640] Vgl. BGH NZBau 2008, 592, 593, und Anm. dazu von *Stoye* IBR 2008, 588; OLG Düsseldorf NZBau 2007, 600, 604; vgl. VK Lüneburg, Beschl. v. 8. 5. 2006, VgK-07/2006; siehe auch Art. 44 Abs. 2 UAbs. 2 RL 2004/18/EG, wonach die Anforderungen an die Eignung „angemessen" sein müssen.

[641] EuGH, C-234/03, Slg. 2005, I-9315, RdNr. 57 – Contse ua., wo der Aspekt der Investitionslast iVm. einem Verstoß gegen das Diskriminierungsverbot geprüft wird; ähnlich aber iVm. der Leistungsbeschreibung OLG Brandenburg VergabeR 2006, 554, 559.

[642] OLG Düsseldorf NZBau 2007, 600, 604; OLG München NZBau 2006, 131, 132; VK Bund, Beschl. v. 24. 7. 2008 – VL 3-95/08; ähnlich OLG Bremen, Beschl. v. 24. 5. 2006 – Verg 1/2006.

[643] OLG Düsseldorf NZBau 2007, 600, 604; vgl. auch OLG Brandenburg VergabeR 2006, 554, 559, allerdings mit Abänderungen an der Leistungsbeschreibung; vgl. OLG München NZBau 2006, 131, 132; vgl. VK Bund, Beschl. v. 24. 7. 2008 – VL 3-95/08.

[644] VK Lüneburg, Beschl. v. 8. 5. 2006 – VgK-07/2006.

[645] OLG Düsseldorf NZBau 2007, 461, 461; OLG Düsseldorf, Beschl. v. 19. 9. 2002 – Verg 41/02; vgl. auch OLG München VergabeR 2009, 65, 71.

[646] OLG Düsseldorf, Beschl. v. 19. 9. 2002 – Verg 41/02.

[647] EuGH, C-226/04, Slg. 2006, I-1347 – La Cascina ua.

[648] So aber offensichtlich *Müller-Wrede/Noch* § 25 RdNr. 192; ähnlich *Noch* RdNr. 372.

der EuGH im Zusammenhang mit durch die Bieter nachträglich gezahlten Steuern und Sozialabgaben, dass ein eindeutiger Zeitpunkt[649] zu bestimmen sei, bis zu dem (zumindest) nachgewiesen sein müsse, dass „die Voraussetzungen für eine nachträgliche Regularisierung der Situation erfüllt sind". Als Nachweis dafür genüge nicht der Beweis der Zahlungsabsicht oder der
finanziellen Leistungsfähigkeit im Hinblick auf eine nach diesem Zeitpunkt erfolgende Regularisierung der Situation, weil andernfalls der Grundsatz der Gleichbehandlung der Bewerber
verletzt werden würde.[650] Die Entscheidung des EuGH in *La Cascina* zeigt zum einen, dass
zum festgelegten Zeitpunkt der Ausschlussgrund entkräftet sein muss, zum anderen, dass der
Nachweis für eine nachträgliche Regularisierung ausreicht. Gerade letzteres spricht dafür,
dass ein Nachweis zukunftsgerichtet sein kann.[651] Überträgt man diesen Gedanken auf die
Eignungsprüfung, käme es letztlich nur darauf an, die (künftige) Eignung mit genügender Sicherheit nachzuweisen. Darauf deutet auch die vorstehend erwähnte Feststellung des OLG Düsseldorf[652] hin, dass es nicht genügt, wenn der Bieter seine Leistungsfähigkeit (möglicherweise)
erlangt.

Die unterschiedliche Sichtweise im Hinblick auf einzelne Eignungskriterien überrascht vor **176**
dem Hintergrund der Komplexität der Eignungsprüfung nicht. So muss der Auftraggeber bei
der Eignungsprüfung nicht nur dem Gebot der Gleichbehandlung und Transparenz Rechnung
tragen,[653] sondern insbesondere sicherstellen, dass eine ordnungsgemäße Auftragsausführung
gewährleistet ist und der Bieter/Bewerber mit Blick auf den Grundsatz der Verhältnismäßigkeit[654] durch die Eignungsanforderungen nicht unzumutbaren finanziellen Belastungen ausgesetzt ist. Letzteres hat unmittelbaren Einfluss auf den zu erwartenden Wettbewerb,[655] der ein
wichtiges Ziel des Vergaberechts ist.[656] Zusammenfassend lässt sich daher feststellen, dass immer
dann höhere Anforderungen an die Eignungsnachweise zulässig sind, wenn Zumutbarkeitser-
wägungen nur eine untergeordnete Rolle spielen. Das trifft auf Berufsausübungsvoraussetzungen
zu, aber auch auf das Vorliegen finanzieller Leistungsfähigkeit, jedenfalls sofern nicht kostspielige
Bürgschaften[657] etc. verlangt werden. Andererseits ist nicht ersichtlich, warum sonstige Nachweise nicht auch zukunftsgerichtet sein könnten, sofern diese eine im Zeitpunkt der Angebotsabgabe berechtigte Erwartung der Eignung erlauben. Das sollte zumindest dann angenommen
werden können, wenn der Bieter nachweist, dass er das erforderliche Eignungskriterium bei
Leistungsbeginn **mit Sicherheit** erfüllen wird. Dabei hat der Auftraggeber neben den konkreten Umständen des Einzelfalles und der Marktlage den zur Verfügung stehenden Zeitraum bis
zum Leistungsbeginn[658] zu berücksichtigen. So wird einerseits das Interesse an einer ordnungsgemäßen Auftragsausführung geschützt, anderseits vor allem dem Wettbewerbsgebot genüge
getan, indem Newcomern der Zugang zu öffentlichen Aufträgen ermöglicht wird.[659] Wenig
sinnvoll erscheint es hingegen, auf die Prognoseentscheidung darauf abzustellen, ob der Bieter/
Bewerber im Zeitpunkt der Auftragserteilung geeignet ist. Denn der Zweck der Eignungsprüfung – eine ordnungsgemäße Ausführung sicherzustellen – gebietet, gerade auf die Eignung bei
Ausführung der Leistung abzustellen. Das zeigt sich auch daran, dass umgekehrt jedenfalls solche
Umstände zu berücksichtigen sind, die die Eignung erst nach Zuschlagserteilung in Frage stellen
werden.[660]

---

[649] Zu den möglichen Zeitpunkten siehe EuGH, C-226/04, Slg. 2006, I-1347, RdNr. 31 – La Cascina
ua.

[650] EuGH, C-226/04, Slg. 2006, I-1347, RdNr. 33 – La Cascina ua.

[651] Wohl aA. *Müller-Wrede/Noch* § 25, RdNr. 192; relativierender *Noch* RdNr. 372.

[652] OLG Düsseldorf, Beschl. v. 19. 9. 2002 – Verg 41/02.

[653] Vgl. VK Bund, Beschl. v. 10. 12. 2003 – VK 2-116/03.

[654] Zur Geltung des Verhältnismäßigkeitsgrundsatzes beim Ausschluss eines Unternehmens vom Vergabeverfahren siehe *Prieß/Friton* NZBau 2009, 300, 302.

[655] Zu widerstreitenden Interessen im Rahmen der fakultativen Ausschlussgründe in Art. 45 Abs. 2 VKR
siehe *Prieß/Friton* NZBau 2009, 300, 301.

[656] Siehe jüngst EuGH, C-538/07, noch nicht in der amtl. Slg. veröffentlicht, RdNr. 24–26 – Assitur,
NZBau 2009, 607, 608.

[657] Vgl. *Müller-Wrede/Müller-Wrede* § 7a RdNr. 39, der ua. auf den Aspekt der Verhältnismäßigkeit eingeht.

[658] Vgl. OLG Brandenburg VergabeR 2006, 554, 559; vgl. VK Lüneburg, Beschl. v. 8. 5. 2006 – VgK-
07/2006; vgl. auch OLG Schleswig-Holstein, Beschl. v. 8. 5. 2007 – 1 Verg 2/07; vgl. VK Nordbayern,
Beschl. v. 18. 9. 2008 – 21.VK-3194-43/08; vgl. VK Schleswig-Holstein, Beschl. v. 28. 3. 2007 – VK-SH
4/07.

[659] Zum Aspekt des besonderen Schutzes von Newcomern vgl. RdNr. 188 ff.

[660] Dazu siehe VK Baden-Württemberg, Beschl. v. 16. 11. 2004 – 1 VK 69/04, Umdruck nach Veris, 15.

177   **b) Zeitpunkt der Einreichung der Eignungsnachweise und der Eignungsprüfung.**
Im Offenen Verfahren findet keine Vorauswahl der Bieter statt, so dass die beizubringenden
Eignungsnachweise in der Bekanntmachung bzw. in den Vergabeunterlagen angegeben werden
und grds.[661] zusammen mit dem Angebot abzugeben sind. Demgegenüber erfolgt im Nichtoffenen Verfahren bzw. im Verhandlungsverfahren die Aufforderung zur Abgabe der Eignungsnachweise vor der Aufforderung zur Angebotsabgabe im Rahmen des vorausgehenden Teilnahmewettbewerbs.

178   Im **Offenen Verfahren** muss die Eignung **nicht schon im Zeitpunkt der Abgabe der
Angebote** bestehen. Die Prüfung der Eignung erfolgt hier vielmehr im Rahmen der Wertung
der Angebote[662] und damit grundsätzlich erst unmittelbar vor der Zuschlagserteilung.[663] In der
Praxis werden beide Zeitpunkte häufig allerdings nicht weit auseinander liegen. Als Tatsachengrundlage für die Eignungsprüfung dienen die bis zum Ende der Angebotsfrist vorgelegten Eignungsnachweise,[664] wenn das so verlangt war. Darüber hinaus sind grundsätzlich sämtliche Umstände zu berücksichtigen, die Einfluss auf die Eignung des Bieters haben und dem Auftraggeber
bis zum Abschluss der Eignungsprüfung bekannt werden.[665] Das gilt jedoch nur dann, wenn
diese Umstände nicht durch Eignungsnachweise zu belegen waren; denn fehlen Nachweise, die
zum Zeitpunkt der Abgabe des Angebots vorzulegen waren, ist das Angebot bereits mangels
Vollständigkeit auszuschließen.[666] Die Eignung der Bieter wird damit im **Offenen Verfahren**
nicht bezogen auf den Zeitpunkt der Angebotsabgabe oder den Fristablauf für die Einreichung
der Nachweise geprüft. Die materielle Eignungsprüfung findet vielmehr im **Zeitpunkt der
Angebotswertung mit Bezug auf den Zeitpunkt des Zuschlags** statt.[667] Würde man bei
der Prüfung allein auf den Zeitpunkt der Angebotsabgabe abstellen, könnten Umstände nicht
berücksichtigt werden, die die im Zeitpunkt der Angebotsabgabe vorhandene Eignung durch
weitere Entwicklungen im Laufe des Vergabeverfahrens entfallen lassen.[668] Einer Einbeziehung
nachträglicher Umstände kommt insbesondere dann eine besondere Bedeutung zu, wenn
– abweichend vom Normalfall – zwischen Eignungsprüfung und abschließender Zuschlagserteilung eine längere Zeitspanne liegt. Treten neue, für die Eignungsprüfung relevante Umstände
hinzu, kann eine Wiederholung der Eignungsprüfung geboten sein.[669]

179   Beim **Nichtoffenen Verfahren** und beim **Verhandlungsverfahren** mit Teilnahmewettbewerb erfolgt die Eignungsprüfung im Zuge der Auswahl der Bewerber, die zur Angebotsabgabe aufgefordert werden sollen (vgl. §§ 6 Abs. 3 Nr. 6, 16 Abs. 2 Nr. 2 VOB/A und § 10 EG
Abs. 1 VOL/A).[670] Tatsachengrundlage für die Eignungsprüfung sind hier die mit dem Antrag
bzw. die spätestens bis zum Ende der Antragsfrist eingereichten Eignungsnachweise.[671] Hinsichtlich sonstiger Nachweise gelten die Ausführungen zum Offenen Verfahren entsprechend.

180   **Änderungen hinsichtlich der Eignung** gehen jedenfalls bis zur Erteilung des Zuschlags **zu
Lasten des betreffenden Bieters.** Maßgeblich ist insoweit der Zeitpunkt der rechtswirksamen
Zuschlagserteilung.[672] Der nachträgliche Wegfall eines Eignungskriteriums ist stets beachtlich,

---

[661] Der Auftraggeber kann die Vorlage von Eignungsnachweisen auch „auf Verlangen" fordern.
[662] Zur Stellung der Eignungsprüfung innerhalb der Wertung siehe VK Lüneburg, Beschl. v. 23. 2. 2004 –
203-VgK-01/2004; VK Brandenburg, Beschl. v. 27. 10. 2003 – VK 60/03; vgl. auch OLG Frankfurt a. M.,
Beschl. v. 24. 2. 2009 – 11 Verg 19/08; vgl. auch BGH VergabeR 2008, 641, 642; *Kulartz/Marx/Ports/
Prieß/Hausmann* § 7 RdNr. 156; *Boesen* RdNr. 67.
[663] Vgl. OLG Brandenburg NZBau 2008, 277, 279 – zu diesem Urt. vgl. *Prieß/Stein* NZBau 2008, 230, 231.
[664] Vgl. *Egger* RdNr. 1093.
[665] Vgl. OLG Frankfurt a. M., Beschl. v. 24. 2. 2009 – 11 Verg 19/08; zu Erfahrungen des Auftraggebers
mit Bietern aus zeitnahen vorangegangenen Ausschreibungen OLG Frankfurt, Beschl. v. 30. 3. 2004 – 11
Verg 4/04; zur evtl. Verpflichtung zur Einholung von Auskünften siehe VK Bund, Beschl. v. 29. 6. 2006 –
VK 3-48/06.
[666] BGH NZBau 2003, 293, 295; BGH NZBau 2005, 709, 710; OLG Dresden VergabeR 2007, 215,
217; OLG Schleswig NZBau 2007, 257, 259.
[667] OLG Brandenburg NZBau 2008, 277, 279, für die Eignung insgesamt.
[668] OLG Brandenburg NZBau 2008, 277, 279.
[669] OLG Frankfurt a. M., Beschl. v. 24. 2. 2009 – 11 Verg 19/08; OLG Celle NZBau 2007, 663, 664;
OLG Brandenburg NZBau 2008, 277, 279; mwN. OLG Düsseldorf NZBau 2007, 461, 462.
[670] Vgl. OLG Schleswig, Beschl. v. 19. 2. 2007 – 1 Verg 14/06; vgl. OLG Düsseldorf NZBau 2003, 349,
351; *Boesen* RdNr. 67; *Kulartz/Marx/Portz/Prieß/Kulartz,* 2. Aufl. 2011, § 10 EG RdNr. 2.
[671] Vgl. OLG Schleswig, Beschl. v. 19. 2. 2007 – 1 Verg 14/06; vgl. *Egger* RdNr. 1093; *Kulartz/Marx/
Portz/Prieß/Kulartz,* 2. Aufl. 2011, § 10 EG RdNr. 3.
[672] OLG Frankfurt a. M., Beschl. v. 24. 2. 2009 – 11 Verg 19/08; OLG München VergabeR 2009, 65,
71; OLG Brandenburg NZBau 2008, 277, 279; OLG Düsseldorf NZBau 2007, 461, 461; OLG Düsseldorf

denn die Vergabestelle ist nicht gezwungen, sehenden Auges einen ungeeigneten Bieter zu beauftragen.[673] Ist ein Eignungskriterium zum Zeitpunkt der rechtswirksamen Zuschlagserteilung nicht mehr erfüllt, etwa weil ein Bieter nach der Frist zur Angebotsabgabe beispielsweise einen Betriebsteil oder bestimmte Betriebsmittel verkauft hat, so ist die Vergabestelle nicht nur berechtigt, sondern verpflichtet, eine bereits getroffene Eignungsentscheidung zu korrigieren. Bevor ein Ausschluss erfolgt, ist dem Bieter **hinreichend Gelegenheit zu geben, sich zu äußern und Nachweise vorzulegen,** die die aufgetretenen Zweifel an der fehlenden Eignung entkräften.[674] Gelingt das nicht, ist der Bieter auszuschließen.[675] Das Gleiche gilt, wenn im Zeitpunkt der Zuschlagserteilung „greifbare Hinweise" vorliegen, dass während der Auftragsausführung die Eignung wegfallen könnte.[676]

Nicht als nachträglich bekannt werdende Umstände sind solche Tatsachen zu werten, die   **181** dem Auftraggeber bereits zum Zeitpunkt der Eignungsprüfung bekannt waren, jedoch zu diesem Zeitpunkt nicht berücksichtigt oder für unerheblich gehalten wurden. Das gilt jedoch nur, sofern sich der Auftraggeber dabei an die Grenzen des ihm im konkreten Fall zustehenden Beurteilung- und Ermessensspielraums gehalten hat.[677] Bei **ordnungsgemäßer Beurteilung und ermessensfehlerfreier Entscheidung** ist der Auftraggeber **an seine einmal getroffene Entscheidung gebunden.** Etwas anderes gilt hingegen in Fällen, in denen die Eignung anhand der nachträglich bekannt gewordenen Umstände zwingend von Anfang an zu verneinen gewesen wäre.[678] In diesen Fällen konnte auf Seiten des Bieters kein rechtlich schützenswertes Vertrauen entstehen.[679] Der Auftraggeber muss seine Entscheidung in diesem Fall korrigieren und den Bewerber/Bieter ausschließen.

Nicht eindeutig ist die Rechtslage im umgekehrten Fall, wenn Umstände, die für die Eig-   **182** nung des Bieters sprechen bzw. diese begründen, erst nach der Eignungsprüfung bekannt werden. Nach einer Auffassung sind **Umstände, die die Eignung später begründen,** unbeachtlich.[680] Könnten neue Umstände, die sich positiv auf die Stellung eines Bieters im Wettbewerb auswirken, nachträglich in das Vergabeverfahren eingeführt werden, seien Manipulationen zu befürchten. Zudem gelte auch hier, dass die nachträgliche Änderung des Angebots den Grundsatz des fairen Wettbewerbs verletze.[681] Dieser Auffassung scheint das OLG Brandenburg jedenfalls für das Offene Verfahren entgegenzutreten:[682] Die Vergabestelle dürfe im Offenen Verfahren berücksichtigen, dass eine im Zeitpunkt der Angebotsabgabe zweifelhaft oder nicht gegebene Eignung während des Vergabeverfahrens durch zwischenzeitlich eingetretene Umstände erreicht worden ist.[683] Grund dafür sei der Gleichlauf zur Konstellation, dass nachträglich für die Eignung negative Umstände bekannt werden. Da diese stets berücksichtigt werden, dürfe für positiv wirkende Umstände nichts anderes gelten. Zudem ergebe sich aus § 16 Abs. 2 Nr. 2 VOB/A, dass eine „Wiederaufnahme" der zunächst abgeschlossenen Eignungsprüfung bei nachträglich bekannt gewordenen Tatsachen möglich sei.[684] Zu beachten ist jedoch, wie das

---

VergabeR 2005, 207, 208; OLG Düsseldorf, Beschl. v. 19. 9. 2002 – Verg 41/02; VK Bund, Beschl. v. 5. 3. 2007 – VK 1-139/06, Umdruck nach Veris, 20; *Kulartz/Kus/Portz/Kulartz* RdNr. 82; einschränkend auf erst nach der Eignungsprüfung eingetretene Umstände, *Egger* RdNr. 1094; *Kulartz/Marx/Portz/Prieß/ Dittmann,* 2. Aufl. 2011, § 16 RdNr. 203.

[673] OLG Celle NZBau 2007, 663, 664; OLG München, Beschl. v. 15. 11. 2007 – Verg 10/07; VK Brandenburg, Beschl. v. 26. 8. 2005 – 1 VK 49/05; VK Lüneburg, Beschl. v. 2. 4. 2003 – 203-VgK-08/2003, 18; ähnlich OLG Brandenburg NZBau 2008, 277, 279; *Müller-Wrede/Noch* § 25 RdNr. 197.

[674] OLG München VergabeR 2009, 65, 71.

[675] Vgl. OLG Düsseldorf VergabeR 2005, 207, 208; OLG Düsseldorf NZBau 2005, 354, 354.

[676] VK Baden-Württemberg, Beschl. v. 16. 11. 2004 – 1 VK 69/04, Umdruck nach Veris, 15.

[677] OLG Frankfurt a. M., Beschl. v. 24. 2. 2009 – 11 Verg 19/08; OLG Düsseldorf VergabeR 2003, 586, 587; vgl. auch mwN. OLG Düsseldorf, Beschl. v. 14. 7. 2003 – Verg 11/03; VK Bund, Beschl. v. 12. 9. 2007 – VK 1-95/07.

[678] OLG Frankfurt a. M., Beschl. v. 24. 2. 2009, – 11 Verg 19/08; vgl. OLG Düsseldorf NZBau 2004, 460, 460.

[679] OLG Düsseldorf NZBau 2004, 460, 460; OLG Düsseldorf, Beschl. v. 14. 7. 2003 – Verg 11/03; *Ax/ Schneider/Bischoff/Bischoff* § 35 RdNr. 33.

[680] OLG Celle NZBau 2007, 663, 664; so bzgl. des Ergebnisses eines Teilnahmewettbewerbs OLG Schleswig, Beschl. v. 19. 2. 2007 – 1 Verg 14/06; *Ax/Schneider/Bischoff/Bischoff* § 35 RdNr. 37; *Egger,* RdNr. 1094.

[681] OLG Celle NZBau 2007, 663, 664.

[682] OLG Brandenburg NZBau 2008, 277, 279.

[683] OLG Brandenburg NZBau 2008, 277, 279.

[684] OLG Brandenburg NZBau 2008, 277, 279.

OLG Brandenburg betont, dass die Eignung der Bieter im Offenen Verfahren „anders als die Vollständigkeit der Angebote und der geforderten Nachweise nicht bezogen auf den Zeitpunkt der Angebotsabgabe oder den Fristablauf für die Einrichtung der Nachweise, sondern bezogen auf den Zeitpunkt der Wertung bzw. des Zuschlags geprüft [wird]". Damit macht das Gericht deutlich, dass der Grundsatz des Ausschlusses eines Angebots beim Fehlen geforderter Nachweise weiterhin gilt. Hieraus folgt, dass das Gericht die nachträgliche Berücksichtigung nur mit Blick auf solche Umstände zulässt, die nicht durch Eignungsnachweise bereits hätten belegt werden müssen. Demzufolge ist mit dem Ausspruch des Gerichts „wenn die Eignung im Zeitpunkt der Angebotsabgabe […] nicht vorhanden ist" nur gemeint, dass objektiv – aber bei der Eignungsprüfung unerkannt[685] – die Eignung nicht bestand. Damit handelt es sich auch in diesem Fall um nachträglich bekannt werdende relevante Umstände, die zu einer erneuten Prüfung der Eignung verpflichten. Diese Prognoseentscheidung hat der Auftraggeber unter Würdigung aller Umstände zu treffen.[686] Hierzu gehört auch die Berücksichtigung von Umständen, die für die Eignung sprechen. Die Formulierung des OLG Brandenburg, „bezogen auf den Zeitpunkt der Wertung bzw. des Zuschlags", ist demnach nur so zu verstehen, dass die Eignung im Zeitpunkt des Zuschlags noch vorhanden sein muss, nicht aber, dass zum Zeitpunkt der Eignungsprüfung ungeeignete Bieter im Verfahren zu belassen sind, weil deren Eignung im weiteren Vergabeverfahren möglicherweise erstmals hergestellt werden könnte.

183   Bei der Prüfung der Eignung steht der Vergabestelle grds. ein **Beurteilungsspielraum** hinsichtlich der Frage zu, ob der Bieter zum Zeitpunkt der Durchführung des Auftrags in der Lage sein wird, den Auftrag rechtzeitig und ordnungsgemäß auszuführen.[687] Hat der Auftraggeber Eignungskriterien festgelegt, ist er allerdings an die darin befindlichen Anforderungen gebunden. Dementsprechend wird sein Beurteilungsspielraum bei der eigentlichen Eignungsprüfung eingeengt. Soweit Spielräume verbleiben, hat der Auftraggeber die zuvor bei der Festlegung der Eignungskriterien beschriebenen Grenzen zu beachten.[688] Die Vergabestelle darf also etwa auf der Grundlage der besonderen Bedingungen des Einzelfalls davon ausgehen, dass die Leistungsfähigkeit nicht bereits zum Zeitpunkt der Zuschlagserteilung gegeben sein muss. So reicht es unter Umständen aus, dass Bieter beispielsweise unter dem Gesichtspunkt der Investitionssicherheit erst zum Zeitpunkt des Beginns der vorgesehenen Leistungserbringung leistungsfähig sind[689] und erst in diesem Zeitpunkt über die notwendigen personellen Mittel verfügen[690] bzw. erst in diesem Zeitpunkt die Möglichkeit des Zugriffs auf entsprechende personelle Kapazitäten besitzen.[691] Auch aus dem Umstand, dass ein Bieter zum Zeitpunkt der Angebotsabgabe die für die Erbringung der Leistung notwendigen Maschinen an anderen Orten eingesetzt hat, folgt nicht zwingend, dass er nicht in der Lage wäre, einen weiteren Auftrag auszuführen.[692] Entscheidend ist vielmehr, ob es ihm möglich ist, nach Erteilung des Zuschlages bis zum vorgesehenen Beginn der Leistungserbringung die erforderliche technische Ausrüstung zu beschaffen.[693] In typischen Fällen sind Probleme in diesem Punkt dadurch zu vermeiden, dass der **Zeitraum zwischen Ablauf der Binde- und Zuschlagsfrist und dem Beginn des Auftragszeitraums** ausreichend lang bemessen wird, so dass sich ein Bieter im Zuschlagsfall die erforderlichen sachlichen Mittel und das erforderliche weitere Personal rechtzeitig zum Leistungsbeginn beschaffen kann.[694] Hinsichtlich der finanziellen Leistungsfähigkeit

---

[685] Der Auftraggeber hat im Fall des OLG Brandenburg zunächst die Eignung bejaht und diese später nach Einreichen der auf Verlangen vorzulegenden Zuverlässigkeitsnachweise erneut geprüft und wieder bejaht!
[686] OLG Brandenburg NZBau 2008, 277, 279.
[687] OLG Düsseldorf, Beschl. v. 20. 10. 2008 – Verg 41/08.
[688] Siehe RdNr. 172 ff.
[689] OLG Brandenburg, Beschl. v. 5. 1. 2006 – Verg W 12/05.
[690] OLG Düsseldorf NZBau 2009, 63, 65; wohl ebenso OLG Schleswig, Beschl. v. 8. 5. 2007 – 1 Verg 2/07; ähnlich *Ax/Schneider/Bischoff/Bischoff* § 35 RdNr. 31.
[691] OVG Sachsen-Anhalt, Beschl. v. 2. 2. 2009 – 3 M 555/08; OLG Saarbrücken, Beschl. v. 5. 7. 2006 – 1 Verg 6/05; vgl. auch KG Berlin, Beschl. v. 18. 7. 2002 – 2 KartVerg 04/02, wobei darauf abgestellt wurde, dass es keine Schwierigkeiten bereitet, für den Auftrag benötigtes Personal einzustellen; eher abweichend OLG München NZBau 2006, 131, 132, jedoch relativiert durch OLG München VergabeR 2009, 65, 75, wonach die berechtigte Erwartung der künftigen Beschaffung genügt.
[692] VK Sachsen-Anhalt, Beschl. v. 23. 7. 2008 – VK 2 LVwA LSA-7/08.
[693] OVG Sachsen-Anhalt, Beschl. v. 2. 2. 2009 – 3 M 555/08.
[694] OLG Brandenburg, Beschl. v. 5. 1. 2006 – Verg W 12/05; VK Lüneburg, Beschl. v. 8. 5. 2006 – VgK-07/2006; im Ergebnis ebenso OLG Schleswig-Holstein, Beschl. v. 8. 5. 2007 – 1 Verg 2/07; VK Nordbayern, Beschl. v. 18. 9. 2008 –21.VK-3194-43/08; VK Schleswig-Holstein, Beschl. v. 28. 3. 2007 – VK-SH 4/07.

sowie bzgl. der Berufsausübungsvoraussetzungen ist die bisherige Rechtsprechung eher strenger und verlangt, dass diese Eignungselemente bereits im Zeitpunkt der Vergabeentscheidung vorliegen müssen.[695]

7. Verbot der Vermischung von Eignungs- und Zuschlagskriterien. Bei der Eig- **184** nung und der **Wirtschaftlichkeitsprüfung** handelt es sich um **zwei verschiedene Vorgänge,** die unterschiedlichen Regeln unterliegen.[696] Die voneinander unabhängige Prüfung von Eignung und Wirtschaftlichkeit nach § 16 VOB/A und § 19 EG VOL/A liegt in der Natur der Sache begründet.[697] Bei der Eignungsprüfung handelt es sich um eine **unternehmensbezogene Untersuchung,** mit der prognostiziert werden soll, ob ein Unternehmen nach seiner personellen, sachlichen und finanziellen Ausstattung zur Ausführung des Auftrags in der Lage sein wird.[698] Die Wirtschaftlichkeitsprüfung bezieht sich dagegen nicht auf die konkurrierenden Unternehmen, sondern auf die Angebote, dh., konkret auf die **Leistung.**[699]

Eignungskriterien sind vor diesem Hintergrund streng **von den Auftrags- oder Zu-** **185** **schlagskriterien** des § 97 Abs. 5 **zu unterscheiden** und dürfen nicht miteinander vermischt werden.[700] Ein bestimmtes Kriterium kann grundsätzlich qualitativ nur entweder Eignungs- oder Zuschlagskriterium sein. Freilich ist es möglich, dass Eignungskriterien leistungsbezogene Aspekte enthalten. Nach Art. 53 Abs. 1 der VKR sind als Zuschlagskriterien entweder das Kriterium des niedrigsten Preises oder der Preis und zusätzliche qualitative Kriterien zulässig, um das aus Sicht des öffentlichen Auftraggebers wirtschaftlich günstigste Angebot zu ermitteln. Die qualitativen Kriterien müssen jedoch mit dem Auftragsgegenstand **zusammenhängen.**[701] Als Zuschlagskriterien sind nach der ständigen Rechtsprechung des EuGH[702] alle die Kriterien ausgeschlossen, die nicht der Ermittlung des wirtschaftlich günstigsten Angebots dienen, sondern die **im Wesentlichen** mit der Beurteilung der Eignung (Fachkunde, Leistungsfähigkeit, Zuverlässigkeit) der Bieter für die Ausführung des betreffenden Auftrags zusammenhängen.[703] Danach dürfen Kriterien, die sich in erster Linie auf die Erfahrung, die Qualifikation und die Mittel (Personal und Ausstattung), die geeignet sind, eine ordnungsgemäße Ausführung des Auftrags zu gewährleisten, beziehen, nicht als Zuschlagskriterien vorgesehen werden. Hierzu zählen Kriterien wie die Erfahrung der Bieter, deren Personalbestand und deren Ausrüstung sowie deren Fähigkeit, den Auftrag zum vorgesehen Zeitpunkt zu erfüllen, denn es handelt sich dabei um Kriterien, die die fachliche Eignung der Bieter für die Ausführung des Auftrags betreffen.[704] Bestimmt ein öffentlicher Auftraggeber Eignungsmerkmale bzw. Eignungsnachweise wie Referenzen zu Zuschlagskriterien, muss er einen Bezug zum Auftrag herstellen, der die Aufstellung von unternehmensindividuellen Umständen als Zuschlagskriterien vergaberechtlich beanstandungsfrei macht.[705] Ist die Auswahl der Zuschlagskriterien fehlerhaft, untersagt die Nachprüfungsinstanz im Zuge eines Nachprüfungsverfahrens die Erteilung des Zuschlags und ordnet unter Umständen die Aufhebung und Zurückversetzung des Vergabeverfahrens an.[706]

8. Kein Mehr an Eignung. Die Eignungsprüfung dient **nicht** der Ermittlung **qualitativer** **186** **Unterschiede zwischen den einzelnen Bewerbern.**[707] Mit dem System der Wertungsvorschriften ist es nicht zu vereinbaren, unterschiedliche Eignungsgrade von Bietern bei der Entscheidung über den Zuschlag im Rahmen der Wirtschaftlichkeitsprüfung in der Weise zu berücksichtigen, dass dem Angebot eines für geeignet befundenen Bieters dasjenige eines

---

[695] Dazu siehe oben RdNr. 174.

[696] EuGH, C-532/06, Slg. 2008, I-251, RdNr. 26 – Lianakis ua., Anm. dazu von *Hölzl/Friton* NZBau 2008, 307, 307; OLG Düsseldorf, Beschl. v. 2. 5. 2008, VII-Verg 26/08; ausf. dazu Kommentierung zu § 97 Abs. 5.

[697] BGH VergabeR 2008, 641, 643.

[698] BGH VergabeR 2008, 641, 643.

[699] BGH VergabeR 2008, 641, 643; *Gröning* NZBau 2003, 86, 90.

[700] EuGH, C-532/06, Slg. 2008, I-251, RdNr. 26 – Lianakis ua., Anm. dazu von *Hölzl/Friton* NZBau 2008, 307; OLG Düsseldorf, Beschl. v. 2. 5. 2008 – VII-Verg 26/08; ausf. dazu unter § 97 Abs. 5.

[701] OLG Düsseldorf, Beschl. v. 28. 4. 2008 – Verg 1/08.

[702] EuGH, C-532/06, Slg. 2008, I-251, RdNr. 27–30 – Lianakis ua.; OLG Düsseldorf, Beschl. v. 28. 4. 2008 – Verg 1/08.

[703] EuGH, C-532/06, Slg. 2008, I-251, RdNr. 30 f. – Lianakis ua.; OLG Düsseldorf, Beschl. v. 28. 4. 2008 – Verg 1/08.

[704] OLG Düsseldorf, Beschl. v. 28. 4. 2008 – Verg 1/08.

[705] OLG Düsseldorf, Beschl. v. 28. 4. 2008 – Verg 1/08; OLG Düsseldorf VergabeR 2004, 537, 541.

[706] OLG Düsseldorf, Beschl. v. 28. 4. 2008 – Verg 1/08.

[707] *Gröning* NZBau 2003, 86, 90; *Kapellmann/Messerschmidt/Dähne* § 25 RdNr. 36.

Konkurrenten maßgeblich wegen dessen höher eingeschätzter Eignung vorgezogen wird.[708] Ein „**Mehr an Eignung**" darf vergaberechtlich grundsätzlich nicht berücksichtigt werden.[709] Bei der Vergabeentscheidung gemäß § 16 Abs. 6 Nr. 3 S. 2 VOB/A, § 21 EG Abs. 1 VOL/A darf nach Bejahung der generellen Eignung der in die engere Wahl gekommenen Bieter ein „Mehr an Eignung" eines Bieters nicht als entscheidendes Kriterium für den Zuschlag zu seinen Gunsten berücksichtigt werden.[710] Das ergibt sich bereits aus dem Aufbau der § 16 VOB/A, § 19 EG VOL/A.[711] So ist nach dem Ausschluss von Angeboten gem. § 16 Abs. 1 Nr. 1 VOB/A, § 19 EG Abs. 3 VOL/A in einem weiteren Prüfungsabschnitt gem. § 16 Abs. 2 VOB/A, § 19 EG Abs. 6 VOL/A zunächst die Eignung der Bieter zu prüfen. In die engere Wahl (für den Zuschlag) kommen gemäß § 16 Abs. 6 Nr. 3 S. 1 VOB/A, § 19 EG Abs. 6 S. 2 VOL/A nur solche Angebote, die unter Berücksichtigung rationellen Baubetriebs und sparsamer Wirtschaftsführung eine einwandfreie Ausführung einschließlich Gewährleistung erwarten lassen. Von einer besonderen Eignung des Bieters oder seiner Erfahrung in Bezug auf das ausgeschriebene Vorhaben ist hingegen in den Vorschriften der VOB/A und VOL/A nicht die Rede. Auch die Regelungen der § 16 Abs. 6 Nr. 3 S. 2 VOB/A, § 19 EG Abs. 9 VOL/A, die die Zuschlagskriterien beschreiben, enthalten das Kriterium der Eignung nicht.[712] Dem Anliegen öffentlicher Auftraggeber, eine besondere Eignung der Bewerber zu berücksichtigen, kann nach dem System der VOB/A und VOL/A durch die Wahl der Vergabeart Rechnung getragen werden, also insbesondere durch Durchführung eines Nichtoffenen Verfahrens (§ 3a Abs. 1 Nr. 2 VOB/A, § 3 EG Abs. 1 S. 2 VOL/A, § 101 Abs. 3 GWB), sofern die Voraussetzungen dafür vorliegen.[713]

187 **9. Erhöhte Anforderungen an die Eignung.** An Fachkunde, Leistungsfähigkeit, Gesetzestreue und Zuverlässigkeit des Auftragnehmers sind grundsätzlich durchschnittliche Anforderungen zu stellen. In Ausnahmefällen ist es jedoch zulässig, für den Fall, dass eine **Leistung unter erschwerten Bedingungen zu erbringen** ist, hinsichtlich bestimmter Eignungsmerkmale bei der Vergabeentscheidung überdurchschnittlich hohe, über das normale Maß hinausgehende Anforderungen zu stellen.[714] In diesem Fall muss die Vergabestelle jedoch entsprechende Nachweise fordern, konkret angeben, an welche Eignungsmerkmale sie über das Normalmaß hinausgehende Anforderungen stellt und aus welchen Gründen sie das für erforderlich hält. Die Vergabestelle hat die Bieter so zu informieren, dass es einem verständigen Bieter möglich ist, zu erkennen, worauf sich die Eignungsprüfung in besonderer Weise erstrecken wird und wie, dh. durch Vorlage welcher Nachweise, er den Anforderungen entsprechen kann. Gründe für erhöhte Anforderungen können beispielsweise besondere topografische oder bauliche Verhältnisse sein. Der an die Eignungsprüfung anzulegende gesteigerte Maßstab ist von der Vergabestelle willkürfrei zu bestimmen. Zwar ist mit der Formulierung überdurchschnittlich hoher Anforderungen an bestimmte Eignungskriterien eine gewisse Verengung des Wettbewerbs verbunden. Diese kann zur Folge haben, dass neu auf dem betreffenden Markt auftretende Unternehmen kaum Aussichten besitzen, sich um den Auftrag erfolgreich zu bewerben. Das ist jedoch zulässig, sofern die erhöhten Anforderungen auf einer im Ergebnis vertretbaren Abwägung sachlich vernünftiger und gerechtfertigter Gründe beruhen, die in der Eigenart der ausgeschriebenen Leistung begründet sind. Die Vergabenachprüfungsinstanzen dürfen das dem öffentlichen Auftraggeber bei der Festlegung und Gewichtung der für maßgebend erachteten Eignungsmerkmale zustehende Ermessen lediglich in beschränktem Umfang kontrollieren. Auch in Hinsicht auf die Festlegung von Eignungsanforderungen, die über das normale Maß hinausgehen, findet nur eine Prüfung auf Ermessensfehler hin statt.

188 **10. Newcomer.** Die Eignungskriterien Fachkunde und Leistungsfähigkeit sind in Hinblick auf sog. Newcomer nur schwer handhabbar. Bei Newcomern handelt es sich um Unternehmen, die **neu in den Markt eintreten** oder auf diesem erst **seit kurzer Zeit aktiv** sind. Solche Unternehmen verfügen naturgemäß über keine oder wenig Erfahrung und müssen erst erhebliche Investitionen tätigen, um die erforderliche Leistungsfähigkeit zu erlangen. Newcomer laufen deshalb Gefahr, in Hinblick auf die Eignung gegenüber langjährig im Markt tätigen Un-

---

[708] BGH VergabeR 2008, 641, 642/643.
[709] BGH NJW 1998, 3644, LS und 3646.
[710] BGH NJW 1998, 3644, 3646.
[711] BGH NJW 1998, 3644, LS.
[712] BGH NJW 1998, 3644, 3646.
[713] BGH NJW 1998, 3644, 3646.
[714] Zum Nachfolgenden ausf. OLG Düsseldorf, Beschl. v. 5. 10. 2005 – Verg 55/05, *Weyand* RdNr. 403.

ternehmen benachteiligt zu werden.[715] Die Vergabestelle befindet sich hier in einem Dilemma.[716] Einerseits muss sie die Eignung der Bieter sicherstellen, andererseits darf sie den Bieterkreis nicht durch übersteigerte Kriterien so einengen, dass Newcomer von vornherein keine Chance auf den Zuschlag haben, denn das würde dem Wettbewerbsgrundsatz widersprechen. Die Vergabestelle muss in Bezug auf die Prüfung der Eignung deshalb zwischen ihrem Interesse an einer möglichst großen Auswahl von Angeboten einerseits und der ordnungsgemäßen Auftragsdurchführung andererseits abwägen.[717]

Der **Wettbewerbsgrundsatz** darf anerkanntermaßen durch Vorgaben von Eignungsanforde-   **189** rungen eingeschränkt werden. Der Gesetzgeber hat dies in Bezug auf die Aufstellung der Kriterien Fachkunde und Leistungsfähigkeit in Abs. 4 bewusst in Kauf genommen. Und der EuGH hat das Kriterium der Erfahrung im Rahmen der Eignungsprüfung grundsätzlich nicht beanstandet.[718] Auch aus anderen Vorschriften des Vergaberechts ergibt sich uU. eine Benachteiligung von Newcomern (vgl. zB. § 6 Abs. 3 Nr. 2 lit. a, b VOB/A).[719] Erforderlich ist allerdings regelmäßig eine **sachliche Rechtfertigung durch den Gegenstand des Auftrags**. Die von der Vergabestelle aufgestellten konkreten Unterkriterien und die zur Erfüllung dieser Kriterien geforderten spezifischen Nachweise müssen tatsächlich erforderlich sein, damit eine Eignung bejaht und damit eine ordnungsgemäße Durchführung des konkreten Auftrags gewährleistet werden kann.[720] Wenn der spezifische Auftrag dies erfordert, so ist es in Ausnahmefällen sogar zulässig, die Unterkriterien der Eignungsmerkmale (zB. als Mindestanforderungen) so auszugestalten, dass sehr wenige oder nur ein Unternehmen diese erfüllen kann.[721] Die Rechtsprechung hat als sachgerechte Gründe zB. die Komplexität,[722] Gefährlichkeit[723] oder langjährige Dauer[724] des jeweiligen Auftrags als solche Gründe angesehen. Ebenfalls nicht beanstandet wurde, dass ein öffentlicher Auftraggeber bei der Erfüllung einer „wichtigen öffentlichen Aufgabe" die Vorlage von Referenzen privater und öffentlicher Auftraggeber verlangte.[725] Insgesamt lässt die Rechtsprechung den Vergabestellen wohl wegen des Ermessensspielraums bezüglich der Aufstellung von konkreten Eignungskriterien und der Forderung nach entsprechenden Nachweisen relativ freie Hand.[726]

Es gibt verschiedene Lösungsansätze, wie Newcomern die aussichtsreiche Teilnahme an Ver-   **190** gaben ermöglicht werden kann. Zunächst ist zu beachten, dass der Auftraggeber zwar die Vorlage von Nachweisen bereits durchgeführter Aufträge (Referenzen) fordern darf, um die Eignung feststellen zu können. Jedoch erlaubt § 6 Abs. 3 Nr. 2 lit. b VOB/A lediglich, dass vergleichbare – also nicht identische – Aufträge als Nachweis gefordert werden dürfen.[727] So kann es beispielsweise bei der Vergabe von anspruchsvollen Leistungen darauf ankommen, ob diese Leistungen einen ähnlichen Schwierigkeitsgrad wie schon erbrachte Leistungen aufweisen.[728] Eine grds. Möglichkeit, auch als Newcomer die Eignungskriterien zu erfüllen, besteht darin, sich Dritter zu bedienen, die bestimmte Eignungsanforderungen erfüllen, oder aber als Teil einer Bieter-

---

[715] OLG Düsseldorf, Beschl. v. 20. 11. 2001 – Verg 33/01, Umdruck nach Veris, 4; VK Bund, Beschl. v. 11. 11. 2002 – VK 2-82/02, Umdruck nach Veris, 18.

[716] Zur „Newcomer-Problematik": *Dreher/Hoffmann* NZBau 2008, 545, 545, *Terwiesche* VergabeR 2009, 26, 26.

[717] VK Bund, Beschl. v. 10. 6. 2005 – VK 2-36/05; Beschl. v. 11. 1. 2005 – VK 2-220/04; Beschl. v. 10. 12. 2003 – VK 1-116/03; VK Sachsen, Beschl. v. 19. 7. 2006 – 1/SVK/060-06, Umdruck nach Veris, 21.

[718] EuGH, 31/87, Slg. 1988, 4658, RdNr. 24 – Beentjes.

[719] OLG Düsseldorf, Beschl. v. 18. 7. 2001 – Verg 16/01; VK Düsseldorf, Beschl. v. 24. 4. 2007 – VK-11/2007-L; VK Münster, Beschl. v. 20. 7. 2004 – VK 19/04; VK Bund, Beschl. v. 22. 9. 2006 – VK 1-103/06; Beschl. v. 30. 3. 2006 – VK 1-13/06; Beschl. v. 30. 1. 2002 – VK 01-01/02.

[720] Ähnlich auch VK Bund, Beschl. v. 6. 8. 2004 – VK 2-94/04, Umdruck nach Veris, 12, unter Verweis auf *Müller-Wrede/Noch* § 25 RdNr. 205, der vom Verhältnismäßigkeitsprinzip spricht.

[721] OLG Düsseldorf, Beschl. v. 22. 9. 2005 – Verg 49/05, Verg 50/05, Umdruck nach Veris, 10.

[722] BayObLG, Beschl. v. 9. 3. 2004 – Verg 20/03, Umdruck nach Veris, 6; VK Brandenburg, Beschl. v. 30. 5. 2005 – 1 VK 27/05, Umdruck nach Veris, 9.

[723] OLG Düsseldorf, Beschl. v. 2. 1. 2006 – VII-Verg 93/05, Umdruck nach Veris, 9, für den Teilnahmewettbewerb.

[724] OLG Düsseldorf, Beschl. v. 1. 2. 2006 – VII-Verg 83/05; Umdruck nach Veris, 9.

[725] OLG Koblenz, Beschl. v. 7. 11. 2007 – 1 Verg 6/07, Umdruck nach Veris, 8.

[726] Zu weitgehend aber VK Düsseldorf, Beschl. v. 9. 3. 2006 – VK-07/2006-L.

[727] So auch mwN *Terwiesche* VergabeR 2009, 26, 34; vgl. VK Bund, Beschl. v. 13. 7. 2000 – VK 2-12/00; vgl. auch VHB 2008, RL zu 321 Nr. 3.3.

[728] Vgl. VHB 2008, RL zu 321 Nr. 3.3.

gemeinschaft an einer Vergabe teilzunehmen.[729] Als eine andere Lösungsmöglichkeit wurde vorgeschlagen, nicht auf die Fachkunde des Unternehmens, sondern auf die Fachkunde der Mitarbeiter abzustellen, wenn das Unternehmen selbst noch keine vergleichbaren Leistungen erbracht hat.[730] In einigen Fällen fordert die Rechtsprechung von der Vergabestelle sogar aktive Maßnahmen, um den Unternehmen zu ermöglichen, jedenfalls in Zukunft als Auftragnehmer in Frage zu kommen.[731] Der Schutz von Newcomern geht mitunter auch sehr weit. So wurde es in einer Entscheidung für erforderlich gehalten, dass die Vergabestelle Unternehmen ermöglichen muss, die Fachkunde erst innerhalb eines angemessenen Zeitraums nach Zuschlagserteilung zu erlangen, wenn die erforderliche Fachkunde nur durch kostspielige Investitionen erlangt werden kann.[732] Die erläuterte Rechtsprechung ist mitunter problematisch, weil auf ihrer Grundlage die Standards der Eignung herabgesetzt werden und Vergabestellen zu einem Spagat gezwungen werden, der zulasten der Leistungsqualität geht.

IV. Satz 2 (Vergabefremde Beschaffungskriterien)

Schrifttum: *Arrowsmith*, The Law of Public and Utilities Procurement, 2. Aufl. 2005; *Bechtold/Otting*, GWB: Kartellgesetz, Gesetz gegen Wettbewerbsbeschränkungen, 5. Aufl. 2008; *Beck/Wagner*, Die Vermeidung des Erwerbs von Produkten aus ausbeuterischer Kinderarbeit – Zur Bekanntmachung der Bayerischen Staatsregierung vom 29. 4. 2008, VergabeR 2008, 601; *Beckmann,* Die Verfolgung ökologischer Zwecke bei der Vergabe öffentlicher Aufträge, NZBau 2004, 600; *Benedict,* Sekundärzwecke im Vergabeverfahren, Öffentliches Auftragswesen, seine teilweise Harmonisierung im EG/EU Binnenmarkt und die Instrumentalisierung von Vergaberecht durch vergabefremde Aspekte, 2000; *ders.,* „Vergabefremde" Aspekte nach Beentjes und Nord-Pas-de-Calais, NJW 2001, 947; *Bitterich,* Tariftreue vor dem EuGH, ZIP 2008, 1455; *Bultmann,* Beschaffungsfremde Kriterien: Zur „neuen Formel" des Europäischen Gerichtshofs, ZfBR 2004, 134; *ders.,* Beihilfenrecht und Vergaberecht, Beihilfen und öffentliche Aufträge als funktional äquivalente Instrumente der Wirtschaftslenkung; ein Leistungsvergleich, 2004; *Bungenberg,* Vergaberecht im Wettbewerb der Systeme, Eine rechtsebenenübergreifende Analyse des Vergaberechts, 2007; *Burgi,* Vergabefremde Zwecke und Verfassungsrecht, NZBau 2001, 64; *Byok/Jaeger,* Kommentar zum Vergaberecht, 2. Aufl. 2005; *Dageförde/Dross,* Reform des europäischen Vergaberechts, NVwZ 2005, 19; *Diemon-Wies/Graiche,* Vergabefremde Aspekte – Handhabung bei der Ausschreibung gem. § 97 IV GWB, NZBau 2009, 409; *Dippel/Zeiss,* Vergabefremde Aspekte – Rechtsschutz im Vergabenachprüfungsverfahren wegen Verstoßes gegen das EG-Beihilfenrecht, NZBau 2002, 376; *Dörr,* Infrastrukturförderung (nur) nach Ausschreibung?, NZBau 2005, 617; *Egger,* Europäisches Vergaberecht, 2008; *Engel,* Regulierung durch Organisation und Verfahren, in: *Immenga/Möschel/Reuter* (Hrsg.), Festschrift für Ernst-Joachim Mestmäcker zum siebzigsten Geburtstag, Baden-Baden 1998, S. 11; *Fante,* Die Instrumentalisierung des öffentlichen Beschaffungswesens zur Durchsetzung politischer Ziele, 2004; *Fischer,* Vergabefremde Zwecke im öffentlichen Auftragswesen: Zulässigkeit nach Europäischem Gemeinschaftsrecht, EuZW 2004, 492; *Freise,* Berücksichtigung von Eignungsmerkmalen bei der Ermittlung des wirtschaftlichsten Angebots?, NZBau 2009, 225; *Frenz,* Soziale Vergabekriterien, NZBau 2007, 17; *Gabriel,* Die Vergaberechtsreform 2009 und die Neufassung des vierten Teils des GWB, NJW 2009, 2011; *Gagel,* Sozialgesetzbuch III, 38. Ergänzungslieferung 2010; *Heintzen,* Vergabefremde Ziele im Vergaberecht, ZHR 165, 2001, 62; *Huber/Wollenschläger,* EMAS und Vergaberecht – Berücksichtigung ökologischer Belange bei öffentlichen Aufträgen, WiVerw 2005, 212; *Giesberts/Reinhardt,* Beck'scher Online-Kommentar Umweltrecht, 2007; *Grabitz/Hilf,* Das Recht der Europäischen Union, 40. Aufl. 2010; *Huerkamp,* Technische Spezifikationen und Grenzen des § 97 IV 2 GWB, NZBau 2009, 755 ff.; *ders.,* Transparenz und Gleichbehandlung als gemeinschaftsrechtliche Prinzipien der staatlichen Auftragsvergabe, 2010; *Immenga/Mestmäcker,* Kommentar zum deutschen Kartellrecht, 4. Aufl. 2007; *Kenzler,* Das umweltrechtliche und vergaberechtliche Privilegierungspotential des gemeinschaftsrechtlichen Umwelt-Audit-Systems, Baden-Baden 2009; *Kirch/Leinemann,* Alles neu? Mindestlohnvorgaben und Eigenleistungsquoten nach der Vergaberechtsmodernisierung, VergabeR 2009, 414; *Kirchhof,* Verwalten durch „mittelbares" Einwirken, 1977; *Kling,* Zur Zulässigkeit vergabefremder Regelungen im Recht der öffentlichen Auftragsvergabe, 2000; *Kopp/Ramsauer,* Verwaltungsverfahrensgesetz, 10. Aufl. 2008; *Krohn,* Umweltschutz als Zuschlagskriterium: Grünes Licht für „Ökostrom", NZBau 2004, 92; *ders.,* Öffentliche Auftragsvergabe und Umweltschutz, Die Berücksichtigung von Umweltschutzbelangen bei der öffentlichen Auftragsvergabe nach europäischem und deutschem Vergaberecht, 2003; *Kühling,* Rechtliche Grenzen der Ökologisierung des öffentlichen Beschaffungswesens, VerwArch 2004, 337; *ders./Huerkamp,* Vergaberechtsnovelle 2010/2011: Reformbedarf bei den vergabefremden Ausführungsbedingungen nach § 97 Abs. 4 S. 2

---

[729] *Dreher/Hoffmann* NZBau 2008, 545, 551; *Terwiesche* VergabeR 2009, 26, 34 und 37.

[730] VK Bund, Beschl. v. 3. 7. 2007 – VK 3-64/07, Umdruck nach Veris, 12; VK Südbayern, Beschl. v. 27. 4. 2001 – 08-04/01, Umdruck nach Veris, 16.

[731] VK Bund, Beschl. v. 11. 1. 2005 – VK 2-220/04, Umdruck nach Veris, 11; VK Bund, Beschl. v. 11. 11. 2002 – VK 2-82/02, Umdruck nach Veris, 18; VK Hamburg, Beschl. v. 19. 12. 2002 – VgK FB 4/02, Umdruck nach Veris, 13; so wohl auch VK Sachsen, Beschl. v. 19. 7. 2006 – 1/SVK/060-06, Umdruck nach Veris, 21, und VK Sachsen, Beschl. v. 21. 7. 2005 – 1/SVK/076-05, Umdruck nach Veris, 14.

[732] VK Bund, Beschl. v. 2. 12. 2004 – VK 2-181/04, Umdruck nach Veris, 14.

GWB, VergabeR 2010, 545; *Kus,* Losvergabe und Ausführungskriterien, NZBau 2009, 21; *Langen/Bunte,* Kommentar zum deutschen und europäischen Kartellrecht, 11. Aufl. 2010; *Mader,* Das neue Vergaberecht, EuZW 2004, 425; *Maunz/Dürig,* Grundgesetz, Loseblatt-Kommentar, 57. Aufl. 2010; *McCrudden,* Buying Social Justice: Equality, Government Procurement, and Legal Change, 2007; *Meyer,* Die Einbeziehung politischer Zielsetzungen bei der öffentlichen Beschaffung: zur Zulässigkeit der Verwendung sogenannter "beschaffungsfremder Kriterien" unter besonderer Berücksichtigung der Tariftreueerklärungen, 2002; *Opitz,* Das Legislativpaket – Die neuen Regelungen zur Berücksichtigung umwelt- und sozialpolitischer Belange bei der Vergabe öffentlicher Aufträge, VergabeR 2004, 421; *ders.,* Der Wirtschaftlichkeitsbegriff des Kartellvergaberechts, NZBau 2001, 12; *Otting,* Grenzen der Instrumentalisierung des öffentlichen Auftragswesens für vergabefremde Zwecke – die Tariftreueentscheidung des EuGH, AbfallR 2008, 142; *Pache,* Der Staat als Kunde – System und Defizite des neuen deutschen Vergaberechts, DVBl 2001, 1781; *Pietzcker,* Vergaberechtliche Sanktionen und Grundrechte, NZBau 2003, 242; *ders.,* Rechtsbindungen bei der Vergabe öffentlicher Aufträge, AöR 107 (1982), 61; *Pitschas/Ziekow,* Vergaberecht im Wandel, 2006; *Pünder,* Vorgaben des grundgesetzlichen Gleichheitssatzes für die Vergabe öffentlicher Aufträge, VerwArch 2004, 38; *Rechten,* Die Novelle des EU-Vergaberechts, NZBau 2004, 366; *Schima,* Wettbewerbsfremde Regelungen – falsche Signale vom Europäischen Gerichtshof, NZBau 2002, 1; *Schneider,* EG-Vergaberecht zwischen Ökonomisierung und umweltpolitischer Instrumentalisierung, DVBl 2003, 1186; *Steiff,* Vergabefremde Aspekte – eine Zwischenbilanz, VergabeR 2009, 290; *Steinberg,* Anmerkung zu EuGH, Urteil vom 17. 9. 2002 – C-513/99 (Concordia Bus), EuZW 2002, 634; *Wagner,* Zum Nachprüfungsverfahren bezüglich einer Verwaltungsvorschrift samt Mustererklärung, aus Baden-Württemberg – Anm. zu VK Baden-Württemberg, Beschl. v. 29. 1. 2010 – 1VK 73/09, VergabeR 2010, 717; *Wiedmann,* Die Zulässigkeit sozialer Vergabekriterien im Lichte des Gemeinschaftsrechts, 2006; *Winter,* Public Procurement in the EEC, CMLRev 1991, 741; *Ziekow,* Die Berücksichtigung sozialer Aspekte bei der Vergabe öffentlicher Aufträge, 2007; *ders., Das Vergaberecht als Waffe gegen Kinderarbeit?, KommJur 2007, 281.

1. Allgemeines. a) Begriff. Mit dem Begriff der „vergabefremden Beschaffungskriterien" **191** wird die Instrumentalisierung der Auftragsvergabe zur Erreichung **politischer Ziele** umschrieben.[734] Dem Staat geht es nicht mehr allein um die Deckung seines Bedarfs, sondern er nutzt die Auftragsvergabe, um andere politische Zwecke durchzusetzen,[735] wobei die verfolgten Ziele derartig unterschiedlich sein können, dass eine abschließende Aufzählung unmöglich ist.[736] Die Auftragsvergabe kann zum Beispiel genutzt werden, um Spätaussiedler[737] oder Langzeitarbeitslose[738] in das Erwerbsleben zu integrieren. Sie kann der Förderung von alternativen Energien dienen oder eingesetzt werden, um den biologischen Anbau von Lebensmitteln zu beflügeln.[739] Ebenso kann das Beschaffungswesen dazu genutzt werden, Frauenförderung zu betreiben[740] oder die Menschenrechte zu schützen, indem keine Unternehmen berücksichtigt werden, die Beziehungen zu Staaten mit menschenverachtendem Regime unterhalten.[741] Allgemein geht es um die Einbeziehung von Gemeinwohlbelangen in die staatliche Beschaffungspraxis.

Die Politisierung der Auftragsvergabe kann dabei sowohl bei der **Eignungsprüfung** als auch **192** bei der **Zuschlagsbewertung** eine Rolle spielen. Daneben besteht die Möglichkeit, vergabefremde Belange beim Aufstellen von **Vertragsbedingungen** zu nutzen und sie bereits bei der **Auswahl** des zu beschaffenden Gutes einfließen zu lassen.

b) Historische Entwicklung. Die Verfolgung politischer Ziele vermittels staatlichen Ein- **193** kaufs ist ein globales Phänomen, das sich zu verschiedenen Zeiten unterschiedlicher Beliebtheit erfreut hat.[742] Der EuGH stand einer Nutzung des Vergaberechts für politische Zwecke stets offen gegenüber.[743] Angesichts dieser Rechtsprechung hat auch die Kommission ihre anfäng-

---

[734] *Grabitz/Hilf/Burgi* B 13 RdNr. 1.

[735] *Benedict,* Sekundärzwecke im Vergabeverfahren, 2000, 17.

[736] Eine nicht erschöpfende Aufzählung findet sich bei *Benedict,* Sekundärzwecke im Vergabeverfahren, 2000, 18 f. oder bei *Meyer,* Die Einbeziehung politischer Zielsetzungen bei der öffentlichen Beschaffung, 2002, 82 ff.; s. auch *Steiff* VergabeR 2009, 290, 290 f.

[737] § 14 Abs. 2 BVFG.

[738] § 279 b SGB III.

[739] Kommission, Umweltorientierte Beschaffung! Ein Handbuch für ein umweltorientiertes öffentliches Beschaffungswesen, 2005.

[740] Vgl. §§ 4, 6 FrauFöV Brandenburg.

[741] Vgl. beispielsweise die Nachweise von *Winter* CMLRev. 1991, 741, 775, Fn. 69 zur niederländischen Praxis, Aufträge nicht an Unternehmen zu vergeben, die Geschäftsbeziehungen zu Staaten unter Apartheid unterhielten; weitere Beispiele ähnlicher Art aus der Praxis der USA bei *Bungenberg,* Vergaberecht im Wettbewerb der Systeme, 2007, 320 ff.

[742] Ausführlich *McCrudden,* Buying Social Justice, 2007, 4 ff.

[743] EuGH, C-31/87, Slg. 1988, 4635 – Gebroeders Beentjes; C-225/98, Slg. 2000, I-7445 – Kommission/Frankreich; C-513/99, Slg. 2002, I-7213 – Concordia Bus Finland; C-448/01, Slg. 2003, I-14527 – Wienstrom GmbH.

liche Skepsis gegenüber der Politisierung des Vergabewesens abgelegt.[744] Mit starkem Nachdruck hat sich auch das Europäische Parlament für die Zulässigkeit vergabefremder Regelungen eingesetzt, was auch in der VKR deutlichen Niederschlag gefunden hat.[745]

194   **c) Rechtspolitische Einordnung.** Theoretisch betrachtet handelt es sich bei der Verfolgung politischer Zwecke durch die Beschaffungspraxis um einen Fall der Steuerung durch **mittelbares Einwirken.** Staatliche Stellen nehmen durch das Setzen materieller Anreize auf die Willensbildung des Bürgers bzw. der Unternehmen, in diesem Falle potentielle Bewerber um einen Staatsauftrag, derart Einfluss, dass diese ihre Verhaltensweisen den staatlichen Verhaltenserwartungen anpassen, ohne dass dazu eine allgemeine Rechtspflicht bestünde.[746] Systemtheoretisch handelt es sich um den Versuch, das Subsystem Wirtschaft dadurch zu steuern, dass man sich auf sein Anreizsystem einlässt.[747]

195   Dieser Ansatz ist dabei **keinesfalls unumstritten.** So wird auf die Verteuerungseffekte[748] der Politisierung der Auftragsvergabe, ihre Tendenz, größere Unternehmen zu bevorteilen,[749] eine größere Anfälligkeit für Diskriminierungen[750] und die korruptionserleichternde Wirkung[751] hingewiesen. Außerdem wird auf die dezentrale Struktur des Vergabewesens aufmerksam gemacht, die eine effektive gesamtgesellschaftliche Durchsetzung politischer Zwecke mittels der Vergabe von Aufträgen in Zweifel ziehe.[752]

196   **d) Europarechtlicher Rahmen.** Ähnlich wie das übrige Vergaberecht wird auch die Berücksichtigung vergabefremder Kriterien stark durch das Europarecht überlagert. In dem für die vergabefremden Kriterien typischen Konflikt zwischen den Interessen potentieller Bewerber an einer nicht politisierten Beschaffung einerseits[753] und der Durchsetzung von Allgemeinwohlbelangen vermittels öffentlicher Auftragsvergabe andererseits, schützt das Europarecht besonders die Interessen potentieller Bewerber.[754] Das bedeutet nicht, dass Allgemeinwohlbelange bei der Beschaffung keine Rolle spielen dürften. Es bedeutet aber, dass der Spielraum, den die öffentlichen Auftraggeber zu diesem Zweck haben, durch das Europarecht begrenzt wird.[755] Der nationale Gesetzgeber kann insoweit nur schärfere Anforderungen an die Berücksichtigung vergabefremder Zwecke stellen, nicht aber die Handlungsmöglichkeiten der Auftraggeber erweitern.

197   Für das deutsche Kartellvergaberecht folgt aus dieser Lage zweierlei: Der Spielraum, der sich für öffentliche Auftraggeber bei der Verfolgung politischer Zwecke aus dem GWB ergibt, ist in **europarechtskonformer Weise** auszulegen, soweit dies möglich ist. Zu beachten sind die Vorgaben der VKR und des primären Europarechts, insbesondere des Verbots der Diskriminierung aus Gründen der Staatsangehörigkeit. Gleichzeitig muss die Vergabestelle, die durch Bundes- oder Landesgesetze, Rechtsverordnung oder Ministerialerlass aufgefordert ist, vergabefremde Zwecke in einer Weise zu berücksichtigen, die dem Europarecht widerspricht, diese

---

[744] Vgl. Mitt. „Auslegung Vergaberecht", ABl 2001 Nr. C 333/27; Interpretierende Mitt. der Kommission über das auf das Öffentliche Auftragswesen anwendbare Gemeinschaftsrecht und die Möglichkeit zur Berücksichtigung von Umweltbelangen bei der Vergabe öffentlicher Aufträge, ABl 2001 Nr. C 333/07; vgl. außerdem Kommission, Umweltorientierte Beschaffung! Ein Handbuch für ein umweltorientiertes öffentliches Beschaffungswesen, 2005.

[745] Hierzu *Rechten* NZBau 2004, 366, 369; zur Frage des Reformbedarfs der Vorschrift vgl. *Kühling/Huerkamp* VergabeR 2010, 545 ff.

[746] *Kirchhof,* Verwalten durch mittelbares Einwirken, 1977, 38 f.; auch 105 f.

[747] Zu diesem Vorgang generell *Engel,* Festschrift für Mestmäcker, 1998, 119, 129 f.

[748] *Byok/Jaeger/Hailbronner* RdNr. 250; *Immenga/Mestmäcker/Dreher* RdNr. 175; *Langen/Bunte/Wagner* RdNr. 66.

[749] *McCrudden,* Buying Social Justice, 2007, 118; *Pache* DVBl 2001, 1781, 1789.

[750] *Grabitz/Hilf/Burgi* B 13 RdNr. 7.

[751] *Steiff* VergabeR 2009, 290, 292.

[752] Wissenschaftlicher Beirat beim BMWi, Gutachten Nr. 2/07, Öffentliches Beschaffungswesen, RdNr. 18, abrufbar unter http://www.bmwi.de/BMWi/Navigation/Service/publikationen,did=228006.html; *Bechtold/Otting* RdNr. 27.

[753] *McCrudden,* Buying Social Justice, 2007, 118; Stellungnahme des BDI v. 15. 4. 2008 zum Entwurf eines Gesetzes zur Modernisierung des Vergaberechts v. 3. 3. 2008, Dokumentennummer D 0206, 2 ff.; Gemeinsame Stellungnahme der Arbeitsgemeinschaft Selbständiger Unternehmer e. V. (ASU) und des Bundesverbandes Junger Unternehmer der ASU e. V. (BJU) zum Entwurf eines Gesetzes zur Förderung und Stärkung des Mittelstandes (Mittelstandsgesetz) Anhörung des Ministeriums für Wirtschaft und Mittelstand, Energie und Verkehr des Landes Nordrhein-Westfalen am 25. April 2002, unter Punkt 7.

[754] Deutlich EuGH, C-380/98, Slg. 2000, I-8035, RdNr. 16 f. – University of Cambridge.; ähnlich C-360/96, Slg. 1998, I-6821, RdNr. 41 f. – BFI.

[755] Erwägungsgrund 1 zur VKR.

Aufforderung unberücksichtigt lassen und zwar selbst dann, wenn sie vom Wortlaut des Abs. 4 Satz 2, Satz 3 und Abs. 5 gedeckt sein sollte.[756]

e) Systematische Erfassung durch das GWB. Die Verfolgung politischer Ziele bei der **198** Beschaffung kann systematisch grundsätzlich an vier verschiedenen Punkten ansetzen. Der öffentliche Auftraggeber kann schon bei der Festlegung des zu beschaffenden Produktes bzw. der nachzufragenden Leistung politische Überlegungen einfließen lassen (dazu RdNr. 199 ff.). Regelungen für diesen Bereich sind im GWB selbst nicht niedergelegt. Die wichtigen Vorschriften über die technischen Spezifikationen, die gemäß §§ 4 Abs. 1 und 6 Abs. 1 VgV auch bei Vergaben im Kartellvergaberecht anzuwenden sind, finden sich im Anhang TS zum zweiten Abschnitt der VOB/A und der VOL/A. Daneben besteht die Möglichkeit, Bewerber um einen Staatsauftrag aus politischer Motivation heraus auszuschließen. Der rechtliche Rahmen für diese Möglichkeit ist in Abs. 4 Satz 3 verankert (dazu RdNr. 236 ff.). Eine Rolle können politische Erwägungen ebenfalls bei der Auswahl zwischen verschiedenen Angeboten spielen. Dann geht es um die Bestimmung der Zuschlagskriterien, die in Abs. 5 geregelt ist (dazu RdNr. 297 ff.). Der durch das Vergaberechtsmodernisierungsgesetz neu eingefügte Abs. 4 Satz 2 sieht schließlich die Möglichkeit vor, besondere Anforderungen an die Durchführung des Auftrags zu stellen (dazu RdNr. 208 ff.). Auch hier können politische Motive, zB. ökologische oder soziale Erwägungen Einfluss gewinnen.

2. Festlegen des Auftragsgegenstandes und politisierte Beschaffung. a) Festlegen des 199 Auftragsgegenstands. Im Vergaberecht fehlt es an Aussagen zur Festlegung der nachzufragenden Leistung, die ebenfalls vielfältige Möglichkeiten bei der Verfolgung sozialer und umweltpolitischer Zwecksetzungen bieten.[757] So ist der Auftraggeber frei darin, beispielsweise Elektrobusse oder Energiesparlampen nachzufragen. Hierhin gehört auch die in § 37 Abs. 1 Satz 2 KrWW-/AbfG genannte Verpflichtung, auf Langlebigkeit, Wiederverwertbarkeit und Reparaturfreundlichkeit bei der Beschaffung zu achten, indem beispielsweise keine Wegwerfartikel gekauft werden.[758] Das sekundäre Recht der EU erfasst diesen Bereich nicht und die Restriktionen des Primärrechts, insbesondere durch die Grundfreiheiten sind bisher eher theoretischer Natur.[759] Jedenfalls hat der EuGH bislang noch nicht die Nachfrage nach einem bestimmten Gegenstand als diskriminierend oder freiheitsbeschränkend eingestuft. Diese Schwierigkeiten treten erst auf, wenn sich der Auftraggeber auf bestimmte **Produkttypen, Marken** oÄ. festlegt.[760]

b) Technische Spezifikationen. Abseits der Auswahl des Vertragsgegenstandes als solchem **200** kann der Auftraggeber bei der genaueren Umschreibung der Nachfrage, also bei den technischen Spezifikationen, vergabefremde Aspekte berücksichtigen. Dies gilt vor allem für **umweltpolitische Aspekte.**

So kann er zum einen bei technischen Spezifikationen nach Art. 23 Abs. 3 lit. a iVm. Anhang **201** VI der VKR bestimmte Vorgaben machen und so auf den Produktions- und Leistungsprozess auch dann Einfluss nehmen, wenn sich dieser nicht auf die physischen Eigenschaften des Produkts auswirkt.[761] Allerdings muss auch hier ein Auftragsbezug gewahrt bleiben.[762] Es darf also nicht auf Fragen der internen Unternehmensorganisation eingegangen werden, beispielsweise indem verlangt wird, der Erbringer der Leistung dürfe auch ansonsten in seinem Betrieb nur Recyclingpapier verwenden.

aa) Umweltpolitische Aspekte. Möglich ist es, umweltfreundlichen Strom aus erneuerba- **202** ren Energiequellen oder Lebensmittel aus ökologischem Anbau nachzufragen.[763] Ebenso dürfen

---

[756] So bereits für die BKR (71/305/EWG) EuGH, C-103/88, Slg. 1989, I-1839, RdNr. 33 – Fratelli Costanzo; aA. offenbar *Langen/Bunte/Wagner* RdNr. 70.

[757] *Steiff* VergabeR 2009, 290, 294.

[758] *Dippel,* in: *Giesberts/Reinhardt* (Hrsg.), Beck'scher Online-Kommentar Umweltrecht, § 37 KrWW-/AbfG RdNr. 9.

[759] Zu möglichen Diskriminierungen *Kühling* VerwArch 2004, 337, 351. Den weiteren Spielraum, den die Grundfreiheiten gewähren, betonen *Arrowsmith,* The Law of Public and Utilities Procurement, 2005, 1114 f.; *Meyer,* Die Einbeziehung politischer Zielsetzungen bei der öffentlichen Beschaffung, 2002, 188.

[760] EuGH, C-45/87, Slg. 1988, 4929 – Kommission/Irland; C-359/93, Slg. 1995, I-157, RdNr. 27 – UNIX; C-59/00, Slg. 2001, I-9505, – Vestergaard.

[761] *Opitz* VergabeR 2004, 421, 423.

[762] *Grabitz/Hilf/Burgi* B 13 RdNr. 36.

[763] Kommission, Umweltorientierte Beschaffung! Ein Handbuch für ein umweltorientiertes öffentliches Beschaffungswesen, 2005, 22 ff.; s. auch Erwägungsgrund 29 der VKR, der vorsieht, dass „bestimmte Produktionsmethoden" Gegenstand technischer Spezifikationen sein dürfen.

Vorgaben gemacht werden, die Vorprodukte der eigentlichen Leistung betreffen, etwa dass nur Holz aus nachhaltiger Beforstung zu verwenden ist oder wie in § 2 Abs. 2 Nr. 3 LAbfG BaWü allgemeiner geregelt, Produkten aus nachwachsenden Rohstoffen der Vorzug zu geben ist. Zu beachten ist aber zweierlei: Zum einen muss der Auftraggeber gemäß Art. 23 Abs. 4 VKR auch solche Angebote zulassen, die zwar nicht den technischen Spezifaktionen entsprechen, aber als gleichwertig zu betrachten sind. Außerdem muss er, wenn er auf Normungen zurückgreift, den Vorrang europäischer und internationaler Normen beachten und darf erst dann auf rein nationale Normen Bezug nehmen, wenn es keine derartigen europäischen oder internationalen Normen gibt. Problematisch ist vor diesem Hintergrund daher die in einem gemeinsamen Erlass verschiedener Bundesministerien angeordnete Beschaffung von Holzprodukten, die aus nachhaltiger Beforstung stammen und dafür nach Möglichkeit mit **FSC- oder dem PEFC-Sigel** ausgezeichnet sind. Zwar lässt der Erlass auch andere Nachweise zu, diese können aber nur von der Bundesforschungsanstalt für Forst- und Holzwirtschaft oder dem Bundesamt für Naturschutz auf ihre Gleichwertigkeit hin überprüft werden.[764] Außerdem muss der Bewerber die Kosten der Nachprüfung tragen. Beachtet man, dass FSC und PEFC-Sigel in Deutschland sehr verbreitet sind, ist eine indirekte Diskriminierung ausländischer Bewerber zumindest möglich.

203   Zum anderen muss die Vorgabe von bestimmten **Produktionsabläufen** an Art. 23 Abs. 8 VKR gemessen werden,[765] der grundsätzlich die Bezugnahme auf ein besonderes Verfahren untersagt, wenn dies nicht durch den Auftragsgegenstand gerechtfertigt ist. Offenbar scheint die Kommission aber auf dem Standpunkt zu stehen, dass dies bei ökologisch produzierten Gütern der Fall ist.[766]

204   Schließlich können Umwelteigenschaften auch in Form von **Leistungs- oder Funktionsanforderungen** in die Auftragsbeschreibung einfließen. Hierbei können sämtliche Auswirkungen des Produkts auf die Ökosphäre berücksichtigt werden.[767] Beispielsweise kann gemäß § 2 Abs. 2 Nr. 2 LAbfG BaWü Erzeugnissen der Vorzug gegeben werden, die zu schadstoffärmeren Abfällen führen oder es kann verlangt werden, dass ein ÖPNV-System einen bestimmten Schadstoffausstoß beachtet.[768]

205   In diesem Zusammenhang dürfen die Auftraggeber nach Art. 23 Abs. 6 VKR auch die Vermutung aufstellen, dass bei bestimmten (pluri)nationalen **Umweltsiegeln** die Leistung den Umweltfunktionsanforderungen genügt. Es müssen aber auch gleichwertige Leistungen ohne Siegel akzeptiert werden.[769]

206   **bb) Soziale Aspekte.** Die Berücksichtigung sozialer Belange findet sich ebenfalls in den **technischen Spezifikationen** wieder, in denen die Möglichkeit vorgesehen ist, auf die Benutzung eines Gegenstands durch Behinderte („design for all") Bezug zu nehmen. Auffällig ist in diesem Zusammenhang, dass Art. 23 Abs. 1 VKR als Soll-Vorschrift die Auftraggeber verpflichtet, nach Möglichkeit behindertengerecht einzukaufen. Insoweit dürfte es der Union allerdings an der Kompetenz fehlen, in Form des intendierten Ermessens die Mitgliedstaaten schon bei der Bestimmung des Nachfragegegenstandes in eine bestimmte Richtung zu lenken.

207   Schwieriger ist die Frage zu beantworten, ob soziale Aspekte auch im Hinblick auf die **Produktionsprozesse** vorgeschrieben werden können. Gegen eine solche Möglichkeit wird vorgebracht, es fehle in den Richtlinien an einer Erwähnung sozialer Aspekte bei den technischen Spezifikationen, außerhalb der „Design-for-all"-Vorgabe.[770] Genauso fehlt es aber an einem Hinweis in der Richtlinie, dass die Bezugnahme auf Umweltaspekte abschließend sein soll. Gleichzeitig ist nicht einsichtig, warum eine umweltorientierte Beschaffung generell gegenüber einer sozialen Beschaffung zu privilegieren ist. Wird dem Auftraggeber gestattet, beispielsweise ökologisch produzierten Strom zu beschaffen, der sich in keiner Form von herkömmlichem Strom unterscheidet, ist fraglich, warum nicht auch „fair" gehandelte Produkte oder Leistungen, die ohne Hinzuziehung von Kinderarbeit hergestellt worden sind, als Beschaffungsgegenstand

---

[764] Gemeinsamer Erlass zur Beschaffung von Holzprodukten v. 17. 1. 2007, GMBl 2007, 67, Begleitende Erklärung unter Nr. 2.

[765] *Egger* RdNr. 1078; *McCrudden,* Buying Social Justice, 2007, 541.

[766] Kommission, Umweltorientierte Beschaffung! Ein Handbuch für ein umweltorientiertes öffentliches Beschaffungswesen, 2005, 23, wo es in Bezug auf Ökostrom heißt: „Die Eigenart und der Wert des Endprodukts wurden jedoch durch die eingesetzte Verarbeitungs- und Produktionsmethode verändert".

[767] *Egger* RdNr. 1077; *Kühling* VerwArch 2004, 337, 341.

[768] Allgemeine Verwaltungsvorschrift zur Beschaffung energieeffizienter Produkte und Dienstleistungen v. 17. 1. 2008, BAnz., 198, Anlage unter I.2.

[769] *Huber/Wollenschläger* WiVerw 2005, 212, 220.

[770] *Egger* RdNr. 1079 f.; *Ziekow* KommJur 2007, 281, 285.

verlangt werden können.[771] Zu beachten ist dabei sicherlich die Grenze des Art. 23 Abs. 8 VKR, die allerdings genauso für eine ökologisch motivierte Beschaffung etwa von „grünem" Strom Geltung beansprucht. Eine genaue Klärung dieser Frage durch den EuGH bleibt abzuwarten. Relevant wird dieses Problem zB. auf dem Gebiet der Arbeitsbeschaffungsmaßnahmen.

3. Begriff der zusätzlichen Anforderungen für die Auftragsdurchführung. Abs. 4 **208** Satz 2 ist durch das Gesetz zur Modernisierung des Vergaberechts in das GWB eingefügt worden. Er sieht für Auftraggeber die Möglichkeit vor, soziale, umweltbezogene oder innovative Anforderungen an die Durchführung des Auftrags zu stellen. Ausweislich der Gesetzesbegründung können aufgrund dieser Vorschrift die angemessene Bezahlung des Wachpersonals während der Auftragsdurchführung oder die Beschäftigung von Langzeitarbeitslosen **während des konkreten Auftrags** vom Auftragnehmer verlangt werden.[772] Das Bundesministerium für Wirtschaft und Technologie verlangt beispielsweise bereits in einer Verwaltungsvorschrift vom 17. 1. 2008, soweit möglich für die Ausführung des Auftrags „umwelt- und energieeffizienzbezogene Vertragsbedingungen zu fordern."[773]

a) Europarechtliches Vorbild: Art. 26 VKR. Die Vorschrift übernimmt den Art. 26 VKR, **209** wenn auch fast wortgleich, in das deutsche Recht.[774] Art. 26 VKR wiederum geht auf das *Beentjes*-Urteil des EuGH und die ihm nachfolgende Rechtsprechung zurück.[775] In *Beentjes* selbst, hatte der EuGH eine sozialpolitisch motivierte Ausführungsbedingung für zulässig erklärt,[776] obwohl eine solche Möglichkeit im damaligen Richtlinienrecht nicht explizit vorgesehen war. Diese Rechtsprechung hat der Gerichtshof trotz massiver Kritik im Schrifttum aufrechterhalten.[777] Art. 26 VKR **kodifiziert** insoweit die bisherige Rechtsprechung und soll den Begründungserwägungen zufolge beispielsweise die Möglichkeit zur Verbesserung der beruflichen Ausbildung auf Baustellen oder der Bekämpfung der Arbeitslosigkeit ermöglichen.[778]

b) Stellung innerhalb des Vergabeverfahrens. Innerhalb des Beschaffungsvorgangs fin- **210** den sich die zusätzlichen Anforderungen in einer **Zwischenstellung:**[779] Sie betreffen die **Phase nach Zuschlagserteilung,**[780] nämlich die Erledigung des Auftrags, werden aber bereits in der Leistungsbeschreibung beschrieben. Es geht also nicht mehr um den Kernbereich des Vergaberechts, nämlich die Bewerberauswahl, sondern eigentlich um den nachgeordneten Bereich der Vertragsgestaltung. Verbunden mit dieser Zwischenstellung ist die Unsicherheit der Wirkung zusätzlicher Anforderungen auf den Vergabevorgang.[781] So wird zum Teil vertreten, die zusätzlichen Anforderungen hätten keinerlei Auswirkungen auf die Auswahl des Auftragnehmers. Vielmehr könnten einem bereits ausgewählten Auftragnehmer bestimmte Anforderungen bei Ausführung des Auftrags abverlangt werden.[782] Richtigerweise wird man diese Auffassung ablehnen müssen. Zusätzliche Anforderungen an die Auftragsdurchführung wirken bereits **differenzierend** zwischen den Bewerbern, weil sich nur der Wirtschaftsteilnehmer um einen Auftrag bemühen kann, der auch die mit ihm verknüpften zusätzlichen Anforderungen zu erfüllen weiß.[783] Eine andere Frage ist allerdings, ob der Auftraggeber bei der Eignungsprüfung der Bewerber berücksichtigen darf, ob diese zur Erfüllung der zusätzlichen Auftragsbedingungen in der Lage wären (zu dieser str. Frage näher unten RdNr. 242 ff.).

4. Rechtmäßigkeitsvoraussetzungen. a) Sachlicher Zusammenhang mit dem Auf- 211 tragsgegenstand. aa) Auftragsbezug statt Unternehmensbezug. α) Grundsatz. Sowohl § 97 Abs. 4 Satz 2 GWB als auch Art. 26 VKR sehen vor, dass Bedingungen *für* die Ausführungen des Auftrags vorgesehen werden können. Richtigerweise wird man bereits wegen dieser

---

[771] Ausführlich *McCrudden,* Buying Social Justice, 2007, 541 f.; modifizierend *Frenz* NZBau 2007, 17, 21.

[772] BR-Drucks. 349/08, 27.

[773] Art. 2 Abs. 3 der Allgemeinen Verwaltungsvorschrift zur Beschaffung energieeffizienter Produkte und Dienstleistungen des BMWi v. 17. 1. 2008, BAnz. 2008, 98.

[774] BR-Drucks. 349/08, 26; *Kus* NZBau 2009, 21, 23.

[775] *Egger,* 2008, RdNr. 1317.

[776] EuGH, C-31/87, Slg. 1988, 4635, RdNr. 37 – Gebroeders Beentjes.

[777] EuGH, C-225/98, Slg. 2000, I-7445, RdNr. 50 – Kommission/Frankreich; zur Kritik eingehend statt vieler *Benedict* NJW 2001, 947, 948.

[778] Vgl. Erwägungsgrund 33 zur VKR.

[779] Vgl. auch *Steiff* VergabeR 2009, 290, 300.

[780] *Ziekow* 47.

[781] Dazu *Dageförde/Dross* NVwZ 2005, 19, 29 f.

[782] *Fischer* EuZW 2004, 492, 494; *Frenz* NZBau 2007, 17, 20; ähnlich *Bitterich* ZIP 2008, 1455, 1458: Vergabeentscheidung wird „allein an Zuschlagskriterien" ausgerichtet.

[783] Vgl. *Bungenberg* 311; *Egger* RdNr. 1329; *Kus* NZBau 2009, 21, 24; *Ziekow* KommJur 2007, 281, 286.

Formulierung verlangen müssen, dass sich zusätzliche Bedingungen auf die **Durchführung des Auftrags beschränken** und nicht darüber hinausgehende Anforderungen aufstellen.[784] Abs. 4 Satz 2 hat insoweit klarstellende Funktion, als er explizit den Zusammenhang mit dem Auftrag verlangt. Dieser Auftragsbezug sorgt dafür, ähnlich wie bei den Zuschlagskriterien, dass der Auftraggeber die allgemeine Unternehmenspolitik eines Bewerbers bei der Formulierung der Auftragsbedingungen nicht einfließen lassen darf.[785]

212   Beispiele solcher **unzulässigen Anforderungen** lassen sich auch schon im bisherigen Vergaberecht finden. So sieht § 13 Abs. 1 Satz 1 des Landesgleichstellungsgesetzes Berlin vor, dass bei Verträgen mit einem Wert von über 50.000 € der Auftragnehmer zu verpflichten ist, Maßnahmen zur Frauenförderung in seinem Unternehmen durchzuführen. § 2 Nr. 6 der Frauenförderverordnung bezeichnet als eine mögliche Maßnahme beispielsweise die Einrichtung der Stelle einer Frauenbeauftragten. Damit ist die Grenze des nach Abs. 4 Satz 2 notwendigen Auftragsbezugs durchbrochen, da von dem Unternehmen nicht mehr ein spezielles Verhalten bei Durchführung des Auftrags, sondern allgemein eine Umstellung seiner Unternehmenspolitik verlangt wird. Eine ähnliche Regelung findet sich in Nr. 9.1. der Landesbeschaffungsordnung des Landes Schleswig-Holstein.[786] Hier wird verlangt, für Auftragnehmer einer bestimmten Größenordnung die Aufstellung eines Frauenförderungsplanes zur Vertragsbedingung zu machen. Vorgaben dieser Art dürften nun, soweit sie in den Anwendungsbereich des GWB fallen, an Abs. 4 Satz 2 scheitern.

213   Ebenfalls keine zulässige Bedingung wäre daher grundsätzlich gegeben, wenn der Auftraggeber verlangt, die Ausführung des Auftrags müsse durch ein Unternehmen erfolgen, das die **EMAS-Umweltstandards** erfüllt.[787] Auch hier mangelt es an einem Auftragsbezug. Die EMAS-Zertifizierung orientiert sich nämlich an der Kontrolle und der Steuerung des allgemeinen umweltrelevanten Verhaltens eines Unternehmens und hat keinen Bezug zu einem konkreten Auftrag.[788] Hierdurch entsteht kein Wertungswiderspruch zum Nachweis der technischen Leistungsfähigkeit, bei dem eine Bezugnahme auf das EMAS in engen Grenzen möglich ist (siehe RdNr. 44). Zu beachten ist nämlich, dass nur einzelne Umweltmanagementmaßnahmen als Befähigungsnachweis dienen. Auch im Rahmen von Art. 48 Abs. 2 lit. f VKR kann deshalb nicht generell eine Beteiligung an EMAS verlangt werden, sondern umgekehrt kann über die Teilnahme an dem Umwelt-Audit eine erhöhte umwelttechnische Leistungsfähigkeit für bestimmte Herstellungsweisen des Auftragsgegenstands nachgewiesen werden.[789]

214   β) **Umschlagen zulässiger Bedingungen.** Ungeklärt ist bislang, wie mit Ausführungsbedingungen zu verfahren ist, die zwar grundsätzlich auftragsbezogen formuliert sind, aber bei genauerer Betrachtung **unternehmensbezogen** wirken. Wird zum Beispiel für einen kleinen Reinigungsauftrag ein Entscheidungskriterium aufgestellt, das Bieter bevorzugt, die für diesen Auftrag mindestens zwei Langzeitarbeitslose einstellen, dann wird dies vor allem kleinere Unternehmen benachteiligen, die sich die Einstellung zweier neuer Arbeitskräfte für einen kleinen Reinigungsauftrag nicht leisten können,[790] obwohl die Ausführungsbedingung an sich auftragsbezogen formuliert ist. Richtigerweise wird man auch nach Abs. 4 Satz 2 solche Ausführungsbedingungen als unzulässig ansehen müssen, will man nicht Gefahr laufen, die Vorgaben für Eignungskriterien, die eigentlich die Auswahl aufgrund unternehmensbezogener Merkmale steuern, zu umgehen.

215   **bb) Bezug zur Ausführung des Auftrags.** Gleichzeitig verlangt Abs. 4 Satz 2, dass sich die zusätzlichen Anforderungen auf die *Ausführung* des Auftrags beschränken. Sie sind damit von den Zuschlagskriterien unterschieden, die sich auf die für den Auftrags*gegenstand* festgelegten Anforderungen konzentrieren.[791] Gerade bei Dienstleistungsaufträgen fällt diese Abgrenzung schwer, weil hier Gegenstand der Leistung die Durchführung eines bestimmten Vorhabens ist.

---

[784] *Grabitz/Hilf/Burgi* B 13 RdNr. 46; *Egger* RdNr. 1322; *Opitz* VergabeR 2004, 421, 425.

[785] *Immenga/Mestmäcker/Dreher* RdNr. 193.

[786] Landesbeschaffungsordnung des Landes Schleswig-Holstein v. 25. 3. 2008, ABl. 2008/247.

[787] *Huber/Wollenschläger* WiVerw 2005, 212, 228; vgl. aber auch den Hinweis in RdNr. 244.

[788] *Kenzler,* Privilegierungspotential, 2009, S. 162.

[789] *Kenzler,* Privilegierungspotential, 2009, S. 162 f.

[790] Generell macht *McCrudden* 118 darauf aufmerksam, dass komplexe soziale Anforderungen an die Auftragsvergabe größere Unternehmen bevorteilen; hiergegen lässt sich auch nicht mit *Wiedmann* 207 argumentieren, diese Nachteile könnten durch eine Losvergabe ausgeglichen werden; weitere Beispiele, in denen Ausführungsbedingungen unternehmensbezogene Wirkung entfalten, bei *Diemon-Wies/Graiche* NZBau 2009, 409, 412.

[791] *Ziekow,* in: *Pitschas/Ziekow* (Hrsg.) 163; aA. *Mader* EuZW 2004, 425, 428.

Prototypisch ist die Ausführung des Auftrags beispielsweise betroffen, wenn dem Auftragnehmer aufgegeben wird, während der Erstellung des Bauwerks auch die Weiterbildung der Arbeitskräfte auf der Baustelle sicherzustellen[792] oder die Baustelle auf möglichst umweltfreundliche Weise zu unterhalten.[793]

cc) Keine technischen Spezifikationen. Schwierig wird die Anwendung von Abs. 4 **216** Satz 2, wenn es um bestimmte Anforderungen an den **Produktionsprozess** geht. Prominentes Beispiel ist die Anforderung an Auftragnehmer, keine Produkte zu verwenden oder zu liefern, die mit Kinderarbeit gefertigt worden sind.[794]

Hier überschneidet sich Abs. 4 Satz 2 mit dem Anwendungsbereich der nach Art. 23 VKR **217** bzw. § 9 Nr. 5–10 VOB/A oder § 8 EG VOL/A zulässigen technischen Spezifikationen, die es dem Auftraggeber ebenfalls unter bestimmten Voraussetzungen ermöglichen, die Herstellung des Produkts zu spezifizieren, selbst wenn sich diese Spezifikationen nicht auf das äußere Erscheinungsbild des Auftragsgegenstandes auswirken. Ausgangspunkt der Überlegung muss sein, dass Art. 23 VKR und Art. 26 VKR bzw. § 97 Abs. 4 Satz 2 GWB in einem **Exklusivitätsverhältnis** zueinander stehen,[795] weil sie dem Auftraggeber unterschiedliche Grenzen ziehen bei seinem Bemühen, die Erbringung der Leistung zu definieren. Während Art. 23 Abs. 8 VKR verlangt, dass die Verwendung technischer Spezifikationen entweder durch den **„Auftragsgegenstand gerechtfertigt"** oder für eine hinreichend genaue Beschreibung unerlässlich ist, lässt es Abs. 4 Satz 2 genügen, wenn zusätzliche Bedingungen im sachlichen Zusammenhang zum Auftragsgegenstand stehen. Außerdem sehen § 9 Nr. 10 VOB/A und § 8 EG Abs. 7 VOL/A vor, dass technische Spezifikationen unter Umständen mit dem Zusatz „oder gleichwertig" zu versehen sind, wohingegen Abs. 4 Satz 2 dem Bewerber keinen vergleichbaren Spielraum zugesteht: Kann er eine zusätzliche Anforderung für die Auftragsdurchführung nicht erfüllen, kann er sich auch nicht um die Vergabe des Auftrags bewerben.[796]

Aus systematischen Gründen ist deshalb zu verlangen, dass technische Spezifikationen nur un- **218** ter den in § 9 Nr. 5–10 VOB/A oder § 8 EG VOL/A aufgestellten Bedingungen festgelegt werden dürfen und nicht durch eine Einbeziehung in den Anwendungsbereich des Abs. 4 Satz 2 als zusätzliche Anforderung dem Auftragnehmer vorgeschrieben werden können. Die damit notwendige präzise Abgrenzung zwischen technischen Spezifikationen einerseits und zusätzlichen Anforderungen andererseits wirft allerdings erhebliche Schwierigkeiten auf[797] und kann auch nicht in vollends befriedigender Art und Weise gelöst werden. Verschärft wird das Problem durch die VKR selbst, die den Begriff der technischen Spezifikationen in ihrem Anhang VI für Dienst- und Lieferaufträge denkbar weit definiert, als „Merkmale für ein Erzeugnis oder eine Dienstleistung". Als Merkmale einer Dienstleistung lassen sich zB ohne große Schwierigkeiten auch Anforderungen wie die Beschäftigung von Langzeitarbeitslosen verstehen, die aber ausweislich des Erwägungsgrundes 33 gerade als zusätzliche Anforderungen im Sinne des Art. 26 VKR gewertet werden soll.

Eine überzeugende Abgrenzung muss sich an der Bedeutung der speziellen Regelungen über **219** die technischen Spezifikationen für den Binnenmarkt orientieren. Im einzelnen ist deshalb Folgendes zu beachten:[798]

Bei **Lieferaufträgen** können Anforderungen an die Herstellungsweise des Produkts nur als **220** Technische Spezifikationen in das Verfahren Eingang finden. Es kann also beispielsweise nicht nach Abs. 4 Satz 2 verlangt werden, die zu kaufende Ware solle ohne Kinderarbeit hergestellt worden sein. Eine solche Vorgabe ist eine Technische Spezifikation und deshalb nach § 8 EG Abs. 7 VOL/A nur zulässig, wenn sie durch den Auftragsgegenstand gerechtfertigt ist, wenn es sich also um einen eigenen Produkttypus handelt. Gerade bei der Berücksichtigung sozialer Aspekte führt diese Beschränkung zu nicht unerheblichen Schwierigkeiten. Der Anwendungsbereich des Abs. 4 Satz 2 ist dagegen beim Lieferauftrag erst eröffnet, wenn es um Vorgaben für den Liefervorgang selbst geht, etwa wenn verlangt wird, die bestellte Ware auf dem Schienen- statt auf dem Straßenweg zu transportieren.

---

[792] Beispiel nach Erwägungsgrund 33 der VKR.
[793] Nachweise über die diesbezügliche Vergabepolitik in NRW bei *Fante* 47, Fn. 225.
[794] Eingehend zu dieser Frage *Beck/Wagner* VergabeR 2008, 601 ff.; *Wagner* VergabeR 2010, 717 ff.; *Ziekow* KommJur 2007, 281 ff.
[795] Ebenso *Huber/Wollenschläger* WiVerw 2005, 212, 227; eingehend *Huerkamp* NZBau 2009, 755 ff.
[796] *Egger* RdNr. 1329; *Krohn* NZBau 2004, 92, 94; *Ziekow* KommJur 2007, 281, 286.
[797] *Immenga/Mestmäcker/Dreher* RdNr. 192.
[798] Zum Folgenden umfassend *Huerkamp* NZBau 2009, 755 (757 f.).

221   Bei **Bauaufträgen** erfassen die Regelungen über Technische Spezifikationen sämtliche Forderungen, die sich auf die zu verwendenden Baustoffe beziehen, während Abs. 4 Satz 2 solche Anforderungen betrifft, die die Durchführung des Bauvorhabens näher umschreiben. Ob der Auftraggeber mithin verlangen kann, dass bei dem Bauauftrag lediglich Holz aus nachhaltiger Beforstung verwendet wird, richtet sich nach den Regelungen über Technische Spezifikationen, während andererseits die Vorgabe, während der Auftragsausführung Weiterbildungsmaßnahmen anzubieten, an Abs. 4 Satz 2 zu messen ist.

222   Für **Dienstleistungsaufträge** gilt schließlich, dass der Anwendungsbereich der Technischen Spezifikationen hier sehr gering ausfällt. Detaillierte Vorgaben sozial- oder umweltpolitischer Art für die Durchführung des Auftrags richten sich nach Abs. 4 Satz 2.

223   **dd) Sachlicher Zusammenhang.** Darüber hinaus verlangt Abs. 4 Satz 2 einen sachlichen Zusammenhang mit dem Auftragsgegenstand und geht damit über Art. 26 VKR hinaus, der ein solches Tatbestandsmerkmal nicht kennt. Welche Restriktionen genau aus diesem Erfordernis des sachlichen Zusammenhangs erwachsen, ist unklar. Die Gesetzesbegründung führt zu dem Kriterium der Sachlichkeit nichts aus, sondern beschränkt sich darauf, festzuhalten, dass durch das Erfordernis des sachlichen Zusammenhangs mit dem Auftragsgegenstand verhindert werden soll, dass zusätzliche Anforderungen für die allgemeine Unternehmenspolitik eines Bewerbers formuliert werden.[799] Dieser Effekt wird aber bereits durch den Zusammenhang mit dem Auftragsgegenstand erfüllt. Wann dieser Zusammenhang als sachlich zu qualifizieren ist, lässt die Begründung offen.

224   Bekannt ist dem deutschen Verwaltungsrecht das Verbot sachfremder Erwägungen aus der Ermessenslehre. Als Verstoß gegen das Kopplungsverbot und damit als sachfremd wird gewertet, wenn die Behörde ihr Ermessen dazu ausnutzt, um Ziele durchzusetzen für die sie nicht zuständig ist.[800] Es ist bereits vor dem Vergaberechtsmodernisierungsgesetz versucht worden, das Kopplungsverbot auch für die vergaberechtliche Diskussion fruchtbar zu machen.[801] Insoweit herrscht allerdings Einigkeit, dass die politische Instrumentalisierung der Auftragsvergabe nicht prinzipiell als sachwidrig anzusehen ist.[802] Darüber hinausgehende konkrete Maßgaben sind bislang aus dem Kopplungsverbot und dem Erfordernis der Sachgerechtheit abgeleitet worden.[803]

225   Es steht daher zu erwarten, dass dem Tatbestandsmerkmal der Sachlichkeit neben den Erfordernissen des Auftragszusammenhangs und des Bezugs zur Auftragsausführung **keine maßgebliche Funktion** bei der Beurteilung vergabefremder Zwecke zukommt. Es kann daher auch gestrichen werden.[804]

226   **b) Soziale, umweltbezogene und innovative Aspekte.** Ähnlich wie Art. 26 VKR zählt auch § 97 Abs. 4 Satz 2 GWB beispielhaft die Ziele auf, die mit der Aufnahme zusätzlicher Anforderungen verfolgt werden können, wobei die deutsche Vorschrift neben den umweltbezogenen und sozialen auch innovative Aspekte nennt. Aufgrund der differenzierenden Wirkung zusätzlicher Ausführungsbedingungen (dazu oben RdNr. 210) ist mit einer Berücksichtigung vergabefremder Zwecke auf dieser Stufe des Verfahrens stets eine Ungleichbehandlung der Bewerber verbunden, die diese Bedingungen nicht erfüllen können. Eine solche Ungleichbehandlung ist schon nach Art. 3 Abs. 1 GG nur durch **legitime Zwecke zu rechtfertigen,**[805] wozu sicherlich der Schutz der Umwelt und sozialer Belange gezählt werden kann. Dabei ist allerdings zu beachten, dass nicht jede Ausführungsbedingung, die sozialen oder ökologischen Zielen dient, ohne weiteres rechtmäßig ist. Zu beachten sind besonders weitere europarechtliche Vorgaben, etwa auf dem Gebiet der Tariftreue (dazu sogleich RdNr. 232).

227   Zulässig ist für den Auftraggeber insbesondere, Bedingungen zu stellen, die nicht den allgemeinen, gesetzlich festgelegten Anforderungen entsprechen. Eine Interpretation der Tariftreueentscheidung des EuGH,[806] die sämtliche über die allgemeinen Gesetzesvorgaben hinausgehenden Anforderungen im Beschaffungssektor als Verstöße gegen das Europarecht be-

---

[799] BR-Drucks. 349/08, S. 27.
[800] *Kopp/Ramsauer,* Verwaltungsverfahrensgesetz, 2008, § 40 RdNr. 63.
[801] *Burgi* NZBau 2001, 64, 70 f.; *Meyer* 368 ff. mwN.
[802] *Heintzen* ZHR 165, 2001, 62, 71 f.; *Pietzcker* AöR 107, 1982, 61, 89 ff.; *Pünder* VerwArch 2004, 38, 44.
[803] *Bultmann* 117.
[804] *Kühling/Huerkamp* VergabeR 2010, 545 ff. (553).
[805] *Kling* 387; *Pünder* VerwArch 2004, 38, 44 ff.; *Ziekow* 30.
[806] EuGH, C-346/06, Slg. 2008, I-1989 – Rüffert.

greift,[807] ist zu weitreichend. Sie würde eine völlige Abkehr von der bisherigen Rechtsprechung bedeuten und müsste gleichzeitig Art. 26 VKR als primärrechtswidrig und damit ungültig betrachten. Für eine solch dramatische Änderung der bisherigen Rechtsprechung lässt das Urteil in seinen Entscheidungsgründen nichts erkennen.

Was unter dem schillernden Begriff der **innovativen Aspekte** zu verstehen ist, ergibt sich **228** nicht aus der Gesetzesbegründung. Die Bundesregierung hat allerdings bereits im Oktober 2007 einen Beschluss zur verstärkten Beschaffung innovativer Technologien gefasst,[808] den das BMVBS in einem Erlass vom 10. 1. 2008 aufgegriffen hat.[809] Hier werden ua. solche Verfahren als innovativ verstanden, die „erstmalig auf einem Markt, in einem Unternehmen oder in einer öffentlichen Institution eingeführt werden."[810] Schwierigkeiten können insoweit auftreten, wenn Ausführungsbedingungen gewählt werden, die nur einem Unternehmen zur Verfügung stehen, etwa weil sie aufgrund ihrer innovativen Kraft patentiert sind.[811] In diesem Fall können sich Konflikte mit dem in Abs. 1 niedergelegten Wettbewerbsgrundsatz ergeben.

c) Aufnahme in die Leistungsbeschreibung. Gegenüber Art. 26 VKR verschärft § 97 **229** Abs. 4 Satz 2 GWB die Anforderungen an die Publizität zusätzlicher Bedingungen. Nach deutschem Recht muss die Bekanntgabe der zusätzlichen Anforderungen bereits in der Leistungsbeschreibung erfolgen, während die VKR eine Veröffentlichung auch in den Verdingungsunterlagen oder sonstigen zusätzlichen Dokumenten zulässt. Diese aus Sicht der Transparenz schärferen Anforderungen sind allerdings europarechtlich unproblematisch.[812]

Einmal genannte zusätzliche Anforderungen dürfen nicht mehr nachträglich geändert oder **230** unangewendet bleiben. Wegen ihrer Erheblichkeit für die Entscheidung über die Auftragsvergabe ist die Behandlung zusätzlicher Bedingungen insoweit ähnlich zu gestalten wie bei Zuschlagskriterien, für die aus Gründen der Transparenz und der Gleichbehandlung ein nachträgliches **Abänderungsverbot** gilt.[813]

d) Vereinbarkeit mit sonstigem Europarecht. Aufgrund des Anwendungsvorrangs des **231** Europarechts muss auch bei der Festlegung zusätzlicher Ausführungsbedingungen das übrige Europarecht beachtet werden. Restriktionen ergeben sich dabei sowohl aus dem Primär- wie dem Sekundärrecht.

Sekundärrechtlich ist besonders im Bereich der sozialen Ausgestaltung der Auftragsausführung **232** die Arbeitnehmerentsenderichtlinie[814] zu beachten.[815] So verstoßen Tariftreue-Erklärungen, die den Auftragnehmer verpflichten, einen am Ort der Auftragserbringung üblichen Tariflohn zu zahlen, dann gegen die Entsenderichtlinie und die durch sie konkretisierte Dienstleistungsfreiheit, wenn dieser Lohn nicht gemäß Art. 3 Abs. 1 und 8 dieser Richtlinie allgemein festgesetzt wurde.[816] Dies gilt entgegen der Ansicht der Bundesregierung unabhängig davon, ob eine bestimmte Tätigkeit bereits vom deutschen Entsendegesetz erfasst wurde order nicht.[817] Schwieriger zu beurteilen ist die Frage nach Tariftreuerklärungen im **ÖPNV**. Zwar enthält die seit Dezember 2009 einschlägige Verordnung[818] keine explizite Ermächtigung zum Erlass einer Tariftreueregelung, sie erwähnt aber in ihrem Erwägungsgrund 17 die Möglichkeit, zur Vermeidung von „Sozialdumping (...)" besondere soziale Normen" vorzuschreiben. Zu beachten ist, dass die Verordnung auf Art. 91 AEUV gestützt ist, der gemäß Art. 58 AEUV die Dienstleistungsfreiheit im Verkehrssektor sperrt. Hieraus kann aber nicht gefolgert werden, dass auch für die Frage der

---

[807] *Otting* AbfallR 2008, 142, 145.

[808] Vgl. dazu die Pressemitteilung des BMWi vom 16. 10. 2007, abrufbar unter: http://www.bmwi.de/ BMWi/Navigation/Presse/pressemitteilungen,did=221504.html; vgl. zu dieser Thematik auch die Mitt. der Kommission über die vorkommerzielle Auftragsvergabe KOM (2007) 799 endg.

[809] Abrufbar unter www.bmbs.de/Anlage/original.../Erlass-B-15-O-1082-000−2_-vom-10. 1. 08_-Innovationsorientierung-oeffentlicher-Beschaffung.pdf.

[810] Ebd., S. 3, Fn. 1.

[811] Ingesamt kritisch gegenüber der Beschaffung innovativer Leistungen durch den Staat, Wissenschaftlicher Beirat beim BMWi, Gutachten Nr. 2/07, Öffentliches Beschaffungswesen, RdNr. 18, abrufbar unter http://www.bmwi.de/BMWi/Navigation/Service/publikationen,did=228006.html.

[812] AA. offenbar *Bitterich* ZIP 2008, 1455, 1459: „nicht richtlinienkonform".

[813] EuGH, C-87/94, Slg. 1996, I-2043, RdNr. 88 f. – Kommission/Belgien.

[814] RL 96/71, ABl. 1997 L 18/1.

[815] *Steiff* VergabeR 2009, 290, 299.

[816] EuGH, C-346/06, Slg. 2008, I-01989, RdNr. 18 ff. – Rüffert.

[817] Dazu *Kirch/Leinemann* VergabeR 2009, 414, 419.

[818] VO 1370/2007, ABl. 2007 L 315/1.

Entlohnungspolitik im Verkehrssektor die Entsenderichtlinie nicht anwendbar ist.[819] Für diesen Bereich fehlt es an den verkehrsspezifischen Besonderheiten,[820] die einen Ausschluss der Dienstleistungsfreiheit rechtfertigen könnten. Aus diesem Grund sind auch im ÖPNV nur solche Tariftreuerklärungen rechtlich zulässig, die einen Tarif aufgreifen, der für allgemeinverbindlich erklärt worden ist.

233   Aber auch in anderen Bereichen, in denen das Sekundärrecht Rechtfertigungsmöglichkeiten für die Beschränkung der Dienstleistungsfreiheit abschließend harmonisiert hat, kann das Sekundärrecht die Verwendung zusätzlicher Anforderungen sperren.[821] Unzulässig wäre deshalb beispielsweise ebenfalls die Bedingung, bei der Ausführung des Auftrags auf bestimmte Medikamente zu verzichten, obwohl diese nach der Richtlinie 93/42[822] lizenziert sind.

234   Aus **primärrechtlicher** Sicht sind insbesondere die Diskriminierungsverbote zu beachten. Unzulässig ist deshalb beispielsweise eine Ausführungsbedingung, die verlangt, bei Ausführung des Auftrags nur auf nationale Produkte oder Arbeitnehmer zurückzugreifen.[823] Unzulässig dürfte deshalb auch die Anforderung sein, beim Bau nach Möglichkeit regional produzierte Baustoffe zur Wahrung und Pflege der regionalen Baukultur zu verwenden.[824]

235   Bedeutung kann bei der Verfolgung vergabefremder Zwecke auch dem Beihilfeverbot des EU-Vertrags zukommen (dazu ausführlich Vor §§ 97 ff. GWB RdNr. 31 ff.).

V. Satz 3

236   **1. Tatbestand.** Abs. 4 Satz 3 betrifft lediglich **vergabefremde Eignungskriterien**[825] und beschränkt den Bund und die Länder darauf, solche Kriterien nur mittels eines formellen Gesetzes zuzulassen. Im Gegensatz zu vergabefremden Zuschlagskriterien stellen Eignungskriterien auf die Eigenschaften des Unternehmens und nicht des Angebots ab.[826]

237   Wichtig für die Politisierung der Auftragsvergabe ist dabei die Unterscheidung zwischen der Bewerberauswahl, die sich auf die Eignung zur Durchführung des konkreten Auftrags (zB. die Fähigkeit des Auftragnehmers, während der Ausführung des Auftrags Ausbildungsmaßnahmen durchzuführen)[827] und einer Auswahl, die sich auf Eigenschaften des Unternehmens außerhalb des konkret zu erfüllenden Auftrags bezieht (zB. die Tatsache, ob der Bewerber allgemein einen bestimmten Frauenanteil beschäftigt).[828]

238   Die Beschränkung auf formelle Gesetze verfolgt nicht zuletzt das Ziel einer Vereinfachung und besseren Übersichtlichkeit.[829] Innerhalb des Kartellvergaberechts können andere oder weitergehende Anforderungen nicht mehr durch Verordnung, Erlass, Rundschreiben oder Verwaltungsvorschriften festgesetzt werden.

239   Abseits dieser formellen Regelungen trifft Abs. 4 Satz 3 keinerlei inhaltliche Festlegungen. Diese ergeben sich aus dem sonstigen Recht, insbesondere dem Europarecht.

240   **2. Materielle Schranken der vergabefremden Eignungskontrolle durch das Europarecht. a) Bieterausschluss gem. Art. 45 VKR.** Zum Teil lassen sich über die in Art. 45 VKR vorgesehenen Ausschlussgründe vergabefremde Ziele erreichen. So kann der Auftraggeber gemäß Art. 45 Abs. 2 lit e und lit. f VKR insbesondere Bewerber ausschließen, die durch Nichtzahlung von Sozialbeiträgen oder Steuern aufgefallen sind, um generell Anreize gegen Schwarzarbeit und Steuerhinterziehung zu setzen. Auch die Nichtzahlung von Tariflöhnen, die für allgemeinverbindlich erklärt wurden, soll in diesem Sinne als Ausschlussgrund genügen.[830]

---

[819] Ähnlich die VK Lüneburg in ihrem Beschl. v. 15. 5. 2008 – VgK-12/2008, RdNr. 91, die eine Verletzung der Dienstleistungsfreiheit bei einer Tariftreueregelung im Zusammenhang mit Verkehrsdienstleistungen zumindest für schlüssig hält.

[820] Zu diesen ausführlich *Grabitz/Hilf/Boeing* Art. 71 EG RdNr. 23 f.

[821] *Bitterich* ZIP 2008, 1455, 1461.

[822] ABl. 1993 L 169/1.

[823] EuGH, C-243/89, Slg. 1993, I-3353, RdNr. 23 – Kommission/Dänemark.

[824] So aber die Vergabe-Mittelstandsrichtlinie des Thüringischen Ministeriums für Wirtschaft, Arbeit und Infrastruktur vom 22. 6. 2004, StAnz, 1739 unter Nr. 4.4.2.

[825] *Immenga/Mestmäcker/Dreher* RdNr. 178; *Langen/Bunte/Wagner* RdNr. 67.

[826] Zum Grundsatz der Trennung von Eignungs- und Zuschlagskriterien vgl. EuGH, C-532/06, Slg. 2008, I-251, RdNr. 25 ff. – Lianakis AE; *Freise* NZBau 2009, 225 ff.

[827] Eine Vorgabe, die nach Erwägungsgrund 33 der VKR zur Bedingung für die Auftragsausführung gemacht werden darf.

[828] Mit dieser Unterscheidung auch *Krohn* 228 f.

[829] BayObLG 2000, 49, 53: „Wildwuchs“ werde aufgehoben.

[830] Dazu ausführlich *Steiff* VergabeR 2009, 290, 296.

Auf diesen fakultativen Ausschlussgrund verweisen sowohl § 16 Abs. 1 S. 2 lit. d VOB/A, § 6 Abs. 5 lit. d VOL/A als auch § 4 Abs. 9 lit. d VOF. Auch besteht nach Art. 45 Abs. 2 lit. c VKR die Möglichkeit, Bieter auszuschließen, deren berufliche Zuverlässigkeit wegen eines Delikts in Frage steht. Aus dem Erwägungsgrund 43 ist zu schließen, dass auch der Verstoß gegen Umweltvorschriften die berufliche Zuverlässigkeit ausschließen kann. Diese Vorschrift hat bislang allerdings nur über § 4 Abs. 9 lit. b VOF ins deutsche Recht Eingang gefunden.

Allgemein kann der Auftraggeber solche Aspekte nun im Rahmen des neu in den § 97 Abs. 4 **241** Satz 1 GWB eingefügten Merkmals der Gesetzestreue berücksichtigen.

b) Allgemeine Prüfung der Eignung. Art. 44, 47, 48 VKR. aa) Rahmen. Im Mittel- **242** punkt der Eignungsprüfung nach der VKR steht gemäß Art. 44 Abs. 1 die wirtschaftliche und finanzielle Leistungsfähigkeit sowie die berufliche und technische Fachkunde der Bewerber. Zwar gibt Art. 44 Abs. 2 VKR die Möglichkeit, Mindestanforderungen zu formulieren, diese müssen sich aber an den von Art. 47 und Art. 48 VKR gesteckten Rahmen halten und können deshalb auch nur die Leistungsfähigkeit und Fachkunde betreffen.[831] Außerdem legt Art. 44 Abs. 2 Satz 3 VKR fest, dass die Mindestanforderungen mit dem Auftragsgegenstand zusammenhängen müssen. Diese Verschärfung[832] der Rechtslage bedeutet für die Politisierung der Auftragsvergabe, dass rein **bieterbezogene Entscheidungskriterien,** die mit der Durchführung des Auftrags in keinem Zusammenhang stehen, **unzulässig** sind. Diese Kriterien haben typischerweise eine besonders scharfe Beschränkung des Wettbewerbs zur Folge.[833]

Zur Beurteilung der Leistungsfähigkeit und Fachkunde kann der Auftraggeber die in Art. 47 **243** und 48 VKR genannten Nachweise anfordern, wobei die Nachweismöglichkeiten, die Art. 47 VKR nennt, nur beispielhaften Charakter haben, während im Falle der Fachkunde die genannten Nachweismöglichkeiten wegen Art. 48 Abs. 6 VKR als abschließend zu betrachten sind.[834]

bb) Berücksichtigung ökologischer Eignungskriterien. Für die Berücksichtigung von **244** Umweltaspekten dürfte vor allem die berufliche und technische Fachkunde entscheidend sein.[835] Explizit erwähnt wird ein Umweltaspekt in Art. 48 Abs. 2 lit f. VKR, der dem Auftraggeber bei Dienstleistungs- und Bauaufträgen erlaubt, Angaben über Umweltmanagementmaßnahmen, die während des Auftrags angewandt werden sollen, zu verlangen.[836] Dabei soll gemäß Art. 50 VKR vorrangig auf eine Eintragung in das **EMAS** oder auf internationale Normen wie beispielsweise die ISO 14001 abgestellt werden, um die Eignung der Bewerber festzustellen. Es ist darauf zu achten, dass die Ausführung des zu vergebenden Auftrags in die von der EMAS Verordnung[837] erfassten Arbeitsabläufe fällt.[838] Außerdem müssen gemäß Art. 50 VKR gleichwertige Nachweise der Bewerber akzeptiert werden. Um den von Art. 44 Abs. 2 Satz 3 geforderten Auftragsbezug zu wahren, können Umweltmanagementmaßnahmen nicht bei Lieferaufträgen, sondern nur bei Bau- und Dienstleistungsaufträgen Anwendung finden und auch dies nur in „entsprechenden Fällen" – ein Hinweis, der in den deutschen Umsetzungsnormen fehlt.[839] Die Auftraggeber sind deshalb nicht generell befugt, als Eignungsnachweis eine Eintragung des Bewerbers in das EMAS zu verlangen:[840] Eine solche Eintragung, die eine besondere Qualifikation des Bewerbers in Fragen des Umweltschutzes nachweist, kann nur zum Eignungskriterium gemacht werden, wenn eine besondere Umweltrelevanz des Auftrags zu be-

---

[831] Dies entspricht der Rechtsprechung des EuGH zu den Eignungskriterien für das überkommene Richtlinienrecht, s. EuGH, C-360/89, Slg. 1992, I-3401, RdNr. 20 – Kommission/Italien; verb. Rs. 27/86, 28/86 u. 29/86, Slg. 1987, 3347, RdNr. 13 – CEI.

[832] *Ziekow,* in: *Pitschas/Ziekow* (Hrsg.) 163.

[833] *McCrudden,* Buying Social Justice, 2007, 118.

[834] *Egger* RdNr. 1141; *Ziekow,* in: *Pitschas/Ziekow* (Hrsg.) 2006, 163.

[835] *Kühling* VerwArch 2004, 337, 342.

[836] Ins deutsche Recht umgesetzt durch § 7 EG Abs. 11 VOL/A, § 5 Abs. 8 VOF und § 6a Abs. 11 Nr. 1 VOB/A.

[837] VO 761/2001, ABl. 2001 L 114/1.

[838] *Kühling* VerwArch 2004, 337, 343; *Ziekow* 42.

[839] § 6a Abs. 11 Nr. 1 VOB/A spricht von „gegebenenfalls"; in § 7 EG Abs. 11 VOL/A und § 5 Abs. 8 VOF fehlt ein einschränkender Hinweis.

[840] Grenzwertig ist deshalb das Vorgehen des Umweltbundesamtes, das von seinen Lieferanten eine verbindliche Auskunft darüber verlangt, ob das Unternehmen allgemein Umweltmanagementmaßnahmen durchführt; vgl. zu dieser Praxis Umweltministerium Baden-Württemberg, Mehr Umwelt fürs gleiche Geld, 2005, 20. Zwar hat diese Selbsterklärung der Unternehmen keine Konsequenz für die Vergabeentscheidung, sie könnte aber auf unzulässige Weise abschreckend wirken.

jahen ist.[841] Zu denken ist beispielsweise an den Brückenbau in einem Naturschutzgebiet.[842] Hier ist der Auftragsgegenstand selbst in solchem Maße mit dem Schutz der Umwelt verbunden, dass auch die Voraussetzung einer EMAS-Eintragung, obwohl sie sich auf Umstände bezieht, die außerhalb des konkreten Auftrags liegen, noch im Zusammenhang mit dem Auftragsgegenstand steht.

245 Soweit einschlägige Kenntnisse im Umweltbereich für die Durchführung des Auftrags erforderlich sind, – zu denken ist insbesondere auch an Art. 26 VKR, der es den Auftraggebern erlaubt, eine umweltfreundliche Durchführung des Auftrags zu verlangen (dazu RdNr. 226) – können auch diese in die Eignungsprüfung einfließen.[843] Für die anzufordernden Nachweise wäre hier vor allem auf Art. 48 Abs. 2 lit. a, e und lit. h VKR abzustellen.[844]

246 **cc) Berücksichtigung sozialer Eignungskriterien.** Schwieriger gestaltet sich die Berücksichtigung sozialer Aspekte.[845] Auch hier gilt, dass gemäß Art. 44 Abs. 2 Satz 3 VKR stets ein Auftragsbezug zu verlangen ist, womit Eignungskriterien, wie eine allgemeine **Frauenquote** oder die Einrichtung der Stelle einer **Frauenbeauftragten**,[846] die beide in keinerlei Bezug zum Auftrag oder dessen Ausführung stehen, ausscheiden wird. Eine Ausnahme zu dieser Grundregel bildet die in Art. 19 VKR vorgesehene Möglichkeit, einen Auftrag nur an geschützte Behindertenwerkstätten zu vergeben. Unproblematisch ist die Berücksichtigung sozialer Aspekte, wenn der Auftrag besondere soziale Fachkenntnisse verlangt,[847] zB. bei der Durchführung von sozialen Jugendprojekten.

247 Soziale Aspekte können aber in die Eignungsprüfung besonders über den Abs. 4 Satz 2 einfließen, der es erlaubt, soziale Aspekte als Ausführungsbedingungen eines Auftrags festzulegen. Beispielhaft lassen sich die Förderung der beruflichen Ausbildung auf Baustellen, die Beschäftigung von Personen mit Einstellungsschwierigkeiten oder Ausbildungsmaßnahmen für Jugendliche nennen.[848]

248 Hier muss es dem Auftraggeber erlaubt sein zu **überprüfen,** ob die Bewerber auch in der Lage sind, die ihnen abverlangten Bedingungen einzuhalten. Die Kommission scheint in ihrem Handbuch zur umweltorientierten Beschaffung allerdings eine Gegenposition einzunehmen. Sie verlangt, dass während des „Beschaffungsverfahrens kein Nachweis für die Einhaltung der Auftragsausführungsklauseln" verlangt werden soll.[849] Dagegen spricht, dass die Einhaltung der Ausführungsbedingungen für den Auftraggeber sehr zentral sein können und es ihm deshalb nicht zugemutet werden kann, gleichsam blind darauf zu vertrauen, der erfolgreiche Bewerber werde diese Bedingungen, wie versprochen, einhalten.[850] Dies gilt umso mehr, als sich die tatsächliche Möglichkeit zur Einhaltung oder Nichteinhaltung dieser Bedingungen zeitlich erst nach (!) dem Zuschlag prüfen ließe.[851] Eine solche Beschränkung der Prüfungskompetenz des Auftraggebers würde mithin dem Verlangen von Zusatzbedingungen seine Effektivität nehmen, weil auch die Bewerber auf den Zuschlag rechnen dürfen, die von vornherein nicht planen, den Ausführungsbedingungen Folge zu leisten.[852] Stattdessen wäre der Auftraggeber auf die vertragliche Durchsetzung der Ausführungsbedingungen verwiesen. In Kauf genommen würde damit letztlich der Rücktritt vom Vertrag und die Neuausschreibung, falls der Auftragnehmer nicht in der Lage ist, die Vertragsbedingungen zu erfüllen. Angesichts des damit verbundenen Aufwandes

---

[841] *Huber/Wollenschläger* WiVerw 2005, 212, 222.

[842] Beispiel nach Kommission, Umweltorientierte Beschaffung! Ein Handbuch für ein umweltorientiertes öffentliches Beschaffungswesen, 2005, 32.

[843] OLG Saarbrücken, 5 Verg 1/02, OLGR Saarbrücken 2003, 302, Leitsatz; *Beckmann* NZBau 2004, 600, 601; *Kühling* VerwArch 2004, 337, 342.

[844] Ähnlich die Kommission, Umweltorientierte Beschaffung! Ein Handbuch für ein umweltorientiertes öffentliches Beschaffungswesen, 2005, 28 ff.

[845] Allgemein ablehnend *Steiff* VergabeR 2009, 290, 297.

[846] Beispiel nach *Frenz* NZBau 2007, 17, 21.

[847] Mitt. „Auslegung Vergaberecht", ABl. 2001 C 333/27, Tz. 1.3.2.; *Fischer* EuZW 2004, 492, 493.

[848] Beispiele aus dem 33. Erwägungsgrund der VKR.

[849] Kommission, Umweltorientierte Beschaffung! Ein Handbuch für ein umweltorientiertes öffentliches Beschaffungswesen, 2005, 38.

[850] Dieses Problem übersieht *Ziekow* 49, wenn er meint, auf eine Prüfung der Eignung komme es nicht an, wenn eine bestimmte Anforderung nach Art. 26 VKR verlangt werden kann.

[851] *Ziekow* 47 f.

[852] Es ließe sich auch begründen, dass hierin eine Verletzung des Gleichbehandlungsgrundsatzes zu erkennen ist; jedenfalls im Bereich der Zuschlagkriterien erkennt der EuGH eine solche Verletzung, wenn der Auftraggeber nicht in der Lage ist, die entscheidungsrelevanten Angaben der Bewerber zu überprüfen, vgl. EuGH, C-448/01, Slg. 2003, I-14527, RdNr. 51 – Wienstrom GmbH.

und der zeitlichen Verzögerungen wird der Auftraggeber entweder von vornherein auf das Festsetzen von Ausführungsbedingungen verzichten oder sich auf solche Bedingungen beschränken, die jeder Auftragnehmer ohne weiteres erfüllen kann. Soll der Art. 26 VKR, wie im Erwägungsgrund 33 impliziert, die Verfolgung sozialer Ziele effektiv ermöglichen, bleibt keine Alternative zu einer Kontrolle *ex ante*, die auch die sozialen Aspekte der Auftragserledigung in die Eignungsprüfung integriert. Hiergegen lässt sich auch nicht die Rechtsprechung des EuGH in der Rechtssache *Beentjes* anführen. Zwar hat der Gerichtshof hier beispielhaft für den sozialen Aspekt der Beschäftigung Langzeitarbeitsloser entschieden, dieser sei zwar zulässig, habe „mit der Prüfung der fachlichen Eignung der Unternehmer im Hinblick auf deren wirtschaftliche, finanzielle und technische Leistungsfähigkeit" aber nichts zu tun.[853] Zum einen hat das Gericht in der Entscheidung *Nord-Pas-de-Calais* jedoch festgestellt, dass das in Rede stehende Entscheidungskriterium „als Grund für den Ausschluss eines Bieters gedient" habe[854] und es damit sehr in die Nähe eines Eignungskriteriums gerückt, auch wenn es sich letzten Endes für eine Einordnung als Zuschlagskriterium aussprach.[855] Jedenfalls ist damit die noch in *Beentjes* getroffene strikte Aussage stark relativiert. Zum anderen sind beide Entscheidungen zum alten Richtlinienrecht ergangen, das keine dem Art. 26 VKR vergleichbare Regelung kannte.

Eine Möglichkeit für die Berücksichtigung sozialer Aspekte bei der Eignungsprüfung besteht **249** im Rahmen der nach **Art. 47 VKR** zu prüfenden wirtschaftlichen und finanziellen Leistungsfähigkeit, deren Nachweismöglichkeiten die Vorschrift nicht abschließend regelt. Überprüfbar wäre deshalb beispielsweise, ob der Bewerber tatsächlich die wirtschaftlichen Voraussetzungen mitbringt, um die Einstellung von Langzeitarbeitslosen zu gewährleisten. Kompliziert wird es, wenn soziale Eignungsfragen auf den *nummerus clausus* der in **Art. 48 Abs. 2 VKR** geregelten Nachweismöglichkeiten treffen. Zum Teil mag eine Spannung hier zu vermeiden sein. So lassen sich Ausbildungsmöglichkeiten etwa während der Auftragsausführung nach Art. 48 Abs. 2 lit. e VKR nachweisen. Ähnliches mag für die Beschäftigung behinderter Arbeitnehmer während der Ausführung gelten, bei der der Auftraggeber nach Art. 48 Abs. 2 lit. h VKR überprüfen könnte, ob der angebotene Arbeitsplatz tatsächlich für Behinderte zugänglich und nutzbar ist. Verlangt aber eine bestimmte Ausführungsmodalität, die nach Art. 26 VKR zulässig ist, einen Eignungsnachweis, der sich nicht in der Liste des Art. 48 Abs. 2 VKR findet,[856] wird man die Entscheidung des EuGH abwarten müssen: Der Gerichtshof kann dann entweder Art. 26 VKR restriktiver und in Einklang mit Art. 48 Abs. 2 VKR auslegen, oder er kann die Nachweismöglichkeiten bei der Eignungsprüfung ausweiten. Angesichts der Weite der letztlich materiell-rechtlichen Norm des Art. 26 VKR und dessen Telos spricht vieles dafür, dass sich dieser gegenüber dem Art. 48 Abs. 2 VKR durchsetzt.

Die viel diskutierte Frage nach den **Tariftreueklauseln** ist jedenfalls regelmäßig keine Frage **250** der Bietereignung:[857] Zumindest nach dem deutschen Modell werden nämlich nicht Bewerber als ungeeignet betrachtet, weil sie nicht Tariflohn zahlen. Vielmehr wird als Bedingung für die Auftragsausführung festgelegt, dass die an der Auftragsausführung beteiligten Arbeitnehmer während der Auftragsausführung tariflich bezahlt werden. Nach der hier vertretenen Position könnte die Tariftreue also nur indirekt eine Rolle bei der Bieterprüfung spielen, nämlich insoweit die Auftraggeber berechtigt sind zu prüfen, ob der Bewerber wirtschaftlich überhaupt in der Lage wäre, Tariflohn zu zahlen. Tariftreueklauseln sind aber nach Ansicht des EuGH als Verstoß sowohl gegen die Arbeitnehmer-Entsenderichtlinie[858] als auch **Art. 56 AEUV** unzulässig,[859] wenn dieser Lohn nicht gemäß Art. 3 Abs. 1 und 8 dieser Richtlinie allgemein festgesetzt wurde. Sie dürfen damit auch nicht als Ausführungsbedingungen gemäß Abs. 4 Satz 2 festgelegt werden (dazu RdNr. 232). Aus diesem Grunde – und nur aus diesem Grunde – darf die Möglichkeit zur Zahlung tariflicher Löhne auch nicht im Rahmen der wirtschaftlichen Leistungsfähigkeit berücksichtigt werden. Unzulässig wäre es in jedem Fall, generell von Bewerbern als Eignungskriterium

---

[853] EuGH, C-31/87, Slg. 1988, 4635, RdNr. 28 – Gebroeders Beentjes.

[854] EuGH, C-225/98, Slg. 2000, I-7445, RdNr. 52 – Kommission/Frankreich.

[855] *Schima* NZBau 2002, 1, 4 macht deutlich, dass die Begründung des EuGH, die Beschäftigung von Langzeitarbeitslosen als Zuschlagskriterium einzuordnen, genauso gut zur Einordnung als Eignungskriterium gepasst hätte.

[856] Dies gilt offenbar für Bedingungen, die den Übereinkommen der Internationalen Arbeitsorganisation entnommen sind; hier bietet der Nachweiskatalog des Art. 48 Abs. 2 VKR kaum Möglichkeiten, s. *Ziekow* 43.

[857] AA. offenbar *Otting* AbfallR 2008, 142, 142.

[858] RL 96/71, ABl. 1997 L 18.

[859] EuGH, C-346/06, Slg. 2008, I-01 989 – Rüffert.

zu verlangen, auch außerhalb des konkreten Auftrags tariflich zu entlohnen.[860] Ein solches Eignungskriterium würde bereits an Art. 44 Abs. 2 Satz 3 VKR scheitern, der stets einen Auftragsbezug verlangt.

251 **dd) Sonstige europarechtliche Bindungen.** Zu beachten ist darüber hinaus bei der Eignungsprüfung, dass der **Gleichbehandlungsgrundsatz** des Art. 2 VKR einzuhalten ist. Die Auftraggeber müssen also gleichwertige Nachweise akzeptieren und dürfen sich nicht auf eine bestimmte Nachweismöglichkeit beschränken. Außerdem ist das Verbot der Diskriminierung aus Gründen der Staatsangehörigkeit zu beachten. Angeforderte Nachweise dürfen also nicht in diskriminierender Weise auf nationale Standards Bezug nehmen.

252 **3. Folgen für Abs. 4 Satz 3. a) Möglichkeiten der Berücksichtigung vergabefremder Eignungskriterien.** Aus dem Europarecht folgt, dass die Auftraggeber im Rahmen der Eignungsprüfung nur auf die Leistungsfähigkeit und Fachkunde abstellen dürfen. Insoweit sind „weitergehende" oder „andere" Anforderungen unzulässig.[861] Entgegen dem tendenziell weiteren Wortlaut des Abs. 4 Satz 3 und entgegen der Gesetzesbegründung[862] steht es weder dem Landesnoch dem Bundesgesetzgeber zu, allgemeine Anforderungen an die Unternehmenspolitik im Rahmen der Eignungsprüfung zu stellen. Es folgt daraus aber nicht, dass vergabefremde Aspekte bei der Eignungsprüfung keine Rolle spielen dürfen. Sind sie auf den **konkreten Auftrag** oder seine Durchführung bezogen, stellen auch sie sich letztlich als Kriterien da, die die Leistungsfähigkeit des Bewerbers zum Gegenstand haben. Erlaubt ist deshalb zB. bei Aufträgen mit evidentem sozialem oder ökologischem Bezug, beispielsweise der Betreuung eines sozialen Jugendprojektes oder der Anlage eines Vogelschutzgebietes, soziale und ökologische Fähigkeiten zum Gegenstand der Eignungsprüfung zu machen. Verlangt werden kann beispielsweise auch, dass Unternehmen bestimmte Normen für das Umweltmanagement erfüllen (dazu oben RdNr. 244).[863]

253 Außerdem muss es dem Auftraggeber möglich sein zu **überprüfen,** ob der Bewerber in der Lage ist, die sozialen oder ökologischen Aspekte zu erfüllen, die nach Abs. 4 Satz 2 als zusätzliche Bedingungen der Auftragsausführung festgelegt werden können. Wird beispielsweise gemäß § 279a Abs. 1 Satz 1 SGB III verlangt, dass eine bestimmte Zahl von Arbeitslosen für einen Auftrag zu beschäftigen ist, dann kann der Auftraggeber überprüfen, ob ein Bewerber überhaupt in der Lage wäre, die geforderte Zahl von Arbeitslosen zu beschäftigen. Zu beachten ist allerdings der *nummerus claususus* der zulässigen Nachweise des Art. 48 Abs. 2 VKR. Mit diesem *nummerus clausus* kollidieren ebenfalls Vorschriften, die von Bewerbern verlangen, den Nachweis zu erbringen, dass die von ihnen gelieferten Produkte nicht durch ausbeuterische Kinderarbeit hergestellt worden sind.[864] Allenfalls kann von Bewerbern nach Art. 48 Abs. 2 lit. b VKR verlangt werden, für ihren eigenen Betrieb die Vermeidung von Kinderarbeit nachzuweisen. Diese Verpflichtung kann bei importierenden Unternehmen aber nicht auf den Nachweis für die ursprünglichen Produzenten erstreckt werden.[865] Schwierig dürfte es ebenfalls sein, von Bewerbern die Erklärung zu verlangen, dass die für den Auftrag eingesetzten Mitarbeiter während der Vertragsdauer nicht mit der Technologie von Ron Hubbard in Berührung kommen.[866] Jedenfalls sind derartige Erklärungen in Art. 48 Abs. 2 VKR nicht vorgesehen.

254 Unzulässig sind gemäß Europäischem Recht in jedem Fall Eignungsanforderungen, die ohne **Bezug zum Auftragsgegenstand** operieren. Wegen des Vorrangs des Europarechts (dazu RdNr. 197) kann auch Abs. 4 Satz 3 insoweit keine weitergehenden Regelungen zulassen. Rechtswidrig dürfte deshalb eine Scientology-Schutzerklärung jedenfalls sein, wenn allgemein von einem Bewerber verlangt wird zu versichern, dass er während der Vertragsdauer keine Seminare von Ron Hubbard besucht.[867] Bei dieser pauschalen Verpflichtung fehlt es nämlich an dem von Art. 44 Abs. 2 VKR vorgeschriebenen Auftragsbezug.

---

[860] *Bitterich* ZIP 2008, 1455, 1456.

[861] *Fischer* EuZW 2004, 492, 495.

[862] BR-Drucks. 349/08, 27.

[863] Vgl. § 7a Nr. 5 Abs. 2 VOL/A, § 8a Nr. 11 Abs. 1 und § 12 Abs. 4 VOF.

[864] Vgl. die Bek. der Bayerischen Staatsregierung zur Vermeidung des Erwerbs von Produkten aus ausbeuterischer Kinderarbeit v. 29. 4. 2008, AllMBl, 322.

[865] *Ziekow* KommJur 2007, 281, 284.

[866] Bek. der Bayerischen Staatsregierung zur Verwendung von Schutzerklärungen bei der Vergabe öffentlicher Aufträge (Scientology Organisation) v. 29. 10. 1996, AllMBl., 701, geänd. durch Bek. v. 6. 11. 2001, AllMBl., 620.

[867] So die in der Anlage der Bayerischen Bek. enthaltene Schutzerklärung unter Nr. 2.1.

Die gesonderte Möglichkeit des Art. 19 VKR, nur Behindertenwerkstätten als in Frage   255
kommende Bewerber einzustufen, ist in § 141 Satz 1 SGB XI nicht genutzt worden. Stattdessen
sehen die vom Bundesministerium für Wirtschaft und Technologie erlassenen Richtlinien eine
Bevorzugung von Angeboten einer Behindertenwerkstätte beim Zuschlag vor.[868]

b) Die Überflüssigkeit von Abs. 4 Satz 3. Die so umschriebene Eignungsprüfungskom-   256
petenz ließe sich auch unter die in Abs. 4 Satz 1 genannten Kriterien der Fachkunde und Leis-
tungsfähigkeit subsumieren. Leistungsfähig ist im engeren Sinne nur der Bewerber, der den
Auftrag erfüllen kann, auch wenn dieser um vergabefremde Aspekte ergänzt wurde. Folge dieses
Verständnis ist es, die Regelung des Abs. 4 Satz 3 als überflüssig anzusehen: Vergabefremde
Eignungskriterien, die europarechtlich zulässig sind, können bereits im Kern als Kriterien der
Fachkunde und Leistungsfähigkeit nach Abs. 4 Satz 1 gefasst werden. Weitergehende Anforde-
rungen sind europarechtlich unzulässig und können deshalb auch nicht durch Bundes- oder
Landesgesetz festgesetzt werden, ohne das Europarecht zu verletzten. Abs. 4 Satz 3 erweitert
gegenüber Satz 1 deshalb nicht den Spielraum der öffentlichen Auftraggeber, bei der Eignungsprüfung vergabefremde Kriterien zu berücksichtigen.

E. Absatz 4 a

Schrifttum: *Gabriel,* Die Vergaberechtsreform 2009 und die Neufassung des vierten Teils des GWB,
NJW 2009, 2011; *Glahs,* in: *Kapellmann/Messerschmidt,* VOB Teile A und B, 2. Aufl. 2007; *Kossens,* Präqualifizierung in der Bauwirtschaft – Haftungsbefreiung für Generalunternehmer, NZBau 2009, 419; *Kratzenberg,* Die neue Gesamtausgabe der VOB 2006 im Oktober 2006 – Das Sofortpaket zur VOB/A, Neues in
VOB/B, VOB/C und bei der Präqualifikation von Bauunternehmen, NZBau 2006, 601; *Werner,* Einführung eines nationalen Präqualifizierungssystems am deutschen Baumarkt, NZBau 2006, 12.

I. Regelungsgehalt und Überblick

§ 97 Abs. 4 a ermöglicht Auftraggebern, Präqualifikationssysteme einzurichten oder zuzulassen,   257
mit denen die Eignung von Unternehmen nachgewiesen werden kann. Präqualifikationssysteme
dienen der **vorgelagerten, auftragsunabhängigen Prüfung der Eignung.**[869] Sie bieten
Vorteile für Vergabestellen und Unternehmen gleichermaßen, denn der Nachweis der Eignung
kann unkompliziert dadurch geführt werden, dass belegt wird, in einem bestimmten Präqualifikationssystem bzw. der zugehörigen Liste eingetragen zu sein. Bislang sind solche Präqualifikationssysteme im Bereich der VOB/A und der neuen Sektorenverordnung vorgesehen. Der zu
erfüllende, vorab nachzuweisende Eignungsstandard wird von den jeweiligen System vorgegeben.

Präqualifikationssysteme treten – außerhalb der Sektoren – nicht vollständig an die Stelle des   258
Nachweises der Eignung im Einzelfall.[870] Vielmehr **dient die Präqualifikation für klassische
öffentliche Auftraggeber dem schnelleren, einfacheren und kostensparenden Nachweis
bestimmter Eignungskriterien.**[871] Etwas anderes gilt im Sektorenbereich. Hier deckt das – evtl.
in Qualifikationsstufen untergliederte – Präqualifikationssystem alle in Frage kommenden Nachweise ab; seine Bekanntmachung gilt als Aufruf zum Wettbewerb.[872] Das bedeutet, Unternehmen,
die in das Präqualifikations-Verzeichnis aufgenommen werden, gelten als geeignet, die – entsprechend der jeweiligen Qualifikationsstufe – in Frage kommenden Leistungen zu erbringen.[873] Der
Auftraggeber kann ohne weiteren Aufruf zum Wettbewerb das nichtoffene oder das Verhand-

---

[868] § 3 der RL für die Berücksichtigung von Werkstätten für Behinderte und Blindenwerkstätten bei der
Vergabe öffentlicher Aufträge v. 10. 5. 2001, BAnz., 11773; in diesem Sinne auch BGH, KZR 2/06,
WuW/E DE-R 1951, mit Bezug auf § 20 Abs. 1 GWB.
[869] Vgl. *Kulartz/Marx/Portz/Prieß/Hausmann* § 7b VOL/A RdNr. 46; vgl. *Heiermann/Zeiss/Kullack/
Blaufuß/Kullack* § 8b VOL/A RdNr. 47; vgl. *Werner* NZBau 2006, 12, 12; vgl. auch *Kossens* NZBau 2009,
419, 420.
[870] *Kratzenberg* NZBau 2006, 601, 605.
[871] Vgl. *Kratzenberg* NZBau 2006, 601, 605 – geschätzte Höhe eines Eignungsnachweises ca. 150–
250 Euro.
[872] § 14 Abs. 1 Nr. 3 SektVO.
[873] Siehe *Heiermann/Zeiss/Kullack/Blaufuß/Kullack* § 8b VOB/A RdNr. 47; siehe auch *Grabitz/Hilf/
Jochum* B.21. RdNr. 106.

lungsverfahren mit den präqualifizierten Bietern durchführen.[874] Eine nachträgliche Änderung der Kriterien für die Präqualifikation kann vorgenommen werden, wenn sich die zu Grunde liegenden europäischen Normen ändern oder (objektiv) neue technische Erkenntnisse das erfordern.[875] Hat ein Auftraggeber einen Sektorenauftrag zu vergeben, kann er auf die Unternehmen in der Liste zurückgreifen, ohne dass weitere Nachweise zu erbringen wären oder die Eignung erneut geprüft werden müsste.

II. Entstehungsgeschichte, systematischer Ort und Zweck der Norm

259   Abs. 4a ist durch das Gesetz zur Modernisierung des Vergaberechts mit Wirkung vom 24. 4. 2009 neu in das GWB aufgenommen worden.[876] Im ersten Entwurf eines Gesetzes zur Modernisierung des Vergaberechts[877] vom 13. 8. 2008 war diese Vorschrift noch nicht enthalten. Sie hat erst durch den **Beschluss des Ausschusses für Wirtschaft und Technologie**[878] **vom 17. 12. 2008** Eingang in das Gesetzgebungsverfahren gefunden. Als allgemeine Begründung dafür wurde angeführt, dass die Aufnahme der Möglichkeit für öffentliche Auftraggeber, Präqualifikationssysteme einzurichten oder zuzulassen, der Verfahrensvereinfachung und -beschleunigung beim Nachweis der Eignung diene, wobei stets auch der Nachweis der Eignung durch Einzelnachweis zugelassen sein müsse.[879] Weitergehende Ausführungen zum Grund der Aufnahme der Regelung des Abs. 4a sind den Beiträgen der FDP-Fraktion[880] im Ausschuss für Wirtschaft und Technologie bzw. deren Antrag[881] an den Bundestag auf eine Einführung eines bundesweiten Präqualifizierungssystems zu entnehmen. Darin wird betont, dass insbesondere der Mittelstand auf ein leistungsfähiges, transparentes und unbürokratisches Vergaberecht angewiesen ist. Deshalb müsse – wie im Bereich der VOB/A bereits geschehen – auch für Dienst- und Lieferverträge (VOL/A-Bereich) ein Präqualifizierungssystem eingeführt werden. Das ersetze die individuelle Beibringung auftragsunabhängiger Eignungsnachweise durch ein Zertifikat. Durch diese Erleichterung könnten Bürokratiekosten gesenkt werden und mittelständische Unternehmen würden nicht mehr von der Teilnahme an einem Vergabeverfahren abgeschreckt werden, weil sie dann nicht mangels aktueller Nachweise mit einem Wettbewerbsausschluss rechnen müssten.

260   Bereits in der VOB/A-2006 war in § 8 Nr. 3 Abs. 2 S. 1 ein Rückgriff auf ein Präqualifikationsverzeichnis vorgesehen: „Als Nachweis der Eignung (Fachkunde, Leistungsfähigkeit und Zuverlässigkeit) ist insbesondere auch die vom Auftraggeber direkt abrufbare Eintragung in die allgemein zugängliche Liste des Vereins für die Präqualifikation von Bauunternehmen e.V. (Präqualifikationsverzeichnis) zulässig." In sprachlich abgewandelter Form ist der Rückgriff auf das Präqualifikationsverzeichnis auch in **§ 6 Abs. 3 Nr. 2 der VOB/A 2009** enthalten. Ähnliches gilt der **Neufassung der VOL/A,**[882] deren § 7 EG Abs. 4 sehr dem § 97 Abs. 4a angenähert ist: „Die Auftraggeber können Eignungsnachweise, die durch Präqualifizierungsverfahren erworben werden, zulassen." Im Übrigen sieht auch die am 29. 9. 2009 in Kraft getretene Sektorenverordnung (SektVO)[883] in § 24 ein Prüfungssystem bzw. Präqualifikationssystem vor.[884] Die durch den Gesetzgeber erfolgte Aufnahme des Präqualifikationsverfahrens in das – hierarchisch über den Verordnungen stehende – GWB bewirkt, dass für alle Vergabebereiche ein einheitlicher Standard gilt.[885] Dieser ist ggf. auf der Grundlage des Gemeinschaftsrechts auszulegen bzw. zu konkretisieren. Bedeutung hatte die Neuregelung vor allem für den Bereich der VOL/A, in der es zunächst noch an einer Rechtsgrundlage für die Nutzung von Präqualifikationssystemen fehlte. Spezialgesetze, die für die Vergabe von Liefer- oder Dienstleis-

---

[874] Vgl. etwa *Müller-Wrede/Müller-Wrede* § 7b VOL/A RdNr. 24.
[875] *Kulartz/Marx/Portz/Prieß/Hausmann* § 7b VOL/A RdNr. 89/99.
[876] BGBl. 2009 I S. 790.
[877] BT-Drucks. 16/10117.
[878] BT-Drucks. 16/11428, S. 6.
[879] BT-Drucks. 16/11428, S. 33.
[880] BT-Drucks. 16/11428, S. 22/23.
[881] BT-Drucks. 16/9092.
[882] VOL/A 2009 vom 20. 11. 2009, in Kraft getreten am 11. 6. 2010.
[883] BGBl. 2009 I S. 3110.
[884] Zuvor galten insofern die §§ 7b Nr. 6–12 VOL/A, 5 Nr. 6–12 VOL/A-SKR, 8b Nr. 9–13 VOB/A, 5 Nr. 9–13 VOB/A-SKR.
[885] Zur Vereinbarkeit dieser einheitlichen Regelung mit den europäischen Vorgaben siehe unten.

tungen die Nutzung von Präqualifikationssystemen gestatten, sind damit grds. nicht mehr notwendig.[886]

Sinn und Zweck der Präqualifikation ist, ein Unternehmen hinsichtlich (bestimmter auftrags- **261** unabhängiger Einzelpunkte) seiner Eignung noch vor der Teilnahme an einem bestimmten Vergabeverfahren zu prüfen,[887] um mittels des auf dieser Grundlage ausgestellten, zeitlich begrenzten Zertifikats bzw. des Eintrags in das Präqualifikationsverzeichnis die Erfüllung bestimmter Eignungskriterien bzw. der Eignung an sich in einem konkreten Vergabeverfahren nachweisen zu können.[888] Das bedeutet, dass ein Unternehmen **für die Dauer der Geltung des Zertifikats die von dem Präqualifikationssystem erfassten Eignungskriterien**[889] nicht mehr im Einzelfall nachweisen muss, sondern sich auf die Vorlage des Zertifikats beschränken darf. Das ist besonders für solche Unternehmen von Vorteil, die sich an einer Vielzahl von Vergabeverfahren beteiligen, weil damit ganz erheblich Zeit und Kosten gespart werden können.

Abs. 4a bestimmt, dass Auftraggeber Präqualifikationssysteme einrichten oder zulassen *können*. **262** Das bedeutet, der Gesetzgeber räumt den Auftraggebern hinsichtlich der Entscheidung, ob sie Präqualifikationssysteme einrichten oder zulassen **Ermessen** ein. Da derartige Systeme die Gefahr verringern, dass geeignete Unternehmen auf Grund von geringfügigen Fehlern bei der Vorlage von geforderten Nachweisen ausgeschlossen werden, sollten Auftraggeber schon deshalb die Möglichkeit der Präqualifikationssysteme nutzen. Für den Auftraggeber dürfte zudem der Prüfungsaufwand insgesamt geringer werden.[890] Da Abs. 4a die Entscheidung zur Einrichtung und Zulassung von Präqualifikationssystemen den *Auftraggebern* zuweist, haben Bieter nach dem Wortlaut der Vorschrift grds. keinen Anspruch darauf, dass ihre Eintragung in einem entsprechenden Verzeichnis im Rahmen der Eignungsprüfung berücksichtigt wird. Darin unterscheidet sich Abs. 4a von der Regelung in § 6 Abs. 3 Nr. 2 VOB/A. Diese räumt *den Bietern* die Möglichkeit ein, ihre Eignung mittels der Eintragung im Präqualifikationsverzeichnis nachzuweisen und damit einen Anspruch auf den Nachweis der Eignung mittels eines Präqualifikationssystems zu erlangen.[891] Das ist zwar nicht unumstritten.[892] Jedoch geht aus Art. 52 Abs. 2 und 3 VKR hervor, dass die öffentlichen Auftraggeber im Falle der Vorlage der Bescheinigung über die Eintragung in einem Präqualifikationsverzeichnis Bindungen unterliegen. Dieser Umstand und die Tatsache, dass die Einrichtung von Präqualifikationsverzeichnissen nach diesen europäischen Vorgaben den Mitgliedstaaten – nicht jedoch den Auftraggebern – vorbehalten ist,[893] spricht für die hier vertretene Auffassung. Das dürfte zur Folge haben, dass Abs. 4a richtlinienkonform dahin auszulegen ist, dass Bewerber außerhalb der Sektoren das Recht haben, ihre Eignung unter Rückgriff auf ein Präqualifikationsverzeichnis nachzuweisen, sofern es ein solches gibt.

Abs. 4a räumt den Auftraggebern zwei Handlungsalternativen ein: Sie können Präqualifika- **263** tionssysteme *einrichten* oder *zulassen*. Unter Einrichten ist – iSd. Vorgaben im Sektorenbereich – zu verstehen, dass der Auftraggeber selbst das Präqualifikationssystem plant, bekannt gibt, durchführt und anwendet. Die Einzelheiten dazu sind Art. 53 SKR bzw. dem diesen Artikel umsetzenden § 24 SektVO zu entnehmen. Das Verb „zulassen" bezieht sich demgegenüber seinem Wortlaut nach darauf, dass der Auftraggeber ein von einer anderen Person durchgeführtes Präqualifikationssystem für sich bzw. seine Auftragsvergaben anerkennt. Während diese Regelung mit Art. 53 SKR im Einklang steht, entspricht sie wohl nicht den Vorgaben des Art. 52

---

[886] Vgl. *Gabriel* NJW 2009, 2011, 2012.

[887] Vgl. Definition des Begriffs „Präqualifikation" Nr. 2 der Leitlinie des Bundesministeriums für Verkehr, Bau und Stadtentwicklung für die Durchführung eines Präqualifikationsverfahrens vom 25. 4. 2005 in der Fassung vom 14. 9. 2007.

[888] Vgl. Art. 52 Abs. 2 und 3 RL 2004/18/EG; vgl. auch http://www.pq-verein.de/.

[889] Dazu, welche Eignungskriterien im Bereich der VOB/A nachgewiesen werden, vgl. § 6 VOB/A nF.

[890] So auch BMVBS, Erlass v. 17. 1. 2008, B 15–0 1082–102/11, unter II. – dieser Erlass fordert Bundesauftraggeber sogar dazu auf, im Unterschwellenbereich grds. nur präqualifizierte Unternehmen zur Auftragsabgabe aufzufordern, ähnliches schreibt die PräqualifikationsRL NRW v. 5. 3. 2009 vor; vgl. auch *Kratzenberg* NZBau 2006, 601, 605.

[891] BMVBS, Erlass v. 17. 1. 2008, B 15–0 1082–102/11, unter II.; ebenso wohl *Heiermann/Zeiss/Kullack/Blaufuß/Kullack/Zeiss* § 8 VOB/A RdNr. 56; vgl. auch Materialsammlung zur Änderung der VOB/A v. 17. 9. 2008, S. 15: „Der Nachweis der Eignung … kann durch eine Bescheinigung über die Eintragung im Präqualifikationsverzeichnis erbracht werden".

[892] *Ingenstau/Korbion/Schramm* § 8 VOB/A RdNr. 84, der im Hinblick auf die Vorgängerregelung des § 6 Abs. 3 Nr. 2 S. 1 VOB/A 2009 „das vorherige ausdrückliche Einverständnis des Auftraggebers" verlangt.

[893] Ebenso *Kulartz/Marx/Portz/Prieß/Hausmann* § 7 b VOB/A RdNr. 45 und 49.

VKR,[894] der – nach hier vertretener Auffassung – die Einführung von Präqualifikationsverzeichnissen den Mitgliedstaaten zuweist und im Falle der Einführung die Bieter zur Nutzung berechtigt.

III. Gemeinschaftsrechtliche Vorgaben

264 Die Möglichkeit, die Eignung unter Nutzung eines Präqualifikationsverfahrens nachzuweisen, hat zwei gemeinschaftsrechtliche Grundlagen: Art. 53 SKR für den Sektorenbereich und Art. 52 VKR für das allgemeine EG-Vergaberecht. Beide Vorschriften unterscheiden sich darin, dass sie unterschiedlichen Stellen die Befugnis einräumen, Präqualifikationssysteme/Prüfungssysteme einzurichten bzw. ihre Anwendung zuzulassen. Während Art. 53 SKR Auftraggebern oder Stellen diese Handlungsmöglichkeit einräumt,[895] ermächtigt Art. 52 VKR ausschließlich die Mitgliedstaaten zur Einführung von Verzeichnissen oder Zertifizierungsstellen. Das hat der europäische Gesetzgeber bewusst so geregelt, wie die Entstehungsgeschichte der Vorschriften zeigt. Bereits im ersten Entwurf der VKR war die Einführung von Verzeichnissen in Art. 52 vorgesehen.[896] Dennoch rügte das Europäische Parlament in seiner ersten Lesung zum Richtlinienentwurf, dass die Einführung von Prüfungssystemen durch öffentliche Auftraggeber selbst nicht vorgesehen sei; es stellte einen Änderungsantrag, der auf die Möglichkeit des Einsatzes von Prüfungssystemen analog zur Sektorenrichtlinie gerichtet war.[897] Die Kommission lehnte den Änderungsantrag mit der Begründung ab, dass er im Rahmen des allgemeinen Vergaberechts zu einem nicht akzeptablen Transparenzverlust führen würde und zudem in Widerspruch zum Übereinkommen über das öffentliche Beschaffungswesen stünde, wenn zentrale Auftraggeber davon berührt wären.

265 Der praktische Unterschied der genannten Regelungen besteht darin, dass Sektorenauftraggeber die Präqualifikation entweder selbst durchführen oder das Präqualifikationssystem anderer Auftraggeber/Stellen für ihre künftig zu vergebenden Aufträge zulassen können (Art. 53 Abs. 1 und 6 SKR), während im allgemeinen Vergaberecht eine Zulassung oder Einführung durch die Auftraggeber nicht vorgesehen ist. Vielmehr liegt eine Einführung im Ermessen der Mitgliedstaaten (Art. 52 Abs. 1 VKR, siehe sogleich). Macht ein Mitgliedstaat davon Gebrauch, haben die Bieter im Hinblick auf das Präqualifikationssystem bestimmte Rechte (Art. 52 Abs. 2–4 VKR, siehe sogleich). Abs. 4 a hält diese Differenzierung ausdrücklich nicht aufrecht. Denn die Vorschrift unterscheidet nicht zwischen klassischen Auftraggebern und Sektorenauftraggebern, sondern gestattet generell „Auftraggebern" die Zulassung oder Einrichtung von Präqualifikationssystemen. Da der Grund für die Einführung von Abs. 4 a durch den Gesetzgeber, die Nutzung von Präqualifikationssystemen auch im Bereich der VOL/A zu ermöglichen, war, kann die Vorschrift auch nicht als reine „Sektorenregelung" verstanden werden.[898] Um so mehr ist unklar, warum die neue Regelung undifferenziert den Auftraggebern die Zulassung von Präqualifikationssystemen einräumt, anstatt für den Bereich außerhalb der Sektoren den Bietern das Recht zur Nutzung zu gewähren. Vor diesem Hintergrund ist fraglich, ob die Gleichregelung von allgemeinem Vergaberecht und Sektorenrecht durch Abs. 4 a europarechtlich zulässig ist oder eine europarechtskonforme Auslegung zur Aufrechterhaltung der im europäischen Vergaberecht vorgenommenen Unterscheidung führt. Hier ist letzteres zu erwarten.[899]

266 Die umfangreiche Vorschrift des Art. 53 SKR gibt für Prüfungssysteme detaillierte Maßgaben vor. Zunächst stellt Abs. 1 es öffentlichen Auftraggebern frei, ein Prüfungssystem einzurichten und zu verwalten. Richten öffentliche Auftraggeber ein solches ein, müssen sie gemäß Abs. 1 UAbs. 2 sicherstellen, dass Wirtschaftsteilnehmer jederzeit eine Prüfung verlangen können. Gemäß Abs. 2 kann das Prüfungssystem verschiedene Prüfungsstufen umfassen und muss auf der Grundlage objektiver Prüfkriterien und -regeln gehandhabt werden. Umfassen diese Kriterien und Regeln technische Spezifikationen, kommt Art. 34 SKR zur Anwendung. Gemäß Abs. 3 können die in Abs. 2 genannten Prüfkriterien und -regeln auch die in Art. 45 VKR aufgeführten Ausschlusskriterien gemäß den darin aufgeführten Bedingungen enthalten. Diese stellt der

---

[894] Siehe RdNr. 8, 262.

[895] Vgl. – zu § 8 b VOB/A – *Heiermann/Zeiss/Kullack/Blaufuß/Kullack* § 8 b VOB/A RdNr. 46.

[896] KOM(2000) 275 endgültig/2, S. 74.

[897] Europäisches Parlament, A5-0378/2001, Änderungsantrag 78, S. 65/66.

[898] *Kulartz/Kus/Portz/Kulartz* RdNr. 123, geht offensichtlich sogar davon aus, dass § 97 Abs. 4 a GWB nur für Auftraggeber außerhalb der Sektoren gilt.

[899] Vgl. auch *Kulartz/Kus/Portz/Kulartz* RdNr. 123, der aber die Vorschrift wohl eher nur außerhalb der Sektoren als einschlägig erachtet.

öffentliche Auftraggeber auf. Enthalten die in Abs. 2 genannten Prüfungskriterien und -regeln Anforderungen an die wirtschaftliche und finanzielle Leistungsfähigkeit des Wirtschaftsteilnehmers, kann sich dieser ggf. auf die Leistungsfähigkeit anderer Unternehmen stützen, unabhängig von dem Rechtsverhältnis, in dem er zu diesen Unternehmen steht. In diesem Fall muss er dem Auftraggeber nachweisen, dass er während der gesamten Gültigkeit des Prüfungssystems über diese Ressourcen verfügt, bspw. durch eine entsprechende Verpflichtungserklärung dieser Unternehmen, Abs. 4. Ähnliches gilt nach Abs. 5 in Bezug auf Anforderungen an die technischen und/oder beruflichen Fähigkeiten des Wirtschaftsteilnehmers. Die Prüfungskriterien und -regeln müssen interessierten Wirtschaftsteilnehmern auf Antrag hin zur Verfügung gestellt werden. Deren eventuelle Überarbeitung muss mitgeteilt werden (Abs. 6 UAbs. 1). Möchte der Auftraggeber ein Prüfungssystem anderer Auftraggeber oder Stellen nutzen, so teilt er interessierten Wirtschaftsteilnehmern die Namen der Auftraggeber oder Stellen mit (Abs. 6 UAbs. 2). Gemäß Abs. 7 wird ein Verzeichnis der geprüften Wirtschaftsteilnehmer geführt; es kann in Kategorien nach Auftragsarten, für deren Durchführung die Prüfung Gültigkeit hat, aufgegliedert werden. Wenn Auftraggeber ein Prüfungssystem einrichten oder verwalten, müssen sie gemäß Abs. 8 insbesondere die Bestimmungen des Art. 41 Abs. 3 (Bekanntmachungen über das Bestehen eines Prüfungssystems), des Art. 49 Abs. 3, 4 und 5 (Unterrichtung der die Prüfung beantragenden Wirtschaftsteilnehmer), des Art. 51 Abs. 2 (Auswahl der Bewerber, wenn ein Aufruf zum Wettbewerb durch eine Bekanntmachung über das Bestehen eines Prüfungssystems erfolgt) sowie des Art. 52 (gegenseitige Anerkennung im Zusammenhang mit administrativen, technischen oder finanziellen Bedingungen sowie betreffend Zertifikate, Nachweise und Prüfbescheinigungen) einhalten. Erfolgt ein Aufruf zum Wettbewerb durch Veröffentlichung einer Bekanntmachung über das Bestehen eines Prüfungssystems, so werden die Bieter gemäß Abs. 9 in einem nichtoffenen Verfahren oder die Teilnehmer an einem Verhandlungsverfahren unter den Bewerbern ausgewählt, die sich im Rahmen eines solchen Systems qualifiziert haben.

Auch Art. 52 VKR gibt sehr detaillierte Maßgaben vor. Die Vorschrift bestimmt in Abs. 1,   **267** dass *die Mitgliedstaaten* entweder amtliche Verzeichnisse zugelassener Bauunternehmer, Lieferanten oder Dienstleistungserbringer oder eine Zertifizierung durch öffentlich-rechtliche oder privatrechtliche Stellen einführen *können*. Wirtschaftsteilnehmer, die in solchen amtlichen Verzeichnissen eingetragen sind oder über eine Bescheinigung verfügen, können dem öffentlichen Auftraggeber gemäß Abs. 2 S. 1 *bei jeder Vergabe* eine Bescheinigung der zuständigen Stelle über die Eintragung oder die von der zuständigen Zertifizierungsstelle ausgestellte Bescheinigung vorlegen. Die Eintragung in einem Präqualifikationsverzeichnis stellt für öffentliche Auftraggeber anderer Mitgliedstaaten nur eine Eignungsvermutung hinsichtlich der in Abs. 3 genannten Kriterien auf. Hintergrund dieser Regelung ist, dass die einzelnen Mitgliedstaaten die Vorgaben der Präqualifikation selbst ausgestalten und deshalb nur in bestimmtem Umfang andere Mitgliedstaaten binden können. Die Angaben, die den Präqualifikationsverzeichnissen zu entnehmen sind, können nicht ohne Begründung in Zweifel gezogen werden (Abs. 4 S. 1); hinsichtlich der Zahlung von Steuern und Abgaben darf aber auch von präqualifizierten Unternehmen eine zusätzliche Bescheinigung verlangt werden (Abs. 4 S. 2). Art. 52 Abs. 5 VKR verbietet Diskriminierungen von ausländischen Wirtschaftsteilnehmern. Ihnen kann etwa eine Zertifizierung nicht zur Bedingung der Teilnahme gemacht werden, gleichwertige Bescheinigungen von Stellen anderer Mitgliedstaaten sind anzuerkennen (Abs. 5 Uabs. 2). Wirtschaftsteilnehmer können ferner jederzeit die Eintragung in ein Präqualifikationsverzeichnis beantragen und sind hinsichtlich der Entscheidung darüber innerhalb einer angemessenen kurzen Frist zu unterrichten (Abs. 6).

IV. Anwendungsbereich des Abs. 4 a

Abs. 4 a gilt für klassische öffentliche Auftraggeber und Sektorenauftraggeber.[900] Die Vor-   **268** schrift schließt nicht aus, dass im Bereich außerhalb der Sektoren im Einzelfall weitergehende oder speziellere Anforderungen als von dem betreffenden Präqualifikationssystem abgedeckten Nachweisen verlangt werden dürfen. Das ergibt sich hier daraus, dass die generelle und auftragsunabhängige Vorprüfung der Eignung nicht die etwaigen Besonderheiten der noch (vollends) unspezifizierten, künftig zu vergebenden Aufträge berücksichtigt bzw. berücksichtigen

---

[900] Unklar *Kulartz/Kus/Portz/Kulartz* RdNr. 123, der wohl eher von einer Geltung außerhalb der Sektoren ausgeht.

kann.[901] Die Forderung zusätzlicher Nachweise ist daher stets in den Fällen zulässig, in denen besondere Erfahrungen und Kenntnisse für die Auftragsausführung notwendig sind.[902]

F. Absatz 5

Schrifttum: *Braun/Kappenmann,* Die Bestimmung des wirtschaftlichsten Bieters nach den Zuschlagskriterien der Richtlinie 2004/18/EG, NZBau 2006, 544; *Bultmann,* Beschaffungsfremde Kriterien: Zur „neuen Formel" des Europäischen Gerichtshofes, ZfBR 2004, 134; *Bungenberg,* Die Berücksichtigung des Umweltschutzes bei der Vergabe öffentlicher Aufträge, NVwZ 2003, 314; *Burgi,* Kriterien für die Vergabe von Postdienstleistungen im Gewährleistungsstaat – Zugleich ein Beitrag zum Regime von Leistungsbeschreibung, Eignungs- und Zuschlagskriterien, VergabeR 2007, 457; *Dähne,* in: *Kapellmann/Messerschmidt,* VOB Teile A und B Kommentar, 2. Aufl. 2007; *Dreher/Hoffmann,* Die Informations- und Wartepflicht sowie die Unwirksamkeitsfolge nach den neuen §§ 101a und 101b GWB, NZBau 2009, 216; *Egger,* Einige Vorgaben für das Vergabeverfahren aus europarechtlicher Sicht, NZBau 2004, 582; *Freise,* Berücksichtigung von Eignungsmerkmalen bei der Ermittlung des wirtschaftlichsten Angebots?, NZBau 2009, 225; *Frenz,* Auftragsvergabe nach Umweltschutzkriterien und Gemeinschaftsrecht, WuW 2002, 352; *Gröning,* Spielräume für die Auftraggeber bei der Wertung von Angeboten, NZBau 2003, 86; *Hölzl/Friton,* Entweder – Oder: Eignungs- sind keine Zuschlagskriterien, NZBau 2008, 307; *Knebelkamp,* in: *Dammert/Irmler/Knebelkamp/Matuschak/Scheid/Vavra/Knebelkamp,* Praxishandbuch für die Vergabe von Bau- und Planungsleistungen nach VOB/A und VOF, Stand: Aug. 2007; *Kratzenberg,* in: *Ingenstau/Korbion,* VOB-Kommentar, Teile A und B, 17. Aufl. 2010; *Lausen,* in: *Heiermann/Zeiss/Kullack/Blaufuß,* Vergaberecht, 2. Aufl. 2008; *Niebuhr/Eschenbruch,* in: *Kapellmann/Vygen,* Jahrbuch Baurecht 1998; *Noch,* in: *Müller-Wrede,* VOL/A Kommentar, 2. Aufl. 2007; *Opitz,* Der Wirtschaftlichkeitsbegriff des Kartellvergaberechts, NZBau 2001, 12; *Prieß,* Die Ermittlung des wirtschaftlichsten Angebots, in: *Pünder/Prieß,* Vergaberecht im Umbruch, 2005; *Schäfer,* Grundzüge des öffentlichen Auftragswesens, Beilage Nr. 12 zu BB 1996; *Summa,* in: *Heiermann/Zeiss/Kullack/Blaufuß,* Vergaberecht, 2. Aufl. 2008; *Weyand,* ibr-online-Kommentar Vergaberecht, Stand 18.3.2009; *Wiedemann,* in: *Kulartz/Marx/Portz/Prieß,* Kommentar zur VOL/A, 2. Aufl. 2011; *Wiedemann,* Die Zulässigkeit sozialer Vergabekriterien im Lichte des Gemeinschaftsrechts, 2007; *Wirner,* Anm. zu den Schlussanträgen der GAin Stix-Hackl, C-247/02, Slg. 2004, I-9215 – Sintesi, IBR 2004, 527; *Wittchen,* Anm. zu OLG Naumburg, Beschl. v. 13.5.2008, 1 Verg 3/08, IBR 2008, 757.

I. Regelungsgehalt und Überblick

269   § 97 Abs. 5 bestimmt dem Wortlaut nach, dass der **Zuschlag auf das wirtschaftlichste Angebot** zu erteilen ist. Bei der Ermittlung des wirtschaftlichsten Angebots ist der niedrigste Angebotspreis lediglich eines von mehreren zu berücksichtigenden Kriterien und grundsätzlich nicht allein entscheidend.[903] Nur wenn die eingereichten Angebote sachlich und inhaltlich übereinstimmen, ist der Preis als Kriterium für die Vergabeentscheidung ausschlaggebend.[904] Entgegen dem Wortlaut der Vorschrift kann der öffentliche Auftraggeber den Zuschlag auch auf das **Angebot mit dem niedrigsten Preis** erteilen.[905] Abs. 5 ist anhand von Art. 53 Abs. 1 VKR bzw. Art. 55 Abs. 1 SKR dahingehend **richtlinienkonform auszulegen,** dass öffentliche Auftraggeber die Wahl haben zwischen dem Kriterium der Wirtschaftlichkeit und dem Kriterium des niedrigsten Preises.[906]

270   Abs. 5 ist zusammen mit den übrigen Bestimmungen des § 97 eine der zentralen Vorschriften des materiellen Vergaberechts. Sie konkretisiert das in Abs. 1 verankerte Wettbewerbsgebot dahin, dass der das Vergabeverfahren abschließende Zuschlag auf das wirtschaftlichste Angebot zu erteilen ist.[907] Darüber hinaus ist die Vorschrift im besonderen Maß **Ausdruck und Gegenstand des Transparenz- und Gleichbehandlungsgebots** aus Abs. 1 und Abs. 2. So folgt aus

---

[901] Vgl. *Kratzenberg* NZBau 2006, 601, 605.

[902] *Kapellmann/Messerschmidt/Glahs* § 8 VOB/A RdNr. 48.

[903] Das wirtschaftlichste Angebot idS. wird gleichbedeutend häufig auch als das „wirtschaftlich günstigste Angebot" bezeichnet.

[904] BGH, Urt. v. 26.10.1999, X ZR 30/98; OLG Düsseldorf, Beschl. v. 28.4.2008, Verg 1/08.

[905] Art. 53 VKR und Art. 55 SKR; zuvor Art. 36 Dienstleistungskoordinierungsrichtlinie 92/50/EWG, ABl. 1992, L 209/1, Art. 34 Baukoordinierungsrichtlinie 93/37/EWG, ABl. 1993, L 199/54, und Art. 26 Lieferkoordinierungsrichtlinie 93/36/EWG, ABl. 1993, L 199/1.

[906] EuGH, C-532/06, Slg. 2008, I-251, RdNr. 28 – Lianakis u.a., mit Anm. *Hölzl/Friton* NZBau 2008, 307 ff.; EuGH, C-247/02, Slg. 2004, I-9215 – Sintesi, VergabeR 2005, 62; EuGH, 31/87, Slg. 1988, 4635, RdNr. 15 u.16 – Beentjes; OLG Düsseldorf, Beschl. v. 14.1.2009, Verg 59/08.

[907] *Heiermann/Zeiss/Kullack/Blaufuß/Summa* § 97 RdNr. 89.

dem Transparenzgebot, dass der Auftraggeber bei der Wertung nur diejenigen Kriterien berücksichtigen darf, die er in der Bekanntmachung oder den Vergabeunterlagen bekannt gegeben hat.[908] Das folgt daraus, dass jeder Bieter vor der Erstellung und Abgabe seines Angebotes wissen muss, worauf es dem Auftraggeber bei der Vergabe seines Auftrags ankommt. Bieter können auf dieser Grundlage die Chancen für den Zuschlag auf ihr Angebot realistisch einschätzen und ihr Angebot entsprechend den Anforderungen des Auftraggebers ausgestalten. Wenn die Bieter bei der Abfassung der Angebote die gleichen Chancen haben sollen, müssen die Angebote aller Wettbewerber den gleichen Bedingungen unterworfen sein. Das Transparenzgebot verlangt, dass die Vergabestelle alle für die Zuschlagsentscheidung maßgeblichen Umstände den Bietern so bekannt macht, dass diese bei Anwendung der üblichen Sorgfalt deren genaue Bedeutung verstehen und gleicher Weise auslegen können und die Vergabestelle prüfen kann, ob die Angebote der Bieter die für den Auftraggeber geltenden Kriterien erfüllen.[908a] Zugleich können sie darauf vertrauen, dass der Auftraggeber diese Kriterien bei allen Bietern heranzieht und ggf. im Nachprüfungsverfahren prüfen lassen, ob sich der Auftraggeber an die von ihm aufgestellten Anforderungen und Kriterien gehalten hat.

Der Gleichbehandlungsgrundsatz fordert eine nicht diskriminierende Behandlung aller Bieter vom Beginn bis zum Ende eines Vergabeverfahrens.[909] Auch und gerade bei der Angebotswertung darf kein Bieter bevorzugt oder benachteiligt werden. Die vergaberechtliche Wirtschaftlichkeitsprüfung zur **Auswahl des Vertragspartners muss auf der Grundlage objektiver, willkürfreier, möglichst nicht manipulierbarer Kriterien** erfolgen, transparent und nachvollziehbar sein.[910] Die Einhaltung dieser vergaberechtlichen Kardinalgrundsätze hat unmittelbar Auswirkung auf die Chancengleichheit und den Erfolg der Bieter im Vergabeverfahren. Die Verdingungsordnungen füllen die Maßgaben des Abs. 5 weiter aus, indem sie beispielhaft Kriterien aufzählen, die für die Ermittlung des wirtschaftlichsten Angebots in Betracht kommen.[911] Zudem stellen sie klar, dass der niedrigste Angebotspreis allein nicht entscheidend ist.[912]

II. Entstehungsgeschichte, systematische Stellung und Zweck der Norm

Die Idee, mittels einer öffentlichen Ausschreibung das preiswerteste Angebot zu ermitteln,   **271** um Vorhaben des Staates zu realisieren, geht auf die Antike zurück. Bereits im antiken Griechenland und in der Römischen Republik ist so verfahren worden.[913] In deutschen Städten sind zumindest seit dem 16. Jahrhundert „Bau-Instruktionen" bekannt, die dem Vergaberecht verwandte Strukturen aufweisen.[914] Am Ende des 17. Jahrhunderts begann man, Aufträge (relativ geregelt) im Wege einer öffentlich durchgeführten Versteigerung zu vergeben („Lizitation"), wobei der Zuschlag auf das niedrigste Gebot erfolgte.[915] Umfassende, als „Instruktionen" bezeichnete Regelwerke erschienen erst in den 1830er Jahren in Bayern und Preußen.[916] Die Lizitation wurde in der Folgezeit allmählich durch die schriftliche Einreichung von Angeboten („Submission") abgelöst, weil die Lizitation zu einem ruinösen Preiskampf führte, der minderwertige Leistungen zur Folge hatte.[917] Ein Meilenstein dieser Entwicklung war ein Erlass des preußischen Arbeitsministeriums von 1885, der statt des niedrigsten das in jeder Hinsicht annehmbarste Angebot für maßgeblich erklärte.[918] Der 1914 von einer Reichstagskommission ausgearbeitete „Entwurf eines Gesetzes, betreffend das öffentliche Verdingungswesen"[919] nahm diesen Grundsatz auf,[920] der später in die Verdingungsordnungen übernommen worden ist.[921]

---

[908] OLG München NZBau 2009, 341, 342; ausführlich dazu RdNr. 28 ff.

[908a] BGH, Urt. v. 22. 7. 2010, VII ZR 213/08, NZBau 2010, 622 ff.; OLG Düsseldorf, Beschl. v. 26. 10. 2010, Verg 46/10, Umdruck nach ibr-online, S. 4.

[909] OLG München NZBau 2009, 341, 342; VK Bund, Beschl. v. 12. 11. 2009, VK3–208/09.

[910] OLG Naumburg, Beschl. v. 5. 12. 2008, 1 Verg 9/08.

[911] § 16 Abs. 6 Nr. 3 S. 2 VOB/A (§ 25 Nr. 3 Abs. 3 S. 2 VOB/A aF) und § 19 EG Abs. 9 VOL/A.

[912] § 16 Abs. 6 Nr. 3 S. 3 VOB/A (§ 25 Nr. 3 Abs. 3 S. 3 VOB/A aF) und § 21 EG Abs. 1 S. 2 VOL/A.

[913] MwN. *Byok/Jaeger/Rudolf* Einführung RdNr. 2–4.

[914] MwN. *Schäfer* Beilage Nr. 12 zu BB 1996, 1, 3.

[915] *Byok/Jaeger/Rudolf* Einführung RdNr. 5.

[916] *Schäfer* Beilage Nr. 12 zu BB 1996, 1, 3.

[917] *Byok/Jaeger/Rudolf* Einführung RdNr. 5 und 7; *Schäfer* Beilage Nr. 12 zu BB 1996, 1, 3.

[918] MwN. *Schäfer* Beilage Nr. 12 zu BB 1996, 1, 3.

[919] *Schäfer* Beilage Nr. 12 zu BB 1996, 1, 3.

[920] *Immenga/Mestmäcker/Dreher* § 97 RdNr. 208.

[921] Zu deren Ersteinführung *Schäfer* Beilage Nr. 12 zu BB 1996, 1, 4.

272   Das **Gemeinschaftsrecht** geht im Gegensatz dazu für die Ermittlung des besten Angebots von einem **dualen System** aus.[922] Das bedeutet, der Zuschlag wird entweder auf das wirtschaftlichste oder auf das Angebot mit dem niedrigsten Preis erteilt.[923] Der vergaberechtlichen Wirtschaftlichkeitsprüfung liegt ein **einzelwirtschaftlicher Maßstab** zu Grunde, dh. es geht stets um die Wirtschaftlichkeit des konkreten Beschaffungsvorgangs für den Auftraggeber, nicht um gesamtwirtschaftliche Erwägungen.[924] Dieses Konzept kann auf zwei Arten umgesetzt werden: Entweder durch das sog. **Minimalprinzip**, dh. für eine genau definierte Leistung wird das Angebot mit dem niedrigsten bzw. minimalen Preis gesucht. Oder durch das sog. **Maximalprinzip**, wonach mit einem relativ feststehenden Aufwand das bestmögliche bzw. maximale Ergebnis erzielt werden soll.[925]

273   Das **Vergaberechtsänderungsgesetz** fasste in § 97 – größtenteils bereits geltende – allgemeine Grundsätze zusammen und stellte sie dem im Vierten Teil des GWB neu geregelten Vergaberecht voran.[926] Die prominente Anordnung der in **§ 97 normierten allgemeinen Grundsätze des Vergaberechts** hatte auch ihre Aufwertung zum Ziel. Diese Grundsätze sind nicht nur bei der Auslegung der Vorschriften des GWB-Vergaberechts maßgeblich zu berücksichtigen, sondern auch für die Auslegung untergesetzlicher Vorschriften. Diesen gehen sie sogar vor. Das ist vor allem dann von Bedeutung, wenn die untergesetzlichen Vorschriften keine ausreichenden Regelungen enthalten. Regelungslücken sind dann unter Heranziehung der Grundsätze des § 97 zu schließen.[927] Dies kommt insbesondere auch in Hinblick auf die Absätze 1–3 zum Tragen. Die herausragende Bedeutung der in Abs. 5 geregelten Bewertungsmethode ergibt sich damit schon aus ihrer Anordnung. Abs. 5 ist im Zuge des Gesetzes zur Modernisierung des Vergaberechts nicht geändert worden.[928] Die europäischen Vorgaben sind vom Gesetzgeber für das **deutsche Vergaberecht** auf der Grundlage des Wortlauts des Abs. 5 nicht vollständig übernommen worden. Vielmehr hat der Gesetzgeber dem in Deutschland traditionellen Zuschlagskriterium der Wirtschaftlichkeit Präferenz eingeräumt.[929] Der **Preis** ist nach dem deutschen Vergaberecht zwar regelmäßig **das wichtigste, aber nicht das allein entscheidende Kriterium**.[930] Danach ist der Zuschlag unter Berücksichtigung aller im konkreten Fall wesentlichen und im Vergabeverfahren veröffentlichten Kriterien auf das Angebot zu erteilen, das das beste Preis-Leistungs-Verhältnis bietet.[931] Das entspricht der Erteilung des Zuschlags auf das „wirtschaftlich günstigste Angebots" iSd. europäischen Vergaberechts.[932] Die Nichtberücksichtigung des Zuschlagskriteriums „niedrigster Preis" sollte – entsprechend der beschriebenen historischen Entwicklung – wirtschaftliche Fehlentwicklungen verhindern.[933] Insbesondere befürchtete man, dass es auf der Grundlage dieses Kriteriums zu Qualitätseinbußen kommen würde. Allerdings steht es nicht im Ermessen der Mitgliedstaaten, nur eine der in den Vergaberichtlinien vorgesehenen Bewertungsalternativen umzusetzen. Abs. 5 ist deshalb anhand von Art. 53 VKR richtlinienkonform erweiternd auszulegen.[934] Entgegen dem Wortlaut der Vorschrift haben damit öffentliche Auftraggeber auch auf der Grundlage von Abs. 5 die Wahl, den Zuschlag nach dem Kriterium der Wirtschaftlichkeit oder dem Kriterium des niedrigsten Preises zu erteilen.[935]

---

[922] Art. 53 Abs. 1 VKR bzw. Art. 55 Abs. 1 SKR, dazu *Pünder/Prieß/Prieß* 119; *Kulartz/Kus/Portz/Kulartz* § 97 RdNr. 101.

[923] Art. 53 Abs. 1 VKR sowie Art. 55 Abs. 1 SKR; zur Rechtslage vor dem Inkrafttreten der SKR und VKR siehe *Prieß* 275; vgl. auch Art. 29 RL 71/305, ABl. 1971, L 185/5, die zur ersten Generation der EG-Vergaberichtlinien gehört.

[924] OLG Naumburg, Beschl. v. 5. 12. 2008, 1 Verg 9/08.

[925] OLG Naumburg, Beschl. v. 5. 12. 2008, 1 Verg 9/08.

[926] *Byok/Jaeger/Hailbronner* § 97 RdNr. 173; *Immenga/Mestmäcker/Dreher* § 97 RdNr. 1.

[927] *Immenga/Mestmäcker/Dreher* § 97 RdNr. 3.

[928] BGBl. 2009 I S. 790.

[929] VK Niedersachsen, Beschl. v. 11. 11. 2008, VgK-39/2008; VK Brandenburg, Beschl. v. 14. 6. 2007, 1 VK 17/07; *Pünder/Prieß/Prieß* 120; *Weyand* § 97 RdNr. 610.

[930] OLG Düsseldorf, Beschl. v. 28. 4. 2008, Verg 1/08; *Weyand* § 97 RdNr. 610.

[931] So Begr. zum VgRÄG BT-Drucks. 13/9340, 14, zu § 106 Abs. 4 GWB aF. (§ 97 Abs. 5 GWB nF.); zur Kritik des Bundesrats an dieser Formulierung siehe aaO., 36.

[932] So Bundesregierung BT-Drucks. 13/9340, 48, als Antwort auf die Kritik des Bundesrates.

[933] *Immenga/Mestmäcker/Dreher* § 97 RdNr. 211; aA. *Kapellmann/Vygen/Niebuhr/Eschenbruch* 209.

[934] Siehe ausführlich RdNr. 12.

[935] Vgl. Art. 53 Abs. 1 RL 2004/18/EG; EuGH, C-532/06, Slg. 2008, I-251, RdNr. 28 – Lianakis u. a.; EuGH, C-247/02, Slg. 2004, I-9215 – Sintesi, NZBau 2004, 685; EuGH, 31/87, Slg. 1988, 4635, RdNr. 15 u. 16 – Beentjes.

Die Bedeutung von Abs. 5 liegt zunächst in der Disziplinierung des öffentlichen Auftragge- **274** bers[936] vor dem Hintergrund eines fehlenden Wettbewerbsdrucks bei Beschaffungen.[937] Dieser wird zum einen zu einer wirtschaftlichen Auftragsvergabe bzw. sparsamen Verwendung der zur Verfügung stehenden Haushaltsmittel, jedoch zum anderen auch zur Beschaffung bestmöglicher Qualität gezwungen („value for money").[938] Um das zu erreichen, ist die Einhaltung des in Abs. 1 geregelten Wettbewerbs- und Transparenzprinzips von Beginn des Vergabeverfahrens an und nicht erst bei der eigentlichen Zuschlagsentscheidung notwendig. Nur so ist gewährleistet, dass der Auftraggeber möglichst viele Angebote konkurrierender Wettbewerber erhält, aus denen er das wirtschaftlichste bzw. preislich niedrigste auswählen kann. Abs. 5 dient jedoch nicht nur den Interessen des Auftraggebers, sondern generell der Marktöffnung.[939] Zudem verhindert die Vorschrift die Diskriminierung der Bieter.[940] Beides ist Konsequenz der Vorgaben der europäischen Vergaberichtlinien zur Zuschlagserteilung, die der Verwirklichung des freien Verkehrs von Waren, Personen und Dienstleistungen auf den Beschaffungsmärkten dienen.[941] Insgesamt steht Abs. 5 in engem Zusammenhang mit den Absätzen 1 und 2. Denn die Zuschlagsregel konkretisiert,[942] worauf eine Vergabe bei Einhaltung der dortigen Grundsätze hinausläuft: Auf ein rechtmäßiges Vergabeverfahren,[943] das durch den Zuschlag auf das wirtschaftlichste bzw. preislich niedrigste Angebot abgeschlossen wird.

III. Die Wirtschaftlichkeitsprüfung der Angebote

1. Die Wirtschaftlichkeitsprüfung ist Teil der Angebotswertung. Der Auftraggeber **275** hat die Wertung der Angebote grundsätzlich in **vier aufeinander folgenden und voneinander getrennten Wertungsstufen** vorzunehmen.[944] Das entspricht den Anordnungen der §§ 16 VOB/A und 19 EG VOL/A. Insbesondere bei der Eignungsprüfung und der Zuschlagsprüfung handelt es sich um zwei verschiedene Vorgänge. Diese sind streng voneinander zu trennen, wie sich aus der Systematik der Vergaberichtlinien ergibt.[945] Die Neuregelung des § 16 Abs. 1 Nr. 3 VOB/A und des § 19 EG Abs. 2 VOL/A, dh. die Anordnung einer **Nachforderungspflicht des Auftraggebers bei Fehlen von geforderten Erklärungen** – weicht die strenge Reihenfolge des Wertungsprozesses etwas auf.[946] Die Stufen der Angebotswertung finden allerdings in der Praxis bereits jetzt häufig nicht streng chronologisch bzw. sukzessive statt. Das ändert jedoch nichts daran, dass ein Angebot, das auf der zweiten Wertungsstufe auszuschließen ist, nicht in die dritte und vierte Wertungsstufe gelangen kann. Im Anschluss an die Angebotswertung folgt die Phase der Zuschlagserteilung. Vor der Erteilung des Zuschlags muss der Auftraggeber – entsprechend der Vorgaben der Rechtsmittelrichtlinien[947] – gemäß § 101a die unterlegenen Bieter über die beabsichtigte Zuschlagserteilung informieren und die Stillhaltefrist abwarten. Der Zuschlag darf erst nach deren Ablauf erteilt werden; ansonsten ist der Vertrag „schwebend unwirksam", § 101b GWB.[948]

Im Rahmen der Wertung der Angebote ist es möglich, dass der Auftraggeber für die Durch- **276** führung der Wertung über den Angebotsinhalt hinausgehende Informationen benötigt.[949] Ferner können in Bezug auf bestimmte Bieterangaben Unklarheiten bestehen, die einer Erläuterung bedürfen. Inwieweit der Auftraggeber in diesen Fällen den Bieter zur **Aufklärung des**

---

[936] Vgl. OLG Naumburg, Beschl. v. 5. 12. 2008, 1 Verg 9/08: „Abschaffung der Haus- und Hoflieferanten".

[937] *Immenga/Mestmäcker/Dreher* § 97 RdNr. 211.

[938] *Opitz* NZBau 2001, 12.

[939] OLG Naumburg, Beschl. v. 5. 12. 2008, 1 Verg 9/08.

[940] *Opitz* NZBau 2001, 13.

[941] *Opitz* NZBau 2001, 13.

[942] *Heiermann/Zeiss/Kullack/Blaufuß/Summa* § 97 RdNr. 89.

[943] Ähnlich *Immenga/Mestmäcker/Dreher* § 97 RdNr. 222.

[944] Ausführlich dazu Kommentierung zu § 97 Abs. 4 RdNr. 136 ff.

[945] EuGH, C-532/06, Slg. 2008, I-251, RdNr. 26 – Lianakis ua., zu diesem Urteil vgl. auch *Hölzl/ Friton* NZBau 2008, 307; EuGH, C-315/01, Slg. 2003, I-6351, RdNr. 59 – GAT, für die RL 93/36/ EGW; EuGH, 31/87, Slg. 1988, 4635, RdNr. 15 – Beentjes.

[946] So Materialsammlung zur Änderung der VOB/A des BMVBS v. 17. 9. 2008, 34.

[947] RL 89/665, ABl. 1989, L 395/33 und RL 92/13, ABl. 1992, L 76/14, beide wesentlich verändert durch RL 2007/66, ABl. 2007, L 335/31.

[948] *Dreher/Hoffmann* NZBau 2009, 216, 219.

[949] Vgl. OLG Jena ZfBR 2003, 86, 86/87; *Dammert/Irmler/Knebelkamp/Matuschak/Scheid/Vavra/Knebelkamp* Teil B, RdNr. 638.

Angebots anhalten darf, regeln § 15 VOB/A und § 18 EG VOL/A. Diese eng auszulegenden Ausnahmevorschriften erlauben dem Auftraggeber, den Inhalt der Angebote dadurch aufzuklären, dass sie sich diesen vom Bieter erläutern lassen; **inhaltliche Ergänzungen oder Änderungen dürfen nicht vorgenommen werden.**[950] Entsprechend sind Verhandlungen über den Angebotsinhalt und dessen Abänderung grundsätzlich verboten (**„Verhandlungsverbot"**).[951] Insbesondere dürfen keine Preisverhandlungen geführt und Preise nicht nachträglich geändert werden. Denn dadurch könnte ein Angebot entscheidend verbessert werden, was mit dem Wettbewerbs- und Gleichbehandlungsgrundsatz unvereinbar ist;[952] gleiches gilt, wenn ein Angebot widersprüchliche Preisangaben enthält.[953] Nutzt der Auftraggeber die ihm eingeräumte Möglichkeit zur Aufklärung durch Nachfragen bei einem Bieter, muss er zur Einhaltung des Wettbewerbs- und Gleichbehandlungsgebots in gleichem Umfang **alle relevanten Bieter** einbeziehen. Mit „relevanten" Bietern ist gemeint, dass der Auftraggeber Aufklärungsmaßnahmen auf solche Bieterangebote beschränken kann, die eine Zuschlagsaussicht haben.[954] Ferner ist er beim Rückgriff auf die Möglichkeit zur Aufklärung daran gehindert, bei der Beurteilung der Aufklärungsfähigkeit unterschiedliche Maßstäbe anzulegen.[955] Im Übrigen darf der Auftraggeber zur Aufklärung des Angebots auch auf bieterfremde Erkenntnisquellen zurückgreifen (zB. Nachfrage beim Hersteller eines Produktes).[956]

277   § 15 Abs. 1 Nr. 1 VOB/A enthält anders als § 18 EG VOL/A genaue Angaben darüber, welche Erläuterungen im Einzelnen zulässig sind: Bei Ausschreibungen darf der Auftraggeber nach Öffnung der Angebote bis zur Zuschlagserteilung von einem Bieter nur Aufklärung verlangen, um sich über dessen Eignung zu unterrichten. Das gilt insbesondere in Bezug auf dessen technische und wirtschaftliche Leistungsfähigkeit, das Angebot selbst, etwaige Nebenangebote, die geplante Art der Durchführung, etwaige Ursprungsorte oder Bezugsquellen von Stoffen oder Bauteilen und über die Angemessenheit der Preise. Dafür darf er sich, wenn nötig, die Preisermittlung (Kalkulationen) vorlegen lassen. Bei den aufgeführten Alternativen, die als Verhandlungsobjekte genannt sind, handelt es sich grundsätzlich um abschließende Aufzählungen.[957]

278   **2. Zulässige Zuschlagskriterien. a) Rechtlicher Rahmen.** Die Erteilung des Zuschlags ist im Gemeinschaftsrecht durch **Art. 53 VKR** und **Art. 55 SKR** („Zuschlagskriterien") geregelt. Die Vorschriften enthalten Bestimmungen zu den Zuschlagskriterien und deren Bekanntmachung.

279   Diesen Vorschriften entspricht national Abs. 5, wonach der Zuschlag auf das wirtschaftlichste Angebot erteilt wird. Dieser Grundsatz wird in § 16 Abs. 6 Nr. 3 S. 2 VOB/A und § 21 EG Abs. 1 S. 1 VOL/A wiederholt. Zudem bestimmen § 16 Abs. 6 Nr. 3 S. 3 VOB/A und § 21 EG Abs. 1 S. 2 VOL/A, dass der niedrigste Angebotspreis allein nicht entscheidend ist. Die europäischen Bestimmungen zur Bekanntmachung der Zuschlagskriterien und ihrer Gewichtung sind ua. in § 16 Abs. 6 VOB/A und in den §§ 9 EG, 15 EG und 19 EG VOL/A umgesetzt. Ergänzend dazu sind die Grundsätze der Transparenz und Gleichbehandlung von entscheidender Bedeutung.[958]

280   **b) Dualität von „wirtschaftlichstem Angebot" und Angebot mit „niedrigstem Preis".** Die EU-Vergaberichtlinien sehen ein „duales System" hinsichtlich möglicher Zuschlagskriterien vor.[959] Gemäß Art. 53 Abs. 1 VKR bzw. Art. 55 Abs. 1 SKR kann der Zuschlag entweder auf das **wirtschaftlich günstigste Angebot** oder auf das **Angebot mit dem niedrigsten Preis** erteilt werden. Im Gegensatz dazu bestimmt Abs. 5, dass der Zuschlag auf das wirtschaftlichste Angebot zu erteilen ist. § 16 Abs. 6 Nr. 3 S. 3 VOB/A sowie § 21 EG Abs. 1 S. 2 VOL/A bestimmen zudem, dass der niedrigste Angebotspreis allein nicht entscheidend ist. Das deutsche Recht räumt dem Kriterium des wirtschaftlichsten Angebots auf der Grundlage des Wortlauts der Vorschrift den Vorrang ein.

[950] OLG München ZfBR 2007, 828, 830; OLG Düsseldorf, Beschl. v. 30. 7. 2003, Verg 32/03; OLG Koblenz, Beschl. v. 15. 7. 2008, 1 Verg 2/08.

[951] Vgl. OVG Münster NZBau 2006, 64, 65.

[952] VK Nordbayern, Beschl. v. 12. 11. 2004, 320.VK-3194-43/04.

[953] VK Bund, Beschl. v. 21. 7. 2005, VK 3–61/05; VK Brandenburg, Beschl. v. 22. 2. 2008, VK 3/08.

[954] MwN. OLG München VergabeR 2008, 114, 117.

[955] OLG Saarbrücken, Beschl. v. 29. 5. 2002, 5 Verg 1/01.

[956] VK Hessen, Beschl. v. 7. 10. 2004, 69 d-VK-60/2004.

[957] OLG München ZfBR 2007, 828, 830.

[958] *Pünder/Prieß/Prieß* 118/119; vgl. EuGH, C-448/01, Slg. 2003, I-14527 RdNr. 47–51 – EVN und Wienstrom.

[959] *Pünder/Prieß/Prieß* 119.

Die Vorschriften des deutschen Vergaberechts sind **gemeinschaftsrechtskonform** dahin **281** **auszulegen,** dass der Auftraggeber auch dem Angebot mit dem niedrigsten Preis den Zuschlag erteilen darf.[960] Der EuGH hat entschieden, dass die EU-Vergaberichtlinien dem nationalen Gesetzgeber zumindest verbieten, abstrakt festzulegen, dass der Zuschlag stets auf das Angebot mit dem niedrigsten Preis erteilt werden muss.[961] In den Schlussanträgen zur Entscheidung des Gerichtshofs vertrat die Generalanwältin Stix-Hackl die Auffassung, dass es dem nationalen Gesetzgeber verwehrt sei, das Ermessen der Auftraggeber in einer Weise einzuschränken, die die Richtlinie nicht ausdrücklich gestatte.[962] Danach ist die Festlegung des Gesetzgebers, den Zuschlag ausschließlich auf das wirtschaftlichste Angebot zu erteilen, gemeinschaftsrechtswidrig.[963] Dem ist zuzustimmen. Art. 53 Abs. 1 VKR und Art. 55 Abs. 1 SKR bestimmen, dass der Auftraggeber bei der Erteilung des Zuschlags die dort genannten Kriterien anwendet. Die Umsetzung der Vorschrift ist nicht in das Ermessen der Mitgliedstaaten gestellt.[964] Die den Auftraggebern durch das Gemeinschaftsrecht eingeräumte Freiheit darf daher nicht beschränkt werden. Eine Einschränkung der Beschaffungsautonomie des Auftraggebers in diesem Punkt würde zudem uU. zu sinnlosen Praktiken führen: Immer dann nämlich, wenn der Auftraggeber Standardleistungen beschaffen möchte oder es auf die Qualität der Leistung nicht ankommt, würde der Auftraggeber gezwungen, neben dem einzig sinnvollen Kriterium Preis noch weitere Alibi-Kriterien anzugeben.[965]

    c) Wirtschaftlichstes Angebot. aa) Begriff. Der öffentliche Auftraggeber darf gemäß **282** § 97 Abs. 5 den Zuschlag auf das wirtschaftlich günstigste Angebot erteilen. Entscheidet sich der Auftraggeber dafür, muss er gemäß Art. 53 Abs. 1 lit. a VKR bzw. Art. 55 SKR **Zuschlagskriterien** festlegen, die **durch den Auftragsgegenstand gerechtfertigt** sind bzw. **mit diesem zusammenhängen.**[966] Auf der Grundlage dieser vorab festgelegten Zuschlagskriterien muss er im Zuge der Wertung auf der vierten Wertungsstufe das wirtschaftlich günstigste Angebot ermitteln. Die zu diesem Zweck vom Auftraggeber aufgestellten wirtschaftlichen und qualitativen Kriterien müssen es ermöglichen, das Leistungsniveau jedes einzelnen Angebotes im Verhältnis zu dem in den technischen Spezifikationen beschriebenen Auftragsgegenstand zu bewerten sowie das Preis-Leistungs-Verhältnis jedes Angebots zu bestimmen.[967] Die in der Vorbereitung einer Ausschreibung zu treffende Auswahl von konkreten Zuschlagskriterien setzt die **Grundentscheidung** voraus, ob der Zuschlag auf das wirtschaftlichste Angebot oder das Angebot mit dem niedrigsten Preis erteilt werden soll. Diese Entscheidung muss der Auftraggeber notwendigerweise **für jeden konkreten Beschaffungsvorgang individuell treffen.** Sie ist von der Konzeption der jeweiligen Vergabe und insbesondere von dem definierten Leistungs-Soll abhängig. Die Entscheidung kann deshalb nur vom jeweiligen Auftraggeber selbst und nicht abstrakt, zB. durch den Gesetzgeber, getroffen werden.[968] Der Begriff „wirtschaftlichstes Angebot" hat ohne konkretisierende Kriterien keine eigenständige Bedeutung bzw. Aussagekraft.[969] Abstrakt beschrieben ist das „wirtschaftlichste Angebot" das **Angebot mit dem besten Preis-Leistungs-Verhältnis**[970] bzw. dem insgesamt besten Verhältnis zwischen Kosten und Nutzen.[971]

---

[960] OLG München, Beschl. v. 20. 5. 2010, Verg 04/10; OLG Düsseldorf, Beschl. v. 14. 1. 2009, Verg 59/08; ähnlich OLG Naumburg, Beschl. v. 5. 12. 2008, 1 Verg 9/08; OLG Karlsruhe NJOZ 2008, 3347, 3355; vgl. auch BayObLG, Beschl. v. 9. 9. 2004, Verg 18/04; ebenso *Pünder/Prieß/Prieß* 121; *Noch* RdNr. 392; *Weyand* § 97 RdNr. 649; zumindest in geeigneten Fällen sagt *Immenga/Mestmäcker/Dreher* § 97 RdNr. 219; *Heiermann/Zeiss/Kullack/Blaufuß/Summa* § 25 VOB/A, RdNr. 233; *Braun/Kappenmann* NZBau 2006, 544, 545.
[961] EuGH, C-247/02, Slg. 2004, I-9215, RdNr. 42 – Sintesi.
[962] Schlussanträge der GA-in Stix-Hackl, C-247/02, Slg. 2004, I-9215, RdNr. 65 – Sintesi.
[963] *Wirner* IBR 2004, 527.
[964] Ähnlich *Immenga/Mestmäcker/Dreher* § 97 RdNr. 219.
[965] Ebenso *Noch* RdNr. 392.
[966] OLG Düsseldorf NZBau 2009, 398, 401.
[967] Zutreffend VK Brandenburg, Beschl. v. 14. 6. 2007, 1 VK 17/07, unter Bezugnahme auf Erwägungsgrund 46 der RL 2004/18/EG.
[968] OLG Naumburg, Beschl. v. 5. 12. 2008, 1 Verg 9/08; *Burgi* VergabeR 2007, 457, 471.
[969] VK Baden-Württemberg, Beschl. v. 21. 11. 2001, 1 VK 37/01; VK Sachsen, Beschl. v. 30. 4. 2008, 1/SVK/020-08; VK Mecklenburg-Vorpommern, Beschl. v. 30. 8. 2004, 2 VK 09/04; *Pünder/Prieß/Prieß* 121.
[970] So Begr. zum VgRÄG BT-Drucks. 13/9340, 14, zu § 106 Abs. 4 GWB aF. (§ 97 Abs. 5 GWB nF.); Erwägungsgrund 46 VKR; *Immenga/Mestmäcker/Dreher* § 97 RdNr. 214.
[971] *Kulartz/Kus/Portz/Kulartz* § 97 RdNr. 104.

283   **bb) Bestimmung und Eigenschaften der Zuschlagskriterien und Unterkriterien.** Der Auftraggeber hat bei der **Bestimmung bzw. Festlegung der Kriterien** zur Ermittlung des wirtschaftlichsten Angebots einen **weiten Spielraum.**[972] Die **Formulierung der Zuschlagskriterien und der Unterkriterien richtet sich nach dem Gegenstand**, der beschafft werden soll. Die wesentlichen Anforderungen an diesen müssen die Zuschlagskriterien möglichst abbilden. Der Auftraggeber darf nur solche Zuschlagskriterien festlegen, zu deren Überprüfung er sowohl bereit als auch in der Lage ist. Andernfalls verstieße er gegen die Grundsätze der Transparenz und der Objektivität des Vergabeverfahrens, die eine effektive Kontrolle der Richtigkeit der Angaben der Bieter erfordern.[973] Häufig ist deshalb die Bestimmung von Unterkriterien erforderlich, insbesondere ist bei technisch aufwändigen Beschaffungsgegenständen die genaue technische Beschreibung und deren wertungsmäßige Umsetzung notwendig.[974]

284   Die Zuschlagskriterien müssen die Grundsätze des Gemeinschaftsrechts einhalten, insbesondere das Diskriminierungsverbot.[975] Die Kriterien müssen tatsächlich der Ermittlung des wirtschaftlich günstigsten Angebots dienen und dürfen dem Auftraggeber bei der Vergabe des Auftrags **keine uneingeschränkte Entscheidungsfreiheit** einräumen.[976] Insbesondere müssen **Zuschlagskriterien notwendigerweise mit dem Auftragsgegenstand zusammenhängen,**[977] Art. 53 Abs. 1 lit. a VKR und Art. 55 Abs. 1 lit. a SKR. Auch der EuGH meint diesen Zusammenhang, wenn er feststellt, dass Kriterien, die **im Wesentlichen mit der fachlichen Eignung** der Bieter zusammenhängen, nicht als Kriterien für die Ermittlung des wirtschaftlichsten Angebots verwendet werden dürfen.[978] Das beruht darauf, dass Eignungskriterien bieterbezogen und nicht auftrags- bzw. leistungsbezogen sind. Auch unter diesem Aspekt dürfen nur Faktoren berücksichtigt werden, die sich auf die Leistung beziehen, die den Gegenstand des Auftrags bildet.[979] Die betreffenden Kriterien müssen dafür jedoch nicht rein wirtschaftlicher Art sein.[980] Der Wirtschaftlichkeitsbezug der Kriterien ist aus der Sicht des Auftraggebers zu bestimmen.[981] Bei der Bestimmung der Kriterien für das wirtschaftlichste Angebot ist der Auftraggeber weitgehend ungebunden, bestimmten Faktoren eine Bedeutung zuzumessen.[982] Die Kontrolle der Vergabenachprüfungsinstanzen beschränkt sich auf Ermessensfehler, dh. darauf, ob ein Ermessensmissbrauch oder ein sonstiger Ermessensfehler zu beanstanden ist.[983] Aus der Rechtsprechung des EuGH folgt, dass Kriterien auch dann noch als mit dem Auftragsgegenstand zusammenhängend anzusehen sind, wenn sich das betreffende Kriterium nicht in einer Produkteigenschaft widerspiegelt.[984] Die Anforderung des Zusammenhangs ist damit weit zu verstehen. Ausreichend ist nach der Literatur bereits, dass der Auftraggeber durch eine entsprechende Gestaltung der Vergabeunterlagen mit jedem Kriterium den geforderten Zusammenhang herstellen kann.[985]

285   Auch die erneute Berücksichtigung von Eignungsgesichtspunkten auf der Stufe der Wirtschaftlichkeitsprüfung ist nicht zulässig **(„kein Mehr an Eignung").**[986] Die Prüfung der Eig-

---

[972] EuGH, 56/77, Slg. 1978, 2215, RdNr. 20 – Agence européenne d'intérims/Kommission; EuG, T-169/00, Slg. 2002, II-609, RdNr. 95 – Esedra/Kommission; OLG Düsseldorf, Beschl. v. 21. 5. 2008, VII-Verg 19/08, BeckRS 2008, 19279.

[973] EuGH, C-448/01, Slg. 2003, I-14527 RdNr. 51/52 – EVN und Wienstrom.

[974] Vgl. OLG Naumburg, Beschl. v. 25. 9. 2008, 1 Verg 3/08.

[975] EuGH, C-513/99, Slg. 2002, I-7213, RdNr. 63 – Concordia Bus Finland.

[976] EuGH, C-448/01, Slg. 2003, I-14527 RdNr. 37 – EVN und Wienstrom.

[977] Noch vor Geltung der RL 2004/18/EG EuGH, C-513/99, Slg. 2002, I-7213, RdNr. 59 – Concordia Bus Finland.

[978] EuGH, C-532/06, Slg. 2008, I-251, RdNr. 30 – Lianakis ua.; OLG Düsseldorf, Beschl. v. 28. 4. 2008, VII-Verg 1/08; vgl. Kommentierung zu § 97 Abs. 4 RdNr. 186.

[979] EuGH, C-532/06, Slg. 2008, I-251, RdNr. 30 – Lianakis ua.

[980] EuGH, C-448/01, Slg. 2003, I-14527 RdNr. 32 – EVN und Wienstrom.

[981] EuGH, C-513/99, Slg. 2002, I-7213, RdNr. 55 – Concordia Bus Finland; EuG, T-148/04, Slg. 2005, II-2627, RdNr. 51 – TQ3 Travel; *Bungenberg* NVwZ 2003, 314, 315; ausführlich und anschaulich erklärt bei *Wiedmann* 40.

[982] OLG Düsseldorf, Beschl. v. 21. 5. 2008, VII-Verg 19/08.

[983] OLG Düsseldorf, Beschl. v. 21. 5. 2008, VII-Verg 19/08; Beschl. v. 5. 5. 2008, VII Verg 5/08.

[984] So bei aus erneuerbaren Energiequellen erzeugtem Strom – siehe EuGH, C-448/01, Slg. 2003, I-14527,14527 RdNr. 34 – EVN und Wienstrom.

[985] *Frenz* WuW 2002, 352, 361; *Wiedmann* 56.

[986] BGH VergabeR 2008, 641, 642; OLG Düsseldorf, Beschl. v. 21. 5. 2008, VII-Verg 19/08; OLG Düsseldorf, Beschl. v. 29. 10. 2003, VII Verg 43/03.

nung eines Bieters und der Wirtschaftlichkeit eines Angebots unterliegen verschiedenen Regeln. Gegenstand der Eignungsprüfung ist nicht, qualitative Unterschiede zwischen den Leistungen der Bewerber festzustellen. Beide Wertungsstufen sind klar voneinander zu trennen. Das berechtigte und sinnvolle Anliegen von Auftraggebern, eine besondere Eignung der Bewerber zu berücksichtigen, kann zum einen durch die Wahl der Vergabeart berücksichtigt werden, also insbesondere in Form der Durchführung eines nichtoffenen Vergabeverfahrens oder eines Verhandlungsverfahrens mit jeweils vorausgehendem öffentlichem Teilnahmewettbewerb, sofern die Voraussetzungen dafür erfüllt sind.[987] Darüber hinaus können die Anforderungen an die Eignung der Unternehmen auch unter bestimmten Voraussetzungen über das normale Maß hinaus erhöht werden.[988] Diese Vorgehensweise ermöglicht es, den Auftrag mit Rücksicht auf die besonderen Anforderungen, die die Ausführung stellt, nur einem besonders erfahrenen, fachkundigen und/oder zuverlässigen Auftragnehmer zu erteilen.

Auf der Grundlage der Rechtsprechung des **OLG Düsseldorf** darf der öffentliche Auftrag-   **286** geber unter bestimmten Voraussetzungen Eignungsmerkmale als Kriterien zur Ermittlung des wirtschaftlichsten Angebots formulieren und damit bei der Wirtschaftlichkeitsprüfung eine graduell unterschiedliche Eignung der Bieter berücksichtigen.[989] Voraussetzung dafür ist, dass es um die **auftragsbezogene Umsetzung bestimmter Eignungsmerkmale** geht.[990] Die betreffenden Eignungsmerkmale müssen dafür einen spezifischen Bezug zur Auftragsausführung aufweisen, eine ordnungsgemäße Erfüllung der gestellten Anforderungen erwarten lassen und sich entsprechend den Wünschen des Auftraggebers im Angebot ausdrücklich niederschlagen.[991] Auf diese Weise kann dem **anzuerkennenden Bedürfnis** des Auftraggebers entsprochen werden, den Auftrag nicht einem generell geeigneten, sondern einem besonders erfahrenen, fachkundigen und/oder zuverlässigen Bieter erteilen zu können. Der Vergabesenat beruft sich zur Begründung dieser Ausnahme ua. auf die Rechtsprechung des EuGH.[992] Der EuGH hat entschieden, dass die Fähigkeit des Bieters, angemessene Sicherheitsmaßnahmen zu treffen, als Kriterium für die Erteilung des Zuschlags berücksichtigt werden kann. Darüber hinaus beruft sich der Vergabesenat auf § 25 Nr. 3 Abs. 3 S. 1 VOB/A a. F (§ 16 Abs. 6 Nr. 3 S. 1 VOB/A). Die Vorschrift bestimmt, dass nur solche Angebote in die engere Wahl gelangen sollen, die eine einwandfreie Ausführung erwarten lassen. Gleiches gelte für die VOL/A. Die VOL/A weise in § 25 Nr. 3 a. F. zwar keine mit der VOB/A wortlautidentische Vorschrift auf. Doch lasse Abs. 2 der Erläuterungen zu § 25 Nr. 3 VOL/A a. F. (§ 21 EG VOL/A) auf der Grundlage einer authentischen Interpretation des Verdingungsausschusses erkennen, dass die Bestimmung des wirtschaftlichsten Angebots mit jedem auftragsbezogenen Umstand verknüpft werden dürfe.[993]

Die Rechtsprechung des OLG Düsseldorf ist in der Sache berechtigt und widerspricht bei ex-   **287** akter Anwendung nicht der Rechtsprechung des BGH.[994] Zwar ist nach dem BGH die Berücksichtigung eines „Mehr an Eignung" bei der Wirtschaftlichkeitsprüfung nicht zulässig. Eine höhere Eignung darf zu Recht nicht den Ausschlag für die Zuschlagsentscheidung geben. Die Berücksichtigung einer besonderen Eignung ist auch auf andere Art und Weise möglich. Um die Berücksichtigung eines „Mehr an Eignung" im eigentlichen Sinn geht es dem Vergabesenat auch nicht. Vielmehr soll gerade die auftragsbezogene Komponente eines Eignungsmerkmals berücksichtigt werden können. Dies entspricht dem Sinn und Zweck der Wirtschaftlichkeitsprüfung, die sich gerade auf die Angebote und damit die Leistung, nicht aber auf die Bieter bezieht. Auch nach dem EuGH sind als Zuschlagskriterien nur solche Kriterien ausgeschlossen, die „im Wesentlichen mit der Beurteilung der fachlichen Eignung der Bieter zusammenhängen".[995] Der Vergabesenat hat darüber hinaus zutreffend darauf hingewiesen, dass der EuGH es

---

[987] BGH VergabeR 2008, 641, 643.
[988] OLG Düsseldorf, Beschl. v. 5. 10. 2005, Verg 55/05; *Weyand* § 97 RdNr. 403.
[989] OLG Düsseldorf, Beschl. v. 21. 5. 2008, VII-Verg 19/08, unter Bezug auf OLG Düsseldorf VergabeR 2004, 537, 537; OLG Dresden VergabeR 2004, 609, 614; *Gröning* NZBau 2003, 86, 91; *Egger* NZBau 2004, 582, 586; *Willenbruch/Bischoff/Frenz* RdNr. 33.
[990] OLG Düsseldorf, Beschl. v. 21. 5. 2008, VII-Verg 19/08, mwN. für ein Verhandlungsverfahren; OLG Düsseldorf, Beschl. v. 28. 4. 2008, VII-Verg 1/08.
[991] OLG Düsseldorf, Beschl. v. 21. 5. 2008, VII-Verg 19/08.
[992] EuGH, C-324/93, Slg. 1995, I-563, RdNr. 44/49 – Evans Medical.
[993] OLG Düsseldorf, Beschl. v. 21. 5. 2008, VII-Verg 19/08.
[994] BGH VergabeR 2008, 641, 642/643.
[995] EuGH, C-532/06, Slg. 2008, I-251, RdNr. 27–30 – Lianakis u. a.; OLG Düsseldorf, Beschl. v. 28. 4. 2008, Verg 1/08.

in der Rechtssache Evans Medical für zulässig erachtet hat, als Zuschlagskriterium bei der Wirtschaftlichkeitsprüfung die Fähigkeit der Bieter zu berücksichtigen, die Zuverlässigkeit und Kontinuität einer Versorgung sicherzustellen.[996] So sinnvoll der Ansatz des OLG Düsseldorf auch ist, weil es durchaus vorkommt, dass bestimmte Eignungskriterien eine auftragsbezogene Komponente haben, und so berechtigt er vor dem Hintergrund der Rechtsprechung des EuGH ist: Die rechtlich einwandfreie Umsetzung dieser Rechtsprechung in der Rechtspraxis wird zu erheblichen Abgrenzungsproblemen führen. Insbesondere wenn man die präzisierende Rechtsprechung des EuGH in der Rechtssache Lianakis einbezieht. Es wird im Einzelfall schwierig sein zu entscheiden, wann ein bestimmtes Eignungsmerkmal im Wesentlichen bieter- oder auftragsbezogen ist. Schlagen bestimmte Eignungselemente wegen des spezifischen Auftragsinhalts auf die konkrete Umsetzung des Auftrags „durch", hängen sie nicht im Wesentlichen mit der fachlichen Eignung zusammen[997] und dürfen bei der Wirtschaftlichkeitsprüfung berücksichtigt werden. Allerdings ist wohl davon auszugehen, dass in der Praxis derartige Fälle selten vorkommen werden.[998]

288 Als Kriterien zur Bestimmung des wirtschaftlichsten Angebots kommen beispielsweise Qualität, Preis, technischer Wert, Ästhetik, Zweckmäßigkeit, Umwelteigenschaften, Betriebs- und Folgekosten, Rentabilität, Kundendienst und technische Hilfe oder die Ausführungsfrist in Betracht, § 16 Abs. 6 Nr. 3 S. 2 VOB/A bzw. § 19 EG Abs. 9 VOL/A. Die Aufzählung der Kriterien in § 16 Abs. 6 Nr. 3 S. 2 VOB/A bzw. § 19 EG Abs. 9 VOL/A ist nicht abschließend.[999] Das ergibt sich aus dem Wortlaut der Vorschriften, insbesondere aus der Formulierung „beispielsweise".

289 „**Qualität**" beschreibt die Beschaffenheit, die Merkmale einer Leistung. Unter Qualität ist **die Güte der vom Bieter angebotenen Leistung** zu verstehen.[1000] Das Zuschlagskriterium Qualität ist für sich kaum aussagekräftig. Der Auftraggeber muss deshalb sein Verständnis von Qualität in Bezug auf die konkret zu erbringende Leistung **durch Unterkriterien konkretisieren**.[1001] Bei einer IT-Ausschreibung können bspw. die Kriterien Akkutausch ohne Datenverlust, erweiterbarer Speicher, Einschätzung Außendienst und Einschätzung Arbeitssicherheit verwendet werden.[1002] Die Qualität einer Leistung kann auch anhand des Personals, der technischen und logistischen Mittel, der Geschäftsführung und der Informationsweiterleitung sowie der Fähigkeit, die besten Tarife auszuhandeln, bewertet werden.[1003]

290 Das Kriterium „**Ästhetik**" beschreibt eine Reihe von Eigenschaften, die darüber entscheiden, wie Menschen Gegenstände oder eine bestimmte Leistung wahrnehmen. Dieses Kriterium wird hauptsächlich im Rahmen einer **funktionalen Leistungsbeschreibung** zur Anwendung gelangen.[1004] Auf der Grundlage einer funktionalen Leistungsbeschreibung geht es ua. um die gestalterisch beste Lösung.[1005] Dieses Kriterium betrifft die Frage nach dem gestalterischen Umsetzung (Farb- und Formgebung)[1006] der Leistung,[1007] dessen Bewertung stark von der subjektiven Einschätzung des Auftraggebers abhängt. Es entzieht sich einer exakten Umrechnung in einen finanziellen Maßstab.[1008] Deshalb wird das Kriterium Ästhetik nur dann zulässig sein, wenn es insgesamt einen nur geringen Einfluss auf die Gesamtbewertung einer Leistung hat.[1009]

---

[996] EuGH, C-324/93, Slg. 1995, I-563, RdNr. 44/49 – Evans Medical.

[997] Ein solcher Fall wird wohl vorliegen, wenn der Auftraggeber die technische Abwicklung des Bauvorhabens zum Zuschlagskriterium macht, worin zumindest kein reines Eignungskriterium besteht, so OLG Karlsruhe, Beschl. v. 9. 3. 2007, 17 Verg 3/07.

[998] Vgl. VK Sachsen, Beschl. v. 30. 4. 2008, 1/SVK/020-08, hinsichtlich „technische Ausrüstung" und „technischer Wert".

[999] OLG Düsseldorf, Beschl. v. 14. 1. 2009, Verg 59/08, für § 25a VOL/A a.F. (heute § 19 EG Abs. 9 VOL/A); EuGH, C-315/01, Slg. 2003, I-6351, RdNr. 63 – GAT, für Art. 26(1) der RL 93/36/EWG; das gleiche gilt für Art. 53 (1) lit. a VKR.

[1000] *Ingenstau/Korbion/Kratzenberg*, 17. Aufl. 2010, § 16 RdNr. 118.

[1001] VK Südbayern, Beschl. v. 21. 4. 2004, 24-04/04; VK Baden-Württemberg, Beschl. v. 21. 11. 2001, 1 VK 37/01.

[1002] OLG Düsseldorf, Beschl. v. 19. 7. 2006, Verg 27/06.

[1003] EuG, T-148/04, Slg. 2005, II-2627, RdNr. 87 – TQ3 Travel.

[1004] *Müller-Wrede/Noch* § 25 RdNr. 341; *Ingenstau/Korbion/Kratzenberg*, 17. Aufl. 2010, § 16 RdNr. 121.

[1005] Siehe § 9 Nr. 15 VOB/A aF.

[1006] *Müller-Wrede/Noch* § 25 RdNr. 341.

[1007] Vgl. OLG Naumburg, Beschl. v. 29. 10. 2001, 1 Verg 11/01.

[1008] BayObLG NJOZ 2004, 2717, 2722.

[1009] BayObLG NJOZ 2004, 2717, 2722.

Das Kriterium „**Zweckmäßigkeit**" bringt in einem umfassenden Sinne zur Geltung, inwieweit die angebotene Leistung eines Bieters sowohl den Interessen des Auftraggebers als auch den Belangen der Personen dient, für die wiederum der Auftraggeber die Leistung erbringen wird.[1010] Daher kommt es maßgeblich auf die gegenüber den Bietern dargestellten Ziele und Zwecke der Leistungserbringung an. Zu den „Umwelteigenschaften" zählt etwa bei der Lieferung von Strom dessen Gewinnung aus erneuerbaren Energieträgern.[1011] Auch der Transportaufwand zur Abfallbeseitigungsanlage kann im Hinblick auf die erheblichen Immissionen der Transportfahrzeuge ein zulässiges umweltschutzbezogenes Kriterium darstellen.[1012]

Das Kriterium „**Betriebskosten**" bezieht sich auf Kosten, die bei der Nutzung bestimmter **291** Geräte/Gegenstände anfallen, etwa Stromkosten oder bei einem Fuhrpark Kraftstoffverbrauch und Versicherungskosten. Voraussetzung für dieses Kriterium ist, dass eine halbwegs zuverlässige Aussage über zukünftige Betriebskosten gemacht werden kann. Dafür müssen die richtigen Gerätedaten zu Grunde gelegt und von einer realistischen Nutzung der Geräte ausgegangen werden.[1013] Unter „**Folgekosten**" sind die Kosten zu verstehen, die in Folge der erbrachten Leistung bzw. zu ihrer weiteren Nutzung notwendig werden,[1014] ohne dass diese den Betriebskosten zurechenbar wären. Das können etwa Entsorgungskosten sein[1015] oder aber bei Softwareprodukten die Kosten für Folgeversionen bzw. Updates.[1016] Auch dieses Kriterium benötigt konkretisierende Unterkriterien, uU. die Festlegung eines Zeitraumes, für den die Prognose der Folgekosten wertungsrelevant sein soll, sowie aussagekräftige Umstände zur Bestimmung der Folgekosten, die evtl. vom Bieter zu fordern sind.[1017]

Die „**Rentabilität**" eines Angebots betrifft die Auswirkung der Leistungserbringung auf die **292** künftige Wirtschaftlichkeit der zu erbringenden Leistungen für den Auftraggeber. So können von der Leistungserbringung beeinflusste Einnahmen/Gebühren von Bedeutung sein oder die Langlebigkeit eines Produkts oder sonstige Ersparnisse an anderer Stelle.[1018]

„**Kundendienste**" oder „**technische Hilfe**" werden immer dann eine erhöhte Bedeutung besitzen, wenn die (möglichst) ununterbrochene störungsfreie Nutzung der Leistung hohen Stellenwert besitzt. Das ist etwa bei medizinischen Geräten denkbar, bei Schleusen in der Binnenschifffahrt oder im Zusammenhang mit Leistungen auf Flughäfen.[1019] Zum „Kundendienst" wird man auch Servicedienstleistungen zählen dürfen, die Leistungen zur Unterstützung der Vertragsverwaltung sowie Leistungen zur reibungslosen Abwicklung von Schadensfällen umfassen.[1020]

Die Kriterien „**Ausführungsfrist**" bzw. „**Lieferzeitpunkt**" und „**Lieferungsfrist**"[1021] betreffen die Erbringung der Leistung in zeitlicher Hinsicht. Dabei muss der Auftraggeber deutlich machen, welche Bedeutung einem Termin – etwa hinsichtlich der Wertung des Angebots – zukommt.[1022] Beispielsweise kann die Kürze der Nachlieferfrist von bestimmten Produkten ein wichtiger Aspekt iRd. Zuschlagsentscheidung des Auftraggebers sein.[1023]

Der Auftraggeber darf zur Ermittlung des wirtschaftlichsten Angebots auch den **Preis** der zu **293** beschaffenden Leistung **als Zuschlagskriterium** heranziehen. Das Kriterium „**Preis**" erfasst nur die Beträge, die im Angebot genannt sind. Kaufmännische Veränderungen der angegebenen Preise, etwa nach der Annuitätsmethode oder durch Einrechnung oder Abzug von weiteren Kosten wären nur dann möglich, wenn sie den Bietern als Wertungsmethode vorher bekannt gemacht worden sind.[1024] Unter den Kriterien, derer sich der Auftraggeber bedienen kann, um

[1010] OLG Düsseldorf ZfBR 2003, 721, 723.

[1011] EuGH, C-448/01, Slg. 2003, I-14 527,14527 RdNr. 34 – EVN und Wienstrom.

[1012] OLG Rostock, Beschl. v. 30. 5. 2005, 17 Verg 4/05.

[1013] VK Brandenburg, Beschl. v. 28. 6. 2006, 2 VK 22/06; vgl. VK Brandenburg, Beschl. v. 31. 8. 2006, 1 VK 33/06.

[1014] Vgl. OLG Bremen ZfBR 2006, 719, 722.

[1015] VK Schleswig-Holstein, Beschl. v. 19. 1. 2005, VK-SH 37/04.

[1016] *Müller-Wrede/Noch* § 25 RdNr. 355.

[1017] OLG Naumburg, Beschl. v. 25. 9. 2008, 1 Verg 3/08.

[1018] *Kulartz/Marx/Portz/Prieß/Wiedemann,* 2. Aufl. 2011, § 16 RdNr. 283; *Müller-Wrede/Noch* § 25 RdNr. 358.

[1019] *Müller-Wrede/Noch* § 25 RdNr. 360.

[1020] VK Lüneburg, Beschl. v. 24. 11. 2003, 203-VgK-29/2003.

[1021] Die beiden letztgenannten Kriterien stammen aus § 25a Nr. 1 Abs. 1 S. 1 VOL/A aF. bzw. Art. 53 Abs. 1 lit. a VKR.

[1022] EuGH, C-448/01, Slg. 2003, I-14527 RdNr. 58 – EVN und Wienstrom.

[1023] Siehe VK Münster, Beschl. v. 22. 7. 2005, VK 16/05.

[1024] VK Düsseldorf, Beschl. v. 29. 4. 2008, VK-06/2008-B.

das wirtschaftlichste Angebot zu ermitteln, wird der Preis schon wegen haushaltsrechtlicher und tatsächlicher Budgetvorgaben eine entscheidende Rolle spielen.[1025] Der Auftraggeber muss **Preis und Leistung im Wege einer Abwägung in ein angemessenes Verhältnis zueinander bringen.** Hinsichtlich der angemessenen Einbeziehung des Preises kommt dem Auftraggeber, gerade weil aufgrund der Betonung der Wirtschaftlichkeit weitere Kriterien der Angebote relevant sind und im Einzelfall beispielsweise ein Mehr an Qualität einen höheren Preis rechtfertigen kann, ein **erheblicher Beurteilungs- und Ermessensspielraum** zu.[1026] Es ist anerkannt, dass der Angebotspreis nicht nur marginal gewichtet und der Zuschlag nicht losgelöst von preislichen Erwägungen erteilt werden darf. Der Auftraggeber hat vielmehr den Preis in einer angemessenen Weise in die Wertung einzubeziehen.[1027] Strittig ist jedoch, ob die **Gewichtung des Preises** generell 30% nicht unterschreiten darf.[1028] Eine derartige Pauschalisierung ist nicht sinnvoll und ergibt sich weder aus dem Gemeinschaftsrecht noch aus dem nationalen Recht. Vielmehr obliegt es dem Auftraggeber im Einzelfall zu beurteilen, welches Gewicht der Preis nach Abwägung aller Umstände haben muss.[1029] Der Auftraggeber soll im Rahmen des ihm zustehenden Spielraums selbst entscheiden, wie Preis und Leistung eines Angebots in ein angemessenes Verhältnis zu bringen sind.[1030] Zu berücksichtigen ist, dass der Preis als absolute und eindeutige Größe ausschlaggebend ist, wenn die Wirtschaftlichkeitsprüfung zum Ergebnis führt, dass die (verbliebenen) Angebote hinsichtlich aller übrigen Kriterien gleichwertig sind.[1031] Im Einzelfall kann es schwierig sein, auf der Grundlage von qualitativen und damit weichen Kriterien zu einer unterschiedlichen Bewertung einer Leistung zu kommen. Des Weiteren kann der Preis im Zusammenhang mit der Bekanntgabe der Zuschlagskriterien und Unterkriterien ausschlaggebende Bedeutung erlangen.

294 Ein Sonderfall, in dem der Preis kein Kriterium zur Ermittlung des wirtschaftlichsten Angebots sein darf, liegt vor, wenn **Preise gesetzlich festgeschrieben** sind. Auf diesen Aspekt geht auch Erwägungsgrund 47 VKR ein.[1032] Danach dürfen Zuschlagskriterien nicht die Anwendung nationaler Bestimmungen beeinträchtigen, die die Vergütung bestimmter Dienstleistungen, wie bspw. die Vergütung von Architekten, Ingenieuren und Rechtsanwälten, regeln oder – bei Lieferaufträgen – feste Preise für Schulbücher festlegen. Dieser Aspekt findet sich auch in Art. 53 Abs. 1 VKR, wonach die Zuschlagsregeln „unbeschadet der für die Vergütung von bestimmten Dienstleistungen geltenden einzelstaatlichen Rechts – und Verwaltungsvorschriften" gelten. Als Kriterien für die Zuschlagserteilung kommen im Falle gesetzlich festgelegter Preise hauptsächlich qualitative Kriterien in Betracht; quantitativ könnten der Ausführungszeitraum oder Folgekosten[1033] relevant sein.[1034]

295 **d) Das Zuschlagskriterium des niedrigsten Preises.** Der Auftraggeber darf das beste Angebot auch allein auf der Grundlage des **Zuschlagskriteriums niedrigster Preis** ermitteln.[1035] Voraussetzung dafür, dass der Auftraggeber auch in qualitativer Hinsicht **ausgewogene oder homogene Angebote** erhält, ist in diesem Fall eine **detaillierte Leistungsbeschreibung** und ein **Ausschreibungsgegenstand mit geringem Differenzierungspotential.** In diesem Fall kommt es nur auf den Preis der Angebote an. Andere Zuschlagskriterien dürfen nicht berücksichtigt werden. Ein Beurteilungsspielraum oder Ermessen des Auftraggebers bei der Ermittlung des siegreichen Angebots besteht in diesem Fall nicht. Bei der Bestimmung des relevanten Preises sind allerdings unbedingte **Nachlässe** für eine Gesamtvergabe wie für ver-

---

[1025] Vgl. BGH NZBau 2000, 35, 37.

[1026] VK Brandenburg, Beschl. v. 14. 6. 2007, 1 VK 17/07; *Weyand* RdNr. 610/2.

[1027] OLG Düsseldorf NZBau 2002, 578, 580; OLG Dresden NZBau 2001, 459, 460; VK Bund, Beschl. v. 10. 6. 2005, VK 2–36/05.

[1028] Dafür OLG Dresden NZBau 2001, 459, 460.

[1029] *Kulartz/Kus/Portz/Kulartz* § 97 RdNr. 105.

[1030] OLG Düsseldorf NZBau 2002, 578, 580; ebenso *Heiermann/Zeiss/Kullack/Blaufuß/Summa* § 97 RdNr. 105.

[1031] BGH NZBau 2002, 344, 345; OLG Düsseldorf, Beschl. v. 28. 4. 2008, VII-Verg 1/08; BayObLG, Beschl. v. 2. 12. 2002, Verg 24/02; VK Brandenburg, Beschl. v. 20. 10. 2004, VK 56/04; VK Lüneburg, Beschl. v. 3. 2. 2004, 203-VgK-41/2003.

[1032] Ähnlich aber weniger umfangreich ist Erwägungsgrund 56 der SKR.

[1033] Dazu siehe OLG Naumburg, Beschl. v. 13. 5. 2008, 1 Verg 3/08, mit Anm. *Wittchen* IBR 2008, 757.

[1034] *Immenga/Mestmäcker/Dreher* RdNr. 221.

[1035] OLG Naumburg, Beschl. v. 5. 12. 2008, 1 Verg 9/08; BayObLG, Beschl. v 9. 9. 2004, Verg 18/04; OLG Düsseldorf NZBau 2007, 600.

schiedene Loskombinationen berücksichtigungsfähig.[1036] Das hat der Verordnungsgeber durch die Negativbestimmung in § 16 Abs. 9 S. 1 VOB/A nun ausdrücklich geregelt. Danach sind Preisnachlässe ohne Bedingung nicht wertbar, wenn sie nicht an der vom Auftraggeber nach § 13 Abs. 4 VOB/A bezeichneten Stelle aufgeführt sind. Die Vergabestelle darf Angebote jedoch dann nicht allein auf der Grundlage des niedrigsten Preises werten, wenn Nebenangebote zulässig sind. Das bedeutet, Nebenangebote sind trotz einer expliziten Aufforderung zur Abgabe von Nebenangeboten unzulässig, wenn der **Preis als einziges Zuschlagskriterium** vorgegeben ist.[1036 a] Die VOB/A und die EG VOL/A geben in Bezug auf die Zulässigkeit von Nebenangeboten zwar nicht ausdrücklich vor, dass in diesem Fall Zuschlagskriterium die Wirtschaftlichkeit des Angebotes sein muss und nicht allein der Preis sein darf. Art. 24 Abs.1 VKR und Art. 36 Abs. 1 SKR lassen jedoch für den Fall, dass der Preis das einzige Zuschlagskriterium ist, Varianten, das heißt in der deutschen Terminologie Nebenangebote – nicht zu. Hauptangebote und Nebenangebote können allein auf der Basis des niedrigsten Preises nicht unter Wahrung des Grundsatzes der Gleichbehandlung gewertet werden. Sinn und Zweck von Nebenangeboten ist es gerade, qualitativ eine andere Leistung anzubieten. Der niedrigste Preis als alleiniges Zuschlagskriterium kann qualitative Unterschiede im Rahmen der Angebotswertung gerade nicht widerspiegeln.

Die Zulässigkeit von **Preisnachlässen, die von ungewissen zukünftigen Ereignissen** **296** **abhängen**, wie zB. Skonti, ist strittig. So wird vertreten, dass diese nicht in den zu bewertenden Angebotspreis einfließen dürfen.[1037] Nach anderer Auffassung begegnet die Einbeziehung eines Skontos als Vergleichsbasis keinen Bedenken.[1038] Das gilt zumindest für die Fälle, in denen die Skontierungsfrist, die Skontohöhe und der vom Skonto betroffene Preisteil klar benannt sind.[1039] Allerdings wird auch vertreten, dass zur Wahrung der Transparenz und zur Vermeidung von Manipulationen die Berücksichtigung eines Skontos und die dafür nötigen Voraussetzungen klar und eindeutig bekannt gegeben sein müssen.[1040] Dieser Umstand spricht jedoch dafür, im Falle des Zuschlagskriteriums „niedrigster Preis" keine Skonti bei der Festlegung des relevanten Preises zuzulassen. Das gilt im Rahmen der VOB/A gemäß § 16 Abs. 9 für beide möglichen Zuschlagskriterien ausdrücklich: Unaufgefordert angebotene Preisnachlässe mit Bedingungen für die Zahlungsfrist (Skonti) werden bei der Wertung der Angebote nicht berücksichtigt. Da dieser Regelung das Transparenzgebot zu Grunde liegt, ist auch iRd. VOL/A von deren Gültigkeit auszugehen. **Betriebs- oder Folgekosten** dürfen bei der Bestimmung des relevanten Preises nicht berücksichtigt werden. Diese betreffen nicht unmittelbar das Zuschlagskriterium „Preis", sondern bestimmen vielmehr die Wirtschaftlichkeit eines Angebots.[1041] Betriebs- und Folgekosten sind vielmehr ein eigenes Zuschlagskriterium. Vor diesem Hintergrund wählen öffentliche Auftraggeber nur in seltenen Fällen das Zuschlagskriterium niedrigster Preis als Zuschlagskriterium. Denn sollten die sonstigen vorgenannten Kostenpunkte in Bezug auf den Auftragsgegenstand eine Rolle spielen, zwingt das Haushaltsrecht bzw. der Wettbewerb auf dem Markt, diese bei der Ermittlung des zu bezuschlagende Angebots einzubeziehen. Da in der weit überwiegenden Mehrzahl der Fälle diese Kostenpunkte zumindest auch von Bedeutung sein werden, ist verständlich, warum der deutsche Gesetzgeber dem Zuschlagskriterium „wirtschaftlichstes Angebot" den Vorrang einräumt.

e) Politisierte Auftragsvergabe

Schrifttum: *Arrowsmith,* The Law of Public and Utilities Procurement, 2. Aufl. 2005; *Bechtold/Otting,* GWB: Kartellgesetz, Gesetz gegen Wettbewerbsbeschränkungen, 5. Aufl. 2008; *Beck/Wagner,* Die Vermeidung des Erwerbs von Produkten aus ausbeuterischer Kinderarbeit – Zur Bekanntmachung der Bayerischen Staatsregierung vom 29. 4. 2008, VergabeR 2008, 601; *Beckmann,* Die Verfolgung ökologischer Zwecke bei der Vergabe öffentlicher Aufträge, NZBau 2004, 600; *Benedict,* Sekundärzwecke im Vergabeverfahren, Öffentliches Auftragswesen, seine teilweise Harmonisierung im EG/EU Binnenmarkt und die Instrumenta-

---

[1036] BayObLG, Beschl. v. 9. 9. 2004, Verg 18/04.

[1036a] OLG Düsseldorf, Beschl. v. 18. 10. 2010, Verg 39/10; VK Schleswig-Holstein, Beschl. v. 8. 10. 2010, VK-SH 13/10; OLG Celle, Beschl. v. 11. 2. 2010, 13 Verg 16/09, VergabeR 2010, 669, berücksichtigt diese Frage noch nicht.

[1037] BayObLG, Beschl. v. 9. 9. 2004, Verg 18/04; *Noch* RdNr. 397.

[1038] BGH, NZBau 2000, 35, 38, mit der Besonderheit, dass auf Grund im Übrigen gleichwertiger Angebote der Preis das maßgebliche Kriterium darstellte.

[1039] MwN. *Kapellmann/Messerschmidt/Dähne* § 25 RdNr. 89.

[1040] BGH NZBau 2008, 459, 460.

[1041] Zu Transportkosten des Auftraggebers VK Südbayern, Beschl. v. 16. 4. 2003, 12-03/03.

lisierung von Vergaberecht durch vergabefremde Aspekte, 2000; *ders.*, „Vergabefremde" Aspekte nach Beentjes und Nord-Pas-de-Calais, NJW 2001, 947; *Bitterich,* Tariftreue vor dem EuGH, ZIP 2008, 1455; *Bultmann,* Beschaffungsfremde Kriterien: Zur „neuen Formel" des Europäischen Gerichtshofs, ZfBR 2004, 134; *ders.*, Beihilfenrecht und Vergaberecht, Beihilfen und öffentliche Aufträge als funktional äquivalente Instrumente der Wirtschaftslenkung; ein Leistungsvergleich, 2004; *Bungenberg,* Vergaberecht im Wettbewerb der Systeme, Eine rechtsebenenübergreifende Analyse des Vergaberechts, 2007; *Burgi,* Vergabefremde Zwecke und Verfassungsrecht, NZBau 2001, 64; *Byok/Jaeger,* Kommentar zum Vergaberecht, 2. Aufl. 2005; *Dagefördе/Dross,* Reform des europäischen Vergaberechts, NVwZ 2005, 19; *Diemon-Wies/Graiche,* Vergabefremde Aspekte – Handhabung bei der Ausschreibung gem. § 97 IV GWB, NZBau 2009, 409; *Dippel/Zeiss,* Vergabefremde Aspekte – Rechtsschutz im Vergabenachprüfungsverfahren wegen Verstoßes gegen das EG-Beihilfenrecht, NZBau 2002, 376; *Dörr,* Infrastrukturförderung (nur) nach Ausschreibung?, NZBau 2005, 617; *Egger,* Europäisches Vergaberecht, 2008; *Engel,* Regulierung durch Organisation und Verfahren, in: *Immenga/Möschel/Reuter* (Hrsg.), Festschrift für Ernst-Joachim Mestmäcker zum siebzigsten Geburtstag, Baden-Baden 1998, S. 11; *Fante,* Die Instrumentalisierung des öffentlichen Beschaffungswesens zur Durchsetzung politischer Ziele, 2004; *Fischer,* Vergabefremde Zwecke im öffentlichen Auftragswesen: Zulässigkeit nach Europäischem Gemeinschaftsrecht, EuZW 2004, 492; *Freise,* Berücksichtigung von Eignungsmerkmalen bei der Ermittlung des wirtschaftlichsten Angebots?, NZBau 2009, 225; *Frenz,* Soziale Vergabekriterien, NZBau 2007, 17; *Gabriel,* Die Vergaberechtsreform 2009 und die Neufassung des vierten Teils des GWB, NJW 2009, 2011; *Gagel,* Sozialgesetzbuch III, 38. Ergänzungslieferung 2010; *Heintzen,* Vergabefremde Ziele im Vergaberecht, ZHR 165, 2001, 62; *Huber/Wollenschläger,* EMAS und Vergaberecht – Berücksichtigung ökologischer Belange bei öffentlichen Aufträgen, WiVerw 2005, 212; *Giesberts/Reinhardt,* Beck'scher Online-Kommentar Umweltrecht, 2007; *Grabitz/Hilf,* Das Recht der Europäischen Union, 40. Aufl. 2010; *Huerkamp,* Technische Spezifikationen und Grenzen des § 97 IV 2 GWB, NZBau 2009, 755 ff.; *ders.,* Transparenz und Gleichbehandlung als gemeinschaftsrechtliche Prinzipien der staatlichen Auftragsvergabe, 2010; *Immenga/Mestmäcker,* Kommentar zum deutschen Kartellrecht, 4. Aufl. 2007; *Kenzler,* Das umweltrechtliche und vergaberechtliche Privilegierungspotential des gemeinschaftsrechtlichen Umwelt-Audit-Systems, Baden-Baden 2009; *Kirch/Leinemann,* Alles neu? Mindestlohnvorgaben und Eigenleistungsquoten nach der Vergaberechtsmodernisierung, VergabeR 2009, 414; *Kirchhof,* Verwalten durch „mittelbares" Einwirken, 1977; *Kling,* Zur Zulässigkeit vergabefremder Regelungen im Recht der öffentlichen Auftragsvergabe, 2000; *Kopp/Ramsauer,* Verwaltungsverfahrensgesetz, 10. Aufl. 2008; *Krohn,* Umweltschutz als Zuschlagskriterium: Grünes Licht für „Ökostrom", NZBau 2004, 92; *ders.,* Öffentliche Auftragsvergabe und Umweltschutz, Die Berücksichtigung von Umweltschutzbelangen bei der öffentlichen Auftragsvergabe nach europäischem und deutschem Vergaberecht, 2003; *Kühling,* Rechtliche Grenzen der Ökologisierung des öffentlichen Beschaffungswesens, VerwArch 2004, 337; *ders./Huerkamp,* Vergaberechtsnovelle 2010/ 2011: Reformbedarf bei den vergabefremden Ausführungsbedingungen nach § 97 Abs. 4 S. 2 GWB, VergabeR 2010, 545; *Kus,* Losvergabe und Ausführungskriterien, NZBau 2009, 21; *Langen/Bunte,* Kommentar zum deutschen und europäischen Kartellrecht, 11. Aufl. 2010; *Mader,* Das neue Vergaberecht, EuZW 2004, 425; *Maunz/Dürig,* Grundgesetz, Loseblatt-Kommentar, 57. Aufl. 2010; *McCrudden,* Buying Social Justice: Equality, Government Procurement, and Legal Change, 2007; *Meyer,* Die Einbeziehung politischer Zielsetzungen bei der öffentlichen Beschaffung: zur Zulässigkeit der Verwendung sogenannter „beschaffungsfremder Kriterien" unter besonderer Berücksichtigung der Tariftreueerklärungen, 2002; *Opitz,* Das Legislativpaket – Die neuen Regelungen zur Berücksichtigung umwelt- und sozialpolitischer Belange bei der Vergabe öffentlicher Aufträge, VergabeR 2004, 421; *ders.,* Der Wirtschaftlichkeitsbegriff des Kartellvergaberechts, NZBau 2001, 12; *Otting,* Grenzen der Instrumentalisierung des öffentlichen Auftragswesens für vergabefremde Zwecke – die Tariftreuentscheidung des EuGH, AbfallR 2008, 142; *Pache,* Der Staat als Kunde – System und Defizite des neuen deutschen Vergaberechts, DVBl 2001, 1781; *Pietzcker,* Vergaberechtliche Sanktionen und Grundrechte, NZBau 2003, 242; *ders.,* Rechtsbindungen bei der Vergabe öffentlicher Aufträge, AöR 107, 1982, 61; *Pitschas/Ziekow,* Vergaberecht im Wandel, 2006; *Pünder,* Vorgaben des grundgesetzlichen Gleichheitssatzes für die Vergabe öffentlicher Aufträge, VerwArch 2004, 38; *Rechten,* Die Novelle des EU-Vergaberechts, NZBau 2004, 366; *Schima,* Wettbewerbsfremde Regelungen – falsche Signale vom Europäischen Gerichtshof, NZBau 2002, 1; *Schneider,* EG-Vergaberecht zwischen Ökonomisierung und umweltpolitischer Instrumentalisierung, DVBl 2003, 1186; *Steiff,* Vergabefremde Aspekte – eine Zwischenbilanz, VergabeR 2009, 290; *Steinberg,* Anmerkung zu EuGH, Urteil vom 17. 9. 2002 – C-513/99 (Concordia Bus), EuZW 2002, 634; *Wagner,* Zum Nachprüfungsverfahren bezüglich einer Verwaltungsvorschrift samt Mustererklärung, aus Baden-Württemberg – Anm. zu VK Baden-Württemberg, Beschl. v. 29. 1. 2010 – 1 VK 73/09, VergabeR 2010, 717; *Wiedmann,* Die Zulässigkeit sozialer Vergabekriterien im Lichte des Gemeinschaftsrechts, 2006; *Winter,* Public Procurement in the EEC, CMLRev 1991, 741; *Ziekow,* Die Berücksichtigung sozialer Aspekte bei der Vergabe öffentlicher Aufträge, 2007; *ders.,* Das Vergaberecht als Waffe gegen Kinderarbeit?, KommJur 2007, 281.

297 **aa) Tatbestand.** Abs. 5 verpflichtet den Auftraggeber auf den Zuschlag für das „wirtschaftlichste" Angebot. Hieraus ließen sich allenfalls dann generelle Restriktionen für die Politisierung der Auftragsvergabe ableiten, wenn man den Begriff strikt einzelwirtschaftlich verstünde,[1042] die Berücksichtigung der Gesamtwohlfahrt also automatisch als unwirtschaftlich anzusehen wäre.

[1042] So noch *Opitz* NZBau 2001, 12 ff.

Sowohl die Vorstellungen des Gesetzgebers[1043] als auch die Vorgaben des Unionsrechts wei- **298** sen indes in eine andere Richtung. So schwebte dem Gesetzgeber offenbar der haushaltsrechtliche Wirtschaftlichkeitsbegriff vor,[1044] der auch eine Berücksichtigung der gesamtwirtschaftlichen Wohlfahrt zulässt.[1045] Hieran ändert sich auch nichts durch die Einführung des neuen Abs. 4 Satz 2. Dieser ist keinesfalls so zu verstehen, dass vergabefremde Aspekte jetzt nur noch als zusätzliche Bedingungen und nicht mehr als Zuschlagskriterien in das Verfahren eingeführt werden können.[1046]

Auch der EuGH betont, dass nicht jedes Zuschlagskriterium „rein wirtschaftlicher Art" sein **299** muss[1047] und steht damit ebenfalls einer Politisierung der Vergabe zur Förderung der Gesamtwohlfahrt positiv gegenüber.[1048] Die Frage ist also nicht mehr, *ob* soziale oder umweltpolitische Aspekte bei der Zuschlagserteilung eine Rolle spielen dürfen, sondern nur noch, *wie* sie auf dieser Ebene berücksichtigt werden können.[1049] Auch hierbei kommt dem Unionsrecht entscheidende Bedeutung zu. Nicht gefolgt werden kann aus dem Begriff der „Wirtschaftlichkeit", dass der niedrigste Preis stets ein Mindestgewicht bei der Auswahl zwischen den Angeboten haben muss.[1050] Sind allerdings nach den gewählten Zuschlagskriterien zwei Angebote als qualitativ gleichwertig anzusehen, fordert Abs. 5, dem preislich günstigeren den Vorzug zu geben.[1051]

bb) Europarechtlicher Rahmen. Der Gerichtshof hat zur Zulässigkeit von vergabefremd- **300** den Zuschlagskriterien klar Stellung genommen und sie unter bestimmten Voraussetzungen für rechtmäßig erklärt. Zuschlagskriterien sind demnach zulässig, solange sie mit dem Gegenstand des Auftrags zusammenhängen, dem Auftraggeber keine uneingeschränkte Entscheidungsfreiheit einräumen, im Leistungsverzeichnis oder in der Bekanntmachung ausdrücklich genannt werden und alle wesentlichen Grundsätze des Unionsrechts, insbesondere das Diskriminierungsverbot, gewahrt bleiben.[1052] Diese so genannte „neue Formel"[1053] ist von der VKR aufgenommen worden, ohne wesentliche Neuerungen hinzuzufügen.[1054]

α) Keine uneingeschränkte Entscheidungsbefugnis und Bekanntmachung. Keine **301** Besonderheit gilt für vergabefremde Kriterien, was ihre semantische Präzision und ihre Bekanntmachung betrifft. So ist auch außerhalb einer Politisierung des Vergabevorgangs anerkannt, dass Zuschlagskriterien dem Auftraggeber keinen unbeschränkten Entscheidungsspielraum verschaffen dürfen,[1055] weil sonst ein effektiver Schutz vor Willkür nicht zu gewährleisten wäre. Unzulässig ist deshalb beispielsweise ein Zuschlagskriterium, das dem „sozialeren" oder „umweltverträglicheren" Angebot den Vorzug gibt, ohne deutlich zu machen, was genau unter „sozial" oder „umweltverträglich" im konkreten Fall zu verstehen ist. Stattdessen ist zu verlangen, dass das Kriterium objektiv überprüfbar und messbar ist,[1056] indem zB. auf bestimmte Stickstoffemissionen oder Giftstoffe abgestellt wird.[1057] Außerdem sind Zuschlagskriterien generell vorab bekannt zu machen. Dies entspricht der deutschen Rechtslage gemäß § 8 Abs. 2 VOB/A, 12 Abs. 2 lit. n VOL/A und dem Art. 36 Abs. 1 VKR iVm. Anhang VII Nr. 23.

[1043] Dazu *Steiff* VergabeR 2009, 290, 298.

[1044] BT-Drucks. 13/9340, Anl. 3, 48.

[1045] Unter Wirtschaftlichkeit iSd. Art. 114 GG wird eine einfache Kosten-Nutzen-Relation verstanden. Es soll nicht mit einem zu großen Aufwand verhältnismäßig wenig erreicht werden, vgl. *Maunz*, in: *Maunz/Dürig*, Grundgesetz, Art. 114 RdNr. 50. Aufgrund der Weite des Nutzenbegriffs lassen sich hieraus kaum Restriktionen abseits des Verbots der Verschwendung von Haushaltmitteln gewinnen; im Zusammenhang des Vergaberechts *Huber/Wollenschläger* WiVerw 2005, 212, 231.

[1046] So aber ausdrücklich *Gabriel* NJW 2009, 2011, 2012.

[1047] EuGH, C-513/99, Slg. 2002, I-7213, RdNr. 55 – Concordia Bus Finnland.

[1048] *Bultmann*, Beihilfenrecht und Vergaberecht, 2004, 103; *Steinberg* EuZW 2002, 634, 634; ausführlich *Kühling* VerwArch 2004, 337, 347 ff.

[1049] In diesem Sinne auch Erwägungsgrund 47 der VKR.

[1050] So noch OLG Dresden, WVerg 11/00, WVerg 12/00, OLGR Dresden 2001, 219; dagegen zu Recht *Loewenheim/Meessen/Riesenkampff/Bungenberg* RdNr. 60.

[1051] BGH v. 17. 2. 1999 – X ZR 101/97, WuW/E Verg 213.

[1052] EuGH, C-513/99, Slg. 2002, I-7213, RdNr. 64 – Concordia Bus Finnland; C-448/01, Slg. 2003, I-14527, RdNr. 33 – Wienstrom GmbH.

[1053] *Bultmann* ZfBR 2004, 134 ff.

[1054] *Ziekow*, in: *Pitschas/Ziekow* (Hrsg.) 165.

[1055] EuGH, C-19/00, Slg. 2001, I-7725, RdNr. 37 – SIAC; *Loewenheim/Meessen/Riesenkampff/Bungenberg* RdNr. 57.

[1056] *Egger* RdNr. 1242; *Krohn* 314 ff.

[1057] Vgl. beispielsweise EuGH, C-513/99, Slg. 2002, I-7213, RdNr. 23 – Concordia Bus Finnland.

302 β) **Zusammenhang mit dem Gegenstand des Auftrags.** Den Zusammenhang zwischen den verschiedenen Zuschlagskriterien und dem Auftragsgegenstand verlangt auch der Art. 53 Abs. 1 lit. a VKR.

303 αα) **Legitimer Zweck.** Damit ist allerdings nur eine notwendige und nicht eine hinreichende Bedingung beschrieben. Es dürfen nämlich nur solche vergabefremden Zwecke verfolgt werden, die sich aus europarechtlicher Sicht als legitim darstellen. Diese Forderung lässt sich entweder erheben, indem man in vergabefremden Zwecken generell einen Widerspruch zum Binnenmarkt entdeckt, der zu rechtfertigen ist[1058] oder indem man die Verfolgung vergabefremder Zwecke als rechtfertigungsbedürftigen Eingriff in den Grundsatz der Gleichbehandlung nach Art. 2 VKR betrachtet.[1059] Jedenfalls hat auch der EuGH auf die Querschnittsklauseln des AEUV abgestellt, um die Zulässigkeit vergabefremder Zuschlagskriterien zu begründen.[1060] Konkret können die Auftraggeber sich für sozialpolitische Ziele vor allem auf Art. 3 EUV, Art. 8 und Art. 147 Abs. 2 AEUV berufen. Allerdings ist dabei entscheidend, dass das konkrete Zuschlagskriterium auch tatsächlich sozialen Zwecken dient und nicht nur **Deckmantel** für eine protektionistische Auftragsvergabe ist. Aus diesem Grund verfolgen zB. die Tariftreueklauseln kein legitimes Ziel.[1061] Die Zahlung von Tariflohn könnte deshalb auch nicht als Zuschlagskriterium berücksichtigt werden. Die Berücksichtigung von Umweltaspekten erfährt hingegen durch Art. 11 AEUV eine europarechtliche Absicherung.

304 ββ) **Auftragsbezug.** Der von Art. 53 Abs. 1 lit. a VKR geforderte Zusammenhang zwischen Zuschlagskriterien und Auftragsgegenstand hat zu einigen Schwierigkeiten bei der Interpretation geführt. Unstrittig besteht dieser Zusammenhang dann, wenn Zuschlagskriterien unmittelbar die Gestalt des Auftragsgegenstandes betreffen.[1062] Bevorzugt werden können damit beispielsweise Produktangebote, die keine giftigen Bestandteile enthalten oder die besonders entsorgungsfreundlich sind.

305 Genauso ist unstrittig, dass Anforderungen unzulässig sind, die sich nicht auf die konkrete Erfüllung des Auftrags, sondern auf die Unternehmenspolitik des Auftraggebers im Allgemeinen beziehen.[1063] Aus diesem Grund hat der EuGH ein Zuschlagskriterium für unzulässig erklärt, das auf die Produktionskapazitäten für ökologisch produzierten Strom der Bewerber außerhalb des konkreten Auftrags abstellte.[1064] Ebenso unzulässig ist es grundsätzlich als Zuschlagskriterium die Eintragung in das EMAS-Register,[1065] die Einrichtung der Stelle einer Frauenbeauftragten[1066] oder die Beschäftigungsquote von Frauen im Unternehmen zu berücksichtigen.

306 Schwieriger und vor allem für soziale Zuschlagskriterien besonders bedeutsam ist die Frage, ob auch bestimmte Herstellungsverfahren oder Arten der Leistungserbringung beim Vergleich der Angebote zulässigerweise berücksichtigt werden können. Dies wird zum Teil abgelehnt mit dem Hinweis auf den Wortlaut der VKR, die ausdrücklich auf den „Auftrags*gegenstand*" und nicht auf den Auftrag als solchen abhebe.[1067] Der EuGH hat die Berücksichtigung der Herstellungsweise von Strom allerdings für zulässig erachtet.[1068] Aber auch abseits der Beschaffung von „Ökostrom" ist diese Einschränkung des Auftraggebers abzulehnen.[1069] Zum einen ist es sinnwidrig, Anforderungen an den Herstellungsprozess im Rahmen der technischen Spezifikationen zuzulassen, sie aber als Zuschlagskriterien für unzulässig zu erklären.[1070] Die zuerst genannte Vorgehensweise verengt nämlich den Wettbewerb wesentlich mehr.[1071] Legt man also nicht ein

---

[1058] *Bultmann* 103.

[1059] *Kühling* VerwArch 2004, 337, 350.

[1060] EuGH, C-513/99, Slg. 2002, I-7213, RdNr. 56 f. – Concordia Bus Finnland; C-448/01, Slg. 2003, I-14527, RdNr. 38 ff. – Wienstrom GmbH.

[1061] EuGH, C-346/06, Slg. 2008, I-01989, RdNr. 39 ff. – Rüffert.

[1062] *Bultmann* 106; *Egger* RdNr. 1246.

[1063] *Krohn* NZBau 2004, 92, 94; *Kühling* VerwArch 2004, 337, 347.

[1064] EuGH, C-448/01, Slg. 2003, I-14527, RdNr. 69 – Wienstrom GmbH.

[1065] *Huber/Wollenschläger* WiVerw 2005, 212, 226; *Krohn* NZBau 2004, 92, 95; vgl. aber auch den Hinweis in RdNr. 244.

[1066] *Frenz* NZBau 2007, 17, 21.

[1067] *Bultmann* 106 f.; ihm folgend *Prieß* 285; mit demselben Ergebnis, aber unter Hinweis auf die Entstehungsgeschichte der VKR *Egger* RdNr. 1247.

[1068] EuGH, C-448/01, Slg. 2003, I-14527 – Wienstrom GmbH; Kommission, Umweltorientierte Beschaffung! Ein Handbuch für ein umweltorientiertes öffentliches Beschaffungswesen, 2005, 35.

[1069] *Bitterich* ZIP 2008, 1455, 1457; *Krohn* NZBau 2004, 92, 94; *Kühling* VerwArch 2004, 337, 346.

[1070] *Krohn* 308.

[1071] *Schneider* DVBl 2003, 1186, 1190.

Sonderverständnis des Auftragsbezugs für die vergabefremde Beschaffung zugrunde, ist nicht einsichtig, warum bei der Politisierung ein engeres Verständnis des Art. 53 Abs. 1 lit. a VKR zur Anwendung kommen soll. Damit können Auftraggeber Angeboten den Vorzug geben, die besonders umweltfreundlich erbracht werden, zB. indem bei der Herstellung auf die Verwendung von Tropenholz verzichtet wird, oder die eine Erledigung des Auftrags auf sozialverträgliche Art versprechen, indem zB. die Ausführung von älteren Arbeitnehmern übernommen wird.[1072]

Auch hier stellt sich wie bei den Ausführungsbedingungen das Problem, dass Zuschlagskriterien, die sich an sich auf die konkrete Ausführung des Auftrags beziehen, umschlagen in Anforderungen an die Unternehmensstruktur im Allgemeinen. Hier gilt es ebenfalls, eine Klärung durch den EuGH abzuwarten. Dieser hat bereits entschieden, dass sich die Unzulässigkeit eines Zuschlagskriteriums jedenfalls nicht schon daraus ergibt, dass nur wenige Unternehmen es überhaupt zu erfüllen vermögen.[1073]   **307**

γγ) **Keine Beschränkung auf umweltpolitische Ziele.** Schließlich könnte aus der Formulierung des Art. 53 Abs. 1 lit. a VKR, der explizit nur Umwelteigenschaften erwähnt, im Gegenschluss gefolgert werden, soziale Zuschlagskriterien seien nicht vorgesehen. Beispielsweise wird vertreten, dass soziale Aspekte, die die Ausführung der Leistung betreffen, ausschließlich im Rahmen der Ausführungsbedingungen gemäß Abs. 4 Satz 2 zu berücksichtigen seien.[1074] Eine solche Überlegung wäre aber ein Rückschritt im Vergleich zur bisherigen Rechtsprechung des EuGH. Dieser hat nämlich in seiner Entscheidung *Nord-Pas-de-Calais* ausdrücklich festgestellt, dass die Beschäftigung von Langzeitarbeitslosen ein zulässiges Zuschlagskriterium darstelle.[1075] Ein derartiger Rückschritt kann angesichts der expliziten Bezugnahme auf die bisherige Rechtsprechung zur Zulässigkeit von sozialpolitisch motivierten Zuschlagskriterien in Erwägungsgrund 1 der VKR nicht überzeugen.[1076] Auch beim Zuschlag dürfen daher Kriterien berücksichtigt werden, die sich auf eine soziale Ausführung des Auftrags beziehen.   **308**

γ) **Kein Verstoß gegen wesentliche Grundsätze des Unionsrechts.** Außerdem darf die Politisierung der Auftragsvergabe, wie jede Form der Auftragsvergabe, nicht gegen die Grundsätze des Unionsrechts verstoßen. Dieser Hinweis, der in Art. 53 Abs. 1 VKR fehlt, bedarf aber aufgrund des primärrechtlichen Ursprungs der Grundsätze des Unionsrechts auch keiner expliziten Erwähnung. Zu beachten ist mithin das gesamte Primärvergaberecht (ausführlich Vor § 97 RdNr. 119 ff.). Für die Politisierung der Auftragsvergabe sind dabei die grundfreiheitlichen Diskriminierungsverbote von besonderer Bedeutung. Selbst wenn nämlich das konkrete Zuschlagskriterium nicht direkt oder indirekt an die Staatsangehörigkeit anknüpft, kann seine Ausgestaltung diskriminierend wirken. Diese Gefahr besteht insbesondere bei Zuschlagskriterien, die sich an den beschäftigungspolitischen Auswirkungen des Angebots orientieren.[1077] Unzulässig ist es deshalb beispielsweise, Angebote zu bevorzugen, die die Beschäftigung deutscher Arbeitsloser versprechen oder die an nationale Frauenförderpläne anknüpfen.[1078]   **309**

cc) **Verfassungsrecht.** Das Grundgesetz stellt keine besonders restriktiven Schranken bei der Berücksichtigung vergabefremder Zuschlagskriterien auf. Mit Blick auf die **Kompetenz** gilt, dass die Förderung eines bestimmten Politikziels durch Beschaffung grundsätzlich nicht mit der Frage nach der Kompetenz für einen bestimmten Politikbereich verknüpft ist.[1079] Vergabefremde Kriterien können mithin auch von staatlichen Stellen berücksichtigt werden, die über keine Sachkompetenz verfügen, allgemeine Regelungen in dem aufgegriffenen Politikbereich zu erlassen. Materiellrechtlich ist vor allem Art. 3 GG zu beachten. In der Berücksichtigung vergabefremder Zuschlagskriterien wird häufig eine Ungleichbehandlung erkannt, die als verhältnismäßig zu rechtfertigen ist.[1080] Eine solche Rechtfertigung dürfte aber nur äußerst selten scheitern. Ob die Bevorzugung bestimmter Angebote aufgrund vergabefremder Eigenschaften ein Eingriff in Art. 12 GG darstellt, ist noch nicht geklärt.[1081] Das Bundesverfassungsgericht hat   **310**

[1072] *Frenz* NZBau 2007, 17, 21.

[1073] EuGH, C-513/99, Slg. 2002, I-7213, RdNr. 85 – Concordia Bus Finnland.

[1074] *Ziekow* 45; *ders.*, KommJur 2007, 281, 285; vorsichtiger, aber im Ergebnis ähnlich *Egger* RdNr. 1245.

[1075] EuGH, C-225/98, Slg. 2000, I-7445, RdNr. 52 – Kommission/Frankreich.

[1076] *Steiff* VergabeR 2009, 290, 298.

[1077] *Byok/Jaeger/Hailbronner* RdNr. 252.

[1078] *Frenz* NZBau 2007, 17, 23.

[1079] *Burgi* NZBau 2001, 64, 68.

[1080] *Pünder* VerwArch. 2004, 38, 42 f.; *Ziekow* 30; ähnlich *Burgi* NZBau 2001, 64, 70.

[1081] Dazu ausführlich *Pietzcker* NZBau 2003, 242, 243 ff.

bislang lediglich einen Eingriff angenommen, wenn durch Vergabebedingungen auf die Vertragsgestaltung zwischen dem Auftraggeber und seinen Arbeitnehmern eingewirkt wird.[1082]

311   **dd) Folgen für Abs. 5.** Auch die Verfolgung politischer Ziele bei der Zuschlagsentscheidung ist stark durch das Unionsrecht überlagert. Sofern Auftraggeber aus politischen Erwägungen bestimmte Angebote bevorzugen möchten, müssen sie beachten, dass ihre Zuschlagskriterien auch aus unionsrechtlicher Sicht legitime Zwecke verfolgen, mit dem Auftragsgegenstand zusammenhängen, keinen unbeschränkten Entscheidungsspielraum eröffnen und das Diskriminierungsverbot beachten. Unzulässig ist deshalb die Bevorzugung von Angeboten, weil sie von Spätaussiedlern oder von Unternehmen mit Beteiligung von Spätaussiedlern eingereicht wurden, wie es § 14 Abs. 2 BVFG[1083] vorsieht.[1084] Dabei kann dahingestellt bleiben, ob eine solche Regelung eine zu rechtfertigende grundfreiheitliche Diskriminierung darstellt.[1085] Allein die Tatsache, dass es an einem Zusammenhang zwischen Zuschlagskriterium und Auftragsgegenstand fehlt, spricht für die Rechtswidrigkeit einer solchen Bevorzugungsregelung. Dasselbe muss für eine Bevorzugung von Angeboten durch Flüchtlinge nach § 68 Abs. 1 des Bundesentschädigungsgesetzes gelten.[1086] Ebenfalls problematisch ist § 3 Abs. 1 HessVergabeG,[1087] der die Möglichkeit eröffnet, beim Zuschlag die Beteiligung eines Bewerbers an der beruflichen Erstausbildung zu berücksichtigen und damit ein Kriterium zulässt, das keinen Zusammenhang zum Auftragsgegenstand aufweist. Keinen Zusammenhang zum Auftragsgegenstand hat die Registrierung eines Bewerbers in einem Umweltmanagementsystem, die nach Nr. 10.4 der Landesbeschaffungsordnung Schleswig-Holstein[1088] in die Vergabeentscheidung „einzubeziehen" ist.

312   Zulässig dürfte demgegenüber eine Bevorzugung von Angeboten durch Behinderten- und Blindenwerkstätten sein, wie sie § 141 Satz 1 SGB IX erlaubt. Diese Sonderausnahme lässt sich mit Art. 19 VKR rechtfertigen, der sogar eine ausschließliche Berücksichtigung von Behindertenwerkstätten gestattet. Die übrigen Voraussetzungen für die Rechtmäßigkeit von Zuschlagskriterien sind ebenfalls zu erfüllen. Insbesondere ist sicherzustellen, dass die Einstufung als Behindertenwerkstatt nicht allein von nationalen Stellen abhängt, sondern auch ein ausländischer Nachweis zulässig ist.[1089]

313   Unproblematisch ist ebenso die Bevorzugung von Produkten, die aus Abfällen oder besonders ressourcenschonend hergestellt sind, wie es § 2 Abs. 2 LAbfG BaWü vorsieht. Zu beachten ist allerdings, dass die Vergabestelle die Zuschlagskriterien möglichst präzise formuliert.

314   **3. Bekanntgabe der Zuschlagskriterien, Unterkriterien und Gewichtung. a) Inhalt und Umfang der Bekanntgabepflicht.** Beabsichtigt der öffentliche Auftraggeber, den Zuschlag auf das wirtschaftlichste Angebot zu erteilen, muss er die **Zuschlagskriterien, ggf. die zugehörigen Unterkriterien** und die vorgesehenen **Gewichtungsregeln vorab bekannt geben.**[1090] Der EuGH hat seine Rechtsprechung dahingehend korrigiert, dass ein Auftraggeber keine Zuschlagskriterien, Unterkriterien oder Gewichtungsregeln anwenden darf, die er den am Auftrag interessierten Unternehmen nicht vorher, das heißt, vor der Erstellung der Angebote, zur Kenntnis gebracht hat.[1091] Bieter müssen entsprechend den **Grundsätzen von Transparenz und Gleichbehandlung** in der Lage sein, sämtliche für die Zuschlagsentscheidung rele-

---

[1082] BVerfGE 116, 202, 221 ff.

[1083] Gesetz über die Angelegenheiten der Vertriebenen und Flüchtlinge (Bundesvertriebenengesetz – BVFG).

[1084] § 5 Nr. 4 lit. a der Bevorzugten-RL in Bayern v. 6. 11. 2001, StAnz. Nr. 46, sieht vor, dass Angeboten von Spätaussiedlern auch dann der Vorzug zu geben ist, wenn diese 5% und 0,5% über dem günstigsten Angebot liegen; ähnlich § 5 der Anlage zum gemeinsamen Runderlass des Hessischen Ministeriums für Wirtschaft v. 14. 10. 1994, StAnz., 3281.

[1085] Nachweise hierzu bei *Meyer* 202.

[1086] Die Bevorzugung Verfolgter durch Mehrpreisgewährung sieht ua. § 5 der Anlage zum gemeinsamen Runderlass des Hessischen Ministeriums für Wirtschaft v. 14. 10. 1994, StAnz., 3281 vor.

[1087] Hessisches Gesetz über die Vergabe öffentlicher Aufträge v. 17. 12. 2007, GVBl I S. 922.

[1088] Landesbeschaffungsordnung des Landes Schleswig-Holstein v. 25. 3. 2008, ABl. 2008, 247.

[1089] So zB § 2 Nr. 2 der RL für die Berücksichtigung von Werkstätten für Behinderte und Blindenwerkstätten bei der Vergabe öffentlicher Aufträge des Bundesministeriums für Wirtschaft und Technologie v. 10. 5. 2001, BAnz. Nr. 11 773.

[1090] EuGH, C-532/06, Slg. 2008, I-251, RdNr. 38 und 40 – Lianakis; OLG München NZBau 2009, 341, 342; OLG Düsseldorf, Beschl. v. 23. 1. 2008, Verg 31/07; *Heiermann/Zeiss/Kullack/Blaufuß/Lausen* § 25a VOB/A; RdNr. 15.

[1091] EuGH, C-532/06, Slg. 2008, I-251, RdNr. 37 und 38 – Lianakis u. a.; vgl. auch OLG München NZBau 2009, 341, 342; OLG Düsseldorf NZBau 2009, 269, 270.

vanten Kriterien bei der Erstellung ihrer Angebote zu berücksichtigen. Unterkriterien und/oder Gewichtungsregeln, die den Bietern vor Angebotsabgabe nicht mitgeteilt werden, darf die Vergabestelle bei der Wertung der Angebote nicht berücksichtigen. Umgekehrt muss der Auftraggeber die **bekannt gemachten Zuschlagskriterien berücksichtigen.** Berücksichtigt er bei der Bewertung der Wirtschaftlichkeit der Angebote nicht alle bekannt gemachten Zuschlagskriterien und findet trotz Bekanntmachung eines Punktesystems eine vollständige Punktberechnung für die Angebote nicht statt, so ist die Wertung vergaberechtswidrig.[1092]

Die Pflicht zur Bekanntgabe der vorgesehenen **Zuschlagskriterien einschließlich deren**   **315** **Gewichtung** folgt aus Art. 53 VKR und Art. 55 SKR bzw. § 8a VOB/A und § 9 EG Abs. 1 lit. b VOL/A. Die Bekanntgabe kann statt in der **Aufforderung zur Abgabe von Angeboten** auch in der **Vergabebekanntmachung** oder in den **Verdingungsunterlagen** erfolgen. Diese Verpflichtung zur Bekanntgabe der Zuschlagskriterien korrespondiert mit § 16a Abs. 1 VOB/A bzw. § 19 EG Abs. 8 VOL/A. Danach darf der Auftraggeber bei der Wertung nur die Kriterien berücksichtigen, die in der Bekanntmachung oder den Vergabeunterlagen genannt sind. Der Auftraggeber darf die Zuschlagskriterien nicht erst nach Ablauf der Angebotsfrist und in Kenntnis der eingereichten Angebote festlegen, weil er in diesem Fall Manipulationsmöglichkeiten hätte.[1093] Die Auffassung des OLG Dresden,[1094] das in einem *obiter dictum* meinte, dass der Auftraggeber auch nach Aufforderung zur Angebotsabgabe ein sachgerechtes und plausibles Wertungssystem erst im Verlauf des Wertungsprozesses, also in Ansehung der ihm vorliegenden Angebote entwickeln dürfe, ist deshalb abzulehnen.[1095]

Der Auftraggeber darf Unterkriterien oder Gewichtungsregeln, die er den Bietern nicht vor-   **316** ab bekannt gegeben hat, auf der Grundlage der Rechtsprechung des EuGH nur unter **drei Voraussetzungen** verwenden, wenn *erstens* die Unterkriterien oder Gewichtungsregeln die Hauptzuschlagskriterien nicht ändern, *zweitens* nicht unter Berücksichtigung von Umständen gewählt wurden, die einen der Bieter diskriminieren könnten, und diese *drittens* keine Angaben enthalten, die, wären sie Bietern bei der Vorbereitung der Angebote bekannt gewesen, diese Vorbereitung hätte beeinflussen können.[1096] Gleichfalls müssen Unterkriterien auch nach der national herrschenden Auffassung der Rechtsprechung zumindest in den Fällen vor Angebotsabgabe mitgeteilt werden, in denen nicht auszuschließen ist, dass sich die Unterkriterien auf die Abfassung der Angebote der Bieter auswirken können.[1097] **Regelungen zur Bekanntgabe der Gewichtung von Unterkriterien** enthalten weder die europäischen noch die nationalen Vorschriften. Das OLG München leitet die Pflicht, auch die Gewichtungsregeln für die Unterkriterien bekannt zu geben, zutreffend aus dem Transparenzgebot und der gemeinschaftskonformen Auslegung der Regelungen des § 9 EG Abs. 1 lit. b und § 19 Abs. 8 VOL/A ab.[1098] Jedem Bieter müsse vor Abgabe seines Angebotes klar sein, worauf es dem Auftraggeber bei der Vergabe seines Auftrags auch hinsichtlich der Unterkriterien und deren Gewichtung ankomme.

Unterkriterien füllen die Zuschlagskriterien zur Ermittlung des wirtschaftlichen Angebots   **317** weiter aus und präzisieren, worauf es dem Auftraggeber im Einzelnen ankommt.[1099] Unterkriterien sind damit Instrumente zur **Feinabstimmung der Angebotswertung.** Als Unterkriterien dürfen sie die durch die zugehörigen Zuschlagskriterien (Hauptkriterien) vorgegebenen Grenzen nicht überschreiten. Zur Verwendung von Unterkriterien ist der Auftraggeber – trotz deren transparenzfördernder Wirkung – jedoch nicht verpflichtet.[1100] Bildet der Auftraggeber Unter-

---

[1092] OLG Naumburg, Beschl. v. 25. 9. 2008, 1 Verg 3/08, in Hinblick auf §§ 25 Nr. 3 Abs. 3 S. 2 und 3 sowie 25a Nr. 1 VOB/A.

[1093] OLG Düsseldorf, Beschl. v. 23. 1. 2008, Verg 31/07; Beschl. v. 19. 7. 2005, VII-Verg 27/06; OLG Dresden VergabeR 2004, 609, 613.

[1094] OLG Dresden VergabeR 2004, 609, 613.

[1095] So OLG Bremen VergabeR 2005, 537, 542, für eine vergleichbare Konstellation.

[1096] EuGH, C-532/06, Slg. 2008, I-251, RdNr. 43–45 – Lianakis u. a.; vgl. auch OLG München NZBau 2009, 341, 342; OLG Düsseldorf, Beschl. v. 23. 1. 2008, Verg 31/07.

[1097] OLG München NZBau 2009, 341, 342, unter Verweis auf OLG Düsseldorf, Beschl. v. 23. 3. 2005, Verg 77/04; Beschl. v. 9. 4. 2008, Verg 2/08; Beschl. v. 5. 5. 2008, Verg 5/08; OLG München, Beschl. v. 17. 1. 2008, Verg 15/07; Beschl. v. 9. 2. 2009, Verg 27/08. Das gilt ebenfalls für die Gewichtungsregeln: OLG Düsseldorf, Beschl. v. 5. 5. 2008, Verg 5/08, und eine detaillierte Wertungsmatrix: OLG Düsseldorf, Beschl. v. 9. 4. 2008, Verg 2/08; OLG München, Beschl. v. 9. 2. 2009, Verg 27/08.

[1098] OLG München NZBau 2009, 341, 342/343; ähnlich auch mit Verweis auf § 9a a. F. (heute § 9 EG VOL/A); OLG Düsseldorf, Beschl. v. 23. 1. 2008, Verg 31/07.

[1099] OLG München NZBau 2009, 341, 342.

[1100] *Noch* RdNr. 390 und 395 OLG Brandenburg, Beschl. v. 28. 9. 2010, W 7/10.

kriterien zur Ermittlung des wirtschaftlichsten Angebots,[1101] ist ihre konkrete Ausgestaltung bzw. ihre Auswahl ihm überlassen.[1102] Formuliert er Unterkriterien, muss er sie, unabhängig davon, in welcher Phase sich das Vergabeverfahren befindet, den Bietern bekannt geben. Die **Pflicht zur Bekanntgabe der Unterkriterien** folgt aus der richtlinienkonformen **Auslegung von § 8 a VOB/A und § 9 EG Abs. 1 lit. b VOL/A**.[1103] Das ergibt sich zutreffend aus dem Wortlaut von § 8 a VOB/A („die maßgebenden Wertungskriterien") bzw. § 9 EG Abs. 1 lit. b VOL/A („Zuschlagskriterien und deren Gewichtung"). Grund dafür ist, dass nur so die **Transparenz des Verfahrens** und die **Chancengleichheit der Bieter** gewährleistet werden kann. Die Pflicht zur Veröffentlichung von Unterkriterien gilt nicht nur für im Voraus, das heißt, vor Veröffentlichung der Bekanntmachung und Übersendung der Verdingungsunterlagen aufgestellte Unterkriterien, sondern auch für solche, die der Auftraggeber nach Veröffentlichung der Bekanntmachung und Versendung der Verdingungsunterlagen aufstellt; gleiches gilt für die Bekanntgabe der Gewichtung der Unterkriterien.[1104] Die Festlegung der Unterkriterien und ihrer Gewichtung nach Ablauf der Angebotsfrist und in Kenntnis der eingereichten Angebote ist dem Auftraggeber verwehrt, weil diese Vorgehensweise dem Auftraggeber Raum für Manipulationen eröffnen würde.[1105] Für den Fall, dass der öffentliche Auftraggeber zur Ausfüllung bereits bekannt gegebener Unterkriterien **nachträglich differenzierende (Unter-)Unterkriterien und Detailforderungen aufstellt** und diese gewichtet, muss er das den Bietern nachträglich bekannt geben, sofern die Kenntnis davon die Vorbereitung der Angebote beeinflussen kann. Darüber hinaus muss der Auftraggeber den Bietern Gelegenheit zu einer Änderung oder Anpassung der Angebote, soweit diese bereits vorbereitet sind, geben. Notfalls ist die Frist zur Angebotsabgabe zu verlängern, sofern nicht auszuschließen ist, dass eine Festlegung weiterer (Unter-)Unterkriterien und Detailforderungen sowie deren Gewichtung objektiv geeignet ist, den Inhalt der Angebote zu beeinflussen.[1106] Differenzierende (Unter-)Unterkriterien und Detailforderungen (Detailkriterien) sind den Bietern genauso wie deren Gewichtung bekannt zu geben.

318 Angaben zu diesen Parametern sind grundlegend für die Transparenz des Vergabeverfahrens und die Gleichbehandlung der Bieter und insbesondere für die Ermittlung des wirtschaftlichsten Angebots. Nur auf der Grundlage der Festlegung und Bekanntgabe dieser Parameter sind die **Wertungsmaßstäbe** der Vergabestelle für die Bieter **vorhersehbar** und wird der **Schutz vor einer willkürlichen bzw. manipulativen Bewertung** der Angebote durch den Auftraggeber gewährleistet.[1107] Zudem ist dadurch sichergestellt, dass die Vergabestelle bei der Angebotswertung nicht mehr unbemerkt von den einmal festgelegten Kriterien abweichen kann.[1108] Die gemeinschaftsrechtlichen Grundsätze zur Bekanntgabe gelten direkt nur bei Vergaben über den Schwellenwerten. Da diese Grundsätze wiederum auf den Geboten der Gleichbehandlung und Transparenz beruhen, die auch im Unterschwellenbereich gelten,[1109] finden sie mittelbar jedoch auch bei Unterschwellenvergaben Anwendung.[1110] Liegt ein Vergabeverstoß in Form einer fehlenden Unterrichtung der Bieter über die Wertungskriterien vor, ist der Bieter in seinen nach § 97 Abs. 7 garantierten Bieterrechten verletzt. In diesem Fall muss der Bieter nicht nachweisen, was er in Kenntnis der Kriterien im einzelnen an seinem Angebot oder an seiner Präsentation geändert hätte, sondern es genügt, dass eine Änderung seines Angebotes bzw. seiner Präsentation mit der Aussicht auf eine bessere Wertung jedenfalls nicht auszuschließen ist.[1111]

319 Der Auftraggeber muss die **Zuschlagskriterien und Unterkriterien** in der Vergabebekanntmachung und/oder den Verdingungsunterlagen **klar und eindeutig formulieren**. Ins-

[1101] EuGH, C-448/01, Slg. 2003, I-14527, RdNr. 37 – EVN und Wienstrom.

[1102] OLG Brandenburg, Besch. v. 28. 9. 2010, W 7/10; OLG München NJOZ 2008, 1019, 1025.

[1103] OLG Düsseldorf, Beschl. v. 23. 1. 2008, Verg 31/07, unter Bezugnahme auf EuGH, C-470/99, Slg. 2002, I-11617 – Universale Bau; EuGH, C-331/04, Slg. 2005, I-10109 – ATI EAC u. a.

[1104] OLG Düsseldorf, Beschl. v. 23. 1. 2008, Verg 31/07; OLG Jena, VergabeR 2007, 522, 525.

[1105] OLG Düsseldorf, Beschl. v. 23. 1. 2008, Verg 31/07; Beschl. v. 19. 7. 2005, VII-Verg 27/06; OLG Dresden VergabeR 2004, 609, 613.

[1106] OLG Düsseldorf, Beschl. v. 23. 1. 2008, Verg 31/07; Beschl. v. 14. 11. 2007, VII-Verg 23/07.

[1107] OLG München NZBau 2009, 341, 342; OLG Düsseldorf, Beschl. v. 21. 5. 2008, Verg 19/08; *Noch* RdNr. 390.

[1108] Vgl. BGH NJW 1998, 3644, 3646; OLG Düsseldorf, Beschl. v. 23. 3. 2005, VII-Verg 77/04; *Pünder/Prieß/Prieß* 118/119.

[1109] Vgl. Ziffer 1.2. der Mitt. „Gemeinschaftsrecht", ABl. 2006, C 179/2, 3.

[1110] OLG Düsseldorf, Beschl. v. 23. 3. 2005, VII-Verg 77/04; aA *Noch* RdNr. 391.

[1111] OLG München NZBau 2009, 341, 343.

besondere dürfen durchschnittlich fachkundige Bieter keine Verständnisschwierigkeiten haben. Die Kriterien müssen von allen Interessenten gleich verstanden bzw. ausgelegt werden können, so dass alle bei der Erstellung ihrer Angebote die gleichen Chancen haben. Die **Auslegung** der Zuschlagskriterien muss aus der **objektiven Sicht** eines verständigen und mit Leistungen der ausgeschriebenen Art vertrauten Bieters erfolgen. In erster Linie kommt es auf den **Wortlaut**, darüber hinaus aber auch auf die **konkreten Verhältnisse der Leistung** an, wie sie in den Vergabeunterlagen ihren Ausdruck gefunden haben.[1112] Wird ein Kriterium missverständlich formuliert und kann es auch auf der Grundlage der vorstehend beschriebenen Auslegung nicht verstanden werden, gilt es als nicht hinreichend bekannt gemacht und darf deshalb bei der Wertung der Angebote nicht berücksichtigt werden.[1113] Die Vergabestelle muss die Zuschlagskriterien und Unterkriterien so formulieren und ihr Verhältnis zueinander so transparent machen, dass für einen fachlich durchschnittlich versierten Bieter erkennbar wird, worauf es dem Auftraggeber ankommt.[1114] Gleiches gilt für die vorgenommenen Einstufungen in Bezug auf die Punkteverteilung. Maßstab für die Verständlichkeit ist kein juristischer, sondern der Empfängerhorizont eines fachkundigen Bieters.

Nicht alle Kriterien sind geeignet, auf der Grundlage einer ausdifferenzierten Wertungsskala **320** bewertet zu werden. Denkbar ist deshalb, dass einfachere Anforderungen aus der Leistungsbeschreibung allein mit „erfüllt" oder „nicht erfüllt" bewertet werden können. Es ist darauf zu achten, dass Ja/Nein-Kriterien nicht in einem solchen Maße in der Wertung enthalten sind, als dass dadurch das Wertungsergebnis nur auf den Preis reduziert wird. Bei komplexeren Anforderungen ist eine Bewertung nach dem Erfüllungsgrad sachgerechter und präziser und wird auch dem Gleichbehandlungsgebot gem. § 97 Abs. 2 gerechter. Die Vermischung verschiedener Anforderungskategorien in ein und derselben Wertungsmatrix ist zulässig. Die Vergleichbarkeit sämtlicher Wertungspunkte lässt sich dadurch gewährleisten, dass bei einer Ja/Nein-Anforderung die Bewertung mit der Höchst- bzw. der Niedrigstpunktzahl bewertet und in der Gesamtwertung entsprechend berücksichtigt wird. Problematisch kann die vielfache Verwendung von Ja/Nein-Kriterien innerhalb einer Wertung dann werden, wenn hierdurch alle Bieter gleich hohe Wertungspunkte erhalten und hierdurch letztendlich nur nach dem Preis entschieden wird. Damit würden die in der Bekanntmachung vorgegebenen Zuschlagskriterien faktisch entwertet. Die Vergabestelle ist aber an die bekannt gemachten Kriterien gebunden. Aus Gründen der Transparenz und Gleichbehandlung (§ 97 Abs. 1 und 2) darf sie in ihrer Vergabeentscheidung hiervon nicht abweichen.[1115]

Gewichtungsregeln bestimmen, wie die Angaben der Bieter zu den einzelnen Kriterien **321** und Unterkriterien zu bewerten sind,[1116] dh. welches Gewicht ihnen im Vergleich zu den anderen Kriterien oder Unterkriterien zukommt. **Regelungen zur Gewichtung** können festlegen, wie einzelne Angaben der Bieter in Wertungspunkte umgerechnet werden. Entsprechend den europäischen Vorgaben hat der Auftraggeber auch national ein Wahlrecht, ob er seiner Pflicht zur Bekanntgabe durch Angaben in der Vergabebekanntmachung oder in den Vergabeunterlagen nachkommt.[1117] Gewichtungsregeln hängen ab von der Komplexität des zu beschaffenden Gegenstands. So kann die Gewichtung über die Festlegung eines einfachen Bewertungsschemas von „nicht erfüllt", „schlecht erfüllt" und „erfüllt" nebst zugehöriger Punktzahl null, eins oder zwei erfolgen.

Die Gewichtung kann aber auch über Bewertungsmatrizen und durch das sog. Scoring- **322** Verfahren vorgegeben werden.[1118] Eine **Wertungsmatrix** ist die Darstellung der Methode, wie die einzelnen Noten bzw. Bewertungen in konkrete Bewertungspunkte umgerechnet werden.[1119] Am Ende der Bewertung eines Angebots mittels einer Bewertungsmatrix erhält jedes Angebot eine bestimmte Zahl von Punkten. Die Anzahl der erreichten Punkte dient als Ver-

---

[1112] VK Brandenburg, Beschl. v. 12. 11. 2008, VK 35/08; *Weyand* § 97 RdNr. 614/1.

[1113] VK Münster, Beschl. v. 12. 5. 2009, VK 5/09.

[1114] OLG Naumburg, Beschl. v. 25. 9. 2008, 1 Verg 3/08.

[1115] VK Bund, Beschl. v. 17. 3. 2005, VK 2–09/05; BayObLG, Beschl. v. 9. 9. 2004, Verg 18/04; *Weyand* § 97 RdNr. 617.

[1116] OLG München NZBau 2009, 341, 342.

[1117] *Pünder/Prieß/Prieß* 125; VK Thüringen, Beschl. v. 12. 1. 2009, 250–4003.20–6372/2008-007-IK.

[1118] OLG Düsseldorf VergabeR 2005, 364, 371; vgl. auch OLG Düsseldorf, Beschl. v. 23. 3. 2005, VII-Verg 77/04; vgl. auch OLG München NZBau 2009, 341, 342; vgl. EuGH, C-470/99, Slg. 2002, I-11617 RdNr. 21 und 97 – Universale Bau.

[1119] OLG München NZBau 2009, 341, 342.

gleichsmaßstab zu anderen Angeboten.[1120] Jede Bewertungsmatrix muss, um dem Gleichbehandlungsgrundsatz zu genügen, eine ausreichende Differenzierung der Angebote gewährleisten.[1121] Das ist dann nicht der Fall, wenn in so groben Einheiten bewertet wird, dass alle Angebote trotz inhaltlicher Unterschiede gleiche Punktzahlen erhalten.[1122] Zudem dürfen keine willkürlichen und damit vergabefremden Zwecke verfolgt werden.[1123] Auch der Begriff „Scoring-Verfahren" bezeichnet ein Verfahren zur Vergabe von Wertungspunkten.[1124] Die Gewichtung kann der öffentliche Auftraggeber auch in Form einer **Marge** angeben. Eine weitere Art, die Angebote zu bewerten, ist die sog. **Richtwertmethode**. Die Anwendung der einfachen Richtwertmethode bedeutet, dass der Quotient aus den erreichten Leistungspunkten und dem Preis in Euro gebildet wird. Je höher der Quotient ist, desto besser ist das Preis-Leistungs-Verhältnis. Deshalb ist das Angebot mit dem höchsten Quotienten das wirtschaftlichste Angebot.[1125]

323   Für den Ausnahmefall, dass eine **Gewichtung (überhaupt) nicht möglich** ist und der Auftraggeber deshalb die Zuschlagskriterien in absteigender Reihenfolge ihrer Bedeutung angibt, muss der Auftraggeber dies im Vergabevermerk entsprechend begründen. Unterlässt er das, verstößt er gegen das Transparenzgebot.[1126] Teilweise wird darüber hinaus verlangt, dass der Auftraggeber den Bietern die nachvollziehbaren Gründe, warum eine Gewichtung nicht möglich ist, bekannt geben muss.[1127] Argument dafür ist, dass die Bieter aus dieser Angabe Informationen ziehen können, die bei der Fertigung des Angebotes sachdienlich sein können. Dieses Ziel werde normalerweise durch die Angabe der Gewichtungsregeln verfolgt.[1128] Es müsse demnach sinngemäß ebenso für die Ausnahme gelten.

324   Ist dem Auftraggeber die **Angabe der Gewichtung aus nachvollziehbaren Gründen nicht möglich**, muss er die Zuschlagskriterien zur Ermittlung des wirtschaftlichsten Angebots in der absteigenden Reihenfolge ihrer Bedeutung angeben. Ist die Angabe der Gewichtung nicht gänzlich ausgeschlossen, sondern aus nachvollziehbaren Gründen erst kurz vor Ablauf der Frist zur Angebotsabgabe möglich, muss der Auftraggeber zudem seine späteren Festlegungen den Bietern bekannt geben, wenn das die Vorbereitung der Angebote beeinflussen kann.[1129] Ggf. muss der Auftraggeber den Bietern Gelegenheit zu einer Änderung oder Anpassung der Angebote geben, soweit diese im Zeitpunkt der später getroffenen Festlegungen bereits vorbereitet waren. Im Ausnahmefall kann dies eine Verlängerung der Frist zur Angebotsabgabe erforderlich machen. Gründe für eine spätere Festlegung von Unterkriterien oder Gewichtungsregeln können haushaltsrechtliche Gründe sein oder sich aus der Komplexität des Auftragsgegenstands ergeben.[1130] Gleichfalls kann, wenn die Wertung der Angebote unter Zugrundelegung einer umfangreichen Rechenformel erfolgt, eine Gewichtung nachvollziehbar nicht angegeben werden. In diesem Fall ist jedoch die Formel zu erläutern.[1131] Die **Änderung der Gewichtung** der Zuschlagskriterien nach der Phase, in der die Angebote erstmalig geprüft werden, verstößt gegen die Grundsätze der Transparenz und Gleichbehandlung, auch wenn der öffentliche Auftraggeber im Einzelfall nicht dazu verpflichtet ist, die Gewichtung vorab zu bestimmen und den potenziellen Bieter bei der Aufforderung, ihre Angebote einzureichen, mitzuteilen, weil der Auftrag nicht in den Anwendungsbereich von Art. 53 VKR fällt.[1131a]

325   **b) Keine/unzureichende Bekanntgabe von Zuschlagskriterien und Gewichtungsregeln.** Die Wertung der Angebote darf nur auf der Grundlage der **ausdrücklich und eindeutig bekannt gemachten Kriterien** durchgeführt werden.[1132] Mit der Bekanntmachung

---

[1120] VK Lüneburg, Beschl. v. 18. 11. 2004, 203-VgK-49/2004; siehe Beispiele bei *Noch* RdNr. 395.
[1121] OLG München, Beschl. v. 26. 6. 2007, Verg 6/07.
[1122] OLG München, Beschl. v. 26. 6. 2007, Verg 6/07.
[1123] OLG München NJOZ 2008, 1019, 1025.
[1124] OLG Brandenburg, Beschl. v. 15. 5. 2007, Verg W 2/07.
[1125] OLG Koblenz, Beschl. v. 5. 12. 2007, 1 Verg 7/07.
[1126] VK Thüringen, Beschl. v. 12. 1. 2009, 250–4003.20–6372/2008-007-IK; VK Sachsen-Anhalt, Beschl. v. 22. 11. 2007, 1 VK LVwA 24/07.
[1127] VK Münster, Beschl. v. 30. 3. 2007, VK 4/07.
[1128] VK Bund, Beschl. v. 20. 6. 2007, VK 3–52/07.
[1129] OLG Düsseldorf, Beschl. v. 23. 1. 2008, Verg 31/07.
[1130] OLG Düsseldorf, Beschl. v. 23. 1. 2008, Verg 31/07; VK Nordbayern, Beschl. v. 16. 4. 2008, 21.VK-3194-14/08.
[1131] VK Bund, Beschl. v. 23. 1. 2009, VK 3–194/08.
[1131a] EuGH, Urt. v. 18. 11. 2010, C 226-09, RdNr. 62.
[1132] OLG Schleswig VergabeR 2001, 214; BayObLG, Beschl. v. 3. 7. 2002, Verg 13/0213.

der Wertungskriterien reduziert sich der Beurteilungs- und Ermessensspielraum des Auftraggebers.[1133] Unterlässt der öffentliche Auftraggeber die Bekanntgabe von (einzelnen) Zuschlagskriterien oder Unterkriterien oder macht er diese Informationen nicht ausreichend oder eindeutig bekannt, darf er sie nicht zur Ermittlung des wirtschaftlichsten Angebots einsetzen. Das folgt auf der Grundlage der Rechtsprechung zu § 25 a Nr. 1 VOB/A aF. und § 19 EG Abs. 8 i. V. m. Abs. 9 VOL/A.[1134] Der Auftraggeber darf in diesem Fall die Wertung ausschließlich auf der Grundlage der bekannt gegebenen Kriterien durchführen.[1135] Andere oder zusätzliche Kriterien als er dem Bieterkreis bekannt gegeben hat, darf er nicht in die Angebotswertung einbeziehen;[1136] sämtliche bekannt gegebenen Wertungskriterien muss er tatsächlich berücksichtigen.[1137] Nur dann ist dem Gebot eines transparenten Vergabeverfahrens (§ 97 Abs. 1) und der Gleichbehandlung aller Bieter (§ 97 Abs. 2) Genüge getan.

Für den Fall, dass der Auftraggeber – versehentlich oder gewollt – **keine Zuschlagskriterien bekannt gegeben** hat, ist die Angebotswertung allein nach dem Kriterium des **niedrigsten Angebotspreises** durchzuführen.[1138] In einem solchen Fall ist zu beachten, dass Nebenangebote nicht zugelassen werden dürfen[1138a] und darüber hinaus – sollten sie zugelassen sein – nach einer neueren Auffassung nicht gewertet werden dürfen, da dies gegen Art. 24 Abs. 1 VKR verstoße.[1138b] Das gleiche gilt, wenn der Auftraggeber als Zuschlagskriterium die Wirtschaftlichkeit gewählt hat, jedoch keine konkretisierenden Kriterien genannt hat oder diese insgesamt rechtswidrig waren.[1139] Das ergibt sich im Umkehrschluss aus Art. 53 Abs. 1 und 2 VKR und Art. 55 Abs. 1 und 2 SKR.[1140] Danach ist der Zuschlag entweder auf der Grundlage der bekannt gemachten Kriterien auf das wirtschaftlichste Angebot oder ausschließlich auf das Angebot mit dem niedrigsten Preis zu erteilen. Nur für den ersten Fall sieht Abs. 2 der Regelungen vor, dass Zuschlagskriterien zur Ermittlung des wirtschaftlichsten Angebots bekannt zu geben sind. Gibt der Auftraggeber also weder in der Bekanntmachung noch in den Vergabeunterlagen Zuschlagskriterien an, kommt nur der niedrigste Preis als Kriterium in Betracht. Würde der Auftraggeber in einer solchen Situation den Begriff der Wirtschaftlichkeit mit Zuschlagskriterien ausfüllen, die er im Zuge der Angebotswertung bildet, wäre die Verwendung dieser Kriterien vergaberechtswidrig, weil sie den Bietern nicht vorab bekannt gemacht worden sind.[1141] Das folgt aus dem Willkürverbot, dem Gleichbehandlungsgebot und dem Diskriminierungsverbot.[1142] Für den Fall, dass die eingegangenen Angebote für eine Wertung auf der Grundlage des niedrigsten Preises nicht ausreichend homogen sind, kann der Auftraggeber die **Ausschreibung** auch in die Phase vor der Abgabe der Angebote **zurückversetzen,**[1143] Zuschlagskriterien bekannt geben und den Bietern Gelegenheit geben, auf dieser Basis neue Angebote abzugeben. Möglich ist grds. auch die Aufhebung der Ausschreibung, selbst wenn diese rechtswidrig sein sollte. Sind allerdings die Voraussetzungen eines Aufhebungsgrundes nicht erfüllt, ist der Auftraggeber möglicherweise Schadensersatzansprüchen der Bieter ausgesetzt. Die Zurückversetzung des Vergabeverfahrens ist auch auf der Grundlage der Rechtsprechung des

326

[1133] BayObLG, Beschl. v. 12. 9. 2000, Verg 4/00.

[1134] Vgl. Rechtsprechung zu RdNr. 19.

[1135] Vgl. BGH NZBau 2004, 517, 518; ausführlich *Pünder/Prieß/Prieß* 126/127.

[1136] OLG Düsseldorf, Beschl. v. 25. 11. 2002, Verg 56/02 VK Baden-Württemberg, Beschl. v. 21. 10. 2010, 50/10.

[1137] OLG Düsseldorf, Beschl. v. 7. 7. 2003, Verg 34/03; BayObLG NZBau 2003, 105, 108.

[1138] Vgl. KG Berlin VergabeR 2003, 84, 86; OLG Frankfurt am Main NZBau 2002, 161, 165; VK Lüneburg, Beschl. v. 11. 11. 2008, VgK-39/2008; VK Lüneburg, Beschl. v. 6. 12. 2004, 203-VgK-50; mwN. VK Hamburg, Beschl. v. 17. 12. 2002, VgK FB 3/02; VK Sachsen, Beschl. v. 8. 11. 2001, 1/SVK/104-01; vgl. BGH VergabeR 2008, 641, 644; *Pünder/Prieß/Prieß* 127.

[1138a] OLG Düsseldorf, Beschl. v. 7. 1. 2010, Verg 61/09.

[1138b] VK Brandenburg, Beschl. v. 8. 11. 2010, VK 51/10 unter Verweis auf OLG Düsseldorf, Beschl. v. 7. 1. 2010, Verg 61/09; Beschl. v. 23. 3. 2010, Verg 61/09, Beschl. v. 15. 6. 2010, Verg 10/10. Der anderslautenden Entscheidung der VK Schleswig-Holstein, Beschl. v. 8. 10. 2010, VK-SH 13/10 lag der Sonderfall zu Grunde, dass nicht alle Bieter ein Hauptangebot einreichten.

[1139] VK Hamburg, Beschl. v. 17. 12. 2002, VgK FB 3/02; VK Sachsen, Beschl. v. 8. 11. 2001, 1/SVK/ 104-01; VK Brandenburg, Beschl. v. 14. 6. 2007, 1 VK 17/07; VK Nordbayern, Beschl. v. 23. 2. 2004, 320.VK-3194-03/04; vgl. auch BGH VergabeR 2008, 641, 644, wobei die Entscheidung im Rahmen eines Schadensersatzprozesses erging.

[1140] OLG Frankfurt am Main NZBau 2002, 161, 165.

[1141] VK Hamburg, Beschl. v. 17. 12. 2002, VgK FB 3/02; VK Sachsen, Beschl. v. 8. 11. 2001, 1/SVK/104-01.

[1142] VK Bund, Beschl. v. 17. 7. 2000; VK 1–13/00; Beschl. v. 26. 5. 2000, VK 2–8/00.

[1143] Das entspricht der Rechtsprechung des OLG Düsseldorf VergabeR 2005, 364, 372.

EuGH vorzuziehen. Danach ist die Ausschreibung zurückzusetzen oder neu zu starten,[1144] wenn ein unzulässiges Kriterium bekannt gemacht worden ist.[1145] Denn die Nichtanwendung dieses Kriteriums kommt der nachträglichen Änderung der Zuschlagskriterien gleich; diese würde gegen das Transparenzgebot verstoßen.[1146] Diese Rechtsfolge gilt nicht nur dann, wenn ein einzelnes Kriterium rechtswidrig ist, sondern auch, wenn Kriterien überhaupt nicht bekannt gegeben werden.

327   Strittig ist, wie zu verfahren ist, wenn der öffentliche Auftraggeber für die bekannt gemachten Zuschlagskriterien **keine Gewichtungsregeln veröffentlicht** hat. Für diesen Fall wird vertreten, dass eine ordnungsgemäße Wertung der Angebote nicht möglich sei, weil es an einem Wertungsmaßstab fehle.[1147] Das Vergabeverfahren müsse in die Phase vor der Angebotswertung zurückgesetzt, Gewichtungsregeln bekannt gegeben, und den Bietern die Möglichkeit gegeben werden, auf dieser Grundlage neue Angebote abzugeben.[1148] Als *ultima ratio* kommt in diesem Fall auch die Aufhebung der Ausschreibung in Betracht. Allerdings ist in diesem Fall möglicherweise mangels Aufhebungsgrundes mit Schadensersatzansprüchen der Bieter zu rechnen. Nach einer anderen Auffassung führt die fehlende Angabe von Gewichtungsregeln dazu, dass die bekannt gegebenen Zuschlagskriterien gleichrangig seien und die Wertung auf dieser Grundlage durchzuführen sei.[1149] Gebe der Auftraggeber keine speziellen Regeln für die Gewichtung an, könnten Bieter davon ausgehen, dass die Kriterien kein unterschiedliches Gewicht haben sollen. Die erste Auffassung ist vorzuziehen. Zunächst spricht der Zweck der Bekanntgabe der Kriterien und Gewichtungsregeln, dh. die Transparenz des Vergabeverfahrens[1150] und die Gleichbehandlung der Bieter für diese Auffassung. Der Auftraggeber wird auf diese Weise dazu gezwungen, die Art und Weise, in der er werten möchte, transparent anzugeben und die Ausschreibung sorgfältig vorzubereiten; er kann sich nicht darauf verlassen, dass er trotz eines erheblichen Verfahrensfehlers das Vergabeverfahren abschließen kann. Zudem wäre es ansonsten möglich, eine Ausschreibung vergaberechtswidrig auf der Grundlage von Gewichtungsregeln zu Ende zu führen, die weder vom Auftraggeber festgelegt noch den Bietern mitgeteilt worden sind.[1151] Darüber hinaus würde die andere Auffassung unter Umständen dazu führen, dass die Wertung der Angebote möglicherweise ein Ergebnis hat, das qualitativ für die Zwecke des Auftraggebers ungeeignet ist.

328   **c) Abweichende Angaben in der Bekanntmachung und in den Vergabeunterlagen.** Bei Veröffentlichung der Zuschlagskriterien in der Vergabebekanntmachung und den Vergabeunterlagen kann es vorkommen, dass die Angaben voneinander abweichen. In diesem Fall ist die Verletzung der Grundsätze der Transparenz und Gleichbehandlung zu befürchten, auf deren Grundlage sich der Auftraggeber während des gesamten Verfahrens an dieselben Kriterien halten muss.[1152] Strittig ist bislang, wie diese Fälle zu lösen sind. Nach einer Auffassung muss die Ausschreibung aufgehoben werden und die betreffende Leistung neu ausgeschrieben werden.[1153] Die VOB/A löse diesen Konflikt nicht zugunsten der einen oder der anderen Bekanntgabemodalität auf. War für den Bieter aus der Zusammenschau von Vergabebekanntmachung und Aufforderung zur Angebotsabgabe nicht zweifelsfrei erkennbar, welche Kriterien die Vergabestelle bei der Wertung der Angebote anzuwenden beabsichtige, so könne dieser Fehler nur durch eine Neuausschreibung korrigiert werden. Nach anderer Auffassung gelten bei Widersprüchen

---

[1144] So Kommission in EuGH, C-448/01, Slg. 2003, I-14527 RdNr. 88 – EVN und Wienstrom; aA. *Pünder/Prieß/Prieß* 128, der von Aufhebung ausgeht; ebenfalls. aA. (Aufhebung) *Bultmann* ZfBR 2004, 134, 140; wohl auch aA. VK Sachsen-Anhalt, Beschl. v. 6. 3. 2009, 1 VK LVwA 32/08.

[1145] EuGH, C-448/01, Slg. 2003, I-14527,14527 RdNr. 95 – EVN und Wienstrom; ebenso bei mehreren unzulässigen Kriterien OLG Düsseldorf, Beschl. v. 28. 4. 2008, VII-Verg 1/08 – dem folgend VK Südbayern, Beschl. v. 26. 3. 2009, Z3-3-3194-1-03-01/09.

[1146] *Pünder/Prieß/Prieß* 128.

[1147] VK Bund, Beschl. v. 15. 9. 2008, VK 2-91/08.

[1148] OLG Düsseldorf, Beschl. v. 21. 5. 2008, Verg 19/08; OLG Düsseldorf VergabeR 2005, 364, 372; das entspricht der Rechtsfolge, die ein rechtswidriges Zuschlagskriterium auslösen würde – siehe EuGH, C-448/01, Slg. 2003, I-14527 RdNr. 95 (gelesen im Lichte von RdNr. 88) – EVN und Wienstrom.

[1149] VK Bund, Beschl. v. 20. 6. 2007, VK 3–52/07; VK Sachsen-Anhalt, Beschl. v. 22. 11. 2007, 1 VK LVwA 24/07.

[1150] Auf diesen Aspekt stellt die VK Bund, Beschl. v. 15. 9. 2008, VK 2–91/08, ab.

[1151] Vgl. Wiedergabe der rechtlichen Würdigung des vorlegenden Gerichts in EuGH, C-448/01, Slg. 2003, I-14527 RdNr. 85 – EVN und Wienstrom.

[1152] Vgl. EuGH, C-448/01, Slg. 2003, I-14527 RdNr. 93 – EVN und Wienstrom.

[1153] VK Münster, Beschl. v. 4. 10. 2000, VK 10/00.

die Angaben in der Vergabebekanntmachung vorrangig gegenüber denen in den Vergabeunterlagen.[1154] Da die Bieter hauptsächlich auf Grund der Vergabebekanntmachung entscheiden, an einem bestimmten Vergabeverfahren teilzunehmen, seien die Angaben darin maßgeblich.[1155] Diese Auffassung orientiert sich am Wortlaut des § 10 a VOB/A a. F. (§ 8 a VOB/A n. F.), wonach die Wertungskriterien (nur dann) in der Angebotsaufforderung anzugeben sind, sofern sie nicht bereits in der Bekanntmachung angegeben sind.[1156] Mit Blick auf § 9 EG VOL/A wird darauf hingewiesen, dass durch die Worte „alle Zuschlagskriterien" hinreichend deutlich gemacht sei, dass alle relevanten Kriterien in der EU-Bekanntmachung oder in den Verdingungsunterlagen benannt werden müssten. Die sukzessive Nennung von einigen Zuschlagskriterien schon in der EU-Bekanntmachung und anderen erst in den Verdingungsunterlagen sei demnach unzulässig.[1157] Ausschlaggebend sind damit die zeitlich zuerst bekannt gegebenen Zuschlagskriterien. Anhänger dieser Auffassung stützen sich zudem auf das Transparenzgebot. Dieses erfordere, dass bei den Bietern keine Unklarheiten entstehen dürften, an welchen Maßstäben ihr Angebot gemessen werde.[1158] Solche Unklarheiten bestünden aber nicht, wenn bei der Wiederholung der Zuschlagskriterien in den Vergabeunterlagen zwei Zuschlagskriterien vergessen wurden. Die VK Bund zieht unter Zugrundelegung der gleichen Prämisse den gegenteiligen Schluss: Die zusätzliche Angabe von Wertungskriterien in den Vergabeunterlagen sei unbedenklich, wenn kein Widerspruch zur Vergabebekanntmachung bestehe.[1159] Letzteres lege der Wortlaut von § 9 EG VOL/A nahe, wonach die Angaben entweder in der Vergabebekanntmachung oder in den Verdingungsunterlagen erfolgen müssen. Besteht kein Widerspruch zur Vergabebekanntmachung könne unter diesen Umständen keine Unklarheit darüber entstehen, an welchen Maßstäben das Angebot gemessen werde. In einer späteren Entscheidung stellte die VK Bund demgegenüber darauf ab,[1160] ob die unterschiedliche Angabe von Kriterien zur Diskriminierung des Bieters führe. In dem zu entscheidenden Fall sollten die zusätzlich angegebenen (rechtswidrigen) Kriterien in den Vergabeunterlagen nicht zur Anwendung gelangen. Eine Diskriminierung des Antrag stellenden Bieters hätte aber nicht vorgelegen, weil sein Angebot auch bei Berücksichtigung aller Kriterien in den Vergabeunterlagen nicht den Zuschlag erhalten hätte.

Angesichts dieser Rechtsunsicherheit ist jedem Auftraggeber zu raten, nur die Zuschlagskriterien und deren Gewichtung entweder in der Vergabebekanntmachung oder in den Verdingungsunterlagen anzugeben. Unabhängig davon kann die Lösung des Streits nur darin bestehen, jegliche Zweifel an der Transparenz und Gleichbehandlung der Bieter auszuschließen. Das spricht grds. für die erstgenannte Auffassung, dh. die Aufhebung des Verfahrens bzw. dessen Zurückversetzung in das Stadium der Vergabebekanntmachung. Denn unterschiedliche Angaben in der Bekanntmachung und in den Vergabeunterlagen können immer zu Zweifeln oder Irrtümern führen; eine vom Auftraggeber zu verantwortende uneindeutige Faktenlage darf nicht zu Lasten der Bieter gehen. Andererseits ist der Auftraggeber gemäß Art. 2 VO 1564/2005[1161] iVm. Art. 35 Abs. 2 VKR bei Ausschreibungen oberhalb der Schwellenwerte zur Verwendung der Standardformulare des Anhangs II der VO 1564/2005 verpflichtet.[1162] Nr. IV.2 des Anhangs II gibt dem Auftraggeber auf, sich bei der Wahl des wirtschaftlichsten Angebots als Zuschlagskriterium zwischen folgenden Alternativen zu entscheiden: Entweder für „das wirtschaftlich günstigste Angebot in Bezug auf die nachstehenden Kriterien" oder für „das wirtschaftlich günstigste Angebot in Bezug auf die Kriterien, die in den Verdingungs-/Ausschreibungsunterlagen, der Aufforderung zur Angebotsabgabe oder zur Verhandlung bzw. in der Beschreibung zum wettbewerblichen Dialog aufgeführt sind". Dieses Formular ist so eindeutig formuliert, dass ein Bieter dann, wenn der Auftraggeber sich für die erste Variante entscheidet, wissen muss, dass es auf die Vergabeunterlagen nicht mehr ankommen kann. Das würde für die zweite Ansicht sprechen. Allerdings

        329

[1154] VK Schleswig-Holstein, Beschl. v. 12. 7. 2005, VK-SH 14/05; VK Thüringen, Beschl. v. 28. 11. 2002, 216–4002.20–057/02-EF-S; VK Sachsen, Beschl. v. 17. 6. 2005, 1/SVK/058-05; *Kulartz/Kus/Portz/ Kulartz* § 97 RdNr. 110.
[1155] VK Thüringen, Beschl. v. 28. 11. 2002, 216–4002.20–057/02-EF-S.
[1156] VK Schleswig-Holstein, Beschl. v. 12. 7. 2005, VK-SH 14/05.
[1157] VK Sachsen, Beschl. v. 17. 6. 2005, 1/SVK/058-05; VK Sachsen, Beschl. v. 15. 8. 2002, 1/SVK/ 075-02.
[1158] VK Schleswig-Holstein, Beschl. v. 12. 7. 2005, VK-SH 14/05.
[1159] VK Bund, Beschl. v. 5. 9. 2002, VK 2–68/02.
[1160] VK Bund, Beschl. v. 10. 12. 2003, VK 2–116/03.
[1161] VO 1564/2005 v. 7. 9. 2005, ABl. 2005, L 257/1.
[1162] Diese Verpflichtung ist umgesetzt in § 17 a Nr. 2 Abs. 2 VOB/A bzw. in § 15 EG Abs. 1 VOL/A.

würde man so den Bieter zwingen, immer dann die Bekanntmachungseintragungen zu überprüfen, wenn die Vergabeunterlagen Zuschlagskriterien enthalten. Nur so könnte er nämlich vermeiden, sein Angebot mit Blick auf unzulässige Zuschlagskriterien zu entwerfen bzw. zu perfektionieren. Im Ergebnis würde man so dem Bieter eine zusätzliche Prüfpflicht auferlegen, was aber kaum aus dem Transparenz- und Gleichbehandlungsgebot folgen kann.

330 **d) Ausnahmsweise Zulässigkeit der nachträglichen Änderung von Kriterien.** Die Bindung des Auftraggebers an die bekannt gegebenen Kriterien gilt nicht für Fälle,[1163] in denen der Auftraggeber im Laufe eines Vergabeverfahrens feststellt, dass sein Bedarf nur durch eine technisch geringfügig geänderte Leistung gedeckt werden kann. In diesem Fall darf er nachträglich entsprechend höhere Anforderungen stellen. Eine Aufhebung der Ausschreibung ist dafür nicht erforderlich. Das Gleichbehandlungsgebot erfordert dann aber, dass alle in die engere Wahl für den Zuschlag kommenden Spitzenbewerber darüber gleich informiert werden und diese die Gelegenheit erhalten, ihre Angebote anzupassen.

331 **4. Durchführung der Wirtschaftlichkeitsprüfung. a) Bewertungsspielraum.** Die Wertung der Angebote erfolgt anhand der bekannt gegebenen Zuschlagskriterien, Unterkriterien und Gewichtungsregeln bzw. Bewertungsgrundsätze.[1164] Auf dieser Grundlage besitzt der Auftraggeber bei der Bewertung von Einzelpositionen bzw. der Vergabe von Punkten/Noten einen weiten Beurteilungsspielraum.[1165] Der Auftraggeber muss **jedes einzelne Angebot für sich bewerten**. Auf Grund der erhöhten Transparenzpflichten dürfte nach der Einzelbewertung der Angebote für eine vergleichende Analyse der Angebote untereinander kaum noch ein Ermessensspielraum verbleiben. Der Auftraggeber übt sein Ermessen vielmehr bereits bei der Festlegung der Kriterien und Gewichtungsregeln aus,[1166] was ihn bei der späteren Wertung bindet.[1167] Dementsprechend entfällt ein Ermessensspielraum, wenn das Angebot den Zuschlag erhalten soll, das nach Anwendung der bekannt gegebenen Bewertungsmatrix den höchsten Punktwert erreicht. Hat der Auftraggeber Margen bekannt gegeben, muss er sein Ermessen dahingehend ausüben, vor der Einzelbewertung der Angebote die Gewichtungen endgültig festzulegen. Alle Angebote sind anhand dieser Festlegungen zu werten.[1168]

332 **b) Verfahrensherrschaft des Auftraggebers.** Der Auftraggeber muss die **Entscheidung über den Zuschlag selbst treffen**.[1169] Es handelt sich um eine nicht delegierbare Aufgabe; die Übertragung auf einen externen Berater – wie etwa ein Projektsteuerungsbüro – ist nicht zulässig. Dieses Gebot der Eigenverantwortung war in § 2 Nr. 3 VOL/A a. F. explizit festgelegt.[1170] Es gilt auch ohne eine ausdrückliche Normierung gleichermaßen im Rahmen der VOB/A.[1171] Sachverständige oder Berater dürfen allerdings im Vorfeld der Entscheidung des Auftraggebers für eine zutreffende und nachvollziehbare Aufklärung über die Entscheidungsgrundlagen unterstützend hinzugezogen werden.[1172]

333 **c) Vergabevermerk.** Der Auftraggeber muss über die Angebotswertung wie auch für das Vergabeverfahren als solches einen **Vergabevermerk** fertigen. Dieser Vermerk ist insbesondere für den Fall der Überprüfung der Wertung durch die vergaberechtlichen Nachprüfungsinstanzen von erheblicher Bedeutung. Nur auf dieser Basis kann der Auftraggeber später nachweisen, dass er die Grenzen seines Beurteilungsspielraums eingehalten und einwandfreie Entscheidungen getroffen hat. Die Pflicht zur Erstellung eines aussagekräftigen Vergabevermerks ergibt sich aus dem Grundsatz der Transparenz des Vergabeverfahrens (§ 97 Abs. 1). Der Auftraggeber muss

---

[1163] VK Südbayern, Beschl. v. 18. 3. 2002, 04-02/02; vgl. auch KG Berlin, Beschl. v. 3. 11. 1999, KartVerg 03/99, NZBau 2000, 209, 211; ähnlich aber mit Bezug auf Eignungskriterien OLG München, Beschl. v. 21. 8. 2008, Verg 13/08, BeckRS 2008, 20532.

[1164] Vgl. etwa OLG Schleswig, Beschl. v. 20. 3. 2008, 1 Verg 6/07.

[1165] EuGH, T-300/07; OLG Celle, Beschl. v. 10. 1. 2008, 13 Verg 11/07; dieser betrifft im Gegensatz zum rechtsfolgenbezogenen Ermessen die Tatbestands- und damit Tatsachenebene, *Noch* RdNr. 409; OLG München NJOZ 2008, 1019, 1024; OLG Düsseldorf, Beschl. v. 22. 8. 2007, VII-Verg 27/07, wo aber nicht streng zwischen Beurteilungsspielraum und (Wertungs-)Ermessen unterschieden wird.

[1166] Zum bestehenden Ermessen OLG Düsseldorf, Beschl. v. 14. 1. 2009, Verg 59/08.

[1167] Ebenso *Noch* RdNr. 409.

[1168] *Braun/Kappenmann* NZBau 2006, 544, 547.

[1169] OLG München, Beschl. v. 21. 8. 2008, Verg 13/08.

[1170] OLG Naumburg NJOZ 2004, 1828, 1834/1835; OLG Bremen, Beschl. v. 2. 9. 2004, Verg 3/2003.

[1171] *Heiermann/Zeiss/Kullack/Blaufuß/Summa* § 25 VOB/A, RdNr. 251; OLG München, Beschl. v. 21. 8. 2008, Verg 13/08.

[1172] OLG Naumburg, Beschl. v. 5. 12. 2008, 1 Verg 9/08; OLG Naumburg NJOZ 2004, 1828, 1834.

den Vermerk **von Beginn des Vergabeverfahrens** und dann **fortlaufend** während des gesamten Vergabeverfahrens führen. Der Vermerk ist **zeitnah** zu seinen Entscheidungen und Maßnahmen anzufertigen. Es genügt dabei nicht, dass der Vergabevermerk erst nach Abschluss des Vergabeverfahrens und Zuschlagserteilung vorliegt. Er muss darin die **wesentlichen verfahrensrelevanten Schritte und Entscheidungen festhalten sowie nachvollziehbar begründen.** Dazu gehört beispielsweise die Niederlegung der Grundlagen für die Schätzung des Auftragswerts, die Auswahl der Verfahrensart und grundsätzlich auch die Entscheidung für die Erteilung des Zuschlags auf der Grundlage des niedrigsten Preises.[1173] Die Dokumentation der Gründe für die Entscheidung der Vergabestelle für eine Ausschreibung allein nach dem Kriterium des niedrigsten Preises ist vergaberechtlich dann nicht erforderlich, wenn nach der konkreten Definition des Leistungs-Solls des Beschaffungsvorgangs sehr homogene, sich nur im Angebotspreis unterscheidende Angebote zu erwarten sind.

Zu dokumentieren sind sowohl der formale Verfahrensablauf als auch materiell die Maßnah- **334** men, Feststellungen und Begründungen der einzelnen Entscheidungen. § 20 EG VOL/A normiert eine die Vergabestelle treffende, zwingende Pflicht, die Auswahlentscheidung als wesentliche Entscheidung in nachvollziehbarer Weise zu dokumentieren, um für den Bewerber die erforderliche Prüfbarkeit zu gewährleisten.[1174] Nachvollziehbar zu dokumentieren ist insbesondere die Grundlage für die im Rahmen der Bewertung vergebenen Punkte. Es muss ersichtlich sein, **wie der Auftraggeber seine Zuschlagskriterien berücksichtigt und gewertet** hat. Insbesondere muss er darin die Gründe festhalten, die für seine Entscheidung im Rahmen seines Beurteilungsspielraums – also etwa für eine bestimmte Punktvergabe – maßgeblich waren.[1175] Das gilt im besonderen Maße für die Darlegungen, mit denen die Auswahl des für den Zuschlag vorgesehenen Bieters gerechtfertigt wird. Hierzu müssen die Tatsachenumstände und Überlegungen, welche die in Aussicht genommene Zuschlagsentscheidung tragen, vollständig, wahrheitsgemäß und verständlich mitgeteilt werden.[1176] Insbesondere müssen alle Wertungsschritte mit ihren Ergebnissen nachvollziehbar dargestellt werden. Es muss ohne weitere Erläuterung nachvollziehbar sein, aus welchen Gründen der Auftraggeber sich für ein bestimmtes Angebot entschieden oder einen bestimmten Bieter für ungeeignet gehalten hat.[1177] Die Dokumentation dient dem Ziel, die Entscheidungen der Vergabestelle transparent und sowohl für die Überprüfungsinstanzen (Vergabekammer und Vergabesenat) als auch für die Bieter überprüfbar zu machen. Besteht ein Dokumentationsmangel und wirkt sich dieser gerade auch auf die Rechtsstellung eines Bieters im Vergabeverfahren aus, ist dieser in seinem subjektiven Recht auf Einhaltung der Vergabebestimmungen (§ 97 Abs. 7) verletzt und kann erfolgreich das Vergabenachprüfungsverfahren betreiben.[1178] Die Pflicht zur Dokumentation findet ihre Grenze darin, dass die Vergabestelle verbale Begründungen nicht auch dann machen muss, wenn das Konzept eines Bieters zu einzelnen Wertungskriterien genau den Anforderungen der Vergabestelle entspricht und deshalb mit einer bestimmten Punktzahl bewertet wird. Die Forderung einer Begründung in Form einer Wiederholung der Vorgaben der Verdingungsunterlagen wäre in einem solchen Fall reine Förmelei und hätte keinen zusätzlichen Erkenntniswert.[1179] Der Vergabevermerk soll jedoch (nur) die Einhaltung der Vergaberegeln transparent machen. Eine etwaige Intransparenz haushaltsrechtlich determinierter Entscheidungen kann keine Verletzung subjektiver Bieterrechte aus dem Vergaberecht iSv. § 97 Abs. 7 begründen.[1180] Ihr Aufgreifen bleibt uU. einer verwaltungsinternen Rechnungsprüfung vorbehalten.

[1173] OLG Naumburg, Beschl. v. 5. 12. 2008, 1 Verg 9/08, Leitsatz 4.

[1174] OLG Brandenburg NZBau 2000, 44.

[1175] OLG Düsseldorf, Beschl. v. 22. 8. 2007, VII-Verg 27/07; vgl. auch OLG Schleswig, Beschl. v. 20. 3. 2008, 1 Verg 6/07; vgl. VK Arnsberg, Beschl. v. 10. 12. 2007, VK 37/07; vgl. VK Lüneburg, Beschl. v. 22. 6. 2007, VgK-21/2007.

[1176] OLG Düsseldorf, Beschl. v. 17. 3. 2004, Verg 1/04; VK Bund, Beschl. v. 20. 5. 2005, VK 2–30/05.

[1177] VK Sachsen, Beschl. v. 24. 2. 2005, 1/SVK/0004–05; VK Düsseldorf, Beschl. v. 9. 4. 2003, VK-8/2003-B; VK Lüneburg, Beschl. v. 8. 5. 2006, VgK-07/2006.

[1178] BayObLG VergabeR 2002, 63, 69; VergabeR 2001, 65, 68.

[1179] VK Bund, Beschl. v. 18. 8. 2006, VK 1 82/06, Umdruck nach Veris, Leitsatz 1.

[1180] OLG Naumburg, Beschl. v. 5. 12. 2008, 1 Verg 9/08.

G. Absatz 6 (Ermächtigungsgrundlage zum Erlass der VgV)

Schrifttum: *Gallwas*, Verfassungsrechtliche Kompetenzregelungen – ungelöste Probleme des Vergaberechts, VergabeR 2001, 2; *Pietzcker*, Die neue Gestalt des Vergaberechts, ZHR 162 (1998), 427.

I. Normzweck

335 Abs. 6 enthält in Verbindung mit § 127 Nr. 1 (Ermächtigungsgrundlage im Wesentlichen zur Umsetzung einzelner Anforderungen der EU-Vergaberichtlinien) die **Ermächtigungsgrundlage** für die Bundesregierung, durch Rechtsverordnungen mit Zustimmung des Bundesrates nähere Bestimmungen über das Vergabeverfahren zu treffen und die §§ 97 bis 101 zu konkretisieren. In den Verordnungen sollen insbesondere Einzelheiten über die Bekanntmachung, den Ablauf und die Arten der Vergabe, die Auswahl und Prüfung der Unternehmen und über die Angebote, den Abschluss des Vertrages sowie sonstige Fragen des Vergabeverfahrens näher geregelt werden. Die Vorschrift des Abs. 6 entspricht inhaltlich der ehemaligen Verordnungsermächtigung in § 57a Abs. 1 und Abs. 2 HGrG. Sie ist hinsichtlich Inhalt, Zweck und Ausmaß ausreichend bestimmbar und wird deshalb den verfassungsrechtlichen Anforderungen des Art. 80 Abs. 1 S. 2 GG an eine bundesgesetzliche Verordnungsermächtigung gerecht.[1181] Keinen Eingang in die Vorschrift gefunden hat die Empfehlung des Bundesratsausschüsses, wonach der Satz „Die Vergabegrundsätze sind im Sinne einer nachhaltigen und umweltgerechten Wirtschaftsweise auszugestalten." in Abs. 6 hätte eingefügt werden sollen.[1182] Diesem Vorschlag ist zu Recht nicht gefolgt worden, weil ansonsten zu befürchten gewesen wäre, dass die ohnehin bereits in ihrer inhaltlichen Ausgestaltung sehr ausdifferenzierten Vergaberechtsgrundsätze in § 97 noch weiter mit vergabefremden Aspekten angereichert und in ihrer Marktordnungsfunktion verwässert worden wären. Zudem hätte man bei der Aufnahme eines solchen Einschubs erhebliche Rechtsunsicherheiten in Kauf nehmen müssen, die das Vergabeverfahren wesentlich belastet hätten.

336 Die Ermächtigungsgrundlage des Abs. 6 ist die notwendige Folge[1183] des dreistufigen Aufbaus des deutschen Vergaberechts (**„Kaskadenprinzip"**).[1184] So soll eine nach § 97 Abs. 6 zu erlassende Rechtsverordnung nach der Regierungsbegründung hinsichtlich des anzuwendenden Verfahrens in vollem Umfang auf die beizubehaltenden Verdingungsordnungen VOL, VOB und VOF verweisen und deren Regelungen für den Auftraggeber verbindlich machen.[1185] Eine solche Vergabeverordnung bildet somit die notwendige Schnittstelle zwischen dem GWB und den Verdingungsordnungen.

II. Die Verordnung über die Vergabe öffentlicher Aufträge (VgV)

337 Die Ermächtigungen der §§ 97 Abs. 6 und 127 bilden die Rechtsgrundlage für die von der Bundesregierung am 9. 1. 2001 erstmalig erlassene **Vergabeverordnung** (VgV).[1186] Diese trat zum 1. 2. 2001 in Kraft und ersetzte die Vergabeverordnung vom 22. 2. 1994, geändert durch VO vom 29. 9. 1997.[1187] Die Vergabeverordnung von 1994 wurde auf der Ermächtigungsgrundlage des § 57a HGrG erlassen, der mit Wirkung zum 31. 12. 1998 außer Kraft trat. Der Wegfall dieser Ermächtigungsgrundlage führte jedoch nicht zur Unwirksamkeit der früheren VgV; sie galt vielmehr bis zu ihrer Aufhebung durch die VgV von 2001 fort.[1188] Die Verordnung 1994/1997 erklärte die **Verdingungsordnungen** (VOB/A, VOL/A, VOF/A) für anwendbar, bestimmte Ausnahmen von der Geltung des Vergaberechts und war ganz auf die haushaltsrechtliche Lösung des Vergaberechts zugeschnitten.[1189]

[1181] OLG Saarbrücken NZBau 2003, 29; *Byok/Jäger/Hailbronner* RdNr. 268; *Boesen* RdNr. 161; *Kulartz/Kus/Portz/Brauer* RdNr. 117.

[1182] S. BR-Drucks. 646/2/97, 8.

[1183] So auch *Immenga/Mestmäcker/Dreher* § 97 RdNr. 258.

[1184] Vgl. zum Kaskadenprinzip oben Vor §§ 97ff. RdNr. 149.

[1185] BT-Drucks. 13/9340, 14.

[1186] BGBl. 2001 I S. 110; neu gefasst durch Bekanntmachung vom 11. 2. 2003, BGBl. 2003 I S. 169; zuletzt geändert durch die Dritte VO zur Änderung der Vergabeverordnung vom 23. 10. 2006, BGBl. I S. 2334.

[1187] BGBl. 1994 I S. 321, geändert durch BGBl. 1997 I S. 2384.

[1188] OLG Brandenburg NZBau 2000, 39; *Byok/Jaeger/Hailbronner* RdNr. 270; *Boesen* RdNr. 162; *Reidt/Stickler/Glahs/Stickler* RdNr. 32; *Prieß* 101.

[1189] *Immenga/Mestmäcker/Dreher* Vor §§ 97ff. RdNr. 46.

Die VgV von 2001 spiegelt die veränderte, auf einen **wirtschaftsrechtlichen Ansatz basie-**   338
rende Konzeption des Vergaberechts wider. Sie gliedert sich in drei Abschnitte. Abschnitt 1
(§§ 1 bis 16 VgV) enthält konkretisierende Vergabebestimmungen über die Durchführung der
Vergabeverfahren bei Aufträgen, welche die in der Verordnung bezeichneten Schwellenwerte
erreichen. §§ 2 und 3 VgV sehen Regelungen zu den Schwellenwerten und deren Feststellung
durch Schätzung vor. §§ 4 bis 6 VgV beinhalten Regelungen über die Anwendbarkeit der Verdingungsordnungen auf die einzelnen Auftragsarten und Auftraggeber. §§ 7 bis 12 VgV regeln
die Auftragsvergabe im Sektorenbereich und die §§ 13 bis 16 VgV enthalten Regelungen über
das Vergabeverfahren selbst. In Abschnitt 2 (§§ 17 bis 22 VgV) werden Nachprüfungsbestimmungen geregelt. Die §§ 17 und 18 VgV befassen sich mit der Zuständigkeit der Bundes- und
Landesvergabekammern. § 19 VgV definiert das sog. Bescheinigungsverfahren und § 20 VgV
das Schlichtungsverfahren. § 21 VgV befasst sich mit den Korrekturmechanismen der Kommission und § 22 VgV verpflichtet die Vergabekammern und Oberlandesgerichte zur Erstellung
von Statistiken. Der Abschnitt 3 (§§ 23 und 24 VgV) enthält schließlich Übergangs- und Schlussbestimmungen.

Vorschriften zum materiellen Vergaberecht beinhaltet die Vergabeverordnung nicht, viel-   339
mehr verweist sie insoweit auf die Verdingungsordnungen. Diese sind ihrer Rechtsnatur nach
private Regelwerke, welche von Ausschüssen, in denen die Verwaltung und Repräsentanten
der Auftragnehmer vertreten sind, entworfen und regelmäßig überarbeitet werden. Die Verweisung auf die jeweiligen Verdingungsordnungen ist **statischer Natur,** dh. in Bezug genommen
werden nicht die aktuell geltenden, sondern nur die konkret bezeichneten Fassungen der Verdingungsordnungen.[1190] Somit ist für eine Änderung der Verdingungsordnungen stets ein **de-**
mokratisch rückgekoppelter Akt der Anpassung der VgV Voraussetzung, um die Verdingungsordnungen in ihrer jeweils geänderten Fassung in das Vergaberecht zu integrieren. Damit
wird dem Umstand Rechnung getragen, dass in der VgV auf Verdingungsordnungen mit ihren,
die Beteiligten an dem Vergabeverfahren bindenden Regelungen verwiesen wird, ohne dass
jene auch nur eine mittelbare demokratische Legitimation besäßen. Im Gegensatz zur Konzeption der Freistellungsvoraussetzungen in § 2 Abs. 2 wählt das Vergaberecht nicht den Weg einer
dynamischen Verweisung, die als Vermutung fungiert.[1191] Vielmehr erhalten die Verdingungsordnungen als **„umfassende Sollensordnungen"**[1192] durch die Verweisung in der VgV den
Rechtssatzcharakter im Rang einer Rechtsverordnung des Bundes.[1193]

H. Absatz 7 (Anspruch auf Einhaltung des Vergabeverfahrens)

Schrifttum: *Antweiler,* Öffentliche Unternehmen als Bieter im Vergabeverfahren, VergabeR 2001, 259;
Boesen, Der Rechtsschutz des Bieters bei der Vergabe öffentlicher Aufträge, NJW 1997, 345; *Bornkamm,*
Hoheitliches und unternehmerisches Handeln der öffentlichen Hand im Visier des europäischen Kartellrechts – Der autonome Unternehmensbegriff der Art. 81, 82 EG, in: Festschrift für Hirsch, 2008, 231; *Dre-*
her, Der Rechtsschutz bei Vergabeverstößen nach „Umsetzung" der EG-Vergaberichtlinie, ZIP 1995, 1869;
ders., Der Vergabeüberwachungsausschuß des Bundes – Ein Gericht im Sinne des EGVtr Art 177, EWiR
1997, 987; *ders.,* Konvergenz und Divergenz von Kartellrecht und Kartellvergaberecht?, in: FIW (Hrsg.),
Enforcement – Die Durchsetzung des Wettbewerbs, XXXVII. FIW Symposium 2005, 85; *ders.,* Nicht
rechtzeitige Umsetzung von EG-Richtlinien zur Vergabe öffentlicher Bau- und Lieferaufträge, EuZW
1995, 638; *Erdl,* Der neue Vergaberechtsschutz – Das deutsche Recht im europäischen Kontext, Diss. Düsseldorf 1999; *Franßen/Pottschmidt,* Wider den amtswegigen „Rechtsschutz" gegen rechtsschutzsuchende
Bieter, NZBau 2004, 587; *Glöckner,* Effektive und effiziente Sanktionen bei Vergaberechtsverstößen, Festschrift für Motzke, 2006, 113; *Gröning,* Das deutsche Vergaberecht nach dem Urteil des EuGH vom
28. Oktober 1999 – Alcatel Austria AG ua., WRP 2000, 49; *ders.,* Die Grundlagen des neuen Vergaberechtsschutzes, ZIP 1999, 52; *Hailbronner,* Europarechtliche Aspekte der Vergabe öffentlicher Aufträge –
Zur innerstaatlichen Umsetzung der EG-Richtlinien, RIW 1992, 553; *Hermes,* Gleichheit durch Verfahren
bei der staatlichen Auftragsvergabe, JZ 1997, 909; *Immenga,* Bietergemeinschaften im Kartellrecht – ein
Problem potentiellen Wettbewerbs, DB 1984, 385; *Kalinowsky,* Der Anspruch der Bieter auf Einhaltung des

---

[1190] *Boesen* RdNr. 169; *Pietzcker* ZHR 162 (1998), 427, 436; *Niebuhr/Kulartz/Kus/Portz/Niebuhr* Rd-
Nr. 236; *Langen/Bunte/Wagner* RdNr. 94.

[1191] *Reidt/Stickler/Glahs/Stickler* RdNr. 35; *Boesen* RdNr. 169; *Pietzcker* ZHR 162 (1998), 427, 436; krit.
Immenga/Mestmäcker/Dreher RdNr. 259; *ders.* NVwZ 1999, 1265; zu den Vorteilen und Problemen einer
dynamischen Verweisung s. *Ehricke/Blasle* JZ 2003, 3436.

[1192] *Immenga/Mestmäcker/Dreher* § 97 RdNr. 259.

[1193] *Reidt/Stickler/Glahs/Stickler* RdNr. 35; *Gallwas* VergabeR 2001, 2, 4.

Vergabeverfahrens nach § 97 Abs. 7 GWB, Diss. München 2000; *Klees*, Welcher Unternehmensbegriff gilt im GWB?, EWS 2010, 1; *Koenig/Haratsch*, Grundzüge des deutschen und des europäischen Vergaberechts, NJW 2003, 2637; *Kulartz/Niebuhr*, Sachlicher Anwendungsbereich und wesentliche Grundsätze des materiellen GWB-Vergaberechts – OLG Brandenburg, „Flughafen Berlin-Schönefeld" und die Folgen, NZBau 2000, 6; *Langen*, Die Dach-ARGE im Spannungsfeld zwischen Gesellschafts- und Bauvertragsrecht, Jahrbuch BauR 1999, 64; *Maasch*, Die Zulässigkeit von Bietergemeinschaften, ZHR 150 (1986), 657; *Pietzcker*, Die deutsche Umsetzung der Vergabe- und Nachprüfungsrichtlinien im Lichte der neuen Rechtsprechung, NVwZ 1996, 313; *Ramm*, Akteneinsicht und Untersuchungsgrundsatz im Vergabeverfahren, VergabeR 2007, 739; *Roth*, Anm. zu EuGH C-205/03 P – *FENIN*, CMLR 2007, 1131; *ders.*, Kartellrechtliche Aspekte der Gesundheitsreform nach deutschem und europäischem Recht, GRUR 2007, 645; *ders.*, Zum Unternehmensbegriff im deutschen Kartellrecht, Festschrift für Loewenheim, 2009, 545; *ders.*, Zum Unternehmensbegriff im europäischen Kartellrecht, in: Festschrift für Bechtold, 2006, 393; *Schimanek*, Der Anspruch des potentiellen Bieters auf Durchführung eines Vergabeverfahrens, ZfBR 2002, 39; *Thieme/Correll*, Deutsches Vergaberecht zwischen nationaler Tradition und europäischer Integration – Zur Neuregelung des Vergabewesens 1999, DVBl. 1999, 884; *Ulbrich/Waldner*, Die vorläufige Sicherung des Anspruchs auf Einhaltung der Vergabebestimmungen – praktische und rechtliche Probleme aus Sicht anbietender Bauunternehmen, BauR 1999, 1082; *Voppel*, Neuerungen im Vergaberecht durch das Vergaberechtsänderungsgesetz (VgRÄG), LKV 1999, 5.

I. Allgemeines und Normzweck

340   Abs. 7 sieht vor, dass Unternehmen einen Anspruch darauf haben, dass der Auftraggeber die Bestimmungen über das Vergabeverfahren einhält. Damit wird den Bietern im deutschen Vergaberecht erstmals ein **Rechtsanspruch** auf Einhaltung der Bestimmungen über das Vergabeverfahren zugebilligt und eine **Rechtsschutzgarantie** in den Regelungen des Vergaberechts festgeschrieben. Mit der Schaffung des Anspruchs aus Abs. 7 und dem damit verbundenen **Nachprüfungsverfahren** ist der Gesetzgeber der verfassungsrechtlich geforderten Gewährleistung der Rechtsweggarantie des Art. 19 Abs. 4 GG nachgekommen.[1194] Die Einführung dieser Regelung im Jahre 1997 war zugleich Ausdruck eines Paradigmenwechsels. Sie stellte nämlich eine zentrale und weit reichende Neuerung des Vergaberechts dar, weil sie eine vollständige Abkehr von dem durch die ausschließlich haushaltsrechtliche Lösung verfolgten Prinzip darstellte, welches einem nicht berücksichtigten Bieter keinerlei subjektive Rechte im Rahmen des Primärrechtsschutzes zugestanden hatte.[1195] Motivation des deutschen Gesetzgebers für die Einführung dieser Regelung war aber weniger die Verankerung der verfassungsmäßig vorgesehenen Rechtsweggarantie, sondern er wollte vor allem den Forderungen der EU-Kommission[1196] und des EuGH[1197] nachkommen.[1198] Der EuGH hatte in einer Entscheidung gegen die Bundesrepublik Deutschland im Hinblick auf die frühere haushaltsrechtliche Lösung festgestellt, dass die grundsätzliche Anerkennung von **subjektiven Rechten für Teilnehmer** an einem Vergabeverfahren ein zentrales Erfordernis der Vergaberichtlinien darstelle, das im deutschen Recht durch die haushaltsrechtliche Lösung nicht umgesetzt worden sei.[1199]

341   Den Bietern wird mit dem Anspruch aus Abs. 7 mithin die Möglichkeit eröffnet, sich gegenüber den öffentlichen Auftraggebern im Sinne eines **materiellen Anspruchs** auf die Einhaltung der Bestimmungen über das Vergabeverfahren zu berufen. Darüber hinaus können sie im Verfahren nach §§ 102 ff. **Beeinträchtigungen in ihren Rechten** geltend machen, weil die Bestimmungen über das Vergabeverfahren subjektive Rechte vermitteln. Dies ist wesentlich, weil das Vorliegen eines solchen subjektiven Rechts nach § 107 Abs. 2 Voraussetzung für die Einleitung eines Nachprüfungsverfahrens ist und die Verletzung eines solchen wiederum eine Voraussetzung für die Geltendmachung von Schadensersatzansprüchen nach § 126 S. 1 und § 823 Abs. 2 BGB darstellt.[1200]

342   Zum Teil wird allerdings vertreten, dass Abs. 7 nicht nur die Grundlage für den Individualschutz darstelle, sondern auch die Basis für die Begründung einer **objektiv-rechtlichen Funk-**

[1194] *Immenga/Mestmäcker/Dreher* RdNr. 272; sa. *Hermes* JZ 1997, 909, 914.

[1195] *Loewenheim/Bungenberg* RdNr. 69; *Byok/Jaeger/Hailbronner* RdNr. 271; *Leinemann* RdNr. 101; *Kulartz/Kus/Portz/Brauer* RdNr. 144.

[1196] Vgl. Beanstandungsschreiben der EG-Kommission vom 31. 10. 1995, ZIP 1995, 1940, 1941.

[1197] EuGH, C-433/93, Slg. 1995, I-02303 – Kommission/Deutschland; vgl. dazu auch *Dreher* EuZW 1995, 638.

[1198] Begr. RegE VgRÄG BT-Drucks. 13/9340, 14.

[1199] EuGH, C-433/93, Slg. 1995, I-2303, RdNr. 18–19.

[1200] *Loewenheim/Bungenberg* RdNr. 69; *Boesen* RdNr. 179; *Kulartz/Kus/Portz/Brauer* RdNr. 145; *Noch* RdNr. 113.

tion der Vergabenachprüfungsverfahren sei.[1201] Ansatzpunkt für die Begründung einer solchen Funktion ist die Überlegung, dass nach der Geltendmachung von Individualrechtsschutz die Vergabenachprüfungsinstanzen von Amts wegen das Vergabeverfahren wegen nicht oder verfahrensrechtlich nicht zulässig beanstandeter Vergabemängel prüfen und ggf. entsprechende Sachentscheidungen erlassen können.[1202] Der Sache nach ist damit das Problem des Umfangs der europäischen Vorgaben für die nationalen Vergaberechte des für die vergaberechtlichen Nachprüfungsverfahren gem. §§ 110 Abs. 1, 120 Abs. 2 geltenden **Untersuchungsgrundsatzes** angesprochen. Denkbar wäre insoweit, aus dem Gesamtzusammenhang der §§ 110 Abs. 1, 120 Abs. 2 und der Vorschrift des § 114 Abs. 1 S. 2, wonach die Vergabenachprüfungsinstanzen nicht an den Antrag von Bewerbern oder Bietern gebunden sind, sondern auch unabhängig davon auf die Rechtmäßigkeit des Vergabeverfahrens einwirken können, eine Kompetenz der Vergabenachprüfungsinstanzen abzuleiten, unabhängig von dem Vorbringen der Bieter, eigeninitiativ das Vergabeverfahren nachzuprüfen und ggf. Entscheidungen zu treffen. Damit würde zugleich die **wettbewerbsschützende Funktion** des europäischen Vergaberechts betont und dem unionsrechtlichen Grundsatz des **„effet utile"** der europäischen Vorgaben für die nationalen Vergaberechte Genüge getan werden.[1203] Vor dem Hintergrund einer notwendigen umfassenden Kontrolle der Vergabetätigkeit der öffentlichen Auftraggeber wäre ein Ansatz, der über einen subjektiv-rechtlichen Ansatz der Vergabenachprüfung hinausgeht, durchaus zustimmungswürdig. Problematisch ist jedoch, dass der Gesetzgeber in Abs. 7 ausdrücklich nur einen **subjektiven Ansatz** gewählt hat. Dieses Vorgehen ist vor dem Hintergrund überzeugend, dass die betroffenen Bieter selbst beurteilen sollen – und dies im Zweifel auch am besten können –, ob und wenn ja, wodurch sie sich in ihren subjektiven Rechten durch das Vergabeverfahren verletzt sehen und die Nachprüfungsinstanzen insoweit dann nur die Aufgabe haben zu überprüfen, ob die vorgebrachten Einwände tatsächlich einen Verfahrensmangel darstellen. Erst und nur in dem so abgesteckten Rahmen greifen dann die Vorschriften über den Untersuchungsgrundsatz ein. Außer aus dem soeben erwogenen Gedanken ergibt sich dies auch aus § 110 Abs. 1 S. 1. Die Vergabekammer hat demnach nämlich ausschließlich die Pflicht, den **Sachverhalt von Amts wegen zu erforschen.** Hinsichtlich des **Streitgegenstandes gilt der Dispositionsgrundsatz** und hinsichtlich der Sachverhaltsaufklärung der Untersuchungsgrundsatz. Dies ergibt sich aus der – auch in der Begründung zum Regierungsentwurf betonten[1204] – Parallelität der Regelung des § 110 Abs. 1 S. 1 mit § 70 Abs. 1.[1205] Daraus folgt, dass die Vergabekammern zwar nicht an die Formulierung der Anträge der Parteien gebunden sind, aber auch nicht über das Begehren des Antragstellers hinausgehen dürfen. Die zur Entscheidung über die Beschwerde erforderlichen *tatsächlichen Ermittlungen* muss die Vergabekammer allerdings von Amts wegen vornehmen, ohne dass sie an Vorbringen oder Beweisanträge gebunden wäre. Da der „objektiv-rechtliche" Ansatz im Ergebnis aber dazu führen würde, dass die Vergabekammern auch einen anderen als vom Antragsteller vorgetragenen Streitgegenstand behandeln würden, ist er mit den Vorgaben des § 110 Abs. 1 nicht zu vereinbaren. Auch aus der Verweisung in § 120 Abs. 2 ist nichts anderes abzuleiten. Vielmehr bestärkt die dort vorgenommene Verweisung auf § 70 Abs. 1, dass der Vergabekammer gerade nicht die Aufgabe zukommen soll, nach der Antragsinitiative eines Bieters von sich aus das Vergabeverfahren wegen nicht oder verfahrensrechtlich nicht als zulässig beanstandeter Vergabemängel zu prüfen. Auch die Vergaberichtlinien der EU fordern keine nationalen Regelungen, nach denen die Vergabenachprüfungsinstanzen von sich aus die Rechtmäßigkeit des Vergabeverfahrens überprüfen müssten, so dass etwa eine richtlinienkonforme Auslegung des § 110 oder des Abs. 7 erforderlich wäre. Durch das Gesetz zur Modernisierung des Vergaberechts vom 20. 4. 2009 ist die Vorschrift des § 110 Abs. 1 mittlerweile ergänzt worden. Mit den neu eingeführten Sätzen 2 und 3 des § 110 Abs. 1 wollte der Gesetzgeber den für die Vergabekammern geltenden **Untersuchungsgrundsatz** konkretisieren.[1206] Danach kann sich die Vergabekammer bei der Erforschung des Sachverhalts auf das beschränken, was von den Beteiligten vorgebracht wurde

---

[1201] *Immenga/Mestmäcker/Dreher* RdNr. 267; sa. *Dreher*, Konvergenz und Divergenz von Kartellrecht und Kartellvergaberecht?, FIW-Symposium 2005, 95–96.

[1202] *Immenga/Mestmäcker/Dreher* RdNr. 267.

[1203] *Immenga/Mestmäcker/Dreher* RdNr. 267; vgl. ferner *Immenga/Mestmäcker/Stockmann* § 120 RdNr. 8; *Immenga/Mestmäcker/Dreher* § 114 RdNr. 8 ff.; sa. *Franßen/Pottschmidt* NZBau 2004, 587, 590; *Ramm* VergabeR 2007, 739, 744; *Byok/Jaeger/Byok* § 110 RdNr. 1015 ff. mwN.

[1204] S. Begr. RegE, BT-Drucks 16/10117, Teil B zu Nr. 14, 22.

[1205] Zu den Grundsätzen dieser Vorschrift vgl. statt aller *Immenga/Mestmäcker/K. Schmidt* § 70 RdNr. 1.

[1206] Begr. RegE, BT-Drucks 16/10117, Teil B zu Nr. 14, 22; vgl. dazu auch *Erdmann* VergabeR 2009, 844.

oder ihr sonst bekannt sein muss. Damit darf sich die Vergabekammer also auf solche Umstände beschränken, die auch dem sorgfältig ermittelnden Beamten zur Kenntnis gelangt wären. Zu solchen Umständen zählen beispielsweise Indizien, wie ua. Pressemeldungen darüber, dass der öffentliche Auftraggeber mit dem obsiegenden Bieter Nachverhandlungen geführt hat, ohne dass diese aber Bestandteil der Vergabeakte wurden. Im Nachprüfverfahren ist dabei allerdings **nicht allen denkbaren Möglichkeiten** zur Aufklärung von Amts wegen nachzugehen.[1207] Der neu eingeführte § 110 Abs. 1 Satz 2 stellt klar, dass die Vergabekammern also zu einer umfassenden Rechtmäßigkeitskontrolle nicht verpflichtet sind. Daraus ist jedoch nicht der Schluss zu ziehen, dass die Vergabekammern zumindest dazu berechtigt seien, eine umfassende Nachprüfung vorzunehmen. Zum einen bezieht sich diese Passage ausweislich der Regierungsbegründung nämlich ebenfalls nur auf die Sachverhaltsaufklärung und nicht auf eine umfassende Rechtmäßigkeitskontrolle.[1208] Zum anderen fehlt es an jedem Hinweis dafür, dass der Gesetzgeber mit einer bloßen „Konkretisierung" in Wirklichkeit doch eine wesentliche Änderung des Vergabenachprüfungsverfahrens, das auf den Rechtsmittelprinzipien des allgemeinen Wettbewerbsrechts und des Verwaltungsrechts (vgl. § 86 Abs. 1 und 88 VwGO) beruht, verfolgen wollte. Aus alledem folgt, dass Abs. 7 keine normative Grundlage für eine „objektiv-rechtliche" Funktion der Vergabenachprüfungsverfahren darstellt.

II. Entstehungsgeschichte

343   Durch das im Rahmen der 6. GWB-Novelle verabschiedete Vergaberechtsänderungsgesetz[1209] und die damit verbundene Schaffung des neuen 4. Teils des GWB über die Vergabe öffentlicher Aufträge hat der Gesetzgeber das Vergaberecht in das GWB integriert. Diese sog. **wettbewerbsrechtliche Lösung** löste die bis dahin geltende überkommene **haushaltsrechtliche Lösung** ab.[1210] Während das Konzept der haushaltsrechtlichen Lösung des Haushaltsgrundsätzegesetzes[1211] ausdrücklich zum Ziel hatte, die Entstehung individueller, einklagbarer Rechtsansprüche der Bieter auszuschließen, um nachteilige Verfahrensverzögerungen zu verhindern,[1212] erkennt der Gesetzgeber mit der Schaffung des Abs. 7 subjektive Rechte der Bieter nunmehr an.

344   Der Referentenentwurf zum Vergaberechtsänderungsgesetz vom 20. 4. 1997 sah in der dem Abs. 7 entsprechenden Vorschrift des § 106 Abs. 6 vor, dass die Bieter „Anspruch darauf (haben), dass der Auftraggeber die ihren Schutz bezweckenden Bestimmungen über das Vergabeverfahren einhält". Obwohl es auch in der amtlichen Begründung zum Regierungsentwurf zu Abs. 7 hieß, dass „die Bieter einen Anspruch darauf haben, dass die ihren Schutz bezweckenden Vergabevorschriften von den Vergabestellen eingehalten werden",[1213] wurde dieses **Schutzzweckziel** entgegen des Vorschlags der Bundesratsausschüsse, vor dem Wort „Bestimmung" den Zusatz **„ihren Schutz bezweckenden"** einzufügen,[1214] nicht in den Regierungsentwurf übernommen.

345   Im Gesetzgebungsverfahren war darüber hinaus umstritten, ob der Rechtsschutz der Bieter auf **Vorgaben des Unionsrechts begrenzt** werden sollte. Eine solche Einschränkung wurde vom Gesetzgeber jedoch ausdrücklich **abgelehnt.**[1215] Dem standen offenbar weniger schwierige rechtliche Bedenken entgegen als vielmehr praktische Gründe. Die rechtssichere Abgrenzung zwischen europäischen und rein nationalen Vergabebestimmungen wäre mit erheblichen Unsicherheiten verbunden und aufgrund des engen sachlichen Zusammenhangs kaum durchführbar gewesen. Zudem hätte eine Begrenzung des Rechtsschutzes auf Vorgaben des Unionsrechts eine aufwendige Prüfung durch die Vergabenachprüfungsstellen erfordert, ob die gerügte Vor-

---

[1207] Begr. RegE, BT-Drucks 16/10117, Teil B zu Nr. 14, 22; ansatzweise kritisch *Franke,* Kanzleien in Deutschland, 2008, S. 911 f.

[1208] Begr. RegE, BT-Drucks 16/10117, Teil B zu Nr. 14, 22 unter Hinweis auf BGHZ 146, 202 ff.

[1209] Gesetz zur Änderung der Rechtsgrundlagen für die Vergabe öffentlicher Aufträge (Vergaberechtsänderungsgesetz) v. 26. 8. 1998, BGBl. I, 2512.

[1210] *Prieß* 325.

[1211] Gesetz v. 26. 11. 1993, BGBl. I, 1928.

[1212] BT-Drucks. 12/4636, 12; BR-Drucks. 5/93, 21; *Pietzcker* NVwZ 1996, 313, 314; *Hailbronner* RIW 1992, 553; *Hermes* JZ 1997, 909, 911; *Dreher* ZIP 1995, 1869, 1872; VÜA Bund, Beschl. v. 12. 4. 1995 – 1 VÜ 1/95, 7; *Boesen* NJW 1997, 345, 346.

[1213] Begr. RegE VgRÄG BT-Drucks. 13/9340, 14.

[1214] S. BR-Drucks. 646/2/97, 11.

[1215] Begr. RegE VgRÄG BT-Drucks. 13/9340, 14.

schrift zum europäischen oder nationalen Recht gehört. Dies hätte zu einem zeitaufwendigen Verfahren geführt und wäre dem Ziel eines schnellen und effektiven Rechtsschutzes zuwidergelaufen.[1216]

III. „Unternehmen" als Anspruchsinhaber

Inhaber des Anspruchs nach Abs. 7 sind „Unternehmen". Damit nimmt der Normtext Bezug **346** auf den **Unternehmerbegriff des allgemeinen Wettbewerbsrechts**.[1217] Dies ist vor dem Hintergrund der wettbewerbsschützenden Funktion des Vergaberechts und wegen der systematischen Stellung des Vergaberechts im GWB, die ein einheitliches Begriffsverständnis erfordert, überzeugend.[1218] Ein solches wettbewerbsrechtliches Verständnis des Begriffs des „Unternehmens" entspricht auch dem Willen des Gesetzgebers, der einen Rückgriff auf die „erprobten" Begriffe und Verfahrensregeln des Wettbewerbsrechts in der Regierungsbegründung ausdrücklich für sinnvoll erklärt hat.[1219]

Der Begriff des Unternehmens im deutschen Wettbewerbsrecht ist alles andere als klar,[1220] **347** insbesondere ist fraglich – aber für das Vergaberecht von großer Bedeutung –, ob für die Tätigkeit der öffentlichen Hand im Hinblick auf § 130 Abs. 1 ein von § 1 abweichender Unternehmensbegriff gilt.[1221] Der EuGH hat sich ebenfalls mehrfach mit dem Unternehmensbegriff auseinandergesetzt und versucht, die Grenzen genauer zu ziehen.[1222] Problematisch ist in diesem Zusammenhang, ob der Unternehmensbegriff im europäischen Wettbewerbsrecht überhaupt für das Begriffsverständnis nach deutschem Recht maßgebend ist.[1223] Klassischer Ansicht nach fallen unter den **Unternehmensbegriff** des deutschen GWB jede natürliche oder juristische Person, die im Wirtschaftsverkehr auftritt und die nicht allein der Sphäre des privaten Verbrauchs oder der hoheitlichen Tätigkeit des Staates zuzurechnen ist.[1224] Erfasst werden damit Freiberufler[1225] ebenso wie alle sich wirtschaftlich betätigenden Rechtsträger.[1226] Der Anknüpfungspunkt für den Unternehmensbegriff ist die **„geschäftliche Tätigkeit"**, so dass im deutschen Recht von einem tätigkeitsbezogenen funktionalen Unternehmensbegriff auszugehen ist.[1227] Problematisch ist aber die Beurteilung von arbeitnehmerähnlichen Personen (§ 12a TVG), die von der hM nicht als Unternehmen angesehen werden,[1228] von **Künstlern** und von **Wissenschaftlern.** Die Rechtsprechung geht davon aus, dass die reine künstlerische oder wissenschaftliche Betätigung als solche außerhalb des geschäftlichen Verkehrs stattfindet und daher keine Unternehmenseigenschaft begründet. Erst wenn der Künstler oder der Wissenschaftler das Werk wirtschaftlich

---

[1216] Zum Rechtsschutz im unterschwelligen Vergaberecht s. *Riegger,* Effektiver Rechtsschutz im unterschwelligen Vergaberecht (nur) durch die Verwaltungsgerichte?, 2009.

[1217] *Immenga/Mestmäcker/Dreher* RdNr. 268; *Dreher,* Konvergenz, 102; *Boesen* RdNr. 182; *Reidt/Stickler/Glahs/Stickler* § 107 RdNr. 13; *Niebuhr/Kulartz/Kus/Portz/Niebuhr* RdNr. 248; *Schimanek* ZfBR 2002, 39.

[1218] So auch *Dreher,* Konvergenz, 97.

[1219] Begr. RegE VgRÄG BT-Drucks. 13/9340, 13.

[1220] Vgl. zuletzt umfassend *Klees,* EWS 2010, 1 ff.; *Roth,* FS Loewenheim, 2009, 545; vgl. zudem ua. *ders.,* FS Bechtold, 2006, 393; *Bornkamm,* FS Hirsch, 2008, 231.

[1221] S. oben Band 2 § 130 RdNr. 3 f. Vgl. zudem *Zurheide,* Das Recht der öffentlichen Unternehmen im Spannungsfeld von öffentlichem Auftrag und Wettbewerb, 2008; *Dittmer,* Öffentliche Unternehmen und der Begriff des öffentlichen Auftraggebers, 2008.

[1222] Vgl. zuletzt EuGH, C-350/07, EuZW 2009, 290 – Kattner Stahlbau. S. zudem EuGH, C-222/04, Slg. 2006, I-289 – Cassa di Risparmio di Firence; EuGH, C-205/03P, Slg. 2006, I-6295 – FENIN; EuG, Slg. 2003, II-375, RdNr. 36 f. – FENIN.

[1223] Für eine einschränkungslose Übernahme zB *Bechtold* § 1 RdNr. 6 und 9; so. Band 2 § 1 GWB RdNr. 2; eine Übernahme verneinend zB *Loewenheim/Nordemann* § 1 RdNr. 19 ff.; *Lettl* § 7; vermittelnde Auffassungen: *Immenga/Mestmäcker/Zimmer* § 1 RdNr. 31; so. Art. 3 VO 1/2003 RdNr. 56; *Langen/Bunte* Einführung RdNr. 60 f.

[1224] Vgl. *Loewenheim/Bungenberg* RdNr. 70; *Niebuhr/Kulartz/Kus/Portz/Niebuhr* RdNr. 248; *Reidt/Stickler/Glahs/Stickler* § 107 RdNr. 13.

[1225] *Loewenheim/Nordemann* § 1 RdNr. 29; *Immenga/Mestmäcker/Zimmer* § 1 RdNr. 64 ff.; *Niebuhr/Kulartz/Kus/Portz/Niebuhr* RdNr. 248; *Reidt/Stickler/Glahs/Stickler* § 107 RdNr. 13; vgl. BGH WuW/E BGH 1469, 1469 f. – Autoanalyzer; BGH WuW/E BGH 1474, 1477 – Architektenkammer; BGH WuW/E BGH 2326, 2328 – Guten Tag-Apotheke II.

[1226] Vgl. statt aller *Immenga/Mestmäcker/Zimmer* § 1 RdNr. 32; *Loewenheim/Nordemann* § 1 RdNr. 19 ff.; *Langen/Bunte* § 1 RdNr. 14.

[1227] Statt vieler vgl. *Immenga/Mestmäcker/Zimmer* § 1 RdNr. 32; *Loewenheim/Nordemann* § 1 RdNr. 19 f., jeweils mwN.

[1228] S. *Loewenheim/Nordemann* § 1 RdNr. 28; *Langen/Bunte* § 1 RdNr. 27.

verwertet, liegt eine unternehmerische Tätigkeit vor.[1229] Etwas anderes gilt allerdings dann, wenn Künstler oder Wissenschaftler die Leistungen auf der Grundlage eines Dienst- oder Arbeitsvertrages erbringen. In diesem Fall handeln sie nicht im geschäftlichen Verkehr und sind auch keine Unternehmen.[1230] Ganz erhebliche Probleme bereitet die **Einordnung der Sozialversicherungsträger** in den Unternehmensbegriff.[1231] Für den Spezialfall der gesetzlichen Krankenkassen wird angenommen, dass sie, soweit es um die Erbringung ihrer gesetzlichen Pflichtleistungen geht, keine Unternehmen sind, weil aus Sicht der Marktgegenseite kein wirtschaftlicher Wettbewerb besteht.[1232] Etwas anderes gilt insoweit auch nicht wegen § 69 Satz 2 SGB V, wonach §§ 19 und 21 für gesetzliche Krankenkassen entsprechend zur Anwendung kommen, denn diese Vorgabe soll nur dafür sorgen, dass im Rahmen der durch § 69 SGB V geschaffenen wettbewerbsrechtlichen Bereichsausnahme für die rechtlichen Beziehungen der Gesetzlichen Krankenkassen zu den Leistungserbringern im 4. Kapitel des SGB V[1233] die Wertungen der §§ 19–21 bei der Rechtsprechung des Bundessozialgerichts Berücksichtigung finden.[1234] Gem. § 130 Abs. 1 S. 1 werden Unternehmen, die ganz oder teilweise im Eigentum der öffentlichen Hand stehen oder von ihr verwaltet oder betrieben werden, vom GWB erfasst. Diese **Unternehmen der öffentlichen Hand** sind oftmals auch öffentliche Auftraggeber gem. § 98. Möglicherweise könnten sie aber dann nicht Unternehmen im Sinne von Abs. 7 sein, wenn der Begriff des Unternehmens im Sinne des § 130 Abs. 1 S. 1 – jedenfalls im Hinblick auf die Beschaffungstätigkeit des Staates im innerstaatlichen Bereich – von dem Unternehmensbegriff des § 1 abweicht.[1235] Dagegen spricht allerdings neben dem Wortlaut des § 130 Abs. 1 S. 1, der eine reine Verweisungsnorm und insoweit hinsichtlich ihrer Tatbestandsmerkmale rein deklaratorischer Natur ist,[1236] der Sinn und Zweck der Vorschrift. Dieser besteht darin, dass Unternehmen der öffentlichen Hand hinsichtlich ihrer wirtschaftlichen Betätigung nicht anders behandelt werden dürfen als privatwirtschaftliche Unternehmen.[1237] Dies steht einem eigenständigen Unternehmensbegriff in § 130 Abs. 1 S. 1 entgegen.[1238] Daher sind auch **öffentliche Auftraggeber** gem. § 98 Unternehmen im Sinne des Abs. 7, wenn sie sich im konkreten Fall gewerbsmäßig mit der Erstellung der betreffenden Leistung befassen.[1239] Daraus folgt zugleich, dass auch öffentlich-rechtliche Unternehmen, wie beispielsweise **Gebietskörperschaften,**[1240] grundsätzlich als Bieter am Vergabeverfahren teilnehmen können,[1241] wenn sie nicht aufgrund von Vorschriften von der Teilnahme am Vergabeverfahren ausdrücklich ausgeschlossen sind.[1242]

348　Der Ansatz, **öffentlich-rechtliche Unternehmen,** soweit es um die Beschaffungstätigkeit geht, einem anderen Unternehmensbegriff zu unterwerfen, hat seine Wurzeln in einer Rechtsprechung des EuGH, die die Unternehmenseigenschaft nur dann bejaht, wenn der Nachfrager von Waren oder Dienstleistungen auch eine wirtschaftliche Tätigkeit auf der Angebotsseite betreibt und wenn die Nachfrage dieser wirtschaftlichen Angebotstätigkeit dient.[1243] Damit wür-

---

[1229] S. ua. BGH WuW/E BGH 127, 131 – Gesangbuch; BGH WuW/E BGH 1142 – Volksbühne II; OLG Düsseldorf WuW/E OLG 2071, 2072; vgl. ferner *Langen/Bunte* § 1 RdNr. 25; *Immenga/Mestmäcker/Zimmer* § 1 RdNr. 68; zur speziellen Situation der Hochschulen s. *Sendlak,* Unternehmerische Tätigkeit der Hochschulen, 2010; EuGH, C-305/08, – CoNISMa.

[1230] S. *Immenga/Mestmäcker/Zimmer* § 1 RdNr. 69; *Loewenheim/Nordemann* § 1 RdNr. 32.

[1231] Dazu s. etwa *Immenga/Mestmäcker/Emmerich* § 130 RdNr. 55 ff.

[1232] S. zB *Immenga/Mestmäcker/Zimmer* § 1 RdNr. 56.

[1233] S. *Langen/Bunte/Bornkamm* § 87 GWB RdNr. 11 ff.; *Roth* GRUR 2007, 645, 646; *ders.,* FS Loewenheim, 2009, 545, 566 f.

[1234] Vgl. § 69 Abs. 2 Satz 3 SGB V, wonach der gesetzliche Versorgungsauftrag der gesetzlichen Krankenkassen bei der Anwendung der §§ 19–21 GWB besonders zu berücksichtigen ist. S. – zu Recht – sehr kritisch *Roth,* FS Loewenheim, 2009, 545, 567 f.

[1235] So oben Band 2 § 130 GWB RdNr. 4; vgl. auch Art. 3 VO 1/2003 RdNr. 56.

[1236] S. *Bechtold* § 130 RdNr. 4; *Langen/Bunte/Stadler* § 130 RdNr. 3 und 5; *Emmerich* § 20 RdNr. 14 f.; *Roth,* FS Loewenheim, 2009, 545, 563 f.; vgl. auch oben Band 2, § 130 GWB RdNr. 1.

[1237] Vgl. *Loewenheim/Stockmann* § 130 RdNr. 1.

[1238] So ausdrücklich *Roth,* FS Loewenheim, 2009, 545, 564.

[1239] OLG Naumburg NZBau 2006, 58, 60; OLG Düsseldorf NZBau 2004, 398, 399.

[1240] OLG Düsseldorf NZBau 2004, 398, 399; OLG Naumburg NZBau 2006, 58, 60.

[1241] *Antweiler* VergabeR 2001, 259.

[1242] *Reidt/Stickler/Glahs/Stickler* § 107 RdNr. 13.

[1243] Grundlegend EuGH, C-205/03P, Slg. 2006, I-6295 – FENIN; Vorinstanz: EuG, T-319/99, Slg. 2003, II-357 – FENIN. Die Reaktion in der (deutschen) Literatur ist durchweg kritisch, vgl. *Loewenheim/Nordemann* § 1 RdNr. 35; so. Band 1, Einleitung J RdNr. 1627 ff.; *Immenga/Mestmäcker/Emmerich,* EG-WettbR, Art. 81 Abs. 1 EG RdNr. 23; *Roth* CMLR 2007, 1131, 1135 ff.; *Bornkamm,* FS Hirsch, 2008, 231.

den Unternehmen der öffentlichen Hand dann keine Unternehmen sein, wenn sie Waren oder Dienstleistungen beschaffen, die für die hoheitliche Aufgabenerfüllung, welche nicht dem Wettbewerbsrecht unterfällt, notwendig sind.[1244] Vergaberechtlich interessant ist die Rechtfertigung des einengenden Verständnisses des Unternehmensbegriffs durch den Generalanwalt *Poiares Maduro* im Verfahren **FENIN**. Er wies darauf hin, dass der wettbewerbsrechtliche Freiraum, der durch den Ansatz des EuGH entstehe, im Hinblick auf die Existenz des Vergaberechts hingenommen werden könne.[1245] Ob dies tatsächlich überzeugend ist, ist sehr fraglich, denn es sind durchaus Absprachen von öffentlichen Unternehmen, die öffentliche Auftraggeber im Sinne des Vergaberechts sind, denkbar, die nicht mit dem Vergaberecht erfasst werden können, die aber gleichwohl von Art. 101 AEUV verbotene Effekte haben. Zudem ist das Vergaberecht kein funktionsäquivalentes Instrument für den Schutz gegenüber missbräuchlichen Verhaltensweisen nach Art. 102 AEUV.[1246] Um diesen restriktiveren Unternehmensbegriff des europäischen Wettbewerbsrechts nicht im Rahmen des deutschen Wettbewerbsrechts anwenden zu müssen, wird vertreten, dass die Auslegung des Unternehmensbegriffs durch den EuGH im Rahmen des EU-Rechts im Hinblick auf die Beschaffungstätigkeit von Unternehmen keine Auswirkung auf das Verständnis des Unternehmensbegriffs im deutschen Wettbewerbsrecht habe[1247] oder dass in Fällen, in denen die Zwischenstaatlichkeitsklausel des EU-Rechts nicht erreicht werde, der Unternehmensbegriff nach dem herkömmlichen deutschen Ansatz und ansonsten nach den Vorgaben des EuGH interpretiert werden müsse.[1248] Es kommt indes für die Frage des Unternehmensbegriffs im Sinne des Abs. 7 – trotz des **Gleichlaufs der Unternehmensbegriffe** in Abs. 7 und § 1 – weder auf die Lösung dieser Frage an, noch ist die enge Begriffsbestimmung des EuGH für den Unternehmensbegriff des Abs. 7 relevant. Die Unternehmen der öffentlichen Hand bzw. die öffentlichen Auftraggeber im Sinne des § 98, die als Unternehmen von Abs. 7 erfasst werden, sind nämlich immer in der Stellung der Marktgegenseite zu den Auftraggebern und fungieren damit nicht als Nachfrager, sondern als Anbieter von Leistungen. Damit findet auch unter Zugrundelegung der Rechtsprechung des EuGH die einschränkende Auslegung des Unternehmensbegriffs von Anfang an **keine Anwendung** auf die öffentlichen Auftraggeber bzw. öffentlich-rechtliche Unternehmen, die sich im konkreten Fall gewerbsmäßig mit der Erstellung der betreffenden Leistung befassen.

Abs. 7 erfasst nicht nur die Unternehmen, die Bewerber oder Bieter sind, sondern auch solche Unternehmen, die **potenzielle Teilnehmer** an einem Vergabeverfahren sind oder gewesen wären.[1249] Der Rechtsschutz im Vergabeverfahren besteht folglich unabhängig davon, ob das Unternehmen tatsächlich Teilnehmer des Vergabeverfahrens war oder dies nur vorhatte.[1250] Dies ergibt sich aus den gemeinschaftsrechtlichen Vorgaben für das nationale Vergaberecht, wonach für das Rechtsmittel im Vergabeverfahren eine „formale Bieter- oder Bewerbereigenschaft" nicht erforderlich ist.[1251] Die Reichweite der Ansprüche der einzelnen Unternehmen, die im Zusammenhang mit Rechtsmitteln gegen das Vergabeverfahren relevant sind, ist von den EU-Vergaberichtlinien nicht ausdrücklich beschränkt. Die Erwägungsgründe zu den Rechtsmittelrichtlinien gehen von einem weiten Ansatz aus, indem sie vorgeben, dass die Vergabenachprüfung bei Verstößen gegen das Unionsrecht im Bereich des öffentlichen Auftragswesens möglich sein müsse.[1252] Sie fordern zudem, dass es Rechtsschutzmöglichkeiten für den Fall von Verstößen gegen das Unionsrecht im Bereich des öffentlichen Auftrags oder gegen das nationale

349

[1244] Anders hingegen für das deutsche Recht BGH WuW/E DE-R 1087 – Feuerwehrfahrzeuge; in einem – allerdings zu § 20 Abs. 1 GWB ergangenen – Beschluss in einem Rechtsbeschwerdeverfahren hat der BGH es abgelehnt, die Frage zu entscheiden, ob er den Unternehmensbegriff hinsichtlich der Beschaffungstätigkeit der öffentlichen Hand vor dem Hintergrund der EuGH-Rechtsprechung ändern muss. BGH WuW 2008, 189 – Tariftreueerklärung III; zum Stand der vergaberechtlichen Bewertung sog. In-House-Vergaben s. ua. *Aicher*, FS Straube, 2009, 269; *Kiser*, In-house-Vergabe, 2009, ibid; *Pielow* NZBau 2009, 531; *v. Donat* IBR 2009, 466; *Pietzcker*, VergabeR 2010, 735, 742 ff.
[1245] Schlussantrag in EuGH C-205/03 P, Slg. 2006, I-6295, RdNr. 65 – FENIN.
[1246] So überzeugend *Roth*, FS Loewenheim, 2009, 545, 549.
[1247] *Langen/Bunte* § 1 RdNr. 22 a.
[1248] *Immenga/Mestmäcker/Zimmer* § 1 RdNr. 31.
[1249] *Loewenheim/Bungenberg* RdNr. 70; *Immenga/Mestmäcker/Dreher* RdNr. 270; vgl. zudem monographisch *Kiser*, In-House-Vergabe und Rechtsschutz bei de-facto-Vergaben im deutschen Kartellvergaberecht, 2009.
[1250] *Niebuhr/Kulartz/Kus/Portz/Niebuhr* RdNr. 250.
[1251] EuGH, C-26/03, Slg. 2005, I-00001, RdNr. 40 – Stadt Halle.
[1252] Erwägungsgründe 2 und 3 der Richtlinien 89/665 v. 21. 12. 1989 und RL 92/13 v. 25. 2. 1992.

Umsetzungsrecht geben müsse.[1253] Ähnlich hat der EuGH festgestellt, dass die Mitgliedstaaten für einen wirksamen Schutz der auf dem Unionsrecht beruhenden nationalen Rechte zu sorgen haben.[1254] Vor diesem Hintergrund ist davon auszugehen, dass die Anspruchsinhaberschaft des Abs. 7 als solche, sowohl hinsichtlich der betroffenen Unternehmen als auch des Umfangs der Ansprüche, weit zu verstehen ist.

350   Um den Rechtsschutz im Vergabeverfahren in der Praxis **nicht uferlos** und damit unpraktikabel und ineffizient werden zu lassen, ist es erforderlich, bestimmte **Einschränkungen** vorzunehmen. Dies entspricht den Vorgaben des EuGH, der betont hat, dass die Rechtsschutzrichtlinien einen wirksamen und raschen gerichtlichen Rechtsschutz fordern.[1255] Diese Einschränkungen können sich auf die Reichweite des Anspruchs nach Abs. 7 beziehen (dazu sogleich unter RdNr. 354 ff.); sie können sich aber auch auf den Kreis derjenigen beziehen, die die Rechtsmittel im Vergabeverfahren in Anspruch nehmen dürfen. Denkbar wäre insoweit zunächst eine **richtlinienkonforme Auslegung** des Abs. 7 im Hinblick auf Art. 1 Abs. 3 der Richtlinie 89/665/EWG. Problematisch ist eine solche Auslegung des Abs. 7 allerdings deshalb, weil diese Vorschrift nur eine Aussage über die Anspruchsinhaberschaft enthält und nichts darüber aussagt, wer die Rechtsmittel in Anspruch nehmen darf, wer also ein Rechtsschutzbedürfnis hat. Art. 1 Abs. 3 der Richtlinie 89/665/EWG hingegen enthält eine Regelung über das Rechtsschutzbedürfnis. Danach ist derjenige antragsbefugt, der ein Interesse an dem fraglichen Auftrag hat oder hatte und dem durch einen behaupteten Rechtsverstoß ein Schaden entstanden ist bzw. zu entstehen droht. Geht man allerdings davon aus, dass Abs. 7 von einem **Gleichlauf von Anspruchsinhaberschaft und Rechtsschutzbedürfnis** ausgeht, weil es nicht dem Gebot des effektiven Rechtsschutzes entspräche, wenn das Gesetz einer Person auf der einen Seite einen Anspruch einräumt, ihr aber auf der anderen Seite hinsichtlich dieses Anspruches nicht gleichzeitig auch das Recht zubilligt, einen Antrag auf Einleitung eines Nachprüfungsverfahrens zu stellen, so kommt eine Heranziehung des Art. 1 Abs. 3 der Richtlinie 89/665/EWG als Maßstab für eine richtlinienkonforme Auslegung prinzipiell in Betracht. Da es sich bei Art. 1 Abs. 3 der Richtlinie 89/665/EWG aber um eine Maßnahme zur Mindestharmonisierung auf dem Gebiet des vergaberechtlichen Rechtsschutzes handelt,[1256] darf ein Mitgliedstaat auch eine Umsetzung wählen, die über dieses Mindestziel hinausgeht.[1257] In diesem Fall kann die überschießende Umsetzung durch eine richtlinienkonforme Auslegung der entsprechenden Norm nicht wieder auf das in der Richtlinie vorgesehene Mindestmaß „herab interpretiert" werden. Wenn sich der deutsche Gesetzgeber in Abs. 7 dazu entschlossen hat, den Anspruch (und damit auch die Befugnis ein Nachprüfungsverfahren zu beantragen) jedem Unternehmen im Sinne des Abs. 7 zuzubilligen, so kann diese Entscheidung nicht mit einer richtlinienkonformen Auslegung des Abs. 7 im Hinblick auf die Bestimmung des § 1 Abs. 3 der Richtlinie 89/665/EWG geändert werden.

351   Eine **Begrenzung der Adressaten** für ein Rechtsmittel im Vergabeverfahren ergibt sich im deutschen Recht allerdings aus § 107 Abs. 2, der die Vorgabe aus Art. 1 Abs. 3 der Richtlinie 89/665/EWG umsetzt und den Kreis derjenigen definiert, die befugt sein sollen, einen Antrag auf Einleitung eines Nachprüfungsverfahrens zu stellen. Um zu verhindern, dass es zu der oben erwähnten Diskrepanz zwischen den Unternehmen, die zwar einen Anspruch nach Abs. 7 geltend machen können, aber nicht gleichzeitig auch eine Antragsbefugnis nach § 107 Abs. 2 haben, (s. oben RdNr. 350) kommt, nimmt § 107 Abs. 2 eine **mittelbare Beschränkung** des Kreises der Anspruchsinhaber nach Abs. 7 vor. § 107 Abs. 2 knüpft die Antragsbefugnis nämlich tatbestandlich an Abs. 7 und macht durch die Formulierung „eine Verletzung in seinen Rechten nach Abs. 7" deutlich, dass der Anspruch nach Abs. 7 nur solchen Unternehmen zusteht, die in ihren **subjektiven Rechten verletzt** worden sind. Typisches Beispiel dafür ist, dass Unternehmen, die wegen einer rechtswidrigen Bekanntmachung in einem Vergabeverfahren von der Teilnahme an diesem abgeschreckt worden sind, von Abs. 7 als anspruchsberechtigt erfasst werden.[1258]

[1253] Erwägungsgründe 2 und 3 der Richtlinien 89/665 v. 21. 12. 1989 und RL 92/13 v. 25. 2. 1992.

[1254] EuGH, C-54/96, Slg. 1997, I-4996, RdNr. 40 – Dorsh Consult; EuGH, C-392/93, Slg. 1996, I-1665, RdNr. 26 f. – BT; vgl. auch *Dreher* EWiR 1997, 987.

[1255] S. EuGH, C-26/03, Slg. 2005, I-1, RdNr. 31, 37 f. – Stadt Halle; EuGH, C-230/02, Slg. 2004, I-1829, RdNr. 36 – Grossman Air Service.

[1256] Unter Bezugnahme auf die Richtlinien 89/665 v. 21. 12. 1989 und RL 92/13 v. 25. 2. 1992 siehe EuGH, C-315/01, Slg. 2003, I-06 351 – GAT; *Prieß* 309.

[1257] Insoweit gleich *Immenga/Mestmäcker/Dreher* RdNr. 282.

[1258] *Immenga/Mestmäcker/Dreher* RdNr. 270 unter Verweis auf EuGH, Slg. 2000, I- 8 315, RdNr. 107 ff.

Nach einhelliger Meinung können auch **Bietergemeinschaften** gem. Abs. 7 die Verletzung   352
eigener Rechte geltend machen.[1259] Begründet wird dies regelmäßig mit dem Sinn und Zweck
des Rechtsschutzes im Vergabeverfahren. Soweit man indes akzeptiert, dass Bietergemeinschaften
wirksam an Vergabeverfahren teilnehmen dürfen, muss ihnen konsequenterweise auch der Weg
zu den Nachprüfungsinstanzen in wirksamer Weise offen stehen.[1260] Insoweit werden Bietergemeinschaften mit Einzelbietern gleichgesetzt.[1261] Mit dem Wortlaut des Abs. 7 ist diese Auffassung hingegen nicht zu vereinbaren, da dort nur von Unternehmen die Rede ist und eine Bietergemeinschaft zwar eine Unternehmung im ökonomischen Sinne, aber kein Unternehmen im
juristischen Sinne ist. Ebenso kann auch ein **Konzern** als Ganzes, bei dem es sich – ökonomisch
gesehen – ebenfalls nicht um ein Unternehmen, sondern um eine Unternehmung handelt,[1262] zu
Recht nicht vertreten, dass er als Ganzes Ansprüche gem. Abs. 7 geltend machen könnte;[1263] dieses Recht steht vielmehr nur den **subjektiv betroffenen Konzernunternehmen** zu. Dogmatisch lässt sich die Anspruchsberechtigung von Bietergemeinschaften nur dann rechtfertigen,
wenn man in ihnen eine BGB-Außengesellschaft gem. § 705 BGB sieht, die das Ziel verfolgt, an
dem Bieterverfahren teilzunehmen und den Zuschlag zu erzielen. Regelmäßig dürften Bietergemeinschaften auch diesem Leitbild entsprechen.[1264] Voraussetzung ist aber, dass die Bieterge-
schaft mit ihrer Tätigkeit als solche nicht gegen das Kartellverbot gem. § 1 verstößt,[1265] denn ein
solcher Verstoß führt zur Nichtigkeit des Gesellschaftsvertrags gem. § 134 BGB.[1266]

Die BGB-Außengesellschaft ist rechtsfähig und parteifähig,[1267] so dass einer Bietergemein-   353
schaft unter Zugrundelegung dieser Rechtskonstruktion der vergaberechtliche Rechtsschutz
offensteht. Die **Geltendmachung des Anspruchs nach Abs. 7** kann – ebenso wie die Stellung des Antrages gem. § 107 Abs. 2 – allerdings nur durch den rechtsgeschäftlichen Vertreter
der Bietergemeinschaft erfolgen. Dies ist gem. § 714 BGB im Zweifel der Gesellschafter der
GbR, der auch die Geschäftsführungsbefugnis innehat.[1268] Die Geschäftsführungsbefugnis und
die Vertretungsmacht können innerhalb der Bietergemeinschaft jedoch auch anders geregelt
werden. In diesem Fall ändert sich dann die Vertretungsmacht entsprechend. Denkbar ist deshalb auch, dass die Gesamtheit der Mitglieder der Bietergemeinschaft gemeinsam das Nachprüfungsverfahren betreibt. Das **einzelne Mitglied der Bietergemeinschaft** hat in diesem Fall –
ohne Vertretungsmacht – keine Antragsbefugnis in einem Nachprüfungsverfahren.[1269]

IV. Der Anspruch aus Absatz 7

1. Allgemeines. Der **Inhalt des Anspruchs** aus Abs. 7 kann entweder die Einhaltung der   354
Bestimmungen über das Vergabeverfahren sein oder das Unterlassen der Nichtbeachtung von
Bestimmungen über das Vergaberecht (vgl. § 107 Abs. 2 S. 1). Die Nichtbeachtung kann auch
in dem vollständigen Unterlassen einer Ausschreibung, dh. einer **de-facto-Vergabe**, beste-

---

[1259] EuGH C-57/01, Slg. 2003, I-1091, RdNr. 72–73 – Makedoniko Metro; OLG Frankfurt VergabeR
2003, 394; Bay ObLG NZBau 2000, 49; OLG Düsseldorf, Beschl. v. 3. 1. 2005-VII-Verg 82/04; *Frenz*
RdNr. 2810, 3322; *Prieß* 359; *ders./Niestedt* 70; *Eilmannsberger* ÖZ WirtschaftsR 2008, 2 ff.
[1260] EuGH C-57/01, Slg. 2003, I-1091, RdNr. 72–73 – Makedoniko Metro; OLG Frankfurt VergabeR
2003, 394; Bay ObLG NZBau 2000, 49.
[1261] *Frenz* RdNr. 2810.
[1262] *Langen/Bunte* § 1 RdNr. 15.
[1263] Vgl. dazu allg. *Immenga/Mestmäcker/Zimmer* § 1 RdNr. 47 f.
[1264] Vgl. *Palandt/Sprau* § 705 BGB RdNr. 37; *Langen* Jahrbuch f. Baurecht 1999, 64; s. auch *Willenbruch*
NZBau 2010, 98.
[1265] Dies wird vom BGH in der Regel verneint, wenn die Mitglieder ohne Koordinierung ihrer Aktivitäten durch die Bietergemeinschaft sich einer Marktteilnahme im konkreten Fall enthielten, BGH WuW/E
BGH 2050 – Bauvorhaben Schramberg; BGH WuW/E DE-R, 876, 878; s. auch die etwas strikteren Tendenzen in OLG Düsseldorf, Beschl. v. 2. 11. 2005 – VI-Kart 30/04 – Rethmann/GfA *Köthen*, WuW/E
DE-R 1625 ff.; BGH NZBau 2006, 809; zu der besonderen Frage, ob der öffentliche Auftraggeber als Kartellbehörde fungiert, wenn Angebote einer Bietergemeinschaft überprüft werden und die Kartellrechtmä-
ßigkeit der Bietergemeinschaft in Frage steht, s. *Eilmansberger* ÖZWirtschtsR 2008, 2 ff.; zu diesem
Themenkomplex vgl. ua *Immenga* DB 1984, 385; *Maasch* ZHR 150 (1986), 657; *Immenga/Mestmäcker/*
Zimmer § 1 RdNr. 182 ff.
[1266] *Immenga/Mestmäcker/Zimmer* § 1 RdNr. 211 und 223 ff.; *Loewenheim/Nordemann* § 1 RdNr. 248 ff.
[1267] Grundlegend BGHZ 146, 341; allgemein dazu *K. Schmidt* Gesellschaftsrecht, 4. Aufl. 2002, § 58 V;
MünchKommBGB/Ulmer § 705 RdNr. 9 ff.; *Erman/Westermann* Vor § 705 BGB RdNr. 18 f.
[1268] Vgl. statt vieler MünchKommBGB/*Habersack* § 714 RdNr. 1.
[1269] *Prieß* 359; *ders./Niestedt* 70.

hen.[1270] Der **Umfang** dessen, was im Einzelnen unter „Bestimmungen über das Vergabeverfahren" zu verstehen ist, ist strittig (dazu s. unten RdNr. 357 ff.). Die Entscheidung über diese Frage wird im gerichtlichen Vergabenachprüfungsverfahren getroffen und obliegt den OLG-Vergabesenaten und – im Falle der Divergenzentscheidung – dem BGH.

355   Grundsätzlich ist das Rechtsschutzinteresse eines Bieters im Rahmen des Abs. 7 auf **Primärrechtsschutz** gerichtet, nämlich auf Vornahme oder Unterlassen einer Handlung im Rahmen des Vergabeverfahrens. Demnach kommt Primärrechtsschutz auch nur so lange in Betracht, wie die Vornahme oder das Unterlassen einer Handlung im Rahmen des Vergabeverfahrens noch möglich sind.[1271] **Sekundärrechtsschutz** hingegen kommt vor den Vergabekammern nur im Falle der Erledigung des Nachprüfungsverfahrens zur Feststellung von haftungsrelevanten Verfahrensfehlern in Betracht.[1272]

356   **2. Der Umfang des Anspruchs.** Konkretisierungsbedürftig und im Einzelnen umstritten ist, **wie weit der Rechtsschutz der Bieter reicht,** insbesondere die Verletzung welcher Vergaberegeln ein Bieter geltend machen kann. Der Wortlaut des Abs. 7, der von den „Bestimmungen über das Vergabeverfahren" spricht, legt es durchaus nahe, dass durch Abs. 7 sämtliche Verfahrensbestimmungen unabhängig von ihrer Regelungsintention zu subjektiven Rechten erhoben werden und somit Gegenstand des Nachprüfverfahrens sein können. Der Begründung des Regierungsentwurfs ist jedoch zu entnehmen, dass keinesfalls alle Vergaberegeln zu subjektiven Rechten erhoben werden sollten, sondern es war gewollt, dass nur diejenigen Vergaberegeln überprüfbar sind, die gerade den (individuellen) Schutz der Bieter bezwecken. Allen übrigen Bestimmungen des Vergabeverfahrens, die anderen Zwecken dienen, wie zB reine Formvorschriften, soll der Charakter von (allgemeinen) Ordnungsvorschriften zukommen, auf die die Bieter sich wegen des Fehlens individueller Betroffenheit nicht sollen berufen können.[1273]

357   **a) Auffassungen im Schrifttum.** Im Schrifttum lassen sich im Wesentlichen vier unterschiedliche Ansätze zur Bestimmung der Reichweite des Anspruchs aus Abs. 7 finden. So wird zum Teil vertreten, dass durch Abs. 7 **sämtliche Verfahrensbestimmungen** zu subjektiven Rechten qualifiziert würden.[1274] Gestützt wird diese Auffassung mit dem Hinweis auf die Anforderungen des Unionsrechts. Da alle Vorschriften der Vergaberichtlinien, mit Ausnahme der Vorschriften, welche das Verhältnis der Auftraggeber zu den Bietern überhaupt nicht beträfen, wie zB. Statistikpflichten, Rechte des Einzelnen enthielten, müsse sich der unionsrechtlich geforderte Rechtsschutz auch hierauf erstrecken.[1275] Diese Auffassung steht allerdings im Widerspruch zum Willen des deutschen Gesetzgebers.[1276] Sie würde ferner dazu führen, dass es im Rahmen des Nachprüfungsverfahrens zu reinen Popular- und Interessenklagen kommen könnte,[1277] die dem deutschen Recht fremd und – aus verschiedenen Gründen – nicht erwünscht sind. Auch der Verweis auf die Vorgaben der EU-Vergaberichtlinien vermag nicht zu überzeugen, denn diese kennen durchaus individuelle Rechtspositionen, ohne dass insoweit subjektive Rechte Einzelner begründet würden.[1278] Zudem stellt Art. 1 Abs. 3 der Richtlinien 89/665/EWG und 92/13/EWG klar, dass das Unionsrecht effektiven Rechtsschutz im Rahmen des Vergaberechts nur insoweit fordert, dass denjenigen Bietern eine Nachprüfung gewährleistet werden soll, die ein *individuelles Interesse* an einem bestimmten Auftrag geltend machen können und denen durch einen behaupteten Rechtsverstoß ein Schaden entstanden ist bzw. zu entstehen droht. Dadurch wird deutlich, dass die unionsrechtlichen Vorgaben der Vergaberichtlinien **keineswegs** *sämtliche* **Verfahrensbestimmungen als subjektive Rechte** verstehen, sondern dass auch in den Vergaberichtlinien differenziert wird, ob bestimmte Verfahrensvorschriften individuelle Rechte der Bieter enthalten oder nicht. Entsprechend lässt sich aus den unionsrechtlichen Vergaberichtlinien auch nicht folgern, dass sich der Rechtsschutz auf alle

[1270] S. *Immenga/Mestmäcker/Dreher* RdNr. 286; BGH NZBau 2005, 290, 295.
[1271] OLG Naumburg VergabeR 2003, 196, 199.
[1272] OLG Celle NZBau 2000, 105, 106; KG Berlin VergabeR 2002, 100, 103; *Kulartz/Kus/Portz/Brauer* RdNr. 123; *Byok/Jaeger/Hailbronner* RdNr. 276.
[1273] Begr. RegE VgRÄG BT-Drucks. 13/9340, 14; so. RdNr. 295; vgl. auch OLG Celle, Beschl. v. 9. 4. 2009, VergR 2009, 609, 613.
[1274] *Frenz* RdNr. 3319; *Immenga/Mestmäcker/Dreher* RdNr. 290.
[1275] *Immenga/Mestmäcker/Dreher* RdNr. 281.
[1276] Begr. RegE VgRÄG BT-Drucks. 13/9340, 14; so. § 97 Abs. 7 RdNr. 307.
[1277] *Boesen* RdNr. 199.
[1278] So auch *Byok/Jaeger/Hailbronner* RdNr. 273.

Vorschriften des Vergabeverfahrens – soweit nicht ausgeschlossen ist, dass sie das Verhältnis von öffentlichem Auftraggeber und Bieter nicht betreffen können – erstrecken müsse.

Eine weitere Auffassung[1279] **differenziert zwischen nationalen und europäischen Vergaberegeln** und meint, dass nur solche Bestimmungen durch Abs. 7 als subjektive Rechte erfasst werden, die der Umsetzung unionsrechtlicher Vorgaben dienen und hinreichend bestimmte Vorschriften der Rechtsmittelrichtlinien umsetzen. Gegen diese Auffassung sprechen im Kern jedoch dieselben Bedenken, die der Gesetzgeber im Gesetzgebungsverfahren gegen eine Begrenzung des Rechtsschutzes auf Vorgaben des Unionsrechts hatte.[1280] So wäre auch in diesem Fall eine rechtssichere Abgrenzung zwischen europäischen und rein nationalen Vergabebestimmungen mit erheblichen Unsicherheiten verbunden und aufgrund des engen sachlichen Zusammenhangs kaum durchführbar. Wollte man eine solche Abgrenzung gleichwohl bejahen und durchführen, so würde dies zu einem zeitaufwendigen Verfahren führen, was der Vorstellung eines schnellen Rechtsschutzes im Vergabeverfahren zuwiderliefe. 358

Einige Stimmen im Schrifttum[1281] vertreten unter Berufung auf die Begründung des Regierungsentwurfs, dass der Anspruch aus Abs. 7 lediglich diejenigen **Vergaberegeln erfasse, die bieterschützenden Charakter haben.** Ausgangpunkt für die Frage, ob eine vergaberechtliche Vorschrift subjektiven Bieterschutz vermittelt, sei die so genannte Schutznormlehre. Diese basiert auf der Überlegung, dass die betreffende Vorschrift nur dann einen subjektiven (Bieter)Schutz habe, wenn sie eindeutig den individuellen Schutz des Bieters vorsehe.[1282] Gegen eine Auslegung der Vergaberegeln nach der Schutznormlehre des deutschen Rechts spricht jedoch, dass das Konzept des subjektiven Rechts im Sinne der deutschen Dogmatik nicht identisch ist mit dem unionsrechtlichen Verständnis des Rechts des Einzelnen im Sinne des EuGH.[1283] Während die Schutznormlehre das subjektive Recht als eine dem Einzelnen eingeräumte Rechtsposition versteht, fordert das Unionsrecht lediglich eine hinreichend bestimmte, durch die Gerichte durchsetzbare staatliche Verhaltenspflicht gegenüber dem Einzelnen sowie dessen faktische Betroffenheit.[1284] Eine Auslegung der Vergaberegeln nach der Schutznormlehre würde somit zu einer deutlichen Einschränkung gegenüber den unionsrechtlichen Kriterien führen.[1285] 359

Vor diesem Hintergrund wird deshalb auch vertreten, dass Abs. 7 zwar **lediglich bieterschützende Bestimmungen** umfasse, jedoch sei von einem **weiten Schutzumfang der Vergaberegeln** auszugehen und der Begriff der subjektiven Rechte im Lichte der Anforderungen des Unionsrechts und der Vergabegrundsätze weit auszulegen.[1286] Zwar bietet auch diese Einordnung der „Bestimmungen über das Vergabeverfahren" keine klaren Abgrenzungskriterien, doch wird sie dem Konflikt zwischen dem Willen des Gesetzgebers und den unionsrechtlichen Anforderungen am ehesten gerecht. Eine Auslegung, die zwar auf den Schutzzweck der Norm abstellt, dabei aber nicht die strengen Maßstäbe der deutschen Schutznormlehre, insbesondere das Merkmal der Individualisierbarkeit der geschützten Personengruppe,[1287] ansetzt, sondern das Merkmal **„bieterschützend"** im Lichte der unionsrechtlichen Anforderungen auslegt, wird sowohl dem Willen des Gesetzgebers als auch den Anforderungen des Unionsrechts gerecht. Gestützt wird diese Ansicht nicht zuletzt auch dadurch, dass der deutsche Gesetzgeber zwar durchaus ein Normverständnis vor Augen hatte, das mit der Schutznormlehre im Zusammenhang stand, sein Ziel jedoch zuvörderst aber eine unionsrechtskonforme Umsetzung 360

[1279] *Erdl* RdNr. 466; *Kulartz/Niebuhr* NZBau 2000, 6, 13; *Niebuhr/Kulartz/Kus/Portz/Niebuhr* RdNr. 266; *Kulartz/Kus/Portz/Brauer* RdNr. 124; *Ulbrich/Waldner* BauR 1999, 1082, 1084–1085.

[1280] Dazu oben § 97 Abs. 7 RdNr. 296; sa. *Immenga/Mestmäcker/Dreher* RdNr. 284; *Boesen* RdNr. 186.

[1281] *Voppel* LKV 1999, 5, 6; *Glöckner*, FS Motzke, 2006, 113, 118; *Thieme/Correll* DVBl. 1999, 884, 888; *Koenig/Haratsch* NJW 2006, 2637, 2641; *Prieß* 360; *Prieß/Niestedt* 70.

[1282] Zur Schutznormtheorie siehe *Maunz/Dürig/Schmidt-Aßmann* Art. 19 Abs. 4 GG RdNr. 118.

[1283] Zum unionsrechtlichen Verständnis des EuGH bzgl. des Rechts des Einzelnen s. EuGH, C-361/88, Slg. 1991, I-2567, 2601 – Kommission/Deutschland – TA Luft; für das Vergaberecht s. EuGH, C-433/93, Slg. 1995, I-2203 – Kommission/Deutschland.

[1284] Vgl. *Boesen* RdNr. 190, 194; *Weyand* RdNr. 514; *Byok/Jaeger/Hailbronner* RdNr. 273.

[1285] So auch *Immenga/Mestmäcker/Dreher* RdNr. 289; *Erdl* RdNr. 461; *Boesen* RdNr. 197.

[1286] *Byok/Jaeger/Hailbronner* RdNr. 273–274; *Weyand* RdNr. 514; *Reidt/Stickler/Glahs/Stickler* RdNr. 41, 44; *Langen/Bunte/Wagner* RdNr. 102–103; *Leinemann* RdNr. 98; *Noch* RdNr. 24, 113; *Gröning* ZIP 1999, 52, 54; *ders.* WRP 2000, 49, 52; *Boesen* RdNr. 197; sa. *Kalinowsky*, 267; *Loewenheim/Bungenberg* RdNr. 71–72, die vertreten, eine Norm dann als bieterschützend zu qualifizieren, wenn sie nicht nur verwaltungsinterne Pflichten aufstellt, die keinen Bezug zum Einzelnen haben.

[1287] Vgl. *Boesen* RdNr. 194.

der Richtlinien war,[1288] so dass im Hinblick auf die Interpretation des Begriffes „Bestimmungen über das Vergabeverfahren" der Schutznormansatz durch unionsrechtliche Vorgaben überlagert wird.

361 **b) Auffassung der Rechtsprechung.** In der Rechtsprechung werden zu der Frage der Reichweite des Anspruchs aus Abs. 7 ebenfalls **unterschiedliche Positionen** vertreten. Der BGH hat sie bislang noch nicht abschließend beantwortet. Zwar hat er festgestellt, dass durch die Eröffnung eines Verfahrens mit bestimmten Regeln die durch sie konkretisierten Vergabegrundsätze gewährleistet werden sollen und „die insoweit geltenden Bestimmungen gem. Abs. 7 ein subjektives Recht begründen".[1289] In einer späteren Entscheidung hat der BGH jedoch erklärt, dass kein Anlass zu einer abschließenden Beantwortung der Frage bestehe, ob von Abs. 7 ausnahmslos alle Bestimmungen über das Vergabeverfahren erfasst werden.[1290] Die **Entscheidungspraxis der Oberlandesgerichte ist uneinheitlich.** Während das BayObLG ausdrücklich von der „Durchsetzung eines Anspruchs des Unternehmens auf Beachtung der seinen Schutz bezweckenden Vergabevorschriften"[1291] spricht und auch andere Oberlandesgerichte, wie das OLG Düsseldorf,[1292] das OLG Dresden[1293] oder das OLG Karlsruhe[1294] von „bieterschützenden" Vorschriften sprechen, hat das Brandenburgische Oberlandesgericht mit Hinweis auf den unionsrechtlichen Hintergrund der Vorschrift festgestellt, für „eine einschränkende Auslegung – etwa im Sinne der verwaltungsrechtlichen Schutznormtheorie – sei insoweit kein Raum".[1295]

362 **c) Stellungnahme.** Die Auffassung, dass Abs. 7 lediglich bieterschützende Bestimmungen umfasse, dabei aber von einem weiten Schutzumfang der Vergaberegeln auszugehen ist und der Begriff der subjektiven Rechte im Lichte der Anforderungen des Unionsrechts und der Vergabegrundsätze weit auszulegen ist, verdient den Vorzug, weil sie am besten dazu geeignet ist, den Willen des Gesetzgebers und die unionsrechtlichen Vorgaben miteinander in Einklang zu bringen. Allerdings ist die **praktische Bedeutung des Streits** über die Reichweite des Anspruchs aus Abs. 7 eher **gering.** Zum einen wird durch die Vorschrift des § 107 Abs. 2 die Antragsbefugnis für ein Nachprüfverfahren an das Interesse an einem bestimmten Auftrag geknüpft und darüber hinaus als weitere Voraussetzung gefordert, dass durch den behaupteten Rechtsverstoß ein Schaden entstanden ist bzw. zu entstehen droht, so dass diese Regelung in der Praxis zu einer Begrenzung der „Bestimmungen über das Vergabeverfahren" im Sinne des Abs. 7 auf bieterschützende Normen führt. Zum anderen nimmt die Bedeutung dieses Streits auch dadurch ab, dass nach wohl einhelliger Auffassung[1296] die allgemeinen Vergabegrundsätze des Wettbewerbs, der Transparenz und der Gleichbehandlung (Abs. 1 und 2) „Bestimmungen über das Vergabeverfahren" im Sinne des Abs. 7 sind und ein Verstoß gegen eine Verfahrensvorschrift im Regelfall auch einen Verstoß gegen zumindest einen Vergabegrundsätze darstellt, weil diese die Vergabegrundsätze konkretisieren.

363 **3. Bestimmungen über das Vergabeverfahren.** Der Begriff der „Bestimmungen über das Vergabeverfahren" ist nach dem vorhergehend Gesagten **grundsätzlich eher weit** auszulegen. Bestimmungen über das Vergabeverfahren finden sich demnach in den Abs. 1–5 und §§ 98 ff. Vergabebestimmungen sind darüber hinaus auch in der Vergabeverordnung und in den Abschnitten der Verdingungsordnung enthalten, auf die die Vergabeverordnung verweist.[1297] Es ist dabei unerheblich, ob die betreffenden Bestimmungen der Umsetzung des Vergaberechts dienen oder nicht,[1298] weil Abs. 7 einen Anspruch auf Einhaltung der gesamten deutschen Bestimmungen über das Vergabeverfahren gewährt; diese können weiter gehen als die europäi-

---

[1288] Begr. RegE VgRÄG BT-Drucks. 13/9340, 14.

[1289] BGH NZBau 2005, 290, 295.

[1290] BGH, Beschl. v. 26. 9. 2006 – X ZB 14/06, RdNr. 62.

[1291] BayObLG, Beschl. v. 12. 12. 2001 – Verg 19/01, RdNr. 25.

[1292] OLG Düsseldorf, Beschl. v. 17. 3. 2004 – VII-Verg 3/04, RdNr. 5.

[1293] OLG Dresden, Beschl. v. 4. 7. 2008 – WVerg 3/08, RdNr. 47.

[1294] OLG Karlsruhe, Beschl. v. 6. 2. 2007 – 17 Verg 5/06, RdNr. 36.

[1295] Brandenburgisches Oberlandesgericht WuW/E Verg 231, 234.

[1296] *Langen/Bunte/Wagner* RdNr. 103; *Weyand* RdNr. 514; *Byok/Jaeger/Heilbronner* RdNr. 274; *Boesen* RdNr. 197; *Loewenheim/Bungenberg* RdNr. 72; *Immenga/Mestmäcker/Dreher* RdNr. 292; *Leinemann* RdNr. 98; *Gröning* ZIP 1999, 52, 54.

[1297] *Immenga/Mestmäcker/Dreher* RdNr. 284; *Schneider* NZBau 2009, 352; anders wohl *Hertwig* NZBau 2009, 355.

[1298] *Immenga/Mestmäcker/Dreher* RdNr. 284.

schen Vorgaben, so dass es dann, wenn man nur auf das Umsetzungsrecht abstellen würde, zu einem geringeren Rechtsschutzniveau kommen würde. So ist beispielsweise **§ 12 VOL/A bieterschützend,**[1299] mit der Folge, dass der Bieter deshalb bereits im Vergabeverfahren einen Anspruch darauf hat, dass der Auftraggeber Vertragsstrafen nur dann festsetzt, wenn mit der Überschreitung der Ausführungsfrist erhebliche Nachteile verbunden sind. § 25 Nr. 2 Abs. 2 und Abs. 3 VOL/A sind dagegen in der Regel keine bieterschützende Vorschriften.[1300] Sie schützen einen, ggf. wegen unauskömmlichen Angebots ausgeschlossenen Bieter, nicht jedoch seine Konkurrenten.[1301] **§ 25 Nr. 2 Abs. 2 und Abs. 3 VOL/A** entfalten ihre Drittschutzwirkung nur in Verbindung mit der bieterschützenden Vorschrift des § 2 Nr. 2 Abs. 2 VOL/A, wonach der Auftraggeber wettbewerbsbeschränkende und unlautere Verhaltensweisen zu bekämpfen hat.[1302] Zu den Bestimmungen über das Vergabeverfahren zählen auch das allgemeine **Gebot der Verfahrensfairness** und die **allgemeinen Verwaltungsgrundsätze,** wie das aus dem Gebot von Treu und Glauben hergeleitete Verbot widersprüchlichen Verhaltens.[1303] Alle Normen, die zwar die Durchführung öffentlicher Aufträge, aber nicht das Vergabeverfahren als solches betreffen, gehören nicht zu den „Bestimmungen über das Vergabeverfahren". Dasselbe gilt für die Vorschriften, die zwar das Vergabeverfahren betreffen, aber außerhalb des Vergaberechts angesiedelt sind.[1304] So können zum Beispiel Verstöße gegen § 1 – wie sie im Zusammenhang mit Bietergemeinschaften vorkommen – nicht im vergaberechtlichen Rechtsschutzverfahren geltend gemacht werden.[1305] Ebenfalls nicht zu den Bestimmungen über das Vergabeverfahren gehören alle Vorschriften des Vergaberechts, die Rechtspflichten der Vergabestellen postulieren, ohne dass diese einen Bezug zur Durchführung konkreter Vergabeverfahren hätten und diejenigen Vorschriften, die keine Rechtspflichten der Vergabestelle begründen.[1306]

4. Anspruchsgegner. Die Anspruchsgegner sind gem. Abs. 7 die **öffentlichen Auftrag-**   **364** **geber.**

[1299] VergabeK Bund v. 7. 2. 2008 – VK 2-169/07.

[1300] VergabeK Bund v. 6. 8. 2008 – VK 3–104/08; VergabeK Arnsberg v. 10. 3. 2008 – VK 05/08; VergabeK Nordbayern v. 26. 2. 2008 – 21. VK-3194-02/08; OLG Düsseldorf ZfBR 2007, 302.

[1301] VergabeK Bund v. 6. 8. 2008 – VK 3–104/08.

[1302] VergabeK Nordbayern v. 26. 2. 2008 – 21. VK-3194-02/08.

[1303] Vgl. KG Berlin VergabeR 2003, 78, 81; OLG Düsseldorf VergabeR 2002, 662, 668, 670.

[1304] OLG Düsseldorf VergabeR 2002, 662; offen in OLG Celle, Beschl. v. 9. 4. 2009, VergabeR 2009, 609, 613; *Boesen* RdNr. 210; *Immenga/Mestmäcker/Dreher* RdNr. 285; *Kulartz/Kus/Portz/Brauer* RdNr. 153; *Weyand* RdNr. 517; *Leinemann* RdNr. 101.

[1305] OLG Düsseldorf VergabeR 2002, 662, 669.

[1306] ZB § 2 Nr. 3 VOB/A, der keine Rechtspflicht begründet und 33 a Nr. 2 VOB/A, der nicht das konkrete Vergabeverfahren betrifft, vgl. *Boesen* RdNr. 210; *Immenga/Mestmäcker/Dreher* RdNr. 291 ff.

§ 98 Auftraggeber

Öffentliche Auftraggeber im Sinne dieses Teils sind:

1. Gebietskörperschaften sowie deren Sondervermögen,
2. andere juristische Personen des öffentlichen und des privaten Rechts, die zu dem besonderen Zweck gegründet wurden, im Allgemeininteresse liegende Aufgaben nichtgewerblicher Art zu erfüllen, wenn Stellen, die unter Nummer 1 oder 3 fallen, sie einzeln oder gemeinsam durch Beteiligung oder auf sonstige Weise überwiegend finanzieren oder über ihre Leitung die Aufsicht ausüben oder mehr als die Hälfte der Mitglieder eines ihrer zur Geschäftsführung oder zur Aufsicht berufenen Organe bestimmt haben. Das Gleiche gilt dann, wenn die Stelle, die einzeln oder gemeinsam mit anderen die überwiegende Finanzierung gewährt oder die Mehrheit der Mitglieder eines zur Geschäftsführung oder Aufsicht berufenen Organs bestimmt hat, unter Satz 1 fällt,
3. Verbände, deren Mitglieder unter Nummer 1 oder 2 fallen,
4. natürliche oder juristische Personen des privaten Rechts, die auf dem Gebiet der Trinkwasser- oder Energieversorgung oder des Verkehrs tätig sind, wenn diese Tätigkeiten auf der Grundlage von besonderen oder ausschließlichen Rechten ausgeübt werden, die von einer zuständigen Behörde gewährt wurden, oder wenn Auftraggeber, die unter Nummern 1 bis 3 fallen, auf diese Personen einzeln oder gemeinsam einen beherrschenden Einfluss ausüben können; besondere oder ausschließliche Rechte sind Rechte, die dazu führen, dass die Ausübung dieser Tätigkeiten einem oder mehreren Unternehmen vorbehalten wird und dass die Möglichkeit anderer Unternehmen, diese Tätigkeit auszuüben, erheblich beeinträchtigt wird. Tätigkeiten auf dem Gebiet der Trinkwasser- und Energieversorgung sowie des Verkehrs sind solche, die in der Anlage aufgeführt sind,
5. natürliche oder juristische Personen des privaten Rechts sowie juristische Personen des öffentlichen Rechts, soweit sie nicht unter Nummer 2 fallen, in den Fällen, in denen sie für Tiefbaumaßnahmen, für die Errichtung von Krankenhäusern, Sport-, Erholungs- oder Freizeiteinrichtungen, Schul-, Hochschul- oder Verwaltungsgebäuden oder für damit in Verbindung stehende Dienstleistungen und Auslobungsverfahren von Stellen, die unter Nummern 1 bis 3 fallen, Mittel erhalten, mit denen diese Vorhaben zu mehr als 50 vom Hundert finanziert werden,
6. natürliche oder juristische Personen des privaten Rechts, die mit Stellen, die unter Nummern 1 bis 3 fallen, einen Vertrag über eine Baukonzession abgeschlossen haben, hinsichtlich der Aufträge an Dritte.

Übersicht

Schrifttum: *Bornheim/Fitterer,* Sind Landesentwicklungsgesellschaften öffentliche Auftraggeber?, VergabeR 2006, 39; *Huber/Wollenschläger,* Post und Vergaberecht, VergabeR 2006, 431; *Leinemann/Hoffmann,* Ausschreibungspflicht der gesetzlichen Krankenkassen, VergabeNews 2005, 12; *Trautner/Schäffer,* Zur Anwendung des Vergaberechts auf private Ersatzschulen, VergabeR 2010, 172.

I. Entstehungsgeschichte

1. Gemeinschaftsrechtliche Entwicklung. Der Begriff des öffentlichen Auftraggebers war **1** mit der Baukoordinierungsrichtlinie von 1971[1] zunächst **institutionell** gefasst. Art. 1 b benannte **den Staat, die Gebietskörperschaften „und die in Anhang I aufgeführten Personen des öffentlichen Rechts".** Diese Beschränkung auf die in öffentlich-rechtlichen Rechtsformen gefassten Auftraggeber beruhte darauf, dass es als schwierig angesehen wurde, eine für alle Mitgliedstaaten angemessene und sachgerechte Regelung zu finden. Das Ziel eines umfassenden freien Waren- und Dienstleistungsverkehrs erforderte jedoch die Erweiterung des Auftraggeberbegriffs. Nachdem der EuGH in seiner „Beentjes"- Entscheidung[2] ein funktionelles Verständnis einforderte, wurde mit der Richtlinie 89/440/EWG von 1990 zur Änderung der Richtlinie 71/305/EWG der **funktionelle Auftraggeberbegriff** eingeführt, der dem Umstand Rechnung trägt, dass es den Mitgliedstaaten freisteht, in welchen Rechts- und Organisationsformen sie ihre Aufgaben erfüllen.[3] Über die Anwendbarkeit des Vergaberechts sollte jedoch nicht die Rechtsform, sondern die tatsächliche Bestimmung einer Organisation entscheiden. Der damit geprägte **funktionelle Auftraggeberbegriff** ist auch nach der Reform des EU – Vergaberechts und der Zusammenfassung der Bau-, Liefer- und Dienstleistungsrichtlinie[4] in der **Vergabekoordinierungsrichtlinie**[5] erhalten geblieben und hat dort in Art. 1 Abs. 9 seinen Niederschlag gefunden. Art. 1 Abs. 9 lit. a–c geben die Voraussetzungen wieder, die einen öffentlichen Auftraggeber charakterisieren und die in § 98 Nr. 2 (s. RdNr. 13–26) ihren Niederschlag gefunden haben. Damit gibt es keine unveränderbare Festlegung von bestimmten Einrichtungen als öffentliche Auftraggeber. Vielmehr können **die unterschiedlichsten staatlichen Organisationsformen** an diesen Voraussetzungen gemessen werden. Ob eine staatliche Organisation den Begriff des öffentlichen Auftraggebers erfüllt, kann sich daher wandeln, ein Umstand, den Art. 1 Abs. 9 lit. c, 2. Absatz durch den Hinweis bestätigt, dass die Mitgliedstaaten regelmäßig der Kommission die Änderung der in Anhang III der Richtlinie enthaltenen Verzeichnisse über die Einrichtungen mitteilen müssen, die die Voraussetzungen des lit. a–c erfüllen. Außerdem

---

[1] RL 71/305, ABl. 1971 L 185/5.
[2] EuGH, Urt. v 20. 9. 1988 C-31/87, Slg. 1988, 4655 RdNrn. 8, 11.
[3] Ausführlich: *Dause/Seidel* H. IV RdNr. 64, 65, 69.
[4] ABl. 1992 L 209/1; ABl. 1993 L 199/1; ABl. 1993 L 199/54.
[5] RL 2004/18, ABl. 2004 L 134/114.

wird darauf hingewiesen, dass diese Verzeichnisse nicht erschöpfend sind. Sie finden bereits eine Ergänzung in Art. 1 Nr. 10 der Vergabekoordinierungsrichtlinie, der auch zentrale Beschaffungsstellen den öffentlichen Auftraggebern zuordnet, wenn sie für öffentliche Auftraggeber tätig werden.

2 **2. Nationale Entwicklung.** Das nationale Vergaberecht wurde ausschließlich als Mittel zur Verwirklichung **haushaltsrechtlicher Ziele** konzipiert. Es hatte nach haushaltsrechtlichem Verständnis keine Außenwirkung und bot daher **keine Rechts- oder gar Anspruchsgrundlage** für am Vergabeverfahren beteiligte Bieter.[6] Entsprechend war der Auftraggeberbegriff auf die öffentlich-rechtlichen staatlichen Organisationen und Körperschaften beschränkt, obwohl der Staat seine Aufgaben und Beschaffungen längst auch in anderen Formen erledigte. Zur Umsetzung der europäischen Vergaberichtlinien wurde 1993 **§ 57 a** in das **Haushaltsgrundsätzegesetz (HGrG)** eingefügt, der den Auftraggeberbegriff der Vergaberichtlinien übernahm. Damit war die rechtsdogmatische Einordnung als nur das interne staatliche Handeln bindende Norm ohne Außenwirkung nicht aufgehoben. Ein effektiver Rechtsschutz, wie ihn die Richtlinie 89/665/EWG (Rechtsmittelrichtlinie) fordert, war nicht geschaffen worden. Nach mehreren Vertragsverletzungsverfahren und Beanstandungen durch die EG-Kommission[7] wurde 1999 mit dem Vergaberechtsänderungsgesetz der Auftraggeberbegriff in der heutigen Form in das GWB aufgenommen.

3 **3.** Mit der **Vergaberechtsreform im Jahr 2009** wurde der Auftraggeberbegriff erneut an die EG-Richtlinien angepasst. Die Änderungen erfassten § 98 Nrn. 4, 5 und 6. In § 98 Nr. 4 wurde die Herausnahme des Telekommunikationssektors aus dem Vergaberecht geregelt. Wegen der erreichten Liberalisierung in diesem Sektor unterliegen im Bereich Telekommunikation tätige Unternehmen künftig nicht mehr dem Vergaberecht. Etwas anderes kann für Unternehmen gelten, die auch oder teilweise andere im Allgemeininteresse liegende Aufgaben erfüllen und im Rahmen dieser anderen Aufgaben Aufträge vergeben.[8]

4 Die nach der Richtlinie 2004/17/EG, Erwägungsgründe 28,29 bestehende Möglichkeit, bis Ende 2008 über die Aufnahme der **Postdienste** in den Sektorenbereich zu entscheiden, wurde nicht genutzt. Die in den meisten Mitgliedsländern staatlich organisierten Postdienstanbieter sind daher öffentliche Auftraggeber nach § 98 Nr. 2 und unterliegen nach wie vor den strengeren Vergaberegeln der Richtlinie 2004/18/EG. Die Deutsche Post-AG unterliegt damit ebenfalls den jeweils 2. Abschnitten („EG- bzw. a-Paragraphen") der VOL/A oder VOB/A.[9]

5 **Geändert** wurde auch die **Definition der besonderen und ausschließlichen Rechte** und zur Klarstellung in Nr. 4 aufgenommen. Folge der Änderung ist, dass privatrechtlich organisierte und von Privatpersonen beherrschte Unternehmen in den Sektorenbereichen nicht mehr als öffentliche Auftraggeber erfasst werden, wenn in dem Mitgliedstaat keine rechtlichen Privilegierungen zur Ausübung der Sektorentätigkeit mehr bestehen. Öffentliche Unternehmen bleiben hingegen erfasst, bis in diesen Bereichen Wettbewerb herrscht.

6 Die Definition der Tätigkeiten in den Sektoren war bisher in der Vergabeverordnung enthalten. Nunmehr findet sich die Definition in einer **Anlage zu § 98 Nr. 4.**

7 In **Nr. 5** wurde ergänzend aufgenommen, dass **auch juristische Personen des öffentlichen Rechts,** falls sie nicht schon nach Nrn. 1–3 dem Vergaberecht unterliegen, ebenfalls Vergaberecht anzuwenden haben, wenn ein von ihnen durchgeführtes Bauprojekt zu mehr als 50% mit öffentlichen Mitteln gefördert wird.

8 In **Nr. 6** wurde die indirekt formulierte **Definition einer Baukonzession** gestrichen zugunsten einer ausdrücklichen Definition in § 99 Absatz 6.

II. Normzweck

9 § 98 definiert den **personellen Anwendungsbereich** des Vergaberechts. Die in sechs Kategorien gegliederte Aufzählung ist zwar abschließend, die Voraussetzungen der einzelnen Definitionen lassen jedoch Spielräume der Bewertung zu. Nach ständiger Rechtsprechung des EuGH[10] ist der **Auftraggeberbegriff richtlinienkonform und weit auszulegen, Ausnah-**

---

[6] *Prieß* Kap. 2, V. 1.

[7] BerlKommEnR/*Reider* Vor § 97 RdNr. 12 mwN.

[8] Zur Abgrenzung der Anwendbarkeit von VKR und SKR: EuGH, C-393/06, Slg. 2008, I-2339.

[9] Wie hier: *Kulartz/Kus/Portz/Eschenbruch* RdNr. 207, 209, aA *Huber/Wollenschläger,* aaO, die die Deutsche Post AG bereits jetzt als öffentliche Auftraggeberin nach Nr. 4 einstufen; vgl. auch III.4 f.

[10] EuGH, C-81/98, Slg. 1999, I-7671 – Landeskrankenanstalten, EuGH, C-327/00 Slg. 2003, I-1877 – Santex; EuGH, C-15/04, Slg. 2005, I-4855.

men sind hingegen eng zu fassen.[11] Nationales Recht oder eine bestimmte rechtliche Gestaltung der den Auftrag erteilenden Einrichtung kann deshalb nicht ausschlaggebend sein. In Zweifels- oder Grenzfällen geht jeweils die weitergehende Verpflichtung dem Vergaberecht vor.

III. Die öffentlichen Auftraggeber

1. Nr. 1 a) Gebietskörperschaften sind der **Bund** selbst und die klassischen regionalen **10** **Untergliederungen des Staates, Länder, Gemeinden und Kreise.** Ob es sich bei Kreisen um öffentliche Auftraggeber nach Nr. 1 oder Nr. 3 handelt, ist eine akademische Frage ohne praktische Relevanz, da die Auftraggeber nach Nr. 1–3 nach § 4 Abs. 1, § 5 und § 6 Abs. 1 der Vergabeverordnung (VgV) einheitlich den jeweils 2. Abschnitt der Verdingungsordnungen für Liefer-, Dienstleistungs- und Bauaufträge bzw. die Verdingungsordnung für freiberufliche Leistungen (VOF) anzuwenden haben.

Zu den öffentlichen Auftraggebern nach Nr. 1 gehören auch unabhängige Staatsorgane wie **11** die Parlamente und die für den Staat handelnden Organe und Untergliederungen[12] wie Ministerien, Behörden, nicht rechtsfähige Eigenbetriebe und kommunale nicht rechtsfähige Stiftungen, soweit sie nicht Sondervermögen sind. Kommunale Zweckverbände, die als öffentlich-rechtliche Körperschaften ausgestaltet sind, fallen unter § 98 Nr. 1, ansonsten unter Nr. 3.[13]

b) Sondervermögen sind vom übrigen Vermögen einer Gebietskörperschaft getrennte, **12** nicht rechtsfähige, aber **haushaltsrechtlich und organisatorisch verselbständigte Vermögensteile** einer Gebietskörperschaft. Sie dienen der Erfüllung einzelner genau begrenzter Aufgaben. Vor der Privatisierung waren dies die Deutsche Bundespost und die Deutsche Bahn. Sondervermögen können rechtlich selbständige Eigenbetriebe und Stiftungen sein. Die Unterscheidung in rechtlich selbständige oder unselbständige Eigenbetriebe oder Stiftungen hat keine vergaberechtliche Bedeutung, da die Einrichtungen in beiden Fällen § 98 Nr. 1 zuzuordnen sind.

2. Nr. 2 a) Allgemeines. Nr. 2 setzt den Begriff der „**Einrichtungen des öffentlichen** **13** **Rechts**" aus Art. 1 Abs. 9 der Vergabekoordinierungsrichtlinie (VKR)[14] in nationales Recht um und trägt damit dem dort verankerten und durch die Rechtsprechung des EuGH[15] ständig geforderten **funktionellen Verständnis des Auftraggeberbegriffes** Rechnung. Es steht den Mitgliedstaaten zwar frei, in welchen Rechtsformen sie ihre Aufgaben erfüllen, die Rechtsform soll jedoch keine Flucht aus dem Vergaberecht ermöglichen. Nr. 2 übernimmt die in Art. 1 Abs. 9 lit. a–c aufgeführten Voraussetzungen. Damit wird deutlich, dass „Einrichtungen des öffentlichen Rechts" **nicht identisch** sind mit dem Begriff der „juristischen Person des öffentlichen Rechts" nach nationalem Recht. Vielmehr sollen **alle Organisationen, die Beschaffungen für den Staat vornehmen,** unabhängig von der Frage, ob sie öffentlich-rechtlich oder privatrechtlich gestaltet sind, dem Vergaberecht unterliegen, wenn die explizit aufgestellten Voraussetzungen erfüllt sind. Dabei müssen alle drei Voraussetzungen (Gründung zur Erfüllung im Allgemeininteresse liegender Aufgaben nichtgewerblicher Art, Rechtspersönlichkeit, staatliche Beherrschung, s. dazu RdNr. 20 ff.) gleichzeitig vorliegen.[16]

b) Andere juristische Personen des öffentlichen und privaten Rechts. Nach nationa- **14** lem Recht sind die **juristischen Personen des öffentlichen Rechts** die Körperschaften, Anstalten und Stiftungen des öffentlichen Rechts, soweit sie nicht unter Nr. 1 fallen. **Juristische Personen des privaten Rechts** sind der eingetragene BGB-Verein, die eingetragene Genossenschaft, die Aktiengesellschaft, die Kommanditgesellschaft auf Aktien, die Gesellschaft mit beschränkter Haftung und der Versicherungsverein auf Gegenseitigkeit.

Gesellschaften mit Teilrechtsfähigkeit (zB. BGB-Gesellschaft, offene Handelsgesellschaft, **15** GmbH & Co. KG, KG), die im eigenen Namen rechtsverbindlich auftreten und Beschaffungen

---

[11] EuGH, C-84/03, Slg. 2005, I-139.

[12] EuGH, C-103/88, Slg. 1989, I-1839, 1870 zu regionalen Untergliederungen; EuGH, C-323/96, Slg. 1998, I-5063, 5083, RdNr. 27 zu Parlamenten, EuGH, C-222/84, Slg. 1986, I-1651, 1682 zu Justiz.

[13] *Kulartz/Kus/Portz/Eschenbruch* RdNr. 78 mwN.

[14] S. Fn. 5.

[15] S. Fn. 10.

[16] EuGH, C-44/96, Slg. 1998, I-73, 113 – Mannesmann/Strohal; EuGH, C-373/03, Slg. 2003, I-1931 – Truley; EuGH, C-84/03 Slg. 2005, I-139 – Kooperationsvereinbarung Spanien; EuGH, C-29/04, Slg. 2005, I-9705 – Mödling.

durchführen können, kommen ebenfalls als öffentliche Auftraggeber in Betracht. Der Begriff der Rechtspersönlichkeit ist nicht nach dem nationalen Handels- und Gesellschaftsrecht zu verstehen, sondern im Sinne der VKR dahin auszulegen, dass grundsätzlich keine Gesellschaftsform, die als Auftraggeber am Markt auftreten kann und bei der die übrigen Voraussetzungen vorliegen, sich dem Vergaberecht entziehen können soll (s. RdNr. 1 und 7).

16   Gleiches gilt für **Vor- oder Gründungsgesellschaften**. Sie können ebenfalls bereits rechtlich verbindlich handeln und verpflichtet werden. Sie können Beschaffungen wirksam vornehmen und sind deshalb auch mögliche Adressaten des Vergaberechts.

17   **c) Die Liste der öffentlichen Auftraggeber in der VKR.** Das Vorliegen der Voraussetzungen kann sich ändern, so dass die Qualifizierung als öffentlicher Auftraggeber entstehen und entfallen kann. Demgemäß haben die Mitgliedstaaten jährlich der Kommission die Änderung des Verzeichnisses mitzuteilen, in dem die Einrichtungen oder Kategorien von Einrichtungen aufgeführt sind, die die Voraussetzungen als öffentliche Auftraggeber erfüllen. Die Listen sind nicht erschöpfend und schließen die Qualifizierung auch anderer Einrichtungen als öffentliche Auftraggeber nicht aus. Das ergibt sich unmittelbar aus dem Text von Art. 1 Abs. 9, letzter Absatz. Die aktuelle Liste der Bundesrepublik Deutschland findet sich in **Anhang II. Teil B. III. der VKR.**

18   Teil III. Deutschland lautet:

„*1. Kategorie*
Juristische Personen des öffentlichen Rechts
Die bundes-, landes- und gemeindeunmittelbaren Körperschaften, Anstalten und Stiftungen des öffentlichen Rechts, insbesondere in folgenden Bereichen:
Körperschaften
– wissenschaftliche Hochschulen und verfasste Studentenschaften
– berufsständische Vereinigungen (Rechtsanwalts-, Notar-, Steuerberater-, Wirtschaftsprüfer-, Architekten-, Ärzte- und Apothekerkammern),
– Wirtschaftsvereinigungen (Landwirtschafts-, Handwerks-, Industrie- und Handelskammern, Handwerksinnungen, Handwerkerschaften),
– Sozialversicherungen (Krankenkassen, Unfall- und Rentenversicherungsträger),
– Kassenärztliche Vereinigungen,
– Genossenschaften und Verbände.
1.2 Anstalten und Stiftungen
Die der staatlichen Kontrolle unterliegenden und im Allgemeininteresse tätig werdenden Einrichtungen nichtgewerblicher Art, insbesondere in folgenden Bereichen:
– rechtsfähige Bundesanstalten,
– Versorgungsanstalten und Studentenwerke,
– Kultur-, Wohlfahrts- und Hilfsstiftungen.
2. Juristische Personen des Privatrechts
Die der staatlichen Kontrolle unterliegenden und im Allgemeininteresse tätig werdenden Einrichtungen nichtgewerblicher Art, einschließlich der kommunalen Versorgungsunternehmen:
– Gesundheitswesen (Krankenhäuser, Kurmittelbetriebe, medizinische Forschungseinrichtungen, Untersuchungs- und Tierkörperbeseitigungsanstalten),
– Kultur (öffentliche Bühnen, Orchester, Museen, Bibliotheken, Archive, zoologische und botanische Gärten),
– Soziales (Kindergärten, Kindertagesheime, Erholungseinrichtungen, Kinder- und Jugendheime, Freizeiteinrichtungen, Gemeinschafts- und Bürgerhäuser, Frauenhäuser, Altersheime, Obdachlosenunterkünfte),
– Sport (Schwimmbäder, Sportanlagen und -einrichtungen)
– Sicherheit (Feuerwehren, Rettungsdienste),
– Bildung (Umschulungs-, Aus-, Fort- und Weiterbildungseinrichtungen, Volksschulen),
– Wissenschaft, Forschung und Entwicklung (Großforschungseinrichtungen, wissenschaftliche Gesellschaften und Vereine, Wissenschaftsförderung),
– Entsorgung (Straßenreinigung, Abfall- und Abwasserbeseitigung),
– Bauwesen und Wohnungswirtschaft (Stadtplanung, Stadtentwicklung, Wohnungsunternehmen, soweit im Allgemeininteresse tätig, Wohnraumvermittlung),
– Wirtschaft (Wirtschaftsförderungsgesellschaften),
– Friedhofs- und Bestattungswesen,
– Zusammenarbeit mit den Entwicklungsländern (Finanzierung, technische Zusammenarbeit, Entwicklungshilfe, Ausbildung)“.

Eine weitere umfangreiche Liste von Beispielen findet sich bei *Kulartz/Kus/Portz/Eschenbruch* 19
RdNr. 84.

d) Gründung zur Erfüllung im Allgemeininteresse liegender Aufgaben nichtge- 20
werblicher Art. aa) Im Allgemeininteresse liegende Aufgaben nichtgewerblicher Art.
Der Begriff „Allgemeininteresse" resultiert aus dem europarechtlichen Bemühen, eine für alle
Mitgliedstaaten möglichst eindeutige Bezeichnung zu finden. Allgemeininteresse erfasst die Interessen einer Gemeinschaft, die über private oder Einzelinteressen „hinausgehen". Nicht erforderlich ist eine regional oder personell unbeschränkte Auswirkung der Aufgaben.[17] Der Begriff
deckt sich weitgehend mit dem Begriff des öffentlichen Interesses, ist damit aber nicht identisch.
Hinweise sind die **Wahrnehmung gesetzlicher Aufgaben, Aufgaben der Daseinsvorsor-**
ge, aber auch Aufgaben der Wirtschaftsförderung oder Aufgaben mit **mittelbarer Aus-**
wirkung auf das Gemeinwohl (zB. Durchführung von Messen), die oft in engem Zusammenhang mit Maßnahmen zur regionalen Förderung stehen können. Der Begriff des
Allgemeininteresses hatte seinen Ursprung für das Vergaberecht in der alten Baukoordinierungsrichtlinie und findet sich auch aktuell in der VKR,[18] so dass die in deren Anhang veröffentlichte
Liste von öffentlichen Auftraggebern (s. RdNr. 18) ebenfalls als Auslegungshilfe herangezogen
werden kann. Dennoch gibt es eine Vielzahl von Zweifelsfällen, zu denen die Rechtsprechung
der nationalen Gerichte und des EuGH eine umfangreiche Kasuistik entwickelt hat (s. RdNr. 27–
42).

Das Merkmal der nichtgewerblichen Art dient der Abgrenzung zur rein wirtschaft- 21
lichen Markttätigkeit öffentlicher Einrichtungen. Die Aufgabenerfüllung in einem **entwickel-**
ten Wettbewerb schließt die Nichtgewerblichkeit genauso wenig aus wie die Aufgabenerfüllung in privatrechtlichen Gesellschaftsformen. Ob eine Aufgabe nichtgewerblicher Art ist, ist an
den Gegebenheiten des Einzelfalles zu messen und hängt auch davon ab, unter welchen Bedingungen die Aufgabe erfüllt wird. In Erwägungsgrund 2 der VKR ist von Beschaffungen „auf
Rechnung des Staates" die Rede. Der EuGH[19] hat mehrfach festgestellt, dass es für eine gewerbliche Tätigkeit maßgeblich darauf ankommt, ob die **Tätigkeit unter echten Wettbe-**
werbsbedingungen ausgeübt wird, insbesondere das **Verlust- und Konkursrisiko** allein und
verantwortlich zu tragen ist. Besteht Rückhalt in der öffentlichen Hand, zB. durch Patronatserklärungen oder Verlustausgleich aus öffentlichen Haushalten, sind echte Wettbewerbsbedingungen nicht mehr gegeben, es ist von Nichtgewerblichkeit auszugehen. Ein wichtiges, aber nicht
entscheidendes Indiz für Gewerblichkeit ist **Gewinnerzielungsabsicht.** Fehlt diese, wird aber
das Unternehmen nach Wirtschaftlichkeitsgesichtspunkten und ohne finanzielle Rückfallebene
bei der öffentlichen Hand, also mit vollem Verlust- und Insolvenzrisiko geführt, kann es sich
um eine Aufgabe gewerblicher Art handeln. Andererseits **kann trotz Gewinnerzielungsab-**
sicht eine Aufgabe nichtgewerblicher Art vorliegen, wenn trotz Gewinnerzielungsabsicht
Verluste aus öffentlichen Kassen ausgeglichen werden oder mit der Erfüllung der Aufgabe im
Allgemeininteresse liegende Zwecke mitverfolgt werden, die über das betriebswirtschaftliche
Interesse hinausgehen.[20] Zu berücksichtigen ist auch, ob sich die Aufgabenerfüllung dem **Kon-**
kurrenzdruck des Marktes stellen muss oder ob sie sich im Rahmen einer **Sonderstellung**
im Markt, zB. einer Monopolstellung, bewegt.[21] Unerheblich für die Frage der Gewerblichkeit
ist die Frage, ob es sich bei der juristischen Person um eine nach nationalem Recht als öffentlich-rechtlich oder privatrechtlich zu qualifizierende Einrichtung handelt. Es kommt allein auf
das Vorliegen der Tatbestandsmerkmale des Nr. 2 an, die sich hinsichtlich der Gewerblichkeit
ausdrücklich auf die Aufgabe beziehen und nicht auf den Rechtscharakter der Einrichtung. Dies
hat mit ausführlicher Begründung die Entscheidung des OLG Düsseldorf[22] zum Bekleidungsmanagement der Bundeswehr ausgeführt, ähnliches dürfte auch für die NetzAG der DB gelten.

bb) Gründungszweck. Die Aufgabe der öffentlichen Einrichtung muss sich aus ihrem 22
Gründungszweck ergeben. Dieser kann in den Gründungsunterlagen der Einrichtung oder in
Satzungen, Verordnungen oder Gesetzen niedergelegt sein. Der Gründungszweck ist **nicht**
unabänderlich. Ändert sich die Zielrichtung einer Einrichtung, zB. durch Gesellschafterbe-

---

[17] VK Düsseldorf vom 11. 2. 2004, VK-43/2003-L.
[18] RL 2004/18, ABl. 2004 L 134/114.
[19] EuGH, C-360/96, Slg. 1998, I-6821 – Gemeente Arnhem; EuGH, C-18/01, Slg. 2003, I-5321 –
Korhonen; EuGH, C-223/99 und C-260/99, Slg. 2001, I-3605.
[20] Insbesondere EuGH, C-223/99 u. C-260/99, Slg. 2001, I-3605.
[21] OLG Düsseldorf NZBau 2003, 400.
[22] OLG Düsseldorf NZBau 2003, 400.

schlüsse oder durch die Wahrnehmung bisher nicht vom Gründungszweck erfasster Aufgaben, ist vom tatsächlichen Handeln der Einrichtung auszugehen. Dabei ist zu unterscheiden: Nimmt eine zur Erfüllung im Allgemeininteresse liegender Aufgaben nichtgewerblicher Art gegründete Einrichtung **zusätzlich gewerbliche Aufgaben** wahr, ist dies, unabhängig vom Umfang der zusätzlich ausgeübten gewerblichen Tätigkeit, für die Qualifizierung als öffentlicher Auftraggeber nach § 98 Nr. 2 unerheblich.[23] Nimmt eine **zu gewerblichen Zwecken gegründete** Einrichtung **tatsächlich oder zu einem auf die Gründung folgenden späteren Zeitpunkt** im Allgemeininteresse liegende Aufgaben nichtgewerblicher Art wahr, so kommt es auf diese tatsächliche Tätigkeit an. Der Gründungszweck hat sich offenbar – ganz oder teilweise – geändert. Auf eine Änderung der Gründungsunterlagen kommt es für die Einordnung des Gründungszweckes nicht an, da ansonsten durch ein Auseinanderfallen von niedergelegtem Gründungszweck und tatsächlicher Geschäftstätigkeit die Flucht aus dem Vergaberecht sehr einfach möglich wäre.[24]

23   **e) Staatliche Beherrschung.** Die Regelung benennt drei verschiedene Beherrschungsformen, die anders als die Merkmale der Gründung zum Zwecke der Wahrnehmung von im Allgemeininteresse liegenden Aufgaben nichtgewerblicher Art **nicht kumulativ** vorliegen müssen. Für die Qualifizierung einer Einrichtung als öffentlicher Auftraggeber reicht eine der genannten Beherrschungsformen aus. Aus Nr. 2 Satz 2 ergibt sich, **dass die Beherrschung auch durch** einen Zusammenschluss mehrerer öffentlicher Auftraggeber ausgeübt werden kann, die ihrerseits nicht klassische öffentliche Auftraggeber nach Nr. 1 oder 3 sein müssen. Damit soll ausgeschlossen werden, dass mit der gewillkürten Form der die Beherrschung ausübenden Einrichtungen über die Anwendbarkeit von Vergaberecht entschieden wird. In der Praxis fallen hierunter häufig Fälle der Gründung von **Tochter- oder Enkelgesellschaften,** denen die Beschaffung übertragen werden soll. Auch diese Tochter- und Enkelgesellschaften sind öffentliche Auftraggeber, die als Aufsichtsträger gegenüber anderen Einrichtungen nach Nr. 2 in Betracht kommen. Ebenso wie der Auftraggeberbegriff ist auch die staatliche Beherrschung einer Einrichtung nicht formal nach nationalem Recht, sondern funktional unter Würdigung der Gesamtumstände zu betrachten, s. dazu insbes. RdNr. 20.[25]

24   **aa) Überwiegende Finanzierung** liegt vor, wenn durch öffentliche Auftraggeber **mehr als die Hälfte** der Finanzmittel **des Betriebes** gestellt werden. Auf die finanzielle Beteiligung an einer einzelnen Aufgabe oder an der konkreten Beschaffungsmaßnahme kommt es hingegen nicht an. Allerdings soll für eine rechtssichere Beurteilung der Frage der Finanzierung das **Haushaltsjahr** zugrunde gelegt werden, in dem die streitige Beschaffung erfolgt ist oder erfolgen soll. Die Finanzierung kann sowohl aus **reinen Finanzmitteln** als auch aus **Gesellschaftsanteilen, Sachmitteln oder anderen geldwerten Vorteilen** wie zB. der Gestellung von Personal oder der kostenlosen Bereitstellung von Liegenschaften bestehen. Anzurechnen sind alle Beistellungen, für die keine direkte Gegenleistung zu erbringen ist. Daher können auch Fördermittel als Finanzierung zu berücksichtigen sein, selbst wenn sie der Sicherstellung von Forschungsleistungen dienen sollen.[26] Die Finanzierung muss **nicht unmittelbar** erfolgen, sondern kann auch durch einen **kostenpflichtigen Anschluss- und Benutzungszwang oder durch eine gesetzliche Gebührenpflicht** (Rundfunkgebühren) hergestellt werden.[27] Auch die Frage, ob eine **Finanzierung** durch die öffentliche Hand vorliegt, ist **funktional** zu beurteilen.[28]

25   **bb) Aufsicht über die Leitung.** Die Frage der Aufsicht über die Leitungsorgane kann nicht nach allgemeinen gesellschaftsrechtlichen Regeln entschieden werden. **Auf die Rechts-**

---

[23] EuGH, C-44/96, Slg. 1998, I-73, 113 – Mannesmann-Anlagenbau/Strohal Rotationsdruck; bestätigt in EuGH, C-18/01, Slg. 2003, I-5321 – Korhonen; EuGH, C-373/03, Slg. 2003, I-1931 – Truley; zur Unerheblichkeit des Umfangs der Wahrnehmung von im Allgemeininteresse liegenden Aufgaben s. EuGH, C-360/96, Slg. 1998, I-6821 – Gemeente Arnhem; OLG Düsseldorf NZBau 2003,400; EuGH, C-44/96, Slg. 1998, I-73 – Österreichische Staatsdruckerei.

[24] EuGH, C-470/99, Slg. 2002, I-11 617, RdNr. 93 – Universale Bau AG; EuGH, C-29/40, Slg. 2005, I-9705 – Stadt Mödling; OLG Karlsruhe VergabeR 2009, 108 (mit ausführlicher Begründung).

[25] Wie hier: *Prieß* 160 unter Hinweis auf EuGH, C-31/87, Slg. 1988, I-4635 – Beentjes.

[26] Ausführlich dazu EuGH, C-380/98, Slg. 2000, I-8035 – University of Cambridge; OLG Düsseldorf, NZBau 2003, 400 – Bekleidungsmanagement der Bundeswehr.

[27] EuGH, C-337/06, Slg. 2007, I-11 173 zu GEZ und Rundfunkanstalten; EuGH, C-300/07, VergabeR 2009, 744; LSG Berlin, VergabeR 2009, 121; LSG NRW, VergabeR 2009, 126.

[28] EuGH, C-337/06, Slg. 2007, I-11 173 zu Rundfunkanstalten und deren Finanzierung durch Gebühren.

form der Aufsicht kommt es nicht an, so dass diese zwar auch, aber nicht nur in den Formen der üblichen gesellschaftsrechtlichen Kontrollgremien ausgeübt werden kann. Für die Ausübung der Aufsicht ist die Beteiligung an der Einrichtung nicht zwingend erforderlich, sie kann **auch in einem externen Kontrollgremium** bestehen.[29] Liegt eine Beteiligung vor, so ergibt sich daraus nicht automatisch eine Aufsicht der öffentlichen Hand, wenn ihr nicht mindestens 51% gehören, wobei hier die Anteile verschiedener öffentlicher Auftraggeber zusammenzurechnen sind.[30] Die Aufsicht muss eine **tatsächliche Einflussnahme auf die Geschäftsführung** und den konkreten Beschaffungsvorgang, ggf. die Durchsetzung des eigenen Willens, ermöglichen. Die nur nachträgliche Überprüfungsmöglichkeit in Form einer **Rechtsaufsicht reicht nicht aus.** Als ausreichend erachtet hat der EuGH die Aufsicht eines Ministeriums über eine soziale Wohnungsbaugesellschaft, die mit dem Recht verbunden war, die Gesellschaft aufzulösen und abzuwickeln.[31] Der EuGH hat in der „Truley"-Entscheidung (Fn. 29) klargestellt, dass die Aufsicht über die Leitung ein vergleichbar starkes Band herstellen muss wie die beiden anderen Merkmale der überwiegenden Finanzierung oder der überwiegenden Bestimmung der Mitglieder der Leitungsorgane. Im konkreten Fall war eine externe Kontrollinstanz, die das Recht hatte, die **laufende Geschäftsführung zu prüfen** und somit eine **dauernde, nicht nur nachträgliche Kontrolle** ausübte, als ausreichend erachtet worden. Das OLG Düsseldorf stellte in der Entscheidung zum Bekleidungsmanagement der Bundeswehr (Fn. 26) **ua.** darauf ab, dass das Unternehmen verpflichtet war, **vor jeder Aufsichtsratssitzung und Gesellschafterversammlung Einvernehmen** über Vorgehensweise und Beschlussgegenstände herbeizuführen, sich der **engmaschigen Kontrolle der Vertragserfüllung** durch ein Kontrollgremium zu stellen und im Falle von Beschaffungsvorgängen eine Beweislastumkehr zu Lasten des Managementunternehmens zu akzeptieren.

cc) **Bestimmung der Mehrheit der Mitglieder der Leitungs- oder Aufsichtsebene.** 26
In dieser Alternative kommt es auf **die gesellschaftsrechtlichen Gremien** (Aufsichtrat oder Geschäftsführung) an, wobei nach dem Wortlaut der Vorschrift, die sich in diesem Punkt mit Art. 1 Nr. 9 der VKR deckt, eine mehrheitliche Besetzung der Leitungs- **oder** der Aufsichtsebene reicht. Mehrheit bedeutet, dass eine **entscheidungsbestimmende** Stärke der Besetzung gegeben sein muss. Dies wird üblicherweise bei mehr als 50% der Mitglieder der Fall sein. Die Vorschrift sieht vor, dass die Mehrheit in diesen Gremien **gestellt wird,** dh., dass nicht nur die Möglichkeit der Besetzung der Gremien besteht, sondern auch tatsächlich ausgeübt wird.

f) **Einzelfälle. Eigengesellschaften und deren Tochterunternehmen** sind üblicherweise 27 öffentliche Auftraggeber nach Nr. 2, die Eigenbetriebe können auch öffentliche Auftraggeber nach Nr. 1 sein (s. RdNr. 11). Bei **Privatisierungen** kommt es maßgeblich darauf an, ob das Geschäftsfeld tatsächlich veräußert wurde, so dass die Gemeinde keinen Einfluss mehr auf das weitere geschäftliche Geschehen hat und insbesondere keinerlei Verpflichtungen, welcher Art auch immer (zB. Verlustbeteiligung, Verpflichtung zur Ersatzwahrnehmung der Aufgabe, wenn das Käuferunternehmen den Betrieb nicht weiterführt, zB. bei Aufgaben der Daseinsvorsorge), in ihrer Verantwortung behält (echte Privatisierung). Behält ein öffentlicher Auftraggeber nach § 98 Nr. 1 oder 2 einen Anteil an den Geschäftsanteilen und ist am wirtschaftlichen Geschick des Unternehmens beteiligt, bleibt die Gesellschaft öffentlicher Auftraggeber (s. auch RdNr. 22).

Einkaufskooperationen, zentrale Beschaffungsstellen, mit der Beschaffung beauf- 28 **tragte externe Stellen oder Stellvertretungen** in der Durchführung des Beschaffungsverfahrens **teilen das rechtliche Schicksal der Stelle, für die die Beschaffung vorgenommen wird.** Tun sich mehrere Stellen zur Beschaffung zusammen, ist es für die Bindung an das Vergaberecht unerheblich, ob sich in der Kooperation auch „echte" Private befinden. Gleiches gilt für zentrale Beschaffungsstellen oder beauftragte externe Dienstleister sowie Stellvertreter. Durch die Wahl und Beauftragung eines Dritten mit der Durchführung des Vergabeverfahrens soll die Bindung an das Vergaberecht nicht gelöst werden können. Das zeigt sich schon daran, dass die Möglichkeit, das Vergabeverfahren durch einen Dritten durchführen zu lassen, auf die Abwicklung organisatorischer Schritte beschränkt ist, wohingegen die maßgeblichen und richtungweisenden Entscheidungen im Verfahren die beschaffende Stelle auch in diesen Fällen selber treffen muss.

---

[29] EuGH, C-373/03, Slg. 2003, I-1931 – Truley.
[30] VergabeK Düsseldorf, VK-26/2002-L und VergabeK Düsseldorf, VK-47/2004-L.
[31] Grundsätzlich: EuGH, C-237/99, Slg. 2001, I-939 – Kommission/Frankreich und OLG Düsseldorf NZBau 2003, 400; s. auch EuGH, C-237/99, Slg. 2001, I-939 – OPAC zur Aufsicht über eine Gesellschaft für sozialen Wohnungsbau; EuGH, C-91/08 (Wall-AG), NZBau 2010, 382 RdNr. 50–60.

29   **Selbstverwaltungskörperschaften, Kammern und berufsständische Vereinigungen** sind bereits im Anhang II, Teil B. III der VKR aufgeführt (s. RdNr. 18). Ihre Finanzierung ist staatlich abgesichert, unmittelbar muss sie nicht sein, s. RdNr. 24. Sie nehmen im Allgemeininteresse liegende Aufgaben wahr, nämlich die Gewährleistung von Standards im Mitgliederkreis, aber auch für die Allgemeinheit, die von der Tätigkeit der Mitglieder der Körperschaften betroffen sind.

30   **Stiftungen** können öffentliche Auftraggeber sein. Hier kommt es auf die Ausgestaltung der Stiftung im Einzelfall und damit auf das Vorliegen der Merkmale der Nr. 2 an. Als staatliche Beherrschung reicht die gesetzlich verankerte Stiftungsaufsicht nicht aus. Vielmehr müssen weitere Elemente hinzutreten, die eine Einflussnahme auf das Geschäftsgeschehen ermöglichen.[32]

31   **Staatliche Rundfunkanstalten** waren wegen § 100 Abs. 2 lit. j und der verfassungsrechtlich garantierten Sendefreiheit in der Einordnung lange umstritten. Tatsächlich nahm § 100 Abs. 2 lit. j jedoch nur den Sendebetrieb aus. Die Entscheidung des EuGH, die die Eigenschaft der staatlichen Rundfunkanstalten als öffentliche Auftraggeber bestätigt, ist daher richtig und nicht überraschend, da die Voraussetzungen der Nr. 2 vorliegen. Es wird eine Aufgabe im Allgemeininteresse erfüllt, nämlich eine sowohl von politischen Einflüssen als auch von kommerziellen Erwägungen freie und neutrale Information der Allgemeinheit, deren Finanzierung der Staat durch das gesetzliche Recht zur Erhebung und Vereinnahmung von Rundfunkgebühren garantiert. Ausgenommen bleibt zutreffend der reine Sendebetrieb. Dieser wird in seiner inhaltlichen Freiheit nicht gefährdet durch die Anwendung des Vergaberechts bei der Beschaffung von Büromaterial, IT-Technik, Reinigungsleistungen, der Vergabe der Kantinenbewirtschaftung, der Vergabe von Um- oder Neubauleistungen u. ä. Damit gefährdet die Entscheidung des EuGH auch nicht die national verfassungsrechtlich garantierte Sendefreiheit.[33] Dem hat die Neufassung von § 100 Abs. 2 lit. j Rechnung getragen (s. dort).

32   Hinsichtlich der **Deutschen Bahn und ihrer Tochtergesellschaften** ist zu unterscheiden, welche Aufgaben sie wahrnehmen. Aufgrund der nach wie vor erheblichen öffentlichen Finanzierung durch Verlustausgleich, der im Allgemeininteresse liegenden Aufgabe und der staatlichen Verpflichtung, bei betriebswirtschaftlichem Ausfall der Bahn die verkehrsmäßige Erschließung auch unrentabler Regionen und die Aufrechterhaltung des Schienenverkehrs zu gewährleisten, stellt sich lediglich die Frage, ob hier öffentliche Auftraggeber nach Nr. 2 oder Nr. 4 (Sektorenaufgabe Verkehr) vorliegen. Nach bisher nicht in Frage gestellten Entscheidungen der Vergabekammern Bund sind die DB Netz-AG als öffentliche Auftraggeber nach Nr. 2 und die übrigen Gesellschaften als öffentliche Auftraggeber nach § 98 Nr. 4 anzusehen. Eine Meinung in der Literatur hält den Vorrang von § 98 Nr. 2 für nicht mehr gegeben und möchte den gesamten Konzern Nr. 4 zuordnen.[34]

33   Bei der **Deutschen Post AG** ist ebenfalls zwischen den verschiedenen Gesellschaften zu unterscheiden. Die **Deutsche Postbank AG** steht nach der Privatisierung im Wettbewerb unter Marktbedingungen ohne finanzielle Rückendeckung bei Verlusten. Die **Deutsche Telekom AG** ist nach den geänderten Fassungen der Sektorenrichtlinie und in deren Folge der Änderung der Vergabeverordnung nicht mehr dem Vergaberecht unterworfen. Die Richtlinie 2004/17/EG geht in ihrem fünften Erwägungsgrund davon aus, dass in diesem Sektor „de facto und de iure" echter Wettbewerb herrscht, so dass eine Regulierung der Beschaffungstätigkeit hier nicht mehr erforderlich sei. Die Deutsche Post AG selbst ist auch nach dem Fall des Briefmonopols noch als öffentliche Auftraggeberin anzusehen, da sie nach wie vor aus Art. 87 f. GG verpflichtet ist, eine flächendeckende, angemessene und ausreichende Dienstleistung im Brief- und Postverkehr sicherzustellen.[35]

34   **Die Träger der gesetzliche Unfallversicherungen** unterstehen staatlicher **Fachaufsicht** nach §§ 80 Abs. 2, 90 Abs. 1 und 2 SGB IV und sind daher öffentliche Auftraggeber.[36] Sie sind nach Art. 6 der Richtlinie 2004/17/EG allerdings als Sektorenauftraggeberinnen anzusehen.[37]

35   Die **gesetzlichen Krankenkassen** sind **zutreffend** und mit überzeugender Subsumtion **von den Vergabekammern als öffentliche Auftraggeberinnen eingestuft wor-**

---

[32] BGH NJW 2000, 661 zu einem Altenheim; BayObLG, NZBau 2000,259 zu Tragwerksplanung.

[33] EuGH, C-337/06, Slg. 2007, I-11 173.

[34] VergabeK Bund VK 2-126/03, VergabeR 2004, 365; 1.VK beim Bundeskartellamt, VK 1/151/03, IBR 2004, 528; aA zum Vorrang von § 98 Nr. 2: *Kulartz/Kus/Portz/Eschenbruch* RdNr. 206.

[35] BerlKommEnR/*Reider* RdNr. 24 mwN.

[36] OLG Düsseldorf VergabeR 2007, 92.

[37] Dazu ausführlich: *Huber/Wollenschläger* VergabeR 2006, 431 ff.

den.[38] Dafür spricht ihre Nennung im Anhang II, Teil B III der VKR. Sie erfüllen eine im Allgemeininteresse liegende Aufgabe, nämlich die Förderung der Gesundheit ihrer Mitglieder. Sie werden durch unmittelbare Zahlungen der Bundesbehörden, Ausgleichszahlungen der Kassen untereinander, Arbeitgeberbeiträge und die Beiträge ihrer Mitglieder finanziert, die nach § 5 Abs. 1 SGB V in der Regel Zwangsmitglieder sind. Diesen Zahlungen stehen keine konkreten Gegenleistungen gegenüber. Der Staat stellt daher ihre Finanzierung „in anderer Weise" sicher. Auch findet eine ausreichende staatliche Beherrschung statt, da nach § 37 SGB IV die Aufsichtsbehörden die Geschäftsführung übernehmen können, wenn die mit der Geschäftsführung beauftragten Personen der Krankenversicherungen diese nicht sachgerecht ausüben. **AA ist das BayObLG.** Es hat die gesetzlichen Krankenkassen nicht als öffentliche Auftraggeber angesehen. Die Entscheidung überzeugt in ihren Gründen, insbesondere in der Bewertung der Finanzierung, jedoch nicht.[39] Ob der Staat die Finanzierung unmittelbar oder durch Zwangsbeiträge, die die Einrichtung selber vereinnahmt, gewährleistet, ist unerheblich.[40] Das OLG Düsseldorf beabsichtigte, abweichend vom BayObLG zu entscheiden und hat daher ein Vorabentscheidungsersuchen an den EuGH gerichtet.[41] Der Senat hatte zudem in dem Verfahren zur Vergabe von **Rabattverträgen** als vorläufige Rechtsauffassung zu erkennen gegeben, dass die gesetzlichen Krankenkassen als öffentliche Auftraggeber einzustufen sind.[42] Die Anwendbarkeit des Vergaberechts auf gesetzliche Krankenkassen wurde auch vom BGH in seinem Beschluss zur Rechtswegfrage für Nachprüfungsverfahren bei der Vergabe von Rabattverträgen nicht in Frage gestellt.[43] Mittlerweile hat der **EuGH**[44] die Rechtsauffassung des OLG Düsseldorf bestätigt und mit den hier dargestellten Gründen die **gesetzlichen Krankenkassen als öffentliche Auftraggeber anerkannt.** In der Entscheidung ist zugleich ausgeführt, dass der Mitgliedervertrag ein Auftrag und keine Dienstleistungskonzession ist.

Messegesellschaften sind öffentliche Auftraggeber, da sie auch der Information der Allgemeinheit und der Verbesserung der wirtschaftlichen Lage in ihren Einzugsregionen dienen. Die Tätigkeit kann zwar auch gewerblich ausgeübt werden, wenn jedoch, wie in den bisher entschiedenen Fällen, Gewinnabführungs- und Verlustausgleichsvereinbarungen bestehen, ist von Nichtgewerblichkeit auszugehen. Die staatliche Beherrschung war in den entschiedenen Fällen nicht streitig.[45] **36**

Landesentwicklungsanstalten sind öffentliche Auftraggeber nach Nr. 2, unabhängig davon, ob sie als reine Landesgesellschaften oder unter Beteiligung Dritter, in öffentlich-rechtlicher oder privatrechtlicher Form geführt werden.[46] **37**

Kommunale Unternehmen der Daseinsvorsorge sind öffentliche Auftraggeber, unabhängig davon, ob sie in privatrechtlicher Form oder als Eigenbetrieb geführt werden. Die rechtliche Gestaltung des Betriebes kann lediglich Auswirkungen auf die Zuordnung zu Nr. 1 oder Nr. 2 haben. **38**

Sparkassen sind nach Wegfall der Gewährträgerhaftung der beteiligten Kommunen keine öffentlichen Auftraggeber mehr.[47] Demgegenüber sind die **Landesbanken** durchgehend als öffentliche Auftraggeber anerkannt worden.[48] **39**

Religionsgemeinschaften sind gemäß Art. 140 GG nicht Teil des Staates und deshalb grundsätzlich keine öffentlichen Auftraggeber. Sie können jedoch **nach Nr. 5 zur Anwendung von Vergaberecht verpflichtet** sein, wenn sie Maßnahmen durchführen, die zu mehr als der Hälfte durch öffentliche Stellen finanziert werden. Zwar stellt der Wortlaut auf juristische **40**

---

[38] VergabeK Bund v. 5. 9. 2001, VK 1-23/01, IBR 2002, 216 (Kurzdarstellung); VergabeK Hamburg v. 21. 4. 2004 VgK FB 01/04, VergabeK Düsseldorf v. 31. 10. 2007, VK – 31/2007 – L.

[39] BayObLG, NZBau 2004, 623, zum gesamten Thema sehr aufschlussreich: *Leinemann/Hoffmann,* Vergabe-News 2005, 12.

[40] EuGH, C-337/06, Slg. 2007, I-11 173, RdNr. 40 ff.

[41] OLG Düsseldorf NZBau 2007, 761.

[42] OLG Düsseldorf NZBau 2008, 194 VergabeR 2008, 73, 76.

[43] BGH NZBau 2008, 662, Beschluss OLG Düsseldorf, VII-Verg 57/07, VergabeR 2008, 686.

[44] EuGH, C-300/07 VergabeR 2009, 744 – Orthopädische Schuhe, „Oymanns".

[45] EuGH, C-223/99 und C-260/99, Slg. 2001, I-3605 – Messe Mailand; OLG Hamburg NZBau 2007, 801.

[46] EuGH, C-536/07 VergabeR 2010, 188 – Messe Köln. Dazu mit eingehender Begründung: *Bornheim/Fitterer,* VergabeR 2006, 39 ff.

[47] OLG Rostock NZBau 2006, 593.

[48] VergabeK Münster v. 24. 6. 2002, VK 03/2002 zur Westdeutschen Landesbank, VergabeNews 2002, 63; VergabeK Baden-Württemberg v. 6. 6. 2001, 1 VK 6/2001 zur Landeskreditbank Baden-Württemberg; VergabeK Sachsen v. 1. 9. 2004, 1/SVK/025-04 zur Sächsischen Aufbaubank.

Personen des privaten Rechts ab, während Religionsgemeinschaften Körperschaften des öffentlichen Rechts sind. Eine europarechtskonforme Auslegung schließt jedoch eine Festlegung auf rein nationale Rechtsinstitute mit der Folge der Beschränkung des Vergaberechts aus. Der zweite Erwägungsgrund der VKR stellt klar, dass Ziel der Richtlinie ist, alle Beschaffungen „auf Rechnung des Staates, der Gebietskörperschaften und anderer Einrichtungen des öffentlichen Rechts" dem Vergaberecht, wenn auch in unterschiedlicher Intensität, zu unterwerfen. Für den Fall der finanziellen Beteiligung verlangt Art. 8 der VKR die Einhaltung des Vergaberechts auch von der subventionierten Stelle ohne Einschränkung nach der Rechtsform dieser Stelle. Solange Beschaffungen mit mehr als 50% durch den Staat und seine Untergliederungen mitfinanziert werden, soll die Verpflichtung zur Anwendung des Vergaberechts bestehen und nicht durch die Wahl der Rechtsform des Subventionsempfängers ins Belieben der beschaffenden Stelle gestellt werden.

41 Weitere öffentliche Einrichtungen, die als öffentliche Auftraggeber anerkannt wurden, sind zB. **Sportstätten** (Bade- und Wellnesslandschaft einer privaten GmbH mit überwiegenden öffentlichen Gesellschaftsanteilen),[49] **Bestattungsunternehmen** als Tochtergesellschaft einer kommunalen Holding,[50] **Strafvollzugsanstalten,**[51] **Projekt- und Planungsgesellschaften,** die für öffentliche Auftraggeber tätig werden,[52] **Sozialwohnungs-AG,**[53] **BGB-Gesellschaft** mit der Aufgabe des Betriebs von **Rechenzentren,**[54] **Deutsche Gesellschaft zum Bau und Betrieb von Endlagern für Abfallstoffe,**[55] **gemeinnütziger Verein zum Zweck der Durchführung von Schülerspezialverkehr.**[56]

42 **3. Nr. 3.** Die klassischen Verbände, die aus Zusammenschlüssen öffentlicher Auftraggeber nach Nr. 1 und 2 bestehen, sind die **kommunalen Zweckverbände** (zB. Abwasser, Abfall, Verkehrsverbünde) und die **kommunalen Spitzenverbände** (Deutscher Städtetag, Deutscher Landkreistag, Deutscher Städte- und Gemeindebund). In Nordrhein-Westfalen gehören auch die durch Gesetze gegründeten Verbände **Emschergenossenschaft** und **Lippeverband** dazu. Ob Landkreise öffentliche Auftraggeber nach Nr. 1 oder Nr. 3 sind, ist eine kommunalrechtliche Frage, für das Vergaberecht aber nicht entscheidend, da Nr. 1 und Nr. 3 gemäß § 4 Abs. 1, § 5 und § 6 Abs. 1 Vergabeverordnung (VgV) zur Anwendung derselben vergaberechtlichen Regeln in den Verdingungsordnungen verpflichtet. Unerheblich ist, ob der Verband öffentlich-rechtlich oder privatrechtlich organisiert ist. **Besteht der Verband nicht nur aus öffentlichen Auftraggebern** gemäß Nr. 1 und Nr. 2, ist das Vorliegen der Voraussetzungen nach Nr. 2 zu prüfen. Ein Zusammenschluss aus öffentlichen Auftraggebern nach Nr. 1 und Nr. 2 ist jedenfalls nicht schon deshalb von der Anwendung des Vergaberechts befreit, weil dem Verband auch Mitglieder angehören, die keine öffentlichen Auftraggeber sind.[57]

43 **4. Nr. 4**

Schrifttum: *Britz/Hellermann/Hermes,* Energiewirtschaftsgesetz, 2008; *Burgi,* Energieversorgungsunternehmen als Sektorenauftraggeber nach der Energierechtsreform?, 2002; *Dreher/Stockmann,* Kartellvergaberecht, 2008; *Fischer/Zwetkow,* Systematisierung der derzeitigen Privatisierungsmöglichkeiten auf dem deutschen Wassermarkt – Trennung von Netz und Betrieb als zusätzliche Option?, NVwZ 2003, 281; *Gabriel,* Die Vergaberechtsreform 2009 und die Neufassung des vierten Teils des GWB, NJW 2009, 2011; *ders.,* Der persönliche Anwendungsbereich des primären EG-Vergaberechts, VergabeR 2009, 7; *Gallwas,* Das Recht der öffentlichen Aufträge – ein Überblick, GewArch 2000, 401; *Hertwig,* Hat ein kommunales Verkehrsunternehmen den Abschnitt 3 oder den Abschnitt 4 von VOB/A bzw. VOL/A anzuwenden?, NZBau 2003, 545; *Kühne/Brodowski,* Das neue Energiewirtschaftsrecht nach der Reform 2005, NVwZ 2005, 849; *Lenschow,* Marktöffnung in der leitungsgebundenen Trinkwasserversorgung, 2006; *Ohrtmann,* Vom Vergaberecht befreit – Private Energieerzeuger sind keine Sektorenauftraggeber mehr, VergabeR 2007, 565; *Prieß/Gabriel,* Abschnittsende – (k)ein Abschied vom 3. Abschnitt von VOB/A und VOL/A, NZBau 2006, 685; *Salje,* Energiewirtschaftsgesetz, 2006; *Schmidt,* Liberalisierung, Privatisierung und Regulierung der Wasserversorgung, LKV 2008, 193; *Schneider/Theobald,* Recht der Energiewirtschaft, 2. Aufl. 2008.

---

[49] VergabeK Düsseldorf vom 11. 2. 2004, VK – 43/2003 – L.
[50] EuGH, C-373/03, Slg. 2003, I-1931 – Truley.
[51] EuGH, C-283/00, Slg. 2003, I-11 697 – Siepsa.
[52] EuGH, C-18/01, Slg. 2003, I-5321 – Varkaus.
[53] EuGH, C 237/99, Slg. 2001, I-939 – OPAC.
[54] OLG Celle, 13 Verg 3/06, VergabeR 2007, 86.
[55] OLG Düsseldorf NZBau 2007, 733.
[56] OLG München VergabeR 2009, 816.
[57] Eine Reihe von weiteren Praxisbeispielen findet sich bei *Kulartz/Kus/Portz/Eschenbruch* RdNr. 253.

a) Allgemeines. Nr. 4 kommt innerhalb der den Auftraggeberbegriff definierenden Tatbe- **44** stände des § 98 eine Sonderrolle zu, denn Nr. 4 erfasst als einzige Tatbestandsalternative auch private Unternehmen, die von der öffentlichen Hand unabhängig sind. Anknüpfungspunkt für die Qualifikation eines Unternehmens als öffentlicher Auftraggeber gem. Nr. 4 ist ausschließlich die Tätigkeit in bestimmten Wirtschaftssektoren, die als noch nicht wettbewerblich voll entwickelt gelten.[58] Welche Tätigkeiten im Einzelnen in den Bereich der Sektoren fallen, wird in der Kommentierung der Anlage zu § 98 Nr. 4 behandelt.[59]

Nr. 4 unterstellt alle natürlichen und juristischen Personen des Privatrechts, die auf dem Ge- **45** biet der Trinkwasser- oder Energieversorgung oder des Verkehrs tätig sind, dem Vergaberecht, und zwar nicht nur, sofern diese Unternehmen über **besondere Staatsnähe** verfügen (Alt. 2, staatsnahe Sektorenauftraggeber), sondern auch dann, wenn sie diese **Tätigkeit aufgrund besonderer oder ausschließlicher Rechte** ohne weitere Verbindung zur öffentlichen Hand ausüben (Alt. 1, staatsferne Sektorenauftraggeber). Die **Erfassung rein privater Auftraggeber** (Alt. 1) beruht auf der Erwägung, dass diese in den erfassten Sektoren aufgrund der gewährten besonderen oder ausschließlichen Rechte auch ohne Staatsnähe über eine besondere, von der öffentlichen Hand veranlasste Wettbewerbsposition verfügen und dem Einfluss der öffentlichen Hand in besonderem Maße ausgesetzt sind.[60] Grundsätzlich unterliegen alle Sektorenauftraggeber – staatsnahe wie staatsferne – iSv. Nr. 4 im Unterschied zu öffentlichen Auftraggebern gem. Nr. 1 bis 3, 4 und 6 besonderen Vorschriften, die sich aus der SKR 2004 ergeben und die im nationalen Recht mittels der neuen SektVO[61] umgesetzt ist.

b) Sektorenverordnung. Die SektVO, aus der sich nach Abschaffung der 3. und 4. Ab- **46** schnitte von VOB/A und VOL/A die für Sektorenauftraggeber geltenden Vergabevorschriften nunmehr abschließend ergeben, wird in Ansehung ihrer zentralen Bedeutung für das Recht der Sektorenauftragsvergabe nachfolgend im Ganzen abgedruckt. Eine Übersicht über die neue Verordnung wird in der Kommentierung von **Anhang 1 zur Anlage zu § 98 Nr. 4** gegeben.[62]

c) Staatsferne Sektorenauftraggeber aufgrund besonderer oder ausschließlicher 47 Rechte (Nr. 4, 1. Alt.). aa) Normzweck. Nr. 4, 1. Alt. unterwirft alle privaten Auftraggeber dem Vergaberecht, die aufgrund ihnen von Behörden eingeräumten Sonderrechte tätig werden, weil davon ausgegangen wird, dass diese Auftraggeber – wie alle übrigen in § 98 definierten – über eine staatlich veranlasste marktbezogene Sonderstellung verfügen.[63] Eine Sonderstellung nehmen die von Nr. 4, 1. Alt. erfassten Auftraggeber ein, weil sie aufgrund dieser **Sonderrechte** nicht wie andere Unternehmen den kompetitiven Bedingungen des Marktes ausgesetzt sind. Staatlich veranlasst ist die Sonderstellung, weil die Sonderrechte durch Behörden und damit von Stellen der öffentlichen Hand eingeräumt werden.[64] Ein Auftraggeber, der diese Bedingungen erfüllt, ist im Wettbewerb privilegiert und der besonderen Einflussnahme des Staates ausgesetzt.[65] Diese besondere Marktstellung, die derjenigen der öffentlichen Hand näher ist als derjenigen von privaten Wettbewerbern, rechtfertigt eine Anwendung des Vergaberechts. Denn Ziel der – alten wie neuen – Sektorenrichtlinie war und ist, ein **gemeinschaftsweit einheitliches „level playing field"** in den Bereichen der Sektoren zu schaffen, ohne dass die Rechtsstellung der Auftraggeber eine Rolle spielen darf: „Es sollte daher sichergestellt werden, dass die Gleichbehandlung von Auftraggebern im öffentlichen Sektor und Auftraggebern im privaten Sektor gewahrt bleibt."[66] Entscheidend ist demnach, dass die erfassten Unternehmen ihre Tätigkeit auf der Grundlage **besonderer oder ausschließlicher Rechte** ausüben, die ihnen von einer zuständigen Behörde gewährt wurden und ihnen eine privilegierte Wettbewerbsstellung einräumen.[67]

Im Einzelnen setzt das Vorliegen behördlich eingeräumter **besonderer oder ausschließ- 48 licher Rechte** folgende Prüfungsschritte voraus:

---

[58] *Dreher/Stockmann* RdNr. 158.
[59] Vgl. Anlage zu § 98 Nr. 4 RdNr. 2 ff.
[60] *Kulartz/Kus/Portz/Eschenbruch* RdNr. 255.
[61] BGBl. I 2009 S. 3110.
[62] Vgl. Anlage zu § 98 Nr. 4 RdNr. 65 ff.
[63] *Dreher/Stockmann* RdNr. 160, 179.
[64] Erwägungsgründe SKR 2004, ABl. 2004 L 134/1, Tz. 2.
[65] *Willenbruch/Bischoff/Bischoff* RdNr. 70.
[66] Erwägungsgründe SKR 2004, ABl. 2004 L 134/1, Tz. 10.
[67] Erwägungsgründe SKR 2004, ABl. 2004 L 134/1, Tz. 3.

– ist eine Sektorentätigkeit einem bestimmten Unternehmen vorbehalten,
– wird die Möglichkeit anderer Unternehmen zur Ausführung der Tätigkeit erheblich beeinträchtigt und
– wurde das Recht von der zuständigen Behörde eingeräumt?

49 **bb) Ausschließliche oder besondere Rechte.** Bis zur Neufassung von Nr. 4 durch das Gesetz zur Modernisierung des Vergaberechts vom 20. 4. 2009 (VgRModG)[68] enthielt das nationale Vergaberecht keine Definition der besonderen und ausschließlichen Rechte.[69] Zur Konkretisierung dieses Tatbestandsmerkmals in Nr. 4 war daher ein Rückgriff auf die Bestimmungen in der Sektorenrichtlinie notwendig.[70] Zudem hat sich eine Auslegung in Anlehnung an die Begriffe der besonderen bzw. ausschließlichen Rechte iSv. Art. 106 Abs. 1 AEUV (ex-Art. 86 Abs. 1 EGV) angeboten.[71] Die in der Sektorenrichtlinie enthaltene Definition wurde im Jahr 2004 neugefasst. Die neue, in Art. 2 Abs. 3 SKR 2004 enthaltene Definition ist enger gefasst als ihr Vorgänger und erfasst nunmehr weniger Auftraggeber. Die entscheidende mit der Neufassung einhergehende Änderung ist der Wegfall der gesetzlichen Vermutung, dass Sonderrechte iSd. Sektorenrichtlinie dann vorliegen, wenn ein Auftraggeber zum Bau eines Netzes durch **Enteignungsverfahren oder Gebrauchsrechte** begünstigt werden kann oder wenn er Einrichtungen auf, unter oder über dem **öffentlichen Wegenetz** anbringen darf.[72] Hintergrund dieser gesetzlichen Vermutung war, dass Gemeinden vor der Liberalisierung des Marktes für leitungsgebundene Energie in Deutschland mit der Auswahl des öffentlichen Netzbetreibers auch darüber entschieden, wer die örtliche Monopolstellung für die Lieferung von Strom und Gas erhielt.[73] Bis zur Neufassung der Sektorenrichtlinie im Jahr 2004 wurden daher bspw. privatrechtliche Unternehmen trotz der Öffnung des Netzzugangs im Telekommunikations- und Energiesektor weiterhin als öffentliche Auftraggeber erfasst, obwohl sie dem Wettbewerb mit anderen Unternehmen ausgesetzt waren.[74] Der EuGH reagierte bereits 1996 in der Entscheidung „British Telecommunications" auf die veränderte Situation, dh. die Liberalisierung des Telekommunikationssektors in Großbritannien, indem der Tatbestand einschränkend ausgelegt wurde.[75] Diese Auslegung entspricht der Teleologie der Sektorenrichtlinie, da Grund für die vergaberechtliche Erfassung der Sektorenauftraggeber schon immer – und damit auch bereits nach der alten Sektorenrichtlinie (SKR)[76] – die Abschottung der Märkte in den erfassten Sektoren war.[77] Mit der Neufassung der Definition in der SKR im Jahr 2004 wurde diese Entwicklung auch normativ nachvollzogen, die nunmehr erstmalig auch Eingang in das nationale Vergaberecht gefunden hat.

50 Nach der neuen – einschränkenden – Definition werden **private Auftraggeber** nur erfasst, wenn die ihnen eingeräumten ausschließlichen oder besonderen Rechte die Tätigkeit im Sektorenbereich einem oder mehreren Unternehmen vorbehalten und die Möglichkeit anderer Unternehmen, eine solche Tätigkeit auszuführen, erheblich erschweren. Nicht erfasst werden daher Unternehmen, die zwar aufgrund von sektorenspezifischen Rechten tätig werden, diese Rechte ihnen aber kein **Monopol** oder keine **monopolartige Sonderstellung** einräumen.[78] Ein Sonderrecht gem. Nr. 4, 1. Alt. liegt nur vor, wenn das Recht nicht allen Unternehmen offen steht, sondern allen anderen Unternehmern die Sektortätigkeit dadurch vielmehr verwehrt oder zumindest erheblich erschwert wird. Daher begründen Enteignungs- oder Gebrauchsrechte zum Bau eines Netzes für sich genommen keine besonderen oder ausschließlichen Rechte mehr.[79] Ebenso führt das Recht zur Nutzung des öffentlichen Wegenetzes für den Bau von Netzeinrichtungen für sich allein nicht zum Vorliegen eines entsprechenden Sonderrechts.[80] Beiden Um-

---

[68] BGBl. I S. 790.

[69] *Kulartz/Kus/Portz/Eschenbruch* RdNr. 314.

[70] *Dreher/Stockmann* RdNr. 178.

[71] So *Byok/Jaeger/Werner* RdNr. 373. Hierzu oben Band 1 Art. 86 EG RdNr. 42.

[72] Vgl. BerlKommEnR/*Reider* RdNr. 39.

[73] Vgl. *Schneider/Theobald/Albrecht* § 9 RdNr. 8.

[74] *Willenbruch/Bischoff/Bischoff* RdNr. 71.

[75] EuGH, C-302/94, Slg. 1996, I-6417, RdNr. 41 – British Telecommunications; *Ohrtmann* VergabeR 2007, 565, 572; Erläuterung der Kommission zur Sektorenrichtlinie – Definition von ausschließlichen Rechten, Dokument CC/2004/33 v. 18. 6. 2004.

[76] RL 93/38, ABl. 1993 L 199/84.

[77] Erwägungsgründe RL 93/38, ABl. 1993 L 199/84, Tz. 11, 12.

[78] RegBegr. BT-Drucks. 16/10117, 11.

[79] Erwägungsgründe SKR 2004, ABl. 2004 L 134/1, Tz. 25.

[80] Erwägungsgründe SKR 2004, ABl. 2004 L 134/1, Tz. 25.

ständen kommt jedoch eine gewisse Indizwirkung für das Vorliegen von besonderen und ausschließlichen Rechten iSd. Vorschrift zu. Ausschließliche Rechte iSv. Nr. 4, 1. Alt. können zB. durch einen **Anschluss- und Benutzungszwang** begründet werden, der den Anschluss an das Versorgungsnetz eines durch Konzessionsvertrag exklusiv tätigen Versorgungsunternehmens vorschreibt.[81] Besondere Rechte sind Sonderrechte, die im Unterschied zu ausschließlichen Rechten mehreren Unternehmen eine bevorzugte Stellung verschaffen.[82]

cc) Konsequenzen für den Energiesektor. Für den Energiesektor bedeutet das, dass es **51** sich weder bei der Möglichkeit der **Enteignung** gem. § 45 EnWG noch bei den **Gebrauchsrechten am öffentlichen Wegenetz** gem. § 46 EnWG um besondere oder ausschließliche Rechte iSv. Nr. 4, 1. Alt. handelt. Die betroffenen Unternehmen erlangen dadurch keine privilegierte Sonderstellung, da § 20 Abs. 1 EnWG die Betreiber von Energieversorgungsnetzen verpflichtet, jedermann nach sachlich gerechtfertigten Kriterien Netzzugang zu gewähren. Die genannten Rechte stehen daher grds. allen Unternehmen offen. Die Gewährung eines ausschließlichen Rechts läge nur dann vor, wenn ein einzelnes Unternehmen für ein bestimmtes geografisches Gebiet exklusiv zur Energieversorgung berechtigt wäre.[83] Eine solche ausschließliche Privilegierung ist nach dem EnWG jedoch nicht zulässig.[84]

α) Einräumung einer begrenzten Zahl von Rechten. Die **Einräumung einer be-** **52** **grenzten Zahl von Rechten** – zB. durch die Vergabe einer Konzession – begründet die Sektorenauftraggebereigenschaft ebenfalls nicht, wenn die Rechte aufgrund objektiver, verhältnismäßiger und nichtdiskriminierender Kriterien allen interessierten Kreisen offen stehen.[85] Gemeinden sind gem. § 46 Abs. 3 EnWG verpflichtet, die Neuvergabe von Konzessionsverträgen zum Betrieb eines Netzes zur allgemeinen Versorgung spätestens zwei Jahre vor Vertragsablauf bekannt zu machen. Da der Gesetzgeber nicht bestimmt, nach welchen Kriterien eine Gemeinde ihre Auswahlentscheidung zu treffen hat,[86] ist entscheidend, ob die Auswahl des Konzessionsnehmers tatsächlich auf objektive nichtdiskriminierende und verhältnismäßige Kriterien gestützt wurde. Ist das nicht der Fall, so kann es sich bei der Konzession um ein ausschließliches oder besonderes Recht handeln, das die Auftraggebereigenschaft begründet.

β) Genehmigungen. Auch das **Genehmigungserfordernis des § 4 EnWG** räumt Un- **53** ternehmen für den Betrieb eines Energieversorgungsnetzes kein Ausschließlichkeitsrecht ein. Es handelt sich um ein präventives Verbot mit Genehmigungsvorbehalt, so dass die Genehmigung nur zu versagen ist, wenn die Einhaltung bestimmter Mindeststandards (personelle, technische und wirtschaftliche Leistungsfähigkeit und Zuverlässigkeit) nicht gewährleistet ist.[87] Es besteht ein gebundener Anspruch auf Erteilung der Genehmigung, wenn die Tatbestandsvoraussetzungen erfüllt sind. Die Möglichkeit der Beauftragung einer Genehmigung gem. § 4 EnWG steht weiterhin auch allen anderen Unternehmen offen.

γ) Wegenutzungsrechte. Wegenutzungsrechte stellen ebenfalls per se keine besonderen **54** oder ausschließlichen Rechte gem. Nr. 4, 1. Alt. dar, da Gemeinden verpflichtet sind, Wegenutzungsrechte diskriminierungsfrei zur Verfügung zu stellen.[88]

Auch der Umstand, dass ein Unternehmen ein Netz mit Elektrizität, Gas oder Wärme ver- **55** sorgt, das seinerseits von einem Unternehmen betrieben wird, das Sonderrechte genießt, stellt kein ausschließliches oder besonderes Recht iSv. Nr. 4, 1. Alt. dar.[89] Der Vertrieb begründet durch die strikte **Trennung von Netzbetrieb und Vertrieb (Versorgung)** in Deutschland keine Sonderstellung der Energieversorgungsunternehmen, denn der Vertrieb steht grds. allen Wettbewerbern nach denselben Maßstäben offen. Der deutsche Gesetzgeber hat aufgrund der EU-Strom-Richtlinie 2003[90] und der EU-Gas-Richtlinie 2003[91] den Netzzugang reguliert, die Berechnung der Netzzugangsentgelte festgelegt und die Entflechtung (Unbundling) des Netzbe-

---

[81] Vgl. *Burgi* 10; *Boesen* § 98 RdNr. 109. Zur Gewährung qualifizierter Wegenutzungsrechte gem. § 46 Abs. 2 EnWG zugunsten von Energieversorgungsunternehmen vgl. Anlage zu § 98 Nr. 4 RdNr. 43.

[82] Vgl. *Burgi* 11; *Boesen* RdNr. 109.

[83] *Burgi* 10; *Boesen*, § 98 RdNr. 109.

[84] Vgl. § 20 Abs. 1, § 46 Abs. 1 S. 1 EnWG.

[85] Erwägungsgründe SKR 2004, ABl. 2004 L 134/1, Tz. 25.

[86] RegBegr. BT-Drucks. 13/7274, 21.

[87] *Salje* § 4 RdNr. 3.

[88] Vgl. *Britz/Hellermann/Hermes/Hellermann* § 46 RdNr. 13.

[89] Erwägungsgründe SKR 2004, ABl. 2004 L 134/1, Tz. 25.

[90] RL 2003/54, ABl. 2003 L 176/37.

[91] RL 2003/55, ABl. 2003 L 176/57.

triebs von anderen Geschäftsbereichen durch organisatorische und rechtliche Trennung sichergestellt, um Quersubventionen bzw. eine intransparente Kostenzurechnung zu vermeiden.[92]

56   δ) **Grundversorgerstatus.** Die **Stellung als Grundversorger** beruht ebenfalls nicht auf einem ausschließlichen oder besonderen Recht iSv. Nr. 4, 1. Alt. Der Grundversorger beliefert nach Maßgabe öffentlich bekanntgegebener allgemeiner Bedingungen und Preise automatisch alle Haushaltskunden mit Strom bzw. Gas, die keinen speziellen Versorgungsvertrag mit einem Energieversorgungsunternehmen geschlossen haben.[93] Allerdings richtet sich die Zuständigkeit für die Grundversorgung gem. § 36 Abs. 2 Satz 1 EnWG danach, welcher Energieversorger in einem bestimmten Netzgebiet der allgemeinen Versorgung die meisten Haushaltskunden beliefert und somit nach den tatsächlich gegebenen Marktverhältnissen.[94] Die Stellung als Grundversorger wird demnach gerade nicht durch die Gewährung besonderer oder ausschließlicher Rechte eingeräumt.

57   dd) **Konsequenzen für den Trinkwassersektor.** Im Trinkwassersektor hat noch keine Entflechtung von Netzbetrieb und Versorgung stattgefunden, die den Wettbewerb der Trinkwasserversorger und den freien Zugang zu den Trinkwasserversorgungsnetzen sowie eine freie Wahl der Kunden unter den Versorgern ermöglichen würde.[95] Daher ist die Trinkwasserversorgung in Deutschland durch **Versorgungsmonopole** geprägt. Kennzeichnend hierfür ist, dass ein Unternehmen in einem Versorgungsgebiet alle Dienstleistungen der Wasserversorgung erbringt, von der Gewinnung über die Aufbereitung bis hin zur Verteilung an den Endkunden.[96] Es existiert **kein nationales Netz**, sondern eine Vielzahl kleiner und kleinster regionaler Versorgungsnetze zwischen denen keine Verbindung besteht.[97] Diese Situation beruht auf dem in § 1a Abs. 3 WHG verankerten Grundsatz, dass die Wasserversorgung nach Möglichkeit aus regionalen Quellen zu gewährleisten ist. Gemäß § 1a Abs. 3 WHG wird durch Landesrecht bestimmt, dass der Wasserbedarf der öffentlichen Wasserversorgung vorrangig aus ortsnahen Wasservorkommen zu decken ist, soweit überwiegende Gründe des Allgemeinwohls nicht entgegenstehen. Zur Absicherung der im Bereich der Wasserversorgung bestehenden Monopole trägt ferner der gesetzlich vorgeschriebene Anschluss- und Benutzungszwang bei.[98] Die Gemeindeordnungen der Länder ermächtigen die Gemeinden aus Gründen des öffentlichen Wohls durch Satzung für die Grundstücke ihres Gebiets den Anschluss an die Wasserleitung und die Benutzung der Einrichtungen der Wasserversorgung vorzuschreiben.[99]

58   Diese Rahmenbedingungen des Trinkwassersektors führen dazu, dass die Gemeinden in Deutschland überwiegend selbst die Aufgabe der Wasserversorgung erfüllen, so dass je nach Ausgestaltung der Wasserversorgung die Auftraggebereigenschaft der Versorgungsunternehmen bereits gem. § 98 Nr. 1 bzw. Nr. 2 vorliegt.[100] Allerdings ist die Übernahme der Wasserversorgung durch die Gemeinden selbst zwingend, sie darf vielmehr auch durch Private wahrgenommen werden.[101] Ist das der Fall, werden private Unternehmen im Bereich der Trinkwasserversorgung wegen der bestehenden natürlichen Monopole in der Regel aufgrund besonderer und ausschließlicher Rechte gem. § 98 Nr. 4, 1. Alt. tätig. Denn grds. sind einzelne Unternehmen für ein bestimmtes geografisches Gebiet exklusiv zur Wasserversorgung berechtigt.[102] Anderen Unternehmen wird durch den fehlenden Zugang zu Wasserversorgungsnetzen die Möglichkeit ge-

---

[92] *Salje*, Vorbemerkungen zu §§ 6–10 RdNr. 3.

[93] Vgl. *Britz/Hellermann/Hermes/Hellermann* § 36 RdNr. 27.

[94] *Kühne/Brodowski* NVwZ 2005, 849, 857.

[95] Vgl. *Schmidt* LKV 2008, 197.

[96] *Fischer/Zwetkow* NVwZ 2003, 281, 285.

[97] *Fischer/Zwetkow* NVwZ 2003, 281, 286.

[98] *Lenschow* 84.

[99] § 11 Abs. 1 GO Baden-Württemberg; Art. 24 Abs. 1 Nr. 2 GO Bayern; § 15 Abs. 1 GO Brandenburg; § 19 Abs. 2 GO Hessen; § 15 Abs. 1 Kommunalverfassung Mecklenburg-Vorpommern § 8 Nr. 2 GO Niedersachsen; § 9 Satz 1 GO Nordrhein-Westfalen; § 26 Abs. 1 GO Rheinland-Pfalz; § 22 Abs. 1 GO Saarland; § 14 Abs. 1 GO Sachsen; § 8 Nr. 2 GO Sachsen-Anhalt; § 20 Abs. 2 Nr. 2 Kommunalordnung Thüringen.

[100] Umweltgutachten 2002 des Rates von Sachverständigen für Umweltfragen, Anteil an der Gesamtzahl der Unternehmen in der Wasserversorgung in Deutschland im Jahr 2000: Regiebetriebe 1,3%, Eigenbetriebe 36,7%, Zweckverbände 16,5%, Wasser- und Bodenverbände 3,9%, Eigengesellschaften als AG oder GmbH 21,1%, öffentliche Gesellschaften als AG oder GmbH 6,9%, gemischtwirtschaftliche Gesellschaften als AG oder GmbH 11,9%, rein privatrechtliche Unternehmen 1,7%, vgl. BT-Drucks. 14/8792, 295.

[101] *Lenschow* 84.

[102] *Schmidt* LKV 2008, 196.

nommen, ebenfalls in der Wasserversorgung tätig zu werden. Unternehmen, die im Trinkwassersektor tätig werden, sind daher grds. als öffentliche Auftraggeber gem. § 98 zu qualifizieren.

ee) Konsequenzen für den Verkehrssektor. Welche Folgen sich aus der Definition der **59** „besonderen und ausschließlichen Rechte" gem. Nr. 4, 1. Alt. im Einzelnen für den Verkehrssektor ergeben, wird in der Kommentierung der Anlage zu § 98 Nr. 4 behandelt.[103]

d) Staatsnahe Sektorenauftraggeber aufgrund beherrschenden Einflusses (Nr. 4, 60 2. Alt.). Unter Nr. 4, 2. Alt. fallen natürliche und juristische Personen des Privatrechts, die im Bereich der Sektoren tätig sind, wenn Auftraggeber, die unter die Nummern 1 bis 3 fallen, auf diese Personen **einzeln oder gemeinsam einen beherrschenden Einfluss** ausüben können. Es handelt sich wie bei Auftraggebern gem. Nr. 2 um Auftraggeber, deren besondere Staatsnähe durch Beherrschung die Anwendbarkeit des Vergaberechts rechtfertigt.[104] Die **Rechtsform des Unternehmens** ist dabei **nicht entscheidend**. Sie hat nur Einfluss darauf, welche Kontrollmöglichkeiten dem Staat grundsätzlich zur Verfügung stehen können. Entsprechend kommt es nach der Rechtsprechung des EuGH bei privatrechtlich verfassten Unternehmen darauf an, ob ihr Verhalten bestimmendem staatlichen Einfluss unterliegt.[105]

Der Begriff der Beherrschung wird in Nr. 4 nicht definiert, so dass auf die Definition in **61** Art. 2 Abs. 1 lit. b SKR 2004 zurückgegriffen werden muss. Die dortige Definition entspricht im Wesentlichen der des Nr. 2. Die Beherrschung kann gem. Art. 2 Abs. 1 lit. b SKR 2004 aufgrund von Eigentum, finanzieller Beteiligung oder der für das Unternehmen geltenden Vorschriften bestehen. Wie im Falle der Nr. 2 ist es nicht erforderlich, dass der Auftraggeber den Einfluss tatsächlich ausübt,[106] es reicht aus, wenn die Möglichkeit besteht. Auch kann der Einfluss mittelbar – über Dritte – ausgeübt werden. Zudem wird der beherrschende Einfluss gem. Art. 2 Abs. 1 lit. b S. 2 SKR 2004 vermutet, wenn der Auftraggeber

„– unmittelbar oder mittelbar die Mehrheit des gezeichneten Kapitals des Unternehmens hält oder
– über die Mehrheit der mit den Anteilen am Unternehmen verbundenen Stimmrechte verfügt oder
– mehr als die Hälfte der Mitglieder des Verwaltungs-, Leitungs- oder Aufsichtsorgans des Unternehmens ernennen kann."

Der EuGH hat eine **abschließende Definition**, wann hinreichend **beherrschende Ein- 62 flussrechte** vorliegen, bislang nicht entwickelt.[107] Vielmehr liegen lediglich einige Einzelfallentscheidungen vor. Während der Gerichtshof in den Fällen „Buy Irish", „Hennen Olie" und „British Gas" auf die jeweilige staatliche Weisungsrechte abgestellt hat,[108] haben in den Entscheidungen „Telaustria" und „CMA-Gütezeichen" die eigentumsrechtlichen Einwirkungsmöglichkeiten von Mehrheitsgesellschaftern auf ihre Aktiengesellschaft[109] bzw. GmbH[110] für die Annahme einer hinreichenden staatlichen Bindung ausgereicht. Im Fall „Hennen Olie" etwa verfügte die Regierung über direkte Ernennungs- und Weisungsbefugnisse. Demgegenüber kann der Aktionär einer AG – ebenso die Fallgestaltung in „Telaustria" – nur mittelbar über Hauptversammlung und Aufsichtsrat auf den Vorstand einwirken, der seinerseits bei der Leitung der Gesellschaft an keine Weisungen gebunden ist.

Für die weitere Konkretisierung des Beherrschungstatbestandes wird auf die Kommentierung **63** zu § 98 Nr. 2 verwiesen.[111]

e) Telekommunikationsunternehmen. Im Jahre 1999 wurden durch Art. 8 SKR bereits **64** Dienstleistungen des Telekommunikationssektors von der Anwendbarkeit des Vergaberechts freigestellt. Die Telekommunikationsunternehmen waren seither aufgrund der Umsetzung in der VgV zwar nicht zur Anwendung der detaillierten Vergabeverfahrensregelungen der Verdingungsordnungen verpflichtet, mussten aber die Vergabegrundsätze des GWB beachten.[112] Wegen

---

[103] Vgl. Anlage zu § 98 Nr. 4 RdNr. 73.
[104] Erwägungsgründe SKR 2004, ABl. 2004 L 134/1, Tz. 2.
[105] Die Rolle der staatlichen Einflussmöglichkeiten im Einzelfall hervorhebend; Schlussanträge GA *Lenz* v. 13. 3. 1991, C-247/89 – „ANA-EP", RdNr. 16–19; *Gabriel* VergabeR 2009, 7, 9.
[106] BerlKommEnR/*Reider* RdNr. 40.
[107] Hierzu *Gabriel* VergabeR 2009, 7, 10.
[108] EuGH, C-249/81, Slg. 1982, I-4005 – Buy Irish; EuGH, C-302/88, Slg. 1990, I-4625 – Hennen Olie; EuGH, C-188/89, Slg. 1990, I-3313, RdNr. 20 – British Gas.
[109] EuGH, C-324/98, Slg. 2000, I-10745 – Telaustria.
[110] EuGH, C-325/00, Slg. 2002, I-9977 – CMA-Gütezeichen.
[111] Vgl. § 98 RdNr. 23 ff.
[112] *Kulartz/Kus/Portz/Eschenbruch* RdNr. 9.

der erreichten **Liberalisierung des Telekommunikationssektors** wurde dieser Sektor vollständig **aus der SKR 2004 herausgenommen.**[113] Diese Änderung hat der nationale Gesetzgeber durch Streichung des Telekommunikationssektors in Nr. 4 umgesetzt, so dass Telekommunikationsunternehmen künftig keinerlei vergaberechtlichen Vorgaben mehr unterliegen. Im
Übrigen wird auf die Kommentierung des Bereichs Telekommunikation in der Anlage zu § 98
verwiesen.[114]

65   **f) Postdienstleitungen.** Postdienstleistungen haben zwar mittlerweile eine Regelung in der
SKR 2004 erfahren.[115] Von der Möglichkeit, diese Regelung in das GWB aufzunehmen, hat
der Gesetzgeber jedoch abgesehen. Die Anwendung des Vergaberechts bei Beschaffung durch
Unternehmen im Bereich der Postdienstleistungen wird für nicht mehr erforderlich gehalten, da
die **Exklusivlizenz der Deutsche Post AG** für Briefsendungen bereits Ende 2007 aufgehoben wurde.[116] Die **Ausklammerung des Postbereichs** ist überzeugend, da davon auszugehen
ist, dass mit dem Auslaufen des gesetzlichen Briefmonopols in Deutschland kein Unternehmen
mehr besteht, das die Voraussetzungen eines öffentlichen Auftraggebers iSd. SKR 2004 und
damit gem. Nr. 4 erfüllt.[117] Im Übrigen wird auf die Kommentierung des Bereichs Post in der
Anlage zu § 98 verwiesen.[118]

66   **g) Abgrenzung von Nr. 4 und Nr. 2. aa) Notwendigkeit der Abgrenzung.** Zum Teil
erfüllen Auftraggeber, die im Sektorenbereich tätig sind, sowohl den Tatbestand der Nr. 4 als
auch den der Nr. 2.[119] Das beruht auf dem Umstand, dass sich sowohl aus Nr. 2 wie auch aus
Nr. 4, 2. Alt. die Qualifizierung als öffentlicher Auftraggeber ergibt, falls eine Einrichtung staatlich beherrscht ist und eine im Allgemeininteresse liegende Aufgabe erfüllt. Die Tätigkeit im
Sektorenbereich kann die Erfüllung einer im Allgemeininteresse liegenden Aufgabe darstellen,
wenn es sich bei der Versorgung der Allgemeinheit mit Trinkwasser, Energie und der Bereitstellung von Versorgungs- und Verkehrsnetzen um Aufgaben der Daseinsvorsorge handelt.[120]
Die besondere Staatsnähe wird nach beiden Vorschriften durch die Ausübung eines beherrschenden Einflusses begründet.[121] Nr. 2 fordert im Unterschied zu Nr. 4 aber zusätzlich, dass
eine nichtgewerbliche Tätigkeit ausgeübt wird.[122]

67   Eine **eindeutige Zuordnung unter einen der beiden Tatbestände des § 98** ist erforderlich, da beide Vorschriften **unterschiedliche Rechtsfolgen** begründen, denn das Vergaberechtsregime, dem Sektorenauftraggeber gem. Nr. 4 unterliegen, ist nicht so streng, wie das,
dem Auftraggeber nach Nr. 2 unterfallen. Zudem gelten unterschiedliche Schwellenwerte gem.
§ 2 Nr. 1 bzw. Nr. 2 VgV. Für Auftraggeber, die auch Nr. 2 erfüllen, würde eine vorrangige
Geltung von Nr. 4 eine Möglichkeit darstellen, ein flexibleres Vergaberechtsregime anwenden
zu können, dass ihnen zB. die freie Wahl der Vergabeverfahrensart belässt, sie von der Verpflichtung zur Vergabe in Teil-/Fachlosen freistellte oder von der Einhaltung der detaillierten
Vorgaben an Leistungsbeschreibungen entbindet.[123] Die Abgrenzung beider Vorschriften war
daher nach bisheriger Rechtslage nach deutschem Vergaberecht für die praktische Handhabung
von Auftragsvergaben von entscheidender Bedeutung, weil sich der deutsche Gesetz- und Verordnungsgeber **bislang** für eine **primär auftraggeberbezogene Abgrenzung zwischen
klassischem und Sektorenbereich** entschieden hat.[124]

68   **bb) Vorrang des Nr. 4 für sektorenspezifische Aufträge.** In der bisherigen Diskussion
wurde sowohl die Ansicht vertreten, dass Nr. 2 im Verhältnis zu Nr. 4 lex specialis und somit
vorrangig sei,[125] als auch die Ansicht, dass die Konkurrenzfrage zugunsten der Sektorenvor-

---

[113] Erwägungsgründe SKR 2004, ABl. 2004 L 134/2, Tz. 5.
[114] Vgl. Anlage zu § 98 RdNr. 95.
[115] Art. 6 SKR 2004.
[116] RegBegr. BT-Drucks. 16/10 117, 11.
[117] So RegBegr. zum RegE der SektVO, BR-Drucks. 522/09, 36.
[118] Vgl. Anlage zu § 98 RdNr. 86.
[119] *Kulartz/Kus/Portz/Eschenbruch* RdNr. 265.
[120] VK Bund v. 21. 1. 2004, VK 2-126/03.
[121] Vgl. Erwägungsgründe SKR 2004, ABl. 2004 L 134/1, Tz. 2.
[122] VK Bund v. 11. 3. 2004, VK 1-151/03; *Byok/Jaeger/Werner* RdNr. 382.
[123] *Prieß/Gabriel* NZBau 2006, 685, 686.
[124] Dazu unten RdNr. 69.
[125] VK Potsdam v. 28. 1. 2003, VK 71/02; VK Bund v. 16. 12. 1998, 2 VÜ-22/98; *Byok/Jaeger/Werner*
RdNr. 380; JurisPK-VergR/*Zeiss* RdNr. 161; BeckVOB-Komm/*Kemper*, Vor Abschnitt 3 RdNr. 12; *Gallwas* GewArch 2000, 401.

schriften und damit zugunsten von Nr. 4 zu lösen sei.[126] Nachdem der EuGH in zwei Entscheidungen den Vorrang der Sektorenrichtlinie bestätigt hat, dürfte diese Konkurrenzfrage iSd. **vorrangigen Anwendung von Nr. 4** entschieden sein. So hat der Gerichtshof bestätigt, dass die Sektorenrichtlinie anwendbar ist, wenn ein Sektorenauftraggeber eine der in dieser Richtlinie genannten **Tätigkeit ausübt** und den verfahrensgegenständlichen **Auftrag „im Zusammenhang mit und zum Zweck"**[127] dieser **Tätigkeit** vergibt – und zwar auch dann, wenn es sich zugleich um einen öffentlichen Auftraggeber iSd. klassischen Vergaberichtlinien (dh. Nr. 2) handelt.[128] Danach dürfen Sektorenauftraggeber, die auch „klassische" Auftraggeber sind, hinsichtlich der Auftragsvergabe im Rahmen ihrer Sektorentätigkeit nicht ohne weiteres den allgemeinen, strengeren Vorschriften der klassischen EG-Vergaberichtlinien unterworfen werden, sondern können in diesem Bereich ihre Aufträge nach den weniger strengen Regeln für Sektorenauftraggeber vergeben. Auch Erwägungsgrund Nr. 20 der VKR sieht vor, dass Aufträge, die den Sektorenbereich „betreffen", in den Anwendungsbereich der Sektorenrichtlinie fallen. Entsprechend sieht Art. 12 VKR vor, dass die Richtlinie nicht für Aufträge gilt, die der Durchführung einer Tätigkeit im Sektorenbereich „dienen". Die europarechtlichen Vorgaben sehen mithin einen **Vorrang der Sektorenvorschriften unabhängig von der Art des vergaberechtlichen Auftraggebers** vor, sofern ein sektorenspezifischer Zusammenhang besteht. Damit in Einklang steht nunmehr auch die **neue SektVO**.[129] Im Zuge des VgRModG wurde mit dem Ziel, die SKR 2004 „Eins-zu-Eins" umzusetzen, in § 127 VgRModG die Voraussetzung für den Erlass einer speziellen Rechtsverordnung für den Sektorenbereich geschaffen.[130] Der Anwendungsbereich der neuen SektVO erstreckt sich gem. deren § 1 sowohl auf Auftraggeber gem. Nr. 4 als auch auf Auftraggeber gem. Nr. 1–3. Allerdings sieht § 1 Abs. 1 Satz 2 SektVO vor, dass die Verordnung ausschließlich Regelungen für Aufträge vorsieht, die „im Zusammenhang mit Tätigkeiten" in einem der Sektoren vergeben werden.[131] Daraus ergibt sich für Auftraggeber, die neben Nr. 4 auch Nr. 2 (oder Nr. 1 oder 3) erfüllen, dass sie die Privilegierung, die mit der Qualifizierung als Sektorenauftraggeber einhergeht, jedenfalls – aber zugleich auch nur – für Aufträge im Sektorenbereich in Anspruch nehmen können. Im Übrigen sind sie an das klassische Vergaberegime und damit auf nationaler Ebene an die 2. Abschnitte von VOL/A und VOB/A gebunden. Für Auftraggeber die ausschließlich unter Nr. 4 fallen hat das zur Folge, dass sie für Aufträge ohne Bezug zu einer Sektorentätigkeit keinem Vergaberegime unterfallen.[132]

h) Umsetzung der Sektorenrichtlinie – Abschaffung der 3. Abschnitte der Vergabe- und Vertragsordnungen. aa) Rechtslage vor dem VgRModG. Der deutsche Gesetzgeber hat bei der **Umsetzung der Sektorenrichtlinie** ursprünglich einen in Europa einmaligen **Sonderweg** gewählt.[133] Während eine Unterscheidung zwischen Tätigkeiten innerhalb und außerhalb der Sektorenbereiche unterhalb der EU-Schwellenwerte nicht veranlasst ist, hätte oberhalb der Schwellenwerte die Umsetzung der Vorgaben der Vergaberichtlinien lediglich Veranlassung für drei Abschnitte in VOB/A und VOL/A gegeben: neben den sog. Basisparagraphen für nationale Vergaben (im 1. Abschnitt), für die die europäischen Vergaberichtlinien nicht gelten, einen weiteren Abschnitt für die Umsetzung dieser Richtlinien (im 2. Abschnitt) sowie einen dritten Abschnitt für die Umsetzung der Sektorenrichtlinie. Stattdessen haben VOL/A und VOB/A vier Abschnitte erhalten. Ergänzend zu den Abschnitten 1 und 2 wurden zwei weitere Abschnitte nur für Vergaben durch Sektorenauftraggeber geschaffen, wobei der 3. Abschnitt eine vom Gemeinschaftsrecht nicht vorgesehene Zwischenkategorie darstellt, mit der **in den Sektoren tätige öffentliche Auftraggeber** zusätzlichen Bindungen unterworfen werden sollten.[134] Diese **ursprünglich rein auftraggeberbezogene Zielrichtung des 3. Abschnitts** kam in § 4 Abs. 1 der VgV idF v. 22. 2. 1994, der noch auf § 57a HGrG beruhte, deutlicher zum Ausdruck, da dort die Abschnitte 3 und 4 unterschiedslos für **alle Sektoren**

69

---

[126] *Prieß/Gabriel* NZBau 2006, 685; *Hertwig* NZBau 2003, 545. Ähnlich OLG Düsseldorf v. 25. 1. 2005, Verg 93/05 (nicht abgedruckt in NZBau 2005, 484).

[127] EuGH, C-393/06, Slg. 2008, I-2339/RdNr. 31 – Fernwärme Wien GmbH.

[128] EuGH, C-462/03, Slg. 2005, I-5397, RdNr. 37 – Strabag AG und Kostmann GmbH, NZBau 2005, 474; EuGH, C-393/06, Slg. 2008, I-2339/RdNr. 59–60 – Fernwärme Wien GmbH.

[129] BGBl. I 2009 S. 3110, vgl. hierzu auch oben RdNr. 46 und Anlage zu § 98 Nr. 4 RdNr. 65 ff.

[130] RegBegr. BT-Drucks. 16/10117, 24 (zu § 127 lit. c).

[131] Zu diesem Erfordernis s. Anlage zu § 98 Nr. 4 RdNr. 19 ff.

[132] Vgl. Anlage zu § 98 RdNr. 24.

[133] Hierzu und zum Folgenden eingehend *Prieß/Gabriel* NZBau 2006, 685.

[134] BeckVOB-Komm/*Kemper* Vor Abschnitt 3 RdNr. 12.

galten und ihr Anwendungsbereich allein von der **Art des Auftraggebers** (öffentlich oder privat) abhing. Gemäß dem 3. Abschnitt von VOB/A und VOL/A waren bislang neben den speziellen Regelungen für Sektorenauftraggeber auch die Basisparagraphen anzuwenden. Hierdurch erfuhren Sektorenauftraggeber eine „strengere Behandlung",[135] indem sie insbes. an die Hierarchie der Vergabeverfahrensarten gebunden wurden.[136] Diese strengere vergaberechtliche Bindung von Sektorenauftraggebern war **ein allein deutsches Phänomen**, das ohne Parallele in einem anderen Mitgliedstaat blieb. Der 4. Abschnitt dagegen, der ursprünglich nur an die in den Sektoren tätigen **privaten Auftraggeber** gerichtet war,[137] dann aber zusätzlich auf „zwischenzeitlich liberalisierte Bereiche"[138] begrenzt wurde (es handelte sich um die Bereiche der Elektrizitäts-, Gas- und Wärmeversorgung sowie des Flughafenverkehrs, in denen nach Ansicht des Verordnungsgebers bereits funktionierender Wettbewerb herrschte), beschränkte sich auf die Umsetzung der Anforderungen der Sektorenrichtlinie und stellte den Sektorenauftraggebern folglich die Wahl der Vergabeverfahrensart frei. Dieser Differenzierung zwischen den Abschnitten 3 und 4 folgend schrieb § 7 Abs. 1 VgV aF. vor, dass die in Nr. 1–3 genannten öffentlichen Auftraggeber bei Tätigkeiten auf dem Gebiet der Sektoren Trinkwasserversorgung, Abwasserentsorger, Hafenverkehr sowie SPNV-/ÖPNV den 3. Abschnitt von VOB/A bzw. VOL/A anzuwenden hatten. Hierdurch wurde die zuvor beschriebene Bindung an die strengeren Basisparagraphen erreicht. Die (nur) Nr. 4 unterfallenden Auftraggeber hatten hingegen lediglich den 4. Abschnitt von VOB/A bzw. VOL/A anzuwenden; ebenso wie die in Nr. 1–3 genannten öffentlichen Auftraggeber bei Tätigkeiten auf dem Gebiet der Sektoren Elektrizitäts-, Gas- und Wärmeversorgung sowie Flughafenverkehr.

70   **bb) Regelung durch die neue SektVO.** Die für die Anwendung von § 7 Abs. 1 VgV aF. bisher entscheidende Frage, ob ein Sektorenauftraggeber ausschließlich unter Nr. 4, 2. Alt. oder gleichzeitig auch noch unter Nr. 2 fällt, hat sich durch die neue SektVO erledigt.[139] Die SektVO verpflichtet Auftraggeber gem. Nr. 1–4 einheitlich zur Anwendung dieser Verordnung, soweit sie Aufträge im Zusammenhang mit einer Tätigkeit auf dem Gebiet der Trinkwasser- oder Energieversorgung oder des Verkehrs vergeben.[140] Der Gesetz- und Verordnungsgeber hat hierdurch (endlich) die **gemeinschaftsrechtlich problematische Sonderregelung der 3. Abschnitte** der VOB/A und VOL/A abgeschafft[141] und klargestellt, dass bei Aufträgen im Sektorenbereich, unabhängig von der Art des Auftraggebers oder des speziellen Sektors, Nr. 4 den Nr. 1–3 vorgeht und die Privilegierungen der Sektorenrichtlinie sämtlichen Auftraggebern zugute kommen.

71   **cc) Unmittelbare Anwendung der SKR 2004.** Bereits vor Inkrafttreten der SektVO haben die 3. Abschnitte durch den Wegfall des § 8 VgV aF., der durch das VgRModG aufgehoben wurde, ihre Wirkung verloren.[142] Die Verpflichtung bestimmter Auftraggeber in bestimmten Sektoren zur Anwendung entweder des 3. oder 4. Abschnitts von VOB/A und VOL/A, die § 7 VgV aF. idF. der Vergaberechtsreform 2009 mittels Bezugnahme auf § 8 VgV aF. noch normierte, ging jedoch ins Leere, da die Verweisung infolge der Streichung von § 8 VgV aF. nicht mehr anwendbar war. Für Sektorenauftraggeber galten daher bis zum Inkrafttreten der neuen SektVO unmittelbar die (den 4. Abschnitten entsprechenden) Regelungen der SKR 2004.

72   **5. Nr. 5.** Nr. 5 erfasst natürliche **und juristische Personen des privaten** und seit der Reform auch **des öffentlichen Rechts,** die für die Durchführung der aufgezählten Baumaßnahmen und für die damit in Verbindung stehenden Dienstleistungen und Auslobungsverfahren **von Stellen, die unter Nr. 1–3 fallen, Mittel erhalten, die diese Vorhaben zu mehr als 50% finanzieren.** Im Rahmen einer europarechtskonformen Auslegung war an der bisherigen nationalen rechtlichen Gestaltung nicht festzuhalten. Vielmehr waren im Sinne der VKR alle, damit **auch öffentlich-rechtliche Einrichtungen** zu erfassen, die zu mehr als 50% „auf Rechnung des Staates" (oder seiner Untergliederungen, 2. Erwägungsgrund der Richtlinie) die genannten Baumaßnahmen durchführten und die nicht bereits als öffentliche Auftraggeber nach Nr. 2 dem Vergaberecht unterworfen waren. Die Vergaberechtsreform hat dem durch die aus-

---

[135] RegBegr. zu § 7 VgV, BR-Drucks. 455/00.

[136] *Dreher/Stockmann* § 101 RdNr. 45.

[137] § 4 Abs. 2 der VgV idF. v. 22. 2. 1994; hierzu BeckVOB-Komm/*Kemper* Vor Abschnitt 4 RdNr. 21.

[138] So wiederum RegBegr. zu § 7 VgV, BR-Drucks. 455/00.

[139] Zur SektVO vgl. oben RdNr. 46 und Anlage zu § 98 Nr. 4 RdNr. 65 ff.

[140] Vgl. § 1 Abs. 1 SektVO.

[141] Zur gemeinschaftsrechtlichen Problematik *Prieß/Gabriel* NZBau 2006, 685, 687.

[142] *Gabriel* NJW 2009, 2011, 2013.

drückliche Aufnahme dieser Auftraggeber in die Regelung Rechnung getragen. Mit dieser Vorschrift soll zumindest auch verhindert werden, dass durch die Einschaltung Dritter die Verpflichtung öffentlicher Auftraggeber zur Anwendung des Vergaberechts umgangen werden kann. Da hier der **Einsatz öffentlicher Mittel die Anwendung von Vergaberecht bestimmt**, können nach Nr. 5 auch die nicht-staatlichen **Religionsgemeinschaften** zur Anwendung von Vergaberecht verpflichtet werden.

a) Baumaßnahmen. Die Liste der **Baumaßnahmen** deckt sich mit der Aufzählung in   **73**
Art. 8 VKR und kann damit als abschließend betrachtet werden.[143] Die Begriffe sind jedoch als Kategorie – Bezeichnungen zu verstehen und weit auszulegen. Unter Freizeiteinrichtungen dürften daher zB. nicht nur Sportstätten, sondern auch Theater, Museen usw. zu verstehen sein, die „Errichtung" wird auch bei Teilerrichtungen wie An- oder Umbauten oder Renovierungsarbeiten anzunehmen sein. Eine enge Betrachtungsweise verbietet schon die Zielsetzung der Richtlinien. Die **Dienstleistungen oder Auslobungsverfahren** müssen mit diesen Baumaßnahmen in Verbindung stehen, dh., sie müssen **in sachlicher Verbindung mit der Baumaßnahme** erforderlich oder sinnvoll sein und ebenfalls mit mehr als 50% aus öffentlichen Mitteln finanziert werden. Für die Frage, ob Vergaberecht anzuwenden ist, ist für die Baumaßnahme der Schwellenwert für Bauaufträge, für die damit in Verbindung stehenden Dienstleistungs- und Auslobungsverfahren ist der Schwellenwert der Dienstleistungsaufträge zugrunde zu legen (Art. 8 VKR, § 2 Nr. 3 und 4 VgV, 5 278 000 Euro für Bauaufträge, 211 000 Euro für Dienstleistungsaufträge). Für die Zuordnung kommt es nicht auf die willkürliche Bezeichnung, sondern auf den tatsächlichen Schwerpunkt der Leistung an (s. dazu § 99 RdNr. 286 ff.).

b) Finanzierung aus öffentlicher Hand zu mehr als 50%. Eine **Finanzierung zu**   **74**
mehr als 50% ist nicht nur nach der rein finanziellen Unterstützung zu bemessen. Sie kann aus Fördermitteln, Kapitalbeteiligungen, zB. im Rahmen von PPP-Modellen, soweit sie Subventionscharakter haben, aber **auch aus geldwerten sachlichen Beistellungen** bestehen, zB. der kostenlosen Überlassung von Grundstücken oder Inventar, der technischen Ausstattung oder der Übernahme von Kosten, die das Projekt verursacht. Der Begriff „finanzieren" ist richtlinienkonform auch als **„subventionieren"** zu verstehen.[144] Zu berücksichtigen sind daher auch die europarechtlichen Beihilfen. Ob bei der Gewährung von **Krediten durch die öffentliche Hand** eine Finanzierung vorliegt, wird danach zu entscheiden sein, ob jeder Private den Kredit zu denselben Konditionen bekommen hätte und ob die am Markt üblichen Rückzahlungskonditionen (Zeitraum, Verzinsung) einzuhalten sind. Ausgehend vom vom EuGH geprägten Begriff der funktionalen Finanzierung[145] ist als Finanzierung jede staatliche Begünstigung zu verstehen, die zu einer Besserstellung des begünstigten Unternehmen im Wettbewerb führen kann.[146]

6. Nr. 6. a) Erfasster Auftraggeberkreis. Nr. 6 erfasst den Kreis der **Baukonzessionäre.**   **75**
Mit der Vergaberechtsreform 2009 wurde der bisherige Text nur dahingehend geändert, dass die indirekte Definition der Baukonzession gestrichen und als ausdrückliche Regeldefinition in § 99 aufgenommen wurde. Nr. 6 soll verhindern, dass sich der öffentliche Auftraggeber durch die Einschaltung Dritter in der Form der Baukonzession aus dem Vergaberecht lösen kann. Da die Baukonzession eine besondere Form der Auftragsgestaltung darstellt, ist ihre Definition in § 99, der insgesamt die verschiedenen Auftragsformen definiert, systematisch besser untergebracht als zuvor in Nr. 6.

b) Der wesentliche Unterschied zwischen der Baukonzession und dem Bauauf-   **76**
trag[147] besteht darin, dass bei der Baukonzession der Konzessionsnehmer für den Konzessionsgeber ein Bauwerk errichtet (er-, um-, anbaut usw.) und die Gegenleistung nicht in einem Werklohn besteht, sondern in dem Recht, das errichtete Gebäude zu nutzen sowie ggf. in der Zuzahlung eines Preises. Wirtschaftlich muss jedoch das **Recht zur Nutzung des Gebäudes im Vordergrund** stehen. Nimmt die finanzielle Gegenleistung eine Größenordnung ein, die

---

[143] So auch BeckVOB-Komm/*Marx* RdNr. 25; BayObLG NZBau, 2005, 234.
[144] Ausführlich dazu: *Immenga/Mestmäcker/Dreher/Stockmann* RdNr. 197 ff.
[145] EuGH, C-337/06, Slg. 2007, I-11 173 zu Rundfunkanstalten und deren Finanzierung durch Gebühren, ZfBR 2008, 196 ff., 199.
[146] So auch *Immenga/Mestmäcker/Dreher/Stockmann* RdNr. 197, die dies aus den Beihilfebestimmungen der EG, insbesondere aus Art. 107 Absatz 1 AEUV ableiten.
[147] Vgl. § 99 RdNrn. 184 ff.

das Nutzungsrecht an dem zu erstellenden Bauwerk als nachrangig erscheinen lassen,[148] wird von einem Bauauftrag auszugehen sein.

77   **c) Die Auftragsvergabe einer Baukonzession** erfolgt nach den Regeln für die Vergabe von Bauaufträgen. Öffentliche Auftraggeber **nach Nr. 1–3, 5 und 6** haben gemäß **§ 6 Abs. 1 VgV** die für sie geltenden Abschnitte der Verdingungsordnungen anzuwenden. Nach **Art. 18 der SKR,** der in den Regelungen von **§ 6 Abs. 1 Satz 1 und Satz 3 VgV** seinen Niederschlag gefunden hat, wurden die **Sektorenauftraggeber** von der Anwendung von Vergaberecht bei der Vergabe von Konzessionen befreit, wenn sich die Konzession auf die Sektorentätigkeit bezieht.

78   **d)** Zur **Anwendung des Vergaberechts bei der Vergabe von Unterkonzessionen** durch den Konzessionsnehmer sind die Meinungen geteilt. **Einerseits** wird davon ausgegangen, dass dafür eine Ausschreibungspflicht aus der BKR nicht abzuleiten sei und die vergaberechtsfreie Vergabe keine Umgehungsrisiken berge, da auch die im Rahmen einer Unterkonzession vergebenen Bauaufträge ausschreibungspflichtig seien.[149] Diese Auffassung verkennt jedoch, dass auch die Unterkonzession einen Auftrag mit Gewinnchancen darstellt, mit dessen Vergabe in den Markt eingegriffen wird. Die Vergabe muss daher Chancengleichheit und Diskriminierungsfreiheit sicherstellen. Dies ist bei freihändigen Vergaben am wenigsten gewährleistet. **Zutreffend** ist daher die Auffassung, dass die **Unterkonzession wie die Baukonzession zu behandeln** ist.[150] **Nr. 6** verlangt die Anwendung von Vergaberecht durch den Konzessionsnehmer bei der Vergabe von Aufträgen an Dritte, soweit es sich um Aufträge im Zusammenhang mit der Konzession handelt. Eine Konzession ist jedoch auch dann ein Auftrag (wenn auch eigener Art) gemäß einer der in **§ 99** vorgesehenen Formen, wenn sie als Unterkonzession ganz oder teilweise weitergegeben wird. Hier für die Unterkonzession eine Ausnahme zu machen, weil in der BKR begrifflich zwischen Bauauftrag und Baukonzession unterschieden wird, erscheint nicht gerechtfertigt. Letztlich verlangt auch die Rechtsprechung des EuGH, die sich immer wieder gegen die verschiedensten Konstruktionen gewandt hat, die geeignet waren, Aufträge dem europäischen Markt zu entziehen, die Unterkonzession zu den dem Vergaberecht unterworfenen Aufträgen zu rechnen.

79   **e)** Für die Frage, in welchem Umfang Vergaberecht anzuwenden ist, **wenn der Konzessionär seinerseits Aufträge vergeben will,** ist zu unterscheiden: **Öffentliche Auftraggeber** haben nach **§ 22 a Abs. 1 Nr. 2 und Nr. 3 VOB/A** (vorher § 32 a Nr. 1 Absatz 2 und Nr. 3 VOB/A), der aus **Art. 3 der BKR** abgeleitet ist, die gesamten Vergabebestimmungen nach den Basisparagraphen und den jeweils 2. Abschnitt der Verdingungsordnungen (a-Paragraphen) anzuwenden, während **Konzessionäre, die keine öffentlichen Auftraggeber sind,** nach **§ 22 a Abs. 1 Nr. 1, 2 und Nr. 3 VOB/A** (vorher § 32 a Nr. 2 Absatz 1–3 und Nr. 3 VOB/A) nur die Regeln über die Bekanntmachung anzuwenden und die in **§ 22 a Abs. 2 Nr. 3 VOB/A** (vorher § 32 a Nr. 2 Absatz 3 VOB/A) bestimmte Angebotsfrist einzuhalten haben.

80   **7. Verhältnis von Nr. 4 zu Nrn. 1–3, 5 und 6. a) Verhältnis zu Nr. 1–3.** Das Verhältnis von Nr. 1–3, 5 und 6 zu Nr. 4 entscheidet über die anzuwendenden Vergaberegeln. Während öffentliche Auftraggeber nach § 98 Nr. 1–3 die VKR anzuwenden haben, haben Sektorenauftraggeber die SKR anzuwenden, die eine weniger strenge Verpflichtung auf das Vergaberecht enthält als die VKR. Dem entsprachen national die zweiten (VKR) oder dritten (öffentliche Sektorenauftraggeber) und vierten (private Sektorenauftraggeber) Abschnitte der **Verdingungsordnungen VOB/A und VOL/A** und seit deren Inkrafttreten die SektVO. Da öffentliche Auftraggeber nach Nr. 1–3 ebenfalls auf dem Gebiet der Sektoren tätig sein können, war lange Zeit unstreitige Meinung, dass diese Auftraggeber auch bei Tätigkeiten auf dem Gebiet der Sektoren die VKR oder die zweiten Abschnitte der VOB/A oder der VOL/A anzuwenden hätten. Nach der Überarbeitung der europäischen Richtlinien und der Anpassung der Vergabeverordnung sowie den dazu ergangenen Entscheidungen des EuGH[151] ist heute davon auszugehen, dass

---

[148] Beispielsfall, in dem trotz Nutzungsrecht ein Bauauftrag angenommen wurde: OLG Schleswig NZBau 2000, 100.

[149] So *Prieß* 135.

[150] Wie hier: *Kulartz/Kus/Portz/Eschenbruch* RdNr. 366, *Immenga/Mestmäcker/Dreher/Stockmann* RdNr. 209, 210, 217.

[151] EuGH, C-126/03, Slg. 2004, I-11 197 – Heizkraftwerk München; EuGH, C-463/03, Slg. 2005, I-5397 – Strabag.

auch öffentliche Auftraggeber nach Nr. 1–3 ihre Beschaffungen nach der SKR bzw. den dritten Abschnitten der VOB/A oder VOL/A durchzuführen haben, soweit es sich um Beschaffungen zur Erfüllung von Aufgaben auf dem Gebiet der Sektoren handelt. Der EuGH hat in der „Strabag" Entscheidung (s. Fn. 151) jedoch auch klargestellt, dass diese leichtere Bindung an das Vergaberecht **nur die Beschaffungen für die Sektorenaufgaben** umfasst und für alle anderen Beschaffungen dieser Auftraggeber wieder die VKR anzuwenden ist.[152] Dies liegt folgerichtig auf der Linie der gesamten EuGH-Rechtsprechung, wonach im Zweifelsfall die jeweils strengere Verpflichtung auf das Vergaberecht besteht und Umgehungsmöglichkeiten ausgeschlossen werden sollen. Es widerspräche dieser Linie, einen öffentlichen Auftraggeber nach § 98 Nr. 1–3 komplett aus der Anwendung der VKR oder der jeweils zweiten Teile der Verdingungsordnungen zu entlassen, nur weil ein Teil seiner Tätigkeit sich auf einem privilegierten Gebiet abspielt.

b) Verhältnis zu Nr. 5 und 6. Soweit öffentliche Auftraggeber nach Nr. 4 oder Nr. 6 pri- 81 vilegiert sind, aber Baumaßnahmen durchführen, die zu mehr als 50% öffentlich subventioniert sind, hat **Nr. 5 Vorrang vor Nr. 4 und 6.**[153] Danach haben auch Auftraggeber nach Nr. 4 oder 6 die jeweils 2. Abschnitte der Verdingungsordnungen anzuwenden. Auch hier ist die Regel, dass im Zweifelsfall die jeweils engere Bindung an das Vergaberecht den Vorrang hat, ausschlaggebend.

---

[152] AA. scheinbar *Kulartz/Kus/Portz, Eschenbruch* § 98 RdNr. 39 ff.
[153] Wie hier: *Immenga/Mestmäcker/Dreher/Stockmann* RdNr. 223.

Anlage zu § 98 Nr. 4 [Vergabevorschriften für bestimmte Sektoren]

Tätigkeiten auf dem Gebiet der Trinkwasser- oder Energieversorgung oder des Verkehrs sind:

1. Trinkwasserversorgung:
   Das Bereitstellen und Betreiben fester Netze zur Versorgung der Allgemeinheit im Zusammenhang mit der Gewinnung, dem Transport oder der Verteilung von Trinkwasser sowie die Versorgung dieser Netze mit Trinkwasser; dies gilt auch, wenn diese Tätigkeit mit der Ableitung und Klärung von Abwässern oder mit Wasserbauvorhaben sowie Vorhaben auf dem Gebiet der Bewässerung und der Entwässerung im Zusammenhang steht, sofern die zur Trinkwasserversorgung bestimmte Wassermenge mehr als 20 Prozent der mit dem Vorhaben oder den Bewässerungs- oder Entwässerungsanlagen zur Verfügung gestellten Gesamtwassermenge ausmacht; bei Auftraggebern nach § 98 Nr. 4 ist es keine Tätigkeit der Trinkwasserversorgung, sofern die Gewinnung von Trinkwasser für die Ausübung einer anderen Tätigkeit als der Trinkwasser- oder Energieversorgung oder des Verkehrs erforderlich ist, die Lieferung an das öffentliche Netz nur vom Eigenverbrauch des Auftraggebers nach § 98 Nr. 4 abhängt und unter Zugrundelegung des Mittels der letzten drei Jahre einschließlich des laufenden Jahres nicht mehr als 30 Prozent der gesamten Trinkwassergewinnung des Auftraggebers nach § 98 Nr. 4 ausmacht;

2. Elektrizitäts- und Gasversorgung:
   Das Bereitstellen und Betreiben fester Netze zur Versorgung der Allgemeinheit im Zusammenhang mit der Erzeugung, dem Transport oder der Verteilung von Strom oder der Gewinnung von Gas sowie die Versorgung dieser Netze mit Strom oder Gas; die Tätigkeit von Auftraggebern nach § 98 Nr. 4 gilt nicht als eine Tätigkeit der Elektrizitäts- und Gasversorgung, sofern die Erzeugung von Strom oder Gas für die Ausübung einer anderen Tätigkeit als der Trinkwasser- oder Energieversorgung oder des Verkehrs erforderlich ist, die Lieferung von Strom oder Gas an das öffentliche Netz nur vom Eigenverbrauch abhängt, bei der Lieferung von Gas auch nur darauf abzielt, diese Erzeugung wirtschaftlich zu nutzen, wenn unter Zugrundelegung des Mittels der letzten drei Jahre einschließlich des laufenden Jahres bei der Lieferung von Strom nicht mehr als 30 Prozent der gesamten Energieerzeugung des Auftraggebers nach § 98 Nr. 4 ausmacht, bei der Lieferung von Gas nicht mehr als 20 Prozent des Umsatzes des Auftraggebers nach § 98 Nr. 4;

3. Wärmeversorgung:
   Das Bereitstellen und Betreiben fester Netze zur Versorgung der Allgemeinheit im Zusammenhang mit der Erzeugung, dem Transport oder der Verteilung von Wärme sowie die Versorgung dieser Netze mit Wärme; die Tätigkeit gilt nicht als eine Tätigkeit der Wärmeversorgung, sofern die Erzeugung von Wärme durch Auftraggeber nach § 98 Nr. 4 sich zwangsläufig aus der Ausübung einer anderen Tätigkeit als auf dem Gebiet der Trinkwasser- oder Energieversorgung oder des Verkehrs ergibt, die Lieferung an das öffentliche Netz nur darauf abzielt, diese Erzeugung wirtschaftlich zu nutzen und unter Zugrundelegung des Mittels der letzten drei Jahre einschließlich des laufenden Jahres nicht mehr als 20 Prozent des Umsatzes des Auftraggebers nach § 98 Nr. 4 ausmacht;

4. Verkehr:
   Die Bereitstellung und der Betrieb von Flughäfen zum Zwecke der Versorgung von Beförderungsunternehmen im Luftverkehr durch Flughafenunternehmen, die insbesondere eine Genehmigung nach § 38 Abs. 2 Nr. 1 der Luftverkehrs-Zulassungs-Ordnung in der Fassung der Bekanntmachung vom 10. Juli 2008 (BGBl. I S. 1229) erhalten haben oder einer solchen bedürfen;
   die Bereitstellung und der Betrieb von Häfen oder anderen Verkehrsendeinrichtungen zum Zwecke der Versorgung von Beförderungsunternehmen im See- oder Binnenschiffsverkehr;

Gabriel

das Erbringen von Verkehrsleistungen, die Bereitstellung oder das Betreiben von Infrastruktureinrichtungen zur Versorgung der Allgemeinheit im Eisenbahn-, Straßenbahn- oder sonstigen Schienenverkehr, mit Seilbahnen sowie mit automatischen Systemen, im öffentlichen Personenverkehr im Sinne des Personenbeförderungsgesetzes auch mit Kraftomnibussen und Oberleitungsbussen.

Übersicht

A. Die von § 98 Nr. 4 betroffenen Sektoren

Schrifttum zu I–V: *Bartsch/Röhling/Salje/Scholz*, Stromwirtschaft, 2. Aufl. 2008; *Besche*, Wasser und Wettbewerb – Möglichkeiten und Grenzen einer Öffnung des Wassermarktes, 2004; *Böckel*, Vergaberecht-liche Behandlung von Dienstleistungskonzessionen, LKV 2003, 393; *Braun*, Besprechung der Mitteilung der Kommission zum Vergaberecht, EuZW 2006, 683; *Britz/Hellermann/Hermes*, Energiewirtschaftsgesetz, 2008; *Büdenbender*, Kommentar zum Energiewirtschaftsgesetz, 2003; *Burgi*, Kommunales Privatisierungsfolgenrecht: Vergabe, Regulierung und Finanzierung, NVwZ 2001, 601; *ders.*, Energierecht und Vergaberecht, RdE 2007, 145; *Byok*, Neuabschluss und Verlängerung von Konzessionsverträgen – Anforderungen an Bekanntmachung und Durchführung des Auswahlverfahrens, RdE 2008, 268; *Danner/Theobald*, Energierecht, 2008; *Dreher/Stockmann*, Kartellvergaberecht, 2008; *Endler*, Privatisierungen und Vergaberecht, NZBau 2002, 125; *Frenz/Kafka*, Grenzen bei der Einbeziehung Privater in die Abfallentsorgung, GewArch 2000, 129; *Fruhmann*, Das Vergaberegime des EG-Vertrags, Zeitschrift für Vergaberecht und Beschaffungspraxis, ZVB 2006, 261; *Gabriel*, Die Kommissionsmitteilung zur öffentlichen Auftragsvergabe außerhalb der EG-Vergaberichtlinien, NVwZ 2006, 1262; *ders.*, Die Vergaberechtsreform 2009 und die Neufassung des vierten Teils des GWB, NJW 2009, 2011; *Greb*, Das Konzernprivileg für Sektorenauftraggeber, VergabeR 2009, 140; *Greb/Müller*, Kommentar zur SektVO, 2010; *Jestaedt/Philippeit*, Auftragsvergabe in der Energie- und Wasserwirtschaft: Praktischer Umgang mit Ausschreibungen, 2001; *Jennert*, Sind Konzessionsverträge in der Wasserversorgung auch Dienstleistungskonzessionen iSd. europäischen Vergaberechts?, N&R 2004, 108; *Kirchner*, Contracting nach deutschem und europäischem Auftragsrecht, 2006; *Koenig/Haratsch*, Die Ausschreibung von Versorgungsgebieten in der Wasserwirtschaft, DVBl. 2004, 1387; *Koenig/Kühling/Rasbach*, Energierecht, 2. Aufl. 2008; *Köster*, Gesetzgebung ohne Gesetzgeber, ZfBR 2007, 127; *Kramer* Energieeinsparungen im Mietwohnsektor durch Wärme-Contracting, ZUR 2007, 283; *Lenschow*, Marktöffnung in der leitungsgebundenen Trinkwasserversorgung, 2006; *Lutz*, Vergaberegime außerhalb des Vergaberechts, WuW 2006, 890; *Müller-Serten*, Gemeindewirtschafts- und Vergaberecht, NZBau 2000, 120; *Müller-Wrede*, Sektorenverordnung Kommentar, 2010; *Opitz*, Die neue Sektorenverordnung, VergabeR 2009, 689; *Ortner*, Energierechtliche Wegenutzungsverträge und Vergaberecht, VergabeR 2008, 608; *Prieß/Gabriel*, M&A-Verfahrensrecht – EG-rechtliche Verfahrensvorgaben bei staatlichen Beteiligungsveräußerungen, NZBau 2007, 617; *Rehbinder*, Privatisierung und Vergaberecht in der Wasserwirtschaft, Berlin 2005; *Reidt/Sickler/Glahs*, Vergaberecht, 2. Aufl. 2003; *Rosenkötter/Plantiko*, Die Befreiung der Sektorentätigkeiten vom Vergaberechtsregime, NZBau 2010, 78; *Säcker*, Berliner Kommentar zum Energierecht – Energiewettbewerbs-, Energieregulierungs- und Energieumweltschutzrecht, 2004; *Salje*, Energiewirtschaftsgesetz, 2006; *Schneider/Theobald*, Recht der Energiewirtschaft, 2. Aufl. 2008; *Schnieders*, Die kleine Vergabe, DVBl. 2007, 287; *Tegethoff/Büdenbender/Klinger*, Das Recht der öffentlichen Energieversorgung, 2000; *Zeiss*, Sektorenverordnung verfassungswidrig – Gebührenerhebung durch Bundeskartellamt unzulässig?, NVwZ 2010, 556.

I. Allgemeines

Die Anlage zu § 98 Nr. 4 dient der **Definition derjenigen Tätigkeiten** auf dem Gebiet der **1** Trinkwasserversorgung (Nr. 1), der Elektrizitäts- und Gasversorgung (Nr. 2), der Wärmeversorgung (Nr. 3) und des Verkehrs (Nr. 4), **die in den Sektorenbereich iSv. § 98 Nr. 4** sowie der SKR 2004 fallen. Sie dient daher der Bestimmung der Auftraggeber, die gem. § 98 Nr. 4 als öffentliche Auftraggeber – sog. Sektorenauftraggeber – zu qualifizieren sind. Gleichzeitig dient sie der Bestimmung des Anwendungsbereichs der neuen SektVO,[1] der nur eröffnet ist, wenn der zu vergebende Auftrag eines im Sektorenbereich tätigen Unternehmens im Zusammenhang mit einer Sektorentätigkeit des Auftraggebers iSd. Anlage zu § 98 Nr. 4 steht. Denn gem. § 100 Abs. 2 lit. i werden Aufträge von Auftraggebern gem. § 98 Nr. 4 vom Anwendungsbereich des Vergaberechts ausgenommen, soweit die Aufträge anderen Zwecken dienen als der Sektorentätigkeit. Für Auftraggeber, die nur gem. § 98 Nr. 4 als öffentliche Auftraggeber zu qualifizieren sind, entscheidet der sog. **sektorenspezifische Zusammenhang** des zu vergebenden Auftrags daher abschließend über die Anwendbarkeit des Vergaberechts. Fehlt dieser sektorenspezifische Zusammenhang, sind diese Auftraggeber vom Vergaberecht insgesamt befreit. Für Auftraggeber, die auch unter § 98 Nr. 1–3 fallen, entscheidet der **sektorenspezifische Zusammenhang** des zu vergebenden Auftrags dagegen über die Anwendung der Verfahrensvorschriften der SektVO, die im Vergleich zum klassischen Vergaberechtsregime abgeschwächte formale Vergabevorschriften vorsehen. Ohne den sektorenspezifischen Zusammenhang haben diese Auftraggeber das klassische Vergaberegime anzuwenden.

II. Trinkwasserversorgung

1. Versorgung mit Trinkwasser. Trinkwasser ist Süßwasser mit einem hohen Reinheits- **2** grad (§ 4 Abs. 1 TrinkwV 2001). **Feste Netze** sind mit dem Erdboden fest verbundene Leitungen, die sowohl oberhalb als auch unterhalb der Erdoberfläche liegen können. Nicht zu den festen Netzen zählen Leitungen, die nur vorübergehend für einen bestimmten Zweck verlegt werden und nach Beendigung wieder beseitigt werden sollen.[2] Neben dem „eigenhändigen" **Betreiben** begründet auch die Zurverfügungstellung eines Netzes die Tätigkeit im Sektorenbe-

---

[1] BGBl. I 2009 S. 3110, abgedruckt oben als Anhang 1 zu Anlage zu § 98 Nr. 4.
[2] Vgl. *Reidt/Stickler/Glahs/Stickler* § 8 VgV RdNr. 2.

reich.[3] Voraussetzung ist weiter, dass das Netz der **Versorgung der Allgemeinheit** dient. Das ist nicht der Fall, wenn der Auftraggeber lediglich ein spezielles Gebäude oder ein bestimmtes Unternehmen mit Trinkwasser versorgen will, das der Öffentlichkeit nicht zugänglich ist und lediglich der Überschuss zur Versorgung der Allgemeinheit verwendet wird.[4] Das Netz muss mit der Gewinnung, dem Transport und der Verteilung von Trinkwasser im Zusammenhang stehen. Unter der **Gewinnung** von Trinkwasser ist die Förderung aus Brunnen oder Quellen, aber auch die Gewinnung aus Meerwasser durch Entsalzung mittels Destillation oder umgekehrter Osmose zu verstehen. Die Trinkwasserversorgung umfasst neben dem Betreiben der Netze auch die Verteilung von Trinkwasser und die Versorgung der Netze mit Trinkwasser.[5]

3   **2. Ableiten und Klären von Abwässern.** Der Begriff der Sektorentätigkeit im Bereich der Trinkwasserversorgung wird in Übereinstimmung mit Art. 4 Abs. 2 lit. b SKR 2004 auch auf Tätigkeiten ausgedehnt, die im Zusammenhang mit der Ableitung und Klärung von Abwässern stehen. Voraussetzung ist, dass die Trinkwasserversorgung und die Abwasserbeseitigung **bautechnisch oder unternehmerisch verbunden** sind.[6] Bei bautechnisch getrennt laufenden Leitungen oder der Durchführung von Wasserversorgung und Abwasserentsorgung durch zwei verschiedene Unternehmen gelten für Aufträge aus dem Bereich der Abwasserbeseitigung nicht die Sonderregelungen für Sektorenauftraggeber.[7] Entscheidend für die Anwendung des Vergaberechts auf die Vergabe dieser Aufträge ist daher allein, ob der persönliche Anwendungsbereich des Vergaberechts gem. § 98 Nr. 1–3, 5 oder 6 eröffnet ist, dh. ob der Auftraggeber nach diesen Vorschriften als öffentlicher Auftraggeber zu qualifizieren ist und daher das klassische Vergaberechtsregime der VKR anzuwenden hat.

4   Trotz des nicht ganz eindeutigen Wortlauts von Nr. 1 der Anlage zu § 98 Nr. 4 gilt für die Tätigkeit im Bereich des Ableitens und Klärens von Abwasser nicht die 20-Prozent-Einschränkung, denn diese Einschränkung bezieht sich allein auf Wasserbauvorhaben sowie Bewässerungs- und Entwässerungsvorhaben.[8]

5   **3. Wasserbauvorhaben.** Auch Tätigkeiten, die im Zusammenhang mit Wasserbauvorhaben stehen oder mit Vorhaben, die der Bewässerung oder Entwässerung dienen, fallen in den Sektorenbereich der Trinkwasserversorgung. Voraussetzung ist jedoch, dass die Wassermenge, die zur **Trinkwasserversorgung bestimmt ist,** mehr als **20 Prozent** der mit dem Vorhaben oder den Bewässerungs- oder Entwässerungsanlagen zur Verfügung gestellten Gesamtwassermenge ausmacht. Die Berechnung des Verhältnisses erfolgt auf der Grundlage der tatsächlich durchgeleiteten Wassermenge. Geht es um Aufträge, die erst noch den Bau der Anlagen betreffen und liegen daher noch keine Referenzwerte vor, so ist entsprechend der Ausnahmeregelung in § 100 Abs. 2 lit. o, bb auf eine Zukunftsprognose abzustellen.

6   **4. Gewinnung für den Eigenbedarf.** Ausgenommen von den Tätigkeiten, die in den Sektorenbereich gem. § 98 Nr. 4 fallen, ist die Einspeisung von Trinkwasser in das öffentliche Netz, wenn die Gewinnung der eingespeisten Wassermenge der Ausübung einer anderen Tätigkeit als der Trinkwasser- oder Energieversorgung oder des Verkehrs dient (sog. sektorenfremde Tätigkeit) und für diese erforderlich ist. Diese Ausnahme fand sich vor der Übernahme in das GWB in § 9 Abs. 1 Nr. 1 VgV aF. Aus der systematischen Stellung in der Anlage zu § 98 Nr. 4 wird deutlich, dass es sich bei dieser Ausnahmeregelung um eine **Konkretisierung** der Definition der **Sektorentätigkeit handelt.** Unter drei Voraussetzungen wird das Vorliegen einer Sektorentätigkeit **verneint.** (1) Zunächst muss die Gewinnung von Trinkwasser für eine sektorenfremde Tätigkeit **erforderlich** sein. Vom Sektorenbereich soll die Trinkwassergewinnung nur ausgenommen werden, wenn sie nicht nur gleichzeitig einer sektorenfremden Tätigkeit zugute kommt, sondern für deren Ausübung notwendig ist. (2) Ferner muss die in das öffentliche Netz eingespeiste Trinkwassermenge nur **vom Eigenverbrauch** des Auftraggebers **abhängen.** Es handelt sich also nur um eine von der Sektorentätigkeit ausgenommene Trinkwassergewinnung zu anderen − sektorenfremden − Zwecken, wenn die Trinkwassergewinnung ausschließlich darauf abzielt, gerade die Menge Wasser bereitzustellen, die der Auftraggeber für seine sektorenfremde Tätigkeit benötigt. Das ist der Fall, wenn die an das öffentliche Netz gelieferte Wassermenge bei gleichbleibender gewonnener Gesamtwassermenge geringer ausfällt,

---

3 *Willenbruch/Bischoff/Bischoff* § 98 RdNr. 74.
4 *Kulartz/Kus/Portz/Eschenbruch* § 98 RdNr. 280.
5 *Willenbruch/Bischoff/Bischoff* § 98 RdNr. 74.
6 JurisPK-VergR/*Zeiss* § 8 VgV RdNr. 10.
7 *Kulartz/Kus/Portz/Eschenbruch* § 98 RdNr. 280; *Willenbruch/Bischoff/Bischoff* § 98 RdNr. 79.
8 *Willenbruch/Bischoff/Bischoff* § 98 RdNr. 75.

sobald der Auftraggeber mehr Wasser für den Eigenbedarf benötigt und umgekehrt. (3) Schließlich darf die Lieferung an das öffentliche Netz unter Zugrundelegung des Mittels der letzten drei Jahre einschließlich des laufenden Jahres nicht mehr als **30 Prozent** der **gesamten Trinkwassergewinnung** des Unternehmens ausmachen. Sind seit der Aufnahme der Tätigkeit keine drei Jahre vergangen, so muss die Berechnung auf der Grundlage einer Zukunftsprognose erfolgen.[9] Die 30-Prozent-Schwelle legt fest, ab welcher Menge die „Wasser-Überproduktion" nicht mehr als bloßes Nebenprodukt der sektorenfremden Tätigkeit anzusehen ist.

5. Sektorenspezifischer Zusammenhang. Das Erfordernis des sektorenspezifischen Zu- **7** sammenhangs für die Eröffnung des Anwendungsbereichs des Vergaberechts wird iRd. Kommentierung der Elektrizitäts- und Gasversorgung iSd. Anlage zu § 98 Nr. 4 erläutert.[10]

6. Übertragung der Trinkwasserversorgung. Bisher ist **Wettbewerb** im Bereich der **8** Wasserversorgung nicht in den Netzen, sondern lediglich **um die Netze** möglich.[11] Allerdings beherrschen die Gebietskörperschaften in ihrem Hoheitsgebiet idR. monopolistisch die Trinkwasserversorgung und damit auch die Netze,[12] so dass selbst der Wettbewerb um die Netze aufgrund der verbreiteten Monopolstellungen der Betreiber im Bereich der Wasserversorgung sehr gering ist. Die Gebietskörperschaften bedienen sich zur Erfüllung ihrer Aufgaben allerdings verschiedener Organisationsformen wie der Aufgabenerfüllung in Regiebetrieben, Eigenbetrieben, Eigengesellschaften in Form der AG oder GmbH sowie gemischt öffentlich-privatwirtschaftlichen Gesellschaften und in geringem Umfang auch rein privatwirtschaftlicher Unternehmen.[13] Die Übertragung der Aufgaben unterliegt in der Mehrzahl der Fälle jedoch nicht dem Vergaberecht.

a) Organisationsprivatisierung. Die Übertragung der Trinkwasserversorgung durch eine **9** Gebietskörperschaft im Wege der Organisationsprivatisierung unterliegt nicht dem Vergaberecht. Bei der Organisationsprivatisierung wird die **öffentlich-rechtliche Verwaltungsform** durch eine **privatrechtliche** ersetzt, indem die Kommune eine Eigengesellschaft gründet, an der sie alle Anteile hält.[14] Die Auftragsvergabe an eine Eigengesellschaft wird im Sektorenbereich durch § 100 Abs. 2 lit. o, p von der Anwendbarkeit des Vergaberechts ausgenommen. Der genaue Umfang dieser Ausnahmeregelung wird iRd. Kommentierung zu § 100 Abs. 2 lit. o, p erläutert.[15]

b) Funktionale Privatisierung. Die Übertragung von Tätigkeiten im Bereich der Trink- **10** wasserversorgung an Dritte unterfällt dem Vergaberecht, wenn die Gebietskörperschaft im Wege der funktionalen Privatisierung **Verwaltungshelfer** beauftragt, die nicht der beauftragenden Gebietskörperschaft zuzurechnen sind.[16] Die Gebietskörperschaft bleibt als Träger der Wasserversorgung gegenüber den Leistungsempfängern (Endabnehmern) berechtigt und verpflichtet und bedient sich lediglich bei der Wahrnehmung ihres Versorgungsauftrags des Verwaltungshelfers. Mit dem Verwaltungshelfer schließt sie **Dienstleistungs- oder Lieferverträge** über Teilbereiche ihres Betriebs, bspw. die technische Wartung, den Forderungseinzug, den Betrieb einzelner Wasserwerke, den Bau von Anlagen oder die Lieferung von Wasser. Diese Verträge unterliegen dem Vergaberecht und müssen zukünftig nach den Verfahrensvorschriften der neuen SektVO ausgeschrieben werden.

c) Aufgabenprivatisierung. Insbesondere bei der Aufgabenprivatisierung[17] in Form des **11** Abschlusses von Konzessionsverträgen ist umstritten, ob das Vergaberecht auf den Abschluss der entsprechenden Konzessionsverträge anwendbar ist.[18] Im Trinkwassersektor gestatten Gebietskörperschaften idR. einem Unternehmen für einen bestimmten Zeitraum **exklusiv,** die Nutzung öffentlicher Wege für die Verlegung und den **Betrieb von Leitungen** zur unmittelbaren

---

[9] JurisPK-VergR/*Zeiss* § 9 VgV RdNr. 7.
[10] RdNr. 19 ff.
[11] Vgl. § 98 RdNr. 57.
[12] *Besche* 100.
[13] Umweltgutachten 2002 des Rates von Sachverständigen für Umweltfragen, BT-Drucks. 14/8792, 295.
[14] *Koenig/Haratsch* DVBl. 2004, 1387, 1388; *Lenschow* 151.
[15] Vgl. § 100 RdNr. 92 ff.
[16] OVG Lüneburg NVwZ 1999, 1128, 1129; *Koenig/Haratsch* DVBl. 2004, 1387, 1388; *Burgi* NVwZ 2001, 601, 604; *Müller-Serten* NZBau 2000, 120, 122; *Frenz/Kafka* GewArch 2000, 129, 131.
[17] Hierzu *Endler* NZBau 2002, 125.
[18] Befürwortend: *Jennert* N&R 2004, 108; ablehnend: *Rehbinder* 16; *Koenig/Haratsch* DVBl. 2004 1387, 1390.

Versorgung der Endverbraucher mit Trinkwasser in ihrem Gebiet.[19] Die explizite Vereinbarung eines Rechts zur ausschließlichen Versorgung ist nicht erforderlich in Versorgungsgebieten, in denen ein Anschluss- und Benutzungszwang besteht, da die Leistungsempfänger in diesem Fall sowieso zur Inanspruchnahme des Netzbetreibers verpflichtet sind.[20] Das Unternehmen verpflichtet sich dann im Gegenzug, alle Haus- und Grundeigentümer im betreffenden Gemeindegebiet zu den gleichen Bedingungen mit Trinkwasser zu versorgen und regelmäßig auch dazu, eine Konzessionsabgabe an die Gebietskörperschaft zu zahlen. Mit Großabnehmern werden idR. gesonderte Vereinbarungen geschlossen.

12   Für die Anwendbarkeit des Vergaberechts auf den Abschluss dieser Verträge ist entscheidend, ob es sich dabei um eine Dienstleistungskonzession iSd. Vergaberechts oder einen Dienstleistungsauftrag handelt, denn erstere werden nicht vom Anwendungsbereich des Vergaberechts erfasst,[21] weil sie das Merkmal der Entgeltlichkeit gem. § 99 Abs. 1 nicht erfüllen.[22] Eine **Dienstleistungskonzession** ist daher eine Vereinbarung, die sich nur dadurch von einem öffentlichen Auftrag unterscheidet, dass sie als Gegenleistung für eine Dienstleistung oder Bauleistung kein Entgelt vorsieht, sondern das (ausschließliche) Recht, die eigene Leistung unter Übernahme des wirtschaftlichen Risikos zu nutzen und entgeltlich gegenüber Dritten zu verwerten, ggf. zuzüglich der Zahlung eines Ausgleichs.[23] Entscheidendes **Kriterium zur Abgrenzung** eines Dienstleistungsauftrags iSd. Vergaberechts von einer Dienstleistungskonzession ist neben der Vergütung des Konzessionsnehmers durch den Leistungsempfänger (nicht: den Konzessionsgeber) der Umstand, dass der Konzessionsnehmer auch das wirtschaftliche Risiko der Vergütung trägt.[24] Der Konzessionär trägt das Unternehmerrisiko, wenn die aus dem Nutzungsrecht erzielbaren Erträge in Abhängigkeit von der eigenen unternehmerischen Leistung unsicher sind und die Nachfrage seiner Dienstleistung am Markt vom Willen des Leistungsempfänger abhängt.[25] Bei der vorstehend dargestellten Vertragskonstellation erhält das Wasserversorgungsunternehmen die Vergütung seiner Leistung ausschließlich vom Leistungsempfänger (Endverbraucher) und nicht von seinem Vertragspartner, der Gebietskörperschaft. Allerdings trägt das Wasserversorgungsunternehmen allein deshalb kein erhebliches **wirtschaftliches Risiko**. Das Unternehmen trägt zwar die personellen Kosten sowie die Kosten der Einrichtung des Wasserwerks und der Versorgungsnetze,[26] ohne dass die Kostendeckung vertraglich gesichert ist und ist zudem in seiner Reaktionsmöglichkeit eingeschränkt, weil die Wassergebühren im Voraus für einen mehrjährigen Zeitraum hoheitlich festgesetzt werden können.[27] Allerdings sehen gesetzliche Regelungen vor, dass Kostenunterdeckungen ausgeglichen werden sollen,[28] denn Grundlage der Gebührenberechnung sind die Kommunalabgabengesetze der Länder, die dem Kostendeckungsprinzip folgen. Das bedeutet, dass die Gebühren die betriebswirtschaftlich ansatzfähigen Kosten decken sollen.[29] Ein erheblicher Teil der Wassergebühren wird zudem als verbrauchsunabhängige Gebühr zur Deckung der Vorhaltekosten erhoben.[30] Zur Absicherung des Wasserversorgungsunternehmens trägt außerdem bei, dass das Wasser als lebensnotwendiges Versorgungsgut nicht substituierbar ist. Insbesondere wird das wirtschaftliche Risiko des Wasserversorgungsunternehmens durch die ihm eingeräumte **Monopolstellung** eingeschränkt, da es idR. das ausschließliche Recht zur Versorgung der Bevölkerung mit Trinkwasser in einem bestimmten Gebiet erhält. Eine mit der Einräumung eines Ausschließlichkeitsrechts vergleichbare Risikominimierung, die dem Vorliegen einer Dienstleistungskonzession entgegensteht, wird durch den Anschluss- und Benutzungszwang bewirkt.[31] Da das Wasserversorgungsunternehmen somit nur das **Kalkulationsrisiko** trägt, übernimmt es kein entscheidendes wirtschaftliches Risiko, das die Annahme einer Dienstleistungskonzession rechtfertigen könnte.

---

[19] *Jennert* N&R 2004, 108, 110.
[20] *Lenschow* 174.
[21] So Art. 17 VKR, Art. 18 SKR 2004. Zur vergaberechtlichen Bewertung von Dienstleistungskonzessionen vgl. eingehend § 99 RdNr. 223 ff.
[22] Vgl. § 99 RdNr. 223.
[23] Vgl. Art. 1 Abs. 3 lit. b SKR 2004; EuGH, C-458/03, Slg. 2005, I-8585, RdNr. 40 – Parking Brixen.
[24] EuGH, C-458/03, Slg. 2005, I-8585, RdNr. 40 – Parking Brixen.
[25] Vgl. *Jennert* N&R 2004, 108, 110.
[26] *Jennert* N&R 2004, 108, 111.
[27] Vgl. Art. 8 Abs. 6 BayKAG.
[28] Vgl. Art. 8 Abs. 6 BayKAG.
[29] Vgl. § 8 Abs. 2 Satz 1 BayKAG.
[30] Vgl. Art. 8 Abs. 2 Satz 3 BayKAG.
[31] *Böckel* LKV 2003, 393, 395.

Es handelt sich bei den oben dargestellten Verträgen ferner um **entgeltliche Verträge iSd.** 13
Vergaberechts, da die Leistungen zwar nicht von der Gebietskörperschaft vergütet, die Gebühren aber hoheitlich festgelegt werden. Aus Sicht des Wasserversorgungsunternehmens stellt sich die Gebührenzahlung durch die Endverbraucher daher wie ein vertraglich zugesichertes Entgelt dar. Demzufolge handelt es sich bei den „Konzessionsverträgen" in der Wasserversorgung um öffentliche Aufträge und nicht um Dienstleistungskonzessionen iSd. Vergaberechts. Der Abschluss der Konzessionsverträge unterliegt daher dem Vergaberechtsregime.

III. Elektrizitäts- und Gasversorgung

1. Bereitstellen und Betreiben fester Netze. Feste Netze sind mit dem Erdboden fest 14
verbunden Leitungen, die sowohl oberhalb als auch unterhalb der Erdoberfläche verlaufen können und nicht nur vorübergehenden Zwecken dienen.[32] Die Netze müssen zur Versorgung der Allgemeinheit und nicht einzelner Gebäude oder bestimmter Unternehmen dienen. Das Netz muss im Zusammenhang mit der Erzeugung, dem Transport oder der Verteilung von Strom oder der Gewinnung von Gas stehen.[33] Unter **Stromerzeugung** versteht man die Umwandlung verschiedener Primärenergieträger (Wasserkraft, Windkraft, Kernenergie, Sonnenenergie, Biomasse, Erdöl und Erdgas) in elektrische Energie.[34] Die Energie wird idR. durch Umwandlung der Primärenergieträger mittels Generatoren (Turbinen, Lichtmaschinen) gewonnen. Die Ausnahme bilden Systeme, die elektrische Energie unmittelbar aus einer anderen Energieform gewinnen (Photovoltaik, Brennstoffzellen, Wind- und Wasserkraftwerke). **Erdgas** wird als brennbares Naturgas nicht erzeugt, sondern aus unterirdischen Vorkommen gewonnen. In Deutschland dient es weniger zur Stromerzeugung, sondern wird als Primärenergieträger vor allem zur Erzeugung von Wärme für die Raumheizung sowie für die industrielle Produktion verwendet.

2. Versorgung der Netze mit Elektrizität und Gas. Als Tätigkeit auf dem Gebiet der 15
Elektrizitäts- und Gasversorgung wird neben dem Bereitstellen und Betreiben der Netze auch die Versorgung dieser Netze mit Strom oder Gas angesehen. Gemeint ist das **Einspeisen** von Strom oder Gas in die Netze zur Versorgung der Allgemeinheit.[35]

3. Energieversorgungsunternehmen iSd. EnWG. Die bisherige Definition der Elektrizi- 16
täts- und Gasversorgung in § 8 Nr. 2 VgV aF enthielt einen Verweis auf die Definition der Energieversorgungsunternehmen des EnWG.[36] Im EnWG aF.[37] wurden Energieversorgungsunternehmen definiert als „Unternehmen und Betriebe, die andere mit Energie versorgen oder ein Netz für die allgemeine Versorgung betreiben". Der erste Entwurf der Bundesregierung für ein Gesetz zur Modernisierung des Vergaberechts (VgRModG)[38] enthielt noch einen entsprechenden Verweis in Nr. 2 der Anlage zu § 98. Als man im Gesetzgebungsverfahren feststellte, dass auf eine alte Fassung des EnWG verwiesen wurde, wurde der Verweis kurz vor Abschluss des Gesetzgebungsverfahrens gestrichen. Ohnehin brachte der Verweis keinen Erkenntnisgewinn, da die von Energieversorgungsunternehmen iSd. EnWG verrichtete Tätigkeit der Energieversorgung iSd. Nr. 2 der Anlage zu § 98 Nr. 4 entspricht. Demnach sind Energieversorgungsunternehmen iSd. EnWG grds. als öffentlicher Auftraggeber gem. § 98 Nr. 4 zu qualifizieren.[39]

4. Erzeugung für den Eigenbedarf. Im Bereich der Elektrizitäts- und Gasversorgung 17
wird, wie auch im Bereich der Trinkwasser- und der Wärmeversorgung, die Erzeugung des Versorgungsgutes (hier: Strom und Gas) dann nicht als Sektorentätigkeit angesehen, wenn sie **anderen Zwecken** als der Energieversorgung der Allgemeinheit (sog. sektorenfremde Tätigkeit) dient und nur ein geringer Überschuss in das Netz zur allgemeinen Versorgung eingeleitet wird.[40] Die Ausnahme war vor der Einfügung in das GWB durch das VgRModG in § 9 Abs. 1

---

[32] Vgl. RdNr. 2.
[33] *Kulartz/Kus/Portz/Eschenbruch* § 98 RdNr. 291.
[34] *Koenig/Kühling/Rasbach* 37.
[35] *Willenbruch/Bischoff/Bischoff* § 98 RdNr. 79.
[36] Gesetz über die Elektrizitäts- und Gasversorgung (Energiewirtschaftsgesetz – EnWG) v. 7. 7. 2005, BGBl. I S. 1970, idF v. 25. 10. 2008, BGBl. I S. 2101.
[37] Gesetz über die Elektrizitäts- und Gasversorgung (Energiewirtschaftsgesetz – EnWG 2003) v. 20. 5. 2003, BGBl. I S. 686.
[38] Endgültige Fassung v. 20. 4. 2009, BGBl. I 790.
[39] *Bartsch/Röhling/Salje/Scholz/Hausmann* 184.
[40] *Kulartz/Kus/Portz/Eschenbruch* § 98 RdNr. 291.

Nr. 2 und 3 VgV aF. geregelt. Sie konkretisiert diejenigen Tätigkeiten, die zur Sektorentätigkeit gehören und dadurch die Auftraggebereigenschaft im Bereich der Sektoren.

18   Die Erzeugung von Strom oder Gas muss für die Ausübung der sektorenfremden Tätigkeit erforderlich sein. Sie darf der sektorenfremden Tätigkeit nicht nur unter anderem dienen, sondern muss eine **notwendige Voraussetzung** für diese darstellen. Die eingespeiste Strom- oder Gasmenge muss ferner **vom Eigenverbrauch des Erzeugers abhängen,** dh. ein unvermeidbares Nebenprodukt der Erzeugung zu anderen – sektorenfremden – Zwecken sein. Ein Indiz hierfür ist, dass die Lieferung an das öffentliche Netz bei höherem Eigenverbrauch ab- und bei niedrigerem Eigenverbrauch zunimmt. Schließlich muss es sich bei dem in das öffentliche Netz abgegebenen Strom oder Gas um eine Mindermenge (Überschussmenge) handeln, dh. so darf der im Verhältnis zur erzeugten Gesamtmenge nur einen geringen Teil ausmachen. Im Durchschnitt der letzten drei Jahre einschließlich des laufenden Jahres darf die Lieferung der in das Netz zur allgemeinen Versorgung eingespeisten Überschussmenge an **Strom** nicht mehr als **30 Prozent** der **gesamten Energieerzeugung** des Auftraggebers ausmachen, die Lieferung von **Gas** darf nicht mehr als **20 Prozent** des Umsatzes des Auftraggebers generieren. Zusätzlich muss die Lieferung der Überschussmenge an Gas allein auf die wirtschaftliche Nutzung der eigentlich zum Eigenverbrauch erzeugten Überschussmenge abzielen. Die Lieferung an das Netz zur Versorgung der Allgemeinheit soll dem Auftraggeber mithin nicht als zusätzliche Einnahmequelle dienen, sondern lediglich zur sinnvollen Nutzung der „Überproduktion".[41]

19   **5. Sektorenspezifischer Zusammenhang.** Der Anwendungsbereich des Vergaberechts ist, auch wenn der Auftraggeber grds. Tätigkeiten iSd. Anlage zu § 98 Nr. 4 wahrnimmt, jedoch nur eröffnet, wenn der konkret zu vergebende Auftrag auch der **Wahrnehmung der Sektorentätigkeit dient.** Im Bereich der Energieversorgung hat die Unterscheidung zwischen Verträgen, die Auftraggeber im Bereich ihrer Sektorentätigkeit vergeben und solchen, die sie im Bereich einer sektorenfremden Tätigkeit vergeben, aufgrund der fortschreitenden Liberalisierung des Sektors besondere Bedeutung. Das gilt insbesondere für die Vergabe von Aufträgen durch Auftraggeber, die nur unter § 98 Nr. 4 fallen, aber auch für Aufträge von Auftraggebern, die zusätzlich unter § 98 Nr. 1–3 fallen.[42]

20   **a) Erfordernis eines sektorenspezifischen Zusammenhangs.** Die Anwendung der speziellen Sektorenvorschriften setzt nicht nur voraus, dass ein (öffentlicher) Auftraggeber die Eigenschaft eines Auftraggebers iSv. § 98 Nr. 4 iVm. der Anlage zu § 98 Nr. 4 besitzt, sondern auch, dass der konkret zu vergebende Auftrag im Zusammenhang mit der **Durchführung von Tätigkeiten im Bereich der Energieversorgung, wie sie in der Anlage definiert werden,** steht.[43] Die Voraussetzung eines solchen sektorenspezifischen Zusammenhangs ergibt sich zunächst aus der SKR 2004. Die SKR 2004 gilt gem. deren Art. 20 Abs. 1 nicht für Aufträge, die die Auftraggeber zu anderen Zwecken als der Durchführung der Sektorentätigkeit vergeben. Spiegelbildlich ist in Art. 12 Abs. 1 VKR geregelt, dass die VKR nicht für öffentliche Aufträge gilt, die von öffentlichen Auftraggebern, die eine oder mehrere Sektorentätigkeiten iSd. SKR 2004 ausüben, vergeben werden und die der Durchführung dieser Tätigkeiten dienen.

21   Das Erfordernis eines sektorenspezifischen Zusammenhangs des Auftrags war im deutschen Vergaberecht bisher nicht ausdrücklich geregelt. § 7 VgV aF., der die verschiedenen Sektorentätigkeiten dem 3. oder dem 4. Abschnitt der VOB/A und VOL/A zuwies, bezog sich auf die generelle Tätigkeit der verschiedenen Auftraggeberarten in den unterschiedlichen Sektoren, nicht hingegen auf den Gegenstand des konkreten Auftrags.[44] Das Erfordernis eines sektorenspezifischen Zusammenhangs ergab sich allein aus dem Ausnahmetatbestand des § 9 Abs. 2 VgV aF., der durch das VgRModG in § 100 Abs. 2 lit. i eingefügt wurde. Dieser nimmt Aufträge von Auftraggebern nach § 98 Nr. 4 vom Anwendungsbereich des Vergaberechts aus, soweit sie anderen Zwecken dienen als der Sektorentätigkeit. Die **neue SektVO**[45] verlangt für ihre Anwendung ebenfalls einen **sektorenspezifischen Zusammenhang** des konkreten Auftrags. Gem. § 1 Abs. 1 S. 1 SektVO gilt die Verordnung für Auftraggeber nach § 98 Nr. 1 bis 4. Nach S. 2 dieser Vorschrift trifft die SektVO allerdings nur nähere Bestimmungen über die Vergabe von öffentlichen Aufträgen – mit Ausnahme von Bau- und Dienstleistungskonzessionen –, die

---

[41] *Kulartz/Kus/Portz/Eschenbruch* § 98 RdNr. 293.
[42] Zum Verhältnis zwischen § 98 Nr. 2 und Nr. 4 vgl. § 98 RdNr. 66 ff. und 80.
[43] EuGH, C-393/06, Slg. 2008, I-2339, RdNr. 59 – Fernwärme Wien GmbH; EuGH, C-462/03, Slg. 2005, I-5397, RdNr. 37 – Strabag AG und Kostmann GmbH.
[44] *Willenbruch/Bischoff/Bischoff* § 7 VgV RdNr. 1.
[45] Vgl. BT-Drucks. BGBl. I 2009 S. 3110, abgedruckt oben als Anhang 1 zur Anlage zu § 98 Nr. 4.

im Zusammenhang mit Tätigkeiten auf dem Gebiet der Trinkwasser- und Energieversorgung oder des Verkehrs stehen. § 1 Abs. 1 S. 2 SektVO entspricht somit der Ausnahmeregelung des § 100 Abs. 2 lit. i.

b) Auslegung und Inhalt. Es ist davon auszugehen, dass das Merkmal des sektorenspezifi- **22** schen Zusammenhangs in § 1 Abs. 1 SektVO keine engere Grenze für die Anwendung der SektVO zieht, als der Ausnahmetatbestand des § 100 Abs. 2 lit. i.[46] Das Merkmal des sektorenspezifischen Zusammenhanges dient lediglich der entsprechenden Definition des Anwendungsbereichs der SektVO. Hierfür spricht, dass beiden Regelungen Art. 20 Abs. 1 SKR 2004 zugrunde liegt. Ein Auftrag fällt daher nicht in den Anwendungsbereich des sektorenspezifischen Vergaberechts, wenn er zwar von einem Auftraggeber gem. § 98 Nr. 4 vergeben wird, der Auftrag selbst aber nicht mit der Sektorentätigkeit im Zusammenhang steht. Ein sektorenspezifischer Zusammenhang liegt mithin dann nicht vor, wenn ein Unternehmen neben der Trinkwasser- oder Energieversorgung noch weitere Tätigkeitsfelder hat und in diesen Bereichen Aufträge vergibt.[47]

c) Gemischte Aufträge. Problematisch ist die Abgrenzung zwischen Aufträgen mit und **23** ohne Bezug zur Sektorentätigkeit, wenn ein Auftrag sowohl der Sektorentätigkeit als auch der sektorenfremden Tätigkeit eines Unternehmens zugute kommt, wie der Bau einer Verwaltungszentrale für das Gesamtunternehmen.[48] In Fällen dieser Art ist von einem Zusammenhang auszugehen, soweit der jeweilige Auftrag der Sektorentätigkeit aufgrund einer **Gesamtschau nach qualitativen und quantitativen Kriterien** vornehmlich zugute kommt.[49] Hingegen kann die Abgrenzung nicht nach der sog. „Infektionstheorie"[50] vorgenommen werden, da die Anwendbarkeit der SektVO sonst unabhängig von einem sektorspezifischen Zusammenhang gegeben sein könnte.[51] Auch der EuGH hat einer Anwendbarkeit der Infektionstheorie im Hinblick auf die Prüfung des Anwendungsbereichs der SKR 2004 eine Absage erteilt.[52]

d) Auftraggeber gem. § 98 Nr. 4. Aufträge im Zusammenhang mit einer Tätigkeit auf dem **24** Gebiet der Energieversorgung, die von Auftraggebern vergeben werden, die ausschließlich von der Tatbestandsalternative Nr. 4 des § 98 erfasst werden, fallen in den **Anwendungsbereich** des Vergaberechts und sind nach den **Vorschriften der neuen SektVO** zu vergeben. Da diese SektVO gem. § 1 Abs. 1 S. 2 SektVO aber ausschließlich auf Auftragsvergaben mit sektorenspezifischen Zusammenhang anwendbar ist und Aufträge, die von Auftraggebern gem. § 98 Nr. 4, die nicht im Zusammenhang mit der Sektorentätigkeit stehen, durch § 100 Abs. 2 lit. i vom Anwendungsbereich des GWB ausgenommen werden, sind Aufträge ohne sektorenspezifischen Zusammenhang vom Vergaberecht befreit. Das Vorliegen des sektorenspezifischen Zusammenhangs entscheidet in diesen Fällen abschließend über die Anwendung des Vergaberechts.

e) Auftraggeber gem. § 98 Nr. 1 bis 3. Aufträge im Bereich der Energieversorgung, die **25** von Auftraggebern vergeben werden, die neben der Nr. 4 auch eine der Tatbestandsalternativen der Nr. 1–3 des § 98 erfüllen, unterliegen grds. ebenfalls dem Anwendungsbereich der SektVO, soweit der konkret zu vergebende Auftrag einen sektorenspezifischen Zusammenhang aufweist (vgl. § 1 Abs. 1 SektVO). Im Fall der öffentlichen Auftraggeber gem. § 98 Nr. 1–3 entscheidet das Vorliegen eines Auftrags zum Zweck der Sektorentätigkeit (sektorenspezifischer Zusammenhang) jedoch nicht über die Anwendbarkeit des Vergaberechts als solche (wie bei Auftraggebern, die ausschließlich unter § 98 Nr. 4 fallen), sondern über die Frage, ob der Auftraggeber die Verfahrensvorschriften der **VOL/A** bzw. **VOB/A** anzuwenden hat oder die flexibleren Vorschriften der **SektVO.** Denn falls der Auftrag keinen sektorenspezifischen Zusammenhang aufweist, haben Auftraggeber gem. § 98 Nr. 1–3 das klassische Vergaberechtsregime anzuwenden (VgV, VOB/A, VOL/A).[53] Für die Vergabe von sektorenfremden Aufträgen entfällt für öffentliche Auftraggeber, die (auch) die Tatbestände des § 98 Nr. 1–3 erfüllen, somit die Privilegierung der SektVO. Der sektorenspezifische Zusammenhang eines Auftrags entscheidet nur darüber, ob der Auftrag nach den Regelungen der neuen SektVO vergeben werden kann.

---

[46] Vgl. § 100 RdNr. 85.
[47] RegBegr. zum RegE der SektVO, BR-Drucks. 522/09, 39 (zu § 1).
[48] *Reidt/Stickler/Glahs/Stickler* § 9 VgV RdNr. 5; JurisPK-VergR/*Zeiss* § 9 VgV RdNr. 16; *Boesen* § 100 RdNr. 66; *Säcker/Reider* § 10 VgV RdNr. 4.
[49] *Immenga/Mestmäcker/Dreher* § 98 RdNr. 170.
[50] *Hierzu Dreher/Stockmann* § 98 RdNr. 49.
[51] AA. zur alten Rechtslage gem. § 9 VgV *Byok/Jaeger/Willenbruch* § 9 VgV RdNr. 1551.
[52] EuGH, C-393/06, Slg. 2008, I-2339, RdNr. 30 – Fernwärme Wien GmbH.
[53] RegBegr. zum RegE der SektVO, BR-Drucks. 522/09, 39 (zu § 1).

26   **6. Contracting.** Die finanzielle Situation der öffentlichen Haushalte veranlasst staatliche Einrichtungen gegenwärtig verstärkt, nach Möglichkeiten der Kostenreduzierung zu suchen. Im Bereich der Energieversorgung kommt dem sog. Contracting, das auch vergaberechtliche Implikationen mit sich bringt, dabei eine zunehmend bedeutende Rolle zu. Der Begriff des Contractings bezeichnet Modelle, bei denen ein privates Unternehmen (Contractor) energietechnische Investitionen für den Auftraggeber durchführt, die den Energiebedarf bzw. die Energiekosten senken.[54] Hierbei kann es sich zB. um Sanierungsmaßnahmen am Gebäude (bspw. Isolierung der Fassade) oder den Bau und Betrieb einer modernen Heizkraftanlage handeln. Das Contracting wurde als ökonomisches Steuerungsinstrument entwickelt, um steigenden Rohölpreisen zu begegnen.[55] Die Kostenoptimierung von Investitionsentscheidungen wird dadurch erreicht, dass das externe Unternehmen, das die **Beratung**, **Finanzierung** und den **Anlagenbau** oder die **Anlagenoptimierung** durchführt, an den erreichten Kosteneinsparungen beteiligt wird.

27   **a) Contracting-Verträge.** Trotz aller Unterschiede der Contracting-Modelle lassen sie sich in zwei Kategorien – das Anlagen- und das Energieeinspar-Contracting – aufteilen.

28   **aa) Anlagen-Contracting.** Beim Anlagen-Contracting verpflichtet sich ein Contractor zur Planung, Finanzierung, Errichtung und zum Betrieb einer **energietechnischen Anlage,** aus der der Auftraggeber seinen Strom oder seine Wärme bezieht. Der Auftraggeber investiert nicht direkt in den Bau und Betrieb der energietechnischen Anlagen, sondern vereinbart mit dem Contractor im Vorfeld einen bestimmten Energiepreis und rechnet mit ihm die zur Verfügung gestellte Energie ab.[56] Der Contractor übernimmt die Finanzierung und refinanziert das Vorhaben über die anschließende **Wärme- oder Stromlieferung.**

29   **bb) Energieeinspar-Contracting.** Das Energieeinspar-Contracting zielt auf die **Optimierung von technischen Betriebsfunktionen** in Gebäuden, wie zB. die Optimierung der Heizung, der Belüftung und der Beleuchtung. Der Contractor verpflichtet sich, einen bestimmten Einspareffekt zu erreichen und refinanziert sich über die Beteiligung an den eingesparten Energiekosten des Auftraggebers.[57] Diese besondere Form der Vergütung bietet so einen Anreiz, weitere Einsparpotentiale auszuschöpfen.

30   **b) Contracting als öffentlicher Auftrag.** Die vergaberechtliche Ausschreibungspflicht richtet sich danach, ob Contracting-Verträge öffentliche Aufträge gem. § 99 darstellen. Das wäre jedenfalls nicht der Fall, wenn es sich um Dienstleistungskonzessionen handeln würde, die dem Vergaberecht entzogen sind.

31   **aa) Abgrenzung zur Dienstleistungskonzession.** Das Contracting lässt sich, wenngleich die Verschiedenheit der Contracting-Modelle die Bewertung erschwert, grds. nicht als Konzession iSd. Vergaberechts qualifizieren.[58] Eine **Konzession** ist nach der Definition der SKR 2004 ein Vertrag, der von einem Bau- oder Dienstleistungsauftrag nur insoweit abweicht, als die **Gegenleistung** für die Bau- oder Dienstleistung ausschließlich in dem **Recht zur Nutzung** des Bauwerks oder der Dienstleistung besteht oder in diesem Recht zuzüglich der Zahlung eines Preises.[59] Wesentliche Merkmale der Konzession sind:
– eine Aufgabe, die in die Zuständigkeit des Staates fällt, wird auf Dritte übertragen,
– dem Konzessionär wird das Recht zur Verwertung seiner eigenen Leistung übertragen,
– der Konzessionär erhält ein Entgelt nicht vom Auftraggeber, sondern von den Nutzern der von ihm erbrachten Leistung und
– der Konzessionär trägt das überwiegende unternehmerische Risiko.[60]

32   Das Contracting ist der Konzession insofern ähnlich, als der Contractor in die **staatliche Zuständigkeit** fallende Aufgaben wahrnimmt. Der Bürger ist jedoch nicht unmittelbarer Nutzer der Contracting-Leistung wie dies sonst bei Konzessionen der Fall ist, sondern nutzt lediglich die Einrichtung, die durch den Contractor mit Strom oder Wärme versorgt wird oder deren Energiebilanz verbessert wurde. Zwischen dem Contractor und dem Bürger bestehen keine Vertragsbeziehungen. Es handelt sich mithin nicht um Verträge, bei denen der Contractor seine

---

54 *Danner/Theobald/Lippert* VIII a. RdNr. 8.
55 *Kirchner* 7.
56 *Kirchner* 12.
57 *Kirchner* 11.
58 So auch *Kirchner* 56; *Jestadt/Philippeit* 65.
59 Vgl. Art. 1 Abs. 3 lit. a, b SKR 2004.
60 *Reidt/Stickler/Glahs/Stickler* § 99 RdNr. 27 a. Zu Dienstleistungskonzessionen vgl. § 99 RdNr. 223 ff.

Leistung gegenüber Dritten erbringt. Allenfalls das Anlagen-Contracting könnte dann eine Konzession darstellen, wenn der Contractor bspw. ein Heizkraftwerk für eine kommunale Wohnungsbaugesellschaft errichtet und diese ihm ihre Ansprüche auf Zahlung der Wärme- bzw. Heiznebenkosten gegen die Mieter abtritt. In diesem Fall versorgt der Contractor die Mieter (Nutzer) mit Energie und erhält die Vergütung seiner Leistung ebenfalls von den Nutzern.[61] Allerdings lastet auf dem Contractor grds. kein **überwiegendes wirtschaftliches Risiko.** Im Falle des Einspar-Contractings trägt er durch die Refinanzierung mittels Beteiligung an den eingesparten Energiekosten lediglich das Kalkulationsrisiko. Auch beim Anlagen-Contracting ist sein Risiko begrenzt, da er im Unterschied zum Konzessionär nicht auf die Vergütung durch den Bürger angewiesen ist. Seine Leistung amortisiert sich, indem er eine Einrichtung der öffentlichen Hand exklusiv mit Energie beliefert und ggf. an den Einsparungen für Energiekosten beteiligt wird. Ein erhöhtes Risiko ergibt sich nur, wenn sein Gewinn entscheidend von Brennstoffpreisen abhängig ist. Das ist nicht der Fall, wenn sich die Vergütung anhand der eingesparten Energiemenge und anhand der eingesparten Energiekosten bemisst.

bb) Entgeltliche Beschaffung. Contracting-Modelle haben idR. entgeltliche Beschaf-   **33**
fungsaufträge zum Gegenstand und sind somit öffentlich auszuschreiben,[62] da sich der Vertragsgegenstand nicht in der Ausgliederung energiewirtschaftlicher Leistungen erschöpft. Vielmehr bezieht die öffentliche Hand mittels der Contracting-Modelle (auch) Energie bzw. energietechnische Leistungen bei privaten Unternehmen. Der Entgeltlichkeit der Verträge steht nicht entgegen, dass der Contractor sich selbst um die Finanzierung des Projekts kümmert. Er erhält zwar keine direkte Vergütung für die energietechnischen Maßnahmen oder den Bau der Anlage, er refinanziert die Contracting-Leistung aber durch die Beteiligung an den eingesparten Energiekosten bzw. durch die exklusive Versorgung des Auftraggebers mit Energie zu einem für die Zukunft festgelegten Preis. Da als Gegenleistung iSd. § 99 **jegliche geldwerte Zuwendung** in Betracht kommt,[63] wird das Merkmal der Entgeltlichkeit auch durch eine solche Refinanzierung erfüllt.[64]

c) Ausnahmen von der Ausschreibungspflicht. aa) § 100 Abs. 2 lit. f. Das Anlagen-   **34**
Contracting ist grds. nicht durch § 100 Abs. 2 lit. f vom Anwendungsbereich des Vergaberechts ausgenommen.[65] Diese Vorschrift befreit Sektorenauftraggeber von der Anwendung des Vergaberechts, wenn sie Aufträge zur **Beschaffung von Energie oder Brennstoffen** zur Energieerzeugung vergeben, sofern sie hierdurch Tätigkeiten auf dem Gebiet der Energieversorgung erfüllen. Zwar beschafft die Gebietskörperschaft durch das Anlagen-Contracting Energie. Gegenstand des Contractings ist idR. aber nicht allein der Bezug von Energie, sondern auch der (Um-/Ausbau) einer Anlage für die Zwecke der Auftraggeberin ist.[66] Ein an Stelle des Anlagen-Contractings denkbarer Auftrag zum Bau eines Kraftwerks für die Auftraggeberin wäre jedoch nach der VOB/A ausschreibungspflichtig. Das Anlagen-Contracting ist daher nicht von der Ausnahmeregelung erfasst.[67] Darüber hinaus liegen die Voraussetzungen des Ausnahmetatbestands gem. § 100 Abs. 2 lit. f auch deshalb nicht vor, weil der Auftraggeber keine Sektorentätigkeit ausübt, soweit die Energie der Versorgung eigener Einrichtungen dient, da die Sektorentätigkeit gem. Nr. 2 der Anlage zu § 98 Nr. 4 die Versorgung der Allgemeinheit voraussetzt.[68]

bb) § 100 Abs. 2 lit. o, p. Contracting-Modelle sind gem. **§ 100 Abs. 2 lit. o** dann vom   **35**
Vergaberecht ausgenommen, wenn der Sektorenauftraggeber den Vertrag mit einem Unternehmen schließt, das zu mindestens zu 80 Prozent für den Sektorenauftraggeber tätig ist und über das er einen beherrschenden Einfluss ausüben kann **(verbundene Unternehmen).**[69] Übernimmt ein beherrschtes Tochterunternehmen bspw. die Konzeption, Finanzierung und Umsetzung der energietechnischen Gebäudesanierung für einen gesamten Konzern, der Sektorenauftraggeber auf dem Gebiet der Energie- oder Trinkwasserversorgung ist, so müssen Contracting-Modelle nicht

---

[61] *Kramer* ZUR 2007, 286.
[62] VK Brandenburg v. 8. 3. 2007, 2 VK 4/07; VK Südbayern v. 28. 7. 2006, Z 3-3-3194-1-17-05/06; VK Bremen v. 24. 10. 2000, VK 3/00; *Bartsch/Röhling/Salje/Scholz/Hausmann* 191; *Jestadt/Philippeit* 62.
[63] Vgl. § 99 RdNr. 15.
[64] Vgl. EuGH, C-399/98, Slg. 2001, I-5409, RdNr. 84 – Ordine degli Architetti; OLG Naumburg NZBau 2002, 235, 236; *Immenga/Mestmäcker/Dreher* § 99 RdNr. 20.
[65] Vgl. § 100 RdNr. 79.
[66] VK Brandenburg v. 8. 3. 2007, 2 VK 4/07.
[67] *Bartsch/Röhling/Salje/Scholz/Hausmann* 191.
[68] Vgl. *Byok/Jaeger/Willenbruch* § 9 VgV RdNr. 1554.
[69] Vgl. § 100 RdNr. 92.

ausgeschrieben werden, soweit es sich um Gebäude handelt, die der Sektorentätigkeit dienen.[70] Steht die Gebäudesanierung dagegen nicht im **Zusammenhang** mit der **Sektorentätigkeit,** kann sich der Sektorenauftraggeber nicht auf den Ausnahmetatbestand berufen.

36 Contracting-Modelle können außerdem gem. **§ 100 Abs. 2 lit. p, Variante bb** vom Vergaberecht befreit sein, wenn sie mit einem Unternehmen geschlossen werden, das mehrere Sektorenauftraggeber ausschließlich zur Erfüllung von Contracting-Leistungen gegründet haben und sie an diesem Unternehmen beteiligt sind **(gemeinsame Unternehmen).**[71] Dieser Ausnahmetatbestand setzt jedoch voraus, dass das gemeinsame Unternehmen ausschließlich zur Durchführung von Tätigkeiten auf dem Gebiet der **Energieversorgung** gebildet wurde. Tätigkeiten der Energieversorgung sind gem. Nr. 1 bis 3 der Anlage zu § 98 Nr. 4 der Betrieb öffentlicher Versorgungsnetze sowie die Versorgung dieser Netze mit Energie. Hingegen bezwecken Contracting-Modelle idR., energietechnische Investitionen für den Auftraggeber auszuführen, die der Verbesserung der Energiebilanz auf Seiten des Auftraggebers dienen und nicht dem Netzbetrieb oder der Energieversorgung der Allgemeinheit.[72] Das Contracting fällt daher idR. nicht unter den Ausnahmetatbestand des § 100 Abs. 2 lit. p, bb.

37 **cc) Inhouse-Verträge.** Contracting-Modelle sind von der Anwendung des Vergaberechts ausgenommen, wenn ein **Eigen- oder Regiebetrieb** der Gebietskörperschaft beauftragt wird,[73] den die Gebietskörperschaft wie eine eigene Dienststelle kontrolliert.[74]

38 **d) Anzuwendende Verfahrensvorschriften.** Contracting-Modelle zeichnen sich dadurch aus, dass sie eine Reihe verschiedener Leistungen umfassen. Der Contractor übernimmt nicht nur den Bau energietechnischer Anlagen, sondern idR. auch die Planung, die Finanzierung, den Betrieb, sowie die Instandhaltung der Anlage und in einem ersten Schritt zunächst die Entwicklung eines Konzept zur Einsparung von Energie. Welche Vergabe- und Vertragsordnung bzw. Rechtsverordnung anzuwenden ist, hängt vom Vertragsgegenstand ab (vgl. §§ 4, 6 VgV, § 1 SektVO). Die Einordnung als **Liefer-, Dienstleistungs-** oder **Bauauftrag** ist unter anderem relevant für den maßgeblichen Schwellenwert, ab dem das GWB und die gemeinschaftsrechtlich veranlassten 2. Abschnitte der Vergabe- und Vertragsordnungen anzuwenden sind.

39 **aa) Ausschreibung nach VOB/A, VOL/A oder SektVO.** α) **Energieeinspar-Contracting.** Das Energieeinspar-Contracting hat hauptsächlich Bau- und Dienstleistungen zum Gegenstand. Gemischte Verträge, die sowohl Bau- als auch Dienstleistungen umfassen, sind gem. § 99 Abs. 7 S. 2 als Dienstleistungen zu qualifizieren, wenn die Bauleistungen im **Verhältnis zum Hauptgegenstand** „Nebenarbeiten" sind. Der Gesetzgeber hat sich damit bewusst gegen die Gewichtung der unterschiedlichen Leistungen anhand des Wertes entschieden.[75] Das folgt auch aus der Systematik der Norm, da § 99 Abs. 7 S. 1 anders als § 99 Abs. 7 Satz 2 im Falle von Aufträgen, die sowohl Liefer- als auch Dienstleistungen umfassen, auf den Wert der jeweiligen Leistungen abstellt. Die Zuordnung nach dem Hauptgegenstand entspricht der Rechtsprechung des EuGH, der entschied, dass ein Vertrag als öffentlicher Bauauftrag einzuordnen ist, wenn die Errichtung eines Bauwerks Hauptgegenstand des Vertrages ist (Schwerpunkttheorie).[76] Die VOB/A gilt also, selbst wenn die Bauleistung weniger als 50 Prozent oder 40 Prozent des Gesamtauftragsvolumens ausmacht.[77] Entscheidend ist nicht der Wert, sondern der rechtliche und wirtschaftliche Schwerpunkt, der sich durch die **maßgeblichen Vertragselemente** bestimmt, sowie die **Verteilung der Risiken.** Allerdings kann das Verhältnis, in dem die Werte der Leistungen zueinander stehen, einen Anhaltspunkt oder ein Indiz für die Qualifikation als Hauptgegenstand der einen oder anderen Leistung sein.[78] Beim Energieeinspar-Contracting entwickelt der Contractor ein individualisiertes, auf das Gebäude des Auftraggebers zugeschnittenes Energieeinsparkonzept, das er durch den Bau und die Installation

---

[70] Vgl. § 1 Abs. 1 SektVO.

[71] Vgl. § 100 RdNr. 112.

[72] *Bartsch/Röhling/Salje/Scholz/Hausmann* 191.

[73] *Jestadt/Philippeit* 65; *Kirchner* 56.

[74] Zu Inhouse-Geschäften vgl. § 99 RdNr. 41.

[75] So bereits RegBegr. zum Entwurf des Gesetzes zur Neuregelung des Vergaberechts v. 29. 3. 2005, zu § 99 Abs. 6.

[76] EuGH, C-331/92, Slg. 1994, I-1329, RdNr. 26 – Gestión Hotelera Internacional; ähnlich EuGH, C-20/01 und C-28/01, Slg. 2003, I-3609, RdNr. 52 – Kommission/Deutschland.

[77] *Burgi* RdE 2007, 145, 148.

[78] KompendiumVgR/*Pünder* Kapitel 3 RdNr. 60; *Burgi* RdE 2007, 145, 148.

energietechnischer Anlagen umsetzt. Er realisiert durch den Betrieb der Anlage langfristige Einsparpotentiale.[79] Der **Schwerpunkt** des Energieeinspar-Contractings liegt mithin in der Konzeption eines optimalen Einspar-Modells, so dass das Energieeinspar-Contracting idR. als **Dienstleistung** einzustufen sein wird und nach den Vorschriften der **VOL/A** zu vergeben ist. Das Energieeinspar-Contracting unterfällt allerdings nicht der VOL/A, sondern der **SektVO**, wenn der Auftraggeber (auch) Sektorenauftraggeber iSd. § 98 Nr. 4 ist und Gebäude energieoptimiert werden, die ihm zur Erfüllung der Sektorentätigkeit im Bereich der Energieversorgung iSd. Anhangs zu § 98 Nr. 4 dienen.

β) Anlagen-Contracting. Das **Anlagen-Contracting** hat neben Bau- und Dienstleistun- **40** gen auch Energielieferleistungen zum Gegenstand, wenn der Contractor zur Refinanzierung der von ihm gebauten und betriebenen Anlage Energie an den öffentlichen Auftraggeber liefert. Eine Abgrenzung der einzelnen Leistungen voneinander sowie die Bestimmung eines Schwerpunkts ist möglich, indem die einzelnen Leistungen auf ihren personellen, zeitlichen und finanziellen Aufwand hin geprüft werden.[80] Ist die Prägung als Bau- oder Dienstleistungsauftrag anhand dieser Kriterien unklar, so können Elemente wie die Verteilung der vertraglichen Risiken herangezogen werden.[81] Entsprechend ist von einem Schwerpunkt der Liefer- oder Dienstleistung auszugehen, wenn der Bau nur geringe planerische, konstruktive oder fertigungstechnische Probleme aufweist.[82] Die Auftragsvergabe richtet sich grds. nach VOL/A und nicht nach der **SektVO**, weil das Anlagen-Contracting nicht der Versorgung der Allgemeinheit mit Energie dient, sondern der Versorgung auftraggebereigener Einrichtungen, so dass keine Tätigkeit auf dem Gebiet der Energieversorgung iSd. Anlage zu § 98 Nr. 4 vorliegt. Dient das Anlagen-Contracting aus der Sicht des öffentlichen Auftraggebers in erster Linie dem Bau der Anlage, so dass das Contracting lediglich als innovative Finanzierungsform genutzt wird, richtet sich die Auftragsvergabe nach den Vorschriften der VOB/A.[83]

bb) Auswahl des Vergabeverfahrens. Gemäß § 101 Abs. 7 haben öffentliche Auftragge- **41** ber bei der Vergabe vorrangig das Offene Verfahren anzuwenden. Die Ausschreibung im Offenen Verfahren (wie auch im Nichtoffenen Verfahren) setzt eine hinreichende und abschließende Leistungsbeschreibung voraus, die dem Bieter als Grundlage zur Erstellung eines konkreten Angebots dient.[84] Nur bei einer Vergleichbarkeit der von den Angeboten umfassten Leistungen ist die Auswahl des wirtschaftlichsten Angebots im formalisierten Offenen und Nichtoffenen Verfahren möglich. Die vielfältigen und komplexen Leistungen, die Gegenstand des Contractings sind, stehen einer Ausschreibung im Offenen oder Nichtoffenen Verfahren zwar nicht grds. entgegen, allerdings sind die Verfahren unpraktikabel, wenn im Vordergrund der Contracting-Leistung die Erarbeitung eines Energieeinsparkonzepts steht, das innovative Lösungen voraussetzt. Der Auftraggeber würde in diesem Fall durch eine konkrete Leistungsbeschreibung dem Contractor ein hohes Maß an Freiheit bei der Erstellung der Angebote nehmen.[85] Auftraggeber können gem. § 3 EG Abs. 3 lit. c VOL/A, § 3a Abs. 5 Nr. 3 VOB/A Aufträge, deren vertragliche Spezifikationen nicht hinreichend genau festgelegt werden können, insbesondere **geistig-schöpferische Leistungen**, im **Verhandlungsverfahren** vergeben. Das gilt insbesondere für Contracting-Aufträge, die Planungsleistungen zum Gegenstand haben, die erst im Verlauf des Verfahrens in Fachgesprächen entwickelt werden können.

Sektorenauftraggeber können gem. § 101 Abs. 7, § 6 Abs. 1 SektVO (entspricht Art. 40 **42** Abs. 2 SKR 2004) für die Vergabe von Aufträgen im **Zusammenhang** mit ihrer **Sektorentätigkeit** zwischen dem Offenen Verfahren, dem Nichtoffenen Verfahren mit vorherigem Aufruf zum Wettbewerb und dem Verhandlungsverfahren mit vorherigem Aufruf zum Wettbewerb frei wählen.

7. Wegenutzungsverträge gem. § 46 Abs. 2 EnWG. a) Gegenstand der Wegenut- 43 zungsverträge. Gemeinden ermächtigen durch sog. **qualifizierte Wegenutzungsverträge** gem. § 46 Abs. 2 S. 1 EnWG, die auch als „Konzessionsverträge" bezeichnet werden,[86] Energie-

---

[79] *Kirchner* 61.
[80] *Jestadt/Philippeit* 64.
[81] OLG Düsseldorf v. 12. 3. 2003, Verg 49/02.
[82] OLG Düsseldorf v. 12. 3. 2003, Verg 49/02.
[83] *Jestadt/Philippeit* 63.
[84] *Dreher/Stockmann* § 97 RdNr. 48.
[85] *Kirchner* 69.
[86] Vgl. *Britz/Hellermann/Hermes/Hellermann* § 46 RdNr. 54.

versorgungsunternehmen exklusiv, Leitungen für ein allgemeines Versorgungsnetz in einem bestimmten Gebiet zu verlegen und das Netz zu betreiben. Diese Verträge dienen der Übertragung von Wegenutzungsrechten für die Verlegung und den Betrieb von **Energieversorgungsnetzen.** Daneben können die Gemeinden in demselben Gebiet mit anderen Energieversorgungsunternehmen nur noch sog. **einfache Wegenutzungsverträge** gem. § 46 Abs. 1 EnWG schließen, die sich auf **Leitungen** zur unmittelbaren Versorgung von Letztverbrauchern beschränken. In § 46 Abs. 1 EnWG ist im Unterschied zu § 46 Abs. 2 EnWG von Leitungen die Rede und nicht von Netzen, so dass sich § 46 Abs. 1 EnWG nur auf Leitungen speziell für die Versorgung bestimmter Letztverbraucher bezieht und nicht auf die Gesamtheit von Leitungen, die ein Netz bilden.[87] Es handelt es sich dabei um Direkt- oder Stichleitungen und nicht – wie bei qualifizierten Wegenutzungsverträgen – um Energieversorgungsnetze der allgemeinen Versorgung.[88] Energieversorgungsnetze sind in § 3 Nr. 17 EnWG definiert als Netze, „die der Verteilung von Energie an Dritte dienen und von ihrer Dimensionierung nicht von vornherein nur auf die Versorgung bestimmter, schon bei der Netzerrichtung bestehender oder bestimmbarer Letztverbraucher ausgelegt sind, sondern grds. für die Versorgung jedes Letztverbrauchers offen stehen."

44   Die Bedeutung des qualifizierten Wegenutzungsvertrags gem. § 46 Abs. 2 EnWG hat sich gegenüber der in § 13 EnWG aF[89] enthaltenen Vorgängerregelung reduziert.[90] Das ergibt sich zwar nicht aus § 46 EnWG, der weitgehend der Regelung des § 13 EnWG aF entspricht, wohl aber aus § 36 Abs. 2 EnWG, der die Ermittlung des Grundversorgers regelt. Die bisher an den Betrieb des Netzes zur allgemeinen Versorgung und damit an den Abschluss eines qualifizierten Wegenutzungsvertrags geknüpfte allgemeine Anschluss- und Versorgungspflicht wurde durch das neue EnWG in zwei Teile aufgespalten, so dass der Betreiber eines Netzes der allgemeinen Versorgung nicht mehr automatisch **Grundversorger** ist. Grundversorger sind für die allgemeine Versorgung aller Haushaltskunden in einem Gebiet zuständig, die keine speziellen Versorgungsverträge mit anderen Energieversorgungsunternehmen abgeschlossen haben. Wer Grundversorger ist, bestimmt sich seit der Neuregelung in § 36 Abs. 2 EnWG unabhängig vom Betrieb der Netze und damit den Abschluss eines qualifizierten Wegenutzungsvertrags durch die **tatsächlichen Verhältnisse am Markt.**[91] Die Betreiber von Energieversorgungsnetzen ermitteln alle drei Jahre, welches Energieversorgungsunternehmen die meisten Haushaltskunden in einem Netzgebiet der allgemeinen Versorgung beliefert. Zu den Haushaltskunden zählen gem. der Definition in § 3 Nr. 22 EnWG nicht nur Haushaltskunden ieS., sondern auch Letztverbraucher, deren Jahresverbrauch zu beruflichen, landwirtschaftlichen oder gewerblichen Zwecken 10 000 Kilowattstunden nicht übersteigt. Den Status des Grundversorgers erhält dann diejenige Energieversorger, der nach dieser Ermittlung die meisten Haushaltskunden beliefert. Der Grundversorger ist somit nicht mehr automatisch derjenige Versorger, der Vertragspartner des qualifizierten Wegenutzungsvertrags und damit der Betreiber des Netzes zur allgemeinen Versorgung ist.

45   **b) Vergabe von qualifizierten Wegenutzungsverträgen.** Vor diesem Hintergrund wird kontrovers diskutiert, in welchem Verfahren qualifizierte Wegenutzungsverträge gem. § 46 Abs. 2 S. 1 EnWG zu vergeben sind.

46   **aa) Vorschriften des EnWG.** Wegenutzungsverträge haben gem. § 46 Abs. 2 S. 1 EnWG eine **Höchstlaufzeit** von 20 Jahren.[92] Ein Verstoß gegen diese Beschränkung führt gem. § 134 BGB zur Nichtigkeit des Vertrags.[93] Das EnWG regelt jedoch nicht, auf welche Weise der Neuabschluss bzw. die Auswahl eines neuen Netzbetreibers zu erfolgen hat. Es enthält lediglich verschiedene **Transparenzvorschriften** zur Information der Öffentlichkeit über den Vertragsablauf. Gemeinden müssen das Vertragsende gem. § 46 Abs. 3 S. 1 EnWG zwei Jahre vor Ablauf im Bundesanzeiger oder elektronischen Bundesanzeiger bekannt machen bzw. im Amtsblatt der Europäischen Union, wenn mehr als 100 000 Kunden an das Versorgungsnetz angeschlossen sind (§ 46 Abs. 3 S. 2 EnWG). Beabsichtigt eine Gemeinde einen Vertrag vorzeitig zu verlängern, muss sie den bestehenden Vertrag gem. § 46 Abs. 3 S. 3 EnWG beenden und die vorzei-

---

[87] *Schneider/Theobald/Albrecht* § 9 RdNr. 41.

[88] Vgl. *Schneider/Theobald/Albrecht* § 9 RdNr. 41; *Britz/Hellermann/Hermes/Hellermann* § 46 RdNr. 33.

[89] Gesetz über die Elektrizitäts- und Gasversorgung v. 24. 4. 1998, BGBl. I 730, galt bis zum 12. 7. 2005.

[90] Vgl. § 113 EnWG.

[91] Vgl. § 36 Abs. 2 EnWG.

[92] Vgl. § 36 Abs. 2 S. 1 EnWG.

[93] OLG Düsseldorf RdE 2008, 287.

tige Beendigung sowie das Vertragsende mindestens drei Monate vor Vertragsabschluss öffentlich bekanntmachen. Schließlich sind Gemeinden gem. § 46 Abs. 3 S. 5 EnWG verpflichtet, den Neuabschluss oder die Verlängerung unter Angabe der maßgeblichen Gründe öffentlich bekanntzumachen, sofern sich mehrere Unternehmen um den Betrieb des allgemeinen Versorgungsnetzes bewerben.

bb) Anwendbarkeit des GWB-Vergaberechts. Da weder das EnWG noch die Elektrizi- **47** tätsbinnenmarktrichtlinie[94] eine Regelung zu den auf den Abschluss solcher Verträge anwendbaren Vorschriften enthalten, stellt sich die Frage, ob sich die Vergabe der qualifizierten Wegenutzungsverträge nach den §§ 97 ff. bzw. der SKR 2004 richtet. Eine Ausnahme vom Anwendungsbereich kommt in diesem Zusammenhang nicht bereits aufgrund einer Ausnahmeregelung in Betracht, denn § 100 Abs. 2 enthält keine Ausnahme für Aufträge, die den Netzbetrieb betreffen; § 100 Abs. 2 lit. f nimmt lediglich die Beschaffung von Energie oder Brennstoffen zur Energiegewinnung vom Anwendungsbereich des Vergaberechts aus.

Zum Teil wird vertreten, dass das Vergaberecht wegen des Vorrangs der energiewirtschaft- **48** lichen Regelungen nicht anwendbar ist.[95] Dem kann indes nicht gefolgt werden, da das GWB bereits bei formeller Betrachtung mindestens gleichrangig neben dem EnWG steht. Zudem enthält das EnWG kein gegenüber dem GWB spezielleres Vergabeverfahren für die Vergabe von Netznutzungsverträgen. Vereinzelt wird auch vertreten, die SKR 2004 sei – wegen Fehlens konkreter Regelungen im EnWG – unmittelbar auf Konzessionsverträge gem. § 46 Abs. 2 EnWG anzuwenden.[96]

Allerdings steht es dem nationalen Gesetzgeber nicht frei, die **Anwendbarkeit des Ver-** **49** **gaberechts** beliebig festzulegen. Diese Schlussfolgerung war vor gemeinschaftsrechtlichem Hintergrund immer schon verfehlt, da das GWB-Vergaberecht in **Umsetzung europäischer** **Richtlinien** normiert worden ist und insofern einem Ausschluss aufgrund einer nationalen Bereichsausnahme von vornherein nicht zugänglich ist.[97] Sofern ein Vertrag als öffentlicher Auftrag iSd. (EU/GWB-)Vergaberechts qualifiziert werden kann, ist Vergaberecht anzuwenden, unabhängig davon, ob der nationale Gesetzgeber etwas anderes vorgesehen hat. Demnach wäre auf den Abschluss qualifizierter Wegenutzungsverträge gem. § 46 Abs. 2 EnWG das Vergaberecht anwendbar, wenn diese Verträge als öffentliche Aufträge gem. § 99 zu bewerten sind.

α) Beschaffungsbezug. Gegenstand der Wegenutzungsverträge ist nach dem Wortlaut **50** von § 46 Abs. 2 EnWG nur das Recht zur Nutzung der öffentlichen Verkehrswege. Allerdings verpflichtet sich das Energieversorgungsunternehmen durch den Abschluss eines qualifizierten Wegenutzungsvertrages in der Praxis zum Betrieb eines Übertragungs- und Elektrizitätsverteilungsnetzes zur allgemeinen Versorgung. Hiervon umfasst ist die Verteilung von Elektrizität, der Betrieb, die Wartung und ggf. der Ausbau entsprechender Netze.[98] Da idR. Bau- und Dienstleistungen Gegenstand des Vertrages sind, kommt es für die Einordnung im Einzelfall gem. § 99 Abs. 7 S. 2 darauf an, ob die Bau- oder die Dienstleistung Hauptgegenstand des Vertrages ist.[99] IdR. wird der Betrieb des Netzes im Vordergrund stehen, so dass die Dienstleistung überwiegt. Jedoch erbringt das Energieversorgungsunternehmen diese **Leistungen** **nicht für die Gemeinde.** Die Gemeinde schließt den Wegenutzungsvertrag nicht ab, um einen eigenen Beschaffungsbedarf zu decken. Etwas anderes kann nur gelten, wenn die Gemeinde dem Energieversorgungsunternehmen detaillierte Vorgaben für das Verlegen und den Betrieb der Versorgungsanlagen macht, so dass ein **Beschaffungszweck** eindeutig gegeben ist.[100]

Ohne eine solche vertragliche Festlegung des Beschaffungsbezugs könnte der Einordnung **51** qualifizierter Wegenutzungsverträge als öffentliche Aufträge iSv. § 99 daher entgegenstehen, dass Gemeinden mit deren Abschluss nicht die Beschaffung einer Leistung vornehmen, sondern dem Vertragspartner lediglich ein Nutzungsrecht einräumen wollen. Allerdings würde die Annahme eines öffentlichen Auftrags nur dann am fehlenden Beschaffungsbezug scheitern, wenn ein solcher ein notwendiges Tatbestandsmerkmal des vergaberechtlichen Auftragsbegriffs

---

[94] RL 2003/54, ABl. 2003 L 176/37.
[95] *Scheider/Theobald/Albrecht* § 9 RdNr. 72; *Büdenbender* § 13 RdNr. 9.
[96] *Salje* § 46 RdNr. 145, 150.
[97] OLG Düsseldorf VergabeR 2008, 73 (nicht im Zusammenhang mit dem EnWG).
[98] *Ortner* VergabeR 2008, 608, 611.
[99] Vgl. § 99 Abs. 7 S. 2.
[100] *Byok* RdE 2008, 268, 270.

ist. Daran kann in Ansehung der jüngeren Rechtsprechung insbesondere des OLG Düsseldorfs, die zu Auftragsvergaben im Gesundheitsbereich sowie im Zusammenhang mit Immobiliengeschäften der öffentlichen Hand entwickelt wurde, mit guten Gründen gezweifelt werden.[101] Danach komme es im Lichte der Entscheidung des EuGH in Sachen „Stadt Roanne"[102] nicht darauf an, ob der Auftraggeber gerade einen eigenen Beschaffungsbedarf decken möchte.[103] In Ansehung dessen spielt es für die Einordnung qualifizierter Wegenutzungsverträge als öffentliche Aufträge iSd. Vergaberechts und damit für die Anwendung des Vergaberechtsregimes auf deren Abschluss keine Rolle, ob Gemeinden mit dem Abschluss dieser Verträge einen eigenen Beschaffungsbedarf decken.

52 β) **Qualifizierte Wegenutzungsverträge als Konzession.** Die Anwendung des (EU/GWB-)Vergaberechts ist allerdings jedenfalls dann ausgeschlossen, wenn es sich bei den Wegenutzungsverträgen iSd. § 46 Abs. 2 EnWG um Konzessionen handelt. Baukonzessionen werden zwar anders als Dienstleistungskonzessionen gem. § 99 Abs. 6 grds. vom Vergaberecht erfasst, speziell für den Sektorenbereich nimmt § 100 Abs. 2 lit. s jedoch die Vergabe von Baukonzessionen durch Sektorenauftraggeber vom Vergaberecht aus, so dass sowohl die Einordnung als Dienstleistungs- als auch als Baukonzession zur Unanwendbarkeit des Vergaberechts führen würde. Konzessionen sind Vereinbarungen, die sich dadurch von öffentlichen Aufträgen unterscheiden, dass sie als Gegenleistung für eine Dienstleistung oder Bauleistung kein Entgelt vorsehen, sondern das (ausschließliche) Recht, die eigene Leistung oder bauliche Anlage unter Übernahme des wirtschaftlichen Risikos zu nutzen und entgeltlich gegenüber Dritten zu verwerten.[104] Der qualifizierte Wegenutzungsvertrag ist daher nur dann eine Konzession, wenn es sich **nicht** um einen **entgeltlichen Vertrag** iSd. Vergaberechts handelt[105] und das Energieversorgungsunternehmen das Unternehmerrisiko trägt.

53 Das Energieversorgungsunternehmen bietet im Rahmen seiner Pflichten aus dem qualifizierten Wegenutzungsvertrag Dritten (anderen Energieversorgungsunternehmen und Letztverbrauchern) die Verteilungs- und Übertragungsnetzkapazität für die Durchleitung von Strom und Gas an. Es erhält für diese Leistungen allerdings kein Entgelt von der Gemeinde, sondern fordert vielmehr von den Dritten Netznutzungsentgelte gem. § 17 Stromnetzentgeltverordnung (StromNEV).[106] Zusätzlich zahlt das Unternehmen an die Gemeinde gem. § 48 EnWG eine Konzessionsabgabe. Diese Abgabe kann allerdings im Fall des qualifizierten Wegenutzungsrechts niedriger sein, als die Abgabe für ein einfaches Wegenutzungsrecht. Das Vorliegen eines wirtschaftlichen Vorteils, dh. eines Entgelts iSd. Vergaberechts, wäre mithin nur dann zu bejahen, wenn man die Gewährung qualifizierter Wegenutzungsrechte gem. § 46 Abs. 2 EnWG im Vergleich gegenüber bei Einräumung einfacher Wegenutzungsrechte niedrigeren Konzessionsabgaben als **Entgelt** ansehen würde, weil Gemeinden Netze der allgemeinen Versorgung auf diese Weise indirekt subventionierten.[107] Das ist jedoch zu verneinen. Die Gewährung niedrigerer Konzessionsabgaben durch die Gemeinde ist **nicht als Entgelt** iSd. § 99 Abs. 1 anzusehen. Das OLG Schleswig hat in einer Entscheidung zu Baukonzessionen ausgeführt, dass auch ein erheblicher Zuschuss des Auftraggebers zu den Baukosten nichts daran ändert, dass das Rechtsverhältnis zwischen Auftraggeber und Auftragnehmer im Wesentlichen durch die Konzessionsabrede geprägt und damit kein entgeltlicher Vertrag ist.[108] Die Europäische Kommission hat diese Auffassung in ihrer Mitteilung zu Konzessionen vom 29. 4. 2000 gestützt, in der sie hervorhob: „Fälle, bei denen der Staat als Gegenleistung für die Arbeiten einen Preis zahlt, fallen unter den Begriff der Konzession, vorausgesetzt, dass dadurch nicht das ungewisse und sich aus der Natur der Nutzung ergebende Risiko beseitigt wird."[109]

---

[101] OLG Düsseldorf VergabeR 2007, 622; OLG Düsseldorf NZBau 2007, 530; OLG Düsseldorf NZBau 2008, 138; OLG Düsseldorf NZBau 2008, 271; OLG Düsseldorf NZBau 2008, 461; OLG Düsseldorf, NZBau 2008, 727.

[102] EuGH, C-220/05, Slg. 2007, I-412, RdNr. 38 – Stadt Roanne. EuGH v. 25. 3. 2010, C-451/08 stellt auf das Vorliegen eines „unmittelbaren wirtschaftlichen Interesses" ab, vgl. RdNr. 49.

[103] Hierzu auch *Gabriel* NJW 2009, 2011, 2013.

[104] Vgl. Art. 1 Abs. 3 lit. b SKR 2004. Zu Dienstleistungskonzessionen vgl. § 99 RdNr. 223.

[105] *Salje* § 46 RdNr. 101.

[106] Verordnung über Entgelte für den Zugang zu Stromversorgungsnetzen v. 25. 7. 2005, BGBl. I S. 2225.

[107] Vgl. *Schneider/Theobald/Albrecht* § 9 RdNr. 48.

[108] OLG Schleswig-Holstein ZVgR 1999, 249, 252.

[109] Kommission, Mitteilung zu Auslegungsfragen im Bereich der Konzessionen im Gemeinschaftsrecht, ABl. EU 2000 C 121/2, RdNr. 2.1.2.

Es kommt für das Vorliegen einer Konzession somit entscheidend auf die Frage an, ob der **54** Netzbetreiber das **überwiegende wirtschaftliche Risiko** des Netzbetriebs trägt.[110] Dagegen spricht zunächst, dass die Gemeinde dem Netzbetreiber durch Wegenutzungsverträge gem. § 46 Abs. 2 EnWG praktisch eine Alleinstellung für den Betrieb der Netze zur allgemeinen Versorgung im betreffenden Hoheitsgebiet verschafft.[111] Diese faktische Monopolstellung in einem Bereich der Daseinsvorsorge – also einem Bereich in dem die Abnehmer auf die Leistung angewiesen sind – beschränkt das Verlustrisiko des Energieversorgungsunternehmens.

Andererseits können die Gemeinden seit dem Inkrafttreten des EnWG 1998 **keine aus-** **55** **schließlichen Wegerechte** mehr vereinbaren.[112] Sie werden in § 46 Abs. 1 EnWG verpflichtet, ihre öffentlichen Verkehrswege für die Verlegung und den Betrieb von Versorgungsleitungen (Direkt- oder Stichleitungen) diskriminierungsfrei zur Verfügung zu stellen. Es besteht ein Kontrahierungszwang für die Gemeinde, solange die Energieversorgungsunternehmen bereit ist, die durch Rechtsverordnung des Wirtschaftsministeriums festgelegten Höchstbeträge für Konzessionsabgaben gem. § 48 EnWG zu zahlen. Zudem können sich die Betreiber dieser Direkt- oder Stichleitungen zur unmittelbaren Versorgung von Letztverbrauchern gerade „die Rosinen herauspicken", dh. sich auch den Betrieb der Leitungen zu lukrativen Endabnehmern mit hohem Energiebedarf beschränken. Betreiber von allgemeinen Versorgungsnetzen (Netzbetreiber) verpflichten sich hingegen, ein flächendeckendes Netz für die allgemeine Versorgung zu unterhalten und auch weniger lukrative Letztabnehmer anzuschließen.[113] Den Anschluss verweigern können Netzbetreiber gem. § 17 Abs. 2 S. 1 EnWG nur, wenn sie nachweisen, dass ihnen die Gewährung des Netzanschlusses aus betriebswirtschaftlichen oder sonstigen wirtschaftlichen bzw. technischen Gründen unter Berücksichtigung der Ziele des § 1 EnWG nicht zumutbar ist.[114] Allerdings stellt der Betrieb der Direkt- und Stichleitungen auf der Grundlage der **einfachen Wegenutzungsverträge** gem. § 46 Abs. 1 EnWG eine umfassende Konkurrenz für den Betrieb der Netze der allgemeinen Versorgung dar, weil sie nicht zum Betrieb allgemeiner Verteilernetze berechtigen. Entsprechend ist die wettbewerbsfördernde Wirkung des § 46 Abs. 1 EnWG wegen der hohen Kosten, die mit der Errichtung zusätzlicher Leitungen verbunden sind, als gering einzustufen.[115] Die fehlende rechtliche Ausschließlichkeit begründet daher allein in Ansehung der Betreiber von Stich- und Direktleitungen kein erhöhtes wirtschaftliches Risiko. Die Entflechtung von Netzbetrieb und Energieversorgung und die Gewährleistung von Durchleistungsrechten haben sich als wirksamere Mittel zur Wettbewerbsöffnung erwiesen. Insoweit bezieht sich dieser Wettbewerb allerdings nicht auf den Betrieb der Netze, sondern auf die Versorgung dieser Netze mit Energie.

Für die Bejahung der Frage, ob das Energieversorgungsunternehmen das **überwiegende** **56** **wirtschaftliche Risiko** des Netzbetriebs trägt, spricht insbesondere, dass es die Netznutzungsentgelte nicht frei bestimmen kann. Für die **Festlegung der Netznutzungsentgelte** dürfen gem. § 4 Abs. 1 StromNEV bilanzielle und kalkulatorische Kosten des Netzbetriebs nur insoweit angesetzt werden, als sie den Kosten eines effizienten und strukturell vergleichbaren Netzbetreibers entsprechen. Die Netznutzungsentgelte müssen gem. § 21 EnWG angemessen, diskriminierungsfrei sowie transparent sein und dürfen nicht ungünstiger sein, als die von den Betreibern der Energieversorgungsnetze in vergleichbaren Fällen für Leistungen innerhalb ihres Unternehmens oder gegenüber verbundenen oder assoziierten Unternehmen erhobenen Entgelte. Schließlich wird die Entgelthöhe gem. §§ 21, 21a, 23a EnWG reguliert, die Entgelte werden bis zur Einführung einer Anreizregulierung der ex-ante-Kontrolle durch behördliche Genehmigung unterworfen.[116] IRd. Anreizregulierung können die Netzentgelte kontinuierlich abgesenkt werden.[117]

Mithin sind qualifizierte **Wegenutzungsverträge gem. § 46 Abs. 2 EnWG als Dienst-** **57** **leistungskonzessionen** anzusehen, die nicht dem GWB-Vergaberecht unterliegen.[118]

---

[110] Zur Tragung des überwiegenden wirtschaftlichen Risikos vgl. EuGH, C-458/03, Slg. 2005, I-8585, RdNr. 40 – Parking Brixen.
[111] *Schneider/Theobald/Albrecht* § 9 RdNr. 62.
[112] *Byok* RdE 2008, 268.
[113] *Schneider/Theobald/Albrecht* § 9 RdNr. 47.
[114] *Schneider/Theobald/Albrecht* § 9 RdNr. 47.
[115] *Schneider/Theobald/Albrecht* § 9 RdNr. 49.
[116] *Britz/Hellermann/Hermes/Britz* § 20 RdNr. 69, § 23a RdNr. 1.
[117] *Britz/Hellermann/Hermes/Groebel* § 21 RdNr. 1.
[118] So auch *Bartsch/Röhling/Salje/Scholz/Hausmann* 188; *Jestadt/Philippeit* 37; eine einzelfallabhängige Bewertung befürwortend *Ortner* VergabeR 2008, 608, 610 und *Byok* RdE 2008, 268, 271.

58 Allerdings unterliegt ein Wegenutzungsvertrag dann dem Vergaberecht, wenn die Gemeinde ihn mit einem entgeltlichen Strombezug für eigene Liegenschaften verknüpft, da die Anwendbarkeit des Vergaberechts nicht durch die Verbindung eines Auftrags mit einem Konzessionsvertrag umgangen werden kann.

59 **c) Grundfreiheiten.** Öffentliche Auftraggeber unterliegen nach der Rechtsprechung des EuGH bei der Vergabe von binnenmarktrelevanten Dienstleistungskonzessionen allerdings den Grundfreiheiten des AEUV.[119] Daher muss in jedem Fall, dh. auch bei Verneinung der Anwendbarkeit des Vergaberechts, beim Abschluss qualifizierter Wegenutzungsverträge ein **strukturiertes Verfahren** durchgeführt werden, das so ausgestaltet ist, dass es diese primärrechtlichen Vorgaben einhält. Dazu gehört insbesondere die Gewährleistung des **Gleichbehandlungsgrundsatzes**, des **Diskriminierungsverbots** und des **Transparenzgebots**.[120] Dem Transparenzgebot genügt bei der Vergabe von Wegenutzungsverträgen gem. § 46 Abs. 2 EnWG im Regelfall bereits die Einhaltung der Transparenzvorgaben in § 46 Abs. 3 EnWG. Allerdings ist eine europaweite Bekanntgabe in Abweichung von § 46 Abs. 3 EnWG auch dann erforderlich, wenn in einem Versorgungsgebiet zwar weniger als 100 000 Kunden an das Netz angeschlossen sind, aber eine Binnenmarktrelevanz anzunehmen ist. Denn auch in diesem Zusammenhang steht des dem nationalen Gesetzgeber nicht frei, europarechtliche Vorgaben mittels nationaler Gesetzgebung auszuschließen. Im übrigen enthält die Mitteilung der Kommission vom 23. 6. 2006 zu Auslegungsfragen in Bezug auf das Gemeinschaftsrecht, das für die Vergabe öffentlicher Aufträge gilt, die nicht oder nur teilweise unter die Vergaberichtlinien fallen, weiterführende Hinweise für die Ausgestaltung des Verfahrens.[121]

IV. Wärmeversorgung

60 **1. Allgemeines.** Die Definition der vom Sektorenbereich erfassten Tätigkeit im Bereich der Wärmeversorgung weicht nicht entscheidend von der Definition der erfassten Tätigkeiten der Gas- und Elektrizitätsversorgung ab. Das folgt bereits daraus, dass die SKR 2004 die Gas- und Wärmeversorgung in Art. 3 Abs. 1, Abs. 2 in einer gemeinsamen Vorschrift regelt.

61 **2. Betreiben, bereitstellen und versorgen fester Netze.** Die Tätigkeit des Bereitstellens und Betreibens fester Netze im Bereich der Wärmeversorgung unterscheidet sich nicht von den entsprechenden Begrifflichkeiten im Bereich der Elektrizitäts- und Gasversorgung.[122] Es muss sich auch im Bereich der Wärmeversorgung um Netze handeln, die der **Versorgung der Allgemeinheit** dienen. Mithin üben Auftraggeber, die Heizkraftwerke speziell zur Belieferung von Verwaltungsgebäuden der öffentlichen Hand betreiben, keine Sektorentätigkeit aus. Hingegen wird man das Betreiben von **Stichleitungen,** die weitere Kunden an das allgemeine Wärmeversorgungsnetz anbinden, als Betreiben allgemeiner Netze ansehen können. Betreiber von **Wärmekraftwerken,** die allein dem Zweck dienen, einen bestimmten Kunden mit Wärme zu versorgen, verrichten hingegen keine Sektorentätigkeit, da die Wärme nicht der allgemeinen Versorgung dient.[123]

62 **3. Erzeugung für den Eigenbedarf.** Auch im Bereich der Wärmeversorgung wird die Erzeugung von Wärme, die sich zwangsläufig aus einer sektorenfremden Tätigkeit ergibt, von der dem Anwendungsbereich des Vergaberechts unterstellten Sektorentätigkeit ausgenommen, wenn lediglich eine Mindermenge in das öffentliche Netz eingespeist wird. Die Formulierung, dass sich die Wärmeerzeugung „zwangsläufig" aus einer sektorenfremden Tätigkeit „ergibt", ist der Besonderheit der Wärmeversorgung geschuldet. Zum Zwecke des Klimaschutzes wird die bei **sektorenfremden Produktionsprozessen** entstehende Energie idR. als Fernwärme für die Beheizung von öffentlichen und privaten Gebäuden genutzt. Bspw. wird in Heizkraftwerken die **„Abwärme"** – Wärme, die beim Verbrennungsprozess entsteht – für die Wärmever-

---

[119] EuGH, C-324/98, Slg. 2000, I-10745, RdNr. 60 – Telaustria; EuGH, C-231/03, Slg. 2005, I-7287, RdNr. 28 – Coname; EuGH, C-458/03, Slg. 2005, I-8585, RdNr. 50 – Parking Brixen; EuGH, C-410/04, Slg. 2006, I–3303, RdNr. 20 – ANAV.

[120] Zu diesen primärrechtlichen Vorgaben eingehend *Prieß/Gabriel* NZBau 2007, 617, 618.

[121] Vgl. Kommission, Mitteilung v. 23. 6. 2006, ABl. EU 2006 C 179/2 sowie hierzu *Gabriel* NVwZ 2006, 1262; *Schnieders* DVBl. 2007, 287, 289; *Köster* ZfBR 2007, 127; *Fruhmann* ZVB 2006, 261; *Lutz* WuW 2006, 890; *Braun* EuZW 2006, 683.

[122] Vgl. RdNr. 14.

[123] *Kulartz/Kus/Portz/Eschenbruch* § 98 RdNr. 280; *Willenbruch/Bischoff/Bischoff* § 98 RdNr. 79.

sorgung nutzbar gemacht (sog. Kraft-Wärme-Kopplung).[124] Der Betrieb eines Heizkraftwerks stellt allerdings nur dann eine sektorenfremde Tätigkeit dar, wenn er nicht der Lieferung an Netze der allgemeinen Versorgung dient.

Die Lieferung an das öffentliche Netz muss wie im Falle der Gasversorgung darauf abzielen, **63** die Erzeugung der vom Erzeuger nicht benötigten Wärme wirtschaftlich zu nutzen und darf unter Zugrundelegung des Mittels der letzten drei Jahre einschließlich des laufenden Jahres nicht mehr als 20 Prozent des Umsatzes des Auftraggebers nach § 98 Nr. 4 ausmachen.

4. Sektorenspezifischer Zusammenhang. Hinsichtlich des Erfordernisses des sektoren- **64** spezifischen Zusammenhangs für die Eröffnung des Anwendungsbereichs des Vergaberechts wird auf die Kommentierung der Elektrizitäts- und Gasversorgung iSd. Anlage zu § 98 Nr. 4 verwiesen.[125]

V. Verkehr

Schrifttum: *Egger,* Europäisches Vergaberecht, 2008; *Gabriel,* Die Vergaberechtsreform 2009 und die Neufassung des vierten Teils des GWB, NJW 2009, 2011; *Günther,* Die Auftraggebereigenschaft der Personenverkehrsgesellschaften der Deutschen Bahn AG, ZfBR 2008, 454; *Kühnen,* in: *Kapellmann/Messerschmidt,* VOB und VgV Kommentar, 2. Aufl. 2007; *Marx/Prieß,* in: *Jestaedt/Kemper/Marx/Prieß,* Das Recht der Auftragsvergabe, 1999; *Prieß/Hölzl,* GWB 2009: Öffentlicher Auftraggeber und Auftrag – keine Überraschungen!, NZBau 2009, 159; *Stötzel,* Rechtsfragen bei der Erbringung von Bodenabfertigungsdiensten, in: *Scholz/Moench,* Flughäfen in Wachstum und Wettbewerb, 2007; *Zeiss,* in: *Heiermann/Zeiss/Kullack/Blaufuß,* juris Praxiskommentar Vergaberecht, 2. Aufl. 2008.

1. Regelungsgehalt. Nr. 4 der Anlage zu § 98 Nr. 4 zählt Sektorentätigkeiten im Bereich **65** Verkehr auf. Sektorentätigkeiten sind gemäß Nr. 4 der Anlage zu § 98 Nr. 4 im Bereich Verkehr die Bereitstellung und der Betrieb von Flughäfen (UAbs. 1) und von Häfen und anderen Verkehrsendeinrichtungen im See- und Binnenschiffsverkehr (UAbs. 2). Ferner sind Sektorentätigkeiten nach § 98 Nr. 4 die Bereitstellung und der Betrieb von Infrastruktureinrichtungen zur Versorgung der Allgemeinheit im Schienenverkehr, mit Seilbahnen, mit automatischen Systemen und sonstigem Personennahverkehr[126] sowie das Erbringen von Verkehrsleistungen (UAbs. 3).

2. Entstehungsgeschichte, Sinn und Zweck der Norm. Die Vorgängervorschrift der **66** Anlage zu § 98 Nr. 4 war § 8 Nr. 4 VgV aF. Diese ist im Zuge der Novellierung des GWB aufgehoben worden.[127] Die Vorschrift setzte die Regelungen der alten Sektorenrichtlinie, dh. Art. 2 Abs. 2 lit. b (ii) und lit. c RL 93/38[128] in das deutsche Recht um. § 8 Nr. 4 VgV wich im Wortlaut kaum von seinen gemeinschaftsrechtlichen Vorgaben ab. Anpassungen auf Grund der zwischenzeitlich geltenden neuen SKR[129] hat der deutsche Gesetzgeber an § 8 VgV Nr. 4 nicht vorgenommen. Der Grund dafür ist, dass sich aus der Entstehungsgeschichte der SKR ergibt, dass die Änderungen am Wortlaut in der Sache nicht zu Abweichungen von der Vorgängerrichtlinie führen sollten.[130] Im Zuge des Gesetzes zur Modernisierung des Vergaberechts[131] übernahm der deutsche Gesetzgeber die alte in § 8 Nr. 4 VgV enthaltene Regelung nicht vollständig in die Nr. 4 der Anlage zu § 98 Nr. 4, sondern änderte deren Wortlaut in einigen Teilen ab, ohne dabei jedoch den Wortlaut der Art. 5 und 7 lit. b SKR vollständig zu übernehmen. Die Beweggründe des deutschen Gesetzgebers dafür bestanden wohl darin, die Vorschriften ohne Änderung in der Sache verständlicher zu formulieren und an das deutsche Recht anzupassen. Dafür spricht auch die Gesetzesbegründung zur GWB-Novelle, wonach die bisher in § 8 VgV niedergelegten und der SKR *entsprechenden* Tätigkeiten jetzt in der Anlage aufgeführt werden.[132]

---

[124] Vgl. § 3 Abs. 1 Kraftwärmekopplungsgesetz (KWKG) v. 19. 3. 2002, BGBl. I S. 1092, zuletzt geändert durch Art. 1 Gesetz v. 25. 10. 2008, BGBl. I S. 2101.

[125] Vgl. Anlage zu § 98 Nr. 4 RdNr. 19.

[126] *Grabitz/Hilf/Jochum* B 21 RdNr. 24.

[127] Art. 2 des Gesetzes zur Modernisierung des Vergaberechts, BGBl. I S. 797.

[128] RL 93/38/EWG zur Koordinierung der Auftragsvergabe durch Auftraggeber im Bereich der Wasser-, Energie- und Verkehrsversorgung sowie im Telekommunikationssektor, ABl. 1993, L 199/84.

[129] RL 2004/17/EG zur Koordinierung der Zuschlagserteilung durch Auftraggeber im Bereich der Wasser-, Energie und Verkehrsversorgung sowie der Postdienste, ABl. 2004, L 134/1.

[130] Anmerkungen der Kommission zu Art. 5 und 6 des ersten Richtlinienentwurfs zur SKR in KOM (2000) 276 final/2 v. 31. 8. 2000, 21, die kaum gegenüber den in Kraft getretenen SKR-Vorschriften verändert wurden.

[131] BGBl. 2009 I S. 790.

[132] Vgl. Begründung zum Gesetzentwurf der Bundesregierung, BR-Drucks. 349/08, 50.

67 Nr. 4 der Anlage präzisiert § 98 Nr. 4,[133] indem sie festlegt, welche Tätigkeiten im Bereich des Verkehrs Sektorentätigkeiten sind. Die Ausübung einer Sektorentätigkeit ist Voraussetzung dafür, dass ein bestimmter Auftraggeber als Sektorenauftraggeber einzustufen ist und deshalb für ihn weniger strenge Vorgaben gelten, als für öffentliche Auftraggeber, die in den Anwendungsbereich der VKR fallen, sog. klassische öffentliche Auftraggeber.[134] Wird zur Auslegung von Nr. 4 der Anlage auf die Vorgaben von Art. 5 und 7 lit. b SKR zurückgegriffen, ist zu beachten, dass die allgemeine Geltung der VKR und die eingeschränkte Geltung der SKR eine enge Auslegung der Bestimmungen der letztgenannten Richtlinie erforderlich machen.[135] Der Anwendungsbereich der SKR ist eng begrenzt, was ausschließt, dass die dort festgelegten Verfahren über diesen Anwendungsbereich hinaus erstreckt werden können. Das bedeutet auch, dass Unternehmen nicht zur Umgehung der strengen Vorschriften der VKR auf der Grundlage einer weiten Auslegung der SKR als Sektorenauftraggeber eingestuft werden dürfen. Sektorenauftraggeber können nur solche Unternehmen sein, die Tätigkeiten ausüben, die zum Zweck der Durchführung der in Nr. 4 der Anlage zu § 98 Nr. 4 aufgeführten Tätigkeiten dienen.

68 Die vom EuGH im Anwendungsbereich der VKR und ihrer Vorgängerrichtlinien entwickelte sog. Infektionstheorie gilt nach neuerer Rechtsprechung des EuGH im Geltungsbereich der SKR vor diesem Hintergrund nicht.[136] Das bedeutet, dass die Frage, ob ein bestimmtes Unternehmen Sektorenauftraggeber ist, nicht von der Sektorenauftraggebereigenschaft anderer Konzernunternehmen abhängig ist. Vielmehr hängt deren Auftraggebereigenschaft im Sinne des EU-Vergaberechts davon ab, ob das betreffende Unternehmen selbst die Voraussetzungen für eine Sektorenauftraggebereigenschaft erfüllt. In der Rechtsprechung des EuGH ist für Auftraggeber im Sinne von § 98 Nr. 2 GWB anerkannt, dass die Frage, ob bestimmte Unternehmen eines Konzerns öffentliche Auftraggeber im Sinne des EU-/GWB-Vergaberechts sind, unabhängig vom Konzernverbund oder des jeweiligen Mutterunternehmens für jede einzelne juristische Person gesondert zu prüfen ist und eine „Infizierung" einzelner Konzernunternehmen untereinander grundsätzlich nicht stattfindet. Wird insbesondere die vergaberechtsfreie „gewerbliche" Tätigkeit von einer separaten juristischen Person ausgeübt, ist diese nicht schon deshalb öffentlicher Auftraggeber, weil andere Unternehmen desselben Konzerns, insbesondere ihre Holding, Mutter-, Tochter- oder Schwesterunternehmen öffentliche Auftraggeber sind. Eine Zurechnung der öffentlichen Auftraggebereigenschaft erfolgt grundsätzlich nicht. Die Einzelprüfung ist nicht als eine Umgehung des Vergaberechts anzusehen bzw. nicht als Einschränkung seiner praktischen Wirksamkeit zu bewerten.[137] Ein bestimmtes Tochterunternehmen ist damit auch dann nicht öffentlicher Auftraggeber, wenn es vom Mutterunternehmen ausschließlich zu dem Zweck gegründet wurde, gewerbliche Tätigkeiten „vergaberechtsfrei" auszuüben, oder wenn es vom Mutterunternehmen aus Mitteln finanziert wird, die aus der Erfüllung von im Allgemeininteresse liegenden Aufgaben nichtgewerblicher Art erzielt worden sind. Beschafft ein Unternehmen für ein anderes Konzernunternehmen Leistungen, muss es dann nicht nach Sektorenvergaberecht ausschreiben, wenn die Beschaffung der betreffenden Leistungen ihrem Gesellschaftszweck entspricht und es die entsprechenden Aufträge auf eigene Rechnung vergibt. Denn der EuGH hat für den Fall, dass ein öffentlicher Auftraggeber seine Rechte und Pflichten aus einem laufenden Beschaffungsvorgang auf ein Tochterunternehmen überträgt, das kein öffentlicher Auftraggeber ist, entschieden, es liege kein öffentlicher Auftrag vor, wenn das betreffende Vorhaben erweislich von Anfang an in vollem Umfang dem Gesellschaftszweck des fraglichen Unternehmens entsprach und die Aufträge für dieses Vorhaben vom öffentlichen Auftraggeber erweislich für Rechnung dieses Unternehmens vergeben worden sind.[138]

69 Die Änderungen des Wortlauts in Nr. 4 UAbs. 1 der Anlage gegenüber § 8 VgV betreffen die jetzige Verwendung des Ausdrucks „die Bereitstellung und der Betrieb von Flughäfen" an-

---

[133] *Prieß/Hölzl* NZBau 2009, 159, 160.

[134] Vgl. bereits § 101 Abs. 7 S. 2 GWB; zur Änderung der für Sektorenauftraggeber geltenden Bestimmungen auf Grund der Aufhebung von § 8 VgV siehe *Gabriel* NJW 2009, 2011, 2013.

[135] EuGH, C-393/06, Slg. 2008, I-2339, RdNr. 27 – Ing. Aigner.

[136] MwN. EuGH, C-393/06, Slg. 2008, I-2339, RdNr. 30 und 32 – Ing. Aigner mwN.

[137] Zum Ganzen EuGH, C-44/96, Slg. 1998, I-73, RdNr. 38 ff. – Österreichische Staatsdruckerei; EuGH, C-360/96, Slg. 1998 I, 6821, RdNr. 56 f. – BFI Holding; *Frenz* RdNr. 2611 und 2640; *Weyand* § 98 GWB RdNr. 905, für Tochtergesellschaften der DB AG; *Ziekow* NZBau 2004, 181, 184 f., mwN; *Hailbronner* DÖV 2003, 534, 536; nicht haltbar ist deshalb die gegenteilige Auffassung des OLG Düsseldorf, Beschl. v. 4. 9. 2003, Verg 66/02; OLG Düsseldorf, Beschl. v. 8. 5. 2002, Verg 8-15/01, Umdruck nach Veris, 23.

[138] EuGH, C-44/96 – Mannesmann, Slg. 1998, 73, Rn. 44, 46; in diesem Sinne auch VK Bund, Beschl. v. 11. 3. 2004, VK 1-151/03 – DB AG; *Franckenstein* NZBau 2000, 269, 270.

statt „Nutzung eines geografisch abgegrenzten Gebiets" sowie der Ergänzung „insbesondere". Im zweiten Unterabsatz wird nun der Ausdruck „die Bereitstellung und der Betrieb" von Häfen oder anderen Verkehrsendeinrichtungen statt „Nutzung eines geografisch abgegrenzten Gebiets" zum Zwecke der Versorgung mit Häfen oder anderen Verkehrsendeinrichtungen verwendet. Im dritten Unterabsatz hieß es früher „das Betreiben von Netzen", wohingegen die jetzige Regelung vom „Erbringen von Verkehrsleistungen" sowie von „Bereitstellung und Betreiben von Infrastruktureinrichtungen" spricht. Die Ausführungen zum Begriff „Netz" sind entfallen. Ergänzt wurde ferner „im Sinne des öffentlichen Personenbeförderungsgesetzes" mit Bezug auf den Ausdruck „im öffentlichen Personenverkehr".

3. Bereitstellen und Betreiben von Flughäfen (UAbs. 1). Zu den Sektorentätigkeiten　**70** im Bereich des Verkehrs zählen gemäß UAbs. 1 die Bereitstellung und der Betrieb von Flughäfen zum Zwecke der Versorgung von Beförderungsunternehmen im Luftverkehr durch Flughafenunternehmen. Diese Formulierung weicht von Art. 7 lit. b SKR ab. Danach fallen Tätigkeiten zur Nutzung eines geografisch abgegrenzten Gebietes zum Zwecke der Bereitstellung von Flughäfen für Beförderungsunternehmen im Luftverkehr in den Anwendungsbereich der SKR. Die deutsche Regelung ist damit vom Wortlaut her weiter. Sie geht gegenüber der SKR davon aus, dass „Bereitstellung und Betrieb von Flughäfen" Sektorentätigkeiten sind. Nr. 4 UAbs. 1 der Anlage geht inhaltlich gleichwohl jedoch nicht über „Nutzung eines geografisch abgegrenzten Gebietes zum Zwecke der Bereitstellung von Flughäfen" in Art. 7 lit. b SKR hinaus. Der deutsche Gesetzgeber hat in der Begründung des Gesetzes zur Modernisierung des Vergaberechts klargestellt, dass er die Vorgaben der SKR ohne deren Änderung umsetzen wollte.[139] Zu beachten ist insofern, dass der Begriff der „Bereitstellung" in Art. 7 lit. b SKR weit zu verstehen ist. Darauf weist der noch in der RL 93/38/EWG benutzte Ausdruck „Nutzung eines geografisch abgegrenzten Gebietes zum Zwecke der *Versorgung* von Beförderungsunternehmen … mit Flughäfen" hin.[140] Die Modifikation des Wortlauts der SKR gegenüber der RL 93/38/EWG – von „Versorgung" zu „Bereitstellung" – sollte keine Veränderung der Vorschrift mit sich bringen.[141]

UAbs. 1 erfasst Tätigkeiten, die im Zusammenhang mit dem Betrieb des Flughafens erforder-　**71** lich sind, wie Bodenverkehr, Catering und Betankung.[142] Zu beachten ist, dass die Verordnung der Bodenabfertigungsdienste auf Flughäfen[143] („BADV"), die die RL 96/67/EG[144] umsetzt, für die Vergabe von Bodenabfertigungsdiensten gesonderte Vorschriften vorsieht.[145] Auf Grund der grds. notwendigen engen Auslegung der SKR[146] kann zudem als Richtschnur gelten: Je unmittelbarer eine Tätigkeit mit einer der Hauptfunktionen des Flughafens verbunden ist und je unerlässlicher eine Tätigkeit für die Erfüllung wichtiger Flughafentätigkeiten ist, desto eher liegt darin eine Sektorentätigkeit.[147]

Flughafenunternehmen iSd. UAbs. 1 müssen ferner insbesondere eine Genehmigung nach　**72** § 38 Abs. 2 Nr. 1 der Luftverkehrs-Zulassungs-Ordnung in der Fassung der Bekanntmachung vom 10. Juli 2008 erhalten haben oder einer solchen bedürfen. Diese Anforderung gleicht dem Eintrag gemäß Art. 8 iVm. Anhang X der SKR („Auftraggeber im Bereich der Flughafenanlagen"). Es gibt Auffassungen in der Literatur, die diese Vorgabe für unvereinbar mit den Vorgaben der SKR halten.[148] Das ist aber in der Spruchpraxis der Vergabekammern – soweit ersichtlich – noch nicht problematisiert worden.[149] Zumindest ein Anzeichen dafür, dass sich auch

---

[139] Vgl. Begründung zum Gesetzentwurf der Bundesregierung, BR-Drucks. 349/08, 50.

[140] Vgl. zu § 8 Nr. 4 VgV *Ingenstau/Korbion/Schranner* § 8 VgV RdNr. 8.

[141] Anmerkungen der Kommission zu Art. 6 des ersten Richtlinienentwurfs zur SKR in KOM (2000) 276 final/2 v. 31. 8. 2000, 21.

[142] So zu § 8 VgV aF *Reidt/Stickler/Glahs/Stickler* § 8 VgV RdNr. 6; ebenso *Heiermann/Zeiss/Kullack/Blaufuß/Zeiss* § 8 VgV RdNr. 18.

[143] BGBl. 1996 I S. 2885.

[144] RL 96/67 über den Zugang zum Markt der Bodenabfertigungsdienste auf den Flughäfen der Gemeinschaft, ABl. 1996, L 272/36; vgl. *Egger* RdNr. 543.

[145] *Reidt/Stickler/Glahs/Stickler* § 8 VgV RdNr. 6; zum Verhältnis zum allgemeinen Vergaberecht und zu dem vom Flughafenbetreiber anzuwendenden Auswahlverfahren nach der BADV siehe *Scholz/Moench/Stötzel* 63.

[146] Siehe oben unter RdNr. 75.

[147] Vgl. Ausführungen von *Kulartz/Kus/Portz/Eschenbruch* § 98 RdNr. 300.

[148] *Jestaedt/Kemper/Marx/Prieß/Marx/Prieß* 34; ebenso *Immenga/Mestmäcker/Dreher* RdNr. 166 Fn. 226.

[149] Vgl. VK Baden-Württemberg, Beschl. v. 19. 12. 2000, 1 VK 32/00; vgl. OLG Brandenburg VergabeR 2007, 235, 239; VK Sachsen, Beschl. v. 21. 3. 2006, 1/SVK/012-06.

der Gesetzgeber dieser Kritik bzw. Problematik bewusst war, könnte die Aufnahme des Wortes „insbesondere" in Nr. 4 der Anlage sein, das in § 8 VgV noch nicht enthalten war.

73   **4. Bereitstellen und Betreiben von Häfen oder anderen Verkehrsendeinrichtungen (UAbs. 2).** Zu den Sektorentätigkeiten im Bereich des Verkehrs gehören ferner die Bereitstellung und der Betrieb von Häfen oder anderen Verkehrsendeinrichtungen zum Zwecke der Versorgung von Beförderungsunternehmen im See- oder Binnenschiffsverkehrs. Auch hier hat der deutsche Gesetzgeber zusätzlich zu den Vorgaben des Art. 7 lit. b SKR den „Betrieb" von Häfen aufgenommen.[150]

74   **5. Verkehrsleistungen sowie Bereitstellung oder Betreiben von Infrastruktureinrichtungen im Schienen- und öffentlichen Personenverkehr (UAbs. 3).** Zu den Sektorentätigkeiten im Bereich des Verkehrs gehört auch das Erbringen von Verkehrsleistungen, die Bereitstellung oder das Betreiben von Infrastruktureinrichtungen zur Versorgung der Allgemeinheit im Eisenbahn-, Straßenbahn- oder sonstigen Schienenverkehr, mit Seilbahnen sowie mit automatischen Systemen, im öffentlichen Personenverkehr iSd. Personenbeförderungsgesetzes auch mit Kraftomnibussen und Oberleitungsbussen. Erfasst ist damit der Schienenverkehr und zudem der öffentliche Personennahverkehr unabhängig von der Art des Transportmittels.[151] Indem der deutsche Gesetzgeber in Anlehnung an die europäischen Vorgaben vorschreibt, dass auch die Bereitstellung von Infrastruktureinrichtungen zu den Sektorentätigkeiten zählt, ist ein alter Streit entschieden worden, der im Anschluss an die Entscheidung des EuGH in der Rechtssache Strabag[152] entstanden war. Dieser Streit betraf die Frage, ob der Betrieb eines Netzes auch die Bereitstellung des Netzes umfasst.

75   Die Regelung in Nr. 4 UAbs. 3 der Anlage weicht vom Wortlaut in Art. 5 Abs. 1 UAbs. 1 SKR ab, wo von „Bereitstellung oder Betreiben von Netzen zur Versorgung der Allgemeinheit mit Verkehrsleistungen" die Rede ist. Die Abweichung beruht auf dem Bestreben des deutschen Gesetzgebers, klarzustellen, dass das Betreiben von Netzen zur Versorgung der Allgemeinheit mit Verkehrsleistungen iSd. Richtlinienvorschrift auch die Erbringung von Verkehrsleistungen umfasst.[153] Damit unterscheidet der deutsche Gesetzgeber zwischen dem Bereitstellen (Errichtung) und Betreiben (Aufrechterhalten und Zuweisen) der notwendigen Infrastruktur[154] einerseits und der eigentlichen Erbringung von bzw. Versorgung mit Verkehrsleistungen (der Nutzung der Infrastruktur) andererseits. Das steht im Einklang mit den Entscheidungen deutscher Nachprüfungsinstanzen zum vormaligen § 8 Nr. 4 lit. c VgV. So wurde entschieden, dass der Ausbau und der Erhalt des Schienennetzes eine Sektorentätigkeit darstellt.[155] Auch wurden die Deutsche Bahn AG[156] und einzelne Tochterunternehmen als Sektorenauftraggeber eingestuft.[157] Ob diese Unternehmen Sektorentätigkeiten nachgehen, oder ob ihre Tätigkeit außerhalb des Vergaberechts liegt, ist jedoch in jedem Einzelfall festzustellen und zu begründen.[158]

76   Obwohl die Netzdefinition in Nr. 4 der Anlage gegenüber § 8 VgV aF. weggefallen ist, gelten die Anforderungen, die sich daraus an eine Sektorentätigkeit ergeben, weiter. Denn der deutsche Gesetzgeber beabsichtigte, die Sektorentätigkeiten „entsprechend der Richtlinie 2004/17/EG" zu regeln.[159] Das bedeutet, dass insbesondere Verkehrsleistungen gemäß den von einer zuständigen Behörde eines Mitgliedstaats festgelegten Bedingungen erbracht werden müssen, wozu die Festlegung der Strecken, der Transportkapazitäten und der Fahrpläne zählen (vgl.

---

[150] Vgl. dazu sinngemäß Kommentierung zu RdNr. 79.
[151] So zu Art. 5 Abs. 1 SKR *Grabitz/Hilf/Jochum* B 21 RdNr. 24.
[152] EuGH, C-462/03 und C-463/03, Slg. 2005, I-5397, Rn. 34–39 – Strabag und Kostmann GmbH/ Österreichische Bundesbahnen.
[153] Vgl. VK Hessen, Beschl. v. 22. 4. 2008, 69 d-VK-13/2008, wonach ein Unternehmen mit der Aufgabe, Fahrzeuge, Fahrdienstleistungen und die entsprechende Infrastruktur (Haltestellen, Gleisanlagen) zu gewährleisten, eine Sektorentätigkeit ausübt.
[154] Zum Verständnis der einzelnen Begriffe vgl. *Ingenstau/Korbion/Schranner* § 8 VgV RdNr. 10; vgl. auch *Byok/Jaeger/Willenbruch* § 8 VgV RdNr. 1543; vgl. auch *Egger* RdNr. 541–542; kritisch zur Reichweite des „Bereitstellens" *Grabitz/Hilf/Jochum* B 21 RdNr. 28–29.
[155] VK Bund, Beschl. v. 21. 1. 2004, VK 2-126/03; vgl. auch *Günther* ZfBR 2008, 454, 456.
[156] VK Bund, Beschl. v. 20. 5. 2005, VK 2-30/05, Umdruck nach Veris, 6; VK Bund, Beschl. v. 13. 11. 2002, VK 2-78/02, Umdruck nach Veris, 15 und 18.
[157] OLG Düsseldorf, Beschl. v. 8. 5. 2002, Verg 8-15/01, Umdruck nach Veris, 13; VK Bund, Beschl. v. 11. 3. 2004, VK 1-151/03; VK Münster, Beschl. v. 9. 3. 2001, VK 1/01-VK 8/01, Umdruck nach Veris, 16.
[158] BeckVOB-Komm/*Marx* § 98 RdNr. 38; *Grabitz/Hilf/Jochum* B.21 RdNr. 27.
[159] Begründung zum Gesetzentwurf der Bundesregierung, BR-Drucks. 349/08, 50.

Art. 5 Abs. 1 UAbs. 2 SKR).[160] Unternehmen, die sich aus eigener Initiative darum bemühen, bestimmte Streckenabschnitte zu einer bestimmten Zeit nutzen zu können, um auf diesen Verkehrsleistungen zu erbringen, fallen folglich nicht unter die Netzdefinition. Auf dieser Grundlage sind beispielsweise Unternehmen, die Güterverkehrsleistungen erbringen, nicht Sektorenauftraggeber.

Eine Sektorentätigkeit nach UAbs. 3 setzt stets voraus, dass sie zur Versorgung der Allge-   **77** meinheit erbracht wird. Das folgt aus Art. 5 Abs. 1 SKR. Das Tatbestandsmerkmal ist so zu verstehen, dass die Tätigkeit für die Öffentlichkeit erbracht werden muss.[161] Daher sind solche Unternehmen von der Vorschrift nicht erfasst, die Leistungen nur für einen begrenzten Kreis von Personen erbringen, zB. Werkverkehr[162] oder individuelle Taxi- oder Charterdienste.[163]

B. Das Vergaberecht für Post- und Telekommunikationsunternehmen sowie die Sozialversicherungsträger

Die früher von § 98 Nr. 4 erfassten Sektoren Post- und Telekommunikation werden im Folgenden gesondert dargestellt, da für sie nach wie vor Besonderheiten gelten.

I. Post

Schrifttum: *Badura/v. Dannwitz/Herdeger/Sedemund/Stern*, Beck'scher PostG-Kommentar, 2. Aufl. 2004; *Dietlein*, Der Begriff des „funktionalen Auftraggebers" nach § 98 Nr. 2 GWB, NZBau 2002, 136; *Huber/ Wollenschläger*, Post und Vergaberecht, VergabeR 2006, 431; *Pietzcker*, Die neue Gestalt des Vergaberechts, ZHR 162 (1998), 427; *Thode*, Zum vergaberechtlichen Status von juristischen Personen des Privatrechts, ZIP 2000, 2.

1. Hintergrund. Ursprünglich war die Post nicht als Sektorenauftraggeber vorgesehen, we-   **78** der im deutschen noch im europäischen Recht. Ob die privatisierten Nachfolgeunternehmen der früheren Postmonopolisten vom persönlichen Anwendungsbereich des EU-Vergaberechts erfasst wurden, wurde vielmehr durch die allgemeinen Vergabevorschriften bestimmt. Im deutschen Recht kam es also darauf an, ob es sich um öffentliche Auftraggeber iSd. § 98 Abs. 1 oder Abs. 2 handelte. Diese Frage wurde kontrovers diskutiert.[164] Dabei wurde hauptsächlich der Grad der staatlichen Beherrschung des Unternehmens sowie die Liberalisierung des Postsektors problematisiert. Die Sektorenrichtlinie 2004/17 (SRL) bezieht den Postbereich erstmals in den Anwendungsbereich des europäischen Sektorenvergaberechts ein. In § 98 Nr. 4 wird die Post jedoch nicht als Sektorenauftraggeber aufgeführt.

2. Regelungen für den Postsektor. Die Ende der 1980er Jahre begonnene Liberalisierung   **79** des Postsektors führte zu einer Privatisierung der Deutschen Bundespost und zu einem Abbau bestehender Postmonopole zugunsten einer privatwirtschaftlichen Erbringung von Postdienstleistungen. Die zuvor als Sondervermögen des Bundes geführte Deutsche Bundespost wurde 1989 in die Teilsondervermögen Deutsche Bundespost Postdienst, Postbank und Telekom aufgespalten, welche später in Aktiengesellschaften umgewandelt wurden.[165] Die Deutsche Post AG wurde zum 1. Januar 1995 gegründet und ging am 20. 11. 2000 an die Börse.[166] Durch eine Änderung des Postumwandlungsgesetzes vom 18. 1. 2002 wurde die gemäß Art. 143b Abs. 3 GG erforderliche bundesgesetzliche Grundlage für die Aufgabe der Kapitalmehrheit des Bundes

---

[160] Vgl. *Kapellmann/Messerschmidt/Kühnen* § 8 VgV RdNr. 15.

[161] *Egger* RdNr. 540.

[162] *Egger* RdNr. 540.

[163] *Daub/Eberstein/Müller* § 1 b RdNr. 11; *Kulartz/Marx/Portz/Prieß/Marx* § 1 b RdNr. 6; *Boesen* § 98, RdNr. 105.

[164] Vgl. hierzu nur *Immenga/Mestmäcker/Dreher* § 98 RdNr. 119; BeckVOB-Komm/*Marx* § 98 RdNr. 37; *Dietlein* NZBau 2002, 136, 139, 140; *Thode* ZIP 2000, 2; *Pietzcker* ZHR 162, 427, 447; *Noch* RdNr. 176; *Huber/Wollenschläger* VergabeR 2006, 431, 433; *Prieß* 164.

[165] Gesetz zur Neustrukturierung des Post- und Fernmeldewesens und der Deutschen Bundespost (Poststrukturgesetz) v. 8. 6. 1989, BGBl. I S. 1026; Gesetz zur Neuordnung des Postwesens und der Telekommunikation (Postneuordnungsgesetz) v. 14. 9. 1994, BGBl. I S. 2325.

[166] Gesetz zur Umwandlung der Unternehmen der Deutschen Bundespost in die Rechtsform der Aktiengesellschaft (Postumwandlungsgesetz) v. 14. 9. 1994, BGBl. I S. 2339, zuletzt geändert durch das Erste Gesetz zur Änderung des Potumwandlungsgesetzes v. 18. 1. 2002.

an den Nachfolgeunternehmen der Deutschen Bundespost Postdienst geschaffen. In der Folgezeit reduzierte die öffentliche Hand, dh. der Bund und die bundeseigene KfW-Bankengruppe, ihre Mehrheitsbeteiligung an der Deutschen Post AG sukzessive, bis diese am 13. 6. 2005 durch die Platzierung eines weiteren Aktienpaketes durch die KfW aufgegeben wurde.

80   **Verfassungsrechtliche Grundlage** für die Liberalisierung des Postsektors sind Art. 87 ff. GG, insb. Art. 87 f Abs. 1 GG. Hiernach können Postdienstleistungen als privatwirtschaftliche Tätigkeiten durch das entsprechende Nachfolgeunternehmen der Deutschen Bundespost und andere private Anbieter erbracht werden. Es besteht allerdings eine **Gewährleistungsverantwortung** des Staates für die flächendeckende und ausreichende Versorgung mit Postdienstleistungen. Diese Verpflichtung wird durch das in Umsetzung der Postdienstrichtlinie[167] ergangene **Postgesetz** weiter ausgestaltet. Zweck des PostG ist es, durch Regulierung den **Wettbewerb** zu fördern, gleichzeitig aber einen angemessenen und **ausreichenden Standard** der Erbringung von Postdiensten sicherzustellen. Die Gewährleistung des unabdingbaren Mindeststandards an Postdienstleistungen (Universaldienst) erfolgt über die Regelungen der §§ 11 ff. PostG. Ist der Universaldienst gefährdet, kann die zuständige Regulierungsbehörde, die Bundesnetzagentur, einzelne oder mehrere umsatzstarke Lizenznehmer, ggf. gegen eine umzulegende Ausgleichsleistung (§§ 15 f. PostG), zu dessen Sicherstellung heranziehen (§§ 12 f. PostG) oder den **Universaldienst** unter den Voraussetzungen des § 14 PostG ganz oder teilweise ausschreiben. Daneben ermöglicht das Gesetz zur Sicherstellung des Postwesens und der Telekommunikation (PTSG) ua. Postdienstleistern bestimmte Verpflichtungen gegen Kostenerstattung aufzuerlegen, um in Ausnahmesituationen (zB. Naturkatastrophen, Spannungs- und Verteidigungsfall) eine ausreichende Versorgung mit Postdienstleistungen zu gewährleisten. Für die Zeit der Exklusivlizenz hatte die Deutsche Post AG die damit verbundenen Kosten allerdings selbst zu tragen (§ 12 Abs. 5 PTSG). Auch oblagen ihr besondere Verpflichtungen hinsichtlich der Auszahlung der Renten in Ausnahmesituationen (§ 11 PTSG). Bis zum 31. 12. 2007 war die Deutsche Post AG verpflichtet, den Universaldienst zu erbringen (§ 52 S. 1 PostG).

81   Für die Feststellung des Liberalisierungsgrades auf dem Markt der Postdienstleistungen ist zu berücksichtigen, dass überhaupt nur ein Teilbereich lizenzpflichtig und damit der freie Wettbewerb eingeschränkt ist. Die **gewerbsmäßige Beförderung von Briefsendungen** unter 1000 g ist gem. § 5 Abs. 1 PostG lizenzpflichtig. Die Lizenz wird geeigneten Anbietern von der Regulierungsbehörde erteilt (§§ 6 ff. PostG). Zu beachten ist, dass der Deutschen Post AG als Ausgleich für ihre Universaldienstleistungsverpflichtung gem. Art. 143 b Abs. 2 S. 1 GG, § 51 PostG eine gesetzliche Exklusivlizenz für bestimmte Briefsendungen während dieses Zeitraums zusteht. Dieser sukzessive abgebaute Monopolbereich erstreckte sich seit dem 1. 1. 2006 nur noch auf die gewerbsmäßige Beförderung von Briefsendungen und adressierten Katalogen bis 50 g, die weniger als das Zweieinhalbfache des Preises für entsprechende Postsendungen der untersten Gewichtsklasse kosten. Allerdings machen diese Briefsendungen ca. drei Viertel aller Briefsendungen aus. Nun, da seit Ende 2007 die Exklusivlizenz ganz erloschen ist, ist nach dem Jahresbericht 2007 der Bundesnetzagentur die Beschränkung für die Entwicklung des Briefmarktes weggefallen.[168] Inzwischen seien im Briefmarkt Hunderte von neuen Wettbewerbern aktiv, gerade in ländlichen Gegenden. Dabei sei zu beobachten, dass die Anbieter inzwischen fest etabliert seien. Eine Alternative zur Deutsche Post AG bildeten diese Anbieter vorwiegend für gewerbliche Nachfrager.

82   **3. Die Deutsche Post AG als öffentlicher Auftraggeber. a) Öffentlicher Auftraggeber gem. § 98 Nr. 2.** Nach den oben (§ 98 RdNr. 20 ff.) aufgeführten Kriterien ist die Deutsche Post AG kein öffentlicher Auftraggeber. § 98 Nr. 2 S. 1 setzt die Vorgaben des Art. 2 Abs. 1 SKR und Art. 1 Abs. 9 UAbs. 1 u. 2 VKR in deutsches Recht um. Im Rahmen des Vergabemodernisierungsgesetzes wurde an der Definition des öffentlichen Auftraggebers nichts geändert.[169]

---

[167] RL 97/67 des Europäischen Parlaments und des Rates v. 15. 12. 1997 über gemeinsame Vorschriften für die Entwicklung des Binnenmarktes der Postdienste der Gemeinschaft und die Verbesserung der Dienstequalität; ABl. 1998 L 15, S. 14, zuletzt geändert durch RL 2002/39 (ABl. 2002 L 176, S. 21) und die VO 1882/2003 (ABl. 2003 L 284, S. 1); vgl. dazu BeckPostG/*v. Danwitz*, 2. Aufl. 2004, EUGrdl RdNr. 26.

[168] Jahresbericht der Bundesnetzagentur 2007, 128, abrufbar unter www.bundesnetzagentur.de/cln_1911 _DE/Presse/Berichte/Gerichte_node./html (letzter Aufruf 22. 7. 2010).

[169] Vgl. hierzu ausführlich § 98 RdNr. 3.

Die Deutsche Post AG wird **nicht** von einer Gebietskörperschaft oder einem Verband von 83
Gebietskörperschaften **überwiegend finanziert.** 2005 haben die KfW und der Bund ihre Akti-
enmehrheit an der Deutschen Post AG aufgegeben. Zum 6. 7. 2010 hält die KfW Bankengruppe
30,5% der Aktien der Deutschen Post AG, der Rest ist Streubesitz.[170] Ein funktioneller öffentlicher Auftraggeber ist aber auch eine juristische Person, über deren Leitung eine Gebietskörperschaft oder ein Verband von Gebietskörperschaften die Aufsicht ausübt, § 98 Abs. 2 S. 1 Hs. 2.
Dafür kommt es nicht auf reine Mehrheitsbeteiligungen an, sondern auf faktische Einflussnahmemöglichkeiten. Eine Aufsicht über die Leitung der juristischen Person ist auch dann gegeben,
wenn der Bund trotz seiner Minderheitsbeteiligung noch eine typischerweise mehrheitliche
Hauptversammlungspräsenz innehat oder ihm besondere satzungsrechtliche Befugnisse zustehen,
wie zB. Vetorechte. Die aktuelle Satzung der Deutsche Post AG sieht solche Sonderrechte allerdings nicht vor.[171] Allerdings wird von der Rechtsprechung eine Aufsicht über die Leitung auch
dann angenommen, wenn bei einer Wertung der Gesamtumstände **tatsächlich eine Aufsicht
durch die Gebietskörperschaft** in einem Ausmaß besteht, das es dieser ermöglicht, die Entscheidungen der juristischen Person auch in Bezug auf deren Aufträge zu beeinflussen.[172] Dies
könnte hier unter dem Aspekt der Fall sein, dass der Bund gem. Art. 87 f Abs. 1 GG verpflichtet
ist, „im Bereich des Postwesens [...] flächendeckend angemessene und ausreichende Dienstleistungen" zu gewährleisten. Aus einer solchen Verpflichtung hat das OLG Düsseldorf im Bereich
der Deckung des Sachbedarfs für die Bundeswehr (Art. 87 b S. 2 GG) eine rechtliche Pflicht hergeleitet, das private Unternehmen, auf das diese Aufgabe übertragen wurde, zu kontrollieren und
damit auch eine Aufsicht über die Leitung des Unternehmens auszuüben.[173] Allerdings war dieses
nur eines von vielen Argumenten. Als Hauptargumente wurden Informationspflichten, gesetzlich
eingerichtete Kontrollinstrumente und das Recht des Bundes, jederzeit die Übertragung aller
Anteile an dem privaten Unternehmen zu verlangen, angeführt.[174] Die verfassungsrechtliche Verpflichtung des Staates zur **Sicherstellung eines funktionierenden Postsystems** allein **genügt**
daher wohl **nicht.** Die Lizenzpflicht gem. §§ 5 ff. PostG allein ist auch keine gesetzlich angeordnete Kontrolle, die zu einer Aufsicht über die Leitung des Unternehmens führt. Denn sonst würde die Ausübung jedes erlaubnispflichtigen Gewerbes das Kriterium erfüllen. Allerdings wird in
§ 11 Abs. 2 PostG eine Verordnungsermächtigung statuiert, nach der für Universaldienste die
Mindestqualität sowie Qualitätsmerkmale für das Annahme- und Zustellnetz festgelegt werden
können. Die Einhaltung dieser Standards wird von der Regulierungsbehörde kontrolliert. § 17
Abs. 1 PostG statuiert schließlich eine Mitteilungspflicht der Universaldienstleister, der Regulierungsbehörde den jeweiligen Jahresumsatz auf Anfrage mitzuteilen. § 18 Abs. 1 PostG enthält
eine Verordnungsermächtigung für Rahmenvorschriften über die Inanspruchnahme von Postdienstleistungen. Darin können Vorgaben für den Abschluss und Inhalt von Verträgen gemacht
werden. Gem. § 19 PostG findet für lizenzpflichtige Postdienstleistungen schließlich noch eine
Entgeltregulierung statt. § 38 PostG statuiert eine **Berichtspflicht** an die Regulierungsbehörde.
All dies sind jedoch Vorschriften, die eine **Regulierung** des Sektors zur Herbeiführung wirksamen Wettbewerbs ermöglichen sollen. Es handelt sich dabei um die Umsetzung europarechtlicher Vorgaben aus den RL 97/67,[175] 2002/39[176] und 2008/6.[177] Diese verpflichten die
Mitgliedstaaten, eine Grundversorgung mit Postdienstleistungen, sog. Universaldiensten, sicher
zu stellen.[178] Die hierfür notwendigen Auskunfts- und Kontrollrechte geben dem Staat keine
Möglichkeit, auf die unternehmerischen Entscheidungen der Deutsche Post AG einzuwirken.

---

[170] Vgl. Angaben der Deutsche Post DHL unter www.dp-dhl.com/de/investoren/aktie/aktionärsstruktur.
html (letzter Aufruf am 22. 7. 2010).

[171] Vgl. Satzung der Deutsche Post AG (Stand 10. Mai 2010), abrufbar unter www.dp-dhl.com/de/
investoren/corporate_governance/satzung.html (letzter Aufruf 22. 7. 2010).

[172] EuGH, C-237/99, Slg. 2001, I-939, RdNr. 48, 49, 59 – Kom./Frankreich; OLG Düsseldorf NZBau
2003, 400.

[173] OLG Düsseldorf NZBau 2003, 400, 403.

[174] OLG Düsseldorf NZBau 2003, 400, 403.

[175] RL 97/67 des Europäischen Parlaments und des Rates v. 15. 12. 1997 über gemeinsame Vorschriften
für die Entwicklung des Binnenmarktes der Postdienste der Gemeinschaft und die Verbesserung der
Dienstequalität, ABl. 1998 L 15/14.

[176] RL 2002/39 des Europäischen Parlaments und des Rates v. 10. 6. 2002 zur Änderung der Richtlinie 97/67
im Hinblick auf die weitere Liberalisierung des Marktes für Postdienste in der Gemeinschaft, ABl. 2002 L
176/21.

[177] RL 2008/6 des Europäischen Parlaments und des Rates v. 20. 2. 2008 zur Änderung der Richtlinie 97/67
im Hinblick auf die Vollendung des Binnenmarktes der Postdienste der Gemeinschaft, ABl. 2008 L 52/3.

[178] Art. 3 RL 97/67.

Nur solche Kontrollbefugnisse können aber zur Annahme einer Aufsicht über die Leitung des Unternehmens führen. Denn Sinn und Zweck der Vergabevorschriften ist es, eine Einwirkung des Staates als Nachfrager auf dem Markt zu verhindern, die von anderen als wirtschaftlichen Überlegungen getragen ist und **Lenkungswirkung** entfaltet.[179]

84 **b) Sektorenauftraggeber gem. § 98 Nr. 4 GWB, Art. 6 RL 2004/17/EG.** Da die Deutsche Post AG kein öffentlicher Auftraggeber iSd. § 98 Nr. 2 GWB ist, würde die Eigenschaft als Sektorenauftraggeber iSd. RL 2004/17 den Anwendungsbereich des Vergaberechts erst eröffnen.[180]

85 In § 98 Abs. 4 wird die Post nicht mehr genannt. Es könnte aber wegen des Vorrangs des Gemeinschaftsrechts geboten sein, § 98 Nr. 4 auch auf die Deutsche Post AG anzuwenden. Gem. Art. 6 RL 2004/17 fallen als Sektorenauftraggeber unter den Anwendungsbereich der Richtlinie solche Unternehmen, die Postdienste bereitstellen. Zwar ist im Anhang VI der RL 2004/17 kein deutsches Unternehmen als Auftraggeber im Sektor der Postdienste genannt. Dieses Verzeichnis ist aber nicht abschließend und führt daher nicht zum rechtsverbindlichen Ausschluss der Auftraggebereigenschaft.[181] Die Deutsche Post AG bietet die in Art. 6 RL 2004/17 weiter konkretisierten Dienstleistungen an. Darüber hinaus ist gem. Art. 2 Abs. 2 lit. b RL 2004/17 Voraussetzung, dass die Tätigkeit auf der Grundlage von dem Unternehmen eingeräumten **besonderen oder ausschließlichen Rechten,** die von einer Behörde des Mitgliedstaates gewährt wurden, ausgeübt wird.[182] Diese Formulierung ist dem Art. 106 Abs. 1 AEUV (ex Art. 86 Abs. 1 EG) entnommen.[183] Ein solches besonderes oder ausschließliches Recht hat die Deutsche Post AG seit Wegfall der Exklusivlizenz gem. § 51 Abs. 1 PostG am 31. 12. 2007 nicht mehr. Sie ist mithin kein Sektorenauftraggeber und damit auch nicht dem Vergaberecht unterworfen. Es kommt daher nicht mehr darauf an, ob die Ausnahmevorschrift des Art. 30 RL 2004/17 greift, über die Teile der Literatur[184] die Deutsche Post AG von den Vergabevorschriften ausnehmen wollen. Hiernach sind Aufträge der privaten Sektorenauftraggeber dann nicht vom Anwendungsbereich der Richtlinie erfasst, wenn die Tätigkeit in dem Mitgliedstaat, in dem sie ausgeübt wird, auf Märkten mit freiem Zugang unmittelbar dem Wettbewerb ausgesetzt ist. Hierfür bedürfte es gem. Art. 30 Abs. 6 RL 2004/17 einer Entscheidung der Kommission, in der die Anwendbarkeit der Ausnahmevorschrift festgestellt wird.

86 In der neuen **Sektorenverordnung**[185] werden die Unternehmen zur Erbringung von Postdienstleistungen nicht aufgenommen. Demnach geht auch der deutsche Gesetzgeber davon aus, dass diese keine Sektorenauftraggeber darstellen. Die Kommission hat sich bereits zu dieser Frage dahingehend geäußert, dass auch sie die Vergabevorschriften für Sektorenauftraggeber für den Postsektor in Deutschland nicht mehr für einschlägig erachtet.[186]

II. Telekommunikation

87 Der Anwendungsbereich der RL 93/38 umfasste gem. Art. 2 Abs. 2 lit. d die Bereitstellung oder das Betreiben von öffentlichen Telekommunikationsnetzen oder das Angebot von einem oder mehreren öffentlichen Telekommunikationsdiensten. Gem. Art. 8 Abs. 2 RL 93/38 konnte die **Kommission** im Amtsblatt **Listen** solcher Dienstleistungen veröffentlichen, die ihres Erachtens von der Ausnahmeregelung des Art. 8 Abs. 1 RL 93/38 erfasst wurden und damit nicht mehr ein Vergabeverfahren nach den Vorschriften der Richtlinie durchführen mussten. In den Jahren 1999[187] und 2004[188] veröffentlichte die Kommission solche Listen. In der Mitteilung

---

[179] EuGH, C-44/96, Slg. 1998, I-73 RdNr. 33 – Mannesmann Anlagenbau; C-360/98, Slg. 1998, I-6821; RdNr. 42 – BFI Holding; C-380/98, Slg. 2000, I-8035 RdNr. 17 – University of Cambridge.

[180] Vgl. dazu § 98 RdNr. 44 ff.

[181] *Weyand* RdNr. 920.

[182] Vgl. hierzu *Trepte* RdNr. 3.75.

[183] Vgl. ausführlich dazu § 98 RdNr. 49 ff.; Kommentierung in Band 1 Art. 86 EG RdNr. 41, 102.

[184] *Noch* RdNr. 182 aE; *Huber/Wollenschläger* VergabeR 2006, 431, 441.

[185] Sektorenverordnung vom 23. September 2009, BGBl. I, S. 3110, geändert durch Art. 2 der Verordnung vom 7. Juni 2010, BGBl. I, S. 724.

[186] Noch nicht veröffentlicht.

[187] Kom., Mitteilung v. 3. 6. 1999, Liste der Dienstleistungen, die unter die Ausnahmeregelung nach Artikel 8 der Richtlinie 93/38/EWG des Rates vom 14. Juni 1993 zur Koordinierung der Auftragsvergabe durch Auftraggeber im Bereich der Wasser-, Energie- und Verkehrsversorgung sowie im Telekommunikationssektor fallen, ABl. C 156/3.

[188] Kom., Mitteilung v. 30. 4. 2004, Liste der Dienstleistungen, die unter die Ausnahmeregelung nach Artikel 8 der Richtlinie 93/38/EWG des Rates vom 14. Juni 1993 zur Koordinierung der Auftragsvergabe

aus dem Jahre 2004 stellte die Kommission dabei schon fest, dass aufgrund der Anwendung des Artikels 8 Abs. 1 RL 93/38 Aufträge im Hinblick auf die Bereitstellung von Telekommunikationsdiensten in allen 15 Mitgliedstaaten nicht mehr den Einzelbestimmungen dieser Richtlinie unterlägen.[189] Wegen der weiteren Entwicklung in diesem Sektor, in dem inzwischen in allen 15 Mitgliedstaaten **echter Wettbewerb** herrscht, hielt der europäische Gesetzgeber eine Einbeziehung in die nachfolgende Richtlinie 2004/17 nicht für notwendig.[190] Allerdings wird die Entwicklung in diesem Sektor weiter beobachtet, so dass eine andere Regelung eingeführt werden kann, falls kein wirksamer Wettbewerb mehr herrscht.[191] Die Beschaffungen von Sprachtelefon-, Telex-, Mobilfunk-, Funkruf- und Satellitenkommunikationsdiensten, die vom Anwendungsbereich der RL 93/38 ausgeschlossen war, ist von der RL 2004/17 erfasst.[192] Dies betrifft allerdings den Auftragsgegenstand, nicht den Auftraggeber.

III. Träger der Sozialversicherung

Schrifttum: *Amelung/Dörn,* Anmerkung zu OLG Düsseldorf, Beschluss vom 19. 12. 2007, VII-Verg 51/07 – „AOK-Rabattverträge I", VergabeR 2008, 84; *Amelung/Heise,* Zuständigkeit der Sozialgerichtsbarkeit für die Überprüfung von Vergabekammer-Entscheidungen, NZBau 2008, 489; *Anders/Knöbl,* Arzneimittelrabattverträge mit mehreren pharmazeutischen Unternehmen – Verläuft die Schnittstelle von Sozial- und Vergaberecht durch die Apotheke?, PharmR 2009, 607; *Badtke,* Die kartellrechtliche Bewertung des „AOK-Modells" beim Abschluss von Rabattverträgen, WuW 2007, 726; *Bartram/Broch,* Zwischen den Gesundheitsreformen – Kartellrechtlicher Regulierungsbedarf aus Sicht der forschenden Arzneimittelhersteller, PharmR 2008, 5; *Basteck,* Sozialrecht und Vergaberecht – Die Schöne und das Biest?, NZBau 2006, 497; *Baumeister/Struß,* Hippokrates als Dienstleister gemäß den Vorgaben des Europäischen Gerichtshofes – Die Vergabe von integrierten Versorgungsverträgen im Lichte des EuGH-Urteils vom 11. 6. 2009, Rs. C-300/07, NZS 2010, 247; *Becker,* Rechtliche Rahmenbedingungen der integrierten Versorgung – Ein Aufriss und neun Thesen, NZS 2001, 505; *Becker/Bertram,* Die Anwendbarkeit des Vergaberechts auf die Zulassung eines Krankenhauses zur Krankenhausbehandlung, das Krankenhaus 2002, 541; *Beule,* Integrierte Versorgung nach neuem Recht, GesR 2004, 209; *Bickenbach,* Rabattverträge gemäß § 130a Abs. 8 SGB V und aut idem-Verordnungen: zulässige Kostenbremse oder Verletzung der Berufsfreiheit?, MedR 2010, 302; *Bley/Kreikebohm/Marschner,* Sozialrecht, 9. Aufl. 2007; *Blum,* Leistungserbringungsvereinbarungen in der Sozialhilfe, Vergabe Navigator 2006, 10; *Boldt,* Müssen gesetzliche Krankenkassen das Vergaberecht beachten, NJW 2005, 3757; *dies.,* Rabattverträge – Sind Rahmenvereinbarungen zwischen Krankenkassen und mehreren pharmazeutischen Unternehmen zulässig?, PharmR 2009, 377; *Braun,* Anmerkung zu Bundessozialgericht, Beschluss vom 22. 4. 2008, B1 SF 1/08 R – „Rabattverträge V", VergabeR 2008, 707; *ders.,* Besprechung der Mitteilung der Kommission zum Vergaberecht, EuZW 2006, 683; *Brixius/Maur,* Chancengleichheit und Wettbewerbsfairness beim Abschluss von Rabattverträgen – eine Zwischenbilanz, PharmR 2007, 451; *Burgi,* Hilfsmittelverträge und Arzneimittel-Rabattverträge als öffentliche Lieferaufträge, NZBau 2008, 480; *Byok,* Auftragsvergabe im Gesundheitssektor, GesR 2007, 553; *Byok/Csaki,* Aktuelle Entwicklungen bei dem Abschluss von Arzneimittelrabattverträgen, NZS 2008, 402; *Byok/Jansen,* Die Stellung gesetzlicher Krankenkassen als öffentliche Auftraggeber, NVwZ 2005, 53; *Czettritz,* AOK Rabattvertragsausschreibungen 2008/2009, PharmR 2008, 253; *ders.,* Anmerkung zu zwei höchst umstrittenen Entscheidungen des Sozialgerichts Stuttgart vom 20. 12. 2007 (Az. S 10 KR 8404/07 und S 10 KR 8604/07) betreffend die AOK-Rabattvertragsausschreibungen 2008/2009, PharmR 2008, 115; *Dahm,* Vertragsgestaltung bei Integrierter Versorgung am Beispiel „Prosper – Gesund im Verbund", MedR 2005, 121; *Dettling,* Rabattverträge gem. § 130a Abs. 8 SGB V – Kartell- oder grundrechtlicher Ansatz?, MedR 2008, 349; *Dieners/Heil,* Das GKV-Wettbewerbsstärkungsgesetz – Stärkung oder Einschränkung des Wettbewerbs im Arzneimittelmarkt, PharmR 2007, 142; *Dreher,* Öffentlich-rechtliche Anstalten und Körperschaften im Kartellvergaberecht – Der Auftraggeberbegriff vor dem Hintergrund von Selbstverwaltung, Rechtsaufsicht und Finanzierung durch Zwangsbeiträge, NZBau 2005, 297; *Dreher/Hoffmann,* Der Auftragsbegriff nach § 99 GWB und die Tätigkeit der gesetzlichen Krankenkassen, NZBau 2009, 273; *Ebsen* (Hrsg.), Vergaberecht und Vertragswettbewerb in der Gesetzlichen Krankenversicherung, 2009; *Engelmann,* Keine Geltung des Kartellvergaberechts für Selektivverträge der Krankenkassen mit Leistungserbringern, SGb 2008, 133; *Esch,* Zur Reichweite der Ausschreibungspflicht gesetzlicher Krankenkassen, MPR 2009, 149; *ders.,* EU-Vergaberecht und SGB V, MPJ 2009, 10; *Frenz,* Krankenkassen im Wettbewerb- und Vergaberecht, NZS 2007, 233; *Fruhmann,* Das Vergaberegime des EG-Vertrags, Zeitschrift für Vergaberecht und Beschaf-

---

durch Auftraggeber im Bereich der Wasser-, Energie- und Verkehrsversorgung sowie im Telekommunikationssektor fallen, ABl. C 115/3.

[189] Kom., Mitteilung v. 30. 4. 2004, Liste der Dienstleistungen, die unter die Ausnahmeregelung nach Artikel 8 der Richtlinie 93/38/EWG des Rates vom 14. Juni 1993 zur Koordinierung der Auftragsvergabe durch Auftraggeber im Bereich der Wasser-, Energie- und Verkehrsversorgung sowie im Telekommunikationssektor fallen, ABl. C 115/9.

[190] RL 2004/17, ABl. L 134/1, Tz. 5.

[191] RL 2004/17, ABl. L 134/1, Tz. 7.

[192] RL 2004/17, ABl. L 134/1, Tz. 8.

fungspraxis, ZVB 2006, 261; *Gabriel*, Anmerkung zu LSG Nordrhein-Westfalen, Beschluss vom 10. 9. 2009, L 21 KR 53/09 SFB – „Fertigarzneimittel", VergabeR 2010, 142; *ders.*, Anmerkung zu LSG Baden-Württemberg, Beschluss vom 23. 1. 2009, L 11 WB 5971/08 – „Rabattvertragsausschreibung", VergabeR 2009, 465; *ders.*, Vom Festbetrag zum Rabatt: Gilt die Ausschreibungspflicht von Rabattverträgen auch im innovativen Bereich patentgeschützter Arzneimittel, NZS 2008, 455; *ders.*, Damoklesschwert De-facto-Vergabe: Konsequenzen vergaberechtswidriger Verträge im Gesundheitswesen nach heutiger und künftiger Rechtslage, PharmR 2008, 577; *ders.*, Anmerkung zu OLG Rostock, Beschluss vom 2. 7. 2008, 17 Verg 4/07 – „Medizinische Hilfsmittel", VergabeR 2008, 801; *ders.*, Vergaberecht und Vergaberechtsschutz beim Abschluss von Verträgen zur Integrierten Versorgung (§§ 140 a ff. SGB V), NZS 2007, 344; *ders.*, Anmerkung zu OLG Düsseldorf, Urteil vom 23. 5. 2007, VII-Verg 50/06 – „Orthopädische Schuhtechnik", VergabeR 2007, 630; *ders.*, Die Kommissionsmitteilung zur öffentlichen Auftragsvergabe außerhalb der EG-Vergaberichtlinien, NVwZ 2006, 12; *Gabriel/Weiner*, Arzneimittelrabattvertragsausschreibungen im generischen und patentgeschützten Bereich: Überblick über den aktuellen Streitstand, NZS 2009, 422; *Gassner*, Kartellrechtliche Re-Regulierung des GKV-Leistungsmarkts, NZS 2007, 281; *Goodarzi/Junker*, Öffentliche Ausschreibungen im Gesundheitswesen, NZS 2007, 632; *Goodarzi/Schmid*, Die Ausschreibung vertragsärztlicher Leistungen nach dem SGB V, NZS 2008, 518; *Hamann*, Die gesetzlichen Krankenkassen als öffentliche Auftraggeber – Anmerkung zu EuGH, Urteil vom 11. 6. 2009 in der Rs. C-300/07 – AOK, PharmR 2009, 509; *Hanika*, Medizinische Versorgungszentren und Integrierte Versorgung – Rechtliche Vorgaben und neue Vergütungssysteme (1. Teil), PIR 2004, 433; *Hartmann/Suoglu*, Unterliegen die gesetzlichen Krankenkassen dem Kartellvergaberecht nach §§ 97 ff. GWB, wenn sie Hilfsmittel ausschreiben, SGb 2007, 404; *Hesselmann/Motz*, Integrierte Versorgung und Vergaberecht, MedR 2005, 498; *Heßhaus*, Ausschreibung und Vergabe von Rabattverträgen – Spezialfragen im Zusammenhang mit dem Abschluss von Rabattverträgen nach § 130 a Abs. 8 SGB V, PharmR 2007, 334; *Hölzl/Eichler*, Rechtsweg für die Überprüfung der Vergabe von Rabattverträgen, NVwZ 2009, 27; *Huster/Kaltenborn* (Hrsg.), Krankenhausrecht, 2009; *Iwers*, Ausschreibung kommunaler Eingliederungsleistungen des SGB II und institutionelle Förderung der Leistungserbringer, LKV 2008, 1; *Kaeding*, Ausschreibungspflicht der gesetzlichen Krankenkassen oberhalb der Schwellenwerte, PharmR 2007, 239; *Kaltenborn*, Integrierte Versorgung und besondere ambulante Versorgung als vergaberechtliches Problem, in: *Ebsen* (Hrsg.), Vergaberecht und Vertragswettbewerb in der Gesetzlichen Krankenversicherung, 2009, 169; *Kaltenborn/Weiner*, Beschaffungsfragen und Public Private Partnerships (PPP) im Krankenhaus, in: *Huster/Kaltenborn* (Hrsg.), Krankenhausrecht, 2009, 478; *Kamann/Gey*, Wettbewerbsrecht im deutschen Gesundheitswesen – Grenzen der Integrierten Versorgung und der Kooperation von Krankenkassen, Leistungserbringern und pharmazeutischer Industrie (Teil 1), PharmR 2006, 255; *dies.*, Wettbewerbsrecht im deutschen Gesundheitswesen – Grenzen der Integrierten Versorgung und der Kooperation von Krankenkassen, Leistungserbringern und pharmazeutischer Industrie (Teil 2), PharmR 2006, 291; *dies.*, Die Rabattvertragsstreitigkeiten der „zweiten Generation" – Aktuelle Fragen nach dem GKV-OrgWG, PharmR 2099, 114; *Karenfort/Stopp*, Krankenkassen-Rabattverträge und Kartellvergaberecht: Kompetenzkonflikt ohne Ende, NZBau 2008, 232; *Kingreon*, Wettbewerbsrechtliche Aspekte des GKV-Modernisierungsgesetzes, MedR 2004, 188; *ders.*, Vergaberechtliche Anforderungen an die sozialrechtliche Leistungserbringung, SGb 2004, 659; *ders.*, Sozialhilferechtliche Leistungserbringung durch öffentliche Ausschreibungen, VergabeR Sonderheft 2 a/2007, 354; *ders.*, Das Sozialvergaberecht, SGb 2008, 437; *ders.*, Die Entscheidung des EuGH zur Bindung der Krankenkassen an das Vergaberecht, NJW 2009, 2417; *ders.*, Die Entwicklung des Gesundheitsrechts 2008/2009, NJW 2009, 3552; *Klöck*, Die Anwendbarkeit des Vergaberechts auf Beschaffungen durch die gesetzlichen Krankenkassen, NZS 2008, 178; *Knispel*, Neuregelung im Leistungserbringerrecht der GKV durch das GKV-OrgWG, GesR 2009, 236; *Köber*, Rabatte und Dumpingpreise als Marketinginstrument, PharmR 2007, 276; *König/Engelmann/Hentschel*, Die Anwendbarkeit des Vergaberechts auf die Leistungserbringung im Gesundheitswesen, MedR 2003, 562; *König/Busch*, Vergabe- und haushaltsrechtliche Koordinaten der Hilfsmittelbeschaffung durch Krankenkassen, NZS 2003, 461; *Kontusch* Wettbewerbsrelevantes Verhalten der gesetzlichen Krankenkassen im Rahmen des deutschen und europäischen Wettbewerbs-, Kartell- und Verfassungsrechts, 2004; *Kortland*, Allgemeines und Besonderes zum GKV-WSG, PharmR 2007, 190; *Köster*, Gesetzgebung ohne Gesetzgeber, ZfBR 2007, 127; *Krohn*, Vergaberecht und Sozialrecht – Unvereinbarkeit oder Konkordanz, Archiv für Wissenschaft und Praxis der sozialen Arbeit 2005, 90; *Kuhlmann*, Vertragliche Regelungen und Strukturen bei der Integrierten Versorgung, das Krankenhaus 2004, 417; *Kunze/Kreikebohm*, Sozialrecht versus Wettbewerbsrecht – dargestellt am Beispiel der Belegung von Rehabilitationseinrichtungen (Teil 1), NZS 2003, 5; *dies.*, Sozialrecht versus Wettbewerbsrecht – dargestellt am Beispiel der Belegung von Rehabilitationseinrichtungen (Teil 2), NZS 2003, 62; *Lietz/Natz*, Vergabe- und kartellrechtliche Vorgaben für Rabattverträge über patentgeschützte Arzneimittel, A&R 2009, 3; *Lutz*, Vergaberegime außerhalb des Vergaberechts, WuW 2006, 890; *Marx/Hölz*, Viel Lärm um wenig!, NZBau 2010, 31; *Mestwerdt/v. Münchhausen*, Die Sozialversicherungsträger als öffentliche Auftraggeber iSv. § 98 Nr. 2 GWB, ZfBR 2005, 659; *Moosecker*, Öffentliche Auftragsvergaben der gesetzlichen Krankenkassen – Die Anwendbarkeit des Vergaberechts auf die Nachfrage von Leistungen der Stationären und der Integrierten Versorgung, 2009; *Mrozynski*, Die Vergabe öffentlicher Aufträge und das Sozialrecht, ZFSH/SGB 2004, 451; *Natz*, Rechtsschutzmöglichkeiten für Pharmaunternehmen gegen Rabattverträge, pharmind 2007, 567; *Neun*, Vergaberecht und gesetzliche Krankenversicherung in Deutschland – Auswertung und Auswirkungen des Oymanns-Urteils des EuGH v. 11. Juni 2009 (Rs. C-300/07), Jahrbuch forum vergabe 2009, 105; *Noch*, Der Begriff des öffentlichen Auftraggebers – zugleich Besprechung der „AOK-Entscheidung", BauRB 2004, 318; *Plagemann/Ziegler*,

Neues Sozialvergaberecht, GesR 2008, 617; *Plassmeier/Höld*, Die Rabattgewährung der Pharmaunternehmen im Arzneimittelhandel, PharmR 2007, 309; *Prieß/Gabriel*, M&A-Verfahrensrecht – EG-rechtliche Verfahrensvorgaben bei staatlichen Beteiligungsveräußerungen, NZBau 2007, 617; *Prieß/Krohn*, Die Durchführung förmlicher Vergabeverfahren im Sozialhilfebereich, Archiv für Wissenschaft und Praxis der sozialen Arbeit 2005, 34; *Quaas*, Vertragsgestaltungen zur integrierten Versorgung aus der Sicht der Krankenhäuser, VSSR 2004, 175; *Rixen*, Vergaberecht oder Sozialrecht in der gesetzlichen Krankenversicherung – Ausschreibungspflichten von Krankenkassen und Kassenärztlichen Vereinigungen, GesR 2006, 49; *Roberts*, Rabattvereinbarungen zwischen Krankenkassen und einzelnen Apotheken, PharmR 2007, 152; *Röbke*, Besteht eine vergaberechtliche Ausschreibungspflicht für Rabattverträge nach § 130 a VIII SGB V, NVwZ 2008, 726; *ders.*, Hilfsmittel- und Arzneimittelrabattverträge im Spannungsfeld zwischen GWB und dem Recht der GKV, NZBau 2010, 346; *Roth*, Bundestag verlängert Übergangsfrist bei einer Ausschreibung von Verträgen mit Leistungserbringern von Hilfsmitteln, MedR 2009, 77; *Sandrock/Stallberg*, Der Generikarabatt nach § 130 a Abs. 3 b SGB V, PharmR 2007, 498; *Schickert*, Rabattverträge für patentgeschützte Arzneimittel im Sozial- und Vergaberecht, PharmR 2009, 164; *Schickert/Schulz*, Hilfsmittelversorgung 2009 – Ausschreibungen und Verhandlungsverträge der Krankenkassen, MPR 2009, 1; *Schnieders*, Die kleine Vergabe, DVBl. 2007, 287; *Schröder*, Die Rechtsträger der freien Wohlfahrtspflege als öffentliche Auftraggeber, VergabeR 2003, 502; *ders.*, Ausschreibungen bei der Grundsicherung für Arbeitsuchende (SGB II), VergabeR Sonderheft 2/2007, 418; *Sodan*, Das GKV-Wettbewerbsstärkungsgesetz, NJW 2007, 1313; *Sodan/Adam*, Zur Geltung des Kartellrechts im Rahmen der Leistungserbringung für die gesetzliche Krankenversicherung – § 69 S. 1 SGB V als Bereichsausnahme für das Gesundheitswesen, NZS 2006, 113; *Stallberg,* Das Beitritts- und Informationsrecht der Leistungserbringer bei Versorgungsverträgen im Hilfsmittelbereich, MPR 2010, 50; *Stelzer*, Müssen gesetzliche Kranken- und Pflegekassen Lieferaufträge über Hilfs- und Pflegemittel oberhalb des Schwellenwertes europaweit öffentlich ausschreiben? – Bestandsaufnahme der Rechtspositionen in den Vertragsverletzungsbeschwerdeverfahren im Kontext des EuGH-Urteils vom 11. Juni 2009 ua. und der Reformgesetze in der GKV, Wege zur Sozialversicherung (WzS) 2009, 267; *ders.*, WzS 2009, 303; *ders.*, WzS 2009, 336; *ders.*, WzS 2009, 368; *Stolz/Kraus*, Sind Rabattverträge zwischen gesetzlichen Krankenkassen und pharmazeutischen Unternehmen öffentliche Aufträge nach § 99 GWB, VergabeR 2008, 1; *dies.*, Ausschreibungspflichtigkeit von Verträgen zur Hausarztzentrierten Versorgung nach § 73 b Abs. 4 S. 1 SGB V, MedR 2010, 86; *Storost*, Die Bundesagentur für Arbeit an den Schnittstellen von Sozial- und Vergaberecht, NZS 2005, 82; *Sträter/Natz*, Rabattverträge zwischen Krankenkassen und pharmazeutischen Unternehmen, PharmR 2007, 7; *Szonn*, Anmerkung zu LSG Berlin-Brandenburg, Beschluss vom 6. 3. 2009, L 9 KR 72/09 ER – „ambulante augenärztliche Versorgung", VergabeR 2010, 124; *Thüsing/Granetzny*, Der Rechtsweg in Vergabefragen des Leistungserbringungsrechts nach dem SGB V, NJW 2008, 3188; *Udsching*, Die vertragsrechtliche Konzeption der Pflegeversicherung, NZS 1999, 473; *Ulshöfer*, Anmerkung zu LSG Nordrhein-Westfalen, Beschluss vom 3. 9. 2009, L 21 KR 51/09 SFB – „DAK-Generika", VergabeR 2010, 132; *ders.*, Anmerkung zu LSG Nordrhein-Westfalen, Beschluss vom 26. 3. 2009, L 21 KR 26/09 SFB – „AOK-Generika", VergabeR 2009, 931; *Uwer/Koch*, Rabattverträge nach § 130 a Abs. 8 SGB V und die Umsetzung der Abgabepflicht nach § 129 Abs. 1 S. 3 SGB V unter besonderer Berücksichtigung von Original- und Importpräparaten, PharmR 2008, 461; *Vergho*, Perspektiven integrierter Versorgung im Wettbewerb, NZS 2007, 418; *Vollmöller*, Rechtsfragen bei der Umsetzung von Disease-Management-Programmen, NZS 2004, 63; *v. Schwanenflügel*, Moderne Versorgungsformen im Gesundheitswesen, NZS 2006, 285; *Walter*, Neue gesetzgeberische Akzente in der hausärztlichen Versorgung, NZS 2009, 307; *Weiner*, Das Ausschreibungsregime für Verträge über die hausarztzentrierte Versorgung (§ 73 b SGB V) und die besondere ambulante ärztliche Versorgung (§ 73 c SGB V), GesR 2010, 237; *dies*, Anmerkung zu OLG Düsseldorf, Beschluss vom 20. 10. 2008, VII Verg 46/08 sowie vom 22. 10. 2008, I-27 U2/08 und zu LSG Baden-Württemberg, Beschluss vom 28. 10. 2008, L 11 KR 481/08 ER-B – „Antianämika-Rabattvertrag", VergabeR 2009, 189; *Wille*, Arzneimittel mit Patentschutz – Vergaberechtliche Rechtfertigung eines Direktvertrages?, A&R 2008, 164; *Willenbruch*, Die vergaberechtliche Bedeutung von Pharmazentralnummern (PZN) in Ausschreibungsverfahren, PharmR 2009, 543; *ders.*, Rabattverträge – Schlusspunkt und Auftakt, PharmR 2009, 111; *ders.*, Der Tanz um die Rabattverträge: Vorwärts – Rückwärts – Seitwärts – Schluss, PharmR 2008, 488; *ders.*, Kompetenzgerangel um Rabattverträge ohne Ende, PharmR 2008, 265; *ders.*, Anmerkung zu VK Baden-Württemberg, Beschluss vom 26. 1. 2007, 1 VK 82/06, PharmR 2007, 197; *Willenbruch/Bischoff*, Vergaberechtliche Anforderungen nach dem Gesetz gegen Wettbewerbsbeschränkungen GWB an den Abschluss von Rabattverträgen/Direktverträgen zwischen gesetzlichen Krankenkassen und Pharmaunternehmen gem. § 130 a Abs. 8 SGB V, PharmR 2005, 477; *Wollenschläger*, Die Bindung gesetzlicher Krankenkassen an das Vergaberecht, NZBau 2004, 655; *Zuck*, Ausschreibungspflicht der Zulassung zur Krankenhausbehandlung, f&W 2002, 534.

1. Allgemeines. a) Sozialleistungs- und Sozialversicherungsträger. Sozialleistungs- 88
träger sind Institutionen und Einrichtungen, die Leistungen der sozialen Sicherheit erbringen. Sie sind in den §§ 18–29 SGB I abschließend benannt. Das deutsche Sozialversicherungsrecht unterscheidet die möglichen **Formen von Sozialleistungen** traditionell in Sozialversicherung, (Sozial)Versorgung und Sozialhilfe (Fürsorge).[193] Für die **Sozialversicherung** ist die versiche-

---

[193] *Bley/Kreikebohm/Marschner* RdNr. 11–13.

rungsmäßige, dh. beitragsfinanzierte Selbsthilfe durch Zusammenschluss und Beitragsleistung einer gleichartigen und sich selbst verwaltenden Versichertengemeinschaft charakteristisch. Bei der **Versorgung,** die als Allgemein- oder Sonderversorgung auftreten kann, fehlt ein versicherungsmäßiges Gegenseitigkeitsverhältnis; sie wird nicht aus Beiträgen, sondern aus staatlichen Steuermitteln finanziert und von staatlichen Verwaltungsbehörden durchgeführt. Die **Sozialhilfe** ist demgegenüber durch die Subsidiarität der Hilfegewährung (Nachrang gegenüber Selbsthilfe und Hilfe von anderer Seite) und die Anknüpfung an die Bedürftigkeit gekennzeichnet; sie wird aus Steuermitteln finanziert und organisatorisch insbes. durch kommunale Leistungsträger durchgeführt.[194]

89   **Träger der Sozialversicherung** sind danach solche Sozialleistungsträger, die Leistungen der sozialen Sicherheit auf der Grundlage eines Versicherungsverhältnisses erbringen. Das sind in Deutschland die derzeit noch rund 200 **gesetzlichen Krankenkassen,** die unter dem Namen Deutsche Rentenversicherung firmierenden **Rentenversicherungsträger** sowie die Berufsgenossenschaften als Träger der **gesetzlichen Unfallversicherung.** Diese Sozialversicherungsträger sind nicht als staatliche Einrichtungen verfasst, sondern als rechtlich selbstständige Körperschaften des öffentlichen Rechts mit Selbstverwaltung. Sie unterliegen einer staatlichen Rechtsaufsicht, die für die bundesunmittelbaren Versicherungsträger durch das Bundesversicherungsamt wahrgenommen wird, während die landesunmittelbaren Sozialversicherungsträger durch Landesbehörden beaufsichtigt werden. Ihre Mitglieder sind zur Zahlung eines Beitrags verpflichtet, der die Aufgabenerfüllung des Sozialversicherungsträgers finanziert (zB. im Fall der gesetzlichen Krankenkassen der Krankenversicherungsbeitrag). Ihre Organisation und Verfassung sind im Einzelnen in den §§ 29–90a SGB IV geregelt. Die Aufgaben der Träger der Sozialversicherung sind in weiteren Büchern des Sozialgesetzbuchs vorgegeben (für die Krankenkassen im SGB V, für die Rentenversicherungsträger im SGB VI und für die Unfallversicherungsträger im SGB VII).

90   Nachfolgend wird erläutert, unter welchen Voraussetzungen der Abschluss der bedeutendsten vertraglichen Vereinbarungen zwischen Trägern der Sozialversicherung – insbes. gesetzlichen Krankenkassen – und Leistungserbringern aufgrund vergaberechtlicher Vorgaben ausschreibungspflichtig ist. Lediglich der Vollständigkeit halber wird darauf hingewiesen, dass sich in den vergangenen Jahren auch hinsichtlich der Leistungsbeziehungen zwischen **anderen Sozialleistungsträgern,** insbes. im Bereich der Sozialhilfe (SGB XII), der Kinder- und Jugendhilfeleistungen (SGB VIII) sowie der Arbeitsförderung (SGB III), vergleichbare Fragen zur Zulässigkeit von **Auswahlentscheidungen nach vergaberechtlichen Vorgaben** gestellt haben.[195] So sind auch die Leistungsbeziehungen im „sozialhilferechtlichen Dreieck" aus Hilfebedürftigem, öffentlichem Träger und privatem Leistungserbringer nicht von der für das Vergaberecht typischen „bipolaren" Beziehung zwischen Beschaffungsstelle und Anbieter gekennzeichnet.[196] Vor diesem Hintergrund stellen sich ähnliche Fragen, insbes. in welcher Form und in welchem Umfang in diesem Bereich Auswahlentscheidungen öffentlicher Träger zulässig sind und diese im Rahmen eines Vergabeverfahrens vorgenommen werden dürfen bzw. müssen.[197]

91   **b) Entwicklung des ausschreibungsrelevanten GKV-Marktes.** Die Kosten des deutschen Gesundheitssystems und insbes. die Kosten der gesetzlichen Krankenversicherung (GKV) steigen seit den siebziger Jahren überproportional an.[198] Aus diesem Grund hat der Gesetzgeber in den vergangenen Jahren mit dem **Ziel der Kosteneinsparung** vermehrt wettbewerbliche Ansätze im Sinne **selektiver Kontrahierungsmöglichkeiten** zwischen Krankenkassen und Leistungserbringern unter Einbeziehung der Arzneimittelhersteller im SGB V verankert.

---

[194] Instruktiv zur begrifflichen Abgrenzung BAG NZA 1999, 1286.

[195] Hierzu *Rixen* GesR 2006, 49 und speziell zur Auftragsvergabe iRd. SGB II *Iwers* LKV 2008, 1 sowie *Schröder* VergabeR 2007, 418; iRd. SGB III *Storost* NZS 2005, 82; iRd. SGB VIII und XII *Prieß/Krohn* Archiv für Wissenschaft und Praxis der sozialen Arbeit 2005, 34 sowie *Krohn* Archiv für Wissenschaft und Praxis der sozialen Arbeit 2005, 90; iRd. SGB XI *Udsching* NZS 1999, 473.

[196] Zum „sozialhilferechtlichen Dreieck" VG Münster v. 18. 8. 2004, 9 L 970/04; *Blum* Vergabe Navigator 2006, 10, 11; *Kingreen* VergabeR 2007, 354, 355; *ders.* SGb 2004, 659, 668; *Krohn* Archiv für Wissenschaft und Praxis der sozialen Arbeit 2005, 90, 91; *Storost* NZS 2005, 82, 85; *Mrozynski* ZFSH/SGB, 2004, 451, 453.

[197] Das Vorliegen eines öffentlichen Auftrags bejahen zB. VK Münster v. 2. 7. 2004, VK 13/04; VK Münster v. 28. 5. 2004, VK 10/04; OLG Düsseldorf v. 22. 9. 2004, VII-Verg 44/04; OLG Düsseldorf v. 8. 9. 2004, VII-Verg 35/04. Auswahlentscheidungen mit Ausschlusswirkung im Bereich der Sozial- und Jugendhilfeleistungen für unzulässig erachten zB OVG Hamburg v. 10. 11. 2004, 4 Bs 388/04; VG Berlin v. 19. 10. 2004, 18 A 404.04; VG Münster v. 22. 6. 2004, 5 L 756/04; VG Münster v. 22. 6. 2004, 5 L 728/04.

[198] *Kontusch* 15.

Bereits durch das GKV-Gesundheitsreformgesetz v. 22. 12. 1999 (GKV-GRG) wurde als **92** alternative Regelversorgungsform die **integrierte Versorgung gem. §§ 140 a–140 d SGB V** eingeführt, die deutliche Wettbewerbselemente enthielt.[199] Diese wettbewerblichen Elemente sind mit dem GKV-Modernisierungsgesetz v. 14. 11. 2003 (GKV-GMG) nochmals modifiziert worden, indem die Handlungsspielräume der gesetzlichen Krankenkassen erweitert wurden, um den Wettbewerb um neue Versorgungsformen zu intensivieren und den Krankenkassen die Möglichkeit zu geben, sich im Wettbewerb um die Versicherten ua. durch mit Leistungserbringern abgeschlossenen Einzelverträgen abheben zu können.[200]

Das **GKV-Wettbewerbsstärkungsgesetz** v. 26. 3. 2007 (GKV-WSG)[201] hat zudem den Be- **93** reich der **Hilfsmittelverträge gem. §§ 126, 127 SGB V** einer grundlegenden Reform unterzogen, indem das frühere, nicht-exklusive System der Versorgungsberechtigung kraft Zulassung abgelöst wurde durch ein System, das die Versorgungsberechtigung zwingend an eine vertragliche Berechtigung knüpft, „so dass sich die an der Versorgung interessierten Leistungserbringer um vertragliche Beziehungen mit den Krankenkassen bemühen müssen".[202] Indem das GKV-WSG für den Abschluss dieser Verträge grds. – wenngleich nicht ausnahmslos – die vorherige Durchführung von Ausschreibungen verlangte, sollte der „Preiswettbewerb im Hilfsmittelbereich gefördert" werden.[203] Das Gesetz zur Weiterentwicklung der Organisationsstrukturen in der GKV v. 15. 12. 2008 (GKV-OrgWG) hat zuletzt durch das Beitrittsrecht ein Instrument eingefügt, um diesen durch das GKV-WSG vorgegebenen Vorrang des Vertragsschlusses im Wege der Ausschreibung wieder zu relativieren.[204]

Ein in der derzeitigen Praxis monetär noch bedeutenderes Instrument zur Liquiditätsplanung **94** der gesetzlichen Krankenkassen stellen verschiedene gesetzgeberische Maßnahmen dar, um die Gewinnspanne speziell der pharmazeutischen Unternehmer und Großhändler zu beschränken.[205] Neben den Regelungen der Arzneimittelpreisverordnung, den Festbeträgen gem. § 35 SGB V sowie den sog. Zwangsrabatten gem. § 130 a Abs. 1 SGB V sind das vor allem **Rabattvereinbarungen gem. § 130 a Abs. 8 SGB V** zwischen Pharmaunternehmen und gesetzlichen Krankenkassen.[206] Bereits durch das Beitragssicherungsgesetz v. 23. 12. 2002 (BSSichG) wurde die Vorschrift des § 130 a Abs. 8 SGB V eingeführt, die es den gesetzlichen Krankenkassen bzw. ihren Verbänden ermöglicht, neben den Zwangsrabatten mit pharmazeutischen Unternehmen einen weiteren Rabatt („Vertragsrabatt") für die zu ihren Lasten abgegebenen Arzneimittel zu vereinbaren. Diese Rabattvereinbarungen werden direkt zwischen Krankenkassen und Pharmaunternehmen geschlossen; die vereinbarten Vertragsrabatte werden von den Pharmaunternehmen an die gesetzlichen Krankenkassen vergütet.[207] Für die pharmazeutischen Unternehmen können solche Verträge interessant sein, wenn hierdurch tatsächlich eine Umsatzsteigerung erreicht werden kann. Das ist insbes. dann der Fall, soweit Rabattvereinbarungen durch gesonderte Verträge unter Einbindung von Apotheken und Ärzten umgesetzt werden (sog. Umsetzungsvereinbarungen) und gesetzliche Mechanismen zur Steuerung der Arzneimittelabgabe bzw. -verordnung existieren.[208]

2. Anwendbarkeit des Vergaberechts auf Sozialleistungsträger. a) Grundsätzliche **95** **Anwendbarkeit des Vergaberechts.** Die Anwendbarkeit europäischen und nationalen Vergaberechts hängt davon ab, dass ein öffentlicher Auftraggeber (§ 98) einen öffentlichen Auftrag (§ 99) abschließen möchte, dessen Wert die maßgeblichen Schwellenwerte (§ 100 Abs. 1) erreicht bzw. überschreitet.[209] Liegen diese Voraussetzungen vor, muss sich der Auftraggeber hinsichtlich des Verfahrens des Vertragsabschlusses – sofern nicht ein Ausnahmetatbestand vorliegt

---

[199] Zur Einführung im Rahmen des GKV-GRG 2000 vgl. *Quaas* VSSR 2004, 175, 176; *Wigge* NZS 2001, 17, 18; *Becker* NZS 2001, 505; *Kamann/Gey* PharmR 2006, 255.

[200] Hierzu *Kamann/Gey* PharmR 2006, 255, 256; *v. Schwanflügel* NZS 2006, 285, 287; *Beule* GesR 2004, 209; *Kingreen* MedR 2004, 188; *Quaas* VSSR 2004, 175, 182.

[201] Hierzu *Sodan* NJW 2007, 1313; *Gassner* NZS 2007, 281.

[202] So BT-Drucks. 16/3100 v. 24. 10. 2006, 399.

[203] BT-Drucks. 16/3100 v. 24. 10. 2006, 400.

[204] Hierzu unten RdNr. 120 ff.

[205] Instruktiv zur wirtschaftlichen Bedeutung von Rabattverträgen gem. § 130 a Abs. 8 SGB V *Uwer/Kocher* PharmR 2008, 461, 462.

[206] *Koenig/Klahn* GesR 2005, 481.

[207] *Willenbruch/Bischoff* PharmR 2005, 477.

[208] Hierzu *Koenig/Klahn* GesR 2005, 481, 485, und unten RdNr. 143.

[209] Die Schwellenwerte wurden zum 1. 1. 2008 zuletzt neu festgesetzt durch VO (EG) Nr. 1422/2007 v. 4. 12. 2007, ABl. EU 2007, L 317/34.

(vgl. § 100 Abs. 2) – an den 4. Teil des GWB, die Regelungen der Vergabeverordnung (VgV) sowie die Vorschriften der Verdingungsordnungen (VOL/A, VOB/A bzw. VOF) halten.

96   Das Vergaberecht ist insbes. beim Abschluss von Selektivverträgen durch gesetzliche Krankenkassen im Rahmen des SGB V grds. anwendbar. Zwar war diese Frage in Ansehung der früheren Fassung von § 69 SGB V (idF. des GKV-GRG) nicht unumstritten, da § 69 Abs. 2 SGB V aF. vorsah, dass die Rechtsbeziehungen der Krankenkassen zu den Leistungserbringern „abschließend" durch das 4. Kapitel des SGB V sowie die §§ 63, 64 SGB V geregelt werden.[210] Daraus ergab sich allerdings auch bereits nach früherer Rechtslage **keine generelle Bereichsausnahme,** derzufolge für die Beschaffungstätigkeit der Krankenkassen die Anwendung des Vergaberechts ausgeschlossen war.[211] Diese Schlussfolgerung wäre vor gemeinschaftsrechtlichem Hintergrund immer schon verfehlt gewesen, da das GWB-Vergaberecht in Umsetzung europäischer Richtlinien normiert wurde und daher einem Ausschluss aufgrund einer nationalen Bereichsausnahme von vornherein nicht zugänglich ist.[212] Das Gleiche gilt für die in diesem Zusammenhang ebenfalls oftmals als **spezielle Bereichsausnahme** angeführte Regelung in § 22 Abs. 1 der Verordnung über das Haushaltswesen in der Sozialversicherung v. 21. 12. 1977 (SVHV).[213] Hiernach muss dem Abschluss von Verträgen über Lieferungen und Leistungen grundsätzlich eine öffentliche Ausschreibung vorausgehen, es sei denn, es handelt sich um Verträge, die der Erbringung gesetzlicher oder satzungsmäßiger Versicherungsleistungen iSd. §§ 11–68 SGB V dienen.[214] In Ansehung des Vorrangs der gemeinschaftsrechtlichen vergaberechtlichen Vorgaben kann § 22 SVHV ab Erreichen der europäischen Schwellenwerte allerdings keine Geltung zukommen, so dass diese Vorschrift insoweit nur haushaltsrechtliche Bedeutung besitzt.[215] Aus dem Vorrang des gemeinschaftsrechtlich vorgegebenen Vergaberechts folgt zugleich, dass auch den **speziellen Ausschreibungspflichten bzw. Ausschreibungsermächtigungen,** die im SGB V vereinzelt normiert sind (zB. §§ 73b Abs. 4 S. 5, 73c Abs. 3 S. 3, 127 Abs. 1 S. 1, 129 Abs. 5b S. 1 SGB V), kein abschließender Charakter gegenüber den vergaberechtlichen Vorgaben zukommen kann.[216] Das bedeutet: ob (EU/GWB-)vergaberechtliche Ausschreibungspflichten bestehen, richtet sich ausschließlich nach den hierfür gem. (EU/GWB-)Vergaberecht geltenden Voraussetzungen – nicht aber danach, ob das SGB V in einem bestimmen Zusammenhang „Ausschreibungen" ausdrücklich vorsieht oder nicht.[217]

97   Im Rahmen des **GKV-OrgWG** hat der Gesetzgeber das Verhältnis zwischen Vergaberecht und SGB V durch **Änderung von § 69 Abs. 2 SGB V** schließlich erstmals ausdrücklich angesprochen und im Wege der Klarstellung, dass die vergaberechtlichen Vorgaben grds. gelten, geregelt.[218] So sieht § 69 Abs. 2 Satz 1 SGB V nunmehr vor, dass die materiellen **Vergaberechtsvorschriften** der §§ 97–101 WB einschließlich der Regelungen über die Durchführung vergaberechtlicher **Nachprüfungsverfahren** vor den Vergabekammern (§§ 102–115) auch bei Abschluss von Selektivverträgen **in der GKV gelten.** Ebenfalls wurde anerkannt, dass Auftragsvergaben durch gesetzliche Krankenkassen grds. die Tatbestandsmerkmale eines öffentlichen Auftrags gem. § 99 erfüllen können, weshalb die tatbestandlichen Voraussetzungen in Ansehung der konkreten Vertragsgestaltung in jedem Einzelfall sorgfältig geprüft werden müssen. Eine generelle Pflicht zur Ausschreibung ist dagegen nach wie vor nicht angeordnet; viel-

---

[210] Eingehend hierzu *Moosecker* 13; *Sodan/Adam* NZS 2006, 113.

[211] OLG Düsseldorf VergabeR 2008, 73, 78 mit Anm. *Amelung/Dörn* VergabeR 2008, 84; *Gabriel* NZS 2007, 344, 345.

[212] Ebenso *Moosecker* 24; *Kamann/Gey* PharmR 2009, 114, 116; *Burgi* NZBau 2008, 480, 482; *Goodarzi/Schmid* NZS 2008, 518, 520; *Klöck* NZS 2008, 178, 179; *Röbke* NVwZ 2008, 726, 727; *Gabriel* NZS 2007, 344, 345; *Rixen* GesR 2006, 49, 54; *Boldt* NJW 2005, 3757, 3758; *Hesselmann/Motz* MedR 2005, 498, 499; *Wollenschläger* NZBau 2004, 655; *Kingreen* MedR 2004, 188, 192; *Vollmöller* NZS 2004, 63, 65; *Quaas* VSSR 2004, 175, 190; *Koenig/Engelmann/Hentschel* MedR 2003, 562, 564; *Koenig/Busch* NZS 2003, 461, 462; *Zuck* f&w 2002, 534, 535.

[213] *Moosecker* 29; *Goodarzi/Schmid* NZS 2008, 518, 520; *Gabriel* NZS 2007, 344, 345.

[214] *Neun* 105, 111; *Boldt* NJW 2005, 3757; *Kingreen* SGb 2004, 659, 661; *Kunze/Kreikebohm* NZS 2003, 5, 10; *Koenig/Busch* NZS 2003, 461, 467.

[215] Zutreffend *Esch* MPR 2009, 149, 154; *Rixen* GesR 2006, 49, 54; *Hesselmann/Motz* MedR 2005, 498, 500; *Wollenschläger* NZBau 2004, 655; *Kingreen* MedR 2004, 188, 193; *Koenig/Engelmann/Hentschel* MedR 2003, 562, 563; *Koenig/Busch* NZS 2003, 461, 467.

[216] Ebenso *Burgi* NZBau 2008, 480, 482; *Goodarzi/Schmid* NZS 2008, 518, 520; *Gabriel* NZS 2007, 344, 345; *ders.* VergabeR 2007, 630, 634.

[217] *Gabriel* VergabeR 2007, 630, 634.

[218] Hierzu *Plagemann/Ziegler* GesR 2008, 617, 618; *Dreher/Hoffmann* NZBau 2009, 273, 274; *Knispel* GesR 2009, 236, 237; *Schickert* PharmR 2009, 164; *Willenbruch* PharmR 2009, 111, 112.

mehr werden Unterschiede in Ansehung verschiedener Vertragstypen gemacht, wobei gem.
§ 69 Abs. 2 Satz 3 SGB V stets die besondere Aufgabenstellung der gesetzlichen Krankenversicherung zu beachten ist.[219] In der instruktiven Gesetzesbegründung wird hierzu ausgeführt:

> *„Beim Abschluss von Einzelverträgen in der GKV ist in jedem Einzelfall zu prüfen, ob die tatbestand-*   **98**
> *lichen Voraussetzungen der §§ 97 ff. GWB vorliegen, insbes. ob es sich bei den jeweiligen Vergaben um*
> *öffentliche Aufträge iSd. § 99 GWB handelt. Diese Frage wird je nach Vertragstyp unterschiedlich zu*
> *beantworten sein. Im Wesentlichen hängt die Beantwortung davon ab, ob und inwieweit die Krankenkas-*
> *sen auf die Auswahlentscheidung, welcher Vertragsgegenstand im einzelnen Versorgungsfall abgegeben wird,*
> *Einfluss nehmen. Abgängig von der individuellen Vertragsgestaltung können Arzneimittelrabattverträge*
> *über Generika wegen der Verpflichtung der Apotheken in § 129 Abs. 1 Satz 3, die Ersetzung durch ein*
> *wirkstoffgleiches Arzneimittel vorzunehmen, für die ein Rabattvertrag abgeschlossen worden ist, und des*
> *damit verbundenen mittelbaren Einflusses der Krankenkassen auf die Auswahlentscheidung des Vertragsge-*
> *genstands als öffentliche Aufträge zu qualifizieren sein. Vergleichbare Überlegungen gelten auch für Verträge*
> *über die Versorgung mit Hilfsmitteln nach § 127 Abs. 1, da hier die Versorgung grds. durch die jeweiligen*
> *Ausschreibungsgewinner erfolgen muss. Dagegen sind Verträge über eine hausarztzentrierte Versorgung*
> *nach § 73 b, Verträge über besondere ambulante ärztliche Versorgung nach § 73 c und Verträge über eine*
> *integrierte Versorgung §§ 140 a ff. idR. keine öffentlichen Aufträge, da die Entscheidung über den Abruf*
> *der jeweiligen Leistung nicht von den Krankenkassen, sondern von den Versicherten getroffen wird, die die*
> *angebotenen Versorgungsformen in Anspruch nehmen können. Die Entscheidung im Einzelfall hängt je-*
> *doch von der konkreten Vertragsgestaltung ab und obliegt den mit der Nachprüfung betrauten Vergabekam-*
> *mern und Landessozialgerichten."[220]*

Ebenfalls im Zuge des GKV-OrgWG geklärt wurde die Frage der Zuständigkeitsabgrenzung   **99**
zwischen Sozialgerichten und Vergabenachprüfungsinstanzen für die Überprüfung von Vergabeverfahren im Bereich des SGB V.[221] Der vergaberechtliche Rechtsschutz wird seit Inkrafttreten des GKV-OrgWG[222] (18. 12. 2008) erstinstanzlich vor den Vergabekammern und zweitinstanzlich vor den Landessozialgerichten[223] – mit der Möglichkeit der Divergenzvorlage zum
Bundessozialgericht[224] – gewährt. Zuständig ist gem. § 29 Abs. 5 SGG das für den Sitz der Vergabekammer zuständige Landessozialgericht. Allerdings ist in dem (Ende 2010) noch im Stadium des Gesetzesentwurfes befindlichen „Gesetz zur Neuregelung des Arzneimittelmarktes in
der gesetzlichen Krankenversicherung" (AMNOG) eine Rückübertragung der vergaberechtlichen zweitinstanzlichen Zuständigkeit an die Oberlandesgerichte vorgesehen.

b) Auftraggebereigenschaft gesetzlicher Krankenkassen gem. § 98 Nr. 2. Die An-   **100**
wendbarkeit des (EU/GWB-)Vergaberechts auf gesetzliche Krankenkassen war viele Jahre in
Ermangelung einer abschließenden Klärung insbes. durch den EuGH **umstritten.** Die Tatbestandsmerkmale des einschlägigen Auftraggeberbegriffs gem. § 98 Nr. 2 sowie die unterschiedlichen Eigenschaften von Verträgen in verschiedenen Bereichen des GKV-Marktes und die
daher nicht einheitlich zu beurteilenden Voraussetzungen des Auftragsbegriffs gem. § 99 Abs. 1
wurden lange Zeit kontrovers diskutiert.[225] Auch die Europäische Kommission hat sich hiermit
aufgrund zahlreicher deutscher Vertragsverletzungsbeschwerdeverfahren befasst und gelangte –
je nach betroffener Vertrags- und Versorgungsform sowie Zeitpunkt der Beschwerde (vor bzw.
nach Inkrafttreten des GKV-OrgWG) – zu durchaus unterschiedlichen Bewertungen.[226] Erst die

---

[219] BT-Drucks. 16/10609 v. 15. 10. 2008, 66.
[220] Gesetzesbegründung, BT-Drucks. 16/10609 v. 15. 10. 2008, 65–66.
[221] *Schickert/Schulz* MPR 2009, 1, 11; *Dreher/Hoffmann* NZBau 2009, 273; *Knispel* GesR 2009, 236, 238;
Willenbruch PharmR 2009, 111, 113.
[222] Vgl. § 207 SGG.
[223] § 116 Abs. 3 Halbsatz 2 GWB, § 142 a SGG.
[224] § 142 a Abs. 4 SGG iVm. § 124 Abs. 2 GWB.
[225] Verneinend BayObLG NZBau 2004, 623, sowie eine Reihe sozialrechtlicher Entscheidungen im
Zuge der AOK-Rabattausschreibung von 2007, so ua. LSG Baden-Württemberg v. 27. 2. 2008, L 5 KR
508/08 W-A, L 5 KR 507/08 ER-B, mit Anm. *Czettritz* PharmR 2008, 253; LSG Baden-Württemberg v.
18. 2. 2008, L 5 KR 528/08 B; LSG Baden-Württemberg v. 6. 2. 2008, L 5 KR 316/08 B; SG Stuttgart v.
20. 12. 2007, S 10 KR 8404/07 ER, S 10 KR 8405/07, S 10 KR 8604/07 ER und S 10 KR 8605/07. Die
Eröffnung des vergaberechtlichen Rechtswegs nach alter Rechtslage (vor dem GKV-OrgWG) ablehnend zB.
BSG NJW 2008, 3238, mit Anm. *Braun* VergabeR 2008, 707; OLG Rostock VergabeR 2008, 793, mit
Anm. *Gabriel* VergabeR 2008, 801; OLG Karlsruhe v. 19. 11. 2007, 17 Verg 11/07; VK Baden-Württemberg v. 7. 11. 2007, 1 VK 47/07; VK Baden-Württemberg PharmR 2007, 195, mit Anm. *Willenbruch*
PharmR 2007, 197.
[226] Eingehend hierzu *Stelzer* WzS 2009, 267; *ders.* WzS 2009, 303; *ders.* WzS 2009, 336; *ders.* WzS 2009,
368.

Entscheidung des EuGH vom 11. Juni 2009, mit der die vergaberechtliche Auftraggebereigenschaft deutscher gesetzlicher Krankenkassen – am konkreten Fall einer AOK – bestätigt wurde, markiert den Schlusspunkt dieser Auseinandersetzung.[227] Jedoch hat sich auch schon zuvor die herrschende Ansicht in der Rechtsprechung[228] und im juristischen Schrifttum[229] in Übereinstimmung mit dem Bundesversicherungsamt[230] und der Europäischen Kommission[231] dafür ausgesprochen, die vergaberechtliche **Auftraggebereigenschaft gesetzlicher Krankenkassen zu bejahen.** Vor diesem Hintergrund hat der deutsche Gesetzgeber mit dem GKV-OrgWG schließlich zeitlich noch vor der Entscheidung des EuGH durch Änderung des § 69 Abs. 2 SGB V den Weg für die Anwendung des Vergaberechts auf gesetzliche Krankenkassen bereitet.[232]

101   Gesetzliche Krankenkassen unterliegen nach alledem beim Abschluss von entgeltlichen Verträgen mit Leistungserbringern, die den vergaberechtlichen Auftragsbegriff erfüllen, einer vergaberechtlichen Ausschreibungspflicht, sofern das jeweilige Auftragsvolumen den Schwellenwert für Liefer- bzw. Dienstleistungsaufträge iHv. derzeit 193 000 Euro erreicht.[233] Für einen weiteren Überblick über den Stand der Diskussion betreffend die Auftraggebereigenschaft gesetzlicher Krankenkassen wird auf die Kommentierung zu § 98 Nr. 2 verwiesen.[234]

102   **c) Auftraggebereigenschaft gesetzlicher Renten- und Unfallversicherungsträger.** Der gleiche Befund betreffend die Ausschreibungspflicht gilt im Übrigen auch für die neben den gesetzlichen Krankenkassen weiteren Träger der Sozialversicherung. So wurde die öffentliche **Auftraggebereigenschaft** in der Vergangenheit ebenfalls bereits für **Träger der gesetzlichen Rentensicherung**[235] sowie der **Unfallversicherung**[236] bejaht, ohne dass die hiermit verbundenen Vergabeverfahren jedoch eine auch nur ansatzweise vergleichbar bedeutsame und praxisrelevante Rolle eingenommen haben, wie das im Fall der Krankenkassenausschreibungen der Fall ist.

103   **3. Vergaberechtliche Vorgaben für die Ausschreibung der wichtigsten GKV-Selektivverträge. a) Hilfsmittelverträge gem. § 127 SGB V. aa) Überblick.** Das GKV-OrgWG hat die Regelungen im Hilfsmittelbereich (§§ 126, 127 SGB V) einer weitgehenden Novellierung unterworfen, um das grds. Ausschreibungsgebot abzuschwächen und Vertragsabschlüsse auch außerhalb von Vergabeverfahren zu ermöglichen.[237] Die wichtigsten Neuregelungen beinhalten die Einführung eines Präqualifizierungsverfahrens zur Eignungsprüfung gem. § 126 Abs. 1a SGB V, die Umwandlung der „Soll-Vorschrift" betreffend die Durchführung

---

[227] EuGH, Urt. v. 11. 6. 2009, C-300/07, RdNr. 59 – Hans & Christophorus Oymanns, mit Anm. *Kingreen* NJW 2009, 2417, betreffend das Vorabentscheidungsersuchen des OLG Düsseldorf VergabeR 2007, 622, mit Anm. *Gabriel* VergabeR 2007, 630. Ausführlich zu dieser Entscheidung des EuGH: *Neun* 105; *Esch* MPR 2009, 149; *Hamann* PharmR, 509; *Kingreen* NJW 2009, 2417.

[228] BGH NJW 2008, 3222; OLG Düsseldorf VergabeR 2008, 73, mit Anm. *Amelung/Dörn* VergabeR 2008, 84; VK Hessen v. 21. 4. 2008, 69 d VK-15/2008; VK Bund v. 15. 11. 2007, VK 2-102 ua./07; VK Düsseldorf v. 31. 10. 2007, VK 31/2007-L; VK Bund v. 9. 5. 2007, VK 1-26/07; VK Düsseldorf v. 31. 8. 2006, VK-38/2006-L; VK Lüneburg v. 21. 9. 2004, 203-VgK-42/2004; VK Hamburg v. 21. 4. 2004, VgK FB 1/04; VK Bund v. 5. 9. 2001, VK 1-23/01; VK Düsseldorf v. 30. 6. 2000, VK 0/2000-L.

[229] *Gabriel/Weiner* NZS 2009, 422; *Dreher/Hoffmann* NZBau 2009, 273; *Knispel* GesR 2009, 236, 238; *Schickert/Schulz* MPR 2009, 1, 3; *Moosecker* 78; *Goodarzi/Schmid* NZS 2008, 518, 521; *Byok/Csaki* NZS 2008, 402, 403; *Burgi* NZBau 2008, 480, 483; *Röbke* NVzW 2008, 726, 729; *Klöck* NZS 2008, 178, 182; *Frenz* NZS 2007, 233, 236; *Gabriel* NZS 2007, 344, 346; *ders.* VergabeR 2007, 630, 631; *Goodarzi/Junker* NZS 2007, 632, 634; *Kaeding* PharmR 2007, 239, 244; *Hartmann/Suoglu* SGb 2007, 404, 414; *Sträter/Natz* PharmR 2007, 7, 12; *dies.* Generika 2006, 62, 68; *Natz* pharmind 2007, 567, 569; *Rixen* GesR 2006, 49, 54; *Kamann/Gey* PharmR 2006, 255, 263; *Byok/Jansen* NVwZ 2005, 53, 56; *Boldt* NJW 2005, 3757, 3759; *Mestwerdt/v. Münchhausen* ZfBR 2005, 659, 665; *Willenbruch/Bischoff* PharmR 2005, 477, 479; *Hesselmann/Motz* MedR 2005, 498, 501; *Quaas* VSSR 2004, 175, 190; *Koenig/Engelmann/Hentschel* MedR 2003, 562, 564; *Becker/Bertram* das Krankenhaus 2002, 541, 542; *Zuck* f&w 2002, 534, 535. AA. *Kingreen* MedR 2004, 188, 195; *ders.* SGb 2004, 659, 664.

[230] Rundschreiben v. 22. 8. 2007, Az. I 6-1140-973/2007; Rundschreiben v. 19. 3. 2009, Az. I 6-1140-973/2007.

[231] Vertragsverletzungsverfahren Nr. 2007/4410.

[232] Vgl. oben RdNr. 97.

[233] Die Schwellenwerte wurden zum 1. 1. 2010 neu festgesetzt durch VO (EG) Nr. 1177/2009 v. 30. 11. 2009, ABl. v. 1. 12. 2009, L 314/64.

[234] Vgl. § 98 RdNr. 35.

[235] BayObLG v. 21. 10. 2004, Verg 17/04; VK Baden-Württemberg v. 27. 12. 2004, 1 VK 79/04.

[236] OLG Düsseldorf v. 22. 6. 2005, Verg 22/05; VK Rheinland-Pfalz v. 1. 2. 2005, VK 1/05.

[237] BT-Drucks. 16/10 609 v. 15. 10. 2008, 72.

von Ausschreibungen in § 127 Abs. 1 SGB V in eine „Kann-Vorschrift" kombiniert mit einer Ermächtigung des Spitzenverbands Bund der Krankenkassen und der Spitzenorganisationen der Leistungserbringer zur Bestimmung, wann Ausschreibungen „zweckmäßig" iSv. § 127 Abs. 1 SGB V sind, sowie die Einführung eines Beitrittsrechts zu Verträgen nach § 127 Abs. 2 SGB V für alle geeigneten Leistungserbringer gem. § 127 Abs. 2a SGB V.[238] Ausweislich der Gesetzgebungsmaterialien wurde bei dieser Novellierung der Gesichtspunkt der Vereinbarkeit mit den vergaberechtlichen Vorgaben – anders als an anderen Stellen der Gesetzesbegründung zum GKV-OrgWG – nicht angesprochen. Die Neuregelung steht, was nachfolgend veranschaulicht wird, mit den Vorgaben des (EU/GWB-)Vergaberechts nicht vollumfänglich in Einklang.[239]

bb) Ausschreibungsverträge gem. § 127 Abs. 1, Abs. 1a SGB V. Im Zuge des GKV- **104** OrgWG wurde § 127 Abs. 1 SGB V ein neuer Absatz 1a eingefügt, der eine ergänzende Regelung hinsichtlich der Zweckmäßigkeit von Ausschreibungen iSd. Absatzes 1 enthält.

α) Fakultativer Zweckmäßigkeitsvorbehalt. Im Zuge des GKV-OrgWG wurde das **105** durch das GKV-WSG begründete Ausschreibungsgebot in § 127 Abs. 1 S. 1 SGB V von einer **„Soll-Regelung"** in eine **„Kann-Regelung"** umgewandelt. Ausweislich der Gesetzgebungsmaterialien soll hiermit verdeutlicht werden, dass Krankenkassen nicht vorrangig zur Durchführung von Ausschreibungen nach § 127 Abs. 1 SGB V (nachfolgend: Ausschreibungsverträge) verpflichtet seien, sondern die Versorgung mit Hilfsmitteln auch über Verträge nach § 127 Abs. 2 (nachfolgend: Rahmenverträge mit Beitrittsrecht) oder § 127 Abs. 3 (nachfolgend: Einzelvereinbarungen) SGB V sicherstellen können. Hierbei wurde indes außer Acht gelassen, dass das „Ob" einer vergaberechtlichen **Ausschreibung nicht zur Dispositionsbefugnis** des nationalen Gesetzgebers steht.[240] Aufgrund des **Anwendungsvorrangs des EU-Vergaberechts** muss es daher als grds. irrelevant erachtet werden, dass der deutsche Gesetzgeber in § 127 Abs. 1 S. 1 SGB V die Ausschreibung von Hilfsmittelverträgen in das Ermessen der Krankenkassen („können") und unter den Vorbehalt der Zweckmäßigkeit („soweit dies … zweckmäßig ist") stellt.[241] Sobald ein öffentlicher Auftraggeber einen den EU-Schwellenwert erreichenden öffentlichen Auftrag erteilen möchte, muss er die vergaberechtliche Ausschreibungspflicht beachten. Auf die Frage, ob eine Ausschreibung zudem „zweckmäßig" ist, kommt es dabei nach gemeinschaftsrechtlichen Maßstäben nicht an.[242]

β) Empfehlungen zur Zweckmäßigkeit von Ausschreibungen. Vor dem Hintergrund **106** des Anwendungsvorrangs des EU-Vergaberechts muss auch die nunmehr in § 127 Abs. 1a SGB V vorgesehene Regelung über „Empfehlungen zur Zweckmäßigkeit von Ausschreibungen" bewertet werden. Wo selbst dem nationalen Gesetzgeber wegen höherrangigem (entgegenstehendem) EU-Recht eine Regelungsmöglichkeit fehlt, kann diese auch nicht bestimmten Institutionen von Auftraggeber- und Auftragnehmerseite zukommen. So würde eine Empfehlung, derzufolge bestimmte Versorgungsleistungen (zB. konkretisiert anhand einzelner Produktgruppen des Hilfsmittelverzeichnisses gem. § 139 SGB V) aufgrund von Opportunitätserwägungen nicht ausgeschrieben werden bräuchten, gegen (EU/GWB-)Vergaberecht verstoßen und damit letztlich funktionslos sein. Entscheidend für künftige rechts- und bestandssichere Hilfsmittelvertragsabschlüsse ist, welche vergaberechtliche Nachprüfungsverfahren noch in sozialgerichtlichen Rechtsschutzverfahren erfolgreich angegriffen werden können, ist daher, § 127 Abs. 1a SGB V auf eine Weise auszulegen und anzuwenden, die mit dem Vorrang des EU-Vergaberechts in Einklang steht. Eine solche **(EU/GWB-)vergaberechtsgemäße Auslegung des Zweckmäßigkeitsvorbehalts** in § 127 Abs. 1, Abs. 1a SGB V ist durchaus möglich, wenngleich auch nur in den durch die geltenden vergaberechtlichen Vorgaben begrenzten Bahnen. Ansatzpunkte für eine **vergaberechtskonforme Einschränkung** der grds. Ausschreibungspflicht gibt es in mehrerer Hinsicht:
– Soweit bei konkreten Vertragsabschlüssen die Voraussetzungen für ein **Verhandlungsverfahren ohne vorherige Bekanntmachung** iSv. § 3 EG Abs. 4 VOL/A, Art. 31 VKR vorliegen, können Krankenkassen in Einklang mit dem (EU/GWB-)Vergaberecht Aufträge im Wege eines direkten Vertragsabschlusses mit einem ausgewählten Vertragspartner vergeben.

---

[238] Zu alledem *Knispel* GesR 2009, 236.
[239] So auch *Dreher/Hoffmann* NZBau 2009, 273, 278.
[240] Hierzu oben RdNr. 96 und *Schickert/Schulz* MPR 2009, 1, 4.
[241] Ebenso *Dreher/Hoffmann* NZBau 2009, 273, 278; aA offenbar *Goodarzi/Junker* NZS 2007, 632, 635.
[242] Ebenso *Stelzer* WzS 2009, 303, 308; *Knispel* GesR 2009, 236, 241; aA wohl *Plagemann/Ziegler* GesR 2008, 617, 619.

– Soweit bei Hilfsmittelversorgungen der Anteil der zu erbringenden Dienstleistung die reine
Lieferleistung (wertmäßig) überwiegt, handelt es sich nach vergaberechtlichen Maßstäben um
sog. **nicht-prioritäre Dienstleistungsaufträge** im Gesundheitswesen, die aufgrund europarechtlicher Regelungen nur einem sehr eingeschränkten Vergaberegime unterfallen.

– Soweit Hilfsmittelaufträge wertmäßig den Schwellenwert iHv. derzeit 193 000 Euro nicht
erreichen, fallen solche **Aufträge unterhalb der EU-Schwellenwerte** nicht unter das EU-
Vergaberecht, sondern ebenfalls lediglich unter ein sehr eingeschränktes Vergaberegime.

107   αα) **Verhandlungsverfahren ohne Bekanntmachung.** Der Abschluss von Hilfsmittelverträgen gem. § 127 Abs. 1 SGB V muss unter bestimmten Umständen nicht förmlich bekannt
gemacht und ausgeschrieben werden, wenn die Voraussetzungen der Ausnahmevorschrift § 3
EG Abs. 4 VOL/A erfüllt sind. Im Hinblick auf ausschreibungsbezogene Zweckmäßigkeitserwägungen bei Versorgungsleistungen könnten vor allem die Tatbestände gem. § 3 EG Abs. 4
lit. c und lit. e bzw. lit. f VOL/A eine Rolle spielen. Nach § 3 EG Abs. 4 lit. c VOL/A können
öffentliche Auftraggeber Aufträge im Wege eines Verhandlungsverfahrens ohne vorherige Bekanntmachung vergeben, wenn der Auftrag wegen seiner **technischen oder künstlerischen
Besonderheiten oder aufgrund des Schutzes eines Ausschließlichkeitsrechts** nur von
einem bestimmten Unternehmen durchgeführt werden kann. Gem. § 3 EG Abs. 4 lit. e und
lit. f VOL/A dürfen Verträge auf die gleiche Weise geschlossen werden, wenn sie eine **zusätzliche Lieferung bzw. Dienstleistung des bisherigen Vertragspartners** beinhalten und
dessen Beauftragung zur Vermeidung etwaiger Inkompatibilitäten erforderlich ist, die im Fall
einer Drittbeauftragung auftreten könnten.

108   ββ) **Nicht-prioritäre Dienstleistungsaufträge im Gesundheitswesen.** Die bei der Beauftragung von Hilfsmittelversorgungen grds. zu beachtenden Bestimmungen der VOL/A unterscheiden im Fall von Dienstleistungen zwischen solchen Aufträgen, die einerseits im Anhang I A
und andererseits im Anhang I B der VOL/A bzw. korrespondierend hierzu auf gemeinschaftsrechtlicher Ebene in Anhang VI oder VII der VKR genannt sind.[243] Diese Unterscheidung ist von
großer Bedeutung, da nur Dienstleistungen nach Anhang I A VOL/A bzw. Anhang VI der VKR
(sog. prioritäre Dienstleistungen) unter vollständiger Anwendung der VOL/A vergeben werden
müssen.[244] Das Gleiche gilt generell für alle Arten von Lieferleistungen. Für die Vergabe von
Dienstleistungen, die im Anhang I B der VOL/A bzw. Anhang VII der VKR erwähnt sind (sog.
nicht-prioritäre Dienstleistungen), gelten dagegen gem. § 1 EG Abs. 3 VOL/A, § 4 Abs. 4 VgV der
erste Abschnitt der VOL/A (sog. Basisparagraphen) sowie die Regeln über technische Spezifikationen (§ 8 EG VOL/A iVm. dem Anhang TS der VOL/A), die Mitteilung vergebener Aufträge
(§ 23 EG VOL/A) sowie die Angebote der für Nachprüfungsverfahren zuständigen Stelle (§ 15 EG
Abs. 10 VOL/A). Das EU-Vergaberecht schreibt für die Vergabe dieser nicht-prioritären Dienstleistungen **kein formalisiertes Vergabeverfahren** vor.[245]

109   Diese Unterscheidung kann für die Beauftragung von Hilfsmittelversorgungen eine entscheidende Rolle spielen, weil diese Aufträge nicht zwangsläufig nur Lieferleistungen beinhalten, sondern – in unterschiedlichem Umfang – auch Dienstleistungen umfassen.[246] Derartige Versorgungsdienstleistungsaufträge werden in Kategorie 25 des Anhangs I B der VOL/A bzw. VII der
VKR erfasst. Dieser Anhang nennt ua. das **„Gesundheitswesen"** als nicht-prioritären
Dienstleistungsbereich,[247] da dieser Bereich für den grenzüberschreitenden Verkehr – aus Sicht
des europäischen Gesetzgebers jedenfalls derzeit (noch) – nur geringe Bedeutung besitzt.[248] Die
Abgrenzung, ob ein Versorgungsauftrag einen **Liefer- oder Dienstleistungsauftrag** darstellt,
wird gem. § 99 Abs. 7 S. 1 dahingehend vorgenommen, dass (gemischte) Aufträge, die sowohl
Wareneinkauf/-lieferung als auch Dienstleistungen zum Gegenstand haben, als Dienstleistungs-
auftrag qualifiziert werden, wenn der Wert der Dienstleistung den Wert der Waren übersteigt.[249]
Diese am reinen Wertverhältnis zwischen Liefer- und Dienstleistung orientierte Abgrenzung (die

---

[243] *Neun* 105, 108; *Schickert/Schulz* MPR 2009, 1, 5; *Gabriel* VergabeR 2007, 630, 632. Die bisherigen
Anhänge II A und II B der VKR wurden gemäß Art. 3 der VO(EG) 313/2008 durch die Anhänge VI und
VII dieser Verordnung ersetzt.

[244] *Gabriel* VergabeR 2007, 630, 632; *ders.* NZS 2007, 344, 351.

[245] VK Bund v. 14. 9. 2007, VK 1–101/07.

[246] Schwerpunktmäßig von Lieferleistungen ausgehend *Burgi* NZBau 2008, 480, 483.

[247] Vgl. im Einzelnen die in der VO 213/2008 der Kommission v. 28. 11. 2007 betreffend das Gemeinsame Vokabular für öffentliche Aufträge (Common Procurement Vocabulary – CPV) für Dienstleistungen
des Gesundheitswesens aufgeführten Referenznummern 85 100 000-0 bis 85 172 000-5.

[248] OLG Brandenburg NZBau 2003, 688, 692; VK Saarland v. 19. 5. 2006, VK 03/2006.

[249] *Schickert/Schulz* MPR 2009, 1, 5.

in der Praxis oft den Ausschlag zugunsten der Lieferleistung geben wird), wurde nunmehr auch vom EuGH bestätigt.[250] Die Anfertigung eines patientenindividuell angepassten Hilfsmittels sowie sonstige Herstellerleistungen werden daher dem Lieferteil des Auftrags zugeschrieben, nicht dagegen (neben Beratungs-/Betreuungsleistungen) dem Dienstleistungsteil.[251]

Die **vergaberechtlichen Vorgaben**, an die sich Krankenkassen beim Abschluss von **Dienst-** **110** **leistungsaufträgen im Gesundheitswesen** halten müssen, sind im Fall einer Einordnung als nicht-prioritäre Dienstleistung **reduziert**, da Versorgungsdienstleistungsaufträge jedenfalls dem europäischen Vergaberecht nur äußerst eingeschränkt unterfallen.[252] Aus den kraft EU-vergaberechtlicher Anordnung (Art. 21 VKR) geltenden §§ 8, 23 EG VOL/A ergibt sich **keine Ausschreibungspflicht** oder vergleichbare Verfahrensvorgabe. Die Basisparagraphen des ersten Abschnitts der VOL/A dagegen enthalten förmliche Vorgaben für nationale Vergabeverfahren (einschließlich des Vorrangs öffentlicher Ausschreibungen gem. § 3 Abs. 2 VOL/A), jedoch beruht die Anwendbarkeit dieser Basisparagraphen auf einer Entscheidung des deutschen Gesetz- und Verordnungsgebers (§ 4 Abs. 4 VgV).[253] Diese strengere vergaberechtliche Bindung im Bereich nicht-prioritärer Dienstleistungsaufträge ist europarechtlich nicht veranlasst (vgl. Art. 21 VKR) und ein deutsches Phänomen, das sich in keinem anderen Mitgliedstaat findet. Da § 127 Abs. 1, Abs. 1a SGB V eine speziellere Regelung im Verhältnis zu § 4 Abs. 4 VgV darstellt, soweit man in gemeinschaftsrechtskonformer Auslegung die Zweckmäßigkeit als Synonym für eine fehlende (EU-vergaberechtlich nicht gebotene) Ausschreibungsnotwendigkeit ansieht, spricht allerdings viel dafür, dass hierdurch die untergesetzliche – und durch europäisches Vergaberecht nicht veranlasste – Anordnung der **Geltung der Basisparagraphen gem. § 4 Abs. 4 VgV verdrängt** wird. § 127 Abs. 1 SGB V enthält zu diesem Verständnis bindende und spezielle(re) Vorgaben für das Vergabeverfahren dahingehend, dass bei Versorgungsverträgen mit überwiegendem Dienstleistungsanteil gerade keine Verfahrensvorgaben im Sinne einer Ausschreibung gelten sollen.[254] Diese **Auslegung zugunsten einer Dispositionsbefugnis des deutschen Gesetzgebers** über lediglich im Verordnungsrang geltende Ausschreibungspflichten gem. dem ersten Abschnitt der VOL/A wurde vom OLG Düsseldorf in mehreren Entscheidungen bestätigt.[255]

Nach alledem muss bei der Vergabe von nicht-prioritären Dienstleistungsaufträgen im Ge- **111** sundheitswesen (bzw. von Versorgungsverträgen mit überwiegendem Dienstleistungsanteil iSv. § 127 Abs. 1 S. 4 SGB V) gem. den hierfür einschlägigen §§ 8, 15 Abs. 10, 23 EG VOL/A, § 127 SGB V kein förmliches Ausschreibungsverfahren durchgeführt und die beabsichtigte Auftragsvergabe nicht vorab europaweit bekannt gegeben werden. Die Informationspflicht gem. § 23 EG VOL/A betrifft lediglich eine Benachrichtigung über bereits vergebene Aufträge (sog. „ex-post-Publizität").

γγ) **Hilfsmittelaufträge unterhalb der EU-Schwellenwerte.** Eine ähnliche Situation be- **112** steht bei Hilfsmittellieferaufträgen unterhalb der EU-Schwellenwerte. Es darf sich hierbei allerdings nicht um das Ergebnis einer manipulativen Aufteilung größerer Aufträge oder einer sonstigen Umgehungshandlung iSv. § 3 Abs. 2 VgV handeln. Auch unterhalb der Schwellenwerte gilt das EU-Vergaberecht, dessen Anwendungsbereich vom Erreichen des jeweiligen Schwellenwerts (hier: 193 000 Euro) abhängt, nicht. Eine Pflicht zur Durchführung förmlicher Vergabeverfahren besteht nicht. Insoweit ließe sich der Zweckmäßigkeitsvorbehalt wiederum als Konkretisierung einer **gemeinschaftsrechtlich nicht bestehenden Ausschreibungspflicht** geltungserhaltend und in Einklang mit dem EU-Vergaberecht auslegen.

δδ) **Ausnahme: Primärrechtliche Verfahrensvorgaben bei Binnenmarktrelevanz.** **113** Allerdings sind **bei entsprechender Binnenmarktrelevanz Vorgaben des EU-Primärrechts**, insbes. der Grundfreiheiten nach Art. 49, 63 AEUV, zu beachten.[256] Aufgrund dieser

---

[250] EuGH, Urt. v. 11. 6. 2009, C-300/07, RdNr. 66 – Hans & Christophorus Oymanns, mit Anm. *Kingreen* NJW 2009, 2417; ebenso schon zuvor Schlussanträge GA *Mazak* v. 16. 12. 2008, C-300/07, RdNr. 57–62. Zu dieser Abgrenzung *Neun* 105, 119; *Esch* MPR 2009, 149, 151.

[251] EuGH, Urt. v. 11. 6. 2009, C-300/07, RdNr. 64 – Hans & Christophorus Oymanns.

[252] VK Bund v. 14. 9. 2007, VK 1–101/07; VK Lüneburg v. 30. 8. 2004, 203-VgK-38/2004; VK Lüneburg v. 25. 3. 2004, 203-VgK-07/2004.

[253] Hierzu *Schickert/Schulz* MPR 2009, 1, 5; *Moosecker* 167.

[254] Ähnlich *Neun* 105, 109; *Schickert/Schulz* MPR 2009, 1, 5.

[255] So OLG Düsseldorf v. 23. 5. 2007, VII-Verg 50/06 speziell zum Verhältnis zwischen SGB V und Basisparagraphen der VOL/A; ähnlich OLG Düsseldorf v. 17. 4. 2008, VII-Verg 15/08.

[256] *Schickert/Schulz* MPR 2009, 1, 6; *Gabriel* VergabeR 2007, 630, 633; *Kamann/Gey* PharmR 2006, 291.

primärrechtlichen Bestimmungen – die im Fall der Binnenmarktrelevanz von Lieferaufträgen **unterhalb der Schwellenwerte ebenso wie bei der Vergabe nicht-prioritärer Dienstleistungen** zu beachten sein können – besteht grds. die Pflicht zur Durchführung eines transparenten, nichtdiskriminierenden und die Gleichbehandlung/Chancengleichheit interessierter Unternehmen gewährleistenden Verfahrens.[257] Auch wenn hiernach keine generelle Pflicht zur Ausschreibung von Hilfsmittelversorgungen in einem bestimmten förmlichen Verfahren existiert, so steht doch „das völlige Fehlen einer Ausschreibung … weder mit den Anforderungen der Artikel 43 EG und 49 EG noch mit den Grundsätzen der Gleichbehandlung, der Nichtdiskriminierung und der Transparenz im Einklang".[258] Diese **primärrechtlichen Vorgaben** verpflichten demnach zwar nicht zu förmlichen vergaberechtlichen Ausschreibungen, erfordern allerdings grds. strukturierte Bieterverfahren zum Zweck der Auftragsvergabe.[259] Die hiernach zu beachtenden Verfahrensanforderungen sind übersichtlich; zu fordern ist ua. eine möglichst genaue Leistungsbeschreibung, die Durchführung eines (nicht an die strengen Vorgaben des förmlichen Vergaberechts gebundenen) wettbewerblichen Verfahrens sowie eine transparente Auswahlentscheidung aufgrund von zuvor festgelegten Kriterien.[260] Vor diesem Hintergrund hat die Europäische Kommission im Jahr 2006 die vorgenannte Rechtsprechung in einer interpretierenden Mitteilung zusammengefasst.[261]

114   Die Geltung dieser primärrechtlichen Anforderungen steht jedoch von vornherein unter der **Prämisse,** dass die jeweilige Auftragsvergabe **Binnenmarktrelevanz** besitzt.[262] Es kann deshalb im Hinblick auf Hilfsmittelversorgungen davon ausgegangen werden, dass im Regelfall nicht einmal diese primärrechtlichen Mindestanforderungen einschlägig sind. So hat der EuGH bei **nicht-prioritären Dienstleistungen** aufgrund der Listung in Anhang VII der VKR eine legislative Vermutung angenommen, wonach diesen Leistungen „wegen ihres spezifischen Charakters a priori keine grenzüberschreitende Bedeutung zukommt".[263] Nachdem die Rechtsprechung des Gerichtshofs zunächst dahingehend verstanden wurde, dass lediglich „besondere Umstände" der Annahme einer Binnenmarktrelevanz entgegenstehen könnten,[264] hat der EuGH diese Sichtweise mittlerweile revidiert und verlangt speziell im Fall eines nicht-prioritären Dienstleistungsauftrags eine „eindeutige" Binnenmarktrelevanz, für deren Vorliegen die Europäische Kommission beweispflichtig sein soll.[265]

115   Ähnlich verhält es sich mit Hilfsmittelaufträgen **unterhalb der EU-Schwellenwerte.** Da bei Hilfsmittelversorgungen kraft gesetzlicher Anordnung die Beratung sowie die wohnortnahe Versorgung der Versicherten eine besondere, obligatorische – vergaberechtlich unbedenkliche[266] – Leistungsanforderung darstellt (vgl. § 127 Abs. 1 Satz 2 SGB V), die beim Abschluss jeglicher Versorgungsverträge berücksichtigt werden muss,[267] kann angenommen werden, dass hierdurch das Interesse von in anderen Mitgliedstaaten niedergelassenen Unternehmen stark eingeschränkt sein dürfte.[268] Denn die Beratung der Versicherten sowie deren wohnortnahe Versorgung setzen eine Versorgungsinfrastruktur voraus, deren Aufbau sich durch zahlreiche Hilfsmittelaufträge nicht amortisieren lassen dürfte.

116   Im Schrifttum wird allerdings darauf hingewiesen, dass sich vergleichbare Vorgaben für transparent, wettbewerblich und diskriminierungsfrei durchgeführte Ausschreibungen unterhalb der

---

[257] EuGH, C-275/98, Slg. 1999, I-8291, RdNr. 31 – Unitron Scandinavia; EuGH, C-324/98, Slg. 2000, I-10745, RdNr. 60 – Telaustria; EuGH, C-59/00, WuW 2005, 1333, RdNr. 19 – Bent Mousten Vestergaard; EuGH, C-231/03, Slg. 2005, I-7287, RdNr. 28 – Coname; EuGH, C-458/03, Slg. 2005, I-8585, RdNr. 50 – Parking Brixen; EuGH, C-264/03, Slg. 2005, I-8831, RdNr. 33 – Kommission/Frankreich; EuGH, C-410/04, Slg. 2006, 1–3303, RdNr. 20 – ANAV.

[258] EuGH, C-458/03, Slg. 2005, I-8585, RdNr. 50 – Parking Brixen; EuGH, C-410/04, Slg. 2006, 1-3303, RdNr. 22 – ANAV.

[259] *Gabriel* NVwZ 2006, 1262, 1263.

[260] *Prieß/Gabriel* NZBau 2007, 617.

[261] Kommission, Mitteilung v. 23. 6. 2006, ABl. EU 2006 C 179/2. Hierzu *Gabriel* NVwZ 2006, 1262; *Schnieders* DVBl. 2007, 287, 289; *Köster* ZfBR 2007, 127; *Fruhmann* ZVB 2006, 261; *Lutz* WuW 2006, 890; *Braun* EuZW 2006, 683

[262] *Schickert/Schulz* MPR 2009, 1, 6; zu entsprechenden Kriterien vgl. GA *Stix-Hackl* v. 12. 4. 2005, C-231/03, RdNr. 77, 79 und 100 – Coname.

[263] EuGH, C-507/03, Slg. 2007, I-9077, RdNr. 25 – Irische Post.

[264] So noch EuGH, C-231/03, Slg. 2005, I-7287, RdNr. 28 – Coname.

[265] So nun EuGH, C-507/03, Slg. 2007, I-9077, RdNr. 32 – Irische Post.

[266] Vgl. OLG Düsseldorf v. 17. 4. 2008, VII-Verg 15/08.

[267] So § 127 Abs. 1 S. 2, Abs. 2 S. 2 und Abs. 3 S. 1 2. HS SGB V.

[268] So auch *Schickert/Schulz* MPR 2009, 1, 6.

Schwellenwerte auch bereits anhand des Wirtschaftlichkeitsgrundsatzes (§§ 2 Abs. 1, 12 Abs. 1 SGB V) ergeben.[269]

εε) Konsequenzen für Zweckmäßigkeitsempfehlungen. Nach alledem ist in den vor- 117 genannten drei Fallgruppen eine Ausschreibung aufgrund europarechtlicher Vorgaben nicht erforderlich. Diese Fälle überschneiden sich zugleich mit den **in § 127 Abs. 1 S. 4 SGB V erwähnten Konstellationen** der „Hilfsmittel, die für einen bestimmten Versicherten individu-ell angefertigt werden" (oftmals Aufträge unterhalb der Schwellenwerte bzw. Aufträge mit wertmäßig überwiegendem Dienstleistungsanteil) sowie der „Versorgungen mit hohem Dienst-leistungsanteil" (je nach Wertverhältnis zwischen Liefer- und Dienstleistung ggf. nicht-prioritäre Dienstleistungsaufträge im Gesundheitswesen), so dass sich eine gemeinschaftsrechtskonforme Auslegung von § 127 Abs. 1, Abs. 1a SGB V widerspruchslos mit dem Gesetzeswortlaut in Übereinstimmung bringen lässt.[270] Zugleich bestehen weitreichende Überschneidungen mit dem Anwendungsbereich von **§ 127 Abs. 3 SGB V,** da es sich auch bei den **dort geregelten Einzelvereinbarungen** oftmals um Aufträge unterhalb der Schwellenwerte handeln wird.[271] Insbes. ist das wiederum unter EG-vergaberechtlichen Maßstäben der einzig vergaberechtskon-forme Anwendungsbereich von § 127 Abs. 3 SGB V, der einen Vertragsabschluss ohne vorherige Ausschreibung vorsieht.

Soll § 127 Abs. 1, Abs. 1a SGB V in **gemeinschaftsrechtskonformer Auslegung** ein 118 größtmöglicher (vergaberechtskonformer) Anwendungsbereich eingeräumt werden, dann stellen die vorgenannten Fallgruppen den Bereich dar, in dem förmliche Ausschreibungen EU-ver-gaberechtlich nicht gefordert bzw. – der Terminologie von § 127 Abs. 1 SGB V folgend – nicht „zweckmäßig" sind. Dementsprechend können sich auch die **„Empfehlungen zur Zweck-mäßigkeit von Ausschreibungen"** iSv. § 127 Abs. 1a SGB V nur darauf erstrecken, diesen Bereich nachzuvollziehen und im Interesse einer rechtssicheren, einheitlichen und krankenkas-senübergreifenden Handhabung zu konkretisieren. Eine solche Konkretisierung kann darin be-stehen, dass den Rechtsanwendern Hilfestellungen gegeben werden, wie zB. das Wertverhältnis von Liefer- und Dienstleistungen bei gemischten Versorgungsverträgen bestimmt werden kann, wie patientenindividuelle Anpassungen zu berücksichtigen/zu berechnen sind, welche Hilfsmit-telversorgungen typischerweise einen hohen (dh. überwiegenden) Dienstleistungsanteil besitzen oder welche Umstände bei Aufträgen unterhalb der EU-Schwellenwerte erfahrungsgemäß dazu führen, dass ausnahmsweise doch eine Binnenmarktrelevanz anzunehmen ist.

Die „Gemeinsamen Empfehlungen gem. § 127 Abs. 1a SGB V zur Zweckmäßigkeit von 119 Ausschreibungen" des GKV-Spitzenverbandes und der Spitzenorganisationen der Leistungser-bringer idF. vom 2. 7. 2009 sehen derzeit folgende Zweckmäßigkeitskriterien vor, die sich – wenngleich unausgesprochen – mit den vorgenannten Fallgruppen teilweise überschneiden: Abs. 1 Kosten-Nutzen-Relation von Ausschreibungen; Abs. 2 enger Anbieterkreis; Abs. 3 nicht standardisierbare Leistungen; Abs. 4 Versorgung mit hohem Dienstleistungsanteil; Abs. 5 Ge-sundheitsrisiko für die Versicherten; Abs. 6 Störungen im Versorgungsablauf. Abs. 5 und Abs. 6 beruhen gleichermaßen auf der Erwägung, dass vertragliche Umsetzungs- und Kompatibilitäts-probleme bei komplexen Versorgungssystemen vermieden werden sollen.

cc) Rahmenverträge mit Beitrittsrecht gem. § 127 Abs. 2, Abs. 2a SGB V. Das 120 GKV-OrgWG hat § 127 Abs. 2, Abs. 2a SGB V um ein vergaberechtlich nicht unproblemati-sches Informations- und Beitrittsrecht der Leistungserbringer ergänzt.

α) Verhältnis zwischen Rahmenverträgen mit Beitrittsrecht und Ausschreibungs- 121 **verträgen.** Der vorstehend beschriebene Bereich, in dem die Durchführung förmlicher Aus-schreibungen gemeinschaftsrechtlich nicht verlangt wird,[272] bestimmt grds. den Bereich, in dem Rahmenverträge iSv. § 127 Abs. 2 SGB V in Einklang mit dem (EU/GWB-)Vergaberecht zulässig sein können. Dieser Befund galt bereits für die „alte" Rechtslage nach dem GKV-WSG. Ein im Ermessen der Krankenkassen liegendes Wahlrecht zwischen der Ausschreibung von Versorgungsverträgen einerseits und dem Abschluss von Verträgen im Verhandlungswege andererseits existiert nicht und wäre in Ansehung der EU-vergaberechtlichen Vorgaben auch nicht denkbar.[273]

---

[269] *Goodarzi/Junker* NZS 2007, 632, 637.
[270] Ähnlich VK Bund v. 5. 2. 2008, VK 3-8/08 und *Schickert/Schulz* MPR 2009, 1, 5.
[271] Ebenso *Schickert/Schulz* MPR 2009, 1, 7.
[272] Vgl. oben RdNr. 106.
[273] *Dreher/Hoffmann* NZBau 2009, 273, 279.

122 αα) **Kein exklusiver entgeltlicher Vertrag/öffentlicher Auftrag.** Durch das GKV-OrgWG hat sich die Situation nunmehr jedoch dahingehend geändert, dass für Leistungserbringer, die bislang noch keine Verträge gem. § 127 SGB V mit Krankenkassen abschließen konnten und insoweit nicht versorgungsberechtigt sind, gem. § 127 Abs. 2a SGB V ein Beitrittsrecht zu Rahmenverträgen nach Abs. 2 geschaffen wird. Dieses Beitrittsrecht gilt gem. § 127 Abs. 2a S. 3, 4 iVm. § 126 Abs. 1a, Abs. 2 SGB V auch für fortgeltende Altverträge, die vor dem 1. 4. 2007 geschlossen wurden.[274] Der gesetzgeberischen Intention zufolge soll mit der Schaffung des Beitrittsrechts verhindert werden, dass Leistungserbringer willkürlich von ausgehandelten Verträgen ausgeschlossen werden.[275] Das Beitrittsrecht soll daher für alle Leistungserbringer gelten, die zur Versorgung zugelassen iSv. § 126 SGB V (vgl. § 127 Abs. 2a S. 4 SGB V) sowie bereit und in der Lage sind, sich zu den gleichen Bedingungen wie im Ursprungsvertrag vorgesehen an der Versorgung zu beteiligen. Durch das Beitrittsrecht ergibt sich jedoch ein neuer, insbes. unter vergaberechtlichen Gesichtspunkten bedeutsamer Aspekt für die künftige – vergaberechtskonforme – Anwendung von § 127 Abs. 2 SGB V. Denn ua. je nach Handhabung der Informationspflicht in praxi können Argumente dafür vorgebracht werden, dass es sich bei den „neuen" **Rahmenverträgen mit Beitrittsrecht nicht** um **ausschreibungspflichtige öffentliche Aufträge** handelt.

123 Ausschreibungspflichtige öffentliche Aufträge sind entgeltliche Verträge zwischen öffentlichen Auftraggebern und Unternehmen, die einen zweiseitig verpflichtenden Austausch von Leistungen zum Gegenstand haben.[276] Entgeltliche Verträge idS. beinhalten normalerweise eine **exklusive Auswahlentscheidung des öffentlichen Auftraggebers bezüglich des Leistungserbringers.**[277] Das Vorliegen einer solchen Auswahlentscheidung kann im vorliegenden Zusammenhang allerdings bezweifelt werden, da aufgrund des Beitrittsrechts der Abschluss eines Vertrags gem. § 127 Abs. 2 SGB V für den Leistungserbringer nicht zu einer **exklusiven Leistungsbeziehung mit der Krankenkasse** führen muss. Damit besteht keine Gewähr dafür, dass Versicherte die Leistung dieses Vertragspartners überhaupt in Anspruch nehmen, da die konkrete Auswahlentscheidung (unter allen zur Versorgung der Versicherten der jeweiligen Krankenkasse mit dem in Rede stehenden Hilfsmittel zugelassenen Leistungserbringern) durch den Versicherten im Einzelfall selbst getroffen wird.[278] Dieser Gesichtspunkt spielte auch im Rahmen zahlreicher Gerichtsverfahren betreffend die Ausschreibungspflicht von Rabattverträgen (§ 130a Abs. 8 SGB V) eine Rolle, wo überwiegend darauf abgestellt wurde, dass die Annahme eines öffentlichen Auftrags um so naheliegender ist, je mehr durch die Vorauswahl eines Leistungserbringers dessen spätere Inanspruchnahme durch die Versicherten vorbestimmt wird (sog. Lenkungs- bzw. Steuerungswirkung).[279] Eben daran kann es bei Rahmenverträgen mit Beitrittsrecht idF. des GKV-OrgWG fehlen, da hier der Abschluss des Ursprungsvertrages keinerlei Exklusivität beinhaltet und die Wahrscheinlichkeit der Inanspruchnahme durch die Versicherten in dem Maße abnimmt, wie das Beitrittsrecht durch Wettbewerber ausgeübt wird.[280] Demgemäß wird in der Gesetzesbegründung zum GKV-OrgWG ausgeführt:

124 „*Eine Pflicht zur Ausschreibung unter Beachtung der Vorschriften des Vergaberechts kommt auch dann nicht in Betracht, wenn der Zugang zur Versorgung zwar durch den Abschluss von Verträgen erfolgt, die Leistungserbringer aber gegenüber der Krankenkasse faktisch einen Anspruch auf Abschluss eines Vertrages haben. … Der Vertragsschluss ähnelt damit einer Zulassung. Für ein Vergabeverfahren, das darauf abzielt, unter mehreren Bietern eine Auswahlentscheidung zu treffen, ist vor diesem Hintergrund kein Raum. Dies gilt auch für Verträge über die Versorgung mit Hilfsmitteln nach § 127 Abs. 2 SGB V, die aufgrund des ausdrücklichen Beitrittsrechts nicht zu einer exklusiven Versorgungsberechtigung bestimmter Leistungserbringer führen.*"[281]

125 Das bedeutet: Aufgrund der dem deutschen SGB V vorangehenden EU-vergaberechtlichen Vorgaben müssen auch Rahmenverträge iSv. § 127 Abs. 2 SGB V grds. in Vergabeverfahren

---

[274] *Roth* MedR 2009, 77, 78; *Stallberg* MPR 2010, 50.

[275] BT-Drucks. 16/10 609 v. 15. 10. 2008, 72.

[276] BayObLG v. 27. 2. 2003, Verg 1/03; *Huster/Kaltenborn/Kaltenborn/Weiner* 490 RdNr. 41; *Willenbruch/Bischoff* PharmR 2005, 477, 483; *Koenig/Busch* NZS 2003, 461, 464.

[277] *Gabriel* VergabeR 2010, 142; *Knispel* GesR 2009, 236, 238; *Schickert/Schulz* MPR 2009, 1, 7; *Rixen* GesR 2006, 49, 55; *Koenig/Busch* NZS 2003, 461, 463.

[278] *Rixen* GesR 2006, 49, 55; *Beule* GesR 2004, 209, 214.

[279] Hierzu unten RdNr. 143.

[280] *Gabriel* VergabeR 2010, 142, 144; *Schickert/Schulz* MPR 2009, 1, 7.

[281] Gesetzesbegründung, BT-Drucks. 16/10 609 v. 15. 10. 2008, 66.

ausgeschrieben werden.[282] Ausnahmen sind lediglich insoweit denkbar, wie Ausschreibungen europarechtlich nicht geboten (bzw. unter gemeinschaftsrechtskonformer Auslegung von § 127 Abs. 1 SGB V nicht „zweckmäßig") sind[283] oder das (EU/GWB-)Vergaberecht überhaupt nicht anwendbar ist, da die **Voraussetzungen eines öffentlichen Auftrags nicht vorliegen.** Letzteres kann der Fall sein, wenn mit dem Abschluss eines Vertrags keine Exklusivität und keine Gewährleistung der Inanspruchnahme durch die Versicherten verbunden sind.[284] Nur unter diesen Voraussetzungen würde es sich ggf. nicht um einen entgeltlichen Vertrag handeln mit der Konsequenz, dass eine Ausschreibung selbst nach europäischem Vergaberecht nicht notwendig ist. Mit anderen Worten: Das durch die Neuregelung in § 127 Abs. 2, Abs. 2a SGB V angestrebte Konzept des ausschreibungslosen Abschlusses von Rahmenverträgen mit Beitrittsrecht widerspricht nur dann keinen EU-vergaberechtlichen Vorgaben, wenn es sich hierbei tatsächlich nicht um einen öffentlichen Auftrag handelt, dh. der Vertrag dem Leistungserbringer keinen entgeltlichen Vorteil bringt, da er die Auswahlentscheidung der Versicherten nicht zu seinen Gunsten zu lenken/steuern vermag.

Damit steht und fällt die **vergaberechtliche Bewertung** mit dem durch den Vertrags- **126** schluss **eingeräumten Maß an Exklusivität.** Um nicht der vergaberechtlichen Ausschreibungspflicht zu unterfallen, darf der Vertragsschluss **weder rechtlich noch tatsächlich exklusiv** wirken. In **rechtlicher Hinsicht** ist das durch das Beitrittsrecht gem. § 127 Abs. 2a SGB V gewährleistet. Insofern besteht eine Parallelität zur früheren Rechtslage vor Inkrafttreten des GKV-WSG, als die Abgabe von Hilfsmitteln nicht auf Vertragspartner iSd. § 127 Abs. 2 SGB V beschränkt war (sondern jedem zugelassenen Leistungserbringer offen stand) und ein Vertragsschluss daher keine Exklusivität bedeutete.[285] Forderungen nach vergaberechtlichen Ausschreibungen wurden seinerzeit konsequenterweise auch nicht erhoben. Damit in **tatsächlicher Hinsicht** ebenfalls keine Exklusivität besteht, ist erforderlich, dass das Beitrittsrecht so ausgeübt werden kann, dass der Leistungserbringer, der den ursprünglichen Beitrittsvertrag geschlossen hat (nachfolgend: Erstvertragspartner), keinen entgeltlichen Vorteil besitzt.[286] Dafür ist zB. notwendig, dass sich bei Vorhandensein mehrerer zum Beitritt geeigneter Verträge über dieselbe Produktgruppe das Beitrittsrecht eines noch nicht versorgungsberechtigten Leistungserbringers **nicht** lediglich nur auf einen **Beitritt zu dem Vertrag mit dem niedrigsten Preis** erstreckt, da sonst der Erstvertragspartner des Vertrags mit dem höchsten Preis einen exklusiven entgeltlichen Vorteil besitzen würde, der bereits für sich die öffentliche Auftragseigenschaft begründen kann.[287] Darüber hinaus muss § 127 Abs. 2a Satz 1 SGB V aus dem gleichen Grund zudem dahingehend ausgelegt werden, dass **auch für bereits versorgungsberechtigte Leistungserbringer** ein Beitritt „zu den gleichen Bedingungen" dann möglich sein muss, wenn nicht bereits „aufgrund bestehender Verträge" mit gleichen oder besseren Bedingungen eine Versorgungsberechtigung besteht. Anderenfalls wären willkürliche (dh. einzelne Leistungserbringer begünstigende) Vertragsgestaltungen denkbar, die außerdem wiederum zur öffentlichen Auftragseigenschaft des „besten" Vertrags führen würden. Damit geht einher, dass den Krankenkassen insgesamt sämtliche willkürliche – den Erstvertragspartner begünstigende – Vertragsgestaltungen nicht gestattet sind, die zB. anderen Leistungserbringern als dem Erstvertragspartner aufgrund der Vertragskonditionen einen Beitritt erschweren.[288] In diesem Zusammenhang wird es künftig nötig werden, **transparente und nachprüfbare Kriterien für die Vertragsgestaltung** zu entwickeln, um anderen Leistungserbringern als dem Erstvertragspartner, mit dem idR. die Details des Vertrages verhandelt wurden, den Beitritt auch tatsächlich zu ermöglichen. Von Bedeutung für die Vermeidung tatsächlicher Exklusivität ist zudem, dass die Krankenkassen ihrer **Informationspflicht gem. § 127 Abs. 2 Satz 4 SGB V unverzüglich nachkommen,** so dass der Erstvertragspartner keinen zeitlichen Vorteil besitzt.[289] Denn hiermit würde zugleich wiederum eine (zumindest für einen Übergangszeitraum bestehende) zeit-

---

[282] *Dreher/Hoffmann* NZBau 2009, 273, 279.
[283] Hierzu oben RdNr. 106.
[284] *Schickert/Schulz* MPR 2009, 1, 7.
[285] *Koenig/Klahn* VSSR 2005, 183, 201.
[286] Ähnlich wie hier *Schickert/Schulz* MPR 2009, 1, 7.
[287] *Gabriel* VergabeR 2010, 142, 145; *Schickert/Schulz* MPR 2009, 1, 7.
[288] *Gabriel* VergabeR 2010, 142, 145; *Schickert/Schulz* MPR 2009, 1, 7.
[289] Wie hier wiederum *Stallberg* MPR 2010, 50, 55; *Schickert/Schulz* MPR 2009, 1, 7. Derart im Zusammenhang mit Rabattverträgen gem. § 130a Abs. 8 SGB V: VK Bund v. 22. 8. 2008, VK 2-73/08: „vorläufig exklusiv"; VK Bund v. 22. 5. 2009, VK 1-77/09: „Exklusivität ... tatsächlicher Art"; *Schickert* PharmR 2009, 164, 171: „profitiert der erste [Rabatt]Vertragspartner vom sog. First-Mover-Effekt".

liche Exklusivität des Ursprungsvertrags hergestellt, die dessen vergaberechtliche Ausschreibungspflicht begründen könnte.

127   Ungeachtet vorstehender Erwägungen, wonach das gesetzgeberische Konzept ausschreibungsloser Rahmenverträge mit Beitrittsrecht gem. § 127 Abs. 2, Abs. 2a SGB V unter bestimmten Voraussetzungen – insbes. je nach im Einzelfall effektiv ausgeschlossener tatsächlicher Exklusivität – keinen ausschreibungspflichtigen öffentlichen Auftrag darstellen kann, sofern der Vertragsabschluss dem Erstvertragspartner keinen Wettbewerbsvorteil verschafft, wurde § 127 Abs. 1, Abs. 2, Abs. 2a SGB V in einer jüngeren erstinstanzlichen Vergabekammerentscheidung für gemeinschaftsrechtswidrig erachtet.[290] Der vor diesem Hintergrund vereinzelt vertretenen Ansicht, Hilfsmittelversorgungsverträge gemäß § 127 Abs. 2, Abs. 2a SGB V seien generell ausschreibungspflichtige öffentliche Aufträge, die ausnahmslos im Wege wettbewerblicher Vergabeverfahren abgeschlossen werden müssten[291] ist das LSG Nordrhein-Westfalen entgegengetreten und hat eine anderslautende erstinstanzliche Entscheidung der VK Bund aufgehoben.[292] Das **LSG Nordrhein-Westfalen** hat die **Ablehnung der öffentlichen Auftragseigenschaft** damit begründet, dass durch den Vertragsschluss im entschiedenen Fall **keine Sonderstellung im Wettbewerb** eingeräumt würde, weil hiermit keine Auswahlentscheidung verbunden sei. Weder der vergaberechtliche Wettbewerbsgrundsatz noch das Transparenzprinzip würden unter diesen Umständen die Durchführung eines Vergabeverfahrens geboten erscheinen lassen, so dass den Krankenkassen ein in ihrem Ermessen liegendes Wahlrecht zwischen der vergaberechtlichen Ausschreibung von Hilfsmittelversorgungsverträgen als öffentlichen Aufträgen einerseits, und dem transparenten nichtdiskriminierenden Abschluss von nicht exklusiven Verträgen mit Beitrittsrecht andererseits, zuzugestehen ist.

128   ββ) **Keine vergaberechtliche Rahmenvereinbarung.** Darüber hinaus steht der Qualifizierung von Rahmenverträgen mit Beitrittsrecht iSv. § 127 Abs. 2, Abs. 2a SGB V als öffentliche Aufträge gem. § 99 Abs. 1 GWB ein weiterer Gesichtspunkt entgegen, der bei einer gemeinschaftsrechtskonformen Auslegung der Neuregelung beachtet werden muss. Da Hilfsmittelversorgungen im durch die Leistungsbeziehungen in der GKV geprägten, sozialrechtlich vorgegebenen Dreiecksverhältnis (zwischen Krankenkassen, Versicherten und Leistungserbringern) stattfinden,[293] hängt der Umfang der Inanspruchnahme des Auftragnehmers während der Vertragslaufzeit von der Morbidität der Versicherten ab und ist typischerweise bei Abschluss des Vertrages noch nicht genau bestimmbar. Diese Situation entspricht derjenigen bei Rahmenvereinbarungen iSv. § 4 EG VOL/A,[294] die sich von einem „normalen" entgeltlichen Vertrag dadurch unterscheiden, dass sämtliche Konditionen des späteren Leistungsaustauschs zum Zeitpunkt des Vertragsschlusses noch nicht feststehen.[295] Versorgungsverträge gem. § 127 Abs. 2 SGB V werden daher zutreffend als Rahmenvereinbarungen iSv. § 4 EG VOL/A qualifiziert.[296]

129   Diese Einordnung sieht sich jedoch bei Rahmenverträgen mit Beitrittsrecht gem. § 127 Abs. 2, Abs. 2a SGB V Widersprüchen ausgesetzt. Denn Rahmenvereinbarungen setzen nach deutschem wie europäischem Vergaberecht[297] ausdrücklich einen geschlossenen Teilnehmerkreis voraus: Leistungsabrufe während der Laufzeit des Rahmenvertrages sind danach „nur zwischen den von Anbeginn an der Rahmenvereinbarung beteiligten Auftraggebern und Unternehmen zulässig". Ein nachträgliches Beitrittsrecht, so wie in § 127 Abs. 2a SGB V vorgesehen, steht hierzu in offenbarem Widerspruch, so dass die bisherige vergaberechtliche Einordnung von Verträgen nach § 127 Abs. 2 SGB V als Rahmenvereinbarungen iSv. § 4 EG VOL/A jedenfalls nach Inkrafttreten des GKV-OrgWG nicht fortgeführt werden kann. Auch vor diesem Hintergrund stellt das Verständnis, wonach es sich bei Rahmenverträgen mit – in der Praxis

---

[290] VK Bund v. 12. 11. 2009, VK 3–193/09.

[291] So VK Bund, Beschl. v. 12. 11. 2009, VK 3-193/09; ebenso *Kingreen* NJW 2009, 3552, 3358; ähnlich *Dreher/Hoffmann* NZBau 2009, 273, 279.

[292] LSG Nordrhein-Westfalen, Beschl. v. 14. 4. 2010, L 21 KR 69/09 u. 67/09 SFB.

[293] Hierzu *Kingreen* VergabeR 2007, 354, 355; *ders.* SGb 2004, 659, 668; *Storost* NZS 2005, 82, 85; *Mrozynski* ZFSH/SGB, 2004, 451, 453.

[294] Entspricht Art. 32 VKR.

[295] *Kamann/Gey* PharmR 2006, 291, 294; *Rixen* GesR 2006, 49, 56; *Storost* NZS 2005, 82, 85.

[296] So zB. VK Schleswig-Holstein v. 17. 9. 2008, VK-SH 10/08; VK Bund v. 5. 2. 2008, VK 3-08/08; VK Mecklenburg-Vorpommern v. 12. 11. 2007, 1 VK 6/07, 1 VK 7/07, 1 VK 8/07; VK Bund v. 14. 9. 2007, VK 1-101/07.

[297] Siehe Art. 32 Abs. 2 Unterabsatz 2 VKR.

durch die Krankenkassen effektiv gewährleistetem – Beitrittsrecht nicht um öffentliche Aufträge iSd. Vergaberechts (und damit auch nicht um Rahmenvereinbarungen gem. § 4 EG VOL/A) handelt, den einzigen Weg einer gemeinschaftsrechtskonformen Auslegung dar, der § 127 Abs. 2, Abs. 2a SGB V einen vergaberechtlich nicht zu beanstandenden Anwendungsbereich belässt.

β) **Verhältnis zwischen Rahmenverträgen mit Beitrittsrecht und Einzelvereinba-** **130** **rungen.** In dem durch das GKV-OrgWG ebenfalls novellierten § 127 Abs. 3 SGB V wird klargestellt, dass beim Abschluss von Einzelvereinbarungen die in Abs. 1 genannten inhaltlich-qualitativen Vorgaben (Beratung und wohnortnahe Versorgung der Versicherten, Qualitätsanforderungen an Versorgung und Produkte gem. Hilfsmittelverzeichnis) zu beachten sind.

Nach der Konzeption des Gesetzgebers (des GKV-OrgWG ebenso wie bereits des GKV- **131** WSG) werden **Einzelvereinbarungen gem. § 127 Abs. 3 SGB V ohne vorherige Ausschreibung** mit einzelnen Leistungserbringern abgeschlossen, ohne dass ein – wie auch immer geartetes – Beitrittsrecht besteht. Es handelt sich damit auch bei Einzelvereinbarungen grds. um öffentliche Aufträge iSv. § 99 Abs. 1, die nur dann nicht ausgeschrieben werden müssen, wenn eine der oben genannten Konstellationen vorliegt.[298] Der Anwendungsbereich von § 127 Abs. 3 SGB V ist bei gemeinschaftsrechtskonformer Auslegung daher enger, als vom Gesetzgeber ggf. gesehen. Danach wird es sich bei den „Versorgungen im Einzelfall" zumeist um **Aufträge unterhalb der Schwellenwerte** handeln, die dem europäischen Vergaberecht grds. nicht unterfallen.[299] Allerdings besteht die Möglichkeit, dass auch Auftragsvergaben unterhalb der Schwellenwerte aufgrund primärrechtlicher Vorgaben gewisse Verfahrensanforderungen beachten müssen, sofern diese Aufträge gleichwohl binnenmarktrelevant sind.[300] Hierfür können die Art des Auftrags, sowie der Ort und die Umstände der Auftragsausführung ebenso eine Rolle spielen, wie das finanzielle Volumen des Auftrags, da bei einer nur geringfügigen wirtschaftlichen Bedeutung eine grenzüberschreitende Beteiligung an Auftragsvergaben kaum zu erwarten ist.[301] Eine nähere Bestimmung und Festlegung (verstanden als Auslegungshinweise) dieses Bereichs nicht binnenmarktrelevanter Aufträge unterhalb der Schwellenwerte könnte gemeinschaftsrechtkonform grds. im Rahmen der Empfehlungen zur Zweckmäßigkeit iSv. § 127 Abs. 2a SGB V erfolgen, die in diesem Zusammenhang – neben der Konkretisierung von Versorgungsaufträgen mit überwiegendem Dienstleistungsanteil – eine ebenso vergaberechtskonforme wie praktisch hilfreiche Funktion haben können.

dd) Ausschreibung von Hilfsmittelverträgen. Im Hinblick auf die Punkte, die bislang **132** bei Hilfsmittelausschreibungen im Zentrum der Auseinandersetzungen vor den vergaberechtlichen Nachprüfungsinstanzen standen, kann festgehalten werden, dass es hierbei erst in jüngerer Zeit um grds. Fragen der Ausschreibungspflicht ging (Gemeinschaftsrechtswidrigkeit des Ausschreibungsverzichts bei Beitrittsrecht),[302] während über wesentlich längere Zeit vielmehr Detailaspekte insbes. im Zusammenhang mit den Anforderungen an eindeutige und erschöpfende **Leistungsbeschreibungen** (§ 8 EG Abs. 1 VOL/A) zur **Vermeidung ungewöhnlicher Wagnisse** gem. § 8 Nr. 1 Abs. 3 VOL/A aF. im Vordergrund standen. So wurden zB. fehlende Angaben betreffend potentieller Versorgungsfälle bzw. Versorgungen in der Vergangenheit nur ausnahmsweise als unschädlich erachtet, wenn derartige Referenzwerte der Krankenkasse tatsächlich nicht in valider Form zur Verfügung stehen.[303] Nur in diesem Fall sei es Bietern ausnahmsweise zumutbar, das Auftragsvolumen zu schätzen und etwaigen Mengenunsicherheiten im Wege von Risikozuschlägen zu begegnen. Ansonsten müssten den Bietern ua. die Anzahl der mit den ausgeschriebenen Hilfsmitteln zu versorgenden Versicherten, die entsprechenden Festbeträge sowie das Verordnungsvolumen bezogen auf Einzelartikel ausgehend von den Abrufmengen der letzten Jahre mitgeteilt werden.[304] Die Vorgabe von Kostenpauschalen ist dem-

---

[298] Hierzu oben RdNr. 106.
[299] Vgl. oben RdNr. 112.
[300] Hierzu bereits oben RdNr. 113.
[301] EuGH, C-231/03, Slg. 2005, I-7287, RdNr. 20 – Coname.
[302] VK Bund v. 12. 11. 2009, VK 3–193/09.
[303] OLG Düsseldorf v. 17. 4. 2008, VII-Verg 15/08; VK Bund v. 14. 9. 2007, VK 1–101/07; VK Bund v. 31. 8. 2007, VK 1–92/07.
[304] LSG Nordrhein-Westfalen v. 30. 1. 2009, L 21 KR 1/08 SFB; VK Schleswig-Holstein v. 17. 9. 2008, VK-SH 10/08; VK Mecklenburg-Vorpommern v. 12. 11. 2007, 1 VK 6 ua./07.

gegenüber ebenso zulässig[305] wie eine Beschränkung der Leistungsbeschreibung auf in das Hilfsmittelverzeichnis iSv. § 139 SGB V aufgenommene Artikel.[306] Obgleich es sich bei Hilfsmittelversorgungsverträgen regelmäßig um Rahmenvereinbarungen iSv. § 4 EG VOL/A handelt,[307] bei denen auch der Abruf der konkreten Einzelaufträge durch den Auftraggeber geregelt werden muss, wurde es als vergaberechtsgemäß befunden, dass in Ausschreibungen keine ausdrückliche Regelung für die Zuteilung der Einzelabrufe auf die unterschiedlichen Rahmenvertragspartner getroffen wird.[308] Zwar verbleibe so eine Unsicherheit auf Seiten der Bieter über die Inanspruchnahmehäufigkeit, jedoch würde das Wahlrecht der Versicherten gem. §§ 13 Abs. 2, 33 Abs. 6 SGB V eine gleichmäßige Verteilung der Einzelabrufe unter den Vertragspartnern gewährleisten.[309] Ein ungewöhnliches Wagnis ergäbe sich hieraus nicht.[310] Hinsichtlich der Aufteilung von Versorgungsaufträgen in Lose gem. § 97 Abs. 3 GWB, § 2 EG Abs. 2 VOL/A wurde es als ausreichend angesehen, wenn Gebietslose in der Größe eines Bundeslandes gebildet werden, sofern zusätzlich Fachlose und mehrere Vertragspartner pro Gebiets-/Fachlose vorgesehen sind.[311] Loslimitierungen werden zur mittel- und langfristigen Sicherstellung einer wirtschaftlichen Beschaffung im Wettbewerb und zur Verhinderung konzentrationsfördernder Abhängigkeiten von wenigen großen Lieferanten als zulässig erachtet.[312] Allerdings wurde auch die gegenteilig wirkende – mittelständischen Interessen eher zuwider laufende – Möglichkeit, Rabatte für Loskombinationen anzubieten und als solche zu werten, für vergaberechtsgemäß befunden, da die mittelstandsschützenden § 97 Abs. 3 GWB, § 2 EG Abs. 2 VOL/A bei Hilfsmittelausschreibungen gegenüber dem spezielleren Fachrecht gem. § 127 SGB V, das Zusammenschlüsse/Konzentrationen auf Bieter- wie Nachfragerseite ausdrücklich zulässt, zurücktreten würden.[313]

133 **b) Rabattverträge gem. § 130a Abs. 8 SGB V. aa) Überblick.** Die vergaberechtliche Ausschreibungspflicht beim Abschluss von Rabattvereinbarungen gem. § 130a Abs. 8 SGB V über Generika war in den letzten Jahren Gegenstand einer kaum noch überschaubaren Anzahl von Gerichtsverfahren. Die **kontrovers geführte Diskussion** hatte ihren vorläufigen Höhepunkt im Rahmen zahlreicher Nachprüfungsverfahren anlässlich der durch die Allgemeinen Ortskrankenkassen durchgeführten Ausschreibungen der Jahre 2007[314] und 2008[315] gefunden. Diese Verfahren betrafen – ebenso wie die vorangegangene Ausschreibung des Jahres 2006[316] und zwischenzeitlich durchgeführte Vergabeverfahren anderer Krankenkassen zum Abschluss von Rabattvereinbarungen nach § 130a Abs. 8 SGB V – die Nachfrage von Arzneimitteln zu bestimmten **generischen Wirkstoffen.**[317] Rabattverträge konzentrierten sich damit bislang auf den generikafähigen Markt und betrafen vor allem die Hersteller patentfreier Medikamente. In jüngerer Zeit sind allerdings zunehmend auch Rabattverträge über **patentgeschützte Originalpräparate** und **biologisch/biotechnologische Präparate** Gegenstand von gerichtlichen Auseinandersetzungen.[318]

134 Nachdem in den vergangenen Jahren eher Grundsatzfragen – die generelle Ausschreibungspflicht bei Rabattverträgen und die Rechtswegzuständigkeit für die Überprüfung der Vergaben (Vergabenachprüfungsinstanzen oder Sozialgerichte) – Gegenstand zahlreicher Gerichtsverfah-

---

[305] VK Bund v. 31. 8. 2007, VK 1-92/07; VK Bund v. 9. 5. 2007, VK 1-26/07.

[306] OLG Düsseldorf v. 17. 4. 2008, VII-Verg 15/08.

[307] Hierzu oben RdNr. 128.

[308] LSG Nordrhein-Westfalen v. 30. 1. 2009, L 21 KR 1/08 SFB; VK Bund v. 14. 9. 2007, VK 1-101/07; VK Bund v. 31. 8. 2007, VK 1-92/07.

[309] Ähnlich nunmehr auch im Zusammenhang mit (Arzneimittelrabatt-)Rahmenverträgen und der nach § 4 Abs. 2 S. 5 des Rahmenvertrags über die Arzneimittelversorgung nach § 129 Abs. 2 SGB V idF. v. 17. 1. 2008 den Apotheken eingeräumten Wahlfreiheit, zwischen mehreren rabattbegünstigten Arzneimitteln „frei wählen" zu dürfen, vgl. LSG Nordrhein-Westfalen VergabeR 2010, 126, mit Anm. *Ulshöfer* VergabeR 2010, 132.

[310] LSG Nordrhein-Westfalen v. 30. 1. 2009, L 21 KR 1/08 SFB.

[311] VK Bund v. 14. 9. 2007, VK 1-101/07; ähnlich VK Bund v. 9. 1. 2008, VK 3-145/07.

[312] LSG Nordrhein-Westfalen v. 30. 1. 2009, L 21 KR 1/08 SFB (Loslimitierung auf acht von 50 Gebietslosen).

[313] OLG Düsseldorf v. 17. 4. 2008, VII-Verg 15/08.

[314] Veröffentlicht im elektronischen Bundesanzeiger v. 3. 8. 2007.

[315] Veröffentlicht im ABl. EU/S 2008/S 154-207965.

[316] Bekanntgegeben im Rahmen von Anschreiben an Arzneimittelhersteller im Oktober 2006.

[317] Vgl. die zusammenfassenden Überblicke bei *Gabriel/Weiner* NZS 2009, 422; *Kamann/Gey* PharmR 2009, 114; *Byok/Csaki* NZS 2008, 402.

[318] Hierzu *Gabriel/Weiner* NZS 2009, 422, 423; *Lietz/Natz* A&R 2009, 3.

ren[319] und Abhandlungen im juristischen Schrifttum[320] waren, sind diese Fragen – zumindest im **Bereich generischer Präparate** – mittlerweile weitestgehend geklärt. Noch nicht abschließend geklärte Fragen stellen sich im Generikasegment nunmehr vor allem hinsichtlich des „Wie" der Ausschreibung. Umstritten und noch nicht beantwortet ist die grds. Frage der Ausschreibungspflicht von Rabattverträgen dagegen noch im **Bereich patentgeschützter sowie biologisch/biotechnologischer Arzneimittel.** Ebenso wenig, wie Rabattvertragsausschreibungen über generikafähige und patentgeschützte Arzneimittel unbesehen gleichgesetzt werden können, sind auch biologisch/biotechnologisch hergestellte Originalarzneimittel vergaberechtlich wie generische Präparate zu behandeln, da es bei rekombinanten Proteinen aufgrund der zwangsläufig verschiedenen Herstellungsprozesse von vornherein keine wirkstoffgleichen Arzneimittel geben kann.[321] In der Praxis hat sich daher die Bezeichnung „Biosimilars" (eben nicht: „Biogenerika") verbreitet.[322] Die Verordnung und Abgabe dieser Präparate folgt eigenen Regeln, was die pauschale Übernahme von zu generikafähigen Präparaten entwickelten Erkenntnissen nicht zulässt. Bei der vergaberechtlichen Beurteilung des Abschlusses entsprechender Rabattverträge sind diese Besonderheiten zu berücksichtigen.

bb) Rabattverträge über Generika. Öffentliche Aufträge gem. § 99 Abs. 1 sind entgelt- **135** liche Verträge über die **Beschaffung von Leistungen,** wobei sich Lieferaufträge gem. § 99 Abs. 2 gerade durch die Beschaffung von Waren auszeichnen. Das bedeutet, dass ein Vertrag nur dann einen öffentlichen Auftrag – in **Form eines Lieferauftrags** – darstellt, wenn er jedenfalls auch die Beschaffung von Waren gegen ein Entgelt zum Gegenstand hat.

Die Arzneimittelbeschaffung in Deutschland wird grds. den Krankenkassen als Beschaffung **136** zugerechnet. Der Umstand, dass die Krankenkassen die Arzneimittel nicht selbst erhalten, sondern die Versicherten in der Apotheke das Medikament entgegennehmen, steht der Annahme einer **Beschaffung durch die Krankenkasse** bei einer wirtschaftlichen Gesamtbetrachtung nicht entgegen.[323] Denn zur Annahme eines vergaberechtlich relevanten Beschaffungsvorgangs genügt es, wenn der Staat als Nachfrager am Markt in Erscheinung tritt.[324] Daher wird in Ansehung der Funktionsweise der Arzneimittelversorgung in Deutschland iRd. sog. sozialrechtlichen Dreiecksverhältnisses[325] bzw. dem infolge der Einbeziehung der Apotheken (gem. dem Apothekenmonopol, § 43 Abs. 1 AMG) „Viereck" der Leistungsbeziehung[326] von einem **(mittelbaren) Beschaffungsvorgang** durch die Krankenkassen zugunsten der Versicherten ausgegangen, denn wegen des Sachleistungsprinzips wird die Leistung stets gegenüber Dritten (den Versicherten) und nicht gegenüber dem Auftraggeber (den Krankenkassen) erbracht.[327]

---

[319] Nicht abschließend: BGH NJW 2008, 3222; BSG NJW 2008, 3238, mit Anm. *Braun* VergabeR 2008, 707; LSG Nordrhein-Westfalen v. 29. 4. 2009, L 21 KR 41/09 SFB; LSG Nordrhein-Westfalen v. 15. 4. 2009, L 21 KR 37 ua./09 SFB; LSG Nordrhein-Westfalen v. 9. 4. 2009, L 21 KR 29 ua./09 SFB; LSG Nordrhein-Westfalen v. 8. 4. 2009, L 21 KR 27/09 SFB; LSG Baden-Württemberg v. 4. 2. 2009, L WB 381/09; LSG Baden-Württemberg VergabeR 2009, 452, mit Anm. *Gabriel* VergabeR 2009, 465; LSG Baden-Württemberg v. 27. 2. 2008, L 5 KR 507/08 ER-B, L 5 KR 508/08 W-A, mit Anm. *Czettritz* PharmR 2008, 253; OLG Rostock VergabeR 2008, 793, mit Anm. *Gabriel* VergabeR 2008, 801; OLG Düsseldorf v. 13. 2. 2008, VII-Verg 3/08; OLG Düsseldorf v. 17. 1. 2008, VII-Verg 57/07; OLG Düsseldorf VergabeR 2008, 73, mit Anm. *Amelung/Dörn* VergabeR 2008, 84; VK Bund v. 15. 11. 2007, VK 2-102 ua./07; VK Düsseldorf v. 31. 10. 2007, VK 31/2007-L.

[320] *Gabriel/Weiner* NZS 2009, 422; *Dreher/Hoffmann* NZBau 2009, 273, 274; *Hölzl/Eichler* NVwZ 2009, 27; *Willenbruch* PharmR 2009, 111; *ders.* PharmR 2008, 488; *ders.* PharmR 2008, 265; *Thüsing/Granetzny* NJW 2008, 3188; *Byok/Csaki* NZS 2008, 402; *Burgi* NZBau 2008, 480; *Amelung/Heise* NZBau 2008, 489; *Röbke* NVwZ 2008, 726; *Karenfort/Stopp* NZBau 2008, 232; *Stolz/Kraus* VergabeR 2008, 1; *Czettritz* PharmR 2008, 253; *ders.* PharmR 2008, 115; *Hesshaus* PharmR 2007, 334; *Kaeding* PharmR 2007, 239, 244; *Natz* pharmind 2007, 567; *Sträter/Natz* PharmR 2007, 7; *Brixius/Maur* PharmR 2007, 451; *Kamann/Gey* PharmR 2006, 291, 296; *Willenbruch/Bischoff* PharmR 2005, 477.

[321] *Gabriel/Weiner* NZS 2009, 422, 425.

[322] Instruktiv hierzu die Mitteilung des Verbands forschender Arzneimittelhersteller v. 1. 4. 2008 „Biologische/biotechnologische Generika sind nicht möglich".

[323] *Dreher/Hoffmann* NZBau 2009, 273, 276; *Kaeding* PharmR 2007, 239, 245; *Kamann/Gey* PharmR 2006, 291, 296.

[324] *Moosecker* 102; *Prieß/Krohn* Archiv für Wissenschaft und Praxis der sozialen Arbeit, 2005, 34, 44.

[325] Hierzu *Kingreen* VergabeR 2007, 354, 355; *ders.* SGb 2004, 659, 668; *Blum* Vergabe Navigator 2006, 10, 11.

[326] So zutreffend *Stolz/Kraus* VergabeR 2008, 1, 2.

[327] *Schickert* PharmR 2009, 164, 166; *Dreher/Hoffmann* NZBau 2009, 273, 276; *Stolz/Kraus* VergabeR 2008, 1, 8; *Willenbruch/Bischoff* PharmR 2005, 477, 484; *Koenig/Engelmann/Hentschel* MedR 2003, 562, 565.

137   Allerdings müsste ein Rabattvertrag gem. § 130a Abs. 8 SGB V selbst die **Lieferung von Arzneimitteln gegen ein Entgelt** zum Gegenstand haben, damit das Vorliegen eines öffentlichen (Liefer-)Auftrags angenommen werden kann. Herkömmliche Rabattvereinbarungen erfüllen diese Voraussetzung nicht, da hierdurch ausschließlich eine einseitige Rabattgewährung des pharmazeutischen Unternehmens an eine Krankenkasse geregelt wird. Rabattvereinbarungen gem. § 130a Abs. 8 SGB V regeln grds. nur einen finanziellen Mittelfluss von dem pharmazeutischen Unternehmen an die Krankenkasse.[328] Die Beschaffung von Waren, dh. die Lieferung von Arzneimitteln, ist dagegen in Verträgen zwischen den Apotheken bzw. dem Großhandel und den Krankenkassen geregelt.[329] Reine Rückerstattungs- bzw. Rabattabreden stellen jedenfalls keinen ausschreibungspflichtigen entgeltlichen Vertrag bzw. öffentlichen Auftrag dar.[330]

138   **α) Generikarabattverträge als öffentliche (Arzneimittel-)Lieferaufträge.** Für die Qualifikation eines **Rabattvertrags über generische Präparate als Lieferauftrag** ist es daher zunächst erforderlich, dass der Rabattvertrag selbst auch die **Lieferung von Arzneimitteln** zum Gegenstand hat. In der Rechtsprechung wird aus diesem Grund die Einordnung von Rabattvereinbarungen gem. § 130a Abs. 8 SGB V als öffentliche Aufträge davon abhängig gemacht, ob der Rabattvertrag eine entgeltliche Liefer-/Leistungsbeziehung im Verhältnis zwischen einer Krankenkasse und einem pharmazeutischen Unternehmer begründet.[331] Da Vereinbarungen gem. § 130a Abs. 8 SGB V über Generika zumeist **Regelungen zur Sicherstellung der Lieferfähigkeit** an den Großhandel bzw. an die Apotheken enthalten (Vertragsstrafen- und/oder Kündigungsregelungen für den Fall von Lieferausfällen), werden diese Rabattverträge regelmäßig als Rahmenvereinbarungen iSv. § 4 EG VOL/A zur Beschaffung von Arzneimitteln für die Versicherten qualifiziert.[332] In diesen Fällen sind nicht nur einseitige Rückvergütungspflichten (Rabatte) der pharmazeutischen Unternehmer Vertragsgegenstand, sondern vielmehr auch beidseitige Pflichten in Gestalt von Leistungs- und Vergütungspflichten, die Grundlage des künftigen Einzelabrufs von Arzneimitteln durch die Versicherten und damit der Lieferung von Arzneimitteln bzw. eines Beschaffungszwecks der Krankenkassen sind. Rabattverträge über generische Präparate werden daher idR. als (Arzneimittel-)Lieferverträge iSd. Vergaberechts eingestuft.[333]

139   **β) Generikarabattverträge als entgeltliche Verträge gem. § 99 Abs. 1.** Die Qualifikation der Rabattvereinbarung als öffentlicher Auftrag setzt zudem voraus, dass die (Liefer-)Leistung des pharmazeutischen Unternehmens gegen ein durch die Krankenkasse zu zahlendes Entgelt erfolgt.[334]

140   **αα) Entgeltlichkeit der Rabattvereinbarung.** Der Begriff der Entgeltlichkeit iSv. § 99 Abs. 1 ist anerkanntermaßen weit auszulegen. Entscheidend ist, dass der öffentliche Auftraggeber eine Gegenleistung im Sinne einer eigenen Zuwendung erbringen muss.[335] Dabei reicht **jeder wirtschaftliche Vorteil** aus, den der öffentliche Auftraggeber (die Krankenkasse) dem Auftragnehmer (pharmazeutischen Unternehmen) als Gegenleistung für die (Liefer-)Leistung einräumt.[336]

141   Allerdings sehen herkömmliche Rabattvereinbarungen gem. § 130a Abs. 8 SGB V **keine Gegenleistung der Krankenkasse** vor. Vielmehr ist nur die einseitige Rabattgewährung durch das pharmazeutische Unternehmen zugunsten der Krankenkasse – sowie eventuell die Gewährleistung der Lieferfähigkeit des pharmazeutischen Unternehmens – Gegenstand der Ver-

---

[328] *Dreher/Hoffmann* NZBau 2009, 273, 276.

[329] LSG Baden-Württemberg VergabeR 2009, 182, mit Anm. *Weiner* VergabeR 2009, 189; *Schickert* PharmR 2009, 164, 166.

[330] VK Bund v. 15. 11. 2007, VK 2-102/07.

[331] LSG Nordrhein-Westfalen v. 15. 4. 2009, L 21 KR 37 ua./09 SFB; LSG Nordrhein-Westfalen v. 9. 4. 2009, L 21 KR 29 ua./09 SFB; LSG Baden-Württemberg VergabeR 2009, 452, mit Anm. *Gabriel* VergabeR 2009, 465; LSG Baden-Württemberg VergabeR 2009, 182, mit Anm. *Weiner* VergabeR 2009, 189; OLG Düsseldorf VergabeR 2008, 73, mit Anm. *Amelung/Dörn* VergabeR 2008, 84; OLG Düsseldorf v. 17. 1. 2008, VII-Verg 57/07; OLG Düsseldorf v. 13. 2. 2008, VII-Verg 3/08; VK Bund v. 22. 8. 2008, VK 2-73/08.

[332] LSG Nordrhein-Westfalen v. 15. 4. 2009, L 21 KR 37 ua./09 SFB; LSG Nordrhein-Westfalen v. 9. 4. 2009, L 21 KR 29 ua./09 SFB; LSG Baden-Württemberg VergabeR 2009, 452; LSG Baden-Württemberg VergabeR 2009, 182; VK Bund v. 15. 11. 2007, VK 2-102/07.

[333] *Dreher/Hoffmann* NZBau 2009, 273, 276; *Kamann/Gey* PharmR 2009, 114, 117; *Byok/Csaki* NZS 2008, 402, 404; *Röbke* NVwZ 2008, 726, 731; *Stolz/Kraus* VergabeR 2008, 1, 10; *Kaeding* PharmR 2007, 239, 245; *Willenbruch/Bischoff* PharmR 2005, 477, 483.

[334] Hierzu eingehend *Weiner* GesR 2010, 237, 239.

[335] BGH NZBau 2005, 290.

[336] *Dreher/Hoffmann* NZBau 2009, 273, 276.

einbarung. Die Gewährung eines wirtschaftlichen Vorteils durch die Krankenkasse gegenüber dem pharmazeutischen Unternehmen ist dagegen grds. nicht im Rabattvertrag vorgesehen. Hinzukommt, dass – anders als bei klassischen Rahmenvereinbarungen iSv. § 4 EG VOL/A – die **Krankenkassen als Auftraggeber keinen Einfluss** darauf haben, ob bzw. in welchem Umfang es überhaupt zum **Abruf von Leistungen** kommt.[337] Das ist vielmehr von Faktoren abhängig, die sich ihrem Einfluss entziehen, wie die allgemeine Morbidität und die Frage, welches Präparat im Einzelfall tatsächlich an Versicherte abgegeben wird. Letzteres hängt grds. von der Entscheidung der verordnenden Ärzte sowie ggf. der substituierenden Apotheken ab. Gerade durch diesen Umstand unterscheidet sich ein Rabattvertrag iSv. § 130a Abs. 8 SGB V maßgeblich von öffentlichen Aufträgen in Form von Rahmenvereinbarungen gem. § 99 Abs. 1 GWB, § 4 EG VOL/A, bei welchen jedenfalls die Inanspruchnahme des Vertragspartners allein von einer Entscheidung des öffentlichen Auftraggebers abhängt. Der Abschluss eines Rabattvertrags begründet daher **grds. noch keinen wirtschaftlichen Vorteil** für das pharmazeutische Unternehmen und stellt daher an sich (noch) keinen entgeltlichen Vertrag iSv. § 99 Abs. 1 dar.

Da allerdings jeder wirtschaftliche Vorteil, dessen Gewährung der Krankenkasse zuzurechnen **142** ist, für die Bejahung der Entgeltlichkeit iSd. § 99 Abs. 1 relevant ist, wird es für ausreichend erachtet, wenn der Abschluss eines Rabattvertrags den Absatz des rabattierten Arzneimittels fördert,[338] indem zB. dem Rabattvertrag eine **Steuerungs-/Lenkungswirkung zugunsten des Absatzes der vertragsgegenständlichen Arzneimittel** zukommt.[339] In diesem Fall verschafft der Abschluss des Rabattvertrags dem pharmazeutischen Unternehmen einen wirtschaftlichen Vorteil in Form einer (erwarteten) Absatzsteigerung. Dabei ist anerkannt, dass sich die Steuerungs-/Lenkungswirkung auch aus außerhalb des Rabattvertrags liegenden Umständen ergeben kann, namentlich dem flankierenden gesetzlichen Regelwerk des SGB V.

ββ) **Lenkungs- bzw. Steuerungswirkung.** Vor dem Hintergrund vorstehender Ausfüh- **143** rungen können Rabattverträge gem. § 130a Abs. 8 SGB V nur dann als entgeltliche Verträge iSv. § 99 Abs. 1 im Verhältnis zwischen Krankenkasse und pharmazeutischem Unternehmen qualifiziert werden, wenn der Abschluss des Rabattvertrags – ggf. durch das Hinzutreten weiterer Umstände – dazu führt, dass das pharmazeutische Unternehmen einen **entgeltlichen Vorteil gegenüber Wettbewerbern** erhält. In diesem Zusammenhang wurde in der bislang ergangenen vergaberechtlichen Rechtsprechung an verschiedene im SGB V verankerte regulatorische Mechanismen sowie besondere rabattvertragliche Gestaltungen angeknüpft, die eine Lenkungs-/Steuerungswirkung zugunsten des rabattierten Arzneimittels begründen und so eine wirtschaftliche Begünstigung des Rabattvertragspartners durch Schaffung einer den Absatz des vertragsgegenständlichen Präparats fördernden Wirkung erzeugen können, die für die **Annahme eines wirtschaftlichen Vorteils iSd. Entgeltlichkeit** gem. § 99 Abs. 1 ausreicht.[340] Dazu zählen insbes.

– die Substitutionspflicht des Apothekers gem. § 129 Abs. 1 S. 3 SGB V,
– die Möglichkeit der Krankenkassen, Patienten von der gesetzlichen Zuzahlung ganz oder teilweise zu befreien gem. § 31 Abs. 3 S. 5 SGB V,
– die Einbeziehung rabattierter Arzneimittel in spezielle Praxissoftware gem. § 73 Abs. 8 SGB V,
– die Suspendierung von der Bonus-Malus-Regelung gem. § 84 Abs. 4a SGB V,
– die Befreiung von Wirtschaftlichkeitsprüfungen gem. § 106 Abs. 2, Abs. 5c SGB V,
– die bevorzugte Verordnung rabattierter Arzneimittel iRd. integrierten Versorgung gem. § 140a Abs. 1 S. 5 SGB V,
– die Einräumung von Exklusivität und eines damit verbundenen Wettbewerbsvorteils zugunsten des Rabattvertragspartners, zB. durch vertragliche Zusicherung der Krankenkasse, für die

---

[337] *Weiner* GesR 2010, 237, 240.

[338] *Dreher/Hoffmann* NZBau 2009, 273, 276; *Kamann/Gey* PharmR 2009, 114, 117; *dies.* PharmR 2006, 291, 296; *Schickert* PharmR 2009, 164, 166; *Stolz/Kraus* VergabeR 2008, 1, 3.

[339] OLG Düsseldorf VergabeR 2008, 73, mit Anm. *Amelung/Dörn* VergabeR 2008, 84; OLG Düsseldorf VergabeR 2007, 622, mit Anm. *Gabriel* VergabeR 2007, 630; VK Bund v. 22. 8. 2008, VK 2-73/08; VK Bund v. 15. 11. 2007, VK 2-102 ua./07; VK Düsseldorf v. 31. 10. 2007, VK 31/2007-L; *Gabriel* NZS 2007, 344, 348.

[340] LSG Nordrhein-Westfalen v. 15. 4. 2009, L 21 KR 37 ua./09 SFB; LSG Nordrhein-Westfalen v. 9. 4. 2009, L 21 KR 29 ua./09 SFB; LSG Baden-Württemberg VergabeR 2009, 452, mit Anm. *Gabriel* VergabeR 2009, 465; LSG Baden-Württemberg VergabeR 2009, 182, mit Anm. *Weiner* VergabeR 2009, 189; VK Bund v. 15. 11. 2007, VK 2-102/07.

Laufzeit des Rabattvertrags keine anderen Rabattverträge über gleiche/vergleichbare Arzneimittel mit anderen pharmazeutischen Unternehmen zu schließen.[341]

144 Neben diesen gesetzlichen Vorgaben bzw. vertraglichen Regelungen zur Begründung einer Lenkungs-/Steuerungswirkung zugunsten des rabattierten Arzneimittels können weitere flankierende Maßnahmen zum Zweck der Absatzsteigerung ergriffen werden, bspw. Informationsschreiben an Versicherte, Ärzte und Apotheker oder Umsetzungsvereinbarungen mit Ärzten und (Krankenhaus-)Apotheken. Letzteres kann zB. in Verträgen zur integrierten Versorgung gem. §§ 140a–140d SGB V[342] erfolgen oder – da § 130a Abs. 8 SGB V insofern keine Vorgaben macht – im Wege anderer vertraglicher Vereinbarungen. Gemeinsames Merkmal derartiger Umsetzungsvereinbarungen ist, dass sich Apotheken und Hausärzte darin verpflichten, im Rahmen ihrer rechtlichen Möglichkeiten die Umsetzung und Praktikabilität der gem. § 130a Abs. 8 SGB V abgeschlossenen Rabattverträge zu unterstützen.

145 Diese Beispiele machen deutlich, dass Rabattvereinbarungen bei Hinzutreten/Geltung verschiedener gesetzlicher und/oder vertraglicher Umstände Einfluss auf die Nachfrage nach rabattierten Arzneimitteln haben und diese effektiv steuern können.[343] Dabei ist jedoch die **Vielfalt der gesetzlichen Steuerungsmechanismen** zu berücksichtigen, deren Anwendbarkeit jeweils von den Umständen des Einzelfalls abhängt und deren **Wirkung teilweise nicht ipso iure** eintritt, sondern einer **Vereinbarung zwischen Krankenkasse und pharmazeutischem Unternehmen im Einzelfall** bedarf (so bspw. im Fall der Zuzahlungsbefreiung gem. § 31 Abs. 3 S. 5 SGB V). Hinzukommt, dass nicht alle Mechanismen über dieselbe Lenkungs-/Steuerungswirkung verfügen. Daher verbieten sich pauschalierte Bewertungen. Vielmehr ist **jeweils im Einzelfall zu prüfen**, ob und in welchem Umfang dem Rabattvertrag eine Steuerungs- bzw. Lenkungswirkung zugunsten des Absatzes des rabattierten Arzneimittels zukommt.[344] Diese Prüfung hat dabei aufgrund der komplexen Regelungen des deutschen Gesundheitssystems sowie der vielschichtigen Gestaltungsmöglichkeiten von Rabattverträgen und der Vielzahl denkbarer zusätzlicher Instrumente notwendig **im Rahmen einer graduellen Bewertung** zu erfolgen.[345] Zur Bejahung der Auftragseigenschaft iSv. § 99 Abs. 1 bedarf es also nicht nur der Feststellung, dass ein Rabattvertrag gem. § 130a Abs. 8 SGB (denktheoretisch) überhaupt eine absatzfördernde Wirkung hat bzw. haben kann, sondern darüber hinaus der Bewertung, ob dessen Lenkungs-/Steuerungswirkung im Einzelfall einen wirtschaftlichen Vorteil zu begründen vermag, der einer Entgeltlichkeit iSd. § 99 Abs. 1 entspricht.

146 Vor diesem Hintergrund wurde es in der vergaberechtlichen Judikatur zu Generikarabattverträgen bislang als jedenfalls hinreichend zur Annahme der Auftragseigenschaft angesehen, dass ein **Rabattvertrag exklusiv mit einem oder mehreren pharmazeutischen Unternehmen** geschlossen wurde und die **Substitutionspflicht des Apothekers gem. § 129 Abs. 1 S. 3 SGB V** zu einer bevorzugten Abgabe der rabattierten Arzneimittel führt.[346] § 129 Abs. 1 S. 3 SGB V schreibt vor, dass Apotheker dann ein preisgünstigeres Arzneimittel (für das ein Rabattvertrag besteht) abgeben müssen, wenn der Arzt ein Arzneimittel nur unter seiner Wirkstoffbezeichnung verordnet oder die Ersetzung des Arzneimittels durch ein wirkstoffgleiches Arzneimittel nicht ausgeschlossen hat. Das bedeutet, dass Apotheker bei Bestehen eines Rabattvertrags über wirkstoffgleiche Präparate verpflichtet sind, ein verordnetes nicht rabattiertes Arzneimittel durch ein wirkstoffgleiches rabattiertes und damit preisgünstigeres Arzneimittel zu ersetzen, sofern der verordnende Arzt die Substitutionsmöglichkeit nicht durch Setzen des sog.

---

[341] Hierzu LSG Nordrhein-Westfalen VergabeR 2010, 135, mit Anm. *Gabriel* VergabeR 2010, 142; *Dreher/Hoffmann* NZBau 2009, 273, 275; *Stolz/Kraus* VergabeR 2008, 1, 3.

[342] Vgl. RdNr. 159.

[343] *Koenig/Klahn* GesR 2005, 481, 485.

[344] OLG Düsseldorf VergabeR 2008, 73, mit Anm. *Amelung/Dörn* VergabeR 2008, 84; VK Bund 22. 8. 2008, VK 2-73/08; VK Bund 15. 11. 2007, VK 2-102 ua./07; VK Düsseldorf 31. 10. 2007, VK 31/2007-L; *Gabriel* NZS 2007, 344, 348.

[345] Ebenfalls eine graduelle Bewertung vornehmend: VK Bund v. 22. 8. 2008, VK 2-73/08: „nicht unerhebliche Lenkungswirkung"; VK Bund v. 15. 8. 2008, VK 3-107/08: „gewissen Lenkungseffekten"; *Schickert* PharmR 2009, 164, 170: „diese Anreize können sich soweit verdichten, dass sie ein Rabattvertrag zu einem entgeltlichen Beschaffungsvorgang der Krankenkasse machen".

[346] LSG Nordrhein-Westfalen v. 15. 4. 2009, L 21 KR 37 ua./09 SFB; LSG Nordrhein-Westfalen v. 9. 4. 2009, L 21 KR 29 ua./09 SFB; LSG Baden-Württemberg VergabeR 2009, 452, mit Anm. *Gabriel* VergabeR 2009, 465; LSG Baden-Württemberg VergabeR 2009, 452; LSG Baden-Württemberg VergabeR 2009, 182; VK Baden-Württemberg v. 30. 12. 2008, 1 VK 51/08; VK Baden-Württemberg v. 27. 11. 2008, 1 VK 52/08.

„aut idem"-Kreuzes auf dem Rezept ausdrücklich ausgeschlossen hat.[347] Die Substitutionspflicht der Apotheker gem. § 129 Abs. 1 S. 3 SGB V wurde dabei zwar für sich genommen noch nicht als ausreichend angesehen, um eine hinreichende Steuerungs- bzw. Lenkungswirkung zu bejahen, iVm. der **vertraglichen Zusicherung von Exklusivität** räumt der Rabattvertrag jedoch einen Wettbewerbsvorteil ein, der ausreicht, um ihm Entgeltlichkeit iSv. § 99 Abs. 1 GWB zuzumessen.[348]

γ) Rabattverträge als Rahmenvereinbarungen gem. § 4 EG VOL/A. Erfüllt ein Ra- **147** battvertrag die Tatbestandsmerkmale des öffentlichen Auftrags gem. § 99 Abs. 1, Abs. 2 GWB, so handelt es sich regelmäßig um eine Rahmenvereinbarung gem. § 4 EG VOL/A. Rahmenvereinbarungen berechtigen den Auftraggeber, Leistungen entsprechend den Bedingungen des Rahmenvertrages zu fordern, ohne ihn aber insoweit zu verpflichten.[349] § 130a Abs. 8 SBG V entspricht diesem Bild einer Rahmenvereinbarung.[350]

δ) Ausschreibung von Generikarabattverträgen. Die Streitfragen, die im Bereich von **148** Generika-Rabattverträgen im Mittelpunkt der Diskussion stehen, beziehen sich vor allem auf die Ausgestaltung der konkreten Rabattvereinbarungen sowie die Ausschreibungsbedingungen in den jeweiligen Vergabeverfahren.[351] In diesem Zusammenhang spielen bspw. Themen wie die **Auferlegung ungewöhnlicher Wagnisse** gem. § 8 Nr. 1 Abs. 3 VOL/A aF. oder die **Gestaltung der Wertungskriterien** eine Rolle. Nach anfänglichem Zögern auf Seiten der Krankenkassen, den Bietern umfassende **Verordnungsdaten aus der Vergangenheit** zugänglich zu machen, hat die Rechtsprechung schnell deutlich gemacht, dass gerade wegen der mit Rahmenvereinbarungen ohnehin verbundenen Mengenprognoserisiken gem. § 8 EG Abs. 1 VOL/A jedenfalls die zur Verfügung stehenden Verordnungsdaten, bestenfalls untergliedert in Packungsgröße, Wirkstoffstärke und Darreichungsform, mitgeteilt werden müssen, um den Bietern eine einwandfreie Preisermittlung zu ermöglichen.[352] Auch dass eine Krankenkasse auf die Angabe dieser (existierenden) Daten verzichtet und stattdessen den Bietern lediglich die selbst berechnete Wirkstoffmenge/-gewicht (sog. Daily Defined Dosis) mitteilt, wurde als vergaberechtswidrig angesehen.[353] Gleichzeitig ist aber zu beachten, dass die Leistungsbeschreibung keine wettbewerbsbeschränkende Wirkung haben darf, so dass im Einzelfall geprüft werden muss, ob die gewählte Art der Leistungsbeschreibung mit dem Wettbewerbsgebot zu vereinbaren ist.[354] In dieser Hinsicht ist die **Anknüpfung der Beschreibung des Beschaffungsbedarfs an Pharmazentralnummern (PZN)** einschließlich der Vorgabe eines (zum Zeitpunkt der EU-Bekanntmachung bereits in der Vergangenheit liegenden) Stichtags, zu dem das Arzneimittel in der sog. Lauer-Taxt gelistet sein muss, für unbedenklich und insbes. nicht gegen den Grundsatz der Produktneutralität gem. § 8 EG Abs. 7 VOL/A verstoßend erachtet worden.[355] Auch die Vorgabe, einen **einheitlichen Rabattsatz** für alle angebotenen PZN eines Fachloses (Wirkstoffe bzw. Wirkstoffkombination) gewähren zu müssen, ist als eine einer Rabattvertragsausschreibung zugrunde liegende „Systementscheidung" ebenso wenig beanstandet worden[356] wie die Festlegung einer Untergrenze für den vom Bieter zu entrichtenden Rabatt im Form einer **Mindestgebotsvorgabe**.[357] Zudem ist eine Ausschreibungsgestaltung, nach der eine Beschaffung von

---

[347] Hierzu *Dreher/Hoffmann* NZBau 2009, 273, 275.

[348] VK Bund v. 18. 2. 2009, VK 3-158/08; VK Bund v. 22. 5. 2009, VK 1-77/09.

[349] *Schickert* PharmR 2009, 164, 166.

[350] LSG Nordrhein-Westfalen v. 15. 4. 2009, L 21 KR 37 ua./09 SFB; LSG Baden-Württemberg VergabeR 2009, 452; LSG Baden-Württemberg VergabeR 2009, 182; VK Bund v. 27. 3. 2009, VK 3-46/09; VK Bund v. 20. 3. 2009, VK 3-55/09; VK Bund v. 18. 3. 2009, VK 3-25/09; VK Bund v. 24. 2. 2009, VK 3-203 ua./08; VK Baden-Württemberg v. 30. 12. 2008, 1 VK 51/08; VK Baden-Württemberg v. 27. 11. 2008, 1 VK 52/08; *Dreher/Hoffmann* NZBau 2009, 273, 277; *Hölzl/Eichler* NVwZ 2009, 27, 31; *Willenbruch* PharmR 2008, 488, 489; *Rixen* PharmR 2006, 49, 56; *Kamann/Gey* PharmR 2006, 291, 294; *Willenbruch/ Bischoff* PharmR 2005, 477, 483; *Storost* NZS 2005, 82, 85.

[351] Hierzu und zum Folgenden *Gabriel/Weiner* NZS 2009, 422, 424; *Kamann/Gey* PharmR 2009, 114.

[352] Statt Vieler: LSG Baden-Württemberg v. 27. 2. 2008, L 5 KR 507/08 ER-B, L 5 KR 508/08 W-A, mit Anm. *Czettritz* PharmR 2008, 253; VK Bund v. 15. 11. 2007, VK 2-102 ua./07; VK Düsseldorf v. 31. 10. 2007, VK 31/2007-L.

[353] VK Bund v. 10. 4. 2008, VK 2-37/08; dazu auch *Kamann/Gey* PharmR 2009, 114.

[354] *Kamann/Gey* PharmR 2009, 114, 118.

[355] LSG Nordrhein-Westfalen v. 8. 10. 2009, L 21 KR 39/09 SFB; LSG Nordrhein-Westfalen v. 9. 4. 2009, L 21 KR 27 ua./09 SFB; VK Bund v. 20. 3. 2009, VK 3-55/09; VK Bund v. 18. 3. 2009, VK 3-25/09; hierzu *Willenbruch* PharmR 2009, 543, 544; *Kamann/Gey* PharmR 2009, 114, 119.

[356] LSG Nordrhein-Westfalen VergabeR 2010, 126, mit Anm. *Ulshöfer* VergabeR 2010, 132.

[357] VK Bund v. 29. 9. 2009, VK 3-166/09.

Sprechstundenbedarf (Kontrastmitteln) derart vorgenommen wird, dass für jede einzelne PZN – dh. jedes einzelne Kontrastmittel – ein eigenes Fachlos gebildet wird, trotz der damit einhergehenden Einschränkung des Herstellerwettbewerbs und der Konzentration des Wettbewerbs lediglich auf die Vertreiberebene, zweitinstanzlich als zulässige Definition des Leistungsgegenstandes und daher vergaberechtskonform bewertet worden,[358] nachdem mehrere Vergabekammern zunächst einen Verstoß gegen den Wettbewerbsgrundsatz erkannt hatten.[359] Beim Abschluss sog. **Gesamtportfolioverträge** dürfen Krankenkassen schließlich nicht auf den speziellen Zuschnitt des Produktsortiments eines bestimmten pharmazeutischen Unternehmers abstellen, um in Ansehung dessen vermeintlicher Alleinstellung auf eine Ausschreibung zu verzichten.[360]

149   Im Zusammenhang mit den von Bietern zu fordernden **Eignungsanforderungen** wurde entschieden, dass die **Abfrage von Umsatzerlösen aus Vorjahren** zur Überprüfung der Lieferfähigkeit der Bieter dann unangemessen und vergaberechtswidrig sei, wenn Generikarabattvertragsausschreibungen so konzipiert sind, dass die Bedarfsdefinition an das Vorhandensein bestimmter PZN erst zum Zeitpunkt des Vertragsbeginns (und nicht bereits zum Zeitpunkt der Angebotsabgabe) geknüpft wird.[361] Denn dann könnten Bieter ihr Produktportfolio durch Beantragung von PZNs für bestimmte Wirkstoffe zum Zweck der Angebotsabgabe noch erweitern, was im Generika-Markt durch einfache unternehmerische Entscheidung oftmals sehr schnell und einfach möglich sei, sofern ein Bieter über die entsprechenden arzneimittelrechtlichen Zulassungen sowie einen gesicherten Zugang zu Produktionskapazitäten (eigenen oder eines Lohnherstellers) verfügt. Fehlende Umsätze mit diesen Wirkstoffen in der Vergangenheit seien daher nicht aussagekräftig zur Bewertung der realen Leistungsfähigkeit eines Bieters im Sinne einer Lieferfähigkeit zu Beginn des Rabattvertrags; abzustellen sei vielmehr auf den Nachweis der Arzneimittelzulassung sowie ausreichender Produktionskapazitäten bezogen auf den Zeitpunkt des Vertragsbeginns.

150   Hinsichtlich der Strukturierung des Vergabeverfahrens werden überwiegend rein wirkstoffbezogene Ausschreibungen durchgeführt, bei denen im Einzelnen benannte Wirkstoffe jeweils ein eigenes Fachlos bilden. Die Ausschreibung von **Arzneimittelrabattverträgen mit mehr als einem Vertragspartner pro Wirkstoff (bzw. Los)** wurde in der Rechtsprechung zunächst als Verstoß gegen den Transparenzgrundsatz sowie § 4 EG Abs. 5 lit. a VOL/A bewertet,[362] dann jedoch in einer neueren Entscheidung für zulässig befunden.[363] Grund für die anfänglichen Bedenken war, dass weder die Krankenkasse noch der (bzw. die) Bieter die spätere Auswahlentscheidung der Apotheker, welche Präparate welchen Rabattvertragspartnern substituiert/abgegeben werden, dh. welcher der mehreren (idR. drei oder vier) Rabattvertragspartner den jeweiligen Einzelauftrag erhält, beeinflussen können.[364] Auch in Ansehung des Wirtschaftlichkeitsgrundsatzes wurden zunächst Zweifel gegenüber Arzneimittelrabatt(rahmen)verträgen mit mehreren Vertragspartnern geäußert, da sich die Unsicherheit auf Seiten der Bieter, ob und in welchem Umfang sie selbst im Zuschlagsfall tatsächlich zum Zuge kommen, idR. bei der Kalkulation des Angebots in Risikoaufschlägen niederschlägt.[365] Gleichwohl hat das LSG Nordrhein-Westfalen eine solche Rabattvertragsgestaltung letztlich für zulässig erachtet, da die in **§ 4 Abs. 2 S. 5 des Rahmenvertrags über die Arzneimittelversorgung** nach § 129 Abs. 2 SGB V idF. v. 17. 1. 2008 **den Apotheken eingeräumte Wahlfreiheit,** zwischen mehreren rabattbegünstigten Arzneimitteln „frei wählen" zu dürfen, zumindest eine grundsätzliche Aussage betreffend den Auswahlmechanismus unter mehreren Rabattvertragspartnern enthalte, so dass insofern den Anforderungen des § 4 EG Abs. 4 lit. a VOL/A genügt wird.[366] Eine von dieser –

---

[358] LSG Nordrhein-Westfalen v. 24. 8. 2009, L 21 KR 45/09 SFB mit kritischer Anm. *Willenbruch* PharmR 2009, 543, 545.

[359] VK Bund v. 17. 4. 2009, VK 1-35/09 und VK Bund v. 20. 4. 2009, VK 2-36/09.

[360] VK Bund v. 18. 2. 2009, VK 3-158/08: „Verstoß gegen den Grundsatz der Produktneutralität".

[361] VK Bund v. 24. 7. 2009, VK 3-136/09; VK Bund v. 24. 7. 2009, VK 3-148/09; VK Bund v. 24. 7. 2009, VK 3-151/09.

[362] VK Bund v. 19. 5. 2009, VK 2-15/09; VK Bund v. 3. 7. 2009, VK 1-107/09; VK Bund v. 28. 7. 2009, VK 3-142/09.

[363] LSG Nordrhein-Westfalen VergabeR 2010, 126, mit Anm. *Ulshöfer* VergabeR 2010, 132.

[364] Hierzu eingehend *Ulshöfer* VergabeR 2010, 132; *Anders/Knöbl* PharmR 2009, 607; *Boldt* PharmR 2009, 377, 381.

[365] LSG Nordrhein-Westfalen VergabeR 2009, 922, mit Anm. *Ulshöfer* VergabeR 2009, 931; VK Bund v. 19. 5. 2009, VK 2-15/09.

[366] LSG Nordrhein-Westfalen VergabeR 2010, 126, mit Anm. *Ulshöfer* VergabeR 2010, 132; aA *Anders/Knöbl* PharmR 2009, 607, 612.

durch die jeweiligen Spitzenverbände – im Rahmenvertrag über die Arzneimittelversorgung getroffenen Auswahlermächtigung zugunsten der Apotheken abweichende Vorgabe einzelner Krankenkassen in Rabattverträgen ist nach derzeitiger Rechtslage allerdings nicht möglich, da einzelne Krankenkassen nicht Vertragspartei dieses Rahmenvertrags sind.[367] Das mit Arzneimittelrabattverträgen mit mehr als einem Vertragspartner pro Wirkstoff verbundene Kalkulations- und Prognoserisiko berechtigt eine Krankenkasse jedenfalls nicht dazu, Rabattverträge im Verhandlungsverfahren gem. § 3 EG Abs. 3 lit. b VOL/A auszuschreiben.[368]

Im Hinblick auf die vermehrt zu beobachtende Tendenz, **Rabattverträge im Wege eines**   **151** **gemeinsamen Vergabeverfahrens mehrerer Krankenkassen auszuschreiben,** hat die vergaberechtliche Judikatur bislang eine **Prüfung an kartellrechtlichen Vorgaben** aufgrund der Unvereinbarkeit mit dem vergaberechtlichen Beschleunigungsgrundsatz sowie der Prüfungskompetenz der Vergabekammern abgelehnt.[369] Materiell-rechtlich geht es bei dieser Überprüfung kartellrechtlicher Vorgaben im Vergabenachprüfungsverfahren weniger um die tradierte Streitfrage, ob das Kartellverbot des § 1 auf gesetzliche Krankenkassen anwendbar ist,[370] sondern vielmehr um die Geltung des kartellrechtlichen Missbrauchs- und Behinderungsverbots der §§ 19, 20.[371]

cc) Rabattverträge über Originalpräparate.

Nachdem Rabattverträge zunächst nur im   **152** generischen Bereich ausgeschrieben wurden, ist absehbar, dass künftig auch Originalpräparate Gegenstand von Rabattvertragsausschreibungen werden. Krankenkassen haben bereits erste Ansätze entwickelt, Rabattverträge gem. § 130a Abs. 8 SGB V im Wege von Ausschreibungen nachzufragen, ohne dass die Frage der generellen Ausschreibungspflichtigkeit gegenwärtig allerdings abschließend geklärt ist, da sich die Ausschreibungssituation bei Rabattverträgen über generikafähige Arzneimittel einerseits und bei (patentgeschützten) Originalpräparaten anderseits, grundlegend unterscheidet.[372]

Im Hinblick auf die vergaberechtlichen Rahmenbedingungen für Vergabeverfahren zum Ab-   **153** schluss von Rabattverträgen über (chemisch-synthetisch hergestellte) patentgeschützte Arzneimittel sind bislang erst wenige Entscheidungen ergangen. Viel beachtet wurden in diesem Zusammenhang die Entscheidungen in den Verfahren zum (aufgrund einer De-facto-Vergabe für nichtig befundenen)[373] Antianämika-Rabattvertrag der AOK Baden-Württemberg[374] und zur TNF-Alpha-Blocker-Ausschreibung der Techniker Krankenkasse.[375] Vertragsgegenstand im erstgenannten Fall waren patentgeschützte Arzneimittel mit erythropoese-stimulierenden und Epoetin enthaltenen Proteinen (ESPs) zur Behandlung von Anämie, im zweitgenannten Fall patentgeschützte Arzneimittel zur Behandlung arthritischer Erkrankungen im Wege der Blockierung des Botenstoffs TNF-Alpha.

α) Rabattverträge über Originalpräparate als öffentliche Aufträge gem. § 99 Abs. 1.   **154**

Voraussetzung für die Anwendbarkeit des Vergaberechts ist zunächst die Qualifikation des jeweiligen Rabattvertrags als öffentlicher (Arzneimittel-)Lieferauftrag gem. § 99 Abs. 1, Abs. 2. Wie im Fall der Rabattverträge über generikafähige Arzneimittel ist auch im Bereich der patentgeschützten Präparate dafür erforderlich, dass der Rabattvertrag die Lieferung von Arznei-

---

[367] So LSG Rheinland-Pfalz NZS 2006, 318; VK Bund v. 28. 7. 2009, VK 3.142/09.

[368] VK Bund v. 19. 11. 2008, VK 1.135/08.

[369] So zB. iRd. AOK-Rabattausschreibung 2008 LSG Nordrhein-Westfalen VergabeR 2009, 922, mit Anm. *Ulshöfer* VergabeR 2009, 931, 932; LSG Nordrhein-Westfalen v. 15. 4. 2009, L 21 KR 37 ua./09 SFB; LSG Nordrhein-Westfalen v. 9. 4. 2009, L 21 KR 29 ua./09 SFB; LSG Baden-Württemberg VergabeR 2009, 452, mit Anm. *Gabriel* VergabeR 2009, 465; VK Bund v. 23. 1. 2009, VK 3-194/08; VK Baden-Württemberg v. 27. 11. 2008, 1 VK 52 ua./08; iRd. AOK-Rabattausschreibung 2007 ebenso bereits VK Bund v. 15. 11. 2007, VK 2-102 ua./07; VK Düsseldorf v. 31. 10. 2007, VK 31/2007-L.

[370] Hierzu *Bartram/Broch* PharmR 2008, 5, 8; *Badtke* WuW 2007, 726, 729.

[371] Vgl. *Gassner* NZS 2007, 281, 283. Für die Einbeziehung der §§ 19, 20 GWB in den Prüfungsumfang der Vergabenachprüfungsinstanzen *Gabriel* VergabeR 2009, 465; *Gabriel/Weiner* NZS 2009, 422, 425.

[372] Hierzu und zum Folgenden *Gabriel/Weiner* NZS 2009, 422; *Schickert* PharmR 2009, 164; *Lietz/Natz* A&R 2009, 3; *Gabriel* NZS 2009, 455; *Wille* A&R 2009, 164; *Weiner* VergabeR 2009, 189.

[373] Zu De-facto-Vergaben im Gesundheitswesen und ihrer vergaberechtlichen Bewertung vgl. *Gabriel* PharmR 2008, 577.

[374] VK Bund v. 15. 8. 2008, VK 3-107/08; LSG Baden-Württemberg VergabeR 2009, 182, mit Anm. *Weiner* VergabeR 2009, 189.

[375] VK Bund v. 22. 8. 2008, VK 2-73/08; OLG Düsseldorf VergabeR 2009, 173 und 176, mit Anm. *Weiner* VergabeR 2009, 189.

mitteln gegen ein Entgelt zum Gegenstand hat.[376] Dazu muss der Rabattvertrag zunächst eine **entgeltliche Liefer-/Leistungsbeziehung** im Verhältnis zwischen einer Krankenkasse und einem pharmazeutischen Unternehmer begründen.

155   Bei Rabattverträgen über patentgeschützte Arzneimittel muss in diesem Zusammenhang das **Tatbestandsmerkmal der Entgeltlichkeit** besonders sorgfältig geprüft werden, denn dass der Abschluss eines Rabattvertrags an sich noch keine Entgeltlichkeit iSv. § 99 Abs. 1 begründet,[377] gilt umso mehr im Bereich patentgeschützter Arzneimittel, wo aufgrund der medizinisch- bzw. therapeutisch-pharmakologischen besonderen Eigenschaften des jeweils in Rede stehenden Arzneimittels der im Rahmen der Therapiefreiheit unabhängigen Verordnungsentscheidung des Arztes besondere Bedeutung zukommt.[378] Die Möglichkeiten der Krankenkasse, das Nachfrageverhalten zu steuern und damit auf die Nachfrage des rabattierten Arzneimittels Einfluss zu nehmen, sind daher im Vergleich zum generikafähigen Bereich noch eingeschränkter. So **entfällt bspw. idR. die Steuerungswirkung des § 129 Abs. 1 S. 3 SGB V,** da die Substitutionspflicht des Apothekers[379] grds. nicht für patentgeschützte Originalpräparate gilt,[380] bei denen es aus (patent-)rechtlichen Gründen keine wirkstoffgleichen (generischen) Arzneimittel geben kann.[381] Gleichzeitig spielt der Umstand, ob durch den Rabattvertrag **dem pharmazeutischen Unternehmen Exklusivität und damit ein Wettbewerbsvorteil eingeräumt wird,** eine entscheidende Rolle.[382] Denn gerade in Bezug auf patentgeschützte Präparate stellt der Abschluss eines Rabattvertrags, dessen Laufzeit über die Laufzeit des Patents hinausgeht, eine Möglichkeit für den Patentinhaber dar, Umsatzeinbußen durch den Markteintritt generischer Präparate zu vermindern, sofern dem Patentinhaber trotz Patentablaufs vertraglich eine exklusive Stellung eingeräumt wird. Es ist daher in jedem Einzelfall unter Berücksichtigung der einschlägigen **gesetzlichen Lenkungs-/Steuerungsmechanismen**[383] sowie der **vertraglich vereinbarten flankierenden Maßnahmen zur Absatzförderung** zu prüfen, ob der Rabattverträge dem pharmazeutischen Unternehmen einen wirtschaftlichen Vorteil iSe. Entgelts gem. § 99 Abs. 1 einräumt.[384] Dabei ist zu berücksichtigen, dass zahlreiche gesetzliche Lenkungs-/Steuerungsmechanismen nicht ipso iure gelten und insofern nicht in jedem Fall gleichsam automatisch zur Begründung einer absatzförderlichen Wirkung herangezogen werden können, sondern vielmehr der vertraglichen Vereinbarung im Einzelfall bedürfen, damit sie überhaupt wirksam werden.[385] Aus diesem Grund sind durch Krankenkassen zu vereinbarende fakultative Anreize (zB. die eine vertraglich vorgesehene Beitrittsmöglichkeit für Ärzte voraussetzende Ausnahme von der Auffälligkeitsprüfung gem. § 106 Abs. 2 S. 8 SGB V oder im Einzelfall zu vereinbarende Zuzahlungsermäßigungen gem. § 31 Abs. 3 S. 5 SGB V) und kraft Gesetzes geltende obligatorische Anreize (zB. der Abzug von Rabattbeträgen vom Regressbetrag nach einer Richtgrößenprüfung gem. § 106 Abs. 5 c SGB V oder die Befreiung von der Parallelimportquote gem. § 129 Abs. 1 S. 1 Nr. 2 SGB V) zu unterscheiden.[386] Gesetzliche Anreizmechanismen, die einer Vereinbarung bedürfen, im konkreten Fall aber nicht vereinbart wurden, können keine tatsächliche Lenkungs-/Steuerungswirkung entfalten und müssen daher für die Begründung der Auftragseigenschaft außer Betracht bleiben.

156   Das LSG Baden-Württemberg hat vor diesem Hintergrund im Verfahren zum Antianämika-Rabattvertrag das Vorliegen eines öffentlichen Auftrags gem. § 99 Abs. 1 und damit die Eröff-

---

[376] Vgl. oben RdNr. 140.
[377] Vgl. oben RdNr. 141.
[378] *Schickert* PharmR 2009, 164, 171; *Lietz/Natz* A&R 2009, 3, 6.
[379] Dazu oben RdNr. 143.
[380] *Gabriel/Weiner* NZS 2009, 422, 423; *Kamann/Gey* PharmR 2009, 114, 118.
[381] VK Bund v. 22. 8. 2008, VK 2-73/08.
[382] Auf die „Auswirkungen der Rabattvereinbarung" und das tatsächliche Vorhandensein eines Wettbewerbsvorteils abstellend: LSG Nordrhein-Westfalen VergabeR 2010, 135, mit Anm. *Gabriel* VergabeR 2010, 142. Auf den Umstand der Exklusivität abstellend: LSG Baden-Württemberg VergabeR 2009, 182, mit Anm. *Weiner* VergabeR 2009, 189; LSG Baden-Württemberg v. 23. 11. 2009, L 11 WB 5971/08; LSG Nordrhein-Westfalen v. 15. 4. 2009, L 21 KR 37 ua./09 SFB; LSG Nordrhein-Westfalen v. 9. 4. 2009, L 21 KR 29 ua./09 SFB; VK Baden-Württemberg v. 27. 11. 2008, VK 42 ua./08; diese Entscheidungen sind allerdings teilweise zu Rabattverträgen im generikafähigen Bereich ergangen. Hierzu *Gabriel/Weiner* NZS 2009, 422, 423; *Schickert* PharmR 2009, 164, 171; *Lietz/Natz* A&R 2009, 3, 6.
[383] Entsprechend der Lenkungs-/Steuerungswirkung bei Generikarabattverträgen, vgl. oben RdNr. 151.
[384] *Kamann/Gey* PharmR 2009, 114, 118.
[385] Zutreffend und eingehend hierzu *Schickert* PharmR 2009, 164, 169.
[386] Begrifflichkeiten von *Schickert* PharmR 2009, 164, 170.

nung des Anwendungsbereichs des Vergaberechts abgelehnt.[387] Begründet wurde das mit dem Fehlen einer dem öffentlichen Auftraggeber zurechenbaren Auswahlentscheidung sowie einer Steuerungswirkung zugunsten des rabattierten Arzneimittels, da der Rabattvertrag keine dessen Absatz fördernde Wirkung erzeuge. Das Gericht verwies dazu auf die fehlende Anwendbarkeit von § 129 Abs. 1 S. 3 sowie das Fehlen einer vertraglich vereinbarten Exklusivität zugunsten des Rabattvertragspartners in der verfahrensgegenständlichen Rabattvereinbarung.[388] Das LSG Nordrhein-Westfalen hat demgegenüber in einem Fall, in dem der streitgegenständliche Arzneimittelrabattvertrag ausweislich seines Wortlauts **keine Exklusivität zugunsten des Rabattvertragspartners** begründete, da er der Krankenkasse das Recht einräumte, weitere Rabattverträge über denselben Wirkstoff auch mit anderen Unternehmen abschließen zu dürfen, entschieden, dass es „nicht darauf ankommt, ob Exklusivitätsrechte vertraglich vereinbart worden sind".[389] Entscheidend sei vielmehr, ob ein Rabattvertrag tatsächlich geeignet ist, einen Wettbewerbsvorteil im Hinblick auf Mitbewerber zu bewirken.[390] Denn unter Umgehungsaspekten dürfe die Ausschreibungspflicht/Auftragseigenschaft nicht bereits deshalb verneint werden, weil eine Rabattvereinbarung keine ausdrückliche Exklusivitätsvereinbarung enthält, sofern der Vertrag seitens der Krankenkasse tatsächlich exklusiv gehandhabt wird.[391]

β) **Ausschreibung von Rabattverträgen über Originalpräparate.** Das OLG Düsseldorf **157** ging im Verfahren zur TNF-Alpha-Blocker-Ausschreibung ohne weitere Diskussion und ohne Würdigung der konkreten Ausgestaltung des Rabattvertrags von der grds. Anwendbarkeit des Vergaberechts auf den Abschluss von Rabattvereinbarungen gem. § 130a Abs. 8 SGB V (dh. vom Vorliegen eines öffentlichen Auftrags gem. § 99 Abs. 1 auch im Fall von patentgeschützten Originalpräparaten) aus[392] und konzentrierte seine Ausführungen auf die Frage, unter welchen Voraussetzungen **vom Vorrang des offenen Verfahrens abgewichen** werden darf.[393] Danach dürfen Rabattverträge über patentgeschützte Arzneimittel nicht ipso iure **ohne vorherige Bekanntmachung im Verhandlungsverfahren** direkt an ein Unternehmen vergeben werden. Das wäre gem. § 3 EG Abs. 4 lit. c VOL/A nur zulässig, wenn aufgrund des bestehenden Patents lediglich ein Anbieter in der Lage ist, die Auftragsleistung zu erbringen.[394] Ein Ausschließlichkeitsrecht, wie es zB. ein bestehender Wirkstoffpatentschutz begründet, reicht für die Inanspruchnahme dieses Ausnahmetatbestands nicht aus; vielmehr muss feststehen bzw. ist ggf. über ein Markterkundungsverfahren zu ermitteln, dass **tatsächlich nur ein Anbieter in der Lage** ist, die Leistung zu erbringen.[395] So wurde es in Bezug auf Arzneimittel bereits vom EuGH in der Vergangenheit als nicht ausreichend für die Erfüllung des Tatbestands von Art. 6 Abs. 3 c LKR[396] erachtet, dass ein Arzneimittel **durch ein Ausschließlichkeitsrecht geschützt** ist.[397] Vielmehr sei für die Inanspruchnahme dieses Ausnahmetatbestands zusätzlich erforderlich, dass das betreffende Arzneimittel nur von einem Unternehmer hergestellt oder geliefert werden kann.[398] Danach ist es zulässig, dass gesetzliche Krankenkassen Rabattvereinbarungen über patentgeschützte Originalmedikamente gem. § 3 EG Abs. 4 lit. c VOL/A ausschreibungsfrei mit einem bestimmten pharmazeutischen Unternehmen abschließen, wenn allein dieses Unternehmen ein Patent an dem betreffenden Medikament besitzt, dieses Medikament nicht zu anderen Konditionen von Dritten angeboten werden kann, und es zudem nachvollziehbare und nachweisbare sachliche Gründe dafür gibt, dass nur dieses Medikament im

---

[387] LSG Baden-Württemberg VergabeR 2009, 182, mit Anm. *Weiner* VergabeR 2009, 189; zustimmend *Lietz/Natz* A&R 2009, 3, 7.

[388] Kritisch gegenüber der Relevanz vertraglicher Exklusivitätsabreden *Lietz/Natz* A&R 2009, 3, 6.

[389] LSG Nordrhein-Westfalen VergabeR 2010, 135, mit Anm. *Gabriel* VergabeR 2010, 142.

[390] LSG Nordrhein-Westfalen VergabeR 2010, 135, 139.

[391] Ähnlich *Weiner* GesR 2010, 237, 241 und *dies.* VergabeR 2009, 189, 192; kritisch aufgrund der fehlenden Erkennbarkeit und Beeinflussbarkeit seitens der pharmazeutischen Unternehmen zum Zeitpunkt des Vertragsschlusses *Gabriel* VergabeR 2010, 142, 144.

[392] Ebenso schon zuvor OLG Düsseldorf v. 13. 2. 2008, VII-Verg 3/08; OLG Düsseldorf v. 17. 1. 2008, VII-Verg 57/07; OLG Düsseldorf VergabeR 2008, 73, mit Anm. *Amelung/Dörn* VergabeR 2008, 84.

[393] OLG Düsseldorf VergabeR 2009, 173 und 176, mit Anm. *Weiner* VergabeR 2009, 189.

[394] Eingehend zu den Voraussetzungen eines Verhandlungsverfahrens ohne vorherige Bekanntmachung „aufgrund des Schutzes eines Ausschließlichkeitsrechts" iSv. § 3 EG Abs. 4 lit. c VOL/A im Fall patentgeschützter Arzneimittel *Gabriel* NZS 2008, 455; *Wille* A&R 2008, 164, 165.

[395] EuGH, C-328/92, Slg. 1994, I-1569, RdNr. 17 – Kommission/Spanien; VK Baden-Württemberg v. 14. 3. 2005, 1 VK 5/05.

[396] Übereinstimmend mit dem Tatbestand von § 3 EG Abs. 4 lit. c VOL/A.

[397] EuGH, C-328/92, Slg. 1994, I-1569 – Kommission/Spanien; hierzu *Lietz/Natz* A&R 2009, 3, 7.

[398] EuGH, C-328/92, Slg. 1994, I-1569, RdNr. 17 – Kommission/Spanien.

Rahmen der Beschaffung in Betracht kommt und insofern eine Alleinstellung bzw. Ausschließlichkeit vorliegt.[399] Bei **entsprechender Definition des Bedarfs durch die Krankenkasse** könnte in diesem Zusammenhang auch maßgeblich sein, ob alle Anbieter (einschließlich Re- und Parallelimporteure) die Erfüllung des Auftrags sicherstellen können, oder ob ggf. nur ein Anbieter – idR. der Patentinhaber – die erforderliche Versorgungssicherheit (Lieferfähigkeit) gewährleisten kann.[400] Das Vorliegen der Voraussetzungen von § 3 EG Abs. 4 lit. c VOL/A hat das OLG Düsseldorf im Verfahren zur TNF-Alpha-Blocker-Ausschreibung in Ansehung der Möglichkeit, dass **auch Re- und Parallelimporteure** in den streitgegenständlichen Fällen in der Lage waren, das Originalpräparat zu liefern, zwar bezweifelt.[401] Zu berücksichtigen ist in diesem Zusammenhang jedoch, dass eine Substitution im Verhältnis zwischen Original- und Importarzneimitteln gem. § 5 Abs. 1 des Rahmenvertrags über die Arzneimittelversorgung nach § 129 Abs. 2 SGB V idF. v. 17. 1. 2008 nur eingeschränkt möglich ist.[402]

158   Vergleichbare Grundsätze gelten auch im Hinblick auf die **Anforderungen an die Leistungsbeschreibung.** Die Ausschreibung von Rabattverträgen für patentgeschützte Originalmedikamente in Offenen Verfahren darf von vornherein nur unter der Voraussetzung erfolgen, dass die Angebote vergleichbar iSv. § 8 EG Abs. 1 VOL/A sind. Dabei ist der vergaberechtliche **Begriff der Vergleichbarkeit** ein unbestimmter Rechtsbegriff, der unter Berücksichtigung der spezifischen Besonderheiten bei Arzneimittelbeschaffungen und der gesetzlichen Rahmenbedingungen des SGB V auszulegen ist. Eine pauschale Heranziehung der Beurteilungsrichtlinien, die im Zusammenhang mit den Festbeträgen der Stufe 2 (vgl. § 35 SGB V) entwickelt wurden, kommt hierbei wohl nicht in Betracht.[403] Dagegen spricht unter anderem, dass das SGB V in diversen anderen Zusammenhängen eine **Privilegierung patentgeschützter Medikamente** vorsieht. So liegt zB. den besonderen Regelungen zur eingeschränkten Festbetragsgruppentauglichkeit patentgeschützter Medikamente[404] der Gedanke zugrunde, dass der durch das Patent gewährte Investitionsschutz durch die Einstufung in eine einheitliche Erstattungsgruppe nicht untergraben werden soll. Dieser Zweck der Innovationsförderung im Bereich der Arzneimittelforschung würde gefährdet, wenn Krankenkassen unterschiedliche patentgeschützte Originalmedikamente, die sich auf (nur) teilweise gleiche Indikationen beziehen, in einen Wettbewerb setzen dürften und Herstellern von Originalarzneimitteln so die Möglichkeit zur Amortisierung ihrer Forschungs- und Entwicklungskosten eingeschränkt würde. Das spricht dafür, im Fall **divergierender Indikationsbereiche von Originalmedikamenten** eine **Vergleichbarkeit zu verneinen.** Denn würden entsprechende Arzneimittel gleichwohl in einen Ausschreibungswettbewerb gesetzt, würde eine Situation erzeugt, in der zur Wahrung der Chance auf den Zuschlag des Rabattvertrags notwendige Rabatte auch insoweit anzubieten und zu zahlen wären, als die Abgabe des betreffenden Arzneimittels aufgrund der ausschließlichen Zulassung für eine bestimmte Indikation gerade nicht durch Abgabe eines anderen Medikaments ersetzt werden kann und insofern zwischen den verschiedenen Präparaten gerade kein Wettbewerb besteht. In der Rechtsprechung ist dieses **Problem der divergierenden Indikationsbereiche** indes bislang entweder nicht gesehen oder aber als nicht entscheidend bewertet worden, da die Bieter diesem Umstand iRd. Kalkulation berücksichtigen[405] bzw. die Krankenkassen hierauf durch eine entsprechende Losbildung reagieren könnten.[406] Wenn verschiedene (vergleichbare) Wirkstoffe/Präparate miteinander im Wettbewerb stehen, da sie zur Behandlung derselben Indikation eingesetzt werden (können), gerät eine **wirkstoffbezogene Ausschreibung,** die – ohne sachliche Rechtfertigung – nur einzelne dieser vergleichbaren (patentgeschützten) Wirkstoffe nachfragt, zudem in Konflikt mit § 8 EG Abs. 7 VOL/A.[407] Neben wirkstoffbezogenen Ausschreibungen sind daher auch **indikationsbezogene Losaufteilungen** denkbar,[408] wobei der sachliche Begründungsaufwand im Vergabevermerk allerdings regelmäßig größer sein dürfte. Sofern zwischen verschiedenen Wirkstoffen/Präparaten tatsächlich eine umfassende Vergleichbarkeit gegeben ist, besteht keine Wahlfreiheit für den Auftraggeber, als Beschaffungsgegenstand einen bestimmten

---

[399] *Gabriel* NZS 2008, 455, 458.
[400] Letzteres annehmend *Schickert* PharmR 2009, 164, 172.
[401] OLG Düsseldorf VergabeR 2009, 173 und 176, mit Anm. *Weiner* VergabeR 2009, 189.
[402] *Lietz/Natz* A&R 2009, 3, 7; *Uwer/Kocher* PharmR 2008, 461, 464.
[403] Hierzu *Gabriel* NZS 2008, 455, 458.
[404] § 35 Abs. 1 S. 3, Abs. 1 a S. 2 SGB V.
[405] So VK Bund v. 22. 8. 2008, VK 2-73/08.
[406] So VK Bund v. 15. 8. 2008, VK 3-107/08.
[407] So OLG Düsseldorf VergabeR 2009, 173.
[408] Zu einem solchen Fall vgl. VK Bund v. 19. 11. 2008, VK 1-135/08.

Wirkstoff bzw. eine bestimmte Wirkstoffkombination zu bezeichnen oder aber den Vertragsgegenstand anhand einer bestimmten (indikationsbezogenen) therapeutischen Wirkung vorzugeben. Die **Leistungsbeschreibung** muss in jedem Fall **sachlich begründbar** sein, damit dem Vorwurf einer (ggf. versteckten) Diskriminierung bzw. eines Verstoßes gegen den **Grundsatz der Herstellerneutralität** vorgebeugt werden kann.[409] Eine Pflicht der Krankenkassen, Rabattvertragsausschreibungen auf substituierbare Arzneimittel (iSv. § 129 SGB V) zu beschränken, besteht jedenfalls nicht, da der **Aspekt des (gleichen) therapeutischen Nutzens** im Vordergrund steht.[410] Die Vorgabe, dass Bieter einen **Grundrabatt** gewähren müssen, der während der gesamten Dauer des Rabattvertrags eine preisliche Gleichsetzung mit dem günstigsten am Markt befindlichen wirkstoffgleichen Alternativprodukt (im Fall patentgeschützter Präparate: Re- und Parallelimporte) sicherstellt, wurde als **ungewöhnliches Wagnis** gem. § 8 Nr. 1 Abs. 3 VOL/A aF. bewertet, da hierdurch eine kaufmännisch vernünftige Kalkulation des Angebots unmöglich gemacht würde.[411] Das OLG Düsseldorf hat außerdem klargestellt, dass Patentinhaber – selbst wenn die Voraussetzungen des § 3 EG Abs. 4 lit. c VOL/A vorliegen sollten – jedenfalls keinen durchsetzbaren Anspruch auf eine Direktvergabe (im Wege eines Verhandlungsverfahrens) haben, da sich Krankenkassen im Rahmen ihres Ermessens jederzeit für ein wettbewerblicheres (offenes) Verfahren entscheiden können, auch wenn die Voraussetzungen für ein weniger förmliches (Verhandlungs-)Verfahren an sich vorliegen würden.[412]

c) Verträge zur integrierten Versorgung gem. §§ 140 a–140 d SGB V. aa) Überblick. **159**
Bereits durch das GKV-GRG wurde als neue (alternative) Regelversorgungsform die integrierte Versorgung eingeführt.[413] Mit Einführung der §§ 140 a–140 d SGB V wurde den gesetzlichen Krankenkassen erstmals die Möglichkeit eingeräumt, von den Vorschriften der Regelversorgung abzuweichen und mit Leistungserbringern vertraglich solche Versorgungsformen zu vereinbaren, die typische Schnittstellenprobleme – Wartezeiten, Doppeluntersuchungen und Behandlungsdiskontinuitäten – lösen sollen.[414] Integrierte Versorgungsleistungen können so **unterschiedliche Leistungen** wie Vertragsversorgung, vertragszahnärztliche Versorgung, Arznei-, Heil- und Hilfsmittelversorgung, Soziotherapie, häusliche Krankenpflege, Haushaltshilfe, Hebammenhilfe, Krankenhausbehandlung oder ambulante bzw. stationäre Rehabilitation umfassen.[415] Im Einzelnen regeln die Verträge zur integrierten Versorgung das Versorgungsangebot, dessen Nutzung dem Versicherten erstattet wird.[416] Auftragnehmer können gem. § 140 b Abs. 1 SGB V zur vertragsärztlichen Versorgung zugelassene Ärzte, Träger von Krankenhäusern, medizinische Versorgungszentren sowie Managementgesellschaften und Gemeinschaften von Leistungserbringern sein.

bb) Integrierte Versorgungsverträge und Auftragsbegriff gem. § 99 Abs. 1. α) Lenkungs- bzw. Steuerungswirkung von integrierten Versorgungsverträgen. Bei einem **160**
Vergleich mit herkömmlichen vergaberechtsrelevanten Beschaffungsvorgängen im Gegenseitigkeitsverhältnis könnten in Ansehung des **sozialrechtlich vorgegebenen Dreiecksverhältnisses**[417] der Leistungsbeziehungen auch bei integrierten Versorgungsverträgen Zweifel bestehen, dass der Abschluss entsprechender Verträge zur zwischen Krankenkassen und Leistungserbringern im Wege entgeltlicher Verträge gem. § 99 Abs. 1 erfolgt.[418] Ebenso wenig wie bei Hilfsmittelliefer- oder Rabattverträgen steht jedoch allein der Umstand, dass der unmittelbare Nutznießer der Leistungserbringung nicht die Krankenkassen, sondern die Versicherten sind, der Anwendung des Vergaberechts nicht entgegen.[419] Da die Krankenkassen gegenüber den Versi-

---

[409] *Kamann/Gey* PharmR 2009, 114, 119; *Schickert* PharmR 2009, 164, 172; *Gabriel* NZS 2008, 455, 457.
[410] LSG Baden-Württemberg v. 17. 2. 2009, L 11 WB 381/09; OLG Düsseldorf v. 20. 10. 2008, VII-Verg 46/08; VK Bund v. 22. 8. 2008, VK 2-73/08; VK Bund v. 15. 8. 2008, VK 3-107/08.
[411] VK Bund v. 22. 8. 2008, VK 2-73/08; hierzu *Kamann/Gey* PharmR 2009, 114, 121.
[412] OLG Düsseldorf VergabeR 2009, 173; ebenso zuvor VK Bund v. 22. 8. 2008, VK 2-73/08.
[413] Zum GKV-GRG vgl. oben RdNr. 100, sowie *Gabriel* NZS 2007, 344; *Kamann/Gey* PharmR 2006, 255; *Quaas* VSSR 2004, 175, 176; *Wigge* NZS 2001, 17, 18; *Becker* NZS 2001, 505.
[414] *Ebsen/Kaltenborn* 170; *Moosecker* 92; *Dreher/Hoffmann* NZBau 2009, 273, 279; *Goodarzi/Schmid* NZS 2008, 518, 519; *Gabriel* NZS 2007, 344, 345; *ders.* VergabeR 2007, 630; *v. Schwanenflügel* NZS 2006, 285, 287; *Kingreen* MedR 2004, 188, 191; *Beule* GesR 2004, 209; *Quaas* VSSR 2004, 175, 177.
[415] *Becker* NZS 2001, 505, 506; *Dahm* MedR 2005, 121; *Wigge* NZS 2001, 66, 67.
[416] Hierzu eingehend *Kuhlmann* Integrierte Versorgung 2004, 417; *v. Schwanenflügel* NZS 2006, 285, 288; *Dahm* MedR 2005, 121, 122; *Quaas* VSSR 2004, 175, 191.
[417] Vgl. hierzu *Baumeister/Struß* NZS 2010, 247, 249; *Gabriel* NZS 2007, 344, 348; *Krohn* Archiv für Wissenschaft und Praxis der sozialen Arbeit, 2005, 90; *Kingreen* SGb 2004, 659, 668.
[418] *Rixen* GesR 2006, 49, 55; *Koenig/Engelmann/Hentschel* MedR 2003, 562, 565.
[419] Vgl. oben RdNr. 141.

cherten aufgrund ihres Versorgungsauftrages zur Leistungsbeschaffung verpflichtet sind, schließen sie mit Leistungserbringern Versorgungsverträge zugunsten ihrer Versicherten ab, so dass diese Vertragsabschlüsse bereits **eine (erste) Auswahlentscheidung bezüglich der Leistungserbringer** (bestimmter integrierter Versorgungskonzepte) beinhalten.[420] Daher kann – trotz des sozialrechtlichen Dreiecksverhältnisses – vom Vorliegen eines vergaberechtlich relevanten (mittelbaren) Beschaffungsvorgangs durch die Krankenkassen zugunsten der Versicherten ausgegangen werden.[421] Schwieriger zu beurteilen bleibt indes das **Merkmal der Entgeltlichkeit,**[422] da die konkrete Auswahl der Leistungserbringer erst durch die Versicherten erfolgt und insofern die wirtschaftliche Relevanz des Vertragsschlusses hinterfragt werden kann. Die Versicherten haben das – auf die Auswahl zwischen den zugelassenen bzw. ermächtigten Leistungserbringern (vgl. § 76 Abs. 1 SGB V) beschränkte – Recht auf freie Arztwahl, das auch durch bestehende Verträge zur integrierten Versorgung nicht berührt wird, da die Teilnahme an dieser Versorgungsform für die Versicherten freiwillig ist (vgl. § 140 a Abs. 2 S. 1 SGB V).[423] Der Vertragsabschluss zwischen Krankenkassen und Leistungserbringern bietet also grds. keine Gewähr dafür, dass Versicherte die Leistung des jeweiligen Vertragspartners überhaupt in Anspruch nehmen, da die konkrete Auswahlentscheidung durch den Versicherten im Einzelfall selbst getroffen wird.[424] In der Gesetzesbegründung zum GKV-OrgWG wird daher ausgeführt:

161   „*Dagegen sind Verträge über eine hausarztzentrierte Versorgung nach § 73 b, Verträge über besondere ambulante ärztliche Versorgung nach § 73 c und Verträge über eine integrierte Versorgung §§ 140 a ff. idR. keine öffentlichen Aufträge, da die Entscheidung über den Abruf der jeweiligen Leistung nicht von den Krankenkassen, sondern von den Versicherten getroffen wird, die die angebotenen Versorgungsformen in Anspruch nehmen können. Die Entscheidung im Einzelfall hängt jedoch von der konkreten Vertragsgestaltung ab und obliegt den mit der Nachprüfung betrauten Vergabekammern und Landessozialgerichten.*"[425]

162   Etwas anderes muss jedoch dann gelten, wenn **durch die Vorauswahl der Leistungserbringer die spätere Inanspruchnahme durch die Versicherten bestimmbar** wird. Das ist zB. dann der Fall, wenn bestimmte integrierte Versorgungskonzepte **exklusiv** mit einzelnen Leistungserbringern abgeschlossen werden oder **rechtliche bzw. flankierende vertragliche Mechanismen** eine die Inanspruchnahme des Vertragspartners fördernde Wirkung erzeugen (können), die für die Annahme eines wirtschaftlichen Vorteils iSd. Entgeltlichkeit gem. § 99 Abs. 1 genügt.[426] Das kann bspw. dadurch erfolgen, dass Krankenkassen Vergünstigungen an die Inanspruchnahme bestimmter Leistungserbringer knüpfen.[427] Praktisch relevant sind in diesem Zusammenhang insbes. **Boni** für gesundheitsbewusstes Verhalten gem. § 65 a SGB V und **Zuzahlungsermäßigungen** gem. § 53 Abs. 3 SGB V, die oft in Verträge zur integrierten Versorgung aufgenommen werden und die dazu führen, dass die Versicherten angehalten werden, bestimmte Leistungserbringer in Anspruch zu nehmen, so dass der Gesichtspunkt der freien Arztwahl kein überzeugendes Gegenargument gegen die Annahme einer Lenkungs-/Steuerungswirkung ist.[428] Das Gleiche gilt, wenn integrierte Versorgungsverträge für bestimmte Indikationen und Einzugsbereiche **exklusiv mit einzelnen Leistungserbringern abgeschlossen** werden. In diesen Fällen kann ein dem Vergaberecht unterfallender entgeltlicher Vertrag bejaht werden.[429] Verträge zur integrierten Versorgung sind daher – bei entsprechender Ausgestaltung – als öffentliche Aufträge iSv. § 99 Abs. 1 zu qualifizieren.[430]

---

[420] *Moosecker*, 103; *Gabriel* NZS 2007, 344, 348; *Kuhlmann* Integrierte Versorgung 2004, 417, 424; *Koenig/Busch* NZS 2003, 461, 463.

[421] *Dreher/Hoffmann* NZBau 2009, 273, 280; *Goodarzi/Schmid* NZS 2008, 518, 522; *Gabriel* NZS 2007, 344, 348; *Hesselmann/Motz* MedR 2005, 498, 500.

[422] *Rixen* GesR 2006, 49, 55.

[423] *Dreher/Hoffmann* NZBau 2009, 273, 280; *Gabriel* NZS 2007, 344, 348; *Quaas* VSSR 2004, 175, 191; *Becker* NZS 2001, 505, 506.

[424] *Rixen* GesR 2006, 49, 55; *Beule* GesR 2004, 209, 214.

[425] Gesetzesbegründung, BT-Drucks. 16/10 609 v. 15. 10. 2008, 66.

[426] Vgl. oben RdNr. 143.

[427] *Dreher/Hoffmann* NZBau 2009, 273, 280; *Koenig/Engelmann/Hentschel* MedR 2003, 562, 568: „Versichertensteuerung durch Anreizwirkung".

[428] *Goodarzi/Schmid* NZS 2008, 518, 522; *Gabriel* NZS 2007, 344, 348; *Rixen* GesR 2006, 49, 56.

[429] *Gabriel* NZS 2007, 344, 348; *Vollmöller* NZS 2004, 63, 66; *Quaas* VSSR 2004, 175, 191; *Kuhlmann* Integrierte Versorgung 2004, 417, 424; *Koenig/Engelmann/Hentschel* MedR 2003, 562, 568; ähnlich *Beule* GesR 2004, 209, 214.

[430] *Dreher/Hoffmann* NZBau 2009, 273, 280; *Goodarzi/Schmid* NZS 2008, 518, 522; *Gabriel* NZS 2007, 344, 348; *Kamann/Gey* PharmR 2006, 291, 293.

β) Öffentlicher Auftrag oder Dienstleistungskonzession. Abweichend von der vorste- **163**
hend beschriebenen Einordnung wird vereinzelt vertreten, dass es sich bei Verträgen zur integrierten Versorgung nicht um öffentliche Aufträge iSv. § 99 Abs. 1 handeln würde, sondern um
Dienstleistungskonzession.[431] Unter einer Dienstleistungskonzession wird im Vergaberecht eine
Vereinbarung verstanden, die als Gegenleistung für eine Dienstleistung kein Entgelt vorsieht,
sondern das ausschließliche Recht, die eigene Leistung unter Übernahme des wirtschaftlichen
Risikos zu nutzen und entgeltlich zu verwerten.[432] Voraussetzung einer Dienstleistungskonzession ist, dass das wirtschaftliche Risiko auf den Konzessionär übertragen wird. Diesbezüglich
wird im vorliegenden Zusammenhang angeführt, dass eine solche **Verlagerung des wirtschaftlichen Risikos** spreche, dass **aufgrund des Wahlrechts der Versicherten keine Einflussnahmemöglichkeiten** des Leistungserbringers bestehen, ob und in welchem Umfang
seine Leistungen in Anspruch genommen werden.[433] Entsprechend obiger Ausführungen[434]
kann bei Verträgen zur integrierten Versorgung jedoch ein **durch Boni und Vergünstigungen** (vgl. §§ 65a, 53 Abs. 3 SGB V) **gesteuertes Anreizsystem** bestehen. Sofern derartige
Bonusregelungen faktisch dazu führen, dass die Versicherten dazu angehalten werden, bestimmte Leistungserbringer in Anspruch zu nehmen, ist das Argument der freien Arztwahl sowie der
freiwilligen Teilnahme an integrierten Versorgungsformen nicht mehr überzeugend, um eine
wirtschaftliche Risikoverlagerung auf den Leistungserbringer zu begründen.[435] Zudem erhalten
die Leistungserbringer ihr Entgelt gerade nicht von den Versicherten, sondern von den **Krankenkassen als solventen Schuldnern,** so dass insofern auch unter dem Aspekt des mit der
Vergütungsbeitreibung verbundenen etwaigen Risikos keine Verlagerung des wirtschaftlichen
Risikos auf den Leistungserbringer erfolgt.[436] Letztgenannten Gesichtspunkt hat der **EuGH**
ebenfalls als maßgebend dafür erachtet, die Qualifizierung integrierter Versorgungsverträge als
Dienstleistungskonzessionen abzulehnen.[437] Erwägungen hinsichtlich der generellen Ungewissheit der Inanspruchnahme der Leistungserbringer wurden nicht als wirtschaftliches Risiko
iS. einer Dienstleistungskonzession angesehen, sondern als „ein Charakteristikum" und „klassisches Beispiel einer Rahmenvereinbarung".[438]

cc) Anwendbarkeit der VOF auf Leistungen zur integrierten Versorgung. Integrierte **164**
Versorgungsleistungen unterfallen, anders als Hilfsmittel- oder Rabattverträge, nicht ausschließlich dem Anwendungsbereich der VOL/A, sondern können die Voraussetzungen für eine Vergabe nach der VOF erfüllen.[439] Dieser Umstand ist von großer Bedeutung für das Ausmaß der
hiermit verbundenen vergaberechtlichen Pflichten.

Die VOF ist nur bei der Vergabe von **Dienstleistungen** anwendbar, die **freiberuflich er-** **165**
bracht werden und **vorab nicht eindeutig und erschöpfend beschrieben** werden können
(vgl. § 5 VgV, § 1 VOF). Für die Freiberuflichkeit wird vorausgesetzt, dass es sich um eine selbständige Tätigkeit höherer Art auf der Grundlage besonderer beruflicher Qualifikation oder
schöpferischer Begabung handelt, die persönlich, eigenverantwortlich und fachlich unabhängig
im Interesse der Auftraggeber und der Allgemeinheit erbracht wird.[440] Die VOF selbst definiert
nicht abschließend, was Inhalt freiberuflicher Leistungen sein kann. Insoweit kann allerdings die
Definition des § 18 Abs. 1 Nr. 1 S. 1 EStG zurückgegriffen werden. Danach gehören zu der

---

[431] So *Ebsen/Kaltenborn* 180–183; *Blum* Vergabe Navigator 2006, 10, 12; *Hesselmann/Motz* MedR 2005,
498, 500; *Quaas* VSSR 2004, 175, 191; *Zuck* f&w 2002, 534, 536.
[432] Zur vergaberechtlichen Bewertung von Dienstleistungskonzessionen vgl. § 99 RdNr. 223 ff.
[433] *Huster/Kaltenborn/Kaltenborn/Weiner* 492 RdNr. 44; *Ebsen/Kaltenborn* 181; *Klöck* NZS 2008, 178, 184;
Blum Vergabe Navigator 2006, 10, 12; *Hesselmann/Motz* MedR 2005, 498, 500.
[434] Vgl. RdNr. 162.
[435] *Dreher/Hoffmann* NZBau 2009, 273, 280; *Gabriel* NZS 2007, 344, 350; *ders.* VergabeR 2007, 630, 632;
ähnlich *Huster/Kaltenborn/Kaltenborn/Weiner* 490 RdNr. 45.
[436] *Moosecker* 116; *Dreher/Hoffmann* NZBau 2009, 273, 280; *Goodarzi/Schmid* NZS 2008, 518, 522; *Gabriel*
NZS 2007, 344, 350; *Kamann/Gey* PharmR 2006, 291, 293; *Prieß/Krohn* Archiv für Wissenschaft und
Praxis der sozialen Arbeit, 2005, 34, 44; *Krohn* Archiv für Wissenschaft und Praxis der sozialen Arbeit, 2005,
90, 102.
[437] EuGH v. 11. 6. 2009, C-300/07, RdNr. 74 – Hans & Christophorus Oymanns; hierzu *Kingreen* NJW
2009, 2417, 2418.
[438] Schlussanträge GA *Mazak* v. 16. 12. 2008, C-300/07, RdNr. 70. AA *Ebsen/Kaltenborn* 183. Ebenfalls
kritisch zur Einordnung als Rahmenvereinbarung vor dem Hintergrund der Unvereinbarkeit von § 140b
Abs. 5 SGB V und Art. 32 Abs. 2 UAbs. 2 VKR *Gabriel* NZS 2007, 344, 349; *Moosecker* 136; *Kingreen* NJW
2009, 2417, 2418.
[439] Hierzu *Moosecker* 166; *Gabriel* NZS 2007, 344, 350.
[440] OLG München v. 28. 4. 2006, Verg 6/06; VK Saarland v. 19. 5. 2006, 3 VK 03/2006.

freiberuflichen Tätigkeit „die selbständig ausgeübte wissenschaftliche, künstlerische, schriftstelle-
rische, unterrichtende oder erzieherische Tätigkeit, die selbständige Berufstätigkeit der Ärzte,
Zahnärzte, Tierärzte, Rechtsanwälte, Notare, Patentanwälte, Vermessungsingenieure, Ingenieure,
Architekten, Handelschemiker, Wirtschaftsprüfer, Steuerberater, beratenden Volks- und Be-
triebswirte, vereidigten Buchprüfer (vereidigten Bücherrevisoren), Steuerbevollmächtigten,
Heilpraktiker, Dentisten, Krankengymnasten, Journalisten, Bildberichterstatter, Dolmetscher,
Übersetzer, Lotsen und ähnlicher Berufe". Diese Definition ist im Hinblick auf die Beschreibung des Anwendungsbereichs des VOF zwar nicht abschließend, jedoch ist im vorliegenden
Zusammenhang insbes. bereits die Nennung der Berufstätigkeit von Ärzten, Zahnärzten, Heil-
praktikern, Dentisten und Krankengymnasten als Anhaltspunkt relevant. Integrierte Versorgungsleistungen werden oftmals durch diese und vergleichbare Berufsgruppen erbracht, so dass
es sich um eine freiberufliche Leistungserbringung iSd. VOF handeln kann.[441] Zudem werden
von Krankenkassen nachgefragte integrierte Versorgungskonzepte nicht immer im Voraus eindeutig und erschöpfend beschrieben werden können.[442] Die VOF sieht als einschlägiges Vergabeverfahren daher das Verhandlungsverfahren vor (vgl. § 5 VOF).[443] Kommt es dem Auftraggeber gerade darauf an, dass der Auftragnehmer unter Einbringung seiner beruflichen Erfahrung
und Kompetenz eine eigenständige, kreative Lösung finden soll, liegt regelmäßig eine nicht
hinreichend beschreibbare Dienstleistung vor.[444] Eben das dürfte oftmals der Situation bei der
Schaffung integrierter Versorgungskonzepte entsprechen.

166   **dd) Integrierte Versorgung als nicht-prioritäre Dienstleistung.** Die anhand des Wert-
verhältnisses zwischen dem Liefer- und Dienstleistungsanteil vorzunehmende Abgrenzung von
Liefer- und Dienstleistungsauftrag[445] ist – so wie oben bereits im Zusammenhang mit Versorgungsverträgen gem. § 127 SGB V ausgeführt[446] – mit weitgreifenden Konsequenzen verbunden, da es nur im Fall eines Dienstleistungsauftrags auf die Unterscheidung zwischen Anhang I A (prioritäre Dienstleistungen) und Anhang I B (nicht-prioritäre Dienstleistungen) der
VOF bzw. VOL/A ankommt. Diese Unterscheidung spielt auch bei der Beauftragung von integrierten Versorgungsdienstleistungen eine große Rolle,[447] weil diese Leistungen in Kategorie
25 des Anhangs I B von VOF und VOL/A bzw. des Anhangs VII der VKR erfasst werden, der
das „Gesundheits-, Veterinär-, und Sozialwesen" als nicht-prioritären Dienstleistungsbereich
nennt.[448] Die **konkreten vergaberechtlichen Vorgaben,** an die sich die gesetzlichen Krankenkassen halten müssen, sind aufgrund dieser Einordnung als nicht-prioritäre Dienstleistung
gem. Art. 21 VKR **daher eingeschränkt:** im Fall einer Anwendung der VOL/A würden neben den Bestimmungen der Basisparagraphen lediglich die §§ 8 EG, 15 EG Abs. 10, 23 EG
VOL/A zu beachten sein, während bei Anwendbarkeit der VOF lediglich die §§ 6 Abs. 2–7, 14
VOF gelten würden.[449] Eben diese Vorschriften (abgesehen von den Basisparagraphen der
VOL/A) spielen im vorliegenden Zusammenhang jedoch keine große Rolle, da eine Beauftragung mit integrierten Versorgungsdienstleistungen idR. keine „technischen Anforderungen"
im Sinne technischer Spezifikationen beinhalten wird und sich die Mitteilungspflicht von vornherein nur auf die Mitteilung der Ergebnisse eines abgeschlossenen Vergabeverfahrens bezieht.[450]

167   Unabhängig von den genannten Vorgaben der Vergabe- und Vertragsordnungen – und
zudem unabhängig vom Erreichen der EU-Schwellenwerte – gelten allerdings die **Vorgaben
des Primärrechts und insbes. der Grundfreiheiten** nach Art. 49 (Niederlassungsfreiheit)
und Art. 56 (Dienstleistungsfreiheit) AEUV.[451] Hinsichtlich der Geltung dieser primärrechtlichen Bestimmungen – die unterhalb der Schwellenwerte ebenso wie bei der Vergabe nicht-

---

[441] *Gabriel* NZS 2007, 344, 350.
[442] So *Gabriel* NZS 2007, 344, 350; *Dahm* MedR 2005, 121, 124.
[443] VK Saarland v. 19. 5. 2006, 3 VK 03/2006; VK Brandenburg v. 23. 11. 2004 – VK 58/04.
[444] OLG München v. 28. 4. 2006, Verg 6/06.
[445] EuGH v. 11. 6. 2009, C-300/07, RdNr. 66 – Hans & Christophorus Oymanns.
[446] Hierzu oben RdNr. 108.
[447] Hier schwerpunktmäßig idR. Dienstleistungen annehmend *Ebsen/Kaltenborn* 179.
[448] Vgl. oben RdNr. 109.
[449] Hierzu *Gabriel* NZS 2007, 344, 350; *ders.* VergabeR 2007, 630, 632; *Boldt* NJW 2005, 3757, 3760;
Kunze/Kreikebohm NZS 2003, 62, 67.
[450] *Gabriel* NZS 2007, 344, 351.
[451] Hierzu *Vergho* NZS 2007, 418, 419; *Kamann/Gey* PharmR 2006, 291, 294; zu den kartellrechtlichen
Anforderungen *Kingreen* MedR 2004, 188, 196.

prioritärer Dienstleistungen zu beachten sind – wird auf die vorstehenden Ausführungen zu Hilfsmittelverträgen gem. § 127 SGB V verwiesen, die hier in gleicher Weise gelten.[452]

d) Verträge zur hausarztzentrierten Versorgung gem. § 73 b SGB V. aa) Über- **168** **blick.** Gegenstand hausarztzentrierter Versorgungsverträge gem. § 73 b SGB V sind primär Steuer-, Koordinierungs- und Integrationsleistungen, indem der Hausarzt die gezielte Zuweisung zu Fachspezialisten sowie die federführende Koordinierung zwischen verschiedenen Versorgungsebenen übernimmt.[453] Dementsprechend sind Vertragspartner hausarztzentrierter Versorgungsverträge neben Vertragsärzten iSv. § 73 Abs. 1 a SGB V vor allem deren Gemeinschaften, Managementgesellschaften und kassenärztliche Vereinigungen (vgl. § 73 b Abs. 4 S. 3 SGB V). Hausarztzentrierte Versorgungsverträge regeln daher weniger die Details der freiberuflichen ärztlichen Leistungserbringung, als vielmehr die Rahmenbedingungen der Organisation und Abwicklung des jeweiligen hausärztlichen Versorgungsmodells. Eine Anwendbarkeit der VOF kommt daher hier, anders als in solchen Bereichen des SGB V, in denen das aufgrund der Art und Weise der Vertragsanbahnung sowie des anbieterseitig eingebrachten Innovationspotentials naheliegender ist (zB. bei integrierten Versorgungsverträgen),[454] mangels Nichtbeschreibbarkeit der Leistung kaum in Betracht.[455]

Hinsichtlich der Qualifizierung hausarztzentrierter Versorgungsverträge als öffentliche Aufträge **169** iSv. § 99 Abs. 1 kann zunächst auf das zur integrierten Versorgung Ausgeführte verwiesen werden.[456] Auch im Rahmen von § 73 b SGB V besteht ein **von der vertraglichen Ausgestaltung abhängiges Anreizsystem**, um die für die Versicherten freiwillige Teilnahme an der hausarztzentrierten Versorgung zu fördern (zB. durch Prämienzahlungen oder Zuzahlungsermäßigungen gem. § 53 Abs. 3 S. 2 SGB V), das für die Annahme eines wirtschaftlichen Vorteils iSd. **Entgeltlichkeit gem. § 99 Abs. 1 GWB genügt**.[457] Um eine Dienstleistungskonzession handelt es sich schon mangels Übertragung eines wirtschaftlich nutzbaren Rechts nicht.[458]

bb) Hausarztzentrierte Versorgung als nicht-prioritäre Dienstleistung. Ein weiterer **170** Unterschied bspw. im Vergleich zu Arzneimittelrabattverträgen besteht darin, dass es sich bei hausarztzentrierten Versorgungen nach § 73 b SGB V – insofern vergleichbar mit integrierten Versorgungen bzw. Hilfsmittelversorgungen mit überwiegendem Dienstleistungsanteil – um nicht-prioritäre (nachrangige) Dienstleistungen im Gesundheitswesen handelt, die einem gänzlich anderen vergaberechtlichen Regime unterfallen.[459] Da es bei der hausärztlichen Versorgung von gesetzlich Versicherten jedoch weniger um binnenmarktrelevante Leistungen geht,[460] wird es idR. zu keiner „Überlagerung" des deutschen Sozialrechts durch ggf. anderslautende Vorgaben der europäischen Vergaberichtlinien oder der Grundfreiheiten des EGV kommen. Demzufolge handelt es sich bei **nicht-binnenmarktrelevanten nicht-prioritären Dienstleistungen** um Sachverhalte, die (abgesehen von den §§ 8 EG, 15 EG Abs. 10, 23 EG VOL/A bzw. §§ 6 Abs. 2–7, 14 VOF)[461] nach ausschließlich nationalen (deutschen) Vorgaben zu bewerten sind, so dass sich die Frage stellt, ob **§ 73 b SGB V** eine – das deutsche Vergaberecht ausschließende – **lex specialis im Verhältnis zu den Basisparagraphen der VOL/A** darstellt, deren Geltung nicht durch EU-Recht angeordnet wird, sondern auf einer Entscheidung des deutschen Verordnungsgebers in § 4 Abs. 4 VgV basiert.[462] Diese Frage wurde in gleicher Weise vorstehend bereits im Zusammenhang mit § 127 Abs. 1, Abs. 1 a SGB V diskutiert.[463] Jedoch spricht im Hinblick auf § 73 b SGB V noch ein weiteres Argument dafür, dass die untergesetzliche (durch europäisches Vergaberecht nicht vorgegebene) Anordnung der Geltung der Basispara-

---

[452] Vgl. RdNr. 113.

[453] Eingehend hierzu *Weiner* GesR 2010, 237; *Stolz/Kraus* MedR 2010, 86; *Walter* NZS 2009, 307; *Goodarzi/Schmid* NZS 2008, 518.

[454] Vgl. RdNr. 165.

[455] Ebenso VK Arnsberg v. 25. 3. 2009, VK 33/08. Die Entscheidung ist Gegenstand des sofortigen Beschwerdeverfahrens L 21 KR 43/09 SFB vor dem LSG Nordrhein-Westfalen.

[456] Vgl. RdNr. 163.

[457] Ebenso *Weiner* GesR 2010, 237; *Dreher/Hoffmann* NZBau 2009, 273, 281; *Goodarzi/Schmid* NZS 2008, 518, 523.

[458] VK Arnsberg v. 25. 3. 2009, VK 33/08.

[459] Zur den vergaberechtlichen Auswirkungen einer Qualifizierung als nicht-prioritärer (nachrangiger) Dienstleistung vgl. oben RdNr. 108 und RdNr. 166.

[460] Zum Begriff der Binnenmarktrelevanz in diesem Zusammenhang vgl. oben RdNr. 114.

[461] Hierzu oben RdNr. 165.

[462] Hierzu *Weiner* GesR 2010, 237, 243; ferner OLG Düsseldorf v. 23. 5. 2007, VII-Verg 50/06.

[463] Vgl. RdNr. 110.

graphen nach § 4 Abs. 4 VgV durch § 73 b SGB V als Spezialregelung verdrängt wird, so dass sich das Erfordernis einer förmlichen Ausschreibung jedenfalls nicht aus der Anwendung der Basisparagraphen der VOL/A ergibt. Denn hier könnte **§ 69 Abs. 2 S. 2 SGB V** – jedenfalls teilweise – der Anwendung der in S. 1 genannten GWB-Vergaberechtsvorschriften entgegenstehen,[464] da diese laut S. 2 nicht für solche Verträge mit Leistungserbringern gelten, „zu deren Abschluss die Krankenkassen oder deren Verbände gesetzlich verpflichtet sind und bei deren Nichtzustandekommen eine Schiedsamtsregelung gilt".[465] Das ist bei § 73 b SGB V der Fall: Krankenkassen sind zum Abschluss hausarztzentrierter Versorgungsverträge gem. § 73 b Abs. 1, Abs. 4 SGB V verpflichtet; bei Nichteinigung mit Gemeinschaften, die mindestens die Hälfte der an der hausärztlichen Versorgung teilnehmenden Allgemeinärzte des Bezirks der Kassenärztlichen Vereinigung vertreten, kann gem. § 73 b Abs. 4 S. 2 SGB V ein Schiedsverfahren beantragt werden.[466] In diesem Fall steht mit den §§ 69 Abs. 2 S. 2, 73 b SGB V also eine nationale Regelung mit Gesetzesrang einer anderen (ebenfalls rein) nationalen Vorschrift in Gestalt von § 4 Abs. 4 VgV gegenüber, die zudem lediglich Verordnungsrang besitzt. Hinzu kommt, dass in der von § 73 b Abs. 4 S. 1 SGB V erfassten Konstellation, nach der vorrangig ein Vertrag mit einer Gemeinschaft, die mindestens die Hälfte der an der hausärztlichen Versorgung teilnehmenden Allgemeinärzte eines Bezirks einer Kassenärztlichen Vereinigung vertritt, zu schließen ist, eine **Ausschreibung mangels Wettbewerbs** (es kann ich jedem Bezirk einer Kassenärztlichen Vereinigung nur eine solche Gemeinschaft geben) **nicht geboten** ist und ein Vertragsabschluss im Wege eines Verhandlungsverfahrens ohne vorherige Bekanntmachung gem. § 3 EG Abs. 4 lit. c VOL/A begründet werden kann.[467] Zwar gilt im Fall des Vertragsschlusses mit anderen Vertragspartnern (vgl. § 73 b Abs. 4 S. 3, 4 SGB V) keine Schiedsamtsregelung, so dass in diesen Fällen § 69 Abs. 2 S. 2 SGB V nicht gilt, und auch ein Wettbewerb mit anderen Interessenten ist hier denkbar (vgl. § 73 b Abs. 4 S. 3 SGB V), jedoch kann sich die Unanwendbarkeit der Basisparagraphen in diesen Fällen aus § 73 b Abs. 4 SGB V selbst ergeben, der kein förmliches Ausschreibungsregime nach Vergaberecht vorsieht.

171   Damit bleibt es beim Abschluss hausarztzentrierter Versorgungsverträge gem. § 73 b SGB V zwar dabei, dass zwar die materiellen Vergaberechtsvorschriften der §§ 97 ff. GWB, soweit sie vorrangige europäische vergaberechtliche Vorgaben umsetzen, nicht kraft § 69 SGB V ausgeschlossen werden können.[468] Insofern gilt auch hier, dass das SGB V keine Bereichsausnahme gegenüber dem EG-Vergaberecht anordnen kann.[469] Da es sich bei der hausarztzentrierten Versorgung aber um eine nicht-prioritäre Dienstleistung handelt, gelten gem. Art. 21 VKR lediglich die Vorschriften über technische Spezifikationen und die Mitteilung vergebener Aufträge. Aus diesen ergibt sich **keine vergaberechtliche Ausschreibungspflicht.** Die Basisparagraphen der VOL/A, aus denen sich eine förmliche Ausschreibungspflicht ergeben könnte, sind indes nicht anwendbar, soweit man in § 73 b SGB V (iVm. § 69 Abs. 2 S. 2 SGB V) eine Spezialregelung sieht, die erstens selbst ein (spezielles) Ausschreibungsverfahren nach sozialrechtlichen Maßgaben anordnet, zweitens daher nicht mit etwaigen strengeren vergaberechtlichen Vorgaben (der VOL/A-Basisparagraphen) zu vereinbaren ist und drittens – mangels Binnenmarktrelevanz – durch vorrangiges EG-Vergaberecht nicht ausgeschlossen ist (vgl. Art. 21 VKR).[470]

172   **cc) Sozialrechtliche Ausschreibungspflicht.** Obgleich damit die Geltung sämtlicher auf rein nationales Recht zurückgehender vergaberechtlicher Vorgaben abzulehnen ist, so dass es insofern bei der Anwendbarkeit lediglich der auf EG-Vergaberecht basierenden Vorschriften von VOL/A bzw. VOF bleibt, ist zu berücksichtigen, dass **§ 73 b Abs. 4 S. 5 SGB V** eine spezielle „sozialrechtliche" Ausschreibungspflicht vorsieht, derzufolge hausarztzentrierte Versorgungsverträge mit Vertragspartnern iSv. § 73 b Abs. 4 S. 3 SGB V „**unter Bekanntgabe objektiver Auswahlkriterien auszuschreiben**" sind.[471] Diese Vorgabe führt zwar nicht zu einem Vergabeverfahren nach vergaberechtlichen Regeln, jedoch zu einer Ausschreibung nach sozialgesetzlicher Maßgabe.[472] Jedenfalls in diesem Zusammenhang ist der – sonst eher Missver-

---

[464] Zur Änderung von § 69 Abs. 2 SGB V durch das GKV-OrgWG vgl. RdNr. 97.

[465] Hierzu *Weiner* GesR 2010, 237, 243; *Esch* MPR 2009, 149, 155; *Willenbruch* PharmR 2009, 111, 112.

[466] Zu den vergaberechtlichen Auswirkungen vgl. VK Arnsberg v. 25. 3. 2009, VK 33/08.

[467] Ebenso *Esch* MPR 2009, 149, 155.

[468] Zum Vorrang des gemeinschaftsrechtlich vorgegebenen Vergaberechts vgl. oben RdNr. 96.

[469] Ebenso *Ebsen/Kaltenborn* 184; *Goodarzi/Schmid* NZS 2008, 518, 520.

[470] So auch *Weiner* GesR 2010, 237, 243.

[471] Hierzu *Walter* NZS 2009, 307, 309.

[472] *Weiner* GesR 2010, 237, 243.

ständnisse begünstigende – **Begriff des „Sozialvergaberechts"** berechtigt.[473] Dabei geht bei § 73 b Abs. 4 S. 5 SGB V im Einzelnen nicht um die Frage, ob strengeres/förmlicheres (EU/GWB-)Vergaberecht durch spezielleres, (vermeintlich) weniger förmliches Sozialrecht verdrängt wird, sondern um die umgekehrte Frage, ob EU-Vergaberecht, das keine nennenswerten Vorgaben aufstellt (vgl. Art. 21 VKR und die Vorschriften über technische Spezifikationen und ex-post-Publizität), durch eine Vorschrift des nationalen Rechts ergänzt/verschärft werden kann. Diese Frage ist – ohne weiteres – zu bejahen, da es sich um eine zulässige mitgliedstaatliche Verschärfung der für die Vergabe nicht-prioritärer Dienstleistungen geltenden Vorgaben handelt. Daher ist davon auszugehen, dass dem Wortlaut sowie der Auslegung der nationalen Vorschrift gem. § 73 b Abs. 4 S. 5 SGB V bei der Ausschreibung hausarztzentrierter Versorgungsverträge eine ungleich größere Bedeutung zukommt als das bspw. bei den §§ 127, 130 a Abs. 8 SGB V – jedenfalls der vergaberechtlichen Judikatur zufolge – der Fall ist.

Aufgrund des Fehlens jeglicher Beispielsfälle und Präjudizien, in denen die Voraussetzungen **173** des § 73 b Abs. 4 S. 5 SGB V schon einmal im Detail gerichtlich überprüft wurden, ist derzeit davon auszugehen, dass sich die Überprüfung der „Bekanntgabe objektiver Auswahlkriterien" an der sozialgerichtlichen Rechtsprechung orientieren wird, die in anderem Zusammenhang (Rabattverträge) bereits die Bedeutung von transparenten, diskriminierungsfreien, verhältnismäßigen und nachprüfbaren Auswahlverfahren einschließlich transparenter und klarer Wertungskriterien hervorgehoben hat.[474]

e) Verträge zur besonderen ambulanten ärztlichen Versorgung gem. § 73 c SGB V. **174** Hinsichtlich der in § 73 c SGB V geregelten Verträge zur besonderen ambulanten ärztlichen Versorgung kann nahezu vollumfänglich auf das zur hausarztzentrierten Versorgung gem. § 73 b SGB V Ausgeführte verwiesen werden.[475] Die öffentliche Auftragseigenschaft wurde auch in der Rechtsprechung bereits bejaht.[476] Der einzige Unterschied ergibt sich daraus, dass hier § 69 Abs. 2 S. 2 SGB V nicht als zusätzliches Argument gegen die Geltung der Basisparagraphen angeführt werden kann, da es für Krankenkassen **keine gesetzliche Verpflichtung zum Abschluss** von Verträgen gem. § 73 c SGB V gibt und zudem auch **keine Schiedsamtsregelung** im Fall des Nichtzustandekommens vorgesehen ist.[477] Allerdings ergibt sich auch bei Verträgen zur besonderen ambulanten ärztlichen Versorgung eine vergleichbare sozialrechtliche – nicht: vergaberechtliche – Ausschreibungspflicht, da § 73 c Abs. 3 S. 3 SGB V eine ähnliche Vorgabe zur Ausschreibung unter Bekanntgabe objektiver Auswahlkriterien enthält.

---

[473] *Burgi* NZBau 2008, 480, 482: „Sozialvergaberecht"; *Ebsen/Kaltenborn* 184: „sozialrechtliches Vergabeverfahren sui generis"; *Goodarzi/Schmid* NZS 2008, 518, 519: „sozialvergaberechtliches Verfahren sui generis"; *Kingreen* SGb 2008, 437; „Sozialvergaberecht"; *Rixen* GesR 2006, 49, 58: „Sozialvergaberecht".

[474] LSG Baden-Württemberg v. 27. 2. 2008, L 5 KR 507/08 ER-B, L 5 KR 508/08 W-A, mit Anm. *Czettritz* PharmR 2008, 253; zu § 73 b SGB V vgl. VK Arnsberg v. 25. 3. 2009, VK 33/08.

[475] Vgl. RdNr. 176 ff.; ebenso *Esch* MPR 2009, 149, 155; *Dreher/Hoffmann* NZBau 2009, 273, 281; *Goodarzi/Schmid* NZS 2008, 518, 523.

[476] LSG Berlin-Brandenburg VergabeR 2010, 120, mit Anm. *Szonn* VergabeR 2010, 124; hierzu auch *Neun* 105, 123; VK Brandenburg v. 9. 2. 2009, VK 5/09.

[477] Ebenso *Weiner* GesR 2010, 237, 243.

Anhang 1 zu Anlage zu § 98 Nr. 4

Verordnung über die Vergabe von Aufträgen im Bereich des Verkehrs, der Trinkwasserversorgung und der Energieversorgung (Sektorenverordnung – SektVO)[1]

Vom 23. September 2009 (BGBl. I S. 3110)

FNA 703-5-2

geändert durch Art. 2 VO vom 7. 6. 2010 (BGBl. I S. 724)

Inhaltsübersicht

Abschnitt 1. Allgemeine Bestimmungen

---

[1] Verkündet als Art. 1 der VO zur Neuregelung der für die Vergabe von Aufträgen im Bereich des Verkehrs, der Trinkwasserversorgung und der Energieversorgung anzuwendenden Regeln v. 23. 9. 2009 (BGBl. I S. 3110). Diese VO wurde erlassen auf Grund von § 97 Absatz 6 und § 127 Nr. 1, 2, 8, 9 GWB in der Fassung der Bek. v. 15. 7. 2005 (BGBl. I S. 2114). Inkrafttreten gem. Art. 3 dieser VO am 29. 9. 2009. – Beachte die Übergangsvorschrift nach Art. 1 § 34 dieser VO: „Bereits begonnene Vergabeverfahren werden nach dem Recht zu Ende geführt, das zum Zeitpunkt des Verfahrensbeginns galt."

Amtl. Anm. zu dieser VO: „Die Verordnung dient der Umsetzung der Richtlinie 2004/17/EG des Europäischen Parlaments und des Rates vom 31. März 2004 zur Koordinierung der Zuschlagserteilung durch Auftraggeber im Bereich der Wasser-, Energie- und Verkehrsversorgung sowie der Postdienste (ABl. L 134 vom 30. 4. 2004, S. 1), die zuletzt durch die Verordnung (EG) Nr. 2083/2005 (ABl. L 333 vom 20. 12. 2005, S. 28) geändert worden ist, in deutsches Recht."

§ 28 Angebote, die Waren aus Drittländern umfassen
§ 29 Zuschlag und Zuschlagskriterien
§ 30 Aufhebung und Einstellung des Vergabeverfahrens
§ 31 Ausnahme von Informationspflichten

Abschnitt 6. Besondere Bestimmungen

§ 32 Dokumentation und Aufbewahrung der sachdienlichen Unterlagen
§ 33 Statistik

Abschnitt 7. Übergangs- und Schlussbestimmungen

§ 34 Übergangsbestimmungen

Anhänge

Anhang 1: Verzeichnis der Dienstleistungen
   Teil A – Liste der vorrangigen Dienstleistungen
   Teil B – Liste der nachrangigen Dienstleistungen
Anhang 2: Technische Spezifikationen
Anhang 3: In die Bekanntmachungen über vergebene Aufträge aufzunehmende Informationen

Vorbemerkung

1   **1. Allgemeines.** Im Zuge der Vergaberechtsreform im Jahr 2009 wurde auch das Rechtsregime für die Vergabe von Sektorenaufträgen neu geregelt. Die Verfahrensvorschriften für Sektorenauftraggeber richten sich mitunter nach einer speziellen SektVO.[2] Die Grundlage für den Erlass dieser Rechtsverordnung hatte der Gesetzgeber im Zuge des VgRModG durch die Änderung der Verordnungsermächtigung in § 127 Nr. 2 geschaffen. Die neue SektVO soll die SKR 2004 nach dem Willen des Verordnungsgebers nunmehr **„Eins-zu-Eins"** in **nationales Recht umsetzen.** Dadurch sollen die bisher für die Vergabe von Sektorenaufträgen geltenden Regelungen auf das europarechtlich vorgegebene Mindestmaß reduziert werden.[3] Die neue SektVO hat erhebliche praktische Auswirkungen auf die Vergabe von Aufträgen durch Sektorenauftraggeber, da sie die **3. und 4. Abschnitte der VOB/A und VOL/A ersetzt** und damit den **deutschen Sonderweg** bei der Umsetzung der SKR 2004 **beendet.**[4]

2   **2. Rechtslage vor dem VgRModG.** Der deutsche Gesetz- und Verordnungsgeber hatte sich bei der Umsetzung der alten Sektorenrichtlinie (SKR)[5] für einen (in Europa einmaligen) Sonderweg entschieden, indem er deren Vorgaben in zwei verschiedenen Abschnitten der Verdingungsordnungen umsetzte und mit den jeweiligen 3. Abschnitten von VOL/A und VOB/A eine vom Gemeinschaftsrecht nicht vorgesehene Zwischenkategorie schuf.[6] Die 3. Abschnitte sahen für bestimmte staatliche Auftraggeber, die – neben § 98 Nr. 4 – auch die Tatbestandsmerkmale von § 98 Nr. 1–3 erfüllten und die in den Bereichen Trinkwasserversorgung, Hafen- und Schienenverkehr tätig waren, zusätzliche vergaberechtliche Bindungen vor. Der 4. Abschnitt, der sich auf die Umsetzung der Vorschriften der SKR beschränkte, galt für Auftraggeber gem. § 98 Nr. 4 in „zwischenzeitlich liberalisierten Bereichen".[7] Es handelte sich hierbei um die Sektoren der Elektrizitäts-, Gas- sowie Wärmeversorgung und des Flughafenverkehrs, in denen nach Ansicht des Verordnungsgebers bereits ein zumindest in Ansätzen funktionierender Wettbewerb vorhanden war. Während sich der 4. Abschnitt auf die Umsetzung der – geringen – Anforderungen der ursprünglichen Sektorenrichtlinie (SKR)[8] beschränkte, verpflichteten die **3. Abschnitte** die an sie gebundenen Sektorenauftraggeber auch zur Anwendung der Basisparagraphen, so dass diese Auftraggeber zB. zur Beachtung der **Hierarchie der Vergabeverfahrensarten** verpflichtet wurden. Bei Aufträgen im Bereich der Sektoren musste daher im nationalen Recht zwischen der Anwendung des 3. und des 4. Abschnitts unterschieden werden.

---

[2] BGBl. I 2009 S. 3110, abgedruckt als Anhang 1 zur Anlage zu § 98 Nr. 4.
[3] RegBegr. zum RegE der SektVO, BR-Drucks. 522/09, 35.
[4] Vgl. § 98 RdNr. 69.
[5] RL 93/38, ABl. 1993 L 199/84.
[6] Eingehend hierzu *Prieß/Gabriel* NZBau 2006, 685.
[7] RegBegr. zu § 7 VgV, BR-Drucks. 455/00.
[8] RL 93/38, ABl. 1993 L 199/84.

Dieses (unnötig) komplizierte und darüber hinaus auch noch gemeinschaftsrechtlichen Bedenken[9] ausgesetzte System wird durch eine neue, einheitliche SektVO ersetzt, welche die SKR 2004 umsetzt, ohne ein darüber hinausgehendes (strengeres) Regime nach nationalen Regeln zu schaffen.

3. Rechtslage nach dem VgRModG. Die neue SektVO ersetzt die bisher geltenden Vor- **3** schriften (VgV, VOL/A, VOB/A, VOF). Das bedeutet, dass für Auftragsvergaben in den Bereichen des Verkehrs, der Trinkwasser- und Energieversorgung neben dem GWB zukünftig nur noch die SektVO Anwendung findet.[10]

Obgleich die SektVO unmittelbar nach Inkrafttreten des VgRModG noch nicht in Kraft ge- **4** treten ist, hatten die 3. und 4. Abschnitte von VOL/A und VOB/A gleichwohl bereits ihre Bedeutung verloren.[11] Der in § 7 Abs. 1 VgV aF. enthaltene Anwendungsbefehl nahm auf § 8 VgV aF. Bezug, obgleich diese Vorschrift im Zuge der Neufassung der VgV gestrichen wurde (die inhaltliche Regelung wurde in die Anlage zu § 98 Nr. 4 übernommen), so dass der Verweis ins Leere ging. Für Sektorenauftraggeber galten daher **bis zum Inkrafttreten der SektVO** unmittelbar die Regelungen der SKR 2004. Das hatte erhebliche praktische Auswirkungen für die Vergabepraxis solcher Sektorenauftraggeber, die bislang[12] zur Anwendung der (strengeren) 3. Abschnitte VOB/A und VOL/A verpflichtet waren, namentlich Hafenbetreiber, Trinkwasserversorger und ÖPNV-/SPNV-Betreiber bzw. Infrastrukturunternehmen. Nach Inkrafttreten der SektVO sind diese Sektorenauftraggeber nur noch an das für Sektorenauftraggeber geltende Vergaberechtsregime gebunden, das sich ausschließlich aus der neuen SektVO ergibt. Das bedeutet insbesondere, dass sie frei zwischen dem offenen, dem nichtoffenen und dem **Verhandlungsverfahren wählen** können.

Dieses Ergebnis wird auch durch die Neuregelung in § 101 Abs. 7 bestätigt, nach welcher **5** Auftraggeber, die auf dem Gebiet der Trinkwasser- oder Energieversorgung oder des Verkehrs tätig sind, die freie Wahl zwischen den drei Verfahren zusteht. § 101 Abs. 7 differenziert dabei nicht nach Auftraggebern gem. § 98 Nr. 4 und solchen Auftraggebern die zudem noch die Voraussetzungen gem. § 98 Nr. 1–3 erfüllen. Vielmehr räumt § 101 Abs. 7 allen im Sektorenbereich tätigen Auftraggebern unterschiedslos die freie Wahl unter den drei genannten Vergabeverfahrensarten ein.

4. Regelungen der SektVO. a) Anwendungsbereich. Der Anwendungsbereich der Ver- **6** ordnung erstreckt sich gem. § 1 Abs. 1 S. 1 SektVO sowohl auf Auftraggeber gem. § 98 Nr. 4 als auch auf Auftraggeber gem. § 98 Nr. 1–3, die im Sektorenbereich tätig sind (Sektorenauftraggeber)[13]. Allerdings sieht § 1 Abs. 1 S. 2 SektVO vor, dass die Verordnung ausschließlich Regelungen für Aufträge aufstellt, die „im Zusammenhang mit Tätigkeiten auf dem Gebiet" der Sektoren vergeben werden.[14] Das bedeutet, dass der Anwendungsbereich der neuen Verordnung nur eröffnet ist, wenn der konkret zu vergebende Auftrag der Wahrnehmung der Sektorentätigkeit dient. Erforderlich ist demnach ein **sektorenspezifischer Zusammenhang des Auftrags.**[15] Das Merkmal des sektorenspezifischen Zusammenhangs gem. § 1 Abs. 1 SektVO bildet damit die Entsprechung zum Ausnahmetatbestand gem. § 100 Abs. 2 lit. i, der Aufträge von Sektorenauftraggebern, die anderen Zwecken als der Sektorentätigkeit dienen, von der Anwendung des GWB-Vergaberechts ausnimmt.[16] Beide Regelungen gehen auf Art. 20 Abs. 1 SKR 2004 zurück. Ein Auftrag fällt somit nicht in den Anwendungsbereich des sektorenspezifischen Vergaberechts, wenn er zwar von einem (Sektoren-)Auftraggeber vergeben wird, der Auftrag selbst aber in keinem Zusammenhang mit einer Sektorentätigkeit steht. Das ist zB. dann der Fall, wenn ein Unternehmen neben der Trinkwasser-, Energie- oder Wärmeversorgung noch weitere Tätigkeitsfelder hat und in diesen Bereichen Aufträge vergibt.[17] Für diese Aufträge richtet sich die Anwendbarkeit des Vergaberechts nach den allgemeinen Bestimmungen.

---

[9] *Prieß/Gabriel* NZBau 2006, 685, 687.
[10] RegBegr. zum RegE der SektVO, BR-Drucks. 522/09, 35.
[11] *Gabriel* NJW 2009, 2011, 2013.
[12] Gem. § 7 Abs. 1 und § 8 Nr. 1, Nr. 4 lit. b und lit. c VgV aF.
[13] Eingehend zur SektVO *Opitz* VergabeR 2009, 689 ff.
[14] Zu § 1 SektVO vgl. auch oben RdNr. 21.
[15] EuGH, C-462/03, Slg. 2005, I-5397, RdNr. 37 – Strabag AG und Kostmann GmbH, NZBau 2005, 474; EuGH, C-393/06, Slg. 2008, I-2339/RdNr. 59–60 – Fernwärme Wien GmbH. Vgl. hierzu oben RdNr. 19 ff.
[16] Vgl. § 100 RdNr. 85.
[17] RegBegr. zum RegE der SektVO, BR-Drucks. 522/09, 39 (zu § 1).

7   **b) Antrag auf Freistellung.** Die SektVO sieht in § 3 die Möglichkeit vor, dass die Europäische Kommission auf Antrag feststellt, dass Sektorentätigkeiten, die sich auf offenen Märkten mit effektivem Wettbewerb abspielen von der Anwendungsverpflichtung der Sektorenvergaberegeln ausgenommen werden.[18] Damit wird Art. 30 SKR in nationales Recht umgesetzt. Ein entsprechendes **Antragsrecht gegenüber der Europäischen Kommission** wird sowohl dem **Wirtschaftsministerium** als auch **Sektorenauftraggebern und ihren Verbänden** eingeräumt.

8   **c) Verfahrensvorschriften.** Im Übrigen setzt die SektVO die SKR nahezu ohne Änderungen um. Die Vorschriften entsprechen daher im Wesentlichen denen der bisherigen 4. Abschnitte der Vergabe- und Vertragsverordnungen.

Abschnitt 1. Allgemeine Bestimmungen

§ 1 Anwendungsbereich

(1) [1]Diese Verordnung gilt für Auftraggeber nach § 98 Nummer 1 bis 4 des Gesetzes gegen Wettbewerbsbeschränkungen. [2]Sie trifft nähere Bestimmungen über die Vergabe von Aufträgen, die im Zusammenhang mit Tätigkeiten auf dem Gebiet der Trinkwasser- oder Energieversorgung oder des Verkehrs (Sektorentätigkeiten) vergeben werden. [3]Bau- und Dienstleistungskonzessionen sind nicht umfasst.

(2) Die Verordnung gilt nur für Aufträge, deren geschätzte Auftragswerte die Schwellenwerte erreichen oder übersteigen, die in Artikel 16 der Richtlinie 2004/17/EG des Europäischen Parlaments und des Rates vom 31. März 2004 zur Koordinierung der Zuschlagserteilung durch Auftraggeber im Bereich der Wasser-, Energie- und Verkehrsversorgung sowie der Postdienste (ABl. L 134 vom 30. 4. 2004, S. 1), die zuletzt durch die Verordnung (EG) Nr. 1177/2009 der Kommission der Europäischen Gemeinschaft vom 30. November 2009 (ABl. L 314 vom 1. 12. 2009, S. 64) geändert worden ist, festgelegt und nach Artikel 69 der Richtlinie jeweils angepasst sind und gelten.

Schrifttum: *Prieß/Gabriel,* Abschnittsende – (k)ein Abschied vom 3. Abschnitt von VOB/A und VOL/A, NZBau 2006, 685.

I. Regelungsgehalt und Überblick

1   § 1 bestimmt den **Anwendungsbereich** der SektVO. Abs. 1 regelt den persönlichen und den sachlichen Anwendungsbereich der SektVO. Abs. 2 bestimmt, ab welchem Auftragswert die SektVO gilt. § 1 setzt hinsichtlich des persönlichen Anwendungsbereichs Art. 2 SKR und in Bezug auf den sachlichen Anwendungsbereich die Art. 3 bis 7 SKR um. Der für die Anwendung der SKR maßgebliche EU-Schwellenwert folgt aus Art. 17 SKR bzw. der meist jährlichen Aktualisierung.

2   Die am 29. September 2009 in Kraft getretene **Verordnung über die Vergabe von Aufträgen im Bereich des Verkehrs, der Trinkwasserversorgung und der Energieversorgung,**[1] die sog. Sektorenverordnung, enthält die näheren Bestimmungen über das bei der Vergabe von Sektorenaufträgen einzuhaltende Verfahren. Die Sektorenverordnung (SektVO) dient der **Umsetzung der optionalen Vorschriften der Sektorenrichtlinie**[2] in deutsches Recht. Die Umsetzung erfolgt im Rahmen der Novellierung der Verdingungsordnungen zur Vereinfachung des Vergaberechts. Insbesondere sollten die teilweise komplexen Vorschriften der Abschnitte drei und vier der VOB/A und VOL/A vereinfacht und auf das notwendige Mindestmaß beschränkt werden.[3] In Deutschland ist die Umsetzung aus Dringlichkeitsgründen in einem

---

[18] Hierzu *Rosenkötter/Plautiko* NZBau 2010, 78.
[1] BGBl. I 2009 S. 3110.
[2] Richtlinie des Europäischen Parlamentes und des Rates vom 31. März 2004 zur Koordinierung der Zuschlagserteilung durch Auftraggeber im Bereich der Wasser-, Energie- und Verkehrsversorgung sowie der Postdienste, 2004/17/EG.
[3] BR-Drucks. 522/09, S. 35.

ersten Schritt bereits im Rahmen der Dritten Verordnung zur Änderung der Vergabeverordnung und der Verweisung auf die geänderten Abschnitte 3 und 4 der Verdingungsordnungen VOL/A 2006 und VOB/A 2006 erfolgt.[4] Die SektVO ersetzt für den Sektorenbereich die Vergabeverordnung (VgV), die bisher die öffentlichen Auftraggeber aller Bereiche verpflichtet, bei der Vergabe von Aufträgen oberhalb der EU-Schwellenwerte die Verdingungsordnungen VOL/A, VOB/A und VOF anzuwenden.

Der Gemeinschaftsgesetzgeber hat in Form der Sektorenrichtlinie Vorschriften zur Koordi-   **3** nierung der Vergabeverfahren in den Sektoren Trinkwasser- und Energieversorgung sowie Verkehr geschaffen, um die Vergaben auf diesem **Gebiet einheitlichen Verfahren und Maßgaben** zu unterwerfen. Die Sektorenrichtlinie regelt den Mindeststandard für die Verfahren zur Vergabe öffentlicher Aufträge in diesem Bereich mit dem Ziel, in allen Mitgliedstaaten grundsätzlich gleiche Bedingungen zu schaffen.[5] Diesen **Mindeststandard** setzt die Sektorenverordnung um. Die einzelstaatlichen Behörden verfügten nach der Auffassung des Gesetzgebers über eine zu große **Vielzahl von Möglichkeiten, das Verhalten der Auftraggeber zu beeinflussen.**[6] Diese Beeinflussung kann bspw. durch die Beteiligung an deren Kapital und die Vertretung in deren Verwaltungs-, Geschäftsführungs- oder Aufsichtsorganen erfolgen. Ein weiterer wichtiger Grund dafür, der eine Koordinierung der Vergabeverfahren durch Auftraggeber in diesen Sektoren für den Gesetzgeber notwendig macht, ist die **Abschottung der Märkte**, in denen diese Auftraggeber tätig sind. Grund der Abschottung ist, dass die Mitgliedstaaten für die Versorgung, die Bereitstellung oder das Betreiben von Netzen, mit denen die betreffenden Dienstleistungen erbracht werden, besondere oder ausschließliche Rechte gewähren.[7] Die Möglichkeit, die mit der SKR verbundenen Ziele zu erreichen, hat der Gemeinschaftsgesetzgeber allerdings selbst eingeschränkt, indem **Art. 30 SKR** ein **Verfahren zur Feststellung, ob eine bestimmte Tätigkeit unmittelbar dem Wettbewerb ausgesetzt ist**, ermöglicht. Auf der Grundlage dieser Vorschrift erlaubt der Gemeinschaftsgesetzgeber den Mitgliedstaaten, bestimmte Aufträge, die die Ausübung einer Sektorentätigkeit ermöglichen sollen, von der Anwendung der Sektorenrichtlinie auszunehmen, wenn die Tätigkeit in dem Mitgliedstaat, in dem sie ausgeübt wird, auf Märkten mit freiem Zugang unmittelbar dem Wettbewerb ausgesetzt ist. Die näheren Voraussetzungen geben die Abs. 2 bis 6 vor, die Entscheidung darüber trifft die Europäische Kommission.

Die SektVO ersetzt die **Abschnitte 3 und 4** der VOB/A und VOL/A. Die **Ermächtigungs-**   **4** **grundlage** für die Schaffung der SektVO ergibt sich aus § 97 Abs. 6 GWB und § 127 Nr. 1, 2, 8 und 9 GWB. Die SektVO steht selbständig neben der VgV. Die VgV gilt in Zukunft nur noch für die sog. klassischen öffentlichen Auftraggeber.

Die Verordnung ist in **sieben Abschnitte** gegliedert, umfasst insgesamt 34 Vorschriften und   **5** hat **drei Anhänge**. Der Aufbau der SektVO ist dem der Verdingungsordnungen ähnlich. Die Abschnitte 1, 6 und 7 der SektVO enthalten jeweils allgemeine Regeln zum Anwendungsbereich der SektVO. Die Abschnitte 2 bis 5 sind das Herzstück der SektVO und enthalten Bestimmungen zum Vergabeverfahren. Die drei **Anhänge der SektVO entsprechen den An-** **hängen der Verdingungsordnungen** über die Aufteilung der Dienstleistungen in die vorrangigen des Teils A und die nachrangigen des Teils B (Anhang 1), über die technischen Spezifikationen (Anhang 2) und die in die Bekanntmachung über vergebene Aufträge aufzunehmende Informationen (Anhang 3).

Es ist zu begrüßen, dass der Verordnungsgeber die Kraft gefunden hat, eine Regelung auf   **6** dem Sektor des öffentlichen Wirtschaftsrechtes selbst zu erlassen und nicht den üblichen „interessierten Kreisen" zu überlassen. Im Grundsatz ist es auch sehr zu begrüßen, dass der Verordnungsgeber keine zusätzliche Bürokratie aufgebaut hat, sondern die Vorschriften der Sektorenrichtlinie nahezu eins zu eins in die SektVO umgegossen hat. Anzumerken ist jedoch, dass es der SektVO gut getan hätte, wenn der Verordnungsgeber etwas mehr Mühe auf ihre innere Systematik und die Redaktion der Regelungen verwendet hätte.[8]

---

[4] BR-Drucks. 522/09, S. 1.
[5] BR-Drucks. 522/09, S. 1.
[6] Vgl. SKR, Erwägungsgrund 2.
[7] Vgl. SKR, Erwägungsgrund 3.
[8] So ist zB bei der Umsetzung der Regeln über die Bekanntmachung im Abschnitt 3 auch mit bestem Willen kein Ordnungsprinzip erkennbar. Das aber wäre aber bei derart zentralen Regeln erforderlich gewesen. Auch hätte spätestens im Bundesrat bemerkt und korrigiert werden müssen, dass der ohnehin ziemlich überflüssige § 11 über die „Wettbewerbe" (die im GWB aus gutem Grund „Auslobungsverfahren" und eben nicht „Wettbewerbe" heißen), mit einer überflüssigen Erzählung beginnt.

II. Systematische Stellung und Zweck der Norm

7   **1. Anwendungsbereich (Abs. 1).** § 1 SektVO ist die grundlegende Vorschrift des allgemeinen Teils der SektVO. Sie regelt die Anwendungsvoraussetzungen der SektVO. Der **persönliche Anwendungsbereich** betrifft die Art des Auftraggebers. Die SektVO gilt grundsätzlich einheitlich für öffentliche Auftraggeber iS von § 98 Nr. 1 bis 4 GWB.[9] Eine Differenzierung iSd. Unterscheidung zwischen solchen Auftraggebern, die Abschnitt 3 bzw. 4 der VOB/A oder VOL/A anwenden mussten, findet nicht statt.[10] Manche Vorschriften der SektVO gelten allerdings nur für Auftraggeber iS von § 98 Nr. 1 bis 3 GWB. Das ergibt sich jeweils ausdrücklich aus dem Wortlaut der jeweiligen Vorschrift.

8   Der **sachliche Anwendungsbereich** der SektVO sind Sektorentätigkeiten, dh. Aufträge, die im Zusammenhang mit Tätigkeiten auf dem Gebiet der Trinkwasser- oder Energieversorgung oder des Verkehrs vergeben werden. Die SektVO erfasst grundsätzlich alle Auftragsarten und unterscheidet nicht entsprechend den Verdingungsordnungen VOB/A, VOL/A und VOF zwischen den Auftragsarten.[11] Das entspricht den Vorgaben der SKR. Abs. 1 S. 3 stellt jedoch auf der Grundlage von Art. 18 SKR klar, dass Bau- und Dienstleistungskonzessionen nicht vom Regelungsbereich der SektVO erfasst sind. Eine nähere Bestimmungen der Sektorentätigkeiten enthält der **Anhang zu § 98 GWB.**

9   **2. Schwellenwerte (Abs. 2).** Die SektVO erfasst öffentliche Aufträge, deren **Wert in €** mindestens den jeweils aktuellen gemeinschaftsrechtlichen Schwellenwert erreicht. Die SektVO benennt selbst nicht den aktuellen Schwellenwert. Sie verweist dafür im Wege einer **dynamischen Verweisung** auf die VO (EG) Nr. 2083/2005 und die Art. 16 und 69 SKR, auf deren Grundlage eine regelmäßige Anpassung der EU-Schwellenwerte erfolgt. Das hat für den Verordnungsgeber den Vorteil, dass im Zuge der in der Regel alle zwei Jahre erfolgenden Anpassung der **Schwellenwerte** durch die EU-Kommission nicht stets eine entsprechende Änderungsverordnung erlassen werden muss. Für die Anwender der SektVO bedeutet dies, dass sie über die in Abs. 2 angegebene Verweisung den aktuellen Schwellenwert selbst feststellen müssen. Derzeit betragen die Schwellenwerte für den Versorgungsbereich € 387 000 für Geschäfte, die den Einkauf von Waren und von Dienstleistungen betreffen, und € 4 845 000 bei Bauaufträgen.

§ 2 Schätzung des Auftragswertes

(1) [1]Bei der Schätzung der Auftragswerte ist von der voraussichtlichen Gesamtvergütung für die vorgesehene Leistung auszugehen ohne Berücksichtigung der Umsatzsteuer. [2]Dabei sind etwaige Optionen oder Vertragsverlängerungen zu berücksichtigen.

(2) Der Wert eines beabsichtigten Auftrags darf nicht in der Absicht geschätzt oder aufgeteilt werden, um den Auftrag der Anwendbarkeit dieser Verordnung zu entziehen.

(3) Bei regelmäßig wiederkehrenden Aufträgen oder Daueraufträgen über Liefer- oder Dienstleistungen ist der Auftragswert zu schätzen

1. entweder auf der Grundlage des tatsächlichen Gesamtwertes entsprechender aufeinander folgender Aufträge aus dem vorangegangenen Haushaltsjahr oder Geschäftsjahr; dabei sind voraussichtliche Änderungen bei Mengen oder Kosten möglichst zu berücksichtigen, die während der zwölf Monate zu erwarten sind, die auf den ursprünglichen Auftrag folgen;

2. oder auf der Grundlage des geschätzten Gesamtwertes aufeinander folgender Aufträge, die während der auf die erste Lieferung folgenden zwölf Monate oder während des auf die erste Lieferung folgenden Haushaltsjahres oder Geschäftsjahres, wenn dieses länger als zwölf Monate ist, vergeben werden.

(4) Bei Aufträgen über Liefer- oder Dienstleistungen, für die kein Gesamtpreis angegeben wird, ist Berechnungsgrundlage für den geschätzten Auftragswert

---

[9] Vgl. dazu ausführlich Kommentierung zu § 98 Nr. 1 bis 4 GWB.
[10] Vgl. *Prieß/Gabriel* NZBau 2006, 685 ff.
[11] Zu den einzelnen Auftragsarten ausführlich Kommentierung zu § 99 GWB.

1. bei zeitlich begrenzten Aufträgen mit einer Laufzeit von bis zu 48 Monaten der Gesamtwert für die Laufzeit dieser Aufträge;

2. bei Aufträgen mit unbestimmter Laufzeit oder mit einer Laufzeit von mehr als 48 Monaten der 48-fache Monatswert.

(5) Bei der Schätzung des Auftragswertes von Bauleistungen ist neben dem Auftragswert der Bauaufträge der geschätzte Wert aller Liefer- und Dienstleistungen zu berücksichtigen, die für die Ausführung der Bauleistungen erforderlich sind und vom Auftraggeber zur Verfügung gestellt werden.

(6) [1]Der Wert einer Rahmenvereinbarung oder eines dynamischen elektronischen Beschaffungssystems wird auf der Grundlage des geschätzten Gesamtwertes aller Einzelaufträge berechnet, die während deren Laufzeit geplant sind. [2]Besteht das beabsichtigte Beschaffungsvorhaben aus mehreren Losen, für die jeweils ein gesonderter Auftrag vergeben wird, ist bei der Schätzung des Auftragswertes der Wert aller Lose zugrunde zu legen. [3]Erreicht oder überschreitet der Gesamtwert den in § 1 Absatz 2 genannten Schwellenwert, gilt diese Verordnung für die Vergabe jedes Loses. [4]Bis zu einer Summe der Werte der betroffenen Lose von 20 Prozent des Gesamtwertes nach Satz 2 gilt Satz 3 nicht bei Losen für

1. Liefer- oder Dienstleistungsaufträge mit einem Wert unter 80 000 Euro und

2. Bauaufträge mit einem Wert über 1 Million Euro.

(7) [1]Bei einem Wettbewerb, der zu einem Dienstleistungsauftrag führen soll, ist der Wert des Dienstleistungsauftrags zu schätzen zuzüglich etwaiger Preisgelder und Zahlungen an Teilnehmer. [2]Bei allen übrigen Wettbewerben entspricht der Wert der Summe der Preisgelder und Zahlungen an Teilnehmer einschließlich des Wertes des Dienstleistungsauftrags, der vergeben werden könnte.

(8) Wird von der Möglichkeit des § 6 Absatz 2 Nummer 7 Gebrauch gemacht, ist bei der Berechnung des Auftragswertes der Wert der späteren Leistungen zu berücksichtigen.

(9) Maßgeblicher Zeitpunkt für die Schätzung des Auftragswertes ist der Tag, an dem die Bekanntmachung der beabsichtigten Auftragsvergabe abgesendet wird oder die sonstige Einleitung des Vergabeverfahrens.

Schrifttum: *Marx*, Vergaberecht für Versorgungsbetriebe, 1. Aufl. 2010; *Müller-Wrede*, SektVO, 1. Aufl. 2010.

I. Regelungsgehalt und Überblick

§ 1 regelt, wie die **Schätzung** des für die Anwendung der SektVO maßgeblichen **Auftragswerts** vorzunehmen ist. Die Vorschrift stellt damit im Einzelfall die Weiche dafür, ob EU-/GWB-Vergaberecht Anwendung findet und damit der Rechtsweg zu den Vergabenachprüfungsinstanzen eröffnet ist.

Die Abs. 1 und 2 enthalten als **allgemeiner Teil** der Vorschrift Vorgaben für die nachfolgenden Abs. 3 bis 9. Abs. 1 bestimmt, von welchem Auftragswert für die Schätzung des Schwellenwertes auszugehen ist, Abs. 2 weist in Hinblick auf „gezielte" Auftragsschätzungen auf das Umgehungsverbot hin, Abs. 3 enthält Vorgaben für die Schätzung des Wertes von regelmäßig wiederkehrenden Aufträgen oder Daueraufträgen über Liefer- und Dienstleistungen, Abs. 4 betrifft Aufträge über Liefer- und Dienstleistungen, für die kein Gesamtpreis angegeben wird und Abs. 5 Bauleistungen. Abs. 6 regelt, wie der Auftragswert von Rahmenvereinbarungen, dynamischen elektronischen Beschaffungssystemen und Losvergaben zu bestimmen ist, Abs. 7 betrifft Wettbewerbe und Auslobungsverfahren, Abs. 8 regelt die wiederholte Vergabe von Bauaufträgen nach § 6 Abs. 2 Nr. 7. Abs. 9 gibt den für die Schätzung maßgeblichen Zeitpunkt vor.

II. Systematische Stellung und Zweck der Norm

§ 2 SektVO ergänzt § 1 Abs. 2 und gehört zum **allgemeinen Teil der SektVO**.[1] Die Vorschrift setzt Art. 17 SKR um. § 2 SektVO entspricht im Wesentlichen § 3 VgV.[2] Abs. 1 S. 1

---

[1] Siehe ausführlich dazu *Marx* 44 ff.

[2] Vgl. ausführlich dazu Kommentierung zu § 3 VgV.

stellt zum einen weitergehend als § 3 VgV klar, dass für den EU-Schwellenwert die Gesamtvergütung ohne Umsatzsteuer maßgeblich ist, also vom **Nettoauftragswert** auszugehen ist, zum anderen, dass bei der Schätzung des Auftragswertes etwaige **Optionen und Vertragsverlängerungen zu berücksichtigen** sind.

4   Die für das anzuwendende Vergaberechtsregime maßgebliche **Schwellenwertschätzung** ist von dem öffentlichen Auftraggeber vor der Einleitung des Vergabeverfahrens durchzuführen und bemisst sich nach der **erwarteten Gesamtvergütung** für die vorgesehene Leistung. Der Auftraggeber muss eine pflichtgemäße Schätzung nach rein **objektiven Kriterien** durchführen und dem Vergabeverfahren den Wert zu Grunde legen, den ein umsichtiger und sachkundiger öffentlicher Auftraggeber nach sorgfältiger Prüfung des relevanten Marktsegments und auf Grundlage einer betriebswirtschaftlichen Finanzplanung veranschlagen würde. Die von ihm vorgenommene Schätzung muss der Sektorenauftraggeber in einem aussagekräftigen **Vergabevermerk dokumentieren**. Dafür ist auch erforderlich, anzugeben, woher er die von ihm veranschlagten Werte wie Stundensätze etc. nimmt. Folgerichtig bestimmt Abs. 2, dass der Wert eines zu vergebenden Auftrags nicht in der Absicht geschätzt oder aufgeteilt werden darf, um den Auftrag der Anwendung der SektVO zu entziehen. Eine **Umgehung ist also unzulässig**.

5   Abs. 5 enthält eine **Sonderregelung für Bauleistungen**. Danach ist bei der Schätzung des Auftragswertes von Bauleistungen neben dem Auftragswert der Bauaufträge der geschätzte **Wert aller Liefer- und Dienstleistungen zu berücksichtigen**, die für die Ausführung der Bauleistungen erforderlich sind und vom Auftraggeber zur Verfügung gestellt werden.

§ 3 Ausnahme für Sektorentätigkeiten, die unmittelbar dem Wettbewerb ausgesetzt sind

(1) **Aufträge, die die Ausübung einer Sektorentätigkeit ermöglichen sollen, fallen nicht unter diese Verordnung, wenn die Sektorentätigkeit auf Märkten mit freiem Zugang unmittelbar dem Wettbewerb ausgesetzt ist.**

(2) [1] **Ob eine Sektorentätigkeit auf einem Markt mit freiem Zugang unmittelbar dem Wettbewerb ausgesetzt ist, wird von der Kommission der Europäischen Gemeinschaft in einem Verfahren nach Maßgabe der Absätze 2 bis 4 nach wettbewerblichen Kriterien ermittelt; angewendet wird dabei die Entscheidung der Kommission der Europäischen Gemeinschaft vom 7. Januar 2005 über die Durchführungsmodalitäten für das Verfahren nach Artikel 30 der Richtlinie 2004/17/EG des Europäischen Parlaments und des Rates zur Koordinierung der Zuschlagserteilung durch Auftraggeber im Bereich der Wasser-, Energie- und Verkehrsversorgung sowie der Postdienste (ABl. L 7 vom 7. 1. 2005, S. 7).** [2] **Wettbewerbliche Kriterien können sein:**

1. **Merkmale der betreffenden Waren und Leistungen,**
2. **das Vorhandensein alternativer Waren und Leistungen,**
3. **die Preise und**
4. **das tatsächliche oder mögliche Vorhandensein mehrerer Anbieter der betreffenden Waren und Leistungen.**

(3) [1] **Das Bundesministerium für Wirtschaft und Technologie kann bei der Kommission der Europäischen Gemeinschaft einen Antrag auf Feststellung stellen, ob die Voraussetzungen des Absatzes 1 vorliegen.** [2] **Es teilt der Kommission der Europäischen Gemeinschaft alle sachdienlichen Informationen mit, insbesondere Gesetze, Verordnungen, Verwaltungsvorschriften, Vereinbarungen und Absprachen.** [3] **Es holt zur wettbewerblichen Beurteilung eine Stellungnahme des Bundeskartellamtes ein, die ebenfalls der Europäischen Kommission übermittelt wird.** [4] **Dies gilt auch für den Fall, dass die Kommission der Europäischen Gemeinschaft auf eigene Veranlassung für eine der Sektorentätigkeiten in Deutschland ein solches Verfahren einleitet.**

(4) [1] **Auftraggeber können bei der Kommission der Europäischen Gemeinschaft eine Feststellung beantragen, ob die Voraussetzungen des Absatzes 1 vorliegen.** [2] **Dem Antrag ist eine Stellungnahme des Bundeskartellamtes beizufügen.** [3] **Die Auftraggeber haben gleichzeitig dem Bundesministerium für Wirtschaft und Technologie eine Kopie des Antrags und der Stellungnahme zu übermitteln.** [4] **Das Bundeskartellamt soll die Stellungnahme innerhalb von vier Monaten abgeben, nachdem der Antrag eingegangen ist.** [5] **Der Antrag des Auftraggebers an das Bundeskartellamt**

muss die in § 39 Absatz 3 Satz 2 Nummer 1 bis 4 des Gesetzes gegen Wettbewerbsbeschränkungen bezeichneten Angaben enthalten. [6]§ 39 Absatz 3 Satz 4 und 5 des Gesetzes gegen Wettbewerbsbeschränkungen gilt entsprechend. [7]Der Antrag nach Satz 1 kann auch von einem Verband der Auftraggeber gestellt werden. [8]In diesem Fall gelten für die Verbände die Regelungen für Auftraggeber.

(5) [1]Für die Erarbeitung der Stellungnahme nach den Absätzen 3 und 4 hat das Bundeskartellamt die Ermittlungsbefugnisse nach den §§ 57 bis 59 des Gesetzes gegen Wettbewerbsbeschränkungen. [2]Das Bundeskartellamt holt eine Stellungnahme der Bundesnetzagentur ein. [3]§ 50 c Absatz 1 des Gesetzes gegen Wettbewerbsbeschränkungen gilt entsprechend. [4]Das Bundeskartellamt erhebt vom Antragsteller Kosten. [5]Bezüglich der Gebühren und Auslagen gilt § 80 Absatz 1 Satz 3 und Absatz 2 Satz 1, Satz 2 Nummer 1, Satz 3 und 4 sowie Absatz 5 Satz 2 des Gesetzes gegen Wettbewerbsbeschränkungen entsprechend. [6]Für die Kostenentscheidung gilt § 7 der Kartellkostenverordnung vom 16. November 1970 entsprechend. [7]Im Übrigen wird das Verwaltungskostengesetz des Bundes angewendet.

(6) Die Stellungnahme des Bundeskartellamtes besitzt keine Bindungswirkung für Entscheidungen des Bundeskartellamtes nach dem Gesetz gegen Wettbewerbsbeschränkungen.

(7) Die Feststellung, dass Sektorentätigkeiten auf Märkten mit freiem Zugang unmittelbar dem Wettbewerb ausgesetzt sind, gilt als getroffen, wenn die Kommission der Europäischen Gemeinschaft dies bestätigt hat oder wenn sie innerhalb der Frist nach Artikel 30 der Richtlinie 2004/17/EG keine Feststellung getroffen hat und das Bundesministerium für Wirtschaft und Technologie die Feststellung oder den Ablauf der Frist im Bundesanzeiger bekannt gemacht hat.

(8) Die Absätze 1 bis 7 gelten für Auftraggeber im Sinne des § 129 b des Gesetzes gegen Wettbewerbsbeschränkungen entsprechend.

Schrifttum: *Marx*, Vergaberecht für Versorgungsbetriebe, 2010.

I. Regelungsgehalt und Überblick

§ 3 ermöglicht, Sektorentätigkeiten für den Fall einer Liberalisierung unter bestimmten Voraussetzungen von der Anwendung der SektVO freizustellen.[1] Danach fallen Aufträge, die die Ausübung einer Sektorentätigkeit ermöglichen sollen, nicht in den Anwendungsbereich der SektVO, wenn die **Sektorentätigkeit auf Märkten mit freiem Zugang unmittelbar dem Wettbewerb ausgesetzt** ist. Die Vorschrift gibt nicht nur die materiellen Voraussetzungen dafür vor, sondern beschreibt auch das **Verfahren**, wie festgestellt wird, ob bestimmte Sektorentätigkeiten auf Märkten ohne Zugangsbeschränkungen dem direkten Wettbewerb ausgesetzt sind.   1

Die Vorschrift setzt Art. 30 SKR um. Bei der Anwendung der Vorschrift ist Erwägungsgrund 40 der SKR zu berücksichtigen. Danach soll die SKR weder für Aufträge gelten, die die Ausübung einer der in Art. 3 bis 7 genannten Tätigkeiten ermöglichen sollen, noch für Wettbewerbe zur Ausübung einer solchen Tätigkeit, wenn diese Tätigkeit in dem Mitgliedstaat, in dem sie ausgeübt wird, auf Märkten ohne Zugangsbeschränkungen dem direkten Wettbewerb ausgesetzt ist. Es sollte daher ein Verfahren eingeführt werden, das auf alle unter diese Richtlinie fallenden Sektoren anwendbar ist und es ermöglicht, die **Auswirkungen einer aktuellen oder künftigen Liberalisierung** zu berücksichtigen. Ein solches Verfahren sollte den betroffenen Auftraggebern Rechtssicherheit bieten und eine angemessene Entscheidungsfindung ermöglichen, so dass innerhalb kurzer Fristen eine einheitliche Anwendung des einschlägigen Gemeinschaftsrechts gewährleistet ist.   2

Abs. 1 bestimmt die **allgemeinen Voraussetzungen** für die Befreiung vom Einkaufsrecht unter dem allgemeinen Liberalisierungsaspekt. Die Ermittlung und Feststellung, ob diese Voraussetzungen erfüllt sind, erfolgt gemäß Abs. 2 durch die Europäische Kommission. Das dabei einzuhaltende Verfahren wird durch die Abs. 3 und 4 konkretisiert. Entsprechend regeln die Abs. 5 und 6, wie das Bundeskartellamt seine Stellungnahme erarbeiten muss und welche Wirkung sie hat. Abs. 7 bestimmt die Möglichkeiten der Beendigung des Verfahrens durch Feststel-   3

---

[1] Ausführlich dazu *Marx* S. 57 f.

lung der Europäischen Kommission und Abs. 8 erweitert den Anwendungsbereich auf Aufträge von Auftraggebern iSd. § 129 b GWB.

II. Systematische Stellung und Zweck der Vorschrift

4 § 3 SektVO gehört zum allgemeinen Teil der SektVO. § 3 SektVO regelt den Grundsatz und das **Verfahren der administrativen Entlassung** von Unternehmen oder ganzen Branchenteilen aus dem Vergaberechtsregime der SKR. Einzelne Versorgungsunternehmen oder auch ganze sachliche und/oder regionale Tätigkeitsbereiche können unter den Voraussetzungen des § 3 **von der Pflicht zur Anwendung der Vergaberegeln der SKR befreit werden**. Aufträge fallen danach nicht unter die SektVO, wenn die Sektorentätigkeit auf Märkten mit freiem Zugang unmittelbar dem Wettbewerb ausgesetzt ist. Wenn der Marktzugang zu einem Dienstleistungsangebot für Verkehrsunternehmen, für Energieunternehmen oder auch für Trinkwasseranbieter, rechtlich und faktisch vollkommen frei ist und das Angebot dadurch unmittelbar dem Wettbewerb ausgesetzt ist, entfällt die sachliche Rechtfertigung für die Unterwerfung unter das Regime der SKR. In diesem Fall besteht das natürliche Umfeld für ein Wirtschaftsunternehmen im Markt. Es bedarf keiner Vergaberegeln mehr, um das Unternehmen zu wirtschaftlichem Einkauf zu bewegen. Das geschieht dann durch den Druck des Marktes.

5 Das Vorliegen einer Situation des Abs. 1 kann im Einzelfall **nicht das betroffene Unternehmen für sich** feststellen. Vielmehr wird dies gemäß § 3 Abs. 2 S. 1 durch die EU-Kommission auf Antrag eines Unternehmens, eines Unternehmensverbandes (§ 3 Abs. 4 SektVO) oder des Bundesministers für Wirtschaft und Technologie oder gar auf eigene Initiative der EU-Kommission festgestellt (§ 3 Abs. 3 SektVO). Die Feststellung, dass die Sektorentätigkeit mit freiem Zugang unmittelbar dem Wettbewerb ausgesetzt ist, gilt als getroffen, wenn die EU-Kommission das auf einen gültigen Antrag hin bestätigt oder innerhalb einer Frist von drei Monaten keine Feststellung getroffen und der Bundesminister für Wirtschaft und Technologie die Feststellung oder den Ablauf der Frist im Bundesanzeiger bekannt gemacht hat. Materielle Grundlage für eine Feststellung ist immer eine entsprechende Stellungnahme des Bundeskartellamtes, die sich auf die jeweiligen Merkmale der Waren und Leistungen und das Vorhandensein von Alternativen zu diesen Waren und Leistungen beziehen muss, die Preise im Markt berücksichtigt und das tatsächliche und mögliche Vorhandensein mehrerer Anbieter in die Überlegung einbezieht.

6 Die Kommission entscheidet auf der Basis ihrer Entscheidung vom 7. 1. 2005 über die Durchführungsmodalitäten für das Verfahren nach Art. 30 SKR. § 3 stellt damit im Einzelfall die Weiche dafür, ob EU-/GWB-Vergaberecht Anwendung findet und damit der Rechtsweg zu den Vergabenachprüfungsinstanzen eröffnet ist.

§ 4 Dienstleistungen des Anhangs 1

(1) Auf die Vergabe von Aufträgen, deren Gegenstand Dienstleistungen im Sinne des Anhangs 1 Teil A sind, findet diese Verordnung uneingeschränkt Anwendung.

(2) Auf die Vergabe von Aufträgen, deren Gegenstand Dienstleistungen im Sinne des Anhangs 1 Teil B sind, finden Anwendung:

1. die Bestimmungen über die technischen Anforderungen in § 7 und
2. die Bestimmungen über die Bekanntmachung vergebener Aufträge nach § 12 Absatz 1 und § 15.

(3) Auf die Vergabe von Aufträgen, deren Gegenstand sowohl Dienstleistungen im Sinne des Anhangs 1 Teil A als auch Dienstleistungen im Sinne des Anhangs 1 Teil B sind, sind die Vorschriften für diejenigen Dienstleistungen anzuwenden, deren Auftragswert überwiegt.

Schrifttum: *Gabriel*, Die Kommissionsmitteilung zur öffentlichen Auftragsvergabe außerhalb der EG-Vergaberichtlinien, NVwZ 2006, 1262; *Greb/Müller*, Kommentar zur SektVO, 1. Aufl. 2010; *Müller-Wrede*, SektVO, 1. Aufl. 2010; *Prieß*, EuGH *locuta, causa finita*: Die Aufhebung ist aufhebbar, NZBau 2002, 433 ff.

I. Regelungsgehalt und Überblick

1 § 4 stellt in seinen Abs. 1 und 2 klar, dass die SektVO zwischen Dienstleistungen iSd. Anhangs 1 Teil A und solchen nach Anhang 1 Teil B unterscheidet. Die SektVO greift damit die auch der

VOL/A und VOF zugrundeliegende Unterscheidung zwischen **prioritären und nicht prioritären Dienstleistungen** auf.[1] Je nachdem, ob es sich um Dienstleistungen des Anhangs 1 Teil A oder solchen nach Anhang 1 Teil B handelt, sind bei der Vergabe von Dienstleistungen strenge bzw. weniger strenge Maßgaben insbesondere in Hinsicht auf die Transparenz einzuhalten. Abs. 3 regelt, was gilt, wenn es sich um **Mischverträge** handelt. Die Vorschrift bestimmt, dass für den Fall, dass der konkrete öffentliche Auftrag sowohl Dienstleistungen der Kategorie A als auch solche der Kategorie B umfasst, es auf die Dienstleistung ankommt, deren Auftragswert überwiegt. Die Vorschrift setzt Art. 31 bis 33 SKR um.

Die Unterscheidung zwischen prioritären und nicht prioritären Dienstleistungen beruht auf **2** dem Umstand, dass die nachrangigen Dienstleistungen nach Auffassung des europäischen Richtliniengesetzgebers und des deutschen Verordnungsgebers bislang immernoch **weniger bedeutsam für den gemeinsamen Markt** als solche des Anhangs 1 Teils A sind. Sie sind deshalb nicht dem vollen Programm des EU-/GWB-Vergaberechts bzw. der SektVO unterworfen. Das gilt jedenfalls für Dienstleistungen, die nur an einem bestimmten Ort erbracht werden können, wie zB Gaststättengewerbe und Hotellerie, Schifffahrt, Eisenbahnverkehr und Nebentätigkeiten des Verkehrs. Nicht voll dem Binnenmarkt geöffnet sind aber auch Dienstleistungen, bei denen die Nachfrager weniger auf den Preis als auf die Qualität achten und es eher um das Vertrauen geht, das der Kunde in den Anbieter der Dienstleistung setzt: Rechtsberatung, Arbeitsvermittlung, Unterrichtswesen und Berufsausbildung sowie Gesundheits- und Sozialwesen, Kultur und Sport.

II. Systematische Stellung und Zweck der Norm

§ 4 SektVO gehört mit den §§ 1 bis 3 zu den grundlegenden Vorschriften des allgemeinen **3** Teils der SektVO. § 4 bestimmt insofern den **Anwendungsbereich** der SektVO als mit Abs. 1 die SektVO auf Dienstleistungen des Anhangs 1 Teil A für uneingeschränkt anwendbar erklärt, Abs. 2 Dienstleistungen nach Anhang 1 Teil B nur sehr wenigen Maßgaben der SektVO unterworfen wird.

1. Anzuwendende Vorschriften. Bei der Vergabe von Dienstleistungen iSd. Anhang 1 Teil **4** B sind nach Abs. 2 Nr. 1 lediglich die Bestimmungen über die technischen Anforderungen in § 7 und nach Abs. Nr. 2 zusätzlich die Bestimmungen über die Bekanntmachung vergebener Aufträge nach § 12 Abs. 1 und § 15 zu beachten. Nach der Rechtsprechung des EuGH, die von den deutschen Nachprüfungsinstanzen einhellig übernommen worden ist,[2] sind darüber hinaus jedoch neben diesen ausdrücklichen Vorgaben während des gesamten Vergabeverfahrens das EU-Primärrecht und die sich aus ihm ergebenden Grundsätze zu beachten.[3] Das ergibt sich aus der Übertragung der Rechtsprechung des EuGH zur Vergabe von Dienstleistungskonzession und Aufträgen unter den Schwellenwerten auf die Beschaffung nicht-prioritärer Dienstleistungen. Insbesondere die Grundfreiheiten – Art. 49 AEUV (*ex* Art. 43 EG, Niederlassungsfreiheit) und Art. 56 AEUV (*ex* Art. 49 EG, Dienstleistungsfreiheit) – gebieten Auftraggebern iSd. SektVO grundsätzlich, Aufträge in einem transparenten, nichtdiskriminierenden und die Gleichbehandlung bzw. Chancengleichheit interessierter Unternehmen gewährleistenden Verfahren zu vergeben. Deshalb sind bei der Vergabe von Dienstleistungen auf der Grundlage der SektVO das gemeinschaftsrechtliche **Verbot der Diskriminierung** aus Gründen der Staatsangehörigkeit als spezielle Ausprägung des allgemeinen **Gleichbehandlungsgrundsatzes** sowie des **Transparenz- und Wettbewerbsgrundsatzes** zu beachten.[4]

2. Position der Kommission. Die Kommission hat in ihrer **Mitteilung zu Auslegungs-** **5** **fragen** in Bezug auf das Gemeinschaftsrecht, das für die Vergabe öffentlicher Aufträge gilt, die nicht oder nur teilweise unter die Vergaberichtlinien fallen, die Rechtsprechung des EuGH

---

[1] Vgl. § 1 VOL/A EG; § 1 Abs. 3 VOF.

[2] Bspw.: OLG Düsseldorf, Beschl. v. 21. 4. 2010, VII-Verg 55/09 – Schiffshebewerk Niederfinow, NZBau 2010, 390, 392.

[3] EuGH, Rs. C-324/98, Slg. 2000, I-10745 RdNr. 60–62 – Telaustria; ähnlich bereits: Rs. C-275/98, Slg. 1999, I-8291, RdNr. 31 f. – Unitron Scandinavia; und später: Rs. C-59/00, Slg. 2001, I-9505, RdNr. 19 f. – Vestergaard, Rs. C-231/03, RdNr. 28 – Coname; C-458/03, RdNr. 49 f. – Parking Brixen; Rs. C-264/03, RdNr. 33 – Kommission/Frankreich; Rs. C-410/04 ANAV, NVwZ 2006, 555, RdNr. 22; so zB auch: VK Lüneburg, Beschl. v. 30. 8. 2004, 203-VgK-38/2004, Umdruck nach Veris, S. 7; VK Lüneburg, Beschl. v. 25. 3. 2004, 203-VgK-07/2004, Umdruck nach IBR, S. 5.

[4] EuGH, Rs. C-324/98, Slg. 2000, I-10745,10745 RdNr. 60–62.

zusammengefasst.[5] Eine ausdrückliche Pflicht, die Vergabe von nicht-prioritären Dienstleistungen europaweit auszuschreiben, besteht grundsätzlich nicht.[6] Ist ein Auftrag jedoch für Bieter aus anderen Mitgliedstaaten interessant, dh. für den Binnenmarkt relevant bzw. besteht ein grenzüberschreitendes Interesse, muss der Auftraggeber diesen auf Grund der Verpflichtung, ein transparentes Beschaffungsverfahren durchzuführen, zugunsten potentieller Bieter einen „**angemessenen Grad von Öffentlichkeit**" sicherstellen, der die Überprüfung ermöglicht, ob das „Vergabeverfahren unparteiisch durchgeführt" worden ist.[7] Für die Veröffentlichung des Auftrags kommen bspw. in Betracht das Internet, insbesondere die Website des Auftraggebers, spezielle Portale, nationale Amts- und Ausschreibungsblätter, überregionale Zeitungen und Fachpublikationen, lokale Medien und das Amtsblatt der Europäischen Union bzw. die TED-Datenbank (Tenders Electronic Daily).[8] Als Kriterien dafür, ob die Vergabe von **grenzüberschreitender Bedeutung** ist bzw. Binnenmarktrelevanz besitzt, hat die Generalanwältin *Stix-Hackl* ua. den geschätzten Wert der Vergabe, den Gegenstand des Auftrages, den Grad der Komplexität der Vergabe, das Bestehen von Ausschließlichkeitsrechten sowie die Dringlichkeit und das potentielle Interesse der Marktteilnehmer genannt.[9] Je interessanter ein Auftrag für potenzielle Bieter aus anderen Mitgliedstaaten ist, desto weit verbreiteter sollte er bekannt gemacht werden.[10] Vor allem bei nicht-prioritären Dienstleistungsaufträgen, deren Nettoauftragswert die EU-Schwellenwerte überschreitet, ist zur Erzielung einer angemessenen Transparenz im Allgemeinen eine Veröffentlichung in einem Medium mit großer Reichweite erforderlich.[11]

6   Gleichermaßen gebietet es die gemeinschaftsrechtlich gebotene Transparenz, mit der Übersendung oder Bekanntgabe der Verdingungsunterlagen den interessierten Bietern alle **Zuschlagskriterien bekannt zu geben**, die in der Wertung zum Tragen kommen sollen.[12] Nur so kann gewährleistet werden, dass Bietern vor der Vorbereitung ihrer Angebote auch die relative Bedeutung der Zuschlagskriterien bekannt ist. Das wiederum sichert die Einhaltung des vergaberechtlichen Grundsatzes der Gleichbehandlung.[13] Zu den bekannt zu gebenden Kriterien gehören auch die – im Voraus – aufgestellten Unter- (oder Hilfs-)Kriterien, die **Gewichtung** und eine **Bewertungsmatrix**, die der Auftraggeber bei der Angebotswertung verwenden will.[14] Die aus dem EU-Primärrecht entwickelten rechtlichen Maßgaben gelten auch für die Vergabe von nicht-prioritären Dienstleistungen, die die Schwellenwerte erreichen.[15]

7   **3. Rechtsschutz.** Für die Vergabe von Dienstleistungen, deren Wert den Schwellenwert mindestens erreicht und damit von den §§ 97 ff. GWB erfasst sind, sind die **Vergabenachprüfungsinstanzen** zuständig, dh., in der ersten Instanz die Vergabekammer und in der zweiten Instanz der Vergabesenat des jeweiligen Oberlandesgerichts. Das gilt nach der ganz überwiegenden Auffassung auch für nicht prioritäre Dienstleistungen.[16] Die Frage, ob es sich um eine prio-

[5] 2006/C 179/02, nachfolgend: „Mitteilung"; vgl. dazu *Gabriel* NVwZ 2006, 1262. Die Klage der Bundesrepublik Deutschland, diese Mitteilung für nichtig zu erklären, weil die Kommission nicht die verfahrensrechtliche Kompetenz habe, derartige Vorgaben zu machen, war nicht erfolgreich, EuG, Urt. v. 20. 5. 2010, T-258/06. Nach der Auffassung des Gerichtshofs gibt diese lediglich das aktuelle Gemeinschaftsrecht wieder und ist deshalb kein Akt der Rechtssetzung.

[6] Vgl. OLG Brandenburg, Beschl. v. 2. 9. 2003, Verg W 3/03 und Verg W 5/03, NZBau 2003, 688, 692; VK Lüneburg, Beschl. v. 30. 8. 2004, 203-VgK-38/2004, Umdruck nach Veris S. 7; VK Lüneburg, Beschl. v. 25. 3. 2004, 203-VgK-07/2004, Umdruck nach IBR, S. 5.

[7] Zuletzt EuGH, Rs. C-376/08, RdNr. 24 – Serrantoni/Comune di Milano; zurückgehend auf: Rs. C-324/98, Slg. 2000, I-10745,10745 RdNr. 60–62 – Telaustria; Rs. C-275/98, Slg. 1999, I-8291, RdNr. 31–32 - Unitron Scandinavia.

[8] Vgl. *Mitteilung*, 6.

[9] Schlussanträge v. 12. 4. 2005, Rs. C-231/03, RdNr. 77, 79 und 100 – Coname (mit Bezug auf Dienstleistungskonzessionen).

[10] *Mitteilung, 3.*

[11] *Mitteilung, 3.*

[12] Vgl. OLG Düsseldorf, Beschl. v. 23. 3. 2005, Verg 77/04, BauRB 2005, 237 ff., Umdruck nach IBR S. 12; OLG Düsseldorf, Beschl. v. 16. 2. 2005, VII-Verg 74/04, VergabeR 2005, 364, unter Hinweis auf EuGH, Rs. C-470/99 – Universale Bau AG.

[13] EuGH, C-470/99, VergabeR 2003, 141 ff., RdNr. 98 – Universale Bau AG.

[14] OLG Düsseldorf, Beschl. v. 23. 3. 2005, Verg 77/04, Umdruck nach IBR S. 10, mit Hinweis auf OLG Düsseldorf, Beschl. v. 16. 2. 2005, VII-Verg 74/04, Umdruck nach Veris, S. 5.

[15] Primärrecht gilt generell auch für die von den Vergaberichtlinien erfassten Vergaben: Rs. C-92/00, Slg. 2002, I-5553, RdNr. 42 – Hospital Ingenieure, mit Anm. *Prieß* NZBau 2002, 433.

[16] Bspw.: OLG Düsseldorf, Beschl. v. 21. 7. 2010, VII Verg 19/10, NZBau 2010, Heft 9; OLG Düsseldorf, Beschl. v. 23. 3. 2005, VII-Verg 77/04; VK Lüneburg, Beschl. v. 25. 3. 2004, 203-VgK-07/2004; VK

ritäre oder nicht prioritäre Dienstleistung handelt, ist für das durchzuführende Vergabeverfahren von Bedeutung, nicht aber für die Frage der Zuständigkeit der Vergabenachprüfungsinstanzen.[17] Weder der VKR noch der SKR noch dem VgRÄG lässt sich entnehmen, dass die Vergabe von nicht-prioritären Dienstleistungen nicht der Nachprüfung durch die Vergabenachprüfungsinstanzen unterfallen soll. Die §§ 97 ff bzw. 102 ff. GWB differenzieren nicht zwischen prioritären und nicht-prioritären Dienstleistungen. Die Differenzierung nach prioritären und nicht-prioritären Dienstleistungen in Bezug auf die Anwendbarkeit der §§ 97 ff. GWB war vom Gesetzgeber auch nicht beabsichtigt.[18] Die in dieser Hinsicht in der SektVO durch die Differenzierung zwischen Dienstleistungen iSd. Anhangs 1 Teil A und solchen nach Anhang 1 Teil B getroffene Unterscheidung ist für die Anwendbarkeit der §§ 97 ff. GWB nicht maßgeblich. Das folgt ohnehin aus der Gesetzeshierarchie. Wie sich aus den zahlreichen zulässigen Nachprüfungsanträgen in Bezug auf nicht-prioritäre Dienstleistungen ergibt, sieht die Rechtspraxis das nicht anders.[19] Unter bestimmten Umständen ist für Vergaben, die den EU-Schwellenwert erreichen, auch der Zivilrechtsweg eröffnet.[20] Vergibt ein öffentlicher Auftraggeber einen öffentlichen Auftrag entgegen seiner Pflicht ohne förmliches Vergabeverfahren, kann einem Bieter gegen seinen für den Zuschlag vorgesehenen Konkurrenten auf der Grundlage des UWG vor den Zivilgerichten ein Anspruch auf Unterlassung des Vertragsschlusses zustehen.[21]

§ 5 Wege der Informationsübermittlung, Vertraulichkeit der Teilnahmeanträge und Angebote

(1) [1]Der Auftraggeber gibt in der Bekanntmachung oder den Vergabeunterlagen an, ob Informationen durch einen Boten, mittels Post, Telefax, Internet oder in vergleichbarer elektronischer Weise übermittelt werden. [2]Er gibt hier auch an, in welcher Form Teilnahmeanträge oder Angebote einzureichen sind, insbesondere welche elektronische Signatur für die Angebote im Fall der elektronischen Übermittlung zu verwenden ist.

(2) [1]Das für die elektronische Übermittlung gewählte Netz muss allgemein verfügbar sein, so dass der Zugang der Unternehmen zum Vergabeverfahren nicht beschränkt wird. [2]Die dafür zu verwendenden Vorrichtungen und deren technische Merkmale

1. dürfen keinen diskriminierenden Charakter haben,
2. müssen allgemein zugänglich sein und
3. müssen mit den allgemein verbreiteten Erzeugnissen der Informations- und Kommunikationstechnologie kompatibel sein.

(3) Bei der Mitteilung, beim Austausch und der Speicherung von Informationen sind die Vollständigkeit der Daten sowie die Vertraulichkeit der Angebote und der Teilnahmeanträge zu gewährleisten; der Auftraggeber darf vom Inhalt der Angebote

---

Sachsen, Beschl. v. 16. 5. 2003, 1/SVK/035-03; VK Darmstadt, Beschl. v. 1. 12. 2004, 69 d VK-72/2004; OLG Stuttgart, Beschl. v. 7. 6. 2004, 2 Verg 4/04; VK Arnsberg, Beschl. v. 17. 4. 2001, VK 2–07/01; VK Lüneburg, Beschl. v. 25. 8. 2003, 203-VgK-18/2003.

[17] OLG Düsseldorf, Beschl. v. 21. 7. 2010, VII Verg 19/10, NZBau 2010, Heft 9 .

[18] Vgl. Zusammenfassung des Gutachtens von *Hailbronner*, Anlage 1 zur Begründung zum Regierungsentwurf des VergRÄG, BT-Drucks. 13/9340, abgedruckt in WuW, Sonderveröffentlichung zur 6. GWB-Novelle, 1998, 173, 177.

[19] OLG Düsseldorf, Beschl. v. 19. 11. 2003, VII Verg 59/03; Beschl. v. 16. 9. 2003, VII Verg 52/03; Beschl. v. 19. 9. 2002, Verg 41/02; Beschl. v. 23. 8. 2002, Verg 44/02; Beschl. v. 5. 10. 2001, Verg 28/01; VK Bund, Beschl. v. 23. 8. 2004, VK 1–129/04; Beschl. v. 30. 8. 2004, VK 1–96/04; Beschl. v. 26. 8. 2004, VK 1–105/04; Beschl. v. 29. 7. 2004, VK 2–85/04; Beschl. v. 20. 7. 2004, VK 3–77/04; 30. 3. 2004, VK 1–3/04; Beschl. v. 7. 1. 2004, VK 1–137/03; Beschl. v. 19. 11. 2003, VK 2–114/03; Beschl. v. 26. 8. 2004, VK 1–111/04; Beschl. v. 26. 8. 2004, VK 1–108/04; Beschl. v. 10. 9. 2003, VK 1–71/03; Beschl. v. 5. 6. 2003, VK 1–41/03; Beschl. v. 16. 10. 2002 , VK 1–81/02; Beschl. v. 19. 7. 2002, VK 1–37/02; Beschl. v. 16. 7. 2002, VK 2–50/02; Beschl. v. 19. 3. 2002, VK 2–6/02.

[20] Gleichfalls ist in Bezug auf Ansprüche nach dem UWG für Vergaben unter den Schwellenwerten der Zivilrechtsweg eröffnet, LG Mannheim, Urt. v. 1. 4. 2005, 7 O 404/04 – Planungsentschädigung, VergabeR 2005, 765; *Hölzl* VergabeR 2006, 109.

[21] OLG Köln, Beschl. v. 15. 7. 2005, 6 U 17/05, VergabeR 2006, 105 ff., mit Anm. *Hölzl* VergabeR 2006, 109.

und der Teilnahmeanträge erst nach Ablauf der Frist von deren Eingang Kenntnis nehmen.

(4) [1]Der Auftraggeber hat dafür zu sorgen, dass den interessierten Unternehmen die Informationen über die Spezifikationen der Geräte zugänglich sind, die für eine elektronische Übermittlung der Teilnahmeanträge, Angebote oder der Pläne erforderlich sind, einschließlich der Verschlüsselung. [2]Außerdem muss der Auftraggeber gewährleisten, dass für die Teilnahmeanträge und Angebote die von ihm vorgeschriebene elektronische Signatur verwendet werden kann.

(5) [1]Bei Wettbewerben nach § 11 ist bei der Übermittlung, dem Austausch und der Speicherung von Informationen die Vollständigkeit und Vertraulichkeit aller von den Teilnehmern des Wettbewerbs übermittelten Informationen zu gewährleisten. [2]Das Preisgericht darf vom Inhalt der Pläne erst Kenntnis erhalten, wenn die Frist für ihre Vorlage abgelaufen ist.

(6) Telefonisch angekündigte Teilnahmeanträge, die nicht bis zum Ablauf der Frist für deren Eingang in Textform bestätigt sind, dürfen nicht berücksichtigt werden.

Schrifttum: *Burgi*, Ein gangbarer Weg zur elektronischen Vergabe: Die Angebotsabgabe in einer Kombinationslösung, VergabeR 2006, 149 ff.; *Marx*, Vergaberecht für Versorgungsbetriebe, 2010; *Müller-Wrede*, SektVO, 1. Aufl. 2010; *Müller-Wrede*, VOL/A, 2. Aufl. 2009.

I. Regelungsgehalt und Überblick

1   § 5 enthält Regelungen zu den zulässigen **Wegen der Informationsübermittlung, der Vertraulichkeit der Teilnahmeanträge und Angebote**. Die Vorschrift setzt Art. 48 SKR um. Vergleichbare Bestimmungen enthalten für Aufträge, die dem EU-/GWB-Vergaberecht unterliegen, die §§ 11, 11a VOB/A, §§ 13 EG, 14 EG und 16 EG VOL/A sowie § 8 VOF. Die Vorschrift ist damit inhaltlich im Vergleich zu den Verdingungsordnungen im Wesentlichen nicht neu, unterscheidet sich aber in Einzelheiten von diesen Vorschriften. Das gilt insbesondere in Hinsicht auf die gemäß § 11 VOB/A und § 13 EG VOL/A gegebene Möglichkeit, verschiedene Wege der Informationsübermittlung zu kombinieren.[1]

2   Die Vorschrift dient dem Schutz der Bewerber/Bieter eines Vergabeverfahrens auf der Grundlage der SektVO. Sie ist eine Konkretisierung der in § 97 Abs. 1 und 2 GWB niedergelegten Kardinalgrundsätze des Vergaberechts, dh. der Transparenz, Gleichbehandlung und des Wettbewerbs, insbesondere auch des Geheimwettbewerbs.

3   Abs. 1 nennt die **Wege der Informationsübermittlung**. Der Auftraggeber kann frei zwischen diesen wählen, muss das von ihm gewählte Kommunikationsmittel jedoch – wie auch Zuschlagskriterien etc. – in der Vergabebekanntmachung oder in den Verdingungsunterlagen bekannt geben. Wege iS von Abs. 1 sind die Übermittlung durch einen Boten, durch die Post, durch Telefax, Internet oder in vergleichbarer elektronische Weise. Abs. 2 bestimmt die allgemeinen **Anforderungen**, die an die Wege zur Übermittlung der Information zu stellen sind in technischer und rechtlicher Hinsicht. Der Auftraggeber darf nicht Vorrichtungen zur Informationsübermittlung bestimmen, die nicht mit den allgemein verbreiteten Erzeugnissen der Informations- und Kommunikationstechnologie kompatibel sind. Das gilt nicht insbesondere auch in Bezug auf Bewerber/Bieter aus anderen Mitgliedstaaten.[2] Abs. 3 hebt besonders hervor, dass bei der **Übermittlung von Informationen deren Vollständigkeit und Vertraulichkeit sicherzustellen** ist. Diese Anforderung wird durch Abs. 4 konkretisiert. Gemäß Abs. 5 sind die Vollständigkeit und die Vertraulichkeit auch bei Wettbewerben iS von § 11 in Hinsicht auf das Preisgericht zu gewährleisten. Abs. 6 stellt vor dem Hintergrund eines häufigen Problems in der Vergabepraxis klar, dass telefonisch angekündigte Teilnahmeanträge, die nicht bis zum Ablauf der Frist für deren Eingang in Textform bestätigt sind, nicht berücksichtigt werden dürfen.

II. Systematische Stellung und Zweck der Norm

4   § 5 schließt den allgemeinen Teil der SektVO ab. Die Notwendigkeit der Vorschrift ergibt sich aus dem **technischen Fortschritt bei der Informationsübermittlung und dessen konsequenter Nutzung** für die Zwecke der Auftragsvergabe. Der Unionsgesetzgeber hielt es

---

[1] *Müller-Wrede/Reichling*, SektVO, § 5, RdNr. 10; ausführlich dazu *Marx* S. 56 ff.
[2] Erwägungsgrund 46 der SKR.

angesichts der neuen Informations- und Kommunikationstechnologie und der Erleichterungen, die sie für die Bekanntmachung von Aufträgen und die Effizienz und Transparenz der Vergabeverfahren mit sich bringen können, für angebracht, die elektronischen Mittel den klassischen Mitteln zur Kommunikation und zum Informationsaustausch gleichzustellen.[3] Soweit möglich sollten das gewählte Mittel und die gewählte Technologie mit den in den anderen Mitgliedstaaten verwendeten Technologien kompatibel sein.[4]

1. Anforderungen an die Kommunikation zwischen Auftraggeber und Unterneh- 5
men. § 5 legt Regeln und Wege zur Übermittlung der Informationen zwischen Auftraggebern und Unternehmen **vor und während eines Vergabeverfahrens** fest. Der Text entspricht inhaltlich dem Art. 48 SKR und den Parallelvorschriften in der VOB/A, der EG VOL/A und der VOF. Er schafft auf der Grundlage des Art. 42 Abs. 1 SKR und vor dem Hintergrund, dass die technische Entwicklung des letzten Jahrzehnts einen enormen Fortschritt der Kommunikationstechnologie bewirkte, einen rechtlichen Rahmen für die **Kommunikation zwischen Auftraggebern und Unternehmen**. Dieser war in früherer Zeit nicht notwendig, weil die Kommunikationswege einfach und selbstverständlich vorgegeben waren. Während es früher nur um den Zugang einer Erklärung, allenfalls um die Zustellung eines Schriftstücks ging, gibt es heute eine ganze Reihe von Möglichkeiten des Informationsaustauschs zwischen den Beteiligten eines Vergabeverfahrens.

Unter **Information** ist in diesem Zusammenhang **alles** zu verstehen, **was mitgeteilt wer-** 6
den kann, außer der Bekanntmachung und dem Inhalt der „Verdingungsunterlagen", wobei natürlich auch der Inhalt der Verdingungsunterlagen „Information" ist, wenn die einzuhaltenden Informationswege bereits in der Bekanntmachung mitgeteilt wurden. § 5 statuiert in diesem Zusammenhang drei Maßgaben: die **Freiheit** des Auftraggebers in der Wahl der Informationswege, die **Pflicht zur Ausübung dieses Wahlrechtes** bei jedem Vergabeverfahren – und sei es nur durch Verweis auf das sog. Beschafferprofil und die **Mitteilung** des Ergebnisses dieser Wahl entweder bereits in der Bekanntmachung oder, wenn nicht schon dort, dann in den Verdingungsunterlagen.

2. Mögliche Kommunikationswege. Es kommen grundsätzlich **alle technisch mögli-** 7
chen Informationswege in Betracht: Durch Boten, per Post, elektronisch, per Telefax oder aber in einer Kombination aus diesen Möglichkeiten. **Ausgeschlossen** ist lediglich die **mündliche** oder die **fernmündliche** Mitteilung. Für sie käme unter den genannten Informationswegen nur der Weg „per Bote" in Frage. Dass „per Bote" hier aber nicht mündlich meint, ergibt sich aus einem Umkehrschluss aus Abs. 6. Dort wird ausdrücklich geregelt, dass Anträge auf Teilnahme am Vergabeverfahren zwar telefonisch angekündigt werden können, aber in Textform bestätigt werden müssen. Das macht nur Sinn, wenn unter „per Bote" auch die Übergabe eines Schriftstücks verstanden wird. Denn „in Textform" heißt nach § 126 b BGB, dass die Erklärung in einer Urkunde oder auf andere zur dauerhaften Wiedergabe in Textzeilen geeigneten Weise abgegeben, die Person des Erklärenden genannt und der Abschluss der Erklärung durch Nachbildung der Namensunterschrift oder anders erkennbar gemacht wird. Von der Sache her ist dieser Ausschluss der mündlichen Information nicht zwingend geboten. Aber der Verordnungsgeber, der hier der SKR genau folgt, hat sich für eine dahin gehende Umsetzung entschieden. Auf eine mündliche Information kann sich also keine der beiden Seiten später berufen. **Ausgeschlossen** ist **auch** die Wahl eines Kommunikationsweges, der gezielt bestimmten Unternehmen Vorteile verschafft und andere diskriminiert,[5] wobei die Diskriminierung nicht allein darin gesehen werden darf, dass ein Unternehmen nicht über die technische Ausstattung verfügt, die marktüblich vorausgesetzt werden kann.

Per Post wird eine Information übermittelt, wenn ein **Schriftstück** unter Verwendung der 8
Dienstleistung eines **Postdienstleisters überbracht** wird. **Per Bote meint die Übergabe eines Schriftstücks, das ohne die Einschaltung eines Postdienstleisters** zum Empfänger transportiert wird. Informationsübermittlung **über Internet oder in vergleichbarer elektronischer Weise** ist die Informationsweitergabe im **E-mail-Verkehr** unter Verwendung einer Netzverbindung. Eine elektronische Informationsübermittlung ist technisch betrachtet auch die Verwendung des Telefax; im Gesetz wird das **Telefax** jedoch als eigener Übermittlungsweg bezeichnet. Zusätzlich zu der Möglichkeit, einen dieser Informationswege auszusuchen und

---

[3] Erwägungsgrund 46 der SKR.
[4] Erwägungsgrund 46 der SKR.
[5] So richtig *Müller-Wrede/Reichling* § 16 RdNr. 37 für die parallele Regel in der VOL/A.

bekannt zu machen, gibt es für den Auftraggeber die Möglichkeit, **auch jede technisch mögliche Kombination** zu wählen und anzugeben.[6] So liegt es nahe, die Übersendung eines elektronisch beschriebenen und elektronisch zu lesenden Datenspeichers (Diskette, CD) per Post oder per Bote zu versenden. „Kombination" der Kommunikationsmittel kann aber darüber hinaus auch bedeuten, dass der Auftraggeber in einem Vergabeverfahren unterschiedliche Übermittlungswege nebeneinander zulässt. Nicht gemeint ist jedoch eine Kumulation in der Form, dass der Auftraggeber die Übermittlung einer Information auf doppeltem Weg verlangt.[7]

9   **3. Besonderheiten bei elektronischer Kommunikation.** Wählen öffentliche Auftraggeber für die Kommunikation im Vergabeverfahren den elektronischen Weg, müssen sie dafür sorgen, dass Netze, Geräte und Programme bestimmten Anforderungen genügen. Daher bestimmt Abs. 2 S. 1 ausdrücklich, dass das zur elektronischen Kommunikation zu verwendende Netz allgemein verfügbar sein muss und keinerlei Zugangsbeschränkungen aufweisen darf. Auch die zu verwendenden Vorrichtungen und die erforderlichen Programme müssen allgemein **zugänglich** sein und mit den allgemein verbreiteten Erzeugnissen der Informations- und Kommunikationstechnologie kompatibel sein (§ 5 Abs. 2 S. 2). Diese Regel ist eine Konkretisierung des allgemeinen Diskriminierungsverbotes und drückt daher eigentlich eine Selbstverständlichkeit aus. Zugänglichkeit heißt daher in diesem Zusammenhang, dass die interessierten Unternehmen die Informationen über Netze, Geräte und Programme jederzeit einsehen oder von einem Datenspeicher abrufen können. Wenn der Auftraggeber die Informationen über Netze, Geräte und Programme in die Bekanntmachung oder die Verdingungsunterlagen aufnimmt, ist dieser Anforderung genüge getan. Der Auftraggeber, der diese Bedingungen nicht schafft, begeht einen Vergabefehler, der gerügt und im Vergabenachprüfungsverfahren geltend gemacht werden kann.

10   **4. Verfahrensanforderungen.** Die wichtigsten „Informationen", die Auftraggeber und Unternehmen im Vergabeverfahren austauschen, sind **Teilnahmeanträge und Angebote.** Da es sich dabei aber nicht nur um „Informationen" handelt, sondern auch zivilrechtliche Willenserklärungen mit festliegenden Rechtsfolgen, gelten zunächst die zivilrechtlichen **Anforderungen an Willenserklärungen**: Es muss sich um eine klare Erklärung mit einem deutlich bestimmbaren Inhalt handeln, die überhaupt nur in der Welt ist, wenn sie zugegangen ist. Weitere **vergaberechtliche Voraussetzungen an eine gültige Erklärung**, ein Angebot abgeben oder an einem Verfahren teilnehmen zu wollen, ergeben sich aus § 5 und lassen sich in folgenden Prinzipien zusammenfassen:

(1) das **Prinzip der Schriftlichkeit**. Nur schriftlich vorliegende Erklärungen können per Boten oder per Post übergeben oder elektronisch versandt werden. Angebote und Teilnahmeanträge müssen daher schriftlich vorliegen, dh. sie müssen mit Tinte auf Papier oder elektronisch in Textform aufgezeichnet sein und direkt oder mit einem Textprogramm lesbar sein.

(2) das Erfordernis der **Identifizierbarkeit des Erklärenden**. Die Erklärung muss mit einer **Unterschrift** oder mit einer **elektronischen Signatur** versehen sein. Das ergibt sich aus Abs. 1 und aus Abs. 4. Der Auftraggeber muss danach bestimmen, welche elektronische Signatur nach dem Signaturgesetz verwendet werden soll. Er kann es bei der einfachen Signatur bewenden lassen, aber auch eine fortgeschrittene oder gar eine qualifizierte Signatur fordern.

(3) das **Prinzip der Vertraulichkeit und Integrität der Inhalte** von Teilnahmeanträgen und Angeboten. **Vertraulichkeit** bedeutet in diesem Zusammenhang, dass bis zu bestimmten festgelegten Zeitpunkten im Vergabeverfahren nicht bekannt werden darf, wer sich mit welchem Angebot am Verfahren beteiligt oder Teilnahmeanträge gestellt hat. **Integrität der Daten** bedeutet, dass kein Dritter die Möglichkeit erhält, den Inhalt von Angebot und Teilnahmeanträgen zu manipulieren. Das Prinzip der Vertraulichkeit und der Integrität der Inhalte der Beteiligungserklärungen wird auf zweierlei Weise realisiert: Es wird zum einen durch die Festlegung von Anforderungen an die Anträge und die Angebote in die Tat umgesetzt. Und es wird zum anderen durch Handlungspflichten realisiert, die dem Auftraggeber auferlegt sind.

11   Weder für die elektronische Übermittlung von Angeboten und Bewerbungen noch für die klassische Übermittlung gibt die SektVO genaue Übergabeformen vor. Sie verlangt lediglich, dass der Auftraggeber mitteilt, in welcher Form die Übergabe erfolgen muss und verpflichtet den Auftraggeber, Integrität und Vertraulichkeit zu garantieren und erst nach Ablauf der Frist für den Eingang zur Kenntnis zu nehmen. Dem ist Rechnung getragen, wenn Angebote und

---

[6] Vgl. dazu: *Burgi* VergabeR 2006, 149 ff.
[7] Auch für diese Möglichkeit: *Müller-Wrede/Reichling* § 4 RdNr. 41.

Teilnahmeanträge in einem **verschlossenen** und als Angebot oder als Teilnahmeantrag bezeichneten **Umschlag** per Post oder Boten zugestellt werden. Bei **elektronisch übermittelten** Angeboten und Teilnahmeanträgen ist dem nur Rechnung getragen, wenn die Angebote oder Anträge nach den technischen Angaben des Auftraggebers so **verschlüsselt** über ein elektronisches Netz versandt werden, dass ein Zugang zum Inhalt der Angebote nicht vor Fristablauf für den Eingang der Angebote – auch nicht für den Auftraggeber – möglich ist. Verschlüsselung bedeutet eine Verfremdung der Daten, so dass das Angebot von einem Dritten, der nicht über den Schlüssel verfügt, nicht gelesen werden kann. Das setzt voraus, dass der Auftraggeber eine Verschlüsselungsmethode in der Bekanntmachung oder den Verdingungsunterlagen vorgibt. Ist das nicht erfolgt, dürfen keine elektronischen Angebote abgegeben werden.

Obwohl der Verordnungsgeber keine ausdrückliche **Reserveregelung** für den Fall getroffen **12** hat, dass der Auftraggeber es – pflichtwidrig – versäumt, einen Informationsweg zu benennen, muss davon ausgegangen werden, dass in diesem Fall nur für die klassischen Informationswege – **per Bote oder per Post** – zugelassen sind. Denn es dürfte vorausgesetzt werden können, dass ein Auftraggeber, der an den Markt geht und zu Angeboten oder Teilnahmeanträgen auffordert, diese auch tatsächlich haben will. Der elektronische Weg ist in einem solchen Fall ausgeschlossen, weil es an den notwendigen Angaben über die Technik fehlt.

Abschnitt 2. Vorbereitung des Vergabeverfahrens

§ 6 Vergabeverfahren

(1) **Auftraggeber können bei der Vergabe öffentlicher Aufträge zwischen offenem Verfahren, nicht offenem Verfahren mit Bekanntmachung und Verhandlungsverfahren mit Bekanntmachung wählen.**

(2) **Ein Verhandlungsverfahren ohne Bekanntmachung ist zulässig,**

1. **wenn im Rahmen eines Verfahrens mit vorheriger Bekanntmachung kein oder kein geeignetes Angebot oder keine Bewerbung abgegeben worden ist, sofern die ursprünglichen Auftragsbedingungen nicht grundlegend geändert werden;**
2. **wenn ein Auftrag nur vergeben wird zum Zweck von Forschung, Versuchen, Untersuchungen oder der Entwicklung und nicht mit dem Ziel der Gewinnerzielung oder der Deckung der Forschungs- und Entwicklungskosten, und diese Vergabe einer wettbewerblichen Vergabe von Folgeaufträgen, die diese Ziele verfolgen, nicht vorgreift;**
3. **wenn der Auftrag aus technischen oder künstlerischen Gründen oder auf Grund des Schutzes von Ausschließlichkeitsrechten nur von einem bestimmten Unternehmen ausgeführt werden kann;**
4. **soweit zwingend erforderlich, weil es bei äußerster Dringlichkeit im Zusammenhang mit Ereignissen, die die Auftraggeber nicht vorhersehen konnten, nicht möglich ist, die im offenen, im nicht offenen oder den Verhandlungsverfahren mit Bekanntmachung vorgesehenen Fristen einzuhalten;**
5. **im Fall von Lieferaufträgen für zusätzliche, vom ursprünglichen Lieferanten durchzuführende Lieferungen, die entweder zur teilweisen Erneuerung von gängigen Lieferungen oder Einrichtungen oder zur Erweiterung von Lieferungen oder bestehenden Einrichtungen bestimmt sind, wenn ein Wechsel des Lieferanten den Auftraggeber zum Kauf von Material unterschiedlicher technischer Merkmale zwänge und dies eine technische Unvereinbarkeit oder unverhältnismäßige technische Schwierigkeiten bei Gebrauch und Wartung mit sich brächte;**
6. **bei zusätzlichen Bau- oder Dienstleistungen, die weder in dem der Vergabe zugrunde liegenden Entwurf noch im ursprünglich vergebenen Auftrag vorgesehen waren, die aber wegen eines unvorhergesehenen Ereignisses zur Ausführung dieses Auftrags erforderlich sind, sofern der Auftrag an das Unternehmen vergeben wird, das den ursprünglichen Auftrag ausführt;**
   a) **wenn sich diese zusätzlichen Bau- oder Dienstleistungen in technischer und wirtschaftlicher Hinsicht nicht ohne wesentlichen Nachteil für den Auftraggeber vom ursprünglichen Auftrag trennen lassen oder**

– wenn diese zusätzlichen Bau- oder Dienstleistungen zwar von der Ausführung des ursprünglichen Auftrags getrennt werden können, aber für dessen Vollendung unbedingt erforderlich sind;

7. bei neuen Bauaufträgen, die in der Wiederholung gleichartiger Bauleistungen bestehen, die vom selben Auftraggeber an den Auftragnehmer des ursprünglichen Auftrags vergeben werden, sofern diese Bauleistungen einem Grundentwurf entsprechen und dieser Entwurf Gegenstand des ursprünglichen Auftrags war, der nach einer Bekanntmachung vergeben wurde; die Möglichkeit der Anwendung des Verhandlungsverfahrens ohne Bekanntmachung muss bereits bei der Bekanntmachung für den ersten Bauabschnitt angegeben werden.

8. wenn es sich um die Lieferung von Waren handelt, die an Börsen notiert und gekauft werden;

9. wenn Aufträge auf Grund einer Rahmenvereinbarung (§ 9) vergeben werden sollen, sofern die Rahmenvereinbarung nach den Bestimmungen dieser Verordnung geschlossen wurde;

10. wenn Waren auf Grund einer besonders günstigen Gelegenheit, die sich für einen sehr kurzen Zeitraum ergeben hat, zu einem Preis beschafft werden können, der erheblich unter den marktüblichen Preisen liegt;

11. wenn Waren zu besonders günstigen Bedingungen von einem Lieferanten, der seine Geschäftstätigkeit endgültig aufgibt, oder bei Insolvenzverwaltern oder Liquidatoren im Rahmen eines Insolvenz-, Vergleichs- oder Ausgleichsverfahrens gekauft werden sollen;

12. wenn im Anschluss an ein Auslobungsverfahren der Dienstleistungsauftrag nach den in § 11 festgelegten Bestimmungen an den Gewinner oder an einen der Gewinner des Auslobungsverfahrens vergeben werden muss; im letzteren Fall müssen alle Gewinner des Auslobungsverfahrens zur Teilnahme an den Verhandlungen aufgefordert werden.

Schrifttum: *Arrowsmith*, The Law of Public and Utilities Procurement, 2. Aufl. 2005; *Franke/Kemper/Zanner/Grünhagen*, VOB-Kommentar, 3. Aufl. 2007; *Hölzl*, Anmerkung zu EuGH, C-252/01 – Kommission/Belgien, NZBau 2004, 256, 257; *Kapellmann/Messerschmidt/Stickler/Kallmayer*, VOB/A und B – Kommentar, 2. Aufl. 2007; *Kulartz/Marx/Portz/Prieß* Kommentar zur VOL/A, 2. Aufl. 2011; *Marx*, Vergaberecht für Versorgungsbetriebe, 2010; *Müller-Wrede*, SektVO, 1. Aufl. 2010; *Prieß*, Das Übereinkommen über das öffentliche Beschaffungswesen, in: *Prieß/Berrisch*, WTO-Handbuch, 2003, 621–654; *Schabel*, Anmerkung zu BayObLG, Beschl. v. 27. 2. 2003, Verg 25/02, VergabeR 2003, 674; *Trybus*, The EC Treaty as an instrument of european defence integration: judicial scrutiny of defence and security exceptions, CMLR 2002, 1347; *von der Groeben/Schwarze*, Kommentar zum EU-/EG-Vertrag, 6. Aufl. 2003.

I. Regelungsgehalt und Überblick

1 § 6 bestimmt, welche **Arten von Vergabeverfahren** Sektorenauftraggeber durchführen dürfen. Die **Aufzählung** des Abs. 1 ist **abschließend**. Abs. 1 greift Art. 40 Abs. 2 SKR und § 101 Abs. 7 Satz 2 GWB auf. Im Unterschied zu klassischen öffentlichen Auftraggebern dürfen Sektorenauftraggeber gemäß Abs. 1 bei der Vergabe öffentlicher Aufträge zwischen offenem Verfahren, nicht offenem Verfahren mit Bekanntmachung und Verhandlungsverfahren mit Bekanntmachung **frei wählen**.[1] Das bedeutet insbesondere, dass Sektorenauftraggeber stets ohne Weiteres ein Verhandlungsverfahren durchführen dürfen.[2] Das gilt nunmehr für **alle Arten von Sektorenauftraggebern**. Die durch Abs. 1 eingeräumte Wahlfreiheit enthält nicht das Recht, die genannten Verfahrensarten zu kombinieren oder von einem einmal gewählten Vergabeverfahren während seiner Durchführung abzuweichen, es sei denn, dies erfolgt im Anschluss an eine Aufhebung des ursprünglich eingeleiteten Vergabeverfahrens.

2 Die SektVO enthält abweichend von den Vergabeordnungen für die klassischen Auftraggeber kein Verfahren mit der Bezeichnung **wettbewerblicher Dialog**. Das bedeutet jedoch nicht, dass die Sektorenauftraggeber ein solches Verfahren nicht durchführen dürften. Sektorenauftraggeber können ein Verhandlungsverfahren so ausgestalten, dass es im Ergebnis einem wettbewerblichen Dialog entspricht und dieses Verfahren dann so durchführen.

---

[1] Zu den Arten der Vergabe ausführlich Kommentierung zu § 101 GWB.
[2] Zum Verhandlungsverfahren ausführlich Kommentierung zu § 101 GWB, RdNr. 14 ff.

Abs. 2 zählt in zwölf Nummern **abschließend** die **Konstellationen** auf und benennt die 3
Voraussetzungen dafür, wann ausnahmsweise entgegen § 12 ein **Verhandlungsverfahren
ohne vorausgehende Bekanntmachung** zulässig ist. Die Vorschrift setzt § 40 Abs. 3 SKR
um. Danach ist eine **Direktvergabe zulässig**, wenn aus künstlerischen, technischen oder
rechtlichen Gründen nur *ein* Lieferant in Frage kommt (Abs. 2 Nr. 3), wenn auf Grund einer
zuvor bekannt gemachten Rahmenvereinbarung beschafft (Abs. 2 Nr. 9) oder im Anschluss an
ein Auslobungsverfahren an einen der Preisträger vergeben wird (Abs. 2 Nr. 12). Ferner ist eine
Direktvergabe dann zulässig, wenn Börsenwaren beschafft oder aus einem Insolvenzverfahren
herausgekauft oder sonst eine besonders günstige Gelegenheit genutzt wird (Abs. 2 Nr. 8, 10
und 11). Eine Direktvergabe ist ebenfalls möglich, soweit ein Auftrag zwingend erforderlich ist
und es aus Umständen, die der Auftraggeber nicht vorsehen konnte, unmöglich ist, die Fristen eines Verfahrens mit Bekanntmachung einzuhalten (Abs. 2 Nr. 4). Gleiches gilt, wenn im
Rahmen eines Verfahrens mit vorheriger Bekanntmachung keine geeigneten Angebote abgegeben worden sind (Abs. 2 Nr. 1), in einigen ganz besonderen Anschluss- und Zusatzlieferfällen
(Abs. 2 Nr. 5, 6 und 7) sowie bei Forschungsaufträgen, die nicht der Gewinnerzielung dienen
(Abs. 2 Nr. 2). Die Voraussetzungen der vorstehend genannten Ausnahmen sind **eng auszulegen**. In allen Fällen stellt die Rechtsprechung an das Vorliegen der jeweiligen Voraussetzungen
strenge Anforderungen.

§ 6 entspricht im Wesentlichen den § 3a Abs. 6 VOB/A, § 3 EG Abs. 4 VOL/A sowie § 3   4
Abs. 4 VOF. Abweichend vom Wortlaut des Abs. 2 wird vertreten, dass diese Ausnahmen auch
für das nicht offene Verfahren gelten.[3] Abgesehen davon, dass diese Auslegung dem klaren
Wortlaut der Vorschrift widerspricht, ergibt sich kaum eine praktische Notwendigkeit für eine
solche Vorgehensweise.

II. Systematische Stellung und Zweck der Norm

1. Wahl des Vergabeverfahrens (Abs. 1). Die Vorschrift steht am Anfang des Ab- 5
schnitts 2 der SektVO. Die Vorschrift räumt Sektorenauftraggebern auf der Grundlage von
Abs. 1 mit der freien Wahl der Vergabeart den erforderlichen und angemessenen **Handlungsspielraum** ein. Die Vorschrift stellt nach ihrem Wortlaut keine Voraussetzungen an die Wahl
einer bestimmten Verfahrensart auf. Auf der Grundlage der im Anwendungsbereich des EU-
Vergaberechts stets einzuhaltenden Grundsätze der Transparenz, Gleichbehandlung und Nichtdiskriminierung muss der Sektorenauftraggeber als ungeschriebene Voraussetzung die **Wahl des
Verfahrens** jedoch **sachlich nachvollziehbar begründen** und dies in einem entsprechenden
Vergabevermerk **dokumentieren**. Die Eingebundenheit des Sektorenauftraggebers in das EU-/
GWB-Vergaberecht einerseits und ihre relative Freiheit innerhalb dieses Rechtsregimes ande-
rerseits folgt aus der **Bedeutung der sachlichen Betätigung der Sektorenauftraggeber für
die Allgemeinheit** und dem Umstand, dass sie in der Regel bereits nach den Grundsätzen von
Wirtschaftsunternehmen geführt werden, die einem mehr oder weniger starken Wettbewerbsdruck auf ihrem Geschäftsgebiet ausgesetzt sind.

2. Verhandlungsverfahren ohne vorherige Bekanntmachung (Abs. 2). Abs. 2 zählt 6
abschließend die Konstellationen auf, bei denen ausnahmsweise ein Verhandlungsverfahren
ohne vorausgehende Bekanntmachung durchgeführt werden darf. Die Vorschriften sind **nicht
als Regelbeispiele zu verstehen**. Zudem muss die Reichweite eines jeden Ausnahmetatbestands grundsätzlich für sich bestimmt werden. Zusätzlich zu diesen Ausnahmetatbeständen
können sich Sektorenauftraggeber auf die **Ausnahmetatbestände des § 100 Abs. 2 GWB**
sowie Inhouse-Geschäfte und die innerstaatliche Zusammenarbeit berufen. § 100 GWB enthält
über allgemeine Ausnahmetatbestände hinaus spezielle Vorschriften für Sektorenauftraggeber,
auf deren Grundlage die betreffende Vergabe gänzlich vom EU-/GWB-Vergaberecht ausgenommen ist. Die VOB/A, die EG VOL/A und die VOF enthalten vergleichbare Ausnahmetatbestände, die zur Auslegung herangezogen werden können.

Ausnahmetatbestände sind auf der Grundlage der Rechtsprechung des EuGH **eng auszu-** 7
legen.[4] Das gilt auch für die in Abs. 2 aufgezählten Ausnahmetatbestände. Grund dafür ist, dass
durch Ausnahmetatbestände der Wettbewerbsgrundsatz ganz erheblich eingeschränkt wird und
im Falle ihrer Anwendung ein **hohes Diskriminierungsrisiko** besteht. Gleichfalls sind an die
Darlegungslast hinsichtlich des Vorliegens ihrer Voraussetzungen durch den jeweiligen Auf-

---

[3] So: *Müller-Wrede/Kaelble*, SektVO, § 6 RdNr. 14.
[4] Vgl. dazu: *Hölzl* NZBau 2004, 256, 257.

traggeber strenge Maßstäbe anzulegen.[5] Es entspricht ständiger Rechtsprechung des EuGH, dass die Anwendung von Ausnahmetatbeständen immer auch dem **Grundsatz der Verhältnismäßigkeit** entsprechen muss.[6] Denn durch die unverhältnismäßige Nichtanwendung der Maßgaben der Vergaberichtlinien wird der Schutz der Bieter entscheidend verkürzt. Zudem werden Ausnahmetatbestände ansonsten zu Schlupflöchern gemacht, die den Binnenmarkt gefährden.[7] Der Gerichtshof räumt den Mitgliedstaaten deshalb nur einen engen Ermessensspielraum bei der Annahme eines Ausnahmetatbestandes ein.[8] Dementsprechend sorgfältig muss die Vergabestelle ihrer Dokumentationspflicht nachkommen. Diese kann auch über die Anfertigung eines Vergabevermerks hinausgehen. Der Auftraggeber ist gehalten, für größtmögliche Transparenz zu sorgen.

8   Die Erfüllung der Voraussetzungen der Ausnahmetatbestände der EU-Vergaberichtlinien hat grundsätzlich auch die **Freistellung vom EU-Primärrecht** zur Folge. Das ergibt sich aus dem Grundsatz *a maiore ad minus,* einem in der Rechtsprechung des EuGH, der nationalen Rechtsprechung und einschlägigen Literatur einhellig anerkannten allgemeinen Auslegungsgrundsatz.[9] Das bedeutet, dass die Freistellung vom EU-Primärrecht auch ohne konkreten Ausnahmetatbestand im AEUV zulässig ist.

9   **3. Die einzelnen Ausnahmetatbestände des Abs. 2. Abs. 2 Nr. 1** erlauben ein Verhandlungsverfahren ohne vorausgehende Bekanntmachung, wenn im Rahmen eines Verfahrens mit vorheriger Bekanntmachung **kein oder kein geeignetes Angebot oder keine Bewerbung abgegeben** worden ist, sofern die ursprünglichen Auftragsbedingungen nicht grundlegend geändert werden. Eine grundlegende Änderung liegt dann vor, wenn die *essentialia negotii* wesentlich geändert worden sind.

10   Gemäß **Abs. 2 Nr. 2** ist ein Verhandlungsverfahren ohne vorausgehende Bekanntmachung zulässig, wenn ein Auftrag nur vergeben wird zum **Zweck von Forschung, Versuchen, Untersuchungen oder der Entwicklung** und nicht mit dem Ziel der Gewinnerzielung oder der Deckung der Forschungs- und Entwicklungskosten und diese Vergabe einer wettbewerblichen Vergabe von Folgeaufträgen, die diese Ziele verfolgen, nicht vorgreift. Forschungs- und Entwicklungsdienstleistungen sind weder im Gemeinschaftsrecht noch im deutschen Vergaberecht definiert. Anhaltspunkte zum Verständnis der Begriffe „Forschung" und „Entwicklung" lassen sich dem „Gemeinschaftsrahmen für staatliche Beihilfen für Forschung, Entwicklung und Innovation" der Europäischen Kommission entnehmen. „Grundlagenforschung" sind danach experimentelle oder theoretische Arbeiten, die in erster Linie dem Erwerb neuen Grundlagenwissens ohne erkennbare direkte praktische Anwendungsmöglichkeiten dienen.[10] Industrielle Forschung ist demgegenüber planmäßiges Forschen oder kritisches Erforschen zur Gewinnung neuer Kenntnisse und Fertigkeiten mit dem Ziel, neue Produkte, Verfahren oder Dienstleistungen zu entwickeln oder zur Verwirklichung erheblicher Verbesserungen bei bestehenden Produkten, Verfahren oder Dienstleistungen nutzen zu können. Hierzu zählt auch die Schöpfung von Teilen komplexer Systeme, die für die industrielle Forschung und insbesondere die Validierung von technologischen Grundlagen notwendig sind, mit Ausnahme von Prototypen.[11]

11   Für das Verständnis dieser Ausnahme kann auf die Auslegung von § 100 Abs. 2 lit. n GWB zurückgegriffen werden. Danach ist **„Forschung"** als die planmäßige und zielgerichtete Suche

---

[5] EuGH, C-385/02, Slg. 2004, I-8121 RdNr. 19f. – Kommission/Italien; EuGH, C-318/94, Slg. 1996, I-1949 RdNr. 13 – Kommission/Deutschland.

[6] Bspw.: EuGH, C-414/97, Slg. 1997, I-5585, RdNr. 22f. – Kommission/Spanien. Dazu auch *Marx* 63 ff.

[7] Siehe zur ähnlichen Problematik im sicherheitsrelevanten Vergabebereich *Hölzl* NZBau 2004, 256, 257.

[8] Siehe dazu: *Hölzl* NZBau 2004, 256, 257.

[9] Bspw. für das Gemeinschaftsrecht: EuGH, C-280/00, Slg. 2003, I-7747 RdNr. 57 iVm. 41 – Altmark Trans,; „[…] die weiter reichenden Sanktionsmöglichkeiten nach dieser Richtlinie umfassen aber a maiore ad minus ein vorübergehendes Verbot der Beförderung von Tieren, wie es in der Verordnung vorgesehen ist." Schlussanträge GA *Tistenjak,* C-416/07, noch nicht in Slg. veröffentlicht, RdNr. 133 – Kommission/Griechenland; Schlussanträge GA *Colomer,* C-192/08, noch nicht in Slg. veröffentlicht, RdNr. 106 iVm. Fn. 69 – TeliaSonera Finland; ähnlich: Schlussanträge GA *Cosmas,* C-411/98, Slg. 2000, I-8081 RdNr. 59 – Ferlini; für die deutsche Rechtsprechung BGH, Urt. v. 9. 4. 1953, III ZR 77/52 RdNr. 17; BGH, Urt. v. 18. 3. 1993, I ZR 178/91, RdNr. 32, ZIP 1993, 786ff.; BGH, Urt. v. 9. 4. 1953, III ZR 77/52 RdNr. 17; für die Literatur: *Grabitz/Hilf/Ress/Ukrow* Art. 151 EGV RdNr. 28; *von der Groeben/Schwarze/Schmidt* Art. 254 RdNr. 23 Fn. 38.

[10] ABl. 2006 C 323/1.

[11] ABl. 2006 C 323/1, 10.

nach neuen Erkenntnissen zu verstehen.[12] Der Begriff „Forschung" umfasst in diesem Zusammenhang damit sowohl die Grundlagenforschung als auch die angewandte Forschung.[13] Die „angewandte Forschung" ist zur praktischen Anwendung und Umsetzung von Forschungsergebnissen abzugrenzen, die auch dann keine Forschung idS ist, wenn dabei Informationen gesammelt und neue Erkenntnisse gewonnen werden. Auch im Rahmen der angewandten Forschung geht es vorrangig um die Gewinnung neuen Wissens. Für die Annahme eines Forschungs- oder Entwicklungsauftrags genügt es deshalb bspw. nicht, dass bei der Erbringung einer Dienstleistung auf eine im Rahmen eines EU-Forschungsprojekts entwickelte Software zurückgegriffen und diese nur anlässlich der Dienstleistungserbringung erprobt wird. Erforderlich wäre vielmehr, dass diese Erprobung Hauptzweck des Vertrages ist.[14]

Zu berücksichtigen ist, dass auch dieser Ausnahmetatbestand restriktiv auszulegen ist. Mit der **12** Einführung dieser Regelung war insbesondere nicht bezweckt, die Auftragsforschung generell vom Anwendungsbereich des Vergaberechts auszunehmen. Vielmehr wurde bereits in der Dienstleistungskoordinierungsrichtlinie 92/50/EWG festgestellt, dass die Öffnung der nationalen Beschaffungsmärkte zur Unterstützung von Forschung und Entwicklung beitragen kann.[15] Deshalb sollen in erster Linie öffentliche Beiträge zur Finanzierung von Forschungsprogrammen vom Anwendungsbereich des Vergaberechtsregimes freigestellt werden. Grundsätzlich fallen deshalb nur forschungspolitisch motivierte Forschungs- und Entwicklungsvorhaben unter den Ausnahmetatbestand.[16]

Abs. 2 Nr. 3 bestimmt, dass ein Verhandlungsverfahren ohne vorausgehende Bekanntma- **13** chung durchgeführt werden darf, wenn der Auftrag aus **technischen oder künstlerischen Gründen oder auf Grund des Schutzes von Ausschließlichkeitsrechten** nur von einem bestimmten Unternehmen ausgeführt werden kann. Die Vorschrift gleicht im Wesentlichen § 3a Abs. 6 Nr. 3 VOB/A und § 3 EG Abs. 4 lit. c EG VOL/A. Im Unterschied ist hier nicht von „künstlerischen Besonderheiten" die Rede, sondern nur von künstlerischen Gründen. Das entspricht dem Wortlaut des Art. 40 Abs. 3 lit. c SKR bzw. Art. 31 Nr. 1 lit. b VKR. Die Voraussetzungen „technische oder künstlerische Gründe" bzw. Vorliegen eines „Ausschließlichkeitsrechts" sind wörtlich zu nehmen und dürfen nicht sinngemäß ergänzt werden. Die Vorschrift ist eng auszulegen.[17] Die Darlegungs- und Beweislast für das Vorliegen dieser Voraussetzungen und damit der Rechtfertigung der Durchführung eines Verhandlungsverfahrens ohne vorausgehende Bekanntmachung trägt derjenige, der sich auf das Vorliegen dieses Ausnahmetatbestandes beruft.

Weder SKR noch VKR noch die Vorschrift selbst definieren, was in diesem Zusammenhang **13 a** unter „technischen Gründen" bzw. „technischen Besonderheiten" zu verstehen ist. Der Rechtsprechung und der vergaberechtlichen Literatur nach liegen technische Gründe bzw. Besonderheiten zutreffenderweise dann vor, wenn nur ein bestimmtes Unternehmen den erforderlichen herausragenden Sachverstand, die besondere Erfahrung und/oder die einzigartige technische Ausstattung für die Erbringung der geforderten Leistung besitzt.[18] Der für das Vorliegen eines technischen Grundes bzw. einer technischen Besonderheit erforderliche außerordentliche Sachverstand bzw. die einzigartige technische Ausstattung müssen in **objektiv nachvollziehbarer**

---

[12] BayObLG, Beschl. v. 27. 2. 2003, Verg 25/02, NZBau 2003, 634, 635; VK Berlin, Beschl. v. 23. 6. 2005, VK – B 1–23/05, Umdruck nach Veris S. 17.

[13] BayObLG, Beschl. v. 27. 2. 2003, Verg 25/02, NZBau 2003, 634, 635; VK Berlin, Beschl. v. 23. 6. 2005, VK – B 1–23/05, Umdruck nach Veris S. 17.

[14] VK Berlin, Beschl. v. 23. 6. 2005, VK-B1–23/05, Umdruck nach Veris, S. 16 ff.

[15] Vgl. Erwägungsgrund 9 der Richtlinie 92/50/EWG.

[16] BayObLG, Beschl. v. 27. 2. 2003, Verg 25/02, NZBau 2003, 634; *Schabel* VergabeR 2003, 674, 675.

[17] EuGH, C-20/01 u. C-28/01, Slg. 2003, I-3609 RdNr. 58 – Kommission/Deutschland; zuletzt mwN: EuGH, C-275/08, EuZW 2009, 858, 861, RdNr. 55/56 – Datenzentrale Baden-Württemberg; EuGH, C-199/85, Slg. 1987, I-1039 RdNr. 13 ff. – Kommission/Italien; EuGH, C-385/02, Slg. 2004, I-8121, RdNr. 19; OLG Naumburg, Beschl. v. 10. 11. 2003, 1 Verg 14/03, Umdruck nach Veris, S. 6; vgl. auch: OLG Düsseldorf, Beschl. v. 20. 10. 2008, VII-Verg 46/08, Umdruck nach Veris, S. 6; VK Bund, Beschl. v. 5. 2. 2009, VK 1–186/08, Umdruck nach Veris, S. 8; vgl. auch VK Bund, Beschl. v. 22. 8. 2008, VK 2–73/08, Umdruck nach Veris, S. 34; VK Sachsen, Beschl. v. 7. 1. 2008, 1/SVK/077-07, Umdruck nach Veris, S. 21.

[18] *Müller-Wrede/Kaelble* § 3 RdNr. 56 und § 3a RdNr. 176; ähnlich *Heiermann/Riedl/Rusam/Rusam/Weyand*, § 3a RdNr. 20; *Arrowsmith* RdNr. 9.6.; vgl. *Kulartz/Marx/Portz/Prieß/Kulartz*, 2. Aufl. 2011, § 3 RdNr. 84; vgl. EuGH, C-394/02, Slg. 2005, I-4713 RdNr. 35–36 – Kommission/Griechenland; vgl. EuGH, C-328/92, Slg. 1994, I-1569, RdNr. 17 ff. – Kommission/Spanien; vgl. auch OLG Düsseldorf, Beschl. v. 20. 10. 2008, VII-Verg 46/08, Umdruck nach Veris, S. 6, nur ein Anbieter kann den Auftrag ausführen.

Art und Weise dazu führen, dass tatsächlich nur *ein* Unternehmen die geforderte Lieferleistung erbringen kann und deswegen die Vergabe des Auftrages an dieses Unternehmen unbedingt erforderlich ist.[19] Bspw. können umfangreiche Planungsleistungen, die nicht von anderen Personen oder Firmen erbracht werden können, oder hochwertige bzw. hochtechnologische Individualbeschaffungen, technische Gründe bzw. technische Besonderheiten iSd. Art. 31 Nr. 1 lit. b VKR sein.[20]

13 b   Die **Aufzählung** in Nr. 3 ist wie die in Art. 40 Abs. 3 lit. c SKR und Art. 31 Nr. 1 lit. c VKR **abschließend** und dient der Sicherstellung des Vorrangs der Vergabe im Wettbewerb. Wettbewerb darf dort zurückstehen, wo überragende Belange oder die konkret benannten wirtschaftlichen Gründe das grundsätzlich vorrangige Interesse an einem europaweiten Wettbewerb überwiegen oder die Durchführung eines Wettbewerbs (bei Notstandslagen) als akut gefährlich für Leib und Leben erscheinen lassen. Die Zulässigkeit von Vergaben im Verhandlungsverfahren und darüber hinaus solche ohne vorherige Vergabebekanntmachung sind streng und abschließend definiert und an eine Vielzahl von Voraussetzungen geknüpft, die besonders gelagerten Sachlagen Rechnung tragen.[21] Diese Auffassung vertritt auch die Europäische Kommission. Danach sind die in Art. 31 Nr. 1 lit. b VKR bzw. Art. 40 Abs. 3 lit. a SKR formulierten Voraussetzungen als „harte Tatbestandsmerkmale" zu verstehen und nicht als Regelbeispiele, die entsprechende Spielräume auch in vergleichbaren Konstellationen eröffnen. Als vergaberechtliche Alleinstellungsmerkmale kommen deshalb nur technische und künstlerische Gründe sowie Ausschließlichkeitsrechte in Frage.

13 c   Der **Nachweis** dafür, dass die erforderlichen außergewöhnlichen Umstände in Form von technischen Besonderheiten vorliegen, ist von dem öffentlichen Auftraggeber zu erbringen, der sich auf den Ausnahmetatbestand beruft. Der öffentliche Auftraggeber erfüllt diese Anforderungen nicht bereits dadurch, dass er beweist, dass ein bestimmter Anbieter den Auftrag am besten ausführen kann. Vielmehr muss er beweisen, dass **allein** dieser Anbieter für die Ausführung des Auftrages in Betracht kommt; um den Beweis zu führen, ist die Vorlage „stichhaltiger Belege" erforderlich.[22] Ergänzend ist auf Art. XV (1) (b) des WTO – Abkommen über das öffentliche Beschaffungswesen (GPA) hinzuweisen,[23] demzufolge nicht nur die Alleinstellung Voraussetzung ist, sondern weiter erforderlich ist, dass es keine vernünftige Alternative oder keine Ersatzware oder Ersatzdienstleistung gibt.

14   **Abs. 2 Nr. 4** ermöglicht ein Verhandlungsverfahren ohne vorausgehende Bekanntmachung, soweit es wegen **äußerster Dringlichkeit im Zusammenhang mit Ereignissen, die der Auftraggeber nicht vorhersehen konnte**, nicht möglich ist, die im offenen, den nicht offenen oder den Verhandlungsverfahren mit Bekanntmachung vorgesehenen Fristen einzuhalten. Die Vorschrift gleicht im Wesentlichen § 3 a Abs. 6 Nr. 4 VOB/A, § 3 EG Abs. 4 lit. d VOL/A und § 3 Abs. 4 lit. c VOF. Die Vorschrift entspricht dem Art. 40 Abs. 3 lit. d SKR bzw. Art. 31 Nr. 1 lit. c VKR. Zu beachten ist, dass die Dringlichkeit vom Auftraggeber **weder verursacht** noch von ihm vorhergesehen werden durfte. Das die Dringlichkeit auslösende Ereignis darf **nicht dem Auftraggeber zuzurechnen** sein, weil sonst das Fehlverhalten des Auftraggebers dazu führen würde, dass sich dieser in so einem Fall für ein Verhandlungsverfahren ohne Vergabebekanntmachung entscheiden dürfte. Eine solche Privilegierung wäre mit dem Sinn und Zweck des Vergaberechts nicht vereinbar. Erforderlich ist vielmehr ein **unvorherge-**

---

[19] EuGH, C-57/94, Slg. 1995, I-1249, RdNr. 23 ff. – Kommission/Italien; vgl. EuGH, C-394/02, Slg. 2005, I-4713, RdNr. 35–36 – Kommission/Griechenland; vgl. auch OLG Düsseldorf, Beschl. v. 20. 10. 2008, VII-Verg 46/08, Umdruck nach Veris, S. 6, nur ein Anbieter kann den Auftrag ausführen; vgl. VK Bund, Beschl. v. 22. 8. 2008, VK 2–73/08, Umdruck nach Veris, S. 34; *Müller-Wrede/Kaelble* § 3 a RdNr. 176.

[20] VK Schleswig-Holstein, Beschl. v. 18. 12. 2002, VK-SH 16/02, Umdruck nach IBR, S. 4, für städtebauliche Planungs- und Sanierungsleistungen; *Müller-Wrede/Kaelble* § 3 a RdNr. 180.

[21] VK Düsseldorf, Beschl. v. 15. 8. 2003, VK 23/2003 L, Umdruck nach Veris, S. 18; VK Berlin, Beschl. v. 18. 3. 2004, VK-B 1 04/04, Umdruck nach Veris, S. 8; VK Sachsen, Beschl. v. 7. 1. 2008, 1/SVK/077-07, Umdruck nach Veris, S. 21; vgl. auch mwN: EuGH C-275/08, EuZW 2009, 858, 861, RdNr. 54 – Datenzentrale Baden-Württemberg; EuGH, C-84/03, Slg. 2005, I-139, RdNr. 47 – Kommission/Spanien.

[22] VK Bund, Beschl. v. 20. 5. 2003, VK 1–35/03, Umdruck nach Veris, S. 17; OLG Düsseldorf, Beschl. v. 28. 5. 2003, Verg 10/03, Umdruck nach Veris, S. 5 und 2, in Bezug auf § 3 a Nr. 2 lit. e VOL/A; vgl. auch OLG Düsseldorf, Beschl. v. 20. 10. 2008, VII-Verg 46/08, Umdruck nach Veris, S. 6, nur ein Anbieter kann den Auftrag ausführen; zum notwendigen Beweis, dass nur ein Unternehmen geeignet ist: *Kulartz/Marx/Portz/Prieß/Kulartz*, 2. Aufl. 2011, § 3 RdNr. 83, unter Hinweis auf EuGH, C-328/92, Slg. 1994, I-1569, RdNr. 17 ff. – Kommission/Spanien.

[23] *Arrowsmith* 614, und generell dazu *Prieß* 621–654.

sehenes Ereignis. Ein solches liegt bspw. nicht vor, wenn es sich um Verzögerungen handelt, die vom Auftraggeber eingeplant werden hätten müssen. Unvorhersehbarkeit liegt unstreitig jedoch bei akuten Gefahrensituationen, Krisen oder Katastrophen vor. Das Erfordernis der Dringlichkeit bezieht sich auf die Ausführung der Leistung. Diese darf keinen Aufschub dulden. Erforderlich ist, dass die Verzögerung der fraglichen Maßnahme zwingend zu einem Schaden oder einer konkreten Gefahr führt. Die Voraussetzungen einer besonderen Dringlichkeit liegen bspw. vor, wenn bedeutende Rechtsgüter – etwa Leib und Leben und hohe Vermögenswerte – unmittelbar gefährdet sind.[24] Die besondere Dringlichkeit ist auch gegeben, wenn sich der für die Leistungserbringung zur Verfügung stehende Zeitraum im Verlauf der Leistungserbringung weiter verengt und eine Fertigstellung zum vorgesehenen Zeitpunkt ausgeschlossen ist und daher ein durch die Baumaßnahme geschaffenes Projekt aufgegeben werden muss. Dies ist insbesondere zu bejahen, wenn der Auftraggeber die Dringlichkeit auch nicht selbst herbeigeführt hat – etwa durch eine Kündigung –, sondern auf dem Verhandlungswege alles unternommen hat, einen Antragsteller noch zur Erfüllung der streitigen Restarbeiten zu bewegen und erst nach Abbruch der Verhandlungen durch den Antragsteller sich zum Abschluss der Vertrages gezwungen sieht[25] oder anders die dem Staat obliegende Daseinsvorsorge nicht nahtlos geleistet werden kann[26] bzw. es sich um Dienstleistungen von allgemeinem Interesse handelt, die kontinuierlich erbracht werden müssen.[27] Darüber hinaus muss zwischen der Dringlichkeit und dem unvorhergesehenen Ereignis ein Kausalzusammenhang bestehen, dh. die Dringlichkeit muss gerade auf dem unvorhergesehenen Ereignis beruhen. Bzgl. des Vorliegens der außergewöhnlichen Umstände trifft den Auftraggeber die Beweislast. In Anbetracht des großen Missbrauchspotenzials dieser Ausnahmebestimmung prüft der EuGH die Voraussetzungen sehr streng und fordert eine ausführliche Begründung für das Abweichen vom offenen Verfahren.[28]

Abs. 2 Nr. 5 erlaubt ein Verhandlungsverfahren ohne vorausgehende Bekanntmachung, im **15** Fall von **Lieferaufträgen für zusätzliche, vom ursprünglichen Lieferanten durchzuführende Lieferungen**, die entweder zur teilweisen Erneuerung von gängigen Lieferungen oder Einrichtungen oder zur Erweiterung von Lieferungen oder bestehenden Einrichtungen bestimmt sind, wenn ein Wechsel des Lieferanten den Auftraggeber zum Kauf von Material unterschiedlicher technischer Merkmale zwänge und dies eine technische Unvereinbarkeit oder unverhältnismäßige technische Schwierigkeiten bei Gebrauch und Wartung mit sich brächte.

Abs. 2 Nr. 6 erlaubt ein Verhandlungsverfahren ohne vorausgehende Bekanntmachung, bei **16** **zusätzlichen Bau- oder Dienstleistungen**, die weder in dem der Vergabe zugrunde liegenden Entwurf noch im ursprünglich vergebenen Auftrag vorgesehen waren, die aber wegen eines unvorhergesehenen Ereignisses zur Ausführung dieses Auftrags erforderlich sind. Dies geschieht nur unter der Voraussetzung, dass der Auftrag an das Unternehmen vergeben wird, das den ursprünglichen Auftrag ausführt, a) wenn sich diese zusätzlichen Bau- oder Dienstleistungen in technischer und wirtschaftlicher Hinsicht nicht ohne wesentlichen Nachteil für den Auftraggeber vom ursprünglichen Auftrag trennen lassen oder b) wenn diese zusätzlichen Bau- oder Dienstleistungen zwar von der Ausführung des ursprünglichen Auftrags getrennt werden können, aber für dessen Vollendung unbedingt erforderlich sind.

---

[24] *Müller-Wrede/Kaelble* § 3 RdNr. 85; EuGH, C-318/94, Slg. 1996, I-1949; vgl. auch *Kapellmann/ Messerschmidt/Stickler/Kallmayer* § 3a VOB/A, RdNr. 126; vgl. auch *Franke/Kemper/Zanner/Grünhagen/ Franke/Mertens* § 3a VOB/A, RdNr. 99 und 102.

[25] VK Arnsberg, Beschl. v. 28. 10. 2008, VK 24/08.

[26] VK Lüneburg, Beschl. v. 3. 7. 2009, VgK-30/2009, unter Bezugnahme auf OLG Naumburg, Beschl. v. 19. 10. 2000, 1 Verg 9/00 und OLG Düsseldorf, Beschl. v. 19. 11. 2003, Verg 59/03, VK Lüneburg, Beschl. v. 27. 6. 2003, 203-VgK-14/2003; „Das Erfordernis einer besonderen Dringlichkeit ist nur dann erfüllt, wenn akute Gefahrensituationen oder unvorhergesehene Katastrophenfälle abzuwenden sind. Gleiches gilt für einen drohenden vertraglosen Zustand in Fällen der Daseinsvorsorge." OLG Düsseldorf, Beschl. v. 19. 11. 2003, VII-Verg 59/03: „Eine danach erforderliche besondere Dringlichkeit kann zwar bei Leistungen der dem Auftraggeber verpflichtend zugewiesenen Daseinsvorsorge in der Situation nach Aufhebung eines geregelten Vergabeverfahrens für einen gewissen Zeitraum selbst dann gegeben sein, wenn die Gründe für die Aufhebung in der Sphäre des Auftraggebers liegen." OLG Dresden, Beschl. v. 25. 1. 2008, WVerg 0010/07.

[27] Europäische Kommission, KOM (2003) 270 endg., Ziffer 55/56.

[28] EuGH, C-107/92, Slg. 1993, I-4655, RdNr. 12 – Kommission/Italien; EuGH, C-275/08, EuZW 2009, 858, 861–862, RdNr. 55–56 und 71 ff. – Kommission/Deutschland; EuGH, C-20/01 u. C-28/01, Slg. 2003, I-3609, RdNr. 58 und 65 – Kommission/Deutschland; EuGH, C-199/85, Slg. 1987, I-1039, RdNr. 13 ff. – Kommission/Italien; EuGH, C-385/02, Slg. 2004, I-8121, RdNr. 19 ff. – Kommission/ Italien.

17   **Abs. 2 Nr. 7** erklärt ein Verhandlungsverfahren ohne vorausgehende Bekanntmachung für zulässig bei neuen Bauaufträgen, die in der **Wiederholung gleichartiger Bauleistungen** bestehen, die von demselben Auftraggeber an den Auftragnehmer des ursprünglichen Auftrags vergeben werden, sofern diese Bauleistungen einem Grundentwurf entsprechen und dieser Entwurf Gegenstand des ursprünglichen Auftrags war, der nach einer Bekanntmachung vergeben wurde; die Möglichkeit der Anwendung des Verhandlungsverfahrens ohne Bekanntmachung muss bereits bei der Bekanntmachung für den ersten Bauabschnitt angegeben werden.

18   **Abs. 2 Nr. 8** ermöglicht ein Verhandlungsverfahren ohne vorausgehende Bekanntmachung, wenn es sich um die **Lieferung von Waren handelt, die an Börsen notiert und gekauft werden**.

19   **Abs. 2 Nr. 9** lässt ein Verhandlungsverfahren ohne vorausgehende Bekanntmachung zu, wenn Aufträge auf Grund einer **Rahmenvereinbarung** (§ 9) vergeben werden sollen, sofern die Rahmenvereinbarung nach den Bestimmungen dieser Verordnung geschlossen wurde.

20   **Abs. 2 Nr. 10** erlaubt ein Verhandlungsverfahren ohne vorausgehende Bekanntmachung, wenn Waren auf Grund einer **besonders günstigen Gelegenheit**, die sich für einen sehr kurzen Zeitraum ergeben hat, zu einem Preis beschafft werden können, der erheblich unter den marktüblichen Preisen liegt.

21   **Abs. 2 Nr. 11** ermöglicht ein Verhandlungsverfahren ohne vorausgehende Bekanntmachung, wenn **Waren zu besonders günstigen Bedingungen** von einem Lieferanten, der seine Geschäftstätigkeit endgültig aufgibt oder bei Insolvenzverwaltern oder Liquidatoren im Rahmen eines Insolvenz-, Vergleichs- oder Ausgleichsverfahrens gekauft werden sollen.

22   **Abs. 2 Nr. 12** lässt ein Verhandlungsverfahren ohne vorausgehende Bekanntmachung zu, wenn im **Anschluss an ein Auslobungsverfahren** der Dienstleistungsauftrag nach den in § 11 festgelegten Bestimmungen an den Gewinner oder an einen der Gewinner des Auslobungsverfahrens vergeben werden muss; im letzteren Fall müssen alle Gewinner des Auslobungsverfahrens zur Teilnahme an den Verhandlungen aufgefordert werden.

§ 7 Leistungsbeschreibung, technische Anforderungen

(1) Die Leistung ist eindeutig und erschöpfend zu beschreiben, so dass alle Bewerber die Beschreibung im gleichen Sinne verstehen müssen und miteinander vergleichbare Angebote zu erwarten sind (Leistungsbeschreibung).

(2) [1]Der Auftraggeber gewährleistet, dass die technischen Anforderungen zur Beschreibung des Auftragsgegenstandes allen beteiligten Unternehmen gleichermaßen zugänglich sind. [2]Auf Antrag benennt er den interessierten Unternehmen die technischen Anforderungen, die er regelmäßig verwendet.

(3) Die technischen Anforderungen sind in der Leistungsbeschreibung zu formulieren

1. **unter Bezugnahme auf die in Anhang 2 definierten technischen Spezifikationen in der Rangfolge**
   a) **nationale Normen, mit denen europäische Normen umgesetzt werden,**
   b) **europäische technische Zulassungen,**
   c) **gemeinsame technische Spezifikationen,**
   d) **internationale Normen und andere technische Bezugssysteme, die von den europäischen Normungsgremien erarbeitet wurden, oder, falls solche Normen und Spezifikationen fehlen, nationale Normen, nationale technische Zulassungen oder nationale technische Spezifikationen für die Planung, Berechnung und Ausführung von Bauwerken und den Einsatz von Produkten;**
   jede Bezugnahme ist mit dem Zusatz „oder gleichwertig" zu versehen;
2. **in Form von Leistungs- oder Funktionsanforderungen;**
3. **oder als Kombination von Nummer 1 und 2.**

(4) [1]Mit der Leistungsbeschreibung sind im Rahmen der technischen Anforderungen von den Bietern Angaben zum Energieverbrauch von technischen Geräten und Ausrüstungen zu fordern. [2]Bei Bauleistungen sind diese Angaben dann zu fordern, wenn die Lieferung von technischen Geräten und Ausrüstungen Bestandteil dieser Bauleistungen sind. [3]Dabei ist in geeigneten Fällen eine Analyse minimierter Lebenszykluskosten oder eine vergleichbare Methode zur Gewährleistung der Wirtschaftlichkeit vom Bieter zu fordern.

(5) [1]Verweist der Auftraggeber in der Leistungs- oder Aufgabenbeschreibung auf die in Absatz 3 Nummer 1 genannten technischen Anforderungen, so darf er ein Angebot nicht mit der Begründung ablehnen, die angebotenen Waren und Dienstleistungen entsprächen nicht den von ihm herangezogenen Spezifikationen, wenn das Unternehmen in seinem Angebot dem Auftraggeber nachweist, dass die vom Unternehmen vorgeschlagenen Lösungen diesen Anforderungen entsprechen. [2]Nachweise können insbesondere eine geeignete technische Beschreibung des Herstellers oder ein Prüfbericht einer anerkannten Stelle sein.

(6) [1]Legt der Auftraggeber die technischen Anforderungen in Form von Leistungs- oder Funktionsanforderungen fest, so darf er ein Angebot nicht zurückweisen, das Folgendem entspricht:

1. einer nationalen Norm, mit der eine europäische Norm umgesetzt wird,
2. einer europäischen technischen Zulassung,
3. einer gemeinsamen technischen Spezifikation,
4. einer internationalen Norm oder
5. einem technischen Bezugssystem, das von den europäischen Normungsgremien erarbeitet wurde,

wenn diese Spezifikationen die von ihnen geforderten Leistungs- oder Funktionsanforderungen betreffen. [2]Das Unternehmen muss in seinem Angebot nachweisen, dass die jeweilige der Norm entsprechende Bauleistung, Ware oder Dienstleistung den Leistungs- oder Funktionsanforderungen des Auftraggebers entspricht. [3]Nachweise können insbesondere eine technische Beschreibung des Herstellers oder ein Prüfbericht einer anerkannten Stelle sein.

(7) [1]Schreibt der Auftraggeber Umwelteigenschaften in Form von Leistungs- oder Funktionsanforderungen vor, so kann er diejenigen Spezifikationen oder Teile davon verwenden, die in europäischen, multinationalen oder anderen Umweltzeichen definiert sind, wenn

1. diese Spezifikationen geeignet sind, die Merkmale derjenigen Waren oder Dienstleistungen zu definieren, die Gegenstand des Auftrags sind,
2. die Anforderungen des Umweltzeichens auf der Grundlage von wissenschaftlich abgesicherten Informationen ausgearbeitet werden,
3. die Umweltzeichen im Rahmen eines Verfahrens erlassen werden, an dem alle interessierten Kreise, wie staatliche Stellen, Verbraucher, Hersteller, Händler und Umweltorganisationen, teilnehmen können und
4. die Umweltzeichen für alle Betroffenen zugänglich sind.

[2]Der Auftraggeber kann in den Vergabeunterlagen festlegen, dass bei Waren oder Dienstleistungen, die mit einem Umweltzeichen ausgestattet sind, davon ausgegangen werden kann, dass sie den in der Leistungs- oder Aufgabenbeschreibung festgelegten Spezifikationen genügen. [3]Er muss jedes andere geeignete Beweismittel, wie geeignete technische Unterlagen des Herstellers oder Prüfberichte anerkannter Stellen, akzeptieren.

(8) [1]Anerkannte Stellen sind die Prüf- und Eichlaboratorien im Sinne des Eichgesetzes sowie die Inspektions- und Zertifizierungsstellen, die die jeweils anwendbaren europäischen Normen erfüllen. [2]Der Auftraggeber muss Bescheinigungen nach den Absätzen 5, 6 und 7 von anerkannten Stellen, die in anderen Mitgliedstaaten ansässig sind, anerkennen.

(9) [1]In technischen Anforderungen darf nicht auf eine bestimmte Produktion oder Herkunft oder ein besonderes Verfahren oder auf Marken, Patente, Typen oder einen bestimmten Ursprung verwiesen werden, wenn dadurch bestimmte Unternehmen oder bestimmte Produkte begünstigt oder ausgeschlossen werden. [2]Solche Verweise sind jedoch ausnahmsweise zulässig, wenn der Auftragsgegenstand anderenfalls nicht hinreichend genau und allgemein verständlich beschrieben werden kann; die Verweise sind mit dem Zusatz „oder gleichwertig" zu versehen.

Schrifttum: *Althaus/Heindl,* Der öffentliche Bauauftrag, ibr-online, Stand 4. 8. 2010; *Franke/Kemper/Zanner/Grünhagen,* VOB-Kommentar: Bauvergaberecht, Bauvertragsrecht, Bauprozessrecht, 3. Aufl. 2007; *Greb/Müller,* Kommentar zur SektVO, 1. Aufl. 2010; *Ingenstau/Korbion,* VOB Teile A und B, 17. Aufl.

2010; *Kapellmann/Messerschmidt*, Vergabe- und Vertragsordnung für Bauleistungen und Vergabeverordnung (VgV), 3. Aufl. 2010; *Kuß*, Verdingungsordnung für Bauleistungen (VOB) Teile A und B, 4. Aufl. 2003; *Marx*, Vergaberecht für Versorgungsbetriebe, 2010; *Müller-Wrede*, VOL/A, 3. Aufl. 2010; *Opitz*, Die neue Sektorenverordnung, VergabeR 2009, 696; *Prieß*, Die Leistungsbeschreibung – Kernstück des Vergabeverfahrens, NZBau 2004, 20 ff., 87 ff.; *Roquette*, Vollständigkeitsklauseln: Abwälzung des Risikos unvollständiger oder unrichtiger Leistungsbeschreibungen auf den Auftragnehmer, NZBau 2001, 57.

I. Regelungsgehalt und Überblick

1   § 7 enthält Vorgaben zum Inhalt der **Leistungsbeschreibung** und zu den **technischen Anforderungen**. Die Leistungsbeschreibung ist wesentlicher Bestandteil der Vergabeunterlagen[1] und von **fundamentaler Bedeutung für das Vergabeverfahren**.[2] Sie ist deshalb mit Recht als das Kernstück des Vergabeverfahrens bezeichnet worden.[3] Das gilt nicht nur in Hinblick auf die **Angebotserstellung und -wertung**, für die zwingend erforderlich ist, dass miteinander vergleichbare Angebote vorliegen, sondern auch für das ganze **Vergabeverfahren** und darüber hinaus für die Phase der **Leistungserbringung**. Denn die Leistungsbeschreibung ist Teil des Vertrags und deshalb ggf. in zivilrechtlichen Klagen auf Erbringung der Leistung oder Sachmängelgewährleistung Grundlage für die gerichtliche Entscheidung. Fehler und Unzulänglichkeiten bei der Vorbereitung und Ausarbeitung der Leistungsbeschreibung führen im Regelfall zu Nachträgen und Nachtragsforderungen, die einen Auftraggeber wesentlich teurer zu stehen kommen können als die sorgfältige Vorbereitung einer Ausschreibung oder ein verlorenes Nachprüfungsverfahren.[4] Zudem können auf der Grundlage einer fehlerhaften Leistungsbeschreibung ggf. Ansprüche auf Schadensersatz in Bezug auf Angebotserstellungskosten nach den Grundsätzen der *culpa in contrahendo* (§ 280 Abs. 1 iVm. § 311 Abs. 2 und 3 iVm. § 241 Abs. 2 BGB) geltend gemacht werden.[5] Fehler in der Leistungsbeschreibung sind im laufenden Vergabeverfahren kaum korrigierbar. Auf die Leistungsbeschreibung kann deshalb gar nicht genug Sorgfalt verwendet werden.

2   Die Leistungsbeschreibung ist Ausdruck der Kardinalgrundsätze des Vergaberechts: **Wettbewerb, Transparenz, Nichtdiskriminierung** und **Gleichbehandlung**, wie sie in § 97 Abs. 1 und 2 GWB festgelegt sind. Eine unbestimmte Leistungsbeschreibung verstößt sowohl gegen das Transparenzgebot als auch gegen das Gleichbehandlungsgebot und das Diskriminierungsverbot.[6] Die Leistungsbeschreibung darf gleichwohl **nur so genau wie notwendig** sein, weil ansonsten ein Verstoß gegen das Neutralitätsgebot des Auftraggebers droht. Auftraggeber müssen die Leistung **produktneutral** ausschreiben.

3   Einem Vergabeverfahren muss notwendig die Entscheidung des Auftraggebers vorausgehen, was er **einkaufen** will. Zu diesem Zweck muss er eine Leistungsbeschreibung aufstellen. Die SektVO enthält daher am Anfang ihrer Regelungen zu dem einzuhaltenden Verfahren, welche Anforderungen an eine Leistungsbeschreibung zu stellen sind. Der öffentliche Auftraggeber hat die **Beschaffungshoheit**, dh., er ist in der Bestimmung dessen, was er einkaufen will, frei. Das Vergaberecht gibt dem öffentlichen Auftraggeber lediglich vor, wie er eine Beschaffung, zu der er sich entschlossen hat, tätigen muss und stellt ihm dabei nicht frei, bei welchem Unternehmen er sie einkauft, sondern bestimmt Verfahrensregeln für die Auswahlentscheidung. Diese Freiheit wird durch das Vergaberecht lediglich in Gestalt des **Diskriminierungsverbots** begrenzt. Verlangt bspw. ein Auftraggeber eine Ausstattung mit „goldenen Wasserhähnen", so ist das zwar mit hoher Wahrscheinlichkeit ein Fall für die Aufsichtsbehörde oder den Rechnungshof. Vergaberechtlich wäre jedoch dagegen nichts einzuwenden, weil allein der Auftraggeber entscheidet, was er haben will und wie er es haben will.[7] Es ist insofern allein Sache des Auftraggebers zu entscheiden, welche Gegenstände er beschafft. Der Leistungsgegenstand wird vom Auftraggeber bestimmt. Die Vergabestelle ist nicht verpflichtet, ihren Bedarf so auszurichten, dass möglichst alle auf dem Markt agierenden Teilnehmer leistungs- und angebotsfähig sind.[8] Allein der Auftraggeber entscheidet, was er haben will und wie die Leistung beschaffen sein soll.[9] Das Ver-

---

[1] BR-Drucks. 522/09 v. 29. 5. 2009, S. 49.
[2] VK Südbayern, Beschl. v. 26. 6. 2008, Z3-3-3194-1-16-04/08.
[3] *Prieß* NZBau 2004, 20 ff.
[4] *Prieß* NZBau 2004, 20 ff.
[5] Vgl. OLG Naumburg, Beschl. v. 15. 12. 2005, 1 U 5/05.
[6] OLG Düsseldorf, Beschl. v. 5. 10. 2000, Verg 14/00 (zur VOL/A); *Marx* 71 ff.; *Prieß* NZBau 2004, 20, 22.
[7] OLG Koblenz, Beschl. v. 5. 9. 2002, 1 Verg 2/02, NZBau 2002, 699.
[8] VK Rheinland-Pfalz, Beschl. v. 29. 9. 2004, VK 14/04.
[9] OLG Koblenz, Beschl. v. 5. 9. 2002, 1 Verg 2/02.

gaberecht regelt nicht, ob ein öffentlicher Auftraggeber sich zu einer Beschaffung entschließt oder welchen Gegenstand er beschafft. Unter Beachtung dieser vergaberechtlichen Vorgaben kann eine Vergabestelle eine Ausschreibung nach ihren eigenen Vorstellungen und Bedürfnissen gestalten. Sie hat folglich auch die Möglichkeit, das Produkt, das sie haben möchte, so genau wie möglich in der Leistungsbeschreibung zu beschreiben, um genau dieses Produkt angeboten zu bekommen,[10] solange noch eine **produktneutrale Ausschreibung** gewährleistet ist. Eine Grenze bei der Bestimmung des Auftragsgegenstandes ist über die produktneutrale Ausschreibung hinaus dadurch gegeben, dass wettbewerbsbeschränkende und diskriminierende Verhaltensweisen unzulässig sind, wie auch in der nur eingeschränkten Zulässigkeit der Vorgabe von Leitfabrikaten und marktbeschränkender, besonderer technischer Anforderungen zum Ausdruck kommt.[11]

II. Systematische Stellung und Zweck der Norm

1. Leistungsbeschreibung (Abs. 1). § 7 ist eine der **zentralen Vorschriften** der SektVO.   **4** Abs. 1 bestimmt, dass die Leistung eindeutig und erschöpfend zu beschreiben ist, so dass alle Bewerber die Beschreibung im gleichen Sinne verstehen müssen und miteinander vergleichbare Angebote zu erwarten sind. Die Leistungsbeschreibung muss damit stets **bestimmt genug** sein. Die Leistungsbeschreibung soll den an einem Vergabeverfahren teilnehmenden Bietern ermöglichen, die geforderte Leistung so genau wie notwendig zu erkennen und auf dieser Grundlage den Preis ihrer Leistung **sicher kalkulieren** und angeben zu können, so dass der Angebotswertung **vergleichbare Angebote** zu Grunde liegen.[12] Das ist auf der Grundlage von § 97 Abs. 1 und 2 GWB notwendig, damit alle teilnehmenden Bieter insofern die gleichen Chancen haben. Bei einer unvollständigen, unklaren oder nicht kalkulierbaren Leistungsbeschreibung ist dies nicht möglich.[13]

Der Auftraggeber muss im Vorfeld des Vergabeverfahrens den **Sachverhalt umfassend auf-**   **5** **klären.** Risiken, die sich aus einer mangelhaften Aufklärung ergeben, darf er nicht – auch nicht durch Vertragsklauseln – auf die Bieter überwälzen.[14] Die Leistungsbeschreibung ist dann erschöpfend, wenn sie **widerspruchsfrei** ist und sich aus der Sicht von fachkundigen Bietern keine für die Erstellung und die Kalkulation des Angebots zu klärenden offenen Punkte ergeben.[15] Für den Fall, dass eine Leistungsbeschreibung Punkte offen lässt oder widersprüchlich ist, muss sie auf der Grundlage der allgemeinen **Auslegungsregeln** der §§ 133, 157 BGB nach dem **objektiven Empfängerhorizont** ausgelegt werden, dh. maßgeblich ist das **Verständnis eines verständigen und fachkundigen Bieters.**[16] Die Auslegung der Leistungsbeschreibung zur Behebung von Mängeln ist nicht nur das mildere Mittel zur Aufhebung der Ausschreibung, sondern muss ihr zwingend vorausgehen.[17] Die Auslegung der Leistungsbeschreibung muss auf der Grundlage ihres Wortlauts und der Gesamtumstände des Vergabeverfahrens sowie der ausgeschriebenen Leistung erfolgen.[18] **Änderungen, Ergänzungen oder Streichungen** in den Vergabeunterlagen durch die Bieter sind grundsätzlich **unzulässig.**

Die SektVO unterscheidet nicht zwischen einer **konventionellen** und einer **funktionalen**   **6** bzw. **konstruktiven Leistungsbeschreibung.** Sie lässt damit sowohl eine instrumentelle Leistungsbeschreibung mit Leistungsverzeichnis als auch eine funktionale Leistungsbeschreibung und jede Mischform aus diesen prinzipiell unterschiedlichen Formen zu.[19]

2. Technische Anforderungen und Spezifikationen (Abs. 2 und 3). Abs. 2 bestimmt,   **7** dass der Auftraggeber gewährleisten muss, dass die **technischen Anforderungen** zur Beschrei-

---

[10] VK Münster, Beschl. v. 20. 4. 2005, VK 6/05.

[11] VK Lüneburg, Beschl.v. 18. 12. 2003, 203-VgK-35/2003; VK Baden-Württemberg, Beschl. v. 17. 3. 2004, 1 VK 12/04.

[12] OLG Brandenburg, Beschl. v. 3. 8. 1999, 6 Verg. 1/99, BauR 1999, 1175.

[13] OLG Celle, Beschl. v. 15. 12. 2005, 13 Verg 14/05.

[14] *Kapellmann/Messerschmidt/Kapellmann* § 9 RdNr. 11; vgl. auch *Roquette* NZBau 2001, 57, 57 ff.

[15] OLG Celle, Beschl. v. 12. 5. 2005, 13 Verg 6/05.

[16] OLG Köln, Beschl. v. 23. 12. 2009, 11 U 173/09; OLG Jena, Beschl. v. 29. 8. 2008, 9 Verg 5/08; KG Beschl. v. 14. 2. 2006, 21 U 5/03;OLG Schleswig-Holstein, Beschl. v. 1. 12. 2005, 6 Verg 9/05; OLG Koblenz, Beschl. v. 5. 12. 2007, 1 Verg 7/07; OLG Saarbrücken, Beschl. v. 29. 9. 2004, 1 Verg 6/04; OLG Düsseldorf, Beschl. v. 8. 2. 2004, Verg 100/04.

[17] *Prieß* NZBau 2004, 20, 23.

[18] BGH, Urt. v. 11. 3. 1999,VII ZR 179-98, NJW 1999, 2432, 2433; OLG Düsseldorf, Beschl. v. 5. 12. 2001, Verg 32/01.

[19] *Opitz* VergabeR 2009, 696.

bung des Auftragsgegenstandes allen beteiligten Unternehmen gleichermaßen zugänglich sind. Auf Antrag benennt er den interessierten Unternehmen die technischen Anforderungen, die er regelmäßig verwendet. Das Gebot zur Verwendung verkehrsüblicher Bezeichnungen konkretisiert das Gebot aus Abs. 1, die Leistung eindeutig und erschöpfend zu beschreiben. Mit den **technischen Spezifikationen** wird der Auftragsgegenstand beschrieben. Prinzipiell haben die Auftraggeber die Wahl, ob sie die zu bietende Leistung anhand von Normen **oder** mit einer eigenen Leistungs- oder Funktionsbeschreibung **oder** mit Normen und einer (eigenen) Leistungs- und Funktionsbeschreibung fixieren. Bei der Beschaffung marktüblicher Waren werden sie weitestgehend auf die Normbeschreibungen zurückgreifen. Bei komplexeren Leistungen wird man eher eine funktionale Leistungsbeschreibung bevorzugen, auch um vom Markt innovative Lösungen fordern zu können.

8   Die in jedem Einkaufsbereich geläufigen Begriffe „technische Spezifikation", „Norm", „europäische technische Zulassung", „gemeinsame technische Spezifikation" und „technische Bezugsgröße" werden im Anhang 2 zur SektVO definiert und beschrieben. „Verkehrsübliche Bezeichnungen" sind **Fachausdrücke**, die bei den Unternehmen, an die sich die Ausschreibung richtet, allgemein gebräuchlich sind und deshalb bei fachkundigen Bietern aufgrund ihrer Ausbildung und Erfahrung als bekannt vorausgesetzt werden können.[20] Seltene und neue, im Adressatenkreis deshalb (noch) nicht allgemein bekannte Ausdrücke sind entweder zu erklären oder zu vermeiden, um Missverständnissen vorzubeugen.[21] Abs. 3 enthält spezielle Regeln hinsichtlich der Bezugnahme auf technische Spezifikationen.

9   **3. Energieverbrauch von technischen Geräten und Ausrüstungen (Abs. 4).** Abs. 4 bestimmt, dass Auftraggeber in der Leistungsbeschreibung im Rahmen der technischen Anforderungen von den Bietern **Angaben zum Energieverbrauch von technischen Geräten und Ausrüstungen** fordern müssen. Werden Bauleistungen vergeben, sind diese Angaben zu fordern, wenn die Lieferung von technischen Geräten und Ausrüstungen Bestandteil dieser Bauleistungen sind. Dabei ist in geeigneten Fällen eine Analyse minimierter Lebenszykluskosten oder eine vergleichbare Methode zur Gewährleistung der Wirtschaftlichkeit vom Bieter zu fordern. Die Vorschrift ist im Rahmen der Leistungsbeschreibung ein **Fremdkörper.** Sie fordert in Bezug auf zu erwerbende Gegenstände Angaben über den **Energieverbrauch** und die Analyse minimierter Lebenszykluskosten, damit bei der Wertung der Energieverbrauch berücksichtigt werden kann. Abs. 4 setzt Art. 5 der **Energieeffizienz-Richtlinie RL 2006/32/EG** um. Der Unionsgesetzgeber geht davon aus, dass eine derartige Anforderung notwendig ist, um öffentliche Auftraggeber im Sektorenbereich dazu zu bewegen, energiewirtschaftlich vernünftig einzukaufen.

10   **4. Vorschlag entsprechender Lösungen durch Unternehmen (Abs. 5).** Abs. 5 bestimmt, dass der Auftraggeber, wenn er in der Leistungs- oder Aufgabenbeschreibung auf die in Abs. 3 Nr. 1 genannten technischen Anforderungen verweist, ein Angebot nicht mit der Begründung ablehnen darf, die angebotenen Waren und Dienstleistungen entsprächen nicht den von ihm herangezogenen Spezifikationen. Das gilt jedenfalls dann, wenn das Unternehmen in seinem Angebot dem Auftraggeber nachweist, dass die vom Unternehmen vorgeschlagenen Lösungen diesen Anforderungen entsprechen. Nachweise können insbesondere eine geeignete technische Beschreibung des Herstellers oder ein Prüfbericht einer anerkannten Stelle sein. Der Auftraggeber ist also verpflichtet, auch solche Angebote zu berücksichtigen, die zwar nicht an den vorgegebenen technischen Spezifikationen ausgerichtet sind, dafür aber an alternativen Möglichkeiten. Allerdings ist der Bieter darlegungs- und beweispflichtig hinsichtlich der Gleichwertigkeit einer alternativen Möglichkeit. Ein solcher Beweis kann durch technische Beschreibungen eines Herstellers, den Prüfbericht einer anerkannten Stelle iSd. Abs. 8 oder auch ein Firmenprospekt als Teil des Angebots erbracht werden.

11   **5. Keine Zurückweisung eines Angebotes bei Erfüllung entsprechender Normen (Abs. 6).** Gemäß Abs. 6 gilt: Legt der Auftraggeber die technischen Anforderungen in Form von Leistungs- oder Funktionsanforderungen fest, darf er ein Angebot nicht zurückweisen, das folgenden Anforderungen entspricht: 1. einer nationalen Norm, mit der eine europäische Norm umgesetzt wird, 2. einer europäischen technischen Zulassung, 3. einer gemeinsamen technischen Spezifikation, 4. einer internationalen Norm oder 5. einem technischen Bezugssystem, das von den europäischen Normungsgremien erarbeitet wurde, wenn diese Spezifikationen die

---

[20] *Ingenstau/Korbion/Kratzenberg* § 7 RdNr. 65; vgl. *Müller-Wrede/Noch* § 8 RdNr. 194.
[21] *Kuß* § 9 RdNr. 86.

von ihnen geforderten Leistungs- oder Funktionsanforderungen betreffen. Das Unternehmen muss in seinem Angebot nachweisen, dass die jeweilige der Norm entsprechende Bauleistung, Ware oder Dienstleistung den Leistungs- oder Funktionsanforderungen des Auftraggebers entspricht. Nachweise können insbesondere eine technische Beschreibung des Herstellers oder ein Prüfbericht einer anerkannten Stelle sein. Auch hier ist der Bieter dafür darlegungs- und beweispflichtig, dass er mit seinem Angebot den Spezifikationen der geforderten Leistungs- und Funktionsanforderungen entspricht. Diese Nachweispflicht besteht wie bei Abs. 5 im Zeitpunkt der Angebotsabgabe.

6. Umwelteigenschaften (Abs. 7). Schreibt der Auftraggeber **Umwelteigenschaften in**   **12**
Form von Leistungs- oder Funktionsanforderungen vor, so kann er diejenigen Spezifikationen oder Teile davon verwenden, die in europäischen, multinationalen oder anderen Umweltzeichen definiert sind, wenn 1. diese Spezifikationen geeignet sind, die Merkmale derjenigen Waren oder Dienstleistungen zu definieren, die Gegenstand des Auftrags sind, 2. die Anforderungen des Umweltzeichens auf der Grundlage von wissenschaftlich abgesicherten Informationen ausgearbeitet werden, 3. die Umweltzeichen im Rahmen eines Verfahrens erlassen werden, an dem alle interessierten Kreise, wie staatliche Stellen, Verbraucher, Hersteller, Händler und Umweltorganisationen, teilnehmen können und 4. die Umweltzeichen für alle Betroffenen zugänglich sind. Der Auftraggeber kann in den Vergabeunterlagen festlegen, dass bei Waren oder Dienstleistungen, die mit einem Umweltzeichen ausgestattet sind, davon ausgegangen werden kann, dass sie den in der Leistungs- oder Aufgabenbeschreibung festgelegten Spezifikationen genügen. Er muss jedes andere geeignete Beweismittel, wie geeignete technische Unterlagen des Herstellers oder Prüfberichte anerkannter Stellen, akzeptieren. Der Auftraggeber kann also dafür sorgen, dass nur solche Waren oder Dienstleistungen seinen Anforderungen entsprechen, die mit einem Umweltzeichen ausgestattet sind. Abs. 7 ist somit eine Konkretisierung des § 97 Abs. 4 S. 2 GWB. Umweltzeichen vermitteln Informationen über die Umweltvorteile einer Ware oder einer Dienstleistung.[22] Bei diesen Umweltzeichen ist **zwischen öffentlichen und privaten Umweltzeichen zu differenzieren.** Vor allem bei letzteren ist stets eine genaue Prüfung erforderlich, ob diese auch den Anforderungen von Abs. 7 gerecht werden.

7. Anerkannte Stellen (Abs. 8). Abs. 8 legt fest, dass anerkannte Stellen die Prüf- und   **13**
Eichlaboratorien iSd. Eichgesetzes sowie die Inspektions- und Zertifizierungsstellen, die die jeweils anwendbaren europäischen Normen erfüllen, sind. Der Auftraggeber muss Bescheinigungen nach den Abs. 5, 6 und 7 von anerkannten Stellen, die in anderen Mitgliedstaaten ansässig sind, anerkennen. Hierbei sind in der Bundesrepublik Deutschland die Vorgaben des Eichgesetzes zu beachten. Ein Verzeichnis der staatlich anerkannten Prüfstellen für Messgeräte findet sich unter www.ptb.de und www.eichamt.de.

8. Kein Ausschluss von Unternehmen durch bestimmte technische Anforderungen   **14**
(Abs. 9). Abs. 9 bestimmt, dass in technischen Anforderungen nicht auf eine bestimmte Produktion oder Herkunft oder ein besonderes Verfahren oder auf Marken, Patente, Typen oder einen bestimmten Ursprung verwiesen werden darf, wenn dadurch bestimmte Unternehmen oder bestimmte Produkte begünstigt oder ausgeschlossen werden. Nach S. 2 sind solche Verweise nur dann ausnahmsweise zulässig, wenn der Auftragsgegenstand andernfalls nicht hinreichend genau und allgemein verständlich beschrieben werden kann. Das ist bspw. dann der Fall, wenn die Kompatibilität der zu beschaffenden Leistung mit einer bereits bestehenden Anlage sicherzustellen ist.[23] Für den Fall, dass solche Verweise gemacht werden, sind sie mit dem Zusatz „oder gleichwertig" zu versehen. Eine weitere Ausnahme entsprechend Abs. 8 VOB/A, wonach eine produktneutrale Ausschreibung idS auch nicht durchzuführen ist, wenn dies durch den Auftragsgegenstand gerechtfertigt ist, enthält Abs. 9 nicht.

Abs. 9 ordnet damit eine ausdrückliche Pflicht des Sektorenauftraggerber zur **produktneu-**   **15**
tralen Ausschreibung an. Produktbezogene Leistungsbeschreibungen sind nur ausnahmsweise zulässig, wenn der Auftragsgegenstand anders nicht hinreichend genau und allgemein verständlich beschrieben werden kann. Die produktbezogene Leistungsbeschreibung ist immer mit dem Zusatz „oder gleichwertig" zu versehen. Abs. 9 soll die **Chancengleichheit der Bieter gewährleisten** und auf diese Weise Wettbewerb zwischen ihnen ermöglichen. Das wäre auf der Grundlage einer auf bestimmte Produkte oder Bieter zugeschnittenen Leistungsbeschreibung

---

[22] Vgl. Europäische Kommission, Umweltorientierte Beschaffung – Ein Handbuch für ein umweltorientiertes öffentliches Beschaffungswesen, 2005, 19 ff.
[23] *Althaus/Heindl/Dähne* Teil 1 RdNr. 77.

nicht möglich.[24] Die Tatbestandsmerkmale **bestimmte Produktion oder Herkunft** meinen die Vorgabe eines bestimmten Produkts, Herstellers, Ursprungsortes oder einer bestimmten Bezugsquelle.[25] **Verfahren** bezieht sich auf die Art und Weise bzw. den Vorgang der Herstellung der Bauleistung, dh. die Verfahrenstechnik. Der Verweis auf **Marken, Patente, Typen** in einer Leistungsbeschreibung stellt nur eine andere Methode dar, einen bestimmten Ursprung oder eine bestimmte Produktion vorzugeben. Auftraggebern ist bei der Einschätzung, ob die Nennung einer bestimmten Produktion, Herkunft oder eines Verfahrens gerechtfertigt ist, ein Beurteilungsspielraum eingeräumt.[26]

16   **9. Keine Regelung zu ungewöhnlichen Wagnissen.** § 7 enthält anders als die Parallelvorschriften der VOB/A keine Regelung zu **ungewöhnlichen Wagnissen.** Nach dieser Regel der VOB/A dürfen klassische öffentliche Auftraggeber Auftragnehmern keine ungewöhnlichen Wagnisse bzw. Risiken aufbürden, die sich aus Umständen und Ereignissen ergeben, auf die der Auftragnehmer keinen Einfluss hat und deren Einfluss auf Preise und Fristen er nicht einschätzen kann. Diese Last wird der Versorgungswirtschaft nicht aufgebürdet. Auch die VOL/A und die EG VOL/A verbieten ungewöhnliche Wagnisse nicht. Für die Versorgungswirtschaft gilt die allgemeine wirtschaftliche Regel, dass eine Marktbeherrschung nicht missbraucht werden darf (§§ 19, 20 GWB). Gleiches gilt für das in der VOB/A weiterhin enthaltene **Verbot der Aufnahme von Bedarfspositionen** in § 7 Abs. 1 Nr. 4 VOB/A. Bei Bedarfspositionen handelt es sich um solche Leistungspositionen, bei denen sich der Auftraggeber die Entscheidung über das „Ob" und „Wie" der Leistungserbringung vorbehalten möchte. Beide Bestimmungen haben mit dem Umgang von Unternehmen untereinander nichts zu tun.

§ 8 Nebenangebote und Unteraufträge

(1) [1]**Der Auftraggeber kann Nebenangebote zulassen.** [2]**Er muss dies in der Bekanntmachung oder den Vergabeunterlagen angeben.** [3]**Er muss hier auch Mindestanforderungen festlegen.** [4]**Er darf nur solche Nebenangebote berücksichtigen, die die Mindestanforderungen erfüllen.** [5]**Fehlt eine entsprechende Angabe in der Bekanntmachung oder den Vergabeunterlagen, sind keine Nebenangebote zugelassen.**

(2) Bei der Vergabe von Liefer- oder Dienstleistungsaufträgen darf der Auftraggeber ein Nebenangebot nicht allein deshalb zurückweisen, weil daraus ein Dienstleistungsauftrag anstelle eines Lieferauftrags oder ein Lieferauftrag anstelle eines Dienstleistungsauftrags würde, wenn das Angebot den Zuschlag erhält.

(3) Der Auftraggeber kann vorgeben, dass der Unternehmer den Teil des Auftrags benennt, den er durch Unteraufträge an Dritte zu vergeben beabsichtigt, und dass er den Namen des Unterauftragnehmers vor Zuschlagserteilung angibt.

Schrifttum: *Dreher/Stockmann*, Kartellvergaberecht, 1. Aufl., 2008; *Marx*, Vergaberecht für Versorgungsbetriebe, 2010; *Hölzl*, „Assitur": Die Wahrheit ist konkret!, NZBau 2009, 751; *Opitz*, Die neue Sektorenverordnung, VergabeR 2009, 698.

I. Regelungsgehalt und Überblick

1   § 8 enthält Regelungen zur Zulässigkeit und den Anforderungen an **Nebenangebote** und zu der Vergabe von **Unteraufträgen.** Die Vorschrift regelt, ob und unter welchen Bedingungen der Auftraggeber Änderungsvorschläge zulassen und ein Bieter Dritte in seine Leistungserbringung einbinden darf. § 8 schafft dadurch **Flexibilität** für Auftraggeber und Bieter gleichermaßen. Die Vorschrift ermöglicht es Auftraggebern damit zum einen, für die durch die Leistungsbeschreibung vorgegebene Leistung **innovative Lösungen** abzufragen und setzt die Rechtsprechung des EuGH um, indem in diesem Fall **Mindestbedingungen** für zulässige alternative Leistungsvorschläge vorzugeben sind.[1] Sie ermöglicht es Auftraggebern auf diese Weise, die für ihre Zwecke optimale Leistung zu beschaffen. Zum anderen ermöglicht § 8 öffentlichen Auftraggebern – auch bei Großprojekten – die **Berücksichtigung von kleineren und**

---

[24] Vgl. OLG Jena, Beschl. v. 26. 6. 2006, 9 Verg 2/06.
[25] Vgl. *Franke/Kemper/Zanner/Grünhagen/Franke/Mertens* § 9 RdNr. 117; vgl. *Ingenstau/Korbion/Kratzenberg* § 7 RdNr. 82.
[26] OLG Düsseldorf, Beschl. v. 6. 7. 2005, Verg 26/05.
[1] EuGH, C-421/01, Slg. 2003, I-11 941 – Traufellner, zu Art. 19 Abs. 2 BKR; OLG Düsseldorf, Beschl. v. 19. 5. 2010, VII Verg 4/1.

mittleren Unternehmen.[2] In Hinsicht auf die Erreichung und den Ausbau des einheitlichen Binnenmarkts mit echtem Wettbewerb besteht auf der Grundlage des Unionsrechts ein Interesse daran, dass die Beteiligung möglichst vieler Bieter bzw. Unternehmen an einer Ausschreibung sichergestellt wird.[3] Die Vorschrift setzt im Hinblick auf Nebenangebote Art. 36 SKR und in Bezug auf die Möglichkeit, Unteraufträge zu vergeben, Art. 37 SKR um.

Abs. 1 erklärt Nebenangebote für zulässig und bestimmt die Voraussetzungen dafür. Abs. 2   **2** bestimmt, dass ein Auftraggeber bei der Vergabe von Liefer- oder Dienstleistungsaufträgen ein Nebenangebot nicht allein deshalb zurückweisen darf, weil daraus ein Dienstleistungsauftrag anstelle eines Lieferauftrags oder ein Lieferauftrag anstelle eines Dienstleistungsauftrags würde, wenn das Angebot den Zuschlag erhält. Abs. 3 erlaubt dem Auftraggeber vorzugeben, dass der Unternehmer den Teil des Auftrags benennt, den er durch Unteraufträge an Dritte zu vergeben beabsichtigt, und dass er den Namen des Unterauftragnehmers vor Zuschlagserteilung angibt.

II. Systematische Stellung und Zweck der Norm

Bei § 8 SektVO handelt es sich um eine sehr praxisrelevante Vorschrift. Auf ihrer Grundlage   **3** sind Nebenangebote und Unteraufträge zulässig. Nebenangebote sind einerseits dringend erforderlich und erwünscht, um dem öffentlichen Auftraggeber im Markt vorhandene Innovationen zugänglich zu machen.[4] Nebenangebote sind andererseits problematisch, weil die Gefahr besteht, dass mit der Abweichung von der Leistungsbeschreibung der Grundsatz der **Transparenz und der Gleichbehandlung aller Anbieter** in Gefahr gerät.[5] Das ist dann der Fall, wenn sich der eine Bieter strikt an die Beschreibung hält, der andere aber diese vernachlässigt und seine eigene Technologie anbietet. Abweichungen von der Leistungsbeschreibung durch Alternativvorschläge sind umso eher gegeben je genauer und detaillierter Leistungsbeschreibung und technische Spezifikation sind. Je „funktionaler" eine Leistungsbeschreibung angelegt ist und je mehr sie auf die Beschreibung des Bedarfs des Auftraggebers beschränkt ist, desto eher passen Varianten von vornherein in das Hauptangebot, so dass es eines Nebenangebotes gar nicht bedarf.

Auftraggeber müssen angeben, ob sie Nebenangebote zulassen.[6] Sind Nebenangebote zuge-   **4** lassen, muss nicht zusätzlich auch ein Hauptangebot abgegeben werden, es sei denn, dies ist anders geregelt. Fehlt eine entsprechende Angabe in der Bekanntmachung oder Verdingungsunterlagen, sind gemäß Abs. 1 S. 5 keine Nebenangebote zugelassen. In § 16 Abs. 8 der VOB/A ist das genau umgekehrt geregelt; dort ist bestimmt, dass Angebote zu werten sind, es sei denn der Auftraggeber hat sie in der Bekanntmachung oder den Vergabeunterlagen ausgeschlossen, wobei allerdings auch dort Mindestbedingungen festgelegt sein müssen.

1. Zulässigkeit von Nebenangeboten (Abs. 1). Abs. 1 erklärt Nebenangebote für grund-   **5** sätzlich zulässig und bestimmt die Voraussetzungen dafür. Eine Definition des Begriffs Nebenangebot enthält die Vorschrift nicht. Auf der Grundlage der Rechtsprechung handelt es sich bei einem Angebot dann um ein Nebenangebot, wenn es entweder den gesamten vom Auftraggeber vorgesehenen Leistungsinhalt oder jedenfalls ganze Abschnitte davon ändert.[7] Ein **Nebenangebot oder Änderungsvorschlag** ist ein Angebot, das – zusätzlich oder alternativ – zu der geforderten Leistung eine **von der Leistungsbeschreibung abweichende Leistung anbietet,**[8] aber dennoch aus der Sicht des Bieters den Bedarf des Auftraggebers zu decken in der Lage ist. Es kommt nicht darauf an, ob das Angebot als Nebenangebot bezeichnet ist. Entscheidend ist vielmehr, dass das Angebot der Sache nach eine Änderung der im Leistungsverzeichnis und im Hauptangebot vorgesehenen Leistung enthält.[9] Der Begriff Nebenangebot setzt damit eine **wesentliche Abweichung vom geforderten Angebot** voraus, und zwar eine Abweichung jeder Art, unabhängig von ihrem Grad, ihrer Gewichtung oder ihrem Umfang. Angebote, die eine völlig andere als die vom Auftraggeber vorgeschlagene Leistung zum Gegenstand haben, werden als Nebenangebot angesehen.[10]

---

[2] BR-Drucks. 522/09 v. 29. 5. 2009, S. 45; Erwägungsgrund 43 der SKR.
[3] EuGH, C-538/07, Slg. 2009, I-4219 RdNr. 26 – Assitur, mit Anm. *Hölzl* NZBau 2009, 751.
[4] BR-Drucks. 522/09 v. 29. 5. 2009, S. 45; illustrativ dazu: VK Bund, Beschl. v. 14. 12. 2004, VK 2-208/04. Vgl. auch *Marx* 73 ff.
[5] BayObLG, Beschl. v. 22. 6. 2004, Verg 13/04.
[6] BR-Drucks. 522/09 v. 29. 5. 2009, S. 45.
[7] VK Brandenburg, Beschl. v. 26. 3. 2002, VK 4/02.
[8] BayObLG, Beschl. v. 22. 6. 2004, Verg 013/04; *Dreher/Stockmann* § 97 RdNr. 83.
[9] OLG Düsseldorf, Beschl. v. 4. 7. 2001, Verg 20/01.
[10] VK Südbayern, Beschl. v. 11. 8. 2005, 35-07/05, für die VOL/A.

6 Die Intention der Zulassung von Nebenangeboten ist, ähnlich wie bei einer funktionellen Leistungsbeschreibung, die Erfahrung und den Sachverstand der an dem Vergabeverfahren teilnehmenden Unternehmen in einem Bereich jenseits der durch die Gleichwertigkeitsmaxime gesetzten Schranken nutzbar zu machen. Auf diese Weise kann das mit der Ausschreibung verfolgte Planungskonzept optimiert und die Leistungsmerkmale dem einem Beschaffungsvorhaben übergeordneten Leistungszweck angepasst werden. Vergaberechtliche Bedenken sind insoweit nicht zu erheben, weil Vergabestelle und Bieter gleichermaßen – in den genannten Grenzen – von einem **konstruktiven Ideenwettbewerb** profitieren können.[11] Auf der Grundlage der Zulassung von Nebenangeboten können neueste technische Erkenntnisse in das Ausschreibungsverfahren einbezogen werden, über die der Auftraggeber oft nicht wie der Bieter unterrichtet ist.[12]

7 Der Auftraggeber muss für den Fall, dass er Nebenangebote zulässt, gemäß Abs. 1 S. 3 **Mindestanforderungen** festlegen. Diese Anforderung setzt die Rechtsprechung des EuGH um.[13] Der Auftraggeber darf nur solche Nebenangebote berücksichtigen, die die Mindestanforderungen erfüllen.[14] Fehlt eine entsprechende **Angabe in der Bekanntmachung oder den Vergabeunterlagen**, sind keine Nebenangebote zugelassen. Alle potentiellen Bieter müssen auf der Grundlage des Gebots der Gleichbehandlung und des Diskriminierungsverbots die Möglichkeit haben, zu erkennen, ob Nebenangebote zulässig sind. Nur eine Erläuterung in den Verdingungsunterlagen ermöglicht den Bietern in gleicher Weise die Kenntnisnahme von den Mindestanforderungen, die ihre Nebenangebote erfüllen müssen, um vom Auftraggeber berücksichtigt werden zu können. Diese Verpflichtung zur Transparenz soll die Beachtung des Grundsatzes der Gleichbehandlung der Bieter gewährleisten, der bei jedem von der Richtlinie erfassten Vergabeverfahren für Aufträge einzuhalten ist.[15] Der Auftraggeber kann Nebenangebote auch nur eingeschränkt zulassen und durch eindeutige Formulierungen in den Verdingungsunterlagen klarstellen, **dass bestimmte Festlegungen des Leistungsverzeichnisses** verbindlich sind und Nebenangebote **hierzu nicht zugelassen** werden.[16] Verbindliche Festlegungen (sog. K. O.-Kriterien) können auch im Wege der Auslegung der Verdingungsunterlagen erfolgen.[17] Die früher im deutschen Recht mögliche generelle Zulassung, wenn es sich um ein „gleichwertiges Angebot" handelte, wurde damit ausgeschlossen.[18]

8 Der allgemeine Hinweis des Auftraggebers auf das Erfordernis einer Gleichwertigkeit des Nebenangebots mit dem Hauptangebot genügt nicht.[19] Die Prüfung oder Wertung von Nebenangeboten ist damit nicht zulässig, wenn es der Auftraggeber versäumt hat, die Mindestanforderungen zu erläutern, die Nebenangebote erfüllen müssen.[20] Die Mindestbedingungen dürfen nicht lediglich abstrakt und für die Gestaltung von Nebenangeboten „inhaltsleer" sein, sondern müssen sich auf den Beschaffungsvorgang und die konkrete Ausgestaltung von Nebenangeboten beziehen. Dies ist insbesondere dann zu beachten, wenn die Erstellung von Angeboten und auch von Nebenangeboten für die Bieter teilweise mit einem erheblichen finanziellen Aufwand verbunden ist. Die Bieter müssen in der Lage sein, klar zu erkennen, was als Nebenangebot zugelassen ist, um diesen Aufwand nicht umsonst zu betreiben. Auf der anderen Seite muss auch klar sein, in welchem Rahmen Nebenangebote zugelassen sind, damit es nicht zu Wettbewerbsverzerrungen kommt, indem ein Bieter von der Abgabe eines ihm durchaus möglichen Nebenangebots in der Annahme Abstand nimmt, ein solches sei nicht zugelassen.[21] Der Auftraggeber muss mit Positiv- oder Negativkriterien den Rahmen abstecken, innerhalb dessen sich die Nebenangebote bewegen sollen.[22] Er ist aber nicht gezwungen, sich im Voraus auf jede

---

[11] OLG Thüringen, Beschl. v. 19. 3. 2004, 6 U 1000/03.

[12] VK Lüneburg, Beschl. v. 12. 6. 2007, VgK-23/2007.

[13] EuGH, C-421/01, Slg. 2003, I-11 941 – Traunfellner.

[14] OLG Düsseldorf, Beschl. v. 27. 4. 2005, Verg 23/05, VergabeR 2005, 483; OLG Koblenz, Beschl. v. 31. 5. 2006, 1 Verg 3/06, NZBau 2006, 600.

[15] EuGH, C-421/01, Slg. 2003, I-11 941 – Traunfellner.

[16] VK Lüneburg, Beschl. v. 26. 1. 2004, 203-VgK-39/2003; VK Arnsberg, Beschl. v. 27. 1. 2004, VK 1–31/2003; VK Nordbayern, Beschl. v. 20. 3. 2003, 320 VK-3194-07/03.

[17] VK Arnsberg, Beschl. v. 11. 6. 2003, VK 1–10/2003.

[18] Vgl. dazu: Antwort der Bundesregierung auf eine kleine Anfrage BT-Drucks. 15/5901.

[19] OLG Brandenburg, Beschl. v. 29. 7. 2008, Verg W 10/08; OLG Düsseldorf, Beschl. v. 23. 12. 2009, VII Verg 30/09.

[20] OLG Düsseldorf, Beschl. v. 23. 12. 2009, VII Verg 30/09.

[21] VK Bund, Beschl. v. 3. 2. 2010, VK 3–1/10.

[22] OLG Koblenz, Beschl. v. 26. 7. 2010, 1 Verg 6/10.

denkbare Variante einzustellen oder gar für jede Position der Leistungsbeschreibung Mindestanforderungen aufzustellen. Hat der Auftraggeber den Rahmen in der gebotenen Weise abgesteckt, sind auch Nebenangebote zu werten, die Abweichungen in Details enthalten, für die es keine Mindestanforderungen gibt.[23] Die Folge ist, dass den Bietern insoweit ein sehr weiter Rahmen für Alternativvorschläge zur Verfügung steht. Fordert ein Auftraggeber, dass ein Nebenangebot den Konstruktionsprinzipien und den vorgesehenen Planungsvorgaben entsprechen muss, reicht das aus.[24] Weitergehende Anforderungen an Mindestbedingungen sind aus der Rechtsprechung des EuGH nicht ableitbar. Nebenangebote sind trotz einer expliziten Aufforderung zur Abgabe von Nebenangeboten unzulässig, wenn der **Preis als einziges Zuschlagskriterium** vorgegeben ist.[25] Abs. 1 gibt in Bezug auf die Zulässigkeit von Nebenangeboten zwar nicht ausdrücklich vor, dass in diesem Fall Zuschlagskriterium die Wirtschaftlichkeit des Angebotes sein muss und nicht allein der Preis sein darf. Art. 24 Abs. 1 VKR und Art. 36 Abs. 1 SKR lassen jedoch für den Fall, dass der Preis das einzige Zuschlagskriterium ist, Varianten, dh. in der deutschen Terminologie Nebenangebote – nicht zu. Hauptangebote und Nebenangebote können allein auf der Basis des niedrigsten Preises nicht unter Wahrung des Grundsatzes der Gleichbehandlung gewertet werden. Sinn und Zweck von Nebenangeboten ist es gerade, qualitativ eine andere Leistung anzubieten. Der niedrigste Preis als alleiniges Zuschlagskriterium kann qualitative Unterschiede im Rahmen der Angebotswertung gerade nicht widerspiegeln.

2. Keine Zurückweisung eines Nebenangebotes wegen Auftragsumwandlung 9 **(Abs. 2).** Abs. 2 bestimmt, dass ein Auftraggeber bei der Vergabe von Liefer- oder Dienstleistungsaufträgen ein Nebenangebot nicht allein deshalb zurückweisen darf, weil daraus ein Dienstleistungsauftrag anstelle eines Lieferauftrags oder ein Lieferauftrag anstelle eines Dienstleistungsauftrags würde, wenn das Angebot den Zuschlag erhält.

3. Unteraufträge an Dritte (Abs. 3). Abs. 3 erlaubt dem Auftraggeber vorzugeben, dass 10 der Unternehmer den Teil des Auftrags benennt, den er durch **Unteraufträge an Dritte** zu vergeben beabsichtigt, und dass er den Namen des Unterauftragnehmers zur Zuschlagserteilung angeben muss. Der Auftraggeber muss die **Angaben** nicht verlangen. Wenn er es jedoch tut, kann er die Angabe nicht schon mit der Angebotsabgabe verlangen, sondern muss Zeit gewähren bis zu einem zu bestimmenden Termin nach Ablauf der Angebotsfrist, aber vor der Zuschlagserteilung. Alles andere wäre eine unverhältnismäßige Anforderung an Bieter[26] und würde die öffentliche Auftragsvergabe verteuern, ohne dass dem ein relevanter Vorteil gegenüber stünde. Hängt die Eignung des Unternehmens von dieser Angabe ab, muss der Bieter nach § 20 Abs. 3 S. 2 und 3 die Angabe machen, ohne dass der Auftraggeber ihn dazu auffordert. Da indes in § 20 Abs. 3 nicht gesondert festgelegt ist, zu welchem Zeitpunkt diese Angaben zu machen sind und der Sektorenauftraggeber auch nicht an irgendwelche zeitlichen Abfolgen von Wertungsstufen bei der Angebotsprüfung gebunden ist, dürfte auch hier die Angabe kurz vor Zuschlagserteilung ausreichen.[27] Das gilt wiederum nicht, wenn der Auftraggeber nach § 20 Abs. 4 von juristischen Personen verlangt, dass sie „in ihrem Angebot oder ihrem Antrag auf Teilnahme" die Namen und die berufliche Qualifikation angeben, die für die Durchführung des Auftrags verantwortlich sein sollen und dies im Einzelfall eine Person nicht im Bereich des auftragnehmenden Unternehmens, sondern eines Unterauftragnehmers ist. Dann muss die Angabe bereits im Antrag oder im Angebot erfolgen.

Ein **Unterauftrag** iSd. Abs. 3 ist von bloßen Hilfsleistungen zu unterscheiden. Letztere wer- 11 den von Abs. 3 nicht erfasst. Bei einem Unterauftrag müssen **Nachunternehmerleistungen** zum Einsatz kommen. Nachunternehmerleistungen sind Tätigkeiten Dritter im Auftrag und auf Rechnung des (Haupt-)Auftragnehmers, ohne dass ein unmittelbares Vertragsverhältnis des Dritten zum (Haupt-)Auftraggeber besteht.[28] Nachunternehmer können sowohl selbständige als

---

[23] OLG Koblenz, Beschl. v. 26. 7. 2010, 1 Verg 6/10.
[24] VK Bund, Beschl. v. 14. 12. 2004, VK 2–208/04.
[25] OLG Düsseldorf, Beschl. v. 18. 10. 2010, Verg 39/10; VK Schleswig-Holstein, Beschl. v. 8. 10. 2010, VK-SH 13/10; VK Schleswig-Holstein, Beschl. v. 8. 10. 2010, VK-SH 13/10; OLG Celle, Beschl. v. 11. 2. 2010, 13 Verg 16/09, VergabeR 2010, 669, berücksichtigt diese Frage nicht.
[26] BGH, Urt. v. 10. 6. 2008, X ZR 78/07, VergabeR 2008, 782; OLG München, Beschl. v. 22. 1. 2009, Verg 26/08, VergabeR 2009, 478; BR-Drucks. 522/09 v. 29. 5. 2009, S. 45.
[27] AA offenbar *Opitz* VergabeR 2009, 698.
[28] OLG Celle, Beschl. v. 5. 7. 2007, 13 Verg 8/07; OLG München, Beschl. v. 10. 9. 2009, Verg 10/09; Beschl. v. 23. 11. 2006, Verg 16/06; OLG Naumburg, Beschl. v. 26. 1. 2005, Verg 21/04; Beschl. v. 9. 12. 2004, Verg 21/04.

auch konzernangehörige Unternehmen des Bieterunternehmens sein. Auf die Art der Verbindung zum Bieterunternehmen kommt es nicht an.[29] Als Nachunternehmer ist insbesondere jede juristische Person mit völliger rechtlicher Selbstständigkeit gegenüber dem Bieterunternehmen einzustufen. Dies gilt selbst dann, wenn das Bieterunternehmen 98% der Anteile an einer juristischen Person hält.[30] Ein Direktionsrecht des Bieterunternehmens gegenüber dem Nachunternehmer, das dem Bieterunternehmen die Möglichkeit einräumt, dem Nachunternehmer im Einzelnen vorzuschreiben, wie er seine Aufgaben zu erfüllen hat, ist nicht erforderlich.[31] Auch freiberuflich Tätige, die ein Bieter zur Auftragserfüllung einsetzen will, sind als Nachunternehmer anzusehen.[32] Bei der Nachunternehmerleistung muss es sich in qualitativer und quantitativer Hinsicht um eine wesentliche Teilleistung des Gesamtauftrages, dh. der vertraglich geschuldeten Leistung, handeln.[33]

12 Abs. 3 dient wie auch § 97 Abs. 3 GWB der **Förderung der Interessen kleinerer und mittlerer Unternehmen.**[34] Diesen Unternehmen soll ermöglicht werden, sich erfolgreich an Ausschreibungen zu beteiligen, selbst wenn sie nicht in der Lage wären, den Auftrag allein zu erfüllen. Der Auftraggeber hat für den Fall, dass Unteraufträge vergeben werden (dürfen) ein Interesse daran, zu wissen, von welchem Unternehmen sein Auftrag letztlich erfüllt wird.[35] Bei der Eignungsprüfung hat der Auftraggeber daher auch die Nachunternehmer darauf zu prüfen, ob sie die Voraussetzungen der Fachkunde, Leistungsfähigkeit, Zuverlässigkeit und Gesetzestreue auch erfüllen.

13 Die Vergabe von Unteraufträgen eröffnet Chancen, wirft aber auch Schwierigkeiten auf. Das gilt bspw. in Bezug auf die **Doppelbeteiligung** an Ausschreibungen. Die **parallele Beteiligung als Einzelbieter und Nachunternehmer** ist grundsätzlich zulässig.[36] Eine Vermutung dahingehend, dass in dieser Konstellation *per se* wettbewerbswidriges Verhalten vorliegt, besteht nicht. Voraussetzung dafür, dass ein Angebot ausgeschlossen werden muss, ist, dass ein Verstoß gegen den Grundsatz des Geheimwettbewerbs durch Kenntnis beider Angebote vorliegt. Dieser liegt nicht schon dann vor, wenn ein Bieter ein eigenes Angebot abgibt und zudem als Nachunternehmer eines anderen Bieters vorgesehen ist.[37] Es müssen vielmehr weitere Tatsachen hinzutreten, die nach Art und Umfang des Nachunternehmereinsatzes sowie mit Rücksicht auf die Begleitumstände eine Kenntnis von dem zu derselben Ausschreibung abgegebenen Konkurrenzangebot annehmen lassen.

§ 9 Rahmenvereinbarungen

(1) [1]**Eine Rahmenvereinbarung ist eine Vereinbarung zwischen einem oder mehreren Auftraggebern mit einem oder mehreren Unternehmen.** [2]**In einer Rahmenvereinbarung werden die Bedingungen für Einzelaufträge festgelegt, die innerhalb eines bestimmten Zeitraumes abgeschlossen werden sollen.** [3]**Festgelegt werden insbesondere die Bedingungen über den Preis und gegebenenfalls die in Aussicht genommenen Mengen.**

(2) Wurde eine Rahmenvereinbarung nicht in einem Verfahren mit Bekanntmachung vergeben, so muss der Vergabe des Einzelauftrages auf Grund dieser Rahmenvereinbarung eine Bekanntmachung vorausgehen.

Schrifttum: *Arrowsmith,* Framework Purchasing and Qualification Lists under the European Procurement Directives, Part I, PPLR 1999, 3; *Graef,* Rahmenvereinbarungen de lege lata und de lege ferenda, NZBau 2005, 561; *Hölzl/Niestedt,* Um Kleinigkeiten kümmert sich der Prätor nicht!, NJW 2008, 3321; *Machwirth,* Rahmenvereinbarungen nach der neuen VOL/A, VergabeR-Sonderheft 2007, 385; *Marx,* Vergaberecht für Versorgungsbetriebe, 2010; *Motzke/Pietzcker/Prieß,* Verdingungsordnung für Bauleistung

---

[29] OLG Düsseldorf, Beschl. v. 28. 4. 2008, VII Verg 1/08.

[30] VK Lüneburg, Beschl. v. 7. 10. 2003, 203-VgK-19/2003.

[31] VK Bund, Beschl. v. 26. 5. 2008, VK 2–49/08.

[32] OLG Düsseldorf, Beschl. v. 22. 10. 2008, VII-Verg 48/08.

[33] OLG Naumburg, Beschl. v. 26. 1. 2005, 1 Verg 21/04.

[34] Erwägungsgrund 43 SKR.

[35] VK Bund, Beschl. v. 13. 10. 2004, VK 3–194/04.

[36] Ausführlich dazu Kommentierung zu § 22 im Zusammenhang mit Bietergemeinschaften.

[37] KG, Urt. v. 13. 3. 2008, 2 Verg 18/07, NZBau 2008, 466 – Havelunterquerung; OLG Düsseldorf, Beschl. v. 9. 4. 2008, VII Verg 2/08, VergabeR 2008, 865; OLG Düsseldorf, Beschl. v. 28. 6. 2006, VII Verg 18/06; OLG Jena, Beschl. v. 29. 8. 2008, 9 Verg 5/08.

Teil A, 1. Aufl. 2001; *Müller-Wrede*, SektVO, 1. Aufl. 2010; *Rosenkötter/Seidler*, Praxisprobleme bei Rahmenvereinbarungen, NZBau 2007, 684; *Scharen*, Vertragslaufzeit und Vertragsverlängerung als vergaberechtliche Herausforderung?, NZBau 2009, 679; *Ziekow*, Die vergaberechtlich zulässige Vertragslaufzeit bei komplexen PPP-Modellen. VergabeR 2006, 702.

I. Regelungsgehalt und Überblick

§ 9 enthält Regelungen zu Rahmenvereinbarungen.[1] Rahmenvereinbarungen sind Ver- **1** einbarungen mit einem oder mehreren Unternehmen, in denen die Bedingungen für Einzelaufträge festgelegt werden, die im Laufe eines bestimmten Zeitraums vergeben werden sollen, insbesondere über den in Aussicht genommenen Preis und gegebenenfalls die in Aussicht genommene Menge.[2] Rahmenvereinbarungen eröffnen öffentlichen Auftraggebern praktikables und flexibles Handeln. Sie können **Leistungen ohne erneute Ausschreibung bedarfs- und zeitgerecht abrufen**. Rahmenvereinbarungen ermöglichen es den Auftraggebern auf Märkten, die ständig in Bewegung sind, an der Entwicklung von Waren und Preisen zu profitieren. Zudem spart der Abschluss von Rahmenvereinbarungen Zeit und Kosten, weil nicht jede einzelne Beschaffung förmlich ausgeschrieben werden muss.[3] Das gilt vor allem für wiederkehrende Beschaffungsgegenstände.

Abs. 1 S. 1 enthält eine Legaldefinition des Begriffs Rahmenvereinbarung. S. 2 konkretisiert **2** diese hinsichtlich der Festlegung des Inhalts von Rahmenvereinbarungen, während S. 3 den Preis und die in Aussicht genommene Menge als Regelbeispiele für solche Festlegungen nennt. Abs. 2 regelt dagegen einige besondere Aspekte der Vergabe von Rahmenvereinbarungen, wenn diese ohne Bekanntmachung durchgeführt wird. In diesem Fall muss dann nämlich der Vergabe eines Einzelauftrages eine Bekanntmachung vorausgehen.

Die Vorschrift beruht auf Art. 14 SKR. Im Gegensatz zur früheren Rechtslage sind Rahmen- **3** vereinbarungen nun auch *de lege lata* nicht mehr auf Vergaben im Sektorenbereich beschränkt, wie sich aus Art. 32 VKR ergibt und die verwandten Regelungen in §§ 4 VOL/A und 4 EG VOL/A zeigen.[4] Die Vorgaben des Art. 32 VKR zu Rahmenvereinbarungen sind wesentlich detaillierter und strenger. Sektorenauftraggebern ist bei der Vergabe und dem Abschluss von Rahmenvereinbarungen ein wesentlich **größerer Handlungsspielraum** eingeräumt als klassischen öffentlichen Auftraggebern.

II. Systematische Stellung und Zweck der Norm

Auftraggeber müssen bei Rahmenvereinbarungen für Transparenz und Wettbewerb sorgen, **4** sowohl vor der Vergabe der Rahmenvereinbarung als auch bei der Vergabe der Einzelaufträge.[5] Rahmenvereinbarungen bergen je nach Ausgestaltung die Gefahr, die auf ihrer Grundlage aufrufbaren Leistungen auf Dauer dem Wettbewerb zu entziehen und die an sie gebundenen Unternehmer über Gebühr zu binden. Eine Rahmenvereinbarung darf nicht dazu führen, dass der Wettbewerb beschränkt wird. In Hinblick auf die rechtliche Zulässigkeit von Rahmenvereinbarungen sind insbesondere deren Laufzeit, der Umfang der erfassten Leistungen und Lieferungen, ihr Anteil am Beschaffungsvolumen des Auftraggebers, die Anzahl der beteiligten Unternehmen und die diesen auferlegten Verpflichtungen zu berücksichtigten.[6]

Abs. 1 S. 2 bestimmt, dass in einer Rahmenvereinbarung die **Bedingungen für Einzelauf- 5 träge** festgelegt werden, die innerhalb eines bestimmten Zeitraums vergeben werden. Rahmenvereinbarungen müssen damit wie alle Verträge **Regelungen zu den *essentialia negotii*** enthalten.[7] Danach muss zum Zeitpunkt des Abschlusses der Rahmenvereinbarung festgelegt sein, welche Leistung zu welchen Bedingungen auf Basis der Einzelaufträge beschafft werden soll. Rahmenvereinbarungen selbst sind jedoch keine auf eine Lieferung, eine Bauleistung oder eine

---

[1] Vgl. dazu ausführlich Kommentierung zu § 99 GWB, RdNr. 148f.

[2] Ähnlich: KG, Beschl. v. 19. 4. 2000, KartVerg 6/00, Umdruck, S. 8.

[3] Bspw.: *Arrowsmith* PPLR 1999, 115 ff.; *Graef* NZBau 2005, 561, 562; *Marx* 67 ff.

[4] So auch: *Machwirth* VergabeR-Sonderheft 2007, 385; zuvor hatte der EuGH trotz der bisher fehlenden ausdrücklichen Regelung entschieden, dass auf klassische Auftraggeber die Bestimmungen über Rahmenvereinbarungen analog anwendbar sind, vgl. EuGH, C-74/94, Slg. 1995, I-1071, 1080, 1097; ähnlich für das deutsche Vergaberecht: OLG Düsseldorf, Beschl. v. 26. 7. 2002, Verg 28/02, VergabeR 2003, 87.

[5] BR-Drucks. 522/09, S. 46.

[6] *Motzke/Pietzcker/Prieß/Sterner* § 5 b RdNr. 34; *Rosenkötter/Seidler* NZBau 2007, 684, 688.

[7] KG Berlin, Beschl. v. 19. 4. 2000, KartVerg 6/00; VK Bund, Beschl. v. 20. 5. 2003, – VK 1 35/03.

Dienstleistung gerichteten Verträge, dh., sie begründen **keine Leistungspflichten.** Diese werden erst durch die auf ihrer Grundlage vergebenen **Einzelaufträge** begründet. Rahmenvereinbarungen legen neben dem Auftragnehmer lediglich die **wesentlichen Bedingungen** für den späteren Abruf der Leistungen fest. Diese Leistungsbedingungen können durch die Einzelaufträge und die in ihnen vereinbarten Bedingungen konkretisiert, jedoch nicht ergänzt werden. Die Erweiterung des Leistungsgegenstandes über die Vorgabe der Rahmenvereinbarung hinaus ist nicht zulässig, sondern stellt ggf. eine wesentliche, zur Neuausschreibungspflicht der ganzen Rahmenvereinbarung führende Vertragsänderung dar.

6   Abs. 1 gibt für Rahmenvereinbarungen **keine bestimmte Höchstlaufzeit** vor. Rahmenvereinbarungen dürfen auf der Grundlage von Art. 32 VKR grundsätzlich nur eine Laufzeit von vier Jahren haben. Eine solche Laufzeitbeschränkung hat der Unionsgesetzgeber und entsprechend der deutsche Verordnungsgeber für Rahmenvereinbarungen von Sektorenauftraggebern nicht vorgesehen. Auf der Grundlage der Rechtsprechung des EuGH verstoßen selbst *unbefristete Verträge* nicht gegen das Unionsrecht.[8] Gleiches gilt für das deutsche Vergaberecht.[9] Lange Laufzeiten sind jedoch grundsätzlich auf der Grundlage der Umstände des Einzelfalls zu prüfen. Zulässig sind sie insbesondere im Fall von langen Amortisationszeiten und bei PPP-Projekten.[10]

7   Rahmenvereinbarungen sind unzulässig, wenn sie zu **vergabefremden Zwecken** erfolgen.[11] Das ist dann der Fall, wenn sich die Ausschreibung nicht auf die Vergabe der ausgeschriebenen Leistung, sondern auf das bloße Inaussichtstellen von zukünftigen Aufträgen richtet.[12] Darunter fällt auch die Ausschreibung von Rahmenvereinbarungen zur Markterkundung. Zwar ist eine Markterkundung an sich nicht *per se* unzulässig. Doch darf ein Vergabeverfahren nicht fingiert werden, um auf diese Weise zulasten der Bieter eine kostengünstige Markterhebung durchzuführen.

8   Rahmenvereinbarungen dürfen gemäß Abs. 1 S. 1 **mit einem oder mehreren Unternehmen** abgeschlossen werden. Wird eine Rahmenvereinbarung mit mehreren Unternehmen abgeschlossen, ist die Gleichbehandlung aller Vertragspartner sicherzustellen und transparent zu machen. Ob der Auftraggeber eine Rahmenvereinbarung mit mehreren oder nur einem Auftragnehmer schließt, hängt von den jeweiligen Erfordernissen des Auftraggebers ab. So wird es für einen Auftraggeber regelmäßig sinnvoll sein, bei wiederkehrend notwendigen Leistungen, wie zB bei der Vergabe eines Auftrags für Wartungsarbeiten, lediglich ein Unternehmen zu beauftragen. Ist die zu vergebende Aufgabe hingegen sehr umfangreich und komplex und ein Unternehmen allein dazu bspw. aus personellen, logistischen oder wirtschaftlichen Gründen nicht in der Lage, bietet sich eine Rahmenvereinbarung mit mehreren Unternehmen an. Wird die Rahmenvereinbarung mit mehreren Unternehmen geschlossen, muss der Vergabe eines Einzelauftrages ein **Miniwettbewerb** unter Beachtung von Transparenz, Gleichbehandlung und Nichtdiskriminierung vorausgehen.

9   Handelt es sich um eine Rahmenvereinbarung mit mehreren Teilnehmern und wird unter diesen zur Vergabe eines Einzelauftrags ein Miniwettbewerb durchgeführt, müssen die nicht erfolgreichen Teilnehmer der Rahmenvereinbarung analog § 101a GWB ein **Vorabinformationsschreiben** erhalten, damit sie ggf. effektiven Primärrechtsschutz erlangen können. Nachprüfungsanträge in Bezug auf die Vergabe von Einzelaufträgen sind nicht deshalb unzulässig, weil die Rahmenvereinbarung als solche bereits wirksam geschlossen ist. § 114 Abs. 2 S. 1 GWB steht dem nicht entgegen, es sei denn, auch der Einzelauftrag ist bereits wirksam geschlossen. Allerdings gilt für die Vergabe von Einzelaufträgen auch § 101b GWB. Die Laufzeit der auf der Grundlage der Rahmenvereinbarung vergebenen Einzelaufträge darf über die Laufzeit der Rahmenvereinbarung selbst hinausgehen.

---

[8] EuGH, C-454/06, Slg. 2008, I-4401 RdNr. 74 – Pressetext; *Hölzl/Niestedt* NJW 2008, 3321, 3324.

[9] *Scharen* NZBau 2009, 679, 682 f.

[10] Europäische Kommission, Guidelines for Successful Public-Private Partnerships, 2003, S. 24; *Ziekow* VergabeR 2006, 702, 712.

[11] KG, Beschl. v. 15. 4. 2004, 2 Verg 22/03, VergR 2004, 762; *Rosenkötter/Seidler* NZBau 2007, 684, 685.

[12] KG, Beschl. v. 15. 4. 2004, 2 Verg 22/03, VergR 2004, 762, mit Verweis auf VÜA Thüringen, Beschl. v. 29. 8. 1996, 2 VÜ 1/96; VK Brandenburg, Beschl. v. 17. 9. 2002 – VK 50/02, NZBau 2003, 173; der Beschluss der VK bezieht sich zwar auf die Aufhebung eines Verhandlungsverfahrens auf der Stufe eines vorgeschalteten Teilnahmewettbewerbs. Das widerspricht jedoch nicht der Übertragung dieses Grundsatzes auf die Vergabe von Rahmenvereinbarungen; *Müller-Wrede/Noch* § 16 RdNr. 17.

§ 10 Dynamische elektronische Verfahren

(1) Auftraggeber können für die Beschaffung von marktüblichen Liefer- und Dienstleistungen ein dynamisches elektronisches Verfahren nach § 101 Absatz 6 Satz 2 des Gesetzes gegen Wettbewerbsbeschränkungen einrichten.

(2) [1]Alle Unternehmen, die die Eignungskriterien erfüllen und ein erstes vorläufiges Angebot vorgelegt haben, das den Inhalten der Vergabeunterlagen entspricht, sind zur Teilnahme zuzulassen. [2]Die Unternehmen können ihre vorläufigen Angebote jederzeit nachbessern, sofern die Angebote mit den Inhalten der Vergabeunterlagen vereinbar bleiben.

(3) Zur Einrichtung eines dynamischen elektronischen Verfahrens verfährt der Auftraggeber wie folgt:
1. Er veröffentlicht eine Bekanntmachung, in der er angibt, dass es sich um ein dynamisches elektronisches Verfahren handelt.
2. In den Vergabeunterlagen sind insbesondere die Art der beabsichtigten Beschaffungen, die im Wege des dynamischen elektronischen Verfahrens vergeben werden sollen, sowie alle erforderlichen Informationen zu diesem Verfahren präzise anzugeben. Dazu gehören auch die Informationen zur verwendeten elektronischen Ausrüstung des Auftraggebers, zu den Datenformaten und zu den technischen Vorkehrungen sowie den Merkmalen der elektronischen Verbindung.
3. In der Bekanntmachung ist die Internet-Adresse anzugeben, unter der die Vergabeunterlagen abgerufen werden können.
4. Ab dem Zeitpunkt der Veröffentlichung der Bekanntmachung und bis zum Abschluss des dynamischen elektronischen Verfahrens ist auf elektronischem Weg ein freier, unmittelbarer und uneingeschränkter Zugang zu diesen Dokumenten auf elektronischem Weg zu gewähren.

(4) [1]Der Auftraggeber ermöglicht – während der gesamten Laufzeit – jedem Unternehmen, ein vorläufiges Angebot einzureichen, um zur Teilnahme am dynamischen elektronischen Verfahren zugelassen zu werden. [2]Er prüft dieses Angebot innerhalb einer Frist von höchstens 15 Kalendertagen ab dem Zeitpunkt, an dem das Angebot vorgelegt wurde; er kann diese Frist verlängern, sofern nicht zwischenzeitlich eine gesonderte Bekanntmachung erfolgt. [3]Der Auftraggeber unterrichtet das Unternehmen unverzüglich darüber, ob es zur Teilnahme zugelassen ist oder sein vorläufiges Angebot abgelehnt wurde.

(5) [1]Für jeden Einzelauftrag hat eine gesonderte Bekanntmachung zu erfolgen. [2]Vor dieser Bekanntmachung veröffentlicht der Auftraggeber eine vereinfachte Bekanntmachung nach Anhang IX der Verordnung (EG) Nr. 1564/2005 der Kommission vom 7. September 2005 zur Einführung von Standardformularen für die Veröffentlichung von Vergabebekanntmachungen im Rahmen von Verfahren zur Vergabe öffentlicher Aufträge gemäß der Richtlinie 2004/17/EG und der Richtlinie 2004/18/EG des Europäischen Parlaments und des Rates (ABl. L 257 vom 1. 10. 2005, S. 1). [3]In ihr werden alle interessierten Unternehmen aufgefordert, innerhalb einer Frist von mindestens 15 Kalendertagen – ab dem Versand der vereinfachten Bekanntmachung – ein vorläufiges Angebot abzugeben. [4]Der Auftraggeber nimmt die Bekanntmachung erst dann vor, wenn alle fristgerecht eingegangenen vorläufigen Angebote ausgewertet wurden.

(6) [1]Der Auftraggeber fordert alle Unternehmen, die zugelassen worden sind, auf, endgültige Angebote für die zu vergebenden Aufträge einzureichen. [2]Für die Abgabe der Angebote setzt er eine angemessene Frist fest. [3]Er vergibt den Auftrag an das Unternehmen, welches das wirtschaftlichste Angebot vorgelegt hat. [4]Maßgeblich dafür sind die Zuschlagskriterien, die in der Bekanntmachung für die Einrichtung des dynamischen elektronischen Verfahrens aufgestellt und gegebenenfalls bei der Aufforderung zur Abgabe eines endgültigen Angebots präzisiert wurden.

(7) [1]Die Laufzeit eines dynamischen elektronischen Verfahrens darf grundsätzlich vier Jahre nicht überschreiten. [2]Eine Überschreitung der Laufzeit ist nur in besonders zu begründenden Fällen zulässig.

(8) Der Auftraggeber darf von den Unternehmen, die am dynamischen elektronischen Verfahren teilnehmen, keine Bearbeitungsgebühren oder sonstige Verfahrenskosten fordern.

Schrifttum: *Greb/Müller*, Kommentar zur SektVO, 1. Aufl. 2010; *Leinemann*, Das neue Vergaberecht, 2. Aufl. 2010; *Marx*, Vergaberecht für Versorgungsbetriebe, 2010; *Müller-Wrede*, SektVO, 1. Aufl. 2010.

I. Regelungsgehalt und Überblick

1   § 10 enthält Regelungen zur Durchführung eines **dynamischen elektronischen Verfahrens**. Es handelt sich um eine im deutschen Recht neue Möglichkeit zur Durchführung eines offenen Verfahrens, das vollelektronisch abläuft und zeitlich befristet ist.[1] Es handelt sich hierbei nicht um ein eigenständiges Vergabeverfahren iS von § 101 GWB, sondern eine Spielart des offenen Verfahrens.[2] Die Regelungen zum offenen Verfahren sind ergänzend zu den Vorgaben des § 10 heranzuziehen, soweit § 10 hierzu nichts regelt. Das dynamische elektronische Verfahren soll nach der Intention des Gesetzgebers Auftraggebern mehr Flexibilität geben und eine **Beschleunigung der Vergabe** von Aufträgen durch eine **generelle Vorabprüfung der Eignung ermöglichen**.[3] Mit § 10 will der Verordnungsgeber die Sektorenauftraggeber dazu anregen, elektronische Medien zur Erhöhung der Effizienz der Beschaffung umfassend zu nutzen.[4] § 10 ist eine auf Grund von § 127 Nr. 2 GWB zulässige Ausgestaltung von § 101 Abs. 6 S. 2 GWB. Die Vorschrift geht hinsichtlich der Definition dynamisches Beschaffungssystem auf Art. 1 Abs. 5 SKR zurück und setzt insgesamt Art. 15 SKR um.

2   Abs. 1 gestattet die Verwendung des in § 101 Abs. 6 Satz 2 GWB definierten elektronischen dynamischen Verfahrens als besonderes Vergabeverfahren. Abs. 2 bestimmt, welche Unternehmen zur Teilnahme zuzulassen sind. Abs. 3 regelt die Einrichtung des Verfahrens. Abs. 4 legt fest, dass Unternehmen während der gesamten Laufzeit vorläufige Angebote einreichen können, um zur Teilnahme zugelassen zu werden. Abs. 5 regelt die Bekanntgabe von Einzelaufträgen. In Abs. 6 sind die Aufforderung zur Abgabe von endgültigen Angeboten und der Zuschlag geregelt. Gemäß Abs. 7 beträgt die maximale Laufzeit von dynamischen elektronischen Verfahren grundsätzlich 4 Jahre. In Abs. 8 wird die Gebühren- und Verfahrenskostenfreiheit für die teilnehmenden Unternehmen festgelegt.

II. Systematische Stellung und Zweck der Norm

3   Bei einem dynamischen Beschaffungssystem handelt es sich gemäß Art. 1 Abs. 5 SKR um ein **vollelektronisches Verfahren für Beschaffungen von marktüblichen Leistungen**, bei denen die allgemein auf dem Markt verfügbaren Merkmale den Anforderungen des Auftraggebers genügen. Dieses Verfahren ist zeitlich befristet und steht während der gesamten Verfahrensdauer jedem Wirtschaftsteilnehmer offen, der die gestellten Eignungskriterien erfüllt und ein erstes Angebot im Einklang mit den Verdingungsunterlagen unterbreitet hat.

4   **1. Zulässigkeit eines dynamischen elektronischen Verfahrens (Abs. 1).** Abs. 1 nimmt Bezug auf § 101 Abs. 6 S. 2 GWB und gestaltet das darin beschriebene dynamische elektronische Vergabeverfahren aus. Das dynamische elektronische Verfahren ist ein besonderes, für alle Unternehmen offenes Vergabeverfahren, das ausschließlich elektronisch durchgeführt werden muss. Es handelt sich um ein **Verfahren *sui generis***, das sich von einem gewöhnlichen offenen Verfahren unterscheidet. Das Verfahren soll die Beschaffung marktüblicher Leistungen durch elektronische Abwicklung effizient gestalten. Für die Beschaffung geistig-schöpferischer Leistungen und von Bauleistungen ist das Verfahren nicht zugelassen.

5   **2. Zulassung zur Teilnahme (Abs. 2).** Das dynamische elektronische Verfahren ist für die Unternehmen offen gestaltet. Gemäß Abs. 2 sind alle Unternehmen, die die Eignungskriterien erfüllen und ein erstes **vorläufiges Angebot** vorgelegt haben, das den Inhalten der Vergabeunterlagen entspricht, zur Teilnahme zuzulassen. Den Unternehmen wird durch Abs. 2 Satz 2 die Möglichkeit eröffnet, ihre vorläufigen Angebote nachzubessern. Auch die nachgebesserten vorläufigen Angebote müssen gemäß Abs. 2 Satz 2 den mit den Inhalten der aktuellen Vergabeun-

---

[1] BR-Drucks. 522/09, S. 46.
[2] *Greb/Müller*, SektVO, § 10 RdNr. 16; *Müller-Wrede/Knauff*, SektVO, § 10 RdNr. 2.
[3] *Marx* 68 f.
[4] BR-Drucks. 522/09, S. 46.

terlagen vereinbar bleiben. Die vorläufigen Angebote der Unternehmen sind zivilrechtlich nicht bindend und können nicht zum Vertragsschluss mit dem Auftraggeber führen.

3. Einrichtung und Ablauf eines dynamischen elektronischen Verfahrens (Abs. 3   **6 bis 6).** Die Abs. 3 bis 6 betreffen den **Ablauf des Verfahrens**, die Abs. 7 und 8 regeln die Laufzeit und die Kostentragung. Das dynamische elektronische Verfahren läuft in zwei Phasen ab.[5] **Abs. 3** stellt hierbei die grundlegenden Anforderungen an die **Einrichtung des Verfahrens** auf. Zunächst veröffentlicht der Auftraggeber eine **Bekanntmachung**, in der er darauf hinweist, dass ein dynamisches elektronisches Beschaffungssystem aufgebaut wird. Darin muss er verschiedene Angaben machen, insbesondere zur Art der beabsichtigten Beschaffungen, die vergeben werden sollen sowie alle sonstigen erforderlichen Informationen zu dem Verfahren. Der genaue Inhalt und Umfang dieser Informationen hängt jeweils vom Einzelfall ab. Auf jeden Fall ist jedoch die Internet-Adresse anzugeben, unter der die Vergabeunterlagen abgerufen werden können. Ab dem Zeitpunkt der Veröffentlichung bis zum Ende des Verfahrens ist nach Abs. 3 Nr. 4 als Ausformung des Transparenz- und Gleichbehandlungsgebots im Vergaberecht ein ungehinderter Zugang zu den notwendigen Dokumenten zu gewähren.

Gemäß **Abs. 4** muss während der Laufzeit des Verfahrens jeder interessierte Bieter die Mög-   **7** lichkeit haben, ein vorläufiges Angebot abzugeben, um zur **Teilnahme am Verfahren** zugelassen zu werden. Der Auftraggeber muss innerhalb von 15 Kalendertagen ab dem Zeitpunkt der Vorlage des Angebots prüfen, ob der interessierte Bieter geeignet ist. Der Auftraggeber teilt dem Bieter daraufhin das Ergebnis der Prüfung und ob er zugelassen ist oder nicht, unverzüglich (vgl. § 121 Abs. 1 S. 1 BGB) mit. Er kann diese Frist verlängern, allerdings nur, solange nicht zwischenzeitlich eine Bekanntmachung zu einem Einzelauftrag erfolgt ist. In einem solchen Fall muss der Auftraggeber die Prüfung vor dieser Bekanntmachung abschließen und das Ergebnis mitteilen, um dem Bieter die Möglichkeit zu geben, ein endgültiges Angebot hinsichtlich des Einzelauftrags abzugeben. Aufgrund der Vorläufigkeit des Angebots durch das interessierte Unternehmen ist auch eine Bindung des Unternehmens nach den §§ 145 ff. BGB zu verneinen.

Die Vergabe eines konkreten Einzelauftrages erfolgt in der zweiten Phase des Verfahrens.   **8** **Abs. 5** statuiert hierbei die Notwendigkeit einer Bekanntmachung zu einem Einzelauftrag. Vor dieser Bekanntmachung muss eine **vereinfachte Bekanntmachung** nach Anhang IX der Verordnung 1564/2005/EG erfolgen. In dieser werden alle interessierten Unternehmen aufgefordert, innerhalb einer **Frist von mindestens 15 Kalendertagen** ein vorläufiges Angebot abzugeben. Fristbeginn ist gemäß § 187 Abs. 1 BGB der Tag nach Absendung der Bekanntmachung. Hierdurch soll allen Interessenten die Möglichkeit gegeben werden, für den Einzelauftrag zu bieten. Die tatsächliche Bekanntmachung für die Vergabe des Einzelauftrags darf erst dann veröffentlicht werden, wenn der Auftraggeber alle fristgerechten vorläufigen Angebote ausgewertet und den vorläufigen Bieter über das Ergebnis der Auswertung unterrichtet hat. In dieser Bekanntmachung für den konkreten Einzelauftrag kann der Auftraggeber die Anforderungen unter Berücksichtigung des konkreten Bedarfs präzisieren.

Die Pflicht zu einer zusätzlichen vereinfachten Bekanntmachung vor der eigentlichen Be-   **9** kanntmachung zur Vergabe eines Einzelauftrags ist einer der Gründe, warum das dynamische elektronische Verfahren bislang **keine große praktische Bedeutung** hat. Insgesamt weist dieses Verfahren mehrere Verfahrensschritte auf. Angesichts der Konsequenzen, die ein Verfahrensfehler auf die Vergabe hat, ist die zögerliche Verwendung dieses Verfahrens nachvollziehbar. Es ist auch unverständlich, warum das Verfahren nach den Parallelvorschriften des § 5 bzw. § 5 EG VOL/A wettbewerbsrechtlich unbedenkliche dynamische elektronische Verfahren sein können, obwohl sie eine solche wiederholte Bekanntmachungspflicht nicht enthalten, während dies im Sektorenbereich gegen das vergaberechtliche Transparenzgebot verstoßen soll. Eine solche **unterschiedliche Behandlung** von eigentlich identischen Verfahren ist **nicht nachvollziehbar**.

Abs. 6 enthält letztlich die Regelungen für den **Abschluss des Verfahrens**. Hiernach hat   **10** der Auftraggeber alle gemäß Abs. 4 für vorläufige Angebote zugelassenen Unternehmen aufzufordern, endgültige Angebote abzugeben. Für die Abgabe dieser endgültigen Angebote hat der Auftraggeber eine Frist zu setzen, wobei die Zeitspanne von 15 Kalendertagen als Minimum oder Maximum nicht gefordert wird. Vielmehr muss die **Frist angemessen** sein und hängt damit von den jeweiligen Umständen des Einzelfalls ab. Bei Berechnung der Frist ist zu

---

[5] *Müller-Wrede/Knauff*, SektVO, § 10 RdNr. 16.

berücksichtigen, wie viel Aufwand bereits für die Erstellung der vorläufigen Angebote betrieben wurde und wie weitgehend die Präzisierungen für den konkreten Einzelauftrag durch den Auftraggeber erfolgt sind. Die Auftragsvergabe erfolgt an das **wirtschaftlichste Angebot**, es kommt also – ohne dass dies wie in § 16 Abs. 6 Nr. 3 S. 3 VOB/A bzw. § 21 EG Abs. 1 S. 2 VOL/A ausdrücklich formuliert wird – nicht ausschließlich auf den niedrigsten Angebotspreis an. Aus diesem Grund kann auch der von manchen erhobene Vorwurf, das dynamische elektronische Verfahren sei ein reiner Preiswettbewerb, nicht aufrechterhalten werden. Vielmehr sind bei der Wertung der endgültigen Angebote die Zuschlagskriterien zugrunde zu legen, die ursprünglich bei der Einrichtung des Verfahrens bekannt gemacht wurden und die gegebenenfalls später in der Bekanntmachung für den Einzelauftrag noch präzisiert wurden.[6]

11   **4. Einrichtung und Ablauf eines dynamischen elektronischen Verfahrens (Abs. 7).**
Aus **Abs. 7** folgt die **zeitliche Begrenzung der Laufzeit** eines dynamischen elektronischen Verfahrens. Diese darf vier Jahre nicht überschreiten, wobei in besonders zu begründenden Fällen eine Überschreitung zulässig ist. Die Formulierung ist hierbei an die Regelung zu Rahmenvereinbarungen in § 4 EG Abs. 7 VOL/A angelehnt, wohingegen die Regelung des § 9 bzgl. der Rahmenvereinbarungen keine solche zeitliche Einschränkung enthält. Es ist noch unklar, welche Voraussetzungen vorliegen müssen, um eine tragfähige Begründung für eine Laufzeitüberschreitung zu erhalten. Es empfiehlt sich daher, rechtzeitig vor Ende der Laufzeit die Bekanntmachung der Einrichtung eines neuen dynamischen elektronischen Verfahrens zu veröffentlichen. Es ist jedoch nicht ersichtlich, warum es bei dem dynamischen elektronischen Verfahren eine Begrenzung der Laufzeit auf vier Jahre geben muss. Es steht jedem interessierten und geeigneten Wirtschaftsteilnehmer während der gesamten Laufzeit offen, so dass eine Behinderung des Wettbewerbs nicht zu befürchten ist. Auch kann ein Verfahren, dessen Laufzeit zu Ende gegangen ist, durch ein identisches neues Verfahren ersetzt werden, so dass faktisch die Laufzeit ohnehin unbeschränkt sein kann.

12   **5. Einrichtung und Ablauf eines dynamischen elektronischen Verfahrens (Abs. 8).**
Abs. 8 normiert die **Kostenfreiheit des Verfahrens** für die teilnehmenden Unternehmen. Es ist unklar und auch nicht der SKR zu entnehmen, welche „sonstigen Verfahrenskosten" anfallen sollen.[7] Insgesamt bleibt festzuhalten, dass die Unternehmen keinerlei Kosten tragen sollen. Auftraggeber können auch im Rahmen eines dynamischen elektronischen Verfahrens für die Vergabe der Einzelaufträge elektronische Auktionen durchführen. Sie müssen dies bei der Einrichtung des Verfahrens ankündigen.[8]

§ 11 Wettbewerbe

(1) **Wettbewerbe nach § 99 Absatz 5 des Gesetzes gegen Wettbewerbsbeschränkungen werden insbesondere in den Gebieten der Raumplanung, der Stadtplanung, der Architektur und des Bauwesens oder der Datenverarbeitung in einem der in § 6 genannten Verfahren durchgeführt.**

(2) **[1]Die Bestimmungen eines Wettbewerbs müssen den Regeln der nachfolgenden Absätze 3 bis 7 entsprechen. [2]Interessierte, die an einem Wettbewerb teilnehmen möchten, müssen vor Beginn des Wettbewerbs über die geltenden Regeln informiert werden.**

(3) **[1]Die Zulassung zur Teilnahme an einem Wettbewerb darf weder**
1. auf das Gebiet eines Mitgliedstaates oder einen Teil davon noch
2. auf natürliche oder juristische Personen beschränkt werden.
[2]Bei einem Wettbewerb mit beschränkter Teilnehmerzahl hat der Auftraggeber eindeutige und nicht diskriminierende Auswahlkriterien festzulegen. [3]Die Zahl der Bewerber, die zur Teilnahme aufgefordert werden, muss ausreichen, um einen Wettbewerb zu gewährleisten.

(4) **[1]Das Preisgericht darf nur aus Preisrichtern bestehen, die von den Teilnehmern des Wettbewerbs wirtschaftlich unabhängig sind. [2]Wird von den Wettbewerbsteilnehmern eine bestimmte berufliche Qualifikation verlangt, muss mindestens ein Drittel der Preisrichter über dieselbe oder eine gleichwertige Qualifikation verfügen.**

---

[6] *Leinemann* RdNr. 322.
[7] So auch *Greb/Müller*, SektVO, § 10 RdNr. 27.
[8] BR-Drucks. 522/09, S. 46.

(5) [1]Das Preisgericht ist in seinen Entscheidungen und Stellungnahmen unabhängig. [2]Es trifft seine Entscheidung nur auf Grund von Kriterien, die in der Bekanntmachung genannt sind. [3]Die Wettbewerbsarbeiten sind ihm anonym vorzulegen.

(6) [1]Das Preisgericht erstellt einen Bericht über die Rangfolge der von ihm ausgewählten Projekte, in dem es auf die einzelnen Wettbewerbsarbeiten eingeht und seine Bemerkungen sowie noch zu klärende Fragen aufführt. [2]Dieser Bericht ist von den Preisrichtern zu unterzeichnen. [3]Bis zur Stellungnahme oder zur Entscheidung des Preisgerichts ist die Anonymität zu wahren.

(7) [1]Die Teilnehmer können vom Ausrichter des Wettbewerbs aufgefordert werden, Fragen zu ihren Wettbewerbsarbeiten zu beantworten, die das Preisgericht in seinem Protokoll festgehalten hat. [2]Hierüber ist ein umfassendes Protokoll zu erstellen.

Schrifttum: *Kaufhold/Mayerhofer/Reichel*, Die VOF im Vergaberecht, Köln 1999; *Kulartz/Kus/Portz*, Kommentar zum GWB-Vergaberecht, 2. Aufl. 2009; *Marx*, Vergaberecht für Versorgungsbetriebe, 2010; *Motzke/Pietzcker/Prieß*, Verdingungsordnung für Bauleistung Teil A, 1. Aufl. 2001; *Müller-Wrede*, SektVO, 1. Aufl. 2010; *Prütting/Wegen/Weinreich*, BGB-Kommentar, 5. Aufl. 2010; *Reidt/Stickler/Glahs*, Vergaberecht, 3. Aufl. 2010; *Staudinger*, Kommentar zum Bürgerlichen Gesetzbuch mit Einführungsgesetz und Nebengesetzen, Stand: 2006; *Weinbrenner/Jochem/Neusüß*, Der Architektenwettbewerb, 2. Aufl. 2001.

I. Regelungsgehalt und Überblick

§ 11 regelt die **Durchführung von Wettbewerben**. „Wettbewerb" idS meint nicht den 1
„allgemeinen Wettbewerb in der Wirtschaft" oder den Wettbewerb, der im Rahmen eines Vergabeverfahrens unter den Bewerbern bzw. Bietern um einen öffentlichen Auftrag stattfindet und Schutzgegenstand des GWB ist. Vielmehr handelt es sich bei dem Wettbewerb iS von § 11 um eine besondere **Vorform der Auftragsvergabe und der Einkaufsvorbereitung**, die in § 99 Abs. 5 GWB als **„Auslobungsverfahren"** geregelt ist.

Die VOF enthält in §§ 15 bis 17 VOF Parallelvorschriften. Diese Regelungen sind differen- 2
zierter als die Regelungen des § 11. Das beruht auf den Besonderheiten bei der Vergabe freiberuflicher Leistungen durch klassische öffentliche Auftraggeber.

II. Systematische Stellung und Zweck der Norm

1. Zulässigkeit von Wettbewerben (Abs. 1). Abs. 1 enthält den deklaratorischen Ver- 3
weis, dass die Wettbewerbe in einem der in § 6 genannten Verfahren durchgeführt werden. Darüber hinaus werden Regelbeispiele für Gebiete genannt, in denen ein solcher Wettbewerb stattfinden kann. Bei diesen (recht heterogenen) Gebieten handelt es sich um Raumplanung, Stadtplanung, Architektur und Bauwesen sowie Datenverarbeitung. Wie die Formulierung „insbesondere" zeigt, handelt es sich hierbei um eine **nicht abschließende Aufzählung**. Die folgenden sechs Absätze regeln den allgemeinen Rahmen für das Vorgehen, wenn ein Sektorenauftraggeber einen Wettbewerb veranstalten will.

Mit „Wettbewerb" bezeichnet man in erster Line das wirtschaftliche Prinzip, auf dem der 4
Marktmechanismus beruht. Dieser Mechanismus wird im europäischen Recht durch zahlreiche Vorschriften des AEUV und im deutschen Recht durch das GWB sowie das Gesetz gegen den unlauteren Wettbewerb (UWG) geschützt. Das ist mit „Wettbewerb" hier jedoch nicht gemeint. Ein Wettbewerb, so wie er hier verstanden wird, ist eine spezielle Form der **Einkaufsvorbereitung** durch einen öffentlichen Auftraggeber. Obwohl selbstverständlich eine gewisse Konnexität zwischen beiden Begriffen besteht, dürfen sie keinesfalls miteinander verwechselt werden. Deshalb bezeichnet das GWB in § 99 Abs. 1 und 5 die hier gemeinte besondere Form der Vorbereitung für die Vergabe eines öffentlichen Auftrags nicht als „Wettbewerb", sondern als Auslobungsverfahren. Die VOF und SektVO sind dem nicht gefolgt. Sie verwenden den missverständlichen Begriff der Richtlinie.

Für diesen Wettbewerb legt die SektVO einen **besonderen rechtlichen Rahmen** fest. Da- 5
bei bleibt ziemlich im Dunkeln, warum die SektVO im Abs. 1 des einschlägigen § 11 erst einmal bestimmt, auf welchen Feldern ein Wettbewerb dieser Art vorkommt, und dann überraschenderweise feststellt, dass Auslobungsverfahren „in einem der in § 6 genannten Verfahren durchgeführt" werden. Das kann so nicht ernsthaft gemeint sein. Denn entweder veranstaltet der öffentliche Auftraggeber vor der Einleitung eines auf Einkauf gerichteten Vergabeverfahrens einen Wettbewerb, um am Ende einen Plan zu haben, nach dem er bauen und einkaufen kann,

oder er kauft sofort im offenen Verfahren, nicht offenen Verfahren oder im Verhandlungsverfahren ein.

6   Der Begriff **„Auslobungsverfahren"** des deutschen Zivilrechts kommt dem europarechtlichen Begriff der „Wettbewerbe" iSd. Art. 1 Abs. 10 der SKR[1] am nächsten. Eine Auslobung ist nach § 657 BGB ein öffentlich bekannt gemachtes Versprechen, für die Vornahme einer Handlung, insbesondere für die Herbeiführung eines Erfolges, eine Belohnung zu geben. Eine Spezialform dieser allgemeinen Auslobung ist das in § 661 BGB geregelte **Preisausschreiben**. Es unterscheidet sich von der gewöhnlichen Auslobung dadurch, dass denjenigen, die sich an einem „Wettbewerb" beteiligen, ein Preis versprochen wird, der Belohnungsanspruch aber nicht allein schon durch die Teilnahme, sondern erst durch die Zuerkennung des Preises entsteht.[2] Die **Auslobungsverfahren iSd. Vergaberechts sind nur solche „Preisausschreiben" iSd. Zivilrechts**.[3] Dabei muss keine Geldsumme oder ein Gegenstand von Wert übergeben werden; ein „Preis" ist auch die Vergabe eines Platzes in einer Rangfolge, wie dies § 99 Abs. 5 GWB ausdrücklich sagt. Die Entscheidung darüber, ob es über einen solchen „Preis" hinaus eine Dotation geben soll oder nicht und welche dies sein soll, liegt allein beim Auftraggeber und ist in die von ihm festzulegenden und bekannt zu machenden Wettbewerbsbedingungen aufzunehmen.[4] Auch wenn es sich bei der in der Richtlinie Wettbewerb genannten speziellen Form der Vorbereitung eines Auftrags um ein besonderes Rechtsinstitut des europäischen Vergaberechtes handelt,[5] ist nicht ausgeschlossen, dass für das spezielle mit diesem Verfahren verbundene **Rechtsgeschäft** in der deutschen Umsetzung die bürgerlich-rechtlichen Regeln über die Auslobung nach **§§ 657 ff. BGB** herangezogen werden.[6] Mit der Umsetzung dieses Richtlinieninstituts in das nationale Recht erscheint dies als Ergänzung geradezu notwendig. Bei der Implantation des Vergaberechtes in das GWB war das offenbar auch tatsächlich so gewollt.[7]

7   Gegenstand eines Wettbewerbs nach § 11 kann nur die Vorbereitung einer Auftragsvergabe durch **Erstellung eines Plans** sein: Weiß der öffentliche Auftraggeber nicht, wie er einen bestimmten Bedarf befriedigen soll, oder sind die technischen, finanziellen, organisatorischen und sonstigen Bedingungen, unter denen ein eventueller Einkauf stattfinden könnte, jedenfalls nicht so klar erfass- und definierbar, dass ein Pflichtenheft für eine Ausschreibung erstellt oder auch nur eine Vergabe in einem Verhandlungsverfahren durchgeführt werden könnte, kann der Auftraggeber die Lösung der Definitonsaufgabe ausloben und für den besten Plan einen Preis versprechen. Dabei soll es das Auslobungsverfahren dem öffentlichen Auftraggeber ermöglichen, eine Auswahl unter mehreren Lösungsmöglichkeiten zu treffen. Letztlich kann es auch dazu dienen, geeignete Bieter für ein nachfolgendes Vergabeverfahren zu finden. Der Auftraggeber, der einen solchen Wettbewerb veranstaltet, muss sich selbstverständlich vorweg über eine Reihe von Dingen im Klaren sein: Außer dem Wettbewerbsziel und verschiedenen Wettbewerbsstufen müssen auch die Auswahlkriterien für eine Dotation festliegen, wenn sie denn ausgelobt ist. Daneben ist uU auch darüber zu entscheiden, ob und wie die Teilnehmerzahl beschränkt werden soll.[8]

8   Der Auftraggeber hat bei der Auslobung eines Wettbewerbs zuvor die **„Spielregeln"** im Rahmen einer **Bekanntmachung** mitzuteilen. Er bestimmt das **Preisgericht**, das die Wettbewerbsarbeiten beurteilt und den oder die Preise zuteilt. Das Preisgericht handelt im Rahmen der in der Bekanntmachung fixierten Vorgaben und Kriterien **unabhängig**. Es darf nur aus Richtern bestehen, die von den Teilnehmern des Wettbewerbs unabhängig sind. Seine **Entscheidung** ist für alle Beteiligten **verbindlich**.

9   **2. Regeln des Wettbewerbs (Abs. 2).** Nach § 11 Abs. 2 S. 2 hat der öffentliche Auftraggeber bei Auslobung eines Wettbewerbs zuvor „die auf die Durchführung des Wettbewerbs **anwendbaren Regeln"** im Rahmen einer **Bekanntmachung mitzuteilen**. Wie die Regeln im Einzelnen aussehen sollen, ist nicht vorgeschrieben. Der Auftraggeber kann daher die Re-

---

[1] In der klassischen VKR steht dieser Text in Art. 1 Abs. 11 lit. e.

[2] Vgl. *Staudinger/Wittmann* Vorbem. zu §§ 657 ff. BGB RdNr. 4; *Prütting/Wengen/Weinreich/Wirth* § 657 und 661 BGB.

[3] *Kulartz/Marx/Portz/Priess/Marx* § 31 a RdNr. 2; *Marx* 70 f.

[4] *Boesen* § 99 RdNr. 217.

[5] *Kulartz/Kus/Portz/Eschenbruch* § 99 RdNr. 190; *Motzke/Pietzcker/Prieß/Marx* § 99 GWB RdNr. 30; *Reidt/Stickler/Glahs/Stickler* § 99 RdNr. 34.

[6] Insofern erscheint der von *Eschenbruch* aaO. gesehene Gegensatz zwischen EU-Verfahrensregelung und deutscher Zivilrechtsregelung nicht ganz nachvollziehbar.

[7] BT-Drucks. 13/9340, S. 15.

[8] *Weinbrenner/Jochem/Neusüß* 95.

geln weitgehend selbst bestimmen. Aus der Sache ergibt sich jedoch, dass in jedem Fall eine genaue Beschreibung der zu lösenden Aufgabe vorliegen muss. Außerdem müssen Anforderungen an die erbetenen Lösungen - die Wettbewerbsanforderungen - festgelegt und die Auswahlkriterien für die Entscheidung des Preisgerichtes erarbeitet werden.[9]

Je nach Art des Wettbewerbs können die Regeln sehr unterschiedlich sein. Nach ihrem jeweiligen Ziel lassen sich **zwei Grundtypen von Wettbewerben** unterscheiden. Bei einem **10** **Realisierungswettbewerb** werden Lösungen für ein konkret beabsichtigtes Projekt gesucht und zumeist dem Sieger oder einem Preisträger des Wettbewerbs der Auftrag erteilt, seinen Vorschlag zu realisieren. Der zweite Grundtyp ist der **Ideenwettbewerb**. Er dient dazu, Ideen und Vorschläge zur Lösung eines Problems zu gewinnen, ohne dass bereits ein konkretes Projekt beschlossen ist. Der Preis ist in diesem Fall die Feststellung, dass eine bestimmte Lösung die beste ist. Der oder die Gewinner des Wettbewerbs erhalten aber nicht unbedingt auch einen Auftrag.[10]

Offene Wettbewerbe sind Auslobungsverfahren mit unbegrenzter Teilnehmerzahl, die je- **11** dem offen stehen, der die in der Bekanntmachung festzulegenden fachlichen und persönlichen Anforderungen erfüllt, während der Auslober eines **beschränkten Wettbewerbs** nur bestimmte Personen namentlich zur Abgabe von Arbeiten auffordert. Ein solcher beschränkter Wettbewerb muss in jedem Fall in zwei Stufen durchgeführt werden, wobei in der ersten Stufe die Bekanntmachung mit der Aufforderung zur Teilnahme erfolgt und die Kriterien für die Auswahl der Personen veröffentlicht werden müssen, die zur Abgabe einer Arbeit aufgefordert werden sollen. Will nämlich der Auftraggeber die Teilnehmerzahl bei einem Wettbewerb begrenzen, hat er in der Bekanntmachung „eindeutige und nichtdiskriminierende Auswahlkriterien" festzulegen. Kriterien, die in der Bekanntmachung nicht genannt wurden, dürfen später nicht als Auswahlgesichtspunkt herangezogen werden.

3. Zulassung zur Teilnahme am Wettbewerb (Abs. 3). Dass die **Beschränkung** auf **12** Wettbewerber aus einem bestimmten Mitgliedstaat oder einer Region desselben nicht zulässig ist, dürfte selbstverständlich sein. Es wäre ein Verstoß gegen den Grundsatz der Gleichbehandlung. Dennoch wird die Unzulässigkeit des Ausschlusses nach der Herkunft des Bewerbers in Abs. 3 noch einmal hervorgehoben. Ausdrücklich geregelt ist außerdem, dass die Wettbewerbsbedingungen weder darauf abstellen dürfen, dass sich nur natürliche Personen bewerben können, noch festlegen dürfen, dass sich nur juristische Personen bewerben dürfen. Hintergrund dieser Vorschrift sind Erfahrungen mit verschiedenen Versuchen, den Wettbewerb in der Gemeinschaft durch vorgeschobene Bedingungen willkürlich zu begrenzen.

Abs. 3 verlangt vom Auslober ausdrücklich, die Zahl der Teilnehmer ausreichend groß zu **13** halten, um einen „**Wettbewerb**" zu gewährleisten. Was ein solcher ist, wird sich nur aus den Umständen des Einzelfalls ergeben. Eine absolute Untergrenze für die Beteiligung dürfte sich aus der analogen Anwendung der Regel für das Verhandlungsverfahren ergeben. Danach wäre eine Beschränkung auf drei Teilnehmer möglich.[11] Im Regelfall sollte nach den Vorstellungen des Gesetzgebers sicher eine größere Anzahl von Teilnehmern aufgefordert werden. Kriterien für die Festlegung der Teilnehmerzahl sind insbesondere die Bedeutung des Projektes, das mit dem Wettbewerb vorbereitet wird, der Aufwand des Veranstalters und der Aufwand der Prüfung durch das Preisgericht.[12]

4. Zulässigkeit von Wettbewerben (Abs. 4 bis 7). Der **Auslober bestimmt das** **14** **Preisgericht** (Abs. 4, 5 und 6), das die Wettbewerbsarbeiten beurteilt und den oder die Preise zuteilt. Die Preisrichter müssen prüfen, ob die Bewerber die geforderten Leistungen erbracht haben, ob preiswürdige Bewerbungen vorliegen und wie diese zu bewerten und gewichten sind.[13] Im Einvernehmen mit allen Wettbewerbsteilnehmern und unter Beachtung des Grundsatzes der Gleichbehandlung kann das Preisgericht den Teilnehmern die Gelegenheit geben, ihre Arbeiten zu ergänzen.

Das **Preisgericht handelt** im Rahmen der in der Bekanntmachung fixierten Vorgaben und **15** Kriterien **unabhängig**. Da seine Aufgabe in der sachverständigen Ermittlung der Leistung besteht, die der ausgesetzten Belohnung würdig ist, darf es nur aus Richtern bestehen, die von den Teilnehmern des Wettbewerbs unabhängig sind. Unabhängigkeit vom Auslober ist nicht nur

---

[9] *Boesen* § 99 RdNr. 231.
[10] Vgl. *Weinbrenner/Jochem/Neusüß* 95 f.
[11] *Boesen* § 99 RdNr. 232.
[12] *Kaufhold/Mayerhofer/Reichel* 220.
[13] *Prütting/Wegen/Weinreich/Wirth* § 661 RdNr. 4.

nicht erforderlich, sondern möglicherweise sogar schädlich für das mit dem Wettbewerb letztlich verfolgte Beschaffungsprojekt. Das Preisgericht braucht nicht etwa vom Auslober unabhängig zu sein. Um hinreichenden Sachverstand zu garantieren, muss in den Fällen, in denen von den Wettbewerbsteilnehmern eine bestimmte berufliche Qualifikation verlangt wird, mindestens ein Drittel der Preisrichter ebenfalls über diese verlangte Qualifikation verfügen. Bei Meinungsverschiedenheiten im Preisgericht entscheidet, wenn nichts anderes festgelegt ist, die absolute Mehrheit der Stimmen.[14]

16   Entscheidet das Preisgericht – wie im Auslobungsverfahren des Vergaberechtes vorgesehen – über anonym vorgelegte Arbeiten anhand der bekanntgemachten Kriterien, ist seine **Entscheidung für alle Beteiligten verbindlich**. Es hat bei seiner Bewertung einen relativ weiten Spielraum. Seine Entscheidungen sind nur angreifbar, wenn unüberwindbare Widersprüche in der Entscheidung feststellbar sind oder grobe Verfahrensverstöße vorliegen, die den Inhalt der Entscheidung offenbar beeinflusst haben.[15] In solchen Fällen können die Preisrichter wegen vorsätzlicher Pflichtverletzung gemäß § 826 BGB haftbar gemacht werden. Um die Entscheidung inhaltlich nachvollziehbar zu machen und so der Willkür zu entziehen, hat das Preisgericht nach Abs. 6 einen Bericht über die Rangfolge der ausgewählten Projekte und – soweit sie nicht ausgewählt werden – über die anderen Wettbewerbsarbeiten zu erstellen.

17   Hat ein Auftraggeber die Absicht, einen Wettbewerb durchzuführen, hat er Interessierte, die an einem Wettbewerb teilnehmen möchten, vor Beginn des Wettbewerbs über die geltenden Regeln zu informieren. Am besten macht er dies mit einer Bekanntmachung, indem er die **Absicht auf speziellem Formular** (Anhang der VO (EG) Nr. 1564/2005 über die zu verwendenden Bekanntmachungsmuster) dem Amt für Veröffentlichungen der Europäischen Gemeinschaften mitteilt. Dabei gilt die allgemeine Regel für die Abfassung von Bekanntmachungen (§ 16). Warum Richtlinie und EG VOL/A vorschreiben, dies habe „unverzüglich" zu geschehen, ist nicht recht erkennbar, zumal auch nicht ersichtlich ist, zu welchem Zeitpunkt denn die Pflicht zur Bekanntmachung genau beginnen soll, damit ein Außenstehender sagen könnte, der Auftraggeber habe zu sehr mit seiner Mitteilung gezögert. Wesentlich ist, dass kein Wettbewerb ohne Bekanntmachung stattfinden kann.

18   **Spätestens zwei Monate nach abgeschlossenen Auslobungsverfahren** muss der Veranstalter die allgemeinen Ergebnisse des Wettbewerbs in einer Bekanntmachung öffentlich machen (§ 12 Abs. 1).

Abschnitt 3. Bekanntmachungen und Fristen

§ 12 Pflicht zur Bekanntmachung, Beschafferprofil, zusätzliche Bekanntmachungen

(1) Auftraggeber müssen vergebene Aufträge oder die Ergebnisse eines Wettbewerbs spätestens zwei Monate nach Zuschlagserteilung oder abgeschlossenem Auslobungsverfahren öffentlich bekannt geben.

(2) Möchte ein Auftraggeber die vorgegebenen Fristen für eingehende Angebote gemäß § 17 Absatz 2 oder 3 verkürzen, muss er

1. eine jährliche regelmäßige nicht verbindliche Bekanntmachung nach § 13 veröffentlichen, wenn der geschätzte Gesamtwert der Aufträge
     a) mindestens 750 000 Euro für in Anhang 1 Teil A aufgeführte Liefer- und Dienstleistungen beträgt oder
     b) für Bauleistungen den in § 1 Absatz 2 genannten Schwellenwert erreicht.
2. die Absicht, in Anhang 1 Teil A aufgeführte Liefer-, Bau- und Dienstleistungsaufträge zu vergeben und dabei einen Wettbewerb durchzuführen, öffentlich bekannt geben.

(3) [1]Auftraggeber können im Internet ein Beschafferprofil einrichten. [2]Dieses enthält Angaben über geplante und laufende Vergabeverfahren, über vergebene Aufträge sowie alle sonstigen Informationen, die für die Auftragsvergabe maßgeblich sind.

---

[14] BGHZ 17, 366, 372; *Müller-Wrede* § 31a RdNr. 18.
[15] *Prütting/Wegen/Weinreich/Wirth* § 661 RdNr. 5.

[3] Dazu gehören insbesondere die Kontaktstelle, Telefon- und Telefaxnummer, Anschrift und E-Mail-Adresse des Auftraggebers.

(4) [1] Auftraggeber des Bundes haben Bekanntmachungen zusätzlich auf dem zentralen Internetportal des Bundes zu veröffentlichen. [2] Andere Auftraggeber können ihre Bekanntmachungen ebenfalls dort vornehmen.

(5) In den Bekanntmachungen und in den Vergabeunterlagen ist die Anschrift der Vergabekammer anzugeben, der die Nachprüfung der Vergabeentscheidung obliegt.

(6) [1] Auftraggeber können auch Aufträge veröffentlichen, die nicht der gemeinschaftsweiten Veröffentlichungspflicht unterliegen. [2] Dabei ist § 16 zu beachten.

Schrifttum: *Christmann*, Informationen der vierten Dimension, in: VergabeNavigator 2010, 8; *Greb/Müller*, Kommentar zur SektVO, 1. Aufl. 2010; *Müller-Wrede*, SektVO, 1. Aufl. 2010.

A. Regelungsgehalt und Überblick

§ 12 enthält **Regelungen zu Bekanntmachungen und zu Angebotsfristen**. Zudem eröffnet die Vorschrift Sektorenauftraggebern die Möglichkeit, im Internet ein **Beschafferprofil** einzurichten und auch solche **Aufträge bekannt zu machen, die keiner Pflicht zur Bekanntmachung unterliegen**. Die Vorschrift dient insgesamt der Sicherstellung der Transparenz in Vergabeverfahren, ermöglicht aber auch, diese unter bestimmten Voraussetzungen einzuschränken. § 12 setzt in den Abs. 1 bis 3 europarechtliche Vorgaben aus Art. 43, 63 Abs. 1 UAbs. 2, Art. 45 Abs. 4 und Anhang XX Nr. 2 SKR um. Die Verpflichtung aus Abs. 5 zur Angabe der zuständigen Vergabekammer geht auf die durch die Richtlinie 2007/66/EG geänderte Rechtsmittelrichtlinie 89/665/EWG zurück. **1**

Abs. 1 ordnet die Bekanntmachung vergebener Aufträge an, sog. *ex post* – **Transparenz.** Abs. 2 erlaubt, die **Angebotsfrist** zu verkürzen, wenn bei der Bekanntmachung des Auftrags bestimmte Voraussetzungen eingehalten worden sind.[1] Abs. 3 ermöglicht die Einrichtung eines **elektronischen Beschaffungsprofils** des Auftraggebers im Internet und legt diesbezüglich Mindestinformationen fest.[2] Abs. 4 normiert die Verpflichtung des Bundes, Aufträge auf dem **Internetportal des Bundes**[3] zu veröffentlichen.[4] Abs. 5 sieht vor, dass in den Bekanntmachungen die **Anschrift der zuständigen Vergabekammer** angegeben wird.[5] Abs. 6 regelt, dass Auftraggeber Aufträge veröffentlichen dürfen, die nicht der gemeinschaftsweiten Veröffentlichungspflicht unterliegen. **2**

B. Systematische Stellung und Zweck der Norm

Der Gewährleistung transparenter Verfahren ist immanent, dass umfassende Bekanntmachungspflichten erfüllt werden müssen.[6] § 12 steht deshalb am Beginn des 3. Abschnitts, der mit Bekanntmachungen und Fristen überschrieben ist. Vor diesem Hintergrund wäre zu erwarten gewesen, dass sich § 12 und die nachfolgenden Vorschriften an den zeitlichen Ablauf eines Vergabeverfahrens orientieren und zunächst Bestimmungen zu den regelmäßigen Verfahren und sodann zu Sonderfällen enthalten. Die Vorschrift ist unter diesem Aspekt inhaltlich und systematisch missglückt. Es ist nicht nachvollziehbar, warum sie als erste Vorschrift der SektVO zu den Fristen in Abs. 1 die *ex post* – Bekanntmachung regelt. **3**

I. Pflicht zur Bekanntmachung vergebener Aufträge (Abs. 1)

Abs. 1 bestimmt – systematisch und vom Ablauf eines Vergabeverfahrens her etwas überraschend – die **Pflicht zur Bekanntmachung vergebener Aufträge** (sog. *ex post* - Transparenz). Die Vorschrift mag unter dem Aspekt vorangestellt sein, dass sie als allgemeiner Teil vor **4**

---

[1] Vgl. § 10 a Abs. 1 Nr. 2 VOB/A; § 15 EG Abs. 6 VOL/A.
[2] Vgl. § 11 Abs. 2 VOB/A, § 15 EG Abs. 5 VOL/A sowie § 9 Abs. 5 VOF.
[3] www.bund.de.
[4] Vgl. § 12 Abs. 1 Nr. 1 VOB/A.
[5] Vgl. § 21 a VOB/A und § 15 EG Abs. 10 VOL/A.
[6] BR-Drucks. 522/09 v. 29. 5. 2009, S. 47.

die Klammer gezogen wird. Selbst bei einem solchen Verständnis, stellt sich jedoch die Frage, warum die *ex post* – Bekanntmachung zu Beginn des Abschnitts platziert worden ist. Abs. 1 gehört systematisch zu § 15, der den Inhalt von *ex post* – Bekanntmachungen bestimmt. Die Vorschrift ordnet an, dass die Vergabe eines Auftrags **zwei Monate nach der Erteilung des Zuschlags bekannt gemacht** werden muss. Die **Bekanntmachungsfrist** beginnt mit der **Erteilung des Zuschlags** oder mit **Abschluss des Auslobungsverfahrens**. Die Zweimonatsfrist entspricht Art. 43 Abs. 1 SKR.

5   Die Vorschrift benennt in ihrem Abs. 2 Voraussetzungen, unter denen ausnahmsweise die **Angebotsfrist verkürzt** werden darf. Das bedeutet, gemäß Abs. 2 dürfen die Auftraggeber unter bestimmten Voraussetzungen kürzere **Fristen zur Angebotsabgabe setzen**. Abs. 1 und 2 haben inhaltlich und systematisch nichts miteinander zu tun. Abs. 2 ist vielmehr im Zusammenhang mit den §§ 13, 17 und 18 zu lesen. Die Möglichkeit der **Verkürzung** der Angebotsfristen unter den Voraussetzungen des § 17 Abs. 2 und 3 ermöglicht einen schnelleren Abschluss des Vergabeverfahrens, verkürzt aber die den Bietern zur Verfügung stehende Zeit zur Ausarbeitung eines Angebots.

II. Fristverkürzungen (Abs. 2)

6   Der Auftraggeber hat nach Abs. 2 zwei Alternativen, nach denen er die Fristverkürzung gemäß § 17 Abs. 2 oder 3 bewirken kann. Abs. 2 Nr. 1 sieht vor, dass der Auftraggeber eine jährliche, **regelmäßige nicht verbindliche Bekanntmachung** gemäß § 13 veröffentlicht, wenn der **geschätzte Gesamtwert** der Aufträge **mindestens € 750 000** für die im Anhang 1 Teil A aufgeführten **Liefer- und Dienstleistungen** beträgt. Handelt es sich dagegen um **Bauleistungen**, ist der **Schwellenwert** des **§ 1 Abs. 2** maßgeblich. Die für den Schwellenwert maßgebliche Schätzung des Auftragswerts muss nach den Maßgaben des § 2 erfolgen.

7   Alternativ kann der Sektorenauftraggeber gemäß Abs. 2 Nr. 2 die Angebotsfrist dadurch verkürzen, dass er seine Absicht, in Anhang 1 Teil A aufgeführte Liefer-, Bau- und Dienstleistungsaufträge zu vergeben bekannt gibt und zugleich bekannt gibt, einen **Wettbewerb über diese Liefer-, Bau- und Dienstleistungsaufträge** durchzuführen. Mit der unglücklichen Formulierung „Wettbewerb" ist kein Auslobungsverfahren iSd. § 99 Abs. 5 GWB, sondern ein **Teilnahmewettbewerb** zur Prüfung der Eignung der Bewerber gemeint. Insoweit sind die Voraussetzungen zu den **Bekanntmachungen von Aufrufen zum Teilnahmewettbewerb** gemäß § 14 zu beachten.

III. Beschafferprofil (Abs. 3)

8   § 12 eröffnet in Abs. 3 öffentlichen Auftraggebern die Möglichkeit, im Internet ein ständig abrufbares **Beschafferprofil** einzurichten. Das Beschafferprofil kann die wichtigsten Kenndaten des öffentlichen Auftraggebers wie Angaben zum Aufgabenbereich und die Kontaktdaten enthalten.[7] Ein Beschafferprofil dient vornehmlich dem Ziel, die Transparenz des Vergabeverfahrens zu erhöhen. Es sorgt insgesamt für eine offene, einfachere, kostensparende und schnellere Kommunikation zwischen dem Auftraggeber und den Wirtschaftsteilnehmern als potentiellen Bietern. Die Installierung eines Beschafferprofils ist insbesondere für diejenigen Unternehmen der öffentlichen Hand von Bedeutung, die laufend öffentliche Aufträge vergeben.

IV. Sonstiges zu Bekanntmachungen (Abs. 4 bis 6)

9   Abs. 4 bestimmt, dass Auftraggeber des Bundes ihre Bekanntmachungen zusätzlich auf dem **zentralen Internetportal des Bundes** veröffentlichen müssen. Andere Auftraggeber können dort Bekanntmachungen einstellen. Das Internetportal des Bundes soll dazu dienen, den Überblick über die Auftragsvergaben zu erleichtern und damit für höhere Transparenz sorgen. Bereits jetzt spart es allen Beteiligten erheblich Kosten.

10   Die von Abs. 5 angeordnete Pflicht zur Benennung der **Anschrift der zuständigen Vergabekammer** in den Bekanntmachungen und in den Vergabeunterlagen dient der Erleichterung und Sicherstellung schnellstmöglichen Rechtsschutzes. Die Bestimmung der zuständigen Vergabekammer auf der Grundlage der §§ 104 und 106 a GWB ist mitunter nicht einfach und birgt die Gefahr, dass Rechtsschutz unter Umständen nicht erlangt werden kann oder zu spät kommt.

---

[7] BR-Drucks. 522/09 v. 29. 5. 2009, S. 47.

Auftraggeber können nach Abs. 6 auch **Aufträge** veröffentlichen, **die nicht der gemein-** 11
schaftsweiten Veröffentlichungspflicht unterliegen. Das betrifft bspw. Unterschwellenaufträge gemäß § 100 Abs. 1 GWB, nicht-prioritäre Dienstleistungen des Anhangs 1 Teil B der
SektVO und/oder solche, die nach § 100 Abs. 2 GWB von der Anwendung des EU-/GWB-
Vergaberechts ausgenommen sind.

§ 13 Regelmäßige nicht verbindliche Bekanntmachung

(1) [1]Veröffentlichen Auftraggeber eine regelmäßige nicht verbindliche Bekanntmachung, übersenden sie diese der Kommission oder veröffentlichen sie im Beschafferprofil. [2]Bei einer Veröffentlichung im Beschafferprofil melden sie dies der Kommission auf elektronischem Weg. [3]Die Mitteilung an die Kommission erfolgt in
beiden Fällen unverzüglich nach Beginn des Kalenderjahres oder – bei beabsichtigten Bauaufträgen – nach Erteilung der Baugenehmigung.

(2) Veröffentlichen Auftraggeber eine regelmäßige nicht verbindliche Bekanntmachung in ihrem Beschafferprofil, so melden sie der Kommission auf elektronischem
Weg die Veröffentlichung in ihrem Beschafferprofil.

(3) Die regelmäßige nicht verbindliche Bekanntmachung enthält

1. für die Lieferaufträge, die der Auftraggeber in den kommenden zwölf Monaten
   voraussichtlich vergeben wird, den geschätzten Gesamtwert der Aufträge oder der
   Rahmenvereinbarungen, aufgeschlüsselt nach Warengruppen,
2. für die Dienstleistungsaufträge, die der Auftraggeber in den kommenden zwölf
   Monaten voraussichtlich vergeben wird, den geschätzten Gesamtwert der Aufträge oder der Rahmenvereinbarungen, aufgeschlüsselt nach den in Anhang 1 Teil A
   genannten Kategorien,
3. für die Bauleistungen, die der Auftraggeber in den kommenden zwölf Monaten
   voraussichtlich vergeben wird, die wesentlichen Merkmale der Aufträge.

Schrifttum: *Greb/Müller*, Kommentar zur SektVO, 2010; *Leinemann*, Das neue Vergaberecht, 2. Aufl.
2010; *Müller-Wrede*, SektVO, 2010.

I. Regelungsgehalt und Überblick

§ 13 enthält Vorgaben zum Verfahren, Ort und Inhalt einer **regelmäßigen nicht verbind-** 1
lichen Bekanntmachung. Die regelmäßige nicht verbindliche Bekanntmachung ist der **Vor-**
information nach § 12a VOB/A und § 15 EG Abs. 6 ff. VOL/A ähnlich. § 13 beruht inhaltlich auf Art. 41 SKR.[1] Inwieweit die Vorschrift bieterschützenden Charakter haben kann, ist im
Einzelfall zu ermitteln.

Abs. 1 ermöglicht die Veröffentlichung der regelmäßigen nicht verbindlichen Bekanntma- 2
chung, ordnet jedoch keine Pflicht zur Veröffentlichung einer solchen an. Abs. 1 bestimmt zudem, dass Auftraggeber die regelmäßige nicht verbindliche Bekanntmachung entweder der
Kommission übermitteln oder diese im Beschafferprofil veröffentlichen können. Abs. 2 bestimmt, dass der Auftraggeber im Falle der **Bekanntmachung im Beschafferprofil** auf **elek-**
tronischem Wege die Kommission von der **Veröffentlichung in Kenntnis setzen** muss.
Abs. 3 regelt den **Inhalt** der regelmäßigen verbindlichen Bekanntmachung.

II. Systematische Stellung und Zweck der Norm

Die regelmäßige nicht verbindliche Bekanntmachung dient zunächst der Erhöhung der *ex* 3
ante-Transparenz. Diese ist für Auftraggeber insbesondere im Vorfeld komplexer und deshalb
meist langwieriger Vergabeverfahren von Bedeutung. Die regelmäßige nicht verbindliche Bekanntmachung soll Aufschluss darüber geben, welche Beschaffungsvorhaben von wirtschaftlich
bedeutendem Volumen der betreffende öffentliche Auftraggeber für die nächsten zwölf Monate
in Aussicht genommen hat. Auftragnehmer sollen sich auf zukünftige Auftragsvergaben einstellen und entsprechend **disponieren** können, an welchen Vergabeverfahren sie sich beteiligen
möchten und – unter Berücksichtigung eines Zuschlags auf der Grundlage ihrer **Ressourcen** –
beteiligen können.

---

[1] Vgl. § 12a Abs. 1 VOB/A Abschnitt 2, § 15 EG Abs. 6 ff. VOL/A und das in Art. 41 SKR verankerte
Institut der regelmäßigen nicht verbindlichen Bekanntmachungen über das Bestehen eines Prüfungssystems.

4 Die Vorschrift hat eine eigenständige Bedeutung, kann jedoch auch im Zusammenhang mit nicht offenen Verfahren und Verhandlungsverfahren gemäß § 17 Abs. 2 und 3 sowie bei offenen Verfahren gemäß § 18 Abs. 1 in Hinblick auf die **Abkürzung von Teilnahme- und Angebotsfristen** zum Tragen kommen.[2] Die Vorschrift ist in Verbindung mit § 12 Abs. 2 und § 14 Abs. 1 Nr. 2 und Abs. 2 zu lesen. Die vom Verordnungsgeber anscheinend zugunsten der Straffung der SektVO geregelte Verschachtelung der einzelnen Bestimmungen könnte kaum komplizierter sein. Abgesehen davon bestimmt die Vorschrift selbst nicht, bis wann die Veröffentlichung einer regelmäßigen nicht verbindlichen Bekanntmachung erfolgen muss, damit die Verkürzung der Fristen rechtmäßig in Anspruch genommen werden kann. Diese Frist ist aus der Zusammenschau der insgesamt betroffenen Vorschriften zu ermitteln.

5 **1. Veröffentlichung einer regelmäßigen nicht verbindlichen Bekanntmachung (Abs. 1).** Die Bekanntmachung ist – wie aus dem Wortlaut der Vorschrift folgt – **nicht verbindlich**, dh., der Auftraggeber ist nicht verpflichtet, eine auf diese Weise angekündigte Vergabe auch tatsächlich durchzuführen.[3]

6 Abs. 1 enthält über die Vorgabe hinaus, dass Auftraggeber die regelmäßige nicht verbindliche Bekanntmachung entweder der Kommission übermitteln oder diese im Beschafferprofil veröffentlichen können, **Detailregelungen** zur regelmäßigen Bekanntmachung. Die regelmäßige nicht verbindliche Bekanntmachung ist **mindestens einmal im Jahr** unverzüglich nach Beginn des Kalenderjahrs bzw. bei Bauaufträgen unmittelbar im Anschluss an die Erteilung der Baugenehmigung zu veröffentlichen.

7 **2. Bekanntmachung im Beschafferprofil (Abs. 2).** Abs. 2 bestimmt, dass der Auftraggeber für den Fall, dass er die **Bekanntmachung im Beschafferprofil** wählt, zusätzlich auf **elektronischem Wege** die Kommission von der **Veröffentlichung in Kenntnis setzen** muss. Im Ergebnis ist damit die Kommission stets in Kenntnis zu setzen, eine echte Wahlmöglichkeit besteht entgegen dem Wortlaut der Vorschrift damit nicht.

8 **3. Inhalt der Bekanntmachung (Abs. 3).** Die Vorschrift bestimmt in Abs. 3 den Inhalt einer regelmäßigen nicht verbindlichen Bekanntmachung. Diese muss danach ein Mindestmaß an Informationsgehalt haben, das vom Auftragtypus abhängt. Abs. 3 unterscheidet insoweit zwischen **Lieferaufträgen** (Nr. 1), **Dienstleistungsaufträgen** (Nr. 2) und **Bauleistungen** (Nr. 3).

9 Für **Lieferaufträge** (Nr. 1) soll die Bekanntmachung den **geschätzten Gesamtwert, aufgeschlüsselt nach Warengruppen** enthalten. Für **Dienstleistungsaufträge** (Nr. 2), die in den kommenden zwölf Monaten vergeben werden, soll der **geschätzte Gesamtwert** der Aufträge oder Rahmenvereinbarungen, **aufgeschlüsselt nach den Vorgaben des Anhang 1 Teil A**, angegeben werden. Für **Bauleistungen**, die in den kommenden zwölf Monaten vergeben werden sollen, werden der Bekanntmachung die **wesentlichen Merkmale** zugrunde gelegt.[4] Soweit sich während der Vorbereitung des Vergabeverfahrens **neue Erkenntnisse** über den Wert oder einzelne Merkmale des Vergabegegenstandes ergeben, können diese bei der Durchführung zugrunde gelegt werden.

10 Der Inhalt der Bekanntmachung richtet sich nach § 16 und nach den dort genannten Standardformularen der Verordnung EG Nr. 1564/2005, insbesondere nach dem im Anhang IV der Verordnung abgedruckten **Bekanntmachungsmuster**.[5]

§ 14 Bekanntmachungen von Aufrufen zum Teilnahmewettbewerb

(1) Auftraggeber können zum Teilnahmewettbewerb aufrufen durch Veröffentlichung

1. einer Bekanntmachung der Vergabeabsicht,

2. einer regelmäßigen nicht verbindlichen Bekanntmachung oder

3. einer Bekanntmachung darüber, dass ein Prüfungssystem nach § 24 eingerichtet ist.

(2) Wird zum Teilnahmewettbewerb durch die Veröffentlichung einer regelmäßigen nicht verbindlichen Bekanntmachung aufgerufen, muss die Bekanntmachung

---

[2] *Leinemann* RdNr. 339.
[3] *Müller-Wrede/Gnittke-Hattig* § 13 RdNr. 4.
[4] Vgl. auch *Greb/Müller* RdNr. 7 und 8.
[5] Abrufbar auch unter: www.simap.eu.int.

1. die Lieferungen, Bau- oder Dienstleistungen benennen, die Gegenstand des zu vergebenden Auftrags sein werden,
2. den Hinweis enthalten, dass dieser Auftrag im nicht offenen Verfahren oder im Verhandlungsverfahren ohne gesonderte Bekanntmachung vergeben wird,
3. die interessierten Unternehmen auffordern, ihr Interesse in Textform mitzuteilen, und
4. nicht mehr als zwölf Monate vor dem Zeitpunkt der Absendung der Aufforderung zur Bestätigung des Interesses der Bewerber am Wettbewerb gemäß § 25 Absatz 5 veröffentlicht werden.

Schrifttum: *Greb/Müller*, Kommentar zur SektVO, 1. Aufl. 2010; *Leinemann*, Das neue Vergaberecht, 2. Aufl. 2010; *Marx*, Vergaberecht für Versorgungsbetriebe, 1. Aufl. 2010; *Müller-Wrede*, SektVO, 1. Aufl. 2010.

I. Regelungsgehalt und Überblick

§ 14 bestimmt, **wie Sektorenauftraggeber zum Teilnahmewettbewerb aufrufen können bzw. dürfen**, dh. durch welche Arten der Bekanntmachung und wie diese beschaffen sein müssen. Der Aufruf zum Teilnahmewettbewerb kann auf der Grundlage von § 14 auf verschiedene Art und Weise erfolgen.[1] Der Verordnungsgeber regelt ausführlich den Aufruf zur Teilnahme durch die regelmäßige nicht verbindliche Bekanntmachung.   **1**

Die Vorschrift beruht auf Art. 42 Abs. 1 und 3 SKR. Dort sind die Bekanntmachungen, die als Aufruf zum Wettbewerb dienen, geregelt. Die VOB/A, die EG VOL/A und die VOF haben in ihrer aktuellen Fassung keine vergleichbare Vorschrift. Die in der VOB/A und der EG VOL/A enthaltene **vergaberechtliche Vorinformation** könnte von ihrer Funktion her ähnlich ausgestaltet sein, sieht jedoch die Möglichkeit des **Aufrufs zum Teilnahmewettbewerb nicht vor**.   **2**

Abs. 1 erlaubt drei **Bekanntmachungsarten des Aufrufs zum Teilnahmewettbewerb**. Vorgesehen sind insoweit die **Bekanntmachung der Vergabeabsicht** (Nr. 1),[2] die **regelmäßige nicht verbindliche Bekanntmachung** (Nr. 2) sowie die **Bekanntmachung über die Einrichtung eines Prüfungssystems nach § 24** (Nr. 3). Abs. 2 bestimmt die zusätzlichen Voraussetzungen hinsichtlich des **Aufrufs zum Teilnahmewettbewerb** in Form einer **regelmäßigen nicht verbindlichen Bekanntmachung**.   **3**

II. Systematische Stellung und Zweck der Norm

§ 14 regelt die Einleitung des Teilnahmewettbewerbs. § 14 ist nur für das nicht offene Verfahren und das Verhandlungsverfahren relevant, weil nur diesen ein Teilnahmewettbewerb vorausgehen darf.   **4**

1. Arten der Bekanntmachung (Abs. 1). Der Auftraggeber besitzt **Ermessen** („können") dahingehend, auf welche Weise bzw. mit welcher Konkretisierung er den Aufruf zum Teilnahmewettbewerb bekannt macht. Es sind insgesamt drei **Arten von Bekanntmachungen** zulässig. Der Auftraggeber wählt die **Bekanntmachung der Vergabeabsicht** (Abs. 1 Nr. 1), wenn er das betreffende Vergabeverfahren unmittelbar einleiten will. Die **regelmäßige nicht verbindliche Bekanntmachung** (Abs. 1 Nr. 2) ist insoweit eine **Verfahrenserleichterung** für den Auftraggeber, als er – gebündelt – lediglich einmal im Jahr eine Bekanntmachung über die beabsichtigte Vergabe eines Liefer- oder Dienstleitungsauftrages veröffentlichen muss. Der Sektorenauftraggeber hat auch die Möglichkeit eine **Bekanntmachung über ein eingerichtetes Prüfungssystem** (Abs. 1 Nr. 3) zu veröffentlichen. Das in § 24 näher bestimmte Prüfungssystem dient der **Präqualifizierung**, dh. dem nicht verfahrensspezifischen Nachweis der Eignung. Dieses Prüfungssystem darf der Sektorenauftraggeber gemäß § 24 Abs. 1 auf seine sektorspezifischen Bedürfnisse hin ausgestalten. Das hat den Vorteil, dass der Auftraggeber sich infolge der naturgemäß speziellen Anforderungen an die Auftragnehmer bereits vorab ein Bild über den Adressatenkreis seiner Bekanntmachung machen kann.   **5**

2. Inhalt der regelmäßigen nicht verbindlichen Bekanntmachung (Abs. 2). Abs. 2 enthält **inhaltliche Vorgaben** zur Durchführung des Aufrufs zur Teilnahme durch die Veröf-   **6**

---

[1] Vgl. *Leinemann* RdNr. 342.
[2] Hierfür ist ein fünf Abschnitte umfassendes Bekanntmachungsformular („Bekanntmachung – Sektoren") zu verwenden, welches auf der VO 1150/2009 v. 10. 11. 2009 basiert und unter www.simap.europa.eu abrufbar ist.

fentlichung einer regelmäßigen nicht verbindlichen Bekanntmachung gemäß § 14 Abs. 1 Nr. 2. Lieferungen, Bau- oder Dienstleistungen müssen konkretisiert werden (Abs. 2 Nr. 1). Es muss ein gesonderter Hinweis ergehen, dass der Auftrag im nicht offenen Verfahren oder im Verhandlungsverfahren ohne gesonderte Bekanntmachung vergeben wird (Abs. 2 Nr. 2). Die Bekanntmachung muss ferner eine Aufforderung an interessierte Unternehmen, eine Interessenbekundung in Textform abzugeben, enthalten (Abs. 2 Nr. 3). Zudem darf die Bekanntmachung nicht mehr als zwölf Monate vor dem Zeitpunkt der Absendung der Bestätigungsaufforderung veröffentlicht werden (Abs. 2 Nr. 4).[3] Die inhaltlichen Anforderungen an die regelmäßige nicht verbindliche Bekanntmachung dienen dem **Bieterschutz** iSd. § 97 Abs. 7 GWB.[4]

§ 15 Bekanntmachung von vergebenen Aufträgen

(1) Auftraggeber, die einen Auftrag vergeben oder eine Rahmenvereinbarung geschlossen haben, senden spätestens zwei Monate nach der Zuschlagserteilung eine Bekanntmachung über die Zuschlagserteilung nach Anhang 3 an die Kommission.

(2) Die Bekanntmachung von vergebenen Aufträgen umfasst

1. bei Rahmenvereinbarungen nur die abgeschlossene Rahmenvereinbarung und nicht die Einzelaufträge, die auf Grund der Rahmenvereinbarung vergeben wurden;

2. bei Aufträgen, die im Rahmen eines dynamischen elektronischen Verfahrens vergeben wurden, mindestens eine Zusammenfassung der Einzelaufträge nach Vierteljahren; in diesen Fällen ist die Zusammenfassung spätestens zwei Monate nach Quartalsende zu versenden;

3. bei Dienstleistungsaufträgen, die in Anhang 1 Teil B aufgeführt sind, die Angabe, ob der Auftraggeber mit der Veröffentlichung einverstanden ist.

(3) Auftraggeber dürfen Angaben in Bekanntmachungen über vergebene Aufträge unterlassen, soweit deren Bekanntgabe

1. gegen Rechtsvorschriften verstoßen würde oder

2. berechtigte geschäftliche Interessen von Unternehmen, die am Vergabeverfahren beteiligt sind, schädigen oder den Wettbewerb zwischen ihnen beeinträchtigen würde.

(4) Vergibt ein Auftraggeber einen Dienstleistungsauftrag für Forschungs- und Entwicklungsleistungen im Rahmen eines Verfahrens ohne Aufruf zum Wettbewerb, so genügt für die Bezeichnung der Art des Auftrags die Angabe „Forschungs- und Entwicklungsleistungen".

Schrifttum: *Greb/Müller,* Kommentar zur SektVO, 2010; *Leinemann,* Das neue Vergaberecht, 2. Aufl. 2010; *Marx,* Vergaberecht für Versorgungsbetriebe, 2010; *Müller-Wrede,* SektVO, 2010.

I. Regelungsgehalt und Überblick

1   § 15 ordnet die **Pflicht zur Veröffentlichung einer Bekanntmachung über vergebene Aufträge** an und macht **Vorgaben zum Inhalt** einer solchen Bekanntmachung. Die Bekanntmachung über vergebene Aufträge soll andere Bieter bzw. Interessenten und die Europäische Kommission informieren. Bieter, die sich für bestimmte Aufträge interessieren, sollen sich ein Bild über den Inhalt von konkreten Aufträgen, die erfolgreichen Unternehmen und die Gesamtvolumina von Aufträgen einer bestimmten Art machen können. Zugleich dient die *ex post* – Bekanntmachung der Kontrolle der Vergaben und der Beobachtung des Marktes durch die Europäische Kommission.[1] § 15 setzt Art. 43 SKR um. Vergleichbare Bestimmungen enthalten § 18 a VOB/A, § 23 EG VOL/A und § 14 VOF.

2   Abs. 1 bestimmt, dass Auftraggeber eine **Bekanntmachung** über vergebene Aufträge oder den Abschluss einer Rahmenvereinbarung spätestens **zwei Monate nach der Zuschlagserteilung** an die Kommission senden müssen. Abs. 2 nennt **Regelinhalte bei spezifischen Auftragsarten**. Abs. 3 regelt **Ausnahmen von der Bekanntmachungspflicht** bei **Verstoß gegen Rechtsvorschriften** (Abs. 3 Nr. 1) oder **berechtigten geschäftlichen Unterneh-**

---

[3] Anders: *Greb/Müller* RdNr. 7, die diese Nummer als rein zeitliche Bestimmung ansehen.
[4] *Müller-Wrede/Gnittke/Hattig,* SektVO, § 14 RdNr. 17.
[1] *Leinemann* RdNr. 344.

mensinteressen (Abs. 3 Nr. 2). Abs. 4 bestimmt für den Fall der Vergabe eines Dienstleistungsauftrags zu **Forschungs- und Entwicklungszwecken**, dass eine **Generalbeschreibung** mit dem Inhalt „Forschungs- und Entwicklungsleistungen" ausreicht.

II. Systematische Stellung und Zweck der Norm

§ 15 dient der Gewährleistung der *ex post*-**Transparenz bei der Vergabe von Aufträgen** **3** **im Sektorenbereich**. Die Vorschrift steht im direkten sachlichen Zusammenhang mit § 16. Während § 15 die **Bekanntmachungspflicht** als solche konstituiert, konkretisiert § 16 den **Inhalt der Bekanntmachung**. Die *ex post* – Bekanntmachungspflicht dient **objektiven Zwecken**. Die Vorschrift ist nicht **drittschützend**. Lediglich über § 97 Abs. 7 GWB kann aus § 15 Abs. 3 Nr. 2 Var. 1 eine Beachtung der Ausnahme von der Bekanntmachungspflicht hergeleitet werden.

Der Vorschrift liegt eine **Regel-Ausnahme-Systematik** zugrunde. Diese besteht darin, dass **4** Abs. 1 iVm. Anhang 3 als **Regel** eine **Bekanntmachungspflicht** begründet und Abs. 2 die Regelinhalte für bestimmte Auftragsarten näher umschreibt. Abs. 3 schränkt demgegenüber die **Bekanntmachungspflicht** ein und konstituiert insoweit eine **Ausnahme von der Bekanntmachungspflicht** auf der Grundlage **anderweitiger Rechtsverstöße** oder **berechtigter Unternehmensinteressen**.

1. Gegenstand der Bekanntmachung (Abs. 1). Gegenstand der Bekanntmachungs- **5** pflicht sind **Aufträge** und **Rahmenvereinbarungen** iSd. § 9. Der Bekanntmachungspflicht ist innerhalb einer **Zweimonatsfrist** nachzukommen. Diese Frist berechnet sich nach der VO 1182/71. Von der Fristenberechnung nach §§ 187 ff. BGB wird nicht abgewichen.

2. Bekanntzugebende Aufträge (Abs. 2). Der Inhalt der Bekanntmachung wird durch **6** **Anhang 3** vorgegeben. Abs. 2 regelt demgegenüber die von der Bekanntmachungspflicht erfassten Auftragsarten. Hinsichtlich einer Rahmenvereinbarung ist **ausschließlich die Rahmenvereinbarung** als solche bekannt zu geben; die auf ihrer Grundlage vergebenen Einzelaufträge sind nicht bekannt zu machen (Abs. 2 Nr. 1). Für diese ist jedoch die Pflicht zur Übermittlung einer Vorabinformation analog § 101 a GWB einzuhalten.

Bei Aufträgen die gem. § 10 im **dynamischen elektronischen Verfahren** vergeben wur- **7** den, trifft den Auftraggeber eine Verpflichtung, die vergebenen **Einzelaufträge** mit der Maßgabe der zeitlichen Untergliederung in **Vierteljahresabstände** und der Einhaltung einer **zweimonatigen Frist**, die jeweils am **Quartalsende** zu laufen beginnt, bekannt zu machen. Durch die **Sammelbekanntmachung** („Zusammenfassung der Einzelaufträge") wird dem Auftraggeber eine **administrative Erleichterung** dergestalt gewährt, dass er seine vergebenen Aufträge **sammeln** und **quartalsweise gebündelt bekannt machen** kann (Abs. 2 Nr. 2).

Bei **Dienstleistungsaufträgen**, die in **Anhang 1 Teil B** aufgeführt sind, bedarf es darüber **8** hinaus dem **Einverständnis des Auftraggebers zur Veröffentlichung** (Abs. 2 Nr. 3). Erforderlich ist eine **ausdrückliche Erklärung**, ob der Auftraggeber mit der Veröffentlichung im Amtsblatt der EU einverstanden ist. Soweit der Auftraggeber erklärt, dass er mit einer Veröffentlichung nicht einverstanden ist, ist eine Veröffentlichung durch die Kommission ausgeschlossen.

3. Ausnahmen von der Bekanntmachungspflicht (Abs. 3). Die **Pflicht zur Publika-** **9** **tion** besteht **ausnahmsweise nicht**, wenn bestimmte **rechtliche oder wettbewerbspolitische Gesichtspunkte** dies rechtfertigen. Die Unterlassung einer Bekanntmachung ist zulässig, wenn ein **Verstoß gegen Rechtsvorschriften** (Abs. 3 Nr. 1) vorliegt oder im Falle **berechtigter geschäftlicher Interessen** (Abs. 3 Nr. 2).

Ein Verstoß gegen Rechtsvorschriften liegt insbesondere dann vor, wenn die **Weitergabe** **10** **der betroffenen Informationen** einem **gesetzlichen Verbot** unterliegt (bspw. § 17 UWG). Die Vorschrift hat **abschließenden Charakter** und ist infolge ihres Ausnahmecharakters **restriktiv auszulegen**.

Von **größerer praktischer Relevanz** dürfte indessen der Regelungsgehalt des Abs. 3 Nr. 2 **11** sein, weil regelmäßig berechtigte geschäftliche Unternehmensinteressen im Vergabeverfahren offenbart werden, deren Weitergabe im Wege der Bekanntmachung der vergebenen Aufträge dem Interesse des betroffenen Auftragnehmers zuwiderläuft. Berechtigte geschäftliche Interessen liegen insbesondere bei der **Offenlegung von Betriebs- und Geschäftsgeheimnissen** im Vergabeverfahren vor.[2] Durch die Publikation der vergebenen Aufträge darf **keine Weiterleitung von Unternehmensinterna** an Dritte begründet werden. Soweit der Auftraggeber in

---

[2] *Müller-Wrede/Knauff*, SektVO, § 15 RdNr. 18.

Eigenregie über die Veröffentlichung des Informationsgehalts befindet, sollte es zu einer **Rücksprache mit dem Auftragnehmer** kommen, um die Interessen des Auftragnehmers bei der Bekanntmachung hinreichend zu wahren. Wird durch die Weitergabe der Daten ein **Verstoß gegen Wettbewerbsrecht** verursacht, so ist bereits der Anwendungsbereich des Abs. 3 Nr. 1 eröffnet. Demgegenüber fällt die bloße **Wettbewerbsbeeinträchtigung**, die sich dadurch kennzeichnet, dass durch eine Weitergabe der Informationen die Möglichkeit einer **negativen Wettbewerbsentwicklung** begründet wird, in den originären Regelungsbereich des Abs. 3 Nr. 2.[3] Entgegen des Ausnahmecharakters der Norm ist **infolge der wirtschaftlichen Gesamtbedeutung** der Offenlegung von sensiblen Unternehmensdaten **keine enge Auslegung** der Vorschrift geboten.

12   **4. Besonderheiten bei Forschungs- und Entwicklungsaufträgen (Abs. 4).** Bei Forschungs- und Entwicklungsaufträgen besteht in wettbewerblicher Hinsicht ein **gesteigertes Geheimhaltungsinteresse** hinsichtlich der Art und des Umfang des Auftrags, weshalb die Vergabe dieser Aufträge unter dem Blankett „Forschungs- und Entwicklungsaufträge" bekanntzumachen sind.[4] Erfasst werden **ausschließlich Aufträge iSv. § 6 Abs. 2 Nr. 2.**

§ 16 Abfassung der Bekanntmachungen

(1) [1]**Bekanntmachungen müssen alle Informationen enthalten, die in den Musterbekanntmachungen der Anhänge XIII bis XVI, XVIII und XIX der Richtlinie 2004/17/EG aufgeführt sind.** [2]**Sie müssen darüber hinaus alle weiteren von dieser Verordnung vorgeschriebenen Angaben enthalten.** [3]**Die Auftraggeber übermitteln die Bekanntmachungen der Kommission unter Verwendung der Standardformulare der Verordnung (EG) Nr. 1564/2005.**

(2) [1]**Bekanntmachungen sind auf elektronischem oder auf anderem Weg an die Kommission zu übermitteln.** [2]**Dabei sind die Merkmale für die Veröffentlichung nach Anhang XX der Richtlinie 2004/17/EG zu beachten.**

(3) [1]**Auftraggeber haben dafür zu sorgen, dass Bekanntmachungen in Deutschland nicht vor dem Tag veröffentlicht werden, an dem sie diese der Kommission senden.** [2]**Die im Inland veröffentlichten Bekanntmachungen dürfen nur die Angaben enthalten, die auch die Bekanntmachungen enthalten, die der Kommission gesendet oder die in einem Beschafferprofil veröffentlicht wurden.** [3]**Sie müssen zusätzlich auf das Datum hinweisen, an dem die Bekanntmachung an die Kommission gesendet oder im Beschafferprofil veröffentlicht wurde.** [4]**Die Informationen nach Anhang 3 dürfen nicht in einem Beschafferprofil veröffentlicht werden, bevor die Ankündigung dieser Veröffentlichung an die Kommission abgesendet wurde.** [5]**Das Datum der Absendung muss in den Informationen angegeben werden.** [6]**Auftraggeber müssen nachweisen können, an welchem Tag sie die Bekanntmachungen abgesendet haben.**

Schrifttum: *Greb/Müller*, Kommentar zur SektVO, 1. Aufl. 2010; *Leinemann*, Das neue Vergaberecht, 2. Aufl. 2010; *Marx*, Vergaberecht für Versorgungsbetriebe, 2010; *Müller-Wrede*, SektVO, 1. Aufl. 2010.

I. Regelungsgehalt und Überblick

1   § 16 konkretisiert für den Anwendungsbereich der SektVO die Anforderungen an den Inhalt, das Verfahren und den Zeitpunkt einer **Bekanntmachung über vergebene Aufträge**. Diese Anforderungen sollen gemeinsam mit den in Bezug genommenen Standardformularen der Union zur Veröffentlichung von Bekanntmachungen einheitliche Bekanntmachungen gewährleisten. Bieter bzw. Interessenten und die Europäische Kommission sollen sich ausreichend über vergebene Aufträge informieren können.[1] Die Vorschrift setzt die Art. 41 bis 44 und die in § 16 Abs. 1 S. 1 erwähnten Anhänge der SKR und der Verordnung (EG) Nr. 1564/2005[2] um.

2   Abs. 1 enthält Vorgaben zum **Inhalt einer Bekanntmachung** und Abs. 2 zur **Übermittlung einer Bekanntmachung**. Abs. 3 ordnet an, dass die **Veröffentlichung in Deutschland** nicht vor der Absendung der Bekanntmachung an die Europäische Kommission erfolgen darf.

---

[3] *Leinemann* RdNr. 348.
[4] *Greb/Müller* § 15 RdNr. 8.
[1] Vgl. auch *Leinemann* RdNr. 342.
[2] Diese Verordnung ist geändert worden durch VO 1150/2009 v. 10. 11. 2009.

II. Systematische Stellung und Zweck der Norm

Die Anforderungen an die Bekanntmachung dienen der **Transparenz des Vergabeverfah- 3 rens** und der **Gleichbehandlung der Bieter**. § 16 konkretisiert die Anforderungen an die Abfassung von Bekanntmachungen gem. §§ 12 ff. im Wesentlichen durch die Einbeziehung der Standardformulare der Union für die Veröffentlichung von Bekanntmachungen.

1. Bekanntmachungsinhalte (Abs. 1). Die Bekanntmachungen müssen zunächst den **An- 4 hängen XIII bis XVI, XVIII und XIX der SKR** entsprechen (S. 1). Die diesbezüglichen Anforderungen ergeben sich aus den Standardformularen. Diese sind abrufbar unter www.simap.europa.eu. Darüber hinaus muss die Bekanntmachung ggf. zusätzlich gemäß S. 2 die **Anforderungen der SektVO** einhalten. Das bedeutet, dass im Einzelfall zu prüfen ist, ob sich aus § 5 Abs. 1, § 6 Abs. 2 Nr. 7, § 8, § 10 Abs. 3 Nr. 1, § 18 Abs. 3 S. 2 oder § 24 Abs. 8 S. 2 weitere Anforderungen an die Bekanntmachung ergeben. Im Übrigen wird die Verwendung der **Standardformulare** der Verordnung (EG) Nr. 1564/2005 bei der Übermittlung der Bekanntmachung vorausgesetzt (S. 3). Die Auftraggeber dürfen für die Übermittlung von Bekanntmachung keine selbst entwickelten oder ergänzten Formulare verwenden.

2. Übermittlung der Bekanntmachung (Abs. 2). Die Übermittlung der Bekanntma- 5 chung muss gemäß Abs. 2 **auf elektronischem oder anderem Weg** (S. 1) erfolgen. Der Auftraggeber hat insoweit ein **Wahlrecht hinsichtlich des Übermittlungswegs**. Die **elektronische Übermittlung** bietet den Vorteil der **Fristverkürzung** gem. § 18 Abs. 2. Die Veröffentlichung erfolgt **ungekürzt in der Originalsprache**, wobei gem. Art. 44 Abs. 4 S. 2 SKR eine Zusammenfassung der wichtigsten Bestandteile in den anderen Amtssprachen erfolgen muss.

Bei der Übermittlung der Bekanntmachung sind die **Merkmale für die Veröffentlichung 6 nach Anhang XX Sektorenrichtlinie 2004/17/EG** zu beachten (S. 2). Anhang XX enthält – selbsterklärend – zusätzlich Maßgaben zur Veröffentlichung der Bekanntmachung, zur Veröffentlichung zusätzlicher oder ergänzender Informationen und zum Format und den Modalitäten für die Übermittlung der Bekanntmachungen auf elektronischem Weg.

3. Veröffentlichung in Deutschland (Abs. 3). Die Veröffentlichung einer Bekanntma- 7 chungen in den in Deutschland dafür vorgesehenen Medien steht den Sektorenauftraggebern frei. § 12 Abs. 4 begründet in dieser Hinsicht lediglich die Pflicht, Bekanntmachungen in dem zentralen Internetportal des Bundes zu veröffentlichen. Sofern Auftraggeber von der Veröffentlichungsmöglichkeit in Deutschland Gebrauch machen, müssen sie beachten, dass **die Bekanntmachung in Deutschland nicht vor der Versendung der Bekanntmachung an die Kommission veröffentlicht wird** (S. 1).[3] Die Bekanntmachungen in Deutschland dürfen zudem keine weitergehenden Informationen enthalten als die im Amtsblatt der Union oder Beschafferprofil veröffentlichte Bekanntmachung (S. 2). Dadurch soll die Ungleichbehandlung und Diskriminierung von Interessenten aus den Mitgliedstaaten vermieden werden.[4] Die Auftraggeber müssen zusätzlich auf das Datum hinweisen, an dem die Bekanntmachung an die Kommission gesendet oder im Beschafferprofil veröffentlicht wurde. Das Datum der Absendung muss in den Informationen angegeben werden. Auftraggeber müssen nachweisen können, an welchem Tag sie die Bekanntmachungen abgesendet haben.

§ 17 Fristen

(1) Der Auftraggeber setzt für die Ausarbeitung von Teilnahmeanträgen und Einreichung der Teilnahmeanträge und den Eingang von Angeboten angemessene Fristen.

(2) Bei offenen Verfahren beträgt die Frist für den Eingang der Angebote 52 Kalendertage, gerechnet ab dem Tag der Absendung der Bekanntmachung.

(3) Bei nicht offenen Verfahren und Verhandlungsverfahren mit Bekanntmachung beträgt die Frist für den Eingang

1. von Teilnahmeanträgen mindestens 37 Kalendertage, gerechnet ab dem Tag der Absendung der Bekanntmachung; sie darf nicht kürzer sein als 15 Kalendertage,

---

[3] Vgl. zum Nachweis der Versendung an die Kommission: *Greb/Müller* § 16 RdNr. 12.
[4] *Müller-Wrede/Gnittke/Hattig*, SektVO, § 16 RdNr. 21.

wenn die Bekanntmachung auf elektronischem Weg oder mittels Telefax zur Veröffentlichung übermittelt wurde. Die Frist darf auf keinen Fall kürzer sein als 22 Kalendertage, wenn die Bekanntmachung nicht auf elektronischem Weg oder per Telefax zur Veröffentlichung übermittelt wurde;

2. von Angeboten regelmäßig 24 Kalendertage, gerechnet ab dem Tag der Absendung der Aufforderung zur Angebotsabgabe, falls nicht einvernehmlich zwischen dem Auftraggeber und den Bewerbern eine andere Frist festgelegt wurde. Die Frist darf nicht kürzer als zehn Kalendertage sein.

(4) [1]Werden die Vergabeunterlagen und die zusätzlichen Unterlagen oder Auskünfte trotz rechtzeitiger Anforderung nicht innerhalb der in den §§ 18 und 19 festgesetzten Fristen zugesandt oder erteilt oder können die Angebote nur nach einer Ortsbesichtigung oder Einsichtnahme in Anlagen zu den Vergabeunterlagen vor Ort erstellt werden, so hat der Auftraggeber die jeweilige Frist angemessen zu verlängern. [2]Dies gilt nicht, wenn die Frist im gegenseitigen Einvernehmen festgelegt worden ist.

Schrifttum: *Greb/Müller*, Kommentar zur SektVO, 1. Aufl. 2010; *Leinemann*, Das neue Vergaberecht, 2. Aufl. 2010; *Marx*, Vergaberecht für Versorgungsbetriebe; *Müller-Wrede*, SektVO, 1. Aufl. 2010.

I. Regelungsgehalt und Überblick

1   § 17 ist die Grundnorm für die bei Vergabeverfahren nach der SektVO einzuhaltenden **Regel-Mindestfristen**. Die Vorgaben zu den Fristen betreffen die für die Erarbeitung von Teilnahmeanträgen und die Erstellung von Angeboten einzuräumenden Regel-Mindestfristen. Ferner regelt § 17 Fristen für die Versendung der Vergabeunterlagen und von zusätzlichen Unterlagen durch den Auftraggeber im offenen Verfahren sowie Fristen für die Erteilung von zusätzlichen Auskünften zu den Vergabeunterlagen. Die entscheidende übergreifende Maßgabe für sämtliche Fristen ist, dass die **gesetzte Frist jeweils angemessen sein muss**. Diese Vorgabe ist in alle Absätze der Vorschrift hineinzulesen.[1] Für die **Durchführung beschleunigter Verfahren wegen besonderer Dringlichkeit** ist auf die Voraussetzungen der § 10a Abs. 2 Nr. 4 VOB/A und § 12 EG Abs. 4 VOL/A zurückzugreifen, weil der Verordnungsgeber hier wohl versehentlich eine Regelung unterlassen hat.

2   § 17 enthält im Unterschied zu § 18 Vorgaben zu den **absoluten Mindestfristen**, die im Zuge der nach der SektVO möglichen Fristverkürzungen nicht unterschritten werden dürfen. § 17 setzt Art. 45 Abs. 1 bis 3 und 9 SKR um. Bei den durch die §§ 17 bis 19 SektVO vorgegebenen Fristen handelt es sich um Mindestfristen gemäß Art. 45 bis 47 SKR.[2] Ähnliche Vorgaben wie § 17 enthalten §§ 10a VOB/A, 12 EG VOL/A und 7 VOF.

3   Abs. 1 bestimmt den Anwendungsbereich der durch § 17 gesetzten Fristen. Dieser betrifft die Abgabe von Teilnahmeanträgen und Angeboten. Abs. 2 bestimmt die **Angebotsfrist bei offenen Verfahren**. Abs. 3 regelt die **Fristen für den Eingang von Teilnahmeanträgen** (Abs. 3 Nr. 1) und **Angeboten** (Abs. 3 Nr. 2) bei **nicht offenen Verfahren** und **Verhandlungsverfahren**. Abs. 4 bestimmt die Möglichkeit der **Verlängerung der Angebotsfrist**.

II. Systematische Stellung und Zweck der Norm

4   § 17 bestimmt die **Angebotsfrist** für das offene Verfahren, das nicht offene Verfahren und das Verhandlungsverfahren sowie Fristen für die Anfertigung und Abgabe von **Teilnahmeanträgen** bei nicht offenen Verfahren und beim Verhandlungsverfahren. Darüber hinaus regelt die Vorschrift **Absendefristen für Vergabeunterlagen** und **zusätzliche Unterlagen** durch den Auftraggeber im offenen Verfahren **sowie Fristen für die Erteilung zusätzlicher Auskünfte** durch den Auftraggeber. Die Vorschrift steht in Zusammenhang mit den §§ 18 und 19 Abs. 1, 2. Diese Vorschriften sind bei der Bestimmung der für das jeweilige Vergabeverfahren maßgeblichen Frist zu berücksichtigen. Die SektVO gibt **Regel-Mindestfristen** vor. Bestimmte Fristen können unter den Voraussetzungen des § 17 Abs. 3 **verkürzt** und müssen nach den Maßgaben des Abs. 4 ggf. **verlängert** werden. Darüber hinaus ist eine Verkürzung der Fristen nach den Maßgaben des § 18 zulässig.

---

[1] *Leinemann* RdNr. 351.
[2] BR-Drucks. 522/09 v. 29. 5. 2009, S. 49.

Die Vorschrift geht jeweils von Kalendertagen aus, dh. setzt Werk-, Sonn- und Feiertage 5 gleich.[3] Die Berechnung der zulässigen Fristen erfolgt nach der VO (EG) 1182/71, die im Wesentlichen der Systematik der §§ 187 ff. BGB entspricht.[4]

1. Setzen einer angemessenen Frist (Abs. 1). Abs. 1 bestimmt den **Anwendungsbe-** 6 **reich der Vorschrift.** Die Vorschrift regelt danach Fristen für die Anfertigung und Abgabe von Teilnahmeanträgen und Angeboten. Die Vorgabe von Fristen ist Ausdruck des förmlichen Vergaberechts. Die Bestimmung von einheitlichen Fristen ist aus Transparenzgründen sowie zur Sicherstellung der Gleichbehandlung und Nichtdiskriminierung von Bewerbern bzw. Bietern zwingend notwendig. Das gilt vor allem im Verhältnis einheimischer Interessenten und solchen aus den Mitgliedstaaten der Union. Einheitliche Fristen **gewährleisten einen fairen europaweiten Wettbewerb,** weil eine Bevorzugung nationaler Bieter in dieser Hinsicht ausgeschlossen wird.[5]

2. Angebotsfrist beim offenen Verfahren (Abs. 2). Die Angebotsfrist im offenen Ver- 7 fahren beträgt grundsätzlich **52 Kalendertage** ab dem Tag der Absendung der europaweiten Bekanntmachung zur Veröffentlichung an das Amt für amtliche Veröffentlichungen der Union. Die 52-Kalendertage-Frist beginnt damit mit dem Tag nach der Absendung. Der **Absendetag ist für die Frist nicht mitzuzählen.** Die Frist endet auf der Grundlage von Art. 3 Abs. 2 lit. b VO (EG) 1182/71 mit Ablauf der letzten Stunde des letzten Tages der Frist.

Bieter haben gleichwohl nicht volle 52 Kalendertage Zeit, ihr Angebot zu erstellen. In der 8 Regel dauert es nach Absendung der Bekanntmachung einige Tage bis zur tatsächlichen Veröffentlichung im Amtsblatt. Die verbleibende Zeit wird jedoch vom Verordnungsgeber als ausreichend für die Angebotserstellung angesehen. Eine Vorgabe, bis wann die Bekanntmachung spätestens im Amtsblatt der Union bzw. in die Internetdatenbank Tenders Electronic Daily (TED) eingestellt sein muss, gibt es im Sektorenbereich nicht. Etwaige Übermittlungsverzögerungen und der Umsetzungszeitraum haben eine **faktische Verkürzung der Angebotsfrist zulasten des Bieters** zur Folge. Da es sich bei der Frist in Abs. 2 um eine **Mindestfrist** handelt, steht es Auftraggebern frei, eine **längere Angebotsfrist** einzuräumen. Da es sich bei der 52-Kalendertage-Frist um eine Regel-Mindestfrist handelt, steht es dem Auftraggeber frei, diese zu verlängern.

3. Fristen für Teilnahmeanträge beim nicht offenen Verfahren und Verhandlungs- 9 **verfahren (Abs. 3).** Nach Abs. 3 Nr. 1 S. 1 HS. 1 beträgt die **Frist für die Abgabe der Teilnahmeanträge** bei nicht offenen Verfahren und Verhandlungsverfahren **mindestens 37 Kalendertage.** Sie darf auch dann **nicht kürzer als 15 Kalendertage** sein, wenn die Bekanntmachung auf elektronischem Weg oder durch Telefax zur Veröffentlichung übermittelt worden ist. Ist die Übermittlung der Bekanntmachung nicht durch die Verwendung elektronischer Medien oder durch Telefax erfolgt, darf die Frist **nicht kürzer sein als 22 Kalendertage.** Diese Fristen beginnen jeweils am Tag der Absendung der Bekanntmachung zu laufen.

Die **Angebotsfrist** muss gemäß Abs. 3 Nr. 2 im nicht offenen Verfahren und im Verhand- 10 lungsverfahren mit vorausgehender Vergabebekanntmachung grundsätzlich **24 Kalendertage** betragen, gerechnet ab dem Tag der Absendung der Aufforderung zur Abgabe von Angeboten. Etwas anderes gilt, wenn zwischen Auftraggeber und den Bietern – Nr. 2 spricht hier fälschlicherweise von Bewerbern – eine andere Frist festgelegt worden ist. Die Frist darf nicht kürzer als 10 Kalendertage sein. Die VOB/A und die EG VOL/A enthalten keine Vorgabe für die Mindestangebotsfrist in Verhandlungsverfahren. Maßgeblicher Fristbeginn ist die Absendung der Aufforderung zur Angebotsabgabe. Der Regelung wird im Hinblick auf das regelmäßige Bestehen einer einvernehmlichen Fristbestimmung in der Praxis eine untergeordnete Rolle zukommen.

Der richtige Ort für die Regelung der durch § 17 vorgegebenen **absoluten Mindestfristen** 11 in Form von 15 bzw. 22 Kalendertagen wäre § 18 gewesen. Auf der Grundlage der jetzigen Regelungen ergeben sich aus der Zusammenschau von §§ 17 und 18 Widersprüche. Das betrifft bspw. die Frage, unter welchen Voraussetzungen die Regel-Mindestfrist für die Abgabe von Teilnahmeanträgen von 37 Kalendertagen (§ 17 Abs. 3 Nr. 1 S. 1 Hs. 1) auf 15 Kalendertage bei Übermittlung auf elektronischem Weg oder durch Telefax verkürzt werden darf (§ 17 Abs. 3 Nr. 1 S. 1 Hs. 2). Denn auf der Grundlage der **kumulierten Fristverkürzung** (§ 18 Abs. 4) um

---

[3] Vgl. dazu: VO 1182/71 v. 3. 6. 1971; *Müller-Wrede/Horn,* SektVO, § 17 RdNr. 6.
[4] Allgemein zur Fristenberechnung, vgl. *Greb/Müller* § 17 RdNr. 5 ff.
[5] *Müller-Wrede/Horn,* SektVO, § 17 RdNr. 7.

insgesamt **12 Kalendertage** gem. § 18 Abs. 2 Nr. 2 (sieben Tage) und gem. § 18 Abs. 3 S. 1 (fünf Tage) für den Fall einer elektronisch erstellten und versendeten Bekanntmachung und der elektronischen Bereitstellung der Vergabeunterlagen ergibt sich, dass sich die **37-Tagesfrist** des Abs. 3 Nr. 1 S. 1 HS. 1 lediglich auf **25 Kalendertage** verkürzen lässt. Vor diesem Hintergrund ist unklar, wie der Verordnungsgeber statt zu einer absoluten Mindestfrist von **25 Kalendertagen** in Abs. 3 Nr. 1 S. 1 HS. 2 zu einer **absoluten Mindestfrist von 15 Kalendertagen** gelangen kann. Dieser Regelungswiderspruch wird in der Literatur dadurch erklärt, dass der Verordnungsgeber die **37-Tagesfrist** des Abs. 3 Nr. 1 S. 1 HS. 1 lediglich als Ausdruck des **Grundsatzes der Fristangemessenheit** gem. Abs. 1 ausgestaltet hat, es sich mithin um eine **relative Frist** handelt, die bei Vorliegen sachlicher Gründe gekürzt werden kann.[6] Wahrscheinlicher ist jedoch, dass der Verordnungsgeber in Form der Mindestfrist von 15 Kalendertagen die Möglichkeit von **beschleunigten Verfahren wegen besonderer Dringlichkeit** im Blick hatte, diese aber insgesamt auf Grund eines Versehens nicht geregelt hat. Beschleunigte Verfahren sind bspw. auf der Grundlage des bis Ende 2010 geltenden Konjunkturpakets II ohne weiteren Nachweis zulässig. Darüber hinaus sind beschleunigte nicht offene Verfahren und beschleunigte Verhandlungsverfahren unter den in § 10a Abs. 2 Nr. 4 VOB/A und § 12 EG Abs. 4 VOL/A zulässig. Sektorenauftraggeber können vor dem Hintergrund dieser versehentlichen **Regelungslücke** auf die Vorschriften der VOB/A und der EG VOL/A zurückgreifen.

12   **4. Fristen für Vergabeunterlagen, zusätzliche Unterlagen und Auskünfte (Abs. 4).** Abs. 4 bestimmt, dass der Auftraggeber **vorgegebene Fristen angemessen verlängern** muss, wenn die Vergabeunterlagen, zusätzliche Unterlagen oder Auskünfte trotz rechtzeitiger Anforderung nicht innerhalb der in den §§ 18 und 19 festgesetzten Fristen zugesandt oder erteilt oder die Angebote nur nach einer Ortsbesichtigung oder Einsichtnahme in Anlagen zu den Vergabeunterlagen vor Ort erstellt werden können.[7] Das gilt nicht, wenn die Frist im gegenseitigen Einvernehmen festgelegt worden ist.[8] Abs. 4 regelt damit einen Spezialfall, dh., wie vorzugehen ist, wenn es zu Verzögerungen kommt. Die Grundvorgaben zu den Fristen für Vergabeunterlagen, zusätzliche Unterlagen und Auskünfte sind in § 19 Abs. 1 und 2 geregelt. Auch hier hätte es nahe gelegen, die Frage in *einer* Vorschrift gebündelt zu regeln.

§ 18 Verkürzte Fristen

(1) [1]**Der Auftraggeber kann im offenen Verfahren die Eingangsfrist für Angebote bis auf 22 Kalendertage verkürzen, wenn eine regelmäßige nicht verbindliche Bekanntmachung oder ein Beschafferprofil veröffentlicht wurde.** [2]**Die regelmäßige nicht verbindliche Bekanntmachung oder das Beschafferprofil müssen**

1. **alle erforderlichen Informationen enthalten, die für die Bekanntmachung einer beabsichtigten Auftragsvergabe gefordert sind, soweit sie zum Zeitpunkt der Veröffentlichung der Bekanntmachung vorlagen, sowie**
2. **spätestens 52 Kalendertage und frühestens zwölf Monate vor dem Tag der Absendung der Bekanntmachung der beabsichtigten Auftragsvergabe veröffentlicht worden sein.**

(2) **Bei elektronisch erstellten und versandten Bekanntmachungen können die Auftraggeber folgende Fristen um sieben Kalendertage verkürzen:**

1. **im offenen Verfahren die Angebotsfrist,**
2. **im nicht offenen Verfahren und im Verhandlungsverfahren mit Bekanntmachung die Frist für den Eingang der Teilnahmeanträge.**

(3) [1]**Die Frist für den Eingang der Angebote kann um weitere fünf Kalendertage verkürzt werden, wenn der Auftraggeber ab der Veröffentlichung der Bekanntmachung sämtliche Vergabeunterlagen elektronisch vollständig verfügbar macht und die Frist nicht einvernehmlich festgelegt worden ist.** [2]**In der Bekanntmachung hat der Auftraggeber die Internet-Adresse anzugeben, unter der die Vergabeunterlagen abrufbar sind.**

(4) [1]**Auftraggeber dürfen Fristverkürzungen nach den Absätzen 1 bis 3 verbinden.** [2]**Dabei dürfen folgende Mindestdauern nicht unterschritten werden:**

---

[6] *Müller-Wrede/Horn*, SektVO, § 17 RdNr. 23.
[7] *Leinemann* RdNr. 351.
[8] *Greb/Müller* § 17 RdNr. 21.

1. 15 Kalendertage im offenen Verfahren und zehn Kalendertage im nicht offenen Verfahren für den Eingang der Angebote, gerechnet ab dem Tag der Absendung der Bekanntmachung, wenn es sich nicht um eine einvernehmlich festgelegte Frist handelt, und
2. 15 Kalendertage im nicht offenen Verfahren und im Verhandlungsverfahren für den Eingang der Teilnahmeanträge, gerechnet ab dem Tag der Absendung der Bekanntmachung.

Schrifttum: *Greb/Müller,* Kommentar zur SektVO, 1. Aufl. 2010; *Leinemann,* Das neue Vergaberecht, 2. Aufl. 2010; *Marx,* Vergaberecht für Versorgungsbetriebe, 2010; *Müller-Wrede,* SektVO, 1. Aufl. 2010.

I. Regelungsgehalt und Überblick

§ 18 regelt die Möglichkeit der **Verkürzung** der durch § 17 vorgegebenen **Regel-** **1** **Mindestfristen** für die Abgabe von Teilnahmeanträgen und Angeboten. Die Vorschrift ermöglicht die Absenkung dieser **Regel–Mindestfristen**. Die absoluten Mindestfristen für die Abgabe von Teilnahmeanträgen (15 Kalendertage) und Angeboten (10 Kalendertage) gibt wiederum § 17 vor. §§ 17 und 18 sollten vor diesem Hintergrund im Zuge einer Änderung der SektVO stufenmäßig übersichtlich zusammengefasst werden.[1]

§ 18 setzt Art. 45 Abs. 4 bis 8 SKR um. § 18 entsprechende Regelungen finden sich in § 10a **2** VOB/A und § 12 EG VOL/A. Diese lassen unter vergleichbaren Voraussetzungen eine Verkürzung der Angebotsfrist im offenen Verfahren auf bis zu 22 Kalendertage zu.[2] Der Auftraggeber kann die Möglichkeit der Verkürzung in Anspruch nehmen, muss es aber nicht. Auch § 18 enthält **keine Regelungen zur Durchführung beschleunigter Verfahren bei besonderer Dringlichkeit.**

Abs. 1 regelt die Fristverkürzung für den Fall, dass eine **regelmäßige nicht verbindliche** **3** **Bekanntmachung** oder ein **Beschafferprofil** veröffentlicht worden ist. Die Abs. 2 und 3 betreffen die **Verkürzung der Fristen** bei einer **elektronisch erstellten und versandten Bekanntmachung.** Abs. 4 bestimmt die Möglichkeit der **kumulativen Geltendmachung von Fristverkürzungen** nach den Abs. 1 bis 3.[3] Auch wenn die Voraussetzungen für eine Fristverkürzung von den reinen Tatbestandsvoraussetzungen her gegeben sind, muss darüber hinaus stets auf der Grundlage der Umstände des Einzelfalls geprüft werden, ob die Verkürzung **dem Grundsatz der Angemessenheit der Frist** gem. § 17 Abs. 1 entspricht. Das bedeutet, dass eine Fristverkürzung im Einzelfall trotz Erfüllung der „harten" Tatbestandsvoraussetzungen des § 18 unzulässig sein kann. Eine automatische Fristverkürzung ist nicht zulässig.[4]

II. Systematische Stellung und Zweck der Norm

§ 18 steht inhaltlich und systematisch im engen Zusammenhang mit den §§ 17 und 19. Auch **4** die Nutzung elektronischer Medien führt zu einer regelmäßigen Fristverkürzung.[5] Die Vorschrift regelt die Möglichkeit der Fristverkürzung **im offenen Verfahren, nicht offenen** und **im Verhandlungsverfahren** mit vorausgehender **Bekanntmachung.** § 18 enthält insoweit **formale Voraussetzungen** für eine Fristverkürzung. Die Möglichkeit der Fristverkürzung entfaltet **drittschützende Wirkungen** zugunsten der **Bieter bzw. Bewerber** im Vergabeverfahren.

1. Fristverkürzung im offenen Verfahren (Abs. 1). Abs. 1 bestimmt, unter welchen **5** Voraussetzungen im offenen Verfahren die Angebotsfrist bis auf 22 Kalendertage verkürzt werden darf. Bei der **regelmäßigen nicht verbindlichen Bekanntmachung** oder einem **Beschafferprofil** kann eine Fristverkürzung für die **Eingangsfrist im offenen Verfahren auf 22 Kalendertage** begründet werden (Abs. 1 S. 1). Die Fristverkürzung kommt jedoch nur dann in Betracht, wenn der Auftraggeber seine Veröffentlichungspflichten erfüllt hat (Abs. 1 S. 2).[6] Das bedeutet, die regelmäßige nicht verbindliche Bekanntmachung oder das Beschafferprofil müssen zum einen alle erforderlichen Informationen enthalten, die für die Bekanntmachung einer beab-

---

[1] Vgl. hierzu *Greb/Müller* § 18 RdNr. 6, die das Ziel der übersichtlichen Gestaltung als nicht erreicht ansehen.
[2] Vgl. § 10a Abs. 1 Nr. 2 VOB/A und § 12 EG Abs. 3 lit. b VOL/A.
[3] Vgl. hierzu *Leinemann* RdNr. 350.
[4] *Müller-Wrede/Horn,* SektVO, § 18 RdNr. 5.
[5] Vgl. § 10a Abs. 1 Nr. 4 und 5, Abs. 2 VOB/A und § 12 EG Abs. 6 VOL/A.
[6] *Greb/Müller* § 18 RdNr. 10.

sichtigten Auftragsvergabe gefordert sind, soweit sie zum Zeitpunkt der Veröffentlichung der Bekanntmachung vorlagen, sowie zum anderen spätestens 52 Kalendertage und frühestens zwölf Monate vor dem Tag der Absendung der Bekanntmachung der beabsichtigten Auftragsvergabe veröffentlicht worden sein.

6   **2. Fristverkürzung wegen elektronischer Bekanntmachung (Abs. 2).** Für den Fall, dass der Auftraggeber die Bekanntmachung elektronisch erstellt und versandt hat, darf er im offenen Verfahren die **Angebotsfrist** (Abs. 2 Nr. 1) und im nicht offenen Verfahren und Verhandlungsverfahren mit vorausgehender Vergabebekanntmachung die **Frist für die Abgabe der Teilnahmeanträge** (Abs. 2 Nr. 2) um **sieben Tage verkürzen.** Grund dafür ist, dass die Veröffentlichung der Bekanntmachung bei elektronischer Übermittlung bereits nach fünf Tagen erfolgt und nicht erst nach zwölf, wie das bei der Übermittlung auf dem Postweg der Fall ist.[7] Erforderlich ist dafür jedoch, dass die Bekanntmachung die **Anforderungen des Standardformulars** erfüllt. Dafür muss gewährleistet sein, dass ab dem Zeitpunkt der Bekanntmachung auf die Vergabeunterlagen **uneingeschränkt und umfassend** rund um die Uhr zugegriffen werden kann.[8]

7   **3. Verkürzung der Angebotsfrist bei elektronischen Unterlagen (Abs. 3).** Sofern der Auftraggeber ab der Veröffentlichung der Bekanntmachung sämtliche Vergabeunterlagen elektronisch zugänglich macht und keine einvernehmliche Fristfestlegung besteht, kann die Angebotsfrist gem. Abs. 3 S. 1 um weitere **fünf Tage verkürzt** werden. Der Auftraggeber muss in der Bekanntmachung die Internetadresse angeben, unter der die Vergabeunterlagen abrufbar sind.

8   **4. Kumulierte Fristverkürzung (Abs. 4).** Der Auftraggeber darf unter den Voraussetzungen des Abs. 4 die nach den Abs. 1 bis 3 zulässigen Möglichkeiten der **Fristverkürzung kumulativ** in Anspruch nehmen. Abs. 4 bestimmt vor diesem Hintergrund absolute Mindestfristen.

9   Die Vorschrift ordnet in Form von Abs. 4 S. 2 Nr. 1 an, dass im offenen Verfahren die Angebotsfrist von **15 Kalendertagen** nicht unterschritten werden darf, soweit nicht eine einvernehmlich festgelegt Frist zugrunde gelegt wurde. Die Frist beginnt an dem **Tag der Absendung der Bekanntmachung** zu laufen. Die **Angebotsfrist** darf im **nicht offenen Verfahren zehn Kalendertage** nicht unterschreiten (Abs. 4 S. 2 Nr. 1), sofern nicht eine einverständlich festgelegte Frist vorliegt. Die den Bietern für die Anfertigung der **Teilnahmeanträge** zur Verfügung stehende Zeit darf **15 Kalendertage** nicht unterschreiten (Abs. 4 S. 2 Nr. 2).

§ 19 Fristen für Vergabeunterlagen, zusätzliche Unterlagen und Auskünfte

(1) Macht der Auftraggeber die Vergabeunterlagen und alle zusätzlichen Unterlagen nicht auf elektronischem Weg vollständig verfügbar, hat er diese Unterlagen unverzüglich, jedoch spätestens am sechsten Kalendertag nach Eingang eines entsprechenden Antrags an die Unternehmen zu senden, sofern dieser Antrag rechtzeitig innerhalb der Eingangsfrist für Angebote eingegangen war.

(2) Zusätzliche Auskünfte zu den Unterlagen hat der Auftraggeber spätestens sechs Kalendertage vor Ablauf der Eingangsfrist für Angebote zu erteilen, sofern die zusätzlichen Auskünfte rechtzeitig angefordert worden sind.

(3) Erklärungen und Nachweise, die auf Anforderung des Auftraggebers bis zum Ablauf der Frist für den Eingang der Angebote nicht von den Unternehmen vorgelegt wurden, können bis zum Ablauf einer vom Auftraggeber zu bestimmenden Nachfrist angefordert werden.

Schrifttum: *Greb/Müller*, Kommentar zur SektVO, 1. Aufl. 2010; *Marx*, Vergaberecht für Versorgungsbetriebe, 2010; *Müller-Wrede*, SektVO, 1. Aufl. 2010.

I. Regelungsgehalt und Überblick

1   § 19 bestimmt **Fristen und Verfahren** für das **Zurverfügungstellen und Nachfordern bestimmter Unterlagen und Auskünfte** durch Sektorenauftraggeber. Die Vorschrift dient in

---

[7] BR-Drucks. 522/09 v. 29. 5. 2009, S. 49.
[8] BR-Drucks. 522/09 v. 29. 5. 2009, S. 50.

Form der zeitlichen Vorgaben zur Informationsübermittlung der **Beschleunigung des Vergabeverfahrens**. Ferner korrigiert sie in Form von Abs. 3 pragmatisch zu strenge formale Vorgaben, indem sie Auftraggebern unter bestimmten Umständen erlaubt, Bietern die Vervollständigung ihrer Angebote zu erlauben. Dies entspricht zudem dem Wettbewerbsgrundsatz des EU-/ GWB-Vergaberechts, wonach stets Wettbewerb möglichst unter mehreren Bietern stattfinden soll. Ähnliche Bestimmungen wie die Abs. 1 und 2 enthalten § 12a Abs. 4 und 5 VOB/A und § 12 EG Abs. 6–8 VOL/A, Abs. 3 entspricht im Wesentlichen § 16 Abs. 1 Nr. 3 VOB/A und § 19 EG Abs. 2 VOL/A. Die Abs. 1 und 2 setzen die europarechtlichen Vorgaben der Art. 46 Abs. 1 und 2 sowie 47 Abs. 3 SKR um. § 19 Abs. 3 geht nicht auf Unionsrecht zurück.

Abs. 1 bestimmt die **Frist für das Absenden der Vergabeunterlagen und aller zusätz** **2** **lichen Unterlagen** für den Fall, dass diese nicht elektronisch abrufbar sind. Abs. 2 regelt die Frist für die **Erteilung rechtzeitig angeforderter zusätzlicher** Auskünfte zu den überlassenen Unterlagen. Abs. 3 enthält Vorgaben für die Möglichkeit der Auftraggeber, **Erklärungen und Nachweise nachzufordern.**

II. Systematische Stellung und Zweck der Norm

Die Vorschrift entspricht dem Beschleunigungsgrundsatz des § 113 GWB und steht im Rege **3** lungszusammenhang mit §§ 17 und 18 Abs. 1.

1. Frist für Vergabeunterlagen (Abs. 1). Abs. 1 betrifft die Frist zur Absendung von Ver **4** gabeunterlagen im **offenen Verfahren**. Das folgt daraus, dass es ausschließlich in dieser Verfahrensart zu Anträgen auf Übersendung von Vergabeunterlagen kommen kann. Die Vergabestelle ist dazu verpflichtet, Bewerbern die Vergabeunterlagen zu übermitteln, wenn sich diese **innerhalb der Angebotsfrist** des § 17 Abs. 2 bei ihr melden, um eine Übersendung der Unterlagen bitten und die zusätzlichen Unterlagen nicht elektronisch verfügbar sind.[1] Die Vergabestelle muss die Vergabeunterlagen in diesem Fall unverzüglich (§ 121 BGB), spätestens jedoch **sechs Kalendertage** nach Eingang des Antrags an den Bieter/Bewerber absenden. Die sechstägige Übersendungsfrist des Abs. 1 führt faktisch zu einer **Verkürzung der Bearbeitungszeit des Bewerbers** gem. § 17 Abs. 2 um bis zu sechs Tage, weil Abs. 1 nach seinem Wortlaut – die Grenze der Auslegung – eindeutig und ausdrücklich auf die Absendung abstellt.[2]

2. Zusätzliche Auskünfte (Abs. 2). Sofern ein Bewerber **rechtzeitig** zusätzliche Aus **5** künfte zu den Unterlagen angefordert hat, ordnet Abs. 2 an, dass der Auftraggeber diese spätestens **sechs Kalendertage vor Ablauf der Eingangsfrist für Angebote** erteilen muss. Diese Vorgabe entspricht dem vergaberechtlichen Beschleunigungsgrundsatz des § 113 GWB. Die Vorschrift enthält keine konkreten Angaben dazu, wann eine Anforderung „rechtzeitig" ist. Unter pragmatischen Gesichtspunkten wird man eine Anforderung zusätzlicher Auskünfte jedenfalls dann noch als rechtzeitig ansehen müssen, wenn ihr die Vergabestelle noch so zeitig nachkommen kann, dass der Bieter die Informationen in seinem Angebot berücksichtigen kann.[3] Die Zeitspanne hängt ab von dem Medium der Übermittlung. Eine bestimmte Frist vorzugeben, ist nicht notwendig. Für die Bestimmung der Frist kommt es auf die Komplexität der Vergabesache im Allgemeinen und des Auskunftsersuchens im Besonderen an.[4] Den Bieter trifft im Hinblick auf die ihn gegenüber der Vergabestelle treffenden Treuepflichten bereits die Verpflichtung, Auskünfte rechtzeitig anzufordern. Der Bieter trägt insoweit die Beweislast. Als **ultima ratio** kommt eine **Fristverlängerung gem. § 17 Abs. 4 S. 1 Var. 1** in Betracht, um das Risiko der **Rechtswidrigkeit zu vermeiden**, sofern die Vergabestelle die Einhaltung der Beantwortungsfrist nicht gewährleisten kann.

Hat der Bieter sein Auskunftsersuchen rechtzeitig iSd. Norm gestellt, trifft die Vergabestelle **6** die Verpflichtung, die fraglichen Auskünfte spätestens innerhalb von **sechs Kalendertagen zu erteilen**.[5] Im Gegensatz zu Abs. 1 kommt es insoweit nicht auf das Absenden, sondern auf den tatsächlichen Zugang der Auskünfte beim Bieter an. Das folgt aus dem Wortlaut der Vorschrift, wonach es nicht „senden", sondern „erteilen" heißt.

3. Nachforderung von Erklärungen und Nachweisen (Abs. 3). Abs. 3 erlaubt die **7** **Nachforderung** bzw. das Nachreichen von Erklärungen und Nachweisen nach dem Ablauf

---

[1] Vgl. hierzu *Greb/Müller* § 19 RdNr. 6.
[2] Für eine Auslegung ist kein Raum, ähnlich wohl auch: *Müller-Wrede/Horn*, SektVO, § 19 RdNr. 16.
[3] *Greb/Müller* § 19 RdNr. 9.
[4] *Müller-Wrede/Horn*, SektVO, § 19 RdNr. 20.
[5] *Leinemann* RdNr. 357 f.

der **Angebotsfrist**. Der Verordnungsgeber korrigiert damit die in Hinsicht auf bestimmte Konstellationen zu strenge **Rechtsprechung des BGH**.[6] Danach war Auftraggebern hinsichtlich eines Ausschlusses von unvollständigen Angeboten **kein Ermessen** eröffnet. Für den Fall, dass Bewerber bzw. Bieter die geforderten Angaben, Erklärungen oder Nachweise nicht gemeinsam mit dem Angebot einreichten, mussten deren Angebote zwingend ausgeschlossen werden. Der BGH begründete seine Rechtsprechung damit, dass die Gleichbehandlung aller Bieter, die § 97 Abs. 2 GWB vom Auftraggeber verlangt, nur gewährleistet sei, soweit die Angebote alle geforderten Erklärungen enthalten. Da der öffentliche Auftraggeber sich durch die Ausschreibung dem Gleichbehandlungsgebot unterworfen habe, dürfe er nur vollständige Angebote werten. Dieser Rechtsprechung sind die übrigen Nachprüfungsinstanzen im Grundsatz gefolgt. Sie haben mitunter allerdings zutreffend einräumen müssen, dass der Ausschluss bestimmter Angebote eine „bisweilen unbefriedigende Folge für den Auftraggeber" ist, weil er uU deutlich teurere Angebote bezuschlagen muss.[7]

8   **Ausnahmen** von dieser strengen Rechtsprechung sind lediglich **in atypischen Sonderfällen** gemacht worden. So ist der Ausschluss von der Angebotswertung ausnahmsweise nicht als geboten erachtet worden, wenn das Fehlen der geforderten Angaben unter keinem denkbaren Gesichtspunkt zu einer **Wettbewerbsverzerrung** führen konnte.[8] Der sachliche Grund für die im Ansatz strikte Auslegung der maßgeblichen Vorschriften – damals § 25 Nr. 1 Abs. 1b VOB/A und von § 21 Nr. 1 Abs. 1 S. 3 VOB/A – lag darin, **dass fehlende Angaben die Vergleichbarkeit der Angebote beeinträchtigen** und damit potentiell wettbewerbsverzerrend wirken. Für den Fall, dass ungeachtet des Erklärungsdefizits feststand, dass dieses die Wettbewerbsposition der Beteiligten nicht berührt, die fehlenden Angaben für die Wertung also von vornherein irrelevant waren, bestand und besteht in der Sache wenig Anlass, gleichwohl einen zwingenden Wertungsausschluss für geboten zu halten.[9] Etwas anderes wäre in der Tat überspitzter Formalismus.[10]

9   Abs. 3 erlaubt deshalb, dass der Auftraggeber Erklärungen und Nachweise, die trotz seiner Anforderung bis zum Ablauf der Frist für den Eingang der Angebote nicht vorgelegt worden sind, bis zum Ablauf einer von ihm zu bestimmenden Nachfrist nachfordern kann. Nachgefordert werden können ua. **Nachunternehmererklärungen, Bietergemeinschaftserklärungen, Ablaufkonzepte, technische Nachweise** und **Skizzen** sowie **Herstellergarantien**. Diese Unterlagen dienen der **Konkretisierung des Angebots**. Hingegen können **Preisangaben** nicht nachgefordert werden. Grund dafür ist, dass Abs. 3 nach dem Willen des Verordnungsgebers lediglich geringfügige formale Fehler erfasst, Preisangaben jedoch elementarer Bestandteil des Angebots sind.[11] Eine analoge Anwendung der Vorschrift auf die **Bewerbungsfrist** scheidet mangels Planwidrigkeit der Regelungslücke aus.[12]

10   Dem Nachreichen von Erklärungen und Nachweisen muss die entsprechende Nachforderung durch den Auftraggeber vorausgehen. Der Auftraggeber muss also festgestellt haben, dass bestimmte **Erklärungen und Nachweise** innerhalb der Angebotsfrist nicht abgegeben worden sind. Zu unterscheiden ist hier zwischen tatsächlich **nicht vorgelegten Dokumenten** und **vorgelegten Dokumenten, die nicht den Anforderungen des Auftraggebers entsprechen**.

11   Der Auftraggeber darf die fehlenden Erklärungen und Nachweise nachfordern, muss aber für das Nachreichen eine **bestimmte Frist setzen**. Bei der Bestimmung dieser Frist muss er berücksichtigen, wie schwierig es für Bieter ist, diese fehlenden Erklärungen und Nachweise beizubringen und wieviel Zeit dafür erforderlich ist. Der Grundsatz des **§ 17 Abs. 1** kommt in entsprechender Anwendung zum Tragen, wonach die gesetzte Frist angemessen sein muss. Soweit durch Abs. 3 jedoch eine **bieterschützende Wirkung** hergestellt werden soll, muss es sich um eine **angemessene Nachfristsetzung** handeln, sodass der **Bewerber objektiv imstande sein muss, innerhalb der gesetzten Frist fehlende Unterlagen beibringen zu können**.

---

[6] BGH, Beschl. v. 18. 2. 2003, X ZB 43/02.
[7] VK Arnsberg, Beschl. v. 16. 6. 2004, VK 1–07/2004.
[8] OLG Dresden, Beschl. v. 10. 7. 2003, W Verg 15/02.
[9] OLG Dresden, Beschl. v. 10. 7. 2003, W Verg 15/02; ähnlich: OLG Dresden, Beschl. v. 10. 7. 2003, WVErg 15/02 und 16/02; VK Münster, Beschl. v. 9. 5. 2003, VK 7/03; OLG Saarbrücken, Beschl. v. 29. 10. 2003, 1 Verg 2/03; BayObLG, Beschl. v. 28. 5. 2003, Verg 6/03 für einen üblicherweise erst nach Auftragserteilung vorzulegenden Bauzeitenplan.
[10] BayObLG, Beschl. v. 15. 9. 2004, Verg 26/03.
[11] BR-Drucks. 522/09 v. 29. 5. 2009, S. 50.
[12] *Müller-Wrede/Horn*, SektVO, § 19 RdNr. 36.

Auftraggeber sind auf der Grundlage von Abs. 3 **nicht verpflichtet**, die Nachreichung von **12** Erklärungen und Nachweisen zu ermöglichen. Auf der Grundlage des Wortlauts der Vorschrift („können") folgt eine solche Pflicht nicht. Vielmehr ist dem Auftraggeber dahingehend Ermessen eingeräumt. Die Ausübung des **Ermessens** ist auf Ermessensfehler überprüfbar. Eine **Ermessensreduktion auf Null** kann ausnahmsweise eine Verpflichtung der Vergabestelle begründen, eine Nachforderung unter angemessener Fristsetzung zu ermöglichen. Das Nachreichen ist jedenfalls dann zu gestatten, wenn es einem anderen Bewerber/Bieter erlaubt worden ist.

Kommt der Bieter der Nachforderung gem. Abs. 3 nicht oder nicht fristgemäß nach, kann **13** sein **Angebot** gem. § 21 Abs. 4 Nr. 4 Var. 2 **ausgeschlossen** werden, wenn es sich bei den fehlenden Unterlagen um **Eignungsnachweise** iSd. § 20 handelt. Abs. 3 baut auf dem Regelungsgehalt der Abschnitte 1, 2 und 4 der Vergabe- und Verdingungsordnungen auf.[13]

Abschnitt 4. Anforderungen an Unternehmen

§ 20 Eignung und Auswahl der Unternehmen

(1) Auftraggeber wählen die Unternehmen anhand objektiver Kriterien aus, die allen interessierten Unternehmen zugänglich sein müssen.

(2) [1]Im nicht offenen Verfahren und in den Verhandlungsverfahren kann der Auftraggeber die Zahl der Bewerber so weit verringern, dass ein angemessenes Verhältnis zwischen den Besonderheiten des Vergabeverfahrens und dem zu seiner Durchführung erforderlichen Aufwand sichergestellt ist, wenn dies erforderlich ist. [2]Es sind jedoch so viele Bewerber zu berücksichtigen, dass ein ausreichender Wettbewerb gewährleistet ist.

(3) [1]Verlangt der Auftraggeber Nachweise der wirtschaftlichen und finanziellen oder der technischen oder beruflichen Leistungsfähigkeit, können sich die Unternehmen oder Bietergemeinschaften bei einem bestimmten Auftrag auf die Kapazitäten anderer Unternehmen oder Mitglieder der Bietergemeinschaft stützen, unabhängig von dem Rechtsverhältnis, in dem die Unternehmen oder Bietergemeinschaften zu dem anderen Unternehmen stehen. [2]In diesem Fall muss das Unternehmen oder die Bietergemeinschaft nachweisen, dass ihm oder ihr die Mittel zur Verfügung stehen, die für die Erfüllung des Auftrags erforderlich sind. [3]Dies kann unter anderem durch entsprechende Verpflichtungserklärungen des oder der anderen Unternehmen erfolgen.

(4) Der Auftraggeber kann von juristischen Personen verlangen, in ihrem Angebot oder in ihrem Antrag auf Teilnahme die Namen und die berufliche Qualifikation der Personen anzugeben, die für die Durchführung des Auftrags verantwortlich sein sollen.

(5) Der Auftraggeber teilt auf Antrag innerhalb von 15 Tagen einem nicht berücksichtigten Bewerber die Gründe für die Ablehnung der Bewerbung mit.

Schrifttum: *Greb/Müller*, Kommentar zur SektVO, 1. Aufl. 2010; *Gröning*, Spielräume für die Auftraggeber bei der Wertung von Angeboten, NZBau 2003, 86; *Hölzl/Friton*, Entweder – Oder: Eignungs- sind keine Zuschlagskriterien, NZBau 2008, 307; *Leinemann*, Das neue Vergaberecht, 2. Aufl. 2010; *Marx*, Vergaberecht für Versorgungsbetriebe, 2010; *Müller-Wrede*, SektVO, 1. Aufl. 2010; *Opitz*, Die neue Sektorenverordnung, VergabeR 2009, 689; *Prieß/Hölzl*, Kein Wunder: Architektenwettbewerb „Berliner Schloss" vergaberechtskonform, NZBau 2010, 354; *Voppel/Ossenbrück/Bubert*, Verdingungsordnung für freiberufliche Leistungen, 2. Aufl. 2008; *Weyand*, ibr-online-Kommentar Vergaberecht, Stand 18. 3. 2010.

I. Regelungsgehalt und Überblick

§ 20 ist **Grundlage der Eignungsprüfung im Sektorenbereich**. Die Vorschrift enthält **1** Vorgaben zum **Maßstab und zur Durchführung** der Eignungsprüfung von Unternehmen im Sektorenbereich. Die Vorgaben betreffen alle im Sektorenbereich zulässigen Vergabeverfahren[1]

---

[13] Vgl. §§ 19 EG Abs. 2 VOL/A 2009, 16 Abs. 1 Nr. 4 VOB/A.
[1] Siehe dazu Kommentierung zu § 6 SektVO; umfassende Rechtsprechung dazu bei *Weyand* § 97 GWB RdNr. 424 ff.

und insbesondere die Durchführung der Auswahl von Unternehmen im Rahmen eines Teilnahmewettbewerbs beim nicht offenen Verfahren sowie beim Verhandlungsverfahren. Darüber hinaus ordnet Abs. 4 die Übermittlung einer Vorabinformation an Bewerber an, die im Teilnahmewettbewerb nicht erfolgreich waren, wenn diese einen entsprechenden Antrag stellen.

2   § 20 setzt im Wesentlichen Vorgaben der SKR um. Abs. 1 entspricht *cum grano salis* Art. 54 Abs. 1 und 2 SKR. Abs. 2 setzt § 54 Abs. 3 SKR um. Abs. 3 hat sein Vorbild in Art. 54 Abs. 5 und 6 SKR sowie dem Erwägungsgrund 51 der SKR. Abs. 5 geht auf Art. 49 Abs. 2 SKR zurück. Die VOB/A und die EG VOL/A enthalten zur Eignung wesentlich umfangreichere und detailliertere Vorgaben. Ähnliche Regelungen wie in Abs. 3 finden sich in § 6a Abs. 10 VOB/A, § 7 EG VOL/A und § 5 Abs. 6 VOF.

3   Abs. 1 bestimmt, dass die **Eignungsprüfung auf der Grundlage objektiver Kriterien** durchzuführen ist, die allen teilnehmenden Unternehmen im Voraus bekannt zu geben sind. Der zweite Absatz erlaubt, dass die **Zahl der Bewerber** auf eine für den jeweiligen Gegenstand angemessene Zahl beschränkt werden darf. Abs. 3 stellt klar, dass Unternehmen auch im Sektorenbereich für die Erfüllung und den Nachweis der Eignung auf andere Unternehmen zurückgreifen können und nennt die Voraussetzungen dafür. Abs. 5 ermöglicht die **Forderung von spezifischen Nachweisen** für den Fall, dass es sich bei den Bewerbern um juristische Personen handelt. Abs. 4 bestimmt, dass auf Antrag hin eine **Vorabinformation** an Bewerber übermittelt werden muss, die im Teilnahmewettbewerb nicht erfolgreich waren, und bestimmt zugleich die inhaltlichen Anforderungen dafür.

II. Systematische Stellung und Zweck der Norm

4   § 20 steht am Beginn des Abschnitts 4 der SektVO und enthält **Anforderungen an Unternehmen in Bezug auf ihre Eignung**. Diese gelten für alle nach der SektVO zulässigen Verfahrensarten, dh., für das offene Verfahren, das nicht offene Verfahren, das Verhandlungsverfahren und auch für den Fall der Ausgestaltung des Verhandlungsverfahrens als wettbewerblicher Dialog.

5   Die Prüfung der **Eignung ist Teil der vierstufigen Angebotswertung**. Die Wertung von Angeboten in Vergabeverfahren im Anwendungsbereich der VKR ist systematisch in vier voneinander unabhängigen sachlich bedingten Prüfungsstufen vorzunehmen.[2] Eine ausdrückliche Vorgabe zur Durchführung einer vierstufigen Angebotswertung gibt es im Anwendungsbereich der SKR und damit auch der SektVO nicht. Jedoch folgt diese indirekt aus den Vorschriften zur Vollständigkeit der Angebote (§ 19 Abs. 3), zur Eignung (§ 20), zu ungewöhnlich niedrigen Angeboten (§ 27) und zu Zuschlagskriterien (§§ 26 und 29). Darüber hinaus ist die Durchführung einer vierstufigen Eignungsprüfung auch im Sektorenbereich zweckmäßig.

6   Auf der **ersten Wertungsstufe** werden Angebote auf Grund formaler Mängel ausgeschlossen, ohne dass zugleich eine inhaltliche Prüfung vorgenommen wird. Auf der **zweiten Wertungsstufe** erfolgt die Prüfung der Eignung der noch im Verfahren befindlichen Bieter (§ 20 Abs. 1). Im Zuge der Eignungsprüfung werden diejenigen Unternehmen ermittelt, die auf der Grundlage ihrer Fachkunde, Leistungsfähigkeit, Gesetzestreue und Zuverlässigkeit zur Erbringung der konkret nachgefragten Leistung in Betracht kommen.[3] Die Eignung dient nicht der Ermittlung qualitativer Unterschiede zwischen den einzelnen Bewerbern.[4] Die Angebote werden zunächst auf zwingende Ausschlussgründe, dann auf fakultative hin geprüft. Auf der **dritten Wertungsstufe** prüft die Vergabestelle für den konkreten Fall die Angemessenheit der Preise und das Preis-Leistungsverhältnis (§ 27). Sie prüft, ob der angebotene Preis in offenbarem Missverhältnis zu der angebotenen Leistung steht, dh., ob der Preis zu hoch oder zu niedrig ist. Mit dem Preis ist der Gesamtpreis gemeint. Die Prüfung auf der dritten Stufe soll ausschließen, dass der Auftraggeber einem Unterangebot den Zuschlag erteilt und sich damit dem Risiko aussetzt, dass der Auftragnehmer während der Ausführung in wirtschaftliche Schwierigkeiten gerät. Der Auftraggeber läuft ansonsten Gefahr, dass der Auftragnehmer den Auftrag nicht oder nicht ordnungsgemäß, insbesondere nicht mängelfrei, zu Ende führen kann. Die auf der Grundlage der ersten drei Wertungsstufen erfolgreichen Angebote gelangen in die **vierte Wertungsstufe**. In dieser wird auf der Grundlage der vorgegebenen Zuschlagskriterien das „wirtschaftlichste Angebot" ermittelt (§ 29).

---

[2] BGHZ 139, 273, 276.
[3] BGH VergabeR 2008, 641, 642.
[4] BGH, Urt. v. 15. 4. 2008, X ZR 129/06; VK Bund, Beschl. v. 12. 5. 2009, VK 3–109/09; VK Düsseldorf, Beschl. v. 21. 1. 2009, VK – 43/2008 – L.

Bei der **Eignung** und der **Wirtschaftlichkeitsprüfung** handelt es sich auch auf der Grundla- 7
ge der SKR und SektVO um **zwei verschiedene Vorgänge**, die unterschiedlichen Regeln
unterliegen.[5] Die getrennte und unabhängige Prüfung von Eignung (§ 20) und Wirtschaftlichkeit
(§§ 26 und 29) ergibt sich aus der Natur der Sache.[6] Die Eignungsprüfung ist eine **unterneh-
mens- bzw. bieterbezogene Untersuchung**, auf deren Grundlage prognostiziert werden soll,
ob ein Unternehmen nach seiner personellen, sachlichen und finanziellen Ausstattung zur Ausführung des Auftrags in der Lage sein wird. Die Wirtschaftlichkeitsprüfung bezieht sich dagegen
nicht auf die konkurrierenden Unternehmen, sondern auf ihre Angebote und damit auf die Leistung.[7] Durch Kriterien wie den Preis, die Ausführungsfrist, Betriebs- und Folgekosten, die Gestaltung, Rentabilität oder den technischen Wert, werden die Eigenschaften der angebotenen
Leistung bewertet, nicht aber Eigenschaften des Bieters/Unternehmers. **Eignungskriterien
sind** vor diesem Hintergrund streng **von den Auftrags- oder Zuschlagskriterien** des § 97
Abs. 5 **zu unterscheiden** und dürfen nicht miteinander vermischt werden.[8]

Die Vergabestelle besitzt hinsichtlich der Entscheidung, ob ein Angebot bei der Vergabe auf 8
Grund fehlender Eignung nicht zu berücksichtigen ist, einen **nur eingeschränkt überprüfbarer Beurteilungsspielraum**.[9] Grund dafür ist, dass die Feststellung, ob ein Bieter nicht die
erforderliche Fachkunde, Leistungsfähigkeit und Zuverlässigkeit besitzt, um einen Auftrag
zufriedenstellend auszuführen, **Ergebnis einer fachlich-tatsächlichen Prognose ist**.[10] Diese
beruht zum einen – ähnlich einer Bewertungsentscheidung in Prüfungsverfahren – auf einer
Vielzahl von Detailerwägungen, für die die Verwaltungsbehörde in aller Regel fachlich besser
geeignet und erfahrener ist als die Nachprüfungsinstanz. Zum anderen geht im Geschäftsverkehr
jeder Auftragserteilung die subjektive Einschätzung des Auftraggebers voraus, Vertrauen in die
künftige gute Zusammenarbeit mit dem ausgewählten Auftragnehmer haben zu können. Es ist
nicht das Regelungsanliegen des § 20, dieses allgemein sinnvolle Auswahlkriterium im Falle
öffentlicher Auftragsvergaben auszuschließen.[11]

Der Auftraggeber hat im Hinblick auf die Prüftiefe bei der Verifizierung und Kontrolle von 9
Eigenerklärungen eine Einschätzungsprärogative.[12] Zwar dürfen Eignungsentscheidungen nur
auf der Grundlage gesicherter Erkenntnisse ergehen,[13] jedoch darf die Vergabestelle grundsätzlich davon ausgehen, dass die Angaben in den Eigenerklärungen zutreffend sind. Anders ist das
nur dann, wenn bestimmte Umstände Zweifel an den Angaben hervorrufen.

Die Vergabenachprüfungsinstanzen dürfen die Entscheidung des Auftraggebers zur Eignung 10
eines Unternehmens nur daraufhin prüfen, ob die **rechtlichen Grenzen des Beurteilungs-
spielraumes eingehalten worden** sind.[14] Danach ist eine **Überschreitung des Beurteil-
ungsspielraumes anzunehmen**, wenn das vorgeschriebene Verfahren nicht eingehalten wird,
wenn nicht von einem zutreffenden und vollständig ermittelten Sachverhalt ausgegangen wird,
wenn sachwidrige Erwägungen in die Wertung einbezogen werden oder wenn der einzuhaltende Beurteilungsmaßstab nicht zutreffend angewendet wird.[15]

1. Auswahl der Unternehmen anhand objektiver Kriterien (Abs. 1). Abs. 1 gibt den 11
bei der Eignungsprüfung einzuhaltenden **Maßstab** vor.[16] Danach ist die Eignungsprüfung anhand von **objektiven Kriterien** durchzuführen. Diese müssen allen interessierten Unterneh-

---

[5] Für den Anwendungsbereich der VKR EuGH, C-532/06, Slg. 2008, I-251, RdNr. 26 – Lianakis ua.,
Anm. dazu von *Hölzl/Friton* NZBau 2008, 307, 307; OLG Düsseldorf, Beschl. v. 2. 5. 2008, VII-Verg
26/08; ausf. dazu Kommentierung zu § 97 Abs. 4 RdNr. 184 und § 97 Abs. 5 RdNr. 275.
[6] BGH, Urt. v. 15. 4. 2008, X ZR 129/06, VergabeR 2008, 641, 642.
[7] *Gröning* NZBau 2003, 86, 90.
[8] Für den Anwendungsbereich der VKR EuGH, C-532/06, Slg. 2008, I-251, RdNr. 26 – Lianakis ua.,
Anm. dazu von *Hölzl/Friton* NZBau 2008, 307; OLG Düsseldorf, Beschl. v. 2. 5. 2008, VII-Verg 26/08;
ausf. dazu Kommentierung zu § 97 Abs. 4 RdNr. 184 und § 97 Abs. 5 RdNr. 275.
[9] KG, Beschl. v. 27. 11. 2008, 2 Verg 4/08, unter Verweis auf OLG Schleswig, OLGR 2008, 493, 496;
OLG Rostock, OLGR 2007, 24, 24; OLG Frankfurt, OLGR 2005, 67, 70; OLG Braunschweig, OLGR
2004, 442, 444; OLG Saarbrücken, OLGR 2003, 342, 343; OLG Hamburg, NVwZ 2000, 714, 715.
[10] KG, Beschl. v. 27. 11. 2008, 2 Verg 4/08.
[11] KG, Beschl. v. 27. 11. 2008, 2 Verg 4/08.
[12] OLG Düsseldorf, Beschl. v. 2. 12. 2009, VII – Verg 39/09 Berliner Schloss, NZBau 2010, 393, 398,
mit Anm. *Prieß/Hölzl*, NZBau 2010, 354 ff.
[13] BGH, Urt. v. 26.10.1999, X ZR 30/98, NJW 2000, 661, 661; OLG Düsseldorf, Beschl. v. 4. 2. 2009,
VII Verg 65/08; Beschl. v. 12. 12. 2007, Verg 34/07; Beschl. v. 24. 5. 2007, VII Verg 12/07.
[14] KG, Beschl. v. 27. 11. 2008, 2 Verg 4/08.
[15] KG, Beschl. v. 27. 11. 2008, 2 Verg 4/08; *Weyand* § 97 GWB RdNr. 396/2.
[16] Vgl. hierzu *Leinemann* RdNr. 360.

men **zugänglich** gemacht werden. Weitere oder konkretere Maßgaben enthält die SektVO zu den Voraussetzungen der Eignung und ihrer Prüfung nicht. Das bedeutet einerseits, dass die SektVO insgesamt **wesentlich weniger strengere Vorgaben als die VOB/A und die EG VOL/A** macht. Anderseits steht es den Sektorenauftraggebern frei, auf die strengeren und genaueren Vorgaben des § 97 Abs. 4 GWB,[17] der VOB/A und die EG VOL/A bzw. der VKR zurückzugreifen.[18] Diese sind allerdings auf der Grundlage der Maßgaben des § 97 Abs. 4 GWB auch die Grenze.[19] Grund dafür ist, dass die SektVO kein Gesetz iSd. § 97 Abs. 4 S. 3 GWB ist. Der Verordnungsgeber nennt als Gesetz idS beispielhaft § 141 SGB IX zur Einbeziehung von Werkstätten für behinderte Menschen.[20]

12   Die Vorgabe „objektiver" Kriterien impliziert, dass es sich um Vorgaben handeln muss, die jedenfalls den **Grundsätzen des § 97 Abs. 1 und 2 GWB** entsprechen. Das bedeutet, dass es sich um **sachliche und produktneutrale Kriterien** handeln muss. Es muss sich zudem um sachliche Kriterien handeln, die mit dem Gegenstand des Auftrags im Zusammenhang stehen und angemessen sind.[21] Es können auch Mindestanforderungen aufgestellt werden, die zu erfüllen sind.[22] Auf der Grundlage von § 97 Abs. 4 S. 1 dürfen öffentliche Aufträge insgesamt nur an solche Unternehmen vergeben werden, die fachkundig, leistungsfähig, gesetzestreu und zuverlässig sind. Auftraggeber können für die Ausführung des Auftrags nach S. 2 zusätzliche Anforderungen an Auftragnehmer stellen, die insbesondere soziale, umweltbezogene oder innovative Aspekte betreffen, wenn sie im sachlichen Zusammenhang mit dem Auftragsgegenstand stehen und sich aus der Leistungsbeschreibung ergeben. Andere oder weitergehende Anforderungen dürfen öffentliche Auftraggeber gemäß § 97 Abs. 4 S. 3 an Unternehmen nur stellen, wenn das durch Bundes- oder Landesgesetz vorgesehen ist. § 97 Abs. 4 ist hinsichtlich der für die Prüfung der Eignung zulässigen Kriterien also nicht abschließend.

13   **„Zugänglich machen"** bedeutet, dass interessierte Unternehmen sich vor Beginn des Vergabeverfahrens über die für die Erfüllung der Eignungsanforderung maßgeblichen Kriterien informieren können müssen. Die Kriterien sind deshalb in der Bekanntmachung anzugeben.[23] Ist dies nicht der Fall, dürfen sie nicht in die Eignungsprüfung einbezogen werden. „Interessierte Unternehmen" sind solche, die von ihrem Unternehmensgegenstand her Leistungen erbringen, die der Sektorenauftraggeber im Zuge eines bestimmten Vergabeverfahrens beschaffen will.

14   Die SektVO gibt nicht vor, welche **Eignungsnachweise** Sektorenauftraggeber verlangen dürfen. Das bedeutet, dass sie grundsätzlich frei darin sind.[24] Die Grenze für die Forderung von Eignungsnachweisen ist deshalb deren sachliche Berechtigung für die zu erbringende Leistung.[25] Zur Erleichterung der Beibringung und aus Kostengründen kann der Auftraggeber anstelle der zu erbringenden Dritterklärungen auch unterschriebene schriftliche Eigenerklärungen erlauben. Die **Nichtvorlage** von Eignungsnachweisen **oder die Vorlage von ungenügenden Eignungsnachweisen** kann zum Ausschluss führen. Der Auftraggeber kann allerdings gemäß § 19 Abs. 3 auf der Grundlage der Setzung einer Frist eine Nachreichung erlauben. Die SektVO gibt nicht konkret vor, dass Unternehmen, die die geforderten Eignungsnachweise nicht abgeben, ausgeschlossen werden müssen.[26] Jedoch ergibt sich auf der Grundlage der nach § 97 Abs. 1 und 2 GWB sicherzustellenden Gleichbehandlung und Nichtdiskriminierung, dass Angebote solcher Unternehmen nicht gewertet werden dürfen. **Erlässt der Sektorenauftraggeber** allerdings gleichmäßig allen Unternehmen die **Vorlage bestimmter Nachweise oder Erfüllung bestimmter Kriterien**, ist dies unter Umständen anders zu beurteilen. Zu fragen ist in diesem Fall nach der Rechtsprechung des EuGH, ob sich andere oder weitere Unternehmen an dem Vergabeverfahren beteiligt hätten, wenn die betreffenden Vorgaben von Anfang an anders gewesen wären.

15   **2. Durchführung eines Teilnahmewettbewerbs (Abs. 2).** Sektorenauftraggeber können im nicht offenen Verfahren und im Verhandlungsverfahren die Zahl der Bewerber so weit verringern, dass ein **angemessenes Verhältnis** zwischen den Besonderheiten des Vergabeverfah-

---

[17] BR-Drucks. 522/09, S. 50.
[18] Siehe dazu Kommentierung zu § 97 Abs. 4 GWB.
[19] *Müller-Wrede/Müller-Wrede* SektVO § 20 RdNr. 12; *Opitz* VergabeR 2009, 689, 696.
[20] BR-Drucks. 522/09, S. 50 unter Bezugnahme auf Art. 28 SKR.
[21] BR-Drucks. 522/09, S. 50.
[22] BR-Drucks. 522/09, S. 50.
[23] BR-Drucks. 522/09, S. 50; *Greb/Müller*, SektVO, § 20 RdNr. 22.
[24] Beispiele nennt *Müller-Wrede/Müller-Wrede* SektVO § 20 RdNr. 19.
[25] *Greb/Müller*, SektVO, § 20 RdNr. 34 ff.
[26] Vgl. hierzu *Greb/Müller* § 20 RdNr. 51, die diese Neuregelung als nur unvollständig geglückt ansehen.

rens und dem zu seiner Durchführung erforderlichen Aufwand sichergestellt ist, wenn dies erforderlich ist. Es müssen jedoch so viele Bewerber im Verfahren verbleiben, dass ein ausreichender Wettbewerb gewährleistet ist. Die Vorschrift bindet die Reduzierung der Teilnehmerzahl an bestimmte Voraussetzungen, räumt jedoch dem Auftraggeber großen Handlungsspielraum dabei ein. Die Frage, ob das Verhältnis angemessen ist, steht im Ermessen des Auftraggebers und ist nur auf Ermessensfehler hin überprüfbar. Maßgeblich dafür, ob die Reduzierung erforderlich ist, sind die Umstände des Einzelfalls, dh. der Auftragsgegenstand und die zu erwartende Anbieterzahl.

3. Nachweis der Eignung mittels Rückgriff auf andere Unternehmen (Abs. 3). **16** Abs. 3 ermöglicht Bewerbern bzw. Bietern für die Erfüllung der Eignungsvoraussetzungen auf andere Unternehmen zurückzugreifen. Verlangt der Auftraggeber Nachweise der wirtschaftlichen und finanziellen oder der technischen oder beruflichen Leistungsfähigkeit, können sich die Unternehmen oder Bietergemeinschaften bei einem bestimmten Auftrag auf die Kapazitäten anderer Unternehmen oder Mitglieder der Bietergemeinschaft stützen, unabhängig von dem Rechtsverhältnis, in dem die Unternehmen oder Bietergemeinschaften zu dem anderen Unternehmen stehen. In diesem Fall muss das Unternehmen oder die Bietergemeinschaft **nachweisen**, dass ihm oder ihr die Mittel zur Verfügung stehen, die für die Erfüllung des Auftrags erforderlich sind. Dies kann ua. durch entsprechende Verpflichtungserklärungen des oder der anderen Unternehmen erfolgen.

Die Vorschrift setzt die Rechtsprechung des EuGH um. Danach muss der siegreiche Bieter **17** eine **Leistung nicht zwingend selbst erbringen**, sondern darf dazu Dritte heranziehen.[27] Das gilt auch für den Einsatz einer Projektgesellschaft, die als solche bereits nicht Ausdruck eines typischen Subunternehmerverhältnisses ist.[28] Erst recht können eigene Tochtergesellschaften herangezogen werden. Allerdings muss das Unternehmen, das im Hinblick auf seine Zulassung zu einem Vergabeverfahren auf die Leistungsfähigkeit von Einrichtungen oder Unternehmen verweisen will, zu denen es unmittelbare oder mittelbare Verbindungen hat, nachweisen, dass er tatsächlich über die diesen Einrichtungen oder Unternehmen zustehenden Mittel, die es nicht selbst besitzt und die zur Ausführung des Auftrags erforderlich sind, verfügt.[29] Für diese Prüfung kann ein Auftraggeber daher ein zu erreichendes Leistungsniveau, und, wenn sich der betreffende Wirtschaftsteilnehmer bspw. auf die Finanzkraft eines anderen Auftraggebers stützt, insbesondere die Übernahme einer gegebenenfalls gesamtschuldnerischen Verpflichtung durch den anderen Auftraggeber vorschreiben.[30] Der Bewerber bzw. Bieter, der nicht selbst über die erforderlichen Mittel verfügt, muss von sich aus **darlegen und den Nachweis dafür antreten**, welche der ihm unmittelbar oder mittelbar verbundenen Unternehmen, die solche technische Mittel besitzen, er sich bei der Ausführung des Auftrags in der Weise bedienen wird, dass diese Mittel als ihm tatsächlich zu Gebote stehend anzusehen sind.[31] Diese Darlegung ist eine selbstverständliche Obliegenheit des Bewerbers, die auf der Tatsache beruht, dass er zur Erfüllung selbst über keine oder nicht ausreichende eigene technische Mittel verfügt.[32]

4. Besondere Anforderungen an juristische Personen (Abs. 4). Nach Abs. 4 kann der **18** Auftraggeber von juristischen Personen verlangen, in ihrem Antrag auf Teilnahme oder in ihrem Angebot die Namen und die berufliche Qualifikation der Personen anzugeben, die für die Durchführung des Auftrags verantwortlich sein sollen. Daraus folgt, dass entscheidend die Qualifikation und Erfahrung der verantwortlichen Personen ist.[33]

5. Information über das Ergebnis des Teilnahmewettbewerbs (Abs. 5). Abs. 5 be- **19** stimmt, dass der Auftraggeber den an einem Teilnahmewettbewerb teilnehmenden Unterneh-

---

[27] EuGH, Urt. v. 18. 3. 2004, C-314/91 – Siemens, NZBau 2004, 340; OLG Düsseldorf, Beschl. v. 22. 10. 2008, VII Verg 48/04; KG, Urt. v. 13. 3. 2008, 2 Verg 18/07.

[28] OLG Düsseldorf, Beschl. v. 2. 12. 2009, VII – Verg 39/09 Berliner Schloss, NZBau 2010, 393, mit Anm. *Prieß/Hölzl* NZBau 2010, 354, 354.

[29] EuGH, Urt. v. 18. 3. 2004, C-314/91 Siemens, NZBau 2004, 340, 342, RdNr. 44; C-176/98 – Holst Italia NZBau 2000, 149 ff., RdNr. 21.

[30] Vgl. Erwägungsgrund 51 der SKR.

[31] *Greb/Müller* § 20 RdNr. 45 f.

[32] OLG Düsseldorf, Beschl. v. 26. 1. 2005, Verg 45/04; OLG Düsseldorf, NZBau 2001, 106, 110; OLG Frankfurt, NZBau 2003, 636, 637, im Anschluss an EuGH, Urt. v. 14. 4. 1994, C -389/92 – Ballast Nedam I; Urt. v. 18. 12. 1997, C 5-/97, RdNr. 12- Ballast Nedam II; Urt. v. 18. 3. 2004, C-314/01, RdNr. 43 f., NZBau 2004, 340, 342 Siemens.

[33] BR-Drucks. 522/09, S. 51; *Müller-Wrede/Müller-Wrede,* SektVO, § 20 RdNr. 40.

men auf deren Antrag hin innerhalb von 15 Tagen die Gründe für die Ablehnung ihrer Bewerbung mitteilen muss. Das folgt aus dem **Gebot des fairen Wettbewerbs**.[34] Die nach Abs. 5 zu übermittelnde Information entspricht nicht der Vorabinformation nach § 101 a GWB. Sie ist der Mitteilung nach § 10 Abs. 5 VOF ähnlich, aber deckt sich jedoch nicht mit dieser. Die Vorabinformation nach § 101 a GWB ist in jedem Fall zu übermitteln und nicht bloß auf Antrag.

20 **Antragsberechtigt** ist jeder Bewerber, der im Rahmen eines Teilnahmewettbewerbs einen Antrag abgegeben hat. Auf die Vollständigkeit des Teilnahmeantrags kommt es nicht an. Die Vorschrift macht weder Vorgaben zur **Form des Antrags** noch zur **einzuhaltenden Frist**, bis wann dieser spätestens gestellt werden muss. Grundsätzlich ist es damit dem Bieter überlassen, die Form zu wählen, auch wenn Art. 49 Abs. 2 UAbs. 2 SKR zu entnehmen ist, dass er schriftlich zu stellen ist. Der Verordnungsgeber hat diese Anforderung gerade nicht gestellt. Damit der Bieter ggf. noch Primärrechtsschutz erlangen kann, sollte er eine Form wählen, die ihm den Nachweis dafür erlaubt, dass ein Antrag gestellt ist, dh. dieser dem Auftraggeber auch zugegangen ist. Zu wählen ist der sicherste Weg dafür. Möglich und sachgemäß ist, den Antrag mit der Abgabe des Teilnahmeantrags zu stellen.[35] Die Frist für die Stellung des Antrags ist an den Kriterien der Verwirkung, dh. dem Umstands- und Zeitmoment zu messen. Jedenfalls wird der Auftraggeber noch Auskunft geben müssen zu einem Zeitpunkt, zu dem auf der Grundlage der **Umstände des Einzelfalls** noch vernünftigerweise mit einem Antrag zu rechnen ist. Die Mitteilung muss auf der Grundlage der Rechtsmittelrichtlinie,[36] wonach gegen jede Entscheidung des öffentlichen Auftraggebers effektiver Primärrechtsschutz möglich sein muss, die Gründe so benennen, dass sich der nicht berücksichtigte Bewerber ein vernünftiges Bild darüber machen kann, ob sein Teilnahmeantrag korrekt gewertet worden ist. Die 15-Tagesfrist für die Beantwortung des Antrags beginnt mit Zugang des Antrags beim Auftraggeber.[37] Die Vorschrift enthält keine Vorgaben für die Form der Information, so dass auch dem Auftraggeber hier ein Wahlrecht zukommt.

§ 21 Ausschluss vom Vergabeverfahren

(1) [1]**Auftraggeber, die die Voraussetzungen des § 98 Nummer 1, 2 oder 3 des Gesetzes gegen Wettbewerbsbeschränkungen erfüllen, haben ein Unternehmen wegen Unzuverlässigkeit von der Teilnahme an einem Vergabeverfahren auszuschließen, wenn sie Kenntnis davon haben, dass eine Person, deren Verhalten dem Unternehmen nach Absatz 2 zuzurechnen ist, wegen Verstoßes gegen eine der folgenden Vorschriften rechtskräftig verurteilt worden ist:**

1. **§§ 129, 129 a oder 129 b des Strafgesetzbuches,**
2. **§§ 333 oder 334 des Strafgesetzbuches, auch in Verbindung mit Artikel 2 § 1 des EU-Bestechungsgesetzes vom 10. September 1998 (BGBl. 1998 II S. 2340), das zuletzt durch Artikel 6 Absatz 1 des Gesetzes vom 21. Juli 2004 (BGBl. I S. 1763) geändert worden ist, Artikel 2 § 1 des Gesetzes zur Bekämpfung Internationaler Bestechung vom 10. September 1998 (BGBl. 1998 II S. 2327; 1999 II S. 87), § 1 Absatz 2 Nummer 10 des NATO-Truppen-Schutzgesetzes in der Fassung der Bekanntmachung vom 27. März 2008 (BGBl. I S. 490), § 2 des Gesetzes über das Ruhen der Verfolgungsverjährung und die Gleichstellung der Richter und Bediensteten des Internationalen Strafgerichtshofes vom 21. Juni 2002 (BGBl. I S. 2144, 2162),**
3. **§ 299 des Strafgesetzbuches,**
4. **Artikel 2 § 2 des Gesetzes zur Bekämpfung internationaler Bestechung,**
5. **§ 108 e des Strafgesetzbuches,**
6. **§ 264 des Strafgesetzbuches,**
7. **§ 261 des Strafgesetzbuches.**

[2]**Einem Verstoß gegen diese Vorschriften stehen Verstöße gegen vergleichbare Straftatbestände anderer Staaten gleich.** [3]**Der Auftraggeber kann für eine Prüfung, ob die Voraussetzungen dieses Absatzes vorliegen, vom Unternehmen entsprechende Nachweise verlangen.** [4]**Sofern die Unternehmen von den zuständigen Behörden Auskünf-**

---

[34] BR-Drucks. 522/09, S. 51.
[35] *Voppel/Ossenbrück/Bubert* § 17 RdNr. 45; *Müller-Wrede/Müller-Wrede,* SektVO § 20 RdNr. 43.
[36] Art. 1 Abs. 1 RL 89/865/EWG, geändert durch die RL 2007/66/EG.
[37] *Voppel/Ossenbrück/Bubert* § 17 RdNr. 55; *Müller-Wrede/Müller-Wrede,* SektVO, § 20 RdNr. 45.

te über die Person, deren Verhalten dem Unternehmen zuzurechnen ist, erhalten haben, können sie diese verwenden.

(2) Ein Verhalten ist einem Unternehmen zuzurechnen, wenn eine Person, die für die Führung der Geschäfte dieses Unternehmens verantwortlich handelt, selbst gehandelt hat oder ein Aufsichts- oder Organisationsverschulden dieser Person im Hinblick auf das Verhalten einer anderen für das Unternehmen handelnden Person vorliegt.

(3) Von einem Ausschluss nach Absatz 1 Satz 1 kann nur abgesehen werden, wenn

1. dies aus zwingenden Gründen des Allgemeininteresses geboten ist und
2. andere Unternehmen die Leistung nicht angemessen erbringen können oder
3. wenn auf Grund besonderer Umstände des Einzelfalls die Zuverlässigkeit des Unternehmens durch den Verstoß nicht in Frage gestellt wird.

(4) Auftraggeber können ein Unternehmen ausschließen, wenn

1. über sein Vermögen ein Insolvenzverfahren oder ein vergleichbares Verfahren beantragt oder eröffnet worden ist oder die Eröffnung eines solchen Verfahrens mangels Masse abgelehnt worden ist,
2. es sich im Verfahren der Liquidation befindet,
3. es die Pflicht zur Zahlung von Steuern, Abgaben und der Beiträge zur Sozialversicherung verletzt oder verletzt hat,
4. es unzutreffende Erklärungen in Bezug auf seine Fachkunde, Leistungsfähigkeit oder Zuverlässigkeit (Eignung) abgibt oder diese Auskünfte unberechtigt nicht erteilt oder
5. eine schwere Verfehlung nachweislich vorliegt, durch die die Zuverlässigkeit des Unternehmens oder einer Person, die nach Absatz 2 für das Unternehmen verantwortlich handelt, in Frage gestellt wird.

(5) Hat der Auftraggeber Kriterien zum Ausschluss von Unternehmen vorgegeben, so hat er die Unternehmen auszuschließen, die diese Kriterien erfüllen.

Schrifttum: *Göhler,* Gesetz über Ordnungswidrigkeiten, 15. Aufl. 2009; *Hailbronner,* Private Töchter öffentlicher Auftraggeber und die Anwendbarkeit des EG-Vergaberechts, DÖV 2003, 534; *Kapellmann/ Messerschmidt,* VOB Teile A und B, Vergabe- und Vertragsordnungen für Bauleistungen mit Vergabeverordnung (VgV), 3. Aufl. 2010; *Kreßner,* Die Auftragssperre im Vergaberecht, 2007; *Leinemann,* Die Vergabe öffentlicher Aufträge, 4. Aufl. 2007; *Müller-Wrede,* SektVO, 1. Aufl. 2010; *Park,* Kapitalmarktstrafrecht, 2. Aufl. 2008; *Nell,* Korruptionsbekämpfung ja – aber richtig! Reformüberlegung zur Unternehmenshaftung nach OWiG, ZRP 2008, 149; *Stein/Friton,* Internationale Korruption, zwingender Ausschluss und Selbstreinigung, VergabeR 2010, 151 ff.; *Weyand,* ibr-online-Kommentar Vergaberecht, Stand 18. 3. 2010.

I. Regelungsgehalt und Überblick

§ 21 enthält für Sektorenauftraggeber iS von § 98 Nr. 1 bis 3 GWB umfassende Vorgaben   **1** zur Prüfung der **Zuverlässigkeit** im Rahmen der **Eignungsprüfung im Sektorenbereich.** Öffentliche Auftraggeber dürfen an Unternehmen, die nicht zuverlässig sind, grundsätzlich keine öffentlichen Aufträge vergeben.[1] Die Vorschrift benennt in Hinsicht auf die Zuverlässigkeit die zwingenden (Abs. 1) und die fakultativen (Abs. 3) **Ausschlussgründe.** Darüber hinaus gibt sie für beide Arten von Ausschlussgründen **Zurechnungskriterien.**

§ 21 beruht insgesamt weitgehend auf **Vorgaben der SKR.** Abs. 1 und 4 setzen Art. 54   **2** Abs. 4 um. Da Art. 54 Abs. 4 auf Art. 45 VKR verweist, handelt es sich letztlich in der Sache um eine Umsetzung der Vorgaben der VKR in diesem Punkt, so dass die Vorgaben weitgehend gleichmäßig auch im Sektorenbereich gelten. Die Unterscheidung des Abs. 1 zwischen Auftraggebern iS von § 98 Nr. 1 bis 3 einerseits und Nr. 4 andererseits geht auf Art. 54 Abs. 4 UAbs. 2 SKR zurück. Abs. 5 setzt Art. 51 Abs. 1 lit. a SKR um. Die in Abs. 1 und 4 genannten Ausschlussgründe entsprechen weitgehend den in § 6a Abs. 1 VOB/A, § 6 EG Abs. 4 und Abs. 6 VOL/A und § 4 Abs. 6 und Abs. 9 VOF. Im Unterschied zu den übrigen Verdingungsordnungen **enthält die SektVO auch für fakultative Ausschlussgründe Zurechnungskriterien.**

Abs. 1 listet die **zwingenden Ausschlussgründe** wegen Unzuverlässigkeit auf. Die Voraus-   **3** setzungen, unter denen sich ein Unternehmen das Verhalten bestimmter Personen **zurechnen** lassen muss, nennt Abs. 2. Abs. 3 enthält **Ausnahmetatbestände,** unter welchen Vorausset-

---

[1] BR-Drucks. 522/09, S. 51.

zungen ein Unternehmen trotz nicht gegebener Zuverlässigkeit nicht von dem Vergabeverfahren ausgeschlossen werden muss. In Abs. 4 sind die **fakultativen Ausschlussgründe** genannt. Abs. 5 stellt klar, dass Unternehmen auf der Grundlage der **Selbstbindung des Auftraggebers** auszuschließen sind, wenn sie die Kriterien erfüllen, bei deren Vorliegen der Auftraggeber den Ausschluss vorgegeben hat.

II. Systematische Stellung und Zweck der Norm

4   § 21 richtet sich ausschließlich an **Auftraggeber iS von § 98 Nr. 1 bis 3 GWB**. Das bedeutet, dass sich solche Sektorenauftraggeber, die ausschließlich auf Grund von ausschließlichen Rechten an die §§ 97 ff. GWB gebunden sind, nicht an die Vorgaben des § 21 halten müssen. Sie können die Gründe, nach denen sie Unternehmen von einem Vergabeverfahren ausschließen möchten, frei wählen.[2] Sie besitzen diesbezüglich einen Entscheidungsspielraum.[3] Die Vorschrift ergänzt die Bestimmungen zur Eignung in Form der Nennung von **besonderen Gründen**, bei deren Vorliegen Unternehmen zwingend als unzuverlässig einzustufen und deshalb auszuschließen sind. Die Vorschrift enthält **keine Definition der Zu- oder Unzuverlässigkeit**, sondern beschränkt sich darauf, abschließend Tatbestände aufzuzählen, bei deren Vorliegen ein Unternehmen grundsätzlich zwingend als unzuverlässig zu beurteilen und deshalb auszuschließen ist, es sei denn, die Voraussetzungen des Abs. 3 sind erfüllt.

5   Zuverlässig ist ein Unternehmen im vergaberechtliche Sinne, wenn es unter Berücksichtigung aller in Betracht kommender Umstände eine **ordnungsgemäße und vertragsgerechte Ausführung der ausgeschriebenen Leistung** erwarten lässt.[4] Das gilt auch für die Erfüllung der vertraglichen Gewährleistung.[5] Sämtliche Umstände, aus denen sich dafür Rückschlüsse ziehen lassen, sind zu berücksichtigen. Berücksichtigt werden können insbesondere **persönliche und sachliche Umstände** sowie die **Besonderheiten des jeweiligen Geschäftszweiges**.[6] Die Feststellung der Zuverlässigkeit erfolgt auf der Grundlage einer **Prognoseentscheidung**, die auf dem Verhalten des Bieters in der Vergangenheit beruht.[7]

6   **1. Zwingende Ausschlussgründe (Abs. 1).** Abs. 1 gibt die in Art. 45 Abs. 1 und Abs. 2 lit. c bis g VKR aufgelisteten Ausschlussgründe wieder.[8] Der **Katalog des Abs. 1 ist abschließend**. Er umfasst weniger Tatbestände als § 6 EG Abs. 4 VOL/A. Die SektVO verzichtet bspw. auf die Nennung von § 263 StGB (Betrug) und auch Steuerhinterziehung (§ 370 AO). Art. 45 Abs. 1 VKR zählt abschließend die Katalogstraftaten auf,[9] bei deren Verwirklichung ein Bieter zwingend auszuschließen ist. Der Katalog umfasst ua. die Bildung krimineller bzw. terroristischer Vereinigungen (§§ 129 ff. StGB), Vorteilsgewährung und Bestechung (§§ 333, 334 StGB, § 2 IntBestG), Geldwäsche (§ 261 StGB) sowie Subventionsbetrug zu Lasten des EG-Haushalts (§ 264 StGB). Zusätzlich zu § 6 EG Abs. 4 VOL/A nennt Abs. 1 ua. § 108 e StGB (Abgeordnetenbestechung) und § 299 StGB (Bestechlichkeit und Bestechung im geschäftlichen Verkehr).

7   Für den zwingenden Ausschluss ist stets das **Vorliegen eines formell rechtskräftigen Strafurteils** erforderlich.[10] Einem Verstoß gegen die explizit aufgezählten Vorschriften stehen gemäß Abs. 1 S. 2 Verstöße gegen vergleichbare Straftatbestände anderer Staaten gleich. Es kommt nicht darauf an, ob die Straftat im Zusammenhang mit einer beruflichen oder gewerblichen Tätigkeit begangen worden ist.[11] Ein **Strafbefehl** steht einem rechtskräftigen Urteil auch dann nicht gleich, wenn gegen diesen nicht rechtzeitig Einspruch eingelegt worden ist (§ 410

---

[2] Art. 54 Abs. 4 UAbs. 1 SKR.
[3] BR-Drucks. 522/09, S. 52.
[4] Ausführlich und detailliert dazu Kommentierung zu § 97 Abs. 4 GWB.
[5] OLG Düsseldorf, Beschl. v. 8. 5. 2002, Verg 8–15/01; OLG Celle, Beschl. v. 13. 12. 2007, 13 Verg 10/07.
[6] OLG München, Beschl. v. 21. 4. 2006; Verg 8/06, VergabeR 2006, 561, 564.
[7] VK Nordbayern, Beschl. v. 18. 12. 2007, 21.VK-3194-47/07; VK Lüneburg, Beschl. v. 15. 9. 2003, 203.VgK-13/2003.
[8] Der EuGH spricht im Hinblick auf Art. 45 Abs. 2 von Ausschlussgründen, die sich auf die berufliche Eignung beziehen, worunter die berufliche Ehrenhaftigkeit, die Zahlungsfähigkeit und die Zuverlässigkeit fallen – EuGH, C-538/07, noch nicht in der amtl. Slg. veröffentlicht, RdNr. 19 – Assitur.
[9] So die ganz hM.: *Ingenstau/Korbion/Schranner* § 8 a VOB/A RdNr. 3; *Kulartz/Marx/Portz/Prieß/Hausmann* § 7 a, RdNr. 22; *Leinemann* RdNr. 1226.
[10] BR-Drucks. 522/09, S. 52; *Ingenstau/Korbion/Schranner*, § 8 a VOB/A RdNr. 6.
[11] BR-Drucks. 522/09, S. 52.

Abs. 3 StPO).[12] Gleiches gilt für Verurteilung von Unternehmen, soweit dies in bestimmten Staaten möglich ist.[13] Der Auftraggeber muss **Kenntnis von der Verurteilung** haben, bloße Anhaltspunkte reichen nicht.[14] Der Auftraggeber kann für eine Prüfung, ob die Voraussetzungen dieses Abs. vorliegen, vom Unternehmen entsprechende Nachweise verlangen. Die Bestimmung dieser **Nachweise** steht dem Auftraggeber frei. Auch Eigenerklärungen können gefordert werden. Sofern die Unternehmen von den zuständigen Behörden Auskünfte über die Person, deren Verhalten dem Unternehmen zuzurechnen ist, erhalten haben, können sie diese verwenden.

2. Zurechnungskriterien (Abs. 2). Der Ausschluss eines Unternehmens hat in wirtschaft- **8** licher Hinsicht mitunter erhebliche Konsequenzen in Bezug auf Umsatz und Gewinn. Zu berücksichtigen ist, dass der Ausschluss nicht nur die Nichtteilnahme an einem bestimmten Vergabeverfahren zur Konsequenz haben kann, sondern uU auch eine dauerhafte **Auftragssperre**.[15] Aus diesem Grund muss sich ein Unternehmen nicht jedes Verhalten seiner Mitarbeiter zurechnen lassen.[16] Ein Verhalten ist einem Unternehmen gem. Abs. 2 zuzurechnen, wenn eine Person, die für die Führung der Geschäfte dieses Unternehmens verantwortlich handelt, selbst gehandelt hat oder ein Aufsichts- oder Organisationsverschulden dieser Person im Hinblick auf das Verhalten einer anderen für das Unternehmen handelnden Person vorliegt.

„Unternehmen" an sich können auf der Grundlage des deutschen Rechts nicht bestraft wer- **9** den und können deshalb die Voraussetzungen des Abs. 1 S. 1 nicht erfüllen. Entscheidend dafür, ob ein bestimmtes Unternehmen wegen einer der aufgelisteten Straftaten aus einem Vergabeverfahren ausgeschlossen werden kann, ist deshalb, ob das durch eine natürliche Person begangene, strafrechtlich relevante Verhalten dem Unternehmen zugerechnet werden kann. In Frage kommen dafür bspw. Geschäftsführer und Prokurist.[17] Es ist jedoch nicht auszuschließen, dass auch die strafrechtlich relevanten Handlungen „faktischer" Geschäftsführer bzw. sonstiger Bevollmächtigter mit erheblichen Führungsaufgaben dem Unternehmen zugerechnet werden.[18] Abs. 2 sieht im Fall der zwingenden Ausschlussgründe zwei Alternativen der **Zurechnung** vor: Die **erste Alternative** stellt darauf ab, ob die rechtskräftig verurteilte Person, „die für die Führung der Geschäfte dieses Unternehmens verantwortlich handelt, selbst gehandelt hat". Erfasst sind damit jedenfalls die gesetzlichen Vertreter einer juristischen Person[19] und darüber hinaus „faktische" Geschäftsführer.[20] Das Verhalten von Prokuristen oder sonstigen „einfachen" Bevollmächtigten ist nur dann zuzurechnen, wenn sich die Vollmacht auf einen erheblichen Teilbereich der Unternehmensführung erstreckt.[21] Nach dem Sinn und Zweck der Vorschrift muss die Verurteilung zudem im Zusammenhang mit der beruflichen Tätigkeit stehen. Ein Ausschluss aufgrund der Verurteilung eines Geschäftsführers wegen Delikten im privaten Bereich ist unverhältnismäßig.[22]

Die **zweite Alternative** der Verhaltenszurechnung knüpft an ein Aufsichts- oder Orga- **10** nisationsverschulden des Unternehmens an, das sich nach § 130 OWiG bestimmt. Eine Ordnungswidrigkeit nach § 130 OWiG liegt vor bei fahrlässigem Unterlassen der erforderlichen Aufsichtsmaßnahmen, wozu auch die Bestellung, Auswahl und Überwachung von Aufsichtspersonen gehört. Die Umstände des Einzelfalls bestimmen, welche Aufsichtsmaßnahmen konkret hätten getroffen werden müssen.[23] Begeht ein Mitarbeiter im Zusammenhang mit seiner beruflichen Tätigkeit eine Straftat, indiziert das eine Aufsichtspflichtverletzung.[24] Der Unternehmens-

---

[12] *Stein/Friton* VergabeR 2010, 151.
[13] *Kulartz/Marx/Portz/Prieß/Hausmann* § 7 a, RdNr. 26.
[14] BR-Drucks. 522/09, S. 52.
[15] Ausführlich dazu Kommentierung zu § 97 Abs. 4 GWB.
[16] BR-Drucks. 522/09, S. 52.
[17] BR-Drucks. 522/09, S. 52.
[18] *Stein/Friton* VergabeR 2010, 151, 154 f.
[19] *Kapellmann/Messerschmidt/Messerschmidt* § 8 a VOB/A RdNr. 10; *Müller-Wrede/Kulartz/Röwekamp,* SektVO, § 11 RdNr. 6.
[20] *Kapellmann/Messerschmidt/Glahs* § 8 a RdNr. 10; für eine Zurechnung „faktischer" Geschäftsführung vgl. zB *Ingenstau/Korbion/Schranner,* § 8 a RdNr. 7.
[21] *Stein/Friton* VergabeR 2010, 151, 155.
[22] Ebs. *Stein/Friton* VergabeR 2010, 151, 155; aA *Kulartz/Marx/Portz/Prieß/Hausmann* § 7 a RdNr. 31.
[23] *Gürtler,* in: *Göhler,* § 130 OWiG RdNr. 10.
[24] Vgl. *Park/Süßmann* § 130 OWiG RdNr. 2; *Loewenheim/Meesen/Riesenkampff/Cramer/Panais* § 81 RdNr. 33; *Langen/Bunte/Raum* § 81 RdNr. 26; BGH, Beschl. v. 25. 6. 1985, KRB 2/85.

inhaber kann sich jedoch exkulpieren, bspw. durch den Verweis auf die Installation eines wirksamen **Compliance-Systems**.[25]

11   **3. Ausnahmen vom Ausschluss bei zwingendem Ausschlussgrund (Abs. 3).** Abs. 3 lässt unter bestimmten Voraussetzungen Ausnahmen vom Ausschluss trotz Vorliegens eines zwingenden Ausschlussgrundes zu. Die Vorschrift entspricht im Wesentlichen § 6 EG Abs. 5 VOL/A. Nach Abs. 3 kann der Auftraggeber von einem Ausschluss wegen eines zwingenden Ausschlussgrundes iS von Abs. 1 S. 1 nur dann absehen, wenn dies 1. aus **zwingenden Gründen des Allgemeininteresses** geboten ist und 2. andere Unternehmen die Leistung nicht angemessen erbringen können oder 3., wenn auf Grund besonderer Umstände des Einzelfalls die Zuverlässigkeit des Unternehmens durch den Verstoß nicht in Frage gestellt wird. Die für die Ausnahme **aufgezählten Gründe sind abschließend** („nur"). Die Vorschrift stellt es in das **Ermessen** des Auftraggebers, ob er von einem Ausschluss absieht, dh. die Möglichkeit des Abs. 3 nutzt.

12   Die Vorschrift definiert nicht, was **zwingende Gründe des Allgemeininteresses** sind. Bei dem Merkmal **„Allgemeininteresse"** handelt es sich um einen gemeinschaftsrechtlichen Begriff, der in der gesamten Gemeinschaft eine autonome und einheitliche Auslegung erhalten muss. Der Begriff Allgemeininteresse ist unter Berücksichtigung der Vergaberichtlinien, der Grundsätze des AEUV und des Kontexts der Vorschrift sowie des mit ihr verfolgten Zwecks zu ermitteln und nach der Rechtsprechung des EuGH weit zu verstehen, um die praktische Wirksamkeit des Gemeinschaftsrechts zu gewährleisten.[26] Auf der Grundlage der Rechtsprechung des EuGH handelt es sich bei im Allgemeininteresse liegenden Aufgaben um solche, die hoheitliche Befugnisse, aber auch generell die Wahrnehmung der Belange des Staates und damit letztlich Aufgaben betreffen, die der Staat im Allgemeinen selbst erfüllen oder bei denen er einen entscheidenden Einfluss behalten möchte. Es handelt sich um Aufgaben, die eng mit der öffentlichen Ordnung und mit dem institutionellen Funktionieren des Staates verknüpft sind, auch wenn die die Aufgabe erfüllende Einrichtung selbst nicht förmlich in die staatliche Verwaltung eingegliedert ist.[27] Eine „Aufgabe im Allgemeininteresse" ist eine solche, die objektiv mehreren Personen zugute kommt und im Dienste der allgemeinen Öffentlichkeit wahrgenommen wird. Es handelt sich um Aufgaben, die nicht lediglich die Förderung des privaten Interesses eines einzelnen oder einer Gruppe von Personen, sondern die Gesamtheit der Bevölkerung zum Gegenstand haben.[28] Allgemeininteresse verweist daher auf die Wahrung des öffentlichen Interesses an der Sicherung der „Wohlfahrt" der Bürger, verstanden in einem weiten Sinne als Sicherung der Rechtsordnung und derjenigen Rahmenbedingungen für Staat, Gesellschaft und Wirtschaft, die Freiheitsentfaltung und Chancengleichheit der Bürger gewährleisten.[29]

13   Zwingende Gründe des Allgemeininteresses können vor diesem Hintergrund jedenfalls unmittelbare Gefahren für Leib, Leben und die staatliche Rechtsordnung, dh. **nicht anders abwendbare Notlagen** sein. Eine Notlage liegt bspw. vor, wenn der Auftraggeber mit der Bewältigung einer akuten Gefahrensituation und höherer Gewalt konfrontiert ist und Schäden von Leib und Leben abgewendet werden müssen, bspw. die Flutkatastrophe in Sachsen im Jahr 2002. Allerdings ist das jährlich wiederkehrende Frühlingshochwasser ohne Hinzutreten weiterer Umstände keine Situation, die eine Interimsvergabe zulässt.[30] Bsp. sind ferner Krankentransporte, der Schülerfreistellungsverkehr, BSE-Tests,[31] die Versorgung von einem Krankenhaus mit Wäsche und Maßnahmen gegen das Ausbrechen von Seuchen[32] oder Bewirtschaftung einer Erstaufnahmeeinrichtung und einer zentralen Unterbringungseinrichtung für Flüchtlinge und

---

[25] Zum nicht genügenden sog. „Window-dressing" siehe *Nell* ZRP 2008, 149, 150.

[26] EuGH, Urt. v. 27. 2. 2003, Rs. C-373/00 *Adolf Truley* Slg. 2003, I-1931, Rn. 36, 40, 45, NZBau 2003, 287 f.

[27] EuGH, Urt. v. 10. 4. 2008, Rs. C-393/06 *Wienstrom II*, NZBau 2008, 394, Rn. 40; Urt. v. 10. 11. 1998, Rs. C-360/96 Gemeente Arnhem, Slg. 1996 I, 6866; EuGH, Urt. v. 15. 1. 1998, Rs. C-44/96 Österreichische Staatsdruckerei, Slg. 1998, I-73, Rn. 4 f.

[28] GA Leger, Schlussanträge, Rs. C-44/96 Österreichische Staatsdruckerei, Rn. 64 f.

[29] *Hailbronner* DÖV 2003, 534, 538; OLG Düsseldorf, Beschl. v. 6. 7. 2005, Verg 22/05, für die Träger der gesetzlichen Unfallversicherung gem. § 29 Abs. 1 SGB IV.

[30] *Weyand*, ibr-online-Kommentar Vergaberecht, § 3 a VOL/A, 136.7.2.3.2, Rn. 6335; *Müller-Wrede/Kaelble,* VOL/A Kommentar, § 3 a Rn. 195.

[31] OLG Schleswig, Beschl. v. 4. 5. 2001, 6 Verg 2/01, Umdruck nach Veris S. 5.

[32] *Weyand*, ibr-online-Kommentar Vergaberecht, § 3 a VOL/A, 136.7.2.3.3, Rn. 6340; *Müller-Wrede/Kaelble,* VOL/A Kommentar, § 3 a Rn. 193.

asylsuchende Ausländer.[33] In all diesen Fällen darf die Möglichkeit, die fragliche Leistung nicht ausführen zu lassen, **keine Alternative** sein. Die Voraussetzungen sind denen ähnlich, die für eine Direktvergabe auf Grund besonderer Dringlichkeit zu fordern sind.

Auf der Grundlage von Abs. 3 Nr. 3 ist eine Ausnahme auch dann zulässig, wenn **im Einzelfall keine Unzuverlässigkeit gegeben** ist. Diese Ausnahme erfasst die Möglichkeit der **Selbstreinigung**. Im Bereich der fakultativen Ausschlussgründe und nach der wohl hM auch bei zwingenden Ausschlussgründen haben Unternehmen die Möglichkeit, unter bestimmten Voraussetzungen einen Ausschluss abzuwenden bzw. einem solchen vorzubeugen. Das kann durch die Vornahme von **Selbstreinigungsmaßnahmen** geschehen. Dafür sind insbesondere folgende Maßnahmen notwendig: Einführung von internen organisatorischen und personellen Vorkehrungen, um einen weiteren Verstoß in der Zukunft zu verhindern; Unterstützung der Ermittlungsbehörde und der Vergabestelle bei der Aufklärung des Verstoßes und Ersatz der Schäden, die durch das Fehlverhalten entstanden sind.[34]

4. Fakultative Ausschlussgründe (Abs. 4). Abs. 4 benennt **abschließend** die **fakultativen Ausschlussgründe**. Es handelt sich um eine Auswahl der in Art. 45 Abs. 2 VKR aufgelisteten Tatbestände. Bei Vorliegen der Voraussetzungen eines fakultativen Ausschlussgrundes **kann** der Auftraggeber Unternehmen ausschließen, muss es aber nicht. Im Unterschied zu den zwingenden Ausschlussgründen muss **keine rechtskräftige Verurteilung** vorliegen. So bestimmt Abs. 4 Nr. 5 als Auffangtatbestand, dass ein Bieter ausgeschlossen werden kann, wenn er nachweislich eine schwere Verfehlung begangen hat, die seine Zuverlässigkeit in Frage stellt. Der Begriff der „schweren Verfehlung" ist ein unbestimmter Rechtsbegriff, so dass dem Auftraggeber bei der Auslegung ein Beurteilungs- und zudem hinsichtlich des Ausschlusses des Unternehmens ein Ermessensspielraum zukommt.[35] Das bedeutet, dass es erstens dem Auftraggeber überlassen ist, zu beurteilen, ob im Einzelfall eine vergaberechtlich relevante Verfehlung vorliegt. „Schwere Verfehlungen" sind nur erhebliche Rechtsverstöße, etwa gegen strafrechtliche Bestimmungen, wie eine Strafbarkeit wegen Untreue, Unterschlagung, Urkundenfälschung oder Diebstahls.[36] Selbst bei Vorliegen einer schweren Verfehlung, steht es zweitens im Ermessen des Auftraggebers, das betreffende Unternehmen auszuschließen. Voraussetzung für einen Ausschluss ist in diesem Fall, dass konkrete objektivierte Anhaltspunkte für schwere Verfehlungen bestehen; eine rechtskräftige Verurteilung ist jedoch gerade nicht erforderlich.[37] Der öffentliche Auftraggeber trägt die Beweislast für das Vorliegen der Verfehlung.[38]

5. Selbstbindung des öffentlichen Auftraggebers (Abs. 5). Der öffentliche Auftraggeber muss nach Abs. 5 Unternehmen, die auf der Grundlage des **Grundsatzes der Selbstbindung** ausschließen, wenn diese Kriterien erfüllen, bei deren Vorliegen er den Ausschluss vorgegeben hat. Das bedeutet, der Auftraggeber darf im Nachhinein nicht mehr von der bekannt gemachten Sanktion abweichen. Etwas anderes wäre nicht mit den Grundsätzen des § 97 Abs. 1 und 2 GWB zu vereinbaren.

§ 22 Bewerber- und Bietergemeinschaften

¹**Bewerber- und Bietergemeinschaften sind Einzelbewerbern und -bietern gleichzusetzen.** ²**Soll der Auftrag an mehrere Unternehmen gemeinsam vergeben werden, kann der Auftraggeber verlangen, dass diese Unternehmen eine bestimmte Rechtsform annehmen, sofern dies für die ordnungsgemäße Durchführung des Auftrags erforderlich ist.**

Schrifttum: *Gabriel*, Neues zum Ausschluss von Bietern und Bietergemeinschaften wegen Mehrfachbeteiligungen: Einzelfallprüfung statt Automatismus, NZBau 2010, 225; *Gabriel/Benecke/Geldsetzer*, Die Bietergemeinschaft, 1. Aufl. 2007; *Greb/Müller*, Kommentar zur SektVO, 1. Aufl. 2010; *Hölzl*, „Assitur": Die

---

[33] VK Arnsberg, Beschl. v. 25. 8. 2008, VK 14/08.

[34] Vgl. OLG Brandenburg, Urt. v. 14. 12. 2007, Verg W 21/07; OLG Düsseldorf, Urt. v. 9. 4. 2003, Verg 66/02.

[35] Bspw.: VK Düsseldorf, Beschl. v. 31. 10. 2005, VK-30/2005-B.

[36] *Müller-Wrede/Kulartz/Röwekamp*, SektVO, § 11 RdNr. 15; *Kapellmann/Messerschmidt/Glahs* § 8 RdNr. 53; *Kreßner* 82.

[37] *Kulartz/Marx/Portz/Prieß/Hausmann* § 7 VOL/A RdNr. 233.

[38] VK Nordbayern, Beschl. v. 22. 1. 2007, 21.VK-3194-44/06; VK Lüneburg, Beschl. v. 18. 10. 2005, VgK-47/2005; VK Hessen, Beschl. v. 9. 2. 2004, 69d-VK-79/2003, 69d-VK-80/2003; *Müller-Wrede/Kulartz/Röwekamp*, SektVO, § 11 RdNr. 19.

Wahrheit ist konkret!, NZBau 2009, 751 ff.; *Marx*, Vergaberecht für Versorgungsbetriebe, 2010; *Müller-Wrede*, SektVO, 2010; *Prieß/Sachs*, Irrungen, Wirrungen: Der vermeintliche Bieterwechsel – Warum entgegen OLG Düsseldorf (NZBau 2007, 254) im Falle einer Gesamtrechtsnachfolge die Bieteridentität regelmäßig fortbesteht, NZBau 2007, 763; *Weyand*, ibr-online-Kommentar Vergaberecht, Stand 18. 3. 2010.

I. Regelungsgehalt und Überblick

1   § 22 betrifft die **Beteiligung von Bewerber- und Bietergemeinschaften an Vergabeverfahren** im Sektorenbereich und erlaubt Auftraggebern die Rechtsform dafür vorzugeben. Der Zusammenschluss mehrerer Unternehmen zu einer Bewerber- bzw. Bietergemeinschaft dient dazu, die **Leistungsfähigkeit zu erhöhen**, und auf dieser Grundlage ein gemeinsames Angebot abzugeben sowie im Auftragsfall den Vertrag gemeinsam auszuführen.[1] Die Zulässigkeit der Bildung einer Bietergemeinschaft hängt vor dem Hintergrund der Gewährleistung eines fairen Wettbewerbs von dem konkreten Verfahrensstadium ab.

2   Die Vorschrift setzt Art. 11 Abs. 2 SKR um. Ähnliche Bestimmungen enthalten die §§ 6 Abs. 1 Nr. 2 iVm. 6a Abs. 8 VOB/A und §§ 6 Abs. 1, 6 EG Abs. 2 VOL/A sowie § 4 Abs. 1 VOF. Die Vorschrift enthält keinerlei Regelungen für die bei der Beteiligung von Bietergemeinschaften an Vergabeverfahren auftretenden rechtlichen Schwierigkeiten. Das betrifft bspw. die Frage der Mehrfachbeteiligung von Unternehmen oder, wie zu verfahren ist, wenn sich die Zusammensetzung der Bietergemeinschaft während des Vergabeverfahrens ändert oder eine solche erstmals gebildet wird.

3   S. 1 stellt Bewerber- und Bietergemeinschaften rechtlich und tatsächlich mit Einzelbewerbern und -bietern gleich. S. 2 ermöglicht es dem Auftraggeber, bei einer Vergabe des Auftrags an mehrere Unternehmen die Rechtsform für diese Unternehmen vorzugeben.

II. Systematische Stellung und Zweck der Norm

4   § 22 steht im Regelungszusammenhang mit § 20 Abs. 3, der Bietergemeinschaften die Möglichkeit gibt, sich bei dem Nachweis der Eignung in Form der Fachkunde und Leistungsfähigkeit auf die **Fähigkeiten und Kapazitäten anderer Unternehmen** zu stützen. Die Vorschrift ermöglicht damit, dass Unternehmen, die für sich alleine die ausgeschriebene Leistung nicht erbringen könnten, die ihnen fehlenden Leistungsbereiche durch ein anderes Unternehmen ergänzen können; das gilt insbesondere für kleinere und mittlere Unternehmen.[2] § 22 ermöglicht damit insgesamt **mehr Wettbewerb**, weil sich grundsätzlich zahlenmäßig mehr Unternehmen an Vergabeverfahren beteiligen können. Das entspricht dem Ziel des Unionsrechts.[3] Die Vorschrift setzt damit ua. den in § 97 Abs. 1 GWB verankerten Wettbewerbsgrundsatz und den in § 97 Abs. 3 GWB niedergelegten Grundsatz der Mittelstandsförderung um.

5   Die Vorschrift bezieht sich ausweislich ihres Wortlauts auf Bewerber- und Bietergemeinschaften. Die Bezeichnung als „Bewerber" und „Bieter" folgt aus dem **Status einer Gemeinschaft aus mehreren Unternehmen** in den verschiedenen Stadien eines Vergabeverfahrens. Bei einer Bewerbergemeinschaft handelt es sich um einen **Zusammenschluss von mindestens zwei Unternehmen** bis zum Abschluss eines Teilnahmewettbewerbs.[4] Eine Bewerbergemeinschaft wird mit dem erfolgreichen Abschluss des Teilnahmewettbewerbs und dem Beginn der Phase der Angebotsabgabe zu einer Bietergemeinschaft,[5] dh. einer Gemeinschaft, die für das betreffende Vergabeverfahren *ein* Angebot mit rechtlicher Wirkung für beide Unternehmen abgibt, also bietet. Die Abgrenzung zwischen beiden Gemeinschaften kann im Rahmen eines Verhandlungsverfahrens mitunter schwierig sein, allerdings werden diese ohnehin von der SektVO gleich behandelt, so dass eine Differenzierung hier nicht erforderlich ist.[6]

6   Bewerber- und Bietergemeinschaften handeln regelmäßig in der Rechtsform einer **Gesellschaft bürgerlichen Rechts** (GbR) gemäß §§ 705 ff. BGB.[7] Durch ihre Handlungen gegenüber dem Auftraggeber ist die Bewerber-/Bietergemeinschaft als (Außen-)GbR sowohl

---

[1] KG Berlin, Beschl. v. 7. 5. 2007, 23 U 31/06.
[2] OLG Düsseldorf, Beschl. v. 9. 1. 2008, VII-Verg 33/07; VK Sachsen, Beschl. v. 20. 9. 2006, 1/SVK/085/06.
[3] EuGH, C-538/07 – Assitur RdNr. 26, BeckRS 2009, 70535 mit Anm. *Hölzl*, NZBau 2009, 751.
[4] BayObLG, Beschl. v. 4. 2. 2003, Verg 31/02; OLG Koblenz, Beschl. v. 5. 9. 2002.
[5] OLG Koblenz, Beschl. v. 5. 9. 2002.
[6] *Müller/Wrede/Lux,* SektVO, § 22 Rn. 11.
[7] KG Berlin, Beschl. v. 7. 5. 2007, 23 U 31/06.

rechts-,[8] als auch gemäß § 47 Abs. 2 GBO nF., grundbuchfähig. Die Zusammenschlüsse können aber auch andere Rechtsformen haben.

1. Gleichstellung (Satz 1). S. 1 setzt Bieter- und Bewerbergemeinschaften den Einzelbewerbern oder -bietern gleich. Gleichsetzung bedeutet, dass keine anderen Anforderungen als an Einzelbewerber bzw. -bieter gestellt werden dürfen, solange kein **sachlicher Grund** dafür besteht. S. 1 konkretisiert damit das Gleichbehandlungsgebot aus § 97 Abs. 2 GWB und Art. 10 SKR für die Teilnahme von Unternehmensgemeinschaften an Vergabeverfahren.   7

Für die **Eignungsprüfung** enthält S. 1 zunächst die Regelung, dass die von den Unternehmen für die Zeit des Vergabeverfahrens und der Leistungserbringung gebildete Gemeinschaft vergaberechtlich als Einheit anzusehen ist. Die Eignung ist also für die Bietergemeinschaft insgesamt und nicht hinsichtlich ihrer einzelnen Mitglieder festzustellen. Bei einer solchen Gemeinschaft wird regelmäßig von § 20 Abs. 3 Gebrauch gemacht, so dass sich die Gemeinschaft bei der Feststellung der Leistungsfähigkeit auf die Kapazitäten ihrer Konzernunternehmen berufen kann. Faktisch weisen Bewerber- und Bietergemeinschaften die Eignung letztlich anhand der Eignung der sie tragenden Unternehmen nach. Hierbei ist zwischen **Positiv- und Negativnachweisen** zu differenzieren. Der Positivnachweis der Fachkunde und Leistungsfähigkeit muss nur von einem einzigen an der Gemeinschaft beteiligten Unternehmen erbracht werden. Der Negativnachweis, dass keine Ausschlussgründe iSd. § 21 vorliegen, muss dagegen von allen Unternehmen der Gemeinschaft erbracht werden, um den Sanktionszweck der Ausschlussgründe nicht zu unterlaufen.   8

Die Teilnahme von **Bewerber- bzw. Bietergemeinschaften** an Vergabeverfahren wirft in der Vergabepraxis nicht selten die Frage auf, ob die **Veränderung der Zusammensetzung einer Bewerber- bzw. Bietergemeinschaft** im Verlauf des Vergabeverfahrens durch Eintritt, Ausscheiden oder Auswechslung eines Mitglieds zulässig ist. Die Frage ist bislang von der Rechtsprechung und Literatur nicht abschließend geklärt.[9] Grund dafür ist, dass im Zeitraum zwischen Angebotsabgabe und Zuschlagserteilung Änderungen des Angebots in sachlicher wie auch in personeller Hinsicht grundsätzlich nicht zulässig sind. Das **Verbot einer Änderung des Angebots** erstreckt sich auch auf die **Zusammensetzung einer Bietergemeinschaft**.[10] Bietergemeinschaften können grundsätzlich nur bis zur Angebotsabgabe gebildet und geändert werden. Die Abgabe des Angebots ist dafür die entscheidende Zäsur. In der Zeit zwischen der Abgabe des Angebots und der Erteilung des Zuschlags sind Änderungen, dh. Auswechslungen, grundsätzlich nicht mehr zugelassen, weil sie als unzulässige Änderung des Angebots zu bewerten sind. Bietergemeinschaften dürfen grundsätzlich nur bis zum Einreichen des Angebots gebildet werden. Gleiches gilt für Veränderungen in der Zusammensetzung der Bietergemeinschaft, dh., das Hinzutreten, der Wegfall von Mitgliedern oder die Veräußerung eines Betriebsteils in der Zeit nach Abgabe des Angebots bis zur Zuschlagserteilung.   9

Grundsätzlich ist davon auszugehen, dass die Gemeinschaft als Gesellschaft bürgerlichen Rechts auch bei einer Veränderung der Zusammensetzung ihrer Mitglieder identitätswahrend weiterbesteht und damit die Veränderung vergaberechtlich unproblematisch ist. Ob das der Fall ist, muss auf der Grundlage der Umstände des Einzelfalls bewertet werden. Kommt es zu einem Wechsel der Zusammensetzung, kann der Auftraggeber jedoch unter Umständen gehalten sein, die Eignung einer Bietergemeinschaft erneut zu überprüfen. Ein Wiedereintritt in die Eignungsprüfung ist jederzeit zulässig.[11] Das Angebot einer Bietergemeinschaft ist nach der Rechtsprechung jedoch zwingend von der Wertung auszuschließen, wenn es **nach Angebotsabgabe** zu einem **Wechsel der Identität des Bieters** kommt und damit das Angebot nachträglich unzulässig geändert wird.[12] Vergaberechtlich führt die Beendigung der Bietergemeinschaft und die Übernahme des abgegebenen Angebots durch den verbliebenen Teil der Bietergemeinschaft oder einen Dritten zu einem Wechsel der Person und damit der Identität des Bieters, die Bestandteil des Angebots ist.[13] Inhalt des Angebots ist nicht nur die Beschaffenheit der versprochenen Leistungen, sondern auch die Person des Leistenden (oder deren Mehrheit). In dem Zeitraum zwischen   10

---

[8] Vgl. BGHZ 146, 341.
[9] Vgl. die Rechtsprechungsnachweise bei *Weyand* § 8 VOB/A RdNr. 3834 ff.
[10] OLG Düsseldorf, Beschl. v. 24. 5. 2005, VII – Verg 28/05 NZBau 2005, 710.
[11] Ausführlich dazu Kommentierung zu § 97 Abs. 4 GWB.
[12] OLG Düsseldorf, Beschl. v. 24. 5. 2005, VII – Verg 28/05, für den Fall, dass sich durch das Ausscheiden eines von zwei Gesellschaftern einer Bietergemeinschaft die Identität des Bieters ändert, weil dadurch die Gesellschaft endete und aus der Bietergemeinschaft ein Einzelbieter wurde.
[13] OLG Düsseldorf, Beschl. v. 24. 5. 2005, VII – Verg 28/05 NZBau 2005, 710.

Angebotsabgabe und Zuschlagserteilung sind einseitige Angebotsänderungen in sachlicher wie auch in personeller Hinsicht grundsätzlich nicht statthaft. Das Verbot einer (nachträglichen) Änderung des Angebots erstreckt sich auch auf die Zusammensetzung einer Bietergemeinschaft.[14]

11   Die Zulässigkeit der **Bildung einer nachträglichen Bietergemeinschaft**, dh. nach Abgabe des Angebots, ist davon abhängig, ob die Grundsätze eines wettbewerbsmäßigen und nicht diskriminierenden Vergabeverfahrens durch den Zusammenschluss verletzt werden. Die Bildung einer Bietergemeinschaft ist nur dann zulässig, wenn der betreffende Bieter, der sich nachträglich mit einem weiteren Unternehmen zu einer Arbeitsgemeinschaft zusammenschließt, auch ohne den Zusammenschluss den Auftrag erhalten hätte.[15] Das ist aber nur dann möglich, wenn der Zusammenschluss mit einem Unternehmen erfolgt, das am Vergabeverfahren teilgenommen hat. Ein Zusammenschluss mit einem außenstehenden Unternehmen widerspricht den Grundsätzen einer wettbewerbsmäßigen Vergabe. Ein Dritter käme in diesem Fall ohne eine Teilnahme an einem wettbewerblichen Vergabeverfahren an einen öffentlichen Auftrag. Die Zulassung von nachträglichen Bietergemeinschaften ist deshalb **restriktiv zu handhaben**, weil sie den Wettbewerb zwischen den Bietern um einen öffentlichen Auftrag beschränkt. Die Genehmigung einer nachträglichen Bietergemeinschaft sollte jedoch nicht generell unzulässig sein, sondern im Ermessen des Auftraggebers stehen und von dessen Einverständnis abhängig sein.[16] Zudem sollte das betreffende Unternehmen auf der Grundlage der Verdingungsunterlagen einer Eignungsprüfung unterzogen werden.

12   Die Beteiligung von Unternehmen in Form einer Bietergemeinschaft an Vergabeverfahren ist auch dann problematisch, wenn während des Vergabeverfahrens ein Mitglied ausscheidet oder einen Teilbetrieb an einen Dritten veräußert. Bewertungsmaßstab für die Frage, ob bei einer Rechtsnachfolge ein Ausschlussgrund vorliegt, sind allein die allgemeinen vergaberechtlichen Prinzipien des Wettbewerbs, der Gleichbehandlung und der Transparenz.[17] Bleibt das Unternehmen selbst Mitglied der Bietergemeinschaft und tritt der Erwerber des Teilbetriebs nicht in die Bietergemeinschaft ein, bleibt die **rechtliche Identität der Bietergemeinschaft** erhalten, so dass der weiteren Teilnahme an dem Vergabeverfahren nichts entgegensteht.[18] Auch die **Verschmelzung** eines Bieterunternehmens kraft Eintragung dieses Vorgangs in das Handelsregister in der Phase zwischen Ablauf der Angebotsabgabefrist und Zuschlag führt nicht zu einer Auswechslung des Bieterunternehmens.[19] Dieser Vorgang ist mit der Gesamtrechtsnachfolge zu vergleichen, bei der sich *idealiter* die gesamte Rechts- und Pflichtenstellung des übertragenden Rechtsträgers im übernehmenden Rechtsträger fortsetzt. Bis auf Ausnahmefälle geht grundsätzlich das ganze Vermögen des übertragenden Rechtsträgers einschließlich der Verbindlichkeiten auf den übernehmenden Rechtsträger über. Das bedeutet, auch das Unternehmen als solches und auch sein Knowhow bleibt bestehen.[20] Das gilt auch für die konzerninterne Verschmelzung oder Anwachsung. Eine solche Unternehmensumstrukturierung bringt keine Veränderung des Unternehmens mit sich. Im Rechtssinn handelt es sich deshalb nicht um eine inhaltliche Änderung des Angebots, die zum Ausschluss von der Wertung führt.[21] Für den **Nachweis der Verfügbarkeit im Rahmen der Eignungsprüfung bei Rechtsnachfolge** zB eines für die Auftragsdurchführung notwendigen Betriebsteils reicht es aus, dass der Rechtsnachfolger erklärt, dem Mitglied der Bietergemeinschaft die von ihm übernommenen sachlichen Gerätschaften und personellen Ressourcen für das konkrete ausgeschriebene Bauvorhaben zur Verfügung zu stellen. In einer solchen Situation darf es einem Bieter ebenso wenig durch erhöhte Anforderungen unangemessen erschwert werden, den Nachweis seiner Leistungsfähigkeit und den Nachweis der (Wieder-)Verfügbarkeit von Mitteln (Gerät und Personal) zu führen, wie es einem Bieter generell untersagt werden kann, das Unternehmen oder Teile davon während eines Vergabeverfahrens zu veräußern.[22]

---

[14] OLG Düsseldorf, Beschl. v. 24. 5. 2005, VII – Verg 28/05 NZBau 2005, 710.

[15] *Weyand* § 8 VOB/A RdNr. 3837 ff.

[16] VK Südbayern, Beschl. v. 17. 7. 2001, 23-06/01; aA: VK Bund, Beschl. v. 22. 2. 2008, VK 1–4/08.

[17] *Prieß/Sachs* NZBau 2007, 763, 764, unter Verweis auf OLG Düsseldorf, Beschl. v. 18. 10. 2006, VII-Verg 30/06.

[18] OLG Düsseldorf, Beschl. v. 18. 10. 2006, VII-Verg 30/06, NZBau 2007, 254 ff.; OLG Düsseldorf, Beschl. v. 26. 1. 2005, VII – Verg 45/04.

[19] Anders OLG Düsseldorf, Beschl. v. 18. 10. 2006, VII-Verg 30/06, NZBau 2007, 254 ff.

[20] *Prieß/Sachs* NZBau 2007, 763, 765.

[21] OLG Düsseldorf, Beschl. v. 18. 10. 2006, VII-Verg 30/06; OLG Düsseldorf, Beschl. v. 25. 5. 2005, VII-Verg 8/05; Beschl. v. 11. 10. 2006, VII-Verg 34/06.

[22] OLG Düsseldorf, Beschl. v. 26. 1. 2005, Verg 45/04.

Unternehmen, die als Mitglied einer Bewerber- bzw. Bietergemeinschaft an Vergabeverfah- **13** ren teilnehmen, bewerben sich häufig zusätzlich als Einzelunternehmen, um die Chancen auf Erhalt des Auftrags zu erhöhen. Die **Mehrfachbeteiligung** von Unternehmen hat grundsätzlich zur Konsequenz, dass das betreffende Unternehmen nicht nur Kenntnis von dem eigenen Angebot und dessen Inhalt, sondern mehr oder weniger auch von einem weiteren Angebot besitzt. Je vertiefter bzw. umfangreicher diese Kenntnisse sind, desto eher ist die Verletzung des vergaberechtlich zu gewährleistenden geheimen Wettbewerbs zwischen den am Verfahren teilnehmenden Bietern möglich. Das wirft die Frage auf, ob und unter welchen Voraussetzungen eines dieser Unternehmen oder auch beide von dem Vergabeverfahren auszuschließen sind. Die Mehrfachbeteiligung von Unternehmen als Einzelbieter und als Mitglied einer Bietergemeinschaft ist auf der Grundlage des deutschen Vergaberechts bislang als wettbewerbsbeschränkende Verhaltensweise beurteilt worden und hat in den meisten Fällen zum Ausschluss der Angebote aller betroffenen Bieter, dh. der Bietergemeinschaft und des Einzelbieters geführt.[23] Der automatische Ausschluss des Angebots ohne vorausgehende Prüfung der Umstände des Einzelfalls ist auf der Grundlage der Rechtsprechung des EuGH als unverhältnismäßig.[24] Die Vergabestelle muss die tatsächlichen Umstände des Einzelfalls auf einen konkreten Verstoß gegen den Wettbewerbsgrundsatz prüfen. Ferner muss sie dem betroffenen Bewerber bzw. Bieter die Möglichkeit zur Stellungnahme geben.[25] Der Ausschluss darf auf der Grundlage des Grundsatzes der Verhältnismäßigkeit erst erfolgen, wenn es den betroffenen Bietern nach Einräumung einer Stellungnahmemöglichkeit nicht gelingt, den Anschein einer Verletzung des Geheimwettbewerbs infolge wechselseitiger Angebotskenntnis auszuräumen.[26] Andernfalls käme es zu einer unverhältnismäßigen Verringerung der Zahl der beteiligten Bewerber bzw. Bieter und damit einer Einschränkung des Wettbewerbsgrundsatzes. Bieter sollten auch nach der jüngsten Entscheidung des EuGH – Rechtssache Serratoni – in ihrem Angebot auf den Umstand der Mehrfachbeteiligung und die in dieser Hinsicht zum Ausschluss wettbewerbswidriger Verhaltensweisen getroffenen Vorkehrungen hinweisen.

Die Frage der **Mehrfachbeteiligung** wird in der Vergaberechtspraxis insbesondere auch **im 14 Fall verbundener Unternehmen** aufgeworfen. Die Gefahr der Beeinträchtigung des Wettbewerbs ist in diesem Fall grundsätzlich noch größer als im Fall der gewöhnlichen Mehrfachbeteiligung. Bislang sind Unternehmen auch in diesem Fall regelmäßig automatisch von dem Vergabeverfahren ausgeschlossen worden. Der EuGH hat in der Rechtsache Assitur entschieden, dass der zwingende Ausschluss eines Unternehmens auch in dieser Konstellation allein wegen der potentiellen Gefahr einer Beeinträchtigung des Wettbewerbs nicht verhältnismäßig ist.[27] Vielmehr muss die Vergabestelle auf Basis der konkreten Umstände des Einzelfalls prüfen, ob die im Rahmen einer Ausschreibung abgegebenen Angebote durch die gesellschaftsrechtliche Verbundenheit inhaltlich beeinflusst worden sind bzw. ob belastbare Anhaltspunkte für ein wettbewerbswidriges Verhalten vorliegen. Dieser Ansatz gilt für alle Konstellationen paralleler Beteiligungen von verbundenen Unternehmen.[28] Könnten konzernverbundene Unternehmen nicht an Vergabeverfahren teilnehmen, würde dies außer Acht lassen, dass sich in der Regel auch konzernverbundene Unternehmen wirtschaftlich eigenständig bewegen und sogar in einem gewissen internen Konkurrenzkampf miteinander stehen; ferner käme es indirekt zu einem vom Vergaberecht nicht beabsichtigten pauschalen Schutz anderer Unternehmen vor Konkurrenz.[29]

Die **Mehrfachbeteiligung** kann auch dadurch vorliegen, dass ein Unternehmen sich als Bie- **15** ter bzw. **Mitglied einer Bietergemeinschaft und als Nachunternehmer** beteiligt. Der bloße Umstand, dass ein Bieter ein eigenes Angebot abgibt und daneben von jemand anderem als Nachunternehmer eingesetzt werden soll, genügt nicht, die für einen Angebotsausschluss erforderliche Kenntnis beider Angebote und damit einen Verstoß gegen den Geheimwettbe-

[23] OLG Naumburg, Beschl. v. 30. 7. 2004, 1 Verg 10/04 BeckRS 2004, 11908; OLG Düsseldorf, BeckRS 2004, 2041; *Gabriel*, NZBau 2010, 225, 226; *Gabriel/Benecke/Geldsetzer*, Die Bietergemeinschaft, 27 RdNr. 42.
[24] EuGH, C-376/08 – Serratoni, RdNr. 37 f., NZBau 2010, 261, mit Anm. *Gabriel* NZBau 2010, 225.
[25] EuGH, C-376/08 – Serratoni, NZBau 2010, 261, mit Anm. *Gabriel* NZBau 2010, 225.
[26] *Gabriel* NZBau 2010, 225, 226.
[27] EuGH, C-538/07 – Assitur, BeckRS 2009, 70535,70535 mit Anm. *Hölzl* NZBau 2009, 751.
[28] Zu den einzelnen Konstellationen *Hölzl* NZBau 2009, 751 ff.
[29] VK Lüneburg, Beschl. v. 5. 3. 2008, VgK-03/2008; VK Mecklenburg-Vorpommern, Beschl. v. 7. 1. 2008, 2 VK 5/07; VK Bund, Beschl. v. 4. 7. 2006, VK 3–60/06; VK Düsseldorf, Beschl. v. 21. 11. 2003, VK – 33/2003 – L; *Weyand*, § 97 RdNr. 115.

werb festzustellen. Dazu müssen weitere Tatsachen hinzukommen, die nach Art und Umfang des Nachunternehmereinsatzes sowie mit Rücksicht auf die Begleitumstände eine Kenntnis von dem zu derselben Ausschreibung abgegebenen Konkurrenzangebot annehmen lassen.[30] Bieter und Nachunternehmer, die ihrerseits als Bieter auftreten, können dann nicht ausgeschlossen werden, wenn beiden Bietern – dem jeweils anderen Bieter in ihrer Ausgestaltung unbekannt bleibende – nennenswerte Gestaltungsfreiräume bei der Kalkulation des jeweils eigenen Angebots verbleiben.[31]

16   Die Gewährleistung eines Geheimwettbewerbs zwingt zum Ausschluss von Angeboten von Bietern, die nach den Umständen eine **verdeckte Bietergemeinschaft** eingegangen sind.[32] Grundsätzlich sind alle Entscheidungen während der Angebotsvorbereitung bis zur Abgabe einschließlich der Verhandlung und alle **Entscheidungen** in Bezug auf das Angebot von den Mitgliedern der Bietergemeinschaft **einstimmig zu treffen**.[33] Damit soll sichergestellt werden, dass kein Gesellschafter im Rahmen seiner gesamtschuldnerischen Haftung in eine Angebotsbindung hineingerät, mit der er sich nicht identifizieren kann. Auftraggeber dürfen von Bietergemeinschaften grundsätzlich eine gesamtschuldnerische Haftung verlangen.[34]

17   **2. Bestimmung der Rechtsform der Gemeinschaft durch den Auftraggeber.** Für den Fall, dass der Auftrag an mehrere Unternehmen gemeinsam vergeben werden soll, bestimmt S. 2, dass der Auftraggeber verlangen kann, dass diese Unternehmen eine **bestimmte Rechtsform** annehmen, sofern dies für die ordnungsgemäße Durchführung des Auftrags erforderlich ist. Das gilt jedoch nur für die **Phase der Leistungserbringung** und nicht bereits für die Teilnahme am Vergabeverfahren.[35] Die Regelung des S. 2 ist Ausdruck eines gerechten Ausgleichs zwischen den Interessen von Bietergemeinschaften und den Belangen der öffentlichen Auftraggeber. Zwar erschwert es Bietergemeinschaften die Teilnahme am Wettbewerb erheblich, wenn sie eine andere Rechtsform annehmen müssen, als die, in der sie typischerweise auftreten, also als GbR, ggf. OHG. Auftraggebern ist es jedoch nicht zu verwehren, auf die Annahme einer bestimmten Rechtsform zu bestehen, sofern dies für die ordnungsgemäße Durchführung des Auftrags notwendig ist.[36] Die Zulassung dieser Anforderung bereits für die Teilnahme am Vergabeverfahren, bspw. die Teilnahme in Form einer Projektgesellschaft, würde auf Grund der dafür notwendigen Vorarbeiten, zu hohe Kosten verursachen.[37]

§ 23 Qualitätssicherungs- und Umweltmanagementnormen

(1) [1]**Verlangt der Auftraggeber die Vorlage von Bescheinigungen unabhängiger Stellen zum Nachweis dafür, dass das Unternehmen bestimmte Qualitätssicherungsnormen erfüllt, so muss er auf Qualitätssicherungsverfahren Bezug nehmen, die den einschlägigen europäischen Normen genügen und gemäß den europäischen Normen zertifiziert sind.** [2]**Der Auftraggeber erkennt gleichwertige Bescheinigungen von Stellen aus anderen Mitgliedstaaten und andere Nachweise für gleichwertige Qualitätssicherungsmaßnahmen von den Unternehmen an.**

(2) [1]**Verlangt der Auftraggeber zur Überprüfung der technischen Leistungsfähigkeit des Unternehmens bei der Vergabe von Bau- und Dienstleistungsaufträgen zum Nachweis dafür, dass das Unternehmen bestimmte Normen für das Umweltmanagement erfüllt, die Vorlage von Bescheinigungen unabhängiger Stellen, so nimmt er entweder auf das Gemeinschaftssystem für das Umweltmanagement und die Umweltbetriebsprüfung (EMAS) Bezug oder auf Normen für das Umweltmanagement, die auf den einschlägigen europäischen oder internationalen Normen beruhen und gemäß dem Gemeinschaftsrecht oder gemäß einschlägigen europäischen oder internationalen Zertifizierungsnormen zertifiziert sind.** [2]**Der Auftraggeber erkennt gleich-**

---

[30] KG Berlin, Beschl. v. 13. 3. 2008, 2 Verg 18/07; OLG Düsseldorf, Beschl. v. 9. 4. 2008, VII-Verg 2/08; OLG Jena, Beschl. v. 29. 8. 2008, 9 Verg 5/08; *Weyand,* § 97 RdNr. 125.

[31] OLG Düsseldorf, Beschl. v. 9. 4. 2008, VII – Verg 2/08; *Weyand,* § 97 RdNr. 125/0, 2.

[32] VK Schleswig-Holstein, Beschl. v. 17. 9. 2008, VK-SH 10/08; VK Rheinland-Pfalz, Beschl. v. 14. 6. 2005, VK 16/05.

[33] KG, Beschl. v. 7. 5. 2007, 23 U 31/06.

[34] OLG Düsseldorf, Beschl. v. 29. 3. 2006, VII – Verg 77/05.

[35] KG, Beschl. v. 4. 7. 2002, KartVerg 8/02.

[36] KG, Beschl. v. 13. 8. 2002, KartVerg 8/02.

[37] *Müller-Wrede/Lux,* SektVO, § 22, RdNr. 19.

wertige Bescheinigungen von Stellen aus anderen Mitgliedstaaten und andere Nachweise über gleichwertige Qualitätssicherungsmaßnahmen an.

Schrifttum: *Anker/Sinz,* BauR 1995, 629 ff.; *Greb/Müller,* Kommentar zur SektVO, 2010; *Leinemann,* Das neue Vergaberecht, 2. Aufl. 2010; *Müller-Wrede,* SektVO, 2010; *Weyand,* ibr-online-Kommentar Vergaberecht, Stand 18. 3. 2010.

I. Regelungsgehalt und Überblick

§ 23 enthält Vorgaben an Auftraggeber, wenn diese **Bescheinigungen über bestimmte** 1
Qualitätssicherungs- (Abs. 1) und **Umweltmanagementnormen** (Abs. 2) von Bewerbern oder Bietern verlangen. Vergleichbare Regelungen gibt es in § 6a Abs. 11 VOB/A, § 7 EG Abs. 10 und 11 VOL/A sowie § 5 Abs. 7 und 8 VOF. § 23 beruht inhaltlich auf Art. 52 Abs. 2 und 3 SKR.[1]

II. Systematische Stellung und Zweck der Norm

Bei den Bescheinigungen zur Erfüllung einer Qualitätssicherungs- oder Umweltmanagementnorm handelt es sich um zusätzliche **Nachweise im Rahmen der Eignung.**[2] § 23 konkretisiert insofern die Regelung des § 97 Abs. 4 S. 2 GWB. Die Nachweise müssen **auf die Ausführung des konkreten Auftrags bezogen** sein, eine allgemeine Erfüllung bestimmter Normen kann nicht verlangt werden. Ferner können solche Nachweise nur gefordert werden, wenn hinsichtlich des betreffenden Auftrags ein **sachlich anzuerkennender Grund** vorliegt.[3] Das kann insbesondere bei umfangreichen Aufträgen oder Aufträgen, die eine Zusammenarbeit mit anderen Unternehmen erforderlich machen, der Fall sein.[4] Die Forderung von solchen Nachweisen ist nicht zu beanstanden, solange es **keine sachfremden oder willkürlichen Forderungen** sind, bzw. es sich nicht um besondere, außergewöhnliche Anforderungen handelt.[5] Fordert der Auftraggeber ausdrücklich die Vorlage von Bescheinigungen unabhängiger Stellen, reicht die Vorlage von Eigenerklärungen nicht aus.[6]

Der Auftraggeber kann die Vorlage von Bescheinigungen iS von § 23 fordern („verlangt"); 3
macht er es, ist er an die Vorgaben des § 23 gebunden.[7] Hinsichtlich der sachlichen Erforderlichkeit der Nachweise kommt dem Auftraggeber ein **Beurteilungsspielraum** zu, der von den Nachprüfungsinstanzen nur eingeschränkt überprüfbar ist.[8] Die Vergabekammer kann die Entscheidung von Auftraggebern diesbezüglich nicht auf ihre Zweckmäßigkeit hin überprüfen.[9]

Durch die Pflicht zur Beibringung von Nachweisen iSd. § 23 darf der **Wettbewerb** 4
beschränkt werden. Das kann jedoch der Fall sein, wenn ein wesentlicher Teil der für die Erbringung von bestimmten Leistungen grundsätzlich in Frage kommenden Unternehmen keinen solchen Nachweis erbringen kann und der Wettbewerb dadurch faktisch auf einen kleinen Kreis von Unternehmen oder einen Auftragnehmer begrenzt wird.

Die Abs. 1 und 2 enthalten in ihrem jeweiligen S. 2 die Verpflichtung, auch **gleichwertige** 5
Bescheinigungen aus anderen Mitgliedstaaten **anzuerkennen.** Diese Verpflichtung dient dazu, die Gleichbehandlung der Unternehmen sicherzustellen und Diskriminierungen hinsichtlich der Vorgaben zur Eignung zu vermeiden. Auf der Grundlage einer Entscheidung der Vergabekammer des Bundes kann der Auftraggeber verlangen, dass ein Zertifizierungsunternehmen selbst vom Deutschen Akkreditierungsausschuss akkreditiert ist, wenn der Auftraggeber in der Vergabebekanntmachung ausdrücklich darauf hinweist.[10] Dieser Vorgabe ist jedoch auf der Grundlage von Abs. 1 S. 2 und Abs. 2 S. 2 der Boden entzogen, wonach jeweils andere Nachweise über gleichwertige Qualitätssicherungsmaßnahmen zulässig sein sollen. Ob ein bestimmter Nachweis gleichwertig ist, muss der Auftraggeber prüfen. Die Darlegungs- und Beweislast trägt der Auftragnehmer.[11]

---

[1] Vgl. BR-Drucks. 522/09, S. 52.
[2] So OLG Jena, Beschl. v. 5. 12. 2001, 6 Verg 3/01, VergabeR 2002, 160 ff., für DIN EN ISO 9001.
[3] *Leinemann* RdNr. 377.
[4] *Müller-Wrede/Gnittke/Hattig,* SektVO, § 23 RdNr. 9.
[5] VK Baden-Württemberg, Beschl. v. 6. 11. 2008, 1 VK 44/08; Beschl. v. 5. 11. 2008, 1 VK 42/08.
[6] *Weyand* § 97 GWB RdNr. 543.
[7] *Greb/Müller* § 23 RdNr. 9.
[8] VK Hessen, Beschl. v. 19. 2. 2009, 69 d-VK-01/2009.
[9] VK Baden-Württemberg, Beschl. v. 6. 11. 2008, 1 VK 44/08; Beschl. v. 5. 11. 2008, 1 VK 42/08.
[10] VK Bund, Beschl. v. 6. 2. 2008, VK 3–11/08.
[11] *Müller-Wrede/Gnittke/Hattig,* SektVO, § 23 RdNr. 13.

6   **1. Bescheinigungen zur Erfüllung von Qualitätssicherungsnormen (Abs. 1). Abs. 1** regelt in S. 1 die Vorlage von Bescheinigungen über die Erfüllung bestimmter **Qualitätssicherungsnormen**. Er legt fest, dass ein Auftraggeber, der zum Zwecke der Eignungsprüfung die Vorlage von Bescheinigungen unabhängiger Stellen zur Qualitätssicherung fordert, auf festgelegte Qualitätssicherungsverfahren Bezug nehmen muss. In S. 2 wird klargestellt, dass der Auftraggeber **gleichwertige Bescheinigungen** aus anderen Mitgliedstaaten und andere Nachweise anerkennen muss. Abs. 1 erfasst sowohl Bau-, Liefer- als auch Dienstleistungsaufträge.

7   Es ergibt sich weder aus der Norm selbst noch aus der Gesetzesbegründung oder der SKR, dass auf ein bestimmtes Qualitätssicherungsverfahren Bezug zu nehmen ist. Ausreichend ist, wenn ein solches den einschlägigen europäischen Normen genügt und selbst nach europäischen Normen zertifiziert ist. Welche Normen dies sind, richtet sich jeweils nach dem Einzelfall. In der Regel wird auf die **Normenreihe DIN EN ISO 9000 ff.** Bezug genommen.[12] Die Vollständigkeit des Qualitätsmanagementsystems sowie die Einhaltung der Standards und Verfahren werden durch akkreditierte Stellen wie TÜV oder DEKRA zertifiziert.

8   Bspw. ist die **DIN ISO 9001** ein **Rahmen für Maßnahmen zur Durchführung des Qualitätsmanagements**, deren Erfüllung für ein bestimmtes Qualitätsniveau steht.[13] Die DIN EN ISO 9001 befasst sich mit Qualitätssicherungssystemen zur Darlegung der Qualitätssicherung von Design/Entwicklung, Produktion, Montage und Kundendienst. Einem nach DIN ISO 9001 bzw. EN 29001 zertifizierten Unternehmen wird bescheinigt, dass es sowohl in der Fertigung von Produkten, in deren Entwicklungsprozessen, als auch in den gesamten Managementprozessen ein funktionierendes Qualitätsmanagement aufgebaut hat und dieses auch praktiziert. Die DIN ISO 9001 beruht auf einer entsprechenden europäischen Norm des CEN (EN 29001). Gegenstand der Norm ist nicht das Produkt, sondern der **Produktentstehungsprozess**. Es geht um die Frage, ob ein Unternehmen ein sogenanntes Qualitätsmanagement- oder Qualitätssicherungssystem eingeführt hat. Dabei gibt die Norm keinen Qualitätsstandard vor, sondern stellt nur einen groben Rahmen dar, der Eckpunkte des durch den Unternehmer selbst zu definierenden Qualitätsziels setzt. Die Zertifizierungsstelle prüft nicht die Qualität des Unternehmens, sondern nur die Vollständigkeit des Qualitätssicherungssystems entsprechend der einschlägigen Norm und die Einhaltung der durch das Unternehmen selbst vorgegebenen Standards und Verfahren.[14] Im Gegensatz dazu handelt es sich bei **technischen Spezifikationen** iS von § 7 Abs. 3 ff. VOB/A entsprechend der Begriffsbestimmung im Anhang TS Ziffer 1.1 um technische Anforderungen an eine Bauleistung, ein Material, ein Erzeugnis oder eine Lieferung, mit deren Hilfe die Bauleistung, das Material, das Erzeugnis oder die Lieferung so bezeichnet werden können, dass sie ihren durch den öffentlichen Auftraggeber festgelegten Verwendungszweck erfüllen. Technische Spezifikationen sind anders als die Normenreihe DIN EN ISO 9000 bis 9004 produktbezogen.[15]

9   **2. Bescheinigungen zur Erfüllung von Umweltmanagementnormen (Abs. 2). Abs. 2** enthält in S. 1 eine vergleichbare Regelung für Nachweise zur Erfüllung von Normen für das **Umweltmanagement**.[16] Hier wird festgelegt, dass ein Auftraggeber, der von potenziellen Bietern die Vorlage von Bescheinigungen unabhängiger Stellen für Umweltmanagementsysteme anfordert, sich ebenfalls auf bestimmte Umweltmanagementverfahren beziehen muss. Ferner bestimmt S. 2, dass der Auftraggeber gleichwertige Bescheinigungen aus anderen Mitgliedstaaten und andere Nachweise anzuerkennen hat. Abs. 2 erfasst im Gegensatz zu Abs. 1 nur Bau- und Dienstleistungsaufträge. Der **unterschiedliche Anwendungsbereich** der beiden Absätze beruht auf der Formulierung des Art. 52 Abs. 2 und 3 SKR. Ein Grund für diese Differenzierung ist jedoch nicht ersichtlich. So ist in Erwägungsgrund 53 der SKR, der sich auf Nachweise von Umweltmanagementsystemen bezieht, von der „Art der Arbeiten und/oder Dienstleistungen" die Rede. Aus dieser weiten Formulierung lässt sich nicht entnehmen, dass nur bestimmte Vertragsarten erfasst sein sollen.

10   Das **Umweltmanagement** ist der Teilbereich des Managements einer Organisation, der sich mit den betrieblichen und behördlichen Umweltschutzbelangen der Organisation beschäftigt. Es dient zur Sicherung einer nachhaltigen Umweltverträglichkeit der betrieblichen Produkte und

---

[12] *Müller-Wrede/Gnittke/Hattig*, SektVO, § 23 RdNr. 5.
[13] Lehrreich dazu OLG Jena, Beschl. v. 5. 12. 2001, 6 Verg 3/01.
[14] Vgl. dazu ausführlich OLG Jena, Beschl. v. 5. 12. 2001, 6 Verg 3/01, mit Verweis auf *Anker/Sinz* BauR 1995, 629 ff.
[15] OLG Jena, Beschl. v. 5. 12. 2001, 6 Verg 3/01.
[16] Vgl. zum Begriff des Umweltmanagements *Greb/Müller* § 23 RdNr. 14.

Prozesse einerseits sowie der Verhaltensweisen der Mitarbeiter andererseits.[17] Die Zertifizierung nach der DIN EN ISO 9001: 2000 bezieht sich hingegen auf ein Qualitätsmanagement; diese DIN ist keine Qualitätsmanagementnorm.[18] In Umsetzung der SKR wird ausdrücklich auf das Gemeinschaftssystem für das Umweltmanagement und die Umweltbetriebsprüfung (**EMAS: Eco Management and Audit Scheme**) Bezug genommen. Dieses System beruht auf einer europäischen Verordnung,[19] die eine größere Verbreitung des EMAS zum Ziel hat; es ist in Deutschland auch durch das Umweltauditgesetz (UAG) umgesetzt worden. Die Umsetzung und Einhaltung der EMAS-Voraussetzungen wird durch unabhängige Umweltgutachter überprüft. Bei Erfüllung der Anforderungen wird das Unternehmen in das EMAS-Register bei der jeweils zuständigen Industrie- und Handelskammer eingetragen.[20]

Die Befolgung von EMAS ist nur ein mögliches (ausdrücklich genanntes) Verfahren, um den **11** Nachweis für die Einhaltung eines bestimmten Standards im Umweltmanagement zu erbringen. Es ist dem Auftraggeber auch hier möglich, sich auf andere Normen für das Umweltmanagement zu beziehen, die auf einschlägigen europäischen und internationalen Normen beruhen oder gemäß solcher Normen zertifiziert sind. Aktuell kommt dafür in Deutschland nur die **DIN EN ISO 14001** in Betracht. Auf der Grundlage des Wortlauts der Vorschrift und neuerer Entwicklungen auf dem Gebiet des Umweltmanagements können jedoch in Zukunft auch andere Normen herangezogen werden, sofern diese ihrerseits zertifiziert sind. Im Rahmen der DIN EN ISO 14001 ist keine Registrierung bei einer staatlichen Stelle notwendig.

§ 24 Prüfungssysteme

(1) [1]**Auftraggeber können zur Eignungsfeststellung ein Prüfungssystem für Unternehmen einrichten und verwalten.** [2]**Sie richten sich dabei nach den objektiven Regeln und Kriterien, die sie festgelegt haben und die den Unternehmen zugänglich sind.**

(2) **Auftraggeber, die ein Prüfungssystem einrichten oder verwalten, gewährleisten die Voraussetzungen zur Durchführung einer Unternehmensprüfung, die jederzeit von den Unternehmen verlangt werden kann.**

(3) [1]**Das Prüfungssystem kann verschiedene Prüfungsstufen umfassen.** [2]**Umfassen diese Kriterien und Regeln technische Spezifikationen, ist § 7 anzuwenden.**

(4) [1]**Die Prüfkriterien und -regeln haben die in § 21 Absatz 1 genannten Ausschlusskriterien zu enthalten.** [2]**Sie können die weiteren in § 21 genannten Ausschlusskriterien beinhalten.**

(5) [1]**Enthalten die Prüfkriterien und -regeln Anforderungen an die wirtschaftliche, technische oder berufliche Leistungsfähigkeit des Unternehmens, kann sich das Unternehmen auch auf die Leistungsfähigkeit anderer Unternehmen stützen, unabhängig von dem Rechtsverhältnis, in dem es zu diesem Unternehmen steht.** [2]**In diesem Fall muss das Unternehmen dem Auftraggeber nachweisen, dass es während der gesamten Gültigkeit des Prüfungssystems über diese Mittel verfügt, beispielsweise durch eine entsprechende Verpflichtungserklärung des anderen Unternehmens.**

(6) [1]**Die Prüfungskriterien und -regeln werden den Unternehmen auf Antrag zur Verfügung gestellt.** [2]**Veränderungen dieser Prüfungskriterien und -regeln sind diesen Unternehmen mitzuteilen.** [3]**Entspricht nach Ansicht eines Auftraggebers das Prüfungssystem bestimmter anderer Auftraggeber oder Stellen seinen eigenen Anforderungen, so teilt er den Unternehmen die Namen dieser Auftraggeber oder Stellen mit.**

(7) [1]**Auftraggeber führen ein Verzeichnis der geprüften Unternehmen.** [2]**Es kann nach Auftragsarten, für deren Durchführung die Prüfung Gültigkeit hat, aufgegliedert werden.**

---

[17] VK Schleswig-Holstein, Beschl. v. 22. 4. 2008, VK-SH 3/08.

[18] VK Schleswig-Holstein, Beschl. v. 22. 4. 2008, VK-SH 3/08.

[19] VO (EG) Nr. 1221/2009 des Europäischen Parlaments und des Rates v. 25. 11. 2009 über die freiwillige Beteiligung von Organisationen an einem Gemeinschaftssystem für das Umweltmanagement und Umweltbetriebsprüfung (EMAS) und zur Aufhebung der Verordnung (EG) Nr. 761/2001, sowie der Beschlüsse der Kommission 2001/681/EG und 2006/199/EG.

[20] Alle Teilnehmer am EMAS mit Sitz in der Bundesrepublik Deutschland sind unter www.emas-register.de einsehbar.

(8) [1]Auftraggeber, die ein Prüfungssystem einrichten, müssen dieses unverzüglich veröffentlichen. [2]Die Bekanntmachung umfasst den Zweck des Prüfungssystems und informiert darüber, auf welchem Weg die Prüfungsregeln angefordert werden können. [3]Beträgt die Laufzeit des Prüfungssystems mehr als drei Jahre, so ist diese Bekanntmachung jährlich zu veröffentlichen.

(9) [1]Der Auftraggeber benachrichtigt Unternehmen, die einen Antrag auf Aufnahme in das Prüfungssystem gestellt haben, innerhalb von sechs Monaten nach Antragstellung über die Entscheidung. [2]Kann die Entscheidung nicht innerhalb von vier Monaten nach Eingang eines Prüfungsantrags getroffen werden, so hat der Auftraggeber dem Unternehmen spätestens zwei Monate nach Eingang des Antrags die Gründe für eine längere Bearbeitungszeit mitzuteilen und anzugeben, wann über den Antrag entschieden wird. [3]Ablehnungen sind den Unternehmen unverzüglich, spätestens innerhalb von 15 Kalendertagen nach der Ablehnung, unter Angabe der Gründe mitzuteilen. [4]Die Gründe müssen sich auf die Prüfungskriterien beziehen.

(10) [1]Auftraggeber dürfen einem Unternehmen die Qualifikation für das Prüfungssystem nur aus Gründen, die auf den Prüfungskriterien beruhen, aberkennen. [2]Die beabsichtigte Aberkennung muss dem Unternehmen mindestens 15 Kalendertage vor dem für das Wirksamwerden der Aberkennung vorgesehenen Zeitpunkt in Textform unter Angabe der Gründe mitgeteilt werden. [3]Nach der Aberkennung der Qualifikation ist das Unternehmen aus dem Verzeichnis der geprüften Unternehmen zu streichen.

(11) Auftraggeber, die ein Prüfungssystem einrichten, dürfen nicht

1. bestimmten Unternehmen administrative, technische oder finanzielle Verpflichtungen auferlegen, die sie vergleichbaren anderen Unternehmen nicht auferlegen,
2. Prüfungen und Nachweise verlangen, die bereits anhand der objektiven Kriterien erfüllt sind.

(12) Erfolgt ein Aufruf zum Wettbewerb durch Veröffentlichung einer Bekanntmachung über das Bestehen eines Prüfungssystems nach § 14 Absatz 1 Nummer 3, so werden die am Wettbewerb teilnehmenden Unternehmen in einem nicht offenen Verfahren oder in einem Verhandlungsverfahren unter denjenigen Unternehmen ausgewählt, die sich im Rahmen eines solchen Prüfungssystems qualifiziert haben.

(13) Auftraggeber nach § 98 Nummer 1 bis 3 des Gesetzes gegen Wettbewerbsbeschränkungen können zur Eignungsfeststellung bei der Vergabe von Aufträgen Eintragungen in der allgemein zugänglichen Liste des Vereins für die Präqualifikation von Bauunternehmen e. V. (Bau-Präqualifikationsverzeichnis) oder in einem Verzeichnis, das von einer obersten Bundes- oder Landesbehörde für Lieferungen und Dienstleistungen zugelassen ist, im Umfang der Zulassung in Anspruch nehmen.

Schrifttum: *Braun/Peters*, Präqualifikation und Prüfungssysteme, in: VergabeR 2010, 433; *Greb/Müller*, Kommentar zur SektVO, 2010; *Leinemann*, Das neue Vergaberecht, 2. Aufl. 2010; *Müller-Wrede*, SektVO, 2010; *Opitz*, Die neue Sektorenverordnung, in: VergabeR 2009, 689; *Weyand*, Praxiskommentar Vergaberecht, 3. Aufl. 2009 – Stand: 19. 4. 2010.

I. Regelungsgehalt und Überblick

1   § 24 enthält Bestimmungen zu **Prüfungssystemen**, die ein Auftraggeber zur Feststellung der Eignung interessierter Unternehmen **einrichten und verwalten** kann. Präqualifikationssysteme dienen der Vereinfachung und Beschleunigung des Nachweises der Eignung.[1] Die entsprechende Präqualifikationsurkunde belegt allerdings nur die **Eignung bezogen auf die präqualifizierten Leistungsbereiche**.[2]Qualifizierte, dh. geprüfte Unternehmen sind in ein **Verzeichnis** aufzunehmen. Die Qualifikation kann bei Wegfall der Voraussetzungen aberkannt werden. Auftraggeber iSd. § 98 Nr. 1 bis 3 GWB können auch das **Prüfungssystem eines anderen Auftraggebers** heranziehen. § 24 bezweckt die Beschleunigung des Vergabeverfahrens iSd. § 113 GWB durch eine abstrakte **Auswahl unter den Unternehmen bereits im Vorfeld** der Vergabe eines konkreten Auftrags. Die klaren Marktstrukturen im Sektorenbereich ermöglichen es

---

[1] *Weyand* § 97a GWB RdNr. 836.
[2] VK Bund, Beschl. v. 30. 11. 2009, VK 2–195/09.

idR schon im Vorfeld von Vergaben, zu erkennen, welche Unternehmen für einen Auftrag in Frage kommen. Bei der konkreten Auftragsvergabe erspart ein Rückgriff auf bereits qualifizierte Unternehmen viel Zeit und Geld.

§ 24 setzt im Wesentlichen Art. 53 SKR, der die europarechtlichen Vorgaben zur Errichtung **2** von Prüfungssystemen enthält, inhaltlich nahezu identisch um. Vorgaben für § 24 enthalten darüber hinaus Art. 49 Abs. 3 bis 5, Art. 51 Abs. 2 SKR und Art. 52 SKR. § 24 basiert auf § 97 Abs. 4 a GWB, der den Nachweis der Eignung von Unternehmen durch Einrichtung eigener bzw. Zulassung zu anderen **„Präqualifikationssystemen"** gestattet. Die Regelung des § 97 Abs. 4 a GWB gilt außerhalb des Sektorenbereichs im Unterschied zu § 24 nur für amtliche Verzeichnisse.[3] Der Begriff „Prüfungssysteme" entstammt Art. 53 SKR. **Vergleichbare Regelungen** waren **bisher** unter dem Begriff der Präqualifikation in Abschnitt 3, § 8 b Nr. 9 bis 13 VOB/A 2006, in Abschnitt 4, § 5 Nr. 9 bis 13 VOB/A-SKR 2006, in Abschnitt 3, § 7 b Nr. 6 bis 12 VOL/A 2006 sowie in Abschnitt 4, § 5 Nr. 6 bis 12 VOL/A-SKR 2006 normiert. Inhaltlich besteht zwischen beiden Begriffen keine Diskrepanz. Das aktuell geltende Vergaberecht sieht eine weitere, dem § 24 entsprechende Regelung nicht vor.

Abs. 1 räumt dem Auftraggeber das **Recht** ein, ein Prüfungssystem nach objektiven, vorher **3** festzulegenden Kriterien einzurichten und zu verwalten. Abs. 2 verpflichtet den Auftraggeber, Unternehmen **jederzeit eine Prüfung** zu ermöglichen und gewährt damit dem Unternehmen einen **Anspruch**[4] auf jederzeitige Bewerbung um Aufnahme in das Prüfungssystem. Abs. 3 betrifft den Aufbau des Prüfungssystems; auch mehrere Prüfungsstufen sind zulässig. Für technische Spezifikationen wird § 7 für anwendbar erklärt. Abs. 4 regelt die Aufnahme von Ausschlusskriterien nach § 21 in den Katalog der Prüfungskriterien. Abs. 5 sieht vor, dass Unternehmen den Nachweis ihrer eigenen Leistungsfähigkeit auch durch den **Nachweis der Leistungsfähigkeit anderer Unternehmen** erbringen können, wenn das Unternehmen über deren Mittel verfügen kann. Abs. 6 normiert **Mitteilungspflichten** des Auftraggebers gegenüber dem Unternehmen bzgl. der Prüfungskriterien. Abs. 7 beinhaltet die Pflicht des Auftraggebers, ein **Verzeichnis** der geprüften Unternehmen zu führen. Abs. 8 ordnet die **unverzügliche öffentliche Bekanntmachung** der Einrichtung eines Prüfungssystems an. Abs. 9 bestimmt eine **Höchstfrist von sechs Monaten** für die Mitteilung der Prüfungsentscheidung an das Unternehmen. Abs. 10 betrifft die **Aberkennung** bereits zugelassener Unternehmen. Abs. 11 **verbietet** einerseits die **Ungleichbehandlung** verschiedener vergleichbarer Unternehmen hinsichtlich bestimmter Verpflichtungen, andererseits **überflüssige Prüfungen**, wenn Umstände sich bereits aus objektiven Kriterien ergeben. Abs. 12 regelt das **Verfahren bei Aufruf zum Wettbewerb** durch Veröffentlichung einer Bekanntmachung über das Bestehen eines Prüfungssystems nach § 14 Abs. 1 Nr. 3. Auftraggeber nach § 98 Nr. 1 bis 3 GWB können zur Eignungsfeststellung auch auf die allgemein zugängliche Liste des **Vereins für die Präqualifikation von Bauunternehmen e. V.** oder auf von einer obersten Bundes- oder Landesbehörde für Lieferungen und Dienstleistungen zugelassene Verzeichnisse zurückgreifen.

II. Systematische Stellung und Zweck der Norm

Das Präqualifizierungsverfahren dient der **Entbürokratisierung und Vereinfachung des 4 Vergabeverfahrens** und soll dem Bieter die zeit- und kostenaufwändige Mühe ersparen, für jede neue Ausschreibung, um die er sich bewirbt, erneut die geforderten Eignungsunterlagen zusammenzustellen.[5] Die Präqualifikation ist eine der Auftragsvergabe vorgelagerte, auftragsunabhängige Prüfung der Eignungsnachweise auf der Basis der in den §§ 20 ff. enthaltenen Anforderungen und gegebenenfalls zusätzlicher Kriterien. Unternehmen weisen ihre Eignung periodisch etwa gegenüber einem bestimmten Auftraggeber, einer Agentur oder einer Behörde nach und „präqualifizieren" sich dadurch für bestimmte Leistungen, Produkt- oder Gewerbekategorien. Auftraggeber können dann im einzelnen Vergabeverfahren bei präqualifizierten Unternehmen weitgehend auf eine eigene Prüfung von Eignungsnachweisen verzichten.[6] Das soll zu einer Reduzierung des bürokratischen und häufig fehlerträchtigen Aufwandes hinsichtlich der Nachweisführung zur Eignung führen. Die Präqualifikation wird zu einem gewissen **Stichtag** erteilt und jährlich aktualisiert. Die nach § 24 qualifizierten Unternehmen können nur dann berücksichtigt werden, wenn kein offenes Verfahren oder ein Teilnahmewettbewerb vorge-

---

[3] *Kulartz/Kus/Portz/Kulartz* § 97 GWB RdNr. 122.
[4] *Greb/Müller* RdNr. 15.
[5] *Leinemann* RdNr. 407.
[6] VK Sachsen, Beschl. v. 11. 5. 2010, 1/SVK/011-10.

schrieben ist. Unterhalb der Schwellenwerte ist eine Beschränkung unproblematisch möglich. Etwas anderes gilt für den Fall, dass der Auftraggeber gesonderte, auftragsbezogene Eignungsnachweise fordert, die nicht in dem Präqulifikationssystem hinterlegt sind.[7] Hier ist und bleibt es Sache des Bieters darauf zu achten, dass er diese zusätzlichen Nachweise fristgerecht und anforderungsgemäß erbringt, da anderenfalls das Angebot vom Ausschluss bedroht ist.

5   Unternehmen müssen sich auch auf den Auftraggeber als Betreiber des Qualifikationssystems verlassen können und können für den Fall, dass sich wegen dessen unterlassener Aktualisierung Lücken in Bezug auf bestimmte Nachweise ergeben, nicht mangels vorgelegter Eignungsnachweise ausgeschlossen werden.[8] Die VK Sachsen hat zutreffend entschieden, dass das System der Präqualifikation *ad absurdum* geführt würde, wenn Nachweislücken, die sich lediglich aufgrund der noch nicht erfolgten jährlichen Aktualisierungen ergeben, zu Lasten eines Bieters gingen. Bieter wären andernfalls vor jeder neuen Ausschreibung gezwungen, zu prüfen, ob die von ihnen in dem Präqualifikationssystem hinterlegten Dokumente noch den aktuellen Anforderungen entsprechen. Das bedeutet, gibt der Auftraggeber an, dass die allgemeinen Eignungsanforderungen durch Verweis auf die Präqualifikation ersetzt werden können, muss eine aktuelle und gültige Präqualifikation vollumfänglich dem Anforderungsniveau entsprechen können.[9]

6   Die Frage, ob gegen Entscheidungen der Auftraggeber im Rahmen von Prüfungssystemen **Rechtsschutz** zulässig ist, ist von den Nachprüfungsinstanzen bislang nicht entschieden worden und in der Literatur streitig. Die Frage wird nach einer Auffassung in der Literatur verneint unter Verweis auf das GWB und europarechtliche Regelungen.[10] Danach sei Rechtsschutz nur gegen Entscheidungen im Rahmen eines Vergabeverfahrens möglich. Ein Prüfungssystem sei nicht Teil eines Vergabeverfahrens für einen konkreten Auftrag. Die Gegenauffassung legt den Begriff „Bestimmungen über das Vergabeverfahren" iS von § 97 Abs. 7 GWB weit aus[11] und versteht Prüfungssysteme iSd. § 24 auf dieser Grundlage zutreffend als Teil des Vergabeverfahrens, so dass ein vollumfänglicher Rechtsschutz nach §§ 102 ff. GWB besteht. Die Nichtgewährung von Rechtsschutz in Bezug auf Entscheidungen von Auftraggebern widerspricht den Vorgaben der Rechtsmittelrichtlinie, wonach gegen jede Entscheidung öffentlicher Auftraggeber **effektiver Rechtsschutz** möglich sein muss.[12] Auch der Gesetzgeber geht davon aus, dass Prüfungssysteme Teil des Vergabeverfahrens sind. Das ergibt sich aus dem Muster zur Bekanntmachung von Prüfungssystemen in Anlage XIV zur SKR, das in Nr. 8 Angaben zu dem für Rechtsschutz zuständigen Organ verlangt.

7   **1. Einrichtung von Prüfungssystemen (Abs. 1).** Abs. 1 stellt die Einrichtung von Prüfungssystemen in das **Ermessen** des Auftraggebers („kann"). Es ist danach dem Auftraggeber überlassen, ob er ein Prüfungssystem einrichtet. Auch wenn er ein Prüfungssystem eingerichtet hat, kann er gleichwohl aus Anlass einer konkreten Vergabe eine andere Verfahrensart wählen.[13] Die Möglichkeit der Einrichtung eines Prüfungssystems ergibt sich bereits aus § 97 Abs. 4a GWB. Allerdings enthält die Vorschrift keinerlei konkrete Anforderungen dazu. Diese ergibt sich für den Sektorenbereich aus § 24. Vergleichbare Vorschriften gibt es im Vergaberecht nicht. Entscheidet sich der Auftraggeber für die Einrichtung eines Prüfungssystem, muss er gemäß S. 2 der Vorschrift **objektive Regeln und Kriterien** für das Verfahren festlegen und sich – auch auf der Basis des Grundsatzes der Selbstbindung – daran halten. „Regeln" betreffen die Prüfung in formaler Hinsicht, „Kriterien" hingegen den inhaltlichen Aspekt der Prüfung.

8   Die objektiven Regeln und Kriterien müssen sich an den Vorgaben zur Eignung des § 97 Abs. 4 GWB orientieren. Sie müssen sachbezogen sein, können jedoch spezielle Anforderungen an eine besondere Leistungsfähigkeit enthalten (vgl. Abs. 5). Der Regelung in Abs. 1 S. 2 entspricht § 20 Abs. 1, wo es um die Eignung und Auswahl von Unternehmen geht. Zudem müssen die objektiven Regeln und Kriterien den Unternehmen **zugänglich** sein. Näheres dazu regeln sowohl Abs. 6 als auch Abs. 8. Nach Abs. 6 sind die Prüfungsregeln und Kriterien den Unternehmen **auf deren Antrag** hin zur Verfügung zu stellen. Änderungen und Ergänzungen sind ohne Antrag mitzuteilen. Der Auftraggeber muss bereits in der Bekanntmachung zur Ein-

---

[7] VK Sachsen, Beschl. v. 11. 5. 2010, 1/SVK/011-10, Leitsatz 3 nach ibr-online.

[8] VK Sachsen, Beschl. v. 11. 5. 2010, 1/SVK/011-10.

[9] VK Sachsen, Beschl. v. 11. 5. 2010, 1/SVK/011-10.

[10] *Müller-Wrede/von Wietersheim*, SektVO, § 24 RdNr. 4 ff.

[11] *Greb/Müller* RdNr. 36–38.

[12] *Weyand*, Vergaberecht, § 114 GWB RdNr. 2253, 3523, mit Verweis auf VK Detmold, Beschl. v. 4. 5. 2001, VK 12-11/01.

[13] *Braun/Peters* VergabeR 2010, 433, 435.

richtung eines Prüfungssystems angeben, wie die Prüfungsregeln und -kriterien anzufordern sind. Ausreichend erscheint daher jede Zugänglichkeit, die im allgemeinen Geschäftsverkehr angemessen erscheint, zB durch Zugänglichkeit via Internet, Übersendung in übermittelter Form. Jedenfalls ist eine Übermittlung in körperlicher Form als gedrucktes Erzeugnis nicht erforderlich.

§ 24 enthält nach seinem Wortlaut keinen Hinweis darauf, wie mit **Bietergemeinschaften**   **9** zu verfahren ist. Auf der Grundlage von § 22 sind Einzelunternehmen und Unternehmensgemeinschaften gleichgesetzt. Auf der Grundlage eines restriktiven Verständnisses des Begriffs Vergabeverfahren sind Prüfungssysteme nicht Teil des Vergabeverfahrens und deshalb Unternehmen in dieser Phase auch keine Bewerber oder Bieter iSd. § 22, so dass eine direkte Anwendung ausscheidet.[14] Auch nach dieser Auffassung können sich Bietergemeinschaften zumindest auf § 24 analog berufen, weil § 24 Abs. 5 ausdrücklich erlaube, dass sich Unternehmen zur Erhöhung ihrer Leistungsfähigkeit sogar auf Dritte berufen können. Legt man einen weniger restriktiven Begriff des Vergabeverfahrens zugrunde, spricht nichts gegen eine direkte Anwendung von § 22, zumal es sich im Prüfungsverfahren um potentielle Bewerber und Bieter handelt.

Der Verordnungsgeber hat nicht geregelt, wer die **Kosten** für die Einrichtung und den Un-   **10** terhalt von Prüfungssystemen tragen muss. Vergleichbare Systeme, zB Präqualifikation von Bauunternehmen, finanzieren sich aus Gebühren der teilnehmenden Unternehmen. Die Frage der Kostentragung für ein Prüfsystems iSd. § 24 muss auf der Grundlage einer **Interessenabwägung** erfolgen. Dass die Eignungsfeststellung auch anders erfolgen kann und Prüfungssysteme oberhalb der EU-Schwellenwerte ohnehin nur die Ausnahme bilden, lässt auf ein geringes Interesse seitens des Auftraggebers schließen. Es überwiegt eher das Interesse der Unternehmen, in den Zirkel der qualifizierten Unternehmen zu gelangen und sich den hohen Aufwand wiederholter Bewerbungen zu ersparen. Das spricht letztlich für eine Kostentragung durch die Unternehmen.[15] Zuzulassen sei eine Kostentragung durch die Unternehmen vor dem Hintergrund wettbewerblicher Überlegungen dann, wenn sie den Wettbewerb unter den Unternehmen nicht beeinträchtigen könne.[16] § 10 Abs. 8, der die Erhebung von Kosten im dynamischen elektronischen Verfahren verbietet, indiziere den gesetzgeberischen Willen, das Prüfungssystem für die Bewerber kostenlos zu gestalten.

2. Gewährleistung der Voraussetzungen zur Durchführung einer Unternehmens-   **11** **prüfung (Abs. 2).** Abs. 2 räumt den Unternehmen den **Anspruch** ein, **jederzeit eine Prüfung verlangen zu können.** Die Anzahl der aufzunehmenden Unternehmen darf der Auftraggeber nicht begrenzen. Aufzunehmen sind jedoch nur solche Unternehmen in das Prüfungssystem, die nicht zwingend nach Abs. 4 iVm. § 21 auszuschließen sind. „Jederzeit" bedeutet, dass Anträge zur Prüfung und deren Umsetzung nicht nur zu bestimmten Terminen oder bei Einrichtung des Systems zugelassen werden dürfen. Das Prüfungssystem muss vielmehr während seiner gesamten Dauer für interessierte Unternehmen offen sein. Eine Ausschlussfrist ist daher unzulässig. Der Auftraggeber muss auch die technischen Voraussetzungen für eine Prüfung, wie formale Möglichkeiten und ausreichende Kapazitäten, gewährleisten. Ein Anspruch auf sofortige Zulassung besteht allerdings nicht. Die Fristen für Prüfung und Mitteilung der Prüfungsentscheidung bestimmen sich nach Abs. 9.

Hinsichtlich der Frage, ob und wann ein abgelehntes Unternehmen **erneut Antrag** stellen   **11a** darf, ist zu differenzieren. Der Wortlaut der Norm „*einer* Unternehmensprüfung" lässt auf eine einmalige Antragsbefugnis schließen.[17] Haben sich bei einem Unternehmen die Umstände, die der Ablehnung des Antrags zugrunde liegen, entscheidend verändert, ist es jedoch sinnvoll, ohne Verhängung einer Sperrfrist einen neuen Antrag zuzulassen. Den Nachweis über das Vorliegen neuer Umstände muss das Unternehmen selbst erbringen. Die Regelung, dass ein Antrag jederzeit gestellt werden kann, ist nach Sinn und Zweck der Vorschrift so zu verstehen, dass dies ohne eine relevante Änderung der Tatsachen nicht möglich sein muss, weil andernfalls nur unnötig Kapazitäten des Auftraggebers für die Überprüfung anderer Zulassungsanträge gebunden wären und unnötig Kosten entstünden. Vor diesem Hintergrund muss grundsätzlich die Vorgabe einer angemessenen Sperrfrist zulässig sein.

---

[14] *Müller-Wrede/von Wietersheim,* SektVO, § 24 RdNr. 22 f.; vgl. zu restriktiver Definition bereits Rechtsschutz RdNr. 4.

[15] So im Ergebnis auch *von Wietersheim,* in: *Müller-Wrede,* SektVO, § 24 RdNr. 28.

[16] *Greb/Müller* RdNr. 39 ff.

[17] *Müller-Wrede/von Wietersheim,* SektVO, § 24 RdNr. 33.

12   **3. Prüfungsstufen (Abs. 3).** Abs. 3 entspricht § 53 Abs. 2 SKR. Nach S. 1 kann der Auftraggeber das Prüfungssystem in verschiedene **Prüfungsstufen** einteilen. Dabei können von
Stufe zu Stufe zB immer speziellere Anforderungen abgeprüft werden. Möglich und üblich ist
auch eine inhaltliche Einteilung nach wirtschaftlicher und technischer Leistungsfähigkeit der
antragstellenden Unternehmen. Der Vorteil von Prüfungsstufen liegt in der Vereinfachung,
indem das zu prüfende Material auf das für die jeweilige Stufe relevante Maß beschränkt wird
und nicht gleich sämtliche Dokumente zusammengetragen werden müssen. Es beschleunigt
zudem die Entscheidung und erspart unnötigen Aufwand, wenn die Prüfung bereits auf einer
niedrigen Stufe zu einer Ablehnung des Antrags führt. Ein interessiertes Unternehmen sollte die
Materialien für die weitere Prüfung bereits während der Prüfung der vorherigen Stufe vorbereiten, damit das Prüfungsverfahren fließend auf die nächste Prüfungsstufe übergehen kann und
Verzögerungen vermieden werden. Die Prüffrist nach Abs. 9 gilt nicht für jede einzelne Prüfungsstufe, sondern für die gesamte Prüfung.

13   S. 2 verweist unter dem Aspekt der Nichtdiskriminierung einzelner Unternehmen hinsichtlich **technischer Spezifikationen** zwingend auf § 7. Fraglich ist, ob ausschließlich auf § 7
Abs. 2 ff. verwiesen wird. Nach einer Auffassung wird ausschließlich auf § 7 Abs. 2 ff. verwiesen
unter Hinweis auf die SKR und dem Argument, dass es sich in der Phase der Prüfungssysteme
um eine rein abstrakte Prüfung handelt, in der es an einer konkreten Leistungsbeschreibung
fehle.[18] Diese sei aber Regelungsgegenstand des § 7 Abs 1. Eine Anwendung des § 7 Abs. 1
erscheint aber durchaus sinnvoll, zumal auch im Rahmen des Prüfungssystems eine Beschreibung des Zwecks und der Prüfungskriterien erfolgen muss (vgl. Abs. 8 Satz 2). Auch hier ist die
Nichtdiskriminierung durch eine einheitliche Beschreibung an alle Unternehmen zu gewährleisten.

14   **4. Ausschlusskriterien (Abs. 4).** Abs. 4 regelt die Aufnahme von **Ausschlusskriterien** in
den Katalog der Prüfungskriterien. Die Vorschrift enthält selbst keine Kriterien, sondern verweist dafür auf § 21. Sie erklärt die Aufnahme der Ausschlussgründe des § 21 Abs. 1 für zwingend. Diesbezüglich geht sie über die Anforderungen der SKR hinaus. Die Ausschlusspflicht
gilt allerdings gem. § 21 Abs. 1 nur für Auftraggeber iS von § 98 Nr. 1, 2 oder 3 GWB. Auftraggeber iS von § 98 Nr. 4 GWB hingegen verfügen hier über Ermessen, ob sie aus Gründen
nach § 21 Abs. 1 ausschließen. Das muss auch im Rahmen des Prüfungssystems gelten. Denn es
wäre widersprüchlich, wenn es diesbezüglich eine strengere Regelung im Prüfungssystem als
im Vergabeverfahren selbst gäbe.[19] Für alle anderen Ausschlussgründe des § 21 räumt Abs. 4
dem Auftraggeber ein Ermessen bzgl. ihrer Aufnahme in die Prüfungskriterien ein.

15   **5. Nachweis der Leistungsfähigkeit durch Nachunternehmer (Abs. 5).** Abs. 5 verbietet den Ausschluss des Unternehmens aus dem Grund, dass es nicht eigene Mittel einsetzt, sondern sich der **Leistungsfähigkeit eines anderen Unternehmens** bedienen möchte.[20] Dies
gilt für alle Anforderungen an die wirtschaftliche, technische oder berufliche Leistungsfähigkeit.
Vergleichbar ist die Vorschrift mit § 20 Abs. 3, der für das Vergabeverfahren eine identische
Regelung enthält. Der Unterschied im Wortlaut hinsichtlich „Leistungsfähigkeit" iRd. § 24
Abs. 5 und „Kapazitäten" im Rahmen von § 20 Abs. 3 ist auf die SKR zurückzuführen, bedeutet jedoch keinen inhaltlichen Unterschied.

16   In welchem **konkreten Rechtsverhältnis** beide Unternehmen zueinander stehen, ist ohne
Bedeutung. Zu erbringen ist lediglich der Nachweis, dass das Unternehmen über die gesamte
Dauer des Prüfungssystems über die Mittel des anderen Unternehmens verfügen kann. Das kann
zB durch Abgabe einer Verpflichtungserklärung erfolgen. Maßgeblich ist, dass es eine konkrete
Verpflichtungserklärung gibt, die rechtlich verbindlich ist. Bloße Absichtserklärungen reichen
nicht aus. Problematisch ist, dass im frühen Stadium eine Verpflichtung des anderen Unternehmens noch nicht sehr konkret ausfallen wird. Das ist bei der Prüfung zu berücksichtigen. Ausreichend sind aber wohl Vorverträge, Rahmenverträge und andere bindende und rechtlich
durchsetzbare Verhältnisse, auch wenn sie noch ausfüllungsbedürftig sind. Der Auftraggeber
sollte auch bedenken, ob sich die Einrichtung eines Prüfungssystems überhaupt anbietet, wenn
gerade solche Leistungen erbracht werden sollen, die Unternehmen typischerweise nicht selbst,
sondern unter Einschaltung weiterer Unternehmen anbieten.

---

[18] *Müller-Wrede/von Wietersheim,* SektVO, § 24 RdNr. 40.
[19] So *Müller-Wrede/von Wietersheim,* SektVO, § 24 RdNr. 44 auf die Regelung in Art. 54 Abs. 4 Richtlinie 2004/17/EG mit Verweisung auf Art. 45 Abs. 1 Richtlinie 2004/18/EG; aA wohl *Opitz,* VergabeR
2009, 689, 697.
[20] Vgl. auch EuGH, C-389/92.

6. Mitteilung der Prüfungsregeln und -kriterien (Abs. 6). Abs. 6 betrifft die **Mittei-**   17
lung von Prüfungsregeln und -kriterien gegenüber dem Unternehmen. S. 1 ergänzt insofern die allgemeine Anforderung in Abs. 1 S. 2 um das Antragserfordernis. Es sind keine besonders strengen Anforderungen an die Form des Antrags bzw. auch an die Art und Weise der
Mitteilung zu stellen. Nicht einmal Schriftform ist unbedingt notwendig. Der Auftraggeber
kann aber nach Abs. 8 S. 2 eine gewisse Form bestimmen. Bei Veränderungen der Regeln und
Kriterien muss der Auftraggeber unaufgefordert alle Unternehmen, die einen Antrag nach S. 1
gestellt haben, davon in Kenntnis setzen. Dazu empfiehlt sich eine Dokumentation über alle
antragstellenden Unternehmen.

Die Annahme einer Unabänderlichkeit solcher Prüfungsregeln und -kriterien erscheint ab-   18
surd.[21] Die nachträgliche Änderung von Prüfungssystemen hinsichtlich der Prüfungsregeln und
-kriterien muss zulässig sein. Davon geht nicht nur die Verordnung sondern auch die Richtlinie
schon in ihrem Wortlaut aus. Der Auftraggeber könnte stattdessen auch einfach das Prüfungssystem beenden und ein neues mit anderen Anforderungen einrichten. Außerdem hat die Einrichtung eines solchen Prüfungssystems keinen vertraglichen Charakter, begründet keinen Anspruch
des Unternehmens, was wiederum für eine **einseitige Änderbarkeit** durch den Auftraggeber
spricht.

S. 3 normiert die Pflicht, dem **anderen Auftraggeber** oder anderen Stellen mitzuteilen,   19
wenn sich der Auftraggeber eines **fremden Prüfungssystems** bedient. Der Verweis allein
muss denklogisch bereits die Aussage enthalten, dass das andere Prüfungssystem vom mitteilen-
den Auftraggeber als gleichwertig anerkannt und wie eine eigene Qualifikation behandelt wird.
Trotz des Verweises auf einen anderen Betreiber ist der Sektorenauftraggeber nicht von der
Verpflichtung entbunden, die Einhaltung der vergaberechtlichen Bestimmungen zu kontrollieren und gegebenenfalls durchzusetzen.[22] Eine Beschränkung auf die in Abs. 13 angeführten
Verzeichnisse besteht nicht.

7. Verzeichnis der geprüften Unternehmen (Abs. 7). Nach Abs. 7 führt der Auftragge-   20
ber ein **Verzeichnis** über die qualifizierten Unternehmen. Die Regelung ist inhaltsgleich mit
Art. 53 Abs. 7 SKR und rein deklaratorisch, weil ein Verzeichnis mit den qualifizierten Unternehmen gerade Zweck der Einrichtung eines Prüfungssystems ist. Eine Aufteilung des Verzeichnisses kann nach Auftragsarten erfolgen.

8. Unverzügliche Bekanntmachung des Prüfungssystems (Abs. 8). Abs. 8 ordnet die   21
unverzügliche Bekanntmachung von Prüfungssystemen an. Europarechtliche Grundlage ist
Art. 41 Abs. 3 SKR. Die Veröffentlichung des Prüfungssystems kann gemäß Abs. 12 auch mit
dem Aufruf zum Wettbewerb verbunden werden. Einige **inhaltliche Anforderungen** an die
Bekanntmachung werden in S. 2 erwähnt. Jedoch hat die Bekanntmachung ohnehin in Form
des nach § 16 Abs. 1 SektVO iVm. Art. 41 Abs. 3 SKR und Anlage XIV zur SKR maßgeblichen **Musters** zu erfolgen, das die in S. 2 erwähnten Angaben bereits enthält.

Eine **jährliche Bekanntmachung** ist vorgesehen, sollte die Laufzeit des Prüfungssystems   22
mehr als drei Jahre dauern. Dadurch soll das Prüfungssystem nicht in Vergessenheit geraten, so
dass bei der Auftragsvergabe nur noch bereits qualifizierte Unternehmen berücksichtigt werden.
Die erneute Veröffentlichung unterliegt inhaltlich und formal den gleichen Anforderungen wie
die erstmalige Veröffentlichung.

9. Benachrichtigung über die Entscheidung über die Aufnahme in das Prüfungs-   23
system (Abs. 9). Abs. 9 bestimmt die **Frist**, innerhalb derer der Auftraggeber eine Entscheidung herbeizuführen hat, sowie besondere Anforderungen bei Ablehnung des Antrags. Die
Fristen in S. 1 von 6 Monaten seit Zugang der Antragstellung und in S. 2 von 4 Monaten seit
Zugang der Antragstellung basieren auf Art. 49 Abs. 3 SKR und bezwecken eine zügige Prüfung durch den Auftraggeber. Gemäß S. 1 muss spätestens nach 6 Monaten eine Entscheidung
herbeigeführt und dem antragstellenden Unternehmen mitgeteilt werden. Die 6-Monats-Frist
wird zum Teil nicht als verbindlich angesehen.[23] Die Norm diene dem Feststellungsinteresse des
Unternehmens. Da der Auftraggeber auf die Zusammenarbeit der Unternehmen angewiesen sei
und eine lückenlose Bewerbung die Ausnahme bilde, würde ein starres Festhalten an der
Höchstfrist nur zulasten des Unternehmens gehen. Unvollständige Bewerbungen führten bei
Ablauf der Höchstfrist letztlich immer zu ablehnenden Entscheidungen. Stattdessen entspreche

---

[21] *Müller-Wrede/von Wietersheim,* SektVO, § 24 RdNr. 58, erwähnt dies, lehnt es aber ab.
[22] *Braun/Peters* VergabeR, 2010, 433, 437.
[23] *Müller-Wrede/von Wietersheim,* SektVO, § 24 RdNr. 93.

die Möglichkeit, Unterlagen auch nach sechs Monaten nachzureichen, eher dem Interesse des Unternehmens und dem Schutzzweck der Norm. Die Frist beginne erst dann, wenn ein vollständiger, prüffähiger Antrag vorliege.[24]

24 Die **Regelprüfungsfrist** nach S. 2 beträgt 4 Monate. Sollte eine Entscheidung innerhalb dieser Regelprüfungsfrist nicht wahrscheinlich sein, so hat der Auftraggeber dies schon innerhalb der ersten 2 Monate seit Antragsstellung dem Unternehmen mitzuteilen und auch zu berichten, wann eine Entscheidung erwartet werden darf. Der Auftraggeber hat vorausschauend zu prüfen. Fällt die Entscheidung **ablehnend** aus, muss diese unverzüglich mitgeteilt werden, spätestens jedoch nach 15 Tagen seit der auftraggeberinternen Entscheidung. Darin sind auch die Gründe anzuführen. S. 4 bestimmt, dass die Ablehnung nur auf Gründen beruhen darf, die in den Prüfungskriterien enthalten sind. Hierunter fällt auch die Ablehnung unvollständiger Anträge. Eine Befristung der Qualifikation ist möglich. Eine Sanktion für die Überschreitung der Fristen ist jedoch nicht vorgesehen.

25 **10. Aberkennung der Qualifikation (Abs. 10).** Abs. 10 enthält Regelungen zur **Aberkennung** einer bereits erteilten Qualifikation. S. 1 enthält Ausführungen zu den Gründen, während S. 2 die Mitteilungspflicht in Textform mindestens 15 Tage vor dem Wirksamwerden der Aberkennung bestimmt. Eine Aberkennung der Qualifikation muss nach S. 1 auf den objektiven Prüfungskriterien beruhen, dh. dass ein erneuter Antrag zu diesem Zeitpunkt abzulehnen wäre. Die Frist von 15 Tagen beginnt mit **Absendung** beim Auftraggeber, was der Fristberechnung nach § 101a GWB entspricht. In der Frist soll das Unternehmen noch die Gelegenheit erhalten, Stellung zu nehmen bzw. evtl. Mängel zu beseitigen. Aber auch schon vor Wirksamwerden der Aberkennung muss es dem Auftraggeber gestattet sein, nicht mehr qualifizierte Unternehmen bei der Vergabe von Aufträgen unberücksichtigt zu lassen. Nach Wirksamwerden der Aberkennung ist der Eintrag über das Unternehmen aus dem Verzeichnis zu entfernen.

26 **11. Gleichbehandlungsgebot und Diskriminierungsverbot (Abs. 11).** Abs. 11 enthält in Nr. 1 ein **Gleichbehandlungsgebot** und in Nr. 2 das **Verbot, überflüssige Nachweise einzufordern.** Grundlage hierfür ist Art. 52 Abs. 1 SKR, der gemäß § 53 Abs. 8 SKR auch für Prüfungssysteme gilt.

27 **12. Aufruf zum Wettbewerb (Abs. 12).** Abs. 12 eröffnet die Möglichkeit, durch Veröffentlichung der Bekanntmachung über das Bestehen eines Prüfungssystems auch **zu einem Wettbewerb** aufzurufen, dh. Prüfungssystem und konkreten Auftrag zu kombinieren. Dadurch kann der Anreiz für die Bewerbung um Aufnahme in das Prüfungssystem erhöht werden. Vorgesehen ist diese Möglichkeit bereits in § 14 Abs. 1 Nr. 3. Die Prüfungskriterien für Prüfungssystem und Auftragsvergabe müssen sich decken, um widersprüchliche Prüfungsergebnisse zu vermeiden. Der Auftraggeber wählt dann für den Wettbewerb in einem nicht offenen Verfahren oder in einem Verhandlungsverfahren unter denjenigen Unternehmen aus, die sich im Rahmen des Prüfungssystems qualifiziert haben. Das Vergabeverfahren richtet sich nach den sonstigen Vorschriften der SektVO.

28 **13. Andere Prüfungssysteme für bestimmte Auftraggeber (Abs. 13).** Abs. 13 weist auf **andere Prüfungssysteme** hin, einerseits auf die allgemein zugängliche **Liste des Vereins für die Präqualifikation von Bauunternehmen e. V.** (Bau-Präqualifikationsverzeichnis), andererseits auf Verzeichnisse, die von einer obersten Bundes- oder Landesbehörde für **Lieferungen und Dienstleistungen** zugelassen sind. Die Norm ist entgegen ihres Wortlauts rein **deklaratorisch** und regelt nicht abschließend die Zulässigkeit der Nutzung anderer Prüfungssysteme. Insofern ist **§ 97 Abs. 4a GWB als formelles Bundesgesetz vorrangig**, wonach der öffentliche Auftraggeber unbeschränkt jedes Prüfungssystem nutzen darf. Auch innerhalb der SektVO, nämlich in § 24 Abs. 6 gibt es keinerlei Einschränkungen für andere Prüfungssysteme. Da diese beiden Vorschriften auch für den Auftraggeber nach § 98 Nr. 4 GWB gelten, ist die Beschränkung in Abs. 13 auf Auftraggeber nach § 98 Nr. 1–3 GWB ohne Bedeutung.

§ 25 Aufforderung zur Angebotsabgabe oder zur Verhandlung

(1) In nicht offenen Verfahren und Verhandlungsverfahren fordert der Auftraggeber die ausgewählten Unternehmen gleichzeitig und in Textform auf, ihre Angebote

---

[24] *Müller-Wrede/von Wietersheim,* SektVO, § 24 RdNr. 98.

einzureichen; in Verhandlungsverfahren kann zunächst zur Verhandlung aufgefordert werden.

(2) Die Aufforderung enthält die Vergabeunterlagen sowie alle zusätzlichen Unterlagen oder die Angabe, wie elektronisch hierauf zugegriffen werden kann.

(3) [1] Hält eine andere Stelle als der Auftraggeber die Vergabeunterlagen oder zusätzliche Unterlagen bereit, sind in der Aufforderung die Anschrift der entsprechenden Stelle und der Zeitpunkt anzugeben, bis zu dem die Unterlagen angefordert werden können. [2] Der Auftraggeber sorgt dafür, dass diese Stelle den Unternehmen die angeforderten Unterlagen unverzüglich nach Erhalt der Anforderung zusendet.

(4) Die Aufforderung zur Angebotsabgabe im nicht offenen Verfahren oder zur Verhandlung im Verhandlungsverfahren enthält mindestens:

1. einen Hinweis auf die veröffentlichte Bekanntmachung,
2. den Zeitpunkt, bis zu dem zusätzliche Unterlagen angefordert werden können, einschließlich etwaiger Bedingungen für die Anforderung,
3. den Zeitpunkt, bis zu dem die Angebote eingehen müssen, die Anschrift der Stelle, bei der sie einzureichen sind, sowie die Sprache, in der sie abzufassen sind,
4. die Bezeichnung der beizufügenden Unterlagen sowie
5. die Gewichtung der Zuschlagskriterien oder die Aufzählung dieser Kriterien in der Reihenfolge ihrer Gewichtung, wenn diese nicht in der Bekanntmachung enthalten waren.

(5) [1] Erfolgt der Aufruf zum Wettbewerb durch eine regelmäßige nicht verbindliche Bekanntmachung, so fordert der Auftraggeber auf der Grundlage von genauen Angaben über den betreffenden Auftrag die Bewerber auf, ihr Interesse zu bestätigen, bevor die Auswahl der Bieter oder der an einer Verhandlung Teilnehmenden erfolgt. [2] Diese Aufforderung enthält zumindest folgende Angaben:

1. Art und Umfang des Auftrags;
2. die Art des Vergabeverfahrens;
3. den Liefer- oder Leistungszeitpunkt;
4. die Anschrift und den Zeitpunkt für die Vorlage des Antrags auf Aufforderung zur Angebotsabgabe sowie die Sprache, in der die Angebote abzufassen sind;
5. alle Anforderungen, Garantien und Angaben, die von den Unternehmen verlangt werden;
6. die Zuschlagskriterien einschließlich deren Gewichtung oder Reihenfolge nach § 29 Absatz 4 Satz 4.

Schrifttum: *Greb/Müller*, Kommentar zur SektVO, 2010; *Leinemann*, Das neue Vergaberecht, 2. Aufl. 2010; *Müller-Wrede*, SektVO, 2010; *Müller-Wrede*, VOL und VOF 2009, 2. Aufl. 2009; *Palandt*, Bürgerliches Gesetzbuch, 69. Aufl. 2010.

I. Regelungsgehalt und Überblick

§ 25 regelt die **Aufforderung** des Auftraggebers an die ausgewählten Unternehmen zur Angebotsabgabe in **nicht offenen Verfahren** und **Verhandlungsverfahren** sowie die Aufforderung zur Interessenbestätigung bei **Aufruf zum Wettbewerb durch eine regelmäßige nicht verbindliche Bekanntmachung.**   **1**

Die Abs. 1 bis 4 betreffen **nicht offene Verfahren** und **Verhandlungsverfahren.** Abs. 1 verpflichtet den Auftraggeber, die ausgewählten Unternehmen **gleichzeitig** und **in Textform** zur Angebotsabgabe oder zunächst zur Verhandlung **aufzufordern.** Abs. 2 bestimmt, welche **Unterlagen oder Angaben** die Aufforderung enthalten muss. Abs. 3 regelt den Fall, dass sich Unterlagen bei einer **anderen Stelle als dem Auftraggeber** befinden. Abs. 4 konkretisiert die **inhaltlichen Anforderungen** an die Aufforderung mit einem Katalog an verpflichtenden Mindestangaben. Abs. 5 hingegen regelt den Wettbewerbsaufruf durch eine **regelmäßige nicht verbindliche Bekanntmachung.** Der Auftraggeber fordert die Unternehmen auf, ihr **Interesse an dem Auftrag** zu bestätigen. Einen Katalog mit Mindestangaben für die Aufforderung enthält S. 2.   **2**

Die ausgewählten Unternehmen sollen auf der Grundlage der ihnen durch § 25 gewährten Informationen ein passendes Angebot erstellen können. Dabei soll die Norm vor allem den in § 97 Abs. 1 und 2 GWB niedergelegten allgemeinen Verfahrensgrundsätzen der **Transparenz**   **3** und **Gleichbehandlung** zur Durchsetzung verhelfen. Die Aufforderung zur Angebotsabgabe soll auf **gleiche Art und Weise** und mit **gleichem Inhalt** gegenüber allen ausgewählten Unternehmen erklärt werden, um sie in die **gleiche Wettbewerbssituation** zu versetzen. Ein zeitlicher oder inhaltlicher Vorsprung eines der Unternehmen soll vermieden werden. Nur so kann bei der Erstellung des Angebots ein fairer Wettbewerb zwischen den ausgewählten Unternehmen gewährleistet werden.[1]

4   Die **europarechtliche Grundlage** ist Art. 47 SKR. Diese Vorschrift wurde bei der Umsetzung weitestgehend in § 25 übernommen. Lediglich die Sechs-Tages-Frist für zusätzliche Auskünfte aus Art. 47 Abs. 3 SKR findet sich in § 19 Abs. 2 wieder. Im **deutschen Recht** füllt § 25 Abs. 1 bis 4 inhaltlich **§ 101 Abs. 3 und 5 GWB** aus.

5   **Bisher** waren vergleichbare Regelungen nicht in einer Vorschrift zusammengefasst. Das Erfordernis der **gleichzeitigen Absendung der Aufforderung** war bisher in §§ 17 Nr. 4 Abs. 2, 17b Nr. 8 VOB/A aF sowie in § 9 SKR Nr. 9 VOB/A aF; in §§ 17 Nr. 3 Abs. 6, 17b Nr. 8 VOL/A aF und § 9 SKR Nr. 8 VOL/A aF geregelt. Das Erfordernis der **Textform** ist neu sowie die Möglichkeit, bereits vor Angebotsabgabe **zunächst zur Verhandlung auffordern** zu können. Letzteres war zwar als zulässig anerkannt, gesetzlich jedoch nicht normiert. In den Abs. 2 und 4 betreffend den **Inhalt der Aufforderung** ist der Begriff „Anschreiben", der bisher an mehreren Stellen im Gesetz als „Aufforderung zur Angebotsabgabe" legaldefiniert war (vgl. § 10 Nr. 5 Abs. 1 VOB/A aF, § 7 SKR Nr. 1 VOB aF, § 17 Nr. 3 Abs. 1 VOL/A aF sowie § 7 SKR Nr. 1 VOL/A aF), weggefallen. Der Wegfall hat aber keinen inhaltlichen Unterschied zur Folge. Ein Anschreiben ist immer noch in der Aufforderung enthalten.

6   Vergleichbare Regelungen in **anderen Vergabe- und Vertragsordnungen** entsprechen weitgehend § 25 Abs. 1 bis 4 bzgl. **nicht offenen Verfahren und Verhandlungsverfahren**, vgl. § 8 Abs. 1, 2, § 12 Abs. 4 VOB/A, § 9 EG Abs. 1, § 10 EG VOL/A und § 11 VOF, wobei die VOF nur das Verhandlungsverfahren kennt. In diesen Vergabeordnungen gibt es noch das Anschreiben. Auch hier werden Mindestinhalte vorgegeben, die größtenteils dem Katalog aus § 25 Abs. 4 SektVO gleichen. Eine Abs. 5 entsprechende Regelung bzgl. der **regelmäßigen nicht verbindlichen Bekanntmachung** gibt es weder in der VOB/A noch in der VOL/A. Hier führt eine regelmäßige nicht verbindliche Bekanntmachung lediglich zur Möglichkeit der Fristverkürzung nach §§ 10a Abs. 2 Nr. 3 S. 2 VOB/A, 12 EG Abs. 5 S. 3 VOL/A. Die VOF kennt im Gegensatz zu § 9 VOF 2006 keine regelmäßige nicht verbindliche Bekanntmachung mehr.

II. Systematische Stellung und Zweck der Norm

7   § 25 steht am Ende des 4. Abschnitts, der mit „Anforderungen an Unternehmen" überschrieben ist.

8   Die **Systematik des § 25** ist nicht überzeugend, weil die Interessenbestätigung nach Abs. 5 zeitlich vor der Auswahl der Unternehmen stattfindet, während die Aufforderung zur Angebotsabgabe, die in den Abs. 1 bis 4 normiert ist, in die Phase nach Abschluss des Teilnahmewettbewerbs und Auswahl der in Frage kommenden Unternehmen fällt. Richtigerweise müsste daher die Regelung des Abs. 5 vor den Abs. 1 bis 4 stehen.[2]

9   Die in § 25 normierten **Informationspflichten** erlauben die Durchführung eines **transparenten** und **diskriminierungsfreien** Verfahrens, indem es alle Unternehmen in die gleiche Ausgangslage für die Erstellung eines Angebots versetzt.[3] Die Offenlegung der Entscheidungskriterien und ihrer Gewichtung schützen die Unternehmen vor der Willkür des Auftraggebers. § 25 gewährleistet somit die in § 97 Abs. 1 und 2 GWB formulierten Grundsätze von **Transparenz** und **Wettbewerbsgleichheit** im Vergabeverfahren. Der Vorschrift kommt deshalb insgesamt **bieterschützender Charakter** zu.[4]

10   **1. Aufforderung zur Angebotsabgabe oder zur Verhandlung (Abs. 1).** Abs. 1 **verpflichtet den Auftraggeber**, die ausgewählten Unternehmen in nicht offenen Verfahren und Verhandlungsverfahren **gleichzeitig** und **in Textform** zur Angebotsabgabe aufzufordern. Im Verhandlungsverfahren kann er gemäß Hs. 2 auch erst zur Verhandlung aufrufen.

---

[1] Vgl. *Müller-Wrede/Reichling*, SektVO, § 25 RdNr. 1 f.
[2] So auch *Reichling*, in: *Müller-Wrede*, SektVO, § 25 RdNr. 5.
[3] *Greb/Müller* § 25 RdNr. 28.
[4] *Müller-Wrede/Reichling*, SektVO, § 25 RdNr. 81 f.

Unter „**gleichzeitig**" ist die Absendung der Aufforderung an alle ausgewählten Unternehmer **an demselben Tag** zu verstehen, wobei der Zeitpunkt der Absendung maßgeblich ist. Unterschiedliche Postlaufzeiten müssen nicht berücksichtigt werden, sind aber durch eine elektronische Übermittlung zu vermeiden. **Zweck des Gleichzeitigkeitserfordernisses** ist die Sicherstellung der **Wettbewerbsgleichheit**. Die ausgewählten Unternehmen sollen möglichst gleichzeitig die relevanten Unterlagen erhalten, um gleich viel Zeit zur Erstellung ihres Angebots zu haben. Die Gleichzeitigkeit ist nur im Rahmen **nicht offener Verfahren** und **Verhandlungsverfahren mit vorheriger Bekanntmachung** erheblich. Hier geht die Kontaktaufnahme vom Auftraggeber aus, da er die ausgewählten Unternehmen zur Angebotsabgabe auffordert. Deshalb und weil in diesen Verfahren eine Vielzahl von Unternehmen miteinander konkurrieren, hat er die Gleichbehandlung zu gewährleisten und muss die betreffenden Unternehmen gleichzeitig auffordern. Im **offenen Verfahren** und **im Verhandlungsverfahren ohne vorherige Bekanntmachung** hingegen spielt die Frage der Gleichzeitigkeit keine Rolle. Im offenen Verfahren geht die initiative Kontaktaufnahme von dem Unternehmen aus, das sich auf die Bekanntmachung beim Auftraggeber meldet. Der Auftraggeber kann nur diesem einen Bewerber die Unterlagen zusenden, so dass § 19 Abs. 1 die **unverzügliche Übersendung** ausreichen lässt. Im Verhandlungsverfahren ohne vorherige Bekanntmachung iSv. § 6 Abs. 2 ist hingegen der Wettbewerbsaspekt aufgrund der sehr begrenzten Anzahl von Verhandlungspartnern in der Regel zu vernachlässigen, es sei denn, dass hier doch mehrere Bewerber an den Verhandlungen beteiligt sind. **11**

Das **Textformerfordernis** weicht zwar vom Wortlaut des § 47 Abs. 1 SKR ab, wonach die Aufforderung „schriftlich" zu erfolgen hat. Die Definition von „schriftlich" in Art. 1 Abs. 11 SKR entspricht jedoch nicht der Schriftform nach § 126 BGB, sondern der **Textform nach § 126 b BGB**. Die Textform lässt verschiedene Arten der Übermittlung zu: per Papier, Diskette, CD-Rom, E-Mail oder Telefax.[5] Die Frage, ob allen Unternehmen gegenüber die **gleiche Art der Übermittlung** einzuhalten ist, wird teilweise bejaht.[6] Für Übermittlungsarten, die unterschiedliche Laufzeiten haben, ist das nachvollziehbar. Es ist jedoch nicht einzusehen, warum nicht ein Unternehmen per Telefax, ein anderes per E-Mail aufgefordert werden kann. **12**

Nicht neu, jedoch erstmals explizit gesetzlich geregelt, ist der Inhalt des Abs. 1 Hs. 2, der für Verhandlungsverfahren eine **Verhandlung vor Angebotsabgabe** erlaubt. Eigentlich soll die Verhandlung auf die Abgabe eines konkreten Angebots hinführen und müsste daher konsequenterweise vor der Aufforderung zur Angebotsabgabe stattfinden. Das hat sich aber im Gesetzestext nicht niedergeschlagen, so dass die Verhandlung bisher erst nach und auf der Grundlage eines – wenn auch vorläufig abgegebenen – Angebots stattgefunden hat. Von dieser **Grundstruktur** wird auch in § 101 Abs. 5 GWB ausgegangen. Eine vorherige Verhandlung war bisher aber insbesondere im Rahmen der VOF 2006 anerkannt, wenn auch nicht üblich. In der VOF 2006 ließ sich dies auf den Wortlaut des § 16 Abs. 1 S. 1 lit. a und Abs. 4 stützen, der lediglich die Übersendung einer Aufgabenbeschreibung nicht aber eine Aufforderung zur Angebotsabgabe enthielt. Eine Verhandlung vor Angebotsabgabe ist bei **Aufklärungsbedarf bzgl. der genauen Leistungsbeschreibung** seitens des Auftraggebers sinnvoll, damit schließlich auf der Grundlage der Verhandlungsergebnisse eine finale Leistungsbeschreibung für die Aufforderung zur Angebotsabgabe erstellt werden kann. **13**

2. Bestandteile der Aufforderung (Abs. 2). Absatz 2 normiert die **verpflichtenden Bestandteile** der Aufforderung. Sie muss entweder die **Vergabeunterlagen** und **alle zusätzlichen Unterlagen** oder im Falle der **elektronischen Bereitstellung** Angaben darüber, wie elektronisch darauf zugegriffen werden kann, enthalten. Dies betrifft sowohl die Aufforderung zur Angebotsabgabe als auch die zur Verhandlung, während Absatz 4 nur die Aufforderung zur Angebotsabgabe erfasst. Der Aufforderung zur Verhandlung folgt zwingend die Aufforderung zur Angebotsabgabe. Daher reicht es aus, wenn spätestens dann die inhaltlichen Anforderungen des Abs. 4 erfüllt sind. **14**

Im Gegensatz zu anderen Vergabe- und Vertragsordnungen enthält die SektVO keine **Legaldefinition** des Begriffs „Vergabeunterlagen". Gemäß §§ 8 Abs. 1, 9 EG Abs. 1 VOL/A enthalten Vergabeunterlagen **alle Angaben, die für eine Entscheidung zur Teilnahme am Vergabeverfahren bzw. für die Angebotsabgabe erforderlich sind**, idR bestehend aus Anschreiben, Bewerbungsbedingungen und Vertragsunterlagen. Vertrags- und Bewerbungsbedingungen sind die zusätzlichen Unterlagen. Im Einzelfall können aber auch darüber hinaus wei- **15**

---

[5] *Palandt/Heinrichs/Ellenberger*, BGB, § 126 b RdNr. 3.
[6] *Müller-Wrede/Reichling*, SektVO, § 25 RdNr. 28.

tere Unterlagen erforderlich sein. Maßgeblich ist, dass die Unternehmen anhand der Informationen ein passendes Angebot erstellen können. Die **Zusendung der Unterlagen** hat auf einem für alle gleichermaßen zugänglichen und ausreichend dokumentierbaren Weg zu erfolgen. Die Art und Weise der Übermittlung richtet sich nach § 5 Abs. 1 S. 1. Der Zugang muss durch eine Rückmeldung über den Empfang nachgewiesen werden.[7] Ein per Telefax übermitteltes Schreiben ist erst zugegangen, wenn es vom Empfängergerät ausgedruckt wurde.[8]

16   Sämtliche Unterlagen können auch **elektronisch** bereitgehalten werden. Der Auftraggeber muss dann in der Aufforderung Angaben zu Art und Weise des Abrufs machen. Zu beachten sind gem. § 5 Abs. 2 die Anforderungen an elektronische Netze. Der Zugang darf für kein Unternehmen beschränkt sein und das Netz muss allgemein verfügbar sein. Gemäß § 5 Abs. 2 Nr. 1–3 dürfen die Vorrichtungen und technischen Merkmale nicht diskriminierend, müssen allgemein zugänglich und mit den allgemein verbreiteten Erzeugnissen der Informations- und Kommunikationstechnologie kompatibel sein.

17   **3. Anforderung von Unterlagen bei anderen Stellen (Abs. 3).** Abs. 3 regelt die Bereitstellung der Vergabeunterlagen und der zusätzlichen Unterlagen ganz oder teilweise durch **andere Stellen** als den Auftraggeber. In diesem Fall versendet der Auftraggeber nur eine Aufforderung, die keine bzw. nur einen Teil der Unterlagen enthält. Das Unternehmen muss von sich aus die Unterlagen bei den anderen Stellen **anfordern**. Dazu muss gemäß S. 1 in der Aufforderung **Name** sowie **Anschrift** der bereithaltenden Stelle enthalten sein sowie die **Frist**, innerhalb der die Unterlagen angefordert werden können. Der Auftraggeber muss nach S. 2 für die unverzügliche Übermittlung der Unterlagen an das anfordernden Unternehmen sorgen. Die **Versäumung der im Anschreiben enthaltenen Anforderungsfrist** muss aus Gleichbehandlungsgründen zur Ablehnung der Anfrage führen.

18   Auch bei Einschaltung Dritter bleibt der Auftraggeber **Herr des Vergabeverfahrens**. Er darf seine Verantwortung nicht einfach auf Dritte abwälzen. Er hat sicherzustellen, dass das Verfahren trotz der Einbeziehung anderer Stellen transparent und diskriminierungsfrei abläuft, insbesondere dass die anderen Stellen ihren Informationspflichten unverzüglich nachkommen.[9]

19   **4. Mindestinhalte der Aufforderung im nicht offenen Verfahren oder im Verhandlungsverfahren (Abs. 4).** Abs. 4 enthält die **Mindestinhalte** für die Aufforderung zur Angebotsabgabe in nicht offenen Verfahren und Verhandlungsverfahren. Die Festlegung von Mindestinhalten stellt sicher, dass alle ausgewählten Unternehmen mit den gleichen Informationen versorgt werden, die Aufforderung also inhaltlich nicht diskriminierend wirkt.

20   Nr. 1 bestimmt, dass ein **Hinweis auf die veröffentlichte Bekanntmachung** zu erfolgen hat. Nicht nur kann die veröffentlichte Bekanntmachung Angaben enthalten, die für die Aufforderung zur Angebotsabgabe nicht zwingend vorgeschrieben sind, sondern ihr Inhalt ist auch für das gesamte spätere Verfahren maßgeblich.

21   Nr. 2 verlangt die Angabe einer **Frist** zur Anforderung **zusätzlicher Unterlagen** einschließlich der **Bedingungen** für die Anforderung. Fordert der Auftraggeber selbst zur Angebotsabgabe auf, sind gemäß Abs. 2 bereits die Vergabeunterlagen, alle zusätzlichen Unterlagen oder die Angabe, wie elektronisch auf die Unterlagen zugegriffen werden kann, in der Aufforderung enthalten, so dass es in der Regel keine darüber hinausgehenden Unterlagen mehr gibt. Daher findet diese Regelung eher für den Fall der Bereithaltung von Unterlagen durch eine andere Partei nach Abs. 3 Anwendung. Bedingungen iSd. Vorschrift können zB solche über die Höhe und Zahlungsbedingungen der für die Vergabeunterlagen zu entrichtenden Beträge sein.[10]

22   Nach Nr. 3 ist die **Angabe** einer **Angebotsfrist**, der **Anschrift der für den Eingang der Angebote zuständigen Stelle**, sowie der **Sprache**, in der die Angebote abzufassen sind, verpflichtend. Die **Angebotsfrist** bemisst sich nach § 17 Abs. 1, Abs. 3 und Abs. 4 bzw. verkürzt nach § 18 und muss für alle Unternehmen identisch sein. Verspätete Angebote sind aus Gleichbehandlungsgründen für das weitere Verfahren nicht zu berücksichtigen. Deshalb und damit die Unternehmen die Erstellung ihres Angebots planen können, ist die Bezeichnung einer Frist von erheblicher Bedeutung. Die Stelle, welche die Angebote entgegen nimmt, ist nicht zwangsläufig identisch mit der Stelle, die im Aufruf zum Wettbewerb für den Empfang der Teilnahmeanträge zuständig war. Daher ist ihre **Anschrift zwingend anzugeben**. Die **Angabe der Sprache**

---

[7] *Müller-Wrede/Reichling*, SektVO, § 25 RdNr. 36 mit Verw. auf VK Thüringen, Beschluss v. 26. 2. 2008 – 2008-003-G, VG Arnsberg, Beschluss v. 14. 7. 2006 – VK 18/06.
[8] *Müller-Wrede/Reichling*, SektVO, § 25 RdNr. 36.
[9] *Leinemann* RdNr. 365.
[10] *Müller-Wrede/Reichling*, SektVO, § 25 RdNr. 65.

richtet sich hauptsächlich an ausländische Unternehmen, die sich rechtzeitig um eine fachgerechte Übersetzung bemühen müssen.

Nr. 4 schreibt die Bezeichnung der dem Angebot **beizufügenden Unterlagen** vor. Dem **23** Unternehmen muss eindeutig erkennbar sein, welche Unterlagen es seinerseits dem Angebot beifügen muss. Dabei kann es sich jedoch nicht um Eignungsnachweise handeln, die bereits in einem früheren Stadium des Verfahrens überprüft wurden, sondern nur um Leistungsbeschreibungen, Vergabe- und Vertragsunterlagen und besondere Erklärungen wie zB die Scientology-Erklärung in Bayern, Baustofflisten oder ähnliches. Die **Rechtsfolge bei Nichtvorlage** geforderter Unterlagen regelt die Norm nicht. Die SektVO, insbesondere § 26 kennt in dieser Hinsicht keine zwingenden Ausschlussgründe, eine analoge Anwendung entsprechender Ausschlussgründe aus anderen Vergabe- und Vertragsbedingungen ist mangels Regelungslücke zu verneinen. In der Angebotsfrist nicht vorgelegte Erklärungen können daher innerhalb einer Nachfrist nachgefordert werden, es sei denn, dass die Nichtvorlage von Unterlagen andere Bieter diskriminiert und den Bieterwettbewerb beeinträchtigt. Verstreicht auch die Nachfrist erfolglos, ist das Angebot zwingend auszuschließen.

Nach Nr. 5 muss die Aufforderung zur Angebotsabgabe entweder die **Gewichtung der Zu-** **24** **schlagkriterien** oder die **Kriterien in der Reihenfolge ihrer Gewichtung** nennen, sofern dies nicht bereits in der Bekanntmachung geschehen ist, wobei es sich bei den beiden scheinbar gleichrangigen Alternativen eher um ein Regel-Ausnahme-Verhältnis handelt. Nach § 29 Abs. 4 S. 4 muss der Auftraggeber zunächst immer die Gewichtung der einzelnen Kriterien nennen. Nur wenn dies aus sachlichen Gründen nicht möglich ist, kann er die Kriterien in absteigender Reihenfolge ihrer Bedeutung auflisten. Nach § 14 Abs. 1 Nr. 1, § 16 Abs. 1 iVm. dem **Standardformular 5 Bekanntmachungen – Sektoren** der Verordnung (EG) 1564/2005, Ziffer IV.2.1 muss zwar schon die Bekanntmachung zum Teilnahmewettbewerb die Zuschlagskriterien nennen, nicht aber zwingend ihre Gewichtung. Dies ist spätestens in der Aufforderung zur Angebotsabgabe nachzuholen. Der Auftraggeber ist bei der Entscheidung über den Zuschlag an die Kriterien gebunden, darf sich nicht auf andere, nicht bekanntgemachte Kriterien stützen. Er muss auch die vorgegebene Gewichtung einhalten. **Abweichungen in größerem Umfang** sind unzulässig. Geringe Abweichungen lässt die Rechtsprechung zu, wenn der Auftraggeber damit auf unvorhergesehene Situationen reagiert und die Änderung einzelner Gewichtungen nicht die Bieterreihenfolge verschiebt.[11]

Die Angabe der Kriterien und ihrer Gewichtung soll **Transparenz schaffen** und die Ent- **25** scheidung **nachprüfbar machen**. Die Unternehmen erhalten zudem eine Orientierung über die entscheidungsrelevanten Aspekte, nach denen sie ihr Angebot ausrichten können.[12]

Zu den einzelnen Kriterien und ihrer Gewichtung, vgl. § 29.　　　　**26**

5. Mindestinhalt der Aufforderung bei Aufruf zum Wettbewerb durch eine regel- 27 mäßige nicht verbindliche Bekanntmachung (Abs. 5). Abs. 5 betrifft das Verfahren, wenn gem. § 14 Abs. 1 Nr. 2 durch **Veröffentlichung einer regelmäßigen nicht verbindlichen Bekanntmachung** zum Wettbewerb aufgerufen wurde. Für diesen Fall bestimmt S. 1, dass der Auftraggeber vor Auswahl der Bieter für ein nicht offenes Verfahren oder ein Verhandlungsverfahren die sich bewerbenden Unternehmen zur **Bestätigung ihres Interesses aufzufordern** hat, und zwar auf der Grundlage von genauen Angaben über den betreffenden Auftrag. Diese Angaben werden in Form eines Katalogs an Mindestangaben in S. 2 konkretisiert. **Gesetzessystematisch** ist die Position der Regelung fragwürdig, da der Regelungsgehalt eine Phase vor Aufforderung zur Angebotsabgabe bzw. zur Verhandlung nach den Abs. 1 bis 4 betrifft, daher richtigerweise vor diesen Vorschriften zu normieren gewesen wäre.

Wird durch eine regelmäßige nicht verbindliche Bekanntmachung zum Wettbewerb aufge- **28** rufen, muss die Bekanntmachung den Anforderungen des § 14 Abs. 2 genügen. Dazu gehört auch, dass die interessierten Unternehmen aufgefordert werden, ihr Interesse in Textform mitzuteilen, vgl. § 14 Abs. 2. In Abs. 5 geht es um die Bestätigung eben dieses mitgeteilten Interesses durch eine erneute Aufforderung. Dies soll einerseits dem **Interesse des Auftraggebers** dienen, auf zwischenzeitlich eingetretene Entwicklungen und Änderungen zu reagieren und den Auftrag dementsprechend modifizieren zu können, weil zwischen der Veröffentlichung der regelmäßigen nicht verbindlichen Bekanntmachung und der konkreten Auswahl der Bieter bis zu zwölf Monate vergehen können (§ 14 Abs. 2 Nr. 4). Andererseits liegt es auch im **Interesse**

---

[11] VK Niedersachsen (Lüneburg), Beschluss v. 8. 6. 2001 – 203-VgK-07/2001 S. 7 f., IBR 2002, 40; *Müller-Wrede/Müller-Wrede* § 16 RdNr. 138.

[12] *Greb/Müller*, SektVO, § 25 RdNr. 33.

der Unternehmen, die auf der Grundlage aktueller und verpflichtender Informationen entscheiden können, ob sie sich für einen konkreten Auftrag bewerben oder nicht. Ferner erhält der Auftraggeber einen Überblick über den aktuell interessierten Bieterkreis. Das **Schweigen auf die Aufforderung** – auch bei Unternehmen, die ihr Interesse bereits bekundet haben und als geeignet ausgewählt wurden – gilt als Ablehnung der weiteren Beteiligung.[13] Die Angaben zu dem Auftrag müssen so exakt sein, dass die Bewerber auf ihrer Grundlage die Entscheidung treffen können, ob sie sich um den konkreten Auftrag bewerben oder nicht. Der Mindestkatalog des S. 2 deckt sich im Wesentlichen mit den Angaben, die bei Aufruf zum Wettbewerb durch Bekanntmachung gemäß § 16 bereits in der Bekanntmachung enthalten sein müssen, aber gerade nicht Bestandteil einer regelmäßigen nicht verbindlichen Bekanntmachung sind, die lediglich den in § 14 Abs. 2 vorgeschrieben Inhalt haben muss.

29   **Europarechtliche Grundlage** ist Art. 47 Abs. 5 SKR. Nicht umgesetzt wurden jedoch lit. e bzgl. der Anschrift der den Zuschlag erteilenden bzw. Auskünfte erteilenden Stelle sowie lit. g bzgl. der Höhe und Zahlungsbedingungen der für die Vergabeunterlagen zu entrichtenden Beträge. Diese Angaben werden erst nach Abschluss des Teilnahmewettbewerbs relevant, so dass sich der Verordnungsgeber für eine Normierung in der Aufforderung zur Angebotsabgabe nach den Abs. 2 und 4 entschieden hat.

30   Die Aufforderung zur Interessenbestätigung muss die Angaben nach S. 2 Nr. 1 bis 5 zwingend enthalten. Nach Nr. 1 sind **Art und Umfang des Auftrags** zu benennen. So kann das interessierte Unternehmen abschätzen, ob der Auftrag in seinen Tätigkeitskreis fällt und ob es fachlich und personell für die Durchführung des Auftrags geeignet ist. Darüber hinaus sah § 17 b Nr. 3 lit. c Buchst. aa VOL/A 2006 den Hinweis auf Optionen bzgl. zusätzlicher Aufträge und die Frist für die Inanspruchnahme solcher Optionen vor. Oft wird ein Auftrag für ein Unternehmen erst dann interessant, wenn ähnliche Folgeaufträge in Aussicht sind. Daher sollte auch hierüber informiert werden.

31   Nach Nr. 2 ist die **Art des Vergabeverfahrens** bekannt zu geben. In Frage kommen dabei entweder das nicht offene Verfahren nach § 6 Abs. 1 SektVO iVm. § 101 Abs. 3 GWB oder das Verhandlungsverfahren nach § 6 SektVO iVm. § 101 Abs. 5 GWB.

32   Nr. 3 enthält die Angabe des **Liefer- oder Leistungszeitpunkts**. Das interessierte Unternehmen muss überprüfen können, ob es überhaupt über die Kapazitäten verfügt, um den Auftrag sach- und fristgerecht ausführen zu können.[14] Dazu reicht die Angabe einer bloßen Dauer nicht aus, vielmehr muss auch ein Termin für den Beginn angegeben werden. Ansonsten können saisonale Faktoren wie zB Auftragslage nicht berücksichtigt werden. Anzugeben sind daher **Beginn und Dauer der Ausführungsfrist**. Sollten diese Angaben dem Auftraggeber nicht möglich sein, muss er in der Aufforderung ausdrücklich darauf hinweisen. Auch dient die Ausführungsfrist der **Vergleichbarkeit der Angebote**. Deshalb sollte ihre Gestaltung nicht gänzlich den Unternehmen überlassen werden, was eine Beeinträchtigung der Vergleichbarkeit zur Folge hätte.

33   Nr. 4 fordert die Angabe von **Anschrift** und **Zeitpunkt für die Vorlage des Antrags auf Aufforderung zur Angebotsabgabe** sowie die **Sprache**, in der die Angebote abzufassen sind. Diese Norm ist in mehrfacher Hinsicht undeutlich formuliert. Zunächst bleibt unklar, **wessen Anschrift** anzugeben ist. Bzgl. § 17 b Nr. 2 lit. c Buchst. dd VOL/A 2002 unter Berücksichtigung von § 17 b Nr. 2 lit. c Buchst. ee VOL/A 2002 wurde vertreten, dass die Anschrift der Stelle, die den Zuschlag erteilt und Auskünfte gibt, anzugeben sei. **Anhang XV Teil A II Ziffer 12 SKR** schreibt hingegen die Angabe der Anschrift derjenigen **Stelle vor, bei der interessierte Unternehmen ihre Interessenbekundung schriftlich einreichen müssen**. Dies wird in der Regel zwar der Auftraggeber sein, zwingend ist das aber nicht. Nur letztere Ansicht scheint Sinn zu machen, da es nicht um Angebote sondern um die Interessenbestätigung geht. Ebenso ist die Formulierung fraglich, ob der letzte Tag für die Vorlage des **Antrags auf Aufforderung zur Angebotsabgabe** anzugeben ist. Abzulehnen ist die Ansicht, dass es sich um die Angebotsfrist handelt. Zum einen macht es keinerlei Sinn, in der Aufforderung zur Interessenbestätigung schon die Angebotsfrist zu regeln. Zum anderen stellt **Anhang XV Teil A II Ziff. 12 SKR** explizit auf die Frist für den Eingang der Interessenbekundung ab, trotz des widersprechenden Wortlauts von Art. 47 Abs. 5 lit. d SKR, der von Aufforderung zur Angebotsabgabe spricht. Letztlich macht das aber keinen Sinn, weil die Phase der Einholung der Angebote noch gar nicht begonnen hat. Soll das Angebot in einer **anderen Sprache** abgegeben

---

[13] *Müller-Wrede/Reichling*, SektVO, § 25 RdNr. 63; so wohl auch *Greb/Müller* § 25 RdNr. 27.
[14] *Greb/Müller* § 25 RdNr. 29.

werden, muss das interessierte Unternehmen den Aufwand für eine fachgerechte Übersetzung abwägen. Daher muss dies bereits in der Aufforderung angegeben werden. Dies gilt entgegen des Wortlauts sowohl für die Sprache für das Angebot als auch für die Sprache für die Interessenbestätigung, vgl. **Anhang XV Teil A II Ziff. 12 SKR** .

Gemäß Nr. 5 hat der Auftraggeber **alle Anforderungen, Garantien und Angaben, die**   34 **von den Unternehmen verlangt werden**, anzugeben. Hierbei handelt es sich um Nachweise über die Eignung des Unternehmens. Gem. § 97 Abs. 4 GWB darf ein Auftrag nur an fachkundige, leistungsfähige sowie gesetzestreue und zuverlässige Bewerber vergeben werden. Darüber hinaus können sogar zusätzliche Anforderungen gestellt werden, wenn sie in sachlichem Zusammenhang mit dem Auftragsgegenstand stehen. Zum Nachweis der Eignung muss der Auftraggeber bestimmte Auskünfte verlangen dürfen. Im Gegensatz zur SektVO enthalten die vergleichbaren Regelungen in § 7 EG VOL/A und § 6 Abs. 3 VOB/A einen Katalog an solchen einforderbaren Auskünften. Sie müssen durch den jeweiligen Auftragsgegenstand gerechtfertigt sein, vgl. § 7 EG Abs. 1 S. 1 VOL/A und sind grundsätzlich in Form von Eigenerklärungen abzugeben, § 7 EG Abs. 1 S. 2 VOL/A.[15] Der Auftraggeber hat hinsichtlich des Eignungsnachweises alle Unternehmen gleich zu behandeln und darf nicht zugunsten eines Bewerbers von den Kriterien abweichen.

Nr. 6 sieht die Nennung der **Zuschlagskriterien einschließlich deren Gewichtung oder**   35 **Reihenfolge** nach § 29 Abs. 4 S. 4 vor. Nach § 29 Abs. 1 ist der Zuschlag dem wirtschaftlich günstigsten Angebot zu erteilen, was sich anhand der Zuschlagskriterien beurteilt, die im Verfahren mehrfach anzugeben sind. Hierzu gelten die Ausführungen im Rahmen von Absatz 4 Nr. 5 entsprechend.

Abschnitt 5. Prüfung und Wertung der Angebote

§ 26 Behandlung der Angebote
Die Angebote werden geprüft und gewertet, bevor der Zuschlag erteilt wird.

Schrifttum: *Greb/Müller*, Kommentar zur SektVO, 1. Aufl. 2010; *Müller-Wrede*, SektVO, 1. Aufl. 2010; *Opitz*, Die neue Sektorenverordnung, VergabeR 2009, 689; *Wirner*, Die Eignung von Bietern und Bewerbern bei der Vergabe öffentlicher Bauaufträge, ZfBR 2003, 545; siehe auch das Schrifttum zu § 97 Abs. 4 GWB.

I. Regelungsgehalt und Überblick

§ 26 bestimmt, dass der Auftraggeber die Angebote prüfen und werten muss, bevor der Zu-   1 schlag erteilt wird. Weitere Festlegungen enthält § 26 nicht, so dass dem Auftraggeber insoweit im Verfahren ein Spielraum zukommt.[1] § 26 ist Art. 51 Abs. 3 SKR nachgebildet. In der Zusammenschau mit § 27, der als dritte Wertungsstufe die Preisprüfung regelt, ergeben sich wie im Bereich der klassischen Auftragsvergabe auch für Aufträge im Sektorenbereich **vier Wertungsstufen** bei der Prüfung der Angebote im Anwendungsbereich der SektVO. Davon regelt § 26 die erste (formale Prüfung), die zweite (Eignungsprüfung) und die vierte (Wirtschaftlichkeitsprüfung) Wertungsstufe.

II. Normzweck

Die Bestimmung verfolgt den Zweck, Transparenz hinsichtlich der Wertung dadurch herzu-   2 stellen, dass der Sektorenauftraggeber die Wertung in verschiedenen Stufen durchführt, die von einander zu trennen sind.

III. Die Wertungsstufen

§ 26 enthält keine näheren Einzelheiten zur Wertung der Angebote. Art. 51 Abs. 3 SKR, in   3 dessen Licht § 26 auszulegen ist, sieht vor, dass die Angebote der Bieter nach den für diese geltenden „Vorschriften und Anforderungen" zu prüfen und nach den Kriterien der Art. 55 (Zu-

---

[15] So auch *Müller-Wrede/Reichling,* SektVO, § 25 RdNr. 76.
[1] Amtliche Begründung zu § 26, BR-Drucks. 522/09 v. 29. 5. 2009, 53.

schlagskriterien) und Art. 57 (ungewöhnlich niedrige Angebote) zu werten sind. Art. 51 Abs. 3 SKR unterscheidet zwischen einer formalen Prüfung nach den „geltenden Vorschriften" und der Eignungsprüfung anhand der vom Auftraggeber festgelegten „Anforderungen". Aus Art. 51 SKR ergibt sich zudem, dass nach der Prüfung der Eignung (Abs. 1 und 2 iVm. Art. 52 bis 54 SKR) über den Zuschlag entschieden wird (Art. 51 Abs. 3 iVm. Art. 55 bis 57 SKR). In richtlinienkonformer Auslegung ist auch im Rahmen von § 26 zwischen den verschiedenen Wertungsstufen zu unterscheiden. Die amtliche Begründung geht ebenfalls davon aus, dass zunächst eine formale Prüfung auf Fristgemäßheit und Vollständigkeit erfolgt. Sodann sei die Eignung der Bieter festzustellen. Daran schließe sich die Wertung der Angebote anhand der Zuschlagskriterien an, die mit der Zuschlagserteilung endet.[2] Nach Art. 54 Abs. 2 SKR richten sich Auftraggeber bei der Auswahl der Bewerber nach den objektiven Regeln und Kriterien, die sie festgelegt haben und den interessierten Wirtschaftsteilnehmern zugänglich sind. Soweit sich der Sektorenauftraggeber gebunden hat, darf er von dieser **Selbstbindung** nicht abweichen.

4   Zur **formalen Prüfung auf Fristgemäßheit und Vollständigkeit** enthält § 26 selbst keine Vorgaben. Grundsätzlich ist ein unvollständiges Angebot auszuschließen. Zwar räumt § 19 Abs. 3 dem Auftraggeber ein Ermessen hinsichtlich der Behandlung unvollständiger Angebote ein. Danach können nachgefragte Erklärungen und Nachweise, die mit dem Angebot nicht vorgelegt wurden, mit Bestimmung einer Ausschlussfrist nachgefordert werden.[3] Aus Gründen der Gleichbehandlung der Bieter und des Wettbewerbs ist aber zu fordern, dass der Auftraggeber dann in der Bekanntmachung oder der Angebotsaufforderung auf den Umgang mit unvollständigen Angeboten hinweisen muss.[4] Zwar ist der Auftraggeber im Anwendungsbereich der SektVO grundsätzlich freier als ein öffentlicher Auftraggeber im Anwendungsbereich der VKR. Derjenige Bieter, der sämtliche Nachweise und Erklärungen innerhalb der Angebotsfrist vorlegt, wird aber gegenüber einem Bieter, der die geforderten Nachweise und Erklärungen nicht innerhalb dieser Frist vorlegt, benachteiligt. Voraussetzung für einen Ausschluss ist, dass den Ausschreibungsunterlagen eindeutig zu entnehmen ist, welche Angaben oder Erklärungen von dem Bieter mit dem Angebot vorzulegen sind. Unklarheiten gehen insoweit zu Lasten des Auftraggebers.[5]

5   Im Anschluss an die formale Prüfung prüft der Sektorenauftraggeber die **Eignung der Bewerber oder Bieter** anhand der von ihm aufgestellten Kriterien. Die Wertung der Eignung des Bieters betrifft dessen Fachkunde, Zuverlässigkeit und Leistungsfähigkeit, wie sich aus § 97 Abs. 4 S. 1 GWB ergibt.[6] Die **Eignungskriterien und deren Prüfung sind strikt von den Zuschlagskriterien zu trennen**. Diese Trennung ergibt sich bereits aus dem Wortlaut des § 26. Auch Art. 51 Abs. 3 SKR ist eine Trennung zwischen Eignungs- und Zuschlagskriterien zu entnehmen.[7]

6   Die Prüfung der Angebote auf **ungewöhnlich niedrige Angebote** ist nicht in § 26, sondern in § 27 geregelt.

7   Die Prüfung der Wirtschaftlichkeit der Angebote erfolgt anhand der den Bietern bekannt gegebenen **Zuschlagskriterien**,[8] an die der Auftraggeber gebunden ist. Den Zuschlag erhält das wirtschaftlich günstigste Angebot. Die Zuschlagserteilung erfolgt durch Mitteilung gegenüber dem Bieter, der das wirtschaftlich günstigste Angebot abgegeben hat. Mit der Zuschlagserteilung wird das Angebot des Bieters angenommen und es kommt ein Vertrag zwischen dem Auftraggeber und dem Bieter zustande.

§ 27 Ungewöhnlich niedrige Angebote

(1) ¹Erscheint der Endpreis eines Angebots ungewöhnlich niedrig, hat der Auftraggeber vor Ablehnung dieses Angebots dessen Merkmale zu prüfen. ²Zu diesem Zweck kann er vom Unternehmen die erforderlichen Belege verlangen und mit dem Unternehmen Rücksprache halten. ³Die Prüfung kann insbesondere betreffen:

---

[2] Amtliche Begründung zu § 26, BR-Drucks. 522/09 v. 29. 5. 2009, 53.
[3] § 19 SektVO RdNr. 9 ff.
[4] OLG München BeckRS 2009, 27 005; siehe auch *Opitz* VergabeR 2009, 689, 698; aA *Greb/Müller* RdNr. 10.
[5] VK Bund, Beschl. v. 21. 9. 2009, VK 2–126/09.
[6] Vgl. § 97 GWB RdNr. 136 ff.; vgl. auch §§ 21 und 22 SektVO.
[7] Siehe auch § 97 GWB RdNr. 184 f.; *Hölzl/Friton* NZBau 2008, 307.
[8] Siehe § 97 GWB RdNr. 269 ff.

1. die Wirtschaftlichkeit des Bauverfahrens, des Fertigungsverfahrens oder der Erbringung der Dienstleistung,
2. die gewählten technischen Lösungen oder die außergewöhnlich günstigen Bedingungen, über die das Unternehmen bei der Durchführung der Bauleistungen, bei der Lieferung der Waren oder bei der Erbringung der Dienstleistung verfügt,
3. die Besonderheiten der angebotenen Bauleistungen, der Lieferungen oder der Dienstleistungen,
4. die Einhaltung der Vorschriften über Arbeitsschutz und Arbeitsbedingungen, die am Ort der Leistungserbringung gelten, oder
5. die etwaige Gewährung einer staatlichen Beihilfe an das Unternehmen.

(2) Nach der Prüfung der Angebote sind die im Verhältnis zur Leistung ungewöhnlich niedrigen Angebote auszuschließen.

(3) [1]Bevor der Auftraggeber ein Angebot deswegen ablehnt, weil dessen Endpreis wegen der Gewährung einer staatlichen Beihilfe ungewöhnlich niedrig ist, fordert er unter Festsetzung einer angemessenen Frist das Unternehmen auf, nachzuweisen, dass die staatliche Beihilfe rechtmäßig gewährt wurde. [2]Wird dieser Nachweis nicht fristgerecht erbracht, so lehnt der Auftraggeber das Angebot ab und teilt der Kommission die Ablehnung mit.

Schrifttum: *Bechtolsheim/Fichtner,* „Stolperstein Angemessenheitsprüfung" – Die Prüfung von Auskömmlichkeit und Angemessenheit iS von § 25 Nr. 2 II und III VOL/A und § 25 Nr. 3 Abs. 1 VOB/A unter Auswertung aktueller Rechtsprechung, VergabeR 2005, 574; *Greb/Müller,* Kommentar zur SektVO, 1. Aufl. 2010; *Leinemann,* Umgang mit Spekulationspreisen, Dumpingangeboten und Mischkalkulationen, VergabeR 2008, 346; *Müller-Wrede,* SektVO, 1. Aufl. 2010; *Stolz,* Die Behandlung von Niedrigpreisangeboten unter Berücksichtigung gemeinschaftsrechtlicher Vorgaben, VergabeR 2002, 219.

I. Regelungsgehalt und Überblick

§ 27 regelt die Behandlung ungewöhnlich niedriger Angebote durch den Auftraggeber. Vor   **1** unangemessen hohen Angeboten schützt § 27 nicht. Die Prüfung des Preises erfolgt auf der dritten Wertungsstufe. Die Regelung entspricht Art. 57 SKR.

II. Normzweck

Sinn und Zweck von § 27 ist in erster Linie der **Schutz des Auftraggebers** vor zu niedrigen   **2** Angeboten, bei denen die ordentliche Ausführung der zu vergebenden Bau-, Dienst- oder Lieferleistung gefährdet ist.[1] Darüber hinaus wird derjenige Bieter geschützt, dessen Angebot von einem Ausschluss bedroht ist.[2] Umstritten ist, ob die Vorschriften zur Preisprüfung auch die **Wettbewerber** vor ungewöhnlich niedrigen Angeboten schützt. Das ist für § 27 zu bejahen.[3] Nach der wohl überwiegenden Auffassung[4] soll die Regelung zu ungewöhnlich niedrigen Preisen zwar nur dann bieterschützende Wirkung haben, wenn der Auftraggeber verpflichtet ist, wettbewerbsbeschränkende und unlautere Verhaltensweisen zu beschränken. Das soll der Fall sein, wenn der unangemessene Preis zielgerichtet zur Verdrängung von Wettbewerbern eingesetzt wird, sowie bei Unterkostenangeboten, bei deren Ausführung der Bieter voraussichtlich in solch große wirtschaftliche Schwierigkeiten gerät, dass er die Auftragsdurchführung abbrechen muss und andere Bieter nicht mehr in der Lage sind, den Auftrag weiter auszuführen. Für eine Differenzierung danach, ob es für den Auftraggeber geboten ist, ein Niedrigpreisangebot wegen wettbewerbsbeschränkender oder unlauterer Verhaltensweisen auszuschließen, gibt es im Wortlaut des § 27 keinen Anhalt. Zudem regelt § 27 gerade den Fall, dass die ordentliche Ausführung der Leistungen gefährdet ist. Weiterhin spricht für eine drittschützende Wirkung des § 27 auch das Wettbewerbsprinzip, dessen Einhaltung durch den Schutz der Wettbewerber gefördert wird. Für diesen Schutzzweck spricht schließlich auch die Verpflichtung nach Abs. 2, nach Prüfung der Angebote die im Verhältnis zur Leistung ungewöhnlich niedrigen Angebote auszuschließen.[5]

---

[1] BGH NJW 1995, 737.
[2] So auch *Greb/Müller* RdNr. 2; OLG Saarbrücken NZBau 2004, 117.
[3] OLG Düsseldorf BeckRS 2007, 17784; OLG Rostock NZBau 2001, 286, 288, aA OLG Celle NZBau 2004, 408; BayObLG NZBau 2005, 240.
[4] Vgl. *Müller-Wrede/Horn,* SektVO, § 27 RdNr. 42; OLG Düsseldorf NZBau 2002, 112; ZfBR 2007, 302; OLG Koblenz VergabeR 2006, 392; BayObLG VergabeR 2007, 536.
[5] *Greb/Müller* RdNr. 2.

III. Die Behandlung von Niedrigpreisangeboten

3   Abs. 1 S. 1 sieht vor, dass der Auftraggeber vor Ablehnung eines ungewöhnlich niedrigen Angebotes dessen Merkmale zu prüfen hat. **Ungewöhnlich niedrig** ist ein Angebot dann, wenn der veranschlagte Preis von den Erfahrungswerten üblicher Preisbildung derart eklatant abweicht, dass die Unangemessenheit sofort ins Auge fällt.[6] Es geht danach um ein grobes Missverhältnis zwischen der Leistung und dem Endpreis. Beim Endpreis handelt es sich um den Gesamtpreis. Nach dem Wortlaut kommt es also nicht auf die Preise einzelner Positionen an. Wann ein grobes Missverhältnis vorliegt, ist im Einzelfall zu beurteilen. Nach der amtlichen Begründung kann ein Anhaltspunkt für ein ungewöhnlich niedriges Angebot ein beträchtlicher Abstand zum nächstgelegenen Preis sein. Grundsätzlich ist bei einer Abweichung von 20% gegenüber den Gesamtangebotspreisen der Mitbieter von einem Missverhältnis auszugehen und eine Überprüfung des Angebots angezeigt. Nach anderer Auffassung soll bereits eine Abweichung von 10% Zweifel an der Angemessenheit des Preises begründen.[7] Hinzu kommen muss allerdings, dass der Preis nicht wettbewerblich begründbar ist.[8] Ein Abstand von 10% erscheint als zu gering, da grundsätzlich davon auszugehen ist, dass ein im Wettbewerb stehender und ernsthaft an einem Auftrag interessierter Bieter ein marktorientiertes Angebot abgibt und der Wettbewerb zwischen den Bietern durchaus gewünscht ist.

4   Vor einem Ausschluss hat der Auftraggeber die **Merkmale des Angebotes** zu prüfen. Der Auftraggeber muss dazu von dem Unternehmen, das das ungewöhnlich niedrige Angebot abgegeben hat, Aufklärung über die Einzelposten verlangen. Ein automatischer Ausschluss wäre unzulässig. Dafür spricht auch der Wettbewerbsgrundsatz, der die Abgabe preislich günstiger Angebote gerade fördert.[9] Nur durch Aufklärung kann der Auftraggeber nach der amtlichen Begründung feststellen, ob der niedrige Preis wettbewerblich begründbar ist. Nach Abs. 1 S. 3 kann die Prüfung insbesondere betreffen:
– die Wirtschaftlichkeit des Bauverfahrens, des Fertigungsverfahrens oder Erbringung der Dienstleistung,
– die gewählten technischen Lösungen oder die außergewöhnlich günstigen Bedingungen, über die das Unternehmen bei der Durchführung der Bauleistung, bei der Lieferung der Waren oder bei der Erbringung der Dienstleistung verfügt,
– die Besonderheiten der angebotenen Bauleistung, der Lieferung oder der Dienstleistungen,
– die Einhaltung der Vorschriften über Arbeitsschutz und Arbeitsbedingung, die am Ort der Leistungserbringung gelten oder
– die etwaige Gewährung einer staatlichen Beihilfe an das Unternehmen.

5   Der Wortlaut räumt dem Auftraggeber **hinsichtlich der Aufklärung** des Angebotspreises ein **Ermessen** ein. Die **Form** der Aufklärung ist nicht vorgegeben. Der Auftraggeber kann aber die erforderlichen Belege verlangen und Rücksprache mit dem Bieter halten. Kann der Bieter keine Aufklärung leisten, geht das zu seinen Lasten. Ihn trifft insofern die Beweislast dafür, dass er trotz des angegebenen günstigen Preises die Leistungen in der geforderten Qualität über die Vertragslaufzeit erbringen kann.

6   Kann der Bieter nachweisen, dass seine Preise seriös kalkuliert sind, ist der Auftraggeber gem. Abs. 2 **verpflichtet**, das ungewöhnlich niedrige Angebot **auszuschließen**. Nach dem insoweit eindeutigen Wortlaut hat der Auftraggeber bei dieser Entscheidung kein Ermessen. Dafür spricht zudem der Schutzzweck des § 27, der auch dem Schutz der Wettbewerber dient.[10]

7   Abs. 3 enthält eine **Sonderregelung** für den Fall, dass der ungewöhnlich niedrig erscheinende Preis auf der **Gewährung einer staatlichen Beihilfe** beruht. Staatliche Beihilfen sind staatliche oder aus staatlichen Mitteln gewährte Vergünstigungen bestimmter Unternehmen oder Produktionszweige.[11] In dem Fall muss die Rechtmäßigkeit der Beihilfe vom Unternehmen nachgewiesen werden. Bevor der Auftraggeber ein Angebot deswegen ablehnt, weil dessen

---

[6] OLG Rostock NZBau 2001, 285, 286; OLG Koblenz, Beschl. v. 28. 10. 2009, 1 Verg 8/09; OLG Karlsruhe, Beschl. v. 16. 6. 2010, 15 Verg 4/10.

[7] BayObLG VergabeR 2006, 802, 807 in einem *obiter dictum*; VK Sachsen NZBau 2003, 64; Ziff. 4.3 der Richtlinien zu 321 des VHB 2008.

[8] OLG Frankfurt a. M. BeckRS 2004, 06462; OLG Düsseldorf BeckRS 2005, 04430; *Kulartz/Marx/ Portz/Prieß/Dicks* § 25 VOL/A RdNr. 139.

[9] Vgl. auch EuGH, C-285 und 286, Slg. 2001, I-9233 – Lombardini und Mantovani; C-147 und 148/ 06, Slg. 2008, I-3565 – SECAP und Santorso.

[10] Oben RdNr. 2.

[11] Siehe dazu ausführlich oben Art. 107 RdNr. 101.

Endpreis wegen der Gewährung einer staatlichen Beihilfe ungewöhnlich niedrig ist, hat er das Unternehmen unter Festsetzung einer angemessen Frist aufzufordern, nachzuweisen, dass die staatliche Beihilfe rechtmäßig gewährt wurde. Wird der Nachweis nicht fristgerecht erbracht, so lehnt der Auftraggeber das Angebot ab und teilt der Europäischen Kommission die Ablehnung mit.

§ 28 Angebote, die Waren aus Drittländern umfassen

(1) [1]**Der Auftraggeber eines Lieferauftrags kann Angebote zurückweisen, bei denen der Warenanteil zu mehr als 50 Prozent des Gesamtwertes aus Ländern stammt, die nicht Vertragsparteien des Abkommens über den Europäischen Wirtschaftsraum sind und mit denen auch keine sonstigen Vereinbarungen über gegenseitigen Marktzugang bestehen.** [2]**Das Bundesministerium für Wirtschaft und Technologie gibt im Bundesanzeiger bekannt, mit welchen Ländern und auf welchen Gebieten solche Vereinbarungen bestehen.**

(2) [1]**Sind zwei oder mehrere Angebote nach den Zuschlagskriterien gleichwertig, so ist dasjenige Angebot zu bevorzugen, das nicht nach Absatz 1 zurückgewiesen werden kann.** [2]**Die Preise sind als gleichwertig anzusehen, wenn sie um nicht mehr als 3 Prozent voneinander abweichen.** [3]**Satz 1 ist nicht anzuwenden, wenn die Bevorzugung zum Erwerb von Ausrüstungen führen würde, die andere technische Merkmale als die vom Auftraggeber bereits genutzten Ausrüstungen aufweisen und dadurch bei Betrieb und Wartung zu Inkompatibilität oder technischen Schwierigkeiten oder zu unverhältnismäßigen Kosten führen würde.**

(3) Software, die in der Ausstattung für Telekommunikationsnetze verwendet wird, gilt als Ware im Sinne des Absatzes 1.

Schrifttum: *Greb/Müller*, Kommentar zur SektVO, 1. Aufl. 2010; *Müller-Wrede*, SektVO, 1. Aufl. 2010.

I. Regelungsgehalt und Überblick

§ 28 enthält eine Sonderbestimmung für Angebote über Lieferaufträge, bei denen mehr als **1** 50% des Warenanteils aus Ländern stammen, die nicht Vertragspartei des Abkommens über den EWR sind und mit denen auch sonst keine Vereinbarungen über den gegenseitigen Marktzugang bestehen. Damit kann ein Auftraggeber solche Angebote unter bestimmten Voraussetzungen zurückweisen. § 28 setzt Art. 58 SKR um.

II. Normzweck

Die Norm **bezweckt** also die Erschwerung des Zugangs von Waren aus Drittländern, die **2** ihre Märkte nicht gegenüber Waren aus den EU-Mitgliedstaaten öffnen. Gleichzeitig ermöglicht § 28 damit die Bevorzugung von Angeboten die aus solchen Ländern stammen, die Vertragsparteien des EWR-Abkommens sind oder mit denen Vereinbarungen über den gegenseitigen Marktzugang bestehen.[1]

III. Zurückweisung von Angeboten

§ 28 gilt seinem Wortlaut nach nur für Lieferaufträge, nicht dagegen für Bau- und Dienstleis- **3** tungsaufträge.[2] Weitere Voraussetzung ist, dass es sich bei dem Drittland nicht um eine Vertragspartei des EWR-Abkommens handelt oder sonst Vereinbarungen über gegenseitigen Marktzugang bestehen. Neben den Mitgliedstaaten der EU sind derzeit Vertragsparteien des EWR-Abkommens Island und Norwegen. Die Vereinbarungen über den gegenseitigen Marktzugang sind durch Mitteilung des BMWi im Bundesanzeiger veröffentlicht. Die letzte Bekanntmachung stammt aus dem Jahr 2003.[3] Da die Mitteilung aus dem Jahr 2003 datiert ist, muss der Auftraggeber den Bundesanzeiger konsultieren, wenn er Angebote aus Drittländern zurückweisen will. Das wichtigste Abkommen über den gegenseitigen Marktzugang stellt das plurilaterale GPA dar.

---

[1] Amtliche Begründung zu § 28, BR-Drucks. 522/09 v. 29. 5. 2009, 54.
[2] Siehe zur Abgrenzung § 99 RdNr. 172, 231.
[3] BAnz. Nr. 77 vom 24.4.2003, S. 8529, IB3–26 50 00/9.

4   Der Warenanteil stammt zu mehr als 50% des Gesamtwertes aus dem Drittland, wenn die Ware, die nicht Gegenstand eines Abkommens über einen Marktzugang ist, mehr als 50% des Gesamtwertes ausmacht. **Waren** sind Erzeugnisse, die einen Geldwert haben und deshalb Gegenstand von Handelsgeschäften sein können.[4] Das schließt Software, die in der Ausstattung für Telekommunikationsnetze verwendet wird, sowie Strom und Trinkwasser ein.[5] Dass Software, die in der Ausstattung für Telekommunikationsnetze verwendet wird, als Ware gilt, stellt § 28 Abs. 3 klar.

5   Als **Rechtsfolge** enthält § 28 Abs. 1 grundsätzlich ein **Ermessen**. Dieses wird allerdings in Abs. 2 S. 1 dahingehend eingeschränkt, dass bei Gleichwertigkeit von zwei oder mehreren Angeboten nach Prüfung anhand der Zuschlagskriterien dasjenige Angebot zu bevorzugen ist, dass nicht zurückgewiesen werden kann. Die Preise werden als **gleichwertig** angesehen, wenn sie um nicht mehr als 3% voneinander abweichen (§ 28 Abs. 2 S. 2). Abs. 2 S. 3 sieht eine Ausnahme für den Fall vor, dass die Bevorzugung zum Erwerb von Ausrüstung führen würde, die andere technische Merkmale, als die vom Auftraggeber bereits genutzten Ausrüstungen aufweisen und deshalb bei Betrieb und Wartung zu Inkompatibilität oder technischen Schwierigkeiten oder zu unverhältnismäßigen Kosten führen würden.

6   Die Vorschrift ist insofern **bieterschützend**, als ein Bieter, dessen Angebot zurückgewiesen wird, sich gegen den Ausschluss zur Wehr setzen kann.

§ 29 Zuschlag und Zuschlagskriterien

(1) Der Zuschlag soll auf das wirtschaftlich günstigste Angebot erteilt werden.

(2) [1]**Für den Zuschlag maßgeblich sind Kriterien, die im Zusammenhang mit dem Auftragsgegenstand stehen, zum Beispiel**

– Lieferfrist, Ausführungsdauer;
– Betriebskosten, Rentabilität;
– Qualität;
– Ästhetik, Zweckmäßigkeit, Umwelteigenschaften;
– technischer Wert, Kundendienst, technische Hilfe, Versorgungssicherheit;
– Preis.

[2]**Bei technischen Geräten und Ausrüstungen kann deren Energieverbrauch berücksichtigt werden, bei Bauleistungen jedoch nur dann, wenn die Lieferung der technischen Geräte oder Ausrüstungen ein wesentlicher Bestandteil der Bauleistung ist.**

(3) Gebühren- und Honorarordnungen für bestimmte Dienstleistungen bleiben unberührt.

(4) [1]**Die Auftraggeber geben die Zuschlagskriterien in der Bekanntmachung oder den Vergabeunterlagen an.** [2]**Hier geben sie auch an, wie die einzelnen Kriterien gewichtet werden.** [3]**Die Gewichtung kann mit einer angemessenen Spanne erfolgen.** [4]**Kann nach Ansicht des Auftraggebers die Gewichtung aus sachlichen Gründen nicht angegeben werden, so sind die Kriterien in der absteigenden Reihenfolge ihrer Bedeutung anzugeben.**

(5) Für die Information der Bieter über die Zuschlagsentscheidung des Auftraggebers gilt § 101 a des Gesetzes gegen Wettbewerbsbeschränkungen.

Schrifttum: *Braun/Kappenmann*, Die Bestimmung des wirtschaftlichsten Bieters nach den Zuschlagskriterien der Richtlinie 2004/18/EG, NZBau 2006, 544; *Diemon-Wies/Graiche*, Vergabefremde Aspekte – Handhabung bei der Ausschreibung gemäß § 97 IV GWB, NZBau 2009, 409; *Greb/Müller*, Kommentar zur SektVO, 1. Aufl. 2010; *Müller-Wrede*, SektVO, 1. Aufl. 2010.

I. Regelungsgehalt und Überblick

1   § 29 regelt den Zuschlag und die Kriterien für den Zuschlag, also die Wertung der vom Auftraggeber eingegangenen Angebote nach dem Kriterium der Wirtschaftlichkeit. § 29 dient der Umsetzung des Art. 55 der SKR, wobei die Vorschrift nicht 1 : 1 übernommen wurde.

---

[4] EuGH, 7/68, Slg. 1968, 633, 642 – Kunstschätze I.
[5] *Greb/Müller* RdNr. 12.

II. Normzweck

Die Regelung dient der Transparenz der Wirtschaftlichkeitsprüfung und der Sicherstellung **2** der Gleichbehandlung der Bieter. Der Zuschlag soll auf das wirtschaftlichste Angebot erfolgen, wie auch in § 97 Abs. 5 GWB vorgesehen. Bewusst hat sich der Verordnungsgeber für das Kriterium des „wirtschaftlichsten Angebotes" entschieden und nicht allein für den Preis. Damit sollen unerwünschte ökonomische Nebeneffekte vermieden werden und es wird die deutsche Vergabetradition fortgeführt, als Zuschlagskriterium ist die Wirtschaftlichkeit des Angebots zugrunde zu legen.[1] Zugleich sollen vergabefremde Elemente grundsätzlich keine Berücksichtigung finden.

III. Wirtschaftlichkeitsprüfung und Zuschlagsentscheidung

„Wirtschaftlich günstigstes Angebot" bedeutet, dass der Auftraggeber Preis und Leistungen **3** eines Angebotes im Wege der Abwägungen in ein angemessenes Verhältnis zueinander bringen muss. Hinsichtlich der Festlegung der Wertungskriterien kommt dem Sektorenauftraggeber ein weiter Beurteilungs- und Ermessensspielraum zu.[2] Nach § 29 Abs. 1 „soll" der Zuschlag auf das wirtschaftlich günstigste Anbot erteilt werden. Da gemäß § 97 Abs. 5 GWB der Zuschlag zwingend auf das wirtschaftlichste Angebot zu erteilen ist, muss auch für § 29 Abs. 1 gelten, dass der Zuschlag auf das wirtschaftlich günstigste Angebot erteilt werden muss.

Gemäß Abs. 2 sind für den Zuschlag Kriterien maßgeblich, die im Zusammenhang mit dem **4** Auftragsgegenstand stehen. Daraus ist zum Einen zu folgern, dass die **Anwendung sachwidriger Kriterien** unzulässig ist. Vergabefremde Kriterien dürfen nur durch Bundes- oder Landesgesetz vorgesehen werden (§ 97 Abs. 4 S. 3 GWB). Zum Anderen sind danach solche Kriterien unzulässig, die die Eignung des Bieters betreffen. Die Zuschlagskriterien sind **strikt von den Eignungskriterien nach § 20 zu trennen**.[3] Ist ein Bieter demnach besser geeignet als andere Bieter, darf das bei der Anwendung der Zuschlagskriterien keine Rolle spielen.

Als mögliche **Zuschlagskriterien** nennt § 29 Lieferfrist und Ausführungsdauer; Betriebsko- **4a** sten und Rentabilität; Qualität; Ästhetik, Zweckmäßigkeit, Umwelteigenschaften; technischer Wert, Kundendienst, technische Hilfe, Versorgungssicherheit sowie den Preis. Der genannte Katalog an Zuschlagskriterien ist aber nicht abschließend. Ein an sich vergabefremdes Kriterium sind umweltbezogene Aspekte. In jedem Fall hat der Auftraggeber die vergaberechtlichen Grundsätze der Transparenz, der Gleichbehandlung und des Wettbewerbs zu beachten.

Der **Preis** ist nur als eines von mehreren Zuschlagskriterien genannt. Der Auftraggeber kann **5** jedoch den Preis als alleiniges Zuschlagskriterium vorsehen.[4] Dem steht auch nicht Art. 55 Abs. 1 SKR entgegen. Denn danach kann der Zuschlag auch anhand des Kriteriums „ausschließlich der niedrigste Preis" erteilt werden. Eine Vorgabe, dass der Preis ein Mindestgewicht haben muss, gibt es nicht.[5] Vielmehr ist mit dem OLG Düsseldorf davon auszugehen, dass der Preis angemessen zu berücksichtigen ist.[6]

Die Zuschlagskriterien sind so unmissverständlich zu formulieren, dass ein fachkundiger Bie- **6** ter keine Verständnisschwierigkeiten hat. Die vom Auftraggeber als Zuschlagskriterium für die Ermittlung des wirtschaftlich günstigsten Angebots festgelegten Kriterien müssen mit dem Gegenstand der Leistung **sachlich zusammenhängen**. Ein nicht auftragsbezogenes Kriterium führt grundsätzlich zu einer ungerechtfertigten Diskriminierung von Bietern, deren Angebot die mit dem Gegenstand des Auftrags zusammenhängenden Voraussetzungen möglicherweise uneingeschränkt erfüllt.

Als mögliches Zuschlagskriterium nennt Abs. 2 S. 2 ausdrücklich auch den **Energiever-** **7** **brauch** bei technischen Geräten und Ausrüstungen. Für Bauleistungen gilt das jedoch nur dann, wenn die Lieferung der technischen Geräte oder Ausrüstungen ein wesentlicher Bestandteil der Bauleistung ist. Diese Regelung resultiert aus der Richtlinie (EG) über Endenergieeffizienz und Energiedienstleistungen.[7]

---

[1] *Dreher/Stockmann/Dreher* § 97 GWB RdNr. 208 f.
[2] EuGH, C-331/04, Slg. 2005, I–10 112 – ATI EAC.
[3] EuGH, C-532/06, Slg. 2008, I–496 – Lianakis; C-199/07, Urt. v. 12. 11. 2009 – Kommission/Griechenland, noch nicht in amtl. Slg. veröffentlicht, NZBau 2010, 120, *Hölzl/Friton* NZBau 2008, 307.
[4] OLG Düsseldorf BeckRS 2010, 05 178; OLG Naumburg BeckRS 2009, 02 589, BayObLG VergabeR 2005, 126, 127.
[5] Vgl. auch § 97 GWB RdNr. 271.
[6] OLG Düsseldorf, Beschl. v. 25. 5. 2005 – Verg 8/05.
[7] RL 2006/32/EG ABl. 2006 L 114/64.

8   Gemäß Abs. 3 bleiben Gebühren und Honorarvereinbarungen für bestimmte Dienstleistungen unberührt. Das betrifft in der Praxis insbesondere die Honorarordnung für Architekten und Ingenieure (HOAI).

9   Abs. 4 sieht vor, dass die Auftraggeber die Zuschlagskriterien in der Bekanntmachung oder den Vergabeunterlagen einschließlich deren **Gewichtung** angeben. Die Gewichtung kann mit einer angemessenen Spanne erfolgen. Kann nach Ansicht des Auftraggebers die Gewichtung aus sachlichen Gründen allerdings nicht angegeben werden, so sind die Kriterien in der absteigenden Reihenfolge ihrer Bedeutung anzugeben. Unter der Angabe einer Spanne wird im Allgemeinen eine prozentuale Angabe verstanden. Das ist allerdings nicht zwingend. Von der Angabe der Gewichtung kann der Auftraggeber nur dann absehen, wenn dafür sachliche Gründe vorliegen. Diese müssen nachvollziehbar und vernünftig sein. Da es sich insoweit um eine Ausnahme handelt, muss die Begründung für diese Ausnahme hinreichend **dokumentiert** werden. Ebenso wie die Zuschlagskriterien sind auch **Unterkriterien** einschließlich deren Gewichtung in der Bekanntmachung oder in Vergabeunterlagen anzugeben. Der Auftraggeber hat sich bei der Angebotswertung an die bekanntgegebene Gewichtung zu halten.[8] Einmal bekanntgegebene Zuschlagskriterien und deren Gewichtung dürfen später nicht verändert werden.

10   Hinsichtlich der **Information der Bieter** über die Zuschlagsentscheidung findet § 101 a GWB Anwendung.[9] § 29 Abs. 5 hat insoweit nur eine klarstellende Funktion. Abs. 5 stellt lediglich klar, dass auch im Sektorenbereich die Notwendigkeit einer Information der Bieter über die Zuschlagsentscheidung besteht. § 29 ist **bieterschützend**.

§ 30 Aufhebung und Einstellung des Vergabeverfahrens

[1]Ein Vergabeverfahren kann ganz oder bei Losvergabe für einzelne Lose aufgehoben werden oder im Fall der Verhandlungsverfahren eingestellt werden. [2]In diesen Fällen hat der Auftraggeber den am Vergabeverfahren beteiligten Unternehmen unverzüglich die Aufhebung oder Einstellung des Verfahrens und die Gründe hierfür sowie seine etwaige Absicht, ein neues Vergabeverfahren durchzuführen, in Textform mitzuteilen.

Schrifttum: *Barbulla,* Aufhebung der Ausschreibung und Vergabenachprüfungsverfahren, ZfBR 2009, *Bitterich,* Einschränkung der Abschlussfreiheit öffentlicher Auftraggeber nach Einleitung eines Vergabeverfahrens, NZBau 2006, 757; *Dieck-Bogatzke,* Probleme der Aufhebung der Ausschreibung – Ein Überblick über die aktuelle Rechtsprechung des OLG Düsseldorf, VergabeR 2008, 392; *Greb/Müller,* Kommentar zur SektVO, 1. Aufl. 2010; *Müller-Wrede,* SektVO, 1. Aufl. 2010.

I. Regelungsgehalt und Überblick

1   § 30 regelt für das offene und nicht offene Verfahren die Aufhebung des Verfahrens sowie für das Verhandlungsverfahren die Beendigung durch Einstellung. Darüber hinaus enthält S. 2 eine Informationspflicht der Sektorenauftraggeber über die Aufhebung oder Einstellung des Verfahrens. Damit wird Art. 49 Abs. 1 SKR umgesetzt. Eine Aufzählung von Aufhebungs- bzw. Einstellungsgründen enthält § 30 im Gegensatz zur früheren Rechtslage (§ 26 VOB/A SKR 2006 und § 26 VOL/A SKR 2006) nicht mehr.

II. Normzweck

2   § 30 dient dem Schutz der Bieter vor nutzlosen Aufwendungen sowie dem Schutz der Bieter vor Diskriminierung.

III. Aufhebung der Ausschreibung

3   Der Sektorenauftraggeber muss einen Grund für die Aufhebung oder Einstellung des Vergabeverfahrens haben, auch wenn das nicht ausdrücklich geregelt ist. Die Grenzen für die Aufhebungsgründe sind unklar. Unstreitig dürfte es jedoch sein, dass eine Aufhebung bzw. Einstellung jedenfalls dann möglich ist, wenn schwerwiegende Gründe, nach denen bereits nach der Rechtsprechung zu § 26 VOB/A SKR 2006 und § 26 VOL/A SKR 2006 eine Aufhebung möglich

---

[8] EuGH, C-470/99, Slg. 2002, I–11 617 – Universale Bau; vgl. auch OLG München ZfBR 1995, 714.
[9] Zu den Einzelheiten vgl. Kommentierung zu § 101 a GWB RdNr. 7 ff.

war, vorliegen. Solch **schwerwiegende Gründe** sind anzunehmen, wenn keines der eingegangenen Angebote wirtschaftlich akzeptabel ist,[1] oder die Vorgaben des Auftraggebers erfüllt[2] oder der geplante Auftrag aus dem Auftraggeber nicht zurechenbaren Gründen nicht mehr erfüllt werden kann. In Bezugnahme auf die § 30 vergleichbare Regelung in der Richtlinie 93/36/ EWG hatte der EuGH entschieden, dass der Auftraggeber für die Rechtmäßigkeit einer Aufhebung nicht bestimmte Ausnahmen oder schwerwiegende Gründe anführen muss, sondern die generelle Beachtung des Grundsatzes der Gleichbehandlung und Transparenz ausreiche.[3] Danach ist der Auftraggeber frei in der Begründung einer Aufhebung, solange alle Bieter gleich behandelt werden und den Informationspflichten nach § 30 Genüge getan wird.

Da § 30 ein **Ermessen** des Auftraggebers vorsieht, liegen die Grenzen der Aufhebungen 4 bzw. Einstellungen in den allgemeinen Ermessensgrenzen, dh. einem Ermessensfehlgebrauch, einem Ermessensnichtgebrauch oder einer Ermessensüberschreitung.[4] Die allgemeinen Grenzen ergeben sich aus dem Gemeinschaftsrecht, und zwar dem Gleichbehandlungsgrundsatz und dem Transparenzgrundsatz. Die Aufhebung bzw. Einstellung darf insbesondere nicht willkürlich erfolgen. Des Weiteren darf kein milderes Mittel, insbesondere keine Teilaufhebung, in Betracht kommen. Nach dem Willkürverbot darf der Auftraggeber das Verfahren nicht ohne sachlichen Grund aufheben bzw. einstellen, wobei hier keine erhöhten Anforderungen zu stellen sind. Das Ermessen kann auf Null reduziert sein, so dass nur die Aufhebung ermessensfehlerfrei ist.[5] Ist das Ermessen auf Null reduziert, muss das Vergabeverfahren aufgehoben bzw. eingestellt werden, insbesondere wenn das Vergabeverfahren ansonsten nicht mehr rechtmäßig durchgeführt werden kann.

§ 30 lässt neben der Aufhebung bzw. Einstellung des gesamten Vergabeverfahrens auch ausdrücklich eine **Teilaufhebung** zu. Voraussetzung ist, dass die Vergabe in Losen erfolgt. Erfolgt die Vergabe in Losen, wird vielfach die Teilaufhebung das mildere Mittel darstellen als die Aufhebung des gesamten Verfahrens und damit dem Verhältnismäßigkeitsgrundsatz entsprechen.

Die am Vergabeverfahren beteiligten Unternehmen müssen von der Entscheidung des Auftraggebers über die Aufhebung oder Einstellung sowie den Grund der Aufhebung und eine etwaige Absicht, ein erneutes Vergabeverfahren durchzuführen, **informiert werden**. Die Mitteilung kann in Textform erfolgen. Danach wäre auch eine Mitteilung per Telefax ausreichend. Allerdings wird damit der Zugang beim Empfänger nicht nachgewiesen. Die Auftraggeber sollten sich daher den Empfang der Mitteilung über die Aufhebung bzw. Einstellung bestätigen lassen.

§ 30 hat **bieterschützenden** Charakter. Ein Beteiligter am Vergabeverfahren oder ein sonst 7 Betroffener kann bei einer Nachprüfungsinstanz die Aufhebung des Vergabeverfahrens **überprüfen lassen** und einen Antrag auf Aufhebung der Aufhebung stellen.[6] Es muss allerdings dargelegt werden, dass der Antragsteller eine Chance auf Zuschlagserteilung gehabt hätte, wenn das Verfahren nicht aufgehoben worden wäre. Eine Aufhebung kommt nur bei weiterhin bestehender Vergabeabsicht des Auftraggebers in Betracht. Angesichts der weiten Formulierung von § 30 sind die Erfolgsaussichten eines vergaberechtlichen Nachprüfungsverfahrens allerdings regelmäßig begrenzt. Ist dem Bieter ein nachweisbarer Schaden entstanden, hat dieser einen Schadensersatzanspruch gegen den Auftraggeber aus Verschulden bei Vertragsverhandlungen, § 311 Abs. 2 u. 3 BGB. Der Schaden liegt regelmäßig in den Kosten für die Erstellung des Angebotes. Kann der Bieter nachweisen, dass er den Zuschlag erhalten hätte, bekommt er ausnahmsweise das positive Interesse ersetzt.

§ 31 Ausnahme von Informationspflichten

Auftraggeber dürfen bei der Benachrichtigung über die Auswahl der am Vergabeverfahren Teilnehmenden, die Zuschlagserteilung oder die Aufhebung des Vergabeverfahrens Angaben nur machen, soweit dies nicht gegen Rechtsvorschriften verstößt und nicht die berechtigten geschäftlichen Interessen der am Vergabeverfahren beteiligten Unternehmen schädigt oder den Wettbewerb beeinträchtigt.

---

[1] OLG Karlsruhe VergabeR 2010, 92.
[2] BGHZ 169, 131.
[3] EuGH, C-244/02, Slg. 2003, I–12 139 – Kauppatalo Hansel.
[4] BeckOK VwVfG/*Aschke* § 40 VwVfG RdNr. 78 ff.; *Schoch/Schmidt-Aßmann/Pietzner/Schoch* § 114 VwGO RdNr. 15 ff.
[5] Vgl. KG Berlin, Beschl. v. 21. 12. 2009, 2 Verg 11/09.
[6] Siehe dazu allgemein *Prieß/Niestedt* 54 ff.

Schrifttum: *Greb/Müller*, Kommentar zur SektVO, 1. Aufl. 2010; *Müller-Wrede*, SektVO, 1. Aufl. 2010; *Opitz*, Die neue Sektorenverordnung, VergabeR 2009, 689.

I. Regelungsgehalt und Überblick

1   § 31 regelt eine **Ausnahme von den Informationspflichten** nach der SektVO. Die Vorschrift setzt Art. 49 Abs. 2, letzter Unterabsatz SKR um. Danach können Auftraggeber beschließen, Angaben über die Zuschlagserteilung oder den Abschluss von Rahmenvereinbarungen bzw. die Zulassung zur Teilnahme an einem dynamischen Beschaffungssystem nicht mitzuteilen, wenn die Offenlegung der Angaben den Gesetzesvollzug behindern, in sonstiger Weise dem öffentlichen Interesse zuwiderlaufen, die berechtigten geschäftlichen Interessen öffentlicher oder privater Wirtschaftsteilnehmer – einschließlich der Interessen des Wirtschaftsteilnehmers, dem der Auftrag erteilt wurde – schädigen oder den lauteren Wettbewerb zwischen ihnen beeinträchtigen würde.

II. Normzweck

2   Die Vorschrift schützt berechtigte geschäftliche Interessen und die Lauterkeit des Wettbewerbs. Diese gilt es mit dem Recht der Bieter auf Information und damit der Transparenz des Verfahrens in Einklang zu bringen, wobei § 31 von der vorrangigen Berücksichtigung der von ihm geschützten Güter ausgeht, sofern seine Tatbestandsvoraussetzungen vorliegen.

III. Grenzen der Informationspflicht

3   § 31 bezieht sich auf drei Informationen: die Auswahl der Teilnehmer, die Zuschlagserteilung (§ 29 Abs. 5) und die Aufhebung (§ 30 S. 2). Eine Pflicht, Unternehmen über die **Auswahl der im Vergabeverfahren Teilnehmenden** zu informieren, ist in der SektVO nicht ausdrücklich geregelt, ergibt sich jedoch gerade in einem Umkehrschluss aus § 31. Insoweit findet § 31 aber nur dann Anwendung, wenn der Auftraggeber sich entschließt, in einer Mitteilung über die Nichtberücksichtigung eines Bewerbers auch die Namen derjenigen Unternehmen zu nennen, die zur Angebotsabgabe aufgefordert werden sollen. Der vorrangige § 101 lit. a Abs. 1 S. 2 GWB, nach dem der Bewerber über die Gründe seiner Nichtberücksichtigung zu informieren ist,[1] wird durch § 31 nicht berührt. Bei der Information über die **Zuschlagserteilung** ist ebenfalls § 101 lit. a GWB zu beachten. Nur hinsichtlich der Information über die **Aufhebung** gilt § 31 ohne Einschränkung.

4   § 31 nennt als Grenzen der Informationspflicht den Schaden für berechtigte Geschäftsinteressen beteiligter Unternehmen und die Beeinträchtigung des Wettbewerbs. Zugleich muss dadurch kumulativ gegen Rechtsvorschriften verstoßen werden. Das folgt aus dem Wortlaut des § 31 („und"). Art. 49 Abs. 2, letzter Unterabsatz SKR enthält eine solche kumulative Voraussetzung nicht, sondern die verschiedenen Gründe (Behinderung des Gesetzesvollzugs oder sonstiges Zuwiderlaufen öffentlicher Interessen, Schädigung berechtigter geschäftlicher Interessen; Beeinträchtigung der Lauterkeit des Wettbewerbs) stehen dort alternativ nebeneinander, ihre Berücksichtigung ist dort aber in das Ermessen des Sektorenauftraggebers gestellt. **Geschäftsinteressen** umfassen das Geschäftsgeheimnis und alle anderen betriebsbezogenen Interessen des Unternehmens. Unter dem Geschäftsgeheimnis sind Tatsachen zu verstehen, die nach dem erkennbaren Willen des Trägers geheim gehalten werden sollen, die ferner einem begrenzten Personenkreis bekannt und damit nicht offenkundig sind und hinsichtlich derer der Geheimnisträger deshalb ein sachlich berechtigtes Geheimmeldungsinteresse hat, weil eine Aufdeckung der Tatsachen geeignet wäre, ihm wirtschaftlichen Schaden zuzufügen.[2] Beeinträchtigt sind die Geschäftsinteressen, wenn Informationen aus den Angeboten von Wettbewerbern offen gelegt werden, insbesondere hinsichtlich eigener, kreativer Lösungen. Der **Wettbewerb** ist **beeinträchtigt**, wenn sich die Information negativ auf den Wettbewerb auswirkt, weil die Information einem Bieter in einem künftigen Verfahren einen Wettbewerbsvorsprung verschaffen würde. Der Wortlaut ist insoweit weit gefasst. Eine Spürbarkeits- oder Wesentlichkeitsgrenze enthält § 31 nicht. Teilweise wird eine **Schädigungsabsicht** des Auftraggebers gefordert.[3] Zur Begründung für ein Verschuldenserfordernis wird angeführt, dass es sich um eine allgemeine Haftungsregel handele, eine Haftung aber ein Verschulden voraussetze. Allerdings enthält der

---

[1] Siehe § 101 a GWB RdNr. 13.
[2] BGHSt 41, 140; OLG Düsseldorf VergabeR 2008, 281, 285; siehe auch § 111 GWB RdNr. 19.
[3] *Opitz* VergabeR 2009, 689, 700.

Wortlaut keinen Hinweis auf ein subjektives Element. Auch ist § 31 nicht als Haftungsregel ausgestaltet. Die Bestimmung ist lediglich als Verbotsnorm formuliert.

Zusätzlich muss immer ein **Verstoß gegen Rechtsvorschriften** vorliegen. Regelmäßig 5 wird es sich um die Vorschriften des GWB sowie des UWG handeln.

§ 31 stellt die Entscheidung über das Zurückhalten von Informationen, anders als Art. 49 6 Abs. 2, letzter Unterabsatz SKR („können … beschließen"), **nicht in das Ermessen** des Sektorenauftraggebers. Gleichwohl wird Art. 49 Abs. 2, letzter Unterabsatz SKR durch § 31 ordnungsgemäß umgesetzt, da es sich bei den geschützten Interessen um zwingende Vorschriften handelt. Da die Entscheidung nicht im Ermessen des Auftraggebers steht, hat die Vorschrift bieterschützenden Charakter.[4]

Abschnitt 6. Besondere Bestimmungen

§ 32 Dokumentation und Aufbewahrung der sachdienlichen Unterlagen

(1) Auftraggeber sind verpflichtet, sachdienliche Unterlagen über jede Auftragsvergabe zeitnah zu erstellen und die Entscheidungen über die Auswahl der Unternehmen und die Auftragsvergabe, die Wahl des Verhandlungsverfahrens ohne vorherige Bekanntmachung und die Nichtanwendung der Vergabevorschriften nachvollziehbar zu dokumentieren.

(2) [1]Die sachdienlichen Unterlagen sind für mindestens vier Jahre ab Auftragsvergabe aufzubewahren. [2]Der Kommission sind auf deren Verlangen die erforderlichen Auskünfte zu erteilen.

Schrifttum: *Greb/Müller*, Kommentar zur SektVO, 1. Aufl. 2010; *Müller-Wrede*, SektVO, 1. Aufl. 2010; *Nelskamp/Dahmen*, Dokumentation im Vergabeverfahren, KommJur 2010, 208; *Schaller*, Dokumentations-, Informations-, Mitteilungs-, Melde- und Berichtspflichten im öffentlichen Auftragswesen, VergabeR 2007, 394.

I. Regelungsgehalt und Überblick

§ 32 regelt in Abs. 1 die Dokumentations- und in Abs. 2 die Aufbewahrungspflicht der Sek- 1 torenauftraggeber. Die Dokumentations- und Aufbewahrungspflicht ist Ausprägung des Transparenzgrundsatzes.[1] Nach der amtlichen Begründung müssen Sektorenauftraggeber jederzeit in der Lage sein, das Vergabeverfahren ausreichend zu dokumentieren. Die Bestimmung setzt Art. 50 SKR um, der die Auftraggeber verpflichtet, sachdienliche Unterlagen aufzubewahren, die es ermöglichen, bestimmte Entscheidungen zu begründen.

Die Dokumentations- und Aufbewahrungspflicht ist **weniger streng** als bei Aufträgen im 2 Anwendungsbereich der VKR. Das ist bereits in der SKR so angelegt. Denn im Gegensatz zu Art. 43 VKR, der detaillierte Vorschriften über den Inhalt des Vergabevermerks enthält, fehlt eine solche detaillierte Regelung in Art. 50 SKR. Daraus ist zu schließen, dass die strikten Anforderungen an einen Vergabevermerk außerhalb des Anwendungsbereichs der SKR für Vergaben im Sektorenbereich nicht gelten sollen. Allerdings müssen die Entscheidungen der Vergabestelle nachvollziehbar sein.[2]

II. Normzweck

Die Dokumentations- und Aufbewahrungspflicht ist von zentraler Bedeutung für die Trans- 3 parenz des Vergabeverfahrens. Die Pflicht erfüllt drei Funktionen: Erstens ermöglicht sie dem Auftraggeber die interne Kontrolle der Entscheidungen im Vergabeverfahren, um Fehler im Verfahren zu vermeiden; zweitens dient die Vorschrift der Nachprüfbarkeit von Entscheidungen und damit dem Bieterrechtsschutz; drittens dient die Dokumentations- und Aufbewahrungspflicht dem Auskunftsrecht der Europäischen Kommission, die das Recht hat, Informationen über das Vergabeverfahren einzuholen. Die Pflicht, sachdienliche Unterlagen zu erstellen und aufzubewahren, **dient dagegen nicht ausschließlich diesem Auskunftsrecht der Eu-**

---

[4] So auch *Müller-Wrede/Gnittke/Hattig* RdNr. 25.
[1] Siehe dazu § 97 GWB RdNr. 16 ff.; Vor §§ 97 ff. GWB RdNr. 270 ff.
[2] OLG Düsseldorf BeckRS 2010, 03 380.

ropäischen Kommission.[3] Das folgt bereits aus Wortlaut und Systematik der Bestimmung. Abs. 1 enthält dem Wortlaut nach keinerlei Einschränkung, nach der der Auftraggeber verpflichtet wäre, zum Zweck der Auskunft an die Europäische Kommission sachdienliche Unterlagen zu erstellen. Darüber hinaus sieht Abs. 1 ausdrücklich die Dokumentation bestimmter Entscheidungen vor. Der Kommission sind dagegen nach Abs. 2 S. 2 lediglich auf Verlangen die erforderlichen Auskünfte zu erteilen.

III. Dokumentations- und Aufbewahrungspflichten

4   Nach Abs. 1 sind die Auftraggeber verpflichtet, sachdienliche Unterlagen über jede Auftragsvergabe zeitnah zu erstellen. Die Verpflichtung zur Dokumentation betrifft **den Auftraggeber**. Selbst wenn dieser die Dokumentation an Dritte delegiert, bleibt er für die ordnungsgemäße Dokumentation des Vergabeverfahrens verantwortlich. Er muss daher durch geeignete personelle und/oder organisatorische Maßnahmen die korrekte Erstellung der Dokumentation sicherstellen.[4] **Sachdienlich** sind die Unterlagen, wenn sich daraus die Entscheidung des Auftraggebers nachvollziehen und begründen lässt. **Zeitnah** bedeutet, dass der Vergabevermerk laufend zu erstellen oder fortzuführen und dem jeweiligen Stand des Vergabeverfahrens anzupassen ist. „Zeitnah" ist nicht gleichzusetzen mit „unverzüglich".

5   Die Pflicht zur nachvollziehbaren Dokumentation von Entscheidungen bezieht sich nach dem zweiten Halbsatz von Abs. 1 ausdrücklich auf die Auswahl der Unternehmen und die Auftragsvergabe, die Wahl des Verhandlungsverfahrens ohne vorherige Bekanntmachung sowie die Nichtanwendung der Vergabevorschriften. Mit der Entscheidung über die **Auswahl der Unternehmen** ist die Prüfung der Eignung der Unternehmen gemeint. Das ergibt sich in richtlinienkonformer Auslegung aus Art. 50 Abs. 1 lit. a SKR. Mit der **Entscheidung über die Auftragsvergabe** sind die die Wertung und die Zuschlagserteilung betreffenden Umstände gemeint. Danach sind auch die Zuschlagskriterien und deren Anwendung nachvollziehbar zu dokumentieren. Sowohl bei der Entscheidung über die Wahl des Verhandlungsverfahrens ohne vorherige Bekanntmachung als auch über die Nichtanwendung der Vergabevorschriften handelt es sich um Ausnahmevorschriften, die bereits als solche rechtfertigungsbedürftig sind. Da der Auftraggeber insofern das Vorliegen der Voraussetzung für die Anwendung der Ausnahmevorschriften beweisen muss, muss er dies auch entsprechend **dokumentieren**. Die Vergabevorschriften sind dann nicht anwendbar, wenn der Auftrag wie im Fall der In-house-Vergabe nicht dem Anwendungsbereich der SektVO unterfällt, der geschätzte Auftragswert unterhalb der EU-Schwellenwerte liegt oder ein Ausnahmetatbestand nach § 100 Abs. 2 GWB gegebenen ist. Auch im Fall der Vergabe von I-B-Dienstleistungen muss der Auftraggeber nachvollziehbar begründen können, warum er das Vorliegen einer solchen Dienstleistung angenommen hat.

6   Gemäß § 32 Abs. 2 sind die sachdienlichen Unterlagen mindestens für vier Jahre ab Auftragsvergabe **aufzubewahren**. Zu den **sachdienlichen Unterlagen** zählen sämtliche Vergabeunterlagen einschließlich interner Vermerke, aus denen sich die Begründung der Entscheidung der Vergabestelle ergibt. Die Vierjahresfrist beginnt mit der Erteilung des Auftrags, dh. dem Tag der Mitteilung über den Zuschlag. Nach Abs. 2 S. 2 sind der Kommission auf Verlangen die erforderlichen Auskünfte zu erteilen. Nähere Anforderungen an das Auskunftsverlangen der Kommission stellt Abs. 2 S. 2 nicht. Insbesondere muss das Auskunftsverlangen nicht näher begründet werden.

7   Da § 32 auch der Nachvollziehbarkeit der Entscheidungen des Auftraggebers dient, ist die Bestimmung grundsätzlich **bieterschützend** iS von § 97 Abs. 7 GWB. Eine unzureichende Dokumentation verstößt gegen den Transparenzgrundsatz. Es muss allerdings nachgewiesen werden, dass durch die behauptete Verletzung der Dokumentationspflicht ein Schaden entstanden ist oder zu entstehen droht.

§ 33 Statistik

(1) [1]**Auftraggeber sind verpflichtet, spätestens bis zum 31. August jedes Jahres eine Aufstellung der im vorangegangenen Kalenderjahr vergebenen Aufträge an das Bundesministerium für Wirtschaft und Technologie zu übermitteln. [2]Die Aufstellung enthält Angaben über vergebene Aufträge oberhalb der Schwellenwerte, getrennt nach**

---

[3] So aber *Ingenstau/Korbion/Schranner* § 32 SektVO RdNr. 1.
[4] *Greb/Müller* RdNr. 11.

Liefer-, Dienstleistungs- und Bauaufträgen. [3] Satz 2 gilt nicht für Auftraggeber der Bereiche Gas- und Wärmeversorgung und Eisenbahnverkehr, ausgenommen S-Bahnen. [4] In anderen Sektorenbereichen entfallen Angaben über Dienstleistungsaufträge.

(2) [1] Auftraggeber übermitteln dem Bundesministerium für Wirtschaft und Technologie jährlich zur Weitergabe an die Kommission den Gesamtwert der vergebenen Aufträge unterhalb der Schwellenwerte, die ohne eine Schwellenwertfestlegung von dieser Verordnung erfasst wären. [2] Aufträge von geringem Wert können aus Gründen der Vereinfachung unberücksichtigt bleiben.

(3) Dienstleistungsaufträge, zu denen Angaben nach Absatz 1 Satz 3 entfallen, sind:

1. Forschungs- und Entwicklungsdienstleistungen der Kategorie 8 des Anhangs 1 Teil A,
2. Fernmeldedienstleistungen der Kategorie 5 des Anhangs 1 Teil A mit den Referenznummern 7524 (CPV-Referenznummer 64228000-0), 7525 (CPV-Referenznummer 64221000-1) und 7526 (CPV-Referenznummer 64227000-3) und
3. Dienstleistungen des Anhangs 1 Teil B.

(4) [1] Das Bundesministerium für Wirtschaft und Technologie setzt durch Allgemeinverfügung fest, in welcher Form die statistischen Angaben vorzunehmen sind. [2] Die Allgemeinverfügung wird im Bundesanzeiger bekannt gemacht.

Schrifttum: *Greb/Müller*, Kommentar zur SektVO, 1. Aufl. 2010; *Müller-Wrede*, SektVO, 1. Aufl. 2010; *Schaller*, Dokumentations-, Informations-, Mitteilungs-, Melde- und Berichtspflichten im öffentlichen Auftragswesen, VergabeR 2007, 394.

I. Regelungsgehalt und Überblick

§ 33 enthält statistische Melde- und Berichtspflichten der Auftraggeber gegenüber dem **1** BMWi. Die Vorschrift geht auf Art. 67 SKR zurück, der die statistischen Pflichten der EU-Mitgliedstaaten gegenüber der Kommission regelt. Art. 67 SKR wiederum setzt die nach dem Art. XIX Abs. 5 des WTO-Beschaffungsübereinkommens („Agreement of Government Procurement, GPA") basierenden Statistikpflichten der Vertragsparteien des Abkommens um. Nach Art. 67 SKR sind die Mitgliedstaaten verpflichtet, jährlich statistische Meldungen abzugeben. Eine § 33 vergleichbare Regelung enthält § 17 VgV für Aufträge, die in den Anwendungsbereich der VKR fallen.

II. Normzweck

Die statistischen Pflichten dienen der Erfüllung der Verpflichtung der Vertragsparteien des **2** GPA, ihre Beschaffungstätigkeit zu dokumentieren.[1] Darüber hinaus soll die EU-Kommission anhand der von den EU-Mitgliedstaaten erhobenen Statistiken einen Überblick über die korrekte Anwendung der Vergaberichtlinien erhalten.[2]

III. Melde- und Berichtspflichten

Abs. 1 verpflichtet die Auftraggeber, dem BMWi spätestens bis zum 31. August jeden Jahres eine **3** Aufstellung der im vorangegangenen Kalenderjahr vergebenen Aufträge oberhalb der Schwellenwerte, getrennt nach Liefer-, Dienstleistungs- und Bauaufträgen, zu übermitteln. Die der Meldepflicht unterliegenden Tätigkeitsbereiche sind in den Anhängen I bis X SKR aufgeführt. Nähere Vorgaben zum Inhalt der Meldungen enthält § 33 im Gegensatz zu § 17 VgV selbst nicht.

Abs. 1 S. 3 sowie Abs. 3 enthalten **Ausnahmen von den Statistikpflichten**. Nach **4** Abs. 1 S. 3 sind Auftraggeber in den Bereichen Gas- und Wärmeversorgung sowie Eisenbahnverkehr von den Pflichten ausgenommen. Die Ausnahme für die Bereiche Gas- und Dampfversorgung sowie Eisenbahnverkehr entspricht der Regelung in Art. 67 Abs. 2 S. 1 SKR, nach der für die Tätigkeitsbereiche gemäß den Anhängen I, IV, VI, VII und VIII SKR keine statistischen Aufstellungen übermittelt werden müssen. Im Bereich des Eisenbahnverkehrs gibt es eine Rückausnahme für S-Bahnen. Gemäß S. 4 müssen Auftraggeber in den anderen Sektorenbereichen keine Angaben machen, wenn es sich um Dienstleistungsaufträge handelt. Diese Ausnah-

---

[1] Dazu *Prieß/Berrisch/Prieß*, WTO-Handbuch, B. IV RdNr. 107.
[2] Bundesministerium für Wirtschaft und Technologie, I B 3/26 00 98, Leitfaden zu den gesetzlichen Statistikpflichten im öffentlichen Auftragswesen v. 14. 1. 2008.

me wird in Abs. 3 konkretisiert. Danach besteht keine Pflicht für Angaben nach Abs. 1 S. 3 – gemeint sein müsste Abs. 1 S. 1 bzw. S. 4 – für Vergaben von Forschungs- und Entwicklungsleistungen[3] der Kategorie 8 des Anhangs I A, von Fernmeldedienstleistungen der Kategorie 5 des Anhangs I A mit den Referenznummern 7524, 7525 und 7526 sowie von Dienstleistungen des Anhangs I B.

5 Abs. 2 sieht für Aufträge **unterhalb der Schwellenwerte**, die, abgesehen von der Nichterreichung des Schwellenwertes, von der SektVO erfasst wären, vor, dass deren Gesamtwert dem BMWi mitzuteilen ist.

6 Hinsichtlich der **Form** der statistischen Angaben sieht Abs. 4 vor, dass das BMWi durch Allgemeinverfügung festsetzt, wie die statistischen Angaben vorzunehmen sind. Die Allgemeinverfügung wird im Bundesanzeiger bekannt gemacht. Eine entsprechende Bekanntmachung steht allerdings noch aus.

7 Um die Statistikpflichten zu erleichtern, hat das BMWi **Vordrucke** erarbeitet, die bei der Mitteilung der statistischen Daten zu verwenden sind. Die Vordrucke sind auf der Internetseite des BMWi zu finden. Bislang galten für die verschiedenen Auftraggeber unterschiedliche Vordrucke. Sektorenauftraggeber hatten den Vordruck 7 zu verwenden. Bei der Bezeichnung der Liefer-, Bau- und Dienstleistungen soll ausnahmslos das CPV-Vokabular entsprechend der VO (EG) Nr. 2195/2003 verwendet werden. Da die CPV-Nomenklatur durch die VO (EG) Nr. 213/2008 geändert wurde, sind die geltenden CPV-Codes zu verwenden. Da gemäß Art. 67 SKR die statistischen Meldungen der EU-Kommission vom BMWi bis zum 31. Oktober des Folgejahres übermittelt werden müssen, fordert das BMWi die statistischen Meldungen jedes Jahr im Januar mit Fristsetzung zum 31. August des Jahres an.

8 § 33 begründet keine subjektiven Rechte der Bieter nach § 97 Abs. 7 GWB, sondern stellt eine reine **Ordnungsvorschrift** dar.[4]

Abschnitt 7. Übergangs- und Schlussbestimmungen

§ 34 Übergangsbestimmungen

Bereits begonnene Vergabeverfahren werden nach dem Recht zu Ende geführt, das zum Zeitpunkt des Verfahrensbeginns galt.

Schrifttum: *Greb/Müller*, Kommentar zur SektVO, 1. Aufl. 2010; *Ingenstau/Korbion*, VOB-Kommentar, Teile A und B, 17. Aufl. 2010; *Müller-Wrede*, SektVO, 1. Aufl. 2010.

I. Regelungsgehalt und Überblick

1 § 34 bestimmt als Übergangsregelung, dass bereits begonnene Vergabeverfahren nach dem Recht beendet werden, das zum Zeitpunkt des Beginns des Vergabeverfahrens galt.

II. Beginn des Vergabeverfahrens

2 § 34 entspricht inhaltlich den Übergangsbestimmungen in § 131 Abs. 8 GWB und § 23 VgV. Das Vergabeverfahren beginnt zu dem Zeitpunkt, zu dem der Auftraggeber mit seinem Beschaffungsvorhaben verbindlich in die Öffentlichkeit getreten ist.[1] Der **Begriff des „Vergabeverfahrens"** ist materiell zu verstehen. In Abgrenzung zur bloßen Markterkundung ist darauf abzustellen, ob und inwieweit der öffentliche Auftraggeber einen Beschaffungsvorgang organisatorisch und planerisch bereits eingeleitet und mit potenziellen Anbietern Kontakte mit dem Ziel aufgenommen hat, das Beschaffungsvorhaben mit einer verbindlichen rechtsgeschäftlichen Einigung abzuschließen. Vergabeverfahren, die nach diesem materiellen Verständnis des Begriffes vor dem Inkrafttreten der Sektorenverordnung begonnen wurden, sind daher nach dem Recht zu Ende zu führen, das zum Zeitpunkt des Verfahrensbeginns galt.

Anhänge (nicht abgedruckt)

---

[3] Dazu § 100 GWB RdNr. 91.
[4] Vgl. auch *Müller/Wrede/Gnittke/Hattig,* SektVO, § 33 RdNr. 16.
[1] Vgl. § 23 VgV RdNr. 1.

Anhang 2 zu Anlage zu § 98 Nr. 4

Verordnung (EG) Nr. 1370/2007 des Europäischen Parlaments und des Rates vom 23. Oktober 2007 über öffentliche Personenverkehrsdienste auf Schiene und Straße und zur Aufhebung der Verordnungen (EWG) Nr. 1191/69 und (EWG) Nr. 1107/70 des Rates

Vom 23. Oktober 2007

(ABl. Nr. L 315 S. 1)

EU-Dok.-Nr. 3 2007 R 1370

DAS EUROPÄISCHE PARLAMENT UND DER RAT DER EUROPÄISCHEN UNION –

gestützt auf den Vertrag zur Gründung der Europäischen Gemeinschaft, insbesondere auf die Artikel 71 und 89,

auf Vorschlag der Kommission,

nach Stellungnahme des Europäischen Wirtschafts- und Sozialausschusses,[1]

nach Stellungnahme des Ausschusses der Regionen,[2]

gemäß dem Verfahren des Artikels 251 des Vertrags,[3]

in Erwägung nachstehender Gründe:

(1) Artikel 16 des Vertrags bestätigt den Stellenwert, den Dienste von allgemeinem wirtschaftlichem Interesse innerhalb der gemeinsamen Werte der Union einnehmen.

(2) Artikel 86 Absatz 2 des Vertrags bestimmt, dass für Unternehmen, die mit Dienstleistungen von allgemeinem wirtschaftlichem Interesse betraut sind, die Vorschriften des Vertrags, insbesondere die Wettbewerbsregeln, gelten, soweit die Anwendung dieser Vorschriften nicht die Erfüllung der ihnen übertragenen besonderen Aufgaben rechtlich oder tatsächlich verhindert.

(3) Artikel 73 des Vertrags stellt eine Sondervorschrift zu Artikel 86 Absatz 2 dar. Darin sind Regeln für die Abgeltung von gemeinwirtschaftlichen Verpflichtungen im Bereich des Landverkehrs festgelegt.

(4) Die Hauptziele des Weißbuchs der Kommission vom 12. September 2001 „Die Europäische Verkehrspolitik bis 2010: Weichenstellungen für die Zukunft" sind die Gewährleistung sicherer, effizienter und hochwertiger Personenverkehrsdienste durch einen regulierten Wettbewerb, der auch die Transparenz und Leistungsfähigkeit öffentlicher Personenverkehrsdienste garantiert, und zwar unter Berücksichtigung sozialer, umweltpolitischer und raumplanerischer Faktoren, oder das Angebot spezieller Tarifbedingungen zugunsten bestimmter Gruppen von Reisenden, wie etwa Rentner, und die Beseitigung von Ungleichheiten zwischen Verkehrsunternehmen aus verschiedenen Mitgliedstaaten, die den Wettbewerb wesentlich verfälschen könnten.

(5) Viele Personenlandverkehrsdienste, die im allgemeinen wirtschaftlichen Interesse erforderlich sind, können derzeit nicht kommerziell betrieben werden. Die zuständigen Behörden der Mitgliedstaaten müssen Maßnahmen ergreifen können, um die Erbringung dieser Dienste sicherzustellen. Zu den Mechanismen, die sie nutzen können, um die Erbringung öffentlicher Personenverkehrsdienste sicherzustellen, zählen unter anderem die Gewährung ausschließlicher Rechte an die Betreiber eines öffentlichen Dienstes, die Gewährung einer finanziellen Ausgleichsleistung für Betreiber eines öffentlichen Dienstes sowie die Festlegung allgemeiner Vorschriften für den Betrieb öffentlicher Verkehrsdienste, die für alle Betreiber gelten. Entscheidet ein Mitgliedstaat sich im Einklang mit dieser Verordnung dafür, bestimmte allgemeine Regeln aus ihrem Anwendungsbereich herauszunehmen, so sollte die allgemeine Regelung für staatliche Beihilfen zur Anwendung kommen.

---

[1] [Amtl. Anm.:] ABl. C 195 vom 18. 8. 2006, S. 20.

[2] [Amtl. Anm.:] ABl. C 192 vom 16. 8. 2006, S. 1.

[3] [Amtl. Anm.:] Stellungnahme des Europäischen Parlaments vom 14. November 2001 (ABl. C 140 E vom 13. 6. 2002, S. 262), Gemeinsamer Standpunkt des Rates vom 11. Dezember 2006 (ABl. C 70 E vom 27. 3. 2007, S. 1) und Standpunkt des Europäischen Parlaments vom 10. Mai 2007. Beschluss des Rates vom 18. September 2007.

(6) Viele Mitgliedstaaten haben Rechtsvorschriften erlassen, die zumindest für einen Teilbereich ihres öffentlichen Verkehrsmarktes die Gewährung ausschließlicher Rechte und die Vergabe öffentlicher Dienstleistungsaufträge im Rahmen transparenter und fairer Vergabeverfahren vorsehen. Dies hat eine erhebliche Zunahme des Handels zwischen den Mitgliedstaaten bewirkt und dazu geführt, dass inzwischen mehrere Betreiber eines öffentlichen Dienstes Personenverkehrsdienste in mehr als einem Mitgliedstaat erbringen. Die Entwicklung der nationalen Rechtsvorschriften hat jedoch zu uneinheitlichen Verfahren und Rechtsunsicherheit hinsichtlich der Rechte der Betreiber eines öffentlichen Dienstes und der Pflichten der zuständigen Behörden geführt. Die Verordnung (EWG) Nr. 1191/69 des Rates vom 26. Juni 1969 über das Vorgehen der Mitgliedstaaten bei mit dem Begriff des öffentlichen Dienstes verbundenen Verpflichtungen auf dem Gebiet des Eisenbahn-, Straßen- und Binnenschiffsverkehrs[4] regelt nicht die Art und Weise, in der in der Gemeinschaft öffentliche Dienstleistungsaufträge vergeben werden müssen, und insbesondere nicht die Bedingungen, unter denen diese ausgeschrieben werden sollten. Eine Aktualisierung des gemeinschaftlichen Rechtsrahmens ist daher angebracht.

(7) Studien und die Erfahrungen der Mitgliedstaaten, in denen es schon seit einigen Jahren Wettbewerb im öffentlichen Verkehr gibt, zeigen, dass, sofern angemessene Schutzmaßnahmen vorgesehen werden, die Einführung des regulierten Wettbewerbs zwischen Betreibern zu einem attraktiveren und innovativeren Dienstleistungsangebot zu niedrigeren Kosten führt, ohne dass die Betreiber eines öffentlichen Dienstes bei der Erfüllung der ihnen übertragenen besonderen Aufgaben behindert werden. Dieser Ansatz wurde vom Europäischen Rat im Rahmen des so genannten Lissabon-Prozesses vom 28. März 2000 gebilligt, der die Kommission, den Rat und die Mitgliedstaaten aufgefordert hat, im Rahmen ihrer jeweiligen Befugnisse die Liberalisierung in Bereichen wie dem Verkehr zu beschleunigen.

(8) Personenverkehrsmärkte, die dereguliert sind und in denen keine ausschließlichen Rechte gewährt werden, sollten ihre Merkmale und ihre Funktionsweise beibehalten dürfen, soweit diese mit den Anforderungen des Vertrags vereinbar sind.

(9) Um die öffentlichen Personenverkehrsdienste optimal nach den Bedürfnissen der Bevölkerung gestalten zu können, müssen alle zuständigen Behörden die Möglichkeit haben, die Betreiber eines öffentlichen Dienstes gemäß den Bedingungen dieser Verordnung frei auszuwählen und dabei die Interessen von kleinen und mittleren Unternehmen zu berücksichtigen. Um die Anwendung der Grundsätze der Transparenz, der Gleichbehandlung konkurrierender Betreiber und der Verhältnismäßigkeit zu gewährleisten, wenn Ausgleichsleistungen oder ausschließliche Rechte gewährt werden, müssen in einem öffentlichen Dienstleistungsauftrag der zuständigen Behörde an den ausgewählten Betreiber eines öffentlichen Dienstes die Art der gemeinwirtschaftlichen Verpflichtungen und die vereinbarten Gegenleistungen festgelegt werden. Die Form oder Benennung dieses Vertrags kann je nach den Rechtssystemen der Mitgliedstaaten variieren.

(10) Im Gegensatz zu der Verordnung (EWG) Nr. 1191/69, deren Geltungsbereich sich auch auf die öffentlichen Personenverkehrsdienste auf Binnenschifffahrtswegen erstreckt, wird es nicht als angezeigt erachtet, in der vorliegenden Verordnung die Frage der Vergabe öffentlicher Dienstleistungsaufträge in diesem besonderen Sektor zu regeln. Für die Organisation öffentlicher Personenverkehrsdienste auf Binnenschifffahrtswegen und, soweit sie nicht unter besonderes Gemeinschaftsrecht fallen, auf dem Meer innerhalb der Hoheitsgewässer gelten daher die allgemeinen Grundsätze des Vertrags, sofern die Mitgliedstaaten nicht beschließen, die vorliegende Verordnung auf diese besonderen Sektoren anzuwenden. Diese Verordnung steht der Einbeziehung von Verkehrsdiensten auf Binnenschifffahrtswegen und auf dem Meer innerhalb der Hoheitsgewässer in weiter gefasste Stadt-, Vorort- oder Regionalnetze des öffentlichen Personenverkehrs nicht entgegen.

(11) Im Gegensatz zu der Verordnung (EWG) Nr. 1191/69, deren Geltungsbereich sich auch auf Güterbeförderungsdienste erstreckt, wird es nicht als angezeigt erachtet, in der vorliegenden Verordnung die Frage der Vergabe öffentlicher Dienstleistungsaufträge in diesem besonderen Sektor zu regeln. Drei Jahre nach dem Inkrafttreten der vorliegenden Verordnung sollten für die Organisation von Güterbeförderungsdiensten daher die allgemeinen Grundsätze des Vertrags gelten.

(12) Aus gemeinschaftsrechtlicher Sicht ist es unerheblich, ob öffentliche Personenverkehrsdienste von öffentlichen oder privaten Unternehmen erbracht werden. Die vorliegende Ver-

---

[4] [Amtl. Anm.:] ABl. L 156 vom 28. 6. 1969, S. 1. Zuletzt geändert durch die Verordnung (EWG) Nr. 1893/91 (ABl. L 169 vom 29. 6. 1991, S. 1).

ordnung stützt sich auf den Grundsatz der Neutralität im Hinblick auf die Eigentumsordnung gemäß Artikel 295 des Vertrags sowie den Grundsatz der freien Gestaltung der Dienste von allgemeinem wirtschaftlichem Interesse durch die Mitgliedstaaten gemäß Artikel 16 des Vertrags und die Grundsätze der Subsidiarität und der Verhältnismäßigkeit gemäß Artikel 5 des Vertrags.

(13) Einige Verkehrsdienste, häufig in Verbindung mit einer speziellen Infrastruktur, werden hauptsächlich aufgrund ihres historischen Interesses oder zu touristischen Zwecken betrieben. Da ihr Betrieb offensichtlich anderen Zwecken dient als der Erbringung öffentlicher Personenverkehrsdienste, müssen die für die Erfüllung von gemeinwirtschaftlichen Anforderungen geltenden Vorschriften und Verfahren hier keine Anwendung finden.

(14) Wenn die zuständigen Behörden für die Organisation des öffentlichen Verkehrsnetzes verantwortlich sind, können hierzu neben dem eigentlichen Betrieb des Verkehrsdienstes eine Reihe von anderen Tätigkeiten und Funktionen zählen, bei denen es den zuständigen Behörden freigestellt sein muss, sie selbst auszuführen oder ganz oder teilweise einem Dritten anzuvertrauen.

(15) Langzeitverträge können bewirken, dass der Markt länger als erforderlich geschlossen bleibt, wodurch sich die Vorteile des Wettbewerbsdrucks verringern. Um den Wettbewerb möglichst wenig zu verzerren und gleichzeitig die Qualität der Dienste sicherzustellen, sollten öffentliche Dienstleistungsaufträge befristet sein. Eine Auftragsverlängerung könnte davon abhängig gemacht werden, dass die Verkehrsteilnehmer die Dienstleistung positiv aufnehmen. Die Möglichkeit, öffentliche Dienstleistungsaufträge um maximal die Hälfte ihrer ursprünglichen Laufzeit zu verlängern, sollte in diesem Rahmen dann vorgesehen werden, wenn der Betreiber eines öffentlichen Dienstes Investitionen in Wirtschaftsgüter tätigen muss, deren Amortisierungsdauer außergewöhnlich lang ist, und – aufgrund ihrer besonderen Merkmale und Zwänge – bei den in Artikel 299 des Vertrags genannten Gebieten in äußerster Randlage. Außerdem sollte eine noch weiter gehende Verlängerung möglich sein, wenn ein Betreiber eines öffentlichen Dienstes Investitionen in Infrastrukturen oder Rollmaterial und Fahrzeuge tätigt, die insofern außergewöhnlich sind, als es dabei jeweils um hohe Mittelbeträge geht, und unter der Voraussetzung, dass der Vertrag im Rahmen eines fairen wettbewerblichen Vergabeverfahrens vergeben wird.

(16) Kann der Abschluss eines öffentlichen Dienstleistungsauftrags zu einem Wechsel des Betreibers eines öffentlichen Dienstes führen, so sollten die zuständigen Behörden den ausgewählten Betreiber eines öffentlichen Dienstes verpflichten können, die Bestimmungen der Richtlinie 2001/23/EG des Rates vom 12. März 2001 zur Angleichung der Rechtsvorschriften der Mitgliedstaaten über die Wahrung von Ansprüchen der Arbeitnehmer beim Übergang von Unternehmen, Betrieben oder Unternehmens- oder Betriebsteilen[5] anzuwenden. Diese Richtlinie hindert die Mitgliedstaaten nicht daran, die Bedingungen für die Übertragung anderer Ansprüche der Arbeitnehmer als der durch die Richtlinie 2001/23/EG abgedeckten zu wahren und dabei gegebenenfalls die durch nationale Rechts- und Verwaltungsvorschriften oder zwischen den Sozialpartnern geschlossene Tarifverträge oder Vereinbarungen festgelegten Sozialstandards zu berücksichtigen.

(17) Gemäß dem Subsidiaritätsprinzip steht es den zuständigen Behörden frei, soziale Kriterien und Qualitätskriterien festzulegen, um Qualitätsstandards für gemeinwirtschaftliche Verpflichtungen aufrechtzuerhalten und zu erhöhen, beispielsweise bezüglich der Mindestarbeitsbedingungen, der Fahrgastrechte, der Bedürfnisse von Personen mit eingeschränkter Mobilität, des Umweltschutzes, der Sicherheit von Fahrgästen und Angestellten sowie bezüglich der sich aus Kollektivvereinbarungen ergebenden Verpflichtungen und anderer Vorschriften und Vereinbarungen in Bezug auf den Arbeitsplatz und den Sozialschutz an dem Ort, an dem der Dienst erbracht wird. Zur Gewährleistung transparenter und vergleichbarer Wettbewerbsbedingungen zwischen den Betreibern und um das Risiko des Sozialdumpings zu verhindern, sollten die zuständigen Behörden besondere soziale Normen und Dienstleistungsqualitätsnormen vorschreiben können.

(18) Vorbehaltlich der einschlägigen Bestimmungen des nationalen Rechts können örtliche Behörden oder – falls diese nicht vorhanden sind – nationale Behörden öffentliche Personenverkehrsdienste in ihrem Gebiet entweder selbst erbringen oder einen internen Betreiber ohne wettbewerbliches Vergabeverfahren damit beauftragen. Zur Gewährleistung gleicher Wettbewerbsbedingungen muss die Möglichkeit der Eigenerbringung jedoch streng kontrolliert werden. Die zuständige Behörde oder die Gruppe zuständiger Behörden, die – kollektiv oder durch ihre Mitglieder – integrierte öffentliche Personenverkehrsdienste erbringt, sollte die erforder-

---

[5] [Amtl. Anm.:] ABl. L 82 vom 22. 3. 2001, S. 16.

liche Kontrolle ausüben. Ferner sollte es einer zuständigen Behörde, die ihre Verkehrsdienste selbst erbringt, oder einem internen Betreiber untersagt sein, an wettbewerblichen Vergabeverfahren außerhalb des Zuständigkeitsgebiets dieser Behörde teilzunehmen. Die Behörde, die die Kontrolle über den internen Betreiber ausübt, sollte ferner die Möglichkeit haben, diesem Betreiber die Teilnahme an wettbewerblichen Vergabeverfahren innerhalb ihres Zuständigkeitsgebiets zu untersagen. Die Beschränkung der Tätigkeit interner Betreiber berührt nicht die Möglichkeit der Direktvergabe öffentlicher Dienstleistungsaufträge, die den Eisenbahnverkehr betreffen, mit Ausnahme anderer schienengestützter Verkehrsträger wie Untergrund- und Straßenbahnen. Außerdem berührt die Direktvergabe öffentlicher Dienstleistungsaufträge für Eisenbahnverkehrsdienste nicht die Möglichkeit der zuständigen Behörden, öffentliche Dienstleistungsaufträge für öffentliche Personenverkehrsdienste mit anderen schienengestützten Verkehrsträgern wie Untergrund- oder Straßenbahnen an einen internen Betreiber zu vergeben.

(19) Die Vergabe von Unteraufträgen kann zu einem effizienteren öffentlichen Personenverkehr beitragen und ermöglicht die Beteiligung weiterer Unternehmen neben dem Betreiber eines öffentlichen Dienstes, der den öffentlichen Dienstleistungsauftrag erhalten hat. Im Hinblick auf eine bestmögliche Nutzung öffentlicher Gelder sollten die zuständigen Behörden jedoch die Bedingungen für die Vergabe von Unteraufträgen bezüglich ihrer öffentlichen Personenverkehrsdienste festlegen können, insbesondere im Falle von Diensten, die von einem internen Betreiber erbracht werden. Ferner sollte es einem Unterauftragnehmer erlaubt sein, an wettbewerblichen Vergabeverfahren im Zuständigkeitsgebiet aller zuständigen Behörden teilzunehmen. Die Auswahl eines Unterauftragnehmers durch die zuständige Behörde oder ihren internen Betreiber muss im Einklang mit dem Gemeinschaftsrecht erfolgen.

(20) Entscheidet eine Behörde, eine Dienstleistung von allgemeinem Interesse einem Dritten zu übertragen, so muss die Auswahl des Betreibers eines öffentlichen Dienstes unter Einhaltung des für das öffentliche Auftragswesen und Konzessionen geltenden Gemeinschaftsrechts, das sich aus den Artikeln 43 bis 49 des Vertrags ergibt, sowie der Grundsätze der Transparenz und der Gleichbehandlung erfolgen. Insbesondere bleiben die Pflichten der Behörden, die sich aus den Richtlinien über die Vergabe öffentlicher Aufträge ergeben, bei unter jene Richtlinien fallenden öffentlichen Dienstleistungsaufträgen von den Bestimmungen dieser Verordnung unberührt.

(21) Ein wirksamer Rechtsschutz sollte nicht nur für Aufträge gelten, die unter die Richtlinie 2004/17/EG des Europäischen Parlaments und des Rates vom 31. März 2004 zur Koordinierung der Zuschlagserteilung durch Auftraggeber im Bereich der Wasser-, Energie- und Verkehrsversorgung sowie der Postdienste[6] und die Richtlinie 2004/18/EG des Europäischen Parlaments und des Rates vom 31. März 2004 über die Koordinierung der Verfahren zur Vergabe öffentlicher Bauaufträge, Lieferaufträge und Dienstleistungsaufträge[7] fallen, sondern auch für andere gemäß der vorliegenden Verordnung abgeschlossene Verträge gelten. Es ist ein wirksames Nachprüfungsverfahren erforderlich, das mit den entsprechenden Verfahren gemäß der Richtlinie 89/665/EWG des Rates vom 21. Dezember 1989 zur Koordinierung der Rechts- und Verwaltungsvorschriften für die Anwendung der Nachprüfungsverfahren im Rahmen der Vergabe öffentlicher Liefer- und Bauaufträge[8] bzw. der Richtlinie 92/13/EWG des Rates vom 25. Februar 1992 zur Koordinierung der Rechts- und Verwaltungsvorschriften für die Anwendung der Gemeinschaftsvorschriften über die Auftragsvergabe durch Auftraggeber im Bereich der Wasser-, Energie- und Verkehrsversorgung sowie im Telekommunikationssektor[9] vergleichbar sein sollte.

(22) Für einige wettbewerbliche Vergabeverfahren müssen die zuständigen Behörden komplexe Systeme festlegen und erläutern. Daher sollten diese Behörden ermächtigt werden, bei der Vergabe von Aufträgen in solchen Fällen die Einzelheiten des Auftrags mit einigen oder allen potenziellen Betreibern eines öffentlichen Dienstes nach Abgabe der Angebote auszuhandeln.

(23) Ein wettbewerbliches Vergabeverfahren für öffentliche Dienstleistungsaufträge sollte nicht zwingend vorgeschrieben sein, wenn der Auftrag sich auf geringe Summen oder Entfernungen

---

[6] [Amtl. Anm.:] ABl. L 134 vom 30. 4. 2004, S. 1. Zuletzt geändert durch die Richtlinie 2006/97/EG des Rates (ABl. L 363 vom 20. 12. 2006, S. 107).

[7] [Amtl. Anm.:] ABl. L 134 vom 30. 4. 2004, S. 114. Zuletzt geändert durch die Richtlinie 2006/97/EG.

[8] [Amtl. Anm.:] ABl. L 395 vom 30. 12. 1989, S. 33. Geändert durch die Richtlinie 92/50/EWG (ABl. L 209 vom 24. 7. 1992, S. 1).

[9] [Amtl. Anm.:] ABl. L 76 vom 23. 3. 1992, S. 14. Zuletzt geändert durch die Richtlinie 2006/97/EG (ABl. L 363 vom 20. 12. 2006, S. 107).

bezieht. In diesem Zusammenhang sollten die zuständigen Behörden in die Lage versetzt werden, bei größeren Summen oder Entfernungen die besonderen Interessen von kleinen und mittleren Unternehmen zu berücksichtigen. Den zuständigen Behörden sollte es nicht gestattet sein, Aufträge oder Netze aufzuteilen, um so ein wettbewerbliches Vergabeverfahren zu vermeiden.

(24) Besteht die Gefahr einer Unterbrechung bei der Erbringung von Diensten, sollten die zuständigen Behörden befugt sein, kurzfristig Notmaßnahmen zu ergreifen, bis ein neuer öffentlicher Dienstleistungsauftrag nach den in dieser Verordnung festgelegten Bedingungen vergeben wurde.

(25) Der öffentliche Schienenpersonenverkehr wirft spezielle Fragen in Bezug auf die Investitionslast und die Infrastrukturkosten auf. Die Kommission hat im März 2004 eine Änderung der Richtlinie 91/440/EWG des Rates vom 29. Juli 1991 zur Entwicklung der Eisenbahnunternehmen der Gemeinschaft[10] vorgeschlagen, damit alle Eisenbahnunternehmen der Gemeinschaft zur Durchführung grenzüberschreitender Personenverkehrsdienste Zugang zur Infrastruktur aller Mitgliedstaaten erhalten. Mit der vorliegenden Verordnung soll ein Rechtsrahmen für die Gewährung einer Ausgleichsleistung und/oder ausschließlicher Rechte für öffentliche Dienstleistungsaufträge geschaffen werden; eine weitere Öffnung des Marktes für Schienenverkehrsdienste ist nicht beabsichtigt.

(26) Diese Verordnung gibt den zuständigen Behörden im Falle öffentlicher Dienstleistungen die Möglichkeit, auf der Grundlage eines öffentlichen Dienstleistungsauftrags einen Betreiber für die Erbringung öffentlicher Personenverkehrsdienste auszuwählen. Angesichts der unterschiedlichen territorialen Organisation der Mitgliedstaaten in dieser Hinsicht ist es gerechtfertigt, den zuständigen Behörden zu gestatten, öffentliche Dienstleistungsaufträge im Eisenbahnverkehr direkt zu vergeben.

(27) Die von den zuständigen Behörden gewährten Ausgleichsleistungen zur Deckung der Kosten, die durch die Erfüllung gemeinwirtschaftlicher Verpflichtungen verursacht werden, sollten so berechnet werden, dass übermäßige Ausgleichsleistungen vermieden werden. Beabsichtigt eine zuständige Behörde die Vergabe eines öffentlichen Dienstleistungsauftrags ohne wettbewerbliches Vergabeverfahren, so sollte sie auch detaillierte Bestimmungen einhalten, mit denen die Angemessenheit der Ausgleichsleistung gewährleistet wird und die der angestrebten Effizienz und Qualität der Dienste Rechnung tragen.

(28) Die zuständige Behörde und der Betreiber eines öffentlichen Dienstes können beweisen, dass eine übermäßige Ausgleichsleistung vermieden wurde, indem sie allen Auswirkungen der Erfüllung der gemeinwirtschaftlichen Verpflichtungen auf die Nachfrage nach öffentlichen Personenverkehrsdiensten in dem im Anhang enthaltenen Berechnungsmodell gebührend Rechnung tragen.

(29) Hinsichtlich der Vergabe öffentlicher Dienstleistungsaufträge sollten die zuständigen Behörden – außer bei Notmaßnahmen und Aufträgen für geringe Entfernungen – die notwendigen Maßnahmen ergreifen, um mindestens ein Jahr im Voraus bekannt zu geben, dass sie solche Aufträge zu vergeben beabsichtigen, so dass potenzielle Betreiber eines öffentlichen Dienstes darauf reagieren können.

(30) Bei direkt vergebenen öffentlichen Dienstleistungsaufträgen sollte für größere Transparenz gesorgt werden.

(31) Da die zuständigen Behörden und die Betreiber eines öffentlichen Dienstes Zeit benötigen, um den Bestimmungen dieser Verordnung nachzukommen, sollten Übergangsregelungen vorgesehen werden. Im Hinblick auf eine schrittweise Vergabe öffentlicher Dienstleistungsaufträge gemäß dieser Verordnung sollten die Mitgliedstaaten der Kommission binnen sechs Monaten nach der ersten Hälfte des Übergangszeitraums einen Fortschrittsbericht vorlegen. Die Kommission kann auf der Grundlage dieser Berichte geeignete Maßnahmen vorschlagen.

(32) Während des Übergangszeitraums werden die zuständigen Behörden die Bestimmungen dieser Verordnung möglicherweise zu unterschiedlichen Zeitpunkten erstmals anwenden. Daher könnten während dieses Zeitraums Betreiber eines öffentlichen Dienstes aus Märkten, die noch nicht von den Bestimmungen dieser Verordnung betroffen sind, Angebote für öffentliche Dienstleistungsaufträge in Märkten einreichen, die bereits zu einem früheren Zeitpunkt für den kontrollierten Wettbewerb geöffnet wurden. Um mit Hilfe angemessener Maßnahmen eine Unausgewogenheit bei der Öffnung des öffentlichen Verkehrsmarktes zu vermeiden, sollten die zuständigen Behörden in der zweiten Hälfte des Übergangszeitraums die Möglichkeit haben, Angebote von Unternehmen abzulehnen, bei denen mehr als die Hälfte des Wertes der von

---

[10] [Amtl. Anm.:] ABl. L 237 vom 24. 8. 1991, S. 25. Zuletzt geändert durch die Richtlinie 2006/103/EG (ABl. L 363 vom 20. 12. 2006, S. 344).

ihnen erbrachten öffentlichen Verkehrsdienste auf Aufträgen beruht, die nicht im Einklang mit dieser Verordnung vergeben wurden, sofern dies ohne Diskriminierung geschieht und vor Veröffentlichung des wettbewerblichen Vergabeverfahrens beschlossen wird.

(33) In seinem Urteil vom 24. Juli 2003 in der Rechtssache C-280/00, Altmark Trans GmbH,[11] hat der Gerichtshof der Europäischen Gemeinschaften in den Randnummern 87 bis 95 festgestellt, dass Ausgleichsleistungen für gemeinwirtschaftliche Verpflichtungen keine Begünstigung im Sinne von Artikel 87 des Vertrags darstellen, sofern vier kumulative Voraussetzungen erfüllt sind. Werden diese Voraussetzungen nicht erfüllt, jedoch die allgemeinen Voraussetzungen für die Anwendung von Artikel 87 Absatz 1 des Vertrags, stellen die Ausgleichsleistungen für gemeinwirtschaftliche Verpflichtungen staatliche Beihilfen dar, und es gelten die Artikel 73, 86, 87 und 88 des Vertrags.

(34) Ausgleichsleistungen für gemeinwirtschaftliche Verpflichtungen können sich im Bereich des Personenlandverkehrs als erforderlich erweisen, damit die mit öffentlichen Dienstleistungen betrauten Unternehmen gemäß festgelegten Grundsätzen und unter Bedingungen tätig sein können, die ihnen die Erfüllung ihrer Aufgaben ermöglichen. Diese Ausgleichsleistungen können unter bestimmten Voraussetzungen gemäß Artikel 73 des Vertrags mit dem Vertrag vereinbar sein. Zum einen müssen sie gewährt werden, um die Erbringung von Diensten sicherzustellen, die Dienste von allgemeinem Interesse im Sinne des Vertrags sind. Um ungerechtfertigte Wettbewerbsverfälschungen zu vermeiden, darf die Ausgleichsleistung zum anderen nicht den Betrag übersteigen, der notwendig ist, um die Nettokosten zu decken, die durch die Erfüllung der gemeinwirtschaftlichen Verpflichtungen verursacht werden, wobei den dabei erzielten Einnahmen sowie einem angemessenen Gewinn Rechnung zu tragen ist.

(35) Die von den zuständigen Behörden in Übereinstimmung mit dieser Verordnung gewährten Ausgleichsleistungen können daher von der Pflicht zur vorherigen Unterrichtung nach Artikel 88 Absatz 3 des Vertrags ausgenommen werden.

(36) Da die vorliegende Verordnung die Verordnung (EWG) Nr. 1191/69 ersetzt, sollte die genannte Verordnung aufgehoben werden. Die schrittweise Einstellung der von der Kommission nicht genehmigten Ausgleichsleistungen für öffentliche Güterbeförderungsdienste wird durch einen Übergangszeitraum von drei Jahren im Einklang mit den Artikeln 73, 86, 87 und 88 des Vertrags erleichtert werden. Alle anderen durch diese Verordnung nicht erfassten Ausgleichsleistungen für die Erbringung öffentlicher Personenverkehrsdienste, die staatliche Beihilfen im Sinne des Artikels 87 Absatz 1 des Vertrags beinhalten könnten, sollten den Bestimmungen der Artikel 73, 86, 87 und 88 des Vertrags entsprechen, einschließlich aller einschlägigen Auslegungen durch den Gerichtshof der Europäischen Gemeinschaften und insbesondere dessen Entscheidung in der Rechtssache C-280/00, Altmark Trans GmbH. Bei der Prüfung solcher Fälle sollte die Kommission daher ähnliche Grundsätze anwenden wie die, die in dieser Verordnung oder gegebenenfalls in anderen Rechtsvorschriften für den Bereich der Dienstleistungen von allgemeinem wirtschaftlichem Interesse enthalten sind.

(37) Der Anwendungsbereich der Verordnung (EWG) Nr. 1107/70 des Rates vom 4. Juni 1970 über Beihilfen im Eisenbahn-, Straßen- und Binnenschiffsverkehr[12] wird von der vorliegenden Verordnung abgedeckt. Jene Verordnung gilt heute als überholt, da sie die Anwendung von Artikel 73 des Vertrags einschränkt, ohne eine angemessene Rechtsgrundlage für die Zulassung derzeitiger Investitionsregelungen, insbesondere im Hinblick auf Investitionen in Verkehrsinfrastrukturen im Rahmen einer öffentlich-privaten Partnerschaft, zu bieten. Sie sollte daher aufgehoben werden, damit Artikel 73 des Vertrags unbeschadet der vorliegenden Verordnung und der Verordnung (EWG) Nr. 1192/69 des Rates vom 26. Juni 1969 über gemeinsame Regeln für die Normalisierung der Konten der Eisenbahnunternehmen[13] entsprechend dem ständigen Wandel in dem Sektor angewendet werden kann. Um die Anwendung der einschlägigen gemeinschaftlichen Rechtsvorschriften weiter zu erleichtern, wird die Kommission im Jahr 2007 Leitlinien für staatliche Beihilfen für Eisenbahninvestitionen, einschließlich Infrastrukturinvestitionen, vorschlagen.

(38) Zur Bewertung der Durchführung dieser Verordnung und der Entwicklungen im öffentlichen Personenverkehr in der Gemeinschaft, insbesondere der Qualität der öffentlichen

---

[11] [Amtl. Anm.:] Slg. 2003, I-7747.

[12] [Amtl. Anm.:] ABl. L 130 vom 15. 6. 1970, S. 1. Zuletzt geändert durch die Verordnung (EG) Nr. 543/97 (ABl. L 84 vom 26. 3. 1997, S. 6).

[13] [Amtl. Anm.:] ABl. L 156 vom 28. 6. 1969, S. 8. Zuletzt geändert durch die Verordnung (EG) Nr. 1791/2006 (ABl. L 363 vom 20. 12. 2006, S. 1).

Personenverkehrsdienste und der Auswirkungen der Direktvergabe von öffentlichen Dienstleistungsaufträgen, sollte die Kommission einen Bericht erstellen. Diesem Bericht können erforderlichenfalls geeignete Vorschläge zur Änderung dieser Verordnung beigefügt werden –

HABEN FOLGENDE VERORDNUNG ERLASSEN:

Vorbemerkung

Übersicht

Schrifttum: *Bayreuther*, Inländerdiskriminierung bei Tariftreueerklärungen im Vergaberecht, EuZW 2009, 102; *Beck*, Der Ausschreibungswettbewerb im Schienenpersonennahverkehr, 2009; *Berschin*, Der europäische Gemeinsame Markt im gewerblichen Personenverkehr, in: *Barth/Baumeister/Berschin/Werner*, Recht des öffentlichen Personennahverkehrs, Stand: Dez. 2008; *Fehling/Niehnus*, Der europäische Fahrplan für einen kontrollierten Ausschreibungswettbewerb im ÖPNV, DÖV 2008, 662; *Fichert/Sternzenbach*, Potenziale einer Subjektförderung zur Finanzierung des ÖPNV, IR 2007, 268; *Franzius*, Auf dem Weg zu mehr Wettbewerb im ÖPNV, NJW 2003, 3029; *Holst*, Richtlinie 95/18/EG und Richtlinie 2001/14/EG, in: *Frohnmeyer/Mückenhausen*, EG-Verkehrsrechts-Kommentar, Stand: Dez. 2003; *Knauff*, Der Kommissionsvorschlag für eine Novelle der VO 1191/69, DVBl. 2006, 339; *Küpper*, Verordnung (EWG) Nr. 1191/69, in: *Frohnmeyer/Mückenhausen*, EG-Verkehrsrechts-Kommentar, Stand: Dez. 2003; *Lübbig*, Anmerkung zum Urteil des VG Gelsenkirchen vom 19. 12. 2008 – 14 K 2147/07, DVBl. 2009, 469; *Mahmoudi*, Die Auswirkungen des EuGH-Urteils in der Rechtssache C-280/00 Altmark Trans auf den Öffentlichen Personennahverkehr, 2007; *Nemitz*, Verordnung (EWG) Nr. 1107/70, in: *Frohnmeyer/Mückenhausen*, EG-Verkehrsrechts-Kommentar, Stand: Dez. 2003; *Otting/Soltész/Melcher*, Verkehrsverträge vor dem Hintergrund des Europäischen Beihilferechts-Verwaltungspraxis weisen Brüssel in die Schranken, EuZW 2009, 444; *Prieß*, Ausschreibungspflicht für Verkehrsverträge im Schienenpersonennahverkehr?, NZBau 2002, 539; *Prieß/Hölzl*, Regulierter Wettbewerb: Der SPNV fährt „zweigleisig" weiter. Die Verordnung EG 1370/07 und ihre Konsequenzen für SPNV-Vergaben, Der Nahverkehr 2008, 33; *Pünder*, Die Vergabe von Personenverkehrsleistungen in Europa und die völkerrechtlichen Vorgaben des WTO-Beschaffungsübereinkommens, EUR 2007, 564; *Queisner*, Die Rechtslage von Ausgleichsleistungen im ÖPNV vor und nach der neuen Verordnung, IR 2008, 109; *Tödtmann/Schauer*, Aktuelle Rechtsfragen zum öffentlichen Personennahverkehr – Nationale und europäische Rechtsentwicklung sowie Konsequenzen für die Praxis, NVwZ 2008, 1; *Wachinger*, Das Recht des Marktzugangs im ÖPNV, 2006; *Wernicke*, Die Wirtschaftsverfassung der Gemeinschaft zwischen gemeinwirtschaftlichen Diensten und Wettbewerb, oder: Wer hat Angst vor Art. 86 II EG, EuZW 2003, 481.

I. Sinn und Zweck sowie Bedeutung

Die VO 1370/2007 über öffentliche Personenverkehrsdienste auf Schiene und Straße ist am **1** 3. 12. 2007 im Amtsblatt der europäischen Union veröffentlicht worden[1] und zwei Jahre später am 3. 12. 2009 in Kraft getreten.[2] Sie hat die VO 1191/69 des Rates vom 26. 6. 1969 über das Vorgehen der Mitgliedstaaten bei mit dem Begriff des öffentlichen Dienstes verbundenen Verpflichtungen auf dem Gebiet des Eisenbahn-, Straßen- und Binnenschiffsverkehrs und die VO 1107/70 über Beihilfen im Eisenbahn-, Straßen- und Binnenschiffsverkehr vom 4. 6. 1970 abgelöst.[3] Damit ging ein etwa **siebenjähriger** zäher **Gesetzgebungsprozess** zu Ende. Die Europäische Kommission hatte seit dem Jahr 2000 drei Vorschläge für eine neue Verordnung zu

---

[1] ABl. 2007 L 315/1.
[2] Art. 12 VO 1370/07.
[3] ABl. 1969, L 156/1, zuletzt geändert durch VO 1893/91 des Rates v. 20. 6. 1991, ABl. 1991 Nr. L 169/1, nachfolgend: VO 1191/69; gemäß der Erwägungsgründe 10 und 11 der VO 1370/07 sind Personenverkehrsdienste auf Binnenschifffahrtswegen und der Güterverkehr nicht von dieser VO erfasst.

öffentlichen Personenverkehrsdiensten auf Schiene und Straße vorgelegt.[4] Die ersten beiden Entwürfe scheiterten ua. daran, dass die Kommission eine generelle Ausschreibungspflicht für Verkehrsdienstleistungen vorgeschlagen hatte.[5] Diese war politisch nicht durchsetzbar[6] und sachlich nicht durchweg praktikabel.[7] Die VO 1370/2007 geht deshalb zutreffend von einem „regulierten Wettbewerb" aus.[8] Das bedeutet ua., dass SPNV-Verkehrsleistungen auch weiterhin direkt, das heißt ohne vorausgehenden Wettbewerb, vergeben werden können.

2   Die VO 1370/2007 regelt den Zugang zum Markt für öffentliche Personenverkehre auf Schiene und Straße. Sie soll dazu beitragen, den europäischen Verkehrsmarkt für alle Anbieter von Verkehrsleistungen zu öffnen. Die Öffnung des europäischen Verkehrsmarktes ist ein wesentliches Ziel der EU. Insbesondere soll die VO 1370/2007 gemäß Art. 1 Abs. 1 die **Gewährleistung öffentlicher Personenverkehrsdienstleistungen von allgemeinem Interesse sicherstellen**.[9] Die Möglichkeit der Bevölkerung, öffentlich frei zugängliche und erschwingliche Verkehrsleistungen im Nah- und Fernverkehr zu nutzen, ist **Teil der Daseinsvorsorge** und zudem von erheblicher Bedeutung für Wirtschaft und Umwelt.[10] Der öffentliche Personenverkehrsbereich ist allerdings seit langer Zeit defizitär und bedarf zu seiner Aufrechterhaltung umfangreicher **staatlicher Subvention**.[11] Da die Vergabe von Verkehrsleistungen grundsätzlich vergaberechtlich relevant ist und finanzielle Unterstützungen **Beihilfen** sein können, die zu **Wettbewerbsverzerrungen** führen, ist die Freiheit der Mitgliedstaaten, den öffentlichen Personenverkehr auf diese Art und Weise sicherzustellen, grds. begrenzt.[12]

3   Das Spannungsverhältnis zwischen staatlicher Daseinsvorsorge und Wettbewerb[13] versucht die Verordnung dadurch angemessen zu regeln, dass sie einerseits die Versorgungssicherheit[14] gewährleistet und andererseits dort, wo das möglich und sinnvoll ist, die Vergabe von öffentlichen Personenverkehrsleistungen im Wettbewerb anordnet. In den betreffenden Bereichen muss die Vergabe deshalb nach dem **Wettbewerbsprinzip** auf der Grundlage von zwingenden (vergabe-)verfahrensrechtlichen Vorschriften, **Transparenzpflichten** und **Vorgaben zur Höhe von Bezuschussungen** erfolgen. Die Einführung von mehr Wettbewerb soll dafür sorgen, dass im Idealfall die Qualität der Personenverkehrsdienste steigt sowie (Fahr-)Preise und Subventionen sinken.

4   Bei der VO 1370/2007 handelt es sich um ein **beihilfe- und vergaberechtliches Sonderregime**,[15] das jedoch weder umfassend noch in jeder Hinsicht abschließend ist.[16] Der Gesetzgeber hat vielmehr unter Achtung des **Subsidiaritätsprinzips** (Art. 5 Abs. 1 und 3 EUV) nur in dem Ausmaß zwingende Regelungen vorgegeben, wie es die damit verfolgten (europäischen) Ziele erforderten.[17] Nur diese **punktuellen Regelungen** gelten gemäß Art. 288 AEUV unmittelbar in allen Mitgliedstaaten. Im Übrigen obliegt es – unter Beachtung des geltenden Europarechts – den Mitgliedstaaten, bestehende Freiräume durch nationale Vorschriften auszufüllen.

II. Wesentliche Inhalte

5   Die VO 1370/2007 kommt nach Art. 1 Abs. 1 UAbs. 2 iVm. Art. 3 Abs. 1 immer nur dann zur Anwendung, wenn der Staat **Ausgleichsleistungen** und/oder **ausschließliche Rechte** als **Gegenleistung für die Erfüllung gemeinwirtschaftlicher Verpflichtungen** gewährt. Be-

---

[4] KOM(2000) 7 endg.; KOM(2002) 107 endg.; KOM(2005) 319 endg.

[5] KOM(2000) 7 endg., Art. 6–8, sowie KOM(2002) 107 endg., Art. 6–8. Ausführlich zum Gesetzgebungsprozess und den Schwierigkeiten *Pünder* EUR 2007, 564, 565.

[6] *Pünder* EUR 2007, 564, 564.

[7] *Prieß/Hölzl* Der Nahverkehr 2008, 33, 33.

[8] Erwägungsgrund 4 der VO 1370/07.

[9] Vgl. Kommentierung zu Art. 1 RdNr. 6; *Fehling/Niehnus* DÖV 2008, 662, 665; vgl. auch *Knauff* DVBl 2006, 339, 339.

[10] Siehe Kommentierung zu Art. 1 RdNr. 1 ff.

[11] Dies betrifft insbes. solche Strecken mit niedriger Nachfrage, welche nur wegen der Pflicht zur Daseinsvorsorge aufrecht erhalten werden, siehe *Mahmoudi* 17 f.

[12] Vgl. KOM(2000) 7 endg., 9.

[13] Vgl. *Mahmoudi* 79.

[14] Dazu näher *Mahmoudi* 92.

[15] So wird die VO 1370/2007 insbes. auf Art. 71 und 89 EG (jetzt: Art. 91 und 109 AEUV) gestützt; typische Vergabevorschriften sind in Art. 5, Beihilferelevantes ist in Art. 9 und im Anhang enthalten; iÜ vgl. Erwägungsgründe 18–22.

[16] Vgl. KOM(2000) 7 endg., 10.

[17] Davon zeugen etwa die nationalen Vorbehalte in Art. 5 und die Regelungen in Art. 4 Abs. 5 und 6 sowie 5 Abs. 7 VO 1370/2007; vgl. Erwägungsgründe 12 und 17; vgl. *Fehling/Niehnus* DÖV 2008, 662, 666.

absichtigt eine zuständige Behörde das zu tun, muss sie entsprechende Verpflichtungen und die für sie zu leistenden Zahlungen und Rechte (grds.)[18] **im Rahmen** eines – gemäß Art. 2 lit. i sehr weit zu verstehenden – **öffentlichen Dienstleistungsauftrag**s regeln, Art. 3 Abs. 1.

Die zuständigen Behörden besitzen in Hinblick auf den Abschluss eines öffentlichen Dienst- **6** leistungsauftrages auf der Grundlage der VO 1370/2007 mehrere verfahrensrechtliche Handlungsoptionen. Sie können ihren künftigen Vertragspartner im Wege eines **wettbewerblichen Vergabeverfahrens** ermitteln (Art. 5 Abs. 3). Art. 5 Abs. 2 eröffnet den zuständigen Behörden jedoch auch die Möglichkeit, Verkehrsleistungen entweder selbst zu erbringen oder durch einen sog. internen Betreiber erbringen zu lassen (**„Inhouse-Geschäfte"**). Zudem sind im gesamten **Eisenbahnbereich Direktvergaben** gleichrangig zur Vergabe im Wettbewerb zulässig (Art. 5 Abs. 6). Verkehrsleistungen dürfen ferner dann in allen Verkehrsbereichen direkt vergeben werden, wenn ihr Volumen in Bezug auf den finanziellen Wert oder die zu erbringende Kilometerleistung gering ist (Art. 5 Abs. 4 – **„Bagatellvergabe"**) oder wenn es sich um eine Notmaßnahme (Art. 5 Abs. 5 – **„Notfalldirektvergabe"**) handelt. Diese Ausnahmen vom wettbewerblichen Verfahren können national ausgeschlossen werden (**„nationaler Vorbehalt"**).

Die zuständigen Behörden besitzen in Hinblick auf den **Inhalt** des zu vergebenden **Auftrags** **7** (bspw. soziale Kriterien oder Umweltschutz) **weitgehende Gestaltungsfreiheit.**[19] Diese Freiheit ist jedoch in zwei wesentlichen Punkten begrenzt. Zum einen gelten für die **Laufzeit der Verträge** bestimmte **Obergrenzen**, Art. 4 Abs. 3, 4 und Art. 5 Abs. 6 S. 2. Zum anderen dürfen die zuständigen Behörden **keine übermäßigen Ausgleichsleistungen** gewähren, Art. 4 Abs. 1 lit. b. In den Fällen, in denen kein wettbewerbliches Vergabeverfahren durchgeführt wird, müssen die zuständigen Behörden bei der Berechnung der Höhe der Ausgleichsleistung die strengen **Regelungen des Anhangs der VO** einhalten, Art. 6 Abs. 1 S. 2. Die Einhaltung der Vorgaben zur Höhe der Ausgleichsleistungen ist von großer Bedeutung, weil Art. 9 Abs. 1 bestimmt, dass verordnungskonforme Ausgleichsleistungen automatisch im Einklang stehen mit den **Beihilfevorschriften** und damit **nicht notifiziert** werden müssen.[20]

Die VO 1370/2007 enthält zahlreiche Regelungen, die für **Transparenz** sorgen und eine **8** **Kontrolle und Beurteilung** der Praxis im Personenverkehrsbereich ermöglichen. Dazu gehören va. die **Informationspflichten** des Art. 7 und die Pflicht der Mitgliedstaaten, einen wirksamen und raschen **Rechtsschutz** einzurichten, Art. 5 Abs. 7.

III. Europarechtliche Vorgaben für den Personenverkehr

Die VO 1370/2007 spiegelt insbes. in der Präambel und den Erwägungsgründen eins bis drei **9** wichtige Regelungsbereiche des **AEUV** wider: Im Einzelnen betrifft das das **Verkehrskapitel** (Art. 90–100 AEUV), insbesondere Art. 91 und 93 AEUV; das **Beihilfenrecht** (Art. 107–109 AEUV), Art. 14 AEUV und auch Art. 106 Abs. 2 AEUV sowie das allgemeine Diskriminierungsverbot. Sekundärrechtlich sind die neben der VO 1370/2007 geltenden Verordnungen **684/92**[21] und **12/98**[22] von Bedeutung.[23]

Nach Art. 91 Abs. 1 lit. a AEUV werden das Europäische Parlament und der Rat zur Durch- **10** führung einer gemeinsamen Verkehrspolitik gemeinsame Regeln für den internationalen Verkehr treffen bzw. die Bedingungen für die Zulassung von Verkehrsunternehmen zum Verkehr innerhalb eines Mitgliedstaats festlegen, in der sie nicht ansässig sind. Dabei wird der Besonderheiten des Verkehrs in den Mitgliedstaaten berücksichtigen. In einem Grundsatzurteil[24] aus dem Jahr 1985 hat der EuGH zwar aus Art. 91 AEUV eine gerichtlich überprüfbare Verpflichtung abgeleitet, die Dienstleistungsfreiheit – die gemäß Art. 58 Abs. 1 AEUV nicht auf dem Gebiet des Verkehrs gilt – schrittweise auch im Bereich des Verkehrs umzusetzen. Allerdings stellte der Gerichtshof fest, dass das Fehlen von Maßnahmen zur Umsetzung der Dienst-

---

[18] Einzige Ausnahme hierzu stellen allgemeine Vorschriften gemäß Art. 3 Abs. 2 VO 1370/2007 dar.
[19] Siehe Erwägungsgrund 17 sowie Art. 4 Abs. 5 und 6; vgl. auch KOM(2000) 7 endg., 10.
[20] Demgegenüber lebt bei Inanspruchnahme der Ausnahmemöglichkeit in Art. 3 Abs. 3 die Notifizierungspflicht wieder auf.
[21] VO 684/92, ABl. 1992, L 74/1, zuletzt geändert durch VO 1791/2006, ABl. 2006, L 363/1.
[22] VO 12/98, ABl. 1998, L 4/10.
[23] Die VO 684/92 und VO 12/98 werden mit Wirkung zum 4. 12. 2011 durch die VO 1073/2009, ABl. 2009, L 300/88, ersetzt – vgl. Art. 30 und 31 VO 1073/2009.
[24] Grundlegend EuGH, 13/83, Slg. 1985, 1513, RdNr. 62 ff. – EP/Rat.

leistungsfreiheit durch den Rat nicht zur Folge hatte, dass die Grundsätze der Dienstleistungsfreiheit unmittelbar anwendbares Recht geworden sind.[25] Das bedeutet, dass die Dienstleistungsfreiheit im Bereich des Verkehrs nur zur Geltung kommt, soweit sie sekundärrechtlich über Art. 91 AEUV herbeigeführt worden ist.[26] Deshalb kann diese Grundfreiheit nur dann zur Auslegung der Vorschriften der VO 1370/2007 herangezogen werden, wenn der Gesetzgeber sie in einer sekundärrechtlichen Vorschrift umsetzen wollte.[27]

11   **Art. 93 AEUV,** umgesetzt in Art. 9 Abs. 2, sieht gegenüber Art. 107 Abs. 2, 3 AEUV zusätzliche **Ausnahmemöglichkeiten** vom **Beihilfeverbot** des Art. 107 Abs. 1 AEUV[28] vor. Diese gelten ausschließlich für den Verkehrsbereich. Ein Rückgriff auf sie ist jedoch nur dann notwendig, wenn die die Ausgleichsleistung betreffenden Vorschriften der VO 1370/2007 nicht eingehalten werden, Art. 9 Abs. 1. Konkrete Aussagen zur zulässigen **Höhe** einer etwaigen **Beihilfe** trifft Art. 93 AEUV nicht. Deshalb wird im Schrifttum vorgeschlagen, diesbezüglich auf die von der Rechtsprechung zu **Art. 106 Abs. 2 AEUV** entwickelten Grundsätze zurückzugreifen.[29] Dieser Rückgriff ist jedoch problematisch, weil Art. 93 AEUV von der Kommission als Spezialvorschrift zu Art. 106 Abs. 2 AEUV angesehen wird, so dass eine gegen Art. 93 AEUV bzw. konkretisierendes Sekundärrecht verstoßende Beihilfe möglicherweise nicht über Art. 106 Abs. 2 AEUV zu rechtfertigen wäre.[30] Allerdings kann das angesichts der Regelungen in Art. 3 Abs. 3 und 9 Abs. 2[31] wohl nicht so verstanden werden, dass die Heranziehung der Grundsätze zur Berechnung der zulässigen Beihilfenhöhe völlig versperrt sein soll.[32] Zumindest erscheint ein Rückgriff in dem Maße unproblematisch, in dem Art. 93 AEUV keine speziellen Vorgaben macht.

12   **Art. 109 AEUV** ermächtigt den europäischen Gesetzgeber, alle zweckdienlichen **Durchführungsverordnungen zu den Art. 107 und 108 AEUV** zu erlassen und insbesondere diejenigen Arten von Beihilfen festzulegen, die von der Notifizierungspflicht des Art. 108 Abs. 3 AEUV ausgenommen sind.[33] Die Vorschrift erfasst die Befugnis zur **Konkretisierung** materiell-rechtlicher und verfahrensrechtlicher Aspekte, ohne eine Veränderung oder Einschränkung der Art. 107 und 108 AEUV in ihrem Kernbereich zu erlauben.[34] Die Entscheidung des Gesetzgebers, **verordnungskonforme Ausgleichsleistungen** als automatisch mit dem **Binnenmarkt vereinbar**[35] zu erklären (so in Art. 9 Abs. 1), dürfte iSd. Art. 109 AEUV iVm. Art. 91 und 93 AEUV als zweckdienlich anzusehen sein. Das gilt auch vor dem Hintergrund, dass im Anhang der VO 1370/2007 die Altmark-Trans-Kriterien – insbes. das von der Kommission als kaum überprüfbar angesehene vierte Altmark-Trans Kriterium[36] – zu Gunsten einer praktikablen Berechnung nicht vollends berücksichtigt sind.[37]

13   **Art. 14 AEUV** bestätigt den Stellenwert der **Dienste von allgemeinem wirtschaftlichem Interesse** und ihre Bedeutung bei der Förderung des sozialen und territorialen Zusammenhalts der Gemeinschaft.[38] Die Vorschrift wird als Verpflichtung der Mitgliedstaaten und der Europäischen Gemeinschaft verstanden, „angemessene öffentliche Personenverkehrsdienste" ohne Rücksicht auf Rentabilitätserwägungen zu gewährleisten.[39] Allerdings gilt die Regelung in

---

[25] EuGH, 13/83, Slg. 1985, 1513, RdNr. 63 – EP/Rat; EuGH, C-17/90, Slg. 1991, I-5253, RdNr. 11, 12, 14 – Pinaud Wieger.

[26] *Calliess/Ruffert/Jung* Art. 71 EG RdNr. 3; differenzierend und mwN *Barth/Baumeister/Berschin/Werner/Berschin* A2 RdNr. 44–45; vgl. auch *Bayreuther* EuZW 2009, 102, 106.

[27] Siehe EuGH, C-92/01, Slg. 2003, I-1291, RdNr. 23/24 – Stylianakis.

[28] *Calliess/Ruffert/Jung* Art. 73 RdNr. 1.

[29] MwN *Calliess/Ruffert/Jung* Art. 73 RdNr. 8.

[30] Siehe KOM(2005) 319 endg. 11, 12; vgl. auch Erwägungsgrund 3; vgl. auch *Queisner* IR 2008, 109, 111.

[31] Dort heißt es: „Unbeschadet der Art. 73, 86, 87 und 88 des Vertrags".

[32] Ebenso *Calliess/Ruffert/Jung* Art. 73 EG RdNr. 9; die Grundsätze des Art. 86 Abs. 2 EG ähneln ohnehin stark denen, die der EuGH in der Rechtssache Altmark-Trans aufgestellt hat – siehe *Wernicke* EuZW 2003, 481, 481, sowie *Franzius* NJW 2003, 3029, 3031.

[33] *Streinz/Koenig/Kühling* Art. 89 EG, RdNr. 3.

[34] *Calliess/Ruffert/Jung* Art. 89 EG, RdNr. 2; etwas enger wohl *Streinz/Koenig/Kühling* Art. 89 EG RdNr. 3.

[35] Ähnlich ist die – stärker auf den Einzelfall bezogene – Befugnis des Rates in Art. 87 Abs. 3 lit. e EG formuliert.

[36] KOM(2005) 319 endg., 12.

[37] Siehe Kommentierung zum Anhang der VO 1370/2007.

[38] Vgl. Erwägungsgrund 1; vgl. KOM(2003) 270 endg. 8; *Callies/Ruffert/Kallmayer/Jung* Art. 16 EG RdNr. 7.

[39] *Calliess/Ruffert/Jung* Art. 73 EG RdNr. 7; vgl. auch *Streinz/Koenig/Kühling* Art. 16 EG RdNr. 2 und 13; vgl. KOM(2000) 7 endg., 20, Erwägungsgrund 9; vgl. auch 13. Erklärung zum Amsterdamer Vertrag, in der Qualität und Dauerhaftigkeit der Dienste betont werden.

Art. 14 AEUV ihrem Wortlaut zu Folge **unbeschadet** der **Art. 93, 106 und 107 AEUV**, die damit wohl Vorrang genießen.[40] Art. 14 AEUV stellt – im Unterschied zu diesen Wettbewerbsregeln – (nur) ein **Vertragsprinzip** dar und begründet **kein subjektives Recht.**[41] Die Norm entfaltet ihre Wirkung bspw. bei der Auslegung und Anwendung von **Art. 106 AEUV** – der zentralen Vorschrift zur Bewältigung des Konflikts zwischen Daseinsvorsorgezielen und Wettbewerbsregeln.[42] Wichtige Rechtsakte zur Anwendung von Art. 106 AEUV – unter Beachtung von Art. 14 AEUV – sind die Kommissionsentscheidung vom 28. 11. 2005[43] und die RL 2005/81/EG.[44]

Das Primärrecht der Gemeinschaft und die dazu ergangene Rechtsprechung des EuGH **14** haben Einfluss auf die VO 1370/2007 im Rahmen von Art. 5 Abs. 3 S. 2 VO 1370/2007. Danach muss das für die **wettbewerbliche Vergabe** angewandte Verfahren allen Betreibern offen stehen, fair sein und den Grundsätzen der Transparenz und Nicht-Diskriminierung genügen. Die VO 1370/2007 setzt damit die Vorgaben des EuGH zur Vergabe um, die nicht in den Anwendungsbereich des EU-Vergaberechts fallen. Diese Vorgaben sind abschließend, wie sich aus Art. 1 Abs. 1 ergibt. Danach ist es Zweck der VO 1370/2007 festzulegen, wie die zuständigen Behörden unter Einhaltung des Gemeinschaftsrechts im Bereich des öffentlichen Personenverkehrs tätig werden können. Insbesondere gilt das auch in Bezug auf grenzüberschreitenden Verkehr, Art. 1 Abs. 2 Satz 1.

Zusätzlich zur VO 1370/2007 sind die **VO 684/92** (grenzüberschreitender Omnibusver- **15** kehr)[45] und die **VO 12/98** (Zulassung von Unternehmen zur Kabotage)[46] zu beachten.[47] Beide Verordnungen betreffen im Gegensatz zur VO 1370/2007 nicht die Vergabe von Aufträgen[48] oder beihilferechtliche Fragen, sondern stellen **Bedingungen** auf, unter denen die **Erbringung** von Personenverkehrsdiensten auf bestimmten Strecken **genehmigt** wird. Die Bedeutung dieser Verordnungen ergibt sich daraus, dass ein zu vergebender öffentlicher Dienstleistungsauftrag nur für diejenigen interessant ist, die auch die Genehmigung haben bzw. erhalten können, diesen später zu erbringen.[49]

IV. Überblick zur Entstehungsgeschichte

In den **1960-iger Jahren** kam es zu einem erheblichen Rückgang des Schienenpersonenver- **16** kehrs. Grund dafür war der stark angestiegene Individualverkehr durch private Verkehrsmittel wie Pkw und Motorrad. Diese Entwicklung hatte zur Konsequenz, dass die europäischen Staaten zur flächendeckenden Aufrechterhaltung des öffentlichen Personenverkehrs, insbesondere des Schienenpersonenverkehrs, umfangreiche finanzielle **Zuschüsse** leisten mussten. Diese Subventionen führten in beihilferechtlicher Hinsicht zu Problemen. Um diesen zu begegnen, erließ der europäische Gesetzgeber die **VO 1191/69,**[50] die Vorgängerverordnung zur VO 1370/2007. Ziel dieser Verordnung war nicht, gemeinwirtschaftliche Verpflichtungen im Wettbewerb zu vergeben,[51] sondern die Bedingungen für deren ausnahmsweise Fortgeltung/ Einführung festzulegen.[52] Maßgeblich gehörten dazu Regelungen zur **Berechnung** der Aus-

---

[40] Str., mwN *Calliess/Ruffert/Kallmayer/Jung* Art. 16 EG RdNr. 13; mwN *Streinz/Koenig/Kühling* Art. 16 EG RdNr. 10.

[41] *Streinz/Koenig/Kühling* Art. 16 EG RdNr. 7 und 9.

[42] *Streinz/Koenig/Kühling* Art. 16 EG RdNr. 10.

[43] Entscheidung der Kommission über die Anwendung von Artikel 86 Abs. 2 EG-Vertrag auf staatliche Beihilfen, die bestimmten mit der Erbringung von Dienstleistungen von allgemeinem wirtschaftlichem Interesse betrauten Unternehmen als Ausgleich gewährt werden, ABl. 2005, L 312/67.

[44] RL 2005/81 zur Änderung der RL 80/723 über die Transparenz der finanziellen Beziehungen zwischen den Mitgliedstaaten und den öffentlichen Unternehmen sowie über die finanzielle Transparenz innerhalb bestimmter Unternehmen, ABl. 2005, L 312/47.

[45] VO 684/92, ABl. 1992, L 74/1, zuletzt geändert durch VO 1791/2006, ABl. 2006, L 363/1.

[46] VO 12/98, ABl. 1998, L 4/10.

[47] Die VO 684/92 und VO 12/98 werden mit Wirkung zum 4. 12. 2011 durch die VO 1073/2009, ABl. 2009, L 300/88, ersetzt – vgl. Art. 30 und 31 VO 1073/2009.

[48] Vgl. *Barth/Baumeister/Berschin/Werner/Berschin* A2 RdNr. 12.

[49] Zur künftigen Rechtslage vgl. Art. 8 Abs. 4 lit. d VO 1073/2009.

[50] VO 1191/69, ABl. 1969, L 156/1; zuletzt geändert durch VO 1893/91, ABl. 1991, L 169/1; vgl. KOM(2005) 319 endg., 2.

[51] Siehe Erwägungsgrund 6; vgl. auch *Prieß* NZBau 2002, 539, 540; im Ergebnis ebenso *Frohnmeyer/Mückenhausen/Küpper* 3 RdNr. 4; vgl. auch Europäisches Parlament, Empfehlung für die zweite Lesung, A6–0131/2007 endg., 34.

[52] Art. 1 Abs. 3 VO 1191/69 (konsolidierte Fassung); vgl. *Frohnmeyer/Mückenhausen/Küpper* 3 RdNr. 21/24.

gleichsleistung,[53] bei deren Einhaltung die beihilfenrechtliche Notifizierungspflicht entfiel.[54] **Beihilfen,** die nicht in den Anwendungsbereich der VO 1191/69 fielen, konnten gemäß der **VO 1107/70** gewährt werden. Diese Verordnung, die den Art. 73 EG konkretisierte, galt **subsidiär** zur VO 1191/69.[55]

17   Die in den Folgejahren einsetzende **Öffnung** einiger **nationaler Märkte** und die durch die RL 91/440 begonnene[56] Trennung zwischen dem Betrieb der Eisenbahninfrastruktur und der Erbringung von Eisenbahnverkehrsleistungen[57] führten zu mehr Wettbewerb. Diese Entwicklung war zumindest auch Folge der angespannten Haushaltslage der öffentlichen Hand.[58] Wegen der **Entstehung von Wettbewerb** war es nach der Auffassung der Kommission – insbesondere vor dem Hintergrund der Grundsätze der Transparenz und Nichtdiskriminierung – nicht mehr zeitgemäß, keine **zwingenden Modalitäten für die Vergabe** von öffentlichen Dienstleistungsaufträgen (in der VO 1191/69) vorzugeben. Hinzu kamen eine damit zusammen hängende **Rechtsunsicherheit** und die **Zurückhaltung** umfangreicher **Investitionen.**[59] Aus diesem Grund bestand auf dem Gebiet des Schienenpersonenverkehrs Handlungsbedarf. Die Kommission formulierte vor diesem Hintergrund im Juli 2000 einen ersten Vorschlag[60] zur VO 1370/2007.

18   Dieser **erste Entwurf der Verordnung** stieß wegen der angestrebten **weiten Öffnung** des **ÖPNV-Marktes** und der umfassenden Einführung von Wettbewerb beim Rat auf Ablehnung,[61] war aber auch von Seiten des Europäischen Parlaments umfangreicher Kritik ausgesetzt.[62] Das Europäische Parlament bemängelte zudem, dass die behördliche Eigenerbringung bzw. Inhouse-Vergabe – vor allem vor dem Hintergrund des Subsidiaritätsprinzips – nicht ausreichend berücksichtigt worden sei.[63] Unter nur teilweiser Berücksichtigung der Änderungsvorschläge des Europäischen Parlaments legte die Kommission im **Februar 2002** einen **geänderten Vorschlag** vor. Auch dieser fand keine ausreichende Mehrheit im Rat.[64] Ursachen dafür waren, dass nach der Auffassung des Rats das Subsidiaritätsprinzip wiederum nicht ausreichend berücksichtigt war und darüber hinaus die Marktöffnung zu weit ging bzw. zu wenig flexibel war. In Konsequenz dazu versuchte die Kommission, mit dem **dritten Verordnungsentwurf** im **Juli 2005** ein **vereinfachtes, flexibleres** und stärker das **Subsidiaritätsprinzip** berücksichtigendes Regelwerk zu schaffen.[65] Darin war bspw. die Eigenerbringung durch die zuständige Behörde erstmals ohne nähere Voraussetzungen für alle Arten von Personenverkehren zulässig.[66] Diesem Vorschlag stimmte der Rat mit einigen wenigen Änderungsvorschlägen grundsätzlich zu. Er nahm insbesondere deshalb Änderungen an diesem Entwurf vor, um die Durchführung der Verordnung in der Praxis zu erleichtern.[67] Die Modifikationen des Rates wurden von der Kommission unterstützt[68] und sind nur geringfügig angepasst worden, entsprechend der Wünsche des Europäischen Parlaments.[69]

---

[53] Vgl. KOM(2005) 319 endg., 6.

[54] Art. 17 Abs. 2 VO 1191/69; vgl. auch KOM(2005) 319 endg., 6.

[55] Siehe *Frohnmeyer/Mückenhausen/Nemitz* 4 RdNr. 44.

[56] Nachfolgends wichtiges Sekundärrecht: RL 95/18, ABl. 1995, L 134/70, sowie RL 2001/14, ABl. 2001, L 75/29 – beide kommentiert von *Frohnmeyer/Mückenhausen/Holst*, 22 und 23.

[57] Fünfter Erwägungsgrund und Art. 6–8 RL 91/440 – siehe dazu *Frohnmeyer/Mückenhausen/Holst* 21 RdNr. 15–17.

[58] *Fehling/Niehnus* DÖV 2008, 662; vgl. auch *Mahmoudi* 15; *Beck* 23.

[59] KOM(2005) 319 endg., 3 und 7.

[60] KOM(2000) 7 endg.

[61] Vgl. KOM(2005) 319 endg., 4, wonach der Umfang der Öffnung des Landverkehrs umstritten war; ähnlich Rat, Gemeinsamer Standpunkt Nr. 2/2007, ABl. 2007, C 70E/1, 12.

[62] Es gab letztendlich insgesamt 96 Änderungsanträge, siehe Bericht des Berichtserstatters Meijer, EP-Dok A5–0364/2001 endg., der zusätzlich die Änderungsanträge beratender Ausschüsse beinhaltet.

[63] Siehe Bericht des Berichtserstatters Meijer, EP-Dok A5–0364/2001 endg., 60–61; vgl. auch KOM (2005) 319 endg., 9, wo zusätzlich weitere wichtige Streitpunkte aufgeführt sind.

[64] Rat, Gemeinsamer Standpunkt Nr. 2/2007, ABl. 2007, C 70E/1, 12; KOM(2005) 319 endg., 9/10.

[65] KOM(2005) 319 endg., 13.

[66] KOM(2006) 805 endg., 3; vgl. KOM(2005) 319 endg., 16.

[67] Rat, Gemeinsamer Standpunkt Nr. 2/2007, ABl. 2007, C 70E/1, 13.

[68] KOM(2006) 805 endg., 11.

[69] KOM(2007) 460 endg., 4; vgl. auch die Einschätzung des Berichterstatters in Europäisches Parlament, Empfehlung für die zweite Lesung, A6–0131/2007 endg., 36.

V. Bedeutung des öffentlichen Personenverkehrs

Effiziente und preisgünstige öffentliche Verkehrssysteme sind unverzichtbar für den Wohlstand **19** und sozialen Zusammenhalt der Bevölkerung Europas. Sie haben erhebliche Auswirkungen auf das Wirtschaftswachstum, die gesellschaftliche Entwicklungen und die Umwelt.[70] Der öffentliche Personenverkehr ist va. von erheblicher **ökonomischer Bedeutung.** Er ermöglicht einen schnellen und preiswerten Transport von Arbeitnehmern, Touristen und Unternehmern und zwar unabhängig davon, ob andere Individualtransportmittel verfügbar sind. Die damit geschaffene Mobilität ist eine grundlegende Voraussetzung für die Wettbewerbsfähigkeit von Industrie und Dienstleistungssektor.[71] Ein preiswerter Personenverkehr sorgt im Nah- wie auch im Fernverkehr für den **sozialen Zusammenhalt** von Bürgern und für eine ausgeglichene Raumentwicklung. In diesem Sinne ist der Verkehr ein wesentlicher Bestandteil der Daseinsvorsorge.[72] Vor allem soll die Mobilität solcher Personengruppen gewährleistet werden, die keinen Zugang zum motorisierten Individualverkehr haben.[73] Vorzugstarife für bestimmte Benutzerkategorien (Schüler, Studenten, behinderte Menschen, Rentner) sind ein weiterer bedeutender sozialer Aspekt des öffentlichen Personenverkehrs.[74] Der öffentliche Personenverkehr ist in zweierlei Hinsicht **umweltrelevant.** Erstens hat der Verkehr – ganzheitlich betrachtet – maßgeblichen Anteil an der Verschmutzung der Umwelt bzw. am Kohlendioxidausstoß.[75] Deshalb und angesichts der erwarteten steten Zunahme des Verkehrs[76] muss besonderer Wert auf Effizienz und Umweltverträglichkeit des Verkehrs gelegt werden. Zweitens ist der Bereich des öffentlichen Personenverkehrs gegenüber dem motorisierten Individualverkehr deutlich umweltverträglicher. Der Grund besteht darin, dass der Energieverbrauch pro Kopf geringer ausfällt und zudem vergleichsweise nur wenig Fläche für die Verkehrswege benötigt wird. Eine Verlagerung der Verkehrsnutzung weg vom motorisierten Individualverkehr reduziert den CO_2-Ausstoß und leistet damit einen wesentlichen Beitrag zur Erfüllung der Ziele des Kyoto-Protokolls.[77]

VI. Die Einführung eines regulierten Wettbewerbs

Das Konzept des regulierten (bzw. kontrollierten) Wettbewerbs stellte die Kommission **20** bereits in ihrem Weißbuch zur Verkehrspolitik[78] aus dem Jahr 2001 vor. Ziel dieses Konzepts ist die Stärkung des Schienenverkehrs (bzw. anderer umweltfreundlicher Verkehrsträger) gegenüber dem Straßen- und Luftverkehr.[79] Um das zu erreichen, soll eine **geregelte Öffnung der Märkte** für Schienenverkehr erfolgen, die die Attraktivität und Wettbewerbsfähigkeit dieses Sektors erhöht,[80] gleichzeitig aber soziale, umweltpolitische und raumplanerische Faktoren berücksichtigt.[81] Kennzeichnend für den regulierten Wettbewerb ist, dass Aufträge und damit zusammenhängende ausschließliche Rechte bzw. Ausgleichszahlungen nur auf bestimmte Zeit und vor allem im Wege eines wettbewerblichen Vergabeverfahrens vergeben

---

[70] Mitteilung der Kommission: Für ein mobiles Europa – Nachhaltige Mobilität für unseren Kontinent, KOM(2006) 314 endg., 3; so zum ÖPNV *Tödtmann/Schauer* NVwZ 2008, 1, 1.

[71] Vgl. Mitteilung der Kommission: Für ein mobiles Europa – Nachhaltige Mobilität für unseren Kontinent, KOM(2006) 314 endg., 3.

[72] Weißbuch der Kommission: Die europäische Verkehrspolitik bis 2010: Weichenstellungen für die Zukunft, KOM(2001) 370 endg., 94.

[73] *Fichert/Sternzenbach* IR 2007, 268, 269.

[74] Vgl. Weißbuch der Kommission: Die europäische Verkehrspolitik bis 2010: Weichenstellungen für die Zukunft, KOM(2001) 370 endg., 94; vgl. auch Erwägungsgrund 4 und Art. 3 Abs. 3.

[75] Vgl. Mitteilung der Kommission: Für ein mobiles Europa – Nachhaltige Mobilität für unseren Kontinent, KOM(2006) 314 endg., 3, 6.

[76] Zukünftig wird mit einem Zuwachs von 1,75% pro Jahr (2000–2020=35%) ausgegangen, so Assessment of the contribution of the TEN and other transport policy measures to the mid-term implementation of the White Paper on the European Transport Policy for 2010 v. 28. 10. 2005, 59; der Passagiertransport in der EU ist von 1995–2006 um ca. 1.7% pro Jahr gewachsen laut dem Kommissionspapier Energy and Transport in Figures, 2007, Nr. 3.1.1 und 3.1.2.

[77] *von der Groeben/Schwarze/Erdmenger* Art. 70 EG RdNr. 30.

[78] KOM(2001) 370 endg.; demgegenüber wird in KOM(2000) 7 endg., 5, noch von „kontrolliertem Wettbewerb" gesprochen.

[79] KOM(2001) 370 endg., 21.

[80] KOM(2001) 370 endg., 26; vgl. auch KOM(2000) 7 endg., 5; vgl. auch *Wachinger* 435; vgl. Erwägungsgrund 7.

[81] Siehe Erwägungsgrund 4; vgl. auch *Knauff* DVBl 2006, 339, 340.

werden.[82] Das bedeutet, dass ein **Wettbewerb um den Markt** stattfindet.[83] Ist dieser entschieden, gibt es innerhalb des festgelegten Zeitrahmens keinen Wettbewerb zwischen potentiellen Betreibern im Hinblick auf diesen Markt, sondern nur noch den Wettbewerb um den Fahrgast.[84]

21   Dementsprechend führt die VO 1370/2007 Regeln ein, die den Personenverkehr stärker als bisher dem Wettbewerb öffnen, indem bestimmte **öffentliche Dienstleistungsaufträge im Wege von wettbewerblichen Verfahren vergeben** werden.[85] Die Organisation des öffentlichen Verkehrs bleibt aber weiterhin den Mitgliedstaaten überlassen;[86] es werden weder Zielvorgaben an den Verkehr noch institutionelle Strukturen festlegt.[87] Jedoch wird die maximale Laufzeit von Verträgen begrenzt[88] und die Gewährung von Ausgleichsleistungen durch die öffentliche Hand geregelt.[89] Gerade Letzteres gilt für den Eisenbahnpersonenverkehr, für den nach alter Rechtslage gemäß der VO 1991/69 noch ein sog. „Vertragspreis" zwischen zuständiger Behörde und Unternehmen ausgehandelt werden konnte, ohne dass die Festlegung dieses Preises beihilferechtlich notifizierungspflichtig war (vgl. Art. 17 Abs. 2 iVm. Art. 14 VO 1191/69).[90] Im Übrigen führte die VO 1370/2007 keine darüber hinaus gehende (zwingende) Öffnung des Marktes ein.[91] Den Mitgliedstaaten ist es allerdings unbenommen, einen höheren als den von der VO 1370/2007 vorgesehenen Liberalisierungsgrad einzuführen oder beizubehalten.[92]

Art. 1 Zweck und Anwendungsbereich

(1) Zweck dieser Verordnung ist es, festzulegen, wie die zuständigen Behörden unter Einhaltung des Gemeinschaftsrechts im Bereich des öffentlichen Personenverkehrs tätig werden können, um die Erbringung von Dienstleistungen von allgemeinem Interesse zu gewährleisten, die unter anderem zahlreicher, sicherer, höherwertig oder preisgünstiger sind als diejenigen, die das freie Spiel des Marktes ermöglicht hätte.

Hierzu wird in dieser Verordnung festgelegt, unter welchen Bedingungen die zuständigen Behörden den Betreibern eines öffentlichen Dienstes eine Ausgleichsleistung für die ihnen durch die Erfüllung der gemeinwirtschaftlichen Verpflichtungen verursachten Kosten und/oder ausschließliche Rechte im Gegenzug für die Erfüllung solcher Verpflichtungen gewähren, wenn sie ihnen gemeinwirtschaftliche Verpflichtungen auferlegen oder entsprechende Aufträge vergeben.

(2) Diese Verordnung gilt für den innerstaatlichen und grenzüberschreitenden Personenverkehr mit der Eisenbahn und andere Arten des Schienenverkehrs sowie auf der Straße, mit Ausnahme von Verkehrsdiensten, die hauptsächlich aus Gründen historischen Interesses oder zu touristischen Zwecken betrieben werden. Die Mitgliedstaaten können diese Verordnung auf den öffentlichen Personenverkehr auf Binnenschifffahrtswegen und, unbeschadet der Verordnung (EWG) Nr. 3577/92 des Rates vom 7. Dezember 1992 zur Anwendung des Grundsatzes des freien Dienstleistungsverkehrs auf den Seeverkehr zwischen den Mitgliedstaaten (Seekabotage),[1] auf das Meer innerhalb der Hoheitsgewässer anwenden.

(3) Diese Verordnung gilt nicht für öffentliche Baukonzessionen im Sinne von Artikel 1 Absatz 3 Buchstabe a der Richtlinie 2004/17/EG oder im Sinne von Artikel 1 Absatz 3 der Richtlinie 2004/18/EG.

---

[82] Siehe KOM(2000) 7 endg., 5; KOM(2005) 319 endg., 8; *Wachinger* 49.

[83] *Beck* 24.

[84] Siehe *Mahmoudi* 103, die damit wohl die Konkurrenz zwischen ÖPNV und Individualverkehr anspricht.

[85] Zu ausschreibungsfreien Vergaben siehe Art. 5 Abs. 2, 4, 5, 6; vgl. Rat, Gemeinsamer Standpunkt Nr. 2/2007, ABl. 2007, C 70E/1, 13; vgl. KOM(2000) 7 endg., 5.

[86] Vgl. Rat, Gemeinsamer Standpunkt Nr. 2/2007, ABl. 2007, C 70E/1, 13.

[87] Vgl. KOM(2000) 7 endg., 10; vgl. Erwägungsgrund 17.

[88] Art. 4 Abs. 3 und 4, Art. 5 Abs. 6.

[89] Art. 4 Abs. 1 lit. b sowie Art. 6 Abs. 1 S. 2 iVm. Anhang zur VO 1370/2007.

[90] Vgl. *Lübbig* DVBl 2009, 469, 470; *Otting/Soltész/Melcher* EuZW 2009, 444, 446; aA Entscheidung der Kommission, C 47/07, ABl. 2008, C 35/13, RdNr. 135–137.

[91] Erwägungsgrund 25 sowie Art. 5 Abs. 6 und Art. 6 Abs. 1 S. 2 VO 1370/2007.

[92] Siehe Erwägungsgrund 8 iVm. den Vorbehalten bei Direktvergaben in Art. 5 Abs. 2, 4, 6.

[1] **Amtl. Anm.:** ABl. L 364 vom 12. 12. 1992, S. 7.

Schrifttum: *Fichert/Sterzenbach*, Potenziale einer Subjektförderung zur Finanzierung des ÖPNV, IR 2007, 268; *Hermes/Gerstner*, in: *Hermes*, Beck'scher AEG-Kommentar, 2006; *Prieß/Kaufmann*, Die Vergabewelle kommt, Behördenspiegel, Ausgabe Mai 2008, 25; *Pünder*, Die Vergabe von Personenverkehrsdienstleistungen in Europa und die völkerrechtlichen Vorgaben des WTO-Beschaffungsübereinkommens, EuR 2007, 564; *Wachinger*, Das Recht des Marktzugangs im ÖPNV, 2006; *Wittenberg/Heinrichs/Mittmann/Zwanziger*, Kommentar zum allgemeinen Eisenbahngesetz (AEG), 2004.

I. Regelungsgehalt und Überblick

Abs. 1 S. 1 bestimmt zunächst den **Zweck der Verordnung.** Die VO 1370/2007 bezweckt **1** danach die Erbringung von Verkehrsdienstleistungen von allgemeinem Interesse zu gewährleisten und zwar so, dass diese ua. zahlreicher, sicherer, höherwertig oder preisgünstiger sind als diejenigen, die das freie Spiel des Marktes ermöglicht hätte. Darüber hinaus legt die Verordnung gemäß Abs. 1 S. 1 fest, „wie" die zuständigen **Behörden tätig werden** können, um die Erbringung von Dienstleistungen im Personenverkehr zu gewährleisten, die diese Anforderungen erfüllen. Dafür sieht die Verordnung **Bedingungen** vor, auf deren Grundlage die öffentliche Hand den Erbringern von Personenverkehrsdienstleistungen **Ausgleichsleistungen** gewähren und/oder diesen **ausschließliche Rechte** einräumen darf (Abs. 1 UAbs. 1). Die Verordnung stellt klar, dass die zuständigen Behörden bei der Realisierung der Zielsetzung der VO 1370/2007 das Gemeinschaftsrecht einhalten müssen. Zudem macht sie Vorgaben hinsichtlich des dabei einzuhaltenden (Vergabe-)**Verfahrens.**[2]

Abs. 2 und Abs. 3 bestimmen den **Anwendungsbereich der Verordnung:** Die VO 1370/ **2** 2007 erfasst nach Abs. 2 den **innerstaatlichen und grenzüberschreitenden Personenschienen- und Personenstraßenverkehr.**[3] Ausgenommen von der Anwendung der VO 1370/ 2007 sind Verkehrsdienste, die hauptsächlich historischer oder touristischer Natur sind. Die Mitgliedstaaten können zudem vorsehen, die VO 1370/2007 auf den öffentlichen Personenverkehr auf Binnenschifffahrtswegen oder auf dem Meer anzuwenden. Abs. 3 stellt klar, dass die **VO 1370/2007 nicht auf öffentliche Baukonzessionen anwendbar** ist. Baukonzessionen sind nach den Maßgaben der EU-Vergaberichtlinien zu vergeben.

Eine über die in der VO 1370/2007 vorgesehene Öffnung des Marktes für Eisenbahnper- **3** sonenverkehr ist nicht beabsichtigt.[4] Grund dafür sind die Besonderheiten dieses Sektors, insbesondere die hohen Investitionslasten. Das betrifft va. den für die Erbringung von Personenverkehrsleistungen erforderlichen Fuhrpark.[5] Darüber hinaus würde durch die vollständige Öffnung dieses Sektors, dh. die Ermöglichung des Zugangs einer Vielzahl von EVUs, ein flächendeckendes und aufeinander abgestimmtes Verkehrsnetz nicht mit ausreichender Sicherheit gewährleistet werden können.[6]

II. Entstehungsgeschichte und Zweck der Vorschrift

Art. 1 geht in seinen Grundzügen auf den ersten Entwurf der Kommission zurück. Die jetzi- **4** ge Fassung des Art. 1 ist gegenüber seinen Vorentwürfen[7] in Hinblick darauf, welche **Zwecke** die VO 1370/2007 hat, **erweitert** und **konkreter gefasst.** Das betrifft hauptsächlich das Ziel der Gewährleistung eines zahlreichen, sicheren, hochwertigen und preisgünstigen Personenverkehrsdienstes, das erst im zweiten Entwurf der VO 1370/2007 aufgenommen wurde.[8] Der Anwendungsbereich der VO 1370/2007 war auf Basis ihres ersten Entwurfs[9] am weitesten. Im Verlaufe der Entstehung der VO wurden dann **Verkehrsdienste** ausgenommen, die hauptsächlich **historischen**[10] oder **touristischen**[11] **Zwecken** dienten. Der zunächst enthaltene Personenverkehr auf **Binnenschifffahrtswegen** war zwischenzeitlich vom Anwendungsbereich der

---

[2] Ähnlich Erwägungsgrund 6, der von „Art und Weise" der Vergabe spricht.
[3] Siehe aber die Ausnahme in Art. 5 Abs. 1 S. 2.
[4] Erwägungsgrund 25 sowie Art. 5 Abs. 6.
[5] Erwägungsgrund 25; Baumaßnahmen für die Infrastruktur sind hingegen nicht von der VO 1370/2007 erfasst, siehe Art. 1 Abs. 3.
[6] *Wachinger* 26–29; vgl. *Pünder* EuR 2007, 564, 565 und 577, der die Marktöffnung für Dienstleistungsaufträge des Personenverkehrs mit Bussen und Straßenbahnen kritisiert.
[7] Siehe: KOM(2000) 7 endg., 24; KOM(2002) 107 endg., 24; KOM(2005) 319 endg., 23.
[8] Siehe KOM(2002) 107 endg., 24.
[9] Siehe KOM(2000) 7 endg., 24.
[10] Siehe KOM(2002) 107 endg., 24.
[11] Siehe KOM(2005) 319 endg., 23.

Verordnung ausgenommen.[12] Der Gesetzgeber hat es letztlich jedoch den einzelnen Mitgliedstaaten freigestellt, die VO 1370/2007 auch auf diesen anzuwenden. Ebenso wurde in die Endfassung der VO 1370/2007 die fakultative Anwendung der Verordnung auf den Personenverkehr auf dem **Meer** innerhalb der Hoheitsgewässer erstmals eingefügt.

5   Die VO 1370/2007 soll gemäß Abs. 1 UAbs. 1 einen angemessenen Ausgleich zwischen den von der VO betroffenen widerstreitenden Interessen schaffen. Einerseits soll der **öffentliche Personenverkehr** sichergestellt werden. Dieser ist unter zahlreichen Gesichtspunkten von besonderer Bedeutung für die Allgemeinheit.[13] Zudem soll der öffentliche Personenverkehr unter **möglichst geringem finanziellem und regulatorischem Aufwand** der öffentlichen Hand bei hoher **Qualität, Quantität und/oder Sicherheit** zu niedrigen Fahrpreisen möglich sein.[14] Andererseits besteht das Interesse, dass die von der öffentlichen Hand getroffenen Maßnahmen zur Gewährleistung eines solchen Personenverkehrs den Grundsätzen des Europarechts entsprechen, dh. insbesondere die **Gebote** des **Wettbewerbs**[15] und der **Transparenz** (vgl. Erwägungsgründe 2 und 4) eingehalten werden. Vor allem das Wettbewerbsgebot – dessen Einhaltung der Verbesserung/Vergünstigung der angebotenen Verkehrsdienstleistungen dient[16] – muss in Einklang gebracht werden mit dem Ziel, die Verkehrsdienste ohne kostenintensive bürokratische Verfahren effektiv gewährleisten zu können.[17] Dem dient die Einführung des sog. regulierten Wettbewerbs. Durch die Festlegung eines einzuhaltenden Verfahrens bzw. bestimmter Bedingungen der Bezuschussung wird zudem verhindert, dass die nationalen Rechtsvorschriften zu uneinheitlichen Vergabeverfahren führen. Das beugt Unsicherheiten im Hinblick auf die Rechte und Pflichten der Beteiligten vor (vgl. Erwägungsgrund 6) und schafft damit Rechtssicherheit.

III. Zweck und Anwendungsbereich

6   **1. Ziel sowie Art und Weise des Tätigwerdens der zuständigen Behörden (Abs. 1).** Ziel der VO 1370/2007 ist gemäß Abs. 1 UAbs. 1 die Gewährleistung der **Erbringung von im allgemeinen Interesse liegenden Personenverkehrsdienstleistungen,** die unter anderem zahlreicher, sicherer, höherwertig oder preisgünstiger sind als diejenigen, die das freie Spiel des Marktes ermöglicht hätte. Diese Regelung verlangt keinen Vergleich zur Situation bei freiem Spiel des Marktes; die VO 1370/2007 zielt vielmehr ab auf insgesamt attraktivere bzw. bessere Verkehrsleistungen und/oder ein besseres Preis/Leistungs-Verhältnis.[18] Der Begriff Dienstleistungen von allgemeinem Interesse im Bereich des öffentlichen Personenverkehrs ergibt sich aus Art. 2 lit. a iVm. lit. e.[19] Für die Erreichung „**zahlreicherer**" Personenverkehrsdienstleistungen muss die Taktfrequenz der Dienstleistungen bei bestehenden Netzen erhöht und/oder das Netz ausgebaut werden. Das erhöhte Angebot an Dienstleistungen führt allerdings mangels entsprechenden Anstiegs der Fahrgastzahlen zu geringerer Auslastung und damit zu einem geringerem Gewinn. Um „**sicherere**" Personenverkehrsdienstleistungen – sowohl in Bezug auf Fahrgäste als auch auf davon betroffene Dritte – zu erhalten, können neue Sicherheitssysteme entwickelt und eingesetzt werden. Von Bedeutung ist zudem die fortlaufende Wartung und/oder Erneuerung von Fuhrpark und Infrastruktur. „**Höherwertige**" Personenverkehrsdienstleistungen setzen voraus, die Qualität (zB den angebotenen Komfort) oder sonstige Service- oder Informationsleistungen zu verbessern. Mit diesem Merkmal soll insbesondere die Attraktivität des öffentlichen Personenverkehrs gegenüber dem Individualverkehr auf der Straße gesteigert werden. „**Preisgünstiger**" sind Dienstleistungen, wenn der Kunde für sie normalerweise mehr zahlen muss als ohne ihre Vergabe nach der VO 1370/2007. Die VO 1370/2007 hat jedoch nicht nur bzw. unbedingt preisgünstigere Dienstleistungen zum Ziel,[20] sondern zielt generell auf Kostensenkung[21] ab. Insgesamt günstige Preise sind jedenfalls wichtig, um die Attraktivität des (umweltfreundlichen) öffentlichen Personenverkehrs zu erhöhen.

---

    [12] Vgl. KOM(2005) 319 endg., 23.
    [13] Dazu RdNr. 6.
    [14] Vgl. *Fichert/Sterzenbach* IR 2007, 268, 269.
    [15] Vgl. Weißbuch der Kommission: Die europäische Verkehrspolitik bis 2010: Weichenstellungen für die Zukunft, KOM(2001) 370 endg., 94.
    [16] Zum Resultat niedrigerer Kosten siehe Erwägungsgrund 7.
    [17] Ähnlich *Prieß/Kaufmann* Behördenspiegel 5/2008, 25.
    [18] Vgl. Erwägungsgrund 4 und 7.
    [19] Siehe Kommentierung zu Art. 2 RdNr. 5, 13 f.
    [20] Vgl. den Vorgänger zu Erwägungsgrund 7 in KOM(2005) 319 endg., 20, Nr. 14.
    [21] Vgl. Erwägungsgrund 7: „Dienstleistungsangebot zu niedrigeren Kosten"; vgl. auch den englischen Wortlaut von Art. 1 Abs. 1: „services ... provided at lower costs".

Bei der Umsetzung des Ziels der VO 1370/2007 ist gemäß Abs. 1 UAbs. 1 das **Gemein-** 7
schaftsrecht zu beachten. UAbs. 2 bestimmt, „wie" die Behörden tätig werden können (vgl.
UAbs. 1), um die Ziele der VO 1370/2007 zu erreichen. Danach legt die Verordnung (abschließend) die Bedingungen fest, unter denen die zuständige Behörde den Betreibern im
Gegenzug für die Erfüllung auferlegter gemeinwirtschaftlicher Verpflichtungen eine Ausgleichsleistung und/oder ausschließliche Rechte gewährt.[22] Werden demgegenüber weder Ausgleichsleistungen noch ausschließliche Rechte gewährt, findet die Verordnung keine Anwendung
(Art. 3 iVm. Art. 5 Abs. 1). Der **Anwendungsbereich** der VO 1370/2007 ist deshalb **nicht**
eröffnet, wenn lediglich Verkehrsliniengenehmigungen erteilt werden, **ohne** dass eine **staatli-**
che Gegenleistung (Ausgleichsleistung und/oder ausschließliche Rechte) erbracht wird.

Die Auferlegung gemeinwirtschaftlicher Verpflichtungen erfolgt im Regelfall mittels Ab- 8
schlusses eines öffentlichen Dienstleistungsauftrags,[23] kann aber auch „davon abweichend" bei
ausschließlicher Festsetzung von Höchsttarifen Gegenstand allgemeiner Vorschriften[24] sein.
Wichtige Anforderungen an die Gewährung von Ausgleichsleistungen regeln Art. 4 Abs. 1 lit. b
und Art. 6 Abs. 1 S. 1 sowie S. 2 iVm. dem Anhang (letzteres nur für Direktvergaben).

Aus UAbs. 1 („wie" die Behörden tätig werden können) und den Regelungen in Art. 5 er- 9
gibt sich, dass auch die Wahl der Umsetzung des gewünschten Verkehrsleistungsangebots (In-
house-Vergabe oder wettbewerbliches Vergabeverfahren) zu den bedeutenden Tätigkeiten der
Behörde zählt,[25] die Ziele der Verordnung zu erreichen.

2. Sachlicher Anwendungsbereich der Verordnung (Abs. 2). Die VO 1370/2007 gilt 10
gemäß Abs. 2 für den innerstaatlichen und grenzüberschreitenden Schienenpersonen- und Straßenpersonenverkehr. Innerstaatlich bedeutet, dass die Verkehrsleistung ausschließlich innerhalb
eines Staates erbracht wird, grenzüberschreitend, dass die Verkehrsleistung zu einem Teil außerhalb des eigenen Staatsgebiets erbracht wird. Die Verordnung gilt für den **Schienenpersonen-**
verkehr, dh. für Eisenbahnen, U- und Straßenbahnen[26] sowie für S-Bahnen.[27] Da sich Schienenverkehr dadurch auszeichnet, dass er auf einer **festen Spur** verläuft, ohne dass diese am
Erdboden verlaufen muss, und nicht zwangsläufig eine „Schiene" jedoch eine stationäre Einrichtung („Schienenbett") vorhanden sein muss,[28] fallen auch Magnetschwebebahnen darunter.[29] Demgegenüber erfolgt der **Straßenpersonenverkehr** im allgemeinen Straßenverkehr,
also **unabhängig** von einer **Spur** bzw. einem **„Schienen"-Bett.** Daher fallen Oberleitungs-
omnibusse in diese Kategorie von Verkehrsträgern.

Verkehrsdienste, die **hauptsächlich** aus **historischem Interesse** oder zu **touristischen** 11
Zwecken betrieben werden, fallen nicht unter die VO 1370/2007, denn sie werden zu anderen
Zwecken als der Erbringung Öffentlicher Personenverkehrsdienste betrieben.[30] Ein historisches
Interesse zeigt sich beim Betrieb alter Fahrzeuge (Oldtimer-Omnibusse oder Dampflokomoti-
ven), möglicherweise auf alter, jetzt unbenutzter Infrastruktur, der nicht für eine moderne Mas-
senbeförderung geeignet ist und eher vereinzelt angeboten wird. Ein touristisches Interesse ist
gegeben, wenn es sich vornehmlich um einen Freizeitangebot[31] handelt, wobei die bloße Beförderungsleistung eher im Hintergrund steht. Fakultativ können die Mitgliedstaaten die VO
1370/2007 auch auf den öffentlichen Personenverkehr auf Binnenschifffahrtswegen und/oder
auf dem Meer innerhalb ihrer Hoheitsgewässer anwenden. Beim öffentlichen Personenverkehr
auf dem Meer ist die VO 3577/92[32] zu beachten.

3. Keine Geltung der Verordnung für öffentliche Baukonzessionen (Abs. 3). Bau- 12
konzessionen iSv. Art. 1 Abs. 3 lit. a RL 2004/17/EG oder iSv. Art. 1 Abs. 3 RL 2004/18/EG
sind gemäß Art. 1 Abs. 3 vom Anwendungsbereich der VO 1370/2007 ausgenommen.[33] Bau-

---

[22] Zur Bedeutung der Begriffe „Ausgleichsleistung" und „ausschließliches Recht" siehe Art. 2 lit. f und g.
[23] Siehe Art. 3 Abs. 1.
[24] Siehe Art. 3 Abs. 2.
[25] Vgl. Rat, Gemeinsamer Standpunkt Nr. 2/2007, ABl. 2007 C 70 E/1, 13.
[26] So bereits gemäß Art. 5 Abs. 1 und Abs. 6.
[27] Diese sind nach deutschem Recht Schienenbahnen, so *Wittenberg/Heinrichs/Mittmann/Zwanziger* Art. 1
RdNr. 19; ebenso Hermes/*Gerstner/Hermes* § 1 RdNr. 16.
[28] *Hermes/Gerstner/Hermes* § 1 RdNr. 16.
[29] *Hermes/Gerstner/Hermes* § 1 RdNr. 20.
[30] Erwägungsgrund 13.
[31] Vgl. KOM(2002) 107 endg., 24, Art. 1 Nr. 3.
[32] VO 3577/92 zur Anwendung des Grundsatzes des freien Dienstleistungsverkehrs auf den Seeverkehr in
den Mitgliedstaaten (Seekabotage), ABl. 1992 L 364/7.
[33] Rat, Gemeinsamer Standpunkt Nr. 2/2007, ABl. 2007 C 70 E/1, 13.

konzessionen sind nach den Maßgaben des EU-Vergaberechts zu vergeben. Dieser Umstand ist im Zusammenhang mit dem Verkehrssektor insbesondere für die Errichtung der erforderlichen Infrastruktur relevant.

Art. 2 Begriffsbestimmungen

Im Sinne dieser Verordnung bezeichnet der Ausdruck

a) „öffentlicher Personenverkehr" Personenbeförderungsleistungen von allgemeinem wirtschaftlichem Interesse, die für die Allgemeinheit diskriminierungsfrei und fortlaufend erbracht werden;

b) „zuständige Behörde" jede Behörde oder Gruppe von Behörden eines oder mehrerer Mitgliedstaaten, die zur Intervention im öffentlichen Personenverkehr in einem bestimmten geografischen Gebiet befugt ist, oder jede mit einer derartigen Befugnis ausgestattete Einrichtung;

c) „zuständige örtliche Behörde" jede zuständige Behörde, deren geografischer Zuständigkeitsbereich sich nicht auf das gesamte Staatsgebiet erstreckt;

d) „Betreiber eines öffentlichen Dienstes" jedes privat- oder öffentlich-rechtliche Unternehmen oder jede Gruppe von privat- oder öffentlich-rechtlichen Unternehmen, das/die öffentliche Personenverkehrsdienste betreibt, oder eine öffentliche Einrichtung, die öffentliche Personenverkehrsdienste durchführt;

e) „gemeinwirtschaftliche Verpflichtung" eine von der zuständigen Behörde festgelegte oder bestimmte Anforderung im Hinblick auf die Sicherstellung von im allgemeinen Interesse liegenden öffentlichen Personenverkehrsdiensten, die der Betreiber unter Berücksichtigung seines eigenen wirtschaftlichen Interesses nicht oder nicht im gleichen Umfang oder nicht zu den gleichen Bedingungen ohne Gegenleistung übernommen hätte;

f) „ausschließliches Recht" ein Recht, das einen Betreiber eines öffentlichen Dienstes berechtigt, bestimmte öffentliche Personenverkehrsdienste auf einer bestimmten Strecke oder in einem bestimmten Streckennetz oder Gebiet unter Ausschluss aller anderen solchen Betreiber zu erbringen;

g) „Ausgleichsleistung für gemeinwirtschaftliche Verpflichtungen" jeden Vorteil, insbesondere finanzieller Art, der mittelbar oder unmittelbar von einer zuständigen Behörde aus öffentlichen Mitteln während des Zeitraums der Erfüllung einer gemeinwirtschaftlichen Verpflichtung oder in Verbindung mit diesem Zeitraum gewährt wird;

h) „Direktvergabe" die Vergabe eines öffentlichen Dienstleistungsauftrags an einen bestimmten Betreiber eines öffentlichen Dienstes ohne Durchführung eines vorherigen wettbewerblichen Vergabeverfahrens;

i) „öffentlicher Dienstleistungsauftrag" einen oder mehrere rechtsverbindliche Akte, die die Übereinkunft zwischen einer zuständigen Behörde und einem Betreiber eines öffentlichen Dienstes bekunden, diesen Betreiber eines öffentlichen Dienstes mit der Verwaltung und Erbringung von öffentlichen Personenverkehrsdiensten zu betrauen, die gemeinwirtschaftlichen Verpflichtungen unterliegen; gemäß der jeweiligen Rechtsordnung der Mitgliedstaaten können diese rechtsverbindlichen Akte auch in einer Entscheidung der zuständigen Behörde bestehen:
– die die Form eines Gesetzes oder einer Verwaltungsregelung für den Einzelfall haben kann oder
– die Bedingungen enthält, unter denen die zuständige Behörde diese Dienstleistungen selbst erbringt oder einen internen Betreiber mit der Erbringung dieser Dienstleistungen betraut;

j) „interner Betreiber" eine rechtlich getrennte Einheit, über die eine zuständige örtliche Behörde – oder im Falle einer Gruppe von Behörden wenigstens eine zuständige örtliche Behörde – eine Kontrolle ausübt, die der Kontrolle über ihre eigenen Dienststellen entspricht;

k) „Wert" den Wert eines Verkehrsdienstes, einer Strecke, eines öffentlichen Dienstleistungsauftrags oder einer Ausgleichsregelung des öffentlichen Personenverkehrs, der den Gesamteinnahmen – ohne Mehrwertsteuer – des Betreibers oder der Betreiber eines öffentlichen Dienstes entspricht, einschließlich der Ausgleichsleistung der Behörden gleich welcher Art und aller Einnahmen aus dem Fahrscheinverkauf, die nicht an die betroffene zuständige Behörde abgeführt werden;

l) „allgemeine Vorschrift" eine Maßnahme, die diskriminierungsfrei für alle öffentlichen Personenverkehrsdienste derselben Art in einem bestimmten geografischen Gebiet, das im Zuständigkeitsbereich einer zuständigen Behörde liegt, gilt;

m) „integrierte öffentliche Personenverkehrsdienste" Beförderungsleistungen, die innerhalb eines festgelegten geografischen Gebiets im Verbund erbracht werden und für die ein einziger Informationsdienst, eine einzige Fahrausweisregelung und ein einziger Fahrplan besteht.

Übersicht

Schrifttum: *Albrecht/Gabriel,* Die geplante neue EU-Verordnung zum ÖPNV – Herausforderungen und Unklarheiten im straßengebundenen ÖPNV, DÖV 2007, 907; *Endler,* Privatisierungen und Vergaberecht, NZBau 2002, 125; *Ipsen,* Die EU-Verordnung 1370/07 und das Personenbeförderungsgesetz, Der Nahverkehr 2008, 20; *Karnop,* VG Gießen beschneidet Reisebusverkehrsleistungen im ÖPNV, LKV 2008, 207; *Knauff,* Der Kommissionsvorschlag für eine Novelle der VO 1191/69, DVBl 2006, 339; *Michaels/Kühschelm,* Europäische ÖPNV-Systeme im Lichte der europäischen Reformtendenzen, EuZW 2003, 520; *Prieß/Hölzl,* Regulierter Wettbewerb: SPNV fährt „zweigleisig" weiter, Der Nahverkehr 2008, 33; *Saxinger,* Genehmigungen und Ausgleichsleistungen im Personenbeförderungsrecht vor dem Hintergrund der neuen Verordnung (EG) Nr. 1370/2007, DVBl 2008, 688; *Saxinger/Fischer,* Die Verordnung (EG) Nr. 1370/2007 – Der neue Rechtsrahmen für den öffentlichen Personenverkehr, Verkehr und Technik 2008, 75; *Schröder,* Inhalt, Gestaltung und Praxisfragen des wettbewerblichen Vergabeverfahrens nach der neuen europäischen ÖPNV-Verordnung, NVwZ 2008, 1288; *Siegel,* Wie rechtssicher sind In-House-Geschäfte? – Aktuelle Entwicklungstendenzen in der Rechtsprechung des EuGH, NVwZ 2008, 7; *Wachinger,* Das Recht des Marktzugangs im ÖPNV, 2006; *Wachinger,* Direktvergabe und Wettbewerb im Busverkehr nach der novellierten EU-Marktöffnungsverordnung, IR 2007, 265; *Wittig/Schimanek,* Sondervergaberecht für Verkehrsdienstleistungen – die neue EU-Verordnung über öffentliche Personenverkehrsdienste auf Schiene und Straße, NZBau 2008, 222; *Ziekow,* In-House-Geschäfte – werden die Spielräume enger?, VergabeR 2006, 608.

I. Regelungsgehalt und Überblick

Art. 2 definiert die wichtigsten in der Verordnung verwendeten Begriffe. Damit soll dem **1** Anwender geholfen werden, die Vorschriften besser zu verstehen sowie im Sinne des Verordnungsgebers auszulegen und anzuwenden. Die in der Verordnung verwendeten Begriffe und Ausdrücke stammen teilweise aus dem EU-Primär-[1] und Sekundärrecht sowie der Rechtsprechung der europäischen Gerichte, sind teilweise aber auch erstmals formuliert worden. Auf Grund des Zwecks der VO 1370/2007, der Einführung eines regulierten Wettbewerbs, und der beihilferechtlichen Relevanz der Bezuschussung für die Erbringung der Verkehrsdienstleistungen durch die öffentliche Hand hat der Verordnungsgeber zahlreiche aus dem Wettbewerbsrecht bekannte Begriffe übernommen.

II. Entstehungsgeschichte

Die VO 1370/2007 ist mit insgesamt dreizehn Begriffsbestimmungen deutlich umfangreicher **2** hinsichtlich der Erklärung von Begrifflichkeiten als ihre Vorgängerverordnung, die VO 1191/

---

[1] Art. 86 EG: „Dienstleistungen von allgemeinem wirtschaftlichem Interesse", „ausschließliche Rechte".

69.[2] Letztere definierte in Art. 1 Abs. 2 „Stadt-, Vorort- und Regionalverkehrsdienste und enthielt in Art. 2 erläuternde Aussagen zu den „Verpflichtungen des öffentlichen Dienstes". Diese bilden die Basis des Begriffs der „gemeinwirtschaftlichen Verpflichtung" in Art. 2 lit. e. Andere Ausdrücke wie „zuständige Behörde" und „Gewährung eines Ausgleichs" waren in der VO 1191/69 enthalten, ohne dass diese jedoch näher erläutert wurden. Die Erläuterung dieser Begriffe erfolgte durch Rechtsprechung und Literatur. Die auf diese Weise ausdifferenzierten Begriffe finden sich in ähnlicher Bedeutung in Art. 2 wieder.

3   Art. 2 war im Wortlaut bereits im dritten Vorschlag der Kommission von 2005 enthalten; weggefallen ist lediglich die Erklärung des Begriffs „Regional- und Fernverkehr", weil diese Unterscheidung ebenfalls entfallen ist.[3] Dafür ist der Ausdruck „integrierte öffentliche Personenverkehrsdienste" hinzugekommen. In den älteren Vorschlägen der Kommission gab es umfangreiche Änderungen, die den Entwicklungsschritten der VO 1370/2007 entsprachen, auf dessen jetzigen Art. 2 aber keinen bedeutenden Einfluss hatten.

III. Die einzelnen Begriffe

4   **1. Öffentlicher Personenverkehr (lit. a).** Der Begriff „öffentlicher Personenverkehr" umfasst (Dienst- und Sach-)Leistungen,[4] die die Beförderung von Personen an Land (vgl. Art. 1 Abs. 2 S. 1) betreffen; ausgenommen sind grundsätzlich Leistungen des Binnenschifffahrts- und Seeverkehrs, Art. 1 Abs. 2 S. 2.

5   **a) Leistungen von allgemeinem wirtschaftlichem Interesse.** Die dem „öffentlichen Personenverkehr" zuzuordnenden Personenbeförderungsleistungen müssen von „allgemeinem wirtschaftlichem Interesse" sein. Kennzeichnend für eine solche Leistung ist ihre Bedeutung für die Allgemeinheit aus staatlicher Sicht sowie ihr marktbezogener[5] Charakter. Ob eine solche Leistung (vor allem von allgemeinem Interesse) gegeben ist, bestimmen die zuständigen staatlichen Einrichtungen, denen dabei ein weiter Spielraum zusteht,[6] dessen Einhaltung nur auf offenkundige Fehler[7] überprüft werden kann.[8] Typischerweise besteht ein allgemeines wirtschaftliches Interesse hinsichtlich solcher Leistungen, die der Markt mangels entsprechender Anreize nicht von selbst erbringt.[9] Wegen der deshalb notwendigen staatlichen Bezuschussung ist der Begriff der Personenbeförderungsleistung von allgemeinem wirtschaftlichem Interesse eng mit dem der Dienstleistung von „allgemeinem wirtschaftlichem Interesse" iSd. beihilferechtlichen Vorschrift des Art. 86 Abs. 2 EG (jetzt Art. 106 Abs. 2 AEUV) verwandt.[10]

6   **b) Diskriminierungsfreie und fortlaufende Leistungen für die Allgemeinheit.** Die Personenbeförderungsleistungen müssen für die Allgemeinheit erbracht werden, dh. grundsätzlich jedem Interessierten zur Verfügung stehen. Typischerweise – aber nicht zwingend – haben öffentliche Verkehrsmittel eine höhere Kapazität als der Individualverkehr (PKW, Mietfahrzeuggeschäft). Der entscheidende Unterschied des öffentlichen allgemeinen Personenverkehrs zum privaten Personenverkehr besteht in dessen diskriminierungsfreiem und fortlaufendem Charakter. Fortlaufend bedeutet, dass die Verkehrsleistung nicht auf Abruf, sondern regelmäßig (dem Fahrplan entsprechend) statt findet. Diskriminierungsfrei wird die Verkehrsleistung dann zur Verfügung gestellt, wenn sie grundsätzlich jeder in Anspruch nehmen kann und etwaige

---

[2] VO 1191/69 über das Vorgehen der Mitgliedstaaten bei mit dem Begriff des öffentlichen Dienstes verbundenen Verpflichtungen auf dem Gebiet des Eisenbahn-, Straßen- und Binnenschiffsverkehrs, ABl. 1969, L 156/1, in Form der konsolidierten Fassung nach Abänderung durch VO 1893/91, ABl. 1991, L 169/1.

[3] Vgl. den später geänderten Art. 5 Nr. 6 des dritten Vorschlags der Kommission in KOM(2005) 319 endg., 27.

[4] So zum Begriff der „Dienstleistung" in Art. 86 Abs. 2 EG *von der Groeben/Schwarze/Hochbaum/Klotz* Art. 86 EG RdNr. 58; vgl. auch *Calliess/Ruffert/Jung* Art. 86 EG RdNr. 36.

[5] Siehe KOM(2004) 374 endg., Anhang 1 („Begriffsbestimmungen"); vgl. auch KOM(2005) 319 endg., 5.

[6] Ebenso Art. 1 des Protokolls über Dienste von allgemeinem Interesse, ABl. 2007, C 306/158, zum Begriff der Dienste von allgemeinem wirtschaftlichem Interesse iSd. Art. 16 EG; Mitteilung der Kommission zu Leistungen der Daseinsvorsorge, ABl. 2001, C 17/4, RdNr. 22, zur Dienstleistung von allgemeinem wirtschaftlichem Interesse iSd. Art. 86 Abs. 2 EG.

[7] Fehler können auf der Nicht-Einhaltung der (übergeordneten) Gemeinschaftsbegriffe „allgemein" und „wirtschaftlich" beruhen, vgl. *Calliess/Ruffert/Jung* Art. 86 EG RdNr. 37/38.

[8] Mitteilung der Kommission zu Leistungen der Daseinsvorsorge, ABl. 2001, C 17/4, RdNr. 22, zu Dienstleistung von allgemeinem wirtschaftlichem Interesse iSd. Art. 86 Abs. 2 EG.

[9] Vgl. Mitteilung der Kommission zu Leistungen der Daseinsvorsorge, ABl. 2001 C 17/4, RdNr. 14; vgl. auch die Begriffsbestimmung in lit. e letzter Halbsatz.

[10] Vgl. Erwägungsgrund 2.

Beförderungsbedingungen nicht willkürlich sind, sondern auf sachgemäßen Gründen beruhen.[11]

2. Zuständige Behörde (lit. b). Der Inhalt des Begriffs „zuständige Behörde" ist **funktio-**   7
nal zu verstehen und zu bestimmen. Das entscheidende Merkmal einer „zuständigen Behörde"
ist gemäß lit. b deren Befugnis, in einem bestimmten geografischen Gebiet im öffentlichen Personenverkehr intervenieren zu können. Unter **Intervention** ist jede Handlung zu verstehen,
die auf den öffentlichen Personenverkehr Einfluss nimmt. Maßnahmen der Intervention werden
oft denen des „Tätigwerdens" gemäß Art. 1 entsprechen. Allerdings geht der Begriff der „Intervention" weiter als der des „Tätigwerdens".

Wer in den jeweiligen Mitgliedstaaten zur Intervention ermächtigt ist, richtet sich nach na-   8
tionalem Recht.[12] „Zuständige Behörde" kann jede staatliche Stelle, aber auch jede sonstige
(„nicht-behördliche") Einrichtung sein. Ebenso können Zusammenschlüsse von mehreren staatlichen Stellen (sog. Verkehrsverbünde) „zuständige Behörde" sein. Gleichfalls denkbar – wenn
auch nicht in der Vorschrift explizit angesprochen – ist, dass ein Zusammenschluss mehrerer
Einrichtungen „zuständige Behörde" sein kann. Wegen der Freiheit der Mitgliedstaaten zur
nationalen Einräumung von Interventionsbefugnissen iSv. lit. b ist auch ein Nebeneinander
verschiedener zuständiger Stellen nicht ausgeschlossen.[13]

Nach deutschem Recht werden die Aufgabenträger des öffentlichen Personennahverkehrs   9
durch Landesrecht bestimmt, § 1 Abs. 2 RegG und § 8 Abs. 4 S. 4 PbefG. Die jeweiligen
ÖPNV-Gesetze der Bundesländer bestimmen zumeist, dass die Landkreise, kreisfreien Städte[14]
oder – im Falle Berlins – das Land selbst[15] als Aufgabenträger fungieren. Die als Aufgabenträger
bestimmten Gebietskörperschaften sind grundsätzlich gleichzeitig „zuständige Behörde" iSd.
VO 1370/2007.[16] Der Schienenpersonenverkehr kann auch anders zugeteilt sein, so dass etwa
das Land selbst Aufgabenträger ist.[17] Auch hier gilt, dass die die Länder vertretenen Landesministerien grundsätzlich identisch mit den „zuständigen Behörden" sind.

3. Zuständige örtliche Behörde (lit. c). Der Begriff der „zuständigen **örtlichen** Behör-   10
de" in lit. c betont im Gegensatz zum Begriff in lit. b deren geografisch eingegrenzten Zuständigkeits- und damit Interventionsbereich. Diese Unterscheidung nach Zuständigkeitsbereichen
ist im Zusammenhang mit Art. 5 Abs. 2 zu sehen, wonach die zuständige örtliche Behörde öffentliche Personenverkehrsdienste auch selbst erbringen bzw. einen internen Betreiber beauftragen kann.[18] Aus dieser Vorschrift ergibt sich zudem, dass auch eine Gruppe von Behörden als
zuständige örtliche Behörde anzusehen ist. Allerdings darf der Zuständigkeitsbereich der zuständigen örtlichen Behörde bzw. der Gruppe von Behörden, die intern den Auftrag vergibt, gemäß
lit. c nicht das gesamte Staatsgebiet erfassen. Das würde dem Wettbewerbsgedanken zuwider
laufen.[19]

4. Betreiber eines öffentlichen Dienstes (lit. d). „Betreiber eines öffentlichen Dienstes"   11
können nach lit. d jedes private oder öffentlich-rechtliche (Einzel-)Unternehmen sein oder jede
Gruppe solcher (Einzel-)Unternehmen[20] und zudem öffentliche Einrichtungen. Für die Betreibereigenschaft ist folglich die Unterscheidung zwischen öffentlich-rechtlichen oder privatrechtlichen Personen – wie durch Art. 345 AEUV vorgegeben[21] – nicht relevant. Maßgeblich
ist hingegen, ob – bei Vorliegen eines Unternehmens[22] – das Unternehmen öffentliche Personenverkehrsdienste erbringt, dh. in seinem Namen und Auftrag Verkehrsleistungen tatsächlich
ausgeführt werden oder zumindest ausgeführt werden könnten. Die Ausführung kann eigen-

---

[11] EuGH, C-44/94, Slg. 1995, I-3115, RdNr. 46 – Minister of Agriculture, Fisheries and Food.
[12] KOM(2000) 7 endg., 10.
[13] *Ipsen* Der Nahverkehr 2008, 20, 21.
[14] Siehe etwa § 3 Abs. 1 ÖPNVG NRW, § 8 Abs. 1 BayÖPNVG, § 3 Abs. 3 ÖPNVG MV.
[15] Siehe § 3 Abs. 1 ÖPNV-Gesetz BLN.
[16] So – im Hinblick auf die Vorgängerverordnung 1191/69 – etwa § 3 Abs. 2 ÖPNVG NRW, § 8 Abs. 2
BayÖPNVG, § 3 Abs. 5 ÖPNVG MV, § 3 Abs. 2 ÖPNV-Gesetz BLN.
[17] Siehe etwa § 3 Abs. 1 ÖPNVG MV, § 2 Abs. 1 ÖPNVG SH, § 4 Abs. 1 Nr. 2 NNVG.
[18] Vgl. auch Erwägungsgrund 18.
[19] Vgl. Erwägungsgrund 18 und Art. 5 Abs. 2 lit. b.
[20] Beispiele für derartige Zusammenschlüsse in Deutschland sind Verkehrsgemeinschaften bestehend aus
mehreren ÖPNV-Unternehmen unterschiedlicher Gebietskörperschaften.
[21] Siehe Mitteilung der Kommission zu Leistungen der Daseinsvorsorge, ABl. 2001, C 17/4, RdNr. 21;
vgl. auch Erwägungsgrund 12.
[22] Zum Unternehmensbegriff siehe EuGH, C-49/07, RdNr. 21–25 – MOTOE, zur nicht notwendigen
Gewinnerzielungsabsicht bei diesem Begriff siehe EuGH, 209–215/78, Slg. 1980, 3125, RdNr. 88 – Fedetab.

ständig oder (in gewissem Umfang)[23] durch die Einschaltung Dritter erfolgen. Der „Betreiber eines öffentlichen Dienstes" ist somit das Gegenstück zur „zuständigen Behörde".

12   Öffentliche Einrichtungen sind dann gemäß lit. d als Betreiber anzusehen, wenn sie öffentliche Personenverkehrsdienste durchführen. Diese Regelung ist für den Fall als Auffangvorschrift zu verstehen, in dem die handelnde öffentlich-rechtliche Person nicht als Unternehmen eingestuft werden kann. Wenn also die öffentliche Hand – in welcher Form auch immer – tatsächlich öffentliche Personenverkehrsdienst selbst aus- bzw. durchführt (zB nach Art. 5 Abs. 2 UAbs. 1), so ist sie als Betreiber anzusehen. Für den Fall, dass die tatsächliche Ausführung durch einen Dritten erfolgt, kann sie hingegen nur/muss sie zumindest auch „zuständige Behörde" sein.

13   **5. Gemeinwirtschaftliche Verpflichtung (lit. e).** Der Begriff der „gemeinwirtschaftlichen Verpflichtung" ist einer der bedeutendsten der VO 1370/2007. Er verdeutlicht den **Konzeptionswandel** gegenüber der Vorgängerverordnung 1191/69. Während letztere gemäß Art. 1 nur ausnahmsweise zuließ, dass Betreibern durch die zuständige Behörde bestimmte Verpflichtungen auferlegt wurden, erklärt die VO 1370/2007 die Festlegung von Verpflichtungen durch den Staat zum Regelfall.[24] Dementsprechend offen formuliert lit. e, dass „gemeinwirtschaftliche Verpflichtungen" von der zuständigen Behörde **festgelegte Anforderungen** an die Personenbeförderungsleistung sind, deren Ausführung die mit der Leistung verfolgten allgemeinen Interessen verwirklicht. Derartige Interessen können das Gemeinwohl, der Umweltschutz oder die Versorgungssicherheit sein. Als Anforderungen kommen typischerweise in Betracht: die Auferlegung des Betriebs eines konkreten Verkehrsdienstes,[25] Preisvorteile für bestimmte Bevölkerungsgruppen, festgelegte Fahrpreise (Tarife), Qualitäts-, Umwelt- oder bestimmte Fahrplananforderungen.[26]

14   Die Frage, ob die von der Genehmigung für Linienverkehr im Sinne des Personenbeförderungsgesetzes umfassten Betriebs-, Beförderungs- und Tarifpflichten gemeinwirtschaftliche Verpflichtungen im Sinne der VO 1370/2007 sind, ist bislang nicht geklärt. Für die Vorgängerverordnung 1191/69, die als „Verpflichtungen des öffentlichen Dienstes" ausdrücklich die Betriebshaftpflicht, Beförderungspflicht und Tarifpflicht nannte,[27] ist jedenfalls davon auszugehen, dass sie einen Verkehrsdienst unabhängig davon treffen, ob er nach dem Verständnis des nationalen Rechts eigenwirtschaftlich oder gemeinwirtschaftlich betrieben wird.[28] Daraus lässt sich aber nicht ohne weiteres der Schluss ziehen, dass die von der Liniengenehmigung umfassten Pflichten zugleich gemeinwirtschaftliche Verpflichtungen im Sinne der VO 1370/2007 sind.[29] Denn diese Pflichten werden nicht bei Erteilung der Genehmigung von der zuständigen Behörde angeordnet oder festgelegt. Stattdessen ergeben sie sich direkt aus dem Gesetz. In Kenntnis dieser Regelungen beantragt der Unternehmer aber die Genehmigung freiwillig und geht sie im eigenen wirtschaftlichen Interesse ein.[30] Entscheidend für das Vorliegen einer „gemeinwirtschaftlichen Verpflichtung" ist letztlich, dass der Betreiber diese ohne eine **Gegenleistung** nicht so, wie erfolgt, übernommen hätte,[31] weil das seinem wirtschaftlichen Interesse widersprechen würde. Dh. für ihn ist die Gegenleistung Voraussetzung **für** die Übernahme der **konkreten Anforderungen.** Entsprechend erfolgt die Gegenleistung durch die Behörde nur wegen der Übernahme der Anforderungen der Behörde durch den Betreiber.[32]

15   Entscheidend für die Gegenleistung ist also nicht (nur) die Bereitstellung der Verkehrsdienste an sich, sondern vor allem die konkreten Anforderungen daran. Diese werden meist dazu führen, dass eine Gegenleistung (in Form der Ausgleichzahlung) nötig wird, weil ansonsten die Ausführung der Leistung unter Beachtung der von der zuständigen Behörde gestellten Anforde-

---

[23] Siehe zur Möglichkeit der Untervergabe Art. 4 Abs. 7.

[24] *Wachinger* 437.

[25] Ähnlich aber mit Bezug auf die Erteilung einer Konzession *Wittig/Schimanek* NZBau 2008, 222, 224.

[26] Vgl. *Ipsen* Der Nahverkehr 2008, 20, 20; zu sonstigen Sozial- und Qualitätskriterien vgl. Erwägungsgrund 17.

[27] Art. 2 Abs. 2 VO 1191/69.

[28] BVerwG, Urt. v. 29. 10. 2009, 3 C 1.09 und 3 C 2.09.

[29] *Saxinger* DVBl 2008, 688, 692 ff.

[30] *Karnop* LKV 2008, 207, 207; Leitlinien zur Anwendung der EU-VO 1370/2007 des Innenministeriums Baden-Württemberg vom 10. 12. 2009, 76-3870.0/81, Ziffer 2.2.

[31] In Bezug auf allgemeine Vorschriften im Rahmen des Art. 3 Abs. 2 müsste eigentlich präziser von „übernehmen würde" gesprochen werden, da die die gemeinwirtschaftliche Verpflichtung auferlegende allgemeine Vorschrift selbst keine Ausgleichsleistung festlegt; vgl. Kommentierung zu lit. l.

[32] In Art. 1 Abs. 1 UAbs. 1 heißt es ähnlich „Rechte im Gegenzug ... gewähren".

rungen nicht profitabel erfolgen kann. Allerdings umfasst die „gemeinwirtschaftliche Verpflichtung" auch (an sich) profitabel ausführbare Verkehrsdienste. Die auf Grund der Regelung in lit. e stets erforderliche Gegenleistung spricht nicht dagegen, denn diese kann nicht nur in Ausgleichszahlungen, sondern auch in der Einräumung ausschließlicher Rechte liegen (vgl. Art. 1 Abs. 1 UAbs. 2).

6. Ausschließliches Recht (lit. f). Ein Recht ist gemäß lit. f dann „ausschließlich", wenn   **16** es dazu berechtigt, bestimmte öffentliche Personenverkehrsdienste **exklusiv,**[33] dh. unter Ausschluss aller anderen Betreiber zu erbringen. Mit „allen anderen Betreibern" sind tatsächliche und potentielle Konkurrenten gemeint, dh. mit dem Betreiber vergleichbare Marktteilnehmer. Vergleichbar sind Betreiber und Marktteilnehmer dann, wenn ihre Leistungsangebote aus der Sicht des Marktes gegeneinander ausgetauscht werden können. Nicht vergleichbar sind deshalb beispielsweise der Bus- oder Straßenbahnverkehr einerseits mit dem S- oder U-Bahn-Verkehr andererseits, weil die Haltestellenintervalle, die Transportgeschwindigkeit und die Transportdistanzen jeweils verschieden sind. Die Exklusivität der Berechtigung zur Verkehrserbringung bezieht sich stets auf eine konkrete Strecke, einen konkreten Teil eines Streckennetzes oder ein ganzes (Verkehrs-)Gebiet sowie auf einen konkreten Zeitraum.[34]

Die Frage, ob die Genehmigung zur Erbringung von konkreten Verkehrsdienstleistungen ein   **17** ausschließliches Recht iSd. VO 1370/2007 ist, wenn der Erhalt einer weiteren Genehmigung durch einen Dritten wegen des Verbots der Doppelbedienung iSv. § 13 Abs. 2 PBefG ausgeschlossen ist, ist umstritten, jedoch zu verneinen.[35] Die Chance auf die Erteilung einer Genehmigung ist für Neubewerber zwar gering,[36] jedoch kommt es letztlich darauf an, dass bei Vorliegen bestimmter Voraussetzungen grundsätzlich die Möglichkeit dazu besteht.[37] Der Inhaber einer solchen Genehmigung besitzt deshalb kein „ausschließliches Recht" iSd. VO 1370/2007. Gerade wenn Dritte die Möglichkeit auf Genehmigung haben, fehlt der dem ausschließlichen Recht immanente wirtschaftliche Vorteil für den Genehmigungsinhaber. Nichts anderes ergibt sich daraus, dass der Genehmigungsinhaber durch evt. Nachbesserungen seines Leistungsangebotes die Erteilung einer weiteren Genehmigung verhindern kann.[38] Denn dafür ist in erster Linie dessen Können maßgeblich, dem erst in zweiter Linie dessen Willen folgt.[39] Auch soll § 13 Abs. 2 PBefG lediglich das öffentliche Interesse an einer kontinuierlichen Verkehrsdurchführung (ohne Qualitätseinbußen für die Verkehrsbedienung) gewährleisten, nicht jedoch eine Gegenleistung für etwaige durch die Genehmigung verursachte Belastungen sein.[40]

Eine **Dienstleistungskonzession,** dh. ein Vertrag, der als Gegenleistung für die Erbringung   **18** der Dienstleistung ausschließlich das Recht zur Nutzung der Dienstleistung (evt. zuzüglich der Zahlung eines Preises) vorsieht,[41] ist grds. kein „ausschließliches Recht" iSd. VO 1370/2007. Nur wenn der der Konzession zu Grunde liegende Vertrag zusätzlich bestimmt, dass das Nutzungsrecht exklusiv dem Konzessionserwerber gewährt ist, liegt ein „ausschließliches Recht" vor. Eine Genehmigung zur Erbringung von Verkehrsleistungen iSv. § 13 PBefG ist mangels Vorliegens eines Vertrages und mangels Ausgleichs- bzw. Gegenleistungen keine Dienstleistungskonzession.[42]

---

[33] Veranschaulichend sprechen *von der Groeben/Thiesing/Ehlermann/Hochbaum/Klotz* Art. 86 EG RdNr. 23, von „Monopol".

[34] Zur zeitlichen Komponente vgl. *Wachinger* 252 oder *Saxinger/Fischer* Verkehr und Technik 2008, 75, 80.

[35] Ähnlich VK Baden-Württemberg, Beschl. v. 14. 3. 2005, 1 VK 05/05, unter Hinweis auf die Notwendigkeit der Bezuschussung des Genehmigungsinhabers zum Aufrechterhalten der Verkehrsleistung; VK Düsseldorf, Beschl. v. 14. 5. 2004, VK-7/2004-L/VK-8/2004-L; ebenso wie hier *Ipsen* Der Nahverkehr 2008, 20, 21; auch die Mehrheit der Bundesländer vertritt wohl die Auffassung, dass keine Ausschließlichkeit gegeben ist, siehe zB Bekanntmachung des Bayerischen Staatsministeriums für Wirtschaft, Infrastruktur, Verkehr und Technologie vom 14. 8. 2009, VII/2-7410/160/1, AllMBl. Nr. 10/2009, 309, Ziffer 2.2; tendenziell aA *Albrecht/Gabriel* DÖV 2007, 907, 913; aA mwN *Wachinger* 252; aA *Wittig/Schimanek* NZBau 2008, 222, 224; aA mwN *Saxinger* DVBl 2008, 688, 690.

[36] Ähnlich BVerwG NZBau 2003, 571, 572.

[37] VK Düsseldorf, Beschl. v. 14. 5. 2004, VK-7/2004-L/VK-8/2004-L.

[38] Siehe das in § 13 Abs. 2 Nr. 2 lit. c PBefG geregelte Ausgestaltungsrecht des Genehmigungsinhabers.

[39] Hauptsächlich mit dem „Willensargument" argumentieren die Anhänger der Auffassung, dass die Genehmigung nach § 13 PBefG ein ausschließliches Recht ist – siehe etwa *Saxinger* DVBl 2008, 688, 690.

[40] *Ipsen* Der Nahverkehr 2008, 20, 21.

[41] Siehe Begriffsbestimmung in Art. 1 Abs. 4 RL 2004/18/EG.

[42] *Ipsen* Der Nahverkehr 2008, 20, 21.

19 **7. Ausgleichsleistung (lit. g).** Eine „Ausgleichsleistung" ist gemäß lit. g **jeder Vorteil,** der dem Betreiber (als Gegenleistung)[43] für (die Auferlegung) gemeinwirtschaftliche(r) Verpflichtungen gewährt wird. Die Vorschrift nennt **insbesondere finanzielle Leistungen,** weil diese etwa in Form von Geldzahlungen oft erfolgen, um sicher zu stellen, dass die gewünschten Verkehrsdienste überhaupt bzw. zu bestimmten Qualitäts- oder Sozialstandards[44] (zB vergünstigter Beförderungstarif für Schüler) angeboten werden.

20 Die Vorteile müssen **mittelbar oder unmittelbar aus öffentlichen Mitteln** gewährt werden. Dies ist – im Einklang mit Art. 107 AEUV – anzunehmen, wenn die Gewährung dem Staat zugerechnet werden kann,[45] wofür wenigstens eine mittelbare Belastung des Staatshaushalts vorliegen muss.[46] Eine Involvierung staatlicher Mittel in Unternehmen genügt, wenn der Staat auf die Mittelvergabe dieses Unternehmens (substantiellen)[47] Einfluss ausgeübt hat.[48] Ferner bestimmt lit. g, dass eine „Ausgleichsleistung" nur dann vorliegt, wenn der Vorteil während des **Zeitraum**s der Erfüllung einer gemeinwirtschaftlichen Verpflichtung oder in Verbindung mit diesem Zeitraum gewährt wird.

21 **8. Direktvergabe (lit. h).** Eine „Direktvergabe" ist gemäß lit. h die Vergabe eines Auftrags **ohne** Durchführung eines vorherigen **wettbewerblichen Vergabeverfahrens.** Vergibt die zuständige Behörde einen Auftrag direkt, so tritt sie mit dem selbst ausgewählten (potenziellen) Betreiber in Kontakt, verhandelt und erteilt ggf. den Auftrag. Eine Direktvergabe ist nur unter den in Art. 5 Abs. 2, Abs. 4, 5 und 6 genannten Voraussetzungen zulässig. Wesentliche Voraussetzung nach den Absätzen 2, 4 und 6 ist, dass Direktvergaben **nicht** nach **nationalem** Recht **untersagt** sind.[49] Die Mitgliedstaaten haben zudem für genügende Transparenz und Rechtsschutz bei Direktvergaben zu sorgen, Art. 7 Abs. 2–4 und Art. 5 Abs. 7.

22 **9. Öffentlicher Dienstleistungsauftrag (lit. i).** Der Begriff „öffentlicher Dienstleistungsauftrag" beschreibt die **rechtliche Art und Weise,** in der ausschließliche Rechte und/oder Ausgleichszahlungen im Gegenzug für die Erfüllung gemeinwirtschaftlicher Verpflichtungen gewährt werden (dürfen).[50] Er darf nicht mit dem Begriff des Dienstleistungsauftrags iSd. RL 2004/17/EG bzw. RL 2004/18/EG verwechselt werden,[51] weil „öffentliche Dienstleistungsaufträge" iSd. VO 1370/2007 Dienstleistungskonzessionen umfassen und damit deutlich weiter gefasst sind.[52] Der „öffentliche Dienstleistungsauftrag" erfordert lediglich einen oder mehrere rechtsverbindliche Akte, durch die ein Betreiber mit der Verwaltung und Erbringung öffentlicher Personenverkehrsdienste betraut wird, die gemeinwirtschaftlichen Verpflichtungen unterliegen. Ob bei dessen Vorliegen die VO 1370/2007 anwendbar ist, beurteilt sich gemäß deren Art. 5 Abs. 1.[53]

23 Der „öffentliche Dienstleistungsauftrag" kann gemäß dem ersten Halbsatz von lit. i in Form eines **Vertrages** ausgestaltet sein, wofür die rechtsverbindlichen Akte der Parteien eine Übereinkunft erkennen lassen müssen. Der „öffentliche Dienstleistungsauftrag" kann gemäß Halbsatz 2 von lit. i auch in einem **Hoheitsakt** bestehen, dh. in einer Entscheidung der zuständigen Behörde, die einseitig, also ohne Übereinkunft, ergeht. Nach Anstrich 1 von lit. i kann die Entscheidung die Form eines Gesetzes oder einer Einzelfallregelung (Verwaltungsakt) haben. Ferner kann der „öffentliche Dienstleistungsauftrag" laut Anstrich 2 von lit. i in der mit Bedingungen versehenen Entscheidung der zuständigen Behörde bestehen, die Dienstleistung selbst zu erbringen oder einen internen Betreiber damit zu betrauen. Ausnahmsweise können unter den engen Voraussetzungen des Art. 3 Abs. 2 auch **allgemeine Vorschriften** gemeinwirtschaftliche Verpflichtungen auferlegen.

---

[43] Vgl. Art. 2 lit. e iVm. Art. 1 Abs. 1 UAbs. 2.

[44] Vgl. Art. 3 Abs. 3 S. 1 sowie Erwägungsgrund 17.

[45] EuGH, C-482/99, Slg. 2002, I-4397, RdNr. 52 und 55 – Frankreich/Kommission.

[46] Vgl. EuGH, 82/77, Slg. 1978, 25, RdNr. 23/25 – Van Tiggele; vgl. EuGH, 213/81, Slg. 1982, 3583, RdNr. 22 – deutscher Vieh- und Fleischkontor.

[47] *Calliess/Ruffert/Cremer* Art. 87 EG RdNr. 20.

[48] EuGH, C-482/99, Slg. 2002, I-4397, RdNr. 52 – Frankreich/Kommission.

[49] Zur Rechtslage in Deutschland siehe die Kommentierung von Art. 5 Abs. 2, 4, 6.

[50] Siehe Art. 3 Abs. 1, mit der einzigen Ausnahme davon in Abs. 2 dieser Vorschrift.

[51] *Schröder* NVwZ 2008, 1288, 1289.

[52] *Wachinger* IR 2007, 265, 266; vgl. *Albrecht/Gabriel* DÖV 2007, 907, 913; *Prieß/Hölzl* Der Nahverkehr 2008, 33, 34; vgl. Art. 5 Abs. 1.

[53] Siehe insbesondere Art. 5 Abs. 1 S. 2 zur möglichen Ausnahme bei Bussen und Straßenbahnen.

10. Interner Betreiber (lit. j). Der Begriff des „internen Betreibers" ist im Hinblick auf 24 die Regelung in Art. 5 Abs. 2 von Bedeutung, wonach eine zuständige Behörde beschließen kann, öffentliche Personenverkehrsdienste entweder selbst zu erbringen oder an einen internen Betreiber direkt zu vergeben. Dementsprechend ist ein Wesensmerkmal des „internen Betreibers", dass dieser von der zuständigen örtlichen Behörde **rechtlich getrennt** ist. Dies setzt voraus, dass es sich bei dem „internen Betreiber" um eine eigenständige juristische Person handelt.

Trotz dieser rechtlichen Eigenständigkeit wird von einem „internen" Betreiber gesprochen, 25 weil weiteres Charakteristikum des „internen Betreibers" ist, dass die zuständige örtliche Behörde über diesen eine **Kontrolle** ausübt, die der Kontrolle über ihre eigenen Dienststellen entspricht. Aus „entspricht" ergibt sich, dass die Kontrolle über den „internen Betreiber" nicht gleich, sondern lediglich vergleichbar sein muss.[54] Die für Behörden typische umfassende Rechts- und Zweckmäßigkeitskontrolle muss also nicht vorliegen.[55]

Die Formulierung der Kontrolle wie „über ihre eigenen Dienststellen" entstammt der stren- 26 gen EuGH-Rechtsprechung zur „Inhouse"-Vergabe.[56] Danach dürfen selbst geringfügige Beteiligungen Privater an einem Unternehmen nicht vorliegen, um von einer derartigen Kontrolle ausgehen zu können.[57] Diese Voraussetzung muss im Rahmen der VO 1370/2007 nicht erfüllt sein, wie sich aus Art. 5 Abs. 2 lit. a S. 2 ergibt. Danach ist eine 100% Eigentümerstellung der zuständigen Behörde nicht zwingend erforderlich; vielmehr kommt es auf einen **beherrschenden öffentlichen Einfluss** an. Ein solcher ist gegeben, wenn der interne Betreiber gegenüber der zuständigen örtlichen Behörde keine eigene Entscheidungsgewalt besitzt.[58] Dann besteht eine Einflussmöglichkeit, die mit dem Behörden typischerweise zustehenden Weisungsrecht[59] gegenüber nachgeordneten Einheiten vergleichbar ist. Das Vorliegen eines derartigen Einflusses muss je nach den Umständen des Einzelfalls und insbesondere der Gesellschaftsform des „internen Betreibers" beurteilt werden.[60] Eine 100% Eigentümerstellung ist dabei lediglich als Indiz zu sehen.[61] Auch kann ein mittelbarer Einfluss über ein im Eigentum der Behörde stehendes Unternehmen genügen.[62]

Allein die Möglichkeit einer derartig verstandenen Kontrolle reicht jedoch für das Vorliegen 27 eines „internen Betreibers" nicht aus. Vor allem in Art. 5 Abs. 2 lit. a wird die **tatsächliche Ausübung dieser Kontrolle** verlangt: „... und aufgrund anderer Kriterien festgestellt werden kann, dass eine Kontrolle ausgeübt wird."[63] Dies ist wohl vor dem Hintergrund zu sehen, dass private Minderheitsbeteiligungen zugelassen sind. Dementsprechend streng wird der Maßstab hinsichtlich der „anderen Kriterien" anzusetzen sein, damit gleiche Wettbewerbsbedingungen gewährleistet sind, wenn eine sog. Eigenerbringung vorliegt[64] und der „interne Betreiber" nicht ausschließlich im Eigentum der öffentlichen Hand steht.

Faktoren, anhand derer die Ausübung **der Kontrolle** festgestellt werden kann, sind gemäß 28 Art. 5 Abs. 2 lit. a S. 1 beispielsweise: Umfang der Vertretung in Verwaltungs-, Leitungs- oder Aufsichtsgremien, diesbezügliche Bestimmungen in der Satzung, Eigentumsrechte, tatsächlicher Einfluss auf und tatsächlicher Kontrolle über strategische Entscheidungen und einzelne Managementscheidungen.[65]

Die Kontrolle über den „internen Betreiber" kann entweder von einer zuständigen örtlichen 29 Behörde ausgeübt werden oder aber im Falle einer **Gruppe von Behörden** von wenigstens einer (der Gruppe angehörigen) zuständigen örtlichen Behörde. Wie sich aus Art. 5 Abs. 2 S. 1

---

[54] *Endler* NZBau 2002, 125, 131; ähnlich *Siegel* NVwZ 2008, 7, 8.
[55] Vgl. Schlussanträge GA *Kokott*, C-458/03, RdNr. 72 – Parking Brixen.
[56] *Knauff* DVBl 2006, 339, 343.
[57] Grundlegend EuGH, C-107/98, Slg. 1999, I-8121, RdNr. 50 – Teckal; weiter entwickelt in: EuGH, C-26/03, Slg. 2005, I-1, RdNr. 62 – Stadt Halle; C-458/03, Slg. 2005, I-8585, RdNr. 34 – Parking Brixen; C-340/04, Slg. 2006, I-4137, RdNr. 32 – Carbotermo; C-295/05, Slg. 2007, I-2999, RdNr. 55 – Asociación Nacional de Empresas Forestales.
[58] EuGH, C-107/98, Slg. 1999, I-8121, RdNr. 51 – Teckal; BGH NZBau 2001, 518, 519.
[59] Vgl. Schlussanträge GA *Kokott*, C-458/03, RdNr. 67 – Parking Brixen; zum deutschen Verwaltungsrecht siehe *Endler* NZBau 2002, 125, 131.
[60] Vgl. *Wittig/Schimanek* NZBau 2008, 222, 225; zum allgemeinen Vergaberecht *Ziekow* VergabeR 2006, 608, 614.
[61] EuGH, C-340/04, Slg. 2006, I-4137, RdNr. 37 – Carbotermo.
[62] ZB über eine Holdinggesellschaft, vgl. EuGH, C-340/04, Slg. 2007, I-2999, RdNr. 36 – Carbotermo.
[63] Ähnlich *Wachinger* IR 2007, 265, 267; auch lit. j und Art. 5 Abs. 2 S. 1 sprechen von „Kontrolle ausübt".
[64] Vgl. Erwägungsgrund 18.
[65] Näheres zu diesen Faktoren ist der Kommentierung von Art. 5 Abs. 2 lit. a zu entnehmen.

und auch Erwägungsgrund 18 ergibt, muss es sich um eine Gruppe von Behörden handeln, die integrierte öffentliche Personenverkehrsdienste[66] anbietet. Sinn dieser Teilregelung ist, dass sich die interne Direktvergabe gemäß Art. 5 Abs. 2 nicht auf den Zuständigkeitsbereich einer einzelnen zuständigen örtlichen Behörde beschränken muss, falls Beförderungsleistungen im Verbund mit anderen zuständigen örtlichen Behörden durchgeführt werden sollen.[67]

30　　**11. Wert (lit. k).** Der „Wert" eines Verkehrsdienstes bzw. eines Dienstleistungsauftrags ist für mehrere Bestimmungen in der Verordnung von Bedeutung; für die Höchstlaufzeit eines öffentlichen Dienstleistungsauftrages nach Art. 4 Abs. 3, für die Direktvergabemöglichkeit gemäß Art. 5 Abs. 4 oder für die Ausschlussmöglichkeit von Betreibern nach der Übergangsregelung des Art. 8 Abs. 4. Es geht bei dem Begriff um die jeweilige ökonomische Bedeutung bzw. „Schwere". Der „Wert" eines Verkehrsdienstes oder Dienstleistungsauftrages ist die Summe der damit verbundenen **Gesamteinnahmen** – ohne Mehrwertsteuer – des Betreibers/der Betreiber, dh. **einschließlich** der **Ausgleichsleistung** und aller **Einnahmen** aus dem Fahrscheinverkauf, die nicht an die zuständige Behörde abgeführt werden. Andere als die genannten Einnahmen können etwa aus Werbemaßnahmen oder zusätzlichen Serviceleistungen (Catering, Platzreservierungen) herrühren.

31　　**12. Allgemeine Vorschrift (lit. l).** Die **Bedeutung** einer „Allgemeinen Vorschrift" ergibt sich aus Art. 3 Abs. 2, wonach eine – ansonsten stets durch öffentlichen Dienstleistungsauftrag auferlegte – gemeinwirtschaftliche Verpflichtung auch mittels „allgemeiner Vorschrift" auferlegt werden darf. Ein weiterer, charakteristischer Unterschied zum „öffentlichen Dienstleistungsauftrag" besteht in der **Geltung** der „allgemeinen Vorschriften" für eine **nicht näher bestimmte Anzahl** von Betreibern. Dementsprechend definiert lit. l „allgemeine Vorschriften" als Maßnahmen, die **diskriminierungsfrei** für alle öffentlichen Personenverkehrsdienste **derselben Art** gelten. Das bedeutet, Personenverkehrsdienste derselben Art sind gleich zu behandeln, es sei denn, dass eine unterschiedliche Behandlung objektiv gerechtfertigt ist.[68] Unter Personenverkehrsdiensten derselben Art sind solche zu verstehen, deren wesentlichste Eigenschaften übereinstimmen. Als Maßnahmen kommen Gesetze (förmliche Gesetze, Rechtsverordnungen) in Betracht, aber auch generell geltende Verwaltungsverfügungen (Allgemeinverfügung). Die die „allgemeinen Vorschriften" ausmachenden Maßnahmen müssen sich zudem auf ein **bestimmtes geografisches Gebiet** beziehen. Grund dafür ist nicht die beabsichtigte Eingrenzung des Geltungsumfangs von „allgemeinen Vorschriften", sondern vielmehr die Schaffung von Rechtssicherheit für die davon betroffenen Betreiber.

32　　**13. Integrierte öffentliche Personenverkehrsdienste (lit. m).** „Integrierte öffentliche Personenverkehrsdienste" sind gemäß lit. m **Personenbeförderungsleistungen,** die innerhalb eines festgelegten geografischen Gebiets im Verbund erbracht werden und für die ein einziger Informationsdienst, eine einzige Fahrausweisregelung und ein einziger Fahrplan besteht. Aus dem Adjektiv „einzig" geht hervor, dass sich für den Fahrgast die „integrierten öffentlichen Personenverkehrsdienste" wie ein Verkehrsdienst „aus einer Hand" darstellen und etwa mit einer Fahrkarte Beförderungsleistungen in dem (gesamten) festgelegten geografischen Gebiet möglich sind.[69]

33　　Unter einem (Verkehrs-)**Verbund** ist die Koordination mehrerer juristischer Personen zu verstehen, deren Zweck es ist, Beförderungsleistungen durch ein gemeinsames Management[70] mit dem in lit. m genannten Ergebnis hinsichtlich Fahrplan, Informationen und Fahrausweisregelungen anzubieten. Der Verbund bedarf keiner speziellen Rechtsform, sondern kann sich jeglicher Organisationsform zur Zweckerreichung bedienen, also etwa auf einen Vertrag stützen.[71] Nicht aus lit. m jedoch aus Art. 5 Abs. 2 S. 1 und Erwägungsgrund 18 ergibt sich, dass die Verordnung lediglich Regeln für „integrierte öffentliche Personenverkehrsdienste" von einer **Gruppe von Behörden** enthält.

---

[66] Siehe dazu die Kommentierung von Art. 2 lit. m.

[67] Ähnlich schon die Stellungnahme des Europäischen Wirtschafts- und Sozialausschusses zu folgender Vorlage: „Geänderter Vorschlag für eine Verordnung des Europäischen Parlaments und des Rates über öffentliche Personenverkehrsdienste auf Schiene und Straße", ABl. 2006, C 195/20, Nr. 4.2.5.

[68] Zum Verständnis des Verbots der Diskriminierung siehe: EuGH, 106/83, Slg. 1984, 4209, RdNr. 28 – Sermide; EuGH, C-44/94, Slg. 1995, I-3115, RdNr. 46 – Minister of Agriculture, Fisheries, and Food; EuGH, C-164/07, Slg. 2008, I-4143, RdNr. 13 – Wood.

[69] Vgl. *Michaels/Kühschelm* EuZW 2003, 520, 524.

[70] Vgl. *Michaels/Kühschelm* EuZW 2003, 520, 524.

[71] *Wittig/Schimanek* NZBau 2008, 222, 226.

Art. 3 Öffentliche Dienstleistungsaufträge und allgemeine Vorschriften

(1) Gewährt eine zuständige Behörde dem ausgewählten Betreiber ausschließliche Rechte und/oder Ausgleichsleistungen gleich welcher Art für die Erfüllung gemeinwirtschaftlicher Verpflichtungen, so erfolgt dies im Rahmen eines öffentlichen Dienstleistungsauftrags.

(2) Abweichend von Absatz 1 können gemeinwirtschaftliche Verpflichtungen zur Festsetzung von Höchsttarifen für alle Fahrgäste oder bestimmte Gruppen von Fahrgästen auch Gegenstand allgemeiner Vorschriften sein. Die zuständige Behörde gewährt den Betreibern eines öffentlichen Dienstes gemäß den in den Artikeln 4 und 6 und im Anhang festgelegten Grundsätzen eine Ausgleichsleistung für die – positiven oder negativen – finanziellen Auswirkungen auf die Kosten und Einnahmen, die auf die Erfüllung der in den allgemeinen Vorschriften festgelegten tariflichen Verpflichtungen zurückzuführen sind; dabei vermeidet sie eine übermäßige Ausgleichsleistung. Dies gilt ungeachtet des Rechts der zuständigen Behörden, gemeinwirtschaftliche Verpflichtungen zur Festsetzung von Höchsttarifen in öffentliche Dienstleistungsaufträge aufzunehmen.

(3) Unbeschadet der Artikel 73, 86, 87 und 88 des Vertrags können die Mitgliedstaaten allgemeine Vorschriften über die finanzielle Abgeltung von gemeinwirtschaftlichen Verpflichtungen, die dazu dienen, Höchsttarife für Schüler, Studenten, Auszubildende und Personen mit eingeschränkter Mobilität festzulegen, aus dem Anwendungsbereich dieser Verordnung ausnehmen. Diese allgemeinen Vorschriften sind nach Artikel 88 des Vertrags mitzuteilen. Jede Mitteilung enthält vollständige Informationen über die Maßnahme, insbesondere Einzelheiten zur Berechnungsmethode.

Schrifttum: *Wachinger,* Das Recht des Marktzugangs im ÖPNV, 2006.

I. Regelungsgehalt und Überblick

Abs. 1 bestimmt, dass ausschließliche Rechte und/oder jegliche Ausgleichsleistungen für die   **1** Erfüllung gemeinwirtschaftlicher Verpflichtungen auf der Grundlage eines öffentlichen Dienstleistungsauftrages zu gewähren sind. Die einzige Ausnahme davon ist die in Abs. 2 vorgesehene Möglichkeit, eine gemeinwirtschaftliche Verpflichtung zur Festlegung von Höchsttarifen für alle Fahrgäste oder bestimmte Gruppen von Fahrgästen durch allgemeine Vorschriften zu regeln. Die von der zuständigen Behörde zu gewährende Ausgleichsleistung erfolgt nach Maßgabe der Anforderungen der Art. 4 und 6 iVm. dem Anhang. Nach Abs. 3 können die Mitgliedstaaten allgemeine Vorschriften vom Anwendungsbereich der VO 1370/2007 ausnehmen, die finanzielle Ausgleichsleistungen für festgelegte Höchsttarife für Schüler, Studenten, Auszubildende und Personen mit eingeschränkter Mobilität vorsehen; dafür gelten dann die Art. 93, 106 bis 108 AEUV.

II. Entstehungsgeschichte und Zweck der Vorschrift

Abs. 1 geht im Grundsatz auf den ersten Verordnungsentwurf der Kommission zurück[1] und   **2** ist im weiteren Verlauf des Gesetzgebungsprozesses[2] **lediglich sprachlich geändert** worden. Weitgehender als der heutige Abs. 2 sah der erste Entwurf der Verordnung[3] in Art. 10 vor, dass die zuständigen Behörden auch **Mindestkriterien** und einen Ausgleich für dadurch entstehende Kosten festlegen konnten. Im zweiten Verordnungsentwurf wurde diese Möglichkeit weiter konkretisiert, jedoch später zugunsten eines Rechtsrahmens, der auf das Nötigste beschränkt sein sollte,[4] **gestrichen.** Die Regelungen zu allgemeinen Vorschriften wurden in Abs. 2 aufgenommen.[5] Der heutige Abs. 3 ist erst auf den Standpunkt des Rates vom 11. 12. 2006 hin eingefügt worden. Grund für diese Regelung war, den Behörden mehr Flexibilität zu verschaffen.[6]

---

[1] Art. 5 in KOM(2000) 7 endg., 27.

[2] Art. 5 in KOM(2002) 107 endg., 28; Art. 3 in KOM(2005) 319 endg., 25.

[3] Art. 10 in KOM(2000) 7 endg., 30.

[4] Siehe Begründung zu Artikel 3 in KOM(2005) 319 endg., 15.

[5] Art. 3 in KOM(2005) 319 endg., 25.

[6] Rat, Gemeinsamer Standpunkt (EG) Nr. 2/2007, ABl. 2007, C 70E/1, 13.

III. Öffentlicher Dienstleistungsauftrag und allgemeine Vorschriften

3   **1. Der öffentliche Dienstleistungsauftrag (Abs. 1).** Der öffentliche Dienstleistungsauftrag ist das **zentrale Instrument**[7] der VO 1370/2007 zur Vergabe von Personenverkehrsleistungen. Er dient dazu, Ausgleichsleistungen[8] und/oder ausschließliche Rechte[9] im Gegenzug für die Erfüllung gemeinwirtschaftlicher Verpflichtungen[10] gewähren zu können. Abgesehen davon legt er auch die übrigen von den Vertragsparteien einzuhaltenden Pflichten fest. In der Vorschrift heißt es „und/oder", weil üblicherweise **beide Gegenleistungsformen** kombiniert werden, ohne dass dies jedoch zwingend wäre. Wie ein öffentlicher Dienstleistungsauftrag rechtlich konstruiert sein kann, ergibt sich aus der Begriffsbestimmung in Art. 2 lit. i.[11] Art. 4 konkretisiert die notwendigen inhaltlichen Regelungen eines öffentlichen Dienstleistungsauftrags. **„Ausgewählter Betreiber"** iSd. Abs. 1 ist der Betreiber, der von der zuständigen Behörde – unter Beachtung der in Art. 5 geregelten Anforderungen – zur Erbringung von Personenverkehrsleistungen verpflichtet wird. Im Fall der Eigenerbringung durch die Behörde dürfte die zuständige Behörde und der ausgewählte Betreiber in einer Person zusammen fallen. Dies steht jedoch dem Abschluss eines öffentlichen Dienstleistungsauftrags nicht entgegen, wie sich aus Art. 2 lit. i Anstrich 2 ergibt.

4   **2. Allgemeine Vorschriften (Abs. 2).** Gemäß Abs. 2 S. 1 können **Höchsttarife** auch durch allgemeine Vorschriften festgesetzt werden.[12] Die darin liegende **gemeinwirtschaftliche Verpflichtung** kann alle Fahrgäste oder nur bestimmte Fahrgastgruppen (bspw. die in Abs. 3 S. 1 genannten) betreffen. Für die Auferlegung der gemeinwirtschaftlichen Verpflichtung muss die zuständige Behörde eine Gegenleistung erbringen. Diese besteht nach S. 2 **ausschließlich** in der Gewährung einer **Ausgleichsleistung;** in Bezug auf die Ausgleichsleistung sind die Vorgaben der Art. 4, 6 und des Anhangs der VO 1370/2007 kumulativ (und unabhängig von der Vergabeart) einzuhalten. Zudem konkretisiert S. 2, dass die Ausgleichsleistung für die positiven und negativen **finanziellen Auswirkungen** auf Kosten und Einnahmen erfolgt, die durch die Höchsttarife bedingt sind. Hauptsächlich wird die Ausgleichsleistung wegen der mit der Fahrpreisdeckelung einhergehenden **geringeren Einnahmen** gewährt. Denkbar – allerdings weniger von Bedeutung – sind auch **zusätzliche Kosten,** die sich daraus ergeben, dass auf Grund von Höchsttarifen für bestimmte Fahrgastgruppen ein unterschiedliches Tarifsystem entsteht. Denn als Konsequenz daraus müssen nicht nur anders gestaltete Fahrkarten bzw. (kompliziertere) Fahrkartenautomaten eingeführt werden, sondern erhöht sich auch der Aufwand für die Schulung und das Kontrollpersonal. Lediglich klarstellend (und eigentlich überflüssig) heißt es aE von S. 2, dass übermäßige Ausgleichsleistungen zu vermeiden sind.

5   Abs. 2 S. 3 legt lediglich klarstellend fest, dass die in S. 1 bzw. 2 genannten **Höchsttarife** Teil eines **öffentlichen Dienstleistungsauftrags** sein können. Das ergibt bereits aus S. 1, der davon spricht, dass gemeinwirtschaftliche Verpflichtungen Teil allgemeiner Vorschriften sein „können", aber nicht sein müssen. Auf Grund der Definition des Begriffs „allgemeine Vorschriften"[13] können diese **nicht Teil eines Vertrages** sein, weil ein Vertrag nicht für alle artgleichen Verkehrsdienste eines geografischen Gebiets gültig ist. Allerdings kann ein Vertrag allgemeine Vorschriften in Bezug nehmen. Darin läge jedoch nur eine klarstellende Funktion, weil die allgemeine Vorschrift bei Erbringung der von ihr erfassten Verkehrsdienste automatisch gilt.

IV. Allgemein Vorschriften, die vom Geltungsbereich der VO ausgenommen werden können (Abs. 3)

6   Abs. 3 S. 1 bestimmt, dass die Mitgliedstaaten allgemeine Vorschriften aus dem Anwendungsbereich der Verordnung ausnehmen können, wenn diese die **finanzielle Abgeltung** von (anderweitig) **festgelegten Höchsttarifen** für Schüler, Studenten, Auszubildende und Personen mit eingeschränkter Mobilität betreffen. Da deshalb die „beihilferechtlichen" Anforderungen an Ausgleichsleistungen in Art. 4, 6 und dem Anhang der VO 1370/2007 entfallen, leben die Bei-

---

[7] Ähnlich *Wachinger* 437; vgl. KOM(2000) 7 endg., 11.

[8] Zum Begriff siehe zu Art. 2 lit. g.

[9] Zum Begriff siehe zu Art. 2 lit. f.

[10] Zum Begriff siehe zu Art. 2 lit. e.

[11] Zum Begriff siehe Art. 2 RdNr. 22.

[12] Weitere Anforderungen an den Inhalt der allgemeinen Vorschriften ergeben sich aus Abs. 2 S. 2 und Art. 4.

[13] Zum Begriff siehe Kommentierung zu Art. 2 RdNr. 31.

hilferegeln in Art. 93, 106, 107 und 108 AEUV auf.[14] Damit haben die **Mitgliedstaaten** hinsichtlich solcher Höchsttarife die „**Wahl**" zwischen der Anwendung der „Beihilferegeln" der VO 1370/2007 und denen des AEUV. Das entspricht dem Wunsch des Rates, den Behörden im Hinblick auf die genannten Höchsttarife „**mehr Flexibilität** zu geben".[15]

Nimmt ein Mitgliedstaat allgemeine Vorschriften iSd. VO 1370/2007 vom Anwendungsbe- **7** reich der Verordnung aus, so sind diese nach Art. 3 Abs. 3 S. 2 gemäß Art. 108 Abs. 3 AEUV zu **notifizieren**. Die Notifizierungspflicht gilt jedoch nur, sofern es sich um eine Beihilfe handelt. Das ergibt sich ua. aus Abs. 3 S. 1, wonach die Art. 93, 106–108 AEUV unberührt bleiben. Die VO 1370/2007 erweitert also die primärrechtlichen Notifizierungspflichten nicht. Die notifizierte allgemeine Vorschrift darf nicht vor der abschließenden Entscheidung der Kommission eingeführt werden, Art. 108 Abs. 3 S. 2 AEUV. In der Notifizierung sind gemäß S. 3 **vollständige Informationen** über den geplanten finanziellen Ausgleich, insbesondere Einzelheiten zu dessen Berechnungsmethode anzugeben. Diese Angaben benötigt die Kommission, um die vorläufige Prüfung gemäß Art. 4 VO 659/1999[16] durchführen zu können, Art. 2 Abs. 2 VO 659/1999. Wird die Vereinbarkeit mit dem Gemeinsamen Markt festgestellt (Art. 4 Abs. 3 VO 659/1999), ist die finanzielle Abgeltung in der allgemeinen Vorschrift trotz Verstoßes gegen Regeln des Anhangs der VO 1370/2007 zulässig.

Art. 4 Obligatorischer Inhalt öffentlicher Dienstleistungsaufträge und allgemeiner Vorschriften

(1) In den öffentlichen Dienstleistungsaufträgen und den allgemeinen Vorschriften

a) sind die vom Betreiber eines öffentlichen Dienstes zu erfüllenden gemeinwirtschaftlichen Verpflichtungen und die geografischen Geltungsbereiche klar zu definieren;

b) sind zuvor in objektiver und transparenter Weise aufzustellen:

    i) die Parameter, anhand deren gegebenenfalls die Ausgleichsleistung berechnet wird, und

    ii) die Art und der Umfang der gegebenenfalls gewährten Ausschließlichkeit; dabei ist eine übermäßige Ausgleichsleistung zu vermeiden. Bei öffentlichen Dienstleistungsaufträgen, die gemäß Artikel 5 Absätze 2, 4, 5 und 6 vergeben werden, werden diese Parameter so bestimmt, dass die Ausgleichsleistung den Betrag nicht übersteigen kann, der erforderlich ist, um die finanziellen Nettoauswirkungen auf die Kosten und Einnahmen zu decken, die auf die Erfüllung der gemeinwirtschaftlichen Verpflichtungen zurückzuführen sind, wobei die vom Betreiber eines öffentlichen Dienstes erzielten und einbehaltenen Einnahmen und ein angemessener Gewinn berücksichtigt wird;

c) sind die Durchführungsvorschriften für die Aufteilung der Kosten, die mit der Erbringung von Dienstleistungen in Verbindung stehen, festzulegen. Diese Kosten können insbesondere Personalkosten, Energiekosten, Infrastrukturkosten, Wartungs- und Instandsetzungskosten für Fahrzeuge des öffentlichen Personenverkehrs, das Rollmaterial und für den Betrieb der Personenverkehrsdienste erforderliche Anlagen sowie die Fixkosten und eine angemessene Kapitalrendite umfassen.

(2) In den öffentlichen Dienstleistungsaufträgen und den allgemeinen Vorschriften sind die Durchführungsvorschriften für die Aufteilung der Einnahmen aus dem Fahrscheinverkauf festzulegen, die entweder beim Betreiber eines öffentlichen Dienstes verbleiben, an die zuständige Behörde übergehen oder unter ihnen aufgeteilt werden.

(3) Die öffentlichen Dienstleistungsaufträge sind befristet und haben eine Laufzeit von höchstens zehn Jahren für Busverkehrsdienste und von höchstens 15 Jahren für Personenverkehrsdienste mit der Eisenbahn oder anderen schienengestützten Verkehrsträgern. Die Laufzeit von öffentlichen Dienstleistungsaufträgen, die mehrere Verkehrsträger umfassen, ist auf 15 Jahre beschränkt, wenn der Verkehr mit der Ei-

---

[14] Vgl. Art. 9 VO 1370/2007.

[15] Rat, Gemeinsamer Standpunkt Nr. 2/2007, ABl. 2007, C 70E/1, 13.

[16] VO 659/1999 über besondere Vorschriften für die Anwendung von Artikel 93 des EG-Vertrages, ABl. 1999, L 83/1.

senbahn oder anderen schienengestützten Verkehrsträgern mehr als 50% des Werts der betreffenden Verkehrsdienste ausmacht.

(4) Falls erforderlich kann die Laufzeit des öffentlichen Dienstleistungsauftrags unter Berücksichtigung der Amortisierungsdauer der Wirtschaftsgüter um höchstens 50% verlängert werden, wenn der Betreiber eines öffentlichen Dienstes einen wesentlichen Anteil der für die Erbringung der Personenverkehrsdienste, die Gegenstand des öffentlichen Dienstleistungsauftrags sind, insgesamt erforderlichen Wirtschaftsgüter bereitstellt und diese vorwiegend an die Personenverkehrsdienste gebunden sind, die von dem Auftrag erfasst werden.

Falls dies durch Kosten, die aus der besonderen geografischen Lage entstehen, gerechtfertigt ist, kann die Laufzeit der in Absatz 3 beschriebenen öffentlichen Dienstleistungsaufträge in den Gebieten in äußerster Randlage um höchstens 50% verlängert werden. Falls dies durch die Abschreibung von Kapital in Verbindung mit außergewöhnlichen Investitionen in Infrastruktur, Rollmaterial oder Fahrzeuge gerechtfertigt ist und der öffentliche Dienstleistungsauftrag in einem fairen wettbewerblichen Vergabeverfahren vergeben wurde, kann ein öffentlicher Dienstleistungsauftrag eine längere Laufzeit haben. Zur Gewährleistung der Transparenz in diesem Fall muss die zuständige Behörde der Kommission innerhalb von einem Jahr nach Abschluss des Vertrags den öffentlichen Dienstleistungsauftrag und die Elemente, die seine längere Laufzeit rechtfertigen, übermitteln.

(5) Unbeschadet des nationalen Rechts und des Gemeinschaftsrechts, einschließlich Tarifverträge zwischen den Sozialpartnern, kann die zuständige Behörde den ausgewählten Betreiber eines öffentlichen Dienstes verpflichten, den Arbeitnehmern, die zuvor zur Erbringung der Dienste eingestellt wurden, die Rechte zu gewähren, auf die sie Anspruch hätten, wenn ein Übergang im Sinne der Richtlinie 2001/23/EG erfolgt wäre. Verpflichtet die zuständige Behörde die Betreiber eines öffentlichen Dienstes, bestimmte Sozialstandards einzuhalten, so werden in den Unterlagen des wettbewerblichen Vergabeverfahrens und den öffentlichen Dienstleistungsaufträgen die betreffenden Arbeitnehmer aufgeführt und transparente Angaben zu ihren vertraglichen Rechten und zu den Bedingungen gemacht, unter denen sie als in einem Verhältnis zu den betreffenden Diensten stehend gelten.

(6) Verpflichtet die zuständige Behörde die Betreiber eines öffentlichen Dienstes im Einklang mit nationalem Recht dazu, bestimmte Qualitätsstandards einzuhalten, so werden diese Standards in die Unterlagen des wettbewerblichen Vergabeverfahrens und die öffentlichen Dienstleistungsaufträge aufgenommen.

(7) In den Unterlagen des wettbewerblichen Vergabeverfahrens und den öffentlichen Dienstleistungsaufträgen ist transparent anzugeben, ob und in welchem Umfang eine Vergabe von Unteraufträgen in Frage kommt. Werden Unteraufträge vergeben, so ist der mit der Verwaltung und Erbringung von öffentlichen Personenverkehrsdiensten nach Maßgabe dieser Verordnung betraute Betreiber verpflichtet, einen bedeutenden Teil der öffentlichen Personenverkehrsdienste selbst zu erbringen. Ein öffentlicher Dienstleistungsauftrag, der gleichzeitig Planung, Aufbau und Betrieb öffentlicher Personenverkehrsdienste umfasst, kann eine vollständige Übertragung des Betriebs dieser Dienste an Unterauftragnehmer vorsehen. Im öffentlichen Dienstleistungsauftrag werden entsprechend dem nationalen Recht und dem Gemeinschaftsrecht die für eine Vergabe von Unteraufträgen geltenden Bedingungen festgelegt.

Übersicht

Schrifttum: Der Brockhaus in sechs Bänden, Enzyklopädie, 2008; Deutsche Gesellschaft für Technische Zusammenarbeit (GTZ) GmbH, Sozialstandards in der Weltwirtschaft, Stand: August 2002, online unter: http://www2.gtz.de/dokumente/bib/02-0472.pdf; *Eichmann/Berschin/Bracher/Winter,* Umweltfreundlicher, attraktiver und leistungsfähiger ÖPNV – ein Handbuch, 2006; *Mickel/Bergmann,* Handlexikon der Europäischen Union, 3. Aufl. 2005; *Prieß/Pukall,* Die Vergabe von SPNV-Leistungen nach § 4 Abs. 3 VgV, VergabeR 2003, 11; *Saxinger/Fischer,* Die Verordnung (EG) Nr. 1370/2007 – Der neue Rechtsrahmen für den öffentlichen Personennahverkehr, Verkehr und Technik 2008, 75; *Schröder,* Inhalt, Gestaltung und Praxisfragen des wettbewerblichen Vergabeverfahrens nach der neuen europäischen ÖPNV-Verordnung, NVwZ 2008, 1288.

I. Regelungsgehalt und Überblick

Art. 4 legt den obligatorischen Inhalt öffentlicher Dienstleistungsaufträge und allgemeiner **1** Vorschriften fest. Die in Abs. 1 für den Inhalt öffentlicher Dienstleistungsaufträge und allgemeiner Vorschriften vorgesehenen Angaben sind **inhaltliche Mindestanforderungen,** die sowohl bei Vergaben im Wettbewerb als auch bei Direktvergaben eingehalten werden müssen.[1]

Gemäß Abs. 1 lit. a sind die vom Betreiber eines öffentlichen Dienstes im Rahmen eines öf- **2** fentlichen Dienstleistungsauftrags oder allgemeiner Vorschriften zu erfüllenden gemeinwirtschaftlichen Verpflichtungen und die geografischen Geltungsbereiche, in denen die Verkehrsleistungen erbracht werden, klar zu definieren. Ferner müssen die zuständigen Behörden gemäß Art. 4 Abs. 1 lit. b die Parameter für Ausgleichsleistungen sowie die Art und den Umfang eines gewährten Ausschließlichkeitsrechts vor der Vergabe des Dienstleistungsauftrags in objektiver und transparenter Weise aufstellen. Übermäßige Ausgleichsleistung für die Erbringung der Verkehrsdienstleistungen sind zu vermeiden. Bei direkt vergebenen öffentlichen Dienstleistungsaufträgen dürfen die Ausgleichsleistungen gemäß Abs. 1 lit. b S. 2 zudem nicht den Betrag übersteigen, der erforderlich ist, um die finanziellen Nettoauswirkungen auf die Kosten und die Einnahmen zu decken, die auf die Erfüllung der gemeinwirtschaftlichen Verpflichtungen zurückzuführen sind. Die einbehaltenen Einnahmen und ein angemessener Gewinn sind bei Bemessung der Ausgleichsleistung zu berücksichtigen. Abs. 1 lit. c und Abs. 2 bestimmen, dass in den öffentlichen Dienstleistungsaufträgen und den allgemeinen Vorschriften Durchführungsvorschriften für die Aufteilung der Kosten und Einnahmen festgelegt werden müssen.[2]

Abs. 3 und 4 regeln die zulässige **Laufzeit** öffentlicher Dienstleistungsaufträge. Nach Art. 4 **3** Abs. 3 sind öffentliche Dienstleistungsaufträge befristet zu vergeben, um den Wettbewerb möglichst wenig zu verzerren und gleichzeitig die Qualität der Dienste sicherstellen zu können.[3] Abs. 3 sieht daher für Busverkehrsdienste eine Regelhöchstlaufzeit von höchstens zehn Jahren und für schienengestützte Verkehrsträger von höchstens fünfzehn Jahren vor. Die in Abs. 3

---

[1] *Saxinger/Fischer,* Verkehr und Technik 2008, 75, 77.
[2] *Saxinger/Fischer,* Verkehr und Technik 2008, 75, 77.
[3] Vgl. Erwägungsgrund 15.

vorgesehenen **Höchstlaufzeiten** können unter den in Abs. 4 näher bestimmten Voraussetzungen verlängert werden.

4   Die zuständigen Behörden können gemäß Abs. 5 den Betreiber eines öffentliches Dienstes dazu verpflichten, bestimmte **Sozialstandards** einzuhalten. Diese sind ggf. transparent in den öffentlichen Dienstleistungsauftrag aufzunehmen und zu regeln. Abs. 6 eröffnet den zuständigen Behörden die Möglichkeit, die Betreiber eines öffentlichen Dienstes im Einklang mit nationalem Recht zur Einhaltung bestimmter **Qualitätsstandards** zu verpflichten. Sofern die zuständige Behörde von dieser Möglichkeit Gebrauch macht, sind die Qualitätsstandards in die Unterlagen des wettbewerblichen Vergabeverfahrens und die öffentlichen Dienstleistungsaufträge aufzunehmen.

5   Abs. 7 bestimmt, dass im öffentlichen Dienstleistungsauftrag anzugeben ist, ob und in welchem Umfang eine Vergabe von **Unteraufträgen** in Frage kommt. Die Vergabe von Unteraufträgen ist im Anwendungsbereich der Verordnung 1370/2007 nur eingeschränkt zulässig. Sofern Unteraufträge vergeben werden, ist der betraute Betreiber verpflichtet, einen bedeutenden Teil der öffentlichen Personenverkehrsdienste selbst zu erbringen. Der Betrieb eines Personenverkehrsdienstes kann nur bei solchen öffentlichen Dienstleistungsaufträgen vollständig übertragen werden, die gleichzeitig Planung, Aufbau und Betrieb des öffentlichen Personenverkehrsdienstes mit umfassen.

II. Entstehungsgeschichte

6   Die Regelungen des Art. 4 gehen zum Teil auf die VO 1191/69 zurück. Art. 1 Abs. 4 der **VO 1191/69** bestimmt, dass die zuständigen Behörden der Mitgliedstaaten mit einem Verkehrsunternehmen Verträge über Verkehrsdienste auf Grund von Verpflichtungen des öffentlichen Dienstes abschließen können. Welche Punkte in einem Vertrag über Verkehrsdienste auf Grund von Verpflichtungen des öffentlichen Dienstes ua. zu regeln waren, ergab sich aus Art. 14 Abs. 2 der VO 1191/69. Modalitäten zur Berechnung der Ausgleichsleistungen bei einseitig auferlegten Verpflichtungen des öffentlichen Dienstes waren in Art. 9 iVm. Art. 11 bis 13 der VO 1191/69 festgelegt. Die VO 1370/2007 regelt demgegenüber erstmalig die Art und Weise, wie die einzelnen Anforderungen in den öffentlichen Dienstleistungsauftrag aufgenommen werden müssen. Neu sind auch die Bestimmungen über die Vergabe von Unteraufträgen und die präzisen Regelungen zur Aufteilung der Kosten und Einnahmen. Auch die Vertragslaufzeiten der öffentlichen Dienstleistungsaufträge sind in der VO 1370/2007 erstmals detailliert geregelt und in ihrer Höhe begrenzt. In Bezug auf mögliche Sanktionen bei Nichterfüllung der vertraglichen Verpflichtungen enthält die VO 1370/2007 anders als noch die VO 1191/69 keine Vorgaben mehr.[4]

7   Die inhaltlichen Mindestanforderungen für die öffentlichen Dienstleistungsaufträge und allgemeinen Vorschriften sind im Verlauf des Gesetzgebungsverfahrens mehrfach modifiziert worden, um einen möglichst hohen Grad an Rechtssicherheit und Transparenz zu gewährleisten. Die Regelung der Einnahmenaufteilung gemäß Art. 4 Abs. 2 ist erst durch den dritten Verordnungsvorschlag vom 20. 7. 2005 als obligatorischer Inhalt der öffentlichen Dienstleistungsaufträge und allgemeiner Vorschriften aufgenommen worden; sie dient dem Rechtssicherheit und Transparenz.[5] Die Frage der **Höchstlaufzeiten** öffentlicher Dienstleistungsverträge war im Rechtssetzungsverfahren ein dauerhafter Diskussionspunkt.[6] Der ursprüngliche Verordnungsvorschlag vom 26. 7. 2000[7] sah lediglich eine Höchstlaufzeit von fünf Jahren vor. Um eine größere Planungssicherheit sowohl bei den Betreibern als auch bei den zuständigen Behörden zu gewährleisten, wurde die Höchstlaufzeit im zweiten Verordnungsvorschlag vom 21. 2. 2002[8] für Busdienste auf acht Jahre und für Schienenverkehrs- und Binnenschifffahrtsdienste auf fünfzehn Jahre erhöht.[9] In der Endfassung vom 23. 2. 2007[10] wurde die Höchstlaufzeit für Busverkehrsdienste nochmals erhöht und beträgt nunmehr zehn Jahre. Die Bestimmungen zu den **Sozial- und Qualitätsstandards** waren im ursprünglichen Verordnungsvorschlag vom 26. 7. 2000 präziser ausgestaltet. Dem Subsidiaritätsprinzip entsprechend wurde jedoch auf konkrete

---

[4] Vgl. hierzu jedoch Art. 7 Abs. 3 lit. e.
[5] KOM(2005) 319 endg., 14, 26.
[6] *Saxinger/Fischer*, Verkehr und Technik 2008, 75, 78.
[7] KOM(2000) 7 endg.
[8] KOM(2002) 107 endg.
[9] Bericht des Berichterstatters Meijer, EP-Dok A5–0364/2001 endg., 33; KOM(2002) 107 endg., 29.
[10] ABl. 2007, L 315/1.

Vorgaben verzichtet und den zuständigen Behörden ein größerer Handlungsspielraum zugestanden.[11] Eine Einschränkung der Unterauftragsvergabe war im ursprünglichen Verordnungsvorschlag vom 26. 7. 2000 nicht vorgesehen. Gemäß Art. 9 Abs. 1 des ursprünglichen Verordnungsvorschlages konnte die zuständige Behörde den gewählten Betreiber vielmehr dazu verpflichten, Unteraufträge für einen festgelegten Teil der vertragsgegenständlichen Dienste an Dritte zu vergeben, mit denen er nicht verbunden ist.[12] Auf Vorschlag des Parlaments entfiel diese Regelung jedoch und die Möglichkeit der Vergabe von Unteraufträgen wurde beschränkt, um Qualitätsstandards zu sichern und Lohndumping zu verhindern.

III. Inhaltliche Vorgaben

1. Definition der gemeinwirtschaftlichen Verpflichtung und des geografischen Gel- 8 tungsbereichs. Abs. 1 regelt die inhaltlichen Mindestanforderungen an öffentliche Dienstleistungsaufträge und allgemeine Vorschriften. Gemäß Abs. 1 lit. a sind die vom Betreiber eines öffentlichen Dienstes zu erfüllenden **gemeinwirtschaftlichen Verpflichtungen** sowie deren geografische Geltungsbereiche in den öffentlichen Dienstleistungsaufträgen und den allgemeinen Vorschriften klar zu **definieren.** Der Begriff der gemeinwirtschaftlichen Verpflichtung ist in Art. 2 Abs. 1 lit. e legal definiert. Bei gemeinwirtschaftlichen Verpflichtungen handelt es sich um von der zuständigen Behörde festgelegte Anforderungen an die Personenbeförderungsleistungen, deren Ausführung die mit der Leistung verfolgten allgemeinen Interessen verwirklicht.[13] In Betracht kommen unter anderem Anforderungen an die Fahrzeuge, das Streckennetz, den Fahrplan, die Qualität und die Regelmäßigkeit der Dienste.

Der Inhalt der gemeinwirtschaftlichen Verpflichtungen wird durch die Regelung des Abs. 1 **9** lit. a nicht näher präzisiert oder eingegrenzt. Die Vertragsparteien können die durch den Betreiber des öffentlichen Personenverkehrsdienstes zu erbringenden Leistungsverpflichtungen deshalb frei ausgestalten. Aus Gründen der Rechtssicherheit und Transparenz muss aus dem Wortlaut des öffentlichen Dienstleistungsauftrages bzw. den allgemeinen Vorschriften jedoch eindeutig und unmissverständlich erkennbar sein, welche konkreten gemeinwirtschaftlichen Verpflichtungen vom betreffenden Betreiber zu erbringen sind und auf welchen geografischen Bereich sie sich beziehen. Der Betreiber eines Verkehrsdienstes erhält auf diese Weise die Möglichkeit, seine unternehmerischen Ressourcen entsprechend zu kalkulieren.

2. Parameter zur Berechnung der Ausgleichsleistung sowie Art und Umfang einer 10 gewährten Ausschließlichkeit. Die **Parameter,** anhand derer gegebenenfalls die **Ausgleichsleistung** berechnet wird, sind gemäß Abs. 1 lit. b (i) in den öffentlichen Dienstleistungsaufträgen und den allgemeinen Vorschriften zuvor in **objektiver** und **transparenter** Weise **aufzustellen.** Dabei sind übermäßige Ausgleichsleistungen zu vermeiden. Abs. 1 lit. b (i) setzt damit das zweite Altmark-Trans-Kriterium um.[14] Die objektive und transparente Aufstellung der Parameter soll verhindern, dass der Ausgleich einen wirtschaftlichen Vorteil mit sich bringt, der das Unternehmen, dem er gewährt wird, gegenüber konkurrierenden Unternehmen begünstigt.[15] Die Parameter müssen daher klar, eindeutig und sachlich gestaltet sein. Dadurch wird gewährleistet, dass die Parameter durch die Vertragsparteien selbst oder auch durch Dritte überprüft werden können. „Sind **zuvor** aufzustellen" bedeutet, dass die Parameter für die Berechnung der Ausgleichsleistung und die Art und der Umfang der gegebenenfalls gewährten Ausschließlichkeit schon vor Vertragsschluss festgelegt werden müssen; deren nachträgliche Modifikation kommt damit nicht in Betracht.

Auch die Art und der Umfang der ggf. gewährten **Ausschließlichkeit** ist gemäß Abs. 1 lit. b **11** (ii) zuvor in objektiver und transparenter Weise aufzustellen. Auch diesbezüglich sind übermäßige Ausgleichsleistungen zu vermeiden. Als ausschließliches Recht ist gemäß Art. 2 Abs. 1 lit. f ein Recht zu verstehen, das einen Betreiber eines öffentlichen Dienstes berechtigt, bestimmte öffentliche Personenverkehrsdienste auf einer bestimmten Strecke oder in einem bestimmten Gebiet unter Ausschluss aller anderer solcher Betreiber und somit ohne Konkurrenz zu betreiben.[16] Die Festlegung der Art und des Umfangs der gewährten Ausschließlichkeit ermöglicht es

---

[11] Vgl. Erwägungsgrund 17.
[12] KOM(2000) 7 endg., 30.
[13] Vgl. Art. 2 lit. e.
[14] EuGH, C-280/00, Slg. 2003, I-7747, RdNr. 90 – Altmark-Trans.
[15] EuGH, C-280/00, Slg. 2003, I-7747, RdNr. 90 – Altmark-Trans.
[16] Vgl. ausführliche Kommentierung zu Art. 2 lit. f.

dem Betreiber, das Einnahmerisiko zu kalkulieren. Zudem ist die Festlegung auch für die Vergabe weiterer ausschließlicher Rechte an Dritte ohne Überschneidung erforderlich und muss daher hohen Anforderungen an Transparenz und Objektivität genügen.[17] Die Art und der Umfang der Ausschließlichkeit ist daher eindeutig und sachlich festzulegen.

12   **3. Ausgleichsleistungen bei direkt vergebenen Dienstleistungsaufträgen (Abs. 1 S. 2).** Gemäß Abs. 1 S. 2 sind die Parameter bei öffentlichen Dienstleistungsaufträgen, die gemäß den Art. 5 Abs. 2, 4, 5 und 6 direkt vergeben werden, so zu bestimmen, dass die Ausgleichsleistung nicht den Betrag übersteigen kann, der erforderlich ist, um die finanziellen Nettoauswirkungen auf die Kosten und Einnahmen zu decken, die auf die Erfüllung der gemeinwirtschaftlichen Verpflichtungen zurückzuführen sind. Die von den Betreibern eines öffentlichen Dienstes erzielten und einbehaltenen Einnahmen und ein angemessener Gewinn sind dabei zu berücksichtigen. Abs. 1 S. 2 enthält somit **zusätzliche Vorgaben** für **Ausgleichsleistungen,** die bei der Direktvergabe von **Dienstleistungsaufträgen** einzuhalten sind. Ausgleichsleistungen, die im Zusammenhang mit direkt vergebenen öffentlichen Dienstleistungsaufträgen gewährt werden, richten sich nach den ausführlichen Regeln des Anhangs der VO 1370/2007. Der in Abs. 1 S. 2 enthaltenen Berechnungsformel kommt somit gegenüber den ausführlichen Bestimmungen des Anhangs keine eigenständige Bedeutung zu. Sie ist vielmehr iVm. Art. 6 Abs. 1 S. 2 als Verweis auf die Regelungen des Anhangs zu verstehen. Durch die Einhaltung der Vorgaben des Anhangs können die zuständigen Behörden und der Betreiber eines öffentlichen Dienstes beweisen, dass keine übermäßige Ausgleichsleistung gewährt worden ist.[18]

13   Da die Regelung des Abs. 1 S. 2 nur für direkt vergebene Dienstleistungsaufträge gilt, ist das Berechnungsmodell des Anhangs für im Wettbewerb vergebene Dienstleistungsaufträge nicht anzuwenden. Für Dienstleistungsaufträge, die im Wege eines wettbewerblichen Vergabeverfahrens vergeben worden sind, bestehen bei der Festlegung der Vergütungsparameter somit größere Gestaltungsmöglichkeiten.

14   **4. Durchführungsvorschriften für die Aufteilung der Kosten.** Abs. 1 lit. c gilt sowohl für im Wettbewerb als auch für direkt vergebene Dienstleistungsaufträge. Gemäß Abs. 1 lit. c sind in den öffentlichen Dienstleistungsaufträgen und den allgemeinen Vorschriften die **Durchführungsvorschriften** für die **Aufteilung** der **Kosten,** die mit der Erbringung von Dienstleistungen in Verbindung stehen, festzulegen. Das bedeutet, der öffentliche Dienstleistungsauftrag bzw. die allgemeinen Vorschriften müssen **verbindlich** bestimmen und **regeln,** wie die Aufteilung der Kosten zu erfolgen hat. Weitere formelle Vorgaben macht die Vorschrift nicht. Mit der „Aufteilung" der Kosten ist gemeint, dass die einzelnen Kosten aufgeschlüsselt werden müssen. Aufgeführt werden muss somit, welche Kosten im Einzelnen entstehen und wer diese zu tragen hat.

15   Die Höhe der Ausgleichsleistung ergibt sich somit aus der Summe der einzelnen Kostenpositionen und der vereinbarten Rendite. Als zu berücksichtigende Kosten werden in Art. 4 Abs. 1 lit. c S. 2 beispielhaft insbesondere Personal-, Energie-, Infrastruktur-, Wartungs- und Instandsetzungskosten für Fahrzeuge des öffentlichen Personenverkehrs, das Rollmaterial und für den Betrieb der Personenverkehrsdienste erforderliche Anlagen sowie die Fixkosten und eine angemessene Kapitalrendite aufgeführt. Diese einzelnen Kostenpositionen sind jedoch nicht abschließend.

IV. Durchführungsvorschriften für die Aufteilung der Einnahmen

16   Gemäß Abs. 2 sind in den öffentlichen Dienstleistungsaufträgen und den allgemeinen Vorschriften **Durchführungsvorschriften** für die **Aufteilung** der **Einnahmen** aus dem Fahrscheinverkauf festzulegen. Diese Regelung dient der Transparenz und der Rechtssicherheit.[19] Die Verteilung der Einnahmen aus dem Fahrscheinverkauf muss eindeutig und nachvollziehbar durch den öffentlichen Dienstleistungsauftrag bestimmt werden, weil nur auf diese Weise unternehmerisches Handeln durch vorab kalkulierbare Einnahmen gewährleistet wird. In den Durchführungsvorschriften muss daher **verbindlich festgelegt** werden, wie und anhand welcher Parameter die Einnahmen im Einzelnen zu verteilen sind.

---

[17] Europäisches Parlament, Empfehlung für die zweite Lesung EP-Dok. AG-0131/2007 endg., 17.
[18] Vgl. Erwägungsgrund 28.
[19] Vgl. KOM(2005) 319 endg., 14.

Abs. 2 regelt nicht, nach welchem Prinzip die Verteilung der Einnahmen erfolgen muss. Für **17** die Verteilung der Einnahmen kommen daher verschiedene Modalitäten in Betracht. Denkbar ist eine Verteilung der Einnahmen in Abhängigkeit von der konkreten Nachfrage der Beförderungsleistung. Bei dieser Variante richtet sich die Verteilung des Fahrgelderlöses nach den tatsächlich beförderten Personen. Möglich wäre aber auch, die Verteilung der Fahrgelderlöse durch starre Prozentgrenzen festzulegen. Der Betreiber des öffentlichen Dienstes hätte in diesem Fall jedoch einen geringeren Anreiz, neue Kunden zu werben und seine Beförderungsleistung dementsprechend kundenorientiert auszurichten.

Soweit sich nach dem öffentlichen Dienstleistungsauftrag oder der allgemeinen Vorschrift **18** nichts anderes ergibt, umfassen die Einnahmen aus dem Fahrscheinverkauf sämtliche Erlöse, die durch den Verkauf der Fahrscheine erwirtschaftet werden. Ausschlaggebend ist das durch den Verkauf der Fahrscheine tatsächlich eingenommene Beförderungsentgelt unter Berücksichtigung einer etwaigen zwischen den Betreibern vorgenommenen Einnahmeaufteilung.[20] Die Einnahmen aus dem Fahrscheinverkauf können gemäß Art. 4 Abs. 2 entweder beim Betreiber eines öffentlichen Dienstes verbleiben, an die zuständige Behörde übergehen oder unter dem Betreiber und der zuständigen Behörde aufgeteilt werden. Der öffentliche Dienstleistungsauftrag kann somit sowohl als Brutto- als auch als Nettovertrag ausgestaltet sein.[21]

V. Regelhöchstlaufzeiten öffentlicher Dienstleistungsaufträge (Abs. 3)

Abs. 3 legt die zulässigen **Höchstlaufzeiten** öffentlicher Dienstleistungsaufträge in den ein- **19** zelnen Verkehrsbereichen fest. Die Regelung von Höchstlaufzeiten ist erforderlich, weil überlange Verträge bewirken, dass der Markt länger als aus sachlichen Gründen erforderlich und unter wettbewerblichen Gesichtspunkten sinnvoll ist, geschlossen bleibt.[22] Die in den Anwendungsbereich der VO 1370/2007 fallenden öffentlichen Dienstleistungsaufträge sind deshalb nach Abs. 3 S. 1 befristet zu vergeben, um die Qualität der Dienste sicherzustellen und zugleich den Wettbewerb möglichst wenig zu verzerren.[23] Vor diesem Hintergrund bestimmt Art. 4 Abs. 3, dass öffentliche Dienstleistungsaufträge für **Busverkehrsdienste** höchstens **zehn Jahre** laufen und öffentliche Dienstleistungsaufträge für Personenverkehrsdienste mit der **Eisenbahn** oder anderen schienengestützten Verkehrsträgern eine Höchstlaufzeit von **fünfzehn Jahre** haben dürfen. Die im Schienenverkehr gegenüber Busverkehrsdiensten längere Höchstlaufzeit ist dadurch gerechtfertigt, dass die Investitionslasten im schienengestützten Verkehr wesentlich höher als in den anderen Verkehrsbereichen sind, die von der VO 1370/2007 erfasst sind.[24] Abs. 3 S. 1 differenziert in Bezug auf die zulässigen Höchstlaufzeiten für schienengestützte Verkehrsträger nicht zwischen der Art des Schienenverkehrs. Erfasst werden somit alle schienengestützten Verkehre, unabhängig von der Art des Schienensystems. Erforderlich ist jedoch, dass die Verkehrsmittel tatsächlich schienengebunden sind und nicht wie beispielsweise Oberleitungsbusse auf der normalen Fahrbahn fahren.

Art. 4 Abs. 3 S. 2 beschränkt die Laufzeit von öffentlichen Dienstleistungsaufträgen, die meh- **20** rere Verkehrsträger umfassen, auf 15 Jahre, wenn der Verkehr mit der Eisenbahn oder anderen schienengestützten Verkehrsträgern mehr als 50% des Werts der vom Vertrag erfassten Verkehrsdienste ausmacht. Bei **gemischten Verkehrsträgern** ist somit für die zulässige Höchstlaufzeit entscheidend, welche Verkehrsart wertmäßig überwiegt. Beträgt der Wert des schienengestützten Verkehrs weniger als 50% des Gesamtwerts der vom Vertrag erfassten Verkehrsdienste, so kommt lediglich eine Vertragslaufzeit von höchstens zehn Jahren in Betracht. Für die Ermittlung des Werts eines Verkehrsdienstes ist auf Art. 2 lit. k zurückzugreifen; dort ist legal definiert, wie dieser zu bestimmen ist.[25]

VI. Längere Höchstlaufzeit (Abs. 4)

1. Längere Laufzeit unter Berücksichtigung der Amortisierungsdauer. Die in Abs. 3 **21** geregelte **Regelhöchstlaufzeit** öffentlicher Dienstleistungsaufträge kann gemäß Abs. 4, sofern

---

[20] Bestätigt wird dies durch den Wortlaut der englischen Fassung „revenue" und den Wortlaut der französischen Fassung „recettes", die ebenfalls auf die Einnahmen und nicht den Gewinn abstellen.
[21] Zur Abgrenzung zwischen Brutto- und Nettovertrag vgl. Kommentierung zu Art. 5 RdNr. 17.
[22] Erwägungsgrund 15.
[23] Erwägungsgrund 15.
[24] Bericht des Berichterstatters Meijer, EP-Dok A5–0364/2001 endg., 33.
[25] Vgl. Kommentierung zu Art. 2 lit. k RdNr. 30.

das unter Berücksichtigung der Amortisierungsdauer der für die Erbringung der Verkehrsdienste einzusetzenden Wirtschaftsgüter erforderlich ist, um höchstens **50% erhöht** werden. Voraussetzung dafür ist, dass der Betreiber eines öffentlichen Personenverkehrsdienstes Investitionen in Wirtschaftsgüter tätigen muss, deren **Amortisierungsdauer** außergewöhnlich **lang** ist,[26] und ein wirtschaftlicher Betrieb innerhalb der vertraglichen Höchstlaufzeit iSd. Abs. 3 nicht realisierbar wäre. Der Begriff „Amortisierungsdauer" wird durch die VO 1370/2007 nicht definiert. Zur Bestimmung dieses Begriffs kann jedoch auf die dazu im ersten Verordnungsvorschlag vom 26. 7. 2000[27] enthaltene – im Folgenden jedoch leicht modifizierte – Definition zurückgegriffen werden. Die Amortisierungsdauer ist danach der Zeitraum, in dem unter Zugrundelegung angemessener Abzinsungssätze zu erwarten ist, dass die Kosten des Wirtschaftsguts abzüglich des Wiederverkaufswerts durch die vom Betreiber beim Einsatz des betreffenden Wirtschaftsguts erzielten Nettoeinnahmen erstmals mindestens erreicht werden.[28]

22   Weitere Voraussetzung für die Zulässigkeit einer längeren Höchstlaufzeit von Verträgen ist, dass der Betreiber eines öffentlichen Personenverkehrsdienstes einen **„wesentlichen" Anteil** der für die Erbringung der Personenverkehrsdienste insgesamt erforderlichen **Wirtschaftsgüter** bereitstellt. Das bedeutet, der Anteil der vom Betreiber bereitzustellenden Wirtschaftsgüter müssen von entscheidender Bedeutung für die Erbringung des Personenverkehrsdienstes sein. Nicht ausreichend ist es, wenn er für den Dienstleistungsauftrag lediglich unwesentlich oder von völlig untergeordneter Bedeutung ist.[29] Zudem ist für eine Verlängerung der Höchstlaufzeit iSd. Art. 4 Abs. 4 erforderlich, dass die vom Betreiber bereitgestellten **Wirtschaftsgüter** vorwiegend an die vom Auftrag erfassten **Personenverkehrsdienste gebunden** sind. Diese Regelung soll sicherstellen, dass der Betreiber bestimmte Wirtschaftsgüter nicht für verschiedene Dienstleistungsaufträge einsetzt und sich für dieselben Wirtschaftsgüter mehrfach auf eine längere Amortisierungsdauer berufen kann. Die Wirtschaftsgüter dürfen daher nicht für mehrere verschiedene Dienstleistungsaufträge eingesetzt werden, sondern sind an den Dienstleistungsauftrag gebunden, dessen Höchstlaufzeit verlängert worden ist.

23   **2. Längere Höchstlaufzeit aufgrund einer besonderen geografischen Lage.** Abs. 3 UAbs. 2 lässt zu, die **Höchstlaufzeit** der in Abs. 3 beschriebenen öffentlichen Dienstleistungsaufträge in Gebieten äußerster Randlage um bis zu **50% zu verlängern.** Voraussetzung dafür ist, dass Kosten aufgrund der besonderen **geografischen** Lage des Leistungsgebiets entstehen. Allein die Tatsache, dass der öffentliche Dienstleistungsauftrag ein Gebiet äußerster **Randlage** betrifft, reicht für die Verlängerung der Höchstlaufzeit jedoch nicht aus. Gebiete äußerster Randlage sind die in Art. 299 EG (jetzt: Art. 349 AEUV) genannten Gebiete.[30] Darunter fallen die französischen überseeischen Departements,[31] die Azoren, Madeira und die Kanarischen Inseln. Charakteristisch für diese Gebiete sind eine geringe Bevölkerungsdichte, eine große Entfernung zum europäischen Festland, die Insellage (mit Ausnahme von Guayana) sowie andere strukturelle Nachteile.[32] Durch die Möglichkeit, die Höchstlaufzeiten bestimmter öffentlicher Dienstleistungsaufträge zu erhöhen, können bestehende strukturelle Nachteile, die sich auf die Amortisierungsdauer der Verkehrsdienste auswirken, ausgeglichen und kompensiert werden.

24   **3. Längere Höchstlaufzeit bei außergewöhnlichen Investitionen.** Abs. 4 UAbs. 3 bestimmt, dass ein öffentlicher Dienstleistungsauftrag eine längere, nicht näher bestimmte Höchstlaufzeit haben darf, wenn das durch die Abschreibung von Kapital in Verbindung mit außergewöhnlichen Investitionen gerechtfertigt ist und der öffentliche Dienstleistungsauftrag zudem in einem fairen wettbewerblichen Vergabeverfahren vergeben worden ist. Die nach Abs. 4 UAbs. 3 zulässige Höchstlaufzeit kann über die nach Abs. 4 UAbs. 1 und 2 zulässigen Laufzeiten hinausgehen.[33]

25   Voraussetzung für eine längere, **Laufzeit** ist zunächst, dass diese durch die **Abschreibung** von **Kapital** in Verbindung mit **außergewöhnlichen Investitionen** in Infrastruktur, Rollma-

---

[26] Vgl. Erwägungsgrund 15.

[27] KOM(2000) 7 endg.

[28] KOM(2000) 7 endg., 25.

[29] Vgl. EuGH, C-228/07, Slg. 2008, I-6989, RdNr. 45 – Petersen, wo „unwesentlich" mit „völlig untergeordnet" gleichgesetzt wird.

[30] Erwägungsgrund 15.

[31] Guadeloupe, Guayana, Martinique und Réunion, St. Pierre und Miquelon; vgl. *Calliess/Ruffert/Schmalenbach* Art. 299 EG RdNr. 6.

[32] *Mickel/Bergmann* lit. G.

[33] *Saxinger/Fischer* Verkehr und Technik 2008, 75, 78; vgl. Erwägungsgrund 15; Begründung des Rates v. 11. 12. 2006, Dok. 13736/1/06 REV 1 ADD 1, 9.

terial oder Fahrzeuge **gerechtfertigt** ist. Das bedeutet, der Betreiber des öffentlichen Dienstes muss außergewöhnliche Investitionen tätigen. Investitionen sind dann außergewöhnlich, wenn es sich um besonders hohe Beträge handelt.[34] Die betreffenden Investitionen müssen deutlich über das finanzielle Maß hinausgehen, das normalerweise für die Erbringung von Verkehrsdienstleistungen erforderlich ist. Das ist beispielsweise dann der Fall, wenn aufgrund des konkreten Dienstleistungsauftrages besondere Investitionen in die Infrastruktur durch den Bau von Tunneln oder Brücken erforderlich sind oder der Dienstleistungsauftrag eine besonders kostenintensive Ausstattung der Fahrzeuge notwendig macht.

Eine Verlängerung der Vertragslaufzeit nach Abs. 4 UAbs. 3 kommt jedoch nur dann in Betracht, wenn der öffentliche Dienstleistungsauftrag in einem **fairen wettbewerblichen Vergabeverfahren** vergeben wurde. Bei Direktvergaben scheidet eine Vertragsverlängerung gemäß Art. 4 Abs. 3 UAbs. 3 damit aus.[35] **26**

Macht die zuständige Behörde von einer längeren Laufzeit iSd. Abs. 4 UAbs. 3 Gebrauch, muss sie der Europäischen Kommission innerhalb eines Jahres nach Abschluss des Vertrages den öffentlichen Dienstleistungsauftrag und die Elemente, die seine längere Laufzeit rechtfertigen, übermitteln. Kommt ein Mitgliedstaat dieser Mitteilungspflicht nicht nach oder hat die Kommission Zweifel, ob die Bestimmungen des Abs. 4 UAbs. 3 eingehalten worden sind, kann die Kommission den Mitgliedstaat durch ein Mahnschreiben auffordern, sich zu den Vorwürfen zu äußern. Kommt der betreffende Mitgliedstaat dieser Aufforderung nicht nach oder ist die Kommission auch nach Durchführung des Mahnverfahrens von einem Vertragsverstoß überzeugt, so übermittelt sie dem Mitgliedstaat eine mit Gründen versehene Stellungnahme.[36] Kommt der Mitgliedstaat den in dieser Stellungnahme enthaltenen Forderungen nicht innerhalb der von der Kommission gesetzten Frist nach, so kann die Kommission nach Art. 258 AEUV **Klage** vor dem **Europäischen Gerichtshof** erheben.[37] Die Mitteilungspflicht der Mitgliedstaaten hat jedoch keinen drittschützenden Charakter. Konkurrenten können sich nicht darauf berufen, wenn die zuständige Behörde ihre Mitteilungspflicht gegenüber der Kommission verletzt. In Betracht kommt lediglich eine Beschwerde bei der Kommission.[38] **27**

VII. Sozialstandards (Abs. 5)

1. Gewährung von Arbeitnehmerrechten im Sinne der Richtlinie. Die zuständigen Behörden können gemäß Abs. 5 S. 1 den ausgewählten Betreiber eines öffentlichen Dienstes dazu verpflichten, Arbeitnehmern, die zuvor zur Erbringung der Dienste eingestellt worden sind, die Rechte zu gewähren, auf die sie Anspruch hätten, wenn ein Betriebsübergang im Sinne der **RL 2001/23/EG**[39] erfolgt wäre. Art. 4 Abs. 5 erfasst damit die Konstellation, in der ein zuvor bereits betriebener Personenbeförderungsdienst durch die Vergabe eines öffentlichen Dienstleistungsauftrages an einen anderen, als den ursprünglichen Betreiber vergeben wird. **28**

Die RL 2001/23/EG findet Anwendung auf den Übergang von Unternehmen, Betrieben oder Unternehmens- bzw. Betriebsteilen auf einen anderen Inhaber durch vertragliche Übertragung oder durch Verschmelzung.[40] Durch die Regelungen der RL 2001/23/EG sollen die Arbeitnehmeransprüche bei einem Inhaberwechsel gewahrt werden.[41] Die einzelnen Ansprüche und Rechte der Arbeitnehmer sind in Art. 3 bis 6 der RL 2001/23/EG geregelt. Art. 3 Abs. 1 der RL 2001/23/EG bestimmt beispielsweise, dass die Rechte und Pflichten des Veräußerers aus einem zum Zeitpunkt des Übergangs bestehenden Arbeitsvertrag auf den Erwerber übergehen. Zudem können die Mitgliedstaaten nach Art. 3 Abs. 2 der RL 2001/23/EG vorsehen, dass der Veräußerer und der Erwerber nach dem Zeitpunkt des Übergangs gesamtschuldnerisch für Verpflichtungen haften, die vor dem Betriebsübergang entstanden sind. **29**

---

[34] Vgl. Erwägungsgrund 15.
[35] *Saxinger/Fischer,* Verkehr und Technik 2008, 75, 78.
[36] Vgl. *Schwarze/Schwarze* Art. 226 EG RdNr. 13.
[37] *Streinz/Ehricke* Art. 226 EG RdNr. 25.
[38] *Calliess/Ruffert/Cremer* Art. 226 EG RdNr. 4.
[39] RL 2001/23 zur Angleichung der Rechtsvorschriften der Mitgliedstaaten über die Wahrung von Ansprüchen der Arbeitnehmer beim Übergang von Unternehmen, Betrieben oder Unternehmens- oder Betriebsteilen, ABl. 2001, L 82/16.
[40] Art. 1 Nr. 1 a RL 2001/23.
[41] Vgl. Erwägungsgrund 3 RL 2001/23.

30   Nach Abs. 5 „kann" die zuständige Behörde darüber entscheiden, ob der ausgewählte Betreiber eines öffentlichen Dienstes dazu verpflichtet wird, den zuvor zur Erbringung der Dienste eingestellten **Arbeitnehmern** im Falle eines Betreiberwechsels die in der **Richtlinie** geregelten **Ansprüche** und **Rechte** zu **gewähren.** Ob und in welchem Umfang die zuständige Behörde von dieser Möglichkeit Gebrauch macht und den Wechsel des Betreibers mit der Übertragung eines Unternehmens gleichstellt, liegt in ihrem **Ermessen.** Der den zuständigen Behörden durch Abs. 5 S. 1 eingeräumte Ermessensspielraum beruht auf der Intention der VO 1370/2007, den zuständigen Behörden aus Gründen der Flexibilität einen Handlungsspielraum einzuräumen, um transparente und vergleichbare Wettbewerbsbedingungen zu gewährleisten.[42] Entsprechend dem Subsidiaritätsprinzip ist daher davon Abstand genommen worden, die Bestimmungen über die Arbeitnehmerrechte als zwingend auszugestalten.[43]

31   **2. Weitere Sozialstandards im Sinne des Abs. 5.** Gemäß Abs. 5 S. 1 kann die zuständige Behörde den ausgewählten Betreiber unbeschadet des nationalen Rechts und des Gemeinschaftsrechts, einschließlich der Tarifverträge zwischen den Sozialpartnern, dazu verpflichten, übernommenen Arbeitnehmern Rechte im Sinne der RL 2001/23/EG zu gewähren. Das bedeutet, die Maßnahmen der zuständigen Behörden müssen im Einklang mit dem nationalen Recht und dem Gemeinschaftsrecht stehen. Art. 4 Abs. 5 berechtigt die zuständigen Behörden daher nicht nur zur Gewährung von Arbeitnehmerrechten iSd. RL 2001/23/EG, sondern auch zur **Festlegung** darüber hinausgehender **Arbeitnehmerrechte** und **Sozialstandards,** sofern diese mit dem nationalen Recht und dem Gemeinschaftsrecht vereinbar sind. Das entspricht auch der Intention der RL 2001/23/EG. So stellt Art. 8 der Richtlinie ausdrücklich klar, dass die Richtlinie die Möglichkeit der Mitgliedstaaten nicht einschränkt, für die Arbeitnehmer günstigere Rechts- oder Verwaltungsvorschriften zu erlassen. Die Bestimmung des jeweiligen „Sozialniveaus" steht somit im Ermessen der zuständigen Behörde.

32   Der Begriff des Sozialstandards wird durch die VO 1370/2007 nicht definiert. Standards sind nach allgemeinem Sprachgebrauch durch Vereinheitlichung geschaffene Maßstäbe.[44] Unter Sozialstandards im weitesten Sinne können sämtliche Übereinkommen zwischen Arbeitnehmer- und Arbeitgeberorganisationen sowie gesetzliche Regelungen verstanden werden, die auf die Verbesserung der Situation der Beschäftigten abzielen. Umfasst sind beispielsweise tarifvertraglich festgelegte Löhne und Urlaubsregeln sowie Sicherheitsvorkehrungen am Arbeitsplatz.[45]

33   **3. Aufnahme der Sozialstandards in die Unterlagen des wettbewerblichen Vergabeverfahrens und in die öffentlichen Dienstleistungsaufträge.** Zur Wahrung des Transparenzgebotes müssen die Bewerber klar und vor allem in gleicher Weise erkennen können, welche Sozialstandards sie einhalten müssen.[46] Die von den ausgewählten Betreibern einzuhaltenden Sozialstandards müssen deshalb in die Unterlagen des wettbewerblichen Vergabeverfahrens und die öffentlichen Dienstleistungsaufträge aufgenommen werden. Dabei sind die betreffenden Arbeitnehmer aufzuführen und transparente Angaben zu ihren vertraglichen Rechten und zu den Bedingungen zu machen, unter denen sie in einem Verhältnis zu den betreffenden Diensten stehen.

VIII. Qualitätsstandards (Abs. 6)

34   **1. Begriff des Qualitätsstandards.** Gemäß Abs. 6 können die zuständigen Behörden die Betreiber eines öffentlichen Dienstes dazu verpflichten, bestimmte Qualitätsstandards einzuhalten. Der Begriff des Qualitätsstandards wird durch die VO 1370/2007 nicht definiert. Zur Begriffsbestimmung kann jedoch die **DIN EN 13 816:2002** über Definition, Festlegung von Leistungszielen und Messung der Servicequalität herangezogen werden.[47] Die DIN EN 13 816: 2002 ist eine europäische Norm, die durch Veröffentlichung in Deutschland den Status einer deutschen Norm erhalten hat.[48] Sie dient dazu, die Qualität von Verkehrsdienstleistungen messbar zu machen. Qualität im Sinne der DIN EN 13 816:2002 ist der Grad der Übereinstimmung

---

[42] Vgl. Erwägungsgrund 17.

[43] Begründung des Rates v. 11. 12. 2006, Dok. 13 736/1/06 REV 1 ADD 1, 9.

[44] Brockhaus in sechs Bänden, 2008, 977 (unter „Standard").

[45] Deutsche Gesellschaft für Technische Zusammenarbeit, (GTZ) GmbH, Sozialstandards in der Weltwirtschaft, 5.

[46] *Schröder* NVwZ 2008, 1288, 1291.

[47] Ähnliche Kriterien wie in der DIN EN 13 816:2002 sah der erste Entwurf der Verordnung in Art. 4 Abs. 2, KOM(2000) 7 endg., 26, vor.

[48] DIN EN 13 816:2002, Vorwort der EN 13 816:2002, 3, Vorwort der DIN EN 13 816:2002, 1.

zwischen der Summe der Eigenschaften des Produktes und den Anforderungen der Kunden.[49] Die Gesamtqualität des öffentlichen Personenverkehrs beruht auf einer großen Anzahl von Kriterien. Die Kriterien entsprechen der Wahrnehmung der erbrachten Leistung durch die Kunden; sie werden in der DIN EN 13816:2002 in acht Kriterien eingeteilt. Die acht **Qualitätskriterien** der DIN EN 13816:2002 sind: Verfügbarkeit, Zugänglichkeit, Information, Zeit, Kundenbetreuung, Komfort, Sicherheit und Umwelteinflüsse.[50] Die Anwendung der DIN EN 13816:2002 und der in ihr definierten Qualitätskriterien wird den für die Beschaffung von Dienstleistungen im öffentlichen Personenverkehr zuständigen Behörden und amtlichen Stellen bei der Vorbereitung von Ausschreibungen empfohlen.[51]

Verpflichtet die zuständige Behörde die Betreiber dazu, Qualitätsanforderungen nach der **35** DIN EN 13816:2002 einzuhalten, so besteht für Unternehmen, die sich um die Vergabe des öffentlichen Dienstleistungsauftrages bewerben, die Möglichkeit, durch eine Konformitätsbestätigung einer unabhängigen Zertifizierungsstelle nachzuweisen, dass sie die Anforderungen der DIN EN 13816:2002 erfüllen.

2. Festlegung der Qualitätsstandards durch die zuständige Behörde. Die Festlegung **36** der Qualitätsstandards durch die zuständigen Behörden erfolgt im Einklang mit dem nationalen Recht und steht in ihrem **Ermessen.** Das bedeutet, dass die zuständigen Behörden darüber entscheiden können, ob und in welchem Umfang sie Qualitätsstandards festlegen, sofern diese nicht im Widerspruch zu den nationalen Regelungen stehen. Diese Entscheidungsfreiheit der zuständigen Behörden entspricht dem Bestreben der VO 1370/2007 den zuständigen Behörden eine weitgehenden Handlungsspielraum einzuräumen, um transparente und gleichwertige Wettbewerbsbedingungen zwischen Betreibern zu gewährleisten.[52]

3. Aufnahme der Qualitätsstandards in die Unterlagen des wettbewerblichen Ver- **37** **gabeverfahrens und die öffentlichen Dienstleistungsaufträge.** Die von der zuständigen Behörde festgelegten Qualitätsstandards sind gemäß Art. 4 Abs. 6 in die Unterlagen des wettbewerblichen Vergabeverfahrens und die öffentlichen Dienstleistungsaufträge aufzunehmen. Entsprechend dem Grundsatz der Nichtdiskriminierung und der Transparenz ist die geforderte Qualität als Teil der Leistungsbeschreibung so eindeutig und erschöpfend zu beschreiben, dass sie von allen Bietern in der gleichen Weise verstanden werden kann,[53] um einen fairen Wettbewerb zu gewährleisten.

IX. Vergabe von Unteraufträgen (Abs. 7)

1. Unteraufträge. Abs. 7 bestimmt, dass in den Unterlagen des wettbewerblichen Verfah- **38** rens und in den öffentlichen Dienstleistungsaufträgen transparent anzugeben ist, ob und in welchem Umfang eine Vergabe von Unteraufträgen in Betracht kommt. Die VO 1370/2007 definiert nicht, was auf ihrer Grundlage unter einem Unterauftrag zu verstehen ist. Europarechtliche Vorgaben für die Regelung von Unteraufträgen finden sich jedoch in Art. 25 der RL 2004/17/EG und in Art. 37 der RL 2004/18/EG. Nach den inhaltlich identischen Regelungen der RL 2004/17/EG und 2004/18/EG kann der öffentliche Auftraggeber die Bieter auffordern, ihm im Angebot den Teil des Auftrages, den der Bieter ggf. im Wege von Unteraufträgen an Dritte vergeben möchte, bekannt zu geben. Unter einem Unterauftrag iSd. Vergaberichtlinien versteht man daher die **Übertragung** von **Teilen** der **Leistung** auf einen **Dritten.** Der Dritte ist der Unterauftragnehmer und steht zum Auftraggeber in keinem vertraglichen Verhältnis.[54] Das Vertragsverhältnis des Unterauftrags besteht vielmehr zwischen dem Auftragnehmer und dem Unterauftragnehmer.[55] Auf diese vergaberechtliche Definition kann im Rahmen der VO 1370/2007 zurückgegriffen werden.

2. Beschränkung der Unterauftragsvergabe. Nach Abs. 7 S. 1 ist in den Unterlagen des **39** wettbewerblichen Vergabeverfahrens und den öffentlichen Dienstleistungsaufträgen transparent anzugeben, „ob" und „in welchem Umfang" eine Vergabe von Unteraufträgen in Betracht kommt. Im Gegensatz zum allgemeinen Vergaberecht, kann die Vergabe von Unteraufträgen

---

[49] *Eichmann/Berschin/Bracher/Winter* 30.
[50] DIN EN 13816:2002, 8.
[51] DIN EN 13816:2002, 5.
[52] Vgl. Erwägungsgrund 17.
[53] Vgl. *Müller-Wrede/Noch* § 8 VOL/A RdNr. 21.
[54] *Kulartz/Marx/Portz/Prieß/Vavra* § 10 VgV RdNr. 7.
[55] *Müller-Wrede/Greb* § 10 VgV RdNr. 7.

im Anwendungsbereich der VO 1370/2007 beschränkt werden. Die Entscheidung darüber, „ob" Unteraufträge vergeben werden dürfen, liegt im **Ermessen** der zuständigen Behörde. Bezüglich des Umfangs der Unterauftragsvergabe wird das Ermessen der Behörde durch Abs. 7 S. 2 begrenzt, wonach der mit der Verwaltung und Erbringung öffentlicher Personenverkehrsdienste betraute Betreiber verpflichtet ist, einen bedeutenden Teil der öffentlichen Personenverkehrsdienste selbst zu erbringen.

40   Ob und in welchem Umfang Unteraufträge vergeben werden können, ist zudem „transparent" in den Unterlagen des wettbewerblichen Vergabeverfahrens und den öffentlichen Dienstleistungsaufträgen anzugeben. Das bedeutet, dass für potentielle Bieter eindeutig und klar zu erkennen sein muss, ob und unter welchen Bedingungen eine Vergabe von Unteraufträgen in Betracht kommt. Nur auf diese Weise können sich potentielle Bieter ein sachgerechtes Bild vom Auftrag machen und entsprechende Angebote abgeben.[56]

41   **a) Selbsterbringung eines bedeutenden Teils.** Nach Abs. 7 S. 2 ist der mit der Verwaltung und Erbringung von öffentlichen Personenverkehrsdiensten betraute Betreiber verpflichtet, einen bedeutenden Teil der öffentlichen Personenverkehrsdienste selbst zu erbringen. Die VO 1370/2007 regelt nicht, was unter einem **„bedeutenden Teil"** der öffentlichen Personenverkehrsdienste zu verstehen ist. Zur Auslegung dieses unbestimmten Rechtsbegriffs kann jedoch der Wortlaut und die Entstehungsgeschichte der VO 1370/2007 herangezogen werden. Bereits der Wortlaut spricht dafür, dass unter einem „bedeutenden Teil" in Abgrenzung zum weitergehenden Begriff des überwiegenden Teils ein prozentualer Anteil gemeint sein muss, der jedenfalls unter 50% liegt. Gestützt wird diese Auslegung dadurch, dass sich der Änderungsantrag des Parlaments,[57] der die Eigenerbringung eines überwiegenden Teils vorsah, gerade nicht durchsetzen konnte. Sinn und Zweck der in Abs. 7 S. 2 geregelten Selbsterbringungsquote ist die Sicherung von Qualitätsstandards[58] und die Verhinderung von Lohndumping. Auf der anderen Seite wird durch die Vergabe von Unteraufträgen die Förderung kleinerer und mittelständischer Unternehmen bezweckt.[59] Um dem Sinn und Zweck des Art. 4 Abs. 7 gerecht werden zu können, ist daher bei der Bestimmung des **bedeutenden Teils** von einem Prozentsatz auszugehen, der bei ca. **20–30%** liegt. Dieser Prozentsatz entspricht zudem der nationalen Auslegung zu § 4 Abs. 3 VgV, wonach bei der Bestimmung des „wesentlichen Teils" der durch den Vertrag bestellten Leistung von einem prozentualen Anteil von 20–35% ausgegangen wird.[60] Vor dem Hintergrund, dass den Worten „wesentlich" und „bedeutend" eine ähnliche Gewichtung zukommt, kann diese Interpretation im Rahmen der Auslegung des Abs. 7 zumindest mittelbar berücksichtigt werden.

42   Der Begriff **„Teil"** des öffentlichen Personenverkehrsdienstes bezieht sich auf den Wert der vertragsgegenständlichen Dienste. Der Begriff „Wert" eines Verkehrsdienstes ist in Art. 2 lit. k legal definiert.[61] Gemäß Abs. 7 S. 2 ist der betraute Betreiber hinsichtlich des bedeutenden Teils der öffentlichen Personenverkehrsdienste verpflichtet, diesen „selbst" und somit in **Eigenleistung** zu erbringen. Bereits aus dem Wortlaut des Abs. 7 S. 2 ergibt sich daher, dass der Betreiber zur Erbringung des bedeutenden Teils keinen Dritten einschalten darf. Mit der Beschränkung der Unterauftragsvergabe weicht der Gesetzgeber von der im Anwendungsbereich des EU-Vergaberechts geltenden Rechtslage ab.[62] Gerechtfertigt ist diese Abweichung dadurch, dass die VO 1370/2007 im Gegensatz zu den Vergaberichtlinien nicht dazu dient, Beschränkungen des Zugangs zur öffentlichen Auftragsvergabe aufzuheben, sondern in erster Linie dazu dient, die Gewährleistung sicherer, effizienter und hochwertiger Personenverkehrsdienste sicherzustellen.[63]

43   **b) Vollständige Übertragung des Betriebs auf Unterauftragnehmer.** Gemäß Abs. 7 S. 3 „kann" ein öffentlicher Dienstleistungsauftrag, der gleichzeitig Planung, Aufbau und Betrieb öffentlicher Personenverkehrsdienste umfasst, eine vollständige Übertragung des Betriebs dieser Dienste an Dritte vorsehen. Die Entscheidung darüber, „ob" eine vollständige Übertragung des Betriebs an Unterauftragnehmer in Betracht kommt, liegt somit im Ermessen der zu-

---

[56] *Kulartz/Marx/Portz/Prieß/Prieß* § 8 VgV RdNr. 10.
[57] Europäisches Parlament, Empfehlung für die zweite Lesung, A6–0131/2007 endgültig, 20.
[58] Europäisches Parlament, Empfehlung für die zweite Lesung, A6–0131/2007 endgültig, 20.
[59] Vgl. Erwägungsgrund 19.
[60] *Prieß/Pukall* VergabeR 2003, 11, 15; *Byok/Jaeger/Kühnen* § 4 VgV RdNr. 1529.
[61] Vgl. Kommentierung zu Art. 2 lit. k.
[62] Vgl. Art. 53 Abs. 4, Art. 54 Abs. 5 RL 2004/17 und Art. 47 Abs. 2, Art. 48 Abs. 3 RL 2004/18 sowie EuGH, C-314/01, Slg. 2004, I-02549 – Siemens/Arge Telekom.
[63] Vgl. Erwägungsgrund 4 und Erwägungsgrund 19.

ständigen Behörde. Die Begriffe „Aufbau" und „Planung" eines öffentlichen Personenverkehrsdienstes umfassen alle Maßnahmen im Vorfeld des Betriebs. Der Betrieb stellt die tatsächliche Erbringung der Leistung dar und umfasst die tatsächliche Ausführung der Personenbeförderungsleistung gegenüber dem Endverbraucher, einschließlich der zugehörigen Verwaltung. Aus dem Wortlaut des Art. 4 Abs. 7 ergibt sich, dass nur der Betrieb der Personenverkehrsdienste vollständig auf Unterauftragnehmer übertragen werden darf. Planung und Aufbau des Personenverkehrsdienstes müssen hingegen beim Auftragnehmer verbleiben. Abs. 7 S. 3 ist zudem aufgrund seiner systematischen Stellung im Zusammenhang mit Abs. 7 S. 2 auszulegen. Das bedeutet, dass auch im Rahmen des Abs. 7 S. 3 einer der Unterauftragnehmer einen „bedeutenden Teil" der Leistung erbringen muss. Anderenfalls bestünde die Gefahr, dass das mit Abs. 7 S. 2 verfolgte Ziel, Qualitätsstandards zu sichern und Lohndumping zu verhindern durch Abs. 7 S. 3 umgangen werden könnte.

c) Bedingungen der Vergabe von Unteraufträgen. Nach Abs. 7 S. 4 sind die Bedin- **44** gungen für die Vergabe von Unteraufträgen im öffentlichen Dienstleistungsauftrag zu regeln. Die Bedingungen für die Vergabe von Unteraufträgen richten sich nach dem nationalen Recht und dem Gemeinschaftsrecht. Der Gemeinschaftsgesetzgeber hat sich dafür entschieden, durch die VO 1370/2007 lediglich zu regeln, „ob" und „in welchen Umfang" eine Vergabe von Unteraufträgen in Betracht kommt. Hinsichtlich der Art und Weise der Unterauftragsvergabe bleibt es hingegen durch die Verweisung in Abs. 7 S. 4 bei den jeweils aktuellen nationalen und gemeinschaftlichen Regelungen. Die **Verweisung** ist somit **dynamisch** zu verstehen.

Aus Gründen der Rechtssicherheit sind die für die Vergabe von Unteraufträgen geltenden **45** Bedingungen ausdrücklich in den öffentlichen Dienstleistungsauftrag aufzunehmen. Eine Verweisung auf die jeweils einschlägigen Bestimmungen genügt nicht. Durch die ausdrückliche Aufnahme der einzelnen Regelungen können die Bewerber, die sich um den öffentlichen Dienstleistungsauftrag bewerben, von vornherein erkennen, welche Verpflichtungen bei der Vergabe von Unteraufträgen auf sie zukommen.[64]

Art. 5 Vergabe öffentlicher Dienstleistungsaufträge

(1) Öffentliche Dienstleistungsaufträge werden nach Maßgabe dieser Verordnung vergeben. Dienstleistungsaufträge oder öffentliche Dienstleistungsaufträge gemäß der Definition in den Richtlinien 2004/17/EG oder 2004/18/EG für öffentliche Personenverkehrsdienste mit Bussen und Straßenbahnen werden jedoch gemäß den in jenen Richtlinien vorgesehenen Verfahren vergeben, sofern die Aufträge nicht die Form von Dienstleistungskonzessionen im Sinne jener Richtlinien annehmen. Werden Aufträge nach den Richtlinien 2004/17/EG oder 2004/18/EG vergeben, so sind die Absätze 2 bis 6 des vorliegenden Artikels nicht anwendbar.

(2) Sofern dies nicht nach nationalem Recht untersagt ist, kann jede zuständige örtliche Behörde – unabhängig davon, ob es sich dabei um eine einzelne Behörde oder eine Gruppe von Behörden handelt, die integrierte öffentliche Personenverkehrsdienste anbietet – beschließen, selbst öffentliche Personenverkehrsdienste zu erbringen oder öffentliche Dienstleistungsaufträge direkt an eine rechtlich getrennte Einheit zu vergeben, über die die zuständige örtliche Behörde – oder im Falle einer Gruppe von Behörden wenigstens eine zuständige örtliche Behörde – eine Kontrolle ausübt, die der Kontrolle über ihre eigenen Dienststellen entspricht. Fasst eine zuständige örtliche Behröde diesen Beschluss, so gilt Folgendes:

a) Um festzustellen, ob die zuständige örtliche Behörde diese Kontrolle ausübt, sind Faktoren zu berücksichtigen, wie der Umfang der Vertretung in Verwaltungs-, Leitungs- oder Aufsichtsgremien, diesbezügliche Bestimmungen in der Satzung, Eigentumsrechte, tatsächlicher Einfluss auf und tatsächliche Kontrolle über strategische Entscheidungen und einzelne Managemententscheidungen. Im Einklang mit dem Gemeinschaftsrecht ist zur Feststellung, dass eine Kontrolle im Sinne dieses Absatzes gegeben ist, – insbesondere bei öffentlich-privaten Partnerschaften – nicht zwingend erforderlich, dass die zuständige Behörde zu 100% Eigentümer ist, sofern ein beherrschender öffentlicher Einfluss besteht und aufgrund anderer Kriterien festgestellt werden kann, dass eine Kontrolle ausgeübt wird.

---

[64] *Daub/Eberstein/Zdzieblo* § 10 VgV RdNr. 11.

b) Die Voraussetzung für die Anwendung dieses Absatzes ist, dass der interne Betreiber und jede andere Einheit, auf die dieser Betreiber einen auch nur geringfügigen Einfluss ausübt, ihre öffentlichen Personenverkehrsdienste innerhalb des Zuständigkeitsgebiets der zuständigen örtlichen Behörde ausführen – ungeachtet der abgehenden Linien oder sonstiger Teildienste, die in das Zuständigkeitsgebiet benachbarter zuständiger örtlicher Behörden führen – und nicht an außerhalb des Zuständigkeitsgebiets der zuständigen örtlichen Behörde organisierten wettbewerblichen Vergabeverfahren für die Erbringung von öffentlichen Personenverkehrsdiensten teilnehmen.

c) Ungeachtet des Buchstabens b kann ein interner Betreiber frühestens zwei Jahre vor Ablauf des direkt an ihn vergebenen Auftrags an fairen wettbewerblichen Vergabeverfahren teilnehmen, sofern endgültig beschlossen wurde, die öffentlichen Personenverkehrsdienste, die Gegenstand des Auftrags des internen Betreibers sind, im Rahmen eines fairen wettbewerblichen Vergabeverfahrens zu vergeben und der interne Betreiber nicht Auftragnehmer anderer direkt vergebener öffentlicher Dienstleistungsaufträge ist.

d) Gibt es keine zuständige örtliche Behörde, so gelten die Buchstaben a, b, und c für die nationalen Behörden in Bezug auf ein geografisches Gebiet, das sich nicht auf das gesamte Staatsgebiet erstreckt, sofern der interne Betreiber nicht an wettbewerblichen Vergabeverfahren für die Erbringung von öffentlichen Personenverkehrsdiensten teilnimmt, die außerhalb des Gebiets, für das der öffentliche Dienstleistungsauftrag erteilt wurde, organisiert werden.

e) Kommt eine Unterauftragsvergabe nach Artikel 4 Absatz 7 in Frage, so ist der interne Betreiber verpflichtet, den überwiegenden Teil des öffentlichen Personenverkehrsdienstes selbst zu erbringen.

(3) Werden die Dienst Dritter, die keine internen Betreiber sind, in Anspruch genommen, so müssen die zuständigen Behörden die öffentlichen Dienstleistungsaufträge außer in den in den Absätzen 4, 5 und 6 vorgesehenen Fällen im Wege eines wettbewerblichen Vergabeverfahrens vergeben. Das für die wettbewerbliche Vergabe angewandte Verfahren muss allen Betreibern offen stehen, fair sein und den Grundsätzen der Transparenz und Nichtdiskriminierung genügen. Nach Abgabe der Angebote und einer eventuellen Vorauswahl können in diesem Verfahren unter Einhaltung dieser Grundsätze Verhandlungen geführt werden, um festzulegen, wie der Besonderheit oder Komplexität der Anforderungen am besten Rechnung zu tragen ist.

(4) Sofern dies nicht nach nationalem Recht untersagt ist, können die zuständigen Behörden entscheiden öffentliche Dienstleistungsaufträge, die entweder einen geschätzten Jahresdurchschnittswert von weniger als 1 000 000 EUR oder eine jährliche öffentliche Personenverkehrsleistung von weniger als 300 000 km aufweisen, direkt zu vergeben.

Im Falle von öffentlichen Dienstleistungsaufträgen, die direkt an kleine oder mittlere Unternehmen, die nicht mehr als 23 Fahrzeuge betreiben, vergeben werden, können diese Schwellen entweder auf einen geschätzten Jahresdurchschnittswert von weniger als 2 000 000 EUR oder eine jährliche öffentliche Personenverkehrsleistung von weniger als 600 000 km erhöht werden.

(5) Die zuständige Behörde kann im Fall einer Unterbrechung des Verkehrsdienstes oder bei unmittelbarer Gefahr des Eintretens einer solchen Situation eine Notmaßnahme ergreifen. Diese Notmaßnahme besteht in der Direktvergabe oder einer förmlichen Vereinbarung über die Ausweitung eines öffentlichen Dienstleistungsauftrags oder einer Auflage, bestimmte gemeinwirtschaftliche Verpflichtungen zu übernehmen. Der Betreiber eines öffentlichen Dienstes hat das Recht, gegen den Beschluss zur Auferlegung der Übernahme bestimmter gemeinwirtschaftlicher Verpflichtungen Widerspruch einzulegen. Die Vergabe oder Ausweitung eines öffentlichen Dienstleistungsauftrags als Notmaßnahme oder die Auferlegung der Übernahme eines derartigen Auftrags ist für längstens zwei Jahre zulässig.

(6) Sofern dies nicht nach nationalem Recht untersagt ist, können die zuständigen Behörden entscheiden, öffentliche Dienstleistungsaufträge im Eisenbahnverkehr – mit Ausnahme anderer schienengestützter Verkehrsträger wie Untergrund- oder

Straßenbahnen – direkt zu vergeben. Abweichen von Artikel 4 Absatz 3 haben diese Aufträge eine Höchstlaufzeit von zehn Jahren, soweit nicht Artikel 4 Absatz 4 anzuwenden ist.

(7) Die Mitgliedstaaten treffen die erforderlichen Maßnahmen, um sicherzustellen, dass die gemäß den Absätzen 2 bis 6 getroffenen Entscheidungen wirksam und rasch auf Antrag einer Person überprüft werden können, die ein Interesse daran hat, bzw. hatte, einen bestimmten Auftrag zu erhalten, und die angibt, durch einen Verstoß dieser Entscheidungen gegen Gemeinschaftsrecht oder nationale Vorschriften zur Durchführung des Gemeinschaftsrechts geschädigt zu sein oder geschädigt werden zu können.

Sind die für die Nachprüfungsverfahren zuständigen Stellen keine Gerichte, so sind ihre Entscheidungen stets schriftlich zu begründen. In einem solchen Fall ist ferner zu gewährleisten, dass Beschwerden aufgrund rechtswidriger Handlungen der Nachprüfungsstellen oder aufgrund fehlerhafter Ausübung der diesen Übertragenen Befugnisse der gerichtlichen Überprüfung oder der Überprüfung durch andere Stellen, die Gerichte im Sinne von Artikel 234 des Vertrags und unabhängig von der vertragsschließenden Behörde und der Nachprüfungsstellen sind, unterzogen werden.

Übersicht

Hölzl   1817

Schrifttum: *Altmeppen,* Die Einflussrechte der Gemeindeorgane in einer kommunalen GmbH, NJW 2003, 2561; *ders.,* in: *Roth/Altmeppen,* GmbHG Kommentar, 5. Aufl. 2005; *Antweiler,* Antragsbefugnis und Antragsfrist für Nachprüfungsanträge von Nichtbewerbern und Nichtbietern, VergabeR 2004, 702; *Arrowsmith,* The Law of Public and Utilities Procurement, 2. Aufl. 2005; *Baumeister/Klinger,* Perspektiven des Vergaberechts im straßengebundenen ÖPNV durch die Novellierung der Verordnung (EWG) Nr. 1191/ 69, NZBau 2005, 601; *Bidinger,* Kommentar zum Personenbeförderungsgesetz, 2. Aufl. 2006; *Blessing,* Öf-fentlich-rechtliche Anstalten unter Beteiligung Privater, 2008; *Bock,* Die Ausschreibungspflicht im Schie-nenpersonennahverkehr, 2010; *Breuer,* Urteile mitgliedstaatlicher Gerichte als möglicher Gegenstand eines Vertragsverletzungsverfahrens gem. Art. 226 EG?, EuZW 2004, 199; *Burgi,* Die Vergabe von Dienstlei-stungskonzessionen: Verfahren, Vergabekriterien, Rechtsschutz, NZBau 2005, 610; *Costa-Zahn/Lutz,* Die Reform der Rechtsmittelrichtlinien, NZBau 2008, 22; *von Danwitz,* Europäisches Verwaltungsrecht, 2008; *Dreher,* Das In-house-Geschäft, NZBau 2004, 14; *Dreher/Hoffmann,* Die Informations- und Wartepflicht sowie die Unwirksamkeitsfolge nach den neuen §§ 101 a und 101 b GWB, NZBau 2009, 216; *Ehlers,* Rechtsprobleme der Kommunalwirtschaft, DVBl 1998, 497; *ders.,* Das neue Kommunalwirtschaftsrecht in Nordrhein-Westfalen, NWVBl 2000, 1; *Endler,* Privatisierung und Vergaberecht, NZBau 2002, 125, 131; *Faber,* Aktuelle Entwicklungen des Drittschutzes gegen die kommunale wirtschaftliche Betätigung, DVBl 2003, 761; *ders.,* in: *Fabry/Augsten,* Unternehmen der öffentlichen Hand, 2002; *Fehling/Niehnus,* Der euro-päische Fahrplan für einen kontrollierten Ausschreibungswettbewerb im ÖPNV, DÖV 2008, 662; *Frenz,* Rechtsmitteländerungsrichtlinie und Folgen einer Vergaberechtswidrigkeit, VergabeR 2009, 1; *Garner/Black,* Black's Law Dictionary, 8. Aufl. 2004; *Gerstner,* in: *Sellner/Hermes,* Beck'scher AEG-Kommentar, 2006; *Gommlich/Wittig/Schimanek,* Zuschussverträge im Bereich des Bus- und Eisenbahnverkehrs – Direktvergabe oder europaweite Ausschreibung?, NZBau 2006, 473; *Griem/Klinger,* Keine Pflicht zur Vergabe von Aufträ-gen über Schienenpersonennahverkehrsleistungen im Wettbewerb?, TranspR 2004, 206; *Gröning,* Kommu-nalrechtliche Grenzen der wirtschaftlichen Betätigung der Gemeinden und Drittschutz auf dem ordentli-chen Rechtsweg, WRP 2002, 17; *Haratsch/Koenig/Pechstein,* Europarecht, 7. Aufl. 2010; *Hattig/Ruhland,* Die Rechtsfigur der Dienstleistungskonzession, NZBau 2005, 626; *Hölzl/Friton,* Entweder – Oder: Eig-nungs- sind keine Zuschlagskriterien, NZBau 2008, 307; *Holler,* Der gemeinsame Standpunkt des Rates zum geänderten Vorschlag der Kommission für eine Verordnung über öffentliche Personenverkehrsdienste auf Schiene und Straße, IR 2006, 152; *Jasper/Arnold,* Die Ausschreibungspflicht im Fall der „Stadt Möd-ling", NZBau 2006, 24; *Jasper/Seidel/Telenta,* Direktvergaben vs. Grundrechte im Schienenpersonennah-verkehr, IR 2008, 346; *Jennert,* In-house-Vergabe nach „Carbotermo": Bei der kommunalen GmbH möglich, beim Zweckverband nicht?, NZBau 2006, 421; *Kirchner,* Kurzfassung der Studie Liberalisierungsindex Bahn 2007, Stand: 17. 10. 2007; *Knauff,* Der Kommissionsvorschlag für eine Novelle der VO 1191/69, DVBl 2006, 339; *ders./Streit,* Die Reform des EU-Vergaberechtsschutzes – Überblick unter Berücksichtigung des Entwurfs des Vergaberechtsmodernisierungsgesetzes, EuZW 2009, 37; *Köster,* Gesetzgebung ohne den Gesetzgeber? Zur „Regulierung" der Auftragsvergabe im Unterschwellenbereich durch die EU-Kommis-sionsmitteilung vom 24. Juli 2006, ZfBR 2007, 127; *Krohn,* „Aus" für In-house-Vergaben an gemischtwirt-schaftliche Unternehmen, NZBau 2005, 92; *Kulartz,* Vergaberecht und Verkehr – Rechtsrahmen für Aus-schreibungspflichten, NZBau 2001, 173; *Lück/Ortner,* Übertragung der Personenbeförderung im Linienverkehr auf Dritte aus dem Blickwinkel des Vergaberechts, VergabeR 2005, 413; *Lutz,* Die Mitteilung der Europäischen Kommission zur Vergabe von Aufträgen, die nicht unter die europäischen Vergaberichtlinien fallen, Vergaberecht 2007, 372; *Mann,* Die öffentlich-rechtliche Gesellschaft, 2002; *Marx,* Vergabe von Aufträgen im SPNV, Der Nahverkehr 2003, 28; *Michaels,* Vergabefreiheit der Rekommunalisierung von Entsorgungsleistungen, NZBau 2004, 27; *Nehl,* Europäisches Verwaltungsverfahren und Gemeinschaftsverfassung: eine Studie gemeinschaftsrechtlicher Verfahrensgrundsätze unter besonderer Berücksichtigung „mehrstufiger" Verwaltungsverfahren, 2002; *Niestedt/Hölzl,* Um Kleinigkeiten kümmert sich der Prätor nicht! – Relevanz und Konsequenz der Änderung laufender Verträge im Lichte des Vergaberechts, NJW 2008, 3321; *Osterloh,* in: *Sachs,* Grundgesetz: Kommentar, 5. Aufl. 2009; *Otting/Scheps,* Direktvergabe von Eisenbahnverkehrsdienstleistungen nach der neuen VO (EG) Nr. 1370/2007, NVwZ 2008, 499; *Pape/Holz,* Die Voraussetzungen vergabefreier In-house-Geschäfte, NJW 2008, 2264; *Pietzcker,* Vergaberechtliche Sanktionen und Grundrechte, NZBau 2003, 242; *Prieß,* Die Leistungsbeschreibung – Kernstück des Vergabeverfahrens, Teil 1: NZBau 2004, 20, Teil 2: NZBau 2004, 87; *ders.,* Ausschreibungspflicht für Verkehrsverträge im Schienenpersonennahverkehr?, NZBau 2002, 539; *ders./Decker,* Die Beteiligungsfähigkeit von Generalübernehmern in VOB/Vergabeverfahren – keine Frage der Schwellenwerte, VergabeR 2004, 159; *ders./ Kaufmann,* Die Vergabewelle kommt, Behördenspiegel, Ausgabe Mai 2008, 25; *ders./Niestedt,* Rechtsschutz im Vergaberecht, 2006; *Puhl,* Der Staat als Auftraggeber, WDStRL 2001, 456; *Pünder,* Die Vergabe von Personenverkehrsdienstleistungen in Europa und die völkerrechtlichen Vorgaben des WTO-Beschaffungsübereinkommens, EuR 2007, 564; *Rödl & Partner,* Rechtsgutachten: Novellierungserfordernisse im nationalen Personenbeförderungsrecht aufgrund der Verordnung (EG) 1370/2007, 2008; *Saxinger/Fischer,* Die Verordnung (EG) Nr. 1370/2007 – Der neue Rechtsrahmen für den öffentlichen Personennahverkehr, Verkehr und Technik 2008, 75; *Schink,* Wirtschaftliche Betätigung kommunaler Unternehmen, NVwZ 2002, 129; *Schröder,* Inhalt, Gestaltung und Praxisfragen des wettbewerblichen Vergabeverfahrens nach der neuen europäischen ÖPNV-Verordnung, NVwZ 2008, 1288; *Siegel,* Wie rechtssicher sind In-House-Geschäfte? – Aktuelle Entwicklungstendenzen in der Rechtsprechung des EuGH, NVwZ 2008, 7; *Tettinger/Mann,* in: *Sachs,* Grundgesetz Kommentar, 5. Aufl. 2009; *Tödtmann/Schauer,* Aktuelle Rechtsfragen zum öffentlichen Personennahverkehr – Nationale und europäische Rechtsentwicklung sowie Konsequenzen für die Praxis, NVwZ 2008, 1; *Wachinger,* Das Recht des Marktzugangs im ÖPNV, 2006; *ders.,* Direktvergabe und Wettbewerb im Busverkehr nach der novellierten EU-Marktöffnungsverordnung, IR 2007, 265; *Werner,* Der Zugang zum Personenbeförderungsgewerbe im Lichte aktueller Entwicklungen in der Rechtsprechung, GewArch 2004, 89; *Winnes,* Vergabepflicht im Schienenpersonennahverkehr – Anmerkung zum Beschluss des OLG Brandenburg vom 2. 9. 2003, NZV 2005, 180; *Wittig/Schimanek,* Sondervergaberecht für Verkehrsdienstleistungen – die neue EU-Verordnung über öffentliche Personenverkehrsdienste auf Schiene und Straße, NZBau 2008, 222; *Ziekow,* In-House-Geschäfte – werden die Spielräume enger?, VergabeR 2006, 608.

A. Regelungsgehalt und Bedeutung

Art. 5 regelt, welches Rechtsregime auf die Vergabe öffentlicher Dienstleistungsaufträge zur **1** Erbringung von öffentlichen Personenverkehrsleistungen Anwendung findet. Art. 5 Abs. 1 bestimmt, dass **öffentliche Dienstleistungsaufträge im Personenverkehr** nach Maßgabe der VO 1370/2007 vergeben werden müssen. Der Gesetzgeber hat die **VO 1370/2007 als Sonderrechtsregime** eingeführt, das den EU-Vergaberichtlinien als *lex specialis* und *lex posterior* vorgeht. Für öffentliche Dienstleistungsaufträge zur Erbringung von Personenverkehrsleistungen auf Straße und Schiene schafft die VO 1370/2007 damit ein spezifisches Vergaberegime. Von der Vergabe nach der VO 1370/2007 ausgenommen sind gemäß Abs. 1 S. 2 öffentliche Dienstleistungsaufträge iSd. EU-Vergaberichtlinien im **Bus- und Straßenbahnverkehr.** Diese werden gemäß den Vorschriften der EU-Vergaberichtlinien vergeben. Hingegen müssen Dienstleistungskonzessionen iSd. EU-Vergaberichtlinien im Bus- und Straßenbahnverkehr nach den Maßgaben der VO 1370/2007 vergeben werden.

Ziel der VO 1370/2007 ist es, durch einen **regulierten Wettbewerb** sichere, effiziente und **2** qualitativ hochwertige Personenverkehrsdienste sicherzustellen. Abs. 3 sieht für die Vergabe von öffentlichen Dienstleistungsaufträgen im Personenverkehr die Möglichkeit vor, ein wettbewerbliches Vergabeverfahren durchzuführen.[1] Abs. 2, 4, 5 und 6 ermöglichen die Direktvergabe von Verkehrsleistungen. Dort wo die VO 1370/2007 für die Vergabe von Verkehrsdiensten eine wettbewerbliche oder eine Direktvergabe zulässt, handelt es sich um echte, **gleichrangige und gleichwertige Alternativen.**

Die VO 1370/2007 sieht vier Möglichkeiten der Direktvergabe vor. Abs. 2 erlaubt die **Di- 3** **rektvergabe an interne Betreiber.** Gemäß Abs. 2 kann die zuständige Behörde öffentliche Personenverkehrsdienste entweder selbst erbringen (echte Inhouse-Vergabe) oder direkt an einen internen Betreiber (unechte Inhouse-Vergabe) vergeben. Die Modalitäten dieser Inhouse-

---

[1] *Saxinger/Fischer,* Verkehr und Technik 2008, 75, 76.

Vergabe *sui generis* sind in Abs. 2 lit. a bis e ausführlich geregelt. Gemäß Abs. 4 können kleinere Aufträge und Aufträge an kleinere oder mittlere Unternehmen direkt vergeben werden, wenn bestimmte **Schwellenwerte** nicht überschritten werden. Nach Abs. 5 kann die zuständige Behörde im Falle einer Unterbrechung des Verkehrsdienstes oder bei unmittelbarer Gefahr des Eintretens einer solchen Situation Notmaßnahmen ergreifen. Die **Notmaßnahme** kann in einer Direktvergabe, einer förmlichen Vereinbarung oder einer Auflage bestehen, bestimmte gemeinwirtschaftliche Verpflichtungen zu übernehmen. Die vierte Möglichkeit zur Direktvergabe ist auf den Eisenbahnverkehr beschränkt. Gemäß Abs. 6 können die zuständigen Behörden öffentliche Dienstleistungsaufträge im **Eisenbahnverkehr** direkt vergeben. Ausgenommen davon sind andere schienengestützte Verkehrsträger wie Untergrund- oder Straßenbahnen. Das gilt nicht, wenn die Direktvergabe nach nationalem Recht untersagt ist.

4   Zur **Gewährleistung eines effektiven Rechtsschutzes** müssen die Mitgliedstaaten gemäß Abs. 7 die erforderlichen Maßnahmen treffen, um sicherzustellen, dass von den zuständigen Behörden im Rahmen der Vergaben nach den Abs. 2 bis 6 getroffenen Entscheidungen wirksam und rasch in einem Nachprüfungsverfahren überprüft werden können. Einzelheiten dazu regelt die VO 1370/2007 nicht.

B. Entstehungsgeschichte

5   Die **Vorgängerverordnung** der VO 1370/2007, die **1191/69,** enthielt lediglich in Art. 1 Abs. 4 keine Bestimmungen über die Vergabe öffentlicher Dienstleistungsaufträge. Verkehrsverträge konnten danach auf der Grundlage von Verhandlungen im Wege formloser Konsensualverträge geschlossen werden. EU-Vergaberecht war nicht anzuwenden. Die VO 1370/2007 regelt hingegen detaillierter, nach welchem Verfahren öffentliche Dienstleistungsaufträge über öffentliche Personenverkehrsdienste auf Schiene und Straße zu vergeben sind. Sie schafft damit für die Vergabe von Personenverkehrsleistungen ein geschlossenes Sonderrechtsregime. Hervorzuheben ist hierbei die Regelung des Abs. 1 S. 2, wonach **öffentliche Dienstleitungskonzessionen** nach einem bestimmten Verfahren zu vergeben sind. Die Vergabe von Dienstleistungskonzessionen iSd. EU-Vergaberichtlinien unterlag bislang lediglich dem EU-Primärrecht.[2] Durchzuführen war ein nicht näher geregeltes Vergabeverfahren unter Einhaltung der vom EuGH auf der Grundlage des EU-Primärrechts entwickelten Transparenz- und Nichtdiskriminierungsvorgaben. Auch die Möglichkeit einer Inhouse-Vergabe wird durch die VO 1370/2007 erstmals gesetzlich geregelt. **Öffentliche Personenverkehrsdienste auf Binnenschifffahrtswegen und Güterbeförderungsdienste** sind im Gegensatz zur Vorgängerverordnung 1191/69 vom Anwendungsbereich der VO 1370/2007 nicht erfasst.

6   Die Bestimmungen des Art. 5, insbesondere zur Vergabe von Personenverkehrleistungen im Eisenbahnverkehr, sind im Verlauf des Gesetzgebungsverfahrens mehrfach geändert worden. Nach dem ersten Verordnungsvorschlag vom 26. 7. 2000[3] sollten öffentliche Dienstleistungsaufträge grundsätzlich in einem wettbewerblichen Vergabeverfahren vergeben werden. Im weiteren Verlauf des Gesetzgebungsverfahrens kam es zu immer weitreichenderen Möglichkeiten der Direktvergabe. Grund dafür war, den zuständigen Behörden den für die Gewährleistung sicherer, effizienter und hochwertiger Personenverkehrsdienste erforderlichen Handlungsspielraum einzuräumen.[4] Die Regelung des Rechtsschutzes in Abs. 7 ist erst am Ende des Rechtsetzungsverfahrens wieder in die Verordnung aufgenommen worden, nachdem die ursprüngliche Regelung zum Rechtsschutz im dritten Verordnungsvorschlag vom 20. 7. 2005[5] gestrichen worden war.

C. Sonderregime der Verordnung 1370/2007 für Vergaben von Personenverkehrsdiensten (Abs. 1)

I. Die Vergabe öffentlicher Dienstleistungsaufträge nach Maßgabe der Verordnung (Abs. 1 S. 1)

7   Öffentliche Dienstleistungsaufträge im Personenverkehr werden gemäß Abs. 1 nach Maßgabe der VO 1370/2007 vergeben. Der **Begriff des öffentlichen Dienstleistungsauftrags** ist in

---

[2] Art. 18 RL 2004/17/EG und Art 17 RL 2004/18/EG; EuGH, C- 458/03, Slg. 2005, I-8585 – Parking Brixen.
[3] KOM(2000) 7 endgültig v. 26. 7. 2000, 6.
[4] Vgl. Begründung des Rates v. 11. 12. 2006, Dok. 13 736/1/06 REV 1 ADD 1, 3.
[5] KOM(2005) 319 endgültig v. 20. 7. 2005.

Art. 2 lit. i legal definiert. Voraussetzung eines öffentlichen Dienstleistungsauftrages ist danach, dass ein oder mehrere rechtsverbindliche Akte gegeben sind, durch die ein Betreiber eines öffentlichen Dienstes mit der Verwaltung und Erbringung öffentlicher Personenverkehrsdienste betraut wird, die gemeinwirtschaftlichen Verpflichtungen unterliegen.[6] Der öffentliche Dienstleistungsauftrag kann gemäß Art. 2 lit. i als Vertrag, Gesetz oder Verwaltungsakt ausgestaltet sein. Der Begriff des öffentlichen Dienstleistungsauftrages iSd. VO 1370/2007 ist somit erheblich weiter als der den EU-Vergaberichtlinien zu Grunde liegende Begriff des Dienstleistungsauftrages. Auch Dienstleistungskonzessionen iSd. EU-Vergaberichtlinien können deshalb öffentliche Dienstleistungsaufträge iSd. VO 1370/2007 sein.[7]

Durch die ausdrückliche Anordnung, dass öffentliche Dienstleistungsaufträge nach Maßgabe **8** der VO 1370/2007 zu vergeben sind, führt die Verordnung für die Vergabe von öffentlichen Personenverkehrsleistungen nunmehr ausdrücklich ein **Sonderregime** ein, das den Vergaberichtlinien 2004/17/EG und 2004/18/EG als **speziellere Regelung** vorgeht.[8] Das ergibt sich bereits daraus, dass die EU-Vergaberichtlinien und die VO 1370/2007 eine unterschiedliche Intention haben. Die Vergaberichtlinien haben das Ziel, Beschränkungen des Zugangs zu öffentlichen Auftragsvergaben aufzuheben, um einen freien Dienstleistungsverkehr sicherzustellen.[9] Durch die VO 1370/2007 sollen demgegenüber sichere, effiziente und hochwertige Personenverkehrsdienste durch die Schaffung eines einheitlichen Sonderrechtsrahmens sichergestellt werden.[10] Diese Zielsetzung würde unterlaufen, wenn das ausdrücklich für öffentliche Verkehrsleistungen geschaffene Vergabeverfahren nur subsidiär zu den Bestimmungen der EU-Vergaberichtlinien anwendbar wäre.

Der Vorrang der VO 1370/2007 ergibt sich zudem aus dem Wortlaut des Abs. 1. Danach **9** werden „Öffentliche Dienstleistungsaufträge nach Maßgabe dieser Verordnung vergeben." und damit gerade nicht nach dem EU-Vergaberecht. Darüber hinaus folgt der Vorrang aus den allgemeinen Auslegungsgrundsätzen *lex specialis derogat legi generali* und *lex posterior derogat legi priori*, die auch im Unionsrecht Anwendung finden.[11] Die VO 1370/2007 enthält besondere, sektorenspezifische Regelungen für die Vergabe öffentlicher Personenbeförderungsleistungen und geht daher den EU-Vergaberichtlinien als speziellere Regelung vor. Zudem ist die VO 1370/2007 ebenso wie die Vergaberichtlinien im Mitentscheidungsverfahren nach Art. 251 EG und damit auf der Grundlage desselben Gesetzgebungsverfahrens zustande gekommen und geht als zeitlich spätere Regelung den EU-Vergaberichtlinien vor. Dem Vorrang der VO 1370/2007 steht auch Erwägungsgrund 20 der VO 1370/2007 nicht entgegen; dieser bezieht sich nach seiner Entstehungsgeschichte und der Regelungssystematik der VO 1370/2007 ausschließlich auf Dienstleistungsaufträge mit Bussen und Straßenbahnen.[12]

Trotz der zwingenden Regelung des Abs. 1 steht es dem nationalen Gesetzgeber frei, das in **10** Abs. 3 lediglich in Grundzügen geregelte wettbewerbliche Vergabeverfahren durch nationale Bestimmungen zu konkretisieren. Die **VO 1370/2007 ist eine unvollständige Verordnung.** Bei dem von ihr angeordneten wettbewerblichen Vergabeverfahren handelt es sich um ein spezifisches wettbewerbliches Vergabeverfahren, das nicht den Vorgaben der EU-Vergaberichtlinien entsprechen muss. Vielmehr beruht es auf den Grundsätzen des EU-Primärrechts. Dem nationalen Gesetzgeber ist überlassen, das nach der VO 1370/2007 erforderliche wettbewerbliche Verfahren nach den Maßgaben der EU-Vergaberichtlinien auszugestalten.

II. Vergabe von öffentlichen Personenverkehrsdiensten mit Bussen und Straßenbahnen (Abs. 1 S. 2)

Abs. 1 S. 2 nimmt öffentliche Personenverkehrsdienste mit Bussen und Straßenbahnen vom **11** Vergabeverfahren der VO 1370/2007 aus. Dienstleistungsaufträge oder öffentliche Dienstleistungsaufträge iSd. EU-Vergaberichtlinien müssen gemäß den in den Richtlinien 2004/17/EG und 2004/18/EG vorgesehenen wettbewerblichen Vergabeverfahren vergeben werden.

---

[6] Vgl. Kommentierung Art. 2 lit. i.

[7] *Otting/Scheps* NVwZ 2008, 499, 500.

[8] *Otting/Scheps* NVwZ 2008, 499, 500.

[9] *Prieß/Decker* VergabeR 2004, 159, 160.

[10] Vgl. Erwägungsgrund 4, 25.

[11] *Calliess/Ruffert/Ruffert* Art. 249 EG RdNr. 16; zum Grundsatz *lex specialis* vgl. zudem EuG, T-27/03, Slg. 2007, II-4331, RdNr. 20 – SP/Kommission; zum Grundsatz *lex posterior* vgl. Schlussanträge GA *Jacobs*, C-110/02, Slg. 2004, I-6333, RdNr. 33 – Komission/Rat.

[12] So im Ergebnis auch *Otting/Scheps* NVwZ 2008, 499, 500.

12   **1. Dienstleistungsaufträge und öffentliche Dienstleistungsaufträge iSd. EU-Richt-linien 2004/17/EG und 2004/18/EG.** „Dienstleistungsaufträge" iSd. RL 2004/17/EG sind gemäß Art. 1 Abs. 2 lit. d dieser Richtlinie Aufträge über die Erbringung von Dienstleistungen iSv. Anhang XVII, die keine Bau- oder Lieferaufträge sind. „Öffentliche Dienstleistungsaufträge" nach der RL 2004/18/EG sind öffentliche Aufträge über die Erbringung von Dienstleistungen iSv. Anhang II, die keine öffentlichen Bau- oder Lieferaufträge sind. Dienstleistungskonzessionen sind gemäß Art. 18 RL 2004/17/EG und Art 17 RL 2004/18/EG vom Anwendungsbereich der EU-Vergaberichtlinien ausgenommen. Der Begriff Dienstleistungsauftrag nach den EU-Vergaberichtlinien ist wesentlich enger als der Begriff des Dienstleistungsauftrags nach der VO 1370/2007, der auch Dienstleitungskonzessionen gemäß den EU-Vergaberichtlinien erfasst.[13]

13   Abs. 1 S. 2 nimmt somit nur Dienstleistungsaufträge mit **Bussen** und **Straßenbahnen** vom Vergabeverfahren der VO 1370/2007 aus, die die strengen Definitionsmerkmale der EU-Vergaberichtlinien erfüllen; diese müssen daher auch zukünftig nach Maßgabe der EU-Vergaberichtlinien vergeben werden,[14] wenn deren Schwellenwerte erreicht werden. Im Unterschwellenbereich ist hingegen der Anwendungsbereich der VO 1370/2007 eröffnet.

14   **2. Öffentliche Personenverkehrsdienste mit Bussen und Straßenbahnen.** „Personenverkehrsdienste" sind in Art. 2 lit. a als Personenbeförderungsleistungen von allgemeinem wirtschaftlichen Interesse, die für die Allgemeinheit diskriminierungsfrei und fortlaufend erbracht werden,[15] definiert. Eine Definition der Begriffe Bus und Straßenbahn enthält die VO 1370/2007 nicht. Für die Definition des Begriffs **Bus** kann jedoch nach dem Grundsatz der Einheit der Rechtsordnung auf die Bestimmungen der VO 684/92 EWG[16] und der VO 12/98[17] bzw. der sie ersetzenden VO 1073/2009 zurückgegriffen werden. Danach ist ein Kraftomnibus als Kraftfahrzeug definiert, das nach seiner Bauart und Ausstattung geeignet und dazu bestimmt ist, einschließlich des Fahrers mehr als neun Personen zu befördern. Der Begriff **„Straßenbahn"** ist im Gemeinschaftsrecht nicht definiert. Eine Definition von Straßenbahn ergibt sich jedoch in Abgrenzung zum Begriff Eisenbahn. Gemeinsames Merkmal beider Verkehrsmittel ist, dass sie unter den Oberbegriff schienengestützter Verkehrsträger iSd. Art. 4 Abs. 3 fallen. Entscheidendes Abgrenzungskriterium ist, ob die Merkmale der Bau- und Betriebsweise der Eisenbahn oder der Straßenbahn überwiegen.[18] Eisenbahnen verkehren auf einer speziellen Eisenbahninfrastruktur.[19] Straßenbahnen sind demgegenüber in den Verkehrsraum öffentlicher Straßen integriert, passen sich in ihrer Betriebsweise der Eigenart des Straßenverkehrs an und verkehren vor allem in Stadt- und Vorstadtverkehr.

15   **3. Dienstleistungskonzessionen im Bereich Busse und Straßenbahnen iSd. Abs. 1 S. 2, Hs. 2.** Abs. 1 S. 2, Hs. 2 ist eine Sonderregelung zu Abs. 1 S. 2, Hs. 1. Die Vergabe von Dienstleistungskonzessionen für öffentliche Personenverkehrsdienste mit Bussen und Straßenbahnen fällt danach nicht in den Anwendungsbereich der EU-Vergaberichtlinien, sondern richtet sich nach der VO 1370/2007. Das für die Vergabe von Personenverkehrsdiensten für Busse und Straßenbahnen maßgebliche Vergaberegime bestimmt sich somit danach, ob eine Dienstleistungskonzession oder ein Dienstleistungsauftrag iSd. EU-Vergaberichtlinien zu vergeben ist. Dienstleistungskonzessionen nach Abs. 1 S. 2, Hs. 2 sind solche iSd. EU-Vergaberichtlinien. Gemäß Art. 1 Abs. 4 RL 2004/18/EG und Art. 1 Abs. 3 lit. b RL 2004/17/EG sind Dienstleistungskonzessionen Verträge, die von öffentlichen Dienstleistungsaufträgen nur insoweit abweichen, als die Gegenleistung für die Erbringung der Dienstleistungen ausschließlich in dem Recht zur Nutzung der Dienstleistung oder in diesem Recht zuzüglich der Zahlung eines Preises besteht. Der Konzessionär erhält somit im Gegensatz zum Dienstleistungsauftrag statt einer Vergütung das **Recht zur Nutzung** und Verwertung der Dienstleistung. Die Gewährung des Nutzungsrechts als Gegenleistung führt in der Regel zwangsläufig dazu, dass dem Konzessionär

---

[13] Vgl. Art. 2 lit. i.

[14] *Otting/Scheps* NVwZ 2008, 499, 500.

[15] Vgl. ausführlich Art. 2 lit. a.

[16] VO 684/92 zur Einführung gemeinsamer Regeln für den grenzüberschreitenden Personenverkehr mit Kraftomnibussen, ABl. 1992, L 74/1.

[17] VO 12/98 über die Bedingungen für die Zulassung von Verkehrsunternehmen zu, Personenkraftverkehr innerhalb eines Mitgliedstaats, in dem sie nicht ansässig sind, ABl. 1998, L 4/10.

[18] Siehe § 4 PBefG; dazu vgl. *Bidinger* § 4 PBefG; die Abgrenzungskriterien in Art. 4 Abs. 1 PBefG dürften als Auslegungshilfe herangezogen werden können.

[19] Vgl. Art. 3 der RL 91/440 iVm. Anlage 1 Teil A der VO 2598/70.

das wirtschaftliche Risiko der Leistungserbringung aufgebürdet wird.[20] Wichtigstes Abgrenzungskriterium zwischen Dienstleistungsauftrag und Dienstleistungskonzession ist somit, ob der Dienstleistungsnehmer die mit der Dienstleistung verbundenen **wirtschaftlichen Risiken** trägt.[21]

Das Vorliegen eines wirtschaftlichen Risikos ist bei der Zahlung von **Ausgleichsleistungen**   **16** durch den Auftraggeber nicht zwingend ausgeschlossen. Führt die Zahlung von Ausgleichsleistungen lediglich zu einer Minimierung des wirtschaftlichen Risikos und trägt der Dienstleistungserbringer immer noch einen bedeutenden bzw. überwiegenden Teil der Risiken, so steht dies der Annahme einer Dienstleistungskonzession nicht entgegen.[22] Kein zwingendes Tatbestandsmerkmal der Dienstleistungskonzession ist, dass die Erbringung der Dienstleistung im öffentlichen Interesse liegt.[23]

Als Indiz für die Abgrenzung zwischen Dienstleistungskonzession und Dienstleistungsauftrag   **17** kann für Personenverkehrsleistungen in der Regel das für die Erbringung der Verkehrsdienstleistung gewählte **Vertragsmodell** herangezogen werden. Der **Bruttovertrag** ist ua. dadurch gekennzeichnet, dass das Verkehrsunternehmen vom Auftraggeber ein von den Fahrgeldeinnahmen unabhängiges Festentgelt erhält. Das wirtschaftliche Risiko für die Verwertung des übertragenen Rechts liegt deshalb beim Auftraggeber. Bruttoverträge sind somit regelmäßig nicht als Dienstleistungskonzessionen, sondern als Dienstleistungsaufträge ausgestaltet.[24] Beim **Nettovertrag** trägt demgegenüber typischerweise der Betreiber das volle Kosten- und Einnahmerisiko. Die Einnahmen aus den Fahrgelderlösen fließen direkt dem Verkehrsunternehmen zu. Etwaige Ausfälle bzw. Rückgänge der Fahrgeldeinnahmen wirken sich unmittelbar auf die Einnahmen des Verkehrsunternehmens aus und werden nicht vom Aufgabenträger ausgeglichen.[25] Die Ausgleichsleistungen, die das Verkehrsunternehmen zusätzlich zu den Fahrgeldeinnahmen erhält, heben das unternehmerische Risiko des Unternehmens nicht auf.[26] Nettoverträge werden deshalb in der Regel Dienstleistungskonzessionen sein, sofern das wirtschaftliche Risiko trotz etwaiger Ausgleichsleistungen auf der Seite des Verkehrsunternehmens liegt.[27]

III. Unanwendbarkeit der Abs. 2–6 bei Vergabe von Aufträgen nach den EU-Vergaberichtlinien (Abs. 1 S. 3)

Abs. 1 S. 3 bestimmt, dass die Absätze 2 bis 6 auf Aufträge, die nach den EU-Vergabericht-   **18** linien vergeben werden, nicht anwendbar sind. Abs. 1 S. 3 stellt somit klar, dass im Falle der Anwendung des EU-Vergaberechts Abs. 2 bis 6 nicht gelten. Alle anderen Vorschriften der VO 1370/2007, die nicht allein das durchzuführende Vergabeverfahren betreffen, sind von diesem Ausschluss nicht erfasst und finden auch in den Vergabeverfahren nach den EU-Vergaberichtlinien Anwendung.[28]

D. Inhouse-Vergaben (Abs. 2)

I. Allgemeines: Begriff, Wahlrecht, Gruppe von Behörden

Abs. 2 S. 1 sieht vor, dass eine zuständige örtliche Behörde öffentliche Personenverkehrs-   **19** dienste entweder **selbst erbringen** (Var. 1) oder **direkt an** eine **rechtlich getrennte Einheit vergeben** (Var. 2) kann. Die Direktvergabe nach Var. 2 setzt voraus, dass die zuständige örtliche Behörde, oder im Fall einer Gruppe von Behörden wenigstens *eine* zuständige örtliche Behörde, eine Kontrolle über die rechtlich getrennte Einheit ausübt, die der Kontrolle über ihre eigenen Dienststellen entspricht. Zudem ist die Vergabe an eine rechtlich getrennte Einheit

---

[20] Vgl. *Hattig/Ruhland* NZBau 2005, 626, 629.
[21] *Wachinger* 383; EuGH, C-382/05, Slg. 2007, I-6657, RdNr. 34 – Kommission/Italien; EuGH, C-458/03, Slg. 2005, I-8585, RdNr. 40 – Parking Brixen; OLG Düsseldorf NZBau 2005, 650, 651.
[22] *Lück/Ortner* VergabeR 2005, 413, 418; *Tödtmann/Schauer* NVwZ 2008, 1, 6; *Pünder* EuR 2007, 564, 577.
[23] EuGH, C-382/05, Slg. 2007, I-6657, RdNr. 34 – Kommission/Italien; aA *Baumeister/Klinger* NZBau 2005, 601.
[24] *Wittig/Schimanek* NZBau 2008, 222, 225; vgl. *Fehling/Niehnus* DÖV 2008, 662, 663.
[25] *Prieß* NZBau 2002, 539, 546.
[26] *Prieß* NZBau 2002, 539, 545.
[27] Vgl. *Wachinger* 388.
[28] *Rödl & Partner* 43.

nach Abs. 2 lit. b nur dann zulässig, wenn die öffentlichen Personenverkehrsdienste im Zuständigkeitsgebiet der zuständigen örtlichen Behörde ausgeführt werden und die Betreiberunternehmen nicht an wettbewerblichen Vergabeverfahren für derartige Dienste außerhalb dieses Zuständigkeitsgebiets teilnehmen. Darüber hinaus sind bei den nach Abs. 2 zulässigen Vergaben die Informations- und Begründungspflichten des Art. 7 Abs. 2 und 4 zu beachten.[29] Art. 7 Abs. 2 ordnet an, dass jede zuständige Behörde spätestens ein Jahr vor einer Direktvergabe im Amtsblatt der Europäischen Union Informationen über den Namen und die Anschrift der zuständigen Behörde, die Art des geplanten Vergabeverfahrens (Direktvergabe oder wettbewerbliches Verfahren) und die von der Vergabe möglicherweise betroffenen Dienste und Gebiete veröffentlicht. Zudem muss nach Art. 7 Abs. 4 die Direktvergabe eines Dienstleistungsauftrags auf Antrag „jeder interessierten Partei" dieser gegenüber begründet werden. Anforderungen, die sich aus dem EU-Primärrecht ergeben könnten, sind nicht zu beachten.[30]

20   Bei den nach Abs. 2 zulässigen **Inhouse-Vergaben** handelt es sich im Verhältnis zu den nach Abs. 3 zulässigen wettbewerblichen Verfahren um **zusätzliche Möglichkeiten,** öffentliche Personenverkehrsdienste zu vergeben bzw. zu erbringen. Liegen die Voraussetzungen für beide Arten der Vergabe vor, hat die zuständige örtliche Behörde ein freies **Wahlrecht** zwischen der Inhouse-Vergabe und dem wettbewerblichen Verfahren. Wettbewerbliche Vergabe und Direktvergabe stehen sich in diesem Fall gleichrangig gegenüber und nicht etwa im Regel-Ausnahmeverhältnis. Der Grund für die Einführung dieses Wahlrechts ist, dass eine Vergabe im Wettbewerb nicht immer alle Belange der öffentlichen Daseinsvorsorge berücksichtigen bzw. effektiv sicherstellen kann.[31] Der Gesetzgeber hat deshalb den nationalen Behörden das Recht eingeräumt, **frei** darüber **entscheiden** zu können,[32] ob im Einzelfall Haushaltsinteressen und/oder die Aufgabe der öffentlichen Daseinsvorsorge besser durch Wettbewerb (trotz höherer Durchführungskosten) oder besser durch eine Direktvergabe in Form einer Inhouse-Vergabe (größere Einflussmöglichkeiten und Flexibilität bei der Leistungserbringung) erfüllt werden kann.[33]

21   Öffentliche Personenverkehrsdienste können nach Abs. 2 S. 1 nicht nur von einer einzelnen zuständigen örtlichen Behörde, sondern auch von einer **Gruppe von Behörden**[34] angeboten werden.[35] Voraussetzung ist, dass die Gruppe von Behörden **integrierte Personenverkehrsdienste** anbietet.[36] Das bedeutet nach Art. 2 lit. m, es müssen Beförderungsleistungen innerhalb eines bestimmten geografischen Gebiets im Verbund erbracht werden, die sich für den Fahrgast „wie aus einer Hand" darstellen. Erforderlich dafür ist, dass für diese Verkehrdienste ein einziger Informationsdienst, eine einzige Fahrausweisregelung und ein einziger Fahrplan besteht. Abs. 2 S. 1 stellt keine Anforderungen an die Rechtsform, in der die Gruppe von Behörden die Personenverkehrsdienste erbringt. Erbringt die Gruppe von Behörden allerdings die öffentlichen Personenverkehrsdienste durch eine rechtlich von ihr getrennte Einheit, handelt es sich um einen Fall von Abs. 2 S. 1 Var. 2. Nur „Unternehmen" ohne eigene Rechtspersönlichkeit wie beispielsweise Eigen- oder Regiebetriebe fallen unter Var. 1.

II. Keine Untersagung durch nationales Recht (S. 1)

22   Eine Inhouse-Vergabe durch die zuständigen örtlichen Behörden ist nach Abs. 2 S. 1 nur dann zulässig, wenn sie **nicht nach nationalem Recht untersagt** ist. Grund dafür ist, dass die Mitgliedstaaten für Organisation des öffentlichen Personenverkehrs zuständig sein und die Befugnis haben sollen, Direktbeauftragungen im Wege von Inhouse-Vergaben an interne Betreiber zu verbieten.[37] Gleiches gilt, wenn auch vom Rat nicht ausdrücklich ausgeführt, nach Sinn und Zweck der Stellungnahme des Rates für die Selbsterbringung durch die zuständige örtliche Behörde. Die Möglichkeit des Verbots von Inhouse-Vergaben ist insbesondere vor dem Hintergrund zu sehen, dass einige Mitgliedstaaten Teilbereiche ihrer Verkehrsmärkte dem Wettbe-

---

[29] Siehe Kommentierung Art. 7 Abs. 2 und 4.

[30] Siehe Kommentierung Abs. 6.

[31] *Fehling/Niehnus* DÖV 2008, 662, 664; zu einem ähnlichen Schluss kommt die Kommission in KOM(2000) 7 endg., 6; vgl. auch Kommission in KOM(95) 601, RdNr. 91.

[32] Vgl. Rat, Gemeinsamer Standpunkt Nr. 2/2007, ABl. 2007, C 70E/1, 13.

[33] *Fehling/Niehnus* DÖV 2008, 662, 664.

[34] Zum Begriff „zuständige örtliche Behörde" siehe Art. 2 lit. c.

[35] Gemeinsamer Standpunkt Nr. 2/2007, ABl. 2007, C 70E/1, 14.

[36] Zum Begriff „integrierte Verkehrsdienste" siehe Art. 2 lit. m.

[37] Rat, Gemeinsamer Standpunkt Nr. 2/2007, ABl. 2007, C 70E/1, 14.

werb geöffnet haben;[38] diese Öffnung kann beibehalten oder zurückgenommen werden. Ein **nationaler Vorbehalt** ist nach dem strengen Wortlaut („untersagt") von Abs. 2 S. 1 nur dann gegeben, wenn das nationale Recht ein **ausdrückliches** kategorisches **Verbot** enthält.[39] Maßgeblich dafür ist das gesamte Recht des betreffenden Mitgliedstaates. Ist ein Verbot im Einzelfall zweifelhaft bzw. umstritten, reicht das Vorliegen eines „untersagt" nicht aus.[40] Die Frage, ob ein Verbot gegeben ist, ist daran zu messen, ob die betreffende Vorschrift bestimmt genug ist.[41]

Inhouse-Vergaben bzw. die Inhouse-Erbringung von öffentlichen Personenverkehrsdiensten **23** durch die zuständige örtliche Behörde sind nach deutschem Recht grundsätzlich nicht untersagt. Ein Verbot folgt weder aus dem Grundgesetz noch aus einfachgesetzlichen Vorschriften in § 1 RegG, §§ 1, 2, 3 PBefG, § 4 Nr. 11 UWG[42] oder dem kommunalen Wirtschaftsrecht.

Eine Inhouse-Vergabe verletzt regelmäßig nicht die durch **Art. 12 Abs. 1 GG** geschützte **24** **Berufsfreiheit.** Bereits die Eröffnung des Schutzbereichs ist zweifelhaft, weil Art. 12 Abs. 1 GG grundsätzlich nicht vor der wirtschaftlichen Konkurrenz des Staates oder von Gemeinden schützt, solange dadurch die private wirtschaftliche Betätigung nicht unmöglich gemacht oder unzumutbar eingeschränkt wird oder eine unerlaubte Monopolstellung entsteht.[43] Da wegen der engen räumlichen Begrenzung der Zulässigkeit von Inhouse-Vergaben die Darlegung eines Eingriffs in den Schutzbereich schwer ist, wird in der Praxis nur selten ein Verstoß gegen Art. 12 Abs. 1 GG vorliegen. Nicht völlig auszuschließen ist eine solche Situation im Fall des Abs. 2 S. 1, wenn eine Gruppe von Behörden integrierte öffentliche Personenverkehrsdienste anbietet. Die Wahrscheinlichkeit eines Verstoßes dürfte ua. von der Größe eines Verkehrsbundes, der von der Inhouse-Vergabe Gebrauch macht, und seiner Gebietsdurchdringung abhängen. Sind die hohen Voraussetzungen an das Vorliegen der vorgenannten Konstellationen, in denen der Schutzbereich des Art. 12 Abs. 1 GG eröffnet ist, erfüllt, ist zur Rechtfertigung notwendig, dass eine Gefahr für ein überragend wichtiges Gemeinschaftsgut gegeben ist.[44] Eine solche Gefahr wird jedoch in der Regel nicht vorliegen, so dass eine Rechtfertigung scheitern wird.[45] Selbst wenn man der Auffassung folgen wollte,[46] die geringere Anforderungen an die Eröffnung und den Eingriff in den Schutzbereich von Art. 12 Abs. 1 GG stellt, lässt sich durch eine entsprechende gesetzliche Regelungen der Gesetzesvorbehalt in Art. 12 Abs. 1 S. 2 GG („auf Grund eines Gesetzes") einhalten und damit eine Rechtfertigung eines vermeintlichen Eingriffs erreichen.[47] Ein praktikabler Weg, bereits einen Eingriff in Art. 12 Abs. 1 GG auszuschließen, könnte darin bestehen kommunalrechtlich festzulegen, dass eine Inhouse-Vergabe nur dann erfolgen darf, wenn kein besseres und wirtschaftlicheres Angebot eines privaten Dritten vorliegt.[48]

Die Inhouse-Vergabe nach Abs. 2 ist grundsätzlich auch nicht durch kommunales Wirt- **25** schaftsrecht untersagt. Das **kommunale Wirtschaftsrecht** erlaubt eine wirtschaftliche Betätigung öffentlicher Stellen, wenn damit ein öffentlicher Zweck verfolgt wird, die Betätigung nicht besser und wirtschaftlicher durch andere Unternehmen erfüllt werden kann (Subsidiaritätsklausel) und die Betätigung zudem in angemessenem Verhältnis zur Leistungsfähigkeit der betreffenden Gemeinde steht.[49] Da nach Kommunalrecht die Erbringung von Verkehrsleistungen nicht

---

[38] Siehe Erwägungsgrund 6.

[39] Ähnlich *Otting/Scheps* NVwZ 2008, 499, 505; nicht übernommen wurde der weniger strenge Vorschlag des Verkehrsausschusses, Europäisches Parlament, Empfehlung für die zweite Lesung, A6–0131/2007 endg., 21.

[40] OLG München, Beschl. v. 21. 5. 2008, Verg 5/08, stellt – allerdings in einem etwas anderen Zusammenhang – fest: „Aus Rechtssicherheitsgründen ist es geboten, dass vor Ausschreibung die Verfahrensart und die Nachprüfungsmöglichkeiten feststehen".

[41] Der EuGH, C-280/00, Slg 2003, I-7747, RdNr. 58/59 – Altmark Trans, entschied, dass national klar festgelegt sein muss, in welchem Umfang von einer den Mitgliedstaaten eingeräumten Ausnahmemöglichkeit Gebrauch gemacht wird.

[42] BGH NVwZ 2002, 1141, 1142; BGH NVwZ 2003, 246.

[43] MwN BVerwG NJW 1995, 2938, 2939; vgl. *Sachs/Tettinger/Mann* Art. 12 GG RdNr. 9.

[44] Vgl. *Sachs/Tettinger/Mann* Art. 12 GG RdNr. 106, zur Rechtfertigung bei objektiver Berufszugangsregelung, wovon bei einer „Marktausgrenzung" Privater wohl auszugehen wäre – im Ergebnis genauso *Jasper/Seidel/Telenta* IR 2008, 346, 348.

[45] *Knauff* DVBl 2006, 339, 346/347.

[46] MwN *Faber* DVBl 2003, 761, 762; vgl. *Sachs/Tettinger/Mann* Art. 12 GG RdNr. 9 und 72; *Ehlers* DVBl 1998, 497, 502.

[47] Vgl. *Ehlers* DVBl 1998, 497, 502.

[48] So *Rödl & Partner*, 114; zu dem durch die Transparenzregel in Art. 7 Abs. 2 erwarteten Initiativwettbewerb durch Private siehe *Baumeister/Klinger* NZBau 2005, 601, 608.

[49] Dass gilt mit unwesentlichen Abweichungen für alle Bundesländer, so *Schink* NVwZ 2002, 129, 130; *Faber* DVBl 2003, 761, 763.

per se als unwirtschaftliche Betätigung eingestuft wird,[50] hängt die Zulässigkeit kommunaler wirtschaftlicher Betätigung maßgeblich davon ab, ob die Subsidiaritätsklausel greift. Im Einzelfall kann deshalb eine Inhouse-Vergabe nach Gemeinderecht, das nur vereinzelt die Anwendbarkeit der Subsidiaritätsklausel auf den öffentlichen Verkehr ausschließt,[51] rechtswidrig sein. In diesem Fall muss gemäß Abs. 7 ein privates Unternehmen gerichtlich gegen die kommunale Leistungserbringung vorgehen können (Klage auf Unterlassung, Folgenbeseitigung). Für eine Konkurrentenklage ist in diesem Fall gemäß § 40 Abs. 1 S. 1 VwGO der Verwaltungsrechtsweg eröffnet. Dafür muss der nationale Gesetzgeber, soweit noch nicht gegeben,[52] Drittschutz vermittelnde Vorschriften schaffen. Ist eine bestimmte Vorschrift nach deren „nationaler" Auslegung nicht drittschützend, kommt eine gemeinschaftsrechtskonforme Auslegung anhand von Abs. 7 in Betracht.

III. Varianten der Inhouse-Vergabe

26　　**1. Selbsterbringung.** Abs. 2 S. 1 Var. 1 lässt zu, dass jede zuständige örtliche Behörde selbst öffentliche Personenverkehrsdienste erbringt. Selbsterbringung heißt im Gegenschluss zu Abs. 2 S. 1 Var. 2, die öffentlichen Personenverkehrsdienste werden von einer Einheit erbracht, die rechtlich nicht von der zuständigen örtlichen Behörde getrennt ist. Solche organisationsrechtlich zur zuständigen örtlichen Behörde gehörenden Einheiten ohne eigene Rechtspersönlichkeit sind beispielsweise Eigen- und Regiebetriebe.[53] Eine Selbsterbringung ist nach EU-Vergaberecht nicht verboten, weil sie als verwaltungsinterne Organisationsmaßnahme nicht in dessen Anwendungsbereich fällt (Art. 7 iVm. Art. 1 Abs. 2 lit. a RL 2004/18/EG).[54] Mangels Außenwirkung der „Auftragsvergabe" bzw. mangels Vorliegen eines Vertrages zwischen zwei verschiedenen juristischen Personen fehlt es bereits an einem öffentlichen Auftrag im Sinne des EU-Vergaberechts.[55]

27　　**2. Direktvergabe an rechtlich getrennte Einheit.** Abs. 2 S. 1 Var. 2 erlaubt der zuständigen örtlichen Behörde, öffentliche Dienstleistungsaufträge **direkt** an eine rechtlich von ihr getrennte Einheit zu **vergeben.** Eine solche rechtlich getrennte Einheit ist der sog. interne Betreiber.[56] Ein „interner Betreiber" ist nach der Legaldefinition des Art. 2 lit. j eine rechtlich getrennte Einheit, über die eine zuständige örtliche Behörde – oder im Falle einer Gruppe von Behörden wenigstens *eine* zuständige örtliche Behörde – eine Kontrolle ausübt, die mit der Kontrolle über ihre eigenen Dienststellen vergleichbar ist. Eine bestimmte Rechtsform für den internen Betreiber gibt die VO 1370/2007 nicht vor. Dass auch für diese Vergabevariante kein wettbewerbliches Verfahren erforderlich ist, ergibt sich daraus, dass es keinen Unterschied machen kann, ob die die Verkehrsdienste ausführende Einheit rechtlich selbständig oder unselbständig ist, wenn sie jedenfalls von der zuständigen Behörde ausreichend kontrolliert werden kann bzw. wird.[57]

28　　Abs. 2 S. 1 lässt in Form von Var. 2 auch Inhouse-Vergaben an gemischt-öffentliche und gemischt-wirtschaftliche Betreiberunternehmen zu. Gemischt-öffentliche Unternehmen sind solche, an denen mehrere zuständige örtliche Behörden bzw. mehrere Verwaltungsträger beteiligt sind. Bei **gemischtwirtschaftlichen Unternehmen** handelt es sich im Unterschied dazu um Unternehmen der öffentlichen Hand, an denen Private beteiligt sind.[58] Bei beiden Varianten handelt es sich – unter den nach der VO 1370/2007 dafür notwendigen Voraussetzungen – um Inhouse-Vergaben.[59] Inhouse-Vergaben iSd. EU-Vergaberechts sind demgegenüber nach

---

[50] Vgl. § 107 Abs. 2 GONRW, § 102 Abs. 4 GemOBW, § 121 Abs. 2 HGOHES.

[51] ZB laut § 107 Abs. 1 Nr. 3 GONRW; *Ehlers* NWVBl 2000, 1, 4, hält den Ausschluss für verfassungswidrig.

[52] Die Subsidiaritätsklausel ist nach OVG Münster NVwZ 2003, 1520, 1521, nicht drittschützend; zutreffend aA *Gröning* WRP 2002, 17, 20.

[53] Siehe etwa § 127 HGO (Hessische Gemeindeordnung), Art. 88 GO-BAY (Gemeindeordnung Bayern); ausführlicher zu Eigen- und Regiebetrieb *Blessing* 48.

[54] *Pünder* EuR 2007, 564, 568.

[55] EuGH, C-107/98, Slg. 1999, I-8121, RdNr. 49 – Teckal; EuGH, C-26/03, Slg. 2005, I-1, RdNr. 48 – Stadt Halle; *Immenga/Mestmäcker/Dreher* § 99 RdNr. 51.

[56] Siehe Kommentierung Art. 2 lit. j.

[57] Vgl. Schlussanträge GA *Kokott*, C-458/03, Slg. 2005, I-8585, RdNr. 71–73 – Parking Brixen; vgl. auch EuGH, C-324/07, RdNr. 38 – Coditel Brabant.

[58] Rat, Gemeinsamer Standpunkt Nr. 2/2007, ABl. 2007, C 70E/1, 14.

[59] Zum Begriff Inhouse-Vergabe im EG-Vergaberecht zB. EuGH, C-324/07, Slg. 2008, I-8457, Coditel Brabant; EuGH, C-337/05, Slg. 2008, I-2173, RdNr. 36 – Kommission/Italien.

ständiger Rechtsprechung des EuGH zunächst solche an unselbständige Verwaltungseinrichtungen wie Eigen- und Regiebetriebe. Darüber hinaus sind auch Vergaben an einen Vertragspartner, bei dem es sich um eine Einrichtung handelt, die sich vom öffentlichen Auftraggeber rechtlich unterscheidet, Inhouse-Vergaben, wenn zwei Voraussetzungen erfüllt sind: Erstens muss die öffentliche Stelle, die öffentlicher Auftraggeber ist, über die fragliche Einrichtung eine ähnliche Kontrolle ausüben wie über ihre eigenen Dienststellen. Und zweitens muss diese Einrichtung ihre Tätigkeit im Wesentlichen für die öffentliche Körperschaft oder die öffentlichen Körperschaften verrichten, die ihre Anteile innehaben.[60] *Inhouse*-Geschäfte sind vom EU-Vergaberecht nicht erfasst, weil es sich bei diesen um verwaltungsinterne Organisationsmaßnahmen unter ausschließlicher Nutzung verwaltungseigener Ressourcen und nicht um Beschaffungen handelt, die der öffentliche Auftraggeber am Markt bei „Dritten" vornimmt. Eine Kontrolle „wie über eine eigene Dienststelle" wird seit der „Stadt Halle"-Entscheidung des EuGH dann einhellig nicht mehr für gegeben gehalten,[61] wenn es sich um ein gemischt-wirtschaftliches Unternehmen handelt, das heißt neben einem oder mehreren öffentlichen Auftraggebern auch ein privates Unternehmen am Kapital der betreffenden Einrichtung beteiligt ist. Nachfolgend werden die nach Art. 5 Abs. 2 S. 1 zulässigen Vergaben – EU-vergaberechtlich unscharf – als Inhouse-Vergaben bezeichnet.

a) Kontrolle wie über eigene Dienststellen (lit. a S. 1). Voraussetzung für die Inhouse-   **29** Vergabe an einen internen Betreiber nach Abs. 2 S. 1 Var. 2 ist, dass die zuständige örtliche Behörde über diese rechtlich von ihr getrennte Einheit eine Kontrolle ausüben kann, die der **Kontrolle** über eine **eigene Dienststelle** entspricht. Nach Abs. 2 S. 1 genügt es bei einer „Gruppe von Behörden", wenn „wenigstens eine zuständige örtliche Behörde" eine solche Kontrolle ausübt. Die danach erforderliche Kontrollintensität dürfte in der Intensität der vom EuGH für Inhouse-Vergaben im EU-Vergaberecht geforderten entsprechen.[62] Das lässt sich zum einen aus dem Wortlaut „Kontrolle über eine eigene Dienststelle" als auch aus den in Abs. 2 lit. a S. 1 beispielhaft genannten Kriterien schließen, die für die Prüfung, ob die zuständige örtliche Behörde eine Kontrollmöglichkeit hat, die einer Kontrolle über eigene Dienststellen entspricht, heranzuziehen sind:[63] Umfang der Vertretung in Verwaltungs-, Leistungs- oder Aufsichtsgremien, diesbezügliche Bestimmungen in der Satzung, Eigentumsrechte sowie tatsächlicher Einfluss auf und tatsächliche Kontrolle über strategische Entscheidungen und einzelne Managemententscheidungen. Vor allem die beiden letztgenannten Kriterien haben eine erhebliche Bedeutung, denn sie betreffen die Möglichkeit der unternehmerischen Steuerung („tatsächlicher Einfluss")[64] von Entscheidungen des Betreibers und deren Ausübung[65] („tatsächliche Kontrolle"). Sind diese Kriterien erfüllt, bedeutet das, dass der interne Betreiber gegenüber der zuständigen örtlichen Behörde **keine eigene Entscheidungsgewalt** besitzt.[66] Das entspricht der Rechtsprechung des EuGH zu Inhouse-Geschäften im Anwendungsbereich des EU-Vergaberechts: Danach müssen die öffentlichen Stellen die Möglichkeit eines **ausschlaggebenden Einflusses** sowohl auf **strategische Ziele** als auch auf die **wichtigen Entscheidungen der Einrichtung im laufenden Geschäft** haben.[67] Eine solche Kontrolle ist nicht gegeben, wenn die Einrichtung über so viel Selbständigkeit verfügt, dass praktisch nicht von der (Möglichkeit der) **Kontrolle ihrer Geschäftsführung** ausgegangen werden kann,[68] wobei auch die Rechtsform des Betreibers eine wesentliche Rolle spielt. Das Führungsgremium des auftragnehmenden Unternehmens darf nicht „über weite Leitungsbefugnisse verfügen, die es autonom ausüben kann".[69] Die übrigen in Art. 5 Abs. 2 lit. a S. 1 genannten Kriterien – selbst eine hundertprozentige Eigentümerstellung – können immer nur ein **Indiz** dafür sein, dass eine Kontrolle wie über eigene Dienststellen gegeben ist.[70] Ausreichend sind sie für sich gesehen aber nicht.

---

[60] Bspw. EuGH, C-295/05, Slg 2007, I-2999 RdNr. 55 – Asemfo/Tragsa.
[61] EuGH, C-26/03, Sgl. 2005, I-26 RdNr. 48 – Stadt Halle.
[62] Bspw. EuGH, C-295/05, Slg 2007, I-2999 RdNr. 55 – Asemfo/Tragsa.
[63] Siehe zur „Kontrolle" auch die Kommentierung von Art. 2 lit. j.
[64] So zum allgemeinen Vergaberecht *Ziekow* VergabeR 2006, 608, 614.
[65] Ähnlich *Wachinger* IR 2007, 265, 267.
[66] Vgl. EuGH, C-107/98, Slg. 1999, I-8121, RdNr. 51 – Teckal; vgl. BGH NZBau 2001, 518, 519.
[67] EuGH, C-458/03, Slg. 2005, I-8585, RdNr. 65 – Parking Brixen; EuGH, C-340/04, Slg. 2006, I-4137, RdNr. 36 – Carbotermo.
[68] Vgl. EuGH, C-458/03, Slg. 2005, I-8585, RdNr. 67/69 – Parking Brixen; ebenso *Siegel* NVwZ 2008, 7, 9.
[69] EuGH, C-458/03, Slg. 2005, I-8585, RdNr. 67 – Parking Brixen.
[70] Vgl. EuGH, C-340/04, Slg. 2006, I-4137, RdNr. 37 – Carbotermo, zur 100-prozentigen Eigentümerstellung.

30   **b) Kontrolle bei gemischten Betreiberunternehmen (lit. a S. 2).** Abs. 2 lit. a lässt sowohl Vergaben an gemischt-öffentliche als auch an gemischt-wirtschaftliche Betreiberunternehmen zu. So ist nach Abs. 2 lit. a S. 2 zur Feststellung, dass eine Kontrolle iSv. Abs. 2 gegeben ist, **nicht zwingend erforderlich,** dass die zuständige örtliche Behörde zu **100% Eigentümer** des Betreiberunternehmens sein muss, sofern gegenüber diesem ein beherrschender öffentlicher Einfluss besteht und aufgrund anderer Kriterien festgestellt werden kann, dass eine Kontrolle ausgeübt wird. Eine Beteiligung Privater am Unternehmen des Betreibers führt damit – anders als bei Inhouse-Vergaben iSd. EU-Vergaberechts[71] – nicht *per se* dazu, dass eine Kontrolle wie über eine eigene Dienststellen ausgeschlossen ist.

31   Abs. 2 lit. a S. 2 fordert, dass ein **„beherrschender öffentlicher" Einfluss** gegeben sein muss, damit die für eine Inhouse-Vergabe notwendige Kontrollmöglichkeit vorliegt. Das ist vor allem in Hinblick auf eine gemischt-wirtschaftliche Gesellschaft von Bedeutung. In diesem Fall muss die öffentliche Hand bzw. deren Interesse gegenüber den Privaten stets dominant sein. Bei gemischt-öffentlichen Gesellschaften, dh. Gesellschaften an denen ausschließlich die öffentliche Hand beteiligt ist, kann ein bestehender Einfluss (iSv. Satz 1) nur öffentlich sein.

32   Kumulativ zum beherrschenden öffentlichen Einfluss muss anhand anderer Kriterien die **tatsächliche Ausübung** des Einflusses, dh. die **Kontrolle,** festgestellt werden können. Da der Einfluss – im hier verstandenen Sinne – die Möglichkeit zur Steuerung von unternehmerischen Entscheidungen meint, können nur Kriterien, die sich von denen zur Feststellung des Einflusses unterscheiden, die Ausübung des Einflusses, dh. die Kontrolle, belegen. Satz 2 spricht deshalb von **„anderen Kriterien".**

33   Die Ausübung einer nach Abs. 2 erforderlichen Kontrolle ist über **gemischt-öffentliche Betreiberunternehmen** möglich,[72] jedoch nicht unproblematisch, wenn mehrere zuständige örtliche Behörden – ohne dass eine Gruppe von Behörden nach Abs. 1 S. 1 gegeben ist – das Unternehmen zusammen steuern. In diesem Fall wäre die Möglichkeit der Einflussnahme zwangsläufig aufgeteilt. Je mehr Behörden dies beträfe, desto weniger wäre (formal betrachtet) eine Kontrolle, die der über eigene Dienststellen entspricht, gegeben.[73] Allerdings könnte nach Satz 2 iVm. Abs. 1 S. 1 eine derartige gemeinsame Kontrolle durch mehrere öffentliche Stellen ausreichend sein. In Anlehnung an die ältere Rechtsprechung des EuGH zu Inhouse-Geschäften, die davon ausging, dass Inhouse-Geschäfte auch bei privater Beteiligung zulässig sind, könnte genügen, dass auf Grund dieser gemeinsamen Kontrolle die gemischt-öffentliche Gesellschaft insgesamt keine eigene Entscheidungsgewalt besitzt.[74] Andere Entscheidungen des EuGH deuten darauf hin, dass auf die Kontrolle in Bezug auf den konkreten Dienstleistungsauftrag abzustellen ist.[75] Das spräche für das Vorliegen einer Kontrolle durch die beauftragende Behörde, wobei wohl auch auf das Fehlen von Entscheidungsgewalt abgestellt wird.[76] Zudem scheint sich der EuGH – anders als die Generalanwälte in ihren Schlussanträgen – nicht darauf festlegen zu wollen, dass bei gemischt-öffentlichen Gesellschaften der gesamtheitliche Einfluss der öffentlichen Hand genügt.[77] Vor dem Hintergrund dieser rechtlichen Unwägbarkeiten, sollten Unternehmensverträge in Form sog. koordinierter Beherrschungsverträge[78] zwischen den öffentlichen Teilhabern und der gemischt-öffentlichen Gesellschaft geschlossen werden. Damit unterstellt sich die Unternehmensleitung in koordinierter Weise anderen Unternehmen, woraus auch das Recht zur Erteilung von Weisungen folgt.[79] Solche Beherrschungsverträge sind im deutschen Recht etwa gemäß § 291 AktG zulässig.[80] In Anlehnung an diese Regel kann auch eine GmbH nach deutschem Recht eine beherrschte Gesellschaft sein.[81]

---

[71] EuGH, C-340/04, Slg. 2006, I-4137, RdNr. 37 – Carbotermo; EuGH, C-26/03, Slg. 2005, I-1, RdNr. 49 – Stadt Halle.

[72] ZB bei Konsortium aus mehreren Gemeinden EuGH, C-107/98, Slg. 1999, I-8139 RdNr. 50 – Teckal; *Krohn* NZBau 2005, 92, 96.

[73] Zum allgemeinen Vergaberecht: *Ziekow* VergabeR 2006, 608, 616; *Pape/Holz* NJW 2008, 2264, 2265.

[74] Vgl. EuGH, C-107/98, Slg. 1999, I-8121, RdNr. 49 – Teckal; so *Dreher* NZBau 2004, 14, 17.

[75] EuGH, C-295/05, Slg. 2007, I-2999, RdNr. 59/60 – Asociación Nacional de Empresas Forestales; *Siegel* NVwZ 2008, 7, 11.

[76] Vgl. EuGH, C-295/05, Slg. 2007, I-2999, RdNr. 60 – Asociación Nacional de Empresas Forestales.

[77] Vgl. Abweichungen des EuGH, C-324–07, Slg. 2008, I-8457, RdNr. 31–39 – Coditel Brabant, gegenüber den diesbezüglichen Schlussanträgen von GA Trstenjak, RdNr. 63–74, insbes. 74.

[78] Zum allgemeinen Vergaberecht: *Ziekow* VergabeR 2006, 608, 617; *Siegel* NVwZ 2008, 7, 11.

[79] So im deutschen Recht gemäß § 308 iVm. § 291 AktG; vgl. *Fabry/Augsten/Fabry* 51.

[80] *Kropff/Semler/Altmeppen* § 291 AktG RdNr. 107; *Hüffer* § 291 AktG RdNr. 15.

[81] Siehe BGH NJW 1989, 295, 296.

Der EuGH geht im Anwendungsbereich des EU-Vergaberechts seit der Rechtssache Stadt Halle **34** davon aus, dass über ein **gemischt-wirtschaftliches Unternehmen** keine Kontrolle „wie über eine eigene Dienststelle" möglich ist.[82] Bereits eine geringfügige private Beteiligung macht danach ein *Inhouse*-Geschäft vergaberechtlich unmöglich.[83] Der EuGH begründet das damit, dass die „Anlage von privatem Kapital auf Überlegungen beruhe, die mit privaten Interessen zusammenhängen und deshalb andere Ziele verfolgt".[84] Der Gesetzgeber teilt diese Auffassung offensichtlich für den Anwendungsbereich der VO 1370/2007 nicht, anders kann die Vorschrift des Abs. 2 lit. a S. 2 nicht verstanden werden.[85] Zur Gewährleistung der erforderlichen Kontrolle bietet sich auch hier ein Beherrschungsvertrag oder eine zu einem ähnliche Ergebnis führende Konstruktion an, beispielsweise unter bestimmten Umständen ein Tracking Stock. Tracking Stocks, das heißt, Geschäftsbereichsaktien, sind Aktien, die sich nur auf einen bestimmten Geschäftsbereich eines Unternehmens beziehen. Tracking Stocks vermitteln ihren Inhabern wirtschaftlich lediglich eine Beteiligung an rechtlich unselbständigen Unternehmensteilen, obwohl sie rechtlich eine Beteiligung am Gesamtunternehmen sind. Die Inhaber dieser meist börsennotierten Aktien haben die gleichen Rechte wie die Inhaber anderer Aktien, jedoch beziehen sich diese nur auf einen bestimmten Geschäftsbereich. So lassen sich mittels der Einrichtung eines Tracking Stocks die Geschäftsbereiche eines Unternehmens, die relevante Verträge verwalten und ausführen, gegenüber einem zu beteiligenden Privaten oder einem bereits beteiligten Privaten rechtlich und wirtschaftlich so abschotten, dass hinsichtlich der beabsichtigten Auftragsvergabe/Transaktion die in der Sache von der Rechtsprechung für *Inhouse*-Geschäfte aufgestellten Höchstanforderungen erfüllt sind. Bislang gibt es allerdings keine vergaberechtlichen Präzedenzfälle zu dieser Konstruktion.

c) Kontrolle bei bestimmten Organisationsformen. Ob im Einzelfall eine Kontrolle, **35** die der über eigene Dienststellen entspricht, vorliegt, hängt entscheidend davon ab, wie das Betreiberunternehmen rechtlich organisiert ist und welche Steuerungsmöglichkeiten sich daraus für die zuständige örtliche Behörde ergeben. Dabei ist zu beachten, dass Steuerungsmöglichkeiten nicht nur gegeben, sondern auch tatsächlich ausgeübt werden müssen, um von einer Kontrolle ausgehen zu können.

Rechtsfähige **Anstalten des öffentlichen Rechts** können trotz ihrer nicht unbeträchtlichen **36** Selbständigkeit durch entsprechende Satzungsregelungen so organisiert werden, dass ihr Träger Weisungsrechte gegenüber dem Verwaltungsrat der betreffenden Anstalt besitzt. Zudem können dem Verwaltungsrat Weisungsrechte gegenüber dem Geschäftsführungsorgan der Anstalt eingeräumt werden.[86] Damit ist bei entsprechender Organisation eine genügende Steuerungsmöglichkeit gegeben, um eine Kontrolle iSd. Abs. 2 VO 1370/2007 zu anzunehmen.

Bei **Aktiengesellschaften** sind die Einwirkungsmöglichkeiten der Anteilseigner auf die Ge- **37** schäftsführung grundsätzlich sehr eingeschränkt. Grund dafür ist, dass der Vorstand nicht weisungsabhängig[87] ist (vgl. § 76 Abs. 1 AktG) und die Hauptversammlung regelmäßig nur auf Verlangen des Vorstandes über Fragen der Geschäftsführung entscheiden kann (119 Abs. 2 AktG). Ferner haben entsandte Aufsichtsratsmitglieder die Interessen der Gesellschaft zu vertreten, ohne an Weisungen des Entsendungsberechtigten gebunden zu sein.[88] Auf Grund dieses rechtlichen Rahmens ist es problematisch, ohne Hinzutreten weiterer Umstände anzunehmen, dass ein Betreiber, der als (deutsche) Aktiengesellschaft organisiert ist, wie eine eigene Dienststelle kontrolliert werden kann. Die Inhouse-Fähigkeit von Aktiengesellschaften nach deutschem Recht ist deshalb umstritten.[89] Um in diesem Punkt sichergehen zu können, sollte ein Unternehmensvertrag in Form eines Beherrschungsvertrags gemäß § 291 AktG geschlossen werden.[90] Auf diese Weise kann die Leitung der Aktiengesellschaft der zuständigen örtlichen

---

[82] EuGH, C-26/03, Sgl. 2005, I-26 RdNr. 48 – Stadt Halle.

[83] *Jasper/Arnold* NZBau 2006, 24, 24.

[84] EuGH, C-26/03, Slg. 2005, I-1, RdNr. 49–53 – Stadt Halle, mit. Anm. *Hausmann/Bultmann* NVwZ 2005, 377, 377.

[85] Ähnlich im EG-Vergaberecht Schlussanträge GA Stix-Hackl, C-26/03, Slg. 2005, I-1, RdNr. 70 – Stadt Halle.

[86] *Mann* 124; vgl. auch *Fabry/Augsten/Fabry* 11.

[87] *Fabry/Augsten/Fabry* 45.

[88] BGH NJW 1962, 864, 866.

[89] MwN *Pape/Holz* NJW 2008, 2264, 2265; bejahend: *Siegel* NVwZ 2008, 7, 8; abl. *Endler* NZBau 2002, 125, 131; abl. *Michaels* NZBau 2004, 27, 29; abl. *Wittig/Schimanek* NZBau 2008, 222, 225; ähnlich EuGH, C-458/03, Slg. 2005, I-8612 RdNr. 67 – Parking Brixen, zu einer italienischen AG.

[90] So zum allgemeinen Vergaberecht *Jennert* NZBau 2006, 421, 422; *Siegel* NVwZ 2008, 7, 9; vgl. auch *Ziekow* VergabeR 2006, 608, 617.

Behörde unterstellt werden, woraus gemäß § 308 Abs. 1 AktG ein Weisungsrecht erwächst.[91] Während hierbei nach hM die Anwendbarkeit konzernrechtlicher Vorschriften auf die öffentliche Hand anerkannt ist,[92] ist die Pflicht zum Ausgleich von Nachteilen nach § 302 Abs. 1 AktG angesichts des Gebots der haushaltsrechtlichen Haftungsbegrenzung problematisch. Sieht letztere vor, dass mit der Wahl einer privaten Rechtsform zur Auftragserbringung sicherzustellen ist, dass die Haftung auf einen die Leistungsfähigkeit der Gemeinde angemessenen Betrag begrenzt ist, so besteht jedoch kein Konflikt: Denn auf Grund der erhöhten Steuerungsfähigkeit infolge eines Unternehmensvertrags in Form eines Beherrschungsvertrages ist auch das Risiko beherrschbar.[93]

38 Bei einer **GmbH** nach deutschem Recht verfügen die Gesellschafter nach hM über ein weitgehendes **Weisungsrecht** gegenüber der Geschäftsführung.[94] Das ermöglicht den Gesellschaftern die Steuerung der Gesellschaft. Das ergibt sich mittelbar aus § 6 Abs. 3, § 37 Abs. 1, § 38 Abs. 1, § 46 Nr. 5, 6 GmbHG.[95] Eine Begrenzung des Weisungsrechts kann sich ausnahmsweise bei einem Verstoß gegen die Satzung, Gesellschaftsvertrag oder Verbotsnormen wie § 138 BGB ergeben, was grundsätzlich der Annahme einer Steuerbarkeit nicht entgegensteht.

39 Die Anforderung der **Steuerungsmöglichkeit** des internen Betreibers durch die zuständige Behörde muss nicht unmittelbar gegeben sein. Es genügt, wenn diese **mittelbar** – etwa durch Zwischenschaltung einer Holding-GmbH – ausgeübt werden kann.[96] Eine derartige Mediatisierung kann allerdings die Steuerungsmöglichkeiten schwächen.[97] Damit eine Steuerungsmöglichkeit dennoch gegeben ist, muss die zuständige Behörde sowohl den erforderlichen Einfluss auf die Holding als auch über die Holding den erforderlichen Einfluss auf den internen Betreiber innehaben.

IV. Beschränkung auf das behördliche Zuständigkeitsgebiet (lit. b)

40 Abs. 2 lit. b. beschränkt die Zulässigkeit einer Direktvergabe von öffentlichen Personenverkehrsdiensten an einen internen Betreiber auf solche, die innerhalb des **Zuständigkeitsgebiets der für ihn zuständigen örtlichen Behörde** auszuführen sind. Ausgenommen davon sind abgehende Linien oder sonstige Teildienste, die in das Zuständigkeitsgebiet benachbarter zuständiger örtlichen Behörden führen. Darüber hinaus darf der interne Betreiber nicht an wettbewerblichen Vergabeverfahren außerhalb dieses Zuständigkeitsgebiets teilnehmen. Diese beschränkenden Anforderungen sind dem zweiten Teckal-Kriterium des EuGH ähnlich. Danach muss das Inhouse-Unternehmen im Wesentlichen für die Körperschaft tätig sein, die die Anteile an ihm hält.[98] Die Anforderungen dienen insgesamt der Einhaltung des Wettbewerbsgebots,[99] indem sie verhindern sollen, dass interne Betreiber auf Grund der Vorteile, die sie wegen ihrer besonderen Verbindung zur öffentlichen Hand haben, den Wettbewerb verzerren.

41 **1. Voraussetzungen der Beschränkung.** Abs. 2 lit. b Teilsätze 1 und 2 sind zwar mit einem „und" verbunden, enthalten jedoch keine kumulativen und damit verschiedenen Voraussetzungen. Es handelt sich nur um *eine* **Anforderung.** Das Verbindungswort „und" ist wie „und insbesondere" zu lesen, dh. Teilsatz 2 verdeutlicht Teilsatz 1. Das bedeutet: Werden öffentliche Personenverkehrsdienste im Wege eines wettbewerblichen Vergabeverfahrens vergeben, ist einem internen Betreiber die Erbringung dieser Verkehrsdienste außerhalb des Zuständigkeitsgebiets der für ihn zuständigen örtlichen Behörde nicht erlaubt. Dieses Verständnis folgt aus dem genannten Zweck der Norm, Wettbewerbsverzerrungen zu vermeiden, die bei der Teilnahme von internen Betreibern auch im Rahmen von wettbewerblichen Vergabeverfahren nicht auszuschließen sind.

42 Nach Abs. 2 lit. b Teilsatz 1 dürfen der interne Betreiber und jede andere von ihm geringfügig beeinflusste Einheit **ihre öffentlichen Personenverkehrsdienste** nur innerhalb des Zu-

---

[91] Ausführlicher *Fabry/Augsten/Fabry* 51.

[92] *Kropff/Semler/Altmeppen* § 291 AktG RdNr. 107; *Fabry/Augsten/Fabry* 53.

[93] So überzeugend und mwN *Mann,* 220/221; im Ergebnis genauso *Fabry/Augsten/Fabry* 53/54.

[94] *Altmeppen* NJW 2003, 2561, 2562; mwN *Roth/Altmeppen/Altmeppen* § 37 AktG RdNr. 3/4; mwN *Mann* 211.

[95] *Roth/Altmeppen/Altmeppen* § 37 AktG RdNr. 3.

[96] EuGH, C-340/04, Slg. 2006, I-4137, RdNr. 39 – Carbotermo; vgl. auch BGH, Urt. v. 3. 7. 2008, I ZR 145/05; *Wittig/Schimanek* NZBau 2006, 222, 226.

[97] EuGH, C-340/04, Slg. 2006, I-4137, RdNr. 39 – Carbotermo.

[98] EuGH, C-107/98, Slg. 1999, I-8121, RdNr. 50 – Teckal.

[99] EuGH, C-340/04, Slg. 2006, I-4137, RdNr. 58–62 – Carbotermo; Erwägungsgrund 18.

ständigkeitsgebiets der zuständigen örtlichen Behörde anbieten bzw. ausführen. Aus dem Zusatz „ihre" erschließt sich, dass die Regelung von einer Zuweisung bzw. Zuordnung von öffentlichen Personenverkehrsdiensten durch eine staatliche Stelle ausgeht.[100] Damit sind im Anwendungsbereich der VO 1370/2007 liegende öffentliche Personenverkehrsdienste gemeint, die gemeinwirtschaftlichen Verpflichtungen unterliegen und insofern „zugewiesen" wurden.[101] Das Tätigkeitsverbot von lit. b greift folglich nur ein, wenn Aufträge vergeben werden sollen, **die gemeinwirtschaftliche Verpflichtungen bzw.** damit korrespondierende **Ausgleichsleistungen und/oder ausschließliche Rechte enthalten.**

Abs. 2 lit. b Teilsatz 2 verbietet internen Betreibern die Teilnahme an wettbewerblichen **43** Vergabeverfahren außerhalb des Zuständigkeitsbereichs der zuständigen örtlichen Behörde. Aus diesem Verbot folgt ein Abwehrrecht für Wettbewerber.[102] Die VO 1370/2007 bestimmt nicht, welche Vergabeverfahren „wettbewerbliche Vergabeverfahren" iSv. lit. b sind. 5 Abs. 3, der die Vergabe von Personenverkehrsdiensten im Wettbewerb nach der VO 1370/2007 regelt, stellt nur einzelne Anforderungen auf, die ein wettbewerbliches Vergabeverfahren einhalten muss. Eine explizite Einschränkung, dass Abs. 2 lit. b Teilsatz 2 nur wettbewerbliche Vergabeverfahren nach Abs. 3 erfasst, enthält die VO nicht. Lediglich Abs. 1 S. 3 ließe den Schluss zu, dass für Vergaben im Personenverkehrsbereich, die dem EU-Vergaberecht unterliegen, das Verbot in lit. b nicht gilt. Das widerspräche jedoch dem Sinn und Zweck von lit. b, Wettbewerbsverzerrungen zu verhindern: Interne Betreiber sollen keinen Vorteil aus direkt vergebenen Aufträgen gegenüber Konkurrenten in Bezug auf andere Aufträge bzw. Tätigkeiten im Bereich der Personenverkehrsdienste haben. Auch Art. 8 Abs. 3 spricht für ein weites Verständnis des Verbots. Denn der Begriff „wettbewerbliches Vergabeverfahren" erfasst danach auch Vergaben vor Geltung der VO 1370/2007. Folglich können auch wettbewerbliche Vergabeverfahren für Personenverkehrsdienste im Anwendungsbereich des EU-Vergaberechts „wettbewerbliche Vergabeverfahren" iSv. Abs. 2 lit. b Teilsatz 2 sein und dem Verbot von lit. b unterliegen.

Internen Betreibern ist damit außerhalb des Zuständigkeitsbereichs der zuständigen örtlichen **44** Behörde – neben der Ausnahme in lit. b – erlaubt, in Bereichen tätig zu werden, die nicht die Erbringung öffentlicher Personenverkehrsdienste iSd. VO 1370/2007 betreffen, sowie öffentliche Personenverkehrsdienste auszuführen, die keinen gemeinwirtschaftlichen Verpflichtungen unterliegen oder die keine „eigenen" Personenverkehrsdienste darstellen[103] (Unteraufträge von Betreibern/internen Betreibern oder selbsterbringender Behörden).

2. Geltung der Beschränkung nicht nur für interne Betreiber. Die in Abs. 2 lit. b **45** enthaltene Beschränkung gilt nicht nur für **interne Betreiber,** sondern auch für jede **andere Einheit,** auf die ein interner Betreiber **Einfluss** ausüben kann, auch wenn dieser nur geringfügig ist. Ab wann ein geringfügiger Einfluss gegeben ist, hängt von den Umständen des Einzelfalles ab. Zumindest ist ein solcher Einfluss dann gegeben, wenn es der interne Betreiber in der Hand hat, die Maßnahmen einer anderen Einheit nach seinen Wünschen zu lenken. Zu bejahen ist das stets für Tochterunternehmen[104] und beim Besitz einer Sperrminorität. Der Einfluss kann auch darin bestehen, dass eine Personenidentität von Entscheidungsträgern beim internen Betreiber und der anderen Einheit gegeben ist.

Auch einer **selbsterbringenden Behörde** ist es versagt, an wettbewerblichen Vergabever- **46** fahren außerhalb ihres Zuständigkeitsgebiets teilzunehmen. Das ergibt sich aus Erwägungsgrund 18. Dass lit. b keine solche Bestimmung enthält, ist ein Redaktionsversehen.

Fraglich ist, ob eine vom internen Betreiber unterschiedliche rechtliche Einheit („Schwester- **47** unternehmen"), die von der **zuständigen örtlichen Behörde** beeinflusst wird, an wettbewerblichen Vergabeverfahren außerhalb des Zuständigkeitsgebiets teilnehmen darf. Dies kann dem Wortlaut von lit. b nicht unmittelbar entnommen werden. Ein darauf gerichteter Umformulierungsvorschlag[105] des Verkehrsausschusses des Parlaments für Abs. 2 lit. b ist nicht umgesetzt worden. Ein derartiges Verbot wird deshalb abgelehnt.[106] Das ist bei einer rein rechtlichen Betrachtung nicht zu beanstanden. Legt man jedoch eine faktische Sicht zu Grunde, ließe sich

---

[100] *Wittig/Schimanek* NZBau 2008, 222, 227.
[101] Vgl. Art. 2 lit. e und i, die die Begriffe „gemeinwirtschaftliche Verpflichtungen" und „öffentliche Personenverkehrsdienste" jeweils aufeinander beziehen.
[102] Vgl. näher *Kramer* IR 2010, 80, 80.
[103] So *Wittig/Schimanek* NZBau 2008, 222, 227.
[104] Ebenso *Baumeister/Klinger* NZBau 2005, 601, 606; *Wittig/Schimanek* NZBau 2008, 222, 227.
[105] Europäisches Parlament, Empfehlung für die zweite Lesung, A6–0131/2007 endgültig, 23.
[106] *Wittig/Schimanek* NZBau 2008, 222, 227; tendenziell auch *Knauff* DVBl 2006, 339, 344.

dagegen argumentieren, dass dadurch, dass „Kopf" des internen Betreibers die zuständige Behörde ist, und diese Einfluss auf die andere Einheit ausübt, quasi auch der interne Betreiber Einfluss besitzt. Dies würde auch dem Sinn und Zweck der Norm, Wettbewerbsverzerrungen zu vermeiden, entsprechen. Zudem würde damit die Rechtsfolgenseite der in Abs. 2 S. 1 vorgesehenen Varianten angeglichen: Erbringt die Behörde Verkehrsdienste selbst, darf sie an keinen externen wettbewerblichen Verfahren teilnehmen. Vergibt sie den Auftrag an einen internen Betreiber, muss dies gleichermaßen gelten.

48   Angesichts dieser unsicheren Rechtslage ist den **Mitgliedstaaten** zu raten, von ihrer **Verschärfungsmöglichkeit** Gebrauch zu machen: Sie können vorschreiben, dass die Einschränkung des Tätigkeitsgebiets auch für die Behörde gilt. Das ist als Minusmaßnahme eines generellen Verbots der Inhouse-Vergabe nach Abs. 2 S. 1 zulässig.

49   **3. Ausnahme von der Beschränkung.** Die **Betätigungsbeschränkung** des internen Betreibers gilt gemäß lit. b **nicht für abgehende Linien oder sonstige Teildienste,** die in das Zuständigkeitsgebiet benachbarter zuständiger örtlicher Behörden führen. Sofern damit auf die Umsetzung integrierter öffentlicher Personenverkehrsdienste (iSv. Art. 2 lit. m) Bezug genommen wird, ist diese „Ausnahme" lediglich wiederholender Natur. Denn in diesem Fall ist unter dem Zuständigkeitsgebiet der zuständigen örtlichen Behörde das Gesamtgebiet der Gruppe der Behörden zu verstehen (vgl. Abs. 2 S. 1 bzw. Art. 2 lit. j und c). Gemäß der Zielsetzung der Norm – dh. ein gebietsüberschreitendes Verkehrsangebot nicht zum Nachteil der Fahrgäste einzuschränken[107] – wäre aber das Vorliegen eines integrierten Personenverkehrsdienstes nicht unbedingt nötig, wenn auch regelmäßig der Fall. Erforderlich ist nur, dass der Verkehrsdienst über die Zuständigkeitsgrenze hinweg geht, was wegen der Zuständigkeitsbereiche eine Vereinbarung bzw. Erlaubnis der betroffenen Behörde voraussetzt.

V. Geltungsdauer der örtlichen Beschränkung der Verkehrsdienste (lit. c)

50   Abs. 2 lit. c schränkt die **Geltungsdauer** der **lit. b** ein. Denn gemäß lit. c kann ein interner Betreiber ab einem bestimmten Zeitpunkt an fairen wettbewerblichen Vergabeverfahren (auch außerhalb des behördlichen Zuständigkeitsgebiets) teilnehmen, wenn **drei Voraussetzungen** vorliegen. Erstens darf die Restlaufzeit des an ihn (intern) direkt vergebenen Auftrags nur noch maximal zwei Jahre betragen. Zweitens muss endgültig beschlossen worden sein, ob den an den internen Betreiber vergebenen Personenverkehrsdienste (künftig) im Rahmen eines fairen wettbewerblichen Vergabeverfahrens zu vergeben. Und drittens darf der interne Betreiber nicht Auftragnehmer anderer direkt vergebener öffentlicher Dienstleistungsaufträge sein.

51   Das Tatbestandsmerkmal **„endgültig beschlossen"** soll verhindern, dass eine spätere Rückkehr zu Direktvergaben durch die Behörde erfolgt, interne Betreiber aber vorher noch Aufträge aus wettbewerblichen Verfahren erhalten.[108] Daher ist „endgültig beschlossen" wie „beschlossen und später nicht widerrufen/zurückgenommen" zu lesen. Wird ein Beschluss dennoch später rückgängig gemacht, so lagen die Voraussetzungen für die Geltungsbeschränkung von lit. b nicht vor, so dass die Teilnahme an einem wettbewerblichen Vergabeverfahren rechtswidrig war. Auf Grund der Bedeutung des lit. b für die Vermeidung von Wettbewerbsverzerrungen muss dies zur Unwirksamkeit eines etwaigen Auftrags aus dem wettbewerblichen Vergabeverfahren führen.[109]

52   Die dritte Voraussetzung des lit. c, **keine anderen direkt vergebenen Aufträge** inne zu haben, bezieht sich nur auf intern vergebene Direktaufträge. Das ergibt sich bereits aus der Verwendung des Begriffs „direkt vergebener Auftrag" bei der ersten und der dritten Voraussetzung.[110] Daraus folgt ein gleicher Bedeutungsinhalt, wobei bei der ersten Voraussetzung nur der intern vergebene Direktauftrag gemeint sein kann, der den „internen" Betreiber erst zu dem macht, was er ist. Auch wäre es unsinnig, dem internen Betreiber wegen einer Notfall-Direktvergabe nach Abs. 5 die Teilnahme an wettbewerblichen Vergabeverfahren zu versagen. Gleiches gilt in Bezug auf Aufträge, die nach Abs. 4 und 6 direkt vergeben werden können. Denn

---

[107] Vgl. Rat, Gemeinsamer Standpunkt Nr. 2/2007, ABl. 2007, C 70E/1, 14.

[108] Vgl. Europäisches Parlament, Empfehlung für die zweite Lesung, A6–0131/2007 endgültig, 24.

[109] Da dies bereits aus den Regelungen von lit. b und c sowie deren Sinn und Zweck folgt, war die Aufnahme eines darauf gerichteten Änderungsvorschlags des Ausschusses für Verkehr nicht nötig. Zu diesem siehe Europäisches Parlament, Empfehlung für die zweite Lesung, A6–0131/2007 endgültig, 23/24.

[110] In der deutschen Version des lit. c ist zwar einerseits von „Auftrag" und andererseits von „öffentlicher Dienstleistungsauftrag" die Rede, die englische Version lautet aber jeweils „directly awarded public service contract".

diese (externen) Direktvergaben unterliegen nicht dem Wettbewerbsprinzip, das deshalb durch die Direktvergabe an einen internen Betreiber nicht verletzt werden kann.

Die Voraussetzung, keine anderen direkt vergebenen Aufträge inne zu haben, gilt auch für **53** die vom internen Betreiber geringfügig beeinflussten anderen Einheiten iSv. lit. b. Denn der Sinn der Vorschrift liegt darin, dass Wettbewerbsverzerrungen in Folge des intern vergebenen Auftrags künftig ausgeschlossen sind. Dies ist nur gewährleistet, wenn der interne Betreiber keinen Einfluss auf Einheiten hat, die selbst interne Betreiber darstellen.

VI. Geltung von Abs. 2 lit. a–c bei Fehlen einer zuständigen örtlichen Behörde (lit. d)

Für den Fall, dass ein Mitgliedstaat keine zuständigen örtlichen Behörden hat, sondern **nur 54** eine für das gesamte Staatsgebiet tätige **nationale Behörde,** bestimmt Art. 5 Abs. 2 lit. d Teilsatz 1, dass die lit. a bis c für die nationale Behörde gelten, dh. diese den öffentlichen Dienstleistungsauftrag direkt vergeben kann.[111] Das gilt insgesamt mit der Einschränkung, dass nur ein geografisches Gebiet, das nicht das gesamte Staatsgebiet ausmacht, erfasst wird. Sind deshalb die Voraussetzungen von lit. d erfüllt, muss die Ausnahme für abgehende Linien und sonstige Teildienste iSv. lit. b entfallen, die bereits im „geografisch erfassten Gebiet" enthalten ist.

Ist damit der Begriff „Zuständigkeitsgebiet der zuständigen örtlichen Behörde" in lit. b so zu **55** lesen wie „geografisches Gebiet, das sich nicht auf das gesamt Staatsgebiet erstreckt", kann der zweite Teilsatz lediglich als Klarstellung verstanden werden. Anderseits kann die überflüssige Wiederholung als Betonung gedeutet werden, dass es iRd. lit. b entscheidend darauf ankommt, dass der interne Betreiber nicht an wettbewerblichen Vergabeverfahren außerhalb des relevanten Gebietes teilnimmt.

VII. Unterauftragsvergabe durch den internen Betreiber (lit. e)

1. Voraussetzungen für eine Unterauftragsvergabe. Abs. 2 lit. e bestimmt die Voraus- **56** setzungen für die Vergabe von Unteraufträgen durch den internen Betreiber. Unteraufträge dürfen von diesen nur unter besonderen Voraussetzungen vergeben werden. Erforderlich dafür ist zunächst, dass eine **Unterauftragsvergabe** nach Art. 4 Abs. 7 in Frage kommt, dh. nach den Vergabeunterlagen für den betreffenden öffentlichen Dienstleistungsauftrag zulässig ist („ob") bzw. in einem bestimmten Umfang („wie") **zugelassen** ist. Die zuständige Behörde darf den Umfang der Unterauftragsvergabe nicht völlig frei bestimmen. Denn lit. e legt fest, dass der interne Betreiber – nicht nur „einen bedeutenden Teil" wie nach Art. 4 Abs. 7, sondern – **„den überwiegenden Teil"** des öffentlichen Personenverkehrsdienstes, dh. zumindest mehr als 50%,[112] **selbst erbringen** muss. Dieses Erfordernis hat den Zweck zu verhindern, dass sich interne Betreiber zu reinen Regieebenen entwickeln und in der Folge negative Auswirkungen auf Sozial- und Qualitätsstandards auftreten.[113]

Unklar bleibt damit, ob die in Art. 4 Abs. 7 S. 3 unter bestimmten Voraussetzungen vorgese- **57** hene Möglichkeit der vollständigen Unterauftragsvergabe auch für den internen Betreiber gilt. Da nicht ersichtlich ist, warum ein interner Betreiber, der – als vermeintlicher Spezialist hierfür – die planerischen und baulichen Voraussetzungen für einen öffentlichen Personenverkehr zunächst schaffen muss, ebenfalls den Betrieb übernehmen sollte, wird davon auszugehen sein, dass Art 4 Abs. 7 S. 3 auch für ihn gilt.

2. Geltende Bedingungen für die Auswahl der Unterauftragnehmer. Abs. 2 lit. e ent- **58** hält keine Vorgaben dazu, nach welchen Bedingungen Unterauftragnehmer auszuwählen sind. Bestimmungen dazu enthält Art. 4 Abs. 7 S. 4. Danach ist im öffentlichen Dienstleistungsauftrag die für die Vergabe geltenden Bedingungen **entsprechend** dem **nationalen Recht** und dem **Unionsrecht** festzulegen.[114] Daraus folgt, dass stets anhand der Umstände des Einzelfalles, also insbesondere des zu vergebenden Auftrags zur Erbringung von Personenverkehrsleistungen und der an den internen Betreiber etwaig übertragenen Befugnisse, zu entscheiden ist, welches Rechtsregime zur Anwendung kommt.

---

[111] Vgl. auch die sehr kurze und prägnante Formulierung in Rat, Gemeinsamer Standpunkt (EG) Nr. 2/2007, ABl. 2007, C 70E/1, 14.
[112] Siehe Kommentierung zu Art. 4 Abs. 7 VO 1370/2007.
[113] Europäisches Parlament, Empfehlung für die zweite Lesung, A6–0131/2007 endg., 25.
[114] Ähnlich auch Erwägungsgrund 19 S. 4.

E. Wettbewerbliche Vergabeverfahren (Abs. 3)

I. Anwendungsbereich (S. 1)

59   Art. 5 Abs. 3 S. 1 bestimmt, dass öffentliche Dienstleistungsaufträge im Wege eines wettbewerblichen Vergabeverfahrens vergeben werden müssen, wenn die betreffenden Verkehrsleistungen nicht gemäß Art. 5 Abs. 4, 5 oder 6 direkt vergeben werden dürfen. Gleichfalls ist auch für Inhouse-Vergaben iSv. Art. 5 Abs. 2 kein wettbewerbliches Vergabeverfahren vorgeschrieben. Das ergibt sich aus dem Gegenschluss zum ersten Halbsatz von Satz 1. Für die Vergabe von Personenverkehrsleistungen für Busse und Straßenbahnen ist gemäß Art. 5 Abs. 3 dann ein wettbewerbliches Vergabeverfahren durchzuführen, wenn es sich um eine Dienstleistungskonzession iSd. EU-Vergaberichtlinien handelt bzw. der Wert des zu vergebenden öffentlichen Dienstleistungsauftrags unter den im Anwendungsbereich des EU-Vergaberechts geltenden gemeinschaftsrechtlichen Schwellenwerten liegt.

II. Anforderungen an das wettbewerbliche Vergabeverfahren (S. 2)

60   **1. Allgemeines.** Satz 2 stellt Anforderungen an das nach Satz 1 für bestimmte Verkehrsleistungen durchzuführende wettbewerbliche Vergabeverfahren auf. Bei diesem handelt es sich um ein wettbewerbliches Vergabeverfahren *sui generis*, das nicht dem nach den EU-Vergaberichtlinien durchzuführenden wettbewerblichen Vergabeverfahren entspricht. Der Gesetzgeber hat im Zusammenhang mit dem wettbewerblichen Vergabeverfahren weder auf die EU-Vergaberichtlinien verwiesen noch ähnlich hohe Anforderungen gestellt. Erforderlich ist bei einem wettbewerblichen Vergabeverfahren im Sinne von Satz 1 lediglich, dass es grundsätzlich allen Betreibern offen steht, fair ist und den Grundsätzen der Transparenz und Nichtdiskriminierung genügt. Vorgegeben werden damit die bei wettbewerblichen Vergabeverfahren einzuhaltenden **Grundsätze,** nicht aber konkrete Verfahrensdetails. Die Vorgaben nach Satz 2 entsprechen den sich aus dem EU-Primärrecht ergebenden Maßgaben, insbesondere Art. 49 bis 56 AEUV sowie den Grundsätzen der Transparenz und der Gleichbehandlung.[115] Nach der Rechtsprechung des EuGH sind die Art. 49 AEUV und 56 AEUV eine besondere Ausprägung des Gleichbehandlungsgrundsatzes.[116] Die VO 1370/2007 gibt damit lediglich einen bei wettbewerblichen Vergaben einzuhaltenden Mindeststandard vor.

61   Die sich aus dem EU-Primärrecht bei Vergaben ergebenden Maßgaben hat der **EuGH** im Zuge seiner Rechtsprechung zu **Dienstleistungskonzessionen** und **Unterschwellenvergaben** herausgearbeitet und teilweise konkretisiert. Erforderlich ist danach auf der Grundlage des EU-Primärrechts bei Vergaben, die nicht in den Anwendungsbereich der EU-Vergaberichtlinien fallen, dass zumindest ein transparentes, nicht diskriminierendes und die Gleichbehandlung der (interessierten) Bewerber gewährleistendes Vergabeverfahren durchgeführt wird.[117] Die Pflicht zur Transparenz hat zur Konsequenz, dass der Auftraggeber insbesondere „zugunsten potentieller Bieter einen angemessenen Grad von Öffentlichkeit" sicherstellen muss, der den Dienstleistungsmarkt dem Wettbewerb öffnet und die Nachprüfung ermöglicht, ob die Vergabeverfahren unparteiisch durchgeführt" worden sind.[118] Die Europäische Kommission hat die sich nach der Rechtsprechung des EuGH aus dem EU-Primärrecht ergebenden Verfahrensanforderungen in ihren Mitteilungen zu Auslegungsfragen in Bezug auf das Gemeinschaftsrecht, das für Aufträge gilt, die nicht oder nur teilweise unter die Vergaberichtlinien fallen,[119] und zu Konzessionen zusammengefasst.[120] Diese Kommissionsmitteilungen sind zwar nicht rechtsverbindlich,[121] können jedoch – insbesondere für Abs. 3 – als Auslegungshilfe herangezogen werden.[122] Ein Verfahren, das alle Anforderungen des hier erforderlichen wettbewerblichen Verfah-

---

[115] Siehe Erwägungsgrund 20; *Pünder* EuR 2007, 564, 571.

[116] EuGH, C-3/88, Slg. 1989, 4035, RdNr. 8 – Kommission/Italien.

[117] EuGH, C-324/98, Slg. 2000, I-10745, RdNr. 60–62 – Telaustria; EuGH, C-231/03, Slg. 2005, I-7287, RdNr. 17 – Coname; EuGH, C-458/03, Slg. 2005, I-8585, RdNr. 46–50 – Parking Brixen.

[118] EuGH, C-324/98, Slg. 2000, I-10745 RdNr. 62 – Telaustria.

[119] Mitt. „Gemeinschaftsrecht", ABl. 2006, C 179/02.

[120] Mitt. „Konzessionen", ABl. 2000, C 121/2.

[121] *Streinz/Schroeder* Art. 249 EG RdNr. 33; *Köster* ZfBR 2007, 127, 129.

[122] Die Mitt. „Gemeinschaftsrecht" wurde allerdings nach Art. 230 EG von Deutschland angegriffen, EuG, T-258/06, noch nicht in der Slg. veröffentlicht, siehe dazu *Lutz* VergabeR 2007, Sonderheft 2a, 372, 378; vgl. auch *Köster* ZfBR 2007, 127, 129.

rens erfüllt, ist das sog. Fünf-Schritte-Verfahren, das als wettbewerbliches Verfahren außerhalb des Vergaberechts Bedeutung bei der Vergabe von SPNV-Leistungen hat.

2. Offenes Verfahren. Satz 2 ordnet allem voran an, dass das wettbewerbliche Verfahren allen   **62** Betreibern offen stehen muss. Das bedeutet, das Vergabeverfahren muss so ausgestaltet sein, dass grundsätzlich alle **potentiell interessierten Betreiber** von der Vergabe **erfahren** und **diskriminierungsfrei teilnehmen** können müssen. „Offen" bedeutet jedoch nicht, dass stets jeder interessierte Betreiber teilnehmen können muss. Vielmehr ist es zulässig, den Teilnehmerkreis aus sachlichen Gründen zu beschränken. Ein „offenes Vergabeverfahren" im Sinne der VO 1370/2007 ist nicht gleichzusetzen mit dem offenen Verfahren im Sinne der EU-Vergaberichtlinien. Das folgt bereits aus Satz 3, wonach im Rahmen des wettbewerblichen Verfahrens iSv. Satz 1 auch Verhandlungen geführt werden dürfen. Verhandlungen sind im Rahmen eines offenen Verfahrens im Sinne der EU-Vergaberichtlinien gerade nicht zulässig. Das in Art. 1 Abs. 9 lit. a SKR und Art. 1 Abs. 11 VKR geregelte offene Verfahren ist das formstrengste Vergabeverfahren und lässt keinerlei Gestaltungs- oder Verhandlungsspielraum für Auftraggeber und Bieter zu.

Die Anforderung „offen" folgt im übrigen auch aus den Grundsätzen der Transparenz und   **63** Nichtdiskriminierung, so dass ihm keine eigenständige Bedeutung zukommt.[123] Aus Erwägungsgrund 20 ergibt sich, dass es entscheidend auf die Grundsätze Transparenz und Nichtdiskriminierung ankommt;[124] einen Hinweis darauf, dass das Verfahren „offen" sein muss, enthält der Erwägungsgrund nicht. Auch der EuGH hat in seiner Rechtsprechung zu den Anforderungen, die an Verfahren zur Vergabe von Aufträgen zu stellen sind, die nur in den Anwendungsbereich des EU-Primärrechts fallen, nicht auf die Offenheit des Verfahrens abgestellt. Lediglich Generalanwalt Fennelly führte in den Schlussanträgen zur Rechtssache Telaustria aus, dass Transparenz als Wahrung der grundlegenden Fairness und Offenheit des Vergabeverfahrens zu verstehen ist.[125]

3. Faires Verfahren. Das wettbewerbliche Verfahren muss nach Satz 2 zudem fair, das   **64** heißt, es muss unparteiisch und gerecht[126] strukturiert und durchgeführt werden. Die Anforderung der Fairness ergibt sich, wie auch die des offenen Verfahrens, bereits aus dem Transparenzprinzip.[127] Gegenüber den Grundsätzen der Nichtdiskriminierung und Transparenz spielt auch der Begriff der Fairness keine eigenständige Rolle.[128] Der EuGH stellte fest, dass die Verpflichtung zur Transparenz der Kontrolle dient, ob ein Vergabeverfahren unparteiisch durchgeführt worden ist.[129] Daraus folgt im Zusammenhang mit den Grundsätzen der Transparenz und Nicht-Diskriminierung, dass voreingenommene Personen an Entscheidungen auf Seiten der zuständigen Behörde nicht teilnehmen dürfen, weil andernfalls die Gleichbehandlung aller Teilnehmer am wettbewerblichen Vergabeverfahren nicht gewährleistet werden kann („Pflicht zur Neutralität").[130] Gleichfalls bedeutet dies, dass die zuständige Behörde Vorteile, die ein vorbefasster Teilnehmer hat, beispielsweise einen Informationsvorsprung, zugunsten der übrigen Bewerber ausgleichen muss, soll dieser an Vergabeverfahren teilnehmen dürfen. Zur Gerechtigkeit des Verfahrens zählt zudem, dass der Zugang zum Verfahren nichtdiskriminierend ausgestaltet ist und Bewerber zu möglichen Fehlern im Vergabeverfahren angemessen zu hören sind.

4. Grundsatz der Transparenz. Das wettbewerbliche Vergabeverfahren muss transparent   **65** sein. Die Pflicht zur Durchführung eines transparenten Vergabeverfahrens folgt aus dem Diskriminierungsverbot[131] und verpflichtet die zuständige Behörde, zugunsten potenzieller Bieter einen **angemessenen Grad von Öffentlichkeit** sicherzustellen, der die Nachprüfung ermöglicht, ob die Vergabeverfahren unparteiisch durchgeführt worden sind.[132]

Konsequenz der Pflicht zur Transparenz ist zunächst die Publizitätsverpflichtung gemäß Art. 7   **66** Abs. 2. Danach ist erforderlich, eine **Vorabinformation** hinsichtlich der beabsichtigten Einleitung eines wettbewerblichen Vergabeverfahrens zu veröffentlichen. Darüber hinaus erfordert

---

[123] Im Ergebnis wohl genauso *Schröder* NVwZ 2008, 1288, 1290.

[124] Ähnliches ergibt sich aus Erwägungsgrund 9.

[125] Schlussanträge GA Fenelly, C-324/89, Slg. 2000, I-10 745 RdNr. 43 – Telaustria.

[126] *Garner/Black*, unter „fair".

[127] Schlussanträge GA Fenelly, C-324/89, Slg. 2000, I-10 745 RdNr. 43 – Telaustria.

[128] Ebenso *Schröder* NVwZ 2008, 1288, 1291; zur teilweise angenommenen Bedeutung vom Gebot der Fairness im Vergaberecht vgl. *Arrowsmith* RdNr. 4.12.

[129] EuGH, C-324/98, Slg. 2000, I-10 745, RdNr. 62 – Telaustria.

[130] Vgl. *Prieß* 218/219; vgl. auch § 16 VgV.

[131] EuGH, C-260/04, Slg. 2007, I-7083, RdNr. 24 – Kommission/Italien; *Arrowsmith* RdNr. 4.12; *Prieß* 92, Fn. 170.

[132] EuGH, C-324/98, Slg. 2000, I-10 745, RdNr. 62 – Telaustria.

der Grundsatz der Transparenz, dass ein **Auftrag** vor seiner Vergabe so **bekannt gemacht wird,** dass Unternehmen der Zugang zu **angemessenen,** die Vergabe betreffenden **Informationen** möglich ist und sie dadurch ihr Interesse am Auftrag bekunden können.[133] Bestimmte oder eine begrenzte Zahl von möglichen Bewerbern anzusprechen bzw. auf das geplante Vergabeverfahren aufmerksam zumachen, genügt dafür nicht. Insbesondere der zuständigen Behörde unbekannte Betreiber oder Newcomer würden unberücksichtigt und deshalb diskriminiert werden.[134] Je interessanter der Auftrag für potenzielle Bieter aus anderen Mitgliedstaaten ist, desto höher sind die Anforderung an seine gemeinschaftsweite Bekanntmachung. Umgekehrt kann bei Aufträgen von geringerem Volumen bzw. Wert eine Veröffentlichung auf der Homepage der zuständigen Behörde im Internet oder in einer überregionalen Tageszeitung genügen.[135] Die Bekanntmachung muss unmissverständlich sein und die **Grundinformationen** enthalten, die ein Unternehmen braucht, um für sich zu entscheiden, ob der zu vergebende Auftrag von Interesse ist,[136] das heißt die nach Art. 7 Abs. 2 erforderlichen Informationen zu den betroffenen Diensten und Gebieten.

67   Darüber hinaus ist zur Wahrung des Grundsatzes der Transparenz erforderlich, dass die zuständige Behörde das gesamte Vergabeverfahren, insbesondere die verfahrensrelevanten Entscheidungen, nachvollziehbar und zeitnah dokumentiert. Die Anforderung der Transparenz ist insbesondere im Zusammenhang mit Abs. 7 zu sehen. Ohne eine ausreichende Dokumentation des Vergabeverfahrens ist die danach zu gewährleistende nachträgliche **Kontrolle** in Bezug auf die Einhaltung der Unparteilichkeit und des Grundsatzes der Nichtdiskriminierung nicht möglich.[137] Das gilt umso mehr, wenn, wie in Bezug auf das wettbewerbliche Vergabeverfahren nach Satz 1, nur wenige formale Vorgaben geregelt und zudem – unter bestimmten Voraussetzungen – Verhandlungen zulässig sind (Abs. 3 Satz 3).[138]

68   **5. Grundsatz der Nichtdiskriminierung/Gleichbehandlung.** Das wettbewerbliche Vergabeverfahren darf gemäß Satz 2 nicht diskriminierend sein. Verboten ist danach nicht nur, die Ungleichbehandlung aus Gründen der Staatsangehörigkeit, sondern jegliche Ungleichbehandlung ohne sachlichen Grund. Denn das Diskriminierungsverbot umfasst, wie auch im EU-Vergaberecht,[139] das **Gebot der Gleichbehandlung** aller Bieter.[140] Das Diskriminierungsverbot ist von kardinaler Bedeutung für die Gewährleistung von gleichen Wettbewerbsbedingungen[141] und damit von unverfälschtem echten Wettbewerb.[142] Es ist deshalb im gesamten Vergabeverfahren einzuhalten.

69   Verboten ist auf der Grundlage des Diskriminierungsverbots die Ungleichbehandlung vergleichbarer Sachverhalte, es sei denn, dass dies objektiv bzw. aus sachlichen Gründen gerechtfertigt ist.[143] Daraus ergeben sich **zahlreiche konkrete Anforderungen** an die Durchführung und Gestaltung des Vergabeverfahrens sowie den Inhalt der Vergabeunterlagen.[144] So darf die zuständige Behörde in der **Leistungsbeschreibung** nicht ohne den Zusatz „oder gleichwertig" ein bestimmtes Produkt oder eine Marke oder bestimmte Patente verlangen.[145] Zulässig ist es jedoch, so hohe Anforderungen zu stellen, dass diese nur von wenigen Bewerbern erfüllt werden können. Der Auftraggeber darf bestimmen, was er beschaffen will, wie er es haben will und in welcher Qualität.[146] Die Vergabestelle ist nicht verpflichtet, ihren Bedarf so auszurichten, dass möglichst alle auf dem Markt agierenden Teilnehmer leistungs- und angebotsfähig sind.[147] Die

---

[133] EuGH, C-231/03, Slg. 2005, I-7287, RdNr. 21 – Coname.

[134] Mitt. „Gemeinschaftsrecht", Nr. 2.1.1.

[135] Mitt. „Gemeinschaftsrecht", Nr. 2.1.2.

[136] Mitt. „Gemeinschaftsrecht", Nr. 2.1.3.

[137] Vgl. OLG Düsseldorf, Beschl. v. 11. 7. 2007, Verg 10/07; OLG München, Beschl. v. 17. 1. 2008, Verg 15/07; vgl. auch Art. 43 RL 2004/18/EG.

[138] Vgl. mwN *Weyand* § 97 RdNr. 201.

[139] Siehe etwa Erwägungsgrund 2 RL 2004/18/EG; vgl. mwN *Arrowsmith* RdNr. 4.16, 7.7 und 16.3; *Kulartz/Marx/Portz/Prieß/Hausmann* § 7 RdNr. 23.

[140] Vgl. Erwägungsgrund 20.

[141] Dies ist laut Erwägungsgrund 9, 17, 18 eines der Ziele, die die VO 1370/2007 zu verwirklichen sucht.

[142] Zur Bedeutung des Grundsatzes siehe EuGH, C-243/98, Slg. 1993, I-3353, RdNr. 33 – Kommission/Dänemark; zum Ziel der Vermeidung von Wettbewerbsverfälschungen siehe Erwägungsgrund 4.

[143] EuGH, 106/83, Slg. 1984, 4209, RdNr. 28 – Sermide.

[144] Ausführlich hierzu *Kulartz/Marx/Portz/Prieß/Hausmann* § 7 RdNr. 60, und *Kulartz/Marx/Portz/Prieß/Prieß* § 8 RdNr. 12 und 73.

[145] Mitt. „Gemeinschaftsrecht", Nr. 2.2.1.

[146] OLG Koblenz NZBau 2002, 699, 703, VergabeR 2002, 617, 627.

[147] VK Rheinland-Pfalz, Beschl. v. 29. 9. 2004, VK 14/04.

Leistungsbeschreibung muss zudem eindeutig und klar sein, so dass alle Bieter sie im gleichen Sinne verstehen und ihre Angebote infolgedessen im Zuge der Wertung verglichen werden können.[148] Ferner muss die zuständige Behörde ggf. den Informationsvorsprung eines Bieters, der in Bezug auf den zu vergebenden Auftrag vorbefasst war (**„Projektant"**), ausgleichen.[149] Ein Ausschluss des Projektanten kommt nur als *ultima ratio* in Betracht.[150] Der betreffende Bewerber muss vor dem Ausschluss seines Angebots die Möglichkeit haben, darzulegen und nachzuweisen, dass seine Vorbefassung den Vergabewettbewerb im konkreten Fall nicht verfälscht hat.[151]

Der Grundsatz der Nichtdiskriminierung verlangt darüber hinaus, dass die zuständige Behör-   **70** de vorab die von ihr festgesetzten **Bedingungen des Vergabeverfahrens** bekannt gibt und diese so bekannt gibt, dass alle Interessenten in der Lage sind, von ihnen Kenntnis zu nehmen.[152] Erforderlich ist deshalb ua. die Bekanntgabe der Zuschlagskriterien und ihrer Gewichtung.[153] Sowohl bei diesen als auch bei etwaigen Auswahlkriterien zur Einengung des Teilnehmerkreises muss es sich um objektive, sachlich gerechtfertigte Kriterien handeln. Zwar macht die Verordnung 1370/2007 hierzu keine Angaben, jedoch kann auf diejenigen eines älteren Vorschlags für die Verordnung zurückgegriffen werden.[154] Darin wurden folgende Kriterien aufgeführt: Gesamtqualität des Leistungsangebots, Kapazität des Streckennetzes nebst Fahrgastinformationen, Tarifhöhe und -transparenz, die Integration verschiedener Verkehrsdienste sowie von Langstreckenverkehrssystemen evt. auch grenzübergreifend, Zugänglichkeit für in ihrer Mobilität eingeschränkte Personen, Umweltverträglichkeit, Angaben zum und Zustand des Fuhrparks sowie dessen Wartung/Erneuerung, Anbindung weniger dicht bevölkerter Regionen, Gesundheit und Sicherheit der Fahrgäste und Arbeitnehmer, Aus- und Weiterbildung des Personals, Bezahlungs- und Beschäftigungsbedingungen, Bearbeitungsweise von Beschwerden und Art eines etwaigen Mängelausgleichs, die Kosten der Diensterbringung.

Der Auftraggeber muss zudem allen Bietern die **gleichen Informationen** (etwa wettbe-   **71** werbsrelevante Fragen und Antworten)[155] zukommen lassen und ihnen die Chance geben, innerhalb gleicher – im Hinblick auf Unternehmen anderer Mitgliedstaaten angemessener[156] – Fristen und zu **gleichen Anforderungen** Angebote abzugeben.[157] Letzteres bedingt, dass nur den Vergabeunterlagen entsprechende, vollständige und nach Abgabeschluss unveränderte Angebote gewertet werden dürfen.[158] Des Weiteren gilt, dass Diplome und Prüfungszeugnisse entsprechend des Grundsatzes der gegenseitigen Anerkennung akzeptiert werden müssen.[159]

III. Zulässige Verhandlungen (S. 3)

Abs. 3 S. 2 erlaubt Verhandlungen zwischen der zuständigen Behörde und einem bzw. meh-   **72** reren potentiellen Betreibern. Auf diese Weise soll es der zuständigen Behörde ermöglicht werden, festzulegen, wie der Besonderheit oder Komplexität der Anforderungen am besten Rechnung zu tragen ist. Allerdings sind Verhandlungen nicht generell zulässig, sondern nur in Ausnahmefällen.[160] Zulässig sind Verhandlungen unter **drei Voraussetzungen:** Erstens muss die Durchführung der Verhandlungen den nach Satz 2 einzuhaltenden **Grundsätzen** entsprechen, dh., die zuständige Behörde darf insbesondere nicht in diskriminierender Weise Informationen weitergeben.[161] Zweitens muss es sich um einen **komplexen Auftrag** handeln. Die Verhandlungen sollen in diesem Fall dazu dienen, das Angebot bzw. Einzelheiten dazu so abzustimmen, dass den besonderen/komplexen Anforderungen an die Verkehrsdienste am besten

---

[148] So laut § 8 Nr. 1 Abs. 1 VOL/A (Ausgabe 2006); ein Verstoß dagegen bedingt einen Verstoß gegen das Gleichbehandlungsprinzip, *Prieß* NZBau 2004, 20, 22.

[149] Zur Problematik vgl. *Kulartz/Marx/Portz/Prieß/Hausmann* § 7 RdNr. 61.

[150] *Kulartz/Marx/Portz/Prieß/Hausmann* § 7 RdNr. 66.

[151] EuGH, C-21/03 und C-34/03, Slg. 2005, I-1559 RdNr. 36 – Fabricom.

[152] Mitt. „Gemeinschaftsrecht", Nr. 2.2.1.

[153] EuGH, C-243/06, Slg. 2008, I-251, RdNr. 36 – Lianakis ua., mit Anm. *Hölzl/Friton* NZBau 2008, 307, 307.

[154] KOM(2002) 107 end., 27 (Art. 4a–„Kriterien").

[155] VK Bund, Beschl. v. 11. 9. 2002, VK 2–42/02.

[156] Mitt. „Gemeinschaftsrecht", Nr. 2.2.1.

[157] KG, Beschl. v. 13. 3. 2008, 2 Verg 18/07.

[158] Mitt. „Konzessionen", Nr. 3.1.1.

[159] Mitt. „Gemeinschaftsrecht", Nr. 2.2.1.

[160] Vgl. Erwägungsgrund 22.

[161] Vgl. zum Verhandlungsverfahren im allgemeinen Vergaberecht Art. 30 Abs. 3 RL 2004/18.

Rechnung getragen werden kann.[162] Verlangt wird nicht, dass Verhandlungen unverzichtbar sind, sondern dass sie in Hinblick auf die Erreichung einer **bestmöglichen Gesamtlösung** der gewünschten Verkehrsdienste **zweckmäßig** sind. Drittens sieht Satz 3 ausdrücklich vor, dass Verhandlungen **nach Abgabe der Angebote** und einer **eventuellen Vorauswahl** erlaubt sind.[163] Der Wortlaut des Satz 3 schließt Verhandlungen vor diesem Zeitpunkt bzw. vor diesen Schritten jedoch nicht aus. Auch bei diesen sind die Grundsätze des Satz 2 zu beachten. Angesichts der Tatsache, dass insbesondere im SPNV-Bereich regelmäßig komplexe Aufträge iSd. Satzes 3 vergeben werden, wird die Aufnahme von Verhandlungen in diesem Bereich häufig zulässig und notwendig sein.

F. Direktvergabe von Kleinaufträgen nach Abs. 4

73   Abs. 4 erlaubt den zuständigen Behörden, öffentliche Dienstleistungsaufträge, deren Volumen bestimmte Schwellenwerte nicht übersteigt, direkt zu vergeben. Die für derartige Kleinaufträge einzuhaltenden Maßgaben legt die VO 1370/2007 abschließend fest, insbesondere Vorgaben des EU-Primärrechts sind auf Grund der Spezialität der VO 1370/2007 nicht zusätzlich zu beachten. Die zuständige Behörde hat in Bezug auf die Vergabe von Kleinaufträgen, die freie Wahl, diese direkt oder im Wege eines wettbewerblichen Verfahrens nach Art. 5 Abs. 3 zu vergeben. Die in Art. 5 Abs. 4 festgesetzten Schwellenwerte sind wesentlich höher als die, die für Vergaben nach den EU-Vergaberichtlinien 2004/17/EG und 2004/18/EG gelten. Grund dafür sind die im Verkehrsbereich erheblich höheren Kosten und längeren Amortisierungszeiten.

74   Der Verordnungsgeber differenziert zwischen zwei Arten von Kleinvergaben, zum einen der Bagatellvergabe ohne Eingrenzung in Bezug auf die Größe der Betreiberunternehmen, zum anderen der Vergabe von Kleinaufträgen an kleine und mittlere Betreiberunternehmen. Für letztere hat der Verordnungsgeber die Bagatellgrenzen höher angesetzt, damit die zuständigen Behörden kleiner und mittlere Unternehmen fördern können. Die Direktvergabe von Kleinaufträgen steht insgesamt unter dem Vorbehalt der Zulässigkeit nach nationalem Recht. Der Anwendungsbereich des Abs. 4 umfasst alle Verkehre, die nach der VO 1370/2007 vergeben werden dürfen. Ausgenommen sind damit gemäß Abs. 1 lediglich öffentliche Dienstleistungsaufträge für Personenverkehrsdienste mit Bussen und Straßenbahnen, die die strengen Definitionsmerkmale der EU-Vergaberichtlinien erfüllen.[164] Auf diese finden die Schwellenwerte der EU-Vergaberichtlinien Anwendung. Nach diesen kommt es jedoch nicht auf die Personenverkehrsleistung in km an, sondern ausschließlich auf ihren Wert in EUR. Hingegen fallen öffentliche Personenverkehrsdienste mit Bussen und Straßenbahnen, die im Wege von Dienstleistungskonzession im Sinne der EU-Vergaberichtlinien vergeben werden, in den Anwendungsbereich des Abs. 4.

I. Vergabe von Kleinaufträgen gemäß Abs. 4 UAbs. 1

75   Kleinaufträge können gemäß Abs. 4 UAbs. 1 an beliebig große Unternehmen vergeben werden, wenn der öffentliche Dienstleistungsauftrag einen geschätzten Jahresdurchschnittswert von weniger als 1 000 000 € oder eine jährliche öffentliche Personenverkehrsleistung von weniger als 300 000 km hat. Die Vorschrift enthält somit **zwei verschiedene Schwellenwerte.**

76   Als **Unternehmen** ist jede rechtliche und sachliche Einheit anzusehen, die eine wirtschaftliche Tätigkeit ausübt, unabhängig von ihrer Rechtsform und Finanzierung.[165] Grundlage der Beurteilung ist der konkrete Vertragspartner der zuständigen Behörde. Der geschätzte **Jahresdurchschnittswert** iSd. Abs. 4 wird von der VO 1370/2007 nicht konkret definiert. Gemäß Art. 2 lit. k. der VO 1370/2007 ist als „Wert" iSd. VO 1370/2007 zu verstehen der Wert eines Verkehrsdienstes, einer Strecke, eines öffentlichen Dienstleistungsauftrags oder einer Ausgleichsregelung des öffentlichen Personenverkehrs, der den Gesamteinnahmen – ohne Mehrwertsteuer – des Betreibers oder der Betreiber eines öffentlichen Dienstes entspricht, einschließlich der Ausgleichsleistung der Behörden gleich welcher Art und aller Einnahmen aus dem Fahrschein-

---

[162] Vgl. auch Erwägungsgrund 22.
[163] Ebenso Erwägungsgrund 22.
[164] Vgl. Kommentierung zu Art. 5 Abs. 1.
[165] EuGH, C-41/90, Slg. 1991, I-1979, RdNr. 21 – Höfer; *Schwarze/Van Vormizeele* Art. 86 RdNr. 11.

verkauf, die nicht an die betroffene zuständige Behörde abgeführt werden.[166] Der Jahresdurchschnittswert setzt sich bei Bruttoverträgen aus dem durchschnittlichen Nettowert der Ausgleichsleistungen der zuständigen Behörde und bei Nettoverträgen aus der Summe der Fahrgelderlöse und dem Nettowert der zusätzlich gewährten Ausgleichsleistungen zusammen. Der Jahresdurchschnittswert ist vor der Vergabe von der zuständigen Behörde auf objektiv sachlicher Grundlage zu schätzen. Unter der **Jahreskilometerleistung** ist die Summe der in Kilometer gemessenen Verkehrsleistungen zu verstehen, die vom Betreiber innerhalb eines Jahres zu erbringen sind.

Die Schwellenwerte des geschätzten Jahresdurchschnittswerts und der Kilometerleistung des   **77** Abs. 4 UAbs. 1 stehen in einem „oder-Verhältnis" zueinander, dh. eine Direktvergabe nach Abs. 1 UAbs. 1 ist bereits dann möglich, wenn einer der beiden Schwellenwerte nicht überschritten wird.

Die Größe des Unternehmens spielt für die Direktvergabe nach Abs. 4 UAbs. 1 keine Rolle,   **78** weil Abs. 4 UAbs. 1 nicht den Schutz kleiner und mittlerer Unternehmen bezweckt. Durch die Regelung soll vielmehr verhindert werden, dass bei Kleinaufträgen wegen der Durchführung eines wettbewerblichen Vergabeverfahrens unverhältnismäßige Kosten und zeitliche Verzögerungen entstehen. Im Vordergrund steht bei dieser Vorschrift damit, den zuständigen Behörden ausreichend Flexibilität zu geben.

II. Höhere Bagatellgrenze nach Abs. 4 UAbs. 2

Abs. 4 UAbs. 1 erlaubt die Vergabe von Kleinaufträgen auf der Grundlage der doppelten   **79** Schwellenwerte des Abs. 4 UAbs. 1, wenn der öffentliche Dienstleistungsauftrag an ein kleines oder mittleres Unternehmen vergeben wird, das nicht mehr als 23 Fahrzeuge betreibt. Diese Regelung soll gewährleisten, dass die zuständige Behörden die Interessen kleiner und mittlerer Unternehmen angemessen berücksichtigen können.[167]

Für die Einstufung eines Unternehmens als klein oder mittel kommt es gemäß Abs. 4   **80** UAbs. 2 lediglich darauf an, dass nicht mehr als 23 Fahrzeuge betrieben werden. Fahrzeug im Sinne des Abs. 4 UAbs. 2 ist jeder einzelne Bus bzw. im Eisenbahnverkehr jede einzelne Lokomotive oder Waggon, der für die betreffende Verkehrsleistung zugelassen ist. Unerheblich ist, ob das „Fahrzeug" aus eigener Kraft fortbewegt werden kann oder gezogen werden muss.[168]

Auch die Schwellenwerte des 5 Abs. 4 UAbs. 1 stehen zueinander in einem „entweder/oder-   **81** Verhältnis", dh., die Direktvergabe nach Abs. 4 UAbs. 2 ist wie bei UAbs. 1 bereits dann möglich, wenn einer der beiden Schwellenwerte nicht überschritten wird.

III. Entscheidungsspielraum der zuständigen Behörde

Öffentliche Dienstleistungsaufträge, die unter den in Art. 5 Abs. 4 genannten Schwellenwer-   **82** ten liegen, „können" durch die zuständigen Behörden direkt vergeben werden. Der zuständigen Behörde ist damit der **Entscheidungsspielraum** darüber eingeräumt, ob sie öffentliche Dienstleistungsaufträge, die unterhalb der durch Abs. 4 festgelegten Schwellenwerte liegen, im wettbewerblichen Vergabeverfahren nach Abs. 3 oder im Wege der Direktvergabe vergeben. Die Behörde muss die Entscheidung für oder gegen eine Direktvergabe auf der Grundlage ihres Entscheidungsspielraumes treffen. Einzige Tatbestandsvoraussetzung für die Direktvergabe ist das tatsächliche Vorliegen eines Bagatellauftrags. Darüber hinaus ist die zuständige Behörde an keine weiteren Voraussetzungen gebunden. Die Entscheidung der zuständigen Behörde ist auf Ermessensfehler hin und auf die Einhaltung der Tatbestandsvoraussetzungen der Bagatellvergabe rechtlich überprüfbar.

IV. Keine Untersagung nach nationalem Recht

Die Direktvergabe von Kleinaufträgen nach Abs. 4 steht insgesamt unter dem Vorbehalt des   **83** nationalen Rechts. Aus der Formulierung „untersagt" ergibt sich, dass eine Direktvergabe in den Fällen des Abs. 4 nur dann ausgeschlossen ist, wenn diese nach nationalem Rechts aus-

---

[166] Vgl. Kommentierung zu Art. 2 lit. k.
[167] Vgl. Erwägungsgrund 23.
[168] In der englischen und der französischen Fassung wird ebenfalls der Begriff „vehicles" bzw. „véhicules" und somit in Abgrenzung zum Kraftfahrzeug der Begriff des Fahrzeugs verwendet.

drücklich oder zumindest unzweifelhaft verboten ist.[169] In Deutschland stehen der Direktvergabe von Kleinaufträgen weder das Grundgesetz, insbesondere Art. 12 Abs. 1 oder Art. 3 Abs. 1 GG, noch einfachgesetzliche Normen entgegen.

V. Verfahrens-, Form- und Veröffentlichungspflichten

84 Entscheidet sich die zuständige Behörde für die Direktvergabe eines Kleinauftrags, darf sie Verhandlungen mit einem bestimmten Unternehmen aufnehmen und ohne andere Unternehmen in diese einbeziehen oder deren Angebote berücksichtigen zu müssen direkt mit dem von ihr ausgewählten Unternehmen den Vertrag abschließen. Bei der Direktvergabe handelt es sich gerade um eine Vergabe ohne vorausgehenden Wettbewerb.[170]

85 Für die Direktvergabe von Kleinaufträgen gelten die nach Art. 7 vorgeschriebenen Veröffentlichungspflichten.[171] Die zuständige Behörde muss gemäß Art. 7 Abs. 2 ein Jahr vor der beabsichtigten Direktvergabe im Amtsblatt der Europäischen Union ihren Namen und ihre Anschrift veröffentlichen, die Art des von ihr beabsichtigten Vergabeverfahrens und die von der Vergabe möglicherweise betroffenen Dienste und Gebiete. Potenzielle Bewerber sollen rechtzeitig in der Lage sein, zu prüfen, ob der zu vergebende Auftrag für sie von Interesse ist. Bei öffentlichen Dienstleistungsaufträgen im Umfang von weniger als 50 000 km jährlich, muss keine Vorabveröffentlichung erfolgen. Grund dafür ist, dass für derartige Vergaben vermutet wird, dass kein grenzüberschreitender Bezug besteht bzw. für Betreiber aus anderen Mitgliedstaaten nicht von Interesse ist.[172] Die Vorabveröffentlichung ist in diesem Fall gemäß Art. 7 Abs. 2 S. 2 in den Entscheidungsspielraum der zuständigen Behörde gestellt.[173] Gemäß Art. 7 Abs. 4 muss die zuständige Behörde jeder interessierten Partei auf entsprechenden Antrag ihre Gründe für die Entscheidung über die Direktvergabe des öffentlichen Dienstleistungsauftrags nennen. Die Begründungspflicht bezieht sich hierbei auf die Entscheidung über die Durchführung der Direktvergabe an Stelle eines wettbewerblichen Vergabeverfahrens, nicht aber auf die Auswahl des für die Direktvergabe vorgesehenen Unternehmens.[174] Weitere Veröffentlichungspflichten bestehen bei der Direktvergabe von Kleinaufträgen nicht. Die in Art. 7 Abs. 3 festgelegten *ex post* – Veröffentlichungspflichten betreffen nur Direktvergaben im Eisenbahnverkehr.

86 Die zuständige Behörde muss bei der Direktvergabe von Kleinaufträgen auch die Formvorschriften nach Art. 4 einhalten.

VI. Umgehungsverbot, Lose

87 Der zuständigen Behörde ist es nicht gestattet, öffentliche Dienstleistungsaufträge bzw. die diesen zugrundeliegenden Verkehrsnetze in kleinere, die Bagatellgrenzen einhaltende Aufträge aufzuteilen, um dadurch das nach Abs. 3 durchzuführende wettbewerbliche Vergabeverfahren des Abs. 3 zu vermeiden. Manipulationen zur Umgehung gemeinschaftsrechtlicher Vorschriften sind unzulässig.[175] Das ergibt sich nicht nur aus der Rechtsprechung des EuGH, sondern ausdrücklich auch aus Erwägungsgrund 23. Eine Umgehung liegt hingegen dann vor, wenn die zuständige Behörde Lose bildet und die Aufteilung nach objektiv sachlichen Gründen erfolgt und diese den Interessen von kleinen und mittleren Unternehmen entspricht.[176] Ob eine Umgehung vorliegt, ist auf der Grundlage einer wirtschaftlichen und rechtlichen Gesamtbetrachtung durchzuführen, in die auch bereits konkretisierte zukünftige Maßnahmen der zuständigen Behörde einzubeziehen sind.[177] Die Vergabe ist unter Berücksichtigung der Gesamtheit der einzelnen Schritte sowie ihrer Zielsetzung zu prüfen und nicht anhand ihrer rein zeitlichen Abfolge.

---

[169] Vgl. zum Vorbehalt des nationalen Rechts Kommentierung zu Art. 5 Abs. 2.

[170] Vgl. Legaldefinition in Art. 2 lit. h.

[171] Vgl. Kommentierung zu Art. 7.

[172] So für II-B-Dienstleistungen iSd. EU-Vergaberichtlinien EuGH, C-507/03, Slg. 2007, I-9777, RdNr. 25 – Kommission/Irland.

[173] Vgl. Kommentierung zu Art. 7 Abs. 1.

[174] *Otting/Scheps* NVwZ 2008, 499, 501.

[175] EuGH, C-454/06, Slg. 2008, I-4401, RdNr. 51 – Pressetext Nachrichtenagentur, mit Anm. *Niestedt/ Hölzl* NJW 2008, 3321, 3321.

[176] Zur Berücksichtigung mittelständischer Interessen vgl. Erwägungsgründe 9, 19, 23.

[177] EuGH, C-458/03, Slg. 2005, I-8585 RdNr. 67–72 – Parking Brixen; EuGH, C-29/04, Slg. 2005, I-9705, RdNr. 38 – Kommission/Österreich; VK Düsseldorf NZBau 2001, 46, 46.

G. Notmaßnahmen nach Abs. 5

Die zuständige Behörde darf gemäß Abs. 5 im Fall einer Unterbrechung des Verkehrsdienstes **88** oder bei unmittelbarer Gefahr des Eintretens einer solchen Situation eine Notmaßnahme zur kurzfristigen und schnellen Sicherstellung des betreffenden Verkehrs ergreifen. Rechtlich kann die Notmaßnahme in Form einer Direktvergabe, einer förmlichen Vereinbarung über die Ausweitung eines öffentlichen Dienstes oder einer Auflage erfolgen, bestimmte gemeinwirtschaftliche Verpflichtungen zu übernehmen. Die zuständige Behörde verfügt über einen Entscheidungsspielraum, von der ihr durch Abs. 5 eingeräumten Möglichkeit einer Notmaßnahme Gebrauch zu machen. Abs. 5 soll der zuständige Behörde die für Notfälle essentielle Flexibilität ermöglichen. Die VO 1370/2007 legt die Voraussetzungen für Notmaßnahmen abschließend fest. Vorgaben des EU-Primärrechts sind bei der Durchführung von Notmaßnahmen auf Grund der Spezialität der VO 1370/2007 nicht zu beachten.

Die zuständige Behörde darf bei Vorliegen der Voraussetzungen für das Ergreifen einer Not- **89** maßnahme nicht frei zwischen den ihr zur Verfügung stehenden Instrumenten wählen. Vielmehr ist sie gezwungen, unter Beachtung des Abs. 5 zugrundeliegenden Grundsatzes der Verhältnismäßigkeit die objektiv und sachlich effektivste, zugleich aber in Bezug auf den ausgewählten Betreiber am wenigsten einschneidende Notmaßnahme zu wählen. Das ergibt sich daraus, dass der Verordnungsgeber in Abs. 5 die zulässigen Notmaßnahmen in der Reihenfolge ihrer Eingriffsintensität genannt hat. Der Anwendungsbereich des Abs. 5 umfasst alle Verkehre, die nach der VO 1370/2007 vergeben werden dürfen. Ausgenommen sind damit gemäß Abs. 1 lediglich öffentliche Dienstleistungsaufträge für Personenverkehrsdienste mit Bussen und Straßenbahnen, die die strengen Definitionsmerkmale der EU-Vergaberichtlinien erfüllen.[178] Hingegen fallen öffentliche Personenverkehrsdienste mit Bussen und Straßenbahnen, die im Wege von Dienstleistungskonzession iSd. EU-Vergaberichtlinien vergeben werden, in den Anwendungsbereich des Abs. 5, wie sich aus S. 2 ergibt. Notmaßnahmen nach Art. 5 Abs. 5 stehen anders als die Vergabe von Kleinaufträgen nach Abs. 4 nicht unter dem Vorbehalt der Zulässigkeit nach nationalem Recht.

I. Voraussetzungen einer Notmaßnahme

Voraussetzung für die Zulässigkeit einer Notmaßnahme ist gemäß Abs. 5 die Unterbrechung **90** des Verkehrsdienstes oder die unmittelbare Gefahr des Eintretens einer solchen Situation. Zudem muss eine außergewöhnliche zeitliche Dringlichkeit gegeben sein. Die **„Unterbrechung"** setzt voraus, dass der Verkehrsdienst zumindest zwischenzeitlich bereits zum Erliegen gekommen ist und in absehbarer Zeit auch nicht mehr wieder aufgenommen werden kann. Von einer **„unmittelbaren Gefahr"** der Unterbrechung ist auszugehen, wenn mit hinreichender Wahrscheinlichkeit die konkrete Gefahr besteht, dass die Unterbrechung des Verkehrsdienstes zeitlich unmittelbar bevorsteht und von nicht unerheblicher Dauer sein wird.

Der Verordnungsgeber hat aus Gründen der Subsidiarität und Erhaltung größtmöglicher Fle- **91** xibilität der Mitgliedstaaten auf die Nennung konkreter Notfallsituationen verzichtet. Als Auslegungshilfe dafür, welche Notfälle erfasst sein sollen, können als Regelbeispiele die in Art. 7b des zweiten Verordnungsentwurfs enthaltenen Fälle herangezogen werden.[179]

Notmaßnahmen nach Abs. 5 sind auch dann zulässig, wenn diese von der zuständigen Be- **92** hörde zu vertreten sind. Eine explizite Regelung dazu enthält Abs. 5 zwar nicht. Da die zuständigen Behörden auf der Grundlage der VO 1370/2007 jedoch die flächendeckende und ausreichende Versorgung der Bevölkerung mit Personenverkehrsdiensten sicherstellen können sollen,[180] ist ein etwaiges Vertretenmüssen kein Kriterium, das zur Unzulässigkeit von Notmaßnahmen führen kann. Denkbar sind allerdings Schadensersatzansprüche potenzieller Bieter, die durch das Verschulden der zuständigen Behörde und der dadurch erforderlichen Notvergabe gehindert worden sind, sich an einem Vergabeverfahren zu beteiligen.

II. Zulässige Notmaßnahmen nach Abs. 5 S. 2

Zulässige Notmaßnahmen nach 5 Abs. 5 S. 2 sind die Direktvergabe, die Ausweitung eines **93** öffentlichen Dienstes durch förmliche Vereinbarung und die Auflage. Die Direktvergabe ist in

---

[178] Vgl. Kommentierung zu Art. 5 Abs. 1.
[179] Vgl. KOM(2002) 107 endg., 33.
[180] Vgl. Erwägungsgrund 4 und 5.

Art. 2 lit. h als die Vergabe eines Auftrags ohne Durchführung eines vorausgehenden wettbewerblichen Vergabeverfahrens definiert.[181] Unter der förmlichen Vereinbarung über die Ausweitung eines öffentlichen Dienstleistungsauftrags ist die Erweiterung eines bereits bestehenden Dienstleistungsauftrages zu verstehen, um zusätzliche Strecken zu bedienen oder bei bereits bestehenden Strecken die Taktfrequenz zu erhöhen. Bei der Auflage handelt es sich um die zwangsweise Betrauung, durch die der Betreiber verpflichtet werden kann, eine gemeinwirtschaftliche Verpflichtung zu übernehmen. Da die Auferlegung auch gegen den Willen des Betreibers möglich ist, kommt sie aus Gründen der Verhältnismäßigkeit nur als *ultima ratio* in Betracht. Die zuständige Behörde muss daher zunächst versuchen, die Erbringung des Verkehrsdienstes auf andere Weise, insbesondere durch eine der anderen beiden Notmaßnahmen sicherzustellen. Aus Gründen der Verhältnismäßigkeit darf der Umfang der Auferlegung zudem nicht über das Maß hinausgehen, das zur Sicherstellung des Verkehrsdienstes bzw. zur Versorgung der Bevölkerung unbedingt erforderlich ist.

III. Widerspruchsrecht des Betreibers

94   Abs. 5 S. 3 räumt dem im Wege einer Notmaßnahme verpflichteten Betreiber das Recht ein, gegen die zwangsweise Auferlegung gemeinwirtschaftlicher Verpflichtungen Widerspruch einzulegen. Abs. 5 S. 3 regelt nicht, wie ein etwaiger Widerspruch und das sich ggf. anschließende Widerspruchsverfahren ausgestaltet sein muss. In Deutschland ist anzunehmen, dass die zuständige Behörde eine Auflage in Form eines Verwaltungsaktes erlassen wird, so dass das in den §§ 68 ff. VwGO geregelte Widerspruchsverfahren zur Anwendung kommen wird.

IV. Zulässige Dauer einer Notmaßnahme

95   Abs. 5 S. 3 bestimmt, dass nach S. 2 aufgezählten Notmaßnahmen höchstens für einen Zeitraum von zwei Jahren angeordnet werden dürfen. Nach Ablauf dieser Zeit müssen die betreffenden Verkehrsleistungen beendet werden und nach den Vorschriften der 1370/2007 vergeben werden.[182] Grund dafür ist, dass die Erbringung der Verkehrsdienstleistungen dem Wettbewerb nicht länger vorenthalten werden, als es zur Sicherstellung der Verkehrsleistung unbedingt erforderlich ist.

V. Verfahrensrechtliche Anforderungen, kein Vorbehalt nationalen Rechts

96   Art. 7 Abs. 2 S. 4 nimmt die Durchführung von Notmaßnahmen wegen der in diesen Fällen bestehenden besonderen Dringlichkeit von den Veröffentlichungspflichten des Art. 7 Abs. 2 aus. Das folgt aus der Natur der Sache vor möglichst schnellen Behebung der Notsituation.

97   Notmaßnahmen nach Abs. 2, 4 und 6 stehen im Gegensatz zu Direktvergaben nicht unter dem Vorbehalt der Zulässigkeit nach nationalem Recht. Das bedeutet, dass Notmaßnahmen, sofern die Voraussetzungen des Abs. 5 erfüllt sind, nicht nach nationalem Recht untersagt werden können. Für die in Deutschland in § 20 PBefG geregelte einstweilige Erlaubnis heißt das, dass sie bei Vorliegen der Voraussetzungen des Abs. 5 auch über die in § 20 Abs. 3 PBefG geregelte 6-Monatsfrist hinaus erteilt werden kann.

H. Direktvergabe von Dienstleistungsaufträgen im Eisenbahnverkehr (Abs. 6)

98   Abs. 6 bestimmt, dass die zuständigen Behörden öffentliche Dienstleistungsaufträge im Eisenbahnverkehr direkt vergeben dürfen. Sie haben die **freie Wahl** zwischen einer Direktvergabe und der Durchführung eines wettbewerblichen Vergabeverfahrens gemäß Abs. 3. Aus dem Wortlaut und der Systematik des Abs. 3 S. 1 iVm. Abs. 6 wird deutlich, dass es sich bei der Direktvergabe und dem wettbewerblichen Vergabeverfahren auf der Grundlage der VO 1370/ 2007 um nebeneinander stehende gleichwertige Verfahrensarten handelt. Die Direktvergabe von öffentlichen Dienstleistungsaufträgen im Eisenbahnverkehr ist nicht als Ausnahme von der wettbewerblichen Vergabe zu verstehen. Abs. 3 enthält hinsichtlich Direktvergaben im Eisenbahnverkehr einen ausdrücklichen Vorbehalt. Daraus folgt, dass der Grundsatz der wettbewerblichen Vergabe für den Eisenbahnverkehr nicht gilt.

---

[181] Vgl. Kommentierung zu Art. 2 lit. h.
[182] *Saxinger/Fischer,* Verkehr und Technik 2008, 75, 77; Erwägungsgrund 24.

Die durch Abs. 6 eingeräumte Wahlfreiheit soll den Aufgabenträgern den notwendigen   **99**
Handlungsspielraum gewähren.[183] Dieser ist zunächst wegen des gemeinschaftsweit noch sehr
unterschiedlichen Liberalisierungsgrades notwendig. Ein weiterer Grund für die Zulassung der
Direktvergabe und damit die Sonderstellung des Eisenbahnverkehrs sind die hohen Investitionslasten und die Infrastrukturkosten.[184] Nur wenigen Eisenbahnverkehrsunternehmen stehen ausreichend Sachmittel und Personal zur Verfügung, um größere Gebiete flächendeckend mit Verkehrsleistungen zu versorgen.[185] Mangels einer genügend großen Zahl leistungsstarker Anbieter
würde der generelle Zwang zur Durchführung eines wettbewerblichen Vergabeverfahrens derzeit noch häufig zu einem Scheinwettbewerb führen mit der Konsequenz, dass unnötige Kosten
und zeitliche Verzögerungen entstehen würden. Insbesondere die ab 2010 einsetzende Vergabewelle[186] wird häufig nur durch die Durchführung von Direktvergaben zu bewältigen sein,[187]
wenn Versorgungsdefizite vermieden werden sollen. Die Regelung des Abs. 6 gewährleistet vor
diesem Hintergrund die flexible Deckung der verkehrsrechtlichen Bedürfnisse der Allgemeinheit.[188]

Der Anwendungsbereich des Abs. 6 umfasst alle Eisenbahnverkehrsdienste, einschließlich   **100**
Stadt- und Vorortbahnen sowie integrierte Netze.[189] Ausdrücklich ausgenommen von der
Möglichkeit der Direktvergabe von öffentlichen Dienstleistungsaufträgen sind hingegen andere
schienengestützte Verkehrsträger wie Untergrund- oder Straßenbahnen.

Abs. 6 geht in seiner in Kraft getretenen Fassung auf den Vorschlag des Rats zurück[190] und   **101**
beruht insbesondere auf der Initiative Luxemburgs, Belgiens und Frankreichs.[191] Die Kommission hatte in ihrem ersten Entwurf zur VO 1370/2007 zum Zweck der Einführung des Wettbewerbsprinzips im Bereich der öffentlichen Verkehrsdienste vorgeschlagen, dass auch Eisenbahnverkehrsleistungen grundsätzlich in einem wettbewerblichen Verfahren vergeben werden
müssen.[192]

I. Wahlfreiheit der zuständigen Behörde

Nach Abs. 6 „können" die zuständigen Behörden „entscheiden", öffentliche Dienstleistungs-   **102**
aufträge im Eisenbahnverkehr direkt zu vergeben. Die zuständigen Behörden haben ein **freies
Wahlrecht,** ob sie von der Direktvergabemöglichkeit des Abs. 6 Gebrauch machen oder sich
für ein wettbewerbliches Vergabeverfahren entscheiden. Diese Wahlfreiheit hatten die Aufgabenträger bereits auf der Grundlage der Art. 14 VO 1191/69 iVm. § 15 Abs. 2 AEG. § 15
AEG setzte die bis zum 2. 12. 2009 geltende VO 1191/69 in diesem Punkt in deutsches
Recht um. Auf der Grundlage des § 15 Abs. 2 AEG hatten die nach § 15 Abs. 1 AEG zuständigen Bundes- und Landesbehörden das Recht, gemeinwirtschaftliche Schienenpersonenver-
kehrsleistungen direkt oder im Wege eines wettbewerblichen Vergabeverfahrens zu vergeben.[193] Bei § 15 AEG handelt sich iVm. der **VO 1191/69** um eine **Spezialregelung,** die
dem EG-/GWB-Vergaberecht vorging. Die Verordnung 1191/69 ging während ihrer Geltungsdauer dem EU-Vergaberecht in Form der Richtlinie 92/50/EWG und 2004/18/EG vor.
Die Verordnung 1191/09 stand als Teil des EU-Eisenbahnrechts in einem **formal-hierarchischen Vorrang- und materiellen Spezialitätsverhältnis** zum EU-Vergaberecht. Das EU-
Vergaberecht konnte die Verordnung 1191/69 nicht ändernd eingreifen. Das formal-hierar-

[183] Erwägungsgrund 26.
[184] Vgl. Erwägungsgrund 25.
[185] *Prieß/Kaufmann* Behördenspiegel 5/2008, 25, 25.
[186] Ab 2010 werden ca. 100 Millionen Zug-Km zur Neuvergabe anstehen; *Prieß/Kaufmann* Behördenspiegel 5/2008, 25.
[187] *Prieß/Kaufmann* Behördenspiegel 5/2008, 25, 25.
[188] *Prieß/Kaufmann* Behördenspiegel 5/2008, 25, 25.
[189] Begründung des Rates, Dok. 13736/1/06 REV 1 ADD 1, 8.
[190] KOM(2006) 805 endg., 3.
[191] *Baumeister/Klinger* NZBau 2005, 601, 605; *Saxinger/Fischer* Verkehr und Technik 2008, 75, 77; Luxemburg, Belgien und Frankreich belegen im EU-weiten Liberalisierungsindex hintere Plätze: *Kirchner* 8.
[192] KOM(2000) 7 endg., Einleitung, Art. 6, 7 Abs. 1; KOM(2002) 107 endg., Art. 7 a Abs. 1.
[193] OLG Brandenburg NZBau 2003, 688; nicht beanstandet von BVerfG NVwZ 2007, 197, 198; Sellner/
Hermes/*Gerstner* § 15 RdNr. 25; *Prieß* NZBau 2002, 539, 542; *Marx* Der Nahverkehr 2003, 28, 28. Allerdings möchte das OLG Düsseldorf, Beschl. v. 21. 7. 2010, Verg. 19/10, NZBau 2010, 582, 587, in dieser
Frage von der Rechtsprechung des OLG Brandenburg abweichen. Der Senat neigt der Auffassung zu, dass
§ 15 Abs. 2 AEG der Anwendung der §§ 97 ff. GWB nicht entgegenstehe und hat diese Frage im Rahmen
einer Divergenzvorlage dem BGH (Az.: X ZB 4/10) zur Entscheidung vorgelegt.

chische Vorrangverhältnis folgt daraus, dass das EU-Eisenbahnrecht durch eine Verordnung, die Verordnung 1191/69, geregelt war, das EU-Vergaberecht hingegen lediglich durch eine auf Grund der rechtlichen Handlungsform hierarchisch nachgeordnete Richtlinie (zunächst Richtlinie 92/50/EWG, später Richtlinie 2004/18/EG). Die allgemeinen Regeln zur Auflösung von Normenkollisionen gelten auch im EU-Recht. Es sind dies die Grundsätze *lex posterior derogat legi priori* und *lex specialis derogat legi generali*.[194] Diese sog. **Kollisionsregeln** kommen jedoch auch im Gemeinschaftsrecht nur in den Fällen zur Anwendung, in denen überhaupt eine Kollision besteht.[195] Der AEUV trifft keine ausdrückliche Aussage zum Rangverhältnis der Rechtsakte der EU auf der Ebene des Sekundärrechts, insbesondere nicht zum Rangverhältnis einer Verordnung gegenüber einer Richtlinie. Auch der EuGH hat diese Frage bislang noch nicht entschieden. Zutreffend ist jedoch mit der herrschenden Meinung im europarechtlichen Schrifttum von einem formal-hierarchischen Vorrang einer Verordnung vor einer Richtlinie auszugehen.[196] Grund für das formal-hierarchische Vorrangverhältnis einer Verordnung gegenüber einer Richtlinie ist, dass beide Rechtsakte an unterschiedliche Adressaten gerichtet sind und damit die **Eigenart der beiden Handlungstypen Verordnung und Richtlinie.** Die Verordnung hat unmittelbare Geltung in allen Mitgliedstaaten und in allen ihren Teilen. Hingegen verpflichtet die Richtlinie die Mitgliedstaaten dazu, ihre Rechtsordnung nach den Maßgaben einer Richtlinie anzupassen. Entsprechend kann und muss die Verordnung unmittelbar gelten; hingegen kann die Richtlinie im Zuge der Umsetzung entsprechend an das bereits bestehende Recht angepasst werden. Der Gemeinschaftsgesetzgeber setzt beide Instrumente jeweils gezielt im Hinblick auf ihre Hierarchie und Wirkungsweise ein. Das Vorrangverhältnis ergibt sich damit aus der Natur bzw. dem Sinn und Zweck der Handlungsform und ihrer jeweiligen technischen Wirkung. Das hat erhebliche Konsequenzen auch für den deutschen Gesetzgeber und die deutsche Gerichtsbarkeit. Denn hat der europäische Gesetzgeber einen Bereich durch Verordnung geregelt, so entfaltet die Regelung zunächst einmal eine für alle Stellen der Mitgliedstaaten unabänderliche (negative) **Sperrwirkung.** Folglich reduziert sich die Gesetzgebungszuständigkeit und beschränkt sich auf diejenigen Situationen, die durch die Vorschriften des Gemeinschaftsrechts nicht geregelt sind. Der nationale Gesetzgeber kann also Regeln für die Ausgestaltung wettbewerblicher Verfahren vorgeben, aber nur dann, wenn der Aufgabenträger sein in Art. 1 Abs. 4 Verordnung 1191/69 verbürgtes Wahlrecht in diesem Sinne ausübt. Eine Begrenzung dieses Wahlrechts oder der auszuwählenden Möglichkeiten im Sinne einer Einengung auf einen Zwang zur Durchführung vergaberechtlicher Verfahren kann und darf er nicht festlegen. Zugleich entfaltet die Verordnung eine umfassende (positive) Verbindlichkeit mit der Folge, dass die mitgliedstaatlichen Gerichte verpflichtet sind, im Rahmen ihrer Zuständigkeit das in Verordnungen niedergelegte Gemeinschaftsrecht nicht nur anzuwenden, sondern auch die volle Wirksamkeit der Bestimmungen zu gewährleisten und durchzusetzen.[197] Die Mitgliedstaaten und alle Stellen der Mitgliedstaaten dürfen kein entgegenstehendes nationales Recht mehr anwenden oder Vorschriften erlassen, die dem Verordnungsrecht widersprechen. Dieser Sperrwirkung muss auch die Auslegung und Anwendung des deutschen Vergaberechts in vollem Umfang Rechnung tragen. Sollte es daher die Möglichkeit formlos-konsensualer Verhandlungen zum Abschluss von Verkehrsverträgen (ausgehandelte Vertragspreise) beschränken wollen, so müsste es schon wegen des Anwendungsvorrangs der Verordnung 1191/69 unangewendet bleiben. Denn Art. 1 Abs. 4 Verordnung 1191/69 legt gemeinschaftsrechtlich unabänderlich verbindlich für den deutschen Gesetzgeber und die deutschen Gerichte fest, dass die Aufgabenträger die Wahlmöglichkeit behalten müssen, SPNV-Verkehrsverträge auch im Wege formlos-konsensualer Vertragsverhandlungen abzuschließen – neben den weiteren Möglichkeiten, entweder einseitig-hoheitliche Auferlegungen im Wege des Verwaltungsakts vorzunehmen oder vergaberechtliche Verfahren nach §§ 97 ff. GWB durchzuführen. Diese Wahlmöglichkeiten verbürgt das Wort *können* in Art. 1 Abs. 4 Verordnung 1191/69. Die deutschen Gerichte müssen folglich die Wahlfreiheit, die dieses Wort nach dem bewussten Willen des Gesetzgebers gewährt, in vollem Umfang hinsichtlich aller drei Handlungsmöglichkeiten schützen und durchsetzen. Das **materielle Spezialitätsverhältnis** der Verordnung 1191/69 zum EU-Verga-

---

[194] *Streinz/Schroeder* Art. 249 EG RdNr. 21; *Calliess/Ruffert/Ruffert* Art. 249 EG RdNr. 16; *von Danwitz*, S. 201 f.; *Haratsch/Koenig/Pechstein* RdNr. 379.
[195] *Grabitz/Hilf/Nettesheim* Art. 249 EG RdNr. 235.
[196] *Geiger/Khan/Kotzur/Kotzur* Art. 288 AEUV RdNr. 5; ebenso *Grabitz/Hilf/Nettesheim* Art. 249 EG RdNr. 235; *Schwarze/Biervert* Art. 249 EG RdNr. 9.
[197] EuGH, C-213/89, Slg. 1990, I-2433, RdNr. 18 und 19 – Factortame.

berecht folgt daraus, dass das EU-Eisenbahnrecht im Gegensatz zum EU-Vergaberecht in Form der Vergaberichtlinien Richtlinie 92/50/EWG und Richtlinie 2004/18/EG in Bezug auf das durchzuführende Vergabeverfahren spezieller ist und deshalb als *lex specialis* vorgeht. Denn während die Verordnung 1191/69 verfahrensrechtlich bestimmt, dass die zuständigen Behörden im Wege des Abschlusses eines formlosen Konsensualvertrages eine Direktvergabe vornehmen können, enthalten die Richtlinie 92/50/EWG bzw. die VKR keinerlei Regelungen zu dem bei der Vergabe von SPNV-Leistungen einzuhaltenden Verfahren, sondern nur ein Beobachtungsinstrument. Die VO 1370/2007 tritt in dieser Hinsicht lediglich an die Stelle der VO 1191/69 und ändert nichts an dem Spezialitätsverhältnis, bestätigt es vielmehr.

Art. 5 Abs. 6 eröffnet den zuständigen Behörden nicht nur die Durchführung eines wettbe- **103** werblichen Vergabeverfahrens nach Abs. 3, sondern auch die Vergabe im Wege eines wettbewerblichen Vergabeverfahrens nach Maßgabe der EU-Vergaberichtlinien bzw. der §§ 97 ff. GWB als deren nationaler Umsetzung. Entscheidet sich eine zuständige deutsche Behörde für eines dieser Vergabeverfahren, ist sie entsprechend dem Grundsatz der Selbstbindung der Verwaltung an das einmal gewählte Vergaberegime gebunden.[198] Voraussetzung für die Direktvergabe nach Abs. 6 ist lediglich, dass ein öffentlicher Dienstleistungsauftrag im Bereich des Eisenbahnverkehrs vergeben wird. Die Entscheidung der Behörde als solche für oder gegen eine Direktvergabe unterliegt deshalb nicht der gerichtlichen Kontrolle. Nur die Voraussetzungen für das Vorliegen der Möglichkeit zur Direktvergabe sowie die Einhaltung der Vertragslaufzeit- und Formvorschriften dürfen gerichtlich überprüft werden.

II. Vorbehalt des nationalen Rechts

Die Direktvergabe nach Abs. 6 steht unter dem Vorbehalt des nationalen Rechts. Der Wort- **104** laut „untersagt" bedeutet, dass eine Direktvergabe nur dann ausgeschlossen ist, wenn dies nach nationalem Recht ausdrücklich verboten ist.[199] Wie bei *Inhouse*-Vergabe im Sinne von Art. 5 Abs. 2 wäre eine klare und bestimmte Untersagungsvorschrift erforderlich, wenn Deutschland die Untersagungsmöglichkeit nach Art. 5 Abs. 6 VO 1370/2007 umsetzen wollte.[200] Ein solches Verbot besteht im deutschen Recht bislang nicht. Die danach zulässige Direktvergabe verstößt auch nicht gegen Verfassungsrecht oder einfachgesetzliche Regelungen.

Die Direktvergabe von Eisenbahnverkehrsleistungen verletzt nach der herrschenden Auffas- **105** sung nicht Verfassungsrecht in Form der durch **Art. 12 Abs. 1 GG** geschützten Berufsfreiheit. Durch Art. 12 Abs. 1 GG ist zwar die unternehmerische Tätigkeit zur Erbringung entgeltlicher Personenbeförderungsleistungen geschützt.[201] Erhält ein Konkurrent ohne vorausgehenden Wettbewerb einen öffentlichen Auftrag ist der Schutzbereich der Berufsfreiheit des Mitkonkurrenten nicht berührt.[202] Dem wird entgegengehalten, dass Art. 12 Abs. 1 GG die Freiheit schütze, sich frei von staatlichen Beeinflussungen im Wettbewerb mit anderen Bewerbern zu betätigen. Daraus wird gefolgert, dass die Direktvergabe einen Wettbewerbsvorteil darstelle und folglich ein Eingriff in die Berufsfreiheit der Mitbewerber sei.[203] Art. 12 Abs. 1 GG schützt jedoch lediglich die Freiheit, sich beruflich zu betätigen und die freie Teilnahme am Wettbewerb im Rahmen seiner Bedingungen.[204] Nicht vom Schutzbereich umfasst ist hingegen der Anspruch auf Erfolg im Wettbewerb bzw. die Abwehr von Konkurrenz.[205] Art. 12 Abs. 1 GG gewährt keinen Anspruch darauf, dass Dritte, seien es private oder staatliche Stellen, Verträge mit Berufsausübenden abschließen. Die Nichtvergabe eines Auftrages ist daher nicht als Eingriff in den Schutzbereich zu sehen, der einer Rechtfertigung bedürfte.[206]

---

[198] Vgl. Kommentierung zu Abs. 7.
[199] Vgl. zum Vorbehalt des nationalen Rechts Kommentierung zu Abs. 2.
[200] Vgl. etwa EuGH, Urt. v. 10. 1. 2006, Rs. C-98/03 Kommission/Bundesrepublik Deutschland, RdNr. 60; Urt. v. 20. 10. 2005, Rs. C-6/04 Kommission/Vereinigtes Königreich, RdNr. 21, 26; Urt. v. 7. 1. 2004, Rs. C-58/02 Kommission/Spanien, RdNr. 26.
[201] Zum Schutzbereich des Art. 12 Abs. 1 GG allgemein *Maunz*/*Dürig*/*Scholz* Art. 12 GG RdNr. 22; *Sachs*/*Tettinger*/*Mann* Art. 12 GG RdNr. 8.
[202] BVerfGE 24, 252, 256; BVerfG, Beschl. v. 13. 6. 2006, 1 BvR 1160/03; BVerfGE 116, 135, 151; *Burgi* NZBau 2005, 610, 612; *Jarass*/*Pieroth*/*Jarass* Art. 12 GG RdNr. 15 b; *Pietzcker* NZBau 2003, 242, 244; *Sachs*/*Tettinger*/*Mann* Art. 12 GG RdNr. 9.
[203] *Puhl* WDStRL 2001, 456, 481.
[204] BVerfGE 105, 252, 265.
[205] BVerfGE 105, 252, 265; *Sachs*/*Tettiner*/*Mann* Art. 12 GG RdNr. 9.
[206] *Pietzcker* NZBau 2003, 242, 244.

106   Auch der allgemeine Gleichheitssatz des **Art. 3 Abs. 1 GG** ist durch eine Direktvergabe nicht verletzt. Nach dem Gleichheitssatz des Art. 3 Abs. 1 GG ist es staatlichen Stellen, die einen öffentlichen Auftrag vergeben, lediglich verwehrt, das Vergabeverfahren oder die Kriterien der Vergabe willkürlich zu bestimmen. Jeder Bewerber muss eine faire und gleiche Chance erhalten, nach Maßgabe der für den spezifischen Auftrag wesentlichen Kriterien und des vorgesehenen Verfahrens berücksichtigt zu werden.[207] Durch eine Direktvergabe ist die Chancengleichheit der Bewerber nicht verletzt, weil jeder Bewerber die gleichen Chancen hat, Aufträge im Wege einer Direktvergabe zu erhalten. Den Bewerbern steht es frei, unaufgefordert Angebote einzureichen und dem Auftraggeber damit die Gelegenheit zu geben, direkt mit ihm zu verhandeln. Die Tatsache, dass eine Direktvergabe erfolgt, bedeutet nicht, dass diese *per se* auch willkürlich ist. Die Direktvergabe ist durch den Gestaltungsspielraum des Gesetzgebers gedeckt, der bis zur Grenze der Willkür selbst entscheiden kann, welche Kriterien er einer Vergabeentscheidung zu Grunde legen will.[208] Die Direktvergabe ermöglicht es den zuständigen Behörden, ihrer Verpflichtung zur Daseinsvorsorge durch die Sicherstellung von Verkehrsdienstleistungen gerecht zu werden, und beruht somit auf sachlichen Gründen. Im Ergebnis ergibt sich aus dem deutschen Verfassungsrecht kein Verbot der Direktvergabe von Eisenbahnverkehrsleistungen auf der Grundlage der VO 1370/2007.[209]

107   Die Direktvergabe verstößt auch nicht gegen einfachgesetzlich Vorschriften. In Deutschland besteht gemäß § 15 Abs. 2 AEG im Bereich von öffentlichen Personenverkehrsleistungen ein Wahlrecht der zuständigen Behörden, einen Dienstleistungsauftrag direkt zu vergeben oder ein wettbewerbliches Vergabeverfahren durchzuführen. § 15 Abs. 2 AEG bestimmt, dass die Erbringung gemeinwirtschaftlicher Leistungen im SPNV ausgeschrieben werden *kann*. Die Formulierung „können ausschreiben" ist als Synonym für „können förmlich-wettbewerbliche Vergabeverfahren durchführen" zu verstehen.[210] Auf der Grundlage von § 15 Abs. 2 AEG ist den zuständigen Behörden gemeinschaftsrechtskonform ein **Entscheidungsermessen** darüber eingeräumt, eine Vereinbarung über die Erbringung gemeinwirtschaftlicher Verkehrsleistungen in einem wettbewerblichen Verfahren zu vergeben oder eine Direktvergabe durchzuführen, das heißt, mit einem möglichen Vertragspartner frei über die Ausgestaltung und den Abschluss eines Vertrages zu verhandeln.[211] Das bedeutet: Entschied sich ein Aufgabenträger im Rahmen des ihm durch § 15 Abs. 2 AEG in Übereinstimmung mit der VO Nr. 1191/69 eingeräumten Ermessens dazu, Vereinbarungen über die Erbringung gemeinwirtschaftlicher Leistungen im SPNV nicht im Wege eines förmlichen Vergabeverfahrens abzuschließen, waren die §§ 97 ff. GWB nicht anwendbar. Denn in diesem Fall ist § 15 Abs. 2 AEG die spezielle Regelung im Verhältnis zu den §§ 97 ff. GWB.[212] Ergänzende Direktvergabemöglichkeiten für Schienenpersonennahverkehrsleistungen finden sich in § 4 Abs. 3 Nr. 1 und 2 der Vergabeverordnung. § 4 Abs. 3 Nr. 2 der Vergabeverordnung bestimmt zB, dass längerfristige Verträge im Rahmen des § 15 Abs. 2 AEG freihändig ohne sonstige Voraussetzungen vergeben werden dürfen, wenn ein wesentlicher Teil der durch den Vertrag bestellten Leistungen während der Vertragslaufzeit ausläuft und anschließend im Wettbewerb vergeben wird.

108   Der in § 15 AEG enthaltene Verweis auf die VO 1191/69 ist seinem Sinn und Zweck nach stets als Verweis auf die aktuelle gemeinschaftsrechtliche Regelung und damit als Verweis auf die Nachfolgeverordnung 1370/2007 zu verstehen. Die Direktvergabe von Eisenbahnpersonenverkehrsleistungen ist damit im deutschen Recht ausdrücklich erlaubt. Auch das deutsche Verfassungsrecht steht einer Direktvergabe von Eisenbahnverkehrsleistungen im Rahmen der VO 1370/2007 nicht entgegen.

---

[207] BVerfG, Beschl. v. 13. 6. 2006, 1 BvR 1160/03, RdNr. 65.

[208] Vgl. *Sachs/Osterloh* Art. 3 GG RdNr. 95; *Jarass/Pieroth/Jarass* Art. 3 GG RdNr. 15.

[209] Vgl. im Einzelnen *Otting/Olgemöller*, DÖV 2009, 364, 364.

[210] *Winnes* NZV 2005, 180, 181; *Griem/Klinger* TranspR 2004, 206, 208.

[211] BVerfG NZBau 2007, 117, 119; VK Leipzig, Beschl. v. 5. 2. 2007, 1/SVK/125–06, 11; VK Brandenburg Beschl. v. 25. 7. 2006, 1 VK 27/06; VK Baden-Württemberg, Beschl. v. 14. 3. 2005, 1 VK 5/05; OLG Düsseldorf, Beschl. v. 22. 12. 2004, VI Kart 1/04(V); VK Darmstadt, Beschl. v. 2. 12. 2004, 69 d VK-72/2004; VK Schleswig-Holstein Beschl. v. 5. 8. 2003, VK-SH 21–03; grundlegend OLG Brandenburg NZBau 2003, 688; BT-Drucks. 12/4609, BT-Drucks. 12/5014, 20; *Gommlich/Wittig/Schimanek* NZBau 2006, 473, 476; *Sellner/Hermes/Gerstner* § 15 AEG, RdNr. 25; *Prieß* NZBau 2002, 539, 542.

[212] BVerfG NZBau 2007, 117, 118; OLG Brandenburg NZBau 2003, 688; ebenso bereits vor OLG Brandenburg: VK Schleswig-Holstein, Beschl. v. 5. 8. 2003, VK-SH 21–03.

III. Höchstlaufzeit direkt vergebener Verträge (Abs. 6 S. 2)

Öffentliche Dienstleistungsaufträge im Eisenbahnverkehr, die gemäß Abs. 6 S. 1 direkt ver- **109** geben werden, haben nach Abs. 6 S. 2 abweichend von Art. 4 Abs. 3 eine **zulässige Höchstlaufzeit** von zehn Jahren. Die Höchstlaufzeit ist somit gegenüber der in Art. 4 Abs. 3 für Eisenbahnverkehrsdienste geregelten Höchstlaufzeit um fünf Jahre kürzer. Die eingeschränkte Höchstlaufzeit soll ein Ausgleich dafür sein, dass die Vergabe öffentlicher Eisenbahnverkehrsdienste im Falle der Direktvergabe dem Wettbewerb entzogen ist.[213] Eine Verlängerung dieser Laufzeit kommt nur in Betracht, sofern die Voraussetzungen des Art. 4 Abs. 4 erfüllt sind.

IV. Änderung laufender Verträge

Abs. 6 erlaubt den zuständigen Behörden laufende Verträge zu ändern. Die Befugnis zur Än- **110** derung von Verträgen ist als **Minusmaßnahme** zur Direktvergabe von der Regelung des Abs. 6 umfasst.[214] Die Vertragsparteien können deshalb im gegenseitigen Einvernehmen grundsätzlich sämtliche vertraglichen Regelungen ändern bzw. ergänzen. Die Änderung ohne Durchführung eines wettbewerblichen Vergabeverfahrens ist unabhängig davon zulässig, ob der betreffende Vertrag ursprünglich direkt oder im Wege eines wettbewerblichen Vergabeverfahrens vergeben worden ist.

Bedingung für die Zulässigkeit einer direkten Änderung gemäß Abs. 6 ohne Auslösung einer **111** Pflicht zur Neuvergabe der betreffenden Verkehrleistungen ist, dass die Voraussetzungen der Direktvergabe erfüllt sind und die nach Art. 7 bestehenden Veröffentlichungspflichten entsprechend eingehalten werden. Die in Art. 7 geregelten *ex ante-* und *ex post*-Veröffentlichungspflichten sind jedoch nur dann einzuhalten, wenn der betreffende Vertrag wesentlich geändert wird. Änderungen eines laufenden Vertrages sind zudem nur im Rahmen der Vorgaben der VO 1370/2007 zulässig. Das bedeutet, dass beispielsweise darauf zu achten ist, die in Art. 4 Abs. 3 und 4 sowie in Abs. 6 der VO 1370/2007 geregelten **Höchstlaufzeiten** einzuhalten.

Die Rechtsprechung geht im Bereich des EU-Vergaberechts davon aus, dass Änderungen **112** eines öffentlichen Auftrags während seiner Laufzeit als Neuvergabe des Auftrags anzusehen sind, wenn sie dazu führen, dass der Vertrag fortan wesentlich andere Merkmale aufweist als der ursprüngliche Auftrag und damit den Willen der Parteien zur Neuverhandlung wesentlicher Bestimmungen des Vertrages erkennen lässt.[215] Auf diese Rechtsprechung kann im Anwendungsbereich der VO 1370/2007 unter Berücksichtigung der spezifischen Anordnungen der VO 1370/2007 entsprechend zurückgegriffen werden. Die Änderung eines Verkehrsvertrages ist somit wesentlich, wenn sie diesen zum Vorteil des Auftragnehmers ändert, oder sich das wirtschaftliche Gleichgewicht des Vertrages zugunsten des Auftragnehmers verlagert.[216] Nehmen die Vertragsparteien Änderungen vor, die auf von Anfang an in dem betreffenden Vertrag enthaltenen Anpassungsklauseln beruhen, lösen diese, auch wenn sie wesentlich sind, keine Neuausschreibungspflicht aus. Auch Änderungen zulasten des Auftragnehmers sind nicht als wesentliche, die Neuausschreibungspflicht des betreffenden Vertrages auslösende Umstände anzusehen. Das gilt jedenfalls dann, wenn davon auszugehen ist, dass sich, wären die betreffenden Bedingungen von Anfang in dem betreffenden Vertrag enthalten gewesen, nicht dazu geführt hätten, dass sich mehr oder andere Interessenten um diesen Vertrag beworben hätten.

Im Anwendungsbereich der VO 1370/2007 löst eine wesentliche Vertragsänderung keine **113** Pflicht zur Neuvergabe aus, wenn die Voraussetzungen für eine Direktvergabe vorliegen und die Veröffentlichungspflichten des Art. 7 Abs. 2 eingehalten werden. Unwesentliche Vertragsänderungen lösen auch keine Veröffentlichungspflichten aus.

V. Durchführung der Direktvergabe

Abs. 6 enthält keine Vorgaben zur Durchführung der Direktvergabe. Den zuständigen Be- **114** hörden ist durch Abs. 6 bewusst ein weiter Entscheidungs- und Beurteilungsspielraum einge-

---

[213] Begründung des Rates, Dok. 13736/1/06 REV 1 ADD 1, 8.

[214] Zur Geltung des Grundsatzes *a maiore ad minus* im Gemeinschaftsrecht vgl. Schlussanträge GA Georges Cosmas, C-411/98, Slg. 2000, I-8081, RdNr. 59 – Ferlini; EuGH, C-280/00, Slg. 2003, I-7747, RdNr. 41 – Altmark Trans.

[215] EuGH, C-454/06, Slg. 2008, I-4401, RdNr. 34 – Pressetext Nachrichtenagentur, mit Anm. *Niestedt/Hölzl* NJW 2008, 3321 f.

[216] EuGH, C-454/06, Slg. 2008, I-4401, RdNr. 36, 37 – Pressetext Nachrichtenagentur.

räumt um flexible Handlungsmöglichkeiten zu gewährleisten. Der Verordnungsgeber hat die Ausgestaltung der Verfahrens der Direktvergabe den Mitgliedstaaten überlassen. Zur Gewährleistung einer objektiven, sachlichen und nachvollziehbaren Entscheidung der zuständigen Behörden muss die Direktvergabe auf der Grundlage eines mehrstufigen Entscheidungsprozesses erfolgen. Zunächst muss die zuständige Behörde den Bedarf für die Vergabe von Verkehrsleistungen und deren Umfang feststellen. Auf dieser Grundlage muss sie entscheiden, ob sie eine Direktvergabe oder wettbewerbliches Vergabeverfahren durchführen will. Auf der nächsten Stufe stellt sie fest, welche Betreiber für die Vergabe des Dienstleistungsauftrags in Frage kommen und mit welchem konkreten Betreiber sie über die Erbringung der Verkehrsdienstleistungen verhandeln will. Nach Abschluss der Verhandlungen entscheidet sie, mit diesem Betreiber den Vertrag abzuschließen oder mit einem anderen zu verhandeln. Haben die Verhandlungen zu einem übereinstimmenden Ergebnis geführt, erfolgt der Vertragsschluss zu den ausgehandelten Bedingungen.

VI. Vereinbarkeit der Direktvergabe mit dem EU-Primärrecht

115   Das EU-Primärrecht und die daraus abzuleitenden allgemeinen Grundsätzen des Gemeinschaftsrechts stehen der Zulässigkeit der Direktvergabe von Eisenbahnverkehrsleistungen nach Abs. 6 nicht entgegen.[217] Wie sich aus Art. 1 Abs. 1 ergibt, war sich der Verordnungsgeber bewusst, dass die Regelungen der VO 1370/2007 mit den Grundsätzen des Gemeinschaftsrechts in Einklang stehen müssen. Danach ist es der Zweck der VO 1370/2007, festzulegen, wie die zuständigen Behörden „unter Einhaltung des Gemeinschaftsrechts" im Bereich des öffentlichen Personenverkehrs tätig werden können. Dementsprechend hat der Gesetzgeber Regelungen festgelegt, die den Grundsätzen des Gemeinschaftsrecht entsprechen und diese konkretisieren. Insbesondere das Transparenzgebot ist in Art. 7 aufgenommen und hinreichend konkretisiert worden. Ein Rückriff auf das EU-Primärrecht ist somit nicht nur entbehrlich, sondern vielmehr unstatthaft. Die nach der VO 1370/2007 einzuhaltenden Transparenzerfordernisse gehen im übrigen weit über die sich nach der Rechtsprechung des EuGH aus dem EU-Primärrecht ergebenden hinaus. Das *ex ante* – Transparenzerfordernis nach Art. 7 Abs. 2 übererfüllt die vom EuGH geforderte Transparenz („einen angemessenen Grad von Öffentlichkeit sicherstellen").[218]

116   Der Gesetzgeber bezweckt mit VO 1370/2007 im Eisenbahnverkehr die Einführung eines regulierten Wettbewerbs. Eine darüber hinausgehende Öffnung des Marktes für Eisenbahnverkehr in den Mitgliedstaaten ist derzeit nicht beabsichtigt.[219] Das ergibt sich aus der gleichwertigen Zulassung von Direkt- und wettbewerblicher Vergabe. Eisenbahnverkehrsunternehmen aus anderen Mitgliedstaaten besitzen *de lege lata* wie auch *de lege ferenda* kein eigenes Zugangsrecht zu nationalen Netzen.[220] Der Binnenmarkt ist nach Art. 90 und 91 im Verkehrsbereich bislang nicht realisiert. Ohne sekundärrechtliche Marktöffnung greifen die im AEUV statuierten Grundfreiheiten im Verkehrsbereich jedoch nicht.[221] Auch die VO 1370/2007 beabsichtigt keine sekundärrechtliche Marktöffnung im Eisenbahnbereich. Darüber hinaus ist auf der Grundlage einer dieser primär- und sekundärrechtlichen Vorgaben ein grenzüberschreitendes Interesse für Eisenbahnverkehrsdienstleistungen ausgeschlossen.[222] Die aus Art. 49 und 56 AEUV abgeleiteten primärrechtlichen Transparenzerfordernisse sollen lediglich eine Marktteilnahme in bereits geöffneten Dienstleistungsmärkten sicherstellen.[223] Im Eisenbahnbereich finden sie deshalb keine Anwendung, so dass sich auch deshalb aus dem EU-Primärrecht keine zusätzlichen Verfahrenserfordernisse ergeben.

117   Die VO 1370/2007 macht auch die Durchführung des sog. **Fünf-Schritte-Verfahrens** bei Direktvergaben entbehrlich. Die Verkehrsminister der deutschen Bundesländer hatten sich Anfang des Jahres 2006 mit der Europäischen Kommission darauf verständigt, bei Direktvergaben nach § 15 Abs. 2 AEG die sich nach der Rechtsprechung des EuGH aus dem EU-Primärrecht ergebenden Grundsätze Transparenz und Nichtdiskriminierung einzuhalten. Interessierte Unternehmen aus anderen Mitgliedstaaten sollten die Möglichkeit haben, sich auf der Grundlage von Veröffentlichungen der zuständigen Aufgabenträger zumindest so zu informieren, dass es

---

[217] Vgl. *Otting/Scheps* NVwZ 2008, 499, 502.
[218] Bspw. EuGH, C-324/98, Slg. 2000, I-10745 RdNr. 60–62 – Telaustria.
[219] Vgl. Erwägungsgrund 25; *Otting/Scheps* NVwZ 2008, 499, 504.
[220] Vgl. Art. 10 Abs. 1 Richtlinie 91/440/EG.
[221] EuGH, C-49/89, Slg. 1989, 4441, RdNr. 13 – Corsica Ferries France.
[222] EuGH, C-507/03, Slg. 2007, I-9777, RdNr. 29 – Kommission/Irland.
[223] *Otting/Scheps* NVwZ 2008, 499, 503.

ihnen möglich war, zu entscheiden, ob der zu vergebende Auftrag für sie interessant ist und sie sich an dem betreffenden Vergabeverfahren beteiligen wollen. Vorausgegangen war ein gegen die Bundesrepublik Deutschland eingeleitetes Vertragsverletzungsverfahren. Die Einhaltung des Fünf-Schritte-Verfahrens hat sich durch die VO 1370/2007 erübrigt, weil die nunmehr zu beachtenden Verfahrenspflichten weit über dieses hinausgehen. Darüber hinaus ergibt sich aus der Rechtsprechung des EuGH, dass für nichtprioritäre Dienstleistungen und somit auch für SPNV-Leistungen kein europaweites Vergabeverfahren durchzuführen ist, wenn an diesen nicht ausnahmsweise ein eindeutiges grenzüberschreitendes Interesse besteht.[224] Denn nur in diesem Fall ist es möglich, dass eine nichttransparente Vergabe an ein im Mitgliedstaat des öffentlichen Auftraggebers niedergelassenes Unternehmen zu einer gemeinschaftsrechtlich erheblichen Ungleichbehandlung zum Nachteil der in einem anderen Mitgliedstaat niedergelassenen Unternehmen führt.[225] Für den Bereich der SPNV-Leistungen dürfte in der Regel kein eindeutiges grenzüberschreitendes Interesse bestehen, weil es für diese noch keinen grenzüberschreitenden Markt gibt. Abgesehen davon, handelte es sich bei der Einigung zwischen den Verkehrsministern und der Kommission lediglich um eine rechtlich unverbindliche politische Willensäußerung.[226]

I. Rechtsschutz gemäß Abs. 7

Abs. 7 gibt den Mitgliedstaaten auf, die erforderlichen Maßnahmen zu treffen, um sicherzu- **118** stellen, dass die gemäß Abs. 2 bis 6 getroffenen Entscheidungen wirksam und rasch überprüft werden können. Jede Person, die ein Interesse daran hat bzw. hatte, einen bestimmten Auftrag zu erhalten, und die angibt, durch einen Verstoß dieser Entscheidungen gegen Gemeinschaftsrecht oder nationale Vorschriften zur Durchführung des Gemeinschaftsrechts geschädigt zu sein oder geschädigt werden zu können, soll die Überprüfung der betreffenden Entscheidung verlangen können. Weitere Voraussetzung für eine Überprüfung gibt die VO 1370/2007 nicht vor. Auch ein bestimmtes Rechtsschutzverfahren schreibt sie nicht vor. Aus Erwägungsgrund 21 ergibt sich jedoch als Maßgabe für den Standard des zu gewährleistenden Rechtsschutzes, dass das Rechtsschutzverfahren mit den entsprechenden Verfahren nach den Rechtsmittelrichtlinien 89/665/EWG und 92/13/EWG vergleichbar sein soll.[227] Diese Richtlinien sind inzwischen zur Verbesserung der Wirksamkeit der Nachprüfungsverfahren bezüglich der Vergabe öffentlicher Aufträge durch die Richtlinie 2007/66/EG des Europäischen Parlaments und des Rates vom 11. 12. 2007 geändert worden, so dass insbesondere auch die durch diese getroffenen Neuerungen zu beachten sind.[228] Die Zugrundelegung der EU-Vergaberechtsmittelrichtlinien als Standard bedeutet insgesamt, dass das Rechtsschutzverfahren so ausgestaltet sein muss, dass nicht nur Sekundärrechtsschutz, sondern vor allem auch effektiver Primärrechtsschutz möglich ist.[229] Die VO 1370/2007 muss in Bezug auf den erforderlichen effektiven Rechtsschutz im Wege von Durchführungsmaßnahmen des jeweiligen nationalen Gesetzgebers vervollständigt und verfahrensrechtlich in die nationale Rechtsordnung integriert werden.[230]

I. „Entscheidungen" im Sinne des Abs. 7

Der von den Mitgliedstaaten zu gewährende Rechtsschutz muss die Überprüfung der von **119** den zuständigen Behörden nach den Abs. 2 bis 6 getroffenen Entscheidungen gewährleisten. Der Begriff „Entscheidung" wird durch die VO 1370/2007 nicht definiert. Die Bedeutung des Begriffs darf nicht auf der Grundlage nationalen Rechts bestimmt werden. Vielmehr ist bei der Bestimmung des Begriffs „Entscheidung" zu beachten, dass sich aus den Erfordernissen der ein-

---

[224] EuGH, C-507/03, Slg. 2007, I-9777 – An Post.

[225] EuGH v. 13. 11. 2007 Rs. C-507/03, Slg. 2007, I-9777 RdNr. 30 – Kommission/Irland.

[226] *Otting/Scheps* NVwZ 2008, 499, 505.

[227] Vgl. Erwägungsgrund 21; zum Rechtsschutz im EG-Vergaberecht *Prieß/Niestedt* 6.

[228] ABl. 2007, L 335/31, die Vorgaben dieser Änderungsrichtlinie sind im nationalen Vergaberecht bis zum 20. 12. 2009 umzusetzen; *Costa-Zahn/Lutz* NZBau 2008, 22, 24; zur Neufassung der Rechtsmittelrichtlinie siehe *Knauff/Streit* EuZW 2009, 37, 37, oder *Dreher/Hoffmann* NZBau 2009, 216, 217.

[229] Vgl. EuGH, C-81/98, Slg. 1999, I-7671, RdNr. 43 – Alcatel Austria ua.; C-444/06, Slg. 2008, I-2045, RdNr. 37 – Kommission/Spanien.

[230] Es handelt sich um ein unvollständige Verordnung, dazu allgemein *Streinz/Schroeder* Art. 249 EG, RdNr. 61.

heitlichen Anwendung des Gemeinschaftsrechts wie auch des Gleichheitsgrundsatzes ergibt, Begriffe einer Vorschrift des Gemeinschaftsrechts, die für die Bestimmung ihres Sinnes und ihrer Tragweite nicht ausdrücklich auf das Recht der Mitgliedstaaten verweist, in der gesamten Gemeinschaft autonom und einheitlich auszulegen.[231] Diese Bedeutung von „Entscheidung" ist unter Berücksichtigung des Zusammenhangs der Vorschrift und des mit der betreffenden Regelung verfolgten Zieles sowie der Sicherstellung eines effektiven Rechtsschutzes zu ermitteln. Als Auslegungshilfe kann auf den Entscheidungsbegriff des Art. 2 der RL 89/665/EWG zurückgegriffen werden. Allerdings sind die Besonderheiten der VO 1370/2007 ausreichend zu berücksichtigen.

120   Als Entscheidung iSv. Abs. 7 ist vor diesem Hintergrund jede Maßnahme der zuständigen Behörde, die im Zusammenhang mit der Vergabe eines öffentlichen Dienstleistungsauftrags getroffen wird und die gegenüber potentiellen Betreibern Rechtswirkungen entfalten kann zu verstehen.[232] Die Maßnahme zudem muss geeignet sein, einen potentiellen Bieter zu schädigen und damit in seinen subjektiven Rechten zu verletzen. Zur Gewährleistung eines effektiven Bieterschutzes ist der Begriff der Entscheidung weit auszulegen.[233] Entscheidungen iSd. Abs. 7 können sowohl Maßnahmen im Rahmen eines wettbewerblichen Vergabeverfahrens als auch solche bei einer Direktvergabe sein. Beispiele für Entscheidungen in diesem Sinne sind, einen Bieter vom Vergabeverfahren auszuschließen, das Vergabeverfahren aufzuheben und die Auswahlentscheidung.[234] Darüber hinaus sind auch Anforderungen bzw. Vorgaben in den Vergabeunterlagen, insbesondere der Leistungsbeschreibung, beispielsweise Spezifikationen, iSv. Abs. 7 überprüfbar.[235] Auch vorläufige Entscheidungen sind überprüfbar, nicht jedoch bloße interne oder vorbereitende Maßnahmen.[236] Das gilt jedoch nicht für solche vorbereitenden Entscheidungen, die die spätere Anwendung der VO 1370/2007 betreffen, beispielsweise, ob für die betreffende Vergabe der Anwendungsbereich der VO 1370/2007 eröffnet ist.

II. Wirksamer und rascher Rechtsschutz

121   Die von den zuständigen Behörden im Rahmen des Abs. 2 bis 6 getroffenen Entscheidungen müssen gemäß Abs. 7 „wirksam" und „rasch" überprüft werden können. Eine ähnliche Regelung enthält Art. 1 Abs. 1 der RL 89/665/EWG. Danach müssen die Mitgliedstaaten eine wirksame und möglichst rasche Nachprüfung der Entscheidungen der Vergabebehörden ermöglichen. Maßstab dafür sind die EU-Vergaberechtsmittelrichtlinien.[237] Diese sehen Maßnahmen vor, um das Verfahren zur Vergabe eines öffentlichen Auftrags auszusetzen oder die Aussetzung zu veranlassen. Gleichfalls ist eine Stillhaltefrist geregelt. Das bedeutet, der Auftraggeber ist im Anschluss an seine Zuschlagsentscheidung für einen bestimmten Zeitraum verpflichtet, von der Auftragsvergabe abzusehen, so dass zulasten eines Rechtsschutz suchenden Betreibers keine vollendeten Tatsachen geschaffen werden können. Die Frist beginnt einen Tag nachdem die Zuschlagsentscheidung an die betroffenen Bieter und Bewerber abgeschickt worden ist. Diese Regelung stellt sicher, dass der Bieter die Möglichkeit hat, ein Nachprüfungsverfahren einzuleiten, bevor die zuständige Behörde durch die Erteilung des Zuschlags vollendete Tatsachen schaffen kann.[238] Eine solche Stillhaltefrist ist durch die VO 1370/2007 nicht ausdrücklich vorgesehen. Zur Gewährleistung eines wirksamen Rechtschutzes, der mit dem nach der EU-Rechtsmittelrichtlinie vergleichbar ist,[239] ist eine entsprechende Regelung auch im Rahmen des von den Mitgliedstaaten für Vergaben nach der VO 1370/2007 auszugestaltenden Rechtsschutzes erforderlich. Das gilt jedoch nur für das wettbewerbliche Vergabeverfahren nach Art. 5

[231] EuGH, C-43/04, Slg. 2005, I-4491, RdNr. 24 – Stadt Sundern; *Schwarze/Schwarze* Art. 220 EG RdNr. 30.

[232] EuGH, C-26/03, Slg. 2005, I-1, RdNr. 34 – Stadt Halle.

[233] EuGH, C-92/00, Slg. 2002, I-5553, RdNr. 49 – Hospital Ingenieure.

[234] EuGH, C-92/00, Slg. 2002, I-5553, RdNr. 55 – Hospital Ingenieure; EuGH, C-249/01, Slg. 2003, I-6319, RdNr. 24 – Hackermüller.

[235] Vgl. Erwägungsgrund 21 iVm. Art. 2 Abs. 1 lit. RL 89/665.

[236] EuGH, C-26/03, Slg. 2005, I-1, RdNr. 35 – Stadt Halle.

[237] RL 89/665 zur Koordinierung der Rechts- und Verwaltungsvorschriften für die Anwendung der Nachprüfungsverfahren im Rahmen der Vergabe öffentlicher Liefer- und Bauaufträge, in der Änderungsfassung, ABl. 2007, L 335/31.

[238] Vgl. EuGH, C-81/98, Slg. 1999, I-7671, RdNr. 34 – Alcatel Austria; EuGH, C-444/06, Slg. 2008, I-2045, RdNr. 37 – Kommission/Spanien.

[239] Vgl. Erwägungsgrund 21.

Abs. 3. Im Falle der Direktvergabe ist eine Stillhaltefrist schon deshalb nicht erforderlich, weil die Direktvergabeentscheidung als solche nicht angreifbar ist und eine entsprechende Regelung deshalb unnötiger Formalismus wäre.

Die Gewährung eines wirksamen und raschen Rechtsschutzes kann durch die Einführung **122** von **Entscheidungs-** und **Ausschlussfristen** gefördert werden. Der Verordnungsgeber hat es den Mitgliedstaaten überlassen, darüber zu entscheiden, solche Fristen zu regeln. Die Entscheidungsfrist darf nicht so lange sein, dass dadurch die **praktische Wirksamkeit des Gemeinschaftsrechts** gefährdet wird. Die im ursprünglichen Verordnungsvorschlag vom 26. 7. 2000[240] in Art. 14 Abs. 3 vorgesehene Frist, innerhalb derer die Nachprüfungsstellen Rechtsbehelfe bearbeiten hätten müssen, wurde in der endgültigen Fassung der Verordnung nicht beibehalten. Den Mitgliedstaaten steht es jedoch frei, derartige Regelungen zur Durchführung eines raschen Nachprüfungsverfahrens einzuführen. Die im ursprünglichen Verordnungsvorschlag vom 26. 7. 2000 vorgesehene Zweimonatsfrist kann dafür als Richtwert herangezogen werden. Möglich ist auch die Regelung von angemessenen Ausschlussfristen, dh. die Festlegung einer Frist innerhalb derer der Betreiber den Verfahrensverstoß rügen muss, weil durch die Einführung von Präklusionsvorschriften nicht nur das Verfahren beschleunigt, sondern auch Rechtssicherheit geschaffen wird.

III. Zuständige Stellen und Prüfungsumfang

Zuständige Stellen nach Abs. 7 S. 2 sind grundsätzlich Gerichte iSv. Art. 267 AEUV. Bei **123** dem Begriff des Gerichts handelt es sich um einen gemeinschaftsrechtlichen und deshalb autonom zu bestimmenden Begriff. Zum Zweck seiner Inhaltsbestimmung hat der EuGH eine Reihe von Kriterien entwickelt. Dazu zählen die gesetzliche Grundlage ihrer Errichtung, die Unabhängigkeit der Spruchkörper, die obligatorische Gerichtsbarkeit, die Dauerhaftigkeit sowie der kontradiktorische Charakter des Verfahrens und die Anwendung von Rechtsnormen durch diese Einheit.[241] In seiner Entscheidungspraxis legt der EuGH ein eher weites Verständnis von „Gericht" zugrunde und hat beispielsweise dem deutschen Vergabeüberwachungsausschuss Gerichtsqualität im Sinne des Art. 267 AEUV zugesprochen.[242]

Abs. 7 S. 2 verlangt nicht, dass ein Nachprüfungsverfahren in erster Instanz stets vor einem **124** Gericht iSd. Art. 267 AEUV stattfinden muss. Als sonstige zuständige Stellen kommen somit auch sonstige Verwaltungseinrichtungen in Betracht. Für den Fall, dass in erster Instanz eine derartige Verwaltungseinrichtung entscheidet, muss diese ihre Entscheidung schriftlich begründen. Zudem müssen die Mitgliedstaaten gemäß Abs. 7 S. 3 gewährleisten, dass Beschwerden über die Entscheidungen einer solchen Nachprüfungsstelle einer gerichtlichen Kontrolle iSd. Art. 267 AEUV unterzogen werden können, das heißt ein zur Überprüfung in einer höheren Instanz führendes Rechtsmittel gegeben ist. Gemäß Abs. 7 S. 3 muss die Beschwerdeinstanz zudem unabhängig von der vertragsschließenden Behörde und der Nachprüfungsstelle sein. Da jedes Gericht iSd. Art. 267 AEUV diese Voraussetzungen erfüllt, kommt 5 Abs. 7 S. 3 lediglich eine klarstellende Funktion zu.

Konkrete Vorgaben zur Ausgestaltung des Rechtsschutzverfahrens und den Befugnissen der **125** Nachprüfungsinstanzen enthält die VO 1370/2007 nicht. Konkrete Vorgaben erübrigten sich jedoch für den Verordnungsgeber dadurch, dass er abstrakt darauf verwiesen hat, es müsse einen Rechtsschutz geben, der mit den nach der EU-Rechtsmittelrichtlinie etablierten Rechtsschutzstandards vergleichbar ist. Die Befugnisse der Nachprüfungsstellen müssen damit denen auf der Grundlage der Rechtsmittelrichtlinie entsprechen, wobei die Besonderheiten der VO 1370/2007 zu berücksichtigen sind. Die Befugnisse der Nachprüfungsstellen im Anwendungsbereich der Vergaberichtlinie sind in Art. 2 der Richtlinie 2007/66 geregelt, durch die die Rechtsmittelrichtlinie 89/665 geändert worden ist. Zu den Befugnissen der Nachprüfungsstellen gehören insbesondere der kurzfristige Erlass von **vorläufigen Maßnahmen,** die **Aussetzung von Entscheidungen** der Vergabestelle, die **Aufhebung rechtswidriger Entscheidungen** und die Zuerkennung von **Schadensersatz.** Art. 2 Abs. 3 der RL 89/665 sieht zudem das Verbot eines Vertragsschlusses bis zum Erlass einer erstinstanzlichen Entscheidung vor.[243] Art. 2d Abs. 3 der RL 89/665 ordnet die **Unwirksamkeit** vergaberechtswidriger Verträge an. Es bleibt jedoch

---

[240] KOM(2000) 7 endg.

[241] *Schwarze/Schwarze* Art. 234 EG RdNr. 25.

[242] *Schwarze/Schwarze* Art. 234 EG RdNr. 26; EuGH, C-54/96, Slg. 1997, I-4961, RdNr. 38 – Dorsch Consult.

[243] *Costa-Zahn/Lutz* NZBau 2008, 22, 24.

den Mitgliedstaaten überlassen, ob die Unwirksamkeitserklärung durch eine Nachprüfungsstelle erfolgt oder als automatische Rechtsfolge ausgestaltet ist.

IV. Antragsbefugnis

126 Antragsbefugt für die Einleitung einer gerichtlichen Überprüfung ist gemäß Abs. 7 derjenige, der geltend macht, durch eine gegen das Gemeinschaftsrecht oder nationale Vorschriften zur Durchführung des Gemeinschaftsrecht verstoßende Entscheidung nach den Abs. 2 bis 6 geschädigt zu sein oder geschädigt werden zu können. Voraussetzung dafür, ein Überprüfungsverfahren einleiten zu können, ist somit ein Interesse an dem zu vergebenden Auftrag und ein bereits eingetretener oder drohender Schaden. Ein Interesse an dem Auftrag haben alle Bieter, die sich an einem wettbewerblichen Vergabeverfahren beteiligen, aber auch alle potentiellen Bieter, die kein Angebot abgegeben haben, weil sie auf Grund des von ihnen behaupteten Verstoßes der Vergabestelle von der Teilnahme abgesehen haben.[244] Für den Antrag iSd. Abs. 7 ist es ausreichend, wenn das Interesse an der Auftragsvergabe schlüssig und substantiiert behauptet wird.[245] Das gleiche gilt für die Darlegung des Schadens bzw. des möglichen Eintritts. Die Möglichkeit eines Schadenseintritts ist bereits dann gegeben, wenn nicht offensichtlich ausgeschlossen ist, dass der Antragsteller den Auftrag ohne den behaupteten Rechtsverstoß erhalten hätte.[246]

V. Prüfungsumfang

127 Hinsichtlich des der Nachprüfungsstelle einzuräumenden Prüfungsumfangs ist zwischen den einzelnen Vergabearten zu differenzieren. Die in Abs. 2 geregelte **Inhouse-Vergabe** unterliegt lediglich einer eingeschränkten gerichtlichen Kontrolle. Vollständig gerichtlich überprüfbar sind die in Abs. 2 geregelten Tatbestandsvoraussetzungen sowie die in Abs. 2 lit. a bis c geregelten Kriterien der Inhouse-Vergabe. Der gerichtlichen Kontrolle entzogen ist hingegen die erfolgte Wahl der zuständigen Behörde, den öffentlichen Dienstleistungsauftrag direkt an einen internen Betreiber oder im Wege eines wettbewerblichen Verfahrens nach Abs. 3 zu vergeben. Das beruht darauf, dass den zuständigen Behörden ein Wahlrecht eingeräumt ist, das keinen Bedingungen unterliegt.[247]

128 Das in Abs. 3 geregelte **wettbewerbliche Vergabeverfahren** muss allen Bewerbern offen stehen, fair sein und den Grundsätzen der Transparenz und Nichtdiskriminierung genügen. Die Einhaltung dieser Vorgaben unterliegt der vollen gerichtlichen Kontrolle.[248] Die Überprüfung der Einhaltung anderer Regelungen ist zulässig, vorausgesetzt im einzelnen ist auch der Schutz des potentiellen Auftragnehmers bezweckt.

129 **Direktvergaben** gemäß Abs. 4 bis 6 unterliegen gleichfalls nur in eingeschränktem Maße der gerichtlichen Kontrolle. Uneingeschränkt gerichtlich überprüfbar ist, ob die jeweiligen Anwendungsvoraussetzungen der Direktvergabe erfüllt sind. Das bedeutet, das Gericht darf prüfen, ob es sich tatbestandlich tatsächlich um eine Bagatell-, Notfall- oder Eisenbahnvergabe handelt. Nicht der vollen gerichtlichen Kontrolle unterliegt hingegen die Entscheidung der zuständigen Behörde für oder gegen eine Direktvergabe. Bei dieser Entscheidung handelt es sich um eine freie Entscheidung, sie ist gerichtlich nicht überprüfbar. Hinsichtlich der Auswahl eines bestimmten Bewerbers steht der zuständigen Behörde ein weiter Entscheidungsspielraum zu. Die gerichtliche Kontrolle ist deshalb auf die „Richtigkeit des Sachverhalts und auf offensichtliche Beurteilungsfehler beschränkt".[249] Überprüfbar sind damit die „Richtigkeit, Vollständigkeit und Belastbarkeit der einer Entscheidung zugrunde gelegten Tatsachen".[250] Auch hinsichtlich des Vertragsabschlusses ist die zuständige Behörde weitgehend frei. Beachten muss sie lediglich die für den Abschluss von Verträgen geltenden allgemeinen Grundsätze des Zivil- und Verwaltungsrechts.

---

[244] BayObLG VergabeR 2003, 345, 345; *Antweiler* VergabeR 2004, 702, 702.

[245] Vgl. Schlussanträge GA Kokott, C-454/06, Slg. 2008, I-4401, RdNr. 147 – Pressetext Nachrichtenagentur.

[246] Schlussanträge der GA *Kokott*, C-454/06, Slg. 2008, I-4401, RdNr. 147 – Pressetext Nachrichtenagentur; *Grabitz/Hilf/Pietzcker* B 16 RdNr. 26.

[247] Zu den Gründen *Fehling/Niehnus* DÖV 2008, 662, 664; *Pünder* EuR 2007, 564, 567.

[248] *Loewenheim/Meessen/Riesenkampff/Bungenberg* § 97 GWB, RdNr. 71.

[249] EuGH, C-413/06 P, Slg. 2008, I-4951 RdNr. 69 – Bertelsmann.

[250] EuGH, C-413/06 P, Slg. 2008, I-4951 RdNr. 69 – Bertelsmann.

VI. Rechtsweg

Die VO 1370/2007 enthält keine Vorgaben dazu, welcher Rechtsweg in den einzelnen Mit- **130** gliedstaaten eröffnet sein soll. Die VO gibt lediglich vor, dass wirksamer Rechtsschutz iSd. Abs. 7 gewährleistet sein muss. Der Rechtsweg richtet sich somit nach dem Recht der einzelnen Mitgliedstaaten.

In Deutschland wird für Vergaben nach der VO 1370/2007 in der Regel der Verwaltungs- **131** rechtsweg eröffnet sein. Nach § 40 Abs. 1 S. 1 VwGO ist der **Verwaltungsrechtsweg** in allen öffentlich-rechtlichen Streitigkeiten nichtverfassungsrechtlicher Art eröffnet. Ob eine Streitigkeit öffentlich-rechtlich oder privatrechtlich ist, richtet sich nach der Natur des jeweiligen Rechtsverhältnisses, aus dem ein Anspruch hergeleitet wird.[251] Dafür kommt es maßgeblich darauf an, ob die Beteiligten zueinander in einem hoheitlichen Verhältnis der Über- und Unterordnung stehen und sich der Träger der öffentlichen Gewalt öffentlich-rechtlicher Vorschriften bedient.[252] In Deutschland werden öffentlich-rechtliche Personenverkehrsleistungen durch den Abschluss eines Verkehrsvertrages vergeben. Der Verkehrsvertrag ist seinem Gegenstand nach öffentlich-rechtlicher Natur, weil er abgeschlossen wird, um eine ausreichende Verkehrsbedienung zu gewährleisten und somit eine öffentliche Aufgabe der Daseinsvorsorge erfüllt.[253] Zudem ist die Sicherstellung der Daseinsvorsorge durch den Verkehrsvertrag Normen des öffentlichen Rechts unterworfen[254] (§ 15 Abs. 2 AEG, § 4 RegG, §§ 13, 13a PBefG) und kann nicht von jedermann, sondern nur von der zuständigen Behörde geschlossen werden. Gleiches gilt, wenn im Anwendungsbereich der VO 1370/2007 öffentliche Dienstleistungsaufträge vergeben werden. Die VO 1370/2007 bezweckt die Gewährleistung sicherer, effizienter und hochwertiger Personenverkehrsdienste[255] und ermächtigt lediglich die zuständigen Behörden, in hoheitlicher Funktion tätig zu werden. Zudem unterliegen die öffentlichen Dienstleistungsaufträge im Rahmen der VO 1370/2007 auch den in Art. 6 und im Anhang der Verordnung geregelten beihilferechtlichen Bestimmungen, deren Gewährung als hoheitliche Maßnahme dem Staat vorbehalten ist.

Die Rechtssprechung des Bundesverwaltungsgerichts[256] zur Vergabe öffentlicher Aufträge **132** unterhalb der Schwellenwerte steht der Eröffnung des Verwaltungsrechtswegs nicht entgegen. Das BVerwG geht bei diesen Vergaben davon aus, dass sie grundsätzlich privatrechtlich zu beurteilen sind, so dass der Rechtsweg zu den ordentlichen Gerichten gegeben ist. Im Anwendungsbereich der VO 1370/2007 besteht jedoch auf Grund der Besonderheiten des öffentlichen Verkehrssektors und des spezifisch auf diesen Bereich ausgerichteten Vergaberegimes eine Bindung an das öffentliche Recht. Der Staat wird im Anwendungsbereich der VO 1370/2007 nicht nur als Nachfrager am Markt, sondern vielmehr im Rahmen seiner Verpflichtung zur Daseinsvorsorge tätig. Die Rechtsprechung des BVerwG zu Unterschwellenvergaben lässt sich daher auf Vergaben im Anwendungsbereich der VO 1370/2007 nicht übertragen.

Der Rechtsschutz vor den deutschen Zivil- und den Verwaltungsgerichten bleibt derzeit hin- **133** ter den Anforderungen der Vergaberechtsmittelrichtlinien und damit auch hinter der nach Abs. 7 zu gewährleistenden Rechtsschutzintensität zurück.[257] Insbesondere fehlt es deshalb an der Gewährleistung eines effektiven Primärrechtsschutzes in diesem Sinne, weil eine mit Art. 2a der RL 89/665/EWG vergleichbare Stillhaltefrist nicht vorgesehen ist. Sachgerecht wäre es daher, den Rechtsschutz nach Abs. 7 dadurch sicherzustellen, dass eine vergaberechtlichen Verfahrensvorschriften des GWB auf Vergaben nach der VO 1370/2007 Anwendung finden. Das Nachprüfungsverfahren nach den §§ 102 ff. GWB erfüllt die nach den Vergaberichtlinien zu erfüllenden Standards und ist zudem durch eine größere Sachnähe gekennzeichnet. Die Einbeziehung des Rechtsschutzes nach der VO 1370/2007 in das Rechtsschutzverfahren nach dem GWB erfordert jedoch eine eindeutige Zuweisung des deutschen Gesetzgebers.

Der Entwurf eines Gesetzes zur Änderung personenbeförderungsrechtlicher Vorschriften vom **134** 27. 8. 2008 sieht dementsprechend in § 8 Abs. 6 PBefG vor, dass die Vergabe öffentlicher Dienstleistungsaufträge nach Abs. 2 bis 5 unbeschadet der Prüfungsmöglichkeiten der Aufsichtsbehörden und Vergabeprüfstellen der Nachprüfung durch die Vergabekammern unterliegt. Die Einführung dieser Regelung bleibt abzuwarten.

---

[251] *Kopp/Schenke* § 40 VwGO RdNr. 6.
[252] Vgl. BVerwG, Beschl. v. 2. 5. 2007, 6 B 10/07, RdNr. 4.
[253] *Kulartz* NZBau 2001, 173, 176.
[254] *Prieß* NZBau 2002, 539, 544.
[255] Vgl. Erwägungsgrund 4.
[256] BVerwG NVwZ 2007, 820, 820.
[257] Vgl. Erwägungsgrund 21.

VII. Selbstbindung

135   Die zuständigen Behörden können sich im Anwendungsbereich der VO 1370/2007 in freier Entscheidung dem jeweils strengeren Rechtsregime unterwerfen. Das gilt beispielsweise für die Wahl eines wettbewerblichen Vergabeverfahren anstelle einer Direktvergabe oder einem wettbewerblichen Vergabeverfahren nach den Bestimmungen der EU-Vergaberichtlinien bzw. deren nationaler Umsetzung statt eines wettbewerblichen Vergabeverfahrens iSv. Abs. 3 VO 1370/2007. Der zuständigen Behörde steht es frei, auf den durch die VO 1370/2007 eingeräumten Handlungsspielraum zu verzichten. Im Rahmen des jeweils strengeren Vergabeverfahrens kommen die Grundsätze der Transparenz und Nichtdiskriminierung stärker zur Geltung und Wettbewerbsverzerrungen werden vermieden, was den Bietern in ihrer Gesamtheit zugute kommt. Eine Benachteiligung der Bieter durch die Wahl des strengeren Vergaberegimes ist grundsätzlich ausgeschlossen, weil sich mit dem strengeren Rechtsregime auch in der Regel intensiverer Rechtsschutz ergibt. Die Konsequenz einer freiwilligen Selbstunterwerfung ist, dass die zuständige Behörde aus Gründen der Gleichbehandlung, der Transparenz und des Vertrauensschutzes an das einmal gewählte Rechtsregime gebunden ist.

136   In Deutschland kam es bislang vor allem auf der Grundlage von § 15 Abs. 2 AEG, wonach die zuständige Behörde wählen kann, ob sie eine Leistung ausschreibt oder direkt vergibt, zu Fällen freiwilliger Unterwerfung unter das strengere GWB-Vergaberecht.[258] Diese freiwillige Unterwerfung führt jedoch nicht automatisch zur Geltung des GWB-Rechtsschutzregimes und damit zur Zuständigkeit der Vergabekammern.[259] Denn wesentliche Voraussetzung dafür ist gemäß § 100 Abs. 1 GWB und § 1 VgV das Überschreiten der Schwellenwerte.[260] Nur wenn diese Überschritten und die Vergabekammern ausdrücklich als Nachprüfungsstellen benannt werden, ist laut der Entscheidungspraxis deutscher Nachprüfungsinstanzen der Rechtsweg zu den Vergabekammern eröffnet.[261]

Art. 6 Ausgleichsleistung für gemeinwirtschaftliche Verpflichtungen

(1) Jede Ausgleichsleistung im Zusammenhang mit einer allgemeinen Vorschrift oder einem öffentlichen Dienstleistungsauftrag entspricht unabhängig von den Vergabemodalitäten den Bestimmungen des Artikels 4. Jede wie auch immer beschaffene Ausgleichsleistung im Zusammenhang mit einem öffentlichen Dienstleistungsauftrag, der in Übereinstimmung mit Artikel 5 Absätze 2, 4, 5 oder 6 direkt vergeben wurde, oder im Zusammenhang mit einer allgemeinen Vorschrift, unterliegt darüber hinaus den Bestimmungen des Anhangs.

(2) Die Mitgliedstaaten übermitteln der Kommission auf deren schriftliche Aufforderung binnen drei Monaten oder einer anderen in der Aufforderung gesetzten längeren Frist alle Informationen, die diese für erforderlich hält, um festzustellen, ob eine gewährte Ausgleichszahlung mit dieser Verordnung vereinbar ist.

I. Regelungsgehalt und Bedeutung

1   Abs. 1 regelt die **Berechnung** von Ausgleichsleistungen für gemeinwirtschaftliche Verpflichtungen iSv. Art. 2 lit. g. Eine Ausgleichsleistung für gemeinwirtschaftliche Verpflichtungen ist danach jeder Vorteil, insbesondere finanzieller Art, der mittelbar oder unmittelbar von einer zuständigen Behörde aus öffentlichen Mitteln während des Zeitraums der Erfüllung einer gemeinwirtschaftlicher Verpflichtung oder in Zusammenhang mit diesem Zeitraum gewährt wird. Die Vorschrift differenziert zwischen Verträgen, die im Wettbewerb und solchen, die direkt vergeben worden sind. Bei direkt vergebenen Verträgen bestimmt sich die zulässige Ausgleichsleistung nach den Bestimmungen des Anhangs. Im Wettbewerb vergebene Verkehrsleistungen sind hingegen nicht vom Anhang erfasst. Um zu gewährleisten, dass alle von den zuständigen Behörden gewährten Ausgleichsleistungen den Bestimmungen der VO 1370/2007 entsprechen, statuiert Abs. 2 ein **Auskunfts- und Informationsrecht** der Europäischen Kommission. Die-

---

[258] OLG Stuttgart NZBau 2003, 340, 340; OLG Düsseldorf, Beschl. v. 31. 3. 2004, Verg 74/03.

[259] OLG Stuttgart NZBau 2003, 340, 340.

[260] VK Südbayern, Beschl. v. 22. 7. 2005, VK 27–05/05; OLG Düsseldorf, Beschl. v. 31. 3. 2004, Verg 74/03; OLG Stuttgart NZBau 2003, 340, 340.

[261] VK Lüneburg, Beschl. v. 5. 7. 2005, VgK-26/2005.

ses Recht soll es der Kommission ermöglichen, die Angemessenheit der von den zuständigen Behörden in den einzelnen Mitgliedstaaten gewährten Ausgleichsleistungen zu überprüfen.

II. Entstehungsgeschichte

Bereits der erste Verordnungsvorschlag vom 26. 7. 2000[1] enthielt in Art. 16 eine Regelung, **2** nach der die zuständigen Behörden keine höheren Ausgleichsleistungen gewähren sollten, als nach der im Anhang I befindlichen **Nettoeffektrechenformel** angemessen war. Die Vergabe öffentlicher Dienstleistungsaufträge im Wettbewerb unterlag hingegen nicht der Berechnungsformel des Anhangs. Diese Regelung ist unverändert in den zweiten Verordnungsvorschlag[2] vom 21. 2. 2002 übernommen worden. Das Auskunfts- und Informationsrecht der Kommission ist mit dem dritten Verordnungsvorschlag vom 20. 7. 2005 eingeführt und in der Endfassung der Verordnung 1370/2007 beibehalten worden. Allerdings ist die im Verordnungsvorschlag vom 20. 7. 2005[3] vorgesehene zwanzig Tage Frist in der Endfassung der Verordnung auf eine dreimonatige Frist erhöht worden.

III. Ausgleichsleistungen

Abs. 1 S. 1 bestimmt, dass jede Ausgleichsleistung, die im Zusammenhang mit einer allge- **3** meinen Vorschrift oder einem öffentlichen Dienstleistungsauftrag gewährt wird, unabhängig von den Vergabemodalitäten – direkt oder wettbewerblich – den Bestimmungen des Art. 4 entsprechen muss. Das bedeutet, die Parameter, anhand derer eine Ausgleichsleistung zu berechnen ist, müssen in objektiver und transparenter Weise aufgestellt werden. Übermäßige Ausgleichsleistungen für gemeinwirtschaftliche Verpflichtungen sind zu vermeiden. Das gilt unabhängig davon, ob die Dienstleistungsaufträge direkt oder im Wege eines wettbewerblichen Verfahrens vergeben werden.

Abs. 1 S. 2 bezieht sich demgegenüber nur auf Ausgleichsleistungen, die im Zusammenhang **4** mit direkt vergebenen Dienstleistungsaufträgen und oder mit allgemeinen Vorschriften gewährt werden. Ausgleichsleistungen bei **direkt vergebenen Dienstleistungsaufträgen** und solche, die auf Grund allgemeiner Vorschriften gewährt werden, müssen nicht nur den Bestimmungen des Art. 4, sondern auch den Bestimmungen des **Anhangs** entsprechen. Durch die Einhaltung der Bestimmungen des Anhangs können die zuständige Behörde und der Betreiber eines öffentlichen Dienstes nachweisen, dass keine übermäßigen Ausgleichsleistungen gewährt worden sind.[4] Bei wettbewerblich vergebenen Dienstleistungsaufträgen geht der Gemeinschaftsgesetzgeber hingegen davon aus, dass eine übermäßige Ausgleichsleistung bereits dadurch vermieden worden ist, dass ein wettbewerbliches Vergabeverfahrens durchgeführt worden ist.

Darüber hinausgehende Anforderungen an die Berechnung der Ausgleichsleistungen bestehen **5** nicht, die Regelung des Art. 6 iVm. Art. 4 und den Regelungen des Anhangs sind insofern abschließend.

IV. Auskunftspflicht gegenüber der Kommission

Gemäß Abs. 2 müssen die Mitgliedstaaten der Kommission nach deren schriftlicher Aufforde- **6** rung alle Informationen übermitteln, die diese für erforderlich hält, um feststellen zu können, ob eine gewährte Ausgleichsleistung mit der VO 1370/2007 vereinbar ist. Abs. 2 ist damit eine spezielle Ausgestaltung der in **Art. 337 AEUV** geregelten **Auskunfts- und Informationsrechte** der Kommission durch den Gemeinschaftsgesetzgeber.[5] Die Auskunfts- und Informationsrechte sind jedoch auf die von den Mitgliedstaaten gewährten Ausgleichsleistungen beschränkt und lassen sich nicht auf andere Bestandteile der öffentlichen Dienstleistungsaufträge übertragen. Aus Art. 337 AEUV selbst lassen sich keine weiterreichenden Auskunfts- und Informationsrechte der Kommission ableiten. Art. 337 AEUV enthält lediglich die Ermächtigung des Rates, Auskunfts- und Informationsrechte der Kommission festzulegen bzw. sekundärrechtlich auszugestalten.[6]

---

[1] KOM(2000) 7 endg.
[2] KOM(2002) 107 endg.
[3] KOM(2005) 319 endg.
[4] Vgl. Erwägungsgrund 28.
[5] Vgl. *Calliess/Ruffert/Wegener* Art. 284 EG, RdNr. 1.
[6] *Callies/Ruffert/Wegener* Art. 284 EG, RdNr. 1.

Art. 7 Veröffentlichung

(1) Jede zuständige Behörde macht einmal jährlich einen Gesamtbericht über die in ihren Zuständigkeitsbereich fallenden gemeinwirtschaftlichen Verpflichtungen, die ausgewählten Betreiber eines öffentlichen Dienstes sowie die diesen Betreibern zur Abgeltung gewährten Ausgleichsleistungen und ausschließlichen Rechte öffentlich zugänglich. Dieser Bericht unterscheidet nach Busverkehr und schienengebundenem Verkehr, er muss eine Kontrolle und Beurteilung der Leistungen, der Qualität und der Finanzierung des öffentlichen Verkehrsnetzes ermöglichen und gegebenenfalls Informationen über Art und Umfang der gewährten Ausschließlichkeit enthalten.

(2) Jede zuständige Behörde ergreift die erforderlichen Maßnahmen, um sicherzustellen, dass spätestens ein Jahr vor Einleitung des wettbewerblichen Vergabeverfahrens oder ein Jahr vor der Direktvergabe mindestens die folgenden Informationen im Amtsblatt der Europäischen Union veröffentlicht werden:

a) der Name und die Anschrift der zuständigen Behörde;
b) die Art des geplanten Vergabeverfahrens;
c) die von der Vergabe möglicherweise betroffenen Dienste und Gebiete.

Die zuständigen Behörden können beschließen, diese Informationen nicht zu veröffentlichen, wenn der öffentliche Dienstleistungsauftrag eine jährliche öffentliche Personenverkehrsleistung von weniger als 50 000 km aufweist.

Sollten sich diese Informationen nach ihrer Veröffentlichung ändern, so hat die zuständige Behörde so rasch wie möglich eine Berichtigung zu veröffentlichen. Diese Berichtigung erfolgt unbeschadet des Zeitpunkts der Einleitung der Direktvergabe oder des wettbewerblichen Vergabeverfahrens.

Dieser Absatz findet keine Anwendung auf Artikel 5 Absatz 5.

(3) Bei der Direktvergabe von öffentlichen Dienstleistungsaufträgen im Eisenbahnverkehr nach Artikel 5 Absatz 6 macht die zuständige Behörde innerhalb eines Jahres nach der Auftragsvergabe folgende Informationen öffentlich zugänglich:

a) den Namen des Auftraggebers, seine Eigentümer sowie gegebenenfalls den/die Namen der Partei oder Parteien, die eine rechtliche Kontrolle ausübt/ausüben;
b) die Dauer des öffentlichen Dienstleistungsauftrags;
c) eine Beschreibung der zu erbringenden Personenverkehrsdienste;
d) eine Beschreibung der Parameter für die finanzielle Ausgleichsleistung;
e) Qualitätsziele wie beispielsweise in Bezug auf Pünktlichkeit und Zuverlässigkeit und anwendbare Prämien und Sanktionen;
f) Bedingungen in Bezug auf die wichtigsten Wirtschaftsgüter.

(4) Die zuständige Behörde übermittelt jeder interessierten Partei auf entsprechenden Antrag ihre Gründe für die Entscheidung über die Direktvergabe eines öffentlichen Dienstleistungsauftrags.

Übersicht

Schrifttum: *Baumeister/Klinger*, Perspektiven des Vergaberechts im straßengebundenen ÖPNV durch die Novellierung der Verordnung (EWG) Nr. 1191/69, NZBau 2005, 601; *Beck*, Der Ausschreibungswettbewerb im SPNV, 2009; *Classen*, Gute Verwaltung im Recht der Europäischen Union: Eine Untersuchung zu Herkunft, Entstehung und Bedeutung des Art. 41 Abs. 1 und 2 der Europäischen Grundrechtecharta, 2008; *Dietl/Lorenz*, Wörterbuch für Recht, Wirtschaft und Politik Teil 2 Deutsch-Englisch, 5. Aufl. 2005; *Nehl*, Europäisches Verwaltungsverfahren und Gemeinschaftsverfassung: eine Studie gemeinschaftsrechtlicher Verfahrensgrundsätze unter besonderer Berücksichtigung „mehrstufiger" Verwaltungsverfahren, 2002.

I. Regelungszweck und Überblick

Art. 7 dient der **„Gewährleistung einer angemessenen Transparenz"**[1] im Hinblick auf **1** die Vergabe von Verkehrsdienstleistungen im Anwendungsbereich der VO 1370/2007. Abs. 1 verpflichtet die zuständige Behörde zu diesem Zweck, einmal jährlich einen **Gesamtbericht über das vergangene Jahr** zu veröffentlichen. Die zuständige Behörde muss darin für ihren Zuständigkeitsbereich je nach Art der vergebenen Verkehrsleistung – Bus- oder schienengebundender Verkehr – über **gemeinwirtschaftliche Verpflichtungen**, die **ausgewählten Betreiber** sowie die diesen Betreibern zur Abgeltung gewährten **Ausgleichsleistungen** und **ausschließlichen Rechte** informieren. Diese Pflicht besteht unabhängig davon, ob und welche Verkehrsleistungen mit gemeinwirtschaftlichen Verpflichtungen im vergangenen Jahr vergeben worden sind. Der Bericht soll gemäß Abs. 1 S. 2 Hs. 2 die **Kontrolle und Beurteilung der Leistungen, der Qualität und der Finanzierung des öffentlichen Verkehrsnetzes** ermöglichen. Unter „Kontrolle" ist in diesem Kontext die Überprüfung der Rechtmäßigkeit der Finanzierung des öffentlichen Verkehrsnetzes und der in diesem Zusammenhang gewährten ausschließlichen Rechte zu verstehen. Demgegenüber bedeutet „Beurteilung" eine Einschätzung der Leistungen und Qualität des öffentlichen Verkehrsnetzes, vor allem mit Blick auf dessen beabsichtigte Verbesserung.[2] Die Kontrolle und Beurteilung des öffentlichen Verkehrsnetzes erfolgt entsprechend der jeweiligen Befugnisse durch die Mitgliedstaaten und die europäische Union. Vor allem der Kommission als Hüterin des Gemeinschaftsrechts[3] obliegt die Kontrolle der Einhaltung der europäischen Vorgaben.[4] Darüber hinaus ist der Gesamtbericht auch für Unternehmen interessant, die Verkehrsleistungen erbringen, insbesondere im Hinblick darauf, welcher Teil des Marktes durch ausschließliche Rechte noch verschlossen ist.[5]

Abs. 2 verpflichtet jede zuständige Behörde zur **Information** über beabsichtigte (den **2** Schwellenwert nach UAbs. 2 übersteigende) Vergaben. Diese Information muss **ein Jahr im Voraus** erfolgen, so dass sich potentielle Interessenten auf die Vergabe der betreffenden Verkehrsleistungen vorbereiten und bewerben bzw. ihr Interesse bekunden können.[6] Diese Pflicht der zuständigen Behörde schafft vor allem angesichts der Möglichkeit zur Direktvergabe eine angemessene Transparenz.[7] Sie ermöglicht zunächst der Kommission eine **frühzeitige Überwachung und Kontrolle** von Direktvergaben. Art 7 Abs. 2 enthält selbst keine Angaben, die speziell die Funktion der *ex ante*-Transparenz bei der Direktvergabe von Dienstleistungsaufträgen im Eisenbahnverkehr betreffen. Auch Erwägungsgrund 29 der VO 1370/2007 bezieht sich nur auf die Funktion der *ex-ante*-Transparenz bei der Vergabe öffentlicher Dienstleistungsaufträge überhaupt. Diese besteht nach dem Verordnungsgeber allgemein darin, Betreiber, die die zu vergebenden Personenverkehrsleistungen potenziell erbringen könnten, auf die beabsichtigte Vergabe der Verkehrsleistungen aufmerksam zu machen und ihnen eine angemessene Reaktionszeit dafür einzuräumen. Das Einräumen einer angemessenen Reaktionszeit soll ua. entspre-

---

[1] KOM(2005) 319 endg., 16; vgl. auch KOM(2006) 805 endg., 7.
[2] Zu den Zielen der Verordnung vgl. Art. 1 RdNr. 15.
[3] *von der Groeben/Schwarze/Harnier/Jacque* Art. 211 EG RdNr. 4.
[4] Vgl. auch die Berichtspflicht der Kommission in Art. 11, der ggf. Gesetzesvorschläge zur Änderung der Verordnung folgen.
[5] Vgl. Europäisches Parlament, Empfehlung für die zweite Lesung, A6–0131/2007 endgültig, 27.
[6] Vgl. Erwägungsgrund 29.
[7] KOM(2006)805 endg., 8.

chende **Vordispositionen** in Bezug auf das benötigte Personal und Material ermöglichen. Erwägungsgrund 29 stellt damit generell auf die Vergabe öffentlicher Dienstleistungsaufträge ab, nicht jedoch speziell auf die Direktvergabe von öffentlichen Dienstleistungsaufträgen im Eisenbahnverkehr gemäß Art. 5 Abs. 6. Da Direktvergaben im Sinne von Art. 5 Abs. 6 auf der Grundlage der Legaldefinition des Art. 2 lit. h ohne die Einbeziehung Dritter durchgeführt werden dürfen, kann sich die Passage „dass potenzielle Betreiber eines öffentlichen Dienstes darauf reagieren können" in dem Erwägungsgrund 29 nicht unmittelbar auf Dritte bei Direktvergaben beziehen. Allenfalls mittelbar besteht ein Bezug dieser Passage zur Direktvergabe gemäß Art. 5 Abs. 6 und der Möglichkeit, Initiativangebote abzugeben. Es handelt sich nur um einen **bloßen Reflex** der nach Art. 7 Abs. 2 vorgeschriebenen *ex ante*-Transparenz. Das ergibt sich im Übrigen auch aus praktischen Gesichtspunkten. Dritte sind auf der Grundlage der nach § 7 Abs. 2 VO zu veröffentlichenden spärlichen Informationen praktisch nicht in der Lage, ein tragfähiges und wertbares Initiativangebot abzugeben. Hätte der Verordnungsgeber Dritten ermöglichen wollen, ein **Initiativangebot** abzugeben, hätte er zu diesem Zweck die Veröffentlichung wesentlich umfangreicherer und detaillierterer Informationen anordnen müssen, insbesondere der Leistungsbeschreibung. Ohne Kenntnis der konkreten Leistungsbeschreibung sind Dritte in der Praxis nicht in der Lage, ein aussagekräftiges und vergleichbares Angebot abgeben zu können. Etwa doch eingehende Initiativangebote können mangels Vergleichbarkeit miteinander schon unter Gleichbehandlungs- und Diskriminierungsgesichtspunkten nicht gewertet werden und deshalb bei der Direktvergabe keine Berücksichtigung finden. Sinn und Zweck der Pflicht zur *ex ante*-Transparenz ist vielmehr, den für die Überwachung bzw. Einhaltung der Vorgaben der VO 1370/2007 zuständigen Stellen die notwendigen Informationen dafür zu schaffen, überschlägig prüfen zu können, ob die Voraussetzungen für eine Direktvergabe gemäß Art. 5 Abs. 6 VO 1370/2007 erfüllt sind, das heißt, ob es sich tatsächlich um öffentliche Dienstleistungsaufträge im Eisenbahnverkehr handelt.

3   Abs. 3 normiert zusätzlich zu Abs. 1 eine **Pflicht zur Veröffentlichung bestimmter Informationen** der zuständigen Behörde bei **Direktvergaben** im Bereich des **Eisenbahnverkehrs.** Ein wesentlicher Unterschied zu dem nach Abs. 1 zu erstellenden Gesamtbericht besteht darin, dass dieser – unabhängig von etwaigen Neuvergaben – ein jährliches (generelles) Abbild liefert, während Abs. 3 nur dann eingreift, wenn tatsächlich eine Direktvergabe stattgefunden hat. Sinn und Zweck der durch Abs. 3 normierten Informationspflicht ist, zum Ausgleich der Ausweitung der Möglichkeit der Direktvergabe im Eisenbahnbereich eine erhöhte Transparenz zu schaffen.[8] Die Transparenz ist allerdings insofern eingeschränkt, als die durch Abs. 3 bestimmten Informationspflichten lediglich eine *ex post* – Transparenz herstellen. Die zu veröffentlichen, im Vergleich zu dem Gesamtbericht iSd. Abs. 1 detaillierteren Informationen ermöglichen jedoch der Allgemeinheit und insbesondere der Politik insgesamt eine **genauere Kontrolle und Beurteilung des Eisenbahnsektors.** Das wird insbesondere an lit. d deutlich. Denn danach kann auch die Allgemeinheit Näheres zur Ausgleichsleistung erfahren, was im Übrigen nur der Kommission auf Grund ihres Informationsrechts aus § 6 Abs. 2 zusteht.

4   Um bei **Direktvergaben** eine **größere Transparenz** zu gewährleisten[9] und **Rechtsschutz** (nicht ausgewählter Betreiber) gemäß Art. 5 Abs. 7 in diesem Bereich zu ermöglichen, räumt Abs. 4 jeder interessierten Partei gegen die zuständige Behörde einen Anspruch auf Begründung der Entscheidung über einen gemäß Art. 5 Abs. 2, 4, 5 oder 6 direkt vergebenen Auftrag über Verkehrsleistungen ein. Gleichzeitig wird die **Behörde** dadurch **diszipliniert,** die Voraussetzungen der Direktvergabe genau zu prüfen („Selbstkontrolle"),[10] weil sie mit der Geltendmachung des Auskunftsanspruchs rechnen muss.

II. Entstehungsgeschichte

5   Die Einführung des Konzepts des **regulierten Wettbewerbs** im Bereich der öffentlichen Personenverkehrsdienste[11] **erforderte** ein bestimmtes Niveau an **Transparenz,** um die Einhal-

---

[8] Rat, Gemeinsamer Standpunkt Nr. 2/2007, ABl. 2007, C 70E/1, 16; vgl. auch Erwägungsgrund 30.

[9] Siehe Erwägungsgrund 30; vgl. Rat, Gemeinsamer Standpunkt Nr. 2/2007, ABl. 2007, C 70E/1, 16; vgl. KOM(2006) 805 endg., 11.

[10] Vgl. *Callies/Ruffert/Callies* Art. 253 EG RdNr. 2, wonach aus dem in der EU geltenden Rechtsstaatsprinzip für EU-Organe eine allgemeine Begründungspflicht folgt, der eine Selbstkontrollfunktion inne wohnt; vgl. *Classen* 320.

[11] Vgl. hierzu Kommentierung zu Art. 2 und Art. 5.

tung des bezweckten Wettbewerbs kontrollieren und sichern zu können.[12] Dementsprechend enthielten bereits der erste[13] und der zweite[14] Verordnungsentwurf detaillierte Informationspflichten. Diese sind im Einklang mit dem Ziel des Bürokratieabbaus[15] bzw. der Vereinfachung[16] der VO 1370/2007 im dritten Entwurf sehr eingeschränkt,[17] jedoch durch den Rat in der Spätphase der Entstehung der VO 1370/2007 – zB die Abs. 3 und 4[18] – wiederum erweitert worden. Die Neueinführung der durch die Abs. 3 und 4 angeordneten Informationspflichten begründete der Rat damit, dass auf Grund der Erweiterung der Möglichkeiten der Direktvergabe auf den gesamten Eisenbahnbereich die Transparenz dieses Sektors erhöht werden sollte; im Übrigen ging es ihm bei erfolgten Änderungen vor allem um die Erhöhung der Praktikabilität der Bestimmungen.[19]

III. Jährliche Gesamtberichte zuständiger Behörden (Abs. 1)

1. Jährliche Veröffentlichungspflicht der zuständigen Behörde (Satz 1). Abs. 1 S. 1 **6** verpflichtet **jede zuständige Behörde,**[20] einmal jährlich einen Gesamtbericht öffentlich zugänglich zu machen. Dabei ist „jede" iVm. „in ihrem Zuständigkeitsbereich" zu lesen. Das bedeutet, jede zuständige Behörde verfasst einen Gesamtbericht über die von ihr im Anwendungsbereich der Verordnung den Betreibern auferlegten gemeinwirtschaftlichen Verpflichtungen[21] inklusive Eigenerbringungen. Das erfolgt unabhängig davon, wann diese auferlegt worden sind, weil der Bericht ein Abbild bzw. eine Bestandsaufnahme aller gemeinwirtschaftlichen Verpflichtungen geben soll. Der Gesamtbericht ist gemäß Satz 1 **„öffentlich zugänglich"** zu machen. Mangels näherer Anforderungen daran, liegt es im Ermessen der zuständigen Behörde, „wie" das erfolgt. Allerdings ist der Sinn und Zweck der Informationspflicht, die Gewährleistung angemessener Transparenz, zu beachten. Das spricht – vor allem unter Berücksichtigung unternehmerischer Belange – für eine gemeinschaftsweite Zugänglichkeit der Informationen. Am besten geeignet und zugleich am preiswertesten ist die Veröffentlichung im Internet und zwar beispielsweise auf der Homepage der zuständigen Behörde. Stets ausreichend, wenngleich nicht erforderlich, ist die Veröffentlichung im EU-Amtsblatt. Die **jährliche** Veröffentlichungspflicht zwingt grds. nur dazu, für **das vergangene Jahr** einen Gesamtbericht bereit zu stellen. Aus Transparenzgesichtspunkten sollten aber frühere, im Internet veröffentlichte Berichte möglichst abrufbar bleiben. Verstöße einer zuständigen Behörde gegen Art. 7 Abs. 1 können zu einem Vertragsverletzungsverfahren führen.

2. Inhalt des Gesamtberichts (Satz 1 iVm. Satz 2). Aus Satz 1 folgt, dass der Gesamtbe- **7** richt die **gemeinwirtschaftlichen Verpflichtungen,** die **ausgewählten Betreiber** sowie die diesen **gewährten Ausgleichsleistungen und ausschließlichen Rechte** enthalten muss. Anzugeben sind auch solche Betreiber, die Leistungen erbringen, die nicht in dem betreffenden Jahr vergeben worden sind. Satz 2 konkretisiert, wie ausführlich diese Punkte darzustellen sind: Der „Gesamtbericht" muss eine **Kontrolle und Beurteilung** der Leistungen, der Qualität und der Finanzierung des öffentlichen Verkehrsnetzes **ermöglichen.** Wenngleich den zuständigen Behörden damit ein (national regelbarer)[22] Spielraum verbleibt, müssen die gemeinwirtschaftlichen Verpflichtungen erkennbar sein, die das Leistungsangebot und dessen Qualität verdeutlichen. Zudem sind die (ausgewählten) Betreiber[23] kenntlich zu machen, wofür deren Name und Sitz angegeben werden muss. Ferner sind im Gesamtbericht nach Satz 1 die den Betreibern **insgesamt gewährten Ausgleichleistungen** und **ausschließlichen Rechte zuzuordnen.**

[12] Vgl. Rat, Gemeinsamer Standpunkt Nr. 2/2007, ABl. 2007, C 70E/1, 12 und 16.

[13] KOM(2000) 7 endg., 29, Art. 7 Abs. 3, sowie 32, Art. 13.

[14] KOM(2002) 107 endg., 31, Art. 7a, sowie 37, Art. 13.

[15] Vgl. Rat, Gemeinsamer Standpunkt Nr. 2/2007, ABl. 2007, C 70E/1, 16; vgl. Stellungnahme des Wirtschafts- und Sozialausschusses, ABl. 2006, C 195/20, 22, Nr. 3.7; vgl. auch die bereits frühzeitige Forderung des Ausschusses der Regionen, ABl. 2001, C 253/9, 11, Nr. 13 b.

[16] KOM(2005) 319 endg., 13.

[17] KOM(2005) 319 endg., 28.

[18] Siehe Übersicht vom Rat, Gemeinsamer Standpunkt Nr. 2/2007, ABl. 2007, C 70E/1, 16.

[19] Rat, Gemeinsamer Standpunkt Nr. 2/2007, ABl. 2007, C 70E/1, 16.

[20] Zur Definition der „zuständigen Behörde" siehe Art. 2 lit. b.

[21] Dazu zählen auch die auf allgemeinen Vorschriften beruhenden Verpflichtungen, welche durch eine Streckengenehmigung der zuständigen Behörde ausgelöst werden; vgl. § 18 des Entwurfs eines Gesetzes zur Änderung personenbeförderungsrechtlicher Vorschriften des BMVBS, Stand 27. 8. 2008.

[22] Ebenso obliegt die Festlegung, wer zuständige Behörde ist, den Mitgliedstaaten – vgl. Art. 2 RdNr. 7 ff.

[23] Zum Begriff des Betreibers siehe Art. 2 lit. d.

Aus dem Gesamtbericht ergibt sich unter Beachtung dessen, welche Gesamtheit an gemeinwirtschaftlichen Verpflichtungen welchen Gegenleistungen gegenüber steht. Werden **ausschließliche Rechte** gewährt – worauf sich „gegebenenfalls" in Satz 2 bezieht – ist über deren **Art und Umfang** zu informieren. Dieser Teil dient vor allem der Information interessierter Unternehmer.

8 Satz 2 bestimmt, dass die Bereiche **Bus- und Schienenverkehr** im Gesamtbericht entsprechend der vorgenannten Anforderungen **getrennt** darzustellen sind. Diese Trennung soll die Vergleichbarkeit der Bereiche gewährleisten.[24] Daraus folgt im Umkehrschluss, dass eine separate Angabe der einzelnen Aufträge nicht erforderlich ist.

IV. Veröffentlichung beabsichtigter Verkehrsvergaben ein Jahr vorab (Abs. 2)

9 **1. Inhalt der Vorabveröffentlichungspflicht und Jahresfrist (UAbs. 1).** Nach UAbs. 1 sind spätestens ein Jahr vor der Einleitung des wettbewerblichen Vergabeverfahrens oder der Direktvergabe mindestens der Name und die Anschrift der zuständigen Behörde (lit. a), die Vergabeart (lit. b)[25] und die evt. betroffenen Dienste und Gebiete im EU-Amtsblatt zu veröffentlichen. Mit betroffenen Diensten sind die möglichen Verkehrsmittel (Bus, Metro etc.), mit Gebieten die betroffenen Strecken bzw. das Streckennetz gemeint. Die **Pflicht** zur Veröffentlichung obliegt **jeder zuständigen Behörde** und besteht **hinsichtlich jeder** einzelnen **geplanten Vergabe.** Obwohl nicht ausdrücklich erwähnt, muss zusätzlich der vorgesehene Zeitpunkt der Einleitung des wettbewerblichen Vergabeverfahrens bzw. der Direktvergabe so genau wie möglich angegeben werden. Ansonsten hätten die veröffentlichten Daten wenig praktische Funktion. Unter „Zeitpunkt der Einleitung" ist die – wie im allgemeinen Vergaberecht – übliche Bekanntmachung der Auftragsvergabe zu verstehen.[26]

10 Bei den zu veröffentlichenden Daten handelt es sich um **Mindestvorgaben** („mindestens"). Die zuständige Behörde darf deshalb auch **zusätzliche Angaben** veröffentlichen, ist aber dazu **nicht verpflichtet.** Der herzustellenden Transparenz[27] wird bereits bei Einhaltung der Mindestvorgaben genügt. Interessenten können auf Grund dieser Informationen an den Auftraggeber herantreten, um ihn – im Falle einer Direktvergabe – vom eigenen Angebot zu überzeugen.

11 Um der **Jahresfrist** gerecht zu werden, muss die zuständige Behörde einplanen, wie viele Tage nach der Übermittlung der Daten an das Amt für Veröffentlichungen der EU[28] mit einer Veröffentlichung im Amtsblatt zu rechnen ist. Mangels näherer Angaben in der VO 1370/2007 wird man auf die Vorgaben in Art. 36 RL 2004/18/EG zurückgreifen können, wonach elektronische, ohne Beachtung der Form übermittelte Daten spätestens zwölf Tage nach ihrer Absendung veröffentlicht werden. Jedoch sollte sicherheitshalber mit einem zeitlichen Zuschlag geplant werden. In der Regel erfolgt die Veröffentlichung durch das Amt für Veröffentlichung in der Praxis allerdings in weniger als sieben Kalendertagen.

12 Bei Direktvergaben muss die **Jahresfrist abgelaufen** sein, **bevor** eine **vertragliche Bindung** der Parteien eintritt. Das bedeutet: Gibt es vor dem eigentlichen Direktauftrag bereits bindende Vereinbarungen, die etwa wegen der langen Anschaffungszeit benötigter Fahrzeuge erforderlich sind, ist zur Wahrung der Jahresfrist und ihres Sinn und Zwecks auf deren Abschluss abzustellen. Derartige Bindung sind jedoch dann unbeachtlich, wenn die zuständige Behörde – evtl. gegen Zahlung eines zuvor festgelegten Geldbetrages – die **Vereinbarung lösen** kann.

13 Der Verordnungsgeber hat für Neu- und Fortsetzungsvergaben in Bezug auf die einzuhaltende *ex ante*-Transparenz einen Gleichlauf vorgesehen. Für beide Vergabearten gelten dieselben Transparenzanforderungen. Art. 7 Abs. 2 unterscheidet im Wortlaut und nach der Regelungssystematik der VO 1370/2007 hinsichtlich der sicherzustellenden *ex ante*-Transparenz nicht zwischen Verfahren zur Erstvergabe von Dienstleistungen im Eisenbahnverkehr (Neuvergaben) einerseits und Vergaben zur Ablösung bzw. Fortsetzung bereits bestehender Verkehre (Fortsetzungsvergaben) andererseits. Die im Einzelnen nach Art. 7 Abs. 2 lit. a bis c zu veröffentlichenden Angaben sind bei wettbewerblichen Vergaben und Direktvergaben gleichermaßen einzuhalten. Art. 7 Abs. 2 ist zudem die einzige Vorschrift, die Vorgaben zu der bei wettbe-

---

[24] Europäisches Parlament, Empfehlung für die zweite Lesung, A6–0131/2007 endgültig, 27.
[25] Also wettbewerbliches Vergabeverfahren oder Direktvergabe.
[26] Vgl. *Beck* 31.
[27] Dazu und zum Zweck der Regelung siehe RdNr. 1 ff.
[28] Siehe unter http://publications.europa.eu/index_de.htm; zur Veröffentlichung von Vergaben generell vgl. auch die Regelungen in Anhang VIII der RL 2004/18.

werblichen Vergaben und Direktvergaben einzuhaltenden Transparenz enthält. Erwägungs-grund 29 der VO 1370/2007 enthält keine Vorgaben, sondern dient lediglich der Erläuterung des Sinns und Zwecks der Pflicht zur *ex ante*-Transparenz. Eine Unterscheidung von Neuverg-aben und Fortsetzungsvergaben in Bezug auf die erforderliche *ex ante*-Transparenz ergibt sich auch nicht aus einer Gesamtschau bzw. einer Gesamtbewertung der Vorschriften der VO 1370/2007 oder den Materialien ihrer Entstehung. Auch ein objektiv-sachlicher Grund für eine Dif-ferenzierung ist nicht ersichtlich. Das gilt insbesondere auch unter dem Gesichtspunkt der Abgabe von Initiativangeboten durch Dritte. Denn bei Direktvergaben handelt es sich um Ver-gaben, die ausschließlich bilateral, allein zwischen der Vergabestelle und *einem* von dieser aus-gewählten Partner durchgeführt werden.

2. Keine faktische Vorwirkung der VO 1370/2007 durch Abs. 2. Abs. 2 bestimmt, **14** dass ein in Aussicht genommenes Vergabeverfahren ein Jahr im voraus angekündigt werden muss. Art. 8 sieht in Bezug auf die Vorabbekanntmachung keine Übergangsregelungen vor. Das wirft die Frage auf, ob die VO 1370/2007 in Hinsicht auf die Pflicht zur Vorabbekanntma-chung eine faktische Vorwirkung entfaltet hat. Die besseren Argumente sprechen gegen eine faktische Vorwirkung des Abs. 2 hinsichtlich einer Verpflichtung der Aufgabenträger zur Vor-abbekanntmachung eines wettbewerblichen Verfahrens oder einer Direktvergabe vor Inkrafttre-ten der Verordnung. Das bedeutet, dass die Jahresfrist bei wettbewerblichen Verfahren und Di-rektvergaben, die während des ersten Jahrs nach Inkrafttreten der VO 1370/2007 erfolgt sind, nicht zwingend eingehalten worden sein muss. Sowohl die Vorgaben der VO 1370/2007 als auch die des EU-Primärrechts sprechen gegen eine faktische Vorwirkung. Der vom Unionsge-setzgeber förmlich festgelegte Zeitpunkt, ab dem die Verordnung wirksam geworden ist, wäre durch Abs. 2 durchbrochen worden. Es lässt sich auch nicht argumentieren, die VO 1370/2007 sei bereits zwei Jahre vor ihrem Inkrafttreten bekannt gewesen, weil der Zeitraum zwischen Verabschiedung und Inkrafttreten nicht als Frist für eine Vorbereitung der Mitgliedsstaaten auf (rückwirkende) Pflichten der neuen Verordnung anzusehen ist. Zur Vorbereitung der Mitglied-staaten hat der Gemeinschaftsgesetzgeber vielmehr die Übergangsfrist in Art. 8 der Verordnung vorgesehen. Sofern man mangels Anwendbarkeit des Abs. 2 im ersten Jahr nach in Kraft treten der VO 1370/2007 eine Transparenzpflicht aus dem EU-Primärrecht im Hinblick auf eine be-absichtigte Auftragsvergabe ableiten wollte, so könnte dies allenfalls eine Verpflichtung zur Be-kanntmachung mit angemessener Frist zur Folge haben, die im Einzelfall erheblich kürzer sein durfte als ein Jahr. Die Bekanntmachung im EU-Amtsblatt zur Einleitung eines Vergabeverfah-rens oder einer Direktvergabe genügen demnach im ersten Geltungsjahr der Verordnung auch ohne Vorabbekanntmachung von einem Jahr den Transparenzerfordernissen.

3. Keine Veröffentlichungspflicht für Aufträge unter 50 000 Km (UAbs. 2). Um un- **15** nötigen bürokratischen Aufwand zu vermeiden,[29] liegt es im Ermessen der Behörde, einen Auftrag, der insgesamt pro Jahr weniger als 50 000 Km[30] Verkehrsleistung ausmacht, vorab nicht zu veröffentlichen. Das bewusste Aufteilen eines einheitlichen Auftrags zum Zwecke der Ein-haltung dieses Schwellenwert ist jedoch unzulässig.[31]

4. Pflicht zur etwaigen Berichtigung der Vorabveröffentlichung (UAbs. 3). Für den **16** Fall, dass sich eine der in UAbs. 1 lit. a bis c genannten Informationen oder der beabsichtigte Zeitpunkt der Vergabe nach ihrer Veröffentlichung ändern, muss die zuständige Behörde gemäß UAbs. 3 Satz 1 so rasch wie möglich eine **Berichtigung veröffentlichen.** Diese ist UAbs. 1 entsprechend im **Amtsblatt der EU** anzuzeigen. Problematisch können hinsichtlich des Vor-liegens einer zu berichtigenden „Änderung" die gemäß UAbs. 1 lit. c anzugebenden Daten sein. Denn dort wird relativ unbestimmt von „möglicherweise" betroffenen Gebieten gesprochen. Anzugeben sind damit auch solche Streckennetze, von den nicht feststeht, ob sie tatsächlich betroffen sein werden, für die jedoch eine gewisse Wahrscheinlichkeit besteht, dass sie betroffen sein könnten. Eine **geringfügige Änderung** in Bezug auf das betroffene Streckennetzes dürfte **keine** Pflicht zur **Berichtigung** auslösen. Mangels konkreterer Regelungen empfiehlt sich, im Zweifel eine Berichtigung zu veröffentlichen. Die VO 1370/2007 bestimmt nicht, was unter **„so rasch wie möglich"** zu verstehen ist. Der EuGH verwendet diese Formulierung mitun-ter, definiert sie jedoch nicht. Aus der Rechtssache C-312/04 ergeben sich für das Verständnis

---

[29] Rat, Gemeinsamer Standpunkt Nr. 2/2007, ABl. 2007, C 70E/1, 16.
[30] Dieser Wert ist deutlich niedriger als der nach Art. 5 Abs. 4 UAbs. 1 VO 1370/2007 für Direktverga-ben.
[31] Vgl. hierzu Ausführungen unter Art. 5.

dieser Formulierung Anhaltspunkte dahingehend, dass auf die Kenntnis des Verpflichteten als auch darauf, ob dieser „in der Lage war", seiner Pflicht nachzukommen, abzustellen ist.[32] Im deutschen Recht gibt es eine ähnliche Regelung in § 121 BGB, wonach „ohne schuldhaftes Zögern" zu handeln ist.

17 Die Berichtigung muss gemäß Satz 2 „unbeschadet" des Zeitpunkts der Einleitung der Direktvergabe oder des wettbewerblichen Vergabeverfahrens erfolgen. Diese Formulierung der deutschen Fassung der VO 1370/2007 ist nicht ausreichend präzise. Richtig müsste es heißen, „die Berichtigung lässt den Zeitpunkt … **unberührt**".[33] Das bedeutet, handelt es sich um eine **Änderung iSd. Vorschrift,** hat das keinen Einfluss auf den beabsichtigten Zeitpunkt der Einleitung der Direktvergabe oder des wettbewerblichen Vergabeverfahrens. Die Vergabe der betreffenden Verkehrsleistungen muss von ihrem beabsichtigten Zeitpunkt her nicht entsprechend verschoben werden. Das gilt jedenfalls dann, wenn es sich nicht um eine wesentliche bzw. grundlegende Änderung handelt. Bei wesentlichen Änderungen des Vergabeverfahrens ist die Rechtsprechung des EuGH zu wesentlichen Vertragsänderungen auf eine solche wesentliche Verfahrensänderung entsprechend anzuwenden.[34] Vor dem Hintergrund des Zwecks, die praktische Durchführbarkeit zu verbessern und bürokratischen Aufwand abzubauen,[35] ist das nachvollziehbar. Welche Modifikationen aber als Änderung anzusehen sind, bleibt offen. Insbesondere ist fraglich, ab welchem **Modifizierungsgrad** eine **neue Auftragsvergabe** vorliegt, bzgl. derer die Jahresfrist aus UAbs. 1 gilt. Hier dürften Streichungen bestimmter Strecken jedenfalls weniger schwer wiegen, als die Hinzunahme neuer Strecken, weil Unternehmen bei ersteren zumindest die Chance haben, intern (innerhalb der Jahresfrist) über ein mögliches Interesse zu befinden. Letztlich wird wohl danach entschieden werden müssen, ob im **Schwerpunkt** lediglich eine Änderung oder aber eine neue Vergabe vorliegt.

18 In **zeitlicher Hinsicht** ist die **Pflicht zur Berichtigung** weder von Satz 1 noch Satz 2 auf den Zeitraum bis zum Vertragsschluss beschränkt. Dies entspricht dem **Sinn** der Vorschrift, allen potentiell am Auftrag interessierten Unternehmen zu ermöglichen, Informationen zum **letzten Stand** der **wesentlichen Faktoren der Vergabe** zu erhalten. Eine Berichtigung muss deshalb auch dann erfolgen, wenn der Auftrag schon vergeben worden ist. Denn die Entscheidung zur Ausübung des Auskunftsrechts nach Absatz 4 und die Rechtmäßigkeit der Vergabe überhaupt hängen maßgeblich von diesen wesentlichen Faktoren (insbes. lit. b und c) ab. Die Norm sorgt also dafür, dass Umgehungen der Transparenzpflichten und evt. Missachtungen der Verordnung vermieden werden.

19 **5. Keine Veröffentlichungspflicht bei Notfalldirektvergaben (UAbs. 4).** Auf der Grundlage des Sinn und Zwecks bzw. der Voraussetzungen einer **Notfalldirektvergabe** nach Art. 5 Abs. 5 VO 1370/2007 kann naturgemäß für diese Vergaben keine Pflicht zur Vorabveröffentlichung bestehen. Das stellt UAbs. 4 ausdrücklich fest. Insofern handelt es sich bei UAbs. 4 um eine Klarstellung.

V. Zusätzliche Veröffentlichungspflichten im Eisenbahnverkehr (Abs. 3).

20 **1. Nachträgliche Veröffentlichungspflicht für Direktvergaben.** Die **Pflicht** zur Veröffentlichung von Informationen iSv. Abs. 3 besteht für **Direktvergaben,** die auf Art. 5 Abs. 6 beruhen. Aus Abs. 3 ergibt sich für die zuständige Behörde hingegen keine Pflicht zu Vorabveröffentlichung, wenn sie Eisenbahnverkehrsleistungen im Wege eines wettbewerblichen Vergabeverfahrens oder auf der Grundlage von Art. 5 Abs. 4 oder 5 vergibt. Die Veröffentlichung der in Abs. 3 genannten Informationen muss **innerhalb eines Jahres nach der Vergabe** der betreffenden Verkehrsleistungen erfolgen. Die Mitgliedstaaten können strengere Anforderungen vorsehen. Angaben zur Dauer der Veröffentlichung macht die VO 1370/2007 nicht. Angemessen erscheint, die Daten im Falle der Nutzung des Internets zumindest drei Monate lang abrufbar zu halten.

21 **2. Veröffentlichungspflichtige Informationen.** Abs. 3 lit. a bis f nennt Informationen, die von der zuständigen Behörde veröffentlicht werden müssen. Zunächst ist nach lit. a im Gegensatz zu Abs. 2 lit. a und Art. 5 Abs. 6 nicht der Name der zuständigen Behörde, sondern der **Name des Auftraggebers** anzugeben. Dieser Unterschied erklärt sich aus dem Zusammen-

---

[32] EuGH, C-312/04, Slg. 2006, I-9923, RdNr. 54 und 56 – Kommission/Niederlande.

[33] Im Englischen wird der Ausdruck „without prejudice to" benutzt, was laut *Dietl/Lorenz*, Wörterbuch-Englisch/Deutsch, unter dem Begriff „prejudice", mit „unberührt lassen" zu übersetzen ist.

[34] EuGH, C-337/05, NZBau 2008, 518 – Pressetext.

[35] Rat, Gemeinsamer Standpunkt Nr. 2/2007, ABl. 2007, C 70E/1, 16.

hang mit der gleichfalls geforderten **Angabe des Eigentümers** des Auftraggebers, womit die Anteils- bzw. Eigentümerverhältnisse an der juristischen Person des Auftraggebers gemeint sind.[36] Die bestehenden Eigentumsverhältnisse (und damit auch die Rechtsform des Auftraggebers) sind zur Wahrung der erforderlichen Transparenz in Form einer Übersicht anzugeben. Die weitere Anforderung in lit. a, „gegebenenfalls" die **Person(en)** anzugeben, die die **rechtliche Kontrolle** (über den Auftraggeber) ausübt(en), ist nicht zwingend. „Gegebenenfalls" ist auch vor dem Hintergrund der der englischen Sprachfassung („if appropriate") unter Transparenzgesichtspunkten als „falls sinnvoll und nicht unangemessen (aufwendig)" zu verstehen.

Die in lit. b angesprochene **Dauer** des öffentlichen Dienstleistungsauftrags bezieht sich auf **22** den Zeitraum, in dem die Verkehrsdienste erbracht werden. Die durch lit. c geforderte **Beschreibung der zu erbringenden Verkehrsdienste** umfasst in Abgrenzung zu den Qualitätszielen in lit. e nur das Streckennetz inklusive Haltestellen und Taktzeiten sowie gemeinwirtschaftliche Verpflichtungen (zB Höchsttarife), sofern letztere nicht bereits unter lit. e fallen.

Von besonderer Bedeutung ist die gemäß lit. d anzugebende Beschreibung der Parameter für **23** die **Ausgleichsleistung.** Anders als in dem nach Abs. 1 anzufertigenden Gesamtbericht ist auf der Grundlage von lit. d nicht die Höhe der auf einen Betreiber entfallenden Ausgleichsleistung anzugeben. Vielmehr sind die **Parameter für die Berechnung der Ausgleichsleistung** zu nennen.[37] Da die zu gewährende Ausgleichsleistung im Falle von Direktvergaben im **Einklang** mit den Regelungen des **Anhangs** stehen muss, dürften Parameter iSv. lit. d nur im Anhang festgelegte bzw. von der zuständigen Behörde gemäß den dortigen Regeln festzulegende Berechnungsfaktoren sein. Allein die Verwendung des Begriffs „Parameter" (vgl. Art. 4 lit. b) kann wohl keine davon abweichende Behandlung rechtfertigen. Zu den Parametern zählen folglich die Festlegung der **Höhe** des angemessenen **Gewinns,** die **Anreizregelungen** nach Ziffer 7 und die prognostizierte Höhe der **Elemente** der **Nettoeffektformel.** Da die Ausgleichsleistung in der Höhe durch den Betrag des Nettoeffekts begrenzt ist, die zuständige Behörde aber nach unten abweichen kann,[38] müssen zudem etwaige in dieser Hinsicht maßgebliche Kriterien angegeben werden. Durch die Angabe der so verstandenen Parameter wird eine (politische) Kontrolle von Direktvergaben im Eisenbahnbereich im Sinne der Schaffung von **Transparenz ermöglicht.**

Lit. e bestimmt, dass die **festgelegten Qualitätsziele** anzugeben sind. Damit sind jedenfalls **24** die in Art. 4 Abs. 6 im Zusammenhang mit den Verkehrsdienstleistungen stehenden **Qualitätsstandards** in Bezug genommen. Solche können sein: Verfügbarkeit und Zugänglichkeit – die beispielhaft von lit. e genannt werden – sowie Information, Zeit, Kundenbetreuung, Komfort, Sicherheit und Umwelteinflüsse.[39] Worauf sich die ferner beispielhaft in lit. e genannten **Prämien und Sanktionen** beziehen, ist nicht ganz eindeutig. Geht man davon aus, dass auch diese unmittelbar auf die Verkehrsleistung gegenüber dem Fahrgast bezogen sein müssen, so werden unter Prämien Vielfahrerrabatte und unter Sanktionen festgelegte Rückerstattungen bei Zugverspätungen gemeint sein. Wäre der **Begriff Qualitätsziele** hingegen umfassender als Qualitätsstandards zu verstehen, könnten sich die Begriffe (auch) auf das Verhältnis Auftraggeber-Auftragnehmer beziehen. Das bedeutet, Prämien wären dann wohl zusätzliche „Gewinne" des Erbringers iSv. Ziffer 7 des Anhangs, Sanktionen hingegen Abzüge der zu zahlenden Ausgleichsleistung und Vertragsstrafen bzw. im Extremfall (Teil-)Kündigungsrechte des Auftraggebers bzgl. bestimmter Strecken oder des Streckennetzes.

Lit. e verpflichtet zur Veröffentlichung der **Bedingungen** in Bezug auf die **wichtigsten 25 Wirtschaftsgüter.** Im Eisenbahnbereich wird man zu den wichtigsten ökonomischen Gütern wohl nur den **Fuhrpark** und (bei weitem Verständnis) die genutzte **Infrastruktur** zählen können. Aus Transparenzgesichtspunkten scheinen nähere Informationen zu beiden Elementen sachgerecht zu sein, wobei besonders Angaben zu Erneuerungen, Inspektionen und der Leistungsfähigkeit des Fuhrparks bedeutsam für eine politische Beurteilung der Direktvergabe sein werden.

VI. Das Recht Interessierter auf Begründung der Direktvergabe (Abs. 4)

1. Anspruch jeder interessierten Partei nach Antrag. Abs. 4 räumt jeder „interessier- **26** ten Partei"** einen Anspruch gegen die zuständige Behörde auf Offenlegung der Gründe für

---

[36] Im Englischen wird der Begriff „its ownership" benutzt, der übersetzt Eigentum oder Eigentumsrecht bedeutet; dies verdeutlicht, dass es hier auf die gesellschaftsrechtlichen Verhältnisse ankommt.
[37] So gemäß Art. 4 Abs. 1 lit. b (i).
[38] Vgl. Kommentierung zum Anhang.
[39] Siehe Kommentierung zu Art. 4.

ihre Entscheidung, einen Auftrag direkt zu vergeben, ein. Auf der Grundlage des Sinn und Zwecks der Vorschrift steht der Anspruch jedenfalls **potentiellen Mitbewerber** um den Direktauftrag, dh. insbesondere den nicht ausgewählten **Betreibern** zu. Da jedoch nicht der Begriff „Betreiber" bzw. „an der Auftragserteilung interessierte Person",[40] sondern die Formulierung „Partei" gewählt wurde, stellt sich die Frage, wer ferner davon erfasst ist bzw. in welchem **Verhältnis** diese „Partei" **zum Direktauftrag** stehen muss. Allein ein persönliches Interesse dürfte dafür nicht ausreichen, denn es heißt nicht jede „interessierte Person". Auch ist zu beachten, dass trotz des Ziels erhöhter Transparenz gerade keine generelle Veröffentlichungspflicht wie in Abs. 1 oder 3 besteht. Daher können allenfalls solche anderen Personen anspruchsberechtigt sein, die auf Grund ihrer beruflichen Stellung oder staatlichen Funktion ein besonderes – bei potentiellen Betreibern vermutetes – **anerkennenswertes Interesse** an der Begründung der Behörde haben.

Die Offenlegung der Gründe gemäß Abs. 4 erfolgt nur **auf** einen **entsprechenden Antrag** hin. Das bedeutet, aus dem Antrag muss das Ziel der Offenlegung erkennbar sein und zudem hervorgehen, warum der Antragsteller als interessierte Partei anzusehen ist.

27   Abs. 4 verpflichtet die Behörde zur Übermittlung der Gründe ohne Angabe einer Frist. Hier wird in Anlehnung an Abs. 2 UAbs. 3 bzw. Art. 5 Abs. 7 von der Pflicht zu einer raschen Übermittlung auszugehen sein. Schon deshalb kann es der Behörde **nicht erlaubt** sein, die Gründe für eine Direktvergabe erst anlässlich eines Antrags, dh. im Hinblick auf die eigentliche Vergabe **im Nachhinein** zu **dokumentieren.** Vielmehr muss die zuständige Behörde – ähnlich wie im allgemeinen Vergaberecht[41] – **zeitnah** einen **„Vergabevermerk"** mit den entsprechenden Angaben anfertigen. Nur so ist zudem sichergestellt, dass die Gründe, dh. die von der zuständigen Behörde angestellten Erwägungen, nachvollziehbar und korrekt wiedergegeben werden.[42]

28   **2. Inhalt der Begründungspflicht der zuständigen Behörde.** Die zuständige Behörde muss ihre Gründe für die Entscheidung über die Direktvergabe übermitteln. Selbst wenn der Wortlaut auf eine Darstellung in erster Linie der Gründe, dh. der „Zweckmäßigkeitserwägungen" hindeutet, **warum ein Auftrag direkt vergeben wurde,** muss zumindest inzident und wegen der Verbindung zu Art. 5 Abs. 7 erklärt werden, **warum** nach Auffassung der Behörde die **Voraussetzungen** für eine gewählte **Direktvergabe**(art) **vorlagen.**

29   Weiterhin ist klärungsbedürftig, in welcher **Ausführlichkeit bzw. Tiefe** die Angabe der **Gründe** zu erfolgen hat. Hierbei ist zu berücksichtigen, dass deren Darstellung maßgeblich für die Entscheidung der Inanspruchnahme des in Art. 5 Abs. 7 vorgesehenen Rechtsschutzes durch einen unberücksichtigten Betreiber sein dürfte.[43] An dieser **Funktion** der Begründungspflicht muss sich der **Umfang der Begründung** orientieren.[44] Im Hinblick auf die in Art. 253 EG (jetzt: Art. 296 AEUV) verankerte Begründungspflicht hat der EuGH entschieden, dass die Ermöglichung der gerichtlichen Kontrolle eine **klare und eindeutige Angabe der Gründe** erfordert;[45] die Begründung müsse zudem **schlüssig** sein[46] und die **wesentlichen rechtlichen und tatsächlichen Erwägungen** enthalten.[47] Diese Vorgaben gelten uneingeschränkt im Hinblick auf das Vorliegen der Voraussetzungen für die Direktvergabe. Hinsichtlich der eigentlichen Entscheidung der Behörde zwischen den (zulässigen) Vergabearten wird jedoch zu berücksichtigen sein, dass ein nicht überprüfbarer Spielraum besteht.[48] Wegen des Zusammenhangs zwischen der Funktion der Begründung und deren Umfang dürfte hier eine weniger ausführliche Darstellung ausreichen. Die Behörde muss lediglich ihren Erwägungs- bzw. Entscheidungsgang klar und eindeutig darstellen. Da sie wegen des Spielraums europarechtlich nicht gezwungen ist, vergleichende ökonomische Erwägungen zwischen Direktvergabe oder wettbewerblicher Vergabe anzustellen, können diese theoretisch gänzlich fehlen. Allerdings wird das jeweilige Haushaltsrecht und der von der Politik ausgehende Druck bzw. politische Kontrolle rein faktisch dafür sorgen, dass die Behörden angemessen umfangreiche (ökonomische) Erwägungen anstellen, die dann zwingend anzugeben sind. Damit werden wohl automa-

---

[40] Siehe Art. 5 Abs. 7, der von Personen spricht, die Interesse am Auftrag haben.
[41] Siehe Regelung zum Vergabevermerk in Art. 43 RL 2004/18; vgl. auch BeckVOB-Komm/*Schäfer* § 30 RdNr. 1; vgl. § 30 a S. 1 VOB/A.
[42] Vgl. BeckVOB-Komm/*Schäfer* § 30 RdNr. 1.
[43] Vgl. *Nehl* 391.
[44] Vgl. *Classen* 318.
[45] EuGH, C-265/97 P, Slg. 2000, I-2061, RdNr. 93 – VBA/Florimex ua.
[46] EuGH, 24/62, Slg. 1963, 143, 155 – Deutschland/Kommission.
[47] EuGH, 3/67, Slg. 1968, S. 35, 47 – Mandelli; vgl. *Nehl* 403.
[48] Siehe Kommentierung zu Art. 5.

tisch auch die Gründe für die Wahl des „siegreichen" Betreibers dargestellt, was an sich nicht der Pflicht nach Art. 7 Abs. 4 unterliegt.

Art. 8 Übergangsregelung

(1) Öffentliche Dienstleistungsaufträge werden nach Maßgabe dieser Verordnung vergeben. Dienstleistungsaufträge oder öffentliche Dienstleistungsaufträge gemäß der Definition in den Richtlinien 2004/17/EG oder 2004/18/EG für öffentliche Personenverkehrsdienste mit Bussen und Straßenbahnen werden jedoch gemäß den in jenen Richtlinien vorgesehenen Verfahren vergeben, sofern die Aufträge nicht die Form von Dienstleistungskonzessionen im Sinne jener Richtlinien annehmen. Werden Aufträge nach den Richtlinien 2004/17/EG oder 2004/18/EG vergeben, so sind die Absätze 2 bis 4 des vorliegenden Artikels nicht anwendbar.

(2) Unbeschadet des Absatzes 3 muss die Vergabe von Aufträgen für den öffentlichen Verkehr auf Schiene und Straße ab 3. Dezember 2019 im Einklang mit Artikel 5 erfolgen. Während dieses Übergangszeitraums treffen die Mitgliedstaaten Maßnahmen, um Artikel 5 schrittweise anzuwenden und ernste strukturelle Probleme insbesondere hinsichtlich der Transportkapazität zu vermeiden.

Binnen sechs Monaten nach der ersten Hälfte des Übergangszeitraums legen die Mitgliedstaaten der Kommission einen Fortschrittsbericht vor, in dem die Umsetzung der schrittweisen Vergabe von öffentlichen Dienstleistungsaufträgen im Einklang mit Artikel 5 dargelegt wird. Auf der Grundlage der Fortschrittsberichte der Mitgliedstaaten kann die Kommission den Mitgliedstaaten geeignete Maßnahmen vorschlagen.

(3) Von Absatz 2 ausgenommen sind öffentliche Dienstleistungsaufträge, die gemäß dem Gemeinschaftsrecht und nationalem Recht wie folgt vergeben wurden:

a) vor dem 26. Juli 2000 nach einem fairen wettbewerblichen Vergabeverfahren;

b) vor dem 26. Juli 2000 nach einem anderen Verfahren als einem fairen wettbewerblichen Vergabeverfahren;

c) ab dem 26. Juli 2000 und vor dem 3. Dezember 2009 nach einem fairen wettbewerblichen Vergabeverfahren;

d) ab dem 26. Juli 2000 und vor dem 3. Dezember 2009 nach einem anderen Verfahren als einem fairen wettbewerblichen Vergabeverfahren.

Die unter Buchstabe a genannten Aufträge können für ihre vorgesehene Laufzeit gültig bleiben. Die unter den Buchstaben b und c genannten Aufträge können für ihre vorgesehene Laufzeit gültig bleiben, jedoch nicht länger als 30 Jahre. Die unter Buchstabe d genannten Aufträge können für ihre vorgesehene Laufzeit gültig bleiben, sofern ihre Laufzeit begrenzt und mit den Laufzeiten gemäß Artikel 4 vergleichbar ist.

Öffentliche Dienstleistungsaufträge können für ihre vorgesehene Laufzeit gültig bleiben, wenn ihre Beendigung unangemessene rechtliche oder wirtschaftliche Auswirkungen hätte, vorausgesetzt dass die Kommission der Weiterführung zugestimmt hat.

(4) Unbeschadet des Absatzes 3 können die zuständigen Behörden während der zweiten Hälfte des in Absatz 2 genannten Übergangszeitraums diejenigen Betreiber eines öffentlichen Dienstes von der Teilnahme an wettbewerblichen Vergabeverfahren ausschließen, die nicht nachweisen können, dass der Wert der öffentlichen Verkehrsdienste, für die sie gemäß dieser Verordnung eine Ausgleichsleistung erhalten oder ausschließliche Rechte genießen, mindestens 50% des Werts aller von ihnen erbrachten öffentlichen Verkehrsdienste, für die sie eine Ausgleichsleistung erhalten oder ausschließliche Rechte genießen, ausmacht. Betreiber eines öffentlichen Dienstes, die die auszuschreibenden Dienste erbringen, können nicht ausgeschlossen werden. Dieses Kriterium gilt nicht für öffentliche Dienstleistungsaufträge, die als Notmaßnahme gemäß Artikel 5 Absatz 5 vergeben wurden.

Machen die zuständigen Behörden von der in Unterabsatz 1 genannten Möglichkeit Gebrauch, so hat dies ohne Diskriminierung zu erfolgen; in diesem Fall schließen sie alle potenziellen Betreiber eines öffentlichen Dienstes aus, die dieses

Kriterium erfüllen, und unterrichten potenzielle Betreiber zu Beginn des Vergabe-verfahrens für öffentliche Dienstleistungsaufträge von ihrer Entscheidung. Die betroffenen zuständigen Behörden teilen der Kommission ihre Absicht, diese Vorschrift anzuwenden, mindestens zwei Monate vor der Veröffentlichung des wettbewerblichen Vergabeverfahrens mit.

Schrifttum: *Lenz*, (Keine) Angst vor der „Null-Lösung" 2, Der Nahverkehr 2009, 13; *Linke*, Altaufträge im Personenbeförderungsrecht und die Übergangsregelung der neuen Verordnung 1370/2007/EG, NZBau 2010, 207; *Saxinger*, Übergangsregelungen, Legisvakanz und Vorwirkungen der Verordnung (EG) Nr. 137/2007, EuZW 2009, 449.

I. Regelungsgehalt und Bedeutung

1   Art. 8 enthält **Übergangsregelungen** für die Anwendung der Vorschriften des Art. 5. Der in Absatz 2 vorgesehene zehnjährige Übergangszeitraum bis zum 3. 12. 2019 soll die Mitgliedstaaten in die Lage versetzen, durch eine **schrittweise Anwendung von Art. 5** ernsthafte strukturelle Probleme im Bereich des öffentlichen Personenverkehrs zu vermeiden. Das gilt insbesondere in Hinblick auf die Bereitstellung der erforderlichen Transportkapazitäten. Sowohl die Betreiber als auch die zuständigen Behörden sollen sich auf die Regelungen der VO 1370/2007 und die damit verbundenen rechtlichen und tatsächlichen Konsequenzen angemessen vorbereiten und einstellen können.[1] Da die Übergangsregelungen nur Art. 5 betreffen, dieser aber für Dienstleistungsaufträge iSd. **Vergaberichtlinien** im Bereich **Busse und Straßenbahnen** nicht gilt,[2] bestimmt Abs. 1 Satz 3 folgerichtig, dass die Abs. 2–4 des Art. 8 für diese gleichfalls **nicht gelten**.[3] Die Übergangsregelungen des Art. 8 gelten nur für die verfahrensrechtlichen Vorschriften des Art. 5, nicht aber für andere Bestimmungen der VO 1370/2007, so dass diese unmittelbar und sofort anzuwenden sind. Die Vorschriften des Art. 8 gelten ferner nur für solche Verkehrsleistungen, die in den Anwendungsbereich der VO 1370/2007 fallen.

2   Abs. 3 bestimmt, welche **zulässige Höchstlaufzeit öffentliche Dienstleistungsaufträge**, die **vor dem Inkrafttreten** der VO 1370/2007 geschlossen worden sind, maximal haben dürfen. Die Bestimmung unterscheidet zwischen direkt vergebenen Aufträgen und Aufträgen, die in einem wettbewerblichen Vergabeverfahren vergeben worden sind. Verträge, die im Wettbewerb vergeben worden sind, dürfen grds. länger laufen als solche, die direkt vergeben worden sind. Abs. 3 soll damit einerseits Rechts-, Planungs- und Vertragssicherheit gewährleisten und andererseits ermöglichen, in der EU mittelfristig ein einheitliches Vergaberegime für Personenverkehrsleistungen auf der Grundlage von **reguliertem Wettbewerb**[4] zu schaffen. Insbesondere Verträge, die auf Grund ihrer Laufzeit dem Markt übermäßig lang die in ihnen geregelten Personenverkehrsdienste entziehen, werden vor diesem Hintergrund vermieden.[5] Damit wird auch einer möglichen Praxis der Aufgabenträger vorgebeugt, möglichst noch vor Geltung der (gegenüber dem Vorgängerregime strengeren) VO 1370/2007 zur Vermeidung deren Anwendung Verkehrsdienste zu vergeben.

3   Da der schrittweise Übergang zur vollen Anwendung von Art. 5 in den einzelnen Mitgliedstaaten unterschiedlich schnell vollzogen sein wird, können Betreiber in unterschiedlichem Ausmaß von Vergaben profitieren, die nicht dieser Vorschrift entsprechen.[6] Deshalb eröffnet Abs. 4 zuständigen Behörden ab dem **3. 12. 2014** die **Möglichkeit**, solche **Betreiber von wettbewerblichen Vergabeverfahren auszuschließen,** bei denen die Mehrheit der Ausgleichsleistungen aus Vergaben stammt, die nicht im Einklang mit Art. 5 vergeben worden sind. Das betrifft vor allem Verkehrleistungen, die wettbewerbsfrei vergeben wurden.

II. Entstehungsgeschichte

4   Der unterschiedliche Liberalisierungsgrad der Mitgliedstaaten im Personenverkehrsbereich[7] bedingte, dass es zur kontroversen Diskussion darüber kam, in welchem Umfang der **Markt** für diese **durch die VO 1370/2007 geöffnet** werden sollte.[8] Das zeigte sich ua. auch an der Aus-

---

[1] Siehe Erwägungsgrund 31; Rat, Gemeinsamer Standpunkt Nr. 2/2007, ABl. 2007, C 70E/1, 17.
[2] Siehe Art. 5 Abs. 1.
[3] Abs. 1 ist daher auch vom Wortlaut her gleichartig mit Art. 5 Abs. 1.
[4] Vgl. Kommentierung zu Art. 1 – insbes. die Laufzeitbegrenzung ist bedeutsam.
[5] Rat, Gemeinsamer Standpunkt Nr. 2/2007, ABl. 2007, C 70E/1, 17.
[6] Vgl. Erwägungsgrund 32.
[7] Siehe KOM(2005) 319 end., 7/8.
[8] KOM(2005) 319 endg., 10.

gestaltung der zeitlichen Dimension der **Übergangsregelungen** in den Entwürfen der Verordnung; diese ist laufend geändert worden: Aus zunächst drei (plus möglichen drei) Jahren,[9] wurden acht,[10] dann später (auf Grund der Differenzierung zwischen Bus- und Schienenverkehr) acht bzw. zehn,[11] danach (wieder undifferenziert) zwölf[12] und zuletzt zehn Jahre.[13] Die zwischenzeitlich vorgesehene gestaffelte Geltung der VO 1370/2007 anhand des Wertes vergebener Aufträge[14] ist aufgegeben worden. Dafür blieben die Ausschlussmöglichkeit des jetzigen Abs. 4 und die Berichtpflicht gegenüber der Kommission, die Verbesserungen vorschlagen kann (Abs. 2 UAbs. 2). Die Mitgliedstaaten können damit den Übergangszeitraum grds. voll ausschöpfen, wobei Abs. 4 evtl. zu einem gewissen „faktischen Beschleunigungsdruck" führt.

II. Anwendungsvoraussetzung der Übergangsregelungen (Abs. 1)

Abs. 1 Satz 1 und 2 sind identisch mit Art. 5 Abs. 1 S. 1 und 2.[15] Satz 3 bestimmt, dass die **5** **Übergangsregelungen** der Absätze 2–4 **nur Anwendung** finden, **wenn die Verordnung** für den konkreten Auftrag **gilt**. Das bedeutet, muss ein Verkehrsauftrag nach den EU-Vergaberichtlinien vergeben werden, dürfen die Mitgliedstaaten die Übergangsregelungen nicht anwenden. Das bedeutet auch, dass von Art. 5 Abs. 1 nie abgewichen werden darf. Die Formulierung „im Einklang mit Artikel 5" in Abs. 2 ist deshalb ungenau. Klarer wäre gewesen zu formulieren „im Einklang mit Artikel 5 Abs. 2–6". Auf Aufträge, die **vor** dem Inkrafttreten der **Verordnung** vergeben worden sind, findet Absatz 1 **keine Anwendung**. Denn diese Aufträge „werden" nicht „vergeben", sondern „wurden bereits vergeben".[16]

III. Zehnjähriger Übergangszeitraum zur Anwendung von Art. 5 (Abs. 2)

Abs. 2 UAbs. 1 S. 1 bestimmt, dass spätestens **ab dem 3. 12. 2019,** dh. zehn Jahre nach dem **6** Inkrafttreten der Verordnung (siehe Art. 12), in ihren Anwendungsbereich fallende Verkehrsleistungen **im Einklang mit Art. 5** stehen müssen.[17] Das gilt im Grundsatz auch für solche Verkehrsleistungen, die vor dem Inkrafttreten der VO 1370/2007 vergeben worden sind. Aus diesem Grund spricht Abs. 2 von „unbeschadet des Absatzes 3", weil Abs. 3 spezielle Regeln für „Altverträge" enthält. Bis zum 3. 12. 2019 können die Mitgliedstaaten gemäß Satz 2 Maßnahmen zur **schrittweisen Anwendung** von Art. 5 treffen. Das bedeutet, die Mitgliedstaaten können entscheiden, dass Art. 5 noch nicht oder nur in Teilen anzuwenden ist bzw. angewendet werden darf. In Abwesenheit einer nationalen Übergansbestimmung ist davon auszugehen, dass die Behörden nicht an die Vorgaben des Art. 5 gebunden sind, die Vorschrift jedoch gleichfalls – angesichts des Zieles der schrittweisen Anwendung – anwenden dürfen.[18] Sinn der **Übergangsregelung** – die **nur für Art. 5** gilt – ist nach Satz 2, ernste strukturelle Probleme insbesondere hinsichtlich der Transportkapazität zu vermeiden. Entscheidet sich ein Mitgliedstaat dafür, die Übergangsregelung voll auszunutzen, dürften mangels Anwendbarkeit von Art. 5 die auf den Verkehrssektor anwendbaren Grundsätze des EU-Primärrechts gelten.[19]

Abs. 2 UAbs. 2 S. 1 verpflichtet die Mitgliedstaaten, binnen sechs Monaten nach der ersten **7** Hälfte des Übergangszeitraums, dh. **bis spätestens 3. 6. 2015,** einen **Fortschrittsbericht** vorzulegen. Dieser muss die Umsetzung der schrittweisen Anwendung von Art. 5 darlegen. Für den Fall, dass der betreffende Mitgliedstaat sich dafür entschieden hat, Art. 5 uneingeschränkt ab dem 3. 12. 2009 anzuwenden, bedarf es wohl lediglich einer kurzen Mitteilung durch den Mitgliedstaat. Denn dann erübrigt sich die in Satz 2 der Kommission eröffnete Möglichkeit, dem

---

[9] Siehe Art. 17 des ersten Entwurfs in KOM(2000) 7 endg., 34.

[10] Siehe Art. 17 Abs. 4 lit. b des zweiten Entwurfs in KOM(2002) 107 endg., 41.

[11] Siehe Art. 8 Abs. 2 und 3 des dritten Entwurfs in KOM(2005) 319 endg., 29.

[12] Siehe Art. 8 Abs. 2 in Rat, Gemeinsamer Standpunkt (EG) Nr. 2/2007, ABl. 2007, C 70E/1, 9.

[13] Vgl. KOM(2007) 460 endg., 4.

[14] Vgl. Art. 17 Abs. 4 lit. a des zweiten Entwurfs in KOM(2002) 107 endg., 41, und Art. 8 Abs. 2 lit. a und 3 lit. b des dritten Entwurfs in KOM(2005) 319 endg., 29.

[15] Vgl. Kommentierung zu Art. 5.

[16] Siehe unterschiedliche Wortwahl in Absatz 1 einerseits und Absatz 3 Satz 1 andererseits.

[17] Genauer als der deutsche („erfolgen") ist der englische Wortlaut: „. . . shall comply".

[18] Ebenso *Linke* NZBau 2010, 207, 208; ebenso die Grundpositionen der Länder zur Anwendung der Verordnung (EG) Nr. 1370/2007 und zur Genehmigung von Verkehrsdienstleistungen im öffentlichen Personennahverkehr auf der Straße ab dem 3. 12. 2009, 4; aA *Lenz,* Der Nahverkehr 2009, 13, 13–14, der von größeren Freiheiten der Auftraggeber ausgeht.

[19] *Saxinger* EuZW 2009, 449, 449.

(jeweiligen) Mitgliedstaat auf Grundlage des Berichts geeignete Maßnahmen (auf dem Weg zu einer vollständigen Anwendung von Art. 5) vorzuschlagen.

IV. Laufzeiten von Aufträgen nach altem Vergaberegime (Abs. 3)

8   Abs. 3 betrifft „**Altverträge**", das heißt Verkehrsleistungen, die bereits vor Geltung der Verordnung „vergeben wurden". Weil diese bei Beachtung der aufgeführten Bedingungen nicht im Einklang mit den Vergabevorschriften des Art. 5 stehen müssen, heißt es in Satz 1 „von Absatz 2 ausgenommen". Dem Sinn und Zweck der Norm entsprechend **unterscheidet** Abs. 3 in den lit. a bis d Aufträge über Verkehrsleistungen in **zeitlicher Hinsicht,** ob sie vor oder nach dem 26. 7. 2000 bzw. 3. 12. 2009 vergeben wurden, und danach, ob sie in einem **fairen wettbewerblichen Verfahren** vergeben wurden oder nicht. Die Rechtsfolge für die einzelnen Buchstaben des Abs. 3 enthält UAbs. 2. Für Verträge, die nicht von lit. a bis d erfasst sind, weil sie nach dem 3. 12. 2009 vergeben wurden, gelten die üblichen Laufzeiten gemäß Art. 4 sowie evtl. (je nach nationaler Anwendung der Übergangsvorschriften) auch Art. 5 Abs. 6. Ein „**faires wettbewerbliches Vergabeverfahren**" iSd. lit. a bis d ist ein Vergabeverfahren, das den von Art. 5 Abs. 3 S. 2 bestimmten Grundsätzen entspricht.[20] UAbs. 1 nennt als zeitliche Grenze den 26. 7. 2000, dh. den Tag der Annahme des ersten Verordnungsvorschlags durch die Kommission.

9   Für Verkehrsleistungen, die zwischen dem 26. 7. 2000 und dem 3. 12. 2009 und nicht in einem fairen wettbewerblichen Verfahren vergeben worden sind **(lit. d),** bestimmt UAbs. 2 Satz 3, dass die **Laufzeit begrenzt** und **mit Art. 4 vergleichbar** sein muss. Buspersonenverkehre haben daher grds. nur eine maximale Laufzeit von zehn Jahren, Schienenpersonenverkehre fünfzehn Jahre (Art. 4 Abs. 3), wobei unter bestimmten Voraussetzungen Verlängerungen möglich sind (Art. 4 Abs. 4). Da die Vorschrift von „vergleichbar" spricht, sind auch geringfügige Abweichungen zulässig.

10   UAbs. 3 sieht eine **Ausnahme** von den **Laufzeitvorgaben** des UAbs. 2 vor. Danach kann die Laufzeit eines Auftrags beibehalten werden, wenn dessen (vorzeitige) Beendigung **unangemessene rechtliche oder wirtschaftliche Auswirkungen** hätte. Solche liegen vor, wenn absehbare/mögliche Schadensersatz- und Regressforderungen und die zugehörigen Rechtsstreitigkeiten und -ungewissheiten außer Verhältnis stehen zur vorzeitigen Beendigung des Auftrags bzw. den damit verbundenen Vorteilen für den Wettbewerb. Forderungen, die mittelbar mit dem (vorzeitig beendeten) Auftrag zusammenhängen, können von Arbeitnehmern des Betreibers oder von dessen Subunternehmern stammen. Zudem sind Ansprüche der Vertragsparteien untereinander denkbar, weil etwa die Höhe der Ausgleichsleistungen auf den Prognosen für die gesamte Laufzeit des Vertrages beruht. Die Ausnahme in UAbs. 3 steht unter dem **Vorbehalt** der **Zustimmung** durch die **Kommission,** die das Vorliegen der Voraussetzungen kontrollieren kann und wird.

11   Der Ausdruck „gültig bleiben" in Abs. 3 bedenkt, dass die Aufträge angesichts sämtlicher Regelungen in der VO 1370/2007 ihre Gültigkeit behalten.[21] Somit gibt es etwa keine Anwendung der beihilferechtlichen Vorschriften des Anhangs auf Verträge, die vor dem 3. 12. 2009 abgeschlossen wurden. Das zeigt schon der Wortlaut des Art. 6 sowie des Anhangs, wo es jeweils um die Vergabe eines Dienstleistungsauftrags auf Grundlage der VO 1370/2007 geht. Zudem erschließt sich das aus der Gesetzgebungsgeschichte, der zu Folge die Kommission mit ihren ursprünglichen Vorschlägen[22] sogar durchsetzen wollte, bei Inkrafttreten der Verordnung bestehende Verträge vorzeitig außer Kraft zu setzen. Das ist jedoch nicht geschehen. Vielmehr hat der Rat durchgesetzt, ein Gleichgewicht herzustellen, zwischen dem Grundsatz pacta sunt servanda und dem Anliegen, eine zu lange andauernde Schließung der Märkte zu vermeiden.[23]

V. Möglicher Ausschluss von Betreibern mit Aufträgen nach mehrheitlich altem Vergaberegime (Abs. 4)

12   Abs. 4 UAbs. 1 S. 1 eröffnet den zuständigen Behörden zur Vermeidung von Verzerrungen im Wettbewerb ab dem 3. 12. 2014 die Möglichkeit,[24] **bestimmte Betreiber** von wettbe-

---

[20] Zu den näheren Einzelheiten siehe Kommentierung dort.
[21] Ebenso *Linke* NZBau 2010, 207, 209; aA *Saxinger* EuZW 2009, 449, 450.
[22] Vgl. etwa Art. 17 Abs. 1 des ersten Verordnungsentwurfs, KOM(2000) 7 endg., 34.
[23] Siehe Rat, Gemeinsamer Standpunkt Nr. 2/2007, ABl. 2007, C 70E/1, 17.
[24] Vgl. auch KOM(2006) 805 endg., 7.

werblichen Vergaben **auszuschließen ("Gegenseitigkeitsklausel")**.[25] Die Regelung betrifft solche Betreiber, die Aufträge auf Grund der Inanspruchnahme der Übergangsregelungen (dh. entgegen Art. 5) erhalten haben und damit eventuell **Wettbewerbsvorteile besitzen**. Macht der Wert[26] solcher Aufträge mehr als 50% der gesamten öffentlichen Verkehrsaufträge des betreffenden Betreibers aus, für die Ausgleichsleistungen und/oder ausschließliche Rechte gewährt wurden, kann die zuständige Behörde diesen Betreiber ausschließen. Die **Beweislast** dafür, dass der Betreiber höchstens 50% bevorteilende Aufträge erhalten hat bzw. **mindestens 50% der öffentlichen Verkehrsaufträge im Einklang mit Art. 5** an ihn vergeben wurden, liegt bei dem betreffenden Betreiber. Nicht ausgeschlossen werden können gemäß Satz 2 Betreiber in Bezug auf einen Verkehrsauftrag, dessen Dienste sie gerade erbringen. Das gilt nach Satz 3 jedoch dann nicht, wenn der (gerade) erbrachte Dienst eine Notfallmaßnahme gemäß Art. 5 Abs. 5 ist, denn solche Vergaben erfüllen einen anderen Zweck als sonstige.

Abs. 4 UAbs. 2 bestimmt, dass bei der Anwendung der Ausschlussmöglichkeit **Diskriminierungen verboten** sind. Hier gilt das **"Alle-oder-Keiner"**-Prinzip: Entweder entscheidet sich die zuständige Behörde alle Betreiber auszuschließen, die unter die Regelung in UAbs. 1 fallen, oder keinen. Im ersten Fall muss sie **alle potenziellen Betreiber** zu Beginn des Vergabeverfahrens von dieser Entscheidung **informieren**. Dies dient dazu, dass potentielle "Ausschlusskandidaten" von etwaigen Aufwendungen zur Erstellung eines Angebots absehen können und ihnen keine vermeidbaren Kosten entstehen.   **13**

UAbs. 3 enthält eine weitere **Mitteilungspflicht:** Eine zuständige Behörde, die von der Ausschlussmöglichkeit Gebrauch machen möchte, muss diese Absicht der **Kommission mindestens zwei Monate vor der Veröffentlichung des wettbewerblichen Vergabeverfahrens** mitteilen.   **14**

Art. 9 Vereinbarkeit mit dem Vertrag

(1) Eine gemäß dieser Verordnung gewährte Ausgleichsleistung für gemeinwirtschaftliche Verpflichtungen beim Betrieb öffentlicher Personenverkehrsdienste oder für die Einhaltung von in allgemeinen Vorschriften festgelegten tariflichen Verpflichtungen muss mit dem Gemeinsamen Markt vereinbar sein. Diese Ausgleichsleistungen sind von der Pflicht zur vorherigen Unterrichtung nach Artikel 88 Absatz 3 des Vertrags befreit.

(2) Unbeschadet der Artikel 73, 86, 87 und 88 des Vertrags können die Mitgliedstaaten weiterhin andere als die von dieser Verordnung erfassten Beihilfen für den Verkehrssektor nach Artikel 73 des Vertrages gewähren, die den Erfordernissen der Koordinierung des Verkehrs oder der Abgeltung bestimmter, mit dem Begriff des öffentlichen Dienstes zusammenhängender Leistungen entsprechen, und zwar insbesondere

a) bis zum Inkrafttreten gemeinsamer Vorschriften über die Zuordnung der Infrastrukturkosten, wenn die Beihilfe Unternehmen gewährt wird, die Kosten für die von ihnen genutzte Infrastruktur zu tragen haben, während andere Unternehmen derartigen Belastungen nicht unterworfen sind. Bei der Festlegung des entsprechenden Beihilfebetrags werden die Infrastrukturkosten berücksichtigt, die konkurrierende Verkehrsträger nicht zu tragen haben;

b) wenn mit der Beihilfe die Erforschung oder die Entwicklung von für die Gemeinschaft insgesamt wirtschaftlicheren Verkehrssystemen und -technologien gefördert werden soll.

Solche Beihilfen sind auf das Forschungs- und Entwicklungsstadium zu beschränken und dürfen nicht für die kommerzielle Nutzung dieser Verkehrssysteme und -technologien genehmigt werden.

Schrifttum: *Fehling/Niehnus*, Der europäische Fahrplan für einen kontrollierten Ausschreibungswettbewerb im ÖPNV, DÖV 2008, 662.

---

[25] Siehe Rat, Gemeinsamer Standpunkt Nr. 2/2007, ABl. 2007, C 70E/1, 17; KOM(2006) 805 endg., 4 und 7; KOM(2002) 107 endg., 10.

[26] Zum Verständnis des Begriffs Wert siehe Art. 2 lit. k.

I. Regelungsgehalt und Bedeutung

1   Abs. 1 regelt das **Verhältnis zwischen der VO 1370/2007 und dem gemeinschafts-rechtlichen Beihilferecht der Art. 107 und 108 AEUV.** Verordnungskonforme Ausgleichsleistungen für gemeinwirtschaftliche Verpflichtungen sind gemäß Art. 9 Abs. 1 stets mit dem Gemeinsamen Markt vereinbar und bedürfen keiner Notifizierung nach Art. 108 Abs. 3 AEUV. Damit findet auch das Verbot der Durchführung aus Art. 108 Abs. 3 AEUV keine Anwendung. Abs. 2 nimmt bestimmte Regelungen für Beihilfen im Eisenbahn-, Straßenbahn und Binnenschiffsverkehrs der VO 1107/70[1] auf. Das ist für die Zeit nach dem Inkrafttreten der VO 1370/2007 insofern von Bedeutung, weil die VO 1170/70 am 3. 12. 2009 außer Kraft tritt.[2] Dadurch wird auch die Regelung in Art. 3 Hs. 1 VO 1107/70, die den Rückgriff auf Art. 93 AEUV ausschloss, obsolet. Das bedeutet, Art. 93 AEUV kann wieder unmittelbar als Rechts-grundlage zur Rechtfertigung einer Beihilfe herangezogen werden.[3] Art. 9 Abs. 2 stellt das aus-drücklich klar, wiederholt den Wortlaut[4] von Art. 93 AEUV und nennt beispielhaft die wich-tigsten Fälle.

II. Entstehungsgeschichte

2   Der erste Entwurf der VO 1370/2007[5] sah vor, dass Ausgleichsleistungen keiner Notifizie-rungspflicht gemäß Art. 108 Abs. 3 AEUV unterliegen. Diese Regelung ist unverändert in den zweiten Entwurf der VO[6] übernommen worden. Der dritte Entwurf zur VO 1370/2007 be-stimmte zusätzlich, dass verordnungskonforme Ausgleichsleistungen mit dem gemeinsamen Markt vereinbar sind;[7] diese Regelung ist – sprachlich leicht abgeändert – in die endgültige Fassung der VO 1370/2007 übernommen worden.[8]

3   Vorläufervorschrift des erst auf Veranlassung des Rats eingefügten Abs. 2 ist Art. 3 (insbes. Nr. 1 lit. b und c) der VO 1107/70.[9] Da die VO 1107/70 gleichzeitig mit dem Inkrafttreten der VO 1370/2007 außer Kraft tritt, einzelne Bestimmungen dieser Vorschrift sachlich jedoch wei-tergelten sollen, ist Art. 9 Abs. 2 neu in die VO 1370/2007 aufgenommen worden.[10]

III. Keine Anmeldepflicht für verordnungskonforme Ausgleichsleistungen (Abs. 1)

4   Abs. 1 S. 1 bestimmt in der Formulierung ungenau, dass eine verordnungskonforme Aus-gleichsleistung für gemeinwirtschaftliche Verpflichtungen mit dem Gemeinsamen Markt verein-bar sein „muss". Aus dem Vergleich mit der englischen und französischen Sprachfassung[11] der Vorschrift und ihrer Entstehungsgeschichte ergibt sich, dass Abs. 1 S. 1 richtigerweise eigentlich „ist mit dem Gemeinsamen Markt vereinbar" lauten müsste. Konsequent und die hier vertrete-ne Auffassung bestätigend sieht Satz 2 deshalb vor, dass eine Notifizierungspflicht entfällt. Das bedeutet insgesamt, dass die Beihilferegeln des AEUV für verordnungskonforme Ausgleichsleis-tungen nicht relevant sind. Art. 9 Abs. 1 S. 1 ordnet insbesondere keine zusätzliche Prüfung auf Vereinbarkeit einer bestimmten Ausgleichsleistung mit dem Beihilferecht der Art. 87 und 88 EG (jetzt: Art. 107 und 108 AEUV) an.

---

[1] ABl. 1970, L 130/1, zuletzt geändert durch VO 2255/96, ABl. 1996, L 304/3.

[2] Siehe Art. 10 Abs. 2.

[3] Gemeinschaftliche Leitlinien für staatliche Beihilfen an Eisenbahnunternehmen, ABl. 2008, C 184/13, RdNr. 20 und 86; vgl. auch *Fehling/Niehnus* DÖV 2008, 662, 666; vgl. auch Erwägungs-grund 37.

[4] Der Teil „. . . die den Erfordernissen der Koordinierung des Verkehrs oder der Abgeltung bestimmter, mit dem Begriff des öffentlichen Dienstes zusammenhängender Leistungen entsprechen" entstammt Art. 73 EG.

[5] Siehe Art. 11 in KOM(2000) 7 endg., 31.

[6] Siehe Art. 11 in KOM(2002) 107 endg., 36.

[7] KOM(2005) 319 endg., 17 bzw. 30, Art. 9.

[8] Siehe Art. 9 Abs. 1 in Rat, Gemeinsamer Standpunkt (EG) Nr. 2/2007, ABl. 2007, C 70E/1, 9.

[9] VO 1107/70 über Beihilfen im Eisenbahn-, Straßenbahn und Binnenschiffsverkehrs, ABl. 1970, L 130/1, zuletzt geändert durch VO 2255/96, ABl. 1996, L 304/3.

[10] Rat, Gemeinsamer Standpunkt Nr. 2/2007, ABl. 2007, C 70E/1, 18; vgl. auch KOM(2006) 805 endg., 11.

[11] Im Englischen ist von „shall be compatible", im Französichen von „est compatible avec" die Rede.

IV. Weiterhin erlaubte Beihilfen, insbes. gemäß Art. 93 AEUV
(Abs. 2)

Gemäß Abs. 2 dürfen die Mitgliedstaaten auch weiterhin **Beihilfen nach Art. 93 AEUV** **5** gewähren, die nicht von der VO 1370/2007 erfasst sind.[12] Art. 93 AEUV enthält gegenüber Art. 107 Abs. 2, 3 AEUV **zusätzliche Ausnahmen vom Beihilfenverbot** des Art. 107 Abs. 1 AEUV für den Bereich des Verkehrs.[13] Ferner dürften, obwohl Erwägungsgrund 3 den Art. 93 AEUV als Sondervorschrift zu Art. 106 Abs. 2 AEUV charakterisiert, die zu Art. 106 Abs. 2 AEUV entwickelten Grundsätze zur Berechnung der zulässigen Höhe von Beihilfen herangezogen werden können.[14]

Die übrigen im ersten Halbsatz von Abs. 2 genannten Anforderungen wiederholen lediglich **6** Art. 93 AEUV. Dazu und zu weiteren Anforderungen der europäischen Beihilfevorschriften enthalten die **Leitlinien der Kommission** für staatliche Beihilfen an Eisenbahnunternehmen (insbes. in Abschnitt 6) hilfreiche Ausführungen.[15]

Die vom Gesetzgeber als am wichtigsten angesehenen Beihilfen sind in lit. a und b genannt. **7** Diese Bestimmungen entsprechen weitgehend Art. 3 Nr. 1 lit. b und c VO 1107/07. Lit. b und c sind nicht abschließend („und zwar insbesondere"). Das bedeutet, auf Art. 93 AEUV können bei Vorliegen der notwendigen Voraussetzungen auch andere als in lit. a und b beschriebene Beihilfen gestützt werden. Lit. a betrifft Beihilfen, die einem Unternehmen für die **Wegeinfrastrukturkosten** gewährt werden, wenn gleichzeitig andere Unternehmen keine derartigen Kosten haben; zur Bestimmung der Beihilfenhöhe wird maßgeblich die Höhe der Infrastrukturkosten berücksichtigt, die bei den anderen Unternehmen nicht anfallen. Lit. b betrifft **Beihilfen für Forschung und Entwicklung** wirtschaftlicherer Verkehrssysteme und Technologien, die nur für den F&E-Bereich, **nicht** aber für die etwaige **anschließende kommerzielle Nutzung** gewährt werden dürfen.

Art. 10 Aufhebung

(1) Die Verordnung (EWG) Nr. 1191/69 wird aufgehoben. Sie gilt jedoch während eines Zeitraums von drei Jahren nach Inkrafttreten der vorliegenden Verordnung weiterhin für Güterbeförderungsdienste.

(2) Die Verordnung (EWG) Nr. 1107/70 wird aufgehoben.

Schrifttum: *Albrecht/Gabriel,* Die geplante neue EU-Verordnung zum ÖPNV – Herausforderungen und Unklarheiten im straßengebundenen ÖPNV, DÖV 2007, 907; *Kühling/Wachinger,* Das Altmark Trans-Urteil des EuGH – Weichenstellung für oder Bremse gegen mehr Wettbewerb im deutschen ÖPNV NVwZ 2003, 1202.

I. Regelungsgehalt und Bedeutung

Die VO 1370/2007 gilt nach Art. 1 Abs. 2 für den innerstaatlichen und grenzüberschreitenden **1** Personenverkehr mit der Eisenbahn und anderer Arten des Schienenverkehrs sowie auf der Straße. Sie erfasst damit den gesamten Bereich des öffentlichen Personenverkehrs. Gemäß Art. 10 werden die **Verordnungen 1191/69 und 1107/70 mit Inkrafttreten der VO 1370/2007 für Personenverkehrsdienste vollständig aufgehoben.** Zur Gewährleistung eines angemessenen Übergangszeitraums für die von der VO 1370/2007 nicht erfassten Güterbeförderungsdienste gilt die VO 1191/69 im Bereich der **Güterbeförderungsdienste** für einen Zeitraum von drei Jahren weiter. Dieser Übergangszeitraum erlaubt die allmähliche Beendigung nicht genehmigter Ausgleichsleistungen im Bereich Güterverkehr im Einklang mit den Art. 93, 106–108 AEUV.[1] Nach dem Ablauf des dreijährigen Übergangszeitraums gelten für Güterbeförderungsdienste die allgemeinen Grundsätze des AEUV.

---

[12] Vgl. Gemeinschaftliche Leitlinien für staatliche Beihilfen an Eisenbahnunternehmen, ABl. 2008, C 184/13, RdNr. 20.

[13] *Calliess/Ruffert/Jung* Art. 73 EG RdNr. 1.

[14] Siehe Einleitung.

[15] Gemeinschaftliche Leitlinien für staatliche Beihilfen an Eisenbahnunternehmen, ABl. 2008, C 184/13.

[1] Siehe Erwägungsgrund 36.

II. Regelungsinhalt und Aufhebung der VO 1191/69 (Abs. 1)

2   Die VO Nr. 1191/69 regelte, welche Verpflichtungen den Betreibern auferlegt und wie diese Belastungen durch den Staat finanziell ausgeglichen werden konnten. Ziel der VO 1191/69[2] war die Aufhebung der im Bereich Eisenbahn-, Straßen- und Binnenschiffsverkehr bestehenden Verpflichtungen des öffentlichen Dienstes. Sofern die Auferlegung öffentlicher Verpflichtungen jedoch für die Aufrechterhaltung einer ausreichenden Verkehrsbedienung unverzichtbar war, konnten sie beibehalten werden. Den von der Auferlegung betroffenen Verkehrsunternehmern war in diesem Falle ein angemessener Ausgleich zu zahlen.[3] **Verpflichtungen des öffentlichen Dienstes** iSd. Art. 2 der VO Nr. 1191/69 sind solche Verpflichtungen, die ein Verkehrsunternehmen nicht oder zumindest nicht in dem Umfang und nicht zu den selben Bedingungen übernehmen würde, wenn es nur auf der Grundlage seiner wirtschaftlichen Interessen entscheiden würde.[4] Verpflichtungen des öffentlichen Dienstes sind die Betriebspflicht, die Beförderungspflicht und die Tarifpflicht. Nach Art. 17 Abs. 2 der VO 1191/69 waren Leistungen, die zum Ausgleich dieser Verpflichtungen gewährt werden, von dem beihilferechtlichen Notifizierungsverfahren befreit. Zur Ermittlung der angemessenen Höhe einer Ausgleichsleistung schrieb die VO ein Berechnungsverfahren vor, um zu gewährleisten, dass der Ausgleichsbetrag angemessen war. Die VO 1191/69 regelte hingegen nicht, wie Verträge über Verkehrsdienste zu vergeben waren, und insbesondere nicht, ob diese auszuschreiben waren.[5] Die Regelungen der VO 1370/2007, die erstmals für Personenverkehrsdienste ein spezielles Vergaberegime schaffen, gehen insofern weit über die Regelungen der Vorgängerverordnung hinaus.

3   Ausgleichsleistungen im Bereich der Personenverkehrsdienste, die nicht von der VO 1370/2007 erfasst sind, unterliegen den allgemeinen Grundsätzen des AEUV. Solche Ausgleichsleistungen, bei denen es sich um staatliche Beihilfen handeln könnte, müssen deshalb den Art. 93, 106–108 AEUV sowie der Rechtsprechung des EuGH, insbesondere der Entscheidung des Gerichtshofs in der Rechtssache C-280/00 Altmark Trans genügen.[6] Ausgleichsleistungen sind nach dem EuGH nur dann keine staatliche Beihilfe, wenn vier bestimmte **Kriterien** erfüllt sind: Erstens muss das begünstigte Unternehmen tatsächlich mit der Erfüllung gemeinwirtschaftlicher Verpflichtungen betraut sein und diese Verpflichtungen müssen klar definiert sein. Zweitens sind die Parameter, anhand derer der Ausgleich berechnet wird, zuvor objektiv und transparent aufzustellen. Drittens darf der Ausgleich nicht über das hinausgehen, was erforderlich ist, um die Kosten der Erfüllung der gemeinwirtschaftlichen Verpflichtungen unter Berücksichtigung der dabei erzielten Einnahmen und eines angemessenen Gewinns aus der Erfüllung dieser Verpflichtungen ganz oder teilweise zu decken. Viertens ist die Höhe der Ausgleichsleistung, wenn keine Ausschreibung erfolgt ist, auf der Grundlage eines Vergleichs mit einem durchschnittlichen, gut geführten, angemessen ausgestatteten Unternehmen zu bestimmen. Sind diese vier Kriterien erfüllt, handelt es sich bei bestimmten Ausgleichszahlungen für die Übernahme von Gemeinwohlverpflichtungen nicht um verbotene Beihilfen iSd. Art. 93 AEUV.[7]

4   Bei der Beantwortung der Frage, ob bestimmte Ausgleichsleistungen für Personenverkehrsdienste Beihilfen sind, sollen zudem ähnliche Grundsätze Anwendung finden, wie sie in der VO 1370/2007 oder in anderen Rechtsvorschriften, die den Bereich der Dienstleistungen von allgemeinem Interesse regeln, enthalten sind.[8] Die Altmark Trans Rechtsprechung des EuGH ist damit im Lichte der VO 1370/2007 auszulegen. Dafür spricht, dass die Verordnung in Anlehnung an die Altmark Trans Rechtsprechung entstanden ist und durch diese eine Reihe von Veränderungen erfahren hat. Bis auf das vierte Kriterium des EuGH, dessen Umsetzung angesichts der Eigenheiten der Branche kaum möglich ist, erfüllt die VO 1370/2007 die Kriterien der Altmark Trans Rechtsprechung und konkretisiert diese somit.

5   Die Beurteilung von Ausgleichsleistungen im Bereich der Personenverkehrsdienste unter Anwendung der Altmark Trans Rechtsprechung sollte daher nicht im Widerspruch zu den in der Personenverkehrsdienstleistungsverordnung konkretisierten Grundsätzen stehen. Auf diese

---

[2] VO 1191/69 über das Vorgehen der Mitgliedstaaten bei dem mit dem Begriff des öffentlichen Dienstes verbundenen Verpflichtungen auf dem Gebiet des Eisenbahn-, Straßen- und Binnenschiffsverkehrs, ABl. 1970, L 130/1.

[3] *Albrecht/Gabriel* DÖV 2007, 907, 909.

[4] BT-Drucks. 14/5785, S. 12.

[5] KOM(2005) 319 endg., 7.

[6] Erwägungsgrund 36.

[7] *Kühling/Wachinger* NVwZ 2003, 1202, 1203.

[8] Erwägungsgrund 36.

Weise wird eine einheitliche Auslegung der Altmark Trans-Kriterien gewährleistet. Der **Güter- und der Binnenschiffsverkehr** sind allerdings nicht zwingend vom Anwendungsbereich der Verordnung 1370/2007 erfasst. Für die öffentlichen Personenverkehrsdienste auf Schifffahrtswegen und auf dem Meer innerhalb der Hoheitsgewässer gelten deshalb grundsätzlich die allgemeinen Grundsätze des AEUV. Für öffentliche Personenverkehrsdienste auf Binnenschifffahrtswegen steht es den Mitgliedstaaten frei, diese gemäß Art. 2 Abs. 1 in den Anwendungsbereich der VO 1370/2007 einzubeziehen. Das gilt jedoch nicht für den Bereich der Güterverkehrsdienste. Ein diesbezüglicher Vorschlag des Parlaments setzte sich nicht durch.[9] Das dürfte daran gelegen haben, dass im Bereich des Güterverkehrs eine Wettbewerbssituation herrscht, die sich von der im Personenverkehr erheblich unterscheidet. Durch die RL 91/440[10] ist der Markt für innerstaatliche Güterverkehrsdienste bereits dem Wettbewerb geöffnet. Um dem unterschiedlichen Liberalisierungsgrad dieser beiden Verkehrsbereiche gerecht zu werden, ist der Anwendungsbereich der VO 1370/2007 auf den Personenverkehr begrenzt. Nach Ablauf der dreijährigen Übergangszeit gelten im Bereich des Güterverkehrs die allgemeinen primärrechtlichen Grundsätze.

Die aus dem Jahre 1969 stammende Verordnung 1191/69 ist überholt. Seit 1969 hat sich das **6** wirtschaftliche Umfeld des öffentlichen Personenverkehrs grundlegend geändert. Die VO 1191/69 wurde diesen Veränderungen nicht mehr gerecht und war deshalb in wirtschaftlicher und rechtlicher Hinsicht zunehmend problematisch geworden.[11] Sie ist deshalb zu Recht aufgehoben und durch die Nachfolgeverordnung 1370/2007 ersetzt worden.

II. Regelungsinhalt und Aufhebung der VO 1107/70 (Abs. 2)

Die VO 1107/70[12] regelte die Gewährung von Beihilfen, die speziell für die Verkehrstätig- **7** keit gewährt wurden.[13] Nach Art. 3 der VO 1107/70 konnten Beihilfen zur Koordinierung des Landverkehrs und Abgeltungsbeihilfen für die mit dem Begriff des öffentlichen Dienstes verbundenen auferlegten Belastungen gewährt werden. Die Regelungen der Verordnung 1107/70 waren abschließend. Der EuGH hat in der Rechtssache *Altmark Trans*[14] entschieden, dass staatliche Beihilfen, die nicht aufgrund der VO 1107/70, der VO 1191/69 oder der VO 1192/69 genehmigt werden können, nicht auf Grundlage von Art. 93 AEUV für vereinbar mit dem gemeinsamen Markt erklärt werden können.[15] Die VO 1107/70 legte vielmehr unbeschadet der VO 1191/69 und der VO 1192/69 abschließend fest, unter welchen Voraussetzungen die Behörden der Mitgliedstaaten Beihilfen iSd. Art. 93 AEUV gewähren konnten. Probleme ergaben sich jedoch daraus, dass die VO 1107/70, obwohl sie abschließend war, den derzeitigen Entwicklungen im Verkehrsbereich nicht mehr gerecht wurde. So bot sie beispielsweise keine angemessene Rechtsgrundlage für die Zulassung von Investitionsregeln im Rahmen von öffentlich-privaten Partnerschaften und stand gleichzeitig einem Rückgriff auf Art. 93 AEUV entgegen.[16] Die VO 1107/70 ist aufgehoben worden, damit Art. 93 AEUV unbeschadet der VO 1370/2007 und der VO 1192/69 einzelfallbezogen und entsprechend dem ständigen Wandel im Bereich des Verkehrssektors angewendet werden kann.[17] Die Kommission wendete in den letzten Jahren die in der VO 1107/70 vorgesehenen Ausnahmeregelungen nicht mehr an, sondern griff auf die allgemeinen Regelungen zur Umsetzung von Art. 107 Abs. 2 und 3 AEUV zurück.[18] Grund dafür waren die fortschreitenden Entwicklungen im Landverkehr.

Die Kommission hat zur Erleichterung der Anwendung der einschlägigen gemeinschafts- **8** rechtlichen Rechtsvorschriften **gemeinschaftsrechtliche Leitlinien für staatliche Beihilfen an Eisenbahnunternehmen** erlassen.[19] Diese sollen im Einzelfall helfen, feststellen zu können,

---

[9] Entwurf einer Empfehlung für die zweite Lesung, 2000/0212 vorläufig, 6.

[10] RL 91/440 zur Entwicklung der Eisenbahnunternehmen der Gemeinschaft, ABl. 1991, L 237/25, zuletzt geändert durch RL 2004/51, ABl. 2004, L 164/164.

[11] KOM(2006) 805 endg., 2.

[12] VO 1107/70 über Beihilfen im Eisenbahn-, Straßen- und Binnenschiffsverkehr, ABl. 1969, L 156/1.

[13] Vgl. Art. 1 VO 1107/70.

[14] EuGH, C-280/00, Slg. 2003, I-7747 – Altmark Trans.

[15] EuGH, C-280/00, Slg. 2003, I-7747, RdNr. 107 – Altmark Trans; Gemeinschaftliche Leitlinien für staatliche Beihilfen an Eisenbahnunternehmen, ABl. 2008, C 184/13, 16.

[16] Vgl. Erwägungsgrund 37.

[17] Vgl. Erwägungsgrund 37.

[18] KOM(2005) 319 endgültig v. 20. 7. 2005, 17.

[19] ABl. 2008, C 184/13.

ob eine bestimmte staatliche Beihilfen für Eisenbahnunternehmen iSd. RL 91/440 mit dem AEUV vereinbar sind. Nach dem Inkrafttreten der VO 1370/2007 kann Art. 93 AEUV unmittelbar als Rechtsgrundlage herangezogen werden, um die Zulässigkeit von Beihilfen zu prüfen, die nicht unter die VO über gemeinwirtschaftliche Verpflichtungen fallen. Das gilt ua. für Beihilfen zur Koordinierung des Güterverkehrs. Ziel der Leitlinien ist die Festlegung von Kriterien und Intensitätsschwellen.[20]

Art. 11 Berichte

Die Kommission legt nach Ende des in Artikel 8 Absatz 2 vorgesehenen Übergangszeitraums einen Bericht über die Durchführung dieser Verordnung und über die Entwicklung der Erbringung öffentlicher Personenverkehrsdienste in der Gemeinschaft vor, in dem insbesondere die Entwicklung der Qualität der öffentlichen Personenverkehrsdienste und die Auswirkungen der Direktvergabe bewertet werden und dem erforderlichenfalls geeignete Vorschläge zur Änderung dieser Verordnung beigefügt sind.

1   Art. 11 gibt der Kommission auf, nach dem Ende des in Art. 8 Abs. 2 vorgesehenen Übergangszeitraums und somit nach Ablauf von zehn Jahren einen Bericht über die Durchführung der Verordnung und die Entwicklung der Erbringung öffentlicher Personenverkehrsdienste in der Gemeinschaft vorzulegen. Sinn und Zweck dieser Regelung ist, dass die **Kommission** ihrer Funktion als **„Hüterin der Verträge"** gerecht wird und in dieser Funktion auch die Entwicklung der Verkehrsdienste in der Gemeinschaft überwacht. Der Bericht muss insbesondere genauere Angaben darüber enthalten, wie sich die **Qualität der Verkehrsdienste** entwickelt und welche **Auswirkungen die Direktvergabe auf die Entwicklung der Personenverkehrsdienste** hat.

2   Sofern die Kommission es für erforderlich hält, unterbreitet sie darüber hinaus geeignete Vorschläge zur Änderung der Verordnung. Diese sind dem Bericht beizufügen. Dadurch soll gewährleistet werden, dass die Verordnung möglichst effektiv den gemeinschaftlichen Erfordernissen angepasst werden kann.

3   Art. 11 basiert auf Art. 241 AEUV, wonach der Rat die Kommission zur Vornahme von Untersuchungen und zur Unterbreitung von Vorschlägen auffordern kann und stellt insofern eine Ergänzung zum Initiativrecht der Kommission dar.[1] Durch die Normierung der Berichterstattung in Art. 11 wird die Kommission **verbindlich verpflichtet** einen Bericht über die Entwicklung der Verkehrdienste vorzulegen.

Art. 12 Inkrafttreten

Diese Verordnung tritt am 3. Dezember 2009 in Kraft.

1   Die VO 1370/2007 tritt am 3. 12. 2009 in Kraft. Art. 12 stellt damit klar, dass die Verordnung gemäß Art. 297 Abs. 1 UAbs. 2 AEUV an dem durch sie selbst bestimmten Zeitpunkt und nicht am zwanzigsten Tag nach ihrer Veröffentlichung in Kraft tritt. Art. 297 Abs. 1 UAbs. 2 AEUV bestimmt, dass Verordnungen im Amtsblatt der Europäischen Union zu veröffentlichen sind und an dem durch sie selbst festgelegten Zeitpunkt oder andernfalls am zwanzigsten Tag nach ihrer Veröffentlichung in Kraft treten.

2   Einer Umsetzung der Verordnung in innerstaatliches Recht bedarf es nicht. Auf Grund der unmittelbaren Geltung von Verordnungen (Art. 288 Abs. 2 AEUV) kann sich der Einzelne direkt auf die Bestimmungen der Verordnung berufen.[1*] Die VO 1370/2007 ist jedoch eine sogenannte „hinkende" Verordnung. Das bedeutet, die Verordnung ist in bestimmten Teilen unvollständig und muss durch Durchführungsmaßnahmen der Mitgliedstaaten vervollständigt werden.[2] Unmittelbar in den Mitgliedstaaten gelten daher nur die Teile der Verordnung, die nicht erst durch die Mitgliedstaaten konkretisiert werden müssen. So muss beispielsweise der

---

[20] ABl. 2008 Nr. C 184/13 RdNr. 20.
[1] *Schwarze/Hix* Art. 208 EG, Rn. 1.
[1*] *Schwarze/Biervert* Art. 249 EG RdNr. 20.
[2] Vgl. *Calliess/Ruffert/Ruffert* Art. 249 EG RdNr. 43.

nach Art. 5 Abs. 7 zu gewährende effektive Rechtsschutz durch die Mitgliedstaaten ausgestaltet werden, um unmittelbare Geltung zu erlangen.

Anhang. Regeln für die Gewährung einer Ausgleichsleistung in den in Art. 6 Abs. 1 genannten Fällen

1. Ausgleichsleistungen im Zusammenhang mit direkt vergebenen öffentlichen Dienstleistungsaufträgen gemäß Artikel 5 Absatz 2, 4, 5 oder 6 oder Ausgleichsleistungen im Zusammenhang mit einer allgemeinen Vorschrift sind nach den Regeln dieses Anhangs zu berechnen.

2. Die Ausgleichsleistung darf den Betrag nicht überschreiten, der dem finanziellen Nettoeffekt der Summe aller (positiven oder negativen) Auswirkungen der Erfüllung gemeinwirtschaftlicher Verpflichtungen auf die Kosten und Einnahmen des Betreibers eines öffentlichen Dienstes entspricht. Die Auswirkungen werden beurteilt anhand des Vergleichs der Situation bei Erfüllung der gemeinwirtschaftlichen Verpflichtung mit der Situation, die vorläge, wenn die gemeinwirtschaftliche Verpflichtung nicht erfüllt worden wäre. Für die Berechnung des finanziellen Nettoeffekts geht die zuständige Behörde nach dem folgenden Modell vor:
Kosten, die in Verbindung mit einer gemeinwirtschaftlichen Verpflichtung oder einem Paket gemeinwirtschaftlicher Verpflichtungen entstehen, die von einer oder mehreren zuständigen Behörden auferlegt wurden und die in einem öffentlichen Dienstleistungsauftrag und/oder in einer allgemeinen Vorschrift enthalten sind, abzüglich aller positiven finanziellen Auswirkungen, die innerhalb des Netzes entstehen, das im Rahmen der betreffenden gemeinwirtschaftlichen Verpflichtung(en) betrieben wird,
abzüglich Einnahmen aus Tarifentgelten oder aller anderen Einnahmen, die in Erfüllung der betreffenden gemeinwirtschaftlichen Verpflichtung(en) erzielt werden,
zuzüglich eines angemessenen Gewinns, ergeben den finanziellen Nettoeffekt.

3. Die Erfüllung der gemeinwirtschaftlichen Verpflichtung kann Auswirkungen auf mögliche Beförderungstätigkeiten eines Betreibers haben, die über die betreffende(n) gemeinwirtschaftliche(n) Verpflichtung(en) hinausgehen. Zur Vermeidung von übermäßigen oder unzureichenden Ausgleichsleistungen werden daher bei der Berechnung des finanziellen Nettoeffekts alle quantifizierbaren finanziellen Auswirkungen auf die betroffenen Netze des Betreibers berücksichtigt.

4. Die Berechnung der Kosten und Einnahmen erfolgt anhand der geltenden Rechnungslegungs- und Steuervorschriften.

5. Führt ein Betreiber eines öffentlichen Dienstes neben den Diensten, die Gegenstand einer Ausgleichsleistung sind und gemeinwirtschaftlichen Verpflichtungen unterliegen, auch andere Tätigkeiten aus, so muss die Rechnungslegung für diese öffentlichen Dienste zur Erhöhung der Transparenz und zur Vermeidung von Quersubventionen getrennt erfolgen, wobei zumindest die folgenden Voraussetzungen erfüllt sein müssen:
   – Die Konten für jede dieser betrieblichen Tätigkeiten werden getrennt geführt, und der Anteil der zugehörigen Aktiva sowie die Fixkosten werden gemäß den geltenden Rechnungslegungs- und Steuervorschriften umgelegt.
   – Alle variablen Kosten, ein angemessener Beitrag zu den Fixkosten und ein angemessener Gewinn im Zusammenhang mit allen anderen Tätigkeiten des Betreibers eines öffentlichen Dienstes dürfen auf keinen Fall der betreffenden öffentlichen Dienstleistung zugerechnet werden.
   – Die Kosten für die öffentliche Dienstleistung werden durch die Betriebseinnahmen und die Zahlungen staatlicher Behörden ausgeglichen, ohne dass eine Übertragung der Einnahmen in einen anderen Tätigkeitsbereich des Betreibers eines öffentlichen Dienstes möglich ist.

6. Unter angemessenem Gewinn ist eine in dem betreffenden Sektor in einem bestimmten Mitgliedstaat übliche angemessene Kapitalrendite zu verstehen, wobei das aufgrund des Eingreifens der Behörde vom Betreiber eines öffentlichen Dienstes eingegangene Risiko oder für ihn entfallende Risiko zu berücksichtigen ist.

7. Das Verfahren zur Gewährung der Ausgleichsleistung muss einen Anreiz geben zur Aufrechterhaltung oder Entwicklung
– einer wirtschaftlichen Geschäftsführung des Betreibers eines öffentlichen Dienstes, die objektiv nachprüfbar ist, und
– der Erbringung von Personenverkehrsdiensten ausreichend hoher Qualität.

Schrifttum: *Albrecht/Gabriel,* Die geplante neue EU-Verordnung zum ÖPNV – Herausforderungen und Unklarheiten im straßengebundenen ÖPNV, DÖV 2007, 907; *Fehling/Niehnus,* Der europäische Fahrplan für einen kontrollierten Ausschreibungswettbewerb im ÖPNV, DÖV 2008, 662; *Hey,* in: Tipke/Lang, Steuerrecht, 19. Aufl. 2008; *Meyer,* Bilanzierung nach Handels- und Steuerrecht: unter Einschluss der Konzernrechnungslegung und der internationalen Rechnungslegung – Darstellung, Kontrollfragen, Aufgaben, Lösungen, 19. Aufl. 2008.

I. Regelungsgehalt und Normzweck

1   Der Anhang der VO 1370/2007 legt Anforderungen an die **Berechnung der Ausgleichsleistung** und an die **Rechnungslegung** fest, die bei der Direktvergabe eines Auftrags und im Zusammenhang mit allgemeinen Vorschriften iSd. Art. 3 Abs. 2 einzuhalten sind. Die im Anhang genannten Anforderungen sollen bei diesen Arten der Auferlegung gemeinwirtschaftlicher Verpflichtungen vor allem die **Angemessenheit der Ausgleichsleistung** sicherstellen. Im Gegensatz dazu gewährleistet beim wettbewerblichen Vergabeverfahren der Wettbewerb, dass die Ausgleichsleistungen angemessen sind.[1] Systematisch betrachtet konkretisiert und ergänzt der Anhang die allgemeine Kostenregelung in Art. 4 Abs. 1 lit. b S. 2.

2   Ausgleichsleistungen, die die im Anhang aufgestellten Anforderungen erfüllen, sind gemäß Art. 9 Abs. 1 von der vorherigen Notifizierung nach Art. 108 Abs. 3 AEUV befreit. Der Gesetzgeber geht davon aus, dass eine verordnungsgemäße Ausgleichsleistung mit den beihilferechtlichen Bestimmungen des AEUV in Einklang steht. Wird die Ausgleichsleistung hingegen unter Verstoß gegen die von der VO 1370/2007 aufgestellten Anforderungen gewährt, so kann es sich um eine notifizierungspflichtige Beihilfe handeln. Die **Rückabwicklung** einer solchen Ausgleichsleistung ist jedoch nur dann erforderlich, wenn die Kommission ihre Unvereinbarkeit mit dem Gemeinsamen Markt ausdrücklich feststellt.[2] Die Überprüfung von Ausgleichsleistungen anhand des vierten Altmark Kriteriums ist angesichts der in der Verkehrsbranche gegebenen Besonderheiten „kaum möglich".[3]

3   Den zuständigen Behörden steht bei der Anwendung des Anhangs ein **Beurteilungsspielraum** zu. Das gilt vor allem für die Frage der Höhe einer angemessenen Kapitalrendite gemäß Ziffer 6. Diese hat der Gesetzgeber nicht festgelegt, vielmehr deren Bestimmung den zuständigen Behörden überlassen. Dabei kann es naturgemäß zur Festlegung unterschiedlich hoher Kapitalrenditen kommen. Ähnliches hat das EuG zur Altmark-Formel festgestellt, wonach Wirtschaftsteilnehmern hinsichtlich des Inhalts und der Höhe des Preises für die Dienstleistungen, die zu erbringen sind, ein gewisser Spielraum belassen werden darf.[4]

II. Entstehungsgeschichte

4   Die Vorgängerverordnung der VO 1370/2007, die VO 1191/69,[5] überließ gemäß Art. 14 Abs. 2 lit. b die Festlegung etwaiger Ausgleichsleistungen im Falle eines Vertrages über Verkehrsdienste – im Gegensatz zu hoheitlich auferlegten öffentlichen Verpflichtungen – den Parteien. Nichtsdestotrotz hat die Kommission seit einiger Zeit begonnen, Verträge iSd. Art. 14 VO 1191/69 und Ausgleichsleistungen in Bereichen, die von der Anwendung der VO 1191/69 ausgenommen sind, anhand der Beihilfevorschriften des AEUV zu prüfen.[6]

5   Der Anhang der VO 1370/2007 hat seinen derzeitigen Inhalt größtenteils seit dem **dritten Verordnungsentwurf** der Kommission.[7] Während beim jetzigen Satz 2 der **Ziffer 2** der im

---

[1] *Fehling/Niehnus* DÖV 2008, 662, 665; vgl. auch *Albrecht/Gabriel* DÖV 2007, 907, 910.

[2] EuGH, C-39/94, Slg. 1996, I-3547, RdNr. 43 – SFEI; BGH NJW-RR 2008, 429, 431; *Immenga/Mestmäcker/Ehricke,* GWB, Art. 88 EG RdNr. 37.

[3] KOM(2005) 319 endg., 12.

[4] EuG, T-289/03, Slg. 2005, II-81, RdNr. 189 – BUPA ua./Kommission.

[5] VO 1191/69 über das Vorgehen der Mitgliedstaaten bei mit dem Begriff des öffentlichen Dienstes verbundenen Verpflichtungen auf dem Gebiet des Eisenbahn-, Straßen- und Binnenschiffsverkehrs, ABl. 1969, L 156/1, in der Fassung nach der Änderungsverordnung 1893/91, ABl. 1991, L 169/1.

[6] Vgl. KOM(2005) 319 endg., 12; siehe Entscheidungen der Kommission zur Verfahrenseinleitung nach Art. 88 Abs. 2 EG: ABl. 2008, C 174/13; ABl. 2008, C 35/13; ABl. 2007, C 162/19.

[7] KOM(2005) 319 endg.

ersten und dritten Entwurf[8] befindliche Teilsatz „und die der Verpflichtung unterliegenden Dienste zu Marktbedingungen erbracht worden wären" („vollständige Eigenerbringung") entfallen ist, ist die Kostenformel in Satz 3 der Ziffer 2 durch den Rat[9] neu aufgenommen worden. Der Rat wollte dadurch die Methode zur Berechnung der Ausgleichsleistung iS einer leichteren praktischen Anwendung verbessern.[10]

III. Die einzelnen Regelungen des Anhangs

1. Geltung des Anhangs für Direktvergaben und allgemeine Vorschriften (Ziffer 1). Inhaltsgleich mit Art. 6 Abs. 1 S. 2 schreibt Ziffer 1 vor, dass Ausgleichsleistungen im Zusammenhang mit einer Direktvergabe von öffentlichen Dienstleistungsverträgen oder mit einer allgemeinen Vorschrift nach den Regeln des Anhangs zu berechnen sind. Lediglich Ausgleichsleistungen, die für Aufträge gewährt worden sind, die nach der VO 1370/2007 vergeben worden sind, fallen in den Anwendungsbereich dieses Anhangs (vgl. Art. 8 RdNr. 11). Für **allgemeine Vorschriften**[11] besteht allerdings die **Besonderheit,** dass diese unter den Voraussetzungen des Art. 3 Abs. 3 durch die Mitgliedstaaten vom Anwendungsbereich der Verordnung ausgenommen werden können. In diesem Fall muss – mangels Anwendbarkeit von Art. 9 Abs. 1 – die Notifizierungspflicht des Art. 108 Abs. 3 AEUV beachtet werden, sofern eine Beihilfe vorliegt, Art. 3 Abs. 3 S. 2.[12]

2. Rechenmodell zur Bestimmung der maximalen Ausgleichsleistung (Ziffer 2). 7 Nach Satz 1 der Ziffer 2 darf die Ausgleichsleistung den **finanziellen Nettoeffekt** nicht übersteigen. Dieser errechnet sich aus der Summe der positiven und negativen Auswirkungen der Erfüllung der gemeinwirtschaftlichen Verpflichtung auf die **Kosten und Einnahmen** des Betreibers. Das ist in Satz 3 näher geregelt. Aus der Konkretisierung der Auswirkungen in **„positive und negative"** folgt, dass der Gesetzgeber eine Betrachtung vorschreibt, in der zunächst alle **Auswirkungen** der gemeinwirtschaftlichen Verpflichtung (unsaldiert) auf Kosten und Einnahmen iS einer Gegenüberstellung aufzulisten sind; die Summe daraus ergibt dann den (erwartungsgemäß negativen)[13] finanziellen Nettoeffekt.

Gemäß Satz 2 werden die **Auswirkungen** auf der Grundlage eines **Vergleichs** der Situation 8 bei Erfüllung der gemeinwirtschaftlichen Verpflichtung und der ohne ihre Erfüllung ermittelt. Separat betrachtet würde das – im Einklang mit den früheren Fassungen des Anhangs – bedeuten, die hypothetische Kosten-/Einnahmesituation bei der Erbringung der Verkehrsdienste zu Marktbedingungen („echte Eigenerbringung") als Vergleichsbasis heranzuziehen. Die Beurteilung auf der Basis der Marktbedingungen könnte aber dazu führen, dass einige Streckenabschnitte gar nicht oder mit geringerer Taktung betrieben werden würden, Tarife höher lägen oder bspw. der Service bzw. die Qualität geringer wären. Die Beurteilung der Kosten-/Einnahmesituation würde daher rein spekulativ ausfallen, zumal es in der Realität kaum eigenwirtschaftliche Verkehrsdienste gibt, die mit wirtschaftlichem Erfolg erbracht werden. Der Vergleich aus Satz 2 hat gegenüber der Überprüfung auf der Grundlage des vierten Altmark Kriteriums[14] damit keine Vorteile. Diese Probleme erkannte auch der Rat, der Ziffer 2 ua. durch Aufnahme von Satz 3 neu fasste, um eine praktikable Berechnungsmethode zu schaffen. **Satz 2 kommt deshalb keine eigenständige Bedeutung** gegenüber Satz 3 zu, wonach ua. lediglich die Kosten, die durch die Auferlegung der gemeinwirtschaftlichen Verpflichtung entstehen, in die Berechnung aufzunehmen sind; ein Vergleich erübrigt sich.

Aus Satz 3 Teilsatz 1, ergibt sich, dass die jeweils **zuständige Behörde** zunächst den Netto- 9 effekt berechnen muss bzw. dafür verantwortlich ist. Dabei wird sie für den Fall, dass es ihr an dem notwendigen Fachwissen fehlt, beispielsweise auf Wirtschaftsprüfer zurückgreifen. Das im Übrigen in Satz 3 enthaltene **Rechenmodell** greift das **dritte Altmark Kriterium** auf und entwickelt es weiter. Nach diesem Kriterium „darf der Ausgleich nicht über das hinausgehen, was erforderlich ist, um die Kosten der Erfüllung der gemeinwirtschaftlichen Verpflichtungen unter Berücksichtigung der dabei erzielten Einnahmen und eines angemessenen Gewinns aus

---

[8] KOM(2000) 7 endg., 36; KOM(2005) 319 endg., 32.
[9] Rat, Gemeinsamer Standpunkt Nr. 2/2007, ABl. 2007, C 70E/1, 11.
[10] Rat, Gemeinsamer Standpunkt Nr. 2/2007, ABl. 2007, C 70E/1, 18.
[11] Siehe Kommentierung Art. 3 Abs. 3 und Art. 2 lit. l.
[12] Siehe Kommentierung zu Art. 3 Abs. 3, RdNr. 72.
[13] Vgl. Erwägungsgrund 5 sowie Art. 2 lit. e.
[14] KOM(2005) 319 endg., 12; zum 4. Altmark Kriterium siehe RdNr. 27.

der Erfüllung dieser Verpflichtungen […] zu decken".[15] Satz 3 enthält neben allen in dieser Formel erwähnten Elementen (Kosten, Einnahmen, Gewinn) ein weiteres Element, nämlich die **positiven finanziellen Auswirkungen innerhalb des Netzes,** die von den Kosten (und damit ausgleichsmindernd) abzuziehen sind. Entgegen der Vorschläge des Verkehrsausschusses[16] ist das vierte Altmark Trans – Kriterium, das für ausschreibungsfreie Vergaben gilt, nicht in die Rechenformel aufgenommen worden;[17] dieses bzw. Ähnliches findet sich in sehr abgeschwächter Form in Ziffer 7. Zusammengefasst sieht das Rechenmodell damit vor, von den Kosten der Erbringung der Verkehrsdienste die Einnahmen und positive finanzielle (Kosten ersparende) Netzauswirkungen abzuziehen. Das Ergebnis daraus, der „eigentliche Verlust", ist um einen angemessenen Gewinn aufzustocken. Der auf diese Weise erzielte Nettoeffekt ist die Höchstgrenze der Ausgleichsleistung.

10   Die Bestimmung der positiven finanziellen Auswirkungen iSv. Ziffer 2 hängt maßgeblich davon ab, was unter **„innerhalb des Netzes"** zu verstehen ist – vor allem im Vergleich zum Begriff „betroffene Netze" in Ziffer 3. Aus diesen Bestimmungen, aus Erwägungsgrund 23 und Art. 2 lit. f ergibt sich, dass unter **„Netz"** eine Mehrzahl bzw. ein Verbund an Verkehrswegen/-strecken zu verstehen ist. Daraus und unter Beachtung des Zwecks von Ziffer 2 – Kosten ersparende Auswirkungen zu berücksichtigen – folgt, dass mit positiven Netzauswirkungen alle Kostenersparnisse gemeint sind, die im Zusammenhang mit der auf der Grundlage einer gemeinwirtschaftlichen Verpflichtung **betriebenen Verkehrswege** entstehen. Denkbar sind geringere Fixkosten auf Grund höherer Auslastung der Infrastruktur oder im Hinblick auf Einrichtungen, die der Betreiber auch unabhängig von der gemeinwirtschaftlichen Verpflichtung nutzt. Ähnliche Einsparungen, die durch Betriebstätigkeiten außerhalb dieser Verkehrswege entstehen, werden zumindest iVm. Ziffer 3 erfasst.

11   **3. Berücksichtigung quantifizierbarer finanzieller Auswirkungen (Ziffer 3). Ziffer 3 Satz 1** stellt lediglich klar, dass die Erfüllung der gemeinwirtschaftlichen Verpflichtung Auswirkungen auf davon nicht erfasste sonstige Beförderungstätigkeiten des Betreibers haben kann. Diese **Feststellung** ist sehr generell gehalten. Erfasst sind also nicht nur Veränderungen der Verkehrsnachfrage.[18] Die Auswirkungen können sich sowohl auf die Personenbeförderung als auch auf die Güterbeförderung beziehen. Eine Eingrenzung erfolgt aber dadurch, dass nur Effekte auf Beförderungstätigkeiten im Gegensatz etwa zu Infrastrukturmaßnahmen betrachtet werden.

12   **Satz 2** zieht Konsequenzen aus der in Satz 1 erfolgten Feststellung. **Ziel** ist, sowohl eine übermäßige (zu hohe) als auch eine unzureichende (zu niedrige) Ausgleichsleistung zu vermeiden. Um das zu erreichen, bestimmt Satz 2, dass bei der Berechnung des finanziellen Nettoeffekts alle quantifizierbaren **finanziellen Auswirkungen** auf die betroffenen Netze des Betreibers berücksichtigt werden. Mit den betroffenen Netzen wird Bezug genommen auf die Beförderungstätigkeiten des Betreibers (vgl. Satz 1) vor Erbringung der neu hinzutretenden Verkehrsdienste. Auswirkungen auf die Kosten oder Einnahmen dieser Beförderungstätigkeiten infolge der (neuen) Verkehrsdienste bzw. damit zusammenhängender gemeinwirtschaftlicher Verpflichtungen sind **bei der Nettoeffektberechnung** im Hinblick auf die (neuen) Verkehrsdienste zu berücksichtigen. Dass die „Verrechnung" im Zusammenhang mit den neuen Verkehrsdiensten erfolgt, muss nicht nur wegen des Wortlauts („bei der Berechnung des finanziellen Nettoeffekts") der Ziffer 3 gelten, sondern auch wegen des Grundsatzes der Vertragseinhaltung (*pacta sunt servanda*).

13   Berücksichtigung finden jedoch nur die **quantifizierbaren** finanziellen **Auswirkungen.** Die Auswirkungen müssen also vorausschauend zahlenmäßig angegeben werden können, dh. es ist vor der Auftragsvergabe bzw. der Verkehrserbringung aus einer *ex ante* Sicht zu kalkulieren. Die hierfür notwendigen Schätzungen bedingen einen **Beurteilungsspielraum** der zuständigen Behörde; dessen Ausübung muss lediglich nachvollziehbar sein.

14   Ziffer 3 **ergänzt** also das **Rechenmodell** in Ziffer 2 dadurch, dass alle (quantifizierbaren) positiven und negativen finanziellen Auswirkungen auf Netze des Erbringers einbezogen werden. Das geschieht **unabhängig** davon, ob es **Überschneidungen** mit dem Netz gibt, das gemein-

---

[15] EuGH, C-280/00, Slg. 2003, I-7747, RdNr. 92 – Altmark Trans; generell zur Anwendung der Altmark Formel siehe den Gemeinschaftsrahmen für staatliche Beihilfen, die als Ausgleich für die Erbringung öffentlicher Dienstleistungen gewährt werden, ABl. 2005, C 297/4.

[16] Europäisches Parlament, Empfehlung für die zweite Lesung, A6–0131/2007 endg., 31.

[17] Vgl. auch in der Zusammenschau Erwägungsgründe 33–35, in der dieses Kriterium fehlt.

[18] So aber noch die Formulierung in KOM(2005) 319 endg., 32, Nr. 3.

wirtschaftlichen Verpflichtungen unterliegt. Warum Ziffer 3 angesichts dessen nicht in Ziffer 2 integriert wurde, ist offen. Grund dafür ist wohl, dass der Gesetzgeber die in Ziffern 2 angesprochenen Auswirkungen stets als quantifizierbar und wesentlich ansieht, was im Rahmen der Ziffer 3 nicht unbedingt gilt.

4. Beachtung geltender Rechnungslegungs- und Steuervorschriften (Ziffer 4). Die **15** Berechnung der Kosten und Einnahmen (iSd. Nettoeffektformel) erfolgt nach Ziffer 4 anhand der geltenden **Rechnungslegungs- und Steuervorschriften,** womit maßgeblich die nationalen Vorschriften gemeint sind. Vor allem in den Bereichen, die nicht europarechtlich harmonisiert[19] wurden, kommt es folglich auf die nationalen Eigenheiten an. Durch die Bestimmungen der Ziffer 4 wollte der Gesetzgeber offensichtlich die **Einheitlichkeit bzw. Objektivität** der **Kosten- und Einnahmeermittlung** innerhalb eines Mitgliedstaates sicherstellen.[20] Allerdings ist der kumulative Verweis auf die Rechnungslegungs- und Steuervorschriften eher ungünstig.[21] Denn – zumindest nach deutschem Recht, § 5 Abs. 1 EStG – ist zwar das steuerrechtliche Betriebsvermögen nach den handelsrechtlichen Grundsätzen ordnungsgemäßer Buchführung anzusetzen, wird jedoch von zahlreichen steuergesetzlichen Vorschriften durchbrochen.[22] Auch bestehen für die Steuerbilanz strengere Berechnungsvorschriften.

5. Verbot bzw. Vermeidung von Quersubventionen (Ziffer 5). Die in Ziffer 5 aufge- **16** stellten Anforderungen haben einen **ähnlichen Regelungsgehalt** wie die **Richtlinie 2006/ 111/EG,** deren Zweck die Transparenz der finanziellen Beziehungen zwischen der öffentlichen Hand und den öffentlichen Unternehmen ist. In Art. 4 dieser Richtlinie wird die getrennte Buchführung der internen Geschäftsbereiche und die korrekte Zuordnung aller Kosten und Erlöse auf der Grundlage einheitlich angewandter und objektiv gerechtfertigter Kostenzurechnungsgrundsätze gefordert. Auch wenn die VO 1370/2007 als spezielleres Rechtsregime dieser Richtlinie vorgeht (Art. 4 Abs. 2 der RL), kann letztere zu Auslegungszwecken herangezogen werden.

Ziffer 5 des Anhangs bestimmt im ersten Teilsatz, dass die Norm eine erhöhte **Transparenz 17** und die **Vermeidung von Quersubventionen**[23] bezweckt. Dazu hat die Rechnungslegung von Verkehrsdiensten, die einer Ausgleichsleistung und damit gemeinwirtschaftlichen Verpflichtungen unterliegen, getrennt von anderen Tätigkeiten zu erfolgen,[24] wobei drei Anforderungen zu beachten sind.

Nach dem ersten Anstrich sind die **Konten** dieser betrieblichen Tätigkeiten **getrennt** zu **18** führen. Der Anteil der (den jeweiligen betrieblichen Tätigkeiten) zugehörigen Aktiva sowie die Fixkosten (bzw. Festkosten)[25] werden gemäß den geltenden **Rechnungslegungs- und Steuervorschriften** umgelegt (dh. auf die jeweiligen Konten gebucht). Das unter RdNr. 15 angesprochene Problem der Rechnungslegungs- und Steuervorschriften wird hier so zu lösen sein, dass die Fixkostenaufteilung nachvollziehbar begründet und betriebswirtschaftlich vertretbar vorgenommen werden muss.[26]

Ebenso – und damit Anstrich 1 ergänzend – sind laut dem zweiten Anstrich **variable Ko- 19 sten,** ein angemessener Anteil an den **Fixkosten** und ein angemessener Gewinn im Zusammenhang mit den (iSd. ersten Halbsatzes) anderen Tätigkeiten auf deren Konten zu buchen und dürfen nicht der öffentlichen Dienstleistung zugerechnet (dh. nicht auf deren Konto gebucht) werden. Diese Regel wirkt sich dann aus, wenn dieselben Sachmittel oder dasselbe Personal sowohl bei der Erbringung der gemeinwirtschaftlichen Verpflichtungen unterliegenden Verkehrsdienste als auch bei anderen Tätigkeiten eingesetzt werden.[27] Anstrich 1 beruht wohl auf dem Urteil des EuGH in der Rechtssache **Chronopost,**[28] wonach eine staatliche Beihilfe nicht vorliegt, wenn die Gegenleistung (für bestimmte Handlungen/gemeinsame Nutzungen) alle variablen Zusatzkosten, einen angemessenen Beitrag zu den Festkosten und eine angemessene

---

[19] Zu ergangenem Sekundärrecht siehe Übersicht von *Meyer,* 5.

[20] Vgl. auch Vorgaben der RL 2006/111 unten unter RdNr. 19.

[21] Anders als der Anhang fordert die RL/2006/111 eine Zuordnung auf Grund gerechtfertigter Kostenrechnungsgrundsätze, siehe RdNr. 19.

[22] *Tipke/Lang/Hey* § 17, RdNr. 40–42.

[23] Kurz gefasst ist eine Quersubvention ein finanzieller (unterstützender) Transfer von einem Geschäftsbereich an einen anderen, vgl. *Mestmäcker/Schweitzer* § 43 RdNr. 35; vgl. ABl. 2005, C 297/4, RdNr. 15.

[24] Vgl. auch ABl. 2005, C 297/4, RdNr. 19.

[25] Vgl. EuGH, C-83/01 P, Slg. 2003, I-6993 RdNr. 40 – Chronopost/Ufex ua.

[26] Vgl. Vorgaben der RL 2006/111/EG oben unter RdNr. 11.

[27] Vgl. EuGH, C-83/01 P, Slg. 2003, I-6993 RdNr. 40 – Chronopost/Ufex ua.

[28] EuGH, C-83/01 P, Slg. 2003, I-6993 RdNr. 40 – Chronopost/Ufex ua.

Vergütung des Eigenkapitals umfasst und nicht ersichtlich ist, dass die betreffenden Faktoren unterschätzt oder willkürlich festgesetzt worden sind. Allerdings gibt es keine näheren Ausführungen zur Auslegung/Anwendung der einzelnen verwendeten Begriffe.

20　　In Anstrich drei wird die **getrennte Kontenführung** auch für die **Einnahmenseite** gefordert: Die Einnahmen im Zusammenhang mit den öffentlichen Verkehrsdiensten, dh. Betriebseinnahmen und Ausgleichsleistungen, dürfen nicht in die anderen Tätigkeitsbereiche übertragen (bzw. gebucht) werden.

21　　**6. Angemessener Gewinn (Ziffer 6).** Unter „angemessenem Gewinn" ist nach Ziffer 6 eine **angemessene Kapitalrendite** zu verstehen. Angemessen ist ein solche, wenn sie in dem betroffenen Sektor in dem jeweiligen Mitgliedstaat **üblich** ist. Es gibt also gerade keinen Standardsatz; vielmehr muss der übliche angemessene Gewinn auftragsbezogen bestimmt werden, wobei nicht nur die Unterschiede in den Mitgliedstaaten, sondern auch die des jeweiligen Verkehrssektors zu beachten sind. Dabei sind nicht nur die Daten der **Vergangenheit** von Bedeutung, sondern auch die **künftige Marktentwicklung.** Denn Aufträge über Verkehrsdienste laufen über längere Zeiträume, so dass die (übliche) Rendite Veränderungen unterworfen sein kann bzw. sein wird.

22　　Neben der Üblichkeit der Rendite ist bei der Bestimmung des Gewinns zu berücksichtigen, welches (gesteigerte oder verminderte) **Risiko** der **Betreiber** durch den Verkehrsdienst eingeht – etwa bzgl. der Energiepreise, Fahrpreiseinnahmen etc.

23　　Offen im Hinblick auf die **Kapitalrendite** bleibt, ob sich diese nur auf das **Eigenkapital** oder auf das **insgesamt eingesetzte Kapital** (Summe von Eigen- und Fremdkapital) bezieht. Während der EuGH in der Rechtssache *Chronopost* auf die Vergütung des Eigenkapitals abstellt,[29] legt die Kommission[30] die Sicht von (privaten) Investoren zu Grunde, wonach es auf die Verzinsung des eingesetzten Vermögens ankommt. Letzteres überzeugt zwar; da dem Gesetzgeber diese Ansichten jedoch bekannt waren, muss der Wortlaut als bewusst offen formuliert angesehen werden. Der zuständigen Behörde steht daher diesbzgl. ein Beurteilungsspielraum zu.

24　　**7. Anreiz zu Effizienz und ausreichend hoher Qualität (Ziffer 7).** Der Gesetzgeber hat das **vierte Altmark Kriterium,**[31] wonach bei ausschreibungsfreien Vergaben die Höhe des Ausgleichs auf der Grundlage eines durchschnittlichen, gut geführten Unternehmens zu berechnen ist, zwar nicht in den Anhang aufgenommen. Jedoch bestimmt Ziffer 7, dass das Verfahren zur Gewährleistung der Ausgleichsleistung Anreize schaffen muss für eine objektiv nachprüfbare wirtschaftliche Geschäftsführung (Anstrich 1) und eine ausreichend hohe Qualität der Verkehrsdienste (Anstrich 2). Der Grund für diese Regelgestaltung war wohl die **Unpraktikabilität** des vierten Altmark Kriteriums.[32] Ähnlich wie dieses stellt **Ziffer 7** zumindest **zwingend** („… muss einen Anreiz geben …") sicher, dass die zuständige Behörde auf eine wirtschaftliche Erbringung des Verkehrsdienstes hinwirkt. Das ist vor dem Hintergrund zu sehen, dass der Anhang hauptsächlich bei (wettbewerbsfreien) Direktvergaben zur Anwendung kommt.

25　　Die Formulierung **„Verfahren zur Gewährleistung"** der Ausgleichsleistung in Ziffer 7 ist ungenau; richtig müsste es „Berechnung der Ausgleichsleistung" heißen.[33] Der mit der Berechnung zu erzielende **Anreiz** kann nur darin bestehen, dass das Unternehmen die gegenüber der Prognose erzielten **Mehreinnahmen** bzw. die erzielte **Kostenminderung,** „behalten" darf, ohne dass die Ausgleichleistung gemindert wird. Die Einnahmeerhöhung kann auf Effizienzsteigerungen oder erhöhten Fahrgastzahlen beruhen, wobei letztere etwa durch die in Anstrich 2 genannte **Qualitätssteigerung** herbeigeführt werden können.

---

[29] Siehe oben RdNr. 18.

[30] Kommission K(2005)3311 endg., RdNr. 50 – Staatliche Beihilfe NN72/2005 – Deutschland; ABl. 1993, C 307/3, 14, RdNr. 43.

[31] EuGH, C-280/00, Slg. 2003, I-7747, RdNr. 93 – Altmark Trans.

[32] Auch im Kommissionsdokument zum beihilferechtlichen Gemeinschaftsrahmen, ABl. 2005, C 297/4, RdNr. 18, wird dieses Kriterium kaum weiter ausgeführt – es existiert aber ebenfalls die Idee zu Anreizen für Produktivitätsgewinne und Qualität der Verkehrsdienste.

[33] Im Englischen bzw. Französischen heißt es „method of compensation" bzw. „méthode de compensation".

§ 99 Öffentliche Aufträge

(1) Öffentliche Aufträge sind entgeltliche Verträge von öffentlichen Auftraggebern mit Unternehmen über die Beschaffung von Leistungen, die Liefer-, Bau- oder Dienstleistungen zum Gegenstand haben, Baukonzessionen und Auslobungsverfahren, die zu Dienstleistungsaufträgen führen sollen.

(2) [1]Lieferaufträge sind Verträge zur Beschaffung von Waren, die insbesondere Kauf oder Ratenkauf oder Leasing, Miet- oder Pachtverhältnisse mit oder ohne Kaufoption betreffen. [2]Die Verträge können auch Nebenleistungen umfassen.

(3) Bauaufträge sind Verträge über die Ausführung oder die gleichzeitige Planung und Ausführung eines Bauvorhabens oder eines Bauwerkes für den öffentlichen Auftraggeber, das Ergebnis von Tief- oder Hochbauarbeiten ist und eine wirtschaftliche oder technische Funktion erfüllen soll, oder einer dem Auftraggeber unmittelbar wirtschaftlich zugutekommenden Bauleistung durch Dritte gemäß den vom Auftraggeber genannten Erfordernissen.

(4) Als Dienstleistungsaufträge gelten die Verträge über die Erbringung von Leistungen, die nicht unter Absatz 2 oder Absatz 3 fallen.

(5) Auslobungsverfahren im Sinne dieses Teils sind nur solche Auslobungsverfahren, die dem Auftraggeber auf Grund vergleichender Beurteilung durch ein Preisgericht mit oder ohne Verteilung von Preisen zu einem Plan verhelfen sollen.

(6) Eine Baukonzession ist ein Vertrag über die Durchführung eines Bauauftrags, bei dem die Gegenleistung für die Bauarbeiten statt in einem Entgelt in dem befristeten Recht auf Nutzung der baulichen Anlage, gegebenenfalls zuzüglich der Zahlung eines Preises besteht.

(7) [1]Ein öffentlicher Auftrag, der sowohl den Einkauf von Waren als auch die Beschaffung von Dienstleistungen zum Gegenstand hat, gilt als Dienstleistungsauftrag, wenn der Wert der Dienstleistungen den Wert der Waren übersteigt. [2]Ein öffentlicher Auftrag, der neben Dienstleistungen Bauleistungen umfasst, die im Verhältnis zum Hauptgegenstand Nebenarbeiten sind, gilt als Dienstleistungsauftrag.

(8) [1]Für einen Auftrag zur Durchführung mehrerer Tätigkeiten gelten die Bestimmungen für die Tätigkeit, die den Hauptgegenstand darstellt. [2]Ist für einen Auftrag zur Durchführung von Tätigkeiten auf dem Gebiet der Trinkwasser- oder Energieversorgung, des Verkehrs oder des Bereichs der Auftraggeber nach dem Bundesberggesetz und von Tätigkeiten von Auftraggebern nach § 98 Nr. 1 bis 3 nicht feststellbar, welche Tätigkeit den Hauptgegenstand darstellt, ist der Auftrag nach den Bestimmungen zu vergeben, die für Auftraggeber nach § 98 Nr. 1 bis 3 gelten. [3]Betrifft eine der Tätigkeiten, deren Durchführung der Auftrag bezweckt, sowohl eine Tätigkeit auf dem Gebiet der Trinkwasser- oder Energieversorgung, des Verkehrs oder des Bereichs der Auftraggeber nach dem Bundesberggesetz, als auch eine Tätigkeit, die nicht in die Bereiche von Auftraggebern nach § 98 Nr. 1 bis 3 fällt, und ist nicht feststellbar, welche Tätigkeit den Hauptgegenstand darstellt, so ist der Auftrag nach denjenigen Bestimmungen zu vergeben, die für Auftraggeber mit einer Tätigkeit auf dem Gebiet der Trinkwasser- und Energieversorgung sowie des Verkehrs oder es Bundesberggesetzes gelten.

Schrifttum: *Rittwage*, Einzel- und Gesamtrechtsnachfolge bei öffentlichen Aufträgen, VergabeR 2006, 327; *Ganske*, Business Improvement Districts (BIDs) unter dem Blickwinkel des Vergaberechts, VergabeR 2008, 15; *Dreher/Stockmann*, Auszug aus Immenga/Mestmäcker, 4. Auflage 2009.

I. Entstehungsgeschichte

1   § 99 setzt die Definition des öffentlichen Auftrages aus den EG-Richtlinien in nationales Recht um. Eine erste Änderung erfuhr die Regelung 2006 mit dem Gesetz zur Beschleunigung der Umsetzung von Öffentlich Privaten Partnerschaften und zur Verbesserung gesetzlicher Rahmenbedingungen für Öffentlich Private Partnerschaften (ÖPP-Gesetz).[1] Mit dem **ÖPP – Gesetz wurde der heutige Abs. 7, 2006 zunächst als Abs. 6** eingefügt. Eine weitere Änderung erfuhr die Regelung mit dem **Vergaberechtsreformgesetz 2009,** durch das der seinerzeitige Abs. 6 zu Abs. 7 wurde. Der dadurch frei gewordene **Abs. 6** erhielt einen neuen Inhalt mit der **Regeldefinition für die Baukonzession,** die bis dahin als Klammerdefinition in der Formulierung von **§ 98 Nr. 6** enthalten war. Weiter kam Abs. 8 hinzu, der für den Sektorenbereich regelt, wie in Zweifelsfällen über das anzuwendende Vergaberecht zu verfahren ist. Die Textänderung in Abs. 1 hat lediglich klarstellenden Charakter.

II. Normzweck[2]

2   § 99 definiert den sachlichen Anwendungsbereich des Vergaberechts. In **Absatz 1** wird eine abstrakte allgemeine Definition des öffentlichen Auftrages gegeben, während die **Absätze 2–6** die verschiedenen Auftragsarten beschreiben. **Absätze 7 und 8** regeln die Fälle, in denen nach der Art des Auftrages oder der Zuordnung der Auftraggeber die Anwendung verschiedener Vergaberegelungen bis hin zur Vergaberechtsfreiheit **(Abs. 8 Satz 3)** in Betracht kommen kann. Die **Absätze 7 und 8** folgen inhaltlich dem Grundsatz, dass in Zweifelsfällen jeweils die weitergehende Verpflichtung auf das Vergaberecht Vorrang hat.

III. Definition des öffentlichen Auftrags (Abs. 1)

3   **1. Die Vertragspartner. a)** Um einem Vertrag den Charakter eines öffentlichen Auftrages zu verleihen, muss der **beschaffende Vertragspartner ein öffentlicher Auftraggeber nach § 98** sein.

4   **b)** In der zunächst vorgesehenen Textfassung des reformierten § 99 enthielt Abs. 1 einen zweiten Satz mit dem Wortlaut: *„Ein öffentlicher Auftrag liegt nicht vor, wenn öffentliche Auftraggeber nach § 98 Nr. 1, 2 oder 3 Liefer-, Bau- oder Dienstleistungen durch eine oder mehrere juristische Personen erbringen lassen, die selbst öffentliche Auftraggeber sind und an denen privates Kapital nicht beteiligt ist, sofern diese juristischen Personen die zu erbringende Leistung überhaupt nicht auf dem Markt anbieten oder im wesentlichen für öffentliche Auftraggeber tätig sind."* Ziel dieser Formulierung war es, neben den durch die Rechtsprechung des EuGH von der Anwendung der Vergaberegeln befreiten Inhouse-Geschäften auch andere Formen der Zusammenarbeit öffentlicher Auftraggeber, über die der Auftraggeber nicht die Aufsicht wie über eine eigene Dienststelle hat, von der Anwendung der Vergaberegeln auszunehmen. Dahinter stand der Gedanke, dass derartige Kooperationen Akte hoheitlicher Staatsorganisation und damit nicht als Tätigkeit am Markt anzusehen seien. Die Regelung wurde in die verabschiedete Fassung nicht übernommen. Zwar sieht auch der EuGH unter den Voraussetzungen, die für die Inhouse-Geschäfte (s. IV. 1 a–c) definiert und in ständiger Rechtsprechung bestätigt wurden, die Auftragsvergabe an öffentliche Auftraggeber als internen, nicht den Vergaberegeln unterworfenen Akt an, doch sind diese Regeln sehr eng gefasst. Ebenso hat der EuGH wiederholt betont, dass die Ausnahmen von den Vergaberegeln in den Richtlinien abschließend aufgezählt sind.[3] Nur Verträge, die nach den Richtlinien und der dazu entwickelten Rechtsprechung des EuGH von den Vergaberegeln ausgenommen sind, können ohne Ausschreibung vergeben werden. Einer darüber hinausgehenden nationalen Regelung würde EU-Recht entgegenstehen. Es war daher sinnvoll, den zunächst im Entwurf enthaltenen Satz 2 nicht in die endgültige Fassung aufzunehmen und auch weiterhin im konkreten Einzelfall zu prüfen, welche Regelungen zur Anwendung kommen müssen.

5   Der Begriff des **Unternehmens ist funktional** zu verstehen.[4] Im Hinblick auf die Schutzfunktion des Wettbewerbsrechts ist der Begriff weit auszulegen. Unternehmen sind daher natür-

---

[1] BR-Drucks. 544/05 v. 8. 7. 2005.

[2] BT-Drucks. 16/10 117 Gesetzesbegründung, Teil B, Art. 1 Zu Nummer 4 (§ 99).

[3] EuGH, C-220/05, Slg. 2007, I-385, RdNrn. 59 ff.; EuGH, C-26/03, Slg. 2005, I-1.

[4] OLG Düsseldorf, NZBau 2004, 398, VergabeR 2004, 619, 621, OLG Frankfurt, NZBau 2004, 692 VergabeR 2005, 80, 85; zu Universitäten oder Forschungsinstituten, die nicht vorrangig Gewinne anstreben und nicht wie Unternehmen organisiert sind: EuGH C-305/08 NZBau 10, 189; ZfBR 2010, 392; zu Mitgliedern einer Bietergemeinschaft EuGH C-376/08 (Serrantoni) ZfBR 2010, 397, NZBau 2010, 261.

liche und juristische Personen oder Verbindungen von Personen, Institutionen, Gesellschaften und jede andere Form individueller oder gemeinsamer **Tätigkeit am Markt.** Auf nationale Definitionen des Unternehmensbegriffs kommt es nicht an. Jede am Markt tätige Einrichtung oder Person, die in der Lage ist, ein Angebot abzugeben und das Beschaffungsziel zu erfüllen, kann Unternehmen im Sinne dieser Vorschrift sein.[5] Unerheblich ist, ob das **Unternehmen** selbst **öffentlicher Auftraggeber** nach § 98 ist. Maßgeblich kommt es darauf an, dass die Einrichtung, mit der der Vertrag geschlossen werden soll, sich **formal vom beschaffenden Vertragspartner unterscheidet** und ihm gegenüber **eigene Entscheidungsgewalt** besitzt.[6] Das kann auch der Eigenbetrieb eines anderen Hoheitsträgers oder ein kommunaler Betrieb sein, der nicht mehr im Alleineigentum des beschaffenden Auftraggebers steht. Ein öffentlicher Auftraggeber, der seinen hoheitlichen Aufgabenkreis verlässt, sich gewerbsmäßig betätigt und Waren und Leistungen anbietet, die auch privatwirtschaftliche Unternehmen am Markt anbieten (zB. Abfallentsorgung außerhalb der eigenen Gemeinde), begibt sich in den Wettbewerb und muss aus Gleichbehandlungsgründen wie alle anderen Wettbewerber behandelt werden. **Auch Verträge mit öffentlichen Unternehmen unterliegen daher dem Vergaberecht und der Nachprüfung durch die Vergabekammern und -senate.**[7]

aa) Die Teilnahme von öffentlichen Unternehmen wirft die Frage nach der **kommunalrechtlichen Zulässigkeit** und der **Wettbewerbsneutralität** aufgrund der besonderen Situation dieser Unternehmen auf. Öffentliche Unternehmen trifft in der Regel kein Konkursrisiko. Sie können daher anders kalkulieren als privatwirtschaftliche Unternehmen, was den Wettbewerb verzerren kann. Für **die Frage, inwieweit sie sich zulässigerweise am Wettbewerb beteiligen können** und in welcher Weise ihre besondere Situation in der Bewertung der Angebote zu berücksichtigen ist, kommt es daher darauf an, welche Besserstellungen der Gesetzgeber und die europäischen Richtlinien zulassen und dem Markt als hinzunehmen „zumuten". Bei **kommunalen Unternehmen** ergeben sich Regeln für deren Handlungsspielräume, insbesondere auch für wirtschaftliche Aktivitäten außerhalb des eigenen Gemeindegebietes, üblicherweise aus den **Gemeindeordnungen.**[8] Um Wettbewerbsverfälschungen zu vermeiden, darf ein öffentliches Unternehmen jedenfalls nicht die geregelten Grenzen der wirtschaftlichen Betätigung überschreiten. Nach OLG Düsseldorf gilt dies auch für kommunale Verbände und Zweckverbände. Der Wettbewerb verlange einen umfassenden Schutz gegen ungesetzliche Beeinträchtigungen.[9] Hinzunehmen ist daher eine Marktteilnahme, die sich im Rahmen der kommunalrechtlich zugelassenen Grenzen bewegt.

bb) Inwieweit ein **Verstoß gegen kommunalrechtliche Bestimmungen im Nachprüfungsverfahren zu prüfen und darüber zu befinden** ist, wurde unterschiedlich entschieden. Der **BGH** hat im Zusammenhang mit möglichen **UWG** – Verstößen geurteilt, kommunalverfassungsrechtliche Vorschriften hätten keinen drittschützenden Charakter im Wettbewerbsrecht.[10] Allerdings wurden auf der Basis dieser Rechtsprechung **Unterlassungsansprüche nach § 1 UWG** als zulässig angesehen. Davon abweichend kommt das **OVG Münster** zu der Erkenntnis, dass Verstöße gegen die kommunalrechtlichen Marktzutrittsbestimmungen im Verwaltungsrechtsweg zu verfolgen sind. Die Nachprüfung vor der Vergabekammer habe sich auf die **offenkundigen Verstöße** zu beschränken.[11] Das **OLG Düsseldorf** und, diesem folgend, die Vergabekammern, sehen die privatwirtschaftlichen Unternehmen in den Schutzbereich der kommunalverfassungsrechtlichen Normen mit einbezogen und befinden sich damit grundsätzlich auf der Linie des OVG Münster, das in den kommunalrechtlichen Bestimmungen ebenfalls zumindest auch drittschützende Wirkung erkennt. Das OLG zieht daraus den Schluss, dass die Nachprüfungsorgane Rechtsverstöße hierzu zu prüfen und ggf. festzustellen

6

7

---

[5] Beck VOB-Komm/*Marx* RdNr. 2; OLG Koblenz NZBau 2002, 346f.; EuGH, C-21/03 und C-34/03, Slg. 2005, I-559, VergabeR 2005, 319, 325; OLG Düsseldorf NZBau 2004, 398, VergabeR 2004, 619, 621.
[6] EuGH, C-94/99, Slg. 2000, I-11037 – ARGE Gewässerschutz.
[7] Ergibt sich unmittelbar aus EuGH, C-94/99, Slg. 2000, I-11037 – ARGE Gewässerschutz, VergabeR 2001, 28, 31 und OLG Frankfurt, NZBau 2004, 692, VergabeR 2005, 80, 85; OLG Düsseldorf, NZBau 2004, 398 VergabeR 2004, 619, 621.
[8] ZB. § 107 GO NRW, § 108 GO NdS.
[9] OLG Düsseldorf, Verg 22/02, ZfBR 2003, 70 zu Schienenpersonennahverkehr; bestätigt OLG Düsseldorf VII Verg 77/05, VergabeR 2006, 509 zu Gebäudeversicherungen und OLG Düsseldorf VII Verg 42/07; *Kulartz/Kus/Portz/Eschenbruch* RdNr. 114ff.
[10] BGH NJW 2002, 2645; BGH NJW 2003, 586.
[11] OVG Münster NVwZ 2008, 1031.

und zu unterbinden haben.[12] Ein Widerspruch zu der BGH-Rechtsprechung wird nicht gesehen, da sie sich auf ein anderes Gesetz bezog.

8 **Der Rechtsprechung des OLG Düsseldorf ist zuzustimmen.** Ob die entsprechenden kommunalverfassungsrechtlichen Regelungen über die wirtschaftliche Betätigung kommunaler Unternehmen unmittelbar drittschützende Wirkung haben und ob diese im Geltungsbereich des GWB, nicht aber im Rahmen des UWG (so BGH, Fn. 10) zum Tragen kommt, kann dahingestellt bleiben. **Jedenfalls müssen Wettbewerber nicht hinnehmen, dass ein Konkurrent sich seinen Platz im Wettbewerb unter Verstoß gegen geltende Gesetze oder Verordnungen verschafft.** So wenig ein besonders günstiges Angebot angenommen werden darf, dessen Kalkulation unter Verstoß gegen gesetzliche Bestimmungen (Umwelt-, Bau-, Sicherheits- oder sonstige Regeln, die zwar Schutzcharakter mit unterschiedlicher Zielrichtung, aber eben keinen drittschützenden Charakter im Wettbewerb haben, hier kann dennoch ein Ausschluss wegen unlauteren Wettbewerbs in Frage kommen) zustande gekommen ist, so wenig müssen Wettbewerber hinnehmen, dass sich ein Konkurrent am Wettbewerb beteiligt, der nach seiner Konzeption und Aufgabenbestimmung rechtlich dazu nicht befugt ist.

9 Gleiches gilt für die **Prüfungskompetenz der Nachprüfungsinstanzen.** Die Vergabe öffentlicher Aufträge im Wettbewerb ist ein durch Formalien und besondere Zügigkeit gekennzeichnetes Verfahren, bei dem der Zuschlag die Fakten schafft und analog einer Hauptsacheentscheidung vor Gericht das Verfahren beendet. Wären die Vergabekammern auf die Verhinderung offenkundiger Verstöße gegen Kommunalverfassungsrecht beschränkt (was ist offenkundig? wer entscheidet über die Grenzen der Prüfungskompetenz der Kammern und Senate im konkreten Einzelfall?), käme das der **Verweigerung effektiven Rechtsschutzes** gleich. Der Auftrag wäre vergeben und möglicherweise abgewickelt, ehe im **Verwaltungsrechtsweg** oder durch eine **Klage nach § 1 UWG** über die Frage der zulässigen Wettbewerbsteilnahme des öffentlichen Unternehmens entschieden wäre. Ein daraus ggf. noch erwachsender Schadensersatzanspruch ersetzt einen **effektiven Rechtsschutz** nicht, der die Chance bieten muss, den Auftrag zu erhalten (s. **hierzu § 97 Abs. 7**). Für die Einschränkung der Prüfungskompetenz der Vergabekammern auf offenkundige Verstöße gibt es weder in den europäischen Richtlinien noch im GWB und in den Gesetzesmaterialien dazu eine Basis, die auf einen entsprechenden Willen des Gesetzgebers schließen ließe. Im Gegenteil zeigt die Anforderung an die **Besetzung der Vergabekammern in § 105 Abs. 2 Satz 4,** dass auch bei den Beisitzern der Kammer eingehende Kenntnis und praktische Erfahrung im Vergaberecht gefordert werden. Das wäre für eine Beschränkung der Prüfungskompetenz auf plumpe Regelverstöße nicht erforderlich. Es steht außer Frage, dass die Nachprüfungsinstanzen auch in anderen, nicht originär vergaberechtlichen Sach- und Rechtsgebieten (Umwelt-, Bau-, Sicherheits-, Technikregeln, Handels- und Gesellschaftsrecht usw.), die sich in allen Nachprüfungsverfahren aus der Verschiedenheit der Beschaffungsgegenstände und -ziele ergeben, nicht auf die Feststellung offenkundiger Rechtsverstöße beschränkt sind. Es gibt keinen Grund, dies für die Materie des Kommunalverfassungsrechts anders zu handhaben.

10 **cc)** Soweit öffentliche Unternehmen **Beihilfen** erhalten, ist dies eine **bewusste Marktsteuerung,** die nach zuvor festgelegten Regeln erfolgt. Die Zahlung von Beihilfen ist an den Nachweis der Sachverhalte und Fakten gebunden, die Voraussetzungen für die Gewährung der Beihilfe sind. Die Gewährung von Beihilfe wird daher als zulässig und im Wettbewerb hinzunehmen beurteilt, selbst wenn das begünstigte Unternehmen dadurch zu günstigeren Preisen als die Konkurrenten anbieten kann.[13] Dies ist im Wettbewerb hinzunehmen. Weder der EuGH noch OLG Düsseldorf (Fn. 9) verlangen einen Ausgleich dieses Vorteils im Vergabeverfahren.

11 **2. Vertrag.** Der Vertragsbegriff im Vergaberecht deckt sich in den Formalien mit dem Vertragsbegriff des BGB. Es gelten daher die allgemeinen Regeln über **Angebot und Annahme gemäß §§ 145 ff. BGB.** Voraussetzung ist demnach ein gegenseitiger Vertrag, der typischerweise auf den Austausch der beiderseitigen Leistungen gerichtet ist. Hierbei ist gleichgültig, an wen die Leistung zu erbringen ist. Erforderlich ist aber eine rechtliche Verknüpfung von Leistung und Gegenleistung. Sie kann hergestellt. werden durch die Begründung eines Gegenseitigkeitsverhältnis (Synallagma), durch Vereinbarung einer Bedingung oder durch die Abrede,

---

[12] OLG Düsseldorf NZBau 2002, 626 f.; OLG Düsseldorf, VII Verg 42/07, VergabeK Münster v. 4. 10. 2004, VK 21/04.
[13] EuGH, C-94/99, Slg. 2000, I-11037 – ARGE Gewässerschutz; OLG Düsseldorf, Verg 22/02, ZfBR 2003, 70 f. zu Schienenpersonennahverkehr.

dass die eine Leistung den Rechtsgrund für die andere darstellt.[14] Die Annahme erfolgt im Vergaberecht durch die **Erteilung des Zuschlages** auf das im Wettbewerb erfolgreichste Angebot. Dem Zuschlag hat eine **Information der nicht erfolgreichen Bieter** und das **Abwarten einer Frist vorauszugehen,** die den unterlegenen Bietern die Inanspruchnahme von Rechtsschutz ermöglichen soll. Diese Regelung war bisher in § 13 VgV enthalten und wurde mit der Vergaberechtsreform 2009 als § 101 a in modifizierter Form in das GWB übernommen (s. Kommentierung dort). In Erfüllung dieser Informationspflicht hat sich als ständige Praxis durchgesetzt, auch den erfolgreichen Bieter über den **beabsichtigten** Zuschlag auf sein Angebot zu unterrichten. Um effektiven Rechtschutz zu gewährleisten, der gerade auch ermöglichen muss, den Auftrag zu erhalten und nicht auf Schadensersatzregelungen verwiesen zu werden,[15] kann diese **Vorinformation noch nicht der Zuschlag** sein. Sie stellt lediglich die entsprechende **Absichtserklärung** dar. Nach Ablauf der Wartefrist kann der Zuschlag wirksam erteilt werden, wenn dem Auftraggeber kein Nachprüfungsantrag zugestellt wurde.

a) Formerfordernis. Anders als die **europäischen Richtlinien,**[16] die von **schriftlichen** **12** **Verträgen** ausgehen, ergibt sich dieses **Formerfordernis im nationalen Recht nicht.** Allerdings bringt das Vergabeverfahren, selbst wenn es als Verhandlungsverfahren (**§ 101 Abs. 5**) geführt wird, schon eine Schriftlichkeit der Angebote mit sich. Außerdem verlangt die in **§ 97 Abs. 1** geforderte Transparenz des Vergabeverfahrens eine Dokumentation, aus der die Auswahlentscheidung des Auftragsgebers nachvollziehbar und überprüfbar ist, insbesondere hinsichtlich der diskriminierungsfreien Auswahl des besten Angebotes. Dies ist ohne schriftliche Angebote in aller Regel nicht herstellbar. In der Praxis gibt es tatsächlich keine Vergabeverfahren im europäischen Wettbewerb ohne schriftliche Angebote.

Es kommt daher nur noch auf die **Form des Zuschlages** an. Dieser ist grundsätzlich form- **13** frei, es reicht die Willenserklärung gegenüber dem erfolgreichen Bieter. Allerdings führt ein vor Ablauf der Wartefrist des **§ 101 a** erteilter Zuschlag zu einem nichtigen Vertrag. Die Beweislast sowohl für den erfolgten Vertragsschluss als auch für die Einhaltung der Wartefrist obliegt dem öffentlichen Auftraggeber, der das Vergabeverfahren führt und deshalb für seine Rechtmäßigkeit verantwortlich ist. Wegen der weitreichenden Konsequenzen eines nicht nachweisbaren Zuschlagszeitpunktes (sowohl der Zuschlag überhaupt als auch das Abwarten der Frist des **§ 101 a** können bestritten werden, die Beschaffung kann sich verzögern, Schadensersatzansprüche können entstehen) findet in der Praxis daher die Zuschlagserteilung regelmäßig schriftlich statt. Unerheblich ist hingegen die Art (Fax, Email, förmliche Vertragsunterzeichnung) der Schriftform.

b) Funktionaler Vertragsbegriff. Für die Anwendbarkeit des Vergaberechts ist ein funk- **14** tionaler Vertragsbegriff zugrunde zu legen. Es kommt nicht nur auf den gerade zum Abschluss vorgesehenen Vertag an. Vielmehr muss eine Gesamtschau verschiedener, aber zusammenhängender Verträge stattfinden. Andernfalls könnte durch eine geschickte Teilung der Leistung in verschiedene Vertragsakte die Anwendung von Vergaberecht umgangen werden. Der EuGH sah zu Recht einen einheitlichen Vergabevorgang darin, dass eine Gemeinde zunächst einer Eigengesellschaft einen langfristigen Auftrag im Wege der Inhouse-Vergabe erteilte und danach Anteile dieser Gesellschaft an einen Privaten verkaufte.[17] Ein öffentlicher Auftrag kann daher auch darin liegen, dass die Leistung gegenüber einem Dritten erbracht wird, wenn der öffentliche Auftraggeber diesem gegenüber eine Versorgungsverantwortung hat (Rettungsdienstleistungen, Krankenkassen- oder Sozialleistungen, s. dazu unten e) und Kommentierung zu Abs. 4). Je nach Gestaltung des Vertragsverhältnisses kann bei Dienstleistungen hier jedoch eine nicht den vollständigen Vergaberegeln unterworfene **Dienstleistungskonzession** vorliegen, s. dazu Kommentierung zu Abs. 4, B. Unerheblich und vom EuGH ua. in seiner Entscheidung zu **Erschließungsverträgen** (s. Fn. 18) klargestellt ist auch, ob ein **öffentlich-rechtlicher oder ein privatrechtlicher Vertrag** geschlossen werden soll. Alle öffentlichen Beschaffungen, deren Auftragswert die Schwellenwerte übersteigt und die nicht von den abschließend geregelten Ausnahmen in **§ 100 Abs. 2** erfasst sind, sollen dem europäischen Markt zugänglich sein. Würden bestimmte nationale Rechtsformen von der Verpflichtung das Vergaberecht entbinden, läge es in der willkürlichen Entscheidung der jeweiligen Auftraggeber, welche Aufträge sie dem europäischen Wettbewerb entziehen. Da die EG- Vergaberichtlinien nicht zwischen öffentlich-

---

[14] OLG Düsseldorf NZBau 2005, 652.
[15] Ausführlich dazu: BerlKommEnR/*Reider* § 13 VgV; EuGH, C-433/93, Slg. 1995, I-2303; EuGH, C-81/98, Slg. 1999, I-7671.
[16] Art. 1 Abs. 2 lit. a VKR 2004.
[17] EuGH, C-29/04, Slg. 2005, I-9705 – Stadt Mödling.

rechtlichen und privatrechtlichen Verträgen unterscheiden, sind sie richtlinienkonform so auszulegen, dass auch die öffentlichrechtlichen Verträge erfasst werden.[18]

15   **c) Entgeltlichkeit. aa)** Der Begriff der Entgeltlichkeit ist in richtlinienkonformer Auslegung
weit und funktional zu fassen. Da Zweck des europaweiten Verfahrens ist, den potentiellen
Bietern den Zugang zu öffentlichen Aufträgen zu öffnen, die für sie von Interesse sind, müssen
ihnen alle Informationen zugänglich gemacht werden, aus denen sich für sie **das wirtschaftliche Interesse an einem Auftrag** ableitet. Dazu gehören nicht nur die **unmittelbaren Gegenleistungen des öffentlichen Auftraggebers,** sondern auch **alle aus Leistungen Dritter
erwachsenden geldwerten Vorteile für den Auftragnehmer.**[19] Der EuGH leitet dies aaO.
daraus ab, dass auch für die Baukonzession sowohl auf die Leistungen des öffentlichen Auftraggebers als auch auf die Leistungen Dritter abzustellen ist. Dies kann für den Bauauftrag nicht
anders sein, da ansonsten ein Bauauftrag, der nach seinem wirtschaftlichen Umfang über dem
Schwellenwert liegt und daher europaweit von Interesse sein könnte, ohne Einhaltung der Regeln über die europaweite Vergabe erteilt werden könnte (Ziffer 55). Eine Gewinnerzielung ist
nicht erforderlich,[20] die Gegenleistung muss der Höhe nach nicht feststehen, sie kann zB. in der
Übertragung von Sachwerten wie Grundstücken oder Gesellschaftsanteilen, im Verzicht auf die
Erhebung von Gebühren, in dem Recht, Gebühren oder Beiträge zu erheben, oder in Verwer-
tungs- oder Nutzungsrechten bestehen. Der EuGH hat den **Verzicht der öffentlichen Hand
auf Erschließungsbeiträge** ausreichen lassen.[21] Als ausreichend wurde zB. auch anerkannt die
Überlassung von **Altpapier zur Verwertung,**[22] die **Überlassung von Grundstücken oder
Gebäuden zur Weiterveräußerung oder wirtschaftlichen Verwertung,**[23] die **Überlassung von Grundstücken gegen reduzierte Pacht**[24] sowie der **Auftrag zur Verwertung
von Verlagsrechten.**[25]

16   **bb)** Die Gegenleistung muss auch **nicht in einem unmittelbaren Leistungsaustauschverhältnis** stehen. Wie das Recht zur Erhebung von Gebühren erfüllt auch die **Gegenleistung
durch einen Dritten**[26] oder über den Umweg einer **Kostenerstattung nach Einziehung
von Gebühren durch den Auftraggeber** das Kriterium der Entgeltlichkeit.[27] Dementsprechend kommt es erst recht nicht darauf an, ob die Gegenleistung aus bereitgestellten Haushaltsmitteln erfolgt. Je nach Konstellation kann jedoch eine nicht dem Vergaberecht unterliegende
Dienstleistungskonzession vorliegen (s. VIII. 7).

17   **d) Beschaffungscharakter.** Ob dem Vergaberecht nur Verträge mit Beschaffungscharakter
oder jede Beschaffung eines öffentlichen Auftraggebers unterliegen sollen, ist angesichts der
Rechtsprechung des EuGH ein akademischer Streit. Auch dieser Begriff ist zur Vermeidung
von Umgehungstatbeständen **funktional und weit** zu verstehen. Es ist nicht Voraussetzung,
dass der öffentliche Auftraggeber einen aus seiner öffentlichen Aufgabe resultierenden Bedarf
decken will. Der Bedarf kann sich auch aus einer wirtschaftlichen Betätigung am Markt ergeben. Es reicht aus, wenn der Auftraggeber überhaupt ein Interesse an der Auftragserfüllung, **zu
welchem Zweck auch immer,** hat.[28] Bei Bauwerken reicht es daher aus, wenn diese entsprechend den Anforderungen des Auftraggebers erstellt werden sollen, selbst wenn sie zur spä-

---

[18] HM., zB. EuGH, C-399/98, Slg. 2001, I-5409 zu Erschließungsverträgen; wie hier auch *Dreher/Stock-
mann* RdNr. 18, OLG Düsseldorf NZBau 2004, 398, VergabeR 2004, 619 621 – Stadt Wuppertal und sehr
ausführlich mwN. OLG Düsseldorf NZBau 2007, 530, ZfBR 2008, 102 ff., 103 – Flugplatz Ahlhorn.
[19] EuGH, C-220/05, Slg. 2007, I-385, RdNr. 52 ff. – Stadt Roanne; ebenso OLG Düsseldorf NZBau
2007, 530, ZfBR 2008, 102, 103 – Flughafen Ahlhorn.
[20] BGH NZBau 2005, 290 zu Altpapierverwertung.
[21] EuGH, C-399/98, Slg. 2001, I-5409 – Stadt Mailand, VergabeR 2001, 380, 388.
[22] BGH wie Fn. 20.
[23] OLG Düsseldorf NZBau 2009, 138 – Wuppertal; OLG Düsseldorf NZBau 2007, 530, ZfBR 2008,
102, 103 – Flugplatz Ahlhorn.
[24] BayObLG VergabeR 2003, 329.
[25] OLG Düsseldorf NZBau 2000, 530.
[26] OLG Hamburg v. 7. 12. 2007, 1 Verg 4/07 führt aus, dass es unerheblich ist, von wem die Gegenleistung erbracht wird.
[27] ZB. EuGH, C-220/05, Slg. 2007, I-385 – Stadt Roanne; EuGH, C-399/98, Slg. 2001, I-5409 – Stadt
Mailand; OLG Düsseldorf NZBau 2004, 398 – Stadt Wuppertal und OLG Düsseldorf NZBau 2007, 530 –
Flugplatz Ahlhorn; OLG Düsseldorf NZBau 2005, 652 zu Familienhilfe; OLG Düsseldorf NZBau 2008,
194, VergabeR 2008, 73, 77 zu Rabattverträgen, dazu auch: LSG Düsseldorf, VergabeR 2010, 135 f.
[28] EuGH, C-126/03, Slg. 2004, I-11 197; EuGH, C-220/05, Slg. 2007, I-385 – Stadt Roanne; OLG
Düsseldorf NZBau 2007, 530 – Flugplatz Ahlhorn.

teren Veräußerung vorgesehen sind. Der EuGH lässt hier das mittelbare Interesse an einer geordneten städtebaulichen Entwicklung ausreichen.[29]

e) Vertragsarten. Abs. 1 nennt die **Vertragsarten,** zu denen öffentliche Aufträge führen **18** können. Sie werden in den folgenden Absätzen jeweils definiert. Mit den genannten Arten soll das wirtschaftliche Handeln der öffentlichen Hand am Markt möglichst umfassend abgedeckt werden, um eine weitestgehende Marktöffnung sicher zu stellen. Dem **Dienstleistungsauftrag** kommt dabei eine **Auffangfunktion** zu, indem in **Abs. 4** definiert wird, dass Dienstleistungsaufträge alle Aufträge sind, die nicht Bau- oder Lieferaufträge sind.

3. Einzelfälle. a) Kommunale Zusammenarbeit. Für die Vergabe von Aufträgen an an- **19** dere öffentliche Auftraggeber gelten die allgemeinen Vergaberegeln. Das bedeutet, dass auch Aufträge, die anderen öffentlichen Auftraggebern erteilt werden sollen, europaweit auszuschreiben sind, wenn der Auftragswert den Schwellenwert übersteigt.[30] Etwas anderes gilt für die Vergabe an eigene Einrichtungen, die sog. Inhouse-Vergaben (s. dazu IV. 1.). Aus der hierzu ergangenen Rechtsprechung ergab sich die Frage der Behandlung von kommunalen Zusammenschlüssen, denen von den angehörigen Gemeinden Aufträge übertragen werden sollen. Der EuGH hat dazu – unter Beibehaltung der aufgestellten Anforderungen für Inhouse- Geschäfte – entschieden, dass hier unter bestimmten Voraussetzungen ein vergaberechtsfreies Handeln möglich ist.[31] Die kommunale Kooperation muss **im Wesentlichen für die angeschlossenen Gemeinden tätig** sein. Die angeschlossenen Gemeinden müssen über die Kooperation die **Kontrolle wie über eine eigene Dienststelle** ausüben können. Das ist zB. ausgeschlossen bei einer Beteiligung von privatem Kapital[32] oder bei der Rechtsform der Aktiengesellschaft, die Ziele unabhängig von ihren Anteilseignern verfolgen kann.[33] Die Kontrolle muss die Möglichkeit beinhalten, **sowohl auf die strategischen Ziele als auch auf die wichtigen Entscheidungen dieser Einrichtung ausschlaggebenden Einfluss** zu nehmen. Im konkreten Fall bestanden die Beschlussorgane der Genossenschaft aus Vertretern der ihr angeschlossenen öffentlichen Stellen, die Genossenschaft war nur zur Erfüllung des einen Zwecks (hier Betrieb eines Kabelfernsehnetzes) gegründet worden und hatte keinen kommerziellen Charakter. Für die **Kontrolle** wie über eine eigene Dienststelle lässt der EuGH die **gemeinsame Ausübung durch Mehrheitsbeschlüsse der Genossenschaftsmitglieder** ausreichen. Er trägt damit dem Umstand Rechnung, dass es normalerweise ausgeschlossen ist, dass eine Stelle allein die Kontrolle ausüben kann, wenn sich mehrere Stellen zusammenschließen und nicht eine davon die Mehrheit innehat. Das Verlangen nach einer individuellen Kontrolle würde daher der staatlichen Organisationsfreiheit zuwiderlaufen, nach der der Staat sich zur Deckung seiner Bedürfnisse seiner eigenen Einrichtungen bedienen darf. Diese Rechtsprechung hat der EuGH fortgesetzt in der Entscheidung C-480/06 vom 9. 6. 2009 und C-573/07 (Sea) vom 10. 9. 2009. Insbesondere in der Entscheidung C-573/07 werden die Voraussetzungen für eine vergaberechtsfreie Beschaffung ausführlich dargestellt.[34] Sie entsprechen den schon zu dem Verfahren C-26/03 (Fn. 32) dargestellten Voraussetzungen.

b) Contracting out, Outsourcing und Rekommunalisierung. Die **Übertragung ei- 20 gener Aufgaben an einen Dritten unter Beibehaltung der eigenen Verantwortung (Contracting out)** erfüllt alle Kriterien eines öffentlichen Auftrages und unterliegt damit dem Vergaberecht. Die **Übertragung einer eigenen Aufgabe auf eine rechtlich selbständige Eigengesellschaft** stellt für sich gesehen ein Inhouse-Geschäft dar, das nicht dem Vergaberecht unterliegt. Kommt es jedoch **anschließend zu einem Verkauf von Anteilen dieser Gesellschaft an Dritte,** liegt nach der gebotenen funktionalen Betrachtungsweise (Rdnr. 14) ein ausschreibungspflichtiges Gesamtpaket von Verträgen vor, die nicht jeder für sich isoliert betrachtet werden dürfen, da ansonsten mit dieser Gestaltung das Vergaberecht umgangen und erhebliches Auftragsvolumen dem Markt entzogen werden könnte.[35] (s. auch IV. 5. e)). **Re-**

---

[29] EuGH, C-220/05, Slg. 2007, I-385, RdNr. 42 ff. – Stadt Roanne.

[30] Unstreitig, zB. EuGH, C-220/05, Slg. 2007, I-385, VergabeR 2007, 183 ff., 190 – Stadt Roanne.

[31] EuGH, C-324/07, Slg. 2008, NZBau 2009, 54 zu einem Fall nach dem Gesetz über kommunale Gemeinschaftsarbeit in Nordrhein-Westfalen; OLG Düsseldorf NZBau 2006, 66, das in dem konkreten Fall ebenfalls einen vergaberechtsfreien Organisationsakt annimmt.

[32] EuGH, C-26/03, Slg. 2005, I-1 – Stadt Halle.

[33] EuGH, C-26/03, Slg. 2005, I-1 – Stadt Halle; BGH NZBau 2008, 664.

[34] EuGH, C-480/06, VergabeR 2009, 738 (Stadtreinigung Hamburg); EuGH, C-573/07 VergabeR 2009, 882 (Sea).

[35] EuGH, C-458/03, Slg. 2005, I-8585 – Parking Brixen.

kommunalisierung liegt vor, wenn eine bereits durch Dritte erledigte Aufgabe wieder von der Kommune selbst erledigt wird, zB. die Abfallentsorgung wieder durch die eigenen Stadtwerke erledigt werden soll. Die Entscheidung, eine Aufgabe wieder selbst und ohne Inanspruchnahme Dritter zu erfüllen, stellt eine staatliche Organisationsentscheidung dar, die nicht dem Vergaberecht unterliegt. Abzugrenzen ist die Rekommunalisierung allerdings von der erneuten Auftragserteilung an ein anderes, nur zufällig kommunales Unternehmen. In diesem Fall liegt ist Vergaberecht anzuwenden.

21   **c) Änderung laufender Verträge.** Die Änderung laufender Verträge ist immer dann als neuer ausschreibungspflichtiger Auftrag anzusehen, wenn die Änderung einer Neuvergabe gleichkommt und damit Wettbewerbsrelevanz erlangt.[36] Dabei ist zur Vermeidung von Umgehungen eine enge Betrachtungsweise zugrunde zu legen. Der EuGH[37] stellt ebenfalls auf die Wesentlichkeit der Änderung ab. Als Kriterien werden genannt:
– Änderungen, die einen weiteren Bieterkreis im Vergabeverfahren oder einen anderen Ausschreibungsgewinner erlaubt hätten,
– Änderungen, mit denen eine Leistungserweiterung in großem Umfang vorgenommen wird sowie
– Änderungen, die das wirtschaftliche Gleichgewicht des Vertrages zugunsten des Auftragnehmers verändern.

22   Ob diese Kriterien vorliegen, wird in jedem Einzelfall zu prüfen sein. **Ein anderer Bieterkreis oder ein anderer Ausschreibungsgewinner** kann zB. in Betracht kommen, wenn ausgeschriebene Leistungsanteile nachträglich nicht verwirklicht werden, andere Preise, Mengen, Materialien oder Ausführungsarten zugelassen werden, Ausführungs- oder Lieferfristen verändert werden, ursprünglich ausgeschlossene Nachunternehmer zugelassen werden und auf im Rahmen der Eignung gestellte Anforderungen, zB. an die Präsenz von auftragsspezifisch fachkundigem Personal, verzichtet wird. Insbesondere die **Zulassung veränderter Preise** kann einer Neuvergabe gleichkommen, wenn sie nicht durch nachvollziehbare Marktveränderungen (gestiegene Beschaffungspreise des Auftragnehmers) in der Höhe und im Umfang gerechtfertigt sind. Hier wird besonders kritisch zu prüfen sein, ob nur die marktverursachte Preissteigerung weitergegeben oder eine versteckte Erhöhung des Angebotspreises vorgenommen wurde. Die Frage, wann eine **Leistungserweiterung in großem Umfang** vorliegt, wird auch unter Berücksichtigung der **Veränderung des wirtschaftlichen Gleichgewichts zugunsten des Auftragnehmers** zu bewerten sein. Wenn ein mittlerer Auftrag durch eine mittlere Ausweitung der geforderten Leistung zu einem großen Auftrag wird, wird man die Wettbewerbsrelevanz nicht mit dem Hinweis, es liege keine große Leistungserweiterung vor, negieren können. Soweit sich aus der Erfüllung eines ausgeschriebenen Auftrages notwendige und von diesem nicht trennbare Anpassungen ergeben, ohne das wirtschaftliche Gesamtgefüge und die Hauptleistungspflichten zu verändern, kommt dies nicht zwingend einer Neuvergabe gleich.[38] Die **VKR** sieht in **Art. 31 Abs. 2 b** zu Lieferaufträgen (mit einer zeitlichen Begrenzung) und in **Abs. 4** zu Bau- und Dienstleistungsaufträgen (mit einer finanziellen Wertgrenze) Ausnahmen von der Bekanntmachungspflicht vor einer freihändigen Vergabe vor. Diese Regelungen finden sich national in den **Verdingungsordnungen** wieder.[39] Sie können Auslegungs- und Orientierungshilfe im Einzelfall sein. Entscheidend ist, ob bei wertender Betrachtung eine Reaktion auf veränderte Verhältnisse oder eine Umgehung des Vergaberechts vorliegt.

23   **d) Austausch des Vertragspartners.** Der Austausch des Vertragspartners stellt immer eine wesentliche und wettbewerbsrelevante Änderung des Vertragsverhältnisses dar.[40] Sie ist nur dann vergaberechtlich zulässig, wenn der neue Vertragspartner mit dem vorherigen faktisch identisch ist und nach den Ausschreibungsbedingungen den Eignungsanforderungen gerecht wird. Praktisch kann hier eine **Umstrukturierung im Konzern oder der Beitritt zu einem Konzern** in Betracht kommen, wenn der so entstandene neue oder beigetretene Firmenteil zu 100% dem zunächst beauftragten Unternehmen gehört und von diesem beherrscht wird. Hinzu kommt, dass der durch Umstrukturierung oder Beitritt entstandene Unternehmensteil weiterhin alle Eignungsanforderungen vollständig erfüllen muss, die mit der Ausschreibung gefordert wa-

---

[36] OLG Düsseldorf NZBau 2001, 69, VergabeR 2001, 329, 332 und OLG Düsseldorf v. 8. 5. 2002 VII-Verg 8–15/01, OLG Rostock NZBau 2003, 457.
[37] EuGH, C-454/06, Slg. 2008, I-4401 – Austria Presse Agentur.
[38] OLG Rostock, NZBau 2003, 457 (Vorlagebeschluss).
[39] § 3a Nr. 2e–g VOL/A und § 3a Abs. 6 VOB/A.
[40] OLG Düsseldorf NZBau 2005, 710.

ren, so dass sich der Wechsel des Vertragspartners nicht als neue Marktteilnahme darstellt.[41] Angesichts der Manipulationsmöglichkeit und der Bevorzugung, die in der freihändigen Übertragung eines Vertrages auf einen anderen Vertragspartner liegt, ist hier ein strenger Maßstab anzulegen. Grundsätzlich bedarf die Vertragsübertragung auf eine andere Firma auch innerhalb eines Konzerns der **Zustimmung des öffentlichen Auftraggebers gemäß § 415 BGB.** Der öffentliche Auftraggeber ist damit in der Verantwortung, nur bei einem auch vergaberechtlich zulässigen Wechsel die Zustimmung zu erteilen. Er kann sich nicht darauf zurückziehen, eine vertragsgemäße Leistung entgegen zu nehmen, egal, von wem.

Bei Veränderungen aufgrund der Möglichkeiten nach dem **Umwandlungsgesetz** ist danach **24** zu unterscheiden, ob lediglich die Rechtsform geändert wurde oder ob sich das vertragliche Verhältnis auch inhaltlich verändert hat, zB. durch aufgrund der Änderung veränderte Risiken für den öffentlichen Auftraggeber (zB. geändertes Insolvenzrisiko, § 22 UmwG). Problematisch ist auch, wenn die Spaltung eines Unternehmens zu einem Auseinanderfallen von Leistungsanteilen auf verschiedene Unternehmen führt. Hier dürfte grundsätzlich ein neuer Auftrag vorliegen.[42]

Im Falle von **Insolvenz des Vertragspartners** entscheidet der Insolvenzverwalter, ob der **25** Auftrag noch erfüllt oder die Erfüllung abgelehnt werden soll. Soweit der Insolvenzverwalter die Erfüllung ablehnt, stellt die Suche nach einem neuen Vertragspartner eine ausschreibungspflichtige Neuvergabe dar.[43]

Eine Änderung des Vertragspartners liegt auch vor, wenn **ein Mitglied einer Bieterge- 26 meinschaft** ausscheidet oder insolvent wird. In diesem Fall gelten die oben dargestellten Grundsätze. Die insolvente Firma kann je nach Entscheidung des Insolvenzverwalters weiterhin an der Erfüllung des Auftrages mitwirken, so dass das Vertragsverhältnis nicht berührt wird. Scheidet das Mitglied der Bietergemeinschaft aus, kommt es darauf an, ob die verbleibenden Mitglieder der Bietergemeinschaft den Eignungsanforderungen der Ausschreibung noch genügen.[44] Wenn das der Fall ist, kann der Auftraggeber der Fortführung durch die Restbietergemeinschaft zustimmen.

e) Vertragslaufzeiten, Kündigung, Verlängerung. Das Vergaberecht sieht außer für **27** Rahmenverträge und dynamische Beschaffungssysteme **keine starre zeitliche Höchstgrenze** für Verträge vor. Die Vertragsdauer darf jedoch **keine Umgehung des Vergaberechts** sein. Gegen eine Umgehung spricht eine **Vertragsdauer** dann, wenn sie **in einem sinnvollen Zusammenhang mit dem Auftrag** steht. Verträge, die den Bau und Betrieb einer aufwendigen Logistik (zB. Müllverbrennungsanlage, ÖPNV-Netz) erfordern, können sich zB. an der Amortisationsdauer orientieren. Die Beschaffung von einfachen Gebrauchsgütern wie zB. Büroausstattungen oder von Standarddienstleistungen wie zB. Gebäudereinigung auf viele Jahre an einen bestimmten Lieferanten oder Dienstleister zu binden, bedürfte hinsichtlich der Notwendigkeit jedenfalls einer Begründung. Unabhängig vom Vergaberecht ist hier zumindest bei Kommunen auch das **Demokratieprinzip** tangiert, wenn durch über mehrere Legislaturperioden geschlossene Verträge die Handlungsspielräume für die gewählten Vertreter weiterer Legislaturperioden eingeengt und andere Entscheidungen über den Beschaffungsbedarf durch langfristige Verträge behindert oder gar ausgeschlossen werden. In der Praxis dürfte auch die **haushaltsrechtliche Verpflichtung** zum sparsamen Umgang mit Haushaltsmitteln dazu führen, dass langfristiger Bedarf in überschaubaren Zeiträumen durch erneute Ausschreibungen gedeckt wird, um die Preiskontrolle des Marktes nutzen zu können. Die Regelungen zur Schwellenwertberechnung[45] legen bei unbefristeten Verträgen einen Zeitraum von 4 Jahren zugrunde, eine Vertragslaufzeit in diesem Rahmen dürfte nicht zu beanstanden sein.

Langfristige oder unbefristete Verträge können über eingeräumte **Kündigungsmög- 28 lichkeiten** Reaktionsmöglichkeiten auf eine veränderte Markt- oder Bedürfnislage vorsehen. Wurde ein rechtmäßiger **unbefristeter Vertrag** geschlossen, besteht keine Pflicht zur Kündi-

---

[41] EuGH, C-454/06, Slg. 2008, I-4401 – Austria Presse Agentur, wo die Übernahme des Vertrages durch eine hundertprozentige Tochtergesellschaft als rechtmäßig angesehen wurde.

[42] Zur Verschmelzung zweier Unternehmen während des Vergabeverfahren s. OLG Düsseldorf, NZBau 2007, 254; VergabeR 2007, 93 ff. mwN. und mit Anmerkungen von *Niestedt*, ausführlich hierzu *Rittwage* VergabeR 2006, 327 ff.

[43] VergabeK Bund, VK 2-187/04, IBR 2/2005, 111 wonach die Stellung des Insolvenzantrages nicht zur Vertragkündigung verpflichtet und Verhandlungen mit dem Insolvenzverwalter über die Erfüllung des restlichen Auftrages noch keine Neuvergabe sind.

[44] OLG Celle, Beschl. v. 17. 8. 2007 13 Verg 9/07 NZBau 2007, 663, VergabeR 2007, 6 ff.

[45] Art 9 Abs. 6 und 7 VKR, § 3 Abs. 3 VgV.

gung. Ist der Vertrag jedoch **unter Verstoß gegen Vergaberecht** zustande gekommen, ist der öffentliche Auftraggeber zur Kündigung verpflichtet,[46] da ansonsten ein rechtswidriger Zustand aufrecht erhalten bleibt.

29 **Vertragsverlängerungen** kommen grundsätzlich einer **Neuvergabe** über den neuen Zeitraum gleich und sind deshalb auszuschreiben. Ausnahmen sind denkbar für untergeordnete Restarbeiten. Zulässig sind Vertragsverlängerungen, wenn entsprechende **Optionen** schon Gegenstand der Ausschreibung und damit Element des Wettbewerbs waren. Gleiches gilt für Klauseln, nach denen sich ein Vertrag automatisch verlängert, wenn er nicht bis zu einem bestimmten Zeitpunkt gekündigt wird. Derartige **Verlängerungsklauseln** stellen **Gestaltungsrechte** dar, die, **wenn sie im Wettbewerb schon enthalten waren**, auch ausgeübt werden dürfen. Allerdings ist auch hier die Zulässigkeit des Umfanges der Verlängerung an der Besonderheit des konkreten Auftrages zu messen. **Ändert sich mit der Vertragsverlängerung der Vertragsinhalt**, zB. der Preis, die Qualität oder vertragliche Vereinbarungen, die das ursprüngliche wirtschaftliche Gefüge zugunsten des Auftragnehmers verschieben, liegt immer ein **ausschreibungspflichtiger neuer Auftrag** vor.

30 **f) Optionen.** Optionen, die nicht die Vertragsdauer, sondern die Leistung als solche oder Vereinbarungen in Vertragsverhältnis betreffen, sind in dem Umfang zulässig, wie sie Gegenstand des Ausschreibungsverfahrens waren und damit vorhersehbar und transparent sind.

31 **g) Rahmenverträge.** Rahmenverträge sind Verträge, mit denen der öffentliche Auftraggeber mit einem oder mehreren Auftragnehmern eine auf maximal 4 Jahre begrenzte Vereinbarung schließt, aus der der Auftraggeber und ggf. auch andere öffentliche Auftraggeber Leistungen abrufen können.[47] **Typische Fälle in der Praxis:** Zentrale Beschaffungsstelle der Polizei eines Landes schließt einen Rahmenvertrag, aus dem alle Polizeidienststellen des Landes Lieferungen oder Leistungen abrufen können, Schulträger schließt mit einem oder mehreren Schulbuchhändlern Rahmenverträge, aus denen die örtlichen Schulen ihren Bedarf abrufen können Sie unterliegen der Anwendung des Vergaberechts. Der **Abruf aus den Rahmenverträgen** gehört hingegen zur Ausführung des Vertrages und unterliegt nicht dem Vergaberecht, solange sich der Abruf unverändert an die schon im Verfahren zur Vergabe des Rahmenvertrages enthaltenen Leistungsinhalte hält.

32 **h) Sozialrechtliches Dreiecksverhältnis.** Das sozialrechtliches Dreiecksverhältnis ist charakterisiert durch seine dreipolige Ausgestaltung. Der öffentliche Träger der Sozial- und Fürsorgeleistungen unterhält eine Vertragsbeziehung mit privaten Leistungsanbietern, aus denen die Leistungsberechtigten Leistungen beziehen können, für die wiederum der öffentliche Träger kostenpflichtig eintritt. Hierbei kann es sich zB. um Heilfürsorgeleistungen, Familienhilfe, Kindertagesstätten, Erwachsenenbildung usw. handeln. Da hier jedenfalls in den Bereichen des Gesundheits- und in vielen Bereichen der Sozialfürsorge eine gesetzliche Leistungspflicht besteht, wurde im Zusammenhang mit der Wahlfreiheit des Berechtigten das Vergaberecht als nicht anwendbar angesehen. Zur Erfüllung des gesetzlichen Auftrages ist der Abschluss von Leistungsverträgen jedoch unumgänglich, um zB. Fortbildungs- und Umschulungsangebote in der Arbeitsverwaltung, den Betrieb von Kindertagesstätten, Leistungen wie Familienhilfe[48] und Schuldnerberatung sowie der Gesundheitsfürsorge vorhalten und sicherstellen zu können. Die Leistungsbeziehungen zwischen dem öffentlichen und dem freien Träger der Sozialleistungen **erfüllen die Kriterien eines öffentlichen Auftrages.** Sie stehen in einem **synallagmatischen Verhältnis** zueinander, auch wenn der Abruf der Leistung durch die Berechtigten vom öffentlichen Wohlfahrtsträger nur bedingt (Arbeitsverwaltung, Umschulungen, Fortbildungen) oder gar nicht (Heilfürsorge, Abruf nach gesundheitlichem Bedarf) steuerbar ist und der Leistungsberechtigte in vielen Bereichen ein Wahlrecht hat, ob er die Leistung bezieht (in welcher Apotheke er seine Medikamente kauft, kann er selbst entscheiden, die Klinik für eine notwendige Kur oder der Lieferant für orthopädische Hilfsmittel wird idR. vorgegeben). Der Anbieter erfüllt seine Leistung aufgrund der Leistungsbeziehung mit dem öffentlichen Träger, die ihm das Recht einräumt, Leistungen für ihn zu erbringen.

33 Der öffentliche Träger erbringt seinerseits die Gegenleistung, entweder unmittelbar, weil die Rechnung gar nicht erst dem Bezieher, sondern direkt an ihn gesandt wird oder mittelbar im Wege der Erstattung an den Leistungsbezieher (zB. bei privat Krankenversicherten). Die **ver-**

---

[46] EuGH, C-126/03, Slg. 2004, I-11 197; EuGH, C-503/04, Slg. 2007, I-6153, RdNr. 32 ff.
[47] Art. 1 Abs. 5 VKR.
[48] OLG Düsseldorf NZBau 2005, 652.

tragliche Beziehung ist daher der Rechtsgrund für die Gegenleistung des öffentlichen Trägers an den Leistungserbringer.[49] Unmittelbarkeit des Leistungsaustauschs ist nicht Voraussetzung für einen öffentlichen Auftrag, s. RdNr. 15, 16. Zur Familienhilfe führte der Senat des OLG Düsseldorf aus:

„Vereinbarungen über Leistungsangebote, Entgelte und Qualitätsentwicklung gemäß **34** §§ 78a ff. SGB VIII oder auch gemäß §§ 93 ff. BSHG eine solche Verpflichtung zur Abgabe einer Kostenübernahmeerklärung nicht vorgesehen ist und in der Praxis bisher offenbar auch nicht zum Inhalt solcher Vereinbarungen gemacht worden ist. Ein Schuldbeitritt des Trägers der Jugend- oder Sozialhilfe wird vielmehr darin gesehen, dass dem Leistungserbringer in der Regel eine Kopie des Bewilligungsbescheides zugesandt wird, in dem die gegenüber dem Hilfsbedürftigen erklärte Kostenübernahme enthalten ist (Neumann/Bietz-Harder, RsDE 4812001, 1, 15 mwNachw.). Es kann aber dahinstehen, ob die Verpflichtung des Antragsgegners aus § 3 Nr. 4 im Gegenseitigkeitsverhältnis mit der Dienstleistungsverpflichtung steht. Ein solches Gegenseitigkeitsverhältnis besteht auf jeden Fall mit der Verpflichtung des Antragsgegners, dem Einrichtungsträger das Recht einzuräumen, Leistungen der Sozialpädagogischen Familienhilfe gemäß § 31 KJHG im Kreisjugendamtsbezirk S. für ihn erbringen zu dürfen. So heißt es in der Präambel, dass die vier Konzessionsnehmer „allein berechtigt und verpflichtet sein sollen die in Rede stehenden Leistungen zu erbringen. Sie erhalten also die Befugnis, anstelle des Antragsgegners, der als Träger der Jugendhilfe zur Erbringung dieser Leistungen kraft Gesetzes verpflichtet ist, Leistungen der Sozialpädagogischen Familienhilfe zu erbringen. Korrelat dieser „Ermächtigung" ist die in § 2 Nr. 1 der Vertragsentwürfe übernommene Verpflichtung, von dieser Befugnis auch Gebrauch zu machen und die Leistungen gegenüber dem Hilfesuchenden zu erbringen. Insoweit stehen diese beiderseitigen Leistungen ohne Zweifel im Gegenseitigkeitsverhältnis. Die Einräumung dieses Rechts hat auch einen geldwerten Vorteil, denn sie verschafft dem Einrichtungsträger die Möglichkeit, Betreuungsleistungen zu erbringen und hierfür eine Vergütung zu erhalten."

Nach den Gegebenheiten des konkreten Falles ist die Frage zu entscheiden, ob es sich um **35** eine **Dienstleistungskonzession oder einen Rahmenvertrag** handelt, da sich danach der Umfang des anzuwendenden Vergaberechts richtet. In dem Vorlageverfahren C-300/07 zur Lieferung orthopädischer Schuhe hat der zuständige Generalanwalt in seinem Schlussantrag vom 16. 12. 2008 abgewogen, ob der Schwerpunkt der Leistung n der Beratung oder der Herstellung und Lieferung liegt und den Schwerpunkt in der Lieferung gesehen (Ziffern 56–62 des Antrages). Er sieht den Vertrag der Krankenkasse mit dem Hersteller der orthopädischen Schuhe als geradezu klassischen Fall einer Rahmenvereinbarung an und führt in den Ziffern 69 und 70 aus:

Der Vertrag zur integrierten Versorgung ist nicht als Dienstleistungskonzession einzuordnen, denn für **36** *diese ist kennzeichnend, dass sie die Übertragung eines Rechts zur Verwertung einer bestimmten Leistung umfasst und dass der Konzessionär ganz oder zum überwiegenden Teil das wirtschaftliche Nutzungsrisiko trägt. Im vorliegenden Fall ist der Leistungserbringer bis zum Abschluss eines Einzelvertrags mit einem Versicherten nicht verpflichtet, eine Leistung zu erbringen. Er erhält also als Gegenleistung nicht das Recht zur* **Verwertung einer vorhergehenden Leistung.** *(33) Der Leistungserbringer ist verpflichtet, seine Leistung* **auf Abruf eines Versicherten zu erbringen, ohne die Möglichkeit, Verhandlungen über den Preis oder über sein eigenes Entgelt zu führen,** *das ja mit der Krankenkasse vereinbart ist und von dieser an ihn gezahlt wird. Somit trägt der Leistungserbringer nicht das wirtschaftliche Risiko im Sinne der oben angeführten gemeinschaftlichen Rechtsprechung.*

Meines Erachtens stuft die Kommission die Vereinbarung zwischen der Krankenkasse und dem Lei- **37** *stungserbringer zu Recht als* **nahezu klassisches Beispiel einer Rahmenvereinbarung** *ein, da sie die Bedingungen für die Liefer und Beratungsleistungen festlegt, die innerhalb eines gewissen Zeitraums erbracht werden. Erst aufgrund der späteren Einzelverträge wird der Leistungserbringer verpflichtet, die Schuhe zu liefern, und wird die Krankenkasse verpflichtet, das Entgelt zu zahlen. Dass der Leistungserbringer im Voraus nicht weiß, ob und in welchem Umfang die Versicherten seine Leistungen in Anspruch nehmen werden, ist gerade ein Charakteristikum einer Rahmenvereinbarung im Sinne von Art. 1 Abs. 5 der Richtlinie. Ich möchte an dieser Stelle hinzufügen, dass, selbst wenn das vorlegende Gericht den fraglichen Auftrag als auf eine „Dienstleistung" gerichtet einstufen sollte, es sich bei diesem dennoch um eine Rahmenvereinbarung und nicht um eine Dienstleistungskonzession handeln würde."* (Hervorhebungen im Zitat durch die Verfasserin)

---

[49] So auch der Antrag des Generalanwalts in dem Vorlageverfahren C 300/07 Orthopädische Schuhe, AOK Rheinland, in diesem Sinne entschieden durch EuGH C-300/07 VergabeR 2009, 744.

38   Dieser Einschätzung ist zuzustimmen. Sinn und Zweck der Verträge mit freien Leistungserbringern ist gerade die Kostenkontrolle und die Preisoptimierung unter Wettbewerbsbedingungen. Der Leistungserbringer übernimmt daher kein wirtschaftliches Verwertungsrisiko. Er kann
sicher von der vorher vereinbarten Gegenseitigkeit von Leistung und Gegenleistung ausgehen.
Der Wahlfreiheit der Berechtigten kann durch den Abschluss von Rahmenverträgen mit verschiedenen Anbietern Rechnung getragen werden.

39   **i) Beleihung.** Von Rahmenverträgen und Dienstleistungskonzeptionen zu unterscheiden ist
die Beleihung. Die reine Übertragung hoheitlicher Befugnisse unterliegt nicht dem Vergaberecht. Es ist jedoch genau zu prüfen, ob mit der Beleihung nicht auch ein Beschaffungsverhältnis begründet wird. Diese unterliegt dem Vergaberecht. In der Praxis ist diese Frage vor allem
bei der Vergabe von Rettungsdienstleistungen[50] relevant geworden, wo nach zunächst widersprüchlicher Rechtsprechung aufgrund unterschiedlich ausgestalteter Landesgesetze nunmehr
durch die Vertragsverletzungsverfahren der EU gegen die Bundesländer Niedersachsen, Nordrhein-Westfalen, Sachsen und Sachsen-Anhalt wegen unterlassener Ausschreibung von Rettungsdienstleistungen klar sein dürfte, dass in der regelmäßig gegen Entgelt zu erbringenden
Rettungsdienstleistung eine vergaberechtsrelevante Beschaffung zu sehen ist.

40   **j) Unteraufträge oder Aufträge an Subunternehmer.** Die Vergabe von Unteraufträgen
oder Aufträgen an Subunternehmer unterliegt dann nicht dem Vergaberecht, wenn das Unternehmen, das den Unterauftrag vergibt, den Hauptauftrag in einem Vergabeverfahren eines öffentlichen Auftraggebers erhalten hat **(Generalunternehmer).** Etwas anderes gilt jedoch, wenn
sich ein öffentlicher Auftraggeber am Wettbewerb beteiligt und gewonnen hat. Hier sind auch
die Nachunternehmeraufträge nach den europäischen Richtlinien auszuschreiben, wenn die
Schwellenwerte überschritten sind. Dem liegt der Gedanke zugrunde, dass die Eigenschaft als
öffentlicher Auftraggeber unteilbar ist, so dass es nicht darauf ankommt, ob der öffentliche Auftraggeber einen Bedarf im Rahmen seiner öffentlichen Aufgabe oder in Erfüllung einer privatrechtlich begründeten Verpflichtung decken will. Zudem würde die freihändige Vergabe von
Unteraufträgen nicht ausschließen, dass wettbewerbsfremde Kriterien den Ausschlag geben.[51]

IV. In-House-Geschäfte, Interkommunale Zusammenarbeit,
Public-Private-Partnerships

Schrifttum: *Ax/Telian*, Public-Private-Partnership – Grundlagen, BTR 2005, 5; *Bartsch/Röhling/Salje/
Scholz (Hrsg.)*, Stromwirtschaft, 2002, zit. als *Bearbeiter*, in: Bartsch/Röhling/Salje/Scholz; *Bauer*, Die Zu-
sammenarbeit zwischen Gemeinden und ihr Verhältnis zum Vergaberecht, ZfBR 2006, 446; *Beckmann/
Gesterkamp*, Vergaberechtliche Aspekte der kommunalen Gemeinschaftsarbeit in der Abfallwirtschaft – Teil
2, AbfallR 2003, 279; *Braun/Hauswaldt*, Vergaberechtliche Wirkung der Grundfreiheiten und das Ende der
Inländerdiskriminierung? – Zugleich eine Anmerkung zum EuGH-Urteil Coname, EuZW 2006, 176; *Broß*,
Die Vergabe öffentlicher Aufträge als Wettbewerbsproblem, in: Festschrift für Brandner, 1996, S. 343 ff.;
Büdenbender, Die kartellrechtliche Zulässigkeit von Gesamtbedarfsdeckungsklauseln, ET 2000, 359; *Bult-
mann*, Zur Privilegierung gemischt-öffentlicher Eigengesellschaften bei der Vergabe öffentlicher Aufträge,
NZBau 2006, 222; *Burgi*, Warum die „kommunale Zusammenarbeit" kein vergaberechtspflichtiger Be-
schaffungsvorgang ist, NZBau 2005, 208; *Büttner/Däuper*, Analyse typischer Klauseln in Gaslieferverträgen,
ZNER 2001, 210; *Byok/Bormann*, Aktuelle Rechtsfragen zu der öffentlichen Auftragsvergabe in der Entsor-
gungswirtschaft, NVwZ 2008, 842; *Emmerich*, Das Wirtschaftsrecht der öffentlichen Unternehmen, 1969;
Dieckmann, Ist die kommunalrechtliche Aufgabendelegation zwischen Gebietskörperschaften ausschreibungspflichtig?, AbfallR 2006, 38; *Dietlein*, Anteils- und Grundstücksveräußerungen als Herausforderung für
das Vergaberecht, NZBau 2004, 472; *Donat/Lipinski*, „Stadtreinigung Hamburg" – ein Sieg für die interkommunale Kooperation, KommJur 2009, 361; *Dreher*, Die Privatisierung bei Beschaffung und Betrieb der
Bundeswehr – Zugleich ein Beitrag zur Frage der vergaberechtlichen Privilegierung so genannter In-house-
Lösungen, NZBau 2001, 360; *Dreher*, Public Private Partnerships und Kartellvergaberecht – Gemischtwirt-
schaftliche Gesellschaften, In-house-Vergabe, Betreibermodell und Beleihung Privater, NZBau 2002, 245;
Dreher, Vergaberechtsschutz unterhalb der Schwellenwerte, NZBau 2002, 419; *Dreher*, Das In-house-
Geschäft – Offene und neue Rechtsfragen der Anwendbarkeit der In-house-Grundsätze, NZBau 2004, 14;
Emmerich, Die öffentliche Unternehmung im deutschen Konzern- und Wettbewerbsrecht, AG 1976, 225;
Endler, Privatisierungen und Vergaberecht, NZBau 2002 125; *Erdmann*, Kommunale Vergabe von Aufträgen
an gemischt-wirtschaftliche Unternehmen, NdsVBl. 2000, 211; *Faber*, Öffentliche Aufträge an kommunal-
beherrschte Unternehmen – In-house-Geschäfte oder Vergabe im Wettbewerb?, DVBl 2001, 248; *Fleischer*,
Konzerninterne Wettbewerbsbeschränkungen und Kartellverbot, AG 1997, 491; *Flömer/Tomerius*, Interkommunale Zusammenarbeit unter Vergaberechtsvorbehalt?, NZBau 2004, 660; *Franz*, Gewinnerzielung

---

[50] Zu Rettungsdienstleistungen im Submissionsmodell: EuGH C-160/08, ZfBR 2010, 498; BGH X ZB
31/08, VergabeR 2009, 156 (Sachsen); OVG NRW, VergabeR 2009, 161.
[51] EuGH, C-126/03, Slg. 2004, I-11 197 – Heizkraftwerk München.

durch kommunale Daseinsvorsorge, Tübingen 2005; *Freitag*, Vergaberechtsschutz unterhalb der europäischen „Schwellenwerte", NZBau 2002, 204; *Frenz*, Vergaberecht und institutionalisierte PPP, NZBau 2008, 673; *Frenz*, Die Abgrenzung von ausschreibungsfreien In-House-Geschäften am Scheideweg – Vor dem Urteil „Carbotermo", WRP 2006, 874; *Frielinghaus*, Die kommunale Insolvenz als Sanierungsansatz für die öffentlichen Finanzen, 2007; *Gersdorf*, Öffentliche Unternehmen im Spannungsfeld zwischen Demokratie- und Wirtschaftlichkeitsprinzip, 2000; *Greb/Rolshoven*, Die Ahlhorn-Linie – Grundstücksverkauf, Planungs- und Vergaberecht, NZBau 2008, 163; *Gruneberg/Jänicke*, Erweiterte Möglichkeiten für die interkommunale Zusammenarbeit nach der Entscheidung des EuGH vom 9. 6. 2009 – eine Zwischenbilanz, ZfBR 2009, 754; *Gundlach/Frenzel/Schirrmeister*, Der § 395 BGB im gemeindlichen Bereich, DZWiR 2004, 145; *Hattig/Ruhland*, Kooperationen der Kommunen mit öffentlichen und privaten Partnern und ihr Verhältnis zum Vergaberecht, VergabeR 2005, 425; *Hausmann/Bultmann*, Die Entscheidung des EuGH in der Rechtssache „Stadt Halle" – Ein neues Paradigma für vergaberechtsfreie In-house-Geschäfte, NVwZ 2005, 377; *Hertwig*, Der Staat als Bieter, NZBau 2008, 355; *Hoffmann-Riem,* Tendenzen in der Verwaltungsrechtsentwicklung, DÖV 1997, 433; *Hösch*, Die kommunale Wirtschaftstätigkeit, Tübingen 2000; *Jaeger*, Public Private Partnership und Vergaberecht, NZBau 2001, 6; *Jaeger/Dicks*, Der Kartellsenat und der Vergabesenat des Oberlandesgerichts Düsseldorf, in: 100 Jahre Oberlandesgericht Düsseldorf, 2006, S. 155; *Jasper/Pooth*, Die Auslegung der In-House-Kriterien, VergabeR 2003, 613; *Jennert*, Das Urteil „Parking Brixen": Übernahme des Betriebsrisikos als rechtssicheres Abgrenzungsmerkmal für die Dienstleistungskonzession? – Der EuGH stellt die Kommunen vor die Entscheidung für In-house-Privilegierung oder Beteiligung am Wettbewer, NZBau 2005, 623; *Jennert*, In-house-Vergabe nach „Carbotermo": Bei der kommunalen GmbH möglich, beim Zweckverband nicht?, NZBau 2006, 421; *Jennert*, Zum Verhältnis von europäischem Beihilfenrecht und mitgliedstaatlicher Daseinsvorsorge, 2004; *Jickeli*, Marktzutrittsschranken im EG-Kartellrecht (Teil 1), WuW 1992, 101; *Jickeli*, Marktzutrittsschranken im EG-Kartellrecht (Teil 2), WuW 1992, 195; *Just*, GmbH versus Limited – Praxisempfehlungen, BC 2006, 25; *Kaltenborn/Nobis*, Der vergabe- und beihilferechtliche Regelungsrahmen für Public Private Partnerships in der Entwicklungszusammenarbeit, NZBau 2008, 681; *von Kerssenbrock*, Ist der Verkauf von Geschäftsanteilen oder Aktienmehrheiten kommunaler Stromversorger einem Vergabeverfahren gemäß §§ 97 ff GWB zu unterziehen?, WuW 2001, 122; *Kersting/Siems*, Ausschreibungspflicht für staatliche Kooperationen?, DVBl 2005, 477; *Knauff*, Praxisanmerkung zur vorstehend abgedruckten Entscheidung der Vergabekammer Arnsberg, NZBau 2006, 334; *Koman*, Das Grünbuch der Kommission über Public Private Partnerships: ein weiterer Schritt auf dem Weg zu größerer Rechtssicherheit?, ZfBR 2004, 763; *Krohn*, „Aus" für In-house-Vergaben an gemischtwirtschaftliche Unternehmen, NZBau 2005, 92; *Krohn*, Interkommunale Zusammenarbeit und Vergaberecht, NZBau 2006, 610; *Krohn*, Vertragsänderungen und Vergaberecht – Wann besteht eine Pflicht zur Neuausschreibung?, NZBau 2008, 619; *Krohn*, „In-house"-Fähigkeit kommunaler Gemeinschaftsunternehmen, NZBau 2009, 222; *Krohn*, „Flugplatz Ahlhorn": Ausschreibungspflicht für Grundstücksgeschäfte der öffentlichen Hand?, ZfBR 2008, 27; *Kularz/Niebuhr*, Sachlicher Anwendungsbereich und wesentliche Grundsätze des materiellen GWB-Vergaberechts – OLG Brandenburg, „Flughafen Berlin-Schönefeld" und Folgen, NZBau 2000, 6; *Kummer/Giesberts*, Rechtsfragen der Privatisierung kommunaler Abfallentsorgung und Abwasserbeseitigung, NVwZ 1996, 1166; *Langhein*, Notarieller Rechtsverkehr mit englischen Gesellschaften, NZG 2001, 1123; *Lutz*, Vergaberegime außerhalb des Vergaberechts?, WuW 2006, 890; *Markert*, Langfristige Bezugsbindungen für Strom und Gas nach deutschem und europäischem Kartellrecht, EuZW 2000, 427; *Marx*, Verlängerung bestehender Verträge und Vergaberecht, NZBau 2002, 311; *Marx*, Vergaberecht – Was ist das?, in: Festschrift für Bechtold, 2006, S. 321; *Mehlitz*, Der Verkauf von Gesellschaftsanteilen durch öffentliche Auftraggeber unterliegt nicht dem Vergaberecht!, WuW 2001, 569; *Möschel*, Privatisierung und öffentliches Vergaberecht, WuW 1997, 120; *Müller*, Langfristige Vertragsverhältnisse der Kommunen mit kommunalen Tochtergesellschaften am Beispiel von Strombezugsverträgen, NZBau 2001, 416; *Müller*, Interkommunale Zusammenarbeit und Vergaberecht, VergabeR 2005, 436; *Müller/Brauser-Jung*, Öffentlich-Private-Partnerschaften und Vergaberecht – Ein Beitrag zu den vergaberechtlichen Rahmenbedingungen, NVwZ 2007, 884; *Müller-Kabisch/Manka*, EuGH macht „kurzen Prozess" mit In-House-Vergabe an gemischtwirtschaftliche Unternehmen, VW 2005, 149; *Opitz*, Kontraktive Privatisierung und Kartellvergaberecht, ZVgR 2000, 97; *Osterloh*, Privatisierung von Verwaltungsaufgaben, VVDStRL 54 (1995), 204; *Pape/Holz*, Die Voraussetzungen vergabefreier In-house-Geschäfte, NJW 2005, 2264; *Pencereci*, Quo vadis interkommunale Zusammenarbeit?, LKV 2005, 137; *Pietzcker*, Defizite beim Vergaberechtsschutz unterhalb der Schwellenwerte?, NJW 2005, 2881; *Pietzcker*, Die neue Gestalt des Vergaberechts, ZHR 162 (1998), 427; *Rindtorff/Gabriel*, Das Legislativpaket kommt – In-House-Geschäfte bleiben, VergabeR 2004, 577; *Rosenkötter/Fritz*, Investorenauswahlverfahren im Fokus des Vergaberecht, NZBau 2007, 559; *Säcker*, Das Regulierungsrecht im Spannungsfeld von öffentlichem und privatem Recht, AöR 130 (2005), 180; *Säcker*, Corporate Governance und Europäisches Gesellschaftsrecht – Neue Wege in der Mitbestimmung, BB 2004, 1462; *Säcker*, Ex-Ante-Methodenregulierung und Ex-Post-Beschwerderecht, RdE 2003, 305; *Säcker*, Allgemeine Auslegungsgrundsätze zum Mitbestimmungsgesetz 1976, ZHR 148 (1984), 153; *Säcker/Busche*, Kommunale Eigenbetriebe im Spannungsfeld von Selbstverwaltungskompetenz und Kartellaufsicht, VerwArch 83 (1992), 1; *Säcker/Jaecks*, Langfristige Energielieferverträge und Wettbewerbsrecht (2002); *Säcker/Mohr/Wolf*, Konzessionsverträge im System des europäischen und deutschen Wettbewerbsrechts, 2010; *Säcker/Wolf*, Die Auswirkungen der Rechtsprechung des EuGH zu In-House-Geschäften auf Public-Private-Partnerships, WRP 2007, 282; *Schlette*, Die Verwaltung als Vertragspartner, 2000; *Schmidt, T.*, Liberalisierung, Privatisierung und Regulierung der Wasserversorgung, LKV 2008, 193; *Schneider*, Liberalisierung der Stromwirtschaft durch regulative Marktorganisation, 1999; *Schnichels*, Marktabschottung durch langfristige Gasliefeverträge, EuZW 2003, 171; *Schröder*, Vergaberechtliche Probleme bei der Public-Private-Partnership in Form der gemischtwirtschaftlichen Unternehmung, NJW 2002, 1831; *Schröder*, Die vergaberechtliche Problematik der interkommunalen Zusammenarbeit am Beispiel der Bildung von Zweckverbänden – Zugleich ein Beitrag zur Auslegung des öffentlichen Auftrages iS. des § 99 GWB, NVwZ 2005, 25; *Schuppert*, Der moderne Staat als Gewährleistungsstaat, in: Schröter (Hrsg.), Empirische Policy- und Verwaltungsforschung, 2001; *Schuppert*, Verwaltungswissenschaft, Verwaltung, Verwaltungsrecht, Verwaltungslehre, 2000; *Schuppert*, Von Ko-Produktion von Staatlichkeit zur Co-Performance of Governance, SFB-Governance, Paper Series Nr. 12, April 2008; *Senke*, Elektrizitätslieferverträge nach der Liberalisierung der Elektrizitätsmärkte im Lichte des europäischen und deutschen Kartellrechts, 2003; *Siegel*, Zulässige Vertragslaufzeiten im Vergaberecht, ZfBR 2006, 554; *T. Mann*, Die öffentlich-rechtliche Gesellschaft, Tübingen 2002; *Tomerius*, Kommunale Abfallwirtschaft und Vergaberecht, NVwZ 2000, 727; *von Donat/Lipinsky*, „Stadtreinigung Hamburg" – ein Sieg für die interkommunale Kooperation, KommJur 2009, 361; *Weber/Schäfer/Hausmann (Hrsg.)*, Public Private Partnership, 2006, zit. als *Bearbeiter*, in: Weber/Schäfer/Hausmann; *Wiedemann/Martens*, Die Unternehmensqualifikation von Gebietskörperschaften im Recht der verbundenen Unternehmen (Teil II und Schluß), AG 1976, 232; *Wilke*, Zweckverbände und Vergaberecht, ZfBR 2007, 23; *Wilkens*, Wettbewerbsprinzip und Gemeinwohlorientierung bei der Erbringung von Eisenbahndienstleistungen, 2006; *Würdinger*, Öffentliche Hand und Unternehmen, DB 1976, 613; *Ziekow*, Städtebauliche Verträge zwischen Bauauftrag und Baukonzession, DVBl 2008, 137; *Ziekow/Siegel*, Public Public Partnerships und Vergaberecht: Vergaberechtliche Sonderbehandlung der In-State-Geschäfte?, VerwArch 2005, 119.

41   **1. In-House-Geschäfte. a) Grundlagen.** Öffentliche Auftraggeber können sich ebenso wie private Marktteilnehmer zur Deckung ihres Bedarfs an Dritte wenden oder die Leistung mit eigenen Mitteln selbst erbringen. Bei der Selbstvornahme fehlt es regelmäßig an der typischen Marktzuwendung und damit auch an der für einen Auftrag geforderten Personenverschiedenheit; es liegt ein In-House-Geschäft im engeren Sinne vor, für das im Grundsatz keine Ausschreibungspflicht besteht. Greift ein öffentlicher Auftraggeber zur Bedarfsbefriedigung auf eine ihm angeschlossene aber wirtschaftlich selbständige Einrichtung zurück, zB. auf ein als GmbH organisiertes kommunales Unternehmen, kann auch diese Leistungsbeziehung unter bestimmten Voraussetzungen den Charakter einer Eigenleistung erhalten. Es handelt sich dann um ein Quasi-In-House-Geschäft.[52] Letzteres wird ebenfalls als In-House-Geschäft oder In-House-Vergabe bezeichnet, weshalb auch die nachfolgenden Darstellung auf diese Begrifflichkeiten zurückgreift.

42   Der EuGH entwickelte zur vergaberechtlichen Beurteilung von In-House-Geschäften eine umfangreiche Rechtsprechungspraxis, wonach solche Verträge nicht von den Vergaberechtsrichtlinien (RL 2004/18/EG und 2004/17/EG) erfasst werden, bei denen der öffentliche Auftraggeber über die beauftragte Gesellschaft mit eigener Rechtspersönlichkeit eine ähnliche Kontrolle ausüben kann wie über seine eigenen Dienststellen.[53] Diese Rechtsprechung wurde von den deutschen Gerichten für § 99 Abs. 1 GWB übernommen,[54] auch wenn dies nicht zwingend war, da der Anwendungsbereich des GWB weiter gehen kann als die nur Mindestvorgaben aufstellenden Richtlinien.[55]

43   Nachdem der EuGH diese Rechtsprechung zunächst für öffentliche Aufträge entwickelte, die vollständig von den Vergaberichtlinien erfasst sind, übertrug er sie auch auf nicht oder nicht vollständig von den Vergaberechtsrichtlinien erfasste Situationen, wie zum Beispiel Dienstleistungskonzessionen. Für diese leitete er mit dem förmlichen Vergabeverfahren weitgehend übereinstimmende Voraussetzungen unmittelbar aus dem Primärrecht ab.[56] Insoweit haben öffentliche Stellen die Grundregeln der EU-Verträge im Allgemeinen und das Verbot der Diskriminierung aus Gründen der Staatsangehörigkeit (Art. 18 AEUV) im Besonderen zu beachten,[57] insbesondere auch Art. 49 AEUV (Niederlassungsfreiheit) und Art. 56 AEUV (Dienstleistungs-

---

[52] Vgl. zur Begrifflichkeit Schlussanträge der GA in *Stix-Hackl* v. 23. 9. 2004, C-26/03, RdNr. 49 – Stadt Halle RPL; *Immenga/Mestmäcker/Dreher* RdNr. 53.

[53] Vgl. EuGH, Urt. v. 10. 11. 2005, C-29/04, Slg. 2005, I-9705, RdNr. 34 – Kommission/Republik Österreich; EuGH, Urt. v. 11. 1. 2005, C-26/03, Slg. 2005, I-1, RdNr. 49 – Stadt Halle und RPL Lochau; EuGH, Urt. v. 8. 4. 2008, C-337/05, Slg. 2008, I-2173, RdNr. 36 – Kommission/Italien (Agusta-Hubschrauber).

[54] Siehe zB. BGH, Beschl. v. 12. 6. 2001, X ZB 10/01, NZBau 2001, 517; BGH, Urt. v. 3. 7. 2008, I ZR 145/05, NZBau 2008, 664 – Kommunalversicherer.

[55] Vgl. auch BGH, Beschl. v. 1. 12. 2008, X ZB 31/08, NZBau 2009, 201, 203 f. – Rettungsdienstleistungen.

[56] Vgl. *Endler* NZBau 2002, 125, 126 f. So auch schon die Mitteilung der Kommission zu Auslegungsfragen im Bereich Konzessionen im Gemeinschaftsrecht, ABl. 2000 C 121/2, 3.

[57] Vgl. in diesem Sinne EuGH, Urt. v. 7. 12. 2000, C-324/98, Slg. 2000, I-10745, RdNr. 60 – Telaustria und Telefonadress; EuGH, Urt. v. 21. 7. 2005, C-231/03, Slg. 2005, I-7287, RdNr. 16 f. – Coname.

freiheit), die nach der Rechtsprechung des Gerichtshofes[58] ebenso wie Art. 18 AEUV[59] eine besondere Ausprägung des Gleichbehandlungsgrundsatzes sind. Damit erlangt die In-House-Rechtsprechung auch für die Unterschwellenvergabe Bedeutung, soweit der Auftrag Binnenmarktrelevanz aufweist. Die Kommission veröffentlichte dazu eine Mitteilung zu Auslegungsfragen in Bezug auf das Unionsrecht, das für die Vergabe öffentlicher Aufträge gilt, die nicht oder nur teilweise unter die Vergaberichtlinien fallen.[60]

b) Auslegungsmaximen. Der Anwendungsbereich des Vergaberechts wird maßgeblich **44** durch die Reichweite der In-House-Ausnahme bestimmt. Die Rechtsprechung des Gerichtshofes tendiert dabei zu einer an den Auswirkungen auf den Wettbewerb orientierten restriktiven Interpretation der In-House-Rule, so dass es verstärkt auf Ausnahmetatbestände wie in Art. 14 bis 16 RL 2004/18/EG ankommt.[61] Vor dem Hintergrund der **wettbewerblichen Zielsetzung des Vergaberechts,**[62] das neben dem allgemeinen Wettbewerbsrecht in Art. 101 f. AEUV[63] und dem Beihilfenrecht[64] auch dazu dient, ein System zu schaffen und aufrechtzuerhalten, das den Wettbewerb innerhalb des Binnenmarkts vor Verfälschungen schützt (Art. 51 EUV iVm. Protokoll Nr. 27 und Art. 119 Abs. 1 AEUV), ist dies konsequent. Das Wettbewerbsprinzip gebietet eine verstärkte Berücksichtigung der tatsächlichen Marktverhältnisse. Die Anbindung an wettbewerbsrechtliche Erfahrungswerte soll einem formalistischen öffentlich-rechtlichen Staatsprivileg Grenzen setzen. Mit dieser Entwicklung steht die Einbettung des deutschen Vergaberechts in die wettbewerbsrechtlichen Ordnungszusammenhänge des GWB in Einklang.

Noch immer wird das originär deutsche Vergaberecht aber überwiegend als bloßes Budget- **45** recht begriffen und eine europäisch veranlasste, notwendige Auswechslung der dem Vergaberecht zugrunde liegenden Legitimation und Zielsetzung ignoriert.[65] Auch das BVerfG[66] ist der konservativen[67] Auffassung, dass das nicht an Richtlinienvorgaben gebundene nationale Vergaberechts unterhalb der EU-Schwellenwerte reines „Haushaltsrecht" sei, das den Staat als Auftraggeber nur im öffentlichen Interesse zum wirtschaftlichen und sparsamen Umgang mit Haushaltsmitteln verpflichte, jedoch nicht der Sicherung des Wettbewerbs oder der Einrichtung einer besonderen Wettbewerbsordnung für das Nachfrageverhalten des Staates diene. Der Wettbewerb der Anbieter um einen ausgeschriebenen Auftrag werde als Mittel genutzt, um dieses Ziel zu erreichen, sei aber nicht selbst Zweck der haushaltsrechtlichen Normen. Diese Zweckaufspaltung zwischen den von ihren Wirkungen übereinstimmenden Regelungen bricht dabei mit der am europäischen Wettbewerbsleitbild ausgerichteten Modernisierung öffentlich-rechtlicher Ausnahmebereiche.[68] Nur ein effizientes Vergaberecht sichert in Ergänzung des allgemeinen Wettbewerbsrechts die Aufrechterhaltung eines wirksamen Wettbewerbs,[69] dessen Bedeutung auch das Bundesverfassungsgericht anerkennt.[70]

Der vom BVerfG für die Unterschwellenvergabe bevorzugten traditionellen Auslegung steht **46** jedenfalls dann höherrangiges Europarecht entgegen, wenn Aufträge unterhalb der Schwellen-

---

[58] Vgl. EuGH, Urt. v. 5. 12. 1989, 3/88, Slg. 1989, 4035, RdNr. 8 – Kommission/Italien; EuGH, Urt. v. 29. 10. 1980, 22/80, Slg. 1980, 3427 – Boussac Saint-Frères.

[59] Vgl. EuGH, Urt. v. 8. 10. 1980, 810/79, Slg. 1980, 2747, RdNr. 16 – Überschär.

[60] ABl. 2006 C 179/2.

[61] Vgl. zur Anwendung der Ausnahme im Verteidigungssektor *Säcker/Wolf* WRP 2006, 282, 295 ff.

[62] Vgl. Erw. 2 RL 2004/18/EG; EuGH, Urt. v. 3. 3. 2005, verb. C-21/03 u. C-34/03, Slg. 2005, I-1559, RdNr. 26 – Fabricom/Belgien; EuGH, Urt. v. 17. 9. 2002, C-513/99, Slg. 2002, I-7213, RdNr. 81 – Concordia Bus Finland; EuGH, Urt. v. 22. 6. 1993, C-243/89, Slg. 1993, I-3353, RdNr. 33 – Kommission/Dänemark; EuGH, Urt. v. 11. 1. 2005, C-26/03, Slg. 2005, I-1, RdNr. 44 – Stadt Halle und RPL Lochau; siehe auch die Schlussanträge des GA *Léger* v. 15. 6. 2000 in der C-94/99, RdNr. 5 u. 79 – ARGE Gewässerschutz/Bundesministerium für Land- und Forstwirtschaft; *Jaeger* NZBau 2001, 6, 8; *Pietzcker* ZHR 162 (1998), 427, 430 ff.; *Möschel* WuW 1997, 120, 122; *Broß*, Festschrift für Brandner, 343 ff.; *Marx*, Festschrift für Bechtold, 321 ff.; *Mestmäcker/Schweitzer* § 36 RdNr. 9 ff.

[63] EuGH, Urt. v. 25. 10. 1977, 26/76, Slg. 1977, 1875, RdNr. 20 – Metro/Kommission.

[64] EuGH, Urt. v. 20. 3. 1990, C-21/88, Slg. 1990, I-889, RdNr. 20 – Du Pont de Nemours Italiana.

[65] Kritisch auch *Marx*, Festschrift für Bechtold, 315 f.

[66] BVerfG, Beschl. v. 13. 6. 2006, 1 BvR 1160/03, RdNr. 62; bestätigt durch BVerfG, Beschl. v. 27. 2. 2008, 1 BvR 437/08, ZfBR 2008, 816.

[67] Vgl. dazu die Darstellung bei *Mestmäcker/Schweitzer* § 36 RdNr. 5 ff.

[68] Vgl. auch *Marx*, Festschrift für Bechtold, 315; siehe dazu bereits Monopolkommission, Hauptgutachten 1990/1991, BT-Drs. 11/7582 S. 386, RdNr. 1104; so auch *Broß*, Festschrift für Brandner, 343 ff.

[69] Vgl. *Mestmäcker/Schweitzer* § 36 RdNr. 45; *Dreher* NZBau 2002, 419 ff.; siehe bereits Monopolkommission, Hauptgutachten 1990/1991, BT-Drs. 12/3031 S. 407, RdNr. 1123.

[70] AaO. RdNr. 60 mwN.

werte Binnenmarktrelevanz entfalten, so dass die Grundregeln der EU-Verträge und insbesondere das Verbot der Diskriminierung aus Gründen der Staatsangehörigkeit zu beachten sind.[71] Gemäß der Rechtsprechung des EuGH hat auch bei Aufträgen unterhalb der Schwellenwerte der Vergaberichtlinien der Einzelne einen Anspruch auf effektiven gerichtlichen Schutz der Rechte, die sich aus der Unionsrechtsordnung herleiten.[72] Bei im Einzelfall festzustellender Binnenmarktrelevanz[73] sind demnach auch Sachverhalte unterhalb der Schwellenwerte im Lichte der Grundfreiheiten des AEUV zu prüfen, so dass die Aussage des BVerfG nur eingeschränkte Gültigkeit erlangen kann. Die europarechtliche Einwirkung auf binnenmarktrelevante Sachverhalte hilft daher, die durch Auftragswerte bestimmte Janusköpfigkeit des Vergaberechts aufzulösen. Die vom EuGH entwickelten Grundsätze zur In-House-Vergabe finden demnach nicht nur im Anwendungsbereich des durch Richtlinien ausgeformten Oberschwellenbereichs gemäß § 99 Abs. 1 GWB Anwendung, sondern auch bei sonstigen binnenmarktrelevanten Vorgängen.

47   **c) Voraussetzungen einer vergaberechtsfreien (Quasi-)In-House-Vergabe.** Nach der gefestigten Rechtsprechung des EuGH ist, wenn ein Auftrag einer juristischen Person des Privatrechts erteilt wird, die sich vom öffentlichen Auftraggeber rechtlich unterscheidet, eine Ausschreibung dann nicht erforderlich, wenn die als öffentlicher Auftraggeber fungierende öffentliche Stelle über die juristische Person eine mit der Kontrolle über ihre eigenen Dienststellen vergleichbare Steuerung ausübt und die juristische Person ihre Tätigkeit im Wesentlichen für die staatliche Einrichtung verrichtet, die die Anteile an der juristischen Person innehat.[74] Diese Erwägungen gelten sowohl für öffentliche Waren- sowie Dienstleistungsaufträge als auch für Bauaufträge.[75] Ob die staatliche Körperschaft eine ähnliche Kontrolle ausübt wie über ihre eigenen Dienststellen, ist unter Berücksichtigung der Gesamtumstände zu prüfen.[76] In aller Regel wird bei einer 100%igen Tochter- und Enkelgesellschaft eine solche Kontrollintensität zu bejahen sein (RdNr. 60 ff.).

48   § 99 Abs. 1 GWB übernimmt den im GWB auch an anderen Stellen genannten zentralen Unternehmensbegriff, der unabhängig von der Rechtspersönlichkeit – funktionell und nicht institutionell – zu bestimmen ist.[77] Gleiches gilt für den in den Richtlinien verwendeten Begriff des Wirtschaftsteilnehmers.[78] Aus diesem Grunde ist im gesamten Wettbewerbsrecht auch der Staat als

---

[71] Vgl. EuGH, Urt. v. 20. 10. 2005, C-264/03, Slg. 2005, I-8831, RdNr. 32f. – Kommission/Französische Republik mwN. Die Kommission erläutert ihr Verständnis von der Rechtsprechung des EuGH in der „Mitteilung der Kommission zu Auslegungsfragen in Bezug auf das Gemeinschaftsrecht, das für die Aufgabe öffentlicher Aufträge gilt, die nicht oder nur teilweise unter die Vergaberichtlinien fallen" v. 23. 6. 2006. Kritisch dazu *Lutz* WuW 2006, 890 ff. Vgl. bereits *Kulartz/Kus/Portz/Eschenbruch/Röwekamp* § 100 RdNr. 15; *Dreher* NZBau 2002, 419, 421 ff.; *Freitag* NZBau 2002, 204, 205 f., *Braun/Hauswaldt* EuZW 2006, 176, 177.

[72] EuGH, Urt. v. 25. 7. 2002, C-50/00, Slg. 2002, S. I-6677, RdNr. 39 – Unión de Pequeños Agricultores; EuGH, Urt. v. 15. 10. 1987, 222/86, Slg. 1987, S. 4097, RdNr. 14 – Heylens. für das Unterschwellen-Vergaberecht bereits OVG Bautzen, NZBau 2006, 393; VG Koblenz NZBau 2006, 412; bestätigend OVG Koblenz, NZBau 2005, 411; vgl. dazu auch *Pietzcker* NJW 2005, 2881 ff. Zu den neueren Versuchen einen umfassenden Rechtsschutz auf eine verfassungsrechtliche Basis zu stellen vgl. *Marx*, Festschrift für Bechtold, 313 ff.

[73] Kommission aaO. (Fn. 80), S. 4. Dies vernachlässigt *Lutz* WuW 2006, 890, 893 ff. bei seiner Kritik. Wie die Kommission im Ergebnis auch *Marx*, Festschrift für Bechtold, 326 f., der davon ausgeht, dass prinzipiell eine Vermutung fehlender Binnenmarktrelevanz für Sachverhalte unterhalb der Schwellenwerte besteht, die im Einzelfall zu widerlegen ist.

[74] Vgl. EuGH, Urt. v. 10. 11. 2005, C-29/04, Slg. 2005, I-9705, RdNr. 34 – Kommission/Republik Österreich; EuGH, Urt. v. 18. 11. 1999, C-107/98, Slg. 1999, I-8121, RdNr. 50 – Teckal; EuGH, Urt. v. 11. 1. 2005, C-26/03, Slg. 2005, I-1, RdNr. 49 – Stadt Halle und RPL Lochau; BGH, VergabeR 2001, 286; OLG Düsseldorf v. 12. 1. 2004, WuW/E Verg 1005; BayObLG, NZBau 2002, 397; OLG Brandenburg NZBau 2003, 229 = VergabeR 2003, 168; OLG Naumburg NZBau 2004, 62; *Faber* DVBl 2001, 28; *Dreher* NZBau 2001, 360; *Müller-Kabisch/Manka* VW 2005, 149 ff.

[75] Vgl. EuGH, Urt. v. 13. 10. 2005, C-458/03, Slg. 2005, I-8585, RdNr. 59 – Parking Brixen.

[76] EuGH, Urt. v. 10. 11. 2005, C-29/04, Slg. 2005, I-9705, RdNr. 38 ff. – Kommission/Republik Österreich.

[77] Ständige Rechtsprechung des BGH: statt vieler BGH, Beschl. v. 16. 12. 1976, KVR 5/75, WuW/E BGH 1474, 1477 – Architektenkammer; ebenso die europäische Entscheidungspraxis: EuGH, Urt. v. 23. 4. 1991, C-41/90, Slg. 1991, I-1979, RdNr. 21 – Höfner und Elser; EuGH, Urt. v. 17. 2. 1993, C-160/91, Slg. 1993, I-637, RdNr. 17 – Poucet und Pistre; EuGH, Urt. v. 11. 12. 1997, C-55/96, Slg. 1997, I-7119, RdNr. 21 – Job Centre; EuG v. 2. 7. 1992, T-61/89, Slg. 1992, II-1931, RdNr. 50 – Dansk Pelsdyravlerforening/Kommission; EuG v. 30. 3. 2000, T-513/93, Slg. 2000, II-1807, RdNr. 36 – Consiglio Nazionale degli Spedizionieri Doganali/Kommission; m. zahlr. wN. *Schröter/Jakob/Mederer/Schröter* Vorbem zu Art 81 bis 85 RdNr. 21 ff.

[78] Zur Unabhängigkeit des Begriff des Wirtschaftsteilnehmers von der Rechtsform auch *Trepte*, Public Procurement in der EU, 6.05.

Unternehmer anzusehen, wenn und soweit dieser wirtschaftlich tätig wird, unabhängig von der Rechtsform oder der Art der Finanzierung der ausübenden Einheit.[79] Soweit[80] also der Staat wirtschaftlich auf dem Markt auftritt, handelt er als Unternehmen. Auch Eigen- sowie Regiebetriebe fallen unter diesen Voraussetzungen unter den Unternehmensbegriff.[81] Nur eine solche Auslegung steht in Einklang mit Art. 106 Abs. 1 AEUV, wonach die Mitgliedstaaten in Bezug auf öffentliche Unternehmen keine den EU-Verträgen, insbesondere auch Art. 18 AEUV als einer der Grundpfeiler des Vergaberechts,[82] widersprechenden Maßnahmen treffen oder beibehalten dürfen.[83]

Art. 28 Abs. 2 GG und einige Landesverfassungen garantieren die kommunale Selbstverwal- **49** tung. Über eine institutionelle Rechtssubjektgarantie, eine objektive Rechtsinstitutionsgarantie und eine subjektive Rechtsstellungsgarantie hinaus enthält Art. 28 Abs. 2 S. 1 GG ein Aufgabenverteilungsprinzip zu Gunsten der Gemeinde. Dieses erfasst grundsätzlich alle Angelegenheiten der örtlichen Gemeinschaft.[84] Geschützt wird dabei als Ausprägung der Organisationshoheit auch die Kooperationshoheit, also das *Recht*, gemeinsam mit anderen Kommunen gemeinschaftliche Handlungsinstrumente zu schaffen, wie etwa die Bildung von Zweckverbänden.[85] Den Schutz des Art. 28 Abs. 2 S. 2 GG genießen auch Landkreise, da sie zu den Gemeindeverbänden gehören,[86] nicht hingegen Zusammenschlüsse, die lediglich Einzelaufgaben verfolgen, wie kommunale Zweckverbände.[87]

Das Recht der Kommunen, ihre Aufgaben eigenverantwortlich wahrzunehmen, befreit sie **50** aber nicht von der Pflicht, sich dabei an die geltenden Gesetze zu halten. Denn geschützt wird die kommunale Selbstverwaltung nach Art. 28 Abs. 2 S. 1 GG nur „im Rahmen der Gesetze". Auf Grund dieses Gesetzesvorbehalts kann der Gesetzgeber auch die Kooperationshoheit als Ausprägung der Organisationshoheit der Gemeinden einschränken. Eine Beeinträchtigung der Organisations- und Kooperationsfreiheit[88] ist jedoch nicht bereits bei jedem mittelbaren Einfluss auf diese anzunehmen, sondern erst ab einer gewissen Intensität der Beeinträchtigung, die darüber hinaus einen spezifischen Bezug zur kommunalen Selbstverwaltung aufweisen muss.[89] Der Kernbereich der kommunalen Selbstverwaltung ist grundsätzlich nicht beeinträchtigt, wenn die Kommune am Marktgeschehen teilnimmt. Sofern sie sich in diesem Bereich bewegt, unterliegt auch sie den Regeln, die zur Gewährleistung eines transparenten Wettbewerbsrechts geschaffen wurden. Daher fügt sich das Vergaberecht insbesondere vor dem bereits angesprochenen Hintergrund der Tätigkeit am Markt in die Reihe zulässiger gesetzlicher Beschränkungen der kommunalen Kooperationsfreiheit ein. Folglich stellt auch der besondere verfassungsrechtliche Schutz, den die Kommunen genießen, sie nicht über das Gesetz. Grundsätzlich unterliegen daher die Gemeinden und ihre Landkreise dem Regime des Vergaberechts, wenn dessen sachliche Voraussetzungen vorliegen.[90]

---

[79] Ständige Rspr. Zum dt. und europ. Wettbewerbsrecht; vgl. BGH, Urt. v. 26. 10. 1961, KZR 1/61, NJW 1962, 196, 197 f. – Gummistrümpfe; EuGH, Urt. v. 23. 4. 1991, C-41/90, Slg. 1991, I-1979, RdNr. 21 – Höfner und Elser; EuGH, Urt. v. 17. 2. 1993, C-160/91, Slg. 1993, I-637, RdNr. 17 – Poucet und Pistre; EuGH, Urt. v. 11. 12. 1997, C-55/96, Slg. 1997, I-7119, RdNr. 21 – Job Centre; EuG v. 2. 7. 1992, T-61/89, Slg. 1992, II-1931, RdNr. 50 – Dansk Pelsdyravlerforening/Kommission; EuG v. 30. 3. 2000, T-513/93, Slg. 2000, II-1807, RdNr. 36 – Consiglio Nazionale degli Spedizionieri Doganali/Kommission.; m. zahlr. w. N. *Schröter/Jakob/Mederer/Schröter* Vorbem zu Art 81 bis 85 RdNr. 21 ff.

[80] Zum relativ-funktionalen Verständnis des Unternehmensbegriffs siehe Art. 107 AEUV RdNr. 793 ff. sowie MünchKommEUWettbR/*Säcker/Herrmann* Einl. RdNr. 1590 ff.

[81] Vgl. nur EuGH, Urt. v. 16. 6. 1987, 118/85, Slg. 1987, 2599, RdNr. 11 – Kommission/Italien; EuGH, Urt. v. 27. 10. 1993, C-69/91, Slg. 1993, I-5335, RdNr. 15 – Decoster; EuGH, Urt. v. 27. 10. 1993, C-92/91, Slg. 1993, I-5383, RdNr. 14 – Taillandier; *Dauses/Emmerich* 23. Erg. 2008 H. II. RdNr. 88; *Immenga/Mestmäcker/Mestmäcker/Schweitzer,* EG-WettbR, Art. 31 u. 86 RdNr. C 35; aA. *T. Mann,* Die öffentlich-rechtliche Gesellschaft, 2002, S. 8.

[82] Vgl. RdNr. 43.

[83] EuGH, Urt. v. 18. 12. 2007, C-220/06, Slg. 2007, I-1217, Rn. 77 – Asociación Profesional de Empresas de Reparto y Manipulado de Correspondencia/Administración General del Estado; ebenso Calliess/Ruffert/*Jung* Art. 86 EGV RdNr. 22.

[84] Vgl. BVerfG, Beschl. v. 23. 11. 1988, Az. 2 BvR 1619, 1628/83, BVerfGE 79, 127, 151 f. – Rastede.

[85] Vgl. *Ziekow/Siegel* VerwArch 2005, 119, 120 mwN.

[86] Vgl. BVerfG, Beschl. v. 7. 5. 2001, 2 BvK 1/00, BVerfGE 103, 332, 359 – Naturschutzgesetz Schleswig-Holstein.

[87] Vgl. dazu BVerfG, Urt. v. 24. 7. 1979, 2 BvL 1/78, BVerfGE 52, 95, 109 ff. – Schleswig-Holsteinische Ämter.

[88] Dazu unten RdNr. 87 ff.

[89] Vgl. *Ziekow/Siegel* VerwArch 2005, 119, 121.

[90] OLG Naumburg, Beschl. v. 3. 11. 2005, 1 Verg 9/05, NZBau 2006, 58, 61 f. – Nachbarlandkreis.

51 **aa) Selbstvornahme.** Das Vergaberecht reguliert Beschaffungsmaßnahmen der öffentlichen Hand vor dem Hintergund der mit ihrer Nachfragekapazität verbundenen Einflussnahmemöglichkeiten in das Marktgeschehen. Es soll verhindert werden, dass ein entgeltlicher Auftrag, der nach der Rechtsprechung des EuGH[91] für ein Unternehmen einen bedeutenden wirtschaftlichen Vorteil generiert, nicht mehr dem im Wettbewerb durch besonders attraktive Leistung hervorstechenden Unternehmen zukommt, nur weil ein öffentlicher Auftraggeber keinen effektiven Zwang zur Effizienz verspürt, dem sich ein privates unter Wettbewerbsdruck stehender Nachfrager hingegen ausgesetzt sieht. Ziel ist die Vermeidung einer wettbewerbsverfälschenden Veränderung der Marktverhältnisse. Vergaberechtliche Relevanz erlangt demnach nur ein **außenwirksames Marktverhalten**, welches die Gefahr begründet, dass ein Marktteilnehmer aus der Insolvenzimmunität der öffentlichen Hand[92] im Verhältnis zu seinen Konkurrenten einen nicht auf Leistung beruhenden wettbewerblichen Vorteil zieht.[93] Wesensmerkmal eines öffentlichen Auftrags gemäß Abs. 1 ist folglich die Teilnahme des öffentlichen Auftraggebers am Markt, bei der er seine interne Aufgabenorganisation verlässt, um Verträge mit außenstehenden Dritten abzuschließen.[94] Zu prüfen ist unter diesem Aspekt, ob eine geplante Vereinbarung zwischen öffentlichem Auftraggeber und einem Unternehmen als **Vertrag** iSd. europäischen Vergaberechtes anzusehen ist.[95] So wie ein privates Unternehmen die Wahl zwischen der Nachfrage einer Leistung auf dem Markt und der hausinternen Selbstvornahme der Leistung hat, kann auch die öffentliche Hand im Wege der „Selbstvornahme"[96] tätig werden. Dann handelt es sich um ein nicht dem Regime des Vergaberechts unterfallendes In-House-Geschäft.

52 In-House-Geschäfte im eigentlichen (engeren)[97] Sinn liegen dann vor, wenn eine Einrichtung des öffentlichen Rechts eine eigene Dienststelle mit der Wahrnehmung einer Aufgabe betraut und sie demnach mit eigenen Mitteln erbringt. Wird hingegen ein rechtlich selbständiges Unternehmen im Beteiligungskreis der Kommune („Stadtkonzern") beauftragt, ist genau zu untersuchen, ob die Beauftragung hinsichtlich ihrer Auswirkungen auf den Wettbewerb wie eine In-House-Vergabe (Quasi-In-House-Vergabe) wirkt.[98]

53 **α) Rechtliche Verschiedenheit als Grundlage der Vergabepflichtigkeit.** Ein vergaberechtsrelevanter Vertrag liegt grundsätzlich vor, wenn eine Vereinbarung zwischen zwei im Sinne des Vergaberechts zu unterscheidenden Personen getroffen worden ist. Das ist dann zu bejahen, wenn der entgeltliche Vertrag zwischen einer staatlichen Gebietskörperschaft und einer **rechtlich von dieser verschiedenen Person** abgeschlossen wurde.[99] Erforderlich ist also ein Vertrag zwischen einer Gebietskörperschaft im Rahmen ihrer gemeindewirtschaftlichen Zuständigkeit und einem selbstständigen Rechtsträger. Eine unternehmensinterne Vergabe innerhalb einer juristischen Person erfüllt den Begriff des Auftrages im Rechtssinne nicht.[100] Fehlt ein Vertrag mit einer rechtlich von der staatlichen Einheit verschiedenen Person, weil die öffentliche Hand die Aufgabe mit eigenen technischen und personellen Ressourcen erfüllt, wird Vergaberecht auf die internen Vorgänge innerhalb einer juristischen Person grundsätzlich nicht angewandt.[101]

54 **β) Eigen- und Regiebetriebe ohne eigene Rechtspersönlichkeit.** Die Zuweisung einer Aufgabenerledigung an einen **kommunalen Eigenbetrieb** ohne eigene Rechtspersönlichkeit

[91] EuGH, Urt. v. 11. 1. 2005, C-26/03, Slg. 2005, I-1, RdNr. 51 – Stadt Halle und RPL Lochau.

[92] Vgl. § 12 InsO; kritisch dazu *Frielinghaus*, Die kommunale Insolvenz als Sanierungsansatz für die öffentlichen Finanzen, 2007.

[93] So auch *Loewenheim/Meessen/Riesenkampff/Bungenberg* § 99 GWB RdNr. 46.

[94] OLG Koblenz, Beschl. v. 20. 12. 2001 – 1 Verg 4/01, NZBau 2002, 346; siehe auch EuGH, Urt. v. 18. 11. 1999, C-107/98, Slg. 1999, I-8121, RdNr. 49 f. – Teckal.

[95] Vgl. die Schlussanträge der Ga'in *Stix-Hackl* zur C-26/03 – Stadt Halle und RPL Lochau, RdNr. 52, die den Auftragsbegriff teleologisch reduziert.

[96] *Immenga/Mestmäcker/Dreher* RdNr. 51.

[97] *Loewenheim/Meessen/Riesenkampff/Bungenberg* RdNr. 43.

[98] Vgl. *Immenga/Mestmäcker/Dreher* RdNr. 53.

[99] Vgl. EuGH, Urt. v. 18. 11. 1999, C-107/98, Slg. 1999, I-8121, RdNr. 49 f. – Teckal; EuGH, Urt. v. 11. 1. 2005, C-26/03, Slg. 2005, I-1, RdNr. 52 – Stadt Halle und RPL Lochau; EuGH, Urt. v. 13. 10. 2005, C-458/03, Slg. 2005, I-8585, RdNr. 60 – Parking Brixen.

[100] Vgl. EuGH, Urt. v. 13. 1. 2005, C-84/03 Slg. 2005, I-139, RdNr. 38 – Kommission/Spanien; EuGH, Urt. v. 11. 1. 2005, C-26/03 Slg. 2005, I-1, RdNr. 47 – Stadt Halle und RPL Lochau; im Einzelfall EuGH, Urt. v. 18. 11. 1999, C-107/98, Slg. 1999, I-8221 RdNr. 50 – Teckal.

[101] EuGH, Urt. v. 11. 1. 2005, C-26/03 Slg. 2005, I-1, RdNr. 48 – Stadt Halle und RPL Lochau; im Einzelfall weitergehend neuerdings *Wolf* VergabeR 2011, Heft 1.

wird vom Begriff des öffentlichen Auftrages nicht umfasst.[102] Zwar ist die Kommune mit ihrem Eigenbetrieb bzw. Regiebetrieb ein Unternehmen iS. des Wettbewerbs- und Vergaberechts; es handelt sich allerdings bei der Kommune und dem für diese tätigen Eigenbetrieb nicht um zwei verschiedene, sondern um ein Unternehmen. Die in den Eigenbetriebsgesetzen der Bundesländer enthaltenen Unbundlingvorschriften, die eine funktionale (operationale) und buchhalterische Selbständigkeit gebieten, zwingen nicht zum *legal unbundling*. Die Kommunen, die idR. Eigentümer der Sachanlagen der Eigenbetriebe und Arbeitgeber der Arbeitnehmer sind, die der Eigenbetrieb beschäftigt, halten wirtschaftlich die sachlichen und personellen Mittel vor, die zur Wahrnehmung der öffentlichen Aufgabe in der Gemeinde erforderlich sind. In diesem Fall einen Zwang zur Ausschreibung der vom Eigenbetrieb an sich zu erbringenden Dienstleistungen zu begründen, setzte die Kommune der Gefahr aus, dass sie ihr in den Eigenbetrieb eingebrachtes Human- und Sachkapital nicht einsetzen könnte und sie die Stillstandskosten des Eigenbetriebs zusätzlich zu dem Entgelt an den Gewinner der Ausschreibung tragen müsste. Eine solche Gefahrenlage müsste, wenn sie real bestünde, die Gemeinde entgegen der durch Art. 28 Abs. 2 GG geschützten Selbstverwaltungsbefugnis de facto zwingen, auf die eigenverantwortliche Wahrnehmung der öffentlichen Aufgabe zu verzichten und die Aufgabe zu „privatisieren". Das kommunale Wahlrecht zwischen öffentlich-rechtlicher und privatrechtlicher Leistungserbringung wäre beseitigt; die Satzungsautonomie der Gemeinde wäre entleert.

Nur soweit die Gemeinde unter Überschreitung der ihr durch das Gemeindewirtschaftsrecht **55** gesetzten Grenzen mit dem Eigenbetrieb erwerbswirtschaftliche Dienstleistungen in Konkurrenz zu Privaten am Markt anbietet, liegt ein **Missbrauch der Rechtsform** des Eigen- bzw. Regiebetriebs vor, der entsprechend dem wettbewerbsrechtlichen Charakter ihres Handelns die Leistung funktionell als eine privatrechtliche erscheinen lässt mit der Folge, dass keine Gebühr, sondern ein Entgelt anfällt. Wegen der Gefahr der Wettbewerbsbeeinflussung verlangt daher der EuGH in seiner In-House-Rechtsprechung als eines von mehreren kumulativ vorliegenden Merkmalen zu Recht, dass das beauftragte Unternehmen seine *Tätigkeit im Wesentlichen für den Auftraggeber* ausüben muss; denn das Vergaberecht soll verhindern, dass ein Unternehmen Vorteile im Wettbewerb aus einer unmittelbaren Beauftragung erlangt und dadurch Konkurrenten ungerechtfertigt diskriminiert werden.[103] Die Auswirkungen auf den Wettbewerb sind aber grundsätzlich unabhängig von der Rechtsformgestaltung eines Marktteilnehmers, können bei einem wirtschaftlich auf dem Markt tätigen Eigen- oder Regiebetrieb und einer als GmbH organisierten Eigengesellschaft also identisch sein.[104]

γ) Aufgabenübertragung an andere Hoheitsträger. Der Übertragung von öffentlichen **56** Aufgaben von einem auf einen anderen Hoheitsträger wird teilweise als verwaltungsorganisatorische Ausgliederung Vergabefreiheit zugeschrieben.[105] Mit dieser Begründung hatte zB. die Europäische Kommission die Einstellung eines Vertragsverletzungsverfahrens gegen Deutschland bekannt gegeben, bei dem es um die Übertragung von Zuständigkeiten für die Abfallbeseitigung durch sechs nordrhein-westfälische Gemeinden an den von ihnen selbst gegründeten Zweckverband ging.[106] In der Konsequenz dieser Rechtsauffassung der Kommission wäre damit auch die vollständige Übertragung der öffentlichen Aufgabe der Abfallentsorgung von einer Kommune auf eine andere Kommune ohne die Durchführung eines Vergabeverfahrens zulässig.[107] Nach der neueren zutreffenden Rechtsprechung des EuGH[108] ist eine solche pauschale

---

[102] Vgl. OLG Naumburg, Beschl. v. 3. 11. 2005 – 1 Verg 9/05, NZBau 2006, 58, 61 – Nachbarlandkreis; EuGH, Urt. v. 11. 1. 2005, C-26/03, Slg. 2005, I-1, RdNr. 48 – Stadt Halle und RPL Lochau; *Franz*, Gewinnerzielung durch kommunale Daseinsvorsorge, 2005, S. 182 f.; *Grabitz/Hilf/Hailbronner* Stand 34. EL 2008 B5 RdNr. 56; *Dreher* NZBau 2004, 14, 15; *Faber* DVBl. 2001, 248, 250; *Tomerius* NVwZ 2000, 727, 732.

[103] Vgl. EuGH, Urt. v. 3. 10. 2000, C-380/98, Slg. 2000, I-8035 RdNr. 17 – University of Cambridge; EuGH, Urt. v. 12. 12. 2002, C-470/99, Slg. 2002, I-11 617 RdNr. 52 – Universale-Bau AG; EuGH, Urt. v. 27. 2. 2003, C-373/00, Slg. 2003, I-1931, RdNr. 42 f. – Adolf Truley.

[104] Ausführlich dazu *Wolf* VergabeR 2011, Heft 1.

[105] OLG Naumburg, Beschl. v. 3. 11. 2005, 1 Verg 9/05, NZBau 2006, 58, 61 – Nachbarlandkreis; OLG Düsseldorf, Beschl. v. 5. 5. 2004, NZBau 2004, 398, 399.

[106] Siehe Pressemitteilung der Kommission v. 21. 3. 2007, IP/07/357; iE. ebenso OLG Düsseldorf, Beschl. v. 21. 6. 2006, VII Verg 17/06, NZBau 2006, 662 – Zweckverband RegioEntsorgung.

[107] *Hertwig* NZBau 2008, 355, 360.

[108] EuGH, Urt. v. 13. 1. 2005, C-84/03, Slg. 2005, I-139, RdNr. 40 – Kommission/Spanien; vgl. auch EuGH, Urt. v. 8. 4. 2008, C-337/05, Slg. 2008, I-2173, RdNr. 42 – Kommission/Italien (Agusta-Hubschrauber).

Restriktion des Anwendungsbereiches des Vergaberechts mit den europarechtlichen Vorgaben unvereinbar. Insoweit wird auf die Ausführungen zur interkommunalen Zusammenarbeit verwiesen (RdNr. 87 ff.).

57 bb) Beteiligungsquote. Eine Beteiligung eines privaten Unternehmens am Kapital der Gesellschaft, an der auch der betreffende öffentliche Auftraggeber beteiligt ist, schließt es nach der Rechtsprechung des EuGH aus, dass der öffentliche Auftraggeber über diese Gesellschaft eine ähnliche Kontrolle ausüben kann wie über seine eigenen Dienststellen.[109] Die Beteiligungsquote wird also als ein Teilmerkmal des Kontrollbegriffs gesehen. Aus systematischen Gründen bietet sich aber eine formale Unterscheidung zwischen der Beteiligung Privater und der Kontrollmöglichkeit an, die auch der EuGH letztlich vollzieht (dazu RdNr. 60 ff.). Die Beziehung zwischen einer öffentlichen Stelle, die als öffentlicher Auftraggeber anzusehen ist, und ihren nachgeordneten Dienststellen wird durch Zielvorgaben, Überlegungen und Erfordernisse bestimmt, die durch die Verfolgung von im öffentlichen Interesse liegenden Zielen geprägt sind. Die Anlage von privatem Kapital in einem Unternehmen beruht dagegen auf Überlegungen, die mit privaten Interessen zusammenhängen, und verfolgt typischerweise andersartige Ziele.[110] Die Vergabe eines öffentlichen Auftrags an ein gemischtwirtschaftliches Unternehmen ohne Ausschreibung würde dem Ziel eines freien und unverfälschten Wettbewerbs (Art. 119 Abs. 1 AEUV; Art. 51 EUV iVm. Protokoll Nr. 27) und dem in der Art. 2 RL 2004/18/EG genannten Grundsatz der Gleichbehandlung der an der Erteilung interessierten Unternehmen zuwiderlaufen, weil ein solches Verfahren einem am Kapital dieses Unternehmens beteiligten privaten Unternehmen einen Vorteil gegenüber seinen Konkurrenten verschaffen würde, indem es am Gewinn des ohne Ausschreibung erteilten Auftrags partizipiert.[111] Es reicht deshalb auch nicht aus, wenn die Körperschaft zwar zum Zeitpunkt der Vergabe alle Anteile am begünstigten Unternehmen hält, aber unmittelbar nach Auftragsvergabe Anteile an einem privaten Anteilsinhaber veräußert werden.[112] Folglich **nehmen alle öffentlich-privaten Mischbeteiligungen** gleich welcher Beteiligungsquote **an der In-House-Privilegierung** *nicht* **teil.**

58   Mangels privater Beteiligung kann es aber auch dann *nicht* zu Konflikten zwischen privaten und in öffentlichem Interesse liegenden Zielsetzungen kommen, wenn sich der Staat lediglich mittelbar über mehrere 100%ige Beteiligungsgesellschaften an einem Unternehmen beteiligt. Auch dann ist es nicht möglich, durch die direkte Auftragsvergabe an eine der Tochtergesellschaften dieser einen Vorteil gegenüber ihren Konkurrenten zu verschaffen. Das Erfordernis 100%iger Beteiligung wird folglich auch durch eine **Kette ausschließlicher Beteiligungen** erfüllt (siehe RdNr. 65).

59   Die In-House-Privilegierung erfordert aber nicht die ausschließliche Beteiligung nur eines einzelnen öffentlichen Trägers. Denkbar sind vielmehr auch Beteiligungen durch zwei oder mehr Gebietskörperschaften **(Public-Public-Partnership).** Die Gefahr des Interessenkonfliktes[113] ist in diesen Fällen dann nicht gegeben, wenn die öffentlichen Körperschaften die gleichen Gemeinwohlziele verfolgen.[114] Selbst bei unterschiedlichen Gemeinwohlzielsetzungen ist jedoch ein die Wettbewerbsbedingungen beeinträchtigender Konflikt zu verneinen.[115] Erst wenn die Beteiligung einer öffentlich-rechtlichen Körperschaft unternehmerischen Charakter trägt, entsteht ein Interessenkonflikt, der den grundlegenden wettbewerblichen Zielsetzungen des Vergaberechts widerspricht, da dann typischerweise von einer mittelbaren Wettbewerbsverzer-

---

[109] Vgl. EuGH, Urt. v. 10. 11. 2005, C-29/04, Slg. 2005, I-9705, RdNr. 46 – Kommission/Republik Österreich; EuGH, Urt. v. 11. 1. 2005, C-26/03, Slg. 2005, I-1, RdNr. 49 – Stadt Halle und RPL Lochau; EuGH, Urt. v. 8. 4. 2008, C-337/05, Slg. 2008, I-2173, RdNr. 38 – Kommission/Italien (Agusta-Hubschrauber).

[110] EuGH, Urt. v. 10. 11. 2005, C-29/04, Slg. 2005, I-9705, RdNr. 47 – Kommission/Republik Österreich; EuGH, Urt. v. 11. 1. 2005, C-26/03, Slg. 2005, I-1, RdNr. 50 – Stadt Halle und RPL Lochau.

[111] EuGH, Urt. v. 10. 11. 2005, C-29/04, Slg. 2005, I-9705, RdNr. 46 – Kommission/Republik Österreich; EuGH, Urt. v. 11. 1. 2005, C-26/03, Slg. 2005, I-1, RdNr. 51 – Stadt Halle und RPL Lochau; vgl. *Loewenheim/Meessen/Riesenkampff/Bungenberg* RdNr. 44.

[112] EuGH, Urt. v. 10. 11. 2005, C-29/04, Slg. 2005, I-9705, RdNr. 38 ff. – Kommission/Republik Österreich.

[113] So insbesondere EuGH, Urt. v. 10. 11. 2005, C-29/04, Slg. 2005, I-9705, RdNr. 47 – Kommission/Republik Österreich; EuGH, Urt. v. 11. 1. 2005, C-26/03, Slg. 2005, I-1, RdNr. 50 – Stadt Halle und RPL Lochau.

[114] Vgl. *Frenz* WRP 2006, 874, 880.

[115] In Ergebnis auch VK Lüneburg, Beschl. v. 31. 11. 2005, VgK-35/2005, BeckRS 2005, 10531; unter Bezugnahme auf *Müller* VergabeR 2005, 436, 441 f.; *Hattig/Ruhland* VergabeR 2005, 425, 428; *Pape/Holz* NJW 2005, 2264, 2265; *Marx*, Festschrift für Bechtold, 320.

rung auszugehen ist.[116] Denkbar ist zB., dass die von der Beteiligungsgesellschaft bezogenen Leistungen für andere unternehmerische Tätigkeiten verwendet werden, die direkt oder über andere abhängige Gesellschaften ausgeübt werden können.[117]

cc) Kontrolle. Die alleinige Beteiligung an der juristischen Person des Privatrechts ist, für **60** sich allein genommen, noch kein hinreichendes Kriterium dafür, dass die öffentliche Stelle über den Auftragnehmer eine Kontrolle gleicher Intensität wie über ihre eigenen Dienststellen ausübt, stellt jedoch ein gewichtiges Indiz dar. Abhängig von der gewählten Rechtsform des Beteiligungsunternehmens sind unterschiedliche Grade von Einwirkungsmöglichkeiten der Gesellschafter auf die Unternehmensführung denkbar.[118] Bei der Feststellung der Kontrollmöglichkeit sind alle Rechtsvorschriften und alle sonstigen maßgebenden Bestimmungsgründe zu berücksichtigen, wie die Art der Kapitalbeteiligung, die Zusammensetzung der Beschlussorgane und der Umfang der Befugnisse der Unternehmensleitung.[119] Nur wenn diese Prüfung zu dem Ergebnis führt, dass die juristische Person einer Kontrolle unterworfen ist, die es der auftragserteilenden öffentlichen Stelle ermöglicht, auf die unternehmerischen Entscheidungen dieser Einrichtung einzuwirken und sowohl die strategischen Ziele als auch die sonstigen wichtigen Entscheidungen ausschlaggebend zu steuern, entfällt die Anwendung des Vergaberechts, weil es sich bei teleologischer Betrachtung um die Vergabe des Auftrags innerhalb ein- und desselben Hauses (In-House-Geschäft) handelt.[120] Aus dem gleichen Grunde entfällt in Ablehnung einer intra-enterprise-conspiracy-Doktrin die Anwendung der Wettbewerbsvorschriften der Art. 101 ff. AEUV, soweit es um Steuerungsvorgänge im selben Unternehmen oder Konzern geht.[121] Entscheidend ist also, ob das Unternehmen einer Steuerung (Kontrolle) durch die auftraggebende Stelle unterliegt.[122] Eine bloße nachprüfende Aufsicht zB. hinsichtlich der Jahresabschlüsse und der ordnungsgemäßen Einhaltung buchhalterischer Verpflichtungen erfüllt diese Voraussetzungen nicht. Denn eine derartige Aufsicht erlaubt der öffentlichen Hand nicht, die strategischen Entscheidungen der betreffenden Einrichtung zu beeinflussen.[123] Es muss jedenfalls eine solche Kontrollintensität gewährleistet sein, dass im Falle des nachträglichen Wegfalls der In-House-Voraussetzungen, etwa weil der Anteil der Leistungserbringung für Dritte gestiegen ist, eine übereinstimmende Aufkündigung des Vertrages vor Vertragsende erzwungen werden kann (siehe dazu RdNr. 82).

α) Aktiengesellschaft. Ausschlaggebend sind zunächst die gesellschaftsrechtlichen Rahmen- **61** bedingungen. Nach Ansicht des EuGH[124] und der ihm folgenden deutschen Gerichte[125] ist das

---

[116] Vgl. OLG Celle, Beschl. v. 10. 11. 2005, NZBau 2006, 130; *Bauer* ZfBR 2006, 446 ff.; aA *Bultmann* NZBau 2006, 222, 224. Zur Frage Anwendung der Grundsätze des In-house-Geschäfts bei Schwestergesellschaften (horizontales In-house-Geschäft) vgl. *Dreher* NZBau 2004, 14, 18.

[117] Maßgeblich hierfür sind die Kriterien des EuGH zur Bestimmung der Unternehmenseigenschaft. Vgl. dazu EuG v. 4. 3. 2003, T-319/99, Slg. 2003, II-357 – FENIN/Kommission; bestätigt durch EuGH, Urt. v. 11. 6. 2006, C-205/03 P – FENIN/Kommission. Vgl. auch EuGH, Urt. v. 16. 3. 2004, verb. C-264/01 ua., RdNr. 58 – AOK Bundesverband, ausführlich dazu die Schlussanträge des GA Maduro v. 10. 11. 2005 zur C-205/03 P – FENIN/Kommission, insb. RdNr. 43; EuGH, Urt. v. 16. 6. 1987 Slg. 1987, 2599 RdNr. 7 – Italien/Kommission.; Schlussanträge des GA *Cosmas* zur C 411/98 – Ferlini, RdNr. 114.

[118] Vgl. EuGH, Urt. v. 11. 5. 2006, C-340/04, Slg. 2006, I-4137, RdNr. 36 f. – Carbotermo; EuGH, Urt. v. 13. 10. 2005, C-458/03, Slg. 2005, I-8585, RdNr. 62 – Parking Brixen; *Jennert* NZBau 2005, 623, 626.

[119] EuGH, Urt. v. 13. 11. 2008, C-324/07, Slg. 2008, I-8457, RdNr. 29 – Coditel Brabant.

[120] EuGH, Urt. v. 13. 11. 2008, C-324/07, Slg. 2008, I-8457, RdNr. 28 – Coditel Brabant; EuGH, Urt. v. 13. 10. 2005, C-458/03, Slg. 2005, I-8585, RdNr. 65 – Parking Brixen, EuGH, Urt. v. 11. 5. 2006, C-340/04, Slg. 2006, I-4137, RdNr. 36 – Carbotermo.

[121] Vgl. EuGH, Urt. v. 24. 10. 1996, C-73/95 P, Slg. 1996, I-5457, RdNr. 16 – Viho/Kommission; *Fleischer* AG 1997, 491, 495 ff.; FK/*Roth/Ackermann* Art. 81 Abs. 1 EG Grundfragen RdNr. 217; EuGH, Urt. v. 11. 5. 2006, C-340/04, Slg. 2006, I-4137, RdNr. 36 – Carbotermo; EuGH, Urt. v. 13. 10. 2005, C-458/03, Slg. 2005, I-8585, RdNr. 65–67 – Parking Brixen.

[122] Vgl. EuGH, Urt. v. 13. 10. 2005, C-458/03, Slg. 2005, I-8585, RdNr. 65–67 – Parking Brixen; *Loewenheim/Meessen/Riesenkampff/Bungenberg* RdNr. 47.

[123] Vgl. EuGH, Urt. v. 27. 2. 2003, C-373/00, Slg. 2003, I-1931, Rn. 69 ff. – Truley, zum auch die Nähe der Einrichtung zur öffentlichen Hand beschreibenden Tatbestandsmerkmal der Aufsicht über die Leitung gemäß Art. 1 lit. b Unterabs. 2 dritter Gedankenstrich RL 93/36/EWG.

[124] EuGH, Urt. v. 13. 10. 2005, C-458/03, Slg. 2005, I-8585, RdNr. 67 ff. – Parking Brixen; EuGH, Urt. v. 13. 11. 2008, C-324/07, Slg. 2008, I-8457, RdNr. 37 – Coditel Brabant; siehe dazu auch *Säcker/Wolf* WRP 2007, 282, 285.

[125] Vgl. BGH, Urt. v. 3. 7. 2008, I ZR 145/05, NZBau 2008, 664, 666 f. – Kommunalversicherer; OLG Düsseldorf, Beschl. v. 12. 1. 2009, Verg 67/08.

Merkmal der Kontrolle „wie über eine eigene Dienststelle" dann nicht erfüllt, wenn es sich um eine Aktiengesellschaft handelt und der Vorstand, wie es gemäß § 76 iVm. §§ 111 Abs. 4 S. 1 und 119 Abs. 2 AktG der Fall ist, beträchtliche eigenständige Befugnisse zur Führung wichtiger Geschäfte hat, die ohne effektive Kontrolle durch die Anteilseigner ausgeübt werden können.[126] Bei der Aktiengesellschaft besteht nämlich die Gefahr, dass diese Ziele unabhängig von ihren Anteilseignern verfolgt.[127] Nur bei Abschluss eines Beherrschungsvertrages, der konkrete Weisungen hinsichtlich einzelner wirtschaftlicher Tätigkeiten erlaubt, wäre die Aktiengesellschaft für In-House-Geschäfte geeignet.[128] Abzulehnen ist die Tendenz des EuGH in seiner neueren Rechtsprechung, auch die Aktiengesellschaft als ausreichend kontrollierbar anzusehen.[129] Er verweist dazu auf die ANAV-Entscheidung, in der er zur Kontrolle im engeren Sinne aber gerade keine Aussage getroffen hat, sondern nur als Teil seiner Kontrollprüfung im weiteren Sinne (siehe zur begrifflichen Unterscheidung RdNr. 57) feststellte, dass jedenfalls die Beteiligung Dritter eine In-House-Vergabe ausschließe.

62   **β) GmbH.** Im Unterschied zur AG haben die Gesellschafter der GmbH eine umfassende übergeordnete Geschäftsführungskompetenz, die ihnen erlaubt, jederzeit Weisungen in allen Angelegenheiten zu erteilen und Richtlinien für die Geschäftsführung aufzustellen. Dies ergibt sich mittelbar aus §§ 37 Abs. 1, 38 Abs. 1, 46 Nr. 5 u. 6 GmbHG.[130] Eine GmbH steht folglich unter umfassender Kontrolle durch den Alleingesellschafter, dessen Kompetenz erst dort endet, wo die Geschäftsführer die im Allgemein- und vor allem im Gläubigerinteresse bestehenden zwingenden Gesetzesvorschriften zu beachten haben.[131] Folglich kann der staatliche Gesellschafter in einer GmbH, an der er 100% Anteile hält, in einem Maße Kontrolle ausüben, die der über eigene Dienststellen voll entspricht.[132]

63   **γ) Ltd.** Kontrolle kann auch über eine britischrechtliche Company with limited liability (Ltd.) ausgeübt werden. Die Weisungsbefugnisse der Gesellschafter bei einer als Ltd. ausgestalteten Gesellschaft entsprechen denen einer deutschen GmbH. Die Gesellschaft verfügt über ein einheitliches Leitungsorgan (director/board of directors). Grundsätzlich besteht Gesamtvertretungsbefugnis aller board-Mitglieder, sofern nicht durch einzelne Bestimmungen in den Articles of Association oder durch gesonderte Beschlüsse des „board", die wiederum durch die Satzung legitimiert sein müssen, einzelnen oder mehreren Direktoren gesonderte Vertretungsbefugnisse für alle oder einen bestimmten Kreis von Geschäften eingeräumt worden sind.[133] Soweit im Gesellschaftsvertrag (articles of association) keine individuellen Bestimmungen vorgesehen sind, gilt für vor dem Companies Act 2006 gegründete Gesellschaften nach sec. 8 Companies Act 1985 die Mustersatzung des Table A des Companies Act 1985, die in Art. 70 den Direktoren sämtliche Kompetenzen zuweist – mit Ausnahme der durch Gesetz, durch memorandum oder den articles ausschließlich der Hauptversammlung vorbehaltenen Befugnisse. Stets kann die Gesellschafterversammlung jedoch die Satzung ändern.[134] Zudem kann ein Direktor jederzeit von der Gesellschafterversammlung abberufen werden, unabhängig davon, ob Satzung oder Einzelverträge etwas anderes vorsehen.[135] Die Gesellschafterversammlung (general meeting) hat folg-

---

[126] AA. *Hattig/Ruhland* VergabeR 2005, 425, 428, mit dem Hinweis, es komme nur auf die tatsächliche, nicht aber die rechtliche Einflussmöglichkeit an. Vgl. dazu auch *Müller* VergabeR 2005, 436, 441 f. Vgl. zur Parallelproblematik beim Kontrollbegriff des Art. 3 Abs. 3 FKVO *Schröter/Jakob/Mederer/Bruhn* Art. 3 FKVO RdNr. 14 ff.

[127] EuGH, Urt. v. 13. 11. 2008, C-324/07, Slg. 2008, I-8457, RdNr. 37 – Coditel Brabant.

[128] *Endler* NZBau 2002, 125, 131 f.

[129] EuGH, Urt. v. 10. 9. 2009, C-573/07, RdNr. 41 – Sea.

[130] HM.; vgl. BVerfGE 50, 290, 346; *Roth/Altmeppen/Altmeppen*, GmbHG 6. Aufl. 2009, § 37 RdNr. 3; *Baumbach/Hueck/Zöllner/Noack*, GmbHG 18. Aufl. 2006, § 37 RdNr. 18; *Säcker* ZHR 148 (1984), 153.

[131] Vgl. BGHZ 31, 258, 278 = NJW 1960, 285; BGH NJW 1974, 1088; OLG Frankfurt GmbHR 1997, 346; *Roth/Altmeppen/Altmeppen*, GmbHG 5. Aufl. 2005, § 37 RdNr. 6.

[132] So auch OLG Düsseldorf, Beschl. v. 12. 1. 2004, VII-Verg 71/03, NZBau 2004, 343, 345 – PPK-Abfallverwertung.

[133] Zur Kollektivpflicht vgl. Breckland Group Holdings Ltd v. London and Suffolk Properties Ltd. (1989) B. C. L. C. 100; Mitchell & Hobbs (UK) Ltd. V. Mill (1996) 2 B. C. L. C. 102. Zum Erfordernis der Satzungslegitimation vgl. Howard's Case (1886) 1 Ch App 561; Re Taurine Co (1884) 25 Chanc. Div. 118 (CA); Cartmell's Case (1874) L. R. 9 Ch. App. 691.

[134] Vgl. *Just*, Die englische Limited in der Praxis, 3. Aufl. 2008, RdNr. 115.

[135] Sec. 168 (1) Companies Act 2006 bzw. sec. 303 (1) Companies Act 1985; vgl. dazu Eidenmüller/*Rehm*, Ausländische Kapitalgesellschaften im deutschen Recht, 2004, § 10 RdNr. 59; *Just*, Die englische Limited in der Praxis, 3. Aufl. 2008, RdNr. 192.

lich in allen Angelegenheiten die Möglichkeit, im Vorhinein bestimmend auf die Entscheidung der Direktoren einzuwirken.[136] Auch bei einer 100%igen Beteiligung an einer Ltd., wie es zB. beim britischen Staat denkbar ist, besteht eine umfassende Einwirkungsmöglichkeit auf die Gesellschaft. Die Einflussmöglichkeiten gehen dabei, genauso wie bei der deutschen GmbH, über die vom EuGH geforderten Steuerungsmöglichkeiten hinaus.[137]

δ) Sonstige Formen. Es ist grundsätzlich danach zu fragen, ob die beauftragte Einheit eine **64** Marktausrichtung und ein Maß an Selbständigkeit erworben hat, die eine Kontrolle durch die ihr angeschlossenen öffentlichen Stellen als nicht gesichert erscheinen lassen.[138] Indizien können zB. sein, ob der Aufgabenbereich gesetzlich vorgeschrieben ist, wie zB. im Fall Coditel Brabant für die interkommunale Genossenschaft das belgische Gesetz über die Interkommunalen galt, sowie deren etwaiger kommerzieller Charakter, der gegen eine In-House-Situation spricht. Auch wenn der satzungsmäßige Zweck auf die Verwirklichung von Aufgaben im öffentlichen/ gemeindlichem Interesse beschränkt ist und danach keine anderen Interessen verfolgt werden können, als die ihr angeschlossenen öffentlichen Stellen, so weist dies auf eine ausreichende Kontrolle hin.[139] Diese Indizien müssen aber jeweils durch geeignete intraorganisatorische Maßnahmen abgesichert sein. Ein zu weiter eigenständiger Spielraum des Entscheidungsremiums, sei es auch in Beschränkung auf Maßnahmen im öffentlichen Interesse, lässt den notwendigen Kontrollgrad vermissen, wenn die öffentliche Stelle nicht steuernd eingreifen kann.

ε) Weisungskette. Ohne Bedeutung ist, ob die Steuerung innerhalb eines zweistufigen **65** Konzerns oder über eine Weisungskette innerhalb eines mehrstufigen Konzerns erfolgt.[140] Der Europäische Gerichtshof fordert nur eine wirksame Einwirkungsmöglichkeit, nicht eine unmittelbare Entscheidungsbeeinflussung.[141] Ein Verlust der Steuerungsmöglichkeit wird folglich nicht allein dadurch herbeigeführt, dass der Einfluss über eine Holdinggesellschaft ausgeübt wird, kann sich jedoch daraus ergeben, dass eine Kette von *eingeschränkten* Einwirkungsmöglichkeiten den Freiraum des Unternehmens zu groß werden lässt. Dies kann bei einer Beteiligung über eine Aktiengesellschaft der Fall sein, trifft jedoch weder auf die Beteiligung über eine GmbH noch über ein Limited zu.[142] Auf dieser Grundlage hat zB. auch das OLG Düsseldorf auf das Beschaffungsverhältnis zwischen einer Gemeinde und ihrer Enkelgesellschaft im Rahmen der Rekommunalisierung der Müllabfuhr das In-House-Privileg angewendet.[143] Der EuGH hielt vor diesem Hintergrund eine Übertragung eines Auftrages auf eine vom Auftragnehmer vollständig beherrschte Tochtergesellschaft nur für eine interne Neuorganisation des Vertragspartners, welche daher keine neue Ausschreibung erforderte.[144]

ζ) Potentielle Weisungsbefugnis. Unerheblich ist zudem, inwieweit in der Vergangenheit **66** tatsächlich konkrete Weisungen erteilt wurden. Wenn die Geschäftsführung der juristischen Person sich entsprechend den Zielvorgaben der staatlichen Stelle verhält und die Zielvorgaben keinen nennenswerten unternehmerischen Spielraum lassen, müssen keine konkreten Anweisungen festgestellt werden. Wenn jederzeit die Möglichkeit einer aktiven Einflussnahme besteht, reicht dies zur Bejahung einer Kontrolle durch den Auftraggeber aus. Es besteht dann eine wirtschaftliche Einheit, in deren Rahmen die einzelnen Gesellschaften ihr Vorgehen auf dem Markt nicht autonom bestimmen können, sondern an die Zielvorgaben, Richtlinien und An-

---

[136] Vgl. dazu *Eidenmüller/Rehm*, Ausländische Kapitalgesellschaften im deutschen Recht, 2004, 10 RdNr. 57; *Just* BC 2006, 25, 27; *Langhein* NZG 2001, 1123.

[137] Vgl. EuGH, Urt. v. 13. 10. 2005, C-458/03, Slg. 2005, I-8585, RdNr. 65–67 – Parking Brixen; *Loewenheim/Meessen/Riesenkampff/Bungenberg* RdNr. 47.

[138] EuGH, Urt. v. 13. 11. 2008, C-324/07, Slg. 2008, I-8457, RdNr. 36 – Coditel Brabant.

[139] EuGH, Urt. v. 13. 11. 2008, C-324/07, Slg. 2008, I-8457, RdNr. 38–40 – Coditel Brabant.

[140] *Säcker/Wolf* WRP 2007, 282, 286; zustimmend BGH, Urt. v. 3. 7. 2008 – I ZR 145/05, NZBau 2008, 664, 666 – Kommunalversicherer.

[141] EuGH, Urt. v. 11. 5. 2006, C-340/04, Slg. 2006, I-4137, RdNr. 36 – Carbotermo; EuGH, Urt. v. 13. 10. 2005, C-458/03, Slg. 2005, I-8585, RdNr. 65 – Parking Brixen. IE. auch *Dreher* NZBau 2001, 360, 365.

[142] Vgl. EuGH, Urt. v. 11. 5. 2006, C-340/04, Slg. 2006, I-4137, RdNr. 39 – Carbotermo; *Frenz* WRP 2006, 874, 880.

[143] OLG Düsseldorf, Beschl. v. 15. 10. 2003, Verg 50/03 NZBau 2004, 58, 60; OLG Düsseldorf, Beschl. v. 12. 1. 2004, VII-Verg 71/03, NZBau 2004, 343, 345 – PPK-Abfallverwertung.

[144] EuGH, Urt. v. 19. 6. 2008, C-454/06, Slg. 2008, I-4401, RdNr. 44 f., 49 – pressetext; ebenso OLG Frankfurt, Beschl. v. 5. 8. 2003, 11 Verg 2/02, NZBau 2003, 633, 634 – Dokumenten-Management; BKartA, Beschl. v. 7. 4. 1999, VK A – 19/99, WuW/E Verg 279 – Imprägnierte Holzmasten; BKartA, Beschl. v. 29. 6. 2005, VK3–52/05, S. 10 (des Umdrucks) – Staatliche Museen.

weisungen der sie kontrollierenden staatlichen Stelle gebunden sind.[145] Allerdings kann diesem Umstand Bedeutung bei der Frage zukommen, ob die Tätigkeit im Wesentlichen für den Auftraggeber ausgeübt wird (dazu RdNr. 70 ff.).

67 **η) Gemeinsame Kontrolle in Public-Public-Partnerships.** Neben der alleinigen Kontrolle erfüllt auch die gemeinsame Kontrolle im Rahmen einer Public-Public-Partnership die vom EuGH aufgestellten Voraussetzungen, was er bereits in der Entscheidung *Carbotermo* noch einmal klar stellte.[146] Entscheidend ist daher, wann nicht mehr von einer „gemeinsamen Kontrolle", sondern nur noch von einer Vielzahl von Einzelbeteiligungen gesprochen werden kann. Nach Auffassung des EuGH deutet der Umstand, dass die öffentliche Stelle zusammen mit anderen öffentlichen Stellen das gesamte Kapital einer Gesellschaft hält, – ohne entscheidend zu sein – darauf hin, dass sie über diese Gesellschaft eine Kontrolle wie über ihre eigenen Dienststellen ausübt.[147] Es erscheint angebracht, hier auf die zu Art. 3 FKVO entwickelten Grundsätze zurückzugreifen. Gemeinsame Kontrolle liegt demnach dann vor, wenn die Anteilseigner bei allen wichtigen Entscheidungen, die das beherrschte Unternehmen (joint venture) betreffen, Übereinstimmung erzielen müssen, da sonst kein bestimmender Einfluss aller Träger anzunehmen ist. Dies kann sich aus rechtlichen oder faktischen Umständen ergeben.[148] Da durch das Erfordernis der ausschließlichen Beteiligungen von öffentlichen Anteilseignern ohne unternehmerische Interessen allein Gemeinwohlziele für die Kontrolle bestimmend sein können,[149] lässt sich mit dem EuGH[150] vertreten, dass die Gemeinwohlzielsetzung ausreichende Grundlage einer **abstrakten Interessenparallelität**[151] ist und somit Entscheidungen nur gemeinsam gefällt werden.[152] Es muss aber in Anbetracht der tatsächliche Umstände des Einzelfalles davon ausgegangen werden können, dass der satzungsmäßige Zweck die Verwirklichung einer Aufgabe von gemeindlichem Interesse ist, zu deren Erfüllung die kommunale Kooperations geschaffen wurde, und dass sie keine anderen Interessen verfolgt als die ihr angeschlossenen öffentlichen Stellen.[153] Auch wenn ein öffentlicher Anteilseigner somit nur eine Minderheitsbeteiligung hält, ist demnach grundsätzlich davon auszugehen, dass der Mehrheitsgesellschafter sein an sich bestehendes Entscheidungsrecht aufgrund der starken gemeinsamen Interessen nicht gegenüber dem anderen Gesellschafter durchsetzen würde.[154] Diese Annahme kann jedoch durch abweichendes tatsächliches Verhalten in der Vergangenheit widerlegt werden. Noch im Urteil Coname hat der Gerichtshof eine Beteiligung von 0,97% als so geringfügig angesehen, dass sie einer Gemeinde die Kontrolle über den Konzessionsinhaber, der eine öffentliche Dienstleistung verwaltet, nicht ermöglichen konnte.[155] Doch in der fraglichen Passage jenes Urteils befasste sich der Gerichtshof nicht mit der Frage, ob eine solche Kontrolle gemeinsam ausgeübt werden konnte. Im späteren Urteil Asemfo,[156] erkannte er dann an, dass die Voraussetzung der Kontrolle durch die öffentliche Stelle in einem Fall, in dem diese nur 0,25% des Kapitals eines öffentlichen Un-

---

[145] So auch *Dreher* NZBau 2001, 360, 363, unter Hinweis auf den Grundsatz der Rechtssicherheit und unpraktikable Notwendigkeit einer laufenden vergaberechtlichen Verhaltenskontrolle über den öffentlichen Auftraggeber. Vgl. zum Parallelproblem bei konzerninternen Vereinbarungen und Art. 81 EG ebenso EuGH, Urt. v. 24. 10. 1996, C-73/95 P, Slg. 1996, I-5457, RdNr. 16 – Viho/Kommission; *Fleischer* AG 1997, 491, 495 ff.; FK/*Roth/Ackermann* Art. 81 Abs. 1 EG Grundfragen RdNr. 217.

[146] EuGH, Urt. v. 11. 5. 2006, C-340/04, Slg. 2006, I-4137, RdNr. 37 – Carbotermo. Der EuGH scheint dann jeden der öffentlichen Träger als fähig anzusehen, über diese Gesellschaft eine Kontrolle wie über seine eigenen Dienststellen auszuüben.

[147] EuGH, Urt. v. 13. 11. 2008, C-324/07, Slg. 2008, I-8457, RdNr. 31 – Coditel Brabant; EuGH, Urt. v. 11. 5. 2006, C-340/04, Slg. 2006, I-4137, RdNr. 37 – Carbotermo; EuGH, Urt. v. 19. 4. 2007, C-295/05, Slg. 2007, I-2999, RdNr. 57 – Asemfo/Tragsa.

[148] Näher dazu *Schröter/Jakob/Mederer/Bruhn* Art. 3 FKVO RdNr. 20 ff.

[149] Vgl. dazu oben RdNr. 57.

[150] EuGH, Urt. v. 13. 11. 2008, C-324/07, Slg. 2008, I-8457, RdNr. 37 f. – Coditel Brabant, mit dem Hinweis darauf, dass die Rechtsgrundlage des kommunalen Zweckverbandes sowie der Satzungszweck für diesen keinen kommerziellen Charakter vorsah. Ausdrücklich nunmehr EuGH, Urt. v. 10. 9. 2009, C-573/07, RdNr. 56–60 – Sea.

[151] Vgl. Mitteilung der Kommission zum Zusammenschlussbegriff, ABl. 1998 Nr. C 66/5, RdNr. 32.

[152] Ähnlich *Frenz* WRP 2006, 874, 880; *Hausmann/Bultmann* NVwZ 2005, 377, 380.

[153] EuGH, Urt. v. 13. 11. 2008, C-324/07, Slg. 2008, I-8457, RdNr. 38 – Coditel Brabant.

[154] Vgl. dazu Kommission, M.616, RdNr. 7–12 – Sabena/Swissair; Kommission, M.553, RdNr. 11 – RTL/Veronica/Endemol.

[155] Vgl. EuGH, Urt. v. 21. 7. 2005, C-231/03, Slg. 2005, I-7287, RdNr. 24 – Coname, wobei hier zusätzlich die private Beteiligung an der Gesellschaft einer In-House-Vergabe entgegenstand.

[156] EuGH, Urt. v. 19. 4. 2007, C-295/05, Slg. 2007, I-2999, RdNr. 56–61 – Asemfo/Tragsa.

ternehmens hielt, unter bestimmten Umständen erfüllt sein konnte, wobei allerdings eine gesetzliche Folgepflicht der Gesellschaft die Kontrolle verstärkte. In der Entscheidung Coditel[157] schließlich, wertete er die Höhe der Beteiligung jedenfalls im Falle ausgeglichener Anteilsverhältnisse im Grundsatz für unerheblich. Bei Bejahung gemeinsamer Kontrolle ist für jeden kontrollierenden Anteilseigner dieses Erfordernis zur Annahme eines In-House-Geschäftes erfüllt. Der öffentliche Auftraggeber hat dann die Möglichkeit, auf eine Beteiligungsgesellschaft wie auf eigenen Dienststellen einzuwirken.

Unschädlich ist die **Überantwortung der Einzelentscheidungen auf ein von den öf-** **68** **fentlichen Interessen geprägtes Beschlussorgan,** welches zB. aus Abgeordneten der Kooperationspartner besteht, selbst wenn dieses nach dem Prinzip der Mehrheitsentscheidung vorgeht.[158] Der EuGH stellte insoweit fest, dass eine Kontrolle wie über eigene Dienststellen nicht von jeder dieser öffentlichen Stellen individuell ausgeübt werden muss, sondern auch von ihnen gemeinsam, gegebenenfalls mit Mehrheitsbeschluss, ausgeübt werden kann. Die Kontrolle muss nur wirksam sein. Anderenfalls würde die kommunale Zusammenarbeit nahezu unmöglich gemacht werden, was nach mit der Systematik der Unionsvorschriften auf dem Gebiet der öffentlichen Aufträge und der Konzessionen nicht vereinbar wäre.[159] Eine öffentliche Stelle hat nämlich die Möglichkeit, ihre im allgemeinen Interesse liegenden Aufgaben mit ihren eigenen administrativen, technischen und sonstigen Mitteln zu erfüllen, ohne gezwungen zu sein, sich an externe Einrichtungen zu wenden, die nicht zu ihren Dienststellen gehören.[160] Diese Möglichkeit für die öffentlichen Stellen, zur Erfüllung ihres gemeinwirtschaftlichen Auftrags auf ihre eigenen Mittel zurückzugreifen, sieht der EuGH auch in der Zusammenarbeit mit anderen öffentlichen Stellen verwirklicht.[161]

Offen gelassen hat der EuGH die Frage, wie der Fall zu beurteilen ist, in dem sich mehrere **69** öffentliche Stellen dazu entscheiden, ihrem gemeinwirtschaftlichen Auftrag durch die **Einschaltung einer gemeinsamen konzessionsnehmenden Einrichtung** nachzukommen, aber eine dieser Stellen an dieser Einrichtung allein eine bestimmende Kontrolle über deren Entscheidungen ausübt.[162] Wendet man auch hier den Grundsatz der abstrakten Interessenpluralität an (RdNr. 67), dürfte dieser Fall nicht anders behandelt werden. Es ist dann aber in besonderem Maße zu hinterfragen, ob und inwieweit der Kooperationszweck tatsächlich einen nichtkommerziellen Charakter ausschließt. Vor allem in den Fällen, in denen das Gemeinschaftsunternehmen nicht nur für die Auftraggeber tätig wird, besteht die Gefahr, dass die öffentlichen Einrichtungen insoweit als Teilnehmer am Wirtschaftsleben gegenläufige Interessen verfolgen könnten.[163] Dies ist auch der Fall, wenn das Gemeinschaftsunternehmen den den öffentlichen Anteilseignern durch das öffentliche Recht zugewiesenen Aufgabenbereich verlässt und er sich funktional und gewerbsmäßig außerhalb seines Gemeindegebietes und damit Zuständigkeitsbereiches betätigt. Dann betritt es als reiner Leistungserbringer einen Markt und ist insoweit auch selbst nur ein Auftragnehmer, der sich um öffentliche Aufträge bewerben muss.[164] In diesem Fall besteht daher eine Vermutung für fehlenden Einfluss. Dagegen spricht auch nicht das Urteil Coditel Brabant, welches zwar einen kommunalen Zweckverband betraf, aber auf Gemeinschaftsunternehmen aufgrund der Fokussierung von Kontrollmöglichkeiten übertragen werden kann,[165] da der Zweckverband qua Gesetz und Satzungszweck gerade keine vom reinen Gemeinwohlauftrag abweichenden Tätigkeiten verfolgte.

dd) Tätigkeit im Wesentlichen für den Auftraggeber. Zusätzlich fordert der EuGH, **70** dass die Gesellschaft ihre Geschäftstätigkeit im Wesentlichen für die Stelle verrichtet, die ihre Anteile innehat.[166] Das Vergaberecht soll verhindern, dass ein Unternehmen Vorteile im Wettbewerb aus einer unmittelbaren Beauftragung erlangt und dadurch die Konkurrenten unge-

---

[157] EuGH, Urt. v. 13. 11. 2008, C-324/07, Slg. 2008, I-8457, RdNr. 43 ff. – Coditel Brabant.

[158] EuGH, Urt. v. 13. 11. 2008, C-324/07, Slg. 2008, I-8457, RdNr. 51 – Coditel Brabant.

[159] Vgl. EuGH, Urt. v. 13. 11. 2008, C-324/07, Slg. 2008, I-8457, RdNr. 47–49 – Coditel Brabant.

[160] EuGH, Urt. v. 11. 1. 2005, C-26/03, Slg. 2005, I-1, RdNr. 48 – Stadt Halle und RPL Lochau.

[161] EuGH, Urt. v. 19. 4. 2007, C-295/05, Slg. 2007, I-2999, RdNr. 60–65 – Asemfo; EuGH, Urt. v. 13. 11. 2008, C-324/07, Slg. 2008, I-8457, RdNr. 49 – Coditel Brabant.

[162] EuGH, Urt. v. 13. 11. 2008, C-324/07, Slg. 2008, I-8457, RdNr. 47 – Coditel Brabant.

[163] Schlussanträge der GA'in Stix-Hackl v. 12. 1. 2006, C-304/04, RdNr. 34 – Carbotermo.

[164] Vgl. OLG Düsseldorf, NVwZ 2004, 1022 = NZBau 2004, 398; vg. auch Byok/Bormann NVwZ 2008, 842, 846 mwN.

[165] So auch Krohn NZBau 2009, 222, 223.

[166] Vgl. EuGH, Urt. v. 11. 5. 2006, C-340/04, Slg. 2006, I-4137, RdNr. 59 f. – Carbotermo; EuGH, Urt. v. 13. 10. 2005, C-458/03, Slg. 2005, I-8585, RdNr. 62 – Parking Brixen.

rechtfertigt, nämlich nicht auf wirtschaftlichen Überlegungen des Auftragnehmers beruhend, diskriminiert werden.[167] Ein staatlich kontrolliertes Unternehmen, das ganz überwiegend für Dritte tätig wird, tritt in Wettbewerb zu anderen Unternehmen.[168] Eine Befreiung der Auftragserteilung an ein solches Unternehmen von dem Vergaberecht würde daher im Vergleich zu potentiellen Mitbewerbern eine ungerechtfertigte Besserstellung bedeuten. Deshalb gilt die In-House-Privilegierung nur, wenn die Gesellschaft als Auftragnehmerin ihre geschäftliche Tätigkeit im Wesentlichen für den oder die öffentlichen Auftraggeber als Anteilseigner erbringt.[169]

71   Dabei ist insbesondere auch zu prüfen, ob die fragliche juristische Person ihre Tätigkeit im Wesentlichen unter **Wettbewerbsbedingungen** ausübt. Wenn sie unter normalen Marktbedingungen mit Gewinnerzielungsabsicht tätig ist, und die mit ihrer Tätigkeit verbundenen Verluste trägt, dann ist rechtlich nicht plausibel, dass sie – anders als eine durch private Gesellschafter bestimmte Gesellschaft – vorrangig öffentliche Interessen verfolgt.[170] Ein Unternehmen verrichtet seine Tätigkeit im Wesentlichen für einen öffentlichen Auftraggeber, wenn es hauptsächlich für diesen tätig wird und jede andere Tätigkeit rein *nebensächlich* ist.[171] Dazu bedarf es einer Berücksichtigung aller – qualitativen wie quantitativen – Umstände des Einzelfalls.[172] Ein Anknüpfungspunkt ist der **Umsatz,** den das fragliche Unternehmen aufgrund der Vergabeentscheidungen des kontrollierenden öffentlichen Auftraggebers erzielt, und zwar einschließlich des Umsatzes, der in Ausführung solcher Entscheidungen mit Dritten erzielt wird. Zu berücksichtigen sind nämlich alle Tätigkeiten, die ein Unternehmen als Auftragnehmer im Rahmen einer Vergabe durch den öffentlichen Auftraggeber verrichtet, ohne dass die Person des Begünstigten – sei es der öffentliche Auftraggeber selbst oder ein sonstiger Leistungsempfänger – von Bedeutung wäre. Unerheblich ist folglich, wer die Vergütung unmittelbar erbringt oder in welchem Gebiet die genannten Leistungen erbracht werden, solange sie einem bestimmten öffentlichen Auftrag zugeordnet werden können.[173]

72   Wenn die **Anteile an einem Unternehmen von mehreren Körperschaften gehalten** werden, so kann die Anforderung an die wesentliche Ausrichtung seiner Tätigkeit erfüllt sein, wenn dieses Unternehmen seine Tätigkeit nicht nur für eine dieser Körperschaften, sondern im Wesentlichen für diese Körperschaften insgesamt verrichtet.[174]

73   Schwierigkeiten bereitet allerdings die Bestimmung der Grenze im Einzelfall. Die in der Literatur vertretenen Auffassungen reichen von mehr als 50%[175] über „im nennenswerten Umfang", „ganz überwiegend", „nahezu ausschließlich"[176] bis „ausschließlich".[177] Nach anderer Ansicht kommt es auf den Anteil der an andere Unternehmen als den Anteilseigner erbrachten Leistun-

---

[167] Vgl. EuGH, Urt. v. 3. 10. 2000, Slg. 2000, I-8035 RdNr. 17 – University of Cambridge; EuGH, Urt. v. 12. 12. 2002, C-470/99, Slg. 2002, I-11617, RdNr. 51 ff. – Universale-Bau ua.; EuGH, Urt. v. 27. 2. 2003, C-373/00, Slg. 2003, I-1931, RdNr. 42 f. – Adolf Truley.

[168] Vgl. auch VK Münster, Beschl. v. 4. 10. 2004 – VK 21/04; dazu *Jennert* NZBau 2006, 421, 423.

[169] EuGH, Urt. v. 11. 5. 2006, C-340/04, Slg. 2006, I-4137, RdNr. 60 – Carbotermo; OLG Düsseldorf v. 12. 1. 2004, WuW/E Verg 1005; vgl. *Dreher* NZBau 2001, 363 f.; *Müller-Kabisch/Manka* VW 2005, 149, 151; *Jennert* NZBau 2005, 623, 626; vgl. auch Mitteilung der Kommission zu Leistungen der Daseinsvorsorge in Europa, ABl. EG 2001 Nr. C 17/4, RdNr. 33, ausführlich dazu *Jennert*, Zum Verhältnis von europäischem Beihilfenrecht und mitgliedstaatlicher Daseinsvorsorge, 2004, S. 165 ff.

[170] Vgl. dazu EuGH, Urt. v. 11. 1. 2005, C-26/03, Slg. 2005, I-1, RdNr. 50 – Stadt Halle und RPL Lochau; EuGH, Urt. v. 22. 5. 2003 – C-18/01, RdNr. 51 – Korhonen; *Jennert* NZBau 2005, 623, 626.

[171] Vgl. auch das OLG Hamm, Urt. v. 23. 9. 1997, 4 U 99–97, NJW 1998, 3504 – Gelsengrün, das zur Beurteilung der Anwendbarkeit des gemeindewirtschaftsrechtlichen Betätigungsverbots darauf abstellt, ob es sich bei der fraglichen Tätigkeit der Kommune um eine „bloße Annextätigkeit" handele. Dazu *Jennert* NZBau 2006, 421, 423.

[172] EuGH, Urt. v. 11. 5. 2006, C-340/04, Slg. 2006, I-4137, RdNr. 63 f. – Carbotermo.

[173] EuGH, Urt. v. 11. 5. 2006, C-340/04, Slg. 2006, I-4137, RdNr. 65–67 – Carbotermo.

[174] EuGH, Urt. v. 19. 4. 2007, C-295/05, Slg. 2007, I-2999, RdNr. 62 – Asemfo/Tragsa; EuGH, Urt. v. 11. 5. 2006, C-340/04, Slg. 2006, I-4137, RdNr. 70 – Carbotermo; Vgl. bereits EuGH, Urt. v. 18. 11. 1999, C-107/98, Slg. 1999, I-8121, RdNr. 50 – Teckal, wo der Gerichtshof ausgeführt hat, dass das fragliche Unternehmen seine Tätigkeit im Wesentlichen für „die Gebietskörperschaft oder die Gebietskörperschaften [verrichten muss] die [seine] Anteile innehaben". Er hat somit die Möglichkeit in Betracht gezogen, dass die vorgesehene Ausnahme nicht nur dann zur Anwendung kommt, wenn die Anteile an einem derartigen Unternehmen von einer einzigen Körperschaft gehalten werden, sondern auch dann, wenn sie von mehreren Körperschaften gehalten werden.

[175] Vgl. *Rindtorff/Gabriel* VergabeR 2004, 577, 580.

[176] Vgl. OLG Düsseldorf v. 7. 7. 2000, NVwZ 2004, 510, 512; *Dreher* NZBau 2001, 360, 363 f.

[177] Vgl. Schlussanträge der GA'in *Stix-Hackl* zur C-26/03 50 – Stadt Halle und RPL Lochau, RdNr. 84; *Müller* VergabeR 2005, 436, 442 f.

gen an. Danach liegt nur dann kein In-House-Geschäft vor, wenn diese Einrichtung „im Wesentlichen für andere Wirtschaftsteilnehmer oder andere Körperschaften als diejenigen tätig wird, aus denen sich dieser öffentliche Auftraggeber zusammensetzt".[178] Nach der Konkretisierung seiner Auffassung in der Sache *Carbotermo* hat der EuGH nur hinsichtlich der begrifflichen Definition Klarheit geschaffen, wonach jede andere Tätigkeit rein nebensächlich sein muss. Die Grenze bleibt jedoch immer noch unscharf. Zur näheren Bestimmung wird im Schrifttum auch das 80%-Kriterium aus Art. 13 der Richtlinie 93/38 genannt, und zwar mit der Begründung, dass dieses Kriterium „objektiv" oder „sachgerecht" sei.[179] Dem wird jedoch entgegengehalten, dass auch ein anderer Prozentsatz ebenso angemessen sein könnte. Ein starrer Prozentsatz könne sich als Hindernis für eine sachgerechte Lösung auswirken.[180] Zudem erlaube er keine Berücksichtigung anderer als nur quantitativer Elemente. Gegen eine schematische Übertragung des 80%-Kriteriums spricht aber vor allem der Umstand, dass es sich um eine Ausnahmevorschrift in einer nur für bestimmte Sektoren geltenden Richtlinie ohne klare ratio legis handelt.[181] Der EuGH schien eine im Durchschnitt über 90%ige Tätigkeit für die Auftraggeber für ausreichend zu halten.[182] Der BGH hatte zumindest Zweifel geäußert, ob eine Tätigkeit für Dritte im Umfang von bis zu 10% des jährlichen Gesamtvolumens noch die Voraussetzungen erfüllt.[183] Das OLG Celle hielt selbst ein Auftragsvolumen für Dritte von nur 7,5% für nicht mehr nur unwesentlich.[184]

Die Anwendung einer starren Prozentgrenze ist nicht sachgerecht. Vor dem Hintergrund der **74** **wettbewerblichen Zielsetzung des Vergaberechts**,[185] dass neben dem allgemeinen Wettbewerbsrecht in Art. 101 f. AEUV[186] und dem Beihilfenrecht[187] auch dazu dient, ein System zu schaffen und aufrechtzuerhalten, das den Wettbewerb innerhalb des Binnenmarkts vor Verfälschungen schützt (Art. 51 EUV iVm. Protokoll Nr. 27 und Art. 119 Abs. 1 AEUV), können die konkreten **wettbewerblichen Wirkungen** im Einzelfall nicht außer Acht gelassen werden. Vielmehr kann sich die sonstige wirtschaftliche Tätigkeit eines Unternehmens, auch wenn sie nur einen Bruchteil des Gesamtumsatzes ausmacht, **wettbewerbsverzerrend** auswirken,[188] wenn das Unternehmen auf dem relevanten Markt mit dieser Tätigkeit einen **hohen Marktanteil** erreicht. Die Beurteilung des Ausnahmecharakters nach den Grundsätzen der In-House-Wertung muss demnach einzelfallabhängig dann umso restriktiver gehandhabt werden, je höher und spürbarer die Bedeutung der wirtschaftlichen Tätigkeit für den Markt ist. Folglich sind die **Marktverhältnisse** in die Beurteilung einzubeziehen. Bei bereits gestörten Marktstrukturen sind strengere Maßstäbe anzulegen. Auch der relative Abstand des Unternehmens aus sonstiger Tätigkeit im Verhältnis zu seinen Wettbewerbern kann ausschlaggebend sein. Entscheidend ist letztlich der Grad der Wettbewerbsverfälschung durch die Tätigkeit für Dritte.[189] Als per se schädlich ist bei der Marktbetrachtung jedenfalls eine Situation anzusehen, bei der die Gesell-

---

[178] RdNr. 93 der Schlussanträge des GA *Léger* v. 15. 6. 2000 zur Entscheidung des EuGH, Urt. v. 7. 12. 2000, C-94/99, Slg. 2000, I-11 037 – ARGE Gewässerschutz.

[179] Vgl. *Jasper/Pooth* VergabeR 2003, 613, 621; *Endler* NZBau 2002 125, 132; *Faber*, DVBl 2001, 248, 254 f.; *Langen/Bunte/Wagner* RdNr. 10. Unter Hinweis auf § 10 VgV im Ergebnis auch VK Halle, Beschl. v. 27. 5. 2002 – VK Hal 03/02, RdNr. 122; *Marx* NZBau 2002, 311, 315.

[180] Für eine Einzelbetrachtung zB. *Krohn* NZBau 2005, 92, 95.

[181] Schlussanträge der GA'in *Stix-Hackl* zur C-340/04 – Carbotermo, RdNr. 87 ff.; *dies.* in Schlussanträge zur C-26/03 50 – Stadt Halle und RPL Lochau, RdNr. 87 ff.

[182] EuGH, Urt. v. 19. 4. 2007, C-295/05, Slg. 2007, I-2999, RdNr. 63 – Asemfo/Tragsa.

[183] BGH, Urt. v. 3. 7. 2008 – I ZR 145/05, NZBau 2008, 664, 667 – Kommunalversicherer.

[184] OLG Celle, Beschl. v. 14. 9. 2006 – 13 Verg 2/06, NZBau 2007, 126, 127 – Datenverarbeitungszentrale.

[185] Vgl. Erw. 2 RL 2004/18/EG; EuGH, Urt. v. 3. 3. 2005, verb. C-21/03 u. C-34/03, Slg. 2005, I-1559, RdNr. 26 – Fabricom/Belgien; EuGH, Urt. v. 17. 9. 2002, C-513/99, Slg. 2002, I-7213, RdNr. 81 – Concordia Bus Finland; EuGH, Urt. v. 22. 6. 1993, C-243/89, Slg. 1993, I-3353, RdNr. 33 – Kommission/Dänemark; siehe auch die Schlussanträge des GA *Léger* v. 15. 6. 2000 in der C-94/99, RdNr. 5 u. 79 – ARGE Gewässerschutz/Bundesministerium für Land- und Forstwirtschaft; *Jaeger* NZBau 2001, 6, 8; *Pietzcker* ZHR 162 (1998), 427, 430 ff.; *Möschel* WuW 1997, 120, 122; *Broß*, Die Vergabe öffentlicher Aufträge als Wettbewerbsproblem, Festschrift für Brandner, 1996, S. 343 ff.; *Marx*, Festschrift für Bechtold, S. 321 ff.; *Mestmäcker/Schweitzer* § 36 RdNr. 9 ff.

[186] EuGH, Urt. v. 25. 10. 1977, 26/76, Slg. 1977, 1875, RdNr. 20 – Metro/Kommission.

[187] EuGH, Urt. v. 20. 3. 1990, C-21/88, Slg. 1990, I-889, RdNr. 20 – Du Pont de Nemours Italiana.

[188] Zu Recht diesen Umstand hervorhebend OLG Celle, Beschl. v. 14. 9. 2006, Az. 13 Verg 2/06, NZBau 2007, 126, 127 – Datenverarbeitungszentrale.

[189] Vgl. auch EuGH, Urt. v. 19. 6. 2008, C-454/06, Slg. 2008, I-4401, RdNr. 79, 86 – pressetext.

schaft durch ihre sonstige Tätigkeit – unabhängig vom Verhältnis zur Tätigkeit für den Auftraggeber – eine **marktbeherrschende Stellung** iSd. Art. 102 AEUV bzw. § 19 GWB erlangen würde, wobei der Rückhalt durch den öffentlichen Auftraggeber auch in diese Bewertung einfließen muss.[190]

75   Das Ziel, Wettbewerbsverzerrungen durch staatliche Aufträge zu verhindern, kann auch dadurch indirekt beeinträchtigt werden, dass die beauftragende staatliche Einrichtung unter **Einbeziehung** einer anderen **abhängigen Gesellschaft** außerhalb ihrer hoheitlichen Tätigkeit selbst unternehmerisch tätig wird, wie es insbesondere bei der Beauftragung einer **Enkelgesellschaft** einer vom öffentlichen Auftraggeber kontrollierten Holdinggesellschaft der Fall sein kann. Es ist in diesen Fällen festzustellen, ob der öffentliche Auftraggeber bzw. eines der Unternehmen in der **Beteiligungskette** Tätigkeiten verrichtet, die der nichtöffentlichen Leistungserbringung dienen und demnach in die Berechnung einzubeziehen sind. Dem entspricht die Auffassung des EuGH, dass für die Berechnung der Umsätze von für Dritte erbrachte Leistungen unerheblich ist, wer die Vergütung der Leistung übernimmt. Entscheidend ist vielmehr, ob die durch die abhängige Gesellschaft erbrachte Leistung letztendlich einer öffentlichen Aufgabe oder rein unternehmerischen Zwecken dient.[191] Nur soweit die Leistungen der abhängigen Gesellschaft nahezu ausschließlich dem Staat gegenüber erbracht und auch nicht mittelbar einer davon zu trennenden unternehmerischen Tätigkeit dienen, erfolgt deren Tätigkeit *für den Auftraggeber* im Sinne der Rechtsprechung des EuGH. Es ist demnach auch auszuschließen, dass die konkrete Tätigkeit zwar nur oder im wesentlichen für den Auftraggeber durchgeführt wird, andere Tätigkeiten auf sonstigen Märkten aber in erheblichem Maße von den Vorteilen der Beauftragung profitieren. Dies kann letztlich nur durch eine mindestens **buchhalterische Entflechtung** sowie dem **Verbot einer Quersubvention** erreicht werden.[192]

76   Bei der Übertragung dieser aus dem EU-Primärrecht abgeleiteten Anforderung auf **Dienstleistungskonzessionen** sind zwei relevante Märkte zu unterscheiden. Das konzessionierte Unternehmen erbringt einerseits die konzessionierte Dienstleistung gegenüber den Endverbrauchern; es stellt andererseits der öffentlichen Hand seine Dienste im Austausch gegen die Erteilung des Konzessionsrechts zur Verfügung, die dadurch ihrer öffentlichen Gewährleistungsaufgabe nachkommt. Dieses In-House-Kriterium dient auch bei Dienstleistungskonzessionen der Verhinderung von Wettbewerbsverfälschungen zu Lasten der Wettbewerber des durch die Konzession begünstigten Unternehmens. Da ein Konzessionsrecht einen erheblichen wirtschaftlichen Wert für den Konzessionsnehmer darstellt, nicht zuletzt aufgrund der oftmals mit der Rechtsposition verbundenen Monopolstellung und deren wirtschaftlicher Absicherung etwa durch einen Anschluss- und Benutzungszwang, ist eine kausale Negativbeeinträchtigung solcher Unternehmen zu verhindern, denen aufgrund der Direktvergabe eine Teilnahme am Wettbewerbsverfahren verwehrt war. *Spürbare*, dem Konzessionsrecht immanente Wettbewerbsbeeinflussungen sind deshalb nur dann hinzunehmen, wenn ein diskriminierungsfreies Auswahlverfahren durchgeführt wurde. Das Wesentlichkeitskriterium markiert folglich die Schwelle, ab der eine Direktvergabe, die den Leistungswettbewerb um das Konzessionsrecht ausschließt, zu spürbaren Beeinträchtigungen der Wettbewerbsmöglichkeiten Dritter führt. Hinsichtlich des Aufgabenträgermarktes, auf dem sich ein Unternehmen um den Abschluss eines Konzessionsvertrages bewirbt, ist zu beachten, dass ein bereits als Konzessionsnehmer tätiges Unternehmen aufgrund des gesammelten Know-Hows und der verfügbaren Ressourcen einen Vorteil hat, wenn es sich bei einer anderen Gebietskörperschaft, die nicht ihr Gesellschafter ist, um eine ebensolche Konzession bewirbt. Dieser der Direktvergabe immanente Wettbewerbsvorteil, der mit einer Beeinträchtigung der Wettbewerbsmöglichkeiten für Dritte einhergeht, kann nur verhindert werden, wenn auf diesem **Markt für Konzessionsrechte** die Tätigkeit im Wesentlichen für die über das Unternehmen eine Kontrolle ausübende(n) Gebietskörperschaft(en) ausgeübt wird. Aufgrund des erheblichen Wertes eines Konzessionsvertrages kann bereits bei einem Abschluss eines weiteren Konzessionsvertrages mit einem Nichtgesellschafter nicht mehr von einer nur unerheblichen Dritttätigkeit gesprochen werden. Darüber hinaus dürfen dem durch die In-House-

---

[190] Weitere denkbare (wettbewerbliche) Grenzen können im Einzelfall auch aus den in Art. 3 Vertikal-GFVO (vgl. dazu *Schultze/Pautke/Wagener*, Vertikal-GFVO, 2. Aufl. 2008, RdNr. 360 ff.) oder in vorzugsweise der tatbestandlichen Spürbarkeitsschwelle des Art. 101 Abs. 1 AEUV (vgl. dazu *Schröter/Jakob/Mederer/Schröter* Art. 81 RdNr. 209 ff.; Bekanntmachung der Kommission über Vereinbarungen von geringer Bedeutung (de minimis), ABl. 2001 Nr. C 372/13) verankerten Grundsätzen folgen.

[191] EuGH, Urt. v. 11. 5. 2006, C-340/04, Slg. 2006, I-4137, RdNr. 65–67 – Carbotermo.

[192] Siehe dazu *Wolf* Art. 107 AEUV RdNr. 889 ff.

Konzessionierung privilegierten öffentlichen Unternehmen auch durch die wirtschaftlichen Vorteile der Betätigung auf dem **Endverbrauchermarkt,** auf dem die Dienstleistung im Allgemeininteresse erbracht wird, **keine mittelbaren spürbaren Wettbewerbsvorteile** im Verhältnis zu Konkurrenzunternehmen erwachsen. Außer Betracht bleibt der Umstand, dass Dritte von vornherein von der Konzession und damit meist auch vom konzessionierten relevanten Markt ausgeschlossen werden, da eine Eigenvornahme der öffentlichen Hand grundsätzlich zulässig ist und die formelle Privatisierung als solche an den Auswirkungen auf den Wettbewerb nichts ändert. Um aber sicherzustellen, dass die In-House-Vergabe sich nicht auf solchen Märkten auswirkt, auf denen das öffentliche Unternehmen in Wettbewerb zu Dritten tritt, sind zumindest buchhalterische Entflechtungsmaßnahmen vorzusehen, die eine wirtschaftliche Quersubventionierung der Wettbewerbsbereiche verhindern. Aufgrund gleichgelagerter Interessenlage bietet sich zur praktischen Umsetzung eine Anknüpfung an die organisatorischen Anforderungen der Entscheidung der EU-Kommission v. 28. 11. 2005 über die Anwendung von Art. 106 Abs. 2 AEUV auf staatliche Beihilfen, die bestimmten mit der Erbringung von Dienstleistungen von allgemeinem wirtschaftlichem Interesse betrauten Unternehmen als Ausgleich gewährt werden (ABl. 2005 Nr. L 312/67), an. Auch diese verlangt zur Verhinderung von Wettbewerbsverfälschungen eine künstliche Trennung verschiedener Aufgabenbereiche eines Unternehmens (vgl. Art. 5 Abs. 5, näher dazu Art. 107 AEUV RdNr. 889 ff.).

d) Veränderungen während der Vertragslaufzeit. aa) Wegfall der Voraussetzungen **77** **durch Anteilsverkauf.** Die Kriterien der In-House-Vergabe müssen zwingend kumulativ erfüllt sein, um die Voraussetzung für eine Freistellung vom Vergaberecht zu schaffen. Fraglich ist jedoch, wie der Fall zu beurteilen ist, in dem **nach erfolgter Auftragsvergabe** die Kriterien nicht mehr erfüllt werden. Nach der Rechtsprechung des EuGH ist die Pflicht des öffentlichen Auftraggebers zur Ausschreibung aus Gründen der Rechtssicherheit normalerweise nur anhand der Bedingungen zu prüfen, die zum Zeitpunkt der Vergabe des fraglichen öffentlichen Auftrags vorlagen. Um die nachträgliche Anteilsveräußerung vergaberechtlich zu erfassen, müssten die Vergabevorschriften auch auf den Anteilsverkauf Anwendung finden.[193] Im Fall *Mödling* kam er allerdings zu dem Schluss, dass unter besonderen Umständen auch **später eingetretene Ereignisse zu berücksichtigen** seien.[194] In dem konkret entschiedenen **Fall** hielt er einen zeitlich unmittelbar auf die Auftragsvergabe folgenden Verkauf von Anteilen der Eigengesellschaft an Dritte geeignet, den Gesamtvorgang einer **einheitlichen Betrachtungsweise** zu unterziehen. In seiner nachfolgenden Rechtsprechung hat der EuGH unter Bezugnahme des vorgenannten Urteils keine besonderen Umstände mehr vorausgesetzt, sondern generell festgestellt, dass die Öffnung des Kapitals an einer Eigengesellschaft gegenüber privaten Aktionären während der Laufzeit eines In-House-Vertrages dazu führen würde, dass eine Vertragsbeziehung ohne Ausschreibung mit einem gemischtwirtschaftlichen Unternehmen eingegangen würde, was die Ziele des Unionsrechts beeinträchtigen würde.[195] Eine Anteilsübertragung bleibt demnach *nicht* ohne vergaberechtliche Konsequenzen. Dabei ist zwischen den verschiedenen nachfolgend beschriebenen Konstellationen zu unterscheiden.

α) Generelle Pflicht zur Ausschreibung des Restvertrages. αα) Einschränkende **78** **Stellungnahmen in der Literatur.** Für eine generelle vergaberechtliche Unbedenklichkeit des Anteilsverkaufs wird angeführt, dass den Vertragspartnern, in dem Fall dem öffentlichen Auftragnehmer und dem beauftragten Unternehmen, Vertrauensschutz zustehe.[196] Die in Bezug genommene fragwürdige Rechtsprechung des EuGH,[197] wonach vor Ablauf der Umsetzungsfrist der Vergaberichtlinien abgeschlossene Verträge „Bestandsschutz" genießen, kann diesen Sachverhalt jedenfalls aber dann nicht rechtfertigen,[198] wenn der wettbewerbliche Bedenken begründende Umstand, in dem Fall die Anteilsveräußerung, in den zeitlichen Geltungsbereich der Richtlinien fällt. Im Übrigen lassen sich die gleichen Grundsätze auch unmittelbar aus dem Primärrecht ableiten.[199] Aus diesem Grunde erfährt auch die kommunale Organisationsfreiheit

---

[193] Vgl. dazu *Frenz* NZBau 2008, 673, 675 ff.
[194] EuGH, Urt. v. 10. 11. 2005, C-29/04, Slg. 2005, I-9705, RdNr. 38 – Kommission/Republik Österreich.
[195] EuGH, Urt. v. 6. 4. 2006, C-410/04, Slg. 2006, I-3303, RdNr. 30 – ANAV.
[196] *Schröder* NJW 2002, 1831, 1833.
[197] EuGH, Urt. v. 24. 9. 1998, C-76/97, Slg. 1998, I-5357, RdNr. 52 ff. – Walter Tögel/Niederösterreichische Gebietskrankenkasse.
[198] AA *Schröder* NJW 2002, 1831, 1833.
[199] Vgl. dazu oben RdNr. 43.

eine Einschränkung.[200] Auch eine Unterscheidung zwischen der tatsächlichen Aufgabenerfüllung durch den privaten Minderheitsanteilseigner und der bloßen Beteiligung[201] lässt sich mit der Rechtsprechung des EuGH nicht vereinbaren. Auftragnehmer ist und bleibt nicht der einzelne Gesellschafter, sondern das Unternehmen selbst.[202] Vielmehr ist es ausreichend, dass nunmehr eine Tätigkeit durch ein gemischtwirtschaftliches Unternehmen ausgeführt wird, an dem ein Privater beteilig ist, der am Unternehmenserfolg partizipiert. Durch die Beteiligung am Kapital erlangt der Beteiligte einen Vorteil gegenüber seinen Wettbewerbern, der durch öffentliche Mittel finanziert wird. Die damit verbunden Verletzung des freien und unverfälschten Wettbewerbs und den Grundsatz der Gleichbehandlung der Interessenten schließt es für den EuGH aus, dass ein vergaberechtsfreies In-House-Geschäft vorliegen kann, wenn irgendeine Beteiligung durch Private erfolgt, sei sie auch noch so gering.[203] Die Stellung des Minderheitsbeteiligten wird also nicht hinsichtlich seiner Auftragnehmereigenschaft beurteilt, sondern allein anhand der damit verbundenen Verfälschung der Wettbewerbsbedingungen. Demnach kann die Frage, inwieweit der Käufer von Anteilen entweder durch Erwerb der Mehrheit von Anteilen oder der neben dem Minderheitserwerb bestehenden Ausführungspflicht die Besorgung der Geschäfte der Gesellschaft übernimmt, keine geeigneten Maßstäbe bieten.[204]

79   **ββ) Zweckkonforme Auslegung des Vergaberechts.** Wegen der Auswirkungen auf den Wettbewerb ist ein unkontrollierter Rechtsraum für den nachträglichen Anteilserwerb auch nach Ablauf einer längeren Zeit nach der In-House-Beauftragung des Unternehmens, dessen Anteile veräußert werden, nicht gerechtfertigt. Vor diesem Hintergrund bedürfen die Regelungen über die Vergabe öffentlicher Aufträge einer dem Schutzzweck entsprechenden Auslegung. Einen Anhaltspunkt gibt die Rechtsprechung des EuGH zu den Anforderungen an eine In-House-Vergabe. Es ist nunmehr klargestellt, dass jegliche Beteiligung eines privaten Unternehmens an einem gemischtwirtschaftliches Unternehmen, sei sie auch noch so gering, die Vergabe eines öffentlichen Auftrags ohne Ausschreibung unzulässig macht, weil ein solches Verfahren einem am Kapital dieses Unternehmens beteiligten privaten Unternehmen einen dem Ziel eines freien und unverfälschten Wettbewerbs (Art. 119 Abs. 4 AEUV) und dem in Art. 2 RL 2004/18/EG genannten Grundsatz der Gleichbehandlung zuwiderlaufenden Vorteil gegenüber seinen Konkurrenten verschaffen würde.[205] Zweck des Vergaberechts ist es derartige Interessenprivilegierungen zu vermeiden. Der Verkauf von Anteilen eines mit einer öffentlichen, entgeltlichen Aufgabe betrauten Unternehmens an einen Privaten ist folglich stets eine **Beteiligung an dem der Gesellschaft durch das Auftragsverhältnis zugebilligten Vorteil,** ebenso wie die ursprüngliche Beauftragung selbst. Vor dem Anteilsverkauf erfolgte die Auftragsvergabe an die Gesellschaft in Form eines nicht vergaberechtsrelevanten In-House-Geschäfts. Diese Privilegierung entfällt aber nach dem Anteilsverkauf, so dass nunmehr ein öffentlicher Auftrag iSv. Art. 1 Abs. 2 lit. a RL 2004/18/EG vorliegt, für den bisher kein förmliches Vergabeverfahren durchgeführt wurde. Die Identität der beauftragten Gesellschaft ist zwar gesellschaftsrechtlich, nicht aber ausgehend vom vergaberechtlichen Schutzzweck gewahrt. Durch die gewandelte Interessenlage der Gesellschaft wurde aus dem zunächst vergaberechtsimmunen In-House-Geschäft ein vergaberechtsrelevanter Vertrag mit Außenwirkung. In Hinblick auf die dem Schutz des Wettbewerbs dienende Zielrichtung ist daher für das Vergaberecht auch ohne Bedeutung, ob der Vertrag nach zivilrechtlichen Kategorien unverändert bestehen bleibt. Die mit der Anteilsveräußerung verbundene Umstufung eines In-House-Geschäfts in einen vergaberechtsrelevanten öffentlichen Auftrag ist mithin materiell als Vergabeleistung gegenüber dem Vertragspartner anzusehen.[206]

---

[200] AA. *Schröder* NJW 2002, 1831, 1832.

[201] So *Schröder* NJW 2002, 1831, 1833 f.

[202] So auch *Dietlein* NZBau 2004, 472, 477.

[203] EuGH, Urt. v. 10. 11. 2005, C-29/04, Slg. 2005, I-9705, RdNr. 48 – Kommission/Republik Österreich; EuGH, Urt. v. 11. 1. 2005, C-26/03, Slg. 2005, I-1, RdNr. 51 – Stadt Halle und RPL Lochau.

[204] Im Ergebnis auch *Endler* NZBau 2002, 125, 133 f.

[205] Vgl. EuGH, Urt. v. 10. 11. 2005, C-29/04, Slg. 2005, I-9705, RdNr. 46 ff. – Kommission/Republik Österreich; EuGH, Urt. v. 11. 1. 2005, C-26/03, Slg. 2005, I-1, RdNr. 49 ff. – Stadt Halle und RPL Lochau.

[206] So nunmehr auch EuGH, Urt. v. 10. 9. 2009, C-573/07, RdNr. 53 – Sea; ebenso EuGH, Urt. v. 19. 6. 2008, C-454/06, Slg. 2008, I-4401, RdNr. 47 – pressetext; *Endler* NZBau 2002, 125, 133 f. Einen anderen Weg geht *von Kerssenbrock* WuW 2001, 122 ff., der Anteilsveräußerungen stets als Beschaffungsgeschäft ansieht, da diese zugleich den Einkauf fremder Finanzkraft und fremden Know-hows enthalten. Kritisch dazu *Dietlein* NZBau 2004, 472, 476 und *Mehlitz* WuW 2001, 569 ff.

Die Berücksichtigung des **dem Anteilserwerber zukommenden Vorteils** verlangt aber **80** auch dessen Quantifizierung dergestalt, dass der **Restwert** des der *Gesellschaft* zustehenden Auftragsvolumens zu ermitteln ist.[207] Von Bedeutung ist dies jedoch nur zur Bestimmung des Überschreitens der Schwellenwerte. Soweit diese unterschritten sind, ist der unmittelbare Rückgriff auf die Rechtsprechung des EuGH zu den Vergaberichtlinien verwehrt. Die Grundsätze sind jedoch in entsprechender Anwendung anwendbar, wenn der Vertragsrest aufgrund der konkreten Umstände des Einzelfalles Binnenmarktrelevanz entfaltet.[208] Da der gesamte Restwert des Vertrages und nicht nur der dem privaten Dritten zufallende anteilige Vorteil zugrundezulegen ist, stellt die spätere Aufstockung der Gesellschaftsanteile durch den privaten Investor keine ausschreibungspflichtige Auftragserweiterung mehr dar.[209] Demnach ist **spätestens zum Zeitpunkt der Anteilsveräußerung von einem Vergabevorgang** auszugehen, der eine **Ausschreibung der Gesellschaftsanteile** erforderlich macht. Zugrundezulegen ist der Auftragsrestwert.

β) **Einheit von Anteilsverkauf und Auftragsvergabe bei Verschleierungsfällen.** Stellt **81** sich eine Kapitalübertragung hingegen in Wirklichkeit von vornherein als *Deckmantel* für die Übertragung von öffentlichen Aufträgen oder gar Konzessionen an einen privaten Partner außerhalb eines Vergabeverfahrens dar (zB. wenn dem in Rede stehenden Wirtschaftsgebilde vor der Kapitalübertragung unmittelbar ohne Wettbewerb besondere Aufgaben übertragen werden, um die Kapitalübertragung attraktiv zu machen), so ist dieser Vorgang nach der Rechtsprechung des EuGH[210] als einheitlicher Lebenssachverhalt zu beurteilen und dem Vergaberecht zu unterwerfen.[211] In diesem Fall erfolgte **bereits die Beauftragung** der Eigengesellschaft selbst unter **Verstoß gegen das Vergaberecht.** Das mit den Vergabevorschriften verfolgte Ziel der Sicherung der Dienstleistungsfreiheit und der Herstellung unverfälschten Wettbewerbs in allen Mitgliedstaaten, wäre gefährdet, wenn ein öffentlicher Auftraggeber eine Verfahrensgestaltung wählen könnte, die die Vergabe öffentlicher Dienstleistungsaufträge an gemischtwirtschaftliche Unternehmen verschleiert.[212] Dem entspricht auch die Auffassung der Kommission, nach der öffentliche Aufträge oder Konzessionen nicht im Wege der In-House-Vergabe an öffentliche Unternehmen vergeben werden können, deren Kapital während der Laufzeit der betreffenden öffentlichen Aufträge oder Konzessionen gegenüber Privaten geöffnet werden *soll.* Ist diese geplant, scheidet eine In-House-Vergabe aus, da schon die zukünftigen Umstände bei der Prüfung der Kriterien mit zu berücksichtigen sind. Die Beantwortung der Frage, ob ein vergabepflichtiger Auftrag vorliegt, ist unter Berücksichtigung der Gesamtheit dieser Schritte sowie ihrer Zielsetzung zu prüfen und nicht anhand ihrer rein zeitlichen Abfolge.[213] Neben diesem objektiven Erfordernis der mit einer gesellschaftsrechtlichen Beteiligung verbundenen öffentlich-rechtlichen Auftragserteilung hat die Rechtsprechung die Anwendung vergaberechtlicher Vorschriften von der subjektiven Voraussetzung einer Umgehungsabsicht abhängig gemacht, welche stets angenommen wurde, wenn ein enger zeitlicher Zusammenhang zwischen Beteiligung und Auftrag gegeben war.[214] Abzustellen ist dabei insbesondere auf den Vertragszweck, Öffnungsklauseln oder Äußerungen kommunaler Gremien während oder vor der Auftragserteilung an die Eigengesellschaft.[215] Die bloße theoretische Möglichkeit einer Beteiligung Privater, etwa weil diese in der Gesellschaftssatzung nicht ausgeschlossen wurde, ist hingegen nicht ausreichend, wenn keine weiteren Hinweise auf eine tatsächlich geplante Beteiligung vorliegen.[216] Vor dem

---

[207] So auch *Endler* NZBau 2002, 125, 133 f.; *Dreher* NZBau 2002, 245, 250; wohl auch *Dietlein* NZBau 2004, 472, 478 f.; einschränkend *Jaeger* NZBau 2001, 6, 11, der den dem Gesellschaftsanteil zuzuordnenden Vorteil als Berechnungsgrundlage heranzieht.

[208] Vgl. RdNr. 46.

[209] So auch *Endler* NZBau 2002, 125, 134.

[210] EuGH, Urt. v. 10. 11. 2005, C-29/04, Slg. 2005, I-9705, RdNr. 38 ff. – Kommission/Österreich; EuGH, Urt. v. 19. 6. 2008, C-454/06, Slg. 2008, I-4401, RdNr. 48 – pressetext.

[211] So auch VK Düsseldorf, Beschl. v. 7. 7. 2000, Az. VK 12/2000 – L, NZBau 2001, 46; *Endler* NZBau 2002, 125, 132 ff.; *Faber* DVBl. 2001, 248, 257. Einschränkend *Jaeger* NZBau 2001, 6, 11, der vorschlägt, den für die Berechnung der Schwellenwerte maßgeblichen Auftragswert anhand der Restlaufzeit des Vertrags und begrenzt auf den Umfang der von dem Privaten übernommenen Geschäftsanteile zu errechnen. So iE. wohl auch VK Stuttgart, Beschl. v. 24. 1. 2001, Az. 1 VK 34/00 und 1 VK 1/01, NZBau 2001, 340, 341.

[212] EuGH, Urt. v. 10. 11. 2005, C-29/04, Slg. 2005, I-9705, RdNr. 38 ff. – Kommission/Republik Österreich.

[213] EuGH, Urt. v. 10. 11. 2005, C-29/04, Slg. 2005, I-9705, RdNr. 38 ff. – Kommission/Republik Österreich.

[214] Vgl. dazu *Schröder* NJW 2002, 1831 f. mwN.

[215] *Frenz* NZBau 2008, 673, 678 f.

[216] EuGH, Urt. v. 10. 9. 2009, C-573/07, RdNr. 49–51 – Sea.

Hintergrund der Rechtsprechung des EuGH[217] erscheint die Anwendung des subjektiven Kriteriums der Umgehungsabsicht zur Bestimmung eines Zusammenhangs nicht sachgerecht. Die negativen Auswirkungen auf den Wettbewerb, namentlich der ohne transparentes Verfahren erfolgte Ausschluss und die einseitige Interessenprivilegierung des Mitgesellschafters, treten nämlich unabhängig von der Absicht der Parteien auf. Zudem lässt sich die ein subjektives Erfordernis nur schwer nachweisen, so dass ein solches im Rahmen einer effektiven Wettbewerbskontrolle unbeachtlich zu sein hat.[218] Auch die Frage des *zeitlichen* Zusammenhangs zwischen der als In-House-Geschäft vergaberechtsneutralen Beauftragung einer Eigengesellschaft und dem Anteilsverkauf wird in der Literatur kontrovers diskutiert. Da die wettbewerblichen Gefahren auch nach Ablauf einer Mindestfrist die gleichen wären,[219] ist es allenfalls als ein für die Beweislage erhebliches Indiz geeignet. Es liegt daher stets kein In-House-Geschäft vor, wenn die Beteiligung zwar weit in der Zukunft geplant ist, aber noch innerhalb der Vertragslaufzeit.

82   **bb) Verändertes Marktverhalten.** Fraglich ist die Behandlung solcher Fälle, in denen die Eigengesellschaft ihren Tätigkeitsbereich derart erweitert, dass sie **nicht mehr im Wesentlichen für den Auftraggeber** tätig wird. Berücksichtigt man die Rechtsprechung des EuGH zum Anteilsverkauf (dazu RdNr. 76), so ist auch hier die mit der In-House-Vergabe verbundene Marktwirkung in den Vordergrund zu stellen. Davon ausgehend muss ein In-House-Geschäft als Vorteil für die Eigengesellschaft angesehen werden, der ihr im Falle sonstiger wirtschaftlicher Tätgkeiten zu einem Wettbewerbsvorteil verhilft. Der allein aus der Vertragspartnerstellung resultierende Vorteil steht dabei neben dem Vorteil, ohne Vergabeverfahren beauftragt worden zu sein,[220] was die Gefahr begründet, dass die Eigengesellschaft trotz besser geeigneterer bzw. effizienterer Wettbewerber tätig wird. Eine Beibehaltung dieses Zustandes ist kaum hinnehmbar. Fraglich ist jedoch, welche Schlussfolgerung aus dieser Unvereinbarkeit mit den Zielsetzungen des Vergabrechtes zu ziehen sind. Naheliegend ist eine vorzeitige Beendigung des Vertrages mit der Pflicht zur Ausschreibung. Durch das Erfordernis der Kontrolle über den Auftragnehmer (RdNr. 60 ff.) ist eine solche Aufkündigung im beiderseitigen Einverständnis der Vertragsparteien auch durchsetzbar, selbst wenn sie nicht ausdrücklich im Vertrag geregelt wurde.[221]

83   **e) Umgekehrte In-House-Geschäfte.** Die In-House-Kriterien wurden für den Fall der Nachfrage der öffentlichen Hand bei einem beherrschten Auftragnehmer entwickelt. Denkbar ist jedoch auch der umgekehrte Fall, in dem eine Tochtergesellschaft bei dem sie kontrollierenden öffentlichen Auftraggeber Leistungen beschafft und selbst öffentlicher Auftraggeber ist. Nach Sinn und Zweck des In-House-Privilegs muss auch eine solche Vergabe ausschreibungsfrei bleiben, wenn und soweit das Innenverhältnis zwischen Auftragnehmer und Auftraggeber die In-House-Kriterien erfüllt.[222] Die Beziehungen der Beteiligten zum herrschenden Gebilde der öffentlichen Hand müssen also die vom EuGH entwickelten Kriterien kumulativ erfüllen. Dann greifen in entsprechender Anwendung die Grundsätze für konzerninterne Vereinbarungen des allgemeinen Wettbewerbsrechts (keine intra-enterprise-conspiracy-doctrine).[223] Gleiches gilt auch im Falle der an ein dem gleichen „Konzerngebilde" angehöriges aber in der Weisungshierarchie über- oder gleichgeordnetes Unternehmen gerichteten Nachfrage.

84   Verkompliziert wird die Situation, wenn eine von einer Mehrheit öffentlicher Auftraggeber kontrollierte Institution, wie ein Zweckverband oder ein interkommunales Gemeinschaftsunternehmen (siehe RdNr. 87 ff.), von einem der herrschenden Verwaltungsträger eine Leistung bezieht oder von dessen von ihm beherrschten Gesellschaft.[224] Auch in diesem Fall kann im Ergebnis nichts anderes gelten: zwischen allen Beteiligten muss ein den In-House-Kriterien entsprechendes Verhältnis bestehen, welches eine unzulässige Wettbewerbsbeeinflussung ausschließt.

---

[217] EuGH, Urt. v. 10. 11. 2005, C-29/04, Slg. 2005, I-9705, RdNr. 38 ff. – Kommission/Republik Österreich.

[218] So auch *Endler* NZBau 2002, 125, 133; *Jaeger* NZBau 2001, 6, 11. Vgl. zur vergleichbaren Auslegung des Merkmals des „Bezweckens" einer Wettbewerbsbeschränkung in Art. 81 EG Immenga/Mestmäcker/ *Emmerich* EG-WettbR Art. 81(1) EGV RdNr. 227 ff. mwN.

[219] *Jaeger* NZBau 2001, 6, 11; aA *Dietlein* NZBau 2004, 472, 478.

[220] Vgl. EuGH, Urt. v. 11. 1. 2005, C-26/03, Slg. 2005, I-1, RdNr. 51 – Stadt Halle und RPL Lochau.

[221] Anderenfalls würde es bereits am hinreichenden Kontrollgrad fehlen, siehe RdNr. 60.

[222] So *Dreher* NZBau 2004, 14, 18 ff.; Immenga/Mestmäcker/*Dreher* GWB, § 99 RdNr. 72; *Säcker/Wolf* WRP 2007, 282, 286.

[223] Siehe dazu EuGH, Urt. v. 24. 10. 1996, C-73/95 P, Slg. 1996, I-5457, RdNr. 16 f. – Viho/Kommission, mwN.

[224] Offen gelassen bei *Noch* RdNr. 42.

f) (Re-)Kommunalisierung. Die Aufgabenprivatisierung (materielle Privatisierung),[225] bei **85** der die öffentliche Aufgabe durch Vertrag mit einem privatnützigen wirtschaftlichen Unternehmen in den gesellschaftlichen Bereich verlagert wird, unterliegt ebenso wie die funktionelle Privatisierung dem Vergaberecht. Nach Ablauf eines Vertrags oder aufgrund veränderter Umstände kann seitens des öffentlichen Auftraggebers ein Interesse bestehen, die Aufgabe künftig wieder durch eine eigene Dienststelle oder durch eine eigene Tochtergesellschaft zu erledigen. Eine solche Rückverlagerung bei der Aufgabenwahrnehmung wird als Rekommunalisierung bezeichnet.[226] Sie erfährt keine vergaberechtliche Sonderbehandlung.[227] Die staatliche Organisationsentscheidung selbst unterfällt nicht dem Vergaberecht. Der Staat kann eine öffentliche Aufgabe wieder zurückholen, ohne ihre Erledigung zuvor Privaten anbieten zu müssen. Die kommunale Übernahme der öffentlichen Aufgabe („Aufgabenrekommunalisierung") in eigene Trägerschaft und Verantwortung vollzieht sich typischerweise durch vertragliche Übernahme (Übereignung, Verpachtung) des in privater Hand befindlichen Betriebs, verbunden mit dem gesetzlichen Übergang der Arbeitsverhältnisse (§ 613a BGB) und der Umgestaltung zu einem Eigenbetrieb[228] oder durch Erwerb der bislang von einem privaten Wirtschaftsunternehmen gehaltenen Gesellschaftsanteile mit der Folge, dass eine 100%ige Eigengesellschaft der Kommune entsteht. Die mit der Rekommunalisierung verbundene Beauftragung der Eigengesellschaft ist dann ein vergaberechtsfreier Vorgang, wenn die In-House-Voraussetzungen erfüllt sind.[229] Diese können auch erfüllt sein, wenn die Arbeitnehmer im Falle des Betriebsübergangs dem Übergang ihrer Arbeitsverhältnisse auf die Kommune bzw. den kommunalen Eigenbetrieb gemäß § 613a Abs. 5 BGB widersprechen. Eine Kündigung dem Arbeitgeber wegen Wegfalls der Arbeitsplätze wäre sozial nicht gerechtfertigt iSv. § 1 Abs. 2 KSchG, da die Kommune durch die Rückholung der Aufgabe („konzerninduziert") den Wegfall der Arbeitsplätze bei der Eigengesellschaft verursacht hat und deshalb verpflichtet ist, auf das Angebot des die Aufgabe zurückübertragenden Unternehmens und der Arbeitnehmer einzugehen, diese auf der Basis einer Personalgestellung (konzerninterne Arbeitnehmerüberlassung) bzw. eines Service Agreements auf ihren alten Arbeitsplätzen unter Aufrechterhaltung der arbeitsvertraglichen Beziehung zu ihrem bisherigen Arbeitgeber weiter zu beschäftigen.[230] Ein ausschreibungspflichtiger Tatbestand wird somit durch die Ausübung des Widerspruchsrechts durch die Arbeitnehmer nicht ausgelöst.[231]

Wenn die Aufgabenerledigung zwar in den kommunalen Raum zurückverlagert wird, aber **86** nicht auf eine eigene Dienststelle oder Tochtergesellschaft einer Kommune, sondern auf eine andere als Leistungserbringer wirtschaftlich tätige Gebietskörperschaft, so liegt hingegen keine vergaberechtsfreie Rekommunalisierung vor.[232] Insoweit ist auf die Ausführungen zur interkommunalen Zusammenarbeit zu verweisen (RdNr. 87 ff.).

---

[225] Zur Unterscheidung: Aufgaben- und Erfüllungsprivatisierung vgl. *Burgi*, Funktionale Privatisierung und Verwaltungshilfe, 1999, S. 71 ff.; Sächs. OVG vom 24. 9. 2004 – 5 BS 119/04; *Schönröck*, Beamtenüberleitung anlässlich der Privatisierung von öffentlichen Unternehmen, 2000, S. 11 f.; *Schmidt*, LKV 2008, 193 ff.

[226] Vgl. *Ziekow/Siegel* VerwArch 2005, 119, 127 mwN.

[227] Im Ergebnis ebenso OLG Naumburg, Beschl. v. 3. 11. 2005 – 1 Verg 9/05, NZBau 2006, 58, 61 – Nachbarlandkreis; vgl. auch OLG Düsseldorf, Beschl. v. 15. 10. 2003, Verg 50/03, NZBau 2004, 58.

[228] Die Übernahme der öffentlich-rechtlichen Trägerschaft (Betriebseigenschaft) setzt voraus, dass die Kommune bzw. der von ihr gebildete Eigenbetrieb) die Versorgungsaufgabe nicht nur pro forma übernimmt (etwa um privatrechtliche Entgelte gegen hoheitliche Gebührenbescheide auszuwechseln), sondern sie muss alle wesentlichen (strategischen) Entscheidungen selbst treffen und die Durchführung dieser Entscheidungen durch Weisungen und Aufsichtsmaßnahmen kontrollieren, wenn sie einen Dritten vertraglich mit der operativen (funktionalen) Umsetzung der Aufgabe betraut; vgl. zutreffend OVG Bautzen, Beschl. v. 22. 9. 2003, Az. 5 BS 255/03, ZNER 2004, 379 = SächsVBl 2005, 14.

[229] Siehe dazu OLG Düsseldorf, Beschl. v. 15. 10. 2003, Verg 50/03, NZBau 2004, 58; *Jaeger/Dicks*, 100 Jahre Oberlandesgericht Düsseldorf, S. 198.

[230] Vgl. dazu eingehend *Plander* NZA 2002, 69, 72 ff. mwN. Es handelt sich dabei um eine nicht gewerbsmäßige Arbeitnehmerüberlassung iS. des AÜG, wenn für die Personalgestellung nur ein die Verwaltungskosten deckender Aufschlag auf die realen Lohnkosten berechnet wird. Das BAG (NZA 2005, 1006, 1008 f.) hat im konkreten Fall eine Umlage von 5% der Bruttovergütung der überlassenen Arbeitnehmer gebilligt.

[231] Vgl. OLG Düsseldorf, Beschl. v. 15. 10. 2003, Verg 50/03, NZBau 2004, 58; ferner OLG Naumburg, Beschl. v. 3. 11. 2005 – 1 Verg 9/05, NZBau 2006, 58, 61 – Nachbarlandkreis.

[232] Vgl. OLG Düsseldorf, Beschl. v. 5. 5. 2004, VII-Verg 78–03, NZBau 2004, 398, 399; OLG Frankfurt a. M., Beschl. vom 7. 9. 2004, 11 Verg 11/04, NZBau 2004, 692; OLG Naumburg, Beschl. v. 3. 11. 2005, 1 Verg 9/05, NZBau 2006, 58, 61 *Jaeger/Dicks*, 100 Jahre Oberlandesgericht Düsseldorf, S. 198.

87 **2. Interkommunale Zusammenarbeit (Public–Public–Partnerships). a) Einführung.**
Umstritten ist die Anwendbarkeit des Vergaberechts auf Leistungsbeziehungen zwischen Trägern der öffentlichen Hand (In-State-Geschäfte), insbesondere zwischen Gemeinden (interkommunale Zusammenarbeit). Diese Zusammenarbeit ist vielfach in Landesgesetzen vorgesehen, die zB. die Gründung eines Zweckverbands, die Schaffung eines kommunalen Gemeinschaftsunternehmens oder auch eine Aufgabenübertragung in Form der Mandatierung oder Delegation von einer Gebietskörperschaft auf eine andere vorsehen.[233] Der Referentenentwurf der Bundesregierung zur Neufassung des Vergaberechts aus dem Jahre 2005 sah ursprünglich für § 99 Abs. 1 S. 2 folgende Freistellung kommunaler Zusammenarbeit vor: „Ein öffentlicher Auftrag liegt nicht vor, wenn öffentliche Auftraggeber nach § 98 Nr. 1, 2 oder 3 Liefer-, Bau- oder Dienstleistungen durch eine oder mehrere juristische Personen erbringen lassen, die selbst öffentliche Auftraggeber sind und an denen privates Kapital nicht beteiligt ist, sofern diese juristischen Personen die zu erbringende Leistung überhaupt nicht auf dem Markt anbieten oder im wesentlichen für öffentliche Auftraggeber tätig sind." Da dieser unter europarechtlichem Blickwinkel höchst fragwürdige Passus letztendlich nicht umgesetzt wurde, bleibt es bei den allgemeinen Grundsätzen. Insoweit gilt, dass im nationalen Recht **Kooperationen kommunaler Stellen nicht schlechthin vom Vergaberecht ausgenommen** sind.[234]

88 Gegen eine unbesehene generelle Freistellung solcher Kooperationen[235] spricht schon der auf die Erhaltung des Wettbewerbs zielende Schutzzweck[236] des Vergaberechts. Auch die Beauftragung einer anderen als Leistungserbringer tätigen Gemeinde, die als Alternative für die Beauftragung eines privaten Unternehmens auftritt und damit zu diesem in einem Wettbewerbsverhältnis steht, kann die Marktverhältnisse negativ beeinflussen.[237] Eine generelle Freistellung von Vereinbarungen zwischen rechtlich unterscheidbaren Trägern der öffentlichen Hand würde daher auch eine unzureichende Umsetzung der europäischen Richtlinienvorgaben bedeuten.[238] Somit werden – worauf der EuGH explizit hinweist[239] – auch bei der Zusammenarbeit von Verwaltungsträgern die spezifischen Ausschlusstatbestände des Vergaberechts auch für die Beurteilung interkommunaler Zusammenarbeit entscheidend, wobei insbesondere die Anwendbarkeit der **In-House-Doktrin** sowie die vorgelagerte Frage nach der **Personenmehrheit** eine Rolle spielen, worauf im Folgenden die einzelnen Formen interkommunaler Kooperation untersucht werden sollen.

89 **b) Grundlagen.** Bei der Beurteilung sind generell zwei Grundsätze zu berücksichtigen. Zum einen kann **der Staat selbst als unternehmerischer Marktakteur** auftreten. Tut er das, hat er sich dem allgemeinen marktregelnden Recht zu beugen und nimmt keine privilegierte Sonderstellung ein.[240] Als Anbieter von Leistungen, egal ob gegenüber privaten Marktteilnehmern oder der öffentlichen Hand, tritt er *insoweit* **funktional als Wirtschaftsteilnehmer** auf.[241] Die föderale Gliederung in Deutschland ist aber ebenso wie die Ausstattung der lokalen Gebietskörperschaften mit eigener Rechtspersönlichkeit eine aus Sicht des EU-Rechts willkürliche staatsorganisatorische Grundentscheidung. Es kann daher nicht allein aus diesem Umstand geschlussfolgert werden, dass eine Zusammenarbeit zwischen diesen rechtlich selbständigen Körperschaften nur wegen der rechtlichen Verschiedenheit stets eine Marktzuwendung durch Drittbezug im Sinne des Vergaberechts begründet; denn zwei Träger der öffentlichen Hand könnten in der gleichen Konstellation in einem anderen Mitgliedstaat der EU auch als organisatorische Einheit ausgestaltet sein, ohne dass sich in wirtschaftlicher Hinsicht etwas ändert.[242]

---

[233] Vgl. *Burgi* NZBau 2005, 208 f.; Immenga/Mestmäcker/*Dreher* GWB, § 99 RdNr. 75.

[234] OLG Düsseldorf, Beschl. v. 21. 6. 2006 – VII Verg 17/06, NZBau 2006, 662, 664 – Zweckverband RegioEntsorgung; OLG Düsseldorf, Beschl. v. 5. 5. 2004, VII-Verg 78–03, NZBau 2004, 398, 399.

[235] Dafür scheinbar *Burgi* NZBau 2005, 208.

[236] Siehe RdNr. 44 ff.

[237] So auch *Krohn* NZBau 2006, 610, 614 f.

[238] EuGH, Urt. v. 13. 1. 2005, C-84/03, Slg. 2005, I-139, RdNr. 40 – Kommission/Spanien.

[239] EuGH, Urt. v. 13. 1. 2005, C-84/03, Slg. 2005, I-139, RdNr. 38 – Kommission/Spanien; fortgeführt durch EuGH, Urt. v. 18. 1. 2007, C-220/05, Slg. 2007, I-385, RdNr. 62 f. – Jean Auroux/Commune de Roanne.

[240] Vgl. BGH, Urt. v. 13. 10. 1977, II ZR 123/76, NJW 1978, 104, 105 = BGHZ 69, 334 – VEBA; BGH, Urt. v. 26. 10. 1961, KZR 1/61, NJW 1962, 196, 197 f. – Gummistrümpfe; OLG Düsseldorf, Beschl. v. 5. 5. 2004, VII-Verg 78–03, NZBau 2004, 398, 399.

[241] *Säcker/Busche* VerwArch 83 (1992), 1, 2 f.; *Wolf* VergabeR 2011, Heft 1.

[242] So auch EuGH, Urt. v. 9. 6. 2009, C-480/06, RdNr. 46 f. – Kommission/Bundesrepublik Deutschland (Landkreise Rotenburg (Wümme) ua.).

Es macht daher im Grundsatz keinen Unterschied, ob ein Hoheitsträger originär öffentliche **90** Aufgaben selbst durchführt oder im Wege der *in-state-Übertragung* deren Erfüllung sicherstellt. Es macht ebensowenig einen Unterschied, ob er einer wirtschaftlich tätigen Eigengesellschaft oder einer wirtschaftlich tätigen Nachbarkommune einen Leistungsauftrag erteilt. In beiden Fällen ist die bei Erfüllung des spezifischen Auftrages ausgeübte **wirtschaftliche Funktion des Leistungserbingers** offensichtlich. Führt man diesen Gedanken fort, so beruht – vorbehaltlich der In-House-Ausnahme – ein vertraglicher Leistungsbezug immer dann auf einem öffentlichen Auftrag iSd. Abs. 1, *wenn* und *soweit* eine **wirtschaftlich tätige Einheit** als Leistungsbringer auftritt.[243]

Ob ein Fall des bloßen **innerstaatlichen Aufgabentransfers** vorliegt **oder** eine durch die **91** wirtschaftliche Tätigkeit des Leistungserbringers begründete **Marktzuwendung,** welche den Anwendungsbereich des Vergaberechts auslöst, ist demnach anhand der Kriterien der In-House-Rechtsprechung im Einzelfall festzustellen.[244] Mit dem Kriterium des *privaten Beteiligungsverbotes* sowie dem der *wesentlichen Tätigkeit für den Auftraggeber* kann nicht nur das Ob, sondern auch das die Verflechtung zwischen Auftraggeber und -nehmer berücksichtigende adäquate Maß („unwesentlich")[245] an hinzunehmender sonstiger Wirtschaftsbetätigung festgestellt werden. Auch die Rechtsprechung des EuGH, wonach nunmehr im Ergebnis jede beliebige Kombination *rein staatlicher* Beteiligungen das Kontrollkriterium erfüllt,[246] macht die In-House-Kriterien zum geeigneten Instrument für die vergaberechtliche Bewertung interkommunaler Zusammenarbeit bzw. sonstiger Public-Public-Partnerships.

Diese Vorgehensweise spiegelt sich auch in der neueren Rechtsprechung des EuGH wider.[247] **92** In einem Vertragsverletzungsverfahren hielt die EU-Kommission einen Vertrag zwischen vier Landkreisen sowie der Stadtreinigung Hamburg (SRH) mangels vorheriger Ausschreibung für vergaberechtswidrig. Nach diesem Vertrag verpflichtete sich die SRH unter anderem, den Landkreisen eine bestimmte Abfallentsorgungskapazität, die ihr selbst aufgrund eines mit dem Betreiber einer Hamburger Müllverbrennungsanlage abgeschlossenen Vertrages (der aber nicht Gegenstand des EuGH-Verfahrens war) zustand, den Landkreisen entgeltlich zur Verfügung zu stellen. Das Entgelt sollte nicht über die Kosten hinausgehen, welche die SRH aufgrund ihrer anteilig auf den Müll der Landkreise jeweils fallenden Zahlungsverpflichtung hatte. Die Landkreise verpflichteten sich zur Abnahme der auf ihre Müllzufuhr fallenden Müllverbrennungsschlacke zur Entsorgung in ihren eigenen Deponiebereichen. Entscheidend für den EuGH war, dass die ausschließlich zwischen öffentlichen Einrichtungen abgeschlossene Vereinbarung dazu diente, die unionsrechtlich durch die RL 91/156/EWG anerkannte öffentliche Aufgabe der ortsnahen Abfallentsorgung vorzubereiten,[248] ohne dass die Vergabe von Aufträgen über den Bau und Betrieb der Müllverbrennungsanlage selbst präjudiziert wurde.[249] Der EuGH kam daher – entgegen der Schlussanträge des GA *Mazák*[250] – zu dem Ergebnis, dass eine Ausschreibung nicht notwendig gewesen war. Er war – ob zu Recht oder zu Unrecht sei hier dahingestellt – der Auffassung, dass diese Vorbereitung einer künftigen Beauftragung des Betreibers der Müllverbrennungsanlage nur ein Akt der internen Koordination *ohne wirtschaftlichen Charakter* war. Zu verhindern war nur, dass die Umsetzung der dem öffentlichen Interesse dienenden Zusammenarbeit den Grundsatz der Gleichbehandlung der Interessenten gewährleistet, so dass kein privates Unternehmen besser gestellt wird als seine Wettbewerber.[251] Dazu verweist er ausdrücklich auf seine Ausführungen im Rahmen der In-House-Doktrin zum Verbot privater Be-

---

[243] *Wolf* VergabeR 2011, Heft 1; im Ergebnis ebenso *Ziekow/Siegel* VerwArch 2005, 119, 128 ff.

[244] So auch OLG Naumburg, Beschl. v. 2. 3. 2006, Az. 1 Verg 1/06; OLG Naumburg, Beschl. v. 3. 11. 2005, 1 Verg 9/05, NZBau 2006, 58 – Nachbarlandkreis; OLG Frankfurt a. M., Beschl. v. 7. 9. 2004, 11 Verg 11/04, NZBau 2004, 692 – Restabfallsammlung; OLG Düsseldorf, Beschl. v. 5. 5. 2004, VII-Verg 78–03, NZBau 2004, 398.

[245] Näher dazu RdNr. 70 ff.

[246] Näher dazu RdNr. 67 ff.

[247] EuGH, Urt. v. 9. 6. 2009, C-480/06 – Kommission/Bundesrepublik Deutschland (Landkreise Rotenburg (Wümme) ua.).

[248] EuGH, Urt. v. 9. 6. 2009, C-480/06, RdNr. 37 u. 44 – Kommission/Bundesrepublik Deutschland (Landkreise Rotenburg (Wümme) ua.).

[249] EuGH, Urt. v. 9. 6. 2009, C-480/06, RdNr. 44 – Kommission/Bundesrepublik Deutschland (Landkreise Rotenburg (Wümme) ua.).

[250] Schlussanträge v. 19. 2. 2009 in der C-480/06 – Kommission/Bundesrepublik Deutschland (Landkreise Rotenburg (Wümme) ua.).

[251] EuGH, Urt. v. 9. 6. 2009, C-480/06, RdNr. 47 – Kommission/Bundesrepublik Deutschland (Landkreise Rotenburg (Wümme) ua.).

teiligungen in der Entscheidung Stadt Halle und RPL.[252] Diesem Ansatz ist im Grundsatz zuzu-stimmen, da er zunächst berücksichtigt, dass die Rechtsformgestaltung aller Einrichtungen der öffentlichen Hand eines Mitgliedstaates unerheblich ist. Die Abstimmung unter den Landkreisen zur Vorbereitung der Aufgabe war somit solange vergaberechtlich unbedenklich, wie sie selbst **keine wirtschaftliche Leistungserbringung** beinhaltete. Davon ging der EuGH aus, da die Zusammenarbeit lediglich dazu diente, als gemeinsamer Nachfrager gegenüber dem Betreiber einer Müllverbrennungsanlage aufzutreten, wobei die SRH allein als Koordinierungsstelle auf-trat, was insbesondere durch die bloße Durchreichung der Kosten an die Landkreise verdeut-licht wurde. Dieses Argument des bloßen Belastungsausgleichs findet sich auch in der Altmark-Rechtsprechung des EuGH zur Feststellung, ob ein beihilfenrelevanter wirtschaftlicher Vorteil iSd. Art. 107 AEUV vorliegt.[253] Für den nachfolgenden Leistungsvertrag mit dem Betreiber der Müllverbrennungsanlage, der nicht Gegenstand des Verfahrens war, bestand hingegen eine Aus-schreibungspflicht.[254] Wie der EuGH in der nachfolgenden Acoset-Entscheidung[255] klarstellte, kann die vorverlagerte Ausschreibungspflicht auch bereits die Errichtung der Anlage betreffen, da somit faktisch der zukünftige Leistungserbringer vorherbestimmt wird (näher dazu unten RdNr. 137 ff.).

93 Demnach besteht **keine Generalausnahme** für den Falle gemeinsamer Verfolgung öffentli-cher Interessen durch die öffentliche Hand. Vielmehr wird die wirtschaftliche (marktbezogene) Herangehensweise nochmals verdeutlicht. Es ist nicht unmöglich, Beziehungen zwischen Ein-richtungen des öffentlichen Rechts, gleich welcher Art, von vornherein vom Anwendungsbe-reich des Vergaberegimes auszuschließen.[256] Richtschnur bleibt das Ziel des Vergaberechts, die Gefahr von Wettbewerbsverzerrungen auszuschließen. Das Recht der Mitgliedstaaten, auf ihre eigenen Mittel zurückgreifen zu können, zieht der EuGH deshalb inzwischen auch ausdrücklich zur restriktiven Interpretation des Erfordernisses einer gemeinsamen Kontrolle bei Unterneh-men an, an denen ausschließlich Körperschaften des öffentlichen Rechts beteiligt sind und stellt diese Prüfung nicht mehr abstrakt neben die In-House-Prüfung.[257]

94 **c) Fallgestaltungen. aa) Gründung eines Zweckverbandes.** Als Zweckverband definie-ren die Kommunalgesetze der Länder öffentlich-rechtliche Zusammenschlüsse mehrerer kom-munaler Gebietskörperschaften zu einer (neuen) selbstständigen Körperschaft des öffentlichen Rechts zur gemeinsamen Erledigung einer bestimmten Aufgabe. Das Recht und die Pflicht zur Aufgabenerfüllung einschließlich des Satzungsrechts gehen mit dessen Errichtung auf den Zweckverband über, es sei denn, die Verbandssatzung schließt dies aus.[258]

95 Die Europäische Kommission beschloss die Einstellung eines Verfahrens gegen Deutschland, bei dem es um die freihändige Vergabe von Abfallbeseitigungsaufträgen durch die Gemeinden Langerwehe, Inden, Linnich und Würselen (Nordrhein-Westfalen) an den von ihnen geschaffe-nen Zweckverband Regio Entsorgung ging. Nach Auffassung der Kommission war die voll-ständige Übertragung einer öffentlichen Aufgabe von einer öffentlichen Einrichtung auf eine andere, die diese Aufgabe völlig unabhängig und eigenverantwortlich wahrnimmt, nicht mit einer vergüteten Dienstleistung gemäß Art. 56 AEUV gleichzusetzen, da es sich bei einer sol-chen Übertragung um eine Maßnahme zur internen Organisation der öffentlichen Verwaltung des Mitgliedstaates handelte.[259]

96 Bei der Gründung eines Zweckverbands erfolgt eine Verlagerung von Zuständigkeiten zur Aufgabenerfüllung.[260] Die öffentlich-rechtliche Zuständigkeit zur Aufgabenerfüllung wird auf den Zweckverband verlagert und die beteiligten Kommunen im Umfang der Aufgabenerfüllung von eigenen öffentlich-rechtlichen Handlungspflichten entlastet.[261] Das in der föderalen Organi-sationsstruktur (vgl. Art. 30 GG) verankerte kommunale Selbstverwaltungsrecht (Art. 28 Abs. 2

---

[252] EuGH, Urt. v. 11. 1. 2005, C-26/03, Slg. 2005, I-1, RdNr. 50 f. – Stadt Halle und RPL Lochau.

[253] Ausführlich dazu *Wolf*, Art. 107 AEUV RdNr. 767 ff.

[254] Ebenso *von Donat/Lipinsky* KommJur 2009, 361, 365.

[255] EuGH, Urt. v. 15. 10. 2009, C-169/08, RdNr. 59–61 – Acoset.

[256] So ausdrücklich EuGH, Urt. v. 13. 1. 2005, C-84/03, Slg. 2005, I-139, RdNr. 40 – Kommission/Spanien.

[257] EuGH, Urt. v. 10. 9. 2009, C-573/07, RdNr. 56–60 – Sea; anders *Gruneberg/Jänicke*, ZfBR 2009, 754, 764; *Donat/Lipinski*, KommJur 2009, 361, 365.

[258] *Wilke* ZfBR 2007, 23.

[259] Siehe dazu die Pressemitteilung der Europäischen Kommission v. 21. 3. 2007, IP/07/357.

[260] OLG Düsseldorf, Beschl. v. 21. 6. 2006 – VII Verg 17/06, NZBau 2006, 662, 664 f. – Zweckverband RegioEntsorgung; zustimmend *Weyand* RdNr. 976 f.; *Wilke* ZfBR 2007, 23.

[261] *Schröder* NVwZ 2005, 25.

GG) verleiht den Gemeinden Hoheit über ihre Verwaltungsorganisation, was grundsätzlich Kooperationsautonomie einschließt.[262] Die gesetzlich zugelassene Bildung von Zweckverbänden stellt daher eine Ausformung des kommunalen Selbstverwaltungsrechts und der Organisationshoheit der Gemeinden dar, welche der (internen) Verwaltungsorganisation zugeordnet werden kann, auf welche das Vergaberecht regelmäßig nicht anzuwenden ist, soweit lediglich öffentlich-rechtliche Kompetenzen auf gesetzlicher Grundlage von einem Aufgabenträger auf einen (neu geschaffenen) anderen verlagert werden.[263] Bezüglich solcher Maßnahmen wird auch darauf hingewiesen, dass die EU-Vergaberechtsrichtlinien keine Anwendung finden können, da die Rechtsetzungsorgane der Europäischen Union hinsichtlich der Verwaltungsorganisation der Mitgliedstaaten über keine Normgebungskompetenz verfügten.[264]

Zwischen der *Gründung* eines Zweckverbandes und der *Aufgabenübertragung* ist aber zu unter- **97** scheiden.[265] Die Gründung selbst ist nur darauf gerichtet, dass die eine Eigenleistung statt von einem kommunalen Auftraggeber allein, „durch eine Bündelung von Eigenleistungen"[266] von einem kooperativen Zusammenschluss mehrerer kommunaler Auftraggeber erbracht wird.[267] Der Bildung eines Zweckverbands liegt zwar auch regelmäßig eine Übereinkunft der beteiligten Gemeinden zu Grunde. Jener (als öffentlich-rechtlich zu qualifizierende) „Vertrag" wird jedoch nicht zwischen mehreren öffentlichen Auftraggebern und einem Unternehmen abgeschlossen, da der Zweckverband in seiner Funktion als Kompetenzbündel keine wirtschaftliche Tätigkeit ausübt.[268]

Während die Gründung also nur eine Form der Organisationsgestaltung ist, muss die von **98** vornherein bezweckte aber denknotwendig **nachgelagerte Aufgabenübertragung** nach den oben genannten Grundregeln (RdNr. 89 ff.) *im Einzelfall* darauf untersucht werden, ob die Voraussetzungen eines öffentlichen Auftrages vorliegen.[269] Insoweit wird teilweise darauf abgestellt, ob tatsächlich kommunale Aufgaben übertragen werden oder ob die Beschaffung von üblicherweise im Wirtschaftsverkehr gehandelten Leistungen im Vordergrund steht.[270] Denn wie auch das OLG Düsseldorf[271] zu Recht feststellt, unterfallen solche Vereinbarungen zwischen staatlichen oder kommunalen Stellen dem Vergaberechtsregime, die keiner öffentlich-rechtlichen Zuständigkeitsverteilung dienen, sich einer Regelung der Zuständigkeit vielmehr ausdrücklich enthalten und bei denen der Beschaffungscharakter im Vordergrund steht. Insoweit ist festzustellen, ob und inwieweit ein Zweckverband unternehmerisch bzw. als „Wirtschaftsteilnehmer"[272] für Dritte tätig wird, was sinnvoll im Rahmen der Prüfung der In-House-Vorgaben erfolgen kann. Denn oftmals kann eine Tätigkeit schon deshalb als wirtschaftlich angesehen werden, weil sie ebensogut durch Private erbracht werden könnte.[273] Eine Privilegierung als In-House-Vergabe kommt in Betracht, wenn die Tätigkeit nur in unwesentlichem Ausmaß für Dritte erbracht wird. Es bestehen daher für eine In-House-Freistellung nur im Ausnahmefall Hindernisse, zumal bei einem Zweckverband regelmäßig qua Gesetz auch die gemeinsame Kontrolle der teilnehmenden Körperschaften sichergestellt ist (RdNr. 67 ff.). Nur soweit der Zweckverband (zweckwidrig) solche „überschießenden" Markttätigkeiten ausübt, besteht aufgrund der Gleichbehandlung von privaten und öffentlichen Unternehmen keine Rechtfertigung für dessen Privilegierung durch ausschreibungslose Auftragserteilung. Um diese aber überhaupt erfassen zu können, bedarf es einer einzelfallorientierten und an den In-House-Kriterien orientierten Prüfung wie sie der EuGH in der Coditel-Entscheidung vorgenommen hat,[274] statt einer

---

[262] *Maunz/Scholz*, in: *Maunz/Dürig*, GG, 53. Aufl. 2009, Art. 28 RdNr. 78.
[263] OLG Düsseldorf, Beschl. v. 21. 6. 2006 – VII Verg 17/06, NZBau 2006, 662, 664 f. – Zweckverband RegioEntsorgung und oben RdNr. 85.
[264] OLG Düsseldorf, Beschl. v. 21. 6. 2006 – VII Verg 17/06, NZBau 2006, 662, 664 f. – Zweckverband RegioEntsorgung; so auch *Burgi* NZBau 2005, 208, 210 mwN.
[265] So auch *Noch* RdNr. 49.
[266] OLG Düsseldorf, Beschl. v. 21. 6. 2006 – VII Verg 17/06, NZBau 2006, 662, 665 – Zweckverband RegioEntsorgung.
[267] Vgl. *Schröder* NVwZ 2005, 25, 28.
[268] OLG Düsseldorf, Beschl. v. 21. 6. 2006 – VII Verg 17/06, NZBau 2006, 662, 665 – Zweckverband RegioEntsorgung.
[269] *Noch*, 4. Aufl. RdNr. 49.
[270] *Schröder* NVwZ 2005, 25, 28; dem zustimmend *Noch* RdNr. 49 aE.
[271] OLG Düsseldorf, Beschl. v. 21. 6. 2006 – VII Verg 17/06, NZBau 2006, 662, 664 – Zweckverband RegioEntsorgung.
[272] Vgl. Art. 1 Abs. 8 RL 2004/18/EG und Art. 1 Abs. 7 RL 2004/17/EG.
[273] Vgl. EuGH, Urt. v. 25. 10. 2001, C-475/99, Slg. 2001, I-8089, RdNr. 20 – Ambulanz Glöckner.
[274] EuGH, Urt. v. 13. 11. 2008, C-324/07, Slg. 2008, I-8457, RdNr. 23 ff. – Coditel Brabant.

starren Anbindung an einer aus der Perspektive des EU-Rechts irrelevanten formal-strukturellen Organisationsgestaltung.

99   **bb) Interkommunales Gemeinschaftsunternehmen.** Ein interkommunales Gemeinschaftsunternehmen ist der archetypische Fall einer von mehreren Hoheitsträgern kontrollierten Gesellschaft, so dass die In-House-Kriterien uneingeschränkte Anwendung finden. Schwierigkeiten bereitet insoweit allenfalls das Merkmal der (gemeinsamen) Kontrolle, welches jedoch aufgrund des vom EuGH als ausreichend erachteten geringen Kontrollgrades regelmäßig erfüllt ist.[275] Ausführlich dazu oben RdNr. 67 ff.

100   **cc) Zweckvereinbarungen.** Eine Kooperation zwischen verschiedenen Verwaltungsträgern ist auch ohne Einrichtung eines Zusammenschlusses, wie zB. eines Zweckverbands, durch eine schlichte vertragliche Vereinbarung möglich. Die Landesgesetze zur kommunalen Zusammenarbeit enthalten Regelungen über solche dem öffentlichen Recht zuzuordnenden Vereinbarungen, die teilweise als „Zweckvereinbarung" bezeichnet werden. Oftmals wird darüber hinaus zwischen einer echten Zuständigkeitsübertragung (Delegation) und einer schlichten Aufgabendurchführung (Mandatierung) unterschieden. Während bei der ersten die Rechte und Pflichten auf die Kooperationspartner übergehen, werden sie bei der zweiten lediglich in die Durchführung der Aufgabe eingeschaltet.[276]

101   **Unerheblich ist, ob auch hoheitliche Maßnahmen mit einem Auftrag verbunden sind.** So ist zB. ein Beleihungsakt auf gesetzlicher Grundlage, der materiell die Übertragung eines Teils der Staatsfunktion an ein Subjekt des Privatrechts darstellt mit der Befugnis, selbstständig und im eigenen Namen öffentlich-rechtliche Verwaltungstätigkeit auszuüben, kein entgeltlicher Vertrag, so dass der Beleihungsvorgang allein den Anwendungsbereich des Vergaberechts nicht eröffnet.[277] Allerdings kann **mit dem Beleihungsakt** auch die **Verpflichtung zur Leistungserbringung verbunden sein,** zu deren Durchsetzung die mit der Beleihung verbundenen Befugnisse regelmäßig zu nutzen sind.[278] Diese Unterscheidung zwischen öffentlicher Aufgabe, der ihrer Erfüllung dienenden Instrumente und der wirtschaftlichen Tätigkeit als solche trifft auch Art. 106 Abs. 2 AEUV.[279] Diese auf Leistungserbringung gerichtete Verpflichtung selbst kann daher regelmäßig als Vertrag iSd. Abs. 1 angesehen werden. Etwas anderes gilt nur dann, wenn die Verpflichtungen des Beleihungssubjektes allein auf die Befugnisnutzung als Träger der öffentlichen Gewalt gerichtet sind, zB. im Bereich der Gefahrenabwehr.

102   **α) Delegation.** Die Delegation als sogenannte echte Zuständigkeitsübertragung wird teilweise als rein innerstaatlicher Organisationsvorgang ohne Personenmehrheit angesehen, der mangels Beschaffungsqualität vom Vergaberecht nicht erfasst werden soll.[280] Begründet wird diese Auffassung damit, dass bei einer Zuständigkeitsübertragung die Verantwortung für die Aufgabenwahrnehmung als solche verlagert werde und damit die übertragende Partei nichts beziehe, sondern allein etwas abgebe, nämlich die Aufgabenzuständigkeit an die übernehmende Kommune. Diese erbringe dementsprechend auch keine Leistungen zur Erfüllung fremder Aufgaben, sondern übernähme lediglich neue eigene Aufgaben. Gemäß zwei Entscheidungen des OLG Naumburg[281] soll das Vergaberechtsregime auf so genannte delegierende Vereinbarungen hingegen anzuwenden sein, mit denen nach den in den Flächenstaaten geltenden Gesetzen über eine kommunale Zusammenarbeit ein Beteiligter die Erfüllung einzelner öffentlich-rechtlicher Aufgaben der übrigen Beteiligten übernimmt.

103   Die eine Delegation generell (per se) vom Anwendungsbereich des Vergaberechts ausnehmende Auffassung verkennt, worauf auch der BGH in seinem Rettungsdienstleistungsbeschluss[282] nochmals hinweist, dass auch wenn durch eine Vereinbarung eine öffentliche Aufgabe

[275] EuGH, Urt. v. 10. 9. 2009, C-573/07, RdNr. 56–60 – Sea.

[276] OLG Naumburg, Beschl. v. 3. 11. 2005 – 1 Verg 9/05, NZBau 2006, 58, 60 – Nachbarlandkreis.

[277] BGH, Beschl. v. 12. 6. 2001 – X ZB 10/01, NZBau 2001, 517, 519.

[278] Siehe BGH, Beschl. v. 1. 12. 2008, X ZB 31/08, NZBau 2009, 201, 202 f. – Rettungsdienstleistungen.

[279] *Wolf* Art. 107 AEUV RdNr. 823.

[280] *Krohn* NZBau 2006, 610, 615 f.; *Immenga/Mestmäcker/Dreher* RdNr. 77; *Flömer/Tomerius* NZBau 2004, 660, 664 ff.; *Pencereci* LKV 2005, 137, 141; *Kersting/Siems* DVBl 2005, 477, 479; einschränkend *Beckmann/Gesterkamp* AbfallR 2003, 279, 280 f.; vgl. auch *Schröder* NVwZ 2005, 25, 27 zu Zweckverbänden; aA. *Ziekow/Siegel* VerwArch 2005, 119, 134 f.

[281] OLG Naumburg, Beschl. v. 3. 11. 2005, 1 Verg 9/05, NZBau 2006, 58 – Nachbarlandkreis; OLG Naumburg, Beschl. v. 2. 3. 2006, Az. 1 Verg 1/06.

[282] BGH, Beschl. v. 1. 12. 2008 – X ZB 31/08, NZBau 2009, 201, 202 – Rettungsdienstleistungen; vgl. bereits BGHZ 162, 116 [128] = NZBau 2005, 290 = NJW-RR 2005, 1439).

ganz oder teilweise übertragen wird oder diese sogar als Anvertrauen eines öffentlichen Amts verstanden werden könnte, dadurch zunächst lediglich der **Inhalt der Vereinbarung** konkretisiert wird. Dieser Umstand ändert jedoch nichts daran, dass damit die vertragliche Verpflichtung eines Dritten zur Leistung begründet wird, was grundsätzlich bereits zur Anwendung von § 99 Abs. 1 GWB führt. Für die Beurteilung der Beauftragung ist es irrelevant, ob die die Leistungserbringung erfordernde öffentliche Aufgabe originär oder abgeleitet ist. Selbst wenn sie nicht vorher übertragen wird und die Leistung durch den originär zur Aufgabenerfüllung verpflichteten Hoheitsträger über eine Eigengesellschaft ausgeübt werden soll, kommen unzweifelhaft die In-House-Grundsätze zur Anwendung. Dies muss also auch und erst recht im Falle der Delegation gelten.

Sähe man die Delegation generell und unabhängig von der Erfüllung der In-House-Kriterien **104** als privilegiert an, würde schon die Anwendbarkeit des Vergaberechts letztendlich davon abhängig gemacht, ob diese im öffentlichen Interesse steht; denn eine öffentlich-rechtliche Aufgabenbetrauung von Teilen der öffentlichen Hand qualifiziert diese Aufgabe derart. Eine solche Einschränkung ist aber nach ständiger Rechtsprechung des EuGH ausgeschlossen.[283] Der öffentlichen Hand steht es zudem frei, ob sie die Aufgabe selbst erfüllt oder von einem Dritten erfüllen lässt, wobei es dann wiederum keinen Unterschied macht, ob ein privates Unternehmen, eine Eigengesellschaft oder eine andere Gemeinde betraut wird. Im Verhältnis zur beauftragenden Einrichtung treten alle als Leistungserbringer auf, so dass sie in funktionaler Hinsicht unternehmerisch tätig werden[284] und damit auch gleichermaßen dem das Marktverhalten regelnden Recht unterliegen.[285] Es steht sodann auch im Belieben der beauftragenden Stelle, gegenüber allen Anbietern zusammen mit der Leistungsbeauftragung in formaler Hinsicht auch einen Betrauungsakt vorzunehmen oder nicht. Das GWB trifft insoweit aber auch nach Auffassung des BGH keine Unterscheidung, selbst wenn peripher – wie zB. im Falle des Rettungstransportes die Notfallkompetenzen im Straßenverkehr – die Ausübung öffentlicher Gewalt mit betroffen ist.[286] Dabei ist auch zu berücksichtigen, dass nur weil eine Aufgabe vom nationalen Gesetzgeber der öffentlichen Hand zugewiesen wurde, die Erfüllung der Aufgabe deswegen nicht automatisch als hoheitlich iSd. Art. 51, 62 AEUV anzusehen ist, da insoweit originär europarechtliche Maßstäbe anzulegen sind.[287] Der Aufgabe wird dadurch zunächst nur ein öffentliches Interesse zugeschrieben, dass als solches aber gerade keine Ausnahme vom Vergaberegime erlaubt.[288] Auch die rechtliche Einordnung des Vertrages als öffentliche-rechtlich ist von vornherein irrelevant.[289] Nicht entscheidend ist zudem, ob der beauftragte Verwaltungsträger mit Gewinnerzielungsabsicht tätig wird, da es sich dabei um keine notwendige Voraussetzung der Entgeltlichkeit handelt.[290]

Demnach ist die Delegation an den vom EuGH entwickelten Anforderungen der 105 Quasi-In-House-Vergabe zu messen.[291] Dabei wird eine In-House-Privilegierung der Delegation – anders als bei einem Zweckverband (siehe oben RdNr. 94 ff.) – oftmals an einem ausreichenden Kontrollgrad scheitern. Darüber hinaus kann der Umstand, dass die beauftragte Gemeinde – zB. über einen Eigenbetrieb – in diesem Fall tätig wird auch darauf hindeuten, dass

---

[283] EuGH, Urt. v. 8. 4. 2008, C-337/05, Slg. 2008, I-2173, RdNr. 42 f. – Kommission/Italien (Agusta-Hubschrauber).

[284] So auch *Willenbruch/Bischoff/Willenbruch* RdNr. 29; OLG Naumburg, Beschl. v. 3. 11. 2005 – 1 Verg 9/05, NZBau 2006, 58, 60 – Nachbarlandkreis.

[285] Vgl. BGH, Urt. v. 13. 10. 1977, II ZR 123/76, NJW 1978, 104, 105 = BGHZ 69, 334 – VEBA, zur Anwendung des Unternehmensbegriffs des § 17 Abs. 1 AktG (ebenso *Emmerich* AG 1976, 225 ff.; *ders.*, Das Wirtschaftsrecht der öffentlichen Unternehmen, 1969, S. 227; aA. *Wiedemann/Martens* AG 1976, 232 ff; *Würdinger* DB 1976, 613, 615); zur Anwendung des Missbrauchsverbots wirtschaftlicher Macht iSd. GWB BGH, Urt. v. 26. 10. 1961, KZR 1/61, NJW 1962, 196, 197 f. – Gummistrümpfe; vgl. auch BVerfGE 88, 103, wonach der Arbeitgeber auch der eintretende Staat einer spezialgesetzliche Regelung im Arbeitskampf wie jedes Privatrechtssubjekt einem gleichberechtigten Grundrechtsträger gleichzustellen ist.

[286] Siehe BGH, Beschl. v. 1. 12. 2008, X ZB 31/08, NZBau 2009, 201, 203 – Rettungsdienstleistungen.

[287] Dies vernachlässigt zB. *Weyand* RdNr. 962 ff.

[288] EuGH, Urt. v. 8. 4. 2008, C-337/05, Slg. 2008, I-2173, RdNr. 42 f. – Kommission/Italien (Agusta-Hubschrauber); EuGH, Urt. v. 11. 3. 2003, C-186/01, Slg. 2003, I-2479, RdNr. 30 – Dory.

[289] EuGH, Urt. v. 18. 1. 2007, C-220/05, Slg. 2007, I-385, RdNr. 40 – Jean Auroux/Commune de Roanne; EuGH, Urt. v. 20. 10. 2005, C-264/03, Slg. 2005, I-8831, RdNr. 36 – Kommission/Frankreich; BGH, Beschl. v. 1. 12. 2008 – X ZB 31/08, NZBau 2009, 201, 203 – Rettungsdienstleistungen; OLG Naumburg, Beschl. v. 3. 11. 2005 – 1 Verg 9/05, NZBau 2006, 58, 60 – Nachbarlandkreis.

[290] Vgl. OLG Naumburg, Beschl. v. 3. 11. 2005, 1 Verg 9/05, NZBau 2006, 58, 62 – Nachbarlandkreis.

[291] Siehe oben RdNr. 47 ff.

sie auch Dritten gegenüber ihre Leistung auf dem Markt anbietet, was selbst bei ausreichender Kontrolle nur dann die Privilegierung als In-House-Geschäft unbeeinflusst ließe, wenn diese Dritten ebenfalls Teile der öffentlichen Hand wären und zusammen mit der delegierenden Stelle eine gemeiname Kontrolle ausüben würden.[292]

106 β) **Mandatierung.** Auf so genannte mandatierende Verwaltungsvereinbarungen,[293] durch die sich ein Beteiligter verpflichtet, einzelne Aufgaben für die übrigen an der Vereinbarung Beteiligten durchzuführen, ist das Vergaberecht unter Zugrundelegung der vorhergehenden Ausführungen erst Recht anzuwenden, was auch der herrschenden Auffassung entspricht.[294]

107 **3. Public-Private-Partnerships. a) Begriffsbestimmung.** Public-Private-Partnerships (PPP) bzw. Öffentlich-Private-Partnerschaften (ÖPP) haben in der Vergangenheit als Instrument der öffentlichen Hand an Bedeutung gewonnen. Dabei ging es häufig um die Durchführung von Infrastrukturprojekten, insbesondere in den Bereichen Verkehr, Schulbau und eigene Liegenschaften oder auch der Entwicklungszusammenarbeit.[295] Begünstigt wurde diese Entwicklung durch haushaltspolitische Sachzwänge, da durch eine PPP dem öffentlichen Sektor Finanzmittel aus der Privatwirtschaft zufließen und auf die Akquisition eigenen fachlichen Know-Hows verzichtet werden kann.[296] Auch auf europäischer Ebene wird zunehmend die Rechtstellung und wirtschaftliche Funktion der PPP behandelt. Eine Zusammenfassung dieser Diskussion findet sich im 2004 veröffentlichten Grünbuch der EU-Kommission über öffentlich-private Partnerschaften.[297] Auch wenn PPP-Projekte primär auf der lokalen Ebene durchgeführt werden, können sie sich doch auf die Funktionsfähigkeit des Binnenmarktes in positiver und negativer Hinsicht auswirken; denn sie können gleichermaßen zur Marktdurchdringung wie zur Abschottung beitragen. Das Grünbuch prüfte daher die Notwendigkeit zusätzlicher Harmonisierungsmaßnahmen bei der Vergabe öffentlicher Aufträge und Konzessionen. Zu diesem Zweck wurde in dem Grünbuch erläutert, welche Bedeutung die Regeln, die sich aus dem Unionsrecht für öffentliche Aufträge und Konzessionen ergeben, für die Auswahl des privaten Partners und für die Ausgestaltung der PPP haben.

108 Seit der Veröffentlichung des Grünbuchs hat sich allerdings die Rechtsprechung des EuGH auf dem Gebiet des Vergaberechts grundlegend weiterentwickelt. Vor allem die Beurteilungskriterien für In-House-Geschäfte und die Konzessionsvergabe wurden präzisiert. Beide Problemfelder sind für die rechtliche Würdigung von PPP-Projekten von besonderer Relevanz. Nur soweit rechtliche Unsicherheiten oder Regelungslücken verbleiben, müssen diese durch spezifische PPP-Regelungen ergänzt werden, ohne dass diese sich aber zum geltenden Unionsrechtsrahmen in Widerspruch setzen dürfen. Die Kommission hat inzwischen ihr Mitteilungsportfolio um eine solche zu Auslegungsfragen bei der Anwendung des Unionsrechts für öffentliche Aufträge und Konzessionen auf institutionalisierte öffentlich-private Partnerschaften (IÖPP) ergänzt.[298]

109 Zunächst bedarf es jedoch einer Konkretisierung des Untersuchungsgegenstandes. Für den Typus des PPP existiert keine unionsweit geltende allgemeingültige Definition.[299] Die EU-Kommission[300] stellt vorrangig auf vier typologische Kriterien ab, die erfüllt sein müssen:
(1) die langfristige projektbezogene Zusammenarbeit zwischen einem öffentlichen und einem privaten Partner,
(2) die Finanzierungsteilung,
(3) die Aufgabenabgrenzung innerhalb des Projektes und
(4) die Risikoteilung.

---

[292] Näher dazu RdNr. 67 ff.

[293] Vgl. § 23 Abs. 1 Alt. 2, Abs. 2 Satz 2 NRWGkG.

[294] *Krohn* NZBau 2006, 610, 616; vgl. OLG Düsseldorf, Beschl. v. 5. 5. 2004, VII-Verg 78–03, NZBau 2004, 398, 399; OLG Frankfurt a. M., Beschl. v. 7. 9. 2004, 11 Verg 11/04, NZBau 2004, 692, 694 ff.

[295] Siehe zu Letzterem *Kaltenborn/Nobis* NZBau 2008, 681.

[296] Vgl. dazu das Arbeitsdokument über das Grünbuch der Kommission zu öffentlich-privaten Partnerschaften und den gemeinschaftlichen Rechtsvorschriften für öffentliche Aufträge und Konzessionen vom Ausschuss für Binnenmarkt und Verbraucherschutz vom 15. 5. 2006, S. 2.

[297] IÖPP-Mitteilung, ABl. 2008 Nr. C 91/4; Grünbuch zu öffentlich-privaten Partnerschaften und den gemeinschaftlichen Rechtsvorschriften für öffentliche Aufträge und Konzessionen vom 30. 4. 2004, KOM(2004)327. Vgl. dazu *Koman* ZfBR 2004, 763 ff.

[298] ABl. 2008 Nr. C 91/4.

[299] Vgl. zB. *Kummer/Giesberts* NVwZ 1996, 1166 ff.; *Möschel* WuW 1997, 120 ff.

[300] Kommission, Grünbuch-ÖPP, S. 3.

Da diese Charakterisierung weithin anerkannt ist,[301] dient sie als Grundlage der folgenden **110** Ausführungen. Die EU-Kommission unterscheidet grundsätzlich zwischen zwei PPP-Modellen, denen sich ihrer Ansicht nach alle Typen[302] zuordnen lassen. Unterscheiden lassen sich danach PPP auf Vertragsbasis, bei denen die Partnerschaft zwischen öffentlichem und privatem Sektor nur auf vertraglichen Beziehungen basiert, und institutionalisierte PPPs, bei denen die Zusammenarbeit zwischen öffentlichem und privatem Sektor innerhalb eines eigenständigen Rechtssubjekts erfolgt.[303] Bei PPP auf Vertragsbasis stellen die Wahl des Vertragspartners (und zwar sowohl wenn es sich um einen Auftrag iSd. EU-Vergaberechts als auch wenn es sich um die Vergabe einer Konzession handelt) und die getroffenen nachträglichen Absprachen, zB. die Verlängerung oder Abänderung des Vertrags, rechtlich relevante Umstände dar. Bei institutionalisierten PPP gilt es, die Gründung des Rechtssubjekts und dessen Beauftragung (was durch Auftrag sowie durch Konzessionsvergabe erfolgen kann) rechtlich zu bewerten.[304]

PPP-Projekte unterliegen keiner grundsätzlichen Privilegierung. Die Funktion einer PPP ist **111** die Marktzuwendung, bei der Private qua definitionem als Mitgesellschafter auftreten oder mit der Vertragsdurchführung beauftragt werden. Dies bedeutet zwangsläufig, dass **die In-House-Kriterien nicht erfüllt werden.**[305]

b) Vergaberechtsrelevanz und Beschaffungszwecke bei PPP's. In den Anwendungs- **112** bereich des Vergaberechts fallen nach überwiegender Ansicht nur solche Verträge zwischen der öffentlichen Hand und Privaten, die Beschaffungszwecken dienen.[306] Dieses im Regelfall unproblematisch gegebene ungeschriebene Merkmal des öffentlichen Auftrages erlangt bei PPP's aus zwei Gründen besondere Bedeutung. Der Schaffung institutioneller PPP's durch Gründung einer Gesellschaft fehlt der unmittelbare Beschaffungsbezug.[307] Allerdings werden die Unternehmen regelmäßig gegründet, um eine bestimmte Aufgabe auszuführen. In diesen Fällen kann aufgrund der Einheit von Gründungsvorgang und Auftragsvergabe und des damit anzunehmenden mittelbaren Beschaffungsbezugs die Durchführung des Vergabeverfahrens erforderlich sein (RdNr. 81). PPP's auf Vertragsbasis verfolgen zwar ein gemeinsames Projektziel, dieses muss aber nicht immer auf einem Bedarf des Auftraggebers beruhen muss.[308] Allerdings sind jedenfalls im Lichte der Ahlhorn-Entscheidung des OLG Düsseldorfs,[309] welche das Merkmal zwar nicht zwingend aufgibt,[310] aber eben wie auch die vom OLG zitierte Rechtsprechung des EuGH[311] kein besonderes *Eigen*bedarfsinteresse mehr verlangt, auch PPP's – vorbehaltlich der übrigen Voraussetzungen – regelmäßig als Auftragsvorgänge einzuordnen, da es kaum denkbar ist, dass diese Projekte keinerlei Bedarfsinteressen dienen, denen sich der öffentliche Auftraggeber zumindest verpflichtet fühlt. Es handelt sich bei diesen Fällen regelmäßig um Vorgänge an der Schnittstelle zwischen Beihilfe- und Vergaberecht.[312]

c) Projekte auf Vertragsbasis. aa) Wahl des Vertragspartners. α) Aufträge. Bei der **113** Wahl des Vertragspartners handelt es sich bei rein vertraglichen Projekten in Form von Dienstleistungsaufträgen um eine typischerweise dem allgemeinen Vergaberecht unterfallende Tätigkeit. Nur bei In-House-Geschäften oder Vorliegen besonderer Ausnahmetatbestände der Art. 14–16 RL 2004/18/EG sind diese Projekte zu privilegieren.

---

[301] Vgl. Kommission, IÖPP-Mitteilung, ABl. 2008 Nr. C 91/4; *Weber/Schäfer/Hausmann/Schede/Pohlmann* S. 102 ff. auch zu den konkreten vertraglichen Ausgestaltungsmöglichkeiten einer Partnerschaft. Vgl. auch *Ax/Telian* BTR 2005, 5 ff.

[302] Näher dazu *Weber/Schäfer/Hausmann/Schede/Pohlmann* S. 102 ff.

[303] Grünbuch der Kommission zu ÖPPs, RdNr. 20.

[304] Vgl. auch *Jaeger* NZBau 2001, 6, 7.

[305] *Säcker/Wolf* WRP 2007, 282, 289 ff.; Kommission, IÖPP-Mitteilung, ABl. 2008 Nr. C 91/4, 5; näher dazu auch oben RdNr. 57 ff.

[306] BayObLG, Beschl. v. 19. 10. 2000, Verg 9/00, NZBau 2002, 108; BayObLG, Beschl. v. 4. 2. 2002, Verg 1/02, VergabeR 2002, 305, 306; BayOLG, Beschl. v. 27. 2. 2003, Verg 1/03, VergabeR 2003, 329, 331; OLG Düsseldorf, Besch. v. 5. 5. 2004, VII-Verg 78–03, NZBau 2004, 398, 99; *Müller/Brauser-Jung* NVwZ 2007, 884, 885; *Opitz* ZVgR 2000, 97, 103; *Boesen* § 99 Rdnr. 11; *Grabitz/Hilf/Hailbronner* B 5 RdNr. 22; *Loewenheim/Meessen/Riesenkampff/Bungenberg* RdNr. 11; *Weyand* RdNr. 1057.

[307] Vgl. OLG Brandenburg, Beschl. v. 13. 7. 2001, Verg 3/01, NZBau 2001, 645, 646 – Rundfunkversorgung.

[308] Vgl. dazu *Kaltenborn/Nobis* NZBau 2008, 681, 684.

[309] OLG Düsseldorf, Beschl. v. 13. 6. 2007, VII-Verg 2/07, NZBau 2007, 530, 531 f.

[310] Vgl. dazu *Rosenkötter/Fritz* NZBau 2007, 559, 560; *Greb/Rolshoven* NZBau 2008, 163 f.; *Ziekow* DVBl 2008, 137, 139 f.; *Krohn* ZfBR 2008, 27.

[311] EuGH, Urt. v. 18. 1. 2007, C-220/05, Slg. 2007, I-385, RdNr. 28 ff. – Auroux/Roanne.

[312] Näher dazu Vor §§ 97 ff. RdNr. 207 ff. und *Wolf* Art. 107 AEUV RdNr. 779 ff.

114   β) **Konzessionen.** Konzessionenverträge nimmt Art. 17 RL 2004/18/EG ausdrücklich aus dem Anwendungsbereich der Vergaberechtsrichtlinie. Diese Lücke beabsichtigt die Kommission schon seit längerem durch eine gesetzgeberische Lösung zu schließen.[313] Fehlende sekundärrechtliche Vorgaben bedeuten jedoch nicht zwangsweise, dass es sich hier um einen rechtsfreien Raum handelt. Im Gegenteil stellt der EuGH in seiner neueren Rechtsprechung an die Konzessionsvergabe weitgehend mit der Auftragsvergabe übereinstimmende Voraussetzungen, welche er direkt aus dem Primärrecht ableitet.[314] So haben öffentliche Stellen, die Konzessionsverträge abschließen, die Grundregeln der EU-Verträge im Allgemeinen und das Verbot der Diskriminierung aus Gründen der Staatsangehörigkeit (Art. 18 AEUV) im Besonderen zu beachten.[315] Zu den Vertragsbestimmungen, die speziell auf öffentliche Dienstleistungskonzessionen anwendbar sind, gehören ua. Art. 49 AEUV (Niederlassungsfreiheit) und Art. 56 AEUV (Dienstleistungsfreiheit), die nach der Rechtsprechung des EuGH eine besondere Ausprägung des Gleichbehandlungsgrundsatzes sind.[316] Auch beim Verbot der Diskriminierung aus Gründen der Staatsangehörigkeit handelt es sich um eine spezielle Ausprägung des allgemeinen Gleichbehandlungsgrundsatzes.[317]

115   Wie es der EuGH in seinen Urteilen zu den EU-Richtlinien auf dem Gebiet der öffentlichen Aufträge ausgeführt hat, bedeutet der Grundsatz der Gleichbehandlung der Bieter, dass alle Bieter unabhängig von ihrer Staatsangehörigkeit bei der Aufstellung ihrer Angebote über die gleichen Chancen verfügen müssen.[318] Demnach ist der Grundsatz der Gleichbehandlung der Bieter auf öffentliche Dienstleistungskonzessionen auch dann anwendbar, wenn keine Diskriminierung aus Gründen der Staatsangehörigkeit vorliegt. Der Gleichbehandlungsgrundsatz und das Verbot der Diskriminierung aus Gründen der Staatsangehörigkeit verpflichten zur Transparenz, damit die konzessionsteilende öffentliche Stelle feststellen kann, ob Rechtsverstöße begangen wurden.[319] Dazu ist – ohne dass zwangsläufig eine generelle Pflicht zur Ausschreibung impliziert ist[320] – ein angemessener Grad von Öffentlichkeit zugunsten der potenziellen Bieter zu gewährleisten, der die Dienstleistungskonzession dem Wettbewerb öffnet und die Nachprüfung ermöglicht, ob die Vergabeverfahren unparteiisch durchgeführt worden sind.[321]

116   Es ist Sache der konzessionserteilenden öffentlichen Stelle, unter der Kontrolle der Gerichte zu beurteilen, ob die Modalitäten der Ausschreibung den Besonderheiten der betreffenden öffentlichen Dienstleistungskonzession angemessen sind. Allerdings ist das völlige Fehlen einer Ausschreibung im Fall der Vergabe einer öffentlichen Dienstleistungskonzession weder mit den Anforderungen der Art. 49 und 56 AEUV noch mit den Grundsätzen der Gleichbehandlung, der Nichtdiskriminierung und der Transparenz vereinbar. Zudem sieht Art. 106 Abs. 1 AEUV vor, dass die Mitgliedstaaten in Bezug auf öffentliche Unternehmen und auf Unternehmen, denen sie besondere oder ausschließliche Rechte gewähren, keine den EU-Verträgen und insbesondere den Art. 18 AEUV und 101 bis 109 AEUV widersprechende Maßnahme treffen oder beibehalten dürfen.[322] Für die Konzessionsvergabe gelten daher im Grundsatz die gleichen Voraussetzungen wie für die Auftragsvergabe im Sinne der Vergaberechtsrichtlinien, die ihrerseits

[313] Mitteilung der Kommission an das Europäische Parlament ua. zu öffentlich-privaten Partnerschaften, KOM(2005) 569, S. 9f.
[314] Vgl. *Endler* NZBau 2002, 125, 126f. So auch schon die Mitteilung der Kommission zu Auslegungsfragen im Bereich Konzessionen im Gemeinschaftsrecht, ABl. 2000 Nr. C 121/2, 3.
[315] Vgl. in diesem Sinne EuGH, Urt. v. 7. 12. 2000, C-324/98, Slg. 2000, I-10 745, RdNr. 60 – Telaustria und Telefonadress; EuGH, Urt. v. 21. 7. 2005, C-231/03, Slg. 2005, I-7287, RdNr. 16 f. – Coname.
[316] Vgl. EuGH, Urt. v. 5. 12. 1989, 3/88, Slg. 1989, 4035, RdNr. 8 – Kommission/Italien; EuGH, Urt. v. 29. 10. 1980, 22/80, Slg. 1980, 3427 – Boussac Saint-Frères.
[317] Vgl. EuGH, Urt. v. 8. 10. 1980, 810/79, Slg. 1980, 2747, RdNr. 16 – Überschär.
[318] Vgl. EuGH, Urt. v. 25. 4. 1996, C-87/94, Slg. 1996, I-2043, RdNr. 33, 54 – Kommission/Belgien.
[319] EuGH, Urt. v. 13. 10. 2005, C-458/03, Slg. 2005, I-8585, RdNr. 46 ff. – Parking Brixen. BGH WuW/E DE-R 1681, 1693 – DB Regio/üstra.
[320] EuGH, Urt. v. 13. 11. 2008, C-324/07, Slg. 2008, I-8457, RdNr. 25 – Coditel Brabant.
[321] Vgl. in diesem Sinne EuGH, Urt. v. 7. 12. 2000, C-324/98, Slg. 2000, I-10 745, RdNr. 61 f. – Telaustria und Telefonadress.
[322] EuGH, Urt. v. 18. 12. 2007, C-220/06, Slg. 2007, I-1217, RdNr. 77 – Asociación Profesional de Empresas de Reparto y Manipulado de Correspondencia/Administración General del Estado; EuGH, Urt. v. 17. 7. 2008, C-347/06, Slg. 2008, I-5641, RdNr. 61 – ASM Brescia/Comune di Rodengo Saiano; EuGH, Urt. v. 6. 4. 2006, C-410/04, Slg. 2006, I-3303, RdNr. 23 – ANAV/Comune di Bari u. AMTAB Servicio.

eine Konkretisierung der Vorgaben des primären Unionsrechts darstellen.[323] Daher findet sich die Problematik der In-House-Geschäfte auch bei der Konzessionsvergabe.[324]

bb) Maximale Laufzeit der Verträge. Neben der Frage, ob ein Vergabeverfahren über-   **117** haupt notwendig ist, ist auch zu klären, wie oft ein solches bei langfristigen Projekten durchzuführen ist. Da der in Gang gesetzte Vertrag für seine Laufzeit zu einem Ausschluss der Mitbewerber des Vertragspartners führt, kann dieser die Erbringung der Dienstleistungen durch in anderen Mitgliedstaaten ansässige Unternehmen behindern bzw. unmöglich machen und stellt daher eine eigene Beschränkung des freien Dienstleistungsverkehrs dar.[325] Zwar kann der freie Dienstleistungsverkehr als tragender Rechtsgrundsatz durch Regelungen beschränkt werden, die durch zwingende Gründe des Allgemeininteresses gerechtfertigt sind und für alle im Hoheitsgebiet des Mitgliedstaates tätigen Personen oder Unternehmen gelten. Allerdings ist die fragliche nationale Regelung nur dann gerechtfertigt, wenn sie geeignet ist, die Verwirklichung des mit ihr verfolgten Zieles zu gewährleisten, und nicht über das hinausgeht, was zur Erreichung dieses Zieles erforderlich ist.[326]

Nur für Rahmenvereinbarungen iSd. Art. 1 Abs. 5 RL 2004/18/EG enthält Art. 32 Abs. 2   **118** UAbs. 4 eine Regelung, wonach die Laufzeit einer Rahmenvereinbarung mit Ausnahme von Sonderfällen, in denen dies insbesondere aufgrund des Gegenstands der Vereinbarung gerechtfertigt ist, *vier* Jahre nicht überschreiten darf. Bereits vor Umsetzung in nationales Recht war von einer unmittelbaren Wirkung dieser Vorschrift auszugehen.[327] Soweit das geltende Recht – wenn auch nicht ausdrücklich – Verträge zulässt, die einem Rahmenvertrag gleichen, sind die Grenzen aus Art. 32 RL 2004/18/EG zu beachten.[328]

Für sonstige Verträge ist durch die Prüfung der **Angemessenheit** die Frage der zulässigen   **119** Laufzeiten zu beantworten. Dass die durch eine PPP zu fördernde Zielsetzung in der Regel dauerhaft verfolgt werden soll, ist für sich genommen noch kein ausreichender Grund für eine uneingeschränkte Laufzeit der Aufträge. Nicht ausreichend ist eine allein am begrenzten Regelungsgehalt des sekundärrechtlichen Vergaberechts orientierte Auslegung.[329] Zum einen würde dies die notwendigen europarechtlichen Wertungen des Primärrechts außer Acht lassen, zum anderen würde eine solche Begrenzung den wettbewerblichen Hintergrund der vergaberechtlichen Vorschriften vernachlässigen. Die Kommission[330] und auch der EuGH[331] sehen überlange Laufzeiten daher zu Recht als wettbewerblich bedenklich an. Auch in der Literatur werden unter Berufung auf das Wettbewerbsprinzip Laufzeitbeschränkungen befürwortet.[332] Eine 25-jährige Laufzeit wurde zutreffend als Verstoß gegen das Wettbewerbsprinzip betrachtet.[333] Der EuGH ist zwar der Auffassung, das Unionsrecht verbiete bei seinem derzeitigen Stand nicht den bloßen *Abschluss* von öffentlichen Dienstleistungsaufträgen auf unbestimmte Dauer.[334] Zu Recht prüft er aber davon losgelöst die Frage der *Beendbarkeit* eines Vertrages an dem Maßstab der Gefahr einer Verfälschung des Wettbewerbs.[335] Er betrachtete daher eine 20-jährige Laufzeit mit Option auf eine 10jährige Verlängerung als Verstoß gegen die Dienstleistungsfreiheit (Art. 56

---

[323] Vgl. dazu *Knauff* EuZW 2005, 731 f.; *Jennert* NZBau 2005, 623, 625; *Endler* NZBau 2002, 125, 127.

[324] EuGH, Urt. v. 13. 10. 2005, C-458/03, Slg. 2005, I-8585, RdNr. 61 – Parking Brixen; EuGH, Urt. v. 13. 11. 2008, C-324/07, Slg. 2008, I-8457, RdNr. 26 – Coditel Brabant.

[325] EuGH, Urt. v. 9. 3. 2006, Rs C-323/03, Slg. 2006, I-2161, RdNr. 44 – Kommission/Königreich Spanien.

[326] EuGH, Urt. v. 9. 3. 2006, Rs C-323/03, Slg. 2006, I-2161, RdNr. 45 – Kommission/Königreich Spanien.

[327] VK Arnsberg, Beschl. v. 21. 2. 2006 – VK 29/05, NZBau 2006, 332, 333; Rundschreiben vom 26. 1. 2006 zur Anwendung der Richtlinie 2004/18/EG des Europäischen Parlaments und des Rates vom 31. März 2004, S. 5 (abrufbar unter www.bmwi.de); näher dazu RdNr. 148 ff.

[328] AA. *Siegel* ZfBR 2006, 554.

[329] Vgl. dazu *Siegel* ZfBR 2006, 554 ff. und *Knauff* NZBau 2006, 334 ff., die davon ausgehen, dass sowohl Art. 9 Abs. 7 RL 2004/18/EG als auch § 3(3) S. 3 VgV hinsichtlich der Auftragswertberechnung von der grundsätzlichen Zulässigkeit *unbefristeter* Verträge ausgehen.

[330] Grünbuch der Kommission zu ÖPPs, RdNr. 46.

[331] EuGH, Urt. v. 19. 6. 2008, C-454/06, Slg. 2008, I-4401, RdNr. 73 – pressetext.

[332] Vgl. *Müller* NZBau 2001, 416, 422; differenzierend *Prieß* S. 110 f., der zwischen nachträglicher und bereits bei Vertragsschluss bestehender Unvereinbarkeit des Vertrages mit dem Vergaberecht unterscheidet.

[333] Vergabekammer Arnsberg v. 21. 2. 2006, VK 29/05, ZfBR 2006, 397–407, die eine Vergabe von Bauaufträgen in dreifacher Millionenhöhe auf 25 Jahre und mehr im Form von rahmenvertragsähnlichen Vereinbarungen als Verstoß gegen das Wettbewerbsgebot des § 97 Abs. 1 GWB ansah.

[334] EuGH, Urt. v. 19. 6. 2008, C-454/06, Slg. 2008, I-4401, RdNr. 74 – pressetext.

[335] EuGH, Urt. v. 19. 6. 2008, C-454/06, Slg. 2008, I-4401, RdNr. 75–79 – pressetext.

AEUV).[336] Diese Beschränkung kann ausnahmsweise gerechtfertigt sein, wenn zwingende Gründe des Allgemeininteresses die lange Dauer erfordern.[337] Die Laufzeit darf den Wettbewerb aber *nur* so weit einschränken, wie es erforderlich ist, um die **Amortisierung der Investitionen** und eine angemessene Verzinsung des eingesetzten Kapitals sicherzustellen.[338] Da sich die Gründe des Allgemeininteresses auf außerwettbewerbliche staatliche Zielsetzungen beziehen,[339] besteht die Versuchung, weiterreichende Einschränkungen der Dienstleistungsfreiheit mit Gründen des Allgemeinwohls zu legitimieren. Dem ist im Hinblick auf die Wertung des Art. 36 S. 2 AEUV entgegenzutreten. Zudem scheitern weiterreichende Einschränkungen der Grundfreiheiten regelmäßig am Verhältnismäßigkeitsprinzip.[340]

120   Für die **Ermittlung der Laufzeitgrenzen eines Vertrages** ist auf die im Wettbewerbsrecht der Art. 101 ff. AEUV entwickelten Maßstäbe zurückzugreifen. Denn auch diese verfolgen ebenso wie das primär- und sekundärrechtlich verankerte Vergaberecht[341] das Ziel der Offenhaltung der Märkte zum Schutze eines Systems wirksamen Wettbewerbs.[342] Das dem Vergaberecht unterliegende Wettbewerbsprinzip gebietet die vom EuGH bei der Prüfung der Angemessenheit angesprochene Berücksichtigung der tatsächlichen Marktverhältnisse (dazu oben RdNr. 44 ff.). Im Bereich der Art. 101 und 102 AEUV betrachtet man Verträge, die einem der Vertragspartner eine Ausschließlichkeitsbindung auf Dauer auferlegen, grundsätzlich als wettbewerbsrechtlich bedenklich. Kartellrechtlich problematisch sind Austauschverträge demnach dann, wenn sie nicht nur der aktuellen Befriedigung eines konkreten, eindeutig überschaubaren Bedürfnisses genügen, sondern auch auf die langfristige Erfüllung zukünftiger Bedürfnisse abzielen und die Vertragsparteien sich damit ihrer unternehmerisch-wirtschaftlichen Handlungsfreiheit mit Dritten zu kontrahieren, zu einem Zeitpunkt entäußern, zu dem die künftigen Wettbewerbsverhältnisse noch nicht beurteilt werden können.[343] Die durch langfristige Verträge bewirkte Wettbewerbsbeschränkung ist in der dauerhaften Behinderung der Absatzmöglichkeiten der Wettbewerber des bindenden Vertragspartners zu sehen, da der langfristig Gebundene für die Dauer des Vertrages de facto nicht mehr am Markt teilnehmen kann und somit konkurrierenden Unternehmen nicht mehr auf der Marktgegenseite als Partner zur Verfügung steht.[344] Insoweit zeitigen derartige Verträge marktverschließende und damit antikompetitive Wirkung. Weil diese Wirkung in begrenztem Maße jedem Austauschvertrag mit einer ins Gewicht fallenden Menge als Reflexwirkung immanent ist, solche Verträge aber zugleich Bestandteil wirksamen Wettbewerbs sind, der in einer arbeitsteiligen Marktwirtschaft über Angebot und Nachfrage stattfindet, ist die jedem Vertrag immanente Ausschlusswirkung nicht per se

---

[336] EuGH, Urt. v. 9. 3. 2006, C-323/03, RdNr. 44 ff. – Kommission/Spanien.

[337] Weitergehend EuGH, Urt. v. 24. 9. 1998, C-76/97, Slg. 1998, I-5357, RdNr. 54 – Tögel, der für vor Erlass der Richtlinien abgeschlossene auf unbestimmte Dauer abgeschlossene Verträge keine Verpflichtung des öffentlichen Auftraggebers zur nachträglichen Laufzeitbegrenzung annimmt.

[338] EuGH, Urt. v. 9. 3. 2006, Rs C-323/03, Slg. 2006, I-2161, Rn. 44 ff. – Kommission/Königreich Spanien; Kommission, Mitteilung zu „Konzessionen", ABl. 2000 Nr. C 121/2, 8. Weitergehend noch die dadurch überholte Rechtsprechung des EuGH, C-76/97, Slg. 1998, I-5357, Rn. 54 – Tögel, der für vor Erlass der Richtlinien abgeschlossene auf unbestimmte Dauer abgeschlossene Verträge keine Verpflichtung des öffentlichen Auftraggebers zur nachträglichen Laufzeitbegrenzung annimmt.

[339] Vgl. dazu *von der Groeben/Schwarze/Tiedje/Troberg* Art. 49 EG RdNr. 69 ff.

[340] Vgl. dazu EuGH, Urt. v. 13. 11. 1990, C-331/88, Slg. 1990, I-4023, RdNr. 13 – Fedesa u. a; EuGH, Urt. v. 5. 10. 1994, verb. C-133/93, C-300/93 und C-362/93, Slg. 1994, I-4863, RdNr. 41 – Crispoltoni ua.; EuGH, Urt. v. 5. 5. 1998, C-157/96, Slg. 1998, I-2211, RdNr. 60 – National Farmers' Union ua.; EuGH, Urt. v. 12. 7. 2001, Slg. 2001, I-5689, RdNr. 81 – Jippes ua.

[341] Vgl. Erw. 2 RL 2004/18/EG; EuGH, C-21/03 u. C-34/03, Slg. 2005, I-1559, Rn. 26 – Fabricom/Belgien; EuGH, C-513/99, Slg. 2002, I-7213, Rn. 81 – Concordia Bus Finland; EuGH, C-243/89, Slg. 1993, I-3353, Rn. 33 – Kommission/Dänemark; EuGH, C-26/03, Slg. 2005, I-1, Rn. 44 – Stadt Halle und RPL Lochau; siehe auch die Schlussanträge des GA *Léger* v. 15. 6. 2000, C-94/99, Rn. 5 u. 79 – ARGE Gewässerschutz/Bundesministerium für Land- und Forstwirtschaft; Jaeger, NZBau 2001, 6, 8; *Pietzcker* ZHR 162 (1998), 427, 430 ff.; *Möschel* WuW 1997, 120; *Broß*, FS Brandner, 343 ff.; *Marx*, FS Bechtold, 321 ff.; *Mestmäcker/Schweitzer* § 36 Rn. 9 ff.

[342] Vgl. EuGH, Urt. v. 25. 10. 1977, 26/76, Slg. 1977, 1875, Rn. 20 – Metro/Kommission (zu Art. 81 f. EG); EuGH, Urt. v. 20. 3. 1990, C-21/88, Slg. 1990, I-889, Rn. 20 – Du Pont de Nemours Italiana (zu Art. 107 ff. AEUV).

[343] Kommission, ABl. 1979, Nr. L 286/32 – Entscheidung BP Kemi; 9. Wettbewerbsbericht der Kommission, 1979, RdNr. 90 f.; Entscheidung der Kommission vom 30. 4. 1991, ABl. vom 6. 7. 1991, Nr. L 178/31, RdNr. 29 – Scottish Nuclear; *Schröter/Jakob/Mederer/Klotz* Art. 81 (Liefer- und Bezugsvereinbarungen) RdNr. 5; aA. *Büdenbender* ET 2000, 359 ff.

[344] Vgl. EuGH, 393/92, Slg. 1994, I-1477, RdNr. 36 – Almelo; *Schnichels* EuZW 2003, 171, 172.

eine Wettbewerbsbeschränkung. Vielmehr richtet sich die wettbewerbliche Bewertung nach Grad und Maß der Verpflichtung.[345] Auch die Marktbedeutung der Unternehmen hat erheblichen Einfluss auf das Ausmaß der wettbewerbswidrigen Wirkungen.[346] Nach der Rechtsprechung des EuGH nutzt daher ein marktbeherrschendes Unternehmen, das seine Abnehmer durch die Verpflichtung an sich bindet, ihren gesamten Bedarf oder einen beträchtlichen Teil desselben ausschließlich bei ihm zu beziehen, seine Stellung missbräuchlich aus und verstößt damit gegen Art. 102 AEUV.[347] Für marktbeherrschende Unternehmen gelten insoweit strengere Maßstäbe als im Rahmen von Art. 101 AEUV. Da der Wettbewerb auf dem betroffenen Markt als Folge der Marktmacht des Lieferanten erhöhten regulativen Schutzes bedarf,[348] können bereits Verträge mit einer zweijährigen Laufzeit missbräuchlich und damit nach Art. 102 AEUV verboten sein.[349] Längerfristige Laufzeiten sind nur in Hinblick auf abnehmerspezifische Investitionen einer anderen wettbewerblichen Beurteilung zugänglich.[350]

Die **Notwendigkeit und die Erbringung von Investitionen muss durch die Vertragsparteien nachgewiesen werden.** Der EuGH wies daher in einem die Laufzeit einer Konzession betreffenden Fall darauf hin, dass weniger einschneidende Maßnahmen, wie zB. die Einrichtung eines Systems der Anmeldung und des Verkaufs der verfügbaren Zugangsberechtigungen eingeführt werden hätte können, um den Verkehr zu diesen Inseln sowohl den Erfordernissen des Umweltschutzes als auch den geringen Kapazitäten anzupassen. Die spanische Regierung hatte im genannten Verfahren nicht nachgewiesen, dass die Leistungen der Personenbeförderung Gegenstand einer Konzession sein müssen, die einem einzigen Betreiber für die Dauer von 20 Jahren mit der Möglichkeit der Verlängerung bis auf 30 Jahre verliehen wird, sollen diese Leistungen nicht ihre Rentabilität verlieren und eingestellt werden. Im Übrigen hatte die spanische Regierung auch weder nachgewiesen, dass den Besonderheiten des betroffenen Seeverkehrs nicht anders als durch die Einführung einer so restriktiven Maßnahme wie der ausschließlichen langfristigen Konzession Rechnung getragen werden konnte, noch dass, selbst wenn erhebliche Investitionen erforderlich sein sollten, diese nur über einen Zeitraum von 20 oder gar 30 Jahren amortisiert werden könnten.[351] **121**

Eine uneingeschränkte Anwendung des Wettbewerbsrechts und damit auch die Festlegung der beschriebenen Laufzeitbegrenzung verlangt jedoch, dass **der persönliche Anwendungsbereich der Art. 101, 102 AEUV** eröffnet ist. Der öffentliche Auftraggeber muss bei der Auftragsvergabe bzw. bei Folgeverträgen als *Unternehmen* auftreten. Gerade für den Bereich der Verfolgung öffentlicher sozialer Zwecke ist die wettbewerbsrechtliche Rechtsprechung des EuGH in Bewegung geraten. Die PPP-Problematik knüpft insoweit an zwei Fragen an, nämlich an der Beurteilung der Nachfrage der öffentlichen Hand nach Leistungen, die in keinem zweckdienlichen Zusammenhang mit einer eigenen Angebotstätigkeit an einem Markt stehen,[352] sowie an der Verfolgung rein sozialer Zwecke, die insoweit dem wirtschaftlichen Charakter eines Marktauftritts entgegenstehen könnten.[353] Die Auftragsvergabe ist grundsätzlich **122**

---

[345] Vgl. EuGH, Slg. 1971, 949 – Béguelin; vgl. auch BGH, WuW/E 2627, 2635 – Sportübertragungen.

[346] Vgl. Art. 3 VO 2790/99 (Vertikal-Gruppenfreistellungsverordnung), ABl. 1999 Nr. L 336/21.

[347] EuGH, Slg. 1979, 461, 539 f., RdNr. 89 f. – Hoffmann-La Roche/Kommission; EuGH, Slg. 1991, I-3359, 3473, RdNr. 149 – Akzo/Kommission.

[348] *Senke*, Elektrizitätslieferverträge nach der Liberalisierung der Elektrizitätsmärkte im Lichte des europäischen und deutschen Kartellrechts, 2003, S. 128; *Säcker/Jaecks*, Langfristige Energielieferverträge und Wettbewerbsrecht, 2002, S. 52; *Würzberg*, in: Bartsch/Röhling/Salje/Scholz, Stromwirtschaft, 2002, Kap. 71 RdNr. 69; *Markert* EuZW 2000, 427, 432.

[349] EuGH, 214/99, Slg. 2000, 11 121, RdNr. 33 – Neste Markkinointi Oy/Yötuuli Ky; vgl. LG Düsseldorf, RdE 2000, 83, 84; EuGH, 85/76, Slg. 1979, 461, RdNr. 118–120 – Hoffmann-La Roche; EuG, T-7/93, Slg. 1995, II-1533, RdNr. 106 – Langnese-Iglo/Kommission; LG Düsseldorf, RdE 2000, 83, 84; *Säcker/Jaecks*, Langfristige Energielieferverträge und Wettbewerbsrecht, 2002, S. 52; *Strenger Markert* EuZW 2000, 427, 433; *Büttner/Däuper* ZNER 2001, 210, 214 f.

[350] Vgl. *Markert*, in: Berliner Kommentar zum Energierecht, 2. Aufl. 2009, § 20, RdNr. 71; *Säcker/Jaecks*, Langfristige Energielieferverträge und Wettbewerbsrecht, 2002, S. 35 f.; Kommission, Leitlinien für vertikale Beschränkungen, ABl. 2000 Nr. C 291/1, RdNr. 116–4, 119–9, 155.

[351] EuGH, Urt. v. 9. 3. 2006, Rs C-323/03, Rn. 47 f. – Kommission/Königreich Spanien; vgl. auch VK Arnsberg, Beschl. v. 21. 2. 2006 – VK 29/05, ZfBR 2006, 397; *Siegel* ZfBR 2006, 554.

[352] Vgl. dazu EuG, Urt. v. 4. 3. 2003, T-319/99, Slg. 2003, II-357 – FENIN/Kommission; bestätigt durch EuGH, Urt. v. 11. 6. 2006, C-205/03 P – FENIN/Kommission. Ausführlich die Schlussanträge des GA *Maduro* v. 10. 11. 2005 zur C-205/03 P – FENIN/Kommission, insb. RdNr. 43; EuGH, Urt. v. 16. 6. 1987, Slg. 1987, 2599, RdNr. 7 – Italien/Kommission.

[353] Vgl. dazu EuGH, Urt. v. 16. 3. 2004, WuW/E EU-R 801 ff. – AOK-Bundesverband Ichthyol Gesellschaft.

eine reine Nachfragetätigkeit. Das hinsichtlich der nachgefragten Leistung ein eigener Markt anzunehmen ist, lässt sich bei der Vergabe von Leistungsaufträgen, um die einzelne Unternehmen konkurrieren, nicht in Frage stellen. Fraglich ist daher, inwieweit diese Nachfrage, soweit sie auf die Erfüllung von Gemeinwohlzielen gerichtet ist, als wirtschaftliche Tätigkeit anzusehen ist. Die Linie des EuGH ist insoweit restriktiv. Die Besonderheit von PPP-Projekten, wonach das wirtschaftliche Know-How und Finanzierungspotential eines Unternehmens zunächst nachgefragt wird, jedoch dann in Kooperation mit dem Vertragspartner gemeinsam genutzt wird, spricht aber dafür, in diesen Fällen trotz des verfolgten sozialen Zwecks auch von einer wirtschaftlichen Tätigkeit der öffentlichen Stelle auszugehen. Auch der EuGH stellte für den Energiesektor fest, dass Verträge, die mit besonderen Rechten verknüpft sind, uneingeschränkt den allgemeinen Wettbewerbsregeln unterfallen.[354]

123   Auch wenn man sich entgegen der hier vertretenen Auffassung einer restriktiven Linie anschließt, muss der vom EuGH hervorgehobene wettbewerbliche Hintergrund des Vergaberechts berücksichtigt werden. Gerade vor dem tragenden Unionsziel eines Systems unverfälschten Wettbewerbs (Art. 51 EUV iVm. Protokoll Nr. 27, Art. 119 Abs. 1 AEUV) können demnach die zu Art. 101 und 102 AEUV entwickelten Grundsätze nicht außer Acht gelassen werden und fließen als konkretisierende Wertungsmaßstäbe in die vergaberechtliche Würdigung ein.

124   Wenn die überlange Laufzeit nicht ausnahmsweise durch besondere Umstände gerechtfertigt ist,[355] ist selbst bei Durchführung eines diskriminierungsfreien, transparenten Auswahlverfahrens eine darauf gerichtete Ausschreibung als wettbewerbswidrig zu betrachten. Auf eine wettbewerbswidrige Ausschreibung können aber keine wettbewerbsgerechten Angebote erstellt werden.[356]

125   **cc) Nachfolgeregelungen.** Hauptziele des Unionsrechts über das öffentliche Auftragswesen sind die Gewährleistung des freien Dienstleistungsverkehrs und die Öffnung für einen unverfälschten Wettbewerb in allen Mitgliedstaaten.[357] Dieses doppelte Ziel verfolgt das EU-Recht insbesondere durch die Anwendung des Verbots der Diskriminierung aus Gründen der Staatsangehörigkeit, des Grundsatzes der Gleichbehandlung der Bieter und der sich daraus ergebenden Verpflichtung zur Transparenz.[358] Das Transparenzerfordernis wird insbesondere durch die Festlegung bestimmter Vergabeverfahren umgesetzt.[359] Um die Transparenz der Verfahren und die Gleichbehandlung der Bieter sicherzustellen, sind daher nach der Rechtsprechung des EuGH Änderungen der Bestimmungen eines öffentlichen Auftrags während seiner Geltungsdauer als Neuvergabe des Auftrags anzusehen, wenn sie **wesentlich andere Merkmale** aufweisen als der ursprüngliche Auftrag und damit den Willen der Parteien zur Neuverhandlung wesentlicher Bestimmungen dieses Vertrags erkennen lassen.[360]

126   Die Änderung eines öffentlichen Auftrags während seiner Laufzeit kann als **wesentlich** angesehen werden, wenn sie Bedingungen einführt, die die Zulassung anderer als der ursprünglich zugelassenen Bieter oder die Annahme eines anderen als des ursprünglich angenommenen Angebots erlaubt hätten, wenn sie Gegenstand des ursprünglichen Vergabeverfahrens gewesen wären.[361] Desgleichen kann eine Änderung des ursprünglichen Auftrags als wesentlich angesehen werden, wenn sie den Auftrag in großem Umfang **auf ursprünglich nicht vorgesehene Dienstleistungen erweitert** oder wenn sie das **wirtschaftliche Gleichgewicht des Vertrags** in einer im ursprünglichen Auftrag nicht vorgesehenen Weise zugunsten des Auftragneh-

---

[354] EuGH, Urt. v. 7. 6. 2005, C-17/03, Slg. 2005, I-4983, RdNr. 72 ff. – Vereniging voor Energie, Milieu en Water. Einschränkend hingegen EuGH, Urt. v. 21. 7. 2005, C-231/03, Slg. 2005, I-7287, RdNr. 12 f. – Coname.

[355] Vgl. Kommission, ABl. 1993 Nr. L 50/14, RdNr. 31 ff. – Jahrhundertvertrag, für die Versorgungssicherheit im Energiesektor.

[356] Vgl. Vergabekammer Arnsberg v. 21. 2. 2006, VK 29/05, ZfBR 2006, 397–407, die eine Vergabe von Bauaufträgen in dreifacher Millionenhöhe auf 25 Jahre und mehr im Form von rahmenvertragsähnlichen Vereinbarungen als Verstoß gegen das Wettbewerbsgebot des § 97 Abs. 1 ansah.

[357] Vgl. EuGH, Urt. v. 11. 1. 2005, C-26/03, Slg. 2005, I-1, RdNr. 44 – Stadt Halle und RPL Lochau.

[358] In diesem Sinne EuGH, Urt. v. 18. 11. 1999, C-275/98, Slg. 1999, I-8291, RdNr. 31 – Unitron Scandinavia und 3-S; EuGH, Urt. v. 7. 12. 2000, C-324/98, Slg. 2000, I-10745, RdNr. 60 f. – Telaustria und Telefonadress; EuGH, Urt. v. 29. 4. 2004, C-496/99 P, Slg. 2004, I-3801, RdNr. 108 f. – Kommission/ CAS Succhi di Frutta.

[359] EuGH, Urt. v. 19. 6. 2008, C-454/06, Slg. 2008, I-4401, RdNr. 33 – pressetext.

[360] EuGH, Urt. v. 5. 10. 2000, C-337/98, Slg. 2000, I-8377, RdNr. 44, 46 – Kommission/Frankreich.

[361] EuGH, Urt. v. 19. 6. 2008, C-454/06, Slg. 2008, I-4401, RdNr. 35 – pressetext.

mers **ändert**.[362] Veränderungen überprüft der EuGH in seiner neueren Rechtsprechung im Einzelfall darauf, ob sie die **Gefahr der Verfälschung des Wettbewerbs** zum Nachteil potenzieller neuer Bieter mit sich bringt.[363]

Grundsätzlich ist demnach jeder neue Vertragsabschluss als neue Auftragsvergabe anzusehen, **127** auch wenn ein gleich bleibendes Ziel verfolgt wird. Darüber hinaus ist jede inhaltliche Änderung in Bezug auf den Vertragsgegenstand selbst dem Abschluss eines neuen Vertrags gleichzusetzen, was einen erneuten Aufruf zum Wettbewerb impliziert.[364] Jede Vertragserweiterung oder Vertragsverlängerung, die nicht als einseitige im Vorfeld vereinbarte und daher bereits rechtlich überprüfte Option, sondern durch beiderseitiges Einvernehmen geregelt werden muss, macht demnach eine erneute Ausschreibung erforderlich.[365] Eine Ausnahme besteht jedoch dann, wenn der Vertrag eine dynamische Änderungsklausel enthält, die als Reaktion auf die veränderten tatsächlichen oder rechtlichen Rahmenbedingungen ausgeübt wird, ohne den Charakter des vertraglichen Hauptgegenstands zu verändern.[366]

Die **Übertragung des Auftrages auf eine vollständig beherrschte Tochtergesellschaft 128** des Auftragnehmers stellt nur einen **Akt der internen Reorganisation** des Auftragnehmers dar, der den Charakter des Ursprungsauftrages nicht verändert und daher keine neue Ausschreibung verlangt.[367] Auch einer Gesellschaftsform immanente Veränderungen der Beteiligungsstruktur/Besitzverhältnisse, die sich aus ihrem Wesen selbst ergeben, wie bei börsennotierten Aktiengesellschaften oder bei Genossenschaften, führen nicht grundsätzlich zu einer wesentlichen Änderung des an die Gesellschaft vergebenen Auftrags.[368] Etwas anderes kann in Ausnahmefällen wie etwa bei Manipulationen zur Umgehung vergaberechtlicher Unionsvorschriften gelten.[369] Bei In-House-Geschäften führt eine Veränderung der Beteiligungsstruktur, welche die Voraussetzungen der In-House-Vergabe nicht mehr erfüllt, weil zB. eine private Beteiligung begründet wird, stets zu einer wesentlichen Änderung der Vertragsverhältnisse.[370] Werden die Gesellschaftsanteile während der Laufzeit des Auftrags komplett an einen Dritten veräußert, handelte es sich nicht mehr um eine interne Neuorganisation des ursprünglichen Vertragspartners, sondern um eine tatsächliche **Änderung des Vertragspartners,** was grundsätzlich eine Änderung einer wesentlichen Vertragsbestimmung darstellt und eine neue Auftragsvergabe darstellt.[371] Denn **Inhalt des Angebots** ist nicht nur die Beschaffenheit der Leistung, sondern auch die **Person des Leistenden**.[372]

Der **Preis ist eine wesentliche Bedingung** eines öffentlichen Auftrags.[373] Eine Änderung **129** des inneren Wertes der im ursprünglichen Auftrag festgelegten Preise ist danach regelmäßig ebenfalls wesentlich. Eine Ausnahme von diesem Grundsatz ist dann zu machen, sofern es sich um geringfügige Anpassungen handelt, die sich objektiv erklären lassen, zB. wie sie die Durchführung des Auftrags erleichtern sollen, indem sie die Rechnungstellung vereinfachen. Der EuGH hielt daher eine Verringerung der Preise für einzelne Leistungsbestandteile um 0,3%, 1,47% sowie 2,94% um zur Vereinfachung der Berechnungen runde Beträge zu erhalten für unbedenklich. Er hielt diese Preisanpassungen für ausreichend gering, wies aber ergänzend darauf hin, dass die Veränderungen sich nicht zugunsten, sondern zum Nachteil des Auftragneh-

---

[362] EuGH, Urt. v. 19. 6. 2008, C-454/06, Slg. 2008, I-4401, RdNr. 36 f. – pressetext.

[363] EuGH, Urt. v. 19. 6. 2008, C-454/06, Slg. 2008, I-4401, RdNr. 79, 86 – pressetext.

[364] Vgl. Grünbuch der Kommission zu ÖPPs, RdNr. 49.

[365] *Hausmann/Bultmann* NVwZ 2005, 377, 381; *Marx* NZBau 2002, 311, 312 f.; *Krohn* NZBau 2008, 619, 623 f.

[366] Vgl. EuGH, Urt. v. 5. 10. 2000, C-337/98, Slg. 2000, I-8377, RdNr. 53 – Kommission/Frankreich; *Marx* NZBau 2002, 311, 313; *Müller* NZBau 2001, 416, 422.

[367] EuGH, Urt. v. 19. 6. 2008, C-454/06, Slg. 2008, I-4401, RdNr. 44 f., 49 – pressetext; OLG Frankfurt, Beschl. v. 5. 8. 2003, 11 Verg 2/02, NZBau 2003, 633, 634 – Dokumenten-Management; BKartA, Beschl. v. 7. 4. 1999, VK A – 19/79, WuW/E Verg 279 – Imprägnierte Holzmasten; BKartA, Beschl. v. 29. 6. 2005, Az. VK3–52/05, S. 10 (des Umdrucks) – Staatliche Museen.

[368] EuGH, Urt. v. 19. 6. 2008, C-454/06, Slg. 2008, I-4401, RdNr. 51 f. – pressetext.

[369] EuGH, Urt. v. 19. 6. 2008, C-454/06, Slg. 2008, I-4401, RdNr. 52 – pressetext.

[370] Näher dazu RdNr. 57 ff.

[371] EuGH, Urt. v. 19. 6. 2008, C-454/06, Slg. 2008, I-4401, RdNr. 47 – pressetext; OLG Düsseldorf, Beschl. v. 20. 6. 2001, Verg 3/01, NZBau 2001, 696, 699; BKartA, Beschl. v. 29. 6. 2005, Az. VK3–52/05, S. 10 (des Umdrucks) – Staatliche Museen.

[372] OLG Düsseldorf, Beschl. v. 24. 5. 2005, Verg 28/05; BKartA, Beschl. v. 29. 6. 2005, Az. VK3–52/05, S. 10 (des Umdrucks) – Staatliche Museen.

[373] EuGH, Urt. v. 19. 6. 2008, C-454/06, Slg. 2008, I-4401, RdNr. 59 – pressetext; EuGH, Urt. v. 29. 4. 2004, C-496/99 P, Slg. 2004, I-3801, RdNr. 117 – Kommission/CAS Succhi di Frutta.

mers ausgewirkt hatten.[374] Die Bezugnahme auf einen neuen **Preisindex** auf dem Boden einer im Vertrag verankerten Wertsicherungsklausel ist ebenfalls keine Änderung wesentlicher Bedingungen des ursprünglichen Auftrags und damit keine neue Auftragsvergabe.[375]

130   Die vergaberechtliche Zulässigkeit der vertraglich vereinbarten Ausübung von **Optionsrechten** ist bereits bei der Überprüfung des zugrundeliegenden Vertrages zu berücksichtigen, da die vertraglich vereinbarte Laufzeit sich aus der die Option einbeziehenden Gesamtdauer ergibt.[376]

131   Sonstige Veränderungen überprüft der EuGH im Einzelfall auf eine damit verbundene **Gefahr der Verfälschung des Wettbewerbs.**[377] Daher hielt er die nachträgliche Vereinbarung eines dreijährigen Kündigungsausschlusses in einem unbefristeten Vertrag, soweit der Auftraggeber keine Kündigungsabsichten hatte, für unbedenklich, also nicht für eine wesentliche Änderung des ursprünglichen Vertrags. Selbst wenn er dies beabsichtigt hätte, wäre nach Auffassung des EuGH der Zeitraum, für den die Klausel galt, nämlich drei Jahre, nicht so lang gewesen, dass sie ihn für einen – im Verhältnis zu der für die Organisation eines solchen Vorhabens erforderlichen Zeit – **übermäßig langen Zeitraum** daran gehindert hätte.[378]

132   **Veränderungen zu Lasten des Auftragnehmers** steht der EuGH grundsätzlich positiver gegenüber, da diese nicht zu einer Wettbewerbsverzerrung zum Nachteil potenzieller Bieter führen.[379] Entscheidend ist für ihn also dabei, dass das wirtschaftliche Gleichgewicht des Vertrags nicht zugunsten des Auftragnehmers verändert wird.[380] Diese Rechtsprechung ist bedenklich, da der Schutz des Wettbewerbs auch den Schutz der Anbieter vor dem Missbrauch übermäßiger Nachfragemacht verlangt, welche der öffentlichen Hand bei ihrer Beschaffungstätigkeit regelmäßig zukommt.[381] Auf dem Boden der FENIN-Rechtsprechung des EuGH[382] findet Art. 102 AEUV mangels Unternehmenseigenschaft der öffentlichen Hand bei Nachfragetätigkeiten, die nicht auf eigene Angebotsleistung auf anderen (nachgelagerten) Märkten gerichtet sind, aber keine unmittelbare Anwendung, so dass das Vergaberecht diese Lücke füllen muss. Es ist daher einschränkend zu verlangen, dass Vertragsveränderungen nicht nur auf Wettbewerbsnachteile für Mitbewerber sondern auch auf Wettbewerbskonformität der neuen Vertragsbedingungen unter Berücksichtigung des Verbots des Missbrauchs von Nachfragemacht zu prüfen sind, um ihre Wesentlichkeit zu ermitteln.

133   **d) Institutionalisierte ÖPP (IPPP/IÖPP).** Es gibt im Unionsrecht keine Legaldefinition der IÖPP. Die Kommission versteht darunter die Zusammenarbeit zwischen öffentlichen und privaten Beteiligten, bei der gemischtwirtschaftliche Unternehmen gegründet werden, die öffentliche Aufträge oder Konzessionen durchführen. Der private Beitrag zu einer IÖPP besteht – neben der Einbringung von Kapital oder anderer Vermögensgegenstände – in der aktiven Teilnahme an der Ausführung der Aufgabe, die dem gemischtwirtschaftlichen Unternehmen übertragen wurde, und/oder in der Geschäftsführung der Gesellschaft. Am 5. Februar 2008 hat die Kommission eine Mitteilung zu Auslegungsfragen in Bezug auf die Anwendung der gemeinschaftlichen Rechtsvorschriften für öffentliche Aufträge und Konzessionen auf institutionalisierte Öffentlich Private Partnerschaften angenommen,[383] nachdem sowohl das Europäische Parlament[384] als auch einige Mitgliedstaaten die Kommission aufgefordert hatten, im diesem Bereich Klarstellungen zu veröffentlichen.

134   Auch bei institutionellen PPP's sind zwei Fälle zu unterscheiden, zum einen der Fall, dass Wirtschaftsgebilde im Rahmen einer spezifischen rechtlichen Konstruktion *ex novo* geschaffen werden (Unternehmensgründung), und zum anderen der Fall, dass ein privater Akteur *ex*

---

374 EuGH, Urt. v. 19. 6. 2008, C-454/06, Slg. 2008, I-4401, RdNr. 61 f. – pressetext.

375 EuGH, Urt. v. 19. 6. 2008, C-454/06, Slg. 2008, I-4401, RdNr. 64–69 – pressetext.

376 Vgl. Art. 9 (1) RL 2004/18/EG. So auch *Grabitz/Hilf/Hailbronner*, Bd. IV Stand 30. Erg.-L. 2006, B 5 RdNr. 47 f.; *Loewenheim/Meessen/Riesenkampff/Bungenberg* RdNr. 39 *Marx* NZBau 2002, 311, 312; *Kulartz/Niebuhr* NZBau 2000, 6, 8; *Krohn* NZBau 2008, 619, 625.

377 EuGH, Urt. v. 19. 6. 2008, C-454/06, Slg. 2008, I-4401, RdNr. 79, 86 – pressetext.

378 EuGH, Urt. v. 19. 6. 2008, C-454/06, Slg. 2008, I-4401, RdNr. 79 – pressetext.

379 EuGH, Urt. v. 19. 6. 2008, C-454/06, Slg. 2008, I-4401, RdNr. 86 – pressetext.

380 EuGH, Urt. v. 19. 6. 2008, C-454/06, Slg. 2008, I-4401, RdNr. 85 f. – pressetext.

381 Vgl. *Schlette*, Die Verwaltung als Vertragspartner, 2000, S. 372 mwN.; siehe dazu auch MünchKommEUWettbR/*Eilmannsberger* Art. 82 EG RdNr. 76–78.

382 EuGH, Urt. v. 11. 7. 2006, C-205/03 P, Slg. 2006, I-6295, RdNr. 25 f. – FENIN.

383 ABl. 2008 Nr. C 91/4 (IÖPP-Mitteilung).

384 Siehe die Entschließung des Europäischen Parlaments zu öffentlich-privaten Partnerschaften und die gemeinschaftlichen Rechtsvorschriften für das öffentliche Beschaffungswesen und Konzessionen vom 26. 10. 2006 (2006/2043(INI)).

post Anteile an einem vormals rein öffentlichen Unternehmen erwirbt (Anteilsverkauf, RdNr. 142 ff.), bis hin zur Übernahme der Kontrolle.[385]

aa) Unternehmensgründung. Der Projektbeginn im ersten Fall findet in **zwei Phasen** 135 statt, dem Gründungsvorgang und der Beauftragung der neu gegründeten Einheit durch öffentlichen Auftrag oder Konzessionsvergabe. Zwar werden in der Praxis diese beiden Phasen oftmals vermengt.[386] Eine **gedankliche Trennung** ist aber zunächst notwendig, da sie nicht einheitlich dem Vergaberecht unterfallen. Die Kommission geht zutreffend davon aus, dass der Vorgang der Gründung eines Wirtschaftsgebildes mit gemischtem Kapital an sich nicht in den Rechtsvorschriften für öffentliche Aufträge und Konzessionen behandelt wird.[387] Gleichwohl gelten jedoch – ähnlich der ungeregelten Konzessionsvergabe – die gleichen Verpflichtungen für eine nicht diskriminierende und transparente Auswahl des zu beteiligenden Unternehmens.[388] Eine doppelte Ausschreibung, dh. eine Ausschreibung für die Auswahl des privaten Partners der IÖPP und eine weitere Ausschreibung für die Vergabe des öffentlichen Auftrags bzw. der Konzession an das gemischtwirtschaftliche Unternehmen, ist hingegen nicht erforderlich, wenn sich die Auswahl des Leistungserbringers bereits mittelbar aus der des Gesellschafters ergibt.[389] Dann mussten nämlich Leistungsfähigkeit und sonstige leistungsrelevante Kriterien bereits bei der Auswahl des Gesellschafters ermittelt werden. Allerdings ändert sich der Auftrag mit der Folge einer notwendigen Neuausschreibung, wenn der Gesellschafter wechselt oder der Gesellschaftszweck verändert wird (näher dazu RdNr. 128).[390]

α) Einheit von Gründung und Auftragsvergabe. Wenn Gründung und Auftragsvergabe 136 eine Einheit darstellen, müssen die Grundsätze für den Auftrag oder die Konzession *uneingeschränkte* Anwendung finden. Da die Geltung des Unionsrechts über öffentliche Aufträge und Konzessionen nicht davon abhängt, ob der Vertragspartner des öffentlichen Auftraggebers öffentlichen, privaten oder gemischtwirtschaftlichen Status hat, kann die Beteiligung der Vergabestelle an einem gemischtwirtschaftlichen Gebilde, das nach Abschluss des Auswahlverfahrens Auftragnehmer wird, nicht als Rechtfertigung dafür dienen, dass die Rechtsvorschriften über öffentliche Aufträge und Konzessionen bei der Auswahl des privaten Partners nicht berücksichtigt wurden.[391] Die Privilegierung als In-House-Vergabe kommt in diesen Fällen aufgrund der privaten Beteiligungsquote von vornherein nicht in Betracht. Deshalb kann aber der Umstand, dass eine Neugründung an die Auftragsvergabe gekoppelt ist, nicht zur Umgehung der entsprechenden Regelungen benutzt werden.[392] Der Gründungsvorgang kann die Auftragsvergabe jedoch dahingehend beeinflussen, dass eine **längere Vertragslaufzeit** hinsichtlich des Auftrages aufgrund der notwendigen **Gründungsinvestitionen** zulässig ist.[393]

β) Gründung als faktisch vorherbestimmte Auftragsvergabe. Die Gründung eines 137 gemischtwirtschaftlichen Unternehmens erfolgt oftmals aufgrund einer öffentliches Interesse berührenden Notwendigkeit, wozu nach der seit 1. Juni 2005 geltenden geänderten gesetzlichen Abfallbeseitigungsvorgaben[394] vor allem der Bau von Müllverbrennungsanlagen virulent wurde, soweit die alten Anlagen den neuen Belastungsanforderungen nicht mehr gewachsen waren und „ausgemustert" werden mussten. Die Notwendigkeit des Baus der Anlagen impliziert das **Fehlen von wirtschaftlich zumutbaren Ausweichmöglichkeiten.** Darüber hinaus erscheint es gerade im Bereich der Abfallentsorgung unwahrscheinlich, dass der eingesammelte Müll über weite Strecken zu Verbrennungsanlagen in andere Bundesländer transportiert wird.[395] Eine zum Betrieb solcher Projekte dienende neu gegründete Gesellschaft ist daher, selbst wenn dies nicht im Gesellschaftsvertrag explizit festgehalten wird, auf Grund der tatsächlichen Gegebenheiten (zB. hohe Transportkosten) faktisch vorbestimmter Vertragspartner der öffentlich-

---

[385] Kommission, IÖPP-Mitteilung, ABl. 2008 C 91/4, 5; Grünbuch der Kommission zu ÖPPs, RdNr. 55.

[386] Vgl. Grünbuch der Kommission zu ÖPPs, RdNr. 60.

[387] Grünbuch der Kommission zu ÖPPs, RdNr. 57.

[388] Vgl. auch OLG Düsseldorf v. 9. 11. 1993, WuW/E OLG 5123 ff. – Gemischtwirtschaftliche Abfallverwertung.

[389] EuGH, Urt. v. 15. 10. 2009, C-196/08, RdNr. 58 – Acoset; Kommission, IÖPP-Mitteilung, ABl. 2008 C 91/4, 6.

[390] EuGH, Urt. v. 15. 10. 2009, C-196/08, RdNr. 62 – Acoset;

[391] Grünbuch der Kommission zu ÖPPs, RdNr. 63.

[392] Dazu RdNr. 142 ff.

[393] So auch *Siegel* ZfBR 2006, 554, 556. Vgl. dazu RdNr. 119 ff.

[394] Die unvorbehandelte Ablagerung von Siedlungsabfällen ist demnach nicht mehr zulässig.

[395] Vgl. auch Bundeskartellamt, Entscheidung v. 1. 10. 2002, B10–90000 – U – 107/02, RdNr. 25 ff.

rechtlichen Körperschaft. Ebenfalls unwahrscheinlich ist der parallele Bau einer privaten Anlage, da die **Markteintrittsbarrieren** in Form hoher Investitionskosten[396] es regelmäßig kaufmännisch unvernünftig erscheinen ließen, in den „besetzten" regional beschränkten Markt einzudringen.

138   Da bereits bei Gründung der Gesellschaft die Auftragsbeziehung mit dem öffentlichen Auftraggeber vorhersehbar und inhaltlich konkretisiert ist, wird mit der Auswahl des privaten Mitgesellschafters das vergaberechtlich irrelevante Vorstadium verlassen und ein auf Vertragsschluss gerichteter Prozess eingeleitet, dessen Ergebnis ein vertraglich ausgestaltetes Auftragsverhältnis ist. Daher ist mit der Gründung ein vergaberechtlich bedeutsames Auftragsverhältnis anzunehmen, welches sich materiell danach bestimmt, ob der öffentliche Auftraggeber zur Deckung eines fälligen oder demnächst fälligen Bedarfs an Waren, Bau- oder Dienstleistungen entschlossen ist und mit organisatorischen und/oder planenden Maßnahmen begonnen hat zu regeln, auf welche Weise und mit welchen gegenständlichen Leistungsanforderungen das Beschaffungsvorhaben eingeleitet und durchgeführt und wie die Person oder der Personenkreis des oder der Leistenden ermittelt und mit dem Endziel des Abschlusses eines entgeltlichen und verbindlichen Vertrags ausgewählt werden soll.[397] Im Fall der faktisch vorherbestimmten Auftragsbeziehung sind mit der Gründung sogar der Leistungserbringer und mit der Auswahl des Gründungsgesellschafters auch die betroffenen nicht-öffentlich Interessen konkretisiert.

139   Vor allem in Hinblick auf die Rechtsprechung des EuGH,[398] der vor dem Hintergrund einer effektiven Durchsetzung der mit den Regeln des Vergaberechts bezweckten Zielsetzungen konstatiert, dass die Vergabe eines Auftrags unter Berücksichtigung der Gesamtheit der Schritte sowie ihrer Zielsetzung zu prüfen ist und nicht anhand ihrer rein zeitlichen Abfolge, kann demnach auch ohne die detaillierte rechtliche Ausgestaltung einer zukünftigen Auftragsbeziehung zwischen der neu gegründeten Gesellschaft und dem öffentlichen Auftraggeber die Durchführung eines Vergabeverfahrens zur Auswahl des Mitgesellschafters erforderlich sein.[399]

140   Soweit die Gründung einer IÖPP die Übertragung eines öffentlichen Auftrags iSd. RL 2004/18/EG an ein gemischtwirtschaftliches Unternehmen mit sich bringt, sind nach Auffassung der Kommission das offene und nichtoffene Verfahren aufgrund der besonderen finanziellen und rechtlichen Komplexität derartiger Aufträge, eventuell nicht ausreichend flexibel, so dass der mit der Art. 29 RL 2004/18/EG eingeführte wettbewerbliche Dialog (§ 101 Abs. 4 GWB) an Bedeutung gewinnt.[400] Das Verhandlungsverfahren (§ 101 Abs. 5 GWB) mit Veröffentlichung einer Bekanntmachung kann bei der Vergabe öffentlicher Aufträge iSd. RL 2004/18/EG hingegen nur in Ausnahmefällen Anwendung finden (Art. 30, 31 RL 2004/18/EG), während nach Auffassung der Kommission öffentliche Auftraggeber immer auf das Verhandlungsverfahren zurückgreifen können, wenn sie Konzessionen übertragen oder wenn sie öffentliche Aufträge erteilen, die von der Richtlinie 2004/18/EG nicht oder nur teilweise erfasst sind.[401]

141   Für den **Inhalt der Vereinbarung** bedeutet die Verpflichtung zur Transparenz nach Ansicht der Kommission, dass der öffentliche Auftraggeber in der Bekanntmachung oder in den Verdingungsunterlagen über Folgendes **grundsätzliche Informationen** bekanntmacht:[402] die öffentlichen Aufträge und/oder Konzessionen, die an das zukünftige gemischtwirtschaftliche Unternehmen vergeben werden sollen, den Gesellschaftsvertrag, die Gesellschaftervereinbarung sowie alle anderen Elemente, die einerseits die vertragliche Beziehung zwischen dem öffentlichen Auftraggeber und dem privaten Partner, und andererseits die vertragliche Beziehung zwischen dem öffentlichen Auftraggeber und dem zukünftigen gemischtwirtschaftlichen Unternehmen festlegen. Im wettbewerblichen Dialog oder im Verhandlungsverfahren reicht es, wenn erst im Dialog oder in Verhandlung mit den Bewerbern gefunden und ausgestaltet werden. Die Ausschreibung

---

[396] Vgl. dazu *Mestmäcker/Schweitzer* § 25 RdNr. 47 ff.; *Jickeli* WuW 1992, 101 ff., 195 ff.

[397] EuGH, Urt. v. 15. 10. 2009, C-196/08, RdNr. 59 f. – Acoset; so bereits *Säcker/Wolf* WRP 2007, 282, 290 ff.; vgl. auch OLG Düsseldorf NZBau 2002, 583, 584; OLG Düsseldorf NZBau 2001, 696, 698 f.; OLG Jena VergabeR 2001, 52, 54; *Kulartz/Kus/Portz/Eschenbruch* RdNr. 22.

[398] EuGH, Urt. v. 10. 11. 2005, C-29/04, Slg. 2005, I-9705, RdNr. 41 – Kommission/Republik Österreich.

[399] Ausdrücklich nunmehr EuGH, Urt. v. 15. 10. 2009, C-196/08, RdNr. 59 – Acoset; vgl. auch *Kulartz/Kus/Portz/Eschenbruch* RdNr. 26. Die Schwellenwerte der Richtlinien werden üblicherweise überschritten sein, da jedenfalls der für eine maximal zulässige Vertragsdauer zu schätzende Gesamtwert anzusetzen ist. Vgl. Art. 9 RL 2001/18/EG.

[400] Kommission, IÖPP-Mitteilung, ABl. 2008 C 91/4, 6 f.

[401] Kommission, IÖPP-Mitteilung, ABl. 2008 C 91/4, 7.

[402] Kommission, IÖPP-Mitteilung, ABl. 2008 C 91/4, 8.

sollte Informationen hinsichtlich der ins Auge gefassten Dauer des öffentlichen Auftrages oder der konzessionierten Dienstleistung, der bzw. die von dem gemischtwirtschaftlichen Unternehmen ausgeführt werden soll, beinhalten. Der Grundsatz der Transparenz verlangt, dass mögliche Erneuerungen oder Änderungen der öffentlichen Aufträge oder Konzessionen, die dem gemischtwirtschaftlichen Unternehmen ursprünglich übertragen wurden sowie mögliche Zuweisungen zusätzlicher Aufgaben in den Ausschreibungsunterlagen veröffentlicht werden. Die Ausschreibungsunterlagen sollten ausreichend detaillierte Angaben zur Anzahl und zu den Voraussetzungen der Ausübung derartiger Optionen enthalten, um einen fairen und wirkungsvollen Wettbewerb zu gewährleisten. Auch schlägt die Kommission vor, dass der Vertrag zwischen dem öffentlichen Auftraggeber und dem privaten Partner von Anfang an festlegt, was zu geschehen hat, wenn das gemischtwirtschaftliche Unternehmen zukünftig keine öffentlichen Aufträge erhält bzw. bereits erteilte öffentliche Aufträge nicht verlängert werden. Aus der Sicht der Kommission sollte der Gesellschaftsvertrag zudem einen zukünftigen Wechsel des privaten Partners ausdrücklich erlauben.

bb) Anteilsverkauf. Auch der Fall der nachträglichen Übernahme einer Kontrolle über ein **142** öffentliches Unternehmen durch einen privaten Investor unterliegt den gleichen Verpflichtungen wie die Auswahl eines Gründungspartners.

Dabei ist zum einen zu berücksichtigen, dass im Falle einer vorherigen zulässigen In-House- **143** Vergabe bereits eine **generelle Ausschreibungspflicht hinsichtlich des Restvertrages** besteht, da sich durch die private Beteiligung der Auftragnehmer qualitativ ändert, so dass ein anderer und damit neuer Auftrag vorliegt (siehe RdNr. 76 ff. u. 128). Stellt sich eine Kapitalübertragung zudem in Wirklichkeit als **Deckmantel für die Übertragung von öffentlichen Aufträgen** oder gar Konzessionen an einen privaten Partner dar (zB. wenn dem in Rede stehenden Wirtschaftsgebilde vor der Kapitalübertragung unmittelbar ohne Wettbewerb besondere Aufgaben übertragen werden, um die Kapitalübertragung attraktiv zu machen), so ist dieser Vorgang nach der Rechtsprechung des EuGH[403] als einheitlicher Lebenssachverhalt zu beurteilen und dem Vergaberecht zu unterwerfen (siehe dazu RdNr. 81).[404]

Desweiteren finden die Bestimmungen über die Niederlassungsfreiheit im Sinne von Art. 49 **144** AEUV dann Anwendung, wenn eine staatliche Stelle beschließt, über eine Kapitaloperation einem Dritten eine Teilhaberschaft zu übertragen, die es diesem erlauben würde, einen gewissen Einfluss auf eine öffentliche Stelle auszuüben, die Wirtschaftsleistungen erbringt, die normalerweise unter staatlicher Verantwortung stehen.[405] Somit verlangen die Bestimmungen über die Niederlassungsfreiheit, dass die Grundsätze der Transparenz und der Gleichbehandlung gewahrt werden, damit sichergestellt ist, dass jeder potenzielle Akteur gleichen Zugang zu der bis dahin öffentlichen Stellen vorbehaltenen Erbringung dieser Leistungen hat.[406]

In gleicher Weise können der Gleichbehandlungsgrundsatz und das **Diskriminierungsver-** **145** **bot nach Art. 102 AEUV sowie § 20 GWB**[407] zur Ausschreibung *aller* staatlichen Leistungen zwingen, da nur auf diese Weise Marktzugangsmöglichkeiten für alle Unternehmen geschaffen werden könnten. Den in Betracht kommenden Unternehmen muss daher eine faire Chance gegeben werden, sich als Mitgesellschafter zu qualifizieren.[408]

---

[403] EuGH, Urt. v. 10. 11. 2005, C-29/04, Slg. 2005, I-9705, RdNr. 38 ff. – Kommission/Österreich.

[404] So auch VK Düsseldorf, Beschl. v. 7. 7. 2000, VK 12/2000 – L, NZBau 2001, 46; *Endler* NZBau 2002, 125, 132 ff.; *Faber* DVBl. 2001, 248, 257. Einschränkend *Jaeger* NZBau 2001, 6, 11, der vorschlägt, den für die Berechnung der Schwellenwerte maßgeblichen Auftragswert anhand der Restlaufzeit des Vertrags und begrenzt auf den Umfang der von dem Privaten übernommenen Geschäftsanteile zu errechnen. So iE. wohl auch VK Stuttgart, Beschl. v. 24. 1. 2001, 1 VK 34/00 und 1 VK 1/01, NZBau 2001, 340, 341.

[405] Vgl. Grünbuch der Kommission zu ÖPPs, RdNr. 67 unter Bezugnahme auf EuGH, Urt. v. 13. 4. 2000, C-251/98, Slg. 2000, I-2787 – Baars.

[406] Grünbuch der Kommission zu ÖPPs, RdNr. 68.

[407] Vgl. BGH, Urt. v. 24. 9. 2002 – KZR 4/01, WuW/E DE-R 1003 – Kommunaler Schilderprägebetrieb; BGH, Urt. v. 13. 11. 2007 – KZR 22/06, WuW/E DE-R 2163 – Freihändige Vermietung an Behindertenwerkstatt; BGH, Urt. v. 7. 11. 2006 – KZR 2/06, WuW/E DE-R 1951 – Bevorzugung einer Behindertenwerkstatt; vgl. *Säcker/Mohr/Wolf* 75 ff.

[408] Vgl. *Tomerius* NVwZ 2000, 727, 733 f. In diesem Sinne auch OLG Düsseldorf v. 9. 11. 1993, WuW/E OLG 5123 ff. – Gemischtwirtschaftliche Abfallverwertung. Daher wird teilweise von der Kommunalverwaltung gefordert, die Suche nach einem privaten Mitgesellschafter auszuschreiben. Vgl. RdErl. des Innenministeriums Brandenburg II Nr. 3/1996 v. 1. 4. 1996 – II/4–80–50–00; RdSchr. des Sächsischen Innenministeriums v. 21. 8. 1995 – 23–226/97.

146   **cc) Nachfolgeregelungen.** Bei institutionalisierten ÖPP-Projekten besteht die Besonderheit, dass die Lebensdauer des gegründeten Wirtschaftsgebildes gewöhnlich nicht mit der Laufzeit des Auftrags oder der übertragenen Konzession übereinstimmt, was dann zur Verlängerung des Auftrags ohne echten Wettbewerb verleiten kann. Dies läuft uU. darauf hinaus, dass die Aufgaben vorhersehbar de facto für eine unbeschränkte Dauer vergeben werden.[409] Auch hier ist jedoch (außerhalb der Fälle einer In-House-Vergabe) sowohl bei einer Konzessions- als auch bei einer neuen Auftragsvergabe nach Ablauf der vereinbarten Vertragszeit stets das Vergabeverfahren durchzuführen. Seine wirtschaftliche Rechtfertigung findet dieser Grundsatz darin, dass zwar projektspezifische Investitionen in die Gesellschaft geflossen sein können, diese aber durch eine **angemessene Laufzeit der abgeschlossenen Erstverträge** ausreichend berücksichtigt werden können (siehe RdNr. 119 ff.). Darüber hinaus muss sich die neu geschaffene Einheit den gleichen Wettbewerbsbedingungen stellen wie jedes andere private Unternehmen auch. Anteile an einer Gesellschaft, die von einer öffentlichen Stelle gehalten werden, können zudem in der EU zum Schutz der Kapitalverkehrs- und Niederlassungsfreiheit wegen der dadurch bedingten Schlechterstellung der privaten Anteilseigner grundsätzlich nicht mit Sonderrechten („Goldene Aktie") ausgestaltet werden.[410] Ausgeschlossen ist damit auch eine **mittelbare Bevorzugung,** indem der Wert der Anteile durch eine wettbewerbsrechtliche Privilegierung gesteigert wird.

147   Wird ein – aufgrund der Investitionskosten gerechtfertigtes – besonders langes Auftragsverhältnis mit der Gesellschaft begründet, ist es besonders wichtig, dass sich dieses an bestimmte Veränderungen des wirtschaftlichen, rechtlichen oder technischen Umfelds anpassen kann.[411] Die EU-Rechtsvorschriften für öffentliche Aufträge und Konzessionen schließen die Möglichkeit, solche Entwicklungen zu berücksichtigen, nicht aus, sofern dies unter Wahrung der Grundsätze der Gleichbehandlung[412] und darin eingeschlossen den der Transparenz[413] geschieht. Möchte der Auftraggeber die Möglichkeit bewahren, aus bestimmten Gründen einige Ausschreibungsbedingungen nach Zuschlagserteilung abzuändern, muss er eine solche Änderungsmöglichkeit ebenso wie die Modalitäten ihrer Durchführung in der Ausschreibungsbekanntmachung oder den Ausschreibungsunterlagen *vor Vertragsschluss* ausdrücklich festlegen und den Rahmen für den Ablauf des Verfahrens vorgeben, so dass sämtliche am Auftrag interessierten Unternehmen hiervon von Anfang an Kenntnis haben und daher bei der Abfassung ihres Angebots gleichgestellt sind.[414] Veränderungen *wesentlicher* Bestimmungen dieser Verträge, die nicht durch die ursprünglichen Angebotsunterlagen vorgesehen waren, erfordern ein neues Vergabeverfahren.[415] Nach der Rechtsprechung des EuGH sind Vertragsbestimmung insbesondere dann wesentlich, wenn es sich dabei um eine Bedingung handelt, die den Bietern, wenn sie in der Ausschreibungsbekanntmachung oder den Verdingungsunterlagen enthalten gewesen wäre, die Abgabe eines erheblich abweichenden Angebots erlaubt hätte.[416] Beispiele für wesentliche Bestimmungen eines Vertrags umfassen nach Auffassung der Kommission[417] den Umfang von Bau- oder Dienstleistungen, die durch den Auftragnehmer zu erbringen sind, oder die Gebühren, die der Nutzer der Dienstleistung dem Auftragnehmer zu zahlen hat. Auch eine Veränderung des Gesellschaftszwecks steht nach der Rechtsprechung des EuGH einer wesentlichen Änderung des Vertrages gleich.[418]

---

[409] Kommission, IÖPP-Mitteilung, ABl. 2008 Nr. C 91/4, 8; Grünbuch der Kommission zu ÖPPs, RdNr. 61 aE.

[410] Vgl. EuGH, Urt. v. 13. 5. 2003, C-463/00, Slg. 2003, I-4581 – Kommission/Spanien; EuGH, Urt. v. 13. 5. 2003, C-98/01, 2003, I-4641 – Kommission/Großbritannien u. Nordirland; vgl. dazu *Säcker* BB 2004, 1462 f.

[411] Kommission, IÖPP-Mitteilung, ABl. 2008 Nr. C 91/4, 8.

[412] Siehe etwa EuGH, Urt. v. 27. 11. 2001, verb. C-285/99 u. C-286/99, Slg. 2001, I-9233, RdNr. 37 – Lombardini u. Mantovani; EuGH, Urt. v. 19. 6. 2003, C-315/01, Slg. 2003, I-6351, RdNr. 73 – GAT.

[413] Siehe etwa EuGH, Urt. v. 18. 6. 2002, C-92/00, Slg. 2002, I-5553, RdNr. 45 – HI; EuGH, Urt. v. 12. 12. 2002, C-470/99, Slg. 2002, I-11 617, RdNr. 91 – Universale-Bau ua.

[414] EuGH, Urt. v. 29. 4. 2004, C-496/99 P, Slg. 2004, I-3801, RdNr. 118 – Kommission/CAS Succhi di Frutta.

[415] EuGH, Urt. v. 15. 10. 2009, C-196/08, RdNr. 62 – Acoset; EuGH, Urt. v. 5. 10. 2000, C-337/98, Slg. 2000, I-8377, RdNr. 44, 50 – Kommission/Frankreich.

[416] EuGH, Urt. v. 29. 4. 2004, C-496/99 P, Slg. 2004, I-3801, RdNr. 116 f. – Kommission/CAS Succhi di Frutta.

[417] Kommission, IÖPP-Mitteilung, ABl. 2008 Nr. C 91/4, 8.

[418] EuGH, Urt. v. 15. 10. 2009, C-196/08, RdNr. 62 – Acoset.

V. Rahmenvereinbarungen

Schrifttum: *Franke,* Rechtsschutz bei der Vergabe von Rahmenvereinbarungen, ZfBR 2006, 546; *Graef,* Rahmenvereinbarungen bei der Vergabe von öffentlichen Aufträgen de lege lata und de lege ferenda, NZBau 2005, 561; *Gröning,* Das Konzept der neuen Koordinierungsrichtlinie für die Beschaffung durch Rahmenvereinbarungen, VergabeR 2005, 156; *Haak/Degen,* Rahmenvereinbarungen nach dem neuen Vergaberecht – Zur Umsetzung der Regelungen über Rahmenvereinbarungen der Richtlinien 2004/17/EG und 2004/18/EG durch die geplante Verordnung über die Vergabe öffentlicher Aufträge, VergabeR 2005, 164; *Jacoby,* Anmerkung zu KG Berlin Beschl. v. 15. 4. 2004, VergabeR 2004, 768; *Knauff,* Neues europäisches Vergabeverfahrensrecht: Rahmenvereinbarungen VergabeR 2006, 24; *Kullack/Terner,* EU-Legislativpaket – Die neue „klassische" Vergabekoordinierungsrichtlinie – 1 Teil, ZfBR 2004, 244; *Machwirth,* Rahmenbarungen nach der neuen VOL/A, VergabeR Sonderheft 2a/2007, 385; *Niestedt/Hölzl,* Um Kleinigkeiten kümmert sich der Prätor nicht!, NJW 2008, 3321 *Prieß,* Die Leistungsbeschreibung – Kernstück des Vergabeverfahrens (Teil 2), NZBau 2004, 87; *Rosenkötter/Seidler,* Praxisproblme bei Rahmenvereinbarungen, NZBau 2007, 684; *Vogel,* Anmerkung zu OLG Düsseldorf, Beschl. v. 26. 7. 2002, VergabeR 2003, 90.

1. Überblick und Zweck. Rahmenvereinbarungen sind im GWB selbst nicht geregelt, **148** sondern lediglich in der VOL/A und in der SektVO. Bis zur ersten Stufe der Umsetzung der VKR, die am 1. 11. 2006 in Kraft trat, waren sie sogar lediglich für den Sektorenbereich geregelt. Allerdings war der Abschluss von Rahmenvereinbarungen bereits zuvor üblich und von der Rechtsprechung anerkannt. Die Vergabe von Rahmenvereinbarungen durch klassische Auftraggeber ist aufgrund von Art. 32 Abs. 1 VKR gemeinschaftsrechtlich zulässig. Mit Inkrafttreten des § 3a Nr. 4 VOL/A 2006 wurde die VKR insoweit auch in deutsches Recht umgesetzt.[419] Rahmenvereinbarungen werden in Art. 1 Abs. 5 VKR; § 4 EG Abs. 1 S. 1 VOL/A; § 9 Abs. 1 S. 1 SektVO **legaldefiniert** als Vereinbarungen mit einem oder mehreren Unternehmen, in denen die Bedingungen für Einzelaufträge festgelegt werden, die im Laufe eines bestimmten Zeitraumes vergeben werden sollen. § 4 EG Abs. 1 S. 1 VOL/A spricht ausdrücklich von Rahmenvereinbarungen als öffentlichen Aufträgen, auch wenn die VKR und die RL 2007/66 zwischen öffentlichen Aufträgen und Rahmenvereinbarungen unterscheiden.[420] Das Gesamtverfahren bei einer Rahmenvereinbarung ist **zweistufig:** Auf der ersten Stufe werden zunächst ein oder mehrere Unternehmen als Partner der Rahmenvereinbarung ausgewählt. Auf der zweiten Stufe werden sodann die jeweiligen Einzelaufträge an den oder die Partner der Rahmenvereinbarung vergeben. Es geht darum, mehrere Einzelaufträge mit einheitlichen Bedingungen in einer Rahmenvereinbarung zu bündeln.[421] Besonderes Merkmal der Rahmenvereinbarung ist deren Flexibilität, weil bei Abschluss der Vereinbarung viele Bedingungen für die Einzelaufträge noch nicht feststehen müssen. Für die Bieter erschwert das allerdings die Kalkulation der Einzelaufträge was wiederum zu erhöhten Preisen führen kann.[422] § 3 Abs. 6 VgV legt als Wert der Rahmenvereinbarung den geschätzten Gesamtwert aller Einzelaufträge fest, die während der Laufzeit der Rahmenvereinbarung geplant sind. Eine entsprechende Regelung enthält § 2 Abs. 6 S. 1 SektVO.

2. Rechtsfragen alle Formen von Rahmenvereinbarungen betreffend. Zu unterschei- **149** den ist zwischen Rahmenvereinbarungen, in denen alle Bedingungen festgelegt sind (§ 4 EG Abs. 5 lit. a VOL/A), und solchen, bei denen dies nicht der Fall ist (lit. b). Entsprechend der von der Europäischen Kommission verwandten Begrifflichkeit sollten zur Unterscheidung der Begriff „Rahmenvertrag" für erstere und der Begriff „Rahmenvereinbarung ieS." für letztere verwandt werden.[423] Unterschiede ergeben sich insbesondere im Hinblick auf den Verfahrensablauf, die Beschreibung der Leistung und die Kriterien für die Auswahl der Vertragspartner.

a) Zulässigkeit einer Rahmenvereinbarung mit mehreren Unternehmen. Wenn eine **150** Rahmenvereinbarung mit mehreren Unternehmen geschlossen wird, müssen hinsichtlich der Vergabe der Einzelaufträge grundsätzlich mindestens drei Rahmenvertragsparteien beteiligt sein, § 4 EG Abs. 4 VOL/A. Eine Reduzierung der Anzahl der Vertragsparteien ist danach nur mög-

---

[419] *Gröning* VergabeR 2005, 156, 157; *Haak/Degen* VergabeR 2005, 164; *Müller-Wrede/Poschmann,* § 3a VOL/A Nr. 4 RdNr. 5 f.

[420] Vgl. die Unterscheidung in Art. 1 VKR (Art. 1 Abs. 2 VKR einerseits und Art. 1 Abs. 5 VKR andererseits); Art. 1 Abs. 10 VKR; Art. 1 Abs. 1 UAbs. 2 RL 2004/18.

[421] *Willenbruch/Bischoff/Haak/Reimnitz,* 3. Los, § 3a VOL/A RdNr. 155.

[422] VK Bund, Beschl. v. 20. 4. 2006, VK 1–19/06; *Graef* NZBau 2005, 561, 562; *Kullack/Terner* ZfBR 2004, 244; *Willenbruch/Bischoff/Haak/Reimnitz,* 3. Los, § 3a VOL/A RdNr. 157; *Müller-Wrede/Poschmann* § 3a VOL/A Nr. 4 RdNr. 4.

[423] Siehe Kom., Dok. CC/2005/03_rev1, S. 3; *Müller-Wrede/Poschmann* § 3a VOL/A Nr. 4 RdNr. 79 ff.

lich, wenn keine ausreichend große Zahl von Wirtschaftsteilnehmern die Eignungskriterien oder keine ausreichend große Zahl von zulässigen Angeboten die Zuschlagskriterien erfüllt. Diese Voraussetzungen dürften nur in seltenen Ausnahmefällen vorliegen. Nach oben hin ist die Zahl der zu beteiligenden Unternehmen hingegen offen.

151   **b) Laufzeit.** Gemäß § 4 EG Abs. 7 VOL/A beträgt die maximale Laufzeit einer Rahmenvereinbarung grundsätzlich vier Jahre, wobei die Laufzeit dabei der Zeitraum ist, innerhalb dessen der Abschluss von Einzelverträgen möglich ist. Dabei kommt es lediglich darauf an, dass der Abschluss des Einzelvertrages innerhalb der Laufzeit erfolgt. Die Vertragsausführung kann auch noch nach dem Auslaufen der Rahmenvereinbarung erfolgen.[424] Die auf der Rahmenvereinbarung basierenden Aufträge unterliegen aber der gleichen Laufzeit wie die Rahmenvereinbarung selbst.[425] Die vierjährige Höchstgrenze darf nur in begründeten Sonderfällen aus sachlichen Gründen überschritten werden, wenn dies aufgrund des Auftragsgegenstands oder anderer besonderer Umstände gerechtfertigt ist. Ein zulässiges Ausnahmekriterium kann etwa ein besonders hohes Investitionsvolumen sein, mit dem der Bieter in Vorleistung geht und das für ihn ein nennenswertes Risiko darstellt und sich nur langfristig amortisiert.[426] Aus der Laufzeit darf aber jedenfalls keine dauerhafte Marktabschottung resultieren.[427] Eine längere Laufzeit als vier Jahre kann über Verlängerungsoptionen[428] erreicht werden. Der Zeitraum der Verlängerung darf aber die Grundlaufzeit nicht übersteigen. Eine längere Laufzeit der Option kann zum einen für den Auftragnehmer ein ungewöhnliches Wagnis darstellen, zum anderen läge ein Verstoß gegen den Grundsatz des Wettbewerbs vor.

152   **c) Abnahmepflicht des Auftraggebers?** Die Rahmenvereinbarung selbst ist ein zivilrechtlicher Vertrag, der durch Erteilung des Zuschlags auf das Angebot eines Bieters zustande kommt. Sie ist aber noch kein Vertrag über die Erbringung der konkreten Einzelleistung.[429] Es ist daher umstritten, ob der Abschluss einer Rahmenvereinbarung den Auftraggeber gleichzeitig auch zum Abruf der Einzelleistungen verpflichtet. Rahmenvereinbarungen ohne Abnahmeverpflichtung sind jedenfalls nicht grundsätzlich unzulässig.[430] Die Europäische Kommission geht in ihren Erläuterungen zu Rahmenvereinbarungen davon aus, dass es denkbar sei, dass der Auftraggeber nicht verpflichtet sei, die Rahmenvereinbarung in Anspruch zu nehmen. Sie bleibe jedoch eine Rahmenvereinbarung, in der alle Bedingungen festgelegt seien, wenn, nachdem sich der Auftraggeber für ihre Verwendung entschieden habe, die Bedingungen darin verbindlich fixiert würden.[431] Jedenfalls unzulässig ist eine Rahmenvereinbarung, die ohne Abnahmeverpflichtung allein zum **Zweck der Markterkundung** abgeschlossen wird[432]. Die Ausschreibung zu einem solchen vergabefremden Zweck liegt vor, wenn mit der Ausschreibung nicht die Vergabe von Aufträgen, sondern lediglich ihr Inaussichtstellen bezweckt wird.[433] Auch wenn der Auftraggeber nach der konkreten Gestaltung der Rahmenvereinbarung keiner Abnahmepflicht unterliegt, befreit ihn dies nicht von einer sorgfältigen Bedarfsermittlung. Eine Nichtabnahme kann insofern zu Schadensersatzansprüchen führen.[434] Die grundsätzliche Annahme einer Abnahmepflicht führt jedoch nicht dazu, dass das genannte Auftragsvolumen vollständig bestellt werden muss. Das folgt schon aus § 4 EG Abs. 1 VOL/A, der von dem „in Aussicht genommenen Auftragsvolumen" spricht. Insgesamt können die Parteien frei vereinbaren, welche Bindungswirkung ihre Rahmen-

---

[424] Kom., Dok. CC/2005/03_rev1, S. 5 Fn. 16; *Willenbruch/Bischoff/Haak/Reimnitz* 3. Los, § 3 a VOL/A RdNr. 204.

[425] Kom., Dok. CC/2005/03_rev1, S. 5; *Müller-Wrede/Poschmann* § 3 a Nr. 4 RdNr. 93; *Willenbruch/Bischoff/Haak/Reimnitz* 3. Los, § 3 a VOL/A RdNr. 204.

[426] Kom., Dok. CC/2005/03_rev1, S. 6; *Graef* NZBau 2005, 561, 567; *Knauff* VergabeR 2006, 24; *Gröning* VergabeR 2005, 156.

[427] EuGH, C-247/02, Slg. 2004, I-9215 – Sintesi; *Franke* ZfBR 2006, 546, 547.

[428] Zu Optionen siehe auch oben Vor §§ 97 ff. RdNr. 210 ff.

[429] *Graef* NZBau 2005, 561, 563; *Willenbruch/Bischoff/Haak/Reimnitz* 3. Los, § 3 a VOL/A RdNr. 161.

[430] VK Bund, Beschl. v. 20. 4. 2006, VK 1–19/06; VK Bund, Beschl. v. 28. 1. 2005, VK 3–221/04; wohl auch KG Berlin, Urt. v. 15. 4. 2005, VergabeR 2004, 762, 766; *Jacoby* VergabeR 2004, 768, 771; *Graef* NZBau 2005, 561, 565; für § 5 b VOB/A wird ebenfalls die Existenz einer Abnahmepflicht verneint, vgl. BeckVOB-Komm/*Sterner* § 5 b RdNr. 15. Für eine generelle Abnahmepflicht des Auftraggebers: OLG Schleswig-Holstein, Beschl. v. 23. 11. 2002, 6 Verg 5/2002; VK Schleswig-Holstein, Beschl. v. 5. 10. 2005, VK-SH 23/05; *Vogel* VergabeR 2003, 90, insbesondere Fn. 6.

[431] Kom., Dok. CC/2005/03_rev1, S. 3 Fn 7.

[432] Vgl. Vor §§ 97 ff. RdNr. 173.

[433] KG Berlin, Urt. v. 15. 4. 2005, VergabeR 2004, 762, 765 f.; siehe § 97 RdNr. 101 ff.

[434] *Müller-Wrede/Poschmann* § 3 a VOL/A Nr. 4 RdNr. 25.

vereinbarung haben soll: sie können entweder das Unternehmen einseitig oder Auftraggeber und Unternehmen beidseitig verpflichten oder auch beidseitig unverbindlich sein.[435]

d) Vertragsschluss außerhalb der Rahmenvereinbarung – Problem der Sperrwir- 153 **kung.** Ausdrücklich verboten ist das Nebeneinander mehrerer Rahmenvereinbarungen über denselben Vertragsgegenstand, § 4 EG Abs. 1 S. 3 VOL/A. Für die Aufnahme neuer Bieter in die Rahmenvereinbarung während ihrer Laufzeit kann ebenfalls nichts anderes gelten. Das gilt auch für den Beitritt eines Auftraggebers zu der Rahmenvereinbarung. Da die Vertragspartner zu den *essentialia negotii* eines Vertrages gehören, stellt der Beitritt eines weiteren Auftraggebers eine wesentliche Vertragsänderung dar, die für sich ausschreibungspflichtig ist.[436] Einzelaufträge sind nur zwischen den von Anbeginn an der Rahmenvereinbarung beteiligten Auftraggebern und Unternehmen zulässig. Die Rahmenvereinbarung stellt insoweit ein geschlossenes System dar und verbietet ausdrücklich den „Quereinstieg" von Bietern.[437] Der Abschluss einer Rahmenvereinbarung entfaltet auch insoweit eine Sperrwirkung im Hinblick auf parallele Rahmenvereinbarungen.[438] Die Vergabestelle kann also während der Laufzeit der abgeschlossenen Rahmenvereinbarung weder einen neuen Bieter in diesen Vertrag eintreten lassen noch eine parallele Rahmenvereinbarung mit einem oder mehreren neuen Bietern abschließen.

Nicht ausdrücklich geregelt ist die Frage, ob ein **Nebeneinander von Rahmenvereinba-** 154 **rung und Einzelvergabe** möglich ist, dh. ob während der Laufzeit der Rahmenvereinbarung der Bedarf bzw. ein Teil desselben über eine Neuvergabe außerhalb der Rahmenvereinbarung gedeckt werden darf. Die Rechtsprechung hat sich zu diesem Problempunkt bisher noch nicht geäußert. In der Literatur ist die Frage umstritten: Der diese Möglichkeit verneinende Teil stellt auf die durch die Rahmenvereinbarung vorgenommene Selbstbindung der Verwaltung und auf den insofern bestehenden Vertrauensschutz der Vertragspartner der Rahmenvereinbarung ab. Dieser binde sich mit der Rahmenvereinbarung fest an den Auftraggeber und habe für die Laufzeit der Rahmenvereinbarung in ständiger Leistungsbereitschaft zu sein. Als Ausgleich wäre es daher grundsätzlich sachgerecht, den Auftraggeber an die von ihm unter der Rahmenvereinbarung ausgewählten Unternehmen zu binden. Nachträglich bestimmte Arten von Aufträgen oder Teilbereiche dürfen nicht aus der Rahmenvereinbarung herausgenommen werden.[439] Gewichtige Argumente sprechen aber auch gegen das Verbot der Einzelauftragsvergabe außerhalb der Rahmenvereinbarung: Der Wortlaut des § 4 EG Abs. 2 S. 2 VOL/A schließt die Möglichkeit einer Auftragsvergabe gemäß den allgemeinen Verfahrensregelungen unabhängig von der Rahmenvereinbarung zumindest nicht aus. Auch der Entstehungsgeschichte der Norm auf europäischer Ebene lassen sich Argumente für die Zulässigkeit eines Nebeneinanders von Rahmenvereinbarung und Einzelvergabe entnehmen: Ziel der Schaffung des Instruments der Rahmenvereinbarung war es, die Vergabestellen insbesondere bei wiederkehrenden Beschaffungen im Hinblick auf die vergaberechtlichen Anforderungen zu entlasten.[440] Ihnen sollte die Möglichkeit einer verfahrensrechtlichen Vereinfachung gegeben werden. Dieser Wirkungsweise des ausschließlich zugunsten der Auftraggeber geschaffenen Instruments der Rahmenvereinbarung widerspräche die Annahme einer Sperrwirkung im Hinblick auf Auftragsvergaben außerhalb der geschlossenen Rahmenvereinbarung.[441] Schließlich würde eine solche Sperrwirkung auch das vergaberechtliche Grundprinzip des Wettbewerbs erheblich beschränken. Ohne die Annahme einer Sperrwirkung würde der Wettbewerb in größerem Umfang zur Geltung gelangen.[442] Eine Vergabe außerhalb der Rahmenvereinbarung ist danach nicht per se unzulässig, sollte sich aber auf Ausnahmefälle beschränken, die entweder von der Rahmenvereinbarung nicht erfasst wurden oder in denen die Vertragspartner der Rahmenvereinbarung nicht leistungsfähig oder leistungsbereit sind. Sollte es bspw. neue technische Entwicklungen geben, die sich durch die Rahmenvereinbarung nicht realisieren lassen, und sollte es für die Beschaffung objektive Gründe geben, ist eine Vergabe außerhalb der Rahmenvereinbarung zulässig. Das gilt jedenfalls, wenn der Auftragswert über dem EU-Schwellenwert liegt und eine förmliche Vergabe durchgeführt

---

[435] *Müller-Wrede/Poschmann* § 3a VOL/A Nr. 4 RdNr. 23 ff.

[436] *Rosenkötter/Seidler* NZBau 2007, 684, 686.

[437] Kom., Dok. CC/2005/03_rev1, S. 5; *Gröning* VergabeR 2005, 156, 158.

[438] § 4 EG Abs. 1 S. 3 VOL/A; vgl. auch *Graef* NZBau 2005, 561, 568; *Müller-Wrede/Poschmann*, VOL/A, § 3a Nr. 4 RdNr. 30.

[439] *Gröning* VergabeR 2005, 156, 158; *Jakoby* VergabeR 2004, 768, 771; *Graef* NZBau 2005, 561, 568.

[440] Vgl. KOM(2000)275, S. 9.

[441] *Knauff* VergabeR 2006, 24, 32.

[442] Vgl. KOM(2000)275, S. 9; *Knauff* VergabeR 2006, 24, 32; *Müller-Wrede/Poschmann* § 3a VOL/A Nr. 4 RdNr. 31.

wird. Liegt der Auftragswert unterhalb des Schwellenwertes, wäre ein Verfahren unter Beachtung des EG-Primärrechts[443] durchzuführen.

155   **3. Besonderheiten hinsichtlich der Varianten der Rahmenvereinbarung.** Für beide Varianten der Rahmenvereinbarung (Rahmenvereinbarung ieS. und Rahmenvertrag)[444] spezifische Problemstellungen ergeben sich im Hinblick auf das Verfahren, die Leistungsbeschreibung und die Auswahlkriterien.

156   **a) Verfahren.** Mangels anderweitiger spezieller Regelungen gelten für Rahmenvereinbarungen die **allgemeinen Verfahrensvorschriften.**[445] Für beide Arten von Rahmenvereinbarung gilt, dass in ihnen grundsätzlich bereits die Bedingungen für die späteren Einzelaufträge festzulegen sind. Gem. § 4 EG Abs. 1 S. 1 VOL/A sind insbesondere die Bedingungen über den in Aussicht genommenen Preis zu definieren. Nach S. 2 ist auch das in Aussicht genommene Auftragsvolumen so genau wie möglich zu ermitteln und zu beschreiben, braucht allerdings nicht abschließend festgelegt werden. Die konkrete Ausgestaltung dieser Bedingungen wirkt sich beim Rahmenvertrag und bei der Rahmenvereinbarung ieS. jeweils unterschiedlich auf das später bei der konkreten Einzelvergabe durchzuführende Verfahren aus und ist daher bereits bei der Planung zu berücksichtigen:

157   **aa) Rahmenvertrag.** Beim Rahmenvertrag legt der Auftraggeber bereits die gesamten **Bedingungen für die Vergabe der Einzelaufträge** (einschließlich des Preises) fest. Die Kriterien für die Einzelvergabe müssen bereits mit der Ausschreibung der Rahmenvereinbarung in den Vergabeunterlagen abschließend genannt werden.[446] Ein erneuter Aufruf zum Wettbewerb erfolgt nicht. Wird der Rahmenvertrag mit mehreren Bietern geschlossen, müssen aus Transparenzgründen nachvollziehbare Regelungen vorgesehen werden, wie die Einzelaufträge unter den Partnern der Rahmenvereinbarung verteilt werden sollen. Es muss ein überprüfbarer Verteilungsmodus festgelegt werden, nach dem sich Art, Umfang und Reihenfolge der Einzelaufträge bestimmen lassen. Die Verteilung der Einzelaufträge darf keinesfalls in das individuelle, freie Ermessen der Vergabestelle gestellt werden.[447]

158   **bb) Rahmenvereinbarung ieS.** Mehr Flexibilität bietet die Rahmenvereinbarung ieS., bei der die Leistungsbestimmungen noch nicht vollkommen konkretisiert sind. Entscheidet sich der Auftraggeber dafür, die Bedingungen noch nicht abschließend zu konkretisieren und die Vergabe der einzelnen Aufträge nach erneutem Aufruf zum Wettbewerb vorzunehmen, muss er in Hinblick auf den **erneuten Aufruf zum Wettbewerb** nach bereits erfolgtem Abschluss der Rahmenvereinbarung mit mehreren Vertragspartnern das folgende, in § 4 EG Abs. 5 lit. b und Abs. 6 VOL/A geregelte, Verfahren durchführen: Vor der Vergabe jedes Einzelauftrags konsultiert die Vergabestelle die Vertragspartner der Rahmenvereinbarung (ohne erneute förmliche Ausschreibung).[448] Unter der vom Auftraggeber gesetzten Frist reichen die kontaktierten Vertragspartner ihre Angebote schriftlich ein und halten diese bis zum Ende der Angebotsfrist geheim. Der Auftraggeber hat die einzelnen Aufträge dann an den Bieter zu vergeben, der auf der Grundlage der bereits in den Vergabeunterlagen der Rahmenvereinbarung aufzustellenden Zuschlagskriterien[449] das jeweils wirtschaftlich günstigste Angebot vorgelegt hat. Auf die Dauer dieses Verfahrens kann die Vergabestelle durch die Bestimmung der Frist für die Angebotsabgabe Einfluss nehmen. Angesichts der Zielsetzung von Rahmenvereinbarungen, Leistungen je nach Bedarf kurzfristig abrufen zu können, werden die einzuhaltenden Fristen deutlich unter denjenigen liegen können, welche üblicherweise bei der Durchführung eines Vergabeverfahrens zu beachten sind. Unbedenklich erscheint grundsätzlich die Heranziehung der im Dringlichkeitsfall für die Abgabe der Angebote im nicht offenen Verfahren vorgesehenen Mindestfrist von 10 Tagen (§ 10 EG Abs. 4 S. 2 VOL/A). Im Einzelfall kann aber auch die Festlegung einer Frist von unter einer Woche gerechtfertigt sein. Um einen fairen Wettbewerb zu gewährleisten und den Unternehmen die Möglichkeit zur Angebotsabgabe während ihres normalen Geschäftsgangs zu ermöglichen, muss die Frist aber in jedem Fall mehrere Tage umfassen.[450]

---

[443] Siehe Vor §§ 97 ff. RdNr. 59 ff.

[444] So. RdNr. 149.

[445] VK Bund, Beschl. v. 19. 11. 2008, VK 1–135/08.

[446] VK Berlin, Beschl. v. 10. 2. 2005, VK – B2–74/04 unter Hinweis auf BGH NJW 2000, 137, 139.

[447] KG, Beschl. v. 13. 1. 2005, 2 Verg 24/04; VK Berlin, Beschl. v. 10. 2. 2005, VK – B2–74/04.

[448] Dazu *Müller-Wrede/Poschmann*, VOL/A § 3 a Nr. 4 RdNr. 83.

[449] Dazu unten RdNr. 164 ff.; *Kullack/Terner* ZfBR 2004, 244; *Müller-Wrede/Poschmann*, VOL/A, § 3 a Nr. 4 RdNr. 78, 90.

[450] *Knauff* VergabeR 2006, 24, 36; *Franke* ZfBR 2006, 546, 550 f.

b) Leistungsbeschreibung. Auch für Rahmenvereinbarungen gelten grundsätzlich die all- **159**
gemeinen vergaberechtlichen Regeln, nach denen die Leistung so eindeutig und erschöpfend zu
beschreiben ist, dass alle Bewerber die Beschreibung im gleichen Sinne verstehen und die Angebote miteinander verglichen werden können.[451]

aa) Rahmenvertrag. Im Falle des Abschlusses eines Rahmenvertrages werden die Bedin- **160**
gungen der Leistung bereits von vornherein im Rahmenvertrag abschließend festgelegt, wobei
hinsichtlich des Preises die Angabe von Richtpreisen genügt.[452]

bb) Rahmenvereinbarung ieS. Für Rahmenvereinbarungen ieS. ist zu berücksichtigen, dass **161**
hier die Festlegung einzelner Vertragselemente, insbesondere im Hinblick auf den Umfang der zu
beschaffenden Leistung, in der Regel nicht so konkret erfolgen muss und kann wie bei Einzelverträgen. Es ist für Rahmenvereinbarungen ieS. gerade typisch, dass bestimmte, beim späteren Ein-
zelabruf regelungsbedürftige Punkte offen bleiben. Es gilt daher ein weniger strenger Maßstab als
in Fällen, in denen keine Rahmenvereinbarung geschlossen werden soll.[453] Nach § 4 EG Abs. 1
VOL/A müssen nicht alle, sondern nur bestimmte wesentliche Bedingungen für die späteren Einzelaufträge in der Rahmenvereinbarung ieS. festgelegt werden. Zu den wesentlichen Bestandteilen einer Rahmenvereinbarung zählen die Angabe des Leistungsgegenstandes sowie die „in Aussicht genommenen Menge". Der Leistungsgegenstand muss so eindeutig und erschöpfend
beschrieben werden, dass dem Bieter eine einwandfreie Preisermittlung möglich ist und ihm keine
ungewöhnlichen Wagnisse[454] für Umstände aufgebürdet werden, auf die er keinen Einfluss hat.

Nicht möglich ist der Abschluss einer Rahmenvereinbarung über nicht näher bestimmte **162**
Sachgesamtheiten („künftige Beschaffungen im Bereich …").[455] Allerdings wird grundsätzlich
auch eine **funktionale Leistungsbeschreibung** als zulässig erachtet.[456] Dh. es ist gerade bei
der Rahmenvereinbarung zulässig, dass die Vergabestelle zumindest nur – möglichst konkret –
die gewünschte Funktionalität und Verwendung der Materialien beschreibt. Auch dann wäre
den Bietern die Erstellung eines Angebotes auf der ersten Stufe möglich, erst recht, wenn auf
dieser Stufe – wie von der Kommission offenbar als zulässig erachtet – nur qualitative Kriterien
abgefragt werden. Die Bedingung in der Rahmenvereinbarung kann daher durchaus weit formuliert sein, um hinsichtlich der Vergabe von Einzelaufträgen ausreichende Flexibilität zu erreichen. Gleichwohl muss eine Vergleichbarkeit der Angebote auf der ersten Stufe gewährleistet
sein. Nicht abschließend genannt werden muss die zu beschaffende Menge. Das folgt schon aus
dem Wortlaut des § 4 EG Abs. 1 S. 2 VOL/A.[457] Zwar muss der öffentliche Auftraggeber seine
Auftragsvergabe mit Sorgfalt planen. Die tatsächliche Möglichkeit der Vergabestelle, die nachgefragte Leistung dem Umfang nach zu ermitteln, muss aber bei der Frage nach der Zulässigkeit
von Rahmenvereinbarungen berücksichtigt werden. Nicht jeder Umstand, der möglicherweise
Einfluss auf den Inhalt einer Rahmenvereinbarung hat und somit nicht jede potenzielle Veränderung des Auftragsvolumens kann antizipiert und geregelt werden.[458] Hinsichtlich des der Ausschreibung zu Grunde gelegten Volumens einer Rahmenvereinbarung ieS. müssen zumindest
die durchschnittlich zu erwartende Leistung oder entsprechende Vergleichswerte aus der Vergangenheit benannt werden (Referenzmengen).[459] Entscheidend ist, dass der Wert objektiv
ermittelt wurde und den Bietern die Kalkulation bzw. Erstellung ihres Angebotes ermöglicht.
Eine substantielle Überschreitung der in der Bekanntmachung anzugebenden voraussichtlichen
Auftragsvergabe wäre allerdings nicht mehr von der Rahmenvereinbarung gedeckt und würde
eine Neuvergabe erforderlich machen. Das ergibt sich bereits aus Art. 32 Abs. 2 Satz 2 VKR.
Ein Rückgriff auf die Grundsätze über die Festlegung von Optionsmengen[460] ist insofern verfehlt[461] und auch nicht notwendig. Grundsätzlich gilt, dass eine wesentliche Änderung der *essen-*
tialia negotii, also auch des Leistungsumfangs regelmäßig als Neuvergabe angesehen und ausge-

---

[451] OLG Düsseldorf, Beschl. v. 8. 3. 2005, VII – Verg 40/04; *Graef* NZBau 2005, 561, 564; *Haak/Degen*
VergabeR 2005, 164, 166. Vgl. auch Vor §§ 97 ff. RdNr. 206 f.
[452] VK Bund, Beschl. v. 20. 5. 2003, VK 1–35/03; aA. BeckVOB-Komm/*Sterner* § 5 b RdNr. 19.
[453] *Müller-Wrede/Poschmann,* VOL/A, § 3 a Nr. 4 RdNr. 22.
[454] Siehe Vor §§ 97 ff. RdNr. 215 ff.
[455] *Knauff* VergabeR 2006, 24, 29.
[456] Kom., Dok. CC/2005/03_rev1, S. 7, Fn 19.
[457] *Müller-Wrede/Poschmann,* VOL/A, § 3 a Nr. 4 RdNr. 17.
[458] OLG Celle, Beschl. v. 12. 5. 2005, 13 Verg 6/05; *Prieß* NZBau 2004, 87, 91.
[459] OLG Düsseldorf, Beschl. v. 8. 3. 2005, VII – Verg 40/04; *Graef* NZBau 2005, 561, 569.
[460] *Graef* NZBau 2005, 561, 561.
[461] Vgl. auch *Rosenkötter/Seidler* NZBau 2007, 684, 686.

schrieben werden muss.[462] Für die Frage, ob ein Vertrag wesentlich geändert wird, kommt es aber letztlich auf die Beurteilung im Einzelfall an.[463]

163   **c) Zuschlagskriterien. aa) Nennung der Kriterien und der Gewichtung.** Bei beiden Formen der Rahmenvereinbarung müssen die Zuschlagskriterien von vornherein, dh. spätestens in den Vergabeunterlagen, festgelegt sein. Nach § 8 EG Abs. 1 lit. b VOL/A sind in den Vergabeunterlagen auch alle vorgesehenen Zuschlagskriterien einschließlich der Gewichtung oder, soweit nach § 9 EG Abs. 2 S. 2 VOL/A zulässig (dh. wenn die Gewichtung aus nachvollziehbaren Gründen nicht angegeben werden kann), der absteigenden Reihenfolge der ihnen zuerkannten Bedeutung, zu nennen. Das gilt nicht nur für den Abschluss der Rahmenvereinbarung selbst, sondern auch die Zuschlagskriterien für die Vergabe der einzelnen auf der Rahmenvereinbarung beruhenden Aufträge – und ihre Gewichtung – sind in den Verdingungsunterlagen der Rahmenvereinbarung aufzuführen.[464]

164   **bb) Auswahlkriterien bei der Rahmenvereinbarung ieS.** Hinsichtlich der Rahmenvereinbarung ieS. ergibt sich die Besonderheit, dass zu zwei Zeitpunkten eine Auswahl getroffen werden muss, dh. bei der Auswahl der Vertragspartner der Rahmenvereinbarung sowie bei der Auswahl der jeweiligen Vertragspartner hinsichtlich der Einzelverträge. Aus dem Wortlaut des § 4 EG Abs. 5 lit. b VOL/A geht zunächst hervor, dass die Vergabebedingungen der ersten und zweiten Stufe nicht notwendigerweise identisch sein müssen,[465] dass jedoch auch die Vergabebedingungen für die zweite Stufe einer Rahmenvereinbarung ieS. bereits in den Vergabeunterlagen genannt werden müssen.[466] Der Preis muss bei der Auswahl der Vertragspartner der Rahmenvereinbarung nicht zwingend eine Rolle als Zuschlagskriterium spielen.[467] Ein solches Erfordernis lässt sich nicht aus dem Begriff der „Wirtschaftlichkeit" folgern, der als Preis/Leistungsverhältnis verstanden wird. Art. 53 Abs. 1 lit. a VKR nennt den Preis nur beispielhaft als ein Zuschlagskriterium. Es ist daher möglich für den Abschluss der Rahmenvereinbarung ausschließlich qualitative Kriterien zwecks Ermittlung des wirtschaftlich günstigsten Angebotes zu Grunde zu legen, bei der Vergabe der einzelnen Aufträge hingegen nur das Kriterium des niedrigsten Preises anzuwenden. Voraussetzung ist, dass den Bietern dies in den Verdingungsunterlagen der Rahmenvereinbarung transparent gemacht wird.

165   Für den Fall, dass der **Preis als Zuschlagskriterium** auf der ersten Stufe Berücksichtigung findet, wird in der Literatur das Problem diskutiert, dass ein Unternehmen, das bei der Vergabe der Rahmenvereinbarung das wirtschaftlichste Angebot abgegeben hat, bei der Einzelauftragsvergabe sich erneut dem Wettbewerb mit Unternehmen aussetzen muss, die ursprünglich schlechtere Angebote abgegeben haben. Teile der Literatur schlagen zur Auflösung des (scheinbaren) Widerspruchs vor, dass bei der Einzelauftragsvergabe zunächst der ursprünglich wirtschaftlichste Bieter zur Leistung aufzufordern sei und die nachrangigen Bieter erst dann konsultiert werden, wenn der erstplatzierte Bieter nicht leistungswillig oder -fähig ist.[468] Dieser Ansatz widerspricht jedoch dem nach dem Gesetz zwingend erforderlichen Verfahrensablauf für die Einzelauftragsvergabe, § 4 Abs. 5 lit. b, Abs. 6 VOL/A. Die Problematik wird bereits dann vermieden, wenn der Vergabeentscheidung auf der ersten Stufe andere Zuschlagkriterien als der Preis zugrunde gelegt werden, oder wenn sogar die Vertragspartner der Rahmenvereinbarung nur nach Eignungskriterien (Leistungsfähigkeit, Zuverlässigkeit und Fachkunde) ausgewählt werden. Bei der letzteren Lösung sollen die eigentlichen Zuschlagskriterien erst auf der Ebene der Einzelauftragsvergabe zur Bestimmung des wirtschaftlichsten Angebots gewertet werden.[469] Für die Zulässigkeit eines solchen Vorgehens spricht, dass Art. 38 Abs. 4 VKR (anders als § 4 Abs. 4, der insofern richtlinienkonform ausgelegt werden muss) davon spricht, dass die Parteien der Rahmenvereinbarung die Eignungskriterien „und/oder" die Zuschlagskriterien erfüllt. Die Rahmenvereinbarung mit mehreren Unternehmen verlangt es, dass auf der ersten Stufe Unternehmen ausgewählt werden, deren Angebote in wirtschaftlicher Hinsicht unterschiedlich sind.

---

[462] Vgl. *Frenz* RdNr. 2056.

[463] EuGH, C-454/06, Slg. 2008, I-4401 – Pressetext Nachrichtenagentur m. Anm. *Niestedt/Hölzl* NJW 2008, 3321.

[464] Kom., Dok. CC/2005/03_rev1, S. 7.

[465] *Willenbruch/Bischoff/Haak/Reimnitz* 3. Los, § 3 a VOL/A RdNr. 195.

[466] Siehe auch Kom., Dok. CC/2005/03_rev1, S. 7, 10; *Müller-Wrede/Poschmann*, VOL/A, § 3 a Nr. 4 RdNr. 78, 90.

[467] Kom., Dok. CC/2005/03_rev1, S. 10.

[468] *Graef* NZBau 2005, 561, 569.

[469] *Gröning* VergabeR 2005, 156, 163.

Welcher von diesen Unternehmen das wirtschaftlichste Angebot abgegeben hat, muss in diesem Stadium irrelevant sein. Um dem Wettbewerbsgrundsatz und Diskriminierungsverbot, § 97 Abs. 1 und 2 GWB Rechnung zu tragen, kann es allein darauf ankommen, dass die ausgewählten Partner gegenüber den nicht ausgewählten Unternehmen wirtschaftlichere Angebote abgegeben haben. Diese Sichtweise erklärt sich damit, dass § 4 EG Abs. 4 VOL/A nur von „Erfüllung der Zuschlagskriterien" spricht, wogegen erst bei der Vergabe der Einzelaufträge nach § 4 EG Abs. 6 lit. d VOL/A auf das „wirtschaftlichste Angebot" abgestellt wird.

4. Rechtsschutzfragen. Die Frage des Rechtsschutzes gegen Entscheidungen des Auftrag- **166** gebers im Zusammenhang mit dem Abschluss von Rahmenvereinbarungen ist gesetzlich nicht ausdrücklich geregelt. Nach § 102 GWB unterliegt die Vergabe öffentlicher Aufträge der Nachprüfung. Das ist richtlinienkonform so auszulegen, dass auch die **Vergabe von Rahmenverträgen** dem vergaberechtlichen Primärrechtsschutz unterliegt. Zwar unterscheidet die VKR zwischen öffentlichen Aufträgen und Rahmenvereinbarungen.[470] Auch haben die Rahmenverträge noch keine konkrete Liefer- oder Dienstleistung zum Gegenstand, da der Abruf der Leistung durch Einzelaufträge erfolgt. Aber nach Art. 1 Abs. 3 haben die Mitgliedstaaten einen effektiven Rechtsschutz hinsichtlich aller unter die VKR fallender Aufträge sicherzustellen. Für eine Überprüfbarkeit im Nachprüfungsverfahren und damit effektiven und raschen Rechtsschutz spricht auch der gemeinschaftsrechtliche Auslegungsgrundsatz des *effet utile*.[471] Bieter, die nicht für den Abschluss des Rahmenvertrages ausgewählt werden, haben ein schützenswertes Interesse, diese Entscheidung überprüfen zu lassen. Daher ist die Auswahlentscheidung der Vergabestelle, mit welchen Bietern sie eine Rahmenvereinbarung abschließt, durch die Nachprüfungsinstanzen im vergaberechtlichen Primärrechtsschutz überprüfbar.[472]

Das gilt auch für **Einzelaufträge,** sofern der Abruf eines Einzelauftrages mit einem Bieterwett- **167** bewerb verbunden ist. Gegen eine Überprüfbarkeit spricht, dass es für die Vergabe der Einzelaufträge nach Art. 32 Abs. 4 VKR, § 4 EG Abs. 5 VOL/A keiner Durchführung eines förmlichen Vergabeverfahrens mit Bekanntmachung im Amtsblatt der EU bedarf. Wenn die Bedingungen im Rahmenvertrag festgelegt sind, kann der Einzelauftrag sogar direkt vergeben werden. Der mit der auf Grundlage von Rahmenverträgen möglichen Einzelbeauftragung bezweckte Effizienzgewinn[473] würde zudem geringer ausfallen. Für eine Überprüfbarkeit spricht aber auch hier das Gebot effektiven Rechtsschutzes im Vergaberecht. Die anwendbaren vergaberechtlichen Bestimmungen, die im gesamten Verfahren zu beachten sind, können auch auf der Ebene der Einzelbeauftragung verletzt werden. Vergaberechtliche Fehler bei der Einzelauftragsvergabe müssen daher von den Vergabenachprüfungsinstanzen überprüft werden können.[474] Soweit darauf verwiesen wird, dass die Mitgliedstaaten nach der RL 2007/66 keine obligatorische Stillhaltefrist vorsehen müssen,[475] handelt es sich lediglich um eine den Mitgliedstaaten eingeräumte Option, von der Deutschland bezüglich der Rahmenvereinbarungen keinen Gebrauch gemacht hat.

VI. Lieferaufträge (Abs. 2)

Schrifttum: *Bedau/Tugendreich,* Are German health insurers obliged to purchase drugs by public tender?, Euralex 2007, Issue 185, www.euralex.co.uk, 28; *Burgi,* Hilfsmittelverträge und Arzneimittel-Rabattverträge als öffentliche Lieferaufträge?, NZBau 2008, 480; *Byok,* Auftragsvergabe im Gesundheitssektor, GesR 2007, 553; *Dreher/Hoffmann,* Der Auftragsbegriff nach § 99 GWB und die Tätigkeit der gesetzlichen Krankenkassen, NZBau 2009, 273; *Endler,* Privatisierungen und Vergaberecht, NZBau 2002, 125; *Gabriel/Weiner,* Arzneimittelrabattvertragsausschreibungen im generischen und patentgeschützten Bereich: Überblick über den aktuellen Stand, NZS 2009, 422; *Jaeger,* Public Private Partnership und Vergaberecht, NZBau 2001, 6; *Prieß/Gabriel,* M&A-Verfahrensrecht – EG-rechtliche Verfahrensvorgaben bei staatlichen Beteiligungsveräußerungen, NZBau 2007, 617; *Schimanek,* Die Ausschreibungspflicht von Privatisierungen, NZBau 2005, 304; *Tugendreich/Meißner,* M&A-Bieterverfahren im Korsett des Vergaberechts, M&A Review 2007, 24.

1. Begriff der Ware. a) Verträge zur Beschaffung von Waren. Ein öffentlicher Liefer- **168** auftrag iSd. Abs. 2 liegt vor, wenn sich der Vertrag auf die Beschaffung von Waren bezieht.

---

[470] So. RdNr. 148.

[471] *Franke* ZfBR 2006, 546, 548; *Machwirth* VergabeR Sonderheft 2 a/2007, 385, 392.

[472] OLG Düsseldorf, Beschl. v. 8. 3. 2005, Verg. 40/04; vgl. zB. auch OLG Brandenburg, Beschl. v. 19. 1. 2009, Verg. W 2/09.

[473] Vgl. RL 2007/66, ABl. 2007 L 335/31, Tz. 9.

[474] So auch *Machwirth* VergabeR Sonderheft 2 a/2007, 385, 393.

[475] *Rosenkötter/Seidler* NZBau 2007, 684, 690.

Diese Definition entspricht **Art. 1 Abs. 2 lit. c der VKR.** Unter „Waren" in diesem Sinne sind grundsätzlich alle beweglichen Sachen zu verstehen, die einen Geldwert haben und Gegenstand eines Handelsgeschäfts sein können.[476] Dabei ist der Begriff der Ware jedoch nicht streng handelsrechtlich zu beurteilen, sondern es ist von einem vergaberechtlichen Warenbegriff auszugehen,[477] der auch unkörperliche Gegenstände erfasst und im Übrigen aufgrund der europarechtsfreundlichen Auslegung grundsätzlich weit zu verstehen ist.[478] Irrelevant ist zudem, ob die fraglichen Waren standardmäßig oder individuell nach den Bedürfnissen des jeweiligen Kunden hergestellt, beschafft oder verarbeitet werden.[479]

169   **b) Immobilien.** Bei Immobilien handelt es sich naturgemäß um unbewegliche und damit nicht von § 99 Abs. 2 erfasste Waren. Die Frage, ob bereits erstellte Immobilien aber dennoch ausnahmsweise Warencharakter haben können, wird unterschiedlich beurteilt.[480] Sie kann aber dahinstehen, da die Beschaffung von Immobilien bzw. Rechten an Immobilien gem. § 100 Abs. 2 lit. h ohnehin vom Anwendungsbereich des Kartellvergaberechts ausgenommen ist. Es ist jedoch zu beachten, dass diese Ausnahme nur bei Verträgen über das Grundstück selbst – ggf. einschließlich bereits bestehender Gebäude – Anwendung findet. Sind hingegen die Voraussetzungen des Abs. 3 erfüllt, liegt ein vom Vergaberecht erfasster Bauauftrag vor.

170   **c) Strom und Gas.** Der vergaberechtliche Warenbegriff erfasst Sachen unabhängig von ihrem Aggregatszustand, somit auch Strom, Gas, Wasser, Erdöl und Benzin.[481] Das liegt darin begründet, dass mit Liefer-, Bau- und Dienstleistungsaufträgen alle denkbaren Beschaffungsvorgänge der öffentlichen Hand erfasst werden sollen und weder Baumaßnahme noch Dienstleistung als sinnvolle Kategorie beispielsweise für die Erfassung von Energielieferungen erscheint.[482] Allerdings findet das Kartellvergaberecht gem. § 100 Abs. 2 lit. f keine Anwendung, wenn Sektorenauftraggeber Energie oder Brennstoffe zur Energieerzeugung beschaffen.

171   **2. Rechtsform der Beschaffung.** Als Regelbeispiele nennt Abs. 2 Kauf, Ratenkauf, Leasing, Miete oder Pacht mit und ohne Kaufoption. Diese Aufzählung ist **nicht abschließend,** sondern nur beispielhaft. Damit wird klargestellt, dass die **Rechtsform der Warenbeschaffung unerheblich** ist und letztlich sämtliche Beschaffungsakte erfasst werden sollen. Zwar lässt sich in Art. 1 Abs. 2 lit. c VKR keine Formulierung finden, die auf eine beispielhafte Aufzählung der Vertragstypen hindeuten würde, jedoch geht auch der EuGH von einem weiten Verständnis des Warenbegriffs aus.[483] Zudem ist der deutsche Gesetzgeber frei, über die europäischen Anforderungen hinaus, die in der VKR genannten Vertragstypen nur als Grundtypen zu verstehen und als Regelbeispiele zu normieren. Nur so ist auszuschließen, dass die Vergabestellen auf vom Wortlaut der Bestimmungen nicht umfasste zivilrechtliche Gestaltungsmöglichkeiten ausweichen und sich so dem Vergaberecht entziehen. Unabhängig von der von den Parteien gewählten Vertragsform, kommt es damit allein auf die zumindest vorübergehende **Verschaffung der tatsächlichen Verfügungsgewalt** über eine Ware gegen Entgelt an.[484] Dies bedeutet nicht, dass der Auftraggeber notwendigerweise Eigentümer des gelieferten Gegenstandes werden muss. In Frage kommt demnach eine Verfügungsgewalt sowohl durch **Eigentumserwerb** als auch durch **Gebrauchsüberlassung**[485] wie Miete oder Pacht. Unerheblich ist dabei auch, ob die Gegenleistung für die Verschaffung bereits konkret oder lediglich abstrakt festgesetzt ist.[486] Auch der in § 651 BGB geregelte Werklieferungsvertrag stellt somit einen Lieferauftrag iSv. Abs. 2 dar,[487] soweit kein Bauvertrag vorliegt.

172   **3. Abgrenzung zu Bau- und Dienstleistungsaufträgen.** Das Merkmal der „Beschaffung von Waren" dient auch zur Abgrenzung des Lieferauftrags vom Bau- und Dienstleistungsauf-

---

[476] EuGH, Urt. v. 10. 12. 1968, C-7/68, Slg. 1968, I-634, 642 – Kunstschätze.
[477] *Willenbruch / Bischoff / Willenbruch* RdNr. 41.
[478] *Boesen* RdNr. 66.
[479] EuGH, Urt. v. 10. 6. 2009, C-300/07 RdNr. 60 ff., NJW 2009, 2427 – Hans & Christophorus Oymanns; Urt. v. 25. 2. 2010, C-381/08 RdNr. 27 ff., NJW 2010, 1059.
[480] *Bechtold* RdNr. 17; *Byok / Jaeger / Hailbronner* RdNr. 471; BeckVOB-Komm / *Marx* RdNr. 25; *Reidt / Stickler / Glahs / Stickler* RdNr. 77.
[481] *Kulartz / Kus / Portz / Eschenbruch* RdNr. 169.
[482] BeckVOB-Komm / *Marx* RdNr. 25.
[483] EuGH, Urt. v. 26. 4. 1994, C-272/91, Slg. 1994 I-1409 – Lottospiel.
[484] *Byok / Jaeger / Hailbronner* RdNr. 469.
[485] VergabeK Südbayern, Beschl. v. 8. 10. 2001, 28–08/01.
[486] EuGH, C-272/91, Slg. 1994, I-1410, 1439 – Lottospiel.
[487] *Boesen* RdNr. 75.

trag.[488] Wenn unklar ist, ob es sich bei dem zu vergebenden Auftrag um einen Liefer- oder einen Bauauftrag handelt, ist auf den Auftragsgegenstand abzustellen.[489] Es ist zu prüfen, ob dem öffentlichen Auftraggeber Waren überlassen werden sollen oder ob ihm das Ergebnis von Hoch- und/ oder Tiefbauarbeiten übergeben werden soll. Dieses Ergebnis kann sowohl ein Bauwerk als auch eine Maßnahme an einem bereits bestehenden Bauwerk sein. Aufträge, die die Lieferung von Baustoffen oder Bauteilen ohne individuelle, auf das Bauvorhaben bezogene Be- oder Verarbeitung zum Gegenstand haben, also nicht über den reinen Austausch einer Ware gegen Vergütung hinausgehen, zählen mangels hinreichend engem funktionalem Zusammenhang mit der Erstellung des Bauwerks nicht zu den Bau-, sondern zu den Lieferaufträgen.[490] Ein öffentlicher Auftrag, der sich gleichzeitig auf die Lieferung von Waren und die Erbringung von Dienstleistungen bezieht, gilt als Lieferauftrag, wenn der Wert der Lieferungen den Wert der Dienstleistungen übersteigt.[491]

4. Verdingungsordnung/Sektorenverordnung. Im Rahmen von Lieferaufträgen gilt für **173** Auftraggeber gemäß § 98 Nr. 1 bis 3 und § 98 Nr. 5 die Vergabe- und Vertragsordnung für Leistungen. § 4 VgV hat insoweit Scharnierfunktion, als diese Regelung die jeweils maßgeblichen Regelungen benennt. Für Sektorenauftraggeber nach § 98 Nr. 4 gilt die Sektorenverordnung.

5. Besondere Vertragsgestaltungen bei Lieferaufträgen. a) Arzneimittelrabattver- 174 träge und Hilfsmittelverträge. Bei Arzneimittelrabattverträgen handelt es sich um Vereinbarungen von Preisnachlässen für Generika (wirkstoffgleiche Arzneimittel-Kopien) zwischen Krankenkassen und Pharmaunternehmen nach § 130a Abs. 8 SGB V. Der Versicherte erhält von seinem Arzt ein Arzneimittel verordnet, wobei der Arzt die Ersetzung des Arzneimittels durch ein wirkstoffgleiches preisgünstigeres Mittel ermöglichen oder ausschließen kann (sog. aut-idem-Regelung). Wenn der Arzt die Ersetzung nicht ausgeschlossen oder lediglich eine Wirkstoffbezeichnung verordnet hat, dann händigt der Apotheker dem Versicherten zu Lasten der Krankenkasse ein preisgünstigeres wirkstoffgleiches Mittel aus. Der Apotheker ist gemäß § 129 Abs. 1 Satz 3 SGB V dazu verpflichtet, das verschriebene Arzneimittel durch ein wirkstoffgleiches Arzneimittel, für welches eine Rabattvereinbarung nach § 130a Abs. 8 SGB V besteht, zu ersetzen. Ob die Verträge zwischen Krankenkasse und Pharmaunternehmen in den Anwendungsbereich des Vergaberechts fallen, ist umstritten.

Von der Eigenschaft der gesetzlichen Krankenkassen als öffentliche Auftraggeber ist mittlerwei- **175** le auszugehen.[492] Darüber hinaus ging es längere Zeit um die Frage, ob Arzneimittelrabattverträge überhaupt in den **Anwendungsbereich des Vergaberechts** fallen. Hintergrund war die **Regelung des § 69 SGB V.** Danach war das Vierte Kapitel des SGB V und damit auch die Regelung des § 130a Abs. 8 SGB V zu Rabattvereinbarungen abschließend; daraus wurde geschlussfolgert, dass die Regelungen des GWB keine Anwendung finden. Mittlerweile ist diese Streitfrage jedoch durch eine **Gesetzesänderung** geklärt. § 69 Abs. 2 SGB V idF. des Gesetzes zur Weiterentwicklung der Organisationsstrukturen in der gesetzlichen Krankenversicherung (GKV-OrgWG) vom 15. Dezember 2008 regelt nunmehr ausdrücklich die Anwendbarkeit des Vergaberechts, soweit die Voraussetzungen eines öffentlichen Vertrages vorliegen. Ausgehend von der grundsätzlichen Anwendbarkeit des Vergaberechts ist deshalb anhand des konkreten Vertragsgegenstandes zu klären, ob und was für ein ausschreibungspflichtiger Vertrag vorliegt. Entscheidende Frage bleibt somit, ob es sich bei den Arzneimittelrabattverträgen um öffentliche Aufträge iSd. § 99 Abs. 1 GWB handelt. Dies wird von der herrschenden Meinung richtigerweise uneingeschränkt bejaht.[493] Arzt und Apotheker handeln als Vertreter der Krankenkasse. Das Pharmaunternehmen verpflichtet sich gegenüber der Krankenkasse, sowohl die Lieferfähigkeit zu gewährleisten, als

---

[488] *Kulartz/Kus/Portz/Eschenbruch* RdNr. 145.

[489] Kom., Leitfaden zu den Gemeinschaftsvorschriften für die Vergabe von öffentlichen Lieferaufträgen, RL 93/36, 10.

[490] OLG München, Beschl. v. 28. 9. 2005, Verg 19/05, OLGR München 2005, 834–835, VergabeR 2006, 238–242.

[491] Kom., Leitfaden zu den Gemeinschaftsvorschriften für die Vergabe von öffentlichen Lieferaufträgen, RL 93/36, 10.

[492] EuGH, C-300/07, lexetius.com, 2009, 1288; OLG Düsseldorf, Beschl. v. 23. 5. 2007, VII-Verg 50/ 06, NZBau 2007, 525 – Schuhwerk; VergabeK Mecklenburg-Vorpommern, Beschl. v. 25. 1. 2008, 2 VK 5/07; VergabeK Bund, Beschl. v. 27. 4. 2008, 69 d VK 15/08.

[493] OLG Düsseldorf Beschl. v. 20. 2. 2008, VII-Verg 7/08, Beschl. v. 19. 12. 2007, VII-Verg 50/07; VergabeK Bund, Beschl. v. 19. 11. 2008, VK 1-126/08; differenzierend zwischen Arzneimittelrabattverträgen im generischen und patentgeschützten Bereich vgl. *Gabriel/Weiner* NZS 2009, 422; vgl. zu diesem Themenkomplex auch *Bedau/Tugendreich* Euralex 2007, 28–29.

auch einen bestimmten Rabatt zu gewähren. Teilweise wird die Anwendung des Vergaberechts nur dann bejaht, wenn der Rabattvertrag eine Bestimmung enthält, nach welcher die Krankenkasse verpflichtet ist, keine weiteren Rabattverträge mit anderen Unternehmen abzuschließen, die vergleichbare Arzneimittel anbieten. Eine solche Exklusivität führt in Verbindung mit der Ersetzungsverpflichtung des Apothekers nach § 129 Abs. 1 Satz 3 SGB V zu einem Wettbewerbsvorteil, den die Krankenkasse dem Pharmaunternehmen einräumt, um einen möglichst hohen Rabatt zu erzielen.[494]

176   Als **Gegenstand eines Rabattvertrages** kommt sowohl eine Liefer- als auch eine Dienstleistung in Betracht. Der Subsidiarität des Dienstleistungsauftrages gemäß Abs. 4 folgend, ist vorrangig das Vorliegen eines Lieferauftrages zu prüfen. Dabei ist maßgeblich, ob Arzneimittelrabattverträge der Beschaffung von Waren iSv. § 99 Abs. 2 bzw. Art. 1 Abs. 2 lit. c VKR dienen. Zwar werden durch die Rabattverträge nicht unmittelbar Waren beschafft, sondern lediglich die Gewährung von Rabatten vereinbart. Bei Zugrundelegung einer **funktionalen Betrachtung** sind dennoch sämtliche Rabattverträge als **Lieferaufträge in Form von Rahmenvereinbarungen** zu bewerten.[495] Funktional gesehen erhält der Versicherte die Medikamente von seiner Krankenkasse, welche die Medikamente zuvor vom Pharmaunternehmen bezogen hat. Es kommt in diesem Zusammenhang nur darauf an, dass die gesetzlichen Krankenkassen die Auftragnehmer mit der Lieferung beauftragen und dass sie – die gesetzlichen Krankenkassen – die Auftragnehmer für die Lieferung bezahlen. Die für Lieferaufträge notwendige „Verfügungsgewalt" ist aufgrund des Sachleistungsprinzips infolge der Regelung von Art und Preis der Ware zu bejahen.[496] Damit liegt eine Beschaffung von Waren iSe. Lieferauftrags vor. Umstritten ist letztlich noch das Kriterium der **Entgeltlichkeit.** Rabattverträge beinhalten ihrerseits nämlich noch keine konkretisierte Zahlungspflicht, sondern sind von dem Verschreibungsverhalten der Ärzte bzw. dem Nachfrageverhalten nach bestimmten Arzneimitteln abhängig, so dass auch keine Verfestigung geldwerter Positionen bei Abschluss eines derartigen Rahmenvertrages vorliegt. Für eine Einordnung als öffentlicher Auftrag lässt sich aber anführen, dass das vergaberechtlich relevante Marktgeschäft die kassenfinanzierte Abnahme des Medikamentes eines bestimmten Herstellers ist.[497] Eine Reihe gesetzlicher Regelungen fördern den Absatz rabattierter Arzneimittel und privilegieren damit deren Hersteller.[498] Durch Abruf eines Wirkstoffes seitens des Versicherten per Rezept wird der Apotheker verpflichtet, das Arzneimittel des Herstellers, mit dem die Krankenkasse einen Rabattvertrag abgeschlossen hat, zu Lasten der Krankenkasse abzugeben. Die Auswahlentscheidung des Apothekers beschränkt sich allein auf die vorhandenen Rabattpartner.[499] Die **gesetzlichen Krankenkassen „lenken"** mithin **das Nachfrageverhalten der Apotheker** auf die vertragsgemäßen Medikamente.[500] Faktisch führt dies zu einer **Absatzgarantie,** was ebenfalls zu einer Privilegierung des Rabattvertragspartners führt.[501] Diese Vorteile stellen eine **erhebliche geldwerte Leistung** dar, womit die Entgeltlichkeit bereits des Rabattvertrags zu bejahen ist. Dem steht die Autonomie der dem Vergabevorgang zwischengeschalteten Ärzte und Apotheker nicht entgegen. Dass der Preis nur indirekt, nämlich durch Rückvergütungen auf den Apothekenverkaufspreis, geregelt ist, ist ebenso uner-

---

[494] LSG Baden-Württemberg, Beschl. v. 23. 1. 2009, L 11 WB 5971/08; LSG NRW, Beschl. v. 10. 9. 2009, L 21 KR 53/09 SFB; Beschl. v. 26. 3. 2009, L 21 KR 26/09 SFB.

[495] VergabeK Bund, Beschl. v. 28. 7. 2009, VK 3–142/09; VergabeK Bund, Beschl. v. 15. 8. 2008, VK 3–107/08; Beschl. v. 14. 11. 2007, VK 3–124/07; *Dreher/Hoffmann* NZBau 2009, 273, 276.

[496] *Burgi* NZBau 2008, 480, 485.

[497] VergabeK Bund, Beschl. v. 16. 12. 2008, VK 1–156/08; VergabeK Bund, Beschl. v. 10. 4. 2008, VK 2–37/08.

[498] *Dreher/Hoffmann* NZBau 2009, 273, 276.

[499] OLG Düsseldorf, Beschl. v. 20. 2. 2008, Verg 7/08; Beschl. v. 17. 1. 2008, Verg 57/07; Beschl. v. 19. 12. 2007, Verg 51/07, VergabeR 2008, 73–83; VergabeK Baden-Württemberg, Beschl. v. 30. 12. 2008, 1 VK 51/08; VergabeK Bund, Beschl. v. 19. 11. 2008, VK 1–135/08; Beschl. v. 19. 11. 2008, VK 1–126/08; VergabeK Bund, Beschl. v. 18. 12. 2008, VK 3–139/07; VergabeK Bund, Beschl. v. 10. 4. 2008, VK 2–37/08; Beschl. v. 15. 11. 2007, VK 2–123/07, Beschl. v. 15. 11. 2007, VK 2–120/07, Beschl. v. 15. 11. 2007, VK 2–117/07, Beschl. v. 15. 11. 2007, VK 2–114/07, Beschl. v. 15. 11. 2007, VK 2–108/07, Beschl. v. 15. 11. 2007, VK 2–105/07; Beschl. v. 15. 11. 2007, VK 2 102/07; VergabeK Bund, Beschl. v. 18. 2. 2008, VK 3–158/08; Beschl. v. 23. 1. 2009, VK 3–194/08; VergabeK Düsseldorf, Beschl. v. 31. 10. 2007, VK-31/2007-L.

[500] OLG Düsseldorf, Beschl. v. 20. 2. 2008, Verg 7/08; Beschl. v. 17. 1. 2008, Verg 57/07; Beschl. v. 19. 12. 2007, Verg 51/07; VK Baden-Württemberg, Beschl. v. 30. 12. 2008, 1 VK 51/08; VergabeK Bund, Beschl. v. 22. 8. 2008, VK 2–73/08; VergabeK Hessen, Beschl. v. 21. 4. 2008, 69 d VK-15/2008.

[501] *Byok* GesR 2007, 553, 556.

heblich wie die Frage, wer die Ware liefert und aushändigt und wie, wann und an wen das Eigentum an den Medikamenten übergeht. Im Ergebnis ist damit richtigerweise auch die Entgeltlichkeit nicht in Frage zu stellen.[502]

Auch **Hilfsmittelverträge** sind als öffentliche Lieferverträge zu qualifizieren.[503] Hilfsmittel-   **177**
verträge sind Verträge zwischen Krankenkassen und Hilfsmittelherstellern über die Lieferung einer bestimmten Menge von Hilfsmitteln (zB. orthopädische Schuhe). Im Rahmen dieser Verträge verpflichtet sich der Hersteller, die Lieferfähigkeit der Hilfsmittel für die Mitglieder der Krankenkasse zu einem festgelegten Preis zu gewährleisten. Die Leistung wird nach Abruf durch den Versicherten vor Ort erbracht. Die Kasse verpflichtet sich im Gegenzug dazu, im Falle der Realisierung der Hilfsmittellieferung an den Versicherten zu zahlen. Nach dem Sachleistungsprinzip aus § 2 Abs. 2 SGB V hat also die Kasse die Leistungen vorher beim Hersteller „eingekauft", so dass sich für den Versicherten die Konsequenz ergibt, dass er nicht frei unter verschiedenen Herstellern auswählen kann. Die Wahl eines anderen Herstellers durch den Versicherten sieht § 33 Abs. 6 SGB V nur für den Ausnahmefall vor, dass ein berechtigtes Interesse des Versicherten besteht und die Mehrkosten von diesem gedeckt werden. Die Besonderheit liegt darin, dass die Hilfsmittel nicht an die gesetzlichen Krankenkassen, sondern an den Versicherten geliefert werden, die Kasse also nie Besitz erlangt. Mit dem Abschluss eines Hilfsmittelvertrags schafft die Krankenkasse lediglich die rechtliche Grundlage dafür, dass sie ihre später durch den Abruf des Versicherten realisierte Pflicht diesem gegenüber erfüllen kann. Das betreffende Hilfsmittel liegt also mit Vertragsschluss bis zur endgültigen Weiterlieferung an den Versicherten bereit, so dass zumindest eine Verfügungsgewalt in dem Sinne zu bejahen ist, dass die Krankenkasse sich den betreffenden Hilfsmittelhersteller „gesichert" hat. Dafür, dass eine Verfügungsgewalt im besitzrechtlichen Sinne zu fordern wäre, finden sich weder in der VKR, noch in Abs. 1 Anhaltspunkte.[504] Vielmehr kennt das deutsche Recht auch sogenannte „Streckengeschäfte",[505] also die Direktlieferung vom Lieferanten an den Kunden des Händlers. Der Anwendbarkeit des Kartellvergaberechts auf Hilfsmittelverträge steht auch nicht der Wortlaut der Regelung des § 127 Abs. 1 SGB V entgegen. Danach können Krankenkassen frei darüber entscheiden, ob sie Hilfsmittelverträge ausschreiben oder nicht. Dieses sich aus dem Wortlaut der Norm ergebende Wahlrecht ist jedoch mit dem höherrangigen europäischen Recht nicht vereinbar und deshalb europarechtskonform dahingehend auszulegen, dass jedenfalls oberhalb der Schwellenwerte das Kartellvergaberecht auf Hilfsmittelverträge uneingeschränkt Anwendung findet.[506]

b) Lagerverträge. Lagerverträge gelten, obwohl es hierbei vorwiegend um die bloße Un-   **178**
terbringung von Sachen geht, so dass die Verschaffung der Verfügungsgewalt über eine konkrete Sache nicht betroffen ist, wegen des **mietrechtlichen Einschlags** als Lieferverträge.[507] Schon die Lagerverträge über die Einlagerung von EG-Subventionsbeständen an Butter und Rindfleisch hatte der VÜA Bund den Lieferaufträgen zugeordnet.[508] Es kann nach dem Sinn und Zweck keinen Unterschied machen, ob der öffentliche Auftraggeber zur Unterbringung von Sachen einen konkreten Unterbringungsort mietet oder diese lediglich durch ein Unternehmen lagern lässt. Die Verwahrung von Gegenständen gemäß § 688 BGB ist jedoch nicht als Liefervertrag zu qualifizieren.[509]

c) Verträge über Waren mit einer Preisbindung (insb. Schulbücher). Die **Beschaf-   179
fung von Schulbüchern** stellt ebenfalls einen Lieferauftrag dar.[510] Sie ist trotz der im deutschen Buchhandel geltenden Buchpreisbindung nicht ausschreibungsfrei. Sinn und Zweck der Buchpreisbindung ist es, durch die Festsetzung verbindlicher Preise beim Verkauf an Letztabnehmer den Erhalt eines breiten Buchangebotes zu sichern und damit das Kulturgut Buch zu schützen. Ziel des europäischen Vergaberechts ist es hingegen, durch öffentliche Ausschreibung Wettbewerb mit dem Ziel einer wirtschaftlich günstigen Beschaffung zu schaffen. Die unterschiedlichen Zielsetzungen führen aber dennoch nicht dazu, dass sie sich gegenseitig ausschlie-

---

[502] OLG Düsseldorf, Beschl. v. 19. 12. 2007, Verg 51/07, VergabeR 2008, 73–83.
[503] *Burgi* NZBau 2008, 480, 484.
[504] *Burgi* NZBau 2008, 480, 484.
[505] *Palandt/Weidenkaff* Einführung Vor § 433 BGB RdNr. 15; *Palandt/Bassenge* § 929 BGB RdNr. 20.
[506] Ebenso VergabeK Bund, Beschl. v. 21. 12. 2009, VK 1-212/09.
[507] *Immenga/Mestmäcker/Dreher*, GWB, § 99 RdNr. 92.
[508] VÜA Bund, Beschl. v. 12. 12. 1994, 1 VÜ 9/94, WuW/E 1996, 142 – Kühlhäuser.
[509] *Müller-Wrede*, GWB, § 99 RdNr. 135.
[510] OLG München, Beschl. v. 19. 12. 2007, Verg 12/07, ZfBR 2008, 210–215.

ßen. Beide Zielsetzungen und damit beide Gesetze stehen gleichrangig nebeneinander. Die Buchpreisbindung schließt Wettbewerb um andere Parameter als den Preis (wie zB. Beratung, Kommunikation, Transport, Rechnungslegung) nicht aus, so dass ein sachlicher Grund, warum Wettbewerb in diesem Bereich nicht zugelassen werden sollte, nicht ersichtlich ist.[511]

180   **d) Handelspartnerverträge.** Bei einem Handelspartnervertrag werden lediglich die **Rahmenbedingungen für einen späteren Erwerb** festgelegt; üblicherweise werden weder eine bestimmte Abnahmeverpflichtung noch konkrete Preise vereinbart. Dennoch stellt bereits die Auswahl eines solchen Vertragspartners einen **Beschaffungsvorgang** dar. Dies gilt selbst dann, wenn der Kreis der abnehmenden Stellen nicht feststeht, weil jederzeit öffentliche Stellen dem Vertrag beitreten können, alternativ aber auch ihren Bedarf unabhängig von dem abgeschlossenen Handelspartnervertrag decken können. Das formale Offenhalten jeglicher Abnahmemengen sowie der abnehmenden Stellen ändert nichts daran, dass bei funktionaler Betrachtungsweise der Handelspartnervertrag zu einer Bedarfsdeckung führt, ohne dass es in Bezug auf den Handelspartner noch weitere Auswahlverfahren geben wird, bei denen anderen Anbieter eine Vertragschance hätten.[512]

181   **e) Privatisierung/Rekommunalisierung.** Mangels beschaffungswirtschaftlichen Bezuges unterliegt die bloße Veräußerung von Gesellschaftsanteilen bzw. die Gründung einer gemischtwirtschaftlichen Gesellschaft im Rahmen einer ÖPP grundsätzlich nicht dem Vergaberecht.[513] Die Einbeziehung eines privaten Betriebes in ein zum Teil von der öffentlichen Hand gehaltenes Unternehmen zieht lediglich den Erwerb künftiger Gewinnchancen nach sich. Dies stellt noch keinen konkreten Gegenwert dar, so dass es an der Entgeltlichkeit fehlt.

182   Eine **Ausschreibungspflicht** liegt jedoch dann vor, wenn die zu privatisierende Gesellschaft bereits Aufträge mit ihrem alleinigen öffentlichen Anteilseigner geschlossen hat, die ursprünglich als verwaltungsinterne Vorgänge ausschreibungsfrei waren bzw. wenn die Gründung einer Gesellschaft einhergeht mit der Vergabe von ausschreibungspflichtigen Aufträgen an diese Gesellschaft, wenn der private Käufer also **eingekapselte Beschaffungsverhältnisse** erwirbt.[514] Andernfalls bestünde die Gefahr, dass die Vergabe eines öffentlichen Auftrags derart gesplittet wird, dass in einem ersten Schritt der entgeltliche Beschaffungsvorgang (also der ausschreibungspflichtige Vertrag) an eine 100%-ige Tochtergesellschaft vergeben wird und somit unter Umständen als In-House-Geschäft nicht dem Vergaberecht unterliegt und dann in einem zweiten Schritt die Tochtergesellschaft veräußert wird, was für sich genommen keinen Beschaffungsvorgang darstellt. Diese zeitliche Staffelung ist bei einer Gesamtbetrachtung der Vergabe eines öffentlichen Auftrags gleichzusetzen. Da diese Problematik zumeist unter dem Gesichtspunkt eines **Umgehungsgeschäfts** diskutiert wird, gilt dieser Grundsatz der Ausschreibungspflicht jedenfalls bei einem **engen sachlichen und zeitlichen Zusammenhang** von Auftragsvergabe und Anteilsverkauf, der eine bewusste Umgehung des Vergaberechts vermuten lässt. Ob darüber hinaus stets eine **(objektive) Gesamtbetrachtung** entscheidend ist, es also nicht auf eine intendierte Umgehung des Vergaberechts ankommt, ist bisher nicht endgültig geklärt.[515] Eine Beschränkung auf Umgehungsgeschäfte ist natürlich mit einer gewissen Rechtsunsicherheit verbunden, da dann im Einzelfall eine solche Absicht nachgewiesen werden müsste, was objektiviert nur bei einem engen räumlichen Zusammenhang oder einer wirtschaftlichen Betrachtungsweise möglich sein wird.[516] Dennoch sind diese Unsicherheiten in Kauf zu nehmen, denn andernfalls unterfiele jede Anteilsveräußerung durch die öffentliche Hand, soweit mir ihr auch die Übertragung öffentlicher Aufträge verbunden ist, dem Vergaberechtsregime; dies wäre nicht sachgerecht.[517] Die Rekommunalisierung, bei der die öffentliche Hand vormals an Private über-

---

[511] VergabeK Düsseldorf, Beschl. v. 22. 7. 2002, VK-19/2002, *Weyand* RdNr. 1433, 1434.

[512] VergabeK Düsseldorf, Beschl. v. 23. 5. 2008, VK-7/2008-L; *Weyand* RdNr. 1521.

[513] OLG Brandenburg, Beschl. v. 3. 8. 2001, Verg 3/01, VergabeR 2002, 45–49; VergabeK-Thüringen, Beschl. v. 23. 2. 2007, 2007-001-6; *Immenga/Mestmäcker/Dreher*, GWB, § 99 GWB RdNr. 10, 80; *Tugendreich/Meißner* M&A Review 2007, 24–25.

[514] EuGH, Urt. v. 10. 11. 2005, C-29/04 RdNr. 38, NZBau 2005, 704; OLG Brandenburg, Beschl. v. 3. 8. 2001, Verg 3/01, VergabeR 2002, 45–49; OLG Düsseldorf, Beschl. v. 9. 4. 2003, Verg 66/02; *Schimanek* NZBau 2005, 306; *Prieß/Gabriel* NZBau 2007, 617; *Tugendreich/Meißner* M&A Review 2007, 24–25.

[515] Nach Ansicht des OLG Brandenburg kommt es auf einen engen zeitlichen Zusammenhang nicht an; entscheidend ist allein, ob unter Zugrundelegung einer wirtschaftlichen Betrachtungsweise der Eintritt des neuen Gesellschafters einer Auftragserteilung gleichkommt, vgl. OLG Brandenburg, Beschl. v. 3. 8. 2001, Verg 3/01.

[516] Vgl. hierzu *Endler* NZBau 2002, 125, 133; *Jaeger* NZBau 2001, 6, 11.

[517] Ebenso wie hier: *Reidt/Stickler/Glahs/Stickler* RdNr. 44.

tragene Aufgaben wieder selbst übernimmt, stellt ebenfalls grundsätzlich mangels Beschaffungscharakter einen vergaberechtsfreien Vorgang dar. Etwas anderes gilt nur dann ausnahmsweise, wenn mit der Rekommunalisierung – parallel zur Privatisierung – ein Beschaffungsvorgang verknüpft ist, was zum Beispiel dann der Fall sein kann, wenn die Übertragung nicht auf den ursprünglichen öffentlichen Auftraggeber, sondern auf einen anderen öffentlichen Auftraggeber erfolgt.[518]

6. Nebenleistungen. Nach § 99 Abs. 2 Satz 2 können Lieferaufträge auch Nebenleistungen **183** aus anderen Beschaffungsvarianten umfassen. Nebenleistungen sind Leistungen, die zB. mit der Auslieferung, der Installation, Inbetriebnahme und Instandhaltung einer Ware zusammenhängen.[519] Art. 1 Abs. 2 lit. c VKR zählt als Nebenpflicht beispielhaft das Verlegen und Anbringen der gelieferten Ware auf. Isoliert betrachtet würden diese Leistungen, je nach Fallgestaltung, unter den Begriff der Dienstleistung oder sogar des Bauauftrages fallen. Letztlich geht es also im Rahmen von § 99 Abs. 2 Satz 2 um **gemischte Verträge.** Für die Beurteilung, ob ein Liefervertrag einschließlich einer Nebenleistung vorliegt, kommt es nicht nur auf einen Vergleich der Auftragswerte an. Entscheidend ist, **welche Tätigkeit** dem **Vertrag sein Gepräge gibt.**[520] Wenn die Nebenleistung im Hinblick auf die Lieferleistung eine **Hilfstätigkeit** darstellt und dementsprechend erforderlich ist, um den Lieferauftrag sinnvoll erfüllen zu können, ist von einer Nebenleistung auszugehen.[521] Als Daumenregel gilt insoweit, dass Nebenleistungen kein solches Gewicht erlangen dürfen, dass sie nach den jeweiligen Besonderheiten der einschlägigen Verkehrskreise regelmäßig gesondert in Auftrag gegeben werden.

VII. Bauauftrag (Abs. 3)

1. Bauauftrag. a) Bauvorhaben oder Bauwerke, die das Ergebnis von Hoch- und **184** **Tiefbaumaßnahmen sind.** Abs. 3 definiert den Begriff des **Bauauftrages.** Der Wortlaut orientiert sich an **Art. 1 Abs. 2 b der VKR. Art. 1 Abs. 2 b der VKR** verweist für den Begriff des Bauvorhabens auf den **Anhang I zur VKR,** in dem eine Vielzahl von Tätigkeiten am und für ein Bauvorhaben klassifiziert sind. Das Bauwerk wird in Abgrenzung dazu definiert als Gesamtheit von Tief- und Hochbauarbeiten, das seinem Wesen nach eine wirtschaftliche oder technische Funktion erfüllen soll. Die Definitionen sowohl des **Art. 1 Abs. 2 b VKR** in Verbindung mit **Anhang I** als auch in **§ 99 Abs. 3** machen übereinstimmend deutlich, dass der Begriff des Bauvorhabens oder des Bauwerkes neben dem Kern der Ausführung auch weit reichende Vor- und Nachbereitungsarbeiten umfasst, neben klassischem Hochbau auch Tiefbau (Straßen, Deichbau, Flussbettarbeiten usw.) und sowohl Erhaltungs- als auch Abbrucharbeiten beinhalten können. **§ 1 der VOB/A** fasst den umfassenden Charakter der baubezogenen Arbeiten treffend zusammen in der Definition: „Bauleistungen sind **Arbeiten jeder Art,** durch die eine bauliche Anlage **hergestellt, instand gehalten, geändert oder beseitigt wird.**"

b) Erfüllung einer wirtschaftlichen oder technischen Funktion. Die Erfüllung einer **185** wirtschaftlichen oder technischen Funktion des Bauwerkes dient der **Abgrenzung von Bauaufträgen gegenüber Liefer- oder Dienstleistungsaufträgen.** Im Hinblick auf die unterschiedlichen Schwellenwerte für die Ausschreibung von Bau- oder anderen Aufträgen ist die Zuordnung der zu beschaffenden Leistung für die Anwendung der maßgeblichen Regeln des Vergaberechts von Bedeutung. Dieses zusätzliche Kriterium macht deutlich, dass nicht jede Leistung an einem oder für ein Bauwerk ein Bauauftrag ist. In Frage kommen auch Liefer- und Dienstleistungen. Die Begriffsbestimmung bei Bau- und Dienstleistungen richtet sich nicht nach dem nationalen Verständnis von Dienst- und Werkvertrag, sondern nach dem **Begriffsverständnis der VKR.**[522] Zu unterscheiden ist danach, ob die Arbeiten im Rahmen einer Baumaßnahme **für deren wirtschaftliche oder technische Funktion unverzichtbar** sind und ob sie **einer besonderen Anpassung an das Bauwerk bedürfen** oder als eigenständiger wirtschaftlicher Wert auch anderweitig verwendet werden könnten. Die Rechtsprechung hat dazu eine umfangreiche Kasuistik entwickelt.[523] Das OLG München hat danach die Lieferung

---

[518] *Müller-Wrede,* GWB, § 99 RdNr. 82, in einer solchen Konstellation kann es sich jedoch unter Umständen um ein vergaberechtsfreies In-House-Geschäft handeln.
[519] *Kulartz/Kus/Portz/Eschenbruch* RdNr. 164.
[520] OLG Brandenburg, Beschl. v. 30. 5. 2008, Verg W 5/08, NZBau 2009, 139.
[521] *Boesen* RdNr. 79.
[522] OLG Düsseldorf, Verg 35/06, VergabeR 2007, 200 f., 202.
[523] OLG München, VergabeR 2006, 238, 240 mwN., auch zu Kommentierungen zur VOB/A; umfangreiche Übersicht bei *Kulartz/Kus/Portz/Eschenbruch* RdNr. 164.

von markttypischen Beleuchtungskörpern zu Recht als Lieferleistung angesehen (Fn. 519), da ihnen **die individuelle, auf das Bauvorhaben bezogene Be- oder Verarbeitung** und damit der **hinreichend enge funktionale Zusammenhang mit der Erstellung des Bauwerks** fehle. Als Lieferleistungen sind auch die bloße Lieferung von Baumaterialien oder Ausstattungsgegenständen wie Büromobiliar oder von Endgeräten der IT-Technik zu sehen. Das Verlegen der dazugehörigen Leitungen hingegen ist eine Bauleistung. **Problematisch** ist die Einordnung von Leistungen, die der späteren Nutzung des Gebäudes dienen sollen, aber die Wirtschaftlichkeit oder Funktionalität des Gebäudes nicht berühren, zB. standardmäßige Laboreinrichtungen,[524] Einrichtungen von Operationssälen, die wegen der notwendigen Technik mit den eingebauten Zu- und Ableitungen verbunden werden müssen, aber ohne Beeinträchtigung wieder entfernt werden könnten, Physiksaaleinrichtungen in Schulen, die zwar auf die Größe des Klassenzimmers abgestimmt werden, aber überwiegend aus standardisierten Teilen bestehen. Das OLG Düsseldorf (Fn. 518) hat die regelmäßige **Wartung, Überprüfung und ggf. Instandsetzungen geringeren Umfangs,** die den störungsfreien Betrieb einer Anlage sicherstellen sollen, als **Dienstleistung** angesehen und dazu auf Anhang I A der VOL/A und Anhang II der VKR verwiesen. In der Praxis zeigt der Umfang der Kasuistik, dass die Abgrenzung im Einzelfall schwierig und keineswegs eindeutig, wegen der hohen Schwellenwerte für Bauaufträge aber von hoher Wettbewerbsrelevanz ist. Im Hinblick darauf, dass viele Baugewerke handwerklich geprägt sind und daher auch von kleineren oder mittelständischen Unternehmen angeboten werden, kann zB. ein Maler- und Anstreicherauftrag mit einem Auftragswert deutlich unter dem Schwellenwert für Bauaufträge für den Markt von hohem Interesse sein. Ihn dem Wettbewerb zu entziehen, ist nicht Intention der VKR.

186   Die wirtschaftliche und technische Funktion eines Bauwerks spielt auch eine Rolle für die Frage, **ob bei komplexen Bauwerken für bestimmte Bauabschnitte oder Gebäudeteile ein neues Bauvorhaben vorliegt,** das für sich den Schwellenwert überschreiten muss, oder ob es sich um ein Los des Gesamtkomplexes handelt. Nach OLG Rostock[525] kommt es darauf an, ob die jeweiligen Bauabschnitte unterschiedliche wirtschaftliche und technische Funktionen erfüllen und ob die baulichen Anlagen ohne Beeinträchtigung ihrer Vollständigkeit und Nutzbarkeit getrennt voneinander errichtet werden können. Maßgeblich sei die **funktionale Unabhängigkeit der Teilobjekte.**

187   **c) Ausführung oder Planung und Ausführung.** Die Planung kann sowohl separat als auch zusammen mit der Bauausführung vergeben werden kann. Werden Planung und Ausführung als Auftrag miteinander verbunden, liegt ein einheitlicher Bauauftrag vor. Wird die Planung getrennt als separater Auftrag vergeben, liegt eine freiberufliche Planungsleistung vor, die nach den dafür vorgesehenen Regeln zu vergeben ist. Für die Frage der europaweiten Ausschreibungspflicht ist die Unterscheidung wegen des erheblichen niedrigeren Schwellenwertes der VOF von Bedeutung. Weder zur Ausführung noch zur Planung gehören allerdings die reinen **flächennutzungs- und bauplanungsrechtlichen** „Planungen", die kommunalpolitisch im Rat beschlossen werden müssen. **Bebauungspläne** werden als **Satzungen** erlassen und stellen keinen Beschaffungsvorgang dar. Sie unterliegen auch dann keiner Nachprüfung durch die Vergabekammern, wenn damit zukünftige Bebauungs- oder Nutzungsmöglichkeiten präjudiziert werden. Das OLG Düsseldorf hatte über einen Fall zu entscheiden, in dem die Nachprüfung begehrt worden war, obwohl noch kein Bebauungsplan bestand, mit dem Argument, der Bebauungsplan werde die Grundlage für Erschließungsverträge sein. Der Senat grenzt die verwaltungsinterne Bebauungsplanung ausführlich gegenüber den Entscheidungen über die Investorenverträge ab.[526]

188   **2. Ausführung durch Dritte.** Mit dieser Variante wird ebenfalls **Art. 1 Abs. 2 b VKR** wiedergegeben. Sinn der Regelung ist es, Umgehungen des Vergaberechts zu vermeiden. Der Weg, sich durch die Inanspruchnahme privater Dritter, die ein Bauwerk nach den Wünschen des öffentlichen Auftraggebers, aber im eigenen Namen und ohne Verpflichtung auf das Vergaberecht erstellen und dem öffentlichen Auftraggeber übereignen, soll verschlossen sein. Erfasst werden von dieser Variante daher neben den in **§ 1 a der VOB/A** beispielhaft genannten Formen des Bauträgervertrags, der Mietkauf- oder Leasingverträge auch weitere Vertragsgestaltungen wie zB. die Generalunternehmerverträge, Betreibermodelle und Bauvorhaben im Rahmen

---

[524] Zur Einrichtung einer Lehrküche s. OLG Dresden WVerg 11/04, VergabeR 2005, 258 ff.
[525] OLG Rostock VergabeR 2007, 394.
[526] OLG Düsseldorf, VII Verg 67/08 – Belsenplatz, VergabeR 2009, 799.

von Public Private Partnership – Verträgen. Die Ausnahme des § 100 Abs. 2 h tritt nur ein **bei schon bestehenden** Gebäuden, so dass es an der Ausführung und Planung eines Bauvorhabens nach den vom Auftraggeber genannten Erfordernissen fehlt.

Die Ausführung durch Dritte muss **nach den vom Auftraggeber genannten Erfordernissen** erfolgen. Diese können gerade bei noch zu entwickelnden Projekten noch sehr allgemein sein. Sie müssen aber über die Anforderungen des örtlichen Bebauungsplanes hinausgehen, die jeder einzuhalten hätte, und eigene Vorstellungen des öffentlichen Auftraggebers beinhalten, die im Falle eines Vertragsschlusses **wie ein Auftrag auszuführen** wären und bei Abweichungen beim Vertragspartner **einklagbar** sind.[527] Es ist unerheblich, ob der Auftragnehmer zusätzlich eigene Ideen einbringt und auf die Gestaltungswünsche des Auftraggebers Einfluss nimmt, zB. im Rahmen eines Ideen- oder Investorenwettbewerbs. Entscheidend für die Frage, ob ein Bauauftrag vorliegt, ist, ob ein **Anstoß des öffentlichen Auftraggebers** gegeben war, in eine bestimmte, von ihm schon weitgehend definierte planerische oder bauliche Überlegung einzutreten, abschließend und detailliert muss die Vorgabe noch nicht sein. Geht die Initiative, die über eine reine Information über bauplanungsrechtliche Möglichkeiten für ein bestimmtes Gelände hinausgeht, im weitesten Sinne vom öffentlichen Auftraggeber aus, ist eine Beschaffung anzunehmen. Dies ist insbesondere relevant für die Investorenwettbewerbe, die in der Praxis stets auf einer entsprechenden Initiative der öffentlichen Hand beruhen. Wie konkret die Nennung der eigenen Erfordernisse sein muss, war Gegenstand einer Vorlage beim EuGH.[528] Dazu hat der **EuGH** entschieden, dass nur dann kein öffentlicher Bauauftrag vorliegt, wenn eine Behörde bestimmte, **ihr vorgelegte Baupläne prüft** oder **in Ausübung ihrer städtebaulichen Regelungszuständigkeit** eine Entscheidung trifft.[529]

3. Dem Auftraggeber unmittelbar zugute kommende Bauleistung. Diese Anforderung geht über den Text von **Art. 1 Abs. 2 b VKR** hinaus und engt die Anwendung des Vergaberechts auf die genannte Fallgestaltung ein. Ausweislich der Gesetzesbegründung[530] wurde die Formulierung aufgenommen, um nach der Rechtsprechung des OLG Düsseldorf[531] zu Verträgen über städtebauliche Entwicklungen den Begriff des Bauauftrages klarzustellen. Ziel der Ergänzung ist es, den Beschaffungscharakter eines Bauauftrages deutlicher hervorzuheben. Als Beschaffungsbedarf sei allein die Verwirklichung einer von dem Planungsträger angestrebten städtebaulichen Entwicklung nicht ausreichend. Vergaberecht betreffe nicht die **Aufgabenebene** einer staatlichen Institution, sondern lediglich die **Ebene der Ressourcenbeschaffung** zur Bewältigung der Aufgaben der Institution. Beide Ebenen dürften nicht verwechselt oder verquickt werden.

Diese Regelung ist im Hinblick auf die kontinuierliche Rechtsprechung des EuGH zumindest problematisch. Der **EuGH** hat wiederholt ausgeführt, dass es **auf den** hier geforderten **unmittelbaren Nutzen nicht ankommt** und auch nicht auf die Frage, ob die Beschaffung auf dem gesetzlichen Auftrag des öffentlichen Auftraggebers oder auf anderen Gründen beruht. **Auf den Zweck der Beschaffung komme es nicht an.**[532] Dieser Rechtsprechung sind neben dem OLG Düsseldorf (s. Fn. 526) auch andere Oberlandesgerichte gefolgt.[533] Sie waren Gegenstand der **Vorlagefragen an den EuGH** gemäß Beschluss des OLG Düsseldorf vom 2. 10. 2008 (Fn. 524). Soweit die Gesetzesbegründung die Annahme eines vergabepflichtigen Auftrages auf die Ressourcenbeschaffung zur Bewältigung der Aufgaben beschränken will, greift dies zu kurz. Ganz sicher beschränkt sich die Pflicht zur Beschaffung im Wettbewerb nicht auf Bürobedarf, Ausrüstungsgegenstände, Gebäudereinigung o. ä., was lediglich organisatorisch zur Bewältigung der Aufgaben gehört. Soweit die Erfüllung der Aufgabe selbst Beschaffungsbedarf verursacht (zB. Pflicht zur Unterrichtsversorgung erfordert den Bau eines Schulgebäudes), besteht in den abschließend aufgezählten Ausnahmen der **VKR** und national des **§ 100 Abs. 2** keine rechtliche Basis, diesen dem Vergaberecht zu entziehen. Auf die Gründe der Entstehung des Beschaffungsbedarfs kommt es laut EuGH[534] nicht an. Das OLG Düsseldorf hat daher dem

---

[527] EuGH, C-451/08 v. 25. 3. 2010 (noch nicht in der Sammlung), NZBau 2010, 321.
[528] OLG Düsseldorf NZBau 2008, 727.
[529] EuGH, C 451/08 v. 25. 3. 2010 (noch nicht in der Sammlung), NZBau 2010, 321.
[530] BT-Drucks. 16/10 117 Gesetzesbegründung Teil B. Art. 1 Nr. 4 zu Buchstabe b.
[531] Genannt werden die Entscheidungen VII Verg 2/07 (Ahlhorn), VII Verg 30/07 (Wuppertal) und VII Verg 37/07 (Oer-erkenschwick).
[532] EuGH, C-126/03, Slg. I-11 197 – Heizkraftwerk München; EuGH, C-220/05, Slg. 2007, I-385 – Stadt Roanne.
[533] OLG Bremen VergabeR 2008, 558 – Windpark; OLG Karlsruhe NZBau 2008, 537.
[534] EuGH, C-220/05, Slg. 2007, I-385 – Stadt Roanne.

EuGH die Frage gestellt, ob der wirtschaftliche Nutzen dem Auftraggeber unmittelbar und gegenständlich zugute kommen muss. Der **EuGH**[535] hat dazu entschieden, dass unabhängig davon, ob vorgesehen ist, dass der öffentliche Auftraggeber Eigentümer des Bauwerkes oder eines Teiles davon wird, von einem Bauauftrag auszugehen ist, wenn die vertragsgegenständliche Leistung **im unmittelbaren Interesse des öffentlichen Auftraggebers liegt.** Auf die körperliche Beschaffung eines gegenständlichen Objekts soll es hingegen nicht ankommen (Urteilsgründe Nr. 53, 54). Das unmittelbare wirtschaftliche Interesse sieht der EuGH als eindeutig gegeben an, wenn vorgesehen ist, dass der öffentliche Auftraggeber Eigentümer der Bauleistung oder des Bauwerkes wird (Urteilsgrund 50); oder dass der öffentliche Auftraggeber über einen Rechtstitel verfügen soll, der ihm die Verfügbarkeit der Bauwerke, die Gegenstand des Auftrags sind, im Hinblick auf ihre öffentliche Zweckbestimmung sicherstellt (Urteilsgrund 51). Weiter kann das wirtschaftliche Interesse in wirtschaftlichen Vorteilen liegen, die der öffentliche Auftraggeber aus der zukünftigen Nutzung oder Veräußerung des Bauwerkes ziehen kann, ebenso in seiner finanziellen Beteiligung an der Erstellung des Bauwerks oder in den Risiken, die er im Fall eines wirtschaftlichen Fehlschlages des Bauwerks trägt (Urteilsgrund 52). Das unmittelbare eigene Interesse grenzt der EuGH ab gegen die städtebaulichen Regelungszuständigkeiten, nach denen zu prüfen ist, ob das von einem Unternehmen vorgelegte Vorhaben mit den Interessen der Allgemeinheit im Einklang steht. Für die Baukonzession hat der EuGH darauf abgestellt, dass ein öffentlicher Auftraggeber eine Konzession nur erteilen kann, wenn er über das Bauwerk verfügen kann (Urteilsgrund 72). Das ist nicht der Fall, wenn das Grundstück nicht in seinem Eigentum steht. Er hat auch ausgeführt, dass einiges dafür spricht, dass die Erteilung unbefristeter Konzessionen mit Gemeinschaftsrecht nicht vereinbar ist. Die maßgebliche Abgrenzung zwischen Verkauf und unbefristeter Konzession ist jedoch auch hier die konkrete vertragliche Gestaltung: liegt eine vertraglich geschuldete einklagbare Leistung vor oder werden städtebauordnungsrechtliche Befugnisse und Prüfpflichten ausgeübt.

192   Das nationale Recht ist nach dieser Entscheidung **europarechtskonform auszulegen.** Ein öffentlicher Bauauftrag soll nicht dadurch dem Vergaberecht entzogen werden können, dass mit dem Bauauftrag der Verkauf eines Grundstücks an den Bauunternehmer oder ein städtebauliches Ziel verbunden wird. Gehen mit dem Verkauf eines Grundstücks zugleich Anforderungen zur zukünftigen Bebauung oder Nutzung des Grundstücks einher, die über die Anforderungen aus dem örtlichen Bebauungsplan hinausgehen, spricht einiges für eine Beschaffungsabsicht. In den vom OLG Düsseldorf entschiedenen Fällen lagen regelmäßig „genannte Erfordernisse" des Auftraggebers vor, die zT. sehr konkret und detailliert waren.[536] Kommunale Auftraggeber haben gerade auch die Aufgabe, Infrastruktur- und Orts- oder Stadtentwicklungen im öffentlichen Raum voranzutreiben. Aufträge, die in diesem Zusammenhang vergeben werden, gehören daher zum Beschaffungsbedarf des öffentlichen Auftraggebers. Wird die Aufgabe einer städtebaulichen Entwicklung oder der zukünftigen Nutzung einer vorhandenen, aber nicht mehr originär genutzten Anlage (Flughafen Ahlhorn) durch einen Dritten **nach den Erfordernissen des Auftraggebers erfüllt,** erlangt der Auftraggeber daraus den **unmittelbaren wirtschaftlichen Nutzen,** dass die **Aufgabe nunmehr nach seinen Erfordernissen erledigt wird oder ist** und ihm **keine weiteren Kosten** aus der Verpflichtung zur Verbesserung einer örtlichen Lage oder Sicherung und Unterhaltung einer Anlage mit eigenen Mitteln mehr entstehen. Entsprechend war ein Grundstücksverkauf als Bauauftrag zu qualifizieren, bei dem der Käufer die öffentlichen Grundstücke **deutlich unter ihrem Marktwert** erwerben konnte, so dass die Einsparung den Charakter einer Gegenleistung hatte, für die der Käufer seinerseits eine **nach den Erfordernissen des Auftraggebers in Umfang, Lage und Anbindung definierte Fläche als öffentlichen Parkraum** zu bebauen hatte.[537] Ein Investor bezieht seine Gegenleistung in der Regel aus der vereinbarten Nutzung oder Verwertung der Baumaßnahmen. In vielen Fällen wird hier eine **Baukonzession** vorliegen.

193   **4. Besondere Fallgestaltung nach § 171 f BauGB („BID").** Nach § 171 f BauGB und ergänzender **landesrechtlicher Regelungen** können Gebiete festgelegt werden, in denen in **privater** Verantwortung Gebietsverbesserungen auf der Grundlage der städtebaulichen Ziele und mit der Gemeinde abgestimmter Konzepte herbeigeführt werden können. Die Abkürzung

---

535 EuGH, C 451/08 v. 25. 3. 2010 (noch nicht in der Sammlung).
536 OLG Düsseldorf NZBau 2008, 138 – Wuppertal, wo die Umgestaltung eines Platzes mit den anliegenden Gebäuden genau hinsichtlich der Aufteilung in Wohn- und Geschäftsetagen der Häuser, Tiefgarageneinfahrten, öffentliche Toilettenanlagen, Parkplätze und Begrünung festgelegt waren.
537 VK Düsseldorf, NZBau 2010, 305 ff. (bestandskräftig).

BID (business improvement districts) ist aus dem amerikanischen Vorbild für dieses Modell abgeleitet. Landesrechtliche Ausgestaltungen dieses Modell gibt es in Bremen, Hamburg, Hessen, Saarland und Schleswig-Holstein, Gesetzesentwürfe existieren in Berlin und Nordrhein-Westfalen. Dem Modell liegt das Konzept zugrunde, dass in privater Initiative Stadtteilverbesserungen sowohl für Gewerbegebiete als auch für Innenstädte oder Wohngebiete, je nach von der Kommune festgelegten Gebieten, vorgenommen werden sollen. Die Initiative, die für ihre Handlungsfähigkeit einen rechtsfähigen Träger braucht, erarbeitet Konzepte, die sie mit der Kommune abstimmt. Ist die Kommune mit einem bestimmten Konzept oder den vorgeschlagenen Maßnahmen einverstanden, findet eine Abstimmung mit den im betroffenen Gebiet ansässigen Eigentümern und/oder Gewerbetreibenden statt. Stimmen diese dem Konzept überwiegend zu oder widersprechen nicht, beschließt die Gemeinde die Umsetzung des Konzepts. Die Finanzierung erfolgt über eine Umlage bei allen Betroffenen, ggf. durch eine Zwangsabgabe, die die Gemeinde nach Abzug von Verwaltungskosten (i. d. R. eine Pauschale) an den Träger des BID weiterleitet, der die Mittel treuhänderisch verwaltet und Gewinn erwirtschaften darf.

Da die Umsetzung des Konzeptes regelmäßig die Vergabe von Aufträgen erfordert, die je **194** nach Ausmaß die europäischen Schwellenwerte übersteigen können, stellt sich die **Frage der Vergaberechtsrelevanz.**[538] Praktische Erfahrungen, insbesondere Entscheidungen von Nachprüfungsinstanzen, gibt es derzeit zu der Möglichkeit noch nicht. **§ 171 f BauGB hat jedenfalls nicht das Ziel, öffentliche Aufträge über den Umweg der Beteiligung privater Dritter dem Wettbewerb zu entziehen.**

Trotz der privaten Beteiligung liegt hier **ein öffentlicher Auftrag** vor, da die **Kommune** **195** die Umsetzung des Konzeptes **mit ihrem Beschluss in Auftrag** gibt, die Umsetzung mit ihren **kommunalplanerischen Aufgaben** in unmittelbarem Zusammenhang steht und die im festgelegten Bereich betroffenen Anlieger, auch diejenigen, die mit dem Konzept nicht einverstanden waren, zur Duldung wie zur Kostenbeteiligung zwangsweise herangezogen werden. Die eingezogene **Kostenbeteiligung** wird an den Träger der BID-Initiative weitergereicht **zur Finanzierung der beschlossenen Maßnahmen und mit Gewinnmöglichkeit,** so dass auch das Kriterium der **Entgeltlichkeit** vorliegt. Nach den oben dargestellten Voraussetzungen dürfte entscheidend sein, ob der Träger der BID- Initiative **wie ein Generalunternehmer** für die Gemeinde tätig ist, so dass es reichen würde, diesen im Wettbewerb auszuwählen, oder ob die einzelnen Auftragsvergaben **als Dienstleistung** zB. **in der Form des Projektmanagements für die Gemeinde** erbracht werden und damit generell auszuschreiben sind. Wettbewerb ist denkbar unter verschiedenen Interessenten für eine BID-Trägerschaft, wobei hier möglicherweise das Interesse im Schwerpunkt bei regional ansässigen selbst betroffenen Initiatoren liegen kann. Ein Wettbewerb hätte für den europaweiten Markt dann wenig Relevanz. Hingegen können die Einzelaufträge aufgrund ihrer Größe durchaus von überregionalem Interesse sein, ohne dass der BID-Träger als Generalunternehmer zur europaweiten Ausschreibung verpflichtet wäre. Die Problematik stellt sich bei der als zulässig angesehenen Generalunternehmervergabe jedoch ebenso. In den Verfahren nach **§ 171 f BauGB** wird es daher für die Frage, für welche Beauftragungen das Vergaberecht anzuwenden ist, darauf ankommen, wie das vertragliche Verhältnis zwischen Kommune und BID-Träger ausgestaltet wird.

5. VOB/A (Vergabe- und Vertragsordnung für Bauleistungen). Die Vergabe von **196** Bauaufträgen und Baukonzessionen erfolgt national nach der VOB/A. Sie ist die letzte Stufe des **Kaskadenprinzips,** nach dem, ausgehend von den **europäischen Richtlinien als erster Stufe** auf der **2. Stufe** die Umsetzung in nationales Recht durch das **GWB** und die konkrete Ausgestaltung der Abläufe in einem Vergabeverfahren auf der **3. Stufe** durch **die Verdingungsordnungen** geregelt wird.

a) Reform. Im Kontext der Reform des GWB wurden auch die **Verdingungsordnungen** **197** überarbeitet. Die neue VOB/A ist mittlerweile in Kraft. Kern der Reform war die notwendige redaktionelle Anpassung an den geänderten 4. Abschnitt des GWB, aber auch eine **Neuordnung und Straffung** verschiedener Regelungen in der VOB/A sowie die **Konkretisierung unbestimmter Begriffe.** Nach diversen Anpassungen an die Entwicklung des europäischen Rechts waren die nach Arbeitsschritten in einer Ausschreibung sachlich zusammengehörende Regelungen zum Teil an mehreren Stellen der VOB/A verstreut. In dem reformierten Entwurf wurden zusammengehörende Regelungen zusammengefasst und neu geordnet. Im Ergebnis

---

[538] Ausführlich mit vielfältigen weitern Nachweisen: *Ganske,* Business Improvement Districts (BIDs) unter dem Blickwinkel des Vergaberechts in VergabeR 2008, 15 ff.

sind dadurch einige Regelungen entfallen. Eine entscheidende Vereinfachung ist jedoch nicht entstanden. Die VOB/A ist gegliedert nach den national anzuwendenden Vorschriften in Teil 1 (Basisparagraphen), den im europäischen Wettbewerb der öffentlichen Auftraggeber nach § 98 Nrn. 1–3 anzuwendenden Vorschriften in Teil 2 (sog. „a-Paragraphen). Die Regelungen für Sektorenauftrageber in den Teilen 3 und 4 („b" und „SKR- §§") wurden in der VOB/A aufgehoben und finden sich nun in der Sektorenverordnung. Die a- und b-Paragraphen gelten ergänzend zu den Basisparagraphen. Geändert und an die üblichen Formen angepasst wurde auch die bisherige Zitierweise.

198 **b) Wesentliche Regelungen und Änderungen.** Die VOB/A beginnt mit der **Definition des Bauauftrages in § 1** und den **Regelungen zur Schwellenwertberechnung (§ 1a)**, nach denen die Ausschreibungspflicht in regionaler Hinsicht (national, europaweit) zu bestimmen ist. In **§ 2 sind die Grundsätze der Vergabe** geregelt, die die **Grundsätze aus § 97** sinngemäß wiederholen und die Vergabe an geeignete Unternehmen im diskriminierungsfreien Wettbewerb und unter Bekämpfung von unlauteren und wettbewerbsbeschränkenden Verhaltensweisen fordern. Der Konkretisierung dieser Grundsätze sind eine Reihe von weiteren Regelungen zuzuordnen, s. RdNr. 199–209. In **§§ 3–5** werden die **Vergabe- und Vertragsarten** geregelt. In **§ 3 Abs. 3** wird konkretisiert, ab welchem Auftragswert für bestimmte Bauvorhaben die beschränkte Ausschreibung zulässig sein soll (50 000 Euro für Ausbaugewerke, Landschaftsbau und Straßenausstattung, 150 000 Euro für Tief-, Verkehrswege- und Ingenieurbau, 100 000 Euro für alle übrigen Gewerke). Da es in allen Fällen um Auftragswerte deutlich unter den europäischen Schwellenwerten geht, berührt die Regelung die Ausschreibung im europäischen Wettbewerb nicht. Gleiches gilt für den neu aufgenommenen **§ 3 Abs. 5 Nr. 6 Satz 2 (fehlte in dem entsprechenden bisherigen § 3 Nr. 4 lit. c),** wonach freihändige Vergaben bis zu einem Auftragswert von 10 000 Euro ohne Umsatzsteuer zulässig sind. In **§ 3 a** sind die Vergabearten des europäischen Wettbewerbs geregelt. Wesentliche Änderungen haben sich hier nicht ergeben. In **Abs. 1 Nr. 4 (bisher Nr. 1 lit. d)** wurde präzisiert, welchen Inhalt die Verhandlungen in einem Verhandlungsverfahren haben dürfen. In **Abs. 6 Nr. 1 (bisher Nr. 6 lit. a)** wird das Verhandlungsverfahren für zulässig erklärt, wenn in einem vorausgegangenen offenen oder nicht offenen Verfahren keine wirtschaftlichen Angebote vorgelegt wurden. Dies ist gegenüber der bisherigen Formulierung „annehmbare Angebote" eine klarere Fokussierung auf die wettbewerbsrelevanten Aspekte. In **§ 4** werden **die Vertragsarten** geregelt, die **zuvor in § 5** enthalten waren. **§ 5** enthält die **Regelungen zur Vergabe nach Losen,** die **zuvor in § 4** geregelt war. Inhaltliche Änderungen wurden hier nicht vorgenommen. Neben diesen Begriffserläuterungen enthält die VOB/A in den **§§ 21 und 21a (bisher § 31 und 31a) die Pflicht zur Angabe der Nachprüfungsbehörden,** in **§§ 22 und 22a (bisher §§ 32 und 32a) die Definition der Baukonzession und ihre Einordnung in das Vergaberecht,** in **23a (bisher § 33a) die Melde- und Berichtspflichten gegenüber der EU über erteilte Aufträge.** Änderungen haben sich auch hier, außer redaktionellen Anpassungen, nicht ergeben. Neu aufgenommen wurde **§ 19 Abs. 5,** wonach Auftraggeber fortlaufend auf Internetportalen oder in ihren Beschaffungsprofilen über beabsichtigte beschränkte Ausschreibungen ab einem voraussichtlichen Auftragswert von 25 000 Euro ohne Umsatzsteuer informieren müssen. Das Vergabeverfahren selbst gliedert sich nach der VOB/A in Vorbereitung, Durchführung, Auswahl und begleitende Dokumentation.

199 **aa) Vorbereitung.** Der schwierigste und fehleranfälligste Teil eines Vergabeverfahrens ist regelmäßig die Klärung des eigenen Bedarfs. Der Auftraggeber legt fest, was er beschaffen und welche Eignungsanforderungen er an seinen späteren Vertragspartner stellen will. Dabei muss er seine Anforderungen so gestalten, dass sie einerseits seinen Bedarf decken und andererseits den Wettbewerb nicht ohne sachlichen auftragsbezogenen Grund verengen.

200 Das Recht auf **diskriminierungsfreien Zugang zum Wettbewerb (§ 97 Abs. 1 und 2)** setzt daher den **Eignungsanforderungen** Grenzen, die in **§§ 6 und 6a (bisher §§ 8 und 8a)** geregelt sind, wo bestimmt wird, wer am Wettbewerb teilnehmen darf und welche Unterlagen zur Prüfung der Eignung verlangt werden können. **§ 6 Abs. 3 Nr. 4 (bisher § 8 Nr. 3 Abs. 3)** enthält dazu eine Öffnungsklausel, die erlaubt, auch andere als die in der Regelung genannten Eignungsnachweise zu verlangen. In dem neu eingeführten **§ 6a Abs. 7** ist dem jedoch schon ein **Korrektiv** entgegengesetzt, dass der Umfang der Nachweise sowie die ggf. gestellten Mindestanforderungen an die Leistungsfähigkeit **mit dem Auftragsgegenstand zusammenhängen und diesem angemessen sein müssen.** Damit soll sichergestellt werden, dass die Eignungsanforderungen nicht durch Übermaß zur Wettbewerbsverengung führen und nicht ohne sachlichen Grund Bietern der Zugang zum Wettbewerb verwehrt wird. Da die geforderten Nachweise im späteren Auswahlverfahren alle geprüft und transparent bewertet werden müssen, enthält die Anforderung von unreflektiert vielen Eignungsnachweisen zudem ein hohes Fehlerpotential.

Ebenfalls als Umsetzung des Rechts auf diskriminierungsfreien Wettbewerb sind die Anforde- **201** rungen an eine in jeder Hinsicht **neutrale Leistungsbeschreibung in § 7 (bisher § 9)** zu sehen. Die Leistungsbeschreibung darf, von konkret bestimmten Ausnahmen abgesehen, **weder bestimmte Produkte noch Marken** fordern und darf auch die **Ausführungsart** nicht ohne sachlichen auftragsbezogenen Grund an bestimmte Fertigungswege knüpfen, die den Wettbewerb verengen. **§ 7 (bisher § 9)** enthält daher umfangreiche Regelungen, wie bei bestimmten baulichen Aspekten die Neutralität zu wahren ist und regelt ua. den **Umgang mit Gütezeichen.** Die Leistung ist so **eindeutig und erschöpfend** zu beschreiben, dass sie Bewerber **im gleichen Sinn verstehen** und ihre **Preise sicher und ohne umfangreiche Vorarbeiten berechnen** zu können **(§ 7 Abs. 1, bisher § 9 Nr. 1).** **Ungewöhnliche Wagnisse,** zB. durch nicht vom Bewerber zu beeinflussende Faktoren, dürfen dem Bewerber nicht aufgebürdet werden. Daher sind **alle die Preisermittlung beeinflussenden Faktoren** mitzuteilen, zB. auch die Boden- und Wasserverhältnisse an einer Baustelle **(§ 7 Abs. 1 Nr. 6, bisher § 9 Nr. 3 Abs. 3).** Zu den technischen Anforderungen enthält die **VOB/A** einen **Anhang TS Nr. 1,** der allen Bewerbern gleichermaßen zugänglich gemacht werden muss **(§ 7 Abs. 3, bisher § 9 Nr. 5).** Lässt das beabsichtigte Bauprojekt eine konkrete Leistungsbeschreibung **(§ 7 Abs. 9, bisher § 9 Nr. 11)** nicht zu oder erscheint dieser Weg nach Abwägung aller Umstände unzweckmäßig, ist auch eine **funktionale Leistungsbeschreibung zulässig (§ 7 Abs. 13, bisher § 9 Nr. 15).** Hier muss die Beschreibung der Bauaufgabe in einem **Leistungsprogramm** alle für die Angebote maßgebenden Bedingungen und Umstände enthalten. Der Zweck der fertigen Leistung sowie die an sie gestellten technischen, wirtschaftlichen, gestalterischen und funktionsbedingten Anforderungen sind anzugeben. Um eine transparente Auswahl des besten Lösungsvorschlage zu erleichtern, kann der funktionalen Leistungsbeschreibung ggf. ein **Musterleistungsverzeichnis** ohne Mengenangaben beigefügt werden **(§ 7 Abs. 14, bisher § 9 Nr. 13).** Ausführungsfristen **(§ 9, bisher § 11)** sind ausreichend zu bemessen.

Weiterer zentraler Schritt für den diskriminierungsfreien Wettbewerb ist die **Bekanntma- 202 chung der Ausschreibung, §§ 12 und 12a (bisher §§ 17, 17a).** National kann dies zB. in Tageszeitungen, amtliche Veröffentlichungsblättern oder auf Internetportalen geschehen. Im europaweiten Wettbewerb hat die **Bekanntmachung im Amtsblatt der EU nach den Mustern der Anhänge I und II zur VOB/A** zu erfolgen. Die Bekanntmachungen werden auch auf den Internetseiten der EU veröffentlicht. Damit ausreichend Zeit zur Kenntnisnahme von der Ausschreibung für Bieter aus anderen Mitgliedstaaten besteht, sind **Fristen** einzuhalten, die den Zeitraum zwischen Bekanntmachung und Anforderung der Angebotsunterlagen sowie zur Abgabe eines Angebotes festlegen. Diese Fristen sind, getrennt für die verschiedenen Vergabearten, in **§ 10 und 10a (bisher 18 und 18a)** geregelt. Sie können aus besonderem Grund und nach Vorabinformation im Amtsblatt der EU verkürzt werden.

bb) Durchführung. Nach Bekanntmachung der Ausschreibung sind **den Bewerbern auf 203 deren Anforderung die Vergabeunterlagen** zuzusenden. Diese müssen für alle Bewerber gleich sein. Was zu den Vergabeunterlagen gehört, regeln **§§ 8 und 8a (bisher § 10 und 10a).** Neben der Aufforderung zur Abgabe eines Angebotes müssen die für das spätere Vertragsverhältnis vorgesehenen technischen oder kaufmännischen Bedingungen beigefügt sein, ebenso wie eindeutige Anforderungen, welche Unterlagen mit dem Angebot oder auf Anforderung vorzulegen sind. Kern der Unterlagen ist das Leistungsverzeichnis, zu dem das Angebot einschließlich der Preise abgegeben werden soll. Der Auftraggeber muss, soweit er notwendige Informationen nicht in den Unterlagen darlegen kann, auch mitteilen, wo und in welcher Form die Bewerber die notwendigen Informationen erhalten können und den Zugang für alle Bewerber in gleicher Weise sicherstellen **(§ 12 Abs 5, bisher § 17 Nr. 5 für die Einsichtnahme in Pläne,** gilt aber auch für notwendige Ortsbesichtigungen o.ä.). Alle den Bewerbern und Bietern zukommenden Informationen müssen **mit allgemein zugänglichen Medien** erfolgen, zB. klassische Post, Fax, Email über allgemein kompatible Netze, **§ 11, bisher § 16.** Der Auftraggeber legt auch fest, in welcher Form er die Angebote haben will. Während in der bisherigen Fassung des **§ 21 Nr. 1 Abs. 4 der Auftraggeber zulassen** konnte, dass der Bieter bei Angebotsabgabe eine **selbst gefertigte Kurzfassung** des Leistungsverzeichnisses mit Preisangaben benutzte, ist diese **Entscheidung** in der Fassung des neuen **§ 13 Abs. 1 Nr. 6 bereits**

dahingehend getroffen, dass Bieter dies tun können, wenn sie sich an den Wortlaut und die Untergliederung des Leistungsverzeichnisses halten

204   Unabhängig von dem gewählten Vergabeverfahren sind **stets alle eingehenden Bewerber- oder Bieterunterlagen geheim zu halten** (§§ 11 a Abs. 1, bisher 16 a Nr. 1, § 13 Abs. 1 Nr. 1 und 2, bisher 21 Nr. 1 Abs. 1 und 2). Das gilt auch im elektronischen Verfahren, wo die Geheimhaltung durch **Verschlüsselung** hergestellt werden muss. Hier ist in der neuen Fassung eine **Änderung** insoweit eingetreten, als die Verschlüsselung bisher bis zum Ablauf der Frist zur Einreichung der Angebote aufrecht zu erhalten war. Nunmehr ist die **Verschlüsselung bis zur Öffnung des ersten Angebotes aufrecht zu erhalten.** Das mag in der Praxis zwar selten einen Unterschied machen, da die Angebotsöffnung unmittelbar nach Ablauf der Angebotsfrist erfolgen soll. Es ist jedoch nicht ausgeschlossen, dass es einen Zeitverzug zwischen dem Abgabetermin für die Angebote und der Öffnung des ersten Angebotes gibt. Für diesen Fall ist es wichtig, die Geheimhaltung aufrecht zu erhalten, um Manipulationen zu vermeiden.

205   Die **Auswahl** des erfolgreichen Angebotes beginnt mit einer **öffentlichen Submission.** Bei der Eröffnung der Angebote dürfen **die Bieter und ihre Bevollmächtigten** anwesend sein (**§ 14,** bisher **§ 22**). Verlesen und in einem Protokoll festgehalten werden die Feststellung, welche Angebote unversehrt bzw. noch ordnungsgemäß verschlüsselt waren (**§ 14 Abs. 3,** **bisher § 22 Nr. 3**), die Bieter, die Preise, Angaben über Preisnachlässe oä. sowie die Zahl der Nebenangebote (**§ 14 Abs. 3 Nr. 2, bisher § 22 Nr. 3 Abs. 2**). Separat erfasst werden verspätet eingegangene oder rechtzeitig eingegangene, aber im Termin nicht vorgelegte Angebote (**§ 14 Abs. 5 und 6, bisher § 22 Nr. 5 und 6**).

206   Die **Prüfung der Angebote** erfolgt in verschiedenen Phasen oder Stufen, die sich aus **§ 16 und 16 a** (bisher **§§ 25 und 25 a** sowie ergänzend aus **§ 23 und 8 Nr. 5 Abs. 1**) ergeben. Jede Phase soll **für sich abgeschlossen** geprüft und zu einem Ergebnis geführt werden, bevor die Prüfung der nächsten Phase beginnt. Ein einmal in einer Phase oder Stufe erreichtes Ergebnis darf **nicht ohne sachlichen Grund** und erst recht nicht, um ein unerwünschtes Gesamtergebnis zu kippen, wieder geändert werden. Werden entscheidungserhebliche Tatsachen erst später bekannt, darf in die Prüfung einer schon abgeschlossenen Phase allerdings wieder eingetreten werden. In der **ersten Phase** wird die **formale Übereinstimmung der Angebote mit den Anforderungen** geprüft (lag das Angebot pünktlich vor (**§ 16 Abs. 1 Nr. 1 a, bisher § 23 Nr. 1 Abs. 1 a**), enthält es die geforderten Preise und Angaben (**§ 16 Abs. 1 Nr. 1 b, bisher § 23 Nr. 1 Abs. 1 b**), wobei **§ 16 Abs. 1 Nr. 1 c abweichend** von der bisherigen strengen Praxis eine fehlende Preisangabe in einer einzelnen Position zulässt, wenn sie für das Wettbewerbsergebnis nicht ausschlaggebend ist; enthält das Angebot nicht zugelassene Nebenangebote (**§ 16 Abs. 1 Nr. 1 e**). Ist nach der formalen Prüfung das Angebot wertbar, wird in der **zweiten Phase die Eignung des Bieters** geprüft. Dazu sind die geforderten Nachweise zu prüfen (**§ 16 Abs. 2, bisher § 25 Nr. 2**). Zu berücksichtigen ist zusätzlich, ob der Bieter in Bezug auf die Ausschreibung wettbewerbswidrige Abreden getroffen (**§ 16 Abs. 1 d, bisher § 23 Nr. 1 Abs. 1 c**) oder vorsätzlich unzutreffende Angaben zu seiner Eignung gemacht hat (**§ 16 Abs. 1 g, bisher § 23 Nr. 1 d**) oder ob sich das Unternehmen in Insolvenz oder in Liquidation befindet, nachweislich schwere, die Zuverlässigkeit in Frage stellende Verfehlungen begangen hat, Steuern, Abgaben und Beiträge nicht gezahlt oder das Unternehmen nicht zur Berufsgenossenschaft angemeldet hat (**§ 16 Abs. 1 Nr. 2, bisher § 23 Nr. 1 Abs. 2 iVm § 21 Nr. 3 und § 8 Nr. 5 Abs. 1**). Der neu eingefügte **§ 16 Abs. 1 Nr. 3** lässt abweichend von der bisherigen Praxis **das Nachfordern von Eignungsunterlagen** unter enger Fristsetzung zu. Nach Feststellung der Eignung des Bieters wird in der **dritten Phase** das Angebot inhaltlich geprüft und bewertet. Nach einer **rechnerischen, technischen und wirtschaftlichen Prüfung** (**§ 16 Abs. 3, bisher § 23 Nr. 2**) werden Angebote mit unangemessen niedrigem oder hohem Preis ausgeschlossen, soweit nicht der Bieter Aufklärung im Rahmen einer zulässigen Aufklärung geben kann (**§ 16 Abs. 6 Nr. 2, bisher § 25 Nr. 3**). Art und Umfang zulässiger **Aufklärung von Angebotsinhalten** ergeben sich aus **§ 15, bisher § 24**. Die Regelung ist sprachlich dadurch klarer gefasst worden, dass sie statt von Verhandlung nunmehr von **Aufklärung** spricht, was deutlicher macht, dass an **dem vorliegenden Angebot nichts mehr geändert werden darf.** § 16 a, bisher § 25 a enthält für den europaweiten Wettbewerb die zusätzliche Regelung, dass bei der Bewertung der Angebote **nur die bekannt gemachten Kriterien und deren Gewichtung** (**§ 16 a Abs. 1**) berücksichtigt werden dürfen. Geregelt ist außerdem, dass Angebote, die **aufgrund einer Beihilfe ungewöhnlich niedrig** sind, nicht ausgeschlossen werden müssen, wenn der Bieter den Nachweis erbringt, dass die Beihilfe rechtmäßig gewährt wurde (**§ 16 a Abs. 2**). **Der Zu-**

schlag (§ 18, bisher § 28) soll auf das Angebot erteilt werden, das unter Berücksichtigung aller Gesichtspunkte als das wirtschaftlichste erscheint. Der niedrigste Preis ist nicht allein entscheidend (§ 16 Abs. 6 Nr. 3, bisher § 25 Nr. 3 Abs. 3). Zulässige Nebenangebote sind in der Wertung wie Hauptangebote zu behandeln (§ 16 Abs. 7, bisher § 25 Nr. 4).

Liegt **nach Abschluss der Wertung** kein den Ausschreibungsanforderungen entsprechen- 207 des oder kein wirtschaftliches Angebot vor, kann die **Ausschreibung aufgehoben** werden (§§ 17 und 17 a, bisher §§ 26 und 26 a). Wird der Auftrag erteilt, ist dies im Amtsblatt der EU bekannt zu machen (§ 18 a, bisher § 28 a). Erfolglosen Bewerbern und Bietern ist auf Verlangen mitzuteilen, aus welchen Gründen ihr Angebot nicht erfolgreich war, den Bietern, die ein ordnungsgemäßes Angebot eingereicht haben sind auch die Merkmale und Vorteile des erfolgreichen Angebotes sowie der Name des erfolgreichen Bieters mitzuteilen (§§ 19 **und** 19 a, bisher § 27 **und** 27 a). Diese Information steht **unabhängig neben der verpflichtenden Information** nach § 101 a GWB und geht über diese inhaltlich hinaus. Insbesondere sieht die Information nach § 101 a Abs. 1 GWB nicht vor, auch die Merkmale und Vorteile des erfolgreichen Angebotes mitzuteilen, über die auf Antrag nach § 19 hier aber zu informieren ist. Nach § 19 a (bisher § 27 a) beschränkt sich dieser Auskunftsanspruch auf die Bieter, die ein ordnungsgemäßes Angebot abgegeben haben.

cc) Dokumentation. § 20 weitet die **bisherige** in § 30 niedergelegte **Regelung zum** 208 **Vergabevermerk** deutlich aus. In der alten Fassung war lediglich ein Vermerk gefordert, der die einzelnen Stufen des Verfahrens, die maßgebenden Feststellungen sowie die Begründung der einzelnen Entscheidungen enthielt. Wann der Vermerk zu erstellen war und was er zumindest enthalten musste, war nicht festgelegt. § 20 der reformierten VOB/A trägt in seiner ausführlicheren Fassung dem **Grundsatz aus** § 97 Abs. 1 Rechnung, wonach Vergabeverfahren transparent sein müssen. **Transparenz** bedeutet, dass ein verständiger, aber mit dem Vergabeverfahren nicht befasster Dritter die Vergabeentscheidung des Auftraggebers in allen Phasen des Verfahrens nachvollziehen können muss. Es muss **nachprüfbar dargestellt** sein, aus welchen Gründen sich der Auftraggeber für ein bestimmtes Verfahren, einen bestimmten Bieter und sein Angebot entschieden hat (ausführlich hierzu s. Kommentierung zu § 97 Abs. 1). § 20 führt deshalb in **Abs. 1 Ziffern 1–10,** ausdrücklich als **Mindestinhalt** definiert, auf, dass der Vermerk enthalten muss: Namen und Anschrift des Auftraggebers (Ziffer 1), Art und Umfang der Leistung (Ziffer 2), Wert des Auftrages (Ziffer 3), Namen der berücksichtigten Bewerber oder Bieter und Gründe für ihre Auswahl (Ziffer 4), Namen der nicht berücksichtigten Bewerber oder Bieter und die Gründe für die Ablehnung (Ziffer 5), Gründe für die Ablehnung von ungewöhnlich niedrigen Angeboten (Ziffer 6), Name des Auftragnehmers und Gründe für die Erteilung des Zuschlags auf sein Angebot (Ziffer 7), Anteil der beabsichtigten Weitergabe an Nachunternehmen, soweit bekannt (Ziffer 8), bei beschränkter Ausschreibung und freihändiger Vergabe Gründe für die Wahl des jeweiligen Verfahrens (Ziffer 9) und ggf. die Gründe, aus denen der Auftraggeber auf die Vergabe eines Auftrags verzichtet hat (Ziffer 10). **Darüber hinaus** kann es je nach Sachverhalt sinnvoll sein, auch die **Schätzung des Auftragswerts** zu dokumentieren, insbesondere wenn dieser den Schwellenwert nur knapp unterschreitet und die Angebotspreise darüber liegen. Sinnvoll kann auch die **Dokumentation der einzelnen Prüfungsschritte innerhalb einer vorab mitgeteilten Systematik oder Matrix** sein, da ein Wertungsausfall zu Aufhebung der Ausschreibung durch die Nachprüfungsinstanzen führen kann. Vollständigkeit ist daher ein entscheidender Gesichtspunkt für die erfolgreiche, einer Nachprüfung standhaltenden Durchführung eines Vergabeverfahrens. Sachverhalte, die sich nicht aus der Dokumentation ergeben, können nachträglich nur schwer bewiesen werden, da Zeugenaussagen seitens des Auftraggebers und seiner Beschäftigten wegen der damit verbundenen Manipulationsanfälligkeit kaum Gewicht haben. Möglich und zulässig wäre der Nachweis durch beim Auftraggeber noch vorhandene Arbeitsunterlagen in den Vergabeakten.

Neben der Angabe der Mindestinhalte enthält § 20 Abs. 1 auch die im **bisherigen** § 30 209 noch nicht enthaltene Forderung, dass die **Dokumentation zeitnah** zu erstellen ist. Das trägt dem Umstand Rechnung, dass ein Vergabeverfahren in jeder Phase seiner Durchführung angegriffen und die Akten jederzeit unterhalb der Schwellenwerte von der Aufsichtsbehörde, oberhalb der Schwellenwerte von der Vergabekammer angefordert werden können. Der zu diesem Zeitpunkt erreichte Verfahrensstand muss bereits nachvollziehbar dokumentiert sein. § 20 **Abs. 1** kann daher so verstanden werden, dass **jede einzelne Stufe des Vergabeverfahrens möglichst zeitnah zu dokumentieren** ist, damit die Dokumentation in jeder Phase des Verfahrens die schon erfolgten Entscheidungen des Auftraggebers nachvollziehbar macht.

VIII. Dienstleistung (Abs. 4)

Schrifttum: *Berger/Tönnemann,* Die Ausschreibung von Rettungsdienstleistungen, VergabeR 2009, 129; *Burgi,* Verwaltungssponsoring und Kartellvergaberecht, NZBau 2004, 594; *Kasper,* Sponsoring und Vergaberecht, DÖV 2005, 11; *Knopp,* Papierverwertung via „Dienstleistungskonzession"?, DöV 2004, 604; *Müller-Wrede,* Sponsoring und Vergaberecht, Festschrift für Reinhold Thode, 2005, S. 431; *Radke/Hilgert/Mardorf,* Die Beschaffung von juristischen Datenbanken als Vergabeproblem, NVwZ 2008, 1070; *Voppel/Osenbrück/Bubert,* VOF Kommentar, 2. Aufl. 2008.

210   **1. Begriff der Dienstleistung. a) Negative Definition.** Abs. 4 dient als **Auffangtatbestand,** der grundsätzlich alle Verträge über Leistungen erfassen soll, die weder Bau- noch Lieferaufträge nach den Absätzen 2 und 3 sind.[539] Damit greift das GWB die europäische Systematik gemäß Art. 1 Abs. 2 lit. d VKR auf. Das Gesetz verzichtet auf eine positive Definition der Dienstleistung, es ist aber aufgrund der Auffangfunktion von einer **weiten Auslegung** des Dienstleistungsbegriffes auszugehen.[540] Alle anderweitig nicht eindeutig zuordnungsfähigen Aufträge sind demnach Dienstleistungsaufträge. Unerheblich für den vergaberechtlichen Begriff der Dienstleistungen ist der Begriff des Dienstleistungsvertrages nach § 611 BGB.[541] Eine Einschränkung des Anwendungsbereichs von § 99 Abs. 4 erfolgt im Rahmen des § 100 Abs. 2, welcher bestimmte Dienstleistungen dem Anwendungsbereich des Vergaberechts entzieht.

211   **b) Gesetz zur Modernisierung des Vergaberechts.** Die auf Grund der **Vergaberechtsreform im Jahr 2009** vorgenommenen Änderungen in Abs. 4 dienen lediglich der **Klarstellung.**[542] Neue rechtliche Beurteilungen ergeben sich hierdurch nicht. So wurde im Rahmen des Absatzes 4 der Passus „Verträge über Leistungen" um den Begriff der „Erbringung" ergänzt und lautet nun: „Verträge über die Erbringung von Leistungen". Der bereits in Absatz 1 enthaltene Hinweis auf die Auslobungsverfahren, die keine Erbringung einer Dienstleistung zum Gegenstand haben und deshalb keinen Dienstleistungsvertrag darstellen, konnte gestrichen werden.

212   **2. Abgrenzung zum Bauauftrag.** Bei der Abgrenzung von Bau – und Dienstleistungsverträgen ist entscheidend, ob es zu nennenswerten **Eingriffen in die Bausubstanz** kommt.[543] **Maßnahmen zur Erhaltung des zum bestimmungsgemäßen Gebrauch** geeigneten Zustands (Sollzustands) ohne oder mit nur geringfügiger substanzeingreifender Wirkung wie die Reinigung, Pflege, Wartung oder Beseitigung von Verschleißerscheinungen bzw. kleineren Schäden werden nicht als Bauleistung, sondern als Dienstleistung qualifiziert. Sind Instandhaltungsarbeiten für die **Erneuerung** und den **Bestand baulicher Anlagen von wesentlicher Bedeutung und mit einem erheblichen Substanzeingriff verbunden,** so sind sie als Bauleistung zu bewerten.[544] Diese Differenzierung beruht auf der in der VKR vorgenommenen Abgrenzung, die in Anhang I die „gewöhnliche Instandsetzung" den Bauleistungen und die in Anhang II die „Instandhaltung und Reparatur" den Dienstleistungen zuordnet. Zur Abgrenzung bei **gemischten Verträgen** siehe die Kommentierung zu Abs. 7 und 8.

213   **3. Abgrenzung zum Lieferauftrag.** Die Frage der Abgrenzung von Liefer- und Dienstleistungsverträgen stellt sich in der Regel bei Aufträgen, die sowohl die Lieferung von Waren als auch die Erbringung von Dienstleistungen umfassen. Diese Problematik **gemischter Verträge** ist in § 99 Abs. 7 und 8 geregelt, vgl. die Kommentierung hierzu.

214   **4. Anwendbare Verdingungsordnungen.** Die Vergabe von Dienstleistungsaufträgen richtet sich nach zwei Vergabeordnungen, nämlich nach der VOL/A und der VOF. Die VOF gilt für Leistungen, die im Rahmen einer freiberuflichen Tätigkeit erbracht oder im Wettbewerb mit freiberuflichen Tätigkeiten angeboten werden und deren Gegenstand eine Aufgabe ist, deren Lösung nicht vorab eindeutig und erschöpfend beschrieben werden kann.[545] Alle übrigen Dienstleistungen sind – ebenso wie Lieferaufträge – der VOL/A unterstellt. Im Bereich der Sektorentätigkeiten gilt die Sektorenverordnung für Dienstleistungsaufträge.

---

[539] OLG Brandenburg, Beschl. v. 15. 5. 2007, Verg W 2/07, VergR 2008, 242–248; OLG Düsseldorf, Beschl. v. 21. 1. 2002, VergabeR 2002, 282, 283.

[540] OLG Brandenburg, Beschl. v. 15. 5. 2007, Verg W 2/07, VergR 2008, 242–248; OLG Stuttgart, Beschl. v. 4. 11. 2002, 2 Verg 4/02, NJOZ 2003, 613; OLG Düsseldorf Beschl. v. 12. 1. 2004, Vg 71/03, NVwZ 2004, 510; VergabeK Lüneburg, Beschl. v. 14. 6. 2005, VWK 22/2005.

[541] *Immenga/Mestmäcker/Dreher* RdNr. 115.

[542] Gesetzentwurf der Bundesregierung, BR-Drucks. 349/08, 31.

[543] Zur Abgrenzung siehe auch RdNr. 172; *Weyand* RdNr. 1625.

[544] *Weyand* RdNr. 1652.

[545] Zur VOF im Einzelnen vgl. RdNr. 232–234.

5. Vorrangige und nachrangige Dienstleistungen. Die VKR verweist in Art. 1 lit. d auf 215
Anhang II, in dem die Kataloge der **vorrangigen** und **nachrangigen** Dienstleistungen enthalten sind. Diese Kategorisierung in Anhang II der VKR ist jeweils in die Anhänge I A und I B
der VOL/A und der VOF übernommen worden. Grundlage für die Referenznummern ist die
Verordnung (EG) Nr. 213/2008.[546]

Die **vorrangigen Dienstleistungen** unterliegen dem **vollständigen Anwendungsbereich** 216
des Vergaberechts, während die nachrangigen Dienstleistungen nur einem **sehr eingeschränkten vergaberechtlichen Reglement** unterworfen sind. Umgesetzt wird diese europäische Vorgabe dadurch, dass § 1 EG Abs. 2 VOL/A bzw. § 1 Abs. 1 VOF für vorrangige
Dienstleistungen den vollumfänglichen Anwendungsbereich des 2. Abschnitts der VOL/A bzw.
der VOF vorsieht, während für nachrangige Dienstleistungen lediglich die Bestimmungen für
die Leistungsbeschreibung und technische Spezifikationen gemäß § 8 EG VOL/A bzw. § 6
Abs. 2 bis 7 VOF, die Angabe der Nachprüfungsstelle gemäß § 15 EG Abs. 10 VOL, die Bekanntmachungspflichten über vergebene Aufträge gem. § 23 EG VOL/A bzw. über vergebene
Aufträge und den Verzicht auf die Auftragserteilung gem. § 14 VOF anwendbar sind; für
Dienstleistungen im Bereich der VOL/A gelten zusätzlich die Basisparagraphen der VOL/A. Im
Rahmen von Lieferaufträgen gilt für Auftraggeber gemäß § 98 Nr. 1 bis 3 und § 98 Nr. 5 die
Vergabe- und Vertragsordnung für Leistungen. § 4 VgV hat insoweit Scharnierfunktion, als
diese Regelung die jeweils maßgeblichen Regelungen benennt. Für Sektorenauftraggeber nach
§ 98 Nr. 4 gilt die Sektorenverordnung. Dennoch sind **auch Vergaben nachrangiger
Dienstleistungen,** soweit die maßgeblichen Schwellenwerte überschritten sind, **der Kontrolle
durch die Vergabekammern unterworfen.**[547] Mit dem deutlich verschlankten vergaberechtlichen Anforderungskatalog bei nachrangigen Dienstleistungen korrespondiert jedoch sachlogisch ein erheblich verringerter Überprüfungskatalog.[548] Demzufolge kann von einem Bieter
nur gerügt werden, dass die Bestimmungen der technischen Spezifikationen nicht eingehalten
sind, die gebotenen Angaben und Bekanntmachungen nicht erfolgt sind oder es Verstöße gegen die allgemeinen Grundsätze wie Diskriminierungsfreiheit und Transparenz gab. Ob die
Verträge zwischen Krankenkasse und Pharmaunternehmen in den Anwendungsbereich des Vergaberechts fallen, ist umstritten. Bei Vergaben nach der VOL kann weiterhin ein Verstoß gegen
die Basisparagraphen (1. Abschnitt der VOL/A) gerügt werden.[549]

6. Besondere Vertragsgestaltungen öffentlich-rechtlicher Dienstleistungsaufträge. 217
a) Abfallbereich Gemäß § 15 Abs. 1 KrW-/AbfG haben öffentlich-rechtliche Entsorger die in
ihrem Gebiet anfallenden Abfälle, zu denen auch das Altpapier gehört, aus privaten Haushalten
zu verwerten oder zu beseitigen. Diese den öffentlich-rechtlichen Entsorgungsträger primär
zugewiesenen Aufgaben von der **Abfallsammlung** über die **Abfallsortierung** bis zur eigentlichen **Abfallverwertung** oder -**beseitigung** können Gegenstand eines öffentlichen Dienstleistungsauftrages iSd. § 99 Abs. 4 sein, wenn der öffentlich-rechtliche Entsorger diese Aufgaben
nicht selbst erbringt, sondern private Dritte beauftragt, diese Aufgabe für ihn zu erfüllen.[550] Ein
solcher entgeltlicher Vertrag unterliegt grundsätzlich der vergaberechtlichen **Ausschreibungspflicht.**[551] Dies entspricht der VKR, welche die Abfallbeseitigung in Anhang II A ausdrücklich
benennt; ebenso sind solche Dienstleistungen jeweils im Anhang I A der VOL/A bzw. der VOF
aufgelistet. Von der Entgeltlichkeit eines solchen Dienstleistungsauftrages ist auch dann auszugehen, wenn der Auftragnehmer zwar im Ergebnis ein Entgelt zahlt, diese Zahlung aber lediglich

---

[546] VO 213/2008 der Kommission v. 28. 11. 2007 zur Änderung der VO 2195/2002 des Europäischen
Parlaments und des Rates über das Gemeinsame Vokabular für öffentliche Aufträge (CPV) und der Vergaberichtlinien des Europäischen Parlaments und des Rates 2004/17 und 2004/18 im Hinblick auf die Überarbeitung des Vokabulars, ABl. 2008 L 74, 1.

[547] OLG Dresden, Beschl. v. 24. 1. 2008, W Verg 0010/07, VergabeR 2008, 567; OLG München,
Beschl. v. 21. 5. 2008, Verg 5/08, VergabeR 2008, 845.

[548] EuGH, C-234/03, Slg. 2005, I-9315.

[549] OLG München, Beschl. v. 21. 5. 2008, Verg 5/08, VergabeR 2008, 845, aA. wohl OLG Stuttgart,
Beschl. v. 7. 6. 2004, 2 Verg 4/04, VergR 2005, 247.

[550] VergabeK Lüneburg, Beschl. v. 18. 3. 2004, 203-VgK-06/2004.

[551] OLG Düsseldorf, Beschl. v. 9. 4. 2003, Verg 66/02, veris online, Vergabedatenbank; *Knopp* DöV
2004, 604, 606; VergabeK Nordbayern, Beschl. v. 9. 9. 2008, 21 VK-3194–42/08;. Davon unberührt bleibt
die Verantwortlichkeit des Auftraggebers für die Erfüllung seiner Pflichten gem. Satz 2 des § 16 Abs. 1 S. 2
KrW-/AbfG. Lediglich bei Abfällen, die nicht in privaten Haushaltungen anfallen, sind die öffentlich-rechtlichen Entsorger gem. § 15 Abs. 2 KrW-/AbfG von ihrer Pflicht befreit, wenn sie einen privaten Dritten mit der Entsorgung beauftragen.

das Ergebnis einer Saldierung einer Dienstleistungskomponente – Entsorgung – und eines Kauf-vertrages – zB. Ankauf von Altpapier – ist. In diesem Fall ist der Entsorgungsauftrag, weil er auch einen Dienstleistungsauftrag enthält, ausschreibungspflichtig.[552] Vor dem Hintergrund, dass es für die Anwendbarkeit des gemeinschaftlichen Vergaberechts grundsätzlich unerheblich ist, ob der Auftragnehmer selbst ein öffentlicher Auftraggeber ist,[553] wurden bisher öffentlich-rechtliche Vereinbarungen zwischen Kommunen über die Erledigung von Abfallentsorgungs-dienstleistungen außerhalb rechtlich selbständiger Organisationseinheiten, etwa in Form eines **kommunalen Zweckverbandes,** als öffentlicher Auftrag angesehen.[554] Nach Ansicht des EuGH unterliegt jedoch eine vertragliche Zusammenarbeit mehrerer Gemeinden in Form der gemeinsamen Beauftragung einer kommunalen Abfallverwertungsgesellschaft nicht dem Verga-berecht, jedenfalls dann nicht, wenn Gegenstand der Zusammenarbeit die Wahrnehmung einer allen beteiligten Kommunen obliegenden öffentlichen Aufgabe, wie hier der Abfallentsorgung, ist.[555]

218   **b) (Notfall-)Rettungsdienstleistungen.** Auch öffentlich-rechtliche Verträge zur Übertra-gung des **Rettungsdienstes** und des qualifizierten **Krankentransportes** auf private Unter-nehmen oder Hilfsorganisationen sind als Dienstleistungsverträge zu qualifizieren, jedenfalls soweit der Leistungserbringer das Entgelt unmittelbar vom Leistungsträger erhält (sogenanntes **Submissionsmodell**). Dies war lange Zeit umstritten. Die mehrheitliche Auffassung verneinte die Anwendbarkeit des Vergaberechts mit dem Argument, dass die Privaten am öffentlich-rechtlichen Rettungsdienst Beteiligte seien und als Verwaltungshelfer nach den Anweisungen der Träger rettungsdienstlicher Aufgaben handelten.[556] Bei der Wahrnehmung dieser Aufgaben seien sie als Hilfspersonen funktional in den Bereich staatlicher Aufgabenerfüllung auf dem Ge-biet des Rettungswesens eingegliedert, so dass die Wahrnehmung rettungsdienstlicher Aufgaben einheitlich und unmittelbar der hoheitlichen Betätigung des Staates zuzurechnen sei. Für die Bundesländer, in denen das Submissionsmodell praktiziert wird, haben allerdings mittlerweile der BGH und der EuGH entschieden, dass die **Vergabe von Rettungsdienstleistungen nach dem Submissionsmodell** kein Fall der Ausübung öffentlicher Gewalt darstellt und da-mit **dem Anwendungsbereich des Vergaberechts unterliegt.**[557]

219   Die Frage nach dem vergaberechtlichen Umgang mit Rettungsdienstleistungen ist für Bundes-länder, in denen das **Konzessionsmodell** Anwendung findet, noch **nicht geklärt.** Das OLG München hat dem EuGH die Frage zur Entscheidung vorgelegt, ob es sich bei der Vergabe von Rettungsdienstleistungen nach dem Konzessionsmodell möglicherweise um eine **Dienstlei-stungskonzession** handelt.[558] Die VK Südbayern hatte dies mit der Begründung bejaht, dem Rettungsunternehmer werde das Recht zur Nutzung der Dienstleistung übertragen und die ihm zu gewährende Vergütung werde von Dritten, in diesem Fall von den kostentragenden Kranken-kassen, gezahlt. Der Auftraggeber als Träger des Rettungsdienstes sei weder an den jährlichen Vertragsverhandlungen noch unmittelbar an der Auszahlung der Entgelte beteiligt.[559]

220   **c) Sponsoring.** Sponsoringverträge sind Verträge, bei denen ein öffentlicher Auftraggeber eine **private Finanzierung** sucht, ohne als Gegenwert einen materiellen Vermögenswert für die Leistung des Sponsors zu bewirken. Die Gegenleistung für den Sponsor besteht in der Regel

---

[552] BGH, Beschl. v. 1. 2. 2005, X ZB 27/04; OLG Düsseldorf, Beschl. v. 27. 10. 2004, VII-Verg 41/04; VK Nordbayern, Beschl. v. 9. 9. 2008, 21.VK-3194-42/08.

[553] EuGH, C-94/99, Slg. 2000, I-11066 – Teckal; EuGH, C-107/98 – ARGE Gewässerschutz, EuZW 2000, 246, 248.

[554] OLG Düsseldorf, Beschl. v. 5. 5. 2004, VII-Verg 78/03, VergR 2004, 619, 621 f.; OLG Frankfurt, Beschl. v. 7. 9. 2004, 11 Verg 11/04, NZBau 2004, 692 ff.

[555] EuGH, Urt. v. 9. 7. 2009, C-480/06, EuZW 2009, 529 – Rugenberger Damm; vgl. Anm. hierzu *Gesterkamp* AbfallR 2009, 229.

[556] OLG Brandenburg, Beschl. v. 18. 9. 2008, Verg W 13/08, veris online, Vergabedatenbank; VG Pots-dam, Beschl. v. 14. 8. 2008, 10 L 342/08; OLG Düsseldorf, Beschl. v. 5. 4. 2006, VII Verg//06, NZBau 2006, 595; OLG Celle, Beschl. v. 24. 11. 1999, 13 Verg 7/99, VergabE C-9-7/99, NZBau 2000, 299, 300; OLG Naumburg, Beschl. v. 19. 10. 2000, 1 Verg 9/00, VergabE C-14-9/00, VergabeR 2001, 134; OLG Brandenburg, Beschl. v. 9. 9. 2004, Verg W 9/04, NZBau 2005, 236; BayObLG, Beschl. v. 28. 5. 2003, 3 B 2/08 HAL; 2. VergabeK Sachsen-Anhalt, Beschl. v. 16. 2. 2006, VK 2 LVwA LSA – 1/06.

[557] BGH Beschl. v. 1. 12. 2008, X ZB 31/08 u. 32/08, BGHZ 179, 84–94; EuGH, Urt. v. 29. 4. 2010, C 160/08, NZBau 2010, 450–458; vgl. Anm. hierzu *Röbke* EuZW 2010, 543; *Berger/Tönnemann* VergabeR 2009, 129.

[558] OLG München, Beschl. v. 2. 7. 2009, Verg 05/09, veris online, Vergabedatenbank.

[559] VergabeK Südbayern, Beschl. v. 3. 4. 2009, Z3-3-3194-1-49-12/08, veris online, Vergabedatenbank.

in Möglichkeiten zur Erzielung werblicher oder anderweitiger öffentlichkeitswirksamer Vorteile, wie der Nennung des Namens des Sponsors oder der Präsentation des Firmenlogos.[560]

Zur Einordnung der Sponsoringverträge in das Vergaberecht gibt es bislang keine Rechtsspre- 221
chung. Zwar liegt Abs. 4 ein weiter Entgeltbegriff zugrunde, der jede Art von **geldwerter Vergütung** umfasst; Maßstab für die Beurteilung muss also sein, ob der Sponsor eine solche geldwerte Gegenleistung erhält.[561] Dennoch wird in den meisten Fällen des reinen Sponsorings **mangels Entgeltlichkeit** die **Anwendung des Vergaberechts abzulehnen** sein.[562] Entscheidend hierfür ist, dass es aus Sicht der **öffentlichen Hand** an einem **Mittelabfluss fehlt.** Auch eine eventuelle **Werbewirkung beim privaten Sponsor** durch Nennung des Namens im Zusammenhang mit einem öffentlichen Auftraggeber **allein genügt nicht,** um das Merkmal der Entgeltlichkeit zu bejahen. Es ist schwer vorhersehbar, ob sich die durch ein Sponsoring möglicherweise eingeräumten Vorteile jemals realisieren werden. Das wirtschaftliche Risiko, ob sich die Werbung damit, Sponsor einer staatlichen Leistung zu sein, jemals in konkreten Aufträgen und damit in Mittelzuflüssen niederschlägt, liegt vollständig beim privaten Spender.[563] Dies ähnelt der Situation bei der Dienstleistungskonzession, die nicht vom Anwendungsbereich des Vergaberechts erfasst ist. Wenn die Sponsorenleistung also in der **bloßen Zurverfügungstellung von Geldmitteln** ohne Gegenleistung der öffentlichen Hand – besteht, ist der **Anwendungsbereich von § 99 nicht eröffnet.**[564] Liegt die Sponsorenleistung in der Förderung von Verwaltungsaufgaben in Form von Dienstleistungen und besteht die Gegenleistung des öffentlichen Auftraggebers in der Übertragung des Nutzungsrechts für die erbrachten Dienstleistungen auf den Sponsor, wie zB. bei einer werbefinanzierten Fahrgastinformation in öffentlichen Verkehrsmitteln, so liegt eine **Dienstleistungskonzession** vor. Eine Dienstleistungskonzession ist jedoch dann zu verneinen, wenn Sponsoren, die den Staat unterstützen, nicht ihre eigene Dienstleistung wirtschaftlich nutzen, sondern vom konkreten Dienstleistungsgegenstand losgelöste werbliche Vorteile bezwecken, indem sie den Staat als eine Art Werbeträger nutzen.[565]

d) Datenbankdienste. Die Inanspruchnahme von Datenbankdiensten unterliegt grundsätz- 222
lich dem Vergaberecht, üblicherweise in Form eines Dienstleistungsvertrages. Umstritten ist in diesem Zusammenhang, ob die Zusammenarbeit des Bundes und der Länder mit der **juris GmbH** vergabefrei möglich ist. Die von der Bundesrepublik 1973 gegründete juris GmbH ist die führende Anbieterin von Rechtsinformationsdiensten in Deutschland. Auf Grund einer Kooperationsvereinbarung zwischen der Bundesregierung und der juris GmbH ist diese verpflichtet, das Rechtsinformationssystem zu pflegen und zu betreiben und allen Bundesbehörden in vollem Umfang Zugriff zum System zu gewähren. Im Gegenzug erhält die juris GmbH eine jährliche Vergütung. Weiter werden der juris GmbH Gesetzesunterlagen und Gerichtsurteile in einer besonderen Form zur exklusiven Nutzung zur Verfügung gestellt. Nach einer Teilprivatisierung im Jahr 2001 hält die Bundesrepublik Deutschland derzeit 50,1% der Anteile der juris GmbH. Im Jahr 2006 haben die Justizbehörden von 13 Ländern[566] Aufträge über Datenbankdienste an die juris GmbH vergeben, womit ihre Justizbehörden Zugriff auf die Datenbank erhalten. Diese Aufträge wurden in einem Verhandlungsverfahren ohne vorherige Bekanntmachung erteilt. Die Europäische Kommission hat Zweifel, ob die Zusammenarbeit des Bundes und der Länder mit der juris GmbH vergabefrei möglich ist. Sie hat deshalb ein **Vertragsverletzungsverfahren** nach Art. 258 AEUV gegen die Bundesrepublik eingeleitet. Die Kommission sieht in der im Rahmen der Privatisierung vorgenommenen Überarbeitung und Änderung der Kooperationsvereinbarung einen neuen Auftrag, der laut VKR im Rahmen einer europaweiten Ausschreibung hätte erteilt werden müssen. Auch die Verträge zwischen den Ländern und der juris GmbH hätten nach Ansicht der Europäischen Kommission in einem offenen bzw. nicht offenen Vergabeverfahren europaweit ausgeschrieben werden müssen.[567] Eine solche Ausschreibungspflicht war jedoch in den Jahren 2006 bzw. erst recht 2001 richtigerweise auf der Grundlage von Art. 31 Abs. 1 lit. b VKR bzw. § 3a Nr. 2 lit. c VOL/A 2006 zu verneinen. Zu

---

[560] *Kasper* DÖV 2005, 11.
[561] *Müller-Wrede,* FS Thode, 431; BayObLG, Beschl. v. 11. 12. 2001, Verg 15/01, NZBau 2002, 234, 235.
[562] *Burgi* NZBau 2004, 594, 599.
[563] *Burgi* NZBau 2004, 594, 598.
[564] *Burgi* NZBau 2004, 594, 598.
[565] *Burgi* NZBau 2004, 594, 599.
[566] Baden-Württemberg, Brandenburg, Hamburg, Hessen, Mecklenburg-Vorpommern, Niedersachsen, Nordrhein-Westfalen, Rheinland-Pfalz, Saarland, Sachsen, Sachsen-Anhalt, Schleswig-Holstein und Thüringen.
[567] EU, Pressemitteilung v. 14. 4. 2009, EuZW 2009, 314, 315.

diesen Zeitpunkten erfüllte kein anderer Datenbank-Anbieter sämtliche Anforderungen an eine leistungsfähige juristische Datenbank, welche aktuelle und historische Gesetzesstände nachweisen konnte, über eine umfassende und dokumentarisch hochwertig aufbereitete Entscheidungssammlung verfügte, führende juristische Kommentare und Zeitschriften in den wichtigsten Rechtsgebieten aufwies und alle diese Leistungen unter einer gemeinsamen Oberfläche und Benutzerführung miteinander zu einem Gesamtwerk verknüpfte.[568] Angesichts zunehmender Konkurrenz auf dem Gebiet juristischer Datenbanken muss jedoch bezweifelt werden, ob zukünftig eine ausschreibungsfreie Vergabe noch möglich sein wird.

223   **7. Dienstleistungskonzessionen. a) Begriff der Dienstleistungskonzession.** Die Dienstleistungskonzession unterscheidet sich von einem entgeltlichen Dienstleistungsauftrag iSd. § 99 dadurch, dass die Gegenleistung für die Erbringung des Auftrags nicht in einem zuvor festgelegten Preis besteht, sondern in dem **Recht,** die zu erbringende **eigene Leistung** (kommerziell) **zu nutzen** oder gegen Entgelt **zu verwerten** oder in diesem Recht und einer zusätzlichen Bezahlung. Der Erbringer der Leistung erhält also das Recht, die eigene Leistung zu nutzen und wirtschaftlich zu verwerten. Dies entspricht der Definition der Dienstleistungskonzession in Art. 1 Abs. 4 VKR. Eine deutsche Umsetzungsnorm hierzu gibt es nicht. In der **Mitteilung der EU Kommission** heißt es hierzu erklärt: „Eine Dienstleistungskonzession hat zudem üblicherweise Tätigkeiten zum Inhalt, die nach ihrer Art, nach ihrem Gegenstand und nach den Vorschriften, denen sie unterliegen, in den Verantwortungsbereich des Staates fallen und die Gegenstand von ausschließlichen und besonderen Rechten sein können."[569]

224   Maßgeblich für das Vorliegen einer Dienstleistungskonzession ist die dem Konzessionär eingeräumte Nutzungsbefugnis und das durch die Eigenart der Entgeltlichkeit des Vertrags erheblich oder vollständig **auf den Konzessionär verlagerte wirtschaftliche Risiko.**[570] Das ist nicht der Fall, wenn der Leistungserbringer die ihm zustehende **Vergütung ausschließlich und unmittelbar vom Aufgabenträger** erhält.[571] Der Qualifizierung als Dienstleistungskonzession steht es jedoch nicht entgegen, wenn aufgrund der öffentlich-rechtlichen Ausgestaltung das mit der fraglichen Dienstleistung **verbundene Risiko von vornherein eingeschränkt** ist (zB. Anschluss- und Benutzungszwang der Endabnehmer; Preiskalkulation nach dem Kostendeckungsprinzip). Auch in diesem Fall ist von einer Dienstleistungskonzession – und nicht einem Dienstleistungsvertrag – auszugehen, wenn der Auftragnehmer jedenfalls dieses eingeschränkte Risiko in vollem Umfang oder zumindest zu einem erheblichen Teil übernimmt.[572]

225   Enthält ein Beschaffungsvertrag sowohl Elemente einer Dienstleistungskonzession als auch eines Dienstleistungsauftrags, so sind die vergaberechtlichen Vorschriften insgesamt anzuwenden, jedenfalls dann, wenn der Dienstleistungsauftrag nicht nur eine untergeordnete Rolle spielt.[573] Ist ein Teil des abzuschließenden Vertrags als ausschreibungspflichtiger Dienstleistungsauftrag zu qualifizieren, ist der Anwendungsbereich der §§ 97 ff. grundsätzlich eröffnet. Denn andernfalls könnte der öffentliche Auftraggeber ausschreibungspflichtige Leistungen dem Anwendungsbereich des Vergaberechts dadurch entziehen, dass er sie in einem Gesamtauftrag gemeinsam mit nicht dem Vergaberecht unterfallenden Leistungen vergibt.[574]

226   **b) Keine Anwendung des Vergaberechts auf Dienstleistungskonzessionen.** Dienstleistungskonzessionen unterliegen nicht dem Vergaberecht.[575] Sowohl die VKR (Art. 17) als auch die SKR (Art. 18) klammern Dienstleistungskonzessionen von ihrem Anwendungsbereich aus. Im Vergleich zu Baukonzessionen, die gemäß Abs. 1 und 2 ausdrücklich in den Definitionskatalog des öffentlichen Auftrags aufgenommen wurden, fehlt es an einer entsprechenden Einbeziehung der Dienstleistungskonzession in den Regelungsbereich der §§ 97 ff.[576]

---

[568] *Radke/Hilgert/Mardorf* NVwZ 2008, 1070.

[569] Mitteilung der Kommission zu Auslegungsfragen im Bereich Konzessionen im Gemeinschaftsrecht, ABl. C 121 v. 29. 4. 2000.

[570] EuGH, C-324/07; Urt. v. 13. 11. 2008 – Parking-Brixen, NZBau 2005, 544; VergabeK Baden-Württemberg, Beschl. v. 29. 7. 2008, 1 VK 25/98; OLG Brandenburg, Beschl. v. 30. 5. 2008, Verg W 5/08; VergabeR 2008, 468–476; OLG Hamburg, Beschl. v. 7. 12. 2007, 1 Verg 4/07, NDV-RD, 2008, 30–33.

[571] OLG Dresden, Beschl. v. 4. 7. 2008, WVerg 3/08, VergabeR 2008, 809–818.

[572] EuGH, Urt. v. 10. 9. 2009, C-206/08, RdNr. 46 ff. – Eurawasser.

[573] VergabeK Baden-Württemberg, Beschl. v. 29. 7. 2008, 1 VK 25/08.

[574] OLG Karlsruhe, Beschl. v. 15. 10. 2008, 15 Verg 9/08, veris online, Vergabedatenbank.

[575] EuGH, C-324/98, Slg. 2000, I-10745 – Telaustria.

[576] EuGH, Urt. v. 13. 11. 2008 C-324/07, EuZW 2009, 55–58 – Coditel Brabant; BR-Drucks. 349/08, 29.

c) Nachprüfbarkeit der Vergabe von Dienstleistungskonzessionen. Der EuGH ver- **227** langt auch für den Abschluss von Dienstleistungskonzessionsverträgen, dass die Grundregeln des europäischen **Primärrechts** im allgemeinen und insbesondere das Verbot der Diskriminierung aus Gründen der Staatsangehörigkeit im besonderen zu beachten sind und eine **Nachprüfung,** ob die Vergabeverfahren unparteiisch durchgeführt wurden, möglich sein muss.[577] Diese Anforderung ergibt sich zudem aus der Rechtsweggarantie des Art. 19 Abs. 4 GG.[578] Mindeststandard bei der Vergabe von Dienstleistungskonzessionen ist deshalb die Wahrung einer angemessenen **Transparenz** durch eine **rechtzeitige Bekanntmachung** der geplanten Vergabe, die allerdings nicht im Amtsblatt der EU erfolgen muss, und die Einhaltung eines **diskriminierungsfreien** fairen Wettbewerbs; als Orientierung können hier die Maßstäbe für die Gleichbehandlung im Rahmen eines Vergabeverfahrens nach GWB herangezogen werden.[579] Die Ausgestaltung dieses Wettbewerbs hängt vom jeweiligen Einzelfall ab. Im Wesentlichen kommt es auf die Binnenmarktrelevanz an. Je gewichtiger und bedeutender eine Konzession ist, desto größer muss der Bekanntmachungsradius sein und desto genauer muss die Leistungsbeschreibung erfolgen.[580] Die Transparenz muss sich hierbei auch auf die Bekanntmachung der Zuschlagskriterien und die wesentlichen Verfahrensschritte beziehen.

Mangels Anwendbarkeit der §§ 97 ff. auf die Dienstleistungskonzessionen ist jedoch auch der **228** in §§ 102 ff. normierte spezielle Rechtsschutzweg zu den Vergabenachprüfungsinstanzen bei Dienstleistungskonzessionen nicht eröffnet.[581] Rechtsschutz, und zwar sowohl Primär- als auch Sekundärrechtsschutz, ist allerdings grundsätzlich zu gewähren. **Ungeklärt** ist, ob hierfür der **Zivilrechtsweg** oder der **Verwatungsrechtsweg** eröffnet ist.[582] Zum Teil wird eine Zuständigkeit der Zivilgerichte angenommen. Dies wird in erster Linie damit begründet, dass der Vertrag, welcher Gegenstand der Dienstleistungskonzession ist, ein privatrechtlicher sei; so sei beispielsweise eine Dienstleistungskonzession im Bereich der Hausmüllentsorgung ebenso ein privatrechtlicher Vertrag wie die Beauftragung eines Dritten mit der Hausmüllentsorgung selbst.[583] Ausgehend von der Begründung des BVerwG für Vergaben unterhalb der Schwellenwerte, wonach es für die Frage des Rechtswegs in erster Linie auf die Natur des abzuschließenden Vertrages ankommt, ist jedoch richtigerweise jedenfalls dann, wenn es bei der Vergabe um die gerechte Teilhabe im Bereich staatlich eröffneter Konzessionen geht (zB. Sondernutzungsrechte im Zusammenhang mit Werbung im öffentlichen Raum), von der Eröffnung des Verwaltungsrechtsweges auszugehen.[584]

8. Dienstleistungen im Bereich der VOF. Bei der Vergabe von **Dienstleistungen,** die **229** im Rahmen einer **freiberuflichen Tätigkeit** oder **im Wettbewerb mit freiberuflich Tätigen** erbracht werden, sowie bei Auslobungsverfahren, die zu solchen Dienstleistungen führen sollen, haben öffentliche Auftraggeber die Vergabeordnung für freiberufliche Leistungen (VOF) anzuwenden, vgl. § 5 VgV. Ausgenommen hiervon sind lediglich solche Dienstleistungen, deren Gegenstand eine Aufgabe ist, deren Lösung vorab eindeutig und erschöpfend beschrieben werden kann. Der Wortlaut des § 5 VgV entspricht dem des § 1 VOF, der allerdings das Auslobungsverfahren nicht nennt. Die **VOF stellt** hinsichtlich ihres Anwendungsbereichs somit **auf die Art der Leistungen** und **nicht auf den Leistungsträger** ab.[585] Begrifflich handelt es sich bei Leistungen gemäß den §§ 1 und 2 VOF um Dienstleistungen im Sinne der VKR, was in § 5 der VgV klargestellt wird.

a) Anwendungsbereich der VOF. aa) Begriff der freiberuflichen Leistungen. Der **230** Anwendungsbereich der VOF bestimmt sich nach § 1 VOF. Da § 1 VOL/A jene freiberufli-

---

[577] EuGH, Urt. v. 13. 11. 2008 C-324/07, EuZW 2009, 55–58 – Coditel Brabant; vgl. auch Mitteilung der Kommission zu Auslegungsfragen im Bereich Konzessionen im Gemeinschaftsrecht, ABl. C 121/2, 6.

[578] *Burgi* NZBau 2005, 616.

[579] *Burgi* NZBau 2005, 610.

[580] *Willenbruch/Bischoff/Willenbruch* RdNr. 55.

[581] BVerwG, Beschl. v. 2. 5. 2007, 6 B 10/07, VergabeR 2007, 337; BVerfG, Beschl. v. 13. 6. 2006, 1 BvR 1160/03, VergabeR 2006, 871.

[582] Für Dienstleistungsverträge unterhalb der Schwellenwerte ist mittlerweile geklärt, dass der Zivilrechtsweg einschlägig ist; vgl. BVerwG, Beschl. v. 2. 5. 2007, 6 B 10/07, VergabeR 2007, 337; BVerfG, Beschl. v. 13. 6. 2006, 1 BvR 1160/03, VergabeR 2006, 871.

[583] *Willenbruch/Bischoff/Willenbruch* RdNr. 56.

[584] Vgl. hierzu VG Regensburg, Beschl. v. 30. 9. 2009, RN 4 E 09.1503; VG Regensburg, Beschl. v. 9. 12. 2009, RN 4 E 09.2360; VG München, Urt. v. 17. 10. 2007, M 7 K 05.5966, VergabeR 2008, 138; VG Münster, VergabeR 2007, 250; *Kulartz/Kus/Portz/Eschenbruch* RdNr. 237.

[585] *Müller-Wrede/Kulartz,* VOF, § 1 RdNr. 1.

chen Dienstleistungen negativ beschreibt, die nicht der VOL/A zuzurechnen sind, ist diese Norm im Zusammenspiel mit § 1 VOF maßgeblich für die Bestimmung des Anwendungsbereichs der VOF. Grundvoraussetzung ist nach § 1 VOF das Vorliegen eines Auftrags über eine **freiberufliche Tätigkeit.** § 1 VOL/A verweist hinsichtlich der Freiberuflichkeit in Form einer amtlichen Anmerkung auf die **Legaldefinition** des **§ 18 Abs. 1 Nr. 1 Einkommensteuergesetz (EStG).** Diese Norm legt die freiberuflichen Tätigkeiten zwar nicht abschließend fest, ist jedoch als Maßstab für die Einordnung der Tätigkeit geeignet. Danach gehören zu den freiberuflichen Tätigkeiten die selbständig ausgeübte wissenschaftliche, künstlerische, schriftstellerische, unterrichtende oder erzieherische Tätigkeit sowie die selbständige Berufstätigkeit der Ärzte, Zahnärzte, Tierärzte, Rechtsanwälte, Notare, Patentanwälte, Vermessungsingenieure, Ingenieure, Architekten, Handelschemiker, Wirtschaftsprüfer, Steuerberater, beratenden Volks- und Betriebswirte, vereidigten Buchprüfer, Steuerbevollmächtigten, Heilpraktiker, Dentisten, Krankengymnasten, Journalisten, Bildberichterstatter, Dolmetscher, Übersetzer, Lotsen und ähnlicher Berufe. **§ 1 Abs. 2 S. 1 Partnerschaftsgesellschaftsgesetz (PartGG)** definiert die freiberuflich Tätigen nahezu wortgleich und bietet daher ebenfalls eine Auslegungshilfe. Demnach haben die freien Berufe im Allgemeinen auf der Grundlage besonderer beruflicher Qualifikation oder schöpferischer Begabung die persönliche, eigenverantwortliche und fachlich unabhängige Erbringung von Dienstleistungen höherer, oft geistiger Art im Interesse der Auftraggeber und der Allgemeinheit zum Inhalt.[586] Nach Ansicht des EuGH sind freiberufliche Tätigkeiten solche, die ua. einen ausgesprochen intellektuellen Charakter haben, eine hohe Qualifikation verlangen und gewöhnlich einer genauen und strengen berufsständischen Regelung unterliegen.[587] Das persönliche Element habe bei der Ausübung einer solchen Tätigkeit eine besondere Bedeutung und diese Ausübung setze zudem eine große Selbständigkeit bei der Vornahme der beruflichen Handlungen voraus. Gemäß den Aufzählungen in §§ 18 Abs. 1 Nr. 1 EStG, 1 Abs. 2 S. 1 PartGG können die freien Berufe in heilkundliche, rechts- und wirtschaftsberatende, freie technische und naturwissenschaftliche, journalistische, übersetzende und pädagogische Tätigkeiten kategorisiert werden. Noch allgemeiner ließe sich von Tätigkeiten der Wissenschaftler, Künstler und Schriftsteller sprechen.[588] Die freiberuflichen Tätigkeiten müssen **selbständig** ausgeübt werden, so dass von Angestellten oder Beamten ausgeübte Tätigkeiten nicht in den Anwendungsbereich der VOF fallen.[589]

231   Den freiberuflichen Leistungen werden gemäß § 1 VOF solche Leistungen gleichgestellt, die **im Wettbewerb mit freiberuflich Tätigen** angeboten werden. Damit erfasst werden alle Leistungen, die denkbar und typischerweise auch freiberuflich erbracht werden können. Maßgeblich ist das Vorliegen eines tatsächlichen Wettbewerbsverhältnisses. Ob im konkreten Vergabeverfahren mit der Teilnahme freiberuflicher Bewerber zu rechnen ist, beurteilt sich nach der Marktkenntnis der ausschreibenden Stelle. Ist nach der Erfahrung des Auftraggebers eine Beteiligung von Freiberuflern nicht zu erwarten, findet die VOL/A Anwendung. Die Ausschreibung nach VOF wird jedoch nicht dadurch fehlerhaft, dass entgegen der Erfahrung tatsächlich keine Freiberufler am Verfahren teilnehmen.[590]

232   **bb) Abgrenzung zur VOL/A und VOB/A.** Die VOF ist nicht für jede freiberufliche, selbständig ausgeübte Tätigkeit einschlägig. Maßgebliches **Abgrenzungskriterium** zwischen VOF und VOL/A ist die **Beschreibbarkeit der Leistung.** Nach § 1 Abs. 1 VOF sind eindeutig und erschöpfend beschreibbare freiberufliche Leistungen nicht nach der VOF, sondern nach der VOL/A zu vergeben. § 5 Satz 2 VgV definiert diese Ausnahme vom Anwendungsbereich der VOF dergestalt, dass die VOF keine Anwendung findet bei Dienstleistungen, deren Gegenstand eine Aufgabe ist, deren Lösung vorab eindeutig und erschöpfend beschrieben werden kann.[591] Es wird jedoch nicht verlangt, dass ein bestimmter Lösungsweg im Einzelfall vorgegeben werden kann oder dass das Arbeitsergebnis von vornherein feststeht. Eindeutig und erschöpfend beschreibbar ist eine Lösung vielmehr auch dann, wenn auf verschiedene in Betracht

---

[586] BVerfGE 10, 354, 364; 17, 232, 239 (13. 3. 1964, 1 BvL 17/61, 1 BvR 494/60, 1 BvR 128/61); 46, 224, 242; BVerwG, GewA 1976, 293, 294; OLG München, Beschl. v. 28. 4. 2006 Verg 6/06; OLG Celle, Beschl. v. 26. 4. 1996, 2 Ss (OWi) 95/96; *Voppel/Osenbrück/Buber* § 1 RdNr. 4.

[587] EuGH, Urt. v. 11. 10. 2001, C-267/99, Slg. 2001, I-7467–7497 – Adam.

[588] BVerfG Beschl. v. 25. 10. 1977, 1 BvR 15/75, *Voppel/Osenbrück/Bubert* § 1 RdNr. 6.

[589] EuGH, Urt. v. 11. 10. 2001, C-267/99, Slg. 2001, I-7467–7497 – Adam.

[590] *Müller-Wrede/Kulartz*, VOF, § 1 RdNr. 14.

[591] Angesichts der Vorrangigkeit der VgV ist dieser Wortlaut im Zweifel maßgeblich; *Weyand* § 1 VOL/A RdNr. 6195.

kommende Lösungswege Bezug genommen werden kann und wenn lediglich vorgegeben wird, dass ein Arbeitsergebnis festzuhalten ist.[592] Eine nicht eindeutig und erschöpfend beschreibbare freiberufliche Leistung setzt somit voraus, dass eine geistig-schöpferische, planerische Leistung im Sinne der Lösung einer Aufgabe nachgefragt wird, deren Ergebnis im Vorfeld der Ausschreibung noch nicht feststeht bzw. deren Lösung gerade durch die schöpferische Tätigkeit der Bewerber im Rahmen der Ausschreibung gefunden werden soll. Üblicherweise steht den Bewerbern bei der Findung der Lösung ein nicht unerheblicher Beurteilungsspielraum zu.[593] Im Sinne der Abgrenzung beschreibbarer und nicht beschreibbarer Leistungen ist somit im konkreten Einzelfall zu ermitteln, wie groß der **schöpferische, gestalterische** und **konstruktive** Freiraum des potentiellen Auftragnehmers zur Ausfüllung der vom Auftraggeber bereits festgelegten Rahmenbedingungen und gesteckten Zielvorgaben ist. Ist ein solcher Freiraum in erkennbarem Maße vorhanden und gewollt, so mag das planerische Ziel des Auftrags beschreibbar sein, nicht jedoch die planerische Umsetzung.[594]

Ein **Anhaltspunkt** für die erschöpfende und eindeutige Beschreibbarkeit ist die **recht-** **233** **liche Einordnung des zugrunde liegenden Vertrages.**[595] An einer eindeutigen Leistungsbeschreibung wird es eher fehlen, wenn im Sinne eines Werkvertrags das Ergebnis der Leistung entscheidend ist. Handelt es sich hingegen um einen Dienstvertrag, ist davon auszugehen, dass sich die Art des Tätigwerdens hinreichend genau beschreiben lässt.[596] Für die Frage der Beschreibbarkeit der Leistung ist grundsätzlich ein objektiver Maßstab ausschlaggebend. Es kommt also darauf an, ob es einem idealen Auftraggeber (ggfs. unter Hinzuziehung sachverständiger Hilfe) möglich ist, die Leistung hinreichend genau zu beschreiben.[597] Maßgeblich ist die **ex-ante-Beurteilung** des idealen Auftraggebers, der im Rahmen der Vorbereitung der Ausschreibung beurteilen muss, welches Verfahren und welche Vergabeordnung anwendbar sind.[598]

Sollte eine **Abgrenzung** der Anwendungsbereiche von **VOL/A und VOF** dennoch nicht **234** oder nur schwer möglich sein, ist eine solche vom **Sinn und Zweck** der Vorschrift aus § 5 S. 2 VgV her vorzunehmen. § 5 S. 2 VgV bezweckt, den Anwendungsbereich der VOF auf Ausnahmebereiche zu begrenzen, da das im Rahmen der VOF ausschließlich anwendbare **Verhandlungsverfahren** Ausnahmecharakter hat. Von einer vorab eindeutig und erschöpfend beschreibbaren Lösung sollte deshalb immer dann ausgegangen werden, wenn die **Leistung jedenfalls so genau beschrieben** werden kann, dass sie **Gegenstand eines offenen oder nicht-offenen Verfahrens** sein kann.[599]

Für die Abgrenzung zwischen VOF und VOB/A siehe die Kommentierung zu Abs. 3.　　**235**

cc) Erreichen der Schwellenwerte/Bestimmung des Auftragswerts. Die Anwend- **236** barkeit der VOF setzt nach § 1 Abs. 2 VOF voraus, dass der geschätzte Auftragswert die Schwellenwerte für Dienstleistungen oder Wettbewerbe ohne Umsatzsteuer nach § 2 VgV erreicht oder überschreitet. Im Gegensatz zur VOB/A und VOL/A enthält die VOF keine Regelungen zu Auftragsvergaben, die den Schwellenwert nicht erreichen. Dies hat zur Folge, dass Aufträge unterhalb der Schwellenwerte auf nationaler Ebene keiner Ausschreibungspflicht unterliegen.

Die Berechnung des **Schwellenwertes,** der zur Anwendung der VOF führt, erfolgt auf der **237** Grundlage der **Gesamtvergütung für die vorgesehene Auftragsleistung,** § 3 Abs. 1 S. 1 VgV, und zwar ohne Berücksichtigung der Umsatzsteuer, vgl. § 1 Abs. 1 VgV. Der öffentliche Auftraggeber hat hierfür bei **Einleitung des konkreten Vergabeverfahrens** den **Auftragswert zu schätzen.** Die Schätzung ist **nach rein objektiven Kriterien** durchzuführen und soll jenem Wert entsprechen, den ein umsichtiger und sachkundiger öffentlicher Auftraggeber nach sorgfältiger Prüfung des relevanten Marktsegments und auf der Grundlage einer wirtschaftlichen Finanzplanung veranschlagen würde.[600] Stellt sich diese **Schätzung nachträglich** als **falsch**

---

[592] OLG Saarbrücken, Beschl. v. 20. 9. 2006, 1 Verg 3/06.
[593] Vgl. hierzu auch *Weyand* § 2 VOF RdNr. 7815; *Daub/Eberstein* VOL/A § 1 RdNr. 27.
[594] OLG München, Beschl. v. 28. 4. 2006, Verg 6/06.
[595] *Willenbruch/Bischoff/Bischoff,* VOL/A, § 1 RdNr. 15.
[596] *Weyand* § 2 VOF RdNr. 7816.
[597] VergabeK Südbayern, Beschl. v. 31. 10. 2002, 42–10/02; *Müller-Wrede/Müller-Wrede,* VOL/A, § 1 RdNr. 38.
[598] VergabeK Südbayern, Beschl. v. 31. 10. 2002, 42–10/02.
[599] OLG Saarbrücken, Beschl. v. 20. 9. 2006, 1 Verg 3/06.
[600] OLG Düsseldorf, Beschl. v. 8. 5. 2002, Verg 5/02, VergabeR 2002, 665, 666.

heraus, bleibt dennoch der **ursprünglich ordnungsgemäß geschätzte Auftragswert** bis zum Ende des Vergabeverfahrens **maßgeblich** für die Berechnung des Schwellenwertes.[601]

238   In der neuen VOF findet sich kein ausdrücklicher Hinweis mehr, wie der Auftragswert zu schätzen ist, wenn eine **gesetzliche Gebühren- oder Honorarordnung** existiert; auch in der VgV fehlt ein entsprechender Hinweis. Vermutlich hat es der Verordnungsgeber als überflüssig weil selbstverständlich angesehen, dass in diesen Fällen die zu erwartende Vergütung anhand der Vorgaben in den gesetzlichen Gebühren- bzw. Honorarordnungen geschätzt wird. Darüber hinaus gelten die Grundsätze für die Schätzung des Auftragswerts gemäß § 3 VgV.

239   Für den Zeitpunkt der Schätzung ist gemäß § 3 Abs. 9 VgV grundsätzlich der Tag der Absendung der Vergabebekanntmachung maßgeblich. Wird ausnahmsweise gemäß § 3 Abs. 4 VOF ein Verfahren ohne Bekanntmachung eingeleitet, ist der Zeitpunkt, an dem das Vergabeverfahren beginnt, entscheidend, vgl. § 3 Abs. 9 VOF.

240   Wird die zu vergebende Leistung in mehrere **Teilaufträge/Lose** aufgeteilt, ist bei der Ermittlung des Schwellenwerts der **Gesamtwert** – also der **Wert aller Lose** – zugrunde zu legen. Die bisher geltende sogenannte **Bagatellklausel** gemäß § 3 Abs. 3 Satz 2 VOF, wonach Teilaufträge mit einer geschätzten Vergütung unter 80 000 €, die maximal 20% des Gesamtauftragswertes ausmachten, vergaberechtsfrei vergeben werden durften, ist in die neue VOF **nicht übernommen** worden. Auch diese Lose müssen nun, wenn der Gesamtwertauftragswert den Schwellenwert erreicht, ausgeschrieben werden.

241   **dd) Vorrangige und nachrangige Dienstleistungen.** § 1 Abs. 1 u. 3 VOF bestimmen je nach Art der Dienstleistung eine **unterschiedliche Regelungsintensität.** Differenziert wird zwischen **vorrangigen** (Anhang I Teil A der VOF) und **nachrangigen** (Anhang I Teil B der VOF) Leistungen. Diese Unterscheidung basiert auf Anhang II der VKR. Hinsichtlich der Dienstleistungen des Anhangs II B der VKR, welcher dem Anhang I Teil B der VOF entspricht, ist der Richtliniengeber davon ausgegangen, dass Aufträgen über solche Dienstleistungen wegen ihres spezifischen Charakters a priori keine grenzüberschreitende Bedeutung zukommt, die das Erfordernis einer europaweiten Ausschreibung rechtfertigen könnten.

242   Die Zuordnung des konkret zu vergebenden Dienstleistungsauftrags zu einem der Anhänge ist von erheblicher Bedeutung, da bei den zu beachtenden Verfahrensvorschriften wesentliche Unterschiede bestehen. Nur für **vorrangige Dienstleistungen** gelten die **Verfahrensvorschriften der VOF in vollem Umfang.** Bei der Vergabe **nachrangiger Leistungen** ist die **Anwendung der VOF** auf eine Aufgabenbeschreibung unter Berücksichtigung europäischer Technischer Spezifikationen gem. § 6 Abs. 2 und 7 VOF und die nachträgliche Bekanntmachung eines vergebenen Auftrags gemäß § 14 VOF **beschränkt.** Im Übrigen sind Aufträge über nachrangige Leistungen vom Anwendungsbereich der VOF freigestellt.

243   Aufträge, deren Gegenstand Dienstleistungen sowohl des Anhangs I A als auch des Anhangs I B sind, werden nach den Regelungen für diejenigen Dienstleistungen vergeben, deren Auftragswert anteilsmäßig überwiegt. In dieser Regelung kommt das allgemeine **Schwerpunktprinzip** des Abs. 7 zum Ausdruck.[602] Damit richtet sich die Einordnung nicht nach dem Hauptgegenstand des Auftrags, sondern in erster Linie nach dem Wert der jeweiligen Dienstleistungen.[603] Etwas anderes gilt jedoch dann, wenn der Auftraggeber willkürlich und nur zu dem Zweck, den Anteil der Dienstleistungen des Anhangs I Teil B der VOF am Gesamtauftrag zu erhöhen, um sich auf diese Weise umfassend der Ausschreibungspflicht zu entziehen, verschiedene Aufträge in einem zusammenfasst, ohne dass zwischen diesen ein Zusammenhang aufgrund eines gemeinsamen Zwecks oder eines gemeinsamen Vorgangs bestünde.[604]

244   **ee) Ausnahmen.** § 2 Abs. 3 VOF 2006 nahm bestimmte freiberufliche Dienstleistungen ausdrücklich von der Anwendung der VOF aus. Dies betraf sowohl **Schiedsgericht- und Schlichtungsleistungen** als auch **Forschungs- und Entwicklungsdienstleistungen,** soweit deren Ergebnisse nicht ausschließlich Eigentum des Auftraggebers für seinen Gebrauch bei der Ausübung seiner Tätigkeit werden und die Dienstleistung nicht vollständig vom Auftraggeber finanziert wird. Die in der VOF 2006 aufgeführten Leistungen entsprachen jedoch exakt den in § 100 Abs. 2 lit. l und n genannten Ausnahmetatbeständen. Diese unnötige Doppelung

---

[601] OLG Bremen, Beschl. v. 26. 6. 2009, Verg 3/2005; VergabeK Bund, Beschl. v. 12. 5. 2003, VK 2-20/03.

[602] *Weyand* § 2 VOF RdNr. 7831.

[603] EuGH, Urt. v. 14. 11. 2002 C-411/00, Slg. 2002, I-10 567 – Felix Swoboda, OLG Naumburg, Beschl. v. 30. 5. 2002, 1 Verg 14/01, BauR 2002, 1605–1606.

[604] EuGH, Urt. v. 14. 11. 2002, C-411/00, Slg. 2002, I-10 567 RdNr. 57 – Felix Swoboda.

ist nunmehr durch die Novellierung der VOF bereinigt worden. Es gilt auch im Rahmen der VOF der gesamte Ausnahmekatalog des § 100 Abs. 2, ohne diese wiederholend in der VOF zu benennen. Weiterhin sind **Aufträge im Sektorenbereich** vom Anwendungsbereich der VOF ausgenommen. Für sie gilt ausschließlich die SektVO.

b) Ablauf des Verfahrens nach der VOF. aa) Anwendung des Verhandlungsverfah- 245
rens. § 3 Abs. 1 VOF sieht im Anwendungsbereich der VOF zwingend **das Verhandlungsverfahren** vor. Hierbei handelt es sich um ein **zweistufiges Verfahren** mit einer **Bewerbungsphase** – Teilnahmewettbewerb genannt – **(erste Stufe)** und einer **Verhandlungsphase (zweite Stufe).** Darüber hinaus kann die Verhandlungsphase in mehreren Stufen durchgeführt werden, jeweils mit einer verringerten Anzahl an Verhandlungsteilnehmern, vgl. § 3 Abs. 2 VOF; ob und wie die Verhandlungsphasen strukturiert werden, steht im Ermessen des Auftraggebers.

Regelmäßig ist das **Verhandlungsverfahren mit vorheriger Vergabebekanntmachung** 246 durchzuführen, vgl. § 9 Abs. 2 VOF iVm. § 3 Abs. 1 VOF. Die vorherige Vergabebekanntmachung soll für einen europaweiten Teilnehmerkreis die Teilnahme am Verfahren ermöglichen und ein transparentes Vergabeverfahren sichern, um so insgesamt größtmöglichen Wettbewerb herzustellen. Nur **ausnahmsweise,** wenn einer der in § 3 Abs. 4 VOF abschließend aufgezählten und restriktiv auszulegenden[605] Gründe vorliegt, kann ein Auftrag im **Verhandlungsverfahren ohne vorherige Vergabebekanntmachung** vergeben werden. Die Gründe für die Wahl des Verhandlungsverfahrens ohne vorherige Bekanntmachung sind gemäß § 12 VOF zu dokumentieren und in der Bekanntmachung über die Auftragsvergabe gemäß § 14 zu benennen.

Auf den im Rahmen des ÖPP-Beschleunigungsgesetzes eingeführten **wettbewerblichen** 247 **Dialog** gemäß § 101 Abs. 4 können Auftraggeber im Rahmen eines Verfahrens nach der VOF nicht zurückgreifen. In weiten Teilen der Literatur wird zwar die Möglichkeit, einen wettbewerblichen Dialog durchzuführen, bejaht.[606] Angesichts der Tatsache, dass in § 3 Abs. 1 VOF allein das Verhandlungsverfahren als zulässige Verfahrensart genannt wird, ist systematisch jedoch eher die Anwendung des wettbewerblichen Dialogs abzulehnen.

bb) Vorbereitung des Verhandlungsverfahrens. Vor der förmlichen Einleitung des Ver- 248 gabeverfahrens hat der Auftraggeber die **Vergabeunterlagen** zu erstellen, und zwar nicht nur für die Bewerbungsphase, sondern grundsätzlich auch für die Verhandlungsphase. Die Erstellung der Vergabeunterlagen ist von essentieller Bedeutung, da der Auftraggeber sich mit seinen Angaben rechtlich bindet und den Bewerbern bei falschen Angaben möglicherweise Schadensersatzansprüche zustehen.

Der Auftraggeber hat festzulegen, welche Anforderungen er an die Fachkunde, Leistungsfä- 249 higkeit und Zuverlässigkeit (Eignung) stellen will. Im Interesse eines möglichst großen Teilnehmerkreises dürfen Unterlagen und Angaben zur Eignung jedoch nur insoweit gefordert werden, wie es durch den Gegenstand des Auftrags gerechtfertigt ist (§ 5 Abs. 1 VOF). Damit ist der Auftraggeber daran gehindert, weitergehende Anforderungen durch beschaffungsfremde Eignungskriterien umzusetzen.[607] Die Vorlage von Eignungsnachweisen darf – von bestimmten Ausnahmen abgesehen – nur mit besonderer Begründung gefordert werden; es gilt der grundsätzliche Vorrang von Eigenerklärungen; vgl. § 5 Abs. 2 VOF.

Für die Verhandlungsphase ist eine **Aufgabenbeschreibung** zu erstellen (§ 6 VOF), die ver- 250 gleichbar mit der Leistungsbeschreibung gemäß VOB/A und VOL/A ist. Der entscheidende Unterschied liegt jedoch darin, dass bei der Vergabe freiberuflicher Leistungen zwar die Aufgabe, nicht aber die Leistung als solche beschreibbar ist.[608] Die Aufgabenbeschreibung enthält deshalb auch nur die **Aufgabenstellung,** nicht jedoch den abschließenden Auftragsinhalt und die Auftragsbedingungen, welche erst im Rahmen der Verhandlungen festgelegt werden. Für die **Formulierung technischer Anforderungen** steht dem Auftraggeber ein Wahlrecht zu (§ 6 Abs. 2 VOF). Er kann entweder auf die im Anhang TS definierten **technischen Spezifi-**

---

[605] EuGH, C-126/03, Slg 2004, I-11 197; VergabeK Brandenburg, Beschl. v. 12. 5. 2004, VK 8/04.

[606] *Voppel/Osenbrück/Bubert* § 5 Anh I RdNr. 5–6; *Müller-Wrede/Müller-Wrede,* VOF, § 5 RdNr. 114–120, der zwar die Anwendung mit der Normierung in höherrangigem europäischem Recht begründet – hiergegen ist jedoch einzuwenden, dass gemäß Art. 28 VKR den Mitgliedstaaten nur die Möglichkeit eingeräumt wurde, den wettbewerblichen Dialog zu normieren, eine zwingende Vorgabe besteht somit nicht.

[607] BGH, Beschl. v. 18. 1. 2000, KVR 23/98, WuW/E Verg, 297–310.

[608] VergabeK Thüringen, Beschl. v. 16. 9. 2003, 216–4004.20–046/03-G-S.

kationen zurückgreifen, selbst eine genaue Beschreibung in Form von **Leistungs- und Funktionsanforderungen** vornehmen oder beide Vorgehensweisen miteinander kombinieren. Sollte der Auftraggeber spezielle **Umwelteigenschaften** der zu erbringenden Aufgabe zum geforderten Leistungsinhalt machen, kann er diese eigenständig beschreiben oder – unter bestimmten Voraussetzungen – die in Umweltzeichen definierten Spezifikationen verwenden (§ 6 Abs. 5 VOF). Im Sinne des Transparenz- und des Gleichbehandlungsgrundsatzes hat die Aufgabenbeschreibung so zu erfolgen, dass alle Bewerber sie **im gleichen Sinne verstehen** können.[609] Der Auftraggeber hat sich in der Aufgabenbeschreibung deshalb verkehrsüblicher, in Fachkreisen allgemein verständlicher Formulierungen zu bedienen. Die Aufgabenbeschreibung ist ferner so zu formulieren, dass der Bewerber ausreichende Aussagen zur Erbringung der Leistung treffen kann. Die Beschreibung von Leistungs- und Funktionsanforderungen unterliegt zudem dem Grundsatz der **Produktneutralität** (§ 8 Abs. 6 VOF).

251   Die spätere Auftragsvergabe erfolgt auf der Grundlage von **Zuschlagskriterien** (§ 12 Abs. 2 u. 4 VOF). Diese sind bereits im Vorfeld des Vergabeverfahrens festzulegen (vgl. zu den Einzelheiten der Festlegung von Zuschlagskriterien RdNr. 263.

252   Letztlich hat der Auftraggeber zumindest die grobe Struktur der geplanten Verhandlungen zu planen. Er ist verpflichtet, in der Bekanntmachung oder in den Vergabeunterlagen eine etwaig beabsichtigte Verhandlungsvariante des **sukzessiven Abschichtens** anzugeben, vgl. § 3 Abs. 2 VOF. Darunter ist ein Verhandlungsverfahren in verschiedenen aufeinander folgenden Phasen zu verstehen, um so die Zahl der Angebote, über die verhandelt wird, zu verringern. So ist es beispielsweise zulässig, nach einer ersten indikativen Angebotsrunde zunächst mit einem Bieter zu verhandeln **(preferred bidder)**, ohne jedoch die anderen Bieter bereits endgültig vom weiteren Verhandlungsverfahren auszuschließen.

253   **cc) Bekanntmachung.** Das eigentliche Vergabeverfahren beginnt im Regelfall mit der Absendung einer Bekanntmachung[610] der Ausschreibung im Amtsblatt der EU (§ 9 Abs. 1 VOF). Hierfür hat der Auftraggeber das Standardmuster des Anhangs II der Verordnung (EG) Nr. 1564/2005 ausgefüllt an das Amt für amtliche Veröffentlichungen zu übermitteln. Das Standardmuster ist in einer der Amtssprachen auszufüllen; die Bekanntmachung wird dann in verkürzter Form in allen anderen Amtssprachen veröffentlicht. Mit der Bekanntmachung werden die Bewerber aufgefordert, sich um die Teilnahme am Verhandlungsverfahren zu bewerben – sie haben mit ihrem **Teilnahmeantrag** die vom Auftraggeber geforderten **Angaben zur Fachkunde, Leistungsfähigkeit und Zuverlässigkeit** zu machen und – soweit in der Bekanntmachung verlangt – entsprechende **Eignungsnachweise** vorzulegen. Der Auftraggeber hat nach **pflichtgemäßem Ermessen** zu entscheiden und in der Bekanntmachung zu spezifizieren, welche Eignungskriterien er der Auswahl der Bewerber zugrunde legen wird und die erforderlichen Erklärungen und Nachweise in der Bekanntmachung zu benennen, vgl. § 10 Abs. 2 VOF. Der Auftraggeber hat darauf zu achten, dass er die Eignungskriterien abschließend aufführt, anhand derer er die Eignung der Bieter prüfen will. Ferner hat der Auftraggeber die Mindestanzahl, die nicht unter drei liegen darf, und gegebenenfalls die Höchstanzahl der zu Verhandlungen aufzufordernden Bewerber in der Bekanntmachung zu benennen.

254   Die Bekanntmachung kann **elektronisch** oder auch auf anderem Weg (per **Post, Fax oder E-mail**) an das Amt für amtliche Veröffentlichungen der Europäischen Gemeinschaften übermittelt werden. Der Vorteil der elektronischen Übermittlung besteht darin, dass der Auftraggeber die Fristen für den Antrag auf Teilnahme nicht unerheblich verkürzen kann.

255   Grundsätzlich beträgt die vom Auftraggeber einzuräumende **Mindestfrist** für den Eingang der **Teilnahmeanträge 37 Tage.** Bei elektronischer Übermittlung der Bekanntmachung kann die Frist um sieben Tage verkürzt werden. In Fällen besonderer Dringlichkeit beträgt die Mindestfrist für den Eingang der Teilnahmeanträge 15 Tage, die bei elektronischer Übermittlung wiederum auf 10 Tage verkürzt werden kann. Maßgeblich für alle Fristen ist der Tag der Absendung der Bekanntmachung. Ab diesem Zeitpunkt kann der Auftraggeber zudem inländische Veröffentlichungen über die Ausschreibung vornehmen.

256   **dd) Teilnahmewettbewerb.** In der **Bewerbungsphase** werden aus den auf die Bekanntmachung antwortenden Bewerbern diejenigen ausgewählt, die an der zweiten Phase, der **Ver-**

---

[609] VergabeK Düsseldorf, Beschl. v. 22. 7. 2002, VK-19/2002-L; OLG Rostock, Beschl. v. 9. 5. 2001, 17 W 4/01, veris online, Vergabedatenbank.

[610] In Ausnahmefällen, in denen ein Verhandlungsverfahren ohne Bekanntmachung möglich ist, mit einem direkten Schreiben an ausgewählte Teilnehmer.

handlungsphase, teilnehmen. In dieser ersten Phase ist alleinige Entscheidungsgrundlage die **Eignung** der Bewerber. Es wird geprüft, ob die Bewerber grundsätzlich für die Auftragsausführung geeignet sind. Die Bewerberauswahl erfolgt in mehreren Schritten. Zunächst wird geprüft, welche Bewerber nach den Kriterien des § 4 Abs. 6–9 VOF wegen **Unzuverlässigkeit** zwingend bzw. fakultativ auszuschließen sind. Dann ist die **finanzielle und wirtschaftliche Leistungsfähigkeit** des jeweiligen Bewerbers sowie die **fachliche Eignung** des Bewerbers zur Durchführung der Dienstleistung zu prüfen, vgl. § 5 VOF. Schließlich wählt der Auftraggeber anhand der in der Bekanntmachung genannten Eignungskriterien die für den in Rede stehenden Auftrag geeignet erscheinenden Bewerber aus und fordert diese zur Verhandlung auf. Die Frage der Eignung, die den Ausschlag für die Aufforderung zu Verhandlungen gibt, ist einer Abstufung zugänglich, so dass sich unter den geeigneten Bewerbern eine Rangfolge bilden lässt.

    Bei der Bewerberauswahl verfügt der Auftraggeber über einen **Beurteilungsspielraum,** der   **257** durch die Vergabenachprüfungsinstanzen nur eingeschränkt überprüfbar ist.[611] Um ausreichend Wettbewerb sicherzustellen, müssen jedoch **mindestens drei Bewerber** zur Verhandlung aufgefordert werden (§ 10 Abs. 4 VOF). Für den Fall einer unzureichenden Anzahl von Bewerbern, kann allerdings das Verhandlungsverfahren auch mit zwei oder nur einem Bewerber durchgeführt werden.

    Die **Eignungsprüfung** ist mit der Auswahl der Bewerber durch eine Entscheidung des Auf-   **258** traggebers abgeschlossen. Das bedeutet insbesondere, dass in späteren Verhandlungsphasen die Eignung der Bewerber für die Beurteilung grundsätzlich keine Rolle mehr spielen darf. Eine erneute Eignungsprüfung kommt ausnahmsweise nur dann in Betracht, wenn sich die tatsächlichen Verhältnisse derart geändert haben, so dass eine erneute Beurteilung der Eignung erforderlich wird.

    ee) Verhandlungsphase. Nach Abschluss der Bewerberauswahl fordert der Auftraggeber   **259** die ausgewählten Bewerber in Textform zur Verhandlung auf (§ 11 VOF), übersendet ihnen ein Anschreiben mit den Verfahrensbedingungen, Angaben zu relevanten Fristen, den Zuschlagskriterien (sofern diese noch nicht in der Bekanntmachung aufgeführt sind) und einem Hinweis auf die Bekanntmachung sowie eine Aufgabenbeschreibung, die auch einen Vertragsentwurf enthalten kann. Um ein diskriminierungsfreies Verfahren zu gewährleisten, hat diese Aufforderung an alle ausgewählten Bewerber gleichzeitig zu erfolgen. Das **weitere Verhandlungsverfahren,** in dem es ausschließlich um die **auftragsbezogene Problemlösung** geht, ist **weitestgehend formfrei.** Insbesondere bei der konkreten Gestaltung des Verfahrensablaufs hat der Auftraggeber einen **großen Gestaltungsspielraum.**[612] Detaillierte Verfahrensvorschriften wie für das Offene und Nichtoffene Verfahren bestehen insoweit nicht. Es gelten aber – selbstverständlich – die Grundsätze eines fairen und transparenten Vergabeverfahrens auf der Grundlage des Gleichbehandlungsgebots des § 97 Abs. 2.

    Der Auftraggeber kann die Verhandlungen in **mehreren Runden** führen. Er kann die Teil-   **260** nehmer einmal oder mehrfach auffordern, zunächst indikative Angebote abzugeben. Diese können auch dazu dienen, das Projekt weiterzuentwickeln. Der Auftraggeber ist – sofern er dies vorab bekanntgegeben hat – berechtigt, die Zahl der Verhandlungsteilnehmer **sukzessive abzuschichten.** Dabei hat er die Wahl, ob er die zunächst ausgeschiedenen Bewerber endgültig aus dem Verfahren ausschließt, oder ob er sie lediglich in eine „Warteschleife" schickt, um sie gegebenenfalls zu einem späteren Zeitpunkt wieder in die Verhandlungen zu integrieren. Der Auftraggeber darf die Verhandlungen nach einem ersten indikativen Angebot bzw. zu einem späteren Zeitpunkt der Verhandlungen auch auf einen einzigen Bewerber **(preferred bidder)** beschränken. Scheitern diese Verhandlungen, kann der Auftraggeber auf die anderen Bewerber „zurückgreifen". Alternativ kann der Auftraggeber auch parallel mit mehreren Bewerbern verhandeln.

    Grenzen des Gestaltungsspielraums ergeben sich aus den allgemeinen vergaberechtlichen   **261** Grundsätzen wie dem Wettbewerbsprinzip, dem Transparenzgebot und dem Diskriminierungsverbot.[613] Insbesondere findet die Zulässigkeit von Verhandlungen ihre Grenze darin, dass bei allen verhandlungsbedingten Änderungen der nach wirtschaftlichen und technischen Kriterien zu beurteilende Wesenskern der Ausschreibung gewahrt bleiben muss.[614] Da die Leistung vorab

---

[611] OLG Düsseldorf, Beschl. v. 15. 6. 2005, Verg 5/05, VergabeR 2005, 670, 673.
[612] VergabeK Sachsen, Beschl. v. 8. 8. 2008, 1/SVK/039-08; VergabeK Baden-Würtemberg, Beschl. v. 4. 4. 2007, 1 VK 11/07; VergabeK Detmold, Beschl. v. 5. 4. 2001, VK.31-10/01.
[613] VergabeK Detmold, Beschl. v. 5. 4. 2001, VK.31–10/01.
[614] OLG Dresden, Beschl. v. 21. 10. 2005, WVerg 5/05, VergabeR 2006, 249, 255.

nicht eindeutig und erschöpfend beschrieben werden kann, sind **Präzisierungen** und auch **Änderungen** der geforderten Leistung dem Verhandlungsverfahren wesensimmanent und deshalb **zwingend erforderlich**.[615] Im Gegensatz zu den Regelungen der VOL/A und der VOB/A ist der Auftraggeber deshalb auch verpflichtet, mit den Bewerbern zu verhandeln und den Auftrag auf Grund der Verhandlungsergebnisse zu erteilen.

262 **ff) Bewertung der Angebote.** Die Vertragsverhandlungen werden durch die **Vergabeentscheidung** beendet. **Grundlage** der Vergabeentscheidung sind die **Zuschlagskriterien** – ein nicht abschließender Kriterienkatalog findet sich in § 11 Abs. 5 VOF –, die den Bewerbern im Vorfeld mitgeteilt wurden. Grundsätzlich erfolgt die Vergabeentscheidung nach **auftragsbezogenen Aspekten** im Vergleich zur Bewerberauswahl im Teilnahmewettbewerb, die personenbezogen ist. Obwohl wegen der Besonderheit der geistig-schöpferischen, nicht hinreichend beschreibbaren Leistungen im Rahmen der VOF eine strikte Trennung von personen- und auftragsbezogenen Faktoren häufig nur schwer möglich ist, ist in der VOF mittlerweile sogar ausdrücklich die Verpflichtung des öffentlichen Auftraggebers enthalten, dass er bei der Festlegung der Zuschlagskriterien auf die klare und nachvollziehbare Abgrenzung zu den Eignungskriterien zu achten hat. Damit ist der in der Literatur und Rechtsprechung teilweise vertretenen Ansicht, dass in gewissen Grenzen auch Eignungsaspekte – wie zB. die Erfahrung – in die Angebotswertung einfließen dürfen, eine Absage erteilt worden.[616]

263 Die **Zuschlagskriterien einschließlich ihrer Gewichtung** sind in der Bekanntmachung oder spätestens in der Aufforderung zur Teilnahme an der Verhandlung **zu benennen.** Ob diese Anforderung auch für **Unterkriterien** gilt, ist umstritten. Unter Verweis auf den EuGH[617] wird in weiten Teilen der Literatur mittlerweile von einer generellen Pflicht zur vorherigen Mitteilung sowohl von Unterkriterien als auch ihrer Gewichtung ausgegangen.[618] In der Rechtsprechung wird mittlerweile ganz überwiegend jedenfalls dann von einer Verpflichtung zur Bekanntgabe von Unterkriterien ausgegangen, wenn sich deren Kenntnis auf den Angebotsinhalt auswirken kann.[619] Dies wird zumeist der Fall sein.

264 **gg) Beendigung des Verfahrens.** Ein Verhandlungsverfahren auf der Grundlage der VOF wird regulär durch **Auftragserteilung (§ 11 Abs. 6 S. 2 VOF)** beendet. Der Vertragsschluss ist allerdings erst nach Information der nichtberücksichtigten Bewerber und Ablauf der sog. **Stillhaltefrist** gemäß § 101a GWB möglich. Der **vergebene Auftrag** ist im Amtsblatt der EU **bekannt zu machen.**

265 Will der Auftraggeber das Verfahren ohne Auftragsvergabe beenden, kann er beschließen, auf die Vergabe des Auftrags zu **verzichten** (vgl. § 14 Abs. 5 VOF). Eine an strenge Voraussetzungen geknüpfte Aufhebung, wie sie in § 17 VOB/A und § 20 EG VOL/A geregelt ist, kennt die VOF nicht. Der Auftraggeber hat seinen Verzicht lediglich dem Amt für amtliche Veröffentlichungen der EU sowie den Bewerbern mitzuteilen. Allerdings ist der Auftraggeber auch insoweit an die allgemeinen Grundsätze der Transparenz, Diskriminierungsfreiheit und den Vertrauensschutz gebunden, die im Einzelfall durchaus eine Schranke für einen Verzicht darstellen können.

266 **c) Besondere Vorschriften zur Vergabe von Architekten- und Ingenieurleistungen.** Kapitel 3 der VOF (§§ 18 ff. VOF) enthält einige spezielle – die allgemeinen Vorschriften des Kapitels 1 ergänzende/verdrängende – Regelungen, die den Besonderheiten bei der Vergabe von Architekten- und Ingenieurleistungen Rechnung tragen. Der **weite Anwendungsbereich** der §§ 18 ff. VOF umfasst sowohl alle Aufträge über Leistungen der HOAI, unabhängig davon, ob der Auftragnehmer Architekt oder Ingenieur ist, als auch Aufträge, für die die Qualifikation eines Architekten oder Ingenieurs erforderlich ist, ohne zwingend der HOAI zu unterfallen.

267 Dabei wird insbesondere auf die geforderte **Qualifikation der Auftragnehmer** (§ 19 VOF) und auf die **Kriterien der Auftragsvergabe** einschließlich der **Auftragsverhandlungen** (§ 20 VOF), welche die Regelung des § 11 VOF ergänzen, eingegangen.

---

[615] OLG Dresden, Beschl. v. 11. 4. 2005, WVerg 5/05, NZBau 2006, 469.

[616] Dafür OLG Düsseldorf, Beschl. v. 23. 7. 2003, Verg 27/03, IBR 2003, 621; VergabeK Sachsen, Beschl. v. 13. 6. 2001, 1/SVK/44–01; *Müller-Wrede/Müller-Wrede*, VOF, § 16 RdNr. 45; aA.: OLG Frankfurt, Beschl. v. 28. 2. 2006, 11 Verg 15/05, VergabeR 2006, 382–390.

[617] EuGH, Urt. v. 24. 1. 2008, C-532/06, NZBau 2008, 262 – Lianakis.

[618] *Müller-Wrede/Müller-Wrede*, VOF, § 16 RdNr. 18; *Voppel/Osenbrück/Bubert* § 16 RdNr. 39.

[619] OLG München, Beschl. v. 19. 3. 2009, Verg 2/09, IBR 2009, 604; OLG Hamburg, Beschl. v. 30. 9. 2008, 1 Verg 2/08; OLG Düsseldorf, Beschl. v. 6. 2. 2008, VII Verg 5/08, NZBau 2009, 269; OLG Schleswig, Beschl. v. 2. 7. 2010, 1 Verg 1/10.

aa) Qualifikation der Auftragnehmer. Grundsätzlich liegt die Anforderung der Berufs-　268 qualifikation im **Ermessen** des Auftraggebers. Das Ermessen ist jedoch dann eingeschränkt, wenn Leistungen vergeben werden sollen, für die die berufliche Qualifikation des Architekten oder Ingenieurs erforderlich ist. Ein Erfordernis in diesem Sinne ist die **Bauvorlageberechtigung** bei Genehmigungsplanungen. Einen Nachweis hierfür liefert die Eintragung in die Architektenlisten bzw. die Listen der bauvorlageberechtigten Ingenieure. Der Auftraggeber ist aus Transparenzgründen verpflichtet, den potentiellen Bewerbern eine gesetzliche Begrenzung des Teilnahmewettbewerbs bzw. eine von ihm geforderte Berufsqualifikation in der Vergabebekanntmachung anzugeben.

bb) Kriterien der Auftragsvergabe/Auftragsverhandlungen. § 20 Abs. 1 S. 1 VOF　269 sieht vor, dass die Auftragsverhandlungen der Ermittlung desjenigen Bieters dienen, der am ehesten die Gewähr für eine **sachgerechte und qualitätsvolle Leistungserfüllung** bietet. Dieser allgemeine Grundsatz gilt auch außerhalb der besonderen Vorschriften zur Vergabe von Architekten- und Ingenieurleistungen, so dass § 20 Abs. 1 S. 1 VOF im Verhältnis zu § 11 Abs. 5 S. 1 VOF keinen eigenen Regelungsgehalt hinsichtlich der für die Vergabeentscheidung relevanten Zuschlagskriterien enthält.[620] § 20 Abs. 1 S. 2 VOF sieht eine breit angelegte Auftragsverhandlung in Form von Gesprächen vor. Diese **Auftragsgespräche** müssen sich insbesondere auch materiell, also inhaltlich auf die zu lösende Aufgabe und die Lösungsansätze der Bewerber beziehen.[621] Bewerber können (zum Nachweis ihrer Leistungsfähigkeit) gemäß § 20 Abs. 2 S. 1 VOF **Referenzobjekte** präsentieren.

d) Wettbewerbe. Wettbewerbsverfahren gemäß §§ 15–17 VOF spielen, zumeist in Form　270 von **Planungswettbewerben** (§ 15 Abs. 2 VOF) auf den Gebieten der Raumplanung, des Städtebaus oder des Bauwesens eine große praktische Rolle im Zusammenhang mit **Architekturleistungen.** Sie sollen dem Auftraggeber einen Plan oder eine Planung verschaffen und stellen eine spezielle Form der Vorbereitung einer Auftragsvergabe dar.[622] Dabei handelt es sich um **Auslobungsverfahren,** bei denen ein Preisgericht auf Grund vergleichender Beurteilung der vorgelegten Planungen eine Auswahl trifft.

Während die VOF 2006 zwischen **Wettbewerben** im Allgemeinen und **Planungswettbe-　271 werben** unterschied und hierfür auch unterschiedliche Verfahren vorsah, sind nunmehr durch die novellierte VOF die **Verfahren vereinheitlicht** worden.[623] Hinsichtlich des **Schwellenwertes,** der erreicht bzw. überschritten sein muss, gelten die allgemeinen Regelungen der VgV, hier insbesondere § 2 Nr. 5 und 6 VgV und § 3 Abs. 8 VgV.

Die VOF unterscheidet zwischen **offenen und beschränkten Wettbewerben.** Beim offe-　272 nen Wettbewerb kann jeder interessierte Dienstleistungserbringer eine Wettbewerbsarbeit einreichen, während beim beschränkten Wettbewerb – ähnlich einem Teilnahmewettbewerb – ein Vorverfahren zur Auswahl von Wettbewerbsteilnehmern durchgeführt wird, vgl. § 16 Abs. 3 VOF. Der Auftraggeber hat bei einem beschränkten Wettbewerb jedoch darauf zu achten, dass die Zahl der Teilnehmer ausreicht, um einen echten Wettbewerb zu gewährleisten; als absolute Untergrenze kann die für Verhandlungsverfahren vorgegebene Mindestanzahl von drei Teilnehmern herangezogen werden, obwohl insbesondere im Rahmen von Planungswettbewerben häufig nur eine größere Anzahl von Teilnehmern einen tatsächlichen Wettbewerb garantieren wird.

Inhaltlich kann im Rahmen von Wettbewerben weiterhin zwischen **Ideen- und Realisie-　273 rungswettbewerben** unterschieden werden. Beim Ideenwettbewerb handelt es sich um ein selbständiges Verfahren, bei dem die Realisierung der Wettbewerbsaufgabe nicht vorgesehen ist. Ein Realisierungswettbewerb hingegen mündet regelmäßig in ein Verhandlungsverfahren. Der Auslobende kann frei, nach Zweckmäßigkeitsaspekten, entscheiden, welche Verfahrensart er wählen will.

Die Auswahl unter den eingereichten Wettbewerbsarbeiten erfolgt durch ein **unabhängiges**　274 **Preisgericht,** welches aber vom Auslober in eigener Verantwortung bestellt wird. Das Preisgericht ist jedoch in seinen Entscheidungen an die in der Auslobung festgelegten Vorgaben des Auslobers gebunden. Bei Meinungsverschiedenheiten im Preisgericht entscheidet, wenn nichts anderes festgelegt wurde, die absolute Mehrheit der Stimmen.[624] Aus der Zuerkennung eines

---

[620] VergabeK Mecklenburg-Vorpommern, Beschl. v. 11. 1. 2001, 1 VK 13/00, IBR 2001, 273.
[621] OLG Brandenburg, Beschl. v. 13. 9. 2005, Verg W 8/05, IBR 2006, 1325.
[622] *Müller-Wrede/Marx*, VOF, § 20 RdNr. 3.
[623] *Voppel/Osenbrück/Bubert* § 20 RdNr. 7.
[624] *Müller-Wrede/Müller-Wrede*, VOF, § 20 RdNr. 11.

Preises folgt kein Anspruch auf Übertragung von Leistungen, sofern in den Auslobungsbedingungen nichts anderes festgelegt ist.

275   Der Auslobende ist in der Ausgestaltung des Wettbewerbsverfahrens weitgehend frei und muss nur die Mindestanforderungen der §§ 15 und 16 VOF berücksichtigen. Aus Sicht des Auslobenden ist die Bekanntgabe der Kriterien, nach denen das Preisgericht die Wettbewerbsarbeiten zu bewerten hat, von entscheidender Bedeutung. Nur die in der Wettbewerbsbekanntmachung genannten Kriterien dürfen der Bewertung zugrunde gelegt werden. Außerdem ist die Benennung einer Frist für die Einreichung der Wettbewerbsarbeiten erforderlich. Konkrete Fristen sieht die VOF selbst für Wettbewerbe zwar nicht vor. Sie gibt aber ganz allgemein vor, dass für alle Teilnehmer eines Wettbewerbs die gleichen Bedingungen und Fristen gelten und zudem allen Teilnehmern die gleichen Informationen zum gleichen Zeitpunkt übermittelt werden müssen (§ 15 Abs. 5 VOF). In den **Wettbewerbsbedingungen** wird in der Regel auch die Form der einzureichenden Wettbewerbsarbeiten festgelegt. Andere mögliche und empfehlenswerte Regelungen im Rahmen der Wettbewerbsbedingungen betreffen zum Beispiel den Übergang von Eigentums- oder Urheberrechten an den Arbeiten auf den Auslobenden, die Weiterbeauftragung des oder eines Preisträgers oder die Erstattung von Kosten.

276   Die Wettbewerbsarbeiten werden dem Preisgericht anonym vorgelegt. Die **Entscheidung des Preisgerichts** ist verbindlich und kann grundsätzlich nicht gerichtlich auf ihre sachliche Richtigkeit hin überprüft werden.[625] Nachprüfbar ist nur das Verfahren, wobei lediglich schwerwiegende Verfahrensmängel die Aufhebung der Entscheidung begründen können.[626] Das Preisgericht hat gemäß § 16 Abs. 6 VOF einen **Bericht** über die Rangfolge der Arbeiten und die für die Bewertung maßgeblichen Gesichtspunkte zu erstellen.

277   Im Sinne des Transparenzgrundsatzes obliegen dem Auftraggeber sowohl im Vorfeld eines Wettbewerbs gemäß § 9 Abs. 2 VOF als auch nach Abschluss des Wettbewerbs nach § 14 Abs. 2 VOF **Bekanntmachungspflichten.**

278   Für Wettbewerbe auf den Gebieten der Raumplanung, des Städtebaus und des Bauwesens liegen mit den **RPW 2008** umfangreiche Wettbewerbsregeln in Form von Richtlinien vor.[627] Die RPW 2008 haben mit ihrer Einführung zum 1. 1. 2009 die bis dahin geltenden GRW 1995 und die in einigen Kommunen und Ländern geltenden RAW 2004 abgelöst.

IX. Auslobungsverfahren (Abs. 5)

279   Auslobungsverfahren sind Wettbewerbe, die zu einem **Dienstleistungsauftrag** führen sollen. Sie finden laut **Art. 1 Abs. 11e VKR** und der entsprechenden Regelungen in der **VOL/A (§ 31 EG) und der VOF (§ 20, 25)** insbesondere auf dem Gebiet der Planungsleistungen (Raumplanung, Stadtplanung, Architektur und Bauwesen), aber auch auf dem Gebiet der Datenverarbeitung statt. In Auslobungsverfahren legen die Bewerber Pläne oder Planungen vor, um zu zuvor gestellten Aufgaben oder Fragen Lösungen vorzuschlagen. Die Auswahl erfolgt abweichend von den ansonsten üblichen Verfahren durch ein Preisgericht. Die Wertung eines Preisgerichts enthält naturgemäß auch nicht messbare Faktoren wie zB. die geschmacksabhängige Bewertung der Ästhetik einer vorgeschlagenen Lösung. Trotz dieser Besonderheit sind die **Grundsätze eines transparenten, diskriminierungsfreien und fairen Wettbewerbs auch hier einzuhalten.** Weder der Zugang zum Wettbewerb darf beschränkt noch dürfen die Bewerber hinsichtlich der Zulassungsvoraussetzungen zum Wettbewerb noch hinsichtlich der ihnen erteilten Informationen über die zu berücksichtigenden Wünsche der auslobenden Stelle ungleich behandelt werden. Die Auswahl muss, soweit es die Natur des Auslobungsgegenstandes zulässt, nach objektiven Kriterien erfolgen.

X. Baukonzessionen (Abs. 6)

280   Die bisher in **§ 98 Nr. 6** integrierte **Definition der Baukonzession** wurde mit der Reform in die vorliegende eigenständige Definition umgewandelt. Die Einordnung in die in § 99 gesammelten Definitionen der Auftragsarten ist systematisch sachgerecht, stellt aber nicht die einzige Veränderung dar. Anders als bisher soll eine Baukonzession nur vorliegen, wenn die überlassenen **Nutzungsrechte befristet** sind. Im Einzelnen:

---

[625] BGH, Urt. v. 14. 6. 1955, V ZR 120/53, BGHZ 17, 366, 372.
[626] OLG Düsseldorf, Beschl. v. 31. 3. 2004, Verg 4/04, IBR 2004, 455.
[627] http://www.bmvbs.de/Bauwesen/Baukultur-,3108/Planungswettbewerbe.htm.

1. Nutzungsrechte. Gemäß Art. 1 Abs. 3 VKR unterscheidet sich die Baukonzession von den   281
Bauaufträgen dadurch, dass die **Gegenleistung** ausschließlich in dem **Recht zur Nutzung des
Bauwerkes** oder in diesem **Recht zuzüglich der Zahlung eines Preises** besteht. Sie zeichnet
sich zusätzlich dadurch aus, dass der **Konzessionär** das **wirtschaftliche Risiko** des Geschäfts
trägt.[628] Klassische Fälle in der Rechtsprechung waren **Investoren- und Stadtentwicklungs-
sowie Erschließungsverträge.**[629] Der **Begriff des Rechts zur Nutzung** des Bauwerkes ist
weit und in dem Sinne des von der VKR geforderten „effet utile" so auszulegen, dass die praktische Wirksamkeit der Richtlinie gewährleistet ist. Aus diesem Grund dürfen zeitlich und inhaltlich zusammenhängende Vorgänge nicht einzeln und isoliert betrachtet werden.[630] Erforderlich ist
vielmehr eine **Gesamtbetrachtung,** bei der auch die **Zielsetzung der Maßnahmen** zu berücksichtigen ist, da ansonsten durch eine geschickte Gestaltung bestimmte Verträge sachwidrig
aus dem Vergaberecht gelöst und dessen Geltung umgangen werden könnte.[631] Die **VKR** soll
nach ihrem **2. Erwägungsgrund** sowohl der Niederlassungs- und Dienstleistungsfreiheit als auch
dem Wettbewerb im öffentlichen Beschaffungswesen dienen. Wenn der öffentliche Auftraggeber
Aufträge, in welcher individuellen Gestaltung auch immer, vergibt, steuert er damit die Gewinnchancen und Wettbewerbsstellung von Marktteilnehmern und setzt damit das **Risiko einer
Wettbewerbsverzerrung durch Bevorzugung.**[632] Aus diesem Grund können der (isoliert
betrachtet nicht dem Vergaberecht unterliegende) **Verkauf eines kommunalen Grundstückes
und die Verpflichtung des Käufers, darauf nach den Vorstellungen und Vorgaben des
Verkäufers strukturverbessernde Maßnahmen vorzunehmen,** nicht getrennt betrachtet
werden. Ziel ist vielmehr die Entlastung des öffentlichen Auftraggebers von seiner Aufgabe der
kontinuierlichen Verbesserung oder zumindest Aufrechterhaltung des Status quo seines Gemeindegebietes. Aus dem Umstand, dass der Käufer danach ausgewählt wird, dass er zunächst das beste
Verwertungskonzept vorlegt oder sich bereit erklären muss, nach den schon bekannt gemachten
Vorstellungen des Auftraggebers vorzugehen, machen deutlich, dass es dem Auftraggeber nicht
allein um den Verkauf des Grundstücks geht. In der Gesamtbetrachtung wird deutlich, dass nicht
der Verkauf des Grundstücks oder der Anlage (Flughafen Ahlhorn, Fn. 633) die führende Motivation für den Verkauf waren, sondern dass es im Wesentlichen um die weitere Nutzung oder Entwicklung einer Anlage oder eines Areals ging. Damit war bei dieser Konstellation von Bauaufträgen in der Form der Baukonzession auszugehen. Etwas anderes kann nur gelten, wenn das
Grundstück ohne jede weitere Vorgabe verkauft wird und der Käufer völlig frei entscheiden kann,
ob, wann und wie er es im Rahmen des geltenden Bebauungsplans verwerten will. Die Planungshoheit der Gemeinden wird nicht eingeschränkt.[633]

Das Nutzungsrecht kann **jede Chance auf Gewinn** beinhalten. Es kann zB. in der Nutzung   282
oder dem Betrieb auf eigene Rechnung von erstellten technischen Anlagen sowie in der Vermietung und Verpachtung von Grundstücken oder Bauwerken bestehen. Da die Übernahme
des wirtschaftlichen Risikos zum Wesen der Baukonzession gehört, ist es nicht erforderlich, dass
sich aus der Nutzung des Rechts tatsächlich ein Gewinn einstellt. Die Anforderung der Entgeltlichkeit ist durch die Überlassung des Nutzungsrechts erfüllt.

2. Befristetes Nutzungsrecht. Mit der Regelung, dass das Nutzungsrecht befristet sein soll,   283
wollte der Gesetzgeber im Hinblick auf die Rechtsprechung des OLG Düsseldorf[634] klarstellen,
dass das Konzessionsverhältnis auf eine gewisse Dauer ausgelegt sei. Wesenstypisch sei die Übertragung eines dem Konzessionsgeber zustehenden Rechts, das er **für einen begrenzten Zeitraum** dem Konzessionsnehmer übertrage. Damit gehöre das Recht zur Veräußerung nicht zur
Rechtsfigur der Konzession.[635] Hintergrund der Rechtsprechung des OLG Düsseldorf waren
Vertragsgestaltungen, in denen es darum ging, die baulich aufgewerteten Areale (Wohn- und
Geschäftshäuser) nach Fertigstellung zu vermieten, zu verpachten oder zu verkaufen. Der Auftraggeber wollte **kein eigenes Eigentum an den Bauwerken** begründen.

---

[628] OLG Karlsruhe, NZBau 2008, 537; EuGH, C-458/03 Slg. 2005, I-8585.

[629] EuGH, C-399/98, Slg. 2001, I-5409 – Teatro alla Bicocca, VergabeR 2001, 380, 387; OLG Düsseldorf NZBau 2007, 530 – Flugplatz Ahlhorn; OLG Düsseldorf NZBau 2008, 138 – Wuppertal.

[630] EuGH, C-29/04, Slg. 2005, I-9705, RdNr. 40 ff. – Stadt Mödling.

[631] OLG Düsseldorf, VergabeR 2007, 406; OLG Karlsruhe NZBau 2008, 537 ff.

[632] So auch OLG Karlsruhe NZBau 2008, 537 mwN.

[633] Ausführlich zur vergaberechtsfreien verwaltungsinternen Planung: OLG Düsseldorf v. 4. 3. 2009, VII
Verg 67/08 (Belsenplatz).

[634] In Bezug genommen wurden die Entscheidungen VII-Verg 2/07 (Ahlhorn), VII-Verg 30/07 (Wuppertal) und VII-Verg 37/07 (Oer-Erkenschwick).

[635] Gesetzesbegründung, Teil B, Zu Art. 1, Nr. 4, lit. d (6).

284   Diese Regelung ist im Licht der Rechtsprechung des EuGH zu sehen. Ziel der **VKR** ist es, den Markt der öffentlichen Aufträge für den Wettbewerb zu öffnen. Ausnahmen sind ausdrücklich und abschließend geregelt. Dies hat auch der EuGH in ständiger Rechtsprechung immer wieder betont. Weder die Definition des Bauauftrages in **Art. 1 Abs. 2 a VKR** noch die Definition der Baukonzession in **Art 1 Abs. 3 VKR** enthalten Aussagen zu Befristungen. In den **Art. 10–18 VKR** ist eine solche Ausnahme nicht vorgesehen. Nach der Gesetzesbegründung soll die Klarstellung jedoch auch gar keine Ausnahme, sondern eine Begriffsklärung sein. Folgerichtig wurde die Änderung nicht als weitere Ausnahme in § 100 aufgenommen, der die Ausnahmen der VKR in nationales Recht umsetzt.

285   Nach der **Rechtsprechung des EuGH**[636] kommt es nicht darauf an, aus welchen Gründen und in welchem Zusammenhang ein Bauwerk errichtet wird. Dem Beschaffungswesen unterliegen daher neben Maßnahmen eines öffentlichen Auftraggebers, die nicht unmittelbar der Deckung eines eigenen Bedarfs dienen, auch solche, mit denen er **konkrete eigene Zielsetzungen und mittelbare Eigeninteressen** verfolgt. In der og. Entscheidung führte der EuGH aus, dass es nicht darauf ankomme, ob der öffentliche Auftraggeber Eigentümer des Bauwerks sei oder werde. Im konkreten Fall sah er es als ausreichend an, dass die Errichtung eines Freizeitzentrums den von der Gemeinde Roanne in dem zugrunde liegenden Vertrag genannten Erfordernissen entsprach und der Aufwertung des Bahnhofsviertels dienen sollte. Auf dieser Linie liegen auch die **Entscheidungen des OLG Düsseldorf**[637] **sowie des OLG Bremen**[638] **und des OLG Karlsruhe,**[639] in denen **wirtschafts- und gesellschaftspolitische Zwecksetzungen** als ausreichend angesehen wurden. Der EuGH hat in der Entscheidung C-451/08[640] ergänzend zu seiner bisherigen Rechtsprechung klargestellt, dass eine Konzession voraussetzt, dass der Konzessionsgeber über das gewährte Nutzungsrecht verfügen könne. Das sei nicht der Fall, wenn er kein Eigentum an dem Bauwerk habe (Urteilsgründe 72, 73). Daraus folgt, dass eine Baukonzession nicht vorliegen kann, wenn das Bauwerk nicht ins Eigentum des öffentlichen Auftraggebers übergeht. Entsprechend verlangt der Begriff der Konzession eine Befristung zumindest im Sinne eines Kündigungsrechts des öffentlichen Auftraggebers.

XI. Gemischte Verträge (Abs. 7)

286   **1. Normzweck.** Der jetzige **Abs. 7, vor der Reform Abs. 6,** wurde mit dem Gesetz zur Beschleunigung der Umsetzung von öffentlich – privaten Partnerschaften und zur Verbesserung gesetzlicher Rahmenbedingungen für öffentlich – private Partnerschaften **(ÖPP – Gesetz)** in § 99 aufgenommen. Er setzt **Art. 1 Abs. 2 d der VKR** in nationales Recht um und trägt der dazu ergangenen EuGH- Rechtsprechung Rechnung.[641] Die Regelung erfasst den in der Praxis häufigen Fall, dass einheitliche Vertragsbeziehungen oft verschiedene vertragliche Leistungen zum Gegenstand haben, die nach den Definitionen der Absätze 1–6 verschiedenen Vertragsarten zuzurechnen sein können. Für solche Fälle musste im Hinblick auf die unterschiedlich hohen Schwellenwerte und die unterschiedlichen Vergaberegeln für die einzelnen Auftragsarten festgelegt werden, nach welchen Gesichtspunkten über die Anwendung von Vergaberecht zu entscheiden ist. Weder sollen Aufträge mit geringerem Schwellenwert durch die Kombination mit einem kleinen Bauauftrag noch soll die Kombination mit einer Dienstleistungskonzession oder eines der Ausnahmetatbestände des § 100 Abs. 2 die Flucht aus dem Vergaberecht ermöglichen.

287   **2. Fallgestaltungen.** Die Regelung unterscheidet **zwei Fälle:**
– Bei der kombinierten Vergabe von **Liefer- und Dienstleistungen** erfolgt die **Zuordnung nach dem Wert** der Leistungen. Die Vergabe richtet sich nach den Regeln für den Leistungsanteil, der den höheren Wertanteil ausmacht.
– Bei kombinierten **Bau- und Dienstleistungsaufträgen** erfolgt die **Zuordnung nach dem Anteil** der Bauaufgaben an der gesamten vertraglich geschuldeten Leistung.

288   **Der wesentliche Unterschied** dieser unterschiedlichen Abgrenzung besteht darin, dass es bei den Liefer- und Dienstleistungen nur auf den wirtschaftlichen Wert ankommt, während es bei der Kombination von Bau- und Dienstleistungen auf den praktischen Anteil an der Gesamt-

---

[636] EuGH, C-220/05, Slg. 2007, I-385 – Stadt Roanne.
[637] OLG Düsseldorf VergabeR 2007, 406; OLG Düsseldorf NZBau 2008, 138; OLG Düsseldorf NZBau 2008, 271.
[638] OLG Bremen VergabeR 2008, 558.
[639] OLG Karlsruhe NZBau 2008, 537.
[640] OLG Düsseldorf NZBau 2010, 321.
[641] Die Gesetzesbegründung benennt dazu EuGH, C-331/92, Slg. 1994, I-1329 – Gestion Hotelera.

leistung ankommt. Eine Lieferleistung kann daher auch dann vorliegen, wenn in einem aufwendigen Sondertransport, der den Leistungsschwerpunkt darstellt, kostenmäßig deutlich überwiegende Teile einer technischen Anlage geliefert werden. Bei einer Kombination von Dienst- und Bauleistung kommt es dagegen darauf an, ob ein Leistungselement sich als Nebenleistung oder im Gesamtbild nachrangig darstellt. So kann eine langjährige Wartungsverpflichtung, die wirtschaftlich vorrangig ist, dennoch dem Bauauftrag zuzuordnen sein, wenn das Bauwerk einen wesentlichen Teil der Leistung ausmacht.[642] Andererseits kann ein Auftrag über eine Liegenschaftsverwaltung, zu der auch Instandsetzungsarbeiten gehören, die hinsichtlich Aufwand und Budget begrenzt sind, ein Dienstleistungsauftrag sein.[643]

Da die Zuordnung in jedem Einzelfall individuell zu erfolgen hat, haben sich in der Rechtsprechung verschiedenen Theorien entwickelt, die Hilfestellung bei der Abgrenzung im Einzelfall geben sollen.   **289**

3. Die verschiedenen Theorien. a) Trennungstheorie. Wenn Vertragsgegenstände ohne   **290** sachlichen Grund zusammengefasst werden, aber wirtschaftlich und funktional trennbar sind und jeder Gegenstand für sich eine eigene Bedeutung hat, sind für die verschiedenen Vertragsgegenstände die jeweils dafür geltenden Vergaberegeln anzuwenden.[644] Die Trennungstheorie spielt in der Praxis nur in seltenen Ausnahmefällen eine Rolle, da die Bestimmungen der **VKR** und der **SKR** die Kombination verschiedener vertraglicher Leistungen, die in einem sinnvollen Zusammenhang stehen, nicht ausschließen und den Fall der Kombination von Bau- und Planungsleistungen ausdrücklich selbst vorsehen, jeweils in **Art 1 Abs. 2 b.**

b) Dominanz- oder Schwerpunkttheorie. Die Theorie erklärt sich schon aus ihrem Na-   **291** men. Danach soll der Teil des Auftragsgegenstandes die anzuwendenden Vergaberegeln bestimmten, der für das gesamte Leistungsspektrum des Vertrages führend ist und nicht allein eine Nebenleistung darstellt. Dieser Ansatz ist regelmäßig der Maßstab in der Rechtsprechung.[645] Bei der Betrachtung, wo der Schwerpunkt einer Leistung liegt, ist auf die **wesentlichen, vorrangigen Verpflichtungen** abzustellen, **die den Vertrag prägen,** und nicht auf die Verpflichtungen bloß untergeordneter oder ergänzender Art, die zwingend aus dem eigentlichen Gegenstand des Vertrages folgen. Bei Bauleistungen ist der jeweilige Wert der dabei erbrachten Einzelleistungen nur ein Kriterium unter anderen, die bei der Ermittlung des Hauptgegenstandes zu berücksichtigen sind[646] Der EuGH hat in der Entscheidung „Gestion Hotelera" (s. Fn. 642) für die Errichtung und den Betrieb eines Spielkasinos den Betrieb als vorrangig angesehen und einen Dienstleistungsauftrag angenommen. Als Lieferauftrag hat OLG München einen Vertrag eingestuft, in dem Baustoffe und Bauteile ohne bauwerksbezogene Bearbeitung (handelsübliche Beleuchtungskörper) zu liefern waren. Die Entscheidung grenzt ihre Betrachtung gegen den Fall der Lieferung und des Einbaus einer individuell angefertigten Ausstattung des Gebäudes ab.[647] Bei der Behandlung von Abwasser hat der EuGH die Erstellung der Anlage als untergeordnet angesehen.[648] Beim Verkauf von 49% Anteilen einer im öffentlichen Eigentum stehenden Gesellschaft in Verbindung mit der Verpflichtung zu einigen Bauerhaltungsmaßnahmen und befristeten Dienstleistungen sah der EuGH[649] den vergaberechtsfreien Verkauf im Vordergrund.

c) Kontaminierungstheorie. Diese Theorie wurde vom OLG Brandenburg[650] entwickelt,   **292** um einer Flucht aus dem Vergaberecht mit Hilfe einer Dienstleistungskonzession vorzubeugen. Dabei ging der Senat davon aus, dass immer dann eine Baukonzession vorliege, wenn der **Anteil der Bauleistung nicht nur marginal** sei. Damit deckt sich die Kontaminierungstheorie in ihrer praktischen Auswirkung vollständig mit der Schwerpunkttheorie und kann in der na-

---

[642] EuGH, C-331/92, Slg 1994, I-1329 – Gestion Hotelera.
[643] OLG Düsseldorf VergabeR 2007, 200ff., 202, wonach bei einem Baumaßnahmenanteil von 25% an der Gesamtleistung ein Dienstleistungsauftrag angenommen wurde.
[644] EuGH, C-3/88, Slg. 1989, 4061; *Dreher/Stockmann* RdNr. 133 mwN., OLG Rostock VergabeR 2007, 394 zu den jeweiligen, von einander unabhängigen Bauabschnitten einer komplexen Anlage.
[645] ZB. EuGH, C-340/04, Slg. 2006, I-4137 zur Abgrenzung einer Lieferleistung gegenüber einer Dienstleistung; OLG München, NZBau 2007, 59; OLG Düsseldorf, NZBau 2007, 530; EuGH, C-300/07, VergabeR 2009, 744; EuGH, C-536/07 zu Bauauftrag, VergabeR 2010, 188, ZfBR 2010, 178.
[646] EuGH, C-412/04, ZfBR 2008, 404, so auch EuGH C-220/05, Slg. 2007, I-385 – Stadt Roanne.
[647] OLG München VergabeR 2006, 238 – Beleuchtungskörper.
[648] EuGH, C-20/01 und C-26/01, Slg. 2003, I-3609.
[649] EuGH C-145, 149/08, NVwZ 2010, 825.
[650] OLG Brandenburg NZBau 2000, 39 – Flughafen Schönefeld.

tionalen Rechtsprechung als Vorläuferin der jetzt herrschenden Dominanztheorie angesehen werden.

XII. Gemischte Verträge im Sektorenbereich (Abs. 8)

293   **1. Normzweck.** Abs. 8 ist neu in die Regelung aufgenommen worden und dient der Umsetzung von Art. 9 der SKR. Während **Abs. 7** der **Abgrenzung der Auftragsarten zueinander** im Hinblick auf das anzuwendende Vergaberecht regelt, dient **Abs. 8** der **Abgrenzung hinsichtlich der unterschiedlichen Verpflichtung verschiedener Auftraggeber auf das Vergaberecht.** Er trägt dem Grundsatz Rechnung, dass **in Zweifelsfällen immer die weitergehende Verpflichtung auf das Vergaberecht** zum Tragen kommt.

294   **2. Schwerpunktregelung.** Satz 1 enthält eine der Dominanztheorie sinngemäß entsprechende **Schwerpunktregelung** für den Bereich der Sektorenauftraggeber. Da Sektorenauftraggeber auch Auftraggeber nach § 98 Nrn. 1–3 sein können, kommt es für die Frage, welche Vergaberegeln sie anzuwenden haben, darauf an, **in welchem ihrer Aufgabenbereiche** der Schwerpunkt der beabsichtigten Maßnahmen liegt. Ist Gegenstand des Bauauftrages einer Kommune der Neubau eines Verwaltungsgebäudes für die Stadtverwaltung, in dem auch Räume für die kommunalen Stadtwerke vorgesehen sind, wäre die Kommune als Auftraggeberin nach § 98 Nr. 1 anzusehen, da das Gebäude überwiegend der Kommunalverwaltung zugute kommen soll.[651]

295   **3. Regelung der Zweifelsfälle.** Die **Sätze 2 und 3** treffen Regelungen für den Fall, dass ein Hauptgegenstand des Auftrages nicht feststellbar ist. Hier soll die Privilegierung der Sektorentätigkeit nicht zu einer Flucht aus dem Vergaberecht führen können. Es gilt daher jeweils die **weitergehende Verpflichtung** auf das Vergaberecht. Kommt nach einem keiner Tätigkeit des Auftragebers überwiegend zuzuordnenden Auftrag sowohl die Anwendung der **2. Abschnitte der Verdingungsordnungen** als auch der SektVO in Betracht, sind die 2. Abschnitte anzuwenden. Nach dem Beispiel aus der Gesetzesbegründung (s. Rdnr. 294) wäre das der Fall, wenn das Verwaltungsgebäude zu gleichen Teilen von der Verwaltung und den Stadtwerken genutzt werden soll. Kommt sowohl die Anwendung der **SKR-Regelungen** als auch eine Vergabe ohne Verpflichtung auf das Vergaberecht in Betracht (Beispiel der Gesetzesbegründung: das Gebäude soll zu gleichen Teilen vom Sektorenauftraggeber und privat genutzt werden), hat die Vergabe nach den SKR-Regelungen zu erfolgen. Gleiches gilt für die Auftraggeber nach dem Bundesberggesetz. Sind sie zugleich Auftraggeber nach **§ 98 Nr. 1–3,** haben sie im Zweifel die 2. Abschnitte der Verdingungsordnungen anzuwenden. Ist zweifelhaft, ob der Auftrag in den nicht dem Vergaberecht unterworfenen Aufgabenkreis des Auftraggebers nach Bundesberggesetz fällt, gelten die Regelungen für diese Auftraggeber gemäß **§ 129 b.**

---

[651] Beispiel aus der Gesetzesbegründung, BT-Drucks. 16/10 117, Teil B. Art. 1, 4 zu Buchstabe f (8).

§ 100 Anwendungsbereich

(1) Dieser Teil gilt nur für Aufträge, welche die Auftragswerte erreichen oder überschreiten, die durch Rechtsverordnung nach § 127 festgelegt sind (Schwellenwerte).

(2) Dieser Teil gilt nicht für Arbeitsverträge und für Aufträge,

a) die auf Grund eines internationalen Abkommens im Zusammenhang mit der Stationierung von Truppen vergeben werden und für die besondere Verfahrensregeln gelten;

b) die auf Grund eines internationalen Abkommens zwischen der Bundesrepublik Deutschland und einem oder mehreren Staaten, die nicht Vertragsparteien des Übereinkommens über den Europäischen Wirtschaftsraum sind, für ein von den Unterzeichnerstaaten gemeinsam zu verwirklichendes und zu tragendes Projekt, für das andere Verfahrensregeln gelten, vergeben werden;

c) die auf Grund des besonderen Verfahrens einer internationalen Organisation vergeben werden;

d) aa) die in Übereinstimmung mit den Rechts- und Verwaltungsvorschriften in der Bundesrepublik Deutschland für geheim erklärt werden,

bb) deren Ausführung nach diesen Vorschriften besondere Sicherheitsmaßnahmen erfordert,

cc) bei denen es ein Einsatz der Streitkräfte oder die Umsetzung von Maßnahmen der Terrorismusbekämpfung oder wesentliche Sicherheitsinteressen bei der Beschaffung von Informationstechnik oder Telekommunikationsanlagen gebieten oder

dd) bei denen der Schutz sonstiger wesentlicher Interessen der Sicherheit des Staates es gebietet;

e) die dem Anwendungsbereich des Artikels 296 Abs. 1 Buchstabe b des Vertrages zur Gründung der Europäischen Gemeinschaft unterliegen;

f) die bei Tätigkeiten auf dem Gebiet der Trinkwasserversorgung die Beschaffung von Wasser oder bei Tätigkeiten auf dem Gebiet der Energieversorgung die Beschaffung von Energie oder von Brennstoffen zur Energieerzeugung zum Gegenstand haben;

g) die an eine Person vergeben werden, die ihrerseits Auftraggeber nach § 98 Nr. 1, 2 oder 3 ist und ein auf Gesetz oder Verordnung beruhendes ausschließliches Recht zur Erbringung der Leistung hat;

h) über Erwerb oder Mietverhältnisse über oder Rechte an Grundstücken oder vorhandenen Gebäuden oder anderem unbeweglichen Vermögen ungeachtet ihrer Finanzierung;

i) von Auftraggebern nach § 98 Nr. 4, soweit sie anderen Zwecken dienen als der Sektorentätigkeit;

j) die den Kauf, die Entwicklung, die Produktion oder Koproduktion von Programmen zum Gegenstand haben und die zur Ausstrahlung durch Rundfunk- oder Fernsehanstalten bestimmt sind sowie über die Ausstrahlung von Sendungen;

k) die hauptsächlich den Zweck haben, dem Auftraggeber die Bereitstellung oder den Betrieb öffentlicher Telekommunikationsnetze oder die Bereitstellung eines oder mehrerer Telekommunikationsdienste für die Öffentlichkeit zu ermöglichen;

l) über Schiedsgerichts- und Schlichtungsleistungen;

m) über finanzielle Dienstleistungen im Zusammenhang mit Ausgabe, Verkauf, Ankauf oder Übertragung von Wertpapieren oder anderen Finanzinstrumenten, insbesondere Geschäfte, die der Geld- oder Kapitalbeschaffung der Auftraggeber dienen, sowie Dienstleistungen der Zentralbanken;

n) über Forschungs- und Entwicklungsdienstleistungen, es sei denn, ihre Ergebnisse werden ausschließlich Eigentum des Auftraggebers für seinen Gebrauch bei der Ausübung seiner eigenen Tätigkeit und die Dienstleistung wird vollständig durch den Auftraggeber vergütet,

o) von

aa) Auftraggebern, die auf dem Gebiet der Trinkwasser- oder Energieversorgung oder des Verkehrs tätig sind, an ein mit diesem Auftraggeber verbundenes Unternehmen oder bb) einem gemeinsamen Unternehmen, das mehrere Auftraggeber, die auf dem Gebiet der Trinkwasser- oder Energieversorgung oder des Verkehrs tätig sind, ausschließlich zur Durchführung dieser Tätigkeiten gebildet haben, an ein Unternehmen, das mit einem dieser Auftraggeber verbunden ist,

sofern mindestens 80 Prozent des von diesem verbundenen Unternehmen während der letzten drei Jahre in der Europäischen Union erzielten durchschnittlichen Umsatzes im entsprechenden Liefer- oder Bau- oder Dienstleistungssektor aus der Erbringung dieser Lieferungen oder Leistungen für den mit ihm verbundenen Auftraggeber stammen; dies gilt auch, sofern das Unternehmen noch keine drei Jahre besteht, wenn zu erwarten ist, dass in den ersten drei Jahren seines Bestehens wahrscheinlich mindestens 80 Prozent erreicht werden; werden die gleichen oder gleichartigen Lieferungen oder Bau- oder Dienstleistungen von mehr als einem mit dem Auftraggeber verbundenen Unternehmen erbracht, so wird die Prozentzahl unter Berücksichtigung des Gesamtumsatzes errechnet, den diese verbundenen Unternehmen mit der Erbringung der Lieferung oder Leistung erzielen; § 36 Abs. 2 und 3 gilt entsprechend;

p) die

aa) ein gemeinsames Unternehmen, das mehrere Auftraggeber, die auf dem Gebiet der Trinkwasser- oder Energieversorgung oder des Verkehrs tätig sind, ausschließlich zur Durchführung von diesen Tätigkeiten gebildet haben, an einen dieser Auftraggeber oder

bb) ein Auftraggeber, der auf dem Gebiet der Trinkwasser- oder Energieversorgung oder des Verkehrs tätig ist, an ein gemeinsames Unternehmen im Sinne des Doppelbuchstaben aa, an dem er beteiligt ist,

vergibt, sofern das gemeinsame Unternehmen errichtet wurde, um die betreffende Tätigkeit während eines Zeitraumes von mindestens drei Jahren durchzuführen, und in dem Gründungsakt festgelegt wird, dass die dieses Unternehmen bildenden Auftraggeber dem Unternehmen zumindest während des gleichen Zeitraumes angehören werden;

q) die zur Durchführung von Tätigkeiten auf dem Gebiet der Trinkwasser- oder Energieversorgung oder des Verkehrs außerhalb des Gebietes der Europäischen Union vergeben werden, wenn sie nicht mit der tatsächlichen Nutzung eines Netzes oder einer Anlage innerhalb dieses Gebietes verbunden sind;

r) zum Zwecke der Weiterveräußerung oder Weitervermietung von Auftraggebern, die auf dem Gebiet der Trinkwasser- oder Energieversorgung oder des Verkehrs tätig sind, an Dritte vergeben werden, vorausgesetzt, dass der Auftraggeber kein besonderes oder ausschließliches Recht zum Verkauf oder zur Vermietung des Auftragsgegenstandes besitzt und dass andere Unternehmen die Möglichkeit haben, diese Waren unter gleichen Bedingungen wie der betreffende Auftraggeber zu verkaufen oder zu vermieten;

s) von Auftraggebern, die auf dem Gebiet der Trinkwasser- oder Energieversorgung oder des Verkehrs tätig sind, soweit sie Baukonzessionen zum Zwecke der Durchführung dieser Tätigkeiten zum Gegenstand haben;

t) die der Ausübung einer Tätigkeit auf dem Gebiet der Trinkwasser- oder Energieversorgung oder des Verkehrs dienen, soweit die Europäische Kommission nach Artikel 30 der Richtlinie 2004/17/EG des Europäischen Parlaments und des Rates vom 31. März 2004 zur Koordinierung der Zuschlagserteilung durch Auftraggeber im Bereich der Wasser-, Energie- und Verkehrsversorgung sowie der Postdienste festgestellt hat, dass diese Tätigkeit in Deutschland auf Märkten mit freiem Zugang unmittelbar dem Wettbewerb ausgesetzt ist und dies durch das Bundesministerium für Wirtschaft und Technologie im Bundesanzeiger bekannt gemacht worden ist.

Übersicht

Schrifttum: *Arrowsmith,* The Law of Public and Utilities Procurement, 2. Aufl. 2005; *Binder,* Effektiver Rechtsschutz und neues Vergaberecht – Überlegungen zur Verfassungsmäßigkeit der Differenzierung nach Schwellenwerten in §§ 97 ff. GWB, ZZP 2000, 195; *Boesen,* Die Bundeswehr im Auslandseinsatz – Neue Herausforderungen an das Vergaberecht, NVwZ 2007, 1233; *Börner,* Keine Ausschreibungspflicht kommunaler Versorgungsunternehmen für den Bezug von Erdgas, DB 1998, 610; *Broß,* Vergaberechtlicher Rechtsschutz unterhalb der Schwellenwerte, in: Neunte Badenweiler Gespräche, Schriftenreihe des forum vergabe e. V., Heft 19, 2003, 31; *Bultmann/Hölzl,* Die Entfesselung der Antragsbefugnis – zum effektiven Rechtsschutz im Vergaberecht, NZBau 2004, 651; *Byok/Jaeger,* Kommentar zum Vergaberecht, 2. Aufl. 2005; *Dreher,* Vergaberechtsschutz unterhalb der Schwellenwerte, NZBau 2002, 419; *Faber,* Öffentliche Aufträge an kommunal-beherrschte Unternehmen? Inhouse-Geschäfte oder Vergabe im Wettbewerb?, DVBl. 2001, 248; *Gass/Ohle,* Sicherheit vor Wettbewerb? § 100 Abs. 2 lit. d) GWB – ein Ausnahmetatbestand im Wandel, ZfBR 2006, 655; *Greb,* Das Konzernprivileg für Sektorenauftraggeber, VergabeR 2009, 140; *Hermes,* Gleichheit durch Verfahren bei der staatlichen Auftragsvergabe, JZ 1997, 909; *Hölzl,* Anmerkung zu OLG Düsseldorf, Beschl. v. 30. 4. 2003, Verg 61/02, VergabeR 2004, 376; *ders.,* Circumstances alter cases, NZBau 2004, 256; *Huber,* Der Schutz des Bieters im öffentlichen Auftragswesen unterhalb der sog. Schwellenwerte, JZ 2000, 877; *Karstedt-Meierieks,* Rechtsschutz unterhalb der Schwelle, VergabeNavigator Sonderausgabe 2007, 11; *Kulartz,* Vergaberecht und Verkehr, NZBau 2001, 173; *Kunert,* Vergaberecht und Öffentliches Recht – zur öffentlichen Auftragsvergabe in sicherheitssensiblen Rechtsbereichen, 2003; *Mattey,* Das Recht der Auftragsvergabe in den Sektoren – Unter besonderer Berücksichtigung der deutschen Elektrizitätswirtschaft, 2001; Münchener Kommentar Aktiengesetz, 2. Aufl. 2006; *Meyer,* Wettbewerbsrecht und wirtschaftliche Betätigung der Kommunen, NVwZ 2002, 1075; *Niestedt/Hölzl,* Zurück aus der Zukunft? Beschränkung des Primärrechtsschutzes im Vergaberecht auf Auftragsvergaben oberhalb bestimmter Schwellenwerte verfassungsgemäß, NJW 2006, 3680; *Orlowski,* Zulässigkeit und Grenzen der In-House-Vergabe, NZBau 2007, 80; *Prieß,* Anm. zu OLG Düsseldorf, Beschl. v. 30. 4. 2003, Verg 67/02, VergabeR 2003, 445; *ders.,* Ausschreibungspflichten kommunaler Versorgungsunternehmen, DB 1998, 405; *ders.,* Die Leistungsbeschreibung, Kernstück des Vergabeverfahrens, Teil 1, NZBau 2004, 20, Teil 2, NZBau 2004, 87; *ders./Hölzl,* Ausnahmen bleiben die Ausnahme! – Zu den Voraussetzungen der Rüstungs-, Sicherheits- und Geheimhaltungsausnahme sowie eines Verhandlungsverfahrens ohne Vergabebekanntmachung, NZBau 2008, 563; *ders./Hölzl,* Das Ende des rechtsfreien Raumes: Der verwaltungsgerichtliche Rechtsschutz bei der Rüstungsbeschaffung, NZBau 2005, 367; *ders./Niestedt,* Rechtsschutz im Vergaberecht, 2009; *Schlette,* Die Verwaltung als Vertragspartner, 2000; *Spießhofer/Sellmann,* Rechtsschutz im „Unterschwellenbereich" – zur begrenzten Tragweite der Entscheidung des Bundesverfassungsgerichts, VergabeR 2007, 159; *Tomerius/Kiser,* Verwaltungsgerichtlicher Rechtsschutz bei nationalen Auftragsvergaben – auf dem Weg zur „unterschwelligen" Rechtswegspaltung?, VergabeR 2005, 551; *Trybus,* Defence Procurement: The New Public Sector Directive und Beyond, PPLR 2004, 198; *ders.,* On the application of the EC Treaty to armaments, ELR 2000, 663; *ders.,* Procurement for the Armed Forces: Balancing Security and the Internal Market, ELR 2002, 692; *von Albedyll,* in: Bader/Funke-Kaiser/Kuntze/von Albedyll, Verwaltungsgerichtsordnung Kommentar, 4. Aufl. 2007.

I. Normzweck

1   **§ 100 vervollständigt die Definition des Anwendungsbereichs** des Vergaberechts. Während **§ 98 den persönlichen** und **§ 99 den sachlichen** Anwendungsbereich definiert, setzt **§ 100** die sich aus den Richtlinien ergebenden **Ausnahmen** in nationales Recht um. Mit der Reform 2009 wurden neben den Anpassungen an die Liberalisierung im Telekommunikationsbereich und Klarstellungen auch die Übernahme der Ausnahmevorschriften für die Bereiche der Trinkwasser- und Energieversorgung sowie des Verkehrs in Abs. 2 aufgenommen, die bislang in der Vergabeverordnung (VgV) geregelt waren. Die Ausnahmetatbestände in § 100 Abs. 2 sind **abschließend**[1] aufgezählt. Sie sind im Sinne der Zielsetzung der Richtlinien und der ständigen Rechtsprechung des EuGH[2] **eng auszulegen.**

2   Die Ausnahmen haben **unmittelbaren Einfluss auf die Rechtsschutzmöglichkeiten.** Auftragsvergaben, die nach § 100 Abs. 2 ausnahmsweise nicht nach den Regeln des Vergaberechts erfolgen müssen, unterliegen der Nachprüfung durch die Vergabekammern nur insoweit, als das Vorliegen der gesetzlichen Voraussetzungen der Ausnahme geprüft wird. Stellt die Vergabekammer fest, dass sich der Auftraggeber zu Recht auf eine Ausnahme berufen hat, ist das weitere Vergabeverfahren dem Rechtsschutz entzogen. Auch wegen dieser erheblichen Bedeutung der Ausnahmen für den Rechtsschutz und des in den europäischen Richtlinien geforderten „effet utile" des Rechtsschutzes sind die Ausnahmen eng auszulegen.

II. Die Schwellenwerte (Abs. 1)

3   **1. Die Schwellenwerte.** Abs. 1 erklärt den 4. Teil des GWB nur anwendbar für Aufträge, deren Auftragswerte die durch Rechtsverordnung gemäß **§ 127** festgelegten Schwellenwerte übersteigen. Die gemäß § 127 erlassene **Vergabeverordnung (VgV)** bestimmt in **§ 2 die Schwellenwerte** und regelt in **§ 3 die Berechnung der Schwellenwerte.** § 2 differenziert die Schwellenwerte für Dienstleistungs- und Lieferaufträge nach der Art des Auftraggebers (§ 2 Nrn. 2 und 3 VgV), während der Schwellenwert für Bauaufträge unabhängig von der Vergabestelle einheitlich festgelegt ist (§ 2 Nr. 4 VgV). Daneben werden Schwellenwerte für besondere Vergabearten (losweise Vergabe, § 2 Nrn. 6 und 7 VgV, Auslobungsverfahren, § 2 Nr. 5 und 6 VgV) gesondert ausgewiesen. Die Schwellenwerte gemäß § 2 der VgV betragen für
– Liefer- und Dienstleistungsaufträge der obersten und oberen Bundesbehörden sowie vergleichbarer Bundeseinrichtungen => 125 000 Euro (Nr. 1);
– alle anderen Liefer- und Dienstleistungsaufträge => 193 000 Euro (Nr. 2);
– Bauaufträge => 4 845 000 Euro (Nr. 3)
– Auslobungsverfahren => der Wert der konkret angestrebten Dienstleistung oder der generelle Wert nach Nr. 2 (Nrn. 4 und 5)

---

[1] BT-Drucks. 13/9340; EuGH, C-71/92, Slg. 1993. I-5923, 5982; OLG Düsseldorf NZBau 2004, 398.
[2] EuGH, C-199/85, Slg. 1987, 1039, RdNr. 14.

– Lose von Bauaufträgen nach Nr. 3 => 1 Mio. Euro oder bei Losen unterhalb 1 Mio. Euro deren addierter Wert ab 20% des Gesamtwertes aller Lose (Nr. 6);
– Lose von Dienstleistungsaufträgen nach Nr. 1 oder 2 => 80 000 Euro oder bei Losen unterhalb von 80 000 Euro deren addierter Wert ab 20% des Gesamtwertes aller Lose, wobei diese Regelung nicht für den Sektorenbereich gilt (Nr. 7).

Seit Inkrafttreten des 4. Abschnitts des GWB wurden die Schwellenwerte zunächst erhöht **4** und nun befristet gesenkt. Die Höhe orientiert sich an dem Gedanken, ab welchem Auftragswert ein Auftrag auch grenzüberschreitend und damit für den europäischen Markt von Interesse sein kann. Da insgesamt ein europaweiter Wettbewerb eher selten ist und sich, von hoch spezialisierten Technologien abgesehen, oft eher in den Grenzregionen benachbarter Mitgliedstaaten abspielt, ist fraglich, ob die Schwellenwerte im Hinblick auf die Zielsetzung der europäischen Richtlinien nicht zu hoch sind. Gerade die nationale Zielsetzung, den Mittelstand an den europaweiten Vergaben teilhaben zu lassen, könnte ein Argument sein, die Schwellenwerte zu senken. Ein Maler- und Anstreicherauftrag dürfte auch unterhalb des Millionenauftragswertes für reine Maler- und Anstreicherbetriebe überregional interessant sein, ebenso Gartenbauarbeiten für Gärtnereibetriebe, in deren Marktsegment die durchschnittlichen Auftragsvolumina deutlich geringer sind. Die nationale Festsetzung der Schwellenwerte folgt jedoch den Festlegungen auf EU-Ebene, so dass davon auszugehen ist, dass die derzeitigen Schwellenwerte als angemessen betrachtet werden.

2. Rechtsschutz unterhalb der Schwelle. Die weitaus größte Zahl der öffentlichen Vergaben erreicht die Schwellenwerte nicht. Ca. 90–95% des Auftragsvolumens unterliegen damit **5** nicht den Regeln des 4. Abschnitts des GWB. Für diese Verfahren ist immer wieder die **Frage nach dem Rechtsschutz** für Bieter in diesen Verfahren aufgeworfen worden. Nach mehreren verwaltungsgerichtlichen Entscheidungen, die in den Bundesländern unterschiedlich zu den Möglichkeiten des Rechtsschutzes und des Rechtsweges entschieden hatten, hat das **BVerfG** mit Beschluss vom 25. 10. 2006 (1 BvR 1160/03) und vom 13. 6. 2006[3] entschieden, dass Rechtsschutz bei Vergaben unterhalb der Schwellenwerte **auch in einem Sekundärrechtsschutz** bestehen kann, der nur **Schadensersatzansprüche** gewährt, ein Primärrechtsschutz sei verfassungsrechtlich nicht geboten. Die Teilnahme staatlicher Stellen am Wettbewerb sei eine rein privatrechtliche Tätigkeit, die allein dem wirtschaftlichen und sparsamen Umgang mit Haushaltsmitteln diene. Das **BVerwG** hat mit Beschluss vom 2. 5. 2007 (6 B 10/07)[4] ebenso entschieden und ausgeführt, dass ein Beschaffungsvorgang auch nicht in einen verwaltungsrechtlichen Entscheidungsprozess und einen zivilrechtlichen Akt des Vertragsschlusses geteilt werden könne. Damit sei der **Rechtsweg zu den Zivilgerichten** eröffnet.

Die Rechtsprechung des BVerfG und des BVerwG haben zwar die nationale Rechtslage geklärt. Sie steht jedoch in einem **Spannungsverhältnis zu den Bestimmungen des EU-Vertrages und der Rechtsprechung des EuGH.** Der EuGH hat sowohl für die Vergaben unterhalb der Schwellenwerte als auch für die dem Vergaberecht nicht unterliegende Dienstleistungskonzession wiederholt entschieden, dass die **Grundregeln des EU-Vertrages,** insbesondere die Diskriminierungsfreiheit, Anwendung finden müssen.[5] Dazu gehört laut EuGH ein angemessenes Maß an Öffentlichkeit über die Vergabeabsicht, ein faires Verfahren und die Möglichkeit, nachprüfen zu lassen, ob der Wettbewerb diskriminierungsfrei durchgeführt wurde.[6] Die EU-Kommission hat mehrere **Mitteilungen zu Auslegungsfragen**[7] hierzu veröffentlicht, die klarstellen, aus Sicht der Kommission diese Anforderungen auch unterhalb der Schwelle einzuhalten sind. Die **Bundesregierung** hat gegen diese Haltung der EU-Kommission, insbesondere gegen die Mitteilung vom 1. 8. 2006, **Klage**[8] erhoben. Sie wirft der Kommission vor, mit ihren Mitteilungen den Mitgliedstaaten Vorgaben auch dort machen zu wollen, wo keine Binnenmarktrelevanz bestehe und spricht ihr die Regelungskompetenz für

---

[3] BVerfGE 116, 135.
[4] BVerwGE 129, 9.
[5] EuGH, C-264/03, Slg. 2005, I-8831, RdNr. 32 f.
[6] EuGH, C-470/99, Slg. 2002, I-11 617, RdNr. 93 – Universale-Bau AG; EuGH, C-247/02, Slg. 2004, I-9215 – Sintesi.
[7] Kom., ABl. 2006 C 179/2, 7 mit Hinweis auf die Rechtsprechung und Mitteilung vom 23. 6. 2007 „zu Auslegungsfragen im Bezug auf das Gemeinschaftsrecht, das für die Vergabe öffentlicher Aufträge gilt, die nicht oder nur teilweise unter die Vergaberichtlinie fallen".
[8] Kom., ABl. 2006 C 294/52.

Vergaben, die nicht den Richtlinien unterliegen, ab. Eine Entscheidung ist noch nicht gefallen. Die weitere Entwicklung bleibt abzuwarten.[9]

III. Die Ausnahmen (Abs. 2)

7   **1. Allgemeines.** Abs. 2 trägt dem Umstand Rechnung, dass bestimmte Verträge aus übergeordneten Gründen dem Wettbewerb nicht zugänglich sind. Bei den nicht abschließend aufgezählten Ausnahmen handelt es sich um Aufträge im **zwischenstaatlichen** oder **sicherheitsrelevanten** Bereich sowie um die Berücksichtigung **innerstaatlicher Organisation** und **besonderer Rechte**, z.B. Urheberrechte oder Rundfunkfreiheit. Erfasst sind auch Sachverhalte, die tatsächlich im europäischen Wettbewerb nicht zu realisieren sind, zB. Grundstückserwerb oder Finanzdienstleistungen, die üblicherweise ortsgebunden erfolgen.

8   **2. Arbeitsverträge** sind nach **Art. 16 e VKR** und **Art. 24 d SKR** aus dem Vergaberecht ausgenommen. Ob ein Arbeitsvertrag oder ein Dienstleistungsauftrag vorliegt, ist unter Berücksichtigung der Zielsetzung der Richtlinien zu beurteilen. Arbeitsverträge sind Verträge, die auf **dauerhafte Leistungserbringung nach Weisung** des Arbeitgebers gegen **Lohnzahlung** gerichtet sind. Da eine Weisungsbefugnis des Auftraggebers auch in einem Dienstleistungsauftrag enthalten sein kann, kommt es weiter darauf an, dass der Arbeitnehmer an seinem Arbeitsplatz sowohl organisatorisch als auch arbeitsrechtlich in den Betrieb des Arbeitgebers eingegliedert ist und kein eigenes wirtschaftliches Risiko trägt.[10]

9   **3. Die Ausnahmen. a)** Abs. 2 a–c setzen die **Art. 15 b VKR und 22 SKR** in nationales Recht um. Die betroffenen Aufträge erfüllen zwar grundsätzlich alle Anforderungen eines öffentlichen Auftrages, sie haben jedoch internationalen Charakter und gehen teilweise über den Bereich der Mitgliedstaaten hinaus (lit. b). Voraussetzung in allen drei Fällen ist das **Vorliegen von besonderen Regeln über die Vergabe** im Rahmen dieser Abkommen. Unter **lit. a** fallen z.B. Aufträge, die auf der Basis des NATO-Truppenstatuts vergeben werden. Soweit die besonderen Regeln jedoch auf die nationalen Bestimmungen verweisen, liegt kein Ausnahmefall vor.[11] Unter **lit. b** fallen **zwischenstaatliche** Abkommen. Nach dem ausdrücklichen Wortlaut fallen damit Verträge mit staatlichen Unternehmen nicht unter die Ausnahme. Vertragsgegenstand können z.B. gemeinsame Forschungs- oder Entwicklungsprojekte sein. Unter **lit. c** fallen Verträge mit internationalen Organisationen wie der UNO, EMBL, ESO oder EuMetSat.[12]

10   **b) Abs. 2 lit. d. aa) Regelungsgehalt und Überblick.** Abs. 2 enthält eine Aufzählung der aus dem Anwendungsbereich der §§ 97 ff. ausgenommenen Aufträge. Diese Aufzählung ist allerdings entgegen der zu Unrecht vertretenen Auffassung nicht abschließend.[12a] Zwar heißt es in der Gesetzesbegründung zu § 100 (vormals: § 109), dass in Abs. 2 alle Aufträge beschrieben sind, die nach den Richtlinien nicht von Vergabevorschriften erfasst sind und der Katalog abschließend ist.[12b] Der Katalog ist jedoch nur insofern abschließend, als keine weiteren Ausnahmen in den Richtlinien genannt sind. § 100 Abs. 2 gibt in Umsetzung gemeinschaftsrechtlicher Vorgaben nur die Ausnahmebereiche wieder, die ausdrücklich als solche in der VKR und SKR vorgesehen sind. Soweit jedoch Sachbereiche betroffen sind, die von vornherein nicht dem Vergaberecht unterliegen, bedarf es keiner Regelung von Ausnahmen. So enthält die EZB-Leitlinie unter anderem spezielle Regelungen für *Inhouse*-Geschäfte (Art. 6 Abs. 2).[12c] Danach ist den Notenbanken der Mitgliedstaaten, die über eine eigene Druckerei verfügen oder die eine öffentliche Druckerei beauftragen, freigestellt, nicht am einheitlichen Ausschreibungssystem des Eurosystems teilzunehmen, sondern die eigene bzw. öffentliche Druckerei direkt zu beauftragen.[12d] Gleiches gilt für Ausnahmen, die vom EuGH entwickelt worden sind, auch diese sind in

---

[9] Allgemein zu diesem Thema: *Karstedt-Meierieks* 11; *Spießhofer/Sellmann* VergabeR 2007, 159.

[10] Ausführlich VergabeK Düsseldorf vom 11. 2. 2004, VK-43/03-L (einsehbar über die Internetseite der VK); *Dreher/Stockmann* RdNr. 25.

[11] *Dreher/Stockmann* RdNr. 28.

[12] *Kulartz/Kus/Portz/Eschenbruch/Röwekamp* RdNr. 26.

[12a] So schon BGH, Beschl. v. 1. 12. 2008, X ZB 31/08 – Rettungsdienstleistungen, NZBau 2009, 201, 204.

[12b] BT-Drucks. 13/9340, S. 15.

[12c] Leitlinie der Europäischen Zentralbank vom 16. 9. 2004 über die Beschaffung von Euro-Banknoten, EZB/2004/18, ABl. L 320/21 v. 21. 10. 2004.

[12d] Vgl. EZB-Leitlinie Erwägungsgrund Nr. 4.

den Richtlinien nicht benannt. Beispielsweise sind Aufträge, die auf der Grundlage eines *Inhouse*-Geschäfts[12e] oder der innerstaatlichen Zusammenarbeit[12f] ergehen, nicht vom Anwendungsbereich des EU-Vergaberechts oder der §§ 97 ff. GWB erfasst, auch wenn diese nicht in § 100 Abs. 2 genannt sind.

Aufträge, die in den Anwendungsbereich dieser Vorschrift fallen, erfüllen zwar grundsätzlich **10 a** die Voraussetzungen der §§ 97 ff. Die in den lit. a bis t aufgelisteten besonderen Umstände und damit auch die in lit. d aufgelisteten Tatbestände rechtfertigen es jedoch, die auf Wettbewerb ausgerichteten Vorschriften des Vergaberechts nicht anzuwenden.[13] Die vier Varianten der in lit. d erfassen Bereiche, in denen wegen **innen- und außenpolitischer Sicherheits- und Geheimhaltungsinteressen von hinreichendem Gewicht** Ausnahmen notwendig sein können.[14] Sind die Voraussetzungen einer der vier Varianten erfüllt, entfallen für die betreffende Vergabe sämtliche sich aus den §§ 97 ff. ergebenden Verfahrens- und Publizitätspflichten sowie Überprüfungsmöglichkeiten durch die Nachprüfungsinstanzen. Abs. 2 lit. d nimmt Aufträge, die in Übereinstimmung mit den Rechts- und Verwaltungsvorschriften der Bundesrepublik Deutschland für geheim erklärt werden (Var. 1) oder deren Ausführung nach diesen Vorschriften besondere Sicherheitsmaßnahmen erfordert (Var. 2) oder bei denen es ein Einsatz der Streitkräfte oder die Umsetzung von Maßnahmen der Terrorismusbekämpfung oder wesentliche Sicherheitsinteressen bei der Beschaffung von Informationstechnik oder Telekommunikationsanlagen gebietet (Var. 3) oder wenn der Schutz sonstiger wesentlicher Interessen der Sicherheit des Staates es gebietet (Var. 4), von der Anwendung des Vergaberechts der §§ 97 ff. aus.

bb) Entstehungsgeschichte, systematischer Ort und Zweck der Norm. Abs. 2 lit. d **11** ist bereits im Zuge des VgRÄG von 1998 in den §§ 97 ff. normiert worden.[15] Im Rahmen der Reformierung der §§ 97 ff. durch das Gesetz zur Modernisierung des Vergaberechts ist die Vorschrift inhaltlich und in ihrer Form erheblich geändert worden. Die durch das **Gesetz zur Modernisierung des Vergaberechts** vorgenommenen Änderungen des Abs. 2 lit. d betreffen in der Sache im Wesentlichen den neu eingefügte Var. 3. Danach können Aufträge, die den Einsatz der Streitkräfte oder die Umsetzung von Maßnahmen der Terrorismusbekämpfung oder wesentliche Sicherheitsinteressen bei der Beschaffung von Informationstechnik oder Telekommunikationsanlagen betreffen, gebieten, die §§ 97 ff. nicht anzuwenden. Der Wortlaut der vormaligen Varianten 1 bis 3, jetzt Varianten 1, 2 und 4, ist lediglich geringfügig geändert worden. **Var. 4 ist** als **Auffangtatbestand** zu verstehen, weil sie nach dem Wortlaut ausdrücklich die „sonstigen wesentlichen Sicherheitsinteressen des Staates" erfassen soll.[16] Die Neufassung des lit. d gibt den Ausnahmetatbestand zur besseren Übersichtlichkeit in gegliederter Form wieder und ergänzt ihn im Interesse der leichteren Anwendbarkeit.[17] Var. 2 unterscheidet sich insofern von den übrigen Varianten, als sie gefährliche Aufträge und damit materiell andere „wesentliche Sicherheitsinteressen" des Staates als die Varianten 1, 3 und 4 betrifft.[18] Var. 2 betrifft jedoch gleichwohl Sicherheitsinteressen von hinreichendem Gewicht.[19]

cc) Gemeinschaftsrechtliche Vorgaben. Abs. 2 lit. d geht in den Varianten 1, 2 und 4 auf **12** die entsprechenden Ausnahmetatbestände der EU-Vergaberichtlinien zurück und setzt diese in deutsches Recht um.[20] Im Einzelnen handelt es sich um Art. 14 VKR und Art. 21 SKR.[21] Danach gelten diese Richtlinien nicht für öffentliche Aufträge, die für geheim erklärt werden (Var. 1) oder deren Ausführung nach in dem betreffenden Mitgliedstaat geltenden Rechts- und Verwaltungsvorschriften besondere Sicherheitsmaßnahmen erfordert (Var. 2) oder wenn der Schutz wesentlicher Interessen der Sicherheit des Mitgliedstaates es gebietet (Var. 3). Diese

---

[12e] EuGH, C-26/03 – Stadt Halle, NVwZ 2005, 187; zuletzt EuGH, C-573/07, VergabeR 2009, 882.

[12f] EuGH, Urt. v. 9. 6. 2009, Rs. C-480/06 – Stadtreinigung Hamburg, Slg. 2009, I-4747.

[13] BR-Drucks. 349/08, 33.

[14] BR-Drucks. 349/08, 33.

[15] BGBl. 1998 I 2546.

[16] Die drei Varianten des § 100 Abs. 2 lit. d aF. sind bislang überwiegend als gleichwertig angesehen worden: OLG Düsseldorf WuW/E Verg 1111, 1112; *Immenga/Mestmäcker/Dreher* RdNr. 31; aA. *Kunert* 79, jeweils für § 100 Abs. 2 lit. d aF., jetzt Var. 1, 2 und 4.

[17] BR-Drucks. 349/08, 33.

[18] BeckVOB-Komm/*Marx* RdNr. 14.

[19] Zum Anwendungsbereich BR-Drucks. 349/08, 33.

[20] BR-Drucks. 349/08, 33; VK Bund, Beschl. v. 19. 9. 2003, VK 2–84/03; vgl. die Begr. VgRÄG BT-Drucks. 13/9340, 15.

[21] Vgl. zu Art. 14 VKR *Trybus* PPLR 2004, 198, 203.

Vorschriften entsprechen im Wesentlichen den Vorschriften der Vorgängerrichtlinien,[22] das heißt Art. 4b BKR,[23] Art. 2 Abs. 1 lit. b LKR,[24] Art. 4 Abs. 2 DLR[25] sowie Art. 10 SKR aF.[26] Art. 14 VKR und Art. 21 SKR erfassen die Beschaffung von **zivilen** und sog. **dual-use-Gütern sowie die Vergabe von Bauaufträgen und Dienstleistungen.**[27]

13   Art. 14 VKR und Art. 21 SKR haben gegenüber ihren Vorgängervorschriften zwar einen geringfügig anderen Wortlaut, sind jedoch in der Sache unverändert und erfassen qualitativ sowie quantitativ den gleichen Sicherheits- und Geheimhaltungsbereich wie ihre Vorgängervorschriften. Gleichfalls entspricht der Anwendungsbereich des § 100 Abs. 2 lit. d dem der Art. 14 VKR und Art. 21 SKR. Die Rechtsprechung dazu bleibt damit anwendbar. Var. 3 des Abs. 2 lit. d, nach der die Anwendung des Vergaberechts auf Aufträge ausgeschlossen ist, bei denen ein Einsatz der Streitkräfte oder die Umsetzung von Maßnahmen der Terrorismusbekämpfung oder wesentliche Sicherheitsinteressen bei der Beschaffung von Informationstechnik oder Telekommunikationsanlagen den Ausschluss gebieten, hat im Wortlaut kein direktes Vorbild in den EU-Vergaberichtlinien. Diese Variante lässt sich mittelbar jedoch auf Var. 3 der Art. 14 VKR und Art. 21 SKR zurückführen, wonach Vergaben von der Anwendung des EG-Vergaberechts ausgenommen sind, die wesentliche Sicherheitsinteressen des Staates betreffen. Da Aufträge, die von Var. 3 erfasst sind, grundsätzlich auch von Var. 1 und 4 erfasst sein können, hat Var. 3 lediglich eine klarstellende Funktion. Die **deutsche und englische Fassung des Art. 14 VKR** weichen voneinander ab. Auch wenn die englische Fassung, in der es heißt „when the protection of the essential interests of that Member State so requires" *prima facie* auf eine Ausdehnung des Ausnahmetatbestandes hindeutet, weil das Wort „Sicherheit" nicht mehr enthalten ist, wird man unter Einbeziehung der Überschrift der Vorschrift, in der auf „Sicherheit" ausdrücklich Bezug genommen wird, zu keinem anderen Verständnis als bisher kommen.

14   Die VKR und die SKR sind das vergaberechtliche Instrument zur Durchsetzung der Bestimmungen des AEUV zum freien Waren- und Dienstleistungsverkehr sowie zur Niederlassungsfreiheit im Bereich der öffentlichen Auftragsvergabe (Art. 34, 49, 56 AEUV).[28] Die Vorschriften der Richtlinie sind Ausdruck der grundlegenden Prinzipien und Ziele des Binnenmarktes.[29] Die Ausnahmetatbestände der Art. 14 VKR und Art. 21 SKR und damit auch Abs. 2 lit. d gehen in der Sache auf Art. 346 Abs. 1 lit. a AEUV zurück. **Art. 346 AEUV ist als Ausnahmetatbestand** gleichfalls **eng auszulegen** und erfasst nur **außergewöhnliche Aufträge.**[30] Die Inanspruchnahme des Art. 346 AEUV berührt den Kernbereich der Europäischen Union.[31] Die Freistellung von Auftragsvergaben vom Vergaberechtsregime und erst recht von den Maßgaben des EU-Primärrechts ist deshalb ein schwerwiegender Akt. Art. 346 AEUV ermöglicht den Mitgliedstaaten zur Wahrung ihrer wesentlichen Sicherheitsinteressen an sich gemeinschaftsrechtswidrige, insbesondere dem Prinzip des freien Waren- und Dienstleistungsverkehrs, der Wettbewerbsfreiheit und der gemeinsamen Handelspolitik zuwiderlaufende nationale Maßnahmen zu treffen.[32] Die nähere Ausgestaltung der Voraussetzungen dafür, wann in vergaberechtlicher Hinsicht Informationen nicht bekanntgegeben werden müssen, regeln Art. 14 VKR und Art. 21 SKR.

15   Sind die Voraussetzungen der Art. 14 VKR oder 21 SKR bzw. des § 100 Abs. 2 lit. d erfüllt, muss ungeachtet des Wertes des Auftrags kein Vergabeverfahren nach den Maßgaben der

---

[22] BR-Drucks. 349/08, 33.

[23] RL 93/37 zur Koordinierung der Verfahren zur Vergabe öffentlicher Bauaufträge, ABl. 1993, L 16/42.

[24] RL 93/36 zur Koordinierung der Verfahren zur Vergabe öffentlicher Lieferaufträge, ABl. 1993 L 16/40.

[25] RL 92/50 über die Koordinierung der Verfahren zur Vergabe öffentlicher Dienstleistungsaufträge, ABl. 1992 L 209/1; dazu zB. BeckVOB-Komm/*Marx* RdNr. 13.

[26] RL 93/38 zur Koordinierung der Auftragsvergabe durch Auftraggeber im Bereich der Wasser-, Energie- und Verkehrsversorgung sowie im Telekommunikationssektor, ABl. 1993 L 199/84.

[27] *Prieß* Handbuch S. 545; *Trybus* ELR 2002, 693, 695, 704, 706.

[28] Punkt 2 Mitt. „Auslegungsfragen Artikel 296".

[29] Mitt. „Auslegungsfragen Artikel 296".

[30] EuGH, C-414/97, Slg. 1999, I-5585, RdNr. 21 – Kommission/Spanien; EuGH, C-228/84, Slg. 1986, 1651, 1684, RdNr. 26 – Johnston; EuGH, C-13/68, Slg. 1968, 661, 694 – Salgoil; EuGH, C-324/93, Slg. 1995, I-563, 611, RdNr. 48 – Evans Medical; EuGH, C-414/97, Slg. 1999, I-5585, 5606, RdNr. 21 – Kommission/Spanien; EuGH, C-252/01, Slg. 2003, I-11859 = NZBau 2004, 281 – Kommission/Belgien; *Calliess/Ruffert/Wegener* Art. 296 RdNr. 2.

[31] Punkt 2 Mitt. „Auslegungsfragen Artikel 296".

[32] *Calliess/Ruffert/Wegener* Art. 296 EG RdNr. 1.

EU-Vergaberichtlinien bzw. der §§ 97 ff. durchgeführt werden.[33] Zudem können Bieter bei derartigen Vergaben keinen vergaberechtlichen Primärrechtsschutz in Anspruch nehmen, weil auf solche Aufträge auch die Rechtsmittelrichtlinie 89/665 keine Anwendung findet.[34] Auf der Grundlage der Rechtsprechung des EuGH ist in diesen Fällen jedoch grundsätzlich ein **Vergabeverfahren nach den Maßgaben des EU-Primärrechts** durchzuführen. Der Umstand, dass eine bestimmte Vergabe die Voraussetzungen des Art. 14 VKR oder Art. 21 SKR erfüllt, bedeutet nicht, dass automatisch auch die des Art. 346 Abs. 1 lit. a AEUV erfüllt wären. Die Anwendbarkeit beider Rechtsregime ist gesondert zu prüfen. Der AEUV kommt allerdings nur dann zur Anwendung, wenn der betreffende Auftrag einen grenzüberschreitenden Bezug hat bzw. **Binnenmarktrelevanz** besitzt.[35] Ob das der Fall ist, richtet sich nach den fallspezifischen Umständen, das heißt, nach dem Auftragsgegenstand, dem geschätzten Auftragswert, den Besonderheiten des betreffenden Sektors wie Größe und Struktur des Marktes, wirtschaftlichen Gepflogenheiten sowie der geographischen Lage des Orts der Leistungserbringung.

Seit den Entscheidungen des EuGH in den Rechtssachen „Unitron Scandinavia" und „Telaustria" ist es gefestigte Rechtsprechung, dass aufgrund der Bestimmungen des EU-Primärrechts – insbesondere der Grundfreiheiten gemäß Art. 34 (Warenverkehrsfreiheit), Art. 49 (Niederlassungsfreiheit) und Art. 56 (Dienstleistungsfreiheit) AEUV – eine **Pflicht zur Vergabe in einem transparenten, nichtdiskriminierenden und die Gleichbehandlung/Chancengleichheit interessierter Unternehmen gewährleistenden Verfahren** besteht.[36] Ungeachtet der Nichtanwendbarkeit des EU-/GWB-Vergaberechts sind daher auch bei diesen Vergaben das gemeinschaftsrechtliche Verbot der Diskriminierung aus Gründen der Staatsangehörigkeit als spezielle Ausprägung des allgemeinen Gleichbehandlungsgrundsatzes sowie der Transparenzgrundsatz zu beachten, um „zu Gunsten potentieller Bieter einen angemessenen Grad von Öffentlichkeit sicherzustellen".[37] Der EuGH hat diese Grundsätze in den Entscheidungen „Vestergaard", „Coname", „Parking Brixen", „Kommission gegen Frankreich" und „ANAV" bestätigt und präzisiert.[38] **16**

Die Freistellung von den Maßgaben des EU-Primärrechts kommt ausnahmsweise in Betracht, wenn die Voraussetzungen des Art. 346 Abs. 1 lit. a AEUV erfüllt sind. Nach Art. 346 Abs. 1 lit. a AEUV ist ein Mitgliedstaat nicht verpflichtet, **Auskünfte** zu erteilen, deren Preisgabe seines Erachtens seinen wesentlichen Sicherheitsinteressen widerspricht. Das ist der Fall, wenn die Einhaltung europäischen Rechts die wesentlichen Sicherheitsinteressen der Einzelstaaten unterlaufen würde.[39] Art. 346 Abs. 1 lit. a AEUV geht über die Landesverteidigung hinaus und zielt allgemein auf den Schutz von Informationen, die Mitgliedstaaten nicht preisgeben können, ohne ihre „wesentlichen Sicherheitsinteressen" zu gefährden.[40] Wesentliche Sicherheitsinteressen in diesem Sinne können solche der **inneren und äußeren Sicherheit** sein.[41] Die besonders nachdrückliche Formulierung „wesentlich" beschränkt mögliche Ausnahmen auf **Beschaffungen von höchster Wichtigkeit im Verteidigungs- und Sicherheitsbe-** **17**

---

[33] EuGH, C-252/01, Slg. 2003, I-11859 – Kommission/Belgien, NZBau 2004, 282, mit Anm. *Hölzl* NZBau 2004, 256.

[34] RL 89/665 zur Koordinierung der Rechts- und Verwaltungsvorschriften für die Anwendung der Nachprüfungsverfahren im Rahmen der Vergabe öffentlicher Liefer- und Bauaufträge, ABl. 1989 L 395/33, wesentlich modifiziert durch RL 2007/66 zur Änderung der RL 89/665 und 92/13 im Hinblick auf die Verbesserung der Wirksamkeit der Nachprüfungsverfahren bezüglich der Vergabe öffentlicher Aufträge, ABl. 2007 L 335/31; zum möglichen Rechtsschutz *Niestedt/Hölzl* NJW 2006, 3680.

[35] Vgl. Mitt. „Unterschwellenvergabe", ABl. 2006 C 179/02, 3.

[36] EuGH, C-275/98, Slg. 1999, I-8291, RdNr. 31–32 = NVwZ 2000, 181 – Unitron Scandinavia; EuGH, C-324/98, Slg. 2000, I-10745, RdNr. 60–62 = NZBau 2001, 148 – Telaustria. Ähnlich bereits zuvor für die Veräußerung von Gesellschaftsanteilen an Unternehmen in öffentlicher Hand EuGH, C-108/98, Slg. 1999, I-5219, RdNr. 20 – RI.SAN.; Mitt. „Unterschwellenvergabe", ABl. 2006 C 179/02, 2, 3.

[37] EuGH, C-458/03, Slg. 2005, I-8585, RdNr. 49 – Parking Brixen.

[38] EuGH, C-59/00, Slg. 2001, I-9505, RdNr. 19–20 – Vestergaard; EuGH, C-231/03, Slg. 2005, I-7287, RdNr. 28 = NVwZ 2005, 1052 – Coname; EuGH, C-458/03, Slg. 2005, I-8585, RdNr. 50 = NVwZ 2005, 1407 – Parking Brixen; EuGH, C-264/03, Slg. 2005, I-8831, RdNr. 33 – Kommission/Frankreich; EuGH, C-410/04, Slg. 2006, I-3303, RdNr. 20 = NVwZ 2006, 555 – ANAV.

[39] Punkt 2 Mitt. „Auslegungsfragen Artikel 296".

[40] Punkt 1 Mitt. „Auslegungsfragen Artikel 296". Diese Mitteilung betrifft nur die Beschaffung von Verteidigungsgütern. Ihr Ziel ist, möglichst Fehlinterpretationen und den Missbrauch des Art. 296 EG bei der Beschaffung von Verteidigungsgütern zu verhindern.

[41] *Calliess/Ruffert/Wegner* Art. 296 EG RdNr. 4; OLG Düsseldorf VergabeR 2004, 371, für § 100 Abs. 2 lit. d GWB.

reich.[42] Eine Auskunft iSv. Art. 346 Abs. 1 lit. a AEUV kann insbesondere auch die **Bekanntgabe von Informationen im Zuge von Vergabeverfahren** sein. Das gilt insbesondere für die grundsätzlich jedem Vergabeverfahren zu Grunde liegende Leistungsbeschreibung.[43] Die Vergabestelle ist deshalb berechtigt, Daten und Informationen, die wesentliche Sicherheitsinteressen der Bundesrepublik Deutschland betreffen, nicht bekannt zu geben und, **wenn es nicht anders geht**, ein Vergabeverfahren nach den Maßgaben des EU-Vergaberechts ganz zu unterlassen.

18   Art. 346 Abs. 1 lit. a AEUV erfasst im Gegensatz zu Art. 346 Abs. 1 lit. b AEUV auch die Beschaffung von Gütern mit doppeltem Verwendungszweck. *Dual-use*-Güter sind solche, die zu militärischen wie nichtmilitärischen Sicherheitszwecken genutzt werden können, beispielsweise Arzneimittel, Decken, Zelte, Geländefahrzeuge, Transportflugzeuge und Sprengstoff. Die Einhaltung der Maßgaben des EU-Primärrechts kann unterbleiben, wenn die Anwendung der Gemeinschaftsregeln einen Mitgliedstaat zwingen würde, Informationen preiszugeben, die dessen wesentlichen Sicherheitsinteressen schaden.[44] Indirekte, nichtmilitärische Kompensationsgeschäfte zum Beispiel die, die nicht speziellen Sicherheitsinteressen, sondern allgemeinen wirtschaftlichen Interessen dienen, fallen nicht unter Art. 346 AEUV, auch wenn sie im Zusammenhang mit einem Beschaffungsauftrag getätigt werden, der selbst auf Grundlage eben jenes Artikels von Gemeinschaftsregeln ausgenommen ist.[45]

19   Der AEUV knüpft die Inanspruchnahme der Ausnahmebestimmungen an strenge Bedingungen. Ziel ist es, Missbrauch zu verhindern und sicherzustellen, dass die Regelung tatsächlich nur in **begrenzten außergewöhnlichen Sachverhaltskonstellationen** in Anspruch genommen wird.[46] Die Ausnahmen müssen sich auf Fälle beschränken, in denen die Mitgliedstaaten **keine andere Wahl** haben, um ihre Sicherheitsinteressen über einzelstaatliche Maßnahmen zu gewährleisten.[47] Der einzelne Mitgliedstaat muss nach der Auffassung der Europäischen Kommission im Einzelfall prüfen, welches wesentliche Sicherheitsinteresse betroffen ist, worin der Zusammenhang zwischen diesem Sicherheitsinteresse und der speziellen Beschaffungsentscheidung besteht und warum die Nichtanwendung der Vergaberichtlinie in diesem speziellen Fall für den Schutz dieses wesentlichen Sicherheitsinteresses notwendig ist.[48]

20   Die Mitgliedstaaten haben hinsichtlich der **Bestimmung der Auskünfte** iSd. Art. 346 Abs. 1 lit. a AEUV, die sie nicht bekanntgeben möchten, einen **besonders weiten Ermessensspielraum**. Das ergibt sich aus dem Wortlaut des Art. 346 Abs. 1 lit. a AEUV, indem es heißt „**seines Erachtens**". Es liegt in der Zuständigkeit der Mitgliedstaaten, diese Auskünfte zu bestimmen. Das gilt auch für die Definition ihrer Sicherheitsinteressen und deren Schutz.[49] Gerichtshof und Kommission dürfen die Einhaltung dieses Ermessensspielraums lediglich auf das Vorliegen von Ermessensfehlern überprüfen.[50] Die Mitgliedstaaten sind bei der Bestimmung der Auskünfte und der Definition der wesentlichen Sicherheitsinteressen und der Schaffung von Vorschriften, die eine Geheimhaltung ermöglichen, jedoch nicht völlig frei.[51] Die mit den Maßnahmen zur Wahrung der wesentlichen staatlichen Sicherheitsinteressen einhergehende Einschränkung der Marktfreiheiten des Gemeinsamen Marktes darf **nicht willkürlich,** sondern muss durch nachvollziehbare Gründe gerechtfertigt sein.[52] Das entspricht Art. 36 S. 2 AEUV, wonach die staatliche Maßnahme nicht willkürlich erscheinen darf. Der EuGH erörtert die Willkürlichkeit zum Teil als eigene Voraussetzung,[53] zum Teil aber auch im Rahmen der Verhältnismäßigkeitsprüfung.[54]

21   Nimmt ein Mitgliedstaat die nach Art. 346 AEUV zulässigen Ausnahmen in Anspruch, muss er darlegen und nachweisen, dass die beabsichtigten Maßnahmen die Grenzen der zulässigen Ausnahmen nicht überschreiten.[55] Maßnahmen, die von den Mitgliedstaaten im Rahmen der

---

[42] Punkt 4 Mitt. „Auslegungsfragen Artikel 296".
[43] Zur Leistungsbeschreibung *Prieß* NZBau 2004, 20 und 87.
[44] Punkt 3 Mitt. „Auslegungsfragen Artikel 296".
[45] Zu Kompensationsgeschäften („Offsets") siehe Punkt 4 Mitt. „Auslegungsfragen Artikel 296".
[46] Punkt 2 Mitt. „Auslegungsfragen Artikel 296".
[47] Punkt 2 Mitt. „Auslegungsfragen Artikel 296".
[48] Punkt 5 Mitt. „Auslegungsfragen Artikel 296".
[49] Punkt 2 Mitt. „Auslegungsfragen Artikel 296".
[50] *Calliess/Ruffert/Wegener* Art. 296 EG RdNr. 3.
[51] BeckVOB-Komm/*Marx* RdNr. 13.
[52] BeckVOB-Komm/*Marx* RdNr. 13.
[53] EuGH, C-1/90 und C-176/90, Slg. 1991, I-4151, RdNr. 17 ff. – Arangonesa de Publicidad.
[54] GA *Warner* 34/79, Slg. 1979, 3795, 3826 und 3834 – Henn und Darby.
[55] EuGH, C-414/97, Slg. 1999, I-5585, RdNr. 21 f. – Kommission/Spanien; *Calliess/Ruffert/Wegener* Art. 296 EG RdNr. 2.

berechtigten Belange von nationalem Interesse getroffen werden, sind nicht schon deshalb in ihrer Gesamtheit der Anwendung des Gemeinschaftsrechts entzogen, weil sie im Interesse der öffentlichen Sicherheit oder der Landesverteidigung ergehen.[56] Denn der AEUV sieht, wie der Gerichtshof bereits festgestellt hat, Ausnahmen aus Gründen der öffentlichen Sicherheit nur dann vor,[57] wenn es sich um **außergewöhnliche Fälle** handelt. Es gibt keinen allgemeinen, dem Vertrag immanenten Vorbehalt, der jede Maßnahme, die im Interesse der öffentlichen Sicherheit getroffen wird, vom Anwendungsbereich des Gemeinschaftsrechts ausnimmt. Würde ein solcher Vorbehalt unabhängig von den besonderen Tatbestandsmerkmalen der Bestimmungen des Vertrags anerkannt, so könnte das die Verbindlichkeit und die einheitliche Anwendung des Gemeinschaftsrechts beeinträchtigen.[58] Der vollständige Verzicht auf ein wettbewerbliches Verfahren und die damit verbundene Marktabschottung ist nicht durch Art. 346 Abs. 1 lit. a AEUV gerechtfertigt, wenn es **weniger einschneidende Mittel** gibt. Der Gerichtshof führt zu diesem Zweck grundsätzlich einen sog. *less restrictive means*-Test durch.[59] Geprüft wird hierbei, ob auf die ggf. tatsächlich gegebenen sicherheitsrelevanten Aspekte des Auftrages durch eine entsprechende Ausgestaltung des wettbewerblichen Verfahrens Rücksicht genommen werden kann. Das ist beispielsweise dadurch möglich, dass ein Vergabeverfahren nach Maßgabe des EU-Vergaberechts oder zumindest des EU-Primärrechts unter ausschließlicher Teilnahme solcher Unternehmen durchgeführt wird, die in Bezug auf die Wahrung der Sicherheitsinteressen überprüft und zur Verschwiegenheit verpflichtet worden sind. Diesen „*less restrictive means*-Test" hat der EuGH jedoch bislang nicht immer und nicht immer in gleicher Strenge angewandt.

Der EuGH gesteht vielmehr den Mitgliedstaaten für Art. 346 Abs. 1 lit. a AEUV bzw. für **22** Art. 14 VKR und Art. 21 SKR – je nachdem wie intensiv ein zu vergebender Auftrag mit dem **Kernbereich der Verteidigung und der Terrorismusbekämpfung** zu tun hat – einen entsprechend großen oder geringen Ermessensspielraum zu. Zu diesem Zweck wendet der Gerichtshof den Grundsatz der Verhältnismäßigkeit in unterschiedlicher Intensität an. So hielt der EuGH in der Rs. C-252/01 „Kommission/Belgien"[60] den wenig substantiierten Vortrag Belgiens hinsichtlich des Vorliegens der Voraussetzungen des Art. 4 Abs. 2 Var. 2 DLR für ausreichend und ging vor dem Hintergrund des militärischen Bezugs des Falles von einem besonders weiten Ermessen des Mitgliedstaates aus.[61] Der Fall betraf einen Auftrag zur luftfotografischen Beobachtung der belgischen Küste, an der sich auch Anlagen der NATO befinden. Der Gerichtshof prüfte auch nicht streng, ob Belgien eine gleichwertige Alternative zur völligen Freistellung der Vergabe vom Vergaberecht gehabt hätte. Die Entscheidung, ob die Ausführung eines Auftrags besonderen Sicherheitsanforderungen zu unterwerfen ist und die Bestimmung der konkret einzuhaltenden Sicherheitsanforderungen, obliege den national zuständigen Stellen. Auch die Kommission hatte dem Vortrag Belgiens im Wesentlichen nicht widersprochen.[62] Dagegen hatte der Gerichtshof noch in der Rs. C-414/97 „Kommission/Spanien" entschieden, dass der Grundsatz der Verhältnismäßigkeit auch in Sonderbereichen wie der Beschaffung im Verteidigungs- und Sicherheitsbereich streng anzuwenden ist.[63] Mit der Entscheidung in der Rs. C-337/05 „Kommission/Italien" ist der EuGH zu diesem strengeren Ansatz zurückgekehrt.[64] So hat der EuGH Italien nicht zugestanden, sich im Sinne von Art. 2 Abs. 1 lit. b LKR auf die Vertraulichkeit von Daten zu berufen, die für die Herstellung von Hubschraubern, die zur Ausrüstung von staatlichen Militär- und Zivilkorps beschafft werden sollten, in einem Vergabeverfahren offengelegt werden müssten.[65] Italien habe nicht hinreichend dargelegt, warum die Vertraulichkeit bei der Auftragsvergabe an andere Unternehmen in Italien oder in einem

---

[56] EuGH, C-157/06, nicht in der amtl. Slg. veröffentlicht – Kommission/Italien; EuGH, C-337/05, Slg. 2008, I-2173 = NZBau 2008, 723 – Kommission/Italien, mit Anm. *Prieß/Hölzl* NZBau 2008, 563.
[57] Bspw. Art. 36, 45, 52, 65, 64, 296 und 297 EG.
[58] EuGH, C-157/06, nicht in der amtl. Slg. veröffentlicht – Kommission/Italien; EuGH, C-337/05, Slg. 2008, I-2173 = NZBau 2008, 723 – Kommission/Italien.
[59] EuGH, C-324/93, Slg. 1995, I-563 – Evans Medical, dazu *Trybus* ELR 2002, 692, 706, RdNr. 38; *Arrowsmith* 345.
[60] EuGH, C-252/01, Slg. 2003, I-11859 = NZBau 2004, 282 – Kommission/Belgien.
[61] EuGH, C-252/01, Slg. 2003, I-11859, RdNr. 27 = NZBau 2004, 282 – Kommission/Belgien; *Arrowsmith* 343.
[62] Vor dem EuGH gilt der Verhandlungs- und Beibringungsgrundsatz.
[63] EuGH, C-414/97, Slg. 1997, I-5585, RdNr. 22 – Kommission/Spanien.
[64] EuGH, C-337/05, Slg. 2008, I-2173 = NZBau 2008, 723 – Kommission/Italien.
[65] EuGH, C-337/05, Slg. 2008, I-2173 – Kommission/Italien, mit Anm. *Prieß/Hölzl* NZBau 2008, 563; wegen der ähnlichen Regelungen beider Richtlinien befasste sich der EuGH nur mit der RL 93/36.

Mitgliedstaat weniger gut gewährleistet wäre. Die Notwendigkeit, eine Geheimhaltungspflicht vorzusehen, reiche allein noch nicht aus, um den Auftrag dem gemeinschaftsweiten Wettbewerb zu entziehen. Die Rechtfertigung des Erwerbs der fraglichen Hubschrauber im Verhandlungsverfahren mit Art. 2 Abs. 1 lit. b LKR mit dem Ergebnis der Direktvergabe hielt der Gerichtshof, gemessen an dem Ziel, das Bekanntwerden vertraulicher Informationen im Zusammenhang mit der Hubschrauberherstellung zu verhindern, zu Recht für unverhältnismäßig. Der EuGH wies zutreffend darauf hin, dass Italien dafür hätte dartun müssen, dass dieses Ziel bei einer Ausschreibung, wie sie nach der LKR vorgesehen ist, nicht hätte erreicht werden können. Danach ist der **Grundsatz der Verhältnismäßigkeit auch in Sonderbereichen wie der Beschaffung im Verteidigungsbereich** und damit erst recht im Rahmen der Sicherheitsausnahmetatbestände **streng anzuwenden**. Zudem sind hohe Anforderungen an die Darlegungs- und Beweislast hinsichtlich der Tatsachen zu stellen, die den Ausnahmetatbestand begründen.

23   **dd) Anwendungsbereich des Abs. 2 lit. d. α) Leistungen, die von Abs. 2 lit. d erfasst sind.** Abs. 2 lit. d erfasst in allen Varianten die Beschaffung von zivilen und sog. *dual-use*-Gütern sowie die Vergabe von Bauaufträgen und Dienstleistungen.[66] Dienstleistungen iSv. Abs. 2 lit. d können beispielsweise Sicherheitsdienstleistungen in Form von Schutzdiensten sein, das heißt Objekt- und Personenschutz bei Staatsbesuchen und politischen Treffen auf höchster Ebene, beispielsweise einer NATO-Sicherheitskonferenz, einem G8-Gipfel oder auch von VIPs bei staatlichen Großveranstaltungen. Abgesehen davon, dass es im wesentlichen Interesse des Staates steht, dass Staatsgästen nichts zustößt, kann es im Einzelfall auch von Bedeutung sein, das anzuwendende Sicherheitskonzept, die Art, Zahl und den Ort der einzusetzenden Kräfte geheim zu halten. Darüber hinaus kann auch der Schutz bzw. die Bewachung von Gefahren- und/oder Geheimtransporten unter diesen Ausnahmetatbestand fallen.[67]

24   In Hinblick auf die Inanspruchnahme des Ausnahmetatbestands des Abs. 2 lit. d für die Vergabe von **Sicherheitsdienstleistungen** ist vor dem Hintergrund des Grundsatzes der Verhältnismäßigkeit zu beachten, dass es sich bei diesen um Dienstleistungsaufträge iSv. § 99 Abs. 4 iVm. § 99 Abs. 1, genauer um Dienstleistungen im Sinne von Anhang II Teil B zur VKR bzw. des Anhangs I B des 2. Abschnitts zur EG VOL/A, handelt. Sicherheitsdienstleistungen sind damit sog. **nicht prioritäre Dienstleistungen.** Die Einstufung als prioritäre bzw. nicht prioritäre Leistung ist insofern entscheidend, als sich nach der Zuordnung eines Auftrags in eine dieser Kategorien die Bestimmung des von der Vergabestelle durchzuführenden Vergabeverfahrens und des Prüfungsmaßstabes der Nachprüfungsinstanzen richtet.[68] Bei den Dienstleistungen des Anhangs II B, die auch als nachrangige Dienstleistungen bezeichnet werden, handelt es sich um solche, die **derzeit noch kein Potential für einen europaweiten Wettbewerb** haben. Für II B-Dienstleistungen und damit auch für Sicherheitsdienstleistungen gilt, **dass diese gemäß Art. 21 VKR nur in eingeschränktem Maße den gemeinschaftsrechtlichen Vergaberichtlinien unterfallen.**[69] Das bedeutet, dass die Verfahrens- und Veröffentlichungspflichten für die Vergabe von Sicherheitsdienstleistungen auch im Anwendungsbereich des Vergaberechts auf ein Minimum begrenzt sind. Bei der Vergabe nicht-prioritärer Dienstleistungen sind lediglich Art. 23 und 35 Abs. 4 VKR zu beachten.[70] Art. 23 VKR enthält die Verpflichtung, bei der Angabe technischer Spezifikationen auf EU-weite Normen, technische Zulassungen oder gemeinsame technischen Spezifikationen Bezug zu nehmen, sowie das Gebot, produktneutrale, nicht diskriminierende Spezifikationen zu verwenden.[71] Ziel dieser Regelung ist es, die öffentlichen Beschaffungsmärkte durch Verwendung von technischen Spezifikationen für den Wettbewerb zu öffnen.[72] Art. 35 Abs. 4 VKR enthält die Pflicht zur nachträglichen Bekanntmachung vergebener Aufträge an das Amt für amtliche Veröffentlichungen der Europäischen Gemeinschaften (sog. *ex-post*-Transparenz). Da für II B-Dienstleistungen damit ohnehin nur geringfügi-

---

[66] *Prieß*, Handbuch S. 546.
[67] Bewachungsdienste waren Gegenstand der VK Bund, Beschl. v. 3. 2. 2006, VK 1–01/06, Umdruck nach Veris, 6.
[68] OLG Brandenburg NZBau 2003, 688, 692.
[69] Gleiches gilt nach der Rspr. des EuGH, C-411/00, Slg. 2002, I-10567, RdNr. 45 – Felix Swoboda.
[70] Vormals Art. 14 und 16 DKR.
[71] Dazu unabhängig von II B Dienstleistungen bspw. VK Bund, Beschl. v. 8. 8. 2003, VK2–52/03; VK Sachsen, Beschl. v. 7. 2. 2003, 1/SVK/007–03.
[72] 29. Begründungserwägung der RL 2004/18.

ge Veröffentlichungspflichten gelten, wird die völlige Freistellung der Vergabe solcher Dienste deshalb nur im besonderen Ausnahmefall unter § 100 Abs. 2 lit. d fallen.

β) **Grundsätze, die für alle Varianten des Abs. 2 lit. d gelten.** Die vier Varianten des **25** Abs. 2 lit. d sind wie die entsprechenden Ausnahmetatbestände der Vergaberichtlinien **eng aus-zulegen.**[73] Öffentliche Auftraggeber sollen nur in **besonderen Ausnahmefällen** von der An-wendung des Vergaberechts befreit sein, so dass an das Vorliegen der Voraussetzungen hohe Anforderungen zu stellen sind. Darüber hinaus muss die Anwendung der Ausnahmen des Abs. 2 lit. d wie die der Ausnahmetatbestände Art. 14 VKR und Art. 21 SKR dem **Grundsatz der Verhältnismäßigkeit** entsprechen.[74] Lit. d betrifft nur besondere Sicherheitsmaßnahmen oder **wesentliche Sicherheitsinteressen.** Eine Berufung auf die Ausnahmevorschrift ist deshalb nur zulässig, soweit das zwingend erforderlich ist. Die Rechte der Bieter dürfen stets nur soweit wie notwendig eingeschränkt werden. Auf die insoweit erforderliche Abwägung hat die Kommissi-on für die Ausnahmeregelung des Art. 346 AEUV hingewiesen.[75] Gleiches gilt auch für § 100 Abs. 2 lit. d. Auftraggeber müssen deshalb insbesondere in Grenzfällen eine besonders **strenge Einzelfallprüfung** durchführen.

Nach dem Vorbild des EuGH ist ein *less restrictive means-*Test durchzuführen.[76] Das bedeu- **26** tet, der öffentliche Auftraggeber muss diejenige Art der Vergabe wählen, die die geringsten Ein-schränkungen für die Bieter mit sich bringt, zugleich aber auch das staatliche Sicherheitsinteresse wahrt.[77] Die Vergabestelle hat stets die **Möglichkeit gleichwirksamer milderer Maßnah-men** anstelle der gänzlichen Freistellung der Auftragsvergabe vom Vergaberecht zu prüfen.[78] Dafür muss sie erwägen, ob den Sicherheitsbelangen unter Umständen auch durch ein Nichtof-fenes Verfahren oder durch ein Verhandlungsverfahren mit vorausgehendem Teilnahme-wettbewerb genügt werden kann.[79] Können beispielsweise Sicherheitsbelange auch durch eine geeignete Gestaltung des vorgeschriebenen Vergabeverfahrens oder vorausgehende Sicherheits-überprüfungen gewährleistet werden, darf mangels Erforderlichkeit eine Ausnahme nach Abs. 2 lit. d nicht angenommen werden. Insbesondere ist zu beachten, dass im Wege eines Teilnah-mewettbewerbs diejenigen Unternehmen ausgewählt werden können, die zur Wahrung der wesentlichen staatlichen Sicherheitsinteressen iSd. Abs. 2 lit. d geeignet sind. So erlaubt es der Teilnahmewettbewerb, an die Bieter zunächst nur die unbedingt notwendigen Informationen herauszugeben. Darüber hinaus ist anerkannt, dass für den Fall, dass eine **Leistung unter be-sonders schwierigen Bedingungen zu erbringen** ist, hinsichtlich bestimmter Eignungs-merkmale überdurchschnittlich hohe, über das normale Maß hinausgehende Anforderungen gestellt werden dürfen.[80] Das gilt auch für die Eignung von Unternehmen in Bezug auf einzu-haltende Sicherheitsstandards. In diesem Fall muss die Vergabestelle jedoch konkret angeben, an welche Eignungsmerkmale sie über dem Normalmaß liegende Anforderungen stellt und aus welchen Gründen sie das für erforderlich hält. Der Grundsatz der Verhältnismäßigkeit staatli-chen Handelns ist selbst in dem Fall zu wahren, in dem die Sicherheitsinteressen des Staates dem Grunde nach schwerer wiegen als die Bieterinteressen.

Die Voraussetzungen des Abs. 2 lit. d sind danach nur dann erfüllt, wenn den Sicherheitsinte- **27** ressen **nicht bereits in einer früheren Phase** Rechnung getragen werden kann. Eine Vergabe-stelle, die sich zu irgendeinem Zeitpunkt eines Vergabeverfahrens auf das Vorliegen der Voraus-setzungen des Abs. 2 lit. d beruft, muss in der vorausgehenden Phase, das heißt schon in der Vergabebekanntmachung sowie dann bei der Überlassung der Verdingungsunterlagen an die Bie-ter zum einen alles dafür getan haben, den Sicherheitsinteressen gerecht zu werden, zum anderen im Sinne des Verhältnismäßigkeitsprinzips eine möglichst wettbewerbsorientierte und transparen-te Ausschreibung durchgeführt haben. Unternimmt eine Vergabestelle in dieser Hinsicht nichts, obwohl ihr geeignete und den vergaberechtlichen Grundsätzen entsprechende Maßnahmen zur Verfügung gestanden hätten, darf sie sich in einer späteren Phase der Ausschreibung nicht auf das

---

[73] Für das Gemeinschaftsrecht *Arrowsmith* 343 Fn. 17.

[74] Für das Gemeinschaftsrecht EuGH, C-414/97, Slg. 1999, I-5585, RdNr. 22 – Kommission/Spanien; für Abs. 2 lit. d Var. 3 OLG Düsseldorf WuW 2003, 1113.

[75] Mitt. „Auslegungsfragen Artikel 296", 8.

[76] OLG Düsseldorf WuW 2003, 1113, 1114 (jetzt: Art. 346 AEUV).

[77] OLG Düsseldorf WuW 2003, 1113, 1114; VK Bund, Beschl. v. 28. 5. 1999, VK 2–8/99, Umdruck nach Veris, 7.

[78] OLG Düsseldorf WuW 2003, 1113, 1114; VK Bund, Beschl. v. 28. 5. 1999, VK 2–8/99, Umdruck nach Veris, 7.

[79] OLG Düsseldorf WuW 2003, 1113, 1114.

[80] OLG Düsseldorf, Beschl. v. 5. 10. 2005, Verg 55/05.

Vorliegen der Voraussetzungen des Abs. 2 lit. d berufen. Aus der Pflicht zur engen Auslegung des Abs. 2 lit. d folgt, dass die Vergabestelle – soweit möglich – **nicht sicherheitsrelevante Teile eines Auftrags abtrennen** und nach den allgemeinen Regeln ausschreiben muss.[81] Die tatsächlichen Gründe, die im Interesse der Sicherheit des Staates eine Einschränkung der Rechte der Bieter erfordern, muss der öffentliche Auftraggeber in einem Vergabevermerk dokumentieren.[82] Das gilt insbesondere für die sicherheitsrelevanten Erwägungen in Hinsicht auf die (Un)Möglichkeit eines denkbaren milderen Eingriffs.[83] Für die Gründe obliegt dem öffentlichen Auftraggeber im Streitfall die Darlegungs- und im Fall einer Nichterweislichkeit die Beweislast.[84]

28   Für die Vergabe der nach Abs. 2 lit. d ausgenommenen Aufträge gelten grundsätzlich die Maßgaben des EU-Primärrechts und die Haushaltsvorschriften (§ 30 HGrG, §§ 55 BHO, LHO), sofern die öffentlichen Auftraggeber dem Haushaltsrecht unterworfen sind.[85]

29   **γ) Die Varianten des Abs. 2 lit. d im Einzelnen. (1) Aufträge, die für geheim erklärt werden, Var. 1 (Abs. 2 lit. d aa).** Abs. 2 lit. d Var. 1 regelt die Vergabe von Aufträgen, die in Übereinstimmung mit den Rechts- und Verwaltungsvorschriften in der Bundesrepublik Deutschland für geheim erklärt werden. Voraussetzung ist, dass der entsprechende Auftrag an sich nach den nationalen Sicherheitsvorschriften „grundsätzlich und generell" für geheim erklärt worden ist.[86] Als rechtliche Grundlage für die Einstufung eines Auftrags als geheim reicht nach Abs. 2 lit. d Var. 1 bereits eine Verwaltungsvorschrift aus.[87] Rechts- und Verwaltungsvorschriften iSd. § 100 Abs. 2 lit. d Var. 1, in deren Übereinstimmung die Geheimerklärung erfolgen muss, sind in Deutschland sämtliche Bestimmungen, die unmittelbar oder mittelbar dem Schutz staatlicher Sicherheitsinteressen dienen. Vorschriften in diesem Sinne sind die Bestimmungen des Gesetzes über die Voraussetzungen und das Verfahren von Sicherheitsüberprüfungen des Bundes sowie die darauf basierende Allgemeine Verwaltungsvorschrift zum materiellen und organisatorischen Schutz von Verschlusssachen, insbesondere die Vorschriften des SÜG zur Einstufung als Verschlusssache.

30   Abs. 2 lit. d Var. 1 erfasst Aufträge, bei denen schon im Zusammenhang mit ihrer Bekanntmachung oder Überlassung der Vergabeunterlagen oder bei der Ausführung des Auftrages an Bieter **geheimhaltungsbedürftige Informationen** preisgegeben werden müssten.[88] Hinreichend, aber nicht notwendig für die Annahme von Var. 1 ist, dass der Auftrag erfordert, jegliche Veröffentlichung des Beschaffungsvorhabens zu vermeiden. Es stellt keinen Widerspruch dar, wenn der Vergabegegenstand selbst öffentlich bekannt ist, die Art und Weise seiner Umsetzung jedoch der Geheimhaltung unterliegt.[89] In bestimmten Fallkonstellationen kann jedoch bereits die Existenz des Vergabeprojektes als solche geheimhaltungsbedürftig sein. Das betrifft beispielsweise die Beschaffung von hitzeresistenten Zelten oder anderen hochspezifischen Ausrüstungsgegenständen. Die Veröffentlichung des Umstandes, dass solche Gegenstände beschafft werden sollen, würde vor dem Hintergrund aktueller zeitgeschichtlicher Ereignisse dazu führen, dass allein dadurch Zeit, Ort und Art und Weise des Einsatzes dieser Güter und damit das Vorhaben an sich bekannt werden würden.[90] Vertreten wird auch, dass Var. 1 nicht auf Fälle begrenzt sei, die Sicherheitsfragen betreffen, sondern auch Konstellationen erfasse, in denen die Geheimhaltung aus wirtschaftlichen Gründen erforderlich sei, beispielsweise die Geheimhaltung eines neu entwickelten Produkts.[91] Var. 1 kann in solchen Fällen jedoch allenfalls dann greifen, wenn der öffentliche Auftraggeber dieses Interesse hat, die Interessen von Bietern sind für die Annahme der Ausnahme nach Var. 1 nicht relevant. Darüber hinaus kommt eine Geheimhaltung auch in Hinblick auf kommerzielle Geheimhaltungsinteressen des Auftraggebers nur dann

---

[81] VK Bund, Beschl. v. 14. 7. 2005, VK 3–55/05; VK Bund ZVgR 1999, 129; *Immenga/Mestmäcker/Dreher* RdNr. 31, Fn. 46.

[82] OLG Düsseldorf WuW 2003, 1113, 1114 f.; WuW/E Verg 817, 818.

[83] VK Mecklenburg-Vorpommern, Beschl. v. 11. 1. 2007, 2 VK 11/06, Umdruck nach Veris, 29.

[84] So für die Merkmale der Ausnahmetatbestände der Richtlinien *Trybus* ELR 2002, 692, 707; OLG Düsseldorf VergabeR 2004, 371, für § 100 Abs. 2 lit. d; VK Mecklenburg-Vorpommern, Beschl. v. 11. 1. 2007, 2 VK 11/06, Umdruck nach Veris, 29.

[85] BR-Drucks. 349/09, 34.

[86] BeckVOB-Komm/*Marx* RdNr. 13; *Boesen* RdNr. 54.

[87] *Prieß* Handbuch S. 547.

[88] *Arrowsmith* 344; *Boesen* RdNr. 54.

[89] OLG Düsseldorf, Beschl. v. 20. 12. 2004, VII Verg 101/04; Beschl. v. 30. 3. 2005, Verg 101/04; VK Bund, Beschl. v. 14. 7. 2005, VK 3–55/05.

[90] *Arrowsmith* 344.

[91] *Arrowsmith* 344.

in Betracht, wenn sich die Geheimhaltung mit dieser Zielsetzung auf eine Verwaltungsvorschrift stützen lässt. Die **Rechtsprechung** sah die Voraussetzungen des Abs. 2 lit. d Var. 1 bislang beispielsweise für die Objektplanung des BND-Gebäudes[92] und für die Einführung des BOS-Digitalfunks für erfüllt an.[93]

Abs. 2 lit. d ist als direkte Ausprägung des Art. 346 Abs. 1 lit. a AEUV zu verstehen, wonach **31** die Mitgliedstaaten nicht verpflichtet sind, Auskünfte zu erteilen, die ihres Erachtens wesentliche Sicherheitsinteressen berühren. Auskünfte in diesem Sinn sind auch die im Rahmen von Vergabeverfahren bekanntzugebenden Informationen, insbesondere die Beschreibung des Auftragsgegenstands in der Leistungsbeschreibung. Für das Vorliegen von Abs. 2 lit. d Var. 1 muss eine tatsächliche und hinreichend schwere Gefährdung staatlicher Sicherheitsinteressen gegeben sein. Darüber hinaus müssen die Geheimschutzinteressen im Einzelfall nachvollziehbar sein.[94] Die nationalen Rechtsgrundlagen für die Geheimhaltung sind eng und **gemeinschaftsrechtskonform** auszulegen.[95]

Geheim im Sinne von Var. 1 sind alle Aufträge, die nach den deutschen **Geheimschutzvor-** **32** **schriften Verschlusssachen** mit der Einstufung VS-Vertraulich oder höher eingestuft sind.[96] Das korrespondiert damit, dass VS-Vertraulich und höher eingestufte Aufträge nur an Unternehmen vergeben werden können, die sich in der **Geheimschutzbetreuung** des Bundesministeriums für Wirtschaft und Technologie befinden.[97] § 4 SÜG unterscheidet in Bezug auf Verschlusssachen explizit **vier Stufen** in absteigender Bedeutung (streng geheim; geheim; VS-Vertraulich; VS-Nur für den Dienstgebrauch). Die Rechtsgrundlage für die Geheimerklärung ist grundsätzlich § 4 SÜG und die Verschlusssachenanweisung des Bundesministeriums des Innern zum materiellen und organisatorischen Schutz von Verschlusssachen („VSA").[98] § 4 SÜG bestimmt, dass Voraussetzung für eine Geheimerklärung das Vorliegen einer Verschlusssache ist. Verschlusssachen sind gem. § 4 Abs. 1 S. 1 SÜG im öffentlichen Interesse geheimhaltungsbedürftige Tatsachen, Gegenstände oder Erkenntnisse, unabhängig von ihrer Darstellungsform. Sie werden nach S. 2 entsprechend ihrer Schutzbedürftigkeit von einer amtlichen Stelle oder auf deren Veranlassung eingestuft. Eine Erklärung „nur für den Dienstgebrauch" gemäß § 4 Abs. 2 Nr. 4 SÜG besitzt keine für Abs. 2 lit. d Var. 1 ausreichende Geheimhaltungsintensität. Der Begriff der Geheimerklärung in Abs. 2 lit. d Var. 1 ist konkret im Sinne von § 4 Abs. 2 Nr. 2 SÜG zu verstehen. Danach sind nur solche Tatsachen und Gegenstände als geheim einzustufen, deren Kenntnisnahme durch Unbefugte die Sicherheit der Bundesrepublik Deutschland oder eines ihrer Länder gefährden oder ihren Interessen schweren Schaden zufügen kann (vgl. § 4 Abs. 2 Nr. 2 SÜG).[99]

Ein bestimmtes **Verfahren für die Verschlusssachen-Erklärung** gibt das Gesetz nicht **33** vor.[100] Voraussetzung der „Geheimerklärung" ist nach § 4 Abs. 1 SÜG, § 5 Abs. 1 VSA lediglich, dass diese von einer „amtlichen Stelle" oder auf deren Veranlassung hin erfolgt.[101] Eine amtliche Stelle ist jede staatliche Institution, der Begriff ist weit zu verstehen, vgl. § 1 Abs. 4 BVerwVfG. Erforderlich ist eine rechtsfehlerfreie Risikobewertung der „amtlichen Stelle".[102] Der **Beurteilungsspielraum** muss aufgrund hinreichend vollständiger Ermittlungen, anhand sachlich nachvollziehbarer Kriterien sowie unter Berücksichtigung der weitreichenden Konsequenzen eines nicht überprüfbaren Vergabeverfahrens ausgeübt werden.[103] Ob diese Anforderungen eingehalten wurden, ist im Wege einer **Gesamtschau der in diesem Zusammenhang relevanten Faktoren** zu ermitteln.[104] Die VK Bund stellt für die Annahme eines Falles von Abs. 2 lit. d Var. 1 nicht darauf ab, ob Geheimhaltungsinteressen den Verzicht auf ein Ver-

---

[92] OLG Düsseldorf, Beschl. v. 20. 12. 2004, VII Verg 101/04.
[93] OLG Düsseldorf, Beschl. v. 30. 3. 2005, Verg 101/04.
[94] VK Bund, Beschl. v. 9. 2. 2004, VK 2–154/03.
[95] *Immenga/Mestmäcker/Dreher* RdNr. 32.
[96] BR-Drucks. 349/08, 33 f.
[97] BR-Drucks. 349/08, 33 f.
[98] Abgedruckt in GMBl. 1994, 674.
[99] VK Bund, Beschl. v. 14. 7. 2005, VK 3–55/05, Umdruck nach Veris, 15; OLG Düsseldorf, Beschl. v. 30. 3. 2005, Verg 101/04; Beschl. v. 16. 12. 2009, Verg 32/09.
[100] VK Bund, Beschl. v. 14. 7. 2005, VK 3–55/05.
[101] VK Bund, Beschl. v. 14. 7. 2005, VK 3–55/05, Umdruck nach Veris, 14.
[102] Vgl. OLG Düsseldorf, Beschl. v. 30. 3. 2005, VII Verg 101/04; VK Bund, Beschl. v. 14. 7. 2005, VK 3–55/05.
[103] OLG Düsseldorf, Beschl. v. 20. 12. 2004, VII Verg 101/04; VK Bund, Beschl. v. 11. 11. 2004, VK 1–207/04; Beschl. v. 14. 7. 2005, VK 3–55/05, Umdruck nach Veris, 14.
[104] VK Bund, Beschl. v. 14. 7. 2005, VK 3–55/05, Umdruck nach Veris, 14.

gabeverfahren als angemessen erscheinen lassen, sondern knüpft nur an die **formale** Voraussetzung der **Geheimerklärung** an.[105] Die Annahme einer Ausnahme nach Var. 1 erfordert keine
Abwägung der Sicherheitsinteressen des Staates mit den Interessen der vermeintlich betroffenen
Unternehmen. Bei Var. 1 ist schon nach dem Wortlaut kein Raum für eine Abwägung zwischen Geheimhaltungs- und Sicherheitsinteressen des Staates und Bieterinteressen im Einzelfall.
Der Wortlaut der Vorschrift enthält gerade keine Formulierungen wie „überwiegendes Interesse" oder „erfordern kann", die auf ein Abwägungserfordernis hindeuten würden.[106]

34   Die Anwendung der Var. 1 als *ultima ratio* ergibt sich auch daraus, dass gemäß § 1 Abs. 1 VSA
von einer Einstufung als Verschlusssache nur der notwendigste Gebrauch zu machen ist. Gemäß
§ 49 Abs. 1 VSA hat vor Übergabe von Verschlusssachen jeder Geheimhaltungsstufe eine erneute Prüfung zu erfolgen, ob die VS-Einstufung erforderlich ist. Nach Ziff. 1 der Anlage 1
VSA soll diese Prüfung **kritisch** ausfallen. Die VS-Einstufung hat vor dem Hintergrund stattzufinden, dass selbst die niedrigste Geheimhaltungsstufe „VS-Nur für den Dienstgebrauch" nur für
staatssicherheitsrelevante Unterlagen wie Fahndungsunterlagen aus den Bereichen Terrorismus/
Extremismus oder für Zusammenstellungen über Geheimschutzmaßnahmen vorgesehen ist
(Ziff. 2.4 der Anlage 1 VSA). Sicherheitsbelangen von geringerem Rang kann ggf. auch
durch ein Verhandlungsverfahren mit Teilnahmewettbewerb entsprochen werden.[107] Für andere schutzbedürftige Informationen sind im übrigen hierfür bestehende Regelungen, wie etwa
das Bundesdatenschutzgesetz, anzuwenden (Ziff. 1 der Anlage 1 VSA aE.). Beurteilungsfehler-
frei als geheim eingestuft werden können zB. Handgepäckkontrollanlagen für Flughäfen und die
Herstellung von Euro-Banknoten.
Der Vergabekammer muss es möglich sein, selbständig anhand der Vergabeakten zu prüfen,
ob die Voraussetzungen der Var. 1 erfüllt sind. Daher ist ihr in jedem Fall die Vergabeakte vorzulegen. Nicht jede Bezugnahme auf Sicherheitsfragen kann die Anwendung des Abs. 2 lit. d
Var. 1 begründen. Die pauschale Bezeichnung eines Tatbestandes als Geheimnis entzieht ihn
nicht jeder vergaberechtlichen Nachprüfung.[108]

35   **(2) Erfordernis besonderer Sicherheitsmaßnahmen, Var. 2 (Abs. 2 lit. d bb).** Abs. 2
lit. d Var. 2 erfasst Aufträge, deren Ausführung nach den Rechts- und Verwaltungsvorschriften
in der Bundesrepublik Deutschland besondere Sicherheitsmaßnahmen erfordert.[109] Vorschriften
idS. sind zB. solche des SÜG und LuftAG. Die wesentlichen Sicherheitsinteressen der Bundesrepublik müssen dadurch betroffen sein, dass von dem Auftrag eine Gefahr für besonders schützenswerte Güter ausgeht, die besondere Sicherheitsmaßnahmen erforderlich macht. Besondere
Sicherheitsmaßnahmen iSv. Var. 2 sind beispielsweise Schutzvorkehrungen, die beim Transport
von sensiblem Material zur Verbrechens- oder Terrorismusbekämpfung notwendig sind.[110]
Sicherheitsmaßnahmen sind zB. Maßnahmen nach dem SÜG wie die Sicherheitsüberprüfung
nach § 8 SÜG oder § 10 SÜG. Der EuGH hat die **Erteilung eines Sicherheitszertifikats,** das
für die Ausführung eines Auftrags zur Küstenbeobachtung notwendig war, als besondere
Sicherheitsmaßnahme iSv. Art. 4 Abs. 2 der RL 92/50 ausreichen lassen.[111] Die deutschen
Nachprüfungsinstanzen sind dieser Rechtsprechung gefolgt und nahmen die Voraussetzungen
der Var. 2 für die Erstellung, Lieferung und Wartung des Datenverarbeitungsprogramms „Not-
fallvorsorge-Informationssystem",[112] die Objektplanung für das neue BND-Gebäude,[113] den
Umzug des Auswärtigen Amtes,[114] die Absicherungstechnik von Bundeswehrliegenschaf-

---

[105] VK Bund, Beschl. v. 14. 7. 2005, VK 3–55/05, Umdruck nach Veris, 14.

[106] Daher richtig: VK Bund, Beschl. v. 30. 7. 2010, VK 2-56/10.

[107] VK Bund, Beschl. v. 14. 7. 2005, VK 3–55/05, Umdruck nach Veris, 14.

[108] VK Brandenburg, Beschl. v. 22. 3. 2004, VK 06/04, Umdruck nach Veris, 6.

[109] Bspw. nach dem SÜG oder dem LuftSiG.

[110] BR-Drucks. 349/08, 34; *Arrowsmith* 344; *Boesen* RdNr. 54.

[111] EuGH, C-252/01, Slg. 2003, I-11859, RdNr. 36 – Kommission/Belgien, NZBau 2004, 281, 282;
Arrowsmith 343.

[112] VK Bund, Beschl. v. 2. 2. 2006, VK 2–02/06, Umdruck nach Veris, 8 und Leitsatz 2; ähnlich OLG
Düsseldorf, Beschl. v. 20. 12. 2004, Verg 101/04; Beschl. v. 30. 3. 2005, VII Verg 101/04, jeweils für den
Fall der Sicherheitsüberprüfung nach § 10 SÜG; KG, Beschl. v. 19. 6. 2001, Kart Verg 1/99; VK Bund,
Beschl. v. 18. 11. 2003, VK 2–110/03; Beschl. v. 14. 7. 2005, VK 3–55/05; VK Brandenburg, Beschl. v.
22. 3. 2004, VK 6/04.

[113] OLG Düsseldorf, Beschl. v. 20. 12. 2004, VII Verg 101/04; Beschl. v. 30. 3. 2005, Verg 101/04; VK
Bund, Beschl. v. 11. 11. 2004, VK 1–207/04.

[114] VK Bund, Beschl. v. 28. 5. 1999, VK-2–8/99; KG Berlin, Beschl. v. 19. 6. 2001, Kart Verg
1/99.

ten,[115] hinsichtlich des Wartungs- und Instandsetzungsvertrages von TV-Überwachungsanlagen für Flughäfen[116] und für Bewachungsleistungen an.[117] Abgelehnt wurde die Annahme der Var. 2 für die Errichtung eines digitalen Alarmierungsnetzes nach der technischen Richtlinie BOS,[118] das zu unterscheiden ist von dem Betrieb des BOS-Digitalfunksystems, für das Var. 2 als erfüllt angesehen worden ist.[119] Das OLG Düsseldorf hält zutreffend grundsätzlich in jedem Fall eine Abwägung zwischen den betroffenen Sicherheitsinteressen des Staates auf der einen und den Interessen der Unternehmen auf der anderen Seite für notwendig. Die Notwendigkeit einer solchen Abwägung folgt aus dem Wortlaut der Var. 2 – „erfordert". Sie besteht jedoch nicht, wenn es sich in Hinsicht auf den Gegenstand der Ausschreibung mit den Worten des Senats „von selbst versteht" und der Schutz vor Missbrauch so offensichtlich notwendig ist, dass ein Auftrag der Anwendung des EU-/GWB-Vergaberechts entzogen werden muss.[120] Zur Vermeidung von Wertungswidersprüchen darf es in diesen Fällen allerdings nicht der Entscheidung der Vergabestelle überlassen sein, derartige Aufträge gleichwohl nach dem Vergaberecht auszuschreiben. Das bedeutet, eine Nachprüfungsinstanz kann in diesem Fall entscheiden, dass ein Auftrag gemäß Var. 2 dem Vergaberecht entzogen ist, auch wenn die Vergabestelle dies anders sieht. Der Rechtsprechung, dass Var. 2 bereits als Folge einer beurteilungsfehlerfreien Qualifizierung des Auftrags als „geheim" im Sinne von Var. 1 erfüllt ist,[121] weil die Ausführung geheimer Aufträge nach den Rechts- und Verwaltungsvorschriften der Bundesrepublik Deutschland bereits besondere Sicherheitsmaßnahmen, das heißt zumindest eine Sicherheitsüberprüfung nach §§ 7 ff. SÜG für die mit der Ausführung des geheimen Auftrags befassten Personen erfordert, dürfte vor dem Hintergrund der neueren Entscheidungen des OLG Düsseldorf grundsätzlich der Boden entzogen sein. Das gilt jedoch nicht für solche Aufträge, in denen es sich „von selbst versteht", dass sie nicht vom Vergaberecht erfasst sein können.

Ein Auftrag, der nicht die besonderen Sicherheitsinteressen der Bundesrepublik Deutschland **36** bzw. eines der Bundesländer betrifft, erfüllt nicht die Voraussetzungen von Var. 2.[122] Nicht ausreichend ist zudem, dass die Durchführung des Auftrags allein in tatsächlicher Hinsicht gefährlich ist.[123] Die Gefährlichkeit eines Auftrags muss sich zusätzlich dadurch ausdrücken, dass nationale Rechts- und Verwaltungsvorschriften, die mit den EU-Rechts- und Verwaltungsvorschriften vereinbar sein müssen, das Ergreifen von Sicherheitsmaßnahmen anordnen. Die Rechtsprechung sieht Var. 2 im Gegensatz zu den anderen Varianten als **objektivierbar** an.[124] Das bedeutet, eine besondere Sicherheitsmaßnahme ist auf der Grundlage einer Verwaltungsvorschrift entweder notwendig oder nicht. Verwaltungsvorschriften in diesem Sinne sind beispielsweise § 7 LuftSiG und § 10 SÜG.[125] Darüber hinaus hat die Objektivierbarkeit zur Konsequenz, dass die §§ 97 ff. selbst dann nicht anzuwenden sind, wenn sich die Vergabestelle willentlich für deren Anwendung entschieden hat.[126]

Der Anwendungsbereich der Var. 2 ist nur eröffnet, wenn die Freistellung vom Vergaberecht **37** der einzige Weg ist, beispielsweise die Zweckentfremdung von heiklen Materialien nur dadurch verhindert werden kann.[127] Das ergibt sich aus dem Wortlaut von Var. 2 („erfordert") und der Rechtsprechung des EuGH.[128] Der EuGH stellt zu diesem Zweck grundsätzlich einen sog. *less*

---

[115] VK Bund, Beschl. v. 9. 2. 2004, VK 2–154/03, wobei die Vergabekammer in dieser Entscheidung sowohl das Vorliegen von Var. 1 als auch Var. 2 bejaht hat.

[116] VK Bund, Beschl. v. 12. 12. 2006, VK 1–136/06.

[117] VK Bund, Beschl. v. 3. 2. 2006, VK 1–01/06, Umdruck nach Veris, 6.

[118] VK Mecklenburg-Vorpommern, Beschl. v. 11. 1. 2007, 2 VK 11/06; VK Schleswig-Holstein, Beschl. v. 28. 11. 2006, Umdruck nach Veris, 20.

[119] VK Bund, Beschl. v. 14. 7. 2005, VK 3 55/05.

[120] OLG Düsseldorf, Beschl. v. 12. 7. 2010, VII Verg 27/10, bislang nicht veröffentlicht, zu Passagier- und Handgepäck-Kontrollanlagen für den Flughafen BBI; ähnlich OLG Dresden, Beschl. v. 18. 9. 2009, WVerg 3/09, VergabeR 2010, 90.

[121] VK Bund, Beschl. v. 14. 7. 2005, VK 3-55/05, Umdruck nach Veris, 13

[122] Anders wohl BeckVOB-Komm/*Marx* RdNr. 14.

[123] BeckVOB-Komm/*Marx* RdNr. 14.

[124] VK Schleswig-Holstein, Beschl. v. 28. 11. 2006, VK-SH 25/06, Umdruck nach Veris, 20.

[125] VK Bund, Beschl. v. 12. 12. 2006, VK 1–136/06; VK Schleswig-Holstein, Beschl. v. 28. 11. 2006, VK-SH 25/06, Umdruck nach Veris, 20.

[126] VK Schleswig-Holstein, Beschl. v. 28. 11. 2006, VK-SH 25/06, Umdruck nach Veris 18; *Gass/Ohle* ZfBR 2006, 658.

[127] Ähnlich schon *Arrowsmith* 344.

[128] EuGH, C-324/93, Slg. 1995, I-563 – Evans Medical, dazu *Trybus* ELR 2002, 692, 706.

restrictive means-Test an,[129] wendet diesen allerdings nicht immer bzw. nicht immer mit der gleichen Strenge an.[130]

38   Auf gemeinschaftsrechtlicher Ebene hatte sich der EuGH mit dem entsprechenden Ausnahmetatbestand in den Rechtssachen „Evans Medical"[131] und „Belgien/Kommission"[132] zu befassen. Der Fall „Evans Medical" betraf die Einfuhr des Opiumderivats Diacetylmorphin aus den Niederlanden in das Vereinigte Königreich. Der Gerichtshof lehnte die Annahme des Ausnahmetatbestandes Art. 2 Abs. 1 lit. b LKR 93/36, der Vorgängervorschrift von Art. 14 VKR, ab. Die Besonderheiten dieses Suchtstoffes erlaubten es im Hinblick auf die Sicherheitsmaßnahmen, die getroffen werden müssten, um jede Zweckentfremdung des Erzeugnisses zu verhindern, nicht, den Auftrag freihändig zu vergeben.[133] Der EuGH wies darauf hin, dass jede Zweckentfremdung von sicherheitsempfindlichem Material mit Rücksicht auf den Grundsatz der Verhältnismäßigkeit[134] auch dadurch hätte unterbunden werden können, die Fähigkeit eines Unternehmens, angemessene Sicherheitsmaßnahmen zu treffen, als Kriterium im Rahmen eines offenen oder beschränkten Ausschreibungsverfahrens als **Zuschlagskriterium** zu berücksichtigen.[135] Zur Begründung verwies der EuGH zutreffend darauf, dass die Ausnahmetatbestände der Basisrichtlinien eng auszulegen sind.[136] Öffentliche Auftraggeber können alternativ zur Ausnahme eines Auftrags vom Vergaberecht entsprechende Mindestanforderungen festsetzen. Demgegenüber sah der EuGH die Voraussetzung von Art. 4 Abs. 2 Var. 2 DLR, der entsprechenden Vorschrift in der DLR, in der Rechtssache Kommission/Belgien als erfüllt an. Bei dieser Rechtssache, die auch unter der Bezeichnung „Küstenbeobachtung" bekannt ist, handelt es sich um den ersten Fall, in dem der EuGH die Voraussetzungen von Art. 4 Abs. 2 Var. 2 DLR als erfüllt angesehen und damit die Anwendung der DLR ausgeschlossen hat.[137] Belgien hatte den Auftrag ohne Bekanntmachung vergeben. Bemerkenswert ist die Entscheidung vor allem deswegen, weil der Gerichtshof in seiner Entscheidung den Mitgliedstaaten **im verteidigungs- und terrorismusbekämpfungsnahen Bereich einen weiten Ermessensspielraum** bei der Annahme eines Ausnahmetatbestandes nach Art. 4 Abs. 2 Var. 2 DLR eingeräumt und einen auffallend weniger strengen Prüfungsmaßstab angewandt hat als in „Evans Medical".[138] So ließ der Gerichtshof hinsichtlich der für den Auftrag erforderlichen besonderen Sicherheitsmaßnahme ausreichen, dass für seine Erbringung eine militärische Sicherheitsbescheinigung erforderlich sei, an deren Erteilung nach der Auffassung Belgiens strenge Voraussetzungen gestellt werden. Ob es eine weniger einschneidende Maßnahme gegeben hätte, als die Vergabe des Auftrags von der Anwendung des Vergaberechts freizustellen, prüfte der EuGH anders als in „Evans Medical" nicht.[139]

39   **(3) Freistellung bei besonderen Maßnahmen nach Art und Gewicht, Var. 3 (Abs. 2 lit. d cc).** Abs. 2 lit. d Var. 3 erfasst Aufträge, bei denen es ein Einsatz der Streitkräfte oder die Umsetzung von Maßnahmen der Terrorismusbekämpfung oder wesentliche Sicherheitsinteressen bei der Beschaffung von Informationstechnik oder Telekommunikationsanlagen gebieten, den Auftrag vom Vergaberecht auszunehmen. Var. 3 nennt besondere Beispielsfälle, die die für diese Variante erforderliche hohe Sicherheitsrelevanz plastisch machen sollen. Als Hilfestellung bei der Prüfung, ob im Hinblick auf IT-Produkte oder -Dienstleistungen ein Ausnahmetatbestand im Sinne der Var. 3 gegeben ist, dient der „BSI-Leitfaden für die Beschaffung von IT-Sicherheitsprodukten".[140] In den Fällen der Var. 3 dürfte es regelmäßig auf Grund ihrer Art und ihres Gewichtes für die Sicherheit des Staates geboten sein, dass die vergaberechtlichen Bestimmungen nicht zur Anwendung kommen.[141] In diesen Ausnahmefällen sind die staatlichen Si-

---

[129] Bspw. EuGH, C-324/93, Slg. 1995, I-563, RdNr. 49 – Evans Medical.

[130] Vgl. RdNr. 21 f.

[131] EuGH, C-324/93, Slg. 1995, I-563 – Evans Medical, dazu *Trybus* ELR 2002, 692, 706.

[132] EuGH, C-252/01, Slg. 2003, I-11 859 – Kommission/Belgien, NZBau 2004, 281, 281.

[133] EuGH, C-324/93, Slg. 1995, I-563, RdNr. 46 – Evans Medical.

[134] Etabliert seit EuGH, 72/83, Slg. 1984, I-2727 – Campus Oel.

[135] EuGH, C-324/93, Slg. 1995, I-563, Leitsatz 4 und RdNr. 49 – Evans Medical.

[136] EuGH, C-324/93, Slg. 1995, I-563, RdNr. 48 – Evans Medical; EuGH, C-414/97, Slg. 1997, I-5585 RdNr. 21 mwN. – Kommission/Spanien, siehe dazu Anm. von *Trybus* ELR 2000, 663.

[137] Siehe zu diesem Fall auch die Anm. v. *Brown* PPLR 2004, 33.

[138] *Arrowsmith* 345; ähnlich großzügiger Prüfungsmaßstab bei VK Bund, Beschl. v. 19. 9. 2003, VK 2–84/03.

[139] *Arrowsmith* 345.

[140] BR-Drucks. 249/08, 34.

[141] BR-Drucks. 249/08, 34.

cherheitsinteressen vorrangig gegenüber den einzelnen Unternehmensinteressen. Die besonderen Beispielsfälle der Var. 3 bilden keine abschließende Aufzählung, wenn es um den Maßstab für die Bewertung geht, ob sonstige wesentliche Sicherheitsinteressen iSd. Var. 4 vorliegen.[142] Darüberhinaus kann auch die Gefahr der Durchführung eines Nachprüfungsverfahrens und der damit verbundene erweiterte Personenkreis, der Kenntnis von Informationen erhalten kann, dazu führen, dass ein Vergabeverfahren gar nicht erst durchgeführt werden muss.[143]

(4) Sonstige wesentliche Sicherheitsinteressen des Staates, Var. 4 (Abs. 2 lit. d dd). **40** Var. 4 nimmt Aufträge von der Anwendung der §§ 97 ff. aus, wenn der Schutz sonstiger wesentlicher Interessen der Sicherheit des Staates es gebietet. Bislang kam die Vorschrift (Abs. 1 lit. d Var. 3 aF.) zur Anwendung, „wenn der Schutz wesentlicher Interessen der Sicherheit des Staates es gebietet". Durch die Einfügung „sonstige" ist Var. 4 im Rahmen von Abs. 2 lit. d nunmehr als Auffangtatbestand in dem Sinne zu verstehen, dass er nur dann zur Anwendung kommt, wenn die Voraussetzungen der Var. 1–3 (RdNr. 29 bis 39) nicht erfüllt sind. „Sonstige" wesentliche Interessen der Sicherheit meint also andere Interessen der Sicherheit als die im Sinne der Var. 1–3. Anders als in den Var. 1 und 2 bedarf es für Var. 4 keiner Festlegung der relevanten Sicherheitsinteressen durch Rechts- und Verwaltungsvorschriften.[144]

Das Verständnis des Begriffs „wesentliche Sicherheitsinteressen des Staates" ist bislang nicht **41** abschließend geklärt.[145] Ausgangspunkt für die Definition des Begriffs ist, dass die Mitgliedstaaten auf der Grundlage der Rechtsprechung des EuGH zu Art. 346 AEUV hinsichtlich der Bestimmung ihrer Sicherheitsinteressen einen **weiten Ermessensspielraum** haben.[146] Die Definition der zu schützenden wesentlichen Sicherheitsinteressen darf nicht willkürlich erfolgen, sondern muss durch nachvollziehbare Gründe gerechtfertigt sein.[147] Der Sicherheitsbegriff der Var. 4 ist über Art. 346 AEUV einer durch das **Gebot der Verhältnismäßigkeit** vorgegebenen Schranke unterworfen. Ferner lässt sich sagen, dass der Begriff „staatliche Sicherheitsinteressen" iSd. Var. 4 sowohl die **innerstaatliche Sicherheit** als auch die **äußere Sicherheit,**[148] also den Verteidigungsbereich, umfasst.[149] Das ergibt sich daraus, dass auch Art. 346 Abs. 1 lit. b AEUV uneingeschränkt die „wesentlichen Sicherheitsinteressen" erfasst. Zu diesen gehört die innere und die äußere Sicherheit. Art. 346 Abs. 1 lit. a und lit. b AEUV stehen nicht in einem gegenseitigen Ausschlussverhältnis. Vielmehr ist **Abs. 1 lit. a als umfassender Auffangtatbestand** zu verstehen. Zudem ergibt sich dieses Verständnis auch aus dem systematischen Zusammenhang zu Art. 347 AEUV, wonach die Erfüllung der vertraglichen Pflichten eines Mitgliedstaates bei schwerwiegenden innerstaatlichen Störungen der öffentlichen Ordnung oder im Kriegsfall bzw. bei Kriegsgefahr ausgesetzt werden kann.[150] Als staatliche Interessen, die in den Anwendungsbereich der Var. 4 fallen, wird man auch die **Sicherheitsinteressen der Bundesländer** verstehen können. Das Verständnis von wesentlichen Sicherheitsinteressen in Var. 4 entspricht in Hinsicht auf den Begriff der nationalen Sicherheit demjenigen der öffentlichen Sicherheit iSd. Art. 36 AEUV.[151] Im Rahmen des Art. 36 AEUV werden vom Begriff der öffentlichen Sicherheit ebenfalls Fragen der äußeren und inneren Sicherheit erfasst, „insbesondere das Funktionieren seiner Wirtschaft, […] das seiner inneren Einrichtungen und seiner wichtigen öffentlichen Dienste und […] das Überleben seiner Bevölkerung."[152] Die staatlichen Sicherheitsinteressen sind allerdings nur ein Teilbereich der durch Art. 36 AEUV geschützten (weit verstandenen) Sicherheitsinteressen.

---

[142] BR-Drucks. 349/09, 34.

[143] VK Bund, Beschl. v. 30. 7. 2010, VK 2-56/10.

[144] VK Bund, Beschl. v. 19. 9. 2003, VK 2–84/03, Umdruck nach Veris, 12; *Boesen* RdNr. 54.

[145] Vgl. VK Bund, Beschl. v. 20. 12. 2000, VK 1–39/00, wo die Antragsteller zwar argumentierten, das „wesentliche Sicherheitsinteresse des Staates" ergäbe sich „unmittelbar" aus § 29 c Luftverkehrsgesetz, die VK den Nachprüfungsantrag jedoch bereits aus anderen Gründen für unzulässig erklärte.

[146] Dazu siehe RdNr. 20.

[147] VK Bund, Beschl. v. 19. 9. 2003, VK 2–84/03, Umdruck nach Veris, 13; BeckVOB-Komm/*Marx* RdNr. 13.

[148] Dafür OLG Düsseldorf WuW 2003, 1113, allerdings ohne Begründung; *Boesen* RdNr. 54; *Boesen* NVwZ 2007, 1233, 1234; aA. *Prieß* Handbuch S. 317.

[149] *Arrowsmith* 346.

[150] *Boesen* NVwZ 2007, 1233, 1234.

[151] *Arrowsmith*, 346; *Calliess/Ruffert/Wegener* Art. 296 EG RdNr. 4; *Grabitz/Hilf/Jaeckel/Kotzur* Art. 296 EG RdNr. 14; siehe auch EuGH, C-83/94, Slg. 1995, I-3231, RdNr. 26 – Leifer ua.

[152] EuGH, 72/83, Slg. 1984, 2727, RdNr. 34 – Campus Oel; C-367/98, Slg. 1881, I-4621, RdNr. 22 – Richardt; C-398/98, Slg, 2001, I-7915, RdNr. 30 – Kommission/Griechenland.

42   Hinsichtlich der **Intensität der Sicherheitsinteressen** beschränkt die Vorschrift den Anwendungsspielraum auf **„wesentliche Sicherheitsinteressen"** und damit auf **herausragend wichtige, systemrelevante staatliche Interessen.** Dies wird man zugleich als eine Beschränkung auf solche Lebensbereiche verstehen müssen, die für die staatliche Existenz und das Zusammenleben der Menschen konstituierend sind.[153] Rechtsprechung und Literatur stimmen darin überein, dass ein **hoher Grad der Gefährdung der Sicherheit des Staates** erforderlich ist. Der Systematik des Abs. 2 lit. d Var. 4 ist umgekehrt nicht zu entnehmen, dass „nur die allerhöchsten Sicherheitsbelange" die Ausnahme von der Geltung des gemeinschaftsrechtlichen und nationalen Vergaberechts zu tragen vermögen.[154] Nicht notwendig ist insbesondere das restriktiv zu interpretierende Maß der Sicherheitsgefährdung des Art. 347 AEUV. Während dort nach Wortlaut und Zielsetzung der Norm eine fallweise zu bestimmende Ausnahmesituation notwendig ist (schwerwiegende Störung der öffentlichen Ordnung, Kriegsfall etc.), genügt für Art. 346 AEUV die begründete mitgliedstaatliche Annahme der Gefährdung wesentlicher Sicherheitsinteressen.[155] Lediglich Interessen von einem „gewissen Gewicht" reichen jedoch genauso wenig aus[156] wie bloß „erhebliche Sicherheitsinteressen".[157] Es muss sich vielmehr um Interessen im Zusammenhang mit dem Selbstorganisationsrecht der Mitgliedstaaten handeln, dessen engster Kernbereich naturgemäß die wesentlichen Sicherheitsinteressen erfasst.[158] Die wesentlichen staatlichen Sicherheitsinteressen müssen objektiv gewichtig gefährdet oder beeinträchtigt sein.[159]

43   Da durch eine Nichtanwendung des Vergaberechtsregimes der Bieterschutz entscheidend verkürzt wird, darf der öffentliche Auftraggeber, der einen Ausnahmefall iSv. Var. 4 annehmen will, diese Entscheidung nicht ohne eine **Abwägung der Sicherheitsbelange gegen die Interessen der Bieter** treffen. Das Sicherheitsinteresse muss nach dem Wortlaut des Gesetzes die Nichtanwendung der Vergabevorschriften des GWB, der VgV und der Verdingungsordnungen auf eine Auftragsvergabe **„gebieten".**[160] Das Tatbestandsmerkmal „gebieten" weist auf den **Grundsatz der Verhältnismäßigkeit** hin und ist für das Verständnis der Vorschrift grundlegend. Eine willkürliche Maßnahme ist damit verboten. Wie sich auch aus der zutreffenden Rechtsprechung des OLG Düsseldorf ergibt, kann ein Fall der Var. 4 daher nur dann vorliegen, wenn die Nichtanwendung des Vergaberechts im Sinne des Verhältnismäßigkeitsprinzips geeignet, erforderlich und angemessen ist. Es muss somit unumgänglich sein, die Ausschreibung einer Leistung vom Vergaberecht auszunehmen.[161] Eine Beeinträchtigung der staatlichen Sicherheitsinteressen, die bereits eingetreten ist oder zu besorgen ist und deswegen zu einer Nichtanwendung des Vergaberechts führen soll, muss demnach so schwerwiegend sein, dass demgegenüber die Bieterinteressen an einem nach den genannten Verdingungsordnungen förmlichen und mit subjektivem Rechtsschutz ausgestatteten Vergabeverfahren zurückzutreten haben.[162] Die Anwendung des Grundsatzes der Verhältnismäßigkeit entspricht der Rechtsprechung des EuGH zu den Ausnahmetatbeständen des AEUV.[163]

44   Der Schutz „sonstiger wesentlicher Sicherheitsinteressen" ist beispielsweise betroffen bei Aufträgen, bei deren Vergabe und Durchführung die Unternehmen Einblick in die Organisation oder Arbeitsweise von Sicherheitsbehörden erlangen, sowie bei Beschaffungen, die im Zusammenhang mit Einsätzen der Bundespolizei stehen oder beim Beschaffung sensibler Materialien oder Anlagen, wenn der Schutz wesentlicher Interessen der Sicherheit des Staates es gebietet.[164] Die Rechtsprechung sah bislang „wesentliche Interessen der Sicherheit des Staates" nur in wenigen Fällen für gegeben an. Die Vergabekammer des Bundes nahm hinsichtlich des Betriebs des Gefechtsübungszentrums Heer das Vorliegen besonderer Sicherheitsinteressen an.[165] Auf

---

[153] Punkt 4 Mitt. „Auslegungsfragen Artikel 296".
[154] KG, Beschl. v. 19. 6. 2001, Kart Verg 1/99, Umdruck nach Veris, 13.
[155] *Calliess/Ruffert/Wegener* Art. 296 EG RdNr. 4.
[156] So aber KG, Beschl. v. 19. 6. 2001, Kart Verg 1/99, Umdruck nach Veris, 13.
[157] So aber VK Bund, Beschl. v. 19. 9. 2003, VK 2–84/03, Umdruck nach Veris, 13.
[158] BeckVOB-Komm/*Marx* RdNr. 13.
[159] OLG Düsseldorf WuW 2003, 1113, 1114; VK Mecklenburg-Vorpommern, Beschl. v. 11. 1. 2007, 2 VK 11/06, Umdruck nach Veris, 28.
[160] OLG Düsseldorf WuW 2003, 1113, 1114.
[161] OLG Düsseldorf WuW 2003, 1113, 1114.
[162] OLG Düsseldorf WuW 2003, 1113, 1114.
[163] *Trybus* ELR 2002, 693, 696.
[164] BR-Drucks. 349/09, 34.
[165] VK Bund, Beschl. v. 19. 9. 2003, VK 2–84/03.

diesem Gelände bzw. mit den dort zur Verfügung stehenden Anlagen werden Soldaten der Bundeswehr ua. für Auslandseinsätze vorbereitet. Eine objektiv gewichtige Gefährdung oder Beeinträchtigung der Sicherheitslage sei nicht erst dann anzunehmen, „wenn es um den Schutz allerhöchster Sicherheitsbelange geht, sondern bereits dann, wenn ein Sicherheitsbedürfnis von einem gewissen Gewicht betroffen sei." Im Unterschied hierzu verneinte das OLG Düsseldorf in der Entscheidung „Bundeswehrlufttransport"[166] das Vorliegen des Ausnahmetatbestands des § 100 Abs. 2 lit. d Var. 3 aF. Denn dem besonderen Sicherheitsinteresse an der Geheimhaltung der Fracht, Start- und Landeplätze, -zeiten sowie Flugrouten könne durch eine Eignungsprüfung der Bieter hinreichend Rechnung getragen werden.

δ) Rechtsschutz bei Vergaben im Bereich von Abs. 2 lit. d. Abs. 2 lit. d nimmt Vergaben im Sicherheits- und Geheimhaltungsbereich vom Anwendungsbereich des GWB und damit auch von der Überprüfung durch die Vergabenachprüfungsinstanzen aus. Sind die Voraussetzungen eines Ausnahmetatbestands des Abs. 2 erfüllt, ist das betreffende Vergabeverfahren der Gewährung von Primärrechtsschutz der am Verfahren beteiligten Bewerber insoweit – und dann auch insgesamt – entzogen, als es um die Einhaltung der Bestimmungen über das Vergabeverfahren geht.[167] Der den Bietern eröffnete Rechtsschutz ist in diesen Fällen auf eine Kontrolle durch die Nachprüfungsinstanzen darauf beschränkt, ob die Vergabestelle die **Voraussetzungen des Ausnahmetatbestands zutreffend angenommen** hat. Eine andere Auslegung lassen der Wortlaut von Abs. 2 und der Normzweck nicht zu. Abs. 2 bringt klar zum Ausdruck, dass – sofern einer der in lit. a bis t aufgeführten Ausnahmetatbestände gegeben ist – der Vierte Teil des GWB (ohne einen Vorbehalt) für den (jeweiligen) Auftrag nicht gilt.   **45**

Die Nachprüfungsinstanzen dürfen beispielsweise überprüfen, ob die Vergabestelle ihren **Beurteilungsspielraum** hinsichtlich des Vorliegens der Tatbestandsvoraussetzungen eingehalten hat. Der Vergabestelle steht in Bezug auf diese prognostizierende Risikobewertung ein Beurteilungsspielraum zu, der seitens der Vergabekammer nur daraufhin überprüft werden kann, ob bei der Entscheidung, den Auftrag als geheim einzustufen, die Grenzen dieses Beurteilungsspielraums überschritten wurden. Ob dies der Fall ist, ist im Wege einer Gesamtschau der in diesem Zusammenhang relevanten Faktoren zu ermitteln.[168]   **46**

Abs. 2 lit. d trifft weder eine positive noch eine negative Aussage darüber, ob und ggf. welcher **andere Rechtsweg** für Primärrechtsschutz eröffnet ist. Für Vergaben, die in den Anwendungsbereich des Abs. 2 lit. d fallen, insbesondere für solche nach lit. d und e, ist grundsätzlich der Verwaltungsrechtsweg, jedenfalls aber der Zivilrechtsweg eröffnet.[169] Ob der Verwaltungs- oder der Zivilrechtsweg eröffnet ist, hängt davon ab, ob es sich im Einzelfall um eine Vergabe handelt, die der Staat zur Wahrnehmung seiner genuin staatlichen Aufgaben wahrnimmt. Liegt eine solche vor, das heißt eine ausschließlich dem Staat erlaubte und aufgegebene Beschaffung, so ist der Verwaltungsrechtsweg gegeben.[170] Das ist dann der Fall, wenn das Sicherheits- und Geheimhaltungsbedürfnis im Sinne des Abs. 2 lit. d unmittelbar aus der Erfüllung einer hoheitlichen Aufgabe ergibt und diese anders nicht durchführbar ist.[171]   **47**

Die **sofortige Beschwerde** nach § 116 Abs. 1 S. 1 ist auch statthaft, wenn die Vergabekammer die Vorschrift des Abs. 2 lit. d für einschlägig hält. Der Vergabesenat prüft dann, ob die Vergabekammer die Voraussetzungen des Abs. 2 lit. d zurecht angenommen hat. Die Beschwerde ist damit in Hinblick darauf zulässig, dass der geltend gemacht Ausnahmefall gerade nicht vorliegt.   **48**

c) Abs. 2 lit. e. aa) Regelungsgehalt und Überblick. Aufträge, die in den Anwendungsbereich von lit. e fallen, erfüllen zwar grundsätzlich die Voraussetzungen für die Anwendung der §§ 97 ff. GWB. Die in den Buchstaben a bis t und damit insbesondere in lit. e aufgelisteten besonderen Umstände rechtfertigen es jedoch, die auf Transparenz, Nichtdiskriminierung und Wettbewerb ausgerichteten Vorschriften des Vergaberechts nicht anzuwenden.[172] Abs. 2 lit. e nimmt Aufträge, die in den Anwendungsbereich des Art. 346 Abs. 1 lit. b AEUV fallen,[173] von der Anwendung der §§ 97 ff. aus. Die Vorschrift soll gewährleisten, dass die einzelnen Mitgliedstaaten bei der Vergabe öffentlicher Aufträge zur Beschaffung von Waren für **militärische**   **49**

---

[166] OLG Düsseldorf VergabeR 2004, 371.
[167] OLG Düsseldorf, Beschl. v. 20. 12. 2004, Verg 101/04.
[168] VK Bund, Beschl. v. 14. 7. 2005, VK 3–55/05.
[169] So auch *Prieß* Handbuch 535.
[170] Dazu *Prieß/Hölzl* NZBau 2005, 367.
[171] Vgl. ausführlich dazu Kommentierung oben RdNr. 17.
[172] BR-Drucks. 349/08, 33.
[173] Vormals der inhaltsgleiche Art. 296 Abs. 1 EG aF.

Zwecke ihre wesentlichen Sicherheitsinteressen angemessen berücksichtigen können. Für diese Vergaben entfallen deshalb die sich aus den §§ 97 ff. ergebenden Verfahrens- und Publizitätspflichten sowie Überprüfungsmöglichkeiten durch die vergaberechtlichen Nachprüfungsinstanzen.

50   **bb) Entstehungsgeschichte, systematischer Ort und Zweck der Norm.** Abs. 2 lit. e ist bereits im Zuge des Vergaberechtsänderungsgesetzes von 1998 in die §§ 97 ff. aufgenommen[174] und seit dem nicht geändert worden. Die sog. Rüstungsausnahme nach Abs. 2 lit. e ist bezüglich ihres Anwendungsbereichs von der Sicherheits- und Geheimhaltungsausnahme nach Abs. 2 lit. d zu unterscheiden. Beide Vorschriften stehen jedoch wegen der von ihnen eröffneten Möglichkeit der Mitgliedstaaten, ihre „wesentlichen Sicherheitsinteressen" zu wahren, in einem Regelungszusammenhang.[175] Vergaben zur Beschaffung von Rüstungsgütern im Sinne von lit. e werden in der Regel auch die Voraussetzungen von lit. d erfüllen, insbesondere die Varianten 1 und 4.

51   **cc) Gemeinschaftsrechtliche Vorgaben.** Abs. 2 lit. e setzt **Art. 10 VKR** um. Nach Art. 10 VKR gilt die Vergabekoordinierungsrichtlinie vorbehaltlich des Art. 346 Abs. 1 lit. b AEUV für die Vergabe öffentlicher Aufträge im Verteidigungsbereich. Daraus folgt, dass das Gemeinschaftsrecht im Grundsatz auch für Beschaffungen im Verteidigungsbereich gilt[176] und nur auf solche Vergaben keine Anwendung findet, die die Voraussetzungen des Art. 346 Abs. 1 lit. b AEUV erfüllen. Art. 10 VKR entspricht ihren Vorgängernormen Art. 3 LKR und Art. 4 Abs. 1 DLR. Art. 10 VKR stimmt mit Art. 3 LKR und Art. 4 Abs. 1 DLR zwar nicht im Wortlaut, jedoch in der Sache überein. Art. 10 VKR und damit auch § 100 Abs. 2 lit. e gehen auf **Art. 346 Abs. 1 lit. b AEUV** zurück.[177]

52   Die VKR ist bislang in der Praxis im Verteidigungsbereich von den Mitgliedstaaten nur selten angewendet worden. Trotz der bereits erfolgten Klarstellungen des EuGH zu Art. 346 AEUV werden nur wenige Vergabeverfahren in diesem Bereich nach den Vorgaben des Vergaberechts ausgeschrieben und dazu im Amtsblatt der Europäischen Union veröffentlicht. Die Ausschreibungsquote der Verteidigungsministerien schwankt in den einzelnen Mitgliedstaaten erheblich. Viele Mitgliedstaaten gehen immer noch davon aus, ohne weitere Prüfung und Darlegung von den Ausnahmeregelungen in Art. 10 VKR bzw. Art. 346 AEUV Gebrauch machen zu können.[178] Grund dafür ist, dass es bislang keine einheitliche und allgemeingültige Auslegung von Art. 346 Abs. 1 lit. b AEUV gibt.[179] Das liegt weitgehend daran, dass den Mitgliedstaaten ua. bei der Bestimmung der Maßnahmen, die sie zur Wahrung ihrer wesentlichen Sicherheitsinteressen ergreifen können, ein **weiter Ermessensspielraum** eingeräumt ist.[180] Darüber hinaus fehlt es an einer genauen **Definition der wesentlichen Sicherheitsinteressen.** Entsprechend unterschiedlich wird Art. 346 AEUV in den Mitgliedstaaten bislang angewendet.[181] Diese Umstände behindern potentiell den Marktzugang für ausländische Anbieter und damit den innereuropäischen Wettbewerb. Die Mehrzahl der Beschaffungsaufträge im Verteidigungsbereich wird ua. deshalb von den Vorschriften des Binnenmarkts ausgenommen und auf der Grundlage einzelstaatlicher Vorschriften vergeben. Diese sind von Land zu Land verschieden, weisen beispielsweise unterschiedliche Auswahlkriterien und nicht einheitliche Bekanntmachungsverfahren auf.

53   Die geltende VKR wird allgemein als **untauglich für die Vergabe von Aufträgen im Verteidigungsbereich** angesehen. Die Kommission hat das Vergaberecht deshalb als einen der Handlungsbereiche für die Schaffung eines europäischen Marktes für Verteidigungsgüter angesehen.[182] Das führte zunächst zur Veröffentlichung eines Grünbuchs zur Beschaffung von Verteidigungsgütern[183] und im Dezember 2007 zur Vorlage eines Vorschlags für eine neue Beschaffungsrichtlinie, die auf die Besonderheiten von Rüstungsbeschaffungen zugeschnitten ist.[184] Die Beschaffungsrichtlinie ist Teil des sog. **„Defence Package"** der Kommis-

---

174 BGBl. 1998 I 2546.
175 *Reidt/Stickler/Glahs/Stickler* RdNr. 17.
176 Grünbuch, Beschaffung von Verteidigungsgütern, KOM (2004) 608 endg., 7.
177 Zu Art. 346 AEUV vgl. Kommentierung oben RdNr. 14.
178 Grünbuch, Beschaffung von Verteidigungsgütern, KOM (2004) 608 endg., 7.
179 Grünbuch, Beschaffung von Verteidigungsgütern, KOM (2004) 608 endg., 7.
180 Siehe Einleitung in Mitt. „Auslegungsfragen Artikel 296"; zur Auslegung des Begriffs „wesentliche Sicherheitsinteressen" vgl. Kommentierung oben RdNr. 17.
181 Zum Ganzen ausführlich Mitt. „Auslegungsfragen Artikel 296".
182 KOM (2003), 113.
183 KOM (2004), 608.
184 KOM (2007), 766 endg.

sion.[185] Die Richtlinie hat das Ziel, einen offenen und wettbewerbsfähigen europäischen Markt für Verteidigungsgüter (Waffen, Munition und Kriegsmaterial) und bestimmte nichtmilitärische Güter **(Sicherheit)** zu schaffen.[186] Mit der Richtlinie soll eine höhere Wettbewerbsfähigkeit und ein stärkeres Wachstum der Verteidigungsindustrie erreicht werden.

Die **„Verteidigungsrichtlinie"** wird Anwendung finden bei militärischen Beschaffungen **54** und bei bestimmten sensiblen Beschaffungen im nichtmilitärischen Sicherheitsbereich. Sie wird flexibler sein als die geltende VKR und besondere Vorkehrungen zu sektorspezifischen Themen wie Versorgungssicherheit enthalten. Die Existenz eines solchen Gemeinschaftsinstruments, das speziell an die Besonderheiten der militärischen Verteidigung angepasst ist, wird dazu führen, dass der Rückgriff auf Art. 346 AEUV auf Ausnahmefälle begrenzt wird. Das entspricht nicht nur der Rechtsprechung des EuGH, sondern wird auch die Transparenz und den Wettbewerb auf den Rüstungsmärkten verbessern. Der Vorschlag für die Verteidigungsrichtlinie basiert auf ausführlichen **Konsultationen der Mitgliedstaaten** (über den Beratenden Ausschuss, die Verteidigungsagentur und bilateral). Vor allem die verteidigungsspezifischen Klauseln wurden unter Mitwirkung von nationalen Verteidigungsministerien und Beschaffungsbehörden erstellt. Diese Offenheit und Transparenz haben es ermöglicht, starke politische Unterstützung für diese Initiative zu gewinnen.

Das Europäische Parlament hat zum Richtlinienvorschlag am 14. 1. 2009 in erster Lesung Stel- **55** lung genommen und zahlreiche Änderungsvorschläge eingebracht. In den Anwendungsbereich der vorgeschlagenen Richtlinie soll künftig die Vergabe folgender öffentlicher Aufträge fallen:
– die Lieferung von Waffen, Munition und Kriegsmaterial bzw. die unmittelbar an diese Lieferungen gebundenen öffentlichen Bau- und Dienstleistungsaufträge (Art. 1 lit. a),
– die Lieferung von Teilen, Bauteilen bzw. -sätzen für Verteidigungsgüter (Art. 1 lit. b),
– die Lieferung aller Produkte, die zu Ausbildungszwecken oder für Tests dieser Verteidigungsgüter bestimmt sind (Art. 1 lit. c),
– Bau-, Liefer- bzw. Dienstleistungen, bei denen sensible Informationen zum Einsatz kommen oder die solche Informationen erfordern/beinhalten und deren Erbringung für die Sicherheit der EU und ihrer Mitgliedstaaten erforderlich ist, sofern deren geschätzter Nettowert die Schwellenwerte von 137 000 Euro (bei öffentlichen Liefer- und Dienstleistungsaufträgen, die von zentralen, nicht im Verteidigungsbereich tätigen Regierungsbehörden vergeben werden), 211 000 Euro (bei speziellen öffentlichen Liefer- bzw. Dienstleistungsaufträgen) bzw. 5 278 000 Euro (bei öffentlichen Bauaufträgen) erreicht oder überschreitet (Art. 1 lit. d, Art. 6 – es erfolgt eine Angleichung der Schwellenwerte in Übereinstimmung mit der VKR).

Die Richtlinie erfasst damit nicht nur den Verteidigungssektor, sondern auch sensible Pro- **56** dukte und Dienstleistungen des zivilen Sicherheitsmarktes. Darüber hinaus betreffen die wichtigsten Bestimmungen der vorgeschlagenen Richtlinie das Vergabeverfahren, die besonderen Anforderungen an die Mitgliedstaaten in Bezug auf die Versorgungssicherheit, die Schutzmaßnahmen im Interesse der Informationssicherheit während des Zuschlagsverfahren, die Kriterien für die Auswahl der Bewerber und die vertraglichen Anforderungen der öffentlichen Auftraggeber. Besonderheiten ergeben sich in den folgenden Bestimmungen:
– **Vergabeverfahren:** Die Auftragsvergabe erfolgt im Nichtoffenen Verfahren, im Verhandlungsverfahren mit Veröffentlichung einer Bekanntmachung oder unter bestimmten Voraussetzungen im Wettbewerblichen Dialog (Art. 17).
– **Verdingungsunterlagen:** Enthält ein öffentlicher Auftrag sensible technische Spezifikationen, die nur dem erfolgreichen Bieter zur Kenntnis gebracht werden dürfen, so können diese – sofern ihre Kenntnis für die Erstellung der Angebote selbst nicht erforderlich ist – nicht in der Bekanntmachung, den Verdingungsunterlagen oder den zusätzlichen Dokumenten aufgeführt werden (Art. 10).
– **Informations- und Versorgungssicherheit:** Die Richtlinie ermöglicht es Auftraggebern, zur Wahrung ihrer Sicherheitsinteressen erfolgreichen Bietern entsprechende Bedingungen und Auflagen zu machen (Art. 13–15).
– **Unterauftragsvergabe:** Die Unterauftragsvergabe wird ausdrücklich zugelassen und soll kleineren und mittleren Unternehmen den Marktzugang erleichtern (Art. 12).

---

[185] Das so genannte „Defence Package" der EU-Kommission umfasst neben dem oben genannten Richtlinienentwurf die RL 2009/43 v. 6. 5. 2009 zur Vereinfachung der Bedingungen für die innergemeinschaftliche Verbringung von Verteidigungsgütern, ABl. 2009 L 146/1.

[186] Ähnliche Zielsetzungen verfolgte auch der rechtlich unverbindliche Verhaltenskodex für die Beschaffung von Verteidigungsgütern der Europäischen Verteidigungsagentur vom 12. 7. 2004.

57   Die Richtlinie lehnt sich in weiten Teilen an die Vorgaben der VKR an, weist aber gleichwohl Besonderheiten auf, mit denen der besonderen bzw. gesteigerten Sensibilität öffentlicher Aufträge in den Bereichen Verteidigung und Sicherheit künftig besser Rechnung getragen werden soll.

58   **dd) Anwendungsvoraussetzungen des Abs. 2 lit. e.** Abs. 2 lit. e hat keinen eigenen Tatbestand, sondern verweist abstrakt auf Art. 346 Abs. 1 lit. b AEUV. Danach kann jeder Mitgliedstaat die **Maßnahmen** ergreifen, die **seines Erachtens** für die Wahrung seiner **wesentlichen Sicherheitsinteressen erforderlich** sind, soweit sie die Erzeugung von Waffen, Munition und Kriegsmaterial oder den Handel damit betreffen. Diese Maßnahmen dürfen auf dem Gemeinsamen Markt die Wettbewerbsbedingungen hinsichtlich der **nicht eigens für militärische Zwecke bestimmten Waren** nicht beeinträchtigen.

59   **α) Überblick.** Art. 346 Abs. 1 lit. b AEUV soll die Handlungsfreiheit der Mitgliedstaaten in Bereichen wahren, die die Landesverteidigung und die nationale Sicherheit berühren.[187] Die Vorschrift hat unter den in ihr genannten Bedingungen für die Tätigkeiten, auf die sie sich bezieht, eine **allgemeine Tragweite**. Sie kann alle allgemeinen Vorschriften des AEUV, insbesondere die wettbewerbsrechtlichen Vorschriften, berühren. Die Vorschrift ermöglicht den Mitgliedstaaten, ebenso wie Art. 346 Abs. 1 lit. a AEUV, zur Wahrung ihrer wesentlichen Sicherheitsinteressen an sich gemeinschaftsrechtswidrige, insbesondere dem Prinzip des freien Warenverkehrs, der Wettbewerbsfreiheit und der gemeinsamen Handelspolitik zuwiderlaufende nationale Maßnahmen zu treffen.[188] Indem Art. 346 Abs. 1 lit. b AEUV bestimmt, dass er nicht dem entgegensteht, dass ein Mitgliedstaat in Bezug auf die betreffenden Tätigkeiten die Maßnahmen ergreift, die „seines Erachtens" für die Wahrung seiner wesentlichen Sicherheitsinteressen „erforderlich" sind, räumt er den Mitgliedstaaten ein **besonders weites Ermessen** bei der Beurteilung der Bedürfnisse im Zusammenhang mit der Wahrung seiner wesentlichen Sicherheitsinteressen ein.[189] **Art. 346 Abs. 1 lit. b AEUV ist als Ausnahmevorschrift allerdings eng auszulegen** und erfasst deshalb nur außergewöhnliche Vergaben.[190] Die Anwendung der Vorschrift muss innerhalb dieser Grenzen erfolgen, das heißt, dem Ermessen der Mitgliedstaaten bei der Bestimmung der erforderlichen Maßnahmen, der Definition der wesentlichen Sicherheitsinteressen und der allgemeinen Vorgabe, dass der Anwendungsbereich auf außergewöhnliche Vergaben zu beschränken ist.

60   Für den Fall, dass ein bestimmter Gegenstand die Voraussetzungen des Art. 10 VKR bzw. des § 100 Abs. 2 lit. e erfüllt, muss **kein Vergabeverfahren nach den Maßgaben des EU-Vergaberechts** bzw. der §§ 97 ff. durchgeführt werden. Die Vergabe des betreffenden Auftrags ist ungeachtet seines Wertes von der Anwendung des EU-Vergaberechts einschließlich der Richtlinie 89/665/EWG (Rechtsmittelrichtlinie) ausgenommen.[191] Auftraggeber haben deshalb nach dem EU-Vergaberecht **weder Verfahrens- noch Bekanntmachungspflichten.** Zudem können Bieter bei derartigen Vergaben keinen vergaberechtlichen Primärrechtsschutz in Anspruch nehmen.[192] Art. 10 VKR, § 100 Abs. 2 lit. e GWB und Art. 346 Abs. 1 lit. b EU haben übereinstimmende Voraussetzungen. Sind die Voraussetzungen des § 100 Abs. 2 lit. e erfüllt, gilt das auch für Art. 346 Abs. 1 lit. b AEUV. Das bedeutet, dass in diesen Fällen auch **kein Vergabeverfahren nach den Maßgaben des EU-Primärrechts durchzuführen** ist. Anders als bei Art. 346 Abs. 1 lit. a AEUV ist keine gesonderte Prüfung mehr notwendig.

61   **β) Erzeugung von und Handel mit Waffen, Munition und Kriegsmaterial.** Art. 346 Abs. 1 lit. b AEUV erfasst die Erzeugung von und den Handel mit **Waffen, Munition und Kriegsmaterial.** Die von Art. 346 Abs. 1 lit. b AEUV konkret erfassten Gegenstände sind bislang auf der Grundlage der **Kriegswaffenliste von 1958** ermittelt worden.[193] Der Rat kann

---

[187] EuG, T-26/01, Slg. 2003, II-3951, Rn. 58 – Fiocchi Munizioni/Kommission.

[188] *Calliess/Ruffert/Wegener* Art. 296 EG Rn. 1.

[189] EuG, T-26/01, Slg. 2003, II-3951, Rn. 58 – Fiocchi Munizioni/Kommission.

[190] EuGH, C-414/97, Slg. 1999, I-5585, Rn. 21 – Kommission/Spanien; *Calliess/Ruffert/Wegener* Art. 296 EG Rn. 2.

[191] EuGH, C-252/01, Slg. 2003, I-11859 = NZBau 2004, 281 – Kommission/Belgien, mit Anm. *Hölzl* NZBau 2004, 256.

[192] Zum möglichen Rechtsschutz *Niestedt/Hölzl* NJW 2006, 3680.

[193] EuG, T-26/01, Slg. 2003, II-3951, RdNr. 57 – Fiocchi Munizioni/Kommission; VÜA Bund, Beschl. v. 10. 12. 1997, 1 VÜ 17/97, ZVgR 1998, 401; *Calliess/Ruffert/Wegener* Art. 296 EG RdNr. 6; diese Liste ist am 15. 4. 1958 als Ratsentscheidung 255/58 angenommen worden. Die Liste und eine in der Bundesrepublik Deutschland seit 1978 verwendete Interpretation der Ratsliste sind abgedruckt bei BeckVOB-Komm/*Marx* Rn. 16.

gemäß Art. 346 Abs. 2 AEUV die von ihm festgelegte Liste der Waren, auf die Abs. 1 lit. b
Anwendung findet, einstimmig auf Vorschlag der Kommission ändern. Art. 346 Abs. 1 lit. b
AEUV soll keine Anwendung auf Gegenstände oder Tätigkeiten finden, die andere Waren als
die militärischen Waffen betreffen, die in der Kriegswaffenliste genannt sind.[194] In den Mitgliedstaaten wird die Liste unterschiedlich ausgelegt.[195] Da die Liste seit ihrer Verabschiedung auf
gemeinschaftsrechtlicher Ebene nicht aktualisiert worden ist, vermag sie insbesondere die seitdem stattgefundene technologische Entwicklung im Rüstungsbereich nicht zu erfassen. Für die
Frage, welche Gegenstände von Art. 346 Abs. 1 lit. b AEUV erfasst sind, wird deshalb erweiternd der Wortlaut dieser Vorschrift herangezogen. Auf dieser Grundlage erfasst Art. 346 Abs. 1
lit. b AEUV nicht nur die ausdrücklich in der Kriegswaffenliste aufgeführten Rüstungsgegen-
stände, sondern auch vergleichbare modernere Geräte und Technologien.[196]

Art. 346 Abs. 1 lit. b AEUV ist **bislang** überwiegend so verstanden worden, dass in seinen **62**
Anwendungsbereich im Gegensatz zu Art. 346 Abs. 1 lit. a AEUV bzw. Art. 14 VKR oder
Art. 21 SKR ausschließlich sog. **harte Rüstungsgüter** fallen. Harte Rüstungsgüter sind Gegenstände, für die es keinen zivilen Parallelmarkt gibt, beispielsweise Panzer, Marschflugkörper,
Kampfflugzeuge und Minen.[197] Dass Art. 346 Abs. 1 lit. b AEUV nur harte Rüstungsgüter erfasst, wird daraus geschlossen, dass die Kriegswaffenliste ausschließlich Gegenstände bzw. Ausrüstungen enthält, die rein militärischer Natur und Bestimmung sind.[198] Grundlage dafür, dass
ein bestimmter Gegenstand in den Anwendungsbereich von Art. 346 Abs. 1 lit. b AEUV fiel,
war seine objektive Qualifizierung als reines Militär- bzw. Rüstungsgut. Vereinzelt wurde diskutiert, ob und ggf. welche dual use-Güter von Art. 346 Abs. 1 lit. b AEUV erfasst werden.[199]

Der EuGH hat allerdings jüngst in der Rs. C-337/05[200] hinsichtlich der Frage, ob bestimmte, **63**
nicht nur militärisch nutzbare Hubschrauber von Art. 346 Abs. 1 lit. b AEUV bzw. Art. 3 LKR
erfasst sind, nicht darauf abgestellt, ob es sich um genuine harte Rüstungsgüter handelt oder ob
es für diese einen zivilen Parallelmarkt gibt (sog. dual use-Güter), sondern auf ihren **speziellen
Einsatzzweck.** Aus dem Wortlaut des Art. 346 Abs. 1 lit. b AEUV ergebe sich, dass die betreffenden Waren eigens für militärische Zwecke **bestimmt** sein müssten. Damit erkennt der
EuGH in Art. 346 Abs. 1 lit. b AEUV eine Art subjektives Tatbestandsmerkmal. Die Erfassung
eines Gegenstands von Art. 346 Abs. 1 lit. b AEUV hängt danach davon ab, zu welchem Zweck
der Mitgliedstaat das betreffende Gut einsetzen will. Da die Hubschrauber weder ausschließlich
militärisch eingesetzt werden sollten bzw. nicht eigens für militärische Zwecke bestimmt waren,
sah der EuGH die Voraussetzungen des Art. 346 Abs. 1 lit. b AEUV als nicht erfüllt an. Die
Voraussetzungen des Art. 346 Abs. 1 lit. b AEUV seien auch dann nicht erfüllt, wenn beim
Erwerb von bestimmten Ausrüstungsgegenständen ungewiss ist, ob sie für militärische Zwecke
genutzt werden sollen. Die Nichtanwendung des EU-Vergaberechts kommt in diesem Fall
nicht in Betracht. Gegenteiliges hatte Italien nicht nachgewiesen. Vielmehr hatte Italien gerade
vorgetragen, die Hubschrauber seien für zivile und militärische Zwecke einsetzbar, also sog.
dual-use-Güter, und sollten auch für beide Zwecke eingesetzt werden. So waren die Hubschrauber zum Einsatz beim Corpo dei Vigili del Fuoco (Feuerwehrkorps), den Carabinieri
(Gendarmerie), dem Corpo forestale dello Stato (Staatliche Forstamt), der Guardia Costiera
(Küstenwache), der Guardia di Finanza (Zollverwaltung), der Polizia di Stato (Staatliche Polizei)
und der Abteilung „Zivilschutz" der Präsidentschaft des Ministerrats bestimmt.[201] Die betreffenden Hubschrauber wären auch auf der Grundlage des objektiven Maßstabs nicht als Gut iSv.
Art. 346 Abs. 1 lit. b AEUV einzustufen gewesen. Bei den Hubschraubern handelte es sich objektiv nicht um harte Rüstungsgüter.

Die Bestimmung der von Art. 346 Abs. 1 lit. b AEUV erfassten Güter über ihren konkreten **64**
Einsatzzweck entspricht der von der Kommission herausgegebenen **Mitteilung zu Auslegungsfragen in Bezug auf die Vorgängervorschrift des Art. 346 AEUV, Art. 296 EG.**[202]

---

[194] EuG, T-26/01, Slg. 2003, II-3951, RdNr. 6 – Fiocchi Munizioni/Kommission; Schlussanträge GA Jacobs, C-367/89, Slg. 1991, I-4621, RdNr. 30 – Richardt, so versteht auch *Arrowsmith* 243, die Entscheidung.
[195] BeckVOB-Komm/*Marx* RdNr. 16.
[196] Vgl. Punkt 3 Mitt. „Auslegungsfragen Artikel 296"; *Trybus* PPLR 2004, 198, 199.
[197] *Arrowsmith* 243; *Prieß* Handbuch 545; *Trybus* PPLR 2004, 198.
[198] Punkt 3 Mitt. „Auslegungsfragen Artikel 296".
[199] *Arrowsmith,* 243.
[200] EuGH, C-337/05, Slg. 2008, I-2173 – Kommission/Italien; siehe hierzu: *Prieß/Hölzl* NZBau 2009,
563, 564.
[201] EuGH, C-337/05, Slg. 2008, I-2173, RdNr. 48 – Kommission/Italien.
[202] Mitt. „Auslegungsfragen Artikel 296".

Ist ein Gegenstand „eigens für militärische Zwecke" konzipiert, entwickelt, hergestellt oder beschafft, ist er von Art. 346 Abs. 1 lit. b AEUV erfasst. Die Konsequenz der Einführung des subjektiven Tatbestandsmerkmals „Verwendungszweck" ist, dass fortan wohl auch *dual-use*-Güter unter Art. 346 Abs. 1 lit. b AEUV fallen, wenn ihr vor der Beschaffung vom Mitgliedstaat festgelegter Verwendungszweck eindeutig und nachweisbar militärischer Natur ist. Diese **Auslegung** ist auf der Grundlage des Wortlauts des Art. 346 Abs. 1 lit. b AEUV **folgerichtig.** Denn die Vorschrift nennt beispielhaft „Waffen, Munition und Kriegsmaterial". Das bedeutet, dass es sich nicht zwingend um Waffen oder Munition zum Kriegseinsatz handeln muss. Vielmehr ergibt sich unter Berücksichtigung des letzten Halbsatzes von Art. 346 Abs. 1 lit. b AEUV, dass ausreichend für die Anwendung der Vorschrift, wenn ein bestimmter Gegenstand „eigens für militärische Zwecke *bestimmt*" ist. Die objektive Eigenschaft „militärisches Rüstungsgut" ist damit nicht erforderlich. Gleichfalls wird vor dem Hintergrund ein Gut, das objektiv ein Rüstungsgut ist, jedoch einen anderen Einsatzzweck hat, *a maiore ad minus* auch unter Art. 346 Abs. 1 lit. b AEUV fallen.

65   Nur auf der Grundlage dieses Verständnisses der Vorschrift ist überhaupt eine Beeinträchtigung des Marktes im Sinne von Art. 346 Abs. 1 lit. b Hs. 2 AEUV für Güter möglich, die nicht eigens für militärische Zwecke bestimmt sind. Denn es liegt in der Hand des einzelnen Mitgliedstaates, bestimmte Güter dadurch vom Vergaberecht und EU-Primärrecht der Gemeinschaft auszunehmen, dass er ihnen eine militärischer Bestimmung zuweist. Der **Anwendungsbereich des Art. 346 Abs. 1 lit. b AEUV** und damit auch des Art. 14 VKR ist damit entgegen der Ansicht der Kommission, wie sie in ihrer Mitteilung zum Ausdruck kommt, deshalb **nicht eingeschränkt, sondern** gegenüber dem Verständnis der objektiven Bestimmung eines bestimmten Gegenstands als hartes Rüstungsgut **erheblich erweitert und in das Ermessen der einzelnen Mitgliedstaaten gestellt.** Den Mitgliedstaaten ist ein größerer „Spielraum" bei der Anwendung des Art. 346 Abs. 1 lit. b AEUV eingeräumt. Die Öffnung des Anwendungsbereichs des Art. 346 Abs. 1 lit. b AEUV über das Tatbestandsmerkmal „eigens militärischer Verwendungszweck" ermöglicht allerdings **Fehlinterpretationen und den Missbrauch** dieser Vorschrift. Ua. stellt sich die Frage, welche Konsequenz es hat, wenn die beschafften Güter später zu anderen als militärischen Zwecken eingesetzt werden als angekündigt. Die Konsequenzen dieses den Mitgliedstaaten eingeräumten größeren Handlungsspielraums sind nicht zu unterschätzen, zumal auf Verteidigungsgüter ein großer Teil der öffentlichen Beschaffungsausgabe in der Europäischen Union entfällt. Die Mitgliedstaaten geben zusammen ca. € 170 Milliarden für ihre Verteidigung aus, davon mehr als € 80 Milliarden für Beschaffung.[203] Für das Bestreben, den Markt für Verteidigungsgüter zu öffnen und die Ausnahme nach Art. 346 Abs. 1 lit. b AEUV restriktiv anzuwenden, sind die Entscheidung des EuGH in der Rs. 337/05 wie auch die Vorgaben der Kommission in diesem Punkt kontraproduktiv. Hinsichtlich der den Mitgliedstaaten zukommenden Darlegungs- und Beweislast für das Vorliegen der tatsächlichen Voraussetzungen von Art. 346 AEUV hat der EuGH umgekehrt die Anforderungen deutlich erhöht. Möglicherweise ist das als Korrektiv der Ausweitung des Anwendungsbereichs zu verstehen.

66   Die in der Liste von 1958 aufgeführten **Rüstungsgüter sind nicht automatisch von den Regeln des Binnenmarktes ausgenommen.**[204] Das geht auch aus der Ratsentscheidung 255/58 hervor, die besagt, dass die Liste Güter enthält, bei denen die Mitgliedstaaten ein legitimes Interesse haben, die im Art. 346 Abs. 1 lit. b AEUV vorgesehenen Maßnahmen ergreifen zu können. Der EuGH hat ebenfalls mehrfach bestätigt, dass Art. 346 AEUV keine automatische Ausnahme für den Verteidigungsbereich einführt.[205] Im Gegenteil: Da die Ausnahme juristisch auf Art. 346 AEUV fußt, können die in der Liste aufgeführten Güter dann – und nur dann – ausgenommen werden, wenn die Bedingungen für die Inanspruchnahme von Art. 346 AEUV erfüllt sind.[206] Zudem müssen sich die Mitgliedstaaten insbesondere im Fall einer Überprüfung durch den EuGH ausdrücklich auf Art. 346 Abs. 1 lit. b AEUV berufen.[207] Das bedeu-

---

[203] Mitt. „Auslegungsfragen Artikel 296".
[204] Punkt 4 Mitt. „Auslegungsfragen Artikel 296".
[205] EuGH, C-186/01, Slg. 2003, I-2479, 2525, Rn. 30–31 – Dory, EuZW 2003, 254; EuGH, C-285/98, Slg. 2000, I-69, RdNr. 16 – Kreil, BB 2000, 204; EuGH, C-273/97, Slg. 1999, I-7403, RdNr. 15–16 – Sirdard.
[206] Vgl. auch Antwort des Rates an Frau Van Hemeldonck (MdEP) v. 3. 10. 1985 (1985) 0574/F; in Analogie dazu EuGH, C-423/98, Slg. 2000, I-5965, RdNr. 22 f. = EuZW 2000, 632 – Albore.
[207] Grünbuch, Beschaffung von Verteidigungsgütern, KOM (2004) 608 endg., 7; *Trybus* PPLR 2004, 198, 201.

tet, dass der betreffende Mitgliedstaat, der diese Ausnahmen in Anspruch nehmen möchte, nachweisen muss, dass die betreffenden Befreiungen nicht die Grenzen der genannten Tatbestände überschreiten.[208] Die Anwendung von Art. 346 Abs. 1 lit. b AEUV muss darüber hinaus dem Grundsatz der Verhältnismäßigkeit entsprechen.

γ) Maßnahmen zur Wahrung der wesentlichen Sicherheitsinteressen. Art. 346 Abs. 1 **67** lit. b AEUV ermöglicht den Mitgliedstaaten, die Maßnahmen zu ergreifen, die **seines Erachtens** für die Wahrung seiner **wesentlichen Sicherheitsinteressen erforderlich** sind, soweit sie die Erzeugung von Waffen, Munition oder Kriegsmaterial oder den Handel damit betreffen. Die Mitgliedstaaten haben hinsichtlich der Bestimmung der Maßnahmen, die zur Wahrung ihrer wesentlichen Sicherheitsinteressen erforderlich sind, nach Art. 346 Abs. 1 lit. b AEUV einen **besonders weiten Ermessensspielraum.**[209] Das ergibt sich aus dem Wortlaut des Art. 346 Abs. 1 lit. b AEUV, in dem es heißt „seines Erachtens". Die Auswahl muss jedoch, wie sich gleichfalls aus dem Wortlaut der Vorschrift ergibt, dem **Grundsatz der Verhältnismäßigkeit** entsprechen („erforderlich"). Die mit den Maßnahmen zur Wahrung der wesentlichen staatlichen Sicherheitsinteressen einhergehende Einschränkung der Marktfreiheiten des Gemeinsamen Marktes darf **nicht willkürlich**, sondern muss durch nachvollziehbare Gründe gerechtfertigt sein.[210] Kommission und Gerichtshof dürfen die Einhaltung dieses Ermessensspielraums auf das Vorliegen von Ermessensfehlern hin überprüfen.[211]

Der Begriff der **wesentlichen Sicherheitsinteressen** im Sinne von Art. 346 Abs. 1 lit. b **68** AEUV ist weder im Gemeinschaftsrecht noch durch die Rechtsprechung des EuGH abschließend definiert.[212] Die Trennlinie zwischen militärischen Beschaffungen, die wesentliche Sicherheitsinteressen berühren, und solchen, bei denen das nicht der Fall ist, ist deshalb vage.[213] Es liegt in der Zuständigkeit der Mitgliedstaaten, ihre Sicherheitsinteressen zu definieren und zu schützen.[214] Entsprechend unterschiedlich wird Art. 346 AEUV gehandhabt.[215] Art. 346 AEUV erkennt dieses Vorrecht an und sieht eine Ausnahme für den Fall vor, dass im Falle der Einhaltung europäischen Rechts die wesentlichen Sicherheitsinteressen der Einzelstaaten unterlaufen würden.[216] Die Mitgliedstaaten sind bei der Definition der wesentlichen Sicherheitsinteressen und der Schaffung von Vorschriften, die eine Geheimhaltung ermöglichen, jedoch nicht frei.[217]

Wesentliche Sicherheitsinteressen im Sinne des Art. 346 Abs. 1 lit. b AEUV können, wie sich **69** aus dem systematischen Zusammenhang zu Art. 347 AEUV[218] und dem Begriff der öffentlichen Sicherheit iSd. Art. 36 AEUV[219] ergibt, solche der **inneren und äußeren Sicherheit** sein.[220] Einerseits reichen Sicherheitsinteressen im Allgemeinen nicht aus.[221] Andererseits muss die Intensität der Sicherheitsinteressen nicht der von Art. 347 AEUV verlangten schwerwiegenden Störung der öffentlichen Ordnung, Kriegsfall oder Kriegsgefahr entsprechen.[222] Sicherheitsinteressen im Sinne von Art. 346 Abs. 1 lit. b AEUV sind solche von „höchster Wichtigkeit für die militärischen Fähigkeiten der Mitgliedstaaten".[223] Andere, insbesondere industrielle und wirtschaftliche Interessen können für sich allein betrachtet, auch wenn sie mit der Erzeugung von

---

[208] EuGH, C-414/97, Slg. 1999, I-5585, 5606, RdNr. 22 = RIW 1999, 894 – Kommission/Spanien; *Trybus* ELR 2000, 663, 663.

[209] *Calliess/Ruffert/Wegener* Art. 296 EG RdNr. 3.

[210] BeckVOB-Komm/*Marx* RdNr. 13.

[211] *Calliess/Ruffert/Wegener* Art. 296 EG RdNr. 3.

[212] Grünbuch, Beschaffung von Verteidigungsgütern, KOM (2004) 608 endg., 8.

[213] Einleitung Mitt. „Auslegungsfragen Artikel 296".

[214] Punkt 2 Mitt. „Auslegungsfragen Artikel 296".

[215] Einleitung Mitt. „Auslegungsfragen Artikel 296".

[216] Punkt 2 Mitt. „Auslegungsfragen Artikel 296".

[217] BeckVOB-Komm/*Marx* RdNr. 13.

[218] Siehe die Kommentierung oben RdNr. 41; in diesem Sinne auch *Boesen* NVwZ 2008, 1233, 1234.

[219] Siehe die Kommentierung oben RdNr. 41; *Arrowsmith* 346; *Calliess/Ruffert/Wegener* Art. 296 EG Rn. 4; *Grabitz/Hilf/Jaeckel/Kotzur* Art. 296 EG Rn. 14; siehe auch EuGH, C-83/94, Slg. 1995, I-3231, Rn. 26 – *Leifer* ua.

[220] *Calliess/Ruffert/Wegener* Art. 296 EG RdNr. 4; OLG Düsseldorf VergabeR 2004, 371, 372, für § 100 Abs. 2 lit. d.

[221] Punkt 4 KOM (2006) 779 endg.

[222] *Calliess/Ruffert/Wegener* Art. 296 EG RdNr. 4; OLG Düsseldorf VergabeR 2004, 371, 372, für § 100 Abs. 2 d.

[223] Punkt 4 Mitt. „Auslegungsfragen Artikel 296".

Waffen, Munition oder Kriegsmaterial in Zusammenhang stehen, die Inanspruchnahme der Ausnahmeregelung des Art. 346 Abs. 1 lit. b AEUV nicht rechtfertigen.[224]

70   **ee) Rechtsschutz bei Vergaben im Bereich von Abs. 2 lit. e.** Vergabekammer und Vergabesenat dürfen lediglich prüfen, ob es sich um Vergaben handelt, die unter § 100 Abs. 2 lit. e fallen. Die Nachprüfungsinstanzen dürfen beispielsweise überprüfen, ob die Vergabestelle ihren **Beurteilungsspielraum** hinsichtlich des Vorliegens der Tatbestandsvoraussetzungen eingehalten hat. Der Vergabestelle steht in Bezug auf diese **prognostizierende Risikobewertung** ein Beurteilungsspielraum zu, der seitens der Vergabenachprüfungsinstanzen nur daraufhin überprüft werden kann, ob bei der Entscheidung, den Auftrag als geheim einzustufen, die Grenzen dieses Beurteilungsspielraums überschritten wurden. Ob dies der Fall ist, ist im Wege einer Gesamtschau der in diesem Zusammenhang relevanten Faktoren zu ermitteln.[225] Sind die Voraussetzungen dieses Ausnahmetatbestandes erfüllt und seine **Annahme verhältnismäßig,** darf eine materiellrechtliche Überprüfung der betreffenden Beschaffung am Maßstab der §§ 97 ff. nicht erfolgen. Der Nachprüfungsantrag ist in diesem Fall als unzulässig zurückzuweisen.[226] Die §§ 97 ff. treffen keine Aussage darüber, ob ein anderer bzw. ggf. welcher Rechtsweg für Primärrechtsschutz bei der Beschaffung von Gütern iSv. § 100 Abs. 2 lit. e eröffnet ist. Die Frage ist bislang auch nicht höchstrichterlich entschieden.

71   Das VG Koblenz hat in seiner sog. „**Lenkwaffen-Entscheidung**" entschieden, dass für Vergaben iSv. § 100 Abs. 2 lit. e der Verwaltungsrechtsweg eröffnet ist.[227] Das BMVg beabsichtigte im Lenkwaffenfall über das Bundesamt für Wehrtechnik und Beschaffung (BWB) Lenkflugkörper für Korvetten der Bundesmarine und damit sog. harte Rüstungsgüter zu beschaffen. Diese sah das Gericht als vom Ausnahmetatbestand des § 100 Abs. 2 lit. e erfasst an, so dass vergaberechtlicher Rechtsschutz ausschied. Das VG Koblenz untersagte im Wege des vorläufigen Rechtsschutzes durch eine **Zwischenverfügung** zunächst den Vertragsschluss mit dem vom BMVg durch das BWB ausgewählten Bieter. Darüber hinaus entschied es durch **Beschluss gemäß § 17 a Abs. 3 S. 1 und 2 GVG** vorab, dass das vom BMVg durchgeführte Beschaffungsverfahren verwaltungsgerichtlich überprüfbar ist. Das OVG Koblenz bestätigte den Beschluss des VG Koblenz nicht nur, sondern ging mit der Eröffnung des Verwaltungsrechtswegs für alle Vergaben außerhalb der §§ 97 ff. GWB über diesen hinaus.[228] Dogmatische Grundlage der Entscheidung des Senats war die verwaltungsrechtliche **Zwei-Stufen-Theorie.** Nach dieser geht dem Abschluss des privatrechtlichen Vertrages (Annahme des Angebotes durch den Zuschlag) als zweiter Stufe eine erste Stufe in Form des eigenständigen hoheitlichen Vergabeverfahrens voraus. Die erste Stufe der Auftragsvergabe, das Vergabeverfahren, unterliege **öffentlich-rechtlichen Bindungen.** Diese ergäben sich vor allem aus dem Haushaltsrecht in Verbindung mit den als Verwaltungsvorschriften zu verstehenden Regelungen der Verdingungsordnungen. Diesen maß der Senat über das **Gleichbehandlungsgebot aus Art. 3 Abs. 1 GG Außenwirkung** zu, so dass an einer staatlichen Vergabe beteiligte Bieter gegen deren Verletzung gerichtlich vorgehen können. Während sich dem in der Folgezeit die Oberverwaltungsgerichte Rheinland-Pfalz,[229] Nordrhein-Westfalen[230] und Sachsen[231] angeschlossen haben, lehnten die Oberverwaltungsgerichte Berlin-Brandenburg[232] und Niedersachsen[233] verwaltungsgerichtlichen Rechtsschutz ab. Auch das Schrifttum war entsprechend gespalten.[234]

72   Der Eröffnung des Verwaltungsrechtwegs für Rüstungsvergaben steht die Entscheidung des **BVerfG** zur Frage der Zulässigkeit von vergaberechtlichem Primärrechtsschutz für Unterschwellenvergaben nicht entgegen.[235] Das BVerfG hatte entschieden, dass die Beschränkung des speziellen vergaberechtlichen Rechtsschutzes auf Aufträge, deren Wert mindestens die durch das

---

[224] Punkt 4 Mitt. „Auslegungsfragen Artikel 296".

[225] VK Bund, Beschl. v. 14. 7. 2005, VK 3–55/05.

[226] OLG Düsseldorf VergabeR 2004, 371, 373; VK Bund, Beschl. v. 28. 8. 2000, VK 1–21/00, Umdruck nach Veris, 23.

[227] VG Koblenz NZBau 2005, 412.

[228] *Prieß/Hölzl* NZBau 2005, 367, 370.

[229] OVG Koblenz NZBau 2005, 411, 411, mit Anm. *Prieß/Hölzl* NZBau 2005, 367, 367.

[230] OVG Münster NVwZ-RR 2006, 842, 842.

[231] OVG Sachsen VergabeR 2006, 348, 348.

[232] OVG Berlin-Brandenburg NZBau 2006, 668, 668.

[233] OVG Lüneburg IBR 2006, 512.

[234] Zur Diskussion vor der Entscheidung des BVerfG zB. *Prieß/Niestedt* 129; mwN. *Tomerius/Kiser* VergabeR 2005, 551, 557.

[235] BVerfG NJW 2006, 3701, mit Anm. *Niestedt/Hölzl* NJW 2006, 3680.

Gemeinschaftsrecht vorgegebenen Schwellenwerte erreicht, verfassungsgemäß ist. Gegenstand der Entscheidung war jedoch nicht die Frage, welcher andere Rechtsweg möglicherweise eröffnet ist, insbesondere nicht, ob für Rüstungsvergaben der Verwaltungs- oder der Zivilrechtsweg eröffnet ist. Auch das **BVerwG** hat nicht ausgeschlossen, dass in Bezug auf die Vergabe von Aufträgen durch die öffentliche Hand der Verwaltungsrechtsweg eröffnet sein kann. Ausdrücklich heißt es in der Entscheidung, das lediglich „in aller Regel" der Rechtsweg zu den ordentlichen Gerichten gegeben ist.[236] Um einen solchen „Regelfall" handelt es sich bei Beschaffungen im Verteidigungsbereich nicht.

Für den zulässigen Rechtsweg ist vor diesem Hintergrund zu unterscheiden, ob es sich um **73** eine Vergabe im herkömmlichen Sinn oder um eine originär hoheitlich ausgerichtete Beschaffung handelt. Ausschlaggebend für den zulässigen Rechtsweg sind der „**Charakter, die Prägung, der Schwerpunkt und der wesentliche Gehalt der in Rede stehenden Maßnahme der Verwaltung**".[237] Dient eine Vergabe der Sicherstellung der Landesverteidigung, dh. der Erfüllung genuin hoheitlicher Aufgaben, und wird die Beschaffungsentscheidung von der obersten Führungsebene des BMVg getroffen, ist sie öffentlich-rechtlich zu beurteilen und daher verwaltungsgerichtlich überprüfbar.[238] Auch diese Vergaben müssen „nach rechtsstaatlichen Grundsätzen und fair, transparent, die Chancengleichheit aller dem Verfahren Unterworfenen wahrend und – jedenfalls zu Beginn – ergebnisoffen durchgeführt" werden. Gleichfalls ist der Verwaltungsrechtsweg für diese Vergaben auf der Grundlage der Zwei-Stufen-Theorie eröffnet.[239] Denn **jedenfalls bei Beschaffungen im Verteidigungsbereich ist die Auswahlentscheidung der Vergabestelle als hoheitlich zu qualifizieren**. Dieser Unterscheidung liegt die nachvollziehbare Überlegung des Verwaltungsgerichts zu Grunde, dass es sich bei den Beschaffungen im zentralen Verteidigungsbereich nicht um Beschaffungen handelt, die der Staat als und wie ein Privatrechtssubjekt durchführt. Beschaffungen solcher Güter nimmt der Staat vielmehr auf der Grundlage seiner ausschließlich und genuin ihm zukommenden Aufgabe und Berechtigung, das heißt seiner **Wehrbeschaffungshoheit**, vor. Einer Beschaffung in diesem Bereich geht stets eine hoheitliche Entscheidung voraus.

Bei der Überprüfung der Beschaffungs- bzw. Auswahlentscheidung der Vergabestelle handelt **74** es sich – jedenfalls bei der Beschaffung von Waffen, Munition und Kriegsmaterial iSv. § 100 Abs. 2 lit. e bzw. Art. 346 Abs. 1 lit. b AEUV – um eine öffentlich-rechtliche Streitigkeit nichtverfassungsrechtlicher Art gem. § 40 Abs. 1 S. 1 VwGO, so dass der Verwaltungsrechtsweg eröffnet ist. Ob der Verwaltungs- oder der Zivilrechtsweg eröffnet ist,[240] hängt davon ab, ob es sich um eine Vergabe handelt, die auf der Grundlage der ausschließlichen Wehrbeschaffungshoheit des Staates erfolgt.[241] Die Wehrbeschaffungshoheit des Bundes ergibt sich aus Art. 87a Abs. 1 S. 1 iVm. Art. 87b GG sowie § 2 Abs. 2 und § 15 KrWaffKontrG. Zutreffend hatte bereits vor den Entscheidungen des VG Koblenz und des OVG Koblenz das OLG Düsseldorf in einem Beschaffungsrechtsstreit über Kampfausrüstung für die Bundeswehr festgestellt, dass die „**Aufgabe der unmittelbaren Deckung des Sachbedarfs der Streitkräfte eine im Allgemeininteresse liegende Aufgabe** ist, weil sie staatlich ist und der Aufrechterhaltung der Verteidigungsbereitschaft iSd. Art. 87a Abs. 1 GG dient".[242] Liegt eine solche vor, dh. eine ausschließlich dem Staat erlaubte und aufgegebene Beschaffung, so ist der Verwaltungsrechtsweg eröffnet.[243]

Fällt das Tun des Staates in den „**Bereich des engeren staatlichen Aufgabenkreises**", zu **75** dem die Landesverteidigung und damit die Beschaffung von dazu notwendigen Rüstungsgütern seit jeher gehört, liegt bereits **im Zweifel ein Handeln auf dem Gebiet des öffentlichen Rechts** vor.[244] Darüber hinaus gilt der Grundsatz, dass im Bereich hoheitlicher Tätigkeit der Zweck der Beschaffungsmaßnahme – Sicherstellung der Landesverteidigung – nicht von dem Beschaffungsakt als solchem getrennt werden darf.[245] Das ist auch in der Rechtsprechung der

---

236 BVerwG IBR 2007, 385.
237 VG Koblenz NZBau 2005, 412, 413.
238 VG Koblenz NZBau 2005, 412, 413.
239 Vgl. dazu *Prieß/Hölzl* NZBau 2005, 367.
240 So auch *Prieß,* Handbuch, RdNr. 535.
241 VG Koblenz NZBau 2005, 412, 413.
242 OLG Düsseldorf VergabeR 2003, 435, 435, Leitsatz 1, mit Anm. *Prieß* VergabeR 2003, 445.
243 Dazu *Prieß/Hölzl* NZBau 2005, 367, 367.
244 OVG Koblenz NVwZ 1993, 381, 382.
245 *Schlette* 152.

Gerichte der Europäischen Gemeinschaften anerkannt.[246] Der wirtschaftliche oder nichtwirtschaftliche Charakter der späteren Verwendung des erworbenen Gegenstands bestimmt daher zwangsläufig den Charakter der Einkaufstätigkeit. Zutreffend hat auch der EuGH festgestellt, dass es „daher erforderlich ist, in jedem Einzelfall die vom Staat ausgeübten Tätigkeiten zu prüfen und zu bestimmen, zu welcher Kategorie sie gehören."[247] Darüber hinaus genügt für die Eröffnung des Verwaltungsrechtswegs bereits, dass für das Rechtsschutzbegehren auf Grundlage des Antrags und des zur Begründung vorgetragenen Sachverhalts *auch* eine öffentlich-rechtliche Anspruchsgrundlage in Betracht kommt und ihre Anwendbarkeit nicht offensichtlich verneint werden muss.[248]

76   Dass mit der Entscheidung über eine Auftragsvergabe **öffentliche Gewalt iS. des Art. 19 Abs. 4 GG** ausgeübt wird, folgt auch aus der Auslegung des Art. 1 Abs. 3 GG.[249] Dort fehlt jede Anknüpfung an bestimmte Handlungsmodalitäten der Verwaltung, beispielsweise hoheitliche, verwaltungsprivatrechtliche oder fiskalische Tätigkeit. Vielmehr spricht die mit Art. 20 Abs. 3 GG übereinstimmende Formulierung dafür, **dass jede Form staatlicher Tätigkeit an die Grundrechte gebunden** werden soll. Daher fällt auch fiskalisches Beschaffungshandeln unter den Begriff der öffentlichen Gewalt im Sinne von Art. 1 Abs. 3 und Art. 19 Abs. 4 GG. Auch die Vergabeentscheidung ist deshalb Ausdruck öffentlicher Gewalt und damit hoheitlich. Am ehesten gerecht wird der Konstellation der Auftragsvergabe deshalb die Zwei-Stufen-Theorie (vorgelagerte öffentlich-rechtliche Vergabeentscheidung und Abschluss eines zivilrechtlichen Vertrags).

77   Effektiver Rechtsschutz ist aufgrund der rechtlichen und faktischen Möglichkeiten – Sach- und Institutionsnähe, Amtsermittlung und Akteneinsicht[250] – für Auftragsvergaben, die nach Abs. 2 lit. e nicht dem Vierten Teil des GWB unterstellt sind, nur im Verwaltungsrechtsweg gewährleistet. Die grundgesetzlich verankerte Pflicht zur Gewährung effektiven Rechtsschutzes schließt ein, dass **Rechtsschutz von der sachnäheren Gerichtsbarkeit zu leisten** ist.[251] Das sind für Beschaffungen im Anwendungsbereich des § 100 Abs. 2 lit. e die Verwaltungsgerichte. Zutreffend hat das BVerfG ausdrücklich klargestellt, dass im staatlichen Beschaffungsbereich effektiver Rechtsschutz dadurch sichergestellt sein muss, dass jede Vergabeentscheidung in materieller Hinsicht gerichtlich überprüft werden kann.[252] Gegen einen Akt öffentlicher Gewalt, wie er in der – positiven und negativen – hoheitlichen Entscheidung über die Auswahl eines Angebotes, jeweils verbunden mit der Mitteilung darüber, zum Ausdruck kommt, muss gem. Art. 19 Abs. 4 GG gerichtlicher Rechtsschutz möglich sein.[253]

78   Aus den §§ 97ff. ergibt sich in Bezug auf § 40 Abs. 1 S. 1 VwGO **keine abdrängende Sonderzuweisung.** Insbesondere lässt sich auch aus Abs. 2 lit. e keine Zuweisung an die ordentlichen Gerichte ableiten. Notwendig ist im Interesse des Rechtsschutzsuchenden und um den gesetzlichen Richter zweifelsfrei bestimmen zu können, dass eine eindeutige Zuweisung gegeben ist.[254] Nur eine als solche bezeichnete und erkennbare Sonderregelung schließt die Zuständigkeit der Verwaltungsgerichte aus.[255] Auch ein Ausschluss der Überprüfbarkeit von Vergabeentscheidungen, die eindeutig hoheitlichen Charakter haben, ist aus Abs. 2 lit. e nicht herleitbar. Abs. 2 lit. e schließt deshalb insbesondere die Eröffnung des Verwaltungsrechtsweges

---

[246] EuG, T-319/99, Slg. 2003, II-357, RdNr. 36 – Fenin/Kommission, EuZW 2003, 283, 285.

[247] EuGH, 118/85, Slg. 1987, 2599, 2621, RdNr. 7 – Kommission/Italien.

[248] BVerwG NVwZ 1993, 358, 358; VGH Kassel NVwZ 2003, 238, 238; ähnlich BVerwG BVerwGE 7, 89; OLG Brandenburg NZBau 2000, 39, 43; mwN. *Kopp/Schenke* § 40VwGO RdNr. 6a; *Dreher* NZBau 2002, 419, 426; *Bader/Funke-Kaiser/Kuntze/von Albedyll* § 40 VwGO RdNr. 61; *Meyer* NVwZ 2002, 1075, 1077; insbesondere *Broß* 37, 42.

[249] Anders, unter Zugrundelegung eines zu engen Gewaltbegriffs BVerfGE 116, 135; NJW 2006, 3701, 3702.

[250] Zur Notwendigkeit von Akteneinsicht zur Sicherstellung effektiven Rechtsschutzes vgl. BVerfGE 101, 106, NJW 2000, 1175, 1178; zur Akteneinsicht im Vergaberecht OLG Thüringen, VergabeR 2002, 305, 305; OLG Thüringen ZfBR 2002, 522, 522.

[251] VG Koblenz NZBau 2005, 412, 413.

[252] BVerfG NZBau 2004, 564, 567, mit Anm. *Bultmann/Hölzl* NZBau 2004, 651.

[253] VK Bund WuW/E Verg 218, 220; *Dreher* NZBau 2002, 419, 426; *Boesen* Einleitung, RdNr. 101; BeckVOB-Komm/*Prieß* Vor Abschn. 1, Rn. 6; *Binder* ZZP 2000, 195, 211; *Huber* JZ 2000, 877, 878; *Hermes* JZ 1997, 909, 912; *Broß*, 37.

[254] BVerwGE 40, 112, 114, DÖV 1972, 792; *Kopp/Schenke* § 40 VwGO RdNr. 49; *Schoch/Schmidt-Aßmann/Pietzner/Ehlers* § 40 VwGO RdNr. 484.

[255] BVerwGE 40, 112, 114; BVerwGE 58, 167, 170; *Schoch/Schmidt-Aßmann/Pietzner/Ehlers* § 40 VwGO RdNr. 488.

nicht aus. § 100 Abs. 2 lit. e kann die Eröffnung des Verwaltungsrechtsweges darüber hinaus schon deswegen nicht ausschließen, weil die Vorschrift Ergebnis der Umsetzung von Gemeinschaftsrecht ist, das auf Grundlage des gemeinschaftsrechtlichen Prinzips der begrenzten Einzelermächtigung ergangen ist.[256] Folglich kann Abs. 2 lit. e nur die Bereiche und nur soweit abschließend regeln, als die Gemeinschaft auch zuständig ist. Das sind nur die Bereiche, in denen Mitgliedstaaten auf Souveränität ganz oder teilweise verzichtet haben. Im Verteidigungsbereich ist das gerade nicht der Fall. Beschaffungen von Kriegswaffen sind aus diesem Grund auch dem nationalen Vergaberechtsregime, durch das gemeinschaftsrechtliches Vergaberecht umgesetzt wird, entzogen. Die Konsequenz ist, dass eine Beschaffung im Sinne von Abs. 2 lit. e durch den EuGH und/oder die nationalen Nachprüfungsinstanzen nur unter den bereits dargelegten Maßgaben überprüfbar ist.

d) Abs. 2 lit. f (Lieferung sektorenspezifischer Stoffe). Die Ausnahme für Lieferungen **79** sektorenspezifischer Stoffe, die Art. 26 SKR 2004 vorgibt, wurde durch das Gesetz zur Modernisierung des Vergaberechts v. 20. 4. 2009 (VgRModG)[257] in das GWB übernommen. Bisher ermächtigte Abs. 2 lit. f die Bundesregierung lediglich, Ausnahmeregelungen für Auftraggeber der Trinkwasser- und Energieversorgung durch Rechtsverordnung nach § 127 zu schaffen. Die Ausnahmetatbestände fanden sich in § 9 Abs. 5 Nr. 1 und 2 VgV aF. Für Tätigkeiten auf dem Gebiet der Trinkwasserversorgung wurde die Beschaffung von Wasser dem Anwendungsbereich des Vergaberechts entzogen und für Tätigkeiten auf dem Gebiet der Energieversorgung die Beschaffung von Energie oder von Brennstoffen zur Energieerzeugung.

aa) Beschaffung von Wasser. Hintergrund der Regelung ist im Fall der Wasserversorgung, **80** dass eine Ausschreibung der Verträge zur Beschaffung von Wasser nicht als sinnvoll erachtet wird, da sich Auftraggeber aus Quellen versorgen können sollen, die in der **Nähe des Verwendungsortes** liegen,[258] denn je länger der Leitungsweg ist, desto größer ist die Gefahr, dass die Wasserqualität sinkt. Wegen des im Bereich des Trinkwassersektors daher strukturell vermuteten Missverhältnisses zwischen dem etwaigen Aufwand einer Ausschreibung der Beschaffungsverträge und dem möglichem wirtschaftlichen Vorteil einer europaweiten Ausschreibung, der aufgrund etwaiger zusätzlicher Reinigungsprozesse tendenziell gering ausfallen dürfte, erscheint dem Gesetzgeber die Belastung öffentlicher Auftraggeber durch die Anwendung der förmlichen Vergabevorschriften unangemessen,[259] so dass eine Herausnahme dieser Verträge aus dem Anwendungsbereich gerechtfertigt ist.

bb) Beschaffung von Energie und Brennstoffen zur Energieversorgung. Im Bereich **81** der Energieversorgung war die Intention für die Einbeziehung bestimmter Auftragsvergaben in den Anwendungsbereich des Vergaberechts zum Zeitpunkt des Erlasses der alten Sektorenrichtlinie (SKR),[260] bestimmte staatsnahe Auftraggeber an die Vorschriften des Vergaberechts zu binden. Es war dagegen nicht Sinn und Zweck der Vorschriften, in die monopolisierten Versorgungsstrukturen betreffend die Beschaffung von Energie als solche nachhaltig einzugreifen. Vielmehr sollen privatrechtliche Energieversorger, die aufgrund besonderer oder ausschließlicher Rechte oder staatlicher Beherrschung eine sehr enge Verbindung zum Staat aufweisen, zur Anwendung des Vergaberechts verpflichtet werden, um der **staatlich veranlassten wettbewerblichen Sonderstellung** Rechung zu tragen. Beweggrund für die Einbeziehung in den Anwendungsbereich des Vergaberechts war indes nicht, eine Liberalisierung des Energiemarktes zu erreichen, da das Vergaberecht nicht als taugliches Instrument angesehen wurde und wird, um wettbewerbliche Hemmnisse beim Kauf von Energie und Brennstoffen im Energiesektor zu überwinden.[261] Das Wettbewerbspotential für grenzüberschreitende Beschaffungen von Energie und Brennstoffen wurde als gering eingestuft. Das lag ua. daran, dass Energieversorger keinen Zugang zu den Versorgungsnetzen in anderen Mitgliedstaaten hatten, so dass ihnen die Durch-

---

[256] Zum Prinzip der begrenzten Einzelermächtigung vgl. EuGH, C-376/98, Slg. 2000, I-8419, 8524, RdNr. 83 – Deutschland/Parlament und Rat, NJW 2000, 3701, 3702; EuGH, C-350/92, Slg. 1995, I-1985, 2012–2016, RdNr. 25–41 – Spanien/Rat; EuGH, C-233/94, Slg. 1997, I-2405, 2448–2451, RdNr. 10–21 – Deutschland/Parlament und Rat.
[257] BGBl. I S. 790.
[258] Erwägungsgründe SKR 2004, ABl. 2004 L 134/1, Tz. 26.
[259] *Arrowsmith* RdNr. 15.24.
[260] RL 93/38, ABl. 1993 L 199/84.
[261] Erwägungsgründe SKR, ABl. 1993 L 199/84, Tz. 17.

leitung nicht möglich war und ein Wettbewerb gar nicht erst entstehen konnte. Die Beschaffung von Energie als solche wurde daher nicht in die Richtlinie einbezogen.[262]

82   Nicht von der Ausnahme erfasst sind nach dem Wortlaut **Brennstoffe, die nicht zur Energieerzeugung bestimmt sind.** Streit bestand in diesem Zusammenhang hinsichtlich der Frage, unter welchen Umständen die Beschaffung von Gas unter die Ausnahmeregelung zu subsumieren ist und damit aus dem Anwendungsbereich des Vergaberechts herausfällt, denn bei Gas handelt es sich um einen Brennstoff und nicht bereits um Energie. Daher könnte die **Beschaffung von Gas** nur dann von der Anwendung des Vergaberechts befreit sein, wenn der Sektorenauftraggeber selbst das Gas zur **Energieerzeugung** nutzt und die erzeugte Energie an die Endabnehmer weitergibt, nicht aber, wenn er das Gas beschafft, um es ohne weitere Umwandlung als solches an die Endabnehmer weiterzuveräußern.[263] Für diese Ansicht sprach, dass die ursprüngliche SKR zwischen der Lieferung von Energie und der Lieferung von Brennstoffen unterschied.[264] Dem steht allerdings entgegen, dass die Beschaffung von Gas gegenüber der Beschaffung von Strom und Wärme keine sektoralen Besonderheiten aufweist.[265] Zwar handelt es sich bei Gas um einen Brennstoff und nicht um Energie, jedoch wird Gas neben Erdöl und Kohle in Art. 7 SKR 2004 mittlerweile explizit als Brennstoff genannt. Der Zusatz zur Energieerzeugung dient in der Ausnahmeregelung nur dazu, die Art der Brennstoffe zu konkretisieren und einen Bezug zur Sektorentätigkeit herzustellen, nicht aber dazu, die Beschaffung zum Zwecke der Weiterveräußerung von der Beschaffung zur Energieerzeugung abzugrenzen. Die strenge Wortlautauslegung kann außerdem zu einer unterschiedlichen Behandlung des gleichen Gasbeschaffungsvertrags führen, je nachdem ob ein Stadtwerk selbst zentrale Fernwärmekraftwerke betreibt oder Erdgas an Kunden mit dezentralen Anlagen verteilt.[266] Intention der Sektorenrichtlinie war es aber, lediglich solche Lieferungen aus dem Anwendungsbereich der Richtlinie auszuklammern, die (zum Zeitpunkt ihres Erlasses) wegen der fehlenden Öffnung der Netze nicht dem europaweiten Wettbewerb offen stehen.[267] Hemmnisse für den grenzüberschreitenden Handel mit Energie sollten dagegen nicht durch die Anwendung des Vergaberechts, sondern durch andere, spezielle legislative Maßnahmen beseitigt werden (vgl. Binnenmarktrichtlinien für Strom[268] und Gas[269]). Der Gashandel sollte ebenso wenig wie der Strom- oder Wärmehandel durch die Anwendung des Vergaberechts liberalisiert werden, denn der **Zugang zu den Versorgungsnetzen** in anderen Mitgliedstaaten fehlte für Gas ebenso wie für Strom oder Wärme, so dass die Unterscheidung bei der Beschaffung von Gas danach, ob der Auftraggeber das Gas weiterverarbeitet oder weiterveräußert, nicht mit Sinn und Zweck der Ausnahmeregelung vereinbar ist. Durch den Zusatz „zur Energieerzeugung" sollte lediglich klargestellt werden, dass die Ausnahme nur für Aufträge gilt, die unmittelbar der Sektorentätigkeit dienen und nicht der Beschaffung von Kraftstoff zu Transportzwecken im Energiesektor.[270] Die Beschaffung von Gas unterfällt der Ausnahmeregelung somit unabhängig davon, ob ein Sektorenauftraggeber das Gas selbst zur Energieerzeugung einsetzt oder im Rahmen seiner Sektorentätigkeit weiterleitet.[271] Daher ist die Beschaffung von Gas auch dann von der Ausnahmeregelung erfasst, wenn es zur Weiterleitung an den Endverbraucher erworben wird, da jedenfalls dieser daraus Energie gewinnt.[272]

83   **e) Abs. 2 lit. g.** Abs. 2 lit. g setzt **Art. 18 VKR** und **Art. 25 SKR** in nationales Recht um. Die Regelung erfasst die **staatsinterne Beschaffung.** Solange der Staat mit seinen Untergliederungen Leistungen selbst erbringt und nicht am Markt abruft, soll dieser Vorgang nicht dem Vergaberecht unterliegen. Voraussetzung ist deshalb, dass Auftragnehmer nur eine Person sein kann, die selbst öffentliche Auftraggeberin nach **§ 98 Nr. 1–3** ist. Das ausschließliche Recht zur Erbringung der Leistung muss auf einem Gesetz oder einer Verordnung beruhen. Die nationale strenge

---

[262] *Arrowsmith* RdNr. 15.30.

[263] Vgl. *BerlKommEnR/Reider* § 10 VgV RdNr. 7.

[264] So *Prieß* DB 1998, 405.

[265] *Börner* DB 1998, 610.

[266] *Börner* DB 1998, 610, 611.

[267] *Börner* DB 1998, 610; *Mattey* 121.

[268] RL 2003/54/EG, ABl. 2003 L 176/37.

[269] RL 2003/55/EG, ABl. 2003, L 176/57.

[270] *Arrowsmith* RdNr. 15.30.

[271] *Byok/Jaeger/Willenbruch* § 9 VgV RdNr. 1554; *Börner* DB 1998, 610; BeckVOB-Komm/*Marx* RdNr. 18; *Mattey* 121; aA. *Prieß* DB 1998, 405, 412.

[272] *Börner* DB 1998, 610; BeckVOB-Komm/*Marx* RdNr. 18.

Bindung an Gesetz und Verordnung geht über den Wortlaut der Richtlinien hinaus, die eine veröffentlichte und mit dem AEUV übereinstimmende Rechts- oder Verwaltungsvorschrift ausreichen lässt. Da die Abweichung von den Richtlinien das Feld der Ausnahme verengt, ist sie zulässig. Sie soll die Neutralität der Übertragung der Rechte sichern und verhindern, dass wettbewerbsfeindliche Motive die Entscheidung beeinflussen.[273] Die **Übereinstimmung der das ausschließliche Recht begründenden Gesetze und Verordnungen mit den Bestimmungen des AEUV** ist aus der Gesetzessystematik heraus (nationales Recht darf nicht gegen EU-Recht verstoßen) und der Zielsetzung der Richtlinien (diskriminierungsfreier fairer Wettbewerb bei möglichst weitgehender Marktöffnung) auch ohne ausdrückliche Übernahme in den nationalen Text selbstverständlich. Eine weitere Abweichung vom Text der Richtlinien liegt darin, dass die Richtlinien für den entsprechenden Ausnahmetatbestand **ausschließlich auf Dienstleistungsaufträge** abstellen. Da die Ausnahmetatbestände auf nationaler Ebene nicht ausgeweitet werden dürfen, ist in richtlinienkonformer Auslegung auch lit. g so auszulegen, dass die Ausnahme nur für die Vergabe von Dienstleistungsverträgen eingreift.[274] Von der **Ausnahme werden einfache Auftragsverhältnisse nicht erfasst,** zB. der Auftrag an eine Nachbargemeinde zur Abfall- oder Altpapierentsorgung,[275] da die Übertragung des Auftrages nicht auf der Basis eines zuvor übertragenen ausschließlichen Rechts erfolgt.

f) Abs. 2 lit. h. Abs. 2 lit. h setzt **Art. 16 a VKR** und **Art. 24 a SKR** in nationales Recht **84** um. Die Ausnahme trägt dem Umstand Rechnung, dass Immobiliennutzung und -erwerb für einen grenzüberschreitenden Markt nicht geeignet sind.[276] Der Bedarf ist üblicherweise standortgebunden, die unterschiedliche Lage und Beschaffenheit von Grundstücken nur schwer vergleichbar. Die Ausnahme soll jedoch nicht zur Umgehung des Vergaberechts führen. Sie umfasst daher **keine Bauaufträge.** Sie ist **beschränkt auf Dienstleistungen** wie die Vermietung durch den Auftragnehmer oder die Gewährung von Rechten an Grundstücken, ggf. mit **vorhandener** Bebauung. Die „Rechte an Grundstücken oder vorhandenen Gebäuden" können das gesamte sachenrechtliche Spektrum umfassen, zB. Erwerb, Pacht, Eintragung von Grunddienstbarkeiten, Wegerechten, usw. Die Ausnahme gilt für Dienstleistungen ungeachtet ihrer Finanzierung. Damit ist klargestellt, dass eventuell erforderliche Dienstleistungen zur **Finanzierung** des angestrebten Auftragsverhältnisses **nicht unter die Ausnahme des lit. h** fallen.

g) Abs. 2 lit. i. Abs. 2 lit. i setzt **Art. 20 SKR** um. **§ 98 Nr. 4** betrifft die **staatsfernen**, pri- **85** vaten Sektorenauftraggeber. Die Ausnahme wurde mit der Reform 2009 neu in den § 100 aufgenommen. Die bisher an dieser Stelle geregelte Privilegierung der Konzernverbundenheit findet sich nun in lit. o) wieder. Die Ausnahme erfasst den Bereich der Tätigkeit, die die **Auftraggeber nach § 98 Nr. 4 außerhalb ihrer Sektorentätigkeit** ausüben und die nicht der Erfüllung im Allgemeininteresse liegender Aufgaben nicht gewerblicher Art dienen. Aufträge, die nicht zur Erfüllung der Sektorentätigkeit oder in einem Drittland in einer Weise vergeben werden, die nicht mit der physischen Nutzung eines Netzes oder geografischen Gebietes in der Gemeinschaft verbunden ist, unterliegen daher nicht dem Vergaberecht.[277] Ist zweifelhaft, ob ein Auftrag zur Sektorentätigkeit gehört oder nicht, gilt die **Vorrangregelung des § 99 Abs. 8,** so dass Vergaberecht anzuwenden ist. Da die Abgrenzung in der Praxis schwierig und manipulationsanfällig sein kann, sieht **Art. 20 Abs. 2 ein Informationsrecht der Kommission** vor. Der Kommission sind auf Verlangen alle Tätigkeiten mitzuteilen, die ihres Erachtens unter die Ausnahmeregelung nach Abs. 1 fallen. Die Kommission kann Listen der Tätigkeitskategorien, die ihres Erachtens unter die Ausnahmeregelung fallen, in regelmäßigen Abständen im Amtsblatt der EU zur Information veröffentlichen. Sie wahrt hierbei die Vertraulichkeit der sensiblen geschäftlichen Angaben, soweit die Auftraggeber dies bei der Übermittlung der Informationen geltend machen.

h) Abs. 2 lit. j. Abs. 2 lit. j setzt **Art. 16 b VKR** in nationales Recht um. Mit der Reform **86** 2009 wurde der bisherige Wortlaut **an den Wortlaut von Art. 16 VKR angepasst.** Die Ausnahme betrifft **den Ankauf, die Entwicklung, die Produktion oder die Koproduktion gebrauchsfertiger Programme sowie anderer Vorbereitungsdienste,** zB. Dienste im Zusammenhang mit den für die Programmproduktion erforderlichen Drehbüchern oder

---

[273] BeckVOB-Komm/*Marx* RdNr. 21.
[274] HM. zB. *Dreher/Stockmann* RdNr. 46 mwN.
[275] OLG Düsseldorf NZBau 2004, 398; OLG Frankfurt NZBau 2004, 692, VergabeR 2005, 80, 86; BayObLG NZBau 2002, 397, VergabeR 2002, 244, 249; OLG Naumburg NZBau 2006, 58.
[276] So die Erwägungsgründe 24 VKR und 33 SKR.
[277] So Art. 20 Abs. 1 SKR.

künstlerischen Leistungen sowie Aufträge betreffend die Ausstrahlungszeit von Sendungen. Sie sollte nicht für die Bereitstellung des für die Produktion, die Koproduktion und die Ausstrahlung dieser Programme erforderlichen technischen Materials gelten. Als Sendung sollte die Übertragung und Verbreitung durch jegliches elektronisches Netz gelten.[278] Diese Ausnahme ist im **Spannungsfeld der verfassungsrechtlich garantierten Rundfunkfreiheit, Art. 5 GG, und der Zielsetzung der VKR**, einen möglichst offenen europäischen Wettbewerb zu erreichen, auszulegen. Mit der Anpassung des bisherigen Textes an den Text der Richtlinie ist schon geklärt, dass der nationale Gesetzgeber mit seiner Ausnahme nicht von der entsprechenden Regelung der VKR abweichen wollte. Nachdem durch den EuGH[279] geklärt ist, dass **öffentlich-rechtliche Rundfunkanstalten öffentliche Auftraggeber nach § 98 Nr. 2 sind**, haben sie grundsätzlich für ihre Beschaffungen Vergaberecht anzuwenden. Andererseits sollen kulturelle und gesellschaftspolitische Inhalte in ihrer ganzen Individualität frei und unzensiert gesendet werden können.[280] Einschränkungen zum Zwecke der Durchführung eines fairen Wettbewerbs, der zu vergleichbaren Angeboten führen muss, könnten die Programm- und Sendefreiheit, zu der auch die Sendezeit gehört, beeinträchtigen. Vor diesem Hintergrund ist die Ausnahme auf **alle Beschaffungen** anzuwenden, die **in unmittelbarem Zusammenhang mit Programm- und Sendeinhalten** stehen, unabhängig davon, ob sie die Inhalte unmittelbar oder die ergänzenden Faktoren wie die konkrete Gestaltung der Sendung oder Sendedauer und Sendezeit betreffen. Dazu gehören naturgemäß auch die die Inhalte vorbereitenden Beschaffungen wie zB. der Ankauf von Drehbüchern, Filmen, Reportagen freier Journalisten sowie die Verpflichtung von Moderatoren für Live-Sendungen usw. Alle anderen Beschaffungen, zB., auch das technische Material, ist nach dem 25. Erwägungsgrund der VKR nicht unter diese Ausnahme zu fassen. Erst recht gilt dies für Beschaffungen, die mit den Sendeinhalten keine Berührung mehr habe, zB. der Neubau eines Rundfunkgebäudes, die Verpachtung der Senderkantine oder die Beschaffung von Büromaterial.

87   **i) Abs. 2 lit. k.** Abs. 2 lit. k. setzt **Art. 13 VKR** in nationales Recht um. Die Fassung der Ausnahme vor der Reform des Vergaberechts 2009 bestand noch vor dem Hintergrund des nicht liberalisierten Telekommunikationsmarktes. Mit der **Neufassung** wurde die **Liberalisierung des Telekommunikationsmarktes** berücksichtigt und der **Wortlaut von Art. 13 VKR übernommen.** Solange auf dem Telekommunikationssektor staatliche Monopole herrschten, machten Ausschreibungsverfahren wenig Sinn. Mit der zunehmenden Vielfalt von konkurrierenden Anbietern in diesem Sektor entfiel der Grund für die Ausnahme alter Fassung. Die aktuelle Fassung bestimmt, dass die Beschaffungen nicht dem Vergaberecht unterliegen, die **zur Weitergabe an die Öffentlichkeit** bestimmt sind. Die Ausnahme erfasst daher Beschaffungen, die **unmittelbar** auf die Bereitstellung von Netzen oder Diensten gerichtet sind, die der Öffentlichkeit zur Verfügung gestellt werden sollen. In Erwägungsgrund 21 zur VKR wird zum Anwendungsbereich dieser Ausnahme auf Art 1, 2 und 8 der Richtlinie 93/38/EWG verwiesen, die teilweise in den Definitionen von Art. 1 Ziffer 15 VKR wiedergegeben werden. Danach sind **(Art. 1 Ziffer 15 lit. a)** „öffentliche Telekommunikationsnetze" die Telekommunikationsstrukturen, mit denen Signale zwischen definierten Netzabschlusspunkten über Draht, über Richtfunk, auf optischem oder elektromagnetischen Wegen übertragen werden können. „Netzabschlusspunkte" sind die Gesamtheit der physischen Verbindungen und technischen Zugangsspezifikationen, die Teil des öffentlichen Telekommunikationsnetzes sind und für den Zugang zu diesem Netz und zur effizienten Kommunikation mittels dieses Netzes erforderlich sind **(Art. 1 Ziffer 15 lit. b).** „Öffentliche Telekommunikationsdienste" sind Telekommunikationsdienste, mit deren Erbringung die Mitgliedstaaten ausdrücklich insbesondere eine oder mehrere Fernmeldeorganisationen betraut haben **(Art. 1 Ziffer 15 lit. c).** „Telekommunikationsdienste" sind Dienste, die ganz oder teilweise in der Übertragung und Weiterleitung von Signalen auf dem Telekommunikationsnetz durch Telekommunikationsverfahren bestehen, mit Ausnahme von Rundfunk und Fernsehen **(Art. 1 Ziffer 15 lit. d).**

88   **j) Abs. 2 lit. l.** Abs. 2 lit. l setzen **die Art. 16 c VKR** und **24 b SKR** in nationales Recht um. In den Erwägungsgründen der Richtlinien[281] heißt es dazu, dass Schiedsgerichts- und Schlichtungsdienste normalerweise von Organisationen oder Personen übernommen werden, deren Auswahl und Bestellung in einer Art und Weise erfolgt, die sich nicht nach den Vergabe-

---

[278] Erwägungsgrund 25 VKR.
[279] EuGH, C-337/06, Slg. 2007, I-11173.
[280] Erwägungsgrund 25 VKR.
[281] Erwägungsgründe 26 VKR und 34 SKR.

vorschriften für öffentliche Aufträge richten kann. Die Ausnahme trägt dem Umstand Rechnung, dass Schiedsgerichts- und Schlichtungsleistungen sowohl sachliche Neutralität als auch besondere Vertrauenswürdigkeit voraussetzen, Aspekte, die in den Formen eines Vergabeverfahrens nur schwer zu ermitteln sind.

k) Abs. 2 lit. m. Abs. 2 lit. m setzt **Art. 16 d VKR** und **Art. 24 c SKR** in nationales Recht **89**
um. Mit der Vergaberechtsreform 2009 wurde der Text der Fassung der Richtlinie angepasst. Die Ausnahme will die geld- und währungspolitischen Entscheidungen und Aktivitäten des Staates aus dem Wettbewerb nehmen. Aus Erwägungsgrund 27 der VKR geht hervor, dass die aufgezählten Finanzdienstleistungen nicht zu den Dienstleistungen im Sinne der Richtlinie gezählt werden. Dies sollte durch die geänderte Textfassung auch im nationalen Recht klargestellt werden. Für die nach den Richtlinien gebotene **enge Auslegung** der Ausnahme kommt es darauf an, was unter die Begriffe „Wertpapier" und „Finanzinstrumente" subsumiert werden kann. Insbesondere der Wertpapierbegriff wird in den Mitgliedstaaten nicht einheitlich verwendet. In der Literatur[282] wird daher zur **Definition des Wertpapierbegriffes** auf die Finanzmarktrichtlinie[283] und zur **Definition der Finanzinstrumente** auf die Kapitaladäquanzrichtlinie[284] verwiesen. Unter Wertpapieren sind danach u. a. Aktien oder diesen gleichzustellende Wertpapiere, Schuldverschreibungen und andere verbriefte Schuldtitel zu verstehen. Finanzinstrumente sind zB. übertragbare Wertpapiere, Optionen, Zinsausgleichsvereinbarungen, Termingeschäfte oder andere kreative Erfindungen des Geldmarktes (wie sie letztlich auch ihren Anteil an der internationalen Finanzkrise hatten, weshalb es sicher sinnvoll wäre, den allzu abstrakten Finanzinstrumenten mit Vorsicht zu begegnen). Für die Anwendung der Ausnahme ist weiter von Bedeutung, welche Geschäfte als **in Zusammenhang mit** den aufgezählten Transaktionen stehend anzusehen sind. Unter Berücksichtigung der Zielsetzung der Richtlinie wird man vorbereitende Leistungen allgemeiner Art, insbesondere auf dem Feld der Wirtschafts-, Steuer und Rechtsberatung oder zur organisatorischen Vorbereitung eines Unternehmens auf den Börsengang nicht als in ausreichendem Zusammenhang stehend anerkennen können.[285] In Zusammenhang stehen können jedoch zB. Dienstleistungen zur **unmittelbaren** Vorbereitung einer Aktienausgabe an der Börse.

Die **Dienstleistungen der Zentralbanken** sind gemäß **Art. 16 d VKR** ausgenommen. **90**
Der Begriff Zentralbank ist wörtlich zu verstehen. Die Ausnahme betrifft **nur die Zentralbanken** und nicht Landesbanken oder Sparkassen. In der Bundesrepublik ist daher nur die Deutsche Bundesbank von der Regelung betroffen.

l) Abs. 2 lit. n. Abs. 2 lit. n setzt **Art. 16 f VKR** und **Art. 24 e SKR** in nationales Recht **91**
um. Ziel der Ausnahme ist die Stärkung der wissenschaftlichen und technischen Grundlagen der gemeinschaftlichen Industrie durch Forschung und Entwicklung. Mitfinanzierte Forschungsprogramme sollen daher nicht unter die Richtlinie fallen[286] Die **Ausnahme umfasst die uneigennützige Forschung.** Der Begriff der Forschung ist in der Richtlinie nicht definiert. Es ist daher nach sprachlichem Verständnis davon auszugehen, dass es um das Streben nach Erkenntnisgewinn mit wissenschaftlichen Methoden sowohl in der Form der Grundlagenforschung als auch in der Form der angewandten Forschung handelt.[287] Soll hingegen das Ergebnis der Forschung in das Eigentum des öffentlichen Auftraggebers übergehen, vom Auftraggeber bei der Ausübung seiner Aufgaben genutzt und von ihm vollständig vergütet werden, liegt ein Dienstleistungsauftrag vor, der in vollem Umfang dem Vergaberecht unterliegt. Als **in das Eigentum übergegangen** gilt eine Forschung auch dann, wenn der Auftraggeber sich das alleinige Verwertungsrecht an den Forschungsergebnissen vertraglich vorbehält. **„Für seinen Gebrauch bei der Ausübung seiner eigenen Tätigkeit"** impliziert bei einem öffentlichen Auftraggeber, der Aufgaben im Interesse des Allgemeinwohls zu erfüllen hat, dass die Forschungsergebnisse durchaus der Allgemeinheit dienen oder ihr bekannt werden dürfen, zB. durch eine Veröffentlichung, ohne dass der Charakter einer ausschreibungspflichtigen Dienstleistung entfallen würde, solange das Verwertungsrecht beim öffentlichen Auftraggeber liegt.[288]

---

[282] ZB. *Dreher/Stockmann* RdNr. 72 ff. mit ausführlicher Darstellung der verschiedenen Quellen und Instrumente mwN.

[283] RL 2004/39, ABl. 2004 L 145/1.

[284] RL 2006/49, ABl. 2006 L 177/201.

[285] Wie hier: *Dreher/Stockmann* RdNr. 91 ff.; *Kulartz/Kus/Portz/Eschenbruch/Röwekamp* RdNr. 70 ff.

[286] Erwägungsgrund 23 VKR.

[287] So sinngemäß das Bay ObLG NZBau 2003, 634, VergabeR 2003, 669, 670.

[288] Bay ObLG NZBau 2003, 634, VergabeR 2003, 669, 670.

92   **m) Abs. 2 lit. o (Auftragsvergabe an verbundene Unternehmen).** Abs. 2 lit. o GWB regelt Ausnahmetatbestände für Aufträge eines Sektorenauftraggebers an ein mit ihm verbundenes Unternehmen (Var. aa) und für Aufträge eines gemeinsamen Unternehmens[289] an ein Unternehmen, das mit einem seiner Gründungsväter verbunden ist (Var. bb). Diese bisher in § 10 VgV aF. geregelten Ausnahmetatbestände wurden durch das VgRModG in das GWB übernommen und setzen Art. 23 SKR 2004 um. Die Ausnahme bezog sich nach der SKR aF. nur auf Dienstleistungsaufträge und wurde durch die SKR 2004 auf Lieferleistungen und Bauleistungen ausgedehnt. Der deutsche Gesetzgeber hat die Neuregelung in § 100 Abs. 2 lit. o GWB entsprechend an die Richtlinienregelung angepasst, so dass sie **nunmehr für Liefer-, Bau- und Dienstleistungen** gilt und die bislang bestehende Unsicherheit, wie der nur auf Dienstleistungen Bezug nehmende § 10 VgV aF. im Lichte der weiter gefassten Regelung in der SKR 2004 auszulegen war, beendet ist.

93   **aa) Konzernprivileg.** Abs. 2 lit. o betrifft in beiden Varianten **Aufträge, die Sektorenauftraggeber innerhalb eines Konzerns** vergeben. Die Ausnahmeregelung wird deshalb auch als Konzernprivileg bezeichnet.[290] Damit wird dem Umstand Rechnung getragen, dass Konzernbildungen im Sektorenbereich weit verbreitet sind. So ist es insbes. im Energieversorgungssektor üblich, dass Konzerne oder Zusammenschlüsse von Rechtsträgern bestimmte Leistungen zentral für den gesamten Konzern von einem Tochterunternehmen erbringen lassen[291] oder separate Gesellschaften gegründet werden, die eine bestimmte Leistung – zB. den IT-Service oder die Bilanzierung – für den gesamten Konzern erbringen. Die Ausnahmeregelung gem. Abs. 2 lit. o Var. bb gilt deshalb auch nur für Aufträge, die an **verbundene Unternehmen vergeben werden,** deren Haupttätigkeit darin besteht, Leistungen gerade für die Unternehmensgruppe zu erbringen und nicht Leistungen auf dem allgemeinen Markt anzubieten.

94   Das Konzernprivileg stellt keine Konkretisierung oder Variante der Fallgruppe sog. Inhouse-Geschäfte[292] dar, es betrifft vielmehr eine völlig andere Fallgestaltung. So setzt das Konzernprivileg anders als die Anwendbarkeit der Inhouse-Ausnahme keine völlige Beherrschung („Kontrolle wie über eine eigene Dienststelle")[293] des Auftraggebers über den Auftragnehmer voraus, stellt andererseits aber differenzierte Anforderungen an dessen Tätigkeit. Beide Ausnahmetatbestände sind daher streng zu unterscheiden.

95   **bb) Verbundene Unternehmen gem. § 36 Abs. 2, Abs. 3.** Das Konzernprivileg gem. § 100 Abs. 2 lit. o GWB setzt in beiden Varianten das Vorliegen von verbundenen Unternehmen voraus. Im Fall der Variante aa muss die Auftragsvergabe an ein mit dem Auftraggeber verbundenes Unternehmen erfolgen. Im Fall der Variante bb muss die Auftragsvergabe durch ein gemeinsames Unternehmen von Sektorenauftraggebern (Joint Venture) an ein mit einem dieser Sektorenauftraggeber verbundenes Unternehmen erfolgen.

96   **α) Definition.** Die Definition des verbundenen Unternehmens hat sich mit der Übernahme der Vorschrift in das GWB verändert. § 10 Abs. 2 Satz 1 VgV aF. stellte zur Definition unter **Verweis auf § 290 Abs. 1 HGB** auf das Verhältnis von Mutter- und Tochterunternehmen ab. § 290 Abs. 1 HGB setzt das kumulative Vorliegen einer einheitlichen Leitung durch das Mutterunternehmen und einer Beteiligung des Mutterunternehmens an dem oder den Tochterunternehmen voraus.[294] Für Auftraggeber, die nicht unter § 290 Abs. 1 HGB fallen, galt gem. § 10 Abs. 2 Satz 2 VgV aF., dass der Auftraggeber die Möglichkeit haben muss, unmittelbar oder mittelbar einen beherrschenden Einfluss auf das verbundene Unternehmen auszuüben.

97   Nach der Neuregelung wird der Begriff des verbundenen Unternehmens nunmehr durch Verweis auf § 36 Abs. 2, Abs. 3 GWB definiert. Trotz der Stellung in Variante bb gilt dieser Verweis auch für den Begriff des verbundenen Unternehmens in Variante aa. Gem. **§ 36 Abs. 2 GWB** sind verbundene Unternehmen herrschende sowie abhängige Unternehmen iSd. § 17 AktG oder Konzernunternehmen iSd. § 18 AktG. Diese Definition unterscheidet sich von der des § 10 Abs. 2 VgV aF. nur dadurch, dass die Merkmale der einheitlichen Leitung (§ 18 AktG) und der Beherrschung (§ 17 AktG) nicht mehr kumulativ, sondern nur noch alternativ vorliegen müssen. Damit kommt die Definition des GWB der des Art. 23 Abs. 1 SKR 2004

---

[289] Vgl. oben Anlage zu § 98 Nr. 4 RdNr. 36.
[290] *Greb* VergabeR 2009, 140.
[291] Vgl. jurisPK-VergR/*Zeiss* § 10 VgV RdNr. 1.
[292] Vgl. § 99 RdNr. 41 ff.
[293] Vgl. EuGH, C-107/98, Slg. 1999, I-8121, RdNr. 50 – Teckal; EuGH, C-26/03, Slg. 2005, I-26, RdNr. 49 – Stadt Halle; *Orlowski* NZBau 2007, 80.
[294] Vgl. *Baumbach/Hopt/Merkt* § 290 HGB RdNr. 5.

näher, der auf das Erfordernis eines konsolidierten Abschlusses der verbundenen Unternehmen gem. der Siebten Richtlinie 83/349/EWG[295] abstellt.[296]

β) Beherrschung gem. § 17 AktG. Zu den verbunden Unternehmen zählen gem. Abs. 2 **98** lit. o iVm. § 36 Abs. 2 abhängige oder herrschende Unternehmen iSd. § 17 Abs. 2 AktG. § 17 AktG setzt die Möglichkeit eines Unternehmens (herrschendes Unternehmen) voraus, unmittelbar oder mittelbar einen beherrschenden Einfluss über ein anderes Unternehmen (abhängiges Unternehmen) auszuüben, wobei der Einfluss vermutet wird, wenn ein Unternehmen im Mehrheitsbesitzes des anderen Unternehmens steht. Aus der Vermutung des § 17 Abs. 2 AktG kann gefolgert werden, dass der Einfluss jedenfalls nicht über den einer Mehrheitsbeteiligung hinausgehen muss. Die Ausübung der Einflussnahme ist nicht erforderlich, vielmehr reicht die **Möglichkeit zur Einflussnahme** aus, wenn sie beständig und umfassend ist. Zur Konkretisierung kann auf den Einfluss des Mehrheitsaktionärs abgestellt werden, der durch seine Stimmenmehrheit in der Hauptversammlung der Aktiengesellschaft in der Lage ist, die Besetzung des Aufsichtsrats und dadurch mittelbar auch des Vorstands zu bestimmen, der zwar unabhängig handelt, sich aber den Wünschen des Mehrheitsaktionärs im Zweifel nicht verschließt.[297] Für die Erfüllung der Ausnahmetatbestände des § 100 Abs. 2 lit. o, Var. aa und bb GWB reichen damit bereits geringere Einflussmöglichkeiten aus, als für die Erfüllung der in der Rechtsprechung entwickelten Ausnahme für Inhouse-Geschäfte.[298]

γ) Einheitliche Leitung gem. § 18 AktG. Als verbundene Unternehmen gelten aufgrund **99** des Verweises auf § 36 Abs. 2 GWB ferner Konzernunternehmen iSd. § 18 AktG. Einen Konzern iSd. § 18 AktG bildet ein herrschendes mit einem oder mehreren abhängigen Unternehmen, wenn es über das/die abhängigen Unternehmen einheitlich die Leitung ausübt. Zentrales Merkmal des Konzernbegriffs ist demnach die einheitliche Leitung. Im Streit um die Auslegung dieses Begriffs stehen sich im Wesentlichen zwei Auffassungen gegenüber, die als enger und weiter Konzernbegriff bezeichnet werden.[299] Nach dem **engen Konzernbegriff** liegt eine einheitliche Leitung nur vor, wenn die Konzernspitze die wesentlichen unternehmerischen Leitungsfunktionen in wichtigen Bereichen des Unternehmens wahrnimmt.[300] Der **weite Konzernbegriff** lässt eine einheitliche Leitung in einem wesentlichen Bereich der unternehmerischen Tätigkeit (Einkauf, Personalwesen, Organisation, Verkauf) genügen, sofern sie Auswirkungen auf den Konzern als solchen hat.[301] Übereinstimmend wird allerdings eine konzernweite Koordination des Finanzbereichs für ausreichend gehalten. Für die Frage der Bestimmung eines verbundenen Unternehmens iSd. Vergaberechts ist – jedenfalls für das Vorliegen der Variante bb – der weite Konzernbegriff vorzuziehen, da der Einfluss und die Bindung zwischen verbundenem Unternehmen und Sektorenauftraggeber nicht allein durch die einheitliche Leitung, sondern darüber hinaus durch das in der Variante bb ebenfalls zwingende Erfordernis, dass der Auftragnehmer zusätzlich überwiegend für den verbundenen Auftraggeber tätig ist/war, erreicht wird.

cc) Gemeinsames Unternehmen (Joint Venture), Variante bb. Die Variante bb von **100** Abs. 2 lit. o GWB erfasst Fälle, in denen der Auftraggeber ein gemeinsames Unternehmen (Joint Venture) mehrerer Sektorenauftraggeber ist, das ausschließlich zur Erfüllung von Sektorentätigkeit gegründet wurde. Die Regelung setzt Art. 23 Abs. 2 lit. b SKR 2004 in deutsches Recht um. Vor der Übernahme in § 100 Abs. 2 GWB war die Ausnahme in § 10 Abs. 1 Nr. 1 VgV aF. geregelt.

α) Sektorenspezifische Tätigkeit. Voraussetzung für die Inanspruchnahme des Ausnah- **101** metatbestands ist zunächst, dass mehrere Sektorenauftraggeber ein gemeinsames Unternehmen ausschließlich zur **Durchführung von Tätigkeiten auf dem Gebiet der Trinkwasser- oder Energieversorgung oder des Verkehrs** gebildet haben. Anknüpfungspunkt für die Befreiung vom Vergaberechtsregime ist, anders als bei der Beauftragung verbundener Unternehmen, allein der formale Akt der Gründung und nicht die tatsächliche operative Tätigkeit.[302]

Welche Tätigkeiten zu Sektorentätigkeit iSd. Vergaberechts gehören, ergibt sich aus der An- **102** lage zu Nr. 4 GWB.[303] Danach ist das Bereitstellen und Betreiben fester Netze zur Versorgung

---

[295] ABl. 1983 L 193/1.
[296] AA. *Greb* VergabeR 2009, 140, 145.
[297] OLG Düsseldorf AG 2003, 688; MünchKommAktG/*Bayer* § 17 RdNr. 26–27.
[298] Vgl. § 99 RdNr. 60 ff.
[299] MünchKommAktG/*Bayer* § 18 RdNr. 29; *Hüffer* § 18 AktG RdNr. 9.
[300] *Hüffer* § 18 AktG RdNr. 10.
[301] MünchKommAktG/*Bayer* § 18 RdNr. 33.
[302] *Greb* VergabeR 2009, 140, 144.
[303] Vgl. Anlage zu § 98 Nr. 4.

der Allgemeinheit mit Trinkwasser und Energie sowie die Versorgung dieser Netze mit Trinkwasser, Strom, Gas oder Wärme und im Bereich des Verkehrs das Bereitstellen und Betreiben von Flughäfen, Häfen und Bahninfrastruktureinrichtungen, sowie das Erbringen von Verkehrsleistungen als Sektorentätigkeit anzusehen. Das wirft die Frage auf, ob das Joint Venture mehrerer Sektorenauftraggeber für die Inanspruchnahme der Ausnahmeregelung **selbst Netze betreiben oder versorgen** muss oder ob auch eine **Unterstützungsleistung anderer Art**, die dem Netzbetrieb oder der Versorgungstätigkeit eines Sektorenauftraggebers zugute kommt, ausreicht. Der Wortlaut der Norm spricht für die Notwendigkeit der Ausführung einer spezifischen Sektorentätigkeit durch das Joint Venture selbst. Grammatikalisch bezieht sich der Passus „zur Durchführung von diesen Tätigkeiten" auf die Trinkwasser- und Energieversorgung sowie auf den Verkehr. Hierbei handelt es sich um die Tätigkeiten iSd. Definitionen der **Anlage zu § 98 Nr. 4**. Auch der Sinn und Zweck der Ausnahmeregelung spricht für eine enge Auslegung, denn mit der Ausnahme soll der Üblichkeit von Joint Ventures im Sektorenbereich Rechnung getragen werden. Dabei werden Joint Ventures aber gerade gegründet, um vorhandenes Expertenwissen verschiedener Unternehmen im Sektorenbereich zu bündeln. Schließlich gilt in Ansehung des im Europarecht geltenden Effektivitätsgrundsatzes, dass **Ausnahmen grds. eng auszulegen** sind, um den europäischen Richtlinien iSd. effet utile zu möglichst weitreichender Geltung zu verhelfen.[304] Demnach greift die Ausnahmeregelung nur dann, wenn das Joint Venture selbst eine Sektorentätigkeit iSd. Anlage zu § 98 Nr. 4 GWB ausübt. Dazu zählen folglich alle Tätigkeiten, die fachlich mit dem Netzbetrieb oder der Versorgung verknüpft sind, wie zB. die Steuerung der Durchleitungsmengen zur Auslastung der Netze, der Bau oder die Instandhaltung der Netze.

103   β) **Gründung eines gemeinsamen Unternehmens.** Das Tatbestandsmerkmal der Gründung eines gemeinsamen Unternehmern ist auch dann erfüllt, wenn das Unternehmen bereits vorher bestand und die Sektorenauftraggeber lediglich die Anteile an dem bestehenden Unternehmen übernehmen.[305] Entscheidend ist die Kooperation mehrerer Sektorenauftraggeber in einem gemeinsamen Unternehmen und nicht die Neu-Gründung eines Unternehmens. Im Falle der Übernahme muss das bestehende Unternehmen bereits im Sektorenbereich tätig sein.

104   **dd) Überwiegende Tätigkeit für verbundene Auftraggeber, Variante bb.** Im Fall der Variante bb der Ausnahmeregelung des Abs. 2 lit. o ist zusätzlich erforderlich, dass der mit einer Muttergesellschaft des Auftraggebers verbundene Auftragnehmer überwiegend für die mit ihm verbundenen Unternehmen tätig ist/war. Das beauftragte, mit dem Sektorenauftraggeber (der Mutter des gemeinsamen Unternehmens) verbundene Unternehmen muss daher als zweite Tatbestandsvoraussetzung **80 Prozent seines durchschnittlichen Umsatzes** während der letzten drei Jahre im entsprechenden Liefer- oder Bau- oder Dienstleistungssektor durch Aufträge des verbundenen Auftraggebers generiert haben. Sinn und Zweck der 80-Prozent-Grenze ist es, Wettbewerbsverzerrungen zugunsten verbundener Unternehmen zu verhindern. Sie sollen nur dann privilegiert werden, wenn sie von einem Sektorenauftraggeber abhängig sind, dh. Leistungen nur zu einem geringen Prozentsatz auf dem Markt in Konkurrenz mit anderen Unternehmen erbringen.[306]

105   α) **Berechnung.** Der Durchschnittsumsatz muss entsprechend dem Wortlaut **für Liefer-, Bau- und Dienstleistungen getrennt errechnet** werden. In Abs. 2 lit. o, Variante bb GWB heißt es zum durchschnittlichen Umsatz: „im entsprechenden Liefer- oder Bau- oder Dienstleistungssektor". Noch deutlicher ergibt sich die Trennung der Leistungsbereiche aus der Systematik des Art. 23 Abs. 3 Satz 1 SKR 2004, der die Berechnung für die drei Sektoren unter verschiedenen Buchstaben gliedert.

106   Unklar ist, welche Liefer- oder Bau- oder Dienstleistungen dem Gesamtumsatz zugrunde zu legen sind, von dem mindestens 80 Prozent mit den verbundenen Unternehmen zu erzielen sind, damit der Ausnahmetatbestand einschlägig ist. Teilweise wird vertreten, dass der **Gesamtumsatz anhand aller erbrachten Dienstleistungen** zu ermitteln ist;[307] nach anderer Auffassung werden jeweils **nur Dienstleistungen gleicher oder ähnlicher Art** in die Berechnung

---

[304] EuGH, C-6/90 und C-9/90, Slg. 1991, I-5403 – Frankovich; EuGH, C-91/92, Slg. 1994, I-3325 – Dori; EuGH, 222/84, Slg. 1986, S. 1651 – Johnston; zusammenfassend *Calliess/Ruffert/Wegener* Art. 220 EG RdNr. 27, Art. 249 EGB RdNr. 106.

[305] *Reidt/Stickler/Glahs/Stickler* § 10 VgV RdNr. 2.

[306] Erwägungsgründe SKR 2004, ABl. 2004 L 134/1, Tz. 32.

[307] OLG Brandenburg v. 1. 4. 2003, Verg W 14/02; *Kulartz* NZBau 2001, 173, 177; BeckVOB-Komm/ *Marx* RdNr. 26.

einbezogen (zB. unterschieden nach Planungs-, Betriebsführungs- oder Instandhaltungsleistungen).[308] Der Wortlaut der Neu- wie auch der Altregelung spricht für die zweite Berechungsmethode, da von „dieser" Liefer- oder Bau- oder Dienstleistung die Rede ist. Dadurch wird ein Bezug zu der speziell nachgefragten Art von Leistung hergestellt.[309] Daraus folgt, dass das Fremdgeschäft – dh. die Leistungserbringung für Dritte – in dem spezifischen Leistungsbereich (zB. im Bereich der Planungsleistungen) unter 20 Prozent liegen muss. Die Auslegung entspricht Sinn und Zweck der Ausnahme, da es für die Vergabe eines Auftrags bspw. im Bereich der Planungsleistungen keine Rolle spielt, ob das verbundene Unternehmen zB. im Bereich der Instandhaltungsleistungen eine über 20 Prozent hinausgehende Fremdtätigkeit ausübt. Die Abhängigkeit muss gerade in dem Bereich der zu vergebenden spezifischen Leistung bestehen. Sonst könnte eine Wettbewerbsverzerrung in einem Leistungsbereich eintreten, in dem das Unternehmen lediglich zu einem geringen Anteil Aufträge für den verbundenen Sektorenauftraggeber ausführt, nur weil das verbundene Unternehmen in allen übrigen Bereichen weit überwiegend für den Auftraggeber tätig ist.

β) **Umsatzprognose.** Aufträge, die an Unternehmen vergeben werden sollen, die noch **kei**- **ne drei Jahre** mit dem Auftraggeber verbunden sind oder erst vor kürzerer Zeit gegründet wurden, fallen unter die Ausnahme, wenn die 80-Prozent-Grenze nach einer Zukunftsprognose in den ersten drei Jahren erreicht wird.   107

γ) **Berücksichtigung von Schwesterunternehmen.** Werden mehrere mit einem (Mutter-)   108 Sektorenauftraggeber verbundene Unternehmen im Rahmen der Auftragserfüllung tätig (Schwesterunternehmen) und erbringen sie alle gleiche oder gleichartige Leistungen, so ist für das Erreichen der 80-Prozent-Grenze der Gesamtumsatz maßgeblich, den diese Unternehmen gemeinsam mit der jeweiligen Leistung oder Lieferung gemeinsam erzielen (Abs. 2 lit. o, Variante bb, 3. Halbsatz). Es müssen demnach nicht 80 Prozent des Umsatzes jedes verbundenen Schwesterunternehmens für sich genommen aus Leistungen an den Auftraggeber stammen, entscheidend ist vielmehr der Gesamtumsatz.

n) Abs. 2 lit. p (Auftragsvergabe an gemeinsame Unternehmen). Die Ausnahmerege-   109 lungen in Abs. 2 lit. p stehen im Zusammenhang mit Auftragsvergaben an ein gemeinsames Unternehmen (Joint Venture). Damit wird dem Umstand Rechnung getragen, dass die Gründung gemeinsamer Unternehmern zur Aufgabenerfüllung im Sektorenbereich weit verbreitet ist. Dabei kann sich die Tätigkeit des Joint Venture auf ein bestimmtes Projekt beschränken oder auch auf Dauer angelegt sein. Der Vorteil eines gemeinsamen Unternehmens liegt darin, dass die einzelnen Sektorenauftraggeber ihre unterschiedliche Sach- und Fachkenntnis und ihre unterschiedlichen Fähigkeiten in ein Projekt einbringen können.[310] Sinn und Zweck der Privilegierung der Auftragsvergaben an gemeinsame Unternehmen ist der Umstand, dass die Anwendung des Vergaberechts auf derartige Aufträge die **Handlungsspielräume der Energiever- sorgungsunternehmen**, finanziell günstige Gesellschaftsstrukturen zu wählen, erheblich einschränken würde.[311] § 100 Abs. 2 lit. p nimmt zwei Varianten der Kooperation mit gemeinsamen Unternehmen vom Vergaberecht aus: Die Vorschrift enthält einerseits einen Ausnahmetatbestand für Aufträge im Sektorenbereich, die von einem gemeinsamen Unternehmen mehrerer Sektorenauftraggeber an einen dieser Sektorenauftraggeber vergeben werden (Variante aa) sowie andererseits einen Ausnahmetatbestand für Aufträge eines Sektorenauftraggebers an ein Joint Venture, an dem dieser Auftraggeber mit anderen Sektorenauftraggebern gemeinsam beteiligt ist (Variante bb). Eine weitere Ausnahme im Zusammenhang mit gemeinsamen Unternehmen findet sich zudem auch in Abs. 2 lit. o bb. Der Ausnahmetatbestand des Abs. 2 lit. p Variante bb, der Art. 23 Abs. 4 lit. b SKR 2004 in deutsches Recht umsetzt, ist die einzige Variante, die bisher nicht im nationalen Rechte geregelt war. Die anderen beiden Varianten fanden sich in § 10 Abs. 1 Satz 1 Nr. 2 VgV aF.

aa) Sektorenspezifische Tätigkeit und Gründung eines Joint Ventures. Das Tatbe-   110 standsmerkmal der Gründung eines gemeinsamen Unternehmens (Joint Venture), zu dem ausschließlichen Zweck der Wahrnehmung sektorenspezifischer Tätigkeiten wird im Zusammenhang mit Abs. 2 lit. o kommentiert.[312] Die dortigen Ausführungen gelten auch für Abs. 2 lit. p.

---

[308] *Reidt/Stickler/Glahs/Stickler* § 10 VgV RdNr. 3; *Faber* DVBl. 2001, 248, 255.
[309] Ebenso *Greb* VergabeR 2009, 140, 144.
[310] Vgl. *Arrowsmith* RdNr. 15.118.
[311] Vgl. *Arrowsmith* RdNr. 15.118.
[312] Vgl. oben RdNr. 100.

111   **bb) Beauftragung eines Sektorenauftraggebers, Variante aa.** Abs. 2 lit. p Variante aa
befreit Aufträge von der Anwendbarkeit des Vergaberechts, die ein Joint Venture an einen der
Sektorenauftraggeber vergibt, die es gegründet haben. Die bisher in § 10 Abs. 1 Nr. 2 VgV aF.
geregelte Ausnahme geht auf Art. 13 Abs. 1 lit. b SKR zurück. Sie ist in Art. 23 SKR 2004
nicht mehr ausdrücklich genannt. Es ist jedoch nicht ersichtlich, dass dieser – nach der ursprünglichen SKR vom Anwendungsbereich ausgenommene – Fall dem Vergaberecht unterstellt werden sollte.

112   **cc) Beauftragung eines Joint Ventures durch einen Sektorenauftraggeber, Variante bb.** Abs. 2 lit. p, Variante bb, der Aufträge vom Vergaberecht ausnimmt, die ein Sektorenauftraggeber an ein gemeinsames Unternehmen vergibt, wurde durch die SKR 2004 neu geschaffen. Der Ausnahmetatbestand hat zwei zusätzliche Voraussetzungen: das gemeinsame
Unternehmen muss geschaffen worden sein, um eine bestimmte Tätigkeit mindestens für einen
Zeitraum von drei Jahren durchzuführen und die vertragschließenden **Auftraggeber müssen gleichzeitig Gründer** des gemeinsamen Unternehmens sein und ihm für mindestens drei
Jahre angehören.

113   **α) Dreijähriges Bestehen.** Die Voraussetzungen des dreijährigen Bestehens des gemeinsamen Unternehmens soll eine gewisse **Stabilität der Beziehung** zwischen den Sektorenauftraggebern und dem gemeinsamen Unternehmen gewährleisten. Das Erfordernis der Stabilität
soll vermeiden, dass der Ausnahmetatbestand zur Umgehung des Vergaberechts missbraucht
wird.[313] Die Beauftragung eines Joint Ventures durch einen an diesem beteiligten Sektorenauftraggeber wird nur deshalb von der Anwendung des Vergaberechts befreit, weil davon ausgegangen wird, dass es **nicht mit anderen Unternehmen im Wettbewerb** steht, sondern speziell für die Erfüllung der Aufgaben der an ihm beteiligten Sektorauftraggeber gegründet wird.
Würde ein gemeinsames Unternehmen jedoch nur für kurze Zeit für die Sektorenauftraggeber
tätig und stünde es sodann wiederum im Wettbewerb mit anderen Unternehmen, so hätte die
Privilegierung (Ausnahme vom Vergaberecht) eine Wettbewerbsverzerrung zugunsten des Joint
Ventures zur Folge.[314]

114   **β) Beteiligung.** Ferner muss im **Gründungsakt** festgelegt sein, dass die Sektorenauftraggeber dem Joint Venture zumindest während dieser drei Jahre angehören. Sinn und Zweck dieser
Vorgabe ist wiederum, eine bewusste Umgehung des Vergaberechts durch vorübergehend gebildete Unternehmen zu vermeiden. Ein Sektorenauftraggeber soll sich nicht alsbald nach Vergabe eines Auftrags wieder aus dem gerade erst gegründeten gemeinsamen Unternehmen zurückziehen können.

115   **o) Abs. 2 lit. q (Sektorenaufträge außerhalb der EU).** Die Ausnahme gem. Abs. 2 lit. q
setzt Art. 20 Abs. 1 SKR 2004 in deutsches Recht um. Sie war bisher in § 9 Abs. 3 VgV aF.
geregelt und wurde durch das VgRModG in das GWB übernommen.

116   Abs. 2 lit. q nimmt Aufträge zur Durchführung von Sektorentätigkeiten vom Anwendungsbereich des Vergaberechts aus, die außerhalb des Gebiets der europäischen Union vergeben
werden. Die Ausführung der Aufträge darf allerdings nicht mit der **physischen Nutzung eines
Netzes oder einer Anlage** innerhalb des geographischen Gebiets der Gemeinschaft verbunden
sein. Vergibt ein in der EU tätiges Energieversorgungsunternehmen, das Sektorenauftraggeber
iSd. § 98 Nr. 4 ist, bspw. Aufträge, die dem Bau oder Betrieb eines Stromnetzes außerhalb der
EU dienen, so unterliegen diese nicht dem Vergaberecht. Die Ausnahme ist erforderlich, da
nach der Definition in der Anlage zu § 98 Nr. 4 grds. alle Tätigkeiten erfasst werden, die den
Betrieb von Netzen der allgemeinen Versorgung oder die Versorgung dieser Netzes mit Trinkwasser oder Energie betreffen, ohne dass es sich um Tätigkeiten innerhalb des geographischen
Gebietes der EU handeln muss.

117   **p) Abs. 2 lit. r (Leistung zum Zwecke der Weiterveräußerung, -vermietung).**
Abs. 2 lit. r befreit Aufträge vom Vergaberecht, die Sektorenauftraggeber zum Zweck der Wei-
terveräußerung oder der Vermietung an Dritte vergeben. Die Regelung fand sich bisher in § 9
Abs. 4 VgV aF. und wurde ebenfalls durch das VgRModG in das GWB übernommen. Sie setzt
Art. 19 Abs. 1 SKR 2004 in deutsches Recht um.

118   Nach dem Sinn und Zweck der Norm fallen unter den Ausnahmetatbestand **Dienstleistungsaufträge** zur Beschaffung oder Herstellung von Waren, die zur Weiterveräußerung oder
Vermietung an Dritte bestimmt sind, und **Bauaufträge,** soweit die Gebäude oder Anlagen der

---

[313] Vgl. *Greb* VergabeR 2009, 140, 144.
[314] Erwägungsgründe SKR 2004, ABl. 2004 L 134/1, Tz. 32.

Vermietung an Dritte dienen sollen. Hintergrund der Regelung ist, dass der Auftraggeber in den erfassten Fällen im Wettbewerb agiert und somit nicht dem staatlichen Druck ausgesetzt ist, nationale Unternehmen zu bevorzugen.[315] Lassen Sektorenauftraggeber bspw. elektrisches Zubehör wie Glühlampen oder Kabel herstellen, um sie an Dritte weiterzuveräußern, so stehen sie bei der Weiterveräußerung im Wettbewerb mit Elektrohändlern, Kaufhäusern und Baumärkten.[316]

Der Wortlaut des Art. 19 Abs. 1 SKR 2004 ist gegenüber der Vorgängerregelung des Art. 7 **119** Abs. 1 SKR und § 100 Abs. 2 lit. r GWB, klarer gefasst. Der Begriff der „Weiterveräußerung" wurde durch den der „Veräußerung an Dritte" ersetzt und erfasst somit nicht nur die Vermietung von Mobilien oder Immobilien, die der Sektorenauftraggeber selbst angemietet hat, sondern auch solcher Mobilien und Immobilien, die in seinem Auftrag erworben oder hergestellt wurden. In diesem Sinne ist auch das Merkmal der „Weitervermietung" in Abs. 2 lit. r auszulegen.

Die Ausnahme gilt nicht, wenn der Sektorenauftraggeber ein besonderes oder ausschließliches **120** Recht **zum Verkauf oder zur Vermietung** des Auftragsgegenstandes besitzt oder andere Unternehmen nicht die Möglichkeit haben, den Auftragsgegenstand unter gleichen Bedingungen wie der betreffende Auftraggeber zu verkaufen oder zu vermieten. In Deutschland genießen die Energieversorgungsunternehmen oder Netzbetreiber keine besonderen oder ausschließlichen Rechte zur Veräußerung bestimmter Waren, so dass diese Bedingung grds. erfüllt ist.

Aufträge, die unter den Ausnahmetatbestand fallen, sind idR. bereits durch Abs. 2 lit. i GWB **121** vom Anwendungsbereich ausgenommen, da die Sektorenauftraggeber hierbei gerade keine Sektorentätigkeit ausüben.[317]

q) Abs. 2 lit. s. Abs. 2 lit. setzt **Art. 18 SKR** in nationales Recht um. Die Regelung war **122** bisher in § 6 Satz 3 VgV enthalten. Die Aufnahme in das GWB dient der Zusammenführung der verschiedenen Regeln und Ausnahmen für die Sektorenauftraggeber. Die Ausnahme erfasst Baukonzessionen, die Sektorenauftraggeber zum Zwecke der Durchführung ihrer Sektorentätigkeit vergeben. Nicht erfasst sind damit Baukonzessionen, die Sektorenauftraggeber, die zugleich öffentliche Auftraggeber nach § 98 Nr. 1–3, 5 und 6 sind zur Erfüllung anderer im Allgemeininteresse liegender Aufgaben vergeben. Dient die Baukonzession zugleich mehreren Aufgabenfeldern, ist nach der Schwerpunkttheorie[318] auch hier zu entscheiden, ob der Auftrag dem Vergaberecht unterliegt.

r) Abs. 2 lit. t. Abs. 2 lit. t beruht auf **Art. 30 SKR.** Danach kann die Kommission feststellen, dass bestimmte Tätigkeiten in dem Mitgliedstaat, in dem sie ausgeübt werden, auf Märkten **123** mit freiem Zugang unmittelbar dem Wettbewerb ausgesetzt sind. Der betroffene Mitgliedstaat unterrichtet die Kommission, wenn er die Voraussetzungen für gegeben hält und teilt ihr die notwendigen Informationen mit. Die Bindung an das Vergaberecht entfällt, wenn die Kommission **entweder eine entsprechende Feststellung** trifft oder **in der vorgesehenen Frist nicht entscheidet (Art. 30 Abs. 4 SKR)** und dies vom Bundesministerium für Wirtschaft und Technologie im Bundesanzeiger bekannt gemacht worden ist. Die Ausnahme eröffnet damit im Einklang mit Art. 30 SKR langfristig die Möglichkeit, auf Entwicklungen am Markt im Sektorenbereich flexibel zu reagieren. Es ist beabsichtigt, die näheren Bestimmungen über die Bekanntmachung durch das Bundesministerium für Wirtschaft und Technologie sowie das Verfahren zur Antragstellung bei der Kommission in einer Verordnung zu regeln.

§ 101 Arten der Vergabe

(1) Die Vergabe von öffentlichen Liefer-, Bau- und Dienstleistungsaufträgen erfolgt in offenen Verfahren, in nicht offenen Verfahren, in Verhandlungsverfahren oder im wettbewerblichen Dialog.

(2) Offene Verfahren sind Verfahren, in denen eine unbeschränkte Anzahl von Unternehmen öffentlich zur Abgabe von Angeboten aufgefordert wird.

(3) Bei nicht offenen Verfahren wird öffentlich zur Teilnahme, aus dem Bewerberkreis sodann eine beschränkte Anzahl von Unternehmen zur Angebotsabgabe aufgefordert.

---

[315] *Arrowsmith* RdNr. 15.112.
[316] *Arrowsmith* RdNr. 15.112; *Matthey* 119.
[317] Vgl. oben RdNr. 85.
[318] Vgl. § 99 RdNr. 291 f.

(4) [1]Ein wettbewerblicher Dialog ist ein Verfahren zur Vergabe besonders komplexer Aufträge durch Auftraggeber nach § 98 Nr. 1 bis 3, soweit sie nicht auf dem Gebiet der Trinkwasser- oder Energieversorgung oder des Verkehrs tätig sind, und § 98 Nr. 5. [2]In diesem Verfahren erfolgen eine Aufforderung zur Teilnahme und anschließend Verhandlungen mit ausgewählten Unternehmen über alle Einzelheiten des Auftrags.

(5) Verhandlungsverfahren sind Verfahren, bei denen sich der Auftraggeber mit oder ohne vorherige öffentliche Aufforderung zur Teilnahme an ausgewählte Unternehmen wendet, um mit einem oder mehreren über die Auftragsbedingungen zu verhandeln.

(6) [1]Eine elektronische Auktion dient der elektronischen Ermittlung des wirtschaftlichsten Angebotes. [2]Ein dynamisches elektronisches Verfahren ist ein zeitlich befristetes ausschließlich elektronisches offenes Vergabeverfahren zur Beschaffung marktüblicher Leistungen, bei denen die allgemein auf dem Markt verfügbaren Spezifikationen den Anforderungen des Auftraggebers genügen.

(7) [1]Öffentliche Auftraggeber haben das offene Verfahren anzuwenden, es sei denn, auf Grund dieses Gesetzes ist etwas anderes gestattet. [2]Auftraggebern stehen, soweit sie auf dem Gebiet der Trinkwasser- oder Energieversorgung oder des Verkehrs tätig sind, das offene Verfahren, das nicht offene Verfahren und das Verhandlungsverfahren nach ihrer Wahl zur Verfügung.

Übersicht

I. Normzweck

1   § 101 gibt **abschließend** die Verfahrensarten zur Vergabe öffentlicher Aufträge wieder. Die zunächst in den Verdingungsordnungen und den europäischen Richtlinien enthaltenen Arten des offenen und des nicht offenen sowie des Verhandlungsverfahrens wurden durch den wettbewerblichen Dialog und die elektronische Auktion ergänzt. Die einzelnen Absätze der Regelung dienen der **Definition der Begriffe und Verfahrensarten.** Die Regelung bestimmt, in welchen Formen öffentliche und Sektorenauftraggeber ihre Vergaben durchzuführen haben. Sie grenzen im Umkehrschluss anderes Marktverhalten der Auftraggeber von Vergabeverfahren ab. Klar wird damit, dass zB. das Einholen von Produktinformationen oder eine Markterkundung zur Klärung der zu erwartenden Kosten oder technischen Möglichkeiten für eine Ausschreibung keine Vergabeverfahren sind. Die Terminologie folgt den europäischen Richtlinien. **Unterhalb der Schwellenwerte** gilt die Terminologie der Basis-Paragraphen der Verdingungsordnungen. Dem offenen Verfahren entspricht die öffentliche Ausschreibung, dem nicht offenen Verfahren entspricht die beschränkte Ausschreibung und dem Verhandlungsverfahren entspricht die freihändige Vergabe. Die Voraussetzungen der sich jeweils entsprechenden Verfahren sind weitgehend, aber nicht vollständig deckungsgleich. Alle in § 101 aufgeführten Verfahren unterliegen in vollem Umfang und mit jeder Verfahrensphase den Grundsätzen des § 97.

II. Die Aufzählung (Abs. 1)[1]

Abs. 1 zählt die Vergabearten auf und enthält darüber hinaus keine Aussage. Die aufgezählten **2** Verfahrensarten geben die in der VKR und der SKR enthaltenen Vergabearten wieder. Der wettbewerbliche Dialog kam 2005 durch das ÖPP-Gesetz (Gesetz zur Beschleunigung der Umsetzung von öffentlich Privaten Partnerschaften und zur Verbesserung gesetzlicher Rahmenbedingungen für öffentlich private Partnerschaften) hinzu. Die Einordnung als Abs. 4 entspricht der Reihenfolge in Art. 1 Abs. 11 VKR und beinhaltet keine Aussage über das Verhältnis zum Verhandlungsverfahren, das bisher Abs. 3 war. Insbesondere bringt diese Anordnung keinen Vorrang gegenüber dem Verhandlungsverfahren zum Ausdruck. In der Aufzählung nicht enthalten, aber mit der Reform 2009 in die Regelung als Absatz 6 aufgenommen wurde die elektronische Auktion.

III. Das offene Verfahren (Abs. 2)

Abs. 2 definiert das offene Verfahren als ein Verfahren, bei dem eine **unbeschränkte An- 3 zahl von Unternehmen** öffentlich zur Abgabe von Angeboten aufgefordert wird. **Art. 1 Abs. 11 a VKR und Art. 1 Abs. 9 a SKR** bezeichnen das offene Verfahren als ein Verfahren, bei dem alle interessierten Wirtschaftsteilnehmer ein Angebot abgeben können. Die Verdingungsordnungen[2] definieren das offene Verfahren wie Abs. 2 und betonen zusätzlich die vorausgehende Veröffentlichung. Kennzeichnend für das offene Verfahren ist danach, dass der Kreis der sich beteiligenden Marktteilnehmer nicht vorab eingeschränkt wird.

Das Verfahren beginnt mit der europaweiten Bekanntmachung[3] der Vergabeabsicht. Allen **4** Unternehmen, die aufgrund dieser Bekanntmachung die Verdingungsunterlagen anfordern, sind diese zuzusenden und alle nach Versand der Verdingungsunterlagen eingegangenen Angebote in die Prüfung einzubeziehen. (Von dieser Zulassung zu trennen ist die Frage, ob sich nach Angebotseingang aus den Eignungsunterlagen oder aus anderen Sachverhalten Gründe ergeben, die es rechtfertigen oder sogar verlangen, einen Bieter auszuschließen.) Das offene Verfahren erzielt daher die **größte Marktöffnung** und dient der Zielsetzung der Richtlinien und der **Grundsätze aus § 97,** insbesondere der Forderung nach **diskriminierungsfreiem Zugang** zum Wettbewerb, **Transparenz** und **Chancengleichheit** am besten. Um die Angebote ohne wettbewerbsverzerrende Nachverhandlungen vergleichen zu können, muss die zu erbringende Leistung so eindeutig beschrieben sein, dass die Angebote so gleichartig gestaltet werden können, dass ein Vergleich mühelos möglich und eine Zuschlagsentscheidung auf der Basis der zuvor veröffentlichten Zuschlagskriterien (zu denen nach EuGH auch die Gewichtung mitgeteilt werden muss[4]) durch die schlichte Annahme des Angebotes möglich ist.[5] Hinzu kommt, dass das offene Verfahren **die wenigsten zwingend vorgeschriebenen Verfahrensschritte** aufweist, (es besteht aus den Schritten Bekanntmachung, Einhaltung der Angebotsfrist, Auswertung der Angebote, Information der Bieter und Zuschlagserteilung [oder ggf. Aufhebung der Ausschreibung]) und deshalb auch **in zeitlicher Hinsicht das ökonomischste Verfahren** ist. Außer der vorgegebenen Angebotsfrist von 52 Tagen, die unter bestimmten Voraussetzungen verkürzt werden kann[6] und der abzuwartenden Informationsfrist nach § 101 a (15 Tage, bei elektronischer oder Fax-Information 10 Tage) hat der Auftraggeber für alle anderen Schritte die zeitliche Gestaltung vollständig selbst in Händen. Lediglich bei Ausschreibungsverfahren, die eine besonders große Zahl an Angeboten erwarten lassen (mit entsprechend hohem Aufwand der Prüfung), besteht die Möglichkeit, dass Verfahren mit eingeschränktem Bieterkreis in kürzerer Zeit abgewickelt sein könnten.

IV. Das nicht offene Verfahren (Abs. 3)

Abs. 3 definiert das nicht offene Verfahren durch **zwei Schritte.** In einem 1. Schritt hat **5** eine europaweite Aufforderung zur Teilnahme stattzufinden. Aus dem Kreis der sich daraus

---

[1] Zum Ablauf von Vergabeverfahren vgl. Vor §§ 97 ff. B. III.
[2] § 3 a Abs. 1 a iVm. § 3 Nr. 1 Abs. 1 VOB/A, § 3 a Nr. 1 Abs. 1 iVm. § 3 Abs. 1 VOL/A.
[3] §§ 17, 17 a VOL/A, §§ 12, 12 a VOB/A (vor der Reform ebenfalls §§ 17, 17 a VOB/A).
[4] EuGH, C-470/99, Slg. 2002, I-11 617.
[5] § 7 VOB/A, vorher § 9 VOB/A, § 8 VOL/A, jeweils zur Leistungsbeschreibung, § 8 VOF zur Aufgabenbeschreibung, § 15 VOB/A, vorher § 24 VOB/A sowie § 24 VOL/A zum Nachverhandlungsverbot, § 8 VOF zur Sicherstellung der Chancengleichheit im Verhandlungsverfahren.
[6] § 18 a Nr. 1 Abs. 1 VOL/A, Voraussetzungen für Verkürzung in Nr. 1 Abs. 2; § 10 a Abs. 1 Abs. 1 VOB/A, vorher § 18 a Nr. 1 Abs. 1; Voraussetzungen für Verkürzung in § 10 a Abs. 1 Abs. 2 VOB/A, vorher § 18 a Nr. 1 Abs. 2.

ergebenden Bewerber kann der Auftraggeber in einem 2. Schritt eine beschränkte Zahl von Unternehmen zur Angebotsabgabe auffordern. **Art. 1 Abs. 11 b VKR und Art. 1 Abs. 9 b SKR** bringen in der Formulierung deutlicher zum Ausdruck, dass sich im Falle des nicht offenen Verfahrens **alle** Wirtschaftsteilnehmer um die Teilnahme bewerben und nur die vom Auftraggeber aufgeforderten Bewerber ein Angebot abgeben können. Dieses Verfahren schränkt den Zugang zum Wettbewerb insoweit ein, als ein Angebot nur noch die Bewerber abgeben können, die zuvor im Teilnahmewettbewerb ausgewählt wurden. Unaufgefordert eingereichte Angebote darf der Auftraggeber nicht berücksichtigen. Der Teilnahmewettbewerb dient der Prüfung der **Eignung gemäß § 97 Abs. 4.**[7] Dem Teilnahmewettbewerb folgt die Angebotsphase, die dem Verfahren der offenen Ausschreibung entspricht. Den Bewerbern ist eine eindeutige und vollständige Leistungsbeschreibung zur Verfügung zu stellen und eine angemessene Frist zur Abgabe eines Angebotes (40 Tage, s. RdNr. 8) einzuräumen.

6   Da das nicht offene Verfahren eine **Verengung des Zugangs zum Wettbewerb** bewirkt, ist es nach den nationalen Bestimmungen nur unter bestimmten Voraussetzungen zulässig. **Art. 28 VKR** stellt das offene und das nicht offene Verfahren ohne Bindung an Voraussetzungen wertfrei nebeneinander, so dass die nationale Regelung strenger gestaltet ist. Dies beruht auf der historisch gewachsenen Systematik in den Verdingungsordnungen, wonach das offene Verfahren vorrangig ist. Da die Regelung darauf abzielt, den Wettbewerb intensiver zu schützen, ist die Abweichung mit den Zielen der VKR im Einklang und deshalb zulässig. Nach **§§ 3, 3 a VOB/A** und **§§ 3, 3 a EG VOL/A** ist das Verfahren zulässig, wenn ein offenes Verfahren für den Auftraggeber oder die Bewerber einen Aufwand verursachen würde, der zu dem erreichbaren Vorteil oder dem Wert der Leistung im Missverhältnis stehen würde, wenn eine offene Ausschreibung kein wirtschaftliches Ergebnis gehabt hat oder wenn das offene Verfahren aus anderen Gründen (zB. Dringlichkeit, Geheimhaltung) unzweckmäßig ist. Die **VOB/A** lässt das Verfahren weiter zu nach der Aufhebung eines vorausgegangenen offenen oder nicht offenen Verfahrens. Die **VOL/A** lässt das Verfahren außerdem zu, wenn die Leistung nach ihrer Eigenart nur von einem beschränkten Kreis von Unternehmen in geeigneter Weise ausgeführt werden kann, besonders wenn außergewöhnliche Fachkunde oder Leistungsfähigkeit oder Zuverlässigkeit erforderlich ist. Die **Gründe für die Wahl** dieser Verfahrensart sind in der Vergabeakte zu **dokumentieren.** Für die Verfahren nach der VOL/A ergibt sich dies ausdrücklich aus **§ 3 Nr. 5,** für die Verfahren nach der VOB/A ergibt sich dies unmittelbar aus dem **Transparenzgebot des § 97 Abs. 1.** Das nicht offene Verfahren kommt danach häufig zur Anwendung, wenn zB. bei der Ausschreibung eines Standardbauwerkes Hunderte von Angeboten zu erwarten sind, wenn eine Dienstleistung aufgrund besonderer Fachkundeanforderungen nur von einem beschränkten Kreis von Unternehmen erbracht oder ein zu beschaffendes technisches Gerät nur von wenigen Herstellern angeboten wird (hier könnte aber ein offener Händlerwettbewerb möglich sein, wenn das Gerät üblicherweise nicht vom Hersteller unmittelbar verkauft wird).

7   Wegen der Wettbewerbseinschränkung durch die Auswahlmöglichkeit des Auftraggebers und der damit verbundenen Manipulationsmöglichkeit unterliegt das **Auswahlverfahren im Teilnahmewettbewerb in vollem Umfang den Geboten der Transparenz, Chancengleichheit und des diskriminierungsfreien Zugangs zum Wettbewerb.** Das bedeutet, dass die Bekanntmachung des Teilnahmewettbewerbs alle vorzulegenden Eignungsnachweise aufführen muss. Nach Abgabe der Bewerbungen hat eine Prüfung stattzufinden, die teilweise analoge Schritte zur Angebotsauswertung enthalten muss. So ist zunächst die Vollständigkeit der geforderten Unterlagen festzustellen. Danach sind die Unterlagen auf ihre tatsächlichen Inhalte hin zu prüfen (zB.: ein Bewerber hat zwar die geforderten Referenzen benannt, die Prüfung der Referenzen ergibt aber überwiegend ein mangelhaftes Leistungsbild). Die Entscheidung hat nach objektiven, nachvollziehbaren und prüfbaren Kriterien zu erfolgen. Die Auswertung der Angebote hat diskriminierungsfrei zu erfolgen, der Zuschlag ist auf das wirtschaftlichste Angebot zu erteilen (§ 97 Abs. 1–5). Die erforderliche Transparenz des Verfahrens setzt zudem eine ausreichende Dokumentation der maßgeblichen Entscheidungselemente voraus.

8   **In zeitlicher Hinsicht** hat der Auftraggeber zusätzlich zur Angebotsphase den Zeitraum für den vorausgehenden Teilnahmewettbewerb zu berücksichtigen. Zwischen der Bekanntmachung zum Teilnahmewettbewerb und der Abgabe der Teilnahmeanträge ist eine gesetzte Frist von 37 Tagen[8] abzuwarten, nach Auswahl der Bewerber ist eine Angebotsfrist von 40 Tagen

---

[7] § 7 a Nr. 3 VOL/A; § 6 a VOB/A, vorher § 8 a VOB/A.
[8] § 18 a Nr. 2 VOL/A, § 10 a Abs. 2 VOB/A, vorher § 18 a Abs. 2 VOB/A.

vorgegeben und auch hier ist vor der Zuschlagserteilung die Frist des § 101 a GWB (15 oder 10 Tage, je nach Versandform) abzuwarten. Die Fristen können zwar unter bestimmten Voraussetzungen verkürzt werden, das Verfahren dauert dennoch länger als das offene Verfahren und ist daher in der Regel gerade bei dringlichen Beschaffungen eher ungeeignet.

V. Der wettbewerbliche Dialog (Abs. 4)[9]

1. Grundsätzliches. Abs. 4 wurde mit dem ÖPP-Gesetz aufgenommen. Der Ablauf des Ver- **9** fahrens ist in § 6 a VgV geregelt. Die Regelungen setzen **Art. 1 Abs. 11 c** und – als Verfahrensnorm – **Art 29 VKR** in nationales Recht um. Der wettbewerbliche Dialog ist eine besondere Form des **Verhandlungsverfahrens mit vorheriger Bekanntmachung und Teilnahmewettbewerb.** Als Vergabeart ist er **für Sektorenauftraggeber** ausdrücklich **nicht (Abs. 4, 2. Halbsatz)** zugelassen, da diesen ohnehin freisteht, im Verhandlungsverfahren zu vergeben. Aber auch für die klassischen öffentlichen Auftraggeber nach § 98 Nrn. 1–3 und 5 ist die Wahl dieses Verfahrens an das Vorliegen besonderer Voraussetzungen geknüpft, da es zu einer Verengung der Teilnahmemöglichkeiten im Wettbewerb führt. Es **unterliegt in vollem Umfang den Grundsätzen des § 97**, dh., dass auch im wettbewerblichen Dialog ein diskriminierungsfreier Zugang zu einem fairen Verfahren mit Chancengleichheit für alle Bewerber und späteren Bieter gesichert und die Vergabeentscheidung transparent sein muss. Detailliert führt der 31. Erwägungsgrund zur VKR aus: „ Dieses Verfahren darf allerdings nicht in der Weise angewandt werden, durch die der Wettbewerb eingeschränkt oder verzerrt wird, insbesondere indem grundlegende Elemente geändert oder dem ausgewählten Bieter neue wesentliche Elemente auferlegt werden oder indem andere Bieter als derjenige, der das wirtschaftlich günstigste Angebot abgegeben hat, einbezogen werden." Sowohl die Darlegung der Gründe für die Wahl dieses Verfahrens als auch die – naturgemäß mit einer gewissen Eigendynamik verbundene-Dialogphase stellen in diesem Verfahren daher hohe Anforderungen an die **Dokumentation** der einzelnen Verfahrensphasen.

2. Anwendungsbereich. Nach dem **31. Erwägungsgrund der VKR,** der sich in verkürzter **10** Form in **Abs. 4** und **§ 6 a VgV** wiederfindet, soll der wettbewerbliche Dialog zur Anwendung kommen, wenn ein öffentlicher Auftraggeber, der ein besonders **komplexes Verfahren** durchführen will, **objektiv unmöglich** ist, die Mittel zu bestimmen, die seinen Bedürfnissen gerecht werden können oder zu beurteilen, was der Markt an technischen bzw. finanziellen/rechtlichen Möglichkeiten bieten kann, ohne dass ihm dies anzulasten wäre. Diese Formulierung deckt sich sinngemäß mit § 6 a Abs. 1 VgV. Angesichts der wettbewerbsverengenden Wirkung dieses Verfahrens wird man **an die Voraussetzung der objektiven Unmöglichkeit einen hohen Maßstab** anlegen müssen. Objektive Unmöglichkeit ist sicher nicht gegeben, wenn der Auftraggeber nicht über eigenes Fachpersonal zur Erstellung der Leistungsbeschreibung verfügt, die zu beschaffende Leistung aber ohne weiteres beschreibbar ist. Zu den Einzelheiten s. oben Vor § 97 GWB RdNr. 288 ff.). Der **31. Erwägungsgrund** der Richtlinie nennt als **mögliche Anwendungsfälle** die Durchführung bedeutender integrierter Verkehrsinfrastrukturprojekte, großer Computernetzwerke oder Vorhaben mit einer komplexen und strukturierten Finanzierung, deren finanzielle und rechtliche Konstruktion nicht im Voraus beschrieben werden kann. Auf diese Anwendungsfälle zielt auch das nationale Recht, da das Verfahren im GWB und in § 6 a VgV mit dem ÖPP- Gesetz (Art. 1 Abs. 2b für das Verfahren im GWB und Art. 2 Abs. 3 für § 6 a VgV) eingeführt wurde. Das ÖPP- Gesetz zielt darauf ab, die oft vielschichtigen und in tatsächlicher, rechtlicher und finanzieller Hinsicht komplizierten Vertragsgestaltungen von öffentlich-privaten Partnerschaften zu erleichtern und setzt deshalb den aus Gründen der Transparenz erforderlichen Anspruch an eine vollständige und exakte Leistungsbeschreibung herab, hebt ihn aber nicht auf.

3. Phasen des Verfahrens (ausführlich dazu: Vor § 97 RdNr. 302 ff.). **a) Teilnahmewett- 11 bewerb.** Auch der wettbewerbliche Dialog beginnt mit einer Bekanntmachung, in der die Auftraggeber ihre **Bedürfnisse und Anforderungen (§ 6 a Abs. 2 VgV)** europaweit bekannt machen und in der Bekanntmachung oder in einer Beschreibung erläutern müssen. Unter **allen** (der Zugang zum Teilnahmewettbewerb ist nicht eingeschränkt) darauf eingehenden Bewerbungen sind die geeigneten Bewerber zu ermitteln und auszuwählen (Art. 29 Abs. 3 VKR, § 6 a Abs. 3 VgV). Die Auswahl erfolgt anhand der in § 97 Abs. 4 und in den Verdingungsordnungen enthaltenen Kriterien der Fachkunde, Leistungsfähigkeit, Gesetzestreue und Zuverlässigkeit.

---

[9] Ausführlich vgl. Vor §§ 97 ff. RdNr. 281 ff.

12   **b) In der Dialogphase** tritt der Auftraggeber mit den im Teilnahmewettbewerb ausgewählten Bewerber in Verhandlungen ein. **Ziel dieser Phase ist eine Klärung des Projektes,**
Erläuterung der Zielsetzung, Vorstellung denkbarer Lösungswege und Erörterung aller Einzelheiten des Auftrages. Die Verhandlungen sind üblicherweise mit allen Bewerbern einzeln zu
führen, können nach vorheriger Ankündigung oder Einverständnis der Bewerber aber auch mit
mehreren geführt werden. Zum Schutz von Betriebsgeheimnissen oder der in den Lösungsvorschlägen enthaltenen Ideen dürfen Auftraggeber die Lösungsvorschläge sowie vertrauliche Informationen eines Unternehmens nicht ohne dessen Zustimmung an andere Unternehmen weitergeben (**§ 6a Abs. 3 Satz 5 VgV**). Das kann gerade in der Verhandlungssituation mit
mehreren Bewerbern schwierig sein. Zulässig und in der Praxis durchaus gebräuchlich ist auch
ein **abgestufter Dialog,** bei dem die Zahl der angebotenen Lösungen (und damit in der Regel
auch die Zahl der Verhandlungspartner) schrittweise reduziert wird (**§ 6a Abs. 4 VgV**). Die
Dialogphase ist vergaberechtlich für den Auftraggeber die schwierigste, denn er muss alle Bewerber trotz der Individualität der Verhandlungssituation gleich behandeln und trägt im Nach-
prüfungsfall dafür die Beweislast, da er für die rechtmäßige Durchführung des Verfahrens verantwortlich ist. Der Dialog ist so nachvollziehbar zu dokumentieren, dass die Gleichbehandlung
für eine Vergabekammer aus den Unterlagen erkennbar ist.

13   **c) Die Angebotsphase** beginnt, wenn der Auftraggeber den Dialog für abgeschlossen erklärt, weil eine Lösung gefunden wurde, die seine Bedürfnisse erfüllt. Die endgültigen Angebote, die der Auftraggeber dann einfordert, sind auf der Grundlage der eingereichten und in der
Dialogphase näher ausgeführten Lösungen zu erstellen. Für die Angebote gelten die **allgemeinen Grundsätze.** Sie müssen vollständig sein, der Auftraggeber darf zwar noch Präzisierungen
und Klarstellungen erbitten, aber in dieser Phase nicht mehr verhandeln und die vorher erläuterten Einzelheiten nicht mehr ändern. Die Auswahl hat neutral und der Zuschlag auf das wirtschaftlichste Angebot zu erfolgen. Bringt die Dialogphase keine Lösung, hat der Auftraggeber
die Bewerber darüber zu informieren.

VI. Das Verhandlungsverfahren (Abs. 5)

14   **1. Grundsätzliches. Abs. 5** folgt der Formulierung von **Art. 1 Abs. 11d VKR,** wonach
sich der öffentliche Auftraggeber in Verhandlungsverfahren an Wirtschaftsteilnehmer seiner
Wahl wendet und mit einem oder mehreren von ihnen über Auftragsbedingungen verhandelt.
Abs. 5 sieht das Verhandlungsverfahren mit und ohne vorherige Bekanntmachung vor, was den
Regelungen in **Art. 30 und 31 VKR** entspricht. **Art. 30 und 31 VKR** definieren die Vor-
aussetzungen, unter denen ein Verhandlungsverfahren zulässig ist. Diese Voraussetzungen haben
ihren Niederschlag auch in den **§§ 3a der VOB/A und 3 EG der VOL/A** gefunden. Das
Verhandlungsverfahren kann von öffentlichen Auftraggebern nach **§ 98 Nrn. 1–3 und 5** daher
nicht beliebig, sondern nur bei Vorliegen der geregelten Voraussetzungen gewählt werden.
Lediglich die Sektorenauftraggeber können die Vergabeart frei wählen, **§ 101 Abs. 7.** Einen
Sonderfall bildet die Vergabe von freiberuflichen Leistungen, die nach der **Verdingungsordnung für freiberufliche Leistungen (VOF)** immer im Wege eines Verhandlungsverfahrens
erfolgt. Von diesen beiden Fällen abgesehen hat das Verhanldungsverfahren Ausnahmecharakter.
Wer es anwenden will, trägt die Beweislast für das Vorliegen der Voraussetzungen.[10] Die
Kommission der EG kann verlangen, dass ihr die Gründe für die Wahl des Verhandlungsverfahrens mitgeteilt werden (§ 30 EG Nr. 1g VOL/A, § 23a VOB/A, vorher § 32a).

15   Den **Kern des Verhandlungsverfahrens** stellt die Verhandlung mit den Bietern dar. Da die
Gestaltung der Verhandlungen in den Händen des Auftraggebers liegt, ist der Ablauf des
Verhandlungsverfahrens weniger streng vorgegeben als der Ablauf des offenen und des nicht
offenen Verfahrens. Es unterliegt jedoch uneingeschränkt den **Grundsätzen des § 97.** Auch
im Verhandlungsverfahren darf der Auftrag nur an geeignete Unternehmen nach Durchführung
eines diskriminierungsfreien fairen und transparenten Wettbewerbs und auf das wirtschaftlichste
Angebot erteilt werden. Da andererseits das Verhandlungsverfahren mit vorheriger Bekanntmachung die gleiche Verengung des Wettbewerbszugangs wie das nicht offene Verfahren und das
Verhandlungsverfahren ohne Bekanntmachung die weitestgehende Verengung des Wettbe-

---

[10] EuGH, C-275/08, Urteilsgründe 54–56, VergabeR 2009, 57f., NZBau 2010, 63f.; zur Zulässigkeit
des Verhandlungsverfahrens: BGH, X ZB 8/09 (Endoskopie-System), NZBau 2010, 124f.; Verhandlungsverfahren nach erfolglosem offenen Verfahren (Bauauftrag) EuGH, C-138/08 (Hochtief), NZBau 2010,
59f.

werbszugangs überhaupt zulässt und dadurch sowie durch die Individualität der Verhandlungssituation besonders manipulationsanfällig ist, sind an die **Transparenz des Verfahrens** wie der maßgeblichen Entscheidungen die gleichen Anforderungen zu stellen wie in einem offenen Verfahren. Gerade die Verhandlungsphase unterliegt nicht etwa geringeren Anforderungen, weil sie in ihrer Gestaltung nicht durch Gesetz oder Verdingungsordnungen vorgegeben ist. In der Praxis besteht bei diesem Verfahren daher eine hohe Angreifbarkeit und Fehleranfälligkeit. Es empfiehlt sich daher, auch die Verhandlungsgespräche streng zu strukturieren und nach dieser Struktur durchzuführen sowie diesen Vorgang eingehend zu dokumentieren. Die **Dokumentation** muss so umfassend sein, dass die Gleichbehandlung der Bieter nachvollziehbar belegt ist. Dies gilt sowohl für die den einzelnen Bietern im Rahmen der Gespräche erteilten Informationen wie auch für die eingeräumten Darstellungsmöglichkeiten für das Angebot oder die zugestandenen Abweichungen von den zugrunde liegenden Verdingungsunterlagen. Die Dokumentation ist daher in Verhandlungsverfahren üblicherweise sehr aufwendig.

In der **neugefassten VOB/A** ist wie beim wettbewerblichen Dialog vorgesehen, dass in   **16** mehreren aufeinander folgenden Phasen die **Zahl der Angebote verringert** werden darf, über die verhandelt wird, **§ 3 a Nr. 7 Abs. 2.** Diese Regelung war bisher nicht enthalten. Sie entspricht jedoch **Art. 30 Abs. 4 VKR** und dürfte deshalb auch ohne ausdrückliche Regelung in den Verdingungsordnungen zulässig sein. Ausschlaggebend ist auch hier, dass die Verringerung der Zahl der Angebote und damit ganz überwiegend der Zahl der Bieter diskriminierungsfrei erfolgt.

2. Verhandlungsverfahren mit vorheriger Bekanntmachung. Diese sind im Wesentli-   **17** chen zulässig,
– wenn ein zuvor durchgeführtes offenes oder nicht offenes Verfahren kein annehmbares Ergebnis erbracht hat und die Vertragsunterlagen nicht grundlegend geändert werden (§ 3 a Abs. 5 Ziffer 1 VOB/A, § 3 EG Nr. 1 Abs. 5 EG VOL/A),
– wenn die Besonderheit der Dienstleistung eine vorherige Festlegung des Gesamtpreises nicht zulässt (§ 3 a Abs. 1 Abs. 3b VOL/A) oder bei Bauleistungen die Besonderheit der Leistung keine so erschöpfende Beschreibung zulässt, dass eine einwandfreie Preisermittlung möglich wäre (§ 3 a Abs. 5 Ziffer 3 VOB/A, vorher Nr. 5 c),
– wenn die Dienstleistung, insbesondere solche geistig-schöpferischer Natur nicht so beschrieben werden können, dass ein offenes oder nicht offenes Verfahren durchgeführt werden könnte, § 3 EG Nr. 1 Abs. 4c VOL/A
– wenn ein Bauvorhaben nur zu Forschungszwecken und nicht mit dem Ziel der Rentabilität oder der Deckung der Entwicklungskosten durchgeführt werden soll, § 3 a Abs. 5 Ziff. 2 VOB/A.

3. Verhandlungsverfahren ohne vorherige Bekanntmachung sind in den Fällen des   **18** **§ 3 a Abs. 6 VOB/A** und **§ 3 EG Nr. 2 VOL/A** zulässig. Die Aufzählungen lassen nur vordergründig viele Ausnahmen zu. Die einzelnen Ausnahmen stellen jeweils auf besondere Lebenssachverhalte ab und sind ebenso abschließend wie eng auszulegen. Es handelt sich im Wesentlichen um Fälle,
– in denen vorausgegangene offene oder nicht offene Verfahren kein wirtschaftliches Ergebnis erbracht haben, mit denselben Bietern auf der Basis neuer Angebote weiterverhandelt werden soll und sich die Vertragsunterlagen nicht maßgeblich geändert haben, § 3 a Abs. 6 Ziffern 1 und 2 VOB/A, vorher Nr. 6 a und b, § 3 EG Nr. 2a und Nr. 1 a 2. Absatz VOL/A;
– in denen Urheber- oder Patentrechte bestehen, § 3 a Abs. 6 Ziffer 3 VOB/A, vorher Nr. 6 c; § 3 EG Nr. 2 c VOL/A,
– bei Annexaufträgen, die mit der bisherigen Leistung in untrennbarem Zusammenhang stehen oder nur einen geringen Zusatzwert ausmachen, § 3 a Abs. 6 Ziffern 5–7 VOB/A, vorher Nr. 6 e)–g), § 3 EG Nr. 2f)–g) VOL/A,
– in Fällen von Dringlichkeit, die nicht selbst verursacht sein darf, § 3 a Ziffer 4 VOB/A, vorher Nr. 6 d, § 3 EG Nr. 2 d VOL/A
– in der Folge von Preiswettbewerben, § 3 a Nr. 2 h VOL/A.

4. Verhandlungen mit nur einem Bieter sind im Verhandlungsverfahren zwar zulässig,   **19** dürfen aber nicht mit der vergaberechtswidrigen **de-facto-Vergabe**[11] verwechselt werden. Verhandlungen mit nur einem Bieter setzen einen vorausgegangenen offenen Teilnahmewettbewerb mit mehreren Bietern und eine nachvollziehbare auftragsbezogene und dokumentierte

---

[11] § 101 b Abs. 1 Nr. 2.

Begründung der Beschränkung des Wettbewerbs auf einen Bieter voraus. Der direkte Vertragsschluss mit einem Bieter ohne jeden Wettbewerb ist auch bei Gefahr im Verzug nur zulässig, wenn die Art der Gefahr und die Erfordernisse zu ihrer Beseitigung nichts anderes zulassen. Die Gründe für diese besonders weitgehende Beschränkung des Wettbewerbs sind ebenfalls nachvollziehbar zu dokumentieren.

VII. Elektronische Auktion, dynamisches elektronisches Verfahren (Abs. 6)[12]

20 **Abs. 6** enthält die neuen Verfahren der EU-Vergaberichtlinien. Der bisherige Absatz 6, der das Verhältnis der Verfahrensarten zueinander regelt, ist nunmehr Absatz 7. Die Vergaberichtlinien beschreiben diese Verfahren und überlassen es den Mitgliedstaaten, ob sie diese zulassen wollen. Satz 1 setzt die Möglichkeiten aus **Art. 54 VKR und Art. 56 SKR** um, Satz 2 übernimmt die Möglichkeit aus **Art. 33 VKR und Art. 15 SKR.**

21 **1. Die elektronische Auktion** ist kein eigenständiges Verfahren, sondern bindet sich in ein offenes, nicht offenes oder Verhandlungsverfahren mit vorherigem Teilnahmewettbewerb ein. Sie kommt nur in Betracht, wenn der **Beschaffungsgegenstand hinreichend präzise** beschrieben werden kann. Sie erstreckt sich nur auf den **Preis,** wenn der Zuschlag auf das niedrigste Angebot erfolgen soll oder auf die **Preise und/oder Werte** der in den Verdingungsunterlagen genannten Angebotskomponenten, wenn das wirtschaftlich günstigste Angebot den Zuschlag erhalten soll. Auf die Absicht, eine elektronische Auktion durchführen zu wollen, ist in der Bekanntmachung hinzuweisen. Auch für die elektronische Auktion gelten die **Grundsätze des § 97. Alle** Bieter, die ein zulässiges Angebot abgegeben haben, sind zur Auktion zuzulassen, sie sind **gleichzeitig und mit denselben Informationen** zur Nennung neuer Preise und/oder Werte elektronisch aufzufordern. Die elektronische Aufforderung muss auch **die mathematische Formel enthalten,** nach der die Rangfolge der elektronisch abzugebenden Angebote gebildet werden soll. Die Bieter erhalten während der Auktion jeweils aktuell Nachricht über ihren Rangplatz. Die Auktion endet entweder zu einem vorher mitgeteilten Zeitpunkt (Datum und Uhrzeit), wenn die vorher mitgeteilte Anzahl der Auktionsphasen durchgeführt wurde oder wenn keine neuen Preise und/oder Werte mehr eingehen, die den Anforderungen an den Mindestabstand zur vorherigen Angebotsrunde gerecht werden. Auch hier ist eine Frist anzugeben, bis zu der die letzte Vorlage von Angeboten erfolgen darf.[13] Die Auktion darf nicht missbräuchlich angewendet oder wettbewerbswidrig gestaltet werden. Die Regelungen zum Verfahren der elektronischen Auktion finden sich in den **Art. 54 VKR und Art. 56 SKR.**

22 **2. Das dynamische elektronische Verfahren** ist ebenfalls kein eigenständiges Verfahren. Es bindet sich in ein offenes Verfahren ein und hat in allen Phasen die Regeln des offenen Verfahrens zu befolgen hat. Es kann eingesetzt werden zur **Beschaffung marktüblicher Leistungen,** bei denen die allgemein auf dem Markt üblichen Spezifikationen den Anforderungen des Auftraggebers genügen, so dass eine individuelle Gestaltung oder Anpassung nicht erforderlich ist. **Nach den Regeln des offenen Verfahrens** ist zunächst das Beschaffungsbegehren bekannt zu machen und zu präzisieren, dass es sich um eine dynamische elektronische Beschaffung handelt. Die Verdingungsunterlagen sind **elektronisch uneingeschränkt zugänglich** zu machen. Dazu sind **allgemein zugängliche Medien** zu verwenden, damit keine Beschränkung des Wettbewerbs durch die technische Gestaltung entsteht. Die eingehenden Angebote sind nach den für das offene Verfahren geltenden Regeln zu prüfen. Im Unterschied zum reinen offenen Verfahren sind die Angebote jedoch unverbindlich. Alle Bieter, die die bekannt gemachten Eignungskriterien erfüllen und deren Angebot den Verdingungsunterlagen und den etwaigen zusätzlichen Dokumenten entspricht, werden zur dynamischen Beschaffung zugelassen. Die unverbindlichen Angebote können jederzeit nachgebessert werden, solange sie dabei mit den Verdingungsunterlagen vereinbar bleiben. Vor den konkreten Einzelbeschaffungen erfolgt jeweils ein Aufruf zum Wettbewerb. Diesem geht noch einmal eine vereinfachte Bekanntmachung voraus, auf die alle interessierten Unternehmen in einer gesetzten angemessenen Frist (mindestens 15 Tage) ein unverbindliches Angebot abgeben können. Erst wenn diese ausgewertet sind, kann der Aufruf zum Wettbewerb erfolgen. Dazu fordern die Auftraggeber alle zur Teilnahme an der dynamischen elektronischen Beschaffung zugelassene Unternehmen zur Abgabe von Angeboten auf. Der Zuschlag wird auf das wirtschaftlichste Angebot nach den be-

---

[12] Vgl. Vor §§ 97 ff. RdNr. 187.
[13] Vgl. Vor §§ 97 ff. RdNr. 181 ff.

kannt gemachten Kriterien erteilt. Die Laufzeit eines solchen Verfahrens ist, von Ausnahmen abgesehen, auf 4 Jahre begrenzt. Es gelten auch hier die Grundsätze des § 97, insbesondere darf das Verfahren nicht so angewendet werden, dass es den Wettbewerb verfälscht oder beschränkt. Die Verfahrensanforderungen ergeben sich aus **Art. 33 VKR und aus Art. 15 SKR**.

VIII. Die Vorrangregelung (Abs. 7)

1. Vorrang des offenen Verfahrens. Abs. 7 bestimmt, welches Verfahren vorrangig an- **23** zuwenden ist und unterscheidet dabei nach der Art der Auftraggeber. **Öffentliche Auftraggeber** haben **vorrangig das offene Verfahren** anzuwenden. Dieser Priorität liegt der Gedanke zugrunde, dass das offene Verfahren die weiteste Wettbewerbsöffnung und Transparenz bewirkt und dem Gebot der Wirtschaftlichkeit am besten entspricht.[14] In **Art. 28 VKR** stehen das offene und das nicht offene Verfahren gleichwertig nebeneinander. Die nationale Regelung geht daher über die Richtlinie hinaus. Da die nationale Regelung die Verpflichtung der öffentlichen Auftraggeber aber verstärkt und nicht hinter der europäischen Vorgabe zurückbleibt, ist sie zulässig. Die Einschränkung im zweiten Halbsatz verweist auf die trotzdem bestehenden zahlreichen Ausnahmefälle, unter deren Voraussetzungen auch die anderen Verfahren angewendet werden dürfen.[15] Die aufgrund von § 127 erlassene VgV verweist dazu auf die Verdingungsordnungen, in denen die Ausnahmevoraussetzungen zu den verschiedenen Verfahrensarten, jeweils in den §§ 3 und 3a VOB/A und VOL/A aufgezählt sind.

Schon die Bestimmungen zur Wahl der richtigen Verfahrensart gehören zu den **Bestimmungen, auf deren Einhaltung die Unternehmen gemäß § 97 Abs. 7 ein Recht** haben. **24** Die Gründe für die Wahl eines anderen als des offenen Verfahrens sind daher zu dokumentieren. Eine nicht begründete Abweichung vom Vorrang des offenen Verfahrens kann zur Aufhebung des Vergabeverfahrens durch die Nachprüfungsinstanzen führen. Die Beweislast für die rechtmäßige Durchführung des Vergabeverfahrens liegt immer beim öffentlichen Auftraggeber, da er das Verfahren führt und gestaltet.

2. Wahlfreiheit der in den Sektorenbereichen tätigen Auftraggeber. Die Wahlfreiheit **25** der Sektorenauftraggeber bezieht sich nur auf das offene, das nicht offene und das Verhandlungsverfahren. Der wettbewerbliche Dialog wurde in die Regelung nicht einbezogen, da aufgrund der Wahlfreiheit jederzeit das Verhandlungsverfahren gewählt werden kann. Der zweite Satz hat gegenüber der bisherigen Fassung **mit der Reform 2009 eine inhaltliche Änderung** erfahren. Vor der Reform war die Wahlfreiheit auf die Sektorenauftraggeber nach **§ 98 Nr. 4** beschränkt. Da diese Unternehmen dem Wettbewerb anders ausgesetzt sind als die klassischen öffentlichen Auftraggeber nach **§ 98 Nr. 1–3,** sollten sie durch die freie Wahl der Verfahrensart besser auf Markt und Wettbewerb reagieren können. Die Streichung des Bezuges auf § 98 Nr. 4 bedeutet, dass es für die Sektorenbereiche **keine Unterscheidung mehr zwischen öffentlichen Einrichtungen (§ 98 Nr. 2), öffentlichen und privaten Unternehmen (§ 98 Nr. 4)** in diesem Bereich geben soll. Damit soll die gegenüber der bisherigen Fassung weitergehende Regelung der **SKR** umgesetzt werden. Ziel ist die leichtere Abwicklung der Vergabeverfahren.[16] Nach der Gesetzesbegründung könne im Einzelfall über die Gewährung von Finanzierung zur Anwendung strengerer Regeln verpflichtet werden. Deshalb sei die strengere gesetzliche Vorgabe für den Sektorenbereich in Gänze nicht erforderlich.

Art. 2 Abs. 2 lit. a SKR nimmt die öffentlichen Auftraggeber und die öffentlichen Unter- **26** nehmen, die Tätigkeiten in den Sektorenbereichen ausüben, in den Geltungsbereich der Richtlinie auf. Dem in **Art. 2 Abs. 2a SKR** definierten Anwendungsbereich entspricht der in **§ 101 Abs. 7** einbezogene Auftraggeberkreis. **Art. 40 Abs. 2 SKR** gesteht das freie Wahlrecht unter der Voraussetzung zu, dass vorher ein **Aufruf zum Wettbewerb** gemäß **Art. 42 SKR** erfolgt. Diese Voraussetzung wurde in die nationale Regelung nicht übernommen. Soweit nationale Verfahren die vorherige Bekanntmachung ohnehin voraussetzen, dürfte sich daraus kein Widerspruch zur **SKR** ergeben, da sich der Aufruf zum Wettbewerb nach **Art. 42 SKR** sachlich als eine verkürzte und vereinfachte Bekanntmachung darstellt. Ziel und Zweck des Aufrufs zum Wettbewerb sind daher mit den Bekanntmachungen im offenen und nicht offenen sowie im Verhandlungsverfahren abgedeckt. Das nicht offene und das Verhandlungsverfahren können jedoch unter bestimmten Voraussetzungen auch ohne vorherige Bekanntmachung erfolgen. Die

---

[14] BT-Drucks. 13/9340, 15.
[15] ZB. zum Verhandlungsverfahren vgl. RdNr. 17 und 18.
[16] Gesetzesbegründung, Teil B, Art. 1 zu Nr. 6 Buchstabe d (Absatz 7).

in den Regelungen aufgezählten Voraussetzungen decken sich mit dem Katalog in **Art. 42 Abs. 3 SKR,** der auflistet, unter welchen Voraussetzungen der Aufruf zum Wettbewerb entfallen kann. Es ist daher davon auszugehen, dass die geänderte nationale Regelung zur Wahlfreiheit der europäischen Vorgabe entspricht.

27   Die Änderung für die Auftraggeber nach **§ 98 Nr. 1–3** hat jedoch nicht das Ziel, diesen auf dem Umweg über – möglicherweise geringfügige – Tätigkeiten auf den Gebieten der Trinkwasser- und Energieversorgung sowie des Verkehrs die Wahlfreiheit hinsichtlich der Verfahren zu verschaffen. Die Wahlfreiheit kommt für Auftraggeber nach **§ 98 Nr. 1–3** nach Sinn und Zweck der Regelung nur in Betracht, wenn und soweit sie Aufträge in unmittelbarem Zusammenhang mit der Sektorentätigkeit vergeben. Dient die Vergabe auch den übrigen Aufgaben oder anderen Zwecken, gelten die zu § 98 (RdNr. 80) und zu § 99 Abs. 8 (dort RdNr. 293–295) gemachten Ausführungen. Die Differenzierung zwischen Satz 1 und 2 wäre nicht erforderlich, sollten sich öffentliche Auftraggeber nach § 98 Nr. 1–3 für ihr gesamtes Beschaffungsverhalten auf die Wahlfreiheit berufen dürfen, sobald sie nur überhaupt auch Sektorenaufgaben wahrnehmen.

28   **Hat** ein öffentlicher Auftraggeber für eine Beschaffung auf dem Gebiet der Sektoren **eine Vergabeart gewählt,** kann er während der laufenden Vergabe das Verfahren nicht mehr wechseln. Die **Wahlfreiheit gilt nur bis zur Veröffentlichung der Bekanntmachung,** die die Vergabeart benennt. In Verfahren ohne vorherige Bekanntmachung endet die Wahlfreiheit mit der ersten Veröffentlichung der Vergabeart gegenüber den am Wettbewerb zu beteiligenden Unternehmen. Ab diesem Zeitpunkt würde eine nachträgliche, möglicherweise mehrfache Änderung der Vergabeart die Transparenz des Verfahrens aufheben und einen Verstoß gegen Vergabebestimmungen darstellen, der zur Aufhebung des Verfahrens führen kann.

29   Damit trotz Wahlfreiheit eine Kontrolle über das Auftraggeberverhalten bei Beschaffungen besteht, sind die vergebenen Aufträge spätestens 2 Monate nach der Vergabe **der Kommission mitzuteilen, Art. 43 SKR, § 28 b VOB/A, § 12 SKR, VOB/A, § 28 b VOL/A, § 13 VOL/A.** Dazu sind bestimmte Mitteilungsvordrucke verbindlich vorgegeben, die für die Transparenz erforderliche Daten abfragen.

§ 101a Informations- und Wartepflicht

(1) [1]**Der Auftraggeber hat die betroffenen Bieter, deren Angebote nicht berücksichtigt werden sollen, über den Namen des Unternehmens, dessen Angebot angenommen werden soll, über die Gründe der vorgesehenen Nichtberücksichtigung ihres Angebots und über den frühesten Zeitpunkt des Vertragsschlusses unverzüglich in Textform zu informieren.** [2]**Dies gilt auch für Bewerber, denen keine Information über die Ablehnung ihrer Bewerbung zur Verfügung gestellt wurde, bevor die Mitteilung über die Zuschlagsentscheidung an die betroffenen Bieter ergangen ist.** [3]**Ein Vertrag darf erst 15 Kalendertage nach Absendung der Information nach den Sätzen 1 und 2 geschlossen werden.** [4]**Wird die Information per Fax oder auf elektronischem Weg versendet, verkürzt sich die Frist auf zehn Kalendertage.** [5]**Die Frist beginnt am Tag nach der Absendung der Information durch den Auftraggeber; auf den Tag des Zugangs beim betroffenen Bieter und Bewerber kommt es nicht an.**

(2) Die Informationspflicht entfällt in Fällen, in denen das Verhandlungsverfahren ohne vorherige Bekanntmachung wegen besonderer Dringlichkeit gerechtfertigt ist.

Übersicht

I. Entstehungsgeschichte

§§ 101a und b sind aus dem bisherigen § 13 VgV hervorgegangen. Sie setzen **Art. 2a**   **1**
Abs. 2 Unterabs. 2 und 3 der Richtlinie 2007/66 (Rechtsmittelrichtlinie)[1] um und haben die zu § 13 VgV ergangene Rechtsprechung aufgenommen und nach den Erfahrungen der Vergangenheit versucht, Klarheit zu schaffen zur erforderlichen Informationstiefe und zum Nichtigkeitsrisiko von Verträgen, die unter Verstoß gegen die Informationspflicht zustande gekommen sind. Der heutigen Regelung ist eine lange Geschichte des Widerstands der Bundesrepublik gegen den Rechtsschutz im Vergabewesen vorausgegangen.

Die Umsetzung der europäischen Vergaberichtlinien erfolgte zunächst durch die sogenannte   **2**
haushaltsrechtliche Lösung. Die haushaltsrechtliche Lösung war in den Haushaltsgesetzen enthalten. Sie verlangte zwar die Einhaltung von Vergabebestimmungen, gab den Bietern oder Bewerbern jedoch keinerlei Rechte und sah die im Haushalt übliche Kontrolle durch Rechnungsprüfungsämter oder Landesrechnungshöfe als ausreichend an. Nach deutschem Rechtsverständnis war das gesamte Beschaffungswesen rein fiskalisches Handeln, das keinem individuellen Rechtsschutz zugänglich war. So hatte die haushaltsrechtliche Lösung trotz der klaren Forderung der europäischen Richtlinien nach einem effektiven Rechtsschutz laut der Gesetzesbegründung ausdrücklich zum **Ziel, individuelle, einklagbare Rechtsansprüche der Bieter nicht entstehen zu lassen.**[2] Gegen diese mangelhafte Umsetzung der Richtlinie klagte die EU-Kommission vor dem EuGH mit – nicht überraschendem – Erfolg. Der EuGH[3] stellte klar, dass die in den Vergaberichtlinien enthaltenen Vorschriften die Unternehmen vor der Willkür des öffentlichen Auftraggebers schützen sollen und dass dieser Schutz nicht wirksam werden kann, wenn sich der Bieter gegenüber dem Auftraggeber nicht auf diese Vorschriften berufen und ggf. deren Verletzung vor den nationalen Gerichten geltend machen kann. Nach einem weiteren Vertragsverletzungsverfahren und der Androhung von Handelssanktionen aus den USA (auch amerikanische Firmen hatten keinen Rechtsschutz erhalten) erarbeitete die Bundesrepublik das Vergaberechtsänderungsgesetz.

Das **Vergaberechtsänderungsgesetz** ging als **4. Abschnitt in das GWB** ein. In der ersten   **3**
Fassung gab es keine dem **§ 13 VgV** oder den jetzigen **§§ 101a und b** entsprechende Regelung. Damit war mit dem **§ 97 Abs. 7** zwar ein Rechtsanspruch auf Einhaltung der Vergabebestimmungen für die Unternehmen zu Papier gebracht worden. Aus der Gestaltung des nationalen Vergabewesens ergab sich jedoch, dass er **praktisch kaum zum Tragen** kommen konnte. Die Regelungen für die Durchführung von Vergabeverfahren in den Verdingungsordnungen schlossen aufgrund der Verpflichtung zum Geheimwettbewerb eine Information nicht zum Zuge kommender Unternehmen vor dem Zuschlag aus. Vertragsschluss und Zuschlag sind im nationalen Recht jedoch ein einheitlicher Rechtsakt. Der Rechtsschutz konnte daher nur zum Tragen kommen bei Fehlern in der Bekanntmachung, soweit sie als solche erkennbar waren und erkannt wurden, oder bei unzulässigen Indiskretionen seitens Beschäftigter des Auftraggebers vor dem Zuschlag. Wesentlich häufiger als in der Bekanntmachung liegen die Fehler oder die Kritikpunkte der den Rechtsschutz begehrenden Unternehmen jedoch in der konkreten Auswahlentscheidung, die mit dieser Regelung weiterhin dem Rechtsschutz entzogen war. Den Unternehmen blieb allenfalls ein Schadensersatzprozess.

Dass dies weder der Zielsetzung der europäischen Richtlinien noch dem geforderten „effet   **4**
utile" entsprach, stellte der **EuGH** 1999 in dem Vorlageverfahren **„Alcatel"** der Republik Österreich fest.[4] Nach österreichischem Recht sind Zuschlag und Vertragsschluss wie im deutschen Recht ein einheitlicher Akt. Der EuGH stellte klar, dass es eine Möglichkeit geben muss, **die Zuschlagsentscheidung überprüfen zu lassen, bevor der Vertrag geschlossen wird.** Wirksamer Rechtsschutz müsse die Möglichkeit umfassen, den Vertrag noch erhalten zu können und dürfe nicht auf Schadensersatz beschränkt sein. Die Forderung, den Rechtsschutz so zu gestalten, dass das Unternehmen den Auftrag noch erhalten könne, hat der EuGH später in einem Verfahren gegen die Stadt Halle noch einmal bekräftigt und dies auch für den Fall der Vergabe außerhalb eines förmlichen Verfahrens, also der faktischen Vergabe, gefordert.[5] Diese Forderung wurde in der Spruchpraxis der Vergabekammer des Bundes aus **Art 19 GG** abgeleitet.[6] Unter dem Druck dieser Rechtsprechung entstand der ursprüngliche **§ 13 VgV.**

---

[1] *Frenz,* Rechtsmitteländerungsrichtlinie und Folgen einer Vergaberechtswidrigkeit, VergabeR 2009, 1 f.
[2] BT-Drucks. 12/4636, 12.
[3] EuGH, C-433/93, Slg. 1995, I-2303.
[4] EuGH, C-81/98, Slg. 1999, I-7693.
[5] EuGH, C-26/03, Slg. 2005, I-1.
[6] VK Bund, VK 1-7/99, NJW 2000, 151 – Münzplättchen II.

5   Die ursprüngliche Fassung des **§ 13 VgV** wurde nach den Erfahrungen der Praxis schon verbessert. So wurde die ursprüngliche Forderung einer schriftlichen Information der Unternehmen durch die Forderung einer Information in Textform ersetzt, was im Umgang mit modernen Kommunikationsmedien klarstellen sollte, dass keine eigenhändige Unterschrift des Auftraggebers notwendig ist. In den **§§ 101a und b** werden nun auch die Regelungen zur
Begründungstiefe, zur Frist und zur Nichtigkeitsfolge neu gefasst.

II. Normzweck

6   **§§ 101a und b** sollen dem Anspruch aus **§ 97 Abs. 7** auf Einhaltung der Vergabebestimmungen zur Durchsetzbarkeit verhelfen. Mit dem **Primärrechtsschutz** sollte aber die Einheitlichkeit
von Zuschlag und Vertragsschluss nicht aufgehoben werden. Dem Zuschlag muss jedoch notwendigerweise ein interner Entscheidungs- und Willensbildungsprozess des Auftraggebers vorausgehen. Solange dessen Ergebnis nicht in einem Zuschlag nach draußen gedrungen ist, liegt
mit der internen Willensbildung noch kein Vertragsschluss vor. Mit der Informationspflicht
sollen daher vor der Äußerung der Zuschlagsentscheidung an das erfolgreiche Unternehmen die
abgewiesenen Unternehmen die Chance bekommen, den vorgesehenen Rechtsschutz auch
abzurufen. Damit dies nicht zur Vermeidung von Nachprüfungsverfahren unbeachtet bleibt,
wurden Verstöße gegen die Informationspflicht mit der Nichtigkeit der Verträge sanktioniert.

III. Tatbestandsvoraussetzungen

7   **1. Informationsverpflichtete.** Zu Information verpflichtet sind die **öffentlichen Auftraggeber,** die eine Beschaffung vornehmen wollen. Der Begriff deckt sich mit dem **Auftraggeberbegriff des § 98** (s. dort) und schließt alle Auftraggeber ein, auch solche, die nach den
Bestimmungen der Sektorenrichtlinie weniger eng an die Vergaberegeln gebunden sind.
Rechtsschutz bei der Vergabe öffentlicher Aufträge soll auch gewährt werden, wenn der Auftraggeber kein klassischer Auftraggeber nach **§ 98 Nrn. 1–3** ist. Nach dem Wortlaut des
§ 101a Satz 1 hat **der Auftraggeber** die Information zu erteilen. Damit stellt sich die Frage
nach der Möglichkeit der **Delegation,** wenn zB. für die Durchführung des Vergabeverfahrens
ein **Dienstleister** eingesetzt wurde. Der Auftraggeber hat alle wesentlichen Entscheidungen in
einem Vergabeverfahren selbst und in eigener Verantwortung zu treffen. Die Auswahl des zur
Beauftragung vorgesehenen Unternehmens ist daher nicht übertragbar. Die Information darüber
ist dem Auftraggeber vorbehalten, da für die außenstehenden Unternehmen nicht erkennbar ist,
welche Befugnisse der Dienstleister des Auftraggebers hat. Der Information durch Dritte fehlt es
an Verbindlichkeit und Sicherheit. Es ist daher nach dem Wortlaut der Norm davon auszugehen, dass die **Information allein vom Auftraggeber selbst** wirksam erteilt werden kann.
Angesichts der weitreichenden Folgen einer unzureichenden Information stellt die Delegation
der Information daher ein hohes Risiko für den Auftraggeber dar.

8   **2. Informationsberechtigte. a) Betroffene Bieter (Satz 1)** sind solche Unternehmen, die
in einem offenen Verfahren direkt und in einem nicht offenen oder einem Verhandlungsverfahren nach festgestellter Eignung ein Angebot abgegeben haben und den Zuschlag nicht erhalten
sollen.[7] Das schließt Bieter ein, die im Rahmen einer elektronischen Auktion oder einer dynamischen elektronischen Beschaffung ein Angebot abgegeben haben. Jedem Teilnehmer an einem
Wettbewerb zur Vergabe eines öffentlichen Auftrages soll unabhängig von der Wahl der Verfahrensart die Chance auf Inanspruchnahme von Rechtsschutz gewährt werden. **Bieter- oder
Arbeitsgemeinschaften** sind nach den Verdingungsordnungen gleich zu behandeln. Da Bietergemeinschaften jeweils eines ihrer Mitglieder als Vertreter für den Abschluss und die Durchführung des Vertrages benennen müssen,[8] ist die Informationspflicht mit einer Information an das
benannte vertretungsberechtigte Mitglied der Bietergemeinschaft erfüllt. Soweit Bieter eines
offenen Verfahrens **schon in der Eignungsprüfung ausgeschlossen** werden, kann die Information auch unmittelbar im Anschluss an die Ausschlussentscheidung ergehen, was unter dem
Gesichtspunkt eines zügigen Vergabeverfahrens sinnvoll sein kann. Erfolgt dies nicht, hat die
Information vor der Zuschlagsentscheidung zu erfolgen. Unzulässig wäre es, mit dem Argument,
dass die ausgeschlossenen Unternehmen keine Bieter mehr sind, diese nicht zu informieren.
Auch der frühzeitige Ausschluss eines Bieters oder eines Angebotes muss überprüfbar sein und
das Unternehmen deshalb die Chance haben, die Vergabekammer anzurufen.

---

[7] BGH NZBau 2005, 530.
[8] § 13a VOB/A, vorher § 21 Nr. 5 Abs. 1 VOB/A, § 21 Nr. 4 VOL/A.

b) Bewerber (Satz 2), denen keine Information über die Ablehnung ihrer Bewerbung zur 9
Verfügung gestellt wurde, bevor die Mitteilung über die Zuschlagserteilung an die betroffenen
Bieter ergangen ist, sind ebenfalls zu informieren. Bewerber waren in der alten Fassung des § 13
VgV nicht erwähnt. Das beruhte auf dem Gedanken, dass Bewerber in nicht offenen und Verhandlungsverfahren durch die mehrstufige Gestaltung dieser Verfahren den mit der Information
erzielten Zweck schon aus dem Umstand, dass sie nicht zur Angebotsabgabe aufgefordert worden
seien, entnehmen könnten. Dieser Gedanke ließ jedoch außer Acht, dass im europäischen Wettbewerb die Unternehmen vom Auftraggeber weit entfernt und deshalb von diesen zufälligen
Informationen abgeschnitten sein können und dass gerade das Verhandlungsverfahren in seinen
einzelnen Phasen von außen schwer zu verfolgen ist. Die jetzige Fassung setzt **Art. 2a Abs. 2
UAbs. 2 und 3 der Richtlinie 2007/66 (Rechtsmittelrichtlinie)** um und sieht ausdrücklich
auch die Bewerber als Adressaten der Informationspflicht vor. Die **Formulierung aus Satz 2**
trägt dem Umstand Rechnung, dass es dem Auftraggeber freisteht, die Bewerber auch schon
nach Abschluss des Teilnahmewettbewerbs zu informieren. Das kann im Interesse einer zügigen
Verfahrensabwicklung sinnvoll sein: sollte ein abgelehnter Bewerber sich erfolgreich gegen seine
Ablehnung wehren, müsste seinetwegen bei später Information unter Umständen aus Gründen
der Gleichbehandlung und Chancengleichheit das Angebotsverfahren vollständig wiederholt
werden, was zu erheblichen Verzögerungen führen kann. Es ist jedoch nicht ausgeschlossen, die
Bewerber erst zum Ende des Verfahrens zu informieren. **Satz 2 benennt lediglich den zeitlich spätesten,** aber nicht den einzig möglichen Zeitpunkt für die Information.

3. Notwendiger Inhalt der Information. Nach Satz 1 muss die Information zwingend 10
enthalten:
– den Namen des Unternehmens, dessen Angebot angenommen werden soll,
– die Gründe der vorgesehenen Nichtberücksichtigung ihres Angebotes
– den frühesten Zeitpunkt des Vertragsschlusses.
Mit diesen Punkten ist der **Mindestinhalt der Information** definiert. Es steht dem Auftraggeber frei, **weitere Informationen** zu erteilen, wenn er sie für sinnvoll hält, um zB. den Bieter
vor einem aussichtslosen und sich selbst vor einem zeitraubenden Nachprüfungsverfahren zu
schützen. So kann es sinnvoll sein, den **Rangplatz** des konkreten Angebotes unter allen geprüften Angeboten mitzuteilen, damit ein Unternehmen sieht, ob es den Zuschlag nur knapp verpasst hat oder selbst nach erfolgreichem Nachprüfungsverfahren nicht unbedingt den Zuschlag
erhalten würde. Ein weit hinten liegender Rangplatz kann, wenn nicht die Möglichkeit besteht,
dass er durch die Art des geltend gemachten Vergabefehlers überwunden werden kann, die Zulässigkeit eines Nachprüfungsantrages in Frage stellen.
Mitzuteilen ist der **Name des Unternehmens,** das den Zuschlag erhalten soll. Bei Bieter- 11
gemeinschaften ist der Name der Bietergemeinschaft anzugeben. Nicht erforderlich ist es, den
Namen eines jeden an der Bietergemeinschaft beteiligten Unternehmens aufzuzählen. Die Angabe des Namens muss so vollständig und präzise sein, dass es dem unterlegenen Bieter möglich
ist, den erfolgreichen Bieter eindeutig zu erkennen. Die Angabe des Namens soll den unterlegenen Bietern ermöglichen, auf der Basis ihrer Marktkenntnisse zu beurteilen, ob die Auswahl
nach den bekannt gemachten Kriterien richtig sein kann (ist das ausgewählte Unternehmen ein
bekannter Marktführer oder kann es als Neugründung zB. die geforderten Referenzen gar nicht
gebracht haben, ist das Unternehmen in der Branche als preisgünstig oder teuer bekannt).
Die Gründe für die vorgesehene Nichtberücksichtigung des Angebotes des unterle- 12
genen Bieters sind so **aussagekräftig und präzise** darzustellen, dass der Bieter nachvollziehen
kann, was konkret zum Misserfolg seines Angebotes geführt hat. Dazu reicht die Wiederholung
des Textes der Verdingungsordnungen oder eine formelhafte, nicht den Einzelfall treffende
Begründung nicht aus. Unzureichend wäre daher der Hinweis, dass das abgelehnte Angebot
nicht das wirtschaftlichste war. Hingegen ist eine standardisierte Aufbereitung der Information,
zB. durch Vordrucke oder Formblätter zulässig, solange eine hinreichend individuelle Information erhalten bleibt. Die **Darstellungstiefe** muss dem Bieter ermöglichen, die Erfolgsaussichten
eines Nachprüfungsverfahrens abwägen zu können. In Abweichung vom Text des § 13 VgV,
in dem die **Angabe des Grundes** gefordert war, ist in § 101a von der **Angabe der Gründe**
die Rede, was schon für die Verstärkung der Pflicht zu einer **präzisen einzelfallbezogenen**
Begründung spricht. Das erfordert in der Regel nicht eine detaillierte Darstellung aller Überlegungen des Auftraggebers, was insbesondere bei Verfahren mit vielen Bietern kaum handhabbar
wäre. Mitgeteilt werden muss lediglich **der oder die tragenden Gründe für die Ablehnung**
des konkreten Angebotes (zB. „weil es preislich günstigere Angebote gab und die angebotene

Materialqualität nicht dem Qualitätsniveau der anderen Angebote entsprach").[9] Nach dem Wortlaut von Satz 1 muss **keine Aussage zum Angebot des erfolgreichen Bieters** gemacht werden, insbesondere hat der erfolgreiche Bieter Anspruch auf Schutz seiner Geschäfts- und Betriebsgeheimnisse. Die Information muss daher nicht ausführen, in welchen Punkten konkret die Vorteile des erfolgreichen Angebotes liegen. Insbesondere steht dem Auftraggeber in den selbst gesetzten Grenzen seiner Auswahlkriterien sowie nach den Regeln der Verdingungsordnungen ein Auswahlermessen zu. Vor der Vergabekammer könnte daher die Auswahl eines bestimmten Angebotes nur angegriffen werden mit dem Vorwurf, dass diese Auswahl mit den bekannt gemachten Kriterien und den Verdingungsordnungen nicht in Einklang stehe und das eigene Angebot deshalb vorzuziehen sei. Für diese Argumentation ist aber unverzichtbar, zu wissen, warum das eigene Angebot abgelehnt wurde. Für die Prüfung der möglichen Erfolgsaussichten eines Nachprüfungsantrages reicht daher die Information über die Ablehnungsgründe des eigenen Angebotes aus.

13   Da mit der neuen Regelung in **Satz 2** auch die **Bewerber zu informieren** sind, gelten die dargestellten Grundsätze auch für Bewerber, die nach erfolgtem Teilnahmewettbewerb nicht zur Angebotsabgabe aufgefordert wurden. Hier sind die Gründe mitzuteilen, die zur Ablehnung des Bewerbers führten. Auch hier muss die Begründung **auf den Einzelfall bezogen, präzise, aussagekräftig und so konkret** sein, dass der Bewerber erkennen kann, ob ein Nachprüfungsverfahren erfolgreich sein könnte.

14   Eine **ungeschriebene, sich aus dem Gebot eines fairen und transparenten Verfahrens ableitende Voraussetzung** für eine Information nach § 101 a ist die **Wahrheit der Information.** Der mitgeteilte Grund muss **der tatsächliche Grund** sein, auch wenn er konflikträchtig ist (zB. wäre es unzulässig, einem Bieter im offenen Verfahren mitzuteilen, sein Angebot sei nicht zum Zuge gekommen, weil es preisgünstigere Angebote gegeben habe, wenn das Angebot tatsächlich nicht mehr geprüft wurde, weil der Bieter schon wegen Unzuverlässigkeit abgelehnt wurde). Da der Bieter oder Bewerber erkennen können muss, ob sich ein Nachprüfungsverfahren für ihn lohnen könnte, muss er **wahrheitsgemäße Angaben** bekommen. Liegen mehrere Ablehnungsgründe vor, sind zumindest **die tragenden tatsächlichen Gründe** mitzuteilen. Falsche Angaben führen den Bewerber/Bieter in die Irre, verursachen möglicherweise erst Recht ein unnützes Nachprüfungsverfahren und sind mit den Grundsätzen eines auch in **dieser Phase noch fair zu führenden Verfahrens** nicht vereinbar. Dies ist in der Rechtsprechung mit unterschiedlichen Begründungen so bestätigt worden.[10] Unterschiede gab es hinsichtlich der Frage, ob eine Information mit falschen Gründen ausreiche, die Nichtigkeitsfolge des ehemaligen § 13 Abs. 6 VgV (und heutigen § 101 b GWB) zu verhindern. Das OLG Jena (Fn. 10) wollte auch eine nicht wahrheitsgemäße Information ausreichen lassen, aA. hingegen war der BGH (Fn. 9). Mit der neuen Fassung des § 101 b Abs. 1 Nr. 1 dürfte die Frage geklärt sein. Danach tritt die Nichtigkeitsfolge ein, wenn die Verpflichtung aus § 101 a nicht erfüllt wurde. § 101 a verlangt die Mitteilung der Gründe für die Nichtberücksichtigung des Angebotes. Das ist nur erfüllt, wenn die mitgeteilten Gründe auch diejenigen sind, die zur Ablehnung des Angebotes geführt haben. Alles andere wäre eine Zweckvereitelung und würde gegen § 101 a verstoßen mit der notwendigen Folge der Nichtigkeit der geschlossenen Verträge.

15   Die **Mitteilung des frühesten Zeitpunktes des Vertragsschlusses** soll den Bewerber/ Bieter darüber informieren, wie viel Zeit er hat, sich über die Erfolgsaussichten eines Nachprüfungsverfahrens klar zu werden und die Entscheidung zu treffen, ob er ein Nachprüfungsverfahren beantragen möchte. Dies ist angesichts der kurzen Fristen für die Information und des Umstandes, dass es für den Lauf der Frist nicht auf den Zugang, sondern die Absendung der Information ankommt, für die Empfänger der Information von großer Bedeutung. Der mitgeteilte Zeitpunkt muss der Frist **des § 101 a Abs. 1 Satz 3** entsprechen. Selbst wenn die Frist nach der Information tatsächlich eingehalten wird, kann eine vorher mitgeteilte zu kurze Frist den Zweck des § 101 a vereiteln, indem er bei den Bewerbern/Bietern möglicherweise den Eindruck erweckt, es sei für die Inanspruchnahme von Rechtsschutz schon zu spät. Dies gilt umso mehr, als bei verschiedenen Versendeformen der Information nicht unbedingt erkennbar ist, wann der Auftraggeber sie abgesandt hat.

16   **4. Textform.** Die Definition der Textform richtet sich nach **§ 126 b BGB.** Danach muss eine in Textform abzugebende Erklärung „in einer Urkunde oder auf andere zur dauerhaften

---

[9] OLG Düsseldorf VergabeR 2001, 429, 430; BayObLG NZBau 2002, 578, KG Berlin NZBau 2002, 522, VergabeR 2002, 235, 238.
[10] OLG Jena NZBau 2005, 544, BGH NZBau 2005, 530.

Wiedergabe in Schriftzeichen geeigneten Weise" abgegeben werden, die Person des Erklärenden nennen und den Abschluss der Erklärung durch Nachbildung der Namensunterschrift oder anders erkennbar machen. Nach dieser Definition kann die Information sowohl klassisch per Brief als auch per Fax oder Email abgegeben werden. Die Textform wird daher den Anforderungen an die zügige Durchführung eines Vergabeverfahrens eher gerecht als die ursprünglich geforderte **Schriftform** nach **§ 126 BGB,** die eine eigenhändige Unterschrift des Ausstellers oder ein notariell beglaubigtes Handzeichen voraussetzt. Damit wären Übermittlungen in elektronischer Form ausgeschlossen gewesen. Zwar sieht § 126 Abs. 3 BGB vor, dass die Schriftform durch die elektronische Form ersetzt werden kann, soweit keine gesetzlichen Bestimmungen entgegenstehen. § 126a BGB bestimmt jedoch, dass die elektronische Form die Schriftform nur dann ersetzen kann, wenn der Aussteller der Erklärung seinen Namen hinzufügt und das elektronische Dokument mit einer **qualifizierten elektronischen Signatur** nach dem **Signaturgesetz** versieht. Über eine solche elektronische Signatur verfügen öffentliche Auftraggeber oft noch nicht. Die nunmehr verlangte Textform eröffnet daher den größten Spielraum an Übermittlungsmöglichkeiten für den öffentlichen Auftraggeber.

Nach **§ 101a Satz 1 und 2** sind die unterlegenen Bieter und Bewerber zu informieren. **17** Nach **Sinn und Zweck des § 101a** ist die Übermittlung der Information daher technisch so zu gestalten, dass sie den Empfänger erreicht und von diesem gelesen werden kann. Auch bei Gebrauch moderner Medien muss die Übermittlung in einer Form erfolgen, die der Empfänger mit **handelsüblichen Kommunikationsmitteln und -programmen** öffnen und lesen kann. Sie darf nicht in einer Weise und mit dem Ziel gestaltet werden, dem Empfänger den Weg zum Rechtsschutz zu erschweren.

5. Fristen. a) 15 oder 10 Kalendertage. Satz 3 und 4 sehen vor, dass ein Vertrag erst **18** **15 Kalendertage** nach Absendung der Information geschlossen werden darf und dass sich diese Frist **im Falle von elektronischer oder Fax-Übersendung auf 10 Kalendertage** reduziert. Sie beginnt am Tag nach der Absendung der Information durch den Auftraggeber und läuft unabhängig vom Zugang beim Empfänger. Die Bedeutung dieser Regelung wird klar, wenn man sich vor Augen führt, **was in diesen Tagen geschehen muss, damit der Bieter oder Bewerber Rechtsschutz in Anspruch nehmen kann.** Innerhalb der 10 oder 15 Tage muss die Information vom Bieter oder Bewerber zur Kenntnis genommen werden, er muss die Information prüfen, sich ggf. rechtlich beraten lassen, entscheiden, ob er Rechtsschutz suchen will, die für die Zulässigkeit eines Nachprüfungsantrages notwendige Rüge (**§ 107 Abs. 3**) beim Auftraggeber platzieren, den Nachprüfungsantrag stellen und dieser muss von der Vergabekammer vor Ablauf der Frist noch zugestellt werden, sonst kann der Vertrag sofort nach Ablauf der Frist wirksam geschlossen werden (**§ 115 Abs. 1**). Bei ausländischen Bietern oder Bewerbern kann Übersetzungsbedarf hinzukommen. Im Hinblick auf Sinn und Zweck der Regelung und den von den europäischen Richtlinien geforderten effektiven Rechtsschutz sind diese Fristen daher extrem kurz.

Es ist zudem **singulär im deutschen Recht,** dass es bei einer Frist, die für oder gegen den **19** Empfänger einer Maßnahme wirkt, nicht auf deren Zugang ankommt. In der Praxis lässt sich durch geschickte Wahl des Absendetermins diese Frist weiter verkürzen und der Zugang zum Rechtsschutz erschweren oder sogar unmöglich machen. Eine Fax- oder Email- Übersendung unter geschickter Nutzung von Feiertagen und/oder Wochenenden, zB. am 23. 12. oder am Abend vor Karfreitag kann von den vorgesehenen 10 Tagen schon 4–5 Tage verbrauchen. Sollte es sich dann noch um eine Branche handeln, die traditionell zwischen Weihnachten und Silvester geschlossen hat (zB. manche Branchen im Baubereich), ist der Zugang zum Rechtsschutz wirksam vereitelt. Eine Pflicht, die Information so abzusenden, dass dem unterlegenen Bieter oder Bewerber möglichst viel Spielraum bleibt, ist in **§ 101a** nicht ausdrücklich enthalten. Aus **Sinn und Zweck der Norm sowie aus dem Fairnessgebot das § 97 Abs. 1** wird man jedoch ableiten müssen, dass der Absendetermin der Information jedenfalls nicht willkürlich mit dem Ziel der weiteren Verkürzung der ohnehin schon kurzen Überlegungs- und Reaktionszeit der Betroffenen gewählt werden darf.[11] Ist zB. die interne Entscheidung Anfang Dezember gefallen, wäre ein Hinauszögern der Information bis zu den Feiertagen rechtsmissbräuchlich.

b) Absendung. Abgesendet ist eine Information, wenn sie den **Herrschaftsbereich des 20 Auftraggebers tatsächlich verlässt.** Sie ist nicht abgesandt, wenn sie den Bereich der Sachbe-

---

[11] EuGH C-456/08 NZBau 2010, 256 („NRA"): Die Information der Bieter muss so rasch wie möglich erfolgen und auf einzuhaltende Fristen hinweisen.

arbeitung verlässt und auf dem Weg zur Poststelle noch in den Umlauf zur Herbeiführung der notwendigen Mitzeichnungen geht. Sie ist auch nicht abgesandt, wenn sie die Niederlassung des Auftraggebers verlässt, in der die sachbearbeitende Stelle sitzt, wenn sie von dort zunächst in die Zentrale geht und erst von dort das Haus des Auftraggebers in die neutrale „gelbe" Post verlässt.

21 In der Praxis haben diese kurzen Fristen zwangsläufige Auswirkungen auf die Rüge, § 107 **Abs. 3,** und mindern deren Sinn und Zweck. Die Rüge soll dem Auftraggeber Gelegenheit geben, sein Verfahren zunächst selbst zu überprüfen und ggf. Fehler in eigener Regie zu korrigieren. Unter Berücksichtigung einer notwendigen Prüfungszeit durch die Vergabekammer zu der Frage, ob der Antrag zuzustellen ist (**§ 110 Abs. 2,** nicht bei offensichtlicher Unzulässigkeit oder Unbegründetheit), kann die Rüge nur noch ein formaler Akt sein. Ein Abwarten einer Reaktion des Auftraggebers kann zum Fristablauf und zu einem wirksamen Vertragsschluss führen. Selbst wenn der Auftrageber ankündigt, die Rüge prüfen zu wollen, hindert diese Ankündigung einen wirksamen Vertragsschluss nicht, wenn ein Nachprüfungsantrag nicht zugestellt wurde. Letztlich wird ein Bewerber/Bieter, der sich die Möglichkeit einer Nachprüfung offen halten will, daher einen Nachprüfungsantrag selbst dann stellen müssen, wenn der öffentliche Auftraggeber die Prüfung der Rüge zugesagt hat. Hilft der Auftraggeber der Rüge nach Zustellung des Nachprüfungsantrages noch ab, trägt der Bieter/Bewerber das Kostenrisiko für das Nachprüfungsverfahren (s. § 128) im Falle der Antragsrücknahme.

22 **c) Frist des § 107 Abs. 3 Nr. 4.** Im Zusammenhang mit der **Rügepflicht (§ 107 Abs. 3)** besteht eine weitere **für den Rechtsschutz relevante Frist,** die sich an **§ 101 a Abs. 1** anlehnt. Kündigt der öffentliche Auftraggeber an, der Rüge nicht abhelfen zu wollen, bleiben dem Bewerber/Bieter nach **§ 107 Abs. 3 Nr. 4** noch 15 Tage ab Eingang der Nachricht, um einen Nachprüfungsantrag zu stellen. Danach ist, unabhängig davon, ob ein Vertrag schon geschlossen wurde, sein Nachprüfungsantrag unzulässig. In dieser Regelung, die eine Phase betrifft, in der der Bewerber/Bieter sich seine Meinung in rechtlicher und tatsächlicher Hinsicht schon gebildet und auch den Beschluss, rechtliche Schritte einzuleiten, schon gefasst hat, also die wesentliche verfahrensbestimmende Willensbildung seinerseits schon stattgefunden hat, kommt es nunmehr auf den **Eingang** der Mitteilung an und die verschiedenen Übermittlungsmöglichkeiten führen auch nicht mehr zu unterschiedlichen Fristen. Der Zeitrahmen ist im Maßstab an **§ 101 a Abs. 1** angepasst und soll eine Grenze setzen, ab der der öffentliche Auftraggeber sicher einen wirksamen Vertrag schließen kann.[12]

IV. Ausnahme (Abs. 2)

23 **Eine Ausnahme von der Informationspflicht** besteht, wenn das Verhandlungsverfahren ohne vorherige Bekanntmachung wegen besonderer Dringlichkeit gerechtfertigt ist. Die Ausnahme betrifft unter allen Fällen, in denen das Verhandlungsverfahren ohne vorherige Bekanntmachung zulässig ist, **nur den einen Fall der besonderen Dringlichkeit.** Sowohl in der VOB/A als auch in der VOL/A und der VOF ist Voraussetzung für die Dringlichkeit, dass sie auf Ereignissen oder Ursachen beruht, die der öffentliche Auftraggeber nicht selbst herbeigeführt hat und nicht vorhersehen konnte und die so dringlich sind, dass die vorgesehenen Fristen der Bekanntmachung nicht einzuhalten sind. (**§ 3 a Abs. 5 lit. d VOB/A:** „…, weil wegen der Dringlichkeit der Leistung aus zwingenden Gründen **infolge von Ereignissen, die der Auftraggeber nicht verursacht hat und nicht vorhersehen** konnte, die in § 18 a Abs. 1, 2 und 3 vorgeschriebenen Fristen nicht eingehalten werden können;", **§ 3 EG Nr. 2 lit. d VOL/A:** „… soweit dies unbedingt erforderlich ist, wenn **aus zwingenden Gründen, die der Auftraggeber nicht voraussehen** konnte, die Fristen gemäß § 18 a nicht eingehalten werden können. Die Umstände, die die zwingende Dringlichkeit begründen, dürfen **auf keinen Fall dem Verhalten des Auftraggebers zuzuschreiben** sein.", **§ 5 Abs. 1 d) VOF:** „… soweit dies unbedingt erforderlich ist, wenn dringliche, zwingende Gründe in Zusammenhang mit Ereignissen, die der betreffende Auftraggeber nicht voraussehen konnte, es nicht zulassen, die vorgeschriebenen Fristen einzuhalten. Die Umstände zur Begründung der zwingenden Dringlichkeit **dürfen auf keinen Fall dem Auftraggeber zuzuschreiben** sein.").[13] Die Regelung soll Flexibilität **für besonders dringliche Vergabeverfahren** schaffen. Nach der Gesetzesbegründung waren bei der Regelung **Naturkatastrophen** im Blick. Hier soll die Ver-

---

[12] Ausführlich dazu: § 107 RdNr. 35 ff., insbesondere RdNr. 43.
[13] EuGH C-275/08 zum Kausalzusammenhang zwischen unvorhersehbarem Ereignis und Dringlichkeit, NZBau 2010, 63, VergabeR 2009, 57.

gabe der notwendigen Aufträge ohne Wartezeit ermöglicht werden.[14] Aktueller Auslöser war das Elbehochwasser, das die schnelle Wiederherstellung der örtlichen Infrastruktur erforderte. Als besonders dringlich dürften auch außerhalb der Einflusssphäre des Auftraggebers aufgetretene Gefahren für Leib und Leben von Menschen anzuerkennen sein, zB. Einsturzgefährdung von Dächern öffentlicher Gebäude oder Stadien durch ungewöhnliche Schneemassen oder einen Brandschaden. Eine unvorhersehbare Dringlichkeit kann sich auch auf einer Baustelle ergeben, wenn plötzlich durch vorherige ordnungsgemäße Prüfung nicht erkennbare Bodenverhältnisse auftreten oder im Fall einer plötzlich auftretenden Pandemie Medikamente sofort und in großer Menge beschafft werden müssen. **Entscheidend ist die Beurteilung im Einzelfall:** bei Medikamenten ist eine gewisse Vorratshaltung üblich und einer sorgfältigen Aufgabenwahrnehmung geschuldet, bei Bauvorhaben auf unbekanntem Grund gehören besonders sorgfältige Bodenprüfungen zu einer ordnungsgemäßen Vorbereitung. Wurde die Dringlichkeit selbst herbeigeführt, (die Einsturzgefahr resultiert zB. aus versäumten Sanierungsmaßnahmen), ist der Gefahrenherd uU., soweit möglich, anders zu sichern und ein vollständiges Verfahren durchzuführen. **Vorhersehbar** sind auch Sachverhalte, auf deren Entstehung der Auftraggeber keinen Einfluss hat, zB. die oft mehrere Jahre im Voraus feststehenden Termine einer Landesgartenschau im eigenen Gemeindegebiet oder der Schuljahresbeginn. Ergeben sich daraus Beschaffungsbedürfnisse, sind die Verfahren so rechtzeitig zu beginnen, dass keine Dringlichkeit entsteht. **Kommunale Auftraggeber** sind als Organisations**einheit** zu sehen, auch wenn ihre interne Struktur üblicherweise aus einem politischen Bereich, dem Rat, und der Verwaltung besteht. Ein Ratsbeschluss ist für die Verwaltung **kein** eine Dringlichkeit begründender Sachverhalt, da der öffentliche Auftraggeber sich mit dem Beschluss selbst Fristen setzt, die Fristensituation somit aus seiner Einflusssphäre resultiert. Die **zeitlich begrenzte Verfügbarkeit von Haushaltsmitteln zur Konjunkturförderung** (Erhalt der Mittel hängt davon ab, dass das geförderte Projekt bis zu einem bestimmten Termin fertig gestellt oder in Betrieb gegangen ist) kann eine Dringlichkeit begründen. Üblicherweise lässt der Zeitrahmen solcher Förderungen jedoch Vergabeverfahren nach den allgemeinen Regeln zu. Ergeben sich Verzögerungen aus dem Vergabeverfahren, zB. Bieter weisen auf Mängel in den Verdingungsunterlagen hin, die beseitigt werden müssen; der Auftraggeber erkennt aus den abgegebenen Angeboten, dass er mit einer anderen Leistungsbeschreibung eine bessere Lösung, ein besseres Produkt hätte erhalten können und will deshalb neu ausschreiben; es gibt ein Nachprüfungsverfahren oder der Auftraggeber hält von den abgegebenen Angeboten keines für wertbar, kommt es für das Vorliegen zwingender Dringlichkeit darauf an, inwieweit der Auftraggeber die Störung des Verfahrens selbst verursacht hat. Allein der Umstand, dass ihm Fördermittel verloren gehen können, wenn er den Auftrag nicht freihändig vergibt, entbindet ihn nicht von der Einhaltung der Vergaberegeln, wenn er die Dringlichkeit selbst verursacht hat. Dabei **reicht eine Mitverursachung aus,** da die Dringlichkeit **auf keinen Fall** auf den Auftraggeber zurückgehen darf.

Wie bei allen Ausnahmen ist auch die Frage, ob eine dringliche Beschaffung vorliegt, **nach**   24 **einem strengen Maßstab zu beurteilen.**[15] Nur so kann vermieden werden, dass die Wettbewerbsregeln umgangen und Verträge ohne Not direkt mit einem Marktteilnehmer geschlossen werden. Hier ist zu berücksichtigen, dass im Falle von Dringlichkeit auch die Möglichkeit der Verkürzung der Bekanntmachungs- und Angebotsfristen besteht.[16] Die Ausnahme erfasst nur die Aufträge, die **zur Beseitigung der die Dringlichkeit begründenden Sachverhalte** notwendig sind. Ist die Dringlichkeit durch die Einsturzgefahr eines Gebäudes begründet, unterfallen alle Aufträge zur Sicherung und ggf. Sanierung des Gebäudes der Ausnahme. Soweit lediglich **bei Gelegenheit der Dringlichkeit** auch andere Aufträge vergeben werden sollen (zB. auch weitere Gebäude saniert werden sollen) sind diese nach den üblichen Regeln auszuschreiben und die unterlegenen Bewerber/Bieter nach Abs. 1 zu informieren.

Die Ausnahmeregelung entzieht aus Dringlichkeitsgründen ohne Information ge-   25 **schlossene Verträge nicht der Nachprüfung.** Der Nachprüfungsantrag kann, wenn er vor Abschluss des Vertrages gestellt wurde, ohnehin sowohl die Dringlichkeit als auch, dass diese nicht vom Auftraggeber verursacht oder für ihn nicht vorhersehbar war, anzweifeln. Ist der Vertrag schon geschlossen, kann ein Nachprüfungsantrag zunächst die Feststellung zum Ziel haben, dass die Voraussetzungen der Ausnahme nicht vorlagen. Wird im Rahmen der Nachprüfung festgestellt, dass die Voraussetzungen für die Dringlichkeit tatsächlich nicht vorlagen, die

---

[14] Gesetzesbegründung Teil B, Art. 1, Nr. 7 zu § 101a.
[15] Vgl. oben § 100 RdNr. 1.
[16] § 18a VOL/A, § 10a VOB/A, vorher § 18a.

Ausnahme also zu Unrecht in Anspruch genommen wurde, liegt ein Verstoß gegen die Informationspflicht und gegen Bestimmungen über die Vergabe von Aufträgen vor mit der Konsequenz, dass der geschlossene Vertrag nichtig ist und **je nach dem Ergebnis des Nachprüfungsverfahrens ggf. rückgängig zu machen ist mit allen daraus erwachsenden unwirtschaftlichen Folgen.** Ohne diese Konsequenz wäre jedoch dem Primärrechtsschutz nicht ausreichend Rechnung getragen. Es geht gerade darum, vorgeschobene Direktvergaben nicht mit Erfolg zu honorieren, sondern auch in diesem Fall den Rechtsschutz so zu gestalten, dass der zu Unrecht nicht berücksichtigte Bewerber/Bieter **den Auftrag noch bekommen** kann. Das Ziel wird nicht erreicht, wenn allein mit dem Hinweis auf Unwirtschaftlichkeit die Lösung des nichtigen Vertrages verweigert werden könnte.

§ 101 b Unwirksamkeit

(1) **Ein Vertrag ist von Anfang an unwirksam, wenn der Auftraggeber**

1. **gegen § 101 a verstoßen hat oder**
2. **einen öffentlichen Auftrag unmittelbar an ein Unternehmen erteilt, ohne andere Unternehmen am Vergabeverfahren zu beteiligen und ohne dass dies aufgrund Gesetzes gestattet ist**

und dieser Verstoß in einem Nachprüfungsverfahren nach Absatz 2 festgestellt worden ist.

(2) ¹**Die Unwirksamkeit nach Absatz 1 kann nur festgestellt werden, wenn sie im Nachprüfungsverfahren innerhalb von 30 Kalendertagen ab Kenntnis des Verstoßes, jedoch nicht später als sechs Monate nach Vertragsschluss geltend gemacht worden ist.** ²**Hat der Auftraggeber die Auftragsvergabe im Amtsblatt der Europäischen Union bekannt gemacht, endet die Frist zur Geltendmachung der Unwirksamkeit 30 Kalendertage nach Veröffentlichung der Bekanntmachung der Auftragsvergabe im Amtsblatt der Europäischen Union.**

I. Entstehungsgeschichte

1   Zur Entstehungsgeschichte vgl. § 101 a RdNr. 1–5.

II. Normzweck

2   Zum Normzweck grundsätzlich s. § 101 a RdNr. 6. Die bisherige Regelung in **§ 13 VgV** sah die Nichtigkeit eines Vertrages, der unter Verstoß gegen die Informationspflicht geschlossen wurde, ohne Begrenzung vor. Danach konnte ein Vertrag bis über seine vollständige Abwicklung hinaus mit dem Makel der Nichtigkeit behaftet sein, was Auswirkungen auf Gewährleistung, Garantie oder die Möglichkeit notwendiger Nachträge haben konnte. Die nunmehr getroffene Regelung des **§ 101 b** enthält nach wie vor eine Sanktion, ohne die die Regelung des **§ 101 a** wirkungslos wäre, doch ist diese **Sanktion zeitlich begrenzt** und damit für die Vertragspartner überschaubar. An die Stelle der dauernden Nichtigkeit ist eine **schwebende Unwirksamkeit** getreten. Zwar stellt die neue Regelung eine Besserstellung des rechtswidrig handelnden öffentlichen Auftraggebers gegenüber der vorherigen Regelung dar, doch ist auch die Lage des Vertragspartners zu berücksichtigen. Dieser hat in der Regel keinen Einfluss auf die Durchführung des Vergabeverfahrens durch den Auftraggeber und weiß, außer im Falle des kollusiven Zusammenwirkens, oft nicht, ob und in welcher Weise der Auftraggeber auch die unterlegenen Bewerber/Bieter informiert hat.

III. Nichtigkeitsvoraussetzungen (Abs. 1)

3   **1. Verstoß gegen § 101 a (Abs. 1 Nr. 1).** Ein Verstoß gegen § 101 a führt zu einem von Anfang an nichtigen Vertrag. Ein Verstoß gegen § 101 a liegt vor, wenn **keine** oder **eine unvollständige, falsche** oder **irreführende Information** in Textform erfolgt ist oder die **Frist nicht abgewartet** wurde. § 101 a gehört damit zu den Bestimmungen des Vergaberechts, auf deren Einhaltung die Unternehmen nach **§ 97 Abs. 7** einen Anspruch haben.

4   **Unerheblich** ist, ob der Auftraggeber **verkannt** hat, dass er als öffentlicher Auftraggeber einen öffentlichen Auftrag vergibt und sich deshalb nicht zur Information nach **§ 101 a** verpflichtet gesehen hat. Die richtige rechtliche Einordnung eines geplanten Vorgehens gehört zum all-

gemeinen Risiko, das jeder zu tragen hat, der am Rechtsleben teilnimmt.[1] **Keine Information** ist erforderlich, wenn ein bestehender Vertrag in rechtlich zulässiger Weise ohne Vergabeverfahren verlängert (Ausübung einer schon im Vergabeverfahren veröffentlichten Option) oder ergänzt (zB. geringfügige Nachbestellungen, **§ 3 Nr. 3 lit. d VOL/A**) werden darf und die geschlossene Vereinbarung sich innerhalb dieses zulässigen Rahmens bewegt. **Entzieht** der öffentliche Auftraggeber jedoch nach einem schon erteilten Zuschlag und eingetretenen Leistungsstörungen **dem Vertragspartner den Auftrag**, um ihn dem im Vergabeverfahren **zweitbesten Bieter zu übertragen**, hat eine **erneute Information aller am vorherigen Wettbewerb beteiligter Unternehmen**, auch des ehemaligen Vertragspartners, zu erfolgen.[2] In aller Regel wird in einer solchen Situation jedoch kein erneutes Vergabeverfahren stattzufinden, da das durchgeführte Vergabeverfahren mit dem Zuschlag seinen Abschluss gefunden hat. Sollte durch die Leistungsstörungen **Dringlichkeit** eingetreten sein, ist zu prüfen, ob diese selbst verschuldet wurde durch Auswahl eines vorhersehbar unzuverlässigen Unternehmens und inwieweit der Dringlichkeit mit den verkürzten Bekanntmachungsfristen ausreichend begegnet werden kann.

Ist eine **Information nach § 101a** zwar erteilt, aber **nicht an alle unterlegenen Bieter** **5** **oder Bewerber** versandt worden, können sich nur diejenigen Bieter oder Bewerber auf das Fehlen der Information berufen, die keine Information bekommen haben und nicht für den Zuschlag vorgesehen sind. Sinn der Regelungen in **§ 101a und § 101b** ist es, den unterlegenen Bietern die Möglichkeit zu eröffnen, Rechtsschutz zu suchen, wenn sie die Entscheidung des Auftraggebers für vergaberechtswidrig halten. Gegenüber Bewerbern/Bietern, die eine Information erhalten haben, hat der Auftraggeber seine Pflicht erfüllt, so dass diese nach erfolgtem Vertragsschluss nicht dessen Nichtigkeit unter Hinweis auf die fehlende Information anderer Bieter geltend machen können.

Auf einen Verstoß gegen **§ 101a** kann sich auch **der erfolgreiche Bewerber/Bieter nicht** **6** **berufen**, wenn er nach erfolgtem Vertragsschluss den Vertrag gerne wieder lösen möchte. Er ist durch den Fehler nicht beschwert. Die Regelungen der **§§ 101a und b** zielen nicht auf die Absicherung eines allgemeinen Gerechtigkeitsgedankens ab, sondern auf die **Sicherung effektiven Primärrechtsschutzes**. Der erfolgreiche Bieter wird den Rechtsschutz im Vergabeverfahren nicht brauchen, möglicherweise jedoch später vertragsrechtliche Ansprüche haben. Diese sind auf den zivilprozessualen Wegen zu klären und unterliegen nicht der sehr kurzen Frist, in der allein effektiver Primärrechtsschutz im Vergabeverfahren möglich ist.[3]

Hat ein Bewerber/Bieter schon **aus einer anderen Quelle des Auftraggebers**, zB. im **7** Rahmen eines Gesprächs erfahren, dass seine Bewerbung/sein Angebot nicht den Zuschlag erhalten soll, sah die Rechtsprechung zu **§ 13 VgV** vor, dass damit der Informationszweck erfüllt und ein Ausbleiben einer weiteren förmlichen Information keine Nichtigkeitsfolge nach sich ziehen sollte.[4] Diese Rechtsprechung sah den Zweck der Regelung durch die faktische Information als erfüllt an, was angesichts der unbefristeten Nichtigkeitsfolge und des damit für die Vertragspartner verbundenen Risikos eine vertretbare Wertung war. Angesichts des klaren Wortlauts in **§ 101a** und der in **§ 101b Abs. 2** eingeführten Befristung der Unwirksamkeit des Vertrages sowie der neu eingeführten Frist für die Einreichung eines Nachprüfungsantrages in **§ 107 Abs. 3 Nr. 4** gibt es **für diese Rechtsprechung keine Basis mehr**. Die neue Regelung mindert das Risiko des Auftraggebers durch die Befristung der Nichtigkeit und setzt dem Rechtsschutzsuchenden eine kurze Ausschlussfrist für die Zulässigkeit des Rechtsschutzes. Im Interesse eines effektiven Primärrechtsschutzes muss daher für den Bewerber/Bieter **zweifelsfreie Klarheit** über den Entscheidungsstand des Auftraggebers einschließlich der nach **§ 101a** mindestens zu erteilenden Informationen über die Gründe bestehen. Nach dem **Wortlaut von § 101a** hat daher auch bei vorausgegangenen Gesprächen eine vollständige Information **in Textform (§ 101a RdNr. 16, 17)** zu erfolgen. Da der Auftraggeber die **Beweislast** für die Rechtmäßigkeit seines Vergabeverfahrens auch in diesem Punkt trägt, ist zudem aus diesem Grund eine schriftliche Information geboten, auf deren nachprüfbaren Inhalt verwiesen werden kann.

Das Informationsschreiben verstößt auch gegen **§ 101a**, wenn es **nicht die zutreffenden** **8** **Gründe** für die Nichtberücksichtigung des Angebotes angibt. Diese müssen zumindest so klar

---

[1] BGH NZBau 2005, 290.
[2] OLG Naumburg VergabeR 2007, 512, ZfBR 2007, 384.
[3] BGH NZBau 2005, 530.
[4] OLG Schleswig VergabeR 2006, 258; OLG Celle NZBau 2006, 197.

und vollständig dargestellt sein, dass der Bewerber/Bieter bei verständiger Würdigung erkennen kann, warum seine Bewerbung/sein Angebot nicht erfolgreich war.[5]

9 **2. De-Facto-Vergabe (Abs. 1 Nr. 2). a) Aufgrund eines Gesetzes gestattete Direktvergaben.** Die unmittelbare Vergabe eines öffentlichen Auftrages an ein Unternehmen schließt Wettbewerb aus und ist deshalb nur unter den gesetzlich und in den Verdingungsordnungen definierten Voraussetzungen zulässig, die im Interesse eines größtmöglichen Wettbewerbs eng auszulegen sind. Ausnahmen sind enthalten in **§ 100 Abs. 2,** die teilweise ihren Niederschlag in den Verdingungsordnungen gefunden haben. Soweit in den **§§ 3 a Abs. 5 VOB/A, 3 a Abs. 2 VOL/A und 5 Abs. 2 VOF** Vergaben im **Verhandlungsverfahren ohne vorherige Bekanntmachung** zulässig sind, gehen die dort definierten Fallgestaltungen **grundsätzlich von einer Vergabe im Wettbewerb** aus. Lediglich für gesondert genannte Alternativen ist die Direktvergabe an ein bestimmtes Unternehmen als zulässig anerkannt, zB. in der **VOB/A § 3 a Abs. 5 lit. c** (aufgrund von Ausschließlichkeitsrechten), **lit. d** (aus zwingenden nicht vorhersehbaren und nicht selbst verursachten Gründen), **lit. e** (zusätzliche Leistungen, die aus nicht vorhersehbaren Gründen zur Erfüllung des Hauptauftrages notwendig geworden sind, aus technischen und wirtschaftlichen Gründen nicht ohne wesentlichen Nachteil vom Hauptauftrag getrennt werden können, an das Unternehmen gehen, das den Hauptauftrag innehat und weniger als die Hälfte des Auftragswerts des Hauptauftrages darstellen), in der **VOL/A § 3 EG Abs. 2 lit. c** (Urheber- und Patentrechte), **lit. d** (bei unvorhersehbarer und nicht dem Auftraggeber zuzuschreibender Dringlichkeit), **lit. e und f** (bei zusätzlichen Lieferungen und Dienstleistungen, wenn der Auftrag an das Unternehmen vergeben wird, das den Hauptauftrag erfüllt, der Wert geringer ist als 50% des Hauptauftrages und bei Dienstleistungen die Laufzeit 3 Jahre nicht überschreitet, in der **VOF § 5 Abs. 2 lit. b** (aufgrund von Ausschließlichkeitsrechten), **lit. c** (wenn nach den bekannt gemachten Bedingungen an den Gewinner eines Auslobungsverfahrens zu vergeben ist), **lit. d** (bei nicht vorhersehbarer und nicht verursachter Dringlichkeit), **lit. e und f** (bei zusätzlichen oder wiederholenden Leistungen, wenn sie ohne wesentliche technische oder wirtschaftliche Nachteile nicht abgetrennt werden können, an das Unternehmen gehen, das auch den Hauptauftrag ausführt und weniger als 50% des Wertes des Hauptauftrages ausmachen).

10 Aus den zitierten Regelungen ergibt sich, dass in den von den Verdingungsordnungen zugelassenen Fällen auf bestimmte Voraussetzungen abgestellt wird, die damit auch die **Entscheidungsfreiheit des Auftraggebers,** an wen der Auftrag vergeben werden soll, **einschränkt oder ausschließt.** In den definierten Fällen des ergänzenden Bedarfs darf dieser, wenn er ohne Wettbewerb beschafft werden soll, nur bei dem Unternehmen beschafft werden, das den Hauptauftrag – üblicherweise in einem Wettbewerb – erhalten hat. Geht der Auftrag an den Gewinner eines Auslobungsverfahrens, hat hier zuvor ein Wettbewerb stattgefunden. Hat ein offenes oder nicht offenes Verfahren kein wertbares Ergebnis erbracht und soll nunmehr im Verhandlungsverfahren fortgesetzt werden, sind die Teilnehmer des vorausgegangenen Wettbewerbs auch am Verhandlungsverfahren zu beteiligen (§ 3 a Abs. 5 VOB/A). Diese Regelungen bestärken die Pflicht zur Durchführung von Wettbewerben, indem sie die Entscheidung vom Ergebnis vorher erfolgter Wettbewerbe abhängig machen. Sie schränken insoweit die Entscheidungsfreiheit des Auftraggebers, den Auftrag an ein beliebiges Unternehmen nach seiner Wahl zu vergeben, ein bzw. schließen sie aus. Soweit die Beschaffung Ausschließlichkeitsrechte berührt, soll dem Auftraggeber das Vergabeverfahren erspart bleiben, wenn er aus Rechtsgründen nur ein bestimmtes Unternehmen beauftragen darf. Nur dieses Unternehmen darf bei Inanspruchnahme dieser Ausnahme beauftragt werden. Letztlich verbleiben als Sachverhalte, bei denen der Auftraggeber tatsächlich Wahlfreiheit hat, nur einige gesondert gelagerte Sachverhalte nach § 100 Abs. 2 (zB. zwischenstaatliche Leistungsverträge, ortsbezogene Immobilienbeschaffungen) und der Fall der Dringlichkeit, an dessen Vorliegen aber hohe Anforderungen zu stellen sind (s. § 101 a RdNr. 23–25).

11 **b) De-facto-Vergabe.** Da § 13 VgV in seinem Wortlaut eine Information **nur an Bieter** vorsah, stellte sich in der praktischen Anwendung die Frage, wie der Fall einer vollständigen Umgehung von Vergaberecht zu behandeln sei. Ausgehend von der sachlichen Betrachtungsweise, dass auch eine unter Umgehung von Vergaberecht unmittelbar bei einem Unternehmen erfolgte Beschaffung die Vergabe eines Auftrages beinhaltet, wurde der Begriff der de-facto-Vergabe geprägt. Vom **Wortlaut des § 13** war jedoch dieser Sachverhalt, der immerhin den

---

[5] OLG Jena NZBau 2005, 544.

weitestgehenden Verstoß gegen Vergaberecht darstellt, nicht erfasst, da es bei dieser Art der Vergabe keine Bieter gibt. Das unbefriedigende Ergebnis war, dass der besonders rechtswidrig handelnde Auftraggeber nicht einmal dem Risiko eines nichtigen Vertrages ausgesetzt war. Dem hat die **Rechtsprechung in einer umfangreichen Kasuistik** versucht entgegenzuwirken, in der sie klar gestellt hat, dass die Informationspflicht auch in Fällen von de-facto-Vergaben gilt, wenn es Unternehmen gibt, die Interesse am Auftrag bekundet hatten und ein Angebot abgegeben hätten. Wurde danach ein Auftrag außerhalb eines förmlichen Verfahrens vergeben, bei dem aber bei verschiedenen Unternehmen Angebote eingeholt worden waren, waren diese Bieter nach **§ 13 VgV analog** zu informieren.[6] Dabei ließ es die Rechtsprechung ausreichen, dass dem Auftraggeber das Interesse am Auftrag von mindestens einem weiteren Unternehmen bekannt war. Der Abgabe eines Angebotes bedurfte es für die Interessensbekundung nicht, da mangels Ausschreibung regelmäßig keine Grundlage für ein konkretes Angebot vorlag.[7] OLG Hamburg (Fn. 7) sah daher die Informationspflicht als verletzt an, weil ein schon bestehender Vertrag mit wesentlichen Modifikationen ohne Wettbewerb verlängert wurde, obwohl ein weiteres Unternehmen sein Interesse bekundet hatte. Wurde ein Vertrag ohne jeden Wettbewerb und ohne zu Tage getretenes Interesse weiterer Unternehmen geschlossen, versuchte die Rechtsprechung, diesen Sachverhalt über die Frage der Sittenwidrigkeit, § 138 BGB, zu lösen und kam dabei zu der Wertung, dass Sittenwidrigkeit nur bei bewusster Umgehung oder kollusivem Zusammenwirken der Vertragspartner anzunehmen sei.[8]

Ein Unsicherheitsfaktor, der die Gefahr nichtiger Verträge mit sich brachte, war die **12** gesellschaftsrechtliche Verbindung verschiedener öffentlicher oder öffentlicher und privater Unternehmen, die die Frage nach dem Rahmen und den Grenzen des vergaberechtsfreien **Inhouse-Geschäfts** (vgl. § 99 IV. 1.) aufwarfen. Erst die klärende Rechtsprechung des EuGH zur Anforderung der „Beherrschung wie über eine eigene Dienststelle" brachte hier Abhilfe.

Die Regelung des **Abs. 1 Nr. 2** trägt dieser Rechtsprechung Rechnung und klärt, dass die **13** Vergabe ohne Beteiligung anderer Unternehmen und damit ohne Wettbewerb zu einem schwebend unwirksamen, zunächst nichtigen Vertrag führt. Dabei **setzt der Wortlaut nicht voraus, dass es Interessenbekundungen anderer Unternehmen gegeben haben muss.** Ein Unternehmen, das unter Berufung auf **Abs. 1 Nr. 2** einen Nachprüfungsantrag stellen möchte, muss daher nicht belegen, dass es vorher schon Interesse am Auftrag beim Auftraggeber bekundet hatte. Es reicht aus, wenn nach Bekannt werden des Vertragsschlusses interessierte Unternehmen den Nachprüfungsantrag stellen mit dem Vortrag, zur Erfüllung der bekannt gewordenen oder bekannt gemachten Leistung willens und in der Lage und an einem Vertragsschluss interessiert zu sein. Die Regelung ist zu Recht strenger als die Rechtsprechung zu § 13 VgV, da bei unmittelbarem Vertragsschluss mit einem Unternehmen die Frage, ob andere Unternehmen überhaupt von dem Beschaffungsvorhaben erfahren und damit erst die Chance haben, ihr Interesse zu bekunden, so unberechenbar von Zufällen abhängt, dass hiervon die Rechtsfolge nicht abhängig gemacht werden kann. Da im Interesse eines **effektiven Primärrechtschutzes** Ausnahmen von der Verpflichtung zur Anwendung des Vergaberechts eng auszulegen sind, sind folglich auch Regelungen, die den Zugang zu den Rechtsschutzmöglichkeiten gewährleisten sollen, **im Sinne größtmöglicher Öffnung des Zugangs zum Rechtsschutz** zu verstehen. Es reicht demnach für die Rechtsfolge eines schwebend unwirksamen Vertrages aus, dass ein Auftrag ohne Beteiligung anderer Unternehmen unmittelbar an ein Unternehmen erteilt wurde, ohne dass dies durch ein Gesetz gestattet ist. Weitere Voraussetzungen wie etwa das geäußerte Interesse anderer Unternehmen sind nicht erforderlich. Wird ein de-facto-Vertrag geschlossen, ist er in jedem Fall zunächst schwebend unwirksam.[9]

Als scheinbar durch das Gesetz gestatteter Fall war früher streitig, ob **nach einem vorange-** **14** **gangenen und aufgehobenen Vergabeverfahren,** wenn im Verhandlungsverfahren zum Schluss nur noch mit einem Unternehmen verhandelt und diesem der Zuschlag erteilt wurde, die abgewiesenen Bewerber oder ausgeschiedenen Verhandlungspartner zu informieren waren. Die Rechtsprechung sah hier die Informationspflicht in einer analogen Anwendung des § 13 VgV oder begründete sie damit, dass die Unternehmen mit ihren Angeboten in dem aufgeho-

---

[6] BGH NZBau 2005, 290; OLG Celle ZfBR 2006, 818; OLG Düsseldorf NZBau 2005, 484; OLG München VergabeR 2005, 620; EuGH, C-275/08, NZBau 2010, 63; OLG Celle NZBau 2010, 194 (Blaue Tonne).

[7] OLG Celle ZfBR 2006, 818; OLG Hamburg NZBau 2007, 801.

[8] OLG Karlsruhe NZBau 2007, 395; OLG Hamburg NZBau 2007, 801.

[9] *Dreher/Hoffmann*, Die schwebende Unwirksamkeit nach § 101b GWB, NZBau 2010, 201.

benen Verfahren Bieterstatus erlangt hatten.[10] Durch die Regelung des **§ 101a Abs. 1 Satz 2** ist geklärt, dass auch Bewerber zu informieren sind und dass nur im Falle von Dringlichkeit die Informationspflicht entfällt. Nicht ausdrücklich geregelt ist die Frage, ob **nach einem aufgehobenen Verfahren dieselben Bieter aus diesem Verfahren auch als Bieter in dem darauf folgenden Verhandlungsverfahren** anzusehen sind. Das wird man nach Sinn und Zweck der Regelung und der insoweit noch aktuellen Rechtsprechung des OLG Düsseldorf (Fn. 9) bejahen müssen.

15   **3. Feststellung des Verstoßes in einem Nachprüfungsverfahren nach Abs. 2.** Das Vorliegen eines Verstoßes gegen **§ 101a oder § 101b Abs. 1b** muss in einem Nachprüfungsverfahren festgestellt worden sein, das unter Berücksichtigung der **Fristen des Abs. 2** beantragt worden ist. Eine Feststellung des Verstoßes liegt vor, wenn die Entscheidung einer Vergabekammer oder eines OLG-Senates den Verstoß rechtskräftig festgestellt hat. Die Feststellung des Verstoßes gegen die Informationspflicht ist jedoch kein Selbstzweck. Die unterlassene Information berührt die Chancen auf Erhalt des Auftrages nur im Hinblick auf die ggf. notwendige Inanspruchnahme von Rechtsschutz. Der Nachprüfungsantrag muss daher die in den **§§ 107, 108** geregelten Zulässigkeitsvoraussetzungen und inhaltlichen Anforderungen erfüllen (Erfüllung der Rügepflicht, Darlegung der Antragsbefugnis, Bezeichnung des Antragsgegners, Sachverhaltsdarstellung usw.) und die Rechtsverletzung durch die Nichtbeachtung von Vergaberechtsbestimmungen darlegen. Da Sinn der Regelung die Gewährleistung der Rechtsschutzmöglichkeiten ist, wird der scheinbar schon geschlossene **Vertrag offen gehalten, bis über das Rechtsschutzbegehren rechtskräftig entschieden** ist. Kommt die Nachprüfung zu dem Ergebnis, dass **kein Verstoß gegen andere Bestimmungen über das Vergaberecht** als § 101a oder § 101b Abs. 1 Nr. 2 vorliegt oder der Antragsteller durch den **möglicherweise vorhandenen Verstoß gegen Vergaberegeln nicht in seinen Chancen beeinträchtigt wurde,** oder womöglich sogar einen Vorteil davon hatte, wird der Nachprüfungsantrag trotz des Verstoßes gegen die Informationspflicht im Ergebnis erfolglos bleiben. Den Zweck, den Vertrag nicht vor einer Entscheidung über den beantragten Rechtsschutz rechtsgültig werden und damit die Chance auf Erhalt des Antrages offen zu lassen, hat die Regelung in diesem Fall dennoch erfüllt.

IV. Fristen (Abs. 2)

16   **Abs. 2** definiert und begrenzt den Zeitraum, in dem der Verstoß gegen **§ 101a und § 101b Abs. 1 Nr. 2** geltend gemacht werden kann. Für die Dauer dieser Zeiträume ist der ohne Information geschlossene Vertrag schwebend unwirksam. Wird in den definierten Fristen kein Nachprüfungsantrag gestellt, wird der Vertrag rechtsgültig von Anfang an. Die Befristung der schwebenden Unwirksamkeit dient der zügigen Herbeiführung von Rechtssicherheit für alle Beteiligten. Die Regelung definiert verschiedene Fristen, die jeweils abhängig vom Kenntnisstand der Unternehmen sind, die sich mit einem Nachprüfungsverfahren dagegen wehren wollen, dass sie nicht oder nicht erfolgreich am Verfahren beteiligt wurden.

17   **Hat das Unternehmen Kenntnis vom Verstoß erlangt** und möchte dagegen vorgehen, muss es innerhalb von **30 Kalendertagen** den Nachprüfungsantrag stellen. Der **Begriff der Kenntnis** wird hier nicht anders zu definieren sein als in **§ 107 Abs. 3 Nr. 1** (ausführlich s. dort). Danach ist für den **Zeitpunkt, ab wann Kenntnis bestand,** darauf abzustellen, ab wann dem Unternehmen alle Fakten bekannt waren, die die Basis des Verstoßes bilden und sich nach verständiger Würdigung durch das Unternehmen selbst oder nach rechtlicher Beratung das Bewusstsein eines Fehlers gebildet hat. Dabei kann auch bei vom Sachverhalt her offensichtlich unterbliebener Information eine Rechtsberatung geboten sein, wenn es um die Frage geht, ob der Auftraggeber sich zu Recht auf Dringlichkeit berufen hat. Der nach diesen Gesichtspunkten zu ermittelnde Zeitpunkt kann durchaus **in zeitlicher Distanz zu dem erfolgten unwirksamen Vertragsschluss** liegen, wenn dieser zB. nicht bekannt geworden ist und das Unternehmen erst später von der Beendigung des Vergabeverfahrens erfährt (zB., wenn im Verhandlungsverfahren noch auf einen weiteren Verhandlungstermin gewartet wird, während der Vertrag schon geschlossen wurde). Die **Bindung an Kalendertage** bedeutet, dass es nicht darauf ankommt, ob Wochenenden, Feiertage oder sonst generell arbeitsfreie Tage in der Frist enthalten sind. Dies war dem Umstand geschuldet, dass es EU-weit unterschiedliche Feiertage und unterschiedliche generell arbeitsfreie Tage gibt. Nur mit der Bindung an Kalendertage war ein EU-weit einheitlicher Maßstab für die Frist geschaffen.

---

[10] OLG Düsseldorf NZBau 2005, 536.

Erlangt das Unternehmen keine Kenntnis vom Verstoß, beträgt die Frist für die Ein- 18
reichung eines Nachprüfungsantrages **6 Monate.** Innerhalb von 6 Monaten kann auch bei
komplexen Vergaben das Vergabeverfahren abgewickelt und die Information über die Vergabeentscheidung im Amtsblatt der EU veröffentlicht worden sein, so dass Bewerber/Bieter europaweit die Chance haben, zumindest über die erfolgte Vergabeentscheidung innerhalb von
6 Monaten Kenntnis zu erlangen. Üblicherweise finden auch während eines Vergabeverfahrens
Kontaktaufnahmen zwischen Bewerbern/Bietern und Auftraggebern statt. Neben der Eingangsbestätigung für das Angebot kann es Nachforderungen von Eignungsunterlagen geben, wenn
dies in der Bekanntmachung vorgesehen war. Es kann Aufklärungsfragen zum Angebot geben,
in den Verhandlungsverfahren finden die Verhandlungen statt, bei vorgeschalteten Eignungs-
wettbewerben können die nicht ausgewählten Bewerber bemerken, dass sie nicht zur Angebotsabgabe oder zu Verhandlungen aufgefordert wurden. Hört ein Bewerber/Bieter monatelang
nichts vom Auftraggeber, ist ihm zuzumuten, dass er sich **nach seiner Bewerbung/seinem
Angebot erkundigt.** Bei einer Frist von 6 Monaten haben daher Bewerber/Bieter europaweit
die Chance, dennoch Rechtsschutz in Anspruch nehmen zu können. Mit dem Ablauf der Frist,
ohne dass ein Nachprüfungsverfahren eingeleitet wurde, ist der Vertrag rechtsgültig von Anfang
an. Die Frist von 6 Monaten ist eine **Ausschlussfrist,** bei der es keine nachträgliche Wiedereinsetzung in den vorigen Stand geben kann. Auf das zwischenzeitlich rechtsgültige und in der
Regel schon in die Erfüllung übergegangene Vertragsverhältnis sollen die Vertragsparteien vertrauen dürfen.

Die Regelung mag ungerecht erscheinen in den Fällen, in denen der Auftraggeber einem 19
Bewerber/Bieter **bewusst eine falsche Auskunft** erteilt, um ihn an der Inanspruchnahme von
Rechtsschutz zu hindern. Im Interesse von Rechtssicherheit und im Hinblick auf den Vertragspartner, der auf das Informationsverhalten des Auftraggebers keinen Einfluss hat, hat der Gesetzgeber jedoch die Wertung getroffen, dass ein Vertragsverhältnis, das über ein halbes Jahr nicht
angegriffen wurde, Bestand haben soll. Davon zu unterscheiden ist die Frage, inwieweit einem
falsch informierten Bewerber/Bieter deshalb **Schadensersatzansprüche** zustehen. Das wird im
Grundsatz zu bejahen sein, die Schadensdarlegung kann jedoch sehr schwierig sein.

Will der Auftraggeber für die Kenntnisnahmemöglichkeit am Markt oder bei Be- 20
werbern/Bietern sorgen, kann er die Auftragsvergabe im Amtsblatt der EU bekannt machen.
Damit verkürzt sich nicht nur die Zeit der Angreifbarkeit des Vertrages auf **30 Kalendertage,**
mit dem Datum der Veröffentlichung ist auch ein greifbarer Termin für den Beginn der
30 Kalendertage gesetzt. Bewerbern/Bietern, die sich an europaweiten Vergaben beteiligen, ist
danach zuzumuten, dass sie auch die Informationen über erteilte Aufträge im Amtsblatt der Europäischen Union verfolgen. Ob ein Bewerber/Bieter die Information tatsächlich gelesen und
zur Kenntnis genommen hat, ist für diese Alternative unerheblich, da es einzig darauf ankommt,
dass die **Kenntnisnahmemöglichkeit** geschaffen wurde.

Zweiter Abschnitt. Nachprüfungsverfahren

I. Nachprüfungsbehörden

§ 102 Grundsatz

Unbeschadet der Prüfungsmöglichkeiten von Aufsichtsbehörden unterliegt die Vergabe öffentlicher Aufträge der Nachprüfung durch die Vergabekammern.

I. Entstehungsgeschichte

1   Nachdem der 1. Abschnitt des 4. Teils des GWB unter der Überschrift „Vergabeverfahren" die Grundsätze der Vergabe öffentlicher Aufträge einschließlich des Rechtsanspruchs auf Einhaltung der Vergabebestimmungen, die wesentlichen Begriffsdefinitionen und den Anwendungsbereich einschließlich der Ausnahmen regelt, enthält der 2. Abschnitt die Regelungen über das Nachprüfungsverfahren, untergliedert in die Regelungen zu den **Nachprüfungsbehörden (I., §§ 102–106 a)**, das **Verfahren vor den Vergabekammern (II., §§ 107–115 a)** und das **Beschwerdeverfahren vor den Oberlandesgerichten (III., §§ 116–124)**. Die Regelungen tragen den Anforderungen der Rechtsmittelrichtlinie[1] Rechnung. Die Richtlinie verlangt in **Art. 2 Abs. 1,** dass die Nachprüfungsinstanzen mit der Befugnis ausgestattet sein müssen, die sie berechtigt, so schnell wie möglich durch den Erlass einstweiliger Maßnahmen den behaupteten Rechtsstoß zu beseitigen oder weitere Schädigungen der betroffenen Interessen zu verhindern, dazu gehören Maßnahmen wie die Aussetzung des Verfahrens. Die Befugnis muss auch die Anordnung der Aufhebung rechtswidriger Entscheidungen einschließlich der Streichung diskriminierender technischer, wirtschaftlicher oder finanzieller Spezifikationen in den Verdingungsunterlagen oder in anderen die Ausschreibung betreffenden Unterlagen sowie die Entscheidung über Schadensersatz für die Geschädigten umfassen. Diese Befugnisse können mehreren Instanzen übertragen werden **(Art. 2 Abs. 2).** Wird eine Instanz befasst, die kein Gericht ist, muss sichergestellt werden, dass der Rechtsweg zu einer unabhängigen gerichtlichen Instanz gegeben ist **(Art. 2 Abs. 8).**

2   Insbesondere der Forderung nach effektivem Rechtsschutz hat die Bundesrepublik sehr zögerlich Rechnung getragen (vgl. Kommentierung zu § 101 a RdNr. 1–5). In der zunächst vorgesehenen haushaltsrechtlichen Lösung waren Vergabekammern nicht vorgesehen, in seiner ersten Fassung war das Vergaberechtsänderungsgesetz, das als 4. Teil in das GWB aufgenommen wurde, so gestaltet, dass bei regulärem Ablauf der einzelnen Phasen des Vergabeverfahrens Rechtsschutz vor Vertragsschluss kaum möglich war. Erst nach Einführung des § 13 VgV, der mit der Reform 2009 ersetzt wurde durch §§ 101 a und b, war der geforderte effektive Rechtsschutz erreicht. **Die institutionelle Einrichtung der Vergabekammern** ist hingegen in ihrer ursprünglichen Fassung, wie im Vergaberechtsänderungsgesetz vorgesehen, erhalten geblieben. Sie genügte wegen der in § 105 Abs. 4 festgelegten **Unabhängigkeit der Mitglieder** und der in § 114 Abs. 1 enthaltenen **Offenheit ihres Entscheidungsrahmens** („trifft die geeigneten Maßnahmen") den Anforderungen der Richtlinie. Mit der Reform 2009 ist § 103, der sich mit der Einrichtung und dem Befugnisrahmen der **Vergabeprüfstellen** befasste, ganz entfallen, als Folgewirkung daraus sind aus dem Wortlaut der vorherigen Fassung des § 102 sowie des § 104 Abs. 2 die Vergabeprüfstellen gestrichen worden. Alle Regelungen des 4. Abschnitts des GWB unterlagen einer ständigen Evaluierung durch die Bundesregierung. Im Rahmen der Gesetzgebungsarbeiten an der Reform 2009 wurde festgestellt, dass die Nachprüfung durch Vergabeprüfstellen nach Einführung des Nachprüfungsverfahrens vor den Vergabekammern kaum mehr eine Rolle spielte und daher im Gesetz keinen Niederschlag mehr finden musste. Dass die Vergabeprüfstellen jedenfalls für Vergaben oberhalb der Schwellenwerte praktisch keine Rolle mehr spielten, dürfte seine Ursache u. a. auch in der Gestaltung des Rechtsweges gehabt haben. Nach **§ 103 Abs. 3** konnte gegen eine Entscheidung der Vergabeprüfstellen nur die Vergabekammer angerufen werden, wohingegen die Anrufung der Vergabekammer keine vorherige Prüfung durch die Vergabeprüfstelle voraussetzte. Damit kam durch die Anru-

---

[1] RL 89/663, ABl. 1989, Nr. L 395, S. 33, geändert durch RL 92/50, ABl. Nr. L 209, S. 1.

fung einer Vergabeprüfstelle ein zusätzlicher Verfahrensschritt in das ausdrücklich auf Beschleunigung angelegte Verfahren. Da dieser Schritt nicht zwingend war, war es nach der Interessenlage aller Beteiligten bei Vergaben oberhalb der Schwellenwerte nur folgerichtig, ihn einfach wegzulassen. Dieser Erkenntnis ist die neue Gestaltung der §§ 102–104 gefolgt. Die Möglichkeit, dennoch Vergabeprüfstellen einzurichten, sollte damit nicht beschnitten werden.[2] Da sie auch ohne Antrag vergleichbar einer Rechts- oder Fachaufsicht tätig werden können, haben einige Bundesländer an deren Bestand festgehalten.[3] Ihre Tätigkeit dürfte jedoch ihren Schwerpunkt in Vergaben unterhalb der Schwellenwerte haben.

II. Normzweck

§ 102 richtet die Vergabekammern institutionell ein. Zusammen mit § 104 wird die Aufgabe 3 der Vergabekammern und das Verhältnis zu den Prüfungsmöglichkeiten von Aufsichtsbehörden bestimmt. Insbesondere in Verbindung mit § 104 Abs. 2 ist damit die Ausschließlichkeit dieses Rechtsweges für Rechte aus § 97 Abs. 7 und sonstige Ansprüche gegen öffentliche Auftraggeber auf Handlungen oder Unterlassungen in einem Vergabeverfahren geklärt. Die insoweit bisher bestehende Unklarheit hatte während des noch laufenden Reformprozesses Aktualität erlangt durch die Vergabeverfahren der gesetzlichen Krankenkassen zur Beschaffung von Arzneimitteln im Wege so genannter **Rabattverträge**. Nachdem die Vergabekammer den Zuschlag versagt hatte, wandten sich die Krankenkassen dagegen an die Sozialgerichtsbarkeit und bestritten die Zuständigkeit der Vergabekammern. Die Sozialgerichtsbarkeit sah § 130 a IX SGB V gegenüber §§ 102 ff. GWB als die speziellere Norm an und hielt damit den Rechtsweg zu den Sozialgerichten für gegeben.[4] Dem widersprachen OLG Düsseldorf und abschließend der BGH,[5] wonach gegen eine Entscheidung einer Vergabekammer allein die sofortige Beschwerde zum zuständigen Oberlandesgericht gemäß §§ 116 ff. GWB gegeben sei. Die Entscheidung des Bundessozialgerichtes im konkreten Einzelfall konnte der BGH dennoch nicht abändern, weil das Bundessozialgericht bereits seine Zuständigkeit bejaht hatte. Daran war der BGH aufgrund seiner Rechtsprechung zum negativen Kompetenzkonflikt[6] gebunden.

III. Vergabekammern

1. Einrichtung, Verfahrensrecht. Durch die Rechtsmittelrichtlinie waren der Bund und 4 die Länder verpflichtet, unabhängige Einrichtungen zur Nachprüfung von Vergabeverfahren zu schaffen. Die Anforderungen der Richtlinie legten eine gerichtsförmige Organisation nahe, so dass man auch an die Einrichtung spezieller Kammern bei den Gerichten hätte denken können. Die Bundesrepublik entschied sich jedoch für eine erste Instanz in der Verwaltung, deren Entscheidungen in der zweiten Instanz in die zivilgerichtliche Überprüfung gehen. Damit wurde einerseits der Verwaltungsnähe der betroffenen öffentlichen Auftraggeber und andererseits dem typisch zivilrechtlichen Ziel des Verfahrens, zu einem vertraglichen Austauschverhältnis ohne Über- und Unterordnungsverhältnis wie bei hoheitlichem Handeln zu kommen, Rechnung getragen. Die Anbindung der Vergabekammern erfolgte in den Ländern und beim Bund unterschiedlich.

Eingerichtet wurden
– die Bundeskammern beim Bundeskartellamt,
– die Vergabekammern der Länder Berlin, Brandenburg, Bremen, Hamburg, Mecklenburg-Vorpommern, Rheinland-Pfalz und Schleswig-Holstein auf der Ebene der Ministerien oder Senatsverwaltungen,
– die Vergabekammern der Länder Bayern, Hessen, Nordrhein-Westfalen, Sachsen sowie eine der beiden Kammern in Niedersachsen und zwei der drei Kammern in Sachen-Anhalt bei den Regierungspräsidien,
– Baden Württemberg und Thüringen richteten die Kammern bei Landesoberbehörden (Landesgewerbeamt und Landesverwaltungsamt) ein,

---

[2] Gesetzesbegründung, Teil B, Art. 1 zu Nr. 103.
[3] Bremen, Rheinland-Pfalz, Schleswig-Holstein, außerdem bei verschiedenen Bundesministerien und Bundesbehörden.
[4] Bundessozialgericht VergabeR 2008, 693.
[5] OLG Düsseldorf VergabeR 2008, 686, BGH v. 15. 7. 2008, X ZB 17/08, Kurzdarstellung in Vergabe spezial 2008, 62.
[6] BGHZ 44, 14, 15.

– Saarland richtete eine Kammer bei der Oberfinanzdirektion ein, die Länder Sachsen-Anhalt und Niedersachsen richteten Kammern bei den Oberfinanzdirektionen mit abgegrenzter sachlicher Zuständigkeit gegenüber den anderen Kammern dieser Länder ein.[7] Die Vergabekammern sind in Besetzung (§ 105, Vorsitzende/r, hauptamtlich Beisitzende/r und ehrenamtlich Beisitzende/r) und Verfahrensvorgaben (§ 107 Tätigkeit nur auf Antrag, § 108 Formerfordernisse an den Antrag, § 110 Übermittlung des Antrages an den Gegner, § 109 Beiladungen, § 111 Akteneinsichten, § 112 mündliche Verhandlung, kontradiktorisches Verfahren) weitgehend ihrer Beschwerdeinstanz angepasst. Der für die Vergabekammern normierte Untersuchungsgrundsatz in § 111 wurde mit § 120 Abs. 2 in das Beschwerdeverfahren übernommen, da Amtsermittlungen dem Zivilprozess grundsätzlich fremd sind. Insoweit wurde das Verfahren vor den Beschwerdegerichten dem Verfahren vor den Vergabekammern angepasst. Die Verfahrensregelungen des GWB sind lex specialis zu den ansonsten geltenden Verfahrensbestimmungen, decken jedoch nicht den gesamten Ablauf eines Nachprüfungsverfahrens ab. Da die Vergabekammern gemäß § 114 Abs. 3 durch Verwaltungsakt entscheiden und trotz aller Annäherung an unabhängige Gerichte Teil der Verwaltung sind, haben sie ergänzend die Verwaltungsverfahrensgesetze[8] und ggf. die Verwaltungsvollstreckungsgesetze[9] anzuwenden. Zur Anwendung können diese Regelungen kommen zB. in Fragen der Befangenheit einzelner Kammermitglieder oder bei der Weigerung eines Auftraggebers, einer rechtskräftigen Entscheidung der Vergabekammer zu folgen.

5   **2. Vergabe öffentlicher Aufträge.** Die Nachprüfung dient der **Durchsetzung des Primärrechtsschutzes.** Die Einordnung von § 102 in den 4. Abschnitt des GWB zeigt, dass die Regelung nur auf Vergaben oberhalb der Schwellenwerte anwendbar ist, § 100 Abs. 1.[10] Die Nachprüfung soll ermöglichen, in das laufende Vergabeverfahren einzugreifen und durch geeignete Maßnahmen die Rechtmäßigkeit wieder herzustellen, § 114 Abs. 1. Sie findet nur statt, wenn eine Vergabe vorliegt. Da § 102 kein Vergabe**verfahren** verlangt, muss die Vergabehandlung nicht förmlich sein.[11] Jedes auf den Abschluss eines Vertrages gerichtete Beschaffungsverhalten ist nachprüfbar, solange noch kein wirksamer Vertrag geschlossen wurde. Erst der im Hinblick auf §§ 101 a und 101 b wirksam erfolgte Vertragsschluss wird durch § 114 Abs. 2 S. 1 geschützt. Eine formlose und das Vergaberecht völlig ignorierende Direktvergabe (**de-facto-Vergabe**) kann daher nur unter den Bedingungen und Fristen der §§ 101 a und b wirksam werden und unterliegt für die Dauer der schwebenden Unwirksamkeit uneingeschränkt der Nachprüfung. Der **Beginn einer Vergabe** setzt nicht voraus, dass schon eine Bekanntmachung stattgefunden hat, vielmehr reicht aus, dass der Auftraggeber durch sein Handeln erkennen lässt, dass er einen Auftrag vergeben will. Das **Ende einer Vergabe** liegt regelmäßig in dem Abschluss eines wirksamen Vertrages. Hebt der Auftraggeber die Ausschreibung auf, ist der Akt der **Aufhebung** überprüfbar und muss den gemeinschaftsrechtlichen Bestimmungen genügen.[12] Eine Aufhebung, weil nach Prüfung der Angebote ein nicht favorisiertes Unternehmen den Zuschlag bekommen müsste, wäre nicht rechtmäßig. Die im BGB verankerte Privatautonomie ist durch das Diskriminierungsverbot im Vergaberecht eingeschränkt. Ein unter Berufung auf § 101 a Abs. 2 wegen **Dringlichkeit** direkt geschlossener Vertrag beendet das Vergabeverfahren nicht automatisch. Er ist solange schwebend unwirksam und daher nachprüfbar, bis die Fristen, in denen nach § 101 b Abs. 2 ein Nachprüfungsantrag gestellt werden könnte, verstrichen sind, da auch die Berufung auf Dringlichkeit der Nachprüfung unterliegt.

IV. Aufsichtsbehörden

6   **1. Tätigkeit der Aufsichtsbehörden.** Die Regelung berücksichtigt, dass Aufsichtsbehörden einen eigenen gesetzlichen Auftrag haben, dessen Ausübung keiner Initiative von außen, also keines Antrages oder keiner Anzeige eines Unternehmens bedarf, das Verstöße gegen Vergaberechtsbestimmungen geltend macht. Vielmehr kann und muss eine Aufsichtsbehörde in Erfüllung ihrer Aufgabe auch ohne Anstoß tätig werden und in ein Vergabeverfahren eingreifen,

---

[7] Übersicht mit Zuständigkeitsverordnungen der Länder in VgR Vergaberecht, Beck-Texte im dtv Nr. 5595, 12. Aufl. 2010.
[8] BGH VergabeR 2004, 414, 416.
[9] OLG Düsseldorf VergabeR 2001, 62, 63.
[10] Zum Rechtsschutz unterhalb der Schwellenwerte vgl. Kommentierung zu § 100 RdNr. 5, 6; Vor §§ 97 ff. RdNr. 279 f.
[11] BGH v. 1. 2. 2005, X ZB 27/04, ebenso BGHZ 149, 165, 173 und OLG Düsseldorf IBR 2002, 98.
[12] EuGH, C- 92/00, Slg. 2002, I-5553.

wenn ihr Rechtsverstöße bekannt werden. Ihre Tätigkeit **umfasst auch den Bereich der Vergaben unterhalb der Schwellenwerte.** Ob und in welchem Maße sie in die Vergabe eingreift, entscheidet sie nach dem **Opportunitätsprinzip.** Auf eine Anzeige hin muss eine Aufsichtsbehörde daher nicht zwingend tätig werden. Auch wenn sie eingreift, obliegt ihr ein Beurteilungs- und Ermessensspielraum hinsichtlich der aufsichtlichen Maßnahmen. Dabei können andere als vergaberechtliche Gesichtspunkte leitend sein. Hinzu kommt, dass die aufsichtliche Prüfung von Vergabeverfahren häufig im Rahmen der Prüfung der Verwendungsnachweise von Fördermitteln erfolgt. Zum Zeitpunkt dieser Prüfung sind das Vergabeverfahren und häufig auch die Vertragsabwicklung schon beendet, so dass die Rechtmäßigkeit des Verfahrens nicht mehr hergestellt werden kann. Die Aufgabenstellung der Aufsichtsbehörden ist vorrangig nicht die Gewährung von Individualrechtsschutz. Sie haben vielmehr generell auf rechtmäßiges Handeln der beaufsichtigten Behörden oder Einrichtungen zu achten. **Bedeutung für den Individualrechtsschutz** erlangen die Aufsichtsbehörden mittelbar **unterhalb der Schwellenwerte.** Da es für die nationalen Vergabeverfahren keinen Primärrechtsschutz gibt und allenfalls Schadensersatzansprüche geltend gemacht werden können, kann die Tätigkeit einer Aufsichtsbehörde die einzige Chance bieten, ggf. vorhandene Rechtsverstöße auch während des laufenden Vergabeverfahrens zu beseitigen und so dem Antragsteller eine neue Chance auf den Zuschlag zu verschaffen.

2. Das Verhältnis zur Nachprüfung durch die Vergabekammern. § 102 sieht die Prü- 7
fungsmöglichkeiten von Aufsichtsbehörden und die Nachprüfung durch die Vergabekammern in einem **konkurrenzlosen Nebeneinander.** Die Aufgabenbereiche der Aufsichtsbehörden und der Vergabekammern berühren sich nur in dem relativ kleinen Bereich der Vergaben, deren Auftragswerte oberhalb der Schwellenwerte liegen. Die weitaus größte Zahl der zu vergebenden Aufträge liegt unterhalb der Schwellenwerte und fällt damit nicht in die Zuständigkeit der Vergabekammern. Zu dem sich **nur begrenzt überschneidenden Zuständigkeitsbereich** und der **unterschiedlichen Aufgabenstellung** von Aufsichtsbehörden und Vergabekammern kommt die **unterschiedliche Wirkung** der Handlungsmöglichkeiten. Für die aufsichtliche Tätigkeit gibt es keine Regelung wie **§ 115 Abs. 1.** Das darin enthaltene gesetzliche Zuschlagsverbot führt unmittelbar zur Nichtigkeit von Verträgen, die unter Verstoß gegen dieses Verbot geschlossen wurden. Die Vergabekammer kann daher ein angegriffenes Vergabeverfahren wirksam anhalten und bis zur rechtskräftigen Entscheidung offen halten. Eine Aufsichtsbehörde kann zwar untersagen, dass ein Vertrag vor Abschluss ihrer Prüfungen geschlossen wird, ein dennoch weisungswidrig geschlossener Vertrag wäre aber nicht nichtig. Im Falle der Verwendung von **Fördermitteln** riskiert ein öffentlicher Auftraggeber allerdings die anteilige oder vollständige **Rückforderung** der Mittel, wenn später Verstöße gegen Vergaberecht festgestellt werden. Ein Unternehmen, das sich mit seinem Vorgehen gegen ein bestimmtes Vergabeverhalten die Chance auf den Auftrag erhalten will, ist daher besser beraten, sich an die zuständige Vergabekammer zu wenden. Werden Aufsichtsbehörde und Vergabekammer nebeneinander tätig, hat sich bisher das **Risiko widersprüchlicher Prüfungsergebnisse** noch nicht realisiert. Die Vergabekammern unterliegen dem Beschleunigungsgebot, **§ 113.** In der Praxis haben sich Aufsichtsbehörden deshalb regelmäßig vergewissert, ob in dem zu prüfenden Verfahren bereits ein Nachprüfungsverfahren anhängig war und ggf. das Ergebnis dieses Verfahrens abgewartet. Die Entscheidungen der Vergabeprüfstellen waren nach dem aufgehobenen **§ 103 Abs. 3** nur vor den Vergabekammern angreifbar, so dass hier über die Vergabekammern selbst die Einheitlichkeit der Entscheidung wieder hergestellt werden konnte.

§ 103 *(aufgehoben)*

§ 104 Vergabekammern

(1) **Die Nachprüfung der Vergabe öffentlicher Aufträge nehmen die Vergabekammern des Bundes für die dem Bund zuzurechnenden Aufträge, die Vergabekammern der Länder für die diesen zuzurechnenden Aufträge wahr.**

(2) **Rechte aus § 97 Abs. 7 sowie sonstige Ansprüche gegen öffentliche Auftraggeber, die auf die Vornahme oder das Unterlassen einer Handlung in einem Vergabeverfahren gerichtet sind, können nur vor den Vergabekammern und dem Beschwerdegericht geltend gemacht werden.**

(3) Die Zuständigkeit der ordentlichen Gerichte für die Geltendmachung von Schadensersatzansprüchen und die Befugnisse der Kartellbehörden zur Verfolgung von Verstößen insbesondere gegen §§ 19 und 20 bleiben unberührt.

I. Entstehungsgeschichte und Normzweck

1   Zur Entstehungsgeschichte insgesamt vgl. § 102 RdNr. 1. Die Reform 2009 hat einige Änderungen im Text der Norm gebracht, die aber nur der Klarstellung dienen und keine eigenständigen neuen Regelungen enthalten. Die Streichung des Hinweises auf die Vergabeprüfstellen ist eine redaktionelle Anpassung an die Änderung von § **102** und die Streichung des § **103**. Der bisherige Satz 2 in Abs. 2 ist nunmehr als Abs. 3 separat gestellt und soll die Regelung klarer machen. Der neu aufgenommene ausdrückliche Hinweis auf die §§ **19 und 20** soll klarstellen, dass sich trotz der in § **104 Abs. 2** normierten Ausschließlichkeit des Rechtsweges zu den Vergabekammern an der Befugnis der Kartellbehörden, gegen unzulässiges Verhalten marktstarker Unternehmen einzuschreiten, nichts geändert hat. § **104** regelt die **Zuständigkeit der Vergabekammern** der Länder und des Bundes. Ergänzend hierzu ist § **106 a** zu berücksichtigen, der zuvor § **18 der VgV** war. In § **106 a** wird definiert, welche Aufträge dem Bund oder den Ländern zuzurechnen sind.

II. Zuständigkeitsabgrenzung Bund und Länder (Abs. 1)

2   Die Abgrenzung zwischen der Zuständigkeit der Vergabekammern des Bundes und der Länder erfolgt nach dem Prinzip der **Zurechenbarkeit.** Anknüpfungspunkt für die Zurechenbarkeit ist der öffentliche Auftraggeber. Die Zurechenbarkeit kann sich sowohl aus dem Sitz als auch aus der Finanzierung oder den Einflussnahmemöglichkeiten, zB. durch Beherrschung oder Verwaltung, ergeben. Eine detailliertere, an der Kategorisierung der öffentlichen Auftraggeber in § **98** ausgerichtete Regelung der Zurechenbarkeit trifft § **106 a** (vgl. dort). Danach ist grundsätzlich die Vergabekammer zuständig, in deren Zuständigkeitsbereich der öffentliche Auftraggeber seinen Sitz hat, der den Auftrag vergibt oder finanziert. Bei Gebietskörperschaften bereitet die Zuordnung der vergebenen Aufträge keine Probleme, bei Anstalten und Körperschaften ergibt sich die Zuständigkeit der Vergabekammer aus den Errichtungsunterlagen, bei der Baukonzession kommt es darauf an, wer die Baukonzession vergeben hat oder vergeben will, bei den öffentlichen Auftraggebern nach § **98 Nr. 4–6** auf die Gewährung der Rechte oder die Finanzierung.

Zum Begriff der „Vergabe" und dass sich die Nachprüfung nicht auf förmliche Vergabeverfahren beschränkt vgl. § 102 RdNr. 5.

III. Ausschließlichkeit des Rechtsweges (Abs. 2)

3   **Abs. 2** begründet einen eigenständigen und **ausschließlichen Rechtsweg** für die Nachprüfung von Vergabeverfahren. Es war erklärter Wille des Gesetzgebers, langwierigen Verfahren über mehrere Instanzen zu entgehen, um deren investitionshemmende Wirkung zu vermeiden.[1] Aus diesem Grund wurde die erste Instanz in die Verwaltung eingegliedert und der Rechtsweg auf eine weitere Instanz beschränkt, die im Rahmen des durch das gesamte Nachprüfungsverfahren geltenden **Beschleunigungsgrundsatzes (§ 113)** nur im Wege der **sofortigen Beschwerde** anzurufen ist. Der Beschleunigung dient auch die im gesamten deutschen Rechtssystem einmalige Fiktion einer materiellen Entscheidung nach Fristablauf in § **116 Abs. 2** sowie die insgesamt kurzen Fristen für die Rügepflicht und die Zulässigkeit von Nachprüfungsanträgen, die mit der Reform 2009 in § **107 Abs. 3 Nr. 4** noch einmal verschärft wurden. Eine zügige und nicht durch Rechtswegzersplitterung langwierig verzögerte Entscheidung zu ermöglichen, ist Ziel dieser Regelung. Sie schließt damit andere Rechtswege für die Nachprüfung von Vergabeverfahren aus.

4   Die Frage, inwieweit die **Beschlüsse der Vergabekammern,** die gemäß § **114 Abs. 3 Satz 1** als Verwaltungsakt ergehen, auch **vor den Verwaltungsgerichten** oder im konkreten Fall vor den **Sozialgerichten** angegriffen werden können, war im Rahmen der Nachprüfung der Vergabe von Rabattverträgen durch die gesetzlichen Krankenkassen zu klären. Hierzu hat der BGH[2] deutlich ausgeführt, dass es dafür keine Basis gibt und sich dies auch nicht aus einer

---

[1] BT-Drucks. 13/9340, S. 12, noch deutlicher BR-Drucks. 349/08.
[2] BGH v. 15. 7. 2008, X ZB 17/08 zu OLG Düsseldorf v. 30. 4. 2008, Verg 57/07.

Argumentation über die speziellere Norm, hier aus dem SGB V, ableiten lässt. § 116 sei die speziellere Norm, für einen Willen des Gesetzgebers, für bestimmte Vergabeverfahren andere Rechtswege zuzulassen, sei aus dem Gesetz und den Gesetzesgrundlagen nichts herzuleiten. Die Ausschließlichkeit des Rechtsweges erfasst damit nicht nur die erste Instanz der Vergabekammern, sondern stellt klar, dass **gegen die Beschlüsse der Vergabekammern ausschließlich die Beschwerde bei den gemäß § 116 Abs. 3 zuständigen Oberlandesgerichten** in Betracht kommt. Der Begriff des Vergabeverfahrens ist in § 104, wie grundsätzlich im gesamten Vergaberecht, funktional zu verstehen. Er umfasst jedes auf eine Beschaffung gerichtete Handeln oder Unterlassen, sobald es auf den Abschluss eines Beschaffungsvertrages abzielt. Ein förmliches Vergabeverfahren ist nicht Voraussetzung (vgl. hierzu § 102 RdNr. 5).

Die **Ausschließlichkeit umfasst** die **Rechte aus § 97 Abs. 7** sowie **sonstige Ansprüche**   **5** gegen öffentliche Auftraggeber, die auf die Vornahme oder das Unterlassen einer Handlung in einem Vergabeverfahren gerichtet sind. Neben den Ansprüchen aus § 97 werden Ansprüche erfasst, aus denen sich Unterlassungsansprüche ergeben können, weil das entsprechende Handeln die **Grundsätze des § 97, insbesondere die Gebote von Fairness, Gleichbehandlung und Diskriminierungsfreiheit** verletzen könnte. Ansprüche können sich zB. aus §§ 20 Abs. 1 und 2, 19 Abs. 4 iVm. § 33 GWB, aus § 1 UWG, aus § 823 Abs. 1 und 2 BGB iVm. 1004 BGB, Art. 108 Abs. 3 S. 3 AEUV ergeben.[3] Obwohl § 97 Abs. 7 ohne Eingrenzung von „Bestimmungen über das Vergabeverfahren" spricht, so dass sich daraus keine Einschränkung auf die Bestimmungen der Verdingungsordnungen oder der europäischen Richtlinien über die Vergabe öffentlicher Aufträge ableiten lässt, hat der Gesetzgeber durch die ausdrückliche Erwähnung der „sonstigen Ansprüche" noch einmal klargestellt, dass das Vergabeverhalten der öffentlichen Hand **umfassend** auf seine Rechtmäßigkeit zu überprüfen ist. Etwas anderes ergibt sich auch nicht aus der Formulierung des **§ 107 Abs. 2,** der die Antragsbefugnis nur Unternehmen zuspricht, die geltend machen, in ihren Rechten aus § 97 Abs. 7 durch Nichtbeachten von Vergabevorschriften verletzt zu sein. Der Umstand, dass hier die sonstigen Ansprüche nicht erwähnt sind, wurde in der Literatur als **mangelnde sprachliche Kongruenz mit unklaren Folgen** für die Rechtsanwendung problematisiert.[4] Die Chance, die sprachliche Fassung mit der Reform 2009 anzupassen, hat der Gesetzgeber nicht genutzt. Daraus ist jedoch kein einschränkender Gesetzgeberwille abzuleiten. Die **Prüfungskompetenz der Vergabekammern** soll eine **umfassende und erschöpfende Prüfung des Sachverhalts und der Rechtslage** ermöglichen. Die Vergabekammern sollen nicht gezwungen sein, sehenden Auges ein rechtswidriges Verhalten des Auftraggebers zulassen zu müssen, nur weil die Ursache nicht in den direkten Anwendungsbereich der Verdingungsordnungen fällt. ZB. kann ein Verstoß gegen das Gebot der Chancengleichheit in der Zulassung baurechtswidriger Entwürfe in einem Planungsverfahren liegen. Bautechnische und bauplanungsrechtliche Regelungen gehören nicht zum Vergaberecht, in einem Verstoß dagegen kann aber gerade auch der Verstoß gegen die Bestimmungen über das Vergaberecht, nämlich den Gleichbehandlungsgrundsatz liegen.

Diese umfassende und ausschließliche Prüfungskompetenz der Vergabekammern ist ausführ- **6** lich kritisch betrachtet worden von *Stockmann*,[5] der die Frage aufwirft, ob in dieser Ausschließlichkeit nicht auch eine Schlechterstellung von Wettbewerbsteilnehmern liege, die sich nicht nur im Verhältnis Auftraggeber/Auftragnehmer, sondern auch als Konkurrenten begegnen. Insbesondere das kartellrechtliche Diskriminierungsverbot werde oft erfolgreich gegen den Staat geltend gemacht. Die Bieter hier auf das Nachprüfungsverfahren mit seinen engen Fristen zu beschränken, schwäche die Rechtsposition der Marktteilnehmer. *Stockmann* will deshalb unter „sonstige Ansprüche" nur solche fassen, die denen aus § 97 Abs. 7 inhaltsgleich sind. Die von *Stockmann* aufgeworfene Frage hat in der Praxis noch nicht zu problematischen oder streitigen Situationen geführt. Die Ausschließlichkeit des Rechtsweges und die umfassende rechtliche Prüfungskompetenz der Vergabekammern steht gemäß § 102 unter der Einschränkung, dass die geltend gemachten Rechtsverstöße in unmittelbarem Zusammenhang mit konkretem Beschaffungshandeln, in der Regel im Rahmen eines (in der überwiegenden Zahl förmlichen) Vergabeverfahrens stehen muss.[6] Wie schon **Abs. 3** deutlich macht, ist die Berufung auf sämtliche, als sonstige Ansprüche in einem Vergabeverfahren in Betracht kommenden Rechtsgrundlagen außerhalb eines Vergabeverfahrens vor den dafür zuständigen Behörden oder Gerichten nicht

---

[3] OLG Schleswig NZBau 2000, 100, mittlerweile unstreitig.
[4] Ausführlich mwN. *Dreher/Stockmann* RdNr. 11, 12, *Kus/Portz/Kus Kulartz* RdNr. 11, 12.
[5] *Dreher/Stockmann* RdNr. 13.
[6] OLG Düsseldorf VergabeR 2002, 668.

ausgeschlossen. Aufsichtsbehörden müssen ggf. von Amts wegen tätig werden. Den Belangen und Zielsetzungen dieser Regelungen im Wettbewerbsschutz wird daher weiterhin Rechnung getragen. Aus dem Umstand, dass bestimmte Rechtsverstöße im Rahmen einer Vergabe-nachprüfung nur vor den Vergabekammern überprüft werden können, kann nicht der Schluss gezogen werden, damit werde der Rechtsschutz geschwächt oder die Qualität der Rechts-schutzmöglichkeiten eingeschränkt. Im Gegenteil kann das auf Beschleunigung ausgerichtete Verfahren vor den Vergabekammern zu einer zeitnahen und daher für die aktuelle Wettbe-werbslage im Vergabeverfahren gerade hilfreichen Klärung führen. Schwierig dürfte hingegen sein, im Einzelfall abzuklären, welcher sonstige Anspruch mit **§ 97 Abs. 7** inhaltsgleich ist oder nicht. Da dies in aller Regel einzelfallbezogen zu entscheiden sein wird, würden sich aus dieser Frage in der Spruchpraxis der Vergabekammern zeitraubende Nebenstreitplätze ergeben, die aus Beschleunigungsgründen möglichst vermieden werden sollten. Löst man sich zudem von den von *Stockmann* herangezogenen Beispielen aus dem Kartellrecht und betrachtet das gesamte Spektrum des Vergabewesens, wird deutlich, dass die Frage der Chancengleichheit und der Dis-kriminierungsfreiheit sich oft an Regelungen außerhalb des Vergaberechts entscheidet. Die Fra-ge, welche umwelt-, bau-, arbeitsschutz-, tarif- oder sozialrechtlichen oder sonstigen Vorschrif-ten mit **§ 97 Abs. 7** inhaltsgleich sind, würde ein uferloses Feld werden. Andererseits können diese Regelungen dem Prüfungsrahmen der Vergabekammern nicht entzogen werden, ohne die Effektivität des Rechtsschutzes stark einzuschränken.

IV. Zuständigkeit der ordentlichen Gerichte und der Kartellbehörden (Abs. 3)

7   **Abs. 3** verdeutlicht, dass sich der Vergaberechtsschutz in den Schutz des Wettbewerbs als In-stitution eingliedern soll, ohne den Geltungsbereich des Kartellrechts einzuschränken. Der Rechtsschutz in Vergabesachen ist Ausdruck und Teil des im Kartellrecht insgesamt geforderten fairen und diskriminierungsfreien Wettbewerbs. Ausdrücklich sind Schadensersatzansprüche der Zuständigkeit der ordentlichen Gerichtsbarkeit zugewiesen, womit auch die in **§§ 125, 126** normierten Ansprüche erfasst sind. Die Kartellbehörden sind zur Verfolgung von Verstößen insbesondere gegen die strengen Regeln der **§§ 19 und 20** über den Missbrauch einer marktbe-herrschenden Stellung weiterhin zuständig. Dies ist **kein Widerspruch zur ausschließlichen Zuständigkeit der Vergabekammern.**

8   Der **Zuständigkeitsbereich der ordentlichen Gerichte** für Schadensersatzansprüche weist kaum Überschneidungen mit dem Tätigkeitsfeld der Vergabekammern auf, die über Schadens-ersatzansprüche nicht entscheiden. Schadensersatzansprüche entstehen, wenn der anspruchsbe-gründende Sachverhalt feststeht. Während eines Nachprüfungsverfahrens wird die Vergabe-kammer auf eine Korrektur der ggf. festgestellten Fehler hinwirken und die geeigneten Maßnahmen treffen, um die Rechtmäßigkeit des Vergabeverfahrens wieder herzustellen (**§ 114 Abs. 1),** so dass in dieser Phase noch keine Schadensersatzansprüche entstehen können. Die Ansprüche aus **§§ 125, 126** beziehen sich auf Sachverhalte aus der ex post Betrachtung und werden erst nach Abschluss des Vergabe- oder Nachprüfungsverfahrens relevant. Soweit der Schadensersatzanspruch auf ein vorausgegangenes Nachprüfungsverfahren Bezug nimmt, haben die bestandskräftigen Feststellungen der Nachprüfungsinstanzen gemäß **§ 124 Abs. 1** Bin-dungswirkung, was die Antragsbefugnis für einen Feststellungsantrag begründen kann. Darüber hinaus berühren Schadensersatzansprüche die Zuständigkeit der Vergabekammern jedoch nicht. Sollte gleichzeitig mit dem Nachprüfungsantrag oder ohne Nachprüfungsantrag ein Schadens-ersatzanspruch geltend gemacht werden, liegt im Zivilprozess die Darlegungslast für den geltend gemachten Anspruch allein beim Kläger. Das Zivilgericht ermittelt, anders als die Vergabekam-mer (**§§ 110, 111**), nicht von Amts wegen. Es ist nicht verpflichtet, die Vergabeakten beizuzie-hen und Akteneinsicht zu ermöglichen. Es ist auch nicht verpflichtet, den Zuschlag zu untersa-gen. Ob daher eine Klage auf Schadensersatz als unzulässig abgewiesen werden müsste, weil die Entscheidung darüber auch vergaberechtliche Bestimmungen berührt, kann dahingestellt blei-ben, weil angesichts der fehlenden Suspensivwirkung einer Klagezustellung für den Zuschlag und der mit dem Zivilprozess verbundenen Darlegungslast des Klägers der Weg vor die ordent-lichen Gerichte **vor oder anstelle** eines Nachprüfungsverfahrens in der Praxis selten in An-spruch genommen wird. Im Falle eines laufenden Nachprüfungsverfahrens wäre es ohnehin sinnvoll, das zivilgerichtliche Verfahren bis zur Entscheidung der Vergabekammer auszusetzen. Im Ergebnis wird die Frage jedoch zu verneinen sein, da die Zuständigkeit der ordentlichen Gerichte für Schadensersatzansprüche ohne Einschränkung unberührt bleibt. Eine Klage auf Schadensersatz setzt daher nicht voraus, dass vorher ein Nachprüfungsverfahren durchgeführt

wurde. Gleichzeitige Verfahren, die zu abweichenden Entscheidungen geführt hätten, sind bisher nicht bekannt geworden. Der Gesetzgeber hat dieses Risiko, wohl auch angesichts der geringen praktischen Relevanz, in Kauf genommen.

Die **Kartellbehörden** können gerade bei der Bekämpfung von Diskriminierung und Missbrauch der marktbeherrschenden Stellung auch von Amts wegen tätig werden und sind insoweit, anders als die Vergabekammern, nicht von einem Antrag abhängig. Hier kann es zu Überschneidungen mit dem Aufgabenfeld der Nachprüfungsinstanzen kommen, doch hat dies bisher, wie bei den Schadensersatzklagen vor den ordentlichen Gerichten, praktisch keine Relevanz entfaltet. Ein Fall sich widersprechender Entscheidungen (zB. Vergabekammer gestattet den Zuschlag nach § 115 aus Gründen der Dringlichkeit, Kartellbehörde untersagt den Zuschlag wegen Missbrauchs der Marktmacht) ist bisher in der Rechtsprechung oder in der Literatur nicht bekannt geworden. Die **Zielrichtung der Tätigkeit** der Kartellbehörden geht in der Regel über die reine Rechtmäßigkeitskontrolle eines einzelnen Vergabeverfahrens hinaus und erfasst auch und oft vorrangig die weiterreichenden Störungen eines fairen Wettbewerbs. Sie erfolgt daher auch unabhängig von einem gerade laufenden Vergabeverfahren. Insoweit ist die Überschneidung der Tätigkeitsfelder nur teilweise gegeben. Die unberührte Zuständigkeit der Kartellbehörden bedeutet jedoch nicht, dass die Nachprüfungsinstanzen in ihren Verfahren Verstöße gegen Kartellrecht oder gegen das Gesetz gegen unlauteren Wettbewerb wie überhaupt gegen Wettbewerbsregeln, deren Durchsetzung in die Zuständigkeit der Kartellbehörden fällt, unbeachtet lassen dürften. Gerade die im Kartellrecht erfassten Tatbestände des Missbrauchs der Marktmacht, der verbotenen Preisabsprachen, der Kartellbildung usw. sind häufig die Ursache für Verstöße gegen die Bestimmungen über das Vergabeverfahren, zu denen auch die Grundsätze des § 97 gehören. Solche Sachverhalte können für die Gewährung effektiven Rechtsschutzes daher von den Vergabekammern nicht außer Betracht gelassen werden. Der Gesetzgeber hat in Kauf genommen, dass es dabei zu abweichenden Entscheidungen kommen kann, was aber in der Praxis, wie oben dargestellt, offenbar extrem selten ist und bisher zu keinerlei Problemen geführt hat. Sollte ein solcher Fall eintreten, könnte eine Klärung bei den sowohl für die Entscheidungen der Kartellbehörden als auch für die sofortigen Beschwerden gegen Entscheidungen der Vergabekammern zuständigen Oberlandesgerichten gesucht werden.

§ 105 Besetzung, Unabhängigkeit

(1) Die Vergabekammern üben ihre Tätigkeit im Rahmen der Gesetze unabhängig und in eigener Verantwortung aus.

(2) [1]Die Vergabekammern entscheiden in der Besetzung mit einem Vorsitzenden und zwei Beisitzern, von denen einer ein ehrenamtlicher Beisitzer ist. [2]Der Vorsitzende und der hauptamtliche Beisitzer müssen Beamte auf Lebenszeit mit der Befähigung zum höheren Verwaltungsdienst oder vergleichbar fachkundige Angestellte sein. [3]Der Vorsitzende oder der hauptamtliche Beisitzer müssen die Befähigung zum Richteramt haben; in der Regel soll dies der Vorsitzende sein. [4]Die Beisitzer sollen über gründliche Kenntnisse des Vergabewesens, die ehrenamtlichen Beisitzer auch über mehrjährige praktische Erfahrungen auf dem Gebiet des Vergabewesens verfügen.

(3) [1]Die Kammer kann das Verfahren dem Vorsitzenden oder dem hauptamtlichen Beisitzer ohne mündliche Verhandlung durch unanfechtbaren Beschluss zur alleinigen Entscheidung übertragen. [2]Diese Übertragung ist nur möglich, sofern die Sache keine wesentlichen Schwierigkeiten in tatsächlicher oder rechtlicher Hinsicht aufweist und die Entscheidung nicht von grundsätzlicher Bedeutung sein wird.

(4) [1]Die Mitglieder der Kammer werden für eine Amtszeit von fünf Jahren bestellt. [2]Sie entscheiden unabhängig und sind nur dem Gesetz unterworfen.

I. Entstehungsgeschichte

1   **Art. 2 Abs. 8** der Rechtsmittelrichtlinie für die Nachprüfungsverfahren im Rahmen der Vergabe öffentlicher Liefer- und Bauaufträge[1] und **Art. 2 Abs. 9** der Rechtsmittelrichtlinie für die Nachprüfung von Auftragsvergaben im Sektorenbereich[2] stellten an die nationale Gestaltung des Rechtsschutzes in den Mitgliedstaaten die Forderung, dass es zumindest eine Instanz oder entscheidungsbefugte Stelle gibt, die die **Unabhängigkeit wie ein Gericht und Gerichtsqualität gemäß Art. 267 AEUV (ex Art. 234 EG)** hat und in einem **kontradiktorischen Verfahren** entscheidet. Für die Vergabeüberwachungsausschüsse war die Gerichtsqualität im Sinne des Art. 234 EG-Vertrag (jetzt Art. 267 AEUV) zwar vom EuGH anerkannt worden,[3] da sie in der Behandlung der Einzelfälle unabhängig waren und nur allgemeine Weisungen erteilt werden konnten. Zweifel bestanden jedoch daran, ob das Verfahren vor den Vergabeüberwachungsausschüssen den Anforderungen der Richtlinien gerecht wurde. Das Verfahren auf der Basis des HGrG (§ 57b und c (alt)) war nicht kontradiktorisch ausgestaltet und hatte keinen automatischen Suspensiveffekt gegenüber dem Auftraggeber, die Vergabeüberwachungsausschüsse hatten keine Befugnis, vorläufige Maßnahmen gegenüber öffentlichen Auftraggebern zu erlassen. Mit **§ 105** wurden die Vergabekammern als **unabhängige, von jeder Weisung freie Einrichtung** geschaffen, die im kontradiktorischen Verfahren arbeitet und auch von Amts wegen den Sachverhalt ermittelt sowie einstweilige Maßnahmen gegen den öffentlichen Auftraggeber erlassen kann **(§§ 110, 114).** Dies in Verbindung mit dem Suspensiveffekt **(§ 115 Abs. 1),** der mit der Übermittlung eines Nachprüfungsantrages einsetzt, dient dem von den Richtlinien geforderten **effektiven Rechtsschutz.** Die Vergabekammern sind damit **Gerichte im Sinne von Art. 267 AEUV.**[4] Als Gerichte im Sinne des Grundgesetzes sollten die ausdrücklich der Verwaltung zugeordneten Kammern jedoch nicht geschaffen werden. Weiteres Ziel des Gesetzgebungsverfahrens war es, die Vergabekammern nicht nur instanziell, sondern auch **qualitativ** so auszugestalten, dass die Nachprüfungsverfahren überwiegend zum Abschluss gebracht und die als zweite Instanz vorgesehenen Oberlandesgerichte möglichst wenig in Anspruch genommen werden sollten. Aus diesem Grund wurden klar definierte Anforderungen an die Qualifikation der hauptamtlichen wie der ehrenamtlichen Kammermitglieder in die Regelung aufgenommen, die die Akzeptanz und die Effizienz der Entscheidungen der Vergabekammern stützen sollen.[5]

II. Normzweck

2   **§ 105** sichert die **Unabhängigkeit der Vergabekammern** und **garantiert einen Qualifikationsstandard,** der zur Akzeptanz der Einrichtung und ihrer Entscheidungen beitragen soll. Mit Abs. 3 ist ein weiteres Instrument der Beschleunigung von Nachprüfungsverfahren aufgenommen worden.

III. Unabhängigkeit (Abs. 1 und 4)

3   Aus den **Abs. 1 und 4** ergeben sich die **institutionelle** und die **persönliche Unabhängigkeit** der **Vergabekammer** und **ihrer Mitglieder.** Weder die Vergabekammer darf Weisungen unterworfen werden noch soll die Freiheit der Entscheidung durch Einflussnahme auf die einzelnen Kammermitglieder eingeschränkt werden. Der weiteren Absicherung der Unabhängigkeit dient die Bestellung für eine **feste Amtszeit.** Da der Rechtsweg im Nachprüfungsverfahren in der zweiten Instanz ein klassisches Gericht im Sinne des Grundgesetzes vorsieht, wäre nach den europäischen Rechtsmittelrichtlinien die Unabhängigkeit der Vergabekammern nicht mehr zwingend notwendig gewesen. Andererseits sollten sowohl unter dem Gesichtspunkt der **Effizienz** als auch der **Beschleunigung** des Rechtsschutzes die Nachprüfungsverfahren möglichst mit der Entscheidung der Vergabekammern beendet sein, was u. a. die Glaubwürdigkeit und Akzeptanz dieser Entscheidungen voraussetzt. Mit dem deutlichen und mehrfach abgesicherten Bekenntnis des Gesetzgebers zur Unabhängigkeit der Entscheidungen der Vergabekammern und ihrer Mitglieder wird dem Umstand Rechnung getragen, dass die dem Rechts-

---

[1] RL 89/665 vom 21. 12. 1989.
[2] RL 92/13 vom 25. 2. 1992.
[3] EuGH, C 54/96, Slg. 1997, I-4961 „Dorsch Consult".
[4] HM. vgl. *Dreher/Stockmann* RdNr. 11 mwN.
[5] BT-Drucks. 13/9340, 17.

schutz zugänglichen Vergabeverfahren aufgrund der hohen Schwellenwerte regelmäßig nur große Aufträge zum Gegenstand haben, deren Erteilung und Umsetzung sowohl erhebliche wirtschaftliche wie politische Interessen berühren kann. Da die Vergabekammern als Teil der Verwaltung in deren hierarchisch geordnetes System eingegliedert sind und die hauptamtlichen Mitglieder als Beschäftigte der Verwaltung ohne diese Regelung weisungsgebunden wären, bedurfte es der Klarstellung in der hier erfolgten zweifachen Weise.

1. Die Unabhängigkeit der Vergabekammern setzt voraus, dass sowohl in der Einzel-   **4** fallbearbeitung als auch generell, zB. nach Fallkonstellationen geordnet, **keine Weisungen an die Vergabekammern** ergehen dürfen. Auf die Form der Weisung (Erlass, Verwaltungsvorschrift oä.) kommt es nicht an. Nach **§ 106 Abs. 2 Satz 1** haben die Länder zwar die Organisationshoheit und damit das Recht (und die Pflicht), Vergabekammern einzurichten und deren Organisation und Besetzung zu bestimmen. **Unter die Organisationshoheit fällt jedoch nicht die Weisungsfreiheit.** Diese ist durch die bundesgesetzliche Regelung für die Länder unantastbar. Das Recht und die Pflicht, Vergabekammern einzurichten, bedeutet aber nicht, dass eine Vergabekammer wegen unliebsamer Entscheidungen aufgelöst und eine neue Kammer mit anderen Mitgliedern eingerichtet werden darf. Zwar dürfen im Rahmen genereller landesorganisatorischer Maßnahmen auch Standortentscheidungen oder Entscheidungen über die behördliche Anbindung verändert werden. Eine Auflösung nur zur Disziplinierung der Kammermitglieder wäre jedoch rechtsmissbräuchlich. **Fraglich ist auch, inwieweit ein Land zur Sicherstellung der Unabhängigkeit verpflichtet** sein kann, **bei entsprechender Auslastung der Vergabekammern mehrere Kammern einzurichten,** wie dies beim Bundeskartellamt geschehen ist, wo mittlerweile 3 Vergabekammern tätig sind. Die Länder sind verpflichtet, Vergabekammern einzurichten, die in der Lage sind, die Nachprüfungsverfahren nach den gesetzlichen Bestimmungen des 4. Abschnitts des GWB durchzuführen. Dazu gehört auch der **Beschleunigungsgrundsatz, § 113.** Führt die Auslastung der Vergabekammern dazu, dass die Frist des § 113 generell nicht mehr eingehalten werden kann, darf dies nicht zu einem Zwang oder Druck auf die Kammern führen, ihre Prüftiefe zu verringern. Die Unabhängigkeit der Kammern beinhaltet auch, dass **die Kammern in jedem einzelnen Verfahren unabhängig und eigenverantwortlich die Prüftiefe bestimmen.** Da § 106 Abs. 1 für den Bund von der erforderlichen Anzahl von Kammern spricht, ist die Möglichkeit und Notwendigkeit der Einrichtung mehrerer Kammern bei einer Behörde schon im Gesetz gesehen worden. In den meisten Ländern gibt es mehrere Kammern. Das schließt jedoch nicht aus, dass zusätzlich weitere Kammern bei einer Behörde eingerichtet werden, bei der bereits eine Kammer existiert, wenn die Auslastung es erfordert. Von einer **Verpflichtung** zur Einrichtung wird man ausgehen müssen, wenn über einen längeren Zeitraum die Auslastung konstant oder mit steigender Tendenz die Einhaltung der Frist des § 113 ausgeschlossen hat. In diesem Fall darf der **Rechtsschutz nicht durch Unterausstattung ausgehöhlt** werden.

2. Die Unabhängigkeit der einzelnen Mitglieder der Vergabekammern ergibt sich   **5** aus **Abs. 4 Satz 2.** Ebenso wie der Kammer als Ganzes darf auch den einzelnen Mitgliedern **keine Weisung** erteilt und **kein Druck in anderer Form** ausgeübt werden, um eine bestimmte Entscheidung herbeizuführen. Das gilt für Einzelfälle ebenso die für generelle Handhabungen und betrifft die hauptamtlichen Mitglieder ebenso wie die ehrenamtlichen Mitglieder der Kammer. Auch mittelbarer Druck durch Inaussichtstellen von Vor- oder Nachteile dienstlicher Art im Zusammenhang mit der Spruchpraxis, zB. der unverbindliche Hinweis auf die nächste Beurteilung oder den möglichen beruflichen Einsatz nach Ablauf der Amtszeit in der Vergabekammer sowie die Übertragung zusätzlicher und damit zeitlich konkurrierender Aufgaben haben zu unterbleiben. Zulässig ist die Bindung an allgemeine Regeln, die mit der Art und Weise der Amtsausübung nichts zu tun haben, wie zB. die Verpflichtung zur Teilnahme an bestimmten Arbeitszeitregelungen (zB. Gleitzeit) oder die Verpflichtung, Abwesenheitszeiten anzuzeigen (zB. Krankmeldungen abzugeben). Unzulässig wäre jedoch jede Weisung zur Beschränkung der eingesetzten Arbeitszeit (Verbot von oder Höchstgrenze für Überstunden), da dies Auswirkungen auf die Ausübung der Tätigkeit haben kann (Verkürzung der Prüfungsmöglichkeiten). Der Sicherung der Unabhängigkeit dient auch die fest vorgegebene **Amtszeit von 5 Jahren.** Sie gilt auch für die ehrenamtlichen Mitglieder und schützt die einzelnen Kammermitglieder davor, beliebig abberufen zu werden, sobald sich eine unliebsame Entscheidung andeutet. Wenn ein Kammermitglied von sich aus ausscheiden möchte, ist eine einvernehmliche Regelung jedoch möglich. Die Regelung der Amtszeit hat eine reine Schutzfunktion für die Unabhängigkeit der Kammermitglieder. Sie enthält damit keinen Ausschluss für eine weitere

Amtszeit. Erneute Bestellungen bereits tätiger Kammermitglieder sollen nicht ausgeschlossen werden, da die Qualität der Entscheidungen sich gerade aus der Erfahrung der Kammermitglieder ergeben kann.

6   **3.** Die Kammern und ihre Mitglieder werden **in eigener Verantwortung** tätig und sind ausdrücklich **nur dem Gesetz unterworfen.** Sie haben daher nach § 97 Abs. 7 alle Bestimmungen über die Vergabe öffentlicher Aufträge, unabhängig davon, aus welchem Gesetz sie sich ergeben, nach bestem Verständnis zu würdigen. Die **nicht als Gesetze zu qualifizierenden Verdingungsordnungen** gehören nach dem Kaskadenprinzip zu den Bestimmungen über das Vergaberecht, so dass auch diese Regelungen Grundlage für die Entscheidungen der Vergabekammern und ihrer Mitglieder sein müssen. Hinzu treten die verfahrensrechtlichen Bestimmungen über das Nachprüfungsverfahren im GWB und für dort nicht geregelte Sachverhalte diejenigen aus allgemeinen Verfahrensgesetzen. Soweit die Nachprüfung eines Verfahrens Hinweise auf die Betroffenheit ganz anderer Gesetze erbringt (zB. Strafrecht bei Hinweisen oder Verdacht auf Korruption), ist die Vergabekammer auch in der Würdigung und Entscheidung, ob der Sachverhalt ausreichend Substanz für die Einschaltung der Staatsanwaltschaft bietet, nur dem Gesetz und keinen Weisungen unterworfen. Die Mitglieder der Kammern sind daher, wie es die Richtlinie fordert, „unabhängig wie die Richter". Die **Eigenverantwortlichkeit** verbietet die Übertragung der Entscheidung auf externe Dritte. Zulässig dürfte die Inanspruchnahme von fachspezifischen Expertenkenntnissen im konkreten Einzelfall sein, **wenn dies dazu dient, die Mitglieder der Kammer in den Stand zu setzen,** selbst die speziellen fachlichen Fragen des Einzelfalles besser beurteilen zu können. Die in Nachprüfungsverfahren häufig streitige Frage, ob das wirtschaftlichste Angebot sachgerecht ausgewählt wurde, kann von der Prüfung und Bewertung sehr fachspezifischer Fragen aus den unterschiedlichsten Beschaffungsmärkten abhängen (ist die Lebensdauer einer bestimmten technischen Lösung richtig beurteilt, verfügt eine IT-Lösung über die versprochenen Funktionen, ist ein angebotenes Dienstleistungskonzept nachvollziehbar kalkuliert), so dass es sinnvoll sein kann, wenn sich die Mitglieder der Kammer über bestimmte fachliche Zusammenhänge vor ihrer Urteilsbildung informieren. Sie sind jedoch zur eigenverantwortlichen Entscheidung verpflichtet und dürfen diese nicht ihren Beratern überlassen. Inwieweit das Nachprüfungsverfahren unter Berücksichtigung des Beschleunigungsgrundsatzes überhaupt der **Einschaltung von Gutachtern** zugänglich ist, ist zweifelhaft. Im Gesetz ist dies nicht ausgeschlossen, in der Praxis aber eher selten. Soweit die Kammer in eigener Verantwortung Fehler oder Mängel bei der Auswertung der Angebote feststellt, wird sie das Verfahren zur erneuten Bewertung an den Auftraggeber zurückgeben. Grundsätzlich darf sie ihre eigene Wertung nicht an die Stelle der Wertung des öffentlichen Auftraggebers setzen, sie kann ihm aber aufgeben, die Wertung unter Berücksichtigung der mitgeteilten Rechtsauffassung der Kammer erneut vorzunehmen (vgl. § 114).

7   **4. Das richterliche Haftungsprivileg** gemäß § 839 Abs. 2 Satz 1 BGB wurde für die Mitglieder der Vergabekammern nicht übernommen. Einer ausdrücklichen Übernahme hätte es aber bedurft, da die der Verwaltung zugeordneten Kammern keine Gerichte im verfassungsrechtlichen Sinne sind und ihre Beschlüsse ausdrücklich als Verwaltungsakte definiert wurden, so dass sie nicht unter den Wortlaut der Regelung fallen. Praktische Bedeutung insbesondere für die Unabhängigkeit der Kammern hat dieser Sachverhalt jedoch bis jetzt nicht erlangt.[6]

IV. Besetzung (Abs. 2)

8   **Abs. 2** regelt die personelle Besetzung der Kammern und die notwendige Qualifikation ihrer Mitglieder. Zunächst ist klargestellt, wie die Kammer **personell und funktional** besetzt sein muss. Danach besteht eine Kammer aus **drei Personen** in den Funktionen **Vorsitz, hauptamtlicher Beisitz** und **ehrenamtlicher Beisitz.** Die Organisation ähnelt deutlich einer Kammer beim Landgericht, was den **gerichtsartigen Charakter** der Vergabekammern unterstreicht. Ähnlich wie bei gerichtlichen Kammern besteht auch hier keine interne Hierarchie. Der Vorsitz beinhaltet wie bei klassischen Gerichten lediglich die Befugnis zu verfahrensfördernden Maßnahmen wie zB. Terminplanung für die mündlichen Verhandlungen und interne Geschäfts- oder Zuständigkeitsverteilung. Alle drei Mitglieder haben an verschiedenen Zwischenentscheidungen (Beiladungs- und ggf. Beweisbeschlüsse, Antrag auf Gestattung des Zuschlags gemäß § 115) und am abschließenden Beschluss mitzuwirken. Die Kammern können durch ihre Geschäftsordnung bestimmen, dass der **Beschluss nur mit den Unterschriften der hauptamtlichen Mitglie-**

---

6 Ausführlich dazu: *Kulartz/Kus/Portz/Portz* RdNr. 6.

der gültig sein soll.[7] Das ist, da die ehrenamtlichen Mitglieder in der Regel nur zur mündlichen Verhandlung anwesend sind, in der Praxis üblich. Hier zeigt sich die Problematik der verschiedenen Verfahrensrechte im Verwaltungsverfahren und im Zivilprozess. Während ein Verwaltungsakt mit einer Unterschrift gültig ist, selbst wenn sie von einer unzuständigen Person geleistet wurde, verlangt die Zivilprozessordnung die Unterschriften des Gremiums. Diese Anforderung wurde als Formerfordernis auf die Beschlüsse der Kammern übertragen, obwohl sie Verwaltungsakte sind (**§ 114**). Damit könnte allein durch die notwendige Einholung der Originalunterschrift des ehrenamtlichen Beisitzers das Beschleunigungsgebot verletzt werden und ggf. die **Ablehnungsfiktion des § 116** bei vollständig und ansonsten rechtzeitig vorliegender Entscheidung der Kammer eintreten. Nach der Rechtsprechung des BGH ist es möglich, dieses Risiko für die Antragstellerseite durch die entsprechende Fassung der Geschäftsordnung auszuschalten. Die Vergabekammern haben von dieser Möglichkeit weitgehend Gebrauch gemacht.

Hinsichtlich der **Qualifikation** wird für die hauptamtlichen Mitglieder verlangt, dass sie **Beamte auf Lebenszeit mit der Befähigung zum höheren Verwaltungsdienst** oder **vergleichbar fachkundige Angestellte** sind. Weiter wird verlangt, dass eine hauptamtliche Person die **Befähigung zum Richteramt** hat und als Regelfall bestimmt, dass dies die oder der Vorsitzende sein soll. In der Praxis haben häufig beide hauptamtlich tätigen Mitglieder die Befähigung zum Richteramt, was der Materie durchaus angemessen, aber nach dieser Regelung nicht zwingend vorausgesetzt ist. Für Personen, die nicht die Befähigung zum Richteramt haben, werden **gründliche Kenntnisse des Vergabewesens** gefordert. Dies zeigt sich am offensichtlichsten in einer berufspraktischen Erfahrung auf diesem Gebiet. Über **mehrjährige praktische Erfahrungen auf dem Gebiet des Vergabewesens** sollen auch die ehrenamtlichen Mitglieder der Kammern verfügen. Da die Kammern im Laufe eines Geschäftsjahres regelmäßig eine Vielzahl von Verfahren bearbeiten, verfügen sie in der Regel über einen Kreis von ehrenamtlichen Beisitzern aus verschiedenen beruflichen Sparten (zum **Vorschlagsrecht** vgl. **§ 106**), so dass über die ehrenamtlichen Kammermitglieder auch der oft erforderliche materienspezifische Sachverstand für den konkreten Einzelfall herangezogen werden kann. Diese Qualifikationsanforderung fördert die Möglichkeiten der Kammer, ohne Sachverständige oder Gutachter (vgl. RdNr. 6) auszukommen, wenn durch den ehrenamtlichen Beisitz das notwendige spezielle Fachwissen vorhanden ist. Ziel dieser Anforderungen ist, durch die in der Kammer vorhandene Qualifikation ebenso zügige wie kompetente und damit für die Betroffenen akzeptable Entscheidungen sicherzustellen.

Für die Behandlung von **Befangenheitsanträgen** gelten für die Vergabekammern die gleichen Regeln wie für klassische Gerichte. Das bedeutet, dass die Vergabekammer **nicht pauschal als Gremium** abgelehnt werden kann. Vielmehr müssen, wie gegenüber Gerichten, **für jedes einzelne Mitglied** die Gründe durch objektiv feststellbare Tatsachen dargelegt und glaubhaft gemacht werden, aus denen die Befangenheit abgeleitet wird. Die Kammer entscheidet über die einzelnen Befangenheitsanträge jeweils unter Ausschluss des angegriffenen Mitglieds und führt das Nachprüfungsverfahren ggf. unter Einsatz der Vertretung des befangenen Mitglieds fort. Sind alle Kammermitglieder zugleich angegriffen, kann dies dazu führen, dass die Entscheidung über die Befangenheitsanträge komplett in der Besetzung mit den Vertretungen getroffen werden muss. Sind zugleich auch die Vertretungen angegriffen, so dass für die Entscheidung über den Befangenheitsantrag keine Kammerentscheidung mehr zustande kommt, entscheidet die Beschwerdeinstanz. In der Praxis ist die Ablehnung aller Mitglieder einer Kammer noch nicht vorgekommen, so dass der Fall wohl eher theoretischer Natur ist. Die Entscheidung über den Befangenheitsantrag ist nicht separat, sondern nur zusammen mit der Hauptsacheentscheidung angreifbar.

Für die Frage, **ob Befangenheit** vorliegt, ist für die Vergabekammern, die der Verwaltung zugeordnet sind, der Maßstab aus **§ 21 VwVfG** abzuleiten, der sich in seinen wesentlichen Grundsätzen jedoch nicht von den Regelungen über Befangenheit in den Gerichtsordnungen (**§ 54 VwGO**, der auf **§ 42 ZPO** verweist) unterscheidet. Nach allen genannten Regelungen reicht danach die Besorgnis der Befangenheit aus, tatsächlich befangen muss das angegriffene Kammermitglied nicht sein. **§ 21 VwVfG** und **§ 42 Abs. 2 ZPO** gehen übereinstimmend davon aus, dass eine Ablehnung wegen Besorgnis der Befangenheit stattzufinden hat, wenn ein Grund vorliegt, der geeignet ist, Misstrauen gegen die Unparteilichkeit eines Richters zu rechtfertigen. Schon der äußere Anschein von Befangenheit ist zu vermeiden.[8] **Besorgnis der Be-**

9

10

10 a

---

[7] BGH VergabeR 2001, 286.
[8] *Zöller/Vollkommer* § 42 ZPO RdNr. 8, EGMR EuGRZ 93, 122.

fangenheit kann danach vorliegen, wenn ein Mitglied der Kammer mit der zu entscheidenden Materie schon vorher befasst war, ein eigennütziges Interesse an einem bestimmten Ausgang des Verfahrens bestehen kann, persönliche Bindungen zu einem oder mehreren Verfahrensbeteiligten bestehen oder auch sonst bei jedem Sachverhalt, der geeignet ist, die Neutralität der Entscheidung eines Kammermitglieds in Frage zu stellen. Die schon aus anderen Entscheidungen bekannte Rechtsauffassung eines Kammermitgliedes zu einem bestimmten Sachverhalt begründet **keine Besorgnis der Befangenheit.** Die rechtliche Bewertung eines Sachverhaltes gehört zur Unabhängigkeit der Kammermitglieder und eine Kontinuität in der Rechtsprechung fördert die Rechtssicherheit bei den öffentlichen Auftraggebern wie bei den Unternehmen. **Keine Befangenheit** liegt auch in einer von den Vorstellungen des Antragstellers oder des öffentlichen Auftraggebers abweichenden Rechtsauffassung oder Verfahrensführung. So kann zB. aus der Ablehnung eines Antrages auf Verlegung der mündlichen Verhandlung oder auf Verlängerung der Äußerungsfristen sowie der Entscheidung, in welchem Umfang Akteneinsicht gewährt wird, grundsätzlich keine Befangenheit der Kammermitglieder abgeleitet werden. Um eine solche zu begründen, müsste mit konkreten objektiven Tatsachen dargelegt werden, dass die erfolgten Verfügungen der Kammer gerade mit dem Ziel und Zweck der Benachteiligung einer Partei erfolgt sind. Die üblichen der Beschleunigung dienenden Terminierungen für Stellungnahmen und die mündliche Verhandlung und der regelmäßig von den Parteien kontrovers beurteilte Umfang der Akteneinsicht reichen dazu nicht aus.[9]

V. Alleinentscheidungsrecht (Abs. 3)

11   Abs. 3 dient der **Beschleunigung** des Nachprüfungsverfahrens und ist den entsprechenden Regelungen der VwGO und der ZPO zur Übertragung einer Sache auf den Einzelrichter nachgebildet. In einfach gelagerten Fällen ohne grundsätzliche Bedeutung soll nicht zwingend die gesamte Kammer tätig werden müssen, sondern eine alleinige Entscheidung durch ein hauptamtliches Mitglied möglich sein. Damit soll erreicht werden, dass die Kapazitäten der Kammer nicht durch einfache Fälle gebunden und für die komplexen Verfahren blockiert werden.[10] Die Übertragung erfolgt nach dem ausdrücklichen Wortlaut der Vorschrift **ohne mündliche Verhandlung** und **nur auf hauptamtliche Mitglieder** der Kammer durch **Beschluss der gesamten Kammer.**[11] Dieser Beschluss ist nicht anfechtbar. Für das Verfahren bedeutet das, dass die Beteiligten vor der Beschlussfassung angehört werden können, nach dem Wortlaut der Vorschrift aber nicht zwingend angehört werden müssen. Die Unanfechtbarkeit des Beschlusses verhindert zeitraubende Nebenstreitigkeiten während des Nachprüfungsverfahrens. Da gegen den Beschluss des allein entscheidenden Mitglieds uneingeschränkt die Beschwerde zulässig ist, entsteht den Beteiligten kein Nachteil. Ist die Übertragung der Entscheidung auf ein hauptamtliches Mitglied erfolgt, hat dennoch ein kontradiktorisches Verfahren abzulaufen. Eine mündliche Verhandlung kann nur unter den Voraussetzungen des **§ 112 Abs. 1 Satz 3** entfallen und es ist eine vollinhaltliche Entscheidung abzufassen und zuzustellen. Der Aufwand für das konkrete Verfahren verringert sich nur dadurch, dass sich nicht die gesamte Kammer damit befasst. Die Vorschrift trifft keine Aussage zum Zeitpunkt der Übertragung, so dass hier nach den Gegebenheiten des Einzelfalles dies sowohl gleich zu Beginn als auch noch zu einem späteren Zeitpunkt erfolgen kann. Den effektivsten Nutzen für die Entlastung der Kammer hat jedoch eine möglichst frühe Übertragung.

12   Die Übertragung kommt nur in Betracht, sofern die Sache **keine wesentlichen Schwierigkeiten in tatsächlicher oder rechtlicher Hinsicht** aufweist **und** die Entscheidung **nicht von grundsätzlicher Bedeutung** sein wird. Aufgrund der Verknüpfung mit „und" müssen beide Voraussetzungen **kumulativ** gegeben sein. Ob die Sache **keine wesentlichen Schwierigkeiten** aufweist, ist im konkreten Einzelfall zu entscheiden. Schon aufgrund der Schwellenwerte haben die Vergabeverfahren, für die die Vergabekammern zuständig sind, regelmäßig wirtschaftlich bedeutsame Aufträge zum Gegenstand. Den Vergabeverfahren liegen daher überwiegend komplexe Ausschreibungsunterlagen und umfangreiche komplexe Wertungsverfahren zugrunde. Aufgrund der Individualität der Verfahren treten häufig rechtlich noch nicht gesichert beurteilte Sachlagen hinzu, so dass die Übertragung zur Alleinentscheidung nur selten in Betracht kommen wird. Denkbar ist sie jedoch in Fällen eindeutig offensichtlicher Unzulässigkeit oder Unbegründetheit eines Antrages (zB. bei erheblicher Unterschreitung des Schwellen-

---

[9] Eine sehr umfangreiche Kasuistik ist dargestellt bei *Zöller/Vollkommer* § 42 ZPO RdNr. 9–34.
[10] BT-Drucks. 13/9340, 39
[11] Unstreitig, vgl. *Dreher/Stockmann* RdNr. 19 mwN.

wertes, Ablehnung der Zustellung wegen dieser eindeutig offensichtlichen Unzulässigkeit, bei vergaberechtswidrigen Antragsbegründungen (zB., wenn reklamiert wird, dass das Angebot des eigenen ortsansässigen Unternehmens nicht gegenüber den Angeboten ortsfremder Unternehmen bevorzugt wurde) oder bei offensichtlichen Vergabefehlern (zB. Auftraggeber hat alle ortsfremden Bieter ohne (sachliche) Begründung ausgeschlossen). Von **grundsätzlicher Bedeutung** sind Nachprüfungsverfahren, wenn die Entscheidung Rechtsfragen zu klären hat, die Bedeutung über den Einzelfall hinaus haben. Dies war und ist in der sich noch stark entwickelnden Materie des Vergaberechts jedoch häufig der Fall.

Die Übertragung zur Alleinentscheidung birgt ein weiteres **Verfahrensrisiko,** das das Ziel, 13 bestandskräftige Entscheidungen der Vergabekammern herbeizuführen, gefährden kann. Auch in Sachen, die zunächst keine wesentlichen Schwierigkeiten aufweisen, können sich diese bei näherer Prüfung des Verfahrens ergeben. Daneben kann sich auch die Zahl der zu bearbeitenden Verfahren der Kammer, an denen auch das zur alleinigen Entscheidung befugte Mitglied weiterhin mitzuwirken hat, so erhöhen, dass eine Entscheidung innerhalb der **Frist des § 113** nicht gesichert erfolgen kann. Verstreicht die Frist ohne eine Entscheidung, tritt die **Fiktion des § 116 Abs. 2** ein, wonach eine nicht fristgerechte Entscheidung als Ablehnung des Antrages gilt. Damit diese Fiktion nicht eintritt, kann die Kammer gemäß **§ 113 Abs. 1 Satz 2** die Frist verlängern, wenn die Sache **besondere tatsächliche und rechtliche Schwierigkeiten aufweist.** Da die Übertragung zur Alleinentscheidung voraussetzt, dass die Sache **keine** wesentlichen Schwierigkeiten in tatsächlicher oder rechtlicher Hinsicht aufweist, ist eine Fristverlängerung nach **§ 113 Abs. 1 Satz 2** logisch ausgeschlossen. Würde sie trotzdem erfolgen, wäre dies eine widersprüchliche Bewertung der Schwierigkeit der Sache durch die Kammer, die einen schweren Verfahrensfehler darstellen würde. In der Literatur wird die Möglichkeit einer Rücknahme der Übertragung zur alleinigen Entscheidung diskutiert.[12] Sie wird grundsätzlich für zulässig gehalten, die Möglichkeit jedoch auf Ausnahmen beschränkt. Das erscheint sachgerecht, da der mehrfache Wechsel zwischen Gremium und allein entscheidendem Mitglied zur Unübersichtlichkeit des Verfahrens für die Beteiligten führt und willkürlich erscheinen kann, insbesondere, wenn er nur dazu dient, die Möglichkeit der Fristverlängerung nach **§ 113 Abs. 1 Satz 2** herzustellen.

Insgesamt findet die Möglichkeit der Übertragung einer Sache zur alleinigen Entscheidung 14 aufgrund der – nicht immer von Anfang an zu erkennenden - Komplexität der Sachen, der noch häufig bestehenden grundsätzlichen Bedeutung und der sich gegenseitig ausschließenden Voraussetzungen der **§§ 105 Abs. 3 und 113 Abs. 1 Satz 2** in der Praxis eher selten Anwendung.

§ 106 Einrichtung, Organisation

(1) [1]**Der Bund richtet die erforderliche Anzahl von Vergabekammern beim Bundeskartellamt ein.** [2]**Einrichtung und Besetzung der Vergabekammern sowie die Geschäftsverteilung bestimmt der Präsident des Bundeskartellamts.** [3]**Ehrenamtliche Beisitzer und deren Stellvertreter ernennt er auf Vorschlag der Spitzenorganisationen der öffentlichrechtlichen Kammern.** [4]**Der Präsident des Bundeskartellamts erlässt nach Genehmigung durch das Bundesministerium für Wirtschaft und Technologie eine Geschäftsordnung und veröffentlicht diese im Bundesanzeiger.**

(2) [1]**Die Einrichtung, Organisation und Besetzung der in diesem Abschnitt genannten Stellen (Nachprüfungsbehörden) der Länder bestimmen die nach Landesrecht zuständigen Stellen, mangels einer solchen Bestimmung die Landesregierung, die die Ermächtigung weiter übertragen kann.** [2]**Die Länder können gemeinsame Nachprüfungsbehörden einrichten.**

I. Entstehungsgeschichte

§ 106 enthielt zunächst unterschiedliche Anforderungen an die Qualifikation der Mitglieder 1 der Vergabekammern auf Bundes- oder Länderebene. Nach der alten Regelung von **§ 106 Abs. 2 Satz 2** musste die Besetzung der Länderkammern abweichend von **§ 105 Abs. 2** nur gewährleisten, dass **mindestens** ein Mitglied die Befähigung zum Richteramt besaß und **nach Möglichkeit** gründliche Kenntnisse des Vergaberechts vorhanden waren. Für die weiteren

---

[12] *Kularts/Kus/Portz/Portz* RdNr. 21.

Mitglieder wurden weder die Befähigung zum höheren Verwaltungsdienst noch gründliche Kenntnisse im Vergabewesen oder eine mehrjährige praktische Erfahrung auf dem Gebiet des Vergaberechts gefordert. Den Ländern sollte damit bei der Einrichtung der Kammern u. a. aus Kostengründen mehr Spielraum eingeräumt werden. Es spricht auch einiges dafür, dass zunächst die quantitative und die qualitative Inanspruchnahme der Länderkammern unterschätzt wurde, obwohl es in mehreren Ländern schon Vergabeüberwachungsausschüsse gegeben hatte, aus deren Tätigkeit man Rückschlüsse hätte ziehen können. Aus der Natur der Sache war die geringere Qualifikationsanforderung an die Länder jedenfalls nicht gerechtfertigt, da Schwierigkeit und Bedeutung eines Nachprüfungsverfahrens nicht davon abhängt, ob es in die Zuständigkeit der Bundes- oder der Länderkammern fällt. Die zu den Auswirkungen des Vergaberechtsänderungsgesetzes durchgeführte Umfrage des Bundeswirtschaftsministeriums bestätigte das, was nunmehr zur Aufhebung des **§ 106 Abs. 2 Satz 2** führte. Damit gelten für die Vergabekammern der Länder dieselben Qualifikationsanforderungen wie für die Bundeskammern.

II. Normzweck

2   § 106 regelt die Verantwortung für die Einrichtung, Organisation und Besetzung der Vergabekammern. Nach der Gesetzesbegründung war es auch Ziel der Regelung, die schon bewährten Vergabeüberwachungsausschüsse für den neuen Rechtsschutz nutzbar zu machen und die dazu notwendigen Veränderungen festzulegen.[1] Im Übrigen ergänzt und sichert **§ 106** neben **§ 105** noch einmal einen qualitativen Standard bei der personellen Ausstattung der Kammern.

III. Vergabekammern des Bundes (Abs. 1)

3   Die Ansiedlung der Vergabekammern des Bundes beim Bundeskartellamt knüpft an die dort schon vorher tätigen Vergabeüberwachungsausschüsse an. Die **„erforderliche Anzahl"** ist von zunächst 2 auf derzeit 3 Kammern gewachsen, wobei sich die Erforderlichkeit der 3. Kammer aus der Auslastung der bis dahin tätigen 1. und 2. Kammer ergab. Eine besondere Rolle kommt dem **Präsidenten des Bundeskartellamtes** zu, der nicht Mitglied der Vergabekammern ist. In seiner Funktion als Leiter der Behörde, bei der die Kammern eingerichtet sind, bestimmt er die **Geschäftsverteilung zwischen den Kammern** (Satz 1) und erlässt, nach Genehmigung durch das Bundesministerium für Wirtschaft und Technologie, eine **Geschäftsordnung** über die internen Abläufe in den Vergabekammern (Satz 3). Er **ernennt die ehrenamtlichen Beisitzer** und deren Vertretungen auf Vorschlag der Spitzenorganisationen der öffentlichrechtlichen Kammern (Satz 2). Die **Geschäftsverteilung** zwischen den Kammern ordnet die eingehenden Nachprüfungsanträge den einzelnen Kammern nach einer neutralen Systematik zur Bearbeitung zu und gleicht in Art und Funktion der Geschäftsverteilung bei Gerichten. Die in der Literatur aufgeworfene Frage, ob es für die der Verwaltung zugeordneten Vergabekammern einen Anspruch analog dem Anspruch auf den gesetzlichen Richter gibt,[2] kann offen bleiben, da jedenfalls auch in einer der Verwaltung zugeordneten Kammer das Handeln der Kammer in seinen Abläufen neutral, transparent, das Gleichbehandlungsgebot wahren und vorhersehbar sein muss. Bei Einrichtung mehrerer Kammern an einem Standort oder bei einer Behörde ist daher eine Ordnung der Geschäftsverteilung zur Sicherstellung einer transparenten und die Gleichbehandlung wahrenden willkürfreien Praxis unumgänglich. Die **Geschäftsordnung** bestimmt die internen Abläufe und den Geschäftsgang während der Durchführung eines Nachprüfungsverfahrens, soweit sich diese Abläufe nicht zwingend aus dem Gesetz ergeben. Sie enthält auch organisatorische Regelungen, zB. zum Geschäftsjahr oder zu Vertretungsregelungen. Sie ist vor Erlass dem zuständigen Ministerium zur Genehmigung vorzulegen. Genannt ist hier das Ministerium für Wirtschaft und Technologie. Sachlich fällt die Genehmigung der Geschäftsordnung in das Ressort Wirtschaft. Sollten die Ressorts unter veränderten Regierungsverhältnissen neu geordnet werden, bedürfte es daher nicht zwingend einer Änderung dieser Vorschrift, sondern es verbleibt bei der Zuständigkeit des Wirtschaftsressorts. Der **Ernennung der ehrenamtlichen Mitglieder** geht ein **Vorschlagsrecht der Spitzenorganisationen** der öffentlichrechtlichen Kammern voraus, um auch die Sichtweise des Marktes in die Entscheidungsfindung einfließen zu lassen. **Zum Vorschlag befugt** sind danach der Deutsche Industrie- und Handelskammertag (DIHT), der Zentralverband des Deutschen Handwerks (ZDH), der Deutsche

---

[1] BT-Drucks. 13/9340, 17.
[2] *Dreher/Stockmann* RdNr. 6 mwN.

Handwerkskammertag, die Bundesarchitektenkammer, die Bundesingenieurkammer und weitere vergleichbare Institutionen. Nur aus dem Kreis der von diesen Organisationen vorgeschlagenen Personen darf der Präsident des Bundeskartellamtes die ehrenamtlichen Mitglieder der Kammern und ihre Vertretungen benennen. Die Geschäftsordnung der Bundeskammern sieht für den Einsatz der ehrenamtlichen Mitglieder, die namentlich auf einer Liste geführt werden, ein **Rotationsprinzip** vor. Danach kommen die ehrenamtlichen Mitglieder in der Reihenfolge, die sich aus der Liste ergibt, zum Einsatz, bei Verhinderung der jeweils Nächste auf der Liste.

IV. Vergabekammern der Länder (Abs. 2)

1. Für die **Einrichtung, Organisation und Besetzung** der Vergabekammern der Länder **4** sind die Länder zuständig. Abweichend von der Regelung für den Bund können die Länder diese Befugnis delegieren, was in einigen Bundesländern geschehen ist (verschiedene Länder haben die Einrichtung auf Mittelinstanzen oder Landesoberbehörden delegiert, vgl. § 102 RdNr. 4). Dem **Gestaltungsrecht der Länder entzogen** sind die bundesgesetzlichen Vorgaben des § 105 mit seinen Anforderungen an die **Qualifikation der Kammermitglieder** sowie **den Regelungen zur Unabhängigkeit und Amtszeit.** Weitere Grenzen der Gestaltungsfreiheit der Länder ergeben sich aus den **§§ 107 ff.** sowie den ergänzend zu berücksichtigenden Verfahrensrechten, die im Kern eine bestimmte Struktur der Kammern zwingend vorgeben (Kollegialorgan, mindestens 2 hauptamtliche Mitglieder, Abläufe wie Zustellung, Amtsermittlung, mündliche Verhandlung, Beschlussfassung im Gremium usw.). Die Kammern der Länder unterscheiden sich in Organisation und Besetzung daher kaum von den Kammern des Bundes.[3] Auch für die Kammern der Länder bestehen **Geschäftsordnungen,** die von den jeweils im Lande zuständigen Ressort zu genehmigen waren (manchmal mehrere wie zB. in Nordrhein-Westfalen, wo das Wirtschaftsministerium als das fachlich zuständige und das Innenministerium als Aufsichtsbehörde der Bezirksregierungen und für die Personalausstattung zuständige Ressort zu beteiligen waren). Diese Geschäftsordnungen enthalten strukturell ähnliche Regelungen wie die Geschäftsordnung der Kammern des Bundes. Die Besetzung der Kammern bestimmt der jeweilige **Behördenleiter,** oft im Einvernehmen mit den zuständigen Ressorts. Auch in den Ländern haben die **öffentlich-rechtlichen Spitzenorganisationen und berufsständischen Vereinigungen ein Vorschlagsrecht** für den ehrenamtlichen Beisitz. Für den Einsatz der ehrenamtlichen Mitglieder sehen die Länder häufig ein ähnliches Rotationsprinzip wie die Geschäftsordnung der Bundeskammern vor, wobei die Rotation sich auch nach der Sachnähe zum Vergabegegenstand richten kann (zB. Ingenieur/in oder Architekt/in bei Baumaßnahmen, Computerspezialist/in bei IT-Beschaffungen). Soweit mehrere Kammern an einem Ort (zB. Hamburg) oder in einem Land (zB. Nordrhein-Westfalen) vorhanden sind, wurde auch die **Geschäftsverteilung** geregelt (in Hamburg sachbezogen, in Nordrhein-Westfalen regional nach dem Sitz des öffentlichen Auftraggebers). Der Änderung der Anforderungen an die Qualifikation sind in den meisten Ländern die Kammern schon vorausgeeilt, so dass der Wegfall des § 106 Abs. 2 Satz 2 auch eine tatsächliche Entwicklung nachvollzieht.

2. Gemeinsame Nachprüfungsbehörden mehrerer Länder sind nicht eingerichtet wor- **5** den. Das Gesetz sah die Möglichkeit vor, um den Ländern kostengünstige Organisationsformen zu ermöglichen. Da die Auslastung der Vergabekammern der Länder jedoch von Anfang an hoch war, hat diese Möglichkeit keinerlei praktische Relevanz erlangt und hätte mit der Reform auch entfallen können.

V. Erforderlichkeit, Ausschluss gleichzeitig anderer Tätigkeiten

Die **Erforderlichkeit** weiterer Kammern bemisst sich vorrangig nach der **Auslastung** der **6** Kammern. Kann bei kontinuierlich hoher oder sogar steigender Auslastung die **Frist des § 113 Abs. 1 Satz 1** überwiegend oder regelmäßig nicht eingehalten werden, kommt dies einer Verweigerung effektiven Rechtsschutzes gleich und stellt einen Verstoß gegen die Anforderungen aus den europäischen Richtlinien dar, die verlangen, dass die Entscheidungen der Vergabebehörden „**wirksam und vor allem möglichst rasch**" überprüft werden können.[4] Diese Anforderung bindet das Ermessen der zur Einrichtung befugten Stellen sowohl das Bundes als

---

[3] Die Texte der Organisations- und Zuständigkeitsverordnungen der Länder sind abgedruckt in Vergaberecht, Beck-Texte, in dtv Nr. 5595, 12. Aufl. 2010.
[4] RL 89/665 (VKR) Art. 1 Abs. 1, RL 92/13 Art. 1 Abs. 1.

auch der Länder, die sich nicht darauf berufen können, mit der Einrichtung von einer oder auch mehreren Kammern die gesetzlichen Anforderungen erfüllt zu haben. Hinzu kommt die Relevanz dieser Frage für die Unabhängigkeit der Kammermitglieder in ihren Entscheidungen, vgl. § 105 RdNr. 4., die sicherzustellen ist. Abs. 1 bringt dies für den Bund schon im Wortlaut zum Ausdruck. Viele Bundesländer haben auch ohne diese ausdrückliche Formulierung mehrere Kammern eingerichtet, an deren Erforderlichkeit nach ihrer Auslastung auch kein Zweifel besteht. Der Bedarf weiterer Kammern an einem Standort kann sich trotzdem jederzeit ergeben.

7   Vor diesem Hintergrund relativiert sich die praktische Relevanz der rechtlichen Frage, ob den hauptamtlichen Mitgliedern einer Vergabekammer **auch andere Aufgaben der Behörde übertragen** werden dürfen. Rechtlich ist die Übertragung schon aus dem Gesichtspunkt der Unabhängigkeit der Kammermitglieder **höchst problematisch**, vgl. § 105 RdNr. 5, **aber nicht definitiv ausgeschlossen.** Neben der sich möglicherweise entwickelnden Pflichtenkollision aus dem Beschleunigungsgrundsatz und ggfs. eiliger und wichtiger Aufgaben des zusätzlich übertragenen Bereichs sowie der daraus erwachsenden unzulässigen Möglichkeit, mittelbar auf die Unabhängigkeit der Kammermitglieder einzuwirken, bestehen jedoch auch ganz konkrete Risiken der Herbeiführung von Befangenheiten, die den Einsatz der mit anderen Aufgaben befassten Person in einem bestimmten Nachprüfungsverfahren dann ausschließt. In der Praxis sind vereinzelt in den Ländern Öffnungsmöglichkeiten vorgesehen, wenn die Kammermitglieder sie im Einzelfall selbst vorschlagen oder ausdrücklich damit einverstanden sind. Angesichts der Auslastung der Kammern kommt dies jedoch eher selten vor.

§ 106a Abgrenzung der Zuständigkeit der Vergabekammern

(1) Die Vergabekammer des Bundes ist zuständig für die Nachprüfung der Vergabeverfahren

1. des Bundes;
2. von Auftraggebern im Sinne des § 98 Nr. 2, sofern der Bund die Beteiligung überwiegend verwaltet oder die sonstige Finanzierung überwiegend gewährt hat oder über die Leitung überwiegend die Aufsicht ausübt oder die Mitglieder des zur Geschäftsführung oder zur Aufsicht berufenen Organs überwiegend bestimmt hat, es sei denn, die an dem Auftraggeber Beteiligten haben sich auf die Zuständigkeit einer anderen Vergabekammer geeinigt;
3. von Auftraggebern im Sinne des § 98 Nr. 4, sofern der Bund auf sie einen beherrschenden Einfluss ausübt; ein beherrschender Einfluss liegt vor, wenn der Bund unmittelbar oder mittelbar die Mehrheit des gezeichneten Kapitals des Auftraggebers besitzt oder über die Mehrheit der mit den Anteilen des Auftraggebers verbundenen Stimmrechte verfügt oder mehr als die Hälfte der Mitglieder des Verwaltungs-, Leitungs- oder Aufsichtsorgans des Auftraggebers bestellen kann;
4. von Auftraggebern im Sinne des § 98 Nr. 5, sofern der Bund die Mittel überwiegend bewilligt hat;
5. von Auftraggebern nach § 98 Nr. 6, sofern die unter § 98 Nr. 1 bis 3 fallende Stelle dem Bund zuzuordnen ist;
6. die im Rahmen der Organleihe für den Bund durchgeführt werden.

(2) ¹Wird das Vergabeverfahren von einem Land im Rahmen der Auftragsverwaltung für den Bund durchgeführt, ist die Vergabekammer dieses Landes zuständig. ²Ist in entsprechender Anwendung des Absatzes 1 Nr. 2 bis 6 ein Auftraggeber einem Land zuzuordnen, ist die Vergabekammer des jeweiligen Landes zuständig.

(3) ¹In allen anderen Fällen wird die Zuständigkeit der Vergabekammern nach dem Sitz des Auftraggebers bestimmt. ²Bei länderübergreifenden Beschaffungen benennen die Auftraggeber in der Vergabebekanntmachung nur eine zuständige Vergabekammer.

I. Entstehungsgeschichte und Normzweck

1   § 106a übernimmt die Zuständigkeitsregelung des § 18 der VgV in das GWB. Die Regelung wurde zugleich neu strukturiert und klarer gefasst. Damit sollte die im Rahmen der Reform 2009 ebenfalls neu gefasste Vergabeverordnung von Regelungen über das Nachprüfungsverfahren entlastet werden. Zugleich werden damit die Regelungen über die Einrichtung und

Zuständigkeit der Vergabekammern konzentriert. **§ 106a** grenzt die Zuständigkeit des Bundes von der Zuständigkeit der Länder ab. Er folgt dabei weitgehend der Systematik und Gliederung des § 98 und sieht Auffangregelungen für nicht eindeutig abgrenzbare Fälle vor.

II. Die Abgrenzungsregelung (Abs. 1)

Abs. 1 führt die Fallgestaltungen auf, die zur Zuständigkeit der Vergabekammern des Bundes **2** führen. Die Zuordnung erfolgt nach dem Sitz des öffentlichen Auftraggebers, der Beherrschung, Finanzierung, Mittelbewilligung oder der Gewährung von Rechten. **Nr. 1 und Nr. 6** erfassen die Fälle, in denen nur eine Zuständigkeit des Bundes in Frage kommt, weil der Bund unmittelbar oder im Wege der Organleihe selbst und ungeteilt Auftraggeber ist. Soweit er sich bei der Organleihe Einrichtungen bedient, die auch Länderaufgaben wahrnehmen, kommt es auf den konkreten Auftrag an. Abgrenzungsprobleme dürften kaum auftreten. Die Regelung korrespondiert mit **§ 98 Nr. 1,** der ebenfalls keine weiteren Erläuterungen vorsieht. **Nrn. 2–5** stellen die Fallgestaltungen dar, in denen auch die Zuständigkeit der Länder in Betracht kommen kann und grenzen die Zuständigkeiten nach der überwiegenden Beherrschung oder Finanzierung ab.

Nr. 2 nimmt auf **§ 98 Nr. 2** Bezug und setzt für die Zuständigkeit des Bundes dessen **3** **überwiegende** Verwaltung seiner Beteiligung, die **überwiegende** Finanzierung, die **überwiegende** Aufsicht über die Leitung oder das Bestimmungsrecht für die **überwiegende** Zahl der zur Geschäftsführung befugten Personen voraus. **Nr. 2 enthält jedoch die Möglichkeit,** dass die an dem öffentlichen Auftraggeber Beteiligten sich **auf die Zuständigkeit einer anderen Kammer einigen können.** Der Gesetzeswortlaut bindet diese Wahlfreiheit an keinerlei Voraussetzungen. Grenzen ergeben sich jedoch aus dem Sinn und Zweck des Gesetzes und der Zielsetzung, **effektiven Rechtsschutz** zu gewähren. Es wird daher für die Wahl einer anderen als der gesetzlichen Zuständigkeit zu fordern sein, dass nur eine Vergabekammer gewählt werden kann, in deren Zuständigkeitsbereich zumindest ein an der Auftragsvergabe Beteiligter seinen Sitz hat. Die völlige, von jeder Beziehung zum Auftrag losgelöste Freiheit würde bedeuten, dass sich die Stelle, die sich Nachprüfung zu stellen hat, selbst von Fall zu Fall aussuchen könnte, welche Vergabekammer ihr genehm ist. Die willkürliche Wahl einer Vergabekammer, deren Zuständigkeit für keinen Beteiligten nach Sitz, Beherrschung oder Finanzierung in Frage kommt, ggf. mit Blick auf die Spruchpraxis zu bestimmten Fragen oder um dem Antragsteller die Betreibung des Verfahrens zu erschweren (zB durch Wahl einer Kammer in besonders großer Entfernung), dürfte aber wohl rechtsmissbräuchlich sein. Ist die gewünschte Vergabekammer gewählt, ist sie wie die regulär zuständige Vergabekammer mitzuteilen nach **§ 17 der VgV** sowie den Bekanntmachungsvorschriften der Verdingungsordnungen, die auf die Bekanntmachungsmuster der EU zur Ausschreibung öffentlicher Aufträge (Anhang II zur VOB/A, Anhang I zur VOL/A, Anhang II der VOF) Bezug nehmen. Da die eingeräumte Wahlmöglichkeit von keinerlei weiteren Bestimmungen dazu begleitet ist, könnte sich auch die Frage stellen, ob die schon bekannt gemachte Wahl später wieder geändert werden kann. Die Anforderung an die Transparenz von Vergabeverfahren nach den Grundsätzen des **§ 97** ist sehr hoch, so dass die bekannt gemachten Bedingungen des Wettbewerbs nicht nachträglich geändert werden dürfen. Geschieht dies doch, liegt darin ein schwerwiegender Vergabefehler, der oft nicht anders als durch Aufhebung der Ausschreibung zu berichtigen ist. Hinzu kommt, dass mit **§ 107 Abs. 3 Nr. 4** eine enge Befristung für die Zulässigkeit eines Nachprüfungsantrages eingeführt wurde, die keine vom Auftraggeber verursachten Unsicherheiten hinsichtlich der Frage, welche Vergabekammer zuständig ist, zulässt. Eine einmal getroffene und bekannt gemachte Entscheidung über die zuständige Vergabekammer muss daher für das betreffende Verfahren Bestand haben.

Nr. 3 nimmt auf **§ 98 Nr. 4** Bezug und erfasst damit die Sektorenauftraggeber. Für die Zu- **4** ständigkeit wird darauf abgestellt, ob der Bund einen beherrschenden Einfluss auf den Auftraggeber ausübt. Nr. 3 enthält die **Definition für Beherrschung,** die vorliegt, wenn der Bund unmittelbar oder mittelbar über die Kapitalmehrheit oder über die Mehrheit der Stimmrechte verfügt oder mehr als die Hälfte des Verwaltungs-, Leitungs- oder Aufsichtspersonals bestellen kann. **Nr. 4** nimmt auf **§ 98 Nr. 5** Bezug und stellt darauf ab, ob der Bund die Mittel überwiegend bewilligt hat. **Nr. 5** nimmt **§ 98 Nr. 6** in Bezug und richtet die Zuständigkeit nach der Stelle, die die Baukonzession gewährt.

III. Zuständigkeit der Länder (Abs. 2)

Abs. 2 verweist Vergabeverfahren im Rahmen von **Bundesauftragsverwaltung** zu Recht **5** an die Vergabekammern der Länder, da die Aufgabe zwar im Auftrag des Bundes, ansonsten aber in unmittelbarer eigener Verantwortung als Landesverwaltung ausgeübt wird.[1] Ansonsten wird den Ländern **nach den Regeln von Abs. 1 Nrn. 2–6** die Zuständigkeit zugeordnet, wenn die Länder selbst oder ihre Untergliederungen ausschreibende Stelle sind oder die ausschreibende Organisation überwiegend beherrschen, verwalten oder finanzieren. Abs. 2 sieht nach seinem Wortlaut und Sinn kein Wahlrecht der Beteiligten eines Auftraggebers vor. Trotz der analogen Anwendung von **Abs. 1 Nr. 2** ist klar bestimmt, dass die Vergabekammer des Landes zuständig ist. Die Analogie bezieht sich daher nur auf die Inbezugnahme von **§ 98 Nr. 2** und die Definition der Beherrschung.

IV. Die Auffangregelung (Abs. 3)

6   **Abs. 3** enthält eine **Auffangregelung,** die sicherstellt, dass für jeden öffentlichen Auftraggeber eine Vergabekammer zuständig ist. Hierunter fallen zB. auch die **privaten Sektorenauftraggeber,** an denen weder der Bund noch ein Land beteiligt sind. Kriterium für die Zuständigkeit ist der **Sitz** des öffentlichen Auftraggebers. Sind mehrere Auftraggeber mit Sitz im Zuständigkeitsbereich mehrerer Vergabekammern beteiligt, richtet sich die Zuständigkeit der Vergabekammer analog der Systematik in **Abs. 1 und 2** zunächst danach, wo der Beteiligte mit dem **überwiegenden** Beschaffungsanteil seinen Sitz hat.[2] Ergibt sich aus dem Beschaffungsanteil keine Unterscheidung, ist auf die überwiegende Möglichkeit zur Einflussnahme abzustellen. Als **Sitz** des Auftraggebers ist der **juristische Unternehmenssitz** zugrunde zu legen, der nicht identisch mit der ausschreibenden Betriebsstätte sein muss.[3] Der Sitz kann sich aus einer Satzung (Aktiengesellschaft, GmbH) ergeben oder aus Gesetz oder Verordnung, wenn zB. Landesbetriebe mit mehreren Niederlassungen gegründet werden. Je nach Verfassung der Landesbetriebe können die Niederlassungen auch rechtlich selbständig gestaltet sein, so dass es auf den Sitz der Niederlassung ankommt (zB. Landesstrassenbaubetrieb in Nordrhein-Westfalen). Für **kommunale Spitzenverbände,** die weder einem bestimmten Land noch dem Bund zuzurechnen sind, wurde vereinzelt von der Zuständigkeit des Bundes ausgegangen.[4] Mit der Zuständigkeitsregel in **Abs. 3 Satz 1** ist diese Frage jedoch geklärt. „In allen anderen Fällen" erfasst auch die kommunalen Spitzenverbände, so dass sich die Zuständigkeit der Vergabekammern auch hier nach dem Sitz des jeweiligen Verbandes richtet. Da mehrere kommunale Spitzenverbände ihren Sitz in Nordrhein-Westfalen haben, wo **sowohl die Kammern des Landes als auch die Kammern des Bundes ansässig** sind, stellt sich die Frage nach den zuständigen Kammern auch deshalb. Nach der klaren Definition der Zuständigkeit der Vergabekammern des Bundes in **Abs. 1** und der davon deutlich getrennten Auffangregelung in **Abs. 3** ist davon auszugehen, dass die Auffangzuständigkeit in **Abs. 3 Satz 1** ausschließlich den Vergabekammern der Länder zugewiesen ist. Dafür spricht auch, dass das Gesetz keine Sonderregelung für Nordrhein-Westfalen schaffen wollte, sondern dort wie in allen anderen Bundesländern verfahren werden soll.

7   **Satz 2** sieht für **länderübergreifende Beschaffungen** vor, dass die Auftraggeber in der Vergabebekanntmachung nur **eine** zuständige Vergabekammer benennen. (Länderübergreifende Beschaffungen können zB. in **Einkaufgemeinschaften** zur Beschaffung spezieller Waren, zB. von Spezialfahrzeugen für den Katastrophenschutz oder in grenzübergreifenden Baumaßnahmen, zB. im Landschafts- oder Gewässerschutz bestehen.) Der Wortlaut von **Satz 2** setzt die Benennung der Vergabekammer ohne Einschränkung voraus, so dass von einer Pflicht zur Benennung auszugehen ist. Geschieht dies nicht, kann dem Rechtsschutzsuchenden angesichts der kurzen Fristen des **§ 107 Abs. 3 Nr. 4** nicht zugemutet werden, die zuständige Vergabekammer selbst zu ermitteln. Wird bei einer für den Sitz eines beliebigen Mitglieds des Auftraggebers zuständigen Kammer ein Nachprüfungsantrag eingereicht, ist dieser als zulässig anzusehen. Kommt es durch verschiedene Nachprüfungsanträge dadurch zur Befassung verschiedener Kammern, ist von den Vergabekammern die Entscheidung herbeizuführen, welche Kammer nach dem Willen des Auftraggebers zuständig sein soll. Dies ist, nachdem schon Nachprüfungsanträge vorliegen, nicht unproblematisch. In der Praxis hat diese Konstellation bisher jedoch keine große Rolle gespielt.

---

[1] BVerfGE 81, 310, 331.
[2] BerlKommEnR/*Lutz* § 18 VgV RdNr. 2.
[3] BerlKommEnR/*Lutz* § 18 VgV RdNr. 3.
[4] *Bechthold* § 104 RdNr. 2.

II. Verfahren vor der Vergabekammer

§ 107 Einleitung, Antrag

(1) Die Vergabekammer leitet ein Nachprüfungsverfahren nur auf Antrag ein.

(2) [1]Antragsbefugt ist jedes Unternehmen, das ein Interesse am Auftrag hat und eine Verletzung in seinen Rechten nach § 97 Abs. 7 durch Nichtbeachtung von Vergabevorschriften geltend macht. [2]Dabei ist darzulegen, dass dem Unternehmen durch die behauptete Verletzung der Vergabevorschriften ein Schaden entstanden ist oder zu entstehen droht.

(3) [1]Der Antrag ist unzulässig, soweit

1. der Antragsteller den gerügten Verstoß gegen Vergabevorschriften im Vergabeverfahren erkannt und gegenüber dem Auftraggeber nicht unverzüglich gerügt hat,

2. Verstöße gegen Vergabevorschriften, die aufgrund der Bekanntmachung erkennbar sind, nicht spätestens bis Ablauf der in der Bekanntmachung benannten Frist zur Angebotsabgabe oder zur Bewerbung gegenüber dem Auftraggeber gerügt werden,

3. Verstöße gegen Vergabevorschriften, die erst in den Vergabeunterlagen erkennbar sind, nicht spätestens bis zum Ablauf der in der Bekanntmachung benannten Frist zur Angebotsabgabe oder zur Bewerbung gegenüber dem Auftraggeber gerügt werden,

4. mehr als 15 Kalendertage nach Eingang der Mitteilung des Auftraggebers, einer Rüge nicht abhelfen zu wollen, vergangen sind.

[2]Satz 1 gilt nicht bei einem Antrag auf Feststellung der Unwirksamkeit des Vertrages nach § 101b Abs. 1 Nr. 2. [3]§ 101a Abs. 1 Satz 2 bleibt unberührt.

Schrifttum: *Antweiler*, Antragsbefugnis und Antragsfrist für Nachprüfungsanträge von Nichtbewerbern und Nichtbietern, VergabeR 2004, 702; *Benedict*, Ausnahme von Rügepflicht; Nebenangebot ohne Hauptangebot, VergabeR 2001, 254; *Brauer*, Das Verfahren vor der Vergabekammer, NZBau 2009, 297; *Glahs*, Die Antragsbefugnis im Vergabenachprüfungsverfahren, NZBau 2004, 544; *Hübner*, Das Ende der „unverzüglichen" und uneingeschränkten Rügeobliegenheit, VergabeR 2010, 414; *Jaeger*, Die Rechtsprechung der OLG-Vergabesenate im Jahr 2000, NZBau 2001, 289; *ders.*, Neuerungen zur Rügeobliegenheit (§ 107 III GWB) durch das Vergaberechtsmodernisierungsgesetz, NZBau 2009, 558; *Kling*, Vorbeugender Rechtsschutz im Kartellvergaberecht?, NZBau 2003, 23; *Krohn*, Das Aus für die „unverzügliche" Rüge, NZBau 2010, 186; *Kühnen*, Die Rügeobliegenheit, NZBau 2004, 427; *Maier*, Bedarf es einer Frist zwischen Rüge und Nachprüfungsantrag?, NZBau 2004, 196; *ders.*, Zur Frage des Nachweises der positiven Kenntnis bzw. der Erkennbarkeit von Verfahrensverstößen als Bedingung des Entstehens der Rügeobliegenheit nach § 107 Abs. 3 GWB, VergabeR 2004, 176; *Otting*, Reichweite und Europarechtskonformität der Vorschrift des § 107 Abs. 3 GWB, VergabeR 2008, 68; *Schmidt*, Wider den Ausschlussautomatismus: Kein zwingender Ausschluss einer Bietergemeinschaft bei Insolvenz eines Mitgliedsunternehmens; NZBau 2008, 41; *Schröder*, Die Rügepflicht nach § 107 Abs. 3 Satz 1 GWB, VergabeR 2002, 229; *Stoye/von Münchhausen*, Primärrechtsschutz in der GWB-Novelle – Kleine Vergaberechtsreform mit großen Einschnitten im Rechtsschutz, VergabeR 2008, 871; *Wiedemann*, Geplante Neuerungen im Nachprüfungsverfahren, VergabeR 2009, 302.

Übersicht

I. Normzweck

1 Mit § 107 hat der Gesetzgeber die Grundnorm der Rechtsmittelrichtlinie für das Öffentliche Auftragswesen umgesetzt,[1] wonach die Mitgliedstaaten der EU gewährleisten müssen, dass Nachprüfungsverfahren jedem zur Verfügung stehen, der ein Interesse an einem bestimmten öffentlichen Auftrag hat oder hatte und dem durch einen behaupteten Rechtsverstoß ein Schaden entstanden ist oder zu entstehen droht (Art. 1 Abs. 3 ÜWR und Art. 1 Abs. 3 SÜWR). Dementsprechend eröffnet **Abs. 1** allen an einem konkreten öffentlichen Auftrag interessierten Unternehmen das justizförmige Verfahren zur Nachprüfung des betreffenden Vergabeverfahrens, wenn sie die Initiative durch Stellung eines Antrags ergreifen (**Antragserfordernis**) und einige Zulässigkeitsvoraussetzungen für das Nachprüfungsverfahren erfüllen. Zwei dieser Zulässigkeitsvoraussetzungen sind in den Absätzen 2 und 3 des § 107 mit jeweils unterschiedlichen Normzwecken geregelt.

2 Die besondere Regelung der **Antragsbefugnis** in **Abs. 2** normiert mit ihren Voraussetzungen eines Interesses am zu vergebenden Auftrag, der Geltendmachung einer Verletzung in eigenen Rechten sowie eines durch die behauptete Rechtsverletzung schon entstandenen oder noch drohenden Schadens ein auf den vergaberechtlichen Rechtsschutz zugeschnittenes **Rechtsschutzbedürfnis** für den Nachprüfungsantrag.[2] Durch das letztgenannte Element (Schaden) dieses Rechtsschutzbedürfnisses soll vor allem verhindert werden, dass ein Bieter, der auch bei einem ordnungsgemäß durchgeführten Vergabeverfahren keine Aussicht auf Berücksichtigung seines Angebots und auf Erteilung des Zuschlags gehabt hätte, ein (investitionshemmendes) Nachprüfungsverfahren einleiten kann.[3]

3 Abs. 3 enthält drei Tatbestände der – vorprozessual zu erfüllenden – sog. **Rügeobliegenheit** und einen weiteren mit einer **Antragsfrist** verknüpften Präklusionstatbestand. Den vier Vorschriften liegen – jedenfalls im Detail – unterschiedliche Zweckgedanken zugrunde, wie sich den Gesetzesmaterialien entnehmen lässt. Den jetzigen **Abs. 3 Satz 1 Nr. 1**, den die Bundesregierung seinerzeit als einzigen der vier Tatbestände vorgesehen hatte, charakterisierte sie in der RegBegr. zum VgRÄG 1998 als eine Präklusionsregel unter dem Gesichtspunkt von Treu und Glauben zur Vermeidung unnötiger Verfahren. Erkenne der Unternehmer Fehler im Vergabeverfahren, müsse er dem Auftraggeber Gelegenheit geben, diese Fehler zu korrigieren. Der Unternehmer, der auf einen erkannten Fehler spekuliere, weil er sich möglicherweise zu seinen Gunsten auswirken könnte, solle insoweit nicht Rechtmäßigkeit des Vergabeverfahrens einfordern dürfen, wenn seine Spekulation nicht aufgehe.[4] Von diesen Erwägungen sind bei späteren Normzweckanalysen in der Rechtsprechung und im Schrifttum vor allem das Gebot, dem Auftraggeber eine **beschleunigte Selbstkorrektur eines Vergaberechtsfehlers** ohne Nachprüfungsverfahren zu ermöglichen,[5] und die Wertung, dass Abs. 3 Satz 1 Nr. 1 eine Ausprägung des Grundsatzes von **Treu und Glauben** sei,[6] besonders hervorgehoben worden.

4 Die Normzwecke der beiden Rügetatbestände (Abs. 3 Satz 1 Nr. 2 und 3), die nicht – wie Abs. 3 Satz 1 Nr. 1 – auf der Kenntnis des Bewerbers/Bieters vom Vergaberechtsverstoß, son-

---

[1] Vgl. RegBegr. zum VgRÄG 1998, BT-Drucks. 13/9340, 17.

[2] Hauptsächlich auf Abs. 2 Satz 2 bezogen: BayObLG NZBau 2000, 481, 485; OLG Düsseldorf, Beschl. v. 22. 11. 1999 – Verg 2/99; OLG Naumburg NZBau 2001, 579, 580.

[3] Stellungnahme des BRats, auf dessen Vorschlag die Vorschrift in das VgRÄG aufgenommen wurde, zum damaligen RegE, BT-Drucks. 13/9340, 40; BVerfG NZBau 2004, 564, 566.

[4] RegBegr. zum VgRÄG 1998, BT-Drucks. 13/9340, 17.

[5] BayObLG VergabeR 2001, 438, 439; OLG Brandenburg NZBau 2001, 226, 227; OLG Düsseldorf, Beschl. v. 22. 8. 2000 – Verg 9/00; *Immenga/Mestmäcker/Dreher* RdNr. 29; *Kulartz/Kus/Portz/Wiese* RdNr. 53; *Langen/Bunte/Schweda* RdNr. 12; *Loewenheim/Meessen/Riesenkampff/Heuvels* RdNr. 25; *Prieß* 363.

[6] BayObLG VergabeR 2001, 438, 439; OLG Düsseldorf NZBau 2000, 45, 47; *Byok/Jaeger/Byok* RdNr. 981; *Kulartz/Kus/Portz/Wiese* RdNr. 53; *Langen/Bunte/Schweda* RdNr. 12; *Loewenheim/Meessen/Riesenkampff/Heuvels* RdNr. 25; *Prieß* 363.

dern auf der Erkennbarkeit eines solchen Rechtsverstoßes gründen, sind weniger klar und transparent. Der Bundesrat, auf dessen Vorschlag die Einfügung des (jetzigen) **Abs. 3 Satz 1 Nr. 2** in das VgRÄG 1998 beruht, hat diesen zweiten Rügetatbestand seinerzeit folgendermaßen begründet: Aus der Bekanntmachung sei für den Bewerber/Bieter eine Reihe von wichtigen Entscheidungen des Auftraggebers, wie zB Wahl der Vergabeart, Fristbemessung usw. erkennbar. Es erscheine für den Bewerber/Bieter **zumutbar**, durch rechtzeitige Rüge **zur Vermeidung von Verzögerungen der Vergabeverfahren** infolge später Antragstellung auf Nachprüfung **beizutragen**. Da sich der Bewerber/Bieter auf jeden Fall bis zum Ablauf der in der Bekanntmachung genannten Bewerbungs- bzw. Angebotsfrist mit der Bekanntmachung auseinandersetzen müsse, sei eine Präklusion der Rüge mit Ablauf dieser Frist zumutbar.[7] Diese Normzweckdarstellung des Bundesrats ist deshalb nicht verständlich und erscheint unvollständig, weil ein Bewerber/Bieter, der einen aus der Bekanntmachung erkennbaren Vergaberechtsverstoß tatsächlich nicht erkannt hat,[8] keine Rüge dieses Verstoßes erheben und deshalb auch nicht zur Vermeidung einer Verzögerung des Vergabeverfahrens beitragen kann, und es auch fragwürdig ist, dies zu Lasten des Bewerbers/Bieters mit einem endgültigen Verlust seines Rügerechts zu sanktionieren. Begreiflich wird die Begründung des Bundesrats erst dann, wenn man annimmt, dass er, ohne es besonders auszudrücken, die Bewerber/Bieter mit der zweiten Präklusionsregel motivieren wollte, die Bekanntmachung einer so intensiven Prüfung auf Vergaberechtsverstöße – evtl. unter Einschaltung rechtskundiger Berater – zu unterziehen, dass erkennbare Vergaberechtsfehler auch tatsächlich erkannt werden (und dann wirklich gerügt werden können). Das würde bedeuten, dass der Bundesrat zur Rügeobliegenheit stillschweigend eine auf die Bekanntmachung beschränkte Prüfungsobliegenheit hinzufügen wollte.

In dem durch das Vergaberechtsmodernisierungsgesetz 2009 eingefügten **Abs. 3 Satz 1 Nr. 3** wird das Erkennbarkeits-Kriterium des Abs. 3 Satz 1 Nr. 2 als Grund der Rügeobliegenheit auf Vergaberechtsverstöße in den Vergabeunterlagen erstreckt. Das hiermit verfolgte gesetzgeberische Ziel ist noch weniger transparent als bei der vom Bundesrat durchgesetzten Ursprungsnorm (s. o. RdNr. 4). In der RegBegr. zum Vergaberechtsmodernisierungsgesetz findet sich zu der Forderung, auch erkennbare Verstöße in der Leistungsbeschreibung (als einem Teil der Vergabeunterlagen)[9] sollten spätestens bis zum Ablauf der Angebotsfrist gerügt werden, nur folgende Zweckerwägung: Damit bekomme der öffentliche Auftraggeber auch in diesen Fällen **eher** die **Gelegenheit**, etwaige **Verfahrensfehler zu beheben** und so im Interesse aller Beteiligten unnötige Nachprüfungsverfahren zu vermeiden.[10] Im originären Anwendungsbereich des Abs. 3 Satz 1 Nr. 3, nämlich in den Fällen bloßer Erkennbarkeit des jeweiligen Vergaberechtsverstoßes in den Vergabeunterlagen, ohne dass der Bewerber/Bieter diesen Rechtsverstoß im konkreten Einzelfall tatsächlich erkannt hat,[11] wird der Auftraggeber jedoch nicht mehr und nicht frühzeitiger Gelegenheit bekommen, den Fehler aus den Vergabeunterlagen zu beseitigen, als nach bisherigem Recht.[12] Folglich ist der von der BReg vorgetragene Zweckgedanke nicht geeignet, die neue Vorschrift verständlich zu machen. Die wahren Gründe für die Verschärfung der Rügeobliegenheit durch Abs. 3 Satz 1 Nr. 3 liegen woanders, wie die ersten Stellungnahmen im Schrifttum zutreffend offen gelegt haben: Der dem Auftraggeber gemäß Abs. 3 Satz 1 Nr. 1 obliegende Beweis dafür, dass der Bewerber/Bieter überhaupt Kenntnis von dem (später) entscheidungserheblichen Vergaberechtsverstoß erlangt hat, und insbesondere, wann er diese die Rügeobliegenheit erst auslösende Kenntnis erlangt hat (s. u. RdNr. 50), ist idR schwer zu erbringen. In der Vergabepraxis wurde diese Beweislage vor allem aus der Sicht der öffentlichen Auftraggeber für unbefriedigend gehalten und ein Bedarf für die mit Abs. 3 Satz 1 Nr. 3 vollzogene Abschaffung der Notwendigkeit gesehen, dem individuellen Bewerber/Bieter (insbesondere) den Zeitpunkt der Erlangung der Kenntnis von Vergaberechtsverstößen in den Vergabeunterlagen nachweisen zu müssen.[13] Demzufolge bezweckt Abs. 3 Satz 1 Nr. 3 der Sache nach

---

[7] BR-Drucks. 646/97, S. 14. Den Gesetzesmaterialien zum VgRÄG ist sonst nichts zum Normzweck des (jetzigen) § 107 Abs. 3 Satz 1 Nr. 2 zu entnehmen.

[8] Vgl. zu dieser Anwendungsvoraussetzung des Abs. 3 Satz 1 Nr. 2 in Abgrenzung zu Nr. 1 unten RdNr. 35 und 51.

[9] Vgl. §§ 7 und 8 Abs. 1 Nr. 2 VOB/A 2009.

[10] BT-Drucks. 16/10117, RegBegr. Teil B, zu Art. 1 Nr. 13.

[11] Vgl. zu dieser Anwendungsvoraussetzung des Abs. 3 Satz 1 Nr. 3 in Abgrenzung zu Nr. 1 unten RdNr. 51.

[12] Vgl. die Argumentation in RdNr. 4; ferner *Jaeger* NZBau 2009, 558, 559.

[13] Vgl. *Brauer* NZBau 2009, 297, 299; *Stoye/von Münchhausen* VergabeR 2008, 871, 872; *Wiedemann* VergabeR 2009, 302, 308.

hauptsächlich eine **Korrektur des Abs. 3 Satz 1 Nr. 1**, und zwar der zu dieser Vorschrift gehörenden **Beweislastregel**.

6   Mit **Abs. 3 Satz 1 Nr. 4** hat das Vergaberechtsmodernisierungsgesetz 2009 in das deutsche Vergaberecht erstmals eine Frist für den erstinstanzlichen Rechtsschutzantrag, anknüpfend an die eine Rüge zurückweisende Antwort des Auftraggebers, eingeführt. Der Gesetzgeber verfolgt damit den Zweck, dass dadurch **frühzeitig Klarheit** über die **Rechtmäßigkeit des Vergabeverfahrens** geschaffen werden könne.[14]

7   Der ebenfalls durch das Vergaberechtsmodernisierungsgesetz 2009 eingefügte **Abs. 3 Satz 2** normiert eine Ausnahme von der Rügeobliegenheit für Nachprüfungsanträge gemäß § 101 b Abs. 1 Nr. 2. Zweck der Norm ist es, eine Wertung des Gesetzgebers zu verwirklichen, der es nicht für sachgerecht hält, den Unternehmen, die sich mit einem Nachprüfungsantrag gegen eine sog. **De-facto-Vergabe** wenden (§ 101 b Abs. 1 Nr. 2), eine vorher zu erfüllende Rügeobliegenheit aufzuerlegen.[15]

II. Antragserfordernis (Abs. 1)

8   Abs. 1 bestimmt, dass die Nachprüfung eines Vergabeverfahrens in Bezug auf Vergaberechtsverstöße vor der Vergabekammer **nur auf Antrag** (eines in Abs. 2 Satz 1 näher bezeichneten Unternehmens) stattfindet, dass also die Vergabekammer ein Nachprüfungsverfahren nicht von Amts wegen einleiten kann. Da es sich bei dem – danach erforderlichen – Nachprüfungsantrag um einen Rechtsschutzantrag eines Unternehmens handelt, das sich in seinen eigenen Rechten (aus § 97 Abs. 7) verletzt sieht, folgt aus dem Antragserfordernis, dass der Nachprüfungsantrag jedenfalls hinsichtlich des „Ob" der Nachprüfung zur freien Disposition des betreffenden Unternehmens steht[16] (s. iÜ. § 114 Abs. 1 Satz 2). Daraus folgt wiederum, dass der Antragsteller den Nachprüfungsantrag bis zur formell bestandskräftigen Entscheidung über den Antrag **jederzeit zurücknehmen** kann, auch noch während des Verfahrens über die sofortige Beschwerde gegen die Entscheidung der Vergabekammer.[17] Das Recht zur Antragsrücknahme wird in der Kostenvorschrift des § 128 Abs. 4 Satz 3 vorausgesetzt. Auch wenn über den Nachprüfungsantrag schon mündlich verhandelt worden ist, bedarf der Antragsteller zur Wirksamkeit der Antragsrücknahme keiner Zustimmung des Antragsgegners oder weiterer Beteiligter, der Beigeladenen. Das ergibt sich ebenfalls aus der Dispositionsfreiheit des Antragstellers iVm. dem Umstand, dass der Vierte Teil des GWB (§§ 97 ff.) keine Vorschrift enthält, die – wie § 269 Abs. 1 ZPO für die zivilprozessuale Klage – die Möglichkeit der Antragsrücknahme einschränkt und ab der mündlichen Verhandlung über den Antrag von der Zustimmung des Prozessgegners abhängig macht.[18] Eine erneute Stellung eines zuvor zurückgenommenen Nachprüfungsantrags (sog. Rücknahme der Rücknahme) ist grundsätzlich zulässig und verstößt auch mit Blick auf das besondere Beschleunigungsinteresse des Auftraggebers nicht gegen den Grundsatz von Treu und Glauben;[19] zu beachten ist jedoch nunmehr die neue Fristenregel des Abs. 3 Satz 1 Nr. 4. Der Antragsteller muss allerdings nach Antragsrücknahme nicht nur die Kosten der Vergabekammer und die eigenen Aufwendungen tragen, sondern gemäß § 128 Abs. 4 Satz 3 idF. des Vergaberechtsmodernisierungsgesetzes 2009 auch die notwendigen Aufwendungen des Antragsgegners und der Beigeladenen erstatten.[20] Mit Blick auf die Dispositionsfreiheit des Antragstellers ist auch eine nachträgliche **Erweiterung** des Nachprüfungsantrags – in Bezug auf den Gegenstand der Nachprüfung (zB weitere, vom ursprünglichen Antrag noch nicht erfasste Lose des Vergabeverfahrens) – bis zum Ende der mündlichen Verhandlung zulässig,[21] sofern nicht die neue Fristenregel des Abs. 3 Satz 1 Nr. 4 entgegensteht.

---

[14] BT-Drucks. 16/10 117, RegBegr. Teil B, zu Art. 1 Nr. 13.

[15] BT-Drucks. 16/10 117, RegBegr. Teil B, zu Art. 1 Nr. 13.

[16] BGH NZBau 2009, 466, 467.

[17] BGH NZBau 2009, 466, 467.

[18] BGH NZBau 2009, 466, 467; aA. – nach mündlicher Verhandlung Antragsrücknahme nur mit Zustimmung der übrigen Verfahrensbeteiligten – noch *Langen/Bunte/Schweda* RdNr. 2 mwN.

[19] OLG Düsseldorf VergabeR 2002, 267, 271; zust. *Immenga/Mestmäcker/Dreher* RdNr. 4; *Langen/Bunte/Schweda* RdNr. 2.

[20] Vor dieser Gesetzesänderung legte der BGH, NZBau 2009, 466, § 128 dahin aus, dass bei Rücknahme des Nachprüfungsantrags keine Erstattung von Aufwendungen stattfindet, die den Beteiligten im Verfahren vor der VergabeK entstanden sind.

[21] OLG Düsseldorf VergabeR 2002, 267, 271; zust. *Immenga/Mestmäcker/Dreher* RdNr. 4; *Byok/Jaeger/Byok* RdNr. 951.

Mit dem Eingang des Nachprüfungsantrags bei der Vergabekammer beginnt verfahrensrecht- **9** lich sofort das Nachprüfungsverfahren. Hierfür bedarf es – entgegen dem insoweit etwas miss- verständlichen Wortlaut des Abs. 1 – keiner Maßnahme der „Einleitung", also keiner besonde- ren Entschließung der Vergabekammer.[22] Das ergibt sich iÜ auch aus § 113 Abs. 1 Satz 1, der die für die Entscheidung der Vergabekammer gesetzte Fünf-Wochen-Frist mit dem Eingang des Nachprüfungsantrags und nicht mit einem Einleitungsakt der Vergabekammer beginnen lässt. Bereits der Eingang des (formgerechten) Nachprüfungsantrags begründet auch seine Rechtshän- gigkeit im prozessualen Sinne.[23]

III. Antragsbefugnis (Abs. 2)

1. Vorbemerkung. Die Absätze 2 und 3 des § 107 enthalten wichtige, aber nicht alle spe- **10** ziellen Zulässigkeitsvoraussetzungen für das Nachprüfungsverfahren vor der Vergabekammer. Außer den formellen Anforderungen an den Nachprüfungsantrag (§ 108) gehört zu den Zu- gangsvoraussetzungen (Sachurteilsvoraussetzungen), dass das an die Vergabekammer gerichtete Rechtsschutzbegehren ein **Vergabeverfahren iS der §§ 97 bis 101** betrifft. Das beanstandete Verfahren muss also in den subjektiven Anwendungsbereich des Vergaberechts nach § 98 ge- mäß dem dort definierten Begriff des öffentlichen Auftraggebers fallen. Es muss außerdem zum sachlichen Anwendungsbereich des Vergaberechts nach den §§ 99 und 100 Abs. 1 gemäß dem in § 99 definierten Begriff des öffentlichen Auftrags als Verfahrens- bzw. Vergabegegenstand und gemäß dem in § 100 Abs. 1 iVm. § 2 VgV für die betreffende Auftragsart festgelegten, zu erreichenden oder zu überschreitenden Auftragswert (Schwellenwert) gehören. Wenn auch nur eine der Anwendungsvoraussetzungen der §§ 98, 99 und 100 Abs. 1 iVm. § 2 VgV – unter Berücksichtigung der Ausnahmevorschriften des § 100 Abs. 2 – nicht erfüllt ist, ist der Nach- prüfungsantrag unzulässig.

Außerdem ist zu beachten, dass die **Zuständigkeit der Vergabekammer** (wie auch des **11** Vergabesenats) gemäß § 104 Abs. 2 Satz 1 **begrenzt** ist auf die Rechte der Unternehmen aus § 97 Abs. 7 sowie auf sonstige Ansprüche gegen öffentliche Auftraggeber, die auf die Vornahme oder das Unterlassen einer Handlung **„in einem Vergabeverfahren"** gerichtet sind. Denn das Nachprüfungsverfahren dient dem **Primärrechtsschutz.** Es soll sicherstellen, dass jeder Be- werber/Bieter sein Recht auf Einhaltung der vergaberechtlichen Bestimmungen gemäß § 97 Abs. 7 durchsetzen kann. Die in den §§ 102, 107 vorgesehene Möglichkeit der Anrufung der Vergabekammer ist auf die Zeit beschränkt, zu der – wenn sich ein Verstoß gegen zu beach- tende Vergaberegeln feststellen lassen sollte – auf die Rechtmäßigkeit des Vergabeverfahrens eingewirkt werden könnte.[24] Angesichts dieser Zielsetzung erfordert die Zulässigkeit eines Nachprüfungsverfahrens, dass ein Vergabeverfahren schon begonnen hat und es noch andauert. Ein Nachprüfungsantrag ist unstatthaft, wenn er sich gegen ein bei seiner Einreichung durch wirksame Auftragserteilung schon (rechtswirksam) beendetes Vergabeverfahren richtet.[25] Dieses Verständnis vom Primärrechtsschutz macht freilich auch ein materielles Verständnis des Begriffs „Vergabeverfahren" notwendig, der sich nicht an formellen Merkmalen der Einleitung (Aus- schreibung oder sonstige Bekanntmachung) orientiert, sondern auch die ohne die gebotenen Förmlichkeiten und ohne Einhaltung weiterer Vergaberechtsregeln begonnenen und durchge- führten Beschaffungsmaßnahmen öffentlicher Auftraggeber mit einschließt[26] (s. jetzt § 101b Abs. 1 Nr. 2). In diesem materiellen Sinne setzt die Zulässigkeit des Nachprüfungsantrags ein konkretes Vergabeverfahren voraus, das im Zeitpunkt der Antragseinreichung noch nicht abge- schlossen ist (s. auch § 114 Abs. 2 Satz 2), aber auch schon begonnen haben muss (dies späte- stens zur Zeit der evtl. stattfindenden mündlichen Verhandlung). Denn die §§ 102 ff. sehen

---

[22] OLG Düsseldorf NZBau 2000, 45, 47–48; zust. *Immenga/Mestmäcker/Dreher,* RdNr. 4; *Langen/Bunte/ Schweda* RdNr. 3; aA. *Reidt/Stickler/Glahs* RdNr. 9 (Anwendung von § 9 VwVfG).

[23] OLG Düsseldorf NZBau 2000, 45, 48; zust. *Immenga/Mestmäcker/Dreher* RdNr. 4.

[24] BGH NZBau 2001, 151, 152.

[25] BVerfG NZBau 2004, 564, 565; BGHZ 146, 202, 206 = NZBau 2001, 151, 152–153; BGH NZBau 2005, 290, 292 (so auch für die Beendigung eines ohne die gebotenen Förmlichkeiten eingeleiteten De- facto-Vergabeverfahrens durch wirksamen Vertragsschluss); OLG Celle NZBau 2002, 53; OLG Düsseldorf NZBau 2001, 696, 698 mwN; OLG Düsseldorf NZBau 2004, 113, 114; OLG Rostock NZBau 2003, 457; *Jaeger* NZBau 2001, 289, 290 mwN.

[26] BayObLG VergabeR 2003, 563, 564 mwN; OLG Düsseldorf NZBau 2001, 696, 698; OLG Düsseldorf NZBau 2004, 343; OLG Frankfurt VergabeR 2005, 80, 82; OLG Rostock NZBau 2003, 457, 458; so jedenfalls im sachlichen Ergebnis (nur mit anderer Sprachregelung) auch BGH NZBau 2005, 290, 291.

keinen vorbeugenden Rechtsschutz vor.[27] Was die Beendigung eines Vergabeverfahrens anbelangt, gibt es von den vorstehenden Grundsätzen lediglich für den Fall eine Ausnahme, dass der Auftraggeber das konkrete Vergabeverfahren – ohne Zuschlagserteilung – aufhebt (wobei zu bedenken ist, dass die rücknehmbare Aufhebung anders als eine wirksame Zuschlagserteilung kein endgültiger Beendigungsakt ist): Gegen die sog. Aufhebung der Ausschreibung kann ein Bewerber/Bieter bei der Vergabekammer einen zulässigen Nachprüfungsantrag mit der Rüge stellen, durch Nichtbeachtung der eine solche Aufhebung betreffenden Vergabevorschrift in seinen Rechten nach § 97 Abs. 7 verletzt zu sein.[28]

12   **2. Überblick über die Voraussetzungen der Antragsbefugnis.** Abgesehen von der Kennzeichnung des (zugelassenen) Antragstellers als „Unternehmen" zählt Abs. 2 drei Voraussetzungen der Antragsbefugnis auf: Interesse am Auftrag (s. u. RdNr. 13 bis 18), Geltendmachung einer Verletzung in eigenen aus § 97 Abs. 7 folgenden Rechten (s. u. RdNr. 19 bis 23), durch die (behauptete) Rechtsverletzung verursachter oder zumindest drohender Schaden (s. u. RdNr. 24 bis 34). Diese Elemente der Antragsbefugnis entsprechen den Vorgaben, die die Rechtsmittelrichtlinie für das Öffentliche Auftragswesen den Mitgliedstaaten insoweit für die Errichtung des vergaberechtlichen Rechtsschutzes gestellt hat (Art. 1 Abs. 3 ÜWR und Art. 1 Abs. 3 SÜWR), und stehen daher im Einklang mit dem Gemeinschaftsrecht. Für alle drei Voraussetzungen trifft den Antragsteller die Darlegungslast und (notfalls) die materielle Beweislast. Auf Grund des sowohl gemeinschaftsrechtlichen als auch verfassungsrechtlichen Gebots eines effektiven Rechtsschutzes gilt aber die generelle Mahnung, dass die **Anforderungen an** die **dem Antragsteller** insgesamt **obliegende Darlegung nicht hoch** angesetzt werden dürfen.[29] Zu beachten ist, dass **für jeden einzelnen gerügten Vergaberechtsverstoß** eine gesonderte Darlegung der Verletzung in eigenen Rechten und insbesondere dazu, dass (gerade) durch den Rechtsverstoß dem Antragsteller ein Schaden entstanden ist oder zu entstehen droht, notwendig ist.[30] Ob die Voraussetzungen der Antragsbefugnis (noch) erfüllt sind, ist als allgemeine Verfahrensvoraussetzung in jeder Lage des Nachprüfungsverfahrens, also auch im Beschwerderechtszug, von Amts wegen zu prüfen.[31]

13   **3. Interesse am Auftrag.** Wie der Wortlaut des Abs. 2 Satz 1 schon nahelegt, geht es bei diesem Merkmal nicht um eine bloße (subjektive) Bekundung des Interesses an dem in dem streitbefangenen Vergabeverfahren zu vergebenden Auftrag, sondern um ein objektiv feststellbares wirtschaftliches Interesse des Antragstellers selbst gerade an diesem Auftrag. Deshalb kommen auch nur **Unternehmen** – in der funktionalen, weiten Auslegung dieses Begriffs[32] (s. auch die Verwendung dieses Begriffs in § 97 Abs. 7) – für die Antragsbefugnis in Betracht. Nicht selbst unternehmerisch tätige Berufs-, Wirtschafts- und sonstige Verbände, die nur ein mit ihrer Verbandssatzung zusammenhängendes Interesse an der Rechtmäßigkeit von Vergabeverfahren haben, können daher nicht antragsbefugt sein.[33] Ein Bieter, der auf die konkrete Ausschreibung hin ein **Angebot abgegeben** hat und mit dem Nachprüfungsantrag sein Angebot und damit sein Ziel, den Zuschlag für den Auftrag zu erhalten, weiter verfolgt, hat prozessual hinreichend sein Interesse am Auftrag dargelegt.[34] Entsprechendes gilt für Bewerber, die sich am Teilnahmewettbewerb (bei nicht offenen Verfahren und Verhandlungsverfahren) beteiligen und sich gegen ihren Ausschluss vom anschließenden Angebotswettbewerb mit dem Nachprüfungsantrag wehren; damit ist hinreichend das Interesse an dem nach dem Teilnahmewettbewerb zu vergebenden Auftrag dokumentiert.[35]

14   Abs. 2 setzt zwar nach seinem Wortlaut die Abgabe eines Angebots oder einer Bewerbung für die Feststellung der Antragsbefugnis nicht voraus. Es ist aber ein Problem der Plausibilität der Darlegung und des Nachweises des Interesses am Auftrag, wenn sich der Antragsteller zuvor am Teilnahme- oder Angebotswettbewerb um diesen Auftrag nicht beteiligt hat. Nach dem Zweck

---

[27] BayObLG NZBau 2002, 397, 398; OLG Düsseldorf NZBau 2001, 696, 698 mwN; OLG Frankfurt VergabeR 2005, 80, 82; OLG Düsseldorf VergabeR 2005, 343, 347; OLG Naumburg VergabeR 2003, 588, 591; OLG Rostock NZBau 2003, 457, 458; *Kling* NZBau 2003, 23; *Immenga/Mestmäcker/Dreher* § 107 RdNr. 16; *Kulartz/Kus/Portz/Möllenkamp* RdNr. 27; *Prieß* 359.

[28] BGH NZBau 2003, 293.

[29] BVerfG NZBau 2004, 564, 565–566; BGH NZBau 2005, 290, 291.

[30] Vgl. OLG Naumburg NZBau 2001, 579, 580; *Glahs* NZBau 2004, 544; *Jaeger* NZBau 2001, 289, 292 mwN.; *Byok/Jaeger/Byok* RdNr. 954; *Kulartz/Kus/Portz/Möllenkamp* RdNr. 20.

[31] OLG Rostock VergabeR 2002, 193, 194.

[32] Vgl. *Glahs* NZBau 2004, 544, 545 mwN; vgl. auch OLG Stuttgart NZBau 2000, 542 LS 7 u. 8.

[33] *Immenga/Mestmäcker/Dreher* RdNr. 9 mwN; *Glahs* NZBau 2004, 544, 545.

[34] Vgl. BVerfG NZBau 2004, 564, 565; BGH NZBau 2004, 457, 458.

[35] OLG Düsseldorf NZBau 2000, 45, 48.

der Vorschrift über die Antragsbefugnis ist es grundsätzlich zulässig, die aktive Teilnahme an dem Vergabeverfahren – durch Teilnahmeantrag oder Angebotsabgabe – zur Voraussetzung dafür zu machen, dass der Antragsteller sein Interesse an dem betreffenden Auftrag nachweisen kann.[36] Unternehmen, die **kein Angebot abgegeben** haben, müssen daher zur Antragsbefugnis darlegen, gerade hieran durch das vergaberechtswidrige Verhalten der Vergabestelle, das sie mit dem Nachprüfungsantrag beanstanden und idR auch schon vorprozessual gemäß Abs. 3 gerügt haben, gehindert worden zu sein.[37] So reicht es zB aus, dass der Antragsteller einleuchtend darlegt, dass die von ihm als vergaberechtswidrig gerügten Vergabebedingungen ihn – in Anbetracht der technischen oder wirtschaftlichen Leistungsfähigkeit seines Unternehmens oder aus anderen vorzutragenden Gründen – daran gehindert haben, überhaupt ein Angebot über die ausgeschriebene Leistung oder jedenfalls ein Angebot mit Zuschlagschancen zu erstellen.[38] Es genügt aber auch, dass der Antragsteller darlegt, dass die Erstellung eines (technisch und kalkulatorisch an sich möglichen) Angebots ihm mit Blick auf die gerügten Vergabebedingungen als nutzlos vertaner Zeit- und Arbeitsaufwand deshalb nicht zumutbar gewesen sei, weil der Auftraggeber bei einem Erfolg des Nachprüfungsantrags die Vergabebedingungen korrigieren und daher den Angebotswettbewerb neu einleiten müsse.[39] Es ist eine Frage des Einzelfalls, ob der Antragsteller in solchen Fällen zusätzlich seine Eignung zur Erbringung der betreffenden Leistung darlegen muss, um sein Interesse am Auftrag plausibel erscheinen zu lassen. Keinesfalls kann vom Antragsteller aber verlangt werden, dass er mit dem Nachprüfungsantrag ein fiktives Angebot vorträgt, das er ohne Behinderung durch vergaberechtswidrige Vergabebedingungen abgegeben hätte.[40] Die vorstehenden Grundsätze gelten auch für den Fall, dass ein Unternehmen **keinen Teilnahmeantrag** (zur Bewerbung für ein nicht offenes Verfahren oder ein Verhandlungsverfahren) **abgegeben** hat, obwohl dessen Erstellung idR viel weniger Zeit und Mühe kostet als eine Angebotserstellung. Wenn das Unternehmen darlegt, dass es durch einen Vergaberechtsverstoß in den bekannt gemachten Vergabebedingungen gehindert oder in seinen Chancen erheblich beeinträchtigt wird, im Teilnahmewettbewerb und/oder im späteren Angebotswettbewerb zu reüssieren, ist es nicht gehalten, allein wegen der Antragsbefugnis einen aus seiner Sicht sinnlosen Teilnahmeantrag zu stellen. Das Interesse am Auftrag muss es dann durch seine vorprozessuale Rüge (Abs. 3) und den anschließenden Nachprüfungsantrag dokumentieren,[41] wobei je nach Lage des Einzelfalls zusätzlich die Darlegung der Eignung zur Erbringung der (ordnungsgemäß ausgeschriebenen) Leistung erforderlich ist (s. o.). In allen diesen Fällen verlangt aber der EuGH auf Grund der Beschleunigungs- und Effizienzziele der ÜWR, dass das Unternehmen in angemessenem zeitlichem Abstand nach Erlangung der Kenntnis von den rechtswidrigen Vergabebedingungen deren Nachprüfung beantragt und nicht etwa erst die Mitteilung von der Zuschlagserteilung abwartet.[42] In Deutschland wird diese Forderung nunmehr (grds.) durch Abs. 3 Satz 1 Nr. 4 erfüllt.

Bei einer sog. **De-facto-Vergabe** (s. § 101b Abs. 1 Nr. 2) können an das Interessemoment **15** keine hohen formalen Anforderungen gestellt werden. Eine formale Bieter- oder Bewerbereigenschaft ist nicht erforderlich,[43] selbst wenn der Auftraggeber auch den (späteren) Antragsteller zu seinem (vergaberechtswidrigen) freihändigen Vergabeverfahren eingeladen hatte. Es reicht aus, dass das Unternehmen als Fachunternehmen der für die konkrete Auftragserteilung in Frage kommenden Branche angehört und in Form von Anfragen beim Auftraggeber oder bei der übergeordneten Aufsichtsbehörde oder jedenfalls in Form des Nachprüfungsantrags sein Interesse bekundet sowie seine Leistungen (noch ohne Konkretisierung) anbietet.[44] Auch hier ist es

---

[36] EuGH, C-230/02, Slg. 2004, I-1829, RdNr. 27 = NZBau 2004, 221, 222 – Grossmann Air Service.

[37] BayObLG VergabeR 2003, 345; OLG Düsseldorf NZBau 2010, 390, 391 mwN; vgl. auch EuGH, C-230/02, Slg. 2004, I-1829, RdNr. 28 = NZBau 2004, 221, 222 – Grossmann Air Service.

[38] EuGH, C-230/02, Slg. 2004, I-1829, RdNr. 28 = NZBau 2004, 221, 222 – Grossmann Air Service; vgl. auch OLG Düsseldorf NZBau 2001, 155, 157 re. Sp.

[39] OLG Düsseldorf NZBau 2003, 173, 174; *Byok/Jaeger/Byok* RdNr. 957 mwN; *Immenga/Mestmäcker/Dreher* RdNr. 14 mwN.; *Jaeger* NZBau 2001, 289, 291–292 mwN.

[40] OLG Düsseldorf NZBau 2003, 173, 174; aA. seinerzeit OLG Koblenz NZBau 2000, 445 und OLG Rostock VergabeR 2002, 193.

[41] OLG Düsseldorf NZBau 2004, 688; aA. (keinesfalls antragsbefugt): *Antweiler* VergabeR 2004, 702, 703; *Langen/Bunte/Schweda* RdNr. 6.

[42] EuGH, C-230/02, Slg. 2004, Slg. 2004, I-1829, RdNr. 37 = NZBau 2004, 221, 223 – Grossmann Air Service.

[43] EuGH, C-26/03, Slg. 2005, 1, RdNr. 40 = NZBau 2005, 111, 114 – Stadt Halle.

[44] OLG Düsseldorf NZBau 2001, 696, 702; OLG Düsseldorf VergabeR 2005, 343, 344.

eine Frage des Einzelfalls, ob der Antragsteller darüber hinaus seine Eignung zur Erbringung der in Betracht kommenden Leistung darlegen muss, um die Vergabekammer vom Interesse am Auftrag überzeugen zu können.[45]

16   Für die Antragsbefugnis ist auch eine **Kontinuität des Interesses** am Auftrag erforderlich. Der Antragsteller muss es so lange aufrecht erhalten, wie der Erhalt des Auftrags theoretisch noch möglich ist. Gibt er sein Interesse am Auftrag selbst während des Nachprüfungsverfahrens – aus welchen Gründen auch immer – erkennbar auf (indem er zB der Vergabestelle den Wegfall seiner Einwände gegen die Auftragsvergabe an einen Dritten mitteilt), entfällt die Antragsbefugnis mit der Folge, dass der Nachprüfungsantrag – auch bei einer Überleitung in einen Fortsetzungsfeststellungsantrag gemäß § 114 Abs. 2 Satz 2 – unzulässig wird.[46] Der Fall der **Ablehnung der Bindefristverlängerung** ist differenziert zu sehen. Wenn der Antragsteller die von der Vergabestelle verlangte Fristverlängerung nur deshalb ablehnt, weil sie seiner Ansicht nach auf sachfremden Erwägungen beruhe und unzulässig sei, zugleich aber erklärt, dass er weiterhin an der Erteilung des Zuschlags interessiert sei, bleibt der Nachprüfungsantrag zulässig.[47] Sofern man in den beiden Erklärungen einen Widerspruch erblicken sollte, ist es eine Frage der Begründetheit des Nachprüfungsantrags, wie der Widerspruch, vor allem das Verlangen der Vergabestelle nach der Fristverlängerung, zu beurteilen ist. Wenn der Antragsteller die verlangte Bindefristverlängerung ablehnt, ohne dies mit vertretbaren Gründen zu rechtfertigen, ist dies grds. als Wegfall des Interesses am Auftrag zu werten.[48] Die Fortdauer des Interesses am Auftrag ist dagegen anzunehmen, wenn der Antragsteller zur Verlängerung der Bindefrist – anders als die von der Vergabestelle hierzu aufgeforderten Bieter – zwar nichts erklärt hat, aber gerade er als Bieter von der Vergabestelle nicht zur Zustimmung zu einer Fristverlängerung aufgefordert worden war, mag er auch den Fristablauf erkannt haben.[49] IÜ ist nicht selten zu beobachten, dass die Bindefristverlängerungen während eines Nachprüfungsverfahrens – evtl. versehentlich – nicht fortgesetzt werden. Der Umstand allein, dass der Antragsteller keine Initiative zur Bindefristverlängerung entwickelt und dass es deshalb nach Ablauf der (letzten) Bindefrist formalrechtlich kein bindendes Angebot mehr gibt, darf nicht als Fortfall des Interesses am Auftrag beurteilt werden. Denn mit der weiteren Verfolgung seines Nachprüfungsantrags erklärt der Antragsteller konkludent, dass er im Falle seines Obsiegens in eine dann ggf. erforderlich werdende Bindefristverlängerung einwilligen wird.

17   Der durch das Nachprüfungsverfahren gewährleistete Primärrechtsschutz und damit die Antragsbefugnis ist beschränkt auf die unmittelbar am Vergabeverfahren teilnehmenden Bewerber/Bieter[50] und diejenigen Unternehmen, die sich unmittelbar am Vergabeverfahren beteiligen wollen (falls sie aus Gründen, die ihrer Antragsbefugnis nicht entgegenstehen, noch nicht beteiligt sind). Das ergibt sich auch aus einem Rückschluss aus § 97 Abs. 7 und dem Merkmal der „Verletzung in seinen Rechten" in Abs. 2 Satz 1. Das Interesse muss also **unmittelbar auf die Erteilung des Auftrags** an den Antragsteller gerichtet sein.[51] Daher fehlt den von Bietern unter (Vor-)Vertrag genommenen **Nachunternehmern** sowie den **Zulieferern** der Bieter das Interesse am Auftrag iSd Abs. 2 Satz 1 und damit die Antragsbefugnis.[52] Der Gegenansicht, dass die ÜWR und die SÜWR für die Antragsbefugnis der Nachunternehmer und Zulieferer sprechen, weil das Nachprüfungsverfahren gemäß Art. 1 Abs. 3 der beiden Rechtsmittelrichtlinien jedermann (unter weiteren Voraussetzungen) zur Verfügung stehe,[53] kann nicht zugestimmt werden. Denn zu den weiteren dort genannten Voraussetzungen gehört das beim Antragsteller vorhandene „Interesse an einem bestimmten Auftrag", das nach der Wortwahl ersichtlich nur auf das Inte-

---

[45] *Prieß* 357, verlangt hier immer den Nachweis der Eignung und der konkreten Leistungsfähigkeit.

[46] BayObLG, Beschl. v. 19. 12. 2000, Verg 10/00. Vgl. auch *Kularz/Kus/Portz/Möllenkamp* RdNr. 48 bzgl. Insolvenz des Antragstellers.

[47] OLG Naumburg VergabeR 2003, 588, 590.

[48] Vgl. *Glahs* NZBau 2004, 544, 545; aA. *Langen/Bunte/Schweda* RdNr. 6, der die ausdrückliche Ablehnung generell als unerheblich für die Antragsbefugnis ansieht.

[49] OLG Düsseldorf NZBau 2002, 578.

[50] Ebenso: *Langen/Bunte/Schweda* RdNr. 5; *Loewenheim/Meessen/Riesenkampff/Heuvels* RdNr. 6 Fn. 15 und RdNr. 9; *Prieß* 358.

[51] AA. *Immenga/Mestmäcker/Dreher* § 107 RdNr. 15.

[52] OLG Rostock NZBau 2000, 447, 448 mwN; OLG Düsseldorf, Beschl. v. 13. 11. 2000 – Verg 25/00; *Glahs* NZBau 2004, 544, 545; *Reidt/Stickler/Glahs* RdNr. 16; *Kularz/Kus/Portz/Möllenkamp* RdNr. 26; *Langen/Bunte/Schweda* RdNr. 5; *Loewenheim/Meessen/Riesenkampff/Heuvels* RdNr. 10; *Prieß*. 358 mwN; aA *Byok/Jaeger/Byok* RdNr. 971; *Immenga/Mestmäcker/Dreher* RdNr. 15.

[53] *Byok/Jaeger/Byok* RdNr. 971.

resse, künftiger Vertragspartner des Auftraggebers für diesen Auftrag zu werden, bezogen ist. Die hier vertretene Auslegung des Abs. 2 Satz 1 ist somit richtlinienkonform.[54] Aus entsprechenden Gründen fehlt auch einem einzelnen **Mitglied einer Bietergemeinschaft,** falls keine besonderen prozessualen Gründe eingreifen (s. u. RdNr. 22), die Antragsbefugnis, weil die etwaige Nachprüfung einen anderen Rechtsträger, die Bietergemeinschaft, betrifft, der allein ein unmittelbares Interesse am Auftrag hat und Vertragspartner des Auftraggebers werden soll.[55]

Umstritten ist, ob der Primärrechtsschutz gemäß den §§ 102 ff., 107 auch gegen die **rechts-** **18** **widrige Wiederaufnahme eines Vergabeverfahrens** eröffnet ist. Dieses Problem wird gerade auch mit Blick auf die Zulässigkeitsvoraussetzung des „Interesses am Auftrag" behandelt. Wenn ein Antragsteller die Aufhebung des Vergabeverfahrens mit der Begründung erstrebt, die nunmehr ausgeschriebenen Leistungen seien bereits Gegenstand eines auf Grund eines früheren Vergabeverfahrens ihm erteilten Auftrags und dürften daher nicht erneut ausgeschrieben werden, zumal die erneute Vergabe eine Verletzung des mit ihm bestehenden Vertrags darstellen würde, wird ihm von einem Teil der Rechtsprechung folgendes entgegengehalten: Der Antragsteller habe kein Interesse an dem jetzt ausgeschriebenen Auftrag. Das Rechtsschutzbegehren ziele darauf ab, die Durchführung eines Vergabeverfahrens zu verhindern und dessen Aufhebung zu erreichen. Dies sei kein Rechtsschutzziel, das mit dem vergaberechtlichen Nachprüfungsverfahren verfolgt werden könne. Das Nachprüfungsverfahren habe den Zweck, dass Aufträge – ordnungsgemäß – erteilt würden, nicht aber, dass die Auftragserteilung verhindert werde. Die dem Auftraggeber möglicherweise zur Last fallende Verletzung des mit dem Antragsteller geschlossenen Vertrags verstoße gegen zivilrechtliche Normen. Solche Vertragsstreitigkeiten müssten vor den Zivilgerichten ausgetragen werden.[56] Diese Begründung der Unzulässigkeit eines solchen Nachprüfungsantrags mutet sehr formaljuristisch an und ist auch im Ergebnis unter dem Aspekt des Gebots eines effizienten vergaberechtlichen Rechtsschutzes sehr unbefriedigend. Denn bei Beschreiten des Zivilrechtswegs besteht bei dessen Struktur (Instanzenzug, längere Dauer) für den Antragsteller die Gefahr, dass der ihm zuerst erteilte Zuschlag durch einen im zweiten Vergabeverfahren erteilten anderweitigen Zuschlag überlagert, dh. entwertet wird, weil der zweite, neue Vertrag im Zeitpunkt der späteren zivilrechtlichen Entscheidung schon ganz oder zu einem erheblichen Teil ausgeführt sein wird. Überzeugender ist daher folgende (vergaberechtliche) Wertung und Lösung: In einem solchen Fall verletzt die erneute Durchführung eines Vergabeverfahrens über dieselbe schon vom ersten Vertrag umfasste Leistung den Antragsteller nicht nur in seinen zivilrechtlichen Vertragsrechten, sondern auch in seinem Recht auf Einhaltung der Vergabebestimmungen. Durch den (ersten) Zuschlag ist nämlich nicht nur eine zivilrechtliche, sondern auch eine vergaberechtliche Bindung entstanden, wie sich aus § 114 Abs. 2 Satz 1, der die Bindungswirkung des erteilten Zuschlags anordnet, ergibt. Daher richtet sich das mit dem Nachprüfungsantrag verfolgte Interesse des Antragstellers darauf, den faktischen Verlust des ihm erteilten Zuschlags noch abzuwenden. In Anbetracht dessen ist das Antragsinteresse durchaus als ein Interesse am zugrundeliegenden, wegen der Leistungsidentität der beiden Vergabeverfahren funktional einheitlich zu wertenden Auftrag anzusehen. Das führt zur Zulässigkeit des Nachprüfungsantrags. Zur Prüfung der Begründetheit gehört es sodann, ob der Auftraggeber an den dem Antragsteller seinerzeit erteilten Zuschlag wirklich noch gebunden ist oder aber rechtlich nicht gehindert war, ein neues Vergabeverfahren über dasselbe Leistungsprogramm durchzuführen.[57]

4. Geltendmachung der Verletzung in eigenen Rechten aus § 97 Abs. 7. Zu diesem **19** Merkmal ist es lediglich erforderlich, dass der Antragsteller „schlüssig behauptet",[58] dass und welche vergaberechtlichen Vorschriften (die nicht exakt nach Regelwerk und Paragraph benannt werden müssen) im Verlauf des Vergabeverfahrens – in Bezug auf ihn – missachtet worden sein sollen. An die „schlüssige" Behauptung sind denkbar geringe Anforderungen zu stellen. Es reicht aus, dass nach der Darstellung des Antragstellers eine **Verletzung eigener Rechte aus § 97 Abs. 7 möglich erscheint.** Diese Voraussetzung ist idR schon dann erfüllt, wenn der Antragsteller die Verletzung eigener Rechte mit der Behauptung geltend macht, der öffent-

---

[54] Ebenso *Reidt/Stickler/Glahs* RdNr. 16.

[55] *Langen/Bunte/Schweda* RdNr. 5; *Loewenheim/Meessen/Riesenkampff/Heuvels* RdNr. 9; *Prieß* 359.

[56] OLG Brandenburg VergabeR 2005, 138, 139–140; zust. OLG Dresden NZBau 2006, 469; *Immenga/Mestmäcker/Dreher* RdNr. 17.

[57] So im Wesentlichen die Lösung des OLG Düsseldorf VergabeR 2006, 944, 946.

[58] So die Formulierung des BGH in BGHZ 159, 186, 192 = NZBau 2004, 457, 458 und in NZBau 2006, 800, 801.

liche Auftraggeber habe Vergaberegeln aus dem GWB, aus der VgV oder aus der einschlägigen Vergabe- und Vertragsordnung (VOB/A, VOL/A oder VOF) einschließlich der sich aus diesen Regeln ergebenden Verbindlichkeit der in der Bekanntmachung oder den Vergabeunterlagen festgelegten Bedingungen des betreffenden Vergabeverfahrens missachtet. Einer weiteren besonderen Darlegung bedarf es für das (Zulässigkeits-)Merkmal der Verletzung in eigenen Rechten nach § 97 Abs. 7 nicht.[59] Alles Weitere bleibt der Prüfung vorbehalten, ob der Nachprüfungsantrag begründet ist. Das steht im Einklang mit der Rechtsmittelrichtlinie der EU, die insoweit ebenfalls nur einen „behaupteten" Vergaberechtsverstoß für die Zulässigkeit des Nachprüfungsantrags verlangt (jeweils Art. 1 Abs. 3 der ÜWR und der SÜWR).

20 Demzufolge beschränkt sich die Prüfung dieser Zulässigkeitsvoraussetzung in der Praxis hauptsächlich darauf, ob die geltend gemachte Rechtsverletzung überhaupt schon begonnen hat (RdNr. 21), ob es sich wirklich um die Verletzung eigener Rechte des Antragstellers handelt (RdNr. 22) und ob der gerügte Verstoß ein aus dem Vergaberecht resultierendes Recht (§ 97 Abs. 7) oder ein sonstiges Recht betrifft, für das das Nachprüfungsverfahren nicht eröffnet ist (RdNr. 23).

21 Die Antragsbefugnis setzt voraus, dass nach dem Vortrag des Antragstellers eine **Verletzung** seiner Rechte bereits **eingetreten** ist **oder** zumindest von der oder den zuständigen Personen der Vergabestelle **formell angekündigt** worden ist (zB durch die Information gemäß § 101a Abs. 1). Wenn die Vergabestelle (vielleicht auch nur eine Person wie zB der Sachbearbeiter in der Vergabestelle) eine – möglicherweise vergaberechtswidrige – Maßnahme zum Vergabeverfahren (zB Ausschluss des Angebots des Antragstellers; Aufhebung der Ausschreibung) bislang nur in Erwägung zieht oder solange eine solche Maßnahme nur Gegenstand einer noch nicht abgeschlossenen internen Willensbildung ist, stellt dies, selbst wenn solche Entscheidungsabsichten außerhalb der Vergabestelle bekannt werden, noch keine Rechtsverletzung iSd. Abs. 2 Satz 1 dar.[60]

22 **Nachunternehmer** und **Zulieferer** des jeweiligen (Haupt-)Bieters, denen nach hier vertretener Ansicht schon das Interesse am Auftrag iSd. Abs. 2 Satz 1 fehlt (s. o. RdNr. 17), werden durch vergaberechtswidrige Vergabebedingungen oder Verhaltensweisen des öffentlichen Auftraggebers nicht in eigenen Rechten betroffen, weil sie an dem der Vertragsanbahnung und der Bewerber- oder Bieterauswahl dienenden, zu einem Vertrauensverhältnis führenden Verfahren – dem Vergabeverfahren – nicht beteiligt sind. Auch deshalb haben sie keine Antragsbefugnis. Bei der **Bietergemeinschaft** ist zu differenzieren zwischen ihrer Antragsbefugnis und derjenigen einzelner Mitglieder. Die Bietergemeinschaft, die sich als solche – als Vereinigung von mehreren Unternehmen zum Zwecke der Teilnahme am Vergabeverfahren – unabhängig von ihrer Rechtsform am Vergabeverfahren beteiligen kann (s. zB § 6 Abs. 2 EG VOL/A 2009), ist als Beteiligte selbst Inhaberin der Rechte aus § 97 Abs. 7, nicht das jeweilige einzelne Mitglied der Bietergemeinschaft. Ihr steht daher bei einer (behaupteten) Verletzung dieser Rechte die Antragsbefugnis zu; das einzelne Mitglied hat keine Antragsbefugnis.[61] Es ist eine Frage des Einzelfalls, ob der formal nur von einem Mitglied der Bietergemeinschaft eingereichte Nachprüfungsantrag prozessual als ein Antrag der Bietergemeinschaft ausgelegt werden kann, insbesondere dann, wenn es sich bei diesem Einzelmitglied um den von der Bietergemeinschaft zuvor der Vergabestelle benannten bevollmächtigten Vertreter für den Abschluss und die Durchführung des Vertrags handelt. Ferner ist Abs. 2 Satz 1 offen für die Anwendung der Regeln über die gewillkürte Prozessstandschaft. Wenn also deren Voraussetzungen erfüllt sind, was dargelegt werden muss, ist das betreffende Einzelmitglied für die Bietergemeinschaft antragsbefugt.[62] Sind sich die Mitglieder der Bietergemeinschaft intern nicht einig, lehnen also einige Mitglieder einen Nachprüfungsantrag ab, so richtet sich die Antragsbefugnis anderer Mitglieder, die in dieser Eigenschaft (dh. als Einzelmitglieder) einen Nachprüfungsantrag stellen, nach den Grundsätzen der actio pro socio.[63] In einem solchen Fall ist aber zusätzlich zu prüfen, ob die Bietergemeinschaft überhaupt noch als aktive Gemeinschaft besteht und außerdem an dem ggf. zuvor schon gelegten Angebot festhält (s. o. RdNr. 16). Bei einem Mitgliederwechsel oder einem Mitgliederaustritt bleibt die Antragsbefugnis der Bietergemeinschaft bestehen.[64] Denn ihr darf der Zu-

---

[59] BGH NZBau 2006, 800, 801.
[60] Vgl. OLG Naumburg NZBau 2004, 62; OLG Naumburg VergabeR 2006, 88, 90.
[61] Vgl. *Immenga/Mestmäcker/Dreher* RdNr. 10 mwN.
[62] *Immenga/Mestmäcker/Dreher* RdNr. 10; *Langen/Bunte/Schweda* RdNr. 5.
[63] *Immenga/Mestmäcker/Dreher* RdNr. 10; *Byok/Jaeger/Byok* RdNr. 955.
[64] *Immenga/Mestmäcker/Dreher* RdNr. 10; *Langen/Bunte/Schweda* RdNr. 5.

gang zum Nachprüfungsverfahren nicht verwehrt werden für die Klärung, für die sie ein Rechtsschutzinteresse hat, ob ihr ggf. zuvor abgegebenes Angebot trotz der Änderung ihrer personellen Zusammensetzung überhaupt noch gewertet werden kann und ob hierfür evtl. eine neue Eignungsprüfung von Seiten des öffentlichen Auftraggebers – ggf. mit welchen Konsequenzen – erforderlich ist.[65]

Schließlich hängt die Antragsbefugnis davon ab, dass der Antragsteller die Verletzung eigener **23** Rechte durch die Nichtbeachtung von **Vergabevorschriften** (s. o. RdNr. 19) geltend macht. Wirft der Antragsteller dem öffentlichen Auftraggeber die Missachtung anderer Rechtsvorschriften, etwa der Normen des allgemeinen Kartellrechts (zB des § 1 mit der Beanstandung einer von mehreren Auftraggebern gebildeten Einkaufsgemeinschaft)[66] oder des Beihilferechts (zB die Außerachtlassung der vor dem Vergabeverfahren geschehenen Entgegennahme nicht notifizierter Beihilfen durch einen Bieter im Zuge der Angebotswertung),[67] vor, ohne dass die speziell gerügten Rechtsverstöße auch im Rahmen von Vergabevorschriften relevant sein können, so entsteht dadurch keine Antragsbefugnis.[68]

5. Durch die behauptete Rechtsverletzung entstandener oder drohender Schaden. 24 a) Der Schadensbegriff iSd. Abs. 2 Satz 2. Die Auslegung des Schadensbegriffs muss auf den Primärrechtsschutz, dem die §§ 102 ff., 107 dienen, und damit auf das Ziel, das die Antragsteller zulässigerweise mit Nachprüfungsanträgen anstreben, nämlich die Erhaltung ihrer Chancen auf den Zuschlag, ausgerichtet sein.[69] Der – entstandene oder drohende – Schaden, der vom Antragsteller gemäß Abs. 2 Satz 2 darzulegen ist, besteht daher darin, dass durch den einzelnen gerügten Vergaberechtsverstoß die Aussichten des Antragstellers auf den Zuschlag beeinträchtigt worden sind oder dass die Zuschlagschancen zumindest verschlechtert worden sein können.[70]

b) Die Darlegung des entstandenen oder drohenden Schadens. Abstrakt formuliert **25** kommt es für die gemäß Abs. 2 Satz 2 notwendige Darlegung auf die **Eignung der** einzelnen gerügten **Vergaberechtsverstöße** an, eine solche (unter RdNr. 24 definierte) **Chancenbeeinträchtigung verursachen zu können.**[71] Über diese abstrakte Auslegung der Norm besteht Einigkeit. Probleme kann die konkrete Anwendung der Norm bzw. des vorstehenden Auslegungssatzes auf den Einzelfall bereiten. Das beruht ua. darauf, dass einerseits die auf dem Normzweck beruhende Filterfunktion der Vorschrift nicht außer Acht gelassen werden darf; die Norm soll verhindern, dass ein Bieter, der auch bei Vermeidung der jetzt gerügten Vergaberechtsverstöße keine wirkliche Aussicht auf Berücksichtigung seines Angebots und auf Erteilung des Zuschlags gehabt hätte, ein Nachprüfungsverfahren einleiten (lassen) kann (s. o. RdNr. 2). Andererseits darf der Rechtsschutz der durch einen Vergaberechtsverstoß betroffenen Bewerber/Bieter nicht durch hohe Anforderungen an die Darlegung des hierdurch verursachten oder drohenden Schadens verkürzt werden. Zwischen diesen beiden Aspekten ist es dann zusätzlich von Bedeutung, welcher Grad an Beeinträchtigung der Aussichten auf den Zuschlag oder (maW) welcher Grad an Verschlechterung der Zuschlagschancen durch den (vermeintlichen) Vergaberechtsverstoß – niedrig (jede denkbare, evtl. nur geringe Verschlechterung?) oder aber von deutlichem Gewicht (mit der Folge einer deutlichen Verbesserung der Zuschlagschancen nach Behebung des Vergaberechtsfehlers?) – erforderlich ist (s. auch unten RdNr. 32). In der höchstrichterlichen Rechtsprechung besteht die Tendenz, den für die Antragsbefugnis erforderlichen Grad an Verschlechterung der Zuschlagschancen relativ niedrig anzusetzen. Das BVerfG mahnt, an die Darlegung des entstandenen oder drohenden Schadens dürfen keine sehr hohen Anforderungen gestellt werden; es reiche vielmehr aus, dass ein Schadenseintritt infolge des (behaupteten) Vergaberechtsverstoßes nicht offensichtlich ausgeschlossen sei.[72] Da die Eignung des gerügten Vergaberechtsverstoßes zur Beeinträchtigung von Zuschlagschancen ein maßgeblicher Gesichtspunkt ist (s. o.), ist die gemäß Abs. 2 Satz 2 erforderliche Darlegung gerade auch an

---

[65] Vgl. OLG Celle NZBau 2007, 663 ; OLG Düsseldorf NZBau 2005, 710–712; *Schmidt* NZBau 2008, 41–43; *Immenga/Mestmäcker/Dreher* RdNr. 10; *Langen/Bunte/Schweda* RdNr. 5.
[66] OLG Düsseldorf NZBau 2002, 583.
[67] OLG Düsseldorf NZBau 2002, 634, 636–637.
[68] Ebenso: *Byok/Jaeger/Byok* RdNr. 972.
[69] Allg. Meinung; vgl. BVerfG NZBau 2004, 564, 565; OLG Düsseldorf NZBau 2001, 155, 157; *Kulartz/Kus/Portz/Möllenkamp* RdNr. 36; *Jaeger* NZBau 2001, 289, 292 mwN.
[70] BVerfG NZBau 2004, 564, 565; OLG Düsseldorf NZBau 2001, 155, 157; OLG München VergabeR 2010, 246, 252; *Jaeger* NZBau 2001, 289, 292 mwN.
[71] BVerfG NZBau 2004, 564, 566; OLG Düsseldorf NZBau 2001, 155, 157.
[72] BVerfG NZBau 2004, 564, 566 mwN.; im Erg. ebenso BGH NZBau 2006, 800, 801 und 803.

der **Art des Vergaberechtsverstoßes** auszurichten (s. auch unten RdNr. 30, 31). Wenn zB ein Unternehmen mit dem Nachprüfungsantrag geltend macht, durch unklare Ausschreibungsunterlagen sei gegen die Chancengleichheit verstoßen worden, ist ein drohender Schadenseintritt ohne weiteres dargelegt, ohne dass weitere Darlegungen zur Konkretisierung der Chancenbeeinträchtigung erforderlich wären.[73] Nicht selten sind aber auch der Stand und die Gesamtumstände des Vergabeverfahrens für die Frage bedeutsam, ob sich der gerügte Vergaberechtsverstoß auf Chancen des Antragstellers, den Zuschlag zu erhalten, überhaupt auswirken kann (s. auch unten RdNr. 32, 33). Zwar braucht der Antragsteller keinesfalls eine Kausalität darzulegen, dass er bei Vermeidung der von ihm gerügten Vergaberechtsfehler den Zuschlag erhalten hätte.[74] Andererseits ergibt sich bereits aus dem Normzweck des Abs. 2 Satz 2 (s. o.), dass nach der Behebung des gerügten Vergaberechtsverstoßes grds. zumindest eine Aussicht auf eine Berücksichtigung des Angebots oder des Teilnahmeantrags des Antragstellers im Wertungsprozess des Vergabeverfahrens bestehen muss,[75] wobei es idR. eine Überspannung der Anforderungen zur Antragsbefugnis bedeuten würde, vom Antragsteller die Darlegung zu verlangen, dass er bei rechtsfehlerfreiem Vergabeverfahren eine sog. echte Chance (vgl. § 126) auf den Zuschlag gehabt hätte.[76] Demzufolge hängt das Ausmaß der Darlegung zu Abs. 2 Satz 2 maßgeblich von der zur Nachprüfung gestellten Fallkonstellation und von den konkreten Umständen des Einzelfalls ab. Das verdeutlicht die Darstellung folgender **Fallgruppen:**

26   Wenn der Antragsteller (zB. mangels Eignung) und/oder sein Angebot (zB wegen Unvollständigkeit) vom Auftraggeber aus dem Vergabeverfahren ausgeschlossen werden und der Nachprüfungsantrag sich gegen diesen Ausschluss richtet, findet die Prüfung des Ausschlusses, die (theoretisch) eine doppelte Bedeutung für die Zulässigkeit und für die Begründetheit des Nachprüfungsantrags hat, in der Prüfungsstufe der Begründetheit statt. Das bedeutet, dass der Antragsteller zur (bei der erstrebten Korrektur des Ausschlusses ohnehin selbstverständlichen) Verbesserung seiner Zuschlagschancen im Falle eines (aus seiner Sicht) rechtmäßigen Vergabeverfahrens nichts weiter darlegen muss; die Antragsbefugnis ist ohne weiteres gegeben. Das gilt selbst dann, wenn der Nachprüfungsantrag gegen den Ausschluss offensichtlich erfolglos ist, der Antragsteller real also keine Chancen auf den Zuschlag hat.[77]

27   Wenn der vom Auftraggeber für einen Angebotsausschluss angegebene Grund (zB verspätete Einreichung des Angebots) und damit auch der Ausschluss selbst von den Nachprüfungsinstanzen bestätigt werden, der Antragsteller mit dem Nachprüfungsantrag aber noch einen ganz anderen Vergaberechtsverstoß (zB einen konkurrierenden Bieter betreffenden Verstoß gegen § 16 VgV) rügt, fehlt hierfür die Antragsbefugnis, weil der Antragsteller schon wegen des sein Angebot betreffenden Ausschlussgrundes keine Chancen auf den Zuschlag hat[78] (s. aber auch noch RdNr. 33).

28   Wenn während eines Nachprüfungsverfahrens über denjenigen (evtl. zweifelhaften) Ablehnungsgrund, den der Auftraggeber dem Ausschluss des Bewerbers/Bieters oder seines Angebots aus dem Vergabeverfahren zugrunde gelegt hat, der Auftraggeber selbst oder die Nachprüfungsinstanzen bei ihrer Untersuchung (zB in den Bewerbungs- oder Angebotsunterlagen) einen **anderen, durchgreifenden Ausschlussgrund** gegen den Antragsteller entdecken, stellt sich in dieser nicht ganz seltenen Fallsituation (ua.) die Frage, welche Bedeutung der andere Ausschlussgrund für die Antragsbefugnis hat. Dass dieser Ausschlussgrund in das laufende Nachprüfungsverfahren eingeführt und überhaupt bei der Beurteilung des Nachprüfungsantrags – evtl. streitentscheidend – berücksichtigt werden darf, hat der EuGH in Auslegung der Rechtsmittelrichtlinie geklärt.[79] Dieses Ergebnis gilt mit Blick auf die auch den öffentlichen Auftraggeber schützenden Beschleunigungs- und Effizienzziele der ÜWR[80] in richtlinienkonformer Auslegung auch für das deutsche Nachprüfungsrecht der §§ 102, 107. Der EuGH verlangt aber, dass dem Bewerber/Bieter – wie sich unter dem Aspekt der Gewährung rechtlichen Gehörs von

---

[73] BVerfG NZBau 2004, 564, 566.

[74] BVerfG NZBau 2004, 564, 566 mwN; OLG Düsseldorf NZBau 2000, 45, 48.

[75] *Byok/Jaeger/Byok* RdNr. 974; *Glahs* NZBau 2004, 544, 546.

[76] Vgl. *Immenga/Mestmäcker/Dreher* RdNr. 25; *Loewenheim/Meessen/Riesenkampff/Heuvels* RdNr. 23; *Prieß* 361; vgl. auch BGH NZBau 2006, 800, 803; aA. *Kulartz/Kus/Portz/Möllenkamp* RdNr. 39.

[77] Vgl. BayObLG VergabeR 2004, 736, 739; OLG Düsseldorf VergabeR 2004, 657, 659–660; OLG Koblenz NZBau 2004, 571, 572; OLG Naumburg VergabeR 2004, 387, 392.

[78] Vgl. OLG Frankfurt NZBau 2004, 567, 569–571; OLG Dresden NZBau 2004, 574, 575.

[79] EuGH, C-249/01, Slg. 2003, I-6319 = NZBau 2003, 509 – Hackermüller.

[80] Vgl. EuGH, C-230/02, Slg. 2004, I-1829, RdNr. 37 = NZBau 2004, 221, 223 – Grossmann Air Service.

selbst versteht – das Recht zustehen muss, die Stichhaltigkeit des neu aufgekommenen Ausschlussgrunds anzuzweifeln, und ihm dafür „das Nachprüfungsverfahren zur Verfügung stehen muss".[81] Das bedeutet nach den deutschen prozessualen Kategorien, dass die Prüfung dieses nachträglich entdeckten Ausschlussgrunds im laufenden Nachprüfungsverfahren nicht mehr dem Stadium der Zulässigkeit (denn das Nachprüfungsverfahren muss „zur Verfügung stehen"), sondern demjenigen der Begründetheit zugehört.[82] Der Antragsteller braucht also in einem solchen Fall zur Antragsbefugnis nichts weiter darzulegen; fest steht aber, dass der Nachprüfungsantrag wegen des anderweitigen durchgreifenden Ausschlussgrunds erfolglos bleibt (s. aber auch noch RdNr. 33).

Hat der Antragsteller trotz seiner Rüge, die Leistungsbeschreibung oder sonstige Vergabeunterlagen enthielten unzulässige, vergaberechtswidrige Anforderungen, zuvor im Vergabeverfahren ein Angebot gemäß allen, auch den gerügten Anforderungen abgegeben, schließt das seine Antragsbefugnis nicht von vornherein aus. Er muss aber zumindest ansatzweise plausibel darlegen, dass er ohne die beanstandeten Anforderungen ein teilw. anderes, tendenziell chancenreicheres Angebot abgegeben hätte, weil sonst für die Nachprüfungsinstanzen unklar bleibt, inwiefern die gerügten Vergabebedingungen den Antragsteller wirklich beeinträchtigt haben. Die Anforderungen an dieses „plausible Darlegen" hängen von den Umständen des Einzelfalls ab, können aber grds. nur gering sein.[83] Die frühere OLG-Rechtsprechung, dass der Antragsteller in einem solchen Fall die Auswirkungen jeder einzelnen gerügten Vergabebedingung auf seine Angebotskalkulation in rechnerisch nachvollziehbaren Schritten aufzeigen müsse,[84] ist seit dem oben mehrfach zitierten BVerfG-Beschluss obsolet. **29**

Wenn eine Rüge lediglich darin besteht, dass eine Ausschreibung fälschlicherweise nicht europaweit im EU-Amtsblatt, sondern nur im Bundesausschreibungsblatt veröffentlicht worden ist, fehlt demjenigen Antragsteller, der diese Ausschreibung gelesen und sich sodann am Vergabeverfahren beteiligt hat, die Antragsbefugnis.[85] Wird die vom Auftraggeber **gewählte Vergabeart,** Verhandlungsverfahren statt des gebotenen offenen Verfahrens, als vergaberechtswidrig gerügt, hat aber der Antragsteller am Verhandlungsverfahren teilgenommen, ist zugelassen worden und hat auch ein Angebot abgegeben, musste er nach überwiegender OLG-Rspr. (bis 2009) für seine Antragsbefugnis darlegen, dass und inwieweit er im Falle eines offenen Verfahrens ein anderes, chancenreicheres Angebot (als sein bisheriges Angebot) abgegeben haben würde.[86] Hohe inhaltliche Anforderungen durften an diese Darlegungen freilich nicht gestellt werden. Der BGH[87] hat nunmehr gegenteilig entschieden und bejaht im letztgenannten Fall die Antragsbefugnis uneingeschränkt. Deren Voraussetzung, dass die Zuschlagschancen durch den Vergaberechtsfehler beeinträchtigt worden sein können, sieht der BGH schon mit der Erwägung als erfüllt an, dass der Bieter im (vorschriftswidrig gewählten) Verhandlungsverfahren der ansonsten nicht gegebenen Gefahr ausgesetzt ist, im Rahmen von Nachverhandlungen von einem Mitbewerber unterboten zu werden. Dieses wettbewerbsfremde Argument und das daraus abgeleitete Ergebnis überzeugen nicht, wie folgende weitere Überlegungen zeigen: Dem BGH genügt allein schon seine (vorstehende) abstrakte Erwägung. Für die Antragsbefugnis ist es also nicht erforderlich, dass das Angebot des Antragstellers bei Beginn des Verhandlungsverfahrens preislich vorn lag oder sich (nur zB) unter den drei preisgünstigsten Angeboten befand und erst danach von einem Mitbewerber unterboten wurde. Es ist nicht einmal erforderlich, dass das Angebot des Antragstellers formell fehlerfrei, vollständig und damit überhaupt wertbar war. Denn nach Ansicht des BGH darf ein Vergabeverfahren in Form eines zu Unrecht gewählten Verhandlungsverfahrens, das ein Bieter mit einem Nachprüfungsantrag beanstandet, nicht durch Zuschlag beendet werden. Für den öffentlichen Auftraggeber läuft das auf eine Aufhebung des Vergabeverfahrens und idR. auf eine Neuausschreibung (im offenen oder ggf. im nichtoffenen Verfahren) hinaus, selbst dann also, wenn das zuvor im Verhandlungsverfahren vom Antragstel- **30**

---

[81] EuGH, C-249/01, Slg. 2003, I-6319, RdNr. 26–29 = NZBau 2004, 509, 510–511.

[82] So handhabt es auch der BGH, NZBau 2004, 457, 458; ebenso OLG München VergabeR 2010, 677, 681 u. 682 f.; vgl. auch OLG Düsseldorf VergabeR 2005, 207, 208: „Entweder ist der Antrag unzulässig oder (jedenfalls) unbegründet."

[83] Vgl. BVerfG NZBau 2004, 564.

[84] OLG Frankfurt VergabeR 2003, 725, 728.

[85] OLG Düsseldorf, Beschl. v. 22. 11. 1999, Verg 2/99; OLG Koblenz VergabeR 2009, 682, 685 m. zust. Anm. *Gulich* VergabeR 2009, S. 686.

[86] OLG Düsseldorf NZBau 2002, 634 (durch die Rspr. des BVerfG NZBau 2004, 564 nicht überholt); vgl. auch *Prieß* 361 mwN.

[87] BGH NZBau 2010, 124, 126, auf Vorlage des OLG Celle NZBau 2010, 68.

ler abgegebene Angebot nach kaufmännischer und betrieblicher Erfahrung nicht erwarten lässt, dass er im zweiten Verfahren nunmehr ein chancenreiches Angebot einreichen wird. Mit dem Normzweck des Abs. 2 (s. oben RdNr. 2) lässt sich das kaum vereinbaren. Die Praxis wird sich freilich nach dieser BGH-Entscheidung wegen ihrer herausgehobenen Bedeutung (§ 124 Abs. 2) richten.

31   Hat der Antragsteller im Vergabeverfahren infolge des oder der gerügten Vergaberechtsverstöße ein **Angebot** oder einen Teilnahmeantrag überhaupt **nicht eingereicht,** reicht es für Abs. 2 Satz 2 aus, dass die gerügten Vergaberechtsverstöße von ihrer Art her geeignet sind, die Leistungs- und Angebotsmöglichkeiten der Bieter/Bewerber einzuschränken oder sonst negativ zu beeinflussen. Daraus ergibt sich schon hinreichend, dass sich die Chancen auf Erteilung des Zuschlags ohne die Rechtsverstöße nur verbessern können.[88]

32   Nicht einheitlich und sehr von den Einzelfallumständen abhängig sind Fälle mit **Platzierungsfragen** zu beurteilen. Der Ansicht, dass hintere Rangplätze von Bietern (beim Stand des Angebotswettbewerbs vor der Nachprüfung) für deren Antragsbefugnis immer unerheblich seien,[89] kann nicht zugestimmt werden. Es ist zu differenzieren: Wenn der Antragsteller nicht die Wertung des eigenen Angebots, sondern nur die Wertbarkeit (wegen behaupteter Ausschlussgründe) oder die von der Vergabestelle durchgeführte Wertung eines oder mehrerer vor ihm rangierender konkurrierender Angebote angreift, bei unterstelltem Erfolg des Nachprüfungsantrags aber immer noch eine nicht unerhebliche Zahl von besser eingestellten, nicht angegriffenen Angeboten anderer Bieter übrig bleibt, fehlt dem Antragsteller wegen Aussichtslosigkeit seines Angebots die Antragsbefugnis.[90] Es hängt von den Umständen des Einzelfalls ab, wie hoch die Zahl der vom Antragsteller nicht beanstandeten und daher im Angebotswettbewerb voraussichtlich verbleibenden konkurrierenden Angebote sein muss (sicher mehr als eins[91]), damit unter Berücksichtigung von Erfahrungen im Umfeld des Vergabewettbewerbs mit hinreichender Sicherheit festgestellt werden kann, dass das Angebot des Antragstellers chancenlos bleibt. Wenn der Antragsteller dagegen die Wertung des eigenen Angebots als fehlerhaft rügt oder die Vergabeunterlagen als unvollständig oder sonst fehlerhaft mit der Konsequenz beanstandet, dass die Vergabestelle bei einem Erfolg des Nachprüfungsantrags zumindest die Angebotswertung vollständig wiederholen muss, so ist die sich dann ergebende Wertungsrangfolge völlig offen. Der Antragsteller braucht hierzu keine Prognose darzulegen, vielmehr ist seine Antragsbefugnis zu bejahen, ohne dass es auf die bisherige Wertungsrangfolge noch ankommt.[92]

33   Wenn ein Bieter, dessen Angebot wegen eines Ausschlussgrundes im laufenden Vergabeverfahren keine Zuschlagschancen hat, die Nichtbeachtung von Vergabevorschriften in einer Weise darlegt, dass danach als vergaberechtsgemäße Maßnahme die **Aufhebung des Vergabeverfahrens** in Betracht kommt, weil alle anderen Angebote unvollständig sind (und deshalb ebenfalls ausgeschlossen werden müssen), ist er für einen dementsprechenden Nachprüfungsantrag antragsbefugt. In einem solchen Fall ist die Rechtfertigung für die Antragsbefugnis, die iÜ im Gleichbehandlungsgrundsatz liegt, darin zu sehen, dass die für das Rechtsschutzbedürfnis notwendige Verbesserung der Zuschlagschancen auch in einem sich anschließenden neuen Vergabeverfahren eintreten kann, wenn das laufende Vergabeverfahren insgesamt mit dem Ziel der Aufhebung beanstandet wird.[93]

34   Beim Nachprüfungsantrag gegen eine **De-facto-Vergabe** (s. § 101b Abs. 1 Nr. 2) sind keine besonderen Darlegungen iSd. Abs. 2 Satz 2 vonnöten, weil der Hinweis genügt, dass dem Antragsteller durch die Missachtung jeglicher Vergabevorschriften bisher die Möglichkeiten genommen worden sind, im Wettbewerb ein aussagekräftiges und detailliertes Angebot zur Erbringung der (noch) auszuschreibenden Leistungen abzugeben.[94] Das gilt auch dann, wenn der Auftraggeber freihändig – ua. vom Antragsteller – Angebote hereingeholt und dasjenige des Antragstellers als zu ungünstig abgelehnt hatte. Dass dieser mit dem Angebot auch bei Durchführung eines förmlichen Vergabeverfahrens nicht zum Zuge gekommen wäre, kann ihm nicht

---

[88] OLG Düsseldorf NZBau 2003, 173, 174; OLG Düsseldorf NZBau 2004, 688; vgl. auch BVerfG NZBau 2004, 564, 566.

[89] *Immenga/Mestmäcker/Dreher* RdNr. 25.

[90] Vgl. OLG Brandenburg VergabeR 2003, 242, 244; OLG Koblenz VergabeR 2001, 445, 449; *Langen/Bunte/Schweda* RdNr. 10 c; *Loewenheim/Meessen/Riesenkampff/Heuvels* RdNr. 17; *Prieß* 361 mwN.

[91] AA. OLG Brandenburg VergabeR 2010, 516, 519.

[92] Vgl. OLG Düsseldorf VergabeR 2004, 657, 660; *Prieß* 361 mwN.

[93] BGH NZBau 2006, 800, 803.

[94] OLG Düsseldorf NZBau 2001, 696, 702; OLG Düsseldorf NZBau 2006, 662, 663.

entgegengehalten werden, weil es für die Anwendung des Abs. 2 Satz 2 nur auf die Chancen eines auf einer vergaberechtskonformen Ausschreibung beruhenden Angebots ankommt.[95]

IV. Rügeobliegenheit (Abs. 3)

1. Rügeobliegenheit gemäß Abs. 3 Satz 1 Nr. 1 nach Erlangung der Kenntnis vom 35 Vergaberechtsverstoß. a) Anwendungsbereich des Abs. 3 Satz 1 Nr. 1. Bezogen auf die Erlangung der Kenntnis vom Vergaberechtsverstoß auf Seiten des Bewerbers/Bieters gilt die Norm nach ihrem Wortlaut „im Vergabeverfahren", also während der gesamten Zeit vom Beginn des Vergabeverfahrens, der idR. mit der Vergabebekanntmachung anzusetzen ist, bis zu dessen Ende (s. aber auch RdNr. 36). Abs. 3 Satz 1 Nr. 1 erfasst also auch die – erkannten – Verstöße, die sich allein schon aus der Bekanntmachung ergeben. Insoweit ist Abs. 3 Satz 1 Nr. 2 nach dem klaren Wortlaut der beiden Vorschriften und dem Normzweck vor allem der Nr. 1 des Abs. 3 Satz 1 (s. o. RdNr. 3) nicht etwa eine abschließende Sondervorschrift, die die Erfüllung der Rügeobliegenheit bei aus der Bekanntmachung hervorgehenden Verstößen sowohl bei Kenntnis als auch bei bloßer Erkennbarkeit auf Seiten des künftigen Antragstellers zeitlich bis zum Ablauf der Angebots- oder Bewerbungsfrist gestattet. Vielmehr hat der Bewerber/Bieter, der sich seine Rechte aus § 97 Abs. 7 erhalten will, aus der Bekanntmachung heraus erkannte Vergaberechtsverstöße schon unverzüglich nach Erlangung der Kenntnis zu rügen,[96] freilich erst ab dem Zeitpunkt, ab dem er sich aktiv am Vergabeverfahren beteiligt, weil vorher noch keine rechtliche Sonderverbindung zum öffentlichen Auftraggeber besteht, in deren Rahmen die Rügeobliegenheit entsteht und erfüllt werden kann. Damit ist das Objekt der Rügeobliegenheit nach Nr. 1 und Nr. 2 des Abs. 3 Satz 1 in Bezug auf die sich aus der Bekanntmachung ergebenden Vergaberechtsverstöße, auf die sich Nr. 2 der Vorschrift beschränkt, gleich; der Unterschied in den Anwendungsvoraussetzungen besteht nur im Subjektiven auf Seiten des Bewerbers/Bieters: Nr. 1 – Kenntnis des Vergaberechtsverstoßes, Nr. 2 – Erkennbarkeit des Vergaberechtsverstoßes. Die zur **Abgrenzung von Nr. 1 und Nr. 2 des Abs. 3 Satz 1** vertretene Gegenansicht, die dem Gesetz eine jeweils ausschließliche Anwendbarkeit der beiden Vorschriften für getrennte Abschnitte entnimmt,[97] vermag nicht zu überzeugen. Das Verhältnis von Nr. 1 und Nr. 2 wird dahin gedeutet, dass Nr. 2 alle Vergabeverstöße betreffe, die in der Zeit von der Veröffentlichung der Bekanntmachung bis zum Ablauf der Angebots- bzw. der Bewerbungsfrist erkennbar gewesen seien. Nr. 2 müsse daher erst recht auch alle in dieser Zeit erkannten Vergabeverstöße betreffen. Dafür spreche auch, dass Vergabeinteressenten andernfalls zu unverzüglichen Rügen vor einer Angebotsabgabe oder Bewerbung gezwungen wären. Nr. 1 erfasse dagegen alle Vergabeverstöße, die im Zeitpunkt danach erkannt worden seien.[98] Dieser Argumentation kann, wenn man sie wörtlich nimmt, schon deshalb nicht gefolgt werden, weil sie den Anwendungsbereich der Nr. 2 und damit die Geltung des die Rügeobliegenheit auslösenden Kriteriums der Erkennbarkeit sehr weit über den Wortlaut hinaus ausdehnt, indem sie „alle" bis zum Ablauf der Angebotsfrist erkennbaren Vergaberechtsverstöße einbezieht. Dazu würden dann auch die sich aus den Verdingungsunterlagen ergebenden (erkennbaren) Vergaberechtsverstöße gehören. Wenn das richtig wäre, hätte es der Einfügung der neuen Nr. 3 des Abs. 3 Satz 1 durch das Vergabemodernisierungsgesetz überhaupt nicht bedurft. Dieser Aspekt spricht zusätzlich gegen die Richtigkeit der Gegenansicht. Andererseits schränkt die Gegenansicht den Anwendungsbereich der Nr. 1 des Abs. 3 Satz 1 in einer mit dem Wortlaut nicht mehr zu vereinbarenden Weise sehr stark ein (auf Vergabeverstöße, die nach der Angebotsabgabe erkannt werden). Das steht auch im Widerspruch zum Normzweck des Abs. 3 Satz 1 Nr. 1, der dem öffentlichen Interesse daran dienen soll, dass die Vergabestelle eine Korrektur von Vergaberechtsverstößen, wozu sicher die in der Praxis besonders relevanten Vergaberechtsfehler in den Verdingungsunterlagen gehören, im frühestmöglichen Stadium vornehmen kann.[99]

Abs. 3 Satz 1 Nr. 1 ist nicht anwendbar auf Vergaberechtsverstöße, die der Antragsteller erst **36** **nach Einleitung des Nachprüfungsverfahrens** (zB durch Akteneinsicht) **erkennt.** Denn die Vorschrift – also das Entstehen einer Obliegenheit zur außerprozessualen Rüge gegenüber dem Auftraggeber – ist ausdrücklich bezogen auf das Vergabeverfahren, nicht auf das Nachprüfungsverfahren. Ohnehin könnte mit einer erst nach dessen Einleitung ausgesprochenen Rüge der

---

[95] Vgl. BayObLG VergabeR 2003, 669, 671.
[96] Ebenso: BayObLG NZBau 2000, 481, 483 (3. b dd); *Maier* VergabeR 2004, 176, 177 mwN; *Loewenheim/Meessen/Riesenkampff/Heuvels* RdNr. 32; *Reidt/Stickler/Glahs* RdNr. 38; *Jaeger* NZBau 2001, 289, 294.
[97] KG BauR 2000, 1620, 1621; *Immenga/Mestmäcker/Dreher* RdNr. 34, 56.
[98] *Immenga/Mestmäcker/Dreher* RdNr. 34.
[99] BayObLG VergabeR 2001, 438, 439, und oben RdNr. 3 mwN.

Normzweck, ein Nachprüfungsverfahren möglichst zu vermeiden, nicht mehr erreicht werden.[100] Deshalb ist auch eine Analogie zu Abs. 3 Satz 1 Nr. 1 abzulehnen, mit der eine in einem Teil der Rspr. und Literatur vertretene Ansicht erreichen will, dass die erst nachträglich in das Nachprüfungsverfahren eingeführten Rügen der erst in diesem Verfahren erkannten Vergaberechtsverstöße nur dann zulässig sind, wenn sie unverzüglich nach Erlangung der Kenntnis vor der Vergabekammer bzw. vor dem Vergabesenat geltend gemacht werden.[101] Dass solche nachgeschobenen Rügen nicht zu einer ungebührlichen Verzögerung des Verfahrens führen, kann nur mit den Mitteln des § 113 Abs. 2 erreicht werden.[102]

37   Abs. 3 Satz 1 Nr. 1 ist ferner nicht zu Lasten eines Unternehmens anzuwenden, wenn der Auftraggeber ein (später beanstandetes) **Verhandlungsverfahren ohne öffentliche Vergabebekanntmachung** durchgeführt hat und das Unternehmen nicht zu den für das Verhandlungsverfahren ausgewählten Bietern gehörte.[103]

38   **b) Voraussetzungen für die Erlangung der Kenntnis vom Rechtsverstoß.** Der Begriff „Kenntnis" in Abs. 3 Satz 1 Nr. 1 ist genau zu nehmen. Er ist deutlich von einem Kennenmüssen abzugrenzen. Das Gesetz lässt die Obliegenheit erst entstehen, nachdem der Antragsteller das Wissen um die Nichtbeachtung von Vergabevorschriften, die dann mit dem Nachprüfungsantrag geltend gemacht wird, erworben hat. Das setzt **positive Kenntnis** aller **Tatsachen,** die der Beanstandung im Nachprüfungsverfahren zugrunde gelegt werden, und die zumindest **laienhafte rechtliche Wertung** voraus, dass sich aus ihnen eine Missachtung von Bestimmungen über das Vergabeverfahren ergibt.[104] Die Rügeobliegenheit entsteht allerdings nicht erst in dem Zeitpunkt, in dem das Unternehmen Kenntnis von einem völlig zweifelsfreien und in jeder Beziehung sicher nachweisbaren Vergabefehler erlangt. Ausreichend ist vielmehr das Wissen um einen Sachverhalt, der auf Grund laienhafter rechtlicher Wertung des individuellen Bewerbers/Bieters den Schluss auf die Verletzung vergaberechtlicher Bestimmungen erlaubt und es bei vernünftiger Betrachtung dann gerechtfertigt erscheinen lässt, das Vergabeverfahren als fehlerhaft zu beanstanden.[105] Bloße Vermutungen oder ein Verdacht lösen jedoch die Rügeobliegenheit nicht aus.[106] Ein aufkommender Verdacht auf einen Vergaberechtsverstoß begründet auch keine vorgeschaltete Obliegenheit des Inhalts, den Verdacht (alsbald) zu klären. Eine solche Prüfungsobliegenheit sieht das Gesetz nicht vor. Selbst dann, wenn das Unternehmen die volle Kenntnis aller Tatsachen, aus denen der Vergaberechtsverstoß des öffentlichen Auftraggebers abzuleiten ist, erlangt, aber noch nicht das Wissen – auf Grund laienhafter rechtlicher Wertung – erworben hat, dass diese Tatsachen einen Vergaberechtsverstoß ergeben, entsteht keine Obliegenheit, sich um rechtliche Aufklärung zu bemühen, zB rechtlichen Rat einzuholen, selbst dann nicht, wenn sich bei dem Unternehmen rechtliche Zweifel an der vergaberechtlichen Korrektheit des Vergabeverfahrens bilden.[107] Wenn das Unternehmen dieserhalb – aus freien Stücken – Rechtsrat einholt, beginnt die Kenntnis vom Vergaberechtsverstoß und damit die Rügeobliegenheit erst mit Zugang des einen Vergaberechtsfehler diagnostizierenden Rechtsrats.[108] Da das Gesetz eindeutig auf Kenntnis abstellt, begründet auch grob fahrlässige Unkenntnis des Vergaberechtsverstoßes noch keine Rügeobliegenheit.[109] Von der Notwendigkeit der Feststellung positiver Kenntnis im vorstehenden Sinne ist in der Rechtsprechung nur eine Ausnahme anerkannt, dass nämlich der Bewerber/Bieter sich der ihm möglichen Erkenntnis bewusst verschließt.[110] Dies ist eine Feststellung wertender Art unter Berücksichtigung aller Umstände des konkreten Falls. Zu diesen

---

[100] BGH NZBau 2006, 800, 803; BayObLG VergabeR 2003, 675, 677; OLG Brandenburg NZBau 2007, 329, 330–331; OLG Düsseldorf VergabeR 2005, 364, 367 mwN.; OLG Frankfurt VergabeR 2005, 487, 488; OLG Saarbrücken NZBau 2004, 117, 118.

[101] OLG Celle VergabeR 2007, 401, 402 mwN; *Reidt/Stickler/Glahs* RdNr. 36 a.

[102] Wohl ebenso: *Kulartz/Kus/Portz/Wiese* RdNr. 101.

[103] OLG Celle NZBau 2006, 197, 198; OLG Saarbrücken VergabeR 2007, 110, 111.

[104] BGH NZBau 2006, 800, 803; BayObLG NZBau 2002, 397; OLG Düsseldorf VergabeR 2004, 511, 512; OLG Düsseldorf VergabeR 2007, 229, 231; OLG Saarbrücken NZBau 2004, 117 mwN.

[105] OLG Düsseldorf, Beschl. v. 22. 8. 2000, Verg 9/00.

[106] OLG Düsseldorf VergabeR 2004, 511, 513; OLG Düsseldorf VergabeR 2007, 229, 231.

[107] BayObLG NZBau 2002, 397; OLG Düsseldorf VergabeR 2001, 419, 421; OLG Düsseldorf VergabeR 2005, 364, 369 mwN; OLG Düsseldorf VergabeR 2007, 229, 232.

[108] OLG Düsseldorf, Beschl. v. 22. 8. 2000, Verg 9/00.

[109] OLG Düsseldorf VergabeR 2004, 511, 512; OLG Düsseldorf VergabeR 2007, 229, 231; OLG Saarbrücken NZBau 2004, 117 mwN; OLG Stuttgart VergabeR 2003, 226, 228 mwN.

[110] BGH NZBau 2006, 800, 803; OLG Düsseldorf VergabeR 2001, 419, 421; OLG Düsseldorf VergabeR 2005, 364, 369.

Umständen des individuellen Einzelfalls gehören auch die Stellung des Bewerbers/Bieters im Geschäftsleben und seine evtl. Erfahrungen mit Vergabeverfahren des öffentlichen Auftragswesens, die es ggf. unbegreiflich erscheinen lassen können, dass er die rechtliche Wertung der ihm bekannten Tatsachen als Vergaberechtsverstoß nicht vollzogen hat, so dass sich die Wertung eines mutwilligen Sich-Verschließens vor der Erkenntnis aufdrängt. Mit dieser Ausnahme von der grds. erforderlichen Feststellung positiver Kenntnis wird iÜ auch den Schwierigkeiten des dem öffentlichen Auftraggeber obliegenden Beweises der Kenntniserlangung etwas Rechnung getragen.

In personaler Hinsicht ist es grds. notwendig, dass der **Unternehmer selbst** (bei einem Ein- **39** zelunternehmen) oder ein **vertretungsberechtigtes Organ** des Unternehmens die erforderliche Kenntnis erlangt.[111] Ist im Unternehmen eine andere Person besonders mit der Vertretung in der Vergabesache beauftragt worden, so löst auch deren Kenntnis die Rügeobliegenheit aus. Nicht geklärt ist bisher, ob auch die Kenntnis des nach der Unternehmensorganisation zuständigen, aber nicht mit besonderer Vertretungsbefugnis betrauten Sachbearbeiters ausreicht.[112] Es spricht viel dafür, diese Frage zu bejahen, weil es idR. auf einem Mangel in der Organisation oder Aufsicht innerhalb des Unternehmens beruht, wenn ein Sachbearbeiter für das Unternehmen wichtige Kenntnisse nicht an eine vertretungsberechtigte Person in der Leitungsebene weitergibt.

c) Rügefrist („Unverzüglichkeit" der Rüge). Nach Erlangung der vollen positiven **40** Kenntnis iS der Ausführungen unter RdNr. 38 hat der Bewerber/Bieter den erkannten Vergaberechtsverstoß unverzüglich gegenüber der Vergabestelle zu rügen (um sein Nachprüfungsrecht nicht zu verlieren). Mangels einer eigenen Definition im Vierten Teil des GWB kann und muss auf die Definition des Begriffs in § 121 Abs. 1 Satz 1 BGB zurückgegriffen werden. Der Bewerber/Bieter hat also die Rüge nach Kenntniserlangung ohne schuldhaftes Zögern oder – maW – so bald gegenüber dem Auftraggeber zu erklären, als es ihm nach den Umständen **möglich und zumutbar** ist.[113] „Unverzüglich" bedeutet also auch bei der Erfüllung der Rügeobliegenheit nicht „sofort".[114] Für die Bemessung der Zeitspanne ist zu berücksichtigen, welche Handlungen und Prüfungen, die dem Bewerber/Bieter obliegen oder zuzubilligen sind, „möglich und zumutbar" sein müssen: es sind die Überlegungen, ob er überhaupt mit einer Rüge „zum Angriff" gegen die Vergabestelle übergehen soll, die Einholung anwaltlichen Rechtsrats als Möglichkeit, schließlich die Prüfung und Erarbeitung der meist schriftlich erklärten Rüge.[115] Die hierfür zumutbarerweise zu belassende Zeit, bei der auch der Umfang, die Schwierigkeit und die Bedeutung des Vergabefalles für den Bewerber/Bieter sowie die etwaigen Beschleunigungsinteressen des öffentlichen Auftraggebers zu berücksichtigen sind, ist von den Umständen des Einzelfalls abhängig,[116] so dass es keine feste einheitliche Frist gibt.[117] Einheitlich ist die Rspr. nur in der Angabe der maximalen Obergrenze von zwei Wochen, die – nach einer anfänglichen großzügigeren Beurteilung[118] – nunmehr nur noch in seltenen Ausnahmefällen zugebilligt wird, zB wenn eine verständliche Abfassung der Rüge durch eine schwierige Sach- und/oder Rechtslage erschwert wird und die Inanspruchnahme fachkundiger Hilfe erfordert.[119]

IÜ ist die **Rechtsprechung uneinheitlich.** Mehrere Vergabesenate verlangen, dass die Rüge **41** im Regelfall binnen ein bis drei Tagen erklärt werden muss.[120] Das ist eine überspannte Anforderung,[121] die auf eine sofortige Rüge hinausläuft, was schon im Widerspruch zu Abs. 3 Satz 1 Nr. 1 steht. Es ist aber auch mit der EU-Rechtsmittelrichtlinie nicht zu vereinbaren und daher gemeinschaftsrechtswidrig, weil eine so kurze Frist für die in ihr vorzunehmenden Prüfungen und Hand-

---

[111] BayObLG NZBau 2002, 397; *Kulartz/Kus/Portz/Wiese* RdNr. 65.
[112] Bejahend: *Schröder* VergabeR 2002, 229, 232; aA. *Kulartz/Kus/Portz/Wiese* RdNr. 65.
[113] Allg. Meinung; vgl. OLG Düsseldorf NZBau 2000, 45, 47.
[114] OLG Düsseldorf NZBau 2000, 45, 47.
[115] OLG Brandenburg NZBau 2001, 226, 227; OLG Düsseldorf NZBau 2000, 45, 47; *Schröder* VergabeR 2002, 229, 233 mwN.; *Jaeger* NZBau 2001, 289, 294 mwN.
[116] OLG Dresden VergabeR 2004, 609, 611; OLG Düsseldorf, Beschl. v. 22. 8. 2000, Verg 9/00; *Jaeger* NZBau 2001, 289, 294 mwN.
[117] *Prieß* 365, 366.
[118] OLG Düsseldorf NZBau 2000, 45, 47; OLG Brandenburg NZBau 2001, 226, 227.
[119] OLG Koblenz VergabeR 2003, 709; OLG Dresden VergabeR 2004, 609.
[120] OLG Koblenz NZBau 2000, 445, 447; OLG Koblenz VergabeR 2003, 709; OLG München VergabeR 2007, 546, 547; OLG Schleswig VergabeR 2001, 214, 216.
[121] Ebenso: OLG Dresden VergabeR 2004, 609, 611; *Schröder* VergabeR 2002, 229, 233; *Langen/Bunte/Schweda* RdNr. 14; *Prieß* 365.

lungen (s. o. RdNr. 40) unangemessen ist und deshalb die Ausübung der Nachprüfungsrechte der von Vergaberechtsverstößen betroffenen Bewerber/Bieter in einer gegen Art. 1 ÜWR verstoßenden Weise übermäßig erschwert.[122] Andere Vergabesenate sind etwas großzügiger, die eine Rüge innerhalb von vier Werktagen noch als unverzüglich werten[123] oder die bei überschaubaren und einfach zu bewertenden Sachverhalten die Rügefrist auf nicht länger als fünf Tage begrenzen.[124] Für den **Regelfall** sollte die Frist, die unter Abwägung der Interessen beider Seiten – auch gemäß Art. 1 ÜWR (s. o.) – **angemessen** zu sein hat, auf **eine Woche** angesetzt werden.[125] Innerhalb der angemessenen Frist, wie lang sie auch immer bemessen wird, muss die Rüge der Vergabestelle zugehen. Wenn die Reaktionszeit zwischen Kenntniserlangung und Zugang der Rüge angemessen kurz ist (zB 6 Tage), darf die Rüge nicht allein deshalb als verspätet verworfen werden, weil die Rüge bei der Wahl beschleunigter Kommunikationsmittel (zB Telefax, E-Mail statt des normalen Postwegs) noch drei Tage früher zugegangen wäre.[126] Eine Ausnahme, in der die Rügefrist in vertretbarer Weise sehr kurz bemessen wird, gilt für die Rüge, die Vorabinformation nach § 101 a Abs. 1 (bisher § 13 VgV) sei unzureichend. Eine solche Rüge muss spätestens am Folgetag nach dem Zugang der Vorabinformation erklärt werden.[127]

41a   Im Hinblick auf den unbestimmten Rechtsbegriff „unverzüglich" sorgen zwei **Urteile des EuGH vom 28. 1. 2010** für Unsicherheit, ob Abs. 3 Satz 1 Nr. 1 überhaupt noch angewandt oder nicht vielmehr als gemeinschaftsrechtswidrige Regelung von Vergabekammern und Gerichten unangewendet zu bleiben hat. In einem englischen und einem irischen Ausgangsfall war die dortige nationale Fristenregelung für die Stellung eines Nachprüfungsantrags bei Gericht in ihrer Vereinbarkeit mit Art. 1 Abs. 1 ÜWR zu prüfen. Nach der englischen Regelung ist der Nachprüfungsantrag „nur zulässig, wenn das Verfahren unverzüglich, spätestens jedoch innerhalb von drei Monaten nach dem ersten Eintreten eines Grundes für die Einleitung des Verfahrens eingeleitet wird, es sei denn, das Gericht hält eine Verlängerung der Frist für die Einleitung des Verfahrens für gerechtfertigt". Der EuGH wertet diese Vorschrift und die sehr ähnlich formulierte irische Fristenregelung[128] dahin, dass die Dauer der Ausschlussfrist in das „Ermessen" des zuständigen Gerichts gestellt und daher für den Betroffenen nicht vorhersehbar sei. Eine nationale Vorschrift, die eine solche Frist für den Nachprüfungsantrag vorsehe und damit eine Unsicherheit für den Betroffenen enthalte, setze die ÜWR nicht wirksam um und müsse (wenn eine richtlinienkonforme Auslegung nicht möglich sei) vom Gericht unangewendet gelassen werden. Denn die Mitgliedstaaten müssten bei der (ihnen frei stehenden) Einführung von Fristen für die Verfahrenseinleitung die Erfordernisse der Rechtssicherheit beachten. Zu diesem Zweck müssten sie eine Fristenregelung schaffen, die hinreichend genau, klar und vorhersehbar sei, damit der Einzelne seine Rechte und Pflichten kennen könne. Diese Anforderungen sieht der EuGH bei der englischen und bei der irischen Fristenregelung nicht als erfüllt an.[129] In Deutschland sind die Reaktionen zu der Frage, ob Abs. 3 Satz 1 Nr. 1 nach diesen EuGH-Urteilen überhaupt noch angewandt werden darf oder ob der Gesetzgeber nunmehr eine rechtssichere Fristenregelung für die Erfüllung der Rügeobliegenheit schaffen muss, uneinheitlich. Zum Teil wird angenommen, dass die Rechtssätze des EuGH unmittelbar auch auf die deutsche Fristenregelung des Abs. 3 Satz 1 Nr. 1 übertragen werden müssen und daher eine Rügepräklusion nach dieser Vorschrift nicht mehr in Betracht kommt.[130] Nach hier vertretener Ansicht gibt es zwar keine zwingenden, aber gute Gründe für die gegenteilige Auffassung.

---

[122] Vgl. EuGH, C-327/00, Slg. 2003, I-1877, RdNr. 51, 52, 56, 57, 66 = NZBau 2003, 284, 286–287 – Santex; EuGH, C-241/06, Slg. 2007, I-8415, RdNr. 52 = NZBau 2007, 798, 800 – Lämmerzahl.

[123] OLG Naumburg VergabeR 2006, 406, 409.

[124] OLG Brandenburg VergabeR 2005, 660.

[125] Vgl. BayObLG VergabeR 2005, 130, 133; OLG Dresden VergabeR 2010, 666, 667; 2004, 609, 611; OLG Stuttgart NZBau 2000, 542 LS 2; *Immenga/Mestmäcker/Dreher* RdNr. 53; *Langen/Bunte/Schweda* RdNr. 14; *Loewenheim/Meessen/Riesenkampff/Heuvels* RdNr. 39; *Kulartz/Kus/Portz/Wiese* RdNr. 80.

[126] AA. OLG Naumburg VergabeR 2005, 667 in einer nicht überzeugend begründeten Einzelfallentscheidung.

[127] OLG Düsseldorf, Beschl. v. 19. 8. 2004, Verg 54/04.

[128] In der irischen Vorschrift wird statt des Begriffs „unverzüglich" der Ausdruck „so früh wie möglich" verwendet.

[129] EuGH, C-406/08, RdNr. 38–43 und 49 = NZBau 2010, 183, 185 f. – Uniplex/NHS; EuGH, C-456/08, RdNr. 75–77 und 81 = NZBau 2010, 256, 260 f. – Kommission/Irland.

[130] OLG Celle VergabeR 2010, 661, 663 m. krit. Anm. *Trautner* S. 665; VergabeK Rheinland-Pfalz, Beschl. v. 20. 4. 2010, VK2-9/10; VergabeK des Saarlandes, Beschl. v. 8. 3. 2010, 1 VK 03/2010; *Hübner* VergabeR 2010, 414; *Krohn* NZBau 2010, 186; aA. OLG Dresden VergabeR 2010, 666, 667 f.; BKartA 1. VergabeK des Bundes, Beschl. v. 5. 3. 2010, VK 1-16/10.

Dazu zählt zwar nicht[131] der Unterschied, dass die vom EuGH verworfenen englischen und irischen Vorschriften Fristen für die Einleitung des gerichtlichen Nachprüfungsverfahrens bestimmen, während die deutsche Vorschrift eine vom (künftigen) Antragsteller vorprozessual zu erwirkende Zulässigkeitsvoraussetzung betrifft. Denn im Ergebnis ist es für den Betroffenen gleich belastend, ob nun sein Nachprüfungsantrag wegen Versäumung der Einreichungsfrist oder wegen Rügepräklusion nach Versäumung der vorprozessualen Rügefrist als unzulässig verworfen wird. Ein beachtlicher Unterschied liegt aber darin, dass die hier in Rede stehende Frist nach deutschem Recht – anders als nach dem englischen und irischen Recht – erst dann beginnt, wenn der Betroffene (tatsächliche und rechtliche) Kenntnis von dem Vergaberechtsverstoß erlangt hat, gegen den er sich zur Wehr setzen will.[132] Das wichtigste Argument gegen eine unmittelbare Übertragung der Rechtssätze des EuGH auf die Rechtslage nach Abs. 3 Satz 1 Nr. 1 besteht darin, dass Vergabekammern und Gerichte bei der Anwendung des Begriffs „unverzüglich" und damit bei der „Bemessung" der Rügefrist kein Ermessen haben, dass es sich vielmehr um einen in § 121 Abs. 1 BGB gesetzlich definierten (nur im Ansatz unbestimmten) Rechtsbegriff handelt, der durch eine lange Rechtsprechungstradition so weit konkretisiert worden ist, dass eine rechtsstaatswidrige und/oder eine europarechtswidrige Rechtsunsicherheit eigentlich nicht festzustellen ist.[133] Man kann es auch so ausdrücken: Dass die Rspr. zu Abs. 3 Satz 1 Nr. 1 uneinheitlich ist (s. oben RdNr. 41), ist keine Fehlleistung der Norm, sondern eine Fehlleistung der Rspr. Eine Klärung durch den BGH (§ 124 Abs. 2) erscheint dringend erforderlich.

    d) Erklärung der Rüge. Für die Rüge ist keine besondere **Form** vorgeschrieben. Daher sind   **42** auch mündliche und telefonische Rügen wirksam, die allerdings gegenüber vertretungsberechtigten Personen der Vergabestelle ausgesprochen werden müssen.[134] Da die Darlegungs- und Beweislast dafür, dass die Rüge überhaupt und ggf. mit welchem Inhalt sie erhoben worden ist, den Antragsteller trifft,[135] ist die Schriftform vorzuziehen. Der notwendige **Inhalt** einer wirksamen Rüge ist durch den Normzweck vorgegeben: In der Rüge müssen konkrete Tatsachen bezeichnet werden, aus denen der Bewerber/Bieter eine konkrete und deutliche Beanstandung des Verstoßes gegen vergaberechtliche Bestimmungen (die nicht konkret benannt werden müssen) ableitet, so dass die Vergabestelle in die Lage versetzt wird, den beanstandeten Fehler zu erkennen und ggf. zu korrigieren.[136] Aus der deutlichen Beanstandung des Vergaberechtsfehlers ergibt sich bereits als objektiver Erklärungsinhalt, dass der Bewerber/Bieter eine Korrektur des Fehlers erstrebt; es bedarf daher nicht zusätzlich einer ausdrücklichen Aufforderung, den Fehler zu beseitigen,[137] zumal die Rügeobliegenheit nur dem Zweck dient, der Vergabestelle die (baldige) Fehlerkorrektur zu ermöglichen. Erst recht braucht der Bewerber/Bieter keine Frist zu setzen und nicht anzudrohen, dass der öffentliche Auftraggeber beim Unterlassen der Fehlerkorrektur mit einem Nachprüfungsverfahren rechnen müsse.[138] Die Rüge muss von dem durch den beanstandeten Vergaberechtsverstoß betroffenen Unternehmen selbst oder einem **Vertreter,** der das vertretene Unternehmen deutlich erkennen lässt,[139] erklärt werden. Die von einem Vertreter ausgesprochene Rüge ist auch ohne beigefügte Vollmachtsurkunde sofort wirksam; § 174 Satz 1 BGB gilt für die Rüge, die nicht als Willenserklärung, sondern als verfahrensrechtliche Erklärung zu qualifizieren ist, nicht.[140] Die Rüge des Vergaberechtsverstoßes durch einen Verband reicht für Abs. 3 Satz 1 Nr. 1 nicht aus, es sei denn, dass das betroffene Unternehmen Mitglied des Verbandes ist und dieser in seiner Rüge

---

[131] Entgegen der Ansicht des OLG Dresden und des BKartA 1. VergabeK des Bundes, s. vorhergehende Fn.

[132] Zutr. betont von OLG Dresden VergabeR 2010, 666, 667.

[133] Im Wesentlichen ebenso: OLG Dresden VergabeR 2010, 666, 667 f.; BKartA 1. VergabeK des Bundes, Beschl. v. 5. 3. 2010, VK 1-16/10.

[134] *Loewenheim/Meessen/Riesenkampff/Heuvels* RdNr. 28; Beispiele für eine telefonische Rüge: LSG NW NZBau 2010, 458, 462; OLG München VergabeR 2010, 246, 253.

[135] *Prieß* 367 mwN.

[136] OLG Brandenburg VergabeR 2005, 660, 663; OLG Dresden VergabeR 2006, 249, 250; OLG Frankfurt VergabeR 2002, 394; *Kühnen* NZBau 2004, 427, 430 mwN.

[137] Ebenso: *Loewenheim/Meessen/Riesenkampff/Heuvels* RdNr. 29; wohl auch *Kulartz/Kus/Portz/Wiese* RdNr. 90, 91; aA. OLG Brandenburg VergabeR 2005, 660, 662; *Prieß* 367 mwN.

[138] KG VergabeR 2001, 392, 394; OLG München VergabeR 2010, 677, 682; *Kühnen* NZBau 2004, 427, 430 mwN.; *Byok/Jaeger/Byok* RdNr. 991 mwN.; *Immenga/Mestmäcker/Dreher* Fn. 105; *Kulartz/Kus/Portz/Wiese* RdNr. 91 mwN.; *Langen/Bunte/Schweda* RdNr. 18; aA. OLG Brandenburg VergabeR 2005, 660, 663; *Prieß* 367 mwN.; wohl auch *Schröder* VergabeR 2002, 229, 230 bei Fn. 17.

[139] OLG Brandenburg VergabeR 2003, 242, 245.

[140] OLG Düsseldorf, Beschl. v. 30. 8. 2001, Verg 32/01; *Schröder* VergabeR 2002, 229, 230.

erklärt, dass sie auch für das Unternehmen abgegeben werde.[141] Richtiger **Adressat** der Rüge ist nach dem klaren Gesetzeswortlaut der öffentliche Auftraggeber. Im Hinblick auf dessen zu schützende Beschleunigungsinteressen kommt es für die Rechtzeitigkeit der Rüge auf den Zugang bei der Vergabestelle oder bei der Behörde an, die die Vergabestelle ggf. für den Empfang von Rügen besonders bezeichnet hat. Der Zugang bei der für die Vergabestelle zuständigen (für den Empfang von Rügen nicht benannten) Aufsichtsbehörde, auch wenn sie derselben Gebietskörperschaft angehört, kann die Rügefrist für sich allein nicht wahren,[142] sondern erst dann, wenn sie nach Weiterleitung noch rechtzeitig bei der Vergabestelle ankommt. Wenn die Vergabestelle – wie es häufig geschieht – Dritte, zB ein Architektur- oder Ingenieurbüro, in die Durchführung des Vergabeverfahrens eingeschaltet hat, wirkt der Zugang der Rüge bei dem Dritten nicht fristwahrend,[143] es sei denn, dass der Dritte von der Vergabestelle den Bewerbern/Bietern ausdrücklich als Ansprechpartner oä. benannt worden ist.[144] Dann könnte sich die Vergabestelle zumindest nach dem (der Rügeobliegenheit gemäß Abs. 3 Satz 1 Nr. 1 zugrunde liegenden) Grundsatz von Treu und Glauben nicht darauf berufen, dass die Rüge der falschen Stelle zugeleitet worden ist.

43   **e) Wartefrist zwischen Rüge und Nachprüfungsantrag?** Während der Gesetzgeber eine Rügefrist durch den unbestimmten Rechtsbegriff „unverzüglich" normiert hat, schweigt er sich über eine Wartefrist nach der Rüge, bis der Nachprüfungsantrag zulässigerweise gestellt werden kann, aus, obwohl die Anordnung einer Wartefrist mit dem Normzweck in Einklang gestanden hätte, der Vergabestelle eine Fehlerkorrektur zu ermöglichen und dadurch unnötige Nachprüfungsverfahren zu vermeiden. Allein der Verwendung des Perfekts in Abs. 3 Satz 1 Nr. 1 („… gerügt hat") kann die klare Normierung einer verbindlichen Wartefrist (welche Dauer?) nicht entnommen werden.[145] Aus dem Schweigen des Gesetzes folgern die Rspr.[146] und ein Teil des Schrifttums,[147] dass die Zulässigkeit des Nachprüfungsantrags von der Beachtung einer solchen – ungeschriebenen – Wartefrist nicht abhängig gemacht werden kann, vielmehr der Nachprüfungsantrag auch dann zulässig ist, wenn er der Rüge zeitlich sehr bald nachfolgt oder sogar zeitgleich mit der Abgabe der Rüge eingereicht wird. Dem ist zuzustimmen. § 108 Abs. 2 steht nicht entgegen. Denn bei beiden vorgenannten Alternativen (enge zeitliche Aufeinanderfolge und Zeitgleichheit von Rüge und Antrag) vermag der Antragsteller dieser einzigen weiteren Vorschrift, die zum zeitlichen Verhältnis von Rüge und Antrag etwas besagt, zu genügen: Selbst bei einem zeitgleich mit der Rügeerklärung eingereichten Antrag kann der Antragsteller seine Begründungspflicht gemäß § 108 Abs. 2 erfüllen, indem er vorträgt, dass er seine Rügeerklärung abgegeben hat. Die Feststellung einer systemwidrigen Lücke im Gesetz und deren Schließung durch eine rechtsfortbildende Schöpfung einer Wartefrist wären allenfalls dann notwendig, wenn sonst schützenswerte Interessen des öffentlichen Auftraggebers gefährdet wären. Das ist indessen nicht der Fall. Der Auftraggeber wird durch die Einreichung des Nachprüfungsantrags nicht gehindert, gerügte Vergaberechtsverstöße zu beheben oder zu beseitigen. Es bleibt lediglich das Risiko der Kosten, von denen aber der Auftraggeber bei einem der Sache nach verfrühten Nachprüfungsantrag befreit werden kann, wenn er auf Grund der Rügeerklärung sofort einlenkt und sich dadurch das Nachprüfungsverfahren erledigt.[148] Unter diesen Umständen fehlt der Gegenansicht, die dem Antragsteller, sofern kein Zuschlag unmittelbar bevorsteht, eine Wartefrist auferlegen will und den Nachprüfungsantrag bei Nichtbeachtung der Wartefrist als unzulässig beurteilt,[149] die erforderliche rechtliche Grundlage.

44   **f) Entbehrlichkeit der Rüge.** Eine Rügeobliegenheit entsteht erst gar nicht, wenn der Antragsteller den Vergaberechtsverstoß erst während des Nachprüfungsverfahrens erkennt (s. o. RdNr. 35). IÜ kann in eher seltenen Ausnahmefällen die Rügeobliegenheit entfallen. Nach

---

[141] OLG Brandenburg VergabeR 2003, 242, 245.

[142] *Prieß* 367 mwN; diff. *Immenga/Mestmäcker/Dreher* RdNr. 37.

[143] *Kühnen* NZBau 2004, 427, 430; *Langen/Bunte/Schweda* RdNr. 17; *Loewenheim/Meessen/Riesenkampff/Heuvels* RdNr. 25 Fn. 66; aA. Thüringer OLG NZBau 2000, 539, 540.

[144] *Immenga/Mestmäcker/Dreher* RdNr. 37; *Kulartz/Kus/Portz/Wiese* RdNr. 95.

[145] AA. *Maier* NZBau 2004, 196, 197.

[146] OLG Düsseldorf VergabeR 2001, 419, 421; OLG Frankfurt NZBau 2001, 101, 103–104; KG VergabeR 2002, 398, 400.

[147] *Kühnen* NZBau 2004, 427, 430; *Byok/Jaeger/Byok* RdNr. 992; *Kulartz/Kus/Portz/Wiese* RdNr. 110; *Langen/Bunte/Schweda* RdNr. 14.

[148] Vgl. BGH NZBau 2004, 285 sowie § 128 Abs. 4 Satz 3 nF. für den Fall, dass der Nachprüfungsantrag dann zurückgenommen werden sollte.

[149] *Maier* NZBau 2004, 196; *Schröder* VergabeR 2002, 229, 234; *Immenga/Mestmäcker/Dreher* RdNr. 41; *Prieß* 368–369.

dem Normzweck des Abs. 3 Satz 1 Nr. 1 kann eine Rüge vom Bewerber/Bieter dann nicht verlangt werden, wenn die Vergabestelle schon vorher - zB durch Bieterrundschreiben – eindeutig zu erkennen gegeben hat, an ihrer in Rede stehenden Entscheidung unumstößlich festhalten zu wollen und auch auf Rüge hin unter keinen Umständen gewillt zu sein, einen diskutierten Vergaberechtsverstoß zu beheben.[150] An die Feststellung der **Unumstößlichkeit** einer zum Ausdruck gebrachten **Abhilfeverweigerung** sind jedoch hohe Anforderungen zu stellen.[151] Allgemein wird eine – erneute – Rüge als entbehrlich erachtet, wenn der Auftraggeber einen in demselben Vergabeverfahren schon gerügten Vergaberechtsverstoß wiederholt oder wenn sich das bereits gerügte Verhalten in weiteren Entscheidungen der Vergabestelle fortsetzt.[152] Problematisch ist die Befreiung von der Rügeobliegenheit infolge der rechtzeitigen Rüge des gleichen Vergaberechtsfehlers durch einen anderen Bieter, wenn der Auftraggeber dieser Rüge nicht abgeholfen hat.[153] Die besseren Gründe sprechen dafür, hier die Rügeobliegenheit aufrechtzuerhalten.[154] Jede Rüge ist ein individueller Akt; wenn eine erste Rüge keinen Erfolg hatte, kann das bei einer zweiten Rüge oder bei gehäuften Rügen anders sein. Die **Zurechnung von Rügen Dritter** muss vor allem wegen der dadurch eröffneten Manipulationsgefahr unterbleiben; denn im Zeitpunkt der Rüge des Dritten war der Antragsteller mit seinem Rügerecht möglicherweise schon präkludiert. Seit dem Inkrafttreten des Abs. 3 Satz 1 Nr. 4 kann man die Ansicht, dass die Rüge des Vergaberechtsverstoßes durch einen Dritten alle übrigen Bieter von der Obliegenheit zur Rüge des gleichen Vergaberechtsverstoßes befreit, auch deshalb nicht aufrecht erhalten, weil der Auftraggeber gegenüber den übrigen Bietern dann die – vermeintlich zu seinen Gunsten neu eingeführte – Antragsfrist nicht in Lauf setzen kann. Eine weit verbreitete Ansicht enthebt den Antragsteller dann der Rügeobliegenheit, wenn die betreffenden **Vergaberechtsverstöße irreparabel** sind.[155] Dieser Ansicht kann nicht zugestimmt werden, weil ihre Prämisse nicht zutrifft. Zu den in Betracht kommenden Fehlerbeseitigungsmaßnahmen gehört auch eine selbst vorgenommene Aufhebung des Vergabeverfahrens,[156] die für den Auftraggeber immer noch wirtschaftlicher und kostengünstiger ist als ein Nachprüfungsverfahren, das bei einem nicht korrigierbaren Vergaberechtsfehler idR auch zu einer – allerdings von der Vergabekammer angeordneten – Aufhebung führt.

Abzulehnen ist auch die Ansicht,[157] die Rügeobliegenheit sei entbehrlich bei aktuell vom **45** Antragsteller erkannten Vergaberechtsverstößen, die er noch **während der** unzweifelhaft nicht abgelaufenen **Rügefrist** mit einem **Nachprüfungsantrag** geltend gemacht habe, so dass es gerade ausgeschlossen werden könne, dass er darauf spekuliere, ob sich die Vergaberechtsverstöße zu seinen Gunsten auswirkten. Diese Ansicht verfehlt den weiteren, wichtigeren Normzweck, der Vergabestelle zu ermöglichen, unter Vermeidung eines Nachprüfungsverfahrens die betreffenden Vergaberechtsverstöße selbst zu beheben.[158] Problematisch ist es, ob von einem Antragsteller, der während der Rügefrist genötigt ist, einer drohenden Zuschlagserteilung durch einen Nachprüfungsantrag zuvorzukommen, dennoch verlangt werden muss, eine außerprozessuale Rüge an den Auftraggeber zu richten. Da es keine Wartefrist gibt (s. o. RdNr. 43), da es ferner zulässig ist, Rügen dem Auftraggeber zeitgleich mit der Einreichung eines Nachprüfungsantrags zu übermitteln (s. o. RdNr. 43), und da es letztlich nicht auszuschließen ist, dass die zeitgleiche Rüge dem Auftraggeber doch einen gewissen, wenn auch nicht sehr hohen Zeitgewinn für die eigene Fehleruntersuchung erbringt, ist grds. auch aus Gründen der Rechtsklarheit die Rügeobliegenheit aufrechtzuerhalten.[159] Eine Ausnahme ist allerdings dann einzuräumen, wenn der Antragsteller – während noch nicht abgelaufener Rügefrist – ernstlich befürchten muss, dass

[150] OLG Koblenz VergabeR 2003, 709, 714; KG VergabeR 2002, 398, 401; OLG Saarbrücken VergabeR 2002, 493, 496; OLG Stuttgart NZBau 2001, 462, 463.

[151] Zutr. *Kühnen* NZBau 2004, 427, 428 mwN.

[152] *Kulartz/Kus/Portz/Wiese* RdNr. 103 mwN.; *Byok/Jaeger/Byok* RdNr. 995 mwN.; *Immenga/Mestmäcker/Dreher* RdNr. 66.

[153] So OLG Celle VergabeR 2006, 244; so auch *Kulartz/Kus/Portz/Wiese* RdNr. 103.

[154] Zutr. *Immenga/Mestmäcker/Dreher* RdNr. 72.

[155] OLG Brandenburg VergabeR 2003, 242, 244; *Immenga/Mestmäcker/Dreher* RdNr. 63; *Langen/Bunte/Schweda* RdNr. 19; *Prieß* 370; *Schröder* VergabeR 2002, 229, 231.

[156] Ebenso: *Reidt/Stickler/Glahs* RdNr. 36 e.

[157] OLG Saarbrücken VergabeR 2002, 493, 495; KG VergabeR 2002, 398, 400.

[158] Zutr. *Kühnen* NZBau 2004, 427, 429; *Immenga/Mestmäcker/Dreher* RdNr. 71; vgl. auch *Kulartz/Kus/Portz/Wiese* RdNr. 108 mwN.

[159] Ebenso: *Immenga/Mestmäcker/Dreher* RdNr. 68; *Kulartz/Kus/Portz/Wiese* RdNr. 106; aA. *Byok/Jaeger/Byok* RdNr. 993; *Prieß* 370.

die Vergabekammer den Suspensiveffekt des § 115 Abs. 1 nach Einreichung des Nachprüfungsantrags nicht mehr vor Ablauf der Schutzfrist des § 101a Abs. 1 Satz 3 bzw. Satz 4 herstellen
wird und die zeitgleiche Rüge den Auftraggeber veranlassen könnte, den Zuschlag schnellst-
möglich zu erteilen. In diesem wohl seltenen Ausnahmefall ist es gerechtfertigt, das Informations-
interesse des Auftraggebers hinter dem Rechtsschutzinteresse des Antragstellers zurücktreten zu
lassen und diesen von dem Erfordernis einer vorhergehenden oder mit dem Nachprüfungsantrag
gleichzeitigen Rüge freizustellen.[160]

46   **g) Präklusionswirkung.** Das Entstehen und ggf. die Erfüllung der Rügeobliegenheit sind
für jeden einzelnen mit dem Nachprüfungsantrag geltend gemachten Vergaberechtsverstoß gesondert zu prüfen. Die Erfüllung einer entstandenen Rügeobliegenheit ist eine **zwingende
Zulässigkeitsvoraussetzung,** und zwar sowohl iS einer **Sachurteilsvoraussetzung,** damit die
Vergabekammer (und evtl. der Vergabesenat) eine Sachentscheidung über den geltend gemachten Vergaberechtsverstoß fällen kann, als auch – vorgelagert – iS einer **Zugangsvoraussetzung**[161] für das Nachprüfungsverfahren, in dem der betreffende Vergaberechtsverstoß geltend
gemacht werden soll. Die Eigenschaft als Zugangsvoraussetzung bedeutet, dass die Erfüllung der
Rügeobliegenheit bei Einreichung des Nachprüfungsantrags geschehen sein muss – abgesehen
von der Modifikation der bei bestimmten Fallgestaltungen erlaubten gleichzeitigen außerprozessualen Rügeerklärung an den öffentlichen Auftraggeber (s. o. RdNr. 43, 45) – und nicht nachgeholt werden kann.[162] Sowohl als Sachurteils- als auch als Zugangsvoraussetzung ist sie von
Amts wegen zu prüfen.

47   Die aus der Nichterfüllung der Rügeobliegenheit folgende Präklusion erfasst nur den betreffenden Vergaberechtsverstoß, nicht den gesamten Nachprüfungsantrag, wenn ihm mehrere beanstandete Vergaberechtsverstöße des Antragsgegners zugrunde gelegt werden (s. „soweit" in
Abs. 3). Das hat auch Bedeutung für diejenigen **Vergaberechtsverstöße,** die der Antragsteller
erst **während des Nachprüfungsverfahrens erkennt** und die deshalb nicht in den Anwendungsbereich des Abs. 3 Satz 1 Nr. 1 fallen (s. o. RdNr. 36). Auf Grund der Beschleunigungs- und
Effizienzziele des vergaberechtlichen Rechtsschutzes kann der Antragsteller diese Vergaberechtsverstöße nachträglich in das noch anhängige Nachprüfungsverfahren einführen und zum Gegenstand seines Rechtsschutzbegehrens machen, damit ein weiteres Nachprüfungsverfahren vermieden wird.[163] Das gilt, solange der Nachprüfungsantrag als prozessuales Begehren noch besteht (dh.
noch nicht zurückgewiesen worden ist), auch dann, wenn dem Nachprüfungsantrag bis dahin nur
ein oder mehrere präkludierte Verstöße zugrunde lagen und er deshalb insgesamt unzulässig
war.[164] Denn da für den nachträglich erkannten Vergaberechtsverstoß keine Rügeobliegenheit
besteht, existiert für ihn auch keine Zugangsvoraussetzung in dem oben (RdNr. 46) dargestellten
Sinne. Folglich kann die Geltendmachung des erst im Nachprüfungsverfahren erkannten Vergaberechtsverstoßes nachträglich die Zulässigkeit des Nachprüfungsantrags begründen.[165]

48   Die Präklusion erfasst auch nur den **konkreten Vergaberechtsverstoß,** den der Antragsteller entgegen seiner Obliegenheit nicht gerügt hat und den er in seiner abgegrenzten Bedeutung
nicht mehr geltend machen kann, **nicht** auch **weitere Vergaberechtsverstöße,** die sich konsequent an den ersten Verstoß anschließen und mit diesem **in** einem **Kausalzusammenhang**
stehen. Wenn also ein Bieter die fehlerhafte Wahl des Vergabeverfahrens durch den Auftraggeber (zB nationale Ausschreibung anstatt europaweiter Bekanntmachung auf Grund der unzutreffenden Qualifizierung als Bauauftrag anstatt als Dienstleistungsauftrag, für den der Schwellenwert überschritten war) entgegen der entstandenen Rügeobliegenheit nicht gerügt hat, so ist er
nur hinsichtlich dieses abgegrenzten Vergaberechtsfehlers präkludiert, nicht aber mit den weiteren Beanstandungen der nachfolgenden Vergaberechtsverstöße, die mit der Verfahrenswahl
bestimmungsgemäß zusammenhängen (zB Nichtbeachtung des § 101a Abs. 1), und auch nicht
mit der andernfalls eintretenden Folge, dass dem Bieter das Nachprüfungsverfahren gemäß den
§§ 102ff., 107 nicht mehr eröffnet wäre.[166]

---

[160] Ebenso: *Kühnen* NZBau 2004, 427, 429.
[161] OLG Düsseldorf VergabeR 2005, 364, 367; *Kühnen* NZBau 2004, 427, 428 mwN.; *Kulartz/Kus/
Portz/Wiese* RdNr. 55.
[162] *Kühnen* NZBau 2004, 427, 428; *Kulartz/Kus/Portz/Wiese* RdNr. 55 und 58.
[163] *Kühnen* NZBau 2004, 427, 428 mwN.
[164] OLG Celle VergabeR 2001, 252, 254.
[165] Das verkennt *Benedict* VergabeR 2001, 254, 256, in seiner krit. Anm. zu OLG Celle VergabeR 2001, 252.
[166] OLG Düsseldorf VergabeR 2007, 200, 204, entgegen KG VergabeR 2003, 50 und OLG Bremen VergabeR 2006, 502; im Erg. ebenso wie OLG Düsseldorf: EuGH, C-241/06, Slg. 2007, I-8415, NZBau
2007, 798 – Lämmerzahl.

Da die Nichterfüllung der Rügeobliegenheit – bezogen auf den konkreten Vergaberechtsver- **49**
stoß – zur Unzulässigkeit des Rechtsschutzbegehrens vor der Vergabekammer führt, handelt es
sich nur um eine **verfahrensrechtliche Präklusion.** Nur der Primärrechtsschutz wird dem
Antragsteller abgelehnt. Soweit Vergabekammer und Vergabesenat einen Nachprüfungsantrag
gemäß Abs. 3 Satz 1 Nr. 1 als unzulässig zurückweisen, treffen sie über den geltend gemachten
Vergaberechtsverstoß keine Sachentscheidung; ihre Entscheidung entfaltet daher keinerlei Bindungswirkung gemäß § 124 Abs. 1 für den Sekundärrechtsschutz vor den ordentlichen Gerichten.[167] Die (verfahrensrechtliche) Präklusion erstreckt sich daher nicht auf Schadensersatzansprüche, die aus dem Vergaberechtsverstoß resultieren können.[168] Ob den Bewerber/Bieter wegen
der Nichterfüllung seiner Rügeobliegenheit ein Mitverschulden (§ 254 BGB) an der Entstehung
des Schadens trifft, muss das Zivilgericht autonom entscheiden.[169] Mit dieser verfahrensrechtlichen Präklusionswirkung ist Abs. 3 Satz 1 Nr. 1 richtlinienkonform, sofern die Rügefrist gemäß
dem unbestimmten Rechtsbegriff „unverzüglich" angemessen bestimmt wird (s. o. RdNr. 41,
aber auch RdNr. 41 a). Dass einzelstaatliche Rüge- und Ausschlussfristen, wenn sie angemessen
sind, mit dem **Gemeinschaftsrecht vereinbar** sind, hat der EuGH bereits entschieden.[170]

h) Beweislast. Den öffentlichen Auftraggeber trifft die Darlegungs- und (materielle) Beweis- **50**
last dafür, dass die Rügeobliegenheit iSd. Abs. 3 Satz 1 Nr. 1 überhaupt und ggf. wann sie entstanden ist. Daher obliegt es ihm, darzulegen und die Gegendarlegung des Antragstellers auszuräumen, dass dieser die für das Entstehen der Rügeobliegenheit maßgeblichen Kenntnisse doch
so frühzeitig erworben hat, dass seine später ausgesprochene Rüge nicht mehr als unverzüglich
gewertet werden kann.[171] Dieser Beweis wird dem öffentlichen Auftraggeber – wenn überhaupt
– idR nur mit Hilfe von Indizien gelingen. Der Antragsteller trägt die Darlegungs- und (materielle) Beweislast dafür, dass und wann er die (in ihrer Entstehung nachgewiesene) Rügeobliegenheit erfüllt hat.[172]

**2. Rügeobliegenheit gemäß Abs. 3 Satz 1 Nr. 2 und 3 auf Grund der Erkennbar- 51
keit von Vergaberechtsverstößen. a) Erkennbarkeit im Unterschied zur Kenntnis.**
Einer der Hauptunterschiede zwischen dem Rügetatbestand der Nr. 1 und den beiden
Rügetatbeständen der Nr. 2 und 3 des Abs. 3 Satz 1 besteht in Folgendem: Beim Tatbestand
der Nr. 1 lässt nur die positive Kenntnis (s. o. RdNr. 38, 39) des Bewerbers/Bieters vom Vergaberechtsverstoß die Rügeobliegenheit entstehen. Dagegen hängt die Erkennbarkeit des Vergaberechtsverstoßes iSd. Abs. 3 Satz 1 Nr. 2 und 3 zum maßgeblichen Zeitpunkt jedenfalls nicht
von der Feststellung der damals vorhandenen positiven Kenntnis des betreffenden Bewer-
bers/Bieters ab;[173] dabei kommt es nicht darauf an, welcher Maßstab für die Erkennbarkeit richtig ist (s. dazu unten RdNr. 54). Die niedrigere Schwelle (Erkennbarkeit statt Kenntnis vom
Vergaberechtsverstoß) hatte das VgRÄG 1998 für das Entstehen der Rügeobliegenheit schon in
Bezug auf Vergaberechtsverstöße in der Bekanntmachung vorgesehen (jetzt Nr. 2 des Abs. 3
Satz 1). Durch das Vergaberechtsmodernisierungsgesetz 2009 ist die niedrigere Schwelle für das
Entstehen der Rügeobliegenheit auch auf Vergaberechtsverstöße in den Vergabeunterlagen erstreckt
worden (Nr. 3 des Abs. 3 Satz 1). Die Vergabeunterlagen setzen sich insbesondere aus der Leistungsbeschreibung, den Vertragsbedingungen und der Aufforderung zur Angebotsabgabe zusammen und machen damit den Kern der vom öffentlichen Auftraggeber vorgesehenen Verga-
be- und Vertragsbestimmungen aus.

b) Vereinbarkeit mit der EG-Rechtsmittelrichtlinie? Nach hier vertretener Ansicht ste- **52**
hen die Nr. 2 und 3 – anders als die Nr. 1 (s. o. RdNr. 49) – des Abs. 3 Satz 1 mit der EG-
Rechtsmittelrichtlinie nicht in Einklang. Das ergibt sich aus Art. 1 Abs. 4 ÜWR und Art. 1 Abs. 4

---

[167] *Byok/Jaeger/Jaeger* § 124 RdNr. 1243.
[168] Ebenso: *Kulartz/Kus/Portz/Wiese* RdNr. 56; aA. *Kühnen* NZBau 2004, 427, 428; *Langen/Bunte/Schweda*
RdNr. 12.
[169] *Byok/Jaeger/Jaeger* § 124 RdNr. 1243.
[170] EuGH, C-470–99, Slg. 2002, I-11617 = NZBau 2003, 162 – Universale-Bau AG; EuGH, C-327/00,
Slg. 2003, I-1877, RdNr. 51, 52, 56, 57, 66 = NZBau 2003, 284, 286, 287 – Santex.
[171] OLG Düsseldorf VergabeR 2001, 419, 421; *Kühnen* NZBau 2004, 427, 429; *Maier* VergabeR 2004,
176, 179–180; *Schröder* VergabeR 2002, 229, 234; *Kulartz/Kus/Portz/Wiese* RdNr. 113.
[172] *Schröder* VergabeR 2002, 229, 234; *Byok/Jaeger/Byok* RdNr. 990.
[173] Vgl. OLG Stuttgart NZBau 2000, 301, 302–303; OLG Stuttgart NZBau 2001, 462, 463; *Kühnen*
NZBau 2004, 427, 431; *Immenga/Mestmäcker/Dreher* RdNr. 33; *Loewenheim/Meessen/Riesenkampff/Heuvels*
RdNr. 42; *Reidt/Stickler/Glahs* RdNr. 37.

SÜWR.[174] Nach diesen wortgleichen Richtlinienbestimmungen können die Mitgliedstaaten „verlangen, dass die Person, die ein Nachprüfungsverfahren anzustrengen beabsichtigt, den öffentlichen Auftraggeber über den behaupteten Verstoß und die beabsichtigte Nachprüfung unterrichtet". Damit stellt Art. 1 Abs. 4 ÜWR den Mitgliedstaaten eine Möglichkeit zur Verfügung, eine einschränkende Voraussetzung des Rechtsschutzes im einzelstaatlichen Vergaberecht vorzusehen. Derartige rechtsschutzbeschränkende Vorschriften sind eng (restriktiv) auszulegen.[175] Art. 1 Abs. 4 ÜWR gestattet den Mitgliedstaaten nur, bei der Umsetzung dieser Richtlinienvorschrift vom (potentiellen) Antragsteller zu verlangen, dass er den öffentlichen Auftraggeber von einem beabsichtigten Nachprüfungsantrag und dem diesem zugrunde liegenden „behaupteten Verstoß", also einem vom Antragsteller erkannten Verstoß, unterrichten muss. Die Unterrichtung soll ersichtlich dazu dienen, dem Auftraggeber Gelegenheit zu geben, das beabsichtigte Nachprüfungsverfahren noch abwenden zu können, indem der Auftraggeber der vorprozessualen Rüge abhilft. Unverständlich wäre es, von einem potentiellen Antragsteller (auch) zu verlangen, den Auftraggeber über einen Vergaberechtsverstoß zu „unterrichten", den der Antragsteller selbst in dem maßgeblichen Zeitpunkt noch gar nicht erkannt hat. Daher kann Art. 1 Abs. 4 ÜWR mit diesem Inhalt nicht ausgelegt werden, insbesondere nicht mit dem Ergebnis, dass der künftige Antragsteller mit der Geltendmachung eines Vergaberechtsverstoßes, den er am Ende der im einzelstaatlichen Recht festgelegten Rügefrist (hier: Ablauf der Bewerbungs- oder Angebotsfrist) noch gar nicht erkannt hatte und über den er deshalb auch nicht unterrichten konnte, endgültig ausgeschlossen ist. Demzufolge sind die Nr. 2 und 3 des Abs. 3 Satz 1 als die Nachprüfungsrechte übermäßig erschwerende und verkürzende Vorschriften **mit Art. 1 Abs. 4 ÜWR nicht zu vereinbaren.**

53   Dieses Ergebnis steht nicht im Widerspruch zum Urteil „Lämmerzahl" des EuGH.[176] Im Ausgangsfall kam zwar nach Ansicht des vorlegenden OLG Bremen[177] eine Präklusion der entscheidungserheblichen Rüge gemäß Abs. 3 Satz 2 aF. (jetzt Abs. 3 Satz 1 Nr. 2) in Betracht. Der EuGH hat aber keine Entscheidung über die Vereinbarkeit der Vorschrift mit dem Gemeinschaftsrecht getroffen, sondern diese Frage offen gelassen.[178] Daher bleiben die in RdNr. 52 dargelegten erheblichen Zweifel an der Vereinbarkeit des Abs. 3 Satz 1 Nr. 2 und 3 mit der ÜWR, insbesondere mit Art. 1 Abs. 4 ÜWR bestehen. Legt man die hier vertretene Ansicht zugrunde, dass sich die beiden Vorschriften mit Art. 1 Abs. 4 ÜWR nicht vereinbaren lassen, müssen die Nachprüfungsinstanzen (aber auch die öffentlichen Auftraggeber selbst) sie unangewendet lassen[179] und dürfen nur noch Abs. 3 Satz 1 Nr. 1 (abgesehen von Nr. 4, s. unten RdNr. 56) anwenden.

54   **c) Feststellung der „Erkennbarkeit".** Wenn Abs. 3 Satz 1 Nr. 2 und 3 entgegen der hier vertretenen Ansicht als gemeinschaftsrechtskonform erachtet werden sollte, ist für die Anwendung der beiden Normen ein Auslegungsproblem zum Kriterium der Erkennbarkeit des Vergaberechtsverstoßes zu lösen: Es ist zu klären, ob ein auf den individuellen Bewerber/Bieter bezogener subjektiver Maßstab[180] oder ein auf einen „Normal"-Bieter (oder -Bewerber) bezogener objektivierender Maßstab[181] für die Feststellung der Erkennbarkeit anzuwenden ist. Die Notwendigkeit eines aus den individuellen Verhältnissen des Bieters gebildeten (subjektiven) Maßstabs wird insbesondere aus dem der Rügeobliegenheit zugrunde liegenden Grundsatz von Treu und Glauben[182] sowie daraus abgeleitet, dass die Zumutbarkeit der Erfüllung stets individuell

---

[174] Nachfolgend wird der Einfachheit halber nur noch Art. 1 Abs. 4 ÜWR zitiert; die Ausführungen gelten auch für Art. 1 Abs. 4 SÜWR.

[175] *Immenga/Mestmäcker/Dreher* RdNr. 30 aE. und RdNr. 31.

[176] EuGH, C-241/06, Slg. 2007, I-8415 = NZBau 2007, 798 – Lämmerzahl.

[177] OLG Bremen VergabeR 2006, 502.

[178] EuGH, C-241/06, Slg. 2007, I-8415, RdNr. 56 = NZBau 2007, 798, 801 – Lämmerzahl: Der Konditionalsatz in RdNr. 56 („Selbst wenn …") stellt keine gemeinschaftsrechtliche Billigung des (jetzt) Abs. 3 Satz 1 Nr. 2 dar, sondern ein Offenlassen; vgl. *Jaeger* NZBau 2009, 558, 560; aA. wohl OLG München NZBau 2008, 542, 543, und *Otting* VergabeR 2008, 68.

[179] Vgl. EuGH, C-241/06, Slg. 2007, I-8415, RdNr. 63 mwN. = NZBau 2007, 798, 801 – Lämmerzahl.

[180] OLG Düsseldorf VergabeR 2007, 200, 203; OLG Stuttgart NZBau 2000, 301, 303; *Bechtold/Otting* RdNr. 10; *Byok/Jaeger/Byok* RdNr. 986; *Immenga/Mestmäcker/Dreher* RdNr. 57.

[181] BayObLG, Beschl. v. 23. 11. 2000, Verg 12/00; OLG Naumburg VergabeR 2010, 219, 224; OLG Stuttgart NZBau 2001, 462, 463; *Maier* VergabeR 2004, 176, 177; *Kühnen* NZBau 2004, 427, 431; *Reidt/Stickler/Glahs* RdNr. 37; *Loewenheim/Meessen/Riesenkampff/Heuvels* RdNr. 42; *Langen/Bunte/Schweda* RdNr. 11, 16; wohl auch BGH NZBau 2006, 800, 803 RdNr. 34: „Beachtung der gebotenen Sorgfalt".

[182] Treu und Glauben wurde jedoch nur für die Präklusionsregel der Nr. 1, nicht der Nr. 2 des Abs. 3 Satz 1 als ratio legis genannt; vgl. o. RdNr. 4.

nach den Verhältnissen des in der Obliegenheit stehenden Beteiligten zu beurteilen sei.[183] Das überzeugt nicht: Im Wirtschaftsleben ist den professionellen Teilnehmern (wie hier) auch die Erfüllung eines durchschnittlichen Standards zumutbar. Aus einer vergleichenden Betrachtung einerseits der Nr. 1 und andererseits der Nr. 2 und 3 des Abs. 3 Satz 1 ergibt sich, dass die **besseren Gründe** für einen **objektiven Maßstab** zur Feststellung der Erkennbarkeit eines Vergaberechtsverstoßes sprechen: Bezugs-"Punkt" der Kenntnis ist in Nr. 1 der individuelle Antragsteller, wie sich bei einer inneren Tatsache wie der Kenntniserlangung von selbst versteht. Dagegen sind die Bezugspunkte der Erkennbarkeit in der Normierung durch die Nr. 2 und 3 des Abs. 3 Satz 1 – nach der Funktion dieser Normen durchaus verständlich – keine Personen, sondern in jedem Einzelfall objektiv feststehende Dokumente (Bekanntmachung, Vergabeunterlagen). Hinzu kommt, dass auch der Mischung aus Kooperationspflicht und Zumutbarkeit, die man aus den Zweckerwägungen des Bundesrats zur Begründung des von ihm vorgeschlagenen (jetzt) Abs. 3 Satz 1 Nr. 2 GWB (s. o. RdNr. 4) herausfiltern kann, ein objektiver Maßstab besser gerecht wird. Bei Anwendung eines solchen Maßstabs, der sich demzufolge an einem sorgfältig handelnden und prüfenden, mit den wichtigsten Regeln der öffentlichen Auftragsvergabe laienhaft (nicht wie ein Rechtsexperte) vertrauten Durchschnittsbieter orientiert, muss aber beachtet werden, dass die Sorgfaltsanforderungen nicht überspannt werden, sondern für einen durchschnittlich sorgfältigen Bieter – auch „im Drang der Geschäfte" – erfüllbar bleiben. Das bedeutet zB, dass bei sehr umfangreichen Vergabeunterlagen, wie sie nicht selten vorkommen, nicht ohne weiteres erwartet werden kann, dass alle etwaigen Vergaberechtsverstöße für den durchschnittlich sorgfältigen Bieter in der begrenzten Zeit erkennbar sind. Die Feststellung der Erkenntnismöglichkeiten durch einen Durchschnittsbieter hängt von einer Einzelfallwürdigung ab. Vor allem muss darauf geachtet werden, dass nur solche Sorgfaltsanforderungen gestellt werden, die der Durchschnittsbieter selbst erfüllen kann, ohne Anwendung juristischen Sachverstands, der bei ihm nicht vorausgesetzt werden darf. Abs. 3 Satz 1 Nr. 2 und 3 begründet nicht die Obliegenheit, externen Rechtsrat zur Förderung der Erkenntnismöglichkeiten einzuschalten.[184] Wer höhere Anforderungen stellt, läuft Gefahr, die Ausübung der Nachprüfungsrechte der von Vergaberechtsfehlern betroffenen Bieter in einer gegen Art. 1 ÜWR verstoßenden Weise übermäßig zu erschweren.[185]

d) Weitere Einzelfragen. Zur Erklärung der Rüge (falls es bei bloßer Erkennbarkeit des   **55** Vergaberechtsverstoßes überhaupt zu einer Rügeerklärung kommt) und zur Präklusionswirkung ergeben sich keine Unterschiede gegenüber der Rechtslage zu Abs. 3 Satz 1 Nr. 1 (s. o. RdNr. 42, 46, 48, 49). Ungeklärt ist, wer die materielle **Beweislast** bei der Beurteilung der Erkennbarkeit trägt, soweit diese Beurteilung von Tatsachenfeststellungen (und nicht nur von Wertungen feststehender Tatsachen) abhängt. Da es sich um ein Tatbestandsmerkmal handelt, aus dem der Auftraggeber eine günstige Rechtsfolge für sich ableitet, ist ihm die Beweislast zuzuordnen.[186]

3. Antragsfrist gemäß Abs. 3 Satz 1 Nr. 4. Mit dieser Vorschrift ist in das deutsche Ver-   **56** gaberecht erstmals eine Frist für den erstinstanzlichen Rechtsschutzantrag eingeführt worden. Durch diese Frist soll frühzeitig Klarheit über die Rechtmäßigkeit des Vergabeverfahrens geschaffen werden (s. o. RdNr. 6). Da die Frist von 15 Kalendertagen, die erst ab dem Zugang der Mitteilung des öffentlichen Auftraggebers über die Nichtabhilfe der Rüge zu laufen beginnt, als angemessen zu werten ist, bestehen gemeinschaftsrechtlich gegen die Antragsfrist keine Bedenken.[187]

Es muss jedoch auf ein Anwendungsproblem der Vorschrift hingewiesen werden, das man im   **57** Gesetzgebungsverfahren möglicherweise gar nicht erkannt hat. Da nach der Konzeption des Abs. 3 den Nachprüfungsverfahren in aller Regel eine Rüge (oder mehrere Rügen) vorausgehen muss und ein Nachprüfungsantrag vernünftigerweise nur gestellt wird, wenn der Rüge nicht abgeholfen wird, handelt es sich bei der Frist zwischen der Nichtabhilfe und der Einreichung des Nachprüfungsantrags, eines Rechtsbehelfs, um eine **echte Rechtsbehelfsfrist.** Für Rechtsbehelfsfristen schreibt Anhang VII Teil A (unter „Bekanntmachung" Nr. 24) zur Verga-

---

[183] OLG Düsseldorf VergabeR 2007, 200, 203.
[184] So trotz des subjektiven Maßstabs zutreffend: OLG Düsseldorf VergabeR 2007, 2000, 204.
[185] Vgl. EuGH, C-241/06, Slg. 2007, I-8415, RdNr. 52 = NZBau 2007, 798, 800.
[186] Ebenso: *Kulartz/Kus/Portz/Wiese* RdNr. 113; aA. (Beweislast des Antragstellers für Nichterkennbarkeit): *Maier* VergabeR 2004, 176, 177.
[187] EuGH, C-470/99, Slg. 2002, I-11 617, RdNr. 77–79 = NZBau 2003, 162, 166 – Universale-Bau AG. Vgl. auch Art. 2c und Art. 2f Abs. 2 ÜWR.

bekoordinierungsrichtlinie 2004/18 (VKR) vor, dass außer Name und Anschrift des für Rechts-
behelfsverfahren zuständigen Organs noch folgende Angaben in den Bekanntmachungen für öffentliche Aufträge enthalten sein müssen: „Genaue Hinweise in Bezug auf die Fristen für die Einlegung von Rechtsbehelfen bzw. gegebenenfalls Name, Anschrift, Telefonnummer, Faxnummer
und E-Mail-Adresse des Dienstes, bei dem diese Auskünfte eingeholt werden können." Die Vorschriften der Anhänge haben Rechtsnormqualität wie die Richtlinienbestimmungen selbst; das
ergibt sich u. a. aus dem einen Bestandteil der Richtlinie bildenden Inhaltsverzeichnis, in dem die
Anhänge aufgeführt sind. Das bedeutet: Solange die zitierte Vorschrift des Anhangs VII nicht in
deutsches Recht umgesetzt worden ist, ist sie hier unmittelbar anzuwenden. Es müssen daher in
jede europaweite Vergabebekanntmachung genaue Hinweise in Bezug auf Abs. 3 Satz 1 Nr. 4
oder auf den Dienst, der entsprechende Auskünfte erteilen kann, aufgenommen werden. Geschieht dies nicht, gilt die Ausschlussfrist nicht, weil das die einzige geeignete Sanktion ist, um
jener Vorschrift aus dem Anhang VII der VKR Rechnung zu tragen.[188]

58   **4. Ausnahme von der Rügeobliegenheit bei De-facto-Vergaben.** Von den durch das
Vergaberechtsmodernisierungsgesetz 2009 eingeführten Neuerungen zur Rügeobliegenheit ist
Abs. 3 Satz 2 (nF.) die einzige unproblematische Vorschrift. Der Gesetzgeber hält es nicht für
sachgerecht, den Unternehmen, die eine Nachprüfung einer sog. De-facto-Vergabe gemäß
§ 101b Abs. 1 Nr. 2 beantragen, eine vorher zu erfüllende Rügeobliegenheit aufzuerlegen (s. o.
RdNr. 7). Damit bestätigt der Gesetzgeber die Rechtsprechung, die sich schon bisher zu dieser
Frage ganz überwiegend herausgebildet hatte.[189] Zu der weiteren Vorschrift des Abs. 3 Satz 3
versteht es sich von selbst, dass der Auftraggeber der ihm in § 101a Abs. 1 Satz 2 auferlegten
Informationspflicht unabhängig von einer etwaigen Rügeobliegenheit der dort bezeichneten
Bewerber und deren etwaigen Erfüllung nachkommen muss.

§ 108 Form

(1) ¹Der Antrag ist **schriftlich** bei der Vergabekammer einzureichen und **unverzüglich zu begründen.** ²Er soll ein **bestimmtes Begehren** enthalten. ³Ein Antragsteller ohne Wohnsitz oder gewöhnlichen Aufenthalt, Sitz oder Geschäftsleitung im
Geltungsbereich dieses Gesetzes hat einen **Empfangsbevollmächtigten** im Geltungsbereich dieses Gesetzes zu benennen.

(2) Die Begründung muss die Bezeichnung des Antragsgegners, eine Beschreibung
der behaupteten Rechtsverletzung mit Sachverhaltsdarstellung und die Bezeichnung
der verfügbaren Beweismittel enthalten sowie darlegen, dass die Rüge gegenüber
dem Auftraggeber erfolgt ist; sie soll, soweit bekannt, die sonstigen Beteiligten benennen.

I. Normzweck

1   Als Konsequenz des Antragserfordernisses für das Nachprüfungsverfahren[1] schreibt § 108 die
formalen und inhaltlichen Anforderungen vor, die der Nachprüfungsantrag zT erfüllen
muss, zT (nämlich Benennung eines bestimmten Begehrens und der sonstigen Beteiligten) nur
erfüllen soll. Indem § 108 auch den **Mindestinhalt der Begründung** des Nachprüfungsantrags
festlegt, geht der Regelungsgehalt der Norm über den durch die Überschrift („Form") bezeichneten Bereich hinaus. Mit einigen der vorgeschriebenen Anforderungen (Mindestinhalt der
Begründung, Benennung eines im Inland ansässigen Empfangsbevollmächtigten für den ausländischen Antragsteller sowie der sonstigen Beteiligten) verfolgt der Gesetzgeber auch den Zweck,
das **Nachprüfungsverfahren zu beschleunigen.**[2]

II. Form und Inhalt der Nachprüfungsantragsschrift (Abs. 1)

2   **1. Schriftform.** Der Nachprüfungsantrag ist „schriftlich", also als unterschriebener Schriftsatz, bei der Vergabekammer einzureichen. Notwendig ist die **eigenhändige Unterschrift** des

---

[188] Zum Vorstehenden so schon *Jaeger* NZBau 2009, 558, 562; zust. OLG Celle NZBau 2010, 333, 334 f.
mwN.
[189] OLG Düsseldorf NZBau 2008, 271, 277 mwN.; aA OLG Naumburg VergabeR 2006, 406, 409.
[1] Vgl. § 107 RdNr. 8.
[2] RegBegr. zum VgRÄG 1998, BT-Drucks. 13/9340, S. 18.

Antragstellers oder seines bevollmächtigten Vertreters. Ohne diese Unterschrift ist der Nachprüfungsantrag **unzulässig;** auf Grund eines nicht unterschriebenen Antrags darf die Vergabekammer das Verfahren nicht weiter durchführen,[3] insbesondere nicht eine Kopie des Antrags dem öffentlichen Auftraggeber übermitteln (§ 110 Abs. 2 Satz 3) und diesen nicht iSd. § 115 Abs. 1 in Textform über den Nachprüfungsantrag informieren. Die Unterschrift kann jedoch uU **nachgeholt** werden. Bisher wurde angenommen, dass die Unterschrift sogar bis zur Entscheidung der Vergabekammer nachgeholt werden könne (sofern diese das Verfahren trotz des Unterschriftsmangels durchgeführt hat).[4] Diese Ansicht kann infolge der durch das Vergaberechtsmodernisierungsgesetz vom 20. 4. 2009[5] eingeführten Antragsfrist (§ 107 Abs. 3 Nr. 4) so nicht aufrecht erhalten werden. Sofern die Ausschlussfrist gemäß dieser Vorschrift im konkreten Fall gilt,[6] kann die Unterschrift nur bis zum Ablauf der Frist wirksam nachgeholt werden. Denn der Nachholungsakt wirkt nicht auf den Zeitpunkt der Einreichung des Antrags zurück, vielmehr nur für die Zukunft.[7] Die Unterzeichnung eines besonderen Begleitschreibens, mit dem zusammen der – nicht eigens unterschriebene – Nachprüfungsantrag eingereicht wird, genügt, sofern die Urheberschaft des Begleitschreibens und des Nachprüfungsantrags identisch und in dieser Identität zweifelsfrei ist.[8] Die – in der Praxis sehr häufige – Übersendung der unterschriebenen Antragsschrift per **Telefax** wahrt die Schriftform.[9] Soweit das Verfahren vor der Vergabekammer, einer Verwaltungsbehörde (vgl. § 114 Abs. 3 Satz 1), in den §§ 107 ff. nicht erschöpfend geregelt ist, sind ergänzend in erster Linie die Verwaltungsverfahrensgesetze (nicht die gerichtlichen Prozessordnungen) anzuwenden.[10] Daher kommt, sobald die Voraussetzungen des § 3 a VwVfG – Einrichtung und Eröffnung eines Zugangs für elektronische Dokumente seitens der Vergabekammer – geschaffen sind, auch die Einreichung eines Nachprüfungsantrags per **E-Mail** in Betracht, jedoch nur dann, wenn die E-Mail zwecks Wahrung der Schriftform mit einer qualifizierten Signatur nach § 2 Nr. 3 Signaturgesetz versehen wird (§ 3 a Abs. 2 Satz 2 VwVfG).[11]

Aus der Vorschrift des Abs. 1 Satz 1, wonach die in Schriftform angefertigte Nachprüfungsantragsschrift bei der Vergabekammer einzureichen ist, ergibt sich, dass eine **Erklärung** der Antragsschrift **zur Niederschrift bei der Geschäftsstelle** der Vergabekammer **ausgeschlossen** ist.[12] Die Antragsschrift ist gemäß § 23 VwVfG[13] in **deutscher Sprache** abzufassen.[14] Eine in ausländischer Sprache eingereichte Antragsschrift führt zwar nicht zur Unzulässigkeit des Nachprüfungsantrags, kann und darf aber dem Antragsgegner nicht übermittelt und/oder durch „Information" bekannt gegeben werden, so dass der Suspensiveffekt des § 115 Abs. 1 vorerst nicht eintritt. Die Vergabekammer hat die Amtspflicht, vom Antragsteller umgehend eine Übersetzung der Antragsschrift in deutsch zu verlangen oder auch selbst – auf Kosten des Antragstellers – eine Übersetzung zu beschaffen (§ 23 Abs. 2 VwVfG).[15] Im Verfahren vor der Vergabekammer herrscht **kein Anwaltszwang** (Rückschluss aus den §§ 117 Abs. 3 Satz 1, 120 Abs. 1 Satz 1, die nur für das Beschwerdeverfahren Anwaltszwang vorschreiben).   **3**

2. Zuständige Vergabekammer. Der Nachprüfungsantrag ist grds. bei derjenigen Vergabekammer einzureichen, die als zuständige Vergabekammer gemäß § 106 a berufen ist. Wird der Nachprüfungsantrag bei einer unzuständigen Vergabekammer eingereicht, schützt – mangels einer geeigneten Verweisungsnorm im GWB und im VwVfG – die auf die Beschleunigungsmaxime gestützte entsprechende Anwendung der §§ 83 Satz 1 VwGO, 17a Abs. 2 Satz 3 GVG   **4**

---

[3] Vgl. OLG Dresden VergabeR 2002, 142, 143–144.

[4] OLG Dresden VergabeR 2002, 142, 144; *Kulartz/Kus/Portz/Möllenkamp* RdNr. 5; *Reidt/Stickler/Glahs* RdNr. 5 a.

[5] BGBl. I S. 790.

[6] Vgl. dazu § 107 RdNr. 56–57.

[7] Zutr. OLG Dresden VergabeR 2002, 142, 144.

[8] *Reidt/Stickler/Glahs* RdNr. 5 a mwN.

[9] *Byok/Jaeger/Byok* RdNr. 997; *Immenga/Mestmäcker/Dreher* RdNr. 3 (wie bei § 66 Satz 1, auf Grund der gebotenen einheitlichen Auslegung des GWB); *Langen/Bunte/Schweda* § 108 RdNr. 2 mwN.

[10] Vgl. OLG Düsseldorf NZBau 2000, 45, 47–48; BayObLG NZBau 2000, 49, 50; Thüringer OLG NZBau 2000, 349, 350.

[11] Vgl. *Loewenheim/Meessen/Riesenkampff/Heuvels* RdNr. 3; *Immenga/Mestmäcker/Dreher* RdNr. 3.

[12] Im Erg. ebenso: *Byok/Jaeger/Byok* RdNr. 997; *Kulartz/Kus/Portz/Möllenkamp* § 108 RdNr. 2; *Loewenheim/Meessen/Riesenkampff/Heuvels* RdNr. 2.

[13] Zur ergänzenden Anwendbarkeit des VwVfG s. o. RdNr. 2 bei Fn. 10.

[14] Hinsichtlich der Rechtsgrundlage aA. (analoge Anwendung des § 184 GVG): *Kulartz/Kus/Portz/Möllenkamp* RdNr. 3; *Loewenheim/Meessen/Riesenkampff/Heuvels* RdNr. 4.

[15] *BeckVOB-Komm/Marx* §§ 107, 108 RdNr. 9; *Reidt/Stickler/Glahs* RdNr. 5.

den Antragsteller vor einer Verwerfung seines Antrags als unzulässig; der Antrag ist vielmehr an die zuständige Vergabekammer zu verweisen.[16]

5 **3. Bestimmtes Begehren.** Gemäß Abs. 1 Satz 2 „soll" die Antragsschrift ein bestimmtes Begehren enthalten. Danach ist die Formulierung eines bestimmten *Antrags* oder gar eines tenorierungsfähigen Antrags nicht erforderlich. Überdies normiert Abs. 1 Satz 2 – als Sollvorschrift – kein für die Zulässigkeit des Nachprüfungsantrags zwingendes Erfordernis. Die Antragsschrift muss nur hinreichend klar erkennen lassen, worin das Verfahrensziel des Antragstellers besteht,[17] zumal die Vergabekammer ohnehin an die (etwaigen) formulierten Anträge nicht gebunden ist (§ 114 Abs. 1 Satz 2). Es reicht aus, wenn sich das Rechtsschutzziel für die Vergabekammer und den Antragsgegner hinreichend deutlich erkennbar aus dem Gesamtvortrag des Antragstellers in der Antragsbegründung ergibt.[18] Vorbehaltlich abweichender Erklärungen des Antragstellers muss die Vergabekammer bei der Auslegung seines Vorbringens allgemein davon ausgehen, dass der Antragsteller die Beseitigung der von ihm behaupteten Rechtsverletzung, die er ohnehin in der Antragsbegründung darstellen muss (Abs. 2 Halbsatz 1), und damit die (Wieder-)Herstellung seiner Zuschlagschancen erreichen will (vgl. auch § 114 Abs. 1 Satz 1). Das bedeutet, dass das „bestimmte Begehren" auch noch nachträglich in der Antragsbegründung, wenn diese – in der Praxis nur ausnahmsweise – nicht zusammen mit der Antragsschrift eingereicht werden sollte, zum Ausdruck gebracht werden kann. Eine noch nicht mit der Begründung versehene Antragsschrift muss allerdings, wenn mit ihrer Einreichung die – nach dem Gesetzeswortlaut auf den bloßen Nachprüfungsantrag bezogene[19] – **Antragsfrist gemäß § 107 Abs. 3 Satz 1 Nr. 4** gewahrt werden soll, selbst schon so deutliche Angaben zum öffentlichen Auftraggeber, zum betroffenen Vergabeverfahren und zur erfolglosen, vom Auftraggeber zurückgewiesenen Rüge enthalten, dass der Bezug zur (noch) laufenden Antragsfrist klar erkennbar ist. Denn bei Ablauf der Antragsfrist muss nach dem Normzweck des § 107 Abs. 3 Satz 1 Nr. 4[20] vor allem im Interesse des öffentlichen Auftraggebers Klarheit herrschen, ob die betreffende Rüge des Antragstellers endgültig präkludiert ist oder von ihm weiter geltend gemacht wird.

6 **4. Benennung eines Empfangsbevollmächtigten.** Schon in der Antragsschrift hat der Antragsteller, sofern er im Inland weder einen Wohnsitz noch seinen gewöhnlichen Aufenthalt noch den Sitz seines Unternehmens und auch keine ansässige Geschäftsleitung hat, einen im Inland ansässigen Empfangsbevollmächtigten zu benennen. Erfüllt der Antragsteller dieses Erfordernis nicht, ist der Nachprüfungsantrag unzulässig[21] und muss – zumindest nach fruchtlosem Hinweis der Vergabekammer auf diesen Mangel (vgl. die hier entsprechend geltenden Ausführungen unten RdNr. 15) – verworfen werden.

III. Die Antragsbegründung (Abs. 1 Satz 1 und Abs. 2)

7 **1. Unverzügliche Einreichung.** Dem Abs. 1 Satz 1 ist zu entnehmen, dass die das Nachprüfungsverfahren einleitende Antragsschrift zunächst ohne Begründung eingereicht werden darf, die dann aber „unverzüglich" nachgeholt werden muss. Von dieser Möglichkeit ist bisher – soweit ersichtlich – kaum je Gebrauch gemacht worden. Die Antragsbegründung später einreichen zu dürfen, ist auch eine fragwürdige „Wohltat" des Gesetzgebers. Nur vom Verfahrensablauf her ist es zulässig die Begründung nicht sofort mit der Antragsschrift einzureichen, so dass der Nachprüfungsantrag nicht sofort als unzulässig verworfen werden darf. **Bis zur Einreichung der** gemäß Abs. 1 Satz 1 und Abs. 2 Halbsatz 1 **zwingend notwendigen Begründung** bleibt es jedoch dabei, dass der **Nachprüfungsantrag** als Rechtsbehelf **unzulässig** ist.[22] Da dies auch offensichtlich ist, darf die Vergabekammer den ohne Begründung eingereichten Nachprüfungsantrag gemäß § 110 Abs. 2 Satz 3 dem Auftraggeber (noch) nicht in Kopie übermitteln und ist auch daran gehindert, den Suspensiveffekt gemäß § 115 Abs. 1 herbeizuführen.[23] Diese Konsequenzen sind für den Antragsteller vor allem deshalb abträglich, weil der öffentliche Auftraggeber in der Zwischenzeit bis zur Übermittlung der Antragsschrift zusammen mit der nachgereichten Begründung

---

[16] Thüringer OLG VergabeR 2008, 269, 270; OLG Bremen, Beschl. v. 17. 8. 2000, Verg 2/2000.
[17] OLG Düsseldorf VergabeR 2001, 419, 420; OLG Düsseldorf, Beschl. v. 30. 5. 2001, Verg 23/00.
[18] Ebenso: *Immenga/Mestmäcker/Dreher* RdNr. 7.
[19] Vgl. nachfolgend RdNr. 7.
[20] S. § 107 RdNr. 6 und 56.
[21] Vgl. RegBegr. zum VgRÄG 1998, BT-Drucks. 13/9340, S. 18; *Immenga/Mestmäcker/Dreher* RdNr. 20; *Loewenheim/Meessen/Riesenkampff/Heuvels* RdNr. 6.
[22] *Byok/Jaeger/Byok* RdNr. 1002; *Kulartz/Kus/Portz/Möllenkamp* RdNr. 11.
[23] *Kulartz/Kus/Portz/Möllenkamp* RdNr. 11.

(in Kopie, §§ 110 Abs. 2 Satz 3, 115 Abs. 1) rechtlich nicht gehindert ist, den Zuschlag zu erteilen, wenn hierfür alle anderen Voraussetzungen erfüllt sind. Möglicherweise werden die Antragsteller künftig etwas häufiger davon Gebrauch machen, die Antragsschrift zunächst ohne Begründung einreichen zu dürfen, wenn sie nämlich mit Blick auf die Antragsfrist des § 107 Abs. 3 Satz 1 Nr. 4 in Zeitnot geraten sind. Da § 107 Abs. 3 Satz 1 Nr. 4 im Wortlaut nur auf den „Antrag" abstellt, der nach Ablauf der Antragsfrist unzulässig ist, und § 108 Abs. 1 Satz 1 im Wortlaut scharf zwischen „Antrag" und „Begründung" (genau: „zu begründen") trennt, sind die vorstehend genannten Vorschriften dahin auszulegen, dass schon die Einreichung der bloßen Antragsschrift zur Fristwahrung ausreicht, zumal da die Möglichkeit, die Begründung nachzureichen, zeitlich eng begrenzt ist.[24] Sofern die Zuschlagsreife eingetreten ist oder dicht bevorsteht, ist die zeitlich getrennte Einreichung der Antragsschrift und ihrer Begründung jedoch riskant für den Antragsteller, weil der öffentliche Auftraggeber, dem zwar die bloße Antragsschrift (noch) nicht übermittelt wird (s. o.), dennoch nicht gehindert ist, sich mit Blick auf die inzwischen abgelaufene Antragsfrist bei der Vergabekammer zu erkundigen, ob ein Nachprüfungsantrag eingegangen ist. Auf Grund der von der Vergabekammer zu erteilenden Antwort kann der Auftraggeber dementsprechend sein Verhalten einrichten und dem drohenden Suspensiveffekt evtl. zuvorkommen.

Wie bei der Unverzüglichkeit der gemäß § 107 Abs. 3 Satz 1 Nr. 1 zu erklärenden Rüge,[25] **8** muss auch hier für die Auslegung des Begriffs **„unverzüglich"** auf die Definition in § 121 Abs. 1 Satz 1 BGB zurückgegriffen werden. Der Antragsteller muss also die Antragsbegründung ohne schuldhaftes Zögern oder – maW – so bald nachreichen, als es ihm nach den Umständen möglich und zumutbar ist. Für diese Wertung sind einerseits die Besonderheiten des Einzelfalls (durchschnittlicher Umfang oder komplexe schwierige Fallgestaltung?) und der Umstand, wie kurz oder wie lange der Antragsteller bei Antragseinreichung schon wusste, dass er zur Wahrnehmung seiner Interessen den Rechtsweg beschreiten muss, andererseits der sehr enge Zeitrahmen des Verfahrens vor der Vergabekammer, die ihre Entscheidung grds. binnen fünf Wochen ab Eingang des Nachprüfungsantrags (und nicht erst ab Eingang der ggf. nachfolgenden Begründung) treffen und begründen muss (§ 113 Abs. 1 Satz 1), gegeneinander abzuwägen. Die Beschleunigungsmaxime führt dazu, dass die Frist hier eher kürzer zu bemessen ist als diejenige gemäß § 107 Abs. 3 Satz 1 Nr. 1; eine Frist von vier Tagen erscheint grds. angemessen.[26] Mit Blick auf die Unbestimmtheit des Begriffs „unverzüglich" ist es ein Gebot fairen Verfahrens, dass die Vergabekammer dem Antragsteller sogleich nach Antragseingang mitteilt, ab welchem Datum er mit einer Verwerfung des Antrags rechnen muss, falls er die Antragsbegründung bis dahin nicht eingereicht hat.

2. Schriftform. Es versteht sich eigentlich von selbst, dass auch die Antragsbegründung wie **9** die evtl. vorab eingereichte Antragsschrift schriftlich abgefasst werden muss. Das Wort „schriftlich" in Abs. 1 Satz 1 ist nicht nur auf den einzureichenden „Antrag", sondern bei einer Auslegung nach dem Wortlaut der Norm und nach Sinn und Zweck der Antragsbegründung auch auf diese („… schriftlich … zu begründen") zu beziehen. Es gelten daher auch hier alle Ausführungen (o. RdNr. 2 u. 3) zur Schriftform der Antragsschrift einschließlich des Unterschriftserfordernisses.

3. Anforderungen an den Inhalt der Antragsbegründung. Seltsamerweise verlangt **10** Abs. 2 nicht schon für die Antragsschrift, sondern erst für die Antragsbegründung die **Bezeichnung des Antragsgegners.** Richtig ist es, hier den öffentlichen Auftraggeber (§ 98) des beanstandeten Vergabeverfahrens zu benennen (vgl. auch § 107 Abs. 3 Satz 1), also diejenige Gebietskörperschaft, juristische Person des öffentlichen oder privaten Rechts usw., mit der nach der Bekanntmachung oder den Vergabeunterlagen der zu vergebende Vertrag geschlossen werden soll. Die Zuordnung einer als Vergabestelle auftretenden Behörde oder Abteilung einer Behörde zu einem öffentlichen Auftraggeber kann für den Außenstehenden, insbesondere für einen ausländischen Antragsteller bisweilen schwierig sein. Da die Angabe der Vergabestelle die Individualisierbarkeit des betreffenden öffentlichen Auftraggebers ermöglicht, genügt die Bezeichnung der Vergabestelle.[27] Wenn der öffentliche Auftraggeber dagegen einen (rechtlich selbständigen) Dritten (zB einen Architekten, Ingenieur oder Projektsteuerer) ganz oder teilweise mit der Durchführung des Vergabeverfahrens beauftragt,[28] ist nicht der Dritte, sondern nur

---

[24] Vgl. nachfolgend RdNr. 8, aber auch oben RdNr. 5.

[25] Vgl. § 107 RdNr. 40.

[26] Vgl. *Immenga/Mestmäcker/Dreher* RdNr. 12 mwN zu den unterschiedlichen Fristvorstellungen im Schrifttum.

[27] *Byok/Jaeger/Byok* RdNr. 1003.

[28] Zur vergaberechtlichen Zulässigkeit einer solchen Delegation wird hier nicht Stellung genommen; vgl. hierzu zB. OLG Düsseldorf NZBau 2001, 155, 159–161.

der öffentliche Auftraggeber selbst, gegen den allein sich das Nachprüfungsverfahren richten kann,[29] als Antragsgegner zu bezeichnen. Der im Schrifttum vereinzelt vertretenen Ansicht, es sei auch möglich, den Nachprüfungsantrag gegen einen Konkurrenten (Bewerber, Bieter) des Antragstellers als Antragsgegner zu richten,[30] kann im Hinblick auf § 107 Abs. 2 Satz 1 iVm. § 97 Abs. 7, auf § 107 Abs. 3 Satz 1 und auf § 109 nicht zugestimmt werden.

11   Der bedeutsamste – zwingend notwendige – Teil der Antragsbegründung ist die **Beschreibung der behaupteten Rechtsverletzung mit Sachverhaltsdarstellung.** Aus dem Ausdruck „Beschreibung" ist zu folgern, dass das Gesetz keine genaue oder gar rechtskundige Darlegung einer oder mehrerer konkret verletzter Vergaberechtsvorschriften verlangt. Es reicht aus, dass der Antragsteller in laienhafter Darstellung „schlüssig behauptet",[31] dass und welche vergaberechtlichen Vorschriften (die nicht exakt nach Regelwerk und Paragraph benannt werden müssen) im Verlauf des Vergabeverfahrens missachtet worden sein sollen.[32] Den dieser „Behauptung" zugrunde liegenden Sachverhalt hat der Antragsteller in einer Weise – also mit so vielen Fakten, in einem solchen Umfang und so verständlich – darzustellen, dass die Vergabekammer erkennen kann, durch welche Handlungen oder Unterlassungen der öffentliche Auftraggeber die vom Antragsteller geltend gemachten Rechtsverletzungen begangen hat, und ob dem Antragsteller hierdurch ein Schaden iSd. § 107 Abs. 2 Satz 2 entstanden ist oder zu entstehen droht.[33] Das bedeutet, dass der Antragsteller nicht nur alle zum Verständnis seines Vorwurfs einer Rechtsverletzung notwendigen Tatsachen aus seiner eigenen Unternehmenssphäre vortragen muss, sondern auch aus der Sphäre der Vergabestelle – in zumindest laienhafter Weise – jedenfalls diejenigen Indizien und tatsächlichen Anhaltspunkte darstellen muss, die ihn zu dem Schluss geführt haben, die Vergabestelle habe sich ihm gegenüber vergaberechtswidrig verhalten.[34] Ausweislich der veröffentlichten Rspr. ist es eine seltene Ausnahme, dass ein Nachprüfungsantrag an einem Mangel der durch Abs. 2 geforderten Darstellung scheitert. So ist – als Beispiel für eine solche Ausnahme – ein Nachprüfungsantrag als **unzulässig** beurteilt worden, aus dessen Begründung sich keine konkrete Rechtsverletzung ergab, sondern nur die „abstrakte Möglichkeit eines Verstoßes gegen das Vergaberecht in den Raum gestellt" wurde (indem lediglich die Tatsache mitgeteilt wurde, dass die Auswertung der abgegebenen Angebote zu einem für den Antragsteller nachteiligen Ergebnis geführt habe), und dessen Begründung auch keine verständliche Sachverhaltsschilderung enthielt.[35]

12   Als Mussvorschrift hat der Gesetzgeber in Abs. 2 zwecks Beschleunigung des Nachprüfungsverfahrens[36] auch aufgenommen, dass schon die Antragsbegründung die **Bezeichnung der verfügbaren Beweismittel** enthalten muss. Gemeint sind vor allem Urkunden einschließlich der das Vergabeverfahren betreffenden Korrespondenz, die der Antragsteller selbst besitzt oder beschaffen kann, und Zeugen, deren Erscheinen vor der Vergabekammer der Antragsteller – voraussichtlich – veranlassen kann („verfügbar"). Die Nichtbeachtung dieser Mussvorschrift führt bei einer am Verhältnismäßigkeitsgrundsatz orientierten Auslegung des Abs. 2 aus mehreren Gründen nicht zur Unzulässigkeit des Nachprüfungsantrags.[37] Zunächst ist zu beachten, dass sich die Frage des Beweises noch nicht zwingend am Anfang eines (gerichtsähnlichen) Verfahrens stellt, sondern erst dann, wenn eine entscheidungserhebliche Tatsachenbehauptung vom Gegner wirksam bestritten wird. Es wäre daher eine gegen Art. 1 ÜWR verstoßende übermäßige Erschwerung des Vergaberechtsschutzes,[38] bereits die Zulässigkeit des Nachprüfungsantrags von der sogleich in der Antragsbegründung vorzunehmenden Angabe der verfügbaren Beweismittel abhängig zu machen. Hinzu

---

[29] OLG Düsseldorf VergabeR 2003, 87–88.

[30] *Byok/Jaeger/Byok* RdNr. 1003.

[31] So die Formulierung des BGH in BGHZ 159, 186, 192 = NZBau 2004, 457, 458 und in NZBau 2006, 800, 801.

[32] Zu den geringen Anforderungen an diese „schlüssige Behauptung" vgl. § 107 RdNr. 19.

[33] Vgl. hierzu § 107 RdNr. 24–34.

[34] Vgl. OLG Dresden WuW/E Verg 711, 713; OLG München VergabeR 2010, 238, 241 f.; zust. *Immenga/Mestmäcker/Dreher* RdNr. 13; *Kulartz/Kus/Portz/Möllenkamp* RdNr. 14; *Langen/Bunte/Schweda* RdNr. 4; vgl. auch OLG Düsseldorf NZBau 2009, 269, 270; *Loewenheim/Meessen/Riesenkampff/Heuvels* RdNr. 11; *Prieß* 355 mwN.

[35] OLG Koblenz VergabeR 2001, 407, 408; vgl. auch OLG Koblenz NZBau 2000, 534, 536.

[36] RegBegr. zum VgRÄG, BT-Drucks. 13/9340, S. 18.

[37] Ebenso: *Loewenheim/Meessen/Riesenkampff/Heuvels* RdNr. 15; *Reidt/Stickler/Glahs* RdNr. 21; aA. RegBegr. zum VgRÄG, BT-Drucks. 13/9340, S. 18; *Byok/Jaeger/Byok* RdNr. 996 iVm. RdNr. 1002; *Kulartz/Kus/Portz/Möllenkamp* RdNr. 13 iVm. RdNr. 12.

[38] Vgl. zu diesem Gesichtspunkt EuGH, C-241/06, Slg. 2007 I-08415, RdNr. 52 – Lämmerzahl.

kommt, dass für das Vergabekammerverfahren die Amtsermittlung vorgeschrieben ist (§ 110 Abs. 1 Satz 1). Insoweit ordnet § 110 Abs. 2 Satz 5 die entsprechende Geltung von (ua.) § 57 an, wonach die Vergabekammer „alle Ermittlungen führen und alle Beweise erheben kann, die erforderlich sind". In diesem Verfahrensstadium hat (auch) der Antragsteller an der Aufklärung des Sachverhalts mitzuwirken (§ 113 Abs. 2 Satz 1). Auf dieser Grundlage kann auch die Vergabekammer – und nicht erst das Beschwerdegericht (s. §§ 120 Abs. 2, 70 Abs. 3 Satz 1) – ua. dem Antragsteller „aufgeben, innerhalb einer zu bestimmenden Frist Beweismittel zu bezeichnen und in (seinen) Händen befindliche Urkunden sowie andere Beweismittel vorzulegen". Zu alldem stünde es im Widerspruch, wenn die Vergabekammer einen Nachprüfungsantrag, in dessen Begründung keine Beweismittel bezeichnet werden (und auch nicht dargelegt wird, dass es auf eine Beweisführung ieS für die Sachentscheidung nicht ankommt), sogleich als unzulässig verwerfen könnte oder gar müsste. Die Verpflichtung, schon in der Antragsbegründung alle verfügbaren Beweismittel zu bezeichnen, kann allerdings für die Anwendung des § 110 Abs. 1 Satz 2 bedeutsam sein.

Unbedingt zu erfüllen ist dagegen die Anforderung, **darzulegen, dass die Rüge** (s. § 107   **13** Abs. 3 Satz 1 Nr. 1–3) gegenüber dem Auftraggeber **erfolgt ist.** Auf Grund dieser Anforderung, die ebenfalls der Beschleunigung des Nachprüfungsverfahrens dient,[39] soll die Vergabekammer sofort nach Eingang des Nachprüfungsantrags bzw. seiner Begründung eine erste Prüfung vornehmen können, ob diese wichtige Zulässigkeitsvoraussetzung[40] erfüllt ist. Daraus und aus dem Wortlaut des Abs. 2 folgt, dass die bloße Mitteilung, die Rüge sei erfolgt, nicht ausreicht, dass vielmehr die erklärte Rüge selbst „darzulegen" ist, damit die Vergabekammer beurteilen kann, ob es sich inhaltlich um eine der Zulässigkeitsvoraussetzung genügende, wirksame Rügeerklärung[41] handelt. Zweckmäßigerweise legt der Antragsteller im Normalfall einer schriftlichen Rüge eine Kopie seines Rügeschreibens vor; den Inhalt einer etwa mündlich oder fernmündlich erklärten Rüge muss er so genau wie möglich vortragen. Es gibt Fallgestaltungen, bei denen vor dem Nachprüfungsantrag keine Rügeobliegenheiten des Antragstellers bestanden.[42] In diesen Fällen hat der Antragsteller in zweckentsprechender Abwandlung des Abs. 2 **darzulegen, dass und warum** seiner Ansicht nach vor oder gleichzeitig[43] mit der Einreichung des Nachprüfungsantrags **keine Rüge** unmittelbar gegenüber dem öffentlichen Auftraggeber **ausgesprochen zu werden brauchte** (wenn es sich nicht schon aus dem Gesetz – § 107 Abs. 3 Satz 2 – ergibt). Ob die dargelegte Ansicht des Antragstellers rechtlich zutrifft, unterliegt dann nicht mehr der Zulässigkeitsprüfung gemäß Abs. 2, sondern derjenigen gemäß § 107 Abs. 3 Satz 1 Nr. 1–3. Das bedeutet, dass die Darlegungen hierzu im Laufe des Verfahrens noch ergänzt werden können. Enthält die Antragsbegründung keine Darlegung zur erklärten Rüge oder zur Entbehrlichkeit der Rüge, ist der Nachprüfungsantrag wegen Verstoßes gegen Abs. 2 **unzulässig.**[44] Über die vorstehend genannten Anforderungen hinaus braucht die Antragsbegründung keine weitere Darlegung zur Rügeobliegenheit – zwecks Erfüllung des Zulässigkeitserfordernisses gemäß Abs. 2 – zu enthalten. Abs. 2 gebietet nach seinem insoweit klaren Wortlaut dem Antragsteller nicht, schon in der Antragsbegründung zu den Umständen und zum Zeitpunkt der Erlangung der Kenntnis (iSd. § 107 Abs. 3 Satz 1 Nr. 1) vom später gerügten Vergaberechtsverstoß[45] oder zur Frage der Erkennbarkeit des sich aus der Bekanntmachung oder den Vergabeunterlagen ergebenden Vergaberechtsverstoßes (iSd. § 107 Abs. 3 Satz 1 Nr. 2 und 3), wenn dieser erst nach der Angebotsabgabe gerügt wurde,[46] vorzutragen. Gegen eine Erstreckung der in der Antragsbegründung obligatorisch zu leistenden Darlegung auf die vorgenannten Aspekte (Kenntnis/Erkennbarkeit des Vergaberechtsverstoßes) spricht auch, dass die materielle Beweislast hierzu nicht den Antragsteller, sondern den öffentlichen Auftraggeber trifft.[47]

---

[39] Vgl. RegBegr. zum VgRÄG, BT-Drucks. 13/9340, S. 18.

[40] Vgl. § 107 RdNr. 46 und 55.

[41] Vgl. § 107 RdNr. 42.

[42] Vgl. § 107 RdNr. 44–45.

[43] Vgl. § 107 RdNr. 43 und 45.

[44] Ebenso: OLG Koblenz NZBau 2000, 534, 536; Thüringer OLG NZBau 2003, 639, 640; *Byok/Jaeger/Byok* RdNr. 996 iVm. 1002 u. 1006; *Kulartz/Kus/Portz/Möllenkamp* RdNr. 13 iVm. RdNr. 12; *Langen/Bunte/Schweda* RdNr. 8; *Prieß* 356.

[45] Ebenso: *Immenga/Mestmäcker/Dreher* RdNr. 15; *Kulartz/Kus/Portz/Wiese* § 107 RdNr. 113 Fn. 220; aA. *Kulartz/Kus/Portz/Möllenkamp* RdNr. 19; *Loewenheim/Meessen/Riesenkampff/Heuvels* RdNr. 16; *Reidt/Stickler/Glahs* RdNr. 26; wohl auch *Langen/Bunte/Schweda* RdNr. 5.

[46] Im Erg. aA. *Kulartz/Kus/Portz/Möllenkamp* RdNr. 19; *Loewenheim/Meessen/Riesenkampff/Heuvels* RdNr. 16; *Reidt/Stickler/Glahs* RdNr. 26.

[47] Vgl. § 107 RdNr. 50 und 55.

14   Die letzte Anforderung des Abs. 2, in der Antragsbegründung die **sonstigen Beteiligten,** also diejenigen Unternehmen, deren Beiladung gemäß § 109 in Betracht kommt, zu **benennen,** ist nur eine Sollvorschrift, deren Nichtbeachtung keine Sanktion nach sich zieht.

15   Ungeklärt und im Schrifttum umstritten ist die Frage, ob die Vergabekammer bei den zur Unzulässigkeit des Nachprüfungsantrags führenden Mängeln der Antragsbegründung (s. o. RdNr. 10, 11 und 13) den Antrag ohne vorherigen Hinweis sogleich – ohne mündliche Verhandlung (vgl. §§ 110 Abs. 2 Satz 1)[48] – verwerfen kann oder sogar muss,[49] oder ob die **Vergabekammer verpflichtet** ist, zuvor den Antragsteller zumindest dann **auf den Mangel hinzuweisen,** wenn es nach der Sachlage möglich erscheint, dass der Mangel umgehend behoben werden kann, und ihm Gelegenheit zur kurzfristigen Abhilfe einzuräumen.[50] Der letztgenannten Ansicht ist unter dem Aspekt der Gewährung rechtlichen Gehörs der Vorzug zu geben, wobei zusätzlich Folgendes zu berücksichtigen ist: Wenn der Nachprüfungsantrag – wie es allgemein üblich ist – sogleich mit Begründung eingereicht wird, steht dem Antragsteller nach der Systematik des Abs. 1 ohnehin noch ein kurzer Zeitraum, dessen Länge mit dem unbestimmten Rechtsbegriff „unverzüglich" gekennzeichnet ist, zur Ergänzung der Antragsbegründung zur Verfügung. Damit dieser Zeitraum, soweit das im Einzelfall überhaupt möglich ist, zur Behebung der inhaltlichen Mängel der Antragsbegründung sachgerecht genutzt werden kann, ist es ein Gebot fairen Verfahrens und eine Konsequenz des Anspruchs des Antragstellers auf rechtliches Gehör, dass die Vergabekammer ihn mit kurzen, aber verständlichen Angaben auf den Mangel hinweist und ihm eine kurze Frist (von etwa vier Tagen, s. o. RdNr. 8) für die Behebung des Mangels setzt. Auch wenn der Mangel in einer unzureichenden Beschreibung der behaupteten Rechtsverletzung mit Sachverhaltsdarstellung (s. o. RdNr. 11) besteht, sollte sich die Vergabekammer mit einer kurzen Kennzeichnung des Mangels begnügen; keinesfalls ist es ihre Aufgabe, dem Antragsteller insoweit eine Beratung zuteil werden zu lassen.[51] Dem Antragsteller diese Nachbesserungschance dann völlig zu versagen, wenn er die Antragsbegründung erst nachträglich (aber noch unverzüglich, zB vier Tage nach der Antragsschrift) und dann mit einem Mangel der oben in RdNr. 10, 11 und 13 behandelten Art eingereicht hat, wäre trotz der zusätzlichen Zeitverzögerung, die eine weitere Frist zur Abhilfe mit sich bringt, eine unangemessene Ungleichbehandlung. Dem unterschiedlichen Zeitverbrauch bei den beiden Fallgestaltungen ist dadurch Rechnung zu tragen, dass dem Antragsteller im letztgenannten Fall für die etwaige Abhilfe des Mangels der (nachgereichten) Antragsbegründung eine deutlich kürzere Frist als vier (weitere) Tage gesetzt wird; angemessen erscheinen noch zwei Tage. Dass die Vergabekammer grds. in beiden Fallgestaltungen von einer sofortigen Verwerfung des Nachprüfungsantrags absieht und die kurz befristete Möglichkeit einer Abhilfe des jeweiligen Mangels einräumt, ist nunmehr noch aus einem weiteren Grund, der mit der neu eingeführten Antragsfrist des § 107 Abs. 3 Satz 1 Nr. 4 zusammenhängt, eine verfahrensrechtlich gebotene Maßnahme: Wenn die Vergabekammer den Nachprüfungsantrag wegen eines Mangels der Antragsbegründung sogleich als unzulässig verwirft, ist dieser Antrag (vorbehaltlich der Einlegung einer sofortigen Beschwerde gemäß § 116) nicht mehr geeignet, die Antragsfrist zu wahren; wenn dann ein neuer Nachprüfungsantrag mit vorschriftsmäßiger Antragsbegründung eingereicht wird, kann die Antragsfrist verstrichen und damit der Primärrechtsschutz ausgeschlossen sein. Das wäre eine unverhältnismäßig harte Folge eines Verstoßes gegen die inhaltlichen Anforderungen, die Abs. 2 für die Antragsbegründung aufgestellt hat, in denjenigen Fällen, in denen der Vergabekammer dem Antragsteller mit geringem Arbeitsaufwand (kurzer Hinweis) und relativ geringem Zeitaufwand (maximal sechs Tage, s. o.) die Chance zur Nachbesserung der schon eingereichten Antragsbegründung und damit zur Aufrechterhaltung der ursprünglichen fristwahrenden Antragsschrift eröffnen kann.

§ 109 Verfahrensbeteiligte, Beiladung

[1]**Verfahrensbeteiligte sind der Antragsteller, der Auftraggeber und die Unternehmen, deren Interessen durch die Entscheidung schwerwiegend berührt werden und die deswegen von der Vergabekammer beigeladen worden sind.** [2]**Die Entscheidung über die Beiladung ist unanfechtbar.**

---

[48] Vgl. zu dieser Vorschrift § 110 RdNr. 14 und 16.
[49] So *Langen/Bunte/Schweda* RdNr. 8.
[50] So Thüringer OLG NZBau 2003, 639, 640; *Immenga/Mestmäcker/Dreher* RdNr. 17; *Prieß* 356.
[51] Insoweit zutr. *Langen/Bunte/Schweda* RdNr. 8.

Schrifttum: *Freund,* Sonstige Verfahrensbeteiligte und ihre Rechtsstellung, NZBau 2005, 266; *Lausen,* Die Beiladung im Nachprüfungsverfahren, VergabeR 2002, 117.

I. Normzweck

Dass der Antragsteller des Nachprüfungsverfahrens und der öffentliche Auftraggeber, dessen **1** Vergabeverfahren nachgeprüft werden soll, Verfahrensbeteiligte sind, ist selbstverständlich. Die Bedeutung der Norm liegt daher in der Regelung, dass überhaupt weiteren Personen („Unternehmen") der Beteiligtenstatus im Nachprüfungsverfahren verliehen werden kann (und ggf. werden muss) und dass dieser Beteiligtenstatus einen Akt der Vergabekammer – die Beiladung – voraussetzt, ferner in der Regelung, welche Voraussetzungen das jeweilige beizuladende Unternehmen erfüllen muss, und dass die – von der gesamten Vergabekammer zu treffende – Entscheidung über die Anordnung oder die Ablehnung der jeweiligen Beiladung nicht anfechtbar ist. Mit diesen Regelungen will der Gesetzgeber hauptsächlich eine **Beschleunigung des Vergabeverfahrens** erreichen.[1] Denn die Beiladung soll die **Verfahrensbeteiligung all derer sicherstellen, die** durch eine für sie nachteilige Entscheidung der Vergabekammer eine Verletzung ihrer eigenen „Rechte" erfahren und – bei Nichtbeteiligung – ein **weiteres Nachprüfungsverfahren beantragen könnten.**[2] Die Beschleunigung des von einem Nachprüfungsantrag betroffenen Vergabeverfahrens soll also durch eine **Konzentration** der möglichen Nachprüfungsverfahren erzielt werden.[3] Für jedes einzelne beizuladende Unternehmen, dessen Rechte oder (so der Gesetzeswortlaut) „Interessen" durch die vom Antragsteller angestrebte Entscheidung der Vergabekammer verletzt oder „schwerwiegend berührt" werden können, dient die Beiladung ersichtlich auch der **Gewährung rechtlichen Gehörs.**[4]

II. Voraussetzungen der Beiladung

1. Unternehmenseigenschaft. Satz 1 beschränkt die Möglichkeit der Beiladung ausdrück- **2** lich auf „Unternehmen", deren eigene (unternehmerische) Interessen durch die Entscheidung der angerufenen Vergabekammer – schwerwiegend – berührt werden können. Der Unternehmensbegriff ist hier in dem gleichen funktionalen weiten Verständnis auszulegen wie bei § 107 Abs. 2 Satz 1[5] und bei § 97 Abs. 7. Das bedeutet ua., dass auch Freiberufler wie Architekten, Ingenieure oder Rechtsanwälte, die sich als Bewerber/Bieter an dem konkreten Vergabeverfahren beteiligen, erfasst werden. Dagegen können Berufs-, Wirtschafts- und sonstige Verbände,[6] die nicht selbst unternehmerisch tätig sind und damit nicht unter den Unternehmensbegriff fallen, ferner Handwerkskammern, Industrie- und Handelskammern sowie Behörden (zB die Aufsichtsbehörde für den konkreten öffentlichen Auftraggeber) und sonstige öffentlich-rechtliche Institutionen, deren (institutionelle) Interessen durch die zu erwartende Entscheidung der Vergabekammer berührt werden können,[7] nicht beigeladen werden.[8]

2. Berührung von „Interessen". Der Gesetzeswortlaut charakterisiert die Interessen **3** (rechtliche und/oder wirtschaftliche Interessen?), von deren etwaiger schwerwiegender Berührung durch die bevorstehende Vergabekammerentscheidung die Beiladung abhängt, nicht. Der Begriff der (verletzungsbedrohten eigenen) „Rechte", den die RegBegr. zum VgRÄG 1998[9] in diesem Zusammenhang verwendet hatte, ist in den Gesetzestext nicht aufgenommen worden. Die Rechtsprechung lässt – von der Art der Interessen her – wirtschaftliche Interessen genügen, ohne zu prüfen, ob die im konkreten Fall für die Beiladung ausreichenden (schwerwiegend berührten) Interessen nicht doch auch rechtliche Interessen sind.[10] Im Schrifttum gehen die Meinungen auseinander. Es wird zT argumentiert, dass es nach dem Sinn und Zweck des

---

[1] Vgl. RegBegr. zum VgRÄG 1998, BT-Drucks. 13/9340, 18.

[2] RegBegr. zum VgRÄG 1998, BT-Drucks. 13/9340, S. 18.

[3] Ebenso: *Freund* NZBau 2005, 266; *Immenga/Mestmäcker/Dreher* RdNr. 3; *Loewenheim/Meessen/Riesenkampff/Heuvels* RdNr. 3.

[4] Vgl. den 1. Halbsatz der bei Fn. 2 zitierten Begründungserwägung aus der RegBegr., BT-Drucks. 13/9340, 18; ebenso: *Immenga/Mestmäcker/Dreher* RdNr. 3; *Kulartz/Kus/Portz/Portz* RdNr. 2.

[5] Vgl. § 107 RdNr. 13 mwN.

[6] Vgl. auch § 107 RdNr. 13 mwN.

[7] Insoweit aA. *Kulartz/Kus/Portz/Portz* RdNr. 2 mwN.

[8] *Freund* NZBau 2005, 266; *Lausen* VergabeR 2002, 117, 118; *Langen/Bunte/Schweda* RdNr. 1; *Reidt/Stickler/Glahs* RdNr. 8; *Kulartz/Kus/Portz/Portz* RdNr. 5 und 6 (abgesehen von der Ausnahme oben Fn. 7).

[9] BT-Drucks. 13/9340, 18.

[10] Vgl. OLG Düsseldorf VergabeR 2001, 59, 60; OLG Düsseldorf NZBau 2002, 639.

Nachprüfungsverfahrens und mit Blick auf § 97 Abs. 7 auch bei der Anwendung des Satz 1 nur um die Einhaltung des Vergaberechts gehe und deshalb Voraussetzung für die Beiladung grds. die Berührung eines Unternehmens in rechtlichen Interessen sei. Eine Berührung rechtlicher Interessen sei anzunehmen, wenn Bestimmungen über das Vergabeverfahren iSd. § 97 Abs. 7 verletzt sein könnten und sich die Klärung dieser Frage im Verfahren vor der Vergabekammer auf die rechtliche Stellung des beizuladenden Unternehmens hinsichtlich vergaberechtlicher oder sonstiger Ansprüche auswirken könne.[11] Demgegenüber argumentieren andere Autoren im Schrifttum überwiegend auf Grund des Wortlauts des Satz 1, dass der Gesetzgeber die Voraussetzung der schwerwiegenden Interessenberührung nicht auf rechtliche Interessen beschränkt habe und daher wirtschaftliche (oder evtl. noch sonstige nicht näher charakterisierte) Interessen miterfasst seien.[12] Diese Diskussion ist im Wesentlichen ein (unfruchtbarer) Streit um Formulierungen: Nach dem Normzweck des § 109 (s. o. RdNr. 1) geht es hier – von der Art der Interessen her – um die gleichen Interessen wie bei der Antragsbefugnis des Antragstellers gemäß § 107 Abs. 2 Satz 1, also um das **Interesse** des einzelnen beizuladenden Unternehmens **an dem im konkreten Vergabeverfahren zu vergebenden Auftrag**.[13] Denn nur ein Unternehmen mit einem solchen Interesse könnte bei Nichtbeteiligung zu demselben Vergabeverfahren ein weiteres Nachprüfungsverfahren beantragen.[14] Bei dieser Erkenntnis ist der Streit über die Qualifizierung der Interessen müßig. Richtig ist aber, dass es sich bei den Interessen iSd. § 109 um solche wirtschaftlicher und zugleich rechtlicher Art handelt. Denn das beizuladende Unternehmen mit Interesse am Auftrag und einem Anspruch auf Einhaltung der Bestimmungen über das Vergabeverfahren (§ 97 Abs. 7) kann von Rechts wegen nur daran interessiert sein, dass sein Interesse lediglich auf Grund einer richtigen Anwendung des Vergaberechts auf den Nachprüfungsantrag (ggf.) „berührt" wird.[15] Aus den vorstehenden Erwägungen folgt ferner, dass Zulieferer und Nachunternehmer eines am konkreten Vergabeverfahren beteiligten Bewerbers/Bieters, die also kein unmittelbares eigenes Interesse am Auftrag haben,[16] nicht beigeladen werden können.[17]

4   **3. „Schwerwiegende" Interessenberührung.** Der Gesetzgeber ist mit diesem Merkmal, das eine weitere erhebliche Eingrenzung des in Betracht kommenden Beteiligtenkreises bewirken soll, bewusst von dem Begriff der „erheblichen" Interessenberührung abgewichen, die im allgemeinen Kartellverwaltungsverfahrensrecht Voraussetzung für die Beiladung von Personen oder Unternehmen ist (§ 54 Abs. 2 Nr. 3): Diese Voraussetzung sei durch die kartellrechtliche Rechtsprechung schon in einem bestimmten Sinne geprägt. Mit dem neuen Abgrenzungsmerkmal der schwerwiegenden Interessenberührung solle der Rechtsprechung der für den Einzelfall erforderliche Spielraum gegeben werden.[18] Daher ist dieses Abgrenzungsmerkmal entsprechend den Besonderheiten des vergaberechtlichen Rechtsschutzes auszulegen. Zunächst ist zu beachten, dass die schwerwiegende Interessenberührung – entgegen der nicht sehr präzisen Formulierung des Satz 1 – im Zeitpunkt der Beiladungsentscheidung selbstverständlich noch nicht eingetreten sein muss, sondern auf Grund des Begehrens des Antragstellers künftig in Gestalt der – nicht nur theoretisch – in Betracht kommenden Entscheidung der Vergabekammer real möglich sein muss;[19] theoretisch denkbare Entscheidungsvarianten, die nach der Sach- und Rechtslage sehr unwahrscheinlich sind, können aus dieser Betrachtung ausgeschieden werden. Auf dieser Basis ist zu prüfen, ob das betreffende Unternehmen – bei Nichtbeteiligung – **durch eine in Betracht kommende nachteilige Entscheidung der Vergabekammer** (an die es nicht gebunden wäre) in seinem **Interesse am Auftrag so erheblich beeinträchtigt** werden

---

[11] *Immenga/Mestmäcker/Dreher* RdNr. 6 und 7.

[12] *Freund* NZBau 2005, 266, 267; *Lausen* VergabeR 2002, 117, 119; Beck VOB-Komm/*Gröning* RdNr. 31; *Loewenheim/Meessen/Riesenkampff/Heuvels* RdNr. 5; *Reidt/Stickler/Glahs* RdNr. 11; *Bechtold/Otting* RdNr. 2; *Prieß* 371 f.

[13] Im Erg. ebenso: *Lausen* VergabeR 2002, 117, 118 u. 119; *Prieß* 372.

[14] Vgl. zu dieser Normzweckerwägung o. RdNr. 1 und RegBegr. zum VgRÄG 1998, BT-Drucks. 13/9340, S. 18.

[15] Ebenso: *Lausen* VergabeR 2002, 117, 119.

[16] Vgl. § 107 RdNr. 17.

[17] Ebenso: *Langen/Bunte/Schweda* RdNr. 4; *Loewenheim/Meessen/Riesenkampff/Heuvels* RdNr. 8; aA. (Beiladung von Nachunternehmern und Zulieferern kommt in Betracht): *Immenga/Mestmäcker/Dreher* RdNr. 10; *Kulartz/Kus/Portz/Portz* RdNr. 20.

[18] RegBegr. zum VgRÄG, BT-Drucks. 13/9340, 18.

[19] Vgl. *Loewenheim/Meessen/Riesenkampff/Heuvels* RdNr. 6; *Prieß* 372; *Reidt/Stickler/Glahs* RdNr. 10; ähnlich *Kulartz/Kus/Portz/Portz* RdNr. 16.

würde, **dass** auf seiner Seite – im Hinblick auf seine bisherige konkrete Stellung im Vergabe-verfahren – die **Voraussetzungen für die Antragsbefugnis**, insbesondere diejenigen des § 107 Abs. 2 Satz 2 (Verschlechterung der Zuschlagschancen[20]), **erfüllt** wären. Bei einer sol-chen Sachlage ist die Interessenberührung in Anbetracht des Normzwecks des § 109, durch die Beiladung ein weiteres Nachprüfungsverfahren zu verhindern, welches das durch eine nachteili-ge Vergabekammerentscheidung in seinen Interessen betroffene Unternehmen – ohne Beila-dung – beantragen könnte,[21] als „schwerwiegend" zu qualifizieren.[22] Im sachlichen Ergebnis bedeutet das keinen Unterschied zur Rechtsprechung, die definiert, das Tatbestandselement der schwerwiegenden Interessenberührung sei verwirklicht, wenn durch den Gegenstand des Nachprüfungsverfahrens oder durch die Entscheidung der Vergabekammer unter Berücksichti-gung der Stellung des betreffenden Unternehmens im Vergabeverfahren dessen rechtliche oder wirtschaftliche Belange in besonderer Weise betroffen seien.[23]

Beispiele für schwerwiegende Interessenberührung: (1) Der Antragsteller greift direkt die **5** Position des beizuladenden Unternehmens im Vergabeverfahren an, indem er rügt, das Unter-nehmen, das bislang im Bieterfeld den ersten oder einen der ersten Plätze einnimmt, müsse we-gen Fehlens eines Eignungskriteriums oder sein Angebot müsse wegen Unvollständigkeit ausge-schlossen werden. (2) Wenn als Vergabekammerentscheidung in Betracht kommt, dass der öffentliche Auftraggeber zur Aufhebung des Vergabeverfahrens verpflichtet wird, sind diejeni-gen Bieterunternehmen in ihren Interessen schwerwiegend berührt, deren Angebote beim bis-herigen Stand des Vergabeverfahrens schon in die engere Wahl gekommen waren.[24] (3) Hat bei einer in Betracht kommenden Aufhebung des Vergabeverfahrens im Zeitpunkt der Entschei-dung über die Beiladung noch gar keine Angebotswertung stattgefunden, sind die Zuschlagsin-teressen aller derjenigen Bieter schwerwiegend berührt, die ein Angebot eingereicht haben, das nicht schon aus anderen Gründen ausgeschlossen worden ist.[25] (4) Wenn der Antragsteller die bisherige Angebotswertung beanstandet und deren Wiederholung begehrt, sind diejenigen Bie-terunternehmen in ihren Interessen schwerwiegend berührt, deren Angebote nach der bisheri-gen Wertung des Auftraggebers vor dem Angebot des Antragstellers liegen und zugleich einen der vorderen Rangplätze einnehmen,[26] und jedenfalls dasjenige Unternehmen, das vom Auf-traggeber durch Vorabinformation (§ 101a Abs. 1 Satz 1) sogar schon für die Zuschlagserteilung ausgewählt wurde.[27] (5) Dagegen sind diejenigen Bieter nicht beizuladen, deren Angebote im Preis gegenüber mehreren Konkurrenten so ungünstig ausgestaltet sind, dass sie unabhängig von den Erfolgschancen des Antragstellers nicht als das wirtschaftlichste Angebot (§ 97 Abs. 5) in Betracht kommen,[28] oder deren Angebote vor der Entscheidung über die Beiladung als nicht ausschreibungskonform ausgeschlossen worden sind[29] (was auf Antrag eines solchen Bieters in einem eigenen Verfahren nachzuprüfen wäre).

III. Entscheidung über die Beiladung

Die Vergabekammer hat spätestens nach Eingang der Vergabeakten (§ 110 Abs. 2 Satz 4) **von 6 Amts wegen** zu prüfen, ob und ggf. welche Unternehmen beizuladen sind. Auch die Beila-dung selbst bedarf – anders als im Kartellverwaltungsverfahrensrecht (§ 54 Abs. 2 Nr. 3) – kei-nes Antrags. An die Vergabekammer kann aber auch ein **Antrag** auf Beiladung gestellt wer-den, nicht nur vom beiladungswilligen Unternehmen, sondern auch vom Antragsteller (selten) und vom Antragsgegner. Rechtsprechung und Schrifttum unterscheiden zwischen einfacher und notwendiger Beiladung (vgl. auch § 13 Abs. 2 VwVfG). Wenn die in Betracht kommen-

---

[20] Vgl. § 107 RdNr. 24.
[21] Vgl. oben RdNr. 1 mwN.
[22] Zumindest im Erg. ebenso: *Immenga/Mestmäcker/Dreher* RdNr. 8 und 9; *Kulartz/Kus/Portz/Portz* RdNr. 14; *Langen/Bunte/Schweda* RdNr. 3; *Prieß* 372 bei Fn. 365.
[23] OLG Düsseldorf NZBau 2002, 639.
[24] OLG Düsseldorf NZBau 2002, 639.
[25] OLG Düsseldorf NZBau 2002, 639–640.
[26] Vgl. dazu § 107 RdNr. 32.
[27] Vgl. OLG Düsseldorf NZBau 2002, 639; *Loewenheim/Meessen/Riesenkampff/Heuvels* RdNr. 7; *Kulartz/ Kus/Portz/Portz* RdNr. 15 u. 18.
[28] *Kulartz/Kus/Portz/Portz* RdNr. 15; *Langen/Bunte/Schweda* RdNr. 4.
[29] OLG Rostock VergabeR 2003, 724. Anders ist allerdings dann zu entscheiden, wenn die Vergabestelle alle Angebote als nicht ausschreibungskonform abgelehnt, sodann das Vergabeverfahren aufgehoben hat und dagegen ein Bieter Nachprüfungsantrag gestellt hat; dann kommt eine Beiladung der übrigen Bieter in Be-tracht, vgl. *Kulartz/Kus/Portz/Portz* RdNr. 24.

de[30] Entscheidung der Vergabekammer für das Interesse des beizuladenden Unternehmens am Auftrag eine rechtsgestaltende Wirkung hat, handelt es sich um eine **notwendige Beiladung,** die die Vergabekammer von Amts wegen – ohne Ermessen – auszusprechen hat.[31] Dieser Verpflichtung genügt die Vergabekammer nicht dadurch, dass sie das betreffende Unternehmen benachrichtigt und ihm die Gelegenheit gibt, einen Beiladungsantrag zu stellen.[32] Eine rechtsgestaltende Wirkung, also die Wirkung einer Veränderung der Rechtsposition im laufenden Vergabeverfahren, haben zB die oben unter RdNr. 5 in den Beispielen (1) bis (3) aufgeführten (in Betracht kommenden) Entscheidungen der Vergabekammer. Gegenüber einem Bieterunternehmen, dessen Angebot für die Zuschlagsentscheidung durch Vorabinformation (§ 101a Abs. 1 Satz 1) vom Auftraggeber schon ausgewählt worden war, ist auch die Vergabekammerentscheidung, die nur eine Wiederholung der Angebotswertung anordnet, also keine endgültige Maßnahme (wie den Ausschluss des Angebots des beizuladenden Unternehmens) trifft, von rechtsgestaltender Art, weil das Angebot die sichere Aussicht auf den Zuschlag einbüßt und stattdessen der Unsicherheit eines erneuten Angebotswettbewerbs ausgesetzt ist. Abgesehen von derartigen Sachlagen, bei denen die vom Antragsteller begehrte und in Betracht kommende Entscheidung der Vergabekammer die Rechtsposition des beizuladenden Unternehmens ganz oder teilweise ändert, handelt es sich sonst um eine sog. **einfache Beiladung,** deren Anordnung im pflichtgemäßen **Ermessen** der Vergabekammer steht.[33] Bei der Ermessensprüfung hat die Vergabekammer insbes. das Gewicht der vom Nachprüfungsverfahren berührten Interessen des evtl. beizuladenden Unternehmens, ferner die Aussichten, ob das Verfahren durch weitere Informationen des beizuladenden Unternehmens gefördert, andererseits durch die Beiladung aber auch verzögert werden kann, und schließlich die durch die Beiladung zusätzlich entstehenden Kosten gegeneinander abzuwägen. Diese Prüfung ist vor allem dann bedeutsam, wenn mehrere Unternehmen die objektiven Beiladungsvoraussetzungen erfüllen; die Vergabekammer kann nach pflichtgemäßem Ermessen auswählen, welche(s) Unternehmen sie beilädt. Ob es zutrifft, dass in den Nachprüfungsverfahren idR nur notwendige Beiladungen in Betracht kommen,[34] bedarf keiner Stellungnahme, weil beiladungswillige Unternehmen wegen Satz 2 ohnehin keinen durchsetzbaren Anspruch auf Beiladung haben.

7   Zur **Gewährung rechtlichen Gehörs** vor einer von der Vergabekammer beabsichtigten Beiladung wird im Schrifttum vereinzelt die Ansicht vertreten, sie könne im Einzelfall (gegenüber Antragsteller und Auftraggeber) empfehlenswert sein, eine Pflicht hierzu bestehe jedoch nicht.[35] Dem muss widersprochen werden. Die Anordnung der Beiladung ist eine bedeutsame Entscheidung der Vergabekammer, die sich auf das Nachprüfungsverfahren erheblich auswirkt, weil der Beigeladene die Verfahrensrechte eines Beteiligten erwirbt, woraus Nachteile für den Antragsteller und/oder den Auftraggeber resultieren können (zB Akteneinsichtsrecht des Beigeladenen; Kostenfolgen, vgl. § 128 Abs. 4 Satz 2 u. 3). Auch dem beizuladenden Unternehmen ist vor der Beiladung wegen deren Konsequenzen (Verbindlichkeit der Nachprüfungsentscheidung auch gegenüber dem Beigeladenen, s. RdNr. 11) rechtliches Gehör zu gewähren.

8   Nach der Gewährung rechtlichen Gehörs sollte die Vergabekammer den (im Gesetz nicht geregelten) **Zeitpunkt der Beiladung** möglichst früh wählen, damit der Beigeladene seine Verfahrensrechte voll ausüben kann. Verfahrensrechtlich ist die Beiladung durch die Vergabekammer bis zum Eintritt der Bestandskraft ihrer Endentscheidung (§ 114) oder bis zur Einlegung der sofortigen Beschwerde möglich.[36] Ab der Beschwerdeeinlegung ist – trotz des anscheinend entgegenstehenden Wortlauts des § 119 – das Beschwerdegericht in entsprechender Anwendung der §§ 109, 119, die die OLG-Rechtsprechung auf rechtsstaatliche Erwägungen, auf den mit den §§ 107 ff. verfolgten Zweck der Gewährleistung effektiven Rechtsschutzes im Vergaberecht und auf die Beschleunigungsmaxime gestützt hat, zur Beiladung von bislang nicht beigeladenen

---

[30] Vgl. oben RdNr. 4.

[31] OLG Düsseldorf VergabeR 2001, 59, 60; *Lausen* VergabeR 2002, 117, 121, 122; *Immenga/Mestmäcker/Dreher* RdNr. 13; *Kulartz/Kus/Portz/Portz* RdNr. 8; *Langen/Bunte/Schweda* RdNr. 6; *Loewenheim/Meessen/Riesenkampff/Heuvels* RdNr. 12.

[32] AA (Verpflichtung der VergabeK besteht nur in dieser Benachrichtigung): *Bechtold/Otting* RdNr. 4; tendenziell mit einer Empfehlung dieser Verfahrensweise auch BayObLG NZBau 2000, 49, 50.

[33] BayObLG NZBau 2000, 49, 50; OLG Düsseldorf VergabeR 2001, 59, 60; *Lausen* VergabeR 2002, 117, 121; *Kulartz/Kus/Portz/Portz* RdNr. 7; *Reidt/Stickler/Glahs* RdNr. 24, 25.

[34] So *Immenga/Mestmäcker/Dreher* RdNr. 12; aA *Kulartz/Kus/Portz/Portz* RdNr. 8: notwendige Beiladung ist Ausnahme.

[35] *Kulartz/Kus/Portz/Portz* RdNr. 10; Beck VOB-Komm/*Gröning* RdNr. 52.

[36] Vgl. *Immenga/Mestmäcker/Dreher* RdNr. 14.

Unternehmen befugt,[37] selbst dann, wenn die Vergabekammer die Beiladung des betreffenden Unternehmens im ersten Rechtszug durch Entscheidung abgelehnt hatte.[38] Die Beiladungsentscheidung, die von der vollständig besetzten Vergabekammer zu treffen ist, hat die Rechtsnatur eines **Verwaltungsakts** (vgl. § 114 Abs. 3 Satz 1). Im Interesse der Verfahrensbeschleunigung[39] ist sowohl die positive als auch die negative Beiladungsentscheidung unanfechtbar (Satz 2). Satz 1 ist dahin auszulegen, dass auch die Vergabekammer an die einmal ausgesprochene Beiladung gebunden ist. Wenn die Beiladungsvoraussetzungen nachträglich wegfallen, weil der Beigeladene zB endgültig aus dem Bieterkreis ausgeschieden ist, kann die Vergabekammer allerdings die Beiladung durch – unanfechtbare (Satz 2) – Entscheidung zurücknehmen.[40]

IV. Rechtsfolgen der Beiladung

Der Beigeladene erhält die **gleiche Rechtsstellung** wie die anderen **Verfahrensbeteilig-**   **9** **ten.** Er kann ebenso wie Antragsteller und Antragsgegner zur Sache und zur Rechtslage vortragen, auch neuen Tatsachenvortrag in das Verfahren einbringen, Akteneinsicht nehmen (§ 111 Abs. 1), Beweisanträge stellen sowie alle sonstigen Angriffs- und Verteidigungsmittel geltend machen,[41] also auch Sachanträge stellen. Er ist nicht auf die Rolle beschränkt, einen der Hauptbeteiligten, Antragsteller oder Antragsgegner, zu unterstützen, sondern kann Anträge oder sonstige Angriffs- und Verteidigungsmittel zur Wahrnehmung eigener das Vergabeverfahren betreffender Interessen einsetzen.[42] So kann er zB in einem Nachprüfungsverfahren, das der Antragsteller mit der Rüge der (vermeintlich) fehlerhaften Wertung seines Angebots – in der letzten Stufe der Angebotswertung (vgl. § 16 Abs. 6 Nr. 3 VOB/A 2009) – beantragt hat, den Streitgegenstand dahin erweitern, dass er geltend macht, das Angebot des Antragstellers sei aus formalen Gründen überhaupt nicht wertbar, vielmehr auszuschließen (vgl. § 16 Abs. 1 Nr. 1 VOB/A 2009).[43] Sofern der Beigeladene durch die Entscheidung der Vergabekammer beschwert ist,[44] kann er gegen sie – auch zur Verfolgung eigener Rechtsschutzziele – sofortige Beschwerde einlegen (§ 116 Abs. 1 Satz 2).[45] Ihm fehlt freilich die Befugnis zur Disposition über das Nachprüfungsverfahren:[46] Er muss den aktuellen Verfahrensstand so hinnehmen, wie er zur Zeit seiner Beiladung besteht; er hat kein Recht auf Wiederholung von Verfahrensabschnitten und -handlungen, zB Beweisaufnahmen.[47] Wenn der Antragsteller seinen Nachprüfungsantrag zurücknimmt, ist das Nachprüfungsverfahren beendet;[48] nicht erledigte Anträge des Beigeladenen, mit denen er eigene Rechtsschutzziele (zB den völligen Ausschluss des Antragstellers oder seines Angebots aus dem Vergabeverfahren) verfolgte, werden gegenstandslos.[49] Beenden die Hauptbeteiligten das Nachprüfungsverfahren durch eine übereinstimmende Erledigungserklärung, bedarf es hierfür nicht der Zustimmung des Beigeladenen.[50] Hinsichtlich der Belastung des Beigeladenen mit Kosten und der Erstattung seiner Kosten wird Bezug genommen auf die Erl. zu § 128.

Aus dem mit § 109 verfolgten Zweck der Verfahrenskonzentration (s. o. RdNr. 1) folgt, dass   **10** der Beigeladene während der Dauer des Nachprüfungsverfahrens, zu dem er beigeladen ist, **kein gesondertes Nachprüfungsverfahren** zur Verfolgung eigener Beanstandungen desselben Vergabeverfahrens gegenüber dem öffentlichen Auftraggeber beantragen kann, sondern diese Beanstandungen im laufenden Nachprüfungsverfahren geltend machen kann und muss. Der Antrag des Beigeladenen auf ein eigenes, gesondertes Nachprüfungsverfahren ist zumindest

---

[37] OLG Düsseldorf VergabeR 2001, 59, 60; OLG Düsseldorf NZBau 2002, 639; vgl. iÜ die Erl. zu § 119 RdNr. 7.
[38] OLG Düsseldorf NZBau 2002, 639.
[39] RegBegr. zum VgRÄG 1998, BT-Drucks. 13/9340, S. 18.
[40] Vgl. *Kulartz/Kus/Portz/Portz* RdNr. 7; *Reidt/Stickler/Glahs* RdNr. 28 a.
[41] Vgl. OLG Frankfurt VergabeR 2001, 243, 246.
[42] *Kulartz/Kus/Portz/Portz* RdNr. 12; grds. ebenso *Lausen* VergabeR 2002, 117, 122.
[43] AA wohl *Lausen* VergabeR 2002, 117, 122 (unklar).
[44] Vgl. hierzu *Byok/Jaeger/Jaeger* § 116 RdNr. 1137.
[45] Vgl. hierzu iÜ die Erl. zu § 116 RdNr. 25, 28–30.
[46] *Immenga/Mestmäcker/Dreher* RdNr. 17.
[47] OLG Frankfurt VergabeR 2001, 243, 245.
[48] Vgl. hierzu § 107 RdNr. 8.
[49] Ebenso: *Loewenheim/Meessen/Riesenkampff/Heuvels* RdNr. 4; aA *Immenga/Mestmäcker/Dreher* RdNr. 18 u. 19 (keine Erledigung der Beigeladenenanträge).
[50] Ebenso: *Immenga/Mestmäcker/Dreher* RdNr. 17 (vorbehaltlich nicht erledigter Anträge des Beigeladenen, s. Fn. 49).

unter dem Gesichtspunkt des Fehlens des Rechtsschutzinteresses **unzulässig.**[51] Es hängt von den Umständen des Einzelfalls ab, ob bei einer sehr späten Beiladung das Rechtsschutzinteresse für einen eigenen Nachprüfungsantrag doch bejaht werden muss.[52] Fand die späte Beiladung noch im ersten Rechtszug statt, ist das idR noch kein Grund für den Beigeladenen, auf ein eigenes Nachprüfungsverfahren auszuweichen. Vielmehr ist ihm dann grds. die Einlegung der sofortigen Beschwerde gegen die ihn (ggf. beschwerende) Entscheidung der Vergabekammer zumutbar, um seine eigenen Rechtsschutzinteressen zu verfolgen.

11   Wegen des Status als Verfahrensbeteiligter, der den Beigeladenen mit den Hauptbeteiligten im Wesentlichen gleichstellt (s. o. RdNr. 9), entfaltet die (bestandskräftige) Entscheidung der Vergabekammer oder des Beschwerdegerichts auch **Bindungswirkung** für und gegen ihn.[53] Das entspricht auch dem Normzweck des § 109 (s. o. RdNr. 1). Auch die Bindungswirkung gemäß § 124 Abs. 1 gilt für und gegen den Beigeladenen.[54]

§ 110 Untersuchungsgrundsatz

(1) [1]**Die Vergabekammer erforscht den Sachverhalt von Amts wegen.** [2]**Sie kann sich dabei auf das beschränken, was von den Beteiligten vorgebracht wird oder ihr sonst bekannt sein muss.** [3]**Zu einer umfassenden Rechtmäßigkeitskontrolle ist die Vergabekammer nicht verpflichtet.** [4]**Sie achtet bei ihrer gesamten Tätigkeit darauf, dass der Ablauf des Vergabeverfahrens nicht unangemessen beeinträchtigt wird.**

(2) [1]**Die Vergabekammer prüft den Antrag darauf, ob er offensichtlich unzulässig oder unbegründet ist.** [2]**Dabei berücksichtigt die Vergabekammer auch einen vorsorglich hinterlegten Schriftsatz (Schutzschrift) des Auftraggebers.** [3]**Sofern der Antrag nicht offensichtlich unzulässig oder unbegründet ist, übermittelt die Vergabekammer dem Auftraggeber eine Kopie des Antrags und fordert bei ihm die Akten an, die das Vergabeverfahren dokumentieren (Vergabeakten).** [4]**Der Auftraggeber hat die Vergabeakten der Kammer sofort zur Verfügung zu stellen.** [5]**Die §§ 57 bis 59 Abs. 1 bis 5 sowie § 61 gelten entsprechend.**

Schrifttum: *Brauer,* Das Verfahren vor der Vergabekammer, NZBau 2009, 297; *Gröning,* Rechtsschutz gegen die Nichtzustellung des Nachprüfungsantrags?, VergabeR 2002, 435; *Maier,* Die prozessualen Grundsätze des Nachprüfverfahrens, NZBau 2004, 667; *Ramm,* Akteneinsicht und Untersuchungsgrundsatz im Vergabeverfahren, VergabeR 2007, 739; *Roth,* Reform des Vergaberechts – der große Wurf, VergabeR 2009, 404; *Wiedemann,* Geplante Neuerungen im Nachprüfungsverfahren, VergabeR 2009, 302.

Übersicht

I. Normzweck

1   **Abs. 1** normiert für das Verfahren der Vergabekammer **einen der drei Verfahrensgrundsätze,** den Untersuchungsgrundsatz (§ 112 und § 113 enthalten mit dem Prinzip der mündlichen Verhandlung und der Beschleunigungsmaxime[1] die übrigen Verfahrensgrundsätze). Der

---

[51] *Lausen* VergabeR 2002, 117, 125; *Immenga/Mestmäcker/Dreher* RdNr. 16; *Loewenheim/Meessen/Riesenkampff/Heuvels* RdNr. 4; so wohl auch OLG Frankfurt VergabeR 2001, 243, 246; *Freund* NZBau 2005, 266, 268; *Langen/Bunte/Schweda* RdNr. 7 a; aA *Reidt/Stickler/Glahs* RdNr. 29.

[52] Vgl. *Freund* NZBau 2005, 266, 268; *Immenga/Mestmäcker/Dreher* RdNr. 16.

[53] Ebenso: *Lausen* VergabeR 2002, 117, 122; *Byok/Jaeger/Byok* RdNr. 1009; *Immenga/Mestmäcker/Dreher* RdNr. 22; *Kulartz/Kus/Portz/Portz* RdNr. 4; *Loewenheim/Meessen/Riesenkampff/Heuvels* RdNr. 3; *Reidt/Stickler/Glahs* RdNr. 29.

[54] *Byok/Jaeger/Jaeger* § 124 RdNr. 1243 Fn. 7 mwN; aA Beck VOB-Komm/*Gröning* § 124 RdNr. 6.

[1] S. aber auch unten RdNr. 2.

Gesetzgeber des VgRÄG hat die **Vergabekammer** in Abs. 1 Satz 1 aus zwei Gründen **verpflichtet,** den für die Entscheidung gemäß § 114 Abs. 1 relevanten **Sachverhalt von Amts wegen aufzuklären:** auf Grund des öffentlichen Interesses an der Rechtmäßigkeit des Vergabeverfahrens und auf Grund der knappen Frist (§ 113 Abs. 1 Satz 1), innerhalb der die Vergabekammer die Nachprüfung einschließlich ihrer Entscheidung zu leisten hat.[2] Mit dem Gebot der Amtsermittlung hat der Gesetzgeber auch eine Angleichung des Verfahrens der Vergabekammer an das allgemeine Verwaltungsverfahren (§ 24 VwVfG) und das Verfahren der Kartellbehörden (s. jetzt § 57 Abs. 1) bewirken wollen.[3] Dementsprechend ordnet der – unsystematisch in Abs. 2 statt in Abs. 1 untergebrachte – **Abs. 2 Satz 5** die entsprechende Geltung der §§ 57 bis 59 Abs. 1 bis 5 für die Ermittlungsbefugnisse der Vergabekammer an. Vollends unsystematisch ist die – durch das Vergaberechtsmodernisierungsgesetz 2009 vorgenommene – Erweiterung der Verweisungsnorm des Abs. 2 Satz 5, die nunmehr auch die dem Verfahrensabschluss sowie der Begründung und Zustellung der Entscheidungen im Kartellverwaltungsverfahren gewidmete Vorschrift des § 61 für entsprechend anwendbar erklärt. Da die entsprechende Geltung des § 61 auch schon an der systematisch richtigen Stelle des § 114 Abs. 3 Satz 3 normiert ist, muss man annehmen, dass die mit Abs. 2 Satz 5 bewirkte doppelte Verweisung auf § 61 die gemäß Abs. 2 Satz 1 vorgesehenen Entscheidungen der Vergabekammer (Zurückweisung des Nachprüfungsantrags wegen offensichtlicher Unzulässigkeit oder Unbegründetheit ohne vorherige Übermittlung des Nachprüfungsantrags an den Auftraggeber, s. RdNr. 14, 16) betreffen soll und damit auf übertriebener Vorsicht des Gesetzgebers beruht.[4]

Die durch das Vergaberechtsmodernisierungsgesetz 2009 eingefügten **Sätze 2 und 3** des **2**
Abs. 1 bezwecken, die **Amtsermittlungspflicht** der Vergabekammer **mit der Tendenz zur Beschränkung zu konkretisieren.**[5] Eine weitere Vorschrift, die das Ausmaß der Amtsermittlung tendenziell beschränken soll, stellt **Satz 4 des Abs. 1** dar. Dieses Ziel versucht die – schon seit dem VgRÄG 1998 in § 110 enthaltene – Norm mit der unbestimmten Anweisung an die Vergabekammer zu erreichen, bei ihrer gesamten Tätigkeit im Nachprüfungsverfahren darauf zu achten, dass der Ablauf des Vergabeverfahrens nicht unangemessen beeinträchtigt wird. Damit wird das gesamte Verfahren der Vergabekammer den Grundsätzen der **Beschleunigung**[6] und der **Verhältnismäßigkeit** unterworfen.

Abs. 2 Satz 1 bis 3 schreibt der Vergabekammer die ersten Verfahrenshandlungen, die **3**
ebenfalls bezwecken, das Vergabeverfahren vor sachlich unnötigen Verzögerungen zu bewahren, verbindlich vor. Die Regelung steht in einem engen sachlichen Zusammenhang mit § 115 Abs. 1. Nach dieser Vorschrift hat die Vergabekammer im Interesse eines effektiven Rechtsschutzes die Kompetenz, auf das Vergabeverfahren – bisher durch Zustellung des Nachprüfungsantrags an den Auftraggeber, seit dem Vergaberechtsmodernisierungsgesetz 2009 durch Benachrichtigung („Information") des Auftraggebers in Textform über den Nachprüfungsantrag – mit dem Ergebnis einer Zuschlagssperre (bis zur Vergabekammerentscheidung und bis zum Ablauf der Beschwerdefrist nach § 117 Abs. 1) einzuwirken. Abs. 2 Satz 1 bis 3 bezweckt, diese **Behinderung des Vergabeverfahrens zu vermeiden, wenn** der **Nachprüfungsantrag offensichtlich erfolglos** ist. Zu dieser Prüfung verpflichtet Abs. 2 Satz 1 die Vergabekammer zu Beginn des Verfahrens. Hierzu ermöglicht der – durch das Vergaberechtsmodernisierungsgesetz eingefügte – Abs. 2 Satz 2 dem Auftraggeber oder stellt zumindest die Möglichkeit klar, die Vergabekammer vorab über die tatsächlichen und rechtlichen Aspekte der (vermeintlichen) Erfolglosigkeit des Nachprüfungsantrags mit Schriftsatz („Schutzschrift") in Kenntnis zu setzen.[7] Die Vorschrift verpflichtet die Vergabekammer ausdrücklich, die Schutzschrift bei der Erstprüfung auf offensichtliche Erfolglosigkeit des Nachprüfungsantrags zu „berücksichtigen". Abs. 2 erwähnt als Selbstverständlichkeit nicht ausdrücklich, dass die Vergabekammer den Nachprüfungsantrag, den sie auf Grund der Erstprüfung für offensichtlich unzulässig oder offensichtlich unbegründet hält, sogleich – ohne mündliche Verhandlung – durch förmliche Entscheidung zurückzuweisen hat. Nur wenn die Erstprüfung ergibt, dass der Nachprüfungsantrag nicht of-

---

[2] RegBegr. zum VgRÄG 1998, BT-Drucks. 13/9340, 18.

[3] Vgl. RegBegr. zum VgRÄG 1998, BT-Drucks. 13/9340, 18.

[4] Die Gesetzgebungsmaterialien zum Vergaberechtsmodernisierunggesetz (BT-Drucks. 16/10 117 und 16/11 428) enthalten keine Erwägungen und geben keinen Aufschluss darüber, weshalb § 110 Abs. 2 Satz 5 um die Verweisung auf § 61 ergänzt wurde.

[5] Vgl. Entw. des Vergaberechtsmodernisierungsgesetzes, BT-Drucks. 16/10 117, RegBegr. Teil B, zu Art. 1 Nr. 14.

[6] Ebenso: *Immenga/Mestmäcker/Dreher* RdNr. 4.

[7] Vgl. BT-Drucks. 16/10 117, RegBegr. Teil B, zu Art. 1 Nr. 14 (s. o. Fn. 5).

fensichtlich erfolglos ist, gestattet Abs. 2 Satz 3 der Vergabekammer, das Nachprüfungsverfahren weiter durchzuführen, (zunächst) den Auftraggeber iSd. § 115 Abs. 1 zu informieren und/oder ihm eine Kopie des Antrags zu übermitteln (womit der Suspensiveffekt des § 115 Abs. 1 ebenfalls eintritt) sowie bei ihm die Vergabeakten anzufordern. **Satz 4 des Abs.** 2 bezweckt schließlich, der Vergabekammer den unmittelbaren Besitz der **für die Nachprüfung unverzichtbaren Original-Vergabeakten** zu verschaffen und den Auftraggeber wegen der knappen Verfahrensfrist (§ 113 Abs. 1 Satz 1) zu verpflichten, dies auf jeden Fall **sofort** zu bewirken.

II. Umfang der Amtsermittlung und der Prüfung des Vergabeverfahrens

4   Es ist zumindest gedanklich zu unterscheiden zwischen der (amtswegigen) Erforschung des Sachverhalts, der für die Beurteilung der von den Verfahrensbeteiligten geltend gemachten und evtl. außerdem von Amts wegen berücksichtigten vergaberechtlichen Verstöße erheblich ist, und der Frage, ob die Vergabekammer verpflichtet oder zumindest befugt ist, die Prüfung des Vergabeverfahrens über die geltend gemachten Rechtsverletzungen hinaus auf weitere vergaberechtliche Verstöße auszudehnen. Es ist freilich nicht zu verkennen, dass sich die beiden Fragenbereiche überlappen.

5   **1. Umfang der amtswegigen Aufklärung des Sachverhalts.** Als Grundprinzip gilt, dass die Vergabekammer alle Tatsachen aufzuklären hat, die zur Beurteilung der von den Verfahrensbeteiligten zulässigerweise geltend gemachten Rechtsverstöße sowie der evtl. außerdem relevanten vergaberechtlichen Verstöße (s. RdNr. 8–10) und damit für die Entscheidung der Vergabekammer objektiv erforderlich sind.[8] Insoweit hat sie den Sachverhalt grds. ohne Bindung an den Sachvortrag und die Beweisangebote der Beteiligten zu ermitteln. Dieser Grundsatz wird jedoch sowohl durch **Abs. 1 Satz 2** als auch durch die Mitwirkungspflicht der Beteiligten (§ 113 Abs. 2) eingeschränkt. In erster Linie hat die Vergabekammer bei ihrer Sachverhaltsermittlung von demjenigen auszugehen, was die Beteiligten – mit einiger Substanz – vorgebracht haben (Abs. 1 Satz 2). Behauptungen der Beteiligten, die die Vergabekammer auf Grund ihrer professionellen Kenntnisse, nach der Art der (insbes. pauschalen) Behauptungen oder auf Grund der Begleitumstände als Vortrag „ins Blaue hinein" entlarven kann, braucht sie nicht zu beachten und nicht zum Anlass für weitere Ermittlungen zu nehmen.[9] Andererseits gebietet Abs. 1 Satz 2 ihr, auch dasjenige in ihre Ermittlungsarbeit einzubeziehen, was „ihr sonst bekannt sein muss". Daraus ist zu folgern, dass alle tatsächlichen Umstände, die der Vergabekammer – zB auf Grund ihres Studiums der Vergabeakten oder von Presseveröffentlichungen[10] – *bekannt sind*, über den Beteiligtenvortrag hinaus zu berücksichtigen sind, dh. in die weitere Sachverhaltsaufklärung und in die Sachverhaltswürdigung (nach Gewährung rechtlichen Gehörs) einzubeziehen sind. IÜ ist der Zusatz in Abs. 1 Satz 2 („sonst bekannt *sein muss*") für eine rechtssichere Auslegung der Reichweite der Amtsermittlungspflicht – für sich genommen – zu unbestimmt.[11] Nach der Umschreibung des Zusatzes in der RegBegr. zu Abs. 1 Satz 2 sind hiermit „sonstige Umstände" gemeint, „die dem sorgfältig ermittelnden Beamten zur Kenntnis gelangt wären".[12] Daraus ist zu schließen, dass dieser Zusatz in Abs. 1 Satz 2 der Vergabekammer keine weitergehende Ermittlungspflicht auferlegt, als sie bisher schon von der Rechtsprechung angenommen wurde. Danach hat die Vergabekammer (wie iÜ auch das Beschwerdegericht gemäß den §§ 120 Abs. 2, 70 Abs. 1) den Sachverhalt auf Grund eigener Ermittlungen nur insofern aufzuklären, als der Vortrag der Beteiligten reicht oder sich entscheidungserhebliche Tatsachen aufdrängen. Hingegen zwingt der Untersuchungsgrundsatz nicht dazu, allen denkbaren Möglichkeiten der Sachlage von Amts wegen nachzugehen. Die Aufklärungspflicht beschränkt sich darauf, wozu das Vorbringen der Beteiligten oder der Sachverhalt als solcher bei sorgfältiger Überlegung der Gestaltungsmöglichkeiten Anlass zu Ermittlungen gibt.[13]

---

[8] Vgl. BT-Drucks. 16/10117, RegBegr. Teil B, zu Art. 1 Nr. 14 (s. o. Fn. 5); vgl. auch *Prieß* 374; *Reidt/ Stickler/Glahs* RdNr. 10. Dazu gehört auch die überhaupt für den Rechtsweg zu den Vergabekammern maßgebliche Schätzung des Auftragswerts (§ 100 Abs. 1); hat der öffentliche Auftraggeber dabei die gebotene Sorgfalt missachtet, muss die Vergabekammer die ordnungsgemäße Schätzung gemäß § 110 Abs. 1 Satz 1 nachholen, OLG Koblenz NZBau 2009, 403, 407.

[9] OLG Düsseldorf, Beschl. v. 20. 12. 2000 – Verg 20/00; vgl. auch OLG Düsseldorf VergabeR 2004, 248, 250; *Byok/Jaeger/Byok* RdNr. 1016 mwN; *Kulartz/Kus/Portz/Maier* RdNr. 11; *Loewenheim/Meessen/Riesenkampff/Heuvels* RdNr. 3.

[10] Beispiel in BT-Drucks. 16/10117, RegBegr. Teil B, zu Art. 1 Nr. 14.

[11] Ähnlich *Brauer* NZBau 2009, 297, 299 („in der Praxis problematisch").

[12] BT-Drucks. 16/10117, RegBegr. Teil B, zu Art. 1 Nr. 14.

[13] OLG Düsseldorf NZBau 2002, 578, 580 unter Bezugnahme auf BGH WuW/E BGH 990, 993 – Papierfiltertüten – zur entspr. Rechtsfrage im Kartellverfahrensrecht; vgl. auch BGH NZBau 2001, 151, 154.

Ferner wird die Amtsermittlungspflicht durch die **Mitwirkungs- und Förderungspflich-** 6
ten der Beteiligten (§ 113 Abs. 2) relativiert. Das betrifft insbes. den Antragsteller, der die ihm
bekannten, die Rechtfertigung seines Begehrens stützenden Tatsachen[14] vortragen und zumindest nach Hinweis der Vergabekammer auf die Beweisbedürftigkeit auch Beweismittel − soweit
möglich − vorlegen oder benennen muss,[15] wobei die Vergabekammer Ausschlussfristen setzen
kann (§ 113 Abs. 2 Satz 2). Die Vernachlässigung der Mitwirkungs- und Förderungspflichten
wirkt sich auch auf das Ausmaß der Amtsermittlungspflicht aus. Denn die Pflicht der Beteiligten
zur Verfahrensförderung und die Amtsermittlungspflicht stehen in einer **Wechselwirkung** zueinander. Wenn ein Verfahrensbeteiligter seiner Mitwirkungs- und Förderungspflicht − erkennbar entgegen seinen Möglichkeiten − nicht nachkommt, reduziert sich zu seinen Lasten die
Pflicht der Vergabekammer, von Amts wegen den Sachverhalt aufzuklären. Ohne einen − im
Rahmen des Möglichen und Zumutbaren zu fordernden − detaillierten Sachvortrag des betreffenden Beteiligten ist die Vergabekammer nicht zur Amtsermittlung verpflichtet.[16] So ist zB die
Vergabekammer auf Grund einer Rüge, die Ausschreibung verstoße wegen der verdeckten
Ausschreibung eines Leitfabrikats gegen das Gebot zur Produktneutralität (§ 7 Abs. 8 VOB/A
2009), ohne die dem Antragsteller zumutbaren Angaben dazu, welches Leitfabrikat an welchen
Stellen verdeckt in der Leistungsbeschreibung enthalten sei, nicht gemäß Abs. 1 dazu verpflichtet, von Amts wegen zu überprüfen, ob tatsächlich einzelne Positionen des Leistungsverzeichnisses trotz des Fehlens von Fabrikatsangaben doch auf bestimmte Fabrikate abzielen.[17]

Wenn dagegen der Vortrag der Beteiligten, ggf. zusammen mit dem vorhandenen Tatsa- 7
chenmaterial (insbes. den Vergabeakten), hinreichenden Anlass zur weiteren Sachverhaltsaufklärung gibt und es ungewiss ist, ob der Beteiligte, den es angeht (zB der Antragsteller), seine Mitwirkungspflichten entgegen seinen Möglichkeiten vernachlässigt hat, ist die Vergabekammer zur
Amtsermittlung verpflichtet und nicht befugt, dem betreffenden Beteiligten aufzugeben, zunächst den vollständigen Sachverhalt substantiiert darzulegen.[18] Die Ansicht, dass die Vergabekammer bei der ihr obliegenden Sachverhaltserforschung nicht nur die Art, sondern auch den
Umfang ihrer Ermittlungen nach pflichtgemäßem Ermessen bestimme,[19] wird dem Untersuchungsgrundsatz nicht gerecht. Es kommt vielmehr auf die Überzeugungsbildung der Vergabekammer an. Im Rahmen der bestehenden[20] Amtsermittlungspflicht hat sie **alle Möglichkeiten
der Aufklärung auszuschöpfen**[21] und über alle entscheidungserheblichen, beweisbedürftigen
Tatsachen Beweis zu erheben;[22] diese Pflicht ist zeitlich nicht beschränkt auf die fünfwöchige
Erstfrist gemäß § 113 Abs. 1 Satz 1.[23] Da die Entscheidungsfrist − notfalls auch mehrfach − verlängert werden kann (§ 113 Abs. 1 Satz 2), hat der Untersuchungsgrundsatz Vorrang. Daher
kann die Vergabekammer nicht von der Vernehmung von Zeugen, die zur Aufklärung entscheidungserheblicher Tatsachen geeignet ist, absehen, ohne gegen Abs. 1 zu verstoßen.[24]
Wenn sich die Vergabekammer nicht ohne sachverständige Beratung von der Richtigkeit einer
Tatsachenbehauptung überzeugen kann, muss sie auch das erforderliche Sachverständigengutachten einholen; der Ansicht, dass diese Pflicht aus Zeitgründen wegen der Beschleunigungsmaxime eingeschränkt sei,[25] kann nicht zugestimmt werden.[26] Dass der Zeitaufwand für zur Sachaufklärung notwendige Beweiserhebungen hinzunehmen ist, kann auch nicht wegen Abs. 1
Satz 4 bezweifelt werden. Bei einer am Gebot des effektiven Rechtsschutzes orientierten Auslegung dieser − ohnehin ziemlich unbestimmten − Vorschrift ist es nicht als eine unangemessene
Beeinträchtigung des Vergabeverfahrens anzusehen, wenn sich dessen Ablauf infolge erforderli-

---

[14] Vgl. auch § 108 RdNr. 11 mwN.
[15] Vgl. BGH NZBau 2001, 151, 154; vgl. auch *Immenga/Mestmäcker/Dreher* RdNr. 10.
[16] OLG Düsseldorf VergabeR 2004, 248, 250; vgl. auch OLG Düsseldorf VergabeR 2001, 419, 423–
424.
[17] OLG München VergabeR 2007, 799, 801 („Der Untersuchungsgrundsatz hat nicht die Aufgabe,
Nachprüfungsanträge schlüssig zu machen").
[18] Zumindest im Erg. ebenso: *Langen/Bunte/Schweda* RdNr. 2 mwN; *Kulartz/Kus/Portz/Maier* RdNr. 6
mwN und RdNr. 11.
[19] So BT-Drucks. 16/10 117, RegBegr. Teil B, zu Art. 1 Nr. 14 (o. Fn. 5).
[20] Vgl. RdNr. 5 und 6.
[21] BT-Drucks. 16/10 117, RegBegr. Teil B, zu Art. 1 Nr. 14 (o. Fn. 5).
[22] Ebenso: *Immenga/Mestmäcker/Dreher* RdNr. 9; *Reidt/Stickler/Glahs* RdNr. 10.
[23] AA. wohl BT-Drucks. 16/10 117, RegBegr. Teil B, zu Art. 1 Nr. 14.
[24] Ebenso: *Immenga/Mestmäcker/Dreher* RdNr. 9 mwN.
[25] *Kulartz/Kus/Portz/Maier* RdNr. 36 mwN.
[26] Wie hier wohl *Immenga/Mestmäcker/Dreher* RdNr. 8 und 9.

cher Beweiserhebungen verzögert,[27] vorausgesetzt, dass die Vergabekammer den Zeitaufwand hierfür durch geeignete Maßnahmen auf das unbedingt nötige Maß verkürzt und dass es sich um verfügbare Beweismittel handelt (zB nicht um Zeugen, die für längere Zeit aus dem Ausland nicht zurückkehren).

8   **2. Umfang der Prüfung des Vergabeverfahrens auf Rechtsverstöße.** Der Untersuchungsgrundsatz ist nicht nur zu beachten, wenn es um die Aufklärung des Sachverhalts zu den von den Beteiligten zulässigerweise geltend gemachten vergaberechtlichen Verstößen geht, sondern ist auch bei der Frage berührt, ob die Vergabekammer verpflichtet oder zumindest berechtigt ist, darüber hinaus weitere Vergaberechtsverstöße zu ermitteln und ggf. in ihre Beurteilung (vor allem) bei der Endentscheidung (§ 114) einzubeziehen. Die gesetzliche Ausgangslage zur Beantwortung dieser Frage ist nicht in einer über Zweifel erhabenen Klarheit ausgestaltet.[28] Für eine weite Prüfungspflicht oder (zumindest) Prüfungsbefugnis spricht, dass einer der gesetzgeberischen Gründe für die Normierung des Untersuchungsgrundsatzes im öffentlichen Interesse an der Rechtmäßigkeit des Vergabeverfahrens liegt[29] und dies anscheinend auch mitursächlich für die Regelung des § 114 Abs. 1 Satz 2 war, dass die Vergabekammer auch unabhängig von den Anträgen der Beteiligten auf die Rechtmäßigkeit des Vergabeverfahrens einwirken kann. Ferner ist es die Aufgabe der Vergabekammer, zu entscheiden, ob der Antragsteller in seinen subjektiven Rechten − bezogen auf den Vergaberechtsschutz (gegen die Verschlechterung der Zuschlagschancen[30]) − verletzt worden ist (§ 114 Abs. 1 Satz 1). Eine solche Rechtsverletzung kann auch durch vom Antragsteller nicht erkannte und daher nicht gerügte Vergaberechtsverstöße des Auftraggebers verursacht worden sein. Aber auch das Gegenteil kann der Fall sein, dass ein Vergaberechtsfehler des Auftraggebers durch einen vergaberechtlichen Mangel des Antragstellers so neutralisiert wird, dass im Ergebnis kein subjektives Recht des Antragstellers mit Blick auf sein Interesse am Auftrag verletzt worden ist.[31] Solche ggf. nicht geltend gemachten Vergaberechtsfehler zu berücksichtigen, ist der Vergabekammer nur bei einer weiten Prüfungsbefugnis möglich. Gegen eine „Fehlersuche von Amts wegen"[32] (wohl besser: Fehlerberücksichtigung von Amts wegen) könnte sprechen, dass das Nachprüfungsverfahren auf dem Antragserfordernis beruht (§ 107 Abs. 1 und Abs. 2)[33] und − zumindest hauptsächlich − dem Individualrechtsschutz des Antragstellers[34] und der Beigeladenen[35] dient. Auf dieser Linie liegt die durch das Vergaberechtsmodernisierungsgesetz eingefügte, allerdings sehr allgemein gehaltene Vorschrift des Abs. 1 Satz 3, die das hier behandelte Problem nicht wirklich löst. Es wird lediglich klargestellt, dass die Vergabekammer nicht zu einer umfassenden Rechtmäßigkeitskontrolle verpflichtet ist. So wurden schon bisher die §§ 110 Abs. 1, 114 Abs. 1 ganz überwiegend ausgelegt.[36]

9   Zu dem vorstehend (RdNr. 8) dargestellten Problem sind die in Betracht kommenden Normen (§§ 110, 114 Abs. 1 und auch § 107) folgendermaßen auszulegen: Unbedingte **Voraussetzung** dafür, dass die Vergabekammer ihre Nachprüfung auf von den Beteiligten nicht geltend gemachte Vergaberechtsfehler erstreckt, ist die **Zulässigkeit des Nachprüfungsantrags.**[37] Bei einer Unzulässigkeit des Nachprüfungsantrags, unabhängig davon, ob sie offensichtlich (iSd. Abs. 2 Satz 1) ist oder nicht, muss sich die Vergabekammer mit der Verwerfung des Antrags begnügen. Das gilt auch dann, wenn der Antragsteller Vergaberechtsverstöße geltend macht, mit denen er mangels Erfüllung der Rügeobliegenheit gemäß § 107 Abs. 3 Satz 1 Nr. 1[38] oder

---

[27] Im Erg. ebenso: *Reidt/Stickler/Glahs* RdNr. 10; aA. wohl (aber unklar) *Byok/Jaeger/Byok* RdNr. 1017; *Immenga/Mestmäcker/Dreher* RdNr. 11.

[28] Ebenso: *Ramm* VergabeR 2007, 739, 743–744 („diffuse gesetzliche Regelung").

[29] Vgl. oben RdNr. 1.

[30] Vgl. § 107 RdNr. 24 und 25.

[31] Vgl. ua. § 107 RdNr. 27 und 28.

[32] Ausdruck zB. von *Ramm* VergabeR 2007, 739, 744; häufiger als „ungefragte Fehlersuche" bezeichnet, vgl. *Immenga/Mestmäcker/Dreher* RdNr. 12 mwN.

[33] Vgl. § 107 RdNr. 8.

[34] Vgl. § 107 RdNr. 1 und 2.

[35] Vgl. § 109 RdNr. 1, 3 und 4.

[36] Vgl. OLG Düsseldorf VergabeR 2005, 670, 671; *Maier* NZBau 2004, 667, 668; *Kulartz/Kus/Portz/Maier* RdNr. 5 mwN; *Ramm* VergabeR 2007, 739, 744 mwN; *Wiedemann* VergabeR 2009, 302, 309 mwN; *Stoye/von Münchhausen* VergabeR 2008, 871, 872.

[37] Vgl. OLG Düsseldorf VergabeR 2005, 670, 671 (hebt notwendige Zulässigkeit nach § 107 Abs. 2 und Abs. 3 hervor).

[38] Zu den Rügeobliegenheiten gemäß § 107 Abs. 3 Satz 1 Nr. 2 und 3 vgl. aber § 107 RdNr. 52 und 53.

wegen Versäumung der Antragsfrist gemäß § 107 Abs. 3 Satz 1 Nr. 4 präkludiert ist. Nach dem Normzweck der vorgenannten Vorschriften darf die Vergabekammer solche Vergaberechtsverstöße auch von Amts wegen nicht verfolgen und keine Rechtsfolgen aus ihnen herleiten.[39] Davon will ein Teil der Rspr. und des Schrifttums bei einem Nachprüfungsantrag, der bezüglich einer anderen weiteren Rüge zulässig ist, für den Fall eine Ausnahme machen, dass die von der Präklusion erfassten Vergaberechtsfehler „besonders gravierende Verstöße" (zB Dauerverstöße, schwerwiegende Verstöße gegen das Gleichbehandlungsgebot oder gegen die Dokumentationspflichten) seien, bei denen trotz einer Verletzung der Rügeobliegenheit dann keine Präklusion eintrete, wenn nicht nur das individuelle Interesse eines Bieters, sondern vornehmlich auch das öffentliche Interesse an einem fairen und ausschließlich wirtschaftliche Gesichtspunkte berücksichtigenden Vergabeverfahren betroffen sei. Solchen behaupteten Verstößen habe die Vergabekammer nachzugehen und den Sachverhalt hierzu aufzuklären.[40] Das überzeugt nicht. Wenn wegen der Art und Schwere des Vergaberechtsverstoßes trotz Nichterfüllung der Rügeobliegenheit „keine Präklusion eintritt" (eine in den Anwendungsbereich des § 107 Abs. 3 fallende Rechtsfrage), besteht kein Hindernis für die Amtsermittlung der Vergabekammer. Kann aber der Antragsteller selbst den Vergaberechtsverstoß wegen Rügepräklusion nicht mehr geltend machen, muss auch die Vergabekammer ohne Ansehung dieses Verstoßes entscheiden; denn es fehlt insoweit an der Zugangsvoraussetzung[41] für die Entscheidungskompetenz der Vergabekammer.

Sofern keine Zulässigkeitshindernisse bestehen, ergibt sich aus Abs. 1 Satz 2 (2. Alt.), ferner aus   **10** der Pflicht zu entscheiden, ob der Antragsteller in seinen Rechten verletzt worden ist[42] und – ggf. – welche Maßnahmen zur Beseitigung der Rechtsverletzung geeignet sind (§ 114 Abs. 1 Satz 1), und schließlich aus § 114 Abs. 1 Satz 2, dass die Vergabekammer grds. **befugt** ist, über die geltend gemachten Vergaberechtsverstöße hinaus **von Amts wegen weitere** etwaige **Vergaberechtsfehler aufzugreifen** und in ihre Sachaufklärung sowie ihre Entscheidung einzubeziehen.[43] Die **Verpflichtung** hierzu ist allerdings, auch mit Blick auf die knappe Entscheidungsfrist (§ 113 Abs. 1), sehr **eingeschränkt**. Nach der Regel des Abs. 1 Satz 2 und unter Beachtung des Abs. 1 Satz 4 ist die Vergabekammer nur verpflichtet, solchen Unregelmäßigkeiten der Verhaltensweisen der Beteiligten im Vergabeverfahren, insbes. hinsichtlich des Inhalts und der sonstigen Ausgestaltung der Vergabeunterlagen des Auftraggebers einerseits und der Bewerbungen und/oder Angebote des Antragstellers und der Beigeladenen andererseits, nachzugehen und auf Vergaberechtsverstöße zu untersuchen, die bei der sorgfältigen Untersuchung des ohnehin zu prüfenden vorgetragenen Streitstoffs zusätzlich ohne weiteres auffallen, Anlass zu erheblichen Zweifeln geben und für die zu treffende Entscheidung noch relevant sein können.[44] So hat zB das Kammergericht in einem Fall, in dem es zunächst um die Erfüllung der Vorabinformationspflicht gemäß § 101 a Abs. 1 (seinerzeit § 13 VgV) ging, die Vergabekammer für verpflichtet gehalten, die – nicht gerügte – Wertung der Angebote wegen sich aufdrängender Bedenken von Amts wegen zu untersuchen, die daraus resultierten, dass die Vergabestelle in dem komplexen Vergabeverfahren über Dienstleistungen im Werte von mehreren Millionen Euro die Angebote – sehr unüblich – bereits einen Tag nach Ablauf der Angebotsfrist gewertet hatte.[45] Es gibt keine Rechtsgrundlage, die vorstehend dargestellten engen Grenzen der Untersuchungspflicht auch der **Befugnis** zur Untersuchung der bisher von keinem Beteiligten geltend gemachten Vergaberechtsfehler zu setzen. Wie es der Vergabekammer gestattet ist, bisher nicht gerügte Vergaberechtsverstöße des Auftraggebers oder dem Angebot eines Beigeladenen anhaftende Vergaberechtsfehler zu Gunsten des Nachprüfungsbegehrens des Antragstellers zu verwerten,[46] so kann

---

[39] OLG Celle VergabeR 2010, 669, 674 f.; OLG Dresden VergabeR 2003, 333, 336; OLG Düsseldorf NZBau 2002, 634, 636; *Ramm* VergabeR 2007, 739, 744; *Immenga/Mestmäcker/Dreher* RdNr. 11.

[40] KG VergabeR 2004, 762, 767–768; *Kulartz/Kus/Portz/Maier* RdNr. 9 mwN; vgl. auch *Loewenheim/ Meessen/Riesenkampff/Heuvels* RdNr. 4.

[41] Vgl. § 107 RdNr. 46 mwN.

[42] Vgl. oben RdNr. 8 bei Fn. 30 und 31.

[43] Zumindest im Erg. ebenso: OLG Düsseldorf VergabeR 2005, 670, 671–672; RegBegr. zum VgRÄG 1998, BT-Drucks. 13/9340, S. 19; *Ramm* VergabeR 2007, 739, 744; *Maier* NZBau 2004, 667, 668; vgl. auch *Wiedemann* VergabeR 2009, 302, 310; *Loewenheim/Meessen/Riesenkampff/Heuvels* RdNr. 3; vgl. auch unten Fn. 46 und 48.

[44] Ähnlich OLG München VergabeR 2010, 238, 243 f.; *Loewenheim/Meessen/Riesenkampff/Heuvels* RdNr. 3.

[45] KG VergabeR 2002, 235, 240.

[46] Ebenso: OLG Brandenburg VergabeR 2010, 516, 520; OLG Dresden VergabeR 2003, 333, 336; *Immenga/Mestmäcker/Dreher* RdNr. 11.

es ihr – auch mit Blick auf das Gebot der Gleichbehandlung der Beteiligten – ebenfalls nicht verwehrt sein, erst bei ihrer Untersuchung erkannte Mängel der Bewerbung oder des Angebots des Antragstellers bei der ihr obliegenden Prüfung, ob der Antragsteller durch einen Vergaberechtsverstoß des Auftraggebers in der Gesamtbeurteilung in seinen Rechten verletzt ist (§ 114 Abs. 1 Satz 1),[47] zu berücksichtigen.[48] Die Vergabekammer hat jedoch bei solchen Untersuchungen, soweit sie nicht obligatorisch sind, als Zeitgrenze den Beschleunigungsgrundsatz (§ 110 Abs. 1 Satz 4 und § 113 Abs. 1) sehr viel strenger zu beachten und sollte solche Untersuchungen grds. nicht zu Lasten der Einhaltung der Erstfrist gemäß § 113 Abs. 1 Satz 1 durchführen. Schließlich gibt es noch eine Schranke für die amtswegige Ermittlung und Berücksichtigung von nicht gerügten Vergaberechtsverstößen: Für die Ausdehnung der amtswegigen Untersuchung reicht es nicht aus, dass solche Verstöße die Rechtmäßigkeit des Vergabeverfahrens (§ 114 Abs. 1 Satz 2) in Frage stellen, vielmehr müssen sie zugleich den Antragsteller betreffen und mit der – gemäß § 114 Abs. 1 Satz 1 vorgesehenen – Feststellung einer Rechtsverletzung des Antragstellers in Zusammenhang stehen.[49] So darf zB die Vergabekammer, die den Nachprüfungsantrag des Antragstellers wegen eines zwingenden Ausschlusses seines Angebots (zB infolge Änderung der Verdingungsunterlagen) zurückgewiesen hat, nicht zugleich den Auftraggeber dazu verpflichten, das gesamte Vergabeverfahren wegen bestimmter Mängel in der Leistungsbeschreibung, die keine Auswirkung auf den Ausschluss des Angebots des Antragstellers und auf seine Bieterposition im Vergabeverfahren hatten, aufzuheben.[50]

III. Ermittlungsbefugnisse und Beweiserhebung

11 Abs. 2 Satz 5 ordnet die entsprechende Geltung der §§ 57 bis 59 Abs. 1 bis 5 aus dem Kartellverwaltungsverfahrensrecht an. Für den **Beweis durch Augenschein, Zeugen** und **Sachverständige** verweist § 57 Abs. 2 auf wichtige **ZPO-Regeln**, die sinngemäß anzuwenden sind. Danach bedarf die Beweisaufnahme keines förmlichen Beweisbeschlusses; auf die §§ 358 bis 360 ZPO wird nicht verwiesen. Die Vernehmung von Zeugen und Sachverständigen findet stets vor der vollständig besetzten Vergabekammer statt; denn auch auf § 375 ZPO („Beweisaufnahme durch beauftragten oder ersuchten Richter") verweist § 57 Abs. 2 nicht. Anders als im Kartellverwaltungsverfahren kann aus § 57 Abs. 3[51] nichts Gegenteiliges geschlossen werden; denn von Gesetzes wegen „ermittelt" die gesamte Vergabekammer, nicht nur ein Mitglied. Die Zeugen werden wie im Zivilprozess geladen (§ 377 ZPO). Sie sind verpflichtet, vor der Vergabekammer zu erscheinen; gegen Zeugen, die unentschuldigt nicht erscheinen, kann Ordnungsgeld, aber keine Ordnungshaft verhängt werden, außerdem werden ihnen die durch ihr Ausbleiben verursachten Kosten auferlegt (§ 57 Abs. 2 GWB; § 380 ZPO). Die Zeugen werden vernommen, können von den Beteiligten befragt werden und haben Zeugnisverweigerungsrechte wie im Zivilprozess (vgl. § 57 Abs. 2 GWB iVm. §§ 395–398 Abs. 1 und §§ 383–387, 390 ZPO). Gemäß § 57 Abs. 3 „soll" über die Zeugenaussage eine Niederschrift aufgenommen werden; das ist eine Abweichung von der Muss-Vorschrift des § 159 Abs. 1 ZPO im Zivilprozess. Auf die Niederschrift sollte nur im Ausnahmefall (zB bei offensichtlicher Unergiebigkeit der Zeugenaussage) verzichtet werden, auch mit Blick auf die Beweiskraft des Protokolls. Denn der Zeuge hat (wiederum abweichend vom Zivilprozess, § 162 ZPO) seine Genehmigung, die er nach der Vorlesung oder eigenen Durchsicht der Niederschrift erteilt, zu unterschreiben (§ 57 Abs. 4 – bei unterbliebener Unterschrift ist der Grund hierfür im Protokoll anzugeben). Die Anordnung, dass der Zeuge die Beweisfrage statt einer Vernehmung schriftlich beantworten soll, ist nach Ermessen der Vergabekammer möglich (§ 57 Abs. 2 GWB iVm. § 377 Abs. 3 ZPO). Die Vergabekammer ist nicht befugt, Zeugen zu beeidigen. Wenn sie – nach eigener Vernehmung – die Beeidigung zur Herbeiführung einer wahrheitsgemäßen Aussage als notwendig erachtet, kann sie das Amtsgericht um die Beeidigung des betreffenden Zeugen ersu-

---

[47] Vgl. o. RdNr. 8 bei Fn. 30 und 31.

[48] Vgl. § 107 RdNr. 28 mwN, insbes. EuGH, C-249/01, Slg. 2003, I-6319 = NZBau 2003, 509 – Hackermüller; aA, da nur subjektive Rechte des Antragstellers *verletzende* Verstöße von Amts wegen aufgegriffen werden dürften: OLG Dresden VergabeR 2003, 333, 336; OLG Rostock VergabeR 2006, 374, 376; *Immenga/Mestmäcker/Dreher* RdNr. 11 und 12.

[49] Vgl. OLG Düsseldorf VergabeR 2005, 670, 671–672; OLG München VergabeR 2010, 246, 259.

[50] Vgl. OLG Düsseldorf VergabeR 2005, 670, 671.

[51] Aus der Anordnung, dass die Niederschrift über die Zeugenaussage nur vom „ermittelnden Mitglied der Kartellbehörde" zu unterschreiben ist, wird hergeleitet, dass die Vernehmung nicht vor der gesamten Beschlussabteilung stattzufinden braucht: *Immenga/Mestmäcker/Karsten Schmidt/Bach* § 57 RdNr. 19.

chen (§ 57 Abs. 6 Satz 1). Die örtliche Zuständigkeit richtet sich nach § 157 GVG; es steht im Ermessen der Vergabekammer, ob sie das Ersuchen je nach Zweckmäßigkeit an das Amtsgericht an ihrem Sitz oder an das für den Wohnort oder den Aufenthaltsort des Zeugen zuständige Amtsgericht adressiert.[52] Das angerufene Amtsgericht ist an das Ersuchen nicht gebunden, sondern entscheidet gemäß § 57 Abs. 6 Satz 2 über die Voraussetzungen der Beeidigung autonom. Wenn es die Beeidigung anordnet, hat es nur diese durchzuführen, nicht (nochmals) die Vernehmung des Zeugen; eine ergänzende Vernehmung des Zeugen durch das Amtsgericht ist aber nicht ausgeschlossen.[53] Der Beweis durch Sachverständige ist in § 110 Abs. 2 Satz 5 iVm. § 57 Abs. 2 durch eine vollständige Verweisung auf die Vorschriften der ZPO (§§ 402–414) mit Ausnahme derjenigen, die auf das Vergabekammerverfahren nicht passen (§§ 403, 405, 410 ZPO), geregelt. Da wegen der knappen Entscheidungsfrist ein Bedarf dafür besteht, Sachverständigengutachten in der mündlichen Verhandlung erstatten zu lassen, ist die ergänzende Vorschrift des § 57 Abs. 5 wichtig, wonach das mündliche Gutachten und die etwaige zusätzliche Vernehmung des Sachverständigen protokollarisch genau so zu behandeln sind wie Zeugenaussagen.

Die Vergabekammer ist jedoch nicht auf die förmlichen Beweismittel der ZPO (RdNr. 11) **12** beschränkt. Sie kann sich aller (rechtmäßigen) Erkenntnisquellen bedienen; gemäß § 110 Abs. 2 Satz 5 iVm. § 57 Abs. 1 gilt für die Beweiserhebung der Grundsatz des **Freibeweises**.[54] Sie kann also nach ihrem Ermessen, wenn sie dies als erforderlich, zweckmäßig und verhältnismäßig erachtet, auch formlos Personen, Unternehmen, Verbände und Behörden befragen sowie Urkunden und Akten anderer Dienststellen einsehen.[55] Zu bedenken ist freilich, dass bei der Beweiswürdigung den förmlich erhobenen Beweisen idR ein höherer Beweiswert als den im Freibeweisverfahren beschafften Erkenntnissen beigemessen wird. Für das **Beweismaß** gelten keine besonderen Regeln; die Vergabekammer muss – nach dem Prinzip der freien Beweiswürdigung[56] – die volle Überzeugung von der zu beweisenden Tatsache in dem Sinne gewinnen, dass bei vernünftiger Betrachtung aller Umstände keine Zweifel mehr verbleiben.[57]

§ 110 Abs. 2 Satz 5 iVm. §§ 58, 59 Abs. 1 bis Abs. 5 räumen der Vergabekammer die im **13** Kartellverwaltungsverfahren sehr wichtigen Ermittlungsinstrumente der **Beschlagnahme** und des förmlichen **Auskunftsverlangens** (auch gegenüber nicht verfahrensbeteiligten Unternehmen) sowie der **Durchsuchung** der Räume von Unternehmen und Unternehmensvereinigungen (grds. nur auf Anordnung des Amtsrichters) ein. Diese Befugnisse gelten auch gegenüber öffentlichen Auftraggebern unabhängig von ihrer Rechtsform.[58] Die Vergabekammer könnte daher zB die Vergabeakten, wenn eine Vergabestelle sie trotz Aufforderung und Mahnung ohne ausnahmsweise anzuerkennenden triftigen Grund zurückhält, nach den Regeln des § 58 beschlagnahmen und zwangsweise beiziehen.[59] Soweit ersichtlich haben die den Vergabekammern gemäß den §§ 58, 59 verliehenen Befugnisse bisher keine nennenswerte praktische Bedeutung gehabt.

IV. Erstprüfung des Nachprüfungsantrags (Abs. 2 Satz 1 und 2)

Bevor der Untersuchungsgrundsatz Bedeutung erlangen kann, hat die Vergabekammer den **14** eingereichten Nachprüfungsantrag darauf zu prüfen, ob er „offensichtlich unzulässig oder unbegründet" ist. Das Wort „offensichtlich" bezieht sich dem Sinnzusammenhang eindeutig auch auf „unbegründet". Die Prüfung ist sofort[60] nach Antragseingang durchzuführen, zum einen wegen der knappen Entscheidungsfrist für den Fall, dass das Nachprüfungsverfahren mangels offensichtlicher Unzulässigkeit oder Unbegründetheit weiter betrieben wird, zum anderen, weil die Prüfung Voraussetzung für die Herstellung des Suspensiveffekts (§ 115 Abs. 1) ist (vgl. RdNr. 3). Grundlage für die Prüfung ist – vorbehaltlich einer Schutzschrift des öffentlichen Auftraggebers – nur der Nachprüfungsantrag nebst Begründung (§ 108 Abs. 2) und etwaigen

---

[52] FK/*Bracher* § 57 GWB RdNr. 38; *Immenga/Mestmäcker/K. Schmidt/Bach* § 57 RdNr. 21 mwN.

[53] FK/*Bracher* § 57 GWB RdNr. 38.

[54] *Ramm* VergabeR 2007, 739, 744.

[55] Vgl. oben § 57 RdNr. 11 mwN.

[56] Vgl. *Immenga/Mestmäcker/Dreher* RdNr. 14 mwN.; *Reidt/Stickler/Glahs* RdNr. 11.

[57] *Ramm* VergabeR 2007, 739, 744.

[58] So schon RegBegr. zum VgRÄG 1998, BT-Drucks. 13/9340, 18.

[59] Vgl. *Wiedemann* VergabeR 2009, 302, 310; *Kulartz/Kus/Portz/Maier* RdNr. 39; *Langen/Bunte/Schweda* RdNr. 5.

[60] Ebenso: *Reidt/Stickler/Glahs* RdNr. 19.

Anlagen einschließlich der ggf. nachgereichten ergänzenden Begründung;[61] diese Erstprüfung findet ohne jede Sachverhaltsermittlung der Vergabekammer und ohne die – noch nicht beigezogenen – Vergabeakten statt. „**Offensichtlich" unzulässig oder unbegründet** ist der Nachprüfungsantrag dann, wenn sich nach durchaus sorgfältiger Prüfung des Vorbringens des Antragstellers das Beurteilungsergebnis der Erfolglosigkeit des Antrags der Vergabekammer als zweifelsfrei aufdrängt und auch nicht ansatzweise erkennbar ist, dass begründeter Anlass für weitere Hinweise an den Antragsteller und/oder für den Einsatz der Amtsermittlung besteht[62] und deshalb eine Erfolgschance des Antrags doch nicht auszuschließen ist.[63] Es ist daher unzutreffend oder es ist zumindest ungenau und irreführend formuliert, wenn der Begriff „offensichtlich" so aufgefasst wird, dass sich die Unzulässigkeit oder Unbegründetheit des Nachprüfungsantrags ohne nähere Prüfung,[64] ohne weitere gründliche Prüfung oder auf Grund summarischer Prüfung[65] ergebe. Da der Suspensiveffekt (§ 115 Abs. 1) vor der Zurückweisung des Nachprüfungsantrags als offensichtlich erfolglos nicht hergestellt worden ist und damit eine diese Zurückweisung evtl. korrigierende Beschwerdeentscheidung für den Primärrechtsschutz – wegen § 114 Abs. 2 Satz 1 – möglicherweise zu spät kommen wird, ist die Vergabekammer sogar eher zu einer gesteigerten Sorgfalt bei ihrer Erstprüfung verpflichtet.[66]

15   Abs. 2 Satz 2 gebietet der Vergabekammer, bei ihrer Erstprüfung eine vorsorglich eingereichte **Schutzschrift** des öffentlichen Auftraggebers zu „berücksichtigen". Das bedeutet nicht mehr und nicht weniger, als dass die Vergabekammer verpflichtet ist, das in der Schutzschrift enthaltene Vorbringen des Auftraggebers in die Prüfung einzubeziehen, ob der Nachprüfungsantrag offensichtlich unzulässig oder offensichtlich unbegründet ist. Zweckmäßig ist eine solche Schutzschrift nur dann, wenn sie geeignet ist, die Vergabekammer ohne die Notwendigkeit weiterer Ermittlungen zu der Erkenntnis zu führen, dass der Nachprüfungsantrag unzweifelhaft unzulässig oder unbegründet ist, indem sie zB vom Antragsteller beanstandete Vergabebedingungen oder Erklärungen des Auftraggebers erläutert oder rechtliche Ausführungen unterbreitet oder in ihrem Beweiswert unangreifbare Urkunden vorlegt, die eine entscheidungserhebliche Behauptung des Antragstellers eindeutig widerlegen. Weist eine Schutzschrift diese Eignung auf, darf die Vergabekammer die aus ihr gewonnenen Erkenntnisse nicht sofort zur Grundlage ihrer Entscheidung nehmen, mit der der Nachprüfungsantrag als offensichtlich unzulässig oder unbegründet zurückgewiesen wird. Vielmehr muss sie zunächst dem Antragsteller – mit sachangemessen kurzer Frist – rechtliches Gehör zur Schutzschrift gewähren. Andererseits darf die Vergabekammer grds. nicht allein deshalb, weil durch eine solche Gewährung rechtlichen Gehörs Zeit verstreicht und das Risiko einer dem Suspensiveffekt zuvorkommenden Zuschlagserteilung wächst, nunmehr doch ohne weitere Prüfung die gemäß § 115 Abs. 1 relevante Information dem Auftraggeber zugehen lassen. Denn damit würde die Vergabekammer gegen das „Berücksichtigungsgebot" des Abs. 2 Satz 2 verstoßen. Der Zeitbedarf für diese eine Stellungnahme muss hingenommen werden, bevor die Vergabekammer – je nach Inhalt der Erwiderung auf die Schutzschrift – den Nachprüfungsantrag als offensichtlich erfolglos zurückweist oder gemäß § 115 Abs. 1 verfährt. Keinesfalls darf die Vergabekammer diese Entscheidung nach der Erwiderung des Antragstellers weiter aufschieben und nunmehr den Auftraggeber (erneut) Stellung nehmen lassen. Mehr Vortrag des Auftraggebers als die ursprüngliche Schutzschrift soll und darf die Vergabekammer in dieser ersten Verfahrensphase nicht berücksichtigen.

16   Den als offensichtlich unzulässig oder offensichtlich unbegründet beurteilten Nachprüfungsantrag hat die Vergabekammer **ohne mündliche Verhandlung** – so rasch wie möglich – **durch** eine **Entscheidung zurückzuweisen**, die den Anforderungen des § 61[67] genügt und dem Antragsteller sowie dem Auftraggeber (als Beteiligtem, vgl. §§ 61 Abs. 1 Satz 1, 109 Satz 1) zuzustellen ist. Dass die Vergabekammer – ohne Ermessen – so verfahren muss, wird in Abs. 2 nach seinem Normzweck als selbstverständlich vorausgesetzt. Die Kann-Vorschrift des § 112 Abs. 1 Satz 3, 2. Alt., die der Vergabekammer gestattet, nach ihrem Ermessen „nach Lage der

---

[61] Vgl. hierzu § 108 RdNr. 15.

[62] Vgl. zB. RdNr. 7 bei Fn. 18.

[63] Zumindest im Erg. ebenso: *Kulartz/Kus/Portz/Maier* RdNr. 19 und 21; ähnlich *Reidt/Stickler/Glahs* RdNr. 26.

[64] *Immenga/Mestmäcker/Dreher* RdNr. 20 (trotz dieses Ausdrucks wird zutr. eine „sorgfältige Auseinandersetzung mit der Sache" verlangt).

[65] *Byok/Jaeger/Byok* § 110 RdNr. 1024 mwN; vgl. auch *Kulartz/Kus/Portz/Maier* RdNr. 18.

[66] KG VergabeR 2002, 235, 238; *Gröning* VergabeR 2002, 435, 438; *Langen/Bunte/Schweda* RdNr. 7; vgl. auch *Immenga/Mestmäcker/Dreher* RdNr. 20.

[67] Vgl. RdNr. 1.

Akten" zu entscheiden, wenn sich der Nachprüfungsantrag im Laufe des Verfahrens als unzulässig (nicht notwendig „offensichtlich" unzulässig) oder offensichtlich unbegründet erweist, passt nicht.[68] Die auf Abs. 2 Satz 1 (und 2) gestützte Zurückweisung des Nachprüfungsantrags ist mit der sofortigen Beschwerde gemäß § 116 Abs. 1 anfechtbar. Allerdings kann die sofortige Beschwerde nicht auf den Angriff beschränkt werden, es sei nicht „offensichtlich", dass der Nachprüfungsantrag unzulässig oder unbegründet sei, um auf diesem Wege ein normales Hauptverfahren mit Suspensiveffekt gemäß § 115 Abs. 1 zu erreichen; vielmehr kann nur die Zurückweisung des Nachprüfungsantrags als solche angefochten werden, dh. dass die Beschwerde auch dann erfolglos bleibt, wenn der Nachprüfungsantrag nicht offensichtlich, aber „schlicht" unzulässig oder unbegründet ist.[69] Dagegen ist die Entschließung der Vergabekammer gemäß Abs. 2 Satz 3, den Nachprüfungsantrag nicht sogleich als offensichtlich unzulässig oder unbegründet zurückzuweisen, sondern dem öffentlichen Auftraggeber mit der Folge des Suspensiveffekts zu übermitteln, eine unanfechtbare Zwischenentscheidung.[70]

V. Fortsetzung des Nachprüfungsverfahrens nach der Erstprüfung (Abs. 2 Satz 3 und 4)

Ergibt die Erstprüfung, dass der Nachprüfungsantrag nicht offensichtlich unzulässig oder of- **17** fensichtlich unbegründet ist, hat die Vergabekammer dem öffentlichen Auftraggeber gemäß Abs. 2 Satz 3 sofort eine **Kopie des** (vollständigen) **Nachprüfungsantrags** nebst Begründung und etwaigen Anlagen **zu „übermitteln",** also nicht mehr − wie vor dem Vergaberechtsmodernisierungsgesetz 2009 − förmlich zuzustellen (Abs. 2 Satz 1 aF.). Selbstverständlich empfiehlt es sich für die Vergabekammer nach wie vor, sich den Zugang der Kopie des Nachprüfungsantrags durch Empfangsbestätigung des Auftraggebers quittieren zu lassen. Die dem Auftraggeber zugegangene Antragskopie erfüllt zugleich alle Voraussetzungen einer Information in Textform über den Nachprüfungsantrag iSd. § 115 Abs. 1. Nach der Neufassung des § 115 Abs. 1 durch das Vergaberechtsmodernisierungsgesetz genügt es jedoch, dass die Vergabekammer den öffentlichen Auftraggeber in Textform, also zB auch durch E-Mail,[71] „über" den Nachprüfungsantrag − vor dessen Übermittlung in vollständiger Kopie − informiert, um den **Suspensiveffekt** herzustellen. Auf Grund des Gebots der Gewährleistung effektiven Rechtsschutzes hat die Vergabekammer auch diese Möglichkeit zur schnellstmöglichen Bewirkung der Zuschlagssperre zusätzlich auszunutzen.

Zugleich mit der Übermittlung einer Kopie des Nachprüfungsantrags hat die Vergabekam- **18** mer grds. immer die **Vergabeakten** anzufordern. Nach der Legaldefinition des Abs. 2 Satz 3 sind das die Akten, die das Vergabeverfahren dokumentieren. Der Begriff ist weit auszulegen.[72] Er umfasst die Bekanntmachung und alle Vergabeunterlagen, die gesamte Korrespondenz mit allen Bewerbern und Bietern sowie mit Dritten in Bezug auf das konkrete (seinerzeit evtl. noch bevorstehende) Vergabeverfahren, die Angebote der Bieter, den oder die Vergabevermerke, etwaige (insbes. technische) Vorgutachten, alle internen Vermerke, Aktennotizen und Unterlagen, die irgendeinen Bezug zum konkreten Vergabeverfahren haben.[73] Der öffentliche Auftraggeber hat die Vergabeakten im Original vorzulegen.[74] Nach ausdrücklicher gesetzlicher Anordnung (Abs. 2 Satz 4) hat der Auftraggeber die Vergabeakten der Vergabekammer „sofort" (also nicht nur unverzüglich) zur Verfügung zu stellen. Dem entspricht es, dass die Vergabekammer die Vergabeakten idR sofort nach der Entschließung, den Nachprüfungsantrag nicht wegen offensichtlicher Erfolglosigkeit zurückzuweisen, anfordern muss. Davon besteht − mit Blick auf den Verhältnismäßigkeitsgrundsatz − eine Ausnahme, solange die Vergabekammer erhebliche Zweifel an der Zulässigkeit des Nachprüfungsantrags hat und die Vergabeakten zur Aufklärung dieser Zweifel ersichtlich nicht benötigt werden.[75] Die Vergabekammer kann die Vergabeakten nach Anforderung und Mahnung, wenn der öffentliche Auftraggeber die Vergabeakten ohne

---

[68] AA *Immenga/Mestmäcker/Dreher* RdNr. 21 und *Langen/Bunte/Schweda* RdNr. 7, die hier § 112 Abs. 1 Satz 3 für anwendbar halten.

[69] Vgl. *Byok/Jaeger/Jaeger* § 116 RdNr. 1108 Fn. 1.

[70] OLG Düsseldorf NZBau 2000, 596 = WuW/E Verg 319.

[71] *Roth* VergabeR 2009, 404, 410.

[72] *Byok/Jaeger/Byok* § 110 RdNr. 1033; *Kulartz/Kus/Portz/Maier* RdNr. 33; *Langen/Bunte/Schweda* § 110 RdNr. 11.

[73] Vgl. *Kulartz/Kus/Portz/Maier* RdNr. 33; *Reidt/Stickler/Glahs* RdNr. 32.

[74] Vgl. *Kulartz/Kus/Portz/Maier* RdNr. 34.

[75] *Immenga/Mestmäcker/Dreher* RdNr. 23.

triftige, ausnahmsweise rechtfertigende Gründe zurückhält, notfalls durch Beschlagnahme gemäß § 110 Abs. 2 Satz 5 iVm. § 58 beiziehen.[76]

§ 111 Akteneinsicht

(1) Die Beteiligten können die Akten bei der Vergabekammer einsehen und sich durch die Geschäftsstelle auf ihre Kosten Ausfertigungen, Auszüge oder Abschriften erteilen lassen.

(2) Die Vergabekammer hat die Einsicht in die Unterlagen zu versagen, soweit dies aus wichtigen Gründen, insbesondere des Geheimschutzes oder zur Wahrung von Betriebs- oder Geschäftsgeheimnissen geboten ist.

(3) [1]Jeder Beteiligte hat mit Übersendung seiner Akten oder Stellungnahmen auf die in Absatz 2 genannten Geheimnisse hinzuweisen und diese in den Unterlagen entsprechend kenntlich zu machen. [2]Erfolgt dies nicht, kann die Vergabekammer von seiner Zustimmung auf Einsicht ausgehen.

(4) Die Versagung der Akteneinsicht kann nur im Zusammenhang mit der sofortigen Beschwerde in der Hauptsache angegriffen werden.

Schrifttum: *Bultmann/Hölzl,* Die Entfesselung der Antragsbefugnis – zum effektiven Rechtsschutz im Vergaberecht, NZBau 2004, 651; *Byok/Goodarzi,* Anm. zu OLG Celle, Beschl. v. 10. 9. 2001, 13 Verg 12/01, VergabeR 2002, 83; *dies.,* Rechtsmittel gegen die Zurückweisung von Eilanträgen im Nachprüfungsverfahren, WuW 2004, 1024; *Gröning,* Das vergaberechtliche Akteneinsichtsrecht, NZBau 2000, 366; *Hermes,* Gleichheit durch Verfahren bei der staatlichen Auftragsvergabe, JZ 1997, 909; *Hölzl/von Hoff,* Anm. zu EuGH, C-450/06, Slg. 2008, I-6 – Conseil d'État/Belgien, VergabeR 2008, 492; *Köhler,* in: Hefermehl/Köhler/Bornkamm, UWG-Kommentar, 27. Aufl. 2009; *Kopp/Rammsauer,* VwVfG-Kommentar, 10. Aufl. 2008; *Kopp/Schenke,* VwGO-Kommentar, 15. Aufl. 2007; *Kus,* Akteneinsichtsrecht – Darlegungslasten der Beteiligten und Begründungszwänge der Nachprüfungsinstanzen, VergabeR 2003, 129; *Lenckner,* in: Schönke/Schröder, StGB-Kommentar, 27. Aufl. 2006; *Losch,* Akteneinsicht im Vergabeverfahren – ein Widerstreit zwischen Transparenzgebot und Geheimhaltungsschutz, VergabeR 2008, 739; *Nolte,* Die Herausforderung für das deutsche Recht der Akteneinsicht durch europäisches Verwaltungsrecht, DÖV 1999, 363; *Prieß/Gabriel,* Das Akteneinsichtsrecht im Zivilprozess als vergaberechtliches Rechtsschutzproblem, NJW 2008, 331; *Redeker/von Oertzen,* VwGO-Kommentar, 14. Aufl. 2004; *Weyand,* ibr-online-Kommentar Vergaberecht, Stand 22. 6. 2009.

Übersicht

I. Regelungsgehalt und Überblick

1   § 111 verleiht den Beteiligten eines Nachprüfungsverfahrens das Recht auf Einsichtnahme der Vergabeakte. Der Anspruch auf Akteneinsicht im Beschwerdeverfahren ergibt sich aus § 120 Abs. 1 iVm. §§ 72, 111. Nach Abs. 1 können die Beteiligten (iSd. § 109) die Akten bei der Vergabekammer einsehen und sich auf eigene Kosten durch die Geschäftsstelle Ausfertigungen, Auszüge oder Abschriften erteilen lassen. Abs. 2 enthält Ausnahmetatbestände zu Abs. 1. Abs. 2 ist Ausdruck des Spannungsverhältnisses zwischen dem Anspruch der Bieter auf Transparenz des Vergabeverfahrens ua. vor dem Hintergrund des Anspruchs auf rechtliches Gehör einerseits und Geheimhaltungsinteressen der konkurrierenden Bieter andererseits.[1] Abs. 3 ordnet

---

[76] Vgl. RdNr. 13 mwN.
[1] OLG Jena VergabeR 2007, 207, 211; OLG Jena, Beschl. v. 6. 12. 2007, 9 Verg 8/06, Umdruck nach Veris, 6; OLG Jena, Beschl. v. 12. 12. 2001, 6 Verg 5/01, Umdruck nach Veris, 3; OLG Celle VergabeR 2002, 82, 83.

an, dass Verfahrensbeteiligte, die der Vergabekammer Akten zur Verfügung stellen, auf geheimzuhaltende Teile hinweisen und diese kenntlich machen müssen. Abs. 4 bestimmt, dass die Versagung der Akteneinsicht durch die Vergabekammer nicht für sich, sondern nur im Rahmen der sofortigen Beschwerde in der Hauptsache angefochten werden kann.

II. Entstehungsgeschichte, systematischer Ort und Zweck der Norm

Das Recht der Beteiligten eines Nachprüfungsverfahrens auf Einsichtnahme der Vergabeakte **2** folgt aus dem **Gebot der Transparenz des Vergabeverfahrens**. Der Transparenzgrundsatz ist ein Grundprinzip des gemeinschaftsrechtlichen und nationalen Vergaberechts. Das Recht auf Akteneinsicht ist eine der Grundvoraussetzungen dafür, dass Bieter feststellen können, ob die Vergabestelle das Vergabeverfahren unter Einhaltung des Gleichbehandlungsgrundsatzes und des Diskriminierungsverbots durchgeführt hat.[2] Damit ist das **Recht auf Akteneinsicht** auch eine der wesentlichen Voraussetzungen für die Erlangung **effektiven Primärrechtsschutzes**.[3]

§ 111 setzt die **Vorgaben des Gemeinschaftsrechts** um.[4] Das HGrG enthielt keine mit **3** § 111 vergleichbare Bestimmung,[5] so dass Akteneinsicht regelmäßig nicht möglich war.[6] Erst im Zuge der Umsetzung des Gemeinschaftsrechts durch das VgRÄG ist Bietern das Recht auf Akteneinsicht zugestanden worden.[7] Abs. 1 S. 1 und Abs. 2 S. 1 sind vor dem Hintergrund der Art. 1 und 2 lit. b der Rechtsmittelrichtlinie[8] zu verstehen und **gemeinschaftsrechtskonform auszulegen**.[9] § 111 geht inhaltlich im Wesentlichen auf **§ 121 des Regierungsentwurfs**[10] zurück und steht systematisch im Zusammenhang mit § 97 Abs. 7, das heißt der Gewährung subjektiver Rechte für Bieter. Diese Umstände sind bei der Auslegung und Anwendung der Vorschrift zu berücksichtigen. § 111 ist durch das am 24. 4. 2009 in Kraft getretene Gesetz zur Modernisierung des Vergaberechts nicht geändert worden.[11]

Die Anerkennung des Rechts der Bieter, gegen Vergabeentscheidungen öffentlicher Auftraggeber vorgehen zu können, und der diese Möglichkeit flankierende Anspruch auf Akteneinsicht sind mit Recht als die zwei wesentlichen Errungenschaften der jahrelangen Auseinandersetzungen zur Verbesserung des vergaberechtlichen Rechtsschutzes bezeichnet worden.[12] Über § 111 hinaus könnten Bieter uU Akteneinsicht auf der Grundlage der **Informationsfreiheitsgesetze der Länder** erhalten.[13] Bei Unterschwellenvergaben können Bieter im **Zivilprozess** Akteneinsicht über § 810 BGB erreichen.[14] So räumt § 810 BGB Bietern ein Recht auf Einsichtnahme von Urkunden ein, wenn ein besonderes rechtliches Interesse an der Einsichtnahme besteht und der Inhalt der Urkunde aus einem der in **§ 810 BGB** genannten drei Gründe einem Rechtsverhältnis mit dem Einsichtswilligen zuzuordnen ist. Bei Vergabeakten handelt es sich um Urkunden im Sinne von § 810 BGB. Ohne ein solches Recht auf Einsichtnahme der Vergabeakte wäre es Unternehmen im Zivilprozess kaum möglich, die vergabestelleninternen Entscheidungen und andere Vorgänge nachzuvollziehen und zu überprüfen.[15] Die Abschirmung der internen Vergabevorgänge, die für das Vergabeverfahren im Interesse der Verwirklichung des Wettbewerbsprinzips durchaus sinnvoll ist, lässt sich nicht uneingeschränkt mit dem Anspruch auf

---

[2] VK Bund, Beschl. v. 23. 1. 2004, VK 2–132/03; vgl. auch Begründung zu § 121 Abs. 1 des Regierungsentwurfes, BT-Drucks. 13/9340, 18.

[3] OLG München, Beschl. v. 8. 11. 2010, Verg 20/10; vgl. *Gröning* NZBau 2000, 366; amtliche Begründung BT-Drucks. 13/9340, 18.

[4] RL 89/665, ABl. 1989 L 395/33; RL 2007/66, ABl. 2007 L 335/31, Art. 1 Abs. 1 UAbs. 3.

[5] Zweites Gesetz zur Änderung des Haushaltsgrundsätzegesetzes (§ 57 lit. a bis c HGrG) v. 26. 11. 1993, in Kraft getreten 1. 1. 1994, nebst ua. einer Nachprüfungsverordnung.

[6] VÜA Nordrhein-Westfalen, Beschl. v. 19. 11. 1996, 424–84–41–9/96, 118; *Byok/Goodarzi* VergabeR 2002, 83.

[7] Diese trat am 1. 1. 1999 in Kraft; zum VgRÄG siehe BGBl. 1998 I S. 2512.

[8] RL 89/665, ABl. 1989 L 395/33; RL 2007/66, ABl. 2007 L 335/31, Art. 1 Abs. 1 UAbs. 3.

[9] Vgl. OLG Brandenburg NZBau 2003, 229, 230; VK Brandenburg, Beschl. v. 30. 7. 2002, VK 38/02; *Byok/Goodarzi* VergabeR 2002, 83.

[10] BT-Drucks. 13/9340.

[11] BGBl. 2009 I S. 790.

[12] *Gröning* NZBau 2000, 366; *Hermes* JZ 1997, 909; *Kulartz/Kus/Portz* RdNr. 3 f.; *Byok/Goodarzi* VergabeR 2002, 83.

[13] So auch *Byok/Jaeger/Byok* RdNr. 1036.

[14] *Prieß/Gabriel* NJW 2008, 331.

[15] *Byok/Goodarzi* VergabeR 2002, 83.

effektiven Rechtsschutz vereinbaren. Stets ist auf der Grundlage der Umstände des Einzelfalls eine ausgleichende Abwägung zu treffen.

5   Mit dem Recht der Bieter auf Akteneinsicht geht die Pflicht der Vergabestellen einher, die wesentlichen von ihr im Verlauf eines Vergabeverfahrens zu treffenden **Entscheidungen** in einem fortlaufend zu führenden **Vergabevermerk** so genau zu dokumentieren, dass diese sowie alle anderen von der Vergabestelle während des Beschaffungsverfahrens unternommenen Maßnahmen ersichtlich und nachvollziehbar sind. Jeglicher Informationsaustausch mit den einzelnen Bietern und insbesondere sämtliche **Prüfungsschritte und -entscheidungen** auf dem Weg zur Beschaffungsentscheidung für ein bestimmtes Angebot müssen nachvollziehbar und zeitnah dokumentiert werden.[16] Das Bietern zustehende Recht auf Akteneinsicht hat damit auch eine **Kontrollfunktion**, ob die Vergabestelle ihre **Pflicht zur Dokumentation** der wesentlichen Schritte und Entscheidungen im Vergabeverfahren eingehalten hat. Umgekehrt eröffnet eine genaue und abgesicherte Dokumentation der Vergabestelle im Rahmen eines Nachprüfungsverfahrens, dass sie das Vergabeverfahren ordnungsgemäß geführt hat.

6   § 111 bestimmt zu Recht, dass das **Akteneinsichtsrecht nicht unbeschränkt** ist, sondern unter bestimmten Umständen begrenzt werden darf.[17] Die Nachprüfungsinstanzen müssen trotz des Erfordernisses einer wirksamen Nachprüfung nach Art. 1 Abs. 1 UAbs. 3 der Richtlinie 89/665[18] (iVm. Art. 81 VKR) die erforderlichen Maßnahmen ergreifen können, um die **Wahrung eines lauteren Wettbewerbs** und den **Schutz der legitimen Interessen** der betroffenen Bieter sicherzustellen. Aus diesem Grund müssen die Nachprüfungsinstanzen im Rahmen eines Nachprüfungsverfahrens entscheiden können, dass bestimmte in der Vergabeakte des Auftraggebers enthaltene Informationen nicht an die Parteien und deren Verfahrensbevollmächtigte weitergegeben werden müssen.[19] Diese Auslegung ist auch mit dem Begriff des **fairen Verfahrens** im Sinne von Art. 6 der Europäischen Konvention zum Schutze der Menschenrechte und Grundfreiheiten **(EMRK)** vereinbar.[20] Der Gesetzgeber hat in Abs. 2 eine auf abstrakter Wertung der widerstreitenden Interessen beruhende differenzierte Regelung zur Akteneinsicht im Nachprüfungsverfahren getroffen.[21] Die Gewährung von Akteneinsicht soll danach unter Berücksichtigung der Interessen der Bieter und der Vergabestelle erfolgen. Auf der einen Seite steht der Anspruch der Beteiligten auf ein transparentes Vergabeverfahren (§ 97 Abs. 1), rechtliches Gehör (Art. 103 Abs. 1 GG) und effektiven Rechtsschutz (Art. 19 Abs. 4 GG), auf der anderen Seite die gleichfalls grundgesetzlich geschützten Geheimhaltungsbelange der konkurrierenden Beteiligten.[22] § 111 vermittelt zwischen dem Recht auf möglichst umfassende Einsicht in die Vergabeakte auf Grundlage des grundgesetzlich zu garantierenden effektiven Rechtsschutzes und der Vermeidung von Wettbewerbsverzerrungen und Wettbewerbsnachteilen für Bieter vor dem Hintergrund von Art. 12 Abs. 1 GG.[23] Dem Interesse des unterlegenen Bieters an der Einsichtnahme der Vergabeakte steht das Interesse der konkurrierenden Bieter an der **Geheimhaltung ihrer Fabrikations-, Betriebs- oder Geschäftsgeheimnisse** sowie dem Schutz vor etwaiger wettbewerbswidriger Ausspionierung von Geschäftsinterna gegenüber.[24] Zur Ausfüllung der in § 111 bestehenden Lücken ist § 72 heranzuziehen.[25] Das Recht auf Akteneinsicht findet dort seine Grenze, wo der Geheimnisschutz anderer Bieter dagegen steht oder der Bieter „ins Blaue" Fehler oder mögliche Verstöße rügt, in der Hoffnung, mit Hilfe von Akteneinsicht zusätzliche Informationen zur Untermauerung bloßer substanzloser Mutmaßungen zu erhalten.[25a]

---

[16] Zutreffend BayVGH, G 02.1, BayVBl 2002, 604, rechte Spalte.

[17] So auch Begründung zu § 121 Abs. 1 u. 2 des Regierungsentwurfes BT-Drucks. 13/9340, 18.

[18] RL 89/665, ABl. 1989 L 395/33, zuletzt wesentlich geändert durch RL 2007/66, ABl. 2007 L 335/31.

[19] EuGH, C-450/06, Slg. 2008, I-6 – Conseil d'État/Belgien, mit Anm. *Hölzl/von Hoff* VergabeR 2008, 487, 492; VK Sachsen, Beschl. v. 24. 4. 2008, 1/SVK/015–08.

[20] Die EMRK ist vom 4. 11. 1950, BGBl. I 1950, 263; dazu EuGH, C-450/06, Slg. 2008, I-6 – Conseil d'État/Belgien, mit Anm. *Hölzl/von Hoff* VergabeR 2008, 487, 492; VK Sachsen, Beschl. v. 24. 4. 2008, 1/SVK/015–08.

[21] Ähnlich *Gröning* NZBau 2000, 367, 367.

[22] OLG München, Beschl. v. 8. 11. 2010, Verg 20/10.

[23] Vgl. BayObLG NZBau 2002, 294, 294; ähnlich *Gröning* NZBau 2000, 367, 367.

[24] BayObLG NZBau 2002, 294, 294.

[25] OLG Düsseldorf VergabeR 2008, 281, 286 und Leitsatz 3.

[25a] OLG München, Beschl. v. 8. 11. 2010, Verg 20/10 und v. 24. 8. 2010, Verg 15/10.

III. Das Recht auf Akteneinsicht (Abs. 1)

1. Grundvoraussetzung für die Akteneinsicht. Das Recht auf Akteneinsicht steht nur 7
den **Beteiligten** (§ 109) **des Nachprüfungsverfahrens** zu. Auch beigeladene Bieter sind Beteiligte und haben somit grundsätzlich ein Recht auf Akteneinsicht. Bieter, die (noch) nicht
beigeladen sind, haben kein Recht auf Akteneinsicht.[26] Grundvoraussetzung des Anspruchs auf
Akteneinsicht nach Abs. 1 ist, dass ein **Nachprüfungsantrag gestellt** und dieser zulässig ist.[27]
Ist der Nachprüfungsantrag offensichtlich unzulässig oder offensichtlich unbegründet, ist die
Akteneinsicht mangels Rechtsschutzbedürfnis des betreffenden Antragstellers gänzlich ausgeschlossen.[28] Entsprechend fordert die Vergabekammer nach § 110 Abs. 2 S. 3 die Vergabeakten
nur dann bei der Vergabestelle an, wenn der Nachprüfungsantrag nicht offensichtlich unzulässig
oder unbegründet ist.

2. Beschränkte Akteneinsicht bei unzulässigen Nachprüfungsanträgen. Das Recht 8
auf Akteneinsicht ist in bestimmten verfahrensrechtlichen Konstellationen begrenzt. Voraussetzung für das unbegrenzte Recht auf Akteneinsicht ist ein **zulässiger Nachprüfungsantrag**.
Die Einsichtnahme der Vergabeakte zur Prüfung, ob ein unzulässiger Nachprüfungsantrag begründet gewesen wäre, ist nicht erlaubt. Bei einem zugestellten Nachprüfungsantrag, der zwar
als unzulässig, nicht aber als offensichtlich unzulässig befunden worden ist, ist das Recht auf
Akteneinsicht eingeschränkt.[29] Es besteht nur insoweit, als es für die Beurteilung der Zulässigkeit des Nachprüfungsantrags erforderlich ist.[30] Das Vorbringen des Antragstellers darf in Hinblick auf die Akzessorietät des Rechts auf Akteneinsicht deshalb beispielsweise nicht nach § 107
Abs. 3 präkludiert sein.[31] Ist das der Fall, so kann ein Antragsteller durch die Einsichtnahme der
Vergabeakte denknotwendig keine Erkenntnisse gewinnen, die ihm über die fehlende Zulässigkeitsvoraussetzung hinweg helfen könnten. Die Gewährung von Einsicht in die Vergabeakte
nach § 111 soll **nicht der Befriedigung allgemeiner Informationsinteressen** von Bietern
dienen, sondern eine in statthafter Weise begründete verfahrensrechtliche Rechtsposition der
Beteiligten eines Nachprüfungsverfahrens unterstützen.[32] Ein allgemeines Recht auf Akteneinsicht soll § 111 gerade nicht vermitteln.

Das Recht auf Akteneinsicht setzt voraus, dass der Antragsteller des Nachprüfungsantrags an- 9
tragsbefugt im Sinne von § 107 Abs. 2 ist. Voraussetzung der **Antragsbefugnis** ist, dass ein
Bieter eine Verletzung seiner Rechte aus § 97 Abs. 7 durch Nichtbeachtung von Vergabevorschriften geltend macht. Dafür muss er darlegen, dass ihm durch die behauptete Verletzung der
Vergabevorschriften ein Schaden entstanden ist oder zu entstehen droht. An die Erfüllung der
Voraussetzungen der Antragsbefugnis sind von der Rechtsprechung nicht selten hohe Anforderungen gestellt worden. Bieter können die von der Vergabestelle begangene Rechtsverletzung
ohne Einsichtnahme der Vergabeakte häufig nicht ausreichend substantiieren und damit die
Voraussetzungen der Antragsbefugnis nicht erfüllen. Damit befanden sich Bieter in vielen Fällen
in einem Teufelskreis. Je höher die Rechtsprechung die Voraussetzungen der Antragsbefugnis

---

[26] *Immenga/Mestmäcker/Schmidt,* GWB, § 72 RdNr. 3; vgl. aber *Nolte* DÖV 1999, 363, 363.
[27] OLG Brandenburg, Beschl. v. 20. 8. 2002, Verg W 4/02, Umdruck nach Veris, 13; VK Thüringen, Beschl.
v. 20. 6. 2002, 216–4002.20–015/02-NDH, Umdruck nach Veris, 1; VK Südbayern, Beschl. v. 12. 6. 2002,
21–05/02, Umdruck nach Veris, 1; Beschl. v. 14. 5. 2002, 14–04/02, Umdruck nach Veris, 8; OLG Jena
NZBau 2000, 354, 354; BayObLG VergabeR 2001, 55, 58; OLG Stuttgart, Beschl. v. 12. 4. 2000, 2 Verg
3/00, Umdruck nach Veris, 6; VK Hamburg, Beschl. v. 6. 10. 2003, VK BB-3/03, Umdruck nach Veris, 18;
Reidt/Stickler/Glahs/Reidt § 111 RdNr 15 d.
[28] BayObLG VergabeR 2001, 55, 58; VK Baden-Württemberg, Beschl. v. 2. 12. 2004, 1 VK 74/04, Umdruck nach Veris, 10; VK Schleswig-Holstein, Beschl. v. 23. 7. 2004, VK-SH 21/04, Umdruck nach Veris, 8.
[29] BayObLG VergabeR 2001, 55, 58; zustimmend VK Baden-Württemberg, Beschl. v. 2. 12. 2004, 1 VK
74/04, Umdruck nach Veris, 10.
[30] OLG München, Beschl. v. 8. 11. 2010, Verg 20/10; *Byok/Jaeger/Byok* § 111 RdNr. 1040; *Gröning*
NZBau 2000, 366, 366; OLG Celle VergabeR 2002, 299, 303; OLG Jena NZBau 2002, 294, 294; aA OLG
Jena NZBau 2000, 354, 355; OLG Dresden, Beschl. v. 13. 7. 2000, WVerg 3/00, Umdruck nach Veris, 10;
BayObLG NZBau 2002, 294, 294; BayObLG, Beschl. v. 19. 12. 2000, Verg 06/00, Umdruck nach Veris, 8;
BayObLG VergabeR 2001, 55, 58; VK Baden-Württemberg, Beschl. v. 2. 12. 2004, 1 VK 74/04, Umdruck
nach Veris, 13; VK Brandenburg, Beschl. v. 17. 5. 2002, VK 23/02, Umdruck nach Veris, 12.
[31] OLG Dresden NZBau 2006, 399, 399; VK Schleswig-Holstein, Beschl. v. 7. 3. 2005, VK-SH 03/05,
Umdruck nach Veris, 11; OLG Jena NZBau 2000, 354, 355; BayObLG NZBau 2002, 294, 294; BayObLG,
Beschl. v. 28. 7. 2000, Verg 05/00, Umdruck nach Veris, 6.
[32] OLG Dresden NZBau 2006, 399, 399.

ansetzte, desto seltener waren Nachprüfungsanträge zulässig und damit Akteneinsicht möglich. Die Antragsbefugnis wurde als Mittel missbraucht, Akteneinsicht zu verweigern und Nachprüfungsanträge mangels Antragsbefugnis für unzulässig zu befinden. Das BVerfG hat in dieser Hinsicht den vor dem Hintergrund des gemeinschaftsrechtlich und grundgesetzlich garantierten Rechts auf effektiven Rechtsschutz untragbaren Zustand beendet und den in Bezug auf die Antragsbefugnis und das vergaberechtliche Recht auf Akteneinsicht bestehenden Teufelskreis durchbrochen.[33] Das Gericht hat klargestellt, dass an das Vorliegen der Antragsbefugnis im Sinne des § 107 Abs. 2 nur geringe Anforderungen zu stellen sind, so dass Nachprüfungsanträge häufiger zulässig sind und Bieter auch öfter Akteneinsicht erhalten.

10 Art. 103 Abs. 1 GG steht der Auslegung des Abs. 1, wonach das Recht auf Akteneinsicht bei unzulässigen Nachprüfungsanträgen eingeschränkt ist, nicht entgegen.[34] Denn mit der Möglichkeit, zumindest die bevorstehende Entscheidung über die Unzulässigkeit des Nachprüfungsantrags durch Einsicht der hierzu relevanten Teile der Vergabeakten überprüfen lassen zu können, kann sich der Antragsteller gerade rechtliches Gehör verschaffen. Ein Rechtschutzinteresse bzw. -bedürfnis eines Antragstellers, sich trotz des unzulässigen Nachprüfungsantrags über die Angebote anderer Bieter informieren zu können, besteht nicht.[35]

11 **3. Anforderung der Vergabeakten und Modalitäten der Akteneinsicht.** Ist der Nachprüfungsantrag zulässig, muss die Vergabekammer gem. § 110 Abs. 2 S. 3 die **Vergabeakten bei der Vergabestelle anfordern.**[36] Dem entspricht die Pflicht der Vergabestelle, die Vergabeakten sofort zur Verfügung zu stellen, § 110 Abs. 2 S. 4.[37] Weigert sich die Vergabestelle im Falle eines zulässigen Nachprüfungsantrags die Akten herauszugeben, kommt ein **Antrag nach § 115 Abs. 3** in Betracht. Die auf dieser Grundlage von der Vergabekammer getroffenen Anordnungen können im Wege der **Verwaltungsvollstreckung** durchgesetzt werden, § 115 Abs. 3 S. 4. Gibt die Vergabekammer dem Antrag nach § 115 Abs. 3 nicht statt, kann dagegen sofortige Beschwerde erhoben werden. Darüber hinaus kommt die Möglichkeit der **Beschlagnahme der Akten** in Betracht, § 110 Abs. 2 S. 5 iVm. § 58. Hat die Vergabekammer die Akten erhalten und einer Durchsicht unterzogen, kann sie den Beteiligten **an ihrem Dienstsitz Akteneinsicht** gewähren oder die Vergabeakte (uU. kostenpflichtig) in **Kopie** an die Beteiligten des Nachprüfungsverfahrens übermitteln.[38] Die Vergabekammer hat auch die Möglichkeit, den Beteiligten nur Teile der Vergabeakte zur Verfügung zu stellen oder auszugsweise Kopien zu geben. Die Beteiligten haben umgekehrt keinen Anspruch darauf, dass die Akte (in Kopie) an sie übermittelt wird.[39] Insbesondere wird die Vergabekammer von Kopien und einer (auszugsweisen) Übersendung der Vergabeakte absehen, wenn diese sehr umfangreich ist.

12 Die Vergabekammer hat nach Sinn und Zweck des § 111 keine Pflicht zur Anforderung der Vergabeakten, solange sie ernstliche Zweifel an der Zulässigkeit des Nachprüfungsantrags hat, das Verfahren vorerst nur diese Frage betrifft oder die Vergabeakten zur Beantwortung dieser Frage offensichtlich nicht benötigt werden.[40] Der Antragsteller eines Nachprüfungsantrags hat kein Antragsrecht auf Verpflichtung der Vergabestelle, die Akten mit dem Schriftwechsel zwischen ihr und anderen Bietern zu vervollständigen.[41] Stellt ein Antragsteller einen **Antrag auf Vervollständigung** der Vergabeakten, weil er meint, dass die der Vergabekammer von der Vergabestelle übergebene Vergabeakte unvollständig ist, ist dieser Antrag als Anregung im Rahmen der Sachaufklärungspflicht anzusehen.[42] Einer förmlichen Bescheidung eines solchen Antrags im Tenor der Entscheidung bedarf es nicht, weil das Gesetz kein entsprechendes Antragsrecht der Beteiligten des Nachprüfungsverfahren enthält.[43]

---

[33] BVerfG NZBau 2004, 564, 565; vgl. dazu *Bultmann/Hölzl* NZBau 2004, 651.

[34] Vgl. BayObLG, Beschl. v. 19. 12. 2000, Verg 07/00, Umdruck nach Veris, 12.

[35] VK Schleswig-Holstein, Beschl. v. 23. 7. 2004, VK-SH 21/04, Umdruck nach Veris, 8; BayObLG VergabeR 2001, 55, 58; BayObLG NZBau 2002, 294, 294; OLG Stuttgart, Beschl. v. 12. 4. 2000, 2 Verg 3/00, Umdruck nach Veris, 2; VK Brandenburg, Beschl. v. 19. 3. 2003, VK 5/03, Umdruck nach Veris, 8; VK Südbayern, Beschl. v. 20. 12. 2002, 50–11/02, Umdruck nach Veris, 8; *Reidt/Stickler/Glahs/Reidt* RdNr. 15 d.

[36] BayObLG, Beschl. v. 19. 12. 2000, Verg 7/00, Umdruck nach Veris, 11.

[37] BayObLG, Beschl. v. 19. 12. 2000, Verg 7/00, Umdruck nach Veris, 11.

[38] Vgl. VK Südbayern, Beschl. v. 25. 7. 2002, 26–06/02, Umdruck nach Veris, 5.

[39] VK Brandenburg, Beschl. v. 21. 7. 2004, VK 35/04, Umdruck nach Veris, 10.

[40] BayObLG NZBau 2002, 294, 294.

[41] OLG Jena NZBau 2001, 163, 164.

[42] OLG Jena NZBau 2001, 163, 164.

[43] OLG Jena NZBau 2001, 163, 164.

4. Bestandteile der Vergabeakte. § 111 definiert nicht, was unter **Vergabeakten** zu ver- **13**
stehen ist bzw. welche Unterlagen zur Vergabeakte gehören. Zur Gewährleistung einer größtmöglichen Transparenz des Vergabeverfahrens ist von einem weiten Verständnis auszugehen.[44]
Die den Verfahrensbeteiligten nach Abs. 1 auf einen zulässigen Nachprüfungsantrag zu erteilen-
de Akteneinsicht ist umfassend.[45] Das Akteneinsichtsrecht erstreckt sich auf **alle materiellen
Bestandteile der Vergabeakten.** Auf dieser Grundlage ist unter der Vergabeakte die geordne-
te Sammlung aller Vorgänge im Rahmen eines Vergabeverfahrens zu verstehen, die notwendig
sind, um beurteilen zu können, ob das Vergabefahren rechtmäßig durchgeführt worden ist. Zur
Vergabeakte gehören zumindest die Unterlagen, die für die ordnungsgemäße **Dokumentation
des Vergabeverfahrens** notwendig sind (§ 30 VOB/A, § 30 VOL/A, § 18 VOF), das heißt
sämtliche Stellungnahmen und Unterlagen der Beteiligten des Vergabeverfahrens, beigezogene
Akten anderer Behörden und/oder Gerichte sowie Entwürfe, Vorbereitungsarbeiten und Ab-
stimmungspapiere. Beispielsweise darf ein Antragsteller grundsätzlich auch die von der Vergabestelle aufgestellte **Kostenschätzung** einsehen; sie ist Bestandteil der Vergabeakten.[46] Bieter
haben deshalb grundsätzlich das Recht, alle Unterlagen einzusehen, die die Vergabekammer für
ein bestimmtes Nachprüfungsverfahren hat.[47]

IV. Umfang und Begrenzung des Rechts auf Akteneinsicht (Abs. 2)

Sinn und Zweck des § 111 ist es, Bietern die Einsichtnahme der Vergabeakte zu ermögli- **14**
chen, damit sie ihren Vortrag in Bezug auf die von ihnen im Ansatz erkannten Vergaberechtsverstöße der Vergabestelle substantiieren und im Übrigen das Vergabeverfahren auf weiteres
vergaberechtswidriges Verhalten überprüfen zu können. Bieter sollen jedoch im Wege der Akteneinsicht **keine zusätzlichen Marktkenntnisse** bzw. Kenntnisse über konkurrierende Unternehmen erhalten.[48] Unternehmen geben durch die Teilnahme an gemeinschaftsweiten öffentlichen Ausschreibungen nicht konkludent einen Teil der im Geschäftsverkehr, insbesondere
gegenüber Konkurrenten üblichen Geheimhaltung auf.[49] Abs. 2 bestimmt deshalb, dass die Vergabekammer die Einsichtnahme von in der Vergabeakte befindlichen Unterlagen versagen muss,
wenn und soweit das aus **wichtigen Gründen**, insbesondere des Geheimnisschutzes oder zur
Wahrung von Betriebs- oder Geschäftsgeheimnissen geboten ist.[50] Die Aufzählung wichtiger
Gründe ist **nicht abschließend**, sondern nur exemplarischer Natur („insbesondere").[51] Abs. 2
ist im Lichte von § 72 Abs. 2 S. 4 auszulegen und zu verstehen (str.).[52]

Soweit es aus wichtigen Gründen **geboten** ist, darf die Vergabekammer die Einsichtnahme der **15**
Vergabeakte versagen. Der Wortlaut der Norm („geboten") bedeutet, dass die Vergabekammer
im Konfliktfall zwischen den Belangen der Akteneinsicht, der davon abhängenden Wirksamkeit
des Rechtsschutzes sowie dem **Anspruch auf rechtliches Gehör** (Art. 103 Abs. 1 GG) einerseits und jenem des **Geheimnisschutzes** andererseits **abwägen** muss.[53] Dabei ist zu berücksichtigen, dass der Anspruch auf rechtliches Gehör einer der tragenden Aspekte effektiven Rechtsschutzes ist.[54] Ohne Einsicht in die Akten ist ein Antragsteller meist nicht in der Lage, sein
Begehren ausreichend substantiiert zu begründen.[55] Es fehlt dann an den Tatsachen, die zur Begründung zwingend erforderlich sind. Die Einsichtnahme darf deshalb nicht ohne weiteres eingeschränkt werden.[56] Im Rahmen des Abwägungsprozesses kommt jedoch keiner der widerstrei-

---

[44] VÜA Brandenburg, Beschl. v. 18. 5. 1999, 1 VÜA 1/99; *Byok/Jaeger/Byok* RdNr. 1040.
[45] OLG Düsseldorf VergabeR 2008, 281, 286.
[46] OLG Düsseldorf VergabeR 2008, 281, 284.
[47] OLG München, Beschl. v. 8. 11. 2010, Verg 20/10.
[48] *Gröning* NZBau 2000, 367.
[49] So aber OLG Jena NZBau 2000, 354, 355.
[50] OLG Düsseldorf VergabeR 2001, 154, 158; ähnlich OLG Celle VergabeR 2002, 299, 302; VK Sachsen, Beschl. v. 11. 10. 2001, 1/SVK/98–01, Umdruck nach Veris, 5.
[51] OLG Düsseldorf VergabeR 2008, 281, 285.
[52] OLG Düsseldorf VergabeR 2008, 281, 286 und Leitsatz 3; ausführlich zum Streit *Kulartz/Kus/Portz*
RdNr. 21.
[53] OLG Düsseldorf VergabeR 2008, 281, 281; OLG Thüringen, Beschl. v. 16. 12. 2002, 6 Verg 10/02,
Umdruck nach Veris, 4; ähnlich OLG Celle VergabeR 2002, 299, 302; OLG Celle VergabeR 2002, 82, 82,
mit Anm. *Byok/Goodarzi* VergabeR 2002, 83; *Gröning* NZBau 2000, 366, 368; VÜA Brandenburg, Beschl. v.
18. 5. 1999, I VÜA l/99.
[54] OLG Celle VergabeR 2002, 82, 83.
[55] OLG Celle VergabeR 2002, 82, 83.
[56] OLG Celle VergabeR 2002, 82, 83.

tenden Interessen ein prinzipieller Vorrang zu.[57] Bei der Abwägung setzen sich diejenigen Belange durch, die das konkurrierende Interesse überwiegen.[58] Die Vergabekammer muss dazu prüfen, ob das Geheimhaltungsinteresse oder andere schützenswertere Interessen den Vorrang haben. Der Abwägungsvorgang und die **Prüfungsmaßstäbe** werden in § 72 näher beschrieben, der nach § 120 Abs. 2 auf die Gewährung von Akteneinsicht durch das Beschwerdegericht entsprechend anzuwenden ist.[59] Der Vergabekammer ist hinsichtlich der Versagung von Akteneinsicht **kein Beurteilungsspielraum** eingeräumt.[60] Sie darf zudem über die Akteneinsicht nicht auf der Grundlage einer bloßen Behauptung der Geheimhaltungsbedürftigkeit durch den betroffenen Beteiligten entscheiden. Vielmehr muss sie prüfen, ob die **Notwendigkeit zur Geheimhaltung objektiv und sachlich nachvollziehbar** ist.[61] Die Vergabekammer muss den entsprechenden Vortrag zumindest auf seine Plausibilität hin prüfen.[62] Die Anforderungen an diese Plausibilitätskontrolle hängen von den gegen eine Geheimhaltung geltend gemachten Einwendungen ab.[63]

16   Das Recht auf Akteneinsicht besteht im Rahmen eines Nachprüfungsverfahrens nur in dem Umfang, wie es zur **Durchsetzung der subjektiven Rechte** des Antragstellers notwendig ist, der den Nachprüfungsantrag gestellt hat.[64] Maßgeblich für die Gewährung und den Umfang der Akteneinsicht ist die Entscheidungsrelevanz der Vergabeunterlagen, deren Einsicht begehrt wird.[65] Das bedeutet, dass das Recht auf Akteneinsicht von vornherein **auf die in der Rüge** und im Nachprüfungsantrag **geltend gemachten Gegenstände begrenzt** ist.[66] Damit bestimmt der Antragsteller den entscheidungsrelevanten Sachverhalt jeweils selbst und zwar durch seine auf die Behauptung einer konkreten Vergaberechtsverletzung bezogene Rüge und durch seine Stellungnahmen dazu in seinen Schriftsätzen. Nur auf der Grundlage der Kenntnis der geltend gemachten Verstöße gegen Vergaberecht sind die Vergabenachprüfungsinstanzen in der Lage, eine Abwägung, wie sie § 111 verlangt, vorzunehmen. Der Umfang der Akteneinsicht, die im Wege der Akteneinsicht zugänglich zu machen sind, entspricht damit dem Gegenstand der Rüge nach § 107 Abs. 3. Das bedeutet, dass Verstöße gegen Vergaberecht, die nicht (rechtzeitig) gerügt worden sind, nicht entscheidungsrelevant sind und aus diesem Grund auch kein Recht auf Akteneinsicht begründen können.[67]

17   Die Entscheidung einer Nachprüfungsinstanz, einem Bieter, der lediglich „Verdachtsäußerungen" vorträgt, über die Einleitung eines Nachprüfungsverfahrens Einblick in die Vergabeakte zu verschaffen und damit die Möglichkeit zu geben, das gesamte Vergabeverfahren im Detail überprüfen (lassen) zu können, ist rechtsmissbräuchlich.[68] Das Risiko der Offenlegung geschützter Interessen konkurrierender Mitbieter ist nur dann gerechtfertigt, wenn zumindest die **Möglichkeit** besteht, dass die im Wege der Akteneinsicht erlangten Erkenntnisse in der Sache Einfluss auf den Ablauf und das Ergebnis des Nachprüfungsverfahrens haben können.[69] Ist das aus rechtlichen Gründen nicht der Fall, muss keine Akteneinsicht gewährt werden.[70] Darüber hinaus ist auch dann kein Rechtsschutzbedürfnis für einen Antrag auf Akteneinsicht gegeben, wenn der für die Zurückweisung des Nachprüfungsantrags entscheidende Sachverhalt – beispielsweise die Unvollständigkeit des Angebotes – dem Antragsteller bereits bekannt ist. In diesem Fall würde sich durch die Einsichtnahme der Vergabeakte kein Erkenntnisgewinn ergeben.

18   Soweit Akteneile für entscheidungserhebliche Fragen von Bedeutung sein können, ist die Akteneinsicht nur dann zu versagen, wenn hinsichtlich dieser Aktenteile eine **Geheimhaltungsbedürftigkeit – nachvollziehbar – dargelegt** ist und damit ein wichtiger Grund tat-

---

[57] OLG Düsseldorf VergabeR 2008, 281, 286.
[58] OLG Düsseldorf VergabeR 2008, 281, 286.
[59] OLG Düsseldorf VergabeR 2008, 281, 286; *Byok/Jaeger/Byok* RdNr. 1042.
[60] OLG Düsseldorf VergabeR 2008, 281, 286; aA *Byok/Jaeger/Byok* RdNr. 1042.
[61] *Weyand* RdNr. 2118.
[62] *Weyand* RdNr. 2119.
[63] *Weyand* RdNr. 2119.
[64] OLG Jena VergabeR 2007, 207, 212; OLG Jena ZfBR 2007, 378, 378; OLG Jena NZBau 2002, 294, 294; OLG Jena VergabeR 2002, 305, 305; *Byok/Jaeger/Byok* RdNr. 1040.
[65] OLG Naumburg, Beschl. v. 11. 6. 2003, 1 Verg 6/03, Umdruck nach Veris, 4, unter Hinweis auf OLG Jena NZBau 2002, 294, 294; OLG Dresden WuW 2000, 1157, 1160; BayObLG VergabeR 2001, 55, 58; OLG Celle VergabeR 2002, 82, 83; *Kus* VergabeR 2003, 129, 131, Fn. 9.
[66] VK Bund, Beschl. v. 23. 1. 2004, VK 2–132/03, Umdruck nach Veris, 8.
[67] OLG Jena VergabeR 2007, 207, 212; OLG Jena ZfBR 2007, 378, 378; *Weyand* RdNr. 2111.
[68] VK Rheinland-Pfalz, Beschl. v. 22. 2. 2002, VK 4/02, Umdruck nach Veris, 1.
[69] VK Hamburg, Beschl. v. 6. 10. 2003, VK BB-3/03, Umdruck nach Veris, 16.
[70] VK Hamburg, Beschl. v. 6. 10. 2003, VK BB-3/03, Umdruck nach Veris, 17, mit Verweis auf VK Thüringen, Beschl. v. 20. 6. 2002, 216–4002.20–015 NDH, Umdruck nach Veris, 11.

sächlich vorliegt („soweit").[71] Der Beteiligte, der sich auf Abs. 2 beruft, muss nachvollziehbar darlegen, warum bestimmte, einzeln zu bezeichnende Unterlagen dem Mitbewerber nicht zugänglich gemacht werden dürfen.[72] Sind die Vergabeakten zu Recht für „geheim" erklärt worden, besteht für den Antragsteller kein Akteneinsichtsrecht. Beispielsweise kann dem Interesse des Antragstellers eines Nachprüfungsverfahrens das Interesse der übrigen Bieter an der Geheimhaltung ihrer Fabrikations-, Betriebs- oder Geschäftsgeheimnisse sowie am Schutz vor etwaiger wettbewerbswidriger Ausspionierung von Geschäftsinterna gegenüber stehen.[73]

Der **Geheimnisbegriff des Abs. 2** ist deckungsgleich mit dem der § 72, § 203 StGB und **19** § 30 VwVfG.[74] Als Betriebs- und Geschäftsgeheimnis sind Tatsachen zu verstehen, die nach dem erkennbaren Willen des Trägers geheim gehalten werden sollen, die ferner nur einem begrenzten Personenkreis bekannt und damit nicht offenkundig sind und hinsichtlich derer der Geheimnisträger deshalb ein sachlich berechtigtes Geheimhaltungsinteresse hat, weil eine Aufdeckung der Tatsachen geeignet wäre, ihm wirtschaftlichen Schaden zuzufügen.[75] Geschäftsgeheimnisse beziehen sich auf den kaufmännischen Bereich, Betriebsgeheimnisse betreffen betrieblich-technische Vorgänge und Erkenntnisse.[76] Geschäftsgeheimnisse sind unter sachgerechter Würdigung der beteiligten Interessen die Kalkulationsgrundlagen, die angebotenen Preise und in Relation dazu auch die Gegenstände der angebotenen Leistungen.[77] Stehen Unternehmen in direkter und fast ausschließlicher Konkurrenz um öffentliche Aufträge in bestimmten Bereichen (zB der Telekommunikationsüberwachung), ist auch dem künftigen Geheimwettbewerb hohe Bedeutung beizumessen und die Akteneinsicht in technische und kaufmännische Daten des anderen Bieters zu versagen.[78] Nicht nur Unternehmen, sondern auch Vergabestellen können Inhaber solcher Geheimnisse (zB strategische Überlegungen der Vergabestelle in technischer und kaufmännischer Sicht) sein.[79] In der Rechtspraxis sind meist Geschäftsgeheimnisse der Bieter,[80] eher selten solche der Vergabestellen betroffen.

Das Recht auf Akteneinsicht umfasst regelmäßig nicht die **Einsicht in die Angebote der** **20** **Mitbewerber** und deren Kalkulationsgrundlagen.[81] Das gilt auch für den Fall, dass ein Nachprüfungsantrag allein die Fragen betrifft, ob die Vergabestelle im offenen Verfahren ausschreiben bzw. ein Unternehmen an einem nicht offenen Verfahren hätte beteiligen müssen.[82] Sind die der Auswertung der Angebote durch die Vergabestelle zugrundeliegenden Abwägungen und Wertungen nur in Verbindung mit den Angebotsunterlagen überprüfbar, kommt eine **Einsichtnahme der Angebotsauswertungen** nicht in Frage.[83] Das gleiche gilt in Hinsicht auf die Einsichtnahme der Angebote von Mitbewerbern, die am Nachprüfungsverfahren nicht beteiligt sind[84] sowie in Bezug auf Angebote, die nicht mehr Gegenstand des Nachprüfungsverfahrens sind.[85] Eine weitgehende Offenlegung aller (vollständigen) Angebote ist nur dann gerechtfertigt, wenn zumindest die Möglichkeit besteht, dass die aus der Akteneinsicht zu gewinnenden Erkenntnisse Einfluss auf Ablauf und Ergebnis des Nachprüfungsverfahrens haben können.[86]

Sowohl das **Nebenangebot** als auch das **Nachunternehmerverzeichnis** sind Bestandteil **21** des Angebotes und als solche von der Einsichtnahme durch einen Mitbewerber, der einen Nachprüfungsantrag stellt, ausgenommen.[87] Das Schutzinteresse kann sich insbesondere aus dem in Nebenangeboten enthaltenen Know-How ergeben.[88] Enthält ein Nebenangebot eine „Idee",

---

[71] OLG Jena NZBau 2002, 294, 294; OLG Jena, Beschl. v. 16. 12. 2002, 6 Verg 10/02, Umdruck nach Veris, 1; OLG Düsseldorf VergabeR 2002, 305, 305.
[72] OLG Celle VergabeR 2002, 82, 83, mit Anm. *Byok/Goodarzi* VergabeR 2002, 83.
[73] VK Hamburg, Beschl. v. 6. 10. 2003, VK BB-3/03, Umdruck nach Veris, 16.
[74] BeckVOB-Komm/*Gröning* RdNr. 13.
[75] OLG Düsseldorf VergabeR 2008, 281, 285.
[76] OLG Düsseldorf VergabeR 2008, 281, 285.
[77] VK Bund NZBau 2003, 110, 120.
[78] VK Düsseldorf, Beschl. v. 11. 1. 2001, VK-4/2001-L.
[79] OLG Düsseldorf VergabeR 2008, 281, 285.
[80] Zu Geschäftsgeheimnissen siehe *Lenckner* § 203 StGB RdNr. 5, sowie *Köhler/Bornkamm* § 17 UWG RdNr. 3.
[81] OLG München, Beschl. v. 8. 11. 2010, Verg 20/10; OLG Düsseldorf NZBau 2002, 578, 579.
[82] OLG Jena NZBau 2002, 294, 294.
[83] OLG Düsseldorf NZBau 2002, 578, 579; VK Bund NZBau 2003, 110, 120.
[84] OLG Jena, Beschl. v. 7. 11. 2001, 6 Verg 4/01, Umdruck nach Veris, 4
[85] OLG Jena, Beschl. v. 7. 11. 2001, 6 Verg 4/01, Umdruck nach Veris, 4
[86] VK Düsseldorf, Beschl. v. 22. 10. 2003, VK-29/2003-L, Umdruck nach Veris, 17.
[87] VK Sachsen, Beschl. v. 9. 6. 2000, 1/SVK/45–00, Umdruck nach Veris, 13.
[88] VK Südbayern, Beschl. v. 23. 10. 2001, 34–09/01, Umdruck nach Veris, 10.

die auch bei späteren Aufträgen Verwendung finden kann, unterliegt das Nebenangebot dem Geheimnisschutz.[89] Der Vertrauensschutz der Referenzgeber überwiegt das Interesse eines Antragstellers über die Herkunft der Referenzen.[90] Dem Geheimschutz der beteiligten Bieter kommt besonderes Gewicht zu, weil die von ihnen angebotenen Systeme über dieses Vergabeverfahren hinaus auch Gegenstand weiterer Wettbewerbe im Ausland sind.[91] Ein Unternehmen kann aus aktuell geforderten Preisen oder Preisstrukturen eines Wettbewerbers auf schützenswerte Geschäftsdaten dieses Wettbewerbers schließen. Deshalb sind aktuelle Preisangaben von Wettbewerbern als Betriebsgeheimnisse zu schützen.[92]

22   Die angebotenen **Preise** und in Relation zu diesen auch die Gegenstände der angebotenen Leistungen zählen bei sachgerechter Würdigung der beteiligten Interessen zu den zu wahrenden Geschäftsgeheimnissen der Mitbieter.[93] Darf einem Antragsteller die Einsichtnahme von bestimmten Unterlagen nicht gewährt werden, kann ihm auch die Einsicht in solche Unterlagen verwehrt werden, aus denen lediglich bei gleichzeitiger Einsicht mit den vorzuenthaltenden Unterlagen, die Geschäftsgeheimnisse enthalten, aufschlussreiche Informationen zu entnehmen wären.[94] Gleichwohl ist ein Antragsteller in Fällen wie diesen nicht rechtsschutzlos, weil die Vergabekammer auf Grund eines entsprechenden Vortrags von Amts wegen prüfen muss (§ 110 Abs. 1).[95]

23   Aufgrund der Unabhängigkeit der Nachprüfungsinstanzen (§ 105) sind grundsätzlich auch **vom Auftraggeber für „geheim" erklärte „Vergabeakten" vorzulegen.**[96] Denn diese Unterlagen sind bereits zur Prüfung der Zulässigkeit des Nachprüfungsantrags erforderlich.[97] Das gilt auch hinsichtlich § 100 Abs. 2 lit. d und lit. e. Der Auftraggeber ist deshalb zur Vorlage der Vergabeakte verpflichtet und kann die Vorlage nicht allein durch Hinweis auf § 100 Abs. 2 lit. d oder lit. e verweigern. Nicht jede Bezugnahme auf Sicherheits- und Verteidigungsfragen, die die Anwendung des § 100 Abs. 2 lit. d oder lit. e begründet, rechtfertigt die Verweigerung der Aktenvorlage, weil der Bieterschutz dadurch verkürzt würde.[98] Die pauschale Bezeichnung eines Tatbestandes als Geheimnis kann ein Vergabeverfahren nicht jeder vergaberechtlichen Nachprüfung entziehen. Denn die Mitglieder der Vergabekammer genießen gem. § 105 diejenige Unabhängigkeit, die der verfassungsrechtlichen Garantie der in Art. 97 Abs. 1 GG genannten richterlichen Unabhängigkeit entspricht. Der Vergabekammer muss es möglich sein, anhand der Vergabeakte selbständig darüber entscheiden zu können, ob die Zulässigkeitsvoraussetzungen vorliegen oder nicht.[99]

V. Hinweis- und Kennzeichnungspflicht (Abs. 3)

24   Abs. 3 bestimmt, dass jeder Beteiligte mit Übersendung seiner Akten oder Stellungnahmen auf die in Abs. 2 genannten Geheimnisse hinweisen und diese in den Unterlagen entsprechend kenntlich machen muss. Die Kennzeichnungspflicht betrifft nur solche Dokumente, die von Beteiligten **während des Nachprüfungsverfahrens** an die Vergabekammer übermittelt werden.[100] Abs. 3 betrifft nicht die Frage, ob Bieter geheimhaltungsbedürftige Teile ihrer Angebote kennzeichnen müssen, bevor sie im Rahmen des Vergabeverfahrens bei der Vergabestelle abgeben. Die Kennzeichnung als geheim – sei es durch die Bieter oder die Vergabestelle als Beteiligte – ist ggf. zu begründen. Eine in Hinsicht auf einzelne Bieter von der Vergabestelle getroffene **differenzierte Geheimhaltung** ist zulässig, jedoch nachvollziehbar zu begründen.[101]

25   Auf der Grundlage von Abs. 3 darf die Vergabekammer von der Zustimmung zur Akteneinsicht ausgehen, wenn die Beteiligten mit der Übersendung ihrer Akten oder Stellungnahmen nicht auf darin enthaltene Geheimnisse in Form von Betriebs- oder Geschäftsgeheimnissen hin-

---

[89] VK Südbayern, Beschl. v. 23. 10. 2001, 34–09/01; Umdruck nach Veris, 10.
[90] VK Südbayern, Beschl. v. 12. 3. 2002, 03–02/02, Umdruck nach Veris, 11.
[91] VK Bund NZBau 2003, 110, 120.
[92] VK Bund NZBau 2000, 356, 356.
[93] OLG Düsseldorf NZBau 2002, 578, 579.
[94] OLG Düsseldorf NZBau 2002, 578, 579.
[95] OLG Düsseldorf NZBau 2002, 578, 579.
[96] VK Brandenburg, Beschl. v. 22. 3. 2004, VK 6/04, Umdruck nach Veris, 5.
[97] VK Brandenburg, Beschl. v. 22. 3. 2004, VK 6/04, Umdruck nach Veris, 5.
[98] VK Brandenburg, Beschl. v. 22. 3. 2004, VK 6/04, Umdruck nach Veris, 5.
[99] VK Brandenburg, Beschl. v. 22. 3. 2004, VK 6/04, Umdruck nach Veris, 5.
[100] *Kulartz/Kus/Portz* RdNr. 37 und 40; *Byok/Jaeger/Byok* RdNr. 1047; wohl ebenso *Gröning* NZBau 2000, 366, 367.
[101] OLG Jena VergabeR 2003, 248, 248.

weisen und diese nicht entsprechend kenntlich machen. Da die Kennzeichnungspflicht nicht für die Angebote bzw. die Angebotsphase gilt, liegt eine fingierte Zustimmung eines Beteiligten nicht schon dann vor, wenn sein ungekennzeichnetes Angebot als Teil der Vergabeakte von der Vergabestelle an die Vergabekammer übermittelt wird.[102] Wird daher Einsicht u. a. in die Angebote anderer Bieter begehrt, sind diese zuvor anzuhören.[103] Nur so erhalten sie die Möglichkeit, die beabsichtigte Gewährung der Akteneinsicht gerichtlich überprüfen zu lassen. Stimmen die Beteiligten einer Einsichtnahme der Akten zu, kann die Vergabekammer das nach Abs. 1 bestehende Akteneinsichtsrecht nicht mehr gemäß Abs. 2 versagen.[104] Etwas anderes gilt, wenn die Geheimhaltung nicht ausschließlich im Interesse der Beteiligten liegt, sondern zugleich ein öffentliches Interesse an ihr besteht.[105] Das kann beispielsweise bei Verteidigungsaufträgen der Fall sein.

VI. Rechtsschutz gegen die Versagung der Akteneinsicht (Abs. 4)

Versagt die Vergabekammer die Akteneinsicht, kann nach Abs. 4 gegen diese Entscheidung **26** nicht isoliert, sondern nur im Rahmen einer sofortigen Beschwerde (§§ 116 f.) vorgegangen werden. Grund dafür ist, dass Nachprüfungsverfahren weder unnötig aufgeteilt noch wegen des stets zu beachtenden Beschleunigungsgebots verzögert werden sollen.[106] Das entspricht dem allgemeinen verwaltungsrechtlichen Grundsatz nach § 44 a VwGO, wonach behördliche Verfahrenshandlungen grundsätzlich nicht isoliert anfechtbar sind.[107] Bei der Entscheidung über die Gewährung von Akteneinsicht handelt es sich um eine sog. Zwischenentscheidung. Zwischenentscheidungen sind behördliche oder gerichtliche Verfahrenshandlungen, die keine Endentscheidungen – etwa iSd. § 114[108] – sind, sondern diese nur vorbereiten sollen.[109] Zwischenentscheidungen sind allgemein nicht mit der Beschwerde nach § 116 selbständig angreifbar, sondern müssen mit den gegen die Sachentscheidung zulässigen Rechtsbehelfen angegriffen werden.[110] Bloße Zwischenentscheidungen sind: die Beiladungsentscheidung, § 109 S. 2, die Eilentscheidungen nach § 115 Abs. 2 und Entscheidungen über vorläufige Maßnahmen nach § 115 Abs. 3.

Die Zulässigkeit einer sofortigen Beschwerde gegen die **beabsichtigte bzw. bevorstehen-** **27** **de Gewährung von Akteneinsicht** ist im Vierten Teil des GWB nicht ausdrücklich geregelt. Teile der Rechtsprechung und der Literatur halten diese Entscheidung für isoliert anfechtbar. Gibt eine Vergabekammer dem Antrag auf Akteneinsicht statt, würde das für die Beteiligten durch die Bekanntgabe von Geheimnissen zu einem endgültigen, nicht mehr korrigierbaren Rechtsverlust und damit auch zur Verletzung des Grundrechts aus Art. 19 Abs. 4 GG auf wirksame gerichtliche Kontrolle führen.[111] Das hätte zur Konsequenz, dass das Oberlandesgericht als Beschwerdeinstanz die Geheimhaltungsbedürftigkeit der Vergabeakte im Rahmen einer sofortigen Beschwerde überprüfen könnte.[112] Die Gegenansicht stützt sich darauf, dass die in der Gewährung liegende Zwischenentscheidung nicht unter § 116 Abs. 1 falle und daher keine sofortige Beschwerde zulässig sei. Zudem könne aus Abs. 4 nicht der Umkehrschluss gezogen werden, die Gewährung von Akteneinsicht könne isoliert angefochten werden.[113] Diese Meinung ist abzulehnen, denn die Gewährung effektiven Rechtsschutzes muss sichergestellt sein. Das gilt jedenfalls für den Fall, dass durch die faktisch gestattete Einsichtnahme in die Akten, Rechte des von der Akteneinsicht Betroffenen in einer durch die Hauptsacheentscheidung nicht

---

[102] *Byok/Jaeger/Byok* RdNr. 1047.

[103] *Losch* VergabeR 2008, 739, 744; *Gröning* NZBau 2000, 366, 370; *Kulartz/Kus/Portz* RdNr. 41.

[104] *Byok/Jaeger/Byok* RdNr. 1049.

[105] *Kopp/Ramsauer* § 29 VwVfG RdNr. 39.

[106] OLG Düsseldorf VergabeR 2008, 281, 284; VÜA Bund, Beschl. v. 2. 5. 1996, 1 VÜ 10/96; *Byok/Jaeger/Byok* RdNr. 1050.

[107] *Byok/Jaeger/Byok* § 111 RdNr. 1050; *Redeker/von Oertzen* § 44 a VwGO RdNr. 2; *Kopp/Schenke* § 44 a VwGO RdNr. 2; *Byok/Goodarzi* WuW 2004, 1024, 1024.

[108] Siehe *Byok/Jaeger/Jaeger* § 116 RdNr. 1112.

[109] OLG Düsseldorf VergabeR 2008, 281, 282.

[110] Zahlreiche Nachweise zu Zwischenentscheidungen enthält OLG Düsseldorf VergabeR 2008, 281, 282, Fn. 1.

[111] OLG Düsseldorf VergabeR 2008, 281, 282; mwN; *Byok/Jaeger/Byok* RdNr. 1050; vgl. auch *Kulartz/Kus/Portz* RdNr. 42, der allerdings stärker mit einem Eingriff in den Wettbewerb argumentiert; aA *Byok/Jaeger/Jaeger* § 116 RdNr. 1115.

[112] OLG Düsseldorf VergabeR 2008, 281, 284; OLG Düsseldorf VergabeR 2002, 404, 406.

[113] OLG Hamburg, Beschl. v. 2. 12. 2004, 1 Verg 2/04, Umdruck nach Veris, 2.

wieder gutzumachenden Weise beeinträchtigt werden können.[114] Vor diesem Hintergrund ist
die eintretende Verzögerung – trotz des Beschleunigungsgrundsatzes – zumutbar.

§ 112 Mündliche Verhandlung

(1) [1]**Die Vergabekammer entscheidet auf Grund einer mündlichen Verhandlung,
die sich auf einen Termin beschränken soll.** [2]**Alle Beteiligten haben Gelegenheit zur
Stellungnahme.** [3]**Mit Zustimmung der Beteiligten oder bei Unzulässigkeit oder bei
offensichtlicher Unbegründetheit des Antrags kann nach Lage der Akten entschieden
werden.**

(2) **Auch wenn die Beteiligten in dem Verhandlungstermin nicht erschienen oder
nicht ordnungsgemäß vertreten sind, kann in der Sache verhandelt und entschieden
werden.**

Schrifttum: *Diemer/Maier,* Rechtsanwaltsgebühren im Vergabenachprüfungsverfahren nach altem und
neuem Kostenrecht – Eine praxisorientierte Darstellung, NZBau 2004, 536; *Kopp/Schenke,* VwGO-
Kommentar, 16. Aufl. 2009; *Maier,* Die prozessualen Grundsätze des Nachprüfungsverfahrens, NZBau
2004, 667; *Weyand,* ibr-online-Kommentar Vergaberecht, Stand 22. 6. 2009.

I. Regelungsgehalt und Überblick

1   § 112 enthält Regelungen zur **mündlichen Verhandlung im Vergabenachprüfungsverfahren vor der Vergabekammer.** § 112 betrifft nicht die mündliche Verhandlung vor dem
Vergabesenat des Oberlandesgerichts. Abs. 1 ordnet an, dass die Vergabekammer über den
Nachprüfungsantrag grundsätzlich auf Grund einer mündlichen Verhandlung entscheiden muss,
in Ausnahmefällen jedoch nach Lage der Akten entscheiden darf. Die zulässigen Ausnahmefälle
zählt Abs. 1 abschließend auf. Eine mündliche Verhandlung muss danach nicht stattfinden,
wenn entweder die Beteiligten des Nachprüfungsverfahrens dem zustimmen, der Nachprüfungsantrag unzulässig oder offensichtlich unbegründet ist. Darüber hinaus bestimmt Abs. 1, dass
die mündliche Verhandlung grundsätzlich auf einen einzigen Verhandlungstermin beschränkt
sein soll und die Beteiligten des Nachprüfungsverfahrens schriftlich oder mündlich Gelegenheit
zur Stellungnahme haben müssen. Abs. 2 bestimmt, dass die Vergabekammer auch dann verhandeln und entscheiden darf, wenn die Beteiligten im Termin zur mündlichen Verhandlung
nicht erschienen oder nicht ordnungsgemäß vertreten sind. § 112 enthält keine detaillierten
inhaltlichen und verfahrensrechtlichen Regelungen zur mündlichen Verhandlung.[1] Die Ausgestaltung des Verfahrens hat der Gesetzgeber der Exekutive überlassen.

II. Entstehungsgeschichte, systematischer Ort und Zweck der Vorschrift

2   Die Pflicht zur Durchführung einer mündlichen Verhandlung in Vergabesachen besteht erst
seit der Kodifizierung des Vergaberechts im GWB im Zuge des VgRÄG zum 1. 1. 1999[2] und
damit der Einführung des Nachprüfungsverfahrens (§§ 107 ff.). Abs. 1 beruht auf § 122 des Regierungsentwurfs des VgRÄG vom 3. 12. 1997.[3] Abs. 2 geht auf den Abänderungsvorschlag des
Bundesrats zur Klarstellung des Gesetzeswortlauts zurück.[4] Zur Zeit der sog. „haushaltsrechtlichen Lösung" gab es für das Verfahren vor den VÜA des Bundes und der Länder keine einheitliche Regelung dazu, ob und nach welchen Maßgaben ggf. eine mündliche Verhandlung
durchzuführen war. Ob eine mündliche Verhandlung stattfinden musste, hing von der Geschäftsordnung des einzelnen VÜA ab.[5] Die Beteiligten mussten sich deshalb auf das Prozedere
des jeweiligen VÜA einstellen.[6] § 112 ist durch das Gesetz zur Modernisierung des Vergaberechts, das am 24. 4. 2009 in Kraft getreten ist, nicht geändert worden.[7]

---

[114] OLG Düsseldorf VergabeR 2008, 281, 283.
[1] Ausführlich dazu BeckVOB-Komm/*Gröning* RdNr. 5.
[2] Siehe Art. 4 VgRÄG, BGBl. 1998 I, S. 2520.
[3] Siehe BT-Drucks. 13/9340, 7.
[4] Siehe BT-Drucks. 13/9340, 41, wobei vorgeschlagen wurde, „nicht gehörig vertreten" zu „nicht ordnungsgemäß vertreten" abzuändern.
[5] Diese beruhten auf der Grundlage der § 57 c Abs. 9 HGrG (Länder), § 57 c Abs. 7 S. 7 HGrG, § 3
Abs. 1 NpV (Bund).
[6] *Kulartz/Kus/Portz/Brauer* § 112 RdNr. 2.
[7] BGBl. 2009 I S. 790.

§ 112 ist Ausdruck des Anspruchs auf rechtliches Gehör (Art. 20 Abs. 3 GG und Art. 103 **3**
Abs. 1 GG) und des Beschleunigungsgebots (§ 113).[8] § 112 begründet einen selbständigen verfahrensrechtlichen Anspruch auf rechtliches Gehör.[9] Dieser folgt aus dem Rechtsstaatsprinzip
und der Rechtsmittelrichtlinie.[10] „Überraschungsentscheidungen" sind deshalb unzulässig.[11]
§ 112 steht systematisch im Zusammenhang mit § 110. Gemäß § 110 Abs. 1 S. 1 erforscht die
Vergabekammer den Sachverhalt von Amts wegen. Das Beschleunigungsgebot des § 113 ist bei
allen Vorschriften, die sich auf die Dauer des Nachprüfungsverfahrens auswirken können, und
damit auch bei § 112, als Auslegungsmaßstab zu berücksichtigen.[12] Abs. 1 soll durch die Anordnung zur Durchführung einer mündlichen Verhandlung sicherstellen, dass den Beteiligten umfassendes **rechtliches Gehör** gewährt wird.[13] Zugleich will der Gesetzgeber über die Vorgabe,
dass die mündliche Verhandlung grundsätzlich auf einen einzigen Termin beschränkt werden
soll, gewährleisten, dass Nachprüfungsverfahren dem Beschleunigungsgrundsatz entsprechend
auch bei Durchführung einer mündlichen Verhandlung zügig abgeschlossen werden. Auftragsvergaben und damit Investitionen sollen möglichst ohne unnötige Verzögerung erfolgen können. Auch Abs. 2, wonach die Vergabekammer auch dann verhandeln und entscheiden kann,
wenn Beteiligte im Verhandlungstermin nicht erscheinen oder nicht ordnungsgemäß vertreten
sind, dient der **Beschleunigung des Nachprüfungsverfahrens**.[14] Die Vergabekammer soll
innerhalb der Fünfwochenfrist des § 113 Abs. 1 S. 1 entscheiden können. Die Regelung will
die Beteiligten dazu anhalten, den von der Vergabekammer angesetzten Termin wahrzunehmen
und sorgfältig vorzubereiten. Da die Entscheidung der Vergabekammer im Falle eines „Ver-
säumnisses" nur durch die sofortige Beschwerde angegriffen werden kann, sind die Konsequenzen der Regelung des Abs. 2 schwerwiegender als ein Versäumnisurteil im Zivilprozess, das
noch in derselben Instanz beseitigt werden kann. § 112 soll damit insgesamt einen Ausgleich
zwischen dem Anspruch der Beteiligten auf rechtliches Gehör und der Bürger auf die rasche
Durchführung öffentlicher Auftragsvergaben schaffen.

III. Mündliche Verhandlung (Abs. 1)

1. Mündliche Verhandlung und Gelegenheit zur Stellungnahme. Abs. 1 S. 1 ordnet **4**
an, dass die Entscheidung der Vergabekammer grundsätzlich nach Durchführung einer mündlichen Verhandlung ergeht. Diese soll gut vorbereitet sein, damit die Entscheidung möglichst
innerhalb der von § 113 Abs. 1 S. 1 angeordneten Fünfwochenfrist ergehen kann.[15] Diese Frist
beginnt mit Eingang des Nachprüfungsantrags bei der Vergabekammer. In der mündlichen Verhandlung müssen nach S. 2 zur Wahrung des Grundsatzes des rechtlichen Gehörs (Art. 103
Abs. 1 GG) alle Beteiligten Gelegenheit zur Stellungnahme haben.

Der Grundsatz zur Durchführung einer mündlichen Verhandlung gilt nur für die **Entschei-** **5**
dung über die Hauptsache (§ 114), nicht aber für Eilverfahren (§ 115) und bloße Kostenentscheidungen.[16] Die Vorschriften über das Nachprüfungsverfahren (§§ 102–124) enthalten keine
weiteren Regelungen zum Inhalt und Ablauf der mündlichen Verhandlung vor der Vergabekammer. Das Verfahren vor der Vergabekammer soll in diesem Punkt jedoch gerichtsähnlich
sein, das heißt, den Verfahren vor Gerichten entsprechen.[17] Angesichts der Regelungslücken
der §§ 104 ff. ist auf Grund der sachlichen Nähe zum verwaltungsrechtlichen Widerspruchsverfahren, dem das Nachprüfungsverfahren weitgehend nachgebildet ist, für die mündliche Verhandlung auf die **entsprechende Anwendung der VwGO, des VwVfG** und hilfsweise der
ZPO zurückzugreifen.[18] Das Nachprüfungsverfahren unterliegt als Ganzes Verfahrensregelun-

---

[8] VK Südbayern, Beschl. v. 19. 2. 2008, Z3–3-3194–1-02–01/08, Umdruck nach Veris, 6.
[9] OLG Koblenz VergabeR 2001, 407, 408.
[10] EuGH, C-315/01, Slg. 2003, I-6351, 6404, RdNr. 49 – GAT/ÖSAG; RL 89/665, ABl. 1989 L 395/33,
zuletzt wesentlich modifiziert durch RL 2007/66, ABl. 2007 L 335/31.
[11] Vgl. *Prieß* 379.
[12] *Maier* NZBau 2004, 667, 667.
[13] VK Südbayern, Beschl. v. 19. 2. 2008, Z3–3-3194–1-02–01/08, Umdruck nach Veris, 6.
[14] VK Südbayern, Beschl. v. 19. 2. 2008, Z3–3-3194–1-02–01/08, Umdruck nach Veris, 6; *Weyand*
RdNr. 2134.
[15] BT-Drucks. 13/9340, 19.
[16] BeckVOB-Komm/*Gröning* RdNr. 4.
[17] *Immenga/Mestmäcker/Dreher* RdNr. 2; BeckVOB-Komm/*Gröning* RdNr. 1.
[18] *Byok/Jaeger/Byok* RdNr. 1055; OLG Düsseldorf NZBau 2000, 45, 48; zu den in den §§ 116 ff. GWB
bestehenden Regelungslücken *Maier* NZBau 2004, 667, 667.

gen. Auch diese sind aus dem Verwaltungs- und Zivilprozessrecht entlehnt.[19] Die Nähe der mündlichen Verhandlung zum verwaltungsrechtlichen und zivilrechtlichen Prozessrecht wird bereits dadurch bestätigt, dass für die mündliche Verhandlung der Mündlichkeitsgrundsatz (Abs. 1 S. 1 Hs. 1), die Konzentrationsmaxime (Abs. 1 S. 1 Hs. 2, Abs. 2) und der Grundsatz des rechtlichen Gehörs (Abs. 1 S. 2) gilt.[20] Danach ist allen Beteiligten Gelegenheit zur sachangemessenen, zweckentsprechenden und erschöpfenden Stellungnahme zu geben und Akteneinsicht (§ 111) zu gewähren. Zudem ist das Beschleunigungsgebot (§ 113) zu beachten.[21]

6   Die mündliche Verhandlung dient bei gleichzeitiger Umsetzung des Untersuchungsgrundsatzes und des Grundsatzes des rechtlichen Gehörs der gegenüber der schriftlichen Stellungnahme **vertieften Ermittlung und Erörterung** der entscheidungserheblichen Tatsachen sowie der Beweisaufnahme.[22] Insofern steht § 112 im systematischen Zusammenhang mit § 110. Die mündliche Verhandlung ermöglicht der Vergabekammer in Verwirklichung des Untersuchungsgrundsatzes, durch Nachfragen den Sachverhalt aufzuklären und dadurch eine verlässliche Entscheidungsgrundlage zu erhalten. Das ist insbesondere deshalb von Bedeutung, weil vor der Vergabekammer kein Anwaltszwang herrscht und deshalb die Schriftsätze der Beteiligten mangels vertiefter Kenntnisse des Vergaberechts mitunter nur unzureichende Aussagen zu den tatsächlich und rechtlich relevanten Punkten enthalten.

7   Die Beteiligten des Nachprüfungsverfahrens müssen ausreichend Gelegenheit haben, sich vor der Entscheidung der Vergabekammer zum Sachverhalt und zur Rechtslage zu äußern sowie die sachdienlichen Anträge zu stellen.[23] Die mündlichen Auskünfte der Beteiligten sind in der Regel vollständiger und vermitteln der Vergabekammer einen vertieften und klareren Eindruck von der Sachlage als die sorgfältig abgewogenen Formulierungen in Schriftsätzen.[24] Eine gut vorbereitete und früh angesetzte mündliche Verhandlung vermag umfangreichen Schriftwechsel zu vermeiden und kann auf diese Weise zu einer schnelleren Beendigung des Nachprüfungsverfahrens beitragen.[25] Die mündliche Verhandlung hat jedoch nicht den Zweck, alle Gesichtspunkte, die für die Entscheidung relevant sein können, und die schon Gegenstand von Schriftsätzen waren, nochmals ausführlich zu erörtern. Die Vergabekammer muss über die mündliche Verhandlung analog § 105 VwGO iVm. §§ 159, 160 ZPO ein Protokoll fertigen, das die wesentlichen Vorgänge, Prozesshandlungen und Erklärungen enthält, und dieses den Beteiligten in Abschrift zuleiten.[26]

8   Die Vergabekammer darf die mündliche Verhandlung auf mehr als einen Termin ausdehnen. Bei Abs. 1 S. 1 handelt es sich lediglich um eine **Soll-Vorschrift.** Stellt sich in Ausnahmefällen heraus, dass die Sache in *einem* Verhandlungstermin nicht umfassend und abschließend geklärt werden kann, haben das rechtliche Gehör der Beteiligten und die Aufklärung des Sachverhalts Vorrang vor der Beschränkung auf *einen* Termin und damit Vorrang vor dem Beschleunigungsgrundsatz.[27] Mehrere Verhandlungstermine können bei sachlich und rechtlich schwierigen Fällen erforderlich sein, darüber hinaus auch aus terminlichen Gründen, zB zum Zwecke der Beweisaufnahme wie der Vernehmung ausländischer Zeugen.[28]

9   Die mündliche Verhandlung vor der Vergabekammer ist im Gegensatz zu der vor dem Vergabesenat **nicht öffentlich.**[29] Das ergibt sich aus dem Wortlaut des Gesetzes, das die Öffentlichkeit der Verhandlung nicht vorschreibt, und aus § 68 Abs. 1 S. 1 VwVfG analog, wonach mündliche Verhandlungen in förmlichen Verwaltungsverfahren nicht öffentlich sind. Bei dem Verfahren vor der Vergabekammer handelt es sich nicht um ein Gerichts-, sondern um ein

---

[19] *Maier* NZBau 2004, 667, 667; *Diemer/Maier* NZBau 2004, 536, 538.

[20] BeckVOB-Komm/*Gröning* RdNr. 1 und 5; ähnlich OLG Düsseldorf, Beschl. v. 2. 3. 2005, VII-Verg 70/04; *Weyand* RdNr. 1301.

[21] OLG Düsseldorf, Beschl. v. 2. 3. 2005, VII-Verg 70/04; *Weyand* RdNr. 1301.

[22] VK Südbayern, Beschl. v. 19. 2. 2008, Z3–3–3194–1-02–01/08, Umdruck nach Veris, 6; *Byok/Jaeger/Byok* RdNr. 1054; *Maier* NZBau 2004, 667, 669.

[23] OLG Düsseldorf, Beschl. v. 2. 3. 2005, VII-Verg 70/04, unter Verweis auf BVerfG NJW 1991, 2823, 2824; ähnliches ergibt sich aus § 86 Abs. 3 VwGO, § 139 Abs. 1 S. 2 ZPO und § 68 Abs. 2 S. 2 VwVfG, ausführlich dazu BeckVOB-Komm/*Gröning* RdNr. 2.

[24] *Maier* NZBau 2004, 667, 669.

[25] *Maier* NZBau 2004, 667, 669.

[26] *Maier* NZBau 2004, 667, 669; BeckVOB-Komm/*Gröning* RdNr. 13.

[27] *Boesen* RdNr. 9.

[28] *Byok/Jaeger/Byok* RdNr. 1054.

[29] *Prieß* 377; *Byok/Jaeger/Byok* RdNr. 1055; *Maier* NZBau 2004, 667, 669; BeckVOB-Komm/*Gröning* RdNr. 11.

Verwaltungsverfahren.[30] Teilnahmeberechtigt sind deshalb nur die Beteiligten des Nachprüfungsverfahrens und deren Verfahrensbevollmächtigte.[31] Sind die Beteiligten einverstanden, darf die Vergabekammer auch anderen Personen die Teilnahme an der mündlichen Verhandlung gestatten. Die Beteiligten sind zur Teilnahme an der mündlichen Verhandlung unter Einhaltung einer Ladungsfrist förmlich zu laden.[32] Die Mindestfrist für die Ladung beträgt entsprechend § 217 ZPO drei Tage.

Die Vergabekammer ist in der mündlichen Verhandlung in der Regel mit dem Vorsitzenden **10** und zwei Beisitzern besetzt. Der Vorsitzende leitet die mündliche Verhandlung (analog § 103 Abs. 1 VwGO). Die Entscheidung der Kammer wird den Beteiligten analog § 116 Abs. 2 VwGO schriftlich zugestellt.[33] Die Vergabekammer trifft die **Entscheidung in der Besetzung, in der sie mündlich verhandelt hat.** Etwas anderes gilt nur, soweit die Kammer mit Zustimmung der Beteiligten, bei Unzulässigkeit oder offensichtlicher Unbegründetheit des Antrags nach Lage der Akten entscheidet.[34]

Die Vergabekammer entscheidet auf Grund des Vortrags der Beteiligten in der mündlichen **11** Verhandlung und der bis zum Ende der mündlichen Verhandlung von den Verfahrensbeteiligten eingereichten Schriftsätze. Maßgeblicher Zeitpunkt für die Beurteilung der Sach- und Rechtslage ist der **Zeitpunkt des Abschlusses der mündlichen Verhandlung.** Auf Grund des Vorrangs des mündlichen Vortrags hat die Kammer in erster Linie das in der mündlichen Verhandlung Vorgetragene zu berücksichtigen, auf die schriftlichen Stellungnahmen ist ergänzend zurückzugreifen. Bei Widersprüchen entscheidet der mündliche Vortrag, wenn dieser sich in der Sache nicht auf Grund anderer Beweismittel, beispielsweise den Vergabeakten, als unzutreffend herausstellt. Der Grundsatz der Mündlichkeit hat nicht zur Folge, dass allein der mündliche Vortrag verwertbar wäre, jedoch dessen Vorrang. Für einen säumigen oder nicht ordnungsgemäß vertretenen Beteiligten ist deshalb zur Entscheidungsfindung der schriftliche Vortrag heranzuziehen.

Trägt ein Beteiligter unter Missachtung seiner Verfahrensförderungspflicht so spät zur Sache **12** vor, dass den anderen Verfahrensbeteiligten bis zum Schluss der mündlichen Verhandlung, auf die die Entscheidung ergeht (Abs. 1), eine Erwiderung nicht mehr zumutbar ist, darf die Vergabekammer den betreffenden Vortrag wegen Verspätung bei der Entscheidung nicht berücksichtigen.[35] Das folgt auch aus § 113 Abs. 2 S. 1. Danach müssen die Verfahrensbeteiligten an der Aufklärung des Sachverhalts mitwirken, wie es einem auf Förderung und raschen Abschluss des Verfahrens bedachten Vorgehen entspricht. Die Regelung dient der Verfahrensbeschleunigung und soll gewährleisten, dass das Vergabenachprüfungsverfahren in möglichst kurzer Zeit abgeschlossen werden kann. Die Beteiligten des Nachprüfungsverfahrens haben deshalb die Obliegenheit, sämtliche Angriffs- und Verteidigungsmittel so schnell wie möglich vorzubringen. Kommen sie dem nicht nach, müssen sie die sich daraus ergebenden Verfahrensnachteile tragen.

2. Entscheidung nach Lage der Akten. Rechtliches Gehör ist grundsätzlich durch eine **13** mündliche Verhandlung zu gewähren.[36] Abs. 1 S. 3 erlaubt der Vergabekammer, in bestimmten Fällen ohne mündliche Verhandlung nach Lage der Akten zu entscheiden. Das soll das Nachprüfungsverfahren vereinfachen und beschleunigen. Die Hauptsacheentscheidung nach Lage der Akten soll jedoch die **Ausnahme** sein[37] und entbindet die Vergabekammer nicht davon, den Beteiligten auf andere Weise im ausreichenden Umfang rechtliches Gehör zu gewähren.[38] Jedoch folgt nicht aus jeder Abweichung vom Grundsatz der mündlichen Verhandlung auch eine Verletzung des rechtlichen Gehörs. So ist in einem Fall, in dem eine Entscheidung fakultativ im schriftlichen Verfahren getroffen werden darf, das rechtliche Gehör schriftlich zu gewähren. Hat ein Beteiligter auf diese Weise vor der Vergabekammer, auch ohne mündliche Ver-

---

[30] *Prieß* 377.

[31] *Maier* NZBau 2004, 667, 669.

[32] Für analog § 102 VwGO *Maier* NZBau 2004, 667, 669; für analog §§ 216 ff. ZPO BeckVOB-Komm/*Gröning* § 112 RdNr. 5.

[33] *Maier* NZBau 2004, 667, 669.

[34] BayObLG VergabeR 2003, 207, 210; *Weyand* RdNr. 2141.

[35] OLG Düsseldorf VergabeR 2004, 249; VK Baden-Württemberg, Beschl. v. 29. 5. 2005, 1 VK 14/05, Leitsatz 4 und Umdruck nach Veris, 23.

[36] OLG Düsseldorf, Beschl. v. 21. 12. 2005, Verg 69/05, Umdruck nach Veris, 5, unter Verweis auf *Kopp/Schenke* § 108 VwGO RdNr. 19 b und c.

[37] OLG Schleswig, Beschl. v. 30. 6. 2005, 6 Verg 5/05, Umdruck nach Veris, 4.

[38] OLG Koblenz VergabeR 2001, 407, 408; *Prieß* 378.

handlung, in ausreichendem Maß Gelegenheit erhalten, seinen Standpunkt in tatsächlicher und in rechtlicher Hinsicht vorzutragen, ist der Anspruch auf rechtliches Gehör nicht verletzt.[39]

14　Die Vergabekammer muss die Beteiligten darauf hinweisen, dass sie beabsichtigt, nach Abs. 1 S. 3 zu entscheiden, und ihnen damit Gelegenheit geben, Stellung zu nehmen und versäumte aber heilbare Zulässigkeitserfordernisse ggf. nachzuholen oder hinsichtlich der Begründung des Antrags ergänzend vorzutragen. Erfolgt dann kein weiterer Vortrag, kann die Vergabekammer davon ausgehen, dass auch durch eine mündliche Verhandlung keine neuen, weiterführenden Erkenntnisse gewonnen werden können, so dass sich eine Entscheidung nach Lage der Akten anbietet.[40]

15　Eine Entscheidung ohne mündliche Verhandlung ist nur in den Fällen des Abs. 1 S. 3 statthaft, das heißt, wenn die Beteiligten einer Entscheidung nach Lage der Akten zustimmen oder der Nachprüfungsantrag unzulässig oder offensichtlich unbegründet ist. Sind die Voraussetzungen keiner dieser Fälle gegeben, verletzt die Nichtdurchführung einer mündlichen Verhandlung die Beteiligten in ihrem Recht auf Gewährung rechtlichen Gehörs und auf ein faires Verfahren.[41] Kommt es zu einer sofortigen Beschwerde, wird der Vergabesenat die Entscheidung der Vergabekammer wegen des damit verbundenen schweren Verfahrensfehlers aufheben und zurückverweisen.[42] Über die Fälle des Abs. 1 S. 3 hinaus ist eine Entscheidung nach Lage der Akten für Fälle zulässig, für die der Grundsatz der mündlichen Verhandlung nicht gilt. Das folgt aus der wörtlichen und systematischen Auslegung der Vorschrift.[43] Der Grundsatz der mündlichen Verhandlung gilt beispielsweise nicht für Eilverfahren nach § 115 Abs. 2 und Abs. 3.

16　Der übereinstimmende **Verzicht auf die mündliche Verhandlung** durch die Beteiligten kann aus prozessökonomischen Gründen statthaft sein. Das betrifft Fälle, in denen eine mündliche Verhandlung von vornherein unnötig und für das Ergebnis irrelevant ist, beispielsweise weil ein neuer Vortrag nicht zu erwarten ist oder ein solcher absehbar an den Erfolgsaussichten des Nachprüfungsantrags nichts ändern würde.[44] Zu beachten ist, dass ggf. auch Beigeladene zustimmen müssen.[45] An die Form der Zustimmung stellt Abs. 1 keine Anforderung; Einigkeit besteht jedoch darüber, dass die Zustimmung bedingungsfeindlich und mit Zugang an die anderen Beteiligten unabänderlich ist.[46] Die Vergabekammer ist gleichwohl nicht an den Verzicht der Beteiligten gebunden, jedoch wird lediglich in Ausnahmefällen aus Zweckmäßigkeitsgründen ein Bedürfnis bestehen, dennoch eine mündliche Verhandlung durchzuführen.[47]

17　Für den Fall der **Unzulässigkeit oder offensichtlichen Unbegründetheit des Nachprüfungsantrags** (Abs. 1 S. 3 Var. 2 und 3) muss die Vergabekammer berücksichtigen, ob von einer mündlichen Verhandlung neue Erkenntnisse zu erwarten sind, die zu einer anderen Bewertung führen könnten.[48] Abs. 1 S. 3 ist insofern systematisch im Zusammenhang mit dem § 110 normierten Untersuchungsgrundsatz zu verstehen. Die Vergabekammer ist danach verpflichtet, den Sachverhalt hinlänglich zu erforschen.[49] Die Vergabekammer muss auf Grund der Sachlage und des Vorbringens der Beteiligten davon überzeugt sein, dass sie dieser Pflicht nachgekommen ist. Die Vorschrift gründet auf der Überlegung des Gesetzgebers, dass der Ablauf und der Abschluss (Zuschlagserteilung) eines Vergabeverfahrens bei einem aussichtslosen Nachprüfungsantrag durch eine mündliche Verhandlung nur unnötig verzögert und das dem Beschleunigungsgebot widersprechen würde.[50]

18　Die Voraussetzungen des Abs. 1 S. 3 Var. 2 – **Unzulässigkeit des Nachprüfungsantrags** – sind erfüllt, wenn die Vergabekammer bei vernünftiger Abwägung und Wertung des Parteivortrags bzw. Akteninhaltes die Unzulässigkeit vertreten kann.[51] Erwidert beispielsweise ein Antragsteller nicht auf den Vortrag des Antragsgegners und gibt er die von der Vergabekammer angeforderten Stellungnahmen nicht ab, kann sich hieraus die Überzeugung der Vergabekam-

---

[39] OLG Düsseldorf, Beschl. v. 21. 12. 2005, Verg 69/05, Umdruck nach Veris, 5.
[40] *Boesen* § 112 RdNr. 28.
[41] Thüringer OLG VergabeR 2002, 631, 633.
[42] Thüringer OLG VergabeR 2002, 631, 633; *Prieß* 377.
[43] Ausführlich dazu BeckVOB-Komm/*Gröning* RdNr. 4 und 30.
[44] *Maier* NZBau 2004, 667, 669.
[45] VK Arnsberg, Beschl. v. 15. 2. 2002, VK 2–01/2002, Umdruck nach Veris, 4; *Boesen* RdNr. 21.
[46] *Immenga/Mestmäcker/Dreher* RdNr. 8.
[47] *Boesen* RdNr. 27.
[48] BayObLG VergabeR 2002, 77, 80.
[49] Bspw. VK Schleswig-Holstein, Beschl. v. 7. 3. 2005, VK-SH 03/05, Umdruck nach Veris, 20.
[50] VK Darmstadt, Beschl. v. 26. 1. 2005, 69 d-VK 96/2004, Umdruck nach Juris, RdNr. 62.
[51] OLG Koblenz VergabeR 2001, 407, 407.

mer ergeben, dass der Nachprüfungsantrag unzulässig ist.[52] Eine Entscheidung nach Lage der Akten ist ferner auch dann möglich, wenn die Kammer den Antrag zunächst an den Antragsgegner zustellt und später nach vertiefter Prüfung der Sach- und Rechtslage, unter Umständen auch erst nach weiteren Ermittlungen, zur Überzeugung kommt, dass der Antrag unzulässig ist.[53] Der Nachprüfungsantrag ist unzulässig, wenn die Voraussetzungen des § 107 Abs. 3, dh. Rügepflichten und sonstige Sachentscheidungsvoraussetzungen,[54] nicht erfüllt sind oder die Voraussetzungen des § 108 nicht vorliegen[55] oder die betreffende Vergabekammer nicht zuständig ist.[56]

Die Voraussetzungen des Abs. 1 S. 3 Var. 3 – **offensichtliche Unbegründetheit** – sind er- **19** füllt, wenn an der Richtigkeit der tatsächlichen Feststellungen vernünftigerweise kein Zweifel mehr bestehen kann, nach dem Vorbringen eines Antragstellers unter keinem Gesichtspunkt Erfolgsaussichten bestehen und sich die Zurückweisung des Antrages damit geradezu aufdrängt.[57] Die Unbegründetheit muss sich eindeutig und ohne weiteres oder jedenfalls unschwer aus den gesamten Umständen des Falles ergeben.[58] Darüber hinaus ist eine eindeutige Rechtslage in Bezug auf den entscheidungserheblichen Sachverhalt erforderlich.[59] Hat die Vergabekammer Zweifel an der Unbegründetheit, liegt keine Offensichtlichkeit vor. Dann muss sie zum Schutz des Antragstellers eine mündliche Verhandlung durchführen.[60]

Die Vergabekammer ist auch für den Fall, dass die Voraussetzungen des Abs. 1 S. 3 erfüllt **20** sind, nicht verpflichtet, nach Lage der Akten zu entscheiden. Ob die Vergabekammer bei Vorliegen der in Abs. 1 S. 3 genannten Voraussetzungen von einer mündlichen Verhandlung absieht, steht in ihrem pflichtgemäßen Ermessen.[61] Sie darf deshalb auch dann, wenn die Voraussetzungen für eine Entscheidung nach Lage der Akten vorliegen, eine mündliche Verhandlung ansetzen und erst auf dieser Grundlage eine Entscheidung treffen.[62] Bei der Ausübung des Ermessens berücksichtigt die Vergabekammer zum einen ihre Pflicht nach § 110 Abs. 1, den Sachverhalt umfassend aufzuklären, zum anderen auch die Verzögerung und ggf. Verteuerung des Verfahrens, die durch die mündliche Verhandlung entstehen würde.[63] Bei der Ausübung ihres Ermessens muss die Vergabekammer berücksichtigen, ob von einer mündlichen Verhandlung neue Erkenntnisse zu erwarten sind, die zu einer anderen Bewertung führen können.[64]

IV. Entscheidung in Abwesenheit der Beteiligten oder bei nicht ordnungsgemäßer Vertretung (Abs. 2)

Abs. 2 bestimmt, dass die mündliche Verhandlung auch dann abgehalten werden kann, wenn **21** Beteiligte nicht erschienen oder nicht ordnungsgemäß vertreten sind. Im Extremfall, dh. bei Abwesenheit aller Beteiligten, entfällt die mündliche Verhandlung.[65] Ein Versäumnisurteil ist für die Konstellationen des Abs. 2 nicht vorgesehen.[66] Sind nicht alle Beteiligten abwesend, kann die Vergabekammer verhandeln und entscheiden. Eine evt. Entscheidung wird dann auf der

---

[52] VK Schleswig-Holstein, Beschl. v. 29. 8. 2002, VK-SH 11/02, Umdruck nach Veris, 4.

[53] OLG Koblenz VergabeR 2001, 407, 408; VK Schleswig-Holstein, Beschl. v. 23. 7. 2004, VK-SH 21/04, Umdruck nach Veris, 4; BayObLG ZfBR 2002, 190, 192; VK Hamburg, Beschl. v. 6. 10. 2003, VKBB-3/03, Umdruck nach Veris, 18.

[54] *Byok/Jaeger/Byok,* 1. Aufl. 2001 RdNr. 729; so nunmehr auch 2. Aufl. 2005 RdNr. 953 ff.

[55] *Boesen* RdNr. 22.

[56] VK Brandenburg, Beschl. v. 10. 2. 2003, VK 80/02, Umdruck nach Veris, 6.

[57] VK Schleswig-Holstein, Beschl. v. 7. 3. 2005, VK-SH 03/05, Umdruck nach Veris, 20; VK Bund, Beschl. v. 6. 10. 2003, VK 2–94/03, Umdruck nach Veris, 8; *Boesen* RdNr. 23.

[58] Vgl. VK Schleswig-Holstein, Beschl. v. 17. 3. 2006, VK-SH 2/06, Umdruck nach Veris, 8; amtl. Begr. BT-Drucks. 13/9340, 19.

[59] VK Schleswig-Holstein, Beschl. v. 17. 3. 2006, VK-SH 2/06, Umdruck nach Veris, 8; VK Schleswig-Holstein, Beschl. v. 7. 3. 2005, VK-SH 03/05, Umdruck nach Veris, 20, unter Verweis auf *Reidt/Stickler/Glahs/Reidt* RdNr. 17; amtl. Begr. BT-Drucks. 13/9340, 19.

[60] *Byok/Jaeger/Byok* RdNr. 1057.

[61] BayObLG VergabeR 2002, 77, 80; VK Schleswig-Holstein, Beschl. v. 17. 3. 2006, VK-SH 2/06; Beschl. v. 7. 3. 2005, VK-SH 03/05, Umdruck nach Veris, 9; VK Südbayern, Beschl. v. 12. 6. 2002, 21–05/02, Umdruck nach Veris, 7.

[62] *Boesen* RdNr. 18.

[63] *Boesen* RdNr. 26.

[64] BayObLG VergabeR 2002, 77, 80; VK Schleswig-Holstein, Beschl. v. 10. 2. 2005, VK-SH 02/05, Umdruck nach Veris, 16; *Weyand* RdNr. 1306.

[65] *Bechtold/Otting* RdNr. 5.

[66] *Maier* NZBau 2004, 667, 669.

Grundlage des mit den Beteiligten mündlich Verhandelten und des schriftsätzlichen Vortrags der abwesenden Beteiligten getroffen.[67] Sinn und Zweck dieser Vorschrift ist, in Umsetzung des Beschleunigungsgrundsatzes die Verschleppung des Nachprüfungsverfahrens zu verhindern. Die Beteiligten können sich in diesen Fällen nicht auf eine Verletzung ihres rechtlichen Gehörs berufen.[68]

22   Wesentliche Voraussetzung dafür, dass die Vergabekammer die mündliche Verhandlung in Abwesenheit von einzelnen Beteiligten durchführen darf, ist, dass diese **ordnungsgemäß geladen** waren, wozu auch die Einhaltung einer angemessenen Ladungsfrist gehört.[69] Beteiligte, die trotz ordnungsgemäßer Ladung nicht erschienen oder nicht ordnungsgemäß vertreten sind, haben keinen Anspruch auf Verlegung oder Wiederholung der mündlichen Verhandlung. Das gilt angesichts des Beschleunigungsgrundsatzes (§ 113) auch dann, wenn Beteiligte aus Gründen, die sie nicht zu vertreten haben, nicht zur mündlichen Verhandlung erscheinen. Auf die Ursachen der Säumnis oder der Vertretungsmängel kommt es nach dem Wortlaut von Abs. 2 grundsätzlich nicht an. Falls die Beteiligten allerdings unverschuldet säumig sind oder ein Vertretungsmangel vorliegt und der Fehler noch rechtzeitig behoben werden kann, muss die Vergabekammer, um ein rechtsstaatlich einwandfreies Verfahren zu gewährleisten, auch diesen Beteiligten die Gelegenheit zu umfassender Stellungnahme geben bzw. die mündliche Verhandlung wieder eröffnen. Das gilt zB für den Fall eines verspäteten, aber noch während einer mündlichen Verhandlung bzw. direkt vor deren Schluss noch in Anwesenheit aller sonstigen Beteiligten erfolgenden Erscheinens. Im Übrigen ist eine unverschuldete Säumnis im Rahmen der zu treffenden Ermessensentscheidung angemessen zu berücksichtigen.

23   Bei einer fehlerhaften Ladung zum Termin durch die Vergabekammer liegt kein Fall einer Säumnis oder eines Vertretungsmangels im Sinne von Abs. 2 vor.[70] Die Vergabekammer muss auf die Fälle des Abs. 2 bereits mit der Ladung hinweisen, anderenfalls liegt eine Verletzung des rechtlichen Gehörs und damit ein Verfahrensfehler vor.[71] Bei § 112 handelt es sich um eine Verfahrensvorschrift für das Nachprüfungsverfahren. Aus diesem Grund richten sich mangels gesonderter Regelungen im vierten Teil des GWB die Folgen etwaiger Verfahrensfehler nach den §§ 45 ff. VwVfG. In der Regel greift daher hier § 46 VwVfG ein, so dass die formell rechtswidrig getroffene Entscheidung der Vergabekammer nur bei einer gleichzeitigen, in der Entscheidung liegenden materiellen Beschwer mit der sofortigen Beschwerde gemäß §§ 116 ff. angefochten werden kann.[72]

24   Der Fall der nichtordnungsgemäßen Vertretung ist dem Fall des Nichterscheinens gleichgestellt. Grund dafür ist, dass ein nicht ordnungsgemäß vertretener Beteiligter keine rechtswirksamen Erklärungen vor der Vergabekammer abgeben kann. Die Vorschrift bezieht sich zum einen auf die gesetzliche Vertretung und zum anderen auf die rechtsgeschäftliche Vertretung.[73] Für juristische Personen des Privatrechts ergeben sich die maßgeblichen gesetzlichen Vertretungsverhältnisse aus dem jeweils anwendbaren materiellen Recht. Die Beteiligten können sich durch jeden beliebigen handlungsfähigen Dritten vertreten lassen. Die Wirksamkeit der **Bevollmächtigung** richtet sich nach den **allgemeinen Vorschriften des Privatrechts.** Sofern die Beteiligten sich, obwohl dies im Verfahren vor der Vergabekammer nicht erforderlich ist, durch einen Rechtsanwalt vertreten lassen, muss dieser ebenfalls wirksam bevollmächtigt sein. Die Vertretungsverhältnisse sind von Amts wegen zu prüfen; der Vertreter ist für die Ordnungsgemäßheit seiner Vertretung beweispflichtig. Anders als im Verfahren vor dem Beschwerdegericht besteht im Verfahren vor der Vergabekammer kein Anwaltszwang.

25   Die Vergabekammer darf auch ohne mündliche Verhandlung in der Hauptsache entscheiden. Der Entschluss, entweder in Abwesenheit eines oder mehrerer Beteiligter eine Entscheidung zu treffen oder einen neuen Termin anzusetzen, steht in ihrem **pflichtgemäßen Ermessen.**[74] Für den Fall, dass sie Anhaltspunkte dafür hat, dass sie durch eine mündliche Verhandlung den Sachverhalt weiter aufklären könnte, wird sie unter Berücksichtigung des Amtsermittlungsgrundsatzes (§ 110 Abs. 1 S. 1) einen neuen Termin für die mündliche Verhandlung ansetzen.

---

[67] *Kulartz/Kus/Portz/Brauer* RdNr. 20.
[68] *Byok/Jaeger/Byok* RdNr. 731.
[69] *Kulartz/Kus/Portz/Brauer* RdNr. 18.
[70] *Immenga/Mestmäcker/Dreher* RdNr. 12.
[71] BVerwG NJW 1983, 2155.
[72] *Reidt/Stickler/Glahs/Reidt* RdNr. 21.
[73] Zum Nachfolgenden ausführlich *Boesen* RdNr. 35.
[74] *Boesen* RdNr. 39.

Eine Entscheidung ohne weitere mündliche Verhandlung bietet sich dagegen insbesondere dann an, wenn die Sache nach der Auffassung der Vergabekammer entscheidungsreif ist.

§ 113 Beschleunigung

(1) [1]Die Vergabekammer trifft und begründet ihre Entscheidung schriftlich innerhalb einer Frist von fünf Wochen ab Eingang des Antrags. [2]Bei besonderen tatsächlichen oder rechtlichen Schwierigkeiten kann der Vorsitzende im Ausnahmefall die Frist durch Mitteilung an die Beteiligten um den erforderlichen Zeitraum verlängern. [3]Dieser Zeitraum soll nicht länger als zwei Wochen dauern. [4]Er begründet diese Verfügung schriftlich.

(2) [1]Die Beteiligten haben an der Aufklärung des Sachverhalts mitzuwirken, wie es einem auf Förderung und raschen Abschluss des Verfahrens bedachten Vorgehen entspricht. [2]Den Beteiligten können Fristen gesetzt werden, nach deren Ablauf weiterer Vortrag unbeachtet bleiben kann.

Schrifttum: *Gröning*, Die Grundlagen des neuen Vergaberechtsschutzes, ZIP 1999, 52; *Tilmann*, Rechtsfragen des gerichtlichen Vergabe-Kontrollverfahrens, WuW 1999, 342.

Übersicht

I. Regelungsgehalt und Überblick

§ 113 enthält wesentliche **Regelungen zur Durchführung des Nachprüfungsverfahrens** 1
vor der Vergabekammer. Die Vorschrift legt diesbezüglich für die Vergabekammer und die Beteiligten bestimmte Verhaltenspflichten und Handlungsfristen fest. § 113 betrifft nicht die sofortige Beschwerde vor dem Vergabesenat des Oberlandesgerichts. Nach Abs. 1 ist die Vergabekammer verpflichtet, innerhalb von fünf Wochen ab Eingang des Nachprüfungsantrages bei ihr über diesen zu entscheiden und ihre Entscheidung schriftlich zu begründen. Die Vergabekammer darf die fünfwöchige **Entscheidungsfrist nur in begründeten Ausnahmefällen verlängern.** Sie muss die entsprechende Verfügung schriftlich treffen und den Beteiligten des Nachprüfungsverfahrens die Gründe für die Verlängerung der Entscheidungsfrist nennen. Falls die Vergabekammer nicht innerhalb der Fünfwochenfrist entscheidet und diese nicht vor deren Ablauf durch eine schriftliche Verfügung verlängert, gilt der Nachprüfungsantrag gem. § 116 Abs. 2 als abgelehnt (**„Ablehnungsfiktion"**). Abs. 2 verpflichtet die Beteiligten zum Zwecke des zügigen Abschlusses des Nachprüfungsverfahrens an der Aufklärung des Sachverhalts mitzuwirken. Die Vergabekammer kann den Beteiligten dafür Fristen zur Stellungnahme setzen und kann Vortrag, der nach Ablauf der gesetzten Frist eingeht, nicht mehr berücksichtigen.

II. Entstehungsgeschichte, systematischer Ort und Zweck der Vorschrift

§ 113 besteht seit der Kodifizierung des Vergaberechts im GWB. Die Vorschrift geht auf 2
§ 123 des Regierungsentwurfs zurück.[1] § 113 setzt das vergaberechtliche **Beschleunigungsgebot** in konkrete verfahrensrechtliche Regelungen um. Das Vergabenachprüfungsverfahren unterliegt dem Beschleunigungsgebot im besonderen Maße. Ziel der Vorschrift ist es, zur zügigen Vergabe öffentlicher Aufträge und damit zur **Vermeidung von Investitionsblockaden** auf

---

[1] Siehe BT-Drucks. 13/9340, 7, und die Begründung dazu, 19.

Grund langwieriger Nachprüfungsverfahren beizutragen. Zugleich soll § 113 einer Verzögerung des gerichtlichen Primärrechtsschutzes durch Untätigkeit oder Langsamkeit der Vergabekammer vorbeugen und dadurch die Beschleunigung des Nachprüfungsverfahrens durchsetzen.[2] Inwieweit das Verfahren vor der Vergabekammer tatsächlich beschleunigt durchgeführt wird, hängt in der Rechtspraxis vom Selbstverständnis der einzelnen Vergabekammer ab.

3   Die Anordnung einer Entscheidungsfrist von fünf Wochen, die Festlegung einer Mitwirkungspflicht für alle Beteiligten und die Befugnis zur Setzung einer Ausschlussfrist stehen systematisch und hinsichtlich ihrer Zielsetzung – der Beschleunigung des Nachprüfungsverfahrens – im Regelungszusammenhang mit dem **Suspensiveffekt.** Der Suspensiveffekt tritt durch die Stellung des Nachprüfungsantrags ein – genauer durch die **Übermittlung einer Textmitteilung der Vergabekammer an die Vergabestelle** über diesen Umstand – und verlängert das Vergabeverfahren bis zum rechtskräftigen Abschluss des Nachprüfungsverfahrens (vgl. § 115 Abs. 1).[3] Die durch die Zuschlagssperre eingetretene zeitliche Verzögerung soll durch die Festlegung der Fünf-Wochen-Regelhöchstfrist, innerhalb derer die Vergabekammer entscheiden muss, abgemildert werden. Das gilt auch für die Ablehnungsfiktion nach § 116 Abs. 2 Hs. 2, die gleichfalls der Beschleunigung des Nachprüfungsverfahrens dient und die Vergabekammer zeitlich unter Entscheidungsdruck setzt. Die vorgenannten gesetzlichen Anordnungen zur Umsetzung des Beschleunigungsgrundsatzes stehen in einem gewissen **Spannungsverhältnis zum Untersuchungsgrundsatz** des § 110. Das Gesetz löst dieses Spannungsverhältnis in der Art, dass der Untersuchungsgrundsatz nur eingeschränkt gilt: Bei der Erforschung des Sachverhalts kann sich die Vergabekammer auf das beschränken, was von den Beteiligten vorgebracht wird oder ihr sonst bekannt sein muss (§ 110 Abs. 1 S. 2); zu einer umfassenden Rechtmäßigkeitskontrolle ist sie nicht verpflichtet (§ 110 Abs. 1 S. 3). Der Gesetzgeber nimmt durch die ambitionierte Regelung des § 113 iVm. § 110 bewusst eine erhöhte Gefahr von Fehlentscheidungen in Kauf.[4]

4   Die auf das Beschleunigungsgebot zurück gehenden Mitwirkungs- und Förderungspflichten der Beteiligten nach Abs. 2 gelten nicht nur für die Verfahren vor der Vergabekammer, sondern über § 120 Abs. 2 auch für das **Beschwerdeverfahren.**[5] Auch das Beschwerdegericht muss auf der Grundlage des Untersuchungsgrundsatzes (§ 120 Abs. 2, § 70 Abs. 1) den Sachverhalt nur so weit aufklären, wie der Vortrag der Beteiligten oder der Sachverhalt als solcher bei sorgfältiger Überlegung Veranlassung gibt.[6]

III. Entscheidungsfrist, Verlängerung, Begründung (Abs. 1)

5   **1. Entscheidungsfrist.** Die Vergabekammer ist nach Abs. 1 S. 1 verpflichtet, grundsätzlich innerhalb von fünf Wochen über einen Nachprüfungsantrag zu entscheiden und ihre Entscheidung schriftlich zu begründen. Die **Regelhöchstfrist** gilt für die Entscheidung über die Hauptsache, die Entscheidungen über die Nichtzustellung nach § 110 Abs. 2 S. 1 und über die Verwerfung eines Nachprüfungsantrags als unzulässig. Die Fünfwochenfrist des Abs. 1 findet gem. § 114 Abs. 2 S. 3 hingegen **keine Anwendung** auf **Feststellungsentscheidungen** nach Erledigung des Hauptantrags; ebenso wenig gilt Abs. 1 S. 1 für **Kostenfestsetzungsentscheidungen.**[7]

6   **2. Fristanfang und -ende.** Die Fünfwochenfrist beginnt gem. Abs. 1 S. 1 mit dem **Eingang des Nachprüfungsantrags** bei der Vergabekammer.[8] Bei der Berechnung der Frist zählt gemäß § 31 VwVfG iVm. § 187 Abs. 1 BGB der Tag, auf den das fristauslösende Ereignis fällt, nicht mit.[9] Das bedeutet, die Frist beginnt am Tag nach dem Eingang des Nachprüfungsantrages zu laufen. Gerechnet von diesem Tag an endet sie gemäß § 188 Abs. 2, 1. Alt. BGB[10] am 35. Kalendertag um 24.00 Uhr. Für den wirksamen Eingang des Nachprüfungsantrags kommt es nicht darauf an, ob der Nachprüfungsantrag vollständig, zulässig oder begründet ist;[11] das

---

[2] Amtl. Begründung BT-Drucks. 13/9340, 19.
[3] Ausführlich dazu Kommentierung zu § 115 RdNr. 4 ff.
[4] BeckVOB-Komm/*Marx* RdNr. 2.
[5] OLG Düsseldorf WuW/E Verg 563, 563.
[6] OLG Düsseldorf WuW/E Verg 563, 563.
[7] OLG Dresden, Beschl. v. 5. 4. 2001, WVerg 0008/00, Umdruck nach Veris, 4.
[8] OLG Düsseldorf NZBau 2003, 55, 56.
[9] OLG Dresden VergabeR 2005, 812, 814.
[10] OLG Dresden VergabeR 2005, 812, 814.
[11] *Byok/Jaeger/Byok* RdNr. 1061.

ergibt sich aus § 24 Abs. 3 VwVfG analog. Ausreichend ist vielmehr bereits der Eingang einer Erklärung, die als Nachprüfungsantrag auszulegen ist.[12] Eine solche Erklärung liegt vor, wenn der Antragsteller erkennbar das Begehren auf Nachprüfung eines bestimmten Vergabeverfahrens zum Ausdruck bringt. Keine Voraussetzung für die Ingangsetzung der Entscheidungsfrist ist, dass der Nachprüfungsantrag den formellen Anforderungen des § 108 genügt oder mit einer Begründung versehen ist.[13] Die Verweisung einer Sache von einem Gericht an eine Vergabekammer steht dem Eingang des Nachprüfungsantrags bei der Vergabekammer im Wege der Einreichung durch den Antragsteller selbst mit Blick auf die §§ 107, 113 Abs. 1 S. 1 nicht gleich und genügt daher nicht.[14]

3. Fristverlängerung. Der Vorsitzende der Vergabekammer darf nach Abs. 1 S. 2 **bei be-**   **7**
sonderen tatsächlichen oder rechtlichen Schwierigkeiten die Frist im **Ausnahmefall** durch Mitteilung an die Beteiligten um den erforderlichen Zeitraum verlängern. Die **Dauer der Fristverlängerung richtet sich nach den Erfordernissen des Einzelfalles.** Die Vergabekammer muss für die Festlegung einer angemessenen Verlängerung den Zweck der Fristverlängerung und den Beschleunigungsgrundsatz unter Berücksichtigung des **Grundsatzes der Verhältnismäßigkeit** gegeneinander abwägen („erforderlich"). Die Verlängerung soll grundsätzlich nicht mehr als zwei Wochen betragen; die Vergabekammer ist jedoch befugt, die Frist um mehr als zwei Wochen zu verlängern. Auch die **mehrfache Verlängerung** ist zulässig, die gegenteilige Auffassung lässt sich nicht auf den Wortlaut des Gesetzes stützen.[15] Die Vergabekammer soll die Möglichkeit haben, trotz des Beschleunigungsgrundsatzes den Sachverhalt ausreichend ermitteln zu können und auf dieser Grundlage zu tragfähigen Entscheidungen zu kommen; Satz 2 ist nicht als „seltene Ausnahme" zu verstehen.[16] Die Vergabekammer muss schon deshalb einen zeitlichen Spielraum haben, weil ihre Entscheidung die erste Instanz abschließt, Bindungswirkung hat (§ 124 Abs. 1) und daher belastbar sein muss.[17]

Eine Fristverlängerung kann zunächst wegen **tatsächlicher Schwierigkeiten** gerechtfertigt   **8**
sein. Das ist beispielsweise der Fall, wenn Mitglieder der Vergabekammer **erkrankt**[18] und deren Vertreter **urlaubsbedingt abwesend** waren, so dass der Sachverhalt deshalb nicht aufgeklärt werden konnte.[19] Darüber hinaus ist die Verlängerung der Frist wegen tatsächlicher Schwierigkeiten zulässig im Falle von **Terminkollisionen** von Mitgliedern der Vergabekammer oder von Verfahrensbevollmächtigten oder wenn **mehrere** unterschiedlich begründete **Nachprüfungsanträge** zum gleichen Vergabeverfahren eingehen.[20] Die Verlängerung der Entscheidungsfrist ist auch dann wirksam, wenn sich die Vergabekammer zu Unrecht auf tatsächliche oder rechtliche Schwierigkeiten beruft oder die Verlängerung in anderer Weise materiell den Anforderungen des Abs. 1 S. 2 nicht genügt.[21] Das ergibt sich aus **§ 116 Abs. 2,** der seinem Wortlaut nach die **Ablehnungsfiktion** allein mit der formalen Bedingung einer Fristüberschreitung, nicht jedoch mit der materiellen Unrichtigkeit einer Verlängerungsbegründung, verbindet.[22] Eine inhaltliche Überprüfung der materiellen Richtigkeit einer Verlängerungsverfügung nach § 113 findet nicht statt.[23] Diese Gesetzesauslegung ist aus Gründen der Rechtssicherheit geboten. Anderenfalls wäre ein Bieter, der ein Nachprüfungsverfahren anstrengt, bei Überschreiten der Frist des § 113 Abs. 1 trotz einer Verlängerungsverfügung gehalten, vorsorglich Beschwerde einzulegen, um einen Rechtsverlust zu vermeiden.[24] Wenn er eine solche vorsorgliche Beschwerde nicht einlegen würde, könnte er sich im Beschwerdeverfahren vor dem Vergabesenat dem Einwand ausgesetzt sehen, die Verlängerungsgründe hätten nicht vorgelegen.

---

[12] BeckVOB-Komm/*Marx* RdNr. 3.

[13] BeckVOB-Komm/*Marx* RdNr. 3; aA *Bechtold/Otting* RdNr. 1.

[14] OLG Düsseldorf VergabeR 2002, 404, 408; ebenso *Heiermann/Zeiss/Kullack/Blaufuß/Summa* RdNr. 13; *Immenga/Mestmäcker/Dreher* RdNr. 6.

[15] So versteht *Weyand* RdNr. 2157 zutreffend OLG Saarbrücken, Beschl. v. 5. 7. 2006, 1 Verg 6/05.

[16] Amtl. Begr. BT-Drucks. 13/9340, 19; so auch *Byok/Jaeger/Byok* RdNr. 1064.

[17] *Tilmann* WuW 1999, 342, 350; *Byok/Jaeger/Byok* RdNr. 1064.

[18] Siehe Sachverhalt des OLG Dresden (Erkrankung des Berichterstatters) VergabeR 2005, 812, 812; VK Sachsen, Beschl. v. 13. 6. 2002, 1/SVK/042–02, Umdruck nach Veris, 6.

[19] VK Südbayern, Beschl. v. 19. 1. 2001, 27–12/00, Umdruck nach Veris, 5.

[20] VK Thüringen, Beschl. v. 15. 11. 2002, 216–403.20–032/02-G-S, Umdruck nach Veris, 17; *Gröning* ZIP 1999, 52, 58.

[21] OLG Koblenz NZBau 2001, 641, 641; *Byok/Jaeger/Byok* RdNr. 1065.

[22] OLG Koblenz NZBau 2001, 641, 641; *Byok/Jaeger/Byok* RdNr. 1065.

[23] OLG Brandenburg NZBau 2005, 238, 238; OLG Koblenz NZBau 2001, 641, 641.

[24] Zum Ganzen OLG Brandenburg NZBau 2005, 238, 238.

Wenn er dagegen im Vertrauen auf die Wirksamkeit einer Verlängerungsverfügung von einer sofortigen Beschwerde absieht, müsste er auf einen entsprechenden Einwand im Beschwerdeverfahren in Abhängigkeit von der Rechtsauffassung des Vergabesenates einen Wiedereinsetzungsantrag stellen, dem entsprochen werden müsste, wenn für ihn nicht erkennbar war, dass die Verlängerungsverfügung unwirksam war. Eine Gesetzesauslegung, die zu derartigen Komplikationen führt, würde dem Rechtsstaatsprinzip widersprechen, weil sie dem Rechtssuchenden die zuverlässige Kalkulation der Rechtsmittelfristen unmöglich machen würde.[25] Zudem bleiben bei einer Fristverlängerung ohne einen gesetzlich anerkannten Grund die Interessen der Verfahrensbeteiligten auch ohne Eingreifen der gesetzlichen Ablehnungsfiktion gewahrt. Während der Antragsteller durch das fortbestehende Zuschlagsverbot gemäß § 115 Abs. 1 geschützt ist, kann der Auftraggeber zur Beschleunigung des Vergabeverfahrens einen Antrag auf Gestattung des Zuschlags nach § 115 Abs. 2 S. 1 stellen.[26]

9   **4. Mitteilung und schriftliche Begründung der Fristverlängerung.** Der Vorsitzende muss den Beteiligten die **Verlängerung mitteilen** und die **Verfügung schriftlich begründen.** Die Begründung der Fristverlängerung muss die wesentlichen Einzelheiten der die Fristverlängerung veranlassenden tatsächlichen oder rechtlichen Schwierigkeiten nachvollziehbar enthalten. Allerdings hat das Begründungserfordernis lediglich appellierenden Ordnungscharakter.[27] Abs. 1 regelt nicht, in welcher Form die Mitteilung erfolgen muss. Auch aus der Einstufung der Fristverlängerung durch den Vorsitzenden als Verwaltungsakt[28] kann nicht geschlossen werden, dass gemäß § 69 Abs. 2 S. 1 VwVfG eine (förmliche) Zustellung zwingend erforderlich ist. Denn bei dieser Verfügung handelt es sich nicht um einen das förmliche Verwaltungsverfahren abschließenden Verwaltungsakt. Deshalb ist für die Mitteilung der Fristverlängerung ausreichend, wenn sie den Beteiligten iSd. § 41 VwVfG bekannt gegeben wird. Entscheidend ist danach der Zugang des Verwaltungsakts.[29] Diesbezüglich trägt die Vergabekammer die Beweislast. Um späteren etwaigen Problemen mit der Beweislast vorzubeugen, wird sich die Vergabekammer zumindest die Kenntnisnahme der Mitteilung bestätigen lassen.[30] Sie kann die Mitteilung auch förmlich zustellen lassen (vgl. § 41 Abs. 5 VwVfG). Die Verfügung der Fristverlängerung muss innerhalb der jeweils gültigen Entscheidungsfrist erfolgen.[31] Strittig ist, ob dies ebenso für die Mitteilung gegenüber den Beteiligten gilt. Nach einer Auffassung hängt die Wirksamkeit der Fristverlängerung davon ab, dass sie allen Beteiligten innerhalb der jeweils gültigen Entscheidungsfrist bekannt gegeben wurde.[32] Abs. 1 S. 3 spreche von der Mitteilung „an die Beteiligten". Erfolge diese nicht innerhalb der Frist, gelte die Ablehnungsfiktion des § 116 Abs. 2. Nach anderer Auffassung bedarf die Verfügung über die Fristverlängerung für ihre Wirksamkeit weder der Verkündung, noch der Zustellung an alle bzw. des Zugangs bei allen Verfahrensbeteiligten.[33] Dies gelte nämlich nicht einmal für die instanzbeendende Entscheidung der Vergabekammer.[34] Zudem hänge die Wirksamkeit der Fristverlängerung durch gerichtlicher Verfügungen nicht konstitutiv von deren Zugang bei den Verfahrensbeteiligten ab. Ferner liege auch einer der Fälle des § 329 Abs. 2 ZPO nicht vor.[35] Die zuletzt genannte Auffassung kommt in Hinblick auf die Regelung in § 116 Abs. 2 zu unbilligen Ergebnissen. Wenn ein Beteiligter innerhalb der ihm bekannten Frist keine Entscheidung der Vergabekammer erhält, muss er von der Ablehnung des Nachprüfungsantrags ausgehen. Aus seiner Sicht beginnt damit die Frist für die Einlegung der sofortigen Beschwerde zu laufen. Legt er diese ein, so wäre es zumindest unbillig die sofortige Beschwerde auf seine Kosten als unzulässig zu verwerfen.[36] Eine ande-

[25] OLG Brandenburg NZBau 2005, 238, 238.

[26] OLG Koblenz NZBau 2001, 641, 642; *Byok/Jaeger/Byok* RdNr. 1065.

[27] KG VergabeR 2004, 253, 254.

[28] *Kulartz/Kus/Portz/Maier* RdNr. 15; ähnlich *Byok/Jaeger/Byok* RdNr. 1064.

[29] Ebenso *Kulartz/Kus/Portz/Maier* RdNr. 16; ausführlich zur Zugangsproblematik etwa *Stelkens/Bonk/ Sachs/Stelkens* § 41 RdNr. 61–108.

[30] Etwa mittels Empfangsbekenntnis – so *Kulartz/Kus/Portz/Maier* RdNr. 16.

[31] Siehe nur OLG Celle WuW/E Verg 475, 477; *Bechtold/Otting* RdNr. 4.

[32] *Kulartz/Kus/Portz/Maier* RdNr. 17 und 20; *Boesen* RdNr. 29; *Reidt/Stickler/Glahs/Reidt* RdNr. 13 und 17; BeckVOB-Komm/*Marx* RdNr. 7.

[33] OLG Düsseldorf, Beschl. v. 9. 6. 2010, VII-Verg 9/10, IBR 2010, 407; KG VergabeR 2004 253, 254; *Immenga/Mestmäcker/Dreher,* GWB, § 113 RdNr. 9; *Heiermann/Zeiss/Kullack/Blaufuß/Summa* RdNr. 47; *Heiermann/Riedl/Rusam/Kullack* RdNr. 11.

[34] Dazu siehe OLG Frankfurt am Main, Beschl. v. 25. 9. 2000, 11 Verg 2/99, Umdruck nach Veris, 8.

[35] KG VergabeR 2004, 253, 254.

[36] Ebenso *Kulartz/Kus/Portz/Maier* RdNr. 19.

re Handlungsalternative hinsichtlich der Kosten bliebe aber dem Beschwerdegericht kaum übrig.

5. Wirksamkeit der Entscheidung der Vergabekammer in der Hauptsache. Abs. 1 **10** S. 1 verlangt, dass die **Entscheidung der Vergabekammer wirksam** ist. Die Vorschrift enthält keinen Hinweis zu den für einen wirksamen Beschluss erforderlichen Voraussetzungen. Das gilt insbesondere für das Erfordernis von Unterschriften. Die Verfahrensvorschriften des GWB selbst enthalten ihrem Wortlaut nach ein solches Erfordernis nicht.[37] Sie regeln hinsichtlich der formalen Anforderungen an die Beschlüsse der Vergabekammer nur, dass sie als Verwaltungsakte ergehen (§ 114 Abs. 3 S. 1) sowie schriftlich zu treffen und zu begründen sind (Abs. 1 S. 1). Auch aus dem Schriftformerfordernis allein kann nicht abgeleitet werden, dass sämtliche an der Entscheidungsfindung beteiligte Mitglieder der Vergabekammern die Urschrift unterschreiben müssen.[38] Aus dem Vergleich mit den geltenden Prozessordnungen ergibt sich vielmehr, dass es bis auf die ZPO der Unterschrift der ehrenamtlichen Richter unter Urteilen nicht bedarf, so etwa nach § 117 Abs. 1 S. 4 VwGO, § 275 Abs. 2 S. 3 StPO, § 60 Abs. 4 S. 1 ArbGG, § 48 Abs. 1 S. 2 LwVG. Die Rechtsprechung zu der Frage, ob ein Beschluss unwirksam ist, wenn eine **Unterschrift** fehlt, ist uneinheitlich.[39] Vorhanden sein muss für die Wirksamkeit der Entscheidung die Unterschrift des Vorsitzenden,[40] nicht aber die des ehrenamtlichen Beisitzers.[41]

6. Nichteinhaltung der Entscheidungsfrist. Die Vergabekammer ist nach dem Ablauf der **11** Frist des Abs. 1 S. 1 **nicht mehr befugt, eine Sachentscheidung über den Nachprüfungsantrag zu treffen.**[42] Denn ein Nachprüfungsantrag gilt mit dem Ablauf der Entscheidungsfrist des Abs. 1 S. 1 kraft Gesetzes als abgelehnt. § 116 Abs. 2 erfasst nicht nur den Fall, dass die Vergabekammer innerhalb der Fünfwochenfrist keine Entscheidung trifft, sondern auch die Konstellation, dass innerhalb dieser Frist keine wirksame Entscheidung ergeht.[43] Der Nachprüfungsantrag gilt danach als abgelehnt, auf ein Verschulden der Vergabekammer an der Fristversäumung kommt es nicht an.[44] Durch diese Sanktion will der Gesetzgeber dem Beschleunigungsgebot des Abs. 1 besonderen Nachdruck verleihen. Die fiktive Ablehnungsentscheidung nach § 116 Abs. 2 kann in der Frist des § 117 Abs. 1 durch eine sofortige Beschwerde angegriffen werden. Der **Ablauf der Frist** allein, nicht die Kenntnis des betroffenen Antragstellers davon, löst nach der in § 117 Abs. 1 getroffenen Bestimmung die zweiwöchige Notfrist für die Einlegung der „Untätigkeitsbeschwerde" aus.[45] Daran ändert eine nach Ablauf der Frist getroffene Sachentscheidung der Vergabekammer nichts,[46] selbst wenn man davon ausgeht, dass diese nicht schon wegen der fiktiven Ablehnungsentscheidung als nichtig anzusehen ist.[47] Denn auf Grund der nach § 116 Abs. 2 in Rechtskraft erwachsenen Ablehnungsentscheidung kann die nachträgliche Entscheidung der Vergabekammer keine zusätzlichen Rechtsschutzmöglichkeiten für den unterlegenen Antragsteller begründen.[48]

IV. Mitwirkung und Ausschlussfristen (Abs. 2)

1. Mitwirkungspflicht der Beteiligten. Abs. 2 S. 1 ordnet die Mitwirkung aller Beteilig- **12** ten bei der Aufklärung des Sachverhalts an. Diese Mitwirkung muss einem auf Förderung und raschen Abschluss des Verfahrens bedachten Vorgehen entsprechen. Abs. 2 S. 2 ist Ausdruck des Beschleunigungsgebots, insbesondere der Intention des Gesetzgebers, dass die Beteiligten die Vergabekammer bei der Aufklärung des Sachverhalts so gut wie möglich unterstützen müssen,

---

[37] OLG Thüringen NZBau 2001, 281, 282.
[38] Vgl. BayObLG VergabeR 2003, 207, 210.
[39] Vgl. BayObLG VergabeR 2003, 207, 210; OLG Düsseldorf NJOZ 2001, 1661, 1663; Thüringer OLG NZBau 2001, 281, 282, Divergenzvorlage; OLG Dresden WuW/E Verg 497, 497.
[40] BayObLG VergabeR 2003, 207, 209.
[41] BGH NZBau, 2001, 517, 518; ähnlich OLG Thüringen NZBau 2001, 281, 281; aA OLG Düsseldorf NJOZ 2001, 1661, 1664, wonach sich das Unterschriftserfordernis unmittelbar aus § 113 Abs. 1 ergeben soll.
[42] OLG Dresden VergabeR 2005, 812, 814.
[43] OLG Düsseldorf NJOZ 2001, 1661, 1665.
[44] OLG Düsseldorf NZBau 2003, 55, 57.
[45] OLG Dresden VergabeR 2005, 812, 814.
[46] OLG Dresden VergabeR 2005, 812, 814; ebenso mwN *Bechtold/Otting* RdNr. 5.
[47] KG VergabeR 2002, 95, 97.
[48] OLG Dresden VergabeR 2005, 812, 814, unter Hinweis auf BeckVOB-Komm/*Marx* RdNr. 6; unklar *Boesen* RdNr. 36.

damit diese die Regelhöchstfrist von fünf Wochen einhalten kann. Die Pflicht zur Mitwirkung bezieht sich dabei nicht nur auf schriftlichen, sondern vor allem auch auf mündlichen Vortrag im Rahmen der mündlichen Verhandlung. Die Vergabekammer ist deshalb ua. befugt, das persönliche Erscheinen der Beteiligten im Termin anzuordnen und deren Aussage zu erzwingen; gleiches gilt für Zeugen und Sachverständige.[49] Die Vergabekammer muss innerhalb der Entscheidungsfrist den Sachverhalt ermitteln, den Beteiligten ggf. Akteneinsicht gewähren (§ 111), schwerwiegend in ihren Interessen betroffene Unternehmen beiladen (§ 109) sowie die mündliche Verhandlung vorbereiten und durchführen (§ 112).[50] Um ein zügiges Verfahren zu gewährleisten, sind die Beteiligten zur frühzeitigen Vornahme ihrer Verfahrenshandlungen verpflichtet. Die Vergabekammer kann hierzu Fristen setzen und verspätetes Vorbringen unbeachtet lassen.

13 Die Mitwirkungspflicht der Beteiligten bezieht sich insbesondere auch auf die frühzeitige Benennung von verfügbaren Beweismitteln und ggf. auf die Darlegung, ob und aus welchen Gründen eine nach § 107 Abs. 3 erhobene Rüge erfolglos ist.[51] Jeder Antragsteller muss zu den Tatsachen, die sein Begehren rechtfertigen, im Rahmen des ihm Möglichen **nachvollziehbar und substantiiert vortragen** sowie Beweismöglichkeiten aufzeigen.[52] Die Mitwirkungspflicht ist beispielsweise verletzt, wenn ein Antragsteller trotz rechtzeitiger Ladung geraume Zeit nach Stellung des Nachprüfungsantrags einen Werktag vor dem Verhandlungstermin erklärt, an der anberaumten Verhandlung nicht teilnehmen zu können, weil er sich – eventuell erstmalig – mit seinem Rechtsanwalt zu dem Sachverhalt besprechen müsse.[53]

14 Der Untersuchungsgrundsatz (§ 110) zwingt die Vergabekammer nicht dazu, die angegriffene Vergabeentscheidung von Amts wegen auf alle möglichen Fehlerquellen zu überprüfen bzw. alle nur denkbaren Möglichkeiten zur Aufklärung des Sachverhalts zu ergreifen.[54] Auch der Vergabesenat muss auf der Grundlage des Untersuchungsgrundsatzes (§ 120 Abs. 2, § 70 Abs. 1) den Sachverhalt nur so weit aufklären, wie der Vortrag der Beteiligten oder der Sachverhalt als solcher bei sorgfältiger Überlegung hierzu Veranlassung gibt.[55] Der Untersuchungsgrundsatz gilt für Umstände, die aus dem Wahrnehmungs- und Verantwortungskreis eines seine Mitwirkungspflicht verletzenden Beteiligten stammen, nur eingeschränkt.[56] So kann die (vorsätzliche) Aufklärungsverweigerung nicht die Amtsermittlungspflicht des § 110 Abs. 1 S. 1 auslösen.[57] Denn es ist nicht Sinn und Zweck des Untersuchungsgrundsatzes eine vorsätzliche Aufklärungsverweigerung zugunsten desjenigen, der seine Mitwirkungspflichten verletzt, zu kompensieren.[58] Kommt ein Verfahrensbeteiligter seiner Förderungspflicht nicht nach, reduziert sich zu seinen Lasten die Aufklärungspflicht der Kontrollinstanzen.[59] Ohne einen – im Rahmen des Möglichen und Zumutbaren geforderten – detaillierte Sachvortrag ist die Nachprüfungsinstanz nicht zur Amtsermittlung verpflichtet. Sie muss deshalb bloßen Mutmaßungen eines Beteiligten ebenso wenig nachgehen wie nur pauschal und ohne näheren Sachvortrag untermauerten Vorwürfen einer Partei.[60] Nichts anderes gilt, wenn ein Beteiligter unter Missachtung seiner Verfahrensförderungspflicht derart spät zur Sache vorträgt, dass den anderen Verfahrensbeteiligten bis zum Schluss der mündlichen Verhandlung, auf den die Entscheidung der Nachprüfungsinstanz ergeht (vgl. § 112 Abs. 1 S. 1, § 120 Abs. 2, § 69 Abs. 1), eine Erwiderung unter zumutbaren Bedingungen nicht mehr möglich ist.[61] Ein solches Vorbringen muss schon aus verfassungsrechtlichen Gründen bei der Entscheidungsfindung unberücksichtigt bleiben, weil die anderen Verfahrensbeteiligten in der zur Verfügung stehenden Zeitspanne bis zum Verhandlungsschluss ihren verfassungsrechtlich verbürgten Anspruch auf rechtliches Gehör (Art. 103

[49] Ggf. iVm. § 65 VwVfG – vgl. *Byok/Jaeger/* RdNr. 1067.
[50] VK Sachsen, Beschl. v. 14. 8. 2000, 1/SVK/73–00, Umdruck nach Veris, 10; *Weyand* RdNr. 2162.
[51] VK Sachsen, Beschl. v. 14. 8. 2000, 1/SVK/73–00, Umdruck nach Veris, 10.
[52] BGH NZBau 2001, 151, 155; OLG Düsseldorf, Beschl. v. 28. 8. 2001, Verg 27/01, Umdruck nach Veris, 11; vgl. OLG Düsseldorf VergabeR 2001, 419, 423.
[53] VK Schleswig-Holstein, Beschl. v. 13. 12. 2004, VK-SH-33/04, Umdruck nach Veris, 4.
[54] OLG Düsseldorf, Beschl. v. 28. 8. 2001, Verg 27/01, Umdruck nach Veris, 11.
[55] OLG Düsseldorf, Beschl. v. 28. 8. 2001, Verg 27/01, Umdruck nach Veris, 11.
[56] OLG Düsseldorf, Beschl. v. 28. 8. 2001, Verg 27/01, Umdruck nach Veris, 11; VK Halle, Beschl. v. 25. 4. 2001, VK Hal 04/01, Umdruck nach Veris, 7.
[57] OLG Frankfurt VergabeR 2007, 776, 784; VK Bund, Beschl. v. 11. 9. 2002, VK 2–42/02, Umdruck nach Veris, 8; aA VK Sachsen, Beschl. v. 8. 4. 2002, 1/SVK/022–02, Umdruck nach Veris, 5.
[58] VK Bund, Beschl. v. 11. 9. 2002, VK 2–42/02, Umdruck nach Veris. 8; vgl. auch OLG Frankfurt VergabeR 2007, 776, 784.
[59] OLG Düsseldorf VergabeR 2004, 248, 250.
[60] OLG Düsseldorf VergabeR 2004, 248, 250.
[61] OLG Frankfurt VergabeR 2007, 776, 784 f.; OLG Düsseldorf VergabeR 2004, 248, 250.

Abs. 1 GG) nicht wahrnehmen können. Daraus folgt zugleich, dass das verspätete Vorbringen – weil es nicht zum Nachteil der anderen Verfahrensbeteiligten verwertet werden darf – auch nicht die Amtsermittlungspflicht der Nachprüfungsinstanzen auslösen kann.[62] Abgesehen von derartigen Konstellationen führt jedoch nicht jeder Verstoß gegen die Mitwirkungspflicht ohne Weiteres zur Präklusion des jeweiligen Angriffs- oder Verteidigungsmittels. Denn Abs. 2 S. 2 sieht ausdrücklich nur vor, dass der betreffende Sachvortrag dann unberücksichtigt bleiben kann, wenn die Vergabekammer dem Beteiligten für seinen Sach- und Rechtsvortrag eine angemessene Frist gesetzt hat und diese Frist fruchtlos verstrichen ist.[63]

2. Ausschluss verspäteten Vorbringens. Die Vergabekammer kann nach Abs. 2 S. 2 den **15** Beteiligten Fristen zur Stellungnahme setzen, nach deren Ablauf weiterer Beteiligtenvortrag ausgeschlossen ist. Die Vorschrift ermöglicht damit die **Durchsetzung der Verfahrensförderungspflicht** der Beteiligten.[64] Vorbringen, das innerhalb der nach Abs. 2 S. 2 gesetzten Frist erfolgt, wird von der Präklusionsregelung des S. 2 nicht erfasst; es ist deshalb in jedem Fall bei der Entscheidungsfindung zu berücksichtigen.[65] Vortrag, der nach der von der Vergabekammer gesetzten Frist eingeht, ist nicht zwingend präkludiert. Entsprechende Verfahrensvorschriften, zB § 296 Abs. 1 ZPO, sehen zwar vor, dass verspäteter Vortrag nur berücksichtigt werden darf, wenn die betreffende Partei die Verspätung ausreichend entschuldigt. Abs. 2 S. 2 geht anderen verfahrensrechtlichen Vorschriften aber als *lex specialis* vor; die Zulassung eines Vorbringens, das nach dem Ablauf von Fristen erfolgt, ist danach im Nachprüfungsverfahren gerade nicht von dem Tatbestandsmerkmal einer Entschuldigung abhängig.[66] Die Vergabekammer kann vielmehr im Rahmen des ihr durch Abs. 2 S. 2 eingeräumten **Ermessens** entscheiden, ob und inwieweit sie eine verspätete Äußerung berücksichtigt.[67] Kriterien für die Berücksichtigung eines verspäteten Vortrags können sein, ob die Fristüberschreitung unwesentlich war, die bewirkte Verzögerung unerheblich war und nicht ins Gewicht fiel, weil die mündliche Verhandlung später stattfand, so dass die anderen Beteiligten und die Vergabekammer noch ausreichend Zeit hatten, die Ausführungen der Antragstellerin zur Kenntnis zu nehmen bzw. darauf zu erwidern.[68] Die Unbeachtlichkeit des Vortrags ergibt sich auch nicht daraus, dass die Antragstellerin die Fristversäumung nicht entschuldigt hat.[69]

§ 114 Entscheidung der Vergabekammer

(1) ¹Die Vergabekammer entscheidet, ob der Antragsteller in seinen Rechten verletzt ist und trifft die geeigneten Maßnahmen, um eine Rechtsverletzung zu beseitigen und eine Schädigung der betroffenen Interessen zu verhindern. ²Sie ist an die Anträge nicht gebunden und kann auch unabhängig davon auf die Rechtmäßigkeit des Vergabeverfahrens einwirken.

(2) ¹Ein wirksam erteilter Zuschlag kann nicht aufgehoben werden. ²Hat sich das Nachprüfungsverfahren durch Erteilung des Zuschlags, durch Aufhebung oder durch Einstellung des Vergabeverfahrens oder in sonstiger Weise erledigt, stellt die Vergabekammer auf Antrag eines Beteiligten fest, ob eine Rechtsverletzung vorgelegen hat. ³§ 113 Abs. 1 gilt in diesem Fall nicht.

(3) ¹Die Entscheidung der Vergabekammer ergeht durch Verwaltungsakt. ²Die Vollstreckung richtet sich, auch gegen einen Hoheitsträger, nach den Verwaltungsvollstreckungsgesetzen des Bundes und der Länder. ³Die §§ 61 und 86 a Satz 2 gelten entsprechend.

Schrifttum: *Brauer,* Das Verfahren vor der Vergabekammer, NZBau 2009, 297; *Braun,* Zur unverzüglichen Rüge beim Erkennen eines Fehlers im Vergabeverfahren, NZBau 2000, 320; *Bultmann/Hölzl,* Die Entfesselung der Antragsbefugnis – zum effektiven Rechtsschutz im Vergaberecht, NZBau 2004, 651; *En-*

---

[62] OLG Frankfurt VergabeR 2007, 776, 785; OLG Düsseldorf VergabeR 2004, 248, 250.
[63] OLG Düsseldorf VergabeR 2004, 248, 250.
[64] OLG Koblenz VergabeR 2001, 407, 408.
[65] OLG Koblenz VergabeR 2001, 407, 408.
[66] VK Hessen, Beschl. v. 16. 1. 2004, 69 d VK-72/2003, Umdruck nach Veris, 10.
[67] VK Sachsen, Beschl. v. 2. 8. 2001, 1/SVK/70–01, Umdruck nach Veris, 11; VK Hessen, Beschl. v. 16. 1. 2004, 69 d VK-72/2003, Umdruck nach Veris, 10.
[68] VK Hessen, Beschl. v. 16. 1. 2004, 69 d VK-72/2003, Umdruck nach Veris, 10.
[69] *Boesen* RdNr. 54.

gelhardt/App, VwVG Kommentar, 8. Aufl. 2008; *Fett,* Die Hauptsacheentscheidung durch die Vergabe-kammer, NZBau 2005, 141; *Gröning,* Die Grundlagen des neuen Vergaberechtsschutzes, ZIP 1999, 52; *Hübner,* Die Aufhebung der Ausschreibung – Gegenstand des Nachprüfungsverfahrens?, VergabeR 2002, 429; *Kopp/Schenke,* VwGO-Kommentar, 15. Aufl. 2007; *Leinemann,* Vergaberecht, 3. Aufl. 2004; *ders.,* Anm. zu OLG Düsseldorf, Beschl. v. 29. 12. 2000, Verg 31/00, VergabeR 2001, 64; *Prieß,* EuGH Roma locuta, causa finita: Die Aufhebung ist aufhebbar, NZBau 2002, 433; *Reidt/Brosius-Gersdorf,* Die Nachprü-fung der Aufhebung der Ausschreibung im Vergaberecht, VergabeR 2002, 580; *Sadler,* VwVG Kommentar, 6. Aufl. 2006; *Weyand,* ibr-online-Kommentar Vergaberecht, Stand 22. 6. 2009.

Übersicht

I. Regelungsgehalt und Überblick

1 § 114 regelt die **Entscheidungsmöglichkeiten der Vergabekammer.** Die Vorschrift legt den Handlungsspielraum der Vergabekammer fest und bestimmt, welche Entscheidungen sie im Rahmen des Nachprüfungs- und Feststellungsverfahrens treffen kann und wie diese ggf. durch-setzbar sind. Abs. 1 legt die Befugnisse der Vergabekammer fest. Die Vergabekammer prüft und entscheidet im Rahmen des Nachprüfungsverfahrens, ob der Antragsteller in seinen Rechten aus § 97 Abs. 7 verletzt ist. Stellt sie Rechtsverletzungen fest, räumt die Vorschrift der Vergabe-kammer **weitgehende Entscheidungskompetenzen zur Herstellung der Rechtmäßig-keit eines Vergabeverfahrens** ein.[1] Zudem bestimmt die Vorschrift, dass die Vergabekammer zur Herstellung der Rechtmäßigkeit des Vergabeverfahrens nicht an die Anträge der Beteiligten des Nachprüfungsverfahrens gebunden ist. Abs. 2 setzt als zeitliche und rechtliche Grenze der gestalterischen Eingriffsmöglichkeiten der Vergabekammer in das Vergabeverfahren den wirk-sam erteilten Zuschlag fest. Dieser führt zum Vertragsschluss und beendet das Vergabeverfahren. Hat sich das Nachprüfungsverfahren durch Erteilung des Zuschlags, durch Aufhebung oder durch Einstellung des Vergabeverfahrens oder in sonstiger Weise erledigt, kann die Vergabe-kammer nach Abs. 2 S. 2 auf Antrag eines Beteiligten hin feststellen, ob eine Rechtsverletzung vorgelegen hat.[2] Abs. 3 bestimmt, dass die Vergabekammer durch Verwaltungsakt entscheidet, und regelt, dass dieser über die Verwaltungsvollstreckungsgesetze des Bundes und der Länder durchgesetzt werden kann.

II. Entstehungsgeschichte, systematischer Ort und Zweck der Norm

2 § 114 setzt insbesondere gemeinschaftsrechtliche **Vorgaben der Rechtsmittelrichtlinie** um.[3] Abs. 1 ist vor dem Hintergrund von Art. 1 und 2 lit. a und b der Rechtsmittelrichtlinie und dem auf Art. 4 Abs. 3 EUV (ex Art. 10 EGV) zurückgehenden Prinzip der praktischen Wirksamkeit des Gemeinschaftsrechts zu verstehen und **gemeinschaftsrechtskonform aus-zulegen.**[4] Abs. 3 S. 2 und 3 setzen Art. 2 Abs. 7 der Rechtsmittelrichtlinie um, wonach die

---

[1] Amtl. Begr. BT-Drucks. 13/9340, 19.

[2] § 114 Abs. 2 S. 2 ist auf der Grundlage der RL 89/665, ABl. 1989 L 395/33, geändert durch die RL 2007/66, ABl. 2007 L 335/31, auszulegen; die Aufhebung einer Ausschreibung ist danach aufhebbar EuGH, C-15/04, Slg. 2005, I-4855, RdNr. 29–31 – *Koppensteiner.*

[3] RL 89/665, ABl. 1989 L 395/33, geändert durch die RL 2007/66, ABl. 2007 L 335/31, Art. 1 Abs. 1 UAbs. 3.

[4] VK Brandenburg, Beschl. v. 30. 7. 2002, VK 38/02, Umdruck nach Veris, Leitsätze 1 und 7.

Mitgliedstaaten sicherstellen, dass die Entscheidungen der für Nachprüfungsverfahren zuständigen Instanzen wirksam durchgesetzt werden können. Das HGrG enthielt keine mit § 114 vergleichbare Bestimmung. § 114 geht inhaltlich im Wesentlichen auf **§ 124 des Regierungsentwurfs** zurück.[5] § 114 ist durch das am 24. 4. 2009 in Kraft getretene Gesetz zu Modernisierung des Vergaberechts um die Klarstellung ergänzt worden, dass nur ein „wirksam" erteilter Zuschlag nicht aufgehoben werden kann.[6] Der Gesetzgeber hat durch die Einfügung des Wortes „wirksam" in Anlehnung an § 101b Abs. 1 klargestellt, dass die Unwirksamkeit eines Zuschlags, beispielsweise, weil die Information nach § 101a Abs. 1 nicht erfolgt ist, durch die Vergabekammer festgestellt werden kann.[7] Ferner ist Abs. 3 S. 3 dahingehend ergänzt worden, dass nicht nur § 61, sondern auch § 86a S. 2 entsprechend gilt.

Abs. 1 steht im **Regelungszusammenhang mit den § 97 Abs. 7, §§ 107 und 110.** Diese **3** Vorschriften greifen im Hinblick auf den Rechtsschutz des Antragstellers und dessen Durchsetzung ineinander. Abs. 1 räumt der Vergabekammer die Befugnis ein, zu prüfen und zu entscheiden, ob ein Bieter in seinen ihm durch § 97 Abs. 7 eingeräumten subjektiven Rechten verletzt ist. Voraussetzung dafür, dass die Vergabekammer in diese Prüfung eintreten kann, ist, dass ein Bieter einen Nachprüfungsantrag stellt (§ 107 Abs. 1) und eine Verletzung in seinen Rechten nach § 97 Abs. 7 durch Nichtbeachtung von Vergabevorschriften geltend macht (§ 107 Abs. 2). Für die Prüfung, ob Rechte im Sinne von § 97 Abs. 7 verletzt sind, ermittelt die Vergabekammer gem. § 110 Abs. 1 S. 1 den Sachverhalt von Amts wegen. Abs. 1 setzt § 97 Abs. 7 in verfahrensrechtlicher Hinsicht in konkrete Handlungsbefugnisse um. Stellt die Vergabekammer Verstöße gegen Vergaberecht fest, darf sie nach Abs. 1 S. 1 die geeigneten Maßnahmen treffen, um die Rechtmäßigkeit des Vergabeverfahrens wieder herzustellen. Abs. 1 S. 2 räumt der Vergabekammer dabei die Freiheit ein, über den konkreten Antrag hinaus auf das Vergabeverfahren einzuwirken. Zudem darf sie grundsätzlich auch prüfen, ob **andere subjektive Rechte** als die, die vom Antragsteller explizit geltend gemacht worden sind, verletzt sind. Die Vergabekammer muss bei ihren Anordnungen jedoch nach § 110 Abs. 1 S. 3 darauf achten, dass der Ablauf des Vergabeverfahrens nicht unangemessen beeinträchtigt wird. Das bedeutet, die Vergabekammer muss bei der Auswahl und Anordnung der geeigneten Maßnahmen iSv. Abs. 1 den **Grundsatz der Verhältnismäßigkeit** beachten.[8]

Abs. 2 steht im Regelungszusammenhang mit dem Zuschlagsverbot nach § 115 Abs. 1. Da **4** die Vergabekammer einen wirksam erteilten Zuschlag nicht mehr aufheben kann, erledigt sich das Nachprüfungsverfahren durch die Erteilung des Zuschlags. Das **Zusammenfallen von Vertragsschluss und irreversibler Beendigung des Vergabeverfahrens** ist ein Grundprinzip des deutschen Vergaberechts. Demgegenüber sind im Recht anderer Mitgliedstaaten Zuschlag und Vertragsschluss Akte, die zwar zusammenfallen können, jedoch grundsätzlich voneinander zu trennen sind.[9] Um dem Interesse des Antragstellers eines Nachprüfungsantrags in Hinblick auf eine mögliche Klage auf Schadensersatz gerecht zu werden, kann die Vergabekammer auf Antrag hin feststellen, ob seine Rechte iSv. § 97 Abs. 7 verletzt waren.

Aus Abs. 3 ergibt sich indirekt, dass die **Vergabekammer kein Gericht** ist. Die Entschei- **5** dung der Vergabekammer kann deshalb nicht durch Urteil ergehen. Damit die Vollstreckbarkeit und damit die Durchsetzbarkeit des Vergaberechts gewährleistet ist, entscheidet sie in Form eines Verwaltungsakts. Dieser ist über die Verwaltungsvollstreckungsgesetze durchsetzbar. Dass die Entscheidung der Vergabekammer durchsetzbar sein muss, ist Vorgabe von Art. 2 Abs. 1 Rechtsmittelrichtlinie. Der Umsetzung dieser Vorgabe dient auch der Verweis auf die entsprechende Anwendbarkeit von § 61 Abs. 1 S. 1.

III. Entscheidung der Vergabekammer

1. Befugnisse und Prüfungsmaßstab der Vergabekammer (Abs. 1 Satz 2). Abs. 1 **6** S. 1 bestimmt, dass die Vergabekammer prüft und entscheidet, ob der Antragsteller in seinen Rechten verletzt ist. Damit die Vergabekammer in diese Prüfung eintreten kann, muss sich ein Bieter auf die Verletzung seiner subjektiven Rechte berufen. Das bedeutet, er muss einen

---

[5] BT-Drucks. 13/9340.
[6] BGBl. 2009 I S. 790.
[7] *Brauer* NZBau 2009, 297, 299.
[8] OLG Stuttgart VergabeR 2003, 235, 236; *Weyand* RdNr. 2175; *Byok/Jaeger/Byok* RdNr. 1071.
[9] *Immenga/Mestmäcker/Dreher* RdNr. 27; eine Trennung zwischen Zuschlag und Vertrag besteht wohl etwa in Griechenland und Luxemburg – siehe *Byok/Jaeger/Rudolf* Einführung RdNr. 123 und 128.

Nachprüfungsantrag stellen und mit diesem die Überprüfung eines vergaberechtlichen Vorgangs auf Verstöße gegen ihn schützende vergaberechtliche Vorschriften und deren Beseitigung verlangen. Die Vergabekammer kann nicht von sich aus ein vermeintlich vergaberechtswidriges Vergabeverfahren aufgreifen, weil das Nachprüfungsverfahren ein Antragsverfahren ist (§ 107 Abs. 1). Wurde ein Nachprüfungsantrag gestellt, trifft die Vergabekammer die geeigneten Maßnahmen, um die festgestellte Rechtsverletzung zu beseitigen und eine Schädigung der betroffenen Interessen zu verhindern. Diese Befugnisse besitzt die Vergabekammer in Hinblick auf Abs. 2 nur im Rahmen eines laufenden Nachprüfungsverfahrens und unter bestimmen Voraussetzungen auch nach dessen Erledigung.[10] Wird ein Nachprüfungsantrag gestellt, ist die Vergabekammer nach Abs. 1 S. 1 verpflichtet, selbst und abschließend zu entscheiden.[11] Sie darf das Verfahren nicht wegen einer entscheidungserheblichen Vorfrage, die Gegenstand eines anderen Rechtsstreits ist, aussetzen.[12] Setzt sie das Nachprüfungsverfahren aus, gilt das als Abweisung des Nachprüfungsantrages auf Zeit.[13]

7   Die Vergabekammer entscheidet nach Abs. 1 S. 1 Hs. 1, ob der Steller eines Nachprüfungsantrags **in seinen Rechten verletzt** ist. Ziel des Nachprüfungsverfahrens ist die Durchsetzung des Anspruchs eines Unternehmens auf Beachtung der Vergabevorschriften, die seinen Schutz bezweckenden, nicht aber aller sonstigen Rechtsvorschriften.[14] Rechte iSv. Abs. 1 S. 1 Hs. 1 sind die Bietern zustehenden **subjektiven Rechte aus § 97 Abs. 7.** Der Begriff „subjektives Recht" entspricht weitgehend dem Begriff „subjektives öffentliches Recht".[15] Bestimmungen iSd. § 97 Abs. 7 sind jedenfalls solche, die (auch) dem Schutz berechtigter Interessen von Unternehmen dienen, die am Vergabeverfahren teilnehmen oder zumindest daran interessiert sind.[16] Ausgangspunkt für die Frage, welche vergaberechtlichen Vorschriften auch subjektive Rechte iSv. § 97 Abs. 7 vermitteln, ist die **Schutznormlehre.**[17] Danach hat eine objektivrechtliche Bestimmung, die für die Vergabe von öffentlichen Aufträgen relevant ist, dann Schutzcharakter, wenn sie zumindest auch den Zweck hat, den Betroffenen zu begünstigen, und es ihm ermöglichen soll, sich auf diese Begünstigung zu berufen, um auf diese Weise einen ihm sonst drohenden Schaden oder sonstigen Nachteil zu verhindern. Es muss ein unmittelbarer Sachzusammenhang zwischen dem Rechtsverstoß gegen eine bieterschützende Vorschrift und dem möglichen Nachteil für den einzelnen Bieter bestehen. Die zentrale Zielvorgabe für den subjektiven Bieterschutz im Vergaberecht ist der **Schutz vor der Willkür des Auftraggebers.** Für eine weite Auslegung des § 97 Abs. 7 spricht die hervorgehobene Bedeutung der allgemeinen Vergabekriterien Gleichbehandlung, Nichtdiskriminierung und Wettbewerb.

8   Die Rechte eines Bieters können sowohl durch **Tun** als auch durch **Unterlassen** verletzt sein. Eine Rechtsverletzung durch Unterlassen ist beispielsweise die *de-facto*-Vergabe trotz vergaberechtlicher Pflicht zur Durchführung einer förmlichen Ausschreibung.[18] Ob eine **Rechtsverletzung** vorliegt, ist **für die Zulässigkeit und die Begründetheit eines Nachprüfungsantrags zu prüfen.** Im Rahmen der Zulässigkeit des Nachprüfungsantrages untersucht die Vergabekammer entsprechend den Anforderungen der Antragsbefugnis nach § 107 Abs. 2, ob die **Möglichkeit einer Rechtsverletzung** besteht bzw. diese **nicht nach jeder Betrachtungsweise ausgeschlossen** ist.[19] Die Prüfung der Zulässigkeit eines Nachprüfungsantrages

---

[10] Siehe RdNr. 29 ff.

[11] *Reidt/Stickler/Glahs/Reidt* RdNr. 4 a.

[12] OLG Düsseldorf NZBau 2003, 55, 56.

[13] OLG Düsseldorf NZBau 2003, 55, 57.

[14] OLG Stuttgart VergabeR 2003, 235; BayObLG, Beschl. v. 12. 12. 2001, Verg 19/01, Umdruck nach Veris, 7; VK Schleswig-Holstein, Beschl. v. 23. 7. 2004, VK-SH 21/04 Umdruck nach Veris, 5.

[15] *Reidt/Stickler/Glahs/Reidt* § 115 RdNr. 8.

[16] BGHZ 154, 32, 33, VergabeR 2003, 313, 314/315, unter Hinweis auf Begr. z. Regierungsentwurf BT-Drucks. 13/9340, 14.

[17] Bspw. VK Baden-Württemberg, Beschl. v. 11. 9. 2003, 1 VK 52/03; *Weyand* § 97 RdNr. 821 und ausführlich zu bieterschützenden Vorschriften im einzelnen RdNr. 823/824; *Reidt/Stickler/Glahs/Stickler* § 97 RdNr. 37–45.

[18] Bspw. Nichtdurchführung eines förmlichen Vergabeverfahrens, sog. *de facto*-Vergabe, OLG Düsseldorf VergabeR 2008, 229, 238, oder Nichtdokumentation der Aufteilung in Lose VK Sachsen, Beschl. v. 30. 4. 2008, 1/SVK/020–08.

[19] Vgl. BVerfG NZBau 2004, 564, 565 – Anm. dazu *Bultmann/Hölzl* NZBau 2004, 651; BGH, Beschl. v. 18. 5. 2004, XZB 7/04, Umdruck nach Veris, 5; VK Bund, Beschl. v. 18. 7. 2004, VK 1–81/04, Umdruck nach Veris, 20.

muss hinsichtlich jedes Vergaberechtsverstoßes gesondert erfolgen.[20] Die Zulässigkeit eines Nachprüfungsantrags berechtigt die Vergabekammer noch nicht, auf die Beseitigung einer vermeintlichen Rechtsverletzung hinzuwirken. Denn erst im Zuge der Prüfung der Begründetheit des Nachprüfungsantrages untersucht die Vergabekammer, ob der Antragsteller tatsächlich in seinen subjektiven Rechten im Sinne von § 97 Abs. 7 verletzt ist.

Maßgeblich für das Vorliegen einer Rechtsverletzung im Sinne des § 97 Abs. 7 ist der **Zeitpunkt der Entscheidung der Vergabekammer.**[21] Sofern nichts Abweichendes bestimmt ist, muss die Vergabekammer ihrer Entscheidung die zu diesem Zeitpunkt bestehende Sach- und Rechtslage zugrunde legen. Da es möglich ist, dass die Vergabestelle während des laufenden Nachprüfungsverfahrens das vergaberechtswidrige Verhalten abstellt, kann es sein, dass zum entscheidungserheblichen Zeitpunkt unter Umständen kein Verstoß gegen Vergaberecht mehr vorliegt. In diesem Fall kommt die Rücknahme des Nachprüfungsantrags, die Erklärung der Erledigung oder die Erklärung der Erledigung nebst Fortsetzungsfeststellungsantrag nach Abs. 2 S. 2 in Betracht.

Grundlage der Prüfung, ob der Antragsteller in seinen Rechten verletzt ist, sind nicht nur die 10 Vorschriften, auf die sich der Antragsteller in Hinblick auf die Geltendmachung seiner subjektiven Rechte aus § 97 Abs. 7 selbst beruft, sondern **alle Vorschriften, die subjektive Bieterrechte enthalten und deren Verletzung ernsthaft in Betracht kommt.**[22] Die Vergabekammer ist bei ihrer Prüfung und Entscheidung nicht an die vom Antragsteller geltend gemachten Verstöße gegen vergaberechtswidrige Vorschriften gebunden (Abs. 1 S. 2).[23] Vielmehr darf sie auch nicht präkludierte Rechtsverstöße prüfen, die nicht vorgetragen worden sind. Diese müssen jedoch **offenkundig und schwerwiegend sowie für das weitere Vergabeverfahren von Relevanz** sein.[24] Stellt die Vergabekammer andere als die von der Antragstellerin ausdrücklich gerügten Rechtsverletzungen fest, kann sie diese Verstöße ihrer Entscheidung zugrunde legen. Das ergibt sich ausdrücklich aus dem Wortlaut des Abs. 1 S. 2, aber auch aus der Entstehungsgeschichte dieser Vorschrift[25] und daraus, dass Ziel der Entscheidung der Vergabekammer ist, auf die **Rechtmäßigkeit des Vergabeverfahrens** einzuwirken.[26] Die Nachprüfungsinstanzen sind „nicht verpflichtet, vor erkannten Vergabeverstößen die Augen zu verschließen".[27] Die Beteiligten haben keinen Anspruch darauf, dass im Nachprüfungsverfahren nicht gerügte, aber einschneidende Unkorrektheiten unberücksichtigt bleiben dürften oder gar müssten.[28]

Ein **Aufgreifen von Vergabeverstößen von Amts wegen** durch die Vergabekammer 11 setzt allerdings voraus, dass dadurch nicht vergaberechtliche Vorschriften zur Präklusion (§ 107 Abs. 3) umgangen oder der Charakter des Nachprüfungsverfahrens, das auf den Schutz subjektiver Rechte (§ 107 Abs. 1 u. Abs. 2, § 114 Abs. 1 S. 1) ausgerichtet ist, missachtet wird.[29] Etwas anderes ergibt sich auch nicht aus dem Grundsatz der Amtsermittlung gemäß § 110 Abs. 1 S. 1.[30] **Verstöße, hinsichtlich derer ein Antragsteller mangels Rüge oder rechtzeitiger Rüge nach § 107 Abs. 3 präkludiert ist, sind deshalb der Prüfung durch die Vergabekammer entzogen.**[31] Verstöße, mit denen der Antragsteller präkludiert wäre, weil er sie trotz Kenntnis oder Kennenmüssens nach Maßgabe von § 107 Abs. 3 nicht rechtzeitig gerügt hat, können von der Vergabekammer nicht aufgegriffen werden. Die Rügeobliegenheit liefe leer, wenn die Vergabekammer zugunsten des Antragstellers Rechtsverletzungen aufgriffe, die dieser selbst „sehenden Auges" zugelassen und nicht zum Anlass einer Beanstandung genommen

[20] OLG Naumburg, Beschl. v. 23. 7. 2001, 1 Verg 3/01, LS 1 und Umdruck nach Veris, 10; OLG Naumburg, Beschl. v. 15. 3. 2001, 1 Verg 11/00, Umdruck, 10; *Reidt/Stickler/Glahs/Reidt* § 107 RdNr. 18, 30; *Kulartz/Kus/Portz/Möllenkamp* § 107 RdNr. 21.
[21] *Reidt/Stickler/Glahs/Reidt* RdNr. 7.
[22] Vgl. OLG Dresden VergabeR 2004, 609, 615; vgl. OLG Stuttgart NZBau 2003, 517, 517; vgl. OLG Dresden VergabeR 2001, 311, 313.
[23] OLG Naumburg, Beschl. v. 23. 7. 2001, 1 Verg 3/01, LS 2 und Umdruck nach Veris, 8; OLG Naumburg, Beschl. v. 15. 3. 2001, 1 Verg 11/00, Umdruck nach Veris, 8.
[24] VK Baden-Württemberg, Beschl. v. 4. 4. 2002, 1 VK 8/02.
[25] Ausführlich dazu OLG Naumburg, Beschl. v. 23. 7. 2001, 1 Verg 3/01, Umdruck nach Veris, 8.
[26] VK Saarland, Beschl. v. 23. 1. 2006, 1 VK 6/2005; VK Südbayern, Beschl. v. 28. 5. 2002, 15–04/02.
[27] KG VergabeR 2004, 762, 767.
[28] KG VergabeR 2004, 762, 767.
[29] VK Bund, Beschl. v. 24. 6. 2003, VK 2–46/03, Umdruck nach Veris, 10; OLG Dresden, Beschl. v. 8. 11. 2002, WVerg 0019/02, Umdruck, 12.
[30] *Fett* NZBau 2005, 141, 143.
[31] KG VergabeR 2004, 762, 767.

hat.[32] Eine umfassende Überprüfung würde dem Zweck des § 107 Abs. 3 widersprechen, der nicht auf eine haushaltsrechtliche Prüfung von Amts wegen gerichtet ist.[33] Hinsichtlich präkludierter Verstöße ist der Nachprüfungsantrag deshalb zu verwerfen.[34] Ein derartiger Vergaberechtsverstoß darf auch mittelbar keine Berücksichtigung finden.[35] Grund dafür ist der **Doppelcharakter des § 107 Abs. 3**. Die Vorschrift enthält eine Zulässigkeitsvoraussetzung für den Nachprüfungsantrag und ist darüber hinaus auch eine materielle Präklusionsregel.[36] An die materielle Präklusion ist auch die Vergabekammer gebunden.[37] Das Gesetz verlangt im Einklang mit den EU-Vergaberichtlinien, dass der Bieter vor Einleitung des Nachprüfungsverfahrens der Vergabestelle die Chance zur Fehlerkorrektur gibt.[38] Versäumt er das und sind die Voraussetzungen des § 107 Abs. 3 erfüllt, muss sich der betreffende Bieter daran festhalten lassen. Es kann dahinstehen, ob der Grund hierfür in einer materiell rechtlichen Wirkung der Präklusion liegt, weil sie zu einem Verlust des subjektiven Rechts des Bieters nach § 97 Abs. 7 führt.[39] Für die Berücksichtigung einer nicht rechtzeitig gerügten Rechtsverletzung fehlt jedenfalls das Rechtsschutzbedürfnis.[40] Anerkannt ist jedoch, dass bei bestimmten **besonders gravierenden Verstößen** wie Dauerverstößen keine **Präklusionswirkung** eintritt.[41] Das gilt insbesondere bei Verletzung von vergaberechtlichen Geboten, die nicht nur dem individuellen Interesse eines jeden Bieters dienen, sondern vornehmlich dem öffentlichen Interesse an einer fairen und ausschließlich wirtschaftliche Gesichtspunkte berücksichtigenden Vergabe.[42] Die Vergabekammer darf selbstverständlich solche Verstöße ohne vorausgehende Rüge prüfen, die nicht gerügt werden müssen, beispielsweise sog. *de-facto*-Vergaben.[43]

12   Davon zu unterscheiden ist der Fall, dass ein Antragsteller mit seinen im Nachprüfungsantrag geltend gemachten Vergabeverstößen präkludiert ist, die Vergabekammer jedoch bei der Durchsicht der Akten feststellt, dass der **Antragsteller durch andere, ihm nicht bekannte Verstöße gegen Vergaberecht in seinen Rechten verletzt** ist. Diesen Fall entscheidet die Rechtsprechung der Oberlandesgerichte bislang wohl überwiegend dahingehend, dass der rein subjektive Charakter des Nachprüfungsverfahrens es verbiete, auf derartige Umstände einzugehen.[44] Dafür lässt sich anführen, dass es in einem Verfahren, das eindeutig Zulässigkeits- und Begründetheitserfordernisse aufweist, systemwidrig erscheint, auf der Grundlage eines unzulässigen Antrags eine Entscheidung in der Sache zu treffen.[45] Das vergaberechtliche Rechtsschutzverfahren sollte keinen rein objektiven Rechtsschutz bieten. Dagegen spricht jedoch, dass der Gesetzgeber die Vergabenachprüfungsinstanzen durch Abs. 1 S. 2 ausdrücklich dazu ermächtigt hat, das Vergabeverfahren auf Vergaberechtsverstöße zu prüfen, so dass zumindest offensichtliche Verstöße, die – bei denkbaren weiteren investitionshemmenden Nachprüfungsverfahren – das Vergabeverfahren ohnehin belasten und verzögern würden, aufgegriffen werden dürfen.[46] Verfahrenstechnisch ist zudem zu beachten, dass ein Antragsteller bei einem unzulässigen Antrag

---

[32] OLG Dresden VergabeR 2003, 333, 336; VK Bund, Beschl. v. 24. 6. 2003, VK 2–46/03.

[33] KG VergabeR 2004, 762, 767.

[34] OLG Naumburg, Beschl. v. 23. 7. 2001, 1 Verg 3/01, Umdruck nach Veris, 8.

[35] OLG Koblenz, Beschl. v. 15. 5. 2003, 1 Verg 3/03, Umdruck nach Veris, LS 3 und S. 22; OLG Naumburg, Beschl. v. 23. 7. 2001, 1 Verg. 3/01, *Braun* NZBau 2000, 320, 322; *Boesen*, § 114, RdNr. 28; *Bechtold/Otting* RdNr. 1.

[36] OLG Naumburg, Beschl. v. 23. 7. 2001, 1 Verg 3/01, Umdruck nach Veris, LS 2 und S. 9; BayObLG ZfBR 2001, 118, 118; *Reidt/Stickler/Glahs/Reidt* § 107 RdNr. 28; vgl. *Kulartz/Kus/Portz/Wiese* § 107 RdNr. 56.

[37] OLG Naumburg, Beschl. v. 23. 7. 2001, 1 Verg 3/01, Umdruck nach Veris, LS 2 und S. 9; BayObLG ZfBR 2001, 118, 118; *Reidt/Stickler/Glahs/Reidt* § 107 RdNr. 28; vgl. *Kulartz/Kus/Portz/Wiese* § 107 RdNr. 56.

[38] OLG Koblenz, Beschl. v. 15. 5. 2003, 1 Verg 3/03, Umdruck nach Veris, LS 3 und S. 19; OLG Naumburg, Beschl. v. 23. 7. 2001, 1 Verg. 3/01, *Braun* NZBau 2000, 320, 322; *Boesen* RdNr. 28; vgl. auch *Bechtold/Otting* RdNr. 1.

[39] OLG Naumburg, Beschl. 23. 7. 2001, 1 Verg 3/01, Umdruck nach Veris, 10; vgl. auch OLG Naumburg, Beschl. v. 28. 8. 2000, 1 Verg 5/00, Umdruck nach Veris, 4, das von „materieller Präklusion" spricht.

[40] OLG Koblenz, Beschl. v. 15. 5. 2003, 1 Verg 3/03, Umdruck nach Veris, 20.

[41] KG VergabeR 2004, 762, 767.

[42] KG VergabeR 2004, 762, 767; OLG Saarbrücken NZBau 2000, 158, 160.

[43] OLG Düsseldorf VergabeR 2008, 933, 937; OLG Düsseldorf VergabeR 2008, 229, 238; BayObLG VergabeR 2003, 669, 671; zu einer mgl. Ausnahme siehe – allerdings noch zur früheren Rechtslage – OLG Naumburg VergabeR 2006, 406, 409.

[44] OLG Jena NZBau 2003, 638, 639; vgl. OLG Dresden NZBau 2003, 584, 584, LS 2.

[45] *Fett* NZBau 2005, 141, 143.

[46] OLG Naumburg NZBau 2001, 579, 580.

nicht gehindert ist, diesen zurückzunehmen und sofort wieder einen neuen, auf nicht präkludierte Umstände gestützten Antrag zu stellen; wenn auch mit der Gefahr einer zwischenzeitlichen Zuschlagserteilung durch den Auftraggeber.[47]

Die Vergabestelle trifft nach Abs. 1 S. 1 **geeignete Maßnahmen** zur Beseitigung der **13** Rechtsverletzung und zur Verhinderung einer (weiteren) Schädigung der betroffenen Interessen im aktuellen Vergabeverfahren.[48] Abs. 1 vermittelt der Vergabekammer einen **weiten Entscheidungsspielraum**.[49] Die Vergabekammer unterliegt jedoch bei ihrer Entscheidung für eine geeignete Maßnahme dem **Grundsatz der Verhältnismäßigkeit**.[50] Sie darf nur diejenigen **Maßnahmen treffen, die geeignet, erforderlich und angemessen sind,** um den festgestellten Vergaberechtsverstoß zu beseitigen und – soweit geboten – darüber hinaus die Rechtmäßigkeit des Vergabeverfahrens zu gewährleisten.[51] Sie muss deshalb im Rahmen der Angemessenheitsprüfung über die Interessen des Antragstellers hinaus auch die der Vergabestelle berücksichtigen. Das bedeutet, dass sie in diese Abwägungsentscheidung neben dem Rechtsschutzinteresse des Antragstellers auch das Interesse des Auftraggebers an einer zügigen Auftragsvergabe und berechtigte Wettbewerbsinteressen konkurrierender Bieter einstellen muss.[52] Schadensersatz darf die Vergabekammer nicht zuerkennen.[53] Kommen mehrere Möglichkeiten in Betracht, den Rechtsverstoß zu beseitigen, muss die Vergabekammer die auswählen, die geeignet ist, den Verstoß gegen Vergaberecht zu beseitigen, die Interessen der Beteiligten möglichst wenig beeinträchtigt und nicht mehr als notwendig in das Vergabeverfahren eingreift.[54] Dementsprechend kommt beispielsweise eine Verpflichtung des öffentlichen Auftraggebers, die angefochtene Ausschreibung aufzuheben, grundsätzlich nur dann in Betracht, wenn keine milderen Maßnahmen zur Verfügung stehen, um den festgestellten Vergabefehler zu beseitigen.[55] Trifft die Vergabekammer eine unverhältnismäßige Maßnahme, kann die Vergabestelle gegen die betreffende Anordnung mit einer sofortigen Beschwerde nach § 116 vorgehen.

Der **Beurteilungsspielraum der Vergabestelle** kann durch die Vergabekammer nach all- **14** gemeinen Grundsätzen nur daraufhin überprüft werden, ob die Vergabestelle das vorgeschriebene Verfahren eingehalten hat, von einem zutreffend und vollständig ermittelten Sachverhalt ausgegangen ist, keine sachwidrigen Erwägungen einbezogen hat und den sich im Rahmen der Beurteilungsermächtigung haltenden Beurteilungsmaßstab zutreffend angewandt hat.[56] Hat die Vergabestelle diese Voraussetzungen eingehalten, kann die Vergabekammer eine unter Berücksichtigung der vorstehend genannten Kriterien zumindest vertretbare Entscheidung nicht revidieren.

Die von der Vergabekammer zu treffende geeignete **Maßnahme muss im Zusammen- 15 hang mit der von ihr festgestellten Rechtsverletzung des Antragstellers stehen.**[57] Die Vergabekammer ist nicht befugt, unabhängig von der Rechtsverletzung des Antragstellers auf das Vergabeverfahren einzuwirken.[58] Auch auf künftige Vergabeverfahren, die im Zeitpunkt der Entscheidung der Vergabekammer noch nicht in ihrer konkreten Ausgestaltung absehbar sind oder feststehen, darf die Vergabekammer, beispielsweise durch den präventiven Ausschluss eines Konkurrenzunternehmens, nicht einwirken.[59] Sie hat nicht die Aufgabe, die Rechtmäßigkeit des Vergabeverfahrens als solches sicherzustellen oder Rechtsverletzungen Dritter zu verhindern.[60] Stellt die Vergabekammer eine Rechtsverletzung fest, die nicht den Antragsteller betrifft, darf sie diese nicht zum Anlass nehmen, Maßnahmen zu treffen. Die Vergabekammer ist in diesem Fall darauf angewiesen, dass das betroffene Unternehmen selbst einen Nachprüfungsantrag stellt.

---

[47] *Fett* NZBau 2005, 141, 143.
[48] VK Sachsen NJOZ 2003, 2694, 2695, LS 6.
[49] VK Sachsen NJOZ 2003, 3516, 3517 und 3524.
[50] OLG Stuttgart VergabeR 2003, 235, 236; OLG Düsseldorf WuW/E Verg 413, 413; VK Sachsen NJOZ 2003, 3516, 3517 und 3524.
[51] VK Sachsen NJOZ 2003, 3516, 3524; OLG Düsseldorf WuW/E Verg 413, 413.
[52] *Fett* NZBau 2005, 141, 142.
[53] VK Sachsen NJOZ 2003, 3516, 3524; VK Düsseldorf, Beschl. v. 2. 8. 2007, VK-23/2007-B.
[54] OLG Celle, Beschl. v. 10. 1. 2008, 13 Verg 11/07, Umdruck nach Veris, 11; VK Schleswig-Holstein, Beschl. v. 14. 9. 2005, VK-SH 12/05.
[55] *Gröning* ZIP 1999, 52, 56.
[56] *Fett* NZBau 2005, 141, 142.
[57] OLG Stuttgart VergabeR 2003, 235, 236; *Reidt/Stickler/Glahs/Reidt* RdNr. 11.
[58] OLG Stuttgart VergabeR 2003, 235, 236; OLG Dresden VergabeR 2001, 311, 313.
[59] VK Sachsen NJOZ 2003, 2694, 2695, LS 6.
[60] *Reidt/Stickler/Glahs/Reidt* RdNr. 11.

Verfahrenstechnisch wird die Vergabekammer in so einem Fall die Beiladung derart in ihren Rechten verletzter Unternehmen nach § 109 erwägen müssen.[61]

16   Der **Nachprüfungsantrag hat keinen Devolutiveffekt.** Daraus folgt ua., dass die Vergabekammer nicht die gleichen Befugnisse wie die Vergabestelle hat. Der Handlungsspielraum der Vergabekammer ist insbesondere dadurch begrenzt, dass sie **Wertungen der Vergabestelle nicht durch eigene ersetzen** darf, wo diese einen Beurteilungsspielraum besitzt.[62] Sie ist insbesondere nicht befugt, die Ermessensentscheidung der Vergabestelle zu ersetzen.[63] Es liegt damit beispielsweise nicht in der Kompetenz der Vergabekammer, im Rahmen des Abs. 1 zur Beseitigung einer Rechtsverletzung eine Maßnahme zu treffen, die für einen öffentlichen Auftraggeber, der trotz Einleitung eines Vergabeverfahrens einen Auftrag nicht mehr erteilen will, einen **rechtlichen oder tatsächlichen Zwang bedeutete, sich doch vertraglich zu binden.**[64] Der **Grundsatz der Vertragsfreiheit** ist die Grenze der Regelungskompetenz der Vergabekammern und -senate.[65] Es ist der Vergabekammer in aller Regel nicht erlaubt, ein Vergabeverfahren selbst aufzuheben, noch selbst den Zuschlag zu erteilen[66] oder zu dessen Erteilung zu verpflichten.[67] Die Vergabekammer darf die Vergabestelle in der Regel nur verpflichten, die fehlerhaften Schritte des Vergabeverfahrens unter Beachtung ihrer rechtlichen Vorgaben erneut vorzunehmen oder bestimmte vergaberechtswidrige Maßnahmen im weiteren Verlauf des Vergabeverfahrens zu unterlassen. Eine geeignete Maßnahme im Sinne des Abs. 1 kann vor diesem Hintergrund sein, die Vergabestelle zu verpflichten, **ein neues Leistungsverzeichnis zu erstellen**[68] oder das Verfahren in den **Stand vor der Aufforderung zur Angebotsabgabe zurückzuversetzen** und die bisher am Verfahren beteiligten Anbieter mit überarbeiteten Verdingungsunterlagen, die dem Gebot der produktneutralen Ausschreibung entsprechen, erneut zur Angebotsabgabe aufzufordern.[69] Sie darf auch anordnen, dass ein bestimmter Bieter vom Vergabeverfahren auszuschließen ist.[70]

17   Nur in Ausnahmefällen, in denen unter Beachtung aller dem Auftraggeber zustehenden Wertungs- und Beurteilungsspielräume bei bestehendem Beschaffungsbedarf die **Erteilung des Zuschlags** an den Antragsteller die einzige rechtmäßige Entscheidung ist, kann eine solche Anweisung der Vergabekammer an den Auftraggeber in Betracht kommen; der Handlungs-, Wertungs- und Beurteilungsspielraum der Vergabestelle muss auf Null reduziert sein.[71] Die Vergabestelle darf über **keine Handlungsalternativen** verfügen, es muss sich um die einzig rechtmäßige Maßnahme handeln.[72] Auch in diesem Fall ist jedoch der Wille der Vergabestelle zu berücksichtigen. Einem Anspruch auf Zuschlagserteilung steht auch entgegen, dass nach der Rechtsprechung des BGH ein Bieter keinen Anspruch darauf hat, dass in einem Vergabeverfahren ein der Ausschreibung entsprechender Auftrag erteilt wird.[73] Das gilt selbst dann, wenn kein Aufhebungsgrund vorliegt. Auch der EuGH sieht keinen Verstoß gegen europäisches Recht, wenn dem einzigen leistungsfähigen Bieter der Zuschlag nicht erteilt, sondern das Vergabeverfahren aufgehoben wird. Demgemäß muss dem Auftraggeber die Möglichkeit erhalten bleiben

---

[61] *Fett* NZBau 2005, 141, 143.

[62] BGHZ 154, 32, 41, NZBau 2003, 293, 295; vgl. auch OLG Celle VergabeR 2003, 455, 456, wonach die Vergabestelle zu einer nicht (mehr) gewollten Beschaffung nicht gezwungen werden kann; VK Schleswig-Holstein, Beschl. v. 4. 2. 2008, VK SH 28/07, Umdruck nach Veris, 8; vgl. *Weyand* RdNr. 2192/2193; *Fett* NZBau 2005, 141, 142.

[63] OLG Celle, Beschl. v. 10. 1. 2008, 13 Verg 11/07, Umdruck nach Veris, 11; VK Schleswig-Holstein, Beschl. v. 14. 9. 2005, VK-SH 12/05.

[64] BGH VergabeR 2003, 313, 317; OLG Celle VergabeR 2003, 455, 456; VK Schleswig-Holstein, Beschl. v. 4. 2. 2008, VK SH 28/07, Umdruck nach Veris, 8; *Weyand* RdNr. 2192.

[65] *Weyand* RdNr. 2191; *Fett* NZBau 2005, 141, 143.

[66] Vgl. *Immenga/Mestmäcker* RdNr. 17.

[67] VK Bund, Beschl. v. 4. 5. 2001, VK 2–12/01; VK Sachsen, Beschl. v. 1. 10. 2002, 1/SVK/084–02.

[68] VK Bund, Beschl. v. 14. 7. 2005, VK 1–50/05.

[69] VK Nordbayern, Beschl. v. 16. 4. 2008, 21.VK-3194–14/08; ähnlich VK Bund, Beschl. v. 6. 7. 2005, VK 1 53/05.

[70] VK Bund, Beschl. v. 4. 5. 2001, VK 2–12/01; VK Sachsen, Beschl. v. 1. 10. 2002, 1/SVK/084–02.

[71] OLG Celle, Beschl. v. 10. 1. 2008, 13 Verg 11/07; OLG Düsseldorf, Beschl. v. 13. 7. 2005, Verg 19/05, Umdruck nach Veris, 8; Beschl. v. 27. 4. 2005, Verg 10/05, Umdruck nach Veris, 3; BayObLG NZBau 2003, 342, 346.

[72] OLG Düsseldorf, Beschl. v. 27. 4. 2005, Verg 10/05, Umdruck nach Veris, 3; *Fett* NZBau 2005, 141, 143.

[73] VK Bund, Beschl. v. 3. 9. 2003, VK 2–64/03; ggf. Schadensersatz OLG Celle, Beschl. v. 10. 1. 2008, 13 Verg 11/07; VK Schleswig-Holstein, Beschl. v. 24. 10. 2003, VK-SH 24/03.

zu prüfen, ob die Voraussetzungen für die Aufhebung des Vergabeverfahrens vorliegen oder ob er aus sonstigen Gründen von einer Auftragserteilung absehen will.[74]

Geeignete Maßnahme iSd. Abs. 1 zur Beseitigung einer von einer Vergabekammer festge- **18** stellten Rechtsverletzung kann beispielsweise sein, allen Bietern, die sich bereits an der Ausschreibung beteiligt haben, unter Setzung einer Frist die Gelegenheit zu geben, ihre Angebote entsprechend anzupassen,[75] einem Bieter, der zu Unrecht nicht berücksichtigt worden ist,[76] oder allen Bietern die Möglichkeit zu geben, ein neues Angebot abzugeben.[77] Bei Fehlern im Rahmen der Prüfung und Wertung kann eine erneute Prüfung und Wertung unter Beachtung der Rechtsauffassung der Vergabekammer angeordnet werden.[78] Wegen eines Verstoßes gegen das vergaberechtliche Gleichbehandlungsgebot kann es erforderlich sein, die Auftraggeberin zu verpflichten, erneut in die Angebotswertung einzutreten und diese unter Beachtung der Rechtsauffassung der Vergabekammer noch einmal durchzuführen.[79] Ist die Wertung fehlerhaft und die Dokumentation der Wertung nicht nachvollziehbar, ist das Vergabeverfahren ab der Wertung fehlerbehaftet und in diesem Umfang zu wiederholen.[80]

Sind Verträge gemäß § 101b Abs. 1 iVm. § 101a (vormals § 13 S. 6 VgV) für nichtig erklärt **19** mit der Folge, dass sie zivilrechtlich grundsätzlich rückabzuwickeln sind, bedeutet das nicht, dass deren **Rückabwicklung** im Vergabenachprüfungsverfahren zwingend anzuordnen ist.[81] Der Ausspruch der Rückabwicklung ist keine geeignete und verhältnismäßige Maßnahme im Sinn des Abs. 1. Um die festgestellte Vergaberechtsverletzung zu beseitigen und eine Schädigung der betroffenen Bieterinteressen zu verhindern, ist die Anordnung der Rückabwicklung nicht erforderlich. Vielmehr genügt die Feststellung der Nichtigkeit der Verträge. Sanktionen, die über die Anordnung der Nichtigkeit eines vergaberechtswidrigen und unter Verstoß gegen § 101a zustande gekommenen Vertrags hinausgehen, sieht § 101b nicht vor.[82] Der Gesetzgeber geht davon aus, dass sich der öffentliche Auftraggeber rechtstreu verhält, die Rechtsfolgen der Vertragsnichtigkeit eigenständig beachtet und die erforderlichen Konsequenzen zieht. Einen Anspruch auf Rückabwicklung nichtiger Verträge gewährt auch die Vorschrift des § 97 Abs. 7 nicht. Eine Vergabekammer hat auch die Nichtigkeit eines Vertrages in einem Nachprüfungsverfahren gemäß den §§ 107 ff. festzustellen, wenn die Beurteilung dieser zivilrechtlichen Frage untrennbar mit einem geltend gemachten Verstoß gegen Bestimmungen über das Vergabeverfahren zusammen hängt, auf deren Einhaltung die Antragstellerin gemäß § 97 Abs. 7 einen Anspruch hat.

Die Vergabekammer darf die Vergabestelle zur **Aufhebung des Vergabeverfahrens** ver- **20** pflichten, wenn die Wiederholung einzelner Schritte nicht ausreicht. Die Verpflichtung zur Aufhebung ist als *ultima ratio* Maßnahme zu verstehen. Das ist beispielsweise der Fall, wenn die Ausschreibung auf einer falschen Grundlage beruht und der Antragsteller dadurch verletzt ist[83] oder die Vergabestelle ein falsches Verfahren gewählt hat, so dass schwerwiegende Mängel in der EU-Bekanntmachung oder den Verdingungsunterlagen vorliegen.[84] Die Vergabekammer darf auch die Entscheidung der Vergabestelle zur **Aufhebung einer Ausschreibung** überprüfen und aufheben **(Aufhebung der Aufhebung)**.[85] Hebt sie die Aufhebung auf, kann sie die Vergabestelle dazu verpflichten, das Vergabeverfahren wieder aufzunehmen und vergaberechtskonform zu Ende zu führen.[86] Das gilt zumindest dann, wenn die grundsätzliche Vergabeabsicht des Auftraggebers weiter besteht.

---

[74] VK Bund, Beschl. v. 3. 9. 2003, VK 2–64/03; ggf. Schadensersatz OLG Celle, Beschl. v. 10. 1. 2008, 13 Verg 11/07; VK Schleswig-Holstein, Beschl. v. 24. 10. 2003, VK-SH 24/03.

[75] VK Bund, Beschl. v. 9. 1. 2008, VK 3–145/07.

[76] VK Bund, Beschl. v. 9. 1. 2008, VK 3–145/07; VK Sachsen, Beschl. v. 28. 10. 2008, 1/SVK/054–08; dazu kann die Vergabekammer auch Fristen vorgeben, VK Bund, Beschl. v. 19. 5. 2004, VK 2–52/04.

[77] VK Bund, Beschl. v. 13. 7. 2005, VK 2–69/05.

[78] VK Bund, Beschl. v. 18. 7. 2002, VK 2–40/02.

[79] VK Lüneburg, Beschl. v. 2. 4. 2003, 203-VgK-08/2003.

[80] VK Thüringen, Beschl. v. 14. 8. 2008, 250–4002.20–1923/2008–014-GRZ; VK Nordbayern, Beschl. v. 21. 7. 2008, 21.VK-3194–27/08; VK Sachsen, Beschl. v. 28. 12. 2005, 1/SVK/147–05.

[81] OLG Karlsruhe VergabeR 2009, 200, 207.

[82] So noch im Hinblick auf § 13 VgV aF OLG Karlsruhe VergabeR 2009, 200, 207.

[83] Vgl. mwN *Reidt/Stickler/Glahs/Reidt* RdNr. 19.

[84] *Fett* NZBau 2005, 141, 142.

[85] EuGH, C-15/04, Slg. 2005, I-4855, RdNr. 33 – Koppensteiner; EuGH, C-92/00, Slg. 2002, I-5553, RdNr. 51 – HI; BGH NZBau 2003, 293, 295.

[86] BGH BGHZ 154, 32, 41, NZBau 2003, 293, 295; *Fett* NZBau 2005, 141, 142.

21   Die **Vergabekammer** ist **kein Gericht iSd. GVG,** sondern formal eine Verwaltungsbehörde.[87] Deshalb gilt § 17a Abs. 3 GVG für sie nicht, so dass sie nicht vorab über den zulässigen Rechtsweg entscheiden kann. Die Vergabekammer entscheidet auf der Grundlage von verfahrensrechtlichen Regeln, die teilweise dem Verwaltungsverfahrens-, teilweise dem Zivilprozessrecht entlehnt sind. **Das Nachprüfungsverfahren ist gerichtsähnlich ausgestaltet.** So entscheiden die Mitglieder der Vergabekammer unabhängig und sind nur dem Gesetz unterworfen, § 105 Abs. 4 S. 2. Das Nachprüfungsverfahren wird nach § 107 Abs. 1 nur auf Antrag eingeleitet. Im Nachprüfungsverfahren sind nach § 109 der Antragsteller, die Vergabestelle als Antragsgegner sowie möglicherweise Beigeladene verfahrensbeteiligt. Die Vergabekammer entscheidet im Regelfall nach § 112 Abs. 1 auf Grund mündlicher Verhandlung und bestimmt nach § 114 Abs. 1 S. 1, ob der Antragsteller in seinen Rechten verletzt ist. Sie trifft ggf. die geeigneten Maßnahmen, um eine Rechtsverletzung zu beseitigen und eine Schädigung der betroffenen Interessen zu verhindern. Die Unternehmen haben nach § 97 Abs. 7 einen Anspruch darauf, dass der Auftraggeber die Bestimmungen über das Vergabeverfahren einhält.

22   Die angerufene Vergabekammer kann das Nachprüfungsverfahren an die zuständige Vergabekammer verweisen. Der **Verweisungsbeschluss** der Vergabekammer hat für die Vergabekammer, an die verwiesen wird, gemäß einer analogen Anwendung von § 17a Abs. 2 S. 3 GVG **Bindungswirkung.**[88] Die Verweisungskompetenz der Vergabekammer ergibt sich aus den § 83 VwGO und § 17a Abs. 2 GVG zu Grunde liegenden allgemeinen Rechtsgedanken.[89] Stellt sie fest, dass sie oder jede andere Vergabekammer unzuständig ist, kann sie den Nachprüfungsantrag nicht gem. § 17a GVG in ein ordentliches Klageverfahren verweisen,[90] insbesondere auch nicht an das **zuständige Verwaltungsgericht.**[91] Das Vergabenachprüfungsverfahren ist kein ordentliches Gerichtsverfahren.[92] Nur Gerichte können Rechtsstreitigkeiten an das Gericht des zuständigen Rechtswegs verweisen. Diese Befugnis hat die Vergabekammer als Teil der Verwaltung nicht. Die analoge Anwendung des § 17a GVG scheidet mangels einer durch die Analogie zu überbrückenden planwidrigen Regelungslücke aus.[93]

23   Die Vergabekammer ist gleichwohl ein **Gericht iSd. Art. 267 Abs. 2 und Abs. 3 AEUV** und deshalb vorlageberechtigt.[94] Die Vorlageberechtigung ist auf der Grundlage des autonom gemeinschaftsrechtlich bestimmten Gerichtsbegriffs zu beurteilen.[95] Diesen hat der EuGH durch bestimmte Kriterien konkretisiert. Die vorlegende Stelle muss danach auf gesetzlicher Grundlage eingerichtet sein, ihre Gerichtsbarkeit muss einen ständigen und obligatorischen Charakter haben und einen Rechtsstreit auf der Grundlage eines rechtsstaatlich geordneten Verfahrens in richterlicher Unabhängigkeit potentiell rechtskräftig entscheiden.[96] Bei dem Verfahren vor der Vergabekammer handelt es sich zwar nicht um ein Gerichts-, sondern um ein Verwaltungsverfahren. Das Nachprüfungsverfahren ist jedoch gerichtsähnlich ausgestaltet. Vergabekammern sind wie auch Oberlandesgericht Gerichte iSd. Art. 267 AEUV.[97] Da die Rechtsmittelrichtlinie den Mitgliedstaaten vor dem Hintergrund ihrer grundsätzlichen Verfahrensautonomie nicht vorgibt, wie der Instanzenzug im Einzelnen auszugestalten ist,[98] können erstinstanzliche Kontrollorgane auch Verwaltungsbehörden und damit auch Vergabekammern sein.[99] Bei dem **Vor-**

---

[87] BSG NZBau 2008, 527, 530, NJW 2008, 3238, 3242; BT-Drucks. 13/9340, 13; *Immenga/Mestmäcker/Stockmann* § 105 RdNr. 10.

[88] VK Bund, Beschl. v. 9. 5. 2007, VK 1–26/07.

[89] *Weyand* RdNr. 2370.

[90] OLG Celle VergabeR 2001, 325, 327.

[91] VK Baden-Württemberg, Beschl. v. 26. 1. 2007, 1 VK 82/06; VK Brandenburg, Beschl. v. 14. 3. 2003, VK 14/03.

[92] OLG Celle NZBau 2002, 53, 54.

[93] VK Baden-Württemberg, Beschl. v. 26. 1. 2007, 1 VK 82/06; VK Brandenburg, Beschl. v. 14. 3. 2003, VK 14/03; VK Brandenburg, Beschl. v. 10. 2. 2003, VK 80/02; das gilt auch umgekehrt für eine Verweisung von einem Verwaltungsgericht an eine Vergabekammer, so VG Frankfurt/Oder, Beschl. v. 20. 2. 2009, 4 L 186/08.

[94] EuGH, C-315/01, Slg. 2003, I-6351, 6370, RdNr. 42 ff. – GAT, für das mit der Vergabekammer vergleichbare österreichische Bundesvergabeamt.

[95] Bspw. EuGH, C-516/99, Slg. 2002, I-4573, RdNr. 34–44 – Schmid; *Calliess/Ruffert/Wegener* Art. 234 RdNr. 16.

[96] *Callies/Ruffert/Wegener* Art. 234 EG RdNr. 16.

[97] So der EuGH, C-54/96, Slg. 1997, I-4961, 4992, RdNr. 22 ff. und 38 – Dorsch Consult, für die Vergabeüberwachungsausschüsse, die Vorläufer der Vergabekammern.

[98] So auch EuGH, C-258/97, Slg. 1999, I-1405, 1432, RdNr. 22 – HI; C-54/96, Slg. 1997, I-4961, 4996, RdNr. 40 – Dorsch Consult; C-76/97, Slg. 1998, I-5357, 5399, RdNr. 22 – Tögel.

[99] *Dauses/Seidel* H. IV RdNr. 129; *Prieß* 313.

abentscheidungsverfahren gemäß Art. 267 AEUV handelt es sich nicht um ein selbständiges Streitverfahren, sondern um ein Zwischenverfahren in einem vor einem einzelstaatlichen Gericht anhängigen Rechtsstreit. Es dient in erster Linie der Wahrung der Rechtseinheit in der EU und ergänzt die Kontrolle, die durch die Kommission und die Mitgliedstaaten gemäß den Art. 258 und 259 AEUV ausgeübt wird.[100] Durch die Rechtsprechung des EuGH soll gewährleistet werden, dass das Unionsrecht in allen Mitgliedstaaten einheitlich ausgelegt und angewandt wird.[101]

2. Einwirkung auf das Vergabeverfahren unabhängig von gestellten Anträgen **24** **(Abs. 1 S. 2).** Die Vergabekammer kann nach Abs. 1 S. 2 unabhängig von den gestellten Anträgen auf das Vergabeverfahren einwirken. Der Vergabekammer sind dadurch **erhebliche Entscheidungs- bzw. Gestaltungsbefugnisse eingeräumt.** Das entspricht den Vorstellungen des Gesetzgebers. Danach soll die Vergabekammer die Interessen der Bieter an der Durchführung eines rechtmäßigen Vergabeverfahrens in effektiver Weise schützen und zugleich dem öffentlichen Interesse an einer zügigen Auftragsvergabe gerecht werden.[102] Die Gestaltungsfreiheit der Vergabekammer bezieht sich allein auf die **Entscheidung, wie eine Verletzung der Rechte** des Antragstellers und der zugrunde liegenden Interessen **verhindert bzw. beseitigt werden kann.**[103] Die Vorschrift ermächtigt die Vergabekammer **nicht zu einer allgemeinen Rechtmäßigkeitskontrolle.**[104] Die **Vergabekammer** prüft ferner grundsätzlich **nicht, ob das Vergabeverfahren oder die Vergabeentscheidung zweckmäßig,** sondern ob diese rechtmäßig ist.[105] Die Vergabekammer ist zudem hinsichtlich ihrer Entscheidungsmöglichkeiten an die Rechtsverletzung des Antragstellers gebunden.[106] Sie kann ihre diesbezüglichen Feststellungen nicht zum Anlass nehmen, Maßnahmen zu treffen, die keinen Bezug zu dieser Verletzung haben, also nur abstrakt die Rechtmäßigkeit des Vergabeverfahrens sichern.[107] Bereits bei der Auswahl der geeigneten Maßnahmen ist die Vergabekammer an den Grundsatz der Verhältnismäßigkeit gebunden.[108] Die Vergabekammer darf der Vergabestelle ein anderes als das im Nachprüfungsantrag des Antragstellers begehrte Verhalten aufgeben, mit ihrer Entscheidung hinter den gestellten Anträgen zurückbleiben oder über das Begehren des Antragstellers hinausgehen. Die Vergabekammer ist zwar an das Rechtsschutzziel gebunden,[109] nicht aber an die Angabe bestimmter, vollstreckungsfähiger Maßnahmen. Die Vergabekammer muss beispielsweise über beantragte Begehren hinausgehen, wenn lediglich die Neubewertung eines Angebots beantragt ist, wegen unzulässiger Wertungskriterien jedoch alle Angebote neu gewertet werden müssen.[110]

IV. Zuschlag und Feststellung der Rechtswidrigkeit (Abs. 2)

1. Keine Aufhebung eines wirksam erteilten Zuschlags (Abs. 2 S. 1). Abs. 2 S. 1 be-   **25** stimmt, dass die Vergabekammer einen wirksam erteilten **Zuschlag nicht aufheben** kann. Das gilt auch für den Vertrag, der durch den wirksamen Zuschlag geschlossen wird. **Zuschlag und Vertragsschluss fallen zusammen.** Dabei handelt es sich um ein Grundprinzip des deutschen Vergaberechts.[111] Der wirksame Abschluss des zivilrechtlichen Vertrages beendet das Vergabeverfahren.[112] Das gilt auch dann, wenn das vorausgehende Vergabeverfahren vergaberechtswidrig war.[113] Die **Erteilung des Zuschlags unterliegt keinem gesetzlichen Formerfordernis** iSd. § 126 BGB. Nach § 18 VOB/A kann der Zuschlag mündlich oder schriftlich erteilt werden, wenn nicht etwas anderes vereinbart ist. Auch die Zuschlagserteilung per Telefax

[100] EuGH, 26/62, Slg. 1963, 1, 26 – Van Gend & Loos.
[101] EuGH, C-297/88, Slg. 1990, I-3763, 3793, RdNr. 37 – Dzodzi/Belgien.
[102] BT-Drucks. 13/9340, 19; OLG Stuttgart NZBau 2003, 517, 517.
[103] *Reidt/Stickler/Glahs/Reidt* RdNr. 12.
[104] VK Südbayern, Beschl. v. 7. 11. 2005, Z3–3-3194–1-40–09/05.
[105] *Reidt/Stickler/Glahs/Reidt* RdNr. 6.
[106] OLG Stuttgart VergabeR 2003, 235, 236.
[107] OLG Stuttgart VergabeR 2003, 235, 236.
[108] OLG Stuttgart VergabeR 2003, 235, 236.
[109] *Immenga/Mestmäcker/Dreher* RdNr. 12.
[110] *Reidt/Stickler/Glahs/Reidt* RdNr. 13.
[111] BayObLG, Beschl. v. 19. 12. 2000, Verg 7/00.
[112] OLG Naumburg, Beschl. v. 30. 5. 2002, 1 Verg 14/01; OLG Jena BauR 2000, 1611; vgl. OLG Naumburg NZBau 2002, 168, 169.
[113] *Weyand* RdNr. 2335.

ist wirksam.[114] Auch **§ 18 Abs. 2 VOL/A** lässt die Erteilung des Zuschlags schriftlich, in elektronischer Form und per Fax zu und ist kein Schriftformerfordernis iSd. § 126 Abs. 1 BGB.[115]

26   Der Zuschlag ist rechtlich die Angebotsannahme und die vergaberechtliche Bezeichnung für die zivilrechtliche **Annahmeerklärung.**[116] Für die Erteilung des Zuschlags gelten die **allgemeinen Grundsätze des Vertragsrechts,** §§ 145 ff. BGB. Im Zweifel ist durch Auslegung nach §§ 133, 157 BGB zu ermitteln, ob ein Zuschlag erteilt worden ist. Der Vertrag kommt zustande, wenn der Zuschlag auf ein Angebot eines Bieters **innerhalb der Zuschlagsfrist und Angebotsfrist sowie ohne Abänderungen** erteilt wird.[117] Bei der Zuschlagserklärung handelt es sich um eine **empfangsbedürftige Willenserklärung.** Damit sie wirksam ist, muss sie gem. § 130 Abs. 1 S. 1 BGB dem betreffenden Bieter innerhalb der Angebotsbindefrist zugehen.[118] Verlangt die Vergabestelle in Bezug auf die Erteilung des Zuschlags eine Empfangsbestätigung, handelt es sich **nicht um ein Wirksamkeitskriterium, sondern um eine Beweisurkunde über den erteilten Zuschlag.**[119] Die Annahme des Angebots eines Bieters unter Erweiterungen, Einschränkungen und sonstigen Änderungen gilt nach § 150 Abs. 2 BGB als Ablehnung, verbunden mit einem neuen Antrag.[120] Ein solcher Antrag bedarf zu seiner Wirksamkeit einer Annahmeerklärung des Bieters, die der Vergabestelle zugehen muss.[121] Maßgeblich ist der zivilrechtliche Vertragsschluss mit dem Bieter und nicht etwa eine im Vorfeld getroffene verwaltungsinterne Vergabeentscheidung der Vergabestelle.[122] Die VOF stellt allein auf die Erteilung des Auftrags ab (§ 11 Abs. 6 S. 2 VOF), den Begriff des Zuschlags verwendet sie nicht.

27   Ein Nachprüfungsantrag, der sich gegen ein Vergabeverfahren richtet, das bei seiner Einreichung durch wirksam erteilten Zuschlag tatsächlich beendet ist, ist grundsätzlich unzulässig.[123] Das entspricht der Intention des Gesetzgebers.[124] Danach ist **Gegenstand der Nachprüfung das noch nicht abgeschlossene Vergabeverfahren.** Das kommt auch in Wortlaut und Systematik der Bestimmungen über das Nachprüfungsverfahren zum Ausdruck.[125] Erledigt sich das Nachprüfungsverfahren durch Zuschlagserteilung, kann, sofern der Nachprüfungsantrag vorher anhängig gemacht worden ist, gem. Abs. 2 S. 2 nur noch festgestellt werden, dass das Unternehmen, das die Nachprüfung beantragt hat, durch den Auftraggeber in seinen Rechten verletzt worden ist.[126] Primärrechtsschutz ist in diesem Fall nicht mehr möglich und auf der Grundlage des Unionsrechts auch nicht geboten.[127] Etwas anderes ergibt sich auch nicht aus der Rechtsprechung des EuGH. Danach sind Mitgliedstaaten zwar grundsätzlich verpflichtet, einen Vertrag zu beenden, der unter Verletzung von Vergaberechtsvorschriften zustande gekommen ist und der EuGH diese Verletzung festgestellt hat.[128] Daraus folgt jedoch nicht, dass die Mitgliedstaaten den Unternehmen unter allen Umständen die Möglichkeit primären Rechtsschutzes eröffnen müssen. Vielmehr sind die Mitgliedstaaten ermächtigt, nach wirksamem Vertragsschluss den nationalen Rechtsschutz auf Schadensersatz zu begrenzen.[129] Von

---

[114] OLG Düsseldorf, Beschl. v. 23. 5. 2007, Verg 14/07, Umdruck nach Veris, LS 1; OLG Bremen NZBau 2004, 172, 172.

[115] So schon zu § 28 Nr. 1 Abs. 1 S. 1 VOL/A aF: VK Bund, Beschl. v. 24. 4. 2007, VK 2–21/07, Umdruck nach Veris, 6.

[116] OLG Naumburg ZfBR 2008, 83, 85; OLG Düsseldorf VergabeR 2001, 226, 227; VK Schleswig-Holstein, Beschl. v. 14. 5. 2008, VK SH 6/08.

[117] OLG Naumburg ZfBR 2008, 83, 85–86; OLG Jena VergabeR 2002, 543, 543.

[118] BGHZ 158, 43; BGH NZBau 2004, 229, 229; OLG Thüringen VergabeR 2002, 543, 543.

[119] OLG Bremen NZBau 2004, 172, 173.

[120] OLG Naumburg ZfBR 2008, 83, 85; OLG Thüringen NZBau 2007, 195, 196; VK Sachsen, Beschl. v. 4. 8. 2003, 1/SVK/084–03.

[121] Vgl. OLG Naumburg ZfBR 2008, 83, 86; VK Sachsen, Beschl. v. 12. 6. 2003, 1/SVK/054–03.

[122] OLG Dresden, Beschl. v. 11. 4. 2005, W Verg 5/05.

[123] BGH BGHZ 146, 202, ZfBR 2001, 258, 260; OLG Düsseldorf, Beschl. v. 23. 5. 2007, Verg 14/07, Umdruck nach Veris, LS 1; OLG Düsseldorf NZBau 2004, 113, 113; BayObLG, Beschl. v. 2. 8. 2001, Verg 8/01, Umdruck nach Veris, 3; VK Sachsen, Beschl. v. 4. 8. 2003, 1/SVK/084–03.

[124] Begründung zum Entwurf des § 117 GWB, jetzt § 107 GWB, BT-Drucks. 13/9340, 17.

[125] VK Bund, Beschl. v. 24. 4. 2007, VK 2–21/07.

[126] OLG Düsseldorf, Beschl. v. 23. 5. 2007, Verg 14/07, Umdruck nach Veris, LS 1.

[127] OLG Düsseldorf, Beschl. v. 23. 5. 2007, Verg 14/07; Umdruck nach Veris, LS 1.

[128] EuGH, C-126/03, Slg. 2004, I-11 197 – Kommission/Deutschland.

[129] EuGH, C-125/03, EuZw 2004, 636, RdNr. 15 – Kommission/Deutschland, zu Art. 2 Abs. 6 der RL 89/665, ABl. 1989 L 395/33; dazu OLG Düsseldorf, Beschl. v. 23. 5. 2007, Verg 14/07, Umdruck nach Veris, LS 1.

dieser Möglichkeit hat der deutsche Gesetzgeber Gebrauch gemacht. Der Zuschlag kann auch noch nach bereits erfolgter Aufhebung eines Vergabeverfahrens wirksam erteilt werden. Voraussetzung dafür ist, dass die Vergabestelle ihre – rechtmäßige – Aufhebung aufhebt.[130] Erforderlich dafür ist, dass sie das Vergabeverfahren wieder aufnimmt und fortführt.[131]

Der nicht wirksam erteilte Zuschlag bzw. nicht wirksam geschlossene Vertrag beendet das **28** Vergabeverfahren hingegen nicht. Der Zuschlag ist nicht wirksam, wenn das Zuschlagsschreiben in Bezug auf die *essentialia negotii* wie Vertragsgegenstand oder Preis zu unbestimmt ist[132] oder das Zuschlagsschreiben nicht von einer vertretungsberechtigten Person unterzeichnet ist.[133] Der Zuschlag ist ferner unwirksam, wenn Nichtigkeitsgründe gegeben sind. Als Nichtigkeitsgründe kommen der Verstoß gegen ein gesetzliches Verbot iSd. § 134 BGB,[134] kollusives Zusammenwirken nach 138 Abs. 1 BGB,[135] das Unterlassen einer Vorabinformation, die Verletzung der Stillhaltefrist oder eine de-facto-Vergabe in Frage, § 101 a iVm. § 101 b. Die Verstöße gegen § 101 a müssen gemäß § 101 b Abs. 2 in einem Nachprüfungsverfahren festgestellt worden sein, damit Nichtigkeit eintritt. Sind Nichtigkeitsgründe nicht gegeben, ist ein geschlossener Vertrag wirksam und kann von der Vergabekammer weder aufgehoben noch rückgängig gemacht noch dessen Durchführung untersagt werden.[136] Das Verbot der Zuschlagerteilung nach § 115 Abs. 1 greift erst nach Übermittlung einer Textmitteilung durch die Vergabekammer an die Vergabestelle und wirkt grundsätzlich bis zum Ablauf der Beschwerdefrist des § 117 Abs. 1. Ein Vertrag ist jedoch nicht deshalb nichtig, weil sein Bestand zu **fortwährenden Vergaberechtsverstößen** führt. Lediglich eine Pflicht zur Kündigung eines solchen Vertrages kann sich aus der Rechtsprechung des EuGH ergeben.[137] Die Zuschlagserteilung kann ferner wegen Verstoßes gegen kartellrechtliche Vorschriften unwirksam sein, §§ 1, 19 Abs. 1, § 20 Abs. 1. Wurde ein Vertrag unter einer **aufschiebenden Bedingung** im Sinne von § 158 Abs. 1 BGB geschlossen, liegt vor dem Eintritt der Bedingung kein wirksamer Zuschlag vor.

2. Erledigung und Antrag auf Feststellung der Rechtswidrigkeit (Abs. 2 S. 2). 29 a) Anwendungsbereich. Die Nachprüfung der Vergabe öffentlicher Aufträge durch die Vergabekammer ist grundsätzlich auf Primärrechtsschutz beschränkt.[138] Gemäß § 104 Abs. 2 können vor den Vergabekammern nur Rechte gem. § 97 Abs. 7 und auf dieser Grundlage nur Ansprüche gegen öffentliche Auftraggeber geltend gemacht werden, die auf die **Vornahme oder das Unterlassen einer Handlung in einem Vergabeverfahren** gerichtet sind.[139] Feststellungsanträge sind davon grundsätzlich nicht erfasst. Eine Ausnahme von diesem Grundsatz ist der Antrag auf Feststellung nach Abs. 2 S. 2. Hat sich das „Nachprüfungsverfahren" durch Erteilung des Zuschlags, durch Aufhebung oder durch Einstellung des Vergabeverfahrens oder in sonstiger Weise erledigt, stellt die Vergabekammer gemäß Abs. 2 S. 2 auf Antrag eines Beteiligten fest, ob eine Rechtsverletzung vorgelegen hat. Das Tatbestandsmerkmal Erledigung „in sonstiger Weise" bezieht sich auf der Grundlage der Konzeption des Gesetzgebers auf das den Gegenstand des Nachprüfungsverfahrens bildende Vergabeverfahren, auch wenn Abs. 2 S. 2 – insoweit ungenau – im Wortlaut auf die Erledigung des „Nachprüfungsverfahrens" abstellt.[140] Dafür sprechen zum einen die in Abs. 2 S. 2 ausdrücklich genannten Erledigungsgründe Erteilung des Zuschlags, Aufhebung und Einstellung des Vergabeverfahrens. Diese beziehen sich unmittelbar auf das Vergabeverfahren und nur mittelbar auf das Nachprüfungsverfahren. Für diese Auslegung des Tatbestandsmerkmals „in sonstiger Weise" spricht ferner, dass Abs. 2 S. 2 der Bestimmung des § 113 Abs. 1 S. 4 VwGO zur Fortsetzungsfeststellungsklage nachgebildet

---

[130] BGHZ 154, 32, 41, NZBau 2003, 293, 295; VK Köln, Beschl. v. 17. 10. 2003, VK VOB 25/2003, Umdruck nach Veris, 24.

[131] BGHZ 154, 32, 41, NZBau 2003, 293; VK Köln, Beschl. v. 17. 10. 2003, VK VOB 25/2003, Umdruck nach Veris, 24.

[132] OLG Düsseldorf VergabeR 2001, 226, 228; VK Bund, Beschl. v. 23. 11. 2000, VK 2–36/00.

[133] OLG Düsseldorf VergabeR 2001, 226, 229; VK Bund, Beschl. v. 23. 11. 2000, VK 2–36/00.

[134] OLG Hamburg NZBau 2007, 801; OLG Frankfurt NZBau 2004, 692, 692; weitere Bsp. bei *Weyand* RdNr. 2307.

[135] Vgl. OLG Düsseldorf ZfBR 2009, 197, 201; OLG Düsseldorf NZBau 2005, 484, 484; OLG Hamburg NZBau 2007, 801, 803; OLG Celle VergabeR 2005, 809, 811; Bsp. bei *Weyand* RdNr. 2302.

[136] *Byok/Jaeger/Byok* RdNr. 1076.

[137] *Weyand* RdNr. 2310/1.

[138] VK Schleswig-Holstein, Beschl. v. 4. 2. 2008, VK SH-28/07; VK Bund, Beschl. v. 8. 6. 2005, VK 2–48/05.

[139] VK Schleswig-Holstein, Beschl. v. 4. 2. 2008, VK SH-28/07.

[140] BayObLG, Beschl. v. 19. 12. 2000, Verg 10/00.

ist,[141] nach der es auf die Erledigung des Verwaltungsakts und nicht auf die Erledigung der Anfechtungsklage ankommt. Auf Abs. 2 S. 2 übertragen entspricht dem die Erledigung des Vergabeverfahrens. Vor diesem Hintergrund ist beispielsweise der Wegfall der Antragsbefugnis kein das Fortsetzungsfeststellungsverfahren eröffnendes erledigendes Ereignis im Sinne des Abs. 2 S. 2.[142]

30   Der **Fortsetzungsfeststellungsantrag** ist ein statthafter Rechtsbehelf, wenn zwischen Eingang des Nachprüfungsantrags bei der Vergabekammer und der Übermittlung der Textmitteilung gem. § 115 Abs. 1 an die Vergabestelle der Zuschlag erteilt worden ist.[143] Mit dem Eingang des Nachprüfungsantrags bei der Vergabekammer wird dieser rechtshängig; auf die Aufnahme einer nach außen wirkenden Tätigkeit der Vergabekammer kommt es nicht an.[144] Die Einleitung eines Feststellungsverfahrens nach wirksamem Vertragsschluss ist nicht statthaft, wenn dem kein zulässiger Nachprüfungsantrag vorrang.[145] Das ergibt sich aus dem Wortlaut von Abs. 2 S. 2, ferner gehen auch § 107 Abs. 2 S. 1 und die Gesetzgebungsmaterialien davon aus. „Gegenstand der Nachprüfung ist das noch nicht abgeschlossene Vergabeverfahren", heißt es in der Begründung des Regierungsentwurfs.[146] Voraussetzung für die Zulässigkeit eines Feststellungsantrags ist damit, dass ein Nachprüfungsverfahren anhängig war[147] und sich dann erledigt hat. Die in Abs. 2 S. 2 eröffnete Möglichkeit eines Feststellungsantrags stellt unter dem Gesichtspunkt des Primärrechtsschutzes eine Ausnahmevorschrift dar. Sie soll, wie die Rechtsprechung zur entsprechenden Vorschrift des § 113 Abs. 1 S. 4 VwGO formuliert, gewährleisten, **dass eine Partei nicht ohne Not um die Früchte des bisherigen Prozesses gebracht wird**, insbesondere dann nicht, wenn das Verfahren unter entsprechendem Aufwand einen bestimmten Stand erreicht hat.[148] Der Feststellungsantrag soll Bietern ermöglichen, die Ergebnisse des Nachprüfungsverfahrens zu erhalten und auf diese Weise eine der Prozessökonomie widersprechende nochmalige (zivil)gerichtliche Überprüfung derselben Sach- und Rechtslage zu vermeiden.[149] Für das Vorliegen der Rechtsverletzung im Fortsetzungsfeststellungsverfahren gilt der gleiche Prüfungsmaßstab wie im Nachprüfungsverfahren.

31   Der Umstand, dass ein Fortsetzungsfeststellungsantrag unstatthaft ist, wenn vor der Einreichung des Nachprüfungsantrags Erledigung eingetreten ist, ist sachgerecht. Ein Antragsteller kann in diesem Fall nicht auf „Früchte" des Nachprüfungsverfahrens zurückgreifen, weil das Verfahren gerade noch nicht unter entsprechendem finanziellen und zeitlichen Aufwand einen bestimmten Stand erreicht hat. Dem Gedanken der Prozessökonomie widerspricht es, mehrere Nachprüfungsinstanzen, das heißt einerseits die Vergabekammer und ggf. den Vergabesenat sowie anderseits das für einen etwaigen Schadensersatzanspruch zuständige Zivilgericht – mit ein und demselben Begehren zu beschäftigen. Im Übrigen können die vergaberechtlichen Nachprüfungsinstanzen nicht über den hinter einem Feststellungsantrag stehenden Schadensersatzanspruch entscheiden. Bieter werden im Fall der Erledigung des Vergabeverfahrens vor der Einreichung des Nachprüfungsantrags nicht um Rechtsschutz gebracht. Denn die Feststellung, dass eine Rechtsverletzung stattgefunden hat, kann ohne Weiteres auch inzident im zivilrechtlichen Schadensersatzprozess getroffen werden. In diesem Fall ist das gerade auch der einfachere Weg zur Erreichung des Rechtsschutzziels, der eine angesichts der endgültigen Aufgabe der Vergabeabsicht unnötige Anrufung der Vergabekammer vermeidet.[150] Das Nachprüfungsverfah-

[141] OLG Düsseldorf, Beschl. v. 23. 3. 2005, Verg 77/04.

[142] BayObLG, Beschl. v. 19. 12. 2000, Verg 10/00.

[143] VK Sachsen-Anhalt, Beschl. v. 15. 1. 2008, VK 2 LVwA LSA-28/07; OLG Düsseldorf NZBau 2000, 45, 48; *Gröning* ZIP 1999, 52, 56, für § 115 Abs. 1 aF, nach dem es noch auf die Zustellung des Nachprüfungsantrags ankam.

[144] OLG Düsseldorf NZBau 2000, 45, 48; VK Bund, Beschl. v. 17. 11. 1999, VK 1–17/99, in Anlehnung an die VwGO und nicht die ZPO; VK Bremen, Beschl. v. 16. 7. 2003, VK 12/03; *Weyand* RdNr. 2333.

[145] BayObLG, Beschl. v. 19. 12. 2000, Verg 7/00.

[146] Begr. des RegE BT-Drucks. 13/9340, 17.

[147] *Reidt/Stickler/Glahs/Reidt* RdNr. 48; aA *Immenga/Mestmäcker/Dreher* RdNr. 49, der verlangt, dass der ursprüngliche Nachprüfungsantrag zulässig war.

[148] BVerwGE 81, 226, DVBl 1989, 873, zur Statthaftigkeit eines Feststellungsantrag zur Vorbereitung einer Amtshaftungsklage, wenn sich der Verwaltungsakt bereits vor Klageerhebung erledigt hat; OLG Düsseldorf, Beschl. v. 28. 4. 2004, Verg 8/04, Umdruck Veris, 2; VK Schleswig-Holstein, Beschl. v. 4. 2. 2008, VK SH-28/07.

[149] OLG Düsseldorf, Beschl. v. 28. 4. 2004, Verg 8/04, Umdruck Veris, 2; BayObLG, Beschl. v. 2. 8. 2001, Verg 8/01; BayObLG, Beschl. v. 19. 12. 2000, Verg 7/00; VK Sachsen-Anhalt, Beschl. v. 22. 2. 2001, VK 15/00 MD.

[150] VK Schleswig-Holstein, Beschl. v. 4. 2. 2008, VK SH-28/07.

ren dient, von dem Sonderfall des Abs. 2 S. 2 abgesehen, über die Sicherstellung von Primärrechtsschutz hinaus, nicht dazu, Schadensersatzansprüche eines am Vergabeverfahren beteiligten Unternehmens zuzusprechen.[151] Diese sind vor den ordentlichen Gerichten durchzusetzen. Die Überlegungen zur analogen Anwendung des § 113 Abs. 1 S. 4 VwGO auf den Fall der Erledigung vor Klageerhebung sind auf die Parallelproblematik des § 114 Abs. 2 S. 2 nicht übertragbar.

Der Feststellungsantrag ist im laufenden Nachprüfungsverfahren zu stellen. Wird der Antrag **32** trotz Erledigung nicht – spätestens im Beschwerdeverfahren[152] – auf einen Feststellungsantrag umgestellt oder ist er nicht von Anfang an als Hilfsantrag gestellt,[153] weist die Vergabekammer den Nachprüfungsantrag als unzulässig zurück.[154] Der Feststellungsantrag nach Abs. 2 S. 2 wurde bislang häufig in Fällen gestellt, in denen der Zuschlag zwar nach Eingang des Nachprüfungsantrages bei der Vergabekammer, aber vor dessen Zustellung (§ 115 Abs. 1 aF) an die Vergabestelle erteilt worden ist, darüber hinaus dann, wenn dem Auftraggeber auf Antrag nach § 115 Abs. 2 die Erteilung des Zuschlags gestattet worden war.[155] Das gilt auch für den Fall, dass der Zuschlag unter der aufschiebenden Bedingung des § 158 Abs. 1 BGB erteilt worden ist.[156] Wird der Nachprüfungsantrag trotz Erledigung nicht für erledigt erklärt, ist er zwingend als unzulässig zurückzuweisen.[157] Wird hingegen für erledigt erklärt und ein Feststellungsantrag gestellt, entscheidet die Vergabekammer nur noch über diesen.[158] Ist der Fortsetzungsfeststellungsantrag zusätzlich zum ursprünglichen Antrag gestellt, ohne dass Erledigung eingetreten ist, entscheidet die Vergabekammer zunächst über den ursprünglichen Antrag und weist den Fortsetzungsfeststellungsantrag – sofern er nicht nur hilfsweise gestellt wurde – als unzulässig zurück.[159] Die Vergabekammer weist nur den Fortsetzungsfeststellungsantrag (als unzulässig) ab, wenn keine Erledigung eingetreten ist und der Antragsteller seinen Nachprüfungsantrag nicht aufrecht erhält.[160]

b) Erledigung. Abs. 2 S. 2 nennt als Erledigungsgründe ausdrücklich die Erteilung des Zu **33** schlags, die Aufhebung des Vergabeverfahrens, die Einstellung des Vergabeverfahrens und die Erledigung in sonstiger Weise. Der **Katalog des Abs. 2 S. 2** ist damit in Bezug auf die möglichen erledigenden Ereignisse **nicht abschließend.** Die Erledigung tritt grundsätzlich kraft Gesetzes ein, so dass es keiner ausdrücklichen Erklärung eines der Beteiligten bedarf.[161] Streiten die Beteiligten darüber, ob Erledigung eingetreten ist, muss die Vergabekammer dies auf Antrag feststellen.[162] Solange das Vergabeverfahren durch Anordnungen der Vergabekammer oder des Beschwerdegerichts noch korrigiert werden könnte, ist für einen Feststellungsantrag nach Abs. 2 S. 2 kein Raum.[163] Ist die Erledigung beispielsweise durch eine rechtswidrige Aufhebung des Vergabeverfahrens eingetreten, so dass die Erledigung beseitigt werden kann, ist der Nachprüfungsantrag nicht unzulässig.[164] Ein Erledigungsbeschluss ist notwendig, um den Beteiligten gegenüber festzustellen, dass die Frist des § 113 Abs. 1 nicht gilt.[165] Ist Erledigung eingetreten, wird nur noch über die Kosten des Verfahrens entschieden.

Die **Erledigung** des Nachprüfungsverfahrens kann nach Abs. 2 S. 2 zunächst durch den **34** wirksam erteilten Zuschlag eintreten.[166] Der **Zuschlag** führt zur Erledigung, weil der durch den Zuschlag zustande gekommene Vertrag auf Grund der Vertragsfreiheit nicht aufgehoben werden darf.[167] Trotz eines Zuschlags bzw. Vertragsschlusses tritt dann keine Erledigung ein,

151 BayObLG, Beschl. v. 19. 12. 2000, Verg 7/00; BayObLG WuW/E Verg 239, 248.
152 OLG Düsseldorf, Beschl. v. 28. 2. 2002, Verg 37/1.
153 *Byok/Jaeger/Byok* RdNr. 1078; *Reidt/Stickler/Glahs/Reidt* RdNr. 56.
154 OLG Düsseldorf ZfBR 2002, 514, 515.
155 *Byok/Jaeger/Byok* RdNr. 1077.
156 VK Münster, Beschl. v. 3. 8. 1999, VK 1/99.
157 *Reidt/Stickler/Glahs/Reidt* RdNr. 51.
158 *Reidt/Stickler/Glahs/Reidt* RdNr. 52.
159 *Reidt/Stickler/Glahs/Reidt* RdNr. 53.
160 *Reidt/Stickler/Glahs/Reidt* RdNr. 54.
161 OLG Frankfurt NZBau 2001, 101, 102.
162 KG NZBau 2001, 161, 163; OLG Düsseldorf, Beschl. v. 30. 5. 2001, Verg 23/00.
163 *Boesen* RdNr. 68.
164 So VK Arnsberg, Beschl. v. 23. 1. 2003, VK 2–27/2002, Umdruck nach Veris, 5; ausführlich dazu unter RdNr. 20.
165 VK Münster, Beschl. v. 3. 8. 1999, VK 1/99.
166 OLG Düsseldorf VergabeR 2001, 415, 417; VK Bund, Beschl. v. 13. 7. 2001, 1–19/01.
167 So VK Arnsberg, Beschl. v. 23. 1. 2003, VK 2–27/2002, Umdruck nach Veris, 5.

wenn dieser aus zivilrechtlichen Gründen unwirksam ist oder die Unwirksamkeit gemäß § 101 b Abs. 1 festgestellt wird. Die Erteilung des Zuschlags führt jedoch zur Erledigung, wenn das Vergabeverfahren selbst „nur" vergaberechtswidrig war. Die **Aufhebung der Ausschreibung** beendet das Vergabeverfahren, zugleich erledigt sie das auf primären Rechtschutz gerichtete Nachprüfungsverfahren.[168] Der Antrag nach Abs. 2 S. 2 ist grds. unabhängig davon zulässig, ob ein Aufhebungsgrund gegeben war. Der Feststellungsantrag ist darauf zu richten, ob eine Rechtsverletzung vorgelegen hat, also ungeachtet der Gründe und Umstände des erledigenden Ereignisses. Die Aufhebung der Ausschreibung hat dann die Erledigung des Vergabeverfahrens zur Konsequenz, wenn sie rechtmäßig erfolgt ist,[169] von der Vergabestelle nicht rückgängig gemacht wird oder rechtswidrig war, jedoch nicht angegriffen wird. Im letztgenannten Fall hat der Antragsteller folglich zwei Handlungsmöglichkeiten. Denn eine rechtswidrige Aufhebung des Auftraggebers kann durch die Nachprüfungsinstanzen aufgehoben werden („Aufhebung der Aufhebung") und der Antragsteller kann sein ursprüngliches Begehren weiterverfolgen.[170] Der Antragsteller kann sich jedoch auch darauf beschränken, die Verletzung seiner Rechte im Vergabeverfahren feststellen zu lassen und evt. Sekundärrechtsschutz in Anspruch zu nehmen, wenn der Primärrechtsschutz für ihn nicht weiter interessant ist. Der Antragsteller kann auch dann sein ursprüngliches Begehren weiterverfolgen, wenn die Vergabestelle selbst ihre Aufhebung aufhebt.[171] Dann fällt die zunächst vorliegende Erledigung nachträglich weg, was keinen Widerspruch zu Abs. 2 S. 2 darstellt. Denn dieser ordnet nicht an, dass die (zunächst erfolgte) Aufhebung der Ausschreibung das Vergabeverfahren endgültig beendet.[172] Eine solche Regel wäre auch sachfremd.[173] Denn die Vergabestelle kann die Aufhebung der Ausschreibung ohne Zustimmung Dritter rückgängig machen, indem sie das Verfahren wieder aufnimmt und fortführt.[174] Die Aufhebung einer Aufhebung eines Vergabeverfahrens versetzt dieses in den vorangegangenen Stand zurück.

35 Eine **Erledigung in sonstiger Weise** ist gegeben, wenn das Nachprüfungsverfahren gegenstandslos wird. Das ist beispielsweise dann der Fall, wenn die ausgeschriebenen Arbeiten weitgehend abgeschlossen sind, so dass der Bedarf der Vergabestelle, der mit der Ausschreibung gedeckt werden sollte, nicht mehr besteht.[175] Eine Erledigung in sonstiger Weise ist auch die Rücknahme des Nachprüfungsantrages;[176] allerdings ist umstritten, ob in diesem Fall eine Erledigung eintritt, weil kein anhängiges Verfahren mehr gegeben ist, das umgestellt werden könnte.[177] Darüber hinaus tritt Erledigung ein, wenn die Vergabestelle den im Nachprüfungsverfahren geltend gemachten Vergabefehler beseitigt hat.[178] Ob es ausreicht, wenn das Vergabeverfahren durch die Vergabestelle in einzelnen Punkten nachgebessert wird, ist umstritten.[179] Keine Erledigung tritt ein bei Ablauf der Zuschlags- und Bindefrist, denn diese kann verlängert werden[180] Ebenso wenig tritt eine Erledigung iSd. Vorschrift ein, wenn ein Bieter, der im Nachprüfungsverfahren ursprünglich die Erteilung des Zuschlages auf sein Angebot begehrt hat, nach ihm von der Vergabekammer gewährter Akteneinsicht in die Unterlagen der Vergabestelle dieses Begehren wegen fehlender Erfolgsaussicht aufgibt.[181]

---

[168] OLG Düsseldorf, Beschl. v. 27. 7. 2005, Verg 108/04, Umdruck nach Veris, 2.

[169] VK Bund, Beschl. v. 13. 7. 2001, 1–19/01; vgl. EuGH, C-92/00, Slg. 2002, I-5553, RdNr. 51 – HI; *Reidt/Stickler/Glahs/Reidt* RdNr. 49 a; *Reidt/Brosius-Gersdorf* VergabeR 2002, 580, 592; *Hübner* VergabeR 2002, 429, 432; vgl. auch *Prieß* NZBau 2002, 433, 433.

[170] So VK Arnsberg, Beschl. v. 3. 1. 2003, VK 2–27/2002, Umdruck nach Veris, 5 f.

[171] BGHZ 154, 32, 41; VK Köln, Beschl. v. 17. 10. 2003, VK VOB 25/2003, Umdruck nach Veris, 24.

[172] BGHZ 154, 32, 41; VK Köln, Beschl. v. 17. 10. 2003, VK VOB 25/2003, Umdruck nach Veris, 24.

[173] BGHZ 154, 32, 41; VK Köln, Beschl. v. 17. 10. 2003, VK VOB 25/2003, Umdruck nach Veris, 24.

[174] BGHZ 154, 32, 41; VK Köln, Beschl. v. 17. 10. 2003, VK VOB 25/2003, Umdruck nach Veris, 24.

[175] VK Bund, Beschl. v. 24. 7. 2007, VK 2–69/07; *Weyand* RdNr. 2349/1.

[176] Für Erledigung durch Rücknahme bspw. VK Südbayern, Beschl. v. 21. 1. 2003, 01–01/03, Umdruck nach Veris, 4; für eine Teilrücknahme VK Schleswig-Holstein, Beschl. v. 17. 7. 2007, VK-SH 05/07, Umdruck nach Veris, 6; *Byok/Jaeger/Byok* RdNr. 1077; *Kulartz/Kus/Portz/Maier* RdNr. 45.

[177] *Reidt/Stickler/Glahs/Reidt* RdNr. 50, aA *Byok/Jaeger/Byok* RdNr. 1077.

[178] BayObLG VergabeR 2005, 121, 123; VK Lüneburg, Beschl. v. 26. 6. 2007, VgK-29/2007; Beschl. v. 17. 10. 2006, VgK-25/2006; Beschl. v. 5. 1. 2006, VgK-43/2005; Beschl. v. 5. 1. 2006, VgK-41/2005; *Weyand* RdNr. 2348.

[179] In diese Richtung *Reidt/Stickler/Glahs/Reidt* RdNr. 50.

[180] OLG Thüringen NZBau 2001, 39, 40; OLG Dresden, Beschl. v. 14. 4. 2000, WVerg 1/00; aA OLG Naumburg, Beschl. v. 3. 3. 2000, 1 Verg 2/99; VK Hannover, Beschl. v. 17. 11. 2004, VgK 11/2004; *Byok/Jaeger/Byok* RdNr. 1078; mwN *Reidt/Stickler/Glahs/Reidt* RdNr. 50.

[181] OLG Naumburg ZfBR 2002, 200, 200.

c) Feststellungsantrag, -interesse und -entscheidung. Ein **Feststellungsantrag** nach 36
Abs. 2 S. 2 ist nur zulässig, wenn sich das Vergabeverfahren tatsächlich erledigt hat. Die Erledigung muss nach Anhängigkeit eingetreten sein, so dass es dafür maßgeblich auf den Zeitpunkt
der Stellung des Nachprüfungsantrags ankommt.[182] Neben der Erledigung bedarf es eines gesonderten **Antrages** auf Feststellung der Rechtsverletzung. **Antragsberechtigt** ist jeder Beteiligte
des Nachprüfungsverfahrens iSv. § 109. Da der Fortsetzungsfeststellungsantrag nur in einem noch
anhängigen Nachprüfungsverfahren gestellt werden kann, muss er vor der Rücknahme des
Nachprüfungsantrags gestellt werden.[183] Besondere Formerfordernisse bestehen für den Feststellungsantrag nicht. Er kann deshalb auch mündlich in der Verhandlung (§ 112) gestellt werden.[184]
Es gelten die normalen Sachentscheidungsvoraussetzungen.[185]

Ein Feststellungsantrag nach Abs. 2 S. 2 setzt – wie jeder Feststellungsantrag – als unge- 37
schriebenes Tatbestandsmerkmal voraus, dass ein **Feststellungsinteresse** besteht.[186] Für dessen
Bestimmung kann auf die Grundsätze anderer Verfahrensordnungen, insbesondere zur Fortsetzungsfeststellungsklage nach der Verwaltungsgerichtsordnung zurückgegriffen werden.[187] Darle-
gungs- und beweispflichtig dafür ist der Antragsteller. Ein Feststellungsinteresse iSv. Abs. 2 S. 2
ist **jedes nach vernünftigen Erwägungen und nach Lage des Falles anzuerkennende
Interesse rechtlicher, wirtschaftlicher oder ideeller Art.**[188] Das Interesse, eine nachteilige
Kostenentscheidung abzuwenden, wie auch die Klärung abstrakter Rechtsfragen, reicht nicht
aus.[189] Die beantragte Feststellung muss geeignet sein, die Rechtsposition des Antragstellers zu
verbessern und eine Beeinträchtigung seiner Rechte auszugleichen oder wenigstens zu mildern.[190] Darüber hinaus ist ein Feststellungsinteresse gegeben, wenn eine **hinreichende konkrete Wiederholungsgefahr** besteht oder die Feststellung zur **Rehabilitierung** erforderlich
ist, weil der angegriffenen Entscheidung ein diskriminierender Charakter zukommt und sich aus
ihr eine Beeinträchtigung des Persönlichkeitsrechts des Betroffenen ergibt oder durch die Feststellung der Rechtswidrigkeit des Vergabeverfahrens eine Schadensbegrenzung im Hinblick auf
zukünftige Vergabeentscheidungen anderer Auftraggeber erzielt werden soll.[191] Eine Wiederholungsgefahr ist nicht gegeben, wenn die Vergabestelle erklärt, dass sie künftig keine vergleichbaren Leistungen in einem vergleichbaren Verfahren vergeben werde.[192]

Das erforderliche Feststellungsinteresse ist beispielsweise gegeben, wenn der Feststellungsan- 38
trag der **Vorbereitung eines Schadensersatzprozesses** wegen des konkreten Vergaberechtsverstoßes dient, dieser mit hinreichender Sicherheit zu erwarten ist und nicht offenbar aussichtslos erscheint.[193] Das Feststellungsinteresse ist somit nur zu verneinen, wenn der beabsichtigte Schadensersatzanspruch offenbar aussichtslos erscheint.[194] Stellt die Vergabekammer bestandskräftig
fest, dass der Antragsteller in seinen Rechten verletzt ist, sind die für die Entscheidung über
Schadensersatzansprüche zuständigen ordentlichen Gerichte gemäß § 124 Abs. 1 an diese Entscheidung gebunden; die Schadensersatzansprüche stehen dann dem Grund nach fest, die **Erfolgsaussichten eines Schadensersatzanspruches prüft die Vergabekammer hingegen**

---

[182] Dazu § 107 RdNr. 9.
[183] *Reidt/Stickler/Glahs/Reidt* RdNr. 57.
[184] *Reidt/Stickler/Glahs/Reidt* RdNr. 57 a.
[185] *Byok/Jaeger/Byok* RdNr. 1078.
[186] OLG Koblenz ZfBR 2009, 292, 294; OLG Celle NZBau 2006, 197, 198; vgl. OLG Saarbrücken
NJOZ 2005, 3089, 3091; OLG Frankfurt NZBau 2004, 174, 174.
[187] VK Hessen, Beschl. v. 31. 7. 2002, 69 d VK-14/2002; *Weyand* RdNr. 2319.
[188] OLG Celle NZBau 2006, 197, 198; OLG Düsseldorf BauRB 2005, 237; Beschl. v. 2. 3. 2005, Verg 70/
04; BauRB 2005, 209; OLG Frankfurt NZBau 2004, 174, 174.
[189] OLG Düsseldorf, Beschl. v. 23. 3. 2005, Verg 77/04; VK Bund, Beschl. v. 21. 5. 2008, VK 2–40/08;
aA VK Lüneburg, Beschl. v. 26. 6. 2007, VgK-29/2007; Beschl. v. 17. 10. 2006, VgK-25/2006; *Immenga/
Mestmäcker/Dreher*, GWB, § 114, RdNr. 46.
[190] OLG Frankfurt NZBau 2004, 174, 174; OLG Düsseldorf WuW/E Verg 459, 460.
[191] VK Brandenburg, Beschl. v. 9. 9. 2005, VK 33/05; VK Bund, Beschl. v. 21. 5. 2008, VK 2–
40/08; Beschl. v. 14. 2. 2007, VK 2–158/06; VK Bund, Beschl. v. 8. 6. 2006, VK 2–114/05; *Weyand*
RdNr. 2321.
[192] Ähnlich *Reidt/Stickler/Glahs/Reidt* RdNr. 58.
[193] Vgl. OLG Koblenz ZfBR 2009, 292, 294; OLG Düsseldorf NZBau 2008, 727, 729; Beschl. v.
22. 6. 2006, Verg 2/06, Umdruck nach Veris, 3; Beschl. v. 8. 3. 2005, VII Verg 40/04; Beschl. v. 2. 3.
2005, Verg 84/04, Umdruck nach Veris, 2; OLG Saarbrücken, Beschl. v. 5. 7. 2006, 1 Verg 6/05; *Weyand*
RdNr. 2321.
[194] OLG Celle NZBau 2006, 197, 198; OLG Düsseldorf, Beschl. v. 19. 10. 2005, VII-Verg 38/05, Umdruck nach Veris, 2.

nicht.[195] Ein Schadensersatzanspruch kommt nicht nur dann in Betracht, wenn dem übergangenen Bieter bei einer Fortsetzung des Vergabeverfahrens der Zuschlag zwingend zu erteilen gewesen wäre. Das ist nur Voraussetzung für die Zuerkennung des positiven Schadensersatzinteresses eines Bieters, nicht aber für den Ersatz des Vertrauensschadens. Für diesen genügt, dass die Vergabestelle gegen eine den Schutz von Bietern bezweckende Vorschrift verstoßen hat, der betreffende Bieter dadurch beeinträchtigt worden ist und bei der Wertung eine echte Chance gehabt hätte, den Zuschlag zu erhalten (§ 126 S. 1).[196] Voraussetzung für einen Schadenersatzanspruch ist somit ein Kausalzusammenhang zwischen dem Verstoß und der Beeinträchtigung einer echten Chance auf den Zuschlag. Kausal ist der Verstoß nur dann, wenn er nicht hinweggedacht werden kann, ohne dass die Beeinträchtigung der echten Chance in ihrer konkreten Gestalt entfiele.[197] Ein Feststellungsinteresse ist in Bezug auf die Geltendmachung eines Anspruchs auf Schadensersatz bereits dann gegeben, wenn die begehrte Feststellung für die Geltendmachung eines **Schadensersatzanspruches** von Bedeutung ist[198] bzw. wenn die Möglichkeit eines Schadensersatzanspruches gegen die Vergabestelle für den Fall, dass eine Rechtsverletzung festgestellt wird, nicht auszuschließen ist.[199] Auf die hypothetische Erwägung, ob ein Antragsteller ohne erfolgreiche Intervention und bei Vergabe des Auftrages an ein anderes Unternehmen Schadensersatzansprüche hätte geltend machen können, kommt es nicht an.[200]

39   Für das Vorliegen des erforderlichen **Feststellungsinteresses** ist nicht auf den Zeitpunkt abzustellen, zu dem der Nachprüfungsantrag gestellt worden ist. Sämtliche Sachentscheidungsvoraussetzungen müssen vielmehr im **Zeitpunkt der Entscheidung der Vergabekammer** vorliegen. Auch wenn zum Zeitpunkt der Einreichung des Nachprüfungsantrags dem Antragsteller noch ein Schaden gedroht haben sollte, begründet dieser Umstand, beispielsweise nach der Abhilfe durch die Antragsgegnerin, kein Feststellungsinteresse.[201] Ein Feststellungsantrag nach Abs. 2 S. 2 setzt voraus, dass der **Nachprüfungsantrag zulässig** war. Ein Antragsteller soll keinen Vorteil daraus haben, dass ein von vornherein unzulässiger Antrag gegenstandslos geworden ist.[202] Das bedeutet, das der Antragsteller hinsichtlich des erledigten Nachprüfungsantrags iSv. § 107 Abs. 2 antragsbefugt gewesen sein muss und den Verstoß gegen Vergaberecht gemäß § 107 Abs. 3 rechtzeitig gerügt haben muss.[203] Die mit dem Antrag nach Abs. 2 S. 2 begehrte Feststellung der Verletzung von Rechten setzt voraus, dass der vom Antragsteller gestellte Nachprüfungsantrag auch begründet gewesen wäre, das heißt, der Antragsteller Erfolg gehabt hätte. Die Feststellung der Rechtswidrigkeit ist die Fortsetzung des Primärrechtschutzes. Hätte der Nachprüfungsantrag bzw. die sofortige Beschwerde als unbegründet zurückgewiesen werden müssen, kann der Antragsteller nicht in seinen Rechten nach § 97 Abs. 7 verletzt gewesen sein.[204]

40   Die Vergabekammer ist nach Abs. 2 S. 3 für die **Feststellungsentscheidung** nicht an die Fünfwochenfrist des § 113 Abs. 1 gebunden. Abs. 2 S. 3 bestimmt, dass § 113 Abs. 1 in Bezug auf den Fortsetzungsfeststellungsantrag nicht gilt. Das bedeutet, dass im Fortsetzungsfeststellungsverfahren die **Beschleunigungsvorgabe außer Kraft gesetzt** ist und mithin auch die zu ihrer Durchsetzung geschaffene gesetzliche Fiktion der Antragsablehnung nicht gilt.[205] Stattdessen gilt § 75 VwGO.[206] Nach Erledigung des Nachprüfungsverfahrens gilt die das Vergabeverfahren beherrschende Beschleunigungsmaxime nicht mehr. Eine Verzögerung der Auftragsvergabe ist nicht mehr möglich. Nach einer Auffassung soll das jedoch nur im Falle der tatsächlichen Erledigung des Vergabeverfahrens gelten; die formale Antragslage solle nicht entscheidend sein. Das ergebe sich schon daraus, dass auch nach der Umstellung auf einen Fortsetzungsfeststellungsantrag

---

[195] OLG Düsseldorf NZBau 2008, 727, 729; OLG Jena, Beschl. v. 19. 10. 2000, 6 Verg 3/00, Umdruck nach Veris, 2; *Weyand* RdNr. 2328/1 und 2360.

[196] OLG Düsseldorf, Beschl. v. 8. 3. 2005, VII Verg 40/04; VK Sachsen, Beschl. v. 17. 1. 2007, 1/SVK/002–05; VK Brandenburg, Beschl. v. 30. 8. 2004, VK 34/04; mwN *Byok/Jaeger/Jaeger* § 123 RdNr. 1237.

[197] VK Sachsen, Beschl. v. 17. 1. 2007, 1/SVK/002–05.

[198] OLG Düsseldorf NZBau 2001, 106, 107.

[199] MwN OLG Frankfurt NZBau 2004, 174, 174.

[200] OLG Frankfurt NZBau 2004, 174, 174.

[201] VK Bund, Beschl. v. 21. 5. 2008, VK 2–40/08.

[202] Vgl. OLG Koblenz ZfBR 2009, 292, 294; BayObLG, Beschl. v. 1. 7. 2003, Verg 3/03; *Weyand* RdNr. 2326.

[203] OLG Frankfurt, Beschl. v. 2. 11. 2004, 11 Verg 16/04, Umdruck nach Veris, 5.

[204] BayObLG, Beschl. v. 8. 12. 2004, Verg 19/04; VK Nordbayern, Beschl. v. 27. 6. 2008, 21.VK-3194–10/08; *Weyand* RdNr. 2328.

[205] OLG Naumburg ZfBR 2002, 200, 200; *Weyand* RdNr. 2362.

[206] *Byok/Jaeger/Byok* RdNr. 1080.

das Zuschlagsverbot des § 115 gelte.[207] Nach anderer Auffassung sei allein die formale Antragslage maßgeblich.[208] Bestehen zwischen den Beteiligten Zweifel oder Streit in Bezug auf den Eintritt der Erledigung, muss die Vergabekammer jedoch in der Frist des § 113 Abs. 1 entscheiden,[209] damit nicht die Fiktion der Antragsablehnung gem. § 116 Abs. 2 ausgelöst wird.

Im Rahmen der nach § 91a ZPO zu treffenden Kostenentscheidung entspricht es nicht der **41** Billigkeit, einen Antragsteller allein wegen des Unterliegens im Fortsetzungsfeststellungsverfahren mit den gesamten im Nachprüfungsverfahren entstandenen Verfahrenskosten zu belasten.[210] In aller Regel wird ein Fortsetzungsfeststellungsantrag bei einem ursprünglich begründeten Nachprüfungsantrag Erfolg und bei einem ursprünglich unbegründeten Nachprüfungsantrag keinen Erfolg haben, so dass die nach Antragsänderung zu treffende Kostenentscheidung dem voraussichtlichen Ausgang des Nachprüfungsverfahrens entspricht.[211] In den verbleibenden Fällen, in denen bei ursprünglich begründetem Nachprüfungsantrag der Fortsetzungsfeststellungsantrag mangels Feststellungsinteresse abgewiesen wird, muss bei der Feststellung der Gesamtkosten auch berücksichtigt werden, welche Partei unterlegen wäre, wenn sich die Hauptsache nicht erledigt hätte.[212] Die bereits im Nachprüfungsverfahren veranlassten Kosten sind von den auf den Fortsetzungsfeststellungsantrag entfallenden Kosten zu trennen und entsprechend der Regelung des § 91a ZPO von demjenigen zu tragen, der voraussichtlich im Ausgangsverfahren unterlegen wäre.[213] Dafür spricht, dass die im Ausgangsverfahren entstandenen Kosten außer Verhältnis zu den im anschließenden Feststellungsverfahren veranlassten Kosten stehen können und das Kostenrisiko eines Nachprüfungsverfahrens in der Regel höher sein wird als im Erledigungsstreit.[214]

V. Entscheidung durch Verwaltungsakt und Vollstreckung

1. Formelle Anforderungen an die Entscheidung und Durchsetzung. Die Entschei- **42** dung der Vergabekammer ergeht nach Abs. 3 S. 1 durch **Verwaltungsakt** iSv. § 35 S. 1 VwVfG.[215] Das gilt auch für Fortsetzungsfeststellungsentscheidungen, Verfahrenseinstellungen und Kostenfestsetzungsbeschlüsse.[216] Vergabekammern sind keine Gerichte im verfassungsrechtlichen Sinn und dürfen deshalb nicht durch Urteil entscheiden. Sie üben ihre Tätigkeit nach § 105 Abs. 1 im Rahmen der Gesetze unabhängig und in eigener Verantwortung aus und unterliegen keinen Weisungen. Auch die verfahrensabschließenden Entscheidungen der Vergabekammer sind als Verwaltungsakte grundsätzlich auch noch nach Eintritt ihrer Unanfechtbarkeit (Bestandskraft) durch die Vergabekammer abänderbar.[217] Die Voraussetzungen dafür ergeben sich aus dem allgemeinen Verwaltungsverfahrensrecht, das heißt, aus dem Bundes- bzw. jeweiligen Landesverwaltungsverfahrensgesetzen, wenn nicht in den Vorschriften der §§ 107 ff. etwas anderes geregelt ist. Zu beachten ist insbesondere, ob sich die Entscheidungsfrist des § 113 Abs. 1 S. 1 einhalten lässt und die Fiktion des § 116 Abs. 2 Hs. 2 eingetreten ist, das heißt, die Änderung mit dem Beschleunigungszweck dieser Vorschrift vereinbar ist.[218] Unter diesen Voraussetzungen ist jedenfalls die Kostenentscheidung abänderbar, der nicht der Ablauf der Entscheidungsfrist des § 113 Abs. 1 S. 1 entgegensteht.[219] Auch der Widerruf einer Entscheidung der Vergabekammer richtet sich nach dem VwVfG.[220] Gleiches gilt für Nichtigkeitsgründe, die Beachtlichkeit von Verfahrens- oder Formfehlern bzw. deren Heilung.

Die Entscheidungen der Vergabekammer müssen eindeutig, klar und ggf. vollstreckbar teno- **43** riert sein. Sie müssen **schriftlich** ergehen, **begründet** (§ 113 Abs. 1 S. 1), mit einer **Rechtsmittelbelehrung** versehen und den Beteiligten nach den Vorschriften des VwZG **zugestellt**

---

[207] *Reidt/Stickler/Glahs/Reidt* RdNr. 59.
[208] OLG Naumburg ZVgR 2001, 69, 70; *Niebuhr/Kulartz/Kus/Portz/Kus* § 113 RdNr. 9.
[209] *Byok/Jaeger/Byok* RdNr. 1080.
[210] OLG Frankfurt NZBau 2004, 174, 174.
[211] OLG Frankfurt NZBau 2004, 174, 174.
[212] OLG Frankfurt NZBau 2004, 174, 174.
[213] OLG Frankfurt NZBau 2004, 174, 174; so auch *Kopp/Schenke* § 161 VwGO RdNr. 31, mit Nachw. zur Gegenansicht; KG NJW 1965, 698, 699.
[214] OLG Frankfurt NZBau 2004, 174, 174.
[215] VwVfG Bund bzw. entsprechende verwaltungsverfahrensrechtliche Vorschriften der Länder.
[216] *Reidt/Stickler/Glahs/Reidt* RdNr. 62.
[217] OLG Schleswig-Holstein ZfBR 2004, 726, 726, LS 1.
[218] BayObLG Beschl. v. 29. 3. 2001, Verg 2/01.
[219] BayObLG Beschl. v. 29. 3. 2001, Verg 2/01.
[220] VK Sachsen, Beschl. v. 14. 3. 2002, 1/SVK/119–01 w; *Weyand* RdNr. 2368.

werden. Handelt es sich um Unternehmen, die ihren Sitz außerhalb des Geltungsbereichs des GWB haben, ist an den vorher benannten Zustellungsbevollmächtigten im Inland zuzustellen. Da gem. § 108 Abs. 1 S. 3 lediglich der ausländische Antragsteller einen inländischen Zustellungsbevollmächtigten benennen muss, kommt insbesondere bei beigeladenen Unternehmen im Ausland auch die Bekanntmachung im Bundesanzeiger gem. § 61 Abs. 1 S. 4 in Frage.[221] Gemäß § 114 Abs. 3 S. 3, § 61 Abs. 1 S. 1 gelten für die Zustellung des Beschlusses der Vergabekammer die Bestimmungen des VwZG Bund. Nach § 2 Abs. 1 VwZG ist Zustellung die Bekanntgabe eines schriftlichen oder elektronischen Dokuments in der in diesem Gesetz bestimmten Form, zB durch Einlegung in den Briefkasten (vgl. § 5 Abs. 2 Nr. 3 VwZG). Sie ist eine hoheitliche Rechtshandlung, nicht eine bloße tatsächliche Handlung und setzt daher den Zustellungswillen der veranlassenden Behörde voraus. Wird vorab nur ein Entwurf übermittelt, ist das keine Zustellung.[222] Die Übersendung der Entscheidung per Telefax gilt nur dann als wirksame Zustellung der Entscheidung, wenn zugleich diesem ein Empfangsbekenntnis beigefügt ist.[223] Die **Begründung** der Entscheidung der Vergabekammer muss die wesentlichen tatsächlichen und rechtlichen Gesichtspunkte erkennen lassen, die die Vergabekammer zu ihrer Entscheidung bewogen haben.[224] Nach Abs. 3 S. 3 gilt der für die Verfügungen der Kartellbehörden geltende § 61 entsprechend. Der Begründungspflicht des § 61 Abs. 1 S. 1 kommt jedoch keine eigenständige Bedeutung zu, weil sich diese bereits aus dem für das Vergabeverfahren spezielleren § 113 Abs. 1 S. 1 ergibt. Soweit die genannten Bestimmungen keine abschließenden Regelungen enthalten, gelten die spezialgesetzlichen Regelungen des Bundes und der Länder sowie deren allgemeine VwVfG ergänzend. Diese sind anwendbar, weil es sich bei den Vergabekammern um Behörden iSv. § 1 Abs. 4 VwVfG handelt.[225] Für eine fehlerhafte Begründung gilt § 46 VwVfG. Danach kann der darin liegende Verfahrensfehler nicht isoliert beanstandet werden. Auch eine entsprechende Anwendung der ZPO und des GVG kommt in Betracht.[226] Voraussetzung dafür ist jedoch, dass eine Analogie nach den allgemeinen Grundsätzen zulässig ist, also eine „planwidrige" Regelungslücke vorliegt, die herangezogene Norm analogiefähig ist und eine vergleichbare Interessenlage regelt. Zu beachten sind für die Tätigkeit der Vergabekammern ferner die subsidiären Bestimmungen der Geschäftsordnungen der Vergabekammern.

44   Die Vergabekammer muss ihrer Entscheidung gemäß § 114 Abs. 3 S. 3, § 61 eine **Rechtsmittelbelehrung** beifügen. Sie muss darin darauf hinweisen, dass gegen ihre Entscheidung die sofortige Beschwerde zum zuständigen Oberlandesgericht möglich und welche Frist einzuhalten ist. Auch gegen die Feststellungsentscheidung der Vergabekammer nach Abs. 2 S. 2 ist Rechtsmittel die sofortige **Beschwerde** gem. § 116 Abs. 1. Die Fortsetzungsfeststellungsentscheidung ist eine Entscheidung iSv. § 114 Abs. 3 S. 1 und § 116 Abs. 1. Vorschriften, die sich auf die Beschleunigung des Verfahrens im Sinne von § 113 beziehen, insbesondere § 116 Abs. 2, §§ 118, 121, sind nicht anzuwenden.[227] Für die Rechtsmittelbelehrung kann § 58 VwGO entsprechend herangezogen werden.[228]

45   Der Beschluss der Vergabekammer wird durch die **Rücknahme des Nachprüfungsantrags** in der Beschwerdeinstanz wirkungslos.[229] Die allgemeinen Bestimmungen des VwVfG und dessen Rechtsgrundsätze über die Behandlung von Verwaltungsakten finden auch auf die Rücknahme von Nachprüfungsanträgen Anwendung. Danach können Anträge auf Erlass eines Verwaltungsaktes, soweit nichts anderes geregelt ist, noch bis zum Abschluss des Verfahrens zurückgenommen werden. Abgeschlossen ist das Verfahren mit dem **Eintritt der Unanfechtbarkeit der Entscheidung.** Die Rücknahme ist selbst dann bis zum Eintritt der Unanfechtbarkeit möglich, wenn in der Zwischenzeit gegen den ergangenen Verwaltungsakt Rechtsbehelfe eingelegt worden sind. Ist ein Verwaltungsakt ergangen, jedoch noch nicht bestandskräftig geworden, wird dieser jedenfalls in den reinen Antragsverfahren durch Antragsrücknahme wirkungslos. Entsprechendes gilt für den Beschluss der Vergabekammer, der (als Verwaltungsakt) seine Grundlage in dem Nachprüfungsantrag des Antragstellers hat.[230]

---

[221] Dazu *Fett* NZBau 2005, 141, 142.
[222] BayObLG, Beschl. v. 10. 10. 2000, Verg 5/00.
[223] OLG Bremen, Beschl. v. 18. 8. 2003, Verg 7/2003, Umdruck nach Veris, 2; *Weyand* RdNr. 2388.
[224] *Reidt/Stickler/Glahs/Reidt* RdNr. 65.
[225] *Reidt/Stickler/Glahs/Reidt* RdNr. 61 b.
[226] *Reidt/Stickler/Glahs/Reidt* RdNr. 61 c.
[227] *Reidt/Stickler/Glahs/Reidt* RdNr. 60.
[228] *Reidt/Stickler/Glahs/Reidt* RdNr. 67.
[229] *Weyand* RdNr. 2371.
[230] OLG Düsseldorf, Beschl. v. 9. 12. 2002, Verg 35/02, Umdruck nach Veris, 2.

Die Vergabekammer entscheidet gemäß § 128 auch über die Kosten (Gebühren und Ausla- **46** gen) des Verfahrens. Nach § 128 Abs. 1 S. 2 findet das Verwaltungskostengesetz Anwendung. Nach dessen § 14 soll die Kostenentscheidung möglichst zusammen mit der Sachentscheidung ergehen. Die **Kostenentscheidung** kann demnach sowohl in der Nachprüfungsentscheidung enthalten sein als auch durch einen gesonderten Beschluss ergehen.[231]

Die Entscheidungen der Vergabekammer müssen **unterschrieben** sein.[232] Die Unterschrift **47** ist insbesondere erforderlich, damit klar ist, dass es sich um die endgültige Entscheidung der Vergabekammer und nicht lediglich um einen Entwurf handelt. Grundsätzlich bestimmen die Geschäftsordnungen der einzelnen Vergabekammern, welche der drei Mitglieder der Vergabekammer, Vorsitzender, hauptamtlicher und ehrenamtlicher Beisitzer, § 105 Abs. 2 S. 1, die Entscheidung unterzeichnen müssen.[233] Eine Unterschrift durch sämtliche Mitglieder der Vergabekammer, die an der Entscheidung mitgewirkt haben, ist nicht erforderlich.[234] Sofern nicht landesrechtlich etwas anderes bestimmt ist, bedarf es zur Wirksamkeit der Entscheidung einer Vergabekammer insbesondere nicht der Unterschrift eines **ehrenamtlichen Beisitzers**.[235] Zwingend erforderlich ist dagegen die Unterschrift des **Vorsitzenden** der Vergabekammer.[236] Das ergibt sich aus dem vorbehaltlich abweichender landesrechtlicher Regelungen anwendbaren § 37 Abs. 3 VwVfG. Danach muss ein schriftlicher Verwaltungsakt die Unterschrift oder die Namenswiedergabe des Behördenleiters oder seines Vertreters bzw. Beauftragten enthalten. Bei einer Kollegialentscheidung ist grundsätzlich die Unterschrift des Vorsitzenden des Kollegiums erforderlich.[237]

2. Vollstreckung der Entscheidung. Die Vergabekammer kann im Rahmen eines **48** Nachprüfungsverfahrens die Durchführung eines Vollstreckungsverfahrens anordnen und nötigenfalls auch mit dem Einsatz von **Zwangsmitteln** die Durchsetzung bestandskräftiger Entscheidungen betreiben.[238] Das gilt insbesondere auch in Bezug auf Hoheitsträger. Verwaltungsakte können auf Grund ihrer Titelfunktion von der Verwaltung selbst vollstreckt werden.[239] Die Anforderung der Vollstreckbarkeit der Entscheidungen der Vergabekammer beruht auf der nach Art. 2 Abs. 7 der Rechtsmittelrichtlinie 89/665/EWG[240] notwendigen Durchsetzbarkeit von Entscheidungen.[241] Die Vollstreckung der Entscheidung von Vergabekammer und Vergabesenat ist Teil des Nachprüfungsverfahrens. Die Vollstreckung der Entscheidung dient anders als die gewöhnlicher Verwaltungsakte, die in erster Linie im öffentlichen Interesse vollstreckt werden,[242] dem Schutz der Interessen der Unternehmen am Erhalt des strittigen Auftrags.[243] Aus diesem Grund wie auch aus systematischen und praktischen Gründen leitet die Vergabekammer Vollstreckungsmaßnahmen nicht von Amts wegen ein, sondern nur auf Antrag.[244] Das bedeutet, dass für den Fall, dass die Vergabestelle den Beschluss der Vergabekammer nicht befolgt, das Unternehmen, zugunsten dessen die Vergabekammer entschieden hatte, Vollstreckungsmaßnahmen beantragen kann und muss.[245] Der Umstand, dass die Entscheidung der Vergabekammer durch Verwaltungsakt und nicht durch Urteil ergeht und das Nachprüfungsverfahren auch darüber hinaus große Ähnlichkeit mit dem verwaltungsgerichtlichen Verfahren aufweist, steht dem nicht entgegen.[246] Der Vergabekammer ist es kaum möglich, nach Ab-

---

[231] Siehe dazu § 128 RdNr. 2.

[232] Vgl. BGH NZBau 2001, 517, 518; OLG Düsseldorf VergabeR 2002, 89, 90; Thüringer OLG NZBau 2001, 281, 282.

[233] *Fett* NZBau 2005, 141, 141.

[234] BGH NZBau 2001, 517, 518; *Reidt/Stickler/Glahs/Reidt* RdNr. 70.

[235] BGH NZBau 2001, 517, 518; *Weyand* RdNr. 2386; *Reidt/Stickler/Glahs/Reidt* RdNr. 70.

[236] BayObLG, Beschl. v. 6. 2. 2004, Verg 24/03; *Weyand* RdNr. 2385.

[237] *Reidt/Stickler/Glahs/Reidt* RdNr. 70 a.

[238] VK Thüringen, Beschl. v. 19. 7. 2004, 360–4003.20–003/03-ABG-V.

[239] Amtl. Begr. BT-Drucks. 13/9340, 19.

[240] Zuletzt geändert durch RL 2007/66, ABl. 2007 L 335/31.

[241] Vgl. amtl. Begr. BT-Drucks. 13/9340, 19.

[242] VK Sachsen-Anhalt, Beschl. v. 3. 2. 2003, 33–32571/07 VK 05/02 MD, Umdruck nach Veris, 6.

[243] KG VergabeR 2002, 100; VK Sachsen-Anhalt, Beschl. v. 3. 2. 2003, 33–32571/07 VK 05/02 MD, Umdruck nach Veris, 6.

[244] Ausführlich zu dieser Problematik VK Sachsen-Anhalt, Beschl. v. 3. 2. 2003, 33–32571/07 VK 05/02 MD, Umdruck nach Veris, 5.

[245] Strittig ist, nach welchen Vorschriften das zulässig ist: KG VergabeR 2002, 100, 101; OLG Düsseldorf NZBau 2001, 582, 582; VK Sachsen-Anhalt, Beschl. v. 3. 2. 2003, 33–32571/07 VK 05/02 MD, Umdruck nach Veris, 5.

[246] VK Sachsen-Anhalt, Beschl. v. 3. 2. 2003, 33–32571/07 VK 05/02 MD, Umdruck nach Veris, 5.

schluss des Nachprüfungsverfahrens den weiteren Verlauf des Vergabeverfahrens daraufhin zu überwachen, ob ihre Entscheidung umgesetzt wird.[247] Das gilt selbst vor dem Hintergrund, dass Abs. 3 S. 2 auf die Verwaltungsvollstreckungsgesetze der Länder verweist, wonach eine Vollstreckung antragsunabhängig erfolgt, und das Antragserfordernis in Abs. 3 S. 2 keinen Ausdruck gefunden hat.[248]

49 Auch im Rahmen der Vollstreckung gilt der Grundsatz der Gewährleistung des effektiven Rechtsschutzes der Bieter und das vergaberechtliche Umgehungsverbot[249]. Darüber hinaus gilt auch der Grundsatz von Treu und Glauben.[250] Vollstreckt wird nach Abs. 3 S. 2 ausdrücklich auch gegen Vergabestellen, die Hoheitsträger sind.[251] Grundlage der Vollstreckung ist die Entscheidung der Vergabekammer bzw. im Rahmen der sofortigen Beschwerde die Entscheidung des Vergabesenats.[252] Sofern landesrechtlich nichts anderes bestimmt ist, sind die Vergabekammern auch für die Vollstreckung der Entscheidungen der Oberlandesgerichte zuständig.[253] Denn Vollzugsbehörde ist nach den Verwaltungsvollstreckungsgesetzen grundsätzlich die Behörde, die den Grundverwaltungsakt erlassen hat.

50 Die Vollstreckung der Entscheidung der Vergabekammer richtet sich gemäß Abs. 3 S. 2 nach den Verwaltungsvollstreckungsgesetzen des Bundes und der Länder. Bei der Entscheidung der Vergabekammer handelt es sich grundsätzlich um einen vollstreckbaren Verwaltungsakt iSv. § 6 VwVG. Bloß feststellende Entscheidungen sind nicht vollstreckbar. Die Vollstreckung scheidet auch dann aus, wenn die Vergabestelle die Entscheidung der Vergabekammer nicht befolgt, weil sie gänzlich von der Vergabe des Auftrags absieht.[254] **Vollstreckungsmittel** sind für die Erzwingung von Handlungen, Duldungen oder Unterlassungen die Zwangsmittel der Verwaltungsvollstreckungsgesetze des Bundes und der Länder. Deren Katalog ist abschließend. Zwangsmittel sind danach die Ersatzvornahme, das Zwangsgeld und der unmittelbare Zwang, § 9 VwVG.[255] Der Katalog möglicher Zwangsmittel umfasst weder Untersagungsgebote noch Feststellungsmaßnahmen.[256] Diese können lediglich Teil der Entscheidung der Vergabekammer sein, zu deren Durchsetzung die Verwaltungsvollstreckung dient. Ebenso wenig kommt beispielsweise die öffentliche Unterrichtung von Bietern als Zwangsmittel zur Durchsetzung der Entscheidung der Vergabenachprüfungsinstanzen in Betracht.[257] Bei den Zwangsmitteln handelt es sich um Beugemittel zur Erzwingung einer Handlung, Duldung oder Unterlassung, nicht jedoch um Strafenmittel.[258] Die Festsetzung der Zwangsmittel erfolgt, wenn der Vollstreckungsschuldner seinen Verpflichtungen aus dem zu vollstreckenden Verwaltungsakt nicht nachgekommen ist oder den Anordnungen aus dem Verwaltungsakt zuwiderhandelt. Das Zwangsmittel kann solange wiederholt und gewechselt werden, bis der Verwaltungsakt befolgt ist oder sich auf andere Weise erledigt hat.[259] Der Verpflichtete kann deshalb durch Befolgung des Verwaltungsaktes jederzeit selbst die Einstellung des Vollzugs bewirken. Hat die Vergabestelle im Zeitpunkt der Entscheidung über die Festsetzung des Zwangsgelds dem zu vollstreckenden Gebot bereits Folge geleistet, darf das Zwangsgeld nicht mehr verhängt werden.[260] Das Zwangsgeld ist häufig das einzige gegen öffentliche Auftraggeber in Betracht kommende Zwangsmittel.[261]

51 Nach § 6 Abs. 1 VwVG darf ua. aus rechtskräftigen Verwaltungsakten vollstreckt werden. Durchzuführen ist das sog. gestreckte Verfahren. Zwangsmittel sind gem. § 13 Abs. 1 VwVG zunächst anzudrohen. Etwas anderes gilt, wenn die besonderen Voraussetzungen des § 6 Abs. 2

---

[247] VK Sachsen-Anhalt, Beschl. v. 3. 2. 2003, 33–32571/07 VK 05/02 MD, Umdruck nach Veris, 6.
[248] VK Sachsen-Anhalt, Beschl. v. 3. 2. 2003, 33–32571/07 VK 05/02 MD, Umdruck nach Veris, 5.
[249] *Byok/Jaeger/Byok* RdNr. 1092.
[250] VK Sachsen-Anhalt, Beschl. v. 3. 2. 2003, 33–32571/07 VK 05/02 MD, Umdruck nach Veris, 5.
[251] VK Sachsen-Anhalt, Beschl. v. 3. 2. 2003, 33–32571/07 VK 05/02 MD, Umdruck nach Veris, 5; *Reidt/Stickler/Glahs/Reidt* RdNr. 71; kritisch *Immenga/Mestmäcker/Dreher* RdNr. 61.
[252] VK Münster, Beschl. v. 15. 1. 2003, VK 1/01–8/01 Vs, Umdruck nach Veris, 4; OLG Düsseldorf, VergabeR 2001, 62; OLG Düsseldorf, Beschl. v. 9. 10. 2002, Verg 44/01, Umdruck nach Veris, 2.
[253] OLG Düsseldorf, Beschl. v. 28. 1. 2002, Verg 23/01; KG VergabeR 2002, 100, 101; OLG Düsseldorf NZBau 2001, 582, 582; mwN *Reidt/Stickler/Glahs/Reidt* RdNr. 72 a; bspw. § 56 Abs. 1 VwVG NW.
[254] *Reidt/Stickler/Glahs/Reidt* RdNr. 75.
[255] Ausführlicher dazu *Engelhardt/App* § 9 oder *Sadler* § 9.
[256] VK Sachsen-Anhalt, Beschl. v. 3. 2. 2003, 33–32571/07 VK 05/02 MD, Umdruck nach Veris, 5.
[257] OLG Düsseldorf, Beschl. v. 29. 4. 2003, Verg 53/02, Umdruck nach Veris, LS 3.
[258] VK Münster, Beschl. v. 15. 1. 2003, VK 1/01–8/01 Vs, Umdruck nach Veris, 5.
[259] Bspw. § 57 Abs. 3 VwVG NW.
[260] OLG Düsseldorf, Beschl. v. 29. 4. 2003, Verg 53/02, Umdruck nach Veris, LS 3.
[261] Bspw. VK Münster, Beschl. v. 15. 1. 2003, VK 1/01–8/01 Vs, Umdruck nach Veris, 4; *Byok/Jaeger/Byok* RdNr. 1093.

VwVG vorliegen. Gegen die Androhung oder Festsetzung eines Zwangsmittels kann die Vergabestelle sofortige Beschwerde erheben.[262] Vollstreckt die Vergabekammer nicht von sich aus,
kann der Vollstreckungsgläubiger bei dieser die Einleitung von **Vollstreckungsmaßnahmen
beantragen.**[263] Das gilt auch hinsichtlich der Beschlüsse der Oberlandesgerichte. In Hinblick
auf die Rechtsgrundlage dieses Antrags besteht Streit. Obwohl § 18 VwVG nur Rechtsmittel
gegen die Androhung oder Festsetzung von Zwangsmitteln vorsieht, wird diese Regelung auf
Grund der Verweisung in Abs. 3 S. 2 analog für den Antrag auf Einleitung von Vollstreckungsmaßnahmen herangezogen; die materielle Prüfung erfolgt nach vollstreckungsrechtlichen Bestimmungen des VwVG.[264] Teilweise werden die §§ 107 ff. herangezogen.[265] Der betroffene
Bieter darf keinen neuen Nachprüfungsantrag gegen das von dem ursprünglichen Verfahren
erfasste Verhalten der Vergabestelle einlegen. Wird trotzdem ein Antrag gestellt, kann dieser
unter Umständen so ausgelegt werden, dass der Antragsteller mit diesem die Vollstreckung der
ursprünglichen Entscheidung begehrt.[266]

Auf Vollstreckungsanträge findet weder die Entscheidungsfrist des § 113 Abs. 1 S. 1 noch die **52**
Ablehnung kraft gesetzlicher Anordnung nach § 116 Abs. 2 Hs. 2 Anwendung.[267] Deren Geltung ist auf das Nachprüfungsverfahren im Sinne der §§ 102 ff. beschränkt. Diese Bestimmungen dienen allein der Beschleunigung des Nachprüfungsverfahrens. Es ist nicht zu rechtfertigen,
diese Vorschriften, die besondere Regelungen nur für das Nachprüfungsverfahren treffen, auch
in anderen Verfahren, die – wie das Vollstreckungsverfahren – aus einem Nachprüfungsverfahren lediglich hervorgehen, anzuwenden.

Abs. 3 S. 3 erklärt § 61 und 86 a S. 2 hinsichtlich der Vollstreckung von Entscheidungen der **53**
Vergabekammer für entsprechend anwendbar. Aus der Anwendbarkeit von § 61 ergibt sich, dass
Verfügungen der Vergabekammer gem. § 61 Abs. 1 S. 1 zu begründen und den Beteiligten
nach den Vorschriften des Verwaltungszustellungsgesetzes mit einer Belehrung über das zulässige Rechtsmittel zuzustellen sind. Da auf der Grundlage von Abs. 3 S. 3 § 86 a S. 2 entsprechend
anwendbar ist, beträgt die Höhe des Zwangsgeldes mindestens 1000 Euro und höchstens
10 Mio. Euro. Die effektive Durchsetzung von Anordnungen der Vergabekammern setzt voraus, dass geeignete Zwangsmittel zur Verfügung stehen. Der Gesetzgeber hat den Verweis auf
§ 86 a S. 2 eingefügt, weil die Rechtspraxis der Vergabekammern gezeigt hat, dass vereinzelt
öffentliche Auftraggeber die Anordnungen der Vergabekammern ignoriert haben.[268] Der Gesetzgeber hatte bereits im Rahmen der 7. GWB-Novelle durch Einfügung des § 86 a für kartellbehördliche Verfügungen entschieden, Zwangsgelder in einer Spanne von 1000 bis 10 Mio.
Euro zuzulassen.

§ 115 Aussetzung des Vergabeverfahrens

**(1) Informiert die Vergabekammer den öffentlichen Auftraggeber in Textform
über den Antrag auf Nachprüfung, darf dieser vor einer Entscheidung der Vergabekammer und dem Ablauf der Beschwerdefrist nach § 117 Abs. 1 den Zuschlag nicht
erteilen.**

**(2) ¹Die Vergabekammer kann dem Auftraggeber auf seinen Antrag oder auf An-
trag des Unternehmens, das nach § 101 a vom Auftraggeber als das Unternehmen
benannt ist, das den Zuschlag erhalten soll, gestatten, den Zuschlag nach Ablauf von
zwei Wochen seit Bekanntgabe dieser Entscheidung zu erteilen, wenn unter Berücksichtigung aller möglicherweise geschädigten Interessen sowie des Interesses der Allgemeinheit an einem raschen Abschluss des Vergabeverfahrens die nachteiligen Folgen einer Verzögerung der Vergabe bis zum Abschluss der Nachprüfung die damit
verbundenen Vorteile überwiegen. ²Bei der Abwägung ist das Interesse der Allgemeinheit an einer wirtschaftlichen Erfüllung der Aufgaben des Auftraggebers zu berücksichtigen. ³Die Vergabekammer berücksichtigt dabei auch die allgemeinen Aussichten des Antragstellers im Vergabeverfahren, den Auftrag zu erhalten. ⁴Die**

[262] *Reidt/Stickler/Glahs/Reidt* RdNr. 73.
[263] *Reidt/Stickler/Glahs/Reidt* RdNr. 73 b.
[264] Vgl. KG VergabeR 2002, 100, 101; *Reidt/Stickler/Glahs/Reidt* RdNr. 73.
[265] In diese Richtung wohl OLG Düsseldorf NZBau 2001, 582, 582.
[266] OLG Düsseldorf NZBau 2001, 582, 582.
[267] OLG Düsseldorf, Beschl. v. 9. 10. 2002, VII-Verg 44/01, Umdruck nach Veris, 2.
[268] *Brauer* NZBau 2009, 297, 299.

Erfolgsaussichten des Nachprüfungsantrags müssen nicht in jedem Falle Gegenstand der Abwägung sein. [5]Das Beschwerdegericht kann auf Antrag das Verbot des Zuschlags nach Absatz 1 wiederherstellen; § 114 Abs. 2 Satz 1 bleibt unberührt. [6]Wenn die Vergabekammer den Zuschlag nicht gestattet, kann das Beschwerdegericht auf Antrag des Auftraggebers unter den Voraussetzungen der Sätze 1 bis 4 den sofortigen Zuschlag gestatten. [7]Für das Verfahren vor dem Beschwerdegericht gilt § 121 Abs. 2 Satz. 1 und 2 und Absatz 3 entsprechend. [8]Eine sofortige Beschwerde nach § 116 Abs. 1 ist gegen Entscheidungen der Vergabekammer nach diesem Absatz nicht zulässig.

(3) [1]Sind Rechte des Antragstellers aus § 97 Abs. 7 im Vergabeverfahren auf andere Weise als durch den drohenden Zuschlag gefährdet, kann die Kammer auf besonderen Antrag mit weiteren vorläufigen Maßnahmen in das Vergabeverfahren eingreifen. [2]Sie legt dabei den Beurteilungsmaßstab des Absatzes 2 Satz 1 zugrunde. [3]Diese Entscheidung ist nicht selbständig anfechtbar. [4]Die Vergabekammer kann die von ihr getroffenen weiteren vorläufigen Maßnahmen nach den Verwaltungsvollstreckungsgesetzen des Bundes und der Länder durchsetzen; die Maßnahmen sind sofort vollziehbar. [5]§ 86a Satz 2 gilt entsprechend.

(4) [1]Macht der Auftraggeber das Vorliegen der Voraussetzungen nach § 100 Abs. 2 Buchstabe d geltend, entfällt das Verbot des Zuschlages nach Absatz 1 zwei Kalendertage nach Zustellung eines entsprechenden Schriftsatzes an den Antragsteller; die Zustellung ist durch die Vergabekammer unverzüglich nach Eingang des Schriftsatzes vorzunehmen. [2]Auf Antrag kann das Beschwerdegericht das Verbot des Zuschlages wiederherstellen. [3]§ 121 Abs. 1 Satz 1, Abs. 2 Satz 1 sowie Abs. 3 und 4 finden entsprechende Anwendung.

Schrifttum: *Brauer,* Das Verfahren vor der Vergabekammer, NZBau 2009, 297; *Erdl,* Der neue Vergaberechtsschutz – Das deutsche Recht im europäischen Kontext, 1999; *Erdmann,* Die Interessenabwägung im vergaberechtlichen Eilrechtsschutz gemäß §§ 115 Abs. 2 S. 1, 118 Abs. 2 und 212 Abs. 1 S. 2 GWB, VergabeR 2008, 908; *Gröning,* Das Beschwerdeverfahren im neuen Vergaberecht, ZIP 1999, 184; *ders.,* Die Grundlagen des neuen Vergaberechtsschutzes, ZIP 1999, 52; *Kramer,* Konjunkturpakete und Vergaberecht, IR 2009, 58; *Kühnen,* Das Verfahren vor dem Vergabesenat, NZBau 2009, 357; *Leinemann,* Die Vergabe öffentlicher Aufträge, 4. Aufl. 2007; *ders.,* Anm. zu OLG Düsseldorf, Beschl. v. 29. 12. 2000, Verg 31/00, VergabeR 2001, 64; *Opitz,* Das Eilverfahren, NZBau 2005, 213; *Stapenhorst,* Anm. zu KG, Beschl. v. 24. 10. 2001, Kart Verg 10/01, VergabeR 2002, 103; *Weyand,* ibr-online-Kommentar Vergaberecht, Stand 22. 6. 2009.

Übersicht

I. Regelungsgehalt und Überblick

1 § 115 ist zusammen mit den § 118 Abs. 1 S. 3 und § 121 Abs. 1 **Teil des vergaberechtlichen Eilrechtsschutzes.** Die Vorschrift enthält Regelungen, die **effektiven Rechtsschutz** für Bieter und Vergabestellen gleichermaßen sicherstellen.[1] Die Regelungen des § 115 sind größtenteils dadurch bedingt, dass einerseits ein wirksam geschlossener Vertrag weder durch die Vergabekammer (§ 114 Abs. 2 S. 1) noch durch den Vergabesenat (§ 123 S. 4) aufgehoben werden kann, es andererseits aber Konstellationen gibt, die es erforderlich machen, den Zuschlag vor Abschluss des Nachprüfungsverfahrens zu erteilen. Abs. 1 legt fest, dass die Vergabestelle den Zuschlag nicht mehr erteilen darf, sobald sie von der Vergabekammer in Textform über einen bei ihr eingegangenen Nachprüfungsantrag informiert worden ist. Das mit Erhalt der Mitteilung **von Gesetzes wegen eintretende Zuschlagsverbot** dauert grundsätzlich mindestens bis zum Ablauf der Beschwerdefrist nach § 117 Abs. 1. Es verhindert, dass die Vergabestelle

---

[1] Vgl. OLG Celle VergabeR 2001, 338, 339f.

während eines laufenden Nachprüfungsverfahrens zulasten eines primärrechtsschutzsuchenden Bieters durch die Erteilung des Zuschlags vollendete Tatsachen schaffen kann. Das Vergabeverfahren wird damit zugunsten der Klärung der behaupteten Rechtsverletzung unterbrochen. Abs. 2 ermöglicht Vergabestellen und Unternehmen, das Zuschlagsverbot unter bestimmten Voraussetzungen vor dem Abschluss des Nachprüfungsverfahrens aufheben zu lassen. Abs. 3 eröffnet Bietern die Möglichkeit, sich mit weiteren Anträgen an die Vergabekammer zu wenden, wenn ihre Rechte während eines Nachprüfungsverfahrens anders als durch den drohenden Zuschlag gefährdet sind. Dazu kann im Extremfall auch der Antrag gehören, den Auftraggeber zu verpflichten, das Verfahren vollkommen ruhen zu lassen.[2] Abs. 4 enthält besondere Bestimmungen für Anträge nach Abs. 2 für den Fall, dass es sich um einen Auftrag handelt, der die Voraussetzungen der Sicherheits- und Geheimhaltungsausnahme des § 100 Abs. 2 lit. d erfüllt.

II. Entstehungsgeschichte, systematischer Ort und Zweck der Norm

§ 115 ist durch das am 24. 4. 2009 in Kraft getretene Gesetz zur Modernisierung des Verga- **2** berechts **neu gefasst** worden.[3] Die Vorschrift unterscheidet sich in ihrer jetzt geltenden Fassung erheblich von § 115 aF.[4] Das gilt insbesondere in Bezug auf den bei einem Antrag nach Abs. 2 S. 1 zu berücksichtigenden **Abwägungsmaßstab** (S. 2 bis 4), die Bestimmung des Abs. 3 S. 4, dass vorläufige Maßnahmen iSv. Abs. 3 S. 1 nach den Verwaltungsvollstreckungsgesetzen des Bundes und der Länder durchgesetzt werden können und für den neu geschaffenen Abs. 4. Gleichwohl ist insgesamt ein Großteil der zu § 115 aF ergangenen Rechtsprechung auf § 115 nF übertragbar. § 115 aF ging im Wesentlichen auf § 125 des Regierungsentwurfs zurück.[5] Als **Vorbild für § 115** wie auch für die §§ 118 und 121 dienten dem Gesetzgeber die Instrumente des **zivilrechtlichen** (§§ 935 ff. ZPO) und des **verwaltungsrechtlichen vorläufigen Rechtsschutzes** (§§ 80, 80 a, 123 Abs. 1 VwGO).[6] Die dafür geltenden Grundsätze können deshalb entsprechend herangezogen werden.[7]

Abs. 1 steht systematisch im Zusammenhang mit § 97 Abs. 7, der Bietern subjektive Rechte **3** einräumt und damit Grundlage für die Möglichkeit ist, ihnen effektiven Primärrechtsschutz zu gewähren. Abs. 1 ist insbesondere durch § 114 Abs. 2 Satz 1 und § 123 S. 4 bedingt, wonach der Zuschlag nicht mehr aufgehoben werden kann. Ohne die Zuschlagssperre des Abs. 1 wäre die Erlangung von Primärrechtsschutz in der Praxis kaum möglich. Abs. 2 und Abs. 4 stehen im engen Regelungszusammenhang mit dem in § 113 verankerten Beschleunigungsgebot. Denn Abs. 2 ermöglicht unter bestimmten Umständen die Vorabgestattung des Zuschlags und damit den zügigen Abschluss des Vergabeverfahrens. Abs. 4 genügt dem Beschleunigungsgebot dadurch, dass das Verbot des Zuschlages zwei Kalendertage nach Zustellung eines entsprechenden Schriftsatzes an den Antragsteller entfällt, wenn die Voraussetzungen der Sicherheits- und Geheimhaltungsausnahme des § 100 Abs. 2 lit. d erfüllt sind. Darüber hinaus steht Abs. 1 im Regelungszusammenhang mit § 117 Abs. 1, der die Beschwerdefrist und damit die grundsätzliche Dauer des Zuschlagsverbots mitbestimmt.

III. Aussetzung des Vergabeverfahrens

1. Zuschlagsverbot (Abs. 1). Das Zuschlagsverbot nach Abs. 1 dient der effektiven **4** Durchsetzung des Primärrechtsschutzes, der sonst trotz laufenden Nachprüfungsverfahrens vom öffentlichen Auftraggeber durch Erteilung des Zuschlags unterlaufen werden könnte.[8] Das Zuschlagsverbot ist Ausdruck des Art. 1 und des Art. 2 Abs. 1 lit. a der Rechtsmittelrichtlinie 89/665/EWG,[9] wonach, wie auch auf der Grundlage von Art. 19 Abs. 4 GG, effektiver Rechtsschutz sicherzustellen ist. Das gesetzliche Zuschlagsverbot tritt gemäß Abs. 1 ein, sobald die Vergabestelle von der Vergabekammer eine **Mitteilung in Textform** erhält. Diese Mitteilung muss lediglich die Information enthalten, dass bei ihr ein Nachprüfungsantrag nach § 107 Abs. 1

---

[2] Amtl. Begr. BT-Drucks. 13/9340, 20.
[3] Siehe BGBl. 2009 I, 794.
[4] Zur Altfassung siehe BGBl. 2005, I S. 2144.
[5] BT-Drucks. 13/9340, 8.
[6] So auch *Boesen* RdNr. 55.
[7] AA *Byok/Jaeger/Byok* RdNr. 1105.
[8] BayObLG, Beschl. v. 13. 8. 2004, Verg 17/04; OLG Celle VergabeR 2001, 338, 339.
[9] RL 89/665 zur Koordinierung der Rechts- und Verwaltungsvorschriften für die Anwendung der Nachprüfungsverfahren im Rahmen der Vergabe öffentlicher Liefer- und Bauaufträge, ABl. 1989 L 395/33, geändert durch RL 2007/66, ABl. 2007 L 335/31.

eingegangen ist. Angaben dazu, wer den Nachprüfungsantrag gestellt hat und welche Verstöße gegen Vergaberecht der Vergabestelle vorgeworfen werden, muss die Mitteilung nicht enthalten. Auf die förmliche Zustellung des Nachprüfungsantrags an die Vergabestelle kommt es für den Eintritt des Zuschlagsverbots nicht mehr an. Der **Verzicht auf das Zustellungserfordernis** ermöglicht nach der Intention des Gesetzgebers zutreffend die **Vereinfachung des Nachprüfungsverfahrens.**[10] Die sich aus der Notwendigkeit einer förmlichen Zustellung des Nachprüfungsantrags an die Vergabestelle ergebenden Probleme entfallen und damit ein Streitpunkt, der die Nachprüfungsinstanzen in der Vergangenheit immer wieder zeitaufwändig beschäftigt hat. Nicht einmal die bloße Übermittlung des Nachprüfungsantrags ist notwendig, um das Zuschlagsverbot auszulösen. Allein die **Mitteilung des Umstandes, dass ein Nachprüfungsantrag eingegangen ist,** reicht aus. Dieser Sachverhalt ist in Textform mitzuteilen. Ist durch Gesetz Textform vorgeschrieben, so muss die Erklärung gemäß **§ 126 b BGB** in einer Urkunde oder auf andere zur dauerhaften Wiedergabe in Schriftzeichen geeignete Weise abgegeben, die Person des Erklärenden genannt und der Abschluss der Erklärung durch Nachbildung der Namensunterschrift oder anders erkennbar gemacht werden.[11]

5   Sinn und Zweck des gesetzlichen Zuschlagsverbots ist, dass es der Vergabestelle während eines laufenden Nachprüfungsverfahrens nicht möglich sein soll, vollendete Tatsachen zu schaffen.[12] Ein **wirksam erteilter Zuschlag** kann gem. § 114 Abs. 2 S. 1 nicht wieder aufgehoben werden, ist also **irreversibel.** Erteilt die Vergabestelle unter Verstoß gegen das Zuschlagsverbot den Zuschlag und schließt damit den Beschaffungsvertrag, so ist dieser jedoch auf Grund von § 134 BGB nichtig.[13] Gleichfalls darf die Vergabestelle den Vertrag auch nicht unter einer aufschiebenden Bedingung (§ 158 Abs. 1 BGB) schließen sowie insgesamt keinerlei Willenserklärung abgeben, die in Hinsicht auf einen Vertragsabschluss Bindungswirkungen auslösen könnten.[14] Zur Gewährleistung effektiven Primärrechtsschutzes ist ein Zuschlag gemäß § 115 Abs. 1 iVm. § 134 BGB auch dann nichtig, wenn die Übermittlung der Textmitteilung des Nachprüfungsantrags an den Auftraggeber durch eine unzuständige Vergabekammer erfolgt ist.[15]

6   Abs. 1 regelt nicht, welche Voraussetzungen erfüllt sein müssen, damit die Vergabekammer der Vergabestelle die Textmitteilung übermitteln darf bzw. muss. Auf der Grundlage des Wortlauts der Vorschrift des Abs. 1 ergibt sich in Zusammenschau mit § 110 Abs. 2 S. 3, dass die Vergabekammer vor der Übermittlung dieser Textmitteilung den Nachprüfungsantrag grundsätzlich **nicht** daraufhin **prüfen** muss, ob dieser **offensichtlich unzulässig oder unbegründet** ist. Das folgt zunächst daraus, dass **Abs. 1 nicht (mehr) im direkten Regelungszusammenhang mit § 110 Abs. 2 S. 3** (vormals § 110 Abs. 1 S. 1) steht. Nach § 115 Abs. 1 aF trat die Zuschlagssperre ein, nachdem die Vergabekammer der Vergabestelle den Nachprüfungsantrag zugestellt hatte. Vor der Zustellung musste die Vergabekammer den Nachprüfungsantrag gemäß § 110 Abs. 2 S. 1 aF daraufhin prüfen, ob dieser offensichtlich unzulässig oder unbegründet war. Nach beiden Vorschriften musste der Zustellung des Nachprüfungsantrags damit die Vorabprüfung des Nachprüfungsantrags vorausgehen. Diesem „Gleichlauf" der Vorschriften hat der Gesetzgeber auf der Grundlage des Wortlauts beider Vorschriften die Grundlage entzogen. So knüpft Abs. 1 den Eintritt des Zuschlagsverbots nunmehr an die Übermittlung einer bloßen Textmitteilung an die Vergabestelle, dass ein Nachprüfungsantrag eingegangen ist. Hingegen übermittelt die Vergabekammer nach § 110 Abs. 2 S. 2 dem Auftraggeber eine Kopie des Nachprüfungsantrags und fordert bei ihm die Vergabeakten an, sofern der Antrag nicht offensichtlich unzulässig oder unbegründet ist. Etwas anderes ergibt sich auch nicht aus den zugehörigen **Gesetzesmaterialien.** Der Entwurf der Bundesregierung ging in Bezug auf § 115 Abs. 1 und § 110 Abs. 2 S. 3 übereinstimmend davon aus, dass eine „Kopie des Antrags" zu übermitteln ist.[16] Die Übermittlung der Kopie des Nachprüfungsantrags durch die Vergabekammer hätte gemäß Abs. 1 des Entwurfes die Zuschlagssperre ausgelöst. Die Kopie des Nachprüfungsantrags hätte nach § 110 Abs. 2 S. 3 des Entwurfes jedoch nur dann übermittelt werden müssen, wenn die Vergabekammer den Nachprüfungsantrag nicht für offensichtlich unzulässig oder un-

---

[10] BR-Drucks. 349/08, 43.

[11] Zu den einzelnen Merkmalen siehe MünchKommBGB/*Einsele* § 126 b RdNr. 4–6.

[12] Amtl. Begr. BT-Drucks. 13/9340, 20; *Byok/Jaeger/Byok* RdNr. 1097.

[13] Amtl. Begr. BT-Drucks. 13/9340, 20; BayObLG, Beschl. v. 13. 8. 2004, Verg 17/04; *Byok/Jaeger/Byok* RdNr. 1097; *Gröning* ZIP 1999, 52, 56.

[14] Vgl. OLG Frankfurt NZBau 2004, 173, 173; *Byok/Jaeger/Byok* RdNr. 1097.

[15] So für die Zustellung eines Nachprüfungsantrags nach § 115 Abs. 1 aF VK Bund, Beschl. v. 18. 9. 2008, VK 3–122/08; VK Bund, Beschl. v. 18. 9. 2008, VK 3–119/08.

[16] Siehe BR-Drucks. 349/08, 10.

begründet gehalten hätte. Auf der Grundlage des Entwurfes wäre damit weiterhin von einem engen Regelungszusammenhang bzw. „Gleichlauf" der beiden Vorschriften auszugehen gewesen, weil beide Vorschriften auf die Übermittlung einer Kopie des Nachprüfungsantrages abstellten.[17] Im Ergebnis hätte der Übermittlung der Kopie und damit der Auslösung des Suspensiveffekts des Abs. 1 im Einzelfall stets die – in § 110 Abs. 2 S. 3 verlangte – Prüfung des Nachprüfungsantrags auf offensichtliche Unzulässigkeit oder Unbegründetheit vorausgehen müssen. Diesen **Gleichlauf** hat der Gesetzgeber jedoch offensichtlich **nicht gewollt,** weil die Auslösung der Zuschlagssperre in der Endfassung des Abs. 1 S. 1 gerade nicht mehr von der Übermittlung einer Kopie des Nachprüfungsantrags abhängen soll, vielmehr die Übermittlung einer Textmitteilung reicht.

Etwas anderes muss für den Fall gelten, dass die Vergabestelle eine **Schutzschrift** hinterlegt   **7**
hat. Der Gesetzgeber hat durch § 110 Abs. 2 S. 2 nunmehr klargestellt, dass die Vergabestelle durch die Hinterlegung einer Schutzschrift den Eintritt des Zuschlagsverbots des Abs. 1 S. 1 verhindern kann. Diese Möglichkeit ist von der Rechtsprechung seit langem anerkannt. Soll nicht der vom Gesetzgeber in Form der Schutzschrift intendierte Zweck, das Nachprüfungsverfahren zu beschleunigen bzw. die Zuschlagssperre in bestimmten Fällen erst gar nicht eintreten zu lassen,[18] unterlaufen werden, muss die Vergabekammer den **Nachprüfungsantrag vor der Übermittlung der Textmitteilung** (Abs. 1) zunächst darauf **prüfen, ob er nicht offensichtlich unzulässig oder unbegründet** ist. Denn ist die Zuschlagssperre einmal eingetreten, so hat die Schutzschrift ihr Ziel verfehlt.

Die Vergabekammer prüft damit den Nachprüfungsantrag darauf, ob er offensichtlich unzulässig oder unbegründet ist *erstens* in dem Fall, dass die Vergabestelle eine Schutzschrift hinterlegt   **8**
hat und, *zweitens,* bevor sie der Vergabestelle eine Kopie des Nachprüfungsantrags übermittelt, damit diese zum Nachprüfungsantrag Stellung nehmen kann. Ist keiner der beiden Fälle gegeben, darf die Vergabekammer die Zuschlagssperre mangels gegenteiliger Regelung in Abs. 1 unabhängig von der Zulässigkeit oder Begründetheit des Nachprüfungsantrags auslösen.[19] Die Vergabekammer kann die Mitteilung an den öffentlichen Auftraggeber also bereits auf der Basis des Eingangs eines Dokuments schicken, das auf der Grundlage des objektiven Empfängerhorizonts als Nachprüfungsantrag identifizierbar ist.[20]

Abs. 1 enthält auch keine Regelung zur **Art und Weise der Übermittlung der Textmitteilung.** Auf der Grundlage des § 126 b BGB und des in § 113 geregelten Beschleunigungsgebots ist jedoch zu fordern, dass die Vergabekammer der Vergabestelle die Textmitteilung auf dem schnellstmöglichen Weg und damit durch **Telefax** schicken muss. Eine Email oder ein   **9**
Anruf reichen nicht. Das Telefax ist mit einem Empfangsbekenntnis zu versehen, das die Vergabestelle unmittelbar an die Vergabekammer zurückleitet und das dann zur Akte genommen wird. Nach dem Abschicken des Telefaxes sollte sich die Vergabekammer zudem zur Sicherheit fernmündlich über den Eingang der Textmitteilung bei der Vergabestelle erkundigen. Die Vergabekammer muss feststellen, dass die Textmitteilung bei der Vergabestelle eingegangen ist, weil nach dem Wortlaut des Abs. 1 die Vergabekammer die Vergabestelle „informiert". Das bedeutet, das bloße Abschicken einer Textmitteilung reicht nicht aus. Vielmehr **muss die Vergabestelle tatsächlich Kenntnis von der Mitteilung erhalten.** Es reicht auch nicht aus, dass die Textmitteilung so im Machtbereich der Vergabestelle eingeht, dass diese unter normalen Umständen davon Kenntnis nehmen kann.

Hat die Vergabestelle von der Vergabekammer eine Mitteilung in Textform erhalten, dass ein   **10**
Nachprüfungsantrag eingegangen ist, darf sie in der Zeit zwischen dem Erhalt dieser Mitteilung und dem Ablauf der zweiwöchigen Beschwerdefrist (§ 117 Abs. 1) den Zuschlag nicht gegen die Entscheidung der Vergabekammer erteilen. Das iSv. § 107 Abs. 1 antragstellende Unternehmen hat grundsätzlich einen Anspruch darauf, dass die behauptete Rechtsverletzung noch während des laufenden Vergabeverfahrens festgestellt wird und von der Vergabekammer ggf. geeignete Maßnahmen zur Beseitigung der Rechtsverletzung getroffen werden.[21] Das Vergabe-

---

[17] Zum Regelungszusammenhang beider Vorschriften vor der Novellierung des GWB siehe etwa *Bechtold/Otting* § 113 RdNr. 1, oder *Byok/Jaeger/Byok* RdNr. 1097/1098.

[18] BR-Drucks. 349/08, 42.

[19] So bereits für § 115 Abs. 1 aF *Byok/Jaeger/Byok* RdNr. 1098; *Bechtold/Otting* RdNr. 1.

[20] Ähnlich bezüglich des Beginns der Entscheidungsfrist in § 113 Abs. 1 S. 1 BeckVOB-Komm/*Marx* § 113 RdNr. 3; zur Auslegung von Erklärungen bzw. Unterlagen anhand des objektiven Empfängerhorizonts im Vergaberecht siehe etwa BGH NZBau 2008, 592, 593.

[21] OLG Celle VergabeR 2001, 338, 339.

verfahren selbst darf hingegen grundsätzlich bis zur Zuschlagsreife weitergeführt werden.[22] Anders ist das jedoch, wenn die Vergabekammer auf einen zusätzlich zum Nachprüfungsantrag gestellten Antrag nach Abs. 3 hin das vollständige Ruhen des Vergabeverfahrens angeordnet hat.

11 Gibt die Vergabekammer dem Nachprüfungsantrag statt und untersagt den Zuschlag, erwächst der Verwaltungsakt der Vergabekammer in Bestandskraft, wenn dagegen keine sofortige Beschwerde erhoben wird. Das gesetzliche Zuschlagsverbot des Abs. 1 bleibt bestehen. Auch in dem Fall, dass die Vergabekammer dem Nachprüfungsantrag stattgibt, jedoch sofortige Beschwerde gegen diese Entscheidung erhoben wird, bleibt das Zuschlagsverbot bestehen und zwar bis der Vergabesenat die Untersagung des Zuschlags nach § 121 oder § 123 aufhebt. Weist die Vergabekammer den Nachprüfungsantrag zurück und erhebt der Antragsteller sofortige Beschwerde gegen diese Entscheidung, verlängert die Erhebung der sofortigen Beschwerde das Zuschlagsverbot des Abs. 1 gem. § 118 Abs. 1 S. 2 automatisch bis zwei Wochen nach Ablauf der Beschwerdefrist. Der Antragsteller kann in diesem Fall gemäß § 118 Abs. 1 S. 3 beantragen, die aufschiebende Wirkung der Beschwerde bis zur Entscheidung über diese zu verlängern. Im Falle einer positiven Entscheidung gilt auch das Zuschlagsverbot weiter. Das **Zuschlagsverbot** besteht **unabhängig von der Kenntnis der Vergabestelle von der sofortigen Beschwerde.**[23] Weist der Vergabesenat ein Verfahren an die Vergabekammer zurück, ist der Nachprüfungsantrag dort wieder anhängig und das Zuschlagsverbot tritt nach Abs. 1 wieder in Kraft, ohne dass es einer erneuten Zustellung des Nachprüfungsantrags an den Auftraggeber bedarf.[24] Gibt die Vergabekammer dem Nachprüfungsantrag nur teilweise – im Sinne einer Verpflichtung zur Angebots-Neubewertung – statt und lehnt ihn „im Übrigen" ab, bleibt – insoweit – das Zuschlagsverbot (Abs. 1) bis zum Ablauf der Beschwerdefrist (§ 117 Abs. 1) bestehen.[25] Stellt ein Unternehmen einen Nachprüfungsantrag, ist es in Hinblick auf eine Zuschlagserteilung an den Konkurrenten grundsätzlich lückenlos geschützt.[26]

12 **2. Gestattung der Erteilung des Zuschlags (Abs. 2).** Die Vergabekammer kann gemäß Abs. 2 S. 1 auf Antrag hin gestatten, den Zuschlag nach Ablauf von zwei Wochen seit der Bekanntgabe der Entscheidung über den Nachprüfungsantrag zu erteilen. Auf der Grundlage des neu gefassten Abs. 2 kann jetzt neben dem öffentlichen Auftraggeber auch das Unternehmen, das nach § 101a für die Erteilung des Zuschlags vorgesehen ist, bei der Vergabekammer einen Antrag auf Vorabgestattung des Zuschlags stellen. Da im Fall der vorzeitigen Gestattung des Zuschlags Primärrechtsschutz durch den dann erfolgten Vertragsschluss irreversibel ausgeschlossen wird (§ 115 Abs. 2 S. 5 Hs. 2 iVm. § 114 Abs. 2 S. 1) und dies ein sehr schwerwiegender Eingriff in das auf die Privilegierung der Bieter ausgerichtete Rechtsschutzsystem des EU-Vergaberechts ist, sind an die Stattgabe eines Antrags durch die Vergabekammer nach Abs. 2 S. 1 **strenge Voraussetzungen** gestellt. Diese gibt Abs. 2 vor. Der Antrag auf vorzeitige Gestattung des Zuschlags nach Abs. 2 S. 1 vor der Vergabekammer ist von dem gleichgerichteten Antrag nach § 121 Abs. 1 vor dem Beschwerdegericht zu unterscheiden.[27] Dieser ist erst im Rahmen einer etwaigen sofortigen Beschwerde der richtige Rechtsbehelf, nachdem die Vergabekammer die Erteilung des Zuschlags untersagt hat. Der Vergabekammer ist keine konkrete Frist für die Entscheidung über einen Antrag nach Abs. 2 S. 1 vorgegeben. Da der Sinn dieses Antrags gerade darin besteht, dem dringenden Interesse des Antragstellers und/oder der Allgemeinheit an einem schnellen Zuschlag entsprechen zu können, muss die Vergabekammer jedoch so schnell wie möglich entscheiden.[28]

13 Grundvoraussetzung für den Antrag auf vorzeitige Gestattung des Zuschlags nach Abs. 2 S. 1 ist, dass das **Zuschlagsverbot des Abs. 1 ausgelöst** ist. Der Antrag nach Abs. 2 S. 1 ist an **keine besondere Form** gebunden, braucht nicht besonders begründet und kann auch in der

---

[22] VK Bund, Beschl. v. 27. 8. 1999, VK 1–19/99-Z; *Opitz* NZBau 2005, 213, 213; *Byok/Jaeger/Byok* RdNr. 1105.

[23] *Byok/Jaeger/Byok* RdNr. 1099; OLG Frankfurt NZBau 2004, 173, 174; BeckVOB-Komm/*Gröning* § 117 RdNr. 19; *Immenga/Mestmäcker/Dreher* § 118 RdNr. 5; aA OLG Naumburg NZBau 2000, 96, 96; OLG Naumburg VergabeR 2003, 360, 362; *Byok/Jaeger/Jaeger* § 117 RdNr. 1162.

[24] BayObLG, Beschl. v. 9. 8. 2004, Verg 15/04.

[25] OLG Schleswig-Holstein, Beschl. v. 4. 5. 2001, 6 Verg 2/2001.

[26] *Byok/Jaeger/Byok* RdNr. 1099.

[27] Zum Antrag nach § 121 siehe BayObLG VergabeR 2005, 141, 142.

[28] *Byok/Jaeger/Byok* RdNr. 1102.

mündlichen Verhandlung gestellt werden.[29] Er unterliegt in Bezug auf eine einzuhaltende Frist keinen bestimmten Anforderungen,[30] ist jedoch nur dann zulässig, wenn er **unverzüglich** erfolgt und darüber hinaus **nicht rechtsmissbräuchlich** ist, das heißt, eine vorzeitige Zuschlagserteilung tatsächlich **dringend notwendig** ist. Wie sich aus der knappen Zeitspanne, innerhalb derer der Suspensiveffekt bei antragsgemäßer Entscheidung noch aufrechterhalten bleibt, schließen lässt, soll ein Antrag nach Abs. 2 die rasche Beseitigung von Not- und Problemlagen ermöglichen, die sich daraus ergeben, dass der Zuschlag gemäß Abs. 1 nicht erteilt werden kann.[31] Für die Stattgabe eines Antrags nach Abs. 2 S. 1 ist erforderlich, dass nicht einmal das Abwarten der Entscheidung der Vergabekammer innerhalb der fünfwöchigen Entscheidungsfrist des § 113 Abs. 1 zumutbar ist.[32] Wird der Antrag nach Abs. 2 S. 1 deshalb nicht sobald als möglich gestellt, lässt das den Schluss zu, dass keine Not- oder Problemlage iSv. Abs. 2 vorliegt.

Bei der Entscheidung der Vergabekammer über die vorzeitige Gestattung des Zuschlags handelt es sich um eine **Ermessensentscheidung nach entsprechender Abwägung der Interessen der Beteiligten**.[33] Die Vergabekammer kann dem Auftraggeber gemäß Abs. 2 S. 1 gestatten, den Zuschlag zu erteilen, wenn unter Berücksichtigung aller möglicherweise geschädigten Interessen sowie des Interesses der Allgemeinheit an einem raschen Abschluss des Vergabeverfahrens die nachteiligen Folgen einer Verzögerung der Vergabe bis zum Abschluss der Nachprüfung die damit verbundenen Vorteile überwiegen.[34] Ausgangspunkt des Gesetzgebers ist, wie an der Anordnung einer grundsätzlichen Zuschlagssperre deutlich wird, dass im Normalfall das Interesse an der Ermöglichung eines effektiven Primärrechtsschutzes überwiegt. Auf der Grundlage der Rechtsprechung ist deshalb Voraussetzung für die Stattgabe eines Antrages nach Abs. 2 S. 1, dass das **dringende Interesse des Auftraggebers und der Allgemeinheit** an einer sofortigen Erteilung des Zuschlags das in Gestalt der gesetzlich angeordneten Zuschlagssperre zum Ausdruck kommende Interesse an einem effektiven Primärrechtsschutz **deutlich überwiegt**.[35] Nur wenn die durch die ordnungsgemäße Durchführung des Nachprüfungsverfahrens entstehende zeitliche Verzögerung und die damit verbundenen Konsequenzen insgesamt von größerem Nachteil sind, als der rasche Abschluss des Vergabeverfahrens, kommt eine vorzeitige Gestattung des Zuschlags in Betracht.[36] Jedoch sind nicht nur die Interessen der unmittelbar am Nachprüfungsverfahren Beteiligten in die Abwägung einzustellen, sondern auch die Interessen Dritter, die zwar nicht mit der Allgemeinheit, wohl aber mit allen am Vergabeverfahren Beteiligten gleichzusetzen sind.[37] Da die Erteilung des Zuschlags vollendete Tatsachen schafft, war die Rechtsprechung bei der erforderlichen Interessenabwägung bislang sehr streng.[38] Es ist nicht ersichtlich, warum das auf der Grundlage der jetzigen Fassung der Vorschrift anders werden sollte.

Der Gesetzgeber hat im Zuge der Novellierung des GWB zum 24. 4. 2009 für die Entscheidung der Vergabekammer über die vorzeitige Gestattung des Zuschlags den **Abwägungsmaßstab detaillierter vorgegeben**.[39] Der neue Abs. 2 S. 2 konkretisiert das Allgemeininteresse dahingehend, dass die Vergabekammer bei ihrer Abwägung das **Interesse der Allgemeinheit an einer wirtschaftlichen Erfüllung der Aufgaben des öffentlichen Auftraggebers** berücksichtigen muss. Darin drückt sich letztlich das Interesse der Allgemeinheit an der sparsamen Verwendung von Haushaltsmitteln aus.[40] *Wirtschaftlich* wird man jedoch weiter verstehen müs-

14

15

---

[29] *Reidt/Stickler/Glahs/Reidt* RdNr. 29; keinen Formzwang sieht *Byok/Jaeger/Byok* RdNr. 1101; einen schriftlichen Antrag und eine schriftliche Begründung verlangt VK Thüringen, Beschl. v. 25. 3. 2003, 216–4002.20–002/03-J-S-G.

[30] *Reidt/Stickler/Glahs/Reidt* RdNr. 29.

[31] BayObLG VergabeR 2003, 368, 370.

[32] Amtl. Begr. BT-Drucks. 13/9340, 20.

[33] BayObLG VergabeR 2003, 368, 370.

[34] § 115 Abs. 2 S. 1 ist offensichtlich Art. 2 Abs. 5 UAbs. 1 RL 89/665, ABl. 1989, L 395/33, zuletzt wesentlich geändert durch RL 2007/66, ABl. 2007 L 335/31, nachgebildet, wobei zu beachten ist, dass das GWB-Vergaberecht insbes. auch der Umsetzung der Rechtsmittelrichtlinie dient – siehe BT-Drucks. 13/9349, 1, bzw. BR-Drucks. 349/08, 1.

[35] BayObLG VergabeR 2003, 368, 370; VK Thüringen, Beschl. v. 25. 3. 2003, 216–4002.20–002/03-J-S-G.

[36] BayObLG VergabeR 2003, 368, 370.

[37] BayObLG VergabeR 2003, 368, 370; *Boesen* RdNr. 29.

[38] *Opitz* NZBau 2005, 213, 213; vgl. auch mwN *Kramer* IR 2009, 58, 61.

[39] Siehe dazu den Gesetzentwurf der Bundesregierung mit Begründung BR-Drucks. 349/08, 10 und 44, aber auch die Gegendarstellung des Bundesrates BT-Drucks. 16/10117, 35.

[40] *Kühnen* NZBau 2009, 357, 358.

sen, als dass damit nur die Beschaffung nach dem Kriterium des niedrigsten Preises gemeint ist. Die Berücksichtigung des wirtschaftlichen Aspekts war auf der Grundlage der alten Regelung strittig.[41] Dieser Streit ist nun obsolet. Die Neuregelung macht deutlich, dass das Haushaltsinteresse (nur) *ein* Abwägungselement ist, das zu berücksichtigen ist; keinesfalls kann es jedoch als maßgeblich oder entscheidend angesehen werden. Denn der von der Bundesregierung vorgeschlagene Wortlaut – der das vorsah – ist nicht Gesetz geworden.[42] Vielmehr hat sich der Bundesrat mit den dagegen vorgebrachten Argumenten durchgesetzt. In seiner Stellungnahme zum Entwurf der Bundesregierung führte er aus,[43] dass eine überwiegende Berücksichtigung **rein wirtschaftlicher Interessen** des öffentlichen Auftraggebers in § 115 Abs. 2 S. 3 GWB-E das bisherige Regel-Ausnahme-Prinzip für eine Zuschlagsgestattung umkehre. Das stehe im **Widerspruch zur Neufassung der Rechtsmittelrichtlinie** durch die Änderungsrichtlinie 2007/66/EG. Diese sehe in Art. 2 d Abs. 3 S. 3 und 4 vor, dass wirtschaftliche Gründe für die Wirksamkeit eines Vertrags nur dann als zwingende Gründe gelten dürfen, **wenn die Unwirksamkeit in Ausnahmesituationen unverhältnismäßige Folgen hätte.** Dabei gelten wirtschaftliche Interessen in unmittelbarem Zusammenhang mit dem betreffenden Vertrag **nicht** als zwingende Gründe des Allgemeininteresses, wozu ua. auch die durch die Verzögerung bei der Ausführung des Vertrags verursachten **Kosten** gehören. Diese aber könnte man nach dem Entwurf nahezu immer heranziehen.[44] Außerdem warnte die gerichtliche Praxis davor, die mit einem Nachprüfungsverfahren verbundenen **Zeitverluste** bzw. die damit etwaig einhergehenden Verteuerungen berücksichtigungsfähig zu machen. Denn dies sei geeignet, den europarechtlich garantierten Primärrechtsschutz in seinem Kernbereich auszuhöhlen, weil Teuerungen, die die Einhaltung des Kostenrahmens gefährdeten, nahezu in jedem Fall, der vor Gericht gelangt, zu befürchten seien.[45] Im Ergebnis bedeutet das für Abs. 2 S. 2, dass der Aspekt der sparsamen Verwendung von Haushaltmitteln lediglich *eine* Interessenskomponente ist, die in die Abwägungsentscheidung einfließen muss, ohne jedoch maßgeblich zu sein.[46] Nicht berücksichtigungsfähig sind dabei in Anlehnung an Art. 2 d Abs. 3 UAbs. 3 S. 2 RL 89/665 Kosten, die durch die Verzögerung bei der Ausführung des Vertrags, durch die Einleitung eines neuen Vergabeverfahrens, durch den Wechsel des Wirtschaftsteilnehmers, der den Vertrag ausführt, oder durch rechtliche Verpflichtungen aufgrund der Unwirksamkeit verursacht werden.[47] Dass damit die Bedeutung bzw. der Spielraum des neu eingeführten Abwägungskriteriums erheblich eingeschränkt wird, ist offensichtlich. So ist der von der Bundesregierung in der Begründung geschilderte Fall der erheblichen Verteuerung eines großen Bauprojekts auf Grund eines Nachprüfungsverfahrens[48] gerade kein Standardfall einer Berücksichtigung im Abwägungsprozess.

16   Eine weitere Konkretisierung der Kriterien für die Abwägungsentscheidung der Vergabekammer enthält der neue Abs. 2 S. 3. Danach sind auch die **allgemeinen Aussichten des Antragstellers im Vergabeverfahren, den Auftrag zu erhalten,** zu berücksichtigen. Diese sind nach der Begründung der Bundesregierung ein **wichtiges Indiz für die Entscheidungsfindung** nach Abs. 2 S. 1. Beispielsweise sei die Platzierung und die Chance des unterlegenen Bieters, den Zuschlag zu erhalten, relevant.[49] Die „allgemeinen Aussichten des Antragstellers" im Vergabeverfahren sind zunächst von den in Abs. 2 S. 4 angesprochenen „Erfolgsaussichten des Nachprüfungsantrags" zu unterscheiden.[50] Bei ersteren handelt es sich um die Zuschlagsaussichten, während letztere von den konkret gestellten Anträgen bzw. möglichen Maßnahmen der Nachprüfungsinstanzen abhängen. Die Vorgabe des Gesetzgebers, die Zuschlagsaussichten – anders als die Erfolgsaussichten des Nachprüfungsantrags – zwingend zu berücksichtigen, ist vor folgendem Hintergrund nachvollziehbar: Je geringer die Zuschlagschancen des Antragstellers sind, desto bedeutender ist tendenziell das öffentliche Interesse an einem vorzeitigen Abschluss

---

[41] Dazu mwN siehe *Immenga/Mestmäcker/Dreher* RdNr. 30.
[42] Siehe BR-Drucks. 349/08, 10 und 44, wo folgender Wortlaut vorgesehen war: „Ein überwiegendes Interesse der Allgemeinheit liegt vor, wenn die wirtschaftliche Erfüllung der Aufgaben des Auftraggebers gefährdet ist."
[43] Zur Gegendarstellung zu § 115 GWB-E siehe BT-Drucks. 16/10117, 35.
[44] BT-Drucks. 16/10117, 35.
[45] BT-Drucks. 16/10117, 36.
[46] *Kühnen* NZBau 2009, 357, 358.
[47] Ebenso *Kühnen* NZBau 2009, 357, 358.
[48] BR-Drucks. 349/08, 44.
[49] BR-Drucks. 349/08, 44.
[50] AA *Brauer* NZBau 2009, 297, 300.

des Vergabeverfahrens.[51] Demgegenüber erlangen die Erfolgsaussichten des Nachprüfungsantrags vor allem dann eine größere Bedeutung, wenn der Antragsteller die vollständige oder teilweise Aufhebung des vermeintlich rechtswidrigen Vergabeverfahrens begehrt. Denn dann ist die bisherige Platzierung wenig aussagekräftig; sie kann bei einer neuen Wertung anders ausfallen.[52]

Eine dritte Neuerung im Hinblick auf die Abwägung der Vergabekammer hat der Gesetzgeber **17** durch die Regelung in Abs. 2 S. 4 vorgenommen. Danach müssen die **Erfolgsaussichten des Nachprüfungsverfahrens** nicht in jedem Falle Gegenstand der Abwägung sein. Diese Vorschrift entspricht dem Entwurf der Bundesregierung. Die Regelung soll klarstellen, dass die Vergabekammer die Erfolgsaussichten des Nachprüfungsverfahrens berücksichtigen kann, dazu allerdings nicht verpflichtet ist und deshalb auf der Grundlage der Abwägung der beteiligten Interessen die Vorabteilung des Zuschlags gestatten darf.[53] Die prozessuale Durchsetzung des subjektiv-öffentlichen Rechts auf Einhaltung der Vergabevorschriften ist in diesem Fall durch die Möglichkeit der Beschwerde zum Vergabesenat sichergestellt.[54] Das spricht dafür, dass es im **Ermessen der Vergabekammer** steht, die Erfolgsaussichten des Nachprüfungsverfahrens zusätzlich zu den sonstigen Interessen bei der Abwägung zu berücksichtigen oder nicht.[55] Demgegenüber wird Abs. 2 S. 4 in der Literatur – insbesondere wegen des Ausdrucks „nicht in jedem Falle" – dahingehend verstanden, dass ein Regel-Ausnahme-Verhältnis begründet wird; dabei sei die Berücksichtigung der Erfolgsaussichten die Regel. Wolle die Vergabekammer davon abweichen, bedürfe es einer besonderen Begründung.[56] Als Argument verweist diese Auffassung auf die Ausführungen der Bundesregierung, wonach Konstellationen denkbar seien, in denen die summarische Prüfung der Erfolgsaussichten im Nachprüfungsverfahren die Erteilung des Vorabzuschlags ungebührlich verzögern würde, so dass dem überwiegenden Interesse der Allgemeinheit an einem raschen Abschluss des Vergabeverfahrens nicht ausreichend Rechnung getragen würde. Die Literaturauffassung wird zudem durch die Ausführungen des Bundesrats gestützt, dass oberster Abwägungsgrund für eine ausnahmsweise Zuschlagsgestattung trotz laufenden Nachprüfungsverfahrens die Erfolgsaussichten des Nachprüfungsantrags sein müssten, wie das auch bei den vergleichbaren Parallelregelungen in § 935 ZPO und § 123 VwGO der Fall sei.[57]

Die Neuerung im Gesetzeswortlaut ist als Reaktion auf die uneinheitliche Spruchpraxis zu **18** werten,[58] ob (und wann) die Vergabekammer die Erfolgsaussichten des Nachprüfungsantrags berücksichtigen muss.[59] Hier wurde etwa vertreten, dass auf der Grundlage des Regel-Ausnahme-Verhältnisses von Abs. 1 zu Abs. 2 die ausnahmsweise Gestattung des Zuschlags nur dann in Betracht kommen könne, wenn der Nachprüfungsantrag offensichtlich keine Erfolgsaussichten habe. Denn in der Regel (Abs. 1) dürfe der Zuschlag bis zu einer Entscheidung der Vergabekammer auf Basis einer umfassenden Überprüfung nicht erteilt werden. Umgekehrt sei der Vorabzuschlag nicht zu gestatten, wenn der Nachprüfungsantrag offensichtlich Erfolgsaussichten habe. Die Gestattung des Zuschlags kam danach nur in solchen Fällen in Betracht, in denen sich die Unzulässigkeit oder Unbegründetheit des Nachprüfungsantrags sofort erschloss[60] und der zu beurteilende Sachverhalt offen zutage lag und deshalb im Eilverfahren ohne weiteres berücksichtigt werden konnte.[61] Die Prüfung musste in Form einer summarischen Vorabprüfung des Nachprüfungsantrags auf eklatante Mängel in der Zulässigkeit bzw. in der Begründetheit erfolgen.[62] Anhaltspunkte dafür, dass der Antrag in der Hauptsache offensichtlich unzulässig oder unbegründet war, waren beispielsweise, wenn „sich die Unzulässigkeit oder Unbegründetheit des Nachprüfungsantrags sofort erschließt",[63] oder „wenn der insoweit zu beurteilende Sach-

---

[51] *Kühnen* NZBau 2009, 357, 359.
[52] Ähnlich *Kühnen* NZBau 2009, 357, 359.
[53] BR-Drucks. 349/08, 44.
[54] BR-Drucks. 349/08, 44.
[55] So wohl auch *Kramer* IR 2009, 58, 60.
[56] So *Kühnen* NZBau 2009, 357, 359.
[57] BT-Drucks. 16/10 117, 35.
[58] Vgl. *Kramer* IR 2009, 58, 60, mwN zur uneinheitlichen Spruchpraxis.
[59] Überblick zum Meinungsstand bei VK Thüringen, Beschl. v. 25. 3. 2003, 216–4002.20–002/03-J-S-G, und *Opitz* NZBau 2005, 213, 213; dafür beispielsweise OLG Jena VergabeR 2002, 165, 166 und *Opitz* NZBau 2005, 213, 213; dagegen BayObLG VergabeR 2003, 368, 370/371; KG, Beschl. v. 9. 11. 1999, KartVerg 12/99.
[60] OLG Celle VergabeR 2001, 338, 340.
[61] OLG Dresden VergabeR 2001, 342, 343; *Opitz* NZBau 2005, 213, 213.
[62] VK Thüringen, Beschl. v. 25. 3. 2003, 216–4002.20–002/03-J-S-G; vgl. OLG Celle VergabeR 2001, 338, 340.
[63] OLG Celle VergabeR 2001, 338, 340; VK Sachsen, Beschl. v. 4. 10. 2001, 1/SVK/98–01 g.

verhalt offen zu Tage liegt und dieser Eindeutigkeit wegen bei der summarischen Prüfung, die der im Eilverfahren nach § 115 zu treffenden Vorabentscheidung zugrunde liegt, unschwer berücksichtigt werden könnte" bzw. die Aussichtslosigkeit des Nachprüfungsantrages „auf der Hand liege".[64] Vor diesem Hintergrund wird die Neuregelung so zu verstehen sein, dass es **nicht im Ermessen der Vergabekammer** steht, auch bei einem gravierenden, offen zutage liegenden Vergabeverstoß den Zuschlag zu gestatten, wenn nur das Interesse am Zuschlag gewichtig genug ist.[65] Ob sie in sonstigen Fällen die Erfolgsaussichten berücksichtigt, wird sich danach richten, wie dringlich die Auftragserteilung einerseits und wie zeitaufwendig die summarische Prüfung des Nachprüfungsantrags andererseits ist.[66]

19   Dem Antrag auf vorzeitige Gestattung der Zuschlagserteilung ist, wie bereits ausgeführt, stattzugeben, wenn dafür ein dringendes Interesse besteht, das deutlich das Interesse an einer ordnungsgemäßen Durchführung des Nachprüfungsverfahrens übersteigt. Die Vergabekammer muss bei ihrer Entscheidung insbesondere das Interesse des Antragstellers des Nachprüfungsverfahrens berücksichtigen, das streitbefangene Vergabeverfahren durch die Vergabekammer auf seine Rechtmäßigkeit überprüfen lassen zu können und damit sein Chance auf den Erhalt des Auftrags zu erhalten.[67] Bei der Abwägung kann aus Sicht des Unternehmens die wirtschaftliche Dimension des Auftrags eine Rolle spielen.[68] Aus Auftraggebersicht sind die strenge Fristgebundenheit eines Auftrags, möglicher Zeit- und Ertragsgewinn, die Erhaltung der Funktionsfähigkeit, die Pflicht zur Aufgabenerfüllung sowie im einzelnen Bauzeitverzögerungen, Mehrkosten, allerdings nicht solche, die in unmittelbarem Zusammenhang mit dem betreffenden Vertrag stehen,[69] Schäden und Unfallgefahren zu berücksichtigen.[70] Der Nutzen in Bezug auf diese und andere Kriterien muss erwiesen sein.[71] Dafür ist eine möglichst genaue und hinreichende Darlegung sowie der entsprechende Nachweis erforderlich; beispielsweise müssen Mehrkosten genau beziffert werden, ihre pauschale Angabe reicht nicht aus.[72] Es muss eine spürbare Beeinträchtigung gegeben sein, wobei diese Beeinträchtigung mit hinreichender Wahrscheinlichkeit zu erwarten sein muss.[73] Werden Verzögerungen in die Interessenabwägung einbezogen, so muss ein etwaiges Verfahren vor dem Beschwerdegericht außer acht bleiben, weil dies rein spekulativ wäre. Folglich ist für die Frage der Zeitersparnis lediglich der Zeitpunkt der Entscheidung der Vergabekammer im Gestattungsverfahren mit dem im Hauptsacheverfahren zu vergleichen.[74]

20   Das Interesse des Antragstellers können angesichts des grundsätzlich zu gewährleistenden effektiven Primärrechtsschutzes und der Gesetzessystematik nur solche Gründe überwiegen, die den zu vergebenden Auftrag so **streng fristgebunden** erscheinen lassen, dass mit der Überschreitung der vorgesehenen Zuschlagsfristen seine Durchführung – vergleichbar mit einem **Fixgeschäft** – unmöglich machen oder in unzumutbarer Weise verzögern würde.[75] Dasselbe gilt, wenn die entstehende Verzögerung geeignet ist, die Funktionsfähigkeit und Aufgabenerfüllung des Auftraggebers spürbar zu beeinträchtigen, wobei diese Beeinträchtigung mit hinreichender Wahrscheinlichkeit zu erwarten sein muss.[76] Schon wenn sich aus dem Vortrag des Antragsgeg-

---

[64] OLG Dresden VergabeR 2001, 342, 343; OLG Jena VergabeR 2002, 165, 166; VK Sachsen, Beschl. v. 25. 2. 2002, 1/SVK/012–02 g; *Byok/Jaeger/Jaeger* § 118 RdNr. 805.

[65] Zur alten Rechtslage OLG Celle VergabeR 2001, 338, 340; BeckVOB-Komm/*Marx* RdNr. 16 a; ähnlich *Boesen* RdNr. 31–33; *Byok/Jaeger/Byok* RdNr. 1103.

[66] Ähnlich *Kühnen* NZBau 2009, 357, 359; vgl. auch *Brauer* NZBau 2009, 297, 300, der den Verzögerungseffekt der summarischen Prüfung betont; tendenziell aA aber mit dem Hinweis auf die zeitaufwendige Prüfung der Erfolgsaussichten *Kramer* IR 2009, 58, 60.

[67] Vgl. *Erdmann* VergabeR 2008, 908, 910.

[68] VK Lüneburg, Beschl. v. 26. 8. 2002, 203, VgK-15/2002.

[69] Vgl. dazu RdNr. 15 a. E.

[70] VK Lüneburg, Beschl. v. 26. 8. 2002, 203-VgK-15/2002; VK Thüringen, Beschl. v. 25. 3. 2003, 216–4002.20–002/03-J-S-G; vgl. OLG Celle, Beschl. v. 21. 3. 2001, 13 Verg 4/01, VergabeR 2001, 338, 339/340.

[71] VK Thüringen, Beschl. v. 25. 3. 2003, 216–4002.20–002/03-J-S-G.

[72] VK Thüringen, Beschl. v. 25. 3. 2003, 216–4002.20–002/03-J-S-G; OLG Celle VergabeR 2001, 338, 339.

[73] VK Bund, Beschl. v. 30. 6. 1999, VK-14/99; VK Sachsen, Beschl. v. 7. 10. 1999, 1 SVK 17/99 G; VK Sachsen, Beschl. v. 4. 10. 2001, 1/SVK/98–01 g.

[74] VK Thüringen, Beschl. v. 25. 3. 2003, 216–4002.20–002/03-J-S-G.

[75] VK Thüringen, Beschl. v. 25. 3. 2003, 216–4002.20–002/03-J-S-G; *Immenga/Mestmäcker/Dreher* RdNr. 31.

[76] VK Thüringen, Beschl. v. 25. 3. 2003, 216–4002.20–002/03-J-S-G; VK Bund, Beschl. v. 30. 6. 1999, VK 2 14/99; VK Sachsen, Beschl. v. 7. 10. 1999, 1 SVK 17/99G.

ners Zweifel hinsichtlich der Erforderlichkeit der Stattgabe des Antrags nach Abs. 2 ergeben, darf diesem nicht mehr stattgegeben werden. Denn eine vorzeitige Erteilung des Zuschlags erfordert das **Vorliegen eines besonderen Ausnahmefalles.**[77] Wird beispielsweise seitens des einen Antrag nach Abs. 2 stellenden Auftraggebers die Möglichkeit einer Interimsbeauftragung eingeräumt, so liegt kein Eilfall vor, der eine Entscheidung im summarischen Verfahren des Abs. 2 S. 1 mit seiner faktischen Vorwegnahme der Hauptsache rechtfertigen würde.[78] Zu berücksichtigen ist auch, ob die Vergabestelle die Dringlichkeit selbst verursacht hat[79] und wie das Ausmaß der Verzögerung in Anbetracht der Gesamtdauer des Vorhabens ins Gewicht fällt.[80]

Auch Folgen für die Allgemeinheit, wie Gefährdungen der öffentlichen Sicherheit und Ord- **21** nung oder beispielsweise die Verkehrs- und Entsorgungssicherheit, sind in die Interessenabwägung einzubeziehen.[81] Konsequenzen für die Allgemeinheit haben hohes Gewicht.[82] Das zu berücksichtigende **Allgemeininteresse muss im Einzelfall von besonderem Wert sein, konkret dargestellt und überprüft sein.** Die Interessen der Allgemeinheit an einer zügigen Auftragsvergabe sind in diese Güterabwägung einzubeziehen.[83] Gründe für das Interesse der Allgemeinheit an einem raschen Abschluss des Vergabeverfahrens können nur die Verletzung hochwertiger Schutzgüter wie der Schutz der Gesundheit, die Aufrechterhaltung und Funktionsfähigkeit des Verkehrs, die Versorgung der Bevölkerung etc. sein.[84] In den Fällen, in denen bereits kein dringendes Interesse der Allgemeinheit an einem raschen Zuschlag dargetan ist, kann die Begründetheit des Nachprüfungsantrags dem ohnehin schon beschleunigten Hauptsacheverfahren vorbehalten bleiben.[85] Das Vorliegen der Voraussetzungen für die Zuschlagsgestattung hat nicht nur die Vergabekammer, sondern ebenso das Beschwerdegericht in den Fällen von Abs. 2 S. 5 und 6 auf Grund eigener Bewertung zu beurteilen.[86]

Bei der Einbeziehung des Interesses der Allgemeinheit an einem raschen Abschluss des Ver- **22** gabeverfahrens ist auf der Grundlage der vergaberechtlichen Rechtsprechung zu berücksichtigen, dass die Vergabestelle die Obliegenheit hat, die Durchführung eines **Nachprüfungsverfahrens in den Zeitplan des Vergabeverfahrens einzukalkulieren.**[87] Die kurzzeitige Verzögerung durch ein Nachprüfungsverfahren gehört zu den üblichen Risiken der Vergabe öffentlicher Aufträge und muss im Rahmen der Planung berücksichtigt werden.[88] Die voraussichtliche Verzögerung durch das Nachprüfungsverfahren rechtfertigt insbesondere dann nicht die vorzeitige Gestattung des Zuschlags, wenn diese im Verhältnis zur bisherigen Dauer des Vergabeverfahrens und des zeitlichen Rahmens des Gesamtprojekts gering ist.[89] Es ist nicht gerechtfertigt, den aufgetretenen Zeitverlust auf Kosten des Rechtsschutzes im Nachprüfungsverfahren (teilweise) zu kompensieren.[90] Selbst wenn sich die Vergabe durch ein möglicherweise beabsichtigtes Beschwerdeverfahren weiter verzögern würde, könnte dieser Umstand im Rahmen der Interessenabwägung nicht positiv für den Auftraggeber zu Buche schlagen, denn dies wäre rein spekulativ.[91]

Nach Abs. 2 S. 5 kann beim zuständigen Beschwerdegericht die **Wiederherstellung des** **23** **Zuschlagsverbots** beantragt werden. Der Antrag nach Abs. 2 S. 5 ist zulässig, wenn die Vergabekammer das Zuschlagsverbot durch Beschluss gemäß Abs. 2 S. 1 aufgehoben hat.[92] Auch dieser Antrag ist **schriftlich** zu stellen und zu **begründen,** wie sich aus § 115 Abs. 2 S. 5 iVm.

---

[77] BayObLG VergabeR 2003, 368, 370; OLG Celle VergabeR 2003, 367, 367; OLG Celle VergabeR 2001, 338, 339; VK Thüringen, Beschl. v. 25. 3. 2003, 216–4002.20–002/03-J-S-G.
[78] BayObLG VergabeR 2003, 368, 370.
[79] OLG Celle VergabeR 2003, 367, 367; OLG Jena, Beschl. v. 24. 10. 2003, 6 Verg 9/03, Umdruck nach Veris, 5; *Opitz* NZBau 2005, 213, 213.
[80] OLG Celle VergabeR 2001, 338, 340; OLG Jena, Beschl. v. 24. 10. 2003, 6 Verg 9/03, Umdruck nach Veris, 5; *Opitz* NZBau 2005, 213, 213.
[81] *Opitz* NZBau 2005, 213, 213.
[82] *Opitz* NZBau 2005, 213, 213.
[83] VK Thüringen, Beschl. v. 25. 3. 2003, 216–4002.20–002/03-J-S-G.
[84] BeckVOB-Komm/*Marx* RdNr. 14; *Kulartz/Kus/Portz/Kus* RdNr. 34.
[85] BayObLG VergabeR 2003, 368, 371.
[86] OLG Celle VergabeR 2001, 338, 340.
[87] Vgl. VK Thüringen, Beschl. v. 25. 3. 2003, 216–4002.20–002/03-J-S-G; OLG Celle VergabeR 2001, 338, 340; OLG Dresden VergabeR 2001, 342, 345; vgl. auch OLG Celle VergabeR 2003, 367, 368.
[88] OLG Celle VergabeR 2001, 338, 340.
[89] OLG Celle VergabeR 2001, 338, 340.
[90] BayObLG VergabeR 2003, 368, 370.
[91] VK Bund, Beschl. v. 30. 6. 1999, 14/99.
[92] Zu einem solchen Antrag zB BayObLG VergabeR 2005, 141, 142.

§ 121 Abs. 2 S. 1 ergibt. Er führt nicht zu einer Verlängerung des Zuschlagsverbots über die Zweiwochenfrist des Abs. 2 S. 1 hinaus. Das bedeutet, benötigt das Beschwerdegericht mehr als zwei Wochen seit der Bekanntgabe der Zuschlagsgestattung durch die Vergabekammer zur Entscheidung über den Antrag auf Wiederherstellung des Zuschlagsverbots, so kann der Auftraggeber den Zuschlag wirksam erteilen. Tut er das, läuft der Wiederherstellungsantrag leer. Um dies klarzustellen ordnet Abs. 2 S. 5 Hs. 2 an, dass § 114 Abs. 2 S. 1 unberührt bleibt, wonach ein wirksam erteilter Zuschlag nicht aufgehoben werden kann. Der Antrag nach Abs. 2 S. 5 ist nur zulässig, solange die Vergabekammer das Verfahren noch nicht durch eine Hauptsacheentscheidung abgeschlossen hat. Gestattet die Vergabekammer die vorzeitige Erteilung des Zuschlags nicht, kann gemäß Abs. 2 S. 6 das Beschwerdegericht auf Antrag des Auftraggebers unter den Voraussetzungen des Abs. 2 S. 1 bis 4 den Zuschlag gestatten. **Abs. 2 sagt nicht, ob ein solcher Antrag auch dem Unternehmen, das den Zuschlag erhalten soll, gestattet ist.** Auf der Grundlage der Stellungnahme des Bundesrates zum Gesetzentwurf der Bundesregierung wäre dies eher zu verneinen. Der Bundesrat befürwortete die Streichung dieses neuen Antragsrechts und begründet dies damit, dass eine vorzeitige Zuschlagsgestattung wie bisher durch ein überwiegendes öffentliches Interesse gerechtfertigt sein dürfe. Dieses öffentliche Interesse umfasse nicht das wirtschaftliche Interesse eines Beigeladenen, den Zuschlag möglichst schnell und vor rechtskräftigem Abschluss des Nachprüfungsverfahrens zu erhalten. Allerdings konnte sich der Bundesrat damit nicht durchsetzen. Deshalb ist davon auszugehen, dass vor dem Hintergrund von Abs. 2 S. 1 auch das danach antragsbefugte Unternehmen einen Antrag beim Beschwerdegericht stellen kann. Es dürfte sich deshalb um einen **redaktionellen Fehler** handeln. Für das Verfahren vor dem Beschwerdegericht gelten § 121 Abs. 2 S. 1 und 2 sowie § 116 Abs. 3 entsprechend. Eine sofortige Beschwerde nach § 116 Abs. 1 ist gegen Entscheidungen der Vergabekammer nach Abs. 2 nicht zulässig. Damit wird deutlich gemacht, dass die speziell in Abs. 2 S. 5 und 6 geregelten Antragsrechte die richtigen Rechtsmittel gegen eine Entscheidung nach Abs. 2 S. 1 sind, und dass auf die sofortige Beschwerde nach § 116 Abs. 1 deshalb nicht zurückgegriffen werden kann.[93]

24   Hat die Vergabekammer im Zeitpunkt ihrer Entscheidung über den Nachprüfungsantrag (Hauptsacheentscheidung) den Antrag nach Abs. 2 S. 1 noch nicht entschieden, so erledigt sich dieser.[94] Denn Voraussetzung für die vorzeitige Gestattung der Erteilung des Zuschlags ist, dass es überhaupt zu einer Verzögerung der Vergabe bis zum Abschluss des Nachprüfungsverfahrens vor der Vergabekammer kommen kann bzw. kommen kann. Das ist beispielsweise bei einer Fristenverlängerung nach § 113 Abs. 1 S. 2 der Fall. Mit der Entscheidung über den Nachprüfungsantrag besteht diese Gefahr nicht mehr. Deshalb kann eine Hauptsacheentscheidung mit einer Gestattungsentscheidung nach Abs. 2 S. 1 nicht verbunden werden. Denn dann kann der Zuschlag nach Ablauf von frühestens zwei Wochen seit Bekanntgabe dieser Entscheidung erteilt werden. Damit ist regelmäßig die Frist für die sofortige Beschwerde gegen die Hauptsacheentscheidung nach § 117 Abs. 1 identisch. Und auf eine Verzögerung, die durch die Möglichkeit eröffnet ist, dass sich die Sperrwirkung durch Einlegung der sofortigen Beschwerde verlängert (§ 118 Abs. 1 S. 1 und 2), kommt es nicht an.[95] Denn im Beschwerdeverfahren hat die Vergabestelle die in § 121 vorgesehenen Möglichkeiten des vorläufigen Rechtsschutzes. Strittig ist, ob insoweit auf entsprechenden Antrag die Frist des § 118 Abs. 1 S. 2 durch Gestattung des Zuschlags verkürzt werden darf.[96] In Hinblick auf den hohen Stellenwert des effektiven Rechtsschutzes der Bieter wird ein solcher Antrag einer Vergabestelle allerdings nur in seltenen Ausnahmefällen erfolgversprechend sein.

25   **3. Weitere vorläufige Maßnahmen (Abs. 3).** Die Vergabekammer darf nach Abs. 3 S. 1 für den Fall, dass die Rechte eines Bieters aus § 97 Abs. 7 im Vergabeverfahren auf andere Weise als durch den drohenden Zuschlag gefährdet sind, auf besonderen Antrag hin mit weiteren vorläufigen Maßnahmen in das Vergabeverfahren eingreifen. Die Entscheidung über die Anordnung einer solchen Maßnahme muss sie nach Abs. 3 S. 2 auf der Grundlage des Beurteilungsmaßstabs des Abs. 2 S. 1 treffen. Ausdrücklich nicht zu berücksichtigen sind damit die Abwägungsvorgaben der Sätze 2 bis 4 des Abs. 2. Der ausschließlich Bietern mögliche Antrag nach Abs. 3 ist ein **Instrument zur Erlangung vielfältigen vergaberechtlichen Eilrechtschut-**

---

[93] Vgl. *Kulartz/Kus/Portz/Kus* RdNr. 39.
[94] BayObLG VergabeR 2005, 141, 142.
[95] *Byok/Jaeger/Byok* RdNr. 760.
[96] Dafür BayObLG VergabeR 2005, 141, 142; dagegen OLG Naumburg NZBau 2001, 642, 642.

zes.[97] Er ergänzt das durch die Zustellung des Nachprüfungsantrages an die Vergabestelle eintretende Zuschlagsverbot des Abs. 1. Die Voraussetzungen des Antrages nach Abs. 3 sind denjenigen der Anträge nach § 118 Abs. 1 S. 3 auf Verlängerung der aufschiebenden Wirkung der sofortigen Beschwerde und auf vorzeitige Gestattung des Zuschlags im laufenden Nachprüfungsverfahren gem. § 115 Abs. 2 und § 121 ähnlich. Da diese wiederum dem zivilrechtlichen vorläufigen Rechtsschutz nach §§ 935 ff. ZPO bzw. dem verwaltungsrechtlichen nach §§ 80, 80 a, 123 Abs. 1 VwGO nachgebildet sind, kann – unter Beachtung der vergaberechtlichen Besonderheiten – in Zweifelsfällen auf die diesbezüglich geltenden Grundsätze entsprechend zurückgegriffen werden.[98]

Abs. 3 legt nicht fest, welche „weiteren vorläufigen Maßnahmen" beantragt werden können **26** und in Hinblick auf bestimmte Verstöße gegen Vergaberecht zu beantragen sind. Eine konkrete Benennung der erforderlichen Maßnahmen durch den Antragsteller ist nicht erforderlich. Maßgeblich ist die vom Antragsteller vorgetragene Gefährdung seiner Rechte. Die Vergabekammer muss Anträge nach Abs. 3 von dem Rechtsschutzziel des Antragstellers her auslegen und von sich aus die notwendigen Maßnahmen bestimmen. Die Vergabekammer ist an den **Sinn und Zweck des Antragsbegehrens,** nicht aber an den Wortlaut des tatsächlich gestellten Antrags gebunden.[99] Die Vergabekammer hat im Rahmen eines Nachprüfungsverfahrens gem. § 114 Abs. 1 die Pflicht, dafür Sorge zu tragen, dass die Rechtmäßigkeit des Vergabeverfahrens sicher- bzw. hergestellt wird. Zu diesem Zweck muss sie die **notwendigen Zwischenverfügungen** erlassen. Das erfolgt dadurch, dass sie der Vergabestelle bestimmtes Tun untersagt oder aufgibt. Ziel ist die Sicherung oder Wiederherstellung der Rechtmäßigkeit des Vergabeverfahrens und die Gewährung effektiven Rechtsschutzes im Sinne des Gemeinschaftsrechts und des Grundgesetzes.[100] Die **Auslegung des Antrags** muss auf der Grundlage des Gemeinschaftsrechts erfolgen und unabhängig von nationalen Begrifflichkeiten. Die gemeinschaftsrechtliche Auslegung orientiert sich im Wesentlichen am Telos einer Vorschrift und an der Durchsetzung ihrer praktischen Wirksamkeit („effet utile").[101]

Der für Bieter über einen Antrag nach Abs. 3 erreichbare Rechtsschutz ist mannigfaltig. Zu- **27** lässig sind nach dem Wortlaut der Vorschrift lediglich vorläufige Maßnahmen.[102] Zu den dem Wortlaut des Abs. 3 nach – nur – der Vergabekammer möglichen Zwischenverfügungen[103] gehören beispielsweise, die Vergabestelle anzuweisen, das Verfahren vollkommen ruhen zu lassen, das heißt, die Fortführung des Vergabeverfahrens, beispielsweise den Ausschluss eines Bieters oder die Wertung der Angebote, vorläufig zu untersagen,[104] die Aufhebung der Ausschreibung vorläufig zu unterlassen[105] oder die Vergabestelle anzuweisen, die Angebotsfrist bis zum Abschluss des gesamten Nachprüfungsverfahren zu verlängern.[106] Auch eine Interimsbeauftragung kann untersagt werden.[107] So sind beispielsweise die Nachprüfungsinstanzen für den Fall, dass eine Vergabestelle ihre Anforderungen während des Verfahrens verändert, berechtigt, diese aufzugeben oder die Angebotsfrist entsprechend anzupassen.[108] Darüber hinaus können die Nachprüfungsinstanzen – unter engen Voraussetzungen – eine Vergabestelle anweisen, die Angebotsfrist bis zum Abschluss des Nachprüfungsverfahrens zu verlängern.[109] Zulässig sind insbesondere auch solche Maßnahmen, die die Vergabestelle zwingen, bestimmte für das Vergabeverfahren relevante Entscheidungen erst nach Abschluss des Nachprüfungsverfahrens zu treffen.

---

[97] OLG Celle, Beschl. v. 15. 7. 2004, 13 Verg 11/04, Umdruck nach Veris, 2; aA VK Hessen, Beschl. v. 21. 1. 2004, 69 d VK-01/2004, Umdruck nach Veris, 4.

[98] Ähnlich *Reidt/Stickler/Glahs/Reidt* RdNr. 3.

[99] OLG Celle, Beschl. v. 29. 8. 2003, 13 Verg 15/03, Umdruck nach Veris, 5.

[100] Vgl. EuGH, C-92/00, Slg. 2002, I-5553, RdNr. 38 – Hospital Ingenieure; zu Art. 19 Abs. 4 GG grundlegend BVerfG NJW 2000, 1175, 1176.

[101] *Schwarze/Schwarze* Art. 220 EG RdNr. 27.

[102] So in Bezug auf § 115 Abs. 3 aF *Reidt/Stickler/Glahs/Reidt* RdNr. 69; VK Hessen, Beschl. v. 21. 1. 2004, 69 d VK-01/2004, Umdruck nach Veris, 4.

[103] Zur gleichen Befugnis des OLG siehe OLG Celle, Beschl. v. 15. 7. 2004, 13 Verg 11/04, Umdruck nach Veris, 2.

[104] RegE VgRÄG BT-Drucks. 13/9340, 20; *Immenga/Mestmäcker/Dreher* RdNr. 6; VK Sachsen, Beschl. v. 4. 3. 2002, 1/SVK/019–02, Umdruck nach Veris, 4; *Boesen* RdNr. 58.

[105] *Boesen* RdNr. 56; *Leinemann* RdNr. 233.

[106] Vgl. OLG Celle, Beschl. v. 15. 7. 2004, 13 Verg 11/04, Umdruck nach Veris, 3.

[107] Vgl. OLG Celle, Beschl. v. 29. 8. 2003, 13 Verg 15/03, Umdruck nach Veris, 6.

[108] VK Bund, Beschl. v. 8. 1. 2004, VK 1–117/03; VK Bund, Beschl. v. 24. 3. 2004, VK 3–36/04, Umdruck nach Veris, 2, 6, 17.

[109] Vgl. OLG Celle, Beschl. v. 15. 7. 2004, 13 Verg 11/04, Umdruck nach Veris, 3.

Der **weit gefasste Spielraum** der Vergabekammer ermöglicht es ihr darüber hinaus, Maßnahmen gegen drohende Schutzrechtsverletzungen eines Bieters zu ergreifen oder aber der Vergabestelle aufzugeben, bestimmte Vorbereitungshandlungen zur späteren Durchführung des Auftrages zu unterlassen, wenn dadurch Bieterrechte unmittelbar beeinträchtigt werden.[110] Ein Antrag nach Abs. 3 kommt zudem auch in Betracht, wenn der Zuschlag nicht unmittelbar bevorsteht, jedoch beispielsweise Bietern die nachträgliche Erreichung oder Änderung von Angeboten ermöglicht werden soll oder unzulässige Verhaltensweisen der Vergabestelle, wie zB durch Veränderung des Auftragsumfangs in einem laufenden Verhandlungsverfahren oder durch nachträgliche Risikoverschiebungen in Auftragsverhandlungen, abgestellt werden sollen.[111]

28   Ein Antrag nach Abs. 3 ist dem Steller des Nachprüfungsantrags, nicht aber Beigeladenen (§ 105) möglich. Anträge nach Abs. 3 sind zudem akzessorisch, dh., sie können nur im Rahmen eines vor der Vergabekammer bzw. dem OLG anhängigen Nachprüfungsverfahrens gestellt werden.[112] Anhängig ist das Nachprüfungsverfahren, wenn der Nachprüfungsantrag bei der Vergabekammer gestellt bzw. vor dem OLG sofortige Beschwerde erhoben worden ist.[113] Der Antrag nach Abs. 3 muss **ausdrücklich** gestellt werden („besonderer Antrag").[114] Er gilt nicht konkludent mit einem Nachprüfungsantrag gestellt. Das ergibt sich daraus, dass das Gesetz ihn explizit zusätzlich zum Nachprüfungsantrag erwähnt. Wäre er im Nachprüfungsantrag enthalten, wäre seine gesetzliche Regelung insgesamt überflüssig. Allerdings kann die Vergabekammer vor dem Hintergrund von § 114 Abs. 1 von sich aus entsprechende Maßnahmen zur Sicherstellung eines rechtmäßigen Vergabeverfahrens erlassen.[115] Die Pflicht, sich gezielt mit der Notwendigkeit solcher Maßnahmen auseinanderzusetzen, hat sie jedoch nicht, sofern sich das im Einzelfall nicht konkret aufdrängt.[116] Ist ein Antrag nach Abs. 3 gestellt, muss sich die Vergabekammer bzw. der Vergabesenat zwingend mit diesem auseinandersetzen und entscheiden, ob vorläufige Maßnahmen und ggf. welche zu treffen sind.[117] Ein Hinweis darauf, dass ein Zuschlag nicht erteilt werden kann oder dass weitere Vergaberechtsverstöße ohnehin im weiteren Verlauf des Vergabenachprüfungsverfahrens berücksichtigt werden, genügt nicht. Inhaltlich steht die Entscheidung über den Antrag nach Abs. 3 im **Ermessen** der Vergabekammer.[118]

29   Ein Antrag nach Abs. 3 kann entgegen dem Wortlaut des Abs. 3, wonach derartige Anträge nur vor der Vergabekammer zulässig sind, in entsprechender Anwendung der Vorschrift auch im Rahmen einer **sofortigen Beschwerde** vor dem OLG gestellt werden.[119] Der Vergabesenat besitzt im Hinblick auf die Anordnung vorläufiger Maßnahmen die gleichen Befugnisse wie die Vergabekammer. Die Notwendigkeit der entsprechenden Anwendung des Abs. 3 ergibt sich schon vor dem Hintergrund des nach dem Unionsrecht – in allen Instanzen – zu gewährenden effektiven Rechtsschutzes.[120] Das Gebot der Gewährung effektiven Rechtsschutzes gilt für alle Instanzen unterschiedslos. Der effektive Rechtsschutz kann auch in der Beschwerdeinstanz auf andere Weise als durch den drohenden Zuschlag gefährdet sein. Das unionsrechtliche Gebot der Gewährung effektiven Rechtsschutzes ergibt sich aus Art. 2 Abs. 1 lit. a der Richtlinie 89/665/EWG. Danach müssen die Mitgliedstaaten für ihre Nachprüfungsinstanzen auch ausreichend Befugnisse zur Anordnung vorläufiger rechtssichernder Maßnahmen vorsehen. Gleichfalls ergibt sich diese Notwendigkeit vor dem Hintergrund der Anerkennung subjektiver Rechte der Bieter eines Vergabeverfahrens sowie aus dem Sinn und Zweck des Vergabeverfahrens als eines förmlichen und subjektiven Rechtsschutz gewährenden Verfahrens. Das Fehlen einer Abs. 3 entsprechenden Vorschrift in den Vorschriften zum Beschwerdeverfahren bzw. eines Verweises in

---

[110] *Leinemann* RdNr. 233.

[111] Für den Fall einer Verringerung des Auftragsvolumens VK Lüneburg, Beschl. v. 29. 4. 2005, VgK-19/2005.

[112] VK Sachsen, Beschl. v. 4. 3. 2002, 1/SVK/019–02, Umdruck nach Veris, 4; *Kulartz/Kus/Portz/Kus* RdNr. 51.

[113] *Kulartz/Kus/Portz/Kus* RdNr. 50; aA *Boesen* RdNr. 58.

[114] VK Lüneburg, Beschl. v. 27. 6. 2003, VgK 14/2003; VK Sachsen, Beschl. v. 4. 3. 2002, 1/SVK/019–02.

[115] *Reidt/Stickler/Glahs/Reidt* RdNr. 72.

[116] *Reidt/Stickler/Glahs/Reidt* RdNr. 72, bezieht das nur auf die „Möglichkeit".

[117] *Reidt/Stickler/Glahs/Reidt* RdNr. 71.

[118] VK Sachsen, Beschl. v. 4. 3. 2002, 1/SVK/019–02, Umdruck nach Veris, 5; VK Lüneburg, Beschl. v. 27. 6. 2003, 203-VgK-14/2003, Umdruck nach Veris, 5.

[119] OLG Düsseldorf NZBau 2008, 461, 462; OLG Naumburg ZfBR 2006, 811, 812; OLG Celle, Beschl. v. 15. 7. 2004, 13 Verg 11/04, Umdruck nach Veris, 2.

[120] MwN OLG Naumburg ZfBR 2006, 811, 812; OLG Celle, Beschl. v. 15. 7. 2004, 13 Verg 11/04, Umdruck nach Veris, 2.

§ 120 Abs. 2 ist planwidrig. Der deutsche Gesetzgeber hat die Befugnisse des Vergabesenats jedoch sowohl in der Hauptsache (vgl. § 123) als auch hinsichtlich der Anordnung bzw. Verlängerung des Zuschlagverbots (vgl. § 115 Abs. 2 S. 2, § 118) als auch hinsichtlich der Gestattung des vorzeitigen Zuschlags (vgl. § 115 Abs. 2 S. 3, §§ 121 f.) denjenigen der Vergabekammer gleich gestaltet. Die Voraussetzungen für die Notwendigkeit der Anordnung vorläufiger Maßnahmen iSv. Abs. 3 S. 1 können auch während des Beschwerdeverfahrens vorliegen bzw. erst während des Laufes des Beschwerdeverfahrens entstehen.[121] Ein sachlicher Grund dafür, dass die Vergabekammer in dieser Hinsicht weitergehende Befugnisse haben sollte als die Beschwerdeinstanz, ist nicht ersichtlich. Ist sofortige Beschwerde erhoben, ist es auch aus verfahrensökonomischen Gründen sinnvoll, dass der Vergabesenat die nach Abs. 3 notwendigen Anordnungen trifft und nicht nochmals die Vergabekammer eingeschaltet wird.

Der Antrag nach Abs. 3 muss **unverzüglich** gestellt werden. Eine Frist für die Einreichung **30** des Antrages nach Abs. 3 sieht das Gesetz zwar nicht vor. Sowohl aus der Gesetzessystematik als auch nach dem Sinn und Zweck dieses Antragsverfahrens ergibt sich jedoch, dass ein solcher Antrag unverzüglich gestellt werden muss. Wird ein Antrag nicht sobald wie möglich – somit regelmäßig nach Bekanntwerden der Gründe – innerhalb der fünfwöchigen Entscheidungsfrist (§ 113 Abs. 1) gestellt, lässt das den Schluss zu, dass eine „Not- oder Problemlage" im Sinne der Norm nicht vorliegt. Der Antrag ist schriftlich zu stellen und zugleich zu begründen.

Voraussetzung für die Begründetheit eines Antrages nach Abs. 3 ist, dass Rechte des An- **31** tragstellers aus § 97 Abs. 7 derart gefährdet sind, dass sie durch den Erlass einer einstweiligen Anordnung gesichert werden müssen.[122] § 97 Abs. 7 umfasst alle Bestimmungen über das Vergabeverfahren, die dem Antragsteller eines Nachprüfungsverfahrens subjektive Rechte verleihen.[123] Erfasst sind nicht nur Vorschriften im Sinne der verwaltungsrechtlichen Schutznormtheorie; für eine einschränkende Auslegung des § 97 Abs. 7 ist insofern kein Raum.[124] Dazu gehört auch die Verletzung kartell-, wettbewerbs- und zivilrechtlicher Rechte.[125] Ein Antrag nach Abs. 3 gewährt deshalb einem Antragsteller in Verbindung mit § 97 Abs. 7 umfassenden Rechtsschutz. Nicht rechtsschutzfähig sind allerdings Rechtspositionen, die über subjektive Rechte des Antragstellers hinausgehen, also Rechte auf die sich der Antragsteller nicht selbst, sondern nur Dritte berufen können.[126] Die durch § 97 Abs. 7 geschützten Rechte müssen auf andere Weise als durch den drohenden Zuschlag gefährdet sein. Die Gefährdung ist dabei vor dem Hintergrund zu sehen, dass Abs. 3 eine ordnungsgemäße Entscheidung der Vergabekammer gem. § 114 sichern will.[127] Eine „Gefährdung" in diesem Sinne liegt vor, wenn mehr als die bloße Möglichkeit und weniger als eine bereits feststehende Rechtsverletzung gegeben ist.[128] Entscheidend ist die ernsthafte Wahrscheinlichkeit einer Beeinträchtigung.[129] Eine für Abs. 3 relevante Gefährdung der Rechte aus § 97 Abs. 7 kann allerdings nicht aus einer fehlerhaften Beurteilung der Eignung eines Mitbieters folgen, weil die Überprüfung der Bietereignung erst im Hauptsacheverfahren erfolgt.[130] Das bedeutet, dass in sich abgeschlossene Rechtsverletzungen, die in jedem Fall im Hauptsacheverfahren geprüft werden, aber bis dahin keine weitere Verschlechterung der Rechtsposition des Antragstellers im laufenden Vergabeverfahren zur Folge haben können, nicht über vorläufige Maßnahmen nach Abs. 3 korrigiert werden müssen.

Maßgeblich für die Ermessensentscheidung der Nachprüfungsinstanzen im Rahmen eines **32** Antrags nach Abs. 3 sind die **Entscheidungskriterien des Abs. 2 S. 1 und die dabei geltenden Gewichtungen.**[131] Die Entscheidung hat wie bei Anträgen nach §§ 80, 80a, 123

---

[121] Vgl. *Kulartz/Kus/Portz/Kus* RdNr. 51; *Leinemann* VergabeR 2001, 64, 64; *Stapenhorst* VergabeR 2002, 103, 104.

[122] OLG Celle, Beschl. v. 15. 7. 2004, 13 Verg 11/04, Umdruck nach Veris, 2.

[123] Vgl. *Immenga/Mestmäcker/Dreher* § 97 RdNr. 266.

[124] Vgl. *Immenga/Mestmäcker/Dreher* § 97 RdNr. 303/304.

[125] *Kulartz/Kus/Portz/Kus* RdNr. 53.

[126] *Reidt/Stickler/Glahs/Reidt* RdNr. 64.

[127] VK Hessen, Beschl. v. 10. 1. 2005, 69 d-VK-96/2004, Umdruck nach Veris, 5.

[128] *Reidt/Stickler/Glahs/Reidt* RdNr. 65.

[129] *Reidt/Stickler/Glahs/Reidt* RdNr. 65; VK Lüneburg, Beschl. v. 29. 5. 2005, VgK-19/2005, Umdruck nach Veris, 7; VK Lüneburg, Beschl. v. 27. 6. 2003, 203-VgK-14/2003.

[130] VK Hessen, Beschl. v. 10. 1. 2005, 69 d-VK-96/2004, Umdruck nach Veris, 6.

[131] OLG Celle, Beschl. v. 15. 7. 2004, 13 Verg 11/04, Umdruck nach Veris, 3; VK Lüneburg, Beschl. v. 29. 4. 2005, VgK-19/2005, Umdruck nach Veris, 9; VK Lüneburg, Beschl. v. 27. 6. 2003, 203-VgK-14/2003; VK Sachsen, Beschl. v. 4. 3. 2002, 1/SVK/019–02, Umdruck nach Veris, 5; *Reidt/Stickler/Glahs/Reidt* RdNr. 63.

Abs. 1 VwGO im Wege einer Abwägung zu erfolgen. Dabei müssen die Interessen des Antragstellers die nachteiligen Folgen der Gewährung der beantragten Maßnahme überwiegen. Innerhalb der im Rahmen der Entscheidung über den Erlass einer Zwischenverfügung nach Abs. 3 notwendigen Abwägung sind deshalb alle möglicherweise geschädigten Interessen des Bieters sowie das Allgemeininteresse zu berücksichtigen.[132] Das kann, wenn über Abs. 3 die Verlängerung der Angebotsfrist beantragt ist, auch den raschen Ablauf des Vergabeverfahrens betreffen. Im Einzelfall muss das Allgemeininteresse von besonderem Wert sowie konkret dargestellt und überprüft sein. Bloß schematische Abwägungen sowie die Berücksichtigung nur standardmäßiger Kriterien verbieten sich.

33   Entsprechend Abs. 2 hat auch bei einem Antrag nach Abs. 3 im Rahmen der Abwägung das Primärinteresse des Bieters am Zuschlag einen herausragenden Rang. Beschleunigungs- oder wirtschaftliche Interessen des Auftraggebers haben hingegen lediglich dann hinreichendes Gewicht, wenn die durch eine Anordnung nach Abs. 3 drohende Verzögerung geeignet ist, die Funktionsfähigkeit und Aufgabenerfüllung des Auftraggebers spürbar zu beeinträchtigen.[133] Diese Beeinträchtigung muss nach den konkreten Umständen mit hinreichender Wahrscheinlichkeit zu erwarten sein, die abstrakte Gefahr des Eintritts von Nachteilen reicht demgegenüber nicht aus.[134] Unter Berücksichtigung des **Grundsatzes der Verhältnismäßigkeit** sind zudem die Folgen einer Verzögerung der Vergabe bis zum Abschluss der Nachprüfung gegen die Vorteile einer raschen Auftragsvergabe und damit Abwicklung des Verfahrens abzuwägen,[135] wobei man auch hier einzubeziehen haben wird, inwieweit die Dringlichkeit vom Antragsgegner selbst verursacht wurde.[136] Zu berücksichtigen ist ferner, dass durch Nichteingreifen der Nachprüfungsinstanzen verursachte vergebliche Aufwendungen des Rechtsschutzsuchenden, insbesondere wenn diese nur geringfügig sind, gegebenenfalls durch Schadensersatz ausgleichbar sind. Allerdings sind diese Forderungen nicht einfach durchzusetzen.[137] Die Erfolgsaussichten in der Hauptsache sind im Rahmen der Interessenabwägung nicht zu berücksichtigen.[138] Das folgt daraus, dass Abs. 3 S. 2 hinsichtlich des für einen Antrag nach Abs. 3 anzuwendenden Abwägungsmaßstabs lediglich auf Abs. 2 S. 1 und damit gerade nicht auf Abs. 2 S. 4 verweist.

34   Eine aufgrund eines Antrags nach Abs. 3 ergangene Verfügung der Vergabekammer kann gem. Abs. 3 S. 3 nicht isoliert, sondern nur zusammen mit der Entscheidung über den Nachprüfungsantrag angefochten werden.[139] Nach dem neuen Abs. 3 kann die Vergabekammer die von ihr getroffenen weiteren vorläufigen Maßnahmen nach den Verwaltungsvollstreckungsgesetzen des Bundes und der Länder durchsetzen; die Maßnahmen sind sofort vollziehbar. § 86 a S. 2 gilt entsprechend. Durch die Ergänzung des Abs. 3 ist klargestellt, dass weitere vorläufige Maßnahmen nach Abs. 3 mit den Mitteln der Verwaltungsvollstreckung durchgesetzt werden können.[140] Wie auch in Bezug auf § 114 Abs. 3 ist es auch hier sachgerecht, den Zwangsgeldrahmen des § 86 a S. 2 zu übernehmen. Denn aus der Rechtspraxis der Vergabekammern ergibt sich, dass öffentliche Auftraggeber die Anordnungen der Vergabekammern vereinzelt schlicht ignorieren.[141] Die effektive Durchsetzung der Anordnungen der Vergabekammern setzt aber voraus, dass geeignete Zwangsmittel zur Verfügung stehen.[142] Nach alter Gesetzeslage waren mangels spezialgesetzlicher Regelung für die Durchsetzung von Entscheidungen der Vergabekammern die allgemeinen Verwaltungsvollstreckungsgesetze des Bundes und der Länder maßgeblich. Gemäß § 11 Abs. 3 VwVG Bund können Zwangsgelder lediglich in einer Spanne von 1,5 bis höchstens 1000 EUR verhängt werden. Ein solcher Zwangsgeldrahmen ist angesichts der Auftragsvolumina, die den Gegenstand eines Nachprüfungsverfahrens sein können, kein

---

[132] OLG Naumburg ZfBR 2006, 817, 818.

[133] VK Lüneburg, Beschl. v. 27. 6. 2003, 203 VgK–14/2003, Umdruck nach Veris, 6.

[134] VK Hessen, Beschl. v. 10. 1. 2005, 69 d-VK-96/2004, Umdruck nach Veris, 5; VK Bund, Beschl. v. 30. 6. 1999, VK 2–14/99, Umdruck nach Veris, 6.

[135] Vgl. *Immenga/Mestmäcker/Dreher* RdNr. 50.

[136] VK Münster, Beschl. v. 10. 11. 2004, VK 29/04, zu § 115 Abs. 2.

[137] OLG Celle, Beschl. v. 15. 7. 2004, 13 Verg 11/04, Umdruck nach Veris, 4.

[138] Anders noch für § 115 Abs. 3 aF bspw. VK Lüneburg, Beschl. v. 29. 4. 2005, VgK-19/2005; VK Bund, Beschl. v. 29. 9. 2004, VK 1–162/04; *Gröning* ZIP 1999, 181, 184.

[139] *Erdl*, RdNr. 56, die vor dem Hintergrund des Art. 19 Abs. 4 GG eine einstweilige Verfügung gegen die Entscheidung der Vergabekammer nach § 935 ZPO vor den Zivilgerichten für zulässig hält.

[140] BR-Drucks. 349/08, 45.

[141] VK Bund, Beschl. v. 17. 11. 2004, VK 1–83/02.

[142] Dazu und zu den folgenden Ausführungen siehe BR-Drucks. 349/08, 42.

wirksames Zwangsmittel. Außerdem führt diese Rechtslage zur Benachteiligung gegenüber solchen Bietern, die erst in einem Verfahren vor den Oberlandesgerichten erfolgreich waren. Denn Beschlüsse der Oberlandesgerichte können über die Instrumentarien der ZPO vollstreckt werden (§§ 704 ff., 888 ZPO). So können zur Vollstreckung unvertretbarer Handlungen – auch mehrfach – Zwangshaft und Zwangsgelder bis 25 000 EUR angeordnet werden. In gleicher Weise wurde auch im Rahmen der 7. GWB-Novelle anerkannt, dass ein Verwaltungszwang entsprechend den allgemeinen Vorschriften zur Verwaltungsvollstreckung nicht ausreichend ist. Denn auch in Bezug auf kartellbehördliche Verfügungen, die ebenso wie das öffentliche Auftragswesen Sachverhalte von erheblicher Bedeutung betreffen, waren die niedrigen Zwangsgelder der allgemeinen Verwaltungsvollstreckungsrechts nicht ausreichend. So entschied der Gesetzgeber im Rahmen der 7. GWB-Novelle, Zwangsgelder in einer Spanne von 1000 bis 10 Mio. EUR zuzulassen. Deswegen ist es sachgerecht, dass diese Regelung nun auch für den Vierten Teil des GWB übernommen wurde, indem dort auf den § 86a S. 2 verwiesen wird.

4. Fall des § 100 Abs. 2 lit. d. Der Gesetzgeber hat § 115 um einen vierten Absatz er- **35** gänzt.[143] Macht der Auftraggeber das Vorliegen der Voraussetzungen nach § 100 Abs. 2 lit. d geltend, entfällt gemäß Abs. 4 das Verbot des Zuschlages nach Abs. 1 zwei Kalendertage nach Zustellung eines entsprechenden Schriftsatzes an den Antragsteller; die Zustellung ist durch die Vergabekammer unverzüglich nach Eingang des Schriftsatzes vorzunehmen. Auf Antrag kann das Beschwerdegericht das Verbot des Zuschlages wiederherstellen. Die Regelung des Abs. 4 beruht auf der Erwägung, dass der automatische Suspensiveffekt nach Abs. 1 für Sachverhalte, in denen streitig ist, ob eine Ausnahme nach § 100 Abs. 2 lit. d vorliegt, zu unangemessenen Zeitverzögerungen zu Lasten der wesentlichen Sicherheitsinteressen des Staates führen kann. Abs. 4 bestimmt deshalb, dass die Automatik des Suspensiveffekts nach Abs. 1 zugunsten des Rechts des Auftraggebers auf umgehende Erteilung des Zuschlags zwei Tage nach Zustellung entfällt.

§ 115 a Ausschluss von abweichendem Landesrecht

Soweit dieser Unterabschnitt Regelungen zum Verwaltungsverfahren enthält, darf hiervon durch Landesrecht nicht abgewichen werden.

Die Vorschrift ist insofern sachlich notwendig, weil das Vergabenachprüfungsverfahren dem **1** verwaltungsrechtlichen Widerspruchsverfahren nachgebildet worden ist und damit verwaltungsverfahrensrechtliche Regelungen enthält. Die Vergabekammern sind keine Gerichte, sondern organisatorisch Teil der Verwaltung[1] und als solche unabhängige verwaltungsinterne Behörden besonderer Art.[2] Sie entscheiden deshalb nur gerichtsähnlich,[3] auch wenn sie gem. § 105 Abs. 1 ihre Tätigkeit unabhängig und in eigener Verantwortung ausüben.[4] Nach dem Grundgesetz besteht keine Notwendigkeit, die Vergabekammern institutionell und im Verfahren gerichtsähnlich auszugestalten, weil durch die Möglichkeit, gegen die Entscheidungen der Vergabekammern Rechtsmittel zu den Oberlandesgerichten einzulegen, der Rechtsschutzgarantie des Art. 19 Abs. 4 GG genügt ist.[5]

Ohne eine Vorschrift wie dem § 115 a könnte es zu einer unterschiedlichen gesetzlichen **2** Ausgestaltungen des Verfahrens vor der Vergabekammer in den Bundesländern und vor den Vergabekammern des Bundes kommen. Denn nach den Art. 83, 84 Abs. 1 Satz 1 GG führen die Länder die Bundesgesetze grundsätzlich als eigene Angelegenheit aus und regeln deshalb auch die Einrichtung der Behörden und das Verwaltungsverfahren grundsätzlich selbst. Gemäß Art. 84 Abs. 1 Satz 5 GG kann der Bund in Ausnahmefällen wegen eines besonderen Bedürfnisses nach bundeseinheitlicher Regelung das Verwaltungsverfahren ohne Abweichungsmöglichkeit für die Länder regeln. Von dieser Möglichkeit hat der Bund nunmehr durch § 115 a Gebrauch gemacht.

Ein **besonderes Bedürfnis für eine bundeseinheitliche Regelung des Nachprüfungs- 3 verfahrens** vor den Vergabekammern der Länder besteht, weil sich Unternehmen länderüber-

---

[143] Dazu *Brauer* NZBau 2009, 297, 299.
[1] BGH, Beschl. v. 9. 12. 2003, X ZB 14/03, VergabeR 2004, 414, 416.
[2] VK Südbayern, Beschl. v. 3. 4. 2009, Z3–3–3194–1–49–12/08; VK Brandenburg, Beschl. v. 29. 11. 2001, 2 VK 44/00; VK Düsseldorf, Beschl. v. 31. 10. 2007, VK- 31/2007-L.
[3] OLG Celle, Beschl. v. 23. 6. 2008, 13 Verg 10/07.
[4] BGH, Beschl. v. 9. 12. 2003, X ZB 14/03, VergabeR 2004, 414, 416.
[5] VK Südbayern, Beschl. v. 3. 4. 2009, Z3–3–3194–1–49–12/08; *Bechtold* § 105 RdNr. 1.

greifend bei öffentlichen Auftraggebern auf Landesebene und kommunaler Ebene bewerben. Müssten sie sich zu diesem Zweck auf eine Vielzahl unterschiedlicher landesrechtlicher Regelungen des Nachprüfungsverfahrens einstellen, würde das insbesondere für kleine und mittlere Unternehmen eine erhebliche wirtschaftliche Belastung sein und die Erlangung effektiven Primärrechtsschutzes faktisch behindern.[6] Auf Wunsch des Bundesrats ist die Regelung über das Verbot der Abweichung durch Landesrecht von dem zunächst dafür vorgesehenen § 132 auf den § 115 a vorgezogen und dadurch auf das Verfahren vor der Vergabekammer beschränkt worden. Grund dafür war, dass durch die Platzierung der Vorschrift an prominenter Stelle betont werden sollte, dass die Länder in allen Fällen, in denen das GWB Regeln zum Verwaltungsverfahren enthält, keine abweichenden Regeln treffen dürfen.[7]

III. Sofortige Beschwerde

§ 116 Zulässigkeit, Zuständigkeit

(1) [1]**Gegen Entscheidungen der Vergabekammer ist die sofortige Beschwerde zulässig.** [2]**Sie steht den am Verfahren vor der Vergabekammer Beteiligten zu.**

(2) **Die sofortige Beschwerde ist auch zulässig, wenn die Vergabekammer über einen Antrag auf Nachprüfung nicht innerhalb der Frist des § 113 Abs. 1 entschieden hat; in diesem Fall gilt der Antrag als abgelehnt.**

(3) [1]**Über die sofortige Beschwerde entscheidet ausschließlich das für den Sitz der Vergabekammer zuständige Oberlandesgericht.** [2]**Bei den Oberlandesgerichten wird ein Vergabesenat gebildet.**

(4) [1]**Rechtssachen nach den Absätzen 1 und 2 können von den Landesregierungen durch Rechtsverordnung anderen Oberlandesgerichten oder dem Obersten Landesgericht zugewiesen werden.** [2]**Die Landesregierungen können die Ermächtigung auf die Landesjustizverwaltungen übertragen.**

Schrifttum: *Wilke* NZBau 2005, 326 f.; *Maimann* NZBau 2004, 492; *Gröning* ZIP 1999, 181 f.

Übersicht

---

[6] BT-Drucks. 16/10117 v. 13. 8. 2008, zu Nr. 27 (§ 132), S. 26.
[7] Stellungnahme des Bundesrates v. 4. 7. 2008, Ziff. 26, zu § 115 a – neu – GWB, Anlage 3 zur B-Drucks. 16/10117 v. 13. 8. 2008, S. 36.

A. Grundlagen

I. Zuweisung an „Vergabegerichte" (OLG, LSG)

Die Entscheidungen der Vergabekammer ergehen als Verwaltungsakt (§ 114 Abs. 3 S. 1), de- **1** ren Anfechtung (iSd. § 40 Abs. 1 VwGO) ausschließlich den „Vergabegerichten" zugewiesen wird (OLG). Die §§ 116–124 regeln das **zuständige Gericht** und das **Beschwerdeverfahren** in Bezug auf Entscheidungen der Vergabekammer. Streitigkeiten wegen der Vergaben im Bereich des § 69 Abs. 5 SGB V sind nach der zum 1. 1. 2011 in Kraft tretenden Änderung des § 116 Abs. 3 Satz 1 GWB (wieder) im Vergaberechtsweg (Vergabekammern, Vergabesenate) auszutragen. Die zuvor bestehende Zuständigkeit der Sozialgerichte besteht nach dem Arznei-mittelmarktneuordnungsgesetz (AMNOG)[1] nicht fort (vgl. § 51 Abs. 3 SGG i. d. F. des AM-NOG). Beim LSG bzw. BSG anhängige Verfahren gehen auf das örtlich zuständige OLG bzw. auf den BGH über (§ 207 SGG).

Die §§ 116 ff. sehen – wie auch in § 63 – **nur** _eine_ **gerichtliche Instanz** vor. Der BGH **2** kann nur in Divergenzfällen angerufen werden (§ 124 Abs. 2); in diesem Fall kann die Sache zurückverwiesen werden (§ 124 Abs. 2 S. 2 u. 3). Bisher sind solche Fälle selten; im Beschleunigungsinteresse entscheiden die Bundesgerichte „durch". Die Zuständigkeit des „Vergabegerichts" besteht unabhängig davon, ob die Vergabekammer ihre Zuständigkeit zu Recht angenommen hat; diese Frage ist ggf. im Beschwerdeverfahren zu entscheiden.

II. Spruchkörper

Ein Vergabesenat wird nach § 116 Abs. 3 S. 2 (nur) beim OLG gebildet. Entscheidungen **3** durch den Vorsitzenden oder durch den Berichterstatter des Senats als Einzelrichter sind unter bestimmten Voraussetzungen möglich.

B. Anfechtbare Entscheidungen

Die **sofortige Beschwerde entspricht einer Anfechtungs- oder Verpflichtungsklage** **4** **iSd. § 42 VwGO;** wird sie nicht fristgerecht erhoben, wird der Beschluss der Vergabekammer bestandskräftig. Im Falle der Ablehnungsfiktion (Abs. 2) tritt diese Wirkung unabhängig von einer vorherigen Belehrung ein (vgl. § 113 RdNr. 11). Nach Bestandskraft findet keine materielle Überprüfung des Ergebnisses des Verfahrens vor der Vergabekammer durch den Vergabesenat mehr statt.

Der Anfechtung im Wege der §§ 116 ff. unterliegen alle Entscheidungen der Vergabekam- **5** mer, mit der das dortige Verfahren abgeschlossen wird, sowie Zwischen- und Nebenentscheidungen (s. u. RdNr. 11 f., 14 f.). Für die Entscheidungen im sog. Eilverfahren gelten die besonderen Bestimmungen in § 115 Abs. 2 S. 7 u. 8, § 121 Abs. 2. Wird gegen eine Entscheidung der Vergabekammer keine Beschwerde eingelegt oder die Beschwerde zurückgenommen, wird diese Entscheidung **bestandskräftig.** Wird dem Beschluss der Vergabekammer eine unzutreffende Rechtsmittelbelehrung (§ 114 Abs. 3, § 61) beigefügt, wird dadurch dessen Anfechtbarkeit nicht beeinflusst; Fehler der **Rechtsmittelbelehrung** haben aber analog § 58 VwGO eine längere Anfechtungsfrist zur Folge.[1a] Die Vergabekammer kann dies nur durch Zustellung eines neuen Beschlusses mit korrekter Rechtsmittelbelehrung vermeiden.

Gemäß § 116 Abs. 1 sind im Einzelnen anfechtbar:

I. Endentscheidungen

Endentscheidungen über den Nachprüfungsantrag (§ 107) nach § 114 Abs. 1 S. 1, Abs. 2 **6** S. 2, mit denen in der Hauptsache endgültig entschieden wird; im Fall des § 116 Abs. 2 ist die fingierte Ablehnung des Nachprüfungsantrags (ohne Verlängerung: fünf Wochen ab Eingang des Nachprüfungsantrages, § 113 Abs. 1 S. 1) anfechtbar (s. § 113 RdNr. 11). Anfechtbar ist auch die Ablehnung des Nachprüfungsantrags als offensichtlich unzulässig oder offensichtlich unbegründet (§ 110 Abs. 2 S. 1; vgl. § 110 RdNr. 14–16). In den Fällen, in denen die Verga-

---

[1] Gesetz zur Neuordnung des Arzneimittelmarktes in der gesetzlichen Krankenversicherung v. 22. 12. 2010, BGBl. I S. 2262.
[1a] Ebenso: _Kulartz/Kus/Portz/Hunger_ § 117 RdNr. 5 f.

bekammer nur noch über die Kosten[2] oder über einen Fortsetzungsfeststellungsantrag zu entscheiden hat, gilt dies allerdings nicht, da die Vergabekammer dann die Entscheidungsfrist nach § 113 Abs. 1 nicht einzuhalten hat;[3] selten (bei langer Verfahrensdauer) kann eine Untätigkeitsbeschwerde in Betracht kommen.[4]

7   Nach **Ablauf der Entscheidungsfrist** und (damit) eingetretener Ablehnungsfiktion darf die Vergabekammer keine Sachentscheidung mehr treffen.[5] Erfolgt dies gleichwohl, kann die Aufhebung der Kammerentscheidung beansprucht werden.[6] Wird gegen die fingierte Ablehnung des Nachprüfungsantrags keine fristgerechte Beschwerde eingelegt, wird auch durch eine (unzulässige) spätere Sachentscheidung der Vergabekammer keine Beschwerdemöglichkeit eröffnet.[7] Die Vergabekammer kann die Entscheidungsfrist nicht nachträglich verlängern.

8   Abs. 2 gilt nach Wortlaut und Sinn nur für **Entscheidungen in der Hauptsache.**[8] Die Ablehnungsfiktion gilt nicht, wenn die Vergabekammer nur über einen Fortsetzungsfeststellungsantrag gem. § 114 Abs. 2 S. 2 zu entscheiden hat oder Nebenentscheidungen zu den Kosten anstehen.[9]

9   Die **Beschwerdemöglichkeit** ist unabhängig davon eröffnet, ob der Nachprüfungsantrag als unzulässig oder als unbegründet abgelehnt wird oder ob die Vergabekammer zur Gewährleistung eines rechtmäßigen Vergabeverfahrens Maßnahmen anordnet. Auch die Zurückweisung eines Nachprüfungsantrages als *offensichtlich* unbegründet oder unzulässig (§ 110 Abs. 2) ist anfechtbar, ebenso die Entscheidung über einen Fortsetzungsfeststellungsantrag nach § 114 Abs. 2 S. 2 GWB, nachdem sich das Vergabeverfahren durch Erteilung des Zuschlags, durch Aufhebung oder durch Einstellung des Vergabeverfahrens oder auf sonstige Weise erledigt hat.

10   Hat die Vergabekammer nur lückenhaft entschieden, ist gegenüber der sofortigen Beschwerde **§ 321 ZPO entsprechend anzuwenden** und eine Ergänzung des Beschlusses zu beantragen.[10] Dies kommt zB in Betracht bzgl. der nachträglichen Ergänzung des Beschlusses der Vergabekammer im Kostenpunkt.[11] Bleibt eine Entscheidung der Vergabekammer aus, weil sie den Nachprüfungsantrag für offensichtlich unzulässig oder unbegründet hält, erfolgt eine sog. Zwischenmitteilung (s. dazu § 110 RdNr. 14 f. sowie unten RdNr. 20; ferner § 118 RdNr. 31 f.).

II. Zwischenentscheidungen

11   Zwischenentscheidungen über die „Erledigung" des Nachprüfungsverfahrens durch wirksamen Zuschlag oder durch Aufhebung der Ausschreibung sind **zulässig** und (auch) **sinnvoll,** um zeitnah zu klären, ob der Antragsteller überhaupt noch Primärrechtsschutz beanspruchen kann.[12]

12   Eine Zwischenentscheidung im genannten Sinn ist eine **Teilendentscheidung,** in deren sachlichem Umfang das Nachprüfungsverfahren teilweise beendet wird. Die Feststellung der Erledigung des Nachprüfungsverfahrens entscheidet verbindlich, dass der auf die Verbesserung der Zuschlagschancen zielende Rechtsschutz nicht (mehr) gewährt werden kann.

13   Der Beschluss über eine **Aussetzung des Beschwerdeverfahrens** wegen einer entscheidungserheblichen Vorfrage kann im Interesse einer Verfahrensbeschleunigung ebenfalls mit der sofortigen Beschwerde angefochten werden.[13] Eine Aussetzung kommt einer Ablehnung vergaberechtlichen Primärrechtsschutzes sowie des Nachprüfungsantrages „auf Zeit" gleich.

III. Nebenentscheidungen

14   **1. Kostenentscheidungen.** Kostenentscheidungen sind sowohl als unselbständige (im Rahmen der Hauptsacheentscheidung ergangene) als auch als selbständige Entscheidungen der Ver-

---

[2] OLG Dresden VergabeR 2005, 546.
[3] OLG Naumburg, Beschl. v. 4. 9. 2001, 1 Verg 8/01.
[4] OLG Bremen OLGR Bremen 2007, 452.
[5] OLG Dresden VergabeR 2005, 812; OLG Celle WuW/E Verg 475; OLG Düsseldorf NZBau 2001, 696; a. A. OLG Rostock VergabeR 2002, 85; KG Berlin VergabeR 2002, 95.
[6] BayObLG VergabeR 2001, 256.
[7] OLG Dresden VergabeR 2005, 812; OLG Düsseldorf CuR 2004, 26; OLG Düsseldorf NZBau 2001, 696; a. A. OLG Rostock VergabeR 2002, 85; KG Berlin VergabeR 2002, 95.
[8] OLG Dresden VergabeR 2005, 546.
[9] OLG Naumburg Beschl. v. 4. 9. 2001, 1 Verg 8/01.
[10] BayObLG, Beschl. v. 8. 3. 2001, Verg 5/01.
[11] BayObLG, Beschl. v. 27. 9. 2002, Verg 18/02.
[12] OLG Jena Beschl. v. 9. 9. 2002, 6 Verg 4/02; Beschl. v. 16. 7. 2003, 6 Verg 3/03.
[13] OLG Düsseldorf VergabeR 2002, 404, 406 f.

gabekammer (zB nach Hauptsacheerledigung) anfechtbar. Die Anfechtung kann den Kosten-grund und/oder die Kostenhöhe betreffen. Anders als im allgemeinen Prozessrecht (§ 99 ZPO, § 158 VwGO) kann eine Beschwerde auf die Kostenentscheidung beschränkt werden (auch durch nachträgliche Teilrücknahme).

2. Hinzuziehung eines Bevollmächtigten. Mit der sofortigen Beschwerde kann auch die **15** Entscheidung der Vergabekammer über die Notwendigkeit der Hinzuziehung eines Bevoll-mächtigten (§ 128 Abs. 4 S. 4 iVm. § 80 Abs. 2 VwVfG)[14] angegriffen werden.

3. Kostenfestsetzungsbeschlüsse. Anfechtbar sind auch Kostenfestsetzungsbeschlüsse.[15] Die **16** Bestimmung des Gegenstandswertes durch die Vergabekammer erfolgt analog § 50 Abs. 2 GKG. Die Gebühr der Vergabekammer ist allerdings nicht wertbezogen; sie kann im Rahmen der § 128 Abs. 1 u. 2 nur eingeschränkt überprüft werden. Die Kostenfestsetzung der Vergabekammer kann wegen der Bestimmung des Gegenstandswertes der anwaltlichen Tätigkeit angegriffen werden.[16] Dies gilt auch dann, wenn die Vergabekammer durch gesonderten Beschluss einen Gegenstands-wert festsetzt,[17] unabhängig davon, dass dies vom Gesetz nicht gefordert wird.[18]

4. Vollstreckung. Schließlich sind auch Entscheidungen zur Vollstreckung der Vergabe- **17** kammerentscheidung nach § 114 Abs. 3 S. 2 GWB mit der sofortigen Beschwerde anfechtbar.[19] Materiell gilt insoweit Verwaltungsvollstreckungsrecht; danach haben Rechtsbehelfe gegen Maßnahmen in der Verwaltungsvollstreckung **keine aufschiebende Wirkung**. § 118 GWB findet hier keine Anwendung; Rechtsschutz kann analog § 80 Abs. 5 VwGO erlangt werden.

C. Nicht anfechtbare Entscheidungen der Vergabekammer

I. Verfahrensleitende Anordnungen

Verfahrensgestaltende und -leitende Anordnungen der Vergabekammer werden im Gesetz **18** als **nicht selbständig anfechtbar** benannt; dazu gehören die Übertragung des Verfahrens auf den Vorsitzenden der Kammer oder den hauptamtlichen Beisitzer zur alleinigen Entscheidung (§ 105 Abs. 3 S. 1), die Beiladung (§ 109 S. 2) und die Versagung der Akteneinsicht (§ 111 Abs. 4). Weiter sind nicht anfechtbar die Entscheidung, in Abwesenheit zu verhandeln (§ 112 Abs. 2), die Verlängerung der Entscheidungsfrist (§ 113 Abs. 1 S. 2), Fristsetzungen zum Vor-trag (§ 113 Abs. 2 S. 2) und Terminsbestimmungen. Entscheidungen im Verfahren zur vorzeiti-gen Zuschlaggestattung sind nicht mit der sofortigen Beschwerde anfechtbar (§ 115 Abs. 2 S. 7).

Auch Entscheidungen der Vergabekammer über ein Ablehnungsgesuch oder über die Ver- **19** weisung des Nachprüfungsverfahrens an einer andere (örtlich zuständige) Kammer[20] sind nicht isoliert anfechtbar.

II. Zwischenmitteilungen (§ 110 Abs. 2)

Anders als nach der früheren Rechtslage hängt der **Eintritt des Zuschlagsverbots** (§ 115 **20** Abs. 1) nicht mehr von der Zustellung, sondern nur noch von der in „Textform" (§ 126 b BGB) erfolgenden Information des öffentlichen Auftraggebers über den Nachprüfungsantrag ab. Diese Information erfolgt nach § 110 Abs. 2 S. 3 aber nicht, wenn der Nachprüfungsantrag offensichtlich unzulässig oder unbegründet ist. Nimmt die Vergabekammer dies an, hat sie dem Antragsteller dies mitzuteilen; dieser kann dann (soweit dies nach § 107 Abs. 3 Nr. 4 noch möglich ist) „nachbessern". Bleibt dies erfolglos, kann der Antrag ohne vorherige Information des öffentlichen Auftraggebers verworfen werden. Eine sog. **Zwischenmitteilung** nach § 110 Abs. 2 ist **nicht selbständig anfechtbar;**[21] eine gegen die unterbliebene Information gerichte-

---

[14] OLG Düsseldorf Beschl. v. 29. 10. 2003, Verg 1/03.
[15] OLG München Beschl. v. 6. 2. 2006, Verg 14/06; Beschl. v. 13. 11. 2006 – Verg 14/06; Beschl. v. 13. 11. 2006 – Verg 13/06.
[16] OLG Naumburg NZBau 2005, 486.
[17] Vgl. OLG Jena VergabeR 2002, 202.
[18] OLG Düsseldorf, Beschl. v. 3. 7. 2003, VII-Verg 22/00.
[19] OLG Düsseldorf, Beschl. v. 29. 4. 2003, Verg 53/02.
[20] Analog § 83 VwGO.
[21] Ebenso *Maier* in: *Kulartz/Kus/Portz*, § 110 Rn. 29; vgl. zur früheren Rechtslage nach § 115 Abs. 1 aF. OLG Dresden VergabeR 2002, 544; KG Berlin KGR Berlin 2005, 597.

te Untätigkeitsbeschwerde ist nicht statthaft. Allerdings gehört die zeitnahe (Entscheidung und) Information in Textform zu den Amtspflichten der Vergabekammer (§ 839 BGB, Art. 34 GG).

III. Weitere Fälle

21   Entscheidungen der Vergabekammer über das gegen ein Vergabekammermitglied gerichtete Ablehnungsgesuch,[22] über die Verfügung über die Verlängerung der Entscheidungsfrist,[23] die Ablehnung eines Antrags auf Berichtigung des Sachverhalts einer Nachprüfungsentscheidung,[24] den Erlass eines Beweisbeschlusses[25] und die Verweisung des Nachprüfungsverfahrens an eine andere Vergabekammer können nur zusammen mit der Hauptsache – im Wege der sofortigen Beschwerde – angefochten werden.[26]

D. Anschlussbeschwerde

22   Eine Anschlussbeschwerde ist eine Antragstellung innerhalb des fremden (gegnerischen) Rechtsmittels. Sie kann sich nur gegen den Rechtsmittelführer richten, nicht gegen Dritte. Eine unselbständige Anschlussbeschwerde des Beschwerdegegners ist auch im vergaberechtlichen Beschwerdeverfahren zulässig;[27] sie muss in entsprechender Anwendung der §§ 120 Abs. 2, 73 GWB in Verbindung mit § 577a ZPO innerhalb von zwei Wochen nach Zustellung der Beschwerdebegründung durch das Beschwerdegericht eingelegt *und* zugleich mit ihrer Einlegung begründet werden (§ 524 Abs. 3 Satz 1 ZPO, § 117 Abs. 2 GWB).[28] Die **Frist** für die Einlegung der Anschlussbeschwerde beginnt analog § 524 Abs. 2 Satz 2 ZPO mit der Zustellung der Beschwerdeschrift. Die Anschlussbeschwerde kann auch bedingt erhoben werden in dem Sinne, dass über die Anschlussbeschwerde nur entschieden werden soll, wenn der in erster Linie gestellte Antrag auf Zurückweisung der Beschwerde keinen Erfolg hat **(Eventualanschlussbeschwerde)**.[29] Die unselbständige Anschlussbeschwerde vermittelt einem Antrag nach § 118 Abs. 1 S. 3 keine Grundlage.

23   Die Anschlussbeschwerde kann von allen Beteiligten des Nachprüfungsverfahrens eingelegt werden, also auch von Beigeladenen im Verhältnis zum Antragsteller.[30] Der Beschwerdegegner kann auf diesem Wege noch **nach Ablauf der Beschwerdefrist** die vom Beschwerdeführer angegriffene Entscheidung der Vergabekammer auch zu seinen Gunsten überprüfen lassen. Beschwerde und Anschlussbeschwerde müssen dieselbe Entscheidung der Vergabekammer betreffen und gegenläufige Rechtsschutzziele verfolgen. Gegenläufige Rechtsschutzziele können zB die Vergabestelle, die Bieter A beauftragen will, und der von der Vergabekammer beigeladene Bieter B, der seine Zuschlagschance wahren will, verfolgen. Nimmt der Beschwerdeführer seine Beschwerde zurück oder wird die Beschwerde vom Vergabesenat als unzulässig verworfen, so wird die Anschlussbeschwerde ohne weiteres gegenstandslos. Die Anschlussbeschwerde kann auch Nebenentscheidungen betreffen. Entsprechend § 524 Abs. 4 ZPO verliert die Anschließung ihre Wirkung, wenn die Beschwerde zurückgenommen oder als unzulässig verworfen wird.

E. Zulässigkeitsvoraussetzungen der sofortigen Beschwerde

24   Für die sofortige Beschwerde müssen die allgemeinen Anwendungsvoraussetzungen des Nachprüfungsverfahrens vorliegen (s. § 118 RdNr. 19).

---

[22] OLG Jena NZBau 2000, 349.

[23] OLG Naumburg, Beschl. v. 13. 8. 2007, 1 Verg 8/07; OLG NZBau 2005, 236.

[24] OLG Saarbrücken, Beschl. v. 29. 9. 2005, 1 Verg 5/05.

[25] OLG Jena VergabeR 2002, 631.

[26] OLG Düsseldorf, Beschl. v. 18. 1. 2005, VII-Verg 104/04: „unanfechtbare Zwischenentscheidung".

[27] OLG Frankfurt Beschl. v. 28. 2. 2006, 11 Verg 15/05; OLG Naumburg VergabeR 2004, 387, 390; BayObLG, Beschl. v. 6. 2. 2004, Verg 24/03; OLG Dresden BauR 2000, 1582, 1585; OLG Naumburg VergabeR 2004, 387, 390.

[28] OLG Frankfurt, Beschl. v. 28. 2. 2006, 11 Verg 15 und 16/05; BayObLG, Beschl. v. 6. 2. 2004, Verg 24/03; OLG Düsseldorf, Beschl. v. 25. 2. 2004, Verg 9/02.

[29] BayObLG, Beschl. v. 9. 8. 2004, Verg 15/04.

[30] OLG Jena VergabeR 2002, 256.

I. Beschwerdeberechtigte

Beschwerdeberechtigt sind alle am Verfahren vor der Vergabekammer **Beteiligten** (Abs. 1 **25** S. 2), also der Antragsteller, der Auftraggeber sowie die zum Nachprüfungsverfahren Beigeladenen (§ 109). Ist eine Beiladung unterblieben, kann die Beschwerdeberechtigung unter Berufung darauf, dass die Interessen eines Unternehmens durch die Entscheidung schwerwiegend berührt werden, nicht begründet werden.

II. Beschwer

Zur Zulässigkeit der Beschwerde muss eine Beschwer gegeben sein. **26**

Die – erforderliche – **formelle Beschwer** ist für den Antragsteller bzw. für den Auftraggeber **27** gegeben, wenn ein Vergleich der gestellten Anträge mit der Entscheidung der Vergabekammer (Tenor, uU. unter ergänzender Heranziehung der Gründe) zeigt, dass sie mit ihren Anträgen keinen (vollen) Erfolg gehabt haben.

Fehlt ein ausdrücklicher Antrag, kommt es auf das (auszulegende) Rechtsschutzziel an; die **28** Beschwer ist dann insoweit gegeben, als die Entscheidung der Vergabekammer hinter dem Rechtsschutzziel zurückbleibt und ein Verfahrensbeteiligter materiell beeinträchtigt wird. Eine materielle Beschwer ist gegeben, wenn ein Bieter damit rechnen muss, den Zuschlag nicht zu erhalten, den er ohne die Vergabekammer-Entscheidung mit hinreichender Wahrscheinlichkeit erhalten hätte.[31]

Für einen Beigeladenen, der keinen formellen Antrag gestellt hat und bei dem deshalb keine **29** formelle Beschwer festgestellt werden kann, ist auf dessen **materielle Beschwer** abzustellen. Er ist nicht genötigt, (allein) zur Wahrung einer Beschwerdemöglichkeit im Verfahren vor der Vergabekammer einen Antrag zu stellen. Der Beigeladene muss eine **materielle Verletzung** in seinen Rechten durch die Entscheidung der Vergabekammer geltend machen. Dazu sind aus dem bisherigen Vorbringen des Beigeladenen Art, Umfang und Zielrichtung der von ihm geltend gemachten Interessen zu ermitteln und mit der Entscheidung der Vergabekammer zu vergleichen. Häufig wird der Beigeladene eine „Seite" im Beschwerdeverfahren unterstützten.

Werden die rechtlichen Interessen des Beigeladenen beeinträchtigt, ist er beschwert. Hat er **30** sich im Verfahren vor der Vergabekammer nicht geäußert, sind seine Interessen anhand der Akten zu ermitteln und sodann mit der Entscheidung der Vergabekammer zu vergleichen.[32] Beispielsweise ist eine Beschwer des Beigeladenen gegeben, wenn die Vergabekammer die Neubewertung aller Angebote anordnet, nach der bisherigen Wertung aber der Zuschlag auf ihn entfallen wäre.[33]

Für die Beschwer maßgeblich ist der **„Tenor" der Vergabekammer-Entscheidung.** Aus **30a** den Gründen der Entscheidung ist keine Beschwer abzuleiten, wenn – im Ergebnis – den Anträgen bzw. dem Rechtsschutzziel entsprochen worden ist.

F. Rücknahme, Erledigung der Hauptsache

I. Rücknahme

Eine Beschwerderücknahme ist analog § 516 ZPO zulässig; bis zur Verkündung der Be- **31** schwerdeentscheidung ohne Einwilligung des Gegners. Entsprechend § 516 Abs. 3 ZPO hat der Beschwerdeführer die durch das Rechtsmittel entstandenen Kosten zu tragen.

Die Rücknahme des Nachprüfungsantrages ist in der Beschwerdeinstanz ohne Zustimmung **32** der anderen Beteiligten möglich. Der Nachprüfungsantrag steht zur freien Disposition des Unternehmens, das sich in seinen Bieterrechten verletzt fühlt. Das schließt als selbstverständliche Folge ein, dass der Antrag jederzeit wieder zurückgenommen werden kann, solange und soweit noch eine bestandskräftige Entscheidung darüber vorliegt. Eine die Möglichkeit der Rücknahme einschränkende Bestimmung, wie sie im Prozessrecht gilt (§ 269 Abs. 1 ZPO), enthält das GWB für den Nachprüfungsantrag nicht.[34] Folge der Antragsrücknahme ist, dass die angefochtene Entscheidung der Vergabekammer und die hiergegen gerichtete Beschwerde gegenstandslos werden. Die Kosten des Beschwerdeverfahrens fallen analog § 269 Abs. 3 Satz 2 ZPO

---

[31] OLG München, Beschl. v. 10. 12. 2009, Verg 16/09.
[32] OLG Saarbrücken Beschl. v. 29. 5. 2002, 5 Verg 1/01; OLG Dresden NZBau 2001, 459.
[33] OLG Jena, Beschl. v. 7. 10. 2003, 6 Verg 6/03.
[34] BGH NZBau 2009, 466 (bei JurisTz. 12).

dem Beteiligten, der den Antrag zurückgenommen hat, zur Last. Für das Verfahren vor der Vergabekammer trifft § 128 Abs. 4 Satz 2 GWB eine Regelung zu den Kostenfolgen der Antragsrücknahme dahingehend, dass derjenige, der seinen Antrag zurücknimmt, die zur zweckentsprechenden Rechtsverfolgung notwendigen Aufwendungen des Antragsgegners und der Beigeladenen zu erstatten hat.[35]

II. Hauptssacheerledigung

33   Wird das Beschwerdeverfahren in der Hauptsache vom Antragsteller und vom Antragsgegner für erledigt erklärt, wird die Entscheidung der Vergabekammer bestandskräftig. Sie kann dann auch die Bindungswirkung nach § 124 Abs. 1 entfalten. Ein Beigeladener muss sich der Erledigungserklärung nicht anschließen. Übereinstimmende Erledigungserklärungen sind in jedem Stadium des Beschwerdeverfahrens möglich; Anlass zur Abgabe einer solchen Erklärung kann auch eine Entscheidung des Auftraggebers sein, einen gerügten Verfahrensfehler von sich aus zu „heilen", indem bestimmte Vergabekriterien korrigiert bzw. Verfahrensschritte des Vergabeverfahrens wiederholt werden.

G. Beschwerdegerichte (§ 116 Abs. 3 und 4)

34   Über Beschwerden gegen Entscheidungen der Vergabekammern in den Vergabenachprüfungsverfahren entscheidet ausschließlich das **Oberlandesgericht (Vergabesenat)** am Sitz der Vergabekammer, das die angefochtene Entscheidung erlassen hat. In Ländern mit mehreren Oberlandesgerichten sind die Beschwerdeverfahren nur einem Oberlandesgericht zugewiesen worden.

35   Nach dem Gesetz zur Weiterentwicklung der Organisationsstrukturen in der **gesetzlichen Krankenversicherung** (GKV-OrgWG)[36] gilt für den Abschluss von Verträgen im Bereich des § 69 Abs. 2 SGB V zwischen Krankenkassen(-verbänden) und Leistungserbringern, zu deren Abschluss keine gesetzliche Verpflichtung besteht, das Kartellvergaberecht. Über Nachprüfungsanträge entscheiden die Vergabekammern, deren Entscheidungen sind anschließend gem. § 116 Abs. 1 von den Vergabesenaten bei den Oberlandesgerichten überprüfbar (s. o. Rn. 1 ff.).

36   Mit der Beschwerdeentscheidung ist das Nachprüfungsverfahren abgeschlossen. Eine **Überprüfung der Entscheidungen der Vergabesenate** ist im Gesetz **nicht vorgesehen.** Der Rechtsweg zum Bundesgerichtshof ist gem. § 124 Abs. 2 nur im Falle der Divergenz gegeben, wenn ein Oberlandesgericht bei seiner Entscheidung von der Rechtsprechung eines anderen Oberlandesgerichts oder des Bundesgerichtshofs abweichen will und die Sache deshalb durch entsprechenden Beschluss dem Bundesgerichtshof zur Entscheidung vorlegt.

H. Dienstleistungskonzessionen

37   Dienstleistungskonzessionen sind in Art. 1 Nr. 4 VKR als „Verträge, die von öffentlichen Dienstleistungsaufträgen nur insoweit abweichen, als die Gegenleistung für die Erbringung der Dienstleistungen ausschließlich in dem Recht zur Nutzung der Dienstleistung oder in diesem Recht zzgl. der Zahlung eines Preises besteht" legal definiert; sie sind **aus dem Anwendungsbereich der europäischen Vergaberichtlinien ausgeklammert** (Art. 17 VKR, Art. 18 SKR; s. dazu § 99 RdNr. 114–116 sowie RdNr. 223–228). Vergabeentscheidungen in diesem Bereich können deshalb nicht im Wege der §§ 106, 117 ff. überprüft werden. Im Hinblick auf die Rechtsprechung des EuGH, derzufolge auch hier effektiver Bieterrechtsschutz gewährleistet werden muss,[37] ist die **Vergabe des „werthaltigen" Elements** der Dienstleistungskonzession, also der Konzessionierung als solcher, vor den Fachgerichten überprüfbar. Liegt der Konzession ein öffentlich-rechtlicher Rechtsakt (zB. Beleihung) zugrunde, sind die Verwaltungs-[38] oder die

---

[35] Vgl. zur Rechtslage bis zum 24. 4. 2009: OLG Schleswig, Beschl. v. 16. 7. 2009, 1 Verg 1/09, Juris.

[36] BGBl. I 2008, 2426 f.

[37] EuGH NZBau 2005, 592/593 („Coname"), EuGH VergabeR 2008, 213/217 (Kommission ./. Italien), EuGH NZBau 2005, 644/649 („Parking Brixen), EuGH NZBau 2001, 148 („Teleaustria").

[38] Vgl. VG Magdeburg NZBau 2009, 206 f. (Rettungsdienste); OVG Münster NZBau 2006, 533 (Parkraumbewirtschaftung); OVG Berlin RsDE 2006, 67 (Vereinbarungen nach § 77 SGB VIII); OVG Hamburg RsDE 2005, 87; VG Münster VergabeR 2007, 250; VG München VergabeR 2008, 138 (Strahlentherapeutische Praxis); s. dazu auch *Burgi* NZBau 2005, 610 f. sowie *Kellerhoff* NZBau 2008, 97.

Sozialgerichte zuständig. Materiell erfolgt die gerichtliche Überprüfung am Maßstab des Transparenz- und Gleichbehandlungsgebots; möglichen Auftragsbewerbern im europäischen Binnenmarkt müssen vor einer wirtschaftlich bedeutsamen Vergabe angemessene Informationen über die Konzessionsvergabe zugänglich sein. Jedenfalls bei Konzessionsvergaben mit einem Wert oberhalb der sog. Schwellenwerte (§ 2 Nr. 3 VgV) ist ein europaweites transparentes Vergabeverfahren erforderlich.

§ 117 Frist, Form

(1) **Die sofortige Beschwerde ist binnen einer Notfrist von zwei Wochen, die mit der Zustellung der Entscheidung, im Fall des § 116 Abs. 2 mit dem Ablauf der Frist beginnt, schriftlich bei dem Beschwerdegericht einzulegen.**

(2) [1]**Die sofortige Beschwerde ist zugleich mit ihrer Einlegung zu begründen.** [2]**Die Beschwerdebegründung muss enthalten:**

1. **die Erklärung, inwieweit die Entscheidung der Vergabekammer angefochten und eine abweichende Entscheidung beantragt wird,**
2. **die Angabe der Tatsachen und Beweismittel, auf die sich die Beschwerde stützt.**

(3) [1]**Die Beschwerdeschrift muss durch einen Rechtsanwalt unterzeichnet sein.** [2]**Dies gilt nicht für Beschwerden von juristischen Personen des öffentlichen Rechts.**

(4) **Mit der Einlegung der Beschwerde sind die anderen Beteiligten des Verfahrens vor der Vergabekammer vom Beschwerdeführer durch Übermittlung einer Ausfertigung der Beschwerdeschrift zu unterrichten.**

Schrifttum: *Wilke* NZBau 2005, 326, 328; *Kramer/André* JuS 2009, 906; *Goede* VergabeR 2010, 292.

Übersicht

A. Allgemeines

In § 117 werden die **formellen Anforderungen** an die sofortige Beschwerde geregelt. Absatz 1 bestimmt die **Beschwerdefrist** und die **Schriftform,** aus Absatz 2 sind Zeitpunkt und Inhalt der **Beschwerdebegründung** ersichtlich, in Abs. 3 wird die **Unterzeichnung der Beschwerdeschrift** und in Abs. 4 die Pflicht des Beschwerdeführers zur **Unterrichtung** der weiteren Beteiligten geregelt. Die Abs. 1 bis 3 enthalten vom Beschwerdeführer zu erfüllende Zulässigkeitsanforderungen an die sofortige Beschwerde. Absatz 4 ist demgegenüber eine dem Interesse der Verfahrensbeschleunigung dienende Ordnungsvorschrift. § 117 ist durch die GWB-Reform 2009 nicht geändert worden. Die Anforderungen nach § 117 Abs. 2 und Abs. 3 gelten auch für Anträge nach § 118 Abs. 1 S. 3. **1**

B. Beschwerdefrist

I. Notfrist

2   Die zweiwöchige Frist ist eine **nicht verlängerbare Notfrist iSd. § 224 1 S. 2 ZPO**. Das Beschwerdegericht prüft die Fristwahrung von Amts wegen. Der „Einlegungsort" ist das Beschwerdegericht; wird die sofortige Beschwerde bei der Vergabekammer eingelegt, kann die Beschwerdefrist nur durch deren Weiterleitung und den rechtzeitigen Eingang beim Gericht gewahrt werden. Das Ruhen des Verfahrens hat auf den Lauf der Beschwerdefrist keinen Einfluss (§ 251 S. 2 ZPO); auch durch Parteivereinbarung kann die Beschwerdefrist nicht verlängert oder verkürzt werden (vgl. § 224 Abs. 1 und Abs. 2 ZPO). Zur Wiedereinsetzung s. u. RdNr. 7 f.

II. Fristbeginn

3   Als **Fristbeginn** gibt Abs. 1 entweder die formgerechte Zustellung der Entscheidung der Vergabekammer oder den Ablauf der Entscheidungsfrist der Vergabekammer gem. §§ 113 Abs. 1, 116 Abs. 2 an.

4   **1. Zustellung.** Die formgerechte Zustellung richtet sich nach den §§ 114 Abs. 3 S. 3, 61 Abs. 1 iVm. den Bestimmungen des Verwaltungszustellungsgesetzes (VwZG). Unterbleibt eine Zustellung völlig, wird die Beschwerdefrist nicht in Gang gesetzt. Bei Zustellungsmängeln kommt es darauf an, wann der Beschluss der Vergabekammer den (richtigen) Empfänger tatsächlich erreicht hat. Wird ein Beschluss zunächst per Telefax und anschließend auf dem Postwege (gegen Postzustellungsurkunde und Empfangsbekenntnis) übermittelt, ist nur im zweiten Fall ein Zustellungswille gegeben, so dass nur diesbezüglich die Bestimmung der Zustellungszeitpunktes in Betracht kommt.[1] Die sofortige Beschwerde kann wirksam schon vor Fristbeginn eingelegt werden, etwa nach Zugang der Entscheidung per Fax.

5   **2. Ablehnungsfiktion.** Nach Ablauf der regelmäßigen oder verlängerten Entscheidungsfrist tritt eine Ablehnungsfiktion ein (§ 116 Abs. 2); in diesem Fall beginnt die Beschwerdefrist gemäß § 187 Abs. 2 BGB am Tag nach Ablauf der Frist, innerhalb derer die Vergabekammer über den Nachprüfungsantrag hätte entscheiden müssen.[2] Ob die Vergabekammer zuvor (noch) entschieden hat, muss ggf. durch Rückfrage dort geklärt werden, denn die Entscheidungsfrist ist auch dann – noch – gewahrt, wenn der Beschluss vor Fristablauf vollständig abgesetzt worden und zur Geschäftsstelle gelangt ist. Es kommt insoweit nicht darauf an, ob die Entscheidung den Verfahrensbeteiligten innerhalb der Entscheidungsfrist bereits übermittelt worden ist.[3] Die Entscheidungsfrist nach § 113 Abs. 1 beginnt mit dem Eingang des Nachprüfungsantrags bei der Vergabekammer.

6   Ob für den Fall des § 116 Abs. 2 (vorsorglich) eine **Rechtsmittelbelehrung** erteilt worden ist oder nicht, ist für den Beginn der Beschwerdefrist unerheblich; Auswirkungen bestehen nur in Bezug auf die Berechnung der Frist (s. RdNr. 10).

7   **3. Wiedereinsetzungsantrag.** Die Einhaltung der **Beschwerdefrist** nach Abs. 1 unterliegt im Hinblick auf den Anwaltszwang **strengen Anforderungen.** Bei unverschuldeter Versäumung der Beschwerdefrist kann nur ein Wiedereinsetzungsantrag in den vorigen Stand helfen (§§ 120 Abs. 2, 73 Nr. 2 iVm. §§ 230 ff. ZPO). Ein Wiedereinsetzungsantrag wird keinen Erfolg haben, wenn ein Beschwerdeschriftsatz infolge einer falschen Telefaxnummer fehlgeleitet worden ist und der Anwalt nicht für eine wirksame Ausgangskontrolle gesorgt hat.[4]

8   Wird Wiedereinsetzung gewährt, treten die Wirkungen einer fristgerechten Beschwerde ein. Dazu gehört auch das (befristete) Zuschlagverbot nach §§ 115 Abs. 1, 118 Abs. 1 S. 1, das als gesetzliches Verbot iSd. § 134 BGB wirkt. Ein bereits erteilter Zuschlag wird unwirksam;[5] die Gegenansicht[6] verweigert effektiven Primärrechtsschutz, *obwohl* die Beschwerdefrist unverschuldet versäumt worden ist. Soweit unter Bezugnahme auf die Dogmatik zu § 134 BGB auf das Erfordernis verwiesen wird, dass das Rechtsgeschäft zur Zeit seiner Vornahme verbotswidrig gewesen sein muss, wird die retroaktive Wirkung einer Wiedereinsetzung nicht berücksichtigt,

[1] BGH, Beschl. v. 10. 11. 2009, X ZB 8/09, Juris; OLG Stuttgart NZBau 2001, 462, 463.
[2] OLG Düsseldorf VergabeR 2002, 89; OLG Celle, Beschl. v. 20. 4. 2001, 13 Verg 7/01.
[3] OLG Naumburg VergabeR 2007, 125.
[4] OLG Koblenz ZfBR 2006, 198 (Ls.).
[5] BayObLG BayObLGZ 2004, 229.
[6] BayObLG VergabeR 2005, 143.

die den „Status" zur Zeit der versäumten Rechtshandlung gewährt. Ist der Zuschlag noch nicht erteilt, sollte dem Wiedereinsetzungsantrag (und der sofortigen Beschwerde) ein Antrag nach § 118 Abs. 1 Satz 3 hinzugefügt werden.

III. Fristberechnung

Die Frist wird gemäß § 120 Abs. 2, § 73 Nr. 2 iVm. § 222 Abs. 1 ZPO nach den §§ 187 ff. **9** BGB berechnet. Gemäß § 187 Abs. 1 BGB beginnt die Frist einen Tag nach dem Tag, an dem die Entscheidung der Vergabekammer gemäß §§ 2 ff. VwZG zugestellt worden ist. Dies ist für unterschiedliche Beteiligte jeweils separat festzustellen. Die Frist endet mit Ablauf des Tages der übernächsten Woche, der durch seine Benennung dem Tag entspricht, an dem die Zustellung der Entscheidung der Vergabekammer vorgenommen wurde (§ 188 Abs. 2 BGB). Wird die Entscheidung der Vergabekammer an einem Dienstag zugestellt, endet die Beschwerdefrist demzufolge am Dienstag der übernächsten Woche um 24.00 Uhr. Fällt das Ende der Beschwerdefrist auf einen Sonn- oder Feiertag oder einen Samstag, so endet die Beschwerdefrist mit Ablauf des nächsten Werktages (§ 222 Abs. 2 ZPO). Bei nicht bundeseinheitlichen Feiertagen kommt es auf die Rechtslage in dem Bundesland an, in dem das Beschwerdegericht seinen Sitz hat.[7]

IV. Rechtsmittelbelehrung und Beschwerdefrist.

Gem. § 114 Abs. 3 S. 3 iVm. § 61 Abs. 1 S. 1 muss die Vergabekammer zusammen mit ihrer **10** Entscheidung eine Rechtsmittelbelehrung erteilen; diese muss auch auf den **Anwaltszwang** bei den Beschwerdegerichten hinweisen.[8] Eine korrekte Rechtsmittelbelehrung ist für die Beschwerdefrist wichtig: Unrichtigkeiten der Rechtsmittelbelehrung oder ihr Fehlen führen analog § 58 Abs. 2 VwGO zur Jahresfrist. Die Vergabekammer kann eine andere Rechtslage nur durch erneute Zustellung ihrer Entscheidung mit korrekter Rechtsmittelbelehrung herbeiführen.

Für den **Fall des § 116 Abs. 2 (Ablehnungsfiktion)** sieht das Gesetz keine Rechtsmittel- **11** belehrung vor. Eine fehlende Rechtsmittelbelehrung hindert nicht den Beginn des Laufs der Beschwerdefrist.[9] Hat die Vergabekammer vor Ablauf der Entscheidungsfrist nach § 113 Abs. 1 S. 2 GWB entschieden, ist die Entscheidung aber nach Ablauf dieser Frist zugestellt worden, beginnt die Beschwerdefrist mit der Zustellung, nicht mit Ablauf der Entscheidungsfrist.[10] Ist die Beschwerdefrist nach § 116 Abs. 2 GWB abgelaufen, ist die sofortige Beschwerde auch dann wegen bereits eingetretener Verfristung unzulässig, wenn die Vergabekammer später doch noch in der Hauptsache entscheidet.[11] Der Ansicht, die Vergabekammer sei insoweit gehalten, bei Einlegung des Nachprüfungsantrags oder im Laufe des Nachprüfungsverfahrens eine „vorsorgliche" Rechtsmittelbelehrung zu erteilen oder nachträglich zu veranlassen,[12] ist nicht zuzustimmen. Die Ablehnungsfiktion ersetzt zwar einen Beschluss (Verwaltungsakt) der Vergabekammer, tritt aber **kraft Gesetzes** ein. Ebenso wie bei fingierten Genehmigungen (etwa im Baurecht) wird in diesen Fällen keine Rechtsmittelbelehrung gefordert.[13] Dem Betroffenen kann ggf. auf dessen Antrag nur im Wege einer Wiedereinsetzung geholfen werden (s. dazu oben RdNr. 7 f.). Sein Rechtsschutz darf durch eine Untätigkeit der Vergabekammer grds. nicht erschwert werden; andererseits muss ein Bieter, der sich (schon) bei der Vergabekammer anwaltlich vertreten lässt, seinerseits auf die Entscheidungsfrist gem. § 113 Abs. 1 achten und ggf. auch Rückfrage bei der Kammer halten.

C. Einlegung, Form und Begründung der Beschwerde

I. Schriftform

Als Form der Einlegung ist **Schriftlichkeit** vorgeschrieben. Zur Wahrung der Schriftform **12** reichen auch Telegramm, Fernschreiben und Telefax.[14] Die sofortige Beschwerde kann auch

---

[7] BAG NJW 1989, 1181; BAGE 84, 140; OVG Frankfurt/O. NJW 2004, 3795; VGH München NJW 1997, 2130.
[8] OLG Celle VergabeR 2007, 692.
[9] OLG Celle WuW/E Verg 475.
[10] KG Berlin, Beschl. v. 20. 8. 2009, 2 Verg 4/09.
[11] OLG Düsseldorf VergR 2002, 89, 94.
[12] *Kulartz/Kus/Portz/Hunger* RdNr. 27.
[13] OLG Düsseldorf VergR 2002, 89, 94.
[14] BayObLG BayObLGR 2001, 46.

per Computerfax mit eingescannter Unterschrift des Prozessbevollmächtigten eingelegt werden.[15]

II. Einlegungsort

13   Einlegungsort ist das **Beschwerdegericht** (§ 116 Abs. 3). Wird die Beschwerde bei der Vergabekammer eingelegt, kann dies im Ergebnis unschädlich bleiben, wenn die Kammer die Beschwerde an das Beschwerdegericht weiterleitet und sie dort noch innerhalb der Beschwerdefrist eingeht.[16] Die Vergabekammer ist zu einer Weiterleitung der ihr zugegangenen Beschwerdeschrift (direkt) an das Beschwerdegericht nicht verpflichtet, sollte dies aber (insbesondere bei „knapper" Zeit) veranlassen.

III. Begründung

14   Die sofortige Beschwerde ist gem. Abs. 2 zugleich mit ihrer Einlegung zu begründen. Diesem Erfordernis wird auch (noch) entsprochen, wenn der Beschwerdeführer zunächst nur Beschwerde einlegt und die Begründung später, aber noch innerhalb der Beschwerdefrist einreicht. Die erste Beschwerde ist zwar unzulässig, mit der fristgerechten Beschwerdebegründung hat der Beschwerdeführer die Einlegung der Beschwerde jedoch wirksam wiederholt. Die erste (unzulässige) Beschwerde und die zweite, mit einer Begründung versehene Beschwerde sind als ein einheitliches zulässiges Rechtsmittel anzusehen.[17]

15   **1. Beschwerdegegenstand.** Die Beschwerdebegründung muss den Anforderungen aus § 66 Abs. 4 Nr. 1 und § 519 Abs. 3 Nr. 1 ZPO entsprechen; der Beschwerdegegenstand und das Beschwerdebegehren müssen erkennbar sein.[18] Dazu ist in aller Regel erforderlich, dass der Beschwerdeführer die **angegriffene Entscheidung** der Vergabekammer **zweifelsfrei bezeichnet** (Aktenzeichen und Datum) oder in Kopie der Beschwerde beifügt.

16   **2. Anfechtungsumfang.** Die Begründung muss die Erklärung enthalten, **inwieweit** die Entscheidung der Vergabekammer angefochten und eine abweichende Entscheidung beantragt wird. Sie muss auch die Tatsachen und Beweismittel angeben, auf die sich die Beschwerde stützt. Weiter muss die Antragsbefugnis substantiiert dargelegt werden.[19] Die Beschwerdebegründung muss aus sich selbst heraus **verständlich** sein; Bezugnahmen auf beigefügte Unterlagen oder die Gründe des Beschlusses der Vergabekammer sind aber zulässig.

17   Mit der Angabe (Erklärung), inwieweit die Entscheidung der Vergabekammer angefochten und eine abweichende Entscheidung erstrebt wird, werden der Gegenstand des Beschwerdeverfahrens und auch der Prüfungsumfang des Beschwerdegerichts eingegrenzt (insbesondere, wenn inhaltlich abgrenzbare Teile der Entscheidung der Vergabekammer betroffen sind). Unzulässig ist eine Erweiterung des Beschwerdeantrags nach Ablauf der Beschwerdefrist.

18   **3. Beschwerdeantrag.** Ein bestimmter Beschwerdeantrag ist nicht zwingend erforderlich (s. a. § 120 RdNr. 31); es genügt – ist aber auch erforderlich – dass das **Beschwerdebegehren** aus der Begründung hinreichend **klar erkennbar** ist.[20] Das Beschwerdegericht ist gehalten, das Begehren insoweit ggf. weiter aufzuklären (§§ 120 Abs. 2, 70 Abs. 2). Es dürfte aber ratsam sein, einen Beschwerdeantrag zu formulieren, der deutlich macht, inwieweit die Entscheidung der Vergabekammer angefochten und eine abweichende Entscheidung begehrt wird.

19   Die **Bezugnahme** auf einen vor der Vergabekammer gestellten – hinreichend bestimmten – Antrag kann ausreichend sein.[21] Wird kein Sachantrag gestellt, sondern nur die Aufhebung und Zurückverweisung des Nachprüfungsantrags an die Vergabekammer beantragt, wird daraus in Verbindung mit der Beschwerdebegründung idR deutlich, dass die vor der Vergabekammer gestellten Sachanträge im Beschwerdeverfahren weiter verfolgt werden.[22] Allerdings muss in dem Fall, dass bei der Vergabekammer mehrere (gar widersprechende) Anträge gestellt worden sind, in der Beschwerdeschrift klargestellt werden, auf welchen Antrag Bezug genommen wird.[23]

---

[15] GmS-OGB ZIP 2000, 1356 f. = BGHZ 144, 160.
[16] *Wilke* NZBau 2005, 326, 328.
[17] OLG Brandenburg NZBau 2004, 169 und NZBau 2000, 39.
[18] OLG Düsseldorf NJW 2000, 145.
[19] LSG Mecklenburg-Vorpommern, Beschl. v. 24. 8. 2009, L 6 B 186/09.
[20] OLG Jena NZBau 2000, 349; OLG Naumburg ZfBR 2003, 182.
[21] OLG Jena NZBau 2000, 349; OLG Düsseldorf NJW 2000, 145.
[22] OLG Naumburg NZBau 2003, 628.
[23] OLG Brandenburg, Beschl. v. 18. 2. 2010, Verg W 2/10, Juris Tz. 49.

Das Beschwerdegericht prüft diejenigen Rechtsverletzungen, auf die sich der Beschwerde- **20** führer beruft.[24] Zwar gelten nach § 120 Abs. 2 für das Beschwerdegericht nicht die Kontrollre- striktionen gem. § 110 Abs. 1 S. 2 und S. 3, doch ist in der Spruchpraxis der Vergabesenate anerkannt, dass diese das Vergabeverfahren nicht von Amts wegen auf etwaige Rechtsverletzun- gen untersuchen. Dies ist durch die auch im Beschwerdeverfahren geltende **Mitwirkungs- pflicht** der Beteiligten (§§ 120 Abs. 2, 113 Abs. 1 S. 2) sowie durch die **Dispositionsmaxime** vorgezeichnet.

4. Angabe von Tatsachen und Beweismitteln. Der Beschwerdeführer hat Tatsachen und **21** Beweismittel anzugeben, auf die er seine Beschwerde stützt. Eine pauschale Bezugnahme auf das Vorbringen im Vergabekammerverfahren reicht nicht aus.[25] Die Tatsachengrundlage der Ent- scheidung der Vergabekammer kann durch die (konkretisierte) Rüge ungenügender Sachaufklä- rung in Frage gestellt werden. Der Beschwerdeführer muss mit der Beschwerde nicht erneut alle Schriftstücke vorlegen, die bereits der Vergabekammer vorgelegen haben oder durch Beizie- hung der Akten der Vergabestelle Gegenstand des Verfahrens vor der Vergabekammer gewesen sind.[26]

5. Mehrere Beschwerdegründe. Der Beschwerdeführer gibt durch das mit der Beschwer- **22** debegründung zum Ausdruck gebrachte Beschwerdebegehren dem Beschwerdegericht vor, welchen Vergaberechtsverstößen es nachgehen soll. Hat die Vergabekammer über mehrere Vergaberechtsverstöße entschieden, muss aus der Beschwerdebegründung hervorgehen, ob die Entscheidung der Vergabekammer hinsichtlich aller oder nur bestimmter Vergaberechtsverstöße angegriffen wird. Ist dies hinsichtlich einzelner selbständiger Vergaberechtsverstöße nicht der Fall, werden diese im Beschwerdeverfahren nicht mehr überprüft.[27] Die Entscheidung der Ver- gabekammer kann somit auch nur **teilweise angefochten** werden,[28] sofern dies nach dem **sachlogischen Zusammenhang** des Vergabeverfahrens zu begründen ist. Nach Ablauf der Beschwerdefrist können nicht angegriffene selbständige Teile nicht mehr zum Gegenstand des Beschwerdeverfahrens gemacht werden.

Werden mehrere Vergaberechtsverstöße zur Überprüfung des Beschwerdegerichts gestellt, **23** muss die **Beschwerdenbegründung** zu jedem Verstoß – im Einzelnen zugeordnete – Gründe darlegen,[29] andernfalls ist die Beschwerde (teilweise) unzulässig.[30] Allerdings dürfen die Anfor- derungen insoweit nicht überspannt werden; es genügt eine „Thematisierung" der Beschwerde- gründe in dem Sinne, dass das Beschwerdegericht ggf. weiterer Einzelheiten im Rahmen der Amtsermittlung nachgehen kann. Unzureichend sind aber lediglich pauschale Ausführungen oder bloße rechtliche Kritik am Verfahren oder an der Rechtsauffassung der Vergabekammer ohne Bezugnahme auf bestimmte Tatsachen.[31]

6. Neue Tatsachen und Beweismittel im Beschwerdeverfahren. In der Beschwerde- **24** instanz können auch noch nach Ablauf der Beschwerdefrist neue Tatsachen und Beweismittel oder Rügen, die das Verfahren der Vergabekammer selbst betreffen,[32] eingebracht und berück- sichtigt werden, soweit diese **vom Beschwerdegegenstand umfasst** und **nicht präkludiert** (§ 107 Abs. 3) sind. Das trifft insbesondere auf Tatsachen zu, die erst infolge einer Akteneinsicht (§ 111) bekannt geworden sind. In diesem Falle können im Beschwerdeverfahren (gewisserma- ßen „erweiternd") auch erstmals neue Vergabeverstöße zur Überprüfung gestellt werden. Ein- schränkungen können im Beschwerdeverfahren nur nach Maßgabe des § 120 Abs. 2 iVm. § 70 Abs. 3 begründet werden (prozessuale Präklusion). Im Verhältnis der „Instanzen" zueinander gibt es dagegen keine Präklusion: Hat die Vergabekammer Vorbringen eines Beteiligten nach § 113 Abs. 2 S. 2 unberücksichtigt gelassen, ist dieses Vorbringen im Beschwerdeverfahren nicht ausgeschlossen, weil hier vergleichbare Vorschriften wie im allgemeinen Prozessrecht (§ 528 Abs. 3 ZPO oder § 128a Abs. 2 VwGO) fehlen.[33]

---

[24] BayObLG NZBau 2000, 49, 50; OLG Jena NZBau 2001, 39 sowie NZBau 2000, 349; BayObLG VergR 2001, 65, 70; OLG Schleswig VergR 2001, 214, 215; aA. OLG Düsseldorf NZBau 2001, 106, 110.
[25] OLG Koblenz VergabeR 2001, 445.
[26] BGH, Beschl. v. 18. 5. 2004 – X ZB 7/04.
[27] OLG Jena NZBau 2001, 39 ff.; OLG Frankfurt/M. VergabeR 2005, 384.
[28] BayObLG NZBau 2000, 49, 50.
[29] OLG Brandenburg Beschl. v. 5. 1. 2006, Verg W 12/05.
[30] OLG Brandenburg ZfBR 2006, 503/507; OLG Koblenz NZBau 2006, 667/668.
[31] Vgl. OLG Koblenz Beschl. v. 13. 2. 2006, 1 Verg 1/06.
[32] OLG Jena NZBau 2000, 349.
[33] OLG Koblenz NZBau 2000, 534, 538; a. A. wohl OLG Jena NZBau 2000, 349.

25 **7. (Teil-)Bestandskraft.** Soweit Rügen gegen Vergabeverstöße bereits durch bestandskräftige Entscheidungen der Vergabekammer bzw. rechtskräftige Entscheidungen des Vergabesenats zurückgewiesen worden sind, können sie nicht mehr zulässiger Gegenstand eines Beschwerdeverfahrens sein.

26 **8. Beschwerdebegründung bei Ablehnungsfiktion.** Im Fall der fiktiven Ablehnung des Nachprüfungsantrages gemäß § 116 Abs. 2 nach Ablauf der Entscheidungsfrist ist das Beschwerdebegehren in aller Regel mit dem an die Vergabekammer herangetragenen Anliegen identisch.

27 **9. Präklusion.** Die Rechtsverteidigung des Beschwerdegegners kann durch Präklusion nach § 107 Abs. 3 und §§ 120 Abs. 2 iVm. 70 Abs. 3 eingeschränkt sein. Er braucht sich iÜ nicht nur auf Repliken zu den Beschwerdegründen zu beschränken, er kann – weitergehend – Beanstandungen gegen das Verfahren oder die Entscheidung der Vergabekammer erheben, insbesondere dann, wenn dadurch Beschwerdeangriffe „obsolet" werden können. Das Beschwerdegericht wird dem im Rahmen des Untersuchungsgrundsatzes nachgehen.

D. Unterzeichnung der Beschwerdeschrift

28 Die Beschwerdeschrift ist vom Beschwerdegericht von Amts wegen zuzustellen (§§ 120 Abs. 2, 73 Nr. 2 GWB, § 521 ZPO). Im Beschleunigungsinteresse soll der Beschwerdeführer die anderen Beteiligten unmittelbar durch Übermittlung von Ausfertigungen unterrichten. Das liegt auch in seinem eigenen Interesse (vgl. § 118 RdNr. 8a). Die Zustellung der Beschwerdeschrift ist auch im Hinblick auf die Frist für eine Anschlussbeschwerde maßgeblich (s. § 116 RdNr. 22).

29 Im Hinblick auf den Anwaltszwang (§ 120 Abs. 1) muss die Beschwerdeschrift durch einen bei einem deutschen Gericht **zugelassenen Rechtsanwalt** unterzeichnet sein. Die Anwaltszulassung (gerade) bei dem Beschwerdegericht ist nicht erforderlich. Für sog. Syndikusanwälte ist § 46 BRAO zu beachten. Eine Ausnahme gilt für juristische Personen des öffentlichen Rechts: Sie können sich gemäß § 120 Abs. 1 S. 2 GWB durch Beamte oder Angestellte mit Befähigung zum Richteramt im Beschwerdeverfahren vertreten lassen, die auch die Beschwerdeschrift unterzeichnen. Juristische Personen des öffentlichen Rechts können sich auch durch einen Anwalt vertreten lassen. Auch Beigeladene müssen sich anwaltlich vertreten lassen. Dies folgt aus § 120 Abs. 1.

E. Benachrichtigungspflicht (Abs. 4)

30 Im Interesse der Verfahrensbeschleunigung[34] ist der Beschwerdeführer verpflichtet, mit der Einlegung der Beschwerde die anderen Beteiligten des Verfahrens vor der Vergabekammer durch Übermittlung einer Ausfertigung der Beschwerdeschrift zu unterrichten. Diese Unterrichtungspflicht ist allerdings keine Zulässigkeitsvoraussetzung für die sofortige Beschwerde.[35] Auch die Fortdauer des Zuschlagsverbots gem. § 115 Abs. 1 bis zu dem in § 118 Abs. 1 S. 2 genannten Zeitpunkt ist nicht von der Erfüllung der Unterrichtungspflicht nach § 117 Abs. 4 abhängig. Die Vorschrift wird als **bloße Ordnungsvorschrift** angesehen.[36]

31 Eine Zustellung der Beschwerdeschrift von Amts wegen (§ 120 Abs. 2 iVm. § 172 Abs. 2 ZPO) erfolgt unabhängig von § 117 Abs. 4; die Zustellung erfolgt an die Verfahrensbevollmächtigten der Beteiligten vor der Vergabekammer (vgl. § 119), es sei denn, ein (neuer) Verfahrensbevollmächtigter für das Beschwerdeverfahren ist bereits bekannt.

§ 118 Wirkung

(1) ¹Die sofortige Beschwerde hat aufschiebende Wirkung gegenüber der Entscheidung der Vergabekammer. ²Die aufschiebende Wirkung entfällt zwei Wochen nach Ablauf der Beschwerdefrist. ³Hat die Vergabekammer den Antrag auf Nachprüfung abgelehnt, so kann das Beschwerdegericht auf Antrag des Beschwerdeführ-

---

[34] BayObLG NZBau 2002, 397.

[35] OLG Düsseldorf NJW 2000, 145; BayObLG NZBau 2002, 397; OLG Stuttgart NVwZ-RR 2001, 29; OLG Dresden VergabeR 2005, 812.

[36] OLG Dresden VergabeR 2005, 812; aA. OLG Naumburg NZBau 2000, 96 und VergabeR 2003, 360.

rers die aufschiebende Wirkung bis zur Entscheidung über die Beschwerde verlängern.

(2) [1]Das Gericht lehnt den Antrag nach Absatz 1 Satz 3 ab, wenn unter Berücksichtigung aller möglicherweise geschädigten Interessen die nachteiligen Folgen einer Verzögerung der Vergabe bis zur Entscheidung über die Beschwerde die damit verbundenen Vorteile überwiegen. [2]Bei der Abwägung ist das Interesse der Allgemeinheit an einer wirtschaftlichen Erfüllung der Aufgaben des Auftraggebers zu berücksichtigen. [3]Das Gericht berücksichtigt bei seiner Entscheidung auch die Erfolgsaussichten der Beschwerde, die allgemeinen Aussichten des Antragstellers im Vergabeverfahren, den Auftrag zu erhalten, und das Interesse der Allgemeinheit an einem raschen Abschluss des Vergabeverfahrens.

(3) Hat die Vergabekammer dem Antrag auf Nachprüfung durch Untersagung des Zuschlags stattgegeben, so unterbleibt dieser, solange nicht das Beschwerdegericht die Entscheidung der Vergabekammer nach § 121 oder § 123 aufhebt.

Schrifttum: *Opitz* NZBau 2005, 214; *Schnorbus* BauR 1999, 77; *Weihrauch* IBR 2006, 1462; *Wilke* NZBau 2005, 380; *Erdmann* VergabeR 2008, 908; *Noch* VergabeR 2002, 106.

Übersicht

A. Grundlagen

I. Vollzugshindernis

1   Der Suspensiveffekt gem. Abs. 1 S. 1 bedeutet in der Konstellation, dass der Nachprüfungsantrag eines Bieters bei der Vergabekammer erfolglos geblieben ist, dass der öffentliche Auftraggeber nach Einlegung der Beschwerde (§ 117 Abs. 1) innerhalb der Zwei-Wochen-Frist (Abs. 1 S. 2) **keine „Folgerungen"** aus der – für ihn – obsiegenden Entscheidung der Vergabekammer ziehen darf, also – insbesondere – den Zuschlag nicht erteilen darf. Die angegriffene Vergabeentscheidung darf während der Dauer der aufschiebenden Wirkung **weder umgesetzt noch in anderer Weise vollzogen werden.** Die Vergabestelle darf während der Dauer des Suspensiveffektes aus der Vergabeentscheidung keine tatsächlichen oder rechtlichen Schlussfolgerungen ziehen. Das Zuschlagsverbot gilt weiter, bis die aufschiebende Wirkung zwei Wochen nach Ablauf der Beschwerdefrist entfällt (Abs. 1 Satz 2). Die Berechnung der Zwei-Wochen-Frist richtet sich nach § 187 Abs. 2 BGB. Die aufschiebende Wirkung kann durch Beschluss des Beschwerdegerichts (s. u. RdNr. 11 ff.) verlängert werden (Abs. 1 Satz 3, Abs. 2).

II. Suspensiveffekt

2   Die aufschiebende Wirkung suspendiert den als Verwaltungsakt (§ 114 Abs. 3 S. 1) ergehenden Beschluss der Vergabekammer. In § 118 wird das Verfahren der sofortigen Beschwerde, die einem Hauptsacherechtsschutz entspricht, durch Regelungen des vorläufigen Rechtsschutzes ergänzt. Das **Regelungssystem** entspricht strukturell weitgehend §§ 80 Abs. 5, 80a Abs. 3, 80b Abs. 2 VwGO. Die Auftragsbewerber werden unter den in § 118 normierten Voraussetzungen vor „vollendeten Tatsachen", also einer nicht mehr rücknehmbaren Zuschlagerteilung (vgl. § 114 Abs. 2 S. 1), geschützt. Dem (gegenläufigen) Interesse des Auftraggebers bzw. des Bestbieters an einer zeitnahen Zuschlagerteilung kann im Wege der (§ 115 Abs. 2 und) § 121 Geltung verschafft werden.

III. Sofortige Beschwerde der Vergabestelle

3   Hat der Nachprüfungsantrag bei der Vergabekammer Erfolg, würde der Suspensiveffekt einer sofortigen Beschwerde des Auftraggebers dazu führen, dass der Zuschlag erteilt werden kann. Davor schützt **Abs. 3** im Fall der Beschwerde der Vergabestelle; der Zuschlag darf also – weiterhin – nicht erteilt werden, es sei denn, das Beschwerdegericht gestattet dies gem. § 121 vorab. Andere Anordnungen der Vergabekammer (etwa zur Wiederholung bestimmter Abschnitte des Vergabeverfahrens oder zum Ausschluss bestimmter Bieter) müssen infolge des Suspensiveffekts *vorläufig* nicht beachtet werden.

4   Die Regelungen sind vor dem Hintergrund der §§ 110 Abs. 2, 115 Abs. 1 zu sehen: Ein Nachprüfungsantrag, der nicht offensichtlich unzulässig oder unbegründet ist, führt zur Information des öffentlichen Auftraggebers in Textform mit der Folge, dass ein **Zuschlagsverbot** gilt. Dieses dauert – zunächst – bis zum Ablauf der Beschwerdefrist gegen die Entscheidung der Vergabekammer fort. Ein zuvor erfolgender Zuschlag ist gem. § 134 BGB nichtig.[1]

IV. Teilnahmewettbewerb

5   Die vorstehenden Grundsätze sind auf die **Auswahlentscheidung nach einem Teilnahmewettbewerb** (vgl. zB § 10 Abs. 1 EG-VOL/A) entsprechend anzuwenden. Dem Zuschlagverbot entspricht hier das Verbot, mit den ausgewählten Bewerbern in einen Auftragswettbewerb im Rahmen eines nichtoffenen oder eines Verhandlungsverfahrens einzutreten.

V. Anordnungen der Vergabekammer

6   Nach dem Wortlaut ist Abs. 1 auch anwendbar, wenn die Vergabekammer in ihrem Beschluss Anordnungen trifft, um „auf die Rechtmäßigkeit des Vergabeverfahrens einzuwirken" (§ 114 Abs. 1 S. 2). In diesem Fall kann der öffentliche Auftraggeber die sofortige Umsetzung dieser Anordnung durch Einlegung der sofortigen Beschwerde für zwei Wochen ab Ende der Beschwerdefrist suspendieren. Allerdings kann der Auftraggeber keinen Verlängerungsantrag nach Abs. 1 Satz 3 stellen. Weiter ist er nach Abs. 3 an einer Zuschlagserteilung gehindert. Der

---

[1] *Schnorbus* BauR 1999, 77/80.

Auftraggeber wird demnach nur selten für „nur" zwei Wochen Zeitgewinn sofortige Beschwerde einlegen. Denkbar ist das Motiv des Zeitgewinns, um eine Zuschlagsgestattung nach § 121 ohne Erfüllung der von der Vergabekammer angeordneten Maßnahmen zu erreichen.

VI. Beginn der aufschiebenden Wirkung

Die aufschiebende Wirkung beginnt mit **Einlegung der sofortigen Beschwerde**; sie   **7** wirkt auf den Zeitpunkt der Entscheidung der Vergabekammer zurück. Sie tritt nicht ein, wenn die Beschwerdefrist (§ 117 Abs. 1) versäumt wird. Dann kommt auch von vornherein kein Verlängerungsantrag nach § 118 Abs. 1 S. 3 in Betracht. Wird dem Beschwerdeführer wegen einer Versäumung der Beschwerdefrist **Wiedereinsetzung in den vorigen Stand** gewährt (§§ 120 Abs. 2, 73 Nr. 2 iVm. § 233 ZPO), entsteht damit – verfahrensgestaltend – auch die aufschiebende Wirkung der Beschwerde. Diese wirkt auf den Zeitpunkt zurück, der durch die Wiedereinsetzung erreicht wird und zu dem die sofortige Beschwerde als eingelegt gilt.[2] Dies gilt (nach nicht unumstrittener Auffassung) auch im materiellen Sinne in dem Sinne, dass ein z.Z. der Wiedereinsetzungsentscheidung bereits erteilter Zuschlag gem. § 134 BGB „rückwirkend" nichtig wird (s. § 117 RdNr. 8 mwN).

Die aufschiebende Wirkung erfordert eine **fristgerechte Einlegung** der sofortigen Beschwerde. Im Übrigen tritt sie unabhängig davon ein, ob die Beschwerde den Anforderungen   **8** des § 117 Abs. 2 Satz 2 genügt oder ob sie (offensichtlich) unzulässig oder unbegründet ist. Der im Verwaltungsprozessrecht bestehende analoge Streit[3] bedarf vorliegend keiner Entscheidung, weil im Wege der Abs. 1 S. 3, Abs. 2 und § 121 schnell eine Klärung erreicht werden kann.

Ein Bieter sollte die Vergabestelle von sich aus unverzüglich informieren, wenn er sofortige   **8a** Beschwerde einlegt. Unterbleibt dies und erteilt die Vergabestelle (noch) in Unkenntnis der sofortigen Beschwerde (wirksam) den Zuschlag, fehlt dem Bieter das Rechtsschutzinteresse für die Verlängerung der aufschiebenden Wirkung seines Rechtsmittels.[4]

VII. Ende der aufschiebenden Wirkung

Die aufschiebende Wirkung endet mit der **Rücknahme des Nachprüfungsantrages** oder   **9** der **Entscheidung des Beschwerdegerichts**, wenn das Beschwerdegericht vor Ablauf der Zwei-Wochen-Frist (Abs. 1 Satz 2) in der Sache entscheidet. Das Zuschlagsverbot endet dann und ein ggf. gestellter Verlängerungsantrag nach Abs. 1 S. 3 erledigt sich.[5] Häufiger wird der Fall sein, dass das Beschwerdegericht über einen Verlängerungsantrag nach Abs. 1 S. 3 erst nach Ablauf der Zwei-Wochen-Frist entscheidet. Gibt es dem Antrag statt, endet die aufschiebende Wirkung mit einer „gegenläufigen" Entscheidung über die sofortige Beschwerde. Der Beschluss nach Abs. 1 S. 3, Abs. 2, dient seinem Wesen nach dem einstweiligen Rechtsschutz und wird dann hinfällig.[6]

VIII. Vollstreckungsentscheidungen

In Bezug auf die Vollstreckung von Entscheidungen der Vergabekammer findet § 118 keine   **10** Anwendung. Insoweit gilt (Landes-)Verwaltungsvollstreckungsrecht; Rechtsbehelfe gegen Maßnahmen in der Verwaltungsvollstreckung haben **keine aufschiebende Wirkung** (zB § 8 Satz 1 AGVwGO NRW). Der Beschwerdeführer kann beim Vergabesenat die Anordnung der aufschiebenden Wirkung seines Rechtsmittels beantragen.

B. Verlängerung der aufschiebenden Wirkung (Abs. 1 Satz 3)

I. Antragstellung

Da die aufschiebende Wirkung der sofortigen Beschwerde zwei Wochen nach Ablauf der   **11** Beschwerdefrist (nicht nach Eingang der Beschwerde!) endet, ist der im Verfahren vor der Vergabekammer Unterlegene in der Regel gehalten, eine **Verlängerung** zu erreichen, um einer

---

[2] BayObLG BayObLGZ 2004, 229.

[3] S. dazu *Bader/Funke-Kaiser ua.*, VwGO, 2007, § 80 RdNr. 17 mwN.

[4] OLG Naumburg NZBau 2000, 96; kritisch dazu – mit Recht – *Summe* in juris-PK-VergR, 2. Aufl. 2008, § 117 RdNr. 43.

[5] BayObLG, Beschl. v. 6. 6. 2002, Verg 12/02, Juris (Tz. 14).

[6] BayObLG, Beschl. v. 28. 5. 2003, Verg 6/03, Juris (Tz. 35).

den erstrebten Rechtsschutz vereitelnden Zuschlagserteilung entgegenzuwirken. Dazu bedarf es eines entsprechenden Antrags, der zugleich mit der sofortigen Beschwerde gestellt wird.[7] Die – dem effektiven Primärrechtsschutz dienende – Verlängerung wird in der Regel von dem unterlegenen Antragsteller des Nachprüfungsantrages (§ 107) beantragt werden.[8]

II. Rechtsschutzbedürfnis

12   In Konstellationen, in denen mit einer Zuschlagserteilung nicht zu rechnen ist, fehlt für einen Antrag nach § 118 Abs. 1 Satz 3 das Rechtsschutzbedürfnis.[9] Das Rechtsschutzbedürfnis für einen Antrag nach Abs. 1 S. 3 fehlt auch, wenn ein Bieter mit der sofortigen Beschwerde die Aufhebung der Ausschreibung angreift und die Vergabestelle das Vergabeverfahren ersichtlich nicht mehr weiter betreibt.

13   **1. Pflicht zur Neubewertung der Angebote.** Dies ist der Fall, wenn die Vergabekammer den Auftraggeber zur Neubewertung der Angebote (auch des Beschwerdeführers) verpflichtet.[10] In diesem Fall muss die Vergabestelle nach Abschluss der erneuten Wertung eine **Information nach § 101 a** erteilen.[11] Erfolgt gleichwohl eine Zuschlagerteilung, ist diese gem. § 101 b Abs. 1 Nr. 1 unwirksam.[12] Der Bieter wird vor einer **„vorzeitigen" Zuschlagserteilung** durch das fortgeltende Zuschlagverbot (§ 115 Abs. 1) und – weiter – durch die Nichtigkeitsfolge gem. § 101 b Abs. 1 Nr. 1 geschützt. Die erneute Angebotswertung kann ggf. mit einem Nachprüfungsantrag angegriffen werden.[13]

14   Hat die Vergabekammer allerdings eine Angebotsneubewertung unter Ausschluss des Angebots eines Bieters beschlossen; kann der betroffene Bieter zugleich mit seiner Beschwerde auch **(einstweiligen) Rechtsschutz** analog § 118 Abs. 1 S. 3 GWB erlangen.[14]

15   **2. Aufhebung der Ausschreibung.** Hat der öffentliche Auftraggeber die Ausschreibung aufgehoben, kann die Vergabekammer die Aufhebung aufheben und den Auftraggeber zur Fortsetzung des Vergabeverfahrens verpflichten. Ein Antrag nach Abs. 1 S. 3 ist dann unzulässig, weil allein infolge der Aufhebung der Aufhebung keine Zuschlagserteilung „droht". Die Vergabestelle muss zunächst die Angebotswertung **wiederholen;** erst danach ist mit einem Zuschlag zu rechnen. Zuvor muss eine Mitteilung gem. § 101 a über die beabsichtigte Vergabeentscheidung erfolgen. Dann ist ggf. ein neuer Nachprüfungsantrag zu stellen.[15]

16   **3. Aufhebung der Aufhebung.** Hat die Vergabekammer die Aufhebung der Ausschreibung angeordnet, kann ein Auftragsbewerber **entsprechend** Abs. 1 S. 3 einer Auftragserteilung entgegenwirken, um der Gefahr effektiv zu begegnen, dass die Vergabestelle der Anordnung Folge leistet und den betreffenden Auftrag anschließend „freihändig" vergibt.[16] Damit kann ein unzureichender Schutz gem. Abs. 3 ergänzt werden. Der Antragsteller sollte ggf. Anhaltspunkte dafür darlegen, dass die Gefahr einer „freihändigen" Vergabe droht.

17   Ist das **Vergabeverfahren** entweder durch wirksame Auftragserteilung (Zuschlag) oder durch wirksame Aufhebung der Ausschreibung **beendet,** kann eine Verlängerung der aufschiebenden Wirkung der sofortigen Beschwerde mangels „Substrat" nicht mehr erfolgen; der Antrag gem. Abs. 1 S. 3 ist dann abzulehnen, weil kein Zuschlag mehr erteilt werden kann (vgl. § 114 Abs. 2 S. 1). Dem Bieter bleibt im Beschwerdeverfahren nur noch die Möglichkeit, die Feststellung der Rechtswidrigkeit zu beantragen (§ 123 S. 2) und Schadensersatz zu verlangen; für beide Begehren bedarf es keines (einstweiligen) Rechtsschutzes nach Abs. 1 S. 3. Ein Antrag nach Abs. 1 S. 3 GWB bleibt aber zulässig, wenn die Rechtswirksamkeit der Zuschlagserteilung streitig und Gegenstand des Beschwerdeverfahrens ist.[17]

---

[7] Vgl. OLG Koblenz VergabeR 2003, 699/700 (bei Juris Tz. 7); OLG Jena VergabeR 2002, 104 (zu der Konstellation, dass die Vergabekammer die Nicht-Eignung des Beigeladenen festgestellt hatte; insoweit – zu Recht – anderer Ansicht: OLG Düsseldorf NZBau 2004, 520).

[8] OLG Naumburg OLGR 2004, 403 (bei Juris Tz. 19).

[9] OLG Celle NZBau 2007, 671.

[10] OLG Düsseldorf, Beschl. v. 27. 7. 2006, Verg 33/06, Juris.

[11] OLG Düsseldorf, Beschl. v. 31. 3. 2004, Verb 10/04. Juris.

[12] OLG Schleswig BeckRS 2005, 13 847; OLG München OLGR 2005, 672 sowie Beschl. v. 5. 11. 2007, Verg 12/07, Juris.

[13] OLG Düsseldorf, Beschl. v. 27. 7. 2006, aaO.

[14] OLG Naumburg NJOZ 2007, 4080.

[15] OLG Schleswig BeckRS 2005, 13 847.

[16] OLG München VergabeR 2006, 948; s. a. *Weihrauch,* IBR 2006, 1462.

[17] OLG Jena VergabeR 2005, 521; BayObLG NZBau 2000, 261.

4. Rechtsposition der Vergabestelle. Die Vergabestelle (Auftraggeber) kann keinen An- **18**
trag nach Abs. 1 Satz 3 stellen.[18] Ihr „einstweiliger" Vergaberechtsschutz besteht in der Zwei-
Wochen-Begrenzung nach Abs. 1 S. 2, sowie weitergehend in einem Antrag auf Zuschlagsgestattung nach § 121 Abs. 1 (vgl. zur entsprechenden Möglichkeit bei der Vergabekammer § 115
Abs. 2). Entsprechendes gilt auch für das Unternehmen, das nach dem (bisherigen) Vergabeverfahren und der Mitteilung des Auftraggebers nach § 101 a den Zuschlag erhalten soll.

III. Anwendungsvoraussetzungen des Nachprüfungsverfahren

Ein Verlängerungsantrag ist – ebenso wie die sofortige Beschwerde – nur statthaft, wenn die **19**
allgemeinen Anwendungsvoraussetzungen des Nachprüfungsverfahrens vorliegen:
Der Streit muss einen öffentlichen Auftrag (§ 99) im Anwendungsbereich des GWB (§ 100
Abs. 2) betreffen, der von einem öffentlichen Auftraggeber (§ 98) oberhalb der Schwellenwerte
(§ 100 Abs. 1, § 2 VgV) vergeben werden soll. Das Vorliegen dieser Voraussetzungen ist in
jeder Lage des Verfahrens **von Amts wegen zu prüfen** (s. § 120 RdNr. 17).[19] Nur ganz ausnahmsweise können insoweit verbleibende Zweifel der Klärung im Beschwerdeverfahren vorbehalten bleiben.[20]

IV. Voraussetzungen eines Verlängerungsantrags

Der Verlängerungsantrag setzt voraus, dass die Vergabekammer den Nachprüfungsantrag ganz **20**
oder teilweise abgelehnt hat.[21] Im Falle einer stattgebenden Entscheidung der Vergabekammer
wird die Fortdauer des Zuschlagsverbots durch § 118 Abs. 3 bewirkt (s. u. RdNr. 55); die Vergabestelle oder der sog. Bestbieter können demgegenüber nur einen Antrag nach § 121 stellen.

1. Schriftform und Frist. Der Verlängerungsantrag nach Abs. 1 Satz 3 muss   **21**
– schriftlich und
– innerhalb der Zwei-Wochen-Frist
gestellt werden. Eine besondere **Begründung** des Antrags wird vom Gesetz **nicht gefordert;**
der Antragsteller kann auf die nach § 117 Abs. 2 gebotene Beschwerdebegründung Bezug nehmen. Ergänzend sollte er zur Abwägung der Interessen iSd. § 118 Abs. 2 Satz 2 und Satz 3 Stellung nehmen. Ist die Zwei-Wochen-Frist zur Stellung des Verlängerungsantrags versäumt worden, ist eine Wiedereinsetzung in den vorigen Stand nicht möglich. Zwar verweist § 120 Abs. 2
auch auf § 233 ZPO, doch ist die Frist nach § 118 Abs. 1 Satz 2 keine Notfrist (§ 224 Abs. 1
S. 2 ZPO), die durch eine Wiedereinsetzung noch erreicht werden kann.[22] Zur Fristgebundenheit s. weiter unten RdNr. 25 f.

2. Nicht beendetes Vergabeverfahren. Das Vergabeverfahren darf noch nicht durch **22**
wirksame Auftragserteilung (Zuschlag) oder wirksame Aufhebung der Ausschreibung beendet
worden sein. Ist dies der Fall, ist der Verlängerungsantrag unzulässig. Wird allerdings über die
die Wirksamkeit des Zuschlags gestritten, ohne dass im Eilverfahren insoweit keine endgültige
Klärung möglich ist, ist der Verlängerungsantrag zulässig.

Eine **endgültige Aufhebung** der Ausschreibung führt zur Unzulässigkeit des Eilantrages. **23**
Hier gilt aber eine ähnliche Überlegung wie beim Streit über die Wirksamkeit eines Zuschlags:
Besteht die Befürchtung, dass die Vergabestelle das „aufgehobene" Verfahren noch fortführt,
kann ein Bieter weiter – auch vorläufigen – Rechtsschutz beanspruchen (s. o. RdNr. 16).

3. Antragsziel. Der Verlängerungsantrag ist nicht „automatisch" mit der Einlegung der so- **24**
fortigen Beschwerde verbunden. Zulässiges Antragsziel ist die Verlängerung der aufschiebenden
Wirkung der sofortigen Beschwerde; gegen Anordnungen der Vergabekammer, die darauf gerichtet sind, „eine Rechtsverletzung zu beseitigen" (§ 114 Abs. 1), ist ein Antrag nach Abs. 1
Satz 3 nicht statthaft. Das Gleiche gilt für Kosten- oder Kostenfestsetzungsbeschlüsse der Vergabekammer.[23]

4. Anwaltszwang. Der Verlängerungsantrag muss vor Ablauf von zwei Wochen nach Ab- **25**
lauf der Beschwerdefrist durch einen Anwalt (§ 120 Abs. 1) beim Beschwerdegericht eingehen.

---

[18] OLG Stuttgart VergabeR 2001, 451.
[19] OLG Schleswig ZfBR 2004, 620 (Ls.).
[20] OLG Naumburg VergabeR 2001, 134: Entscheidend sei allein, dass der Antragsteller die Anwendbarkeit der §§ 97 ff. behaupte.
[21] OLG Düsseldorf NZBau 2004, 520; OLG Naumburg ZfBR 2003, 293.
[22] BayObLG VergabeR 2005, 143.
[23] OLG Rostock NZBau 2001, 464.

Der Antrag kann (und sollte zweckmäßigerweise) zusammen mit der sofortigen Beschwerden gestellt werden, es sei denn, mit einer Zuschlagserteilung ist nicht zu rechnen (s. o. RdNr. 12 ff.). Ist die Zwei-Wochen-Frist abgelaufen, kann die aufschiebende Wirkung der Beschwerde nicht mehr „verlängert" werden. Den Zeitraum bis zwei Wochen nach Ablauf der Beschwerdefrist kann der Antragsteller, wie jede Frist, ausschöpfen. Ein späterer Verlängerungsantrag ist auch dann unzulässig, wenn der öffentliche Auftraggeber den Zuschlag bis dahin noch nicht erteilt hat.[24] Etwas anderes gilt (aber), wenn und solange die Vergabestelle nach Ablauf der Frist des Abs. 1 Satz 2 auf die Erteilung des Zuschlags verzichtet.[25]

26 Eine **Ausnahme** gilt für den Fall, dass der Bieter während der Beschwerdefrist objektiv gehindert war, einen Antrag nach Abs. 1 S. 3 zu stellen.[26] Das ist etwa der Fall, wenn die Vergabestelle zunächst erklärt, mit der Zuschlagserteilung bis zur Beschwerdeentscheidung zu warten, und später – nach Ablauf der Frist des § 118 Abs. 1 S. 2 – von dieser Erklärung wieder abrückt. Dann kann ein Verlängerungsantrag auch noch außerhalb der Zwei-Wochen-Frist gestellt werden.

27 **5. Entscheidung des Vergabesenats.** Der Vergabesenat kann über den Verlängerungsantrag auch noch nach Ablauf der Zwei-Wochen-Frist entscheiden.[27] In der Praxis wird die Vergabestelle – uU. auf entsprechende gerichtliche Anfrage – schriftlich zusichern, dass sie bis zur Entscheidung des Beschwerdegerichts über den Antrag nach Abs. 1 S. 3 von einer Auftragsbzw. Zuschlagserteilung absehen wird. Bleibt eine solche „Stillhalteerklärung" aus oder wird sie nur für bis zu einem bestimmten Zeitpunkt befristet, kann das Beschwerdegericht den Suspensiveffekt der sofortigen Beschwerde vorläufig bis zur Entscheidung über den Antrag nach Abs. 1 S. 3 verlängern (**„Hängebeschluss"**),[28] um den Zeitbedarf für eine hinreichende Prüfung des Antrags zu sichern.

V. Antrag des Beigeladenen

28 In Abs. 1 S. 3 ist – ausdrücklich – nur ein Verlängerungsantrag des Beschwerdeführers vorgesehen. Will ein – im Verfahren der Vergabekammer – Beigeladener den Antrag stellen, kann er dies nur, wenn er selbst **sofortige Beschwerde** gegen den Beschluss der Vergabekammer erhebt. In der Konstellation, dass die Vergabekammer Anordnungen zu den Ausschreibungsbedingungen getroffen hat, um auf die Rechtmäßigkeit des Vergabeverfahrens einzuwirken (§ 114 Abs. 1 S. 2), ist allerdings ein Verlängerungsantrag des (beschwerdeführenden) Beigeladenen unzulässig, weil ein Zuschlag auf das Angebot eines bestimmten Konkurrenten nicht bevorsteht. Die Vergabestelle muss in dieser Konstellation die Anordnungen der Vergabestelle umsetzen und sodann eine neue Information nach § 101 a veranlassen (vgl. oben RdNr. 13).

VI. Unzulässige Anträge nach Abs. 1 Satz 3

29 Der Antrag nach Abs. 1 S. 3 ist nur auf die Verlängerung der aufschiebenden Wirkung der sofortigen Beschwerde gerichtet. Andere Antragsinhalte (zB auf Einbeziehung eines Angebots in die Wertung, auf „vorläufigen" Ausschluss eines anderen Bieters oder auf Fortsetzung des Vergabeverfahrens nach einer unwirksamen „de-facto-Vergabe") sind unstatthaft. Ist die Rechtswirksamkeit einer bereits erfolgten Auftrags- oder Zuschlagserteilung streitig, hat dies auf den Inhalt des Antrags nach Abs. 1 Satz 3 keine Auswirkungen. Es geht auch dann (nur) um die Verlängerung der aufschiebenden Wirkung der sofortigen Beschwerde, die das Beschwerdegericht anordnen wird, wenn es die Zuschlagserteilung für rechtsunwirksam hält.

VII. Zulässigkeit eines Abänderungsantrages

30 Nach Ablehnung eines Antrages nach Abs. 1 Satz 3 kann bei veränderter Sachlage (zB nach Akteneinsicht im Beschwerdeverfahren oder anderweitigem Bekanntwerden neuer Tatsachen) ein Abänderungsantrag gestellt werden. Dieser ist analog §§ 936, 927 Abs. 1 ZPO, § 80 Abs. 7 VwGO zulässig, es sei denn, ein Zuschlag ist bereits erteilt worden (vgl. § 114 Abs. 2 S. 1).

---

[24] OLG Düsseldorf VergabeR 2001, 162.
[25] OLG Koblenz, Beschl. v. 6. 11. 2008, 1 Verg 3/08.
[26] OLG Düsseldorf VergabeR 2001, 162.
[27] OLG Stuttgart NZBau 2001, 462 (Ls. 2).
[28] Vgl. OLG Düsseldorf NZBau 2008, 461.

VIII. Rechtsschutz bei unterbliebener Information über einen Nachprüfungsantrag

Die Vergabekammer kann bei offensichtlicher Unzulässigkeit oder offensichtlicher Unbegrün- **31** detheit des Nachprüfungsantrages davon absehen, den öffentlichen Auftraggeber über den Nachprüfungsantrag in Textform zu informieren (vgl. § 110 RdNr. 14 ff.); Rechtsfolge ist, dass kein Zuschlagverbot begründet wird (§§ 110 Abs. 2 S. 3, 115 Abs. 1). Effektiver Rechtsschutz der betroffenen Bieters bzw. Nachprüfungsantragstellers dagegen ist auf folgenden Wegen möglich:

1. Beschwerde gegen die Untätigkeit der Vergabekammer. Entscheidet die Vergabe- **32** kammer (abschließend) durch Beschluss dahingehend, über den Nachprüfungsantrag keine Information in Textform zu erteilen, kann der Bieter dagegen sofortige Beschwerde erheben und einen Antrag nach Abs. 1 S. 3 stellen. Der Beschwerdesenat hat dann – falls keine offensichtliche Unzulässigkeit oder Unbegründetheit vorliegt – zur (einstweiligen) Sicherung der Rechte des Bieters die **Zuschlagsperre selbst herbeiführen,** indem er die Information über den Nachprüfungsantrages deklaratorisch veranlasst.[29] Das Beschwerdegericht prüft insoweit – zunächst – allein, ob die rechtzeitig (§ 107 Abs. 3) gerügten Vergabeverstöße hinreichende Anhaltspunkte dafür ergeben, dass der Nachprüfungsantrag (iSd. § 110 Abs. 2) „offensichtlich" unzulässig oder unbegründet ist. Dafür gilt ein strenger Maßstab. Ist dies nicht der Fall, muss der betroffene Bieter so gestellt werden, wie er im Falle der Information iSd. § 110 Abs. 2 S. 3 durch die Kammer gestanden hätte. Die (deklaratorische) Information durch das Beschwerdegericht schützt den betroffenen Bieter dann wirksam und rasch vor einer anderweitigen Zuschlagerteilung.

2. Beschwerde gegen die Sachentscheidung. Sofern die Vergabekammer nicht „förm- **33** lich" durch Beschluss, sondern durch faktische Handhabung zu erkennen gibt, dass sie keine Information über den Nachprüfungsantrag in Textform zu erteilen gedenkt, soll es dem (davon betroffenen) Bieter „zuzumuten" sein, „die – nach den gesetzlichen Vorschriften zügig zu treffende – Entscheidung der Vergabekammer in der Sache abzuwarten und gegen die dann ergehende Sachentscheidung vorzugehen".[30] Dies erscheint bedenklich. Effektiver Primärrechtsschutz kann so faktisch vereitelt werden, denn die betroffenen Bieter laufen Gefahr, durch eine Zuschlagerteilung mit vollendeten Tatsachen konfrontiert zu werden. Ratsam erscheint es, bei Ausbleiben der Textinformation zeitnah eine **Untätigkeitsbeschwerde** (mit dem Ziel der Erteilung der Textinformation) und einen **Antrag auf Erlass einer Sicherungsverfügung** mit dem Inhalt eines Zuschlagverbotes zu beantragen. Insoweit ist der Rechtsgedanke in § 80 Abs. 5 S. 2 VwGO fruchtbar.

3. Verlängerungsantrag entsprechend Abs. 1 Satz 3. Nach Übermittlung einer Textin- **34** formation verbleibt Entscheidungsbedarf zu der Frage, ob die (bereits anhängige) Beschwerde über die in Abs. 1 S. 2 bestimmte Frist hinaus aufschiebende Wirkung entfaltet. Die Zwei-Wochen-Frist gem. Abs. 1 S. 2 beginnt in dieser Konstellation mit der nachträglichen Textinformation. Diese löst das Zuschlagverbot (§ 115 Abs. 1) aus, dessen Fortdauer durch eine Verlängerung der aufschiebenden Wirkung der sofortigen Beschwerde bewirkt wird.

C. Gerichtliches Verfahren bei Verlängerungsanträgen

I. Entscheidung durch Beschluss

Das Beschwerdegericht entscheidet in aller Regel über den Antrag nach Abs. 1 S. 3 ohne **35** mündliche Verhandlung durch **Beschluss.** Da nicht „über die Beschwerde" entschieden wird, ist dies gem. §§ 120 Abs. 2, 69 Abs. 1 zulässig. Im Ausnahmefall kann aber eine mündliche Verhandlung oder Erörterung durchgeführt werden.

II. Ablauf der Zwei-Wochen-Frist gem. Abs. 1 Satz 2

Eine „Verlängerung" der aufschiebenden Wirkung der sofortigen Beschwerde liegt bei wört- **36** lichem Verständnis nur vor, wenn die Entscheidung innerhalb der Zwei-Wochen-Frist des Abs. 1 S. 2 ergeht. Eine später ergehende Entscheidung des Beschwerdegerichts kann aber die

---

[29] OLG Schleswig, Beschl. v. 26. 10. 2007, 1 Verg 7/07; BayObLG VergabeR 2005, 126; OLG Koblenz VergabeR 2002, 384; KG Berlin NZBau 2000, 262.
[30] So KG Berlin VergabeR 2007, 551 [mit Anm. *Grams*], sowie KGR 2005, 597; OLG Dresden VergabeR 2002, 544.

aufschiebende Wirkung ebenfalls „verlängern", denn sie knüpft rückwirkend an den Eingang der sofortigen Beschwerde und des Antrags nach Abs. 1 Satz 3 innerhalb der Zwei-Wochen-Frist an. Diese **Rückwirkung** entspricht allgemeinen verwaltungsverfahrens- und -prozessrechtlichen Grundsätzen.[31] Das GWB enthält keine Zeitvorgabe für die gerichtliche Entscheidung über den Verlängerungsantrag. Insbesondere ist die Entscheidung nicht innerhalb der Zwei-Wochen-Frist gem. Abs. 1 S. 2 vorgeschrieben. Das OLG kann deshalb verfahrensrechtlich über den Verlängerungsantrag auch noch nach Ablauf dieser Frist entscheiden.[32]

37   Der **„Zwischenzeitraum"** zwischen Ablauf der Zwei-Wochen-Frist und (späterer) Entscheidung des Beschwerdegerichts über den Verlängerungsantrag kann dadurch überbrückt werden, dass die Vergabestelle umgehend mitteilt, ob sie bis zur Entscheidung über den Antrag nach Abs. 1 S. 3 GWB von einer Zuschlagserteilung Anstand nimmt (sog. „Stillhalteerklärung").[33] Bleibt eine solche Erklärung aus, kann das Beschwerdegericht einen sog. „Hängebeschluss"[34] analog § 570 Abs. 3 ZPO für die Dauer des Verfahrens über den Verlängerungsantrag erlassen. Ein solcher Beschluss kann von den Beteiligten ausdrücklich beantragt werden und sollte vor Ablauf der Zwei-Wochen-Frist ergehen, sofern die schriftliche **„Stillhalteerklärung"** ausbleibt. Der Beschluss sichert zugleich den Anspruch der Beteiligten auf rechtliches Gehör zum Verlängerungsantrag. Der **„Hängebeschluss"** kann dem Rechtsgedanken des § 80 Abs. 8 VwGO entsprechend in dringenden Fällen durch den Vorsitzenden erfolgen.

III. Verfahrensgrundsätze

38   Für das Verfahren nach Abs. 1 S. 3 gelten im Übrigen die **allgemeinen Verfahrensgrundsätze nach § 120.** Eine Anhörung der jeweiligen Gegenseite ist allerdings geboten; sie kann aber im Hinblick auf den Eilbedarf innerhalb knapper Fristen und auch in telefonischer Form erfolgen. Das Gericht ist lediglich zu einer „summarischen" Prüfung von (Tatsachen-)Fragen verpflichtet; es hat bei „offener" Hauptsachelage eine Interessenabwägung am Maßstab des § 118 Abs. 2 S. 2 vorzunehmen (s. dazu unten RdNr. 47 ff.). Der Untersuchungsgrundsatz (§ 120 Abs. 2, § 70) gilt nur eingeschränkt; die Beteiligten sind hier „gesteigert" mitwirkungspflichtig. Sofern es auf Beweisfragen ankommt, beschränkt sich die Prüfung idR auf „vorliegende oder binnen kürzester Zeit verfügbare Beweismittel":[35] im Übrigen wird die Klärung von Beweisfragen dem Hauptsacheverfahren zuzuweisen sein.

39   Die Folgen einer **Rücknahme** des Antrags auf Verlängerung der aufschiebenden Wirkung der sofortigen Beschwerde ergeben sich aus § 269 Abs. 3 ZPO.[36]

D. Maßstab der gerichtlichen Entscheidung

I. Entscheidung nach dem GWB 2009

40   Durch die GWB-Reform 2009 ist der **Entscheidungsmaßstab** für einen Verlängerungsantrag durch eine Neufassung des Abs. 2 modifiziert worden. Die Maßstäbe in Abs. 2 entsprechen jetzt weitgehend denjenigen in § 115 Abs. 2; es war erklärtes Ziel des Gesetzgebers, die Entscheidung über die Verlängerung der aufschiebenden Wirkung an diejenigen der vorzeitigen Gestattung eines Zuschlags gem. § 115 Abs. 2 anzupassen.[37] Beabsichtigt ist auch eine bewusste gesetzliche **Verschärfung des Prüfungsmaßstabes zu Lasten der Individualinteressen** einzelner Bieter und **zu Gunsten einer Beschleunigung der Zuschlagsentscheidung** im Vergabeverfahren.

41   Die Rechtsmittelrichtlinie 2007/66/EG enthält nur in Art. 2 Abs. 5 eine (vage) Vorgabe für die in Abs. 2 getroffene Regelung. Der **Gesetzeswortlaut** ist nach wie vor als missglückt anzusehen. Es bleibt unklar, welche „Vorteile" erfasst werden sollen, die den „nachteiligen Folgen einer verzögerten Vergabe" gegenüber gestellt werden sollen. Als „Vorteile" müssen auch die Rechtsposition des Bieters und das Interesse der Allgemeinheit an einem wirksamen Vergabe-

---

[31] Vgl. *Kopp/Schenke*, VwGO, 14. Aufl., § 80 RdNr. 54 mwN.

[32] OLG Stuttgart NZBau 2001, 462 (Ls. 2).

[33] Dies entspricht einer vergleichbaren Praxis der Verwaltungsgerichte in Verfahren nach § 80 Abs. 5 VwGO.

[34] Vgl. OLG Düsseldorf NZBau 2008, 461.

[35] BayObLG, Beschl. v. 23. 11. 2000, Verg 12/00, Juris.

[36] OLG Schleswig, Beschl. v. 4. 4. 2005, 6 Verg 4/05, n. v.

[37] BT-Drucks. 16/10 117, S. 24 f.

wettbewerb anerkannt werden. Die weiteren Entscheidungs-/Abwägungsvorgaben zum Allgemeininteresse an einer wirtschaftlichen Aufgabenerfüllung und an einem „raschen Abschluss des Vergabeverfahrens" sind ebenfalls unklar; sie müssen, wenn sie rational nachvollziehbar sein sollen, jeweils einzelfallbezogen konkretisiert werden. Ein Allgemeininteresse betrifft auch die rechtmäßige Vergabe, die sowohl wettbewerbsgerecht als auch wirtschaftlich ist. Die summarische „Freigabe" einer Vergabe, die im Sekundärrechtsschutz zu erheblichen Schadensersatzrisiken führen kann, dürfte einer wirtschaftlichen Aufgabenerfüllung kaum dienlich sein.

Im Hinblick auf den europarechtlich geforderten **effektiven Primärrechtsschutz** müssen **42** bei der Entscheidung des Beschwerdegerichts zu Abs. 1 Satz 3, Abs. 2 die Erfolgsaussichten der sofortigen Beschwerde auch im Hinblick auf die Beschleunigungsziele, die mit den „nachteiligen Folgen einer verzögerten Vergabe" und dem „Allgemeininteresse an einem raschen Abschluss des Vergabeverfahrens" angesprochen werden, eine vorrangige Bedeutung behalten. Die bisherige „zweistufige"[38] Struktur der Norm ist unter Berücksichtigung der gesetzlichen Neuregelung in ein **dreistufiges Entscheidungsprogramm** erweitert worden:
- Vorrangig sind die **Erfolgsaussichten** der sofortigen Beschwerde zu beurteilen (Abs. 2 Satz 3, 1. Alternative), wobei es auf den Sach- und Streitstand im Zeitpunkt der gerichtlichen Entscheidung ankommt.
- Die Erfolgsaussichten sind – erweitert – zu beurteilen im Hinblick auf die **Aussichten** des Antragstellers, im Vergabeverfahren den **Auftrag zu erhalten** (Abs. 2, Satz 3 2. Alternative); es kommt also nicht nur auf die „isolierte" Erfolgsprognose der Beschwerde, sondern auf eine darüber hinausgehende Prognose der Auftragschancen an.
- Lassen sich weder die Erfolgsaussichten noch die Auftragschancen hinreichend klar beurteilen, ist nach Abs. 2 Satz 2 und Satz 3, 3. Alternative eine **Interessenabwägung** vorzunehmen, die das Allgemeininteresse an
  - einer wirtschaftlichen Erfüllung der Aufgabe des Auftraggebers
  - einem raschen Abschluss des Vergabeverfahrens
  berücksichtigt.

Das og. Entscheidungsprogramm ist im Rahmen einer **(summarischen) Überprüfung** ab- **43** zuarbeiten. Dabei ist zwischen Tatsachen- und Rechtsfragen zu unterscheiden. Grundsätzlich sind nur solche Tatsachen zu berücksichtigen, die bis zur Textinformation nach § 101a bekannt waren. Das Beschwerdegericht kann an die tatsächlichen Feststellungen der Vergabekammer anknüpfen. Entscheidungen der Vergabestelle, die Prognoseelemente enthalten (insbesondere zu Eignungsmerkmalen), sind summarisch nur im Hinblick auf die Vertretbarkeit der Prognosegrundlagen zu überprüfen. Die Prüfung darf sich auf vorliegende oder binnen kürzester Zeit verfügbare Beweismittel beschränken. Bei Rechtsfragen wird idR das z.Z. der gerichtlichen Entscheidung geltende Recht zugrundegelegt;[39] bei Rechtsänderungen ist ggf. zu prüfen, ob sich dadurch der Streit erledigt.

II. Prognose der Erfolgssaussichten, offene Hauptsachelage

1. Voraussichtlich erfolglose Beschwerde. Ergibt die Prüfung, dass die sofortige Be- **44** schwerde voraussichtlich unzulässig oder unbegründet ist, ist der Verlängerungsantrag aus diesem Grund abzulehnen, ohne dass es noch einer Interessenabwägung nach Abs. 2 S. 2 und S. 3 (3. Alt.) bedarf.[40] Dies ist (zB) der Fall, wenn ein Bieter die nach den Ausschreibungsunterlagen eindeutig geforderten Nachweise seiner fachlichen Eignung nicht erbracht hat.[41] Eine andere Entscheidung kommt – in besonderen Fällen – nur in Betracht, wenn die Vergabestelle im Interesse einer „Heilung" des Vergabeverfahrens in zulässiger, insbesondere diskriminierungsfreier Weise bestimmte Anforderungen gegenüber allen Bietern fallen lässt.

2. Voraussichtlicher Erfolg der Beschwerde. Ergibt die summarische Tatsachenprüfung **45** und die rechtliche Beurteilung, dass die sofortige Beschwerde voraussichtlich zulässig und auch begründet sein wird, ist es in der Regel geboten, ihre **aufschiebende Wirkung** über den in § 118 Abs. 1 Satz 2 genannten Zeitpunkt hinaus zu **verlängern.**[42] Dies gilt auch dann, wenn die Verzögerung der Auftragsvergabe zu erheblichen Mehrkosten führt. Bei einer erfolgversprechenden Beschwerde wird eine Verlängerung der aufschiebenden Wirkung nur ganz aus-

---

[38] OLG Düsseldorf NZBau 2005, 710 (bei Juris Tz. 10).
[39] *Wilke*, NZBau 2005, 380 ff.
[40] OLG Naumburg, Beschl. v. 18. 7. 2005, 1 Verg 5/05, Juris.
[41] OLG Düsseldorf, Beschl. v. 25. 11. 1002, Verg 56/02.
[42] OLG Jena VergabeR 2001, 51.

nahmsweise abzulehnen sein. Einem effektiven Primärrechtsschutz kommt Vorrang vor den vom Auftraggeber geltend gemachten wirtschaftlichen Belangen zu. Die Position eines (beigeladenen) Mitbewerbers ist nicht schutzwürdiger als die des Antragstellers.

46   Soweit die Beschwerde nur für einen **(abtrennbaren) Teil** der angegriffenen Vergabeentscheidung (zB. eines von mehreren zu vergebenden Losen) erfolgversprechend ist, ist die Entscheidung nach Abs. 1 Satz 3 auf diesen Teil zu beschränken.[43] Die gegenläufigen – und konkret belegten – Interessen der Vergabestelle oder eines anderen Beteiligten müssten in diesem Fall von besonders starkem Gewicht sein, weil die „Freigabe" des Zuschlags für den betroffenen Bieter zum Verlust des vergaberechtlichen Primärrechtsschutzes führt.[44]

47   **3. Maßstab für die Erfolgsprognose.** Die bisher angewandten Maßstäbe für die Beurteilung der Erfolgsaussichten der sofortigen Beschwerde im Verfahren nach § 118 Abs. 1 Satz 3 bewegen sich zwischen der **„Maximalposition"** (Stattgabe des Antrags nach Abs. 1 Satz 3, wenn die Erfolgsaussichten der sofortigen Beschwerde „überwiegen"),[45] einer **„Mittelposition"** (Stattgabe, wenn die sofortige Beschwerde weder „offensichtlich" unzulässig noch „offensichtlich unbegründet ist)[46]und der **„Minimalposition"** (Stattgabe schon, wenn „offene Erfolgsaussichten" festzustellen sind).[47] Nach der Neufassung des Abs. 2 wird keine Qualifikation der Erfolgsaussichten (als „überwiegend", „wahrscheinlich" oä.) gefordert. Die Norm will *vorläufigen* Rechtsschutz regeln; das spricht dafür, die „Schwelle" für eine Zuschlagsfreigabe nicht zu weit abzusenken, weil dies eine Vorwegnahme der Hauptsache bewirkt. Im Verwaltungsprozess (§ 80 Abs. 5 VwGO) werden „hinreichende" Erfolgaussichten angenommen, wenn der Erfolg ebenso wahrscheinlich ist wie deren Misserfolg.[48] Das ist auch im Bereich des Abs. 2 sachgerecht. Wichtiger als diese – kaum messbare – Frage ist, in welchem Verhältnis die Prüfung der Erfolgsaussichten zu der – daneben vorzunehmenden – Interessenabwägung steht.

48   **4. Vorrang der Erfolgsprognose.** Soweit vertreten wird, dass die Erfolgsaussichten der sofortigen Beschwerde nur noch „eines von mehreren zu prüfenden Kriterien im Rahmen der Gesamtabwägung" sind und eine Ablehnung des Verlängerungsantrags auch durch überwiegende Allgemeininteressen gerechtfertig sein kann,[49] vermittelt dies für die Praxis keine berechenbare Vorgabe, weil die (mit „mind. 50%" geforderten) Erfolgsaussichten aus einer Prognose hervorgehen und die Gewichtigkeit der Allgemeininteressen einer mehr oder weniger offenen Wertung entspringt. Einem rationaleren Ansatz entspricht es, die Erfolgsprognose – der sofortigen Beschwerde sowie (erweitert) der Auftragschancen – als *vorrangiges* Kriterium der Entscheidung nach Abs. 2 zugrundezulegen; nur wenn diese nicht eindeutig möglich, mithin von einer „offenen Hauptsachelage" auszugehen ist, ist in eine nach den Vorgaben des Abs. 2 Satz 2 Alternativen 1–3 erfolgende Interessenabwägung einzutreten.

49   Soweit im Verfahren nach Abs. 1 Satz 3 **Vergaberechtsverletzungen klar hervortreten,** führt eine gerichtliche Entscheidung darüber häufig dazu, dass es keiner Entscheidung über die sofortige Beschwerde mehr bedarf, weil die Beteiligten aus der gerichtlichen Entscheidung über den Verlängerungsantrag von sich aus die richtigen Schlussfolgerungen ziehen. Lehnt der Vergabesenat den Antrag nach Abs. 1 S. 3 ab, wird es häufig zur Rücknahme der sofortigen Beschwerde kommen.[50] Insofern kann die vergaberechtliche Prüfung im Verfahren nach Abs. 1 S. 3 dem Beschleunigungsziel des gesamten Verfahrens besonders förderlich sein.

50   **5. Prognose der Auftragschancen.** Der Prognose der Auftragschancen wird in vielen Fällen nach der Position des Antragstellers im **„Ranking"** der Auftragsbewerber (bei den Bietern der „engeren Wahl") erfolgen können. Wird allerdings mit der sofortigen Beschwerde das Kriterien- oder Wertungssystem angegriffen, das dem „Ranking" zugrunde liegt, kann eine Prognose der Auftragschancen nur erfolgen, wenn die diesbezüglichen Rügen präkludiert sind (§ 107 Abs. 3) oder auch bei Zugrundelegung der Rügen für den Antragsteller keine aussichtsreiche Position entsteht. Ansonsten wird diesbezüglich keine klare Erkenntnis für die Entscheidung über den Verlängerungsantrag zu gewinnen sein.

---

[43] Vgl. OLG Düsseldorf, Beschl. v. 22. 2. 2000, Verg 5/00, Juris (dort Tz. 37).

[44] OLG Stuttgart NZBau 2002, 292 (bei Juris Tz. 50).

[45] KG Berlin VergabeR 2003, 181.

[46] OLG Koblenz VergabeR 2005, 208 (bei Juris Tz. 6, 7).

[47] OLG Frankfurt/M., Beschl. v. 6. 3. 2006, 11 Verg 11/05, Juris.

[48] Vgl. zum gleichlautenden Maßstab nach § 80 Abs. 5 VwGO: BVerwG, Beschl. v. 30. 3. 1973, VII C 100.72, Juris; OVG Schleswig NVwZ-RR 1992, 106/107.

[49] *Kulartz/Kus/Portz/Hunger* RdNr. 54.

[50] *Opitz*, NZBau 2005, 214/215.

6. Allgemeininteresse in der Abwägung. Die in Abs. 2 Satz 2 und Satz 3, 3. Alternative **51** für eine Interessenabwägung angesprochenen Allgemeininteressen an einer wirtschaftlichen Erfüllung der Aufgabe des Auftraggebers bzw. an einem raschen Abschluss des Vergabeverfahrens dürfen nicht in beliebiger Weise *gegen* den Antragsteller verwendet werden. Bereits das Vergabeverfahren dient den genannten Allgemeininteressen; es wäre auch zu Gunsten des Antragstellers „rasch" abzuschließen. Um die genannten Vorgaben für eine Entscheidung im Einzelfall operabel zu machen, ist eine **konkretisierte Darlegung** erforderlich, welche wirtschaftlichen Folgen es hätte, wenn die Auftragserteilung erst nach Abschluss des Hauptsacheverfahrens ergeht. Diese Interessen sind von der Vergabestelle im Einzelnen darzulegen. Allgemeine Hinweise auf einen für ein Beschaffungsvorhaben aufgestellten „Zeitplan", auf Zeitdruck oder auf „Eilbedarf" genügen nicht;[51] bei Schulbauten, die zur Gewährleistung einer gesicherten Unterrichtsversorgung erforderlich sind, kann dies uU. anders sein. Das Beschwerdegericht kann allerdings auch durch eine sehr zeitnahe Terminierung im Verfahren zur sofortigen Beschwerde „helfen". Die Interessenabwägung soll auch die Interessen des betroffenen Bieters berücksichtigen; diese sind seinerseits darzulegen. Dies ist auch deshalb wichtig, weil nach § 118 Abs. 2 S. 2 gefordert ist, dass die nachteiligen Verzögerungsfolgen „überwiegen" müssen. Auch unter Berücksichtigung des **Beschleunigungsgebots** ist die Verlängerung der aufschiebenden Wirkung der sofortigen Beschwerde nur zu versagen, wenn gewichtige Belange der Allgemeinheit einen raschen Abschluss des Vergabeverfahrens erfordern.

E. Entscheidung des Beschwerdegerichts über einen Verlängerungsantrag

Das Beschwerdegericht entscheidet über den Verlängerungsantrag durch **Beschluss.** Der Be- **52** schluss hat im Falle der Verlängerung der aufschiebenden Wirkung gestaltende Wirkung, die durch das Beschwerdegericht „angeordnet" wird.

Im Rahmen einer **Zwischenentscheidung** („Hängebeschluss", s. o. RdNr. 37) kann der **53** Vergabesenat die Dauer der einstweiligen Verlängerung des Suspensiveffekts befristen.

Mit der abschließenden Sachentscheidung des Beschwerdegerichts erledigt sich sowohl ein **54** Beschluss über eine Verlängerung der aufschiebenden Wirkung als auch ein Verlängerungsantrag, über den noch nicht entschieden worden ist.[52] Wird die sofortige Beschwerde zurückgenommen, nachdem ein Beschluss über eine Verlängerung der aufschiebenden Wirkung ergangen ist, wird dieser Beschluss mit der Rücknahme wirkungslos. Dies kann auf Antrag der Vergabestelle durch Beschluss festgestellt werden.[53]

F. Schutz des Zuschlagsverbots (Abs. 3)

Hat ein Bieter bei der Vergabekammer obsiegt, kann der Auftraggeber dagegen sofortige Be- **55** schwerde einlegen. Diese hat nach Abs. 3 **keine aufschiebende Wirkung:** Nach einer stattgebenden Entscheidung der Vergabekammer hat der Zuschlag zu unterbleiben, solange nicht das Beschwerdegericht die Entscheidung der Vergabekammer nach § 121 oder § 123 aufhebt. Vor einer Beschwerdeentscheidung des Vergabesenats können keine vollendeten Tatsachen entstehen.[54]

Entspricht die Vergabekammer einem Nachprüfungsantrag nur insoweit, als sie die Vergabe- **56** stelle zur Neubewertung der Angebote (oder bestimmter Angebotsteile) oder zur Wiederholung der Angebotswertung verpflichtet, greift im Falle einer sofortigen Beschwerde der Vergabestelle die Regelung in Abs. 3 ebenfalls: Ihr Schutzzweck sichert den primären Vergaberechtsschutz der Bieter vor einem die Entscheidung der Vergabekammer missachtenden Zuschlag so lange, wie die Neubewertung nicht abgeschlossen ist. Deren Ergebnis muss nach § 101a bekannt gegeben werden.[55] Andernfalls ist der Zuschlag nichtig.

[51] OLG Naumburg VergabeR 2007, 554 (bei Juris Tz. 18); OLG Koblenz, Beschl. v. 23. 11. 2004, 1 Verg 6/04, Juris (Leitsatz 2).

[52] Opitz, NZBau 2005, 214/215.

[53] OLG Jena, Beschl. v. 22. 8. 2002, 6 Verg 3/02, Juris.

[54] OLG Celle NZBau 2007, 671.

[55] OLG München ZfBR 2005, 622.

57 Eine **unselbständige Anschlussbeschwerde** der Vergabestelle (§ 567 Abs. 3 ZPO) hat keine aufschiebende Wirkung gegenüber der Entscheidung der Vergabekammer. Sie ist keine keine „sofortige Beschwerde" iSd. Abs. 1 und darf ihr auch nicht gleichgestellt werden, denn dies würde zu einer Umgehung sowohl des Abs. 3 als auch des § 121 führen.[56]

58 Hat ein Bieter eine Verlängerung der aufschiebenden Wirkung der sofortigen Beschwerde nach Abs. 1 Satz 3, Abs. 2 erstritten, ist ein **Antrag des Auftraggebers auf Gestattung des vorzeitigen Zuschlags** nach § 121 ausgeschlossen. Die im Rahmen der Entscheidung über den Verlängerungsantrag erfolgte Erfolgsprognose und Interessenabwägung ist auch für eine Entscheidung nach § 121 maßgeblich.

59 Eine **Ausnahme** gilt nur bei nachträglich veränderter Sach- und Rechtslage. Diese ist vom Auftraggeber darzulegen. Die Veränderung kann in rechtlichen Umständen bestehen (zB Rechtsänderung, Wegfall eines öffentlich-rechtlichen Hindernisses zur Ausführung des ausgeschriebenen Auftrages, geänderte Entgeltgenehmigung uä.), aber auch in einer nachträglich hervorgetretenen Dringlichkeit.

G. Verfahrenskosten

60 Im Verfahren nach Abs. 1 S. 3 ergeht **keine eigenständige Kostenentscheidung.** Das entspricht inzwischen herrschender Spruchpraxis.[57] Bei den Kosten des Verfahrens nach Abs. 1 Satz 3 handelt es sich um Kosten des Beschwerdeverfahrens gem. § 116, über die gemäß § 128 GWB einheitlich im Rahmen der Entscheidung über die Hauptsache zu befinden ist.[58] Unterliegt der Vergabestelle in der abschließenden Beschwerdeentscheidung, hat sie die Kosten eines Eilverfahrens gem. Abs. 1 S. 3 GWB dann nicht zu tragen, wenn der Eilantrag aus Gründen erfolglos geblieben ist, die ihr nicht zuzurechnen sind (zB Antragsrücknahme, unzulässiger Antrag).[59]

§ 119 Beteiligte am Beschwerdeverfahren

An dem Verfahren vor dem Beschwerdegericht beteiligt sind die an dem Verfahren vor der Vergabekammer Beteiligten.

Schrifttum: *Gudlich* VergabeR 2002, 673.

Übersicht

I. Allgemeines

1 **1. Terminologie des Gesetzes.** Wie im kartellrechtlichen Beschwerdeverfahren (§ 67) spricht § 119 im Beschwerdeverfahren nicht von „Parteien", sondern (allgemein) von **„Beteiligten".** Damit kommt zum Ausdruck, dass das Verfahren von der Offizialmaxime geprägt ist; die gesetzliche Wortwahl entspricht derjenigen in anderen Verfahrensordnungen öffentlich-rechtlicher Gerichtsbarkeiten (VwGO, SGG). Eine bestimmte Rolle der Beteiligten wird im Gesetzestext nur punktuell angesprochen (§ 118 Abs. 1 S. 3: „Beschwerdeführer"; § 121 Abs. 1 S. 1, § 122: „Auftraggeber"; § 123 S. 3: „Unternehmen"). In Konkurrenz zueinander stehende Auf-

---

[56] OLG Jena, Beschl. v. 4. 5. 2005, 9 Verg 3/05.
[57] Vgl. noch die abw. Rspr. des OLG Stuttgart, Beschl. v. 16. 9. 2002, 2 Verg 12/02 (für den Fall einer Ablehnung des Antrags nach § 118 Abs. 1 S. 3 sei eine eigenständige Kostenentscheidung erforderlich).
[58] HM.; vgl. zB. OLG Düsseldorf, Beschl. v. 31. 7. 2007, Verg 25/07.
[59] OLG Celle VergabeR 2007, 650.

tragsbewerber können nicht als Streitgenossen gemeinsam agieren; die Beschwerdeverfahren sind zu trennen.[1]

2. Beiladung der Vergabekammer. Wer „Beteiligter" ist, wird gem. § 119 durch das 2 Verfahren vor der Vergabekammer vorgegeben. Die Beteiligten des Verfahrens vor der Vergabekammer (§ 109) sind mit denjenigen des Beschwerdeverfahrens identisch. Die Vergabekammer (oder ihr Rechtsträger) ist als „erste Instanz" am Beschwerdeverfahren nicht beteiligt,[2] ebenso nicht Kartell- oder andere Behörden.

Das Beschwerdegericht muss von der Vergabekammer **Beigeladene** nicht erneut beiladen.[3] 3 Ist ein (am Verfahren vor der Vergabekammer nicht beteiligter) „Dritter" durch die Entscheidung der Vergabekammer erstmalig beschwert worden, ist er zur sofortigen Beschwerde befugt und wird als Beschwerdeführer „Beteiligter" iSd. § 119.

Hat ein von der Vergabekammer Beigeladener sofortige Beschwerde eingelegt, heißt das nur, 4 dass er der „Aktivbeteiligte" im Beschwerdeverfahren ist[4] und der Antragsteller bei der Vergabekammer und die Vergabestelle (Antragsgegnerin) als „Beteiligte" bezeichnet werden. Ein von der Vergabekammer Beigeladener, der selbst keine sofortige Beschwerde (§ 116) eingelegt hat, kann im Beschwerdeverfahren eines anderen Bieters nicht dessen Ausschluss aus dem Vergabeverfahren erreichen.[5]

Hat die Vergabekammer eine Beiladung vorgenommen, ist es im Beschwerdeverfahren uner- 5 heblich, ob die Beiladung zur Recht erfolgt ist oder nicht (zur Aufhebung einer Beiladung durch das Beschwerdegericht s. u. RdNr. 9). Die Beiladungsentscheidung der Vergabekammer wirkt für das Beschwerdeverfahren fort. Nach Abschluss des Verfahrens vor der Vergabekammer kann eine Beiladung dort nicht mehr erfolgen.[6]

Die Beteiligtenstellung im Beschwerdeverfahren beginnt mit dem Zugang der Beschwerde- 6 schrift im Parteibetrieb (§ 117 Abs. 4);[7] sie hängt nicht davon ab, ob die (beigeladenen) Beteiligten im Verfahren vor der Vergabekammer Schriftsätze eingereicht, Anträge gestellt oder selbst Beschwerde erhoben haben.

II. Beiladung im Beschwerdeverfahren

1. Neue Beiladung. Das Beschwerdegericht ist berechtigt und bei Vorliegen der Vorausset- 7 zungen des § 109[8] verpflichtet, im Beschwerdeverfahren erstmals Beiladungen zu beschließen.[9] Dies kann auch durch eine **schriftsätzliche Anregung** des Beizuladenden veranlasst werden. Dies gilt sowohl dann, wenn die Vergabekammer Beiladungen (vollständig) unterlassen hat als auch dann, wenn diese von der Vergabekammer abgelehnt worden sind.[10] Die Unanfechtbarkeit der Entscheidung der Vergabekammer über Beiladungen (§ 109 S. 2) steht dem nicht entgegen, da das Beschwerdegericht nur für das Beschwerdeverfahren entscheidet.

Ein erst im Beschwerdeverfahren Beigeladener kann gegen den Beschluss der Vergabekam- 8 mer keine sofortige Beschwerde oder Anschlussbeschwerde einlegen.[11]

2. Aufhebung bisheriger Beiladungen. Das Beschwerdegericht ist auch befugt, von der 9 Vergabekammer beschlossene Beiladungen im Beschwerdeverfahren aufzuheben.[12] Dies kann zB in Betracht kommen in Bezug auf Bieter, deren Angebot nach der Entscheidung der Vergabekammer zwingend auszuschließen ist und die keine eigene sofortige Beschwerde erhoben haben. Auch sonst sind Fälle vorstellbar, in denen nicht (mehr) festgestellt werden kann, dass die

---

[1] LSG Mecklenburg-Vorpommern, Beschl. v. 24. 8. 2009, L 6 B 172/09 (Juris).
[2] BT-Drucks. 13/9340, S. 20.
[3] BT-Drucks. 13/9340, S. 13.
[4] Zu den Rechten des Beigeladenen als Beschwerdeführer, Eingriffe in das Vergabeverfahren zu verlangen vgl. OLG Koblenz, Beschl. v. 31. 5. 2006, 1 Verg 3/06.
[5] OLG München, Beschl. v. 7. 4. 2006, Verg 5/06; danach kann ein dahin gehender Antrag des beigeladenen Bieters als Nachprüfungsantrag, über den zunächst die Vergabekammer zu entscheiden hat, auszulegen sein.
[6] BGH WuW DE-R 2725.
[7] OLG Jena IBR 2004, 592.
[8] S. dazu OLG Naumburg OLGR 2005, 266 (Ls. 2).
[9] OLG Naumburg, Beschl. v. 9. 9. 2003, 1 Verg 5/03; OLG Düsseldorf NZBau 2002, 639.
[10] Eine solche Entscheidung der Vergabekammer ist („isoliert") nicht anfechtbar; vgl. OLG Frankfurt/M. VergabeR 2006, 144.
[11] BVerwGE 38, 290/296.
[12] LSG Mecklenburg-Vorpommern, Beschl. v. 24. 8. 2009, L 6 B 172/09, Juris (Ls. 4).

Interessen eines von der Vergabekammer Beigeladenen durch die Entscheidung des Vergabesenats **„schwerwiegend"** berührt sein können (§ 109). Im Interesse der Vermeidung nicht erforderlicher Verfahrenskosten dürfte in diesen Fällen eine Begrenzung der Zahl der Beigeladenen geboten sein.

10   Die (bisherigen) Beteiligten können eine (weitere) Beiladung bzw. die Aufhebung einer von der Vergabekammer beschlossenen Beiladung für das Beschwerdeverfahren anregen.

III. Rechte der Beteiligten

11   **1. Gleiche Rechte.** Die Beteiligten haben unabhängig von ihrer prozessualen Rolle im Beschwerdeverfahren gleiche prozessuale Rechte (Akteneinsicht, schriftsätzliche Stellungnahmen, rechtliches Gehör, Teilnahme an der mündlichen Verhandlung, Stellung von Anträgen etc.), aber auch Mitwirkungsobliegenheiten (s. § 120 RdNr. 11 ff.). Zwischen- und Endentscheidungen sind auch den beigeladenen Beteiligten zuzustellen.

12   **2. Akteneinsicht.** Nur hinsichtlich der Akteneinsicht ist nach § 120 Abs. 2 iVm. § 71 Abs. 1 S. 3 zwischen den Beteiligten zu **differenzieren:** Das Beschwerdegericht kann im Rahmen seiner Entscheidung auch Akteile, die zur Wahrung von Betriebs- und Geschäftsgeheimnissen von der Akteneinsicht durch Beigeladene ausgenommen worden sind, bei der Entscheidung verwerten. Die Gegenausnahme für solche Beigeladene, denen gegenüber die Entscheidung des Beschwerdegerichts nur einheitlich ergehen kann (§ 71 Abs. 1 S. 4), bleibt ohne praktische Relevanz, denn auch solchen Beigeladenen dürfen Aktteile, die Betriebs- oder Geschäftsgeheimnisse enthalten, nicht zugänglich gemacht werden (§ 111 Abs. 2).

13   **3. Beigeladene und Beschwerdeeinlegung.** Unterschiede zwischen beschwerdeführenden und beigeladenen Beteiligten ergeben sich aus der „Logik" des Verfahrens: Zielt die Beschwerde eines Beschwerdeführers auf den Ausschluss eines konkurrierenden Bieters, kann ein beigeladener Bieter, der selbst keine Beschwerde eingelegt hat, aus eigenem Recht im Beschwerdeverfahren nicht den Ausschluss eines anderen Bieters erreichen. Dies hätte der Beigeladene im Rahmen eines **eigenen Nachprüfungsantrags,** über den zunächst die Vergabekammer zu entscheiden hätte, geltend machen müssen.[13]

14   **4. Bindungswirkung.** Die Bindungswirkung der Entscheidung des Beschwerdegerichts (§ 124) gilt gegenüber allen Beteiligten. In kostenmäßiger Hinsicht ist ein Beigeladener wie ein Antragsteller oder Antragsgegner zu behandeln, wenn er sich am Verfahren inhaltlich aktiv beteiligt.[14]

§ 120 Verfahrensvorschriften

(1) [1]**Vor dem Beschwerdegericht müssen sich die Beteiligten durch einen Rechtsanwalt als Bevollmächtigten vertreten lassen.** [2]**Juristische Personen des öffentlichen Rechts können sich durch Beamte oder Angestellte mit Befähigung zum Richteramt vertreten lassen.**

(2) **Die §§ 69, 70 Abs. 1 bis 3, § 71 Abs. 1 und 6, §§ 71 a, 72, 73 mit Ausnahme der Verweisung auf § 227 Abs. 3 der Zivilprozessordnung, die §§ 78, 111 und 113 Abs. 2 Satz 1 finden entsprechende Anwendung.**

Schrifttum: *Loewenich* ZfBR 2004, 23; *Wilke* NZBau 2005, 380; *Giedinghagen/Schoop* VergabeR 2007, 32; *Sellmann/Augsberg* NVwZ 2005, 1255.

---

[13] OLG München VergabeR 2006, 525.
[14] BGH VergabeR 2007, 59/70; OLG Celle VergabeR 2009, 105.

Text der in Abs. 2 genannten Verweisvorschriften im GWB

§ 69 Mündliche Verhandlung

(1) Das Beschwerdegericht entscheidet über die Beschwerde auf Grund mündlicher Verhandlung; mit Einverständnis der Beteiligten kann ohne mündliche Verhandlung entschieden werden.

(2) Sind die Beteiligten in dem Verhandlungstermin trotz rechtzeitiger Benachrichtigung nicht erschienen oder gehörig vertreten, so kann gleichwohl in der Sache verhandelt und entschieden werden.

§ 70 Untersuchungsgrundsatz

(1) Das Beschwerdegericht erforscht den Sachverhalt von Amts wegen.

(2) Der oder die Vorsitzende hat darauf hinzuwirken, dass Formfehler beseitigt, unklare Anträge erläutert, sachdienliche Anträge gestellt, ungenügende tatsächliche Angaben ergänzt, ferner alle für die Feststellung und Beurteilung des Sachverhalts wesentlichen Erklärungen abgegeben werden.

(3) [1]Das Beschwerdegericht kann den Beteiligten aufgeben, sich innerhalb einer zu bestimmenden Frist über aufklärungsbedürftige Punkte zu äußern, Beweismittel zu bezeichnen und in ihren Händen befindliche Urkunden sowie andere Beweismittel vorzulegen. [2]Bei Versäumung der Frist kann nach Lage der Sache ohne Berücksichtigung der nicht beigebrachten Beweismittel entschieden werden.

(4) …

§ 71 Beschwerdeentscheidung

(1) [1]Das Beschwerdegericht entscheidet durch Beschluss nach seiner freien, aus dem Gesamtergebnis des Verfahrens gewonnenen Überzeugung. [2]Der Beschluss darf nur auf Tatsachen und Beweismittel gestützt werden, zu denen die Beteiligten sich äußern konnten. [3]Das Beschwerdegericht kann hiervon abweichen, soweit Beigeladenen aus wichtigen Gründen, insbesondere zur Wahrung von Betriebs- oder Geschäftsgeheimnissen, Akteneinsicht nicht gewährt und der Akteninhalt aus diesen Gründen auch nicht vorgetragen worden ist. [4]Dies gilt nicht für solche Beigeladene, die an dem streitigen Rechtsverhältnis derart beteiligt sind, dass die Entscheidung auch ihnen gegenüber nur einheitlich ergehen kann.

(2)–(5) …

(6) Der Beschluss ist zu begründen und mit einer Rechtsmittelbelehrung den Beteiligten zuzustellen.

§ 71 a Abhilfe bei Verletzung des Anspruchs auf rechtliches Gehör

(1) [1]Auf die Rüge eines durch eine gerichtliche Entscheidung beschwerten Beteiligten ist das Verfahren fortzuführen, wenn

1. ein Rechtsmittel oder ein anderer Rechtsbehelf gegen die Entscheidung nicht gegeben ist und

2. das Gericht den Anspruch dieses Beteiligten auf rechtliches Gehör in entscheidungserheblicher Weise verletzt hat. [2]Gegen eine der Entscheidung vorausgehende Entscheidung findet die Rüge nicht statt.

(2) [1]Die Rüge ist innerhalb von zwei Wochen nach Kenntnis von der Verletzung des rechtlichen Gehörs zu erheben; der Zeitpunkt der Kenntniserlangung ist glaubhaft zu machen. [2]Nach Ablauf eines Jahres seit Bekanntgabe der angegriffenen Entscheidung kann die Rüge nicht mehr erhoben werden. [3]Formlos mitgeteilte Entscheidungen gelten mit dem dritten Tage nach Aufgabe zur Post als bekannt gegeben. [4]Die Rüge ist schriftlich oder zur Niederschrift des Urkundsbeamten der Geschäftsstelle bei dem Gericht zu erheben, dessen Entscheidung angegriffen wird. [5]Die Rüge muss die angegriffene Entscheidung bezeichnen und das Vorliegen der in Absatz 1 Satz 1 Nr. 2 genannten Voraussetzungen darlegen.

(3) Den übrigen Beteiligten ist, soweit erforderlich, Gelegenheit zur Stellungnahme zu geben.

(4) [1]Ist die Rüge nicht statthaft oder nicht in der gesetzlichen Form oder Frist erhoben, so ist sie als unzulässig zu verwerfen. [2]Ist die Rüge unbegründet, weist das Gericht sie zurück. [3]Die Entscheidung ergeht durch unanfechtbaren Beschluss. [4]Der Beschluss soll kurz begründet werden.

(5) [1]Ist die Rüge begründet, so hilft ihr das Gericht ab, indem es das Verfahren fortführt, soweit dies aufgrund der Rüge geboten ist. [2]Das Verfahren wird in die Lage zurückversetzt, in der es sich vor dem Schluss der mündlichen Verhandlung befand. [3]Im schriftlichen Verfahren tritt an die Stelle des Schlusses der mündlichen Verhandlung der Zeitpunkt, bis zu dem Schriftsätze eingereicht werden können. [4]Für den Ausspruch des Gerichts ist § 343 der Zivilprozessordnung anzuwenden.

(6) § 149 Abs. 1 Satz 2 der Verwaltungsgerichtsordnung ist entsprechend anzuwenden.

§ 72 Akteneinsicht

(1) [1]Die in § 67 Abs. 1 Nr. 1 und 2 und Abs. 2 bezeichneten Beteiligten können die Akten des Gerichts einsehen und sich durch die Geschäftsstelle auf ihre Kosten Ausfertigungen, Auszüge und Abschriften erteilen lassen. [2]§ 299 Abs. 3 der Zivilprozessordnung gilt entsprechend.

(2) [1]Einsicht in Vorakten, Beiakten, Gutachten und Auskünfte ist nur mit Zustimmung der Stellen zulässig, denen die Akten gehören oder die die Äußerung eingeholt haben. [2]Die Kartellbehörde hat die Zustimmung zur Einsicht in die ihr gehörigen Unterlagen zu versagen, soweit dies aus wichtigen Gründen, insbesondere zur Wahrung von Betriebs- oder Geschäftsgeheimnissen, geboten ist. [3]Wird die Einsicht abgelehnt oder ist sie unzulässig, dürfen diese Unterlagen der Entscheidung nur insoweit zugrunde gelegt werden, als ihr Inhalt vorgetragen worden ist. [4]Das Beschwerdegericht kann die Offenlegung von Tatsachen oder Beweismitteln, deren Geheimhaltung aus wichtigen Gründen, insbesondere zur Wahrung von Betriebs- oder Geschäftsgeheimnissen, verlangt wird, nach Anhörung des von der Offenlegung Betroffenen durch Beschluss anordnen, soweit es für die Entscheidung auf diese Tatsachen oder Beweismittel ankommt, andere Möglichkeiten der Sachaufklärung nicht bestehen und nach Abwägung aller Umstände des Einzelfalles die Bedeutung der Sache für die Sicherung des Wettbewerbs das Interesse des Betroffenen an der Geheimhaltung überwiegt. [5]Der Beschluss ist zu begründen. [6]In dem Verfahren nach Satz 4 muss sich der Betroffene nicht anwaltlich vertreten lassen.

(3) Den in § 67 Abs. 1 Nr. 3 bezeichneten Beteiligten kann das Beschwerdegericht nach Anhörung des Verfügungsberechtigten Akteneinsicht in gleichem Umfang gewähren.

§ 73 Geltung von Vorschriften des GVG und der ZPO

Im Verfahren vor dem Beschwerdegericht gelten, soweit nichts anderes bestimmt ist, entsprechend

1. die Vorschriften der §§ 169 bis 197 des Gerichtsverfassungsgesetzes über Öffentlichkeit, Sitzungspolizei, Gerichtssprache, Beratung und Abstimmung;
2. die Vorschriften der Zivilprozessordnung über Ausschließung und Ablehnung eines Richters, über Prozessbevollmächtigte und Beistände, über die Zustellung von Amts wegen, über Ladungen,[1] Termine und Fristen, über die Anordnung des persönlichen Erscheinens der Parteien, über die Verbindung mehrerer Prozesse, über die Erledigung des Zeugen- und Sachverständigenbeweises sowie über die sonstigen Arten des Beweisverfahrens, über die Wiedereinsetzung in den vorigen Stand gegen die Versäumung einer Frist.

---

[1] Außer § 227 Abs. 3 ZPO.

§ 78 Kostentragung und -festsetzung

[1] Im Beschwerdeverfahren und im Rechtsbeschwerdeverfahren kann das Gericht anordnen, dass die Kosten, die zur zweckentsprechenden Erledigung der Angelegenheit notwendig waren, von einem Beteiligten ganz oder teilweise zu erstatten sind, wenn dies der Billigkeit entspricht. [2] Hat ein Beteiligter Kosten durch ein unbegründetes Rechtsmittel oder durch grobes Verschulden veranlasst, so sind ihm die Kosten aufzuerlegen. [3] Im Übrigen gelten die Vorschriften der Zivilprozessordnung über das Kostenfestsetzungsverfahren und die Zwangsvollstreckung aus Kostenfestsetzungsbeschlüssen entsprechend.

§ 111 Akteneinsicht

(1) Die Beteiligten können die Akten bei der Vergabekammer einsehen und sich durch die Geschäftsstelle auf ihre Kosten Ausfertigungen, Auszüge oder Abschriften erteilen lassen.

(2) Die Vergabekammer hat die Einsicht in die Unterlagen zu versagen, soweit dies aus wichtigen Gründen, insbesondere des Geheimschutzes oder zur Wahrung von Betriebs- oder Geschäftsgeheimnissen geboten ist.

(3) [1] Jeder Beteiligte hat mit Übersendung seiner Akten oder Stellungnahmen auf die in Absatz 2 genannten Geheimnisse hinzuweisen und diese in den Unterlagen entsprechend kenntlich zu machen. [2] Erfolgt dies nicht, kann die Vergabekammer von seiner Zustimmung auf Einsicht ausgehen.

(4) Die Versagung der Akteneinsicht kann nur im Zusammenhang mit der sofortigen Beschwerde in der Hauptsache angegriffen werden.

§ 113 Beschleunigung

(1) …

(2) [1] Die Beteiligten haben an der Aufklärung des Sachverhalts mitzuwirken, wie es einem auf Förderung und raschen Abschluss des Verfahrens bedachten Vorgehen entspricht. [2] Den Beteiligten können Fristen gesetzt werden, nach deren Ablauf weiterer Vortrag unbeachtet bleiben kann.

A. Regelungsinhalt

Aus § 120 sind die **wesentlichen Verfahrensvorschriften** für das Beschwerdeverfahren zu **1** entnehmen. Abs. 1 enthält den Anwaltszwang, wie er auch in Kartellsachen besteht (§ 68); ausgenommen sind juristische Personen des öffentlichen Rechts. In Abs. 2 wird auf Vorschriften aus dem Kartellbeschwerdeverfahren sowie ergänzend auf das GVG und die ZPO verwiesen. Weitere verfahrensrechtliche Vorschriften für das Beschwerdeverfahren finden sich in § 117. Die Verweisung in Abs. 2 ist im Übrigen unvollständig (s. u. RdNr. 25).

B. Vertretungszwang

I. Prozesshandlungsvoraussetzung

Die in Abs. 1 geregelte **Postulationsfähigkeit** ist Voraussetzung zur Vornahme wirksamer **2** Verfahrenshandlungen der Beteiligten. Dem Anwaltszwang unterliegt bereits die Einlegung der Beschwerde (§ 117). Für juristische Personen des öffentlichen Rechts enthält Satz 2 ein „**Behördenprivileg**". Ein (für Vergaben im Bereich des SGB V geltendes)[2] Vertretungsprivileg anderer Beteiligter, wie es in § 67 Abs. 1 S. 4 und 7 VwGO bzw. in § 73 Abs. 2 Nr. 5–9, Abs. 4 S. 2 SGG vorgesehen ist, gilt im vergaberechtlichen Beschwerdeverfahren nicht (§ 142a Abs. 1 SGG). Die Vorschriften über den Vertretungszwang sind von Amts wegen zu beachten und einem Rügeverzicht nicht zugänglich.

Der **Anwaltszwang** (Abs. 1 Satz 1) lässt nur die Vertretung durch Anwälte, nicht jedoch durch **3** Rechtslehrer an einer deutschen Hochschule zu (anders zB in § 67 Abs. 1 S. 1 VwGO). Der vertretende Anwalt muss bei einem deutschen Gericht zugelassen sein. Für Anwälte aus anderen EU-Mitgliedstaaten gilt das Gesetz über die Tätigkeit europäischer Anwälte in Deutschland (EuRAG).[3] Abs. 1 S. 1 gilt, vorbehaltlich des Privilegs in Abs. 1 S. 2, für alle Beteiligten (§ 119), also auch für die (von der Vergabekammer) Beigeladenen. Syndikusanwälte dürfen nach § 46 BRAO

---

[2] Vgl. § 116 Abs. 3 S. 1, 2. Hs. GWB.
[3] Vom 9. 3. 2000 (BGBl. I S. 182, 1349), zuletzt geändert durch Art. 2 des Gesetzes v. 26. 3. 2007 (BGBl. I S. 358).

vor Gericht nicht in ihrer Eigenschaft als Rechtsanwälte tätig werden; dies gilt gem § 46 Abs. 3 BRAO auch für die mit dem Rechtsanwalt in Sozietät oder in sonstiger Weise zur gemeinschaftlichen Berufsausübung verbundenen oder verbunden gewesenen Rechtsanwälte.

II. Sog. Behördenprivileg

4   Für juristische Personen des öffentlichen Rechts besteht kein Anwaltszwang; sie können (müssen aber nicht) die Privilegierung nach Abs. 1 S. 2 nutzen. Betroffen sind **Auftraggeber iSd. § 98 Nr. 1, Nr. 2 und 3** (soweit sie öffentlich-rechtlich strukturiert sind). Die Privilegierung nach Abs. 1 S. 2 ist enger als die der Kartellbehörde gem. § 68 S. 2 GWB, wo keine Befähigung zum Richteramt (§ 5 DRiG) gefordert wird, und diejenige der Behörden in § 67 Abs. 1 S. 3 VwGO, wo auch Diplomjuristen zugelassen sind. Die Vertretung der juristischen Personen des öff. Rechts muss bereits bei Einlegung einer sofortigen Beschwerde (§ 117 Abs. 3) bzw. bei Einreichung oder Stellung eines Antrags beim Beschwerdegericht den Anforderungen des Absatz 1 S. 2 entsprechen.

III. Weitere Einzelfragen

5   Die §§ 80–89 ZPO gelten für Einzelfragen der Prozessvertretung entsprechend. Wird dem Vertretungszwang nicht entsprochen, bleibt die Stellung als Verfahrensbeteiligter (§ 119) davon unberührt. Allerdings fehlt dann eine Prozesshandlungsvoraussetzung, die bereits bei Vornahme der *ersten* Verfahrenshandlung (Antragstellung, Beschwerdeeinlegung) gegeben sein muss. Ohne Anwalt vorgenommene Verfahrenshandlungen sind unwirksam;[4] eine ohne Anwalt eingelegte sofortige Beschwerde wird nicht (rückwirkend) wirksam, wenn ein Anwalt sie nachträglich nach Ablauf der Beschwerdefrist genehmigt.[5] Die Vergabekammer hat gem. § 114 Abs. 3 S. 3, § 61 Abs. 1 S. 1[6] über den Anwaltszwang zu belehren. Ein Beteiligter kann „neben" seinem Anwalt das Wort erhalten oder tatsächliche Erklärungen berichtigen (vgl. § 137 Abs. 4, 85 Abs. 1 S. 2 ZPO).

C. Verfahrensvorschriften

6   Für das Beschwerdeverfahren verweist Abs. 2 auf Vorschriften des Verfahrens vor der Vergabekammer (§§ 111, 113 Abs. 2 S. 1) und des kartellrechtlichen Beschwerdeverfahrens (§§ 69, 70 Abs. 1–3, 71 Abs. 1 und Abs. 6, 72, 73); letztere verweisen – in § 73 – auf die Vorschriften des Gerichtsverfassungsgesetzes und der Zivilprozessordnung.

I. Anwendung der §§ 111, 113 Abs. 2 S. 1

7   **1. Akteneinsicht.** Im Beschwerdeverfahren kann nach Abs. 2 iVm. § 111 GWB Akteneinsicht gewährt werden. Vorbehaltlich der Versagungsgründe in § 111 Abs. 2 kann Akteneinsicht im Interesse eines fairen Verfahrens und der Gewährung effektiven Rechtsschutzes (jedenfalls) in dem Umfang beansprucht werden, wie es zur Durchsetzung der subjektiven Rechte des betreffenden Verfahrensbeteiligten erforderlich ist. Eine Begrenzung der Akteneinsicht folgt aus dem Verfahrensgegenstand des Beschwerdeverfahrens.[7]

8   Ein Akteneinsichtbegehren kann *nur* aus den in § 111 Abs. 2 genannten „wichtigen" Gründen **abgelehnt** werden. Hat die Vergabekammer keine oder unzureichend Akteneinsicht gewährt, ohne dass dies von Gründen iSd. § 111 Abs. 2 getragen wird, ist auf Antrag des Beteiligten die Akteneinsicht im Beschwerdeverfahren (uU. nach Anhörung des davon betroffenen Beteiligten) zu gewähren.

9   Will ein Beteiligter einem Akteneinsichtsbegehren Geheimschutz-Gründe oder Betriebs- und Geschäftsgeheimnisse[8] entgegensetzen, hat die betroffenen Aktenteile „kenntlich zu machen" (§ 111 Abs. 3) und die Gründe uU. zusätzlich zu erläutern. Der **Umfang des Akteneinsichtsrechts** ergibt sich aus einer gerichtlichen Abwägung des jeweils betroffenen Geheimhaltungsinteresses und des Rechtsschutzinteresses des Beschwerdeführers. In die Abwägung einzubeziehen

---

[4] BGHZ 111, 342.
[5] BGHZ 90, 253.
[6] Wortlaut: „Verfügungen der Kartellbehörde sind … mit einer Belehrung über das zulässige Rechtsmittel den Beteiligten … zuzustellen."
[7] OLG Jena ZfBR 2002, 522 (Ls.).
[8] Zum Begriff s. BVerfGE 115, 205 ff.

sind das Transparenzgebot (§ 97 Abs. 1 GWB), die Gewährung rechtlichen Gehörs (Art. 101 Abs. 3 GG) und die Effizienz des Vergaberechtsschutzes (Art. 20 Abs. 3 GG).

Soweit einem Beteiligten Akteneinsicht verweigert worden ist, dürfen die insoweit betroffe- **10** nen Unterlagen der Entscheidung nur insoweit zugrunde gelegt werden, als ihr Inhalt vorgetragen worden ist (§ 72 Abs. 2 Satz 3 GWB). Ein „in camera"-Verfahren findet beim Vergabesenat nicht statt; dieses würde den Anspruch des von der Einsichtverweigerung Betroffenen auf rechtliches Gehör abschneiden. Ob das Interesse (insbesondere) an der Wahrung von Betriebs- und Geschäftsgeheimnissen die Einsichtverweigerung und die damit verbundene Einschränkung des effektiven Rechtsschutzes rechtfertigen kann, ist – unter Zugrundelegung eines strengen Maßstabes – im Einzelfall zu prüfen.[8a] Die **Zwischenentscheidung** des Gerichts über die Gewährung bzw. den Umfang der Akteneinsicht ist unanfechtbar.[9] Das Verfahren nach § 72 Abs. 2 S. 3 und S. 4 führt zu mehr Transparenz: Danach kann eine begrenzte Offenlegung von Akten erfolgen. Dies kann zB auch durch Einführung in die mündliche Verhandlung in der Weise erfolgen, dass wettbewerbsrelevante Betriebsgeheimnisse über Bezugsquellen oder Produktdetails nicht mitgeteilt werden. Das Einsichtsrecht in schutzbedürftige Unterlagen kann nur soweit gehen, wie es zur Durchsetzung der subjektiven Rechte des um Akteneinsicht ersuchenden Verfahrensbeteiligten im konkreten Fall erforderlich ist.

2. Mitwirkungsobliegenheiten der Beteiligten. Die Beteiligten sind zur Förderung und **11** Beschleunigung des Beschwerdeverfahrens verpflichtet (§ 113 Abs. 2). Im Rahmen dieser Obliegenheit wirken sie bei der Amtsermittlung (Abs. 2 iVm. § 70 Abs. 1–3) mit. Es genügt nicht, sich im Beschwerdeverfahren zu bestimmten Vorgängen des Vergabeverfahrens nicht „weiter einzulassen". Die Beteiligten müssen vielmehr an der Klärung des Sachverhalts von sich aus **aktiv mitwirken** und das Verfahren fördern. Dazu gehört auch, dass so rechtzeitig vorgetragen wird, dass eine Erwiderung darauf noch zumutbar möglich ist. Die Beteiligten sind gehalten, verfahrensrelevante Tatsachen so früh wie möglich vorzutragen. Das „verfahrenstaktische" Zurückhalten von Sachvortrag kann dazu führen, dass das Vorbringen unberücksichtigt bleibt.

Das Beschwerdegericht kann gem. Abs. 2 iVm. § 70 Abs. 3 GWB zu weiterem Vortrag eines **12** Beteiligten mit Fristsetzung auffordern. Aufgrund einer entsprechenden Verfügung wird einem Beteiligten Gelegenheit gegeben, sich zu bestimmten Punkten äußern, Beweismittel zu bezeichnen oder Beweismitteln oder Urkunden vorzulegen. Das Gericht muss dabei konkretisieren, zu welcher Frage weiterer Vortrag erwartet wird; weiter muss die dafür gesetzte Frist angemessen sein. Die Möglichkeit, bei Ausbleiben einer Äußerung „nach Lage der Sache" zu entscheiden, ist nach § 70 Abs. 3 S. 2 nicht zwingend, sondern steht im **Ermessen** des Beschwerdegerichts („kann").

Erfolgt Sachvortrag eines Beteiligten derart spät, dass den anderen Verfahrensbeteiligten bis zum **13** Schluss der (letzten) mündlichen Verhandlung keine Erwiderung mehr zumutbar ist, so muss dieses Vorbringen bei der Entscheidungsfindung nicht nur unberücksichtigt bleiben, es löst auch keine Amtsermittlungspflicht des Gerichts aus.[10] **Verspätetes Vorbringen** darf auch nicht mehr zum Nachteil der anderen Verfahrensbeteiligten verwertet werden.[11] Dies gilt auch dann, wenn im Nachprüfungsverfahren nicht mehr um die Zuschlagserteilung, sondern mit einem Feststellungsbegehren nur noch um eine Rechtsverletzung im Vergabeverfahren gestritten wird (§ 123 S. 3).

II. Anwendung von Vorschriften zum kartellrechtlichen Beschwerdeverfahren

1. Mündliche Verhandlung. Eine mündliche Verhandlung ist für die Entscheidung „über **14** die Beschwerde" nach Abs. 2 S. 1 iVm. § 69 vorgeschrieben. Ohne mündliche Verhandlung kann entschieden werden, wenn die Beteiligten (auch die von der Vergabekammer Beigeladenen) darauf übereinstimmend verzichten (§ 69 Abs. 1, 2. Hs. GWB). Der Anwendung der Vorschriften über das schriftliche Verfahren (§ 128 Abs. 2 ZPO) bedarf es daneben nicht. Ein Verzicht auf mündliche Verhandlung hat Kostenvorteile, weil die Terminsgebühr (VV 3202 zu § 2 Abs. 2 RVG) entfällt. Die mündliche Verhandlung findet vor dem (kompletten) Vergabesenat statt. Zulässig ist auch ein Erörterungstermin durch den Berichterstatter.

Eine **Entscheidung ohne mündliche Verhandlung** ist zulässig, wenn die zu treffende **15** Entscheidung des Beschwerdegerichts nur noch die Kosten, die Notwendigkeit der Hinziehung eines Bevollmächtigten oder die Kostenfestsetzung betrifft. Dann wird nicht mehr „über

---

[8a] Vgl. OLG Düsseldorf VergabeR 2008, 281 ff.
[9] OLG Hamburg OLGR 2005, 452.
[10] OLG Düsseldorf VergabeR 2004, 248 (m. Anm. *Reidt*).
[11] OLG Düsseldorf VergabeR 2004, 248.

die Beschwerde" iSd. § 69 Abs. 1 entschieden.[12] Weiter wird über Anträge nach §§ 115 Abs. 2 S. 4, 118 Abs. 1 S. 3, 121 Abs. 3 S. 3 („kann") sowie bei Zwischenentscheidungen über die Beiladung und über Akteneinsichtsanträge ohne mündliche Verhandlung entschieden.

16   Eine mündliche Verhandlung ist analog § 125 Abs. 2 VwGO bzw. § 522 Abs. 1 S. 1 ZPO, § 158 SGG nicht erforderlich, wenn die sofortige Beschwerde unzulässig ist (zB wegen Form- oder Fristmängeln, § 117).[13] Auch bei einer Entscheidung ohne mündliche Verhandlung muss rechtliches Gehör gewährt werden.

17   **2. Untersuchungsgrundsatz.** Die Anwendungsvoraussetzungen des Nachprüfungs- und Beschwerdeverfahrens (§§ 98–100: Vergaberechtsweg, öffentlicher Auftraggeber, öffentlicher Auftrag, Schwellenwert,[14] sowie die Spezialvorschriften in § 69 SGB V und § 29 Abs. 5 SGG) sind stets von Amts wegen zu prüfen. Im Übrigen verpflichtet der Untersuchungsgrundsatz (§ 70 Abs. 1–3) das Beschwerdegericht nicht, sich „ungefragt" auf Fehlersuche im Vergabeverfahren zu begeben. Vielmehr sind nur die Vergaberechtsverstöße zu untersuchen, die unter Beachtung des § 107 Abs. 3 gerügt worden sind.[15] Das Beschwerdegericht darf also Vergaberechtsverstöße, die nicht oder verspätet gerügt worden sind und im Verfahren vor der Vergabekammer keine Rolle gespielt haben, in seine Untersuchung und Entscheidung nicht mehr einbeziehen.[16] Den erstinstanzlich (bei der Vergabekammer) erhobenen Beanstandungen muss das Beschwerdegericht allerdings (von Amts wegen) nachgehen, auch wenn sie bisher erfolglos geblieben sind. Einer erneuten förmlichen Geltendmachung im Beschwerdeverfahren bedarf es insoweit nicht.[17]

18   Gemäß § 70 Abs. 1 erforscht der Vergabesenat den **Sachverhalt von Amts wegen;** an den Vortrag der Beteiligten oder an den von der Vergabekammer festgestellten Sachverhalt ist er nicht gebunden. Das Beschwerdegericht ist deshalb befugt, Beweise auch ohne Beweisantrag oder -anregung in dem Umfang zu erheben, der für erforderlich erachtet wird. Der **Umfang der Amtsermittlungspflicht** des Beschwerdegerichts ist in Anknüpfung an den Vortrag der Beteiligten zu bestimmen. Die Beteiligten haben im Rahmen ihrer Kenntnisse konkrete Fakten und Anhaltspunkte vorzutragen[18] (vgl. zur Mitwirkungsobliegenheit der Bieter oben RdNr. 11 f.). Besondere Ermittlungsbemühungen sind nur geboten, wenn sich diese dem Gericht aufdrängen.[19] Dabei muss allerdings berücksichtigt werden, inwieweit dem Beteiligten die darzulegenden Umstände **zugänglich** sind. Das ist aus der Sicht der Bieter zB für die Unterlagen zur Angebotswertung nur eingeschränkt der Fall. Dem entsprechend kann hier – ohne Gewährung von Akteneinsicht – nur die Darlegung von Anhaltspunkten für Wertungsfehler verlangt werden. Auf Beweislastgrundsätze kann zurückgegriffen werden, soweit die Beteiligten ihrer Pflicht zur (aktiven und zügigen) Mitwirkung an der Sachverhaltsaufklärung nicht oder unzureichend nachkommen.[20] In tatsächlicher Hinsicht ist auf die Situation z. Z. der beabsichtigten Vergabeentscheidung abzustellen; im Rechtlichen wendet der Vergabesenat das zur Zeit seiner Entscheidung geltende Recht an.[21]

19   **3. Entscheidungsgrundlage.** Das Beschwerdegerichts entscheidet nach Abs. 2 iVm. § 71 Abs. 1 S. 1 GWB auf der Entscheidungsgrundlage seiner freien, aus dem Gesamtergebnis des Verfahrens und der ggf. erfolgten Amtsermittlung gewonnenen Überzeugung.

20   **4. Begründung der Beschwerdeentscheidung.** Die Begründung der Beschwerdeentscheidung gem. § 71 Abs. 6 GWB wird in der Praxis in **Anlehnung an § 540 ZPO** strukturiert. Für einen evtl. nachfolgenden Schadensersatzprozess sind die tatsächlichen Feststellungen und die „tragenden Gründe" des OLG-Beschlusses bindend (§ 124 Abs. 1); die Entscheidungsbegründung muss deshalb die Grenzen der Bindungswirkung erkennen lassen.

---

[12] OLG Düsseldorf NZBau 2001, 165 (Ls. 3).

[13] OLG Düsseldorf NZBau 2000, 586/597.

[14] OLG Schleswig ZfBR 2004, 620 (Ls.); OLG Rostock VergabeR 2007, 394.

[15] Vgl. OLG Celle, Beschl. v. 11. 2. 2010, 13 Verg 16/09, IBR 2010, 226.

[16] Ob dies im Rahmen „geeigneter Maßnahmen" iSd. § 114 Abs. 1 S. 1 GWB, die auch vom Beschwerdegericht getroffen werden können, ausnahmsweise anders ist, ist noch nicht abschließend geklärt. S. dazu § 123 RdNr. 8, 9.

[17] OLG Düsseldorf VergabeR 2001, 419 (Ls. 3); OLG Koblenz NZBau 2000, 535 (Ls. 3).

[18] OLG Düsseldorf IBR 2001, 453 (Ls. 2).

[19] OLG Düsseldorf NZBau 2002, 578 (Ls. 6).

[20] Hier gelten die gleichen Grundsätze wie im Kartellverwaltungsverfahren (vgl. § 70 III GWB) und im Verwaltungsprozess (vgl. *Kopp/Schenke,* VwGO, 13. Aufl., § 86 RdNr. 12).

[21] Inwieweit dazu auch die Landesvergabegesetze gehören, ist noch nicht abschließend geklärt; vgl. – bejahend – OLG Naumburg ZfBR 2002, 618 f. sowie NZBau 2003, 296 (Ls. 2). Vgl. ferner *v. Loewenich,* ZfBR 2004, 23 ff.

Einer **Rechtsmittelbelehrung** bedarf es nicht, weil die Entscheidung des OLG unanfechtbar **21** ist; darauf sollte („nachrichtlich") hingewiesen werden. Die Möglichkeit einer Vorlage an den BGH (§ 124 Abs. 2) ist kein „Rechtsmittel"; die Beteiligten können eine solche uU anregen. Für die (bei nicht erfolgender BGH-Vorlage) Vorlagepflicht des letztinstanzlichen Gerichts nach Art. 267 AEUV gilt Entsprechendes.

Der Beschluss ist den Beteiligten (nicht auch der Vergabekammer) **zuzustellen** (§ 71 Abs. 6). **22** Er erwächst (inter partes) in Rechtskraft.

D. Verweisungen auf das allgemeine Prozessrecht

I. Verweisungsnormen

In Abs. 2 und § 73 GWB wird auf die   **23**
- §§ 169–197 GVG (Öffentlichkeit, Sitzungspolizei, Gerichtssprache, Beratung, Abstimmung)
- §§ 41–49 ZPO (Ausschließung und Ablehnung eines Richters),
- §§ 78–90 ZPO (Prozessbevollmächtigte und Beistände),
- §§ 166–190 ZPO (Zustellungen von Amts wegen),
- §§ 217–229 ZPO (Ladungen, Termine und Fristen; außer § 227 Abs. 3 ZPO [Abs. 2 iVm. § 113 Abs. 2 S. 1 GWB]),
- §§ 141, 273 Abs. 2 Nr. 3 ZPO (Anordnung des persönlichen Erscheinens),
- §§ 147, 260 ZPO (Verbindung mehrerer Prozesse),
- §§ 373–414 ZPO (Zeugen u. Sachverständigenbeweis),
- §§ 415 ff., 445 ff. ZPO (sonstige Arten des Beweisverfahrens),
- §§ 233–238 ZPO (Wiedereinsetzung, Fristversäumnis)
verwiesen.

II. Prüfung der Beschwerde

Der Vergabesenat entscheidet in der **Besetzung von drei Berufsrichtern** (§ 116 Abs. 3 **24** S. 2 GWB, § 122 GVG). Der Senat kann einem Einzelrichter die Vorbereitung der Entscheidung gem. § 527 Abs. 1 u. 2 ZPO zuweisen; dieser kann einen Erörterungstermin durchführen sowie eine außergerichtliche Einigung anregen. Hat die Vergabekammer die Entscheidung gem. § 105 Abs. 3 S. 1 GWB ihrem Vorsitzenden oder dem hauptamtlichen Beisitzer zur alleinigen Entscheidung übertragen, kann auch im Beschwerdeverfahren entsprechend § 526 Abs. 1 Nr. 1 ZPO eine **Einzelrichterübertragung** erfolgen. Mit Zustimmung aller Beteiligten kann der Einzelrichter entsprechend § 527 Abs. 4 ZPO auch im Übrigen entscheiden.[22]

III. Entsprechende Anwendung der VwGO und des SGG

Die Verweisung in Abs. 2 iVm. § 73 ist iÜ. lückenhaft. Da die anwendbaren ZPO-Vor- **25** schriften im Gesetzestext ausdrücklich bezeichnet sind, ist zu klären, wie weitere Regelungslücken geschlossen werden können. Dazu bietet sich die entsprechende Anwendung weiterer ZPO-Vorschriften[23] sowie der VwGO bzw. des SGG an, denn im Beschwerdeverfahren wird ein in der Form eines Verwaltungsakts ergehender Beschluss der Vergabekammer (§ 114 Abs. 3) angegriffen. Verwaltungsprozessuale Strukturen sind auch im Hinblick auf die Beiladung (§§ 109, 119), den Amtsermittlungsgrundsatz (s. o.) und das mit §§ 80 Abs. 5, 80 a VwGO vergleichbare Verfahren nach §§ 118, 121 festzustellen.

E. Verfahrensrechtliche Fragen

I. Rechtsweg(-verweisung)

Der Vergabesenat kann die Verweisung einer Sache in den richtigen Rechtsweg und an den **26** richtigen Spruchkörper (§ 17 a Abs. 2 S. 2 GVG) beschließen.[24] Auf eine fehlende örtliche Zu-

---

[22] *Wilke* NZBau 2005, 380 (mwN. bei Fn. 22–24).

[23] Vgl. OLG Naumburg, Beschl. v. 22. 4. 2010, 1 Verg 11/09: zur analogen Anwendung des § 240 ZPO bei Insolvenz der Vergabestelle; für die Insolvenz des Bieters soll dies nicht gelten: LSG Neubrandenburg, Beschl. v. 24. 8. 2009, L 6 B 186/09.

[24] KG Berlin NZBau 2004, 345 (zu einer Verweisung an das Kartellgericht gem. § 87 I GWB); der Beschluss der Vergabekammer ist ggf. aufzuheben.

ständigkeit der Vergabekammer kann die Beschwerde nicht gestützt werden, wenn diese nicht zuvor im Verfahren vor der Vergabekammer geltend gemacht worden war (entspr. § 55 Abs. 2 GWB).[25]

II. Prüfung der Beschwerde

27   Das Beschwerdegericht prüft auch, ob durch die angegriffene Entscheidung der Vergabekammer eine „Beschwer" für den Beschwerdeführer begründet wird. Das ist zB nicht der Fall, wenn das mit der sofortigen Beschwerde verfolgte Begehren nicht Gegenstand des Verfahrens vor der Vergabekammer war[26] oder nur die Begründung der Vergabekammer-Entscheidung angegriffen wird, ohne dass sich dies auf das Ergebnis auswirkt. Unzulässig ist eine Erweiterung des Beschwerdeangriffs nach Ablauf der Beschwerdefrist. Eine **Streitverkündung** an Beteiligte im Vergabeverfahren (§§ 72 ff. ZPO) ist ausgeschlossen; ihre Funktion wird durch die Beiladung (§ 109 GWB) ersetzt.

III. Hinweispflichten des Beschwerdegerichts

28   Wie im Fall des § 139 ZPO, hat auch das Beschwerdegericht nach Abs. 2 iVm. § 70 Abs. 2 Hinweispflichten, um das rechtliche Gehör zu gewährleisten und eine gerechte Entscheidung des Gerichts zu erreichen.[27] Das Gericht ist aber nicht verpflichtet, von sich aus auf alle denkbaren Aspekte des zu entscheidenden Falles hinzuweisen oder Rechtsberatung zu erteilen. **Befangenheit** kann aus der Erteilung von Hinweisen nur dann abgeleitet werden, wenn diese deutlich einseitig erfolgt. Der Anwaltszwang führt jedenfalls dann nicht zu einer Einschränkung der Hinweispflicht des Gerichts, wenn ein Verfahrensbevollmächtigter die Rechtslage ersichtlich falsch beurteilt.[28]

IV. Weitere Verfahrensvorschriften

29   Die Verfahrensvorschriften über die mündliche Verhandlung, vorbereitende Schriftsätze, verspätetes Vorbringen und Protokollierung (§§ 128 ff., 159 ff. ZPO) sind auch ohne ausdrückliche Verweisung im Beschwerdeverfahren **entsprechend anwendbar.** Entsprechend § 63 Abs. 1 Satz 2 kann die Beschwerde auf neue Tatsachen und Beweismittel gestützt werden, soweit diese nicht auf präkludierten Rügen beruhen. In der Regel ist im Beschwerdeverfahren eine mündliche Verhandlung erforderlich. Abweichungen sind im Einverständnis der Beteiligten möglich (§ 69 Abs. 1, 2. Halbsatz). Die **Verzichtserklärung** ist bedingungsfeindlich und nach Eingang bei Gericht unwiderruflich. Der Vergabesenat kann auch in Abwesenheit der Beteiligten verhandeln (§ 69 Abs. 2).

30   Für die Zurückweisung verspäteten Vorbringens gelten die speziellen Vorschriften in Abs. 2 iVm. § 70 Abs. 3. Eine Verfahrensaussetzung (§§ 148 ff. ZPO) kommt wegen des Beschleunigungsgrundsatzes (Abs. 2 iVm. § 113 Abs. 1 GWB) grds. nicht in Betracht, wohl aber ein beiderseits beantragtes Ruhen des Verfahrens (§ 251 ZPO).

31   Die Antragstellung unterliegt nicht § 297 ZPO; dem **Offizialcharakter** des Beschwerdeverfahrens ist eine ausdrückliche Antragstellung in der mündlichen Verhandlung entbehrlich, wenn sich Gegenstand und Ziel des Nachprüfungs- und Beschwerdebegehrens aus den Schriftsätzen (unter Beachtung des § 117 Abs. 2 Nr. 1) und dem Verfahrensverlauf hinreichend klar ergeben.[29] Im Falle der **Säumnis eines Beteiligten** im Termin kommt es daher auf die Fassung der Anträge nicht entscheidend an, denn es kann ohne ihn verhandelt und entschieden werden (vgl. § 69 Abs. 2 GWB);[30] ein „Säumnisbeschluss" analog §§ 330 ff. ZPO ist ausgeschlossen.

V. Beweiserhebung

32   Das Beschwerdegericht kann im Rahmen der Amtsermittlung (Abs. 2 iVm. § 70 Abs. 1) oder auf entsprechende Anträge der Beteiligten Beweiserhebungen durchführen; dies belegen die

---

[25] OLG Schleswig WuW/E Verg 1233.
[26] OLG Naumburg, Beschl. v. 1. 11. 2000, 1 Verg 7/00, Juris.
[27] BVerfGE 42, 73 f. (bei Juris Tz. 26).
[28] OLG Düsseldorf NJW-RR 1992, 1404.
[29] Vgl. BVerwG NJW 1974, 1916.
[30] Eine Vertagung ist zur Gewährung rechtlichen Gehörs zu prüfen, wenn ein Beteiligter ohne Verschulden an der Teilnahme am Termin gehindert war.

Verweisungen auf die §§ 373–414 ZPO (Zeugen und Sachverständige) und die §§ 415 ff., 445 ff. ZPO (sonstige Beweisverfahren). An Beweisanträge der Beteiligten ist das Beschwerdegericht nicht gebunden; es kann die Sachaufklärung – im Rahmen der gerügten Vergabeverstöße – auch durch eigene Recherchen oder durch die Einholung von Auskünften, Beiziehung von Akten oder von technischen Unterlagen, Anforderung von Fotos oder in anderer Weise herbeiführen. Soweit es danach noch auf Beweisfragen ankommt, liegt die **Beweislast** nach allgemeinen Grundsätzen bei dem durch die Klärung begünstigten Beteiligten.[31]

VI. Entscheidung des Beschwerdegerichts

1. Beschluss. Das Beschwerdeverfahren wird durch einen Beschluss des Vergabesenats beim **33** OLG abgeschlossen (§ 123). Der abschließenden Entscheidung können Vorlage- (§ 124 Abs. 2 GWB, Art. 267 AEUV) und Zwischenentscheidungen – zB über Eilanträge nach §§ 118, 121 GWB, Verfahrensaussetzungen, Beiladungen oder über Akteneinsichtsanträge – vorausgehen. Maßgeblicher Zeitpunkt für die Entscheidung des Beschwerdegerichts ist in tatsächlicher Hinsicht die Situation zur Zeit der beabsichtigten Vergabeentscheidung, in rechtlicher Hinsicht wendet der Vergabesenat das zur Zeit seiner Entscheidung geltende Recht an.[32] Das Beschwerdeverfahren kann auch durch gerichtlichen Vergleich beendet werden (§ 278 Abs. 6 ZPO).

2. Rechtsmittel. Gegen die Beschwerdeentscheidung des Vergabesenats sind keine weiteren **34** Rechtsmittel gegeben. Als Korrekturmöglichkeit bleibt nur eine Berichtigung (§§ 320 Abs. 1, 321 ZPO), die auch tatbestandliche Elemente der Gründe betreffen kann. Eine Vorlage nach § 124 Abs. 2 kann von den Beteiligten nur angeregt werden.

3. Anhörungsrüge. Als außerordentlicher Rechtsbehelf ist eine Anhörungsrüge (Abs. 2 **35** iVm. § 71 a) zulässig. Die Anhörungsrüge gehört zum Rechtsweg des § 90 Abs. 2 Satz 1 BVerfGG, der grundsätzlich ausgeschöpft werden muss, bevor Verfassungsbeschwerde wegen eines Verstoßes gegen Art. 103 Abs. 1 GG erhoben werden kann. Eine **Gegenvorstellung** bleibt daneben möglich, allerdings nur für außerhalb des § 71 a liegende „greifbar" gesetzwidrige und gravierende Mängel der Entscheidung des Vergabesenats.[33]

4. Kosten, Streitwert. Das Beschwerdegericht hat zugleich über die Kosten und den Streit- **36** wert (s. § 50 Abs. 2 GKG, § 23 RVG) zu entscheiden. Die §§ 116 ff. enthalten keine eigene Kostenbestimmung für die Beschwerdeentscheidung, in Abs. 2 wird nicht auf § 78 GWB verwiesen. Der BGH wendet insoweit die **„sachgerechteren" Kostenvorschriften der ZPO** an.[34] Die frühere Rechtsprechung der Oberlandesgerichte, die §§ 154 ff. VwGO analog anwandten,[35] ist damit überholt. Der BGH will auch für die Kosten des Beigeladenen §§ 91, 97 ZPO anwenden, was dazu führt, dass dessen (außergerichtliche) Kosten stets vom Unterlegenen zu tragen sind. Hier erscheint eine Analogie zu § 162 Abs. 3 VwGO sachgerechter.[36]

5. Vollstreckung. Wird durch den Beschluss des Beschwerdegerichts der Beschluss der Ver- **37** gabekammer bestätigt, ist dieser Grundlage einer evtl. erforderlichen Vollstreckung; diese richtet sich nach **Verwaltungsvollstreckungsrecht**.[37] Das Gleiche gilt, wenn durch den Beschluss des Vergabesenats der Beschluss der Vergabekammer abgeändert wird. Vollstreckungsgrundlage bleibt dann dieser in der Form eines Verwaltungsaktes ergehende Beschluss (§ 114 Abs. 3 S. 1). Wird in anderen Fällen die Entscheidung der Nachprüfungsinstanzen missachtet, kommt auch eine Nichtigkeit der Maßnahmen der Vergabestelle gem. § 138 GWB in Betracht.[38]

§ 121 Vorabentscheidung über den Zuschlag

(1) ¹Auf Antrag des Auftraggebers oder auf Antrag des Unternehmens, das nach § 101 a vom Auftraggeber als das Unternehmen benannt ist, das den Zuschlag erhal-

---

[31] Vgl. VK Sachsen, Beschl. v. 20. 8. 2004, 1/SVK/067–04, Juris (zu Ausnahmetatbeständen für das Abweichen vom Offenen Verfahren); zur Beweislastumkehr im Sekundärrechtsschutz vgl. OLG Schleswig ZfBR 2002, 186.

[32] Vgl. *Wilke* NZBau 2005, 380 ff.

[33] Vgl. BFH, Beschl. v. 28. 10. 2009, V S 20/08 (Juris) mwN.

[34] BGHZ 146, 202 ff./217, sowie BGH NZBau 2006, 392.

[35] OLG Düsseldorf NZBau 2000, 440 (Ls. 8), sowie NZBau 2001, 165 (Ls. 2).

[36] OLG Düsseldorf NZBau 2004, 64 (Ls.).

[37] OLG Naumburg NZBau 2005, 485.

[38] Vgl. KG Berlin VergabeR 2005, 236.

ten soll, kann das Gericht den weiteren Fortgang des Vergabeverfahrens und den Zuschlag gestatten, wenn unter Berücksichtigung aller möglicherweise geschädigten Interessen die nachteiligen Folgen einer Verzögerung der Vergabe bis zur Entscheidung über die Beschwerde die damit verbundenen Vorteile überwiegen. [2]Bei der Abwägung ist das Interesse der Allgemeinheit an einer wirtschaftlichen Erfüllung der Aufgaben des Auftraggebers zu berücksichtigen. [3]Das Gericht berücksichtigt bei seiner Entscheidung auch die Erfolgsaussichten der sofortigen Beschwerde, die allgemeinen Aussichten des Antragstellers im Vergabeverfahren, den Auftrag zu erhalten, und das Interesse der Allgemeinheit an einem raschen Abschluss des Vergabeverfahrens.

(2) [1]Der Antrag ist schriftlich zu stellen und gleichzeitig zu begründen. [2]Die zur Begründung des Antrags vorzutragenden Tatsachen sowie der Grund für die Eilbedürftigkeit sind glaubhaft zu machen. [3]Bis zur Entscheidung über den Antrag kann das Verfahren über die Beschwerde ausgesetzt werden.

(3) [1]Die Entscheidung ist unverzüglich längstens innerhalb von fünf Wochen nach Eingang des Antrags zu treffen und zu begründen; bei besonderen tatsächlichen oder rechtlichen Schwierigkeiten kann der Vorsitzende im Ausnahmefall die Frist durch begründete Mitteilung an die Beteiligten um den erforderlichen Zeitraum verlängern. [2]Die Entscheidung kann ohne mündliche Verhandlung ergehen. [3]Ihre Begründung erläutert Rechtmäßigkeit oder Rechtswidrigkeit des Vergabeverfahrens. [4]§ 120 findet Anwendung.

(4) Gegen eine Entscheidung nach dieser Vorschrift ist ein Rechtsmittel nicht zulässig.

Schrifttum: *Gröning* ZIP 1998, 270 sowie VergabeR 2003, 290; *Opitz* NZBau 2005, 213; *Hermann* VergabeR 2004, 535.

Übersicht

A. Hintergrund der Regelung

I. Beschleunigtes Hauptsacheverfahren

1   Bei einem Erfolg des Nachprüfungsantrages bei der Vergabekammer bleibt der Zuschlag verboten, bis das Beschwerdegericht den Beschluss der Vergabekammer aufhebt (§ 118 Abs. 3).

Während der Dauer des Beschwerdeverfahrens kann der Auftraggeber im Wege des § 121 einer **„unerträglichen Verzögerung"**[1] entgegenwirken, indem die Gestattung des Zuschlags schon vor der (abschließenden) Beschwerdeentscheidung beantragt wird.

Die Vorschrift dient damit nicht einem „einstweiligen" Rechtsschutz, denn die Zuschlagsge- **2** stattung führt zu einer endgültigen Regelung: Wird der Zuschlag vorzeitig gestattet, erledigt sich mit der Zuschlagserteilung das Nachprüfungsverfahren. Es entstehen „vollendete Tatsachen", denn ein nach § 121 gestatteter und (sodann) erteilter Zuschlag ist nicht mehr aufhebbar (§ 123 S. 4 iVm. § 114 Abs. 2 S. 1). Bleibt der Antrag nach § 121 dagegen erfolglos, ist der Auftraggeber gehalten, binnen zehn Tagen die Maßnahmen zur Herstellung der Rechtmäßigkeit des Vergabeverfahrens zu ergreifen, die sich aus der Entscheidung des Beschwerdegerichts ergeben; andernfalls gilt das Vergabeverfahren als beendet (§ 122). Nach Ablauf der Zehn-Tages-Frist kommt – bei fortbestehender Vergabeabsicht – nur noch durch eine Neuausschreibung in Betracht.[2] Dieser Regelungszusammenhang gebietet es, dass das Beschwerdegericht bereits im Verfahren nach § 121 eine **möglichst umfassende** (und nicht nur eine „summarische") **Klärung der Sach- und Rechtslage** herbeiführt. Die Bewertung des Verfahrens mit dem Begriff „beschleunigtes Hauptsacheverfahren" ist von daher berechtigt.[3]

II. Rechtsmittelrichtlinie

Mit der Rechtsmittelrichtlinie 2007/66/EG vom 11. 12. 2007 ist § 121 vereinbar. Nach der **3** Richtlinie sind die Nachprüfungsinstanzen „vor allem" befugt, aussetzende vorläufige Maßnahmen zu treffen. Damit sind andere, auch gegenläufige vorläufige Maßnahmen nicht ausgeschlossen, also auch solche, die – wie hier – der Förderung einer zeitnahen Vergabeentscheidung dienen.[4]

III. Verfahren nach § 115 Abs. 2

Im Verfahren bei der Vergabekammer findet sich eine vergleichbare Regelung in § 115 **4** Abs. 2; gibt die Vergabekammer dem Antrag auf Zuschlaggestattung statt, kann das Beschwerdegericht das Verbot des Zuschlags wieder herstellen. Lehnt die Kammer die vorzeitige Zuschlagsgestattung ab, kann das Beschwerdegericht diesen (schon mit Wirkung für das Verfahren vor der Vergabekammer) gestatten (§ 115 Abs. 2 S. 4 und 5).

B. Antragsvoraussetzungen

I. Ausgangslage

Ein Antrag nach § 121 setzt ein (noch) **anhängiges Nachprüfungsverfahren** in der Be- **5** schwerdeinstanz voraus. Hat die Vergabekammer dem Nachprüfungsantrag stattgegeben und ist dagegen eine sofortige Beschwerde des Auftraggebers und/oder des nach der Information gem. § 101a für eine Zuschlagerteilung vorgesehenen Bieters eingelegt worden, ist der Antrag nach § 121 zur Überwindung des Zuschlagsverbots nach § 118 Abs. 3 statthaft. Ein Antrag nach § 121 kommt auch bei einem Streit um die Rechtswirksamkeit einer bereits erfolgten Zuschlagserteilung in Betracht.[5]

Nach Ergehen der Hauptsacheentscheidung über die sofortige Beschwerde (§§ 116, 123) be- **6** darf es keiner Vorabgestattung des Zuschlags mehr; eine bereits ergangene Entscheidung nach § 121 wird gegenstandslos.

Antragsziel wird in der Regel die sofortige Gestattung des Zuschlags sein. Innerhalb der **7** Zwei-Wochen-Frist nach § 118 Abs. 1 S. 2 kommt ein Antrag nach § 121 in Betracht, um diese Frist (bei entsprechend hohem Eilbedarf) zu verkürzen.

Auf die Auswahlentscheidung nach einem **Teilnehmerwettbewerb** (vgl. § 6a Abs. 6 VOB/ **8** A, § 10 Abs. 1 EG-VOL/A, § 10 Abs. 1 VOF) ist § 121 nicht anwendbar, da sie noch nicht zu einer Zuschlags- bzw. Auftragserteilung führt. Ist nach der Auswahlentscheidung die Angebots-

---

[1] BT-Drucks. 13/9340, S. 21 (zu § 131 des Entwurfs eines VgRÄG).
[2] *Opitz* NZBau 2005, 213/215.
[3] *Reidt/Stickler/Glahs/Stickler* RdNr. 1 und 9; krit. *Gröning* ZIP 1998, 270, 275: „sinnverkehrtes Eilverfahren".
[4] OLG Celle, Beschl. v. 13. 3. 2002, 13 Verg 4/02, Juris (v. a. Tz. 4).
[5] Zu dieser Konstellation vgl. OLG Dresden BauR 2001, 235 f. (bei Juris Tz. 16).

wertung fortgesetzt und abgeschlossen worden, kann der Auftraggeber aber in Bezug für die dann zu treffende Auftragsentscheidung Eilrechtsschutz nach § 121 in Anspruch nehmen, sofern wegen eines noch anhängigen Teilnahmestreits dafür ein Rechtsschutzbedürfnis besteht.

II. Verhältnis zu § 118 Abs. 1 S. 3

9   Einem Antrag nach § 121 kann kein Erfolg beschieden sein, nachdem – zuvor – ein Antrag nach § 118 Abs. 1 S. 3 auf **Verlängerung der aufschiebenden Wirkung** positiv beschieden worden ist. Mit einer Entscheidung nach § 118 Abs. 1 Satz 3 ist (im Rahmen der Interessenabwägung gem. § 118 Abs. 2 S. 2, s. § 118 RdNr. 47 ff.) die Rechtfertigung einer sofortigen Zuschlagserteilung bereits implizit abgelehnt worden. Ein Antrag nach § 121 würde diese – unanfechtbare – Entscheidung in Frage stellen. Er ist deshalb unzulässig.[6] Eine Ausnahme kommt nur für den Fall in Betracht, dass nach der Entscheidung gem. § 118 Abs. 1 S. 3 neue Tatsachen bekannt werden, die Einfluss auf die Interessenabwägung haben können.

10   Ist kein Antrag auf Verlängerung der aufschiebenden Wirkung gestellt worden (§ 118 Abs. 1 Satz 3 GWB) oder wurde ein solcher Antrag abgelehnt, ist der Auftraggeber zwei Wochen nach Ablauf der Beschwerdefrist berechtigt, den Auftrag zu vergeben. Für einen Antrag nach § 121 GWB fehlt dann das Rechtsschutzbedürfnis. Ein vorher gestellter Antrag nach § 121 erledigt sich.

III. Anordnungen der Vergabekammer und § 121

11   Außer dem Ziel einer (Vorab-)Gestattung des Zuschlags kann ein Antrag nach § 121 auch darauf gerichtet sein, Anordnungen der Vergabekammer, die der Herbeiführung der Zuschlagsreife entgegenstehen (zB Aufhebung der Ausschreibung) oder die zeitraubende ergänzende Vergabekriterien oder (neue) Bewertungen von Angeboten oder Angebotsteilen betreffen, zu überwinden, indem der von solchen Anordnungen der Vergabekammer freie Fortgang des Verfahrens angeordnet wird.[7] Auch solche Anordnungen können zu **Verzögerungen** des Vergabeverfahrens führen und den Fortgang des Vergabeverfahrens in der Phase vor dem Zuschlag oder der Auftragserteilung behindern.[8] Zu beachten bleibt allerdings, dass die Vergabestelle die Befolgung von Auflagen selbst „in der Hand" hat. Hat sie zB die von der Vergabekammer angeordnete Berücksichtigung des Angebots des Antragstellers bei einer erneuten Wertung vollzogen, gilt § 118 Abs. 3 nicht mehr und der Zuschlag darf erteilt werden. Für einen Eilantrag nach § 121 GWB fehlt in diesem Fall das Rechtsschutzbedürfnis.

IV. Darlegung der Eilbedürftigkeit

12   Die Gründe für eine besondere Eilbedürftigkeit der Zuschlagserteilung können auch nachträglich, während des laufenden Beschwerdeverfahrens, entstehen oder bekannt werden und dann Anlass geben, den (als solchen nicht fristgebundenen) Antrag nach § 121 zu stellen.

C. Antragstellung und Entscheidung

I. Antrag

13   Die Vorabentscheidung über den Zuschlag ergeht nur auf Antrag, der den besonderen Zulässigkeitsvoraussetzungen des Abs. 2 genügen muss.

14   **1. Antragsberechtigte.** Antragsberechtigt nach § 121 ist der öffentliche Auftraggeber, der im Verfahren vor der Vergabekammer (ganz oder teilweise) unterlegen ist. Ein „Unterliegen" liegt im Fall des Erfolgs des Nachprüfungsantrags vor, aber auch dann, wenn die Vergabestelle zu einer Neubewertung der Angebote verpflichtet worden ist.

15   Ein **beigeladener Bieter** ist ebenfalls antragsberechtigt, wenn er nach § 101 a als derjenige benannt worden ist, der den Zuschlag erhalten soll. Seine Antragsberechtigung hängt nicht davon ab, dass er (zugleich auch) sofortige Beschwerde eingelegt hat. Der Antrag eines Bieters iSd. § 101 a hat im Falle der Erfolglosigkeit nicht die Folgewirkungen des § 122. Für den Bie-

---

[6] OLG Naumburg ZfBR 2004, 101 (Ls.).
[7] BayObLG VergabeR 2002, 63 f. (bei Juris Tz. 35).
[8] Vgl. *Opitz* NZBau 2005, 213/215.

terantrag nach § 121 ist erforderlich, dass nach der Mitteilung nach § 101 a keine Veränderungen – zB in der Zusammensetzung einer Bietergemeinschaft[9] – eingetreten sind.

Für die Antragstellung gilt Anwaltszwang (§ 120 Abs. 1; zum sog. „Behördenprivileg" s. **16** § 120 RdNr. 4).

2. Glaubhaftmachung. Die entscheidungserheblichen Tatsachen, v. a. die Gründe für die **17** Eilbedürftigkeit, müssen nach Abs. 2 Satz 2 glaubhaft gemacht werden (§ 294 ZPO). Dazu müssen präsente Beweismittel beigefügt sein. Praktisch sind das nur **Urkunden** und **eidesstattliche Versicherungen.** Ein Antrag, der keine Begründung enthält und/oder dem keine zur Glaubhaftmachung geeigneten Mittel beigefügt sind, ist unzulässig. Ob die Glaubhaftmachung mit den präsenten Beweismitteln gelingt, ist eine Frage der Begründetheit. Die Beweismittel müssen eine überwiegende Wahrscheinlichkeit der Richtigkeit der entscheidungserheblichen Tatsachen ergeben.

3. Antragsfrist. Eine Frist ist für den Antrag nach § 121 nicht bestimmt. Der Antrag nach **18** § 121 kann zugleich mit der sofortigen Beschwerde der Vergabestelle gestellt werden. Anders als im Fall des § 80 Abs. 5 Satz 2 VwGO ist ein Antrag schon *vor* Beschwerdeeinlegung nicht möglich.[10] Die Wiederholung des Antrags nach § 121 nach dessen (erstmaliger) Ablehnung als unbegründet ist bei gleichbleibender Sachlage ausgeschlossen.[11] Die Vergabestelle kann auf eine sofortige Beschwerde eines bei der Vergabekammer unterlegenen Bieters *sofort* mit einem Antrag nach § 121 „reagieren".

4. Begründung. Der Antrag ist schriftlich zu stellen und gleichzeitig zu begründen (Abs. 2). **19** Die Glaubhaftmachung (eidesstattliche Versicherung, Urkunden) ist dem Antrag nach § 121 beizufügen; deren inhaltlicher Gehalt ist im Rahmen der Begründetheit des Antrags zu prüfen. Die Darlegungen und die Glaubhaftmachung zur besonderen Eilbedürftigkeit müssen **hinreichend substantiiert** sein. Für eine Eilbedürftigkeit einer vorzeitigen Zuschlagsgestattung angeführte öffentliche Interessen müssen detailliert und unter Nennung der betroffenen (öffentlich-rechtlichen) Vorschriften erläutert werden. Je länger mit der Stellung des Antrags nach § 121 gewartet wird, desto höher sind die Anforderungen an die Darlegung eines besonderen Eilbedarfs. Hat die Vergabestelle bereits bei der Vergabekammer einen Antrag nach § 115 Abs. 2 gestellt, ist dieser aber (als solcher) nicht beschieden worden, so erledigt sich dieser Antrag mit der abschließenden Entscheidung der Vergabekammer. Er fällt nicht gleichsam automatisch mit der sofortigen Beschwerde beim Vergabesenat wieder an, der Antrag nach § 121 muss vielmehr ausdrücklich erneut gestellt werden.[12]

5. Beschwer. Die Beschwer für einen Antrag nach § 121 ist gegeben, wenn die Vergabe- **20** kammer einem Nachprüfungsantrag zumindest teilweise stattgegeben hat.[13]

II. Entscheidungsfrist

Nach Abs. 3 S. 1 hat der Vergabesenat über einen Antrag auf Vorabgestattung des Zuschlags **21** unverzüglich, spätestens bis zum Ablauf von **fünf Wochen nach Antragseingang** (mit Begründung) durch Beschluss zu entscheiden. Über den Antrag nach § 121 entscheidet der Vergabesenat; eine „Vorsitzendenentscheidung" (wie zB. nach § 80 Abs. 8 VwGO) kennt das GWB nicht. Eine **Ablehnungsfiktion** infolge Ablaufs der Fünf-Wochen-Frist sieht das Gesetz nicht vor. Der Senatsvorsitzende kann in einem Ausnahmefall die Entscheidungsfrist bei besonderen rechtlichen und tatsächlichen Schwierigkeiten durch begründete Mitteilung an die Beteiligten verlängern (Abs. 3 Satz 1, 2. Halbs.); die Form der Mitteilung oder die Begründung dafür unterliegt von Gesetzes wegen keinen besonderen Anforderungen.

III. Verfahrensgrundsätze

Der Verweis in Abs. 3 S. 4 auf § 120 stellt klar, dass für das Verfahren nach § 121 die allge- **22** meinen Verfahrensgrundsätze gelten. Bei der **Gewährung rechtlichen Gehörs** dürfen (und sollen) im Hinblick auf die Fünf-Wochen-Frist (Abs. 3 S. 1, 2. Halbs.) sehr kurze Anhörungs-

---

[9] Vgl. dazu OLG Düsseldorf, Beschl. v. 18. 10. 2006, VII Verg 30/06; anders im Fall einer Verschmelzung: s. OLG Schleswig NZBau 2007, 254.
[10] OLG Naumburg NZBau 2001, 642.
[11] *Reidt/Stickler/Glahs/Stickler* RdNr. 6.
[12] BayObLG VergabeR 2005, 141.
[13] OLG Naumburg NZBau 2001, 642.

fristen gesetzt werden dürfen. Telefonische Anhörung ist zulässig. Die anwaltlich vertretenen (§ 120 Abs. 1) Beteiligten haben deutlich gesteigerte Mitwirkungsobliegenheiten, was insbesondere raschen, gestrafften und substantiierten (so weit wie möglich: belegten) Sachvortrag erfordert. Im Verfahren nach § 121 gilt der **Untersuchungsgrundsatz** (§ 120 Abs. 2 iVm. § 70 Abs. 1–3) nur eingeschränkt. Der Vergabesenat braucht ohne konkreten Anlass und Anhaltspunkte im Vortrag der Verfahrensbeteiligten erhebliche Tatsachenumstände nicht von Amts wegen zu ermitteln.[14] Der Untersuchungsgrundsatz wird wirksam, wenn die mit dem Antrag nach § 121 vorgetragenen Tatsachen bzw. der Beweiswert der Glaubhaftmachung substantiiert bestritten wird. Das Beschwerdegericht kann zu dem Antrag mündlich verhandeln, wird aber im Regelfall ohne mündliche Verhandlung entscheiden (Abs. 3 S. 2). Eine mündliche Verhandlung kann insbesondere die Eilbedürftigkeit des Zuschlags klären. Im Einzelfall kann ein Erörterungstermin vor dem konsentierten Einzelrichter des Senats zur Beschleunigung und Effektivierung der Gehörsgewährung beitragen (vgl. § 527 Abs. 1, 2 u. 4 ZPO).

23   Gem. § 120 Abs. 2 iVm. § 70 Abs. 2 hat das Beschwerdegericht auf heilbare Mängel des Antrags nach § 121 hinzuweisen. Das Beschwerdegericht kann im Rahmen seines verfahrensleitenden Ermessens sogleich Termin zur mündlichen Verhandlung im Hauptsacheverfahren anberaumen, statt über den Antrag nach § 121 (separat) – mit den Folgen des § 122 – zu entscheiden.[15]

IV. Aussetzung des Beschwerdeverfahrens (Abs. 2 S. 3)

24   Die in Abs. 2 S. 3 angesprochene Aussetzung des Verfahrens über die sofortige Beschwerde bis zur Entscheidung über den Antrag nach § 121 kommt (selten) in Betracht, wenn dem Eilantrag voraussichtlich entsprochen werden soll und die Hauptsache sich (sodann) durch Zuschlagserteilung erledigen wird. Von einer Verfahrensaussetzung nach einem Antrag nach § 121 soll abgesehen werden, wenn über die sofortige Beschwerde sofort entschieden werden kann. Die Verfahrensweise nach Abs. 2 Satz 3 wird in der Praxis selten vorkommen, weil das Beschwerdegericht in diesen Fällen zweckmäßiger sogleich die Hauptsache terminieren kann.

D. Entscheidungsmaßstab und Entscheidung

I. Entscheidungsprogramm

25   Das Entscheidungsprogramm in § 121 Abs. 1 ist ähnlich wie in § 118 Abs. 2. Das Gericht nimmt eine **Abwägung** vor, die „alle möglicherweise geschädigten Interessen" und die mit einer Vezögerung verbundenen „Vorteile" den „nachteiligen Folgen" einer Vergabeverzögerung gegenüberstellen soll.

26   **1. Abwägungsvorgaben.** Diese gesetzliche Vorgabe ist denkbar unklar, weil nicht ersichtlich ist, was für die Bewertung der Kriterien „geschädigt", „Vorteil" oder „nachteilig" maßgeblich sein soll. Auch die weitere Vorgabe, wonach bei der Abwägung das Interesse der Allgemeinheit an einer wirtschaftlichen Erfüllung der Aufgaben des Auftraggebers zu berücksichtigen sein soll, hilft nicht viel weiter, denn dem genannten Ziel dient das gesamte Vergabeverfahren. In der Praxis handhabbar sind in erster Linie die Vorgaben, wonach „die **Erfolgsaussichten** der sofortigen Beschwerde, die **allgemeinen Aussichten** des Antragstellers im Vergabeverfahren, den Auftrag zu erhalten, und das **Interesse der Allgemeinheit** an einem raschen Abschluss des Vergabeverfahrens" zu berücksichtigen sind.

27   **2. Struktur.** Das Entscheidungsprogramm lässt sich wie folgt (sinnvoll) strukturieren:
– In erster Linie sind die **Erfolgsaussichten** der sofortigen Beschwerde zu beurteilen (Abs. 1 Satz 3, 1. Alternative); dabei kommt es auf den Sach- und Streitstand im Zeitpunkt der gerichtlichen Entscheidung an.
– Die Erfolgsaussichten sind – erweitert – zu beurteilen im Hinblick auf die **„allgemeinen Aussichten"** des Antragstellers, im Vergabeverfahren **den Auftrag zu erhalten** (Abs. 1 Satz 3 2. Alternative); es kommt hier nicht auf eine übergreifende Prognose der Auftragschancen an.
– Lassen sich weder die Erfolgsaussichten noch die Auftragschancen hinreichend klar beurteilen, ist die nach Abs. 1 Satz 2 und Satz 3, 3. Alternative die in Abs. 1 Satz 1 geforderte **Interessenabwägung** danach vorzunehmen, ob das Allgemeininteresse an

---

[14] OLG Düsseldorf, Beschl. v. 1. 8. 2005, Verg 41/05, Juris (Tz. 19).
[15] OLG Jena NZBau 2000, 354; krit. dazu *Reidt/Stickler/Glahs/Stickler* RdNr. 10.

– einer wirtschaftlichen Erfüllung der Aufgabe des Auftraggebers
– einem raschen Abschluss des Vergabeverfahrens
eine vorzeitige Zuschlaggestattung rechtfertigt.

3. Erfolgsprognose. Die Prognose der Erfolgsaussichten im Rahmen des § 121 unterliegt **28** strengen Anforderungen, weil mit der „Freigabe" des Zuschlags irreversible Tatsachen in Bezug auf den Primärrechtsschutz der Bieter eintreten.[16] Zwar ist ein Antrag nach § 121 auch für die Vergabestelle mit einem Risiko verbunden, denn sie kann nach vorab gestatteter Zuschlagserteilung später, bei anderem Ausgang des Hauptsacheverfahrens, gegenüber dem die Nachprüfung betreibenden Unternehmen schadensersatzpflichtig werden. Eine Vorabgestattung gem. § 121 bleibt jedenfalls insoweit eine einstweilige Entscheidung, als keine (nur im Verfahren der sofortigen Beschwerde mögliche) verbindliche Klärung der Rechtmäßigkeit der Auftragsvergabe erreicht werden kann. Unbeschadet dessen hat das Beschwerdegericht im Hinblick auf den Charakter des Verfahrens nach § 121 als **„beschleunigtes Hauptsacheverfahren"** (s. o. RdNr. 1) eine möglichst umfassende (und nicht nur eine „summarische") Klärung der Sach- und Rechtslage vorzunehmen. Eine „freie" Interessenabwägung ohne eine Prognose der Erfolgsaussichten würde den Umstand missachten, dass eine Zuschlagsgestattung in Bezug auf den vergaberechtlichen Primärrechtsschutz zu „vollendeten Tatsachen" führt.

Sind die Erfolgsaussichten eindeutig oder mit „hoher Wahrscheinlichkeit"[17] zu beurteilen, **29** bedarf es keiner Interessenabwägung mehr. Die Prognose über die Erfolgsaussichten hat – mit anderen Worten – **Vorrang vor der Interessenabwägung.** Bei offensichtlicher Begründetheit der sofortigen Beschwerde bzw. bei offensichtlicher Rechtswidrigkeit des Vergabeverfahrens kann ein Antrag nach § 121 in aller Regel keinen Erfolg haben.[18] Das Gleiche gilt, wenn die Prognose zu treffen ist, dass das Beschwerdeverfahren mit einer Anordnung der Aufhebung der Ausschreibung enden wird.[19]

Kommt im Hauptsacheverfahren (ausnahmsweise) eine Zurückverweisung der Sache an die **30** Vergabekammer in Betracht (§ 123 S. 2, 2. Alternative), ist der Antrag nach § 121 abzulehnen.

Je größer die Wahrscheinlichkeit ist, dass die der Vergabestelle mit ihrem Rechtsstandpunkt **31** im Beschwerdeverfahren obsiegen wird, umso weniger bedarf es einer besonderen Begründung oder Beurteilung der „Wertigkeit" der (allgemeinen) Interessen der Vergabestelle an einer sofortigen Zuschlagerteilung.[20]

Eine Vorabgestattung des Zuschlags kommt in Betracht, wenn die sofortige Beschwerde vor **32** aussichtlich unzulässig ist oder wenn Überwiegendes für ein fehlerfreies Vergabeverfahren spricht, weil Anhaltspunkte für erhebliche Vergabeverstöße nicht vorliegen.[21] Wendet sich die Vergabestelle im Beschwerdeverfahren gegen eine den Nachprüfungsantrag stattgebende Entscheidung, kommt es darauf an, ob die sofortige Beschwerde der Vergabestelle **mit überwiegender Wahrscheinlichkeit** zu ihren Gunsten ausgehen wird. Hat die Vergabestelle bei der Vergabekammer obsiegt, ist zu entscheiden, ob die sofortige Beschwerde des unterlegenen Bieters voraussichtlich erfolglos bleiben wird.

4. Interessenabwägung. Sind die Erfolgsaussichten nicht abschließend zu klären, erfolgt im **33** Rahmen des Abs. 1 S. 1 und S. 2 eine Interessenabwägung. Ob eine besondere oder „außergewöhnliche" Dringlichkeit des Beschaffungserfordernisses eine Vorabgestattung des Zuschlags rechtfertigt, ist nur im **jeweiligen Einzelfall** zu entscheiden. Die Dringlichkeit begründenden Umstände müssen einen besonderen Ausnahmefall kennzeichnen; sie sind von der Vergabestelle substantiiert darzulegen. Die Interessen des Auftraggebers an einer sofortigen Zuschlagserteilung müssen das gesetzlich vorgegebene Interesse an einer Fortdauer der Zuschlagssperre *deutlich* überwiegen. Der allgemeine Hinweis auf eine Verzögerung des Beschaffungsvorhabens oder dessen Verteuerung können nicht allein den Ausschlag für die Interessen des Auftraggebers geben. Dies gilt insbesondere dann, wenn die Entstehung oder die Höhe von Mehrkosten noch ungewiss ist oder diese in verhältnismäßig geringem Umfang anfallen.[22] Soweit **Vergabeverzögerungen** gerade wegen der Folgerungen eintreten, die eine Befolgung des Beschlusses des Vergabekammer nach sich ziehen, sind diese im Rahmen der Interessenabwägung nicht zu be

---

[16] VK Schleswig-Holstein, Beschl. v. 15. 2. 2007, VK-SH 3/07.
[17] OLG Celle, Beschl. v. 3. 6. 2010, 13 Verg 6/10, IBR 2010, 408.
[18] OLG Naumburg, Beschl. v. 10. 11. 2003, 1 Verg 14/03, Juris (Ls. 1).
[19] OLG Naumburg OLGR 2004, 48 (offen gelassen).
[20] OLG Düsseldorf, Beschl. v. 16. 3. 2005, Verg 5/05, Juris (Tz. 16).
[21] BayObLG NZBau 2001, 643.
[22] VK Sachsen, Beschl. v. 13. 12. 2002, 1/SVK/109–02 g.

rücksichtigen; Gleiches gilt für **politisch vorgegebene Zeitpläne** des Beschaffungsvorhabens. Ist der Zeitplan von vornherein extrem knapp ausgelegt worden ist, kann der Antrag auf Vorabgestattung des Zuschlags nicht mit Fristüberschreitungen oder in deren Folge eintretenden finanziellen Einbußen gerechtfertigt werden.[23] Ergibt sich eine außergewöhnliche Dringlichkeit aus der **unaufschiebbaren Erfüllung öffentlicher, dem Interesse des Gemeinwohls dienender Pflichten** des Auftraggebers (etwa auf dem Gebiet des Gesundheitswesens oder der Gefahrenabwehr), kann die vorzeitige Gestattung des Zuschlags auch dann in Betracht kommen, wenn begründete Zweifel an der Vergaberechtskonformität des Verfahrens bestehen. Allerdings ist in diesem Fall zu prüfen, ob der Zuschlag nur für einen zeitlich oder sachlich begrenzten, durch (spezielle) Dringlichkeitsgründe betroffenen Teil der Vergabe „frei gegeben" wird, damit für andere Teile oder nach Ablauf einer (verkürzten) Übergangszeit wieder ein ordnungsgemäßer Vergabewettbewerb eröffnet werden kann. Eine solche Entscheidungsvariante vermeidet es, eine temporäre Dringlichkeit unangemessen lange zu perpetuieren, ohne dass dies materiell-rechtlich hingenommen werden müsste.

34   **5. Ermessen.** Eine Zuschlagsgestattung steht im Ermessen des Beschwerdegerichts („kann"). **Unsicherheiten** bei der Beurteilung der voraussichtlichen Entscheidung im Hauptsacheverfahren oder bei der Beurteilung der in die Interessenabwägung einfließenden Tatsachenfragen gehen regelmäßig zu Lasten des Auftraggebers. Eine andere Beurteilung kann in dem Sonderfall angezeigt sein, dass das Beschwerdeverfahren wegen eines Vorabentscheidungsersuchens an den EuGH ausgesetzt wird.[24]

35   **6. Maßgeblicher Zeitpunkt.** Maßgeblicher Beurteilungszeitpunkt für die Prüfung der Erfolgsaussichten ist der **Tag der Entscheidung des Beschwerdegerichts** über den Antrag nach § 121. Dabei ist – im Sinne einer Prognose – zu berücksichtigen, dass im Beschwerdeverfahren auch über Fragen zu entscheiden sein wird, die im Zeitpunkt der Entscheidung nach § 121 noch nicht entscheidungsreif sind; dies kann zB in Bezug auf heilbare oder noch nicht abschließend aufgeklärte Vergabefehler der Fall sein.

II. Die Entscheidung ergeht durch Beschluss

36   **1. Entscheidungsinhalt und weiteres Vergabeverfahren.** Wird dem Antrag gem. § 121 stattgegeben, wird das Vergabeverfahren fortgeführt. Der Auftraggeber wird die Angebotswertung abschließen und den Auftrag bzw. den Zuschlag erteilen. Eine entgegenstehende Entscheidung der Vergabekammer wird aufgehoben (§ 118 Abs. 3, 2. Halbsatz). Im Beschwerdeverfahren kommt nach Zuschlagerteilung nur noch eine feststellende Entscheidung nach § 123 S. 3 in Betracht.

37   Wird der Antrag nach § 121 **abgelehnt,** muss die Vergabestelle § 122 beachten. Das Beschwerdegericht wird die Vergabestelle in den Beschlussgründen darauf hinweisen und entsprechend § 114 Abs. 1 S. 2 auf die Rechtmäßigkeit des weiteren Vergabeverfahrens einwirken. Dazu kann auch die Anregung an die Vergabestelle gehören, ihre sofortige Beschwerde zurückzunehmen.

38   **2. Begründung.** Die Entscheidung nach § 121 ist zu begründen (Abs. 3 S. 1 und 3; § 120 Abs. 2 iVm. § 71 Abs. 6). Soweit nur einzelne der von der Vergabekammer getroffenen Anordnungen entfallen, ist dies in den Entscheidungstenor aufzunehmen. Nach Abs. 3 S. 3 ist in den Gründen die „Rechtmäßigkeit oder Rechtswidrigkeit des Vergabeverfahrens" zu erläutern. Im Zusammenhang mit § 122 ergibt sich das Erfordernis, im Tenor des Beschlusses und/oder in den Gründen die in Betracht kommende Maßnahmen der Vergabestelle zur Herstellung der Rechtmäßigkeit des Vergabeverfahrens anzugeben. Die Vergabestelle ist insoweit wegen der Zehn-Tages-Frist gem. § 122 auf **klare Vorgaben** angewiesen. Dem Beschleunigungsziel des Nachprüfungs- und Beschwerdeverfahren ist es förderlich, wenn in den Entscheidungsgründen die vergaberechtlichen Fragen möglichst klar beantwortet werden. Die Beteiligten können auf dieser Grundlage auch entscheiden, ob sie die Fortführung weiterer Verfahren, auch solcher nach § 123 S. 3, abbrechen.

39   **3. Kosten, Vollstreckung.** Einer eigenständigen Kostenentscheidung bedarf es im Verfahren nach § 121 nicht. Das Verfahren ist als „Zwischenverfahren" innerhalb des Beschwerdeverfahrens konzipiert. Die Kosten müssen im Rahmen der **Kostenentscheidung zum Hauptsacheverfahren** berücksichtigt werden (vgl. Nr. 1640 der Anlage 1 zu § 3 Abs. 2 GKG;

---

[23] OLG Celle VergabeR 2003, 367.
[24] OLG Naumburg OLGR 2003, 521.

Nr. 3300 der Anlage 1 zu § 2 Abs. 2 RVG). Die Vergabestelle trägt in entsprechender Anwendung des § 96 ZPO die Kosten, die durch einen von ihr zurückgenommenen Antrag nach § 121 entstanden sind, und zwar auch dann, wenn der Bieter (später) seinen Nachprüfungsantrag in der Bescherdeinstanz zurückgenommen hat.[25] Beschwerdeverfahren und Eilverfahren sind gebührenrechtlich verschiedene Angelegenheiten.[26]

Die Entscheidung nach § 121 bedarf **keiner Vollstreckung**. Eine Zuschlagserteilung ohne **40** (Vorab-)Gestattung wäre nichtig (§ 134 Abs. 1 BGB); danach ist sie gem. § 121 erlaubt.

4. Rechtsmittel. Die Entscheidung nach § 121 ist **unanfechtbar** (Abs. 4). Daraus ergibt **41** sich auch die Unzulässigkeit einer Wiederholung des Antrags nach § 121 bei gleichbleibenden Verhältnissen (auch zur Dringlichkeit).

§ 122 Ende des Vergabeverfahrens nach Entscheidung des Beschwerdegerichts

Ist der Auftraggeber mit einem Antrag nach § 121 vor dem Beschwerdegericht unterlegen, gilt das Vergabeverfahren nach Ablauf von zehn Tagen nach Zustellung der Entscheidung als beendet, wenn der Auftraggeber nicht die Maßnahmen zur Herstellung der Rechtmäßigkeit des Verfahrens ergreift, die sich aus der Entscheidung ergeben; das Verfahren darf nicht fortgeführt werden.

Schrifttum: *Opitz* NZBau 2005, 213/215.

I. Regelungszusammenhang

Die Vorschrift knüpft an eine Ablehnung des Antrags auf Vorabgestattung des Zuschlags nach **1** § 121 an, soweit dieser vom öffentlichen Auftraggeber gestellt worden ist. Sie gilt also *nicht* für den Fall, dass der Antrag nach § 121 von dem Bieter gestellt worden ist, dem der Mitteilung nach § 101 a zufolge der Zuschlag erteilt werden soll.

Die Gesetzesbegründung erläutert den **Sinn der Vorschriften** in § 122: Nachdem der Ver- **2** gabesenat (und zuvor die Vergabekammer) zu Ungunsten des öffentlichen Auftraggebers entschieden haben, sei es „äußerst unwahrscheinlich, dass die zweite Entscheidung des Beschwerdegerichts anders ausfallen würde als die erste"; durch § 122 soll „dem Auftraggeber die Möglichkeit des Zuwartens auf die weitere Entscheidung" genommen und es soll ihm der Weg „versperrt" werden, „den er ohnehin sinnvollerweise nicht gehen sollte. ... Die Fortsetzung des Gerichtsverfahrens ohne realistische Erfolgsaussicht soll zumindest bei weiter bestehendem Schwebezustand des Vergabeverfahrens vermieden werden."[1]

Ist ein Antrag des öffentlichen Auftraggebers nach § 121 erfolglos geblieben, bleiben danach **3** im Rahmen des § 122 **zwei Folgewirkungen:**
– *Entweder* stellt der öffentliche Auftraggeber die durch die Vergabekammer und/oder das Beschwerdegericht festgestellten Vergabeverstöße unverzüglich ab,
– *oder* das Vergabeverfahren ist kraft Gesetzes beendet, sofern keine geeigneten Maßnahmen zur Abstellung der Vergabeverstöße binnen zehn Tagen ab Zustellung des ablehnenden Beschlusses nach § 121 ergriffen werden.[2]

Hat der Vergabesenat nach § 115 Abs. 2 S. 4 oder S. 5 zu Ungunsten des Auftraggebers ent- **4** schieden, greift die Rechtsfolge des § 122 nicht ein.

II. Unterliegen im Verfahren nach § 121

Die Rechtsfolgen des § 122 greifen nur ein, wenn der Auftraggeber mit seinem Antrag nach **5** § 121 unterlegen ist. In der Entscheidung des Beschwerdegerichts wird die Rechtmäßigkeit oder Rechtswidrigkeit des (bisherigen) Vergabeverfahrens erläutert (§ 121 Abs. 3 S. 3). Damit wird der aus der (oben, RdNr. 2, zitierten) Gesetzesbegründung zu entnehmende Gedanke wirksam, dass bereits **Vergabeverstöße festgestellt** sind, die eine **sichere Beurteilungsgrundlage** vermitteln. Ohne Feststellung solcher Rechtsverstöße kann die Vergabestelle keine (bestimmten) Maßnahmen zur Herstellung der Rechtmäßigkeit des Vergabeverfahrens ergrei-

---

[25] BGH NZBau 2006, 392.
[26] OLG Düsseldorf, Beschl. v. 20. 4. 2005, Verg 42/04, Juris.
[1] BT-Drucks. 13/9340, S. 16 (zu § 111 des Regierungsentwurfs des Vergaberechtsänderungsgesetzes); KG Berlin, Beschl. v. 9. 11. 1999, KartVerg 12/99.
[2] Vgl. *Opitz* NZBau 2005, 213/215.

fen, wie sie in § 122 erwartet werden. Dem entsprechend lösen Entscheidungen nach § 121, die allein im Hinblick auf Zulässigkeitsmängel oder wegen fehlender Eilbedürftigkeit zu Ungunsten der Vergabestelle ausgehen, die Rechtswirkungen des § 122 nicht aus.

6   Ist die Vergabestelle im Verfahren nach § 121 zwar insoweit unterlegen, als ihr der Zuschlag nicht vorab gestattet worden ist, aber insoweit nicht, als sie nach der Entscheidung des Vergabesenats das Vergabeverfahren fortsetzen darf, liegt – insgesamt – kein „Unterliegen" iSd. § 122 vor. Das Vergabeverfahren kann dann noch zur Zuschlagsreife geführt werden; die gravierende(re) Rechtsfolge einer Beendigung des Vergabeverfahrens liegt in dieser Konstellation außerhalb des Regelungszwecks der Norm.

III. Zehn-Tages-Frist

7   Die Maßnamen zur Herstellung der Rechtmäßigkeit des Vergabeverfahrens sind binnen zehn Tagen ab wirksamer Zustellung des Beschlusses nach § 121 zu „ergreifen". Für den **Fristbeginn** ist die Zustellung an den Auftraggeber maßgeblich, nicht diejenige an andere Beteiligte (die iÜ nicht vorgeschrieben ist).

8   Welche **Maßnahmen** vom öffentlichen Auftraggeber zu „ergreifen" sind, ergibt sich aus dem Beschluss gem. § 121. Auf die insoweit bestehenden Begründungsanforderungen, die in § 121 Abs. 3 S. 3 (etwas undeutlich) angesprochen werden, muss geachtet werden. Die Korrekturmaßnahmen sollten im Tenor des Beschlusses nach § 121 benannt werden. Ergänzend können die tragenden Gründe des Beschlusses des Vergabesenats herangezogen werden, uU auch diejenigen des vorangegangenen Beschlusses der Vergabekammer.

9   Ergibt sich weder aus dem Tenor noch aus den Gründen des Beschlusses nach § 121 (entgegen § 121 Abs. 3 S. 3) hinreichend klar, was am bisherigen Vergabeverfahren zu beanstanden ist, kann von der Vergabestelle kein (unverzügliches) Tätigwerden innerhalb der Zehn-Tages-Frist verlangt werden. Dies gilt insbesondere dann, wenn zur Interessenabwägung nach § 121 Abs. 1 Satz 2 GWB nur allgemein gehaltene Ausführungen vorgefunden werden. Die Konsequenz einer Untätigkeit der Vergabestelle ist nur zu rechtfertigen, wenn das Beschwerdegericht unmissverständlich dargelegt hat, was es am bisherigen Verfahren zu beanstanden gibt; dazu sollten die notwendigen Maßnahmen benannt und – sinnvollerweise – (auch) im Tenor aufgelistet sein.

10   Die Vergabestelle muss **nur die vom Beschwerdegericht** für die Rechtswidrigkeit des (bisherigen) Vergabeverfahrens **angeführten Punkte** aufgreifen. Weitere, in der Entscheidung nach § 121 nicht oder noch nicht festgestellte Vergabeverstöße müssen nicht durch entsprechende Maßnahmen aufgegriffen werden, um die Rechtsfolge des § 122 abzuwenden. Solche weiteren (uU auch nachfolgenden) Vergabeverstöße sind von den betroffenen Bietern unter Beachtung des § 107 Abs. 3 zu rügen und im Rahmen des Nachprüfungsbegehrens zur Überprüfung zu stellen.

11   Die Vergabestelle kann, wenn der Beschluss nach § 121 Unklarheiten zu den erforderlichen Korrekturmaßnahmen enthält, analog § 120 Abs. 2 VwGO eine **Beschlussergänzung** beantragen.[3]

12   Die von der Vergabestelle ergriffenen Maßnahmen müssen zur Erreichung des Erfolges – Herstellung der Rechtmäßigkeit des Vergabeverfahrens – **objektiv geeignet** sein. Sind die Vergabefehler derart schwerwiegend, dass sie irreparabel sind bzw. nur durch eine Aufhebung der Ausschreibung aus der Welt zu schaffen sind, tritt die Wirkung des § 122 sofort ein.[4] Das Gesetz fordert nicht, dass die Vergaberechtsverstöße innerhalb der Zehn-Tages-Frist vollständig und erfolgreich korrigiert werden. Dies würde die Vergabestelle uU überfordern. Es reicht aus, dass sie Maßnahmen „ergreift", die schnell zu einem vergaberechtskonformen Zustand führen.

13   Das „**Ergreifen**" von Korrekturmaßnahmen darf sich nicht in der Auswertung und Analyse der Entscheidung des Vergabesenats und evtl. derjenigen der Vergabekammer erschöpfen. Erforderlich sind konkrete und zu dokumentierende Umsetzungsschritte innerhalb der Zehn-Tages-Frist, etwa dem Beginn einer neuen Eignungs- oder Angebotsprüfung. Führen die Korrekturmaßnahmen im weiteren Verlauf des Vergabeverfahrens zu neuen Vergabefehlern, sind diese ggf. ab Bekanntwerden neu zu rügen. Das Gesetz erwartet, indem es ein „Ergreifen" von Korrekturmaßnahmen fordert, nicht auch deren (endgültigen) Erfolg, wohl aber deren objektiv feststellbare Einleitung (Vergabevermerk, Schreiben etc.) und deren Eignung, den angestrebten Erfolg zu erreichen.

---

[3] *Reidt/Stickler/Glahs/Stickler* RdNr. 10.
[4] *Kulartz/Kus/Portz/Röwekamp* RdNr. 5 mwN.

Eine **Information oder „Anzeige"** darüber, dass (innerhalb der Frist) geeignete Maßnah- **14** men eingeleitet worden sind, wird vom Gesetz nicht gefordert. Die Einleitung der Maßnahmen muss im Vergabevermerk (§ 20 VOB/A) dokumentiert werden. Ein Streit darüber, ob die Zehn-Tages-Frist eingehalten worden ist, ist in dem (weiter anhängigen) Beschwerdeverfahren zu klären.

Die **Zehn-Tages-Frist ist nicht verlängerbar.** Für die Fristberechnung gelten gem. **15** §§ 120 Abs. 2, 73 Nr. 2 die allgemeinen Vorschriften (§ 222 ZPO, §§ 187 ff. BGB). Die fristgerechte Einleitung von Korrekturmaßnahmen iSd. § 122 steht aus haftungsrechtlicher Sicht nicht im Belieben der Vergabestelle. Unterbleibt sie oder erfolgt sie verspätet, kann dies sekundärrechtliche Schadensersatzansprüche der dadurch benachteiligten Bieter (§ 126; §§ 280 Abs. 1, 311 Abs. 2 BGB) begründen.

IV. Rechtsfolgen

Wird die Einleitung geeigneter „Maßnahmen zur Herstellung der Rechtmäßigkeit des Ver- **16** gabeverfahrens" versäumt, gilt das Vergabeverfahren kraft gesetzlicher Fiktion nach Ablauf der Zehn-Tages-Frist als **beendet.** Diese Wirkung, die einer Aufhebung des Vergabeverfahrens (zB. nach § 17 VOB/A) entspricht, ist endgültig und nachträglich nicht mehr „heilbar". Anders als bei einer Aufhebung der Ausschreibung, von der die Vergabestelle wieder abrücken kann,[5] kann die gesetzliche Fiktion des § 122 durch eine Willensentscheidung nicht überwunden werden. Nach Eintritt der Fiktion darf das Vergabeverfahren nicht fortgesetzt werden (§ 122, letzter Halbsatz). Der Auftraggeber kann dies nicht rückgängig machen; das Vergabeverfahren ist unwiderruflich zu Ende. Der Vergabestelle bleibt – bei fortbestehender Beschaffungsabsicht – nichts anderes übrig, als ein **neues Vergabeverfahren** einzuleiten. Wird das „alte" (beendete) Vergabeverfahren gleichwohl fortgesetzt, verstößt dies gegen den letzten Halbsatz des § 122 und damit gegen ein gesetzliches Verbot iSd. § 134 BGB. Ein auf diesem Wege erteilter Zuschlag ist nichtig.[6]

Wegen der aufhebungsgleichen Wirkung des Ablaufs der Zehn-Tages-Frist hat die Vergabe- **17** stelle nach deren Ablauf die Bieter und auch das Amt für amtliche Veröffentlichungen der Europäischen Gemeinschaften über die Beendigung des Vergabeverfahrens zu **unterrichten.**

Werden Korrekturmaßnahmen innerhalb der Zehn-Tages-Frist ergriffen, wird das Vergabe- **18** verfahren unter Berücksichtigung der aus den Korrekturen hervorgehenden Ergebnisse vergaberechtskonform fortgesetzt. Das Beschwerdegericht sollte zweckmäßigerweise rasch eine mündliche Verhandlung anberaumen und damit sowohl Klarheit über die ergriffenen Maßnahmen erreichen als auch Gelegenheit zur Erörterung der Frage geben, ob die Maßnahmen ausreichend sind. Ist dies nicht der Fall, stellt das Beschwerdegericht die **Erledigung** des Nachprüfungsverfahrens durch Beendigung des Vergabeverfahrens fest.

Die Bieter können sich insoweit im Rahmen des (weiter anhängigen) Hauptsacheverfahrens **19** über die Korrekturen und ihre(n) Erfolg(e) informieren; insoweit ist uU Akteneinsicht zu gewähren (§§ 120 Abs. 2, 111). Der Vergabesenat wird prüfen und im Rahmen der mündlichen Verhandlung erörtern, wann welche Maßnahmen ergriffen worden sind. Dabei wird vorrangig auf den Inhalt des Vergabevermerks (zB gem. § 20 VOB/A) abzustellen sein. Sind die Maßnahmen verspätet eingeleitet worden, stellt das Gericht die Erledigung des Nachprüfungsverfahrens durch Beendigung des Vergabeverfahrens fest.

Die Beendigungsfiktion gem. § 122 gilt nicht für das **Beschwerdeverfahren.** Dieses kann **20** von der Vergabestelle bzw. von dem Beschwerdeführer fortgesetzt werden, wobei nach Eintritt der auf das Vergabeverfahren bezogenen Beendigungsfiktion auf einen Feststellungsantrag gemäß § 123 S. 3 GWB umzustellen ist. Das Beschwerdeverfahren wird durch einen Beschluss des Vergabesenats, durch Beschwerderücknahme oder durch übereinstimmende Erledigungserklärungen abgeschlossen.

§ 123 Beschwerdeentscheidung

[1]**Hält das Gericht die Beschwerde für begründet, so hebt es die Entscheidung der Vergabekammer auf.** [2]**In diesem Fall entscheidet das Gericht in der Sache selbst oder spricht die Verpflichtung der Vergabekammer aus, unter Berücksichtigung der**

---

[5] Vgl. BGHZ 154, 32.
[6] *Reidt/Stickler/Glahs/Stickler* RdNr. 7.

Rechtsauffassung des Gerichts über die Sache erneut zu entscheiden. [3] Auf Antrag stellt es fest, ob das Unternehmen, das die Nachprüfung beantragt hat, durch den Auftraggeber in seinen Rechten verletzt ist. [4] § 114 Abs. 2 gilt entsprechend.

Schrifttum: *Guckelberger* NVwZ 2005, 11; *Opitz* BauR 2000, 1564; *Sangmeister* NJW 2005, 1260; *Wilke* NZBau 2005, 380, 382 *Zuck* NJW 2005, 1226.

Übersicht

A. Allgemeines

1   Die Entscheidung des Beschwerdegerichts ist in § 123 geregelt. Die Vorschrift ist unvollständig; weitere Vorgaben zum Verfahren und zur Beschwerdeentscheidung sind gemäß § 120 Abs. 2 den §§ 71 Abs. 1, 6, 73 sowie den §§ 169, 192 ff. GVG zu entnehmen. Die Beschwerdeentscheidung darf grundsätzlich nur auf Tatsachen und Beweismittel gestützt werden, zu denen sich die Beteiligten äußern konnten. Rechtliches Gehör ist auch zu gewähren, wenn eine Vorlage nach § 124 Abs. 2 oder nach Art. 267 AEUV beabsichtigt ist. Wird eine Verletzung des rechtlichen Gehörs gerügt, ist binnen zwei Wochen nach Kenntnis ein (spezielles) Rügeverfahren nach § 71a gegeben, das – im Erfolgsfall – zu einer Fortführung des Verfahrens führt, soweit dies aufgrund der Rüge geboten ist.[1]

2   In § 123 ist nur der **Inhalt der Entscheidung in der Hauptsache im Fall der begründeten Beschwerde** geregelt. Zu den vom Beschwerdegericht zu treffenden Nebenentscheidungen sowie zum gerichtlichen Vergleich fehlen ebenso Vorgaben, wie dies in Bezug auf eine Rücknahme des Nachprüfungsantrages im Beschwerdeverfahren, die Rücknahme der sofortigen Beschwerde und die übereinstimmende Erklärung der Erledigung des Beschwerdeverfahrens und des Nachprüfungsantrages in der Hauptsache der Fall ist.

B. Prüfungsumfang des Beschwerdegerichts

I. Subjektiver Bieterrechtsschutz

3   Der Vergaberechtsschutz des GWB dient dem Schutz der subjektiven Rechte der Bieter (§ 97 Abs. 7). Über diese Rechte können sie im Nachprüfungs- und Beschwerdeverfahren dis-

---

[1] Gem. §§ 71a Abs. 6 GWB, 149 I VwGO kann eine Senatsentscheidung (bis zum Abschluss des fortzuführenden Verfahrens) ausgesetzt werden. Zur sog. Anhörungsrüge vgl. – allgemein – *Zuck* NJW 2005, 1226; *Sangmeister* NJW 2005, 1260; *Guckelberger* NVwZ 2005, 11 ff.

ponieren. Die sofortige Beschwerde eines Beteiligten stellt nicht ohne Weiteres die gesamte Entscheidung der Vergabekammer erneut zur Disposition.[2] Es kommt darauf an, **welche Vergaberechtsfehler** auf Grund welchen Sachverhalts dem Beschwerdegericht zur (nochmaligen) Prüfung vom Beschwerdeführer **unterbreitet werden** – entweder vom Antragsteller, weil die Vergabekammer unrichtig einen zu berücksichtigenden Vergaberechtsfehler verneint oder nicht ausreichende Maßnahmen getroffen habe, oder vom Auftraggeber oder der Beigeladenen, weil die Vergabekammer unrichtig einen solchen Fehler bejaht oder unrechtmäßige Anordnungen getroffen habe.

Das Beschwerdeverfahren dient wie das Verfahren vor der Vergabekammer dem Schutz subjektiver Rechte. Dies gilt unabhängig davon, ob Rechtsmittelführer ein unterlegener Bieter, der öffentliche Auftraggeber oder ein Beigeladener ist. Ein Beigeladener kann im Beschwerdeverfahren nicht erstmals beanspruchen, das Angebot eines Dritten auszuschließen oder die Ausschreibung aufzuheben. Dies wäre nur im Wege eines eigenen Nachprüfungsantrages bei der Vergabekammer möglich gewesen.   **4**

II. Beschwerdegegenstand

Den Nachprüfungsinstanzen ist es verwehrt, von Amts wegen eine objektive Rechtmäßigkeitskontrolle des gesamten Vergabeverfahrens vorzunehmen. Der **Beschwerdeführer bestimmt** durch die Beschwerdebegründung bzw. seinen Antrag im Beschwerdeverfahren, inwieweit die Entscheidung der Vergabekammer angefochten und eine abweichende Entscheidung erstrebt wird (§ 117 Abs. 1 S. 2 Nr. 1). Im Rahmen des – so definierten – **Beschwerdegegenstandes** wird die Sach- und Rechtslage gemäß § 120 Abs. 2 iVm. §§ 70, 71 Abs. 1 in vollem Umfang überprüft (vgl. § 120 RdNr. 17).[3] Eine darüber hinausreichende Befugnis des Beschwerdegerichts, von Amts wegen Anhaltspunkten für nicht gerügte Vergaberechtsverstößen nachzugehen und solche erst aufzuklären,[4] besteht nicht. Zwar fehlt für das Beschwerdeverfahren eine einschränkende Regelung, wie sie für die Vergabekammer in § 110 Abs. 1 S. 2–4 enthalten ist, doch folgt die Begrenzung des Prüfungsumfangs durch das Beschwerdebegehren iSd. § 117 Abs. 2 S. 2 Nr. 1.   **5**

In der **Beschwerdeschrift** erstmals gerügte Vergaberechtsverstöße gehören zum Prüfungsstoff des Vergabesenats. Allerdings können neue Rügen die Anforderungen der §§ 107, 108 verfehlen. Dies gilt nicht für Beanstandungen, deren Grundlage erst durch Akteneinsicht (§ 111) im Beschwerdeverfahren bekannt geworden ist. Auch präkludierte Rügen (§ 107 Abs. 3) können für die Entscheidung des Beschwerdegerichts eine (Rest-) Bedeutung behalten, wenn Anordnungen zur Einwirkungen auf die Rechtmäßigkeit des Vergabeverfahrens in Rede stehen (s. dazu unten RdNr. 20).   **6**

Ist die Entscheidung der Vergabekammer teilbar und von einem der Beteiligten nur teilweise angefochten worden, wird der nicht angefochtene Teil bestandskräftig. Die Überprüfung des Beschwerdegerichts ist danach auf den angefochtenen Teil der Vergabekammer-Entscheidung beschränkt.   **7**

III. Entscheidungsgrundlage

Der nach §§ 116 Abs. 1, 123 zu treffenden Entscheidung des Beschwerdegerichts ist – als Entscheidungsgrundlage – die Vergabeentscheidung in der Form, die sie durch die Entscheidung der Vergabekammer gefunden hat, zugrunde zu legen.[5] Auf dieser Grundlage ist zu prüfen, ob der Antragsteller – auf der Grundlage der mit der Beschwerde ausdrücklich erhobenen Rügen[6] – in bieterschützenden Rechten iSd. § 97 Abs. 7 GWB verletzt wird. Der zur rechtlichen Beurteilung unterbreitete Sachverhalt kann allerdings unter einem **anderen rechtlichen Gesichtspunkt** als dem bisher Angenommenen als Vergaberechtsverstoß beurteilt werden. Ermessensentscheidungen der Vergabekammer sind uneingeschränkt nachprüfbar; solche der Vergabestelle unterliegen, soweit es um objektive Vergabekriterien geht, einer Vollkontrolle. Nur bei prognostischen oder wertungsabhängigen Kriterien ist die gerichtliche Kontrolle begrenzt.[7] Die fehlerhafte Beurteilung der Eignung eines Bieters kann vom Beschwerdegericht   **8**

---

[2] OLG Naumburg NZBau 2005, 486.

[3] OLG Celle NZBau 2002, 400, 402; BayObLG NZBau 2003, 342, 345; *Wilke* NZBau 2005, 380, 382.

[4] *Kulartz/Kus/Portz/Möllenkamp* RdNr. 5, 6.

[5] OLG Schleswig VergabeR 2001, 214.

[6] BayObLG NVwZ 1999, 1138.

[7] *Opitz* BauR 2000, 1564, 1570 f.

unmittelbar korrigiert werden, ohne dass es einer „Verweisung" (zurück) an die Vergabestelle zur Fehlerbehebung bedarf.[8]

9   Stellt das Beschwerdegericht „bei Gelegenheit" der Prüfung eines gerügten Vergaberechtsverstoßes ohne weitere Sachaufklärung **einen weiteren, bisher nicht gerügten Vergabefehler** fest, darf dies im Rahmen der Beschwerdeentscheidung berücksichtigt werden.[9] Neue, erst während des Beschwerdeverfahrens erhobene Vergaberügen sind nicht zu berücksichtigen, wenn sie gem. § 107 Abs. 3 präkludiert sind. Allerdings greift § 107 Abs. 2 nicht ein für Rügen, deren (tatsächliche) Grundlage erst während des Beschwerdeverfahrens – zB. durch Akteneinsicht (§§ 120 Abs. 2, 111) – bekannt wird.

IV. Fortwirkende Vergaberechtsfehler

10   Für Vergabefehler, die die Rechtmäßigkeit des gesamten Vergabeverfahrens „infizieren" und objektiv bis zur Zuschlagserteilung fortwirken, **greift die og. Beschränkung des Prüfungsumfangs des Beschwerdegerichts nicht ein.** Solche Fehler bestehen insbesondere in unklaren Leistungsbeschreibungen, nicht eindeutigen Preisermittlungsgrundlagen oder Zuschlagskriterien. Damit wird den Bietern eine tragfähige Grundlage vorenthalten, um überhaupt ein sachgerechtes und wettbewerblich wirksames Angebot abzugeben.[10] Würden diese Fehler im Beschwerdeverfahren hingenommen, könnte eine Zuschlagserteilung nur noch vergaberechtsfehlerhaft erfolgen. Das kann auch dann nicht hingenommen werden, wenn Fehler der genannten Qualität im bisherigen Verfahren nicht geprüft oder (zu Unrecht) verneint worden sind. Ist aufgrund der fortwirkenden Vergaberechtsfehler eine vergaberechtskonforme Zuschlagsentscheidung schlechthin unmöglich, muss uU. als **„ultima ratio"** das gesamte Vergabeverfahren aufgehoben und zumindest von der Verfahrensstation an, die den Fehler ausgelöst hat, wiederholt werden.

C. Entscheidung des Beschwerdegerichts

I. Rechtsweg

11   Das Beschwerdegericht trifft eine Vorabentscheidung über den zulässigen Rechtsweg gemäß § 17a GVG, wenn die Vergabekammer aus Rechtsgründen eine solche Entscheidung nicht treffen konnte. Im Beschwerdeverfahren erübrigt sich aber eine eigenständige Entscheidung zum Rechtsweg, wenn das Beschwerdegericht die Zulässigkeit des Rechtsweges zu sich bejaht und wegen der Eindeutigkeit der Rechtslage keinen Anlass für eine Zulassung der weiteren Rechtsweg-Beschwerde an den BGH hat.[11]

II. Entscheidung durch Beschluss

12   Das Beschwerdegericht entscheidet über die sofortige Beschwerde durch Beschluss gemäß § 120 Abs. 2 iVm. § 71 Abs. 1, gegen den **kein Rechtsmittel** gegeben ist.[12] Dies gilt unabhängig davon, ob eine mündliche Verhandlung stattgefunden hat oder nicht. Der Beschluss ist zu begründen (§ 120 Abs. 2 iVm. § 71 Abs. 6). Ein nach mündlicher Verhandlung ergangener Beschluss ist nach allgemeinen Verfahrensgrundsätzen (vgl. § 310 ZPO) zu verkünden. Bei einem ohne mündliche Verhandlung ergangenen Beschluss reicht dessen formlose Bekanntmachung. Da die Entscheidung des Beschwerdegerichts **nicht anfechtbar** ist, muss sie nicht förmlich zugestellt werden.

13   Das Beschwerdegericht entscheidet in der **Besetzung von drei Berufsrichtern** (§ 116 Abs. 3 S. 2, § 122 GVG). Der Senat kann einem Einzelrichter die Vorbereitung der Entscheidung gem. § 527 Abs. 1, 2 ZPO zuweisen; der Einzelrichter kann einen Erörterungstermin durchführen sowie eine außergerichtliche Einigung anregen.[13] Hat die Vergabekammer die Entscheidung gem. § 105 Abs. 3 S. 1 ihrem Vorsitzenden oder dem hauptamtlichen Beisitzer zur alleinigen Entschei-

---

[8] OLG Düsseldorf IBR 2004, 35 (Ls.).
[9] OLG Jena NZBau 2005, 476; KG Berlin VergabeR 2004, 762.
[10] OLG Schleswig SchlHA 2006, 142; OLG Celle NZBau 2002, 400; OLG Celle WuW/E Verg 989.
[11] OLG Brandenburg NZBau 2003,688.
[12] BGH Beschl. v. 16. 9. 2003, X ZB 12/03.
[13] Die Befugnis zur Entgegennahme eines Vergleichs besteht – anders als in § 87 Abs. 2 Nr. 1 VwGO – für den Einzelrichter des Vergabesenats nicht.

dung übertragen, kann auch im Beschwerdeverfahren entsprechend § 526 Abs. 1 Nr. 1 ZPO eine **Einzelrichterübertragung** erfolgen. Mit Zustimmung aller Beteiligten kann der Einzelrichter entspr. § 527 Abs. 4 ZPO auch im Übrigen entscheiden.

1. Unzulässige Beschwerde. Eine unzulässige Beschwerde wird in entsprechender An- **14** wendung von §§ 522 Abs. 1 S. 2, 572 Abs. 2 S. 2 ZPO verworfen. Unzulässig ist eine Erweiterung des Beschwerdeantrags nach **Ablauf der Beschwerdefrist.** Nach Verwerfung der Beschwerde wird die Entscheidung der Vergabekammer bestandskräftig.

2. Unbegründete Beschwerde. Eine unbegründete Beschwerde weist das Beschwerdege- **15** richt zurück.

Eine Beschwerde ist auch dann unbegründet, wenn die Entscheidung der Vergabekammer **16** mit einer anderen Begründung, jedoch im Ergebnis aufrecht erhalten werden kann.[14] Bei Entscheidungsreife ist es dem Beschwerdegericht deshalb auch möglich, ein vom Auftraggeber verwendetes, jedoch nicht durchschlagendes Wertungskriterium durch einen anderen (im Vergabeverfahren bekannt gegebenen) einschlägigen Wertungsgesichtspunkt zu **ersetzen** und auf dieser Grundlage dem Antrag des Auftraggebers auf Abweisung des Nachprüfungsantrages zu entsprechen.[15] In Fällen dieser Art muss zur Vermeidung einer Überraschungsentscheidung darauf hingewiesen und rechtliches Gehör gewährt werden.

In den Entscheidungsgründen über die Zurückweisung einer unbegründeten Beschwerde **17** kann auf die zutreffenden Ausführungen der Vergabekammer Bezug genommen werden. Es muss deutlich werden, **aus welchen Gründen** die sofortige Beschwerde ohne Erfolg bleibt. Mit der Verkündung – in Verfahren ohne mündliche Verhandlung mit Bekanntgabe – des Beschlusses wird die Entscheidung der Vergabekammer bestandskräftig. Noch nicht erledigte Eilanordnungen der Vergabekammer nach § 115 Abs. 3 werden gegenstandslos.

3. Erfolgreiche Beschwerde. Ist die Beschwerde zulässig und begründet, hebt das Be- **18** schwerdegericht die Entscheidung der Vergabekammer auf (§ 123 S. 1). Ist die Beschwerde nur teilweise begründet, hebt das Beschwerdegericht die Entscheidung der Vergabekammer in Bezug auf den (genau zu bezeichnenden) Teil der Vergabekammer-Entscheidung auf.

In beiden Fällen – der Aufhebung der Vergabekammer-Entscheidung – entscheidet das Be- **19** schwerdegericht gemäß § 123 S. 2 in der Sache selbst (erste Alternative) oder „bescheidet" dahingehend, dass die Vergabekammer unter Beachtung der Rechtsauffassung des Beschwerdegerichts über die Sache erneut zu entscheiden hat, was praktisch einer Zurückverweisung entspricht (zweite Alternative). Die genannten Entscheidungsalternativen stehen nicht gleichberechtigt nebeneinander. Der Vergabesenat sollte regelmäßig selbst entscheiden. Dies gilt auch dann, wenn dem Verfahren der Vergabekammer Rechtsfehler anhaften. Eine Entscheidung des Vergabesenats in der Sache selbst fördert das Beschleunigungsziel des (gesamten) Nachprüfungsverfahrens.[16]

a) Entscheidung in der Sache selbst. Eine Entscheidung in der Sache selbst kann das Be- **20** schwerdegericht auch dann treffen, wenn die Vergabekammer zuvor noch keine Entscheidung in der Sache getroffen hatte, weil sie zB das Nachprüfungsverfahren analog §§ 94 S. 1 VwGO, 148 ZPO ausgesetzt hatte.[17] Das Beschwerdegericht kann schon wegen der Eilbedürftigkeit von Vergabesachen selbst entscheiden und von einer Zurückverweisung regelmäßig absehen.[18] Hat die sofortige Beschwerde der Vergabestelle Erfolg, besteht eine „Entscheidung in der Sache selbst" in der Zurückweisung des Nachprüfungsantrages. Im Fall der erfolgreichen Beschwerde eines Auftragsbewerbers wird die „Entscheidung in der Sache selbst" in der Verpflichtung der Vergabestelle bestehen, das **Vergabeverfahren** unter Beachtung der Rechtsauffassung des Beschwerdegerichts **fortzusetzen oder** das Vergabeverfahren (die Ausschreibung) **aufzuheben.** Im Rahmen des Beschwerdegegenstandes hat das Beschwerdegericht die Entscheidungskompetenzen der Vergabekammer aus § 114 Abs. 1, auch ohne dass in § 123 auf diese Bestimmung verwiesen worden ist.[19] Denn im Rahmen des Beschwerdegegenstandes entscheidet das Beschwerdegericht über die Begründetheit der Beschwerde und korrigiert erforderlichenfalls die Entscheidung der Vergabekammer im Hinblick auf die gerügten Vergabefehler derart, dass diese

---

14 OLG Rostock, Beschl. v. 6. 6. 2001 – 17 W 6/01.
15 BayObLG VergabeR 2003, 207.
16 OLG Brandenburg, Beschl. v. 12. 1. 2010, Verg W 5/09, Juris (Tz. 97).
17 OLG Düsseldorf NZBau 2003, 55.
18 BayObLG VergabeR 2003, 207; OLG Schleswig SchlHA 2006, 142.
19 Vgl. BayObLG NZBau 2003, 342, 345.

abgestellt werden und das Vergabeverfahren vergaberechtsgemäß fortgeführt werden kann. Aus dieser Kompetenz ergibt sich notwendigerweise, **dass das Beschwerdegericht die gleichen Entscheidungsmöglichkeiten wie die Vergabekammer hat.** Das Beschwerdegericht ist somit nicht an die Anträge gebunden, um im Rahmen des Beschwerdegegenstandes durch seine Entscheidung die (weitere) vergaberechtsgemäße Durchführung des Vergabeverfahrens sicherzustellen und geeignete Maßnahmen zu treffen, um die bei der Nachprüfung festgestellte Rechtsverletzung zu beseitigen.[20]

21   Hat der Auftraggeber unter Verstoß gegen §§ 97 ff. einen Auftrag nicht öffentlich ausgeschrieben, kann das Beschwerdegericht anordnen, dass der Auftraggeber die benötigten Leistungen im Falle einer Drittbeauftragung im Wettbewerb und im Wege eines transparenten Vergabeverfahrens gemäß den §§ 97 ff. GWB zu beschaffen hat.[21]

22   Ist die **Leistungsbeschreibung mehrdeutig** (vgl. § 7 Abs. 1 Nr. 1 VOB/A) oder sind die Zuschlagkriterien nicht transparent (§ 9 Abs. 2 EG-VOL/A), kann das Beschwerdegericht zur Herstellung der Rechtmäßigkeit des Vergabeverfahrens anordnen, dass das Vergabeverfahren in das Stadium vor Angebotsabgabe zurückversetzt wird. Es kann den Auftraggeber verpflichten, fehlerhafte Ausschreibungsteile zu streichen oder gegenüber den beteiligten Bietern klarzustellen, wie die mehrdeutigen Punkte der Leistungsbeschreibung zu verstehen sind, den Bietern Gelegenheit zu geben, ihre Angebote zu überprüfen und gegebenenfalls anzupassen und/oder zu erneuern[22] und sodann die Angebotswertung zu wiederholen.[23] Auch kann der Ausschluss eines Bieters oder eines Angebots aus der Wertung angeordnet werden.[24]

23   Die Anordnung der Aufhebung der Ausschreibung kommt als ultima ratio in Betracht, wenn das **Vergabeverfahren insgesamt oder einzelne Elemente** desselben derart **fehlerbehaftet** ist, dass im bisherigen Verfahren keine vergaberechtskonforme Auftragsvergabe mehr möglich ist. Vorrangig sind aber „mildere" Möglichkeiten einer rechtmäßigen Vergabe zu prüfen.[25] Eine Aufhebung der Ausschreibung überschreitet den Entscheidungsspielraum der Nachprüfungsinstanzen, wenn sie losgelöst von einer konkreten (Bieter-)Rechtsverletzung erfolgt.[26] Hat die Vergabekammer zu Unrecht die Aufhebung der Ausschreibung angeordnet, kann dies in der Beschwerdeentscheidung aufgehoben werden.

24   Wird unter **Missachtung einer Entscheidung** des Beschwerdegerichts ein Zuschlag erteilt, ist dieser gem. § 134 BGB nichtig.

25   Einen erteilten Zuschlag kann auch das Beschwerdegericht gemäß § 123 S. 4 iVm. § 114 Abs. 2 nicht aufheben oder (isoliert) dessen Nichtigkeit feststellen.[27] Umgekehrt wird ein „**Verpflichtungstenor**" dahingehend, dass das Beschwerdegericht den Auftraggeber zur Erteilung des Zuschlags verpflichtet, nur unter **engen Voraussetzungen** in Betracht kommen: Es muss feststehen, dass der Auftraggeber weiterhin an seiner Vergabeabsicht festhält; eine Auftragsvergabe nach Wegfall der Vergabeabsicht kann nicht „erzwungen" werden. Weiter dürfen die im Rahmen der zwingend aufeinander folgenden Stufen der Prüfung und Wertung der Angebote[28] bestehenden Beurteilungs- und Ermessensspielräume der Vergabestelle nur noch *eine* rechtmäßige Entscheidung, nämlich die Zuschlagserteilung,[29] zulassen (Reduzierung der Spielräume „auf Null").[30] Bei klarer Sachlage kann auch die Beurteilung der Eignung eines Bieters sogleich durch die Nachprüfungsinstanzen überprüft werden.[31] Fälle dieser Art werden selten sein.

26   Zusammenfassend bieten sich dem Beschwerdegericht im Falle eines (Teil-)Erfolgs der sofortigen Beschwerde **unterschiedliche Tenorierungsmöglichkeiten.** Es kann beispielsweise
– anordnen, dass das Vergabeverfahren bis zu einem bestimmten Stand aufgehoben wird (zB „Rückversetzung" des Verfahrens in das Stadium vor Angebotsabgabe),

---

[20] Vgl. BGHZ 146, 202.
[21] OLG Düsseldorf NZBau 2004, 398.
[22] OLG Düsseldorf, Beschl. v. 16. 2. 2005, VII-Verg 74/04 (Juris); OLG Schleswig, Beschl. v. 7. 5. 2001, 6 Verg 3/01, n. v.
[23] OLG Düsseldorf Beschl. v. 28. 1. 2004, Verg 35/03.
[24] OLG Celle, Beschl. v. 12. 5. 2005, 13 Verg 5/05, n. v.: Ausschluss eines Bieters, der kein in der Ausschreibung ausdrücklich gefordertes Zertifikat (auch für Nachunternehmer) vorgelegt hat.
[25] BayObLG IBR 2005, 346, Ls. (mit [krit.] Anm. *Noch*).
[26] OLG Düsseldorf, Beschl. v. 16. 3. 2005, VII-Verg 5/05.
[27] OLG Naumburg OLGR Naumburg 2000, 108.
[28] Vgl. BGHZ 139, 273.
[29] BayObLG NZBau 2003, 540, 542; OLG Frankfurt/M. VergabeR 2001, 243, 249.
[30] OLG Düsseldorf, Beschl. v. 27. 4. 2005, Verg 10/05.
[31] OLG Düsseldorf, Beschl. v. 15. 8. 2003, Verg VII-34/03.

– den Auftraggeber zu einer erneuten Wertung der Angebote verpflichten, ggf. mit vom Auftraggeber dabei zu beachtenden rechtlichen Vorgaben,
– fehlerhafte Ausschreibungsteile streichen und inhaltliche Vorgaben für deren Ersetzung oder Klarstellung setzen,
– den Ausschluss eines Bieters oder eines Angebots aus der Wertung anordnen,
– in Fällen der De-facto-Vergabe (vgl. § 101 b) den Auftraggeber zur Herbeiführung eines rechtmäßigen Vergabeverhaltens verpflichten, ein transparentes Vergabeverfahren gemäß §§ 97 ff. GWB durchzuführen,
– die Zuschlagserteilung an einen bestimmten Bieter (ausnahmsweise) oder
– die Aufhebung der Ausschreibung anordnen.

b) Verpflichtung der Vergabekammer zu neuer Entscheidung. Nach der zweiten Al- **27** ternative des § 123 S. 2 kann das Beschwerdegericht die Vergabekammer verpflichten, unter Beachtung seiner Rechtsauffassung über die Sache erneut zu entscheiden. Eine solche Entscheidung sollte wegen der regelmäßigen Eilbedürftigkeit der Verfahren nur ausnahmsweise erfolgen.[32] Zweckmäßig kann eine solche Entscheidung insbesondere dann sein, wenn die Vergabekammer fehlerhaft den Nachprüfungsantrag als offensichtlich unzulässig gemäß § 110 Abs. zurückgewiesen oder aus sonstigen Gründen sich mit zahlreichen verfahrens- und materiellrechtlichen Fragen des Nachprüfungsverfahrens bislang nicht auseinandergesetzt hat.[33] Bei **Entscheidungsreife** hat das Beschwerdegericht immer in der Sache selbst zu entscheiden.[34] Das gilt auch bei Verfahrensfehlern der Vergabekammer, etwa einer fehlerhaften Besetzung, die nicht auf verfahrensfremden Überlegungen beruht.[35]

Das Beschwerdegericht ist nicht auf eine bloße Kontrolle der Entscheidung der Vergabe- **28** kammer beschränkt; es soll den „kürzesten" Weg zur Spruchreife einschlagen. Deshalb darf eine im Beschwerdeverfahren „nachgeschobene" (neue) Beurteilung der Eignung eines Bieters in die gerichtliche Entscheidung einbezogen werden.[36] Eine Verpflichtung zur Neuentscheidung durch die Vergabekammer erfolgt nicht, wenn dabei nur das „alte" Ergebnis wieder herauskommen könnte.[37] Hat die Vergabekammer eine Frage noch nicht entschieden, kann der Vergabesenat diese unmittelbar selbst entscheiden. Die **Zurückverweisung** an die Vergabekammer ist demgegenüber **nachrangig**.

Im Falle der Zurückverweisung ist die Vergabekammer an die Rechtsauffassung des Vergabe- **29** senats gebunden. Der Beschluss des Beschwerdegerichts muss insoweit hinreichend klar formuliert sein.

c) Zuschlag. Einen bereits erteilten Zuschlag kann das Beschwerdegericht **nicht aufheben 30** (§ 114 Abs. 2); auch die isolierte Feststellung der Nichtigkeit der Zuschlagserteilung ist nicht möglich.[38] Ist der Zuschlag nichtig, ist das Vergabeverfahren nicht abgeschlossen und es kann noch eine dem Primärrechtsschutz dienende Entscheidung des Beschwerdegerichts ergehen. Auch die Zuerkennung von Schadensersatz ist im Verfahren nach §§ 116 ff. nicht möglich (vgl. §§ 124 Abs. 1, 126).

4. Feststellung der Verletzung des Unternehmens in seinen Rechten. Der im Ver- **31** waltungsprozess zugelassenen Fortsetzungsfeststellungsklage (§ 113 Abs. 1 S. 4 VwGO) entspricht im Beschwerdeverfahren der nach § 123 S. 3 zugelassene Antrag, eine Rechtsverletzung des Bieters durch den Auftraggeber festzustellen. Zur Klärung der Frage, unter welchen Voraussetzungen der Feststellungsantrag nach § 123 S. 3 zulässig ist, kann deshalb auf die zu § 113 Abs. 1 S. 4 VwGO entwickelten Grundsätze zurückgegriffen werden. Ungeschriebene Zulässigkeitsvoraussetzung eines Antrags nach § 123 S. 3 ist ein **Feststellungsinteresse**.

Der **Feststellungsantrag** kann zulässig erstmals im Beschwerdeverfahren gestellt werden, **32** wenn sich der Nachprüfungsantrag bereits im Verfahren vor der Vergabekammer erledigt hatte.[39] Es bestehen auch keine Bedenken, den Feststellungsantrag auch hilfsweise zu stellen, falls

---

[32] OLG Brandenburg, Beschl. v. 12. 1. 2010, Verg W 5/09, Juris (Tz. 97); OLG Schleswig, Beschl. v. 30. 6. 2005, 6 Verg 5/05; vgl. auch OLG Düsseldorf, Beschl. v. 21. 12. 2005, VII-Verg 69/05.
[33] OLG Jena WuW/E Verg 820, 821, 823.
[34] OLG Düsseldorf, Beschl. v. 11. 3. 2002, Verg 43/01; OLG Celle Beschl. v. 2. 7. 2003, 13 Verg 6/02.
[35] BayObLG VergabeR 2003, 207.
[36] OLG Düsseldorf IBR 2004, 35 (Ls.).
[37] OLG Schleswig VergabeR 2001, 214.
[38] OLG Naumburg, OLGR Naumburg 2000, 108 ff.
[39] OLG Düsseldorf VergabeR 2002, 378, 379 f.

der auf Primärrechtsschutz gerichtete Hauptantrag keinen Erfolg hat.[40] Das Feststellungsinteresse ist vom Beschwerdeführer in jedem Fall zu begründen.[41]

33   Der Feststellungsantrag ist **unzulässig,** wenn der Nachprüfungsantrag mangels Antragsbefugnis (§ 107 Abs. 2) oder mangels unverzüglicher Rüge (§ 107 Abs. 3) nicht zulässig war.[42] Spezielle Sachentscheidungsvoraussetzung ist ein Feststellungsinteresse. Dieses ist zu bejahen, wenn ein nach vernünftigen Erwägungen und nach Lage des Falles anzuerkennendes Interesse rechtlicher, wirtschaftlicher oder ideeller Art des Beschwerdeführers an der begehrten Feststellung besteht. Diese muss geeignet sein, die Rechtsposition des Beschwerdeführers zu verbessern und eine Beeinträchtigung seiner Rechte auszugleichen oder wenigstens zu mildern. Unzulässig ist ein Feststellungsantrag nach § 123 S. 3, der lediglich die Klärung abstrakter Rechtsfragen bezweckt.[43] Das Interesse an der Feststellung der Rechtsverletzung zur Vorbereitung eines Schadensersatzprozesses ist wie im Verfahren vor der Vergabekammer auch im Beschwerdeverfahren anerkannt. Die Zivilgerichte sind an die Entscheidungen der Nachprüfungsinstanzen zum Grund des Schadensersatzanspruches gemäß § 124 Abs. 1 gebunden;[44] entsprechendes gilt für Entscheidungen der Landessozialgerichte (§ 142 a Abs. 3 SGG). In seltenen Fällen kann das Feststellungsinteresse auch unter dem Aspekt einer Wiederholungsgefahr bejaht werden.[45]

34   Der Feststellungsantrag ist nur **zulässig,** wenn sich der Nachprüfungsantrag durch Erteilung des Zuschlags oder auf andere Weise erledigt hat.[46] Zwar ist dieses Erfordernis dem Wortlaut des § 123 S. 3 nicht ausdrücklich zu entnehmen, wohl aber aus dem Verweis in § 123 S. 4 auf § 114 Abs. 2 abzuleiten. Der Rechtsschutz des Bieters geht im Beschwerdeverfahren nicht weiter als im Verfahren vor der Vergabekammer. Hat sich das Vergabeverfahren nicht (durch Zuschlag oder Aufhebung) erledigt, kann der Bieter nur eine Entscheidung über den Nachprüfungsantrag beanspruchen; im Erfolgsfall ergibt sich zwangsläufig (auch) eine Rechtsverletzung. Das Beschwerdegericht kann auf Grund seiner Freiheit bei der Abfassung des Entscheidungstenors die Rechtsverletzung auch ausdrücklich feststellen.

35   Das Beschwerdegericht muss **konkret feststellen,** durch welche Maßnahmen der Auftraggeber das Unternehmen in welchen Rechten verletzt hat.[47] Nur dann ist die Feststellung der Rechtsverletzung eine geeignete Grundlage für einen anschließenden Schadensersatzprozess.

36   **5. Aussetzung und Vorlage an den EuGH.** Das Beschwerdegericht als letztinstanzliches nationales Gericht der Vergabenachprüfungsinstanzen ist bei Vorliegen der übrigen Voraussetzungen nach Art. 267 AEUV verpflichtet, eine **Vorabentscheidung** des EuGH zur Auslegung europäischen Rechts herbeizuführen.[48] Dazu setzt es das Beschwerdeverfahren in entsprechender Anwendung von § 148 ZPO, § 94 VwGO aus.

37   Stellt sich eine entscheidungserhebliche Frage zur Auslegung europäischen Rechts, die dem EuGH **bereits** in einem Vorabentscheidungsverfahren zur Beantwortung **unterbreitet** worden ist, in einem weiteren Beschwerdeverfahren, hat das Beschwerdegericht „sein" Beschwerdeverfahren in entsprechender Anwendung von § 148 ZPO, § 94 VwGO bis zur Entscheidung des EuGH in jenem Verfahren auszusetzen.[49]

38   **6. Sonstige Entscheidungen.** Der Vergabesenat des Oberlandesgerichts hat im Falle der Divergenz seiner beabsichtigten Hauptsacheentscheidung von der eines Vergabesenats eines anderen Oberlandesgerichts oder des BGH in einem Vergabenachprüfungsverfahren diese Sache dem BGH gemäß § 124 Abs. 2 vorzulegen.

---

[40] OLG Düsseldorf VergabeR 2004, 657.
[41] OLG Düsseldorf Beschl. v. 23. 3. 2005, VII-Verg 77/04.
[42] OLG Frankfurt/M. VergabeR 2003, 725, 726 f. sowie NZBau 2003, 633.
[43] OLG Düsseldorf Beschl. v. 23. 3. 2005, VII-Verg 77/04; OLG Düsseldorf NZBau 2002, 583 sowie WuW/E Verg 459.
[44] OLG Düsseldorf Beschl. v. 23. 3. 2005, VII-Verg 77/04; OLG Düsseldorf WuW/E Verg 459.
[45] OLG Düsseldorf, Beschl. v. 8. 3. 2005, Verg 40/04; OLG Düsseldorf NZBau 2002, 583.
[46] OLG Celle NJW 1999, 3497.
[47] OLG Rostock Beschl. v. 16. 5. 2001 – 17 W 1 und 2/01, NZBau 2002, 170, 172 = VergabeR 2001, 315, 319.
[48] *Kulartz/Kus/Portz/Röwekamp* RdNr. 19.
[49] OLG Brandenburg ZfBR 2003, 620.

D. Kostenentscheidung

Die Kostenentscheidung im Beschwerdeverfahren ist **nach den §§ 91 ff. ZPO** zu treffen.[50]   **39**
Bei teilweisem Obsiegen und Unterliegen der Beteiligten sind die Kosten gemäß § 92 ZPO
analog entsprechend dem Obsiegen und Unterliegen aufzuteilen. Unter den Voraussetzungen
des § 92 Abs. 2 ZPO können bei geringfügigem Unterliegen eines Beteiligten die gesamten
Kosten dem Gegner aufzuerlegen sein.[51] Die **Kosten des Beigeladenen** gehören zu den Kosten des Beschwerdeverfahrens, so dass für eine Billigkeitsentscheidung in analoger Anwendung
von § 162 Abs. 3 VwGO kein Raum ist.[52] Unterliegen der Beschwerdeführer und der (zuvor
beigeladene) Beteiligte jeweils teilweise, muss sich der eine an der Erstattung der notwendigen
Auslagen des anderen beteiligen.[53]

Die **Kosten etwaiger Eilverfahren** nach §§ 118, 121 GWB gehören zu den Kosten der   **40**
Hauptsache. In diesen Eilverfahren ist deshalb keine (gesonderte) Kostenentscheidung zu treffen.

Der vom Beschwerdegericht festzusetzende **Streitwert** für das Beschwerdeverfahren beträgt   **41**
gemäß § 50 Abs. 2 GKG fünf Prozent des Bruttoauftragswertes. Solange kein Auftrag erteilt
wurde, ist die Bruttoangebotssumme des Bieters maßgeblich, der das Nachprüfungsverfahren eingeleitet hat. Sind noch keine Angebote abgegeben worden, ist für den Bruttoauftragswert der vom Auftraggeber geschätzte Bruttoauftragswert maßgeblich. Kann eine solche Schätzung nicht herangezogen werden, muss der Gegenstandswert entweder anhand objektiver
Kriterien geschätzt oder allein auf der Grundlage der Angaben des Antragstellers festgesetzt werden.

Für sofortige Beschwerden gegen selbständig anfechtbare **Nebenentscheidungen** der Verga-   **42**
bekammer ist § 50 Abs. 2 GKG nicht anwendbar. Vielmehr ist der Gegenstandswert entsprechend dem nach § 3 ZPO ermittelten wirtschaftlichen Interesse des Beschwerdeführers festzusetzen.

E. Begründung und Zustellung der Entscheidung des Beschwerdegerichts

Die nach § 120 Abs. 2, § 71 Abs. 4 gebotene Begründung der Entscheidung des Beschwer-   **43**
degerichts orientiert sich im Aufbau und Inhalt an **§ 540 ZPO.** Für einen evtl. nachfolgenden
Schadensersatzprozess sind die tatsächlichen Feststellungen und die „tragenden Gründe" des
OLG-Beschlusses bindend (§ 124 Abs. 1), soweit sie die gerügten Vergabefehler, die dazu festgestellten Tatsachen und entschiedenen Rechtsfragen betreffen. Keine Bindung besteht hinsichtlich weiterer schadensersatzbegründender Fragen (Verschulden, Schaden [-shöhe]). Daraus
ergibt sich die **Notwendigkeit einer möglichst *klaren* Entscheidungsbegründung,** die die
Grenzen der Bindungswirkung erkennen lässt. Dies muss besonders beachtet werden, wenn
gesetzlich angebotene Begründungserleichterungen (§ 540 Abs. 1 Nr. 1, Abs. 2 iVm. § 313 a
Abs. 1 ZPO) genutzt werden sollen. Im Fall einer Zurückverweisung nach § 123 S. 2 (2. Alt.)
bestimmt der Vergabesenat (zumindest) in den Entscheidungsgründen die notwendigen Richtlinien für die (erneute) Entscheidung der Vergabekammer.

Der Beschluss ist den Beteiligten (nicht auch der Vergabekammer) gem. § 71 Abs. 6 **zuzu-**   **44**
stellen. Er erwächst (inter partes) in Rechtskraft. Mit der Entscheidung ist das Rechtsmittel
verbraucht; eine nochmalige Entscheidung über dieselbe Vergabe ist ausgeschlossen. Die Beschwerdeentscheidung des Vergabesenats ist unanfechtbar;[54] Korrekturmöglichkeiten sind nur
über eine Berichtigung (§§ 320 Abs. 1, 321 ZPO) eröffnet, die auch tatbestandliche Elemente
der Gründe betreffen kann.[55]

---

[50] BGH NZBau 2001, 151, 155.
[51] Vgl. BGHZ 169, 131.
[52] BGH NZBau 2004, 229, 232.
[53] OLG Brandenburg VergabeR 2010, 516 (zu Ls. 4).
[54] BGH NZBau 2003, 687 (Ls. 1).
[55] OLG Bremen OLGR Bremen 2004, 198 f.

F. Erledigung des Beschwerdeverfahrens ohne Entscheidung des Beschwerdegerichts in der Hauptsache

I. Rücknahme

45   **1. Rücknahme der Beschwerde.** Die Rücknahme der sofortigen Beschwerde beendet das Beschwerdeverfahren ohne Entscheidung des Beschwerdegerichts. Die Entscheidung der Vergabekammer wird damit **bestandskräftig**. Die Kosten des Beschwerdeverfahrens hat in entsprechender Anwendung von § 516 Abs. 3 ZPO der Beschwerdeführer zu tragen.[56]

46   **2. Rücknahme des Nachprüfungsantrags.** Die Rücknahme des Nachprüfungsantrages im Beschwerdeverfahren hat zur Folge, dass der Beschluss der Vergabekammer, der gem. § 114 Abs. 3 die Rechtsqualität eines (noch nicht bestandskräftigen) Verwaltungsaktes hat, insgesamt **wirkungslos** wird. Zur wirksamen Rücknahme des Nachprüfungsantrages im Beschwerdeverfahren bedarf es nicht der Einwilligung von Beigeladenen.[57] Auch die Einwilligung des Antrags-/Beschwerdegegners ist nicht Wirksamkeitsvoraussetzung.[58] Die für Klagrücknahmen geltende Bestimmung in § 269 Abs. 1 ZPO ist auf die Rücknahme eines Antrages auf Erlass eines Verwaltungsaktes der Vergabekammer nicht entsprechend anwendbar.[59]

47   Hinsichtlich der Kosten ist zwischen den Kosten der sofortigen Beschwerde und denjenigen vor der Vergabekammer zu unterscheiden.[60] Der Antragsteller hat in entsprechender Anwendung von § 269 Abs. 3 S. 2 ZPO die Kosten des Beschwerdeverfahrens einschließlich der Kosten des Antragsgegners und der Beigeladenen zu tragen. Die Gebühren des Rechtsanwalts der (aktiven) Beigeladenen, die als Beteiligte gemäß § 119 im Beschwerdeverfahren Anträge stellt, Schriftsätze einreicht und mündlich verhandelt, sind zu deren zweckentsprechender Rechtsverteidigung notwendige Kosten. Denn die Beigeladene muss sich gemäß § 120 Abs. 1 durch einen bei einem deutschen Gericht zugelassenen Rechtsanwalt vertreten lassen. Dazu bedarf es keines besonderen Ausspruches.[61]

48   Die **für die Tätigkeit der Vergabekammer anfallenden Kosten** (Gebühren und Auslagen) hat die Antragstellerin nach § 128 Abs. 1 S. 2 GWB iVm. § 13 Abs. 1 Nr. 1 VwKostG zu tragen. Eine Erstattung der **außergerichtlichen Kosten** des Antragsgegners oder der Beigeladenen im Verfahren vor der Vergabekammer findet hingegen nicht statt.[62] Der den Antrag zurücknehmende Antragsteller unterliegt nicht im Sinne des § 128 Abs. 3 S. 1, Abs. 4 S. 2 GWB. Das ist nur der Fall, wenn die Vergabekammer eine Entscheidung getroffen hat, die das Begehren des Antragstellers ganz oder teilweise als unzulässig oder unbegründet zurückweist.[63]

II. Übereinstimmende Erklärung der Erledigung

49   **1. Erledigung des Beschwerdeverfahrens.** Bei Erledigung der Hauptsache *im Beschwerdeverfahren* hat das Beschwerdegericht eine Kostenentscheidung in entsprechender Anwendung von § 91 a ZPO unter Berücksichtigung des Sach- und Streitstandes **nach billigem Ermessen** zu treffen. Regelmäßig entspricht es billigem Ermessen, wenn der Beteiligte die Kosten zu tragen hat, der voraussichtlich unterlegen gewesen wäre. Schließen die Beteiligten einen **außergerichtlichen Vergleich** und erklären anschließend übereinstimmend das Beschwerdeverfahren in der Hauptsache für erledigt, kann das Beschwerdegericht die Kostenregelung des Vergleichs übernehmen.[64]

---

[56] OLG Düsseldorf, Beschl. v. 12. 1. 2006, VII–Verg 35/05; BayObLG Beschl. v. 30. 11. 2004, Verg 24/04; OLG Saarbrücken, Beschl. v. 29. 9. 2004, 1 Verg 5/04; OLG Jena, Beschl. v. 22. 8. 2002 – 6 Verg 3/02; BayObLG Beschl. v. 24. 6. 2002 – Verg 11/02.

[57] BayObLG VergabeR 2004, 666; OLG Koblenz Beschl. v. 15. 8. 2006, 1 Verg 7/06; OLG Naumburg, Beschl. v. 17. 8. 2007, 1 Verg 5/07.

[58] So zutreffend OLG Naumburg Beschl. v. 17. 8. 2007 – 1 Verg 5/07; aA. *Sellmann/Augsberg*, NVwZ 2005, 1255, 1257.

[59] So BayObLG VergabeR 2004, 666.

[60] BGH NZBau 2006, 392; OLG Naumburg Beschl. v. 17.8.2007, 1 Verg 5/07; BayObLG VergabeR 2004, 666.

[61] BGH NZBau 2006, 392.

[62] BGH NZBau 2006, 392; BGH NZBau 2006, 196; BGH ZfBR 2006, 187.

[63] BGH NZBau 2006, 392; BGH NZBau 2006, 196.

[64] *Wilke* NZBau 2005, 380, 383.

2. Erledigung des Nachprüfungsverfahrens. Die Beteiligten können auch den *Nachprü-* 50
fungsantrag in der Hauptsache noch in der Beschwerdeinstanz übereinstimmend für erledigt erklären. Damit erledigt sich das Beschwerdeverfahren ebenfalls. Bei Erledigung der Hauptsache
im Nachprüfungsverfahren vor der Vergabekammer hat der Antragsteller keinen Anspruch auf
Erstattung von Auslagen. Die §§ 161 Abs. 2 VwGO, 91a ZPO sind im Vergabenachprüfungsverfahren vor der Vergabekammer nicht entsprechend anwendbar.[65] Über die Kosten des
Beschwerdeverfahrens ist analog § 91a ZPO zu entscheiden.

III. Vergleich

Die Beteiligten haben die Möglichkeit, vor dem Beschwerdegericht einen Vergleich, der 51
Prozessvergleich im Sinne der ZPO ist, abzuschließen.[66] Erledigt dieser Vergleich das gesamte
Beschwerdeverfahren, ist eine Entscheidung über die Beschwerde nicht mehr erforderlich. Ent-
hält der Vergleich eine **Kostenregelung,** bedarf es keiner Kostenentscheidung. Enthält der
Vergleich keine Kostenregelung, ist über die Kosten des Verfahrens vor der Vergabekammer
nach § 128 GWB zu entscheiden, über die Kosten des Beschwerdeverfahrens in entsprechender
Anwendung von § 98 ZPO.

§ 124 Bindungswirkung und Vorlagepflicht

(1) Wird wegen eines Verstoßes gegen Vergabevorschriften Schadensersatz begehrt
und hat ein Verfahren vor der Vergabekammer stattgefunden, ist das ordentliche
Gericht an die bestandskräftige Entscheidung der Vergabekammer und die Entscheidung des Oberlandesgerichts sowie gegebenenfalls des nach Absatz 2 angerufenen
Bundesgerichtshofs über die Beschwerde gebunden.

(2) [1]Will ein Oberlandesgericht von einer Entscheidung eines anderen Oberlandesgerichts oder des Bundesgerichtshofs abweichen oder hält es den Rechtsstreit wegen
beabsichtigter Abweichung von Entscheidungen eines Landessozialgerichts oder des
Bundessozialgerichts für grundsätzlich bedeutsam, so legt es die Sache dem Bundesgerichtshof vor. [2]Der Bundesgerichtshof entscheidet anstelle des Oberlandesgerichts.
[3]Der Bundesgerichtshof kann sich auf die Entscheidung der Divergenzfrage beschränken und dem Beschwerdegericht die Entscheidung in der Hauptsache übertragen, wenn dies nach dem Sach- und Streitstand des Beschwerdeverfahrens angezeigt
scheint. [4]Die Vorlagepflicht gilt nicht im Verfahren nach § 118 Abs. 1 Satz 3 und
nach § 121.

Schrifttum: *Dreher* NZBau 2001, 244; *Gröning* jurisPR-WettbR 1/2009.

Übersicht

---

[65] OLG Düsseldorf, Beschl. v. 2. 3. 2004, VII-Verg 11/00; BGH NZBau 2004, 285; zuvor noch anders:
KG Berlin KGR 2000, 177; OLG Frankfurt/M. NZBau 2001, 101.
[66] OLG Brandenburg Beschl. v. 18. 5. 2004, Verg W 3/04; s. a. *Rittwage* NZBau 2007, 484.

A. Allgemeines

1　　Die Vorschriften dienen der Bindung von Entscheidungen im Primärrechtsschutz für Schadensersatzansprüche wegen Vergabefehlern (Abs. 1) und der Sicherung einer bundeseinheitlichen Vergaberechtsprechung (Abs. 2).

B. Bindungswirkung für Schadensersatzprozesse (Abs. 1)

I. Zweck

2　　Das Vergabenachprüfungsverfahren (§§ 107 ff.) betrifft den Streit um die Vergabe öffentlicher Aufträge (Primärrechtsschutz). Nach Zuschlagserteilung sind nur noch feststellende Entscheidungen über (Vergabe-)Rechtsverletzungen möglich (§ 114 Abs. 2, § 123 S. 3). Soweit den Auftragsbewerbern infolge solcher (Vergabe-)Rechtsverletzungen ein Schaden entsteht, müssen sie diesen zivilrechtlich einklagen (sog. Sekundärrechtsschutz). Anspruchsgrundlagen für Schadensersatzforderungen sind § 126 und die §§ 311 Abs. 2, 241 Abs. 2, 280 ff. BGB (sog. culpa in contrahendo) sowie § 823 Abs. 2 BGB iVm. vergaberechtlichen Schutzgesetzen. § 124 Abs. 1 GWB dient in diesem Zusammenhang der Verfahrensökonomie: Im Schadensersatzprozess sollen die – uU schwierigen – Fragen zur Rechtmäßigkeit oder Rechtswidrigkeit eines Vergabeverfahrens nicht erneut geprüft werden, wenn und soweit sie bereits Gegenstand eines Nachprüfungsverfahrens waren. Dann sollen die **Entscheidungen der Vergabenachprüfungsinstanzen** auch im Schadensersatzprozess **verbindlich** sein. Damit werden widersprüchliche Entscheidungen von Vergabenachprüfungsinstanzen und Zivilgerichten zum Grund von Schadensersatzansprüchen vermieden. Die im Nachprüfungsverfahren ergehende Sachentscheidung der Vergabekammer oder des Vergabesenats bindet das Zivilgericht in Schadensersatzprozessen zwischen den Beteiligten des Nachprüfungsverfahrens.

3　　Die Durchsetzung von Schadensersatzansprüchen wegen Vergaberechtsverstößen ist nicht von der vorherigen Durchführung eines Nachprüfungsverfahrens abhängig. Nach Abs. 1 wird nur für den Fall, dass im Nachprüfungsverfahren eine Sachentscheidung ergeht, eine Bindungswirkung für den Sekundärrechtsschutz angeordnet.

4　　Die **Bindung der Zivilgerichte** (auch) an bestandskräftige Entscheidungen der Vergabekammern als Verwaltungsinstanz ist **verfassungsrechtlich unbedenklich.**[1] Abgesehen davon, dass die Entscheidung der Vergabekammer anfechtbar ist, sind zivilrechtliche Folgewirkungen bestandskräftiger Verwaltungsakte auch in anderen Rechtsgebieten verbreitet (vgl zB § 14 BImSchG), ohne dass dies verfassungsrechtliche Bedenken auslöst. Der Umstand, dass der Beschluss der Vergabekammer regelmäßig innerhalb von fünf Wochen ergehen soll (§ 113 Abs. 1 S. 1), beeinträchtigt weder die Wirkung noch die „Qualität" der für die Zivilgerichte angeordneten Bindung nach Abs. 1, zumal die Entscheidungsfrist verlängerbar ist.

II. Voraussetzungen

5　　Entscheidungen von Aufsichtsbehörden binden die Zivilgerichte nicht.[2] Die Bindungswirkung der Entscheidung einer Vergabenachprüfungsinstanz (Vergabekammern, Vergabesenat am OLG, BGH) für einen Schadensersatzprozess nach Abs. 1 tritt ein, wenn
– das Vergabeverfahren, das Anlass für die Schadensersatzklage ist, Gegenstand eines Nachprüfungsverfahrens gewesen ist,
– die Parteien des Schadensersatzprozesses wegen der im Vergabenachprüfungsverfahren festgestellten Vergabefehler aktiv legitimiert sind,
– eine Sachentscheidung der Vergabekammer bzw. des Beschwerdegerichts über die Begründetheit des Nachprüfungsantrages ergangen ist,
– der Schadensersatzanspruch aus einem Vergaberechtsverstoß abgeleitet wird.

6　　**1. Auftragsvergabe.** Hat der Auftraggeber einen *anderen* Auftrag vergeben als denjenigen, der Gegenstand des Nachprüfungsverfahrens war, entfalten die Feststellungen der Nachprü-

---

[1] *Dreher* NZBau 2001, 244, 246; *Reidt/Stickler/Glahs/Stickler* RdNr. 8.
[2] BGH NZBau 2004, 166; OLG Naumburg ZfBR 2005, 210.

fungsinstanzen zur Einhaltung oder zur Verletzung bieterschützender Vorschriften für einen aus der konkret erfolgten Vergabe abgeleiteten Schadensersatzanspruch keine Bindungswirkung iSd. Abs. 1. Unter den Voraussetzungen des § 101b Abs. 1 Nr. 2, Abs. 2 muss die Unwirksamkeit des abweichend vom Ergebnis des Nachprüfungsverfahrens (und der Ausschreibung) geschlossenen Vertrages in einem (weiteren) Nachprüfungsverfahren festgestellt werden. Eine Bindungswirkung ist gegeben, wenn der Auftraggeber im Laufe des Nachprüfungsverfahren den Zuschlag erteilt hat und der Antragsteller (daraufhin) einen Feststellungsantrag nach § 114 Abs. 2 S. 2 oder nach § 123 S. 2 stellt.

2. Feststellung des Vergabeverstoßes. Ob ein Vergabeverstoß vorgelegen hat, wird 7 zwischen den Beteiligten des Vergabenachprüfungsverfahrens (§§ 109, 119) rechtsverbindlich festgestellt. Die **Parteien des Schadensersatzprozesses** müssen am Nachprüfungsverfahren beteiligt gewesen sein.[3] Dies gilt nicht nur in Bezug auf die „Hauptbeteiligten", sondern auch für die im Nachprüfungsverfahren Beigeladenen.[4] Die **Identität** des Schadensersatzklägers mit der zuvor im Nachprüfungsverfahren beteiligten Bietergemeinschaft kann auch gewahrt bleiben, wenn sich die Zusammensetzung der Bietergemeinschaft nachträglich ändert.[5] Andernfalls muss der Anspruch an den Schadensersatzkläger (teilweise) abgetreten werden.

3. Sachentscheidung. Eine Bindung iSd. Abs. 1 bedarf einer **materiellen Substanz.** 8 Diese ist nur einer Sachentscheidung über die Begründetheit des Nachprüfungsantrages zu entnehmen. Nur dieser kann entnommen werden, ob ein Vergaberechtsverstoß vorlag oder nicht. Dagegen kann die Verwerfung des Nachprüfungsantrages als unzulässig keine Bindungswirkung entfalten. Das Gleiche gilt für die fiktive Ablehnung des Nachprüfungsantrages wegen Versäumung der Entscheidungsfrist gemäß § 116 Abs. 2 GWB. Beide Fälle unterfallen deshalb nicht dem Anwendungsbereich von § 124 Abs. 1. Entscheidungen in Eilverfahren nach §§ 115 Abs. 2, 118 Abs. 1 S. 3 oder 121 GWB werden nach summarischer Prüfung der Sach- und Rechtslage getroffen und begründen deshalb ebenfalls keine Bindungswirkung.[6]

4. Schadensersatzansprüche. Die Bindungswirkung greift für Schadensersatzansprüche aus 9 § 126 und §§ 311 Abs. 2, 241 Abs. 2, 280 BGB (sog. culpa in contrahendo) sowie aus § 823 Abs. 2 BGB iVm. vergaberechtsbezogenen Schutzgesetzen. Auch kartellrechtliche Anspruchsgrundlagen, die vergaberechtliche Pflichten einbeziehen (§§ 20 Abs. 1, 33 GWB) werden von der Bindungswirkung erfasst.

III. Umfang der Bindung

Die Zivilgerichte sind an die rechtliche Wertung der Nachprüfungsinstanzen gebunden, ob 10 der Bieter in seinen subjektiven Rechten verletzt worden ist.[7] Die Bindungswirkung umfasst den **Tenor der Entscheidung** der Vergabekammer oder des Beschwerdegerichts, außerdem die **tragenden Entscheidungsgründe.** Dazu gehören auch tatsächliche Feststellungen zu dem geltend gemachten Vergaberechtsverstoß. Faktisch kann sich auch ein nicht am Nachprüfungsverfahren beteiligter Bieter auf die Entscheidung der Vergabekammer oder der Beschwerdegerichts beziehen, eine rechtliche Bindung nach Abs. 1 tritt dann aber nicht ein.

Die **weiteren Anspruchsvoraussetzungen** eines zivilrechtlichen Schadensersatzanspruches 11 sind von den Zivilgerichten eigenständig zu prüfen; dazu gehört die Kausalität der Vergaberechtsverletzung für den geltend gemachten Schaden und das Verschulden.[8] Zu diesen Fragen werden die Entscheidungen der Nachprüfungsinstanzen in aller Regel keine Feststellungen enthalten.

§ 124 Abs. 1 entfaltet **keine Bindungswirkung für Schadensersatzansprüche nach** 12 **§ 125,** da Ansprüche aus dieser Norm nicht aus der Verletzung bieterschützender Vergabevorschriften, sondern aus dem Rechtsmissbrauch eines Beteiligten bei der Wahrnehmung von Rechten im Nachprüfungsverfahren entspringen.

---

[3] OLG Dresden, Urt. v. 10. 2. 2004, 20 U 1697/03.
[4] *Kulartz/Kus/Portz/Röwekamp* RdNr. 6.
[5] *Kulartz/Kus/Portz/Eschenbruch* § 99 RdNr. 106.
[6] *Reidt/Stickler/Glahs/Stickler* RdNr. 7.
[7] *Kulartz/Kus/Portz/Röwekamp* RdNr. 8.
[8] BayObLG NVwZ 1999, 1138.

C. Vorlage zum BGH (Abs. 2)

I. Zweck

13   Der Instanzenzug in Vergabenachprüfungsverfahren ist begrenzt. Das Oberlandesgericht (Vergabesenat) entscheidet als erste und einzige gerichtliche Instanz im Sinne des GVG. Ein Rechtsmittel zum nächsthöheren Gericht, dem BGH, ist nicht statthaft. Die Beteiligten können den genannten Bundesgerichten nicht – wie im übrigen Prozessrecht – eine bestimmte (revisible) Frage im Interesse einer einheitlichen Rechtsanwendung in Deutschland vorlegen. Die zur **Wahrung der Rechtseinheit** in Deutschland erforderliche einheitliche Rechtsanwendung auf dem Gebiet des Vergaberechts soll deshalb durch § 124 Abs. 2 gewährleistet werden. Die Anwendung der Normen liegt „in der Hand" der Beschwerdegerichte; die Beteiligten können die Vorlage einer Sache an den BGH nur anregen, nicht aber „erzwingen". Wird allerdings ungeachtet eines eindeutig gegebenen Vorlagegrundes die Sache nicht dem BGH vorgelegt, verletzt dies den Anspruch auf den gesetzlichen Richter (Art. 101 Abs. 1 S. 2 GG).

II. Voraussetzungen

14   **1. Prüfung.** Eine Vorlage an den BGH gemäß § 124 Abs. 2 ist nur unter den gesetzliche bestimmten Voraussetzungen zulässig und auch geboten. Die Voraussetzungen werden vom BGH geprüft. Der Vorlagebeschluss des Vergabesenats bindet die Bundesgerichte nicht. Liegen die erforderlichen Voraussetzungen nicht vor, wird die Vorlage zurückgewiesen.

15   **2. Vorlagegründe.** Eine Vorlage an den BGH im Eilverfahren nach § 118 Abs. 1 S. 3 ist gemäß § 124 Abs. 2 S. 4 ausgeschlossen.[9] Vorlagen können somit nur im Verfahren der sofortigen Beschwerde erfolgen. Das Gesetz nennt zwei – alternativ mögliche – Vorlagevoraussetzungen: Entweder das Beschwerdegericht will von der Entscheidung eines anderen Gerichts der selben Gerichtsbarkeit abweichen (Divergenz) oder es hält den Rechtsstreit wegen beabsichtigter Abweichung von einer Entscheidung der anderen für vergaberechtliche Fragen zuständigen Gerichtsbarkeit für grundsätzlich bedeutsam. Liegt eine der beiden Voraussetzungen vor und ist die beabsichtigte Abweichung ergebnisrelevant,[10] ist die Vorlage zum BGH zulässig. Eine Vorlage hat zu unterbleiben, wenn die Rechtsfrage, zu der ein Beschwerdegericht eine andere Auffassung vertreten will, offen bleiben kann.[11]

16   **a) Divergenz.** Divergenz liegt vor, wenn das Beschwerdegericht in seiner Entscheidung von einem allgemeinen Rechtssatz aus einer bestimmten Entscheidung eines anderen Beschwerdegerichts oder des Bundesgerichtshofs in der Weise abweichen will, dass es diesem Rechtssatz einen eigenen, davon verschiedenen und verallgemeinerungsfähigen Rechtssatz zur selben Rechtsfrage entgegenstellt.[12] Keine Divergenz ist die lediglich fehlerhafte Anwendung eines Rechtssatzes eines anderen Gerichts auf den vorliegenden Fall. Auch die unterschiedliche Bewertung (vergleichbarer) Tatsachenfragen begründet keine Diverenz. Hat ein anderes Beschwerdegericht losgelöst vom Sachverhalt zu einer abstrakten Rechtsfrage Stellung genommen, bindet dies das erkennende Beschwerdegericht nicht. Ob und inwieweit der beabsichtigte Rechtssatz mit demjenigen eines anderen Beschwerdegerichts oder des BGH gleich oder vergleichbar ist, ist im Einzelfall zu entscheiden;[13] ist dies der Fall, muss vorgelegt werden.[14]

17   Der betroffene Rechtssatz kann sich gleichermaßen auf materielles Vergaberecht wie auch auf verfahrens- oder kostenrechtliche Fragen beziehen (letztere, soweit sie im GWB geregelt sind). Abs. 2 bezieht sich allgemein auf die vom Beschwerdegericht zu treffenden Entscheidungen aller Art.[15] **Divergenzfähig** sind auch Vorlageentscheidungen anderer Beschwerdegerichte, und zwar auch (schon) dann, wenn über die Vorlage noch keine Entscheidung des BGH bzw. des BSG vorliegt.[16] Zu den Gerichten, die eine Divergenz begründen können, gehören auch

---

[9] OLG München OLGR München 2005, 672; BayObLG VergabeR 2002, 61.
[10] OLG Naumburg OLGR Naumburg 2006, 178; OLG Dresden NZBau 2003, 169; OLG Jena NZBau 2003, 638.
[11] OLG Düsseldorf Beschl. v. 4. 9. 2002, Verg 37/02.
[12] BGHZ 154, 32; OLG Saarbrücken OLG Saarbrücken VergabeR 2007, 110; OLG Brandenburg NZBau 2004, 169.
[13] KG Berlin VergabeR 2002, 398.
[14] OLG Düsseldorf NZBau 2006, 598; OLG Jena NZBAu 2004, 55.
[15] BGH, Beschl. v. 23. 9. 2008, X ZB 19/07.
[16] Zutr. *Gröning*, jurisPR-WettbR 1/2009 Anm. 5.

solche, die vergaberechtliche Fragen vor Inkrafttreten des Vergaberechtsänderungsgesetzes am 1. 1. 1999 entschieden haben.

Soweit ein Beschwerdegericht von der Entscheidung eines anderen „Divergenzgerichtes" **18** abweichen will, kann sich unter Berücksichtigung der Rechtsprechung des Europäischen Gerichtshofs (EuGH) eine **Einschränkung der Vorlagepflicht** zum BGH bzw. BSG ergeben: Ergibt sich die Divergenz zwischen dem Beschwerdegericht und dem „Divergenzgericht" daraus, dass das Beschwerdegericht eine Vorschrift des Gemeinschaftsrechts in gleichem Sinn auslegen will wie es der EuGH bereits getan hat, besteht keine Vorlagepflicht zum BGH bzw. BSG, da die Rechtsprechung des EuGH Inhalt und **Auslegung des Gemeinschaftsrechts** verbindlich klärt. Betrifft die Divergenz dagegen eine Vorschrift des innerstaatlichen Rechts, kann allein die Ansicht des Beschwerdegerichts, diese sei „gemeinschaftsrechtlich" in einem bestimmte, der EuGH-Rechtsprechung entnommenen Sinne auszulegen, nicht an der Vorlagepflicht zum BGH bzw. BSG vorbeiführen.

b) Grundsätzliche Bedeutung. Der Vorlagegrund der **grundsätzlichen Bedeutung** steht **19** im Zusammenhang mit dem 2009 eingeführten „speziellen" Vergaberechtsweg zum LSG bzw. (nach Vorlage) zum BSG. Divergenz kommt wegen der Rechtswegverschiedenheit insoweit begrifflich nicht in Betracht. Der Vorlagegrund ist vor diesem Hintergrund in vergleichbarer Weise zu konkretisieren, wie es für die Divergenz (s. o.) der Fall ist: Grundsatzbedeutung ist anzuerkennen, wenn das Beschwerdegericht von einem allgemeinen Rechtssatz aus einer bestimmten Entscheidung eines Beschwerde- oder Bundesgerichts des „anderen" Vergaberechtsweges abweichen will.

3. Referenzentscheidung. Die Entscheidung, von der das vorlegende Beschwerdegericht **20** abweichen will, muss als **Hauptsacheentscheidung** in einem Vergabenachprüfungsverfahren ergangen sein. Hauptsache in diesem Sinne ist die des Beschwerdeverfahrens. Bei einer isolierten Beschwerde gegen die Kostenentscheidung der Vergabekammer ist Hauptsache die Kostenentscheidung, die nach der vergaberechtlichen Kostenbestimmung des § 128 getroffen worden ist; insoweit kann eine Vorlagepflicht gemäß § 124 Abs. 2 bestehen.[17]

4. Fälle ohne Vorlagepflicht. Die Vorlagepflicht besteht nicht, wenn **21**
– von einer Entscheidung in Verfahren des vorläufigen Rechtsschutzes (§ 115 Abs. 2 S. 4. § 118 Abs. 1 S. 3, § 121) abgewichen werden soll,
– durch eine Gesetzesänderung, eine Entscheidung des Bundesverfassungsgerichts oder des Bundesgerichtshofs die tragenden Grundlagen der früheren Entscheidung gegenstandslos geworden sind,
– die beabsichtigte abweichende Entscheidung eine Nebenentscheidung ist; dazu gehören auch kostenrechtliche Fragen iSd. GKG[18] und Streitwertfestsetzungen.[19]
– andere Gerichte (Zivilgerichte in Bezug auf Vergaben unterhalb der Schwellenwerte, Verwaltungsgerichte in Bezug auf Dienstleistungskonzessionen) vergaberechtliche Entscheidungen treffen.

III. Verfahren des Beschwerdegerichts

Das Beschwerdegericht hat über die Vorlage regelmäßig erst **nach mündlicher Verhand- 22 lung** zu entscheiden. In jedem Fall ist den Beteiligten des Beschwerdeverfahrens vor der Entscheidung über die Vorlage rechtliches Gehör zu gewähren.[20]

Der Vorlagebeschluss ist zu begründen. In der Begründung wird die Entscheidungserheblich- **23** keit der streitigen Rechtsfrage und die Abweichung der Entscheidung von der eines anderen Beschwerde- oder Bundesgerichts bzw. die grundsätzliche Bedeutung dargelegt. Der Beschluss ist **nicht anfechtbar.**[21]

Die Divergenzvorlage ist **kein Rechtsmittel.** Eine zulässige Vorlage begründet die Zustän- **24** digkeit des BGH als Beschwerdegericht anstelle des vorlegenden Oberlandesgerichts (§ 124 Abs. 2 S. 2).

---

[17] OLG Düsseldorf, Beschl. v. 27. 7. 2005, VII-Verg 20/05.
[18] OLG München Beschl. v. 6. 11. 2006 – Verg 14/06; OLG München VergabeR 2007, 266; OLG Düsseldorf NZBau 2003, 175; OLG Dresden WuW/E Verg 497; BayObLG NZBau 2003, 694 sowie VergabeR 2004, 121; OLG Naumburg VergabeR 2003, 608; zu Kostenentscheidungen gem. § 128 siehe RdNr. 20.
[19] BGH VergabeR 2004, 255.
[20] BGHZ 154, 95.
[21] *Kulartz/Kus/Portz/Röwekamp* RdNr. 15.

IV. Verfahren vor dem BGH

25   Der BGH prüft zunächst, ob die gesetzlichen Voraussetzungen einer Vorlage gegeben sind. Ist dies nicht der Fall, wird die Sache an das Beschwerdegericht zur abschließenden Entscheidung zurückverwiesen. Andernfalls hat der BGH **zwei Alternativen:**
– Entweder wird eine Entscheidung anstelle des Beschwerdegerichts über das **gesamte** (verbleibende) **Entscheidungsprogramm** der sofortigen Beschwerde getroffen (Abs. 2 S. 3); dabei kann der BGH auch (neue) tatsächliche Feststellungen treffen, wie zB Beweiserhebungen durchführen,
– oder die Entscheidung wird **auf die Divergenzfrage** (oder die Grundsatzbedeutung) **beschränkt,** was (etwa) dann in Betracht kommt, wenn der Sachverhalt weiterer Aufklärung bedarf.[22]

26   Für Ablauf und Gestaltung des Verfahrens beim BGH fehlen Vorgaben im GWB. § 120 Abs. 2 gilt nur für das Beschwerdegericht. Der BGH ist vor diesem Hintergrund der Ansicht, dass § 69 im dortigen Verfahren nicht gelte und es „bei einem beschränkten Prüfungsumfang" einer mündlichen Verhandlung nicht bedürfe.[23] Dies mag zutreffen, soweit sich der BGH auf die Entscheidung der Divergenz-/Grundsatzfrage beschränkt (Abs. 2 S. 3). Wird dagegen „durchentschieden" (s. o. RdNr. 25), gilt für das Verfahren beim BGH der selbe Standard wie bei dem Beschwerdegericht. Das Absehen von der mündlichen Verhandlung wäre dem BGH wie allen anderen Beschwerdegerichten dann nur mit Zustimmung aller Beteiligten möglich.

27   Bei einer **Rücknahme des Nachprüfungsantrages** nach Erlass des Vorlageschlusses hat der BGH statt der Sachentscheidung nur noch eine Kostenentscheidung zu treffen.[24]

D. Vorlage zum EuGH

28   Letztinstanzliche Gerichte müssen Fragen zur Auslegung europäischen Rechts dem EuGH vorlegen (Art. 267 AEUV); der EuGH ist in diesen Fällen **gesetzlicher Richter** iSd. Art. 101 Abs. 1 GG. Die Beschwerdegerichte (OLG) sind – in diesem Sinne – letztinstanzliche Gerichte, wenn die Voraussetzungen einer Vorlage zum BGH nicht erfüllt sind.

---

[22] BT-Drucks. 16/10 117, S. 24.
[23] BGHZ 146, 202.
[24] BGH NZBau 2006, 392.

Dritter Abschnitt. Sonstige Regelungen

§ 125 Schadensersatz bei Rechtsmissbrauch

(1) Erweist sich der Antrag nach § 107 oder die sofortige Beschwerde nach § 116 als von Anfang an ungerechtfertigt, ist der Antragsteller oder der Beschwerdeführer verpflichtet, dem Gegner und den Beteiligten den Schaden zu ersetzen, der ihnen durch den Missbrauch des Antrags- oder Beschwerderechts entstanden ist.

(2) Ein Missbrauch ist es insbesondere,

1. die Aussetzung oder die weitere Aussetzung des Vergabeverfahrens durch vorsätzlich oder grob fahrlässig vorgetragene falsche Angaben zu erwirken;
2. die Überprüfung mit dem Ziel zu beantragen, das Vergabeverfahren zu behindern oder Konkurrenten zu schädigen;
3. einen Antrag in der Absicht zu stellen, ihn später gegen Geld oder andere Vorteile zurückzunehmen.

(3) Erweisen sich die von der Vergabekammer entsprechend einem besonderen Antrag nach § 115 Abs. 3 getroffenen vorläufigen Maßnahmen als von Anfang an ungerechtfertigt, hat der Antragsteller dem Auftraggeber den aus der Vollziehung der angeordneten Maßnahme entstandenen Schaden zu ersetzen.

Übersicht

I. Entstehungsgeschichte und Normzweck

§ 125 blieb in der Reform 2009 unverändert. Die Regelung wurde schon mit dem Vergabe- **1** rechtsänderungsgesetz geschaffen. Sie trägt dem Gedanken Rechnung, dass den der Nachprüfung vor den Vergabekammern unterliegenden Vergabeverfahren aufgrund der hohen Schwellenwerte Aufträge mit hohem Auftragswert und von hohem wirtschaftlichem, häufig auch politischem Interesse zugrunde liegen. Der Gesetzgeber leitete daraus die Gefahr missbräuchlicher Nutzung der Rechtsschutzmöglichkeiten ab und bezweckte mit der Regelung ein Korrektiv dahingehend, dass die mögliche Schadensersatzfolge dem Missbrauch entgegenwirken soll. Die Regelung ist angelehnt an das **Deliktsrecht im BGB**. Die **Absätze 1 und 2** sollen eine spezielle Form des **Prozessbetruges** nach § 823 Abs. 2 BGB iVm. 263 StGB und der **sittenwidrigen Schädigung** nach § 826 BGB darstellen. **Abs. 3** wurde nach dem Vorbild des § 945 ZPO gefasst[1] und setzt demnach ein Verschulden oder missbräuchliches Handeln voraus. In der Praxis spielt die Vorschrift kaum eine Rolle, Rechtsprechung dazu ist bisher kaum zu verzeichnen. Das mag daran liegen, dass zu den Absätzen 1 und 2 einerseits selten Sachverhalte Anlass zur Annahme von Missbrauch geben, andererseits der Missbrauch auch schwer nachweisbar ist. Anträge nach **§ 115 Abs. 3** werden extrem selten gestellt, da in der Regel der **Suspensiveffekt** des **§ 115 Abs. 1** das Rechtsschutzverlangen ausreichend schützt.

II. Missbrauch des Antrags- und Beschwerderechts (Abs. 1)

1. Regelungsbereich. Abs. 1 umfasst den **Nachprüfungsantrag** vor der Vergabekammer **2** und die **Beschwerde** vor dem Oberlandesgericht. **Adressaten** sind die Beteiligten des Nach-

---

[1] BT-Drucks. 13/9340, 22.

prüfungsverfahrens. Zum Schadensersatz **verpflichtet** ist, wer **missbräuchlich** Rechtsschutz vor der Vergabekammer oder im Beschwerdeverfahren in Anspruch nimmt. Schadensersatz **verlangen** können der Auftraggeber und das für den Zuschlag ausgewählte Unternehmen sowie die Beigeladenen. Ob auch **am Nachprüfungsverfahren nicht Beteiligte** einen Schadensersatzanspruch nach dieser Norm haben, ist **streitig.**[2] Der **Wortlaut** der Norm greift die **Terminologie der §§ 97 ff.** auf, die mit „Beteiligte" jeweils **nur Beteiligte am Nachprüfungsverfahren** meinen. Für eine Ausdehnung der Norm auf einen unüberschaubaren Kreis von am **Vergabe**verfahren Beteiligten lässt sich auch sonst aus der Norm nichts ableiten. Bei einem derart weit gefassten Rahmen der Norm würde das ohnehin außerordentlich kostenträchtige Rechtsschutzverfahren mit weiteren **Kostenrisiken** so belastet, dass die Inanspruchnahme des Rechtsschutzes für kleinere oder mittelständische Unternehmen existenzbedrohend werden könnte. Damit wäre die Effektivität des Rechtsschutzes über die Kostenseite wieder in Frage gestellt. Allerdings fällt es auch schwer, sich im Ablauf eines Vergabeverfahrens Sachverhalte vorzustellen, nach denen einem nicht am Nachprüfungsverfahren Beteiligten ein Schaden entstehen könnte. Das ausgewählte Unternehmen wird regelmäßig **beigeladen.** Kommen nach Zeitpunkt und Zielrichtung des Nachprüfungsbegehrens mehrere Unternehmen für den Zuschlag in Frage oder verlieren eine schon aussichtsreiche Position, sind auch diese beizuladen und damit Beteiligte im Nachprüfungsverfahren. Unternehmen, die im Vergabeverfahren nach dem Stand der Wertung im Zeitpunkt der Antragstellung keine Chance mehr hatten, können durch das Nachprüfungsverfahren auch keinen Schaden erleiden. Eine Ausdehnung auf am Vergabeverfahren beteiligte Unternehmen wirft zudem weitere Abgrenzungsfragen auf. Am Vergabeverfahren mittelbar beteiligt und an dessen Ausgang dennoch höchst interessiert können auch Nachunternehmen sein, die bereits Ressourcen für den Auftrag reserviert hatten. Zu klären wäre auch, ob schon die Anforderung der Verdingungsunterlagen ausreicht oder ob es zur Angebotsabgabe gekommen sein muss, ob beim nicht offenen Verfahren die Beteiligung am Teilnahmewettbewerb ausreicht oder ob es auch hier auf die Abgabe eines Angebotes ankommen soll. Die Fragen wären letztlich nur nach den Gegebenheiten des Einzelfalles zu lösen und würden das Haftungsrisiko weitgehend unüberschaubar machen. Letztlich weiß jedes Unternehmen, das sich an einem Wettbewerb beteiligt, dass die Teilnahme nicht gleichbedeutend mit dem Zuschlag ist. Hat ein Unternehmen daher in der Wertung nur einen Rangplatz erreicht, der keine Chance auf den Auftrag bot und nicht zur Beiladung in einem Nachprüfungsverfahren geführt hat, ist auch ein Schaden, der durch ein Nachprüfungsverfahren verursacht wurde, schwer vorstellbar. Eine Ausdehnung der Haftung auf am Nachprüfungsverfahren nicht Beteiligte ist daher weder notwendig noch nach der Zielsetzung der Norm geboten.

3   **2. Von Anfang an ungerechtfertigt.** Als von Anfang an ungerechtfertigt muss sich der beantragte Rechtsschutz erweisen. Das wird der Regelfall sein, wenn die Vergabekammer, wie hier vorausgesetzt, den Nachprüfungsantrag zurückweist. Eher selten sind die Fälle, in denen sich die Sachverhalte, die den Antrag als ungerechtfertigt erscheinen lassen, **erst während des Nachprüfungsverfahrens** einstellen. Vorstellbar ist hier ein während des Nachprüfungsverfahrens eintretender Wegfall der zuvor schon bejahten Eignung, weil zB das für diesen Auftrag erforderliche Fachpersonal von einem Konkurrenten erfolgreich abgeworben wurde oder weil ein für einen Teil des Auftrages als Nachunternehmer vorgesehenes Fachunternehmen in Konkurs geht. Denkbar ist aber auch, dass der Auftraggeber nach Einleitung des Nachprüfungsverfahrens den geltend gemachten Fehler selbst korrigiert. Die Inanspruchnahme gesetzlich vorgesehener Rechtsmittel grundsätzlich mit einem Schadensersatzrisiko zu behaften, wenn das Rechtsmittel im Ergebnis nicht zum Erfolg führt, wäre jedoch rechtsstaatswidrig und würde den geforderten effektiven Rechtsschutz aushebeln. Eine sachgerechte und notwendige Eingrenzung erfährt der Schadensersatzanspruch durch seine spezielle **Ausprägung als Missbrauchstatbestand.** In der Antragstellung muss eine konkrete, dem **Prozessbetrug oder der sittenwidrigen Schädigung gleichzusetzende** Handlung des antragstellenden Unternehmens liegen.[3] Die schädigende Handlung liegt in der Stellung des Nachprüfungsantrages oder der Beschwerde. Soweit Veränderungen des Sachverhaltes nach diesem Zeitpunkt eintreten, standen sie dem Antragsteller für seine Entscheidung, missbräuchlich Rechtsschutz zu suchen, noch nicht zur Verfügung. Ein Missbrauch des Antrags- oder Beschwerderechts kann daher in der Regel nicht vorliegen. Treten während des schon laufenden Nachprüfungsverfahrens Sachverhalte ein, die die **Fortsetzung als missbräuchlich** erscheinen lassen, wird in der Literatur auch die Mei-

---

[2] Dafür: *Dreher/Stockmann* RdNr. 4 mit Hinweis auf aA. *Boesen* RdNr. 676.
[3] BT-Drucks. 13/9340, 22.

nung vertreten, dass dies ebenfalls den anspruchsbegründenden Tatbestand erfüllen soll.[4] Dies ist aus dem Wortlaut der Norm nicht abzuleiten. Wird bei einem solchen Sachverhalt nach der Entscheidung der Vergabekammer wider besseren Wissens noch Beschwerde erhoben, läge die Missbrauchshandlung wieder im Wortlaut der Norm, da die Beschwerde von Anfang an ungerechtfertigt wäre. Darüber hinaus einen Missbrauchstatbestand auch darin zu sehen, dass der Nachprüfungsantrag nicht schon während des Verfahrens vor der Vergabekammer zurückgenommen wird, erscheint angesichts der Intention der Norm, Missbrauch zu verhindern, vertretbar. Insbesondere wenn der Auftraggeber von sich aus der Kritik nachkommt und den geltend gemachten Fehler beseitigt, gebietet ein nicht missbräuchlicher Umgang mit der Rechtsschutzmöglichkeit die Antragsrücknahme. Allerdings darf diese Auslegung der Norm nicht zu einer zusätzlichen Risikobelastung und damit einer realen Verengung der Rechtsschutzmöglichkeiten führen. An die **Annahme nachträglich eingetretener Umstände,** die die **Fortsetzung** des Verfahrens als missbräuchlich erscheinen lassen, sind daher **hohe Anforderungen** zu stellen. **Offenkundig oder offensichtlich** muss der Mangel an Berechtigung des Rechtsschutzes nicht sein.[5] Der Wortlaut der Vorschrift gibt diese Einschränkung nicht her. Hinzu kommt, dass die Vergabekammer nach **§ 110 Abs. 2 Satz 3** einen offensichtlich unzulässigen oder unbegründeten Antrag nicht zustellt. Allein aus dem Umstand, dass die Vergabekammer den Antrag zugestellt hat, ist schon erkennbar, dass die Unzulässigkeit oder Unbegründetheit nicht offensichtlich war. Bei offensichtlich unzulässigen oder unbegründeten Anträgen kann der hier zugrunde gelegte Schadenssachverhalt daher nicht eintreten.

3. Verfahren, Schaden, Kausalität. Klagen auf Schadensersatz sind, wie sich aus **§ 124**   **4** **Abs. 1** ergibt, vor den ordentlichen Gerichten geltend zu machen.[6] Für das **Verfahren** gelten die zivilrechtlichen Regeln der **ZPO** oder des **BGB** (zB zu Verjährungsfragen). Der Missbrauch muss **kausal** für den **Schaden** gewesen sein. Ob dies der Fall ist, bemisst sich nach dem allgemeinen Grundsatz der **conditio sine qua non.** Wäre der Schaden ohnedies eingetreten, weil zB der Nachprüfungsantrag eines anderen Unternehmens erfolgreich war oder die durch das Verfahren verursachte Verzögerung ohnehin eingetreten wäre, weil der Auftraggeber seine Durchführungsplanung geändert hat oder bei einem Großprojekt unerwartete Schwierigkeiten aufgetreten sind, ist der Schaden nicht mehr kausal durch den missbräuchlichen Nachprüfungsantrag (oder die Beschwerde) eingetreten. **Schaden** können alle aus dem missbräuchlichen Vorgehen entstehenden Mehrkosten für den Auftraggeber und die weiteren Beteiligten sein, die ansonsten nicht eingetreten wären. Zum Schaden können daher auch Rechtsverfolgungskosten gehören, wenn die Hinzuziehung eines Rechtsbeistandes notwendig wurde. Zur Begründung des Anspruchs müssen **sowohl der Schaden und seine Höhe als auch der Missbrauch des Rechtsschutzes** sowie dessen **Kausalität für den Schaden** nach den im Zivilprozess üblichen Beweisregeln nachgewiesen werden. Die **Missbrauchsabsicht** muss durch **objektiv fassbare Tatsachen** belegt werden, aus denen sich die Absicht eindeutig ergibt. Da die Absicht aus einer inneren Haltung resultiert, dürfte dieser Nachweis in der Regel sehr schwer zu führen sein. Die Inanspruchnahme gesetzlich vorgesehener Rechtsmittel **auch bei eher unsicheren Erfolgsaussichten ist legitim,** so dass daraus allein noch keine Missbrauchsabsicht herzuleiten ist. Auch Uneinsichtigkeit nach Misserfolg des Antrages vor der Vergabekammer begründet noch keinen Missbrauchsverdacht, wenn die Möglichkeit der Beschwerde genutzt wird. Es muss vielmehr ein **dem deliktischen Handeln gemäß §§ 823 ff. BGB gleichzustellendes** Vorgehen mit dem Ziel der Herbeiführung eines auch nach eigenem Empfinden nicht rechtmäßigen, aber dem eigenen Vorteil dienenden Zieles (Verzögerung oder Entscheidung) vorliegen und bewiesen werden.

III. Die Missbrauchsbeispiele (Abs. 2)

Abs. 2 zählt beispielhaft einige Fälle von Missbrauchshandlungen auf, die zugleich den Maß-   **5** stab signalisieren, der an die Annahme von Missbrauchshandlungen zu stellen ist. Durch die Einleitung mit dem Wort „insbesondere" wird klargestellt, dass auch andere Tathandlungen denkbar und möglich sind. Angesichts der Anlehnung der Regelung an das Recht der unerlaubten Handlung im BGB[7] ist **neben der objektiven Tathandlung die subjektive Absicht**

---

[4] *Dreher/Stockmann* RdNr. 6.
[5] *Kulartz/Kus/Portz/Verfürth* RdNr. 7 mwN zum kontroversen Meinungsstand.
[6] OLG Naumburg, Beschl. v. 4. 10. 2007 1 Verg 7/07 und hM., vgl. *Dreher/Stockmann* RdNr. 13, *Kulartz/Kus/Portz/Verfürth* RdNr. 30.
[7] BT-Drucks. 13/9340, 22.

des Missbrauchs Voraussetzung. Die hierzu in **§§ 823 ff. BGB** entwickelten Grundsätze zur subjektiven Vorwerfbarkeit sind übertragbar.

6   **1. Nr. 1.** Tathandlung ist die Stellung eines Nachprüfungsantrages bzw. Einlegung der sofortigen Beschwerde, die zur Aussetzung des Vergabeverfahrens nach **§ 115 Abs. 1** bzw. **§ 118 Abs. 1 Satz 1** führen. Tathandlung kann auch der Antrag auf weitere Aussetzung des Verfahrens nach **§ 118 Abs. 1 Satz 3** sowie der Antrag auf Wiederherstellung des Zuschlagsverbots aus **§ 115 Abs. 2 Satz 5** sein. Die Tathandlung setzt weiter voraus, dass die Aussetzung durch **vorsätzliche oder grob fahrlässige falsche Angaben** herbeigeführt wurde. **Falsch** sind Angaben, die objektiv nicht den Tatsachen entsprechen. **Vorsätzlich** ist der Vortrag falscher Angaben, wenn dies dem Antragsteller positiv bekannt ist und er bewusst die falschen Angaben machen will, um die Aussetzung des Vergabeverfahrens zu erreichen (Wissen und Wollen des ungerechtfertigten Erfolges). **Grob fahrlässig** sind falsche Angaben, wenn der Antragsteller die elementarsten Sorgfaltsregeln bei der Sachverhaltsprüfung außer Acht gelassen und sich den naheliegendsten Überlegungen verschlossen hat. Die Vorschrift verlangt zu Recht ein erhöhtes Maß an Verschulden, da ein Schadensersatzrisiko schon bei einfacher Fahrlässigkeit der Inanspruchnahme des Rechtsschutzes ein zu hohes Risiko aufbürden würde. Hier ist zu berücksichtigen, dass ein am Wettbewerb beteiligtes Unternehmen vor Einleitung des Nachprüfungsverfahrens und vor Gewährung der Akteneinsicht jedenfalls bei ordnungsgemäßem Verlauf des Vergabeverfahrens von den internen Vorgängen beim Auftraggeber keine Kenntnis haben kann. Die Aussetzung des Vergabeverfahrens muss **durch die falschen Angaben herbeigeführt** worden sein. Beruht die Aussetzung des Vergabeverfahrens auch auf anderen Ursachen, haben zB mehrere Unternehmen einen Nachprüfungsantrag oder einen Antrag auf Wiederherstellung des Zuschlagsverbots gestellt, ist der mit falschen Angaben begründete Antrag nicht mehr conditio sine qua non und damit nicht mehr kausal für die Aussetzung.

7   **2. Nr. 2.** Diese Alternative verlangt eine äußerst schwierige Abgrenzung von berechtigter Inanspruchnahme des Rechtsschutzes und willkürlicher Störung des Vergabeverfahrens. Tathandlung ist hier die Stellung eines Nachprüfungsantrages oder Einlegung der sofortigen Beschwerde **mit dem Ziel** der Behinderung des Vergabeverfahrens oder der Schädigung von Konkurrenten. Mit welchen Mitteln das Ziel verfolgt wird, ist unerheblich. Abweichend von Nr. 1 kommt es auf falsche Angaben nicht an. Da aufgrund des Suspensiveffekts jeder Nachprüfungsantrag, der nicht offensichtlich unzulässig oder unbegründet ist, durch die Zustellung zur Aussetzung des Vergabeverfahrens und damit zur Behinderung führt sowie das für die Auftragserteilung ausgewählte Unternehmen zwangsläufig schon durch die längere Phase der Unsicherheit über den Zuschlag schädigt, kann der Antrag oder die Beschwerde allein den Tatbestand noch nicht erfüllen. Diese Beeinträchtigungen sind zugunsten des Rechtsschutzes hinzunehmen. Vielmehr muss das Ziel der **unberechtigten** Behinderung oder Schädigung deutlich **anhand objektiv belegbarer Tatsachen erkennbar** sein. Es muss ggf. zugleich vorhandene berechtigte Motive überwiegen und eindeutig die führende Motivation für den Antrag gewesen sein. Da ein Bieter in der Regel vor gewährter Akteneinsicht nicht weiß, auf welchen Rangplatz sein Angebot in der Wertung gelangt ist, kann praktisch kaum nachgewiesen werden, dass der Antrag nicht doch gestellt wurde, um den Zuschlag zu erhalten. Wird der Nachprüfungsantrag mit benachteiligenden Fehlern in der Leistungsbeschreibung oder den Eignungsanforderungen begründet, wird ebenfalls schwer zu beweisen sein, dass mit dem Antrag eine schädigende Absicht verfolgt wurde.

8   **3. Nr. 3.** Nachdem **Nr. 1** auf die **Aussetzung oder weitere Aussetzung** des Vergabeverfahrens abstellt und **Nr. 2** den **Antrag auf Überprüfung** des Vergabeverfahrens zum Gegenstand hat, geht **Nr. 3** ohne Einschränkung von einem **Antrag** aus. Damit kann sowohl der Nachprüfungsantrag und die Beschwerde sowie jeder weitere in einem Nachprüfungsverfahren denkbare Antrag gemeint sein. In Frage kommen die Anträge auf weitere Aussetzung des Beschwerdeverfahrens nach **§ 118 Abs. 1 Satz 3,** auf Wiederherstellung des Zuschlagsverbots nach **§ 115 Abs. 2 Satz 5,** uU aber auch Beweisanträge oder Beiladungsanträge. Die **Absicht,** diese Anträge mit dem Ziel gestellt zu haben, sie später gegen Geld oder andere Vorteile zurückzunehmen, muss auch hier **durch objektive und belegbare Tatsachen** zum Ausdruck kommen. Eine spätere Antragsrücknahme allein reicht nicht aus. Auch das Verhandeln zwischen Auftraggeberseite und antragstellendem Unternehmen reicht nicht aus. Die **Initiative** für solche Verhandlungen geht in der Praxis häufig **vom öffentlichen Auftraggeber aus,** wenn er sich der eigenen Erfolgsaussichten im Nachprüfungsverfahrens und damit der Rechtmäßigkeit seines Verfahrens oder seiner Auswahl nicht ganz sicher ist. Das bedeutet, dass der Auftraggeber selbst

dem Nachprüfungsantrag Erfolgsaussichten zurechnet. Ist der Antrag aber aussichtsreich, kann er nicht missbräuchlich gewesen sein. **Zeitgründe** dürften bei einem ordnungsgemäß geplanten Ablauf des Vergabeverfahrens kaum ein Druckmittel sein, da die Inanspruchnahme von Rechtsschutz in der Zeitplanung einzukalkulieren ist. Da einem außen stehenden Unternehmen die interne Zeitplanung des Auftraggebers und ggf. sich abzeichnender Zeitdruck nur in Sonderfällen bekannt ist (zB Konjunkturpaket II mit veröffentlicht bekannter zeitlich begrenzter Abrufbarkeit der Mittel), wird es erst recht schwierig sein, einem Unternehmen nachzuweisen, dass der Antrag nur gestellt wurde, um ihn gegen Geld zurückzunehmen. Die Absicht muss im Zeitpunkt der Antragstellung bestanden haben. Auch dies wird bei erst später einsetzenden Verhandlungen über die Rücknahme schwer zu beweisen sein. Obwohl es in der Praxis gelegentlich zu Einigungen außerhalb des Nachprüfungsverfahrens und damit begründeten Antragsrücknahmen kommt, hat dieses Beispiel für einen Missbrauch des Rechtsschutzes praktisch sehr geringe Bedeutung.

IV. Schadensersatz wegen Antrags nach § 115 Abs. 3 (Abs. 3)

Nach **§ 115 Abs. 3** kann die Vergabekammer auf besonderen Antrag mit weiteren vorläufigen Maßnahmen in das Vergabeverfahren eingreifen, wenn die Rechte des Antragstellers aus **§ 97 Abs. 7** auf andere Weise als durch den drohenden Zuschlag gefährdet sind. **§ 125 Abs. 3** stellt auf die **Vollziehung** solcher vorläufiger Maßnahmen ab und gewährt Schadensersatz, wenn sich die getroffenen Maßnahmen als von Anfang an unberechtigt erweisen. Auf ein Verschulden des antragstellenden Unternehmens kommt es nicht an. Die Norm ist **§ 945 ZPO** nachgebildet.[8] § 945 ZPO überträgt das Risiko für eine Vollstreckung in einer noch nicht endgültig entschiedenen Sache auf den Gläubiger,[9] dem hier das antragstellende Unternehmen entspricht. **Anspruchsberechtigter** ist ausdrücklich nur der Auftraggeber, obwohl auch weitere Beteiligte von vorläufigen Maßnahmen betroffen sein können (zB bei einem Verbot, mit dem ausgewählten Unternehmen schon vorab einen Interimsvertrag abzuschließen). **Anspruchsverpflichteter** ist das Unternehmen, das den Antrag gestellt hat. **Voraussetzung für den Anspruch** ist,

– dass ein Bieter einen Antrag nach § 115 Abs. 3 gestellt hat,
– dem die Vergabekammer entsprochen hat,
– dass die vorläufigen Maßnahmen vollzogen wurden
– und sich im Nachhinein als von Anfang an ungerechtfertigt erweisen,
– dass ein Schaden entstanden ist und
– dass die Vollziehung kausal für den geltend gemachten Schaden ist.

Als von Anfang an unberechtigt können Maßnahmen anzusehen sein, wenn der Nachprüfungsantrag im Ergebnis rechtskräftig zurückgewiesen wird. Kausal für den Schaden können dennoch nur Maßnahmen sein, die nicht hinweggedacht werden können, ohne dass der Schaden entfiele. Werden auf den Antrag eines anderen Unternehmens Maßnahmen getroffen und vollzogen, die berechtigt sind, entfällt die Kausalität. Ebenso entfällt die Kausalität, wenn der Nachprüfungsantrag erfolgreich ist und das Vergabeverfahren aufgehoben oder korrigiert wird. Tritt die Berechtigung des Antrages erst nach der Antragstellung ein, so dass der Antrag zwar zunächst unberechtigt war, im Lauf des Verfahrens jedoch Berechtigung erlangt hat, liegt ebenfalls keine Kausalität für den Schaden vor.

§ 126 Anspruch auf Ersatz des Vertrauensschadens

[1]Hat der Auftraggeber gegen eine den Schutz von Unternehmen bezweckende Vorschrift verstoßen und hätte das Unternehmen ohne diesen Verstoß bei der Wertung der Angebote eine echte Chance gehabt, den Zuschlag zu erhalten, die aber durch den Rechtsverstoß beeinträchtigt wurde, so kann das Unternehmen Schadensersatz für die Kosten der Vorbereitung des Angebots oder der Teilnahme an einem Vergabeverfahren verlangen. [2]Weiterreichende Ansprüche auf Schadensersatz bleiben unberührt.

---

[8] BT-Drucks. 13/9340, 22.
[9] BGHZ 62, 7; BGH NJW 92, 2297; *Zöller/Vollkommer* § 945 ZPO RdNr. 3.

I. Entstehungsgeschichte

1 § 126 wurde zur Umsetzung von **Art. 2 Abs. 7** der Sektorenrechtsmittelrichtlinie[1] in den 4. Abschnitt des GWB aufgenommen und in der Reform 2009 nicht geändert. Die Norm nimmt die Regelung des **Art. 2 Abs. 7** der Sektorenrechtsmittelrichtlinie auf, erstreckt sie jedoch über den Sektorenbereich hinaus auf alle öffentlichen Auftraggeber. Aus **Art. 2 Abs. 5 und 6** der Rechtsmittelrichtlinie für die Nachprüfungsverfahren bei der Vergabe von Liefer- und Bauaufträgen[2] ist zwar zu entnehmen, dass auch diese Rechtsmittelrichtlinie von der Existenz von Schadensersatzansprüchen ausgeht, eine **Art. 2 Abs. 7** der Sektorenrechtsmittelrichtlinie vergleichbare Regelung enthält sie jedoch nicht. Mit der nationalen Ausdehnung auf alle öffentlichen Auftraggeber sollte vermieden werden, dass sich die Schadensersatzpflicht einzelner Auftraggeber unterschiedlich danach gestaltet, ob sie als Sektorenauftraggeber oder als Auftraggeber nach **§ 98 Nr. 1–3** auftreten. Ziel war eine einheitliche Handhabung in der nationalen Praxis. Hinsichtlich des Begriffs der **„echten Chance"** wurde zunächst erwogen, die im nationalen Vergaberecht in der VOB/A vorhandene Formulierung der „in die engere Wahl gekommenen" Bieter zu verwenden. Diese Überlegung hat sich im Ergebnis nicht durchgesetzt.[3]

II. Normzweck

2 § 126 ergänzt die Schadensersatzregelung des § 125 um die entgegengesetzte Blickrichtung. Während § 125 sich mit Schadensersatzansprüchen des öffentlichen Auftraggebers bei Fehlverhalten der Unternehmen befasst, behandelt § 126 die Schadensersatzansprüche der Wettbewerbsteilnehmer/innen bei Vergabefehlern des öffentlichen Auftraggebers. § 126 ist zugleich **Anspruchsgrundlage und Beweisregel.** Als Anspruchsgrundlage gleicht sie den **Vertrauensschaden** aus, den Bieterunternehmen erleiden, die im Vertrauen auf eine echte Chance die Investitionen für die Erstellung eines Angebotes oder einer Bewerbung auf sich genommen haben. § 126 stellt damit klar, dass auch die Kosten für die Angebotserstellung nicht nur unternehmerisches Risiko für die Wettbewerbsteilnehmer sind, deren Verlust grundsätzlich hinzunehmen ist, sondern dass diese bei Vorliegen der übrigen Anspruchsvoraussetzungen als Schaden zu betrachten sind. Liegt fehlerhaftes Verhalten des öffentlichen Auftraggebers vor, stellt die Norm die Bieter besser als bei korrekt durchgeführten Verfahren, da bei einem korrekt durchgeführten Verfahren die Angebotsinvestition nur für das erfolgreiche Unternehmen lohnend war, während sie für alle anderen Teilnehmer verloren ist, unabhängig davon, wie nah ihr Angebot dem erfolgreichen Angebot kam und ob es eine echte Chance hatte. Der Kreis der Berechtigten ist insoweit weiter gefasst als der Kreis der nach den anderen Anspruchsgrundlagen gemäß Satz 2 Berechtigten. Als Beweisregel enthält die Norm eine **Beweiserleichterung,** da die Unternehmen **nicht** beweisen müssen, dass sie bei rechtmäßigem Verlauf des Verfahrens den Zuschlag erhalten hätten. Dies trägt dem Umstand Rechnung, dass öffentliche Auftraggeber innerhalb des Rahmens eines fairen, die Chancengleichheit wahrenden Verfahrens Beurteilungs- und Auswahlspielräume haben, so dass der sichere Beweis, wer unter mehreren möglichen Unternehmen den Zuschlag erhalten hätte, in der Praxis schwer zu führen ist. **Satz 2** macht deutlich, dass Satz 1 keine ausschließlich Spezialregelung enthält, die andere Ansprüche ersetzt. Vielmehr bleiben diese, unabhängig davon, ob sie ebenfalls Vertrauensschäden betreffen wie zB

---

[1] RL 92/13, ABl. 1992 L 76/14.

[2] RL 89/665, ABl. 1989 L 395/33.

[3] BT-Drucks. 13/9340, S. 9 und S. 44.

die Ansprüche aus culpa in contrahendo, c. i. c., **§§ 280, 311 BGB,** neben den Ansprüchen aus § 126 bestehen. Der maßgebliche Unterschied zwischen Satz 1 und Satz 2 besteht darin, dass die Beweisregel des Satz 1 für die Anspruchsgrundlagen des Satz 2 keine Bedeutung hat. Es gelten dort die Voraussetzungen der jeweiligen Anspruchsnorm. Nach **§ 100 Abs. 1** gilt **§ 126** nur für Auftragswerte, die **oberhalb der in der VgV geregelten Schwellenwerte** liegen.

III. Anspruchsvoraussetzungen (Satz 1)

1. Eine den Schutz von Unternehmen bezweckende Vorschrift. Nach dem Zweck **3** der Vorschrift bezieht sich diese Voraussetzung primär auf die in **§ 97 Abs. 7** genannten Bestimmungen über das Vergaberecht. Dazu gehören die Bestimmungen des **4. Abschnitts des GWB, die Vergabeverordnung** sowie die **Verdingungsordnungen**[4] und ggf. weitere **aufgrund § 127 GWB erlassene Rechtsverordnungen.** Weiter gehören hierher nach **§ 104 Abs. 2** auch **die sonstigen Ansprüche** gegen öffentliche Auftraggeber, die auf die Vornahme oder das Unterlassen einer Handlung in einem Vergabeverfahren gerichtet sind.[5] Damit sind auch dem Diskriminierungsschutz dienende Vorschriften des Kartellrechts, zB **§ 20** (Missbrauch einer marktbeherrschenden Stellung durch den öffentlichen Auftraggeber, der in vielen Marktsegmenten alleiniger oder Hauptabnehmer bestimmter Waren oder Dienstleistungen ist.) hier einzubeziehen. Ob eine Vorschrift als **Schutznorm für Unternehmen** anzuerkennen ist, ist nach dem Sinn und Zweck der Vorschrift zu bestimmen. **§ 97** verlangt in seinen Grundsätzen ein faires, transparentes, diskriminierungsfreies, die Chancengleichheit wahrendes Verfahren, in dem das nach diesen Anforderungen ermittelte wirtschaftlichste Angebot den Zuschlag erhält. Ein Verstoß gegen diese Anforderungen soll mit der Schadensersatzpflicht sanktioniert werden. Danach kann **jede Vorschrift Schutznorm sein, deren Missachtung oder Fehlanwendung zur Chancenbeeinträchtigung eines Unternehmens in einem Vergabeverfahren führt.**[6] Mittelbar können daher auch die inhaltliche Bewertung der Angebote betreffende Vorschriften aus ganz anderen Rechtsgebieten zum Tragen kommen, wenn dadurch der Gleichbehandlungsgrundsatz verletzt wird. (Wird ein Angebot deshalb als das wirtschaftlichste oder preisgünstigste bewertet, weil wesentliche zu kalkulierende Angebotsteile (zB bautechnisch vorgeschriebene statische Anlagen bei einer Baumaßnahme, gesetzlich vorgeschriebene Hygienestandards bei der Krankenhausreinigung, umweltrechtlich einzuhaltende Auflagen bei der Abfallentsorgung, arbeitsschutzrechtliche Maßnahmen usw.) in der Kalkulation fehlen, kann auch die Nichtbeachtung dieses Mangels als Verstoß gegen die Gleichbehandlungspflicht, hier in der Form eines Wertungsmangels, den Schadensersatzanspruch begründen.) Die notwendige Eingrenzung dieser Definition erfolgt über die Bindung an ein Vergabeverfahren. Damit fallen unternehmensschützende Normen, deren Verletzung zu Wettbewerbsstörungen außerhalb eines Vergabeverfahrens führen, nicht in den Anwendungsbereich von **§ 126 Abs. 1** und der damit verbundenen Beweiserleichterung.

Die Bestimmungen über das Vergabeverfahren sind in der Regel alle unternehmensschüt- **4** zend, da sie einen fairen Wettbewerb sichern sollen.[7] **Ausgenommen** sind reine **Ordnungsvorschriften,** zB **Melde- und Berichtspflichten** an die EU. Die **Dokumentationspflicht** ist zwar **keine Ordnungsvorschrift,** sondern eine materielle, aus dem Transparenzgebot erwachsende Pflicht des öffentlichen Auftraggebers. Dennoch hat die Dokumentation der einzelnen Verfahrensschritte in der Regel keine Auswirkungen auf die Chancen der Unternehmen im Vergabeverfahren. Die mangelhafte oder unterbliebene Dokumentation für sich allein kann daher einen Anspruch aus § 126 nicht begründen, den öffentlichen Auftraggeber allerdings in erhebliche Beweisnöte bringen, wenn er die Rechtmäßigkeit seines Verfahrens belegen muss. Eine bewusst fehlleitende und das Ergebnis des Auswahlverfahrens mitbestimmende Dokumentation kann jedoch durchaus einen Anspruch begründen.

2. „Echte Chance". Da der Maßstab der „echten Chance" im nationalen Vergaberecht **5** nicht vorkommt, war er in der Literatur Gegenstand umfangreicher Überlegungen zu seiner Auslegung.[8] Dem Grundsatz des diskriminierungsfreien und die Chancengleichheit wahrenden

---

[4] HM., zB BGH, VergabeR 2008, 646 f.

[5] HM. zB *Dreher/Stockmann* RdNr. 7, *Kulartz/Kus/Portz/Verfürth* RdNr. 7 ff., BerlKommEnR/*Lutz* RdNr. 8, jeweils mwN.

[6] HM., vgl. Fn. 4, 5.

[7] BeckVOB-Komm/*Marx* RdNr. 3.

[8] ZB. *Dreher/Stockmann* RdNr. 7, *Kulartz/Kus/Portz/Verfürth* RdNr. 13 ff., *Bechtold* RdNr. 2, BerlKommEnR/*Lutz* RdNr. 9, *Prieß* 412, 414.

Wettbewerbs kam der Gedanke von Prieß (Fn. 8) am nächsten, wonach jedes vollständige Angebot eine echte Chance haben muss. Vorrangig bemühte sich die Diskussion jedoch um eine praktikable und das Auftraggeberrisiko vorhersehbar eingrenzende Definition. Dabei wurde teilweise auf die VOB/A verwiesen, die in **§ 16 Abs. 6 Nr. 3** (bisher § 25 Nr. 3 Abs. 3) eine Definition für die in die engere Wahl gekommenen Unternehmen enthält, dieser Maßstab aber als zu weit verworfen. Die Frage des Maßstabs ist durch mehrere **Entscheidungen des BGH** nunmehr dahingehend geklärt worden, dass ein Angebot dann eine echte Chance auf den Zuschlag hat, **wenn der Auftraggeber darauf im Rahmen des ihm zustehenden Wertungsspielraumes bei ordnungsgemäßer Durchführung des Vergabeverfahrens den Zuschlag hätte erteilen dürfen.**[9] Dabei sind die für die Auftragserteilung vorgesehenen Wertungskriterien und deren Gewichtung zu berücksichtigen. Erst durch deren ermessensfehlerfreie Anwendung kann festgestellt werden, ob ein Angebot eine echte Chance auf den Zuschlag gehabt hätte. Es ist **nicht erforderlich, dass dem konkreten Angebot der Zuschlag zwingend zu erteilen gewesen wäre.** Das würde die Norm entgegen ihrem Wortlaut zu sehr einengen. Der Kreis der Anspruchsberechtigten soll gerade nicht auf den einen Bieter beschränkt sein, dem das Angebot zu erteilen gewesen wäre, sondern auch solche Bieter erfassen, die eine echte Chance gehabt hätten. In der Praxis ist der Unterschied gering, da die Wertungskriterien in aller Regel so gestaltet sind, dass der Kreis für das berechtigte Auswahlermessen des Auftraggebers eher klein bleibt. **Keine echte Chance** haben Angebote, die aufgrund rechts- und ermessensfehlerfreier Durchführung der einzelnen Wertungsstufen **zwingend von der Wertung auszuschließen** waren.[10] Keine echte Chance haben auch die Angebote, die im Sinne von **§ 16 Abs. 6 Nr. 3 VOB/A** (bisher 25 Nr. 3 Abs. 3) **berechtigt** nicht in die engere Wahl gekommen sind. Ist der Preis das einzige Zuschlagskriterium, genügt der Hinweis auf den zweiten Rangplatz allein nicht,[11] es müssen vielmehr Fehler in der Wertung hinzukommen, die genau diese Reihenfolge als falsch erscheinen lassen (Fehler beim Nachrechnen der Preise, bei der Berücksichtigung von Nachlässen, Skonti[12] oä.). OLG Koblenz geht davon aus, dass jedenfalls dem Zweitplazierten im Falle einer Aufhebung der Ausschreibung durch ein von einem anderen Bieter beantragtes Nachprüfungsverfahren die echte Chance nicht abzusprechen ist.[13] Eine echte Chance hat der BGH dann nicht gesehen, wenn durch eine **fehlerhafte Leistungsbeschreibung alle Angebote nicht vergleichbar** waren und deshalb nicht gewertet werden konnten.[14] Da auf kein Angebot der Zuschlag habe erteilt werden können, habe allen Angeboten die Grundlage für die Ermittlung der Angebote mit einer echten Chance gefehlt. Voraussetzung sei stets, dass überhaupt ein Angebot vorliege, das den Zuschlag hätte erhalten können.[15]

6   Ob das Angebot eine echte Chance hatte, hat **zu beweisen,** wer den Anspruch geltend macht. Insoweit besteht **keine Beweislastumkehr,** obwohl die internen Wertungsabläufe und insbesondere die Gewichtung seiner Angebotsinhalte im Vergleich zur Gewichtung der konkurrierenden Angebote dem Bieter nicht bekannt sein können (und dürfen!). Allein aus den veröffentlichten Wertungs- und Zuschlagskriterien sowie der mitgeteilten Gewichtung muss dargelegt und bewiesen werden, dass die Zuschlagserteilung auf das eigene Angebot ermessensfehlerfrei möglich gewesen wäre. Die öffentlichen Auftraggeber, die für den Nachweis eines rechtmäßig geführten Verfahrens darlegungspflichtig sind, trifft jedoch die Pflicht, im Rahmen der sekundären Darlegungslast die zugrunde gelegten Wertungskriterien, sofern sie nicht in der Bekanntmachung oder in den Vergabeunterlagen mitgeteilt worden sind, sowie deren Gewichtung vorzutragen und ggf. substantiiert darzulegen, warum sie dem Angebot des nach **S. 1** schadensersatzbegehrenden Unternehmens den Zuschlag nicht wertungsfehlerfrei erteilen können.[16]

7   Obwohl der Wortlaut der Vorschrift von den Kosten für die Angebotserstellung ausgeht und somit ein Angebot voraussetzt, stellt sich die Frage, **ob der Gesetzgeber Fehler im offenen und damit wettbewerbsneutralsten Verfahren allein sanktionieren und die nicht offe-**

---

[9] BGH VergabeR 2007, 194 = IBR 2006, 693, BGH VergabeR 2007, 750; BGH ZfBR 2008, 299 f.

[10] BGH VergabeR 2005, 617 = NZBau 2005, 709.

[11] BGH, ZfBR 2008, 299 f.; OLG Koblenz IBR 2007, 272 zum Zweitplazierten bei einer Aufhebung der Ausschreibung.

[12] BGH VergabeR 2008, 646 ff.; Schadensersatz wurde abgelehnt.

[13] OLG Koblenz v. 15. 1. 2007, IBR 2007, 272.

[14] BGH VergabeR 2007, 194 = IBR 2006, 693.

[15] BGH VergabeR 2007, 194 = IBR 2006, 693.

[16] BGH ZfBR 2008, 299 f.

nen sowie die **Verhandlungsverfahren mit ihren der Angebotsphase vorausgehenden Bewerbungsverfahren privilegieren wollte.** Auch die Erstellung der Bewerbungsunterlagen, die gerade in Verhandlungsverfahren, insbesondere wenn sie zur Vergabe freiberuflicher Leistungen führen sollen, umfangreich und kostenträchtig sein können, erfolgt im Vertrauen auf die Chance, zur Angebotsabgabe aufgefordert zu werden und damit eine Chance auf den Zuschlag zu erhalten. Da im offenen Verfahren mit den Eignungsunterlagen bereits das Angebot vorgelegt wird, stellt sich hier die Frage nicht. Mit der Erhebung des Schadensersatzanspruchs kann zur Begründung auch auf Fehler in der Eignungsprüfung verwiesen werden kann. Wenn aber durch einen Fehler des Auftraggebers bereits die Teilnahme am Angebotsverfahren verhindert wird, kann auch kein Angebot vorgelegt werden, über dessen Chance später gestritten werden kann. **Sinn und Zweck** der Norm ist es, jedenfalls den aussichtsreichen Unternehmen Ersatz zu gewähren für Investitionen, deren Verlustrisiko aufgrund von fehlerhaftem Auftraggeberverhalten falsch eingeschätzt wurde und die Unternehmen auch vor willkürlichem Verhalten zu schützen. Wenn in einem nicht offenen oder Verhandlungsverfahren durch fehlerhafte Ermessensentscheidungen des öffentlichen Auftraggebers schon die Teilnahme am Angebotsverfahren verhindert wird, kann durch diesen Fehler der Wettbewerb entscheidend verengt werden. Zwar hat sich die Chance der Bewerber noch nicht bis zur Zuschlagsnähe verdichtet, aber gerade die Teilnahme am Wettbewerb ist notwendige Voraussetzung, sich die echte Chance für das Angebot zu erarbeiten. Es spricht nach Sinn und Zweck der Norm daher einiges dafür, sie direkt oder zumindest analog auf die Bewerbungsphasen der nicht offenen und Verhandlungsverfahren anzuwenden.[17] Hätte danach ein Bewerber wertungs- und ermessensfehlerfrei zur Teilnahme am Angebotsverfahren aufgefordert werden können, wäre auch diesem Schadensersatz für die Bewerbungskosten bei zu Unrecht unterbliebener Teilnahmeaufforderung zu leisten. Die Rechtsprechung ist bisher noch nicht mit derartigen Fallgestaltungen befasst gewesen, so dass sich Tendenzen aus der Rechtsprechung nicht erkennen lassen.

3. Die Beeinträchtigung der echten Chance muss durch den Verstoß gegen die **8** **unternehmensschützenden Normen verursacht worden sein.** Eine Beeinträchtigung liegt vor, wenn sich die Chancen auf den Zuschlag verschlechtert haben, ein völliger Verlust der Chancen durch Ausschluss des Angebotes ist nicht Voraussetzung. Kausalität ist anzunehmen, wenn ohne den Verstoß die Beeinträchtigung der Chancen nicht eingetreten wäre. Haben daher andere, neben dem Verstoß und unabhängig davon vorliegende Gründe zur Beeinträchtigung der Chancen geführt, wird die Schadensersatzpflicht nicht ausgelöst. Wird der Bieter zu recht als ungeeignet oder das Angebot zu recht als unvollständig oder wegen Änderung der Verdingungsunterlagen ausgeschlossen, ist ein ggf. auch vorhandener Vergaberechtsverstoß des öffentlichen Auftraggebers nicht ursächlich für die Beeinträchtigung der Chancen.[18] Im Falle der **Aufhebung einer Ausschreibung** kommt es auf deren Rechtmäßigkeit an. Der BGH hat zwar darauf hingewiesen, dass jeder Bieter damit rechnen müsse, dass die Vergabe des Zuschlags unterbleibe,[19] es ist jedoch unstreitig, dass die Aufhebung nicht willkürlich erfolgen darf. Gerade die Aufhebung kann aber zum Verlust einer „echten Chance" führen. Erfolgt die Aufhebung infolge einer Entscheidung in einem Nachprüfungsverfahren, das von einem anderen Bieter beantragt wurde, kann dem Schadensersatz begehrenden Unternehmen nicht entgegengehalten werden, dass sein Rangplatz und damit die Qualität seiner Chance in einem ordnungsgemäß durchgeführten Verfahren aufgrund einer veränderten Konkurrenzlage schlechter ausgefallen wäre. Dieser von OLG Koblenz[20] zum Ausdruck gebrachte Gedanke im Fall einer unterbliebenen europaweiten Ausschreibung gilt unabhängig davon, aufgrund welchen Fehlers im Nachprüfungsverfahren die Aufhebung der Ausschreibung angeordnet wurde. Im Falle einer **defacto-Vergabe** hat LG Leipzig Ansprüche aus **§ 126 Satz 1** verneint, da § 126 einen Verstoß gegen Vergabebestimmungen voraussetzt, der aber nicht vorliege, wenn gar kein Vergabeverfahren durchgeführt worden sei.[21] Diese Argumentation lässt außer Acht, dass eine de-facto-Vergabe gerade den krassesten Verstoß gegen Vergabebestimmungen enthält, nämlich die völlige Nichtbeachtung. Allerdings dürfte es regelmäßig, so im Kern auch die Urteilsgründe des LG

---

[17] In der Konsequenz wie hier: *Kulartz/Kus/Portz/Verfürth* RdNr. 27 unter Hinweis auf *Ingenstau/Korbion/Müller-Wrede* RdNr. 4.

[18] BGH v. 7. 6. 2005 VergabeR 2005, 617 = NZBau 2005 709; OLG Frankfurt ZfBR 2007, 709 zur Änderung der Verdingungsunterlagen.

[19] BGH VergabeR 2006, 889 = NZBau 2006, 456 = ZfBR 2006, 501.

[20] OLG Koblenz IBR 2007, 272.

[21] LG Leipzig VergabeR 2007, 417 f.

Leipzig, an der weiteren Voraussetzung des **§ 126,** eines durch den Kostenaufwand für eine Angebotserstellung entstandenen Schadens fehlen. Da sich mangels Bekanntmachung und Verdingungsunterlagen keine Anforderungen an die Leistung erkennen lassen, wird auch nicht feststellbar sein, ob ein an dem Auftrag interessiertes Unternehmen eine echte Chance gehabt hätte. Insofern ist die de-facto-Vergabe dem Schadensersatzanspruch aus tatsächlichen Gründen nicht zugänglich.

9   Entgegen in der Vergangenheit vertretener Auffassungen in der Literatur[22] beinhaltet die Vorschrift **kein Verschuldenselement.** Weder aus dem Wortlaut noch aus der erkennbaren Zielsetzung der Norm ist abzuleiten, dass der Gesetzgeber ein Verschulden als weitere Voraussetzung aufnehmen wollte. Dies hat auch der BGH bestätigt.[23] Es kommt allein auf das objektive Vorliegen eines Verstoßes an. In der Praxis wird der Unterschied der Meinungen keine große Bedeutung haben, da die öffentlichen Auftraggeber zu rechtmäßigem Verhalten verpflichtet sind und sich nicht exkulpierend auf Unkenntnis eines oder mehrerer Mitarbeiter/innen berufen können.

10   **4. Schaden.** Der Schaden, dessen Ersatz Satz 1 zuspricht, umfasst nur das **negative Interesse,** die Kosten für die Erstellung des Angebotes und die Teilnahme am Wettbewerb. Dazu gehören alle Personal- und Sachkosten, die bei der Angebotserstellung und im Rahmen der Teilnahme an einem Vergabeverfahren entstanden sind. Das sind zB Kosten für die Beschaffung der Verdingungsunterlagen, ggf. notwendiger Unterlagen, Nachweise, Bescheinigungen oder Gutachten, die Vorbereitung von Präsentationen, ggf. Reisekosten für Ortstermine usw.. Gerade bei großen Planungs- oder Bauprojekten können die Kosten für die Angebotserstellung und die Vorbereitung von und Teilnahme an Präsentationen erheblich sein. Aus diesem Grund wird auch die Formulierung, die die Angebotskosten „oder" die Teilnahmekosten zuspricht, nicht als sich ausschließende Alternative, ggf. noch verbunden mit einem Wahlrecht des Anspruchstellers, verstanden. Nach der Zielrichtung der Norm soll der Schadensersatz die Unternehmen so stellen, als hätten sie sich am Verfahren nicht beteiligt. Das verlangt die kumulative Erstattung der Kosten.[24]

11   **5. Verfahren.** Ansprüche aus § 126 sind, wie sich aus **§ 124 Abs. 1** ergibt, vor den **Zivilgerichten** geltend zu machen.[25] Die vorherige **Durchführung eines Nachprüfungsverfahrens setzt die Norm nicht voraus** und kann auch aus einer allgemeinen Schadensminderungspflicht nicht abgeleitet werden. Allerdings kann ein Nachprüfungsverfahren wegen der Bindungswirkung der Zivilgerichte an die bestandskräftigen Entscheidungen der Vergabekammern oder der Vergabesenate gemäß **§ 124 Abs. 1** hilfreich sein. Die Absicht, einen Schadensersatzprozess führen zu wollen, kann im Nachprüfungsverfahren das Feststellungsinteresse für die Zulässigkeit des Antrages begründen. In dem **Verfahren vor den Zivilgerichten** gelten die für zivilrechtliche Ansprüche und Klagen generell geltenden Regeln zur Beweisführung, Verjährung usw., hier unter **Berücksichtigung der in Satz 1 enthaltenen Beweiserleichterung.** Das klagende Unternehmen muss nicht beweisen, dass es bei rechtmäßiger und korrekter Verfahrensführung den Zuschlag erhalten hätte, sondern nur, dass die Zuschlagserteilung auf das eigene Angebot rechts- und ermessensfehlerfrei möglich gewesen wäre. Es muss außerdem belegen, dass durch die Angebotserstellung und Teilnahme am Wettbewerb Kosten entstanden sind. Belegt werden muss auch die Höhe der Kosten, für die Ersatz verlangt wird. Der Auftraggeber kann dem entgegentreten, indem er substantiiert darlegt, warum der Zuschlag auf das Angebot des klagenden Unternehmens nicht hätte erteilt werden dürfen[26] oder der Verstoß gegen Vergabebestimmungen die Chancen des klagenden Unternehmens nicht beeinträchtigt hat. **Der Anspruch aus Satz 1 besteht uneingeschränkt neben den in Satz 2 erwähnten anderen möglichen Ansprüchen.** Da die mit Satz 2 erfassten Ansprüche auch das positive Interesse umfassen können, dafür aber den vollen Beweis verlangen, dass der Zuschlag auf das streitige Angebot zu erteilen gewesen wäre, kann es sinnvoll sein, eine Klage zusätzlich auf Satz 1 mit der darin enthaltenen Beweiserleichterung zu stützen, auch wenn der Schadensersatz sich hier auf das negative Interesse beschränkt.

---

[22] *Dreher/Stockmann* RdNr. 9 mwN auch zur Gegenmeinung.

[23] BGH ZfBR 2008, 299 f., ebenso *Bechtold* RdNr. 3.

[24] HM. vgl. *Bechtold* RdNr. 3, *Kulartz/Kus/Portz/Verfürth* RdNr. 33, *Dreher/Stockmann* RdNr. 11 jeweils mwN.

[25] OLG Naumburg VergabeR 2007, 758, IBR 2007, 523 und OLG Naumburg vom 4. 10. 2007, 1 Verg 7/07.

[26] BGH ZfBR 2008, 299 f.

IV. Weiterreichende Schadensersatzansprüche (Satz 2)

Weiterreichende Schadensersatzansprüche können gestützt werden auf Anspruchsgrundlagen **12** aus dem BGB, hier insbesondere dem **Deliktsrecht** und der **§§ 280, 311 BGB** (culpa in contrahendo) sowie aus dem **Wettbewerbsrecht.** Voraussetzung ist, dass der geltend gemachte Anspruch mit einem Rechtsverstoß, der unmittelbar oder auch gegen Bestimmungen über das Vergabeverfahren einschließlich der Grundsätze des § 97 verstößt, begründet und der zu Unrecht verweigerte Zuschlag bewiesen werden kann. Insbesondere das Diskriminierungsverbot kann bei den Anspruchsgrundlagen aus dem Wettbewerbsrecht bedeutsam sein. Wenn belegt werden kann, dass der Zuschlag bei rechtmäßigem Vorgehen der Vergabestelle an das klagende Unternehmen zu erteilen gewesen wäre, richtet sich der **Anspruch auf das positive Interesse.** Der Bieter ist so zu stellen, wie er gestanden hätte, wenn das schädigende Ereignis nicht eingetreten wäre.[27] Das bedeutet, dass auch der entgangene potentielle Gewinn Gegenstand des Schadensersatzanspruchs sein kann. In der Praxis hatten sich die Gerichte überwiegend mit Schadensersatzansprüchen aus c.i.c. zu befassen. Satz 2 enthält keine Formulierung, die auf ein konkretes Angebot Bezug nimmt. Hier können daher unstreitig auch Unternehmen Ansprüche geltend machen, die bereits im Teilnahmewettbewerb eines nicht offenen oder Verhandlungsverfahrens in ihren Chancen geschädigt wurden.[28]

1. Verschulden bei Vertragsschluss, §§ 280, 311 BGB. Öffentliche Ausschreibungen **13** begründen unabhängig von der Regelung im GWB ein vertragsähnliches Vertrauensverhältnis, das zur gegenseitigen Rücksichtnahme und Loyalität verpflichtet.[29] Die Basis für das vorvertragliche Vertrauensverhältnis liegt schon in der Bekanntmachung, weil darin schon die Weichen für die Entscheidung eines Unternehmens gestellt werden, die Verdingungsunterlagen, die häufig, insbesondere bei Großprojekten nur gegen Kostenerstattung versandt werden, anzufordern. Spätestens mit der Anforderung der Verdingungsunterlagen beginnt das konkrete, die gegenseitigen Pflichten begründende Vertrauensverhältnis.[30] Anders als in Satz 1 umfassen diese Pflichten nicht nur die Bestimmungen über das Vergabeverfahren, sondern auch darüber hinausgehende Sorgfaltspflichten. Der Auftraggeber hat alle Informationen mitzuteilen, die für die Entscheidung, sich um den Auftrag zu bemühen, relevant sein können. Andererseits hat sich auch das Unternehmen so zu verhalten, dass die Interessen des öffentlichen Auftraggebers und die Erfüllung des Auftrages nicht gefährdet werden. **Voraussetzung** ist, dass das **Angebot tatsächlich** im Vertrauen darauf abgegeben wurde, dass die Vorschriften des Vergaberechts eingehalten wurden und dass **auf das Angebot der Zuschlag hätte erteilt werden müssen.**[31] Weist das Angebot Mängel auf, die zwingend zum Ausschluss führen, kommt auch ein Schadensersatz aus c.i.c. nicht in Betracht. Für den Anspruch auf das **positive Interesse** genügt die Chance auf den Auftrag nicht. Der Schaden tritt nur ein, wenn der rechtmäßig zustehende Zuschlag nicht erteilt wurde. In diesem Fall umfasst der Schaden jedoch, anders als in Satz 1, also auch den möglichen Gewinn.[32] Sind einem Bieter die **Mängel des Verfahrens bekannt,** zB die Fehlerhaftigkeit der Leistungsbeschreibung, und gibt er in Kenntnis des Mangels ein Angebot ab, so **fehlt es schon am Vertrauen** in die Rechtmäßigkeit des Verfahrens.[33] Vom Bieter wird eine **zumutbare Prüfung der Verdingungsunterlagen und des Verfahrensablaufs,** soweit er ihn verfolgen kann, verlangt. An die Erkenntnismöglichkeiten sind allerdings **keine zu hohen Anforderungen** zu stellen. Zumutbar verlangt werden kann ein durchschnittliches Wissens-, Verständnis- und Erfahrungsniveau eines sich an öffentlichen Ausschreibungen beteiligenden Unternehmens. Der Anspruch soll nicht von gezielter Fehlersuche abhängig sein, wer jedoch leichtfertig ohne weiteres erkennbare Mängel des Verfahrens übersehen hat, soll sich nicht auf Vertrauen berufen können. Hat ein Unternehmen danach die Mängel der Leistungsbeschreibung[34] und die technische Unerfüllbarkeit einzelner Positionen[35] erkannt, ist das Angebot nicht im Vertrauen auf die Richtigkeit der Verdingungsunterlagen erstellt worden.[36] Ein

---

[27] OLG Schleswig VergabeR 2006, 568 f.
[28] *Prieß* 417 mwN.
[29] BGHZ 49, 79; BGHZ 60, 223, BGH NJW 2000, 661, BGH NJW 2004, 2165.
[30] BGH NZBau 2005, 709 = ZfBR 2005, 705.
[31] BGH NZBau 2007, 523 = IBR 2007, 576.
[32] OLG Brandenburg VergabeR 2007, 408 = IBR 2007, 212.
[33] BGH VergabeR 2007, 194, 195.
[34] BGH IBR 2006, 693.
[35] BGH IBR 2006, 690.
[36] Weitere Einzelfälle vgl. *Palandt/Heinrichs* § 311 BGB RdNr. 40.

Schadensersatzanspruch wurde auch verneint bei einem in den Ausschreibungsunterlagen nicht vorgesehenen nachträglich eingeführten Gutachtenverfahren in einer VOF-Ausschreibung mit intransparenter und nicht nachvollziehbarer Auswahl. Der Bieter hätte erkennen müssen, dass das Verfahren fehlerhaft war und nicht darauf vertrauen dürfen, sein Aufwand sei nicht nutzlos.[37] Im Falle einer **Aufhebung der Ausschreibung** kommt es darauf an, ob der Auftraggeber seine Beschaffungsabsicht aufgibt. Jeder Bieter muss damit rechnen, dass der Zuschlag nicht erteilt wird. Kann ein Bieter belegen, dass er das annehmbarste Angebot abgegeben hat und wird die Ausschreibung zwar aufgehoben, der Auftrag aber trotzdem an ein anderes Unternehmen erteilt, besteht ein Schadensersatzanspruch.[38]

14   Hinzu kommen **Aufklärungs- und Sorgfaltspflichten,** die über die Einhaltung der Bestimmungen über das Vergabeverfahren hinaus auch gebieten, Informationen zu geben, die auf die Entscheidung, sich am Wettbewerb zu beteiligen, Einfluss haben können. Hat ein nach einem Teilnahmewettbewerb nicht zur Angebotsabgabe aufgeforderter Bieter das Verfahren gerügt, ist das den verbliebenen Unternehmen im Wettbewerb mitzuteilen, da die Fortführung des Verfahrens damit in Frage gestellt ist.[39] Gleiches gilt erst recht, wenn ein Nachprüfungsantrag gestellt wurde. Aufzuklären ist auch über **kalkulationserhebliche Sachverhalte,** zB die ungesicherte Finanzierung des Projektes oder ein außergewöhnliches Wagnis begründende Umstände.[40]

15   Beim Anspruch aus c. i. c. bestehen gleichermaßen **Pflichten der Unternehmen,** die sich am Wettbewerb beteiligen, dem öffentlichen Auftraggeber keinen Schaden zuzufügen. Beteiligt sich ein Bieter an **Preisabsprachen,** kann dies zur Nichtigkeit der Preisvereinbarung gemäß **§ 134 BGB,** und **§ 263 StGB** bei Wirksamkeit des Vertrages im Übrigen führen. Ein solches Verhalten kann eine Schadensersatzpflicht gegenüber dem öffentlichen Auftraggeber begründen.[41]

16   Anders als der Anspruch aus **§ 126 Satz 1** setzt der Anspruch aus **c. i. c.** eine **Pflichtverletzung** voraus, **die der Pflichtige zu vertreten hat.** Die Pflichten ergeben sich vorrangig aus dem Vergaberecht sowie aus dem vorvertraglichen Vertrauensverhältnis. Zu vertreten ist eine Pflichtverletzung nach dem Maßstab des **§ 276 BGB** im Falle von Vorsatz und Fahrlässigkeit, wenn nichts anderes bestimmt ist. Nach diesem Maßstab wurde ein Vertretenmüssen des öffentlichen Auftraggebers abgelehnt, der ein Unternehmen beauftragt hatte, das kurz danach insolvent wurde. Die Solvenz war zuvor eingehend geprüft und ohne erkennbaren Fehler bejaht worden.[42] Ebenso wurde es nicht als Sorgfaltsmangel angesehen, dass eine Ausschreibung aufgehoben werden musste, weil der ihr zugrunde liegende Planfeststellungsbeschluss für eine Straßenbaumaßnahme aufgehoben wurde. Das erstinstanzlich zuständige Bundesverwaltungsgericht hatte im Rahmen einer dagegen erhobenen Klage die aufschiebende Wirkung der Klage abgelehnt und den Planfeststellungsbeschluss für sofort vollstreckbar erklärt. Darauf habe der Auftraggeber trotz der nur summarischen Prüfung vertrauen dürfen.[43]

17   **2. Ansprüche aus §§ 823 ff. BGB fallen ebenso unter Satz 2.** Unter **§ 823 Abs. 1 BGB** wird überwiegend nur die unberechtigte Sperre eines Unternehmens im Wettbewerb als Verletzung des Rechts am eingerichteten und ausgeübten Gewerbebetrieb subsumiert.[44] Spätestens mit Inkrafttreten des **§ 97 Abs. 7** sind auch die Vergabebestimmungen, soweit sie keine reinen Ordnungsvorschriften sind, Schutzvorschriften iSv. **§ 823 Abs. 2 BGB.** Dies beschränkt sich allerdings gemäß **§ 100 Abs. 1** auf die Auftragswerte oberhalb der Schwellenwerte. **§ 826** setzt Vorsatz voraus, also die willkürliche zielgerichtete Schädigung des potentiellen Vertragspartners. **§ 839** setzt vorsätzliches oder fahrlässiges Handeln im hoheitlichen Bereich voraus. Da das Beschaffungsverhalten der öffentlichen Auftraggeber jedoch nicht als hoheitliches Handeln gilt, kommt **§ 839** nicht zur Anwendung. Welche Fallgestaltungen nach § 823 Abs. 2 oder § 826 zur Schadensersatzpflicht führen, unterliegt keiner weiteren Eingrenzung und ist im Einzelfall zu entscheiden. In der Praxis spielt diese Möglichkeit kaum eine Rolle, da mit den Be-

---

[37] BGH VergabeR 2007, 752 = NZBau 2007, 272.

[38] BGH VergabeR 2006, 889 = NZBau 2006, 456 zu privatem Auftraggeber.

[39] BGH VergabeR 2007, 752 = NZBau 2007, 727.

[40] OLG Naumburg VergabeR 2006, 278; BGH X ZR 86/08, NZBau 2010, 387. Dem Kläger wurde Schadensersatz zugesprochen, obwohl er den Zuschlag erhalten hatte, weil sich in dem Abfallentsorgungsvertrag zwar die Müllmenge, nicht aber die Zahl der Gefäße änderte, was aber Berechnungsfaktor für den Preis gewesen war.

[41] OLG Frankfurt VergabeR 2007, 422.

[42] LG Leipzig VergabeR 2007, 417.

[43] OLG Dresden, Beschl. v. 19. 10. 2007, 20 U 1047/07.

[44] *Palandt/Sprau* § 823 BGB RdNr. 20.

stimmungen über das Vergaberecht und der Anspruchsgrundlage aus §§ 280, 311 BGB das Rechtsschutzbedürfnis bereits weitgehend abgedeckt wird.

3. Wettbewerbsrechtliche Schadensersatzansprüche haben in der Praxis ebenfalls wenig 18
Bedeutung. In Frage kommt – unter dem Gesichtspunkt der Diskriminierungsfreiheit – der Schadensersatzanspruch aus **§§ 33 iVm. 20 Abs. 1 GWB**, wonach **marktbeherrschende oder marktstarke** Unternehmen andere Unternehmen nicht unbillig behindern oder ohne sachlichen Grund unterschiedlich gegenüber gleichartigen Unternehmen behandeln dürfen. Öffentliche Auftraggeber sind in manchen, sehr speziellen Bereichen die einzigen (Militärbedarf) oder die vorrangigen Abnehmer (medizintechnische Krankenhausausstattung, Feuerwehr, Katastrophenschutzbedarf) bestimmter Waren oder Dienstleistungen. Inwieweit darin eine marktbeherrschende oder marktstarke Stellung liegt, ist im Einzelfall darzulegen und zu beweisen. Dies dürfte in Monopolbereichen des Staates möglich, ansonsten aber schwierig sein. Ansprüche aus **§ 1 UWG** können sich ergeben, wenn der Verstoß gegen Vergabebestimmungen Regelungen betrifft, die dem Willkürverbot und der Chancengleichheit und der Gleichbehandlung bei der Angebotsprüfung und -bewertung dienen.[45]

§ 127 Ermächtigungen

Die Bundesregierung kann durch Rechtsverordnung mit Zustimmung des Bundesrates Regelungen erlassen
1. **zur Umsetzung der vergaberechtlichen Schwellenwerte der Richtlinien der Europäischen Union in ihrer jeweils geltenden Fassung;**
2. **über das bei der Vergabe durch Auftraggeber, die auf dem Gebiet der Trinkwasser- oder Energieversorgung oder des Verkehrs tätig sind, einzuhaltende Verfahren, über die Auswahl und die Prüfung der Unternehmen und der Angebote, über den Abschluss des Vertrags und sonstige Regelungen des Vergabeverfahrens;**
3.–5. *(aufgehoben)*
6. **über ein Verfahren, nach dem öffentliche Auftraggeber durch unabhängige Prüfer eine Bescheinigung erhalten können, dass ihr Vergabeverhalten mit den Regeln dieses Gesetzes und den auf Grund dieses Gesetzes erlassenen Vorschriften übereinstimmt;**
7. **über ein freiwilliges Streitschlichtungsverfahren der Europäischen Kommission gemäß Kapitel 4 der Richtlinie 92/13/EWG des Rates der Europäischen Gemeinschaften vom 25. Februar 1992 (ABl. EG Nr. L 76 S. 14);**
8. **über die Informationen, die von den Auftraggebern dem Bundesministerium für Wirtschaft und Technologie zu übermitteln sind, um Verpflichtungen aus Richtlinien des Rates der Europäischen Gemeinschaft zu erfüllen;**
9. **über die Voraussetzungen, nach denen Auftraggeber, die auf dem Gebiet der Trinkwasser- oder der Energieversorgung oder des Verkehrs tätig sind, sowie Auftraggeber nach dem Bundesberggesetz von der Verpflichtung zur Anwendung dieses Teils befreit werden können, sowie über das dabei anzuwendende Verfahren einschließlich der erforderlichen Ermittlungsbefugnisse des Bundeskartellamtes.**

§ 127 enthält eine **Ermächtigungsgrundlage** zum Erlass aller Detailregelungen, die nicht 1
ins Gesetz aufgenommen wurden, um es nicht zu überfrachten und häufigen Änderungsbedarf an einem förmlichen Gesetz zu vermeiden.[1] Die Bundesregierung hat von dieser und der Ermächtigung in § 97 Abs. 6 durch Erlass der **Vergabeverordnung (VgV)** Gebrauch gemacht und damit mehrere Ziffern der Ermächtigung aus § 127 abgedeckt. Eine in verschiedene Verordnungen getrennte Nutzung der Ermächtigung war nicht erforderlich oder geboten. Ziel war die Umsetzung europarechtlicher Vorgaben aus verschiedenen Richtlinien. Mit der **Reform 2009** sind einige Änderungen aufgenommen worden, die teilweise redaktionelle Anpassungen an die Gesetzesänderung darstellen, teilweise weiterhin der Anpassung und Umsetzung von europäischem Recht dienen.

Folgende **Änderungen der bisherigen Fassung** wurden aufgenommen: **Nr. 1** wurde als 2
dynamische Rechtsverweisung auf die jeweils geltenden Schwellenwerte neu gefasst. Mit **Nr. 2** wurde eine Ermächtigung zur Regelung des Verfahrens der Vergabe durch Sektorenauftragge-

---

[45] *Dreher/Stockmann* § 104 RdNr. 18 unter Hinweis auf OLG Düsseldorf.
[1] BT-Drucks. 13/9340, 23.

ber neu aufgenommen. Die bisherige Regelung enthielt die Ermächtigung zur näheren Bestimmung der Sektorentätigkeiten. Diese war bisher in der VgV enthalten, ist aber nunmehr in § 100 Abs. 2 lit. f und o geregelt. Für die Auftragsvergabe im Sektorenbereich sollte eine neue Verordnung geschaffen werden, die der Richtlinie 2004/17 entspricht.[2] Diese Sektorenverordnung ist am 29. 9. 2009 in Kraft getreten.[3] **Nrn. 3–5** sind entfallen. **Nrn. 3** und **4** ermöglichten die Regelung von bestimmten Ausnahmen, die nunmehr in § 100 Abs. 2 lit. p bis s geregelt sind. **Nr. 5** wurde entbehrlich, da die Abgrenzung der Zuständigkeiten der Kammern des Bundes und der Länder nunmehr in § 106 a erfolgt. In **Nr. 7** ist die Ermächtigung zum Erlass einer Rechtsverordnung über den Korrekturmechanismus der Kommission entfallen, da diese Regelung als § 129 in das Gesetz aufgenommen wurde. In **Nr. 8** wurde der Hinweis auf die Berichtspflichten der Nachprüfungsorgane entbehrlich, da sie als § 129 a in das GWB aufgenommen wurden. **Nr. 9** wurde neu aufgenommen und enthält die Ermächtigung zur Regelung der Voraussetzungen, unter denen Sektorenauftraggeber und Auftraggeber nach dem Bundesberggesetz von der Pflicht zur Anwendung der Vergaberegeln befreit werden können. Die Ermächtigung schließt die Regelung des Verfahrens, mit dem diese Befreiung erreicht werden kann und die hierfür erforderlichen Ermittlungsbefugnisse des Bundeskartellamtes ein.

§ 128 Kosten des Verfahrens vor der Vergabekammer

(1) [1]Für Amtshandlungen der Vergabekammern werden Kosten (Gebühren und Auslagen) zur Deckung des Verwaltungsaufwandes erhoben. [2]Das Verwaltungskostengesetz findet Anwendung.

(2) [1]Die Gebühr beträgt mindestens 2500 Euro; dieser Betrag kann aus Gründen der Billigkeit bis auf ein Zehntel ermäßigt werden. [2]Die Gebühr soll den Betrag von 50 000 Euro nicht überschreiten; sie kann im Einzelfall, wenn der Aufwand oder die wirtschaftliche Bedeutung außergewöhnlich hoch sind, bis zu einem Betrag von 100 000 Euro erhöht werden.

(3) [1]Soweit ein Beteiligter im Verfahren unterliegt, hat er die Kosten zu tragen. [2]Mehrere Kostenschuldner haften als Gesamtschuldner. [3]Kosten, die durch Verschulden eines Beteiligten entstanden sind, können diesem auferlegt werden. [4]Hat sich der Antrag vor Entscheidung der Vergabekammer durch Rücknahme oder anderweitig erledigt, hat der Antragsteller die Hälfte der Gebühr zu entrichten. [5]Die Entscheidung, wer die Kosten zu tragen hat, erfolgt nach billigem Ermessen. [6]Aus Gründen der Billigkeit kann von der Erhebung von Gebühren ganz oder teilweise abgesehen werden.

(4) [1]Soweit ein Beteiligter im Nachprüfungsverfahren unterliegt, hat er die zur zweckentsprechenden Rechtsverfolgung oder Rechtsverteidigung notwendigen Aufwendungen des Antragsgegners zu tragen. [2]Die Aufwendungen der Beigeladenen sind nur erstattungsfähig, soweit sie die Vergabekammer aus Billigkeit der unterlegenen Partei auferlegt. [3]Nimmt der Antragsteller seinen Antrag zurück, hat er die zur zweckentsprechenden Rechtsverfolgung notwendigen Aufwendungen des Antragsgegners und der Beigeladenen zu erstatten. [4]§ 80 Abs. 1, 2 und 3 Satz 2 des Verwaltungsverfahrensgesetzes und die entsprechenden Vorschriften der Verwaltungsverfahrensgesetze der Länder gelten entsprechend. [5]Ein gesondertes Kostenfestsetzungsverfahren findet nicht statt.

Übersicht

---

[2] Gesetzesbegründung zur Reform, Teil A 4.
[3] BGBl. I S. 3110.

Schrifttum: *Gerold/Schmidt*, Rechtsanwaltsvergütungsgesetz, Kommentar, 18. Aufl. 2008.

I. Entstehungsgeschichte und Normzweck

§ 128 wurde mit dem Vergaberechtsänderungsgesetz als eigene Kostenregelung für das **1** Nachprüfungsverfahren geschaffen. § 128 betrifft **nur das Verfahren vor der Vergabekammer,** nicht das Beschwerdeverfahren (s. dazu RdNr. 19). In der Gesetzesbegründung wird ausgeführt, dass die Regelung sich am verwaltungsrechtlichen Kostendeckungsprinzip orientiere und jeden potentiellen Bieter zur Abwägung des Risikos zwinge, ohne von der Inanspruchnahme des Rechtsschutzes abzuschrecken. Die Regelung über die Gebührenhöhe und die -tatbestände seien § 80 **Abs. 3** nachgebildet.[1] Mit der **Reform 2009** wurden einige Änderungen eingeführt. In **Abs. 2** wurde die Gebührenobergrenze verdoppelt. Nach der Gesetzesbegründung sei dies nötig gewesen, da mit den bisherigen Gebühren die Kosten des Nachprüfungsverfahrens nicht gedeckt werden könnten.[2] In **Abs. 3** wurde ein weiterer Satz aufgenommen, mit dem die Möglichkeit geschaffen wurde, auch schuldhaftes Handeln in der Kostenentscheidung zu berücksichtigen. Daneben wurde die Entwicklung in der Rechtsprechung zur Kostenbeteiligung von Beigeladenen umgesetzt. In **Abs. 4** wurde die Möglichkeit neu aufgenommen, auch dem öffentlichen Auftraggeber die Rückerstattung von Auslagen zuzusprechen. Hintergrund war der hohe Prozentsatz der zurückgenommenen Anträge, der mit bis zu 40% statistisch erfasst wurde. Es sei auch berücksichtigt worden, dass Antragsrücknahmen regelmäßig erfolgten, um die Abweisung des Nachprüfungsantrages zu verhindern (Fn. 2). § 128 **bestimmt abschließend,** wie die Kostengrundentscheidung zu treffen ist. Die entsprechende Anwendung von Kostennormen aus anderen Verfahrensordnungen, die eine abweichende Kostenverteilung zuließen, kommt mangels einer planwidrigen Regelungslücke nicht in Betracht. Eine von den gesetzlichen Vorgaben abweichende **Kostenentscheidung aus Gründen der Einzelfallgerechtigkeit** sieht das geltende Recht **nicht** vor.[3]

II. Kostenpflichtigkeit des Nachprüfungsverfahrens (Abs. 1 und 2)

1. Grundsatz (Abs. 1). Der Grundsatz in **Abs. 1** wird bestimmt, dass die Kosten des **2** Nachprüfungsverfahrens über die Erhebung von **Gebühren** und **Auslagen** gedeckt werden sollen. Das Verwaltungskostengesetz wird für anwendbar erklärt. Die Regelung hat zur Folge, dass die Beschlüsse im Nachprüfungsverfahren ebenso wie die Beschlüsse der zweiten Instanz eine Kostenentscheidung enthalten müssen, die sowohl die Kostenlast als auch die Höhe der Kosten bestimmt. Die Kostenentscheidung ist **isoliert mit der sofortigen Beschwerde anfechtbar.**[4] Was als **Auslagen** in Betracht kommen kann, ergibt sich aus § 10 **Verwaltungskostengesetz.** Da der allgemeine sachliche und personelle Aufwand der Vergabekammer bereits gemäß **Abs. 2** in der Gebühr berücksichtigt wird, kommen nur die weiteren Auslagen in Betracht. Dies kann zB aufgrund des Umfanges der Vergabeakten außergewöhnlicher Aufwand für die Vorbereitung der Akteneinsicht sein oder ungewöhnlich hohe Kopierkosten, ggf. Kosten für Gutachter oder Zeugen, grundsätzlich auch Kosten für Dienstreisen, die in Nachprüfungsverfahren üblicherweise nicht notwendig sind. Für Auslagen gilt ein **strenges Kostendek-**

---

[1] BT-Drucks. 13/9340, 23.
[2] Gesetzesbegründung, Teil B, Nr. 23 (§ 128).
[3] OLG Koblenz vom 28. 1. 2009, 1 Verg 5/08.
[4] HM., BGH v. 23. 11. 2008, X ZB 19/07 und zB OLG München VergabeR 2008, 716 unter Hinweis auf BGH v. 25. 10. 2005, X ZB 26/05, vgl. auch *Dreher/Stockmann* RdNr. 13 mit umfangreichen weiteren Nachweisen.

kungsprinzip, dh., dem Kostenschuldner darf nur der Betrag in Rechnung gestellt werden, der tatsächlich verauslagt wurde.[5]

3 **2. Die Gebührenregelung in Abs. 2.** Die Gebührenregelung in Abs. 2. wurde in der Reform 2009 sprachlich neu gefasst. Inhaltlich geändert hat sich nur der Betrag der Regelhöchstgebühr, die bisher 25 000 Euro betrug und **nunmehr auf 50 000 Euro** gesetzt wurde, im Einzelfall aber **auf 100 000 Euro** statt wie bisher auf 50 000 Euro erhöht werden kann. Als Begründung wurde angegeben, dass gerade in Fällen von besonderer wirtschaftlicher Bedeutung mit der bisherigen Regelhöchstgebühr häufig keine Kostendeckung erzielt worden sei.[6] Die Mindestgebühr von **2500 Euro** blieb unverändert erhalten und kann auch weiterhin aus Billigkeitsgründen bis **auf 250 Euro ermäßigt** werden. Damit wird dem Umstand Rechnung getragen, dass die Effektivität des Rechtsschutzes nicht über die Kostenseite untergraben werden darf, zumal zu den Kosten der Vergabekammer ggf. die Kostenerstattung für die anderen Beteiligten hinzutreten kann. Wird der Rechtsschutz für die Unternehmen, insbesondere für kleine oder mittelständische Unternehmen zum existenziellen Risikofaktor, wäre den europäischen Richtlinien nicht genüge getan.

4 Wie die Bandbreite von 250 Euro bis zu 100 000 Euro genutzt und welche Gebühr im Einzelfall festgesetzt werden soll, gibt das Gesetz nicht vor. Dies steht im **pflichtgemäßen Ermessen** der Vergabekammern[7] und ist im Beschwerdeverfahren nur daraufhin überprüfbar, ob Ermessensfehler gemacht wurden.[8] Die Ermessenserwägungen sind aus Gründen der Transparenz in der Entscheidung zumindest im Kern darzustellen. Bei **Gebühren** lässt sich das **Kostendeckungsprinzip** nicht so streng wie bei Auslagen verfolgen, da sich nicht exakt berechnen lässt, wie viel ein bestimmtes Verfahren den Staat gekostet hat. Deshalb tritt zu dem Kostendeckungsprinzip das **Äquivalenzprinzip** hinzu.[9] Das bedeutet, dass zwischen der Gebühr für die Tätigkeit der Vergabekammer und dem Wert dieser Tätigkeit für die Beteiligten ein angemessenes Verhältnis bestehen muss. Damit ist die **wirtschaftliche Bedeutung des Gegenstandes** der gebührenpflichtigen Handlung für den Kostenschuldner **Ausgangspunkt** für die Gebührenbemessung.[10] Dies entspricht der Systematik des **§ 80**, dem **§ 128** nachgebildet wurde. Auf der Basis des Äquivalenzprinzips wurde von den Vergabekammern beim Bundeskartellamt eine gestaffelte **Gebührentabelle** entwickelt, die den geschätzten Auftragswerten bestimmte Gebührenbeträge zuordnet, damit die Kostenentscheidungen transparent bleiben und Gleichbehandlung gewahrt werden kann. Die meisten Vergabekammern der Länder haben diese Tabelle – vereinzelt mit geringfügigen Modifizierungen – übernommen. Die Festsetzung der Gebühren nach einer Staffeltabelle ist in der Rechtsprechung als zulässig akzeptiert worden.[11] Die Tabelle der Vergabekammern beim Bundeskartellamt ist nicht offiziell bekannt gemacht worden, wurde aber verschiedentlich veröffentlicht.[12] Anknüpfungspunkt für die Gebührenhöhe ist danach die **Bruttoauftragssumme,** die sich danach bestimmt, von welchem objektiven Wert der zu vergebenden Leistungen zum Zeitpunkt der Stellung des Nachprüfungsantrages ausgegangen werden durfte.[13] Für die Bemessung des Bruttoauftragswerts ist von **§ 3 VgV** zur Schätzung des Auftragswerts auszugehen. Sind danach **Optionsrechte** oder **Vertragsverlängerungen** vorgesehen, sind diese bei der Berechnung des Bruttoauftragswertes zu berücksichtigen.[14]

5 **Die Möglichkeit, Gebühren aus Gründen der Billigkeit zu senken,** besteht sowohl nach **Abs. 2 als auch nach Abs. 3,** wobei sie unter den Voraussetzungen des Absatzes 3 ganz entfallen können. In der Praxis werden die Sachverhalte häufig nah beieinander liegen, so dass hier keine praktischen Probleme auftreten. **Basis für die Absenkung der Gebühr können Überlegungen sein,** inwieweit der Vergabekammer durch eine frühzeitige Antragsrücknahme nur geringer Aufwand entstanden ist oder die volle Gebühr angesichts des geschätzten Auf-

---

[5] OLG Brandenburg v. 7. 5. 2008, Verg W 2/08.

[6] Gesetzesbegründung, Teil B. zu Nr. 23 (§ 128).

[7] OLG Brandenburg v. 7. 5. 2008, Verg W 2/08, OLG Hamburg, Kurzdarstellung in IBR 2009, 51 unter Hinweis auf OLG Koblenz, NZBau 2006, 740; OLG Naumburg v. 9. 4. 2009, 1 Verg 1/09.

[8] OLG Koblenz NZBau 2006, 740.

[9] OLG Hamburg, Kurzdarstellung in IBR 2009, 51, OLG Brandenburg v. 7. 5. 2008, Verg W 2/08, jeweils mwN.

[10] OLG Hamburg, Kurzdarstellung in IBR 2009, 51, OLG Brandenburg v. 7. 5. 2008, Verg W 2/08.

[11] HM. OLG Hamburg, Kurzdarstellung in IBR 2009, 51, OLG Brandenburg v. 7. 5. 2008, Verg W 2/08.

[12] ZB. *Dreher/Stockmann* RdNr. 5.

[13] OLG Naumburg v. 9. 4. 2009, 1 Verg 1/09, OLG Düsseldorf v. 10. 11. 2008, VII – Verg 45/08.

[14] OLG Düsseldorf v. 10. 11. 2008, VII – Verg 45/08.

tragswerts nicht adäquat erscheint und uU den Antragsteller wirtschaftlich in Schwierigkeiten bringen würde. Berücksichtigt werden kann auch, welche Informationen der öffentliche Auftraggeber dem Antragsteller gegeben hat, um ihm eine sachgerechte Prüfung der Erfolgsaussichten eines Nachprüfungsantrages zu ermöglichen (liegt der Bieter mit dem Preis auf einem der hinteren Ränge, so dass ihm eine Korrektur eines ggf. vorhandenen Fehlers nicht weiterhelfen würde, enthält ihm der Auftraggeber aber diese Information vor, kann die Auferlegung einer nicht abgesenkten Gebühr ungerecht erscheinen). Praktisch kommt die Möglichkeit überwiegend in den Fallgestaltungen des Abs. 3 zur Anwendung (vgl. dort). Zu entscheiden ist nach pflichtgemäßem Ermessen, wobei bei sich aufdrängenden Sachverhalten die Erwägungen hierzu darzulegen sind. Im Falle eines Nachprüfungsverfahrens, in dem die Vergabeakten nicht beigezogen werden mussten und keine mündliche Verhandlung durchzuführen war, wurde es als Ermessensfehler angesehen, **ohne jede Begründung** nicht die Mindestgebühr, sondern die Basisgebühr festzusetzen.[15] **Die Möglichkeit, die Regelhöchstgebühr bis zu ihrem doppelten Wert zu erhöhen,** ist ausdrücklich auf **Einzelfälle mit bestimmten Voraussetzungen** begrenzt. Nur wenn die Voraussetzung des **außergewöhnlich hohen Aufwandes** oder der **außergewöhnlich hohen wirtschaftlichen Bedeutung** vorliegen, kann von dieser Möglichkeit Gebrauch gemacht werden. Als erhöhter Aufwand können besonders umfangreiche und komplexe Verfahren oder auch ein während des Nachprüfungsverfahrens gestellter **Antrag auf Zuschlagsgestattung nach § 115 Abs. 2** in Betracht kommen. Da die Regelhöchstgebühr schon einen sehr hohen Auftragswert voraussetzt, muss der wirtschaftliche Wert für eine Erhöhung der Gebühr deutlich über den Bruttoauftragswerten liegen, die ansonsten hier zugeordnet werden. Die Gebühr ist **nicht automatisch zu verdoppeln,** sondern auch die Erhöhung muss nach pflichtgemäßem Ermessen an dem Maß des Mehraufwandes oder dem Mehr an wirtschaftlicher Bedeutung orientiert werden. In der Praxis wird dieser Fall zu Recht selten bleiben, da nicht über die Kosten der Weg in den Rechtsschutz blockiert werden darf.

III. Kostengrundentscheidung (Abs. 3)

1. Kostenlast (Satz 1 und 2). Die Kosten trägt, wer im Nachprüfungsverfahren unterliegt.   6
Abs. 3 erfasst trotz der zwischen den Begriffen „Gebühren" und „Kosten" wechselnden Terminologie die Gebühren (und Kosten) der Vergabekammer. Für die **Beurteilung des Unterliegens** eines Beteiligten im Nachprüfungsverfahren ist der Ausgang des Verfahrens im Verhältnis zu den gestellten Anträgen maßgeblich. Dies erfordert eine wertende Betrachtung, da die Vergabekammer **gemäß § 114 Abs. 1 Satz 2** an die gestellten Anträge nicht gebunden ist.[16] Da es üblicherweise **Ziel des Auftraggebers** ist, sein Vergabeverfahren im begonnenen Sinne fortzuführen, kommt es unabhängig vom konkret formulierten Nachprüfungsziel deshalb darauf an, ob die Vergabekammer eine Verletzung der subjektiven Rechte des antragstellenden Unternehmens feststellt, in das Vergabeverfahren eingreift und Maßnahmen ausspricht, um die Rechtmäßigkeit des Verfahrens wieder herzustellen. Bei den **Zielen des antragstellenden Unternehmens** ist wertend die Zielrichtung des konkreten Antrags zu betrachten: entspricht die Entscheidung der Vergabekammer der Zielrichtung des Antrags, wenn auch aus anderem Grund, ist vom Unterliegen des öffentlichen Auftraggebers auszugehen. Wurden mehrere Anträge gestellt (Haupt- und Hilfsanträge), mit denen verschiedene Ziele verfolgt werden (zB Neubewertung, hilfsweise Aufhebung), kann daher ein anteiliges Unterliegen in Betracht kommen. Da die Regelung die Kostenlast den unterliegenden Beteiligten zuordnet, **soweit** sie unterliegen, hat ein **teilweises Obsiegen oder Unterliegen** eine entsprechende **Kostenteilung** zur Folge.

Beigeladene können ebenfalls obsiegen oder unterliegen, wenn sie **durch eigene Anträge,**   7
Schriftsätze oder die Abgabe von Erklärungen in der mündlichen Verhandlung ein **Rechtsschutzziel erkennen lassen.** Beteiligt sich das beigeladene Unternehmen hingegen nicht am Verfahren und zeigt auch keine – ein Beitritt als Streithelfer vergleichbare – Unterstützungshandlung, kommt auch eine kostenrechtliche Beteiligung nicht in Betracht. Allein auf Information gerichtete Handlungen wie Akteneinsichtnahme oder Teilnahme an der mündlichen Verhandlung sowie die Beantwortung von Fragen oder allgemeine Hinweise zum Sachverhalt in der mündlichen Verhandlung lassen kein Rechtsschutzziel erkennen.[17] Wenn keine Anträge

---

[15] OLG Hamburg, Kurzdarstellung in IBR, 2009, 1.
[16] OLG Frankfurt NZBau 2000, 101 f., OLG Naumburg v. 9. 10. 2008, 1 Verg 8/08.
[17] HM., BGHZ 169, 131, 152 f., OLG München VergabeR 2008, 716 f.; OLG Celle VergabeR 2009, 105.

gestellt werden, muss die Unterstützungshandlung vergleichbar eindeutig ein Rechtsschutzziel erkennen lassen. Die rein informelle Teilnahme am Nachprüfungsverfahren führt grundsätzlich weder zur Kostenbeteiligung noch zur Kostenerstattung.[18]

8   Die Haftung mehrerer Kostenschuldner als **Gesamtschuldner** richtet sich nach den zivilrechtlichen Bestimmungen der **§§ 421 ff. BGB,** insbesondere gilt auch **§ 426 BGB** für den Ausgleich im Innenverhältnis.

9   **2. Kostenlast bei Verschulden (Satz 3).** Die Regelung zur Kostenlast bei Verschulden (Satz 3) wurde neu eingeführt. Die Gesetzesbegründung führt dazu aus, dass mit dieser Änderung „zB das „Verschulden" einer Antragstellung bei der Kostenfestsetzung zu berücksichtigen und die Kosten aufzuteilen" ermöglicht werde.[19] Denkbar sind hier Fälle, in denen ein Unternehmen zur **Antragstellung veranlasst wurde durch vorenthaltene oder fehlerhafte Informationen** des öffentlichen Auftraggebers, zB durch eine falsche Begründung in der Information über den Ausgang des Vergabeverfahrens oder die Verweigerung der Auskunft darüber, auf welchem Rangplatz das eigene Angebot in der Wertung gelangt ist. Wird nicht der zutreffende Grund für den Misserfolg des eigenen oder den Erfolg des ausgewählten Angebots mitgeteilt und dadurch der Nachprüfungsantrag provoziert, dieser aber nach Kenntnis der tatsächlichen Lage zurückgenommen, kann anders als bisher bei der Kostenentscheidung berücksichtigt werden, dass der Antrag bei zutreffender Information des Unternehmens nicht gestellt worden wäre. Verschulden kann auch in einer Verzögerung eines sich aufdrängenden Verhaltens liegen. Erkennt der Auftraggeber, dass die Rüge berechtigt ist, wartet aber ab, ob und bis tatsächlich ein Nachprüfungsantrag gestellt wird, ehe er dem Begehren des Antragstellers entspricht, hat er damit den Nachprüfungsantrag „verschuldet". Es wäre nicht sachgerecht, dem Antragsteller die Kosten aufzuerlegen. Für die Frage des Verschuldens ist zu berücksichtigen, dass Vergabeverfahren als Geheimwettbewerbe durchgeführt werden und dem antragstellenden Unternehmen regulär nur die Bekanntmachung, die Verdingungsunterlagen und ggf. die Information über die beabsichtigte Zuschlagserteilung als Grundlage für die Abwägung, ob ein Nachprüfungsantrag sinnvoll sein kann, zur Verfügung steht. **Der sachgerechten und umfassenden Information durch den Auftraggeber im Rahmen der Mitteilung über den beabsichtigten Zuschlag oder im anschließenden Rügeverfahren kommt daher für die Frage des Verschuldens hohe Bedeutung zu,** dies um so mehr, als nach der neuen Regelung des **§ 107 Abs. 3 Nr. 4** dem nicht erfolgreichen Unternehmen nach Zurückweisung der Rüge nur 15 Tage bleiben, um den Nachprüfungsantrag zu stellen, da nach Ablauf dieser Frist der Antrag unzulässig wäre. Diese Frist wird in der Regel nicht für umfangreiche oder tiefgründige eigene Ermittlungen eines Unternehmens reichen, das Rechtsschutz in Anspruch nehmen will. Umgekehrt kann hier, unabhängig von ggf. möglichen Schadensersatzansprüchen aus **§ 125,** auch eine **besonders leichtfertige oder missbräuchliche Antragstellung** berücksichtigt werden, wenn der Antragsteller den Sachverhalt auch im Rahmen der gegebenen Möglichkeiten gar nicht erst geprüft hat oder sich nicht wirklich Erfolgsaussichten verspricht, sondern andere Motive, zB die Störung des weiteren Verfahrens für die Antragstellung ausschlaggebend waren.

10   **3. Antragsrücknahme oder anderweitige Erledigung (Satz 4).** Bei **Antragsrücknahme oder anderweitiger Erledigung (Satz 4)** vor einer bestandskräftigen Entscheidung der Vergabekammer hat der Antragsteller die Hälfte der Gebühr zu entrichten. Erfolgt die Antragsrücknahme, weil der **Auftraggeber dem Begehren des Antragstellers entsprochen** hat, ist von einem **Unterliegen des Auftraggebers** auszugehen.[20] **Erledigung** kann jedes das Vergabeverfahren oder das Nachprüfungsverfahren beendende Ereignis sein, zB die Herstellung des rechtmäßigen Zustandes des Vergabeverfahrens durch den Auftraggeber, dem auch während des Nachprüfungsverfahrens eigene Korrekturen an seinem Verfahren nicht verwehrt sind oder eine Einigung der Beteiligten außerhalb des Nachprüfungsverfahrens. Eine **Antragsrücknahme nach abweisender Entscheidung durch die Vergabekammer,** aber vor Bestandskraft des Beschlusses, ist zulässig[21] und führt trotz des bei der Vergabekammer entstandenen Aufwandes eines vollständig durchgeführten Nachprüfungsverfahrens zur Halbierung der Gebühren.

---

[18] HM., zB Zur Erstattung an Beigeladene: OLG Düsseldorf VergabeR 2003, 111 f.; zur Erstattungspflicht von Beigeladenen: OLG Düsseldorf NZBau 2000, 440 f.

[19] Gesetzesbegründung, Teil B, Nr. 23 (§ 128) zu lit. c.

[20] Vergabekammer des Bundes v. 16. 2. 2004, VK 2–24/04.

[21] BGH VergabeR 2009, 607, BGH NZBau 2009, 466; abweichend mit beachtlichen Gründen, aber zeitlich vor der BGH-Entscheidung: OLG Karlsruhe, VergabeR 2009, 100.

4. Kostenentscheidung nach Billigkeitsgesichtspunkten (Satz 5). Abs. 3 lässt in **Satz 5** 11
eine Kostenentscheidung nach Billigkeitsgesichtspunkten zu. **Satz 5** ist mit der Reform 2009
neu aufgenommen worden und eröffnet eine Möglichkeit, **in Ausnahmefällen** zu einer
vom Grundsatz des Satz 1 abweichenden Entscheidung über die Kostenlast zu kommen. Die
Regelung trägt dem Umstand Rechnung, dass die Antragsrücknahme oder die Erledigung häufig auf Umständen außerhalb des Nachprüfungsverfahrens beruhen, die sowohl von Auftraggeberseite als auch von Seiten des antragstellenden Unternehmens verursacht worden sein können.
Für die Frage der Billigkeit kann daher entscheidend sein, ob der Auftraggeber einlenkt und
dem Begehren des Antragstellers nachkommt oder ob der Antragsteller nach Akteneinsicht wegen erkannter Aussichtslosigkeit seinen Antrag zurücknimmt. Grundsätzlich sind die für das
Verschulden (RdNr. 9) maßgeblichen Gesichtspunkte auch hier zu berücsichtigen. Ins Gewicht fallen kann daher auch hier, inwieweit das Informationsschreiben des Auftraggebers zum
Ausgang des Wettbewerbs durch Mangel- oder Fehlerhaftigkeit zur Antragstellung beigetragen hat, die Art des gegenseitigen Entgegenkommens bei einer Einigung außerhalb des Nachprüfungsverfahrens sowie **der Sach- und Streitstand** und die **Erfolgsaussichten des Antrages**
im Zeitpunkt der Erledigung.

5. Gebührenermäßigung oder Gebührenbefreiung (Satz 6). Gebührenermäßigung 12
oder Gebührenbefreiung aus Billigkeitsgründen sieht **Satz 6** vor. Es liegt im Ermessen der
Nachprüfungsinstanzen, hierüber zu befinden und die **Ermessenserwägungen in der Entscheidung** transparent zu machen. Hinweise zu möglichen Kriterien lassen sich aus Abs. 2 ziehen, in dem für die Erhöhung der Regelhöchstgebühr **beispielhaft** der **Aufwand der Vergabekammer** oder die **wirtschaftliche Bedeutung für die Beteiligten** genannt sind. Diese
Kriterien können ebenso umgekehrt gelten, um eine Minderung der Gebühr zu begründen.
Kriterien für die Ermäßigung oder die völlige Gebührenbefreiung können daher der bei der
Vergabekammer entstandene Aufwand, der Stand des Verfahrens zum Zeitpunkt der Antragsrücknahme oder der Erledigung, der wirtschaftliche Wert des Nachprüfungsverfahrens für den
Antragsteller oder den Antragsgegner und, soweit sie an den Kosten zu beteiligen sind, für die
Beigeladenen, sein. Die Regelung besteht neben den schon definierten Fällen der Antragsrücknahme und der Erledigung, für die die Reduzierung der Gebühr auf die Hälfte bestimmt ist,
und kann zu einer über die Hälfte der Gebühr hinaus gehenden Reduzierung führen. Die Entscheidung kann für **jeden Beteiligten unterschiedlich** ausfallen. Hier wird zu berücksichtigen
sein, in welchem Maß welche Beteiligten zu einer zügigen Aufklärung des Sachverhaltes und
zur Erledigung beigetragen oder durch zurückhaltende oder irreführende Information zur Antragstellung, zur Dauer des Verfahrens oder zum Aufwand der Vergabekammer beigetragen
haben. Setzt die Vergabekammer die Kosten des Verfahrens **auf die sofortige Beschwerde
der Kostenschuldnerin herab,** liegt darin keine Beschwer der obsiegenden Partei, so dass
keine sofortige Beschwerde der obsiegenden Partei gegen die Gebührenabsenkung möglich
ist.[22]

Hinsichtlich der **Höhe** ist zunächst immer von der vollen Gebühr auszugehen. Im Falle der 13
Antragsrücknahme oder anderweitigen Erledigung ist diese Gebühr zu halbieren. Je nach Sach-
verhalt ausgehend von der vollen oder halbierten Gebühr, sind die Überlegungen zur weiteren
Reduzierung vorzunehmen. Die Reduzierungsmöglichkeiten erfassen nur die Gebühren der
Vergabekammer, nicht die Kosten der Beteiligten.

IV. Aufwendungsersatz (Abs. 4)

1. Kostenerstattung an Antragsgegner und Beigeladene (Satz 1 und 2). Die Kosten 14
der notwendigen Aufwendungen der zweckentsprechenden Rechtsverfolgung (**Abs. 4**) trägt
der unterliegende Beteiligte, soweit er unterliegt. Aus redaktionellen Gründen ist die Erstat-
tungsregelung zu Entscheidungen der Vergabeprüfstellen in Satz 1 in Folge des Wegfalls von
§ 103 ebenfalls weggefallen. Nach Satz 1 hat der unterlegene Antragsteller die **zweckentsprechenden Aufwendungen des Antragsgegners** zu tragen. Hinsichtlich der **zweckentsprechenden Aufwendungen der Beigeladenen** besteht nach Satz 2 eine Erstattungspflicht nur,
wenn die Vergabekammer sie **aus Billigkeitsgründen** dem Antragsteller auferlegt hat. Grundsätzlich gelten für die Übertragung der Kosten der Beigeladenen aus Billigkeitsgründen die Ausführungen zu RdNr. 7 auch hier. Wenn sich das beigeladene Unternehmen **mit eigenen Anträgen** oder in eindeutiger anderer Form zu einem bestimmten Rechtsschutzziel bekennt und

---

[22] OLG Frankfurt am Main v. 16. 2. 2009, 11 Verg 17/08.

aktiv auf den Ausgang des Nachprüfungsverfahrens einwirkt, findet eine Kostenbeteiligung oder eine Kostenerstattung statt. War ein Unternehmen verfahrensrechtlich zwangsläufig beizuladen, beteiligt sich jedoch nur informell, wäre es unbillig, dem Antragsteller die Kosten aufzuerlegen.[23] Wird ein **Antrag auf Gestattung des Zuschlages** zurückgenommen oder abgewiesen, ist dies in der Kostenentscheidung durch entsprechende Teilung der Kosten zu berücksichtigen. Hat ein Beigeladener den Eilantrag gestellt, der aus Gründen erfolglos geblieben ist, die allein bei ihm liegen, (im konkreten Fall war der Antrag unzulässig), sind ihm auch die Kosten aufzuerlegen.[24]

15   **2. Begriff der Aufwendungen.** Der Begriff der Aufwendungen entspricht dem Begriff in **§ 162 Abs. 1 VwGO** und umfasst die Auslagen der Beteiligten sowie ggf. ihrer Bevollmächtigten. Zu den Auslagen können Kosten für Fotokopien, Reisekosten zur Akteneinsicht oder zur mündlichen Verhandlung, ggf. Übersetzungs- oder Versandkosten gehören. Die Aufwendungen müssen der zweckentsprechenden Rechtsverfolgung dienen. Daraus ergibt sich, dass ein öffentlicher Auftraggeber keine Aufwendungen geltend machen kann, die ihm im Rahmen seiner üblichen Pflichten, zB der Pflicht zur Durchführung rechtmäßiger Vergabeverfahren, entstanden sind. Nicht erstattungsfähig sind daher zB die Honorare für technische oder rechtliche Beratung in der Vorbereitung und Durchführung des Vergabeverfahrens, die der öffentliche Auftraggeber ohne das Nachprüfungsverfahren ohnehin selbst tragen müsste. Ob die Aufwendungen der zweckentsprechenden Rechtsverfolgung dienen, ist nach den Gegebenheiten des Einzelfalles zu entscheiden und kann daher zu gleichen Kostenfaktoren durchaus unterschiedlich ausfallen, zB kann die Notwendigkeit der Hinzuziehung von Rechtsbeistand bei den verschiedenen Beteiligten unterschiedlich zu beurteilen sein. Nach **§ 80 VwVfG** und den entsprechenden Regelungen der Länder sind die Aufwendungen für die Hinzuziehung von Rechtsbeistand erstattungsfähig, wenn die Hinzuziehung notwendig war.

16   **3. Notwendigkeit der Hinzuziehung von anwaltlichem Rat.** Ob die Hinzuziehung eines Rechtsbeistandes durch einen öffentlichen Auftraggeber notwendig war, richtet sich nach den Umständen des Einzelfalles. Bei der Abwägung der Einzelfallumstände ist zu berücksichtigen, ob die Problematik des Nachprüfungsverfahrens mehr auf auftragsbezogenen Sach- oder auf Rechtsfragen beruht und der öffentliche Auftraggeber über hinreichend juristisch geschultes Personal verfügt, welches zur Bearbeitung der im jeweiligen Nachprüfungsverfahren relevanten Sach- und Rechtsfragen in der Lage ist, aber auch, dass das Nachprüfungsverfahren unter einem enormen Beschleunigungs- und Zeitdruck steht und das Vergaberecht eine komplexe Rechtsmaterie mit Vorschriften aus dem nationalen und dem europäischen Recht darstellt, die nicht immer im Gleichklang stehen. Ggf. kann auch der Gesichtspunkt der Waffengleichheit hinzukommen.[25] Die Rechtsprechung der Oberlandesgerichte ist in der Bewertung der Notwendigkeit der Hinzuziehung von Rechtsbeistand für den öffentlichen Auftraggeber im Maßstab etwas unterschiedlich. Während OLG Düsseldorf weitgehend generell von der Notwendigkeit der Hinzuziehung von Rechtsbeistand auch für den Auftraggeber ausgeht, differenzieren OLG München und OLG Koblenz etwas strenger. Grundsätzlich sind die Kriterien aus der Entscheidung des OLG München (Fn. 25) sachgerecht. Weder eine zu strenge noch eine gleichförmig zusprechende Praxis werden der Regelung gerecht. Gerade wenn zentrale Beschaffungsbehörden oder eigene Beschaffungsdezernate geschaffen wurden, deren alleinige oder Kernaufgabe in der Vorbereitung und Durchführung von Vergabeverfahren besteht, ist grundsätzlich davon auszugehen, dass damit das notwendige Expertenwissen dort gebündelt wurde. Zwar ist die Vorbereitung und Durchführung eines Vergabeverfahrens nicht gleichzusetzen mit einem Nachprüfungsverfahren, jedoch muss eine Fachbehörde oder ein Fachdezernat sowohl in tatsächlicher wie in rechtlicher Hinsicht ihr Handeln darstellen und erläutern können. Nichts anderes wird im Nachprüfungsverfahren verlangt. Die Anerkennung der Notwendigkeit von zusätzlichem externem Rechtsbeistand müsste in diesem Fall gesondert begründet werden, wobei der Hinweis auf die Besonderheiten des Nachprüfungsverfahrens nicht reichen sollte. **Immerhin besteht auch eine selbstverständliche Pflicht aller Beteiligten, die Kosten nicht unnötig in die Höhe zu treiben.** Für die **Hinzuziehung eines Rechtsbeistandes für das antragstellende Unternehmen** können ähnliche Kriterien berücksichtigt werden. Handelt es sich um ein großes Unternehmen mit eigener Rechtsabteilung, ggf. mit eigenem Dezernat zur

---

[23] HM., BGHZ 169, 131, 152 f., OLG München VergabeR 2008, 716 f., OLG Düsseldorf VergabeR 2003, 111 f.; OLG Düsseldorf NZBau 2000, 440 f.
[24] OLG Celle VergabeR 2007, 650 = NZBau 2008, 79.
[25] OLG München v. 11. 6. 2008, Verg 6/08 mit Hinweis auf OLG Koblenz.

Vorbereitung von Angeboten, das sich häufig an europaweiten Ausschreibungen beteiligt und damit über eigenes Expertenwissen verfügt oder handelt es sich um ein Unternehmen, das sich generell bei Bedarf externen Rechtsbeistandes bedient, handelt es sich um reine Sachfragen (zB ob ein technisches Element richtig und produktneutral beschrieben wurde) oder liegt die Kernfrage im rechtlichen Bereich. Auch für das antragstellende Unternehmen ist ein großzügiger Maßstab anzulegen. Die Rechtsprechung erkennt in der Regel die Notwendigkeit der Hinzuziehung von externem Rechtsbeistand bei antragstellenden Unternehmen an. Für die **Notwendigkeit der Hinzuziehung von Rechtsbeistand für die Beigeladenen** ist neben der Frage des vorhandenen eigenen Sachverstandes die Frage von Bedeutung, ob sich der Nachprüfungsantrag gegen die Eignung oder das Angebot der Beigeladenen richtet, so dass ein Verteidigungsnotstand[26] eintritt. Hier wird die Notwendigkeit einer qualifizierten Verteidigung in der Regel von den Vergabekammern und den Oberlandesgerichten anerkannt. Liegt jedoch die bloße verfahrensrechtlich unumgängliche Beteiligung als ausgewähltes Unternehmen vor, das nicht angegriffen wird, weil sich die Kritikpunkte des Antragstellers auf Sachverhalte aus der Sphäre des Auftraggebers, zB die Art der Leistungsbeschreibung oder die Eignungskriterien, beziehen, kann die Hinzuziehung eines Rechtsbeistandes unnötig sein. Zu beurteilen ist auch hier die Situation im Einzelfall nach einem großzügigen Maßstab.

4. Kostenerstattung bei Antragsrücknahme (Satz 3). Im Falle der Antragsrücknahme **17** sind die notwendigen Aufwendungen der anderen Beteiligten vom Antragsteller zu tragen. Eine Entscheidung nach Billigkeitserwägungen wie in **Abs. 3 Satz 5** zu den Kosten der Vergabekammer findet nicht statt, ebenso besteht keine Ermäßigungsmöglichkeit wie in **Abs. 3 Satz 6.** Die Antragsrücknahme ist **einem Unterliegen nicht gleichzusetzen,** so dass grundsätzlich keine Kostenerstattung gegenüber den anderen Beteiligten stattfinden würde. Ein Unterliegen wäre nur gegeben, wenn durch eine Vergabekammerentscheidung das Begehren des Antragstellers ganz oder teilweise als unzulässig oder unbegründet beurteilt worden wäre. Damit bestand nach der alten Fassung der Regelung ein Kostenrisiko für die zwangsläufig am Nachprüfungsverfahren Beteiligten. Der BGH hatte hierzu festgestellt, dass die Regelung im Einklang mit anderen prozessrechtlichen Vorschriften stehe, da auch **§§ 91, 91 a, 92 ZPO und § 80 Abs. 1 VwVfG** vergleichbare Regelungen enthalten. Da **§ 128 Abs. 3** sich mit Rücknahme und Erledigung befasse, liege auch keine planwidrige Regelungslücke vor, die in Analogie zu Vorschriften, die eine Erstattung ermöglichten, geschlossen werden müsse.[27] Um diese Situation abzuändern, trifft **Abs. 4** die **neu aufgenommene ausdrückliche Regelung,** dass in diesem Fall die notwendigen Aufwendungen der Rechtsverfolgung der anderen Beteiligten zu tragen sind, so dass eine nach der bisherigen Rechtslage vorhandene „Erstattungslücke" geschlossen wurde. Nach der Gesetzesbegründung[28] entspricht die Aufwendungsregelung dem verwaltungsrechtlichen Kostengrundsatz nach **§§ 155 Abs. 2, 12 Abs. 1 VwGO.** Dabei werde dem Gedanken Rechnung getragen, dass die Antragsrücknahme regelmäßig nur in den Fällen erfolge, in denen die Abweisung des Nachprüfungsantrages vermieden werden solle. Die Einführung einer Billigkeitserwägung entsprechend **§ 269 Abs. 3 ZPO** sei deshalb nicht geboten gewesen. Die Regelung benachteilige die Antragsteller nicht unangemessen, da sie durch das Kriterium „zweckentsprechend" begrenzt werde. So bestehe für den Auftraggeber bei der Klärung rein auftragsbezogener Sach- und Rechtsfragen oftmals keine Notwendigkeit der anwaltlichen Beratung, so dass entsprechende Aufwendungen nicht mehr zweckentsprechend seien. Der auch in der alten Fassung schon vorhandene Hinweis auf **§ 80 VwVfG** und die entsprechenden Bestimmungen der Verwaltungsverfahrensgesetze der Länder in Satz 4 macht deutlich, dass mit „zweckentsprechend" auch hier die **Notwendigkeit der Aufwendungen** gemeint ist. Die Ausführungen zu RdNr. 16 gelten daher auch für die Beurteilung der zweckentsprechenden Rechtsverfolgung im Falle der Antragsrücknahme. Zu berücksichtigen ist hier **zusätzlich der Verfahrensstand.** Wird der Antrag sehr früh, zB sofort nach erhaltener Akteneinsicht oder auf einen rechtlichen Hinweis der Vergabekammer, den diese nach Sichtung der Akten erteilt hat, zurückgenommen, kann die Hinzuziehung von Rechtsbeistand für den öffentlichen Auftraggeber und, soweit schon Beiladungen erfolgt sind, für die Beigeladenen nicht erforderlich sein. Eine **Antragsrücknahme nach abweisender Entscheidung durch die Vergabekammer,** aber vor Bestandskraft des Beschlusses, ist zulässig.[29] Die Regelung stellt aber sicher, das die

---

[26] OLG Saarbrücken v. 9. 1. 2009, 1 Verg 1/08.
[27] BGH NZBau 2006, 196, BGH NZBau 2006, 392 f.
[28] Gesetzesbegründung, Teil B, Nr. 23 (§ 128) zu lit. c.
[29] BGH VergabeR 2009, 607, BGH NZBau 2009, 466.

Kostenlast gegenüber den anderen Beteiligten erhalten bleibt, da ansonsten jeder unterlegene Antragsteller die ihn treffende Kostenlast durch die zeitlich zurückwirkende Antragsrücknahme zu Lasten der anderen Beteiligten beseitigen könnte. (Einen entsprechenden Fall hatte das OLG Dresden noch nach der alten Fassung zu entscheiden. Die Entscheidung stellte schon klar, dass eine zeitlich zurückwirkende Antragsrücknahme auf die Pflicht zum Aufwendungsersatz keinen Einfluss hat.[30])

18   **5. Kostenfestsetzungsverfahren (Satz 5).** Ein **gesondertes** Kostenfestsetzungsverfahren findet nach dem neu eingeführten **Satz 5** nicht statt. Damit ist eine in der Vergangenheit häufig auftretende Frage beantwortet, die sich aus dem Bedürfnis nach einem vollstreckbaren Titel ergab. Da die Vergabekammern der Verwaltung angehören, können sie die auf Antrag erteilten Kostenfestsetzungen nicht für vollstreckbar erklären. Bisher mussten daher Antragsteller und Beigeladene den mit der Kostenfestsetzung bestätigten Betrag einklagen, während der öffentliche Auftraggeber, jedenfalls, soweit es sich um eine Behörde handelt, eine vollstreckbare Ausfertigungen für seine eigene Forderungen erlassen konnte. Mit der neuen Regelung, die ein gesondertes Kostenfestsetzungsverfahren ausschließt, sind nun alle Beteiligten darauf angewiesen, ihre gegenseitigen Kosten, wenn sie streitig sind, einzuklagen.

V. Kosten im Beschwerdeverfahren

19   Das Beschwerdeverfahren ist ein zivilprozessrechtliches Verfahren, dass in seiner Funktion und Stellung im Rechtsweg einem **Berufungsverfahren** gleichkommt. Die Kosten richten sich deshalb nach den für den Zivilprozess geltenden Regeln. Die Gerichtskosten sind nach dem Gerichtskostengesetz zu bemessen. Die Frage der Kostentragung richtet sich nach den **§§ 91 ff. ZPO** sowie den weiteren Bestimmungen in der ZPO zur Kostenlast bei Antragsrücknahme (**§ 516 f ZPO**). Da das GWB keine eigene Regelung zur Kostentragung im Beschwerdeverfahren trifft, werden die Bestimmungen der ZPO **analog** auf das Beschwerdeverfahren angewandt.[31] Danach hat auch im Beschwerdeverfahren die Kosten zu tragen, wer unterliegt. Auch im Beschwerdeverfahren sind die Kosten der Beigeladenen nur zu tragen, wenn sie sich mit eigenen Anträgen am Verfahren beteiligt haben. Nimmt ein beigeladenes Unternehmen seinen Antrag zurück oder wird der Antrag abgewiesen aus Gründen, die in der Sphäre des Unternehmens liegen, zB bei Unzulässigkeit des Antrages, ist das bei der Kostenentscheidung zu berücksichtigen. Im konkreten Fall hatte der Senat dem beigeladenen Unternehmen die Kosten für einen unzulässigen Eilantrag nach § 118 1 Satz 3 gemäß § 96 ZPO analog auferlegt.[32]

VI. Rechtsanwaltskosten

20   Die Höhe der Rechtsanwaltsgebühren richtet sich nach dem RVG. Für seine Tätigkeit im Nachprüfungsverfahren vor der Vergabekammer verdient der Rechtsanwalt in Ermangelung eines konkreten Gebührentatbestandes eine **Geschäftsgebühr nach Teil 2 Abschnitt 3 des Vergütungsverzeichnisses** zum Rechtsanwaltsvergütungsgesetz (RVG).[33] Diese Gebühr bemisst sich nach **§ 2 Abs. 2 RVG** iVm. den Gebührentatbeständen **Nr. 2300 und 2301.** Das Nachprüfungsverfahren ist gemäß **§ 128 Abs. 4 iVm. § 80 VwVfG** einem Widerspruchsverfahren gleichgestellt.[34] Die Gebührentatbestände sind daher **analog** genauso anzuwenden wie im verwaltungsrechtlichen Vorverfahren.[35] Das bedeutet, dass ein Rechtsanwalt, der **erstmalig im Nachprüfungsverfahren** hinzugezogen wird, die Gebühr nach **VV 2300 analog** erhält.[36] War er **bereits im Vergabeverfahren** beratend tätig, steht ihm eine Gebühr nach **VV 2301 analog** zu.[37] Die Gleichsetzung mit der Tätigkeit in einem Verwaltungsverfahren vor Erlass des erstrebten Verwaltungsaktes war zunächst streitig und wurde von den Oberlandesgerichten

---

[30] OLG Dresden v. 16. 11. 2006 unter Bezug auf BGH VergabeR 2006, 73; so auch OLG Karlsruhe, VergabeR 2009, 100; zur Antragsrücknahme im Beschwerdeverfahren: OLG Frankfurt, VergabeR 2009, 104 (keine Erstattung der außergerichtlichen Kosten des Auftraggebers vor der VK); ebenso BGH zu Auslagen, VergabeR 2009, 607.

[31] BGHZ 146, 202.

[32] OLG Celle VergabeR 2007, 650 = NZBau 2008, 79.

[33] BayObLG VergabeR 2005, 406.

[34] BGHZ NZBau 2004, 285 (Erledigung); BGH VergabeR 2006, 73 (Antragsrücknahme); aA. mit beachtlichen Argumenten: OLG München, VergabeR 2009, 106.

[35] BT-Drucks. 13/9340, 23.

[36] *Gerold/Schmitt/Mader* VV 2300 2301 RdNr. 30.

[37] BGH v. 23. 9. 2008, X ZB 19/07; VergabeR 2009, 39.

München und Düsseldorf unterschiedlich gesehen.[38] Der BGH auf eine Vorlage des OLG Düsseldorf die dort vertretene Auffassung bestätigt. Auch das Widerspruchsverfahren diene der Nachprüfung eines Verwaltungsaktes, der in einem vorangegangenen Verwaltungsverfahren ergangen sei. Habe bereits eine Vertretung in dem vorausgegangenen Vergabeverfahren stattgefunden, sei es für die entsprechende Anwendung des Gebührentatbestandes 2301 unerheblich, dass das Vergabeverfahren auf den zivilrechtlichen Abschluss eines Vertrages abziele.[39]

Aus der genannten BGH- Entscheidung, dort RdNr. 15 ff., geht auch hervor, dass ein Nach- **21** prüfungsverfahren **nicht automatisch den höchsten Satz der Gebühr** rechtfertigt. Zwar liegen den europaweit auszuschreibenden Aufträgen aufgrund der hohen Schwellenwerte regelmäßig Aufträge von großer wirtschaftlicher Bedeutung zugrunde, allerdings gibt es auch hier sich wiederholende Fragestellungen, die im Rahmen der Routine liegen können. Ohne Hinzutreten weiterer Gesichtspunkte ist daher zunächst nur eine mittlere bis leicht erhöhte Gebühr gerechtfertigt. Weitere Gesichtspunkte können nach § 14 Abs. 1 RVG zB der Umfang und die Schwierigkeit der anwaltlichen Tätigkeit, die Bedeutung der Angelegenheit sowie die Einkommensverhältnisse des Auftraggebers sein.

Die Erhöhungsgebühr nach VV 1008 tritt ein, wenn in derselben Sache mehrere juristi- **22** sche oder natürliche Personen Auftraggeber des Rechtsanwalts sind. Mit der Erhöhung soll dem Mehr an Informations- und Unterrichtungsaufwand Rechnung getragen werden, der aus der größeren Zahl der zu betreuenden Mandanten entsteht.[40] Für die denkbaren Gemeinschaften im Vergabewesen (Einkaufsgemeinschaft auf Auftraggeberseite, Bietergemeinschaft)[41] kommt eine Erhöhung nach VV 1008 jedoch nicht in Betracht, da sie regelmäßig einer BGB-Gesellschaft so weit angenähert sind, dass eine Gleichbehandlung gerechtfertigt ist.[42] Als Einkaufsgemeinschaft haben sie jeweils ein nach außen geschäftsführendes Mitglied, als Bietergemeinschaften müssen sie ein vertretungsberechtigtes Mitglied benennen, so dass der Mehraufwand entfällt, der der VV 1008 zugrunde liegt.

§ 129 Korrekturmechanismus der Kommission

(1) Erhält die Bundesregierung im Laufe eines Vergabeverfahrens vor Abschluss des Vertrages eine Mitteilung der Kommission der Europäischen Gemeinschaften, dass diese der Auffassung ist, es liege ein schwerer Verstoß gegen das Gemeinschaftsrecht im Bereich der öffentlichen Aufträge vor, der zu beseitigen sei, teilt das Bundesministerium für Wirtschaft und Technologie dies dem Auftraggeber mit.

(2) Der Auftraggeber ist verpflichtet, innerhalb von 14 Kalendertagen nach Eingang dieser Mitteilung dem Bundesministerium für Wirtschaft und Technologie eine umfassende Darstellung des Sachverhaltes zu geben und darzulegen, ob der behauptete Verstoß beseitigt wurde, oder zu begründen, warum er nicht beseitigt wurde, ob das Vergabeverfahren Gegenstand eines Nachprüfungsverfahrens ist oder aus sonstigen Gründen ausgesetzt wurde.

(3) Ist das Vergabeverfahren Gegenstand eines Nachprüfungsverfahrens oder wurde es ausgesetzt, so ist der Auftraggeber verpflichtet, das Bundesministerium für Wirtschaft und Technologie unverzüglich über den Ausgang des Nachprüfungsverfahrens zu informieren.

I. Entstehungsgeschichte und Normzweck

§ 129 enthielt bisher die Kostenregelung für die Verfahren vor den Vergabeprüfstellen. Da **1** mit der Aufhebung des § 103 die Vergabeprüfstellen im 4. Abschnitt des GWB nicht mehr erwähnt werden, hatten folgerichtig auch alle anderen Reglungen, die sich darauf bezogen, zu entfallen. Die seit der Reform 2009 in § 129 enthaltene Regelung dient der **Umsetzung des Art. 3 RL 89/665 und des Art. 8 RL 92/13** über den Korrekturmechanismus der europäischen Kommission. Die Regelung befand sich bisher in **§ 21 VgV**. Die Aufnahme in das GWB

---

[38] Für die Gebühr nach VV 2300 auch bei vorheriger Tätigkeit im Vergabeverfahren: OLG München VergabeR 2007, 266, NZBau 2007, 264; für eine Gebühr nach VV 2301 OLG Düsseldorf, Vorlagebeschluss v. 7. 5. 2007 VII-Verg 7/07.
[39] BGH v. 23. 9. 2008, X ZB 19/07 RdNr. 13; VergabeR 2009, 39.
[40] *Gerold/Schmidt/Müller-Rabe* VV 1008 RdNr. 37.
[41] OLG Düsseldorf NZBau 2007, 199; OLG Karlsruhe NZBau 2008, 78.
[42] *Gerold/Schmidt/Müller-Rabe* VV 1008 RdNr. 71.

dient der weiteren Ordnung der Vorschriften. Im 4. Abschnitt des GWB sollen alle Regelungen über die Nachprüfungsverfahren und die Nachprüfungsmöglichkeiten enthalten sein.[1]

II. Die Regelung

2 Die RL **89/66** zur Koordinierung der Rechts- und Verwaltungsvorschriften für die Anwendung der Nachprüfungsverfahren im Rahmen der **Vergabe öffentlicher Liefer- und Bauaufträge** sowie die Richtlinie **92/13** zur Koordinierung der Rechts- und Verwaltungsvorschriften für die Anwendung der Gemeinschaftsvorschriften über die **Auftragsvergabe im Bereich der Wasser-, Energie- und Verkehrsversorgung sowie im Telekommunikationssektor** führen übereinstimmend in den jeweiligen Erwägungsgründen aus, dass es erforderlich sei, eine Stärkung der Garantien für einen diskriminierungsfreien und transparenten Wettbewerb vorzunehmen. Der Umstand, dass in einigen Ländern keine wirksamen oder nur unzulängliche Nachprüfungsverfahren vorhanden seien, mache es erforderlich, dass die Kommission auch außerhalb eines Nachprüfungsverfahrens bei der zuständigen Stelle des Mitgliedstaates und der Vergabebehörde mit dem Ziel tätig werden könne, den Verstoß zu beheben. Hierfür sei ein eigenes System notwendig. Dieses System wurde in den Regelungen des **Art. 3 RL 89/665** sowie des **Art. 8 RL 92/13** geschaffen und sieht übereinstimmend vor, dass die Kommission dem Mitgliedstaat und der Vergabebehörde mitteilt, dass sie einen klaren und eindeutigen Verstoß als gegeben ansieht und innerhalb einer definierten Frist (RL 92/13: 30 Tage, RL 89/665: 21 Tage) der Kommission eine Rückmeldung zu erteilen ist. Diese Rückmeldung kann bestehen in der Meldung, dass der Verstoß beseitigt wurde, einer Begründung, warum der Verstoß nicht beseitigt wurde oder einer Mitteilung, dass das Vergabeverfahren entweder auf Betreiben des öffentlichen Auftraggebers oder aber aufgrund eines Nachprüfungsverfahrens ausgesetzt wurde. Maßgeblich ist, dass die Kommission auch eingreifen kann, wenn im Rahmen des Vergabeverfahrens kein Nachprüfungsantrag gestellt wurde. Der Korrekturmechanismus ist nicht identisch mit einem Vertragsverletzungsverfahren, kann aber, je nach Reaktion auf die Mitteilung der Kommission zu einem solchen führen.

3 **Im nationalen Recht** ist dies umgesetzt worden in einen Ablauf, in dem die Bundesregierung als Empfängerin einer entsprechenden Mitteilung der Kommission diese über das Bundesministerium für Wirtschaft und Technologie (je nach Legislaturperiode kann es unterschiedliche Ressortbildungen geben, führend für die vorliegende Regelung dürfte das jeweilige Wirtschaftsressort sein) an den zuständigen öffentlichen Auftraggeber weiterleitet. § 129 ist die Rechtsgrundlage für das Auskunftsverlangen der Bundesregierung[2] gegenüber den öffentlichen Auftraggebern. Diesen steht angesichts der Fristen in den europäischen Richtlinien nur die kurze Äußerungsfrist des Absatzes 2 von 14 Tagen zur Verfügung. Hinsichtlich der rechtlich möglichen Äußerungen entspricht die Regelung den europäischen Richtlinien. Hinzu kommt, dass die öffentlichen Auftraggeber nach Absatz 3 im Falle einer Nachfrage der Kommission das Bundesministerium für Wirtschaft und Technologie über den Ausgang des Nachprüfungsverfahrens zu unterrichten haben, aufgrund dessen das Vergabeverfahren ausgesetzt wurde.

Ein Anspruch einzelner Unternehmen auf Einleitung des Korrekturmechanismus nach Art. 3 der Richtlinie 89/665/EWG durch die Kommission besteht nicht. Das Verfahren nach Art. 3 der Richtlinie betrifft nur die Kommission und den Mitgliedstaat.[3]

§ 129a Unterrichtungspflichten der Nachprüfungsinstanzen

Die Vergabekammern und die Oberlandesgerichte unterrichten das Bundesministerium für Wirtschaft und Technologie bis zum 31. Januar eines jeden Jahres über die Anzahl der Nachprüfungsverfahren des Vorjahres und deren Ergebnisse.

1 § 129 a übernimmt die bisherige Regelung der Statistikpflichten der Vergabekammern und der Oberlandesgerichte aus § 22 VgV in das GWB. Die Regelung in der VgV ging auf § 127 Nr. 8 zurück. Die Pflicht zur Meldung der Daten begann am 31. 1. 2001. Sie dient der Erstellung einer bundesweiten Statistik. Die seit 2001 gesammelten Daten wurden bei den jeweiligen Evaluierungen des Gesetzes verwendet und im Rahmen der Reform 2009 neben anderen Aspekten berücksichtigt.

---

[1] Gesetzesbegründung, Teil B, zu Nr. 24 (§ 129).
[2] BerlKommEnR/*Lutz* § 21 VgV RdNr. 1.
[3] EuGH C-387/08, VergabeR 2009, 773.

§ 129b Regelung für Auftraggeber nach dem Bundesberggesetz

(1) [1]Auftraggeber, die nach dem Bundesberggesetz berechtigt sind, Erdöl, Gas, Kohle oder andere Festbrennstoffe aufzusuchen oder zu gewinnen, müssen bei der Vergabe von Liefer-, Bau- oder Dienstleistungsaufträgen oberhalb der in Artikel 16 der Richtlinie 2004/17/EG des Europäischen Parlaments und des Rates vom 31. März 2004 zur Koordinierung der Zuschlagserteilung durch Auftraggeber im Bereich der Wasser-, Energie- und Verkehrsversorgung sowie der Postdienste (ABl. EU Nr. L 134 S. 1), die zuletzt durch die Verordnung (EG) Nr. 1422/2007 der Kommission vom 4. Dezember 2007 (ABl. EU Nr. L 317 S. 34) geändert worden ist, festgelegten Schwellenwerte zur Durchführung der Aufsuchung oder Gewinnung von Erdöl, Gas, Kohle oder anderen Festbrennstoffen den Grundsatz der Nichtdiskriminierung und der wettbewerbsorientierten Auftragsvergabe beachten. [2]Insbesondere müssen sie Unternehmen, die ein Interesse an einem solchen Auftrag haben können, ausreichend informieren und bei der Auftragsvergabe objektive Kriterien zugrunde legen. [3]Dies gilt nicht für die Vergabe von Aufträgen, deren Gegenstand die Beschaffung von Energie oder Brennstoffen zur Energieerzeugung ist.

(2) [1]Die Auftraggeber nach Absatz 1 erteilen der Europäischen Kommission über das Bundesministerium für Wirtschaft und Technologie Auskunft über die Vergabe der unter diese Vorschrift fallenden Aufträge nach Maßgabe der Entscheidung 93/327/EWG der Kommission vom 13. Mai 1993 zur Festlegung der Voraussetzungen, unter denen die öffentlichen Auftraggeber, die geographisch abgegrenzte Gebiete zum Zwecke der Aufsuchung oder Förderung von Erdöl, Gas, Kohle oder anderen Festbrennstoffen nutzen, der Kommission Auskunft über die von ihnen vergebenen Aufträge zu erteilen haben (ABl. EG Nr. L 129 S. 25). [2]Sie können über das Verfahren gemäß der Rechtsverordnung nach § 127 Nr. 9 unter den dort geregelten Voraussetzungen eine Befreiung von der Pflicht zur Anwendung dieser Bestimmung erreichen.

§ 129b übernimmt die Regelung des § 11 VgV in das GWB, ergänzt um die Möglichkeit, **1** sich unter bestimmten Voraussetzungen von der Anwendung des Vergaberechts zu befreien. Der Bereich des Aufsuchens und der Förderung von Brennstoffen wird grundsätzlich von **Art. 7a der Sektorenrichtlinie 2004/17** erfasst. Unternehmen, die öffentliche Auftraggeber nach § 98 Nr. 1–3 sind oder ihre Tätigkeit aufgrund besonderer oder ausschließlicher Rechte ausüben, haben aufgrund einer auf Art. 3 der Richtlinie 93/38/EWG gestützten Entscheidung der Kommission,[1] eine weitgehende Befreiung von der Anwendungsverpflichtung. Bei Auftragsvergaben oberhalb der Schwellenwerte sind sie jedoch verpflichtet, den **Grundsatz der Nichtdiskriminierung und der wettbewerbsorientierten Auftragserteilung** einzuhalten. Dies bringt § 129b in Absatz 1 Satz 2 zum Ausdruck. Beschaffen diese Auftraggeber selbst Energie oder Brennstoffe zur Erzeugung von Energie, gelten die Beschränkungen aus Absatz 1 Satz 1 und 2 nicht. Der Regelung liegt **Art. 30 der Sektorenrichtlinie** zugrunde. **Art. 30** regelt das Verfahren zur Feststellung, ob eine bestimmte Tätigkeit dem Wettbewerb ausgesetzt ist. Nach **Art. 30 Absatz 1** fallen Aufträge, die die Ausübung der Sektorentätigkeit ermöglichen sollen, nicht unter das Vergaberecht, wenn die Tätigkeit in dem Mitgliedstaat, in dem sie ausgeübt wird, auf Märkten mit freiem Zugang unmittelbar Wettbewerb ausgesetzt ist. Für die Auftraggeber nach dem Bundesberggesetz ist die entsprechende Ausnahmeentscheidung der Kommission schon in Art. 27 der Sektorenrichtlinie erwähnt (2004/74).[2] Nach **Art. 27 lit. a der Richtlinie** sind dennoch die Grundsätze der Nichtdiskriminierung und der wettbewerbsorientierten Zuschlagserteilung, insbesondere die den Wettbewerbsteilnehmern zur Verfügung gestellten Informationen, zu beachten. Die Regelung wurde in **§ 129b Abs. 1** fast wörtlich übernommen.

Abs. 2 regelt in Satz 1 die Informationspflichten der Auftraggeber nach dem Bundesbergge- **2** setz gegenüber der Kommission und eröffnet in Satz 2 die Möglichkeit, sich unter den Voraussetzungen einer Rechtsverordnung nach **§ 127 Nr. 9** gänzlich von der Pflicht zur Anwendung des Vergaberechts zu befreien. Absatz 2 übernimmt die Regelung aus **Art. 27 lit. b der Sektorenrichtlinie** mit der notwendigen Ergänzung um die Angabe des Informationsweges im nationalen Bereich.

---

[1] ABl. 2004 L 16/57; Gesetzesbegründung, Teil B, zu Nr. 25 (§§ 129a und 129b).
[2] Ausführlich zu Energieerzeugern: *Ohrtmann*, Vom Vergaberecht befreit – Private Energieerzeuger sind keine Sektorenauftraggeber mehr, VergabeR 2007, 565 ff.

Fünfter Teil. Anwendungsbereich des Gesetzes

§ 130 Unternehmen der öffentlichen Hand, Geltungsbereich

(1) [1]Dieses Gesetz findet auch Anwendung auf Unternehmen, die ganz oder teilweise im Eigentum der öffentlichen Hand stehen oder die von ihr verwaltet oder betrieben werden. [2]Die Vorschriften des Ersten bis Dritten Teils dieses Gesetzes finden keine Anwendung auf die Deutsche Bundesbank und die Kreditanstalt für Wiederaufbau.

(2) Dieses Gesetz findet Anwendung auf alle Wettbewerbsbeschränkungen, die sich im Geltungsbereich dieses Gesetzes auswirken, auch wenn sie außerhalb des Geltungsbereichs dieses Gesetzes veranlasst werden.

(3) Die Vorschriften des Energiewirtschaftsgesetzes stehen der Anwendung der §§ 19, 20 und 29 nicht entgegen, soweit in § 111 des Energiewirtschaftsgesetzes keine andere Regelung getroffen ist.

1   § 130 definiert den Anwendungsbereich des Gesetzes insgesamt, nicht nur des 4. Teils. Damit unterliegen Unternehmen, an denen die öffentliche Hand beteiligt ist, die in ihrem Eigentum stehen oder die von ihr betrieben oder verwaltet werden, dem Kartellrecht und dem Nachprüfungsverfahren. Ausgenommen sind die Deutsche Bundesbank und die Kreditanstalt für Wiederaufbau, die ihrer Natur nach Monopolstellungen haben. Die Ausnahme beschränkt sich ausdrücklich auf den ersten bis dritten Teil des Gesetzes. Damit **unterliegen auch die Auftragsvergaben der Deutschen Bundesbank und der Kreditanstalt für Wiederaufbau der Nachprüfung** vor den Vergabekammern. **Absatz 2** stellt klar, dass auch in einem anderen Staat verursachte, sich aber im Geltungsbereich des Gesetzes auswirkende Wettbewerbsbeschränkungen aufgegriffen werden können. Die Norm klärt damit den Rahmen und die Reichweite der **Eingriffsbefugnis des Bundeskartellamtes. Absatz 3** erklärt die Regelungen der §§ 19 (Missbrauch einer marktbeherrschenden Stellung), 20 (Diskriminierungsverbot, Verbot unbilliger Behinderung) und 29 (Sonderregelung für Energiewirtschaft) für anwendbar, soweit nicht im Energiewirtschaftsgesetz in § 111 eine andere Regelung getroffen wurde.

Sechster Teil. Übergangs- und Schlussbestimmungen

§ 131 Übergangsbestimmungen

(1) [1]Freistellungen von Vereinbarungen und Beschlüssen nach § 4 Abs. 2 und § 9 Abs. 3 Satz 1 und 4 und Freistellungen von Mittelstandsempfehlungen nach § 22 Abs. 2 in der am 30. Juni 2005 geltenden Fassung werden am 31. Dezember 2007 unwirksam. [2]Bis dahin sind § 11 Abs. 1, §§ 12 und 22 Abs. 6 in der am 30. Juni 2005 geltenden Fassung weiter anzuwenden.

(2) [1]Verfügungen der Kartellbehörde, durch die Vereinbarungen und Beschlüsse nach § 10 Abs. 1 in der am 30. Juni 2005 geltenden Fassung freigestellt sind, und Freistellungen von Lizenzverträgen nach § 17 Abs. 3 in der am 30. Juni 2005 geltenden Fassung werden am 31. Dezember 2007 unwirksam. [2]Ist die Freistellungsverfügung der Kartellbehörde kürzer befristet, bleibt es dabei. [3]Bis zum in Satz 1 genannten Zeitpunkt sind § 11 Abs. 1 und § 12 in der am 30. Juni 2005 geltenden Fassung weiter anzuwenden.

(3) Absatz 2 Satz 1 gilt entsprechend für Verfügungen der Kartellbehörde, durch die Wettbewerbsregeln nach § 26 Abs. 1 und 2 Satz 1 in der am 30. Juni 2005 geltenden Fassung freigestellt sind.

(4) Auf einen Verstoß gegen eine wettbewerbsrechtliche Vorschrift oder eine Verfügung der Kartellbehörde, der bis zum 30. Juni 2005 begangen worden ist, ist anstelle der §§ 34 und 34a nur § 34 in der am 30. Juni 2005 geltenden Fassung anzuwenden.

(5) [1]§ 82a Abs. 1 findet auf Verfahren Anwendung, in denen das Gericht bis zum Inkrafttreten dieses Gesetzes noch keine mündliche Verhandlung terminiert hat. [2]§ 82a Abs. 2 gilt für alle Urteile, die nach dem 30. Juni 2009 ergangen sind.

(6) [1]Soweit sie die öffentliche Versorgung mit Wasser regeln, sind die §§ 103, 103a und 105 sowie die auf sie verweisenden anderen Vorschriften des Gesetzes gegen Wettbewerbsbeschränkungen in der Fassung der Bekanntmachung vom 20. Februar 1990 (BGBl. I S. 235), zuletzt geändert durch Artikel 2 Abs. 3 des Gesetzes vom 26. August 1998 (BGBl. I S. 2512), weiter anzuwenden. [2]Das gilt insoweit auch für die Vorschriften, auf welche die genannten Vorschriften verweisen.

(7) § 29 ist nach dem 31. Dezember 2012 nicht mehr anzuwenden.

(8) Vergabeverfahren, die vor dem 24. April 2009 begonnen haben, einschließlich der sich an diese anschließenden Nachprüfungsverfahren sowie am 24. April 2009 anhängige Nachprüfungsverfahren sind nach den hierfür bisher geltenden Vorschriften zu beenden.

§ **131** enthält Bestimmungen über die Befristung bestimmter Verfügungen der Kartellbehör- **1** den sowie die Übergangsbestimmung, dass bis zur Unwirksamkeit der genannten Verfügungen die entsprechenden Bestimmungen in der bis zum 30. 6. 2005 geltenden Fassung anzuwenden sind. Mit der Vergaberechtsreform 2009 ist **Abs. 8 neu** hinzugekommen. Abs. 8 trifft die Übergangsregelung für Vergabeverfahren dahingehend, dass Vergabeverfahren, die vor dem Inkrafttreten der Reform am 24. 4. 2009 begonnen wurden, noch nach der bis dahin geltenden Rechtslage zu beenden sind. Das entspricht dem verfassungsrechtlichen Rückwirkungsverbot. Die Gesetzesbegründung führt zum Beginn des Vergabeverfahrens aus, es gelte auch bereits als begonnen, wenn bislang nur eine Aufforderung zur Beteiligung an einem Teilnahmewettbewerb oder eine Aufforderung zu Verhandlungen ohne vorherigen Teilnahmewettbewerb ergangen sei.[1] Die Gesetzesbegründung lässt hier außer Acht, dass das Vergabeverfahren üblicherweise **mit der Absendung der Bekanntmachung zum Zwecke der Veröffentlichung beginnt**, weil damit zuerst der Markt angesprochen wird und in der Bekanntmachung bereits wettbewerbswidrige Inhalte enthalten sein können, die einer Nachprüfung zugänglich sein müssen. **§ 3 VgV** gibt als Zeitpunkt für die Schätzung des Schwellenwertes ebenfalls den Beginn des Verfahrens an. Da

---

[1] Gesetzesbegründung, Teil B zu Nr. 26 (§ 131 Abs. 8).

sich nach dem geschätzten Auftragswert richtet, ob der Auftrag europaweit ausgeschrieben werden muss, muss diese Frage unmittelbar vor Absendung der Bekanntmachung an die EU geklärt werden. Es macht keinen Sinn und würde zu erheblichen Rechtsunsicherheiten führen, den Beginn des Vergabeverfahrens je nach Sachzusammenhang unterschiedlich zu definieren. Grundsätzlich könnte der Auftraggeber zwischen Absendung der Bekanntmachung und deren tatsächlicher Veröffentlichung zwar die Bekanntmachung noch einmal zurückrufen. Dann würde es mangels Veröffentlichung nicht zu einem Vergabeverfahren und damit nicht zu nachprüfungsbedürftigen Sachverhalten kommen. Gibt der öffentliche Auftraggeber die Bekanntmachung erneut, ggf. korrigiert, zur Veröffentlichung heraus, stellt diese letzte Herausgabe den Beginn des Vergabeverfahrens dar. Soweit Vergabeverfahren ohne vorherige Bekanntmachung zulässig sind, gilt die erste Aufforderung zur Abgabe von Bewerbungen oder Anforderung von Wettbewerbsunterlagen als Beginn des Vergabeverfahrens. Die Frage des Beginns des Vergabeverfahrens ist für die Zulässigkeit eines Nachprüfungsverfahrens von Bedeutung, da mit der Reform zugleich die Antragsfrist des **§ 107 Abs. 3 Nr.** 4 eingeführt wurde, nach der bei Versäumung der kurzen Frist von 15 Tagen ab Zurückweisung der Rüge der Antrag unzulässig wird.

Verordnung über die Vergabe öffentlicher Aufträge (Vergabeverordnung – VgV)

In der Fassung der Bekanntmachung vom 11. Februar 2003 (BGBl. I S. 169)
zuletzt geändert durch die Verordnung zur Anpassung der Verordnung
über die Vergabe öffentlicher Aufträge (Vergabeverordnung – VgV) sowie der Verordnung
über die Vergabe von Aufträgen im Bereich des Verkehrs, der Trinkwasserversorgung
und der Energieversorgung (Sektorenverordnung – SektVO)
vom 7. Juni 2010 (BGBl. I S. 724)

Abschnitt 1. Vergabebestimmungen

§ 1 Zweck der Verordnung

(1) Die Verordnung trifft nähere Bestimmungen über das einzuhaltende Verfahren bei der Vergabe öffentlicher Aufträge, deren geschätzte Auftragswerte ohne Umsatzsteuer die in § 2 geregelten Schwellenwerte erreichen oder übersteigen.

(2) Bei Auftraggebern nach § 98 Nummer 1 bis 4 des Gesetzes gegen Wettbewerbsbeschränkungen gilt für Aufträge, die im Zusammenhang mit Tätigkeiten auf dem Gebiet der Trinkwasser- oder Energieversorgung oder des Verkehrs (Sektorentätigkeiten) vergeben werden, die Sektorenverordnung vom 23. September 2009 (BGBl. I S. 3110).

Schrifttum: *Dreher/Stockmann*, Kartellvergaberecht, 4. Aufl. 2008; *Hertwig*, Praxis der öffentlichen Auftragsvergabe, 4. Aufl. 2009; *Pietzcker*, Vergabeverordnung und Kaskadenprinzip aus verfassungsrechtlicher und europarechtlicher Sicht, S. 56.

I. Entstehungsgeschichte

Bereits vor Inkrafttreten des 4. Abschnitts des GWB gab es eine Vergabeverordnung, die auf **1** dem **Haushaltsgrundsätze- Gesetz** (HGrG) beruhte. § 57 a HGrG enthielt die Ermächtigungsgrundlage für die alte VgV. Diese verpflichtete wie die aktuelle Fassung zur Anwendung der Verdingungsordnungen. Für die Überprüfung sah **§ 57 b) und c) Vergabeprüfstellen** vor, die sowohl von Amts wegen als auch auf Antrag Vergabeverfahren überprüfen konnten. Da das Beschaffungswesen jedoch als **rein fiskalisches Handeln** ohne Außenwirkung und damit **als nicht justiziabel angesehen** wurde, diente die Überprüfung vorrangig der Klärung, ob die Beschaffung das Gebot der sparsamen Haushaltsführung beachtet hatte (haushaltsrechtliche Lösung). Dabei spielte die Einhaltung der Verdingungsregeln zwar auch eine entscheidende Rolle, ein Verstoß dagegen gab den am Wettbewerb beteiligten Unternehmen aber keinerlei Rechte. Die Vergabeprüfstellen waren nicht verpflichtet, auf Antrag tätig zu werden. Ob und inwieweit sie in das Vergabeverfahren eingreifen konnten, entschied sich nach einer zuvor erforderlichen Interessenabwägung, nach der für ein Eingreifen das Interesse des Bieters am Erhalt des Auftrages das öffentliche Interesse an der Fortführung des Verfahrens überwiegen musste. Soweit der Zuschlag noch nicht erteilt worden war, konnte er untersagt werden. Ein dennoch erteilter Zuschlag blieb jedoch wirksam, da das Verbot des Vergabeüberwachungsausschusses **kein gesetzliches Verbot im Sinne von § 134 BGB** war, gegen das ein Verstoß zu einem unwirksamen Vertrag geführt hätte. Die Entscheidungen der Vergabeprüfstellen konnten vor den Vergabeüberwachungsausschüssen überprüft werden. Hier galten für Antragsteller jedoch dieselben Einschränkungen. Damit schloss die haushaltsrechtliche Lösung Rechtsschutz für die Bieter aus. Mit der Einführung des 4. Abschnitts des GWB wurde die VgV geändert und der neuen Basis angepasst, allerdings nach wie vor ohne effektiven Rechtsschutz zu bieten. Die **neue Vergabeverordnung** hat seit ihrem Inkrafttreten 2001 mehrere Änderungen erfahren, die sich aus der Entwicklung des EU-Rechts, der Rechtsprechung und der wiederholten Kritik des EuGH an der deutschen Gestaltung des Vergaberechts ergab. So wurde mit der Reform 2005 durch das

ÖPP-Gesetz (Gesetz zu Beschleunigung der Umsetzung von Öffentlich Privaten Partnerschaften und zur Verbesserung gesetzlicher Rahmenbedingungen für Öffentlich Private Partnerschaften)[1] der **wettbewerbliche Dialog** als neue Verfahrensart aus **Art. 29 der Richtlinie 2004/ 18/EG** in § 6 a der VgV in nationales Recht aufgenommen. Dem Kern der Kritik, dass die Rechtsgestaltung nach wie vor keinen effektiven Rechtsschutz bot, wurde erst mit der Einführung der Pflicht, vor Erteilung des Zuschlages die nicht erfolgreichen Unternehmen zu informieren, **§ 13 VgV**, mittlerweile **§ 101 b GWB**, Rechnung getragen.

2   Mit der **Reform 2009** wurde zwar nicht die erstrebte und von den zur Anwendung verpflichteten Stellen erhoffte **Vereinfachung des Kaskadenprinzips** erreicht (vgl. dazu RdNr. 3). Allerdings wurde für den Sektorenbereich die sich aus dem **Schubladensystem** ergebende **Redundanz** vieler Regelungen durch den Erlass der **Sektorenverordnung**[2] vereinfacht. Bisher regelte die VgV, welche Auftraggeber für welche Beschaffungen im Sektorenbereich die Abschnitte 3 oder 4 der Verdingungsordnungen VOB/A und VOL/A anzuwenden hatten **(Schubladensystem).** Die Abschnitte 3 und 4 der Verdingungsordnungen enthielten naturgemäß viele gleichartige Regelungen, die für alle Sektorenauftraggeber gelten sollten, da sie die Basis des Wettbewerbs darstellen, zB Bestimmungen über die Bekanntmachung, die Leistungsbeschreibung, die Pflicht zum diskriminierungsfreien Wettbewerb. Mit § 7 der VgV wurden Sektorenauftraggeber auf das Vorgehen nach diesen Abschnitten (Schubladen) verpflichtet. § 7 wurde in der VgV vollständig aufgehoben, die Definition der Sektorentätigkeiten in § 8 wurde in **§ 100 GWB** übernommen und § 8 in der VgV ebenfalls aufgehoben. Die Verpflichtung der Sektorenauftraggeber ergibt sich nunmehr aus der **Sektorenverordnung (SektVO),** so dass die SektVO hier die Funktion der VgV übernimmt. Die SektVO enthält neben der Anwendungsverpflichtung auf das Vergaberecht und der Aufhebung der Differenzierung zwischen staatsnahen und privaten Sektorenauftraggebern zugleich die einzuhaltenden Vorschriften über das Vergabeverfahren, die vereinheitlicht wurden und sich unmittelbar am EU-Recht orientieren. Mit der freien Wahl der Vergabeverfahrensart wurde eine bisher gegenüber dem EU-Recht strengere Handhabung im nationalen Recht geändert. Sie steht nun auch den öffentlichen Auftraggebern nach **§ 98 Nr. 1–4** zu. Außerdem wurden die teilweisen Wiederholungen und Differenzierung der 3. und 4. Abschnitte der Verdingungsordnungen weitgehend aufgegeben, so dass die bisherigen „Doppelregelungen" der Abschnitte 3 und 4 der Verdingungsordnungen nunmehr vereinheitlicht und deutlich reduziert sind.

3   Mit der 4. Verordnung zur Anpassung der VgV sowie der SektVO erfolgte **eine weitere Änderung der VgV,**[3] die in dem **neu eingefügten § 1 Absatz 2** die notwendige Regelung enthält, die im Rahmen der Kaskade zur Anwendung der SektVO bei der Anwendung von Aufträgen in den Sektoren Verkehr, Trinkwasserversorgung und Verkehr verpflichtet. Die VgV übernimmt auf der Basis von **§ 127 Nr. 2 GWB** daher auch für den Sektorenbereich die Scharnierfunktion.[4]

II. Normzweck; „Zweck der Verordnung"

4   Die Vergabeverordnung (VgV) in der Fassung von 2001 dient der Umsetzung der Richtlinie 97/52/EG des Europäischen Parlaments und des Rates vom 13. Oktober 1997 zur Änderung der Richtlinien 92/50/EWG, 93/36/EWG und 93/37/EWG über die Koordinierung der Verfahren zur Vergabe öffentlicher Dienstleistungs-, Liefer- und Bauaufträge (ABl. EG Nr. L 328 S. 1) und der Richtlinie 98/4/EG des Europäischen Parlaments und des Rates zur Änderung der Richtlinie 93/38/EWG zur Koordinierung der Auftragsvergabe durch Auftraggeber im Bereich der Wasser-, Energie- und Verkehrsversorgung sowie im Telekommunikationssektor (ABl. EG Nr. L 101 S. 1) in deutsches Recht.[5] Sie ist wesentliches Bindeglied im **Kaskadenprinzip** des Vergaberechts. Die VgV verbindet die verschiedenen Ebenen des nationalen Vergaberechts. Das förmliche Vergaberechtsänderungsgesetz (4. Abschnitt des GWB) enthält in **§ 97** die allgemeinen Grundsätze des nationalen Vergaberechts sowie in **Absatz 7** die Grundregel, dass die Bestimmungen über das Vergaberecht anzuwenden sind, die Regeln selbst erge-

---

[1] BGBl. 2005 I S. 2672.

[2] BGBl. 2009 I S. 3110; *Opitz,* Die neue Sektorenverordnung, VergabeR 2009, 689.

[3] 4. Änderungsverordnung vom 23. September 2009, BGBl. I S. 3110.

[4] BR-Drucks. 40/10 Begründung, Teil B, zu Art. 1, zu Nr. 1.

[5] Ab 1. 2. 2001 Amtliche Hinweise des Normgebers auf EG-Recht: Umsetzung der EGRL 52/97 (CELEX Nr: 397L0052), EGRL 4/98 (CELEX Nr: 398L0004), Umsetzung der EGRL 17/2004 (CELEX Nr: 304L0017), EGRL 18/2004 (CELEX Nr: 304L0018) vgl. V v. 23. 10. 2006 I 2334.

ben sich maßgeblich aus den Verdingungsordnungen, die in den **Verdingungsausschüssen** entwickelt und weiterentwickelt wurden und werden. Die Verdingungsausschüsse sind Gremien der Auftraggeberseite und des Marktes **ohne demokratische Legitimation.** Die Verpflichtung zur Anwendung der Verdingungsordnungen bedurfte daher einer entsprechenden Entscheidung durch den Gesetzgeber. Das ist mit dem Erlass der VgV erfolgt. Der Gesetzgeber kann bewusst jedoch nur die Verdingungsordnungen legitimieren, die im Zeitpunkt des Erlasses der VgV gelten und ihm bekannt sind. Insoweit müssen spätere Änderungen der Verdingungsordnungen aus verfassungsrechtlichen Gründen[6] regelmäßig zu einer Anpassung der Vergabeverordnung führen. Da die häufigste Änderung jedoch die in periodischen Zeitabständen stattfindende Prüfung und Änderung der Schwellenwerte **(§ 2 VgV)** darstellt und die Richtlinie mit den jeweils neuen Schwellenwerten unmittelbar anzuwenden ist, bleibt der Anpassungsaufwand überschaubar.[7] Eine geplante[8] und mehrfach versuchte Vereinfachung dieser Systematik, insbesondere auch die bessere Einbindung der demokratisch legitimierten Organe in die Weiterentwicklung des materiellen Vergaberechts scheiterte jedoch bisher regelmäßig. Auch die aktuelle Reform führte hinsichtlich der Kaskade nur insoweit zu einer Änderung, als die bisher in der VgV unsystematisch untergebrachten Regelungen über den Rechtsschutz und das Nachprüfungsverfahren nunmehr in das GWB aufgenommen wurden. Eine Vereinfachung wurde lediglich für den Sektorenbereich durch die neue Sektorenverordnung (vgl. RdNr. 2) erreicht.

Der Normzweck von § 1 besteht darin, den **Zweck der Verordnung** zu definieren. Danach trifft die Verordnung **nähere Bestimmungen über das bei der Vergabe öffentlicher Aufträge einzuhaltende Verfahren.** § 1 wurde erst mit der aktuellen Reform 2010 redaktionell an die Übernahme der Bestimmungen über das Nachprüfungsverfahren in das GWB angepasst. Bis zum Inkrafttreten der 4. Änderungsverordnung umfasste der Text noch die Angabe, die VgV enthalte auch die „Bestimmungen über die Zuständigkeit für Nachprüfungsverfahren und das einzuhaltende Verfahren", was aus dem zeitlichen Abstand zwischen Inkrafttreten der Änderungen des GWB und denjenigen der VgV resultierte und deutlich macht, dass die VgV grundsätzlich den Änderungen des GWB zu folgen hat. Aus dem Abschnitt 2 „Nachprüfungsbestimmungen" ist nur die Pflicht zur Angabe der Vergabekammer in der Vergabebekanntmachung und in den Vergabeunterlagen geblieben. Diese Pflicht gehört jedoch zu den Bestimmungen über das Vergabeverfahren, weil damit ein zwingender Inhalt der Bekanntmachungs- und Verdingungsunterlagen festgelegt wird. Im Abschnitt „Nachprüfungsverfahren" war die Bestimmung daher von jeher unsystematisch eingeordnet. Geblieben sind die Bestimmungen über das anzuwendende Verfahren bei der Vergabe von Aufträgen durch öffentliche Auftraggeber, die nicht Sektorenauftraggeber sind, sowie die Pflicht zur Anwendung der Bezeichnungen des Gemeinsamen Vokabulars für das öffentliche Auftragswesen (CPV, Common Procurement Vocabulary) zur Beschreibung des Auftragsgegenstandes **(§ 14).** Im **Abschnitt 1 „Vergabebestimmungen"** sind neben Bestimmungen über die Pflicht zur Anwendung der Verdingungsordnungen die Regelungen zur Schätzung der Auftragswerte **(§ 3)** und die Regelung über ausgeschlossene Personen **(§ 16)** erhalten geblieben. 5

§ 1 beschränkt die Anwendungspflicht der nachfolgenden Regelungen auf öffentliche Aufträge, die die in § 2 definierten **Schwellenwerte ohne Umsatzsteuer** erreichen oder übersteigen. Die Anbindung der Schwellenwerte an die Netto – Auftragswerte trägt dem Umstand Rechnung, dass es in den Mitgliedstaaten der EU unterschiedliche Mehrwertsteuersätze gibt. Eine vergleichbare Größenordnung hinsichtlich der Pflicht zur europaweiten Ausschreibung ergibt sich für die öffentlichen Aufträge in den Mitgliedsländern daher nur aus der Netto-Betrachtung. Unterhalb der Schwellenwerte besteht der Primärrechtsschutz daher nicht. Das BVerfG hat darin keinen Verstoß gegen Verfassungsrecht gesehen.[9] Der Differenzierung liege ein sachlicher Unterschied zugrunde, der die unterschiedliche Handhabung rechtfertige. Der Gesetzgeber dürfe davon ausgehen, dass bei höheren Auftragswerten die Existenz des Nachprüfungsverfahrens zu wirtschaftlicheren Ergebnissen führe. Die Grenzziehung nach den europäischen Schwellenwerten sei zulässig. Über die Frage, welcher Rechtsschutz für die Vergaben unterhalb der Schwellenwerte bestehe, hat das BVerwG nach ausführlicher Auseinandersetzung mit dem Diskussionsstand den Zivilrechtsweg für anwendbar erklärt.[10] 6

---

[6] Wie hier: *Dreher/Stockmann* Vor § 97 RdNr. 49 mwN, *Hertwig* RdNr. 29 ff. mwN.
[7] Zur grds. Problematik vgl. *Pietzcker* 56.
[8] BT-Drucks. 13/9340 und BR-Drucks. 82/97, S. 6 ff.
[9] BVerfG NJW 2006, 3701.
[10] BVerwG VergabeR 2007, 337 f.

§ 2 Schwellenwerte

Der Schwellenwert beträgt:

1. **für Liefer- und Dienstleistungsaufträge der obersten oder oberen Bundesbehörden sowie vergleichbarer Bundeseinrichtungen 125 000 Euro; im Verteidigungsbereich gilt dies bei Lieferaufträgen nur für Waren, die im Anhang V der Richtlinie 2004/18/EG des Europäischen Parlaments und des Rates vom 31. März 2004 über die Koordinierung der Verfahren zur Vergabe öffentlicher Bauaufträge, Lieferaufträge und Dienstleistungsaufträge (ABl. L 134 vom 30. 4. 2004, S. 114, L 351 vom 26. 11. 2004, S. 44) die zuletzt durch die Verordnung (EG) Nr. 1177/2009 der Kommission der Europäischen Gemeinschaft vom 30. November 2009 (ABl. L 134 vom 1. 12. 2009, S. 64) geändert worden ist, aufgeführt sind. Dieser Schwellenwert gilt nicht für**
   a) **Dienstleistungen des Anhangs II Teil A Kategorie 5 der Richtlinie 2004/18/EG, deren Code nach der Verordnung (EG) Nr. 2195/2002 des Europäischen Parlaments und des Rates vom 5. November 2002 über das Gemeinsame Vokabular für öffentliche Aufträge (CPV) (ABl. L 340 vom 16. 12. 2002, S. 1), geändert durch die Verordnung (EG) Nr. 213/2008 der Kommission der Europäischen Gemeinschaft vom 28. November 2007 (ABl. L 74 vom 15. 3. 2008, S. 1) (CPV-Code), den CPC-Referenznummern 7524 (CPV-Referenznummer 64228000-0), 7525 (CPV-Referenznummer 64221000-1) und 7526 (CPV-Referenznummer 64227000-3) entspricht, sowie des Anhangs II Teil A Kategorie 8 der Richtlinie 2004/18/EG oder**
   b) **Dienstleistungen des Anhangs II Teil B der Richtlinie 2004/18/EG; für diese Dienstleistungen gilt der Schwellenwert nach Nummer 2;**
2. **für alle anderen Liefer- und Dienstleistungsaufträge: 193 000 Euro;**
3. **für Bauaufträge: 4 845 000 Euro;**
4. **für Auslobungsverfahren, die zu einem Dienstleistungsauftrag führen sollen, dessen Schwellenwert;**
5. **für die übrigen Auslobungsverfahren der Wert, der bei Dienstleistungsaufträgen gilt;**
6. **für Lose von Bauaufträgen nach Nummer 3: 1 Million Euro oder bei Losen unterhalb von 1 Million Euro deren addierter Wert ab 20 vom Hundert des Gesamtwertes aller Lose und**
7. **für Lose von Dienstleistungsaufträgen nach Nummer 1 oder 2: 80 000 Euro oder bei Losen unterhalb von 80 000 Euro deren addierter Wert ab 20 vom Hundert des Gesamtwertes aller Lose.**

I. Normzweck

1   Die Schwellenwerte definieren die geschätzten Auftragswerte, die erreicht oder überschritten sein müssen, um zur europaweiten Ausschreibung zu verpflichten und Zugang zum Rechtsschutz vor den Vergabekammern zu eröffnen. Die Festsetzung der Schwellenwerte erfolgt nach **Art. 78 der RL 2004/18/EG.** Alle 2 Jahre ab Inkrafttreten der Richtlinie wird die Höhe der Schwellenwerte überprüft und, soweit erforderlich, neu festgesetzt **(Art. 78 Abs. 1).** Von der ursprünglichen Bemessung in **Sonderziehungsrechten (SZR)** wurde im Hinblick auf die Währungsunion abgegangen und auf Euro umgestellt (Erwägungsgrund 17 der Richtlinie). Bei der Festlegung der Höhe der Schwellenwerte wird unter anderem berücksichtigt, welches Auftragsvolumen für den europäischen und damit den überregionalen Markt von Bedeutung sein kann. Da eine europaweite Ausschreibung größeren Aufwand verursacht, soll sie dann verbindlich vorgegeben werden, wenn grenzüberschreitende Beteiligung am Wettbewerb erwartet werden kann. Das erklärt auch, wieso die ursprünglichen Schwellenwerte zunächst deutlich gestiegen sind, nunmehr aber wieder herabgesetzt wurden. Aufgrund der vielfältigen gesellschaftsrechtlichen Verflechtungen großer Unternehmen ist jedoch oft nicht nachvollziehbar, inwieweit tatsächlich internationaler Wettbewerb stattfindet bzw. zu welchem Konzern die teilnehmenden Unternehmen gehören. Grenzüberschreitender Wettbewerb ist am ehesten in grenznahen Gebieten zu beobachten (ein niederländischer Bauunternehmer kann Bauaufträge am Niederrhein logistisch günstiger anbieten als ein Unternehmen aus Bayern oder Sachsen, ein französisches Unternehmen aus dem Elsass kann günstiger nach Freiburg liefern als ein Unter-

nehmen aus Schleswig-Holstein). Die Schwellenwerte sind nach Auftragsarten und teilweise auch nach Auftraggebern verschieden festgesetzt. Außerdem enthält § 2 Regelungen für losweise Vergaben sowie entsprechende Bagatellklauseln.

Alle zwei Jahre werden die Schwellenwerte überprüft und ggf. neu festgesetzt. Die Bekanntmachung geschieht in einer EU-Verordnung, die national unmittelbar anzuwenden ist. Die in der VgV angegebenen Schwellenwerte beruhten zunächst auf der Verordnung (EG) 2083/2005) und wurden 2007 (Verordnung (EG) 1422/2007)[1] und 2009 abgeändert. Aktuell gelten die Schwellenwerte aus der „Verordnung (EG) Nr. 1177/2009 zur Änderung der Richtlinien 2004/17/EG, 2004/18/EG und 2009/81/EG des Europäischen Parlaments und des Rates im Hinblick auf die Schwellenwerte für Auftragsvergabeverfahren" vom 30. 11. 2009.[2] Mit der 4. Änderungsverordnung zur VgV wurden die neuen Schwellenwerte ausdrücklich in nationales Recht übernommen. Außerdem hat sich die bisherige Nummerierung in § 2 geändert, da durch das Inkrafttreten der SektVO der Inhalt der alten Nr. 1 weggefallen war. Die ehemalige Nummer 2 wurde Nr. 1 und die weiteren Nummern rückten ebenfalls um jeweils eine Ziffer auf. **2**

Auch die **Verdingungsordnungen** enthalten Regelungen zu den Schwellenwerten, die aber weitgehend mit der VgV konform sind. Lediglich der Schwellenwert für Baukonzessionen ist ausdrücklich nur in der VOB/A geregelt, nicht aber separat in der VgV. Allerdings ergibt sich aus der Richtlinie EG/2004/18, dass Baukonzessionen Bauaufträge sind, so dass eine gesonderte Erwähnung eines eigenen Schwellenwertes nicht erforderlich ist. Soweit die Werte in den Verdingungsordnungen ebenso wie in der VgV von der EU-Verordnung abweichen, gelten für den europaweiten Wettbewerb die Bestimmungen der jeweiligen EU-Verordnung zu den Schwellenwerten. **3**

II. Die Schwellenwerte

1. Nr. 1 (alt). Nr. 1 (alt) wurde zunächst aufgehoben als redaktionelle Folge der Aufnahme aller den **Sektorenbereich** treffenden Regelungen in die Sektorenverordnung. Die SektVO verweist auf die Schwellenwerte in der Richtlinie 2004/17/EG in der jeweils aktuellen Fassung. Der aktuelle Regelschwellenwert für Liefer- und Dienstleistungsaufträge beträgt dort 387 000 Euro, für Bauaufträge 4 845 000 Euro. **4**

2. Nr. 1 (neu). Nr. 1 (neu), vorher Nr. 2, setzt für die besonders staatsnahen Behörden einen niedrigeren Schwellenwert als für andere öffentliche Auftraggeber für die Beschaffung von Dienst- und Lieferleistungen fest. Gegenüber der vorherigen Fassung wurde die Bestimmung neu geordnet und die bisher unter lit. b) aufgeführten Ausnahmen im Verteidigungsbereich nun mit in die Grundregel der Nr. 2 übernommen. Die bisher unter lit. b) genannten Ausnahmen im Verteidigungsbereich sollen dem niedrigeren Schwellenwert unterliegen, wie er für die Vergabeverfahren der staatsnahen Auftraggeber gilt. Die Regelung enthält unter lit. a) den Hinweis auf eine Vielzahl von Ausnahmen, für deren Beschaffung der höhere Regelschwellenwert (Nr. 2) gilt. Als weitere Ausnahme ist unter lit. b) nunmehr nur noch die Beschaffung von Dienstleistungen nach Anhang II Teil B der Richtlinie 2004/18/EG genannt, für die ebenfalls der Regelschwellenwert der Nr. 2 gilt. **5**
Der seit dem 1. 12. 2009 gültige Schwellenwert zu Nr. 1 beträgt 125 000 Euro.

3. Nr. 2 und Nr. 3. Nr. 2 und Nr. 3 enthalten die Regelschwellenwerte für Liefer- und Dienstleistungsaufträge (Nr. 2) sowie für Bauaufträge (Nr. 3). Sie gelten für alle öffentlichen Auftraggeber, die nicht unter Nr. 1 oder der SektVO genannten Ausnahmen fallen. **6**
Der ursprüngliche Schwellenwert für **Liefer- und Dienstleistungsaufträge** von 200 000 Euro wurde 2005 auf 211 000 Euro erhöht und 2007 auf 206 000 Euro abgesenkt.
Der seit dem 1. 12. 2009 gültige Schwellenwert zu Nr. 3 beträgt 193 000 Euro.
Zu den **Bauaufträgen** gehören auch die **Baukonzessionen**. Der ursprüngliche Schwellenwert für Bauaufträge betrug 5 000 000 Euro. Er wurde 2005 auf 5 278 000 Euro erhöht und 2007 auf 5 150 000 Euro abgesenkt.
Der seit dem 1. 12. 2009 gültige Schwellenwert zu Nr. 4 beträgt 4 845 000 Euro.

4. Nr. 4 und Nr. 5. Nr. 4 und Nr. 5 befassen sich mit dem Schwellenwert für **Auslobungsverfahren.** Zwar differenzieren Nr. 4 und Nr. 5 danach, ob das Auslobungsverfahren zu einem **Dienstleistungsauftrag (Nr. 4)** oder zu einem **anderen Auftrag (Nr. 5)** führen soll. Als Auftragswert ist jedoch in beiden Fällen der Schwellenwert für Dienstleistungsaufträge **7**

---

[1] ABl. 2007 L 317/34.
[2] ABl. 2009 L 314/64.

zugrunde zu legen. Im **Regelfall** ist daher der zu Nr. 2 dargestellte **Schwellenwert von 193 000 Euro** zugrunde zu legen. Für Auslobungsverfahren von **öffentlichen Auftraggebern nach Nr. 1** gilt – unter Berücksichtigung der in Nr. 1 aufgeführten Ausnahmen – der in Nr. 1 genannte Schwellenwert von **125 000 Euro.**

8   **5. Nr. 6 und Nr. 7.** Nr. 6 und Nr. 7 befassen sich mit dem Schwellenwert, der bei der **Aufteilung der zu beschaffenden Leistung in Lose** gilt und enthalten jeweils eine **Bagatellklausel.** Die Regelung entspricht **Art. 9 Abs. 5 a) und b) der Richtlinie 2004/18/EG.** Die schon in der Richtlinie enthaltenen Schwellenwerte für die einzelnen Lose wurden übernommen und sind seitdem konstant geblieben. Danach beträgt der Schwellenwert für **Lose von Bauaufträgen** nach wie vor **1 000 000 Euro,** derjenige für **Lose von Liefer- und Dienstleistungsaufträgen** nach wie vor **80 000 Euro.** Hinter der Unterwerfung auch einzelner Lose unter die europaweite Ausschreibungspflicht steht der Gedanke, dass die Aufteilung gerade großer Aufträge in Lose quantitativer **(Mengenlose)** oder qualitativer **(Fachlose)** Art wirtschaftlich sinnvoll sein kann. Mittleren und kleineren Unternehmen kann damit eine aussichtsreiche Teilnahme am Wettbewerb ermöglicht, besonderes Fachwissen gezielt herangezogen werden. Der geschätzte Auftragswert der Lose wird häufig unterhalb der Schwellenwerte liegen, ohne dass die Größe des Auftrages an Interesse für den europäischen Markt verliert. Um hier Umgehungen (vgl. § 3) zu vermeiden und den Auftrag als solchen für den europäischen Wettbewerb zu erhalten, sind für die europaweite Ausschreibungspflicht der einzelnen Lose Schwellenwerte festgelegt worden. Zusätzlich ist ein Höchstmaß festgelegt worden für den Anteil von Losen am Gesamtauftrag, der nicht europaweit ausgeschrieben werden muss, um zu verhindern, dass durch die Splittung eines großen Auftrages in sehr viele kleine Lose dieser dem europäischen Wettbewerb entzogen wird.

9   **6. Bagatellklausel.** Die sogenannte Bagatellklausel erlaubt, kleinere Lose national auszuschreiben, aber nur bis zu einem Anteil von **20%** des gesamten Auftragswerts. Die Grenze gilt nicht für jedes Los separat. Maßgeblich ist vielmehr die **Summe** der unter der Bagatellklausel vergebenen Lose, die die 20%-Grenze nicht überschreiten darf. Ist die 20%-Grenze überschritten, sind auch Lose mit einem Auftragswert von weniger als 1 000 000 Euro (Nr. 6) sowie Lose mit einem Auftragswert von weniger als 80 000 Euro (Nr. 7) europaweit auszuschreiben. Für die Berechnung des Auftragswerts gelten die in § 3 aufgestellten Grundsätze.

Da die Antwort auf die Frage, ob ein Los europaweit auszuschreiben war, zugleich die **Frage nach der Anwendbarkeit des Rechtsschutzes** entscheidet, ist im Vergabeverfahren schon frühzeitig nachprüfbar festzulegen, **welche Lose unter der Bagatellklausel vergeben werden** sollen. Die einmal erfolgte Festlegung kann nicht willkürlich geändert werden. Ist ein Los europaweit ausgeschrieben und die Vergabekammer als Nachprüfungsinstanz angegeben worden, ist das bindend. Im Falle eines Nachprüfungsverfahrens kann nicht damit argumentiert werden, das Los hätte auch im Rahmen der Bagatellklausel vergeben werden können. Dies gilt auch für die sukzessive und zeitlich versetzte Ausschreibung der Lose.[3] Andernfalls könnten alle Lose, die unterhalb des Gesamtschwellenwertes liegen, nachträglich noch dem Rechtsschutz entzogen werden. Ist ein Los hingegen national ausgeschrieben worden, führt die versehentliche Angabe der Vergabekammer als Rechtsschutzinstanz nicht zur Eröffnung des Rechtsweges (Fn. 3).

Da sich die Antwort auf die rein praktische Frage, ob alle Lose zur gleichen Zeit oder zeitlich versetzt und in welcher Reihenfolge ausgeschrieben werden, nach der Art und der Abwicklung des zu vergebenden Auftrages richtet, besteht keine Verpflichtung, zuerst alle Lose oberhalb der Bagatellgrenze auszuschreiben. Vielmehr kann von der Möglichkeit der nationalen Ausschreibung schon Gebrauch gemacht werden, wenn das 80%- Volumen noch nicht erschöpft ist. Voraussetzung hierfür wie für ein transparentes und rechtssicheres Vergabeverfahren ist aber die **nachvollziehbare Dokumentation** der Aufteilung und Zuordnung der Lose,[4] damit die gewählte Aufteilung im Nachprüfungsverfahren Bestand hat.

§ 3 Schätzung des Auftragswertes

(1) [1]Bei der Schätzung des Auftragswertes ist von der geschätzten Gesamtvergütung für die vorgesehene Leistung einschließlich etwaiger Prämien oder Zahlungen an Bewerber oder Bieter auszugehen. [2]Dabei sind alle Optionen oder etwaige Vertragsverlängerungen zu berücksichtigen.

---

[3] Insgesamt wie hier: BayObLG VergabeR 2001, S. 402, BayObLG, VergabeR 2002, 510, *Willenbruch/ Bischoff* RdNr. 13–16.

[4] Juris Praxiskommentar/*Lausen* RdNr. 25, 26.

(2) Der Wert eines beabsichtigten Auftrages darf nicht in der Absicht geschätzt oder aufgeteilt werden, den Auftrag der Anwendung dieser Verordnung zu entziehen.

(3) Bei regelmäßig wiederkehrenden Aufträgen oder Daueraufträgen über Liefer- oder Dienstleistungen ist der Auftragswert zu schätzen

1. entweder auf der Grundlage des tatsächlichen Gesamtwertes entsprechender aufeinander folgender Aufträge aus dem vorangegangenen Haushaltsjahr; dabei sind voraussichtliche Änderungen bei Mengen oder Kosten möglichst zu berücksichtigen, die während der zwölf Monate zu erwarten sind, die auf den ursprünglichen Auftrag folgen oder

2. auf der Grundlage des geschätzten Gesamtwertes aufeinander folgender Aufträge, die während der auf die erste Lieferung folgenden zwölf Monate oder während des auf die erste Lieferung folgenden Haushaltsjahres, wenn dieses länger als zwölf Monate ist, vergeben werden.

(4) Bei Aufträgen über Liefer- oder Dienstleistungen, für die kein Gesamtpreis angegeben wird, ist Berechnungsgrundlage für den geschätzten Auftragswert

1. bei zeitlich begrenzten Aufträgen mit einer Laufzeit von bis zu 48 Monaten der Gesamtwert für die Laufzeit dieser Aufträge;

2. bei Aufträgen mit unbestimmter Laufzeit oder mit einer Laufzeit von mehr als 48 Monaten der 48-fache Monatswert.

(5) Bei Bauleistungen ist neben dem Auftragswert der Bauaufträge der geschätzte Wert aller Lieferleistungen zu berücksichtigen, die für die Ausführung der Bauleistungen erforderlich sind und vom Auftraggeber zur Verfügung gestellt werden.

(6) Der Wert einer Rahmenvereinbarung oder eines dynamischen elektronischen Beschaffungssystems wird auf der Grundlage des geschätzten Gesamtwertes aller Einzelaufträge berechnet, die während deren Laufzeit geplant sind.

(7) [1]Besteht die beabsichtigte Beschaffung aus mehreren Losen, für die jeweils ein gesonderter Auftrag vergeben wird, ist der Wert aller Lose zugrunde zu legen. [2]Bei Lieferaufträgen gilt dies nur für Lose über gleichartige Lieferungen.

(8) [1]Bei Auslobungsverfahren, die zu einem Dienstleistungsauftrag führen sollen, ist der Wert des Dienstleistungsauftrags zu schätzen zuzüglich etwaiger Preisgelder und Zahlungen an Teilnehmer. [2]Bei allen übrigen Auslobungsverfahren entspricht der Wert der Summe aller Preisgelder und sonstigen Zahlungen an Teilnehmer sowie des Wertes des Dienstleistungsauftrags, der vergeben werden könnte, soweit der Auftraggeber dies in der Bekanntmachung des Auslobungsverfahrens nicht ausschließt.

(9) Maßgeblicher Zeitpunkt für die Schätzung des Auftragswertes ist der Tag, an dem die Bekanntmachung der beabsichtigten Auftragsvergabe abgesendet oder das Vergabeverfahren auf andere Weise eingeleitet wird.

Übersicht

I. Normzweck

§ 3 rundet neben §§ 1 und 2 die Regelungen der VgV zum Schwellenwert ab. Die Bestim- 1 mung erfasst die verschiedenen Auftragsarten und Vergabevarianten und gibt Regelungen für die Schätzung der Auftragswerte vor. Sie ist den Bestimmungen in **Art. 9 der Richtli-**

nie 2004/18/EG sowie **Art. 17 der Richtlinie 2004/17/EG** nachgebildet. Die Regelungen finden sich weitgehend in den einzelnen Verdingungsordnungen wieder.[1] Ziel der Norm ist die Schaffung einer einheitlichen Handhabung bei der Schätzung trotz der vielfältigen praktischen Unterschiede, die Beschaffungen mit sich bringen. Da die Schätzung des Auftragswertes im Ergebnis über die Anwendbarkeit des 4. Abschnitts des GWB und damit über den Zugang zum Rechtsschutz entscheidet, soll die Regelung Orientierung und Sicherheit sowohl für die Auftraggeberseite als auch für den Markt schaffen. Die Pflicht zur realistischen Schätzung des Auftragswertes gehört zu den Bestimmungen über das Vergabeverfahren nach **§ 97 Abs. 7 GWB,** deren Einhaltung vor den Vergabekammern überprüft werden kann. Mit der 2010 in Kraft getretenen Neufassung wird in Abs. 3 erstmalig klargestellt, wie mit Verträgen umzugehen ist, die zwar befristet sind, aber eine längere Laufzeit als 48 Monate haben. Die bisherige Regelung ließ dies offen. Außerdem wurde die Regelung über die Schätzung von Optionsrechten und möglichen Vertragsverlängerungen, bisher Abs. 6, als Satz 2 in Abs. 1 aufgenommen. Durch die sich dadurch verändernde Nummerierung entfiel Abs. 10.

II. Wesentliche Grundsätze (Abs. 1, 2, 7 und 9)

2   **1. Gesamtvergütung (Abs. 1). a) Abs. 1** spricht den **Grundsatz** aus, der sich konkludent auch aus den weiteren Bestimmungen in § 3 ergibt, dass **alles, was als geldwerter Gegenwert für die beschaffte Leistung gewährt** wird, bei der **Schätzung** des Auftragswertes zu berücksichtigen ist. Abs. 1 nennt ausdrücklich Prämien und Zahlungen an Bewerber oder Bieter. Aus Abs. 7 ergibt sich das Vollständigkeitsprinzip aus der Verpflichtung, bei Losvergaben deren Gesamtwert zu schätzen. Der bisherige Abs. 6 wurde systematisch richtig in den Grundsatz von Abs. 1 mit aufgenommen als Satz 2 (vgl. auch Rdnr. 10). Die Bestimmung bezieht bei Optionsverträgen und Verlängerungsmöglichkeiten den Wert derselben in die Schätzung mit ein, Abs. 5 verlangt die Berücksichtigung der Beistellungen des Auftraggebers, Abs. 6 fordert die Schätzung auf der Basis des Höchstwertes der Inanspruchnahme einer Rahmenvereinbarung und Abs. 8 bezieht die Preisgelder und Zahlungen an die Teilnehmer eines Auslobungsverfahrens mit ein. Der Schätzung des Auftragswertes ist daher grundsätzlich immer der zu erwartende vollständige oder höchste Auftragswert zugrunde zu legen.[2] Abgezogen wird nach § 1 lediglich die Mehrwertsteuer.

3   **b)** Die Schätzung setzt eine eigenverantwortliche **Prognose** des Auftraggebers voraus. Sie muss **realistisch, vollständig und objektiv** sein und das wirtschaftliche Interesse des Marktes am Auftrag berücksichtigen.[3] Übertriebene Anforderungen dürfen nicht gestellt werden. Ein pflichtgemäß geschätzter Auftragswert ist der Wert, den ein umsichtiger und sachkundiger öffentlicher Auftraggeber nach sorgfältiger Prüfung des relevanten Marktsegmentes und im Einklang mit den Erfordernissen betriebswirtschaftlicher Finanzplanung bei der Anschaffung der vergabegegenständlichen Sachen veranschlagen würde. Zur Schätzung gehört auch die **ordentliche Ermittlung der Schätzgrundlage.** Die zu beschaffende Menge muss mit derselben Sorgfalt ermittelt werden wie der voraussichtliche Marktpreis.[4] Eine realistische Schätzung erfordert, dass die Leistung in den wesentlichen Punkten vorher festgelegt und dass von am Markt gängigen Preisen für Material, Personal und Leistung ausgegangen wird. Bekannte und vorhersehbare Umstände sind zu berücksichtigen.[5] Um hier zu Daten zu kommen, kann auf aktuelle eigene Kenntnisse aus anderen Vertragsverhältnissen zurückgegriffen oder eine **Preisabfrage** oder **Markterkundung** vorgenommen werden. Soweit es **Honorarordnungen** oder **Preisspiegel** gibt, können diese ebenfalls herangezogen werden. Soweit es bei Baumaßnahmen schon eine **Baukostenberechnung nach DIN 276** gibt, ist diese der Schätzung zugrunde zu legen. Die Schätzung muss die qualitativen und quantitativen Anforderungen des geplanten Beschaffungsvorhabens berücksichtigen.[6] Unrealistisch wäre eine Schätzung auf der Basis einmaliger Sonderangebote oder minderer Qualitäten oder geringerer Quantitäten. Hier würde sich

---

[1] § 1 a VOB/A, §§ 2 und 3 VOF, § 1 VOL/A verweist auf die VgV.
[2] BGH VergabeR 2008, 219, IBR 2008, 171 (Kurzdarstellung).
[3] OLG Düsseldorf VergabeR 2002, 665.
[4] OLG Karlsruhe, Beschl. v. 12. 11. 2008, 15 Verg 4/08 mit umfangreichen weiteren Nachweisen; VergabeR 2009, 200.
[5] OLG Karlsruhe, Beschl. v. 12. 11. 2008, 15 Verg 4/08 unter Hinweis auf OLG Celle, Beschl. v. 12. 7. 2007, 13 Verg 6/07 und BGH NJW 1998, 3640, 3642.
[6] Unstreitig, zB (zur Schätzung des Auftragswerts von freigestelltem Schülerverkehr): OLG Naumburg, Beschl. v. 4. 10. 2007, 1 Verg 7/07.

auch die Frage der **Umgehungsabsicht (Abs. 2)** stellen. Stellt sich nach Eingang der Angebote heraus, dass die Schätzung trotz realistischer Parameter zu einem unzutreffenden Ergebnis gelangt ist, sind zwei Fälle zu unterscheiden. War die Beschaffung europaweit ausgeschrieben, erbringt aber auch Angebotspreise unterhalb des Schwellenwertes, ist dennoch der 4. Abschnitt des GWB anzuwenden. Liegen die Angebotspreise trotz realistischer und sorgfältiger Schätzung eines niedrigeren Auftragswertes über den Schwellenwerten, kann die Vergabekammer angerufen werden. Die Zulässigkeit des Antrages wird aber davon abhängen, ob die Vergabekammer die Schätzung als sorgfältig und realistisch anerkennt. Ist das der Fall, wird sie sich für unzuständig erklären. Allerdings kann der Umstand, dass die Mehrheit der Angebote Preise über dem Schwellenwert enthält, durchaus Anlass zu Zweifeln an der Schätzung geben. Die Schätzung darf daher auch nicht zu optimistisch sein und dadurch Aufträge dem europäischen Wettbewerb und dem Rechtsschutz entziehen. Die ordnungsgemäße Schätzung des Auftragswertes unterliegt der Nachprüfung. Die Vergabekammer ist berechtigt, eine eigene Schätzung des Auftragswerts zur Klärung ihrer Zuständigkeit vorzunehmen und dazu die von der Vergabestelle zugrunde gelegten Parameter zu hinterfragen oder, sollte die Vergabestelle gar keine Schätzung vorgenommen haben, selbst die Grundlagen für die Schätzung festzulegen. Ein Eingriff in die Beschaffungsfreiheit liegt darin nicht, da die Freiheit des öffentlichen Auftraggebers, den Beschaffungsgegenstand und die Beschaffungsmenge zu bestimmen, davon nicht berührt wird.[7]

4   c) Die Schätzung muss **alle geldwerten Vorteile** einbeziehen, die ein zukünftiger Vertragspartner aus dem Auftrag ziehen kann. Abs. 1 erwähnt ausdrücklich Prämien oder Zahlungen an Bewerber und Bieter sowie Optionsrechte und Vertragsverlängerungen. Neben der klassischen Gegenleistung des Entgelts für die erbrachte Leistung sind hier zB Beistellungen des Auftraggebers, die dem Auftragnehmer Aufwendungen ersparen, zu berücksichtigen. Die in die Schätzung einzubeziehenden Werte müssen nicht unmittelbar vom Auftraggeber kommen. Auch Leistungen Dritter sowie Rechte, die dem Auftragnehmer erlauben, zB Gebühren einzuziehen oder Gegenstände zu verwerten (Abfallentsorgung, Altpapiersammlung, Recht zur Fahrgelderhebung oder Erhebung von Teilnehmergebühren für Fortbildungsmaßnahmen usw. (vgl. hierzu ausführlich § 99 GWB III. 2.c), sind in die Schätzung einzubeziehen. Unzulässig ist es auch, bei der Schätzung bestimmte Kosten, die der Auftragnehmer weitergeben muss (sog. Durchlaufposten, zB Trassenentgelte im Schienenverkehr), herauszurechnen. Es ist auch bei Durchlaufposten vom Gesamtbetrag auszugehen.[8]

5   **2. Umgehungsverbot (Abs. 2 und 7). Abs. 2** enthält das ausdrückliche Verbot, die Schätzung mit dem Ziel der Unterschreitung des Schwellenwertes vorzunehmen und gibt zugleich als Beispiel einer unzulässigen Methode die Aufteilung des Auftrages an. Dem folgt **Abs. 7,** indem er klarstellt, dass bei einer Aufteilung in Lose die Schätzung des Auftragswertes die Summe aller Lose umfassen muss. Eine wirtschaftlich und funktional zusammenhängende Beschaffung muss daher auch zu einer einheitlichen Schätzung führen. Die Schätzung muss realistisch und an den tatsächlichen Gegebenheiten orientiert sein. Ausschlaggebend ist daher die tatsächlich benötigte Menge, die tatsächlich beabsichtigte Laufzeit oder das tatsächlich beabsichtigte Volumen einer Leistung. Auch bei zeitlich gestreckten Beschaffungen wie bei großen **Bauvorhaben,** deren einzelne Gewerke nach dem Bauzeitenplan ausgeschrieben werden, ist die Bausumme des Gesamtvorhabens zu schätzen. Dabei kommt es auf die Funktionalität des Bauwerkes an. Beim Straßen- und Verkehrswegebau ist die Untergliederung in Teilstücke üblich und als jeweils einzelne Baumaßnahme zu sehen, wenn sie einen sinnvollen funktionalen Abschnitt bilden. Das kann zB die Verbreiterung einer Autobahn zwischen zwei Auf- bzw. Abfahrten sein oder die Verbindung zweier Bahnhöfe mit einer neuen Gleisanlage. Steht aber von vornherein fest, dass die Baumaßnahme mehrere zusammenhängende Streckenabschnitte umfassen soll, ist das Gesamtvolumen zu schätzen. Für eine Aufteilung in mehrere Aufträge müssen **objektiv nachvollziehbare Gründe** vorliegen. Es ist nicht zulässig, ein einheitliches Bauvorhaben in jedwede objektive Teile, etwa unterschiedliche Gewerke, zu teilen, die dann den Schwellenwert jeweils nicht erreichen. Weder eine gewisse zeitliche Streckung eines Bauverlaufs noch eine Teilung in unterschiedlichste Gewerke oder sonstige objektive Vielfalt bedingen eine wertmäßige Aufteilung einer einheitlichen Baumaßnahme in verschiedene einzelne Aufträge.[9]

---

[7] OLG Karlsruhe, wie Fn. 4, mwN.
[8] OLG Naumburg, Beschl. v. 30. 12. 2002, 1 Verg 11/02 (zu Trassenentgelten).
[9] VK Düsseldorf, Beschl. v. 18. 8. 2006 VK-32/2006-B.

Bei **Dienst- und Lieferleistungen** können sich aus der Dauer der Vertragslaufzeit wie aus dem Umfang der zu liefernden Gegenstände Losbildungen ergeben, bei denen es für die Schätzung ebenfalls auf den wirtschaftlichen und funktionalen Zusammenhang ankommt. Die Ausstattung mehrerer Schulen eines Schulträgers mit neuem Mobiliar kann zwar in Lose aufgeteilt werden, wird aber als einheitlicher Auftrag zu schätzen sein. Die Vergabe einer Dienstleistung, für die zunächst längere Laufzeiten vorgesehen waren und die üblicherweise auch jeweils für längere Zeiträume vergeben wird, nunmehr für einen deutlich kürzeren Zeitraum zu vergeben, ohne dass dies durch **nachvollziehbare objektive Gründe** gerechtfertigt ist, stellt eine Umgehung dar.[10] Unzulässig ist jedenfalls die Verkürzung der Laufzeiten, um unterhalb der Schwellenwerte wiederholt neue Verträge ohne regelrechtes Ausschreibungsverfahren an ein frei gewähltes Unternehmen zu geben, obwohl klar ist, dass die Leistung länger benötigt wird. Die einheitliche Betrachtung der Leistung gilt bei Lieferaufträgen gemäß **Abs. 7 Satz 2** jedoch **nur für gleichartige Leistungen**. Beschafft zB eine Gemeinde als Schulträger neues Mobiliar für Schulen und gleichzeitig neue Einsatzwagen für das Garten- und Umweltamt, so sind dies keine gleichartigen Leistungen. Die Aufträge sind getrennt zu schätzen.

6   **Abs. 2** setzt **Absicht** voraus. Die Schätzung muss demnach mit dem Ziel erfolgt sein, sie so durchzuführen, dass ein Ergebnis unterhalb der Schwellenwerte erzielt wird. Da Absicht als innere Haltung schwer nachzuweisen ist, muss auf objektive Anhaltspunkte abgestellt werden. Der öffentliche Auftraggeber ist zu einer sorgfältigen und umsichtigen Schätzung verpflichtet. Hat er wesentliche Teile der zu beschaffenden Leistung außer Betracht gelassen oder seiner Schätzung die Preise für eine Ware minderer Qualität zugrunde gelegt oder bei Bauaufträgen zB normale Bauzeiten kalkuliert, obwohl enge Termine vorgegeben werden sollen, was erkennbar einen höheren Personaleinsatz sowie Zusatzkosten für Wochenend- und Nachtarbeit beinhaltet, hat er die bisherigen Vertragslaufzeiten, die auch zur Vergabe vorgesehen waren, plötzlich gekürzt oder sonst nicht ganz fern liegende Gesichtspunkte außer Acht gelassen, liegt zumindest eine nicht der erforderlichen Sorgfalt gerecht werdende Schätzung vor. Insbesondere bei nur knapper Unterschreitung der Schwellenwerte kommt es dann maßgeblich auf die **objektiven Beweggründe** an, bestimmte Aspekte in der Schätzung außer Acht zu lassen. Wenn einerseits an die Schätzung keine übermäßigen Anforderungen gestellt werden dürfen so kann andererseits nicht erst dann von Absicht ausgegangen werden, wenn der öffentliche Auftraggeber sie einräumt.

7   **3. Zeitpunkt der Schätzung (Abs. 9).** Maßgeblicher Zeitpunkt für die Schätzung ist der Beginn des Vergabeverfahrens. Dies ist grundsätzlich der Tag der Absendung der Bekanntmachung, bei Verhandlungsverfahren ohne Bekanntmachung die Absendung der Aufforderung zur Teilnahme am Wettbewerb oder jede andere Einleitung des Vergabeverfahrens. Der Zeitpunkt unmittelbar vor Beginn des Vergabeverfahrens ist notwendig, um einerseits Klarheit darüber zu haben, ob der Auftrag europaweit ausgeschrieben werden muss und andererseits, um sicherzustellen, dass die Schätzung auf der Basis aktueller Preise und Kosten sowie auf Basis aktueller Marktangebote (zB im Technikbereich) vorgenommen wurde. Schließlich soll die Schätzung auch von wettbewerbswidrigen Überlegungen frei bleiben, die aber auftreten könnten, wenn schon konkrete Angebotspreise vorliegen.[11]

8   **4. Dokumentation.** Der öffentliche Auftraggeber ist beweispflichtig für die ordnungsgemäße Durchführung des Vergabeverfahrens. Er hat daher auch zu belegen, dass die Schätzung des Schwellenwertes sorgfältig und nicht in Umgehungsabsicht vorgenommen wurde. Die in **§ 97 Abs. 1 GWB** geforderte **Transparenz** der Vergabeverfahren umfasst auch die gewählte Verfahrensart, was wegen der unmittelbaren Auswirkungen auf den Zugang zum Rechtsschutz vor den Vergabekammern und -senaten (**§ 100 Abs. 1 GWB**) von entscheidender Bedeutung ist. Die Schätzung des Auftragswertes gehört daher zu den Schritten eines Vergabeverfahrens, die **zwingend zu dokumentieren** sind.[12] Dabei steigt die Anforderung an die Aussagekraft der Dokumentation, je knapper oder je überraschender der Schwellenwert unterschritten wird. Die Grundlagen der Schätzung müssen daher in den Vergabevermerk aufgenommen werden. Soweit von einer bisherigen Praxis (zB Reinigungs- oder Abschleppverträge immer für 3 Jahre abzuschließen) plötzlich abgewichen und die Laufzeit bis zu einem Schätzwert unterhalb der Schwelle verkürzt wird, sind auch die zu dieser Entscheidung führenden Überlegungen nachvollziehbar darzustellen.

---

[10] OLG Düsseldorf VergabeR 2002, 657.
[11] OLG Düsseldorf VergabeR 2002, 665.
[12] OLG Bremen VergabeR 2009, 948.

III. Regelungsfälle

1. Dauerschuldverhältnisse (Abs. 3 und 4). Abs. 3 befasst sich mit regelmäßig wieder- **9** kehrenden oder Daueraufträgen, **Abs. 4** mit zeitlich befristeten oder unbefristeten Liefer- und Dienstleistungsaufträgen.

Abs. 3 legt für regelmäßige Aufträge oder Daueraufträge über Lieferungen oder Dienstleistungen als Berechnungszeitraum die letzten 12 Monaten oder das vorangegangene Haushaltsjahr zugrunde, wobei **voraussichtliche Änderungen bei Mengen und Kosten zu berücksichtigen** sind. Die Regelung wurde gegenüber der bisherigen Fassung ergänzt. Sie übernimmt die Berechnungsmethoden aus **Art. 7 a) und b) der RL 2004/18/EG** wörtlich, was zu der bisherigen Regelung zwar nicht in Widerspruch steht, die verschiedenen Berechnungsmöglichkeiten aber klarer darstellt. **Nr. 1** erlaubt den **retrospektiven Blick** auf die Erfahrungen aus dem vergangenen Haushaltsjahr, **Nr. 2** erlaubt den **prospektiven Blick** auf die 12 Monate oder das Haushaltsjahr, die auf die erste Lieferung folgen.

Abs. 4 Nr. 1 stellt für bis zu 48 Monate befristete Dienstleistungsverträge die Regel auf, dass bei der Schätzung der Gesamtwert für die konkrete **Laufzeit des Vertrages** zugrunde zu legen ist. **Abs. 4 Nr. 2** trifft für **unbefristete Verträge** oder **Verträge von mehr als 48 Monaten** die Regelung, dass bei der Schätzung von den monatlichen Zahlungen, multipliziert mit 48, auszugehen ist. Nach der alten Fassung der VgV, die keine Regelung für befristete Verträge mit einer Laufzeit von mehr als 48 Monaten enthielt, blieb die Frage offen, wie Vertragswerte geschätzt werden sollten, deren Laufzeit zwar feststand, aber deutlich höher war als 48 Monate.[13] Hierzu hatte schon das **OLG München**[14] entschieden, dass mangels nationaler Regelung die **Richtlinie 2004/18/EG unmittelbar anzuwenden** sei und sich aus **Art. 9 Abs. 8 b ii der Richtlinie 2004/18/EG** ergebe, dass auch bei feststehenden Laufzeiten von mehr als 48 Monaten der Auftragswert für 48 Monaten zu schätzen sei. Mit der Neufassung der VgV, die die Regelung der der Richtlinie 2004/18/EG übernommen hat, ist diese Frage nunmehr geklärt.

2. Optionen und Beistellungen (Abs. 1 Satz 2 und 5). Auch bei Beschaffungen, die **10** Optionen, Vertragsverlängerungen oder bei Baumaßnahmen Beistellungen des öffentlichen Auftraggebers vorsehen, gilt der in Abs. 1 enthaltene Grundsatz der Vollständigkeit der Kostenprognose. Soweit Optionen oder Vertragsverlängerungen vorgesehen sind, ist der Auftragswert unter Einbeziehung dieser Möglichkeiten bis zu deren vorgesehenem oder voraussichtlichem Höchstmaß (Inanspruchnahme aller vorgesehenen Optionen, längste vorgesehen Vertragslaufzeit) zu schätzen. Zwar sieht **Abs. 1 Satz 2** die Berücksichtigung von Optionen und Vertragsverlängerungen nur für Liefer- und Dienstleistungen vor, doch ergibt sich deren Berücksichtigung bei **Bauleistungen** bereits aus Abs. 1. **Abs. 5** stellt daher nur eine ausdrückliche Verstärkung der Grundregel dar. Da Lieferleistungen als Beistellungen (Abs. 5) des öffentlichen Auftraggebers im Rahmen von Bauaufträgen zu entsprechenden Einsparungen oder Aufwandsminderungen beim Auftragnehmer führen, sind sie ein geldwerter Vorteil, der bei der Kostenschätzung zu berücksichtigen ist. Damit soll verhindert werden, dass über die Herausrechnung von Lieferleistungen des Auftraggebers Bauaufträge dem europäischen Wettbewerb entzogen werden.

3. Rahmenvereinbarungen und dynamische elektronische Beschaffungssysteme 11 (Abs. 6). Auch hier gilt das Höchstwertprinzip, unabhängig davon, mit wie vielen Unternehmen der Vertrag geschlossen werden soll oder wie viele Einzelaufträge während der Laufzeit des Vertrages oder der Verträge vorgesehen sind. Bei der Schätzung des Auftragswertes ist daher von allen für die Vertragslaufzeit vorgesehenen Aufträgen auszugehen und dieser Wert ist nicht durch die Anzahl der am Rahmenvertrag beteiligten oder der im Rahmen der dynamischen elektronischen Beschaffungssysteme zugelassenen Unternehmen zu dividieren, sondern als Gesamtbetrag zugrunde zu legen.

4. Auslobungsverfahren (Abs. 8). Abs. 8 wiederholt die schon in Abs. 1 enthaltene Re- **12** gel, dass Preisgelder und Zahlungen an Teilnehmer in die Schätzung einzubeziehen sind. **Zu unterscheiden sind zwei Fälle.** Soll die Auslobung zu einem Dienstleistungsauftrag führen, ist dessen Auftragswert zu schätzen und zu den Zahlungen und Preisgeldern hinzu zu addieren. Bei allen übrigen Auslobungsverfahren ist der Auftragswert eines Dienstleistungsauftrages hinzu zu addieren, der später vergeben werden könnte, soweit der Auftraggeber dies nicht in der Be-

---

13 ZB *Willenbruch/Bischoff* Vergaberecht Kompaktkommentar/*Bischoff* § 3 VgV, RdNr. 13.
14 OLG München, Beschl. v. 12. 8. 2008, Verg 6/08.

kanntmachung ausgeschlossen hat. Die Regelung folgt gedanklich der Schwellenwertbestimmung in **§ 2 Nr. 5,** wonach bei Auslobungsverfahren immer vom Schwellenwert der Dienstleistungsaufträge auszugehen ist.

§ 4 Vergabe von Liefer- und Dienstleistungsaufträgen

(1) **Auftraggeber nach § 98 Nr. 1 bis 3 des Gesetzes gegen Wettbewerbsbeschränkungen haben bei der Vergabe von Liefer- und Dienstleistungsaufträgen sowie bei
der Durchführung von Auslobungsverfahren, die zu Dienstleistungen führen sollen,
die Bestimmungen des 2. Abschnittes des Teiles A der Vergabe- und Vertragsordnung für Leistungen (VOL/A) in der Fassung der Bekanntmachung vom 20. November 2009 (BAnz. Nr. 196a vom 29. Dezember 2009, geändert durch Bekanntmachung vom 19. Februar 2010 (BAnz. Nr. 32 vom 26. Februar 2010, BAnz. S. 755)
anzuwenden, wenn in den §§ 5 und 6 nichts anderes bestimmt ist.**

(2) **Für Auftraggeber nach § 98 Nr. 5 des Gesetzes gegen Wettbewerbsbeschränkungen gilt Absatz 1 hinsichtlich der Vergabe von Dienstleistungsaufträgen und für
Auslobungsverfahren, die zu Dienstleistungen führen sollen.**

(3) **Bei Aufträgen, deren Gegenstand Personennahverkehrsleistungen der Kategorie
Eisenbahnen sind, gilt Absatz 1 mit folgenden Maßgaben:**
1. **Bei Verträgen über einzelne Linien mit einer Laufzeit von bis zu drei Jahren ist
einmalig auch eine freihändige Vergabe ohne sonstige Voraussetzungen zulässig.**
2. **Bei längerfristigen Verträgen ist eine freihändige Vergabe ohne sonstige Voraussetzungen im Rahmen des § 15 Absatz 2 des Allgemeinen Eisenbahngesetzes zulässig, wenn ein wesentlicher Teil der durch den Vertrag bestellten Leistungen
während der Vertragslaufzeit ausläuft und anschließend im Wettbewerb übergeben wird. Die Laufzeit des Vertrages soll zwölf Jahre nicht überschreiten. Der
Umfang und die vorgesehenen Modalitäten des Auslaufens des Vertrages sind
nach Abschluss des Vertrages in geeigneter Weise öffentlich bekannt zu machen.**

(4) **Für die Vergabe von Aufträgen, deren Gegenstand Dienstleistungen nach Anhang I Teil B der VOL/A sind, gelten § 8 EG, § 15 EG Absatz 10 und § 23 EG
VOL/A sowie die Regelungen des Abschnitts 1 der VOL/A mit Ausnahme von § 7
VOL/A.**

(5) **Aufträge, die sowohl Dienstleistungen nach Anhang I Teil A der VOL/A als
auch Dienstleistungen nach Anhang I Teil B der VOL/A zum Gegenstand haben,
werden nach Abschnitt 2 der VOL/A vergeben, wenn der Wert der Dienstleistung
nach Anhang I Teil A überwiegt.**

(6) **Beim Kauf technischer Geräte und Ausrüstungen oder bei Ersetzung oder
Nachrüstung vorhandener technischer Geräte und Ausrüstungen sind im Falle des
Absatz 1 die Bestimmungen des Abschnittes 2 des Teiles A der VOL/A mit folgenden Maßgaben anzuwenden:**
1. **§ 8 EG VOL/A findet mit der Maßgabe Anwendung, dass mit der Leistungsbeschreibung im Rahmen der technischen Anforderungen von den Bietern Angaben
zum Energieverbrauch von technischen Geräten und Ausrüstungen zu fordern
sind; dabei ist in geeigneten Fällen eine Analyse minimierter Lebenszykluskosten
oder eine vergleichbare Methode zur Gewährleistung der Wirtschaftlichkeit vom
Bieter zu fordern;**
2. **§ 19 EG VOL/A findet mit der Maßgabe Anwendung, dass der Energieverbrauch
von technischen Geräten und Ausrüstungen als Kriterium bei der Entscheidung
über den Zuschlag berücksichtigt werden kann.**

Übersicht

Schrifttum: *Kirch/Ebert,* Zwingender Projektantenausschluss nur im Einzelfall, VergabeNews 2005, 62 f.; *Pünder,* In-House-Vergabe im Personenverkehr, NJW 2010, 263 f.; *Dreher/Stockmann,* Kartellvergaberecht, 4. Aufl. 2008; Juris Praxiskommentar Vergaberecht, 2. Aufl. 2008.

I. Entstehungsgeschichte und Normzweck

§ 4 wurde seit Inkrafttreten des VgV mehrfach geändert. Mit der Änderung 2003 wurde **1** Abs. 3 aufgenommen, der für die Vergabe von ÖPNV-Leistungen eine befristete Befreiung von der Ausschreibungspflicht unter definierten Voraussetzungen vorsieht. 2005 wurden mit dem Gesetz über Öffentlich-Private Partnerschaften (ÖPP-Gesetz)[1] die Absätze 4 und 5 eingeführt, die Rechtsprechung des EuGH umsetzten. Im Jahr 2006 musste die Verweisung auf die alte VOL/A geändert werden, da 2006 eine neue Fassung der VOL/A in Kraft getreten war. In der 2010 in Kraft getretenen Neufassung wird auch § 4 an die erfolgten Änderungen des GWB und der Verdingungsordnungen angepasst. Mit der Neufassung wurden die Inhalte der bisherigen Absätze 4 und 5 komplett ausgetauscht. Abs. 4 regelte die Zulässigkeit der Erfüllung durch Dritte und enthält nunmehr die Bestimmung über die anzuwendenden Vorschriften für die Vergabe von Dienstleistungen nach Anhang I Teil B. Abs. 5 regelte die Zulässigkeit der Beteiligung von Projektanten am Wettbewerb und enthält nun die Regelung über die anzuwendenden Vorschriften bei Dienstleistungen unterschiedlicher Kategorien. Abs. 6 ist neu hinzugekommen und setzt die Energieeffizienzrichtlinie[2] um.

§ 4 ist das notwendige Bindeglied zwischen GWB und Verdingungsordnungen im Kaskaden- **1a** system des Vergaberechts. Ohne die Verweisung in § 4 (wie in den §§ 5 und 6) auf die jeweils anzuwendenden Verdingungsordnungen wären diese nicht demokratisch legitimiert. Durch die Verweisungen in der VgV erhalten sie jedoch den Charakter von Rechtsnormen.[3] § 4 **sowie die §§ 5 und 6** erfüllen daher als Verweisungsnormen, die festlegen, welche öffentlichen Auftraggeber welche Vergaberegeln für welche Auftragsarten anzuwenden haben, die notwendige **„Scharnierfunktion",** um die Verdingungsordnungen zu verbindlichen Regeln zu machen. Abs. 1 Satz 1, letzter Halbsatz macht mit seiner Formulierung **§ 4 zur Grundregel** und **§§ 5 und 6 zu den spezielleren Normen** für die dort genannten Fälle.

II. Grundregel und Ausnahme (Abs. 1 und 2)

1. Grundregel (Satz 1). Abs. 1 Satz 1 verpflichtet als **Grundregel** die klassischen öffent- **2** lichen Auftraggeber nach § 98 Nr. 1–3 bei der Beschaffung von Dienst- oder Lieferleistungen sowie bei Auslobungsverfahren, die zu Dienstleistungen führen sollen, zur Anwendung des **2. Abschnittes der VOL/A.** Da Satz 1 ausdrücklich die konkret anzuwendende Fassung der VOL/A benennt, handelt es sich um eine **statische Verweisung.** Die aufgrund der Neufassung der VOL/A notwendige Änderung der statischen Verweisung ist in Abs. 1 erfolgt. Dabei wurde auch die bisherige Bezeichnung „Verdingungsordnung" entsprechend der nunmehr neuen Bezeichnung „Vergabe- und Vertragsordnung" angepasst.

2. Ausnahmen (Satz 1, letzter Halbsatz, Satz 2). Die Ausnahmen von dieser Regel **3** enthält Satz 1 letzter Halbsatz. Satz 1 letzter Halbsatz entbindet von der vorstehenden Verpflichtung nach Satz 1, **wenn sich aus §§ 5 und 6 etwas anderes ergibt.** Nach § 5 sind Dienstleistungsaufträge und Auslobungsverfahren, die zu Dienstleistungen führen sollen, wenn sie im Rahmen von **freiberuflichen Tätigkeiten** oder in Konkurrenz dazu erbracht werden sollen,

---

[1] BGBl. I 2005 S. 2672.
[2] Richtlinie 2006/32/EG, ABl. 2006 L 114/64–85.
[3] *Dreher/Stockmann* Vor §§ 97 ff. RdNr. 45, 46.

nach der Verdingungsordnung für freiberufliche Leistungen (VOF) auszuschreiben. **§ 6** trifft für **Bauaufträge** eine andere Regelung und verpflichtet zur Anwendung der VOB/A. Die bisherige Fassung von Abs. 1 enthielt einen Satz 2, der **Aufträge im Sektorenbereich** betraf. Mit dem Inkrafttreten der **Sektorenverordnung** war der Satz inhaltlich überflüssig geworden und wurde in der Neufassung der Regelung gestrichen.

4   **3. Gemischte Verträge.** **§§ 4 bis 6** regeln jeweils für eine bestimmte Auftragsart, welche Verdingungsordnungen anzuwenden sind. In der Praxis kommt es jedoch oft zur Vergabe von Aufträgen in denen sich Elemente der verschiedenen Leistungen (Bau-, Liefer- und Dienstleistungen) mischen. Die Frage, nach welchen Vorschriften solche Aufträge zu vergeben sind, wird in **§ 99 Abs. 7 GWB** geklärt und in den **§§ 1 a VOB/A und VOL/A,** auf den Gegenstand der konkreten Verdingungsordnung (neu: Vergabe- und Vertragsordnung) abgestimmt, wiederholt. Die Bestimmungen gehen von der Grundregel aus, dass jeweils die Bestimmungen anzuwenden sind, die für den überwiegenden Auftragsanteil an der Beschaffungsmaßnahme anzuwenden wären. Die Zuordnung nach dem **Schwerpunkt der Leistung** entspricht der Rechtsprechung des EuGH,[4] wobei es nach dem EuGH nicht darauf ankommt, dass es sich bei den verschiedenen Elementen einer Auftragsvergabe ausschließlich um der Ausschreibungspflicht unterliegende Elemente handelt. In der Entscheidung „Gestión Hotelera International" (Fn. 4) enthielt der Auftrag Elemente einer Dienstleistungskonzession und eines Bauauftrages. Zur **Ermittlung des Schwerpunktes der Leistung** sah der EuGH verschiedene Methoden als möglich und zulässig an. Danach kann der Schwerpunkt der Leistung aus einer wertenden Betrachtung der Beschaffungselemente unter Berücksichtigung der verfolgten und realisierten Ziele des Vorhabens oder aus dem rein rechnerischen Wertverhältnis der Elemente zueinander oder aus einer Kombination der Betrachtungsweisen ermittelt werden. Zu den Einzelheiten vgl. Kommentierung zu § 99 Abs. 7 GWB.

5   **4. Auftraggegber nach § 98 Nr. 5 (Abs. 2). Abs. 2** bestimmt, dass Abs. 1 auch gilt für öffentliche Auftraggeber nach § 98 Nr. 5 GWB, die Dienstleistungsaufträge vergeben oder Auslobungsverfahren durchführen, die zu Dienstleistungsaufträgen führen sollen. **Lieferaufträge** sind nicht erwähnt. Die Eigenschaft eines öffentlichen Auftraggebers nach **§ 98 Nr. 5 GWB** ergibt sich aus der Durchführung bestimmter Baumaßnahmen. Soweit Lieferleistungen für die Durchführung eines Bauauftrages notwendig sind, unterliegen sie daher nach **§ 6** der Ausschreibungspflicht.[5] Diese Zuordnung findet ihren Ausdruck in § 3 Abs. 5, wo der Hinweis vorgesehen ist, dass bei der Schätzung des Auftragswertes einer Bauleistung auch der Wert aller Lieferleistungen zu berücksichtigen ist sowie in dem Grundsatz, dass die jeweils überwiegende Leistung die anzuwendenden Vorschriften bestimmt. Bei einer Baumaßnahme dürfte in aller Regel der Anteil der Baumaßnahme den Anteil der Lieferleistungen übersteigen.

III. Schienenpersonennahverkehrsleistungen (Abs. 3)

6   **1. Mögliche Nichtigkeit von Abs. 3.** Abs. 3 enthält eine **Ausnahme** von der Pflicht zur Anwendung der Vergaberegeln. In Literatur[6] und Rechtsprechung[7] wird problematisiert, ob Abs. 3 nichtig ist. Die Ermächtigungsgrundlage für die Verordnung ergibt sich aus **§ 97 Abs. 6 GWB.** Die Norm ermächtigt zum Erlass von Verordnungen, die das bei der Vergabe von Aufträgen einzuhaltende Verfahren festlegen. Als weitere Ermächtigungsgrundlage kann auch **§ 127 GWB** in Betracht kommen. **§ 127 GWB** benennt in seinen einzelnen Ziffern konkret die Sachverhalte, zu denen zum Erlass von Verordnungen ermächtigt wird. Die Regelung von Ausnahmen ist dabei nicht erwähnt. **§ 97 Abs. 6 GWB** benennt als möglichen Regelungsgegenstand einer Verordnung nach der allgemeinen Formulierung „über das bei der Vergabe einzuhaltende Verfahren" mit der Einleitung „insbesondere" verschiedene Beispiele, die sich jeweils auf die Durchführung von Vergabeverfahren beziehen, beendet den Satz jedoch mit der offenen Formulierung „und sonstige Fragen des Vergabeverfahrens". Daraus wird von den zitierten Quellen abgeleitet, dass die Ermächtigung nur Regelungen über ein laufendes Vergabeverfahren einschließlich der notwendigen Vor- und Nacharbeiten erfasst. Als nicht abgedeckt wird die Regelung von Ausnahmen angesehen, wie sie Abs. 3 enthält.

---

[4] EuGH NZBau 2000, 90f., grundlegend: EuGH C-331/92, Slg. 1994, I-1229 – Gestión Hotelera International.

[5] Wie hier: Juris-PK/*Zeiss* RdNr. 14.

[6] *Willenbruch/Bischoff* RdNr. 3 ff, Juris-PK/*Zeiss* RdNr. 41 ff.

[7] VK Brandenburg v. 10. 2. 2003 VK 80/02; VK Magdeburg ZfBR 2003, 509 ff., zitiert nach Juris-PK Fn. 48.

Für dieses Verständnis spricht, dass die in **§ 97 Abs. 6 GWB** genannten Beispiele sich alle- 7
samt auf ein durchzuführendes Vergabeverfahren beziehen. Hinzu kommt, dass es Ziel des europäischen Wettbewerbs ist, den Schienenpersonenverkehr dem Wettbewerb zu öffnen und
Abs. 3 das Monopol der DB AG weiterhin für viele Jahre schützt. **Abs. 3** könnte daher auch
unter dem Gesichtspunkt der mangelnden Allgemeingültigkeit und Neutralität sowie der Ein-
zelfallbegünstigung verfassungswidrig und damit nichtig sein. Aus der sprachlichen Gestaltung
der Norm in ihrem letzten Satzteil kann ebenfalls nicht abgeleitet werden, dass die Regelung
von Ausnahmen zu den Bestimmungen über das Vergabeverfahren gehört, da die Ausnahmen
von der Pflicht zur Anwendung des Vergaberechts **abschließend in § 100 Abs. 2 GWB** geregelt sind. Für die Meinung, dass Abs. 3 von der Ermächtigungsgrundlage nicht gedeckt und
deshalb nichtig ist, spricht daher einiges. (Zur Vereinbarkeit mit der EU-MarktöffnungsVO vgl.
die sehr ausführliche Darstellung bei Juris Praxiskommentar/*Zeiss,* RdNr. 42 ff.)

In der praktischen Anwendung hat diese Diskussion jedoch bisher keine Auswirkungen. Ob 8
Vergabekammern eine Verwerfungskompetenz zusteht, ist nicht sicher. Sie erfüllen zwar die
Voraussetzungen des Art. 267 AEUV (ex Art. 234 EG-Vertrag) und sind daher Gerichte in diesem Sinne. Nach nationalem Recht (Gerichtsverfassungsgesetz) sind sie jedoch keine Gerichte,
sondern Verwaltungsbehörden. Die bisherigen Entscheidungen verschiedener Vergabekammern
wurden zu dieser Frage nicht von Oberlandesgerichten, denen eine Verwerfungskompetenz
zustehen würde, überprüft. Der Normgeber selber hat offenbar keine Zweifel an der Gültigkeit
der Norm, denn sie wurde nach ihrer Aufnahme weder bei der Änderung der VgV im Jahr
2005 noch im Rahmen der aktuellen Neufassung verändert. Solange die Norm weder aufgehoben noch die Nichtigkeit förmlich festgestellt wurde, kann einem öffentlichen Auftraggeber
nicht untersagt werden, danach zu verfahren. Nach Art. 2 der ersten Verordnung zur Änderung
der VgV vom 7. 11. 2002 ist die **Regelung befristet** und tritt am 31. 12. 2014 außer Kraft.[8]
Spätestens dann erledigt sich diese Fragestellung.

2. Erfasste Leistungen. Abs. 3 erfasst Personennahverkehrsleistungen der Kategorie Eisen- 9
bahnen aus Anhang I B, dort Nr. 18. Nach **§ 2 Abs. 5 AEG** handelt es sich dabei um die allgemein zugängliche Beförderung von Personen in Zügen, die überwiegend dazu bestimmt sind,
die Verkehrsnachfrage im Stadt-, Vorort- oder Regionalverkehr zu befriedigen. Die Ausnahme
erfasst andere schienengebundene Verkehrsmittel wie zB Straßenbahnen nicht.[9] (Zur vergaberechtlichen Behandlung, insbesondere von Inhouse-Vergaben, des übrigen Personennahverkehrs vgl. *Pünder,* Inhouse – Vergabe im Personennahverkehr, NJW 2010, 263 ff.). Nr. 1 umfasst einzelne Linien, die für kurze Zeit vergeben werden, Nr. 2 befasst sich mit Netzsystemen
und längerfristigen Verträgen.

3. a) Als Verfahrensart sehen sowohl **Nr. 1** als auch **Nr. 2** die **einmalige freihändige** 10
Vergabe ohne sonstige Voraussetzungen vor. Ziel der Regelung ist die Sicherstellung des
SPNV durch Privilegierung bei der Beschaffung der notwendigen Dienstleistungen. Es sollte ein
sanfterer Übergang vom alten Monopol der DB AG in den Wettbewerb ermöglicht und für
eine Übergangsphase in definierten Grenzen die Beschaffung der Leistung sowohl im Wege der
Ausschreibung als auch freihändig zugelassen werden. Aus dieser Zielsetzung wird in der Literatur gelegentlich die Frage aufgeworfen, **ob damit auf jegliche Förmlichkeit eines geord-**
neten Verfahrens verzichtet werden kann. Einerseits wird in der Zielsetzung der Norm,
übergangsweise und einmalig bestimmte Beschaffungen nicht dem Vergaberecht zu unterwerfen, die Legitimation zu vollständig formlosem Handeln gesehen, wonach ein Vertrag nach
freier Verhandlung geschlossen werden dürfte. Andererseits wird im Gebrauch der Terminologie der Verfahrensarten, wie sie die Richtlinien und die Verdingungsordnungen verwenden,
abgeleitet, dass die Formen der freihändigen Vergabe, insbesondere die Bekanntmachungspflichten sowie die **Pflicht, eine faire, transparente und diskriminierungsfreie Entscheidung**
zu treffen, einzuhalten sind.[10] Zieht man in Betracht, dass die EU regelmäßig[11] und selbst bei
Vergaben unterhalb der Schwellenwerte die Basisanforderungen der Transparenz, Diskriminierungsfreiheit und des fairen Wettbewerbs einfordert, spricht einiges dafür, dass eine europarechtskonforme Auslegung der Norm nur dazu führen kann, dass die Pflicht zur Durchführung
eines förmlichen freihändigen Verfahrens besteht. Der nationale Gesetzgeber hat jedoch die
freihändige Vergabe ausdrücklich durch die Erläuterung „ohne sonstige Voraussetzungen" be-

---

[8] BGBl. I S. 4338.
[9] Juris-PK/*Zeiss* RdNr. 27, 28.
[10] *Willenbruch/Bischoff* RdNr. 5 mit Hinweis auf *Prieß/Pukall* VergabeR 2003, 12 f.
[11] EuGH, C 324/98, Slg. 2000, I-10745 (Teleaustria).

schrieben, was sowohl dafür sprechen kann, dass es auf die in der VOL/A enthaltenen Voraussetzungen für die Zulässigkeit einer freihändigen Vergabe nicht ankommen, ansonsten aber ein förmliches Verfahren stattfinden soll, als auch, dass die Freiheit zum direkten Vertragsschluss ohne Pflicht zur vorherigen Bekanntmachung und zur Auseinandersetzung mit möglichen Konkurrenzangeboten und -preisen gewährt werden sollte. Dann hätte der Gesetzgeber dies allerdings durch den Gebrauch einer anderen Terminologie klarstellen können. Nach hier vertretener Ansicht ist daher ein förmliches freihändiges Verfahren durchzuführen. Es ist jedoch darauf hinzuweisen, dass über die Frage, welches Verständnis europarechtskonform ist, von der Rechtsprechung noch nicht entschieden wurde. Ein erstes in dieser Hinsicht streitiges Verfahren bleibt abzuwarten. Allerdings verlangt auch das nationale **Haushaltsrecht** ein transparentes Verfahren, einen nachvollziehbaren Preisvergleich und die sparsamste Lösung. Insofern dürfte sich die Durchführung von geordneten freihändigen Verfahren nach den Regeln der Verdingungsordnungen schon unter diesem Gesichtspunkt anbieten. Für die hier vertretene Auffassung spricht auch, dass die EU mit der im Dezember 2009 in Kraft getretenen „Verordnung (EG) Nr. 1370/2007 über öffentliche Personenverkehrsdienste auf Schiene und Straße und zur Aufhebung der Verordnungen (EWG) Nr. 1191/1969 und (EWG) Nr. 1107/1970"[12] bestimmt, dass Linienverkehrsgenehmigungen nach dem Personenbeförderungsgesetz auszuschreiben sind.

Praktisch stellt sich die Frage nach der Verfahrensart vor allem **bei der Verlängerung schon bestehender Verträge,** insbesondere, wenn damit wesentliche Änderungen in der Leistungsbeziehung einhergehen, zB die – erhebliche – Verlängerung der Laufzeit oder die Erhöhung des öffentlichen Zuschusses bei den gemeinwirtschaftlichen Verkehren. Nach hier vertretener Auffassung sind Vertragsverlängerungen wie Neuvergaben zu behandeln, wenn eine Verlängerungsoption nicht Gegenstand der ursprünglichen Beschaffung oder des Ausgangsvertrages war und wenn die Vertragsbeziehungen geändert werden.

11   **b) § 15 AEG** sieht Ausnahmen von der Ausschreibungspflicht vor, die großzügiger sind als die Regelung in **§ 4 Abs. 3 VgV. § 15 Abs. 2 AEG** sieht vor, dass die zuständigen Behörden gemeinwirtschaftliche Verkehre ausschreiben **können.** Gemeinwirtschaftliche Verkehre sind solche Linien, in denen der öffentliche Auftraggeber neben dem gewährten Recht zur Fahrpreiserhebung zusätzlich einen bestimmten Betrag an das Unternehmen zahlt, wenn und weil die Linien aus dem Fahrpreisvolumen nicht kostendeckend bedient werden können. Da § 4 Abs. 3 VgV die freihändige Vergabe ohne sonstige Voraussetzungen nur unter den dort genannten Voraussetzungen vorsieht, stellt sich die Frage nach dem Verhältnis der Normen zueinander. In der Literatur finden sich im Wesentlichen **zwei Meinungen:** Eine Meinung sieht in **§ 15 AEG die speziellere Norm** und will ihr den Vorrang geben.[13] Die andere Meinung sieht im **4. Abschnitt des GWB und der darauf beruhenden VgV die aktuellere Norm** und gibt dieser Regelung den Vorrang.[14] Ergänzend wird dies damit begründet, dass die Vergabe von Schienenverkehrsbeförderungsdienstleistungen sich nicht in den Ausnahmen des § 100 GWB befindet. Dieser letzteren Auffassung ist zuzustimmen. Die Ausnahmen in § 100 Abs. 2 GWB sind abschließend. In den verschiedenen Reformprozessen in den vergangenen Jahren wurde § 4 Abs. 3 in diesem Punkt nie geändert oder an § 15 AEG angepasst, obwohl dies ohne weiteres möglich gewesen wäre. Schließlich ist Ziel der Regelung, den Schienenpersonennahverkehr, wenn auch mit langen Übergangszeiten, so doch dem Wettbewerb zu öffnen. Das kann nur erreicht werden, wenn es nicht im Belieben der öffentlichen Auftraggeber liegt, ob sie die Leistungen überhaupt im Wettbewerb vergeben. Für die Zukunft ist zu bedenken, dass die **Ausnahmeregelung des Abs. 3 bis 2014 befristet** ist (vgl. RdNr. 8), so dass die schon bei der gegenwärtigen Rechtslage aufgetretene Diskussion sich spätestens dann verschärfen wird. Eine klare Fassung der Gesetzeslage ab dem Jahr 2015 wäre daher hilfreich.[15]

12   **c) Nachprüfbarkeit.** Die Vergabeverfahren zu Schienenpersonennahverkehrsleistungen, deren Auftragswert den Schwellenwert übersteigt, unterliegen der Nachprüfung vor den Vergabekammern. Unstreitig ist dies der Fall für durchgeführte förmliche Verfahren. Bei den „ohne sonstige Voraussetzungen" zulässigen freihändigen Vergaben ist dies mit dem Argument in Frage gestellt worden, dass mit der Freigabe des Verfahrens auch die Nachprüfung entfalle.[16] Un-

[12] ABl. 2007 L 315/1.
[13] OLG Brandenburg ZfBR 2003, 803 f.
[14] OLG Düsseldorf NZBau 2002, 634 f.
[15] Überblick über die derzeitige Rechtslage: *Kirch/Leinemann,* Ausschreibung von SPNV-Leistungen.
[16] OLG Düsseldorf NZBau 2002, 634 f.

abhängig davon, ob man die Möglichkeit der vollständig formfreien oder der förmlichen freihändigen Vergabe annehmen will, besteht hinsichtlich der Nachprüfung kein rechtsfreier Raum. OLG Düsseldorf, aaO, hat sich dazu nicht abschließend geäußert, geht aber davon aus, dass jedenfalls dann, wenn sich der öffentliche Auftraggeber für die Durchführung eines förmlichen Vergabeverfahrens entscheidet, er damit der Nachprüfung unterliegt. Eine Aussage über die nicht förmlichen Verfahren ist damit nicht getroffen. Die Voraussetzungen für eine Ausnahme vom Rechtsschutz nach § 100 Abs. 2 GWB liegen nicht vor. Es ist auch nicht ersichtlich, dass der Gesetzgeber hier einen rechtsfreien Raum schaffen wollte. Auch bei der – ggf. vollständig – freihändigen Vergabe bleibt dennoch genügend Substanz für die Nachprüfung vor der Vergabekammer, so dass auch eine völlig formfreie Vergabe nicht in einem nicht justiziablen Raum stattfinden würde. Die Nachprüfung vor den Vergabekammern richtet sich jedenfalls zumindest auf die Frage, ob die weiteren Voraussetzungen der Norm vorliegen, unter denen allein die freihändige Vergabe ohne sonstige Voraussetzungen zulässig ist und ob der Rahmen, den die Ausnahme in zeitlicher und regionaler Hinsicht gewährt, eingehalten wird.

4. Voraussetzungen. a) Abs. 3 Nr. 1 sieht die Ausnahmemöglichkeit nur für **einzelne 13 Linien** und nur für einen **Zeitraum von maximal 3 Jahren** vor. Nicht umfasst sind Regionalnetze oder Strecken und Verbindungen, die nur durch Umsteigen von einer Linie zur anderen bewältigt werden können. Die Laufzeit des Vertrages von **maximal 3 Jahren** umfasst unabhängig von Jahreswechseln eine Dauer von **maximal 36 Monaten**. Die freihändige Vergabe darf **pro Linie nur einmal** erfolgen. Die Möglichkeit des § 4 Abs. 3 Nr. 1 kann daher „verbraucht" werden. Der öffentliche Auftraggeber hat nachzuweisen, dass die freihändig vergebene Linie in der Vergangenheit noch nicht freihändig vergeben wurde. Er hat weiter die vorgesehene Vertragsdauer zu belegen und muss darlegen, dass es sich um eine Linie handelt.

b) Abs. 3 Nr. 2 betrifft **längerfristige Leistungen** im Rahmen der gemeinwirtschaftlichen **14** Verkehre nach § 15 Abs. 2 AEG. Die Ausnahme ist nicht auf einzelne Linien beschränkt, sondern kann auch Netzteile oder vollständige Regionalnetze zum Gegenstand haben. Entscheidend ist, dass **wesentliche Teile** der durch den Vertrag bestellten Leistungen **während der Vertragslaufzeit auslaufen** und **danach im Wettbewerb vergeben** werden. Hinsichtlich der Festlegung, was wesentliche Teile sind, steht dem öffentlichen Auftraggeber ein **Beurteilungsspielraum** zu, der auf seine fehlerfreie Ausübung hin überprüfbar ist. Die Beurteilung der Wesentlichkeit kann sich nach der Begründung[17] der Änderungsverordnung von 2002, mit der die Norm eingeführt wurde, am Gesamtvolumen des Vertrages und an dem Anteil, den die auslaufenden Leistungen daran haben, orientieren. Dabei kann auf verkehrlich und wirtschaftlich sinnvolle Teilnetze abgestellt werden und/oder eine zeitliche oder prozentuale Staffelung der auslaufenden Linien vorgenommen werden. Möglich sei aber auch ein Auslaufen in einem Schritt. Der Kern der Frage liegt in der Festlegung eines bestimmten Anteils als **wesentlich**. Einigkeit scheint zu bestehen, dass „wesentlich" nicht gleichzusetzen ist mit „mehr als die Hälfte". Der prozentuale Anteil wird unterschiedlich hoch angesetzt und bewegt sich in der Literatur **zwischen 10% und 50%**.[18] Sachgerecht und im Ergebnis treffender erscheint die individuelle Betrachtung des konkreten Einzelfalles. Je größer das Gesamtnetz ist, desto kleiner kann der wesentliche Anteil sein, ohne seinen eigenen wirtschaftlichen Wert zu verlieren. Andererseits soll nicht mit zu kleinen auslaufenden Netzanteilen die Freiheit von der Ausschreibungspflicht willkürlich hergestellt werden. Eine einzelne Linie in einem gesamten Regionalnetz dürfte daher nicht genügen. Hier einen der Zielsetzung der Norm angemessenen Maßstab zu finden, erfordert keine starre Festlegung einer Prozentzahl, sondern die Berücksichtigung der Gegebenheiten im Einzelfall. Sind die Verträge ausgelaufen, ist der damit frei gewordene Leistungsanteil im Wettbewerb zu vergeben.

Die freihändige Vergabe ist zeitlich begrenzt. Sie **soll** 12 Jahre nicht überschreiten. Dieser **14a** Zeitraum kann zum Ziel haben, in absehbarer Zeit auch bei langfristigen Verträgen im Schienenpersonennahverkehr zu Vergaben im Wettbewerb zu kommen. Die gesetzte **Frist von 12 Jahren** ist daher **grundsätzlich als Maximum** anzusehen, damit nicht mit überlangen Verträgen die Befristung der Ausnahmemöglichkeit unterlaufen wird. Wird die Frist überschritten, was die Regelung nicht ausschließt, ist dies gesondert zu begründen. Auch dieser Aspekt unterliegt der Nachprüfung, da mit längerfristigen Verträgen ohne sachlichen Grund für die Vertragsdauer die Dienstleistung dem Markt entzogen wird.

---

[17] Zitiert nach Juris-PK/*Zeiss* RdNr. 35.
[18] Juris-PK/*Zeiss* RdNr. 38; *Willenbruch/Bischoff* RdNr. 13.

IV. Vergabe nachrangiger Dienstleistungen (Abs. 4)

15   **Abs. 4** wurde komplett neu gefasst. Der bisherige Inhalt, der die Zulässigkeit der Erfüllung des Auftrages durch Dritte regelte, wurde in die Verdingungsordnungen übernommen. Der neue Inhalt nimmt Bezug auf die neu gefasste VOL/A. Die neu gefasste VOL/A besteht aus zwei in sich geschlossenen und voneinander unabhängigen Abschnitten. Abschnitt 1 regelt die Vergaben unterhalb der Schwellenwerte, Abschnitt 2 die Vergaben oberhalb der Schwellenwerte. Das bisherige System der miteinander korrespondierenden Basis- und a-Paragraphen wurde aufgegeben, die Regelungen im 2. Abschnitt haben den Zusatz EG erhalten. Um die neue Unabhängigkeit der Abschnitte voneinander nicht zu durchbrechen, wurde die bisher in § 1 a VOL/A enthaltene Regelung über die für nachrangige Dienstleistungen anzuwendenden Vorschriften aus der VOL/A heraus- und in die VgV aufgenommen.[19]

16   Die nachrangigen Dienstleistungen sind in Anhang I Teil B der VOL/A abschließend erfasst. Für diese Dienstleistungen gelten geringere Anforderungen im Vergabeverfahren. Verpflichtend sind jedoch eine Leistungsbeschreibung und ein transparentes Verfahren. Gegenüber den sich schon aus der Richtlinie 2004/18/EG ergebenden Anforderungen ist hier noch die Pflicht zur Angabe der zuständigen Nachprüfungsinstanz aufgenommen worden (§ 15 EG Abs. 10 VOL/A).

V. Gemischte Dienstleistungsaufträge (Abs. 5)

17   **Abs. 5** wurde ebenfalls komplett neu gefasst und bildet die logische Ergänzung zu Abs. 4. Der bisherige Regelungsgegenstand von Abs. 5, die Zulässigkeit der Teilnahme von Projektanten am Wettbewerb, wurde in **§ 6 EG Abs. 7 VOL/A** übernommen und konnte daher hier entfallen. Zu der Behandlung gemischter Verträge, die in den Regelungsbereich verschiedener Verdingungsordnungen fallen, vgl. II.3 (RdNr. 4). **Abs. 5** erfasst Aufträge, die sowohl Dienstleistungen nach Anhang I Teil A als auch Dienstleistungen nach Anhang I Teil B umfassen und trifft dazu eine Regelung, die schon in **§ 99 Abs. 7 GWB** ihren Niederschlag gefunden hat. Sie entspricht der für die übrigen gemischten Verträge entwickelten Schwerpunkttheorie (vgl. II.3, RdNr. 4). Da **§ 99 Abs. 7 Satz 1 GWB** eine Regelung gleicher Ausrichtung auch für das Verhältnis von Liefer- zu Dienstleistungen enthält, mussten Lieferleistungen in Abs. 5 nicht gesondert behandelt werden. Die Regelung enthält keine Aussage darüber, wie zu verfahren ist, wenn die Anteile der unterschiedlichen Dienstleistungen gleichwertig sind. Nach der Begründung im Beschluss des Bundesrates[20] sollte damit in Umsetzung von Art. 22 der Richtlinie 2004/18/EG[21] die Anwendung des 2 Abschnitts der VOL/A nicht vorgeschrieben werden.

VI. Berücksichtigung von Energieeffizienz (Abs. 6)

18   Abs. 6 wurde mit der Neufassung der VgV neu aufgenommen. Er dient der Umsetzung der **Energieeffizienzrichtlinie**.[22] Die Regelung passt systematisch nicht in § 4, da sie nicht auf anzuwendende Vorschriften verweist, sondern materiellrechtliche Modifikationen vorher getroffener Verweisungen enthält. Die Regelung betrifft in der Praxis jedoch Bau- und Dienstleistungsaufträge, so dass sie in beiden Verdingungsordnungen zu erwähnen gewesen wäre. Als übergeordneter Grundsatz ist die Einbindung in die VgV daher richtig, hätte jedoch in einem eigenen Paragraphen stattfinden können. Mit der Einbindung in die VgV soll dem Beschluss der Bundesregierung vom 28. 6. 2006 zur Vereinheitlichung des Vergaberechts Rechnung getragen werden.[23] Die Fassung von Abs. 6 ist redaktionell nicht eindeutig. Die Nummerierung ist nicht stimmig, da die Auflistung der Fallvarianten mit der Nummer 2 beginnt.

Eine entsprechende Regelung befindet sich in § 7 Abs. 4 SektVO. Zu der noch ausstehenden Umsetzung der Richtlinie „saubere Fahrzeuge" geht die Bundesregierung in Übereinstimmung mit der Rechtsauffassung der europäischen Kommission davon aus, dass die energieeffiziente Beschaffung von Fahrzeugen im Rahmen der Umsetzung der Richtlinie 2009/33/EG in nationales Recht erfolgen wird.[24]

---

[19] BR-Drucks. 40/10, Begründung, Teil B, Art. 1, zu Nr. 4.

[20] BR-Drucks. 40/10 (Beschluss), Nr. 6.

[21] Richtlinie 2004/18/EG, ABl. 2004 L 134/114.

[22] Richtlinie 2006/32/EG des Europäischen Parlaments und des Rates vom 5. 4. 2006 über Endenergieeffizienz und Energiedienstleistungen und zur Aufhebung der Richtlinie 93/76/EWG des Rates, ABl. 2006 L 114/64.

[23] BR-Drucks. 40/10, Begründung, Teil B, Art. 1, zu Nr. 4.

[24] BR-Drucks. 40/10, Begründung, Teil B, Art. 1, zu Nr. 4.

Die **Energieeffizienzrichtlinie** soll nach ihrem **ersten Erwägungsgrund** zur Verbesserung 19
der Versorgungssicherheit und nach **Erwägungsgrund 2** zu einer Verbesserung der Klimasi-
tuation führen. Nach **Erwägungsgrund 7** ist es unter anderem Ziel der Richtlinie, stärkere
Anreize für die Nachfrageseite zu schaffen. Aus diesem Grund solle in jedem Mitgliedstaat der
öffentliche Sektor **mit gutem Beispiel** hinsichtlich Investitionen, Instandhaltung und anderer
Ausgaben für Energie verbrauchende Geräte, Energiedienstleistungen und andere Energieeffizienzmaßnahmen **vorangehen.** Der öffentliche Sektor solle bestrebt sein, Energieeffizienzkrite-
rien bei öffentlichen Ausschreibungen anzuwenden, was gemäß der Sektorenrichtlinie[25] und der
Vergabekoordinierungsrichtlinie[26] sowie nach dem Urteil des EuGH in der Rechtssache C-
513/99 zulässig sei. **Art. 5 der Richtlinie** legt daher fest, dass der öffentliche Sektor eine **Vorbildfunktion** im Zusammenhang mit dieser Richtlinie übernimmt und zu diesem Zweck
die Bürger/innen und/oder ggf. Unternehmen darüber und über die Maßnahmen des öffentlichen Sektors unterrichtet. Die Mitgliedstaaten haben dafür zu sorgen, dass der öffentliche Sektor
Energieeffizienzmaßnahmen ergreift, deren Schwerpunkt auf kostenwirksamen Maßnahmen
liegt, die in kürzester Zeit zu den umfassendsten Energieeinsparungen führen. Diese Maßnahmen werden auf geeigneten nationalen, regionalen und/oder lokalen Ebenen getroffen und
können in Gesetzgebungsinitiativen und/oder freiwilligen Vereinbarungen gemäß Art. 6
Abs. 2b oder anderen Vorhaben mit gleichwertiger Wirkung bestehen. Unbeschadet des nationalen und gemeinschaftlichen Vergaberechts sind aus der in Anhang VI der Richtlinie aufgeführten Liste zumindest zwei Maßnahmen heranzuziehen und Leitlinien zur Energieeffizienz
und Energieeinsparung als mögliches Bewertungskriterium bei der Ausschreibung öffentlicher
Aufträge zu veröffentlichen, die diesen Prozess erleichtern sollen.

Abs. 6 soll die **Vorbildfunktion des öffentlichen Sektors** begründen und nimmt mit den 20
Nummern 1. und 2. auf die Liste in Anhang VI der Richtlinie, Buchstaben c) und d) Bezug.
Buchstabe c) erfasst den Kauf, Buchstabe d) das Ersetzen und die Nachrüstung vorhandener
Ausrüstungen. Der Anforderung von Art. 5 der Richtlinie ist damit formal Genüge getan. Die
zukünftige Berücksichtigung weiterer umweltbezogener Kriterien ist damit nicht ausgeschlossen. **Nummer 1** verlangt die Anforderung von Daten zur Energiebilanz bei technischen Geräten und/oder Ausrüstungen, **Nummer 2** lässt ihre Berücksichtigung bei der Entscheidung über
den Zuschlag zu. Durch die Bezugnahme in Erwägungsgrund 7 der Richtlinie auf die EuGH –
Entscheidung Rs. C-513/99,[27] mit der über die Zulässigkeit der Berücksichtigung von Abgas-
mengen und Treibstoffverbrauch im ÖPNV der Stadt Helsinki entschieden wurde, ist für die
praktische Anwendung der Norm auch der Rahmen gesetzt. Das Prinzip, vergabefremde
Kriterien bei der Entscheidung über das wirtschaftlichste Angebot nicht zuzulassen, bleibt erhalten. **Auf den Leistungsgegenstand bezogene Kriterien** sind jedoch als Qualitätsanforde-
rung ein zulässiges Kriterium der Wirtschaftlichkeitsbetrachtung. In einer Ausschreibung geht es
daher nach wie vor nicht darum, wie sich das Unternehmen insgesamt in seiner Energiebilanz
darstellt. Das wäre ein vergabefremder Aspekt und als Entscheidungskriterium unzulässig. An
die zu beschaffende Leistung dürfen jedoch Anforderungen im Hinblick auf Energieverbrauch
und Umweltbelastung gestellt werden. Die in der Norm genannten Angaben zum Energieverbrauch **sind** daher anzufordern **(Nr. 1)** und **können** in die Betrachtung einfließen **(Nr. 2).**
Nach Anhang VI c) und d) der Richtlinie ist die Energiebilanz als kostenwirksames Element
anzusehen. Im nationalen Recht stellt die Berücksichtigung des Energieverbrauchs daher ein
zulässiges Kriterium der Wirtschaftlichkeitsbewertung eines Angebotes dar. Fraglich ist jedoch,
ob der Text von Abs. 6 nicht hinter der Zielsetzung der Richtlinie zurückbleibt, da er in
Nummer 2 bestimmt, dass die Energiebilanz einer Leistung berücksichtigt werden kann. Um
dem Ziel der Richtlinie gerecht zu werden, die in Art. 5 die Verpflichtung zu möglichst umfassenden Energieeinsparungen vorsieht und den Mitgliedstaaten für ihre Beschaffungsverfahren
einige Pflichten auferlegt, einschließlich der Einrichtung von Behörden zur Verwaltung, Leitung und Durchführung der Aufgaben zur Einbeziehung von Energiebilanzbelangen, müsste
eine zwingende Berücksichtigung vorgesehen werden. Aus dem Umstand, dass nach der nationalen Regelung der Energieverbrauch berücksichtigt werden kann, folgt nach den regulären
Bestimmungen über ein transparentes Vergabeverfahren, dass in der Bekanntmachung das Wertungskriterium „Energieverbrauch" anzugeben ist, wenn es in die Wertung einfließen soll.

---

[25] Richtlinie 2004/17/EG, ABl. 2004 L 134/1.
[26] Richtlinie 2004/18 EG, ABl. 2004 L 134/114.
[27] Zur Zulässigkeit umweltgerechter Kriterien vgl. Mitteilung der Kommission zu umweltgerechten Beschaffungen, KOM (2001), 274, ABl. 2001 C 333/12.

§ 5 Vergabe freiberuflicher Dienstleistungen

[1] Auftraggeber nach § 98 Nr. 1 bis 3 und 5 des Gesetzes gegen Wettbewerbsbeschränkungen haben bei der Vergabe von Dienstleistungen, die im Rahmen einer freiberuflichen Tätigkeit erbracht oder im Wettbewerb mit freiberuflichen Tätigen angeboten werden, sowie bei Auslobungsverfahren, die zu solchen Dienstleistungen führen sollen, die Vergabeordnung für freiberufliche Leistungen (VOF) in der Fassung der Bekanntmachung vom 18. November 2009 (BAnz. Nr. 185 a vom 8. Dezember 2009) anzuwenden. [2] Dies gilt nicht für Dienstleistungen, deren Gegenstand eine Aufgabe ist, deren Lösung vorab eindeutig und erschöpfend beschrieben werden kann.

I. Normzweck

1   § 5 weist die freiberuflichen Leistungen, die nicht eindeutig und erschöpfend beschrieben werden können, dem Anwendungsbereich der VOF zu. § 5 stellt daher das notwendige Bindeglied für diesen Bereich der Kaskade her. Mit der Neufassung der VgV wurde die notwendige **Anpassung der statischen Verweisung** auf die Vergabeordnung für freiberufliche Leistungen (VOF, bisher „Verdingungsordnung") in der Fassung der Bekanntmachung vom 18. 11. 2009 vorgenommen, die im Rahmen der Reform ebenfalls neu gefasst wurde. Der bisherige Satz 3 nahm die Sektorenauftraggeber ausdrücklich von der Anwendung dieser Verdingungsordnung aus. Der Satz konnte nach Inkrafttreten der Sektorenverordnung entfallen.

II. Die Verweisung

2   **1. Persönlicher Anwendungsbereich.** Der persönliche Anwendungsbereich der Verweisung erfasst die öffentlichen Auftraggeber nach **§ 98 Nr. 1 bis 3 und 5.** Erfasst sind damit die klassischen öffentlichen Auftraggeber sowie Auftraggeber, die als natürliche oder juristische Personen des privaten Rechts für die von ihnen durchgeführten Vorhaben zu mehr als 50% öffentliche Mittel erhalten. Für die **Sektorenauftraggeber** wurde eine Regelung in **§ 4 Absatz 1 der Sektorenverordnung** getroffen.

3   **2. Sachlicher Anwendungsbereich.** Der sachliche Anwendungsbereich umfasst die Vergabe von Dienstleistungen, die im Rahmen von freiberuflichen Tätigkeiten angebotenen oder im Wettbewerb mit freiberuflich Tätigen angeboten werden sowie Auslobungsverfahren, die zu solchen Dienstleistungen führen sollen. Eine umfangreiche **Aufzählung freiberuflicher Tätigkeiten** findet sich im **Einkommensteuergesetz (§ 18).** Die freiberuflichen Tätigkeiten zeichnen sich durch ein hohes Maß an Weisungsunabhängigkeit und/oder kreative Anteile aus. Oft bestehen eigene Honorarordnungen (zB Honorarordnung für Architekten, Rechtsanwaltsvergütungsgesetz). Den freiberuflichen Dienstleistungen ist häufig immanent, dass sie nicht eindeutig und erschöpfend beschrieben werden und auch nicht in der Form einer funktionalen Beschreibung sachgerecht dargestellt werden können. Vom Auftragnehmer wird daher erwartet, dass er Lösungsvorschläge unterbreitet, zB die Planung für ein neues Gebäude, zu dem nur der zukünftige Zweck und das Baugelände festgelegt wurde; die Gestaltung einer Festveranstaltung, bei der nur Anlass und Gästerahmen vorgegeben werden können oder die rechtliche Vorbereitung einer öffentlich privaten Partnerschaft. Für Aufträge dieser Art bedeutet der Weg in das **Verhandlungsverfahren der VOF** eine Erleichterung in der Beschaffung, da das Verfahren Verhandlungen auch über den Auftragsgegenstand zulässt.

4   Sind derartige **Dienstleistungen jedoch eindeutig und erschöpfend beschreibbar,** was durchaus möglich ist, gilt die Verweisung aus Satz 1 nach **Satz 2** nicht. Ist eine freiberufliche Tätigkeit eindeutig und erschöpfend beschreibbar, unterliegt sie den allgemeinen Regeln für Dienstleistungsaufträge nach § 4 und ist nach der VOL/A grundsätzlich offen auszuschreiben, es sei denn, es liegen die in der VOL/A definierten Voraussetzung für ein nicht offenes oder ein Verhandlungsverfahren vor.

§ 6 Vergabe von Bauleistungen

(1) Auftraggeber nach § 98 Nr. 1 bis 3, 5 und 6 des Gesetzes gegen Wettbewerbsbeschränkungen haben bei der Vergabe von Bauaufträgen und Baukonzessionen die Bestimmungen des 2. Abschnittes des Teiles A der Vergabe- und Vertragsordnung für Bauleistungen (VOB/A) in der Fassung der Bekanntmachung vom 31. Juli 2009

(BAnz. Nr. 155 a vom 15. Oktober 2009, geändert durch Bekanntmachung vom 19. Februar 2010 (BAnz. Nr. 36 vom 5. März 2010, BAnz. S. 940) anzuwenden; für die in § 98 Nr. 6 des Gesetzes gegen Wettbewerbsbeschränkungen genannten Auftraggeber gilt dies nur hinsichtlich der Bestimmungen, die auf diese Auftraggeber Bezug nehmen.

(2) Bei der Herstellung, Instandsetzung, Instandhaltung oder Änderung von Gebäuden oder Gebäudeteilen sind im Falle des Absatzes 1 die Bestimmungen des Abschnittes 2 des Teiles A der Vergabe- und Vertragsordnung für Bauleistungen (VOB/A) mit folgenden Maßgaben anzuwenden:

1. § 7 VOB/A findet mit der Maßgabe Anwendung, dass mit der Leistungsbeschreibung im Rahmen der technischen Spezifikationen von den Bietern Angaben zum Energieverbrauch der technischen Geräte und Ausrüstungen, deren Lieferung Bestandteil einer Bauleistung ist, zu fordern sind, es sei denn, die auf dem Markt angebotenen Geräte und Ausrüstungen unterscheiden sich im rechtlich zulässigen Energieverbrauch nur geringfügig; dabei ist in geeigneten Fällen eine Analyse minimierter Lebenszykluskosten oder eine vergleichbare Methode zur Gewährleistung der Wirtschaftlichkeit vom Bieter zu fordern;

2. § 16 VOB/A findet mit der Maßgabe Anwendung, dass der Energieverbrauch von technischen Geräten und Ausrüstungen, deren Lieferung Bestandteil einer Bauleistung ist, als Kriterium bei der Wertung der Angebote berücksichtigt werden kann.

I. Entstehungsgeschichte und Normzweck

§ 6 stellt für den Bereich der Bauaufträge das **Bindeglied zur VOB/A** dar und verleiht ihr 1 damit im Rahmen der Kaskade[1] (vgl. § 1 RdNr. 4) den Charakter einer Rechtsverordnung. In **Absatz 1** entfiel mit der Reform 2009 der Satz 2, der die Definition für Baukonzession enthielt. Diese findet sich seit der Reform 2009 in **§ 99 Abs. 6 GWB** und konnte daher hier entfallen. **Abs. 2** enthielt Regelungen, die mit dem ÖPP-Gesetz[2] eingeführt wurden und Rechtsprechung des EuGH umsetzten. Sie betrafen die Rechtsform von Bietergemeinschaften, den Umgang mit Nachunternehmern und die Erfüllung durch Dritte. Die entsprechenden Regelungen wurden voll in die neue VOB/A übernommen, so dass sie hier entfallen konnten. Absatz 2 Nr. 1 (alt) befindet sich jetzt in § 6 a Absatz 8 VOB/A, Nr. 2 befindet sich in § 6 a Abs. 10 VOB/A und Nr. 3 wurde in § 4 Abs. 8 Nr. 2 VOB/B umgesetzt. Mit der **Neufassung der VgV** wurde Abs. 2 daher „neu aufgefüllt" mit den Bestimmungen zur Umsetzung der Energieeffizienzrichtlinie. Die neuen Regelungen beinhalten, dass Absatz 1 anzuwenden ist mit der Maßgabe, dass in der Leistungsbeschreibung Angaben zum Energieverbrauch der technischen Geräte und Ausrüstungen zu fordern sind, deren Lieferung Bestandteil einer Baumaßnahme ist, sowie, dass dieser Energieverbrauch ein Wertungskriterium sein darf. Damit soll die **Energieeffizienzrichtlinie**[3] umgesetzt werden. Der bisherige **Abs. 3** wurde wie Absatz 2 mit dem ÖPP- Gesetz eingeführt und ist mit der Neufassung der VgV weggefallen. Die darin enthaltene Regelung zur Beteiligung von Projektanten setzte EuGH-Rechtsprechung um und findet sich heute in der novellierten VOB/A wieder, da der Rechtsprechung des EuGH durch eine entsprechende Auslegung von **§ 6 a Abs. 2 und Abs. 10 VOB/A (neu)** Rechnung getragen werden kann.

II. Die Regelungen

1. Abs. 1. Abs. 1 bestimmt, dass die klassischen öffentlichen Auftraggeber nach **§ 98 Nr. 1** 2 **bis 3 GWB**, die öffentlichen Auftraggeber nach **§ 98 Nr. 5 GWB** (juristische Personen des privaten und des öffentlichen Rechts, soweit letztere nicht unter **§ 98 Nr. 2** fallen, bei Baumaßnahmen und damit in Verbindung stehenden Dienstleistungen und Auslobungsverfahren, die zu mehr als 50% mit öffentlichen Mitteln gefördert oder finanziert werden) sowie Baukonzessionäre (**§ 98 Nr. 6 GWB**) die Bestimmungen des 2. Abschnittes des Teiles A der VOB/A, die sog. „a-Paragraphen" anzuwenden haben.

---

[1] Vgl. § 1 RdNr. 4.
[2] BGBl. I 2005 S. 2672.
[3] ABl. 2006 L 114/64.

Für **Baukonzessionäre** enthält **Satz 1, 2. Halbsatz** eine einschränkende Regelung dahingehend, dass nur die Bestimmungen anzuwenden sind, die auf diese Auftraggeber Bezug nehmen. Auf die Baukonzession nimmt **§ 22a VOB/A (§ 32a VOB/A alt)** Bezug. Danach sind **für die Vergabe von Baukonzessionen** mit einem geschätzten Auftragswert über dem Schwellenwert nach **§ 2 Nr. 4 VgV** (der Schwellenwert für Bauaufträge, derzeit 4 845 000 Euro) die „a-Paragraphen" nicht anzuwenden mit Ausnahme der weiteren Regelungen in **§ 22a VOB/A.** Aus **§ 22 VOB/A (§ 32 VOB/A alt)** ergibt sich, dass die **Basisparagraphen der VOB/A sinngemäß anzuwenden** sind. Von den Regelungen des 2. Abschnitts bleiben die Bekanntmachungspflichten nach **§ 22 Absatz 1 Nr. 2 VOB/A,** der auf **§ 12a VOB/A (§ 17a VOB/A alt)** verweist. Weiter enthält **§ 22a VOB/A** die Frist für den Eingang von Bewerbungen um die Konzession (mindestens 52 Tage gerechnet vom Tag der Absendung der Bekanntmachung). **§ 22 Absatz 2 VOB/A** klärt, dass auch die Absicht des Baukonzessionärs, Bauaufträge an Dritte zu vergeben, bekannt zu machen ist und verweist ebenfalls auf **§ 12a VOB/A (§ 17a VOB/A alt).** Die Frist für den Eingang der Teilnahmeanträge ist mit 37 Tagen, die Frist für den Eingang der Angebote mit 40 Tagen, jeweils gerechnet vom Tag der Absendung der Bekanntmachung bzw. der Absendung der Aufforderung zur Angebotsabgabe an. Von der Vergabe von Baukonzessionen zu unterscheiden ist der Fall, dass der **Baukonzessionär seinerseits einen Bauauftrag vergeben** will. Aus **§ 22a Absatz 3 VOB/A (§ 32a Absatz 3 VOB/A alt)** ergibt sich, dass **Baukonzessionäre, die öffentliche Auftraggeber sind,** bei Bauaufträgen, deren geschätzter Auftragswert über dem Schwellenwert für Bauaufträge liegt, **die „a-Paragraphen" anzuwenden haben.**

3   **2. Abs. 2.** Abs. 2 verpflichtet bei der Vergabe von Bauaufträgen zur Anwendung des Abschnittes 2 des Teiles A der VOB/A. Die mit der Neufassung geänderte Formulierung zählt nunmehr eine Reihe von denkbaren baulichen Arbeiten auf und macht damit deutlich, dass der Begriff der Baumaßnahme umfassend verstanden werden soll. Sowohl die Erstellung von Neubauten als auch alle Baumaßnahmen an schon bestehenden Bauwerken, die er Erhaltung, Reparatur, Renovierung oder Veränderung von Bauwerken oder Teilen davon dienen, sollen nach Abschnitt 2 des Teiles A der VOB/A vergeben werden. Abs. 2 setzt wie § 4 Abs. 6 mit den Maßgaben zu **Nummer 1.** und **Nummer 2.** die **Energieeffizienzrichtlinie**[4] um. Die grundsätzlichen Ausführungen zu **§ 4 Abs. 6** (RdNr. 18–20) gelten daher auch hier. Auch im Baubereich sollen die öffentlichen Auftraggeber ihrer **Vorbildfunktion** gerecht werden und die Energiebilanz der ausgeschriebenen technischen Geräte und Ausrüstungen in der Angebotsphase einer Ausschreibung erfragen, um sie bei der Bewertung der Angebote berücksichtigen zu **können.** Wie in jedem Vergabeverfahren ist auch hier in der Bekanntmachung anzugeben, ob der Energieverbrauch Wertungskriterium sein soll, da sich dies nicht zwingend aus der Norm ergibt und der Auftraggeber insoweit verschiedene Möglichkeiten der Handhabung hat.

Gegenüber § 4 Abs. 6 wurde hier der Zusatz aufgenommen, dass auf die Angaben der Bieter zum Energieverbrauch der angebotenen technischen Geräte oder Ausrüstungen verzichtet werden kann, wenn sich die auf dem Markt angebotenen Geräte und Ausrüstungen **im rechtlich zulässigen Energieverbrauch nur geringfügig unterscheiden.** Damit wurde dem Gedanken Rechnung getragen, dass bei vielen auf dem Markt angebotenen Produkten die Unterschiede im Energieverbrauch nur geringfügig sind. Die Grundsatzentscheidung über den künftigen Energieverbrauch fällt daher bereits in der Planung der Beschaffung bei der Definition der Anforderungen an die Leistung und nicht im Vergabeverfahren. Die Angabe hat in solchen Fällen keine Bedeutung für das Vergabeverfahren. Das Verfahren soll nicht mit entbehrlichen Abfragen belastet werden.[5]

§ 6a *(aufgehoben)*

1   Die Regelung zum Wettbewerblichen Dialog befindet sich nun in § 3a VOB/A und § 3 EG VOL/A.

§ 7 *(aufgehoben)*

1   Die Regelung über die anzuwendenden Vorschriften für Sektorenauftraggeber wurde ersetzt durch die SektVO.

---

[4] RL 2006/32, ABl. 2006 L 114/64.
[5] BR-Drucks. 40/10 (Beschluss), Nr. 8.

§ 8 *(aufgehoben)*

Die Definition der Sektorentätigkeiten befindet sich nun in der Anlage zu § 98 Nr. 4 GWB.   1

§ 9 *(aufgehoben)*

Die Definition der Ausnahmen von der Sektorentätigkeit befindet sich nun in der Anlage 4   1
zu § 98 Nr. 4 GWB.

§ 10 *(aufgehoben)*

Die Regelung über die Freistellung verbundener Unternehmen befindet sich nun in § 100   1
Absatz 2 lit. o GWB.

§ 11 *(aufgehoben)*

Die Regelung über die Auftraggeber nach dem Bundesberggesetz befindet sich nun in § 129   1
lit. b GWB.

§ 12 *(aufgehoben)*

Die Regelung zur Drittlandsklausel befindet sich nun in der Sektorenverordnung.   1

§ 13 *(aufgehoben)*

Die Regelung zur Informationspflicht des öffentlichen Auftraggebers vor Erteilung des Zu-   1
schlags befindet sich nun in § 101 lit. a und b GWB.

§ 14 Bekanntmachungen

**(1) Die Auftraggeber geben in der Bekanntmachung und den Vergabeunterlagen
die Anschrift der Vergabekammer an, der die Nachprüfung obliegt.**

**(2) Bei Bekanntmachungen im Amtsblatt der Europäischen Union nach diesen Be-
stimmungen haben die Auftraggeber die Bezeichnungen des Gemeinsamen Vokabulars für das öffentliche Auftragswesen (Common Procurement Vocabulary – CPV)
zur Beschreibung des Auftragsgegenstandes zu verwenden.**

**(3) Das Bundesministerium für Wirtschaft und Technologie gibt im Bundesanzei-
ger einen Hinweis auf die Rechtsvorschrift zur Änderung der CPV bekannt.**

I. Pflicht zur Angabe der zuständigen Vergabekammer (Abs. 1)

Abs. 1 war bisher in § 17 geregelt, wurde jedoch aus Gründen der systematischen Klarheit in   1
§ 14 übernommen, da es sich um eine Bekanntmachungspflicht des öffentlichen Auftraggebers
handelt. **Abs. 1** verpflichtet den Auftraggeber zur Angabe der Anschrift der zuständigen Vergabekammer sowohl in der Bekanntmachung als auch in den Verdingungsunterlagen. Die Regelung dient der Beschleunigung (**§ 113 GWB**) des Verfahrens. Sie soll einerseits dem Bieter
schnellen Zugang zum Rechtsschutz ermöglichen und andererseits zeitaufwändige Verweisungen verhindern. § 14 Abs. 1 hat daher **bieterschützende Wirkung.** Allerdings wird ein Verstoß allein gegen die Pflicht zur Benennung der zuständigen Vergabekammer keinen Wettbewerbsverstoß beinhalten und den Antragsteller nicht in seinen Chancen auf Erhalt des Auftrags
benachteiligen. Wird jedoch durch den aufgrund falscher und unterbliebener Angabe an unzu-
ständiger Stelle eingereichten Nachprüfungsantrag der Rechtsschutz vereitelt, weil die Zustellung des Nachprüfungsantrages erst nach Zuschlagserteilung erfolgte und somit der Vertrag
wirksam geschlossen wurde, können Schadensersatzansprüche gegen den Auftraggeber entstehen.

Haben sich mehrere Auftraggeber mit Sitz im Zuständigkeitsbereich mehrerer Vergabekammern zusammengetan und es lässt sich kein Schwerpunkt der Beschaffung bei einem Auftraggeber feststellen, so ist jede in diesem Kreis mögliche Vergabekammer zuständig.[1] Die daraus entstehende „Flexibilität" ist nicht einmalig. Ähnliche Regelungen bestehen im Prozessrecht, wenn

---

[1] OLG Koblenz NZBau 2002, 699; VergabeR 2002, 617.

verschiedene Gerichtszweige inhaltlich zuständig sein können.[2] Da das Nachprüfungsverfahren nur an einer Vergabekammer durchgeführt werden kann, haben die Auftraggeber nach **§ 106 a Abs. 3 GWB** nur eine zuständige Kammer zu benennen. Geschieht dies nicht, ist im Zweifel die als erste mit dem Verfahren befasste Kammer zuständig. Anträge, die danach bei anderen Kammern eingehen, sind zu verweisen.

Hat der Auftraggeber keine oder die falsche Vergabekammer angegeben und wird der Nachprüfungsantrag dort gestellt, hat die Kammer den Antrag an die zuständige Kammer zu verweisen, soweit sie ihr bekannt ist, anderenfalls ist der Antragsteller entsprechend zu informieren. In der Praxis ist die Verweisung der Regelfall. Wenn der Zuschlag unmittelbar droht, kann auch die unzuständige Kammer den Antrag zustellen und damit den **Suspensiveffekt (§ 115 Abs. 1 GWB)** auslösen.

2   § 17 **stellte in einem Satz 2** ins Ermessen des Auftraggebers, auch ggf. vorhandene Vergabeprüfstellen zusätzlich anzugeben. Da die Angabe freiwillig war, leiteten sich aus einem Unterlassen keine Rechtsfolgen ab. Die Regelung ist nunmehr ganz entfallen. Einer Normierung bedurfte es nicht mehr, da die Angabe ohnehin freiwillig war.

II. Gemeinsames Vokabular

3   **Die Abs. 2 und 3** waren zuvor als ein Abs. gefasst. Die Vorschriften dienen der **Transparenz** von Vergabeverfahren. Da in den Mitgliedstaaten unterschiedliche sprachliche Beschreibungen und unterschiedliche handwerkliche wie technische Gestaltungen in den verschiedenen Berufs- und Fertigungsbereichen des Marktes existieren, war es erforderlich, eine übergreifende, einheitlich zu verstehende Sprache zu finden, um die zu beschaffenden Leistungen so beschreiben zu können, dass die Anforderungen an die Leistung in allen Mitgliedstaaten einheitlich und eindeutig verstanden werden konnten. Mit dem **Gemeinsamen Vokabular** wurden Leistungen in den Mitgliedstaaten einheitlich klassifiziert und in Zahlenkombinationen für die Hauptleistungen sowie Kombinationen aus Zahlen und Buchstaben für ergänzende Beschreibungen der Leistung kodiert. Auf diese Weise kann mit der Angabe einer bestimmten Nummern- oder Buchstaben- und Nummernkombination EU-weit einheitlich eine bestimmte Leistung beschrieben werden. Das CPV wurde mit der Verordnung (EG) Nr. 2195/2002 eingeführt und mit der Verordnung (EG) Nr. 2151/2002[3] geändert. Die Verordnungen sind unmittelbar geltendes Recht, so dass Auftraggeber, die die CPV- Nummern nicht angeben, gegen die Bestimmungen über das Vergabeverfahren verstoßen. **Abs. 2** spricht die Verpflichtung zur Anwendung des CPV ausdrücklich aus.

Die letzte Bekanntgabe des CPV im Bundesanzeiger erfolgte im Jahr 2004 aufgrund einer Änderung. Da es sich um unmittelbar geltendes Recht handelt, ist die Veröffentlichung durch die Kommission der Europäischen Gemeinschaft ausreichend. Eine gesonderte Bekanntmachung des CPV-Codes im Bundesanzeiger soll deshalb künftig entfallen. Im Bundesanzeiger soll gemäß **Abs. 3** nur noch der Hinweis auf Neuregelungen oder Änderungen des CPV erfolgen.

Neben dem CPV gibt es die CPA (Güterklassifikation in Verbindung mit den Wirtschaftszweigen in der Europäischen Wirtschaftsgemeinschaft), die CPC (Zentrale Güterklassifikation), die NACE (Allgemeine Systematik der Wirtschaftszweige in den Europäischen Gemeinschaften) und die KN (kombinierte Nomenklatur).[4]

§ 15 *(aufgehoben)*

1   Die Bestimmung über die elektronische Angebotsabgabe wurde in die Verdingungsordnungen aufgenommen.

§ 16 Ausgeschlossene Personen

(1) Als Organmitglied oder Mitarbeiter eines Auftraggebers oder als Beauftragter oder als Mitarbeiter eines Beauftragten eines Auftraggebers dürfen bei Entscheidungen in einem Vergabeverfahren für einen Auftraggeber als voreingenommen geltende natürliche Personen nicht mitwirken, soweit sie in diesem Verfahren

1. Bieter oder Bewerber sind,

---

[2] BGH NZBau 2008, 662 (Rabattverträge).
[3] ABl. 2002 L 329/1.
[4] Juris-PK/*Lausen* § 14 VgV RdNr. 9.

2. einen Bieter oder Bewerber beraten oder sonst unterstützen oder als gesetzlicher Vertreter oder nur in dem Vergabeverfahren vertreten,

3. a) bei einem Bieter oder Bewerber gegen Entgelt beschäftigt oder bei ihm als Mitglied des Vorstandes, Aufsichtsrates oder gleichartigen Organs tätig sind oder

   b) für ein in das Vergabeverfahren eingeschaltetes Unternehmen tätig sind, wenn dieses Unternehmen zugleich geschäftliche Beziehungen zum Auftraggeber und zum Bieter oder Bewerber hat,

es sei denn, dass dadurch für die Personen kein Interessenkonflikt besteht oder sich die Tätigkeiten nicht auf die Entscheidungen in dem Vergabeverfahren auswirken.

(2) Als voreingenommen gelten auch die Personen, deren Angehörige die Voraussetzungen nach Absatz 1 Nr. 1 bis 3 erfüllen. Angehörige sind der Verlobte, der Ehegatte, Lebenspartner, Verwandte und Verschwägerte gerader Linie, Geschwister, Kinder der Geschwister, Ehegatten und Lebenspartner der Geschwister und Geschwister der Ehegatten und Lebenspartner, Geschwister der Eltern sowie Pflegeeltern und Pflegekinder.

Übersicht

Schrifttum: *Berstermann/Petersen,* Der Konzern im Vergabeverfahren – Die Doppelbeteiligung auf Bewerber-/Bieterseite und auf Seiten der Vergabestelle sowie die Möglichkeiten von „Chinese Walls", Vergaberecht 2006, 740.

I. Normzweck

§ 16 konkretisiert den **Gleichbehandlungsgrundsatz aus § 97 Abs. 2 GWB** in einem in 1 der Praxis bedeutsamen Punkt und hat unmittelbar **bieterschützenden** Charakter. Die **Neutralität der Entscheidung des Auftraggebers** soll nicht dadurch beeinträchtigt werden, dass sie auf der Beteiligung von oder Beeinflussung durch Personen beruht, die ihrerseits nicht neutral sind und ein eigenes Interesse an einem bestimmten Ausgang des Vergabeverfahrens haben. Die Norm verzichtet bewusst auf den im Verwaltungsverfahrensrecht (**§ 20 VwVfG**) bereits beschriebenen und durch Rechtsprechung weiter ausgeprägten Begriff der Befangenheit, um einer den Zielen des Vergaberechts angemessenen Entwicklung der Norm in der praktischen Anwendung und in der Rechtsprechung nicht im Wege zu stehen. § 16 ist **abzugrenzen von der Bestimmung über die Beteiligung von Projektanten** im Wettbewerb (vgl. **§ 4 Abs. 5**), die unter den normierten Voraussetzungen zulässig ist, aber hohe Anforderungen an den Informationsausgleich für die anderen Wettbewerbsteilnehmer stellt. Bei § 4 Abs. 5 geht es um die Frage, unter welchen Voraussetzungen **Projektanten am Wettbewerb teilnehmen** dürfen. Bei der Frage der Voreingenommenheit geht es um die **Teilnahme an der Auswahlentscheidung des Auftraggebers.**

2   Die ausdrückliche Normierung dieses auf den ersten Blick selbstverständlichen Elements der Neutralität erfolgte, nachdem in einer Reihe von OLG-Entscheidungen,[1] die alle übereinstimmend den Schutz der Neutralität der Vergabeentscheidung durch den Ausschluss voreingenommener Personen bejahten, die Voraussetzungen für die Annahme der Voreingenommenheit aber unterschiedlich streng beurteilten. Die maßgeblichen Positionen bezogen **OLG Brandenburg,**[2] das in Anlehnung an § 20 VwVfG den **Anschein der Voreingenommenheit ausreichen ließ** und **OLG Stuttgart,**[3] das **eine konkrete Voreingenommenheit und einen Kausalzusammenhang zwischen der Voreingenommenheit und der Vergabeentscheidung** verlangte. § 16 versucht, zwischen diesen Positionen einen sachgerechten Ausgleich zu schaffen. Zur Definition der Voreingenommenheit unterscheidet § 16 in Würdigung der unterschiedlichen Ansätze der Rechtsprechung zwischen einer Nähe zum Auftraggeber, bei der **unwiderleglich** von Voreingenommenheit auszugehen ist **(Abs. 1 Nr. 1 und 2, Abs. 2)** und einer Nähe, bei der der **Gegenbeweis** angetreten und die Neutralität nachgewiesen werden kann **(Abs. 1 Nr. 3).** Die nach **§ 16 Abs. 2** unwiderlegbar zur Voreingenommenheit führenden **familiären und privaten Beziehungen** sind in der juristischen Diskussion gelegentlich als zu uferlos kritisiert worden.[4] Dem ist entgegen zu halten, dass es sich gerade bei Abs. 2 um den anerkennenswerten Versuch handelt, einer Lebenswirklichkeit gerecht zu werden, die sich nicht an objektiv fassbaren juristischen Sachverhalten wie Arbeits- oder Gesellschaftsverträgen festmachen lässt, die aber durchaus erheblichen Einfluss auf die Neutralität von Vergabeentscheidungen haben kann.

3   **Grundsätzlich darf § 16 kein Argument sein, andere als dort normierte Verhältnisse, die Voreingenommenheit begründen können, nicht mehr würdigen zu dürfen.** Gemeinsame Aktivitäten eines Unternehmers und der entscheidungsbefugten Vertreter eines öffentlichen Auftraggebers in Vereinen oder Parteien können ebenfalls starke Bande knüpfen, die bei einer Mitwirkung am Vergabeverfahren die Neutralität der Entscheidung ausschließen. (zB Auftragsvergabe regional nur unter „Schützenbrüdern"). Im Ergebnis unerheblich ist, ob diese Verhältnisse über **§ 16 analog** oder **unmittelbar über § 97 Abs. 2** erfasst werden. Es ist der Gesetzgebung aufgrund der Vielfalt des Lebens nicht möglich, generell alle denkbaren Konstellationen in sich aufzunehmen, da dies zu nicht mehr handhabbar aufgeblähten Regelungen führen würde. Um trotzdem dem Ziel der Gesetzgebung gerecht zu werden, gibt es Generalklauseln und Grundsätze, die als Auffangregelungen dienen. Wenn auch die Aufzählung in **Abs. 2** mit den dort aufgeführten Fallkonstellationen **in der Literatur**[5] **als abschließend** angesehen wird und neben **Abs. 1** sicherlich den größten Teil der praxisrelevanten Konstellationen abdeckt, wäre es doch mit dem Gebot eines neutralen, die Gleichbehandlung wahrenden Wettbewerbs nicht vereinbar, sehenden Auges eine durch voreingenommene Personen getroffene Vergabeentscheidung ohne weiteres hinnehmen zu müssen, weil die konkrete Konstellation in § 16 nicht erfasst ist.

4   Eine Änderung von § 16 oder Aufnahme in das GWB als Norm über das Vergabeverfahren ist mit **der Neufassung der VgV** nicht erfolgt.

II. Inhalt und Umfang der Pflicht (Abs. 1)

5   **Abs. 1** verpflichtet den öffentlichen Auftraggeber, in bestimmten Funktionen Personen an Entscheidungen in einem Vergabeverfahren nicht mitwirken zu lassen, die gemäß den **Definitionen in Abs. 1 Nr. 1–3 und Abs. 2** voreingenommen sein könnten. Damit obliegt dem Auftraggeber die Pflicht, diesen Gesichtspunkt während des gesamten Vergabeverfahrens kontinuierlich zu prüfen und in jeder Phase des Verfahrens darauf zu achten, dass das Verfahren den Ansprüchen an ein neutrales Vergabeverfahren genügt, in dem die Entscheidungen nur von den Bedürfnissen der Beschaffung und nicht von sachfremden, ggf. eigennützigen Motiven beteiligter Personen geleitet werden. Da naturgemäß bei öffentlichen Auftraggebern auch Aufgabenbereiche bestehen, die mit Beschaffungen und Vergabeverfahren keine Berührung haben, definiert Abs. 1, welche Personen auf der Auftraggeberseite nicht **an Entscheidungen im Vergabeverfahren** teilnehmen dürfen. Es besteht hier keine Überschneidung oder Konkurrenz zur Fra-

---

[1] OLG Brandenburg NJW 1999, 1142f. – Flughafen Schönefeld; OLG Stuttgart NZBau 2000, 301, OLG Saarbrücken ZVgR 2000, 24, BayObLG NZBau 2000, 259.
[2] OLG Brandenburg NJW 1999, 1142f.
[3] OLG Stuttgart NZBau 2000, 301.
[4] ZB. *Willenbruch/Rechten* RdNr. 41f.
[5] *Willenbruch/Rechten* RdNr. 40, Juris-PK/*Dippel* RdNr. 38.

ge der Beteiligung von Projektanten im Wettbewerb, da es gerade nicht darum geht, ob jemand, der den Auftraggeber bei der Vorbereitung der Ausschreibung beraten hat, nun am Wettbewerb teilnimmt. Es geht ausschließlich um die Mitwirkung am Vergabeverfahren **im Lager des Auftraggebers.** Da Voreingenommenheit Ausdruck einer inneren Haltung ist, erfasst die Norm **ausschließlich natürliche Personen.** Das bedeutet, dass auch Vertreter einer nicht unter die Voraussetzungen von Abs. 1 Nr. 1–2 und Abs. 2 fallenden juristischen Person dennoch ausgeschlossen werden müssen, wenn sie in Person unter die normierten Voraussetzungen fallen. Abs. 1 unterscheidet zwischen der unmittelbaren Zugehörigkeit zum Auftraggeber und der Beauftragung.

1. Unmittelbare Zugehörigkeit zum Auftraggeber. a) Organmitgliedschaft ist im 6 Hinblick auf den Schutzzweck der Norm weit auszulegen. Bei den klassischen öffentlichen Auftraggebern sind dies zB die Mitglieder der kommunalen Gremien und Ausschüsse, zB Bürgermeister, Landräte, Ratsmitglieder, Mitglieder der Landes- oder Bundesregierung sowie der entsprechenden Ausschüsse und Mitglieder der Landtage und des Bundestages sowie der dortigen Ausschüsse. Bei kommunalen Zusammenschlüssen oder öffentlichen Stiftungen fallen hierunter auch deren Organe (Geschäftsführer, Vorsitzende, Abteilungsleiter, Vorstände, Kuratoriumsmitglieder, Präsidenten usw.) Bei den privatrechtlich verfassten öffentlichen Auftraggebern wie kommunalen Betrieben und Gesellschaften sind dies die für die jeweilige Rechtsform vorgesehenen Organe (Aufsichtsräte, Vorstände, Geschäftsführer usw., auch Gesellschafter oder Aktionäre). Zu den Organen können auch **beratende Beiräte** gehören.[6] Die diesbezügliche Rechtsprechung des OLG Celle (Fn. 6) bestätigt, dass sich der Begriff der Organe nicht auf rechtliche Begriffe aus dem Zivil- oder Gesellschaftsrecht reduziert. Im konkreten Fall hat das OLG Celle zu Recht eine mittelbare Organstellung ausreichen lassen, weil der beratende Beirat ein Unternehmen beriet, das zu 100% im Eigentum des Auftraggebers stand und seinerseits wiederum überwiegend Eigentümerin eines Bieterunternehmens war, dem der Zuschlag erteilt werden sollte.

Soweit in der Literatur hinsichtlich der Aktionäre die **Frage der Kleinstaktionäre** aufge- 6 a worfen wurde,[7] ist die dort gestellte Frage nach der Praxisrelevanz zu Recht gestellt worden. Es ist jedoch nicht auszuschließen, dass ein Kleinstaktionär eines am Wettbewerb beteiligten Unternehmens in einem Organ des Auftraggebers an Entscheidungen im Wettbewerb teilnimmt. Es wird für den öffentlichen Auftraggeber, **unabhängig vom Umfang der Beteiligung** seiner Organmitglieder am Aktienkapital von Bieterunternehmen, oft schwierig sein, von dieser privaten Vermögensanlage überhaupt zu wissen, zumal er keinen Auskunftsanspruch gegen seine Organmitglieder zu solchen Sachverhalten hat. Gelangt es ihm dennoch zur Kenntnis, sind jedoch auch Kleinstaktionäre von den Entscheidungen am Vergabeverfahren auszuschließen. Hier liegt ein **Problem für die Rechtssicherheit des Vergabeverfahrens,** das sich **nicht nur auf die Kleinstaktionäre beschränkt,** wenn zB später durch einen unterlegenen Konkurrenten geltend gemacht wird, dass die Entscheidung nicht neutral getroffen wurde. Unter Umständen hilft hier eine freiwillige Abfrage bei den Organmitgliedern, wenn sich Gesellschaften und Aktiengesellschaften am Wettbewerb beteiligen. Dies kann jedoch erst geschehen, wenn der Bieterkreis schon bekannt ist, so dass die vorausgegangenen Entscheidungen über die Leistungsbeschreibung, die Wettbewerbsbedingungen und die Bekanntmachung schon getroffen wurden. Da es für die Erfüllung der Pflicht aus § 16 **nicht auf ein Verschulden des Auftraggebers** **ankommt,** bleibt daher ein Restrisiko für die Rechtssicherheit des Vergabeverfahrens bestehen.

b) Mitarbeiter des Auftraggebers sind alle in einem Entlohnungsverhältnis zum Auftrag- 7 geber stehenden Personen, unabhängig vom Status (Beamte, Angestellte, Arbeiter und, soweit bei öffentlichen Auftraggebern vorhanden, auch freie Mitarbeiter) oder von Umfang und Dauer der Beschäftigung (zB befristet beschäftigte Personen während der Dauer der Beschäftigung, Teilzeitkräfte). Eine Eingrenzung dieses weiten Feldes erfolgt über Abs. 1 Nr. 1–3 und Abs. 2. Einerseits wird es ohnehin eher selten sein, dass ein Beschäftigter des Auftraggebers zugleich als Bieter für eine Leistung mit einem Auftragswert oberhalb der Schwellenwerte auftritt. Andererseits ist der Ausschluss berechtigt, wenn ein Mitarbeiter des Auftraggebers zugleich im Aufsichtsrat eines Bieterunternehmens sitzt. In Fällen „harmloser" Verwandtschaft kann der Gegenbeweis angetreten werden, wenn ein Mitarbeiter des Auftraggebers mit einem Beschäftigten eines Bieter- oder Bewerberunternehmens zwar verwandt, dieser Verwandte aber in einem

---

[6] OLG Celle VergabeR 2009, 609 f.; VergabeNews 2009, 57 f. (Kurzdarstellung).
[7] *Willenbruch/Rechten* § 16 RdNr. 11 mwN.

angebotsfernen Bereich des Unternehmens tätig ist (wer beim Bieter in der Poststelle oder in einem anderen zentralen Dienst sitzt, wird kaum als Informant oder als Mitgestalter des Angebots gefordert werden.)

8 **2. Beauftragte und deren Mitarbeiter** sind ebenfalls zur Neutralität verpflichtet und können in **Interessen- und Loyalitätskonflikte** geraten, wenn sie im weitesten Sinne auf beiden Seiten tätig sind. Abs. 1 benennt daher auch diese Gruppe als von den Entscheidungen im Vergabeverfahren auszuschließen. Zwar hat ein Auftraggeber, auch wenn er sich fachkundiger Beratung im Vorfeld sowie zur Prüfung der Angebote bedient, seine Entscheidungen dennoch selbst und eigenverantwortlich zu treffen,[8] die Beratung und Mitwirkung eröffnet jedoch vielfältige Möglichkeiten, das Ergebnis des Vergabeverfahrens zu beeinflussen, insbesondere, je intensiver der Auftraggeber aufgrund der Spezialität des Beschaffungsgegenstandes auf die fachliche Beratung angewiesen ist. Der darin liegenden Gefahr für die Neutralität der Entscheidung soll mit der Einbeziehung von Beauftragten und deren Beschäftigten entgegengewirkt werden. Beschäftigte sind auch hier alle in einem finanziellen Entlohnungs- oder Vergütungsverhältnis zum Beauftragten stehenden Personen unabhängig von Status und Dauer und Umfang der Beschäftigung. Die Pflicht zum Ausschluss Beauftragter und ihrer Beschäftigten (praktisch wohl eher: Verzicht auf deren Beauftragung) gilt in zeitlicher Hinsicht jedoch nicht uneingeschränkt. Gerade in hochspezialisierten Fachbereichen, in denen sowohl die öffentlichen Auftraggeber als auch die Unternehmen beraten werden, würde dies möglicherweise zu einer Wettbewerbsverengung führen, wenn nicht auf die Gegenwärtigkeit der Maßnahme abgestellt würde. Berät demnach ein Experte beide Seiten, kommt es darauf an, dass dies **nicht in demselben Beschaffungsverfahren** geschieht. Ist ein Auftrag vor Beginn des Vergabeverfahrens vollständig (einschließlich Rechnungsausgleich) abgeschlossen und liegt noch ein gewisser zeitlicher Abstand zwischen den Beauftragungen, kann wieder von Neutralität ausgegangen werden. Hat zB ein Rechtsanwalt ein Unternehmen in einer schwierigen Vertragssache beraten und wirkt nach Abschluss des Mandats beim Auftraggeber beratend an einem Projekt zur Gründung einer öffentlich-rechtlichen Partnerschaft mit, stört dies die Neutralität des Vergabeverfahrens nicht.[9] Ist der Rechtsanwalt jedoch der „Hausanwalt" eines Unternehmens, kann dies auch dann die Neutralität beeinträchtigen, wenn gerade kein aktuelles Mandat erteilt ist.

9 **3. Entscheidungen in einem Vergabeverfahren.** An **Entscheidungen in einem Vergabeverfahren** dürfen die voreingenommenen Personen nicht mitwirken. Die Beschreibung **„in einem Vergabeverfahren"** lässt einen eindeutigen Rahmen für die Anwendung des § 16 offen. „In einem Vergabeverfahren" kann sowohl die Phase von Bekanntmachung bis einschließlich Zuschlagsentscheidung als auch die Vorbereitung des Vergabeverfahrens umfassen, da die Entscheidung darüber, welche Verfahrensart gewählt wird, sowie, welche Anforderungen an die Eignung der Bieter oder Bewerber oder an die Leistung gestellt werden sollen, für das Ergebnis des Verfahrens schon von zentraler Bedeutung sein können. Sowohl die Anforderungen an die Eignung als auch diejenigen an die Leistung verlangen einen neutralen Auftragsbezug und dürfen nicht durch sach- und vergabefremde Erwägungen mitgeprägt sein. Insofern ist auch hier Neutralität zu verlangen. Hier ist jedoch zwischen der Vorbereitung des Verfahrens und der Durchführung zu unterscheiden. Von Entscheidungen in einem Vergabeverfahren wird man nur in der Phase der Durchführung sprechen können, die mit der Bekanntmachung beginnt.[10] Die Vorbereitungsphase fällt damit nicht unter § 16. Sie ist damit aber nicht der Willkür oder „Vetternwirtschaft" preisgegeben. Vielmehr ist die **Vorbereitungsphase nach den Grundsätzen über die Beteiligung von Projektanten** am Wettbewerb ebenso streng und kritisch darauf zu prüfen, wer am Wettbewerb teilnimmt, welche Kenntnisse aus vorherigen auftragsbezogenen Kontakten zum Auftraggeber bestehen und ob diese vollständig durch Information in den Verdingungsunterlagen ausgeglichen wurden. (Hier sind auch die Anforderungen an die Leistung besonders kritisch auf Produktneutralität zu prüfen.) Der Begriff der Entscheidungen ist nach der Zielsetzung der Norm weit auszulegen: es soll voreingenommene Einflussnahme verhindert werden. Damit kommt es auf die Bedeutung der Entscheidung grundsätzlich nicht an. Jede Entscheidung in einem Vergabeverfahren kann das Ergebnis beeinflussen. Eine Unterscheidung in zentrale und/oder richtungweisende Entscheidungen und weniger wichtige Entscheidungen (welche sollten das sein?) kommt daher nicht in Betracht. Selbst

---

[8] OLG München VergabeR 2005, 799, IBR 2005, 508.
[9] OLG Dresden WuW 2003, 106 f.; IBR 2003,94 (Kurzdarstellung).
[10] OLG Koblenz VergabeR 2002, 617 f.; NZBau 2002, 699.

bei scheinbar untergeordneten Dingen wie Postversand bestimmter Unterlagen kann durch vor- oder nachrangige Behandlung manipuliert werden (verzögerte Information trotz vordergründiger Gleichzeitigkeit). Besonders kritisch dürfte aber die Konstellation zu bewerten sein, wenn ein Unternehmen im Vorfeld der Vergabe an der Erstellung der Leistungsanforderungen beteiligt war, ein Angebot abgegeben hat und auf Seiten des Auftraggebers an der Auswahlentscheidung beteiligt werden soll. Hier ist nach Abs. 1 Nr. 1 uneingeschränkt Voreingenommenheit anzunehmen.

4. Beweislast, Dokumentation, Rechtsfolgen, Heilung. Da der öffentliche Auftragge- **10** ber das Vergabeverfahren gestaltet und damit für die Rechtmäßigkeit der Durchführung verantwortlich ist, obliegt ihm die **Beweislast** für die Einhaltung der Grundsätze des § 16. Da den Bewerbern und Bietern die Interna des Auftraggebers nicht bekannt sein können und Informationen während des laufenden Vergabeverfahrens nicht erteilt werden dürfen, sind hierzu auch **keine hohen Anforderungen an die Darlegung des Sachverhalts in einer Rüge** zu stellen. Ob § 16 eingehalten wurde, unterliegt uneingeschränkt der Nachprüfung. **Unklarheiten** in der **Dokumentation** gehen **zu Lasten des Auftraggebers.** Die Prüfung, ob ggf. Ausschlüsse nach § 16 notwendig sind, die Durchführung der Ausschlüsse oder ggf. die Begründung der Entscheidung, dass die Voraussetzungen des § 16 nicht vorliegen, sind daher nachvollziehbar zu dokumentieren. Wird ein Verstoß gegen § 16 festgestellt, ist der Auftraggeber von der Vergabekammer zu der Maßnahme zu verpflichten, die die Rechtsverletzung des Antragstellers zu beseitigen und eine Schädigung der betroffenen Interessen zu verhindern **(§ 114 Abs. 1 GWB),** wobei zu den betroffenen Interessen auch das Interesse der Allgemeinheit an der Rechtmäßigkeit des Verfahrens gehört. Das bedeutet, dass das Vergabeverfahren oft nicht zu retten und die Aufhebung die einzige Maßnahme sein wird, die die Rechtmäßigkeit des Verfahrens wieder herstellt und den Rechtsverstoß beseitigt. Inwieweit die **Möglichkeit einer Heilung** in Betracht kommt, ist im Einzelfall zu prüfen. Sie wird jedenfalls dort gesehen, wo es möglich ist, die unter Beteiligung von voreingenommenen Personen getroffenen Entscheidungen **nach deren Ausschluss erneut zu überprüfen.**[11] Eine erfolgreiche Heilung setzt eine **besondere sorgfältige Dokumentation** der nach Ausschluss der voreingenommenen Personen erfolgten Überprüfung der bisherigen Entscheidungen voraus, insbesondere, wenn die Überprüfung zum selben Ergebnis wie vorher führt.

III. Die ausgeschlossenen Personen (Abs. 1 Nr. 1–3, Abs. 2)

1. Bieter oder Bewerber (Abs. 1 Nr. 1) kämen ohne weiteres in einen Interessenkonflikt, **11** wenn sie gleichzeitig an den Entscheidungen in einem Vergabeverfahren beteiligt wären. Sie sind damit ohne Einschränkung auszuschließen. Die Möglichkeit der Widerlegung der Voreingenommenheit wie in Nr. 3 wird hier zu recht nicht eingeräumt, sie wäre lebensfremd.

2. Personen, die einen Bieter oder Bewerber beraten oder sonst unterstützen oder **12** **als gesetzliche Vertreter oder nur in dem Vergabeverfahren vertreten** (Abs. 1 Nr. 2), sind ebenfalls ohne Möglichkeit der Widerlegung der Voreingenommenheit auszuschließen, da sie zum Bieter oder Bewerber in einer Nähe und Abhängigkeit stehen, die eine Neutralität bei Entscheidungen in einem Vergabeverfahren ausschließt. Die Begriffe **Beratung und Unterstützung** sind im Hinblick auf die Zielrichtung der Norm weit zu fassen. Beides setzt kein Anstellungs- oder Beschäftigungsverhältnis voraus.[12] In Frage kommt zB die fachliche Beratung durch ein Planungsbüro oder die juristische Beratung durch einen Rechtsanwalt. **Gesetzliche Vertreter** sind die im Gesetz vorgesehenen Vertreter von Gesellschaften wie Geschäftsführer oder Vorstände, die **Vertretung nur in dem Vergabeverfahren** kann auf Rechtsgeschäft beruhen (zB Mandatsverhältnis). Auf die Vertretung oder Unterstützung in dem Vergabeverfahren kommt es nach dem Wortlaut der Norm nicht an. Auch aus Beratungsverhältnissen in anderen Zusammenhängen kann ein Interesse an der Auftragserteilung an den eigenen „Auftraggeber" erwachsen, zB um weiterhin entsprechende Beratungsaufträge zu erhalten.

3. Weitere Personen. a) Personen, die bei einem Bieter oder Bewerber gegen Ent- **13** **gelt beschäftigt oder bei ihm als Mitglied des Vorstandes, des Aufsichtsrates oder** **eines gleichartigen Organs tätig sind,** sind ebenfalls von Entscheidungen in einem Vergabeverfahren auszuschließen. Der Begriff des Beschäftigten gleicht dem Begriff des Beschäftigten

---

[11] OLG Koblenz VergabeR 2002, 617 f.; NZBau 2002, 699; OLG Celle VergabeR 2009, 609 f., VergabeNews 2009, 57 (Kurzdarstellung).
[12] JurisPK/*Dippel* RdNr. 21 mwN.

beim Auftraggeber. Danach muss es sich um eine **entgeltliche** Tätigkeit handeln. Auf den Status, Umfang und Dauer der Beschäftigung kommt es nicht an. Bei der Organmitgliedschaft sind lediglich lenkende und kontrollierende Organe beispielhaft aufgeführt, allerdings sollen nur Mitglieder vergleichbarer anderer Organe betroffen sein. Hier verbietet sich eine zu enge Auslegung. Organe sind in der Regel die zur Leitung oder inneren Selbstkontrolle befugten Gremien. Diese haben Einfluss auf die Angebotsgestaltung und in aller Regel ein eigenes starkes Interesse am Ausgang des Vergabeverfahrens. Aus diesem Grund dürften die meisten Mitglieder welcher Organe auch immer unter diese Norm fallen. Selbst beratende Organe haben in der Regel einen mitbestimmenden Effekt und sind somit als gleichartig anzusehen.

14   **b) Personen, die für ein in das Vergabeverfahren eingeschaltetes Unternehmen tätig sind, wenn dieses Unternehmen zugleich geschäftliche Beziehungen zum Auftraggeber und zum Bieter oder Bewerber hat,** sind ebenfalls von Entscheidungen im Vergabeverfahren auszuschließen. Charakteristisch für diese Variante ist die beidseitige Betätigung des Unternehmens sowohl für den Auftraggeber als auch bei den Bietern und Bewerbern. Die Geschäftsbeziehung kann unabhängig von dem Vergabeverfahren bestehen. Voraussetzung für die Annahme der Voreingenommenheit ist, dass es sich um Beschäftigte eines Unternehmens handelt, das überhaupt Geschäftsbeziehungen zum Auftraggeber und zu einem oder mehreren Bieterunternehmen unterhält, der nicht nur einmalig und zum Zeitpunkt des Vergabeverfahrens schon abgeschlossen war. Besteht eine kontinuierliche Beziehung, kommt es auf eine konkrete Transaktion während der Dauer des Vergabeverfahrens nicht an. Die **häufigsten Anwendungsfälle** sind hier die **Mandatierung großer Anwaltskanzleien,** die sowohl auf Bieter- und Bewerberseite als auch auf Auftraggeberseite tätig sind, sowie **konzernabhängige Unternehmen** und **kommunale Unternehmen,** in deren Organen in der Regel Personen sitzen, die zugleich zur Verwaltung der Kommune und damit zu den Entscheidungsträgern im Vergabeverfahren gehören. Für die Annahme der Voreingenommenheit reicht es aus, dass das Unternehmen auf beiden Seiten tätig ist, die handelnden Personen müssen nicht identisch sein. Gerade bei Anwaltskanzleien werden aufgrund vorhandener Spezialisierungen häufig unterschiedliche Personen betroffen sein. Dennoch kann ein Interessenkonflikt gerade dadurch entstehen, dass der Erfolg der geleisteten Beratung gesichert werden soll.

15   **c) Nr. 3** eröffnet die **Möglichkeit der Widerlegung der Voreingenommenheit** für die beiden unter a) und b) aufgeführten Fallgruppen. Eine Anwendung auf Nrn. 1 und 2 lässt sich aus dem Text der Norm und ihrer Zielrichtung nicht ableiten. In den zu Nr. 1 und Nr. 2 aufgeführten Fallgruppen wird ein so unumgänglicher Interessenkonflikt gesehen, dass die Annahme von Neutralität lebensfremd wäre. Jedenfalls ist schon der Anschein von Voreingenommenheit so massiv, dass hier ein Gegenbeweis nicht realisierbar erscheint. Für die Fallgruppen in Nr. 3 sind zwei Alternativen aufgeführt. Entweder muss nachgewiesen werden, dass **die Situation für die Personen keinen Interessenkonflikt bedeutet,** oder dass sich **die Tätigkeiten nicht auf die Entscheidungen in dem Vergabeverfahren auswirken.** Da ein Interessenkonflikt eine innere Haltung ist, ist der Gegenbeweis schwierig, wenn die die Annahme der Voreingenommenheit rechtfertigende Situation vorliegt. Zu beachten ist auch, dass **nicht** der Interessenkonflikt bewiesen werden muss (zB von einem Antragsteller in einem Nachprüfungsverfahren), sondern **das Nichtvorliegen** des nach allgemeiner Lebenserfahrung, die in § 16 zum Ausdruck kommt, vorliegenden Konfliktes **muss bewiesen werden.** Auch Beschäftigte eines Unternehmens, die nicht in den Organen tätig sind, können schon zur Sicherung ihres Arbeitsplatzes ein Interesse haben, ihrem Unternehmen den Auftrag zukommen zu lassen. Für Mitglieder der Organe oder Anteilseigner, die für den Erfolg des Unternehmens mitverantwortlich sind und/oder ein eigenes wirtschaftliches Interesse daran haben, dürfte der Gegenbeweis schwierig sein. Hier müsste mit entsprechenden Nachweisen belegt werden, dass aufgrund einer besonderen und außergewöhnlichen Konstellation kein Interessenkonflikt besteht. Der Nachweis der Unvoreingenommenheit dürfte damit in den Fällen des Nr. 3 a) eher selten zu führen sein. Der Nachweis, dass sich die Tätigkeiten nicht auf die Entscheidungen in dem Vergabeverfahren auswirken, betrifft überwiegend Abs. 1 Nr. 3 b) und erscheint eher denkbar, insbesondere bei weit verzweigten Konzernen oder Rechtsanwaltskanzleien, bei denen unterschiedliche Personen, möglicherweise aus unterschiedlichen Niederlassungen, tätig werden. Allerdings bedarf es in jedem Fall eines belastbaren Nachweises. Die Gesetzesbegründung erwähnt hier als Instrument aus dem Wertpapierrecht die sogenannten chinese walls[13] (§ 33 WpHG). Da es im

---

[13] *Berstermann/Petersen* VergabeR 2006, 740, 751.

Vergaberecht auf die **tatsächliche, nicht nur auf eine konstruierte rechtliche Neutralität** ankommt, sind an die Abgrenzung der verschiedenen Geschäftsfelder zueinander und die Sicherung der Datenabgrenzung hohe Anforderungen zu stellen. Die chinese walls scheinen hierzu nicht ausreichend. Eigenerklärungen der beidseitig tätigen Unternehmen reichen ebenfalls nicht. Entscheidend wird daher die Prüfung im Einzelfall sein. Problematisch ist insbesondere auch die Situation im kommunalen Bereich, da zwar die Entscheidungen in dem Vergabeverfahren unter Ausschluss der Beschäftigten getroffen werden können, die zugleich bei den kommunalen Unternehmen beschäftigt sind, die sich um den Auftrag neben privaten Unternehmen bemüht haben. Allerdings dürfte die praktische Handhabung schwierig sein, da die kommunalen Entscheidungsprozesse in den Ratsbeschlüssen nur den formalen Abschluss finden und der Entscheidungsfindungsprozess in verschiedenen Gremien, Ausschüssen, Arbeitsgruppen usw. vorab stattfindet. Hier ist für den gesamten Prozess eine lückenlose Dokumentation über die in den einzelnen Stationen an den Beratungen und Entscheidungen beteiligten Personen zu führen, was wiederum zu Problemen im Hinblick auf das Beratungsgeheimnis führen kann.

4. Personen, deren Angehörige die Voraussetzungen nach Abs. 1 Nr. 1 bis 3 erfüllen (Abs. 2), gelten ebenfalls als voreingenommen. Der einbezogene Kreis verwandtschaftlicher Beziehungen ist abschließend aufgezählt[14] und richtet sich nach allgemeinem familienrechtlichen Verständnis. Für die erwähnten Lebenspartnerschaften ergibt sich eine Definition aus **§ 1 Lebenspartnerschaftsgesetz** vom 16. 1. 2001. Danach liegt eine Lebenspartnerschaft vor, wenn zwei Personen des gleichen Geschlechts sich gegenseitig persönlich und bei gleichzeitiger Anwesenheit erklären, miteinander eine Partnerschaft auf Lebenszeit führen zu wollen. Daraus wird teilweise abgeleitet, dass mit Lebenspartner nur die Partner einer Lebensgemeinschaft nach § 1 Lebenspartnerschaftsgesetz gemeint seien. Diese Interpretation ist abzulehnen. Der Begriff der **Lebenspartnerschaft in § 16 ist weder nach dem Wortlaut noch nach dem Sinn und Zweck der Norm auf gleichgeschlechtliche Lebenspartnerschaften zu beschränken.** Da die Norm nicht nur die juristischen, sondern die realen Sachverhalte von Voreingenommenheit erfassen will, sind die heterosexuellen Lebenspartnerschaften in die Betrachtung einzubeziehen. Die Ausgestaltung einer Lebensbeziehung ist Privatsache, so dass Anforderungen an das äußere Erscheinungsbild wie zB eine förmliche Eheschließung oder auch ein gemeinsamer Wohnsitz, nicht Voraussetzung sind. Es kommt einzig und allein auf die den Interessenkonflikt auslösende Nähe zu der danach auszuschließenden Person an. Soweit die Voraussetzungen von **Abs. 1 Nr. 3** erfüllt sind, ist auch hier der Gegenbeweis möglich. Da die Aufzählung in **Abs. 2** nur in enger Verwandtschaft zueinander stehende oder direkt verschwägerte Personen umfasst, stellt sich die Frage, ob der Gegenbeweis auch dadurch geführt werden kann, dass belegt wird, dass **zwischen den Verwandten kein Kontakt** besteht. Praktisch kann das schwierig sein, zumal übereinstimmende diesbezügliche Erklärungen der Beteiligten auch einvernehmlich zur Wahrung der Einflussmöglichkeiten abgegeben werden können. Die Frage der **missgünstigen verwandtschaftlichen Beziehung**[15] bedarf keiner anderen Handhabung oder besonderen Betrachtung. Auch eine Benachteiligungsabsicht verletzt die Neutralität des Vergabeverfahrens und muss daher zum Ausschluss der voreingenommenen Person führen. Die Problematik dürfte theoretischer Natur sein: will der öffentliche Auftraggeber jemand wegen der Nähe eines Verwandten zu einem Bieter von den Entscheidungen in dem Vergabeverfahren ausschließen und diese Person tritt den Gegenbeweis unter Hinweis auf das missgünstige Verhältnis zu seinen Verwandten an, ist dies ebenfalls Anlass genug, Voreingenommenheit aufgrund der verwandtschaftlichen Beziehung anzunehmen.

IV. Darlegungslast im Nachprüfungsverfahren

Im Nachprüfungsverfahren sind an die Rüge der Beteiligung von voreingenommenen Personen und an die Darlegung der Antragsbefugnis **keine hohen Anforderungen** zu stellen, weil es sich um Sachverhalte handelt, die den Antragstellern üblicherweise kaum, jedenfalls nicht konkret, bekannt sein können. Insbesondere, ob ein Gegenbeweis ausreichend und glaubwürdig geführt wurde und ob die Entscheidungen tatsächlich ohne die auszuschließenden Personen getroffen wurden, kann ein Bieter erst nach Abschluss des Vergabeverfahrens erfahren, falls ihm insoweit Akteneinsicht gewährt oder ehrlich und umfassend Auskunft erteilt wird. Dies ist in der Praxis regelmäßig nicht der Fall. Öffentliche Auftraggeber gewähren in einheitlicher Praxis

---

[14] JurisPK/*Dippel* RdNr. 38.
[15] *Willenbruch/Rechten* Fn. 48 unter Hinweis auf *Winnes* VergabeR 2004, 423.

auch nach Abschluss des Vergabeverfahrens keine Akteneinsicht, obwohl dies rechtlich zulässig wäre, so dass einem Antragsteller nur das kostenreiche Nachprüfungsverfahren bleibt, wenn er sich durch Akteneinsicht Klarheit darüber verschaffen will, ob das Verfahren neutral durchgeführt wurde. Andererseits kann sich die Voreingenommenheit aus Sachverhalten ergeben, die gegenüber Dritten dem Datenschutz unterliegen (wenn es zB um Aktienanteile an einem Bieterunternehmen geht, die ein Beschäftigter des Auftraggebers hält). All dies erschwert einen substantiierten Vortrag in der Rüge, darf aber bei einem so bedeutenden und wettbewerbsrelevanten Sachverhalt wie der Neutralität der Vergabeentscheidung nicht zur Erschwerung oder gar zum Verlust des Rechtsschutzes führen. Hier muss für die Rüge wie für die Antragsbefugnis ein schlüssiger Vortrag auf der Basis lebensnaher Vermutungen und Schlussfolgerungen ausreichen, aus dem sich ergibt, aufgrund welcher Sachverhalte die Entscheidung nicht neutral gefallen sein soll.

§ 17 Melde- und Berichtspflichten

(1) Die Auftraggeber übermitteln der zuständigen Stelle eine jährliche statistische Aufstellung der im Vorjahr vergebenen Aufträge, und zwar getrennt nach öffentlichen Liefer-, Dienstleistungs- und Bauaufträgen (§§ 4 bis 6).

(2) Für jeden Auftraggeber enthält die statistische Aufstellung mindestens die Anzahl und den Wert der vergebenen Aufträge. Die Daten werden soweit möglich wie folgt aufgeschlüsselt:

a) nach den jeweiligen Vergabeverfahren,
b) nach Waren, Dienstleistungen und Bauarbeiten gemäß den Kategorien der CPV-Nomenklatur,
c) nach der Staatsangehörigkeit des Bieters, an den der Auftrag vergeben wurde.

(3) Werden die Aufträge im Verhandlungsverfahren vergeben, so werden die Daten auch nach den in § 3 EG Absatz 3 und 4 VOL/A, § 3 Absatz 1 und 4 VOF und § 3 a Absatz 5 und 6 VOB/A genannten Fallgruppen aufgeschlüsselt und enthalten die Anzahl und den Wert der vergebenen Aufträge nach Staatszugehörigkeit der erfolgreichen Bieter zu einem Mitgliedstaat der EU oder einem Drittstaat.

(4) Die Daten enthalten zudem die Anzahl und den Gesamtwert der Aufträge, die auf Grund der Ausnahmeregelungen zum Beschaffungsübereinkommen vergeben wurden.

(5) Die statistischen Aufstellungen für oberste und obere Bundesbehörden und vergleichbare Bundeseinrichtungen enthalten auch den geschätzten Gesamtwert der Aufträge unterhalb der EU-Schwellenwerte sowie nach Anzahl und Gesamtwert der Aufträge, die auf Grund der Ausnahmeregelungen zum Beschaffungsübereinkommen vergeben wurden. Sie enthalten keine Angaben über Dienstleistungen der Kategorie 8 des Anhangs I Teil A und über Fernmeldedienstleistungen der Kategorie 5, deren CPC-Referenznummern 7524 (CPV-Referenznummer 64228000-0), 7525 (CPV-Referenznummer 64221000-1 und 7526 (CPV-Referenznummer 64227000-3) lauten, sowie über Dienstleistungen des Anhangs I Teil B, sofern der geschätzte Wert ohne Umsatzsteuer unter 193 000 Euro liegt.

1   **Die Melde- und Berichtspflichten** erfassen Daten über durchgeführte Vergabeverfahren und betreffen daher nicht das während der Vergabe einzuhaltende Verfahren. Die nunmehr in § 17 zusammengefassten Pflichten waren bisher in **§ 33 VOB/A (alt)**, **§ 30 a VOL/A** und in **§ 19 VOF** enthalten. Die **§§ 30aVOLA** und **19 VOF** wurden aufgehoben, in der neuen **VOB/A** befindet sich mit **§ 23 a** jedoch weiterhin eine zusätzliche Normierung von Berichtspflichten. **§ 17** wurde in enger Anlehnung an **Art. 75 und 76 der Richtlinie 2004/18/EG**[1] gefasst und setzt die dort niedergelegten Berichtspflichten in nationales Recht um. Die Melde- und Berichtspflichten dienen neben statistischen Zwecken auch der Kontrolle, inwieweit die Regeln über einen europaweiten Markt und diskriminierungsfreie Vergabeverfahren eingehalten werden.

2   Die aufgegliederten Pflichten nach **Art. 75 und 76 der Richtlinie** sollen ein realistisches Bild des Vergabegeschehens in den Mitgliedstaaten abbilden. Es kommt deshalb auf eine sach-

---

[1] RL 2004/18, ABl. 2004 L 134/114 ff.

gerechte Umsetzung in nationales Recht an. Da **Abs. 1** die jährlichen Aufstellungen nur allgemein bezeichnet, wurden die zu berücksichtigenden Fallgestaltungen in **Abs. 3** unter Bezugnahme auf die jeweiligen Bestimmungen der betroffenen Verdingungsordnungen erfasst. **Absätze 4, 5** und **6 Satz 1** verlangen Daten zum geschätzten Gesamtwert und zur Anzahl der nach Ausnahmebestimmungen oder unterhalb der Schwellenwerte vergebenen Aufträge. Diese Angaben ermöglichen eine statistische Kontrolle über die Wirksamkeit der Bestimmungen zur europaweiten Ausschreibung und eine Beobachtung, inwieweit das Ziel eines gemeinsamen Binnenmarktes realisiert wird. **Abs. 6 Satz 2** sieht Ausnahmen von der Berichtspflicht für bestimmte Fernmeldedienstleistungen vor, soweit sie den Schwellenwert nicht überschreiten und deshalb nur national auszuschreiben sind.

Unerklärlich ist der Fortbestand von zwei **Parallelregelungen zu Bauaufträgen (§ 17** **3** **VgV, § 23 VOB/A),** was vom Bundesrat zu Recht gerügt wurde. **§ 23 a VOB/A** erfüllt nach Auffassung des Bundesrates die Anforderungen der **Art 75 und 76 der Richtlinie 2004/18/EG** nicht, da dort eine andere Terminologie verwendet wird. So ist von Anzahl und Wert der Aufträge über dem Schwellenwert die Rede. Die zunächst aus Gründen des Fortbestands dieser Regelung nicht vorgesehene Aufnahme der Bauvergaben in die Statistikpflichten nach § 17 und der dort vorgesehenen differenzierten Darstellung erfolgte daher nach dem Votum des Bundesrates.[2] Mit einer weiteren Reform könnte die § 23 a VOB/A dann entfallen. Aus welchem Grund die Statistikpflichten der VOL/A und der VOF zusammengezogen, die Regelung in der VOB/A aber weitergeführt wurde, ergibt sich aus der Gesetzesbegründung nicht.

§ 18 *(aufgehoben)*

Die Regelung über die Zuständigkeit der Vergabekammern befindet sich nun in § 106 a **1** GWB.

§§ 19–20 *(aufgehoben)*

§ 21 *(aufgehoben)*

Die Regelung über den Korrekturmechanismus der Kommission findet sich nun in § 129 **1** GWB.

§ 22 *(aufgehoben)*

Die Regelung über die Statistikpflichten der Vergabekammern findet sich nun in § 129 a **1** GWB.

---

[2] BR-Drucks. 40/10 (Beschluss), Nr. 9.

Abschnitt 2. Übergangs- und Schlussbestimmungen

§ 23 Übergangsbestimmungen

[1]Bereits begonnene Vergabeverfahren werden nach dem Recht, das zum Zeitpunkt des Beginns des Verfahrens galt, beendet. [2]Bis zu drei Monaten nach Inkrafttreten dieser Verordnung begonnene Vergabeverfahren, bei denen eine elektronische Angebotsabgabe zugelassen ist, können nach den Verfahrensvorschriften, welche vor Inkrafttreten dieser Verordnung galten, abgewickelt werden, wenn dies in der Bekanntmachung festgelegt ist.

1 § 23 ist eine übliche Übergangsregel, wie sie sich in vielen Gesetzen findet. Die Bestimmung ergibt sich „automatisch" aus dem verfassungsrechtlichen **Rückwirkungsverbot** für Gesetze. Maßgeblich dafür, welche Bestimmungen über das Vergabeverfahren einzuhalten sind, ist das zur Zeit des Beginns des Vergabeverfahrens geltende Recht. Als **Beginn des Vergabeverfahrens** ist auf den Zeitpunkt abzustellen, an dem der Auftraggeber mit seinem Beschaffungsvorhaben verbindlich in die Öffentlichkeit getreten ist. Unerheblich sind daher vorausgehende Markterkundungen. Auch die Beauftragung eines Gutachters oder Sachverständigen[1] erscheint verfrüht, da zu diesem Zeitpunkt der Beschaffungsgegenstand noch nicht abschließend definiert ist. Zu spät hingegen erscheint der Zeitpunkt in der Auffassung, die auf die Bekanntmachung, nicht aber die Vorinformation abstellt.[2] Mit der Bekanntmachung gibt der öffentliche Auftraggeber zwar seine eigenen Gestaltungsmöglichkeiten aus der Hand und ist einem vorgegebenen Verfahren unterworfen. Allerdings können auch die Zulässigkeit oder die Voraussetzungen der Vorinformation schon durch Gesetzesänderungen betroffen sein, so dass auf deren Veröffentlichung abzustellen ist. Die damit entstehenden Gestaltungsmöglichkeiten eines öffentlichen Auftraggebers, im Hinblick auf bevorstehende Gesetzesänderungen durch Vorinformationen Einfluss auf das anzuwendende Recht zu nehmen, erscheint hinnehmbar, da kein rechtloser Zustand entsteht und das Verfahren nicht der Anwendung des Vergaberechts entzogen werden kann.

2 Der neu eingeführte **Satz 2** berücksichtigt die mit Inkrafttreten der Neufassung notwendige Um- und Neuprogrammierung elektronischer Vergabesoftware zur Sicherstellung der Rechtskonformität elektronischer Vergabeverfahren. Da dies einige Zeit in Anspruch nehmen wird, sind ausreichende Übergangsfristen erforderlich. Außerdem sollen schon begonnene Verfahren nicht bis zur abgeschlossenen Neuprogrammierung eingestellt werden müssen.[3] Um Rechtssicherheit für die Bieter zu schaffen, ist allerdings in der Bekanntmachung verbindlich anzugeben, dass noch das alte Recht gelten soll.

§ 24 (Inkrafttreten, Außerkrafttreten)

---

[1] Juris-PK/*Blaufuß* RdNr. 2.
[2] *Willenbruch/Kadenbach* RdNr. 3.
[3] BR-Drucks. 40/10 Begründung, Teil B Art. 1, zu Nr. 12.

Sachverzeichnis

Die Artikel und Paragraphen sind fett gedruckt, die entsprechenden Randnummern mager.
Die fett gedruckten Fundstellenhinweise entsprechen grundsätzlich den jeweiligen
Kolumnentiteln in der Kommentierung.

Bearbeitet von Magdalena Sobon

Sachverzeichnis

Sachverzeichnis

Sachverzeichnis

Sachverzeichnis

Sachverzeichnis

Sachverzeichnis

Sachverzeichnis

Sachverzeichnis

Sachverzeichnis

Sachverzeichnis

Sachverzeichnis

Sachverzeichnis

Sachverzeichnis

Sachverzeichnis

Sachverzeichnis

Sachverzeichnis

Sachverzeichnis

Sachverzeichnis

Sachverzeichnis

Sachverzeichnis